AF617435

es una obra colectiva
realizada por la Redacción de Lefebvre
a iniciativa y bajo la coordinación de la Editorial
en la que han intervenido en esta o en ediciones anteriores:

Director técnico:
Alfonso Melón Muñoz (Abogado del Estado)

Coordinadora:
Paloma Martín Nieto (Abogado)

Coautores:
Alfonso Melón Muñoz (Abogado del Estado)
Carlos Melón Muñoz (General Auditor)
Paloma Martín Nieto (Abogado)
Enrique Juanes Fraga (Magistrado, Sala Social del Tribunal Superior de Justicia de Madrid)
Gonzalo Melón Muñoz (Coronel Auditor)
Andoni Cortajarena Manchado (Abogado del Estado)
José Luis Gómara Hernández (Abogado del Estado)
Adolfo Ruigómez Momeñe (Abogado del Estado)
Luis G. Serrano de Toledo (Abogado del Estado)
Concepción Ordiz Fuertes (Abogado del Estado)
Álvaro Melón Martín (Abogado del Estado)
Salvador Jiménez Bonilla (Abogado del Estado)
Fernando Gutiérrez Fernández (Abogado del Estado)
José Ignacio Vega Labella (Abogado del Estado)
María Bueyo Díez Jalón (Abogada del Estado)
Adolfo Alonso de Leonardo-Conde (Abogado)
José Ignacio Ruiz de Palacios Villaverde (Abogado)
Francisco del Pozo Ruiz (Abogado)
Pilar Lasheras Herrero (Abogada)
Miguel Escanilla Pallás (Magistrado)
Rosa Litago Lledó (Profesora titular de Derecho tributario. U. Valencia)
Soledad Ortega Ugena (Magistrada)

También han colaborado en la preparación de esta o de ediciones precedentes de esta obra: Iván Rosa Vallejo (Abogado del Estado), Íñigo Villoria Rivera (Abogado), Ignacio Gómez-Sancha Trueba (Abogado), Inmaculada López-Barajas Perea (Profesora de Derecho Procesal UNED), Iñigo Rodríguez-Sastre Fernández Corugedo (Abogado), Pedro Rodríguez Rodero (Abogado), José Luis de la Calle Sánchez (Abogado), Laura Salazar Martínez-Conde (Abogada).

Monasterios de Suso y Yuso, 34. 28049 Madrid.
Teléfono(91) 210 80 00
clientes@lefebvre.es
www.efl.es

ISBN: 979-13-87925-15-4
Depósito legal: M-9052-2026

Precio: 156,00 € (4% IVA incluido)

Impreso en España

Servicio Extras Mementos en papel

Este servicio te permite acceder a textos publicados con posterioridad al Memento (cuadros, novedades normativas de especial relevancia, rectificativos, etc.), para complementar su contenido.

Accede a este servicio desde **https://extrasmementos.lefebvre.es**

Podemos mantenerte puntualmente informado de la aparición de cualquier "extra" que se publique con posterioridad al Memento por medio de un e-mail de alerta.

Escríbenos a **clientes@lefebvre.es** informando sobre tu interés en recibir esta información.

Por favor, indica en qué áreas del derecho estás interesado:

☐ Fiscal ☐ Mercantil ☐ Penal ☐ Procesal ☐ Concursal ☐ Administrativo

☐ Social ☐ Contable ☐ Civil ☐ Inmobiliario ☐ Actualidad

Información sobre el tratamiento de tus datos personales: el responsable del tratamiento de tus datos es Lefebvre el Derecho, S.A., su finalidad es poder gestionar tu solicitud y la legitimación para hacerlo es la propia ejecución del contrato y prestación de servicios. Los destinatarios de tus datos podrán ser entidades financieras para gestión de pago. Tienes derecho a acceder, rectificar y suprimir los datos, así como otros derechos que puedes consultar en la información adicional y detallada sobre Protección de Datos a tu disposición.

☐ No deseo el envío de comunicaciones comerciales de Lefebvre El Derecho, S.A.

MEMENTO PRÁCTICO

Procesal

2026

Fecha de edición: 20 de marzo de 2026

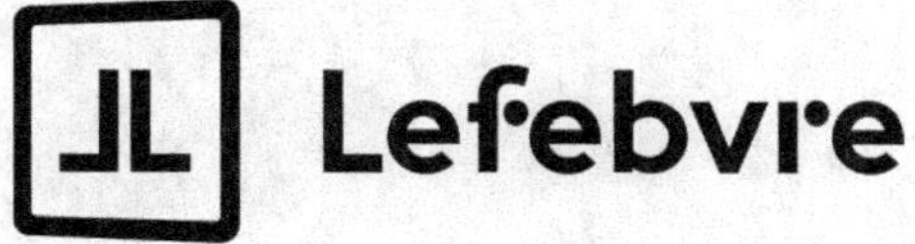

Plan general

Los capítulos 6 a 8, correspondientes a procesos constitucionales, procesos ante tribunales europeos, arbitraje, nulidad del matrimonio canónico y jurisdicción contable pueden consultarse en extrasmementos.lefebvre.es

Abreviaturas

AN	Audiencia Nacional
AP	Audiencia Provincial
BOE	Boletín Oficial del Estado
CC	Código Civil
CCAA	Comunidades autónomas
CCol	Convenio colectivo
CCom	Código de Comercio
CDC	Código de Derecho canónico
CEDH	Convenio Roma 4-11-1950, para la protección de los derechos humanos y de las libertades fundamentales
CEst	Consejo de Estado
CGPJ	Consejo General del Poder Judicial
Circ	Circular
CNMV	Comisión Nacional del Mercado de Valores
Const	Constitución Española
CP	Código Penal (LO 10/1995)
CPM	Código Penal Militar (LO 14/2015)
D	Decreto
DGRN	Dirección General de los Registros y del Notariado
DGSJE	Dirección General del Servicio Jurídico del Estado
DGSJFP	Dirección General de Seguridad Jurídica y Fe Pública
Dict	Dictamen
DOUE	Diario Oficial de la Unión Europea
EDJ	El Derecho Jurisprudencia
ET	Texto refundido de la Ley del estatuto de los trabajadores (RDLeg 2/2015)
FOGASA	Fondo de Garantía Salarial
Inf	Informe
Instr	Instrucción
ITSS	Inspección de Trabajo y Seguridad Social
JAC	Junta arbitral de consumo
JCA	Juzgado de lo contencioso administrativo
JCCA	Junta Consultiva de Contratación Administrativa
JM	Juzgado mercantil
JPI	Juzgado de Primera Instancia
JS	Juzgado social
L	Ley
LArb	Ley de arbitraje (L 60/2003)
LBRL	Ley de bases del régimen local (L 7/1985)
LCon	Texto refundido de la Ley concursal (RDLeg 1/2020)
LCon/03	Ley concursal (L 22/2003)
LCSP	Ley de contratos del sector público (L 9/2017)
LEC	Ley de enjuiciamiento civil (L 1/2000)
LECr	Ley de enjuiciamiento criminal (RD 14-9-1882)
LEF	Ley de expropiación forzosa (L 16-12-1954)
LGP	Ley general presupuestaria (L 47/2003)
LGSS	Texto refundido de la Ley general de la Seguridad Social (RDLeg 8/2015)
LGT	Ley general tributaria (L 58/2003)
LH	Ley hipotecaria (D 8-2-1946)
LHL	Texto refundido de la Ley reguladora de las haciendas locales (RDLeg 2/2004)

LJCA	Ley de la jurisdicción contencioso administrativa (L 29/1998)
LOPJ	Ley orgánica del Poder Judicial (LO 6/1986)
LOTC	Ley orgánica del Tribunal Constitucional (LO 2/1979)
LPI	Texto refundido de la Ley de propiedad intelectual (RDLeg 1/1996)
LPAC	Ley del procedimiento administrativo común de las Administraciones públicas (L 39/2015)
LRJSP	Ley de régimen jurídico del sector público (L 40/2015)
LRJS	Ley reguladora de la jurisdicción social (L 36/2011)
LSC	Texto refundido de la Ley de sociedades de capital (RDLeg 1/2010)
MASC	Medios adecuados de solución de controversias
OM	Orden ministerial
RD	Real Decreto
RDL	Real Decreto-ley
RDLeg	Real Decreto legislativo
Resol	Resolución
RGCAP	Reglamento general de contratos de las Administraciones públicas (RD 1098/2001)
Rgto	Reglamento
RN	Reglamento notarial (D 2-6-1944)
TCJ	Tribunal de Conflictos de Jurisdicción
TCo	Tribunal Constitucional
TEAC	Tribunal Económico Administrativo Central
TEDH	Tribunal Europeo de Derechos Humanos
TFPUE	Tribunal de la Función Pública de la Unión Europea
TG	Tribunal General (Unión Europea)
TGSS	Tesorería General de la Seguridad Social
TJ	Tribunal de Justicia (Unión Europea)
TJUE	Tribunal de Justicia de la Unión Europea
TRADE	Trabajador autónomo económicamente dependiente
TS	Tribunal Supremo
TSJ	Tribunal Superior de Justicia
Tratado FUE	Tratado de funcionamiento de la Unión Europea
Tratado UE	Tratado de la Unión Europea

CAPÍTULO 1

Cuestiones generales

50

SECCIÓN 1

Principios constitucionales sobre el proceso

52

En esta sección exponemos algunos principios constitucionales sobre el proceso, aquellos que resultan de aplicación general en **todos los órdenes jurisdiccionales**, así como la doctrina que el Tribunal Constitucional ha elaborado sobre ellos. 53 MPCI nº 57

Dejamos aparte otros principios de aplicación más específica en el **proceso penal**, que se estudian en detalle en el capítulo correspondiente (nº 6740 s.).

A. Derecho a la tutela judicial efectiva y garantías procesales

(Const art.24)

Todas las personas tienen derecho a obtener la **tutela efectiva** de los jueces y tribunales en el ejercicio de sus derechos e intereses legítimos, sin que, en ningún caso, pueda producirse **indefensión**. 54

Asimismo, todos tienen derecho a:

- el juez ordinario predeterminado por la ley (nº 250);
- la defensa y asistencia de letrado (nº 6955);
- ser informados de la acusación formulada contra ellos (nº 6865);
- un proceso público sin dilaciones indebidas y con todas las garantías (nº 325);
- utilizar todos los medios de prueba pertinentes para su defensa (nº 7035);
- no declarar contra sí mismo y no confesarse culpables (nº 6998); y
- la presunción de inocencia (nº 6850).

En Const art.24 se previenen dos supuestos íntimamente relacionados entre sí, pero que merecen un tratamiento diferenciado. Así, al proclamar el derecho a obtener la tutela efectiva de los jueces y tribunales en el ejercicio de los derechos e intereses legítimos, previniendo que nunca pueda producirse indefensión, se establece una **garantía previa al proceso**, que lo asegura, cuando se dan las circunstancias requeridas al efecto; mientras que en el segundo epígrafe se apunta preferentemente a las llamadas «**garantías procesales**» -así, el derecho al juez ordinario predeterminado por la ley, asistencia letrada, información de la acusación, proceso público, utilización de los medios de prueba pertinentes y presunción de inocencia-. Esto es, también se asegura la tutela efectiva, pero a través del correcto juego de los instrumentos procesales, mientras que Const art.24.1 asegura la tutela efectiva mediante el acceso mismo al proceso (TCo 46/1982).

Este derecho y garantías procesales son recogidos igualmente en los **tratados internacionales**, que han de tenerse en cuenta en la interpretación de las normas constitucionales relativas a los derechos fundamentales (Const art.10.2), como:
• Convenio Roma 4-11-1950 art.6 (derecho a un proceso equitativo).
• Pacto internacional de derechos civiles y políticos de Nueva York 16-12-1966 art.14.
• Declaración universal de derechos del hombre art.8 a 11.
• Carta de los Derechos Fundamentales de la Unión Europea art.47 (DOUE 30-3-10).

Precisiones El Tratado de la Unión Europea atribuye a la Carta de Derechos Fundamentales de la Unión Europea el mismo **valor jurídico** que los Tratados (Tratado UE art.6).

1. Derecho al proceso o a la acción

60 Es constante y reiterada la doctrina del Tribunal Constitucional según la cual el derecho a la obtención de la tutela judicial efectiva sancionado en Const art.24 comprende el derecho a la jurisdicción o de acceso al proceso (TCo 13/1981; 19/1981; 149/1987; 158/1989; 71/1990; 33/1992; 87/1992; entre otras) y a la obtención de una **respuesta fundada en Derecho** sobre las pretensiones oportunamente deducidas con arreglo a las normas de competencia y procedimiento legalmente establecidas, respuesta que no ha de ser necesariamente concorde con las pretensiones de cualquiera de las partes y que, normalmente, debe referirse al fondo del asunto debatido. Tal derecho alcanza también al ejercicio sin trabas de los **recursos** legalmente previstos (por todas, TCo 50/1990; 239/1991; 31/1992; 56/1992).
Pero este no puede interpretarse como un **derecho incondicional** a la prestación jurisdiccional, sino como un derecho a obtenerla siempre que se ejerza por las vías procesales legalmente establecidas (TCo 19/1981).
Por ello, el derecho al proceso no conlleva el derecho a la estimación de la pretensión, ni siquiera a la obtención de una sentencia sobre el fondo del asunto, si concurre **causa de inadmisión** según la ley (por todas, TCo 10/2001; 71/2002; 6/2002; 29/2003; 114/2004; 154/2004; 79/2005).
El derecho a obtener una **sentencia fundada en Derecho** no excluye que la sentencia pueda ser de inadmisión y deje, en consecuencia, imprejuzgada la pretensión ejercitada si está fundada en la falta de algún requisito o presupuesto procesal legalmente establecido que impida entrar en el fondo del asunto, y así lo acuerda el tribunal en aplicación razonada de la norma, razonamiento que ha de responder a una interpretación de las normas conforme a la Constitución y en el sentido más favorable para la efectividad del derecho fundamental. Ahora bien, no toda **irregularidad formal** puede convertirse en un obstáculo insalvable para su prosecución, especialmente en los casos en que el legislador no lo haya determinado de forma taxativa (TCo 69/1984).
La inadmisión basada en un **motivo inexistente** constituye no solo una ilegalidad, sino también una lesión que afecta al derecho a la tutela judicial efectiva (TCo 43/1992; 261/2000; 172/2002).

a. Acceso al proceso y presupuestos procesales

63 La Const art.24.1 prohíbe al legislador que con **normas excluyentes** de la vía jurisdiccional se pueda impedir el acceso a los tribunales (por todas, TCo 10/1985; 197/1988; 243/1988). En esta línea, la doctrina constitucional ha reiterado la necesidad del cumplimiento normal y no arbitrario de los **presupuestos procesales** que ordenan el litigio por las partes que en él intervienen al resultar su cumplimiento necesario para el debido desarrollo. Pero no toda **irregularidad formal** supone un obstáculo insalvable para la prosecución del proceso o para la admisión de recursos existentes en la legalidad ritual, por resultar repudiable todo formalismo enervante, así como la realización de interpretaciones o aplicaciones de reglas del proceso que supongan impedimentos definitivos para el conocimiento de las pretensiones o del recurso, si son contrarias al espíritu y finalidad de la norma procesal y a la, que deben interpretarse en debida conexión para conseguir la finalidad propuesta por este último; por lo que toda **interpretación** debe efectuarse en el sentido más favorable para otorgar la efectividad del derecho constitucional a la tutela judicial efectiva, y, por lo tanto, marginando cualquier justificación meramente aparente, por irrazonada e injustificada, que cercene el derecho al proceso debido, pues el proceso debe poseer la amplitud necesaria para el examen y decisión de los derechos objeto del conflicto intersubjetivo de intereses (por todas, TCo 19/1983; 69/1984; 79/1985; 98/1992).
La Const art.24 no constitucionaliza todo el Derecho Procesal, pero obliga a interpretarlo y aplicarlo de manera que se maximalice la efectiva vigencia de los derechos de carácter procesal que en aquel precepto se garantizan (TCo 93/1987). Este criterio es tributario del principio

que impone postular toda interpretación de la norma en el sentido más favorable para la **efectividad de los derechos fundamentales** (por todas, TCo 17/1985; 24/1990), lo que exige evitar restringir donde la Constitución no lo hace (TCo 137/1985).

Así, el **principio** *pro actione* opera en la aplicación e interpretación judicial de los requisitos legales establecidos para acceder al proceso, impidiendo que determinadas interpretaciones y aplicaciones de los mismos eliminen u obstaculicen desproporcionadamente el derecho a que un órgano judicial conozca y resuelva en Derecho sobre la pretensión a él sometida. Ahora bien, este principio no implica, pese a su ambigua denominación, la forzosa selección de la **interpretación más favorable a la admisión** de entre todas las posibles de las normas que la regulan (TCo 150/1997; 184/1997), como tampoco determina que sea sin más inconstitucional una interpretación judicial que impida el acceso a una resolución sobre el fondo, por el mero hecho de existir una alternativa menos desfavorable para el litigante (TCo 160/1997; 48/1998), sino que impone la interdicción de aquellas decisiones de inadmisión que por su rigorismo, por su formalismo excesivo o innecesario o por cualquier otra razón, no aparezcan como justificadas o revelen una clara **desproporción** entre los fines que aquellas causas preservan y los intereses que sacrifican. 64

Sin duda por ello el control constitucional en vía de amparo de las **decisiones de no pronunciamiento sobre el fondo** se verifica de forma especialmente intensa, a fin de evitar que dichas interpretaciones y aplicaciones de los requisitos establecidos legalmente para acceder al proceso obstaculicen injustificadamente el derecho a la tutela judicial efectiva (TCo 168/2003; 188/2003; 219/2003; 220/2003; 142/2004; 154/2004; 44/2005; 133/2005; 237/2005).

Por otra parte, cuando se trata de **iniciar el proceso** y no de acceder a una ulterior instancia de uno ya incoado, el canon de control constitucional posee carácter reforzado, pues incluso interpretaciones judiciales de la legalidad procesal que satisfagan el **test de razonabilidad** y con corrección técnica desde una perspectiva teórica pueden conllevar una denegación del acceso a la jurisdicción a partir de una consideración excesivamente rigurosa de la normativa aplicable (TCo 37/1995; 36/1997; 119/1998; 122/1999; 157/1999; 237/2005).

Identidad del encausado Entre estos requisitos procesales destaca el de la constatación suficiente de la **acreditación** de la identidad de la persona encausada en el proceso penal. Es obligación de los órganos judiciales en general, y concretamente de los del orden jurisdiccional **penal**, velar por la concurrencia de este requisito, al ser un presupuesto previo al cumplimiento de cualquier otro requisito procesal (TCo 93/1996). 67

Legitimación para comparecer como parte Especial trascendencia tiene también la apreciación del requisito de la legitimación para comparecer como parte en el proceso. Señala el Tribunal Constitucional que, aunque no es su cometido considerar con carácter general quiénes deben estimarse legitimados para ser parte o personarse en un determinado proceso, cuestión que incumbe resolver de ordinario a los órganos judiciales, en Const art.24.1 se impone sin duda a los jueces y tribunales la obligación de **interpretar con amplitud** las fórmulas que las leyes procesales utilicen en orden a la atribución de legitimación activa para acceder a los procesos judiciales (TCo 73/2004; 228/2005). 69

Reclamación administrativa previa (LPACdisp.adic.1ª.2.a y b; LRJSart.69 a 73) El Tribunal Constitucional se ha pronunciado en numerosas ocasiones en relación con el requisito procesal de la **interposición preceptiva** de la reclamación previa al ejercicio de **acciones civiles y laborales** contra las Administraciones Públicas. 71

La exigencia de reclamación previa en vía administrativa es un legítimo requisito exigido por el legislador no contrario a Const art.24, cuya **finalidad** es poner en conocimiento del órgano administrativo el contenido y fundamento de la pretensión formulada y darle ocasión de resolver directamente el litigio, evitando la necesidad de acudir a la jurisdicción (TCo 21/1986; 60/1989; 162/1989; 159/1990; 217/1991; 120/1993; auto 312/1992).

La aplicación en sus estrictos términos de este requisito no significa, en sí misma, una **aplicación rigorista o formal** del mismo susceptible de incidir sobre el derecho a la tutela judicial efectiva, pues no puede entenderse como una lesión del mismo la aplicación rigurosa de una norma procesal que no es irrazonable ni arbitraria (TCo 159/1990, en el ámbito laboral).

En relación con el cómputo del **plazo para la presentación de la demanda** una vez planteada la reclamación previa, el hecho de que no se efectuara correctamente el **cómputo** a los efectos de entender producida su desestimación presunta (así, cuando se interpone la demanda prematuramente, con anterioridad a la producción del silencio administrativo, de un mes en vía laboral, de 3 meses en la civil), es sin duda un defecto de menor gravedad que el no haber efectuado reclamación previa alguna, por lo que ha de entenderse entre los requisitos subsanables a instancia del propio órgano judicial (TCo 95/1983; 65/1993; 120/1993). El incumplimiento de los requisitos y formas procesales no genera iguales efectos en todo supuesto, pues si se trata de un **incumplimiento absoluto** debido a una opuesta voluntad a su realización de la parte procesal, conlleva la pérdida del derecho a que se anudaba la observancia, mientras que si se trata de una **irregularidad formal** o vicio de escasa importancia, por cumplimiento defectuoso, debido a un error o equivocación disculpable y no malicioso que no genere consecuencias definitivas, debe otorgarse la técnica de la subsanación de las irregularidades que permita atender a la voluntad de cumplimiento.

La **falta de aportación con la demanda** del documento acreditativo de la interposición de la reclamación previa es subsanable, y el órgano judicial debe conceder al efecto plazo para la **subsanación** de este defecto procesal mediante su aportación a autos, lo que es cuestión distinta de la ausencia de dicha reclamación previa, que no es subsanable aunque se diera plazo legal para ello, de manera que no se veda sin fundamento el acceso a una resolución sobre el fondo del asunto si se acuerda la inadmisión por falta de reclamación previa, puesto que la concesión de un plazo para su subsanación no permitiría eliminar el vicio detectado que depende de actuaciones previas al proceso por parte del recurrente, el agotamiento de la vía administrativa, que solo puede realizarse agotándola antes de volver a demandar, por lo que mal puede corregirse la falta de agotamiento de esa vía administrativa una vez abierta la subsiguiente vía judicial (TCo 70/1992).

75 **Plazos procesales** Entre los requisitos procesales que deben observarse para acceder al proceso tienen especial relevancia las exigencias de índole temporal a las que suele anudarse legalmente el efecto de la **preclusión**.

Los plazos procesales son materia de orden público cuya **observancia** no puede quedar al arbitrio de las partes, pues tienen naturaleza inderogable por la mera voluntad particular. Por otra parte, su **cómputo** y la relevancia que pueda tener el mismo sobre la admisión o no de la pretensión es una cuestión de legalidad ordinaria que compete resolver a los órganos judiciales en el ejercicio de su propia y exclusiva potestad jurisdiccional y que solo adquiere relevancia constitucional cuando la interpretación de la normativa aplicable al supuesto controvertido que determina la inadmisibilidad del recurso sea manifiestamente irrazonable o arbitraria, incurra en error patente o asuma un criterio hermenéutico que por su rigorismo, formalismo excesivo o cualquier otra razón se revele desfavorable para la efectividad del derecho a la tutela judicial por hacer imposible el acceso al proceso o el ejercicio de la acción (TCo 37/1995; 165/1996; 160/1997; 214/2002; 239/2005).

Precisiones Así sucede en una resolución de archivo de recurso de casación para unificación de doctrina en el orden social, cuando aquella incurre en error patente, no inducido por la parte, consistente en que, aceptando que la notificación del emplazamiento para formalización se produjo el 14-6-2004 y que el plazo para formalizar es de 20 días hábiles, se declara **extemporáneo** el **escrito** por el que se formalizó el recurso, presentado dentro de plazo el 12-7-2004 (TCo 362/2006).

76 **Caducidad de la acción** Si el momento procesal en el que se aprecia la caducidad de la acción es el del **acceso al proceso** para la búsqueda de una primera resolución judicial sobre el fondo de las pretensiones esgrimidas, es claro que el juzgador está vinculado por la regla hermenéutica *pro actione*, debiendo quedar marginadas aquellas interpretaciones y aplicaciones de los requisitos legales que por su rigorismo, formalismo excesivo o desproporción entre los fines que preservan y la consecuencia de cierre del proceso, se conviertan en un **obstáculo injustificado** del derecho a que un órgano judicial resuelva sobre el fondo de la pretensión a él sometida (TCo 71/2001; 218/2001; 13/2002; 203/2002; 14/2006).

77 **Indicación errónea de plazos** No reúne las condiciones de **razonabilidad y proporcionalidad** la decisión judicial de apreciar una excepción procesal de caducidad, cuando la presentación de la demanda fuera del plazo legalmente previsto tiene su origen en una indicación errónea de plazos para el ejercicio de la acción por la propia Administración, que no puede beneficiarse de aquel error fundando después en él la caducidad de la acción (TCo 204/1987; 193/1992; 194/1992; 228/1999; 214/2002; 154/2004).

Precisiones Este criterio es el seguido en TCo 154/2004, cuando se declara judicialmente la caducidad de la acción por la jurisdicción competente, a la que se acude tardíamente, pero después de haberse ejercitado en plazo la acción ante la jurisdicción erróneamente indicada por la Administración demandada y obtenida en ella un primer pronunciamiento de **incompetencia de jurisdicción**.

En el caso analizado, la Administración dictó inicialmente una resolución administrativa de despido, en cuya notificación se indicaba equivocadamente que aquella era susceptible de impugnación ante la jurisdicción contencioso-administrativa. El recurrente interpuso recurso contencioso-administrativo, que fue declarado inadmisible por incompetencia de jurisdicción por corresponder la competencia al orden social. El órgano jurisdiccional aplicó LJCA art.5.3, que en estos casos ordena mantener la temporaneidad de la acción si se ejercita de nuevo la misma ante la jurisdicción competente en un plazo determinando.

El trabajador despedido acudió entonces al orden jurisdiccional social, ejercitando una acción de despido, después de haber planteado reclamación previa. Finalmente, el juez del orden social declaró la **extemporaneidad de la acción** de despido por transcurso de más de 20 días desde que fuera acordado el despido, argumentando que LJCA art.5.3 no resultaba aplicable por tratarse de un precepto ajeno a la normativa laboral. El Tribunal Constitucional estima el amparo, trae a colación la jurisprudencia aquí destacada y reprocha al juez social la inaplicación de una norma procesal vigente con efecto cercenador del derecho a acceder a la jurisdicción.

El **supuesto inverso**, por ejemplo, el ejercicio erróneo de la acción ante la jurisdicción social por indicación equivocada de la Administración, cuando debería haberse acudido a la contencioso-administrativa, cuenta con la objeción de que en la LRJS no existe un precepto análogo a LJCA art.5.3. Ello no obstante, esta doctrina del Tribunal Constitucional, en línea de principio, debería ser igualmente invocable en atención al alcance de generalidad de esta fundamentación jurídica.

Interposición en plazo ante órgano incompetente La solución dada por el Tribunal Constitucional a los recursos contencioso-administrativos, que por ser inicialmente interpuestos en plazo ante un órgano judicial incompetente de la jurisdicción contencioso-administrativa, por aplicación de LJCA art.7.3, son **remitidos al órgano judicial competente**, cuando los recibe el órgano competente ya ha transcurrido el plazo legalmente previsto para su interposición en plazo, es igualmente favorable al **mantenimiento de la acción**, al entender que en Const art.24 se exige que en estos casos se tenga por interpuesto el recurso en la fecha en que efectivamente fue presentado ante el órgano incompetente, y ello con independencia de que se haya acudido inicialmente al órgano judicial incompetente siguiendo las indicaciones erróneas de la Administración como si el error ha sido debido a la propia actuación del administrado, que ha desoído las indicaciones correctas, ya que por un lado, las declaraciones que sobre la recurribilidad de sus actos hacen las Administraciones Públicas carecen de fuerza vinculante y pueden ser razonablemente discutidas por los administrados y, por otro, porque la LJCA ordena en todo caso la remisión al órgano competente para que ante este *siga* el curso del proceso, no existiendo soporte legal concreto para declarar una extemporaneidad por este motivo y siendo irrazonable desde la óptica de Const art.24 entender que en estos supuestos la recepción de los autos por el órgano competente merezca la consideración de un inicio del proceso (TCo 78/1991; 44/2005). 79

Silencio administrativo Hay que destacar la jurisprudencia recaída en relación con el instituto del silencio administrativo, y el establecimiento en las distintas leyes reguladoras de la jurisdicción contencioso-administrativa de un plazo determinado para reaccionar frente al mismo mediante la impugnación en sede judicial del **acto presunto**, transcurrido el cual llama la ley al órgano judicial a acordar la inadmisión de la demanda por ejercicio extemporáneo de la acción. Como principio, no puede calificarse de razonable una interpretación de la ley que prime la inactividad administrativa y coloque a la Administración en mejor situación que si hubiera efectuado una notificación con todos los requisitos legales (TCo 3/2001; 179/2003; 188/2003; 220/2003; 14/2006; 39/2006), siendo absolutamente irrazonable y contrario a Const art.24 defender que el ciudadano, por no recurrir en el plazo establecido en la ley, ha consentido con su comportamiento pasivo el contenido de un acto administrativo en realidad no producido (TCo 188/2003; 220/2003). 80 MPCI nº 90

Desde el canon de constitucionalidad de la **proporcionalidad** en la aplicación e interpretación de los requisitos procesales, la TCo 14/2006 considera que la fijación de un plazo legal para recurrir en sede contencioso-administrativa contra un acto presunto, cuando la Administración ha incumplido no solo su obligación de resolver, sino también la obligación de informar acerca de los plazos máximos de resolución de los procedimientos y de las vías impugnatorias procedentes contra las desestimaciones presuntas -prevenida en la LPAC-, deviene en obstáculo injustificado y desproporcionado para la efectividad del derecho a acceder al proceso con el fin de obtener una sentencia sobre el fondo. Por ello, la omisión de un pronunciamiento judicial sobre el fondo desvirtúa la finalidad de la institución del silencio administrativo, por cuanto transforma en una **posición procesal de ventaja** lo que es, en su origen, el **incumplimiento de un deber** de la Administración, como el de dar respuesta expresa a las solicitudes de los ciudadanos (en igual sentido, TCo 86/1998; 188/2003).

Por ello, esta indeseable situación de falta de repuesta por la Administración nunca puede causar perjuicios innecesarios al ciudadano, sino que, equilibrando los intereses en presencia, normalmente debe hace valer el **interés de quien ha cumplido correctamente** con las obligaciones legalmente impuestas, de manera que en tanto las Administraciones Públicas no informen a los interesados de los extremos a que hace referencia L 39/2015 art.21.4.2, los plazos para la interposición de los recursos contencioso-administrativos no empiezan a correr.

No obstante, esto no significa que no pueda utilizarse otra interpretación sobre el acceso a la jurisdicción cuando no concurra la **infracción del deber de información** señalada (TCo 14/2006).

82 **Lugar de presentación de escritos** Íntimamente ligada con la cuestión relativa a los plazos para acceder a la jurisdicción y a los recursos, está la del lugar de presentación de escritos judiciales, ya que siendo el lugar de presentación el propio órgano judicial, su **presentación errónea** en otro lugar puede acabar determinando la **extemporaneidad** de la acción o del recurso, si la entrada del escrito en el órgano judicial se produce finalmente fuera del plazo legalmente estatuido.
La doctrina del Tribunal Constitucional al respecto es cada vez más antiformalista, como evidencia TCo 20/2005 en que se admite como **fecha de presentación de un recurso** a efectos procesales la de su depósito en una oficina de Correos. En **situaciones excepcionales**, puede considerarse plenamente eficaz la presentación datada y cierta de un escrito ante un registro público distinto al órgano judicial si, examinado el caso, concurren circunstancias excepcionales y no existe negligencia alguna de parte (TEDH 28-10-98, núm 28090/95; TCo 260/2000; 41/2001; 90/2002; 223/2002).

Precisiones La TCo 20/2005 afronta en amparo la inadmisión por extemporaneidad de un recurso de súplica interpuesto contra una providencia en materia de ejecución de sentencia presentado en Correos de Castellón para ante la Audiencia Nacional en un recurso contencioso-administrativo en materia de personal llevado por un funcionario en su propio nombre y representación. Esta sentencia incluye entre los **criterios para medir la excepcionalidad y la diligencia** del demandante de amparo y determinar si puede entenderse que las razones de inadmisión o desestimación del recurso están constitucionalmente justificadas o son irrazonables:
- la interposición temporánea en otro registro que, como el registro de servicio de correos, permite tener constancia cierta de la fecha de su presentación;
- el alejamiento entre la sede de presentación del escrito y el domicilio de quien lo interpone;
- la amplitud del plazo para la interposición del recurso en relación con el grado de complejidad técnica del asunto; y
- si se actúa o no bajo asistencia letrada.

84 **Presentación ante órgano incompetente** Hay que destacar también la jurisprudencia del Tribunal Constitucional recaída en relación con LJCA/1956 art.82.a, que preveía la inadmisión de la demanda en sentencia por ser aquella interpuesta ante un órgano incompetente dentro de la jurisdicción contencioso-administrativa. Desde un primer momento señaló el Tribunal Constitucional que se vulnera lo dispuesto en Const art. 24.1 y el derecho de acceso a la jurisdicción para obtener una sentencia sobre el fondo del asunto si se dicta **sentencia de inadmisión** por la incompetencia del tribunal, siendo exigencia de dicho derecho fundamental que se tramite y resuelva el pertinente **incidente de competencia** con anterioridad a la sentencia para la remisión de los autos al órgano judicial competente (TCo 22/1985; 11/1986).

b. Emplazamientos y actos de comunicación judicial

90 El acceso al proceso garantizado por Const art.24.1 es aquel que se produce en condiciones de poder ser oído y de ejercer la defensa de los derechos e intereses legítimos en un procedimiento en el que se respeten los principios de **bilateralidad, contradicción e igualdad de armas** procesales (TCo 82/1996; 50/2002; 162/2002; 228/2005). De este modo, para entablar y proseguir los procesos judiciales con plena observancia del derecho a la tutela judicial efectiva sin indefensión es exigible una correcta y escrupulosa constitución de la relación jurídico-procesal.
A tales efectos, el Tribunal Constitucional ha destacado reiteradamente la importancia de la correcta práctica de los emplazamientos y actos de comunicación judicial a las partes como garantía de los principios de contradicción, igualdad y defensa, imponiendo a los órganos judiciales una rigurosa obligación de practicar correctamente los mismos por su trascendencia para atender cumplidamente los fines de Const art.24 (TCo 192/1993; 268/2000; 42/2002; 221/2003; 293/2005; 38/2006).
La garantía procesal que exige la Constitución para evitar la indefensión consiste ante todo en que se ofrezca a la parte la **oportunidad de ser oída**; de suerte que quien pudiera resultar directamente afectado en sus intereses legítimos por una sentencia tiene derecho a hacer valer sus razones en tiempo hábil para alegarlas y probarlas, si fuera preciso, ante el juzgador, para lo cual, y dejando a un lado las peculiaridades propias del proceso penal en que la comparecencia del encausado reviste mayores exigencias se hace preciso que por los órganos judiciales se practique el **emplazamiento debido** (TCo 9/1981; 63/1982; 1/1983; 196/1989; 174/1990; 123/1991; 197/1991; 14/1992).
Solo la incomparecencia en el proceso o en el recurso debida a la voluntad expresa o tácita de la parte o a su negligencia podría justificar una **resolución inaudita parte** (TCo 308/1993).
La **citación**, en la medida que hace posible la comparecencia del interesado y la defensa contradictoria de las pretensiones, no constituye un mero requisito de forma para proceder a la

realización de los subsiguientes actos procesales, sino que representa una exigencia ineludible para que las garantías constitucionales del proceso resulten aseguradas por el órgano judicial, siendo indiferente que la falta de citación obedezca a error o a otra causa, de modo que si esta actividad de notificación, o citación o emplazamiento no se realiza por el órgano judicial, aun por error u otra causa, pero en todo caso no por obra de la parte afectada, es evidente que no solo se contraría la Ley ordinaria, sino que, por producirse indefensión, trasciende al ámbito constitucional y en ese plano debe ser considerada (TCo 114/1986; 192/1993; 202/1993; 308/1993; 221/2003; 293/2005; 38/2006).

En definitiva, el derecho a la tutela judicial efectiva y, más en concreto, el derecho a un proceso público con todas las garantías, incluye no solo el derecho de acceso a la justicia, sino también el de hacerse oír por esta y por tanto, el de ser emplazado en la forma legalmente prevista para comparecer en aquellas actuaciones judiciales cuya finalidad es precisamente la de dar a las partes la ocasión de hacerse oír, de exponer cuanto convenga a la defensa de sus derechos e intereses legítimos (TCo 110/1998). La **omisión del emplazamiento**, cuando no es suplida por una actividad espontánea de las partes, a la que en modo alguno están obligadas, vicia las actuaciones judiciales realizadas sin el concurso de la parte ausente y entraña, en consecuencia, la nulidad de las decisiones adoptadas como conclusión de aquellas actuaciones. Esta doctrina es igualmente aplicable cuando la falta de citación se produzca para el trámite de comparecencia en fase de recurso o segunda instancia procesal (TCo 196/1992; 202/1993; 316/1993; 317/1993; 61/1994; 67/1999).

Emplazamiento debido Sobre lo que debe entenderse por un emplazamiento debido, se exige en lo posible el emplazamiento **personal** de quienes deban ser partes principales, siendo exigible el emplazamiento personal cuando aquellos sean conocidos e identificables a partir de los datos que figuran en el escrito de interposición, en el expediente administrativo, en la demanda o en la documentación aportada por las partes; y se deduzca de ello la existencia de un domicilio que haga factible practicar de forma personal los actos de comunicación procesal, de manera que en estos supuestos, la falta de emplazamiento personal supone una vulneración de Const art.24.1 (TCo 63/1982; 78/1993; 155/1995; 293/2005; 38/2006). **94**

Sobre el órgano judicial recae deber de velar por la correcta ejecución de los actos de comunicación y el de asegurarse de que dichos actos sirven a su propósito de garantizar que la parte sea oída en el proceso. Ello comporta, en lo posible, la exigencia del emplazamiento personal de los afectados y, desde otra perspectiva, la limitación del empleo de la **notificación edictal** a aquellos supuestos en los que no conste el domicilio de quien haya de ser emplazado o bien se ignore su paradero (TCo 9/1981; 293/2005). En congruencia con ello, la modalidad de emplazamiento edictal, aun siendo válida constitucionalmente, exige, por su condición de último remedio de comunicación, no solo el agotamiento previo de la otras modalidades de más garantía y la constancia formal de haberse intentado practicarlas, sino también que el acuerdo o resolución judicial de tener a la parte como persona en ignorado paradero o de domicilio desconocido, presupuesto de citación por edictos, se halle fundada en criterio de razonabilidad que lleve a la convicción o certeza de la inutilidad de aquellos otros medios normales de comunicación (TCo 155/1988; 234/1988; 16/1989; 219/1999; 65/2000; 268/2000).

Precisiones 1) Son cuatro los **presupuestos** que han de analizarse para acreditar la vulneración de Const art.24 por **falta de emplazamiento** personal (TCo 136/2014): **96** MPCI nº 108

a) La titularidad por el afectado, al tiempo de la iniciación del proceso, de un **derecho e interés legítimo y propio**, susceptible de afectación por la causa enjuiciada, en las resoluciones judiciales recurridas. La situación de interés legítimo resulta identificable con cualquier ventaja o utilidad jurídica derivada de la reparación pretendida.

b) La **posibilidad de identificación** del interesado por el órgano jurisdiccional.

c) El cumplimiento por este de su obligación constitucional de velar para que los actos de comunicación procesal alcancen eficazmente su fin, lo que significa, como se ha dicho, concebir los **emplazamientos edictales** como modalidades de comunicación de carácter supletorio y excepcional (TCo 126/1999) o no presumir sin más que las notificaciones realizadas a través de terceras personas hayan llegado a conocimiento de la parte interesada cuando la misma cuestiona con datos objetivos que así haya sido (TCo 113/2001).

d) Por último, que el afectado haya sufrido como consecuencia de la omisión del emplazamiento una situación de **indefensión real y efectiva**, lo que no se da cuando el interesado tiene conocimiento extraprocesal del asunto y, por su propia falta de diligencia, no se persona en la causa. El conocimiento extraprocesal del litigio ha de verificarse mediante una prueba suficiente, que no excluye las reglas del criterio humano que rigen la prueba de presunciones (TCo 246/2005; 124/2006).

2) Al respecto, especial mención merece la reiterada jurisprudencia del Tribunal Constitucional recaída acerca de la necesidad de emplazamiento personal, en detrimento del edictal, en el seno del **recurso contencioso-administrativo** de aquellos que puedan comparecer como demandados siempre que ello resulte factible, como cuando la legitimación y la concreta identificación personal de los demandados resulte del expediente o de las actuaciones seguidas en vía administrativa o de las actuaciones procesales, como es el escrito de interposición de la demanda (TCo 38/1987; 85/1987; 182/1987; 208/1987; 87/1988; 221/1988; 58/1990; 72/1990; 129/1991).

Ahora bien, matiza el Tribunal Constitucional este criterio para los casos en que, conociendo la existencia del proceso, y teniendo la oportunidad de hacerlo en tiempo hábil, los interesados no comparecen ni defienden sus derechos. En estos casos, entiende el Tribunal Constitucional que la falta de emplazamiento directo a los interesados ninguna vulneración de garantías procesales ha supuesto, pues si ha habido falta de defensa ha sido por su **negligencia** o por su **voluntario apartamiento** del juicio, que no puede obstaculizar ni diferir más allá de lo razonable el conocimiento y la resolución por parte del órgano judicial de las pretensiones deducidas por el demandante (TCo 101/1990; 129/1991; 14/1992; 78/1993; 325/1993; 155/1995).

Por ello, nunca puede quedar justificada una **resolución judicial inaudita parte**, más que en el caso de incomparecencia por voluntad expresa o tácita o por negligencia imputable a la parte (TCo 109/1989; 78/1992; 308/1993).

3) Como supuesto específico, el Tribunal Constitucional ha denegado también el amparo en aquellos supuestos en los que, pese a la personación del recurrente ante el órgano *ad quem*, el recurso se sustanció y resolvió *inaudita parte* cuando tal circunstancia ha tenido su origen en el **deficiente cumplimiento por parte del compareciente** de la carga de identificar adecuadamente el proceso o el órgano judicial del que procedía la resolución recurrida, causando con ello confusión o error en la oficina judicial determinante de la marginación del recurso de la parte comparecida en él (TCo 235/1993; 33/1994; 334/1994; 80/1995; 67/1999; auto 304/1993; auto 314/1995).

4) Es improcedente el **emplazamiento mediante edictos** del demandado cuyo domicilio figuraba en la documentación aportada con la demanda (TCo 137/2014; 122/2013).

98 **Citación de testigos** La anterior doctrina guarda evidente relación con el derecho de defensa y, en concreto, con la **posibilidad de interrogar a los testigos de descargo** que forma parte del mismo, cuando la comparecencia en juicio de los mismos no resulte posible tras la práctica del oportuno acto de comunicación: son los casos en que el testigo ya ha fallecido (TCo 4/1991; TS 15-4-92, EDJ 3780; 16-6-92, EDJ 6437); o se encuentra en el extranjero, fuera de la jurisdicción del tribunal, no siendo factible lograr su comparecencia (TS 5-6-92, EDJ 5831; 16-11-92, EDJ 11303); o cuando se encuentra en ignorado paradero, habiendo resultado infructuosas las diligencias practicadas para su citación en forma legal y fallidas las gestiones policiales realizadas para su localización (TS 26-11-92, EDJ 11689; 29-12-92, EDJ 12856).

En tales supuestos es admisible la no suspensión de la vista oral y se estima lícito **reemplazar la prueba** testifical que no puede practicarse en el juicio por la lectura de las diligencias, sin vulneración del derecho a la presunción de inocencia (LECr art.730).

En todo caso, es imprescindible que el tribunal haya **agotado las posibilidades** de contar con la prueba en el juicio, sin que baste con una simple citación con resultado negativo. Debe apurarse la búsqueda utilizando los servicios policiales y procurarse, antes de acudir al expediente de dar lectura a las declaraciones prestadas en el sumario, que los testigos acudan a un nuevo señalamiento, dada la especial relevancia que tiene la contradicción como derecho de la parte a refutar las pruebas adversas y defender las propiciatorias, precisamente en el momento cumbre del juicio oral (TS 8-3-91, EDJ 22471; 26-2-04, EDJ 12763).

c. Subsanabilidad de los defectos procesales

103 Los órganos judiciales están constitucionalmente obligados a aplicar las normas que contienen los requisitos y presupuestos procesales, teniendo en cuenta el fin perseguido por el legislador al establecerlos, evitando cualquier exceso formalista que los convierta en meros obstáculos procedimentales impeditivos de la tutela judicial efectiva (TCo 31/1992; 93/1996; 145/1998; 108/2000; 228/2005).

Rige por ello como **criterio general** el de la subsanabilidad de aquellos defectos procesales que sean susceptibles de ello, ya que, si bien las formas y requisitos procesales cumplen un papel de capital importancia para la ordenación del proceso, no son, sin embargo, valores autónomos que puedan convertirse en obstáculos insalvables para su prosecución (TCo 197/1983; 69/1984; 174/1988; 216/1989; 53/1990; 176/1990; 93/1991).

Se vulnera el art.24 Const cuando como consecuencia de no permitirse dicha subsanación, muera la acción y se haga inviable el paso al proceso ulterior (TCo 62/1986). En consecuencia, los órganos judiciales deben llevar a cabo una adecuada **ponderación de los defectos** que adviertan en los actos procesales de las partes, guardando la debida proporcionalidad entre el defecto cometido y la sanción que debe acarrear y procurando siempre que sea posible la subsanación del defecto a fin de favorecer la conservación de la eficacia de los actos procesales y del proceso como instrumento para alcanzar la efectividad de la tutela judicial efectiva. Para ello, debe atenderse a:

- la entidad del defecto apreciado y su incidencia en la consecución de la finalidad perseguida por la norma infringida;
- su trascendencia para las garantías procesales de las demás partes del proceso; y
- la voluntad y grado de diligencia procesal apreciada en la parte en orden al cumplimiento del requisito procesal omitido o irregularmente observado.

Si el órgano judicial no hace lo posible para la subsanación del defecto procesal que pudiera considerarse como subsanable o impone un rigor en las exigencias más allá de la finalidad a que la misma responde, la resolución judicial que cierre la vía del proceso o del recurso será incompatible con la efectividad del derecho a la tutela judicial (TCo 149/1996).

Límite El criterio antiformalista expuesto tiene como límite el que en ningún caso puede quedar al **arbitrio de las partes** el cumplimiento de los requisitos procesales y la **disponibilidad del tiempo** en que han de cumplirse, esto es, no puede conducir a prescindir de los requisitos establecidos por las Leyes que ordenan el proceso en garantía de los derechos de todas las partes (TCo 29/1985; 36/1989; 157/1989; 62/1992; 331/1994). 105

Así, en algunas ocasiones, el Tribunal Constitucional ha afirmado con criterio restrictivo que los requisitos procesales son subsanables siempre que no tengan origen en una **actividad negligente o maliciosa del interesado** y no dañen la regularidad del procedimiento ni los intereses de las partes contrarias (TCo 39/1990; 248/1991).

El **incumplimiento** de los requisitos y formas procesales no genera iguales **efectos** en todo supuesto. Si se trata de un incumplimiento absoluto debido a una opuesta voluntad a su realización de la parte procesal, conlleva la pérdida del derecho a que se anudaba la observancia, mientras que si se trata de una irregularidad formal o vicio de escasa importancia, por cumplimiento defectuoso, debido a un error o equivocación disculpable y no malicioso que no genere consecuencias definitivas, debe otorgarse la técnica de la subsanación de las irregularidades que permita atender a la voluntad de cumplimiento (TCo 95/1983; 65/1993).

Plazos En relación con los plazos en general, señala el Tribunal Constitucional que la fijación de un plazo para la evacuación de un trámite procesal representa, contemplado desde la perspectiva de la parte a la que corresponde su cumplimiento, tanto la imposición de una **carga** de actuar tempestivamente como el reconocimiento del **derecho** a disponer del plazo en su totalidad. Por ello, se viola el derecho a la tutela judicial efectiva si la interpretación ofrecida por el órgano judicial es manifiestamente irrazonable o produce como resultado final el efecto de hacer impracticable el derecho al disfrute del plazo para interponer el recurso en su totalidad (TCo 269/2000; 38/2001; 54/2001; 222/2003; 239/2005). 107

2. Ejecutividad de los actos administrativos. Justicia cautelar

El Tribunal Constitucional tiene declarado en numerosas ocasiones que la publicación de la Constitución, sin eliminar la ejecutividad de los actos administrativos, obliga a cierta **reinterpretación** de algunos preceptos, sobre todo a la luz de la efectividad de la tutela judicial efectiva, y especialmente en el régimen sancionador (TCo 66/1984; 115/1987; 238/1992; 148/1993; 341/1993; auto 930/1988). 115

A este respecto, se ha señalado que el **privilegio de autotutela** atribuido a la Administración pública no es contrario a la Constitución, sino que engarza con el **principio de eficacia** enunciado en Const art.103 (TCo 22/1984; 238/1992; 148/1993; 78/1996), y que la ejecutividad de sus actos en términos generales y abstractos tampoco puede estimarse como incompatible con Const art.24.1 (TCo 66/1984; 341/1993; 78/1996; auto 265/1985; auto 458/1988; auto 930/1988; auto 1095/1988; auto 220/1991; 116/1995), pero que de este mismo derecho fundamental deriva la potestad jurisdiccional para adoptar **medidas cautelares** y suspender la ejecución por los motivos que la ley señala (TCo auto 371/1991; auto 85/1992).

Pero la efectividad de la tutela judicial respecto de derechos e intereses legítimos reclama la posibilidad de acordar medidas adecuadas para asegurar la **eficacia real del pronunciamiento futuro** que recaiga en el proceso (TCo 14/1992), evitando un daño irremediable en los mismos. La fiscalización plena, sin inmunidades de poder, de la actuación administrativa impuesta por Const art.106.1 comporta que el **control judicial** se extienda también al carácter inmediatamente ejecutivo de sus actos (TCo 238/1992; 148/1993). Por ello, el derecho a la tutela judicial efectiva se extiende a la pretensión de **suspensión de la ejecución** de los actos administrativos (TCo 78/1996).

El derecho a la tutela judicial efectiva se satisface, por tanto, facilitando que la ejecutividad pueda ser sometida a la **decisión de un tribunal** y que este, con la información y contradicción que resulte menester, resuelva sobre la suspensión. Por ello, es lógico entender que mientras se toma aquella decisión no pueda impedirse ejecutando el acto, con lo cual la Administración 116

se habría convertido en juez. Los obstáculos insalvables a esta fiscalización lesionan, por tanto, el derecho a la tutela judicial efectiva y justifican que, desde Const art.24.1 se reinterpreten los preceptos aplicables (TCo 66/1984; 78/1996; auto 265/1985; auto 604/1986; auto 458/1988; auto 930/1988; auto 1095/1988; auto 116/1995).
De esta manera, el Tribunal Constitucional ha declarado la **inconstitucionalidad** de las normas que impiden radicalmente suspender la ejecutividad de las decisiones de la Administración. Los **defectos o errores cometidos en incidentes cautelares** del procedimiento son relevantes desde la perspectiva de Const art.24.1 si imposibilitan la efectividad de la tutela judicial, implican la desaparición o pérdida irremediable de los intereses cuya protección se pretende, o prejuzgan irreparablemente la decisión firme del proceso (TCo 115/1987; 237/1991; 238/1992).
Es muy importante en esta materia el criterio seguido por TCo 199/1998, según la cual, por imperativo de Const art.24.1, la prestación de la tutela judicial ha de ser efectiva y ello obliga a que, cuando el órgano judicial competente se pronuncie sobre la ejecutividad o suspensión a él sometida, su decisión pueda llevarla a cabo, lo que impide que otros órganos del Estado, sean administrativos o de otro orden jurisdiccional distinto, resuelvan previamente sobre tal pretensión, interfiriéndose de esa manera en el proceso judicial del que conoce el tribunal competente y convirtiendo así en ilusoria e ineficaz la tutela que pudiera dispensar este. Hasta que no se tome la decisión al respecto por el tribunal competente, el acto no puede ser **ejecutado por la Administración**, porque en tal hipótesis esta se habría convertido en juez (TCo 78/1996), pero tampoco cabe la **ejecución por otro órgano judicial** distinto, porque esta eventualidad impediría que el tribunal competente pudiera conceder eficazmente la tutela tal y como le impone el derecho fundamental (TCo 76/1992).

3. Derecho a la doble instancia o segundo grado jurisdiccional en materia penal

125 Es criterio general reconocido por el Tribunal Constitucional que el derecho a someter el fallo condenatorio y la pena ante un tribunal superior, si bien no tiene un reconocimiento expreso en la Constitución, integra el derecho al proceso con todas las garantías (por todas, TCo 133/2000; 64/2001; 65/2001; 66/2001; 70/2002; 80/2003). Esta cuestión es objeto de un estudio detallado en nº 6749 s.

4. Derecho de defensa

135 Entre las garantías que incluye la para todo proceso destacan, por ser consustanciales al proceso, los principios de contradicción e igualdad (entre otras, TCo 47/1987; 155/1988; 66/1989; 186/1990; 143/2001).
La Constitución contiene un mandato dirigido al legislador y a los órganos jurisdiccionales de impedir la indefensión y promover positivamente la **defensa contradictoria** de las partes, en la medida de lo posible, dentro del proceso debido, al otorgar la tutela judicial a los ciudadanos para la defensa de sus derechos e intereses, ejercitando la dialéctica procesal de alegar hechos, fundamentos de derechos y pretensiones, y, en su caso, oponerse a ellas, actuando los contendientes en condiciones de **igualdad procesal** (nº 148) en que dispongan de las mismas oportunidades, dando virtualidad al principio de la paridad de las partes, no pudiéndose privar de trámites determinados en las normas rituarias de alegación o de contradicción, creando obstáculos que dificulten gravemente la situación expuesta, salvo que existan causas de absoluta justificación legal (TCo 162/1993; 110/1994; 175/1994; 102/1998; 226/1998; 138/1999; 143/2001; 93/2005).
La **prohibición de indefensión** (nº 151) es una garantía general que implica el respeto del principio de contradicción en el proceso (TCo 48/1986; 64/1995). La Constitución, al reconocer los derechos a un proceso con todas las garantías y a la defensa, consagra, entre otros, el derecho a la igualdad de armas y el de defensa contradictoria de las partes, que han de tener la misma posibilidad de ser oídas y acreditar, mediante los oportunos medios de prueba, lo que convenga a la protección de sus derechos e intereses legítimos (TCo 4/1982; 89/1986; 186/1990; 231/1992; 273/1993; 93/1996; 143/2001).

Precisiones Los parámetros esenciales del **derecho de defensa** se configuran en los términos que se exponen seguidamente (LO 5/2024 art.1 a 12). Su estudio completo, por razones sistemáticas, se efectúa en nº 220 s. Memento Procesal Penal 2026.
Se integra por el conjunto de **facultades y garantías**, reconocidas en el ordenamiento jurídico, que permiten a todas las personas, físicas y jurídicas, proteger y hacer valer, con arreglo a un procedimiento previamente establecido, sus derechos, libertades e intereses legítimos en cualquier tipo de controversia ante los tribunales y Administraciones públicas, incluidas las diligencias de

investigación del Ministerio Fiscal, o en los medios adecuados de solución de controversias regulados en la normativa de aplicación.
Comprende, con sujeción al procedimiento establecido, la prestación de asistencia letrada, el acceso a los tribuales, la igualdad de partes procesales y la accesibilidad a los medios electrónicos empleados por la Administración de Justicia. Igualmente, el derecho a la información, a la audiencia, a la calidad en la asistencia jurídica, a la compresión del lenguaje empleado, así como a la traducción e interpretación.

Ámbito de aplicación Esta doctrina es aplicable: 137
- en **todos los procesos**, y por tanto también en el juicio por delitos leves (TCo 54/1985; 225/1988; 29/1995; 143/2001);
- en **todas las fases** del proceso, y por ello también al incidente en fase de ejecución de una sentencia (TCo 64/1995; 93/1996); y
- en **todas las instancias**, pues también ha de preservarse el derecho constitucional de defensa en la segunda instancia (TCo 102/1987; 196/1992; 178/1995; 307/2005).

Manifestaciones Constituyen manifestaciones específicas del derecho de defensa las facultades de (TCo 93/2005): 139
- **alegar, probar e intervenir en la prueba ajena** para controlar su correcta práctica y contradecirla (por todas, TCo 176/1988; 76/1999); y muy concretamente;
- la de **interrogar o hacer interrogar a los testigos** que declaren contra él -facultad que el Convenio Roma 4-11-1950 art.6.3.d)-, reconoce a todo encausado como regla general entre sus mínimos derechos, y de un tenor similar el art.14.3.e Pacto internacional de derechos civiles y políticos de Nueva York 16-12-1966 (TCo 10/1992; 64/1994).

Por ello, la posibilidad de contradicción es una de las reglas esenciales del desarrollo del proceso, sin cuya concurrencia la idea de **juicio justo** es una simple quimera (TCo 41/1997; 218/1997; 138/1999; 91/2000). Se trata de un derecho formal cuyo reconocimiento no depende de la **calidad de la defensa** que se llegue a ejercer, de manera que puede afirmarse que ningún pronunciamiento fáctico o jurídico puede hacerse en el proceso penal si no ha venido precedido de la posibilidad de contradicción sobre su contenido, ya que el derecho a ser oído en juicio en defensa de los propios derechos e intereses es garantía demasiado esencial del Estado de Derecho como para matizarlo o ponerle adjetivos (TCo 144/1997; 26/1999; 143/2001; 93/2005).

Titulares del derecho Solo son titulares del derecho a intervenir en el debate procesal amparados por el principio de contradicción las **partes personadas en el momento oportuno**, sin que corresponda a quienes carezcan de legitimación pasiva necesaria o lleguen tardíamente, por su negligencia, a las actuaciones (TCo 15/1995). 141

Garantías en la segunda instancia penal El **principio de contradicción** en cualquiera de las instancias procesales constituye una exigencia ineludible vinculada al derecho a un proceso con todas las garantías (TCo 109/1989; 102/1998; 138/1999; 9/2004). 143

En relación con el mantenimiento de todas las garantías constitucionales en la segunda instancia, el Tribunal Constitucional ha desarrollado una elaborada **doctrina** con ocasión de los frecuentes recursos de amparo planteados como consecuencia del dictado de sentencias condenatorias en segunda instancia, revocatorias de las sentencias absolutorias del órgano *a quo*. La doctrina del Tribunal Constitucional, si bien ya apunta en TCo auto 220/1999, arranca de la sentencia TCo 167/2002 del Pleno, que vino a rectificar la mantenida hasta entonces, y ha sido reiterada y matizada frecuentemente con posterioridad (TCo 202/2005; 229/2005; 282/2005; 307/2005; 338/2005; 24/2006; 74/2006; 80/2006). Parte del principio de la necesidad de respetar, en cuanto integran el contenido del derecho a un proceso con todas las garantías, los principios de **publicidad, inmediación y contradicción** en la valoración de las pruebas en la segunda instancia penal.

Principio de igualdad procesal La Const art.14 ampara la **igualdad ante la ley y en aplicación de la ley**, pero no la igualdad de las partes en el proceso, que se integra en el ámbito de Const art.24 (TCo 1/1982; 114/1989; 180/1991; 90/1994). 148

De manera sintética, puede decirse que del principio de **igualdad de las partes en el proceso** deriva la necesidad de que las partes cuenten con los mismos medios de ataque y defensa e idénticas posibilidades y cargas de alegación, prueba e impugnación (TCo 47/1987; 66/1989; 186/1990; 76/1999).

Corolario de ello es que en la aportación de los hechos al proceso debe evitarse toda situación de **privilegio o supremacía de una de las partes** y garantizarse la igualdad efectiva de las posibilidades y cargas del actor y del demandado en la alegación y prueba de los hechos controvertidos para lograr la plenitud del resultado probatorio (TCo 227/1991).

149 **Privilegios procesales de las Administraciones públicas** El Tribunal Constitucional ha abordado en repetidas ocasiones los privilegios o modalizaciones procesales de que disfrutan las Administraciones Públicas en los distintos tipos de proceso, señalando reiteradamente que no es contraria a la Constitución la atribución de privilegios procesales a las distintas Administraciones públicas, siempre que estos no resulten arbitrarios o desproporcionados o supongan un sacrificio excesivo a quienes los soportan, ya que tal técnica engarza con el **principio de eficacia** que debe presidir la actuación administrativa y el servicio con objetividad a los intereses generales a que la concesión de personalidad jurídica a tales entes responde (Const art.103.1; TCo 22/1984; 64/1988; 99/1989 -exención del deber de constituir depósitos o cauciones-; TCo 148/1993; 17/1994 -requerimiento previo de pago al Consorcio de Compensación de Seguros-; TCo 90/1994).

Precisiones A modo de **ejemplo**, cabe citar TCo 90/1994 que, resolviendo una cuestión de inconstitucionalidad, por posible desigualdad en la posición de las partes en el proceso, acerca de las presunciones procesales establecidas *iuris tantum* en RDLeg 2/1995 -actualmente derogada- a favor del FOGASA, señala que no vulnera el principio de igualdad el legislador cuando recurre a la técnica de las **presunciones legales** tras valorar la confianza depositada en un órgano público (como las unidades de valoración médica, en TCo auto 670/1986); y menos aún si se permite a la parte contraria destruir la presunción legal mediante la oportuna actividad probatoria.

Añade TCo 90/1994 que la **libertad de configuración normativa** del legislador para establecer presunciones de este tipo y correlativas inversiones a la carga de la prueba es mayor cuando -como ocurre en este supuesto- no está en juego la presunción constitucional de inocencia ni vienen afectadas las distintas manifestaciones de la potestad sancionadora del Estado y, en especial, el derecho sancionador, si bien esa libertad no es absoluta (TCo 76/1990). Y en estos casos, el tratamiento de las presunciones legales y la apreciación de la prueba en contrario pertenecen al ámbito de la legalidad y al de la jurisdicción ordinaria (TCo auto 243/1984).

Concluye el Tribunal Constitucional que el carácter público del **FOGASA**, de su actividad de seguro y de los fondos que percibe, así como su carácter ajeno a la relación laboral que garantiza, justifican el privilegio procesal y la diferencia de trato normativo que la Ley le otorga con un fundamento que es constitucionalmente admisible, siendo notorio que no son situaciones de hecho objetivamente iguales la del FOGASA y la del trabajador que inicia una reclamación judicial contra aquel.

151 **Prohibición de indefensión** En el contexto de Const art.24.1, la indefensión es una noción material, si bien sentencias como TCo 47/1992 destacan su naturaleza fundamentalmente procesal, que se caracteriza por suponer una privación o minoración sustancial del derecho de defensa, un menoscabo sensible o **limitación indebida** de los principios de contradicción y de igualdad de las partes que impide o dificulta gravemente a una de ellas la posibilidad de alegar y acreditar en el proceso su propio derecho o de replicar dialécticamente la posición contraria en igualdad de condiciones con las demás partes procesales (TCo 116/1995; 1/1996; 89/1997; 155/1998; 186/1998; 91/2000; auto 190/1983).

MPCI nº 151

La **falta de audiencia y de contradicción** acarrea una forma de indefensión, y aunque tales defectos provocan también la falta de un proceso con todas las garantías, es más preciso señalar el derecho específico vulnerado (derecho a la defensa), que no un derecho más genérico en que aquel se engloba (derecho a un proceso con todas las garantías) (TCo 176/1985).

Ahora bien, no toda irregularidad procesal tiene relevancia constitucional para entender causada indefensión, ya que las infracciones de las normas o reglas procesales solo constituyen una lesión del derecho a un proceso con todas las garantías si con ellas se ocasiona una merma relevante de las posibilidades de defensa (TCo 161/1985; 48/1986; 32/1994; 41/1998; 14/1999; 97/2000; 228/2000; 87/2001). Para que pueda estimarse una **indefensión con relevancia constitucional**, que sitúa al interesado al margen de toda posibilidad de alegar y defender en el proceso sus derechos, no basta con una vulneración meramente formal, con una infracción o irregularidad procesal cometida por los órganos judiciales, sino que es necesario que de esa infracción formal se produzca un efecto material de indefensión, un efectivo y real menoscabo o limitación del derecho de defensa, como consecuencia directa de la acción u omisión de los órganos judiciales, generando el consiguiente perjuicio real y efectivo para los intereses del afectado (TCo 149/1987; 155/1988; 126/1991; 290/1993).

152 Debe tenerse en cuenta que los **errores de los órganos judiciales** no deben ni pueden producir efectos negativos en la esfera jurídica de los ciudadanos, pues, de ser así, se estaría causando una lesión del derecho a la tutela judicial efectiva (TCo 190/1990; 101/1992; 22/1993; 9/1997; 117/1996; 160/1996; 140/1997; 138/1999).

Tampoco puede invocarse la vulneración de Const art.24 por indefensión derivada de la ausencia de contradicción y defensa cuando la parte que pudo defender sus derechos e intereses legítimos, a través de los medios que ofrece el ordenamiento jurídico, no usó de ellos con la pericia técnica suficiente (TCo 60/1983), o cuando con su conducta colaboró a su producción (TCo 70/1984), pues si la lesión se debe de manera relevante a la **inactividad o**

negligencia, por falta de la diligencia procesal exigible al lesionado, o se genera por la voluntaria actuación desacertada, equívoca o errónea de dicha parte, la indefensión resulta absolutamente irrelevante a efectos constitucionales, porque al causante de ella le es imputable su presencia, no pudiendo reunir a la vez la doble condición de autor y de perjudicado, y si la creó con su comportamiento doloso o negligente, no es posible beneficiarse con su reconocimiento y consecuencias (TCo 109/1985; 155/1995; auto 642/1984; auto 655/1984).

Indefensión y lenguas cooficiales El derecho que la Constitución reconoce al uso de una lengua cooficial, es un derecho de **aplicación progresiva**, en función de las posibilidades de la Administración en cada momento, y no puede ser exigido en su totalidad de forma inmediata, criterio acogido para admitir como conformes a Const art.24 las declaraciones en una lengua cooficial traducidas simultáneamente al castellano (TCo 82/1986; 2/1987; 190/1987). **153**

Derecho de defensa en el proceso penal El esfuerzo que Const art.24 reclama a los órganos jurisdiccionales de velar por los derechos de defensa y contradicción de las partes en el proceso, se agudiza en el proceso penal, dada la trascendencia de los intereses en juego (TCo 41/1997; 102/1998; 91/2000), de forma que, aun en el caso de **falta de previsión legal**, no queda liberado el órgano judicial, e incluso el propio ministerio público, de velar por el respeto del derecho de defensa del investigado, más allá del mero respeto formal de las reglas procesales (TCo 112/1989; 93/2005). Esta cuestión se estudia en detalle en nº 6955 s. **155**

Retroacción de actuaciones La **reparación de un derecho fundamental** mediante la retroacción de actuaciones puede provocar un conflicto entre aquel y otros derechos, bienes y valores también constitucionales y dignos de tutela. Por esta razón, la reparación del derecho vulnerado no exige indeclinablemente, sin excepción, la nulidad del procedimiento judicial y la repetición del mismo. En determinados supuestos un pronunciamiento judicial que no permite la repetición del proceso o del juicio, pero que reconoce la lesión, constituye en sí mismo la reparación del derecho fundamental invocado, sin que su carácter declarativo le prive de su efecto reparador, tanto porque, además de proporcionar esa **reparación moral**, puede ser potencialmente generador de una **futura indemnización** (TCo 23/2016). **157**

B. Derecho a obtener una sentencia fundada en Derecho

Todas las personas tienen derecho a obtener la **tutela judicial efectiva** de los jueces y tribunales en el ejercicio de sus derechos e intereses legítimos (Const art.24.1). **170**
Las sentencias deben ser siempre motivadas y se han de pronunciar en audiencia pública (Const art.120.3). De esta manera, se contemplan la **motivación** y la **congruencia** de los pronunciamientos judiciales como requisitos ineludibles de la función judicial (TCo 116/1986; 13/1987; 55/1987; 211/1988). La motivación de las resoluciones judiciales se configura como exigencia constitucional que se integra en el contenido del derecho a la tutela judicial efectiva (TCo 26/1997; 116/1998; 185/1998; 37/2001; 42/2003). De igual manera, cabe señalar que el derecho fundamental a la tutela judicial obliga a los jueces y tribunales a resolver las pretensiones de las partes de manera congruente con los términos en que vengan planteadas, de tal modo que el incumplimiento de dicha obligación constituye una lesión de aquel derecho fundamental (TCo 177/1985; 142/1987; 69/1992; 88/1992; 94/1999).
Como limitación impuesta a las sentencias, amparada en la prohibición de la indefensión, cabe destacar la **interdicción de la reforma peyorativa**, que constituye una modalidad de incongruencia procesal producida en la segunda instancia, consistente en la situación que se produce cuando la condición jurídica de un recurrente resulta empeorada a consecuencia, exclusivamente, de su recurso (TCo 6/1987; 186/1987; 70/1999).
Debe en todo caso precisarse que el derecho a obtener una sentencia fundada en derecho no excluye que la sentencia pueda ser de **inadmisión** cuando concurra causa legal para ello y así lo acuerde el tribunal, en aplicación razonada de la norma, razonamiento que ha de responder a una interpretación de las normas conforme a la Constitución y en el sentido más favorable para la efectividad del derecho fundamental (TCo 69/1984).

Asimismo, cuando el órgano judicial adopte un **cambio de criterio** en sus resoluciones judiciales es necesaria una justificación explícita y suficiente de dicha modificación, al objeto de excluir la arbitrariedad o la inadvertencia generadoras de un trato desigual, con afectación directa con ello al derecho a la igualdad -Const art.14- (TCo 266/1994; 47/1995; 25/1999; 75/2000; 193/2001; 238/2001). **174**
Otra de las proyecciones del derecho a la tutela judicial efectiva consiste en el derecho a que las resoluciones judiciales alcancen la **eficacia** querida por el ordenamiento, lo que significa,

tanto el derecho a que las resoluciones judiciales se ejecuten en sus propios términos, como el respeto a la **firmeza e intangibilidad** de las situaciones jurídicas en ellas declaradas, sin perjuicio, naturalmente, de su revisión o modificación a través de los cauces extraordinarios legalmente reconocidos (TCo 100/1988; 152/1990; 171/1991; 61/1992; 107/1992; 53/2000; auto 167/2000).

Debe recordarse al respecto que corresponde a los jueces y tribunales el ejercicio en exclusiva de la potestad jurisdiccional en todo tipo de procesos, juzgando y haciendo ejecutar lo juzgado (Const art.117.3), siendo obligación de todos cumplir las sentencias y demás resoluciones judiciales firmes, así como prestar la colaboración requerida por los tribunales en la ejecución de lo resuelto (Const art.118).

1. Derecho a obtener una sentencia sobre el fondo

175 El contenido del derecho a la tutela judicial efectiva no se agota en la garantía del **acceso a la justicia**, sino que faculta para obtener de esta una resolución que se pronuncie sobre el fondo de las pretensiones deducidas (TCo 69/1984; 43/1985; 19/1986; 160/1991; 54/1994; 121/1994; 95/1998).

Dicho pronunciamiento sobre el fondo puede ser eludido solamente cuando tales pretensiones resulten **inadmisibles**, de acuerdo con las normas legales que regulan el ejercicio de las acciones, o cuando concurran algunas de las causas legalmente previstas de **terminación del proceso** distintas del dictado de una sentencia acerca del contenido de las pretensiones hechas valer en aquel (TCo 200/1988; 60/1992; 108/2000; 252/2000; 10/2001; 106/2002; 29/2003).

En todo caso, cuando concurriendo causa legal para ello, se dicte **sentencia de inadmisión**, es necesario que al acordarlo, el tribunal lo haga en aplicación razonada de la norma, razonamiento que ha de responder a una interpretación de las normas conforme a la Constitución y en el sentido más favorable para la efectividad del derecho fundamental, debiendo tenerse en cuenta que no toda irregularidad formal constituye un obstáculo insalvable para su prosecución, especialmente en los casos en que el legislador no lo haya determinado de forma taxativa (TCo 69/1984).

El derecho a obtener una sentencia sobre el fondo del asunto como manifestación del derecho fundamental a la tutela judicial efectiva no se despliega solo en favor de la parte actora o **demandante**, sino también sobre la parte pasiva, **demandado o codemandado**.

Precisiones En este punto destacamos dos sentencias en las que se abordan sendos recursos contencioso-administrativos concluidos sin sentencia resolutoria sobre el fondo, al aceptarse por el tribunal el **allanamiento de la Administración demandada**, pero sin haber dado trámite del mismo ni haber oído al respecto al codemandado en sendos pleitos, de manera que se estimó el recurso contencioso-administrativo en uno y otro caso en **perjuicio de la parte codemandada**. Se destaca que al no tener este allanamiento del recurso contencioso-administrativo carácter dispositivo -como en el pleito civil-, puesto que el órgano judicial puede denegarlo si ello supone una infracción manifiesta del ordenamiento jurídico o es demandada la Administración pública, y que por otro lado, al tener que seguir el pleito respecto de aquellas otras partes que no se hayan allanado, se ha vulnerado el derecho a la tutela judicial efectiva de dicha parte codemandada (TCo 95/1998; 96/1998).

2. Motivación de las resoluciones judiciales

180 El derecho a recibir una resolución fundada en Derecho respecto de la pretensión ejercitada
MPCI es una **garantía** frente a la arbitrariedad y a la irrazonabilidad en la actuación de los poderes
nº 185 públicos (TCo 131/1990; 112/1996; 87/2000; 196/2003; 169/2004; 246/2004), por lo que esta exigencia constitucional no puede entenderse cumplida con cualquier fundamentación.

La obligación de motivar las sentencias y autos judiciales no es solo una **obligación impuesta a los órganos judiciales** -Const art.120.3-, sino también, y principalmente, un **derecho de los intervinientes** en el proceso que forma parte del derecho fundamental a la tutela judicial efectiva, que únicamente se satisface si la resolución judicial, de modo explícito o implícito, contiene los **elementos de juicio** suficientes para que el destinatario y, eventualmente, los órganos encargados de revisar sus decisiones puedan conocer cuáles han sido los criterios jurídicos que fundamentan la decisión (TCo 37/2001; 42/2003).

Es, por tanto -y, sobre todo-, una garantía esencial para el justiciable, mediante la cual es posible comprobar que la decisión judicial es consecuencia de la **aplicación razonada del ordenamiento jurídico** y no el fruto de la arbitrariedad. Por ello, una sentencia que no dé respuesta a las cuestiones planteadas en el proceso, o de cuyo contenido no puedan extraerse cuáles son las razones próximas o remotas que justifican aquella, es una decisión judicial que no solo viola la Ley, sino que vulnera el derecho a la tutela judicial efectiva (TCo 122/1991; 165/1993; 122/1994; 5/1995; 115/1996; 50/1997; 139/2000; 5/2006).

Precisiones 1) El concepto de «**resoluciones procesales**» engloba tanto las resoluciones judiciales -providencias, autos y sentencias-, como las del letrado de la Administración de Justicia -diligencias de ordenación, decretos y diligencias de constancia, comunicación o ejecución-. La exigencia de motivación se hace extensiva, en su caso, a las resoluciones dictadas por los letrados de la Administración de Justicia (L 13/2009; nº 53).

Ver la parte de esta obra dedicada a la motivación de las sentencias en el orden civil (nº 2994 s.).

2) La **tutela judicial efectiva** no incluye un pretendido derecho al acierto judicial en la selección, interpretación y aplicación de las disposiciones legales, pero sí comprende, entre otras dimensiones, el derecho a obtener una resolución judicial motivada, expresiva de los elementos y razones de juicio que permitan conocer cuáles han sido los criterios jurídicos que fundamentan la decisión; y de una fundamentación en Derecho, lo que implica la garantía de que la decisión no sea consecuencia de una aplicación arbitraria de la legalidad, ni resulte manifiestamente irrazonable, incursa en un error patente o en una evidente contradicción entre los fundamentos jurídicos, o entre estos y el fallo, ya que, en tal caso, la aplicación de la legalidad sería tan solo una mera apariencia (TCo 64/2010; auto 129/2014).

Alcance de la motivación Es exigencia constitucional que en la propia resolución judicial se evidencie de modo incuestionable que su razón de ser es una **aplicación razonada** de las normas que se consideran aplicables al caso (TCo 23/1987; 154/1997; 147/1999; 25/2000; 42/2004). 182 MPCI nº 185

Por ello, el derecho a la tutela judicial efectiva incluye el derecho de obtener de los órganos judiciales una respuesta razonada que se ajuste al núcleo de las **pretensiones deducidas por las partes**, de modo que si la resolución que pone término al proceso guarda silencio o deja imprejuzgada alguna de las cuestiones que constituyen el centro del debate procesal se produce una falta de respuesta o incongruencia omisiva contraria al derecho a la tutela judicial efectiva (TCo 116/1986; 4/1994; 26/1997; 136/1998; 130/2000; 271/2000; 67/2001).

Consecuencia de ello es que el derecho a la motivación de las resoluciones judiciales se vulnera cuando estas **carezcan de razonamiento** concreto alguno en torno al supuesto de autos, que permita, no solo conocer cuáles han sido los criterios esenciales fundamentadores de la desestimación, sino afirmar que la resolución recaída en la instancia ha sido realmente revisada por el tribunal de apelación (TCo 177/1994; 26/1997; 185/1998).

De igual modo, no pueden considerarse razonadas ni motivadas aquellas resoluciones judicia- 184
les que, a primera vista y sin necesidad de mayor esfuerzo intelectual y argumental, se comprueba que parten de **premisas inexistentes o patentemente erróneas** o siguen un desarrollo argumental que incurre en quiebras lógicas de tal magnitud que las conclusiones alcanzadas no pueden considerarse basadas en ninguna de las razones aducidas (TCo 214/1999; 47/2006).

Como ejemplo de estos razonamientos contrarios a la tutela judicial efectiva se cita el entendimiento en una sentencia de que una cosa es al mismo tiempo lo que es y su contrario (TCo 47/2006).

Sin embargo, no es necesaria una **exhaustividad y pormenorización** sobre todas las cuestiones planteadas. El deber de motivación, en principio, no autoriza a exigir un razonamiento judicial exhaustivo y pormenorizado de todos y cada uno de los aspectos y perspectivas que las partes puedan tener de la cuestión que se decide, sino que deben considerarse suficientemente motivadas aquellas resoluciones judiciales que vengan apoyadas en razones que permitan conocer cuáles han sido los **criterios jurídicos esenciales** fundamentadores de la decisión, es decir, la *ratio decidendi* que ha determinado aquella (TCo 32/1996; 43/1997; 116/1998; 119/2003; 196/2005; 36/2006; 37/2006; auto 427/2004). En esta línea, las exigencias derivadas del derecho a la tutela judicial efectiva han de entenderse cumplidas en la denominada **motivación implícita** y no solo y necesariamente en la expresa y manifiesta (TCo 170/2002).

A partir de este criterio, resulta constitucionalmente legítima una **fundamentación concisa**, 185
sin que sea exigible una determinada extensión de la motivación jurídica (TCo 119/2003; 196/2005; 5/2006; 36/2006; 37/2006), admitiéndose incluso que una resolución judicial se fundamente por **remisión a la sentencia de instancia** que enjuicia un tribunal superior (TCo 174/1987; 146/1990; 27/1992; 115/1996; 231/1997; 36/1998).

De igual modo, se ha afirmado la validez de una **respuesta estereotipada** (TCo 184/1988; 125/1989; 169/1996; 39/1997; 116/1998). Si bien se considera desaconsejable el uso de las resoluciones estereotipadas, estas no implican necesariamente una falta o insuficiencia de la motivación, pues peticiones idénticas pueden recibir respuestas idénticas, sin que la reiteración en la fundamentación suponga ausencia de esta, debiendo analizarse el caso concreto para determinar la suficiencia de la respuesta ofrecida (TCo 169/1996; 39/1997; 67/2000), de

forma que lo relevante es que sea posible conocer cuáles hayan sido los criterios jurídicos esenciales de la decisión, esto es, la *ratio decidendi* (TCo 14/1991; 28/1994; 66/1996).
Queda, sin embargo, vedado el empleo de **cláusulas de estilo**, vacías de contenido preciso, tan abstractas y genéricas que puedan ser extrapoladas a cualquier otro caso (TCo 177/1994; 26/1997; 185/1998).

Precisiones El empleo de un modelo absolutamente genérico, sin consideración alguna a las alegaciones de las partes, que puede aplicarse a cualquier asunto con independencia de su objeto y de los preceptos legales aplicables es inaceptable, pues hace imposible el conocimiento del **fundamento de la decisión adoptada**. Así sucede en relación con dos autos de juzgado de vigilancia penitenciaria que rechazan la queja de un interno con la motivación siguiente. El primero: «Se han practicado las actuaciones que se consideran suficientes para determinar la naturaleza y circunstancias de los hechos denunciados, sin que se haya acreditado la existencia de desviaciones en el cumplimiento de los preceptos penitenciarios, por lo que se procede a desestimar la queja interpuesta por el interno. Vistos los preceptos legales de general y pertinente aplicación...». Y en fase de recurso, el segundo: «Las alegaciones expuestas por el interno en el recurso que ha interpuesto no han desvirtuado la motivación de la resolución impugnada, lo que obliga a desestimar la reforma interesada, confirmado el auto...» (TCo 363/2006).

187 **Control del Tribunal Constitucional sobre la motivación** El derecho a la tutela judicial efectiva no ampara el **acierto de las resoluciones judiciales**. El control de las resoluciones judiciales desde la perspectiva constitucional ha de limitarse a la comprobación de la relación directa y manifiesta existente entre la norma que el juzgador declara aplicable y el fallo de la resolución exteriorizada en su fundamentación jurídica (TCo 112/1996; 109/2000).
Aun cuando el control por el Tribunal Constitucional no ha de limitarse a comprobar la existencia de motivación, sino si la existente es suficiente para considerar satisfecho tal derecho constitucional de las partes, dicho control no debe llevarse más allá de la constatación de si las resoluciones impugnadas, contempladas en el conjunto procesal del que forman parte -esto es, en el contexto global del proceso-, permiten conocer que la decisión judicial es fruto de una **interpretación y aplicación del ordenamiento jurídico** reconocible, lo que exige valorar todas las circunstancias concurrentes que singularizan el caso concreto, tanto las que están presentes, implícita o explícitamente, en la propia resolución combatida como las que, no existiendo, constan en el proceso (TCo 121/1991; 122/1991; 122/1994; 37/2001; 119/2003; 196/2005; 5/2006; 36/2006; 37/2006).
La selección e interpretación de la norma corresponde en exclusiva a los órganos judiciales y el control del Tribunal Constitucional ha de limitarse a aquellos supuestos en que la resolución judicial sea manifiestamente **infundada, arbitraria, irrazonable o irrazonada** o fruto de un **error patente**, supuestos estos que se han llegado a denominar de simple apariencia del ejercicio de la Justicia (TCo 148/1994; 109/2000).

188 **Motivación de sentencias y presunción de inocencia** Para determinados supuestos, no obstante, el Tribunal Constitucional viene exigiendo una **particular motivación** de las sentencias judiciales, como es el caso de las sentencias penales condenatorias, al verse implicados el derecho a la presunción de inocencia y el derecho a la libertad personal, o cuando se vean afectados otros derechos fundamentales.
Existe una pluralidad de supuestos en los que es necesaria una particular carga argumentativa para que la resolución judicial examinada sea consistente con las exigencias que se derivan de Const art.24.1 (TCo 116/1998). En concreto:
- cuando se ven afectados otros **derechos fundamentales** (TCo 86/1995; 128/1995; 62/1996; 170/1996; 175/1997; 200/1997);
- cuando se trata de desvirtuar la **presunción de inocencia** (TCo 174/1985; 175/1985; 160/1988; 76/1990; 134/1996; 24/1997);
- cuando se atañe de alguna manera a la **libertad** como valor superior del ordenamiento jurídico (TCo 2/1997; 81/1997); o
- cuando el órgano judicial se aparta de sus **precedentes** (TCo 100/1993; 14/1993).

En el caso de las **sentencias penales condenatorias**, al verse implicados el derecho a la presunción de inocencia y el derecho a la libertad personal, se hace imprescindible una mínima explicitación de los fundamentos probatorios del relato fáctico, con base en el cual se individualiza el caso y se posibilita la aplicación de la norma jurídica (TCo 5/2000; 249/2000; 143/2005). Los tribunales deben hacer explícitos en la resolución los elementos de convicción que sustentan la declaración de los hechos probados, a fin de acreditar la concurrencia de prueba de cargo capaz de enervar la presunción de inocencia (TCo 139/2000).
La total **ausencia de fundamentación** del relato fáctico afecta al derecho a la presunción de inocencia (TCo 175/1985; 107/1989; 229/1988; 220/1998; 91/1999; 111/1999; 120/1999), por cuanto la explicitación de la prueba que puede sustentar los hechos declarados probados y, consecuentemente, la condena penal, constituye un factor relevante no solo de la posibilidad

efectiva de revisar la apreciación de la prueba por un tribunal superior que tenga atribuidas funciones al efecto, sino también de que el Tribunal Constitucional pueda efectuar un control sobre la existencia o inexistencia de prueba de cargo; es decir, un control de la virtualidad incriminatoria de las pruebas practicadas, que exige la razonabilidad y mínima consistencia de las inferencias o deducciones realizadas por los tribunales ordinarios para considerar acreditados los hechos incriminadores del finalmente condenado (TCo 5/2000; 249/2000; 209/2002; 143/2005).

Precisiones El derecho a la **presunción de inocencia** y la doctrina constitucional elaborada sobre este principio se exponen en nº 6850 s.

3. Congruencia de las sentencias

La congruencia de las sentencias, como requisito de las mismas, se mide por el **ajuste o adecuación** entre la parte dispositiva y los términos en que las partes han formulado sus pretensiones y peticiones, no concediéndoles más de lo pedido en demanda, ni menos de lo admitido por el demandado, ni otorgando cosa distinta de lo pretendido, incurriendo, si el desvío es por su naturaleza modificador de los temas del debate, en la infracción del principio de contradicción, al lesionarse el esencial derecho de defensa, por faltar concreto debate y oposición sobre los excesos, aminoraciones o desviaciones (TCo 20/1982). 200

De manera más sintética puede decirse que el desajuste entre el **fallo judicial** y los términos en los que las partes formulen sus **pretensiones**, concediendo más o menos, o cosa distinta de lo pedido, puede entrañar una vulneración del derecho a la tutela judicial efectiva siempre que dicho desajuste tenga tal entidad que suponga una modificación sustancial de los términos en que discurra la controversia procesal y, por tanto, el debate contradictorio (TCo 220/1997; 136/1998; 15/1999; 29/1999; 215/1999; 23/2000; 34/2000; 187/2000; 213/2000; 227/2000; 178/2014).

Respecto a la congruencia de las sentencias en el **orden civil**, ver nº 2992 y nº 2993.

Clases de incongruencia Cabe hablar en primer lugar de incongruencia *extra petita*, en la que el órgano judicial se pronuncia sobre determinados extremos al margen de lo suplicado por las partes, lo que puede tener relevancia constitucional en el marco del derecho a la tutela judicial efectiva en la medida en que, al impedir a las partes la posibilidad de efectuar las alegaciones pertinentes en defensa de sus intereses relacionados con lo decidido, se provoque su indefensión al defraudar el principio de contradicción (TCo 154/1991; 172/1994; 116/1995; 60/1996; 98/1996; 9/1998; 227/2000). 201 MPCI nº 197

La incongruencia *ultra petita*, por su parte, es aquella en la que se concede más de lo pedido.

Por su parte, por incongruencia **omisiva** o *citra petita*, también llamada incongruencia *ex silentio*, debe entenderse la falta de ajuste o adecuación entre la parte dispositiva de las sentencias y los términos en que las partes han formulado sus peticiones o pretensiones de tal forma que se deje imprejuzgada o sin contestar la pretensión oportunamente formulada. Esta clase de incongruencia merece un estudio más detallado.

En ocasiones la incongruencia *extra petita* y *ex silentio* pueden presentarse unidas, concurriendo la llamada **incongruencia por error**, que define un supuesto en el que por el órgano judicial no se resuelve sobre la pretensión formulada o sobre el motivo del recurso, sino que erróneamente se razona sobre otra pretensión absolutamente ajena al debate procesal planteado, dejando al mismo tiempo aquellas sin respuesta (TCo 369/1993; 111/1997).

Incongruencia omisiva La incongruencia omisiva es la **falta de ajuste o adecuación** entre las pretensiones de las partes y la parte dispositiva de la sentencia, de modo que se deje imprejuzgada o sin contestar la pretensión oportunamente formulada (TCo 206/1987; 73/1991; 223/2003), con lo que el órgano judicial no tutela los derechos e intereses legítimos sometidos a su jurisdicción, provocando una denegación de justicia (TCo 114/2003). 202

El **elemento definidor** de la incongruencia omisiva es el desajuste entre la cuestión planteada en el proceso y la respuesta final que a la misma se da por el órgano jurisdiccional (TCo 20/1982; 125/1989; 172/1997; 154/1998; 53/1999; 114/2003; 52/2005; 151/2005).

Para que la queja por incongruencia omisiva sea atendible en el plano constitucional debe comprobarse la concurrencia de dos **extremos esenciales** (TCo 5/1990):

- el efectivo **planteamiento de la cuestión** cuyo conocimiento y decisión se afirma eludido por el tribunal; y
- la **ausencia de respuesta** razonada por parte del órgano judicial a ese concreto motivo de recurso, constituyendo en definitiva una decisión sobre cosa distinta, derivada de la modificación, alteración o sustitución del presupuesto de hecho.

Ahora bien, es determinante distinguir entre la desatención judicial de alguna de las **alegaciones** de las partes, que en su caso puede dar lugar a un problema de falta de motivación, de mayor o menor trascendencia según las circunstancias, del supuesto de desatención judicial de alguna de las **pretensiones** de los litigantes, en cuyo caso debe hablarse de incongruencia omisiva.

Precisiones No se trata de una falta de respuesta a cualquier cuestión, sino de no dársela a una pretensión, a una petición que tiene lugar en el proceso en virtud de una determinada fundamentación o *causa petendi*, precisión esta sobre el objeto de la incongruencia constitucionalmente relevante, que ha servido para poder constatarla en supuestos en los que sí hay respuesta judicial a la petición, pero en correspondencia a otro fundamento y con ello a otra pretensión. Además, en segundo lugar, la constricción de la incongruencia omisiva relevante a la que tiene por objeto la pretensión procesal distingue estos supuestos de los que se suscitan por falta de respuesta a las alegaciones no sustanciales con las que se quiere avalar las pretensiones (TCo 151/2005). Estos últimos supuestos no deben analizarse desde la perspectiva de la inexistencia de respuesta judicial, sino desde la menos rigurosa de la motivación de la misma (TCo 91/1995; 56/1996; 23/2000; 246/2004).
El tercero de los requisitos de la incongruencia omisiva constitutiva de un vacío de tutela es la **falta de respuesta** del órgano judicial a la pretensión debidamente planteada por una de las partes en el proceso.

206 La **falta de respuesta** no debe hacerse equivaler a la falta de respuesta expresa, pues los requisitos constitucionales mínimos de la tutela judicial pueden satisfacerse con una respuesta tácita, análisis este que exige una cuidadosa y particularizada atención (TCo 91/1995; 56/1996; 114/2003).

Por lo demás, para poder apreciar la existencia de una **respuesta tácita** -y, con ello, de una mera omisión sin trascendencia constitucional-, es necesario que del conjunto de los razonamientos contenidos en la resolución pueda deducirse razonablemente no solo que el órgano judicial ha valorado la pretensión deducida sino, además, los motivos fundamentadores de la respuesta tácita (TCo 1/2001; 141/2002).

De esta manera, no se produce incongruencia omisiva cuando la falta de respuesta judicial se refiera a **pretensiones cuyo examen venga subordinado** a la decisión que se adopta respecto de otras pretensiones que, siendo de enjuiciamiento preferente, determinen que su estimación haga innecesario o improcedente pronunciarse sobre estas, como ocurre en el caso de estimación de un defecto formal que impida o prive de sentido entrar en la resolución de la cuestión de fondo (TCo 4/1994).

No existe incongruencia constitucionalmente relevante si el órgano judicial resuelve las pretensiones de las partes, aunque no se haya dado una **respuesta pormenorizada a las argumentaciones** de estas (TCo 29/1987; 128/1992; 167/2001), como tampoco cuando la sentencia que sí da respuesta, aunque sea genérica, a las alegaciones de fondo que vertebran el razonamiento de las partes, omita una respuesta **respecto de alguna alegación** que, a tenor de aquella respuesta, resulte secundaria (TCo 91/1995).

De igual modo, la congruencia de la resolución judicial es plenamente compatible con el **principio** *iura novit curia*, ya que los órganos jurisdiccionales no están obligados a ajustarse en los razonamientos que les sirven para motivar sus fallos a las alegaciones jurídicas aducidas por las partes (TCo 111/1991; 144/1991; 59/1992; 88/1992; 112/1994), pudiendo basar su decisión en otras normas distintas, si aprecian que son estas las aplicables al caso, y siempre dentro de los límites del respeto a la causa de pedir (TS 1-2-18, EDJ 3693; 15-6-22, EDJ 606799), al igual que pueden aplicar de oficio las normas relativas a los presupuestos procesales (TCo 77/1986; 61/1989).

208 La incongruencia omisiva constituye un defecto capaz de generar la **vulneración del derecho a la tutela judicial efectiva** si, en atención a las circunstancias concurrentes, el silencio de la resolución no puede interpretarse razonablemente como una **desestimación tácita** que satisfaga las exigencias de dicho derecho constitucional (TCo 20/1982; 175/1990; 83/1998; 74/1999; 67/2000; 53/2001; 104/2002; 236/2002). En definitiva, se exige que del conjunto de los razonamientos contenidos en la resolución pueda deducirse razonablemente no solo que el órgano judicial ha valorado la pretensión deducida, sino, además, los **motivos fundamentadores** de la respuesta tácita (TCo 26/1997).

La sentencia TCo 1/1999 -seguida por otras muchas (TCo 44/2008; 25/2012; 178/2014)- precisa con detalle cuándo la incongruencia puede alcanzar rango constitucional hasta el punto de lesionar el derecho a la tutela judicial efectiva:

a) Que no toda ausencia de respuesta a las cuestiones planteadas por las partes produce una vulneración del derecho constitucional a la tutela judicial efectiva. Para apreciar esta lesión constitucional debe distinguirse, en primer lugar, entre lo que son **meras alegaciones** aportadas por las partes en defensa de sus pretensiones y las **pretensiones** en sí mismas consideradas. Con respecto a las primeras puede no ser necesaria una respuesta explícita y pormenorizada a todas ellas, pudiendo bastar en atención a las circunstancias particulares concurrentes, con una respuesta global o genérica, aunque se omita respecto de alegaciones concretas no sustanciales. Respecto de las pretensiones, la exigencia de respuesta congruente se muestra con todo rigor, sin más posible excepción que la existencia de una desestimación tácita de la pretensión sobre la que se denuncia la omisión de respuesta explícita (TCo 56/1996; 85/1996; 26/1997; 16/1998; 230/1998; 4/1999).

b) Que, para que sea posible apreciar la existencia de una respuesta tácita a las pretensiones sobre las que se denuncia la omisión de pronunciamiento, es preciso que la motivación de la respuesta pueda deducirse del **conjunto de los razonamientos** de la decisión (TCo 91/1995), esto es, que de estos razonamientos pueda deducirse razonablemente no solo que el órgano judicial ha valorado la pretensión articulada, sino los motivos fundamentales de la respuesta tácita (TCo 56/1996; 187/1998; 206/1998; 230/1998; 94/1999).

c) Que ha igualmente de comprobarse que la pretensión omitida fuera efectivamente llevada al juicio en **momento procesal oportuno** para ello (TCo 91/1995; 56/1996).

Esta sentencia sintetiza la consolidada doctrina anterior del Tribunal Constitucional (TCo 82/1998; 83/1998; 89/1998; 101/1998; 116/1998; 129/1998; 153/1998; 164/1998; 206/1998), luego seguida de manera uniforme y perfeccionada (TCo 94/1999; 167/2001), acerca de la vulneración del derecho a la tutela judicial efectiva por falta de respuesta judicial.

Ahora bien, de acuerdo con la jurisprudencia constitucional citada, no toda ausencia de pronunciamiento expreso a las cuestiones planteadas, o todo defecto procesal por el que se haya dejado incontestado algún extremo del debate procesal suscitado entre las partes, produce una automática vulneración del derecho a la tutela judicial efectiva, pues solo han de estimarse constitucionalmente relevantes, a estos efectos, aquellas incongruencias omisivas que hayan colocado a la parte en una real y efectiva situación material de indefensión (TCo 56/1996; 94/1999; 67/2001).

Reforma peyorativa La figura llamada de la reforma peyorativa *-reformatio in peius-* constituye una **modalidad de incongruencia procesal** producida en la segunda instancia, que consiste en la situación que se produce cuando la condición jurídica de un recurrente resulta empeorada a consecuencia exclusivamente de su recurso (TCo 6/1987; 186/1987; 70/1999). **210**

Como garantía común e inherente a **todos los procesos**, es una exigencia de aplicación no solo en el ámbito penal -incluido el juicio por delitos leves- (TCo 54/1985; 84/1985; 115/1986; 6/1987; 186/1987), y tanto en el recurso de apelación como en el de casación, sino que, además, rige también para cualquier tipo de recurso en **cualquier orden jurisdiccional** (TCo 250/2004; 196/2003).

Precisiones Si bien en algunos casos se ha considerado la interdicción de la reforma peyorativa como una más de las garantías del principio acusatorio, fundamentada tanto en la vulneración del derecho a conocer la acusación y la prohibición de la indefensión, como en la exigencia de separación entre la acusación y la función de enjuiciamiento imparcial inherente al principio acusatorio (TCo 40/1990; 28/2003), al ser una interdicción común a todos los órdenes jurisdiccionales, debe sin embargo entenderse que constituye una **garantía procesal del régimen de los recursos** (TCo auto 701/1984; TCo 143/1988; 17/1989; 120/1989; 19/1992), ya que de admitirse que los órganos judiciales pueden modificar de oficio, en perjuicio del recurrente, la resolución impugnada por este, se introduciría un elemento disuasorio para el ejercicio del derecho constitucional a los recursos legalmente establecidos en la Ley (TCo 28/2003).

El Tribunal Constitucional ha abordado esta institución desde sus primeros pronunciamientos, entendiendo que solamente hay reforma peyorativa cuando la **condición del recurrente** empeora como consecuencia de su recurso y no cuando tal condición permanece invariable al confirmarse la resolución recurrida, y ello aun cuando la confirmación de la sentencia recurrida lo sea con fundamentos jurídicos distintos a los de instancia que la hagan justificada (TCo 12/1981; 43/1997). **212**

La interdicción de la reforma peyorativa se infringe cuando la condición del recurrente empeora como consecuencia de su misma impugnación, pero no cuando se produce **a consecuencia de otras alegaciones** formuladas de forma concurrente, o incluso incidental (TCo auto 304/1984). La agravación o empeoramiento del recurrente solo es aceptable si concurren otras partes apelantes que con sus peticiones permitan adoptar aquella decisión de condena agravada, pues, aunque la apelación se considere como un *novum iudicium*, la revisión que supone debe encuadrarse dentro de las pretensiones ejercitadas en ambas instancias, no admitiendo las apreciaciones distintas que las superen, con agravio indudable de los derechos fundamentales establecidos en la Constitución (TCo 54/1985; 186/1987; 153/1990; 41/1998).

Ejemplos de pronunciamientos sobre reforma peyorativa Resulta muy ilustrativo exponer algunos ejemplos en los que el Tribunal Constitucional ha analizado la existencia de reforma peyorativa: **214**

• Se plantea un **recurso de apelación** en el que solo fue apelante el condenado y en que el sujeto pasivo del delito y el Ministerio Fiscal se aquietaron con la sentencia de instancia; en la segunda instancia, el órgano judicial, después de desestimar la apelación, modifica de oficio la sentencia, produciendo con ello una reforma peyorativa, no solo en la medida en que se agravó la **pena** impuesta sino también porque modificó en sentido peyorativo la condena de **responsabilidad civil** (TCo auto 840/1986).

• El alcalde y los concejales de una corporación local, que han sido condenados por un juzgado de lo penal -hasta su sustitución por la correspondiente Sección de lo Penal del Tribunal de Instancia-, por desobediencia a dar cumplimiento a una sentencia del orden contencioso-administrativo, recurren la sentencia en apelación ante la Audiencia Provincial para que declare que su conducta no ha sido constitutiva de delito, sino de falta. El fiscal y la acusación particular piden la confirmación de la condena. Finalmente, la Audiencia desestima su recurso y, además, de oficio, **anuló el juicio y la sentencia de instancia**, por considerar que el juzgado de lo penal no era competente para enjuiciar los hechos, sino la propia audiencia provincial con base en que la desobediencia no había sido cometida por particulares, sino por funcionarios públicos, estando señalada pena superior a 6 años que, en aquel entonces, marcaba el límite de competencia entre los juzgados y las audiencias. Se da el caso de que los recurrentes habían **desistido de los recursos** de apelación tan pronto tuvieron noticia de la cuestión procesal que la audiencia provincial había suscitado de oficio acerca de la supuesta incompetencia del juzgado. Pero la audiencia no atendió dichos desistimientos, anuló la sentencia y ordenó la retroacción de las actuaciones para que de nuevo fueran juzgados los hechos por quien se consideraba era el órgano competente, la propia audiencia. Se entiende que concurre reforma peyorativa ya que la situación de los recurrentes empeoró como consecuencia de este pronunciamiento de la audiencia, quien además debió atender preferentemente los desistimientos. Si bien se reconoce que la aplicación de normas de orden público procesal -como sería la de la competencia del órgano judicial para enjuiciar estos delitos- puede justificar el empeoramiento de la situación del recurrente, que no se encontraría en tales casos protegido por la interdicción de la reforma peyorativa, sin embargo, tal doctrina no puede conducir a un vaciamiento de los derechos públicos fundamentales que pueda justificar que el tribunal superior que conoce de un recurso decrete la nulidad de actuaciones si aprecia una falta manifiesta de competencia, y esta está fundada en normas de Derecho sustantivo, que no procesal, como era el caso (TCo 70/1999).

215 • Se desestima el amparo en el que se alegaba reforma peyorativa por un apelante que, lejos de conseguir un incremento de la **indemnización** que le había reconocido la sentencia de instancia, se había visto privado de ella porque el tribunal de apelación apreció de oficio un vicio de orden público, como lo fue el habérsele aceptado como parte civil en un juicio por delitos leves, a pesar de que había renunciado a la acción civil. El Tribunal Constitucional entiende que el tribunal se había limitado a velar por el cumplimiento de **reglas de orden público procesal**, cuya observancia no queda nunca sustraída al tribunal de apelación por obra del efecto devolutivo del recurso. Subraya que no se trataba de un apelante que hubiera sido condenado en la instancia y, por ende, que no ejercía su derecho fundamental a la revisión de la declaración de culpabilidad y la pena impuesta, sino, por el contrario, de un perjudicado que había optado por pedir la reparación de sus daños y perjuicios en la vía penal, en vez de seguir una vía civil (TCo 15/1987).

• Se estima el amparo solicitado por quien había visto agravada su condena por el tribunal ante el que había apelado, porque este desechó sus alegaciones, pero apreció de oficio una **agravante de reincidencia** que había sido declarada en los hechos probados de la sentencia de instancia, pero sin repercusión al graduar la pena. El condenado en juicio tiene derecho a la seguridad jurídica sobre la inmutabilidad de la sentencia en su perjuicio si no media recurso de la parte contraria, por lo que está vedada cualquier agravación del resultado decidido en la instancia, aunque sea evidente su **procedencia legal**, pues las garantías constitucionales deben prevalecer incluso sobre el principio de estricta sumisión del juez a la Ley para corregir de oficio en la alzada errores evidentes en la aplicación hecha de la misma en la instancia (TCo 153/1990).

217 **Sentencias contradictorias y principio de igualdad** La exigencia de justificación explícita y suficiente del **cambio de criterio judicial** obedece al objeto de excluir la arbitrariedad o la inadvertencia generadoras de un trato desigual (TCo 266/1994; 47/1995; 25/1999; 75/2000; 193/2001; 238/2001) y, por tanto, afecta directamente al derecho a la igualdad (Const art.14).

Para apreciar la vulneración del derecho a la igualdad en relación con el derecho a la tutela judicial efectiva, es necesario que, tras partir de una **identidad fáctica absoluta** entre dos supuestos, el mismo órgano jurisdiccional dicte **resoluciones contradictorias** sin justificar el cambio de criterio y sin que este pueda deducirse del contexto de la resolución impugnada (TCo 285/1994). Ello exige la acreditación de un *tertium comparationis*, que permita la

comparación entre la sentencia impugnada y las precedentes resoluciones del mismo órgano judicial que, en casos sustancialmente iguales, hayan resuelto de forma contradictoria (TCo 285/1994; 4/1995; 55/1999; 62/1999; 102/1999; 132/2001; 238/2001; 28/2004).
Por otro lado, debe destacarse que, si bien es cierto que el valor constitucional de la igualdad en la aplicación de la ley protege, fundamentalmente, frente a divergencias arbitrarias de trato en resoluciones judiciales, evitando el capricho, el favoritismo, o la arbitrariedad del órgano judicial e impidiendo que no se trate a los justiciables por igual y se discrimine entre ellos, sin embargo ni el principio de igualdad, ni su configuración como derecho subjetivo, permiten asegurar un **tratamiento idéntico uniforme o unificado** por los distintos órganos judiciales, ya que el repetido principio ha de hacerse compatible con el **principio de independencia** de los mencionados órganos (TCo 104/1996).

Requisitos La vulneración del derecho de igualdad no se produce, sin más, cuando existe una divergencia entre dos resoluciones judiciales. Para apreciar la existencia de una desigualdad en la aplicación de la ley han de concurrir los siguientes requisitos (TCo 29/2005; 146/2005; 27/2006): 219
a) Que las resoluciones que se contrastan hayan sido dictadas por el **mismo órgano judicial** (TCo 134/1991; 183/1991; 245/1994; 285/1994; 104/1996; 91/2000). Se ha exigido no solo la identidad de sala, sino también, en su caso, la de sección, al considerar a estas como órganos jurisdiccionales con entidad diferenciada suficiente para desvirtuar una supuesta desigualdad en la aplicación judicial de la Ley (TCo 46/1996; 32/1999; 46/1999; 55/1999; 62/1999; 102/2000; 111/2001; 111/2002; 34/2003; 46/2003; 229/2003).
b) Que hayan resuelto **supuestos sustancialmente iguales** (TCo 79/1985; 27/1987; 140/1992; 141/1994; 165/1995). Es así necesaria la acreditación de un *tertius comparationis*, ya que el juicio de la igualdad solo puede realizarse sobre la comparación entre la sentencia impugnada y las precedentes resoluciones del mismo órgano judicial que, en casos sustancialmente iguales, hayan resuelto de forma contradictoria (TCo 82/1990; 183/1991; 104/1996; 102/2000; 111/2002; 111/2003; 229/2003), sin que sea posible comparar resoluciones de pura inadmisión con resoluciones que entran a examinar el fondo del asunto (TCo 33/2002).
No basta con cualquier precedente o uno aislado, sino que es precisa una concreta y definida **orientación jurisprudencial** de la que sean predicables los rasgos de generalidad, continuidad y firmeza (TCo 142/1985; 48/1987; 159/1989; 11/1995; 1/1997; 102/2000; 57/2001; 229/2003), sin perjuicio de que pueda ser eficaz, excepcionalmente, la invocación de un precedente, siempre que sea inmediato en el tiempo y exactamente igual el supuesto fáctico desde la perspectiva jurídica con la que se enjuició (TCo 25/1999; 140/2003).
c) Que exista «**alteridad**» en los supuestos contrastados, esto es, la referencia a otro, no pudiendo someterse a comparación dos resoluciones judiciales referidas a la misma persona, al no poder darse la discriminación contra uno mismo (TCo 150/1997; 64/2000; 111/2001; 162/2001; 34/2003; 46/2003).
d) Que existа **ausencia de toda motivación** que justifique en términos generalizables el cambio de criterio. No se vulnera el derecho de igualdad cuando la sentencia contiene un razonamiento explícito acerca de una determinada pretensión de la parte, y dicho razonamiento permite, al margen de su acierto, contemplar dicha resolución como la expresión de un criterio jurídico fundado, y no como un acto de arbitrariedad que introduce una diferencia de trato artificiosa o injustificada por no venir fundadas en criterios objetivos y razonables (TCo 160/1993; 192/1994; 104/1996; 96/1997; 132/1997; 188/1998; 25/1999; 91/2000).
Los órganos judiciales incurren en un supuesto de ilegítima desigualdad aplicativa de la ley cuando no ofrezcan para la nueva decisión una adecuada motivación de su cambio de criterio o cuando la motivación no pueda deducirse razonablemente de los términos de la nueva resolución (TCo 82/1990; 183/1991; 104/1996; 102/2000; 57/2001; 229/2003).

Contradicción en la apreciación de los hechos Directamente vinculado con estos supuestos debe citarse el caso de la existencia de distintos pronunciamientos judiciales contradictorios, de los que resulte que unos mismos hechos **ocurrieron y no ocurrieron a la vez**. 222
Esta contradicción supone una vulneración del principio de **seguridad jurídica** (Const art.9.3), en cuanto dicho principio integra también la expectativa legítima de los justiciables a obtener para una misma cuestión una respuesta inequívoca de los órganos judiciales -además del derecho a la tutela judicial efectiva- (TCo 62/1984), pues unos mismos hechos no pueden existir y dejar de existir para los órganos del Estado (TCo 77/1983; 62/1984; 158/1985; 34/2003; 231/2006).
Ahora bien, esta doctrina no conlleva en todo caso que los órganos judiciales deban aceptar siempre de forma mecánica los hechos declarados por otra jurisdicción, sino que una **distinta apreciación de los hechos** debe ser motivada y, por ello, cuando un órgano judicial vaya a dictar una resolución que pueda ser contradictoria con lo declarado por otra resolución judicial

debe exponer las razones por las cuales, a pesar de las apariencias, tal contradicción no existe a su juicio (TCo 158/1985).

Cuando la determinación de unos hechos exija una **previa calificación jurídica**, cabe que dichos hechos sean apreciados de forma distinta en diferentes resoluciones judiciales sin incurrir por ello en ninguna vulneración constitucional si el órgano judicial que se aparta de la apreciación de los hechos efectuada anteriormente en otra resolución judicial expone de modo razonado los motivos por los que lleva a cabo esa diferente apreciación de los hechos (TCo 151/2001; 34/2003).

El Tribunal Constitucional admite como no merecedora de reproche constitucional la contradicción que sobre unos mismos hechos se pueda producir entre sentencias dictadas en **distintos órdenes jurisdiccionales**, al poder imponer estos -y el ordenamiento jurídico que en cada uno de ellos se aplique-, un examen desde perspectivas distintas, con lo que se vienen a obtener consecuencias también distintas sobre unos mismos hechos, y ello siempre que el órgano judicial razone y motive las conclusiones alcanzadas.

En relación con el instituto de la **prejudicialidad**, se ha sostenido que, no existiendo norma legal alguna que establezca la necesidad de deferir a un concreto orden jurisdiccional el conocimiento de una cuestión prejudicial, corresponde a cada uno de ellos decidir si se han cumplido o no los presupuestos de las pretensiones que ante ellos se ejercitan. Como regla general, carece de relevancia constitucional que puedan producirse resultados contradictorios entre resoluciones de órganos judiciales de distintos órdenes, cuando esta contradicción tiene como soporte el haber abordado, bajo ópticas distintas, unos mismos hechos sometidos al conocimiento judicial, pues, en estos casos, los resultados contradictorios son consecuencia de los criterios informadores del reparto de competencias llevado a cabo por el legislador entre los diversos órdenes jurisdiccionales (TCo 30/1996; 50/1996; 59/1996; 102/1996; 89/1997; 190/1999; 278/2000; 170/2002).

225 Precisiones 1) Es el caso de diversas resoluciones del Tribunal Constitucional que entienden respetuosa con Const art.24 la situación creada con dos sentencias contradictorias, una de ellas del **orden civil**, estimatoria de la demanda de desahucio por estar fundada en una previa declaración administrativa de ruina, y la otra del **orden contencioso-administrativo**, anulatoria de dicha resolución de declaración de ruina (TCo 70/1989; 116/1989). También se ha planteado dicha contradicción entre la jurisdicción contencioso-administrativa y la laboral (TCo 158/1985), así como entre la penal y la laboral (TCo 62/1984).

2) Se han admitido como ajustados a Const art.24 pronunciamientos contradictorios incluso **dentro de un mismo orden jurisdiccional**, siempre que, dentro de este, el ordenamiento jurídico imponga la apreciación de unos mismos hechos bajo distintos parámetros jurídicos, de manera distinta en uno u otro caso (como cuando se ejerce la potestad administrativa sancionadora en contraste con la meramente liquidatoria). Se rechaza el recurso de amparo frente al dictado de dos sentencias de la jurisdicción contencioso-administrativa, dictadas por el mismo órgano judicial, que sobre unos mismos hechos (existencia o no de una concreta relación laboral) alcanzan conclusiones contradictorias, de manera que la sentencia que fiscaliza un acta de liquidación originaria de la inspección de trabajo entiende que sí existe relación laboral por virtud de la fehaciencia probatoria del acta, mientras que la sentencia que fiscaliza el acta de infracción originaria de dicha Inspección extendida por el mismo hecho, anula la actuación administrativa por entender que no se ha acreditado a existencia de relación laboral al no ser desvirtuada la presunción de inocencia del sancionado. Pese a reconocerse que se trata de unos mismos hechos y que las sentencias llegan a conclusiones contradictorias entre sí, se entiende que no se ha vulnerado el derecho a la tutela judicial efectiva, puesto que, en uno y otro caso, el ordenamiento jurídico administrativo obliga al órgano judicial a resolver de forma diferente (TCo 34/2003).

4. Eficacia de las resoluciones judiciales

230 Una de las proyecciones del derecho a la tutela judicial efectiva consiste en el derecho a que las resoluciones judiciales alcancen la eficacia querida por el ordenamiento, lo que significa, tanto el derecho a que las resoluciones judiciales **se ejecuten en sus propios términos**, como el respeto a la **firmeza e intangibilidad** de las situaciones jurídicas en ellas declaradas, sin perjuicio, naturalmente, de su revisión o modificación a través de los cauces extraordinarios legalmente reconocidos (TCo 67/1984; 159/1987; 152/1990; 171/1991; 53/2000; 47/2006; auto 167/2000).

En otro caso, es decir, si se desconociera el efecto de **cosa juzgada material**, se privaría de eficacia a lo que se decidió con firmeza en el proceso, lesionándose así la paz y la seguridad jurídica de quien se vio protegido judicialmente por una resolución firme dictada en un proceso anterior ante las mismas partes (TCo 190/1999; 53/2000; 55/2000; 207/2000; 309/2000; 151/2001; 135/2001; 15/2002; 156/2002; 47/2006).

Por ello el derecho a la tutela judicial efectiva protege y garantiza la eficacia de la cosa juzgada material, tanto en su aspecto negativo, o **excluyente de nuevos pronunciamientos judiciales** con idéntico objeto procesal al resuelto por resolución judicial firme, como en su aspecto positivo o prejudicial, impidiendo que los tribunales, en un proceso seguido entre las mismas partes, puedan desconocer o contradecir las situaciones declaradas o reconocidas en resolución judicial que haya adquirido firmeza (TCo 119/1988; 12/1989; 242/1992; 15/2002; 156/2002).
El **desconocimiento de lo decidido en sentencia firme** se produce no solo cuando concurran las identidades propias de la cosa juzgada, sino también cuando se desconoce lo resuelto por sentencia firme en el marco de procesos que examinan cuestiones que guardan con aquella una relación de estricta dependencia, aunque no sea posible apreciar el efecto de la cosa juzgada material.
La determinación del alcance que quepa atribuir a la cosa juzgada constituye una cuestión que corresponde a la estricta **competencia de los órganos judiciales**, por lo que sus decisiones en esta materia solo son revisables en sede constitucional si resultan incongruentes, arbitrarias o irrazonables (TCo 207/2000; 309/2000; 151/2001; 15/2002; 226/2002; 47/2006; auto 335/1997; auto 186/1999). No corresponde al Tribunal Constitucional sustituir a los órganos judiciales en la valoración efectuada en cada caso, sobre el alcance que haya de atribuirse a la cosa juzgada, salvo que se trate de una decisión no prevista por las Leyes, incongruente, arbitraria o irrazonable, ya que en otro caso el recurso de amparo se convertiría en una nueva instancia (TCo 135/1994; 34/1997; 43/1998; 135/2001).

Derecho a la ejecución de las resoluciones judiciales El derecho a la ejecución de las sentencias constituye un elemento de trascendental importancia en el sistema jurídico para la efectividad del Estado social y democrático de Derecho (TCo 67/1984; 4/1988). El derecho a la tutela judicial efectiva exige que las resoluciones judiciales se cumplan y ejecuten **en sus propios términos** (TCo 125/1987; 159/1987; 167/1987; 148/1989; 152/1990; 171/1991; 53/2000; 50/2015; auto 167/2000), garantizando con ello que quien haya visto reconocida su pretensión por el órgano judicial vea satisfecho su derecho. La tutela judicial efectiva quedaría sin efectividad si la ejecución de la sentencia se relegara a la voluntad caprichosa de la parte condenada o si el cumplimiento del fallo judicial tuviese carácter meramente dispositivo (TCo 32/1982; 26/1983; 15/1986). 232
La **potestad de ejecutar las sentencias** corresponde en exclusiva a los órganos judiciales en toda clase de procesos (Const art.117.3), lo que constituye parte imprescindible de la potestad jurisdiccional (TCo 120/1991), siendo obligación de todos cumplir las sentencias y demás resoluciones judiciales firmes, así como prestar la **colaboración** requerida por los tribunales en la ejecución de lo resuelto (Const art.118).
La potestad de ejecutar las resoluciones firmes comporta por ello un auténtico mandato al órgano judicial, que debe adoptar, en su caso, las **medidas necesarias** para proveer a la ejecución del fallo cuando ello sea legalmente exigible (TCo 11/2008; auto 117/2008).
La prestación judicial en ejecución de sus resoluciones debe ser **respetuosa con lo fallado** y enérgica, si fuera preciso, frente a su eventual contradicción por terceros (TCo 153/1992; 18/1997). Deben así los órganos judiciales proceder a la ejecución de sus fallos, aun cuando entiendan con posterioridad que la decisión no se ajusta a la legalidad, y sin que puedan con ocasión de dicha ejecución **revisar el juicio efectuado** en un caso concreto (TCo 67/1984).

Ejecución por la Administración El régimen establecido en la **jurisdicción contencioso-administrativa** para dar ejecución a las sentencias, ordenando a la propia Administración para que las lleve a puro y debido efecto y practique lo que exija el cumplimiento de las mismas, ha sido declarado conforme a la Constitución (TCo 67/1984). La Administración está obligada a ejecutar las sentencias, pero, al ejecutarlas, el órgano administrativo no está ejerciendo, en realidad, una potestad administrativa, sino concretando el deber de cumplir los fallos judiciales y colaborando con los tribunales en su cumplimiento (TCo 32/1982; 26/1983; 16/1991). 234 MPCI nº 233
Por ello, siendo a los jueces a quienes corresponde en exclusiva resolver sobre si sus decisiones se han cumplido correctamente (TCo 120/1991), deben aquellos reaccionar frente a **actuaciones o comportamientos enervantes** del contenido material de sus decisiones, ya que solo así se garantiza la eficacia real de las resoluciones judiciales firmes y, por ende, del control jurisdiccional sobre la Administración (TCo 167/1987).
Debe así impedirse lo que se denomina «insinceridad de la desobediencia» o «**desobediencia disimulada**» de la Administración en el cumplimiento de las resoluciones judiciales, como cuando la Administración incurre en formas de inejecución indirecta, dictando actos de contenido incompatible con la plena eficacia del fallo judicial (TCo 167/1987; 153/1992).
Ante todo, en esta materia debe partirse del respeto al principio según el cual los **privilegios que protegen a la Administración** no la sitúan fuera del ordenamiento, no la eximen de cumplir lo

mandado en los fallos judiciales, ni priva a los jueces y tribunales de medios eficaces para obligar a los titulares de los órganos administrativos a llevar a cabo las actuaciones necesarias para ello (TCo 67/1984).

En relación con la eventual colisión entre el derecho a la ejecución de la sentencia y el **principio de legalidad presupuestaria**, debe destacarse que quedan respetados Const art.24 y 118 cuando la Administración se ve necesitada para dar cumplimiento a la sentencia de desarrollar las actuaciones interventoras y de índole presupuestario preceptivas a fin de consignar los correspondientes créditos, en el caso de que estos no hayan sido previstos, si bien en ningún caso el principio de legalidad presupuestaria puede justificar que la Administración posponga la ejecución de las sentencias más allá del tiempo necesario para ello, ni dejar en general sin contenido un derecho que la Constitución reconoce y garantiza (TCo 32/1982; 61/1984; 206/1993; 294/1994).

No obstante, aun cuando la exigibilidad de las obligaciones a cargo de la hacienda pública pueda resultar de una resolución judicial firme, esto no quiere decir que se convierta en un **título directamente ejecutable**, equivalente a una orden de pago, desde el momento en que los jueces y tribunales no pueden despachar mandamientos de ejecución ni dictar providencias de embargo contra derechos, fondos, valores o bienes en general de la hacienda pública y ha de encauzarse a través de un complejo procedimiento administrativo de ejecución del gasto que en más de un caso necesita una prolongación parlamentaria (TCo 206/1993).

Precisiones Sobre la incidencia de la **calificación registral** en la eficacia de las resoluciones judiciales y su ejecución, ver nº 233 Memento Procesal Civil 2026.

237 **Inembargabilidad de los bienes públicos** Especial referencia merece el principio general de inembargabilidad de los bienes públicos, si bien cada vez con mayores **matizaciones y límites** derivados de la doctrina constitucional.

Así, se ha declarado que no está justificado, desde la perspectiva del derecho a la ejecución de las resoluciones judiciales firmes, que los bienes pertenecientes al **patrimonio de los entes locales** no respondan de las obligaciones contraídas y no sean susceptibles de embargo a tal fin (TCo 166/1998).

Es preciso diferenciar, en términos generales, entre los bienes demaniales, los comunales e incluso los patrimoniales que se hallen materialmente afectados a un uso o servicio público, que son inembargables, del resto de los bienes patrimoniales, a los que sí debe reconocérseles la condición jurídica de embargables.

Se ha abordado también el supuesto de la ejecutabilidad de una sentencia dictada **contra un Estado extranjero**, dirigida contra sus bienes en España. Se ha entendido que la inmunidad de que disfrutan los Estados extranjeros al respecto, extensible a la inembargabilidad de las cuentas corrientes de una embajada, no es absoluta, y no impide la ejecución contra los bienes no afectados a la realización de actos en que esté empeñada la soberanía del Estado (TCo 107/1992).

Precisiones Un **estudio más detallado** de esta materia se expone en nº 5017 y nº 13718.

239 **Ejecución sustitutoria** El derecho a ejecutar las sentencias en sus estrictos términos, que integra el principio de inmodificabilidad de las sentencias firmes (TCo 152/1990) no alcanza sin embargo a cubrir las distintas **modalidades** que puede revestir la ejecución de la sentencia. En conexión con ello, se ha establecido que el legislador puede poner límites al pleno derecho a la ejecución de las sentencias, siempre que los mismos sean razonables y proporcionados respecto de los fines que lícitamente puede perseguir el legislador en el marco de la Constitución (TCo 4/1988).

Por ello ha señalado el Tribunal Constitucional que tan constitucional es una ejecución en la que se cumple el principio de la identidad total de lo ejecutado y de lo estatuido en el fallo, como una ejecución en la que, por razones atendibles, la condena es **sustituida por su equivalente pecuniario** o por otro tipo de prestación (TCo 205/1987; 193/1988; 149/1989; 189/1990; 194/1991; 61/1992; auto 528/1986; auto 700/1986).

Esta ejecución sustitutoria requiere una **resolución fundada en derecho**, en aplicación de lo previsto en la Ley (TCo 104/1984), por lo que cuando un tribunal se aparta sin causa justificada de lo previsto en el fallo, por omisión, pasividad o defectuoso entendimiento, de la sentencia que debe ejecutarse, está vulnerando el derecho a la tutela judicial efectiva (TCo 118/1986; 125/1987; 215/1988; 148/1989; 147/1990; 152/1990; 85/1991; 153/1992).

El régimen de ejecución de sentencias debe estar igualmente sometido al **principio** *pro actione*. Por ello, la denegación de la ejecución y la ejecución sustitutoria no puede ser arbitraria ni irrazonable, ni fundarse en una causa inexistente en la ley ni en una interpretación restrictiva del derecho fundamental (TCo 33/1987; 92/1988; 107/1992; 151/1993).

Igualmente se vulnera la tutela judicial efectiva cuando en el incidente de ejecución se resuelvan **cuestiones no abordadas ni decididas** en el fallo en cuestión o con las que este no guarda una relación directa e inmediata de causalidad (TCo 28/1989; 120/1991).

C. Derecho al juez ordinario predeterminado por la ley

La Constitución recoge el derecho fundamental de todos al juez ordinario predeterminado por la ley (Const art.24.2). **250**

De igual forma, el Convenio Europeo de Derechos Humanos establece el derecho de toda persona a que su causa sea oída por un tribunal independiente e imparcial, establecido por la ley, que decidirá de los litigios sobre sus derechos y obligaciones de carácter civil o sobre el fundamento de cualquier acusación en materia penal dirigida contra ella (Convenio Roma 4-11-1950 art.6.1). En términos similares se pronuncian el Pacto internacional de derechos civiles y políticos (Pacto Nueva York 16-12-1966 art.14.1) y la Declaración universal de derechos humanos (Declaración ONU 10-12-1948 art.10), así como la Carta de Derechos Fundamentales de la Unión Europea art.47, que garantiza igualmente el derecho de toda persona a que su causa sea oída por un juez independiente e imparcial, establecido previamente por la ley.

Junto a la inamovilidad, la predeterminación legal de la jurisdicción y competencia de los tribunales es una **garantía institucional** al servicio de la imparcialidad del Poder judicial que deviene, en cada caso concreto, un **derecho fundamental** de los justiciables (TCo auto 102/2004).

Parece claro que de nada valdría contar con jueces independientes de los demás poderes del Estado e inamovibles en sus cargos si su **competencia** sobre un asunto concreto no les fuera atribuida por criterios generales legalmente predeterminados, sino mediante criterios *ad hoc* y *post factum*.

El derecho al juez ordinario predeterminado por la ley está orientado a asegurar la **independencia e imparcialidad** de los jueces (TCo 47/1983; 101/1984; 204/1994; 113/1995; 238/1998; 162/2000; 69/2001; 181/2004), criterio este de carácter teleológico que manifiesta una especial relevancia en la concreción del contenido del derecho. En él destaca ante todo la nota de **legalidad en la predeterminación del juez**, de manera que la Constitución pretende reservar al legislador la determinación -siempre con carácter previo- del juez del caso litigioso y, correlativamente, evitar las intromisiones no sometidas a la ley de los restantes poderes del Estado. Se trata de garantizar el juez legal (TCo 193/1996), lo que se corresponde desde un punto de vista negativo con la prohibición constitucional de los **tribunales de excepción** -Const art.117.6- (TCo 113/1995; 193/1996). Ello supone tanto la interdicción del «juez excepcional», del «juez *ad hoc*», en el sentido de situado fuera de la jurisdicción ordinaria y de las jurisdicciones especiales reconocidas constitucionalmente (TCo auto 324/1993), como del «juez *ex post facto*», es decir, del juez creado con posterioridad a la iniciación del proceso (TCo 65/1994).

Precisiones El Tratado de la Unión Europea atribuye a la Carta de Derechos Fundamentales de la Unión Europea el mismo **valor jurídico** que los Tratados (Tratado UE art.6).

Entrando en detalle, puede decirse que el derecho fundamental al juez ordinario predeterminado por la ley, también llamado derecho al juez legal, diferenciado del derecho al juez imparcial (nº 6815), comprende los siguientes extremos (TCo35/2000; 170/2000; 231/2000; 68/2001; 69/2001; 120/2001; 37/2003; 181/2004): **253**

- que el órgano judicial haya sido **creado previamente por la norma jurídica** dotada de generalidad (nº 255);
- que dicha norma jurídica le haya investido de **jurisdicción y competencia** con anterioridad al hecho motivador de la actuación o proceso judicial (nº 259); y
- que su **régimen orgánico y procesal** no permita calificarlo de órgano ad hoc, especial o excepcional (nº 268).

En cuanto a la **titularidad** para su ejercicio, corresponde a toda parte procesal. El derecho al juez legal deriva del derecho a la jurisdicción, de modo que quien no tiene acceso a un proceso determinado por no estar legitimado y en consecuencia no ser parte en el mismo, tampoco puede pretender que se haya vulnerado en él un derecho fundamental de que sea titular (TCo auto 413/1982).

Por otro lado, el derecho al juez ordinario predeterminado por la ley es una exigencia constitucional que opera en todos y cada uno de los **órdenes jurisdiccionales** (TCo 65/1994). El derecho de toda persona a que su causa sea juzgada por un tribunal independiente e imparcial, establecido por la ley se extiende a los litigios sobre derechos y obligaciones de carácter **civil** (Convenio Roma 4-11-1950 art.6.1; Pacto Nueva York 16-12-1966 art.14.1; TCo 31/1983; 101/1984; TEDH 21-2-75, núm 4451/70; 23-6-81, núm 7496/76; 23-9-82, núm 7151/75).

El Tribunal Constitucional también aplica la doctrina sobre el juez ordinario predeterminado por la ley en el orden jurisdiccional **social** (TCo 56/1991; 171/1994) y en el **contencioso-administrativo** (TCo 65/1994).

255 **Creación del órgano judicial por norma jurídica** En relación con el rango de la norma en que han de contenerse los criterios generales de determinación de la competencia, el Tribunal Constitucional se ha pronunciado en el sentido de entender que se trata de ley en sentido estricto, como resulta tanto de la dicción literal de Const art.24.2 como de su interpretación sistemática. La referencia de Const art.24.2 a la ley, coherente con lo también dispuesto en Const art.53.1 y 86.1, exige que el vehículo normativo para determinar cuál será el juez del caso es la **ley en sentido estricto**. La interpretación sistemática entre Const art.24.2 y 117.3, pone de manifiesto que la garantía de la independencia e imparcialidad de los jueces, que constituye el interés directo protegido por el derecho al juez ordinario predeterminado radica en la ley. La referencia expresa a la ley se corresponde con la **reserva de ley** que efectúa Const art.53.1 y la reserva similar contenida en Const art.117.3, y refleja, en relación con la fijación de las reglas fundamentales de la competencia, material y territorial, una **exclusión de otras normas** -decretos leyes o disposiciones de carácter reglamentario- distintas de la ley en sentido estricto, por cuanto que esta se configura como la garantía de la independencia e imparcialidad judicial, de manera que el rango de la norma se integra en el contenido del derecho a la predeterminación normativa del juez competente (TCo 101/1984; 95/1988).

257 MPCI nº 248 El derecho al juez ordinario predeterminado por la ley exige igualmente el requisito de que la **composición del órgano judicial** venga determinada por la ley y de que, en cada caso concreto, se siga el procedimiento legalmente establecido para la **designación de los miembros** que han de constituir o integrar el órgano correspondiente (TCo 6/1996; 93/1996; 6/1997; 64/1997; 238/1998; 171/1999; 183/1999; 162/2000; 162/2000; 69/2001; 210/2001; auto 183/1999; 69/2001). De esta forma se trata de garantizar indirectamente la independencia e imparcialidad que el derecho en cuestión comporta (y que se recoge expresamente en Convenio Roma 4-11-1950 art.6.1 y Pacto Nueva York 16-12-1966 art.14.1), garantía que quedaría burlada si bastase con mantener el órgano y pudieran alterarse arbitrariamente sus componentes, que son quienes, en definitiva, van a ejercitar la función jurisdiccional. Así, se vulnerará el derecho al juez predeterminado por la ley por la **modificación arbitraria** de los componentes y titulares del órgano predeterminado por la ley.

No obstante, no cabe exigir el mismo grado de fijeza y predeterminación al órgano que a sus titulares, dadas las diversas contingencias que pueden afectar a los últimos en su situación personal y la exigencia, dimanante del interés público, de que los distintos miembros del Poder judicial colaboren dentro de la Administración de Justicia en los lugares en que su labor pueda ser más eficaz, supliendo, en la medida de lo posible, las disfuncionalidades del sistema (las llamadas **necesidades del servicio**). Pero, en todo caso, los procedimientos fijados para la designación de los titulares han de estar encaminados a preservar la independencia e imparcialidad de estos, factores determinantes para la satisfacción del interés directo protegido por el derecho al juez ordinario predeterminado por la ley.

Precisiones 1) Esta garantía respecto de las personas físicas que encarnan el tribunal llamado a juzgar la causa o litigio no vela por la pureza de los procedimientos gubernativos seguidos en la designación. Su finalidad es más modesta, y más importante: asegurar la **independencia e imparcialidad** de los jueces que forman la sala de justicia, evitando que se mantenga el tribunal, pero que se alteren arbitrariamente sus componentes (TCo 238/1998; 162/2000; 69/2001; auto 419/1990; auto 420/1990; auto 421/1990).

2) Los «**jueces de adscripción territorial**», por designación del presidente del Tribunal Superior de Justicia, ejercen sus funciones jurisdiccionales en las plazas vacantes, como refuerzo de órganos judiciales o de aquellas otras cuyo titular se prevea que estará ausente por tiempo superior a un mes (LO 1/2009).

3) Por Acuerdo, 27-7-2010 de la comisión permanente en funciones de Pleno del CGPJ, se aprueba la CGPJ Instr 1/2010, sobre los **jueces de adscripción territorial**.

259 **Atribución de jurisdicción y competencia** Como segundo aspecto del derecho al juez predeterminado por la ley debe destacarse la atribución al órgano, por la norma jurídica, de jurisdicción y competencia, con anterioridad al hecho motivador de la actuación o proceso judicial.

La predeterminación legal del juez significa que la Ley, con generalidad y **anterioridad al caso**, ha de contener los criterios de determinación competencial cuya aplicación a cada supuesto litigioso permita determinar cuál es el órgano judicial llamado a conocer del caso, siendo la generalidad de los criterios legales la garantía de la inexistencia de jueces *ad hoc* (TCo 101/1984; 199/1987; 95/1988).

Corolario a la generalidad de los criterios legales atributivos de la competencia es que el juez establecido por el legislador reciba un **tratamiento orgánico y funcional común** con el de los demás órganos jurisdiccionales (TCo 55/1990; 56/1990; 39/1994; 131/2001; 181/2004; auto 324/1993).

Tampoco asegura la norma constitucional un **juez concreto** (TCo 97/1987; 64/1993), pues los factores de casualidad y aleatoriedad en las normas de reparto entre jueces previamente competentes sirven precisamente para preservar la imparcialidad (TCo auto 652/1986; 181/2004).

Sobre la manera en que la norma jurídica atribuya competencia y jurisdicción, se señala que esta garantía no supone el derecho a un juez determinado en concreto ni excluye, en principio, la posibilidad de establecer **reglas especiales de competencia** en la distribución de los asuntos entre los distintos órganos judiciales (TCo 97/1987; 55/1990; 55/1991).

La noción constitucional de juez ordinario predeterminado por la Ley no se concreta en el establecimiento legislativo de unas competencias en general, sino que se integra normalmente de aquellas disposiciones legales que derogan o alteran esa competencia general. Ahora bien, una **eventual irregularidad** en la designación del juez que ha de entender de un proceso puede constituir una infracción del derecho del justiciable al juez ordinario predeterminado por la Ley (TCo 31/1983; 101/1984). Así, el derecho al juez predeterminado puede quedar en entredicho cuando un asunto se sustraiga indebida e injustificadamente al que la ley lo atribuye para su conocimiento, manipulando el texto de las reglas de distribución de competencias con manifiesta arbitrariedad (TCo 262/1994).

Reparto de asuntos entre órganos judiciales La interpretación y aplicación de las normas relativas al reparto de asuntos entre diversos órganos judiciales de la misma jurisdicción es ajena al contenido constitucional del derecho al juez legal o predeterminado por la ley, pues todos ellos gozan de la misma condición legal de juez ordinario (TCo auto 652/1986; 37/2003) y responden a exigencias o **conveniencias de orden puramente interno y organizativo**, pudiendo ser revisadas solo en cuanto a su razonabilidad. No pueden aquellas equipararse a la atribución de competencia a dichos órganos judiciales, pues todos los que intervienen en el reparto están dotados por ley de la misma competencia objetiva, funcional y territorial, por lo que la aplicación de dichas normas, a menos que se haya realizado desviadamente para lograr la designación encubierta de un juez *ad hoc*, no puede controlarse desde la perspectiva de Const art.24.2 (TCo auto 113/1999; TCo170/2000). **260**

La predeterminación legal del juez que debe conocer de un asunto está referida al órgano jurisdiccional y no a las diversas **salas o secciones de un mismo tribunal** (dotadas por ley de la misma competencia material), en relación con las cuales basta con que existan y se apliquen normas de reparto que establezcan criterios objetivos y de generalidad (TCo 205/1994; 221/2002).

Practicado el reparto, el asunto será remitido a la **oficina judicial**, allí donde se hayan constituido.

> Precisiones No se ha apreciado vulneración del derecho al juez predeterminado por la ley por haberse remitido el conocimiento de un asunto a **otra sección de una Audiencia Provincial** distinta de aquella a la cual inicialmente le había correspondido en virtud de lo establecido en una norma de reparto de carácter general y que tiene carácter objetivo (TCo 37/2003). Bajo este mismo criterio, se viene como ajustado a Const art.24.2 que el **presidente de una Audiencia Provincial**, como presidente de sala, pueda presidir cualquiera de sus secciones, pues otra cosa dejaría prácticamente sin contenido su facultad de presidir la sala, ya que debe tenerse en cuenta que las Salas son órganos de segundo grado integrados en el tribunal, cuya constitución es de carácter permanente; mientras que las secciones son órganos de tercer grado integrados en las salas y previstos en la ley con caracteres muy generales, dependiendo su número de las necesidades de la Administración de Justicia (TCo 47/1983).
>
> El derecho fundamental al juez predeterminado por la Ley no queda comprometido por la **infracción de las normas de reparto** (TS penal 5-12-12, EDJ 298612).

Específica atribución de competencias entre órganos judiciales No cabe confundir el contenido del derecho al juez ordinario predeterminado por la ley con la específica atribución de competencias entre órganos judiciales, que es de **libre configuración** por el legislador, ni con el derecho a que estas normas sobre distribución de competencias entre los órganos jurisdiccionales se deban interpretar en un determinado sentido. En todo caso, la interpretación de las normas que regulan la competencia y, por consiguiente, la determinación de cuál sea el órgano competente, son cuestiones que corresponden en exclusiva a los propios tribunales de la jurisdicción ordinaria y los criterios de aplicación de la delimitación de competencias entre distintos órganos jurisdiccionales no es por sí sola materia que sea objeto del derecho al juez ordinario predeterminado por la ley (TCo 59/1983; 43/1984; 43/1985; 93/1988; 76/1992; 174/1993; 49/1999; 171/1999; 183/1999). **262**

Sin perjuicio de ello, con respecto a la **jurisdicción militar**, se vulnera el derecho al juez ordinario predeterminado por la ley cuando la atribución de una competencia a dicha jurisdicción, ya sea en su formulación, ya en su interpretación o aplicación, exceda del alcance que a la misma se asigna en Const art.117.5 (TCo 111/1984; 105/1985; 66/1986; 194/1989; 4/1990; 60/1991). Por otro lado, debe recordarse que en todo caso los **tribunales penales** son los únicos competentes para enjuiciar los hechos presentados por la acusación y la defensa, y para interpretar y aplicar la Ley penal (TCo 89/1983; 83/1989; 128/1995; 31/1996; 199/1996).

264 **Determinación por reglas abstractas y preexistentes al proceso** Es exigencia constitucional que la atribución de competencia sea articulada por medio de reglas abstractas y preexistentes al proceso, lo que supone la prohibición absoluta de los jueces *ad hoc*, cuya utilización se ve impedida, precisamente, por la generalidad, la abstracción y, en definitiva, la impersonalidad de esos criterios legales apriorísticos, que aseguran que, una vez determinado en su virtud quién haya de ser el juzgador de un determinado asunto, se produzca la llamada ***perpetuatio iurisdictionis*** y no pueda ser privado de su conocimiento.

Ello no obstante, es necesario que la norma establezca, con **carácter previo y general**, la competencia de determinados órganos judiciales para todos los hechos de la misma o semejante índole (TCo 47/1982; 55/1990).

Por otro lado, se ha admitido la legitimidad del **cambio competencial** *post factum* cuando este es fruto de una Ley que determina nuevos criterios generales. La predeterminación del juez no impide que toda modificación orgánica y funcional pueda tener incidencia en los procedimientos ya iniciados, pues si la ratio del derecho es proteger la imparcialidad, cuando estas modificaciones se realicen por norma de rango adecuado, con criterios objetivos y de generalidad, existe una presunción de que el cambio normativo no persigue atentar contra la imparcialidad y, por tanto, no resulta contraria al derecho al juez predeterminado por la ley (TCo 307/1993; auto 381/1992).

Precisiones Vulnera el derecho al juez ordinario la aplicación burda y contumaz en sentido distinto al establecido por la Ley de las **reglas de distribución de competencia**, manipulando el texto de las mismas con manifiesta arbitrariedad (TCo auto 262/1994; 35/2000).

266 **Existencia de diversos órganos jurisdiccionales y procedimientos** Si bien el contenido del derecho a la tutela judicial efectiva se ha de satisfacer en el marco de una **única jurisdicción**, ello es compatible con la existencia de distintos órdenes jurisdiccionales y de diversos procedimientos que se desarrollan ante cada orden jurisdiccional con arreglo a sus respectivas competencias (TCo 71/1990).

La **especialización** de una determinada categoría de órganos judiciales no solo no contradice el principio de unidad jurisdiccional (Const art.117.5), sino que encuentra su desarrollo y proyección natural en la especialidad de las reglas que rigen los procedimientos que ante los mismos se siguen, en atención fundamentalmente a los intereses que le corresponde tutelar y proteger.

El derecho a la tutela judicial efectiva no padece en su contenido y alcance si la especialidad se hace compatible, en todo caso, con un nivel de **garantías procedimentales** básicas que deben conectarse con la defensa y tutela de los intereses prioritarios que son objeto de la actividad jurisdiccional.

268 **Régimen orgánico y procesal** El tercer requisito del derecho al juez ordinario predeterminado por la ley es que su régimen orgánico y procesal no permitan calificarlo de órgano *ad hoc*, especial o excepcional.

Esta misma idea se encuentra corroborada, de forma negativa, al prohibir constitucionalmente los **tribunales de excepción** (Const art.117.6), lo que excluye la existencia de órganos judiciales que excepcionen el derecho al juez ordinario predeterminado por la Ley. Por su parte, también se prohíben los **tribunales de honor** en el ámbito de la Administración civil y de las organizaciones profesionales (Const art.26).

270 **Medidas de refuerzo judicial** Las medidas de refuerzo judicial no suponen creación alguna
MPCI nº 262 de un órgano judicial *ex novo*, sino algo tan sencillo y normal como es un aumento temporal del número de magistrados y letrados de la Administración de Justicia adscritos a un determinado órgano en función de las **necesidades del servicio**, por lo que son intranscendentes a efectos del derecho a juez ordinario.

Únicamente podría resultar materia con relevancia constitucional, desde la perspectiva del derecho al juez imparcial, cuando hubiera podido concurrir en alguno de los nuevos magistrados alguna **causa de recusación** que, en razón al cambio producido en la composición habitual del órgano, no hubiera podido hacerse valer procesalmente en su momento (TCo 193/1996; 238/1998; auto 102/2004).

La designación excepcional de jueces y magistrados de apoyo es una simple cuestión orgánica que en nada afecta al derecho a la tutela judicial efectiva por no entrañar la creación de juez *ad hoc*, siempre que se haga con criterios de **generalidad** y con **carácter previo** a la incoación del procedimiento en que intervengan los mismos (TCo auto 419/1990). La facultad de nombrar magistrados de apoyo fue establecida mediante una disposición legal del mismo rango que la Ley Orgánica del Poder Judicial, que la modificó mediante preceptos que se atienen a criterios objetivos y generales (TCo 238/1998), por lo que existe una presunción de que el cambio normativo no persigue atentar contra la imparcialidad y, por tanto, no resulta contrario al derecho al juez predeterminado por la ley (TCo 307/1993; 213/1996; auto 381/1992).

Precisiones 1) Los «**jueces de adscripción territorial**», por designación del presidente del Tribunal Superior de Justicia, ejercen sus funciones jurisdiccionales en las plazas vacantes, como refuerzo de órganos judiciales o de aquellas otras cuyo titular se prevea que estará ausente por tiempo superior a un mes (LO 1/2009).

2) Por Acuerdo, 27-7-2010 de la comisión permanente en funciones de Pleno del CGPJ, se aprueba la CGPJ Instr 1/2010, sobre los **jueces de adscripción territorial**.

Información a las partes de la composición del tribunal Los tribunales tienen el deber de poner en conocimiento de las partes la composición de la sección o de la sala que va a juzgar el litigio o causa, lo que, entre otras cosas hace posible que puedan ejercer su **derecho a recusar** en tiempo y forma (TCo 230/1992; 180/1991; 230/1992; 282/1993; 384/1993; 59/1994; auto 31/1998). **272**

Sin embargo, la mera **omisión de notificar** a las partes los cambios en la composición de los tribunales, y el consecuente desconocimiento por las partes acerca de la composición exacta del órgano judicial, no justifica el amparo constitucional. Es preciso que la irregularidad procesal tenga una **incidencia material** concreta, consistente en privar al justiciable del ejercicio efectivo de su derecho a recusar en garantía de la imparcialidad del juez, privación que solo puede ser apreciada si el demandante de amparo manifiesta que alguno de los magistrados del tribunal que juzgó su causa o litigio incurría en una concreta **causa legal de recusación**, que no resulte *prima facie* descartable, y que no pudo ser puesta de manifiesto por la omisión imputable al órgano judicial (TCo 180/1991; 230/1992; 282/1993; 137/1994; 64/1997; 6/1998; 238/1998; 4/2001).

Sustitución del juez No obstante destacar que no se tiene derecho a un juez concreto (TCo 97/1987; 55/1991), la situación creada con la sustitución del juez que presencia el acto del juicio de un determinado asunto antes de dictar sentencia, ha sido afrontada por el Tribunal Constitucional desde la perspectiva de la eventual **causación de una indefensión material** constitucionalmente relevante, en atención a la existencia en las actuaciones procesales de medios objetivos de conocimiento que permitan emitir un juicio fundado -con conocimiento de causa- a quien tiene encomendado el enjuiciamiento del caso (TCo 145/1985; 175/1985; 57/1986; 145/1987; 55/1991; 127/1992; 189/1992). **274**

De este modo, es básicamente la existencia o no de **restricción en el conocimiento**, por parte del juzgador llamado a decidir sobre la causa, lo que determina la relevancia de la queja, conocimiento que sin duda se verá restringido en aquellos supuestos en que el principio de inmediación vaya unido a la naturaleza predominantemente oral de la actuación, pues en un **proceso oral**, tan solo el órgano judicial que ha presenciado la aportación verbal del material de hecho y de derecho y, en su caso, de la ejecución de la prueba, está legitimado para dictar la sentencia o, dicho en otras palabras, la oralidad del procedimiento exige la inmediación judicial (TCo 215/2005).

Por ello se suele diferenciar la relevancia que tiene a este efecto la naturaleza del proceso, ya que el **principio de inmediación** -en relación con la práctica de la prueba- no puede entenderse de la misma manera, ni afectar con similar intensidad y características en el orden civil que en el orden penal (TCo 145/1985; 175/1985; 57/1986; 145/1987; 55/1991; 127/1992; 189/1992).

Supuestos controvertidos

Exponemos en los números siguientes algunos supuestos de atribución de jurisdicción o de competencia en los que se ha planteado la vulneración del derecho al juez ordinario predeterminado por la ley. **277**

Jurisdicción militar El reconocimiento por la Constitución de una jurisdicción militar en el ámbito estrictamente castrense (Const art.117.5) no excepciona el ejercicio de los derechos derivados de la **tutela judicial efectiva** (TCo 204/1994; 113/1995). El propio precepto constitucional prevé la existencia de una jurisdicción militar de acuerdo con los principios de la Constitución, entre los cuales ocupa una posición central el que se traduce en el derecho fundamental a la tutela efectiva de los jueces y tribunales. **279**

La Constitución ha establecido **límites y exigencias** muy estrictos de la Ley reguladora de la jurisdicción militar e impone al legislador una transformación radical de su configuración y alcance, dejándola sometida a los principios constitucionales relativos a la independencia del órgano judicial y a las garantías sustanciales del proceso y de los derechos de defensa (TCo 60/1991).

Por ello, la jurisdicción militar, más allá de todas sus peculiaridades reiteradamente reconocidas por el Tribunal Constitucional (TCo 97/1985; 180/1985; 60/1991) ha de ser **jurisdicción**, es decir, ha de ser manifestación de la función constitucional a la que, como derecho fundamental, se confía la tutela judicial efectiva. Quiere ello decir, más concretamente, que en los procedimientos seguidos ante la jurisdicción militar son plenamente exigibles los derechos al juez ordinario predeterminado por la Ley y a un proceso con todas las garantías.

De manera más específica, señala el Tribunal Constitucional que la jurisdicción militar no es competente más que cuando se lesionen **bienes jurídicos de carácter militar**, para cuya tutela se extiende precisamente aquella jurisdicción a los procedimientos que se sigan contra cualquier persona, sea militar o paisano. La extensión de la jurisdicción militar a estos casos se explica por cuanto la lesión de esos bienes jurídicos puedan afectar a la defensa nacional encomendada a las fuerzas armadas, y ha de entenderse siempre, con arreglo a Const art.117.5. Ello determina que no pueda someterse a la jurisdicción militar el enjuiciamiento de los agentes de la Guardia Civil por delitos cometidos en el ejercicio de sus funciones (TCo 75/1982).

Precisiones La **solución de un conflicto** entre la jurisdicción ordinaria y la militar se realiza de acuerdo con Const art.117.5º (TS Sala Conflictos 29-11-22, EDJ 751321; 17-2-21, EDJ 508115).

280 **Competencia de la Audiencia Nacional y de las Secciones de lo Penal y de Instrucción de los Tribunales Centrales de Instancia** Tanto las Secciones de Instrucción de los Tribunales Centrales de Instancia -hasta su constitución, los Juzgados Centrales de Instrucción- como la Audiencia Nacional son orgánica y funcionalmente, por su composición y modo de designación, **órganos judiciales ordinarios** (TCo 25/1981; 199/1987; 153/1988; 56/1990; TCo auto 15-2-88; TCo 7-2-89).

El Tribunal Constitucional ha rechazado expresamente toda argumentación que partiera de una identificación entre «juez legal», «juez natural» y juez del *locus delicti* vertida con el objeto de cuestionar la competencia penal de la Audiencia Nacional y de las Secciones de Instrucción y de lo Penal de los Tribunales Centrales de Instancia -hasta su constitución, de los Juzgados Centrales de Instrucción y de lo Penal- desde la perspectiva del juez ordinario predeterminado por la Ley.

De la jurisprudencia constitucional pueden destacarse las siguientes **conclusiones**:

1) Las normas de Const art.117.3 y 4 desarrollan el derecho al juez ordinario predeterminado por la Ley, lo que significa desde luego garantía para el justiciable de una predeterminación del órgano judicial que ha de instruir, conocer y decidir sobre su posible responsabilidad criminal. Dicho juez ordinario es el **establecido por el legislador**, si orgánica y funcionalmente merecen tal consideración, como ocurre con los Juzgados Centrales de Instrucción -a partir de su constitución, Secciones de Instrucción de los Tribunales Centrales de Instancia- y la Audiencia Nacional (Comisión Europea de Derechos Humanos Inf 16-10-86).

2) La propia Constitución y los estatutos de autonomía del País Vasco y de Cataluña sitúan a los **Tribunales Superiores de Justicia** en la cima de la organización judicial de cada comunidad (Const art.152.1; LO 3/1979 art.14; 6/2006 art.95). Ello no supone que los órganos jurisdiccionales en la comunidad autónoma tengan que asumir todas las competencias en materia penal.

3) El legislador estatal, al establecer la planta orgánica de los tribunales, ha de tener en cuenta y respetar la **estructura autonómica del Estado** y el reconocimiento constitucional de los Tribunales Superiores de Justicia, pero la actuación de estos presupone la radicación en el territorio de la comunidad del órgano competente en primera instancia. Existen supuestos que, en relación con su naturaleza, con la materia sobre la que versan, por la amplitud del ámbito territorial en que se producen y por su trascendencia para el conjunto de la sociedad, pueden hacer llevar razonablemente al legislador a que la instrucción y el enjuiciamiento de los mismos pueda llevarse a cabo por un órgano judicial centralizado, sin que con ello se contradiga lo previsto en la Constitución y en los estatutos de autonomía.

4) El **carácter de los delitos** atribuidos a la Audiencia Nacional (Juzgados Centrales de Instrucción y Juzgados Centrales de lo Penal -a partir de su constitución, Secciones de Instrucción y de lo Penal de los Tribunales Centrales de Instancia-), su complejidad y sus conexiones, y su finalidad encaminada a perturbar el orden constitucional han determinado normas de atribución competencial que también han existido y existen para otros hechos delictivos de especial significación, que suponen una singularidad respecto de la norma de atribución de la competencia criminal por el lugar que se comete el delito. Tales normas se enmarcan en la regulación general del *ius puniendi* y de las competencias generales de Justicia para el conocimiento de los hechos delictivos que corresponde al Estado (Const art.149.1.5 y 6).

Consecuentemente, los artículos estatutarios respectivos no eliminan la posibilidad de que, cuando razones institucionales lo justifiquen, el ordenamiento jurídico, sin lesión alguna constitucional o estatutaria, pueda residenciar el conocimiento en un órgano central, aunque el asunto comprenda puntos de conexión con el referido ámbito territorial.

Enjuiciamiento de los miembros de las fuerzas y cuerpos de seguridad del Estado El Tribunal Constitucional se ha pronunciado acerca de la constitucionalidad, por violación del derecho al juez ordinario predeterminado por la Ley, de la norma que determina el órgano judicial competente para enjuiciar los delitos cometidos por los miembros de las fuerzas y cuerpos de seguridad del Estado, en cuanto que **modifica el órgano normalmente competente** para conocer de los delitos y delitos leves, al atribuir su enjuiciamiento a las Audiencias Provinciales -LO 2/1986 art.8.1- (TCo 55/1990). 282

Debe entenderse que el precepto cuestionado respeta la garantía institucional al juez natural y el derecho fundamental al juez ordinario predeterminado por la ley, porque establece, con **carácter previo y general**, para todos los hechos de la misma o semejante índole, la competencia de determinados órganos judiciales (TCo 47/1982).

De manera específica, se destaca que la regla especial de competencia no elimina ni restringe los **derechos de defensa** de las posibles víctimas ni tampoco los de la acusación pública, puesto que las normas de procedimiento son idénticas en uno y otro caso, sin sufrir ninguna variación, con independencia del juez competente.

Asimismo, se señala que la mayor proximidad e incluso el conocimiento personal puede derivar en prejuicio y falta de objetividad en favor o en contra del investigado y, consecuentemente, en contra o en favor de las presuntas víctimas de su actuación. Por ello, una medida legislativa que eleve en un grado el órgano decisor, puede también justificarse así, como favorecimiento de una **mayor objetividad e independencia** del órgano judicial y, en consecuencia, como garantía adicional de la efectividad de la justicia para el justiciable, tanto el investigado como la acusación.

Enjuiciamiento de diputados y senadores La sala segunda del Tribunal Supremo es, respecto de las acciones penales dirigidas contra diputados y senadores, el juez ordinario predeterminado por la Ley a que se refiere Const art.24.2, esto es, aquel constituido con arreglo a las normas procesales de competencia preestablecidas, en este caso, por la Constitución misma -Const art.71.3- (TCo 22/1997). 284

La **finalidad** cuya salvaguarda se persigue mediante la constitucionalización de la prerrogativa de aforamiento especial de diputados y senadores reside en proteger la propia independencia y sosiego, tanto del órgano legislativo como del jurisdiccional, frente a potenciales presiones externas o las que pudiese ejercer el propio encausado por razón del cargo político e institucional que desempeña. La prerrogativa de aforamiento actúa, de este modo, como instrumento para la salvaguarda de la independencia institucional tanto de las Cortes Generales como del propio Poder judicial. El aforamiento preserva un cierto equilibrio entre los poderes y, al propio tiempo, la resistencia más eficaz frente a la eventual trascendencia de la resolución judicial en la composición del Parlamento (TCo 22/1997; 64/2001; 65/2001; 66/2001; 68/2001; 69/2001).

Competencia del Tribunal Superior de Justicia de Madrid en la jurisdicción contencioso-administrativa Se ha planteado también si vulnera el derecho al juez ordinario predeterminado por la ley la atribución de competencias establecida a favor del Tribunal Superior de Justicia de Madrid en la LJCA, en cuanto impone a los **ciudadanos no residentes en Madrid** la obligación de someterse a este tribunal para muchos de los litigios que puedan sostener con órganos del Estado de ámbito nacional y que no estén atribuidos al Tribunal Supremo o a la Audiencia Nacional, estableciéndose un trato desigual respecto a los residentes en la comunidad autónoma de Madrid, al necesitar litigar en un tribunal de ámbito autonómico diferente al suyo propio (TCo 131/2001). 286

Al margen de que la mayor o menor dificultad en el acceso a un órgano jurisdiccional radicado en Madrid, en razón del lugar de residencia del ciudadano, nada tiene que ver con la igualdad de derechos u obligaciones (Const art.139.1), a los efectos de Const art.24.2, debe destacarse que el Tribunal Superior de Justicia de Madrid es un **órgano judicial ordinario** cuya competencia, por disposición legal, se extiende a los recursos contra determinados actos de la Administración estatal. Se trata de un órgano judicial que sin duda cumple el requisito de la **predeterminación legal**, límite que en este punto impone la Constitución al legislador a la hora de determinar las normas de competencia de los órganos jurisdiccionales (TCo 101/1984; 199/1987), siendo a la vez incuestionable el carácter de órgano ordinario del cuestionado, al ser uno más de los que integran la estructura conjunta del orden jurisdiccional contencioso-administrativo de la jurisdicción única.

La Constitución no otorga un derecho al **juez natural**, entendido como juez más próximo al justiciable, sino el derecho al juez ordinario predeterminado por la ley. De otra parte, de la regla de competencia jurisdiccional cuestionada no deriva límite o impedimento alguno para el **control judicial efectivo** del acto administrativo impugnado en vía jurisdiccional y, aun admitiendo que el alejamiento del lugar de justicia del justiciable pueda constituir un obstáculo al acceso a la justicia, lo cierto es que la regla cuestionada presenta una **justificación objetiva**, cual es la de atribuir la competencia a un órgano jurisdiccional radicado en el lugar del que procede el acto recurrido.

288 **Fuero territorial del Estado** Desde la perspectiva del derecho al juez ordinario predeterminado por la ley, el hecho de que, por exigencia legal, sean los órganos judiciales de las capitales de provincia los competentes para conocer de las reclamaciones en procesos civiles contra el Estado y sus entidades de Derecho público y, en concreto, que los de la capital de la comunidad autónoma deban conocer de las reclamaciones frente a tales comunidades o sus entes de Derecho público, no supone una vulneración de aquel derecho fundamental, aunque ello suponga, ciertamente, una excepción fundada en **razones objetivas** al principio general de la legislación procesal civil.

Tan legales y, en consecuencia, adecuadas a la reseñada garantía constitucional, son las reglas generales de competencia territorial como este fuero territorial dispuesto en la Ley en favor de distintos órganos del Estado y otras instituciones públicas (TCo auto 324/1993).

D. Derecho a un proceso público

300 La Constitución contempla el derecho fundamental de todos a un proceso público y establece que las **actuaciones judiciales** han de ser públicas, con las excepciones previstas en las leyes de procedimiento (Const art.24.2 y 120.1).

Este derecho se recoge también en los **convenios internacionales**, como:

- el Convenio Roma 4-11-1950 art.6.1, al establecer que toda persona tiene derecho a que su acusación sea oída públicamente, así como que la sentencia se pronuncie públicamente, pero el acceso a la sala de audiencia puede ser prohibido a la prensa y al público durante la totalidad o parte del proceso en interés de la moralidad, del orden público o de la seguridad nacional en una sociedad democrática, cuando los intereses de los menores o la protección de la vida privada de las partes en el proceso así lo exijan o en la medida en que sea considerado estrictamente necesario por el tribunal, cuando en circunstancias especiales la publicidad pudiera ser perjudicial para los intereses de la Justicia;
- el Pacto internacional de derechos civiles y políticos de Nueva York 16-12-1966 art.14;
- la Declaración Universal de Derechos del Hombre art.11.1, que habla de derecho a un juicio público; y
- la Carta de los Derechos Fundamentales de la Unión Europea art.47, que se refiere al derecho a que las causas sean oídas equitativa y públicamente.

Precisiones El Tratado de la Unión Europea atribuye a la Carta de Derechos Fundamentales de la Unión Europea el mismo **valor jurídico** que los Tratados (Tratado UE art.6).

302 **Finalidad y caracteres** El **principio de publicidad** tiene una doble finalidad (TCo 96/1987):

- proteger a las partes de una justicia sustraída al control público; y
- mantener la confianza de la comunidad en los tribunales.

En ambos sentidos, el principio de publicidad constituye una de las bases del debido proceso y uno de los pilares del Estado de Derecho.

Precisiones El TEDH ha sostenido que la publicidad del procedimiento de los órganos judiciales, protege a las partes contra una justicia secreta que escape de la fiscalización de lo público, por lo que constituye uno de los medios de preservar la confianza en los jueces y tribunales, de forma que, al dotar a la Administración de Justicia de **transparencia**, contribuye a realizar los fines del derecho al proceso justo (TEDH 8-12-83, núm 7984/77; núm 8273/78).

De acuerdo con ello, la publicidad del proceso ocupa una posición institucional en el Estado de Derecho que la convierte en una de las condiciones de la **legitimidad constitucional** de la Administración de Justicia.

303 Por otra parte, el principio de publicidad tiene un **carácter eminentemente formal**, pues de otro modo no podría satisfacer las finalidades que se derivan de sus elementos esenciales: el control público de la justicia y la confianza en los tribunales, constituyendo un instrumento para fortalecer la confianza del pueblo en la independencia e imparcialidad de sus tribunales (TCo auto 195/1991).

Las disposiciones que rigen en materia de publicidad del proceso tienen, también, la función de asegurar el derecho de las partes a que el tribunal decida la causa sin estar sometido a **influencias ajenas** a la misma.

Alcance El principio de publicidad, desde su perspectiva de garantía de los justiciables frente a una justicia secreta que escape a la fiscalización del público, no es aplicable a todas las **fases del proceso** penal, sino tan solo al acto oral que lo culmina y al pronunciamiento de la subsiguiente sentencia (TEDH 8-12-83, núm 7984/77; núm 8273/78; 22-2-84, núm 8209/78; TCo 176/1988; 174/2001). 305

La aplicación de estas consideraciones al proceso penal, en el que se distingue una fase preparatoria de instrucción y una posterior fase plenaria, que finaliza con el acto solemne del juicio oral y el posterior pronunciamiento de la sentencia, lleva a concluir que el derecho al proceso público, como garantía de los justiciables, solo es de aplicación, además de a la **sentencia**, al proceso en sentido estricto, es decir, al **juicio oral** en el que se producen o reproducen las pruebas de cargo y descargo y se formulan las alegaciones y peticiones definitivas de la acusación y la defensa, pues únicamente referida a ese acto procesal tiene sentido la publicidad del proceso en su verdadero significado de participación y control de la justicia por la comunidad (TCo 176/1988; 174/2001).

El principio de publicidad rige de manera absoluta e inmediata desde que se decreta la apertura del juicio oral (TCo auto 195/1991).

Excepciones (Const art.120.1) La admisión de excepciones a la publicidad no puede entenderse como un apoderamiento en blanco al legislador, porque la publicidad procesal está inmediatamente ligada a situaciones jurídicas subjetivas de los ciudadanos que tienen la condición de derechos fundamentales: derecho a un proceso público (Const art.24.2) y derecho a recibir libremente información (TCo 30/1982). Esta ligazón entre garantía objetiva de la publicidad y derechos fundamentales lleva a exigir que las excepciones a la publicidad se acomoden en la previsión normativa de rango legal, y en su **aplicación judicial concreta**, a las condiciones fuera de las cuales la **limitación** constitucionalmente posible deviene vulneración del derecho (TCo 13/1985). 307

En todo caso, las excepciones deben venir establecidas por norma con **rango de ley** (TCo 96/1987).

Precisiones Con carácter excepcional, por razón de **orden público** o de **protección de derechos y libertades fundamentales**, el órgano judicial puede motivadamente limitar el ámbito de la publicidad de las actuaciones (LOPJ art.232.3).

Secreto del sumario La declaración o mantenimiento del secreto del sumario en nada afecta al derecho constitucional a un proceso público, sino en su caso, al **derecho de defensa**, ya que el derecho que tienen las partes personadas a intervenir en las actuaciones judiciales de instrucción no confiere al sumario el carácter de público en el sentido que corresponde al principio de publicidad, sino que es tan solo manifestación del derecho de defensa del justiciable (TCo 176/1988; 174/2001). 308

En coherencia con ello, el secreto del sumario supone una limitación o restricción al **derecho a participar y conocer la prueba ajena**, pero no por ello se afecta al principio de publicidad. En cualquiera de los casos, el secreto del sumario no significa, en modo alguno, que uno o varios elementos de la realidad social sean arrebatados a la libertad de información, en el doble sentido de derecho a informarse y derecho a informar, con el único argumento de que sobre aquellos elementos están en curso unas determinadas diligencias sumariales. El secreto sumarial no configura una atípica e ilegítima «materia reservada» sobre los hechos mismos acerca de los cuales investiga y realiza la oportuna instrucción el órgano judicial, sino que se proyecta solo sobre «las actuaciones» del órgano judicial que constituyen el sumario (TCo 1/1985; 176/1988).

Restricción de acceso a los juicios Lo que importa para la efectividad del principio constitucional de publicidad no es tanto la **presencia efectiva** de asistentes, como la **posibilidad** de que cualquier ciudadano pueda presenciar el juicio mientras se disponga de espacio para ello; y desde luego, el derecho de las partes a que esta posibilidad sea real para que el juicio se celebre con todas las garantías (TCo 30/1982; 96/1987). 309

Sin perjuicio de ello, la publicidad a la que llama Const art.24.2 y 120.1 es perfectamente compatible con **medidas parciales de seguridad** que pueden conducir a limitar el acceso a los juicios, debidas a la capacidad de la sala (TCo 30/1982; 30/1986), o a exigencias de orden en la misma. Lo fundamental es que no haya habido vista a puerta cerrada, sino tan solo medidas de seguridad que, aun aceptando que traigan consigo la prohibición del acceso a la sala de determinadas personas, no desvirtúen el carácter público del acto del juicio (TCo 30/1986).

Sin embargo, se ha considerado plenamente ajustada a Const art.24.2 la celebración de un **juicio a puerta cerrada**, mediante resolución motivada y fundada en Derecho, por temores fundados de alteración del orden público, confirmados por un informe policial, por ser una decisión que, lejos de reducir las garantías del proceso, tenía como finalidad facilitar el correcto y ordenado desarrollo del mismo, evitando cualquier intimidación dirigida a los procesados, sus defensores y los testigos. El derecho a un proceso público no es un derecho absoluto, y así resulta de lo dispuesto al respecto por los convenios internacionales sobre esta materia suscritos por España, conforme a los que deben interpretarse los derechos fundamentales reconocidos en la Constitución (Const art.10.2), de los que se deduce que el derecho a un juicio público y, en concreto, el acceso del público y de la prensa a la sala de audiencia, durante la celebración del juicio oral, puede ser limitado o excluido, entre otras, por razones de orden público justificadas, que estén previstas por las leyes (TCo auto 96/1981; TCo 62/1982; 96/1987; 176/1988), confirmando la validez de las excepciones al principio de publicidad del proceso establecidas en LOPJ art.232 y LECr art.680 (TCo 65/1992).

Ver nº 2807 sobre la publicidad de las actuaciones orales y nº 2810 sobre la presencia de los medios de comunicación.

También se ha pronunciado el Tribunal Constitucional sobre la **constitución del órgano judicial fuera de su sede**, con la finalidad de dotar de eficacia al procedimiento a la que debe darse aplicación sin merma de las garantías constitucionales del proceso (LOPJ art.268). Al respecto señaló que las medidas de control impuestas en el caso concreto para el acceso al establecimiento en el que se celebró el proceso, aunque justificadas por la naturaleza del establecimiento, crearon una reducción fáctica del libre acceso al local, al margen del poder de decisión del órgano judicial, no compatible con el principio de publicidad. Consideró por ello vulnerado el art.24.2 Const, sin que ello quedara remediado por la presencia en el acto de periodistas que informaron en diversos medios del desarrollo de aquel (TCo 96/1987).

311 MPCI nº 297 Constituye caso especial el del **interés del menor** como motivo limitativo de la publicidad. Se justifica la restricción de la publicidad, con base en los preceptos legales y convenios internacionales aplicables, en que los intereses del menor y del entorno familiar nada ganarían con una exteriorización de hechos y circunstancias que pertenecen normalmente a la intimidad personal y familiar, y podrían en cambio resultar perjudicados por una publicidad innecesaria e incompatible con la protección que merecen los niños (TCo 71/1990).

Otro supuesto abordado por el Tribunal Constitucional ha sido el de una **declaración testifical** en la que los testigos declararon sin ser vistos por el encausado y su defensa, pero no sin ser oídos por aquel. En este caso, el Tribunal Constitucional entiende que el principio de publicidad no se vulnera, porque el juicio se celebró en la sede del tribunal y se documentó en la correspondiente acta, sin que consten restricciones de acceso a su celebración o de obtener o difundir información acerca del mismo, cumpliéndose así la finalidad o razón de ser del derecho a un juicio público, que no es otra que la posibilidad de que el funcionamiento de los tribunales sea de conocimiento público y pueda ser sometido al control de los justiciables (TCo 64/1994).

E. Derecho a un juicio sin dilaciones indebidas

325 El derecho fundamental a un juicio sin dilaciones indebidas, hace referencia a la necesaria existencia de un **equilibrio** entre la realización de toda la actividad indispensable para la administración de la justicia -y para la garantía de los derechos procesales de las partes- y el tiempo que la misma requiere, que debe ser el más breve posible.

Con este concepto se alude a un proceso que se desenvuelve en condiciones de normalidad dentro del **tiempo requerido** y en el que los intereses litigiosos pueden recibir pronta satisfacción (TCo 43/1985; 324/1994).

No es un **derecho a los plazos procesales**, sino a que los litigios se resuelvan en un **tiempo razonable**. El art.24.2 Const no eleva a la categoría constitucional de un derecho fundamental el derecho al cumplimiento riguroso de los plazos y a que las secuencias del proceso se ajusten a las dimensiones temporales definidas en las normas procesales (TCo 5/1985; 58/1999; auto 81/2004).

Precisiones 1) Es un derecho que no se identifica con la **duración global de la causa**, ni aun siquiera con el **incumplimiento de los plazos procesales** (TCo 100/1996; auto 81/2004).

2) El **derecho a un proceso sin dilaciones indebidas** se recoge en:
- Const art.24.2;
- Pacto internacional de derechos civiles y políticos de Nueva York 16-12-1966 art.14.3;
- Convenio Roma 4-11-1950 art.6.1; y

- Carta de los Derechos Fundamentales de la Unión Europea art.47 (DOUE 30-3-10), que se refiere a que toda persona tiene derecho a que su causa sea oída equitativa y públicamente y dentro de un plazo razonable.
3) El Tratado de la Unión Europea atribuye a la Carta de Derechos Fundamentales de la Unión Europea el mismo **valor jurídico** que los Tratados (Tratado UE art.6).

Caracteres El derecho fundamental a un juicio sin dilaciones indebidas es un **derecho autónomo** respecto del derecho a la tutela judicial efectiva (TCo 324/1994; 180/1996; 78/1998; 32/1999; 198/1999; 303/2000; 166/2004). **328**
Dentro de esta naturaleza autónoma, el Tribunal Constitucional lo configura como el ámbito temporal en que se mueve el derecho a la tutela efectiva de los jueces y tribunales (TCo 5/1985).
Por otro lado, se trata de un derecho que tiene una doble faceta (TCo 35/1994; 124/1999):
1) **Faceta prestacional**. Consiste en el derecho a que los jueces y tribunales resuelvan y hagan ejecutar lo resuelto en un plazo razonable -en expresión del Convenio Roma 4-11-1950 art.6.1-. Supone que los jueces y tribunales deben cumplir su función jurisdiccional de garantizar la libertad, la justicia y la seguridad con la rapidez que permita la duración normal de los procesos, evitando dilaciones indebidas que quebranten la efectividad de la tutela (TCo 223/1988). Este contenido prestacional afecta también a los demás poderes del Estado ya que lleva implícita la dotación a los órganos judiciales de las necesarias medidas personales y materiales (TCo 50/1989; 81/1989).
2) **Faceta reaccional**. Consiste en el derecho a que se ordene la inmediata conclusión de los procesos en los que se incurra en dilaciones indebidas (TCo 223/1988; 180/1996; 10/1997; 124/1999; 198/1999).

Precisiones En supuestos en los que el retraso en el señalamiento de vista, o la resolución del asunto obedece a una **situación estructural**, ajena a la pasividad del órgano judicial, el otorgamiento del amparo puede limitarse a la declaración de la violación del derecho fundamental, porque cualquier medida relacionada con la anticipación del señalamiento para vista pudo haber agravado la posición de terceros justiciables o recurrentes, dado el carácter estructural de los referidos retrasos. Y también debe quedar limitado a esta declaración cuando el procedimiento en cuestión ya ha concluido, habiéndose celebrado la vista acordada por el órgano judicial y dictado sentencia sobre el fondo (TCo 54/2014; 142/2010).

Criterios determinantes para su apreciación El Tribunal Constitucional viene interpretando y aplicando el derecho a un proceso sin dilaciones indebidas y estableciendo una serie de criterios acordes con los elaborados por el TEDH en torno al Convenio Roma 4-11-1950 art.6.1 que, de modo equivalente, reconoce a toda persona el derecho a que su causa sea oída en un plazo razonable; pues una justicia tardía supone una denegación de Justicia (TCo 24/1981; 26/1983; 313/1993). **331**
Como concepto indeterminado o abierto, ha de ser dotado de **contenido concreto**, para lo cual, el carácter razonable de la duración de un proceso, el juicio sobre el contenido concreto de las dilaciones, y sobre si son o no indebidas, debe ser el resultado de la aplicación a las **circunstancias específicas** de cada caso de los criterios objetivos que a lo largo de la jurisprudencia del Tribunal Constitucional se han ido precisando, y que son los siguientes (TCo 144/1995; 100/1996; 180/1996; 53/1997; 99/1998; 58/1999; 198/1999; 224/2001; 220/2004; 153/2005):
- la complejidad del litigio o del trámite (nº 332);
- los márgenes ordinarios de duración de los litigios del mismo tipo, esto es, el estándar medio admisible (TCo 5/1985; 160/1999; 223/1988; 43/1999; TEDH 6-5-81, núm 7759/1977);
- el interés que en el litigio arriesga el litigante;
- la conducta procesal de las partes (nº 334);
- las consecuencias del retraso para la parte procesal (nº 335);
- la consideración de los medios disponibles (TCo 81/1989; 85/1990; 139/1990; 10/1991; 37/1991; 73/1992; 224/2001);
- el dato de haber cesado o no la dilación y concluido el proceso (nº 336);
- la conducta de las autoridades judiciales (nº 337).

Precisiones **1)** Las **dilaciones indebidas** suponen retrasos en la tramitación que han de evaluarse con el análisis pormenorizado del proceso, en función de la existencia de lapsos temporales muertos en la secuencia de los actos procesales, mientras que el **plazo razonable** es un concepto más amplio, que significa el derecho de todo justiciable a que su causa sea vista en un tiempo prudencial (TS 21-12-16, EDJ 236136).
2) La dilación solamente es indebida por la **falta de justificación de las paralizaciones** sufridas por el proceso y no por el mero dato de que la duración de todo el procedimiento o de alguna de sus fases sea excesiva (TS 14-4-16, EDJ 38929).

Complejidad del litigio o del trámite Por un lado, se entiende vulnerado el art.24 Const, entre otros motivos, por la **simplicidad** o la escasa complejidad de las actuaciones o trámites en cuestión, como un mero emplazamiento (TCo 10/1997; 31/1997; 33/1997; 195/1997). Por **332**

otro, se estima que la tardanza judicial no puede encontrar justificación alguna en la supuesta complejidad de la tarea a realizar (TCo 124/1999; 43/1999; 160/2004).
Se ha considerado **retraso justificado** por:
- la complejidad del trámite, en el caso de un suplicatorio a las Cortes Generales (TCo 22/1997);
- la sucesión de recursos producidos en un mismo proceso (TCo 51/1985).

Precisiones En cambio, el retraso de **21 meses** en la conclusión de un juicio civil ordinario se ha reputado vulneración del derecho analizado (TCo 178/2007).

334 **Conducta procesal de las partes** No se considera vulnerado el art.24 Const cuando la dilación se debe al irregular comportamiento procesal del interesado (TCo auto 15/1985).
Sobre esta cuestión ver también lo expuesto en nº 340.

Precisiones Se ha denegado el amparo cuando es imputable en gran parte la tardanza en practicar una **diligencia de embargo** en un proceso ejecutivo a la actuación procesal de la parte demandante, que no facilitó los datos necesarios para la identificación del bien y la correcta práctica de la anotación preventiva (TCo 179/1993).

335 **Consecuencias del retraso para la parte procesal** Se han negado consecuencias dañosas por una sentencia tardía al no haberlo invocado previamente a la misma (TCo auto 1323/1988).

336 **Cese o no la dilación y conclusión del proceso** Dada la autonomía del derecho a un juicio sin dilaciones indebidas respecto del derecho a la tutela judicial efectiva sin padecer indefensión, la dilación indebida no se sana por el simple hecho de que el órgano jurisdiccional dicte una resolución fundada en derecho. El derecho a un proceso sin dilaciones indebidas **no es un derecho a una resolución motivada**, sino a que se resuelva en un tiempo razonable (TCo 26/1983; 5/1985; 35/1994; 180/1996; 21/1998; 58/1999).

337 **Conducta de las autoridades judiciales** Las deficiencias estructurales u organizativas de los órganos judiciales o el abrumador trabajo que sobre ellos pesa no exonera al Estado del cumplimiento de su obligación de proveer inmediatamente de los **medios personales y reales necesarios** a su Administración de Justicia a fin de poder dotarla de la necesaria celeridad y eficacia (TCo 7/1995; TEDH 6-5-81, núm 7759/77; 15-7-82, núm 8130/78; 13-7-83, núm 8130/78).
Que el retraso sea **imputable al titular del órgano judicial**, o sea producto de defectos estructurales o de organización, carece de relevancia para apreciar la lesión del derecho fundamental (TCo 10/1991).
Las dilaciones indebidas que sean consecuencia de **deficiencias estructurales** pueden exonerar a los titulares de los órganos jurisdiccionales de la responsabilidad personal por los retrasos con que sus decisiones se produzcan, pero ello no priva a los ciudadanos del derecho a reaccionar frente a tales retrasos, ni permite considerarlos como inexistentes (TCo 36/1984; 233/1988). El principio de interpretación favorable a la efectividad de los derechos fundamentales impide restringir el alcance y contenido del derecho fundamental a un proceso público sin dilaciones indebidas con base en distinciones sobre el **origen de las dilaciones** que el art.24.2 Const no establece (TCo36/1984; 223/1988; 50/1989; 81/1989; 85/1990; 10/1991; 37/1991; 197/1993).
Por otro lado, un atasco temporal de un tribunal no implica **responsabilidad internacional de un Estado** contratante si toma, con la debida rapidez, las medidas adecuadas para remediarlo. En tales circunstancias, es lícito establecer con carácter provisional un determinado **orden de preferencia** en el despacho de los asuntos, teniendo en cuenta su urgencia y su importancia. Sin embargo, la urgencia aumenta con el tiempo; en consecuencia, si la crisis se prolonga, tales medios son insuficientes y el Estado tiene que optar por otros más eficaces para cumplir las exigencias del Convenio Roma 4-11-1950 art.6.1. El hecho de que las situaciones de atasco de los asuntos se conviertan en habituales no justifica la excesiva duración de un proceso (TCo 195/1997; TEDH 7-7-89, núm 11681/85).

340 **Denuncia por el afectado** (LO 2/1979 art.44.1.c) Para la viabilidad del **recurso de amparo** ante el Tribunal Constitucional, es precisa la denuncia del retraso ante el órgano judicial.
La exigencia de la **previa invocación** descansa en el deber que la Constitución impone a todos, incluidas las partes, de colaborar con los jueces y tribunales en el curso del proceso (Const art.118; TCo 206/1991; 140/1998). Por ello, invariablemente la doctrina del Tribunal Constitucional ha afirmado la exigencia de que sean denunciadas las dilaciones en el proceso, con cita expresa del precepto constitucional con el fin de que el órgano judicial pueda reparar -evitar- la vulneración que se denuncia, ya que si la pasividad o inacción procesal cesa por obra de esa denuncia y protesta, también cesa, en principio, la vulneración constitucional, si no concurren

otras circunstancias (TCo 136/1997; 156/1997; 21/1998; 39/1998; 140/1998; 32/1999; 125/1999; 166/2004; 153/2005).
La queja o denuncia debe practicarse ante el **órgano judicial** y en el seno de las actuaciones procesales en las que se padece la dilación indebida. Se ha denegado el amparo por haber denunciado el interesado la dilación indebida cuando esta ya había cesado y ante un órgano judicial que ya no podría repararla -el Tribunal Supremo- (TCo 100/1996).
Es preciso que no haya concluido definitivamente la **fase procesal** a la que se atribuyen las dilaciones y que no haya cesado aún la jurisdicción del órgano pretendidamente dilatador. En este sentido, el Tribunal Constitucional ha señalado que la alegación de vulneración del derecho fundamental a un proceso sin dilaciones indebidas carece de sentido cuando el procedimiento ya ha finalizado (TCo 224/1991; 205/1994; 75/1999; 146/2000; 237/2001; 167/2005; 28/2006).

Precisiones Se ha denegado el amparo porque entre la denuncia de las supuestas dilaciones y la interposición del recurso de amparo mediaban solamente 7 días, plazo que no puede considerarse como razonable a los efectos de permitir al órgano judicial dictar la resolución pretendida. Es obligado, por sentido común, guardar un **tiempo para conseguir la reanudación del tracto procesal**. No cabe denunciar la demora y acto seguido sin solución de continuidad presentar la demanda de amparo (TCo 231/1999; 303/2000). No es suficiente solo con que se haya dictado una resolución judicial en un plazo que no sea razonable, sino que es requisito necesario que el recurrente haya dado al órgano judicial la posibilidad de hacer cesar la dilación y que este haya desatendido la queja, mediando un plazo prudencial entre la denuncia de las dilaciones y la presentación de la demanda de amparo (TCo 59/1988; 128/1989; 301/1994; 75/1999; 103/2000; 177/2004).

Alcance objetivo En cuanto al alcance del derecho fundamental a un proceso sin dilaciones indebidas, hay que hacer referencia a diversas circunstancias: **343**
a) Es un derecho que se proyecta a **todos los órdenes jurisdiccionales**. La jurisprudencia es pacífica e inequívoca en esta cuestión. Aunque pueda pensarse que por el contexto general en que se utiliza esta expresión solo está dirigida en principio a regir en los procesos penales, ello no veda que dentro del concepto general de la efectiva tutela judicial deban plantearse como un posible ataque al mismo las dilaciones injustificadas que puedan acontecer en **cualquier proceso** (TCo 5/1985; 47/1987; 149/1987; 81/1989).
En el **proceso penal**, sin embargo, las exigencias son más rigurosas, ya que están en entredicho valores o derechos que reclaman tratamientos preferentes, por lo que no tiene igual incidencia la dimensión temporal del proceso en unos y otros casos (TCo 5/1985). En el proceso penal, al estar comprometido el derecho a la libertad personal de los inculpados, el celo del juzgador ha de ser siempre mayor a la hora de erradicar las dilaciones indebidas, lo que determina que las concretas actuaciones que supongan demorar la resolución del proceso deban ser debidamente justificadas (TCo 35/1994; 41/1996; 10/1997; 109/1997; 78/1998; 58/1999; 124/1999; 177/2004; TEDH 23-9-97, núm 22410/93; 21-4-98, núm 24550/94).
Este especial relieve de la dimensión temporal en el proceso penal se acentúa singularmente en los supuestos de **medidas preventivas de privación de libertad** (TCo 18/1993; 381/1993; 13/1994).
b) Es un derecho que se proyecta a las **sucesivas fases e instancias** por las que discurre el proceso, incluida la ejecución de sentencias (TCo 26/1983; 28/1989; 313/1993; 324/1994; 33/1997; 109/1997; 78/1998; 303/2000).
La indebida dilación se puede producir no solo respecto de la decisión atinente al pleito principal, sino también respecto de la adopción de la medida cautelar de **suspensión de los acuerdos impugnados** que, por su propia naturaleza, y en aras del principio de seguridad jurídica reclama una resolución inmediata (Const art.9.3; TCo 144/1995). La actitud renuente del órgano judicial en orden a tomar la decisión pertinente respecto a la adopción de las medidas cautelares interesadas, también constituye una violación del derecho a un proceso sin dilaciones indebidas cuando, atendidas las concretas circunstancias concurrentes, se estime que el plazo de inactividad procesal transcurrido no está justificado, siendo, en consecuencia, no razonable (TCo 215/1992).
Este derecho constitucional comprende también el derecho a exigir que las sentencias se cumplan sin dilaciones indebidas, resultando vulnerado el mismo si el órgano judicial incurre en retrasos injustificados en la adopción de las medidas necesarias para la pronta **ejecución de la sentencia ya dictada** (TCo 10/1991; 179/1993; 313/1993; 33/1997; 53/1997; 78/1998; 32/1999; 7/2002).
Las dilaciones indebidas se pueden causar hasta en el trámite de **tasación de costas y liquidación de los intereses**, si este se ve paralizado (TCo 109/1997).

Por otro lado, la **resolución tardía** sana la vulneración del derecho a la tutela judicial efectiva, pero no la del derecho a un proceso sin dilaciones (TCo 26/1983; 5/1985; 35/1994; 180/1996).
c) Es un derecho que **no se proyecta al procedimiento administrativo**. El término «proceso» utilizado por Const art.24.2 es equiparable a actuaciones jurisdiccionales, sin que sea extensible al procedimiento administrativo (TCo 26/1994; auto 159/2003; auto 146/2005).

347 MPCI nº 327 **Tipos de dilaciones** La vulneración del derecho fundamental a un juicio sin dilaciones indebidas puede producirse (TCo 324/1994; 32/1999):
a) Por **omisión**, que consiste en la mera inactividad judicial y que suele darse con mayor frecuencia. Así:
- la tardanza en más de un año en emplazar al demandado en pleito civil (TCo 10/1997);
- la tardanza de más de 8 años en dar traslado de la demanda al abogado del Estado para su contestación (TCo 31/1997);
- el excesivo tiempo invertido en resolver definitivamente un litigio o paralización del proceso (TCo 133/1988; 7/1995; 144/1995).

Sin embargo, **no se aprecia** dilación indebida en la tardanza de 2 años en remitir el expediente administrativo al demandante en un recurso contencioso-administrativo, cuando el demandante ha simultaneado múltiples recursos afectantes a ese mismo expediente, lo que justificaría la dilación causada, al encontrarse el mismo en distintos órganos judiciales sucesivamente (TCo 139/1990).

Precisiones Tampoco, en un supuesto en el que median **20 meses** entre la providencia de señalamiento de la vista y el día fijado, dado que se ha respetado escrupulosamente el orden de señalamientos de la agenda del juzgado, no se denunció indebida postergación del juicio ni se alegó circunstancia alguna que justificara la anteposición de la vista, y, por fin, que el interés en juego era meramente económico, sin haberse producido perjuicio irreparable en el mismo (TCo 94/2008).
Sin embargo, en otro supuesto de **retraso de 2 años y medio** en la celebración de vista debido a circunstancias igualmente estructurales, se reconoce la lesión del derecho, al tratarse de un asunto sobre autorización de residencia y trabajo a extranjero (TCo 93/2008).

348 **b)** Por **acción**, mediante resoluciones que acuerdan la práctica de trámites que ocasionan un alargamiento innecesario del proceso. Como supuestos vulneradores del derecho apreciados por el Tribunal Constitucional, pueden citarse:
- la suspensión de un juicio (TCo 116/1983);
- la admisión de una prueba cuya práctica dilataría el proceso (TCo 17/1984);
- el nombramiento de un abogado de oficio con efecto dilatorio (TCo 30/1981; 47/1987; 216/1988);
- la decisión de suspender el plazo para dictar sentencia en un juicio de desahucio para verificar un trámite de avenencia ante un órgano administrativo no creado (TCo 119/1983);
- la reapertura de la instrucción, tras 12 años de tramitación de un proceso penal (TCo 324/1994 -caso presa de Tous-).

La **distinción** entre vulneración del derecho por acción y por omisión no es meramente académica, sino que tiene evidentes consecuencias a efectos del recurso de amparo, como por ejemplo respecto a la verificación de los requisitos de previa invocación y de cómputo del plazo de la lesión del derecho, así como respecto a los contenidos del fallo de la sentencia que en su caso otorgue el amparo, pues en el supuesto de dilaciones ocasionadas por omisión no ha lugar a la declaración de nulidad de algún acto o resolución judicial (LO 2/1979 art.44 y 55.1; TCo 36/1984; 32/1999).

351 **Efectos de la declaración de dilaciones indebidas** Son los siguientes:
- la reparación del derecho vulnerado (nº 352); y
- la consideración como un supuesto de funcionamiento anormal de la Administración de Justicia (nº 354).

352 MPCI nº 335 **Reparación del derecho vulnerado** Se prevén diversas **medidas** para reparar los efectos de las dilaciones indebidas (TCo 35/1994):
a) Medidas **sustitutorias o complementarias** para cuando no puede ya restablecerse *in natura* la integridad del derecho o su conservación. Entre ellas figuran, además de la posible exigencia de responsabilidad civil y aun penal del órgano judicial, la responsabilidad patrimonial del Estado para los supuestos de funcionamiento anormal de la Administración de Justicia ya que, como ha reiterado el Tribunal Constitucional, las dilaciones indebidas constituyen una manifestación de ese mal funcionamiento (Const art.121; nº 1400 s.).
b) Medidas que quedan **fuera del ámbito estricto de las dilaciones procesales**, aunque tienden también a paliar los efectos de las mismas. Son especialmente relevantes en el orden penal. En él la tardanza excesiva o irrazonable en la finalización de los procesos puede tener sobre el afectado unas consecuencias especialmente perjudiciales, de modo que la dimensión

temporal del proceso tiene mayor incidencia que en otros órdenes jurisdiccionales, pues están en entredicho valores o derechos que reclaman tratamientos preferentes (TCo 5/1985; 133/1988).

A estos efectos, el Tribunal Constitucional ha abordado con frecuencia la cuestión relativa a la relación entre las dilaciones indebidas y la **prescripción penal** como causa extintiva de la responsabilidad criminal. Según esta doctrina constitucional, el derecho a que el proceso se tramite, resuelva y ejecute en un plazo razonable es plenamente independiente del juego de la prescripción penal. La dilación indebida no puede dar lugar al reconocimiento de un derecho a la prescripción si el procedimiento no ha estado paralizado el tiempo legalmente previsto para que se extinga la responsabilidad penal por este motivo. Ni la inejecución de la sentencia ni la extinción o atenuación de la responsabilidad criminal pueden deducirse del derecho a un proceso sin dilaciones indebidas (TCo 255/1988; 83/1989; 381/1993; 35/1994).

No obstante, tampoco cabe descartar la aplicación de **otras medidas** legalmente previstas para paliar los efectos del retraso producido, desde la petición de indulto, hasta la remisión condicional de la pena (TCo 35/1994).

Funcionamiento anormal de la Administración de Justicia Si no es posible la *restitutio in integrum* del derecho fundamental, una vez que el proceso ha fenecido, el restablecimiento de la integridad del afectado en su derecho, solo puede venir por la **vía indemnizatoria** (TCo 237/2001; 167/2002; 263/2005; 28/2006). **354** MPCI nº 337

Las dilaciones indebidas se han entendido por el Tribunal Constitucional como un **supuesto extremo** de funcionamiento anormal de la Administración de Justicia, como una irregularidad irrazonable en la duración mayor de lo previsible o tolerable, y además imputable a la negligencia o inactividad de los órganos encargados de la Administración de Justicia (TCo 133/1988; TCo auto 21/1996).

En este sentido, no cabe olvidar que constituye una carga de la Administración proveer lo necesario para que la administración de la Justicia sea rápida y eficaz. El deber judicial constitucionalmente impuesto de garantizar la libertad, justicia y seguridad con la rapidez que permite la duración normal de los procesos lleva implícito la dotación a los órganos judiciales de los necesarios **medios personales y materiales**, y precisamente al Estado-ejecutivo, vía presupuestaria, compete suministrar dichos medios y arbitrar las soluciones óptimas para un desarrollo normal de la administración de Justicia (TCo 223/1988; 50/1989).

Por ello, la declaración de la existencia de dilaciones indebidas puede dar lugar a la indemnización por los daños causados. Cuando el Tribunal Constitucional comprueba la existencia de dilaciones indebidas, su declaración puede servir de título para acreditar el funcionamiento anormal de la Administración de Justicia, como fundamento para el ejercicio de las acciones oportunas. El **pronunciamiento del Tribunal Constitucional** no es por ello simbólico, ni está desprovisto de eficacia práctica, desde el momento en que constituye el **presupuesto** del derecho a la indemnización de daños y perjuicios, derecho que, sin embargo, no corresponde declarar al Tribunal Constitucional, como ha sostenido este tribunal como criterio general, si bien en el caso resuelto por TCo 180/1996 se reconoció al agraviado el derecho a ser indemnizado por el Estado, aun cuando condicionalmente, en su caso, defiriendo por lo tanto la eficacia del pronunciamiento al juez común (TCo 36/1984; 35/1994; 31/1997; 33/1997; 53/1997; 109/1997; 99/1998).

Precisiones **1)** El Consejo de Estado ha señalado que, aunque en principio es indemnizable el **perjuicio** que haya podido causar la **excesiva duración** en el tiempo de un proceso (penal), hay casos en que las concretas circunstancias concurrentes ponen de manifiesto que esas dilaciones suponen una **ventaja** para el interesado, lo que permite considerar compensado el perjuicio con el beneficio obtenido o entender que el interesado ha quedado resarcido en el seno del propio proceso (CEst Dict 229/2007; 889/2010).

2) Respecto a la **responsabilidad** por el funcionamiento de la Administración de Justicia, ver nº 1400 s., y en cuanto a la responsabilidad patrimonial por funcionamiento anormal en sede constitucional, ver nº 15813.

SECCIÓN 2

Planta jurisdiccional

En el siguiente cuadro se expone gráficamente la planta jurisdiccional española. La ordenación visual de los órganos judiciales no implica en todo caso relación jerárquica o posibilidad de recurso de las resoluciones del inferior ante el superior. **400**

Se recogen tanto los órganos jurisdiccionales existentes en la **planta anterior** a la LO 1/2025 como los resultantes de su aplicación, habida cuenta del cronograma previsto para su **transformación** (nº 405).

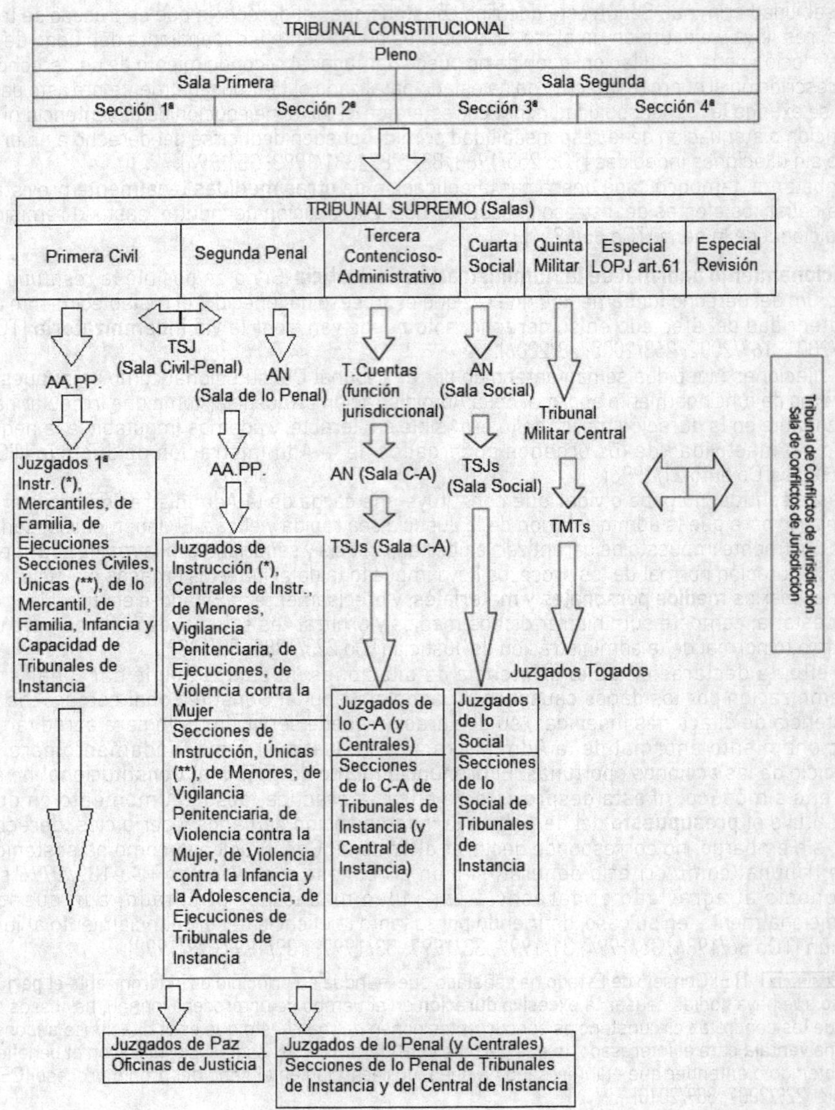

(*) O mixtos, en los partidos donde no se hayan dividido los órdenes, en función del número de juzgados.
(**) Civiles y de Instrucción, donde no se dividan los órdenes, en función del número de plazas judiciales.

401 MPCI nº 347 Precisiones 1) El CGPJ puede acordar, previo informe de la respectiva sala de gobierno, o bien del ministerio del ramo de justicia en las comunidades autónomas donde el Estado tenga competencia en esta materia, o bien de la comunidad autónoma con competencias dicha materia, que, en aquellas circunscripciones donde exista más de una plaza judicial de la misma sección -hasta la aplicación efectiva de la planta derivada de LO 1/2025, más de un juzgado de la misma clase-, una o varias de ellas asuman con exclusividad, el **conocimiento de determinadas clases de asuntos** propios del orden jurisdiccional de que se trate, sin perjuicio de las labores de apoyo que puedan prestar los servicios comunes que se constituyan. Tal acuerdo se publica en el BOE y surte efecto desde el inicio del año siguiente al de adopción, salvo que por razones de urgencia se disponga otra cosa.

Los órganos jurisdiccionales afectados siguen conociendo de todos los **procesos pendientes** ante ellos, hasta su conclusión (LOPJ art.96 redacc LO 1/2025).

2) Igualmente, el CGPJ puede acordar, con informe favorable del ministerio del ramo de justicia, oída la sala de gobierno respectiva y, en su caso, la comunidad autónoma con competencias en materia, que una o varias plazas judiciales de tribunales de instancia -hasta la aplicación efectiva de la planta derivada de LO 1/2025, que uno o varios juzgados- de la misma provincia y del mismo orden jurisdiccional asuman el conocimiento de determinadas clases o materias de asuntos y, en su caso, de las ejecuciones que de los mismos dimanen, sin perjuicio de las labores de apoyo que puedan prestar los servicios comunes constituidos o que se constituyan. En estos casos, el órgano u órganos especializados asumirán la competencia para conocer de todos aquellos asuntos que sean objeto de tal especialización, aun cuando su conocimiento inicial estuviese atribuido a órganos radicados en distinto partido judicial.

No cabe adoptar este **acuerdo de especialización transitoria** para atribuir a los órganos así especializados asuntos que, por disposición legal, estuviesen atribuidos a otros de diferente clase. Tampoco podrán ser objeto de especialización por esta vía las Secciones de Instrucción de los Tribunales de Instancia -hasta su constitución, juzgados de instrucción-, sin perjuicio de cualesquiera otras medidas de **exención de reparto o de refuerzo** que fuese necesario adoptar por necesidades del servicio (LOPJ art.96.3 redacc LO 1/2025).

3) El CGPJ, oída la sala de gobierno respectiva, y previo informe favorable de las Administraciones con competencias en materia de Justicia, puede acordar que en aquellas provincias en que existan **más de cinco** plazas judiciales en las secciones de lo mercantil de los tribunales de instancia -hasta la aplicación efectiva de la planta derivada de LO 1/2025, juzgados de lo mercantil-, una o varias de ellas asuman con carácter exclusivo el conocimiento de determinados asuntos de entre los que sean competencia de estas secciones -juzgados, hasta su transformación- (LOPJ art.96.2 redacc LO 1/2025).

4) Además, opera la figura del **juez de adscripción territorial** (L 38/1988 art.2 bis y anexo IV). Estos jueces se crean en cada Tribunal Superior de Justicia y para el ámbito territorial de la provincia, con modificación y desarrollo posterior por real decreto (LOPJ art.347 bis).

Conforme a este, por designación del presidente del Tribunal Superior de Justicia, los jueces de adscripción territorial ejercerán sus **funciones jurisdiccionales**:

- en las plazas que se encuentren **vacantes**;
- como **refuerzo** de órganos judiciales; o
- en aquellas plazas cuyo titular esté **ausente** por cualquier circunstancia.

En las **comunidades autónomas pluriprovinciales** y cuando las razones del servicio lo requieran, el presidente del Tribunal Superior de Justicia puede realizar llamamientos para órganos judiciales de otra provincia perteneciente al ámbito territorial de dicho tribunal.

5) Entre tanto no se complete el proceso de implantación de la oficina judicial (nº 570 s.), cuando las circunstancias de volumen de trabajo y las necesidades del servicio lo aconsejen, el ministerio del ramo de justicia, previo informe del CGPJ y oídas las comunidades autónomas con competencias en la materia, puede establecer que un **juzgado sea servido por 2 o más jueces** o magistrados titulares en idénticas condiciones, así como la integración de 2 o más juzgados del mismo orden jurisdiccional en una misma sección que recibirá la denominación del orden jurisdiccional, pudiendo en el seno de cada una disponerse la constitución de **subsecciones para atender a materias específicas** (LOPJ disp.trans.42ª). Esto ha de entenderse referido, a partir de su constitución, a la Sección o Secciones que corresponda del Tribunal de Instancia.

Reforma de los órganos jurisdiccionales y de la planta judicial (LOPJ art.26 redacc LO 1/2025; LO 1/2025) Se ha aprobado y se encuentra en curso la transformación de los **órganos jurisdiccionales unipersonales** en Secciones de Tribunales de Instancia o del Central de Instancia, de modo que, al margen de la jurisdicción militar, del Tribunal Constitucional y del Tribunal de Cuentas, la planta judicial quedará integrada por: 405

- Tribunales de Instancia.
- Audiencias Provinciales.
- Tribunales Superiores de Justicia.
- Tribunal Central de Instancia.
- Audiencia Nacional.
- Tribunal Supremo.

En los **Tribunales de Instancia**:

- las Secciones Civiles, de Instrucción y las Secciones Únicas (Civiles y de Instrucción), las de Familia y las de Violencia sobre la Mujer, ejercerán sus funciones en el partido judicial -en uno o en varios del ámbito territorial del mismo Tribunal Superior de Justicia-;
- las Secciones de lo Penal, de lo Contencioso-Administrativo, de lo Social, de lo Mercantil, de Vigilancia Penitenciaria y de Menores, tendrán -como regla- ámbito provincial.

Se prevé la desaparición de los **Juzgados de Paz** en el momento en que se constituyan las **Oficinas de Justicia**, integrándose los jueces de paz en dichas oficinas.
La **constitución de los Tribunales de Instancia** se realizará de manera escalonada conforme al siguiente orden (LO 1/2025 disp.trans.1ª, 2ª, 4ª, 5ª, 6ª y 7ª):
1. El **1-7-2025**: los juzgados de primera instancia e instrucción y los de violencia sobre la mujer, en aquellos partidos judiciales donde no exista otro tipo de juzgados, se transformarán, respectivamente, en secciones civiles y de instrucción únicas y de violencia sobre la mujer.
2. El **1-10-2025**: los juzgados de primera instancia, los de instrucción y los de violencia sobre la mujer, en los partidos judiciales donde no exista otro tipo de juzgados, se transformarán, respectivamente, en secciones civiles, de instrucción y de violencia sobre la mujer.
3. El **31-12-2025**: los restantes juzgados, no comprendidos en los supuestos anteriores, se transformarán en las respectivas secciones.
4. El **31-12-2025**: el Tribunal Central de Instancia se constituirá a través de la trasformación de los actuales juzgados centrales en las secciones del Tribunal Central de Instancia que se correspondan con las materias de las que aquellos estén conociendo.
La **implantación de la oficina judicial** adaptada a la nueva planta será simultánea a la de los Tribunales de Instancia.
En la fecha de constitución prevista para cada Tribunal de Instancia, los juzgados de paz se transformarán en Oficinas de Justicia en los municipios.
En las mismas fechas, se constituirá una **Sección de Familia, Infancia y Capacidad** en aquellos tribunales de instancia de los partidos judiciales donde, con anterioridad a dicha fecha, se hubiera acordado por el CGPJ la especialización de uno o más juzgados en alguna de las materias señaladas en LOPJ art.86.5. Las Secciones así constituidas mantendrán el conocimiento de los asuntos, tanto en materia de familia como en otras materias, en los términos establecidos en el acuerdo de especialización.

406 Precisiones En los Tribunales de Instancia los asuntos se distribuirán entre los jueces, por razón de las plazas en que se integren conforme a **normas de reparto** predeterminadas y públicas, aprobadas por la Sala de Gobierno del Tribunal Superior de Justicia, a propuesta de la junta de jueces de la respectiva Sección del Tribunal de Instancia. En el caso del Tribunal Central de Instancia, las normas de reparto se aprobarán por la Sala de Gobierno de la Audiencia Nacional, a propuesta de la junta de jueces de la respectiva sección.
Es posible que se libere, total o parcialmente, a un juez o magistrado del reparto de asuntos, por tiempo limitado, cuando la buena administración de justicia lo haga necesario, por acuerdo de la presidencia del tribunal de instancia a propuesta de la junta de jueces de la Sección, trasladado a la sala de gobierno para que esta, si lo entiende pertinente, proceda a su aprobación y publicación. En el caso del Tribunal Central de Instancia, la **propuesta de liberación** deberá hacerse por la junta de jueces de la respectiva Sección. Las modificaciones que se adopten en las normas de reparto no podrán afectar a los procedimientos en trámite.
La Sala de Gobierno podrá acordar las modificaciones precisas en las normas de reparto de jueces y magistrados de las Secciones de lo Mercantil, de lo Penal, de Menores, de Vigilancia Penitenciaria, de lo Contencioso-Administrativo o de lo Social de los Tribunales de Instancia, para equilibrar la distribución de asuntos que por **materia** les corresponde a cada uno de ellos según su clase, aun cuando alguno tuviese atribuido, por disposición legal o por acuerdo del pleno del propio Consejo General del Poder Judicial, el despacho de asuntos de su competencia a una circunscripción de ámbito inferior a la provincia (LOPJ art.167 redacc LO 1/2025).

SECCIÓN 3

Extensión y límites de la jurisdicción

450 Exponemos en los números siguientes, de forma resumida, las normas generales sobre atribución de jurisdicción a los tribunales de cada orden jurisdiccional.
Hemos de destacar dos reglas con carácter previo (LOPJ art.9.1 y 2):
- los tribunales ejercen su jurisdicción exclusivamente en aquellos casos en que les sea **atribuida por la Ley**;
- los tribunales del **orden civil** conocen, además de las materias que les son propias, de todas aquellas que no estén atribuidas a otro orden jurisdiccional.

1. Orden jurisdiccional civil

(LOPJ art.22 a 22 octies)

Los tribunales del orden jurisdiccional civil son competentes: 452

1. Con carácter exclusivo, en materia de:

- **derechos reales y arrendamientos** de inmuebles que se hallen en España -salvo en materia de contratos de arrendamiento inmobiliario para uso particular durante un plazo máximo de 6 meses consecutivos, siendo entonces competentes los órganos jurisdiccionales españoles si el demandado estuviera domiciliado en España, siempre que el arrendatario sea una persona física y que este y el propietario estén domiciliados en el mismo Estado-;
- constitución, validez, nulidad o disolución de **sociedades** o personas jurídicas que tengan su domicilio en territorio español, así como respecto de los acuerdos y decisiones de sus órganos;
- validez o nulidad de las **inscripciones** practicadas en un registro español;
- inscripciones o validez de **patentes**, marcas diseños o dibujos y modelos y otros derechos sometidos a depósito o registro, cuando se haya solicitado o efectuado en España el depósito o registro;
- **reconocimiento y ejecución** en territorio español de resoluciones judiciales y decisiones arbitrales dictadas en el extranjero.

2. Con carácter general cuando las partes se hayan **sometido expresa o tácitamente** a los tribunales españoles, con independencia del domicilio de aquellas y siempre que se trate de materias en que una norma expresamente lo permita.

3. Con independencia de los casos en los que su competencia resulte de otras disposiciones, son competentes los órganos judiciales españoles, cuando **comparezca ante ellos el demandado**. Esta regla no resulta de aplicación si la comparecencia tiene por objeto impugnar la competencia.

4. En materias distintas a las enumeradas en el apartado 1, y a las medidas provisionales para aseguramiento de personas y bienes y en materia concursal y en defecto de sumisión a los tribunales españoles de acuerdo con lo expuesto en el apartado 2, estos resultarán competentes cuando el **demandado tenga su domicilio en España**.

5. En defecto de los criterios precedentes, la jurisdicción civil es competente de acuerdo con los **criterios o fueros defectivos**.

Precisiones Un **estudio detallado** del ámbito de este orden jurisdiccional, en los planos internacional e interno, se expone en nº 1850 s.

2. Orden jurisdiccional penal

(LOPJ art.9.3 y 23)

En el orden penal, los órganos jurisdiccionales españoles tienen atribuido el conocimiento de las causas y juicios criminales, por lo que no pueden entender válidamente de cuestiones de otra índole, salvo con carácter prejudicial y para la declaración de obligaciones civiles derivadas de la infracción criminal, cuando por voluntad del perjudicado por el delito se ejerza la acción civil conjuntamente de la penal. 460 MPCI nº 360

Precisiones Un **estudio más detallado** del ámbito de este orden jurisdiccional se expone en nº 7130 s.

Infracciones penales cometidas en territorio español (LOPJ art.23.1) Los órganos jurisdiccionales penales españoles tienen atribuido el conocimiento de las causas por delitos cometidos en territorio español o cometidos a bordo de **buques o aeronaves españoles**, sin perjuicio de lo previsto en los tratados internacionales en los que España sea parte. 462

Delitos cometidos por españoles fuera de España (LOPJ art.23.2) Los órganos jurisdiccionales penales españoles también deben conocer de los delitos previstos en las leyes penales españolas, aunque hayan sido cometidos fuera del territorio nacional, siempre que los criminalmente responsables sean españoles (o extranjeros que hayan adquirido la nacionalidad española con posterioridad a la comisión del hecho) y concurran los siguientes **requisitos**: 464

a) Que el **hecho** sea punible en el lugar de ejecución, salvo que, en virtud de un tratado internacional o de un acto normativo de una organización internacional de la que España sea parte, no resulte necesario dicho requisito.

b) Que el **agraviado** o el Ministerio Fiscal denuncien o interpongan querella ante los tribunales españoles.

c) Que el **delincuente** no haya sido absuelto, indultado o penado en el extranjero, o, en este último caso, no haya cumplido la condena. Si solo la ha cumplido en parte, se le debe tener en cuenta para rebajarle proporcionalmente la que le corresponda.

466 **Delitos cometidos por españoles o extranjeros fuera de España** (LOPJ art.23.3 a 5)
Conoce la jurisdicción penal española de ciertos delitos cometidos por españoles o extranjeros fuera del territorio nacional. Pueden englobarse dentro de dos grandes grupos:
a) Delitos contra los **intereses esenciales del Estado**:
• Delitos de traición y contra la paz o la independencia del Estado.
• Delitos contra el titular de la Corona, su consorte, su sucesor o regente.
• Rebelión y sedición.
• Falsificación de la firma o estampilla reales, del sello del Estado, de las firmas de los ministros y de los sellos públicos u oficiales.
• Falsificación de moneda española y su expedición.
• Cualquier otra falsificación que perjudique directamente el crédito o intereses del Estado, e introducción o expedición de lo falsificado.
• Atentado contra autoridades o funcionarios públicos españoles.
• Delitos perpetrados en el ejercicio de sus funciones por funcionarios públicos españoles residentes en el extranjero y delitos contra la Administración pública española.
• Delitos relativos al control de cambios.

467 **b)** Delitos que afectan a la **jurisdicción universal**:
• Genocidio y lesa humanidad.
• Terrorismo.
• Piratería y apoderamiento ilícito de aeronaves.
• Tráfico ilegal o inmigración clandestina de personas, sean o no trabajadores.
• Delitos relativos a la prostitución y los de corrupción de menores o personas con discapacidad.
• Tráfico ilegal de drogas psicotrópicas, tóxicas y estupefacientes.
• Delitos relativos a la mutilación genital femenina, siempre que los responsables se encuentren en España.
• Cualquier otro delito que, según los tratados o convenios internacionales, deba ser perseguido en España.

468 Sin perjuicio de lo que pudieran disponer los tratados y convenios internacionales suscritos
MPCI por España, para que los tribunales españoles puedan conocer de los delitos que afectan a la
nº 370 jurisdicción universal (nº 467), se deben dar los siguientes **requisitos**:
- que quede acreditado que sus presuntos responsables se encuentran en España o que existen víctimas de nacionalidad española, o que se constate algún **vínculo de conexión** relevante con España; y
- en todo caso, que en otro país competente o en el seno de un tribunal internacional **no se ha iniciado procedimiento** que suponga una investigación y una persecución efectiva, en su caso, de tales hechos punibles.
El proceso penal iniciado ante la jurisdicción española **se sobreseerá provisionalmente** cuando quede constancia del comienzo de otro proceso sobre los hechos denunciados en el país o por el tribunal internacional referido.
Asimismo, para la extensión de la jurisdicción penal española a todos estos delitos, tanto los del grupo a (nº 466) como los del grupo b (nº 467), se establece el requisito de que el delincuente no haya sido **absuelto, indultado o penado en el extranjero**, o, en este último caso, que no haya cumplido la condena. Si solo la ha cumplido en parte, se le debe tener en cuenta para rebajarle proporcionalmente la que le corresponda.

470 **Cuestiones prejudiciales** Aunque el ámbito objetivo de la jurisdicción penal se limita a
MPCI las causas y juicios criminales, la competencia de los tribunales encargados de la justicia
nº 372 penal se extiende también a resolver, para solo el efecto de la represión, las cuestiones **civiles y administrativas** prejudiciales propuestas con motivo de los hechos perseguidos, cuando las mismas aparezcan tan íntimamente ligadas al hecho punible que sea racionalmente imposible su separación.

472 **Responsabilidad civil derivada del delito** También puede ejercitarse ante la jurisdicción penal la acción para exigir responsabilidad derivada de un delito o falta.
La infracción criminal es fuente de una **obligación de resarcimiento** y de una acción procesal de naturaleza civil para exigir su cumplimiento que, por razones de economía procesal, puede acumularse, a voluntad del acreedor, al ejercicio de la acción penal.

A pesar de ejercitarse ante la jurisdicción penal, esta acción conserva su **naturaleza civil** y esta preside los aspectos esenciales de su régimen jurídico.

3. Orden jurisdiccional contencioso-administrativo

(LOPJ art.9.4 y 24; LJCA art.1 a 5)

En términos generales, el orden contencioso-administrativo es competente cuando la pretensión que se deduzca se refiera a actos de las Administraciones públicas o a disposiciones de carácter general de rango inferior a la ley. **475**

Más concretamente, corresponde a los órganos judiciales de este orden jurisdiccional el conocimiento de las pretensiones que se deduzcan en relación con las siguientes materias:

• La **actuación de las Administraciones públicas**, sujeta al Derecho administrativo.

• Los reglamentos o **disposiciones generales** de rango inferior a la ley.

• Los **decretos legislativos** (estatales o autonómicos), cuando excedan los límites de la delegación.

• Los actos y disposiciones en materia de **personal, administración y gestión patrimonial** sujetos al Derecho público, adoptados por los órganos competentes del Congreso de los Diputados, el Senado, el Tribunal Constitucional, el Tribunal de Cuentas y el Defensor del Pueblo, así como de las asambleas legislativas de las comunidades autónomas y de las instituciones autonómicas análogas al Tribunal de Cuentas y al Defensor del Pueblo.

• Los actos y disposiciones del **Consejo General del Poder Judicial** y la actividad administrativa de los órganos de gobierno de los tribunales.

• La actuación de la **Administración electoral**.

• La protección jurisdiccional de los derechos fundamentales, los elementos reglados y la determinación de las indemnizaciones que sean procedentes en relación con los **actos del Gobierno** o de los consejos de gobierno de las comunidades autónomas.

• Los **contratos administrativos** y los actos de preparación y adjudicación de los demás contratos sujetos a la legislación de contratación de las Administraciones públicas.

• Los actos y disposiciones de las **corporaciones de Derecho público**, adoptados en el ejercicio de funciones públicas.

• Los actos administrativos de control o fiscalización dictados por la Administración concedente, respecto de los dictados por los **concesionarios de servicios públicos** que impliquen el ejercicio de potestades administrativas conferidas a los mismos, así como los actos de los propios concesionarios, cuando puedan ser recurridos directamente ante este orden jurisdiccional de conformidad con la legislación sectorial correspondiente.

• La **responsabilidad patrimonial** de las Administraciones públicas, cualquiera que sea la naturaleza de la actividad o el tipo de relación de que derive.

Además, la competencia del orden jurisdiccional contencioso-administrativo se extiende al conocimiento y decisión de las **cuestiones prejudiciales e incidentales** no pertenecientes a dicho orden, pero directamente relacionadas con el recurso contencioso-administrativo, salvo las de carácter constitucional y penal.

Precisiones Se excluyen del orden contencioso-administrativo los **recursos directos o indirectos** que se interpongan **contra las normas forales fiscales** de las Juntas Generales de los Territorios Históricos de Araba, Gipuzkoa y Bizkaia, que corresponderán, en exclusiva, al Tribunal Constitucional (LJCA art.3.d). Ver nº 16700.

Un **estudio detallado** del ámbito de este orden jurisdiccional se expone en nº 10820 s.

4. Orden jurisdiccional social

(LOPJ art.9.5 y 25; LRJS art.1 y 2)

Los tribunales del orden jurisdiccional social conocen de las pretensiones que se promuevan dentro de la **rama social del Derecho**, tanto en conflictos individuales como colectivos, así como las reclamaciones en materia de Seguridad Social o contra el Estado cuando le atribuya responsabilidad la legislación laboral. **480**

Más concretamente, los órganos jurisdiccionales del orden social conocen de las **cuestiones litigiosas** que se promuevan:

- entre empresarios y trabajadores como consecuencia del **contrato de trabajo** y del contrato de puesta a disposición, salvo lo dispuesto en la Ley concursal, y en el ejercicio de los demás derechos y obligaciones en el ámbito de la relación de trabajo;

- en relación con las acciones que puedan ejercitar los trabajadores o sus causahabientes contra el empresario o contra aquellos a quienes se les atribuya legal, convencional o contractualmente responsabilidad, por los daños originados en el ámbito de la prestación de

servicios o que tengan su causa en **accidentes de trabajo o enfermedades profesionales**, incluida la acción directa contra la aseguradora y sin perjuicio de la acción de repetición que pudiera corresponder ante el orden competente;
- entre las **sociedades laborales** o las **cooperativas de trabajo** asociado, y sus socios trabajadores, exclusivamente por la prestación de sus servicios;
- en relación con el régimen profesional, tanto en su vertiente individual como colectiva, de los **trabajadores autónomos económicamente dependientes** (L 20/2007);
- para garantizar el cumplimiento de las obligaciones legales y convencionales en materia de **prevención de riesgos laborales**, tanto frente al empresario como frente a otros sujetos obligados legal o convencionalmente, así como para conocer de la impugnación de las actuaciones de las Administraciones públicas en dicha materia respecto de todos sus empleados, bien sean estos funcionarios, personal estatutario de los servicios de salud o personal laboral, que pueden ejercer sus acciones, a estos fines, en igualdad de condiciones con los trabajadores por cuenta ajena, incluida la reclamación de responsabilidad derivada de los daños sufridos como consecuencia del incumplimiento de la normativa de prevención de riesgos laborales que forma parte de la relación funcionarial, estatutaria o laboral;
- sobre tutela de los derechos de **libertad sindical, huelga y demás derechos fundamentales y libertades públicas**, incluida la prohibición de la discriminación y el acoso, contra el empresario o terceros vinculados a este por cualquier título, cuando la vulneración alegada tenga conexión directa con la prestación de servicios;
- sobre las **reclamaciones en materia de libertad sindical y de derecho de huelga** frente a actuaciones de las Administraciones públicas referidas exclusivamente al personal laboral;
- sobre las controversias entre dos o más **sindicatos**, o entre estos y las **asociaciones empresariales**, siempre que el litigio verse sobre cuestiones objeto de la competencia del orden jurisdiccional social, incluida la responsabilidad por daños;

481 - en procesos de **conflictos colectivos**;
- sobre impugnación de **convenios colectivos y acuerdos**, cualquiera que sea su eficacia, incluidos los concertados por las Administraciones públicas cuando sean de aplicación exclusiva a personal laboral;
- sobre impugnación de **laudos arbitrales** de naturaleza social, incluidos los dictados en sustitución de la negociación colectiva, en conflictos colectivos, en procedimientos de resolución de controversias y en procedimientos de consulta en movilidad geográfica, modificaciones colectivas de condiciones de trabajo y despidos colectivos; suspensiones y reducciones temporales de jornada. De haberse dictado respecto de Administraciones públicas, cuando dichos laudos afecten exclusivamente a personal laboral;
- en procesos sobre materia electoral, incluidas las **elecciones** a órganos de representación del personal al servicio de las Administraciones públicas;
- sobre constitución y reconocimiento de la personalidad jurídica de los sindicatos, impugnación de sus estatutos y su modificación;
- en materia de **régimen jurídico específico de los sindicatos**, tanto legal como estatutario, en todo lo relativo a su funcionamiento interno y a las relaciones con sus afiliados;
- sobre constitución y reconocimiento de la personalidad jurídica de las **asociaciones empresariales**, impugnación de sus estatutos y su modificación;
- sobre la **responsabilidad de los sindicatos y de las asociaciones empresariales** por infracción de normas de la rama social del Derecho;
- impugnación de **resoluciones administrativas de la autoridad laboral** recaídas en el ejercicio de la potestad sancionadora en materia laboral y sindical;
- impugnaciones de **otros actos de las Administraciones públicas** sujetos al Derecho Administrativo en el ejercicio de sus potestades y funciones en materia laboral y sindical que pongan fin a la vía administrativa, siempre que, en este caso, su conocimiento no esté atribuido a otro orden jurisdiccional;
- contra las Administraciones públicas, incluido el **Fondo de Garantía Salarial**, cuando les atribuya responsabilidad la legislación laboral;
- en materia de **prestaciones de Seguridad Social**, incluidas la protección por desempleo y la protección por cese de actividad de los trabajadores por cuenta propia;
- imputación de **responsabilidades a empresarios o terceros** respecto de las prestaciones de Seguridad Social en los casos legalmente establecidos;

482 - cuestiones litigiosas relativas a la valoración, reconocimiento y calificación del **grado de discapacidad**, así como sobre las prestaciones a las personas en situación de dependencia;
- en materia de **intermediación laboral**, en los conflictos que surjan entre los trabajadores y los servicios públicos de empleo, las agencias de colocación autorizadas y otras entidades

colaboradoras de aquellos y entre estas últimas entidades y el servicio público de empleo correspondiente;
- aplicación de los **sistemas de mejoras de la acción protectora de la Seguridad Social**, incluidos los planes de pensiones y contratos de seguro, siempre que su causa derive de una decisión unilateral del empresario, un contrato de trabajo o un convenio, pacto o acuerdo colectivo; así como de los complementos de prestaciones o de las indemnizaciones, especialmente en los supuestos de accidentes de trabajo o enfermedad profesional, que pudieran establecerse por las Administraciones públicas a favor de cualquier beneficiario;
- entre los asociados y las **mutualidades**, excepto las establecidas por los colegios profesionales, así como entre las fundaciones laborales o entre estas y sus beneficiarios, sobre cumplimiento, existencia o declaración de sus obligaciones específicas y derechos de carácter patrimonial, relacionados con los fines y obligaciones propios de esas entidades;
- **impugnación de actos de las Administraciones públicas**, sujetos a Derecho administrativo y que pongan fin a la vía administrativa, dictados en el ejercicio de sus potestades y funciones en materia de Seguridad Social, incluyendo las recaídas en el ejercicio de la potestad sancionadora en esta materia;
- en cualesquiera otras cuestiones que les sean atribuidas por normas con rango de ley.

Precisiones 1) Por L 3/2012 se excluyen del ámbito de la jurisdicción social las **resoluciones administrativas de la autoridad laboral** en procedimientos de suspensión temporal de relaciones laborales, reducción de jornada y despido colectivo, no tanto porque estas materias queden fuera del conocimiento de los órganos jurisdiccionales de dicho orden, sino porque salen del campo de las resoluciones de la autoridad laboral, articulándose las dos primeras materias a través de las modalidades procesales de la LRJS art.138 y 153 a 162 -en función del carácter individual o colectivo de la decisión empresarial-; y la tercera, a través de una modalidad procesal específica de carácter preferente y urgente conocida en única instancia por las salas de lo social de los Tribunales Superiores de Justicia o de la Audiencia Nacional (LRJS art.2.n, 7, 8.1 y 124). **483**
2) Un **estudio más detallado** de este orden jurisdiccional se realiza en nº 14400 s.

5. Jurisdicción militar

(LOPJ art.3.2; LO 4/1987 art.12 y 13)

La competencia de la jurisdicción militar queda limitada al ámbito estrictamente castrense respecto de los hechos tipificados como **delitos militares** por el Código penal militar y a los supuestos de estado de sitio. **490**
En **tiempo de paz** -ausencia de conflicto armado-, la jurisdicción militar es competente en materia penal para conocer de los siguientes delitos y delitos leves:
1. Los comprendidos en el **Código penal militar**, incluso en aquellos supuestos en que, siendo susceptibles de ser calificados con arreglo al Código penal común, les corresponda pena más grave con arreglo a este último, en cuyo caso se aplicará este.
2. Los cometidos durante la vigencia del **estado de sitio** que se determinen en su declaración, conforme a la ley orgánica que lo regula.
3. Los cometidos en los casos de presencia permanente o temporal **fuera del territorio nacional** de fuerzas o unidades españolas de cualquier ejército.

En **tiempo de guerra** -situación de conflicto armado- y en el ámbito que determine el Gobierno, la jurisdicción militar se extiende además a los siguientes delitos y delitos leves:
1. Los que se determinen en **tratados** con potencia u organización aliadas.
2. Los comprendidos en la **legislación penal común**, cuyo conocimiento se le atribuya por las leyes, por las Cortes Generales, o por el Gobierno, cuando esté autorizado para ello.
3. Todos los tipificados en la **legislación española**, si se cometen fuera del suelo nacional, y el inculpado es militar español o persona que siga a las fuerzas o unidades españolas.
4. Todos los cometidos por **prisioneros de guerra**.

Precisiones Corresponde a la jurisdicción militar la prevención de los **juicios de testamentaría y de abintestato** de los miembros de las Fuerzas Armadas que, en tiempo de conflicto armado, fallezcan en campaña o navegación, limitándose a la práctica de la asistencia imprescindible para disponer el sepelio del difunto y la formación del inventario y aseguramiento provisorio de sus bienes, dando siempre cuenta a la autoridad judicial civil competente (LOPJ art.9.2 redacc LO 1/2025).

SECCIÓN 4

Conflictos de jurisdicción y competencia

500 Se produce **conflicto de jurisdicción** cuando el conocimiento de un asunto se debata entre un órgano jurisdiccional y una Administración pública o entre órganos jurisdiccionales ordinarios y militares (nº 502).
El **conflicto de competencia** surge cuando se discuta la atribución de un determinado asunto entre órganos judiciales pertenecientes a los diversos órdenes jurisdiccionales, pero integrados en la jurisdicción ordinaria (nº 550).

Precisiones 1) Los conflictos de **jurisdicción** se regulan en LO 2/1987 y los conflictos de **competencia** en LOPJ art.42 s. (TCJ 13-11-17 conflicto 4/2017).
2) A diferencia de los anteriores, la **cuestión de competencia** tiene carácter interno y horizontal, pues se plantea entre órganos del mismo orden jurisdiccional o de la jurisdicción militar, que no se encuentren vinculados por relación de jerarquía.

A. Conflictos de jurisdicción

(LO 2/1987)

502 MPCI nº 400 Son conflictos de jurisdicción los que enfrentan a:
- los órganos jurisdiccionales con la Administración (nº 505);
- los tribunales con la jurisdicción militar (nº 525);
- los órganos judiciales de la jurisdicción militar con la Administración (nº 530);
- la jurisdicción contable con la jurisdicción militar o con la Administración (nº 532).

Precisiones Los conflictos entre tribunales y la **jurisdicción militar** no son, en realidad, auténticos conflictos de jurisdicción, sino conflictos de competencias entre órganos jurisdiccionales, ya que la jurisdicción militar forma parte del Poder judicial como orden jurisdiccional (Const art.117.5). Tampoco puede decirse que el **Tribunal de Cuentas** sea un órgano jurisdiccional, en sentido estricto, aunque, en algunos casos, ejerza facultades materialmente jurisdiccionales (Const art.136).

1. Conflictos entre los órganos jurisdiccionales y la Administración

(LO 2/1987 art.1 a 21)

505 MPCI nº 405 **Competencia** (LO 2/1987 art.1 y 2; LOPJ art.38) Los conflictos son resueltos por el Tribunal de Conflictos de Jurisdicción, que está integrado por:
- el presidente del Tribunal Supremo, que lo presidirá, y tendrá siempre voto de calidad en caso de empate; y
- cinco vocales (dos magistrados de la sala de lo contencioso-administrativo del Tribunal Supremo, designados por el pleno del Consejo General del Poder Judicial y tres consejeros permanentes de Estado).

Actúa como secretario el de gobierno del Tribunal Supremo.

507 **Legitimación activa** (LO 2/1987 art.2 a 5) Hay que distinguir entre los conflictos promovidos por los órganos jurisdiccionales y aquellos otros instados por órganos administrativos.

508 MPCI nº 409 **Iniciativa judicial** Cualquier tribunal puede plantear conflictos jurisdiccionales a la Administración, excepto los jueces de paz, que deben canalizar sus iniciativas a través del juez de la Sección Civil o de Instrucción o Sección Única del Tribunal de Instancia -hasta su constitución, del juez de primera instancia o instrucción-. Este último no viene obligado a promover el conflicto, sino solo a tener en consideración la solicitud cursada por el juez de paz -integrado en la Oficina de Justicia, desde su constitución-.

509 MPCI nº 411 **Iniciativa administrativa** Hay que distinguir entre los órganos legitimados para promover el conflicto y los que solo pueden solicitar de los legitimados la promoción del mismo.
a) Órganos **directamente legitimados**. Pueden plantear conflictos de jurisdicción a los órganos judiciales solo los órganos de las Administraciones territoriales, nunca los de la corporativa o institucional. Así:
1. En la **Administración del Estado**:
Los miembros del Gobierno (presidente, vicepresidente/s y ministros).
• Los delegados del Gobierno en las comunidades autónomas.
• Ciertos altos mandos militares (ha de atenderse a la estructura del mando resultante de LO 5/2005 y normativa complementaria).

• Los subdelegados del Gobierno.
• Los delegados provinciales de Economía y Hacienda y los de la Agencia Estatal de Administración Tributaria (sean o no delegados especiales).
2. En la **Administración autonómica**:
• El órgano que señale el correspondiente estatuto de autonomía.
• En su defecto, el consejo de gobierno de la comunidad autónoma o cualquiera de sus miembros, por conducto del presidente.
3. En la **Administración local**:
• Los presidentes de las diputaciones provinciales u órganos de la Administración local de ámbito provincial.
• Los presidentes de los cabildos y consejos insulares.
• Los alcaldes-presidentes de los ayuntamientos.

Precisiones Los **estatutos** no contienen como regla general ninguna previsión a este respecto. Únicamente pueden citarse a título de ejemplo, los casos de Andalucía y La Rioja, en cuyos estatutos se dispone que el gobierno respectivo, por conducto de su presidente, puede plantear conflictos de jurisdicción a los tribunales.

b) Órganos **no directamente legitimados**. Los demás órganos de las Administraciones públicas pueden **solicitar su planteamiento** al órgano correspondiente de los que estén directamente legitimados, dirigiéndose a ellos por conducto reglamentario, destacando los motivos que aconsejen el planteamiento del conflicto y razonando, con invocación de los preceptos legales en que se funde, los términos de la propuesta. **510** MPCI nº 413
El órgano legitimado no está obligado a promover el conflicto, sino solo a **tener en consideración** la solicitud del que se sienta competencialmente agredido, pero, si el órgano que recibió la propuesta decide aceptarla, debe promover el conflicto y dirigir las demás actuaciones que se sigan, sin perjuicio de recabar del órgano solicitante toda la información que necesite.

Objeto Los conflictos jurisdiccionales tienen por exclusivo objeto una **controversia competencial**. No pueden discutirse en ellos cuestiones de legalidad ajenas a la disputa competencial. **512** MPCI nº 415
Incluso hay supuestos en los que no es posible promover el conflicto pese a que se pueda estar cuestionando una competencia. Tal es el caso de los procedimientos de ***habeas corpus*** (nº 10450), frente a cuya iniciación o seguimiento o frente a la adopción en el mismo de las resoluciones de puesta en libertad o a disposición judicial no cabe plantear conflictos (LO 2/1987 art.6).

Requisitos temporales (LO 2/1987 art.7 y 8) Pueden plantearse en **cualquier momento** de tramitación del procedimiento administrativo o jurisdiccional, salvo: **514** MPCI nº 417
- en los **asuntos judiciales** resueltos por auto o sentencia firmes o pendientes solo de recurso de casación o de revisión, a menos que el conflicto nazca o se plantee con motivo de la ejecución de aquellos o afecte a facultades de la Administración que hayan de ejercitarse en trámite de ejecución;
- en los **asuntos administrativos** ya resueltos por medio de acto que haya agotado la vía administrativa, salvo cuando el conflicto verse sobre la competencia para la ejecución del acto.

Procedimiento en caso de conflicto positivo (LO 2/1987 art.9 a 12) El procedimiento para resolver los conflictos es distinto según se trate de conflictos positivos o negativos. **516** MPCI nº 419
Conflicto positivo es aquel supuesto en el que un órgano administrativo y otro jurisdiccional se consideran competentes.
Hay que distinguir en su tramitación las siguientes **fases**:

Planteamiento del conflicto En esta fase tiene lugar, a grandes rasgos, un requerimiento del órgano que se considera competencialmente agredido y un pronunciamiento del órgano requerido, aceptando o rechazando el requerimiento inhibitorio. No interviene en ella todavía el Tribunal de Conflictos. **517** MPCI nº 421
Han de distinguirse dos supuestos, según que el conflicto se haya promovido a instancia del órgano jurisdiccional o del órgano administrativo.
a) Cuando el conflicto se ha promovido a **instancia del órgano jurisdiccional**, las actuaciones son, sucesivamente, las siguientes:
1. Solicitud de **informe** al Ministerio Fiscal.
2. Emisión del mismo en el plazo de 5 días hábiles.
3. Remisión de **requerimiento de inhibición** al órgano administrativo. El requerimiento ha de ser motivado (con cita de los preceptos legales que sean de aplicación). Este requerimiento no implica el planteamiento formal del conflicto, que solo tiene lugar una vez que el órgano requerido rechaza el requerimiento.
4. Recepción del requerimiento por el órgano requerido.

5. **Suspensión** del procedimiento en lo que se refiere al asunto cuestionado, hasta la resolución del conflicto, con adopción provisional de aquellas medidas imprescindibles para evitar que se eluda la acción de la justicia, que se cause grave perjuicio al interés público o que se originen daños graves e irreparables.
6. El órgano requerido da **audiencia a los interesados** para que se pronuncien en el plazo común de 10 días.
7. **Decisión**, no susceptible de recurso, del órgano requerido, en el plazo de 5 días desde la finalización de la audiencia, sobre su propia competencia. La decisión puede consistir en:
• Conformidad con el requerimiento: **no hay conflicto** y, en el plazo de 5 días, debe hacerse saber así al órgano que tomó la iniciativa, remitiéndole las actuaciones y extendiendo la oportuna diligencia.
• Rechazo del requerimiento: en este caso queda formalmente planteado el **conflicto de jurisdicción**. Esta decisión debe comunicarse al órgano requirente junto con el anuncio del envío en el mismo día de las actuaciones al presidente del Tribunal de Conflictos, con requerimiento de hacer lo propio en el mismo día de recepción, sin perjuicio de la conservación por ambos órganos del testimonio de lo necesario para realizar las actuaciones provisionales que hayan de adoptarse o mantenerse para evitar que se eluda la acción de la justicia, que se cause grave perjuicio al interés público o que se originen daños graves e irreparables.

518 **b)** Si el conflicto se ha promovido a **instancia del órgano administrativo**, las actuaciones son, sucesivamente, las siguientes:
1. **Audiencia** a los interesados en el expediente, si los hubiera.
2. Remisión del **oficio de inhibición** al órgano judicial que esté conociendo de las actuaciones. Debe ser motivado y adoptado con las formalidades necesarias según la Administración y órgano de que se trate -p.e. si es un órgano de la Administración local, el acuerdo de suscitarlo debe ser adoptado, en todo caso, por la mayoría absoluta de los miembros del pleno de la corporación, previo informe del letrado de la Administración de Justicia, quien debe emitirlo en un plazo no superior a 10 días hábiles-.
3. **Recepción del requerimiento** por el órgano judicial.
4. **Suspensión** del procedimiento, en idénticas circunstancias que en el apartado a), salvo que el requerido sea un órgano jurisdiccional del orden penal o que esté conociendo de un asunto tramitado por el procedimiento preferente para la tutela de los derechos y libertades fundamentales previsto en la Const art.53.2, en cuyo caso no se suspende el procedimiento hasta el momento de dictar sentencia.
5. El órgano judicial da **vista y audiencia** a las partes y al Ministerio Fiscal por plazo común de 10 días.
6. **Auto**, en el plazo de 5 días hábiles, **manteniendo o declinando** su jurisdicción. Los efectos son los mismos que los expuestos en el apartado a) punto 7, salvo que, en este caso, frente al auto que decline la competencia, las partes y el Ministerio Fiscal pueden interponer recurso de apelación, excepto cuando el auto sea dictado por el Tribunal Supremo, que es irrecurrible.

Precisiones La LO 2/1987 distingue entre aquellos casos en los que es la Administración la **proponente del conflicto** de aquellos otros en los que la iniciativa parte de un órgano judicial:
• En el primer supuesto -proponente es la **Administración**- rige clara y taxativamente el principio de competencia. La iniciativa debe partir de alguno de los órganos contemplados en LO 2/1987 art.3, pues así se deduce no solo de este precepto, sino también de LO 2/1987 art.4 y 5, cuyos mandatos al respecto son terminantes y no ofrecen alternativa alguna.
• No ocurre lo mismo cuando el proponente es un **órgano jurisdiccional**. En este caso, aun cuando es preciso que el órgano judicial se dirija directamente al órgano que corresponda de los enumerados en LO 2/1987 art.3, lo cierto es que se admite que también se pueda requerir al órgano administrativo que esté conociendo del asunto (LO 2/1987 art.9).
La **diferencia** se justifica porque en el primer caso estamos en presencia de una norma de competencia de obligado cumplimiento para la Administración requirente, en tanto que en el segundo no es propiamente una norma de **competencia**, sino de buen **orden procedimental** cuyo defecto puede ser fácilmente subsanado, salvo que se acredite lo contrario, pues el órgano requerido si no es uno de los contemplados en LO 2/1987 art.3, puede sin mayor dificultad trasladar el requerimiento al órgano competente para que se pronuncie sobre la cuestión planteada (TCJ 9-12-14 conflicto 10/14).

519 **Fase de decisión del conflicto** (LO 2/1987 art.14 a 21) Tiene lugar toda ella ante el Tribunal de Conflictos de Jurisdicción. El procedimiento, que es gratuito, en esta fase es muy sencillo.
1. Recepción de las actuaciones enviadas por los órganos en conflicto.
2. Vista y audiencia al Ministerio Fiscal y a la Administración interviniente por plazo común de 10 días hábiles.
3. Eventual plazo, discrecionalmente fijado por el tribunal, de **subsanación de irregularidades** procedimentales habidas en la fase previa.

4. Eventual **remisión adicional de antecedentes**, si el tribunal lo estima conveniente para formar su juicio.
5. El tribunal puede acordar el **apercibimiento o multa**, en su caso reiterada, no superior a 300,51 euros, a aquellas personas, investidas o no de poder público, que no presten la necesaria colaboración y diligencia para la tramitación de los conflictos de jurisdicción.
6. Si de las actuaciones anteriores resultan nuevos datos relevantes, se ha de dar **nueva vista** al Ministerio Fiscal y a la Administración pública contendiente, por plazo común de 5 días.
7. **Sentencia**, dentro de los 10 días hábiles siguientes. Su contenido puede consistir en:
• Decidir sobre la competencia controvertida, atribuyéndola a la Administración o al órgano jurisdiccional, sin posibilidad de extenderse a cuestiones ajenas al conflicto.
• Declarar que el conflicto fue planteado incorrectamente, en cuyo caso ordena la reposición de las actuaciones al momento en que se produjo el defecto procedimental.
• Imposición de multa no superior a 601,01 euros a:
- quienes hayan promovido un conflicto de jurisdicción con manifiesta temeridad o mala fe o para obstaculizar el normal funcionamiento de la Administración o de la Justicia;
- la autoridad administrativa o judicial que, por haberse declarado incompetente de forma manifiestamente injustificada, haya dado lugar a un conflicto de jurisdicción.
• Omitir expresamente cualquier pronunciamiento decisorio, por declarar inexistente el conflicto (TCJ 13-11-17 conflicto 4/17).
• Omitir en todo caso un pronunciamiento sobre costas, ya que el procedimiento es gratuito (TCJ 30-4-24, EDJ 556382).
8. **Notificación** de la sentencia a las partes y **publicación** en el Boletín Oficial del Estado, con devolución de las actuaciones a quien corresponda.
9. Contra las sentencias del Tribunal de Conflictos de Jurisdicción solo cabe **recurso de amparo** constitucional, cuando proceda. No obstante, puede interponerse escrito de aclaración en los 3 días siguientes a la notificación de la sentencia.
10. Las demás resoluciones del Tribunal de Conflictos son susceptibles de **recurso de súplica** ante el propio tribunal, que se debe interponer en los 3 días siguientes a la notificación de la resolución recurrida.

Procedimiento en caso de conflicto negativo (LO 2/1987 art.13) Lo característico de este procedimiento es que su promoción se hace a instancia, no de un órgano administrativo o jurisdiccional, sino de un particular. Hay que distinguir en su tramitación las siguientes fases: **521**
1. El **particular** se dirige a una autoridad administrativa o jurisdiccional a quien considera competente.
2. Si esa autoridad se declara **competente** no hay conflicto.
3. Si se declara **incompetente**, en resolución firme, la autoridad judicial o administrativa a la que inicialmente se hubiese dirigido, el interesado debe dirigirse, acompañando copia auténtica o testimonio fehaciente de la resolución denegatoria dictada, a la otra autoridad.
4. Si también se declara incompetente, el interesado puede formalizar sin más trámites, y en el plazo improrrogable de 15 días, el **conflicto negativo** de jurisdicción, mediante escrito dirigido al Tribunal de Conflictos de Jurisdicción y presentado ante el órgano jurisdiccional que se haya declarado incompetente.
5. El órgano jurisdiccional debe **elevar las actuaciones** al Tribunal de Conflictos de Jurisdicción y requerir al órgano administrativo que haya intervenido para que actúe de igual forma, todo ello en plazo de 10 días.
6. El citado órgano dicta **sentencia**, previas las actuaciones descritas para el conflicto positivo.
7. **Notificación** a los órganos en conflicto y al interesado.

2. Conflictos de jurisdicción entre la jurisdicción ordinaria y la jurisdicción militar

(LO 2/1987 art.22 a 29)

La **legitimación** para promover el conflicto corresponde a cualquier órgano jurisdiccional, ordinario o militar (LO 4/1987 art.19). **525** MPCI nº 430
El **procedimiento** es sustancialmente idéntico al expuesto para los conflictos entre órganos jurisdiccionales y administrativos, con la particularidad de que las actuaciones del órgano jurisdiccional militar deben ir precedidas de informe del fiscal jurídico militar.
En caso de **conflicto negativo**, es preciso agotar la vía jurisdiccional inicialmente seguida, al tiempo que si pende de admisión un recurso de casación preparado frente a la resolución dictada por la segunda jurisdicción, no cabe admitir el conflicto de jurisdicción (TS Sala LOPJ art.39 26-6-24, EDJ 600531).

Precisiones Para solventar un conflicto entre la jurisdicción ordinaria y la militar ha de estarse a lo dispuesto en Const art.117.5, conforme al cual el principio de **unidad jurisdiccional** es la base de la organización y funcionamiento de los tribunales, regulándose por ley el ejercicio de la jurisdicción militar, que se limita al ámbito estrictamente castrense y a los supuestos de estado de sitio, de acuerdo con los principios establecidos en la propia Constitución (TS Sala Conflictos 29-11-22, EDJ 751321; 17-2-21, EDJ 508115; 12-7-17, EDJ 151672).

526 **Competencia** (LO 2/1987 art.22; LOPJ art.39) Corresponde a la sala de conflictos de jurisdicción del Tribunal Supremo, compuesta por:
- el presidente del Tribunal Supremo, que la preside, y ostenta voto de calidad en caso de empate;
- dos magistrados de la sala del Tribunal Supremo del orden jurisdiccional en conflicto, designados por el pleno del Consejo General del Poder Judicial; y
- dos magistrados de la sala de lo Militar del Tribunal Supremo, designados por el pleno del Consejo General del Poder Judicial.

Actúa como secretario el de gobierno del Tribunal Supremo.

3. Otros conflictos de jurisdicción

530 **Conflictos entre la jurisdicción militar y la Administración** (LO 2/1987 art.30) Lo expuesto para los conflictos entre órganos jurisdiccionales ordinarios y administrativos es aplicable en su totalidad a los conflictos de jurisdicción que surjan entre los órganos judiciales de la jurisdicción militar y la Administración, pero entendiéndose referida la expresión tribunales a los tribunales militares y la del Ministerio Fiscal, a la fiscalía jurídico militar.

532 **Conflictos entre la jurisdicción contable y la jurisdicción militar o la Administración** (LO 2/1987 art.31; L 7/1988) Hay que distinguir dos **tipos** de conflictos:

a) Los conflictos de jurisdicción que se susciten entre los órganos de la jurisdicción contable (Tribunal de Cuentas) y la Administración, que son resueltos por el Tribunal de Conflictos de Jurisdicción.

b) Los que enfrenten a órganos de la jurisdicción contable y órganos de la jurisdicción militar, que se resuelven por la sala de conflictos de jurisdicción del Tribunal Supremo.

4. Principales supuestos

535 MPCI nº 440 **Concurrencia de embargos y/o de procedimientos de ejecución** Este es el ámbito en el que mayor número de resoluciones judiciales han sido dictadas. La mayoría resuelve los problemas concurrenciales planteados cuando dos órganos administrativos o judiciales o un órgano administrativo y otro jurisdiccional han trabado embargos sobre los mismos bienes del deudor. No faltan tampoco resoluciones que abordan el problema del derecho de separación en procedimientos concursales y algunas otras cuestiones de análoga naturaleza. Sobre todas estas cuestiones, el Tribunal de Conflictos de Jurisdicción ha declarado lo siguiente:

a) La **competencia** corresponde a la autoridad que primeramente trabó el embargo, aunque la preferencia para la continuación del procedimiento no comporta que se haga un pronunciamiento sobre la prelación de créditos, en una palabra, con independencia de lo que en Derecho proceda respecto de la naturaleza y efectos de los créditos respectivos (TCJ 9-2-95; 15-3-95; 7-7-97; 27-10-97; 23-6-98; 27-3-00; 27-5-00; 25-10-00; 12-12-00; 11-4-03; 22-3-04).

b) A través de los conflictos jurisdiccionales no pueden decidirse **cuestiones de índole civil** relacionadas con el embargo. Es impropio de la función que corresponde a este tribunal el pretender que resuelva lo que es propio de una tercería o, en su caso, de una acción reivindicatoria, o de una potestad municipal de recuperación de oficio. Solo ha de resolverse sobre la prioridad de la traba, pero no sobre preferencia o prelación de créditos o sobre la titularidad dominical del bien embargado (TCJ 5/2000).

c) Son **deudas o créditos contra la masa** los que cumplen los requisitos de ser posteriores a la iniciación del proceso concursal, de haber sido contraídas por la persona que se encuentra sometida a dicho proceso o por las que deben completar su capacidad para atender las operaciones ordinarias del tráfico de la persona o de la empresa sujeta al procedimiento concursal y, en especial, para asegurar la liquidez de la masa del concurso.

La jurisdicción de la Administración tributaria para dictar la providencia de apremio y la diligencia de embargo, y la falta de jurisdicción del órgano judicial para interferir el procedimiento administrativo, cuando este sea preferente, mediante resolución que ordena el levantamiento del embargo resultan, desde esta perspectiva, manifiestas (TCJ 1/1998;

2/2004-T; 3/2004-T; 22-12-06; 18-10-10, EDJ 233463; 22-6-09, EDJ 151136, algunas de las cuales incorporan ciertos matices y limitaciones a lo dicho).
La **capacidad de la Administración** para apremiar créditos contra la masa se reconoce limitadamente y con carácter cautelar, quedando lo trabado a disposición del juez del concurso a efectos de realización de su masa activa (TCJ 24-10-12, conflicto 3/12).

Precisiones Sobre estas cuestiones, ver también lo expuesto con respecto al **proceso concursal** (nº 5470 s.)

537 **Interdictos frente a la Administración** La jurisprudencia de conflictos, al igual que la general, ha ido atravesando sucesivas fases, normalmente para acomodarse a la evolución experimentada por las leyes procesales y administrativas. Esta exposición es complementaria a la que se efectúa en el capítulo dedicado al proceso contencioso-administrativo, con la que se integra (nº 12093 s.):
1) En una primera fase se entendió que solo podían interponerse interdictos frente a la Administración cuando esta incurría en **vía de hecho**. Según esta tesis, la sujeción de la Administración al control de los órganos del orden jurisdiccional contencioso-administrativo solo se concibe en la medida en que esta actúe dentro de los márgenes de competencia y procedimiento que la ley le impone; en otro caso, la Administración queda sometida, como si de un particular se tratara, al control de los órganos civiles de la jurisdicción.

Precisiones La acción material que se deriva del acto administrativo queda amparada por la legitimidad del propio acto. Cuando esta falta porque la Administración actúa por la llamada «vía de hecho», su **inmunidad interdictal** queda **condicionada** a que sus órganos actúen en materia de su competencia y conforme al procedimiento legalmente establecido. La «vía de hecho» se manifiesta como una actuación material ajena a una actuación administrativa y sin fuerza legitimadora del acto administrativo (TCJ 5/1987; 14-12-90; 16-12-91; 20-12-91; 4-11-92).

538 **2)** En una segunda fase se consideró que frente a la ejecución de obras públicas no cabe interponer interdicto de obra nueva, **aunque la Administración incurra en vía de hecho**. El Tribunal de Conflictos de Jurisdicción rechaza la posibilidad de esgrimir contra la Administración el interdicto de obra nueva. La razón fundamental estriba en el **interés general** que la obra pública tiene, ya en la propia significación de la Administración como gestora de intereses generales, porque no cabe consentir que la realización de una obra de dicha naturaleza quede diferida a un ulterior proceso declarativo. A diferencia de lo que sucede con los interdictos de retener y recobrar la posesión, el de obra nueva produce *inaudita parte* un efecto inmediato que es precisamente el de una **suspensión**, que puede prolongarse años por la vía del recurso. De ahí que los interdictos de retener y recobrar la posesión aparezcan como los únicos admisibles, amén de suficientes, para mantener una situación fáctica contra los actos administrativos que manifiesten la intención de despojo o contra el despojo ya realizado. No sería correcto abrir al interdicto de obra nueva un portillo cuando la Administración hubiese procedido por «vía de hecho».
El Tribunal de Conflictos de Jurisdicción reconoce, además, que la modificación de LEC/1881 art.71 -actualmente derogada-, conforme a la L 10/1992, nada significó a favor del interdicto de obra nueva contra la Administración. Ni la regulación de la competencia territorial sería el lugar adecuado para zanjar normativamente la vieja polémica, ni sería lógico apartar entonces de aquellos procedimientos a la Administración local, silenciada en el precepto. Por el contrario, LJCA art.25.2 y 30 admiten el **recurso contencioso-administrativo** contra las actuaciones materiales de la Administración y establecen un régimen de impugnación previa a dicho recurso jurisdiccional (TCJ 20-12-93; 21-12-93; 30-3-98; 20-10-99; 9-4-99).

539 **3)** En una tercera fase se determina que no cabe interponer ninguna clase de interdicto frente a la Administración, únicamente el **recurso contencioso-administrativo**. Ya no se admiten ni siquiera los interdictos de retener o recobrar, reservándose únicamente al orden contencioso el enjuiciamiento de estos temas. Esta fase se inaugura con la entrada en vigor de la LJCA. La jurisprudencia de conflictos todavía no ha dado este paso de manera abiertamente explícita pero no faltan pronunciamientos de órganos jurisdiccionales ordinarios.
4) Desaparición de la figura de los interdictos. Con la entrada en vigor de la LEC vigente, los interdictos pierden formalmente su denominación tradicional para pasar a configurarse como simples **acciones posesorias o cautelares** ejercitables en juicio verbal civil (LEC art.250 s.; nº 3220). Ahora bien, su procedencia se supedita a que no se ejercite frente a una Administración pública.

541 **Responsabilidad patrimonial** En materia de responsabilidad patrimonial de las Administraciones públicas no son infrecuentes los supuestos en los que se ejercita la pretensión resarcitoria ante el orden jurisdiccional civil sin haberse tramitado el procedimiento administrativo previsto en la legislación aplicable (LPAC).

En el sistema de LPAC y LJCA, las pretensiones de responsabilidad extracontractual frente a las Administraciones se residencian ante el orden jurisdiccional contencioso, pero, con carácter previo, salvo que la responsabilidad sea consecuencia de la impugnación y anulación de un acto administrativo, es imprescindible tramitar un **procedimiento previo** en vía administrativa. Su omisión faculta a la Administración para promover conflicto jurisdiccional recabando la competencia (TCJ 12/1999; 6/2002; 4/2003).

543 **Asistencia jurídica gratuita** El Tribunal de Conflictos de Jurisdicción se ha pronunciado sobre determinadas cuestiones relacionadas con la asistencia jurídica gratuita. La mayor parte de las sentencias resuelven disputas entre órganos jurisdiccionales y las **comisiones de asistencia jurídica gratuita** con motivo de la entrada en vigor de la L 1/1996 y resuelven cuestiones de Derecho transitorio (TCJ 14-12-98; 17-12-98; 18-10-99; 19-10-99).
Algunas otras sentencias han aclarado que la **competencia administrativa** de la comisión de asistencia jurídica gratuita queda circunscrita a las resoluciones de reconocimiento, denegación o, en su caso, revocación por revisión de oficio, pero no contemplan el de la revocación por situación sobrevenida de mejor fortuna, supuesto que compete al órgano jurisdiccional (TCJ 18-12-00).

Precisiones El derecho de asistencia jurídica gratuita se expone en nº 1000 s.

545 **Conflictos con la Administración penitenciaria** Es reiterada la doctrina que declara la **competencia de la Administración** en conflictos planteados entre esta y una Sección de Vigilancia Penitenciaria de un Tribunal de Instancia -hasta su constitución, juzgado de vigilancia penitenciaria-, en materia de traslados de internos a otros centros penitenciarios, aplicación del grado correspondiente, destino de los reclusos, etc. (TCJ 8-7-91; 7-7-95; 25-6-98; 4/2004-T).

B. Conflictos de competencia

(LOPJ art.42 a 50)

550 La competencia es la medida de aptitud o capacidad que tiene un determinado órgano. Normalmente, las leyes definen con cierto grado de precisión el ámbito competencial de cada órgano, aunque no son infrecuentes los supuestos en los que pueden producirse entrecruzamientos funcionales o competenciales. Es ahí cuando surgen los conflictos de competencias, que enfrentan a dos órganos que se consideran recíprocamente competentes o incompetentes para conocer de una determinada cuestión.
En el ámbito procesal, el conflicto de competencia surge cuando se discuta la atribución de un determinado asunto entre órganos judiciales pertenecientes a los **diversos órdenes jurisdiccionales**, pero integrados en la jurisdicción ordinaria.
Las normas que regulan los conflictos de competencia son prácticamente idénticas a las que se han expuesto para los conflictos de jurisdicción. Existen, no obstante, diversas particularidades que tratamos en los números siguientes.

Precisiones 1) Además de los que se plantean entre órganos jurisdiccionales, los conflictos de competencia pueden darse:
• Entre determinados **órganos constitucionales**, como el Gobierno, el Congreso de los Diputados, el Senado o el Consejo General del Poder Judicial.
• Entre diferentes **Administraciones públicas**, como el Estado, las comunidades autónomas o las entidades locales.
• Entre dos **órganos administrativos** de la misma Administración pública, estén o no jerárquicamente relacionados. Son los denominados conflictos administrativos de atribuciones.
2) A diferencia de los conflictos de competencia, las **cuestiones de competencia** enfrentan a dos órganos jurisdiccionales de un mismo orden jurisdiccional y, por tanto, se estudian en los capítulos dedicados a cada orden jurisdiccional.
3) A los efectos de los conflictos de competencia, los órganos de la **jurisdicción contable** se entienden comprendidos en el orden jurisdiccional contencioso-administrativo.

552 **Competencia** (LOPJ art.42) Se atribuye a una sala especial del Tribunal Supremo, denominada sala de conflictos, presidida por el presidente y compuesta por dos magistrados, uno por cada orden jurisdiccional en conflicto, y un secretario, que será el de gobierno del Tribunal Supremo.

554 **Procedimiento** (LOPJ art.43 a 50) Es igual al de los conflictos de jurisdicción, ya positivos, ya negativos, con las siguientes particularidades:
• Los conflictos de competencia pueden ser promovidos también por el **Ministerio Fiscal**.

• El **orden jurisdiccional penal** es siempre preferente. Ningún tribunal puede plantear conflicto de competencia a los órganos de dicho orden jurisdiccional.
• Suscitado el conflicto en escrito razonado, en el que se han de expresar los preceptos legales en que se funde, el tribunal, **oídas las partes y el Ministerio Fiscal** por plazo común de 10 días, debe decidir por medio de auto si procede declinar el conocimiento del asunto o requerir al órgano jurisdiccional que esté conociendo para que deje de hacerlo.
• Al **requerimiento de inhibición** se debe acompañar testimonio del auto dictado por el tribunal requirente, de los escritos de las partes y del Ministerio Fiscal y de los demás particulares que se estimen conducentes para justificar la competencia de aquel.
• El **requerido**, con audiencia del Ministerio Fiscal y de las partes por plazo común de 10 días, debe dictar auto resolviendo sobre su competencia. Si no se accede al requerimiento, se debe comunicar así al requirente y elevarse por ambos las actuaciones a la sala de conflictos del Tribunal Supremo.
• La sala de conflictos, oído el Ministerio Fiscal por plazo no superior a 10 días, debe dictar **auto** en los 10 siguientes. El auto que se dicte resolverá definitivamente el conflicto de competencia.
• Las resoluciones recaídas en la tramitación de los conflictos de competencia no son susceptibles de **recurso** alguno, ordinario o extraordinario.
• Existe, no obstante, un régimen especial de impugnación de aquellas resoluciones judiciales que aprecien la falta de jurisdicción (LOPJ art.9.6). Se trata del **recurso por defecto de jurisdicción**, que se interpone ante el órgano que dictó la resolución, quien, tras oír a las partes personadas, si las hay, remite las actuaciones a la sala de conflictos. La sala debe reclamar del tribunal que declaró en primer lugar su falta de jurisdicción que le remita las actuaciones y, oído el Ministerio Fiscal por plazo no superior a 10 días, debe dictar auto dentro de los 10 siguientes.

SECCIÓN 5

Régimen básico de la oficina judicial, del Registro Civil y de las Oficinas de Justicia

570

La oficina judicial es la organización de carácter instrumental que sirve de soporte y **apoyo a la actividad jurisdiccional** de jueces y tribunales con la finalidad primordial de que esta sea desarrollada de manera más adecuada, ágil y eficaz. 572 MPCI nº 2469
Su estructura básica está inspirada en los **principios** de jerarquía, división de funciones y coordinación, y debe funcionar en todo caso con criterios de agilidad, eficacia, eficiencia, racionalización del trabajo, responsabilidad por la gestión, coordinación y cooperación entre Administraciones, todo ello en aras de que la oficina judicial sea capaz de dar cumplimiento a la finalidad anteriormente apuntada y, consiguientemente, de lograr una justicia próxima, rápida y de calidad que, en última instancia, dé satisfacción a su función constitucional de garantizar en tiempo razonable los derechos de los ciudadanos, de proporcionar seguridad jurídica y, en definitiva, de materializar los principios y derechos recogidos en la Carta de Derechos de los ciudadanos ante la justicia.

Precisiones 1) Los **archivos judiciales de gestión** dependen de la respectiva oficina judicial -existen en ellas o unidades análogas para clasificar y custodiar los documentos judiciales correspondientes a cada proceso o actuación judicial que se encuentre en tramitación, en donde permanecen mientras constituyan asuntos susceptibles de resolución judicial o de terminación de la ejecución iniciada-. Los **archivos territoriales**, de carácter autonómico, dependen del presidente del Tribunal Superior de Justicia, quien puede delegar la competencia en el de la Audiencia Provincial o juez decano del partido judicial donde radique -a ellos se remiten, transcurridos 5 años desde la incoación de los procedimientos o expedientes gubernativos, aquellos asuntos que no estén pendientes de actuación procesal alguna, tanto en fase declarativa como de ejecución, así como los procedimientos con sentencia firme o cualquier otra resolución que ponga fin a estos, pasado un año desde la firmeza; todo ello hasta que la junta de expurgo determine su destino-. El **archivo judicial central** está adscrito a la Sala de Gobierno del Tribunal Supremo, circunscrito su ámbito a la documentación judicial del Tribunal Supremo, de la Audiencia Nacional y de los restantes órganos con jurisdicción en todo el territorio nacional y se halla a cargo de un letrado de la Administración de Justicia designado por el ministro de Justicia o, en su defecto, del secretario de gobierno del Tribunal Supremo -con función semejante en su ámbito a la de los archivos territoriales- (LOPJ art.458.2; RD 937/2003).

2) Las referencias que las Leyes hagan a la sede de la oficina judicial, han de entenderse efectuadas también a la **sede judicial electrónica** y a la **Carpeta Justicia**, cuando esta o aquella dispongan de los servicios o aplicaciones que permitan realizar el trámite, presentación o actuación telemáticamente (LEC disp.adic.8ª).

3) En los municipios en que **no proceda la constitución de una Oficina de Justicia** por ser sede de un tribunal de instancia, la oficina judicial podrá prestar los servicios administrativos relacionados con la Administración de Justicia previstos en LOPJ art 439 quater redacc LO 1/2025.

4) Sobre la **oficina fiscal** (LOPJ art.439 sexies redacc LO 1/2025), ver nº 2430.

5) Han de tenerse en cuenta las normas autonómicas dictadas sobre **estructura de la oficina judicial** y en su caso sobre **agrupaciones de oficinas de justicia**: a título de ejemplo, D Aragón 65/2025; D Aragón 66/2025

1. Estructura básica

(LOPJ art.435 a 439 sexies redacc LO 1/2025; RD 530/2025; CGPJ Instr 1/2025)

575 La oficina judicial desarrolla su **actividad** a través de los servicios comunes en tramitación como los demás que se determinen. Se caracteriza por tener un diseño flexible y por poder prestar su apoyo a órganos de ámbito nacional, autonómico, provincial, de partido judicial con extensión de su ámbito competencial al de los órganos a los que presta su apoyo; si su ámbito fuera comarcal puede servir a más de un tribunal de instancia.

Los **letrados de la Administración de Justicia** dirigen en el aspecto técnico-procesal al personal integrante de la oficina judicial, ordenando su actividad e impartiendo las órdenes e instrucciones que estime pertinentes en el ejercicio de esta función (LOPJ art.457; RD 1608/2005 art.8).

577 **Letrados de la Administración de Justicia** Los letrados de la Administración de Justicia se **ordenan jerárquicamente** bajo la superior dependencia del ministerio del ramo de justicia a través de la figura del letrado general de la Administración de Justicia (LOPJ art.463.1; LO 9/2003 disp.adic.9ª; RD 1608/2005 art.13 y disp.trans.4ª). Asimismo, son jerárquicamente dependientes de los demás **órganos superiores**: el secretario de gobierno, el secretario coordinador provincial y, cuando a un servicio común procesal estuviesen adscritos varios letrados de la Administración de Justicia, el letrado o letrados de quienes, según la correspondiente relación de puestos de trabajo, se dependa jerárquicamente.

Funcionalmente, los letrados de la Administración de Justicia desempeñan sus funciones con sujeción al **principio** de legalidad e imparcialidad en todo caso, al de autonomía e independencia en el ejercicio de la fe pública judicial, así como al de unidad de actuación y dependencia jerárquica en todas las demás que les encomienden la Ley, las normas de procedimiento respectivo, y su reglamento orgánico (LOPJ art.452.1; RD 1608/2005 art.3). En este sentido, debe destacarse que además de la **función** del ejercicio de la fe pública judicial y de dirección técnico-procesal de la oficina judicial (LOPJ art.453 y 457; RD 1608/2005 art.5 y 8), los letrados de la Administración de Justicia también desarrollarán en su seno las funciones de documentación (LOPJ art.454; RD 1608/2005 art.6) y, especialmente, las de impulso y ordenación del proceso (LOPJ art.456; RD 1608/2005 art.7), para lo que pueden dictar las resoluciones que sean necesarias a tal fin (diligencias de ordenación, de constancia, de comunicación o de ejecución, y decretos), siempre dentro de las competencias asignadas y, así, exceptuando aquellas otras reservadas legalmente a jueces y magistrados (sobre las que resolverán estos mediante providencias, autos y sentencias).

578 Precisiones **1)** Hay **secretarios de gobierno** en el Tribunal Supremo, en la Audiencia Nacional y en cada Tribunal Superior de Justicia, así como en las ciudades de Ceuta y Melilla. Este secretario ostenta, como superior jerárquico, la dirección de los letrados de la Administración de Justicia que prestan sus servicios en las oficinas judiciales dependientes de dichos tribunales y en Ceuta y Melilla (LOPJ art.464.2 y 465; RD 1608/2005 art.14 a 16).

2) Existe un **secretario coordinador provincial** de cada provincia -excepto en las uniprovinciales, en las que con carácter general, salvo que por razón del servicio sea aconsejable otra cosa, sus funciones serán desarrolladas por el secretario de gobierno del Tribunal Superior de Justicia- y, además, en las islas de Menorca, Ibiza, Lanzarote y La Palma, correspondiéndole, fundamentalmente, dictar instrucciones de servicio a los letrados de la Administración de Justicia de su ámbito territorial para el adecuado funcionamiento de los servicios que tienen encomendados, controlar la correcta ejecución de las circulares e instrucciones de servicio que dicte el secretario de gobierno del que dependa, y coordinar el funcionamiento de cuantos servicios comunes procesales se encuentren ubicados en su territorio, o en su caso, asumir directamente su dirección cuando exista un único servicio común procesal provincial (LOPJ art.466 -redacc LO 1/2025- y 467; RD 1608/2005 art.17 y 18).

Servicios comunes (LOPJ art.436 a 438 redacc LO 1/2025) Pueden desempeñar sus funciones al servicio de órganos de una misma jurisdicción o de varias o a órganos especializados, sin que, en ningún caso, se pueda modificar el número y composición de los órganos judiciales que constituyen la planta judicial o la circunscripción territorial de los mismos establecidos por la ley. **580**

Pueden estructurarse en **áreas** y, si el servicio lo requiere, en **equipos**. En un mismo partido judicial se pueden dotar puestos de trabajo de servicios comunes en localidades distintas a la que acoja la oficina judicial.

La **dirección** corresponde a un letrado de la Administración de Justicia. Entre sus **funciones** destacan:

- la coordinación con los letrados de la Administración de Justicia y con el resto del personal destinado en el servicio común;
- hacer cumplir, en el ámbito organizativo y funcional, las órdenes y circulares que reciba de sus superiores jerárquicos;
- en el ámbito jurisdiccional responder del estricto cumplimiento de cuantas actuaciones o decisiones adopten jueces o tribunales en el ejercicio de sus competencias; y
- asistir a los jueces para el ejercicio de las funciones que les son propias y proporcionarles la información necesaria que requieran sobre los procedimientos cuyo conocimiento tengan atribuido.

Se diferencia normativamente entre el servicio común de tramitación y otros:

a) **Servicio común de tramitación**. Realiza todas las funciones requeridas para la ordenación del procedimiento, asistiendo al Tribunal Supremo, Audiencia Nacional, Tribunales Superiores de Justicia, Audiencias Provinciales, Tribunales de Instancia y Tribunal Central de Instancia.

Su diseño y organización corresponde al Ministerio de Justicia y a las comunidades autónomas en sus respectivos territorios en los que se pueden crear **áreas** cuando asistan a órganos de diferentes secciones u órdenes jurisdiccionales, siendo obligatoria al menos una en el caso de que en un tribunal de instancia el número de plazas judiciales de una misma sección sea igual o superior a 12.

El **director** de este servicio asume también las facultades de coordinación con la presidencia del tribunal, así como con la dirección del resto de servicios comunes.

b) **Otros servicios comunes**. El Ministerio de Justicia y las comunidades autónomas, en sus respectivos territorios, son competentes para el diseño, creación y organización de otros servicios comunes que realicen las **funciones** de registro y reparto, de apoyo, actos de comunicación, auxilio judicial nacional e internacional, de ordenación de procesos de ejecución y jurisdicción voluntaria.

Se pueden crear **servicios comunes procesales** que asuman otras funciones distintas previo informe favorable del CGPJ.

Unidades administrativas (LOPJ art.439 redacc LO 1/2025) Son aquellas que, sin estar integradas en la oficina judicial, se constituyen en el ámbito de la organización de la administración de justicia, siendo sus **funciones**: **582**

- la prestación de servicios que se consideren necesarios o convenientes para el funcionamiento del Servicio Público de Justicia, excluidas las de carácter procesal que correspondan al personal funcionario de los cuerpos de la Administración de Justicia;
- la prestación de apoyo a la jefatura, ordenación y gestión de los recursos humanos, los medios informáticos, nuevas tecnologías y demás medios materiales; y
- la prestación de servicios de medios adecuados de solución de controversias, en cuyo caso pueden tener puestos de trabajo para letrados de la Administración de Justicia.

A cada Administración le corresponde, en su propio ámbito territorial, su **diseño, creación y organización**, la determinación de su forma de integración en la Administración pública de que se trate, su ámbito de actuación, dependencia jerárquica, establecimiento de los puestos de trabajo, así como la dotación de los créditos necesarios para su puesta en marcha y funcionamiento.

Oficina del Registro Civil (LOPJ art.439 bis redacc LO 1/2025) Es la unidad que, sin estar integrada en la oficina judicial, se constituye en el ámbito de la organización de la Administración de Justicia para encargarse de la llevanza de su servicio público, vinculándose funcionalmente al **584**

Ministerio de Justicia a través del centro directivo competente en materia de registros -actualmente, la Dirección General de Seguridad Jurídica y Fe Pública-.
Las Oficinas de Justicia en los municipios deben prestar la **colaboración** que se determinen en la Ley del Registro Civil y en su reglamento.

586 **Oficinas de Justicia** (LOPJ art.439 bis a quinquies redacc LO 1/2025; RD 530/2025) Son las unidades que, sin estar integradas en la estructura de la oficina judicial, se constituyen en el ámbito de la organización de la Administración de Justicia para la prestación de servicios a la ciudadanía de los respectivos **municipios**.
Debe existir una en cada municipio donde no tenga su sede un tribunal de instancia para que preste sus servicios en la localidad en que esté ubicada, disponiendo de recursos, medios y espacios adecuados y suficientes para el juez de paz.
Los **servicios** a prestar son:
a) En general, todos los que se establezcan por ley o reglamento como **oficinas colaboradoras**, y:
- la asistencia al juez de paz del municipio;
- la práctica de los actos de comunicación procesal con quienes residan en el municipio si no pueden practicarse por medios electrónicos.
b) Los permitidos por el desarrollo de las **herramientas informáticas** y los medios materiales e instrumentales:
- la práctica de actuaciones procesales con residentes o personas que desarrollen su profesión o trabajo en el municipio y hayan de llevarse a cabo mediante videoconferencia u otros sistemas de presencia incluida la intervención en actos de conciliación o derivados de expedientes de jurisdicción voluntaria;
- la recepción de las solicitudes de reconocimiento del derecho a la asistencia jurídica gratuita y su remisión a los Colegios de la Abogacía, así como la comunicación a los interesados;
- las solicitudes o gestión de peticiones de la ciudadanía dirigidas a las Gerencias Territoriales del Ministerio de Justicia u órgano autonómico equivalente, en su caso;
- la colaboración con unidades de medios adecuados de solución de controversias existentes en su ámbito territorial, en coordinación con la Administración prestacional competente;
- la colaboración con las Administraciones públicas competentes para que se facilite a jueces, magistrados, fiscales, letrados de la Administración de Justicia y personal al servicio de la Administración de Justicia que no esté integrado en las relaciones de puestos de trabajo de dichas Oficinas, el desempeño ocasional de su actividad laboral en estas instalaciones, comunicando telemáticamente con sus respectivos puestos;
- todos los que figuren en convenios de colaboración entre diferentes Administraciones públicas.
Las Oficinas de Justicia de **municipios de más de 7.000 habitantes** y otras en las que la carga de trabajo lo justifique están servidas por funcionarios de los cuerpos al servicio de la Administración de Justicia.
Se prevén como posibles las **agrupaciones** de Oficinas de Justicia de municipios limítrofes de un mismo partido judicial para la prestación a la ciudadanía de los servicios, determinando el municipio cabecera de la agrupación.

2. Competencias

590 Corresponde a la oficina judicial asumir todas aquellas tareas, actuaciones, trámites y decisiones procesales **no** vinculados estrictamente a las **funciones jurisdiccionales** encomendadas a los jueces y magistrados por Const art.117.3 y LOPJ art.2.1 -juzgar y hacer ejecutar lo juzgado-, de cuya realización se «descarga» a estos con el objeto de que puedan dedicar todos sus esfuerzos a desarrollar dichas funciones (nº 572). De esta manera, se reserva a los **jueces y magistrados** las competencias procesales rigurosamente jurisdiccionales (en esencia, resolver sobre cuestiones de fondo), atribuyéndose a la oficina judicial todas las demás (registro y reparto, actos de comunicación, auxilio judicial, ejecución de resoluciones judiciales, jurisdicción voluntaria, y ordenación del procedimiento en un sentido amplio -admisión de demandas, señalamientos de audiencias previas, juicios y vistas, etc.-).
En este contexto organizativo competencial la figura del letrado de la Administración de Justicia adquiere particular relevancia, ya que a él corresponde la función de impulsar y ordenar el proceso y la dirección técnica y procesal de la oficina judicial, adoptando a tal fin todas las resoluciones que sean necesarias para ello.

591 Precisiones 1) Corresponde al **letrado de la Administración de Justicia**, entre otras funciones:
MPCI nº 2494 • La **admisión de la demanda** (lo que incluye el examen de la jurisdicción y competencia objetiva y territorial, la admisión de la acumulación de acciones, la demanda de tercería de dominio, los escritos iniciadores de los procedimientos de nulidad, separación y divorcio, división de la herencia

y liquidación del régimen económico matrimonial, y escrito inicial del procedimiento monitorio), excepción hecha de la demanda ejecutiva, la del juicio cambiario, y la admisión de la denuncia o querella en el orden jurisdiccional penal.
• La declaración de **terminación anticipada del proceso** por desistimiento a solicitud expresa del actor, la terminación del proceso por satisfacción extraprocesal, la enervación de la acción de desahucio por pago o consignación de las rentas por el arrendatario con pleno consentimiento del arrendador, la declaración de caducidad de la instancia por inactividad procesal de las partes, el archivo del procedimiento monitorio por pago, por quedar expedito el proceso de ejecución, por conversión en juicio verbal, por sobreseimiento al no formular demanda de juicio ordinario dentro del plazo y por la transformación en juicio ordinario, etc.
• También se le atribuyen ciertas funciones en sede de **conciliación**, como modalidad de medio adecuado de solución de controversias sometido, en el caso de su intervención, a la L 15/2025 (nº 3625 s.).
• Finalmente, se le atribuye la mayor parte de las actuaciones del proceso de **ejecución**, que puede delegar en el procurador de la parte en ciertos supuestos y a su instancia (LO 1/2025), y la potestad de fijar la fecha y hora de las vistas o trámites.
Todo ello en los distintos órdenes jurisdiccionales, con ciertos matices, en su caso.
2) Acerca de la posibilidad de adoptar de un **acuerdo de especialización transitoria**, ver lo expuesto en nº 401.

SECCIÓN 6

Auxilio jurisdiccional

El auxilio judicial o «cooperación jurisdiccional» surge por la necesidad de realizar **actuaciones judiciales fuera del territorio o circunscripción** del órgano ante el que se sigue un proceso, en cuyo caso, se acude, en auxilio judicial, al órgano jurisdiccional correspondiente al lugar en cuya circunscripción deba practicarse (LOPJ art.273 a 278). **602**
Por razones de organización y economía se evita el desplazamiento del órgano jurisdiccional. Con ello, se integra la competencia territorial de un determinado tribunal, no solo en el ámbito nacional, sino también en el ámbito territorial.
A continuación se exponen, por su relevancia común y de manera muy sintética, los aspectos y manifestaciones esenciales de esta figura, en los ámbitos interno e internacional. Todo ello, sin perjuicio de las referencias que, en su caso, se efectúen en los diferentes capítulos dedicados a cada proceso y orden judicial en particular.
Esta figura tiene carácter subsidiario de la realización de **actuaciones por videoconferencia** en la forma prevista por LOPJ art.229 redacc LO 1/2025 (LEC art.129.4 y 137 bis).

Precisiones La CGPJ Instr 4/2001 regula el **alcance** y los **límites** del deber de auxilio judicial.

A. Auxilio judicial interno

1. Orden jurisdiccional civil

(LEC art.169 a 177)

El auxilio judicial no es una simple actividad de comunicación, sino que implica además una actividad de colaboración. **605**
Los tribunales civiles están obligados a prestarse auxilio en las actuaciones que, habiendo sido ordenadas por uno, requieran la colaboración de otro para su práctica (LEC art.169.1; LOPJ art.273).

Supuestos (LEC art.169.2 a 4) El auxilio judicial en el orden civil procede, con carácter general, en dos supuestos: **612**
1) Cuando deban realizarse actuaciones **fuera de la circunscripción** del tribunal que conozca del asunto y este no considere posible o conveniente hacer uso de la facultad que le reconoce la LEC para practicarlas, siempre que no puedan llevarse a efecto mediante videoconferencia. En tal caso, el recurso al auxilio judicial es preceptivo.

2) Cuando hayan de realizarse actuaciones **fuera del término municipal** en que tenga su sede el tribunal que las haya ordenado, pero dentro del partido judicial o circunscripción correspondiente, en cuyo caso el recurso al auxilio judicial es discrecional.

613 Se establecen **reglas especiales para la práctica de determinados medios de prueba**, optando por reducir el ámbito del auxilio judicial en beneficio de la inmediación. Así, se establece como regla general que el interrogatorio de las partes, la declaración de los testigos y la ratificación de los peritos ha de realizarse en la sede del tribunal que esté conociendo del asunto de que se trate, aunque tengan su domicilio fuera de la circunscripción correspondiente, en cuyo caso se llevarán a cabo por videoconferencia (LEC art.137 bis; nº 2805). En tales supuestos, y si no fuera posible esta, solo puede solicitarse el auxilio judicial cuando por razón de la distancia, dificultad de desplazamiento, circunstancias personales o por cualquier otra causa de análogas características -como la enfermedad (LEC art.364.1)-, resulte imposible o muy gravosa la comparecencia de las citadas personas en la sede del tribunal (LEC art.169.4 y 291).

615 **Competencia** (LEC art. 170) El órgano al que le corresponde prestar el auxilio judicial es la **oficina de la Sección Civil del Tribunal de Instancia** -hasta su constitución, juzgado de primera instancia- del lugar en cuya circunscripción deba practicarse la actuación, salvo si se trata de un acto de comunicación o una intervención en actuación procesal por videoconferencia (LEC art.137 bis) y en dicho lugar tiene su sede una Oficina de Justicia -hasta su constitución, juzgado de paz-, en cuyo caso le corresponde a este practicar la actuación.
No se excluye la posibilidad de dirigir exhortos a **órganos jurisdiccionales de grado superior** para la expedición de testimonios de resoluciones judiciales o documentos que obren en los mismos (LEC art.169.1; LOPJ art.274.1).

617 **Tramitación** (LEC art.171.1 y 2; LOPJ art.456) El instrumento que debe utilizarse para requerir el auxilio judicial es el **exhorto**. Su expedición y autorización corresponden al letrado de la Administración de Justicia, y se dirige a la oficina judicial del órgano jurisdiccional que deba prestarlo.
MPCI nº 1011
Se trata de una petición de colaboración cursada por un órgano judicial a otro, en cuyo territorio deben desarrollarse una o varias **actuaciones concretas**. Su cumplimentación o intento debe limitarse a los términos estrictos de la solicitud de auxilio, sin que el órgano requerido pueda extender los mismos o desarrollar actuaciones no exhortadas.
Dado que la actividad desarrollada por el órgano colaborador es mero material y no implica el ejercicio de la jurisdicción en el proceso en cuyo seno se efectúa, no puede extenderse a su titular el tratamiento procesal del órgano requirente. Por ejemplo, y en principio, en sede de abstención y recusación.

Precisiones **No es preceptivo el exhorto** (LEC art.171.3 y 4):
- cuando el auxilio judicial tenga por objeto la petición de datos o documentos que obren en **expedientes judiciales electrónicos o metadatos** en sistemas electrónicos de otros órganos de la Administración de Justicia, siempre que los medios electrónicos a disposición de los órganos implicados lo permitan, pudiendo atenderse la solicitud por los medios electrónicos que se habiliten al efecto que, en todo caso, deben asegurar la identificación del órgano transmisor y receptor, así como del momento y contenido de la solicitud y de la transmisión;
- en caso de actuaciones procesales que hayan de celebrarse con **participación telemática** de todos o algunos de los intervinientes desde una oficina judicial.

618 **Cumplimiento de los despachos de auxilio judicial** (LEC art.173 y 174) El responsable de la oficina judicial que reciba el exhorto debe disponer su cumplimiento y lo necesario para que se practiquen las actuaciones que en él se interesen dentro del **plazo** señalado.
Cuando no ocurra así, el letrado de la Administración de Justicia del órgano exhortante, de oficio o a instancia de parte, ha de recordar al exhortado la urgencia del cumplimiento.
Si la situación persiste, el órgano que haya solicitado el auxilio debe poner los hechos en conocimiento de la sala de gobierno correspondiente al tribunal exhortado.
Las **partes** y sus **abogados y procuradores** pueden intervenir en las actuaciones que se practiquen para el cumplimiento del exhorto. No obstante, las **resoluciones** que se dicten para el cumplimiento del exhorto solo se notifican a las partes que hayan designado procurador para intervenir en su tramitación. Si no se designó procurador, no se harán a las partes otras notificaciones que las que exija el cumplimiento del exhorto, cuando este prevenga que se practique alguna actuación con citación, intervención o concurrencia de las partes, y las que sean precisas para requerir de estas que proporcionen datos o noticias que puedan facilitar aquel cumplimiento.

619 **Devolución del exhorto** (LEC art.175) Cumplimentado el exhorto, se comunica al órgano exhortante su **resultado** por medio del sistema informático judicial o de cualquier otro sistema de comunicación que garantice la constancia de la recepción, en la forma resultante de LEC art.172 (nº 1038).

Las **actuaciones** de auxilio practicadas se remiten telemáticamente o, en su defecto, por correo certificado, o se entregan al litigante o al procurador al que se haya encomendado la gestión del exhorto, que tiene que presentarlas en el órgano exhortante dentro de los 10 días siguientes.

Diligencia de los intervinientes (LEC art.176) El litigante que, sin justa causa, demore la presentación al órgano exhortado o la devolución al exhortante de los despachos cuya gestión le haya sido confiada será corregido con **multa** de 30 euros (LEC disp.adic.2ª.2; RD 1417/2001) por cada día de retraso respecto del final del plazo establecido para que presente el exhorto ante el órgano exhortado (5 días) o para que devuelva el exhorto al órgano exhortante (10 días). 620

2. Orden jurisdiccional penal

(LECr art.183 a 192)

Debe recabarse la cooperación judicial cuando haya de practicarse una diligencia **fuera de la circunscripción** del tribunal que la haya ordenado o esta sea la **específica competencia** de otro tribunal. 625
La **petición de cooperación**, cualquiera que sea el tribunal a quien se dirija, debe efectuarse siempre directamente, sin dar lugar a traslados ni reproducciones a través de órganos intermedios (LOPJ art.274.2).
No obstante, los jueces pueden realizar cualesquiera **diligencias de instrucción penal** en lugar no comprendido en el territorio de su jurisdicción, cuando el mismo se halle próximo y ello resulte conveniente, dando inmediata noticia al órgano judicial competente.
Los tribunales de otros órdenes jurisdiccionales también pueden practicar **diligencias de instrucción o prueba** fuera del territorio de su jurisdicción cuando no se perjudique la competencia del tribunal correspondiente y venga justificado por razones de economía procesal (LOPJ art.274 y 275).

Supuestos (LECr art.183) Los tribunales deben auxiliarse mutuamente para la práctica de **todas las diligencias necesarias** en la sustanciación de las causas criminales. 627

Medios de comunicación (LECr art.184) Se mantienen en LECr tres medios de comunicación: suplicatorio, exhorto y mandamiento o carta-orden. Cuando una diligencia judicial deba ser ejecutada por un tribunal distinto del que la haya ordenado, este debe encomendar su cumplimiento por medio de suplicatorio, exhorto o mandamiento. 629
Ha de emplear la forma del **suplicatorio** cuando se dirija a un tribunal superior en grado; la de **exhorto**, cuando se dirija a uno de igual grado; y la de **mandamiento o carta-orden**, cuando se dirija a un subordinado suyo. En LOPJ y LEC se habla de exhorto por lo que carece actualmente de sentido dicha distinción, máxime cuando materialmente no tienen entre sí diferencia alguna.

Tramitación (LECr art.188 a 192) Los suplicatorios, exhortos o mandamientos en causas en que se persigan delitos distintos de los que solo son perseguibles por querella privada, han de expedirse **de oficio y se cursan directamente** para su cumplimiento por el tribunal que los haya librado. 631
Los que procedan de causas por delitos que solo pueden ser perseguidos en virtud de querella particular, pueden **entregarse bajo recibo** al interesado o a su representante a cuya instancia se libraron, fijándole término para presentarlos a quien deba cumplirlos. Se exceptúan los casos en que expresamente se disponga otra cosa en la ley.

Cumplimiento de los despachos de auxilio judicial La persona que reciba los documentos ha de presentarlos en el término que se le haya fijado, al tribunal al que se haya encomendado el cumplimiento, dando aviso, acto continuo, de haberlo hecho así al tribunal de quien procedan. Al verificar la **presentación**, el funcionario correspondiente debe extender **diligencia** a continuación del suplicatorio, exhorto o carta-orden, expresando la fecha de su entrega y la persona que lo haya presentado, a la que debe entregar recibo, firmando ambos la diligencia. Dicho funcionario debe, además, **dar cuenta al tribunal** en el mismo día, y si no es posible, en el siguiente. 632
En caso de **remisión de oficio**, el tribunal que los reciba debe acusar inmediatamente recibo al remitente.

Devolución El tribunal que reciba, o a quien sea presentado un suplicatorio, exhorto o carta-orden, debe **acordar su cumplimiento**, sin perjuicio de **reclamar la competencia** que estime corresponderle, disponiendo lo conducente para que se practiquen las diligencias dentro del plazo, si se fijó en el exhorto, o lo más pronto posible en otro caso. 633

Una vez cumplimentado, debe devolverlo sin demora en la misma forma en que lo recibió o en que le fue presentado.

3. Orden jurisdiccional laboral

(LRJS art.62)

635 El letrado de la Administración de Justicia debe expedir **exhortos** interesando la práctica de las actuaciones que dimanen de su ámbito de competencia, cuya práctica le puede ser encomendada en cualquier caso por el órgano judicial.

El letrado de la Administración de Justicia debe expedir oficios, exhortos, mandamientos y cualesquiera otros actos de comunicación que se acuerden interesando la práctica de actuaciones, sin necesidad de que el órgano judicial se lo encomiende.

La cuestión que suscita mayores **dudas** es la posibilidad de recurrir al auxilio judicial para practicar el interrogatorio de las partes, la declaración de testigos o peritos y el reconocimiento judicial, que aun cuando parece pugnar con los principios de oralidad, concentración e inmediación que inspiran el proceso laboral, debe ser valorada teniendo en cuenta el papel de dichos principios en el nuevo proceso civil, y el hecho de que, en ocasiones, será la única forma en la que puede practicarse el correspondiente medio de prueba.

4. Orden jurisdiccional contencioso-administrativo

640 Los tribunales de lo contencioso-administrativo deben cooperar y auxiliarse entre sí en el ejercicio de la función jurisdiccional. Este auxilio debe recabarse cuando haya de practicarse una **diligencia fuera de la circunscripción** del tribunal (LOPJ art.273 y 274.1).

Se aplica analógicamente lo establecido en LEC (nº 605 s.). La **regla general** es que, por exigencias del principio de inmediación, el interrogatorio de las partes, la declaración de los testigos y la ratificación de los peritos ha de realizarse en la sede del tribunal que esté conociendo del asunto de que se trate, aunque el domicilio de las personas mencionadas se encuentre fuera de la circunscripción judicial correspondiente. Solo cuando por razón de la distancia, la dificultad del desplazamiento, las circunstancias personales de la parte, del testigo o del perito, o por cualquier otra causa de análogas características resulte imposible o muy gravosa la comparecencia de las personas citadas en la sede del órgano jurisdiccional, se puede solicitar el auxilio judicial para la práctica de tales **diligencias de prueba** (LEC art.169.4). Aplicando analógicamente LEC art.170, debe concluirse que el auxilio judicial ha de ser prestado por un órgano judicial del lugar en cuya circunscripción deban practicarse las diligencias que determinan la petición de ayuda.

El auxilio judicial se articula mediante **exhorto**, para cuyo contenido, remisión, cumplimiento y devolución ha de estarse a lo dispuesto en LEC art.171 a 176 (nº 617 s.).

B. Auxilio judicial internacional

(LOPJ art.276 a 278)

645 En sentido amplio, el auxilio judicial internacional consiste en la **asistencia entre dos países** para la realización de actuaciones jurisdiccionales fuera del respectivo ámbito territorial. No existe, por el momento, una Ley interna en la materia.

La LOPJ regula someramente la forma de **transmisión de las solicitudes de cooperación** formuladas por órganos judiciales españoles a sus homólogos en el extranjero (solicitudes activas) y viceversa (solicitudes pasivas), señalando que han de cursarse de acuerdo con lo previsto por los tratados internacionales, las nomas de la Unión Europea y las leyes españolas aplicables.

Con carácter general, por tanto, se remite a lo que dispongan los **convenios y tratados internacionales** en la materia, la normativa interna e, implícita y matizadamente, al principio de **reciprocidad internacional**. Los tratados internacionales son directamente aplicables en España y forman parte del ordenamiento jurídico interno, una vez que han sido objeto de publicación oficial, sin necesidad de ulterior desarrollo legislativo interno (Const art.94).

Las causas de **denegación** de cooperación internacional pasiva, coinciden sustancialmente con las recogidas en nº 1062 Memento Procesal Civil 2026, respecto a la cooperación en materia civil y mercantil (LOPJ art.278).

646 Precisiones 1) Con carácter general, en **materia laboral y contencioso-administrativa** se aplican por analogía las normas existentes en materia civil y comercial, en lo que a la solicitud y prestación de auxilio judicial internacional se refiere.

2) En el **ámbito penal**, no existe una regla general que extienda la aplicación de las normas convencionales sobre auxilio judicial internacional a la **jurisdicción militar**. No obstante, por lo que respecta al Convenio europeo de asistencia judicial en materia penal, España ha formulado una declaración a su art.24, señalando que tienen la consideración de autoridades judiciales a los efectos del mismo, además de jueces y tribunales de la jurisdicción ordinaria y miembros del Ministerio Fiscal, las autoridades judiciales militares.
Por lo que respecta a los **convenios bilaterales**, hay que estar a lo que establezcan en cada caso sus disposiciones. En todo caso, existen algunos que excluyen expresamente del alcance de la asistencia los delitos tipificados en la legislación militar (Marruecos, Estados Unidos,...).
3) A **escala europea** se han creado distintas **estructuras** dirigidas a facilitar y coordinar el auxilio judicial internacional (*European Judicial Network*).
En materia **penal** la Red Judicial Europea (RJEEJN) y www.eurojust.europa.eu/ cuentan con puntos de contacto y miembro nacional español, respectivamente.
En materia **civil**, la Red Judicial Europea en materia civil y mercantil, http://ec.europa.eu/civiljustice/ presenta en España, tanto puntos de contacto (ubicados en el Ministerio de Justicia y en el CGPJ) y autoridades judiciales territoriales en cada comunidad autónoma.
4) En materia penal y civil y dentro del **ámbito iberoamericano** la Red Judicial Iberoamericana de Cooperación Judicial: www.iberred.org.
Se puede encontrar información en www.poderjudicial.es y www.mjusticia.gob.es.

1. Cooperación civil

En materia civil y mercantil, la cooperación internacional en sentido amplio comprende: **650**
• El **auxilio judicial** propiamente dicho, esto es, solicitudes de notificación y traslado de documentos judiciales (nº 652) y obtención de pruebas en materia civil y comercial (nº 661).
• La **colaboración entre autoridades centrales** en materia de:
- sustracción internacional de menores;
- obtención de alimentos en el extranjero; e
- información sobre Derecho extranjero (nº 664).
En el plano del **Derecho interno** ha de atenderse a la L 29/2015, cuyo régimen puede consultarse en nº 1052 s. Memento Procesal Civil 2026.

Notificación y traslado de documentos judiciales y extrajudiciales Para conocer el **mecanismo** al que acudir para la realización de estas actuaciones debe conocerse en primer término cuáles son los **instrumentos normativos** respecto a los que el Estado al que se va a dirigir la petición es parte y, entre ellos, hay que elegir el más específico, esto es, tratado bilateral sobre multilateral y multilateral especial frente a multilateral general. Los instrumentos normativos que hay que tener en cuenta son los siguientes: **652** MPCI nº 1068
a) **Unión Europea**: Rgto (UE) 2020/1784, relativo a la notificación y al traslado en los Estados miembros de documentos judiciales y extrajudiciales en materia civil o mercantil.
b) **Países no comunitarios parte del Convenio La Haya 15-11-1965 y Dinamarca**: Convenio La Haya 15-11-1965, relativo a la notificación o traslado en el extranjero de documentos judiciales y extrajudiciales en materia civil o comercial.
c) **Países parte en Convención La Haya 1-3-1954 sobre procedimiento civil**: Se aplica Convención La Haya 1-3-1954, en defecto del anterior.
d) **Países parte en** Convención interamericana Panamá 30-1-1975 sobre exhortos o cartas rogatorias.
e) **Tratados bilaterales**. Respecto a los países con los que tenemos convenio bilateral, que pueden consultarse en nº 8164 Memento Procesal Civil 2026, se aplica dicho convenio.
f) **Resto de países**. Se aplica el principio de reciprocidad matizado, con sujeción directa, en defecto de tratado internacional, a la legislación interna, que se expone seguidamente (LOPJ art.276 a 278; LEC art.177; L 29/2015).

Formas de transmisión Los órganos jurisdiccionales españoles pueden transmitir solicitudes de notificación y traslado de documentos judiciales que deban ser remitidos desde España a un Estado extranjero o desde un Estado extranjero a España. Para ello pueden utilizar los siguientes **medios**: **654** MPCI nº 1070
a) A través de la **autoridad central** española que las haga llegar a las autoridades competentes del Estado requerido por vía consular o diplomática o a través de su autoridad central.
b) Directamente a la autoridad competente del Estado requerido.
Asimismo, siempre que no se oponga la legislación del Estado de destino, pueden practicarse las comunicaciones directamente a sus destinatarios por correo postal certificado o medio equivalente con acuse de recibo u otra garantía que permita dejar constancia de su recepción.
Estas mismas vías se admiten para la práctica de notificación y traslado de documentos judiciales a España provenientes de una autoridad extranjera.

655 **Fecha** La fecha de la **notificación o traslado** es la que tenga el documento efectivamente notificado o trasladado según el Derecho interno del Estado requerido o del lugar de la notificación y traslado.

656 **Incomparecencia** Cuando un escrito de demanda o un documento equivalente haya sido remitido a otro Estado para su notificación o traslado y el demandado no comparezca, se produce la **suspensión** del procedimiento, mientras no se acredite la notificación regular, sin perjuicio de la adopción de **medidas** provisionales y cautelares.
En cualquier caso, una vez **transcurridos 6 meses** desde la fecha de envío del documento, la autoridad competente debe proveer a instancia de parte interesada, aun cuando no haya podido certificar que la notificación ha tenido lugar.

657 **Idioma y certificado** Los documentos objeto de notificación o traslado deben acompañarse de una **traducción** a una lengua oficial del Estado de destino o a una lengua que el destinatario entienda. Del mismo modo, cuando la comunicación proviene de autoridades extranjeras y se dirige a un destinatario en España han de estar traducidos al español o, en su caso, a la lengua oficial propia de la comunidad autónoma de que se trate, o a una lengua que el destinatario entienda.
Una vez realizada cualquier diligencia de notificación o traslado, se puede solicitar la emisión, por el Estado requerido, de un **certificado** relativo al cumplimiento de los trámites requeridos.

658 **Estados extranjeros** Todos los emplazamientos, citaciones, requerimientos y cualesquiera otros **actos de comunicación judicial** dirigidos a Estados extranjeros han de realizarse por vía diplomática, a través del ministerio del ramo de asuntos exteriores. Así, en los procesos civiles que se sigan en España contra Estados extranjeros, el primer emplazamiento ha de entenderse efectuado 2 meses después de la fecha que conste en la diligencia o en el resguardo acreditativo de su recepción.

659 **Documentos públicos** Los **documentos extrajudiciales** autorizados o expedidos por notario, autoridad o funcionario competente pueden ser objeto de traslado o notificación en la misma forma que los actos judiciales, pero teniendo en cuenta su especial naturaleza. Estos documentos se pueden remitir a notario, autoridad o funcionario público, a través de la autoridad central o de forma directa.

661 Obtención de pruebas en el extranjero

Los **instrumentos normativos** a tener en cuenta para conocer el mecanismo al que acudir para la realización de estas actuaciones son los siguientes:
a) **Unión Europea**: Rgto (UE) 2020/1783, relativo a la cooperación entre los órganos jurisdiccionales de los Estados miembros en el ámbito de la obtención de pruebas en materia civil o mercantil, cuyo contenido se expone en nº 5902 Memento Procesal Civil 2026.
b) **Estados no comunitarios parte del Convenio La Haya 18-3-1970 y Dinamarca**: Convenio La Haya 18-3-1970 sobre obtención de pruebas en el extranjero en materia civil y mercantil, cuyo contenido se expone en nº 5894 s. Memento Procesal Civil 2026.
c) **Países parte en Convención La Haya 1-3-1954 sobre procedimiento civil**: Se aplica Convención La Haya 1-3-1954, en defecto del anterior.
d) **Estados parte en la Conferencia interamericana de Derecho Internacional Privado**: Convención interamericana Montevideo 8-5-1979, sobre pruebas e información acerca del Derecho extranjero.
e) Estados con los que España ha suscrito **convenios bilaterales** (nº 8160 Memento Procesal Civil 2026).

662 **Régimen interno** (L 29/2015 art.29 a 36) El régimen interno de la obtención de pruebas en el
MPCI extranjero parte de tres **reglas básicas** (L 29/2015 art.29):
nº 1084 s. • La prueba solicitada debe tener **relación directa con un proceso** ya iniciado o futuro.
• Cuando se solicite en España la práctica de una prueba con anterioridad al inicio del procedimiento judicial extranjero se exigirá que la **práctica anticipada** de la prueba sea admisible conforme a la legislación española.
• La prueba practicada en España que haya de surtir efectos en un proceso extranjero deberá respetar las **garantías** previstas en la legislación española y practicarse conforme a la normativa procesal española.

Precisiones La L 29/2015 se aplica a las **comisiones rogatorias** que tengan por objeto los actos relativos a la obtención y práctica de pruebas. A través del libramiento de comisión rogatoria a las autoridades judiciales de otro Estado, un órgano jurisdiccional solicita el auxilio de las primeras para el desarrollo de ciertas actuaciones relevantes en un proceso determinado. No hay modelo para ello, no obstante, la división civil de la Red Judicial Europea ha elaborado, a título orientativo, cierto **formulario** -que puede ser consultado en las direcciones electrónicas correspondientes-. Debe ir acompañado, en su caso, de los correspondientes documentos y efectuarse expresa mención al ofrecimiento de reciprocidad. En cuanto a las recibidas en España a partir del 21-8-2015, ha de estarse a lo establecido por L 29/2015.

Información del Derecho extranjero (L 29/2015 art.34 s.) Puede referirse, al texto, vigencia y contenido de la legislación, a su sentido y alcance, a la jurisprudencia, al marco procedimental y de la organización judicial, y a cualquier otra información jurídica relevante. 664

Sin perjuicio de la posibilidad de comunicaciones judiciales directas, los órganos judiciales, y los notarios y registradores, pueden elevar las **solicitudes** de información de Derecho extranjero mediante oficio a la autoridad central española para ser utilizadas en un proceso judicial español o por una autoridad española en el marco de sus competencias.

Puede contener la solicitud la petición de informes de autoridades, dictámenes periciales de juristas expertos, jurisprudencia, textos legales certificados y cualquier otra que se estime relevante.

La **autoridad central** hará llegar las solicitudes a las autoridades competentes del Estado requerido, bien por la vía consular o diplomática, bien a través de su autoridad central si existiera y estuviera previsto en su ordenamiento. La autoridad central española facilitará, en su caso, las **comunicaciones judiciales directas** entre órganos jurisdiccionales españoles y extranjeros.

Precisiones Acerca de la **calificación registral sobre Derecho extranjero**, puede consultarse nº 1096 Memento Procesal Civil 2026.

Contenido de la solicitud Las solicitudes de información deben especificar: 665

- la **autoridad requirente** con mención de su dirección postal o electrónica;
- la naturaleza del **asunto**;
- una exposición detallada de los **hechos** que motivan la solicitud; y
- los concretos **elementos probatorios** que se solicitan;
- todo ello debidamente traducido al **idioma** de la autoridad requerida.

Pueden unirse a la solicitud de información copias de aquellos **documentos** que se consideren imprescindibles para precisar su alcance. El **coste** generado por el elemento probatorio no será a cargo de la autoridad central, sino del solicitante, pudiendo solicitarse en tal caso una provisión de fondos.

Precisiones El régimen de **información de Derecho español** solicitado a las autoridades españolas es sustancialmente semejante, pero a la inversa.

2. Cooperación penal

En materia penal, el auxilio judicial internacional comprende: 670 MPCI nº 1105 s.

- por un lado, los procedimientos de **extradición**; y
- por otro, el llamado auxilio judicial secundario o **comisiones rogatorias**, que consiste en la realización de cualesquiera actos de instrucción en el marco de una investigación o procedimiento judicial penal (citaciones, notificación de resoluciones y documentos judiciales, obtención de pruebas, etc.) (nº 672 s.).

En cuanto a la **ejecución de sentencias** penales, se alude a (nº 679):

- al traslado de personas condenadas;
- al reconocimiento y ejecución de resoluciones firmes de condena dictadas por otro Estado.

Precisiones La regulación a tener en cuenta en esta materia en el ámbito de la **Unión Europea** se recoge con detalle en nº 1105 s. Memento Procesal Civil 2026.

Notificación y traslado de documentos procesales y resoluciones judiciales 672

Los **instrumentos normativos** a tener en cuenta para conocer el mecanismo al que acudir para la realización de estas actuaciones son los siguientes:

a) **Unión Europea**: Convenio Schengen 19-6-1990 de aplicación del Acuerdo de Schengen 14-6-1985 relativo a la supresión gradual de controles en las fronteras comunes.

b) **Consejo de Europa**: Convenio Estrasburgo 20-4-1959 de asistencia judicial en materia penal. Ha sido ratificado hasta la fecha por 45 Estados, todos los miembros del Consejo de Europa, a excepción de Mónaco y San Marino, y, además, Israel.

c) **Convenios multilaterales en materias específicas**:

- Convenio Viena 20-12-1988 contra el tráfico ilícito de estupefacientes y sustancias psicotrópicas;
- Convención Palermo 13-12-2000 contra la delincuencia organizada transnacional;
- Protocolo contra el tráfico ilícito de emigrantes por tierra, mar y aire;
- Protocolo para prevenir, reprimir y sancionar la trata de personas, especialmente mujeres y niños;

- Convenio París 17-12-1997 de lucha contra la corrupción de agentes públicos extranjeros en las transacciones comerciales internacionales.

674 **Obtención de pruebas en el extranjero** Los **instrumentos normativos** a tener en cuenta para conocer el mecanismo al que acudir para la realización de estas actuaciones son los siguientes:
a) **Unión Europea**:
- Convenio Bruselas 29-5-2000, relativo a la asistencia judicial en materia penal entre los Estados miembros;
- Convenio Schengen 19-6-1990, de aplicación del Acuerdo de Schengen 14-6-1985 relativo a la supresión gradual de controles en las fronteras comunes.
b) **Consejo de Europa**: Convenio Estrasburgo 20-4-1959 de asistencia judicial en materia penal. Ha sido ratificado hasta la fecha por 45 Estados, todos los miembros del Consejo de Europa, a excepción de Mónaco y San Marino, y, además, Israel.
c) **Convenios multilaterales en materias específicas** (nº 8160 Memento Procesal Civil 2026).
d) **Convenios bilaterales** (nº 8164 Memento Procesal Civil 2026).
e) **Principio de reciprocidad**. En ausencia de convenio internacional que regule la asistencia judicial entre España y otro Estado, se aplica LOPJ art.276 a 278, que consagran el principio de reciprocidad internacional en la materia. Así, se distingue entre:
• **Cooperación judicial activa**. Las comisiones rogatorias emitidas por órganos judiciales españoles se envían al ministerio del ramo de justicia, por conducto del presidente del Tribunal Supremo, del Tribunal Superior de Justicia o de la Audiencia Provincial. El Ministerio debe hacerlas llegar a las autoridades requeridas por vía consular o diplomática.
• **Cooperación judicial pasiva**. Las comisiones rogatorias dirigidas a órganos judiciales españoles por autoridades judiciales extranjeras, se cumplimentan cuando se acredite la existencia de reciprocidad por el ministerio del ramo de justicia. La solicitud debe estar redactada en español, y solo puede denegarse cuando (LOPJ art.278):
- el proceso de que dimane la solicitud de cooperación sea de exclusiva competencia de la jurisdicción española;
- el contenido del acto a realizar no corresponda a las atribuciones propias de la autoridad judicial española requerida;
- la comunicación que contenga la solicitud no reúna los requisitos de autenticidad suficiente o no esté redactada en castellano;
- el objeto de la cooperación solicitada sea manifiestamente contrario al orden público español.

677 **Medidas cautelares** Los **instrumentos normativos** a tener en cuenta para conocer el mecanismo al que acudir para la realización de estas actuaciones son los siguientes:
a) **Unión Europea**:
- Convenio Bruselas 29-5-2000 relativo a la asistencia judicial en materia penal entre los Estados miembros;
- Convenio Schengen 19-6-1990 de aplicación del Acuerdo de Schengen 14-6-1985 relativo a la supresión gradual de controles en las fronteras comunes.
b) **Consejo de Europa**:
• Convenio Estrasburgo 20-4-1959 de asistencia judicial en materia penal. Ha sido ratificado hasta la fecha por 45 Estados, todos los miembros del Consejo de Europa, a excepción de Mónaco y San Marino, y, además, Israel.
• Convenio Estrasburgo 8-11-1990 relativo al blanqueo, seguimiento, embargo y decomiso de los productos del delito.
c) **Convenios multilaterales en materias específicas** (nº 8160 Memento Procesal Civil 2026).
d) **Convenios bilaterales** (nº 652).

679 **Ejecución de sentencias firmes y traslado de personas condenadas** Los **instrumentos normativos** a tener en cuenta para conocer el mecanismo al que acudir para la realización de estas actuaciones son los siguientes:
a) **Unión Europea**:
- Convenio Schengen 19-6-1990 de aplicación del Acuerdo de Schengen 14-6-1985 relativo a la supresión gradual de controles en las fronteras comunes;
- Convenio 17-6-1998 sobre las decisiones de privación del derecho de conducir;
- Convenio 13-11-1991 sobre la ejecución de las condenas penales extranjeras.
b) **Consejo de Europa**:
- Convenio Estrasburgo 20-4-1959 de asistencia judicial en materia penal: ratificado hasta la fecha por 45 Estados, todos los miembros del Consejo de Europa, a excepción de Mónaco y San Marino, y, además, Israel;
- Protocolo adicional al Convenio europeo de asistencia judicial en materia penal 8-11-2001;

- Convenio La Haya 28-5-1970 (número 70/1970) sobre el valor internacional de las sentencias penales;
- Convenio Estrasburgo 21-3-1983 sobre traslado de personas condenadas;
- Acuerdo relativo a la aplicación entre los Estados miembros de las Comunidades Europeas del Convenio Bruselas 25-5-1987, sobre traslado de personas condenadas;
- Convenio Estrasburgo 8-11-1990, relativo al blanqueo, seguimiento, embargo y decomiso de los productos del delito;
- Convenio París 17-12-1997 de lucha contra la corrupción de agentes públicos extranjeros en las transacciones comerciales internacionales.

c) **Convenios bilaterales**. En materia de ejecución de sentencias penales hay que tener en cuenta si existe convenio bilateral. Asimismo, debe tenerse presente la existencia de posibles especificaciones que pueden contener los convenios de asistencia jurídica en materia penal que se contienen en la lista correspondiente, y que pueden afectar en algún sentido a la ejecución de sentencias penales.

Transmisión de procedimientos y denuncias Los **instrumentos normativos** a tener en cuenta para conocer el mecanismo al que acudir para la realización de estas actuaciones son los siguientes: **681**

a) **Transmisión de procedimientos**:
• Convenio Estrasburgo 15-5-1972, sobre transmisión de procedimiento en materia penal.
• Convenio París 17-12-1997, de lucha contra la corrupción de agentes públicos extranjeros en las transacciones comerciales internacionales.

b) **Transmisión de denuncias a efectos procesales**:
• Convenio Estrasburgo 20-4-1959, de asistencia judicial en materia penal.
• Convenio Bruselas 29-5-2000, relativo a la asistencia judicial en materia penal entre los Estados miembros.
• **Convenios bilaterales**. Algunos convenios bilaterales contienen una regulación expresa de esta institución, destacando los siguientes:
- Tratado de extradición y asistencia judicial en materia penal entre el Reino de España y la República Argentina 3-3-1987;
- Convenio sobre asistencia judicial en materia penal entre el Reino de España y la República de Bolivia 16-3-1998;
- Tratado de extradición y asistencia judicial en materia penal entre el Reino de España y la República de Chile 14-4-1992.

Entrega y traslado de sujetos procesales (L 23/2014; Decisión marco 2002/584/JAI) La **orden de detención europea** es la resolución judicial dictada en un Estado miembro de la Unión Europea con vistas a la detención y entrega por otro Estado miembro de una persona a la que se reclama para: **684** MPCI nº 1117

- el ejercicio de acciones penales (entrega para enjuiciamiento);
- la ejecución de una pena o ejecución de una medida de seguridad privativa de libertad (entrega para cumplimiento de condena).

Es un **título judicial unificado**, esto es, basta rellenar el formulario, sin necesidad de documentación adicional.

Permite la **entrega temporal** aplicable a testigos y práctica de careos.

Ámbito de aplicación En cuanto a su **ámbito territorial**, se aplica en toda la Unión Europea. No obstante, las sentencias de los respectivos Tribunales Constitucionales de Alemania (18-7-05) y Polonia (27-4-05) han declarado inconstitucionales y nulas las normativas nacionales de transposición de la Decisión marco 2002/584/JAI, en relación con la extradición de sus nacionales. La legislación del Estado de ejecución es necesaria para saber los medios de transmisión que acepta y el plazo en que ha de remitirse una vez sea detenida la persona buscada y la autoridad competente para transmisión y/o ejecución, incluida dirección, teléfono, fax y dirección electrónica, en su caso. **685**

En cuanto a su **ámbito material**, se marca un mínimo punitivo, los hechos tienen que estar castigados con la siguiente pena o medida de seguridad privativas de libertad en el Estado requirente: **686**

a) Entregas para **enjuiciamiento**: duración máxima igual o superior a un año.
b) Entregas para **cumplimiento de pena**: 4 meses.
c) Doble incriminación: Se suprime el principio de **doble incriminación** cuando:
• Se trate de delitos para los que la ley penal del Estado requirente prevea una pena o medida de seguridad máxima igual o superior a 3 años.
• Y estos delitos, tal y como se definen en la ley del Estado requirente, puedan integrarse en alguna de las siguientes **categorías**:
- pertenencia a organización delictiva;

- terrorismo;
- trata de seres humanos;
- explotación sexual de niños y pornografía infantil;
- tráfico ilícito de estupefacientes y sustancias psicotrópicas;
- tráfico ilícito de armas, municiones y explosivos;
- corrupción, fraude, incluido el que afecte a los intereses financieros de las Comunidades Europeas según el Convenio 26-7-1995, sobre protección de los intereses financieros de las Comunidades Europeas blanqueo del producto del delito;
- falsificación de moneda, incluida la falsificación del euro;
- delitos de alta tecnología, en particular delito informático;
- delito contra el medio ambiente, incluido el tráfico ilícito de especies animales protegidas y de especies y variedades vegetales protegidas;
- ayuda a la entrada y residencia en situación ilegal;
- homicidio voluntario;
- agresión con lesiones graves;
- tráfico ilícito de órganos y tejidos humanos;
- secuestro, detención ilegal y toma de rehenes;
- racismo y xenofobia;
- robos organizados o a mano armada;
- tráfico ilícito de bienes culturales, incluidas las antigüedades y las obras de arte;
- estafa, chantaje y extorsión de fondos;
- violación de derechos de propiedad industrial y falsificación de mercancías;
- falsificación de documentos administrativos y tráfico de documentos falsos;
- falsificación de medios de pago;
- tráfico ilícito de sustancias hormonales y otros factores de crecimiento;
- tráfico ilícito de materiales radioactivos o sustancias nucleares;
- tráfico de vehículos robados;
- violación;
- incendio voluntario;
- delitos incluidos en la jurisdicción de la Corte Penal Internacional (nº 10496);
- secuestro de aeronaves y buques;
- sabotaje.

687 **Autoridades competentes en España** Es competente para la **emisión** de una orden de detención europea el tribunal que conozca de la causa en la que proceda dictar la orden.
Es competente para su **ejecución**, la Sección de Instrucción del Tribunal Central de Instancia -hasta su constitución, los juzgados centrales de instrucción-, para la tramitación inicial del procedimiento, adoptar la decisión sobre la entrega si la persona reclamada consiente y el Ministerio Fiscal no advierte causas de denegación o condiciones.
Es competente para la **entrega**, la Sala de lo Penal de la Audiencia Nacional, para la decisión sobre la entrega, si la persona reclamada no consiente a la entrega o si el Ministerio Fiscal advierte la existencia de causas de denegación o condicionamiento de la entrega.
La **autoridad central** es el ministerio del ramo de justicia. Tiene como función prestar asistencia a las autoridades judiciales.

688 **Vías de transmisión** Hay que distinguir en función de si el **paradero** de la persona en cuestión es conocido o desconocido:
• Si **se desconoce** el paradero de la persona, a través de la Dirección General de la Policía-Oficina «SIRENE».
• Si **se conoce** el paradero, bien directamente a la autoridad de ejecución o, en su caso, de recepción, bien a través de «SIRENE», o en todo caso, por cualquier medio que permita su constancia escrita (Francia exige la entrega del original o copia certificada).

690 **Principales convenios en ámbitos materiales específicos** Hay que citar los siguientes:
• Convenio Viena 20-12-1988 contra el **tráfico ilícito de estupefacientes y sustancias psicotrópicas**.
• Convención Palermo 13-12-2000 contra la **delincuencia organizada transnacional**.
• Convenio Naciones Unidas 9-12-1999 para la represión de la **financiación del terrorismo**.
• Convención Naciones Unidas 10-12-1982 sobre el **Derecho del mar**.

3. Organización interna del auxilio judicial internacional

(Rgto CGPJ 1/2018)

Solicitud de auxilio judicial internacional desde otro Estado Los tribunales españoles han de dar cumplimiento a las solicitudes de auxilio judicial provenientes de otros Estados remitiendo, sin dilación, tras el recibo de la solicitud **acuse de recibo** a la autoridad extranjera requirente. Si es posible ha de indicarse el número de expediente de cooperación, órgano encargado de ejecutar la solicitud, dirección postal y correo electrónico, teléfono, fax y otros datos que se consideren necesarios. Este acuse de recibo ha de emitirse también cuando la autoridad competente para la recepción de la solicitud lo sea también para su ejecución. **693**

Una vez cumplimentada la solicitud por el órgano español ha de proceder a su **devolución** por la misma vía que se recibió, salvo que se disponga otra cosa en convenio internacional o norma aplicable. Ha de conservarse una **copia** de la solicitud y de lo actuado en sus archivos.

Cuando la solicitud de auxilio judicial afecta al territorio de **varias demarcaciones judiciales**, o si consta la existencia de **varias solicitudes relacionadas entre sí**, los órganos judiciales competentes han de ponerlo en conocimiento del Servicio de Relaciones Internacionales del Consejo General del Poder Judicial a los efectos del ejercicio de las funciones que le corresponden o a para la puesta en funcionamiento de los mecanismos de **coordinación** previstos en las redes judiciales o de Eurojust. Asimismo, el Consejo General del Poder Judicial debe prestar su **asistencia** a los órganos jurisdiccionales españoles que lo soliciten, para la correcta remisión y el eficaz cumplimiento de las peticiones de cooperación jurisdiccional que hayan de dirigirse a las autoridades competentes de otros Estados.

Precisiones 1) La **asistencia** del Consejo General del Poder Judicial se presta por su **Servicio de Relaciones Internacionales**, en su caso con intervención de los puntos de contacto de la Red Judicial Europea en materia penal, de la Red Judicial Europea en materia civil y mercantil, de la Red de Expertos Nacionales en Equipos Conjuntos de Investigación, de la Red Iberoamericana de Cooperación Jurídica Internacional (IberRed), de la Red Judicial Europea sobre Ciberdelincuencia, de la Red para la Investigación y Persecución del Genocidio, Delitos contra la Humanidad y Crímenes de Guerra, de la Red Internacional de Jueces de la Conferencia de La Haya, de la Red Judicial Española de Cooperación Judicial Internacional, de la Red de Especialistas en Derecho de la Unión Europea, y de otras redes que puedan existir o de Eurojust.

2) El **Prontuario** de auxilio judicial internacional es la herramienta facilitadora de las actividades de auxilio judicial internacional puesta a disposición de todos los miembros de la carrera judicial, fiscal y del cuerpo de letrados de la Administración de Justicia, para lo cual ha de constituirse una comisión de actualización del prontuario.

Solicitud de auxilio judicial internacional a otro Estado El órgano jurisdiccional que deba cursar una petición de auxilio judicial internacional o un certificado o formulario de reconocimiento mutuo a las autoridades de otro Estado puede recabar la **asistencia** del Servicio de Relaciones Internacionales del Consejo General del Poder Judicial, de los puntos de contacto de las redes judiciales para la cooperación internacional o de Eurojust, sin perjuicio de la **consulta** previa del Prontuario de auxilio judicial internacional. **694**

Esta solicitud ha de remitirse directamente a la autoridad designada por el Estado en el que deba ejecutarse, pudiendo recabar la asistencia correspondiente para conocer los supuestos en que sea aplicable tal **remisión directa** y los concretos datos de la autoridad designada por cada Estado.

Si **no se satisface la petición** en un plazo razonable, el órgano jurisdiccional solicitante puede ponerlo en conocimiento del Servicio de Relaciones Internacionales del Consejo General del Poder Judicial para que se interese de las autoridades extranjeras competentes la práctica de las actuaciones demandadas, o, dirigirse a Eurojust con la misma finalidad.

Servicio de Relaciones Internacionales A instancia de un punto de contacto de alguna red de cooperación internacional, de un órgano judicial extranjero o de otra autoridad u organismo competente en este ámbito, el Servicio de Relaciones Internacionales del Consejo General del Poder Judicial puede recabar **información sobre el estado de ejecución** de una determinada petición de asistencia judicial internacional que haya sido remitida a un órgano jurisdiccional español. **695**

Igualmente, ha de velar por el **cumplimiento** de las peticiones de auxilio dirigidas a órganos españoles.

Práctica de actuaciones en otro Estado En relación con la práctica de las actuaciones procesales en otro Estado y el **desplazamiento de jueces y magistrados**, deben tenerse en cuenta las siguientes reglas: **696**

a) La práctica de las actuaciones judiciales ha de efectuarse de acuerdo con las **normas** de la Unión Europea, los tratados y convenios internacionales de los que España sea parte, la LOPJ, leyes especiales y la presente disposición.

b) Los desplazamientos a otros Estados precisan la **autorización** de la Comisión Permanente del Consejo General del Poder Judicial a la solicitud que se le haya presentado y que, además de un **informe justificativo**, contenga:
- certificación de la resolución judicial que acuerde la práctica de la diligencia;
- el Estado y localidad en que hayan de realizarse las actuaciones procesales acordadas;
- el órgano judicial o autoridad del Estado que deba ejecutar la diligencia de que se trate;
- la referencia al tratado o convenio o instrumento internacional en que se fundamenta la solicitud de que se trate;
- el funcionario o funcionarios que han de acompañar al juez o magistrado.

Esta autorización también es necesaria para la **participación en una reunión para la coordinación** de la instrucción competencia del juez o magistrado que lo solicita con otras investigaciones relacionadas y llevadas a cabo en otros Estados.

Una vez finalizada la actuación, el juez o magistrado debe elevar al Consejo General del Poder Judicial **informe** sobre las condiciones en que se ha desarrollado su actuación.

697 **Registro y reparto** Las solicitudes de cooperación judicial internacional han de ser objeto de registro y reparto específico en el que debe indicarse:
- el **órgano** y el **Estado de procedencia**, detallando si pertenece o no al espacio judicial europeo;
- la diligencia interesada;
- la persona con quien ha de ser entendida la diligencia y, en su caso, el plazo de cumplimiento. Cabe el reparto urgente, en el plazo máximo de 24 horas, de las peticiones de asistencia judicial internacional que se reciban en los órganos jurisdiccionales españoles en los casos en que haya razones que así lo justifiquen, o cuando lo soliciten los miembros nacionales de Eurojust en ejercicio de las funciones que determine la ley, en consonancia con las competencias que en su condición de autoridades nacionales competentes les atribuyen la Decisión 2002/187/JAI y Decisión 2009/426/JAI.

698 **Redes** El Rgto CGPJ 1/2018, regula las redes en materia internacional del Consejo General del Poder Judicial diferenciando entre:

Red judicial española de cooperación judicial internacional	• Asiste a los órganos judiciales españoles que lo soliciten en cuantas peticiones de cooperación judicial internacional emitan o reciban en el ejercicio de su actividad jurisdiccional • Auxilia a otros miembros de redes de cooperación judicial	- Presta apoyo al Servicio de Relaciones Internacionales del CGPJ - Actúa como intermediaria activa para facilitar la cooperación judicial - Elabora estudios - Confecciona y propone instrumentos que favorezcan la cooperación judicial - Registra cada una de las actuaciones realizadas - Contribuye a la actualización permanente del Prontuario de auxilio judicial internacional
Red de especialistas en Derecho de la Unión Europea	Asiste a los órganos judiciales en todo lo concerniente a la aplicación del Derecho de la Unión Europea y la jurisprudencia del Tribunal de Justicia de la Unión Europea, con una especial atención a todo lo relacionado con las cuestiones prejudiciales	- Presta asistencia técnica en la localización, interpretación y aplicación del Derecho de la UE y de la jurisprudencia del TJUE - Elabora estudios, guías y prontuarios u otros instrumentos destinados a favorecer el conocimiento y difusión del Derecho - Presta apoyo o asistencia jurídica a otras instituciones u organismos españoles - Colabora con los representantes españoles en las instituciones europeas

C. Auxilio judicial administrativo

700 MPCI nº 1145 No identificable con el auxilio jurisdiccional interno ni con el internacional, en el que puede denominarse auxilio judicial administrativo, la prestación de la asistencia al órgano jurisdiccional se desarrolla por una Administración pública. Posible en todo orden jurisdiccional, es especialmente frecuente que los órganos jurisdiccionales penales o el Ministerio Fiscal soliciten de la Administración la designación de funcionarios para el desempeño de **funciones de carácter pericial** en relación con delitos relativos al ámbito de su actuación profesional o para desarrollar **funciones diversas** de auxilio judicial. Sucede así, habitualmente, en el campo de los delitos contra la Hacienda pública, blanqueo de capitales y otros tipos penales próximos, respecto de los funcionarios de la Administración tributaria -inspectores o técnicos de Hacienda-.

SECCIÓN 7

Ministerio Fiscal

(Const art.124; L 50/1981 art.1, 2, 6 y 7)

725

727 El Ministerio Fiscal, sin perjuicio de las funciones encomendadas a otros órganos, tiene por misión promover la **acción de la Justicia** en defensa de la legalidad, de los derechos de los ciudadanos y del interés público tutelado por la Ley, de oficio o a petición de los interesados, así como velar por la independencia de los tribunales y procurar antes estos la satisfacción del interés social.

Es un órgano de relevancia constitucional con personalidad jurídica propia, integrado con **autonomía funcional** en el Poder judicial, y ejerce su misión por medio de órganos propios, conforme a los principios de unidad de actuación y dependencia jerárquica y con sujeción, en todo caso, a los de legalidad e imparcialidad.

Precisiones **1)** Por el **principio de legalidad** el Ministerio Fiscal actuará con sujeción a la Constitución, a las leyes y demás normas que integran el ordenamiento jurídico vigente, dictaminando, informando y ejercitando, en su caso, las acciones procedentes u oponiéndose a las indebidamente actuadas en la medida y forma en que las leyes lo establezcan.

2) Por el **principio de imparcialidad** el Ministerio Fiscal actuará con plena objetividad e independencia en defensa de los intereses que le estén encomendados.

3) El **Estatuto Orgánico del Ministerio Fiscal** se regula por L 50/1981.

4) El RD 859/2010 determina el número máximo de **fiscales decanos** de secciones especializadas.

5) Por Rgto UE/2017/1939, se establece una **cooperación reforzada para la creación de la Fiscalía Europea**, como órgano de la Unión con personalidad jurídica, indivisible y de estructura descentralizada, regida por su reglamento interno. La LO 9/2021 regula en el ordenamiento interno este órgano y su procedimiento de investigación (nº 2945 s. Memento Procesal Penal 2026).

6) Por RD 147/2022 se regula el régimen de **sustituciones y de medidas de apoyo** o de refuerzo en el Ministerio Fiscal.

1. Organización y funciones

Organización (L 50/1981 art.12 -redacc LO 1/2025-, 18, 20, 25, 28 y 50) Son órganos del Ministerio Fiscal: 730
- el Fiscal General del Estado;
- el Consejo Fiscal;
- la Junta de Fiscales de Sala;
- la Junta de Fiscales Superiores de las comunidades autónomas;
- la Fiscalía del Tribunal Supremo;
- la Fiscalía ante el Tribunal Constitucional;
- la Fiscalía de la Audiencia Nacional;
- la Fiscalía Especial Antidroga y la Fiscalía contra la Corrupción y la Criminalidad Organizada;
- la Fiscalía del Tribunal de Cuentas;
- la Fiscalía Jurídico Militar;
- las fiscalías de las comunidades autónomas;
- las fiscalías provinciales;
- las fiscalías de área; y
- la unidad de protección de datos.

Precisiones **1)** En la Fiscalía General del Estado existirá un fiscal contra la **violencia sobre la mujer** y un **fiscal de memoria democrática** (L 20/2022 disp.final.1ª).

2) El fiscal general del Estado podrá impartir a sus subordinados las **órdenes e instrucciones** convenientes al servicio y al ejercicio de las funciones, tanto de carácter general como referidas a asuntos específicos.

3) Los miembros del Ministerio Fiscal no podrán ser **recusados**. Se **abstendrán** de intervenir en los pleitos o causas cuando les afecten algunas de las causas de abstención establecidas para los jueces y magistrados en la LOPJ, en cuanto les sean de aplicación. Las partes intervinientes en los referidos pleitos o causas podrán acudir al superior jerárquico del fiscal de que se trate interesando que, en los referidos supuestos, se ordene su no intervención en el proceso.

4) Los miembros del Ministerio Fiscal guardarán el debido **secreto** de los asuntos reservados de que conozcan por razón de su cargo.

5) Por Rgto UE/2017/1939 se establece una cooperación reforzada para la creación de la **Fiscalía Europea**, como órgano de la Unión con personalidad jurídica, indivisible y de estructura descentralizada, regida por su reglamento interno. La LO 9/2021 contiene las normas de aplicación al ordenamiento español del citado reglamento, completando sus disposiciones y regulando un **procedimiento especial** para la investigación por parte de los fiscales europeos delegados de aquellos delitos cuyo conocimiento les corresponde en virtud de la norma europea (nº 8630 s.).

6) La **Oficina Fiscal** es la organización de carácter instrumental que sirve de soporte y apoyo a la actividad del Ministerio Fiscal. Su estructura básica, que puede dividirse en áreas y equipos, ha de ser homogénea en todo el territorio nacional, basada en los principios de jerarquía, división de funciones y coordinación. Funciona con criterios de agilidad, eficacia, eficiencia, racionalización del trabajo, responsabilidad por la gestión, coordinación y cooperación entre Administraciones (LOPJ art.439 sexies redacc LO 1/2025).

732 **Facultades** (L 50/1981 art.4) El Ministerio Fiscal, para el ejercicio de sus funciones, podrá:

• Interesar la notificación de cualquier **resolución judicial** y la información sobre el **estado de los procedimientos**, pudiendo pedir que se le dé vista de estos cualquiera que sea su estado, o que se le remita copia de cualquier actuación, para velar por el exacto cumplimiento de las leyes, plazos y términos, promoviendo, en su caso, las correcciones oportunas.

• Pedir información de los **hechos** que hubieran dado lugar a un procedimiento, de cualquier clase que sea, cuando existan motivos racionales para estimar que su conocimiento pueda ser competencia de un órgano distinto del que está actuando.

• Acceder directamente a la información de los **registros oficiales**, cuyo acceso no quede restringido a control judicial.

• Visitar en cualquier momento los **centros o establecimientos de detención, penitenciarios o de internamiento** de cualquier clase de su respectivo territorio, examinar los expedientes de los internos y recabar cuanta información estime conveniente.

• Requerir el **auxilio de las autoridades** de cualquier clase y de sus agentes.

• Dar a cuantos funcionarios constituyen la **policía judicial** las órdenes e instrucciones procedentes en cada caso.

• Informar a la **opinión pública** de los acontecimientos que se produzcan, siempre en el ámbito de su competencia y con respeto al secreto del sumario y, en general, a los deberes de reserva y sigilo inherentes al cargo y a los derechos de los afectados.

• Establecer en las sedes de las fiscalías provinciales y en las que se considere necesario, **centros de relación con las víctimas y perjudicados** de las infracciones criminales cometidas en su circunscripción y por las que se sigue proceso penal en los tribunales de la misma, con la finalidad de conocer los daños y perjuicios sufridos por ellas y para que aporten los documentos y demás pruebas de que dispongan para acreditar su naturaleza y alcance.

Las autoridades, funcionarios u organismos o particulares **requeridos por el Ministerio Fiscal** deberán atender inexcusablemente el requerimiento dentro de los límites legales. Igualmente, y con los mismos límites, deberán comparecer ante el fiscal cuando este lo disponga.

Precisiones **1)** En todas las actuaciones judiciales, los fiscales usarán el **castellano**, lengua oficial del Estado. Podrán usar también la **lengua oficial propia de la comunidad autónoma**, si ninguna de las partes se opone, alegando desconocimiento de ella que pueda producir indefensión (LEC art.142). Los órganos judiciales ostentan la potestad de ordenar la **traducción** de un escrito o documento redactado en una lengua oficial autonómica cuando ello sea necesario para cumplir la función jurisdiccional de proporcionar a todos tutela judicial efectiva (TCo 105/2000). Su criterio solo puede ser revisado en **recurso de amparo** bajo la invocación del derecho a la tutela judicial efectiva en los casos en que se haya producido indefensión actual, real y efectiva que tenga su origen inmediato y directo en esa concreta actuación judicial, sin resultar de otras actuaciones o de la propia conducta de la parte o de los profesionales que la representen o defiendan (TCo 37/2023).

2) El Ministerio Fiscal también podrá **recusar**, siempre que se trate de un proceso en el que, por la naturaleza de los derechos en conflicto, pueda o deba intervenir (LEC art.101).

734 **Funciones** (L 50/1981 art.3) Corresponde al Ministerio Fiscal:

MPCI nº 2436

1. Velar por que la **función jurisdiccional** se ejerza eficazmente conforme a las leyes y en los plazos y términos en ellas señalados, ejercitando, en su caso, las acciones, recursos y actuaciones pertinentes.
2. Ejercer cuantas funciones le atribuya la ley en defensa de la **independencia de los tribunales**.
3. Velar por el respeto de las **instituciones constitucionales** y de los **derechos fundamentales** y libertades públicas con cuantas actuaciones exija su defensa.
4. Ejercitar las **acciones penales y civiles** dimanantes de delitos y delitos leves u oponerse a las ejercitadas por otros, cuando proceda.
5. Intervenir en el **proceso penal**, instando de la autoridad judicial la adopción de las medidas cautelares que procedan y la práctica de las diligencias encaminadas al esclarecimiento de

los hechos o instruyendo directamente el procedimiento de responsabilidad penal de los menores, pudiendo ordenar a la policía judicial aquellas diligencias que estime oportunas.
6. Tomar parte, en defensa de la legalidad y del interés público o social, en los procesos relativos al **estado civil** y en los demás que establezca la ley.
7. Intervenir en los **procesos civiles** que determine la ley cuando esté comprometido el interés social o cuando puedan afectar a personas menores o con discapacidad en tanto se provee de los mecanismos ordinarios de representación.
8. Mantener la integridad de la **jurisdicción y competencia** de los tribunales, promoviendo los conflictos de jurisdicción y, en su caso, las cuestiones de competencia que resulten procedentes, e intervenir en las promovidas por otros.
9. Velar por el **cumplimiento de las resoluciones judiciales** que afecten al interés público y social.
10. Velar por la protección procesal de las **víctimas** y por la protección de **testigos y peritos**, promoviendo los mecanismos previstos para que reciban la ayuda y asistencia efectivas.
11. Intervenir en los procesos judiciales de **amparo**, así como en las cuestiones de **inconstitucionalidad**.
12. Interponer el **recurso de amparo constitucional**, así como intervenir en los procesos de que conoce el Tribunal Constitucional en defensa de la legalidad.
13. Ejercer en materia de **responsabilidad penal de menores** las funciones que le encomiende la legislación específica, debiendo orientar su actuación a la satisfacción del interés superior del menor.
14. Intervenir en los procedimientos ante el **Tribunal de Cuentas**. Defender, igualmente, la legalidad en los procesos contencioso-administrativos y laborales que prevén su intervención.
15. Promover o, en su caso, prestar el **auxilio judicial internacional** previsto en las leyes, tratados y convenios internacionales.
16. Ejercer las **demás funciones** que el ordenamiento jurídico estatal le atribuya.

Precisiones El interés público justifica la intervención del Ministerio Fiscal en todos aquellos procesos que versan sobre **materias de carácter indisponible**. El interés social, como especie del interés público, conecta con los dispuesto en Const art.39 s., que recoge los principios rectores de la política social y económica (FGE Circ 2/2010).

2. Intervención en procesos civiles

(LEC art.6.1.6º, 8, 394.5 -redacc LO 1/2025- y 749)

El Ministerio Fiscal podrá ser parte en los procesos ante los tribunales civiles respecto de los procesos en que, conforme a la ley, haya de intervenir como parte. **740** MPCI nº 2442 s.
En el caso las personas físicas que **no se hallen en el pleno ejercicio de sus derechos civiles** y que hayan de comparecer en juicio mediante la representación o con la asistencia, la autorización, la habilitación o el defensor exigidos por la ley y en los demás en que haya de nombrarse un defensor judicial al demandado, el Ministerio Fiscal asumirá la representación y defensa de este hasta que se produzca el nombramiento de aquel. En todo caso, el proceso quedará en suspenso mientras no conste la intervención del Ministerio Fiscal.
En los procesos sobre **provisión de medidas de apoyo al ejercicio de la capacidad jurídica**, en los de **nulidad matrimonial** y en los de determinación e impugnación de la **filiación** será siempre parte el Ministerio Fiscal, aunque no haya sido promotor de los mismos ni deba asumir la defensa de alguna de las partes. En los demás procesos sobre capacidad, filiación, matrimonio y menores será preceptiva la intervención del Ministerio Fiscal, siempre que alguno de los interesados en el procedimiento sea menor, persona con discapacidad con medidas de apoyo para el ejercicio de su capacidad jurídica o esté en situación de ausencia legal.
En los procedimientos de **reconstrucción de actuaciones**, cuya competencia corresponde al letrado de la Administración de Justicia de la oficina judicial en que la desaparición o mutilación hubiera acontecido, será siempre parte el Ministerio Fiscal (LEC art.232).
En ningún caso se impondrán las costas al Ministerio Fiscal en los procesos en que intervenga como parte.

Precisiones **1)** La FGE Circ 1/2001 analiza la **incidencia de la LEC** en la intervención del fiscal en los procesos civiles.
2) El letrado de la Administración de Justicia dará vista al Ministerio Fiscal, así como a las partes, a los efectos de determinar la **falta de competencia objetiva**, por plazo común de 10 días, resolviendo el tribunal por medio de auto (LEC art.48).
3) Los **actos de comunicación** al Ministerio Fiscal se tendrán por realizados el día siguiente a la fecha de recepción que conste en la diligencia o en el resguardo acreditativo de su recepción cuando el acto de comunicación se haya efectuado por medios electrónicos o telemáticos (LEC art.151).
4) El Ministerio Fiscal deberá **promover la adopción de medidas de apoyo a la persona con discapacidad** si el cónyuge o quien se encuentre en una situación de hecho asimilable, los

descendientes, los ascendientes, o los hermanos del afectado no existieran o no las hubieran solicitado, salvo que existan otras vías a través de las que el interesado puede obtener el apoyo que precisa (LEC art.757).

3. Intervención en la jurisdicción contencioso-administrativa

(LJCA art.19, 119, 122 y 139)

745 El Ministerio Fiscal está legitimado para intervenir en los procesos que determine la ley ante la jurisdicción contencioso-administrativa, así como para recurrir las sentencias en los procesos en los que intervengan.
Será parte, necesariamente, en los procedimientos para la **protección de los derechos fundamentales** de la persona, así como en los recursos contencioso-administrativos contra las prohibiciones o propuestas de modificación de reuniones.

Precisiones 1) Asimismo, el Ministerio Fiscal debe ser oído, junto con las partes, por un plazo común de 10 días cuando se plantee la **falta de jurisdicción o de competencia** del órgano jurisdiccional contencioso-administrativo que esté conociendo (LJCA art.5.2 y 7.2).
2) El Ministerio Fiscal debe ser oído en el procedimiento para obtener autorización judicial con el objeto de identificar al responsable del servicio de la **sociedad de la información** (L 34/2002 art.8.2) que está realizando la conducta presuntamente vulneradora a los efectos de requerir a los prestadores de servicios de la sociedad de la información la cesión de los datos que permitan tal identificación (LJCA art.122 bis).
3) En ningún caso se impondrán las **costas al Ministerio Fiscal**.

4. Intervención en la jurisdicción social

(LRJS art.17, 82, 165, 167, 173, 176, 177, 219 y 240.4)

750 El Ministerio Fiscal está legitimado para intervenir en todos aquellos supuestos previstos en la legislación sobre jurisdicción social.
El **señalamiento de las vistas y juicios** el letrado de la Administración de Justicia atenderá a los criterios establecidos en la LEC art.182 y cuando requieran la presencia del Ministerio Fiscal serán agrupadas, señalándose de forma consecutiva.
El Ministerio Fiscal es siempre parte en los procesos de **impugnación de convenios colectivos**. Se le reconoce, asimismo, legitimación activa para impugnar un convenio colectivo si la impugnación se fundamenta en su ilegalidad.
Igualmente, es parte necesaria en los procesos de impugnación de la resolución administrativa que deniegue el depósito de los **estatutos de un sindicato**. El Ministerio Fiscal podrá solicitar la declaración judicial de no ser conformes a Derecho los estatutos de los sindicatos, o sus modificaciones, que hayan sido objeto de depósito y publicación, tanto en el caso de que estén en fase de constitución como en el de que hayan adquirido personalidad jurídica. En todo caso el Ministerio Fiscal será siempre parte en estos procesos.
Igualmente, el Ministerio público es parte en los procesos de impugnación de las resoluciones administrativas que denieguen el depósito de los **estatutos de las asociaciones empresariales**, o de sus modificaciones, así como las de declaración de no ser conforme a Derecho dichos estatutos, o sus modificaciones, con independencia de su legitimación activa para promover los mismos.

751 El Ministerio Fiscal es siempre parte en los procesos en defensa de los **derechos fundamentales** y de las libertades públicas, velando especialmente por la integridad de la reparación de las víctimas e interesando la adopción, en su caso, de las medidas necesarias para la depuración de las conductas delictivas.
En su función de defensa de la legalidad, el Ministerio Fiscal de oficio o a instancia de los sindicatos, organizaciones empresariales, asociaciones representativas de los trabajadores autónomos económicamente dependientes o entidades públicas que ostenten interés legítimo en la unidad jurisprudencial sobre la cuestión litigiosa, podrá interponer **recurso de casación para unificación de doctrina**. Dicho recurso podrá interponerse cuando, sin existir doctrina unificada en la materia de que se trate, se hayan dictado pronunciamientos distintos por los TSJ, en interpretación de unas mismas normas sustantivas o procesales y en circunstancias sustancialmente iguales, así como cuando se constate la dificultad de que la cuestión pueda acceder a unificación de doctrina según los requisitos ordinariamente exigidos o cuando las normas cuestionadas por parte de los tribunales del orden social sean de reciente vigencia o aplicación, por llevar menos de 5 años en vigor en el momento de haberse iniciado el proceso en primera instancia, y no existieran aún resoluciones suficientes e idóneas sobre todas las cuestiones discutidas.

El Ministerio Fiscal será siempre parte en los **procesos de ejecución** derivados de títulos ejecutivos en que se haya declarado la vulneración de derechos fundamentales y de libertades públicas, velando especialmente por la integridad de la reparación de las víctimas.

Precisiones 1) Los **actos de comunicación** al Ministerio Fiscal se tendrán por realizados el día siguiente a la fecha de recepción que conste en la diligencia o en el resguardo acreditativo de su recepción cuando el acto de comunicación se haya efectuado por medios telemáticos o electrónicos (LRJS art. 60). 752

2) La LRJS amplía el ámbito del **recurso de casación para la unificación de doctrina**, facultando al Ministerio Fiscal para su planteamiento a instancia de asociaciones empresariales o sindicales y entidades públicas, ampliando, de esta forma, como indica su propia Exposición de Motivos, el ámbito de las materias que podrán ser objeto de una rápida unificación doctrinal en casación.

3) Asimismo la LRJS prevé una **modalidad del recurso de casación para la unificación de doctrina** que puede interponerse por el Ministerio Fiscal en defensa de la legalidad y sin necesidad de que concurra el presupuesto de contradicción de sentencias, con lo que se logrará una mayor celeridad en la unificación de doctrina y en temas que hasta ahora serían de muy difícil acceso a dicho recurso (LRJS Exp.Motivos).

SECCIÓN 8

Asistencia jurídica gratuita

1000

A. Consideraciones generales

La justicia es gratuita cuando así lo disponga la ley y, en todo caso, respecto de quienes acrediten **insuficiencia de recursos** para litigar. 1002 MPCI nº 470

Precisiones 1) Se extiende el beneficio de asistencia jurídica gratuita al **procedimiento administrativo**, cuando así se establezca por la legislación específica.

2) En la aplicación de la L 1/1996 deben tomarse en consideración las necesidades específicas de las personas que se encuentren en **situación de vulnerabilidad** (L 1/1996 art.1).

Derecho de configuración legal (Const art.119; LOPJ art.20.1 y 2) La Constitución no consagra la gratuidad de la administración de justicia, ni que sea un derecho de carácter absoluto e ilimitado, dado que se proclama la gratuidad de la justicia en los casos y en la forma que el legislador determine, caracterizándose así como un **derecho prestacional** y de configuración legal, cuyo contenido y concretas condiciones de ejercicio corresponde delimitarlos al legislador atendiendo a los **intereses públicos y privados** implicados, pudiendo también modular la gratuidad en función del orden jurisdiccional afectado, del tipo de proceso y de los recursos económicos de los que se pueda disponer en cada momento (TCo 16/1994; 97/2001; 97/2001; 182/2002). 1004

No obstante, esta libertad de configuración legal no es absoluta, puesto que la gratuidad de la justicia se reconoce en todo caso respecto de quienes acrediten insuficiencia de recursos para litigar, lo que supone un contenido constitucional indisponible para el legislador que obliga a reconocer este derecho a **quienes acrediten insuficiencia de recursos** económicos para litigar (TCo 117/1998; 180/2003; 127/2005).

Precisiones Ver nº 6255 s., dedicado a las **tasas judiciales**.

1006 **Asistencia jurídica gratuita e indefensión** El derecho a un proceso justo incluye entre sus garantías el derecho a la defensa y a la asistencia letrada (nº 6955 s.), cuya finalidad es la de asegurar la efectiva realización de los principios de igualdad de las partes y de contradicción que imponen a los órganos judiciales el deber positivo de **evitar desequilibrios** entre la respectiva posición procesal de las partes o limitaciones en la defensa que puedan inferir a alguna de ellas un resultado de indefensión (TCo 211/2003; 215/2003).

La finalidad inmediata del derecho a la asistencia jurídica gratuita radica en permitir el acceso a la justicia para interponer pretensiones u oponerse a ellas, a quienes no tienen medios económicos suficientes para ello y, más ampliamente, trata de asegurar que **ninguna persona quede procesalmente indefensa** por carecer de recursos para litigar (TCo 183/2001; 95/2003; 127/2005).

Este derecho a la tutela judicial efectiva y al proceso justo se verá vulnerado en el caso de que no se reconozca el derecho a la asistencia jurídica gratuita a quien, ostentando tal derecho, no lo vea reconocido, siempre que no haya provocado dicha situación con su **falta de diligencia** (TCo 18/2006).

Desde la perspectiva constitucional, la **denegación de la asistencia letrada** no conlleva sin más una vulneración de la Const art.24.2. Para considerar vulnerado este precepto es necesario que no se haya respetado el bloque de garantías que integran el derecho a un proceso justo y que incluye el derecho a la defensa y a la asistencia letrada (TCo 71/1999).

1008 **Extensión temporal** (L 1/1996 art.7.1, 2 y 3, 31 y 32; RD 141/2021 art.33) La asistencia jurídica gratuita en el transcurso de una misma instancia se extiende a **todos sus trámites e incidencias**, incluida la ejecución, pero no puede aplicarse a un proceso distinto.

Los abogados y procuradores designados deben desempeñar sus funciones de asistencia y representación **hasta la terminación del proceso** en la instancia judicial de que se trate y, en su caso, la ejecución de las sentencias, si las actuaciones procesales en esta se producen dentro de los 2 años siguientes a la resolución judicial dictada en la instancia, sin perjuicio del efecto de las causas de renuncia o excusa previstas en la ley.

El derecho de asistencia jurídica gratuita se extiende también a la **fase de ejecución**, por cuanto que el proceso declarativo y el ejecutivo son ambas fases de un único proceso, que se inicia por la creación del título y culmina por su ejecución (AP Burgos auto 20-11-02, EDJ 126202).

El derecho reconocido se mantiene para la interposición y sucesivos trámites de los **recursos** contra las resoluciones que pongan fin al proceso en la correspondiente instancia, salvo que el abogado designado para el proceso considere insostenible la pretensión a hacer valer en el recurso, en cuyo caso debe comunicarlo a la Comisión de Asistencia Jurídica Gratuita.

Cuando la competencia para el conocimiento de los recursos contra las resoluciones que pongan fin al proceso en la correspondiente instancia corresponda a un órgano jurisdiccional cuya **sede** se encuentre **en distinta localidad**, el letrado de la Administración de Justicia, una vez recibidos los autos judiciales, requerirá a los respectivos colegios la designación de abogado y, en su caso, procurador de oficio ejercientes en dicha sede jurisdiccional.

1009 Precisiones **1)** Determinados pronunciamientos judiciales limitan el derecho de asistencia jurídica gratuita, al menos en cuanto a la **exención del deber del pago de costas**, salvo mejor fortuna, a las costas devengadas durante el proceso declarativo o contradictorio, por cuanto que la L 1/1996 art.36 hace referencia a la sentencia o resolución que ponga fin al proceso, sin referirse al proceso de ejecución, de forma que no pueda ampararse, dentro del proceso de ejecución forzosa, la renuncia injustificada del ejecutado al cumplimiento voluntario de sus obligaciones (AP Asturias auto 4-9-03, EDJ 205256).

2) Ver en nº 1248 s., la parte dedicada a la **condena en costas** al beneficiario de tal derecho.
En el mismo sentido, ver el nº 1118 dedicado a la **insostenibilidad de la pretensión**.

3) En el caso de que el **letrado de oficio** que ha defendido en la instancia al titular del derecho a litigar gratuitamente **no** esté **habilitado para actuar** como defensor de oficio **en la sede del órgano superior** que haya de conocer del recurso, siendo así que sea necesario proceder a la designación de abogado y procurador de oficio ejercientes en dicha sede jurisdiccional, se genera indefensión si a los nuevos profesionales designados no se les concede el plazo general para proceder a la interposición del recurso (TCo 127/2005).

1012 **Carácter administrativo del sistema** Se diseña un sistema de reconocimiento del derecho a litigar gratuitamente de carácter eminentemente administrativo, tanto por la naturaleza del procedimiento que ha de seguirse para la obtención de dicho reconocimiento, como fundamentalmente por la composición de las **comisiones de asistencia jurídica gratuita** (nº 1145 s.) a los que el legislador ha conferido la competencia para pronunciarse definitivamente sobre todas las solicitudes que se promuevan al respecto (TCo auto 4-6-97).

Esta desjudicialización del procedimiento para reconocer el derecho a la asistencia jurídica gratuita no obsta a la existencia de **mecanismos de control judicial** de la actuación de los órganos administrativos encargados de su reconocimiento o denegación, de forma que la L 1/1996 instaura un específico mecanismo de control judicial de las decisiones administrativas que dicten las comisiones de asistencia jurídica gratuita reconociendo o denegando el derecho asistencial.

B. Distribución de competencias y normativa

Dentro del orden constitucional de distribución de competencias, deben diferenciarse entre las que ostenta el Estado y las que corresponden a las comunidades autónomas y que afectan a la justicia gratuita, su regulación y aplicación. **1015**

1. Competencias y normativa estatales

(Const art.149.1º, 3º, 5º, 6º y 18º; L 1/1996; L 2/2017; RD 141/2021)

El Estado tiene **competencia exclusiva** sobre las siguientes materias: **1018** MPCI nº 490
- Administración de Justicia.
- Legislación procesal, sin perjuicio de las necesarias especialidades que en este orden se deriven de las particularidades del derecho sustantivo de las comunidades autónomas.
- Relaciones internacionales (Const art.149.1.3ª).
- Bases del régimen jurídico de las Administraciones públicas.
- Sistema de responsabilidad de todas las Administraciones públicas.

Junto al núcleo esencial de lo que debe entenderse por «Administración de Justicia» aparece un conjunto de medios personales y materiales que no se integran en dicho núcleo, sino que se colocan al servicio de la Administración de Justicia. Las **competencias sobre** estos **medios personales y materiales**, en cuanto no esenciales a la función jurisdiccional y al autogobierno del Poder judicial, pueden ser asumidas por las comunidades autónomas.

Precisiones 1) En aplicación de estas disposiciones constitucionales, los preceptos que se dictan al amparo de estos títulos competenciales tienen **aplicación general y directa** en todo el territorio nacional (L 1/1996 disp.adic.1ª; RD 141/2021 art.17, 21, 33.1, 3 y 4 y 39 a 41).
El resto de los preceptos se declaran igualmente de aplicación **en defecto de normativa específica de las comunidades autónomas** que hayan asumido el ejercicio efectivo de las competencias en materia de provisión de medios para la Administración de Justicia.
2) Igualmente, se reconoce el derecho de asistencia jurídica gratuita en relación con todo tipo de procesos ante órganos jurisdiccionales españoles cuya sede radique en el territorio de comunidades autónomas que no hayan recibido los **traspasos en materia de provisión de medios** al servicio de la Administración de Justicia o que extiendan su competencia a todo el territorio nacional (RD 141/2021 art.1.2.a).
3) Hay que tener en cuenta igualmente el régimen de **financiación por baremo** de los honorarios derivados de prestación de servicios de turno de oficio a personas físicas previa designación judicial (L 11/2020 disp.adic.130ª).

2. Competencias y normativa autonómicas

Dentro de las comunidades autónomas hay que diferenciar dos tipos, teniendo en cuenta la incidencia en materia de asistencia jurídica gratuita: **1020**
a) Comunidades autónomas que han asumido la competencia en materia de provisión de medios materiales y humanos al servicio de la Administración de Justicia.
b) Comunidades autónomas que no han asumido esta competencia.
Las comunidades autónomas que han **asumido la competencia en materia de provisión de medios** materiales y humanos al servicio de la Administración de Justicia se recogen en el siguiente cuadro:

Comunidad autónoma	Normativa estatal que aprueba el traspaso de funciones	Normativa autonómica
Andalucía	RD 142/1997	D Andalucía 67/2008; L Andalucía 6/2019 disp.adic.11ª
Aragón	RD 1702/2007	D Aragón 110/2014(*)
Asturias	RD 966/2006	D Asturias 13/2020

Comunidad autónoma	Normativa estatal que aprueba el traspaso de funciones	Normativa autonómica
Canarias	RD 2462/1996	D Canarias 57/1998; D Canarias 74/2003; D Canarias 44/2004; D Canarias 425/2007; D Canarias 100/2012; D Canarias 382/2015; L Canarias 9/2025 disp.adic.57ª
Cantabria	RD 817/2007; RD 1163/2010	D Cantabria 26/2023
Cataluña	RD 966/1990; RD 651/2011	D Cataluña 252/1996; D Cataluña 187/2003
C.Valenciana	RD 293/1995	D C.Valenciana 175/2021; Orden C.Valenciana 1/2023
Galicia	RD 2166/1994	D Galicia 269/2008; Orden Galicia 2-8-2016
La Rioja	RD 1800/2010	D La Rioja 45/2017
Madrid	RD 600/2002	D Madrid 35/2025; L Madrid 5/2011 disp.adic.12ª; L Madrid 9/2018 disp.adic.17ª
Navarra	RD 813/1999	DF Navarra 104/2021
País Vasco	RD 1684/1987	D País Vasco 153/2018

(*) Por L Aragón 9/2017 se regulan los servicios de asesoramiento y orientación jurídicos gratuitos previos al proceso.

Precisiones La normativa autonómica que se recoge en el cuadro expuesto reitera básicamente la legislación estatal sobre la materia, sin perjuicio de la composición de las respectivas **comisiones de asistencia jurídica gratuita**, y algunas cuestiones procedimentales mínimas a las que se hará referencia en el lugar que corresponda.

3. Convenios internacionales en los que España es parte

1022 El Reino de España ha firmado y ratificado los siguientes convenios internacionales que afectan a la asistencia jurídica gratuita:

• Acuerdo Internacional Estrasburgo 27-1-1977, de transmisión de solicitudes de asistencia jurídica gratuita.

• Convenio La Haya 25-10-1980, de acceso internacional a la justicia.

• Carta de los Derechos Fundamentales de la Unión Europea art.47 (DOUE 30-3-10), con el mismo valor que los Tratados constitutivos de la Unión Europea (Tratado UE art.6), que garantiza que se prestará asistencia jurídica gratuita a quienes no dispongan de recursos suficientes siempre y cuando dicha asistencia sea necesaria para garantizar la efectividad del acceso a la justicia.

Precisiones Las disposiciones sobre asistencia jurídica gratuita en los **litigios transfronterizos** de la Unión Europea prevalecen, dentro de su ámbito material de aplicación, y en lo que afecte a las relaciones entre los Estados miembros de la Unión Europea, sobre los convenios internacionales suscritos sobre esta materia (Dir 2003/8/CE).

C. Titulares del derecho de asistencia jurídica gratuita

1025 Los preceptos sobre la titularidad del derecho son de aplicación en **todo el territorio nacional** (L 1/1996 disp.adic.1ª).

1027 **Españoles** (L 1/1996 art.2.a, d, g, h -redacc LO 1/2025- y l) Tienen derecho a la asistencia jurídica gratuita:

MPCI nº 509

a) Los **ciudadanos españoles**, cuando acrediten insuficiencia de recursos para litigar.

b) Los **trabajadores y beneficiarios del sistema de Seguridad Social**, en el orden jurisdiccional social, tanto para la defensa en juicio como para el ejercicio de acciones para la efectividad de los derechos laborales en los procedimientos concursales, así como los trabajadores y beneficiarios de la Seguridad Social para los litigios que sobre esta materia se sustancien ante el orden contencioso-administrativo.

c) Con **independencia de la existencia de recursos para litigar** (RDL 3/2013; L 42/2015), se reconoce el derecho, que se prestará de inmediato, a las víctimas de violencia de género, de terrorismo y de trata de seres humanos en aquellos procesos que tengan vinculación, deriven o sean consecuencia de su condición de víctimas, así como a los menores de edad y personas con discapacidad necesitadas de especial protección, cuando sean víctimas de delitos de homicidio, lesiones causantes de pérdida o inutilidad de miembros, deformidad o esterilidad, impotencia o enfermedad (CP art.149 y 150), maltrato habitual (CP art.173.2), contra la

libertad, libertad e indemnidad sexual o trata de seres humanos. También a las mujeres y menores de edad víctimas de los delitos contra la libertad sexual, mutilación genital femenina, matrimonio forzado y acoso con connotación sexual.
Este derecho asiste también a los **causahabientes** en caso de fallecimiento de la víctima, siempre que no fueran partícipes en los hechos.
A los efectos de la concesión del beneficio de justicia gratuita, la **condición de víctima** se adquiere cuando se formule denuncia o querella, o se inicie un procedimiento penal, por alguno de los delitos a que se refiere este apartado, y se mantendrá mientras permanezca abierto el procedimiento penal o cuando, tras su finalización, se haya dictado sentencia condenatoria. El beneficio **se pierde** en caso de sentencia absolutoria firme o archivo firme del procedimiento penal, sin la obligación de abonar el coste de las prestaciones disfrutadas gratuitamente hasta ese momento.
d) Independientemente de la existencia de recursos para litigar, también se reconoce (L 42/2015) el derecho a las **asociaciones** que tengan como fin la promoción y defensa de los derechos de las **víctimas del terrorismo**, señaladas en la L 29/2011.
e) En el **ámbito concursal**, se reconoce el derecho:
- para todos los trámites del procedimiento especial, a los **deudores personas físicas o jurídicas** que tengan la consideración de microempresa en los términos establecidos en la legislación concursal, a los que resulte de aplicación el procedimiento especial (LCon art.685 a 720), siempre que acrediten insuficiencia de recursos para litigar;
- a los **sindicatos**, que se declaran exentos de efectuar depósitos y consignaciones en todas sus actuaciones, gozando del beneficio legal de justicia gratuita cuando ejerciten un interés colectivo en defensa de trabajadores y beneficiarios de la Seguridad Social.

En el **orden penal**, se reconoce el derecho a las personas jurídicas, cuando por requerimiento judicial haya de designarse defensa letrada y, en su caso, representación procesal, siempre que la sociedad haya sido declarada judicialmente en situación de insolvencia actual o inminente, se encuentre en concurso de acreedores o no conste actividad económica en el último ejercicio cuando, en este último caso, la sociedad se halle disuelta o en trámite de disolución por las causas y por el procedimiento legalmente previsto para ello.

Precisiones **1)** En el **orden contencioso-administrativo**, este derecho no se reconoce a favor de los trabajadores y beneficiarios de la Seguridad Social, en los procedimientos que versen sobre otra materia que las específicamente contempladas en la L 1/1996 (TS auto 23-5-00, EDJ 113321).
2) Reglamentariamente, se determinarán los supuestos en que la **ciudadanía española residente en el exterior** que carezca de recursos económicos podrá acceder a la asistencia jurídica gratuita cuando este beneficio no exista en el país de residencia (L 40/2006 art.5).

Extranjeros (L 1/1996 art.2.a, e, f y 46) Los nacionales de los demás **Estados miembros** de la Unión Europea y los extranjeros que se encuentren en España ostentan el derecho de asistencia jurídica gratuita cuando acrediten insuficiencia de recursos para litigar. **1029**
Los ciudadanos extranjeros que acrediten insuficiencia de recursos para litigar, en el **orden contencioso-administrativo**, así como en la vía previa, tienen derecho a la asistencia letrada y a la defensa y representación gratuita en los procedimientos que puedan llevar a la denegación de su entrada en España, a su devolución o expulsión del territorio español, y en todos los procedimientos en materia de asilo.
Además, tendrán derecho a la **asistencia de intérprete** si no comprenden o hablan la lengua oficial que se utilice (LO 4/2000 art.22).
Los ciudadanos de la Unión Europea o nacionales de terceros países que residan legalmente en uno de los Estados miembros, tienen derecho a la asistencia jurídica gratuita en los litigios transfronterizos en **materia civil y mercantil**.

Precisiones **1)** El Tribunal Constitucional declaró **inconstitucional el inciso «legalmente»** incluido en la L 1/1996 art.2.a en su redacción original, por cuanto que suponía que si el extranjero no residente legalmente en España no disponía de recursos suficientes para procurarse abogado que le defendiera y procurador que le representara, vería cerrado su acceso a la jurisdicción y no podría someter al control de esta la legalidad de las actuaciones administrativas en un aspecto que le concierne directamente y que podría desembocar, incluso en su expulsión del territorio nacional (TCo 95/2003).
2) Asimismo, la referencia a los extranjeros que se encuentren en España se debe entender en el sentido fáctico de la expresión, sin que quepa atribuir a la referida expresión un significado técnicamente acuñado de **residencia autorizada administrativamente**.
3) El RD 141/2021 será aplicable al derecho de asistencia jurídica gratuita en los procedimientos administrativos tramitados por la Administración General del Estado legalmente comprendidos en el ámbito de tal derecho -principalmente, de **extranjería y asilo**-, sin perjuicio de lo que disponga su normativa específica.
4) Ver el nº 1282 s. dedicado a la asistencia jurídica gratuita en los **litigios transfronterizos de la Unión Europea**.
5) Son **aplicables a los extranjeros** los supuestos c) y d) del nº 1027.

1030 **Víctimas de violencia de género** (RD 141/2021 art.27 a 30) En el marco de la asistencia jurídica gratuita, a las víctimas de violencia de género, se les reconocen los siguientes **derechos**:

1) Recepción inmediata de la **asistencia jurídica gratuita**, siendo asesoradas de este derecho por el propio abogado designado de oficio.

2) Un mismo abogado asume su **defensa** y la de sus causahabientes si aquellas fallecieran sin que -salvo en el orden penal- los letrados puedan excusarse de la defensa.

3) La **solicitud** cuyo modelo se establece en la propia norma debe presentarse cumplimentada dentro de las primeras 48 horas de la primera atención del abogado designado.

4) En el momento de la solicitud no es preciso **acreditar la carencia de recursos económicos**, sino que se les concede un plazo de 5 días para aportar la documentación necesaria al colegio de abogados y, en su caso, un plazo de subsanación de 10 días hábiles. Salvo que el solicitante se niegue expresamente, la comisión de asistencia jurídica gratuita puede obtener de la Administración Tributaria certificación de que no estaba obligado a presentar declaración del IRPF.

5) La **resolución de la comisión** debe dictarse en un plazo máximo de 30 días desde que se recibe la documentación, y notificarla al interesado en el plazo de 3 días. Si se reconoce el derecho en la misma resolución debe confirmarse la designación provisional del abogado de oficio y, en su defecto, el nombramiento inmediato de otro.

A los efectos de la concesión del beneficio de justicia gratuita, la **condición de víctima** se adquiere cuando se formule denuncia o querella, o se inicie un procedimiento penal, por alguno de los delitos a que se refiere este apartado, y se mantendrá mientras permanezca abierto el procedimiento penal o cuando, tras su finalización, se haya dictado sentencia condenatoria. El beneficio **se pierde** en caso de sentencia absolutoria firme o archivo firme del procedimiento penal, sin la obligación de abonar el coste de las prestaciones disfrutadas gratuitamente hasta ese momento.

La modalidad procesal relativa a las **acciones laborales** derivadas de los derechos establecidos para la protección contra la violencia de género, así como de terrorismo, es la establecida para el ejercicio de los derechos de conciliación de la vida personal, familiar y laboral (nº 15345). Se exceptúa del requisito de reclamación previa el ejercicio de las acciones laborales derivadas de los derechos establecidos en la LO 1/2004, de medidas de protección integral contra la violencia de género (LRJS art.70.3).

1031 **Menores víctimas de violencia** (LO 8/2021 art.14) Todo menor, español o extranjero, que sea víctima de situaciones de violencia es titular del derecho a la asistencia gratuita por abogado y representación mediante procurador, en relación con todo proceso que traiga causa de la situación violenta, en los que dichos menores ostentan **legitimación general** (LO 8/2021 art.13).

1031.1 **Víctimas del terrorismo** (L 1/1996 disp.adic.8ª; L 29/2011 art.48; RD 141/2021 art.33.3) Las personas declaradas víctimas del terrorismo -sin necesidad de que acrediten insuficiencia de recursos para litigar y con independencia de sus recursos económicos-, tienen derecho a la representación y defensa gratuitas por abogado y procurador en todos los procesos y procedimientos administrativos que tengan **causa directa o indirecta** en la situación o delito que provoca la citada condición, incluida la ejecución de sentencia. En estos supuestos una misma dirección letrada asume la defensa de la víctima.

Este mismo derecho asiste también a los **causahabientes** en caso de fallecimiento de la víctima. En todo caso, se garantiza la defensa jurídica gratuita y especializada de forma inmediata a todas las víctimas del terrorismo que lo soliciten, sin perjuicio de que si no se les reconoce con posterioridad el derecho, o se dicta resolución firme de archivo o sentencia firme absolutoria, deban abonar al abogado y al procurador, en su caso, los **honorarios devengados** por su intervención, a partir de ese momento, sin obligación de abonar el coste de las prestaciones recibidas gratuitamente con anterioridad.

Precisiones 1) Los colegios de abogados adoptarán las medidas necesarias para la **designación urgente de letrado** de oficio para garantizar la asistencia y defensa de las víctimas del terrorismo.

2) Este régimen es semejante, con matices, al establecido para las víctimas de **violencia de género** (LO 1/2004 art.20), trata de seres humanos y, en general, a menores de edad, personas con discapacidad intelectual o enfermedad mental que sean víctimas de abuso o maltrato. Ver nº 507 Memento Procesal Civil 2026.

1032 **Personas jurídicas** Las personas jurídicas **no son titulares**, en principio, del derecho de asistencia jurídica, como sí lo son las personas físicas, por cuanto que esta es la opción del legislador ordinario, válida por encontrarnos ante un derecho de configuración legal, teniendo en cuenta que las personas jurídicas constituyen una creación del legislador y tanto su existencia como su capacidad jurídica vienen supeditadas a lo dispuesto por las leyes, así como también el contenido de sus derechos (TCo 117/1998).

Todo ello sin perjuicio de que el legislador ha ido, caso por caso, y atendiendo a la **naturaleza y fines** de determinadas personas jurídicas, otorgándoles el beneficio de justicia gratuita a través de la **legislación especial** (TCo auto 166/1999).

Precisiones 1) El no reconocimiento, con carácter general, a las personas jurídicas, del derecho de asistencia jurídica gratuita, con independencia de su situación económica, no supone una **diferencia de trato con las personas físicas** puesto que se trata de realidades diferentes que permiten y justifican un trato desigual, especialmente cuando nos hallamos ante un derecho prestacional y de configuración legal en el que el legislador dispone, en principio, de un amplio margen de libertad (TCo 117/1998).
2) Ver el nº 1248 s. dedicado al **reintegro económico** en caso de condena en costas a los titulares del derecho a la asistencia jurídica gratuita.

Entidades gestoras y servicios comunes de la Seguridad Social (L 1/1996 art.2.b) Tienen derecho a la asistencia jurídica gratuita en todo caso. **1034**

Precisiones 1) Las entidades gestoras y servicios comunes de la Seguridad Social no se benefician de la **exención de la condena en costas**, en el caso de que así fueran condenadas en sentencia, dado que ello iría en contra del principio de igualdad de partes y, por ende, al de igualdad de armas en el proceso, así como teniendo en cuenta que no se considera una de las prestaciones integrantes del derecho a litigar gratuitamente (TS 16-3-05, EDJ 30120; 28-2-06, EDJ 15990).
2) Los **servicios de salud** dependientes de las distintas comunidades autónomas, en cuanto han pasado en su conjunto a sustituir al Instituto Nacional de la Salud como entidad gestora, y hoy desaparecida, merecen el reconocimiento de su carácter de entidades gestoras, como lo era aquella, porque en ambos casos concurre igualdad de razón en el tratamiento a los efectos de ser titulares del beneficio de justicia gratuita (TS 27-12-04, EDJ 238830).
3) El **Comité de empresa** u otro órgano representativo sindical, no puede ser equiparado a las entidades gestoras de la Seguridad Social a los efectos del reconocimiento del derecho a la justicia gratuita (TS auto 23-5-00, EDJ 113321).
Sin embargo, como **órgano representativo y colegiado** del conjunto de los trabajadores, al que se le reconoce capacidad para ejercer acciones administrativas y judiciales en el ámbito de sus competencias, pudiera ser reconocido como titular del derecho de asistencia jurídica gratuita por asimilación con los trabajadores a los que representa (TS auto 23-5-00, EDJ 113321).

Asociaciones de utilidad pública para la defensa de las personas con discapacidad (L 1/1996 disp.adic.2ª) Las asociaciones de utilidad pública que tengan como fin la promoción y defensa de los derechos de las personas con discapacidad, en los términos del RDLeg 1/2013, de **igualdad de oportunidades, no discriminación y accesibilidad** universal de las personas con discapacidad, sin necesidad de acreditar insuficiencia de recursos para litigar. **1036**

Precisiones A estos efectos, debe tenerse en cuenta que, sin perjuicio de la legitimación individual de las personas afectadas, las **personas jurídicas legalmente habilitadas** para la defensa de los derechos e intereses legítimos colectivos podrán actuar en un proceso en nombre e interés de las personas que así lo autoricen, con la finalidad de hacer efectivo el derecho de igualdad de oportunidades, defendiendo sus derechos individuales y recayendo en dichas personas los efectos de aquella actuación (RDLeg 1/2013 art.19).

Otras personas jurídicas (L 1/1996 art.2.c.1º.2º y disp.adic.2ª; RDLeg 1/2007 art.37) Además de a las expuestas (nº 1032 s.), se reconoce el derecho a la asistencia jurídica gratuita a las siguientes: **1038**
a) Las **asociaciones de utilidad pública**, siempre que acrediten insuficiencia de recursos para litigar.
b) Las **fundaciones inscritas** en el registro público correspondiente, siempre que acrediten insuficiencia de recursos para litigar.
c) La **Cruz Roja Española** sin necesidad de acreditar insuficiencia de recursos para litigar.
d) Las asociaciones de **consumidores y usuarios**.
e) Las **asociaciones de consumidores y usuarios** de ámbito supraautonómico, legalmente constituidas e inscritas en el Registro Estatal de Asociaciones de Consumidores y Usuarios tienen derecho a disfrutar del derecho de asistencia jurídica gratuita.

Precisiones 1) Ver en nº 2218 s. la legitimación de las **asociaciones de consumidores y usuarios** y otras entidades en defensa de los derechos e intereses legítimos colectivos.
2) El reconocimiento del **beneficio de justicia gratuita** a las asociaciones de consumidores se contempla tanto si se trata del ejercicio de acciones colectivas como si se trata de ejercer acciones individuales, entendiéndose que la defensa de los derechos e intereses de uno de sus asociados trasciende el mero interés particular cuando la reclamación guarde relación directa con productos o servicios de uso o consumo común, ordinario y generalizado (TCo 217/2007).
3) Las **organizaciones de consumidores de Cataluña** gozan del derecho a la asistencia jurídica gratuita (L Cataluña 22/2010 art.127.5.g).
4) Ver lo que se expone en nº 1040, sobre el reconocimiento de este derecho a los **sindicatos**.

1039 **Informantes sobre infracciones y lucha contra la corrupción** (L 1/1996 art.2.k) Las personas que comuniquen infracciones en los términos de la Ley reguladora de la protección de las personas que informen sobre infracciones normativas y de lucha contra la corrupción, a la Autoridad Independiente de Protección del Informante, o a las autoridades autonómicas respectivas, siempre que cumplan las condiciones de protección recogidas en la citada Ley, que cuenten con unos recursos e ingresos económicos brutos, computados anualmente por todos los conceptos y por unidad familiar, inferiores a cuatro veces el indicador público de renta de efectos múltiples vigente en el momento de comunicar la información, y, exclusivamente, para los procedimientos seguidos en cualquier orden jurisdiccional que sean consecuencia directa de la infracción comunicada.

1040 **Exclusiones de la titularidad del derecho** No son titulares del derecho de asistencia
MPCI jurídica gratuita las siguientes personas jurídicas:
nº 525 **a)** Con carácter general, los **sindicatos**, que no figuran comprendidos en el ámbito personal de aplicación del derecho a la asistencia jurídica gratuita, tal y como se configura en la L 1/1996, ya que restringe este derecho a determinadas personas jurídicas con un sistema de *numerus clausus* (TS auto 14-5-98, EDJ 61298; 19-5-98, EDJ 61299), aunque sí se les reconoce este derecho en el proceso laboral, cuando ejerciten un interés colectivo en defensa de los trabajadores y beneficiarios de la Seguridad Social (LRJS art.20.4).

b) Los **partidos políticos** no son titulares del derecho a litigar gratuitamente (TS auto 12-9-00, EDJ 113335).

c) Las **sociedades mercantiles**, aunque acrediten insuficiencia de recursos para litigar, con base en la absoluta carencia de beneficios, no puede ser titular de la asistencia jurídica gratuita por cuanto no tienen concedido este beneficio, cualquiera que sea su situación económica (TS auto 12-9-00, EDJ 113335).

d) Se sostiene la imposibilidad de que una **sociedad**, como entidad con ánimo de lucro, sea titular del derecho de asistencia jurídica gratuita, porque el *substratum* que justifica su personalidad jurídica se halla en la existencia de un pacto asociativo dirigido a racionalizar los riesgos de la actividad empresarial limitando la responsabilidad patrimonial al valor de la aportación social, no pudiendo olvidar que detrás de la sociedad existirán unos socios (TCo 117/1998).

D. Requisitos

1044 Los preceptos sobre los requisitos para acceder a la asistencia jurídica gratuita son de aplicación en **todo el territorio nacional** (L 1/1996 disp.adic.1ª).

El reconocimiento del derecho a la asistencia jurídica gratuita exige el cumplimiento de unos requisitos básicos.

Como regla general, el derecho a la asistencia jurídica gratuita exige la **acreditación de la insuficiencia de recursos** económicos para litigar.

La carencia de recursos e ingresos económicos debe acreditarse por el **solicitante de la asistencia jurídica gratuita** ya que, en otro caso, no solo supondría un dispendio de medios económicos oficiales, sino que también provocaría una situación de desigualdad procesal, permitiendo a una de las partes litigar en situación ventajosa en relación con su contraparte, al lograr de una manera arbitraria que los costos del proceso recayeran sobre el erario público en lugar de ser soportados por quien legítimamente se vería obligado a ello, por ser causados en un litigio sobre protección de sus derechos privados (TS 31-12-92, EDJ 12951).

En los casos que el solicitante no reúna los requisitos para ser acreedor de la asistencia jurídica gratuita, por superar sus ingresos y recursos económicos los previstos con carácter general, es preciso analizar si procede el reconocimiento del derecho por concurrencia de **circunstancias excepcionales de carácter familiar** o análogas (TS auto 28-7-98, EDJ 61300).

Precisiones Ver en nº 1060 la parte dedicada a las **circunstancias excepcionales** para ser titular del derecho de asistencia jurídica gratuita.

1. Insuficiencia de recursos en personas físicas

(L 1/1996 art.3.1)

1046 Se reconoce el derecho de asistencia jurídica gratuita a aquellas personas físicas que, careciendo de patrimonio suficiente, cuenten con unos **recursos e ingresos económicos brutos**, computados anualmente por todos los conceptos y por unidad familiar, que no superen los siguientes **umbrales**:

a) Dos veces el indicador público de renta de efectos múltiples -IPREM- vigente en el momento de efectuar la solicitud cuando se trate de personas **no integradas en ninguna unidad familiar**.

b) Dos veces y media el IPREM vigente en dicho momento cuando se trate de personas integradas en alguna de las modalidades de unidad familiar con **menos de cuatro miembros**.
c) El triple de dicho indicador cuando se trate de unidades familiares integradas por **cuatro o más miembros**, o -conforme a L 42/2015-, que tengan reconocida la condición de familia numerosa conforme a la normativa de aplicación.

Precisiones 1) El **indicador público de renta de efectos múltiples** (IPREM) tendrá las siguientes cuantías durante **2023** (L 31/2022 disp.adic.90ª -prorrogada en 2024 y 2025-): **1047** MPCI nº 537
- IPREM diario, 20 euros;
- IPREM mensual, 600 euros;
- IPREM anual, 7.200 euros.

En los supuestos en que la referencia al **salario mínimo interprofesional** ha sido sustituida por la referencia al IPREM en aplicación de lo establecido en el RDL 3/2004, la cuantía anual del IPREM será de 8.400 euros cuando las correspondientes normas se refieran al salario mínimo interprofesional en cómputo anual, salvo que expresamente excluyeran las **pagas extraordinarias**; en este caso, la cuantía será de 7.200 euros.
Por su parte, el **salario mínimo para el año 2026** se fija, para cualesquiera actividades en la agricultura, en la industria y en los servicios, sin distinción de sexo ni edad de los trabajadores, en 40,70 euros/día o 1.221 euros/mes, según que el salario esté fijado por días o por meses (RD 126/2026). Para **2025** se estableció por RD 87/2025.
2) La cantidad que el solicitante esté devolviendo en concepto de **préstamo** no debe restarse para realizar el cómputo de sus ingresos, ya que, en su día voluntariamente solicitó un préstamo y, en base al mismo, se le entregó una cantidad de dinero y lo único que ahora hace es devolver esas cantidades prestadas y pagar los intereses remuneratorios, por lo que son negocios jurídicos mercantiles y sin que su obligación de pago que del mismo se deriva pueda conducir a una rebaja de sus ingresos económicos a tener en cuenta para calcular si rebasan el doble del salario mínimo interprofesional a los efectos de la concesión del beneficio de justicia gratuita (AP Madrid 31-3-98, EDJ 61332).
3) El hecho de no atribuir la justicia gratuita plena a quienes posean ingresos o recursos que superen el doble o el triple del IPREM, sin tener en cuenta todas las circunstancias personales de los litigantes y, su **capacidad económica real**, supone dar igual trato legislativo a personas que pueden hallarse en situaciones económicas muy dispares, negando incluso la justicia gratuita plena a personas que, en la práctica, pueden tener una capacidad económica inferior a la de otras a quienes se reconoce este derecho (TCo 118/2014; 128/2014). Mas de este hecho no cabe deducir de forma automática la vulneración de Const art.14. La igualdad constitucionalizada es la que impone que ante situaciones no disímiles la norma debe ser idéntica para todos, comprendiéndolos en sus disposiciones y previsiones con la misma concesión de derechos que eviten las desigualdades, por lo que, realmente, lo que este precepto constitucional impide es la distinción infundada. Sin embargo, resulta ajena al núcleo de protección de Const art.14 la denominada **«discriminación por indiferenciación»**. El principio de igualdad no consagra un derecho a la desigualdad de trato (TCo 114/1995), ni ampara la falta de distinción entre supuestos desiguales, por lo que no puede derivarse del citado precepto constitucional ningún **derecho subjetivo al trato normativo desigual** (TCo 16/1994; 181/2000; 257/2005).

Unidad familiar (L 1/1996 art.3.2) A los efectos del reconocimiento del derecho a litigar gratuitamente los ingresos y recursos económicos se computan por **años** y por unidad familiar. **1048**
Para la determinación del concepto de unidad familiar en sus diversas modalidades hay que estar a lo establecido en la LIRPF, equiparándose a los cónyuges no separados legalmente las parejas de hecho constituidas de conformidad con los requisitos que les fueran exigibles.
Constituyen, en general, **modalidades** de unidad familiar la integrada por los cónyuges no separados legalmente, así como la formada por el padre o la madre y, si los hay, los hijos menores con excepción de los que se hallen emancipados, así como las parejas de hecho indicadas.

Precisiones La determinación legal de las modalidades de unidad familiar opera con independencia del **régimen económico-matrimonial** existente, bien sea de sociedad de gananciales o de separación de bienes, por lo que con independencia de cuál sea el régimen de bienes de la sociedad conyugal, los ingresos se computan por unidad familiar, salvo que concurran circunstancias que permitan su valoración individual (AP La Rioja auto 2-12-02, EDJ 126233).

Valoración individual (L 1/1996 art.3.3) Los medios económicos deben ser, sin embargo, ser valorados individualmente, cuando el solicitante acredite la existencia de **intereses familiares contrapuestos** en el litigio para el que se solicita la asistencia. **1050**

Precisiones El supuesto más habitual es el relativo a los **pleitos de separación y divorcio**, de forma que la posición económica del cónyuge del solicitante no impedirá la obtención del beneficio de justicia gratuita porque puede no valorarse aquella. No obstante, en estos litigios se plantea la compatibilidad de la asistencia jurídica gratuita con la institución propia matrimonial de las **litis expensas** (nº 1052).

1052 **Litis expensas** (CC art.1318) Las litis expensas entran en funcionamiento cuando un cónyuge carezca de bienes propios suficientes de forma que los gastos necesarios causados en litigios que sostenga contra el otro cónyuge sin mediar mala fe o temeridad, o contra tercero si redundan en provecho de la familia, serán **a cargo del caudal común** y, faltando este, se sufragarán a costa de los bienes propios del otro cónyuge cuando la posición económica de este impida al primero la obtención del beneficio de justicia gratuita.

En un sentido literal, para que un cónyuge tenga derecho a litis expensas se requiere que **carezca de bienes propios suficientes** y que la posición económica del otro cónyuge le impida la obtención del beneficio de justicia gratuita (AP Badajoz 31-3-03, EDJ 40414).

No puede, sin embargo, desconocerse que se permite legalmente que los recursos e ingresos económicos del solicitante se valoren individualmente cuando acredite la existencia de **intereses familiares contrapuestos** en el litigio para el que se solicita la asistencia, de forma que los recursos e ingresos económicos del cónyuge del solicitante no serían obstáculos al reconocimiento del derecho (nº 1050).

1054 Precisiones Existen diferentes interpretaciones jurisprudenciales al respecto. Puede entenderse, que son **instituciones que se excluyen entre sí**, de forma que quien tenga derecho a litis expensas no puede solicitar beneficio de justicia gratuita y quien tiene derecho al citado beneficio no puede exigir litis expensas (AP Bizkaia 23-1-98, EDJ 9839; AP Asturias 31-10-98, EDJ 61354).

Esta interpretación se justificaría por el hecho de que si el **cónyuge solicitante**, como bienes comunes o como bienes del otro cónyuge con quien se ha celebrado matrimonio, dispone de **recursos e ingresos económicos suficientes** no debe hacer recaer en los fondos públicos una carga que puede afrontar, mientras que, al contrario, si tiene ya reconocido el derecho a litigar gratuitamente, no debe hacer recaer sobre el otro cónyuge una carga adicional en forma de litis expensas.

La interpretación más actual consiste en entender que si uno de los cónyuges carece de recursos o ingresos económicos propios, tanto **puede solicitar la concesión del beneficio** de justicia gratuita para facilitar así su derecho de defensa, en el bien entendido sentido de que, si tiene derecho a la percepción de litis expensas, sus profesionales puedan percibir los honorarios y derechos que les correspondan, devolviendo las cantidades percibidas con cargo a los fondos públicos, así como **litigar con profesionales de libre designación** y reclamar el pago de las litis expensas, porque la Ley demuestra que no se trata de una regla de inexorable y preceptiva aplicación, pudiendo optarse entre la valoración de los ingresos de la unidad familiar en su conjunto o la del solicitante de asistencia jurídica gratuita individualmente (AP Asturias 16-2-00, EDJ 8487; 5-1-02, EDJ 17592; AP Alicante 23-3-01, EDJ 98834).

Con esta segunda interpretación se consigue, además, reforzar la aplicación del derecho a la tutela judicial efectiva en la vertiente de la **libre elección del abogado** de confianza.

1056 **Pago de honorarios de abogado y procurador** (L 1/1996 art.36.4) Cuando se reconozca el derecho a asistencia jurídica gratuita para procesos en los que proceda la petición de litis expensas y estas sean **concedidas en resolución firme** a favor de la parte que litiga con el reconocimiento del derecho a asistencia jurídica gratuita, el letrado y procurador intervinientes pueden exigir a esta el pago de sus honorarios, hasta el importe total de la partida aprobada judicialmente para este concepto, sin perjuicio de la devolución de la que hubieran obtenido de los fondos públicos.

Precisiones Ver en nº 1270 la parte dedicada al **reintegro económico** en el caso de litis expensas.

1058 **Signos externos** (L 1/1996 art.4) A los efectos de comprobar la insuficiencia de recursos para litigar, se tendrá en cuenta, además de las rentas y otros bienes patrimoniales o circunstancias que declare el solicitante, los signos externos que manifiesten su **real capacidad económica**, negándose el derecho a la asistencia jurídica gratuita si dichos signos, desmintiendo la declaración del solicitante, revelan con evidencia que este dispone de medios económicos que superan el límite fijado legalmente.

Precisiones **1)** Para valorar la existencia de **patrimonio suficiente** se tiene en cuenta la titularidad de bienes inmuebles, excepto la vivienda habitual del solicitante, así como de rendimientos de capital mobiliario -según RDL 3/2013, sin exclusión expresa de la vivienda habitual suntuaria-.

Debe considerarse cualquier signo exterior o modo de vida, apreciable de forma prudente y discrecional, que permita llegar a la **fundada sospecha** de que la condición patrimonial del solicitante excede del límite impuesto por la norma (AP Valencia 26-12-95).

2) Esta racional deducción podrá basarse en el **tono ostentoso y de alarde** en el comportamiento de quien postula el beneficio (TS 14-6-56), pertenecer a círculos de recreo y la frecuente concurrencia a establecimientos lujosos (TS 9-12-66, EDJ 2633), e incluso la circunstancia de haber mantenido varios pleitos litigando como rico, esto es, sin haber solicitado y obtenido el beneficio de justicia gratuita (TS 3-6-63, EDJ 3124).

3) Se considera que existen signos externos que revelan un nivel económico superior al declarado que el solicitante tiene o ha tenido negocios y que ha tributado por el IBI de **diversos locales comerciales** donde ha instalado negocios, según los informes que se incorporaron por la policía local;

corresponde al solicitante, y recurrente, acreditar que no existen tales negocios, que estos no producen rendimiento económico o que se encuentran embargados (TSJ Galicia 4-11-96).
4) No se considera que concurran signos externos por **vestir correctamente**, fumar y ser usuario de un vehículo automóvil que no sea de lujo, por cuanto vestir correctamente no es un signo de riqueza sino de dignidad (JCA Zamora núm 1 auto 27-11-01).

Circunstancias especiales (L 1/1996 art.5; RD 141/2021 art.9.2 y 19.3) En atención a las circunstancias de familia del solicitante, número de hijos o de familiares a su cargo, estado de salud, obligaciones económicas que sobre él pesen, tasas judiciales y otros costes derivados de la iniciación del proceso u otras de análoga naturaleza, objetivamente evaluadas, y, en todo caso, cuando el solicitante ostente la condición de **ascendiente de una familia numerosa de categoría especial**, la Comisión de Asistencia Jurídica Gratuita ante la que se presente la solicitud, puede conceder excepcionalmente, mediante resolución motivada, el reconocimiento del derecho a las personas cuyos recursos e ingresos no excedan del quíntuplo del indicador público de renta de efectos múltiples. **1060**
En las mismas condiciones se puede reconocer el derecho a la asistencia jurídica gratuita a las **personas con discapacidad**, así como a las personas que los tengan a su cargo cuando actúen en un proceso en su nombre e interés, siempre que se trate de procedimientos que guarden relación con las circunstancias de salud o discapacidad que motivan este reconocimiento excepcional.
A estos efectos, se considera **personas con discapacidad** a quienes se les haya reconocido un grado de discapacidad igual o superior al 33%. En todo caso, se considerarán afectados por una discapacidad en grado igual o superior al 33% los pensionistas de la Seguridad Social que tengan reconocida una **pensión de incapacidad permanente** en el grado de total, absoluta o gran incapacidad, y a los pensionistas de clases pasivas que tengan reconocida una **pensión de jubilación** o de retiro por incapacidad permanente para el servicio o inutilidad (RDLeg 1/2013 art.1).
Cuando el interesado funde su pretensión en las circunstancias especiales expuestas, la **solicitud de reconocimiento** del derecho se presentará directamente ante la Comisión de Asistencia Jurídica Gratuita, que resolverá determinando cuáles de los beneficios y con qué alcance, son de aplicación al solicitante.
Si no resuelve expresamente en el plazo de 30 días hábiles, se entiende estimada la solicitud y, por tanto, reconocido el derecho.

Pluralidad de litigantes (L 1/1996 art.12) Cuando haya concurrencia de litigantes en un proceso, el reconocimiento del derecho a la asistencia jurídica gratuita debe ser **instado individualmente** por cada uno de los interesados. **1062**
Cuando, con arreglo a las leyes procesales, los solicitantes deban litigar **bajo una sola defensa o representación**, deben computarse, a efectos del reconocimiento del derecho, la totalidad de los ingresos y haberes patrimoniales de los solicitantes. En este caso, si se acredita que los ingresos y haberes patrimoniales de cada uno de los solicitantes no sobrepasan los umbrales establecidos en la L 1/1996 art.3.1 (nº 1046), se procede a nombrar abogado y, en su caso, procurador del turno de oficio que deben asumir la representación y defensa conjunta de todos ellos.
Si se acredita que los ingresos y haberes patrimoniales de alguno de los solicitantes superan los umbrales previstos indicados, pero **no alcanzan el quíntuplo** del indicador público de renta de efectos múltiples, la Comisión de Asistencia Jurídica Gratuita puede determinar cuáles de las prestaciones establecidas en L 1/1996 art.6 se otorgarán a aquellos.
Cuando el coste de las prestaciones reconocidas hubiera de sufragarse por varios litigantes, la aportación del sistema de asistencia jurídica gratuita se limitará a la parte proporcional que corresponda a las partes a las que se hubiera reconocido el derecho.

Precisiones La **solicitud de asistencia jurídica gratuita** debe formularse individualmente por todos los interesados aun cuando estos pretendan litigar bajo una misma defensa y representación, en su propio beneficio cada uno de ellos, sin perjuicio de que se examinen los ingresos y recursos económicos de cada uno de los solicitantes (AP Bizkaia auto 23-1-03).

Detenidos, investigados y presos (L 1/1996 art.6.2) No es necesario la acreditación de insuficiencia de recursos económicos en los casos de asistencia de abogado al detenido, investigado o preso que no lo haya designado, para cualquier **diligencia policial** que no sea consecuencia de un procedimiento penal en curso o en su primera comparecencia ante u órgano jurisdiccional, o cuando esta se lleve a cabo por medio de auxilio judicial y el detenido o preso no haya designado letrado en el lugar donde se preste. No obstante, si a aquellos no se les reconoce con posterioridad el derecho de asistencia jurídica gratuita, deben abonar al abogado, y al procurador cuando intervenga, los **honorarios devengados**. **1064**

Precisiones Igualmente, es de aplicación dicha asistencia letrada a la persona reclamada y detenida como consecuencia de una **orden de detención europea** que no hubiera designado abogado.

2. Insuficiencia de recursos en personas jurídicas

(L 1/1996 art.3.5)

1068 Las personas jurídicas, que ostentan derecho a la asistencia jurídica gratuita previa acreditación de **insuficiencia de recursos** para litigar, se entiende que carecen de los mismos cuando, sin patrimonio bastante, su resultado contable en cómputo anual sea inferior a la cantidad equivalente al triple del indicador público de renta de efectos múltiples (nº 1046).

Precisiones El derecho de asistencia jurídica gratuita lo ostentan únicamente aquellas personas jurídicas a las que la propia L 1/1996 o la **legislación especial** reconocen tal beneficio, sin que en principio puedan ser titulares de aquel derecho las personas jurídicas de igual forma que las personas físicas, por ser una opción del legislador ordinario que no vulnera la Constitución (TCo 117/1998).

1070 **Litigar por derechos e intereses propios** (L 1/1996 art.3.4) El derecho a la asistencia jurídica gratuita solo puede reconocerse a quienes litiguen en defensa de derechos o intereses propios o ajenos cuando tengan fundamento en una representación legal -supuesto este en el que los requisitos para la obtención del beneficio se entienden referidos al representado-.

Se trata de una prevención para evitar un **uso indebido** del beneficio de justicia gratuita, teniendo en cuenta que se nutre de fondos públicos y que supone una **alteración en el equilibrio de las partes**, por lo que no es admisible solicitar este derecho para litigar como representante voluntario o legal de otra persona, en cuyo caso son los representados quienes deben justificar su situación económica, sin perjuicio de que la solicitud la formule, en su nombre, el representante.

Precisiones Puede considerarse que un **concejal**, como cualquier otro miembro de un órgano o entidad, litiga defendiendo un interés propio cuando impugna un acto o acuerdo de aquel, puesto que su condición de miembro comprende no solo el ejercicio de su derecho al voto en los **órganos de gobierno y administración** de los que forme parte sino cualquier medida de control sobre la actividad de esos órganos. Y por ello la posibilidad de activar cuantos resortes pone en su mano el ordenamiento jurídico para hacer prevalecer la defensa de lo que tenga por interés del municipio (JCA Zamora núm 1 auto 27-11-01).

3. Momento procesal para la solicitud

(L 1/1996 art.8)

1074 No se reconoce el derecho a la asistencia jurídica gratuita al actor una vez presentada la demanda, y al demandado una vez formulada su contestación, salvo que en su solicitud acrediten ante la Comisión de Asistencia Jurídica Gratuita que las **circunstancias** y condiciones necesarias para obtener aquel derecho sobrevinieron **con posterioridad a la demanda o contestación**, respectivamente.

El reconocimiento del derecho por **circunstancias sobrevenidas** no tiene efecto retroactivo.

Cuando el actor o el demandado pretendan el reconocimiento del **derecho en la segunda instancia** sin haberlo solicitado en la primera, deberán acreditar ante la Comisión de Asistencia Jurídica Gratuita que las circunstancias y condiciones precisas sobrevinieron en el curso de la primera instancia o con posterioridad a ella.

No obstante, cuando el solicitante ha estado **ausente** y **en rebeldía** en la primera instancia y pretende que se le reconozca el derecho a la asistencia jurídica gratuita para comparecer por primera vez en el proceso, aunque sea en fase de recurso, no se le puede exigir que acredite haber venido a peor fortuna con carácter sobrevenido, por cuanto que esta exigencia es desproporcionada en relación con el fin perseguido por el legislador, cual es evitar los posibles abusos de derecho y la indebida utilización de los recursos contra las decisiones judiciales (TCo 180/2003).

La misma regla se aplica al que pretenda el reconocimiento del derecho para interponer o seguir el **recurso de casación** respecto de la segunda instancia.

No ha lugar a solicitar el reconocimiento de este derecho una vez que el proceso haya finalizado por **resolución firme**, a menos que se refiera a la ejecución.

Precisiones El **agravamiento de la incapacidad** que tenía reconocida el solicitante, habiendo pasado a una situación de gran invalidez -gran incapacidad (L 2/2025)- se puede considerar como una circunstancia que justifica la variación de la situación inicial (AP Barcelona 21-3-01, EDJ 98854).

E. Contenido material del derecho

(L 1/1996 art.6 redacc LO 1/2025)

Las normas sobre el contenido material del derecho a la asistencia jurídica gratuita son de aplicación en **todo el territorio nacional** (L 1/1996 disp.adic.1ª). **1080**
El derecho a la asistencia jurídica gratuita comprende las siguientes prestaciones:

Asesoramiento y orientación gratuitos previos al proceso (L 1/1996 art.22) Se presta a quienes pretendan reclamar la tutela judicial de sus derechos e intereses, cuando tengan por objeto evitar el conflicto procesal o analizar la viabilidad de la pretensión. **1082**
Los **colegios de abogados** deben implantar servicios de asesoramiento a los peticionarios de asistencia jurídica gratuita, con la finalidad de orientar y encauzar sus pretensiones. Dicho asesoramiento tiene, en todo caso, carácter gratuito para los solicitantes.

Intervención en MASC (L 1/1996 art.6.11 redacc LO 1/2025) La asistencia gratuita se extiende a la defensa en cualquiera de los medios adecuados de solución de controversias permitidos por la ley que tenga por objeto dar cumplimiento al **requisito de procedibilidad** dispuesto en LO 1/2025 art.5 (nº 3625 s.), cuando en el eventual proceso judicial la intervención de este profesional sea legalmente preceptiva o cuando, no siéndolo, la parte contraria actúe con él. **1083**

Asistencia de abogado al detenido o preso Se concede al que no lo haya designado, para cualquier diligencia policial que no sea consecuencia de un procedimiento penal en curso o en su primera comparecencia ante un órgano jurisdiccional, o cuando esta se lleve a cabo por medio de auxilio judicial y el detenido, investigado o preso **no haya designado letrado** en el lugar donde se preste. **1084**
Igualmente, al reclamado y detenido como consecuencia de una **orden europea de detención** que no hubiera designado abogado.

Defensa y representación gratuitas por abogado y procurador (LEC art.32 redacc LO 1/2025) Se prestan en el procedimiento judicial, cuando la **intervención** de estos profesionales sea **legalmente preceptiva** o, cuando no siéndolo, sea expresamente requerida por el tribunal mediante auto motivado para garantizar la igualdad de las partes en el proceso o bien, tratándose del proceso penal por **delitos leves**, cuando la persona frente a la que se dirige la acción haya ejercitado su derecho a estar asistido de abogado y así se acuerde por el tribunal, en atención a la entidad de la infracción de que se trate y las circunstancias personales del solicitante de asistencia jurídica (L 1/1996 art.6.3). **1086**
Cuando **no resultando preceptiva la intervención** de abogado y procurador, cualquiera de las partes demandante o demandada pretenda ser asistida por abogado y/o ser representada por procurador, debe comunicarlo al tribunal, con la demanda, si se trata del demandante, o en el plazo de 3 días si se trata del demandado, pudiendo la otra parte solicitar, en su caso, el reconocimiento del derecho a la asistencia jurídica gratuita, en cuyo caso el tribunal puede acordar la suspensión del proceso hasta que se produzca el reconocimiento o denegación de dicho derecho o la designación provisional de abogado y procurador.
En la **notificación** que el tribunal en que se comunique a una parte la intención de la parte contraria de servirse de abogado y procurador, se le informará del derecho que les corresponde, a fin de que puedan realizar la solicitud correspondiente.
El carácter no preceptivo o necesario de la intervención de abogado en ciertos procedimientos, no obliga a las partes a actuar personalmente, sino que les faculta para **elegir entre la autodefensa o la defensa técnica**, pero permaneciendo, en consecuencia, el derecho de asistencia letrada incólume en tales casos, cuyo ejercicio queda a la disponibilidad de las partes, lo cual conlleva, en principio, el derecho del litigante que carece de recursos económicos para sufragar un letrado de su elección, a que le provea de abogado de oficio, si así lo considera conveniente a la mejor defensa de sus derechos (TCo 211/2003; 215/2003; 18/2006).

Precisiones **1)** Se infringen estos preceptos, y se produce **indefensión**, cuando no se informa a la parte de que la contraria va a servirse de letrado y del derecho que le asiste a que se le designe un abogado de oficio, siendo su finalidad precisamente poner en conocimiento de la parte la posibilidad de asistirse mediante abogado de oficio sin abonarle sus emolumentos si es que tiene derecho a la asistencia jurídica gratuita (AP Málaga 19-4-05, EDJ 80809). **1087**
2) Ver en nº 1450 s., los supuestos en los que **no es preceptiva la intervención** de abogado y procurador y la posibilidad de concurrir asistido de tales profesionales.
3) El **régimen de actuación** de abogados y procuradores de oficio se desarrolla en nº 1105 s.
4) En el **orden contencioso-administrativo** el letrado puede asumir la representación sin que sea necesaria la intervención de procurador, salvo para la intervención ante las salas de lo contencioso-administrativo (LJCA art.23; TSJ Madrid 16-9-05, EDJ 150946; 29-11-05, EDJ 266624).

5) En el **orden penal** la víctima del delito, a la que la Ley reconoce el derecho a personarse como acusación particular, sin excluir de ese derecho los casos en que existe acusación pública, es titular del derecho a la tutela judicial efectiva, en su vertiente de acceso a la jurisdicción, así como del derecho a la asistencia letrada, por lo que habrá de gozar del derecho a la gratuidad de la justicia, incluidos los honorarios profesionales de abogados y procuradores cuando su intervención sea preceptiva o necesaria en atención a las características del caso, si carece de medios suficientes para litigar (TCo 9/2008).

6) La **actuación por procurador de oficio** forma parte integrante del contenido material del derecho a la asistencia jurídica gratuita y entronca así con el derecho fundamental a la asistencia letrada (Const art.24.2), aplicable en todo tipo de procesos y no solo en el penal (TCo 152/2000; 18/2006; 55/2008).

1088 **Sustitución del profesional designado** (L 1/1996 art.21 bis) El beneficiario de la asistencia jurídica gratuita puede instar, ante el colegio profesional correspondiente, la designación de nuevos profesionales mediante **solicitud** debidamente justificada, sin efecto suspensivo respecto de la designación de los profesionales que ya venga acordada.

Recibida la solicitud, dicho colegio dará **traslado** por 5 días al profesional cuya sustitución se interesa, resolviendo a continuación de forma motivada en el plazo de 15 días.

La **resolución** apreciando que concurre causa que justifica la sustitución se comunicará por el colegio profesional correspondiente a la comisión de justicia gratuita, a la persona solicitante y, de manera inmediata, al nuevo profesional que en tal caso designe.

La comisión de asistencia jurídica gratuita podrá **denegar** la tramitación de la solicitud de sustitución, confirmando la designación de los profesionales actuantes, siempre que la solicitud se funde en una causa que ya fue objeto de denegación en relación al mismo asunto y profesional, sin que concurran nuevos hechos o circunstancias que la justifiquen.

Las resoluciones que denieguen el derecho a la designación de nuevo profesional, pueden ser impugnadas por el beneficiario de la asistencia jurídica gratuita, en los términos de L 1/1996 art.20.

1089 **Exención del pago de tasas judiciales y de depósitos necesarios para la interposición de recursos** Las prestaciones a las que se extiende la asistencia jurídica gratuita son el ahorro de los llamados **gastos procesales** que la parte tendría normalmente que sufrir, como gastos de abogado, procurador, peritos, costes de inserción de edictos, depósitos, de los que son acreedores no la parte contraria sino los profesionales que asisten y representan al beneficiario o las Administraciones públicas (AP Cantabria 5-1-06, EDJ 7504).

El derecho de asistencia jurídica gratuita no abarca, sin embargo, los desembolsos que, en forma de consignación o depósito, se establecen en garantía de derechos de la parte contraria, como son las **cauciones en las medidas cautelares**, que garantizan el derecho del que sufre las medidas a ser resarcido por los perjuicios que le causen, o las consignaciones de cantidades que han sido objeto de condena en determinados procedimientos previstos por la LEC (AP Cantabria 5-1-06, EDJ 7504; AP Barcelona 18-11-04, EDJ 200496).

La razón estriba en que esas consignaciones tienen a asegurar, no la seriedad del recurso o de la actuación procesal, como sucede con el depósito para poder interponer demanda de revisión de sentencia firme, o la fianza para admisión de querella, sino el **derecho de la parte contraria a cobrar**, nada más resuelto el recurso, las cantidades que se le adeudan, o la efectividad y rapidez de la ejecución provisional de la condena, si es instada por la vencedora en instancia.

1090 MPCI nº 582 Precisiones 1) En los **casos especiales del derecho a recurrir**, esto es, los que lleven aparejado lanzamiento, los derivados de accidentes de circulación en los que haya condena a pagar indemnización, procesos en los que se pretenda la condena al pago de cantidades debidas por un propietario a la comunidad de vecinos, en cuyos recursos se exige realizar el depósito de las cantidades con carácter previo, la finalidad que se pretende es evitar maniobras fraudulentas y tutelar la reciprocidad o bilateralidad de los contratos, asegurándose el pago de las cantidades que se vayan generando durante el tiempo en que se está tramitando el recurso (AP Tarragona 23-6-05, EDJ 113069).

2) No obstante, en sentido contrario, se ha considerado que el titular del derecho a la asistencia jurídica gratuita está exento del deber de depósito para recurrir en el caso de ser condenado por los **daños y perjuicios causados en accidente de circulación**, sin necesidad de constituir depósito del importe de la condena más los intereses y recargos exigibles (AP Cantabria auto 29-4-03, EDJ 197191).

3) Incluso, si se hace una interpretación literal, tanto de la L 1/1996, como de la LEC, considerando que LEC art.449 distingue bien los términos depósito y consignación, no puede argumentarse que el legislador ha utilizado esos conceptos de modo inapropiado u otorgándoles un significado sinónimo, de forma que, de conformidad con lo dispuesto en la L 1/1996 está **exento del deber de depósito para recurrir** quien haya obtenido el beneficio de justicia gratuita, máxime cuando esta interpretación es más adecuada al principio favorable al recurso (AP Cantabria auto de 29-4-03).

4) La exención del depósito para recurrir (nº 6280) para los beneficiarios del derecho a la **asistencia jurídica gratuita**, parece que estaría amparada por la L 1/1996 art.6.5.
5) El solicitante del derecho a la asistencia jurídica gratuita debe indicar cuáles son las prestaciones incluidas en la relación de la L 1/1996 art.6 cuyo reconocimiento pide que, en todo caso, incluirá la exención del pago de las tasas judiciales y depósitos para recurrir. La **solicitud del reconocimiento del derecho** puede formularse a los solos efectos de la exención del pago de las tasas y depósitos señalados (L 1/1996 art.6.5).

Asistencia pericial gratuita Se presta a lo largo del proceso a cargo del **personal técnico** adscrito a los órganos jurisdiccionales o, en su defecto, a cargo de funcionarios, organismos o servicios técnicos dependientes de las Administraciones públicas. 1092
Excepcionalmente y cuando por **inexistencia de técnicos** en la materia de que se trate, no sea posible la asistencia pericial de peritos dependientes de los órganos jurisdiccionales o de las Administraciones públicas, esta se lleva a cabo, si el tribunal lo estima pertinente, en resolución motivada, a cargo de peritos designados de acuerdo a lo que se establece en las leyes procesales entre los **técnicos privados** que correspondan.
Si el beneficiario de asistencia jurídica gratuita pretende hacer uso del derecho a la asistencia pericial gratuita debe **anunciar** en su demanda **la práctica y el objeto de dicha prueba**, pero sin designar el técnico o funcionario que deba practicarla, ya que la elección del mismo corresponde a la gerencia territorial del ministerio del ramo de justicia u órgano autonómico que haya asumido sus funciones, una vez que el órgano judicial haya decidido sobre la pertinencia de tal prueba (TSJ Castilla-La Mancha 13-1-04, EDJ 304598; 23-1-04, EDJ 304597).
Si se tratara de **juicios verbales** sin trámite de contestación escrita, el demandado beneficiario de asistencia jurídica gratuita debe solicitar la designación judicial de perito al menos con 10 días de antelación al que se hubiera señalado para la celebración de la vista (LEC art.339.1).

Precisiones El órgano judicial puede acordar en resolución motivada que la asistencia pericial especializada gratuita se lleve a cabo por **profesionales técnicos privados** cuando deba prestarse a menores y personas con discapacidad psíquica que sean víctimas de abuso o maltrato, atendidas las circunstancias del caso y el interés superior del menor o de la persona con discapacidad, pudiendo prestarse de forma inmediata (L 1/1996 art.6.6).

Pago de honorarios (RD 141/2021 art.51 y 52) El abono de los honorarios devengados por los peritos corren a cargo del **ministerio del ramo de justicia**, excepto si la sentencia que ponga fin al proceso haga condena en costas a favor del titular del derecho a asistencia jurídica gratuita o cuando, venciendo en el pleito el titular del derecho y no existiendo en la sentencia pronunciamiento expreso sobre costas, los beneficios obtenidos por aquel en el procedimiento superen en tres veces la cuantía de las costas causadas en su defensa. 1094
En el supuesto de que en la sentencia que ponga fin al proceso sea condenado en costas el titular del derecho a la asistencia jurídica gratuita, queda este obligado a abonar las **peritaciones realizadas por técnicos privados**, si dentro de los 3 años siguientes a la terminación del proceso viene a mejor fortuna.
Antes de la realización de la prueba pericial, el técnico privado designado remitirá a la gerencia del ministerio del ramo de justicia competente por razón del territorio, para su aprobación, una **previsión del coste económico** de aquella, que incluirá necesariamente el tiempo previsto para la realización de la pericia y la valoración del coste por hora, los gastos necesarios para su realización, así como copia de la resolución judicial que dio lugar a la realización de la prueba.
La previsión inicial quedará automáticamente aprobada si en el plazo de un mes, desde su remisión, la Gerencia Territorial no formula ningún reparo a su cuantificación.
La **minuta de honorarios** se ajustará a la previsión del coste económico. Para su **devengo**, el profesional aportará, además, documentos que acrediten el reconocimiento del derecho a la asistencia jurídica gratuita de quien instó la prueba pericial y el pronunciamiento del órgano judicial sobre las costas generadas por el proceso.

Precisiones **1)** Resulta ajustado a Derecho que la pericial sea emitida por el **médico forense especialista**, a pesar de que la parte beneficiaria de asistencia jurídica gratuita solicitara que dicha pericial fuera evacuada por personal dependiente de los servicios públicos de salud o, en su defecto, por médico con ejercicio profesional privado, dado que la L 1/1996, remite a los servicios al efecto adscritos al órgano jurisdiccional o, en su defecto al personal técnico dependiente de las Administraciones públicas y, en último término, a profesionales con ejercicio libre de la profesión (TSJ Aragón 29-3-04, EDJ 141506). 1096
2) En el **orden laboral** no debe confundirse el derecho a la asistencia pericial gratuita en los procesos laborales con la intervención de un médico forense, que la L 36/2011 art.93.2 prevé, acordada por el órgano judicial, de oficio o a petición de parte, en los casos en que sea necesario su informe (TSJ Castilla-La Mancha 13-1-04, EDJ 304598; 23-1-04, EDJ 304597).

3) En la **Comunidad Valenciana** se regula la organización y funcionamiento del sistema de peritaciones judiciales (Orden C.Valenciana 1/2023).
4) En **Cataluña** se regula el pago de los peritajes judiciales a cargo del Departamento de Justicia de la Generalidad (Orden Cataluña JUS/419/2009).

1098 **Reducción del 80% de los derechos arancelarios notariales y registrales**
Hace referencia a los derechos que correspondan por el otorgamiento de **escrituras públicas** y por la obtención de **copias y testimonios** notariales no contemplados en nº 1102, cuando tengan relación directa con el proceso y sean requeridos por el órgano judicial en el curso del mismo, o sirvan para la fundamentación de la pretensión del beneficiario de la asistencia jurídica gratuita.
Igualmente, por los que correspondan por la obtención de **notas, certificaciones, anotaciones, asientos** e inscripciones en los Registros de la Propiedad y Mercantiles cuando tengan relación directa con el proceso y sean requeridos por el órgano judicial en el curso del mismo, o sirvan para la fundamentación de la pretensión del beneficiario de la asistencia jurídica gratuita.

Precisiones Los derechos arancelarios **no se perciben** cuando el interesado acredite ingresos por debajo del indicador público de renta de efectos múltiples (nº 1046; L 1/1996 disp.adic.8ª).
A estos efectos cuando el solicitante a quien se reconozca el beneficio de justicia gratuita acredite ingresos por debajo del indicador público de renta de efectos múltiples, se hará **mención expresa** de esta circunstancia en la resolución dictada por la Comisión de Asistencia Jurídica Gratuita (L 1/1996 art.6.10; RD 141/2021 art.17.1).

1102 **Otras prestaciones** Además de las enumeradas, el derecho a la asistencia jurídica gratuita comprende:
MPCI nº 594
• **Inserción gratuita de anuncios o edictos**, en el curso del proceso, que preceptivamente deban publicarse en periódicos oficiales.
• **Obtención gratuita de copias, testimonios**, instrumentos y actas notariales, en los términos previstos en el RN art.130.
• Servicios de interpretación, traducción de documentos y gastos por desplazamiento en los **litigios transfronterizos** civiles y mercantiles en la Unión Europea (nº 1282 s.).
• **Asesoramiento y orientación gratuitos** en el momento inmediatamente **previo a la interposición de denuncia o querella**, en caso de víctimas de violencia de género, de terrorismo y de trata de seres humanos, así como de menores de edad y personas con discapacidad intelectual o enfermedad mental.

F. Régimen de actuación de abogados y procuradores de oficio

(L 1/1996 art.23 s. y disp.adic.1ª; L 2/2017)

1105 Los abogados y procuradores inscritos en los servicios de asistencia jurídica gratuita desarrollan su actividad con libertad e independencia de criterio, con sujeción a las **normas deontológicas** y a las normas que disciplinan el funcionamiento de los servicios colegiales de asistencia jurídica gratuita.
Estas disposiciones son de aplicación general en **todo el territorio español**.

Precisiones Existen unos **requisitos** generales mínimos **de formación y especialización** necesarios de los abogados y de los procuradores para prestar los servicios de asistencia jurídica gratuita (OM 3-6-1997).

1107 **Inexistencia de contrato con la parte** El procurador, y el abogado, del turno de oficio no actúa en virtud del contrato de mandato o de un contrato de arrendamiento de servicios, pues falta la voluntad, el **consentimiento** que conforman dichos contratos; la fuente de la obligación en estos casos no es la autonomía de la voluntad, el negocio jurídico, sino la ley (TSJ Madrid 16-9-05, EDJ 150946; 29-11-05, EDJ 266624).
Es por ello por lo que el procurador del turno de oficio puede personarse en juicio sin necesidad de **poder notarial** ni comparecencia *apud acta* ante el letrado de la Administración de Justicia, por haber sido designado de oficio.
La razón de dicha distinción no es otra que la que se deriva de la **imposibilidad de selección de profesional** cuando se es beneficiario de asistencia jurídica gratuita por lo que en ningún caso puede acudirse ante el notario o el letrado de la Administración de Justicia para manifestar que otorga su representación ante un determinado profesional, pues en los supuestos del beneficio, el profesional no es elegido sino designado por el colegio de procuradores, y esa designación sirve ante el órgano judicial para demostrar quién es el profesional que va a

representar a la parte beneficiaria de tal derecho (TSJ Madrid 16-9-05, EDJ 150946; 29-11-05, EDJ 266624).

Duración del deber de asistencia (L 1/1996 art.31; RD 141/2021 art.33.2) Los abogados y procuradores designados deben desempeñar sus funciones de asistencia y representación de forma real y efectiva **hasta la terminación del proceso** en la instancia judicial de que se trate y, en su caso, la ejecución de las sentencias, si las actuaciones procesales en esta se producen dentro de los 2 años siguientes a la resolución judicial dictada en la instancia, sin perjuicio del efecto de las causas de renuncia o excusa previstas en la ley. 1109

Solo las actuaciones procesales que se desarrollen **dentro del plazo de 2 años** siguientes a la resolución en la instancia pueden entenderse con la misma defensa y representación y defensa designada y cubierta por el beneficio de justicia gratuita y por tanto aquellas que se produzcan a partir de estos 2 años deben entenderse con una nueva representación procesal y defensa que al efecto se designe (AP Madrid auto 24-4-06, EDJ 100493).

En el procedimiento especial para el **enjuiciamiento rápido de delitos**, la asistencia letrada se presta por el mismo abogado desde el momento de la detención, si la hay, o desde que se requiera dicha asistencia y hasta la finalización del procedimiento, incluido el juicio oral y, en su caso, la ejecución de sentencia.

Imposibilidad de simultanear profesionales de oficio con profesionales 1112
libremente elegidos (L 1/1996 art.27) El reconocimiento del derecho a la asistencia jurídica gratuita lleva consigo la designación de abogado y, cuando sea preciso, de procurador de oficio, sin que en ningún caso puedan actuar simultáneamente un abogado de oficio y un procurador libremente elegido, o viceversa, salvo que el **profesional de libre elección renuncie** por escrito a percibir sus honorarios o derechos ante el titular del derecho a la asistencia jurídica gratuita y ante el colegio en el que se halle inscrito.

La exigencia de **renuncia por escrito a los honorarios** del profesional de libre elección resulta razonable y ajustada a Derecho por cuanto que se trata de una medida para evitar que los limitados recursos que el Estado puede asignar a la asistencia jurídica gratuita, procedentes del esfuerzo impositivo, puedan ser utilizados por quienes aunque formalmente reúnan los requisitos para obtener tal beneficio, puedan sufragar esos gastos y a su arbitrio decidan pagar al letrado y no hacerlo a un procurador o viceversa (TCo auto 65/1996).

Renuncia a la designación (RD 141/2021 art.37) Quienes crean tener derecho a la asistencia jurídica gratuita pueden renunciar **expresamente** a la designación de abogado y procurador de oficio, nombrando libremente a profesionales de su confianza, y debiendo hacer constar este extremo en la solicitud. La renuncia afecta a ambos. 1114

La **renuncia posterior a la designación**, que asimismo debe **afectar a ambos profesionales**, tiene que ser comunicada expresamente a la Comisión de Asistencia Jurídica Gratuita y a los colegios profesionales, y no implica la pérdida de las demás prestaciones del derecho a la asistencia jurídica gratuita que se hayan reconocido.

Excusas (L 1/1996 art.18, 31 y 32) Solo en el **orden penal** pueden los abogados designados excusarse de la defensa. Para ello debe concurrir un **motivo personal y justo**, que será apreciado por los decanos de los colegios. A salvo estas excusas, la defensa del encausado o investigado es obligatoria. 1116

La excusa debe formularse en el **plazo** de 3 días desde la notificación de la designación y resolverse en el plazo de 5 días desde su presentación.

No obstante, si la Comisión de Asistencia Jurídica Gratuita **desestima la pretensión del reconocimiento del derecho**, las designaciones que eventualmente se hayan realizado quedan sin efecto y el peticionario debe, en su caso, abonar los honorarios y derechos económicos ocasionados por la intervención de los profesionales designados con carácter provisional.

Precisiones En estos casos la renuncia del letrado designado provisionalmente debe admitirse desde el momento en que ha quedado **sin efecto su nombramiento**, renuncia que siquiera es preceptiva, sin perjuicio de que sea conveniente (AP Tarragona auto 20-7-04, EDJ 98777).

Insostenibilidad de la pretensión (L 1/1996 art.32 y 33; RD 141/2021 art.41) Cuando el abogado designado para un proceso considere insostenible la pretensión que pretende hacerse valer, debe **comunicarlo** a la Comisión de Asistencia Jurídica Gratuita dentro de los 10 días siguientes a su designación, exponiendo los **motivos jurídicos** en los que fundamenta su cesión. 1118

Transcurrido dicho plazo sin que se produzca tal comunicación, o sin que el abogado pida su interrupción por falta de la documentación necesaria para evaluar la pretensión, este queda **obligado a asumir la defensa**.

Si el abogado solicita la **interrupción del plazo** por falta de la documentación necesaria, la Comisión requerirá al interesado para que la presente en un plazo máximo de 10 días.

Transcurrido este plazo sin que el interesado haya presentado dicha documentación, la Comisión procederá al **archivo** de la solicitud.

Presentada la documentación, esta se aportará al abogado, reanudándose el plazo para analizar la **viabilidad de la pretensión**.

Si la Comisión estima que la **documentación** con la que cuenta el abogado, en el momento de la solicitud, es **suficiente** para analizar la viabilidad de la pretensión principal, inadmitirá la solicitud de interrupción, reanudándose el plazo para formulación de la insostenibilidad desde la notificación de la resolución de inadmisión.

Formulada la insostenibilidad de la pretensión, la Comisión recabará del colegio de abogados un **dictamen sobre su viabilidad** que deberá emitirse en el plazo de 15 días.

Se solicitará, asimismo, **informe fundado del Ministerio Fiscal** cuando el dictamen del colegio de abogados coincidiera con el del abogado designado. Este informe se emitirá en el plazo de 6 días.

Los colegios de abogados llevan un **registro especial** en el que se deja constancia de los expedientes tramitados con motivo de la insostenibilidad de la pretensión formulada por los colegiados.

Precisiones **1)** El plazo inicialmente previsto en la L 1/1996 de 6 días para comunicar la insostenibilidad de la pretensión se amplió a 15 por la reforma operada en L 1/1996 por L 16/2005, con la finalidad de garantizar la defensa, dado que el plazo inicial era **manifiestamente insuficiente** en los supuestos de mayor complejidad.

2) Este plazo debe entenderse **ampliado** incluso en el ámbito de las comunidades autónomas que han regulado sobre esta materia y que no han ampliado dicho plazo inicial.

En Navarra, Madrid y la Comunidad Valenciana se ha incorporado expresamente el plazo de 15 días indicado (DF Navarra 104/2021 art.34; D Madrid 35/2025 art.23; D C.Valenciana 175/2021 art.32).

3) En el **orden penal** y respecto de los condenados, no cabe formular insostenibilidad de la pretensión (L 1/1996 art.35).

1120 **Fundamento** El requisito de la sostenibilidad de la pretensión está dotado de una finalidad legítima, razonable y proporcionada, de manera que la denegación del derecho de asistencia jurídica gratuita por insostenibilidad de aquella tiende, ante todo, a asegurar que el esfuerzo social colectivo y solidario que requiere el disfrute de tal beneficio por parte de los ciudadanos más desfavorecidos económicamente no vaya a parar a la defensa de **pretensiones** que, por **absurdas o descabelladas**, no resulten merecedoras de ser sufragadas con dinero público, persiguiendo, además, la finalidad de evitar el ejercicio abusivo o temerario del derecho a acceso a la jurisdicción en defensa de pretensiones manifiestamente abocadas al fracaso (TCo 12/1998).

La asistencia letrada debe cumplir, además de su finalidad específica, una función de **filtro de** aquellas **pretensiones o recursos** que pretendan entablarse con manifiesta falta de fundamento. Por ello, el hecho de que concretamente a los letrados designados de oficio se les permita juzgar preliminarmente un asunto como improcedente puede ser entendido sin duda como una manera de no forzar a un letrado a defender una postura que no cree correcta, pero además cumple, del mismo modo que lo puede hacer cualquier letrado, una función preventiva frente a abusos de la justicia, sin que suponga una vulneración del artículo 24 Const (TCo 182/2002).

Precisiones La **denegación del nombramiento provisional de abogado** por considerar manifiestamente insostenible la solicitud o carente de fundamento no supone una variante de la «insostenibilidad de la pretensión» que tiene un tratamiento autónomo en la L 1/1996. Esta decisión colegial denegatoria agota sus efectos en el ámbito de la posible denegación provisional que el propio colegio realiza con ese específico objeto. En el caso de que la Comisión de Asistencia Jurídica Gratuita considerase que la pretensión es insostenible, la competencia para su comprobación no le corresponde, sino que es preciso iniciar la tramitación prevista en la L 1/1996 (TSJ C.Valenciana auto 27-4-04, EDJ 192601).

La **declaración de insostenibilidad** no supone prejuzgar la pretensión, sino simplemente entender que la misma es insostenible en aras de la designación de un abogado del turno de oficio (TS auto 11-11-08, EDJ 364419).

1122 **Insostenibilidad en vía de recurso** (L 1/1996 art.35) El mismo procedimiento previsto para la insostenibilidad de la pretensión es aplicable cuando se trate de interponer recursos contra resoluciones que hayan puesto fin al proceso en la instancia correspondiente, si el abogado del recurrente considera **inviable la pretensión** (nº 1118).

El **cómputo del plazo** para la interposición de los recursos queda suspendido hasta tanto se resuelve materialmente la viabilidad de la pretensión.

No obstante, ello no puede conducir a la privación de la utilización de la vía de recurso prevista legalmente para casos en que la pretensión sea considerada insostenible, de forma que la legítima opción por la asistencia del turno de oficio no puede impedir al ciudadano acudir, en su caso, a un **abogado de libre designación** para sostener el recurso que se considera insostenible por el letrado de oficio (TCo 37/1988; 106/1988; 115/1999).

Precisiones Cualquier interpretación contraria a la expuesta conduciría a un **trato distinto** a quienes litigan con letrado del turno de oficio que a quienes litigan con letrado libremente designado, pues estos últimos nunca verán impedido su acceso al recurso por el juicio negativo del letrado de oficio y de la Comisión de Asistencia Jurídica Gratuita acerca de la sostenibilidad del mismo (TCo 182/2002).

Nombramiento de segundo abogado (L 1/1996 art.34) Si el colegio de abogados o el Ministerio Fiscal estiman defendible la pretensión, se procede al nombramiento de un segundo abogado. 1124

Los **dictámenes** emitidos por el colegio de abogados y por el Ministerio Fiscal se aportan al nuevo abogado, para quien es obligatoria la defensa.

En caso de que el colegio de abogados y el Ministerio Fiscal estimen **indefendible la pretensión**, la Comisión de Asistencia Jurídica Gratuita desestimará la solicitud.

Precisiones **1)** La comprobación de la insostenibilidad de la pretensión por la Comisión es una **decisión absolutamente reglada** que viene determinada por el contenido coincidente de ambos informes, el del colegio de abogados y del Ministerio Fiscal, sin que la Comisión deba efectuar valoración alguna, sino aplicar tan solo la previsión contenida en la norma (TSJ C.Valenciana auto 27-4-04, EDJ 192601). 1126

2) El hecho de que no sea un **órgano jurisdiccional** el que, en último término, se pronuncie sobre la sostenibilidad o no de la pretensión a los efectos de la pérdida del beneficio de asistencia jurídica gratuita no puede ser tenido por contrario a la Const art.24, porque el simple examen acerca de si el ejercicio de una pretensión procesal es o no jurídicamente viable no puede, en modo alguno, equipararse al enjuiciamiento sobre el fondo de aquella, que es la función que ha de quedar siempre reservada a los tribunales (TCo 12/1998; 182/2002).

3) Esta doctrina ha sido llevado al extremo de entender que las decisiones sobre la viabilidad de las pretensiones dictadas por las comisiones de asistencia jurídica gratuita no son **recurribles** ni **revisables judicialmente**, por interponerse contra actividad no susceptible de impugnación, como concluye la (TSJ Cataluña 20-12-02, EDJ 87196). Esta interpretación carece, a nuestro juicio, de sentido, por cuanto que debe diferenciarse la extensión en la revisión de las decisiones adoptadas sobre la viabilidad, donde podrá discutirse, al menos en lo que resulta manifiesto, sobre dicha viabilidad, así como podrá revisarse también, en todo caso, las variadas y complejas cuestiones procedimentales que se exigen para declarar la insostenibilidad de la pretensión, por lo que concluir que se trata de una decisión administrativa irrevisable judicialmente resulta excesivo y adolece de cierta ligereza en su conclusión.

4) La interrupción de la suspensión, así como la **suspensión de la caducidad** de la acción que se produce con la presentación de la solicitud del reconocimiento del beneficio de justicia gratuita, en el caso de que el abogado provisionalmente designado considerase que la pretensión es insostenible, y tras el informe del colegio de abogados declarando sostenible la acción, se proceda a designar un segundo letrado, el plazo no empezará a correr hasta que se notifique la segunda designación (TSJ Cantabria 9-4-03, EDJ 215359).

Retribución (L 1/1996 art.30 y 40) La intervención de profesionales designados de oficio para la asistencia, defensa y representación gratuita solo puede ser indemnizada con **cargo a los fondos públicos** cuando exista reconocimiento expreso del derecho a la asistencia jurídica gratuita en los términos previstos legalmente. 1128

El **importe** de la indemnización ha de aplicarse, fundamentalmente, a compensar las actuaciones profesionales previstas en L 1/1996 art.6.1 a 6.3 -asesoramiento y orientación, asistencia al detenido, defensa y representación en juicio-, cuando tengan por destinatarios a quienes hayan obtenido el reconocimiento del derecho a la asistencia jurídica gratuita.

Las **bases económicas** y **módulos de indemnización** por la prestación de los servicios de asistencia jurídica gratuita se establecen en atención a la tipología de procedimientos en los que intervienen los profesionales designados de oficio.

Precisiones Este precepto no es de **aplicación general**, de conformidad con la L 1/1996 disp.adic.1ª.

Sujeción o no sujeción a IVA Desde 1-1-2017, por efecto de la L 2/2017, el carácter obligatorio del servicio profesional prestado se refuerza, por lo que con apoyo en la doctrina sobre la tributación de indemnizaciones en el impuesto (TJUE 29-2-96 asunto C-215/94; 18-12-97 asunto C-384/95), a partir de esta fecha los servicios prestados por abogados y procuradores a los beneficiarios del derecho a la asistencia gratuita se consideran **no sujetos** a IVA (DGT CV 30-6-17). 1129 MPCI nº 624

Quejas y denuncias (L 1/1996 art.41) Las comisiones de asistencia jurídica gratuita dan **traslado a los colegios profesionales** correspondientes a su ámbito territorial de las quejas o denuncias formuladas como consecuencia de las actuaciones de los profesionales encargados de los 1130

servicios colegiales de asistencia jurídica gratuita, sin perjuicio de aquellas actuaciones judiciales que resulten procedentes.
Los colegios están obligados a **comunicar** a las citadas comisiones las **resoluciones** y **medidas adoptadas** como consecuencia de los expedientes disciplinarios que, en su caso, sean incoados. Dichas resoluciones pueden ser recurridas por las comisiones.

1132 **Régimen disciplinario** (L 1/1996 art.42) El régimen disciplinario de los abogados y procuradores de los servicios de asistencia jurídica gratuita se rige por las mismas normas establecidas con carácter general para el desempeño de dichas profesiones con las siguientes **especialidades**:
a) La indebida percepción de honorarios, derechos o beneficios económicos tiene siempre la consideración de **falta muy grave**.
b) La imposición de **sanciones** por infracciones graves o muy graves relacionadas con las actuaciones desarrolladas en aplicación de lo establecido en la L 1/1996 lleva aparejada, en todo caso, la exclusión profesional de los servicios de asistencia jurídica gratuita.

1134 **Separación cautelar del profesional** (L 1/1996 art.43) Abierto un expediente disciplinario por un colegio profesional como consecuencia como consecuencia de **quejas o denuncias formuladas por los usuarios** de los servicios de asistencia jurídica gratuita, y cuando la gravedad de los hechos denunciados así lo aconseje, puede acordarse la separación cautelar del servicio del profesional presuntamente responsable de aquellos hechos, por un período máximo de 6 meses hasta tanto se resuelve el expediente disciplinario incoado al efecto.

Precisiones Ver, en nº 1626 s. y nº 1512 s., respectivamente, la parte dedicada al régimen de **responsabilidad** derivada de la intervención de abogados y procuradores.

G. Colegios de abogados y procuradores

1136 El derecho a litigar gratuitamente, constitucionalmente reconocido, se articula a través de un sistema en el que intervienen distintas Administraciones públicas.
MPCI nº 635
El sistema de reconocimiento del derecho a litigar gratuitamente en España ha sufrido una desjudicialización, optándose así por las más modernas pautas que configuran esta función como una **actividad esencialmente administrativa**.
Se trata con el mismo de asegurar el derecho a la defensa, como obligación jurídico-constitucional a la que se da cumplimiento por **diversos poderes públicos**, en primer lugar a través de la intervención de los colegios de abogados y procuradores, como Administración corporativa que cumple determinadas funciones públicas en esta materia, así como por las distintas comisiones de asistencia jurídica gratuita, que desempeñan su labor, en dependencia de las Administraciones territoriales, Estado y comunidades autónomas, de las cuales dependen, y por último los órganos judiciales.
La gestión del sistema de reconocimiento del derecho a litigar gratuitamente se configura como un **servicio público de prestación obligatoria**, dispensado fundamentalmente por los colegios de abogados y procuradores, en el que los jueces tan solo intervienen en la fase de recurso judicial contra las decisiones adoptadas por las comisiones de asistencia jurídica gratuita respecto del reconocimiento o denegación del derecho. Se trata, por tanto, de una función administrativa conceptualmente previa y sustancialmente autónoma respecto de la función jurisdiccional (TCo 97/2001).

Precisiones El ministerio del ramo de justicia, de manera coordinada con las comunidades autónomas competentes, previo informe de los Consejos Generales de la Abogacía y de los Procuradores de los Tribunales de España, establecerá los requisitos generales mínimos de **formación y especialización** necesarios para prestar los servicios obligatorios de asistencia jurídica gratuita, con objeto de asegurar un nivel de calidad y de competencia profesional que garantice el derecho constitucional a la defensa (L 1/1996 art.25).

1138 **Gestión colegial** (RD 1281/2002 art.44 y 46; RD 135/2021 art.30 y 31) La prestación de defensa y representación gratuitas por abogado y procurador, como contenido del derecho a la asistencia jurídica gratuita en España, se presta a través de los colegios de abogados y procuradores que, por un lado, **colaboran como Administración corporativa** con la Administración de Justicia en el procedimiento para el reconocimiento del derecho y, por otro, a través de sus respectivos colegiados, prestan este servicio con **cargo a fondos públicos**.
MPCI nº 637
Los colegios de abogados y procuradores organizan los **servicios de asistencia letrada** y de defensa y representación gratuitas, garantizando, en todo caso, su prestación continuada, velando por la distribución objetiva de turnos y atendiendo a criterios de funcionalidad y de eficiencia, que han de ser públicos a efectos de su consulta por los interesados, así como de

especialización por órdenes jurisdiccionales en caso de que el censo de profesionales lo permita.
Las Administraciones públicas competentes -ya el ministerio del ramo de justicia, ya las comunidades autónomas- subvencionan, con cargo a sus dotaciones presupuestarias, la **implantación y prestación de los servicios** de asistencia jurídica gratuita por los colegios de abogados y de procuradores.
Los colegios de abogados y procuradores están sujetos, en lo que afecta al funcionamiento de los servicios de asistencia jurídica gratuita, a los mismos principios de **responsabilidad patrimonial** establecidos para las Administraciones públicas por la LRJSP (nº 3436).
Los profesionales que presten el servicio obligatorio de justicia gratuita tienen derecho a una compensación que tendrá carácter indemnizatorio, actuando con libertad e independencia de criterio, con sujeción a las normas deontológicas y a las normas que disciplinan el funcionamiento de los servicios colegiales de justicia gratuita. Pueden ser dispensados cuando concurran motivos que lo justifiquen.
La **anulación** o **modificación** de las decisiones adoptadas por los colegios Profesionales respecto de las designaciones provisionales de abogado y de procurador, que sean acordadas por las comisiones de asistencia jurídica gratuita en el momento de dictar resolución, o por los órganos judiciales que resuelvan las impugnaciones, no suponen en sí mismas título de imputación de responsabilidad a los colegios profesionales.

Precisiones 1) Esta eficiencia en la aplicación de los fondos públicos supone que en los casos en que el abogado pueda asumir la representación, como ocurre en el **orden contencioso-administrativo** para actuar ante los tribunales de lo contencioso-administrativo, **no** se procederá a nombrar **procurador** por no ser imprescindible, siendo además menos gravoso para el erario público pues no se han de abonar los honorarios de dos profesionales y además más operativo pues no se precisan múltiples designaciones (TSJ Madrid 16-9-05, EDJ 150946; 29-11-05, EDJ 266624).
2) Estas disposiciones tienen aplicación general en **todo el territorio nacional** (L 1/1996 disp.adic.1ª).

Reclamaciones de indemnización La tramitación de las reclamaciones de indemnización presenta las siguientes particularidades: 1140
a) El **procedimiento** de reclamación de indemnización se inicia mediante solicitud del interesado que se dirige y presenta ante el colegio profesional que corresponda.
b) La **resolución final** que acuerde o desestime la indemnización reclamada se adopta, previo dictamen del Consejo de Estado, por la Junta de Gobierno del colegio respectivo.

Turnos y servicios de guardia (RD 141/2021 art.34 y 35) Los colegios profesionales deben establecer **sistemas de distribución objetiva y equitativa** de los distintos turnos y medios para la designación de los profesionales de oficio. 1142
Estos sistemas son públicos para todos los colegiados y pueden ser consultados por los solicitantes de asistencia jurídica gratuita.
Con carácter general, los **servicios de guardia** se prestan con periodicidad diaria, u otra con carácter excepcional, y se incorporan a este, en situación de disponibilidad o de presencia física, todos los letrados que lo integren, conforme al régimen establecido por el colegio respectivo, y que realizan cuantas asistencias sean necesarias durante el servicio de guardia.
En especial, para la atención letrada al detenido durante la **detención** y la realización de las **primeras diligencias** de instrucción criminal que resulten procedentes, así como para la asistencia letrada a quien se le atribuya un delito en el atestado policial, haya sido o no determinado, para cuya instrucción y enjuiciamiento sea de aplicación el procedimiento especial de **juicios rápidos**, todos los colegios de abogados -con el matiz abajo indicado- establecen un régimen de guardias que garantice, de forma permanente, la asistencia y defensa de aquellos.

Precisiones Los colegios de abogados, salvo aquellos en los que por la reducida dimensión de la actividad no sea necesario, contarán con un **turno de guardia permanente** para la prestación del servicio de asistencia letrada al detenido y otro para la prestación de los servicios de asesoramiento previo y de asistencia letrada para las víctimas de violencia de género, terrorismo, trata de seres humanos y de menores de edad y personas con discapacidad intelectual o enfermedad mental que sean víctimas de situaciones de abuso o maltrato.

H. Comisiones de asistencia jurídica gratuita

(L 1/1996 art.9; RD 141/2021 art.2 s.)

Los **órganos competentes** para el reconocimiento del derecho a la asistencia jurídica gratuita son órganos administrativos denominados comisiones de asistencia jurídica gratuita, con competencia en su ámbito territorial, generalmente provincial, y cuya composición varía en función de la Administración pública, estatal o autonómica, de la que dependen. 1145

La Comisión de Asistencia Jurídica Gratuita es el órgano responsable de efectuar el **reconocimiento del derecho** a la asistencia jurídica gratuita, dentro de su ámbito territorial.

Existen tres **tipos de comisiones**, en función de su ámbito territorial y la Administración pública de la que dependen:

- la Comisión Central de Asistencia Jurídica Gratuita con competencia en todo el territorio nacional;
- las comisiones de asistencia jurídicas gratuitas de ámbito provincial dependientes de la Administración General del Estado; y
- las comisiones de asistencia jurídica dependientes de las comunidades autónomas que han asumido la competencia en materia de provisión de medios materiales y humanos precisos para la Administración de Justicia.

Las comisiones se constituyen en cada capital de provincia, en las ciudades autónomas de Ceuta y Melilla, así como en cada isla en que existan uno o más partidos judiciales, sin perjuicio de que el órgano competente en la comunidad autónoma puede determinar un **ámbito territorial** distinto para la comisión.

Precisiones 1) Existe Comisión de Asistencia Jurídica Gratuita en **Menorca** e **Ibiza** (RD 141/2021 art.2.1).

2) Teniendo en cuenta el carácter meramente administrativo de las comisiones de asistencia jurídica, la fijación de su sede y su ámbito territorial de actuación como provincial no se ampara en el ejercicio de la función jurisdiccional ni afecta al autogobierno del Poder judicial, por lo que las **comunidades autónomas**, aunque la sentencia en cuestión se refiere únicamente a Cataluña, pudieran fijar otro ámbito diferente y fijar la capitalidad asimismo en otra sede distinta (TCo 97/2001).

3) El **Consejo Estatal de Asistencia Jurídica Gratuita** es el órgano colegiado cuya función es impulsar la adecuada coordinación en la prestación del servicio de asistencia jurídica gratuita entre todas las Administraciones públicas con competencias en materia de Administración de Justicia, con el ministerio del ramo de Administraciones públicas y los Consejos Generales de la Abogacía Española y de los Procuradores de los Tribunales de España. Su actuación puede afectar a la de las comisiones que se estudian a continuación (RD 141/2021 art.53 a 57).

1. Funciones

(RD 141/2021 art.7)

1150 Las comisiones de asistencia jurídica gratuita tienen como funciones las siguientes:

a) Reconocer, denegar o revocar, en su caso, el derecho a la asistencia jurídica gratuita, mediante **confirmación** o **modificación**, en su caso, de las decisiones previamente adoptadas por los colegios profesionales.

b) Efectuar las **comprobaciones** y recabar la **información** que a lo largo de la tramitación de las solicitudes de asistencia jurídica gratuita se estimen necesarias, y requerir de la Administración correspondiente la confirmación de la exactitud de los datos alegados por los solicitantes, para lo cual pueden utilizarse, a tal efecto, los procedimientos telemáticos de transmisión de datos, siempre que el interesado así lo autorice.

c) Adoptar, previa consulta a los respectivos colegios profesionales, aquellas **medidas** que permitan conocer, con la periodicidad que se estime conveniente, la situación de los expedientes.

d) Recibir y trasladar al tribunal correspondiente el **escrito de impugnación** de las resoluciones que, de modo definitivo, reconozcan o denieguen el derecho.

e) Tramitar las **comunicaciones** relativas a la **insostenibilidad de la pretensión** presentadas por los abogados.

f) Supervisar las **actuaciones de los servicios de orientación jurídica** y actuar como órganos de comunicación con los colegios profesionales, a efectos de canalizar las quejas o denuncias formuladas como consecuencia de las actuaciones relacionadas con los servicios de asistencia jurídica gratuita, en aquellos casos en que tales iniciativas no se hayan planteado directamente ante los colegios.

g) Cualquier otra competencia que le atribuya la normativa reguladora de la asistencia jurídica gratuita.

Precisiones La **comprobación de la insostenibilidad de la pretensión** no le corresponde a la comisión, sino que esta se confía al colegio de abogados y al Ministerio Fiscal y solamente en el caso de que sus informes coincidan en considerar indefendible la pretensión, procederá la comisión a desestimar la solicitud. Se trata de una **decisión absolutamente reglada** que viene determinada por el contenido coincidente de ambos informes, sin que la comisión deba efectuar valoración alguna, sino aplicar tan solo la previsión contenida en la norma (TSJ C.Valenciana auto 27-4-04, EDJ 192601).

2. Composición

Comisión Central de Asistencia Jurídica Gratuita (L 1/1996 art.10.1) Está compuesta por los Decanos del Colegio de Abogados y del Colegio de Procuradores de Madrid, o el abogado o procurador que ellos designen, un abogado del Estado y un funcionario del ministerio del ramo de justicia perteneciente a cuerpos o escalas del subgrupo A1. 1154

Se ocupa la **presidencia**, semestralmente, por cada uno de sus miembros, en turno rotatorio, a excepción del funcionario del ministerio del ramo de justicia, quien actuará como **secretario**.

Precisiones 1) Transitoriamente, y hasta la efectiva creación de la Comisión Central de Asistencia Jurídica Gratuita, el reconocimiento del derecho a la asistencia jurídica gratuita por las actuaciones correspondientes ante los órganos judiciales con **competencia en todo el territorio nacional** corresponde a la Comisión de Asistencia Jurídica Gratuita dependiente de la Comunidad de Madrid, si bien la financiación será a cargo del ministerio del ramo de justicia (RD 600/2002).

2) La L 42/2015 excluye al **Ministerio Fiscal** de los miembros de este órgano.

Comisiones dependientes de la Administración del Estado (L 1/1996 art.10.3; RD 141/2021 art.2 a 4) En las comisiones de asistencia jurídica gratuita dependientes de la Administración General del Estado, incluida la Comisión Central, los miembros que corresponden a la Administración pública son un abogado del Estado y un funcionario, que actúa como secretario, perteneciente a cuerpos o escalas del subgrupo A1, con destino en la gerencia territorial del ministerio del ramo de justicia correspondiente o, en su defecto, un funcionario de los citados cuerpos o escalas que preste sus servicios en la delegación o subdelegación del Gobierno del territorio de que se trate. 1156

Igualmente se integran en ellas los decanos de los respectivos colegios de abogados o procuradores o quienes estos designen. En las provincias donde exista **más de un colegio**, el representante de estas corporaciones en la comisión se designa de común acuerdo por los decanos de aquellos.

En caso de **vacante, ausencia, enfermedad** u otra causa del secretario, se sustituye por el miembro de la comisión que esta acuerde.

Las **comisiones de asistencia jurídica estatales** quedan adscritas orgánicamente a las gerencias territoriales del ministerio del ramo de justicia o, donde no existan, a las delegaciones o subdelegaciones del Gobierno.

Cuando el volumen de asuntos, las circunstancias geográficas u otras causas justificadas lo aconsejen, pueden crearse **delegaciones** de la Comisión Provincial de Asistencia Jurídica Gratuita, con la composición y ámbito de actuación que se determinen y garantizando, en todo caso, la homogeneidad de criterios para reconocer el derecho a la asistencia jurídica gratuita. Las delegaciones tienen las mismas **funciones** que las comisiones de asistencia jurídica gratuita (nº 1150) y están sujetas a las directrices de actuación y a los criterios generales que, para reconocer el derecho, adopten las comisiones provinciales.

Precisiones 1) La L 42/2015 excluye al **Ministerio Fiscal** de los miembros de estos órganos.

2) Excepcionalmente, cuando necesidades del servicio lo requieran, el funcionario que actúa como **secretario** en las comisiones dependientes de la Administración General del Estado, puede ser sustituido por un empleado público perteneciente a subgrupo profesional A1 con destino en la gerencia territorial del ministerio del ramo de justicia correspondiente o, en su defecto, en la delegación o subdelegación del Gobierno del territorio de que se trate (L 1/1996 disp.adic.2ª bis).

Comisiones dependientes de las comunidades autónomas (L 1/1996 art. 10.2; RD 141/2021 art.3.2) Estas comisiones de asistencia jurídica gratuita están integradas por el decano del colegio de abogados y el del colegio de procuradores, o el abogado o el procurador que ellos designen, y por dos **miembros** que designen las Administraciones públicas de las que dependen. 1158

El órgano competente de la comunidad autónoma determina cuáles de sus integrantes desempeñarán la **presidencia** y la **secretaría**.

Precisiones 1) Teniendo en cuenta el carácter meramente administrativo de las comisiones de asistencia jurídica, la determinación de a cuáles de sus miembros corresponde la **presidencia** y la **secretaría** no se ampara en el ejercicio de la función jurisdiccional ni afecta al autogobierno del Poder judicial, por lo que las comunidades autónomas, aunque la sentencia en cuestión se refiere únicamente a Cataluña, podrían determinar una presidencia y una secretaría (TCo 97/2001).

2) En las provincias donde exista **más de un colegio** de abogados o de procuradores, el representante de estas corporaciones en la comisión se designará de común acuerdo por los decanos de aquellos.

3) La L 42/2015 excluye al **Ministerio Fiscal** de los miembros de estos órganos.

Andalucía (L Andalucía 9/2007 art.19; D Andalucía 67/2008 art.5) Las Comisiones de asistencia jurídica gratuita, de ámbito provincial, y en las que deberá respetarse la representación equilibrada de mujeres y hombres, están constituidas en cuanto a los **miembros de la comunidad** por un 1159

Letrado o Letrada adscrito al Gabinete Jurídico de la Junta de Andalucía, designado por su titular y un funcionario y una funcionaria del Grupo A, subgrupo A1, con licenciatura en Derecho, adscritos a la Delegación Provincial de la Consejería competente en materia de justicia por designación de esta, uno de los cuales desempeñará las funciones de Secretaría de la Comisión con voz y voto.

Precisiones 1) El D Andalucía 291/2002, regula la percepción de **indemnizaciones** por la concurrencia a las reuniones del Consejo Asesor de Asistencia Jurídica Gratuita y de las comisiones de asistencia jurídica gratuitas de Andalucía.
2) La Orden Andalucía 15-9-2021 aprueba los **formularios normalizados de solicitud** para la tramitación del procedimiento para el reconocimiento de asistencia jurídica gratuita en esta comunidad.
3) La Orden Andalucía 13-11-2009 determina el **número de guardias** que corresponde realizar a los Colegios de Abogados de Andalucía y los baremos aplicables a la **compensación económica** por dichos servicios.
4) La Orden Andalucía 3-11-2023 aprueba los **módulos y bases de compensación económica** de los servicios de asistencia jurídica gratuita prestados en el turno de oficio por los profesionales de la abogacía y de la procuraduría.

1160 **Aragón** (D Aragón 110/2014 art.4 s.) Adscritas al departamento competente en materia de justicia operan las **Comisiones Provinciales de Zaragoza, Huesca y Teruel**. Se integran por un funcionario de la dirección general con atribuciones en justicia, un letrado de la dirección general de lis servicios jurídicos, ambos designados por sus titulares y sendos representantes de los colegios de abogados y procuradores, designados por sus decanos respectivos.

Precisiones Por D Aragón 162/2016 se adecúa la **composición** de estos órganos a la reforma de la L 42/2015.

1161 **Asturias** (D Asturias 13/2020 art.3 a 10) Se regula la Comisión de Asistencia Jurídica Gratuita del Principado de Asturias.
Los **miembros** de la misma son: un representante de la Administración del Principado de Asturias designado entre funcionarios que ocupen un puesto de trabajo de letrado del Servicio Jurídico del Principado, que la preside, un representante de los colegios de abogados de Oviedo y Gijón, designado por acuerdo de ambos decanos, un representante de los colegios de procuradores de ambas ciudades, designado de la misma forma y un representante designado por la Administración del Principado de Asturias entre funcionarios que ocupen un puesto de trabajo cuyo desempeño corresponda a funcionarios pertenecientes a cuerpos o escalas del grupo A, que asume la secretaría de la Comisión.

1162 **Canarias** (D Canarias 57/1998 art.2 y 4) Se constituyen las Comisiones de El Hierro, Fuerteventura, Gran Canaria, La Gomera, La Palma, Lanzarote y Tenerife. De los **miembros autonómicos**, uno de ellos será el director general del Servicio Jurídico del Gobierno de Canarias o letrado de dicho servicio que aquel designe, así como por el director general de relaciones con la Administración de Justicia o funcionario al servicio de la Administración de la Comunidad, licenciado en Derecho que aquel designe, que actuará como secretario.

1162.1 **Cantabria** (D Cantabria 26/2023 art.3 a 9) La Comisión queda adscrita a la consejería competente en materia de justicia. Es el órgano competente para efectuar el reconocimiento del derecho de asistencia jurídica gratuita en los procedimientos judiciales que se tramiten ante órganos cuya **competencia territorial** no se extienda fuera de la Comunidad de Cantabria así como en los procedimientos administrativos cuya tramitación y resolución corresponda a órganos de la Administración de la Comunidad o de los entes locales en Cantabria, siempre que se encuentren legalmente comprendidos en el derecho de asistencia jurídica gratuita.
En cuanto a su **composición**, la Comisión está integrada por los decanos de los colegios de abogados y procuradores o los colegiados que designen, un letrado de la Comunidad Autónoma de Cantabria, que actúa como presidente, y un funcionario de la Administración de dicha Comunidad, integrado en los grupos A1 o A2 con destino en la dirección general competente en materia de Justicia, que actúa como secretario. Se designarán uno o varios suplentes por cada miembro de la Comisión. Los titulares y suplentes serán los únicos habilitados para participar en las Comisiones, pudiendo actuar los segundos en defecto de los primeros.

1163 **Cataluña** (D Cataluña 252/1996) Se crean las Comisiones de Barcelona, Tarragona, Lleida y Girona, así como la de las Tierras del Ebro. En cuanto a su **composición**, por parte de la Comunidad Autónoma forman parte dos funcionarios de la Administración de la Generalidad, uno de ellos perteneciente a cuerpos o escalas del grupo A, con funciones de secretario y el otro perteneciente al cuerpo de abogados de la Generalidad.

1164 **Comunidad Valenciana** (D C.Valenciana 175/2021 art.4 a 9) Las Comisiones con sede en Alicante, Valencia y Castellón de la Plana, están compuestas por los **decanos** de los colegios de abogados y procuradores de la respectiva provincia o abogado o procurador en quienes deleguen, un

letrado de la Abogacía General de la Generalitat Valenciana, así como por un funcionario de dicha Administración, con licenciatura o grado en Derecho, de entre quienes ocupen puestos de trabajo cuyo desempeño esté reservada a funcionarios del grupo A1 o A2 de la Administración general, que actuará como secretario.
Cuando el volumen de asuntos lo aconseje pueden crearse **delegaciones** de las citadas Comisiones por orden de la consellería competente en materia de justicia, con ámbito territorial inferior o distinto al provincial e iguales funciones.

Madrid (D Madrid 35/2025 art.18) De los dos miembros designados por la Comunidad Autónoma, **1165**
uno de ellos será letrado de la Comunidad de Madrid y el segundo, que hará las veces de secretario, debe ser un funcionario del grupo A de Administración general, licenciado en Derecho. Asimismo, coexistiendo el colegio de abogados de **Madrid** y de **Alcalá de Henares**, el decano o el abogado que le sustituya deberá hacerse de mutuo acuerdo y, en defecto de tal acuerdo, será designado por el consejo de colegios de abogados de la Comunidad de Madrid. Forma parte igualmente del órgano el decano del colegio de procuradores de Madrid o el procurador que aquel designe.

Galicia (D Galicia 269/2008 art.2 s.) Dependientes de la consellería competente en materia de justi- **1167**
cia, se constituyen comisiones de asistencia jurídica gratuita en las ciudades de A Coruña, Ferrol, Santiago de Compostela, Lugo, Ourense, Pontevedra y Vigo. Su **ámbito territorial** se determina por orden de la consellería citada. Asimismo, cuando el volumen de asuntos que soporta una comisión lo justifique, mediante una orden de la consellería podrá acordarse la creación de delegaciones de las comisiones de asistencia jurídica gratuita. En estas **delegaciones** estarán representadas las mismas instituciones que integran la comisión y, conforme a las directrices de actuación y a los criterios generales que acuerde esta, les corresponderá reconocer el derecho a la asistencia jurídica gratuita dentro del ámbito funcional o territorial que determine su orden de creación.
En cuanto a su **composición**, están integradas por los decanos de los colegios de abogados y procuradores o quienes estos designen (si hubiera más de un colegio en el ámbito territorial del órgano, el que se acuerde por los decanos respectivos o, en su defecto, el nombrado por el Consejo de la Abogacía Gallega o por el Consejo Gallego de Procuradores de los Tribunales); y dos funcionarios de la Xunta de Galicia.
Además, se crea en Galicia un **Consejo Asesor de Asistencia Jurídica Gratuita**, con funciones de seguimiento de la efectividad y cumplimiento de la materia, así como de propuesta de las modificaciones de carácter normativo o de funcionamiento del sistema de reconocimiento del derecho a la asistencia jurídica gratuita.

Precisiones 1) El Orden Galicia 5-5-10 establece la entrada en funcionamiento de la **Comisión de Asistencia Jurídica Gratuita de Ferrol**.
2) Por D Galicia 134/2018 se elimina la **referencia al miembro del Ministerio Fiscal** como integrante de estos órganos.

La Rioja (D La Rioja 45/2017 art.3 a 11) La **Comisión de Asistencia Jurídica de La Rioja** es un órgano **1168**
colegiado mixto con participación de representantes de la Administración autonómica y de los Colegios de Abogados y Procuradores de La Rioja, compuesta por un letrado de la dirección general competente en servicios jurídicos, un representante de la dirección general con atribuciones en materia de justicia, los decanos de los dos colegios profesionales citados, designados todos ellos por tiempo indefinido.
Ejerce sus **funciones** con sujeción al Decreto citado y a la normativa general sobre asistencia jurídica gratuita y sobre funcionamiento de órganos colegiados, mediante **reuniones** ordinarias quincenales y extraordinarias.

Navarra (DF Navarra 104/2021 art.3 s.) De los dos miembros designados por la Comunidad, uno de **1169**
ellos es asesor jurídico del Servicio de Asesoría Jurídica y el otro un funcionario de nivel A, licenciado en Derecho, adscrito a la dirección general con atribuciones en materia de justicia del Departamento de Presidencia, Justicia e Interior.

País Vasco (D País Vasco 153/2018 art.4 s.) Se regulan las comisiones de asistencia jurídica gratuita **1170**
con **sede** en las capitales de los Territorios Históricos de Araba, Gipuzkoa y Bizkaia, integradas por los siguientes **miembros**: el decano del colegio de abogados del territorio correspondiente o el letrado designado por aquel, el decano del colegio de procuradores o el procurador nombrado por aquel, un funcionario de grupo A de la Comunidad Autónoma, adscrito al departamento competente en materia de justicia (que actúa como secretario) y un funcionario del Cuerpo de Letrados de los Servicios Jurídicos del Gobierno Vasco, adscrito al Servicio Jurídico Central de este.

Precisiones 1) Pueden crearse **delegaciones** de las comisiones cuando el volumen de asuntos lo requiera. En tal caso, los criterios de composición son los mismos a los expuestos.

2) Desaparece, en el régimen vigente, el **Consejo Asesor de Asistencia Jurídica Gratuita del País Vasco**, que tenía funciones de servir de cauce de comunicación entre la judicatura y las demás entidades implicadas en el reconocimiento del derecho de asistencia jurídica gratuita, homogeneizar los criterios del reconocimiento del derecho, así como, estudiar y elevar cuantas propuestas consideren oportunas para mejorar la prestación del servicio.

1172 **Funcionamiento de las comisiones** (L 1/1996 art.11; RD 141/2021 art.6) Las comisiones de asistencia jurídica gratuita deben ajustar su funcionamiento a lo establecido para los órganos colegiados (LRJSP art.15 s.).
Deben celebrar **reuniones**, con carácter ordinario, una vez cada 15 días, sin perjuicio de que el presidente de la comisión acuerde variar dicha periodicidad atendiendo al volumen de los asuntos a tratar.

Precisiones En el caso de **Navarra**, se prevé que su comisión se reúna quincenalmente, pudiendo convocarse **reuniones extraordinarias** cuando, por el volumen de trabajo, resulte necesario (DF Navarra 104/2021 art.7.2).

1174 **Constitución y toma de decisiones** (LRJSP art.17.2) Para la válida constitución de las comisiones a efectos de la celebración de sesiones, deliberaciones y toma de acuerdos, se requiere la presencia del presidente y secretario, o en su caso de quienes les sustituyan y la de, al menos, la mitad de sus miembros; todo ello sin perjuicio de que los propios órganos puedan prever una **segunda convocatoria** y especificar el **número de miembros** necesarios para constituir válidamente el órgano.
Asimismo, no puede ser objeto de deliberación o acuerdo ningún asunto que no figure incluido en el **orden del día**, salvo que estén presentes todos los miembros del órgano colegiado y sea declarada la urgencia del asunto por el voto favorable de la mayoría.
Los **acuerdos** serán adoptados por mayoría de votos.

1175 **Acta** (LRJSP art.18) De cada sesión que se celebre se levanta acta por el secretario, que especificará necesariamente los asistentes, el orden del día de la reunión, las circunstancias del lugar y tiempo en que se ha celebrado, los puntos principales de las deliberaciones, así como el contenido de los acuerdos adoptados.
Los miembros que discrepen del acuerdo mayoritario podrán formular **voto particular** por escrito en el plazo de 48 horas, que se incorporará al texto aprobado.
La **aprobación** de las actas se hará en la misma o en la siguiente sesión, pudiendo no obstante emitir el secretario certificación sobre los acuerdos específicos que se hayan adoptado, sin perjuicio de la ulterior aprobación de la misma.

1176 **Colaboración entre órganos** El ministerio del ramo de justicia prestará el **soporte administrativo** y el apoyo técnico necesarios para el funcionamiento de las comisiones dependientes de la Administración General del Estado.
Los colegios de abogados y de procuradores pondrán a disposición de las comisiones la **lista de colegiados** ejercientes adscritos a los servicios de asistencia jurídica gratuita con indicación, en su caso, de especializaciones.

Precisiones 1) Debe recordarse la importancia de respetar estas **reglas mínimas de funcionamiento**, puesto que serán nulas de pleno derecho las resoluciones adoptadas prescindiendo total y absolutamente de las normas que contienen las reglas esenciales para la formación de la voluntad de los órganos colegiados (LPAC art.47.1.e).
2) En el ámbito de la Comunidad de **Madrid**, su Comisión de Asistencia Jurídica Gratuita debe adecuar su actividad a lo dispuesto por el D Madrid 85/2002, por el que se regulan los sistemas de evaluación de la calidad de los servicios públicos y se aprueban los Criterios de Calidad de la Actuación Administrativa en la Comunidad de Madrid.

I. Procedimiento

1180 El reconocimiento del derecho a la asistencia jurídica gratuita requiere de un procedimiento administrativo, inspirado en los principios de **celeridad** y **sumariedad**, en el que intervienen varias Administraciones y que se inicia con la solicitud del peticionario del derecho (RD 141/2021 art.16.4).
El procedimiento se va a analizar partiendo de la legislación estatal, sin perjuicio de hacer constar, en la exposición de sus distintos trámites, las **particularidades** reguladas por las **comunidades autónomas** que ostentan competencias al respecto. No obstante, la normativa autonómica reitera, de forma prácticamente automática, las previsiones estatales al respecto.
Asimismo, a continuación del procedimiento general se analizan:
- las especialidades contenidas en las distintas leyes procesales en función del **orden jurisdiccional** concreto, esto es, civil, penal, laboral y contencioso-administrativo;

- el procedimiento para el reconocimiento del derecho de asistencia jurídica gratuita en los convenios internacionales en los que España es parte;
- en los litigios transfronterizos; y
- en el recurso de amparo ante el Tribunal Constitucional.

1. Solicitud

(RD 141/2021 art.8 y anexo I.I)

El procedimiento para reconocer el derecho a la asistencia jurídica gratuita se inicia **a instancia de parte**, mediante la presentación del modelo normalizado aprobado reglamentariamente, debidamente firmado por el peticionario. **1182**
Los **impresos** se facilitan en las dependencias judiciales, en los servicios de orientación jurídica de los colegios de abogados y en las sedes de las comisiones de asistencia jurídica gratuita. Los colegios de abogados han de poner a disposición de los ciudadanos, en sus **páginas web**, los impresos correspondientes, para descargar, cumplimentar y remitir a sus servicios de orientación jurídica.

Precisiones El reconocimiento del derecho a la asistencia jurídica gratuita, así como la solicitud de designación de abogado y procurador del turno de oficio debe ser pedido por el **propio interesado** o aquella persona que legalmente le represente (TS auto 11-7-05, EDJ 162726; auto 21-7-05, EDJ 163063).

Contenido (L 1/1996 art.13 y 22; RD 141/2021 art.38) En la solicitud se harán constar los datos que permitan apreciar: **1184**
- las **prestaciones** para las que se solicita el reconocimiento del derecho, que podrán ser todas o algunas de las previstas en la L 1/1996 art.6 redacc LO 1/2025;
- la **situación económica y patrimonial** del interesado y de los integrantes de su unidad familiar;
- sus **circunstancias** personales y familiares;
- la **pretensión** que se quiere hacer valer; y
- la parte o **partes contrarias** en el litigio, si las hay, acompañando los documentos que se determinen para la acreditación de estos extremos.

Los **colegios de abogados** facilitarán, a través de sus servicios de orientación jurídica, a los solicitantes de asistencia jurídica gratuita la información necesaria en relación al cumplimiento de los requisitos para su concesión, así como el auxilio en la redacción de las solicitudes correspondientes. Este servicio tendrá carácter **gratuito** para los solicitantes.

Documentación A la solicitud en la que se pida el reconocimiento del derecho a la asistencia jurídica gratuita debe acompañarse la documentación necesaria para acreditar que se cumplen los **requisitos para su concesión**. **1186**
La documentación que se exige está constituida por:
a) Fotocopia del DNI, para los nacionales, o del pasaporte o tarjeta de residente para los extranjeros.
b) Declaración de utilidad pública (asociaciones) o inscripción registral (fundaciones).
c) Declaración impositiva de la unidad familiar (IRPF y, en su caso, Patrimonio) o de la persona jurídica (Impuesto sobre sociedades).
d) Certificado de la Agencia Tributaria de no haber presentado declaración (en el caso de que la unidad familiar no esté obligada a presentar declaración del IRPF).
e) Certificación catastral (bienes inmuebles).
f) Nota simple del Registro de la Propiedad (si se alegan cargas sobre el inmueble).
g) Certificación de los centros de trabajo y de las altas y bajas de la Seguridad Social.
h) Certificado de empresa que acredite los ingresos brutos anuales.
i) Certificado del INEM en el que conste la percepción de ayuda por desempleo y período al que se extiende.
j) Certificado de cobro de pensiones públicas.
k) Cualquier otra documentación que se considere necesaria para justificar la concurrencia de los requisitos generales o la existencia de circunstancias especiales que justifiquen la concesión, tales como la existencia de varios hijos o familiares a su cargo, estado de salud, obligaciones económicas que pesen sobre el solicitante, costes derivados de la iniciación del proceso u otras de análoga naturaleza.

Precisiones 1) Al presentar la solicitud se ha informar al solicitante de la facultad atribuida a la comisión de asistencia jurídica gratuita para la **consulta de los datos** a que se refiere L 1/1996 art.17, tanto del solicitante como, en su caso, de su cónyuge o pareja de hecho, pudiendo prestar todos los afectados el **consentimiento** en la solicitud, a la que se acompañará un formulario de autorización, denegación o revocación de una autorización previa (RD 141/2021 Anexo I.V). Si no lo prestaran, el interesado ha de aportar la documentación que justifique el cumplimiento de los requisitos exigidos (RD 141/2021 disp.adic.1ª).

2) Cuando el solicitante del derecho no estuviera casado o su **matrimonio** hubiera sido disuelto o estuviera separado legalmente deberá confirmar, mediante declaración jurada, que carece de **pareja de hecho**.

1188 **Especialidad en el orden penal** (RD 141/2021 art.9.3) En el supuesto de que el tribunal haya acordado cualquiera de las medidas privativas de libertad o restrictivas de derechos, de forma que no sea posible presentar la documentación exigida con la solicitud del reconocimiento del derecho en los plazos establecidos, el letrado designado remitirá directamente a la Comisión de Asistencia Jurídica Gratuita la **solicitud debidamente firmada** por el interesado, en la que constará de modo expreso la identidad del solicitante y del asunto o procedimiento de que se trate y a la que se unirá una diligencia acreditativa de su situación personal.

1190 **Renuncia a la solicitud** (RD 141/2021 art.37.1) Quienes crean tener derecho a la asistencia jurídica gratuita pueden renunciar **expresamente** a la designación de abogado y procurador de oficio, nombrando libremente a profesionales de su confianza, debiendo hacer constar este extremo en la solicitud. La renuncia afectará a ambos.

2. Lugar de presentación

(RD 141/2021 art.9)

1192 Las solicitudes de reconocimiento del derecho a la asistencia jurídica gratuita deben presentarse por los interesados ante los **servicios de orientación jurídica** del colegio de abogados del lugar en que se halle el tribunal que haya de conocer del proceso principal para el que aquel se solicita, o ante el tribunal de su domicilio si el proceso no se hubiera iniciado.

Si se presenta ante el **órgano judicial del domicilio**, este dará traslado inmediato de la petición al colegio de abogados territorialmente competente.

Cuando el interesado fundamente su pretensión de reconocimiento del derecho a litigar gratuitamente en la **existencia de circunstancias especiales**, tales como número de hijos o familiares a su cargo, estado de salud, obligaciones económicas que sobre él pesen, entre otras, la solicitud se presentará directamente ante la Comisión de Asistencia Jurídica Gratuita, que resolverá determinando cuáles de los beneficios, y con qué alcance, son de aplicación al solicitante.

Las solicitudes se remiten electrónicamente por el colegio de abogados o por el propio letrado, en su caso, a la comisión correspondiente, a través del **sistema** establecido por los ministerios de los ramos de Justicia y Administraciones públicas. En el caso del párrafo anterior, los interesados pueden presentar en papel la solicitud ante la respectiva comisión.

Precisiones **1)** La presentación de la **solicitud** ante el órgano judicial no elimina la necesidad de que aquella cumpla con las formalidades legalmente exigibles, así como que aparezca **firmada por el interesado** (AP Valladolid auto 23-9-03, EDJ 263167).

2) No puede apreciarse un **desistimiento tácito** en quien se limita a pedir el reconocimiento del derecho a la asistencia jurídica gratuita ante el tribunal de su domicilio, si por parte de este no se cumple con la obligación impuesta por la L 1/1996 de dar traslado de la petición al colegio de abogados territorialmente competente (AP Almería auto 5-2-04, EDJ 304600).

3) La concurrencia de **circunstancias especiales en el solicitante** es objeto de estudio en nº 1060.

3. Pluralidad de litigantes

(L 1/1996 art.12)

1194 Si hay concurrencia de litigantes en el proceso, el reconocimiento del derecho a la asistencia jurídica gratuita debe ser **instado individualmente** por cada uno de los interesados.

Cuando los solicitantes deban **litigar bajo una sola defensa o representación**, deben computarse, a efectos del reconocimiento del derecho, la totalidad de los ingresos y haberes patrimoniales de los solicitantes. En este caso, si se acredita que los ingresos y haberes patrimoniales de cada uno de los solicitantes no sobrepasan el doble **no sobrepasan los umbrales** establecidos en L 1/1996 art.3.1 (nº 1046), se procederá a nombrar abogado y, en su caso, procurador del turno de oficio que deberán asumir la representación y defensa conjunta de todos ellos.

Si se acredita que los ingresos y haberes patrimoniales de alguno de los solicitantes **superan los umbrales** previstos indicados, pero **no alcanzan el quíntuplo del indicador** público de renta de efectos múltiples, la comisión de asistencia jurídica gratuita podrá determinar cuáles de

las prestaciones o beneficios incluidos en el ámbito material del derecho establecidos en L 1/1996 art.6 se otorgarán a aquellos.
Cuando el coste de las prestaciones reconocidas hubiera de sufragarse por varios litigantes, la aportación del sistema de asistencia jurídica gratuita se limitará a la **parte proporcional** que corresponda a las partes a las que se hubiera reconocido el derecho.

Precisiones Respecto al **contenido material** del derecho, ver nº 1080 s.

4. Subsanación de deficiencias

(L 1/1996 art.14; RD 141/2021 art.10)

Si el servicio de orientación jurídica del colegio de abogados constata que existen deficiencias en la solicitud o que la **documentación** presentada resulta **insuficiente**, lo comunicará al interesado, fijando con precisión los defectos o carencias advertidas y las consecuencias de la falta de subsanación, requiriéndole para que lo complete en el plazo de 10 días hábiles. 1196
Transcurrido este plazo sin que se haya aportado la documentación requerida, el colegio de abogados procederá al **archivo de la petición** y a la **notificación** en el plazo de 3 días a la Comisión de Asistencia Jurídica Gratuita correspondiente.

Precisiones 1) No puede fundarse la **desestimación de la solicitud** de asistencia jurídica gratuita en el hecho de que el solicitante no haya acompañado con su solicitud los documentos y datos relativos a conocer la situación económica y familiar del solicitante, la pretensión que quiere ejercitar y la persona o personas contra las que lo solicita si no queda acreditado que el colegio de abogados ha comunicado al solicitante para que proceda a subsanar las deficiencias existentes en el plazo de 10 días con apercibimiento de archivar la petición si no lo efectúa (TSJ C.Valenciana auto 4-5-04, EDJ 192588).
2) Resulta desproporcionada y contraria al derecho a la tutela judicial efectiva la **inadmisión** de una **solicitud** en la que se indicaba que la documentación se encontraba ya remitida para otro expediente, de fecha muy próxima, sin dar nuevamente oportunidad de aportar la documentación necesaria, con posibilidad de subsanación, máxime teniendo en cuenta que los ciudadanos tienen derecho a no presentar documentos que ya se encuentren en poder de la Administración TCo 10/2008.

5. Designaciones provisionales y traslados

(L 1/1996 art.15; RD 141/2021 art.11.1)

Si de la solicitud y sus documentos justificativos resulta acreditado que el peticionario se encuentra incluido en el ámbito personal del reconocimiento del derecho y, en su caso, subsanados los defectos advertidos (nº 1196), el **colegio de abogados** procederá en el plazo máximo de 15 días hábiles, contado a partir de la recepción de la solicitud por dicho colegio o de la subsanación de los defectos, a la designación provisional de abogado, comunicándolo inmediatamente al colegio de procuradores a fin de que, en caso de ser preceptivo, en el plazo máximo de 3 días hábiles, se designe procurador que asuma la representación. 1198
En este último caso, el **colegio de procuradores** comunicará inmediatamente al de abogados la designación efectuada.
Del expediente completo correspondiente y de las designaciones provisionales efectuadas, se dará traslado en el plazo de 3 días a la **Comisión de Asistencia Jurídica Gratuita** a los efectos de su verificación y resolución definitiva de la solicitud.

Precisiones Si bien la comunicación al colegio de procuradores debe ser realizada por el colegio de abogados a los efectos de que por aquel se haga la designación de profesional que haya de representar al solicitante, en el supuesto en que no se haya hecho así, nada impide que sea el **órgano judicial** que esté conociendo del proceso el que oficie al colegio de procuradores para la designación del profesional que represente a la parte solicitante de ese derecho, posibilitando de manera efectiva el derecho a la tutela judicial (TSJ Cataluña 21-9-05, EDJ 238270).

Denegación de las designaciones provisionales (L 1/1996 art.15; RD 141/2021 art.12) En el caso de que el colegio de abogados estime que el peticionario no cumple las citadas peticiones, o que la **pretensión principal** contenida en la solicitud es **manifiestamente insostenible** o carente de fundamento, notificará en el plazo de 5 días hábiles al solicitante que no ha efectuado el nombramiento provisional de abogado y trasladará la solicitud a la Comisión de Asistencia Jurídica Gratuita para que esta resuelva definitivamente. 1200
En el caso de que la Comisión de Asistencia Jurídica Gratuita considerase que la pretensión es insostenible, la competencia para su comprobación no le corresponde, sino que es preciso iniciar la tramitación prevista en la L 1/1996, que exige el **dictamen del colegio de abogados**, así como del Ministerio Fiscal.

Precisiones La denegación del nombramiento provisional de abogado por considerar manifiestamente insostenible la solicitud o carente de fundamento no supone una variante de la «insostenibilidad de la pretensión» que tiene su tratamiento en nº 1118 s. La decisión del colegio de abogados en este caso lo es a los solos efectos de denegar el nombramiento provisional de abogado, pero sin que la misma tenga influencia ninguna en el curso del procedimiento para la **concesión o denegación del beneficio**, ni en la resolución que se adopte al respecto por la Comisión. Aquella decisión colegial denegatoria agota sus efectos en el ámbito de la **posible denegación provisional** que el propio colegio realiza con ese específico objeto (TSJ C.Valenciana auto 27-4-04, EDJ 192601).

1201 **Solicitud de sustitución** (RD 141/2021 art.14) El beneficiario de la asistencia justicia gratuita puede instar el nombramiento de nuevos profesionales en sustitución de los que ya tienen designados, mediante solicitud debidamente justificada que debe presentar ante el colegio que hubiera realizado la designación, sin que ello suspenda la actuación de los profesionales ya designados.

Dicho colegio traslada la petición por 5 días hábiles al profesional cuya sustitución se interesa, resolviendo motivadamente a continuación en plazo de 15 días hábiles.

La **resolución** por la que se aprecie que concurre causa que justifica la sustitución se comunica por el colegio correspondiente a la Comisión de Asistencia Jurídica Gratuita, al peticionario y al nuevo profesional -no a este si no se aprecia concurrencia de causa de sustitución-.

Recibido el expediente, la Comisión dictará resolución confirmando o revocando el **derecho al cambio** del profesional. Las resoluciones que dicte este órgano y que denieguen la sustitución del profesional designado, son impugnables por el beneficiario de asistencia jurídica gratuita (L 1/1996 art.20; RD 141/2021 art.20).

La Comisión puede **denegar la tramitación** de la solicitud de sustitución, confirmando la designación de los profesionales actuantes, siempre que la solicitud se funde en una causa que ya fue objeto de denegación con relación al mismo asunto y profesional, sin que concurran hechos nuevos o circunstancias que la justifiquen.

1202 **Reiteración de la solicitud** (L 1/1996 art.15; RD 141/2021 art.15) En el caso de que el colegio de abogados **no dicte resolución** alguna en el plazo de 15 días hábiles, designando letrado de oficio o denegando dicha designación, el solicitante podrá reiterar su solicitud ante la Comisión de Asistencia Jurídica Gratuita.

Reiterada la solicitud, la comisión recabará del colegio de abogados la inmediata **remisión del expediente** junto con un **informe** sobre la petición, ordenando al mismo tiempo la designación provisional de abogado y procurador, si este es preceptivo, y seguirá posteriormente el procedimiento.

1204 **Designación provisional a requerimiento judicial** (L 1/1996 art.21; RD 141/2021 art.13) Si el órgano judicial que esté conociendo del proceso estima que por las circunstancias o la **urgencia del caso**, es preciso asegurar de forma inmediata los derechos de defensa y representación de las partes, y alguna de ellas manifiesta carecer de recursos económicos, dictará una **resolución motivada** requiriendo de los colegios profesionales el nombramiento provisional de abogado y procurador, cuando las designaciones no hayan sido realizadas con anterioridad. Esta resolución se debe comunicar por el letrado de la Administración de Justicia, a través del medio más rápido posible a los colegios de abogados y de procuradores. Con dicha resolución se adjuntará la **solicitud** del beneficio de justicia gratuita del interesado, **debidamente firmada**, solicitud que previamente le habrá sido facilitada por el propio órgano judicial, tramitándose a continuación según las reglas generales (nº 1180 s.).

Precisiones Esta fórmula no ha de entenderse como una mera **manifestación verbal** ante el órgano judicial sino, por el contrario, debe entenderse que el definitivo reconocimiento del derecho de asistencia jurídica gratuita deberá tramitarse con arreglo a las normas generales de la L 1/1996, siendo la Comisión de Asistencia Jurídica gratuita la competente para el reconocimiento o la denegación del derecho (AP Valladolid auto 23-9-03, EDJ 263167).

6. Verificación de datos

(L 1/1996 art.17; RD 141/2021 disp.adic.1ª)

1206 La Comisión de Asistencia Jurídica Gratuita podrá realizar las **comprobaciones** y recabar la **información** que estime necesarias para verificar la exactitud y realidad de los datos económicos declarados por el solicitante del derecho a la asistencia jurídica gratuita, incluyendo los de su cónyuge o pareja de hecho.

Recibido el expediente, la Comisión de Asistencia Jurídica dispone de un plazo de 30 días para efectuar las comprobaciones y recabar la información que estime necesaria para verificar la

exactitud y **realidad de los datos** declarados por el solicitante, dictando resolución dentro del mismo plazo máximo.
La Comisión podrá recabar de la Administración correspondiente la confirmación de los datos que consten en la documentación presentada con la solicitud, siempre que lo estime indispensable para dictar resolución.
En especial, podrá requerir de la Administración tributaria correspondiente la confirmación de la exactitud de los **datos de carácter tributario** que consten en la documentación de esta naturaleza presentada con la solicitud. Puede recabarse información, igualmente, del **Catastro**, **Seguridad Social**, **Registros** de la Propiedad y Mercantiles, o cualesquiera otros en los que puedan obrar datos relevantes al efecto.
También podrá la Comisión oír a la parte o **partes contrarias** en el pleito o contra las que se pretenda ejercitar la acción, cuando sean conocidas y se estime que pueden aportar datos para conocer la real situación económica del solicitante.
En el caso de **no comparecer la parte** o partes **contrarias** en el plazo de 10 días desde que sean citadas, continuará la tramitación de la solicitud, sin perjuicio de su derecho a personarse en el procedimiento en cualquier momento anterior a su resolución definitiva y su posterior impugnación.

Precisiones 1) Las **comunicaciones y notificaciones** expuestas, así como las de la resolución que recaiga (nº 1220) se efectuarán preferentemente por medios electrónicos y, en todo caso, cuando aquellas tengan lugar entre Administraciones públicas, órganos judiciales, profesionales de la justicia, colegios profesionales y la comisión.
2) Ver lo expuesto en nº 1186, acerca del **consentimiento, denegación o revocación de autorización** de consulta de los datos económico-sociales, fiscales y patrimoniales del interesado.

7. Suspensión del curso del proceso

(L 1/1996 art.16; LEC art.33.4)

La solicitud de reconocimiento del derecho a la asistencia jurídica gratuita no suspende en principio el curso del proceso. Sin embargo, cuando la petición de designación de abogado y procurador la efectúa el **demandado** en los 3 días hábiles siguientes a la **notificación de la demanda**, la falta de designación suspende en todo caso el curso de los autos; no si se solicita posteriormente (LEC art.33.4). **1208** MPCI nº 757
A fin de evitar que el transcurso de los plazos pueda provocar la preclusión de un trámite o la indefensión de cualquiera de las partes, el letrado de la Administración de Justicia, de oficio o a petición de estas, puede **decretar la suspensión** hasta que se produzca la decisión sobre el reconocimiento o la denegación del derecho a litigar gratuitamente, o la designación provisional de abogado y procurador si su intervención fuera preceptiva o requerida en interés de la justicia, siempre que la solicitud del derecho se hubiera formulado en los plazos establecidos en las leyes procesales. Esta suspensión afecta también al plazo de subsanación a que se refiere la L 10/2012 art.8.2 -tasas judiciales- (nº 6269) (L 1/1996 art.16.2).
La **solicitud de suspensión** del curso del proceso por haber solicitado el reconocimiento del derecho a la asistencia jurídica gratuita no obliga, necesariamente, al juzgador a acordar dicha suspensión, pudiendo denegarse en los casos en que dicha petición se formule con el exclusivo propósito de dilatar la duración normal del procedimiento y retrasar así la decisión final del proceso, y se muestre claramente innecesaria, de forma que no encuentre su justificación en el derecho de defensa sino en el manifiesto abuso de derecho o en el fraude de ley, vulnerando además el derecho fundamental de la otra parte a un proceso sin dilaciones indebidas (TCo 162/1993; 51/1996; AP Barcelona 30-5-05, EDJ 110763).

Precisiones 1) En todo caso, no debe olvidarse que si bien antes de celebrarse cualquier señalamiento debe resolverse sobre la solicitud de suspensión que puedan haber formulado previamente las partes, el litigante que pide el **aplazamiento de un acto procesal** y que, viendo cómo se acerca el día señalado, no recibe respuesta alguna, tiene la carga de una diligencia elemental y no puede desentenderse de la cuestión, debiendo realizar las gestiones precisas para averiguar si su petición ha sido atendida o no, no dejando pasar el día del señalamiento sin comparecer como si la suspensión le hubiera sido concedida, no pudiendo alegar indefensión quien con su actitud pasiva o negligente ha contribuido a su producción (TCo 137/1996; 65/1994; 72/1990). **1209** MPCI nº 757
2) La interpretación de L 1/1996 art.16, así como, en general, del conjunto del articulado de esta norma legal, debe venir guiada por la finalidad proclamada expresamente por la propia exposición de motivos de la misma de garantizar a todos los ciudadanos, con independencia de cuál sea su situación económica, el acceso a la Justicia en condiciones de igualdad, impidiendo cualquier desequilibrio en la efectividad de las garantías procesales garantizadas constitucionalmente en Const art.24 que pudiera provocar indefensión, y, en particular, permitiéndoles disponer de los **plazos procesales en su integridad** (TCo 141/2011; 148/2007).

3) El incumplimiento por el letrado de la Administración de Justicia de su obligación legal de recabar la **designación de procurador de oficio** que represente al recurrente en el recurso de apelación y de suspender el curso de las actuaciones hasta que se produzca esa designación (L 1/1996 art.7 y 16.3), lesiona lo dispuesto en Const art.24 en su vertiente de **acceso al recurso** (TCo 146/2022).

1210 **Control judicial** Al margen de estos supuestos, los **órganos jurisdiccionales** tienen obligación de suspender el curso del pleito en caso de solicitud de asistencia jurídica gratuita y, si no lo hacen, vulneran el derecho a la tutela judicial efectiva de quien formuló la solicitud, siempre que se haya producido una situación de indefensión real o material, que se apreciará cuando haya podido razonablemente causar algún **perjuicio a la parte** (TCo 71/1999).

Ello obliga a concluir que, si bien la solicitud del beneficio de asistencia jurídica gratuita no implica la automática suspensión del proceso, tal medida habrá de atemperarse a las circunstancias del caso, debiendo el órgano judicial acordarla, incluso **de oficio**, cuando de no hacerlo el transcurso de los plazos pueda provocar la preclusión de un trámite o la indefensión de cualquiera de las partes. La fórmula legal posibilita un imprescindible control judicial de la medida a fin de compatibilizar el derecho de una de las partes a defenderse con el derecho de la otra a un proceso sin dilaciones indebidas (AP Murcia 20-5-03, EDJ 123822).

Asimismo, no puede fijar el órgano judicial, de forma unilateral, un plazo máximo para que se proceda al **nombramiento de los profesionales**, opción que carece de todo sustento legal y que, en definitiva, hace recaer sobre el ciudadano las consecuencias del funcionamiento deficiente de un servicio público cuya organización y eficacia le son ajenas, escapando a su control (AP Murcia 20-5-03, EDJ 123822).

Cuando se trate de la **interposición de recurso**, para evitar cualquier caducidad de plazos debe garantizarse que se suspenda el procedimiento cuando se haya solicitado la designación de abogado o procurador de oficio para actuar ante el tribunal *ad quem*, aun cuando la solicitud de nombramiento de procurador de oficio resultara objetivamente defectuosa. En tal caso debe o bien proveerse la solicitud o, alternativamente, concederse plazo para subsanar el escrito defectuoso o, en el caso más extremo, retrotraerse las actuaciones al trámite de interposición del recurso ante el tribunal *a quo* para que, en ese instante, pudiera plantearse la solicitud de designación de procurador de oficio (TCo 55/2008).

1212 **Alzamiento de la suspensión** Una vez acordada la suspensión del curso del proceso, el alzamiento de dicha suspensión solamente podrá acordarse por la **designación provisional de abogado y procurador**, o por el reconocimiento o denegación del derecho a litigar gratuitamente por la Comisión de Asistencia Jurídica Gratuita, sin perjuicio de la impugnación de dichas decisiones, debiendo el juzgador recabar, en su caso, esta información a los órganos administrativos competentes (AP Murcia 20-4-06, EDJ 86850).

La **comunicación del Servicio de Orientación Jurídica** del colegio de abogados de que ha denegado la designación provisional de abogado, no es circunstancia suficiente para proceder al alzamiento de la suspensión del curso del proceso, siendo necesario que la Comisión de Asistencia Jurídica Gratuita se pronuncie sobre el reconocimiento o la denegación del derecho a la asistencia jurídica (AP Murcia 20-4-06, EDJ 86850).

8. Interrupción de la prescripción y de la caducidad

(L 1/1996 art.16)

1215 Cuando la presentación de la solicitud del reconocimiento del derecho a la asistencia jurídica gratuita se realice antes de iniciar el proceso y la **acción** pueda resultar **perjudicada por el transcurso de los plazos** de prescripción o caducidad, esta quedará interrumpida o suspendida, siempre que dentro de los plazos establecidos en la ley no sea posible nombrar al solicitante abogado y, de ser preceptivo, procurador del turno de oficio que ejerciten la acción en nombre del solicitante.

Si no fuera posible realizar estos **nombramientos**, la interrupción o suspensión se mantienen hasta que recaiga resolución definitiva en vía administrativa, reconociendo o denegando el derecho, momento a partir del cual se reanudará o reiniciará el cómputo del plazo.

El **cómputo del plazo** de prescripción se reanudará desde la notificación al solicitante de la designación provisional de abogado por el colegio de abogados o, en su caso, desde la notificación del reconocimiento o denegación del derecho por la Comisión de Asistencia Jurídica Gratuita y, en todo caso, en el plazo de 2 meses desde la presentación de la solicitud.

En el supuesto de que la **petición** haya sido **denegada**, sea **claramente abusiva** y únicamente esté preordenada a dilatar los plazos, el órgano judicial que conozca de la causa podrá computar los plazos en los estrictos términos legalmente previstos, con todas las consecuencias que de ellos se derive.

Precisiones 1) Esta previsión constituye una concreción de la facultad jurisdiccional de rechazar, fundadamente, las peticiones, incidentes y excepciones que se formulen con **manifiesto abuso de derecho** o entrañen fraude de ley o procesal. 1217

Ver la parte de esta obra dedicada a la buena fe, al abuso de derecho y al fraude de ley o procesal en nº 3120 s.

2) En el **orden contencioso-administrativo**, la solicitud de asistencia jurídica gratuita formulada con anterioridad al inicio del proceso, y dentro del plazo de 2 meses para interponer el recurso contencioso-administrativo, suspende dicho plazo, debiendo computarse el plazo a partir de la notificación al abogado y al procurador de la designación de oficio (TSJ Asturias 24-12-02, EDJ 126363).

3) En el caso de que el abogado provisionalmente designado considerase que la **pretensión** es **insostenible**, y tras el informe del colegio de abogados declarando sostenible la acción, se proceda a designar un segundo letrado, el plazo no empezará a correr hasta que se notificó la segunda designación (TSJ Cantabria 9-4-03, EDJ 215359).

9. Resolución

(L 1/1996 art.17; RD 141/2021 art.17)

La Comisión, una vez efectuadas las comprobaciones correspondientes, dictará resolución en el **plazo** máximo de 30 días hábiles contados a partir de la recepción del expediente completo. 1220

En el caso de dictar resolución **estimatoria**, la comisión determinará, cuando sea necesario, cuáles de las prestaciones que integran el derecho a la asistencia jurídica gratuita son de aplicación al solicitante.

Cuando el solicitante a quien se reconozca el derecho de asistencia jurídica gratuita acredite ingresos por debajo del **indicador público de renta de efectos múltiples** (nº 1046; L 1/1996 disp.adic.8ª), la comisión hará mención expresa de esta circunstancia en la resolución, a los efectos de que el interesado pueda beneficiarse de la exención del pago de los derechos arancelarios de notarios y registradores de la propiedad y mercantiles.

La resolución debe ser **motivada**, si bien la justificación consistente en considerar que el solicitante en modo alguno ha acreditado que en su unidad familiar concurran los requisitos básicos para hacerse merecedor del beneficio instado no vulnera la necesaria motivación puesto que, al permitir conocer las razones por las que no se considera procedente otorgarle el beneficio solicitado, facilita su impugnación, y puede **denegarse** en el caso de que se considere que se trata de una petición que se formule con manifiesto abuso de derecho (TCo auto 380/2003).

Precisiones 1) El derecho a la asistencia jurídica gratuita no puede en forma alguna confundirse con el **ejercicio constante e injustificado de acciones judiciales** carentes fundamento. Los ciudadanos no tienen derecho a plantear ante los tribunales, sin límite alguno, litigios y causas simplemente porque crean tener derecho a los servicios gratuitos de profesionales del turno de oficio. Esta idea supone un evidente fraude y abuso de derecho, que no puede en forma alguna permitirse y que casa un grave perjuicio a todos los ciudadanos que, como contribuyentes, deben sufragar los gastos del sistema de gratuidad. Asimismo, perjudica a los demás litigantes y a la propia Administración de Justicia que no debe dedicar sus limitados medios a la tramitación de procedimientos inútiles o innecesarios (TCo auto 188/1998).

2) Sin embargo, no pueden considerarse abusivas por reiterativas las **sucesivas peticiones** de asistencia jurídica gratuita, cuando se trata de pretensiones diferentes, porque se dirigen **contra personas distintas** (TSJ C.Valenciana auto 4-5-04, EDJ 192588).

Efectos de la resolución (L 1/1996 art.18; RD 141/2021 art.17.2 y 3) El reconocimiento del derecho se ha de adecuar a las prestaciones solicitadas e implica la **confirmación de las designaciones** de abogado y de procurador efectuadas provisionalmente por los colegios profesionales. 1222

Si, por el contrario, la Comisión **desestima la pretensión**, las designaciones que eventualmente se hayan realizado quedan sin efecto y el peticionario debe, en su caso, abonar los **honorarios y derechos económicos** ocasionados por la intervención de los profesionales designados con carácter provisional. En este caso los profesionales intervinientes pueden percibir de sus defendidos o representados los honorarios correspondientes a las actuaciones practicadas.

En los casos de desestimación de la pretensión, el abogado no puede reclamar al procurador el pago de sus honorarios.

En todo caso, los abogados actuantes han de **reembolsar a la Administración** el importe de las retribuciones percibidas con motivo de su intervención profesional realizada hasta el momento en el caso de que fueran abonados los honorarios por parte del peticionario cuya solicitud haya sido desestimada.

Precisiones 1) En estos casos, la **renuncia del letrado** designado provisionalmente debe admitirse desde el momento en que ha quedado sin efecto su nombramiento, renuncia que, si no es preceptiva, al menos se considera conveniente (AP Tarragona auto 20-7-04, EDJ 98777).

2) La **denegación de la asistencia letrada** no conlleva, sin más, una vulneración de Const art.24.2; para que esto suceda es necesario que la falta del letrado de oficio solicitado, en atención a las circunstancias concurrentes en el caso, haya producido al solicitante una real y efectiva situación de **indefensión material** en el sentido de que la autodefensa se haya revelado insuficiente y perjudicial para el litigante impidiéndole articular una defensa adecuada de sus derechos e intereses legítimos en el proceso, es decir, que se haya producido un menoscabo real y efectivo de su derecho de defensa (TCo 101/2002; 145/2002; AP Málaga 19-4-05, EDJ 80809).

1224 **Notificación de la resolución** (L 1/1996 art.17; RD 141/2021 art.18) La resolución se notifica en el plazo común de 3 días hábiles al solicitante, al colegio de abogados y, en su caso, al colegio de procuradores, así como a las partes interesadas y se comunica al tribunal que esté conociendo del proceso, o al juez decano de la localidad si aquel no se ha iniciado.

1226 **Silencio administrativo** (L 1/1996 art.17; RD 141/2021 art.19) Transcurrido el plazo de 30 días hábiles sin que la Comisión haya resuelto expresamente la solicitud, quedan **ratificadas las decisiones** previamente adoptadas por el colegio de abogados y el colegio de procuradores, sin perjuicio de la obligación de resolver de dicho órgano de conformidad con lo dispuesto en la legislación sobre procedimiento administrativo (LPAC).
Si el colegio de abogados no ha dictado ninguna resolución (RD 141/2021 art.15.2), el **silencio** de la Comisión es **positivo**, considerándose estimada la solicitud, por lo que, a petición del interesado, el tribunal que conozca del proceso o si la solicitud se realiza con anterioridad a la iniciación del mismo, el juez decano competente, procederá a declarar el derecho en su integridad y a requerir a los colegios profesionales la **designación provisional** de abogado y procurador, en su caso (nº 1234 s.), ello sin perjuicio de lo que resulte de las eventuales **impugnaciones** contra tal estimación presunta.
Cuando el interesado haya fundado su pretensión en **circunstancias especiales** (nº 1060), la falta de resolución expresa de la Comisión de Asistencia Jurídica Gratuita dará lugar a que la solicitud se entienda estimada y, por tanto, reconocido el derecho.
La **estimación** o **desestimación presunta** de la solicitud se puede hacer valer de conformidad con lo establecido en L 39/2015.
En estos casos, las solicitudes se presentan directamente ante la Comisión de Asistencia Jurídica competentes y no ante el Servicio de Orientación Jurídica del colegio de abogados.

Precisiones Los actos administrativos producidos por silencio administrativo se podrán hacer valer tanto ante la Administración como **ante cualquier persona** física o jurídica, pública o privada.
Los mismos producen **efectos** desde el vencimiento del plazo máximo en el que debe dictarse y notificarse la resolución expresa sin que la misma se haya producido, y su **existencia** puede ser acreditada por cualquier medio de prueba admitido en Derecho, incluido el certificado acreditativo del silencio que pudiera solicitarse del órgano competente para resolver. Solicitado este certificado, deberá ser emitido en el plazo máximo de 15 días (LPAC art.24.4).

10. Renuncia a la designación

(L 1/1996 art.28)

1230 Quienes tengan derecho a la asistencia jurídica gratuita pueden renunciar **expresamente** a la designación de abogado y procurador de oficio, nombrando libremente a **profesionales de su confianza** debiendo constar expresamente este extremo en la solicitud y afectando simultáneamente esta renuncia al abogado y procurador.
La renuncia posterior a la designación que, asimismo, debe **afectar simultáneamente al abogado y procurador** designados de oficio, tiene que ser comunicada expresamente a la Comisión de Asistencia Jurídica Gratuita y a los correspondientes colegios profesionales y no implica la pérdida de las demás prestaciones reconocidas en la concesión del derecho a la asistencia jurídica gratuita.

11. Revocación del derecho

(L 1/1996 art.19; RD 141/2021 art.21)

1232 La declaración errónea, el **falseamiento** u **ocultación de datos** por los solicitantes de asistencia jurídica gratuita, que hayan sido determinantes para el reconocimiento del derecho, dan lugar, en todo caso, previa audiencia del interesado, a su revocación por parte de la Comisión de Asistencia Jurídica Gratuita que, a estos fines, tiene potestades de revisión de oficio.
Esta revocación lleva consigo la obligación del **pago de todos los honorarios** de abogado y procurador devengados desde la concesión del derecho, así como la cantidad equivalente al costo de las demás prestaciones obtenidas en razón de dicha concesión, sin perjuicio de las **responsabilidades** de otro orden que, en su caso, correspondan.

La Administración puede exigir dicho reembolso mediante el **procedimiento de apremio** previsto en el Reglamento General de Recaudación.
Si el órgano judicial que conociera de la pretensión ejercitada por el beneficiario de la asistencia jurídica gratuita apreciase **abuso de derecho, temeridad, mala fe o fraude de ley** en su ejercicio, en la resolución que ponga fin al proceso declarará la existencia del mismo, revocará el derecho de justicia gratuita y le condenará a abonar los gastos y costas procesales devengadas a su instancia. Dicha revocación se pondrá en conocimiento de la comisión de asistencia jurídica gratuita correspondiente, a fin de que por la Administración pública competente se obtenga el **reembolso**, en su caso por la vía de apremio, de cuantas prestaciones se hubiesen obtenido como consecuencia del reconocimiento de su derecho a litigar gratuitamente.

Precisiones 1) Estas disposiciones son aplicables en **todo el territorio nacional**, y por tanto también a las comisiones de asistencia jurídica gratuita dependientes de las comunidades autónomas (L 1/1996 disp.adic.1ª; RD 141/2021 art.1.3).
2) El **Reglamento General de Recaudación** actualmente vigente es el aprobado por el RD 939/2005.

J. Impugnación de la resolución

(L 1/1996 art.20; RD 141/2021 art.1.3)

Las resoluciones que de modo definitivo reconozcan, revoquen o denieguen el derecho de asistencia jurídica gratuita pueden ser impugnadas por quienes sean **titulares de un derecho o de un interés legítimo**. 1234
Esta impugnación, para la que no es preceptiva la intervención de letrado, debe realizarse **por escrito** y de forma **motivada**, en el plazo de 10 días desde la notificación de la resolución o desde que haya sido conocida por cualquiera de los legitimados para interponerla ante el secretario de la Comisión de Asistencia Jurídica Gratuita. Este remitirá el escrito de impugnación, junto con el expediente correspondiente a la resolución impugnada y una certificación de la misma, al tribunal competente o al juez decano para su reparto, si el procedimiento no se ha iniciado.

Precisiones 1) La impugnación de las resoluciones de las comisiones de asistencia jurídica gratuita es la única forma de **intervención de los tribunales de justicia** en materia de asistencia jurídica gratuita, revisando la actuación de estos órganos administrativos.
2) No cabe interponer **recurso de reposición** ni cabe utilizar ningún otro mecanismo de control administrativo contra la actuación de las comisiones de asistencia jurídica gratuita, puesto que, a pesar de tratarse de una función administrativa y no judicial, el único mecanismo de impugnación y control se ejerce por los tribunales a través de la impugnación prevista en la L 1/1996 (TSJ Asturias 13-4-05, EDJ 81426).

Tribunal competente (L 1/1996 art.20; TCo auto 4-6-97; LOPJ art.87.7 redacc LO 1/2025) La competencia para conocer de la impugnación contra la resolución dictada por la Comisión de Asistencia Jurídica Gratuita corresponde, si ya está **iniciado el proceso**, al tribunal que esté conociendo del proceso para el que se haya instado la concesión del derecho a la asistencia jurídica gratuita. 1236
En el **procedimiento concursal** corresponde a la Sección de lo Mercantil del Tribunal de Instancia -hasta su constitución, al juzgado de lo mercantil- el conocimiento de las impugnaciones que procedan en relación con la asistencia jurídica gratuita.
No obstante, cuando el **procedimiento** para el que se va a solicitar la asistencia jurídica gratuita **no esté iniciado**, se plantea la duda de la competencia del órgano judicial que habrá de revisar la resolución dictada por la Comisión de Asistencia Jurídica Gratuita, por cuanto que la L 1/1996 únicamente indica que se remitirá al juez decano para su reparto, si el procedimiento no se ha iniciado.

Precisiones 1) Una respuesta razonable consiste en determinar que la impugnación de la resolución dictada por la Comisión de Asistencia Jurídica Gratuita ha de ser resuelta por el **tribunal que conoce** o ha de conocer **de la causa** para la que se solicita el nombramiento de letrado y procurador, careciendo de sentido que conozca de la impugnación del beneficio de justicia gratuita un tribunal distinto al que está tramitando el procedimiento para el que se solicita la medida en cuestión (AP Madrid auto 23-6-05, EDJ 106672). 1238
2) Se descarta la posible atribución de competencia a favor de los **órganos judiciales de capital de provincia**, de **Ceuta** o de **Melilla**, por aplicación del fuero territorial, por mor de la intervención en el expediente impugnatorio de denegación del beneficio el abogado del Estado o el letrado de la comunidad autónoma correspondiente cuando de ella dependa la Comisión (AP Madrid auto 23-6-05).
3) Si el **procedimiento** o proceso en relación con el cual se pide el reconocimiento del derecho a la asistencia jurídica gratuita **ya se ha iniciado** la competencia para conocer de la impugnación de la

resolución (denegatoria total o parcialmente en general) de la comisión de asistencia gratuita corresponde al órgano judicial que conozca de dicho proceso. En otro caso, la competencia es del órgano judicial al que se asigne por turno de reparto (TCo auto 4-6-97; auto 7-5-97; JCA Huesca núm 1 10-7-02).

4) No obstante, consideramos más apropiada la atribución de la impugnación al tribunal que habrá de conocer del **asunto principal**, a quien habrá de turnarse la impugnación cuando se conozca cual ha de ser el órgano judicial que conozca del asunto.

1240 **Tramitación** (L 1/1996 art.20) Recibido el escrito de impugnación, los documentos y la certificación de la resolución impugnada, el letrado de la Administración de Justicia citará a las partes a **comparecencia** y al abogado del Estado o al letrado de la comunidad autónoma correspondiente cuando de ella dependa la Comisión, dentro de los 5 días siguientes.

El tribunal puede acordar mediante providencia, de oficio o a instancia de parte, la celebración de una comparecencia si la impugnación no pudiera resolverse con los documentos y pruebas aportados, señalando el letrado de la Administración de Justicia día y hora, para que tenga lugar dentro de los 10 días siguientes.

Recibidas las **alegaciones** o finalizada la comparecencia, en su caso, se dictará **auto** en el plazo de los 5 días siguientes manteniendo o revocando la resolución impugnada.

El órgano judicial competente para conocer de la impugnación, en el auto por el que resuelva sobre la misma podrá imponer a quien la haya promovido de manera temeraria o con abuso de derecho, una **sanción pecuniaria** de 30 a 300 euros.

Precisiones El auto judicial que confirme o revoque la resolución de la Comisión de Asistencia Jurídica Gratuita ha de estar referido, necesariamente, a la resolución impugnada y a la **fecha** y **circunstancias** de la misma (AP Valladolid auto 23-9-03, EDJ 263167).

1242 **Irrecurribilidad del auto** (L 1/1996 art.20) Contra el auto dictado por el órgano judicial no cabe recurso alguno, excepto el **recurso de amparo**, en su caso, ante el Tribunal Constitucional (nº 1344 s.).

Precisiones La irrecurribilidad del auto judicial no vulnera el derecho fundamental a la **tutela judicial efectiva**, siendo razonable que no se prevea ningún recurso contra dicha resolución por encontrarnos ante un procedimiento especial, a través del cual se ha intentado desjudicializar el procedimiento para reconocer el derecho a la asistencia jurídica gratuita, sin perjuicio de garantizar un **control judicial** de la decisión adoptada por la Administración (TCo auto 380/2003).

1244 **Recurso de amparo** Quienes pretendan interponer recurso de amparo contra las **resoluciones judiciales desestimatorias** de la impugnación de resoluciones dictadas por las comisiones de asistencia jurídica gratuita, deberán dirigirse por escrito al Tribunal Constitucional dentro del plazo de 20 días a partir de la notificación de la resolución recaída (TCo acuerdo 18-6-96).

En dicho escrito, donde harán constar expresamente su intención de interponer recurso de amparo, expondrán sucintamente una **relación circunstanciada de los hechos** en que se funde su pretensión y solicitarán que, a requerimiento del tribunal, se les designe abogado y procurador del turno de oficio.

En todo caso, los interesados acompañarán al referido escrito **copia o testimonio de la resolución judicial** que pretendan impugnar en amparo, así como la acreditación de la fecha en que les haya sido notificada.

El tribunal, salvo que el escrito se haya presentado fuera del plazo legalmente establecido, requerirá, sin más, a los respectivos colegios la **designación definitiva de abogado y procurador** del turno de oficio.

El abogado designado no podrá instar el procedimiento de insostenibilidad de la pretensión (nº 1118 s.).

Si el **recurso** de amparo es **inadmitido o desestimado**, los profesionales que hayan asistido y representado al recurrente tendrán derecho a percibir de este los honorarios correspondientes a las actuaciones practicadas.

Precisiones Carece de **legitimación activa** para acudir en amparo la parte contraria al beneficiario de asistencia jurídica gratuita en el proceso principal, quien no intervino en el procedimiento seguido ante la Comisión de Asistencia Jurídica Gratuita que dio origen al proceso judicial cuya resolución se pretende recurrir en amparo, sin que la legitimación sobre el fondo del asunto a dilucidar entre las partes se comunique a aquel, pues no es este el objeto del procedimiento en el que no intervino (TCo auto 55/2002).

K. Condena en costas

El sistema de asistencia jurídica gratuita opera en el seno de los procedimientos judiciales en los que, por aplicación de las normas contenidas en la LEC, puede existir, en su caso, una condena en costas **a abonar por alguna de las partes** en el concreto proceso para el que se ha reconocido la asistencia jurídica gratuita. 1248
Las situaciones que pueden darse van desde:
- la condena en costas a favor de quien es beneficiario de la asistencia jurídica gratuita;
- la condena en costas del beneficiario de las mismas; y
- la inexistencia de condena en costas en la resolución que ponga fin al proceso.

Precisiones 1) La regulación sobre esta materia contenida en la L 1/1996 es de aplicación general en **todo el territorio nacional**.
2) La condena en costas y la **tasación** de costas son objeto de estudio en nº 3083 s.

A favor del beneficiario de asistencia jurídica gratuita (LEC art.394.3 redacc LO 1/2025; L 1/1996 art. 36.1 redacc LO 1/2025) Si en la sentencia o resolución que ponga fin al proceso hay pronunciamiento sobre costas a favor de quien obtuvo el reconocimiento del derecho a la asistencia jurídica gratuita o de quien lo tenga legalmente reconocido, debe **la parte contraria** abonar las cosas causadas en la defensa y, en su caso, representación de aquella. 1250
En estos casos, el litigante beneficiario de la justicia gratuita no ostenta crédito alguno dimanante del supuesto abono de honorarios y derechos de los profesionales que lo hayan representado y defendido en el proceso, sino que el **letrado** y el **procurador de oficio** son los auténticos **titulares del derecho de crédito** frente al condenado en costas, puesto que en estos caso no existe un verdadero contrato de arrendamiento de servicios concertado entre el litigante y los profesionales, cuya prestación es gratuita respecto de aquel y retribuida con fondos públicos, por lo que obviamente el vencedor en costas ningún crédito ostenta frente a la parte contraria, dimanante del pago de unos honorarios y derechos que son gratuitos por disposición legal (AP Asturias auto 12-1-04, EDJ 304618).
Ambos profesionales están obligados a la **devolución de las cantidades** eventualmente percibidas con cargo a fondos públicos por su intervención en el proceso. A tales efectos, se comunicará por la oficina judicial a los colegios profesionales correspondientes dicha circunstancia.

Precisiones Se establece así la diferencia de lo que ocurre en las **condenas en costas sin mediar el beneficio de justicia gratuita**, en cuyo caso el crédito dimanante de la condena en costas corresponde a la parte vencedora y no al procurador y letrado que le hayan representado y defendido en juicio, pues obviamente cualquier persona que necesite promover una demanda o defenderse frente a la formulada contra él ha de concertar los servicios de los aludidos profesionales, mediante un contrato calificado como de arrendamiento de servicios y asume la obligación de satisfacer los derechos y honorarios devengados por su prestación, de cuyo importe podrá resarcirse si la sentencia recaída en el proceso ha condenado en costas a la parte contraria.

Contra el beneficiario de asistencia jurídica gratuita (LEC art.394.3 redacc LO 1/2025; L 1/1996 art.36.2) Cuando el condenado en costas sea titular del derecho de asistencia jurídica gratuita, este únicamente estará obligado a pagar las costas causadas en defensa de la parte contraria en los casos expresamente señalados en la L 1/1996. 1252
Así, cuando en la sentencia o resolución que ponga fin al proceso sea condenado en costas quien haya obtenido el reconocimiento del derecho a la defensa jurídica gratuita o quien lo tenga legalmente reconocido, este queda obligado a pagar las **causadas en su defensa** y **las de la parte contraria**, si dentro de los 3 años siguientes a la terminación del proceso viene a mejor fortuna, quedando mientras tanto interrumpida la prescripción.
No es irrazonable ni desproporcionado que quien carece de recursos económicos para litigar no deba hacer frente a la **condena en costas** entretanto no venga a mejor fortuna; en caso contrario sería un obstáculo probablemente excesivo y disuasorio del ejercicio del derecho a la tutela judicial efectiva (TCo auto 119/2008).
Corresponde a la comisión competente la declaración de si el beneficiario ha venido a **mejor fortuna** (L 1/1996 art.19), pudiendo ser impugnada la resolución que dicte en la forma prevista en L 1/1996 art.20.

Precisiones 1) El **plazo de prescripción** es el de 3 años a contar desde que dejaron de prestarse los respectivos servicios (CC art.1967). 1254
2) Determinados pronunciamientos judiciales limitan esta parte del derecho de asistencia jurídica gratuita a las **costas devengadas** durante el **proceso declarativo o contradictorio**, por cuanto que la Ley hace referencia a la sentencia que ponga fin al proceso, sin referirse al proceso de ejecución (L 1/1996 art.36), por lo que las costas de la ejecución no vendrían amparadas por el derecho de la asistencia jurídica gratuita pues, sin perjuicio del derecho de defensa de quien carece de medios para ello, hay que entender que nada puede justificar la actitud renuente del que ha sido condenado

por sentencia al cumplimiento voluntario de lo por ella dispuesto; esto es, no puede ampararse, dentro del proceso de ejecución forzosa, la renuencia injustificada del ejecutado al cumplimiento voluntario de sus obligaciones (AP Asturias auto 4-9-03, EDJ 205256).

3) No obstante, parece más razonable el criterio de otros pronunciamientos que consideran que el beneficio de justicia gratuita se extiende también a la **fase de ejecución**, por cuanto que el proceso declarativo y el ejecutivo son ambas fases de un único proceso, que se inicia por la creación del título y culmina por su ejecución; por lo tanto solo vendría el beneficiario de justicia gratuita obligado al abono de las costas de ejecución a que ha sido condenado si viene a mejor fortuna (AP Burgos auto 20-11-02, EDJ 126202).

4) El beneficio de asistencia jurídica gratuita no exime a quienes, por disposición legal o declaración administrativa, sean sus destinatarios, del pago de las costas causadas en su defensa y las de la parte contraria, si son condenados a ellas, sin perjuicio de que su pago estará supeditado al cumplimiento de la condición consistente en la **acreditación del cambio de fortuna** dentro del plazo indicado, a cargo de la representación de la parte contraria (TS 29-12-99, EDJ 49596; 23-11-99, EDJ 40354; 11-2-03, EDJ 2056; 21-5-10, EDJ 84312).

1256 MPCI nº 813 **Tasación de costas** La circunstancia de que el beneficiario de asistencia jurídica gratuita no esté obligado al pago de las costas de la parte contraria no empece a que se proceda a la tasación de tales costas, si así se solicita, sin que sea viable la **impugnación de dicha tasación por indebidas**. Cuestión distinta es que dicha tasación no podrá hacerse efectiva si el beneficiario de tal derecho no viene a mejor fortuna dentro de los siguientes 3 años a la terminación del proceso; pero en todo caso y con dicha tasación, se habrá concretado el crédito (TS 30-4-02, EDJ 13109; AP Jaén 1-9-04, EDJ 161855; AP Madrid 12-4-05, EDJ 44816; AP Castellón 15-7-05, EDJ 198910).

Precisiones La circunstancia de haber mediado el reconocimiento del beneficio de justicia gratuita no exime al letrado de la Administración de Justicia de practicar la tasación de costas que afecte negativamente al titular de aquel derecho, dado que la misma puede llegar a ser efectiva en el supuesto que el beneficiario llegue a **mejor fortuna o posición** y es entonces cuando dicha tasación puede ser realizada (TS 30-10-01, EDJ 37630).

1258 **Mejor fortuna** (L 1/1996 art.36.2) Se presume que ha venido a mejor fortuna la persona cuyos ingresos y recursos económicos por todos los conceptos superan el cuádruplo del **indicador público de renta de efectos múltiples** (nº 1046; L 1/1996 disp.adic.8ª), o si se han alterado sustancialmente las circunstancias y condiciones tenidas en cuenta para reconocer el derecho a litigar gratuitamente.

Precisiones **1)** Se considera incluido en este supuesto cuando el solicitante de justicia gratuita **oculte la existencia de bienes inmuebles** de forma que, de haber sido conocidos, se le hubiera denegado tal derecho, siendo así que aquel incumplimiento de sus deberes, rozando el fraude legal, permite que se proceda a la tasación de las costas de la parte contraria a la que fue condenado el beneficiario de la justicia gratuita en sentencia, por entender que se han alterado sustancialmente las circunstancias tenidas en cuenta para reconocer el derecho (AP Huelva 27-7-05, EDJ 158733).

2) No se considera que ha venido a mejor fortuna quien ha sido **vencedor en otro pleito** y se halla en periodo de percibir el importe de las costas procesales allí generadas, pues en las costas se integran conceptos que implican gastos ya realizados o que deben realizarse, lo que no genera ningún incremento de patrimonio propiamente dicho, pues de todos los conceptos que define la Ley como integrantes de las costas ninguno supone un beneficio que incremente el haber del beneficiado con la declaración de litigar con la justicia gratuita (AP Burgos auto 20-11-02, EDJ 126202).

1260 **Órgano competente** Para verificar o **comprobar la realidad del cambio a mejor fortuna** del beneficiario de asistencia jurídica gratuita es necesario determinar qué órgano resulta competente para decidir si han variado las circunstancias económicas de aquel; así como habrá que determinarse mediante qué procedimiento se debe constatar la modificación de las circunstancias patrimoniales que llevaron a conceder a ese litigante el derecho a la asistencia jurídica gratuita.

En cuanto al órgano competente, se plantea la doble posibilidad de que sea:

- el órgano jurisdiccional que conoce del pleito; o
- la Comisión de Asistencia Jurídica Gratuita que se encargó de decidir la concesión del derecho.

Se considera que es el órgano judicial que ha conocido de los autos donde fue ejercitada la **pretensión principal** el que debe conocer de la posible revocación o, en su caso, dejación sin efecto del beneficio (AP Bizkaia auto 16-2-05, EDJ 33256), e incluso el órgano jurisdiccional que habrá de conocer en su caso del **apremio ejecutivo** subsiguiente del auto de tasación de las costas a que fue condenado el beneficiario (AP Huelva auto 16-9-03, EDJ 152413).

Precisiones Existen pronunciamientos que consideran que, habiéndose producido una **desjudicialización** y una **atribución administrativa** para el reconocimiento y la revocación del derecho, corresponde a estos órganos administrativos la apreciación del cambio de fortuna, siguiendo los mismos trámites procedimentales que para la concesión del derecho (AP auto Cantabria 12-3-04, EDJ 49515).

Pérdida del beneficio Debe ir precedida de una **solicitud de parte interesada** encaminada a ese fin, en el que se ponga de manifiesto que en el beneficiario ha venido a mejor fortuna o, en su caso, que se han **alterado sustancialmente** las **circunstancias** y **condiciones** tenidas en cuenta para su reconocimiento, con concreta designación de cuáles fueran estas; sometida la petición a contradicción, dándose traslado al sujeto al beneficio cuya dejación sin efecto se pretende a efectos de costas y recabando, en su caso, la documentación pertinente de la Comisión de Asistencia Jurídica Gratuita que haya reconocido el derecho, se dictará la correspondiente **resolución** en forma de auto, sometida al régimen de recursos, y una vez que gane firmeza la resolución ya puede considerarse que se ha dejado sin efecto la exención del pago de las costas procesales y podrán presentarse las minutas de honorarios (AP Bizkaia auto 16-2-05, EDJ 33256). **1262**

Precisiones Otros pronunciamientos consideran que es necesario, para despachar la ejecución del cobro de las costas a que fue condenado el beneficiario de la asistencia jurídica gratuita, el presupuesto básico del **título objeto de ejecución** cual lo constituye la declaración de que el condenado ha venido a mejor fortuna (AP Valencia auto 22-4-02, EDJ 126411).

Condena en costas a personas jurídico-públicas Dado que las personas jurídico-públicas no pueden carecer de medios para litigar, ni tiene sentido considerar la imposibilidad de que puedan llegar a mejor fortuna, no cabe incluirlas en la aplicación de la regulación del reintegro económico, ya que este último no forma parte del contenido material del derecho y su ámbito de aplicación se circunscribe a algunas de las **personas incluidas en su ámbito de aplicación**, concretamente a las que se exige, para disponer del derecho a la asistencia jurídica gratuita, la acreditación de la insuficiencia de medios para litigar (TS 16-3-05, EDJ 30120; 28-2-06, EDJ 15990). **1264**

Seguridad Social Las entidades gestoras y los servicios comunes de la Seguridad Social, así como el resto de los servicios autonómicos de salud como **beneficiarios del derecho a litigar gratuitamente** no están exentos del pago de las costas procesales, en su caso, siendo de aplicación a estas entidades, el régimen de asistencia jurídica al Estado e instituciones públicas (L 52/1997 disp.adic.3ª). Este establece que el pago de las costas a que sea condenado el Estado, sus organismos públicos y los organismos constitucionales correrá a cargo de sus respectivos **presupuestos**, sin que se encuentre explicación que justifique la exención del pago de costas procesales a las **entidades gestoras y servicios comunes** de la Seguridad Social con apoyo en las normas sobre reintegro económico, que son únicamente aplicables a aquellos titulares a los que la L 1/1996 les exige acreditar la insuficiencia de recursos para litigar (TCo auto 19-12-00; TS 16-3-05, EDJ 30120; 7-4-05, EDJ 40623). **1266**

Precisiones Esta sentencias vienen a reconsiderar el criterio mantenido en precedentes pronunciamientos que, sobre la premisa de no estar fundado el beneficio de la **Tesorería General de la Seguridad Social** en la situación patrimonial del organismos, por razón de provenir de una declaración legal, fundamentaron en la L 1/1996 art.36.2 la **improcedencia del reintegro de las costas**, por no poder llevarse a cabo la comparación que contempla ese precepto entre el estado de fortuna de la Tesorería en el momento del inicio del proceso, o de su terminación, y en cualquier otro dentro de los 3 años siguientes, al faltar el punto de partida de esa comparación (TS 11-7-00, EDJ 22058; 18-7-00, EDJ 15771).

Inexistencia de condena en costas (L 1/1996 art.36.3) Cuando la sentencia que ponga fin al proceso no contenga expreso pronunciamiento en costas, venciendo en el pleito el beneficiario de la asistencia jurídica gratuita, deberá este pagar las costas causadas en su defensa, siempre que no excedan de la **tercera parte** de lo que en él haya obtenido. Si exceden, se reducirán a lo que importe dicha tercera parte, atendiéndose a prorrata sus diversas partidas. **1268**

Precisiones En estos casos, y para que sea efectiva la reclamación de honorarios al **litigante vencedor en el pleito**, y beneficiario de asistencia jurídica gratuita, no es necesario probar que este último ha venido a mejor fortuna, requisito únicamente exigible para el caso en que sea condenado en costas, sino que únicamente habrá que probarse que es beneficiario de tal derecho y que ha vencido en el pleito (AP Madrid 9-1-04, EDJ 125131).

Litis expensas (L 1/1996 art.36.4.5) Cuando se reconozca el derecho a asistencia jurídica gratuita para procesos en los que proceda la petición de litis expensas (nº 1052) y estas sean **concedidas en resolución firme** a favor de la parte que litiga con el reconocimiento del derecho a asistencia jurídica gratuita, el letrado y procurador intervinientes podrán exigir a esta el pago de sus honorarios, hasta el importe total de la partida aprobada judicialmente para este concepto. **1270**
Obtenido el **pago por los profesionales designados de oficio**, estarán estos obligados a devolver las cantidades eventualmente percibidas con cargo a fondos públicos por su intervención en el proceso.

Para el **cálculo de sus honorarios** y derechos, se estará a las normas sobre honorarios de abogados de cada colegio, así como a los aranceles de los procuradores vigentes en el momento de la sustanciación del proceso.

L. Procedimiento especial en los tratados y convenios sobre asistencia jurídica gratuita

1275 En esta materia deben diferenciarse los convenios internacionales en los que España es parte y la normativa comunitaria que afecta a la asistencia jurídica gratuita.

1277 **Convenios internacionales en los que España es parte** (L 1/1996 art.44) El Reino de España ha firmado y ratificado los siguientes convenios internacionales que afectan a la asistencia jurídica gratuita:

• Acuerdo Internacional Europeo 27-1-1977, de transmisión de solicitudes de asistencia jurídica gratuita.

• Convenio La Haya 25-10-1980, de acceso internacional a la justicia.

• Carta de los Derechos Fundamentales de la Unión Europea art.47 (DOUE 30-3-10), de igual valor que los Tratados constitutivos de la Unión Europea (Tratado UE art.6), que garantiza que se prestará asistencia jurídica gratuita a quienes no dispongan de recursos suficientes siempre y cuando dicha asistencia sea necesaria para garantizar la efectividad del acceso a la justicia.

El ministerio del ramo de justicia, a través de la autoridad central receptora de la aplicación en España de estos Tratados, formulará ante las comisiones de asistencia jurídica gratuita las **solicitudes de asistencia jurídica gratuita** formuladas al amparo de dichos convenios.

Precisiones Las disposiciones sobre asistencia jurídica gratuita en los **litigios transfronterizos** de la Unión Europea prevalecen, dentro de su ámbito material de aplicación, y en lo que afecte a las relaciones entre los Estados miembros de la Unión Europea, sobre los convenios internacionales suscritos sobre esta materia (Dir 2003/8/CE).

1279 **Particularidades procedimentales** (L 1/1996 art.45) La tramitación de estas solicitudes se ajusta a las reglas de procedimiento general con las siguientes particularidades:

a) El **plazo para la impugnación** de las resoluciones que, de modo definitivo, reconozcan o denieguen el derecho a la asistencia jurídica gratuita es de 2 meses.

b) El **plazo para la subsanación de deficiencias** en la solicitud de reconocimiento de la asistencia jurídica gratuita es de 2 meses, contados a partir de la fecha en que la Comisión de Asistencia Jurídica Gratuita notifique la insuficiencia documental.

c) Los documentos presentados han de estar redactados o **traducidos al castellano**, quedando dispensados de cualquier formalidad de legalización o apostilla.

M. Asistencia jurídica gratuita en litigios transfronterizos de la Unión Europea

1282 Se establecen unas **reglas mínimas comunes** para mejorar el acceso a la justicia en los litigios transfronterizos.

1284 **Ámbito personal de aplicación** (L 1/1996 art.46.1 y 3) En los litigios transfronterizos tienen derecho a la asistencia jurídica gratuita las **personas físicas** que sean ciudadanos de la Unión Europea o nacionales de terceros países que residan legalmente en uno de los Estados miembros.

En las relaciones entre Estados miembros de la Unión Europea, estas disposiciones especiales prevalecen sobre los convenios y tratados multilaterales y bilaterales ratificados por ellos. Tratándose de relaciones entre **Estados no miembros** de la Unión, tales reglas no afectarán a los restantes tratados y convenios multilaterales y bilaterales ratificados por España.

Precisiones A estos efectos, se entiende por Estado miembro de la Unión Europea todos los Estados miembros excepto **Dinamarca**.

1286 **Clases de procedimiento a los que se aplica** (L 1/1996 art.46.2) El beneficio de asistencia jurídica gratuita se reconoce únicamente en los litigios en **materia civil o mercantil**, así como en los procedimientos **extrajudiciales** en estas mismas materias cuando la ley los imponga a las partes o el tribunal remita a estas a dichos procedimientos.

El beneficio de asistencia jurídica gratuita se reconocerá igualmente en los litigios transfronterizos derivados de un **contrato de trabajo**.

La asistencia jurídica gratuita puede concederse también para:
• La **ejecución de sentencias** dictadas por los tribunales de otros Estados miembros de la Unión Europea en los que se haya obtenido el derecho de asistencia jurídica gratuita.
• La **ejecución de documentos públicos** con fuerza ejecutiva.

Litigios transfronterizos (L 1/1996 art.47) Se entiende por litigio transfronterizo aquel en que la parte que solicita la asistencia jurídica gratuita **reside habitualmente** o **está domiciliada** en un Estado miembro de la Unión Europea distinto de aquel otro donde se halle el tribunal competente para su conocimiento o en el que deba ejecutarse la resolución. 1288
El momento que se tiene en cuenta para determinar si existe un litigio transfronterizo es el de **presentación de la solicitud**.

Precisiones Para la determinación del Estado miembro en el que está domiciliada una parte del litigio transfronterizo se aplica lo dispuesto en el Rgto CE/1215/2012 art.62, relativo a la competencia judicial, el reconocimiento y la ejecución de resoluciones judiciales en materia civil y mercantil.

Autoridades expedidoras y receptoras (L 1/1996 art.48, 50.2, 51.3) Son autoridades expedidoras y receptoras de las solicitudes de asistencia jurídica gratuita que se envíen o se reciban en España, los **colegios de abogados**. 1290
El ministerio del ramo de justicia, a través del órgano competente, notificará a la Comisión Europea:
- los **nombres** y **direcciones** de las autoridades receptoras o expedidoras competentes en España;
- los **ámbitos geográficos** sobre los que tienen competencia;
- los medios para recibir las solicitudes y, la lengua o las **lenguas oficiales** de las instituciones de la Comunidad, además del español y, en su caso, de las lenguas oficiales de la comunidad autónoma en la que tengan su sede las autoridades expedidoras y receptoras, en las cuales se aceptará que se cumplimenten las solicitudes de asistencia jurídica gratuita, así como la documentación acreditativa correspondiente.
Cuando una solicitud o la documentación correspondiente se reciba en una **lengua no aceptada en España**, serán inmediatamente devueltas a quien los haya presentado para que proceda a su traducción y presentación en el plazo de 15 días contados desde la recepción del requerimiento.
Los documentos remitidos por las autoridades expedidoras competentes estarán **exentos de legalización** y de cualquier otra formalidad equivalente.

Relación de solicitudes de reconocimiento de asistencia gratuita (L 1/1996 disp.adic.6ª) Los colegios de abogados, a efectos estadísticos, enviarán semestralmente al Consejo General de la Abogacía Española, que a su vez remitirá al ministerio del ramo de justicia, una relación de solicitudes de reconocimiento de asistencia jurídica gratuita en los litigios transfronterizos celebrados en los demás Estados miembros, con indicación expresa del Estado de que se trate, cuando el solicitante del derecho tenga su **residencia habitual** o su **domicilio en España**, así como de solicitudes de reconocimiento de asistencia jurídica gratuita en los litigios transfronterizos celebrados en España, con indicación expresa del Estado de residencia habitual o domicilio del solicitante del derecho. 1292

Requisitos para el reconocimiento del derecho en España (L 1/1996 art.49.1.2 y 51.1) Quien solicite asistencia jurídica gratuita por litigios transfronterizos ha de **residir** o **estar domiciliado** en un Estado miembro de la Unión Europea distinto de España. 1294
El solicitante debe cumplir los requisitos generales de litigar por derechos e intereses propios (nº 1004), y no superar el límite de **ingresos** y recursos económicos (nº 1046), sin perjuicio de las circunstancias especiales que son igualmente valorables (nº 1060).
Los límites económicos no impiden que el solicitante que los supere pueda obtener el beneficio si prueba que no puede hacer frente a los gastos procesales debido a las diferencias en el **coste de la vida** entre el Estado miembro de su residencia o domicilio y España. En tal caso se tendrá en cuenta el cumplimiento por el solicitante de los criterios de carácter económico aplicables en el Estado miembro de su domicilio o residencia habitual para conceder la asistencia jurídica gratuita.
En este último caso, así como cuando concurran en el solicitante las **circunstancias especiales** previstas en nº 1060, el colegio de abogados remitirá inmediatamente a la Comisión de Asistencia Jurídica Gratuita la solicitud y la documentación para que resuelva sobre la pretensión deducida.

Contenido material del derecho (L 1/1996 art.50) El derecho de asistencia jurídica comprende todas las prestaciones generales, y, además: 1296
1) Los servicios de **interpretación**.

2) La **traducción** de los documentos presentados por el beneficiario a instancias del tribunal o de la autoridad competente y que sean necesarios para resolver el asunto.
3) Los **gastos de desplazamiento** que corran por cuenta del solicitante, cuando las normas aplicables o el tribunal requieran su comparecencia personal para la defensa de su pretensión, y el tribunal decida que no existen otros medios satisfactorios de tomar declaración.
4) La **defensa y representación gratuitas** por abogado y procurador en el procedimiento judicial cuando, no siendo legalmente preceptiva la intervención de estos profesionales, sea **expresamente requerida por el tribunal** mediante auto motivado en vista de la complejidad del asunto o para garantizar la igualdad de partes en el proceso.

Precisiones Al objeto de considerar si es necesaria la **asistencia personal** del solicitante, de un **testigo** o de un **perito**, los tribunales tendrán en cuenta lo previsto en el Rgto 1206/2001/CE; Rgto (UE) 2020/1783, aplicable a partir del 1-7-2022-, relativo a la cooperación entre los órganos jurisdiccionales de los Estados miembros en el ámbito de la **obtención de pruebas en materia civil o mercantil**, así como, en su caso, otros convenios o normas aplicables (L 1/1996 art.50.c).

1298 **Solicitud del derecho** (L 1/1996 art.51.1.2.3.5) Las solicitudes de asistencia jurídica gratuita por litigios transfronterizos se cumplimentan en el **modelo oficial** establecido al efecto, y pueden presentarse bien directamente por el interesado, bien a través de la autoridad expedidora competente del Estado miembro en que el solicitante tenga su residencia habitual o su domicilio.
Las solicitudes se acompañan de los **documentos** en los que se funde la pretensión.
En los casos en que haya de tener lugar **en España el reconocimiento o ejecución** de una resolución judicial dictada por un tribunal de otro Estado miembro de la Unión Europea en el que se haya obtenido el beneficio de la justicia gratuita, el derecho a la asistencia jurídica se instará mediante solicitud en la que se acredite el reconocimiento del derecho en ese Estado y el cumplimiento del resto de los requisitos exigidos para ser beneficiario de este derecho en los litigios transfronterizos.
En el supuesto de **concurrencia de litigantes** en un mismo proceso (nº 1062), el reconocimiento del derecho debe ser instado de manera individualizada para cada uno de los interesados, de acuerdo con las normas generales.
Cuando una solicitud o la documentación correspondiente se reciban en una **lengua no aceptada en España**, serán inmediatamente devueltas a quien los haya presentado para que proceda a su traducción y presentación en el plazo de 15 días contados desde la recepción del requerimiento.

Precisiones **1)** La Decisión 2005/630/CE establece un **formulario para la transmisión de las solicitudes** de asistencia jurídica gratuita en aplicación de la Dir 2003/8/CE.
2) La Decisión 2004/844/CE establece un **formulario para la solicitud de asistencia** jurídica gratuita con arreglo a la Dir 2003/8/CE destinada a mejorar el acceso a la justicia en los litigios transfronterizos mediante el establecimiento de reglas mínimas comunes relativas a la asistencia jurídica gratuita para dichos litigios.

1300 **Lugar de presentación de la solicitud** (L 1/1996 art.51.1) Los solicitantes de asistencia jurídica gratuita que provengan de otro Estado miembro de la Unión Europea para un litigio transfronterizo se deben presentar ante el **colegio de abogados** del lugar donde se halle el **tribunal** que haya de conocer del **proceso principal** para el que aquella se solicita o ante el que se solicite el reconocimiento o ejecución de una resolución.
Cuando el **colegio de abogados** que reciba la solicitud estime que es **incompetente** para su tramitación, la remitirá al colegio que considere competente, de manera razonada. Si este rechaza también la solicitud, la enviará al Consejo General de la Abogacía Española para que decida cuál es el colegio de abogados de la circunscripción del tribunal al que corresponde su tramitación, determinando este de acuerdo con las reglas de la LEC o, en su caso, en las normas internacionales que resulten de aplicación.

1302 **Tramitación** (L 1/1996 art.51.1.4) Una vez presentada la solicitud se siguen las normas del procedimiento general de reconocimiento del derecho a la asistencia jurídica gratuita (nº 1180 s.).
No obstante, el **plazo de subsanación** de las apreciadas deficiencias en la solicitud o de la insuficiencia de la documentación presentada es de 15 días.
En todo caso, debe informarse al solicitante sobre la tramitación de su solicitud, cuya **resolución** será **motivada** en caso de denegación total o parcial.
Para el caso en que el solicitante alegue que concurren en el mismo las **circunstancias especiales** previstas en nº 1060, así como cuando superando el límite de **ingresos económicos** pruebe que no puede hacer frente a los gastos procesales debido a las diferencias en el coste de la vida entre el Estado miembro de su residencia o domicilio y España, el colegio de abogados remitirá inmediatamente a la Comisión de Asistencia Jurídica Gratuita la solicitud y la documentación para que resuelva sobre la pretensión deducida.

Reconocimiento del derecho en otros Estados miembros de la Unión Europea 1304
(L 1/1996 art.52, 53.1 y 54) Las personas físicas que tengan su residencia habitual o su domicilio en España y pretendan beneficiarse de asistencia jurídica gratuita en otro Estado miembro de la Unión Europea para un litigio transfronterizo, podrán acceder en España a los siguientes derechos:
1) Asistencia de los **servicios de orientación jurídica** del colegio de abogados correspondiente a la residencia o domicilio del solicitante hasta que se presente la solicitud de asistencia jurídica gratuita en el Estado miembro donde se halle el tribunal. Esta **asistencia** incluye el asesoramiento al solicitante para que la solicitud vaya acompañada de toda la documentación acreditativa que sea necesaria para que pueda resolverse sobre ella.
2) **Traducción** de la solicitud y de la documentación acreditativa necesaria que deba presentarse a las autoridades de dicho Estado miembro.
Estos derechos pueden solicitarse ante el colegio de abogados que corresponda a la **residencia habitual** o **domicilio del solicitante**.
Cuando la autoridad competente de otro Estado miembro deniegue la solicitud de asistencia jurídica realizada desde España, y se constate que ha concurrido la **declaración errónea, falseamiento u ocultación de datos** por el solicitante, se exigirá el reintegro de los gastos correspondientes a las traducciones.

Tramitación (L 1/1996 art.53.1.2.3) Corresponde al colegio de abogados **transmitir la solicitud** de asistencia jurídica gratuita a las autoridades receptoras del Estado miembro de la Unión Europea donde se encuentre el tribunal competente para el litigio de que se trate. 1306
El solicitante puede **presentar por sí mismo la solicitud** de asistencia jurídica gratuita ante la autoridad receptora competente del Estado miembro en el que se halle el tribunal o en el que deba ejecutarse la resolución.
La solicitud presentada ante el colegio de abogados se remitirá en el plazo de 15 días a partir de la fecha en que la solicitud se encuentre cumplimentada en la lengua o en una de las **lenguas aceptadas por el Estado miembro** de la autoridad receptora y también los documentos acreditativos, traducidos, si es necesario, a alguna de dichas lenguas.
Si el colegio de abogados estima que la **petición carece de modo manifiesto de fundamento** o no entra dentro del ámbito de aplicación de estas normas, se lo notificará al solicitante en el plazo de 5 días, y trasladará la solicitud a la Comisión de Asistencia Jurídica Gratuita para que decida de manera definitiva sobre la negativa a remitir la solicitud.

N. Especialidades procedimentales

Se desarrollan en este apartado las específicas normas de procedimiento que se apartan del general, en los siguientes órdenes: 1310
- civil (nº 1312);
- penal (nº 1322);
- laboral (nº 1338);
- contencioso-administrativo (nº 1342);
- en el recurso de amparo (nº 1344).

1. Proceso civil

Sin perjuicio de la aplicación de las normas generales (nº 1180 s.), se contemplan en el proceso civil determinadas especialidades en la aplicación del derecho de asistencia jurídica gratuita. 1312

Intervención de abogado y procurador de oficio (LEC art.32 redacc LO 1/2025) Cuando, no resultando preceptiva la intervención de abogado y procurador, el **demandante** pretenda **comparecer por sí mismo** y ser defendido por abogado o ser representado por procurador, o ser asistido por ambos profesionales a la vez, lo debe hacer constar así en la demanda. 1315
Recibida la notificación de la demanda, si el demandado pretende valerse también de abogado y procurador, lo ha de **comunicar al tribunal** dentro de los 3 días siguientes, pudiendo solicitar también, en su caso, el reconocimiento del derecho a la asistencia jurídica gratuita. En este caso, el tribunal acordará la **suspensión del proceso** hasta que se produzca el reconocimiento o denegación de dicho derecho o la designación provisional de abogado y procurador.
La facultad de acudir al proceso con la asistencia de abogado y/o procurador corresponde también al **demandado** cuando el actor no vaya asistido por estos profesionales. El demandado comunicará al tribunal su decisión en el plazo de 3 días desde que se le notifique la demanda, dándose cuenta al actor de tal circunstancia. Si el **demandante** quiere entonces valerse

también de abogado y procurador, lo comunicará al tribunal en los 3 días siguientes a la recepción de la notificación, y si solicita el reconocimiento del derecho a la asistencia jurídica gratuita, se podrá acordar la **suspensión del proceso** hasta que se produzca el reconocimiento o denegación o la designación provisional de abogado y procurador.
En la notificación en que se comunique a una parte la **intención de la parte contraria de servirse de abogado y procurador**, se le informará del derecho que le corresponde, a fin de que puedan realizar la solicitud correspondiente.

1316 Precisiones 1) Debe hacerse constar en la notificación, que como contenido material del derecho a la **asistencia jurídica gratuita** se incluye ser defendido y representado de forma gratuita por abogado y procurador, aun cuando su intervención no sea preceptiva, pero así sea **expresamente requerida** por el tribunal mediante auto motivado para garantizar la igualdad de las partes en el proceso.
2) Se produce **indefensión**, cuando no se informa a la parte de que la contraria va a servirse de letrado y del derecho que le asiste a que se le designe un abogado de oficio, siendo así que se le informa de que por el tipo de procedimiento no era necesaria la intervención de dicho profesional, siendo su finalidad precisamente poner en conocimiento de la parte la posibilidad de asistirse mediante abogado de oficio sin abonarle sus emolumentos si es que tiene derecho a la asistencia jurídica gratuita (AP Málaga 19-4-05, EDJ 80809).
3) Si la intervención de abogado y procurador no es preceptiva, de la eventual **condena en costas** de la parte contraria se excluyen los derechos y honorarios devengados por los mismos, salvo que el tribunal aprecie temeridad o abuso en la conducta del condenado en costas o que el domicilio de la parte representada y defendida esté en lugar distinto a aquel en que se ha tramitado el juicio, operando en este último caso las limitaciones de LEC art.394.3 redacc LO 1/2025. También se excluirán, en todo caso, los derechos devengados por el procurador como consecuencia de aquellas actuaciones de carácter meramente facultativo que hubieran podido ser practicadas por las **oficinas judiciales**.
Cuando, **no siendo preceptiva** la postulación en un asunto, el consumidor opte por valerse de ella para interponer demanda tras haber formulado una reclamación extrajudicial previa, en la tasación de costas se incluirá la cuenta del procurador y la minuta del abogado, en este último caso sin el límite establecido en LEC art.394.3 (LEC art.32.5 redacc LO 1/2025).

1317 **Intervención preceptiva de abogado y/o procurador** (LEC art.33) El litigante que no tenga derecho a la asistencia jurídica gratuita puede pedir que se le designe abogado, procurador o ambos profesionales, cuando su intervención sea preceptiva o cuando, no siéndolo, la parte contraria haya comunicado al tribunal que actuará defendida por abogado y representada por procurador. Si la **solicitud** se realiza por el **demandado**, debe formularla en el plazo de los 3 días siguientes a recibir la cédula de emplazamiento o citación.
Estas peticiones se harán y decidirán sin necesidad de acreditar el derecho a obtener dicha asistencia, siempre que el **solicitante** se comprometa a pagar los **honorarios y derechos de los profesionales** que se le designen.
Cuando se trate de un **juicio verbal** en que se ventilen demandas interpuestas por el dueño, usufructuario o cualquier otra persona con derecho a poseer una **finca rústica o urbana** dada en arrendamiento, ordinario o financiero, o en **aparcería** en las que soliciten la recuperación de la posesión de dichas fincas con fundamento en el impago de la renta o cantidades debidas por el arrendatario o en la expiración del plazo fijado contractualmente y alguna de las partes solicite el reconocimiento del derecho a la asistencia jurídica gratuita, el tribunal, tan pronto como tenga noticia de este hecho, dictará una resolución motivada requiriendo de los colegios profesionales el **nombramiento provisional de abogado y procurador** cuando las designaciones no hayan sido realizadas con anterioridad, sin perjuicio del resarcimiento posterior de los honorarios correspondientes por el solicitante si se le deniega después el derecho a la asistencia jurídica gratuita.
Dicha resolución se comunicará por el medio más rápido posible a los colegios de abogados y procuradores.
En estos juicios, el demandado deberá **solicitar el reconocimiento del derecho** de asistencia jurídica gratuita o interesar la designación de abogado y procurador de oficio dentro de los 3 días siguientes al de la notificación de la demanda. Si la solicitud se realizara en un momento posterior, la **falta de designación** de abogado y procurador por los colegios profesionales no suspenderá la celebración del juicio, salvo en los supuestos generales contemplados en la L 1/1996.
Ver nº 1208 s. sobre suspensión del curso del proceso por solicitud de asistencia jurídica gratuita.

1319 **Dictámenes periciales** (LEC art.265 y 339) El titular de la asistencia jurídica gratuita no tiene que acompañar, con la demanda o contestación, los dictámenes periciales en que apoyen sus pretensiones, debiendo únicamente anunciarlo a los efectos de que se proceda a su **designación judicial**.

Precisiones Respecto del **contenido material del derecho** de asistencia jurídica gratuita en su vertiente pericial, ver nº 1092.

2. Proceso penal

En el orden penal se aplican, además de las reglas generales contenidas en nº 1180 s., las garantías previstas en la LECr con objeto de asegurar, en todo caso, el **derecho a la defensa** desde el mismo momento de la detención (L 1/1996 art.29). **1322**

En el orden penal, y respecto de los condenados, no cabe formular **insostenibilidad de la pretensión** (nº 1118 s.).

En el supuesto de que el tribunal haya acordado cualquiera de las **medidas privativas de libertad** o restrictivas de derechos en los casos en que procedan, de forma que no sea posible presentar la documentación exigida con la solicitud del reconocimiento del derecho en los plazos establecidos, el letrado designado remitirá directamente a la Comisión de Asistencia Jurídica Gratuita la **solicitud debidamente firmada por el interesado**, en la que constará de modo expreso la identidad del solicitante y del asunto o procedimiento de que se trate y a la que se unirá una diligencia acreditativa de su situación personal (RD 141/2021 art.9.3).

Precisiones **1)** En el seno del procedimiento penal, los tribunales deben velar especialmente por los derechos del justiciable en los casos en que la dirección y representación se realice mediante **designación de oficio**, de manera que esa asistencia letrada gratuita no concluya en una simple designación, incapaz de proporcionar una efectiva asistencia letrada (TCo 53/1990; 178/1991). **1323**

2) De esta forma, la **inexistencia de una relación de confianza** entre el letrado y el cliente, derivada de la designación *ex lege* hace que deba adoptarse un especial cuidado y protección de los particulares que se ven disminuidos en sus posibilidades efectivas de defensa en tales casos (TCo 91/1994; TCo auto 148/1998).

3) El Tribunal Constitucional analiza un supuesto en el que el letrado designado de oficio **omite la evacuación del escrito de defensa**, denegando el amparo por cuanto que, no obstante apreciar dicha omisión, imputa la falta en parte a la acción negligente del propio justiciable (TCo auto 148/1998).

4) El Tribunal Constitucional ha afirmado en numerosas resoluciones el deber positivo del órgano jurisdiccional de velar por la efectividad de la defensa del encausado o del condenado en el proceso penal por parte de **profesionales designados de oficio** (TCo 47/2003; 179/2014). Ello es especialmente sensible en caso de presentación de **recursos extemporáneos**. Sin embargo, a la hora de valorar si una decisión de inadmisión infringe el derecho fundamental a la tutela judicial efectiva, hay que precisar que la atención del órgano judicial a la defensa del encausado o del condenado en el proceso penal, en los casos de estar asistido por profesionales designados de oficio, no es ilimitada, ni excluye de modo absoluto la **diligencia del interesado**, sin que, por otra parte, puedan admitirse reglas procesales diferenciadas en función de que la representación y defensa sea de libre designación o lo sea de oficio.

De acuerdo con ello, se considera que concurren **circunstancias excepcionales** que determinan que una decisión de **inadmisión** implica una interpretación excesivamente formalista en el supuesto siguiente:

- el recurso de apelación se interpone contra una condena penal larga (en el asunto, más de 40 años de prisión), por lo que está comprometida la garantía de la doble instancia penal;
- el escrito de interposición del recurso de apelación inadmitido se presenta en el plazo de 10 días establecido en LECr art.846 bis.d;
- el trámite que determina la declaración de desierto es el de personación, que se cumplimenta mediante un escrito que se presenta ante el tribunal *ad quem* firmado por la representación procesal; y
- la procuradora de oficio se persona el día inmediatamente posterior al de finalización del emplazamiento, pero cuando se dicta la resolución procesal declarando desierto el recurso ya se había presentado el escrito de personación (TCo 179/2014).

Procedimiento para el enjuiciamiento rápido de delitos (RD 141/2021 art.22 a 26) En lo no previsto en las reglas que a continuación se exponen, se aplican las reglas generales del procedimiento común para el reconocimiento del derecho a la asistencia jurídica gratuita (nº 1180 s.). **1324**

Iniciación y presentación de la solicitud (RD 141/2021 art.22 y Anexo I.II) Cuando se trate de la prestación del servicio de asistencia letrada al detenido, preso o denunciado en el procedimiento especial para el enjuiciamiento rápido de delitos en los que se haya procedido a la **designación de abogado de oficio**, este informará a su defendido del derecho que le asiste para solicitar el beneficio de asistencia jurídica gratuita, y le advertirá que, de no serle reconocido el derecho, deberá abonar a su cargo los honorarios correspondientes. **1326**

Cuando proceda, el letrado recabará de su defendido la cumplimentación del **modelo de solicitud** correspondiente, debidamente firmada, y dará traslado de esta, en el plazo de 48 horas al servicio de orientación jurídica del colegio de abogados competente para su tramitación.

No es precisa la **acreditación previa** de la **carencia de recursos económicos** por parte del asistido, dada la inmediatez en la prestación de asistencia letrada, sin perjuicio de la obligación de presentar la documentación necesaria ante el colegio de abogados.

No obstante, si el abogado designado para la defensa aprecia que el posible beneficiario carece, de manera notoria, de medios económicos, elaborará un **informe** que se unirá a la solicitud (RD 141/2021 Anexo I.III), para su valoración por la Comisión de Asistencia Jurídica Gratuita, que procederá, en su caso, a recabar las informaciones que estime necesarias sobre la situación económica del interesado.

En la solicitud deben constar los **datos identificativos del solicitante** y debe estar debidamente firmada por este. No obstante, si por cualquier circunstancia el **asistido no firma la solicitud** y el letrado aprecia que es posible beneficiario de asistencia jurídica gratuita, se hará constar esta circunstancia a fin de que continúe la tramitación, lo cual se acreditará mediante certificación expedida por el letrado de la Administración de Justicia del órgano judicial, en el que se lleva a cabo la instrucción del procedimiento judicial.

Si al asistido no le es reconocida posteriormente la condición de beneficiario de asistencia jurídica gratuita, el letrado actuante habrá de reembolsar a la Administración el importe de las **retribuciones percibidas** con motivo de su intervención profesional cuando perciba de aquel sus honorarios conforme a las reglas ordinarias.

Este documento, en su caso, junto con el informe del letrado se remitirá por el letrado al colegio de abogados por el letrado correspondiente que, tras su **registro**, emitirá la oportuna **valoración** y lo remitirá a la Comisión de Asistencia Jurídica Gratuita para su resolución.

1330 **Presentación de documentación y remisión a la Comisión de Asistencia Jurídica Gratuita** (RD 141/2021 art.23 y Anexo I.II) El solicitante de asistencia jurídica gratuita está obligado a presentar la documentación requerida en el servicio de orientación jurídica del colegio de abogados en los 5 días hábiles siguientes a la fecha de la solicitud.

Transcurrido dicho plazo, si el interesado no aporta la documentación, se le tendrá por **desistido de su solicitud** y procederá el colegio de abogados a su archivo y notificación a la Comisión de Asistencia Jurídica Gratuita correspondiente.

Analizada la solicitud y **documentación** presentada, si esta es **insuficiente**, se le requerirá para que subsane los defectos advertidos en el plazo de 10 días hábiles; de no proceder a dicha subsanación, se le tendrá por desistido.

Si la **documentación** es **suficiente** o se subsanan los defectos advertidos, una vez analizado el informe emitido por el letrado, el colegio de abogados adoptará una primera decisión provisional sobre si el solicitante reúne los requisitos legalmente exigidos para la concesión del derecho y la trasladará, junto con el expediente completo, en el plazo de 3 días hábiles a la Comisión de Asistencia Jurídica Gratuita para su verificación y resolución definitiva, comunicándole asimismo la designación de letrado efectuada.

Precisiones La **documentación** requerida es idéntica a la que se prevé con carácter general en nº 1186.

1332 **Instrucción y resolución del procedimiento** (RD 141/2021 art.24) Recibido el expediente en la Comisión de Asistencia Jurídica Gratuita, esta dará **preferencia absoluta** a la tramitación de estas solicitudes, procurando que la resolución que reconozca o deniegue el derecho se dicte con anterioridad a la fecha de celebración del juicio oral y sin que en ningún caso el plazo para efectuar **comprobaciones** y recabar la **información** necesaria para verificar la exactitud de los datos declarados, así como para dictar resolución, exceda de 30 días hábiles desde su recepción.

1334 **Ausencia de resolución expresa** (RD 141/2021 art.25) La falta de resolución expresa de la Comisión de Asistencia Jurídica Gratuita en el plazo de 30 días produce la **confirmación** de las **decisiones previas** adoptadas por el colegio de abogados referentes al cumplimiento por parte del solicitante de los requisitos legalmente establecidos para ser beneficiario del derecho a la asistencia jurídica gratuita o al archivo de la solicitud por falta de documentación.

1335 **Procesos y procedimientos con causa en violencia de género** (RD 141/2021 art.27 a 30) En lo no previsto en las reglas que a continuación se exponen, se aplican las reglas generales del procedimiento común para el reconocimiento del derecho a la justicia gratuita (nº 1180 s.):

1) **Iniciación y presentación de la solicitud** (RD 141/2021 art.27 y Anexo I.IV). Para asegurar la prestación del servicio a la víctima, se procede de forma inmediata a la **designación de abogado de oficio** dentro del turno especializado en la defensa de las víctimas de violencia de género que a tal efecto se establezca por los colegios de abogados en sus respectivos ámbitos.

Una vez designado, ha de informar a su defendida del derecho que le asiste para solicitar el beneficio de justicia gratuita, de las prestaciones que comporta, y le informará que, en caso de sentencia absolutoria firme o sobreseimiento por no resultar acreditados los hechos delictivos, no tendrá obligación de abonar el coste de las prestaciones disfrutadas gratuitamente hasta ese momento.

Si la interesada desea beneficiarse del derecho de asistencia jurídica gratuita, cumplimentará el **modelo** correspondiente y lo presentará en el servicio de orientación jurídica del colegio de abogados territorialmente competente en el **plazo** máximo de 48 horas a contar desde el momento en que hubiese recibido la primera atención, o bien en el registro correspondiente del tribunal de su domicilio dentro de ese mismo plazo, remitiendo, en este último caso, el órgano judicial al colegio de abogados territorialmente competente de forma inmediata. Dada la inmediatez en la prestación de asistencia jurídica, no será precisa la acreditación previa de la **carencia de recursos económicos** por parte de la asistida, sin perjuicio de la obligación de presentar la documentación necesaria en el colegio de abogados.

2) **Presentación de la documentación** (RD 141/2021 art.28 y Anexo I.IV). La solicitante de asistencia jurídica gratuita debe presentar la documentación necesaria en el servicio de orientación jurídica del colegio de abogados junto con la solicitud, o bien en el plazo máximo de 5 días hábiles a partir de su presentación. Transcurrido dicho plazo, si la interesada no aportase la documentación se le tendrá por desistida de su solicitud y el colegio procederá a su archivo, dando cuenta al letrado. Se prevé un trámite de subsanación de deficiencias de 10 días hábiles, cuya no atención equivale a desistimiento de la solicitud.

Si la documentación fuese suficiente, subsanados en su caso los defectos advertidos, el colegio de abogados, en el plazo de 3 días hábiles, trasladará el expediente a la Comisión de Asistencia Jurídica Gratuita junto con un **informe** sobre la procedencia de la pretensión, comunicando asimismo la designación efectuada del letrado que ha asumido la asistencia de oficio.

3) **Instrucción y resolución del procedimiento** (RD 141/2021 art.29). Recibido el expediente completo en la Comisión y realizadas las comprobaciones pertinentes, se dicta resolución que reconozca o deniegue el derecho en el **plazo** máximo de 30 días hábiles. Cuando se trate de la prestación del servicio de asistencia letrada a la mujer víctima de un delito susceptible de enjuiciamiento rápido, la Comisión dará **preferencia** a la tramitación de la solicitud, procurando que la resolución por la que se reconozca o deniegue el derecho se dicte con anterioridad a la fecha de celebración del juicio oral.

La resolución se notifica en el plazo común de 3 días hábiles a la solicitante, al colegio de abogados y, en su caso al de procuradores, a las partes interesadas y al tribunal que esté conociendo del proceso, o al juez decano de la localidad si aquel no se hubiera iniciado.

Si la resolución fuese **estimatoria**, el abogado del turno de oficio designado inicialmente y, en su caso, el procurador, quedarán confirmados, asumiendo la asistencia jurídica, la defensa y, en su caso, la representación, gratuitas en todos los procesos y procedimientos administrativos que se deriven de la violencia padecida.

Si fuese **desestimatoria**, la solicitante podrá designar postulación de libre elección, debiendo abonar los honorarios y derechos económicos ocasionados por los servicios efectivamente prestados a los profesionales designados de oficio con carácter provisional. En este caso, el letrado actuante habrá de reembolsar a la Administración el importe de las retribuciones percibidas con motivo de su intervención profesional.

Obligaciones profesionales (RD 141/2021 art.33.2 a 4 y 34) En el procedimiento especial para el enjuiciamiento rápido de delitos, la **asistencia letrada** se presta por el mismo abogado desde el momento de la detención, si la hay, o desde que se requiera dicha asistencia y hasta la finalización del procedimiento, incluido el juicio oral y, en su caso, la ejecución de sentencia. **1336**

Para la **atención letrada** al detenido **durante la detención** y la realización de las **primeras diligencias de instrucción** criminal que resulten procedentes, así como para la asistencia letrada a quien se le atribuya un delito en el atestado policial, haya sido o no determinado, para cuya instrucción y enjuiciamiento sea de aplicación el procedimiento especial de juicios rápidos, todos los colegios de abogados establecerán un **régimen de guardias** que garantice, de forma permanente, la asistencia y defensa de aquellos.

En el supuesto de asistencia a las **víctimas de violencia de género** -también de **terrorismo** y de **trata de seres humanos**, así como a menores de edad y con discapacidad intelectual o enfermedad mental cuando sean víctimas de situaciones de abuso o maltrato-, la orientación jurídica, defensa y asistencia se asumen por una misma dirección letrada desde el momento en que se requiera, y abarca todos los procesos y, en su caso, procedimientos administrativos que tengan causa directa o indirecta en alguno de los delitos a los que se refiere este apartado hasta su finalización, incluida la ejecución de sentencia. Este mismo derecho asiste también a los causahabientes en caso de fallecimiento de la víctima.

En el supuesto de atención a las víctimas de violencia de género, la aceptación de la **excusa** en el orden penal -no posible en otros órdenes jurisdiccionales- implica el cese en los demás procedimientos y la designación de un nuevo letrado.
Para la orientación jurídica, defensa y asistencia letrada inmediatas a las mujeres víctimas de violencia de género en todos los procesos y procedimientos que traigan causa directa o indirecta de la violencia padecida y desde el momento en que se requiera, los colegios de abogados han de establecer un **régimen especializado de guardias**.

Precisiones El régimen de guardias, así como el número de letrados que integra cada **servicio de guardias**, se determina, entre otras circunstancias, en función del volumen de litigiosidad, ámbito territorial, características geográficas o situación y distancia de los centros de detención.

3. Proceso laboral

(LRJS art.21)

1338 Son **titulares** del derecho de asistencia jurídica gratuita los trabajadores y beneficiarios del sistema de Seguridad Social, en el orden jurisdiccional social, tanto para la defensa en juicio como para el ejercicio de acciones para la efectividad de los derechos laborales en los procedimientos concursales (L 1/1996 art.2.d).
Asimismo, ostentan este derecho los trabajadores y beneficiarios de la Seguridad Social para los **litigios** que sobre esta materia se sustancien **ante el orden contencioso-administrativo**.
En el orden jurisdiccional social, la defensa por abogado tiene **carácter facultativo** en la instancia, pero podrá utilizarla cualquiera de los litigantes, en cuyo caso será de su cuenta el pago de los honorarios o derechos respectivos, con las excepciones fijadas en la L 1/1996 art.2.d.
La **solicitud de designación de abogado** por el turno de oficio por los trabajadores y los beneficiarios del Sistema de Seguridad Social comportará la suspensión de los plazos de caducidad o la interrupción de la prescripción de acciones.
Los **funcionarios** y el **personal estatutario** en su actuación ante el orden jurisdiccional social como empleados públicos gozan del derecho a la asistencia jurídica gratuita en los mismos términos que los trabajadores y beneficiarios del sistema de Seguridad Social.

1340 **Recursos de suplicación y casación** (LRJS art.229 y 231) La LRJS exime a los trabajadores, causahabientes suyos o beneficiarios del régimen público de la Seguridad Social de la obligación de constituir el **depósito para recurrir** y a los beneficiarios de asistencia jurídica gratuita, asimismo, de depositar cantidades necesarias para recurrir.
Cuando el recurrente no haga **designación expresa de letrado o de graduado social colegiado**, si es un trabajador, beneficiario o un empresario que goce del derecho de asistencia jurídica gratuita, salvo que tenga efectuada previamente designación de oficio, se le nombrará letrado de dicho turno por el órgano judicial en el día siguiente a aquel en que concluya el plazo para anunciar el recurso de suplicación.
La designación de **letrado de oficio** comprende los trámites de anuncio, preparación, formalización, interposición o impugnación del respectivo recurso, sin necesidad de nueva designación de oficio, salvo en el caso del recurso de casación para unificación de doctrina, en el que el nombramiento de letrado de oficio de la parte recurrida, en los mismos casos, ha de efectuarse en el momento de la personación ante el Tribunal Supremo.
En la **casación ordinaria**, en su caso, ha de efectuarse la oportuna designación de letrado de oficio para las actuaciones ulteriores de las partes que resulten necesarias durante la sustanciación del recurso ante dicho tribunal.

Precisiones 1) La solicitud de reconocimiento del derecho a litigar gratuitamente con la única finalidad de evitar las **consignaciones de cantidades necesarias** para recurrir en suplicación una sentencia condenatoria dictada por el juzgado de lo social -desde su constitución, Sección de lo Social del Tribunal de Instancia- no puede admitirse si no se prueba que existe una variación de situación económica desde la instancia, conforme a las normas generales, máxime cuando se acude en la instancia con abogado libremente designado (TCo auto 238/2003).
2) En el recurso de **suplicación** los litigantes han de estar defendidos por abogado o representados técnicamente por graduado social colegiado. En el recurso de **casación** y en las actuaciones procesales ante el Tribunal Supremo es preceptiva la defensa de abogado (LRJS art.21).
3) El **procedimiento laboral** es objeto de estudio en nº 14400 s.

4. Proceso contencioso-administrativo

La LJCA no establece especialidades en materia de asistencia jurídica gratuita en el orden jurisdiccional contencioso-administrativo, por lo que se aplican las normas que, con carácter general, regulan la materia (nº 1000 s.). 1342

5. Recurso de amparo

El derecho a la asistencia jurídica gratuita se contempla únicamente en los recursos de amparo ante el Tribunal Constitucional, teniendo en cuenta que en el resto de procesos ante el alto tribunal únicamente se reconoce una **legitimación institucional o política**. 1344
La **regulación** de la asistencia jurídica gratuita ante el Tribunal Constitucional se encuentra constituida por la L 1/1996, con carácter general, así como por el TCo Acuerdo 18-6-96, que establece la asistencia jurídica gratuita en los procesos de amparo constitucional.

Actos de las Cortes Generales y asambleas legislativas autonómicas sin valor de ley (LOTC art.42) Quien se encuentre en la situación de insuficiencia de recursos económicos, cumpla el resto de requisito para ser titular del derecho a la asistencia jurídica gratuita y pretenda interponer recurso de amparo contra decisiones y actos sin valor de ley emanados de las Cortes o de cualquiera de sus órganos, que violen los derechos y libertades susceptibles de amparo constitucional, deberá dirigir al Tribunal Constitucional dentro del plazo de 3 meses, un **escrito** en el que manifiesten expresamente dicho propósito. 1346
A este escrito se acompañará **copia o testimonio** de las decisiones o actos que pretendan impugnar, así como la **certificación acreditativa** de haber solicitado ante el colegio de abogados de Madrid o ante el juez decano de su domicilio el reconocimiento del derecho a la asistencia jurídica gratuita.
El interesado dispone de un plazo de 20 días para interponer el recurso de amparo desde que se le comunique la **designación provisional** de abogado y procurador, o desde que se le notifique la resolución definitiva de la Comisión de Asistencia Jurídica Gratuita.
El plazo para interponer la demanda de amparo queda suspendido si alguno de los interesados formula **impugnación contra la resolución definitiva** dictada por la Comisión de Asistencia Jurídica Gratuita.

Precisiones 1) El **cómputo del plazo** de 3 meses se realiza desde que, con arreglo a las normas internas de las cámaras o asambleas, sean firmes.
2) El recurso de amparo contra los actos dictados por las Cortes y asambleas legislativas de las comunidades autónomas sin fuerza de Ley es objeto de estudio en nº 16482 s.

Resto de recursos de amparo (LOTC art.43 s.) En los recursos de amparo contra violaciones de derechos fundamentales derivadas de forma inmediata y directa en un **acto u omisión de un órgano judicial** o en disposiciones, actos jurídicos o simple vía de hecho del Gobierno o de sus autoridades o funcionarios o de los órganos ejecutivos colegiados de las comunidades autónomas o de sus autoridades o funcionarios o agentes, una vez **agotada la vía judicial** procedente, procede el reconocimiento del derecho a la asistencia jurídica gratuita cuando se cumplan los requisitos generales previstos en nº 1044 s. 1348
A estos efectos, debe diferenciarse cuando la **insuficiencia económica** sea **originaria** (nº 1350), esto es, en la tramitación de la vía judicial previa al amparo, de aquellos supuestos en que dicha insuficiencia económica sea **sobrevenida** (nº 1358) al interponer dicho recurso ante el Tribunal Constitucional.

Precisiones Se exceptúa la tramitación del recurso de amparo contra la **desestimación judicial de la impugnación** contra las resoluciones de las comisiones de asistencia jurídica gratuita (nº 1244).

Insuficiencia económica originaria Cuando la resolución que agote la vía jurisdiccional previa al recurso de amparo haya sido dictada por un **órgano judicial con sede en Madrid**, quien pretenda promover un recurso de amparo y ya tenga reconocido el derecho a la asistencia jurídica gratuita en dicha vía jurisdiccional, debe interponer la demanda de amparo en el plazo general de 20 o 30 días, según los supuestos (LOTC art.43 y 44), salvo en el caso de que el letrado designado de oficio para asistir al interesado en la vía judicial previa, en los 6 días posteriores a la notificación de aquella resolución, oponga reparos a la sostenibilidad del recurso. 1350
Cuando el abogado designado de oficio oponga **reparos a la sostenibilidad del recurso** de amparo, el plazo para interponerlo se computará desde el día en que se notifique al interesado la decisión de la Comisión de Asistencia Jurídica Gratuita, si es desestimatoria, o desde el día en que se produzca la designación del segundo abogado de oficio (TCo Acuerdo 18-6-96 art.5).

Cuando la resolución que agote la vía jurisdiccional previa al recurso de amparo haya sido dictada por un **órgano judicial que no tenga su sede en Madrid**, quien pretenda promover un recurso de amparo y ya tuviera reconocido el derecho a la asistencia jurídica gratuita en dicha vía jurisdiccional debe dirigirse por escrito al Tribunal Constitucional dentro del plazo general de 20 días.

Esta misma tramitación se debe seguir por quien pretenda interponer un recurso de amparo dirigido contra una resolución judicial dictada en un procedimiento en el que **no** sea legalmente **exigible la intervención de abogado o de procurador** y ya tengan reconocido el derecho a la asistencia jurídica gratuita (TCo Acuerdo 18-6-96 disp.adic.2ª).

En este escrito se hará constar expresamente su **intención** de interponer recurso de amparo, exponiendo sucintamente una relación circunstanciada de los hechos en que se funde su pretensión y solicitará que, a requerimiento del tribunal, se les designe abogado y procurador del turno de oficio.

1352 Cuando el abogado que haya asistido al interesado en la vía judicial previa considere **sostenible la pretensión** y consienta en seguir ejerciendo gratuitamente sus funciones en el recurso de amparo, dicha solicitud deberá limitarse a requerir la designación de un procurador de oficio.

En todo caso, los interesados acompañarán al referido escrito **copia o testimonio** de las resoluciones judiciales que pretendan impugnar en amparo, la acreditación de la fecha en que les hayan sido notificadas y la certificación del derecho a la asistencia jurídica gratuita que previamente se les haya reconocido.

Cuando en dicho escrito se limiten a solicitar la designación de procurador de oficio, deberán acompañar, además, el original del **escrito de renuncia del abogado** a percibir honorarios en los términos establecidos en nº 1112.

1354 **Resolución del Tribunal Constitucional** El tribunal Constitucional, tras examinar el escrito presentado por el interesado podrá **denegar la solicitud** de designación de abogado y procurador de oficio cuando manifiestamente concurra alguno de los siguientes **motivos**:

a) Que el escrito del interesado se haya presentado fuera del plazo previsto.

b) Que el enjuiciamiento de la materia a que se refiera la impugnación no corresponda a la competencia del tribunal Constitucional.

c) Que las resoluciones que se pretendan impugnar no sean susceptibles de recurso de amparo constitucional.

d) Que no se haya agotado la vía judicial procedente o todos los recursos utilizables dentro de la vía judicial.

1356 **Oposición al recurso y asistencia jurídica gratuita** Quienes pretendan oponerse a un recurso de amparo dirigido contra una resolución dictada por un **órgano judicial con sede en Madrid** y ya tengan reconocido el derecho a la asistencia jurídica gratuita en la vía jurisdiccional previa, habrán de personarse ante el Tribunal Constitucional dentro del plazo que les haya sido concedido en la cédula de emplazamiento, asistidos y representados por los profesionales que les hayan sido designados en la vía judicial previa (TCo Acuerdo 18-6-96 art.6).

Si el recurso de amparo se dirige contra una resolución dictada por un **órgano que no tenga su sede en Madrid**, quienes pretendan oponerse al mismo deberán dirigirse por escrito al Tribunal Constitucional dentro del plazo que les haya sido concedido en la cédula de emplazamiento.

En dicho escrito harán constar expresamente su **intención de oponerse al recurso de amparo** y solicitarán que, a requerimiento del tribunal, se les designe abogado y procurador del turno de oficio.

Cuando el abogado que haya asistido al interesado en la vía judicial previa consienta en seguir ejerciendo gratuitamente sus funciones en el recurso de amparo, dicha solicitud se limitará a requerir la **designación de un procurador** de oficio.

En todo caso, los interesados acompañarán al referido escrito la **cédula de emplazamiento** y la certificación del derecho a la asistencia jurídica gratuita que previamente se les haya reconocido.

Cuando en dicho escrito se limiten a solicitar la designación de un procurador de oficio, deberán acompañar, además, el **escrito de renuncia del abogado** a percibir honorarios en los términos establecidos en nº 1112.

1358 **Insuficiencia económica sobrevenida** Quienes se encuentren en la insuficiencia económica que dé lugar al reconocimiento del derecho a litigar gratuitamente con un carácter sobrevenido al pleito principal y pretendan interponer recurso de amparo, deberán dirigir al Tribunal Constitucional, dentro del plazo de 20 o 30 días -según los casos- previsto para su

interposición, un escrito en el que manifiesten expresamente su intención de recurrir (TCo Acuerdo 18-6-96 art.8).
A dicho escrito acompañarán **copia o testimonio de las resoluciones judiciales** que pretendan impugnar en amparo, así como la certificación acreditativa de haber solicitado ante el colegio de abogados de Madrid o ante el juez decano de su domicilio el reconocimiento del derecho a la asistencia jurídica gratuita.
En estos casos el **plazo para interponer el recurso** de amparo se computará desde que se produzca la notificación de la designación provisional de abogado y procurador o desde que se les notifique la resolución definitiva de la Comisión de Asistencia Jurídica Gratuita.
El plazo para interponer la demanda de amparo quedará **suspendido** si alguno de los interesados impugna la resolución definitiva dictada por la Comisión de Asistencia Jurídica Gratuita.

Insuficiencia económica sobrevenida a la interposición Si la situación de insuficiencia económica sobreviene con posterioridad a la interposición del recurso de amparo, el recurrente o la persona a quien se haya tenido por comparecida en calidad de **demandada** o de **coadyuvante** deberá presentar ante el tribunal la certificación acreditativa de haber solicitado ante el colegio de abogados de Madrid o ante el juez decano de su domicilio el reconocimiento del derecho a la asistencia jurídica gratuita (TCo Acuerdo 18-6-96 art.9). **1360**
En este caso, la persona a quien se haya desestimado la solicitud podrá formular **impugnación** contra la misma que será resuelta por el tribunal. Una vez recibidas las actuaciones, el tribunal concederá un plazo de 3 días para formular **alegaciones por escrito** al abogado del Estado o al letrado de la comunidad autónoma cuando de ella dependa la Comisión de Asistencia Jurídica Gratuita. Finalizado dicho plazo, el tribunal resolverá sobre la impugnación, mediante auto, en el plazo de 3 días (TCo Acuerdo 18-6-96 art.10).

Precisiones La **competencia** del Tribunal Constitucional para resolver las impugnaciones contra la denegación de la solicitud de asistencia jurídica gratuita se limita a los supuestos de insuficiencia económica sobrevenida a la interposición del recurso de amparo (TCo auto 4-6-97).

Impugnación de resoluciones denegatorias de la asistencia jurídica gratuita **1362**
La **competencia** para resolver sobre las impugnaciones contra las resoluciones de las comisiones de asistencia jurídica gratuita en las solicitudes de asistencia jurídica gratuita en el recurso de amparo debe atribuirse al tribunal competente que esté conociendo con anterioridad, o al Tribunal Constitucional si se trata de supuestos de insuficiencia económica sobrevenida a la interposición del recurso de amparo (TCo Acuerdo 18-6-96 art.10; TCo auto 4-6-97).

SECCIÓN 9

Responsabilidad por el funcionamiento de la Administración de Justicia

(Const art.121; LRJSP art.32.7 y 8; LOPJ art.292 a 297)

La responsabilidad patrimonial del denominado Estado-juez gravita sobre el precepto constitucional con arreglo al cual los daños causados por **error judicial**, así como los que sean consecuencia del **funcionamiento anormal** de la Administración de Justicia, salvo fuerza mayor, dan derecho a indemnización a cargo del Estado conforme a la Ley (Const art.121). **1400**
Los **sujetos activos** titulares de la pretensión indemnizatoria son los particulares, concepto que debe entenderse comprensivo tanto de personas físicas como jurídicas privadas y, también, de las personas jurídico-públicas (CEst Dict 28-4-94).
El régimen general de la **responsabilidad patrimonial** de la Administración se estudia en nº 6070 s. Memento Administrativo 2026.

Precisiones 1) La prosecución de este cauce especial es requisito esencial para la exigencia de responsabilidad patrimonial por **error judicial** o **anormal funcionamiento** de la Administración de Justicia; de modo que una reclamación de este tipo no puede reconocerse por el procedimiento general de declaración de responsabilidad (TS 13-10-22, EDJ 717784; AN 5-2-10, EDJ 10542). **1401**
2) Como elemento de distinción respecto a la responsabilidad patrimonial del Estado en lo que respecta a las **denuncias formuladas ante el CGPJ** por la actuación de órganos jurisdiccionales, se ha sentado la siguiente doctrina: la revisión de las actuaciones realizadas en el ejercicio de la potestad jurisdiccional solo es posible a través de los recursos que las leyes establezcan y la responsabilidad civil o penal en que puedan incurrir los jueces y magistrados, con ocasión del ejercicio de dicha potestad jurisdiccional, tampoco corresponde declararla al CGPJ, sino a los diferentes órganos jurisdiccionales que, según los casos, tienen atribuida esta competencia

-LOPJ art.53 s.- (TS 12-6-00, EDJ 21606; 7-11-00, EDJ 40096; 29-5-01, EDJ 10002; 22-2-02, EDJ 3909; 7-3-03, EDJ 6851).

3) Para las **comunidades autónomas que han asumido competencias** en materia de Administración de Justicia, se ha admitido el desplazamiento de la obligación de reparación del Estado a estas (TCo 56/1990); sin embargo, los reales decretos sobre traspasos competenciales al **País Vasco y Cataluña** (RD 1684/1987 y RD 966/1990, respectivamente) reservan a la Administración estatal la apreciación de estas responsabilidades patrimoniales.

4) En materia de **responsabilidad patrimonial** por funcionamiento anormal en sede constitucional (LRJSP art.32.8), ver nº 15813.

5) El régimen de la **responsabilidad patrimonial de las Administraciones públicas** se regula por la LRJSP art.32 s. y por la LPAC art.65, 67, 81, 91 y 92.

1. Sujetos pasivos

1405 En el término Administración de Justicia hay que entender comprendido:
- los **jueces y magistrados** en el ejercicio de la función jurisdiccional, incluida la jurisdicción militar (TS 27-4-89, EDJ 18594);
- los **servicios** esencialmente unidos al funcionamiento de la justicia (letrados de la Administración de Justicia, oficiales, auxiliares y agentes); y
- las **instituciones penitenciarias**.

1407 **Supuestos dudosos** Presentan un tratamiento dudoso:

a) Los **órganos de gobierno del Poder judicial**. Las cuestiones procesales y su desarrollo legislativo serían reclamables por esta vía. Las estrictamente gubernativas, extraprocesales se rigen por el régimen general de la responsabilidad patrimonial (CEst Dict 25-3-93).

b) El **Ministerio Fiscal**. Declara su posición afirmativa el Estatuto del Ministerio Fiscal art.2.1 y 60, sin perjuicio de que considere apropiado que el informe preceptivo, en este caso, sea emitido por la Fiscalía General del Estado (CEst Dict12-4-84; DGSJE Inf 20-12-88).

c) El **Tribunal de Cuentas**. Se le considera una jurisdicción contable (L 7/1988; LO 2/1982 art.15.1; TCo 187/1988; DGRN Resol 20-11-83).

d) Los **tribunales consuetudinarios.** Los únicos que se reconocen con este carácter son el Tribunal de las Aguas de la Vega Valenciana y el Consejo de Hombres Buenos de Murcia (Const art.125; LOPJ art.19.3 y 4; nº 9750 s. Memento Procesal Contencioso-Administrativo 2026).

e) El **Tribunal Constitucional**. Se atribuye al Consejo de Ministros competencia para fijar el importe de las indemnizaciones que proceda abonar cuando el Tribunal Constitucional haya declarado, a instancia de parte interesada, la existencia de un funcionamiento anormal en la tramitación de los recursos de amparo o de las cuestiones de inconstitucionalidad (LRJSP art.32.8). El **Tribunal Supremo** había llegado a idéntica conclusión al considerar que Const art.9.3 constitucionaliza unos principios generales del Derecho, entre ellos, el de la responsabilidad de los poderes públicos, que tienen una virtualidad inmediata en cuanto constituyen las bases sobre las que se estructura todo el sistema jurídico político que la Constitución diseña y que debe incluir a las actuaciones del mismo Tribunal Constitucional (TS 26-11-09, EDJ 275143).

El procedimiento para fijar el importe de las indemnizaciones se tramitará por el ministerio del ramo de justicia, con audiencia al Consejo de Estado (nº 15813).

f) La **policía judicial**. Solo en cuanto que se trate de unidades con dependencia funcional de jueces y fiscales (TS 6-11-91, EDJ 10497). La postura no es clara sobre actuaciones policiales previas a un procedimiento penal o desconectadas del mismo (CEst Dict 22-12-94). La entrada policial en domicilio con autorización judicial que produce daños materiales, no es funcionamiento anormal, puesto que cuenta con habilitación y debe reconducirse a la vía ordinaria de la LPAC (CEst Dict 23-6-94).

g) La **jurisdicción voluntaria**. Se la considera actuación encuadrada en la Administración de Justicia (Const art.117.4; LOPJ art.2.2).

h) Los **peritos judiciales**: Estos también pueden ser causantes de funcionamiento anormal puesto que también coadyuvan a que dicha Administración funcione, siempre y cuando el perito sea judicial -no de parte- y esté adscrito, de manera más o menos permanente, a este servicio público (Reyes Monterreal).

En el caso del cuerpo de **médicos forenses**, no existe duda de que se trata de un cuerpo integrado en la Administración de Justicia, pero deben distinguirse sus funciones de asistencia a jueces y magistrados -LOPJ art.497.1 y 2-, de las de vigilancia facultativa y cuidado de detenidos, lesionados o enfermos -LOPJ art.498.2-. Las primeras, pueden producir errores judiciales, las segundas, funcionamiento anormal de la Administración de Justicia (Guzmán Fluja).

Precisiones En relación con la **jurisdicción voluntaria**, hay que tener en cuenta que en la actualidad numerosos expedientes que tradicionalmente se incluían en la misma en sentido estricto, han quedado deferidos a la competencia de notario o registrador de la propiedad o mercantil, excluyéndose por tanto del ámbito de lo estrictamente jurisdiccional. En este sentido, ha de atenderse a la L 15/2015, a la L 28-5-1862, del notariado, art.49 a 77 -relativa a la intervención de notarios en expedientes y actas especiales-, a la LH art.198 s. -determinados expedientes registrales-, a la LSC art.139, 141, 169 s., 377 s., 422 y 492 -sobre información a los socios, convocatorias y otras cuestiones societarias- y a la L 14/2014 art.501 a 524 -sobre certificación pública de determinados expedientes de Derecho marítimo-. Estas actuaciones y expedientes lo son de jurisdicción voluntaria, pero extrajurisdiccional.

Exclusiones Quedan excluidos, porque son entidades y organismos que **no se insertan en la estructura de la Justicia**, aunque la auxilien ocasionalmente (Guzmán Fluja): 1408 MPCI nº 951
- el Tribunal de Defensa de la Competencia (TS 20-1-84, EDJ 349);
- los tribunales económico-administrativos;
- la Comisión Nacional de Ayuda y Asistencia a las Víctimas de Delitos Violentos y contra la Libertad Sexual (L 35/1995);
- las comisiones de asistencia jurídica gratuita (L 1/1996);
- el cuerpo de arquitectos forenses (Real Orden 8-6-1909; OM 30-7-1983);
- la Oficina de Interpretación de Lenguas (Rgto 27-8-1977);
- el Instituto de Toxicología;
- el Instituto Nacional de Medicina y Seguridad;
- la Caja General de Depósitos (Rgto 19-11-1929).

2. Requisitos

(LOPJ art.292.2)

Para que exista responsabilidad de la Administración de Justicia, el **daño** alegado ha de ser (TS 18-4-92, EDJ 3801; 11-11-93, EDJ 10148): 1410

1. **Efectivo**. Se admiten tanto daños físicos como morales. Se descartan los daños meramente posibles o eventuales, sin que ello implique que se valoren solo los presentes.
2. **Evaluable económicamente.**
3. **Individualizado** en relación a una persona o grupo de personas determinadas, excluyendo la responsabilidad la conducta dolosa del perjudicado (cuando fuera determinante del daño).

Ello supone considerar **legitimados** a quienes fueran parte en un proceso, pero también a quienes hayan sufrido el daño sin ser parte en el mismo, como puede suceder con los herederos u otros implicados (TS 1-2-88, EDJ 707).

Precisiones 1) La mera **revocación o anulación de las resoluciones judiciales** no presupone, por sí sola, derecho a indemnización (LOPJ art.292.3).

2) En el caso del sujeto que, por haber sufrido **prisión indebida** y estar próxima la edad de jubilación, no va a poder cumplir los parámetros legales de cotización a la Seguridad Social, sufriendo, en consecuencia, una merma futura en su pensión, tal situación debería ser compensada por la vía de la indemnización (TS 17-11-90, EDJ 10463).

3) La actuación del Ministerio Fiscal ejerciendo la **acción penal que posteriormente no prospera** no puede dar lugar a responsabilidad, pues todos los ciudadanos tienen el deber jurídico de soportar las consecuencias de sus investigaciones en prosecución de conductas presuntamente delictivas (AN 5-2-10, EDJ 10542), en relación con querella del fiscal derivada de una denuncia de la AEAT, sin que además pueda considerarse precipitada ni tardía la presentación de aquella atendidas las circunstancias de la causa).

3. Procedimiento

(LOPJ art.293)

Reclamación previa con solicitud de indemnización La reclamación previa con la solicitud de indemnización debe dirigirse al **ministerio del ramo de justicia** (TS 22-3-96, EDJ 3319; 6-7-99, EDJ 20287). 1412

Contra la resolución que se dicte, que agota la vía administrativa, puede interponerse **recurso** contencioso-administrativo.

La **prescripción** del derecho a la indemnización se produce al año contado desde la fecha en que pudo ejercitarse la acción correspondiente. El plazo se computa:
- en caso del **error**, a partir del día siguiente al de la notificación de la sentencia que se reconozca la existencia (LOPJ art.293.1.d);
- en el caso de la **prisión preventiva**, una vez una vez que la sentencia o el auto adquieran firmeza, una vez agotados los recursos admisibles (TS 18-12-90).

En las reclamaciones por funcionamiento anormal de la Administración de Justicia se exige con carácter preceptivo, **informe no vinculante del Consejo General del Poder Judicial**. Su contenido mínimo debe versar sobre la repercusión del funcionamiento anormal sobre el proceso judicial y la inexistencia de circunstancias que puedan atribuir a la actuación judicial carácter doloso o de culpa o negligencia grave (para evitar acciones de regreso improcedentes que perturben la independencia judicial).
El informe del Consejo General del Poder Judicial no es preceptivo en caso de responsabilidad por **error judicial**.
En el procedimiento general de responsabilidad patrimonial es preceptivo el **dictamen del Consejo de Estado** cuando las indemnizaciones reclamadas sean de cuantía igual o superior a 50.000 euros (LPAC art.81.2).

Precisiones 1) García Manzano apuesta por la **reconducción** de reclamaciones al **procedimiento general**. Cuando no se estime la existencia de funcionamiento anormal de la Administración de Justicia, debe realizarse **de oficio** en aplicación de las normas establecidas en LPAC art.14 y 68.
2) Jurisprudencialmente se insiste en la necesidad de **identificar la vía por la que se ejercita** la reclamación -por funcionamiento anormal o por error judicial- (AN 31-1-96).

1414 **Reclamación previa con solicitud de responsabilidad patrimonial** La reclamación previa con la solicitud de responsabilidad patrimonial debe dirigirse al ministro de Justicia, quien debe resolver en un **plazo** máximo de 6 meses. Si no existe resolución expresa en dicho plazo, la reclamación debe entenderse desestimada, poniéndose fin a la vía administrativa, pudiendo interponerse, potestativamente, **recurso de reposición** ante el mismo órgano que dictó el acto (el plazo es de un mes en caso de resolución expresa o de 3 meses si no lo fuera) o **recurso contencioso-administrativo** ante la Audiencia Nacional (en el plazo de 2 meses).

Precisiones Se aprecia **prescripción** del plazo de un año, de la acción de responsabilidad patrimonial, al ser manifiestamente improcedentes o inadecuadas las actuaciones procesales realizadas ante la jurisdicción del orden civil al demandar la actora a la compañía aseguradora que ya le había satisfecho la indemnización correspondiente extrajudicialmente por las lesiones sufridas, acción civil que no puede, por tanto, interrumpir el plazo de prescripción de la acción de responsabilidad (TS 11-10-04, EDJ 160031).

4. Supuestos de responsabilidad

1417 Dentro de la responsabilidad derivada del funcionamiento de la Administración de Justicia, en sentido amplio, podemos englobar cuatro supuestos:
- la originada por error judicial (nº 1418);
- la derivada de la prisión preventiva indebida (nº 1424);
- la causada por anormal funcionamiento de la Administración de Justicia (nº 1430); y
- la producida por los daños que se producen como consecuencia de la actuación dolosa o por culpa grave de jueces o magistrados (nº 1432).

1418 **Error judicial** (Const art.121; LOPJ art.292) La **finalidad** de este procedimiento no es verificar si un pronunciamiento jurisdiccional es acertado o no, sino conseguir la unificación en la interpretación del Derecho y en la formación de la jurisprudencia, examinar si la resolución judicial se encuentra dentro de los límites de la lógica y de la razonabilidad en la apreciación de los hechos y en la interpretación del Derecho.
Estamos ante un caso de **objetivación de responsabilidad**, pues no se tiene en cuenta la causa que motivó el error -dolo, culpa, etc.- sino su constatación (TS 11-11-93, EDJ 10148; 6-7-99, EDJ 20287).
Su establecimiento exige que antes de la reclamación ante el ministerio del ramo de justicia tal error judicial sea **expresamente declarado** o reconocido por un tribunal dimanado de una resolución judicial firme injusta o equivocada, viciada de un error patente, indubitado e incontestable, o que incluso, haya provocado conclusiones fácticas o jurídicas ilógicas e irracionales (TS 15-2-93, EDJ 1402; 19-5-94, EDJ 4539; 14-11-94, EDJ 24118; 7-4-95, EDJ 24408; 18-6-01, EDJ 15969).
Puede ser error **de hecho o de Derecho**. El primero, por partir de unos datos fácticos radicalmente distintos de aquellos a que llevan las bases de que se partió para obtenerlos; el segundo, por aplicar a estos un precepto legal inadecuado, no aplicar el que corresponde o interpretarlo de forma absolutamente inadecuada, equivocaciones flagrantes que pueden afectar al fondo y a la forma (TS 26-5-92, EDJ 5341; 21-7-92, EDJ 8207; 28-10-92, EDJ 10538).

Precisiones 1) Es **error judicial** el producido en el seno de actuaciones judiciales (ya sea un proceso declarativo, ejecutivo o de adopción de medidas cautelares), sin importar la jurisdicción de que se trate, formalizadas en el proceso mediante, normalmente, autos y sentencias, pero también puede tener lugar en el caso de providencias. **1419** MPCI nº 969

2) Es **muy restrictiva** la concepción del error judicial, referida a una equivocación especialmente acentuada (CEst Dict 13-5-93). Solo un error patente, palmario o manifiesto, craso, una notoria confusión puede dar lugar a la declaración de un error de esta clase (TS 5-10-87, EDJ 6998; 22-1-96, EDJ 13530; 1-3-96, EDJ 2649; 18-6-01, EDJ 15969; 23-4-15, EDJ 63444; 9-12-15, EDJ 244255; 26-11-21, EDJ 760012; 26-10-22, EDJ 727635), sin considerarse ese procedimiento una nueva instancia a la que acude el recurrente para insistir una vez más en el criterio y posición que le fue desestimado (TS 15-3-91, EDJ 5760; 2-12-91, EDJ 11437; 1-3-96, EDJ 2649; 26-9-17, EDJ 202093; 5-3-19, EDJ 515090).

Se reconoce también en los casos en que el mismo tribunal sentenciador, respecto de **dos procesos basados en los mismos hechos** considere en unos casos reales y en otros ficticios los mismos servicios (TS 13-10-22, EDJ 717784); en caso de apreciarse una desviación procesal inexistente por planeamiento de **pretensión nueva** en sede judicial cuando se había suscitado en sede administrativa (TS 19-7-22, EDJ 640351); en caso de considerarse resuelto con manifiesto error un **contrato de comodato** de inmueble por incumplimiento del comodatario inexistente, determinante de la exigibilidad desde entonces de un tributo local -IBI- (TS 7-6-22, EDJ 599957); o en el caso de considerar aplicable a cierta impugnación de una liquidación tributaria local de un **régimen de recursos** manifiestamente improcedente, con la inherente consecuencia en el resultado del fallo (TS 17-3-22, EDJ 528589); o si se considera una acción civil estimada como no prescrita cuando mediaba prescripción (TS 27-9-24, EDJ 695539).

La **situación jurídica** declarada por la sentencia a la que se imputa el error no se ve alterada o modificada por la declaración de la existencia de error judicial y la sentencia que lo declara no lleva a efecto un reenjuiciamiento del asunto y una sustitución del fallo por otro de alcance o signo diversos (TS 13-10-22, EDJ 717784).

3) Es el error generado por una decisión judicial **fuera del margen normal** de divergencia en el juicio, por implicar una desatención del juzgador a datos de carácter indiscutible, desidia o falta de interés jurídico generadores de un factor de desorden que han de ser indemnizados (TS 19-11-98, EDJ 41747; 21-4-21, EDJ 533199; 26-10-22, EDJ 727635).

De acuerdo con ello, concurre en un supuesto en el que el mismo tribunal sentenciador, respecto de **dos procesos basados en los mismos hechos** -realidad o inexistencia de ciertos servicios profesionales prestados por los administradores concursales de cierta mercantil, en relación con un procedimiento de derivación de responsabilidad tributaria- considera en un caso reales y en otros ficticios los mismos servicios (TS cont-adm 13-10-22, EDJ 717784); en caso de apreciarse una **desviación procesal** inexistente por planteamiento de pretensión nueva en sede judicial cuando se había efectivamente suscitado en sede administrativa (TS cont-adm 19-7-22, EDJ 640351); en caso de considerarse resuelto con **manifiesto error** un contrato de comodato de inmueble por un incumplimiento del comodatario inexistente, determinante de la exigibilidad desde entonces de un tributo local -IBI- (TS 27-6-22, EDJ 599957); o en el supuesto de considerar aplicable a cierta impugnación de una liquidación tributaria local de un **régimen de recursos manifiestamente improcedente**, con la inherente consecuencia en el resultado del fallo (TS 17-3-22, EDJ 528589).

4) Se exige que el daño producido sea consecuencia de una actividad jurisdiccional de jueces y magistrados que ha originado un **desajuste objetivo e indiscutible**, con la realidad fáctica o con norma legal.

5) Este procedimiento no es, en modo alguno, una **nueva instancia**, en la que el recurrente insiste ante otro tribunal, una vez más, en el criterio y posición que ya le fue desestimado y rechazado anteriormente (TS 27-1-98, EDJ 192). Únicamente puede instarse el mismo por **equivocación patente y palmaria** del órgano judicial, de forma que exista una clara falta de adecuación entre lo que debió resolverse y lo que se resolvió (TS cont-adm 15-10-21, EDJ 722481). Tampoco puede canalizarse a través de este proceso de funcionalidad limitada la falta de motivación o la incongruencia, que pueden repararse por otras vías judiciales, incluido el recurso de amparo (TS cont-adm 15-10-21, EDJ 720961).

La situación jurídica declarada por la sentencia a la que se imputa el error no se ve alterada o modificada por la **declaración de la existencia del error judicial** y la sentencia que lo declara no lleva a efecto un reenjuiciamiento del asunto y una sustitución del fallo por otro de alcance o signo diversos (TS cont-adm 13-10-22, EDJ 717784).

6) No se comprenden en esta figura los análisis de los hechos y sus pruebas, ni interpretaciones de la norma, habida cuenta de que no es el desacierto lo que trata de corregir la declaración de error judicial, sino la **desatención a datos de carácter indiscutible**, generadora de una resolución esperpéntica, absurda que rompe la armonía del orden jurídico. El error judicial se reserva a supuestos de decisiones injustificables desde el punto de vista del Derecho (TS 27-1-98).

7) Es necesario, como **título habilitante**, una resolución judicial que declare la existencia del error (TS 2-12-91; AN 31-1-96).

8) Este procedimiento es una auténtica **acción resarcitoria**, por lo que se exige que el error imputado sea susceptible, al menos potencialmente, de causar un daño o perjuicio a quien reclama (TS 13-1-94, EDJ 104; 21-7-95, EDJ 5364; 18-11-96, EDJ 462; 6-7-99, EDJ 20287).

9) El **recurso de revisión** no puede configurarse como un nuevo proceso en el que se combata una sentencia firme, no basta la mera alegación de una incorrecta apreciación en la sentencia controvertida para, sin más, lograr la declaración de que se ha incurrido en error judicial. Existe evidencia de que se está ante una discordancia entre el criterio interpretativo del actor y el contenido en la sentencia impugnada (TS 16-9-04, EDJ 147808).
10) En los supuestos en los que se invoca error judicial en relación con la aplicación por la resolución judicial de referencia del **Derecho de la Unión Europea**, no se trata de verificar si se ha incurrido por el tribunal sentenciador en una equivocación manifiesta y palmaria en la «fijación de los hechos o en la interpretación o aplicación de la ley» en la que se centra la doctrina sobre el error judicial, cuando no está comprometido el derecho de la Unión, sino que el canon de control se centra en apreciar si se está o no ante una **violación suficientemente caracterizada** de dicho Derecho (TJUE 30-9-03, asunto C-224/01; TS Especial 1/21 4-10-21).

1420 **Derecho de la Unión Europea** En los supuestos en los que se invoca error judicial en relación con la aplicación por la resolución judicial de referencia del Derecho de la Unión, no se trata de verificar si se ha incurrido por el tribunal sentenciador en una equivocación manifiesta y palmaria en la «fijación de los hechos o en la interpretación o aplicación de la ley» en la que se centra la doctrina sobre el error judicial cuando no está comprometido el Derecho de la Unión, sino que el canon de control se centra en apreciar si se está o no ante una **violación suficientemente caracterizada** de dicho Derecho (TJUE 30-9-03, asunto C-224/01). Para apreciar sin concurre o no esta ha de analizarse (TS 18-10-21, EDJ 799284):
• El grado de claridad y de precisión de la norma vulnerada.
• El carácter intencional de la infracción.
• El carácter excusable o inexcusable del error de Derecho.
• La posición adoptada, en su caso, por una institución comunitaria.
• El incumplimiento por parte del órgano jurisdiccional de su obligación de remisión prejudicial.
• El análisis de si la violación del Derecho comunitario se produjo con desconocimiento manifiesto de la jurisprudencia del Tribunal de Justicia de la Unión Europea en la materia.

1421 **Procedimiento para la obtención de la previa declaración de error** (LOPJ art.293) Esa declaración puede resultar directamente de una **sentencia** dictada en virtud de recurso de revisión o de un **procedimiento especial** que exige, en primer lugar, el agotamiento de los recursos previstos en el ordenamiento y, en segundo lugar, seguir los **trámites** encaminados a obtener dicha declaración de un órgano jurisdiccional (TS 2-12-91; 22-2-96, EDJ 13530; 1-3-96, EDJ 2649; 27-11-98).
a) La **acción para su reconocimiento** debe instarse inexcusablemente en el plazo de 3 meses -sustantivo, de caducidad (TS cont-adm 15-3-19, EDJ 523874; 30-5-22, EDJ 593221; 18-5-22, EDJ 576733)- a partir del día en que pudo ejercitarse.
Con carácter general, dicho momento es la fecha de notificación de la resolución judicial presuntamente errónea, a partir de la que pueden conocerse sus pretendidas consecuencias negativas. No obstante, en casos excepcionales, hay que atender a la fecha en que se produce el daño, si previamente no cabía prever el suceso que finalmente tuvo lugar. En tales casos, la aplicación de la regla general puede resultar un obstáculo desproporcionado e irrazonable (TCo 118/2024).
b) La **pretensión de declaración** de error debe deducirse ante la sala del Tribunal Supremo correspondiente al mismo orden jurisdiccional (civil, social, penal, etc.) a que se imputa el error o a una sala especial de este (la prevista en LOPJ art.61), si el error se imputa a una sala o sección del propio Tribunal Supremo.
c) El **procedimiento** para sustanciar tal pretensión es el propio del recurso de revisión en materia civil (LEC art.509 a 516), siendo partes, en todo caso, el Ministerio Fiscal y la Administración del Estado.
d) El tribunal debe dictar **sentencia definitiva**, sin ulterior recurso, en el plazo de 15 días, con informe previo del órgano jurisdiccional a quien se atribuye el error.
e) Si el error no es apreciado, se imponen las **costas** al peticionario.
f) La mera solicitud de declaración de error no impide la **ejecución de la resolución** judicial a la que aquel se impute.

1422 MPCI nº 975 Precisiones 1) El CGPJ carece de **competencia** para la declaración de responsabilidad patrimonial del Estado (TS 12-2-02, EDJ 1861; 11-2-02, EDJ 1837).
2) El procedimiento especial para establecimiento de responsabilidad no puede sustituirse por **otros medios procesales**, como el auto declarando la nulidad de actuaciones.
La remisión al **procedimiento de revisión civil** (LOPJ art.293.c) lo es en sentido estricto y no en sus presupuestos procesales, es decir, no requiere depósito previo (LEC art.513). En relación con el **agotamiento de recursos previos**, no es necesario interponer previamente el de amparo constitucional, pero, de interponerse, no se interrumpe el plazo de caducidad de 3 meses para acudir al

proceso de declaración de error judicial (TS 3-5-94, EDJ 3887; 13-6-96, EDJ 4789; 12-12-97, EDJ 21283; TS auto 8-5-90; TCo 64/1991; 28/1993).
La exigencia de **agotamiento de los medios de impugnación**, en caso de una demanda de error judicial frente a un auto dictado en ejecución de sentencia, se extiende a la interposición de recurso de apelación contra aquel (LEC art.716) en el que cabe la solicitud de medida cautelar de suspensión con garantía; lo que determina que, en caso de no haber actuado procesalmente de esta forma, no se han agotado las posibilidades de impugnación posibles, en evitación de los daños causados por la resolución a la que se achaca el error dañoso (TS 27-2-24, EDJ 511674).
3) Respecto a la pertinencia de la **suspensión de la ejecución** de la sentencia firme objeto del mismo (LOPJ art.293.g), el tribunal Constitucional se ha pronunciado negativamente, pues supondría un retraso injustificado y arbitrario de la ejecución de la sentencia firme (TCo 39/1995; TS 13-7-93, EDJ 7056). Sin embargo, el Tribunal Supremo ha matizado esta posición y recomienda el análisis caso por caso, guiándose por la apariencia de buen derecho -*fumus bonus iuris*- de la pretensión, contenido de la obligación, gravosidad del aplazamiento, etc. (TS auto 16-2-90, EDJ 1607).
4) En cuanto a las **costas**, el criterio que la norma propone es que la desestimación obliga a su imposición al peticionario. Ahora bien, existen supuestos en los que se admiten matizaciones como, por ejemplo, cuando se invocan varios errores y se desestima solo alguno (TS 10-7-92, EDJ 7613; en contra: TS 24-11-86, EDJ 7627).
5) Si hay una **posibilidad de corregir el error dentro del proceso**, aun por vía del incidente de nulidad, ha de ser apurada siempre antes de acudir al mecanismo indemnizatorio, que puede paliar las consecuencias del error, pero no equivaler a la satisfacción de la tutela judicial solicitada (TS Sala Especial 23-4-15, EDJ 63444; TS cont-adm 15-3-19, EDJ 523874; 30-5-22, EDJ 593221; 18-5-22, EDJ 576733). Incidente que ha de ser promovido temporáneamente y en forma, so pena de no ser tomado en consideración en otro caso, a estos efectos (TS cont-adm 28-3-22, EDJ 532086; 23-11-23, EDJ 758346).
6) No cabe, en este procedimiento, la **rescisión de la sentencia** en la que se constata el error, con retroacción de actuaciones para que la sala sentenciadora dicte nueva sentencia corrigiendo aquel; solo es posible en una demanda de revisión (TS 19-7-22, EDJ 640351).
7) Debe admitirse una demanda de error judicial, aun cuando el **recurso de casación haya sido inadmitido**, si la causa de tal inadmisión fue no apreciar la existencia de interés casacional objetivo; no en el caso de tratarse de un defecto imputable al mal hacer del recurrente por inadecuada estructuración formal del escrito (TS cont-adm 16-11-22, EDJ 739445).

Prisión preventiva indebida (LOPJ art.294) El derecho a la indemnización en este caso surge para quienes, después de haber sufrido prisión preventiva, sean absueltos o respecto de ellos haya sido dictado auto de sobreseimiento libre, siempre que se hayan irrogado perjuicios. 1424

Precisiones **1)** LOPJ art.294.1 ha sido parcialmente invalidado por el Tribunal Constitucional en la expresión referida a la «**inexistencia del hecho imputado**» como determinante de la absolución o del sobreseimiento libre, por lo que, a partir de la fecha de publicación en el BOE, la doctrina jurisprudencial existente tiene que matizarse y actualizarse en cuanto a que no se exigirá que la absolución o el sobreseimiento libre se funden en la inexistencia objetiva -ni tampoco subjetiva- del hecho. No obstante, se expone seguidamente, recalcando el efecto que sobre ella tiene la sentencia citada y la nulidad parcial del citado precepto (TCo 85/2019; 125/2019; 131/2019), que se consideran aplicables a los expedientes en trámite al tiempo de su publicación oficial (CEst Dict 884/2019).
2) No debe confundirse este supuesto con aquel en que el preso es absuelto por circunstancias distintas a las que motivan la aplicación de LOPJ art.294. Sin embargo, ello no supone que se extinga su derecho a la reparación del daño sufrido por la **privación ilegal de libertad**, solo que esta debe ser remediada por el camino de la cláusula genérica de **funcionamiento anormal de la Administración** de justicia o por la vía de LOPJ art.296, si se pueden probar las circunstancias de dolo o culpa grave del juez que conoció el proceso (TS 10-5-90, EDJ 4896).
3) Para decidir si se está ante los supuestos que generan derecho a indemnización por haber sufrido **prisión preventiva**, se ha de atender al auténtico significado de la resolución pronunciada por la jurisdicción penal, sin que para ello resulten decisivas las expresiones, más o menos acertadas, de la sentencia absolutoria o del auto de sobreseimiento libre, pues es necesario deducirlo del relato de **hechos probados** y de la valoración de las pruebas realizada por el tribunal penal, ya que solo de su examen conjunto es posible obtener la conclusión de si se está ante una absolución o auto de sobreseimiento libre por inexistencia del hecho imputado (bien por no haber acaecido o por no ser constitutivo de infracción punible) o por ausencia acreditada de participación, o, por el contrario, ante una sentencia absolutoria en virtud del principio de presunción de inocencia por falta de pruebas (TS 29-5-99; 5-6-99, EDJ 19650; 12-6-99, EDJ 19686; 26-6-99, EDJ 80978; 20-1-03, EDJ 3309).

Inexistencia del hecho imputado Como requisito material para la responsabilidad de la Administración en este supuesto, se ha exigido, con anterioridad a la declaración de nulidad parcial de LOPJ art.294.1 por TCo 85/2019, la inexistencia del hecho imputado. Dentro de esta expresión se comprende tanto la inexistencia **objetiva** como la que se ha venido a denominar inexistencia **subjetiva**, que no es sino la imposibilidad de haber participado en la 1426 acción (TS 27-1-89, EDJ 635; 20-1-03, EDJ 3309; 7-10-03, EDJ 147178), así como el supuesto denominado delito provocado, según su construcción jurisprudencial (TS 4-3-92, EDJ 2102).

Precisiones 1) Según una posición doctrinal ha de negarse la indemnización cuando la absolución del investigado se produce por no haberse destruido, con suficiente y válida prueba de cargo, la **presunción de inocencia** de aquel. Actualmente, esta doctrina se está flexibilizando, proponiéndose que, si de la lectura del resultando de hechos probados de la sentencia absolutoria se desprende incluso la inexistencia del hecho delictivo, lo que se niega es la acción misma constitutiva del tipo penal imputado (TS 16-10-95, EDJ 5935; 26-6-99, EDJ 19743).
2) Todas estas afirmaciones han de revisarse a la luz de TCo 85/2019, de forma que la inexistencia del hecho imputado ya no se considera determinante de la procedencia de la **indemnización**, sino la **absolución** o el **sobreseimiento libre**, aun no fundados en tal inexistencia. Al tiempo, han de respetarse los márgenes de configuración legislativa o judicial en lo que afecta al quantum indemnizatorio y permite afirmar que pueda en el caso concreto cuantificarse aquella conforme a las reglas generales del Derecho de daños -*compensatio lucri cum damno* o relevancia causal de la **conducta de la propia víctima**- (TS 20-12-19, EDJ 771432).

1427 **Requisitos formales** La reclamación debe fundarse en (TS 19-6-90, EDJ 6529):
1. Una **sentencia absolutoria** o un **auto de sobreseimiento libre**.
2. Una **resolución judicial** que, junto con el resto de actuaciones procesales, ponga de manifiesto que su efecto sea equivalente a la absolución (CEst Dict 30-6-94; 1-12-94).
Sirva como ejemplo el auto que deja sin efecto la prisión preventiva siguiéndose la causa respecto de otra persona distinta que resulta condenada por sentencia firme, en la que no se alude a quien sufrió inicialmente la prisión preventiva (AN 19-4-94).
3. El **auto que deja sin efecto el procesamiento** (TS 30-4-90, EDJ 4551; 19-6-90, EDJ 6529; 4-12-90, EDJ 11098) o que determina el archivo de diligencias previas (TS 6-2-90, EDJ 1116).
4. El **sobreseimiento de la causa** que, analizado y atendiendo a su auténtico significado, pueda asimilarse al sobreseimiento libre so pena de estar ante una absolución en la instancia -LECr art.144 y 742- (TS 29-5-99, EDJ 18973).
No se admite la responsabilidad en supuestos de prisión preventiva seguida de sentencia absolutoria por **falta de prueba** de la participación del afectado (AN 23-12-92; 28-1-93). Tampoco es equiparable el auto de levantamiento del proceso unido al **sobreseimiento provisional** de las actuaciones (AN 12-11-95).

Precisiones Para determinar si la **absolución** o el **sobreseimiento** se ha producido por la inexistencia del hecho, ha de estarse al auténtico significado de la resolución dictada por la jurisdicción penal, sin que para ello resulten decisivas expresiones más o menos acertadas de la sentencia o del auto, debiendo valorarse conjuntamente los hechos considerados probados y la **valoración de la prueba practicada** (TS 29-5-99, EDJ 18973; 5-6-99, EDJ 19650; 26-6-99, EDJ 19743).
En estos casos no es precisa además una resolución judicial que declare el error, pues se considera que la propia **causa penal** ha evidenciado la existencia del mismo (TS 4-12-90, EDJ 11098; 29-3-99, EDJ 10322; AN 15-1-02, EDJ 126294).

1429 **Cuantía de la indemnización** Se fija en función de dos **criterios**:
- el tiempo de privación de libertad; y
- las consecuencias personales que se les haya producido.

Precisiones 1) Debe tenerse en cuenta, a la hora de calcular la indemnización, el **salario** dejado de percibir, el **tiempo** indebido de prisión, la importancia y trascendencia de las **lesiones**, tanto en el puro orden personal como en el profesional, y el **daño moral** padecido como consecuencia de todo ello (TS 16-7-84; 3-2-84; 26-10-93, EDJ 9575). No procede tener en cuenta dichos conceptos en lo referente al **lucro cesante** cuando la empresa donde prestaba sus servicios el procesado había venido a una situación de insolvencia (TS 29-3-99, EDJ 10322).
2) El demandante queda vinculado por la petición realizada en vía administrativa salvo que acredite **circunstancias sobrevenidas** que agraven las consecuencias dañosas derivadas del acontecimiento que genera el derecho a indemnización, sin que sea motivo suficiente para solicitar la elevación de la suma el mero **transcurso del tiempo** (TS auto 12-6-90, EDJ 6260).

1430 **Anormal funcionamiento de la Administración de Justicia** (LOPJ art.293.2) Este funcionamiento anormal tiene lugar cuando se producen **anomalías objetivas**, es decir, no ligadas necesariamente a actuaciones culposas, en o con ocasión del proceso, así como las actuaciones administrativas que constituyen el soporte de la función jurisdiccional (las de la oficina judicial).
Al margen de demostrar la **existencia de dilaciones** (presupuesto), deben acreditarse la realidad del perjuicio y que este se debe al anormal funcionamiento de la Administración (AN 27-4-94).
Son **factores relevantes** para determinar la existencia de dilaciones indebidas: la complejidad del litigio, los márgenes ordinarios de duración de los litigios del mismo tipo, el interés que en aquel arriesga el interesado, su conducta procesal y la conducta de las autoridades; por otra

parte la circunstancia de que las demoras en el proceso hayan sido consecuencia de las deficiencias estructurales u organizativas de los órganos judiciales, o del abrumador trabajo que pesa sobre alguno de ellos, si bien pudiera eximir de responsabilidad a las personas que los integran, de ningún modo alteran la conclusión del carácter injustificado del retraso (TCo 93/2008).

Precisiones 1) El funcionamiento anormal de la Administración de Justicia, no implica ilicitud o culpabilidad en el desempeño de las funciones judiciales al tratarse de un tipo de **responsabilidad objetiva**. El concepto de anormalidad en el funcionamiento de la Administración constituye un concepto jurídico indeterminado que debe quedar integrado en función de la naturaleza de los actos emanados de la función y las circunstancias concretas concurrentes en el supuesto enjuiciado (TS 11-11-93, EDJ 10148; 19-2-02, EDJ 2203). **1431** MPCI nº 987

2) El derecho a un **procedimiento sin dilaciones** (Const art.24.2) es una constante tanto en los ordenamientos como en los convenios internacionales, así como en la jurisprudencia nacional e internacional (TCo 40/1987; 10/1991; TEDH 24-4-98, núm 28054/95; 22-4-98, núm 32217/96).

3) En materia de **retraso en la tramitación y decisión** de los procesos, se ha establecido una triple gradación: simple, por el mero incumplimiento de plazos; el retraso constitutivo de funcionamiento anormal, y retraso grave o cualificado que supone violación del derecho fundamental a un proceso sin dilaciones indebidas -Const art.24.2- (TCo 50/1989; 35/1994).

4) En el **proceso penal**, donde las dilaciones son especialmente graves, la vía de la responsabilidad cierra el camino hacia otras posibles fórmulas sustitutivas o complementarias de la indemnización, como la aplicación de la atenuante por analogía y la inejecución de la sentencia penal condenatoria -en este último caso solo queda abierta la vía de la solicitud de indulto y la remisión condicional de la condena- (TCo 35/1994; TS 26-5-92, EDJ 5347; 6-7-92, EDJ 817; 10-5-94, EDJ 4181).

5) Se ha considerado un retraso indebido en un **recurso de amparo** ante el Tribunal Constitucional la tardanza de casi 3 años en resolver un incidente de recusación, teniendo en cuenta la escasa complejidad del asunto (TS 26-11-09, EDJ 275143).

6) La indemnización debe resarcir los daños causados por el funcionamiento de la Administración de Justicia, lo que no es equiparable necesariamente a la integridad de la pretensión que se ejercitaba en el proceso objeto de funcionamiento anormal. Para la **determinación de la indemnización** ha de tenerse en cuenta la actitud del perjudicado en el proceso y fuera del mismo en cuanto al ejercicio diligente de las distintas acciones (AN 29-1-97).

Daños causados por jueces y magistrados (LOPJ art.296) El tratamiento de esta cuestión se modifica sustancialmente por LO 7/2015, eliminando la acción directa del perjudicado contra el juez o magistrado actuante y acercando la regulación al régimen general de responsabilidad patrimonial de la Administración (LRJSP art.32 s.; LPAC art.65, 67, 81, 91 y 92). **1432**

Los daños causados, en el ejercicio de sus funciones, por aquellos, pueden generar, en su caso, **responsabilidad del Estado** por error judicial o por funcionamiento anormal de la Administración de Justicia sin que, en ningún caso, puedan los perjudicados dirigirse directamente contra aquellos.

Si los daños y perjuicios provienen de **dolo o culpa grave** del juez o magistrado, la Administración General del Estado, una vez satisfecha la indemnización al perjudicado, puede exigir, por vía administrativa a través del procedimiento reglamentariamente establecido, al responsable el reembolso de lo pagado sin perjuicio de la **responsabilidad disciplinaria** en que este pudiera incurrir.

El dolo o culpa grave del juez o magistrado actuante se puede reconocer en sentencia, penal (CP art.351 s.) o civil, o en resolución dictada por el CGPJ conforme al procedimiento que este determine (LO 7/2015 disp.final 8ª). Para la exigencia de dicha responsabilidad han de ponderarse, entre otros, los siguientes **criterios**:

- el **resultado** dañoso producido; y
- la existencia o ausencia de **intencionalidad**.

Procedimiento Las normas para depurar las indicadas responsabilidades se encuentran en la LOPJ art.405 a 410, en relación a lo previsto en LOPJ art. 583. **1434**

Una vez obtenida la **declaración previa de responsabilidad** podría exigirse, en vía de regreso o de repetición, la responsabilidad correspondiente.

SECCIÓN 10

Régimen general de abogados y procuradores

1450

1452 Entre las garantías que integran el derecho a un proceso justo se incluye el derecho a la defensa y a la asistencia letrada.

Todas las personas tienen derecho a obtener la tutela efectiva de los jueces y tribunales en el ejercicio de sus derechos e intereses legítimos, sin que, en ningún caso pueda producirse indefensión. Asimismo, todos tienen derecho, entre otros, a la **defensa** y a la **asistencia de letrado** (Const art.24).

Este derecho tiene por finalidad asegurar la efectiva realización de los principios de igualdad de las partes y de contradicción e impone a los órganos judiciales el deber positivo de **evitar desequilibrios** entre la respectiva posición procesal de las partes o limitaciones en la defensa que puedan generar indefensión a alguna de ellas (TCo 260/2005).

La conexión existente entre el derecho a la asistencia letrada y la institución misma del proceso determina incluso que la **pasividad del titular del derecho** deba ser suplida por el órgano judicial para cuya propia actuación, y no solo para el mejor servicio de los derechos e intereses de la parte, es necesaria la asistencia de letrado (TCo 145/2002; 199/2003).

1. Procurador

(RD 1281/2002 art.3, 4 y 11; LOPJ art.544.1)

1455 Los procuradores de los tribunales, válidamente incorporados a un colegio, se encargan de la **representación de sus poderdantes** ante los tribunales de cualquier orden jurisdiccional, así como del fiel cumplimiento de aquellas funciones o la prestación de aquellos servicios que, como cooperadores de la Administración de Justicia, les encomienden las leyes.

La procura, como ejercicio profesional de la función de procurador de los tribunales, es una **profesión libre, independiente y colegiada** que tiene como principal misión la representación técnica de quienes sean parte en cualquier clase de procedimiento.

El procurador, antes de iniciar su ejercicio profesional, prestará **juramento o promesa** de acatamiento a la Constitución y al resto del ordenamiento jurídico.

Los procuradores desarrollan su actividad con libertad e independencia, pero con estricta sujeción a las **normas deontológicas** que disciplinan el ejercicio de la profesión y a lo ordenado en la Ley, en el Estatuto General, así como en los Estatutos de los Consejos de Colegios de la comunidad autónoma y en los particulares de cada colegio.

Precisiones 1) El **ejercicio permanente en España** de la profesión procurador (o abogado) y la prestación ocasional de sus servicios con título profesional obtenido en otro Estado miembro de la Unión Europea o del Acuerdo sobre el Espacio Económico Europeo se regula por su legislación específica (L 34/2006 disp.adic.1ª).
Los títulos profesionales que se regulan en esta ley no se exigen a quienes en el momento de su entrada en vigor hayan solicitado la **homologación de su título extranjero** al de licenciado en Derecho, siempre que, en el plazo máximo de 2 años, a contar desde el momento en que obtengan dicha homologación, procedan a colegiarse, como ejercientes o no ejercientes (L 34/2006 disp.adic.9ª).
La L 34/2006 se modifica por RDL 5/2012 y L 5/2012, en relación con el régimen de **no sujeción** a sus requisitos de titulación profesional para acceso a las profesiones de abogacía y procura.
2) Algunos de los preceptos del RD 1281/2002 han sido declarados **nulos** -total o parcialmente- (TS 29-1-04, EDJ 7016; 3-6-04, EDJ 78458; 21-2-05, EDJ 33721; 28-2-05, EDJ 33723; 17-6-05, EDJ 96702; 28-9-05, EDJ 171734; 21-12-05, EDJ 244542; 21-1-09, EDJ 13449): art.3.3, 8.c, 13, 17.3, 17.4, 19.1.1, 20.2, 24.1.b, 26.1.1º, 26.2, 31, 38.2.c, 67.c, 61.6, 98.f, h, i y l, 108.1 y 2, 109, 111.e, h, i, l y t, 112.c y g, 113.1.c, 109.1 y 2, 112.c y g, 113.c, 114.2, 115.2, 85 a 107, 116 a 119, 120.4.
3) La L 42/2015 modifica sustancialmente el régimen de la procuraduría, especialmente en cuanto a la atribución a los procuradores de la condición de **cooperadores con los tribunales** y de encargados en general de la realización de los **actos de comunicación**, a solicitud expresa de la parte, ahondando en la línea ya apuntada por L 13/2009 y L 37/2011. Ver nº 1464.

a. Representación procesal

(LOPJ art.543)

Corresponde exclusivamente a los procuradores la **representación de las partes** en todo tipo de procesos, salvo cuando la Ley autorice otra cosa. **1458**
Las razones por las que interviene el procurador en el proceso se centran en asentar el proceso sobre **bases técnicas**, encargando a un profesional la representación de la parte en el proceso, además de ahorrar intervenciones personales a la parte representada y permitir que el proceso se sustancie sin un coste excesivo en tiempo y molestias para los litigantes (AP Barcelona auto 18-3-02, EDJ 126185).
Las distintas leyes procesales determinan la representación de las partes mediante procurador, estableciendo en qué supuestos la **intervención** de estos profesionales es preceptiva y cuando el litigante puede comparecer por sí mismo.

Orden civil (LEC art.23) Como regla general, la comparecencia en juicio es por medio de **procurador** legalmente habilitado para actuar en el tribunal que conozca del juicio, a salvo las excepciones legales expresas (nº 2619 s.). **1459**
El procurador legalmente habilitado puede comparecer en todo tipo de procesos **sin necesidad de abogado**, cuando lo realice a efectos exclusivamente de oír y recibir actos de comunicación y efectuar comparecencias de carácter no personal de los representantes, solicitadas por el órgano jurisdiccional o por el letrado de la Administración de Justicia (LEC art.23.3).

Precisiones 1) La **representación de las partes** en el proceso civil es objeto de estudio en nº 2606 s.
2) Son **incompatibles** las profesiones de abogado y procurador de los tribunales.

Orden penal (LECr art.118 y 768) Toda persona a quien se impute un acto punible puede ejercitar el derecho de defensa debiendo ser representadas por procurador y defendidas por letrado, designándoseles **de oficio** cuando no los hayan nombrado por sí mismos y lo soliciten y, en todo caso, cuando no tengan aptitud legal para verificarlo. **1460** MPCI nº 1164
En el **procedimiento abreviado**, el abogado designado para la defensa tiene también habilitación legal para la representación de su defendido, no siendo necesaria la intervención del procurador hasta el trámite de apertura del juicio oral.

Precisiones Ver en nº 6955 s., la parte dedicada a la **representación de las partes** en el proceso penal.

Orden contencioso-administrativo (LJCA art.23) Las partes pueden conferir su representación a un procurador, si bien en sus **actuaciones ante órganos colegiados**, deben hacerlo preceptivamente. Como **excepción**, pueden comparecer por sí mismos los funcionarios públicos en defensa de sus derechos estatutarios, cuando se refieran a cuestiones de personal que no impliquen separación de empleados públicos inamovibles (LJCA art.23.3). **1461** MPCI nº 1168

Precisiones Ver la representación de las partes en el proceso contencioso-administrativo en nº 11715 s.

Proceso laboral (LRJS art.18 a 21) Las partes pueden comparecer por sí mismas o conferir su **representación** a abogado, procurador, graduado social colegiado o cualquier persona que se encuentre en el pleno ejercicio de sus derechos civiles. La representación puede conferirse **1462**

mediante poder otorgado por comparecencia ante el letrado de la Administración de Justicia o por escritura pública.
En los procesos en los que demanden de forma conjunta **más de diez actores**, estos deben designar un representante común, con el que se entenderán las sucesivas diligencias del litigio. Este representante debe ser necesariamente abogado, procurador, graduado social colegiado, uno de los demandantes o un sindicato.
Dicha representación puede conferirse mediante poder otorgado por comparecencia ante el letrado de la Administración de Justicia, por escritura pública o mediante comparecencia ante el servicio administrativo que tenga atribuidas las competencias de conciliación, mediación o arbitraje o el órgano que asuma estas funciones. Junto con la demanda se debe aportar el documento correspondiente de otorgamiento de esta representación.
Cuando se acuerde la **acumulación** de los procesos correspondientes a varias demandas presentadas contra un mismo demandado, afectando de este modo el proceso a más de diez actores, así como cuando la demanda o demandas se dirijan contra **más de diez demandados**, siempre que no haya contraposición de intereses entre ellos, el letrado de la Administración de Justicia ha de requerirles para que designen un representante común, pudiendo recaer dicha designación en cualquiera de los sujetos antes mencionados. A tal efecto, junto con la comunicación a los actores de la resolución de acumulación, el letrado de la Administración de Justicia ha de citarles de **comparecencia** dentro de los 4 días siguientes para el nombramiento del representante común; si el día de la comparecencia no asiste alguno de los citados en forma, se procede a la designación del representante común, entendiéndose que quien no comparece acepta el nombramiento efectuado por el resto.

1463 En este caso, cualquiera de los demandantes o demandados puede expresar su **voluntad justificada de comparecer por sí mismo** o de designar un **representante propio**, diferenciado del designado de forma conjunta por los restantes actores o demandados.
Cuando por razón de la tutela ejercitada la **pretensión no afecte de modo directo e individual a trabajadores determinados** se entiende, a efectos de emplazamiento y comparecencia en el proceso, que los órganos representativos unitarios y, en su caso, la representación sindical, ostentan la representación en juicio de los intereses genéricos del colectivo laboral correspondiente, siempre que no haya contraposición de intereses entre ellos, y sin perjuicio de la facultad de los trabajadores que indirectamente pudieran resultar afectados, de comparecer por sí mismos o de designar un representante propio.
Los **sindicatos** pueden actuar en un proceso, en nombre e interés de los trabajadores y de los funcionarios y personal estatutario afiliados a ellos que así se lo autoricen, para la defensa de sus derechos individuales, recayendo en dichos afiliados los efectos de aquella actuación.
En la demanda, el sindicato ha de acreditar la condición de afiliado del trabajador o empleado y la existencia de la **comunicación** al afiliado de su voluntad de iniciar el proceso. La **autorización** se presume concedida salvo declaración en contrario del afiliado. En el caso de que no se haya otorgado esta autorización, el trabajador o empleado puede exigir al sindicato la responsabilidad que proceda, que ha de decidirse en proceso social independiente.
La defensa por abogado y la representación técnica por graduado social colegiado tiene carácter facultativo en la **instancia**. En el recurso de **suplicación** los litigantes han de estar defendidos por abogado o representados técnicamente por graduado social colegiado. En el recurso de **casación** y en las actuaciones procesales ante el Tribunal Supremo es preceptiva la defensa de abogado.

1464 **Actos de comunicación** (LEC art.23.4 y 5 -redacc LO 1/2025-, 23.6 y disp.adic.11ª -redacc LO 1/2025-) En los términos establecidos en la LEC, y a solicitud de la parte, corresponde a los procuradores la práctica de los actos procesales de comunicación y la realización de tareas de **auxilio y cooperación** con los tribunales, así como las **actividades materiales del proceso de ejecución** que les hayan sido expresamente delegadas por aquellos, previa la petición y el consentimiento informado de la persona representada, para lo que ostentan **capacidad de certificación** y disponen de las **credenciales** necesarias.
En el ejercicio de estas funciones, y sin perjuicio de la posibilidad de **sustitución** por otro procurador conforme a lo previsto en la LOPJ, han de actuar de forma personal e indelegable y su actuación será impugnable ante el letrado de la Administración de Justicia conforme a la tramitación prevista en LEC art.452 y 453. Contra el decreto resolutivo de esta **impugnación** cabe interponer **recurso** de revisión.
Para la práctica de los actos procesales y demás funciones atribuidas a los procuradores, corresponde a los colegios de procuradores organizar los servicios necesarios.

b. Designación

La comparecencia en juicio mediante procurador lleva consigo la representación técnica del litigante a través del mismo, previa su **libre elección** o designación, así como su previo **apoderamiento**. 1467

Designación libre (LOPJ art.545; LEC art.33.1 y 2) Las partes pueden designar libremente a sus representantes entre los procuradores que reúnan los requisitos exigidos por las leyes. 1468

Fuera de los casos de **designación de oficio** previstos en la Ley de Asistencia Jurídica Gratuita, corresponde a las partes contratar los servicios del procurador que les haya de representar en juicio.

En el **proceso civil**, el litigante que no tenga derecho a la asistencia jurídica gratuita puede pedir que se le designe abogado, procurador o ambos profesionales, cuando su intervención sea preceptiva o cuando, no siéndolo, la parte contraria haya comunicado al tribunal que actuará defendida por abogado y representada por procurador (nº 1000 s.).

Estas peticiones se hacen y deciden sin necesidad de acreditar el derecho a obtener dicha asistencia, siempre que el solicitante se comprometa a **pagar los honorarios y derechos** de los profesionales que se les designen.

En el caso de que la petición se realice por el **demandado**, deberá formularla en el **plazo** de los 3 días siguientes a recibir la cédula de emplazamiento o citación.

En estos casos, el litigante **renuncia al derecho de elegir el procurador** que le haya de representar y traslada dicha facultad al correspondiente colegio de procuradores que hará la designación dentro de los profesionales incorporados al turno de oficio (nº 1105 s.).

Precisiones Para actuar en nombre de otro en un proceso resulta imprescindible el **consentimiento expreso e inequívoco** del representado, consentimiento habitualmente conferido a través del instrumento del poder notarial o bien mediante apoderamiento apud acta (TCo 19/2003; 2/2005).

Designación en el sistema de asistencia jurídica gratuita Se designa de oficio procurador a quien acredite insuficiencia de recursos para litigar (nº 1044 s.). 1469

El derecho de asistencia jurídica gratuita incluye la defensa y representación gratuitas por abogado y procurador en el procedimiento judicial, cuando la **intervención** de estos profesionales sea **legalmente preceptiva** o, cuando no siéndolo, sea expresamente requerida por el órgano judicial mediante **auto motivado** para garantizar la igualdad de las partes en el proceso (L 1/1996 art.6.3).

La **designación provisional** hecha por el Colegio de Procuradores, previa solicitud del interesado, debe ser confirmada por la Comisión de Asistencia Jurídica Gratuita competente (nº 1145 s.).

Designación provisional a requerimiento judicial (L 1/1996 art.13 y 21) Si el órgano judicial que esté conociendo del proceso, conforme a la legislación procesal -también el órgano administrativo que conozca de un procedimiento administrativo conforme a la legislación reguladora de este, si hubiera lugar de acuerdo con ella-, estima que por las circunstancias o la urgencia del caso, es preciso **asegurar de forma inmediata** los derechos de defensa y representación de las partes, y alguna de ellas manifiesta carecer de recursos económicos, dicta una resolución motivada requiriendo de los colegios profesionales el nombramiento provisional de abogado y procurador, cuando las designaciones no hayan sido realizadas con anterioridad. 1470

Esta **resolución** se comunica por el medio más rápido posible a los colegios de abogados y de procuradores. Con dicha resolución se adjunta la **solicitud del derecho de asistencia jurídica gratuita** del interesado, debidamente firmada, solicitud que previamente le habrá sido facilitada por el propio órgano judicial, tramitándose a continuación según las reglas generales (nº 1000 s.).

Proceso civil (LEC art.33.3 y 4) Cuando en un juicio verbal en los que, con fundamento en el **impago de la renta** o **cantidades debidas** por el arrendatario, o en la expiración del plazo fijado contractualmente, pretenda el dueño, usufructuario o cualquier otra persona con derecho a poseer una finca rústica o urbana, dada en arrendamiento, ordinario o financiero, o en aparcería, recuperar la posesión, alguna de las partes solicite el reconocimiento del derecho a la asistencia jurídica gratuita, el tribunal, tan pronto tenga noticia de este hecho, dictará una **resolución motivada** requiriendo de los colegios profesionales el nombramiento provisional de abogado y procurador, cuando las designaciones no hayan sido realizadas con anterioridad. 1471

En estos juicios el demandado deberá **solicitar el reconocimiento del derecho** de asistencia jurídica gratuita o interesar la designación de abogado y procurador de oficio dentro de los 3 días siguientes al de la notificación de la demanda. Si la solicitud se realizara en un momento posterior, la **falta de designación** de abogado y procurador por los colegios profesionales no suspenderá la celebración del juicio, salvo en los supuestos contemplados en L 1/1996 art.16. Ver nº 1208 s. sobre suspensión del curso del proceso por solicitud del derecho de asistencia jurídica gratuita.

Precisiones El **juicio verbal** es objeto de estudio en nº 3900 s.

1472 **Proceso penal** Si la persona a la que se impute un acto punible **no ha designado procurador o letrado**, se le requiere para que lo verifique o se le nombra de oficio si, requerido, no lo nombra, cuando la causa llegue a estado en que se necesite el consejo de aquellos o haya de intentar algún recurso que haga indispensable su actuación.

Precisiones Ver la parte de esta obra dedicada a la **defensa y representación** ante la jurisdicción penal en nº 6955 s.

c. Formas de apoderamiento

(LEC art.24.1; RD 1281/2002 art.5.2)

1475 MPCI nº 1195 El poder en que la parte otorgue su representación al procurador se podrá conferir en alguna de las siguientes formas:

a) Por **comparecencia electrónica**, a través de una sede judicial electrónica, en el registro electrónico de apoderamientos judiciales *apud acta*.

b) Ante notario o por comparecencia personal, sea presencial o por medios electrónicos, ante el letrado de la Administración de Justicia de cualquier oficina judicial. En estos casos, se procederá a la inscripción en el registro electrónico de apoderamientos judiciales dependiente del ministerio del ramo de justicia.

La concreta representación con la que el procurador intervenga en juicio se acredita mediante **apoderamiento expreso y suficiente**, otorgado conforme a la ley.

Precisiones 1) La **validez de los actos** ejecutados por el representante procesal depende de que el poder haya sido otorgado conforme a los requisitos de forma exigidos por la ley.
El **incumplimiento de las formalidades** priva de validez y eficacia a la voluntad de las partes, facultando a la contraria para denunciar tal defecto (AP Baleares auto 22-2-05, EDJ 24749).
2) Ver nº 1700 s. en relación con la regulación de la **Administración de Justicia digital**.

1476 **Poder notarial** (CC art.1280.5º; L 24/2001 art.98) Deben constar en documento público:
- el poder general para pleitos, y
- los especiales que deban presentarse en juicio.

La **forma** que adopta el poder es, por regla general, la escritura pública con intervención de notario, de suerte que, en virtud de las exigencias del Reglamento Notarial, el poder debe acreditar, además del mandato representativo, otras circunstancias del otorgante que hacen referencia a su capacidad de obrar y a su condición de representante de una persona jurídica, en su caso (AP Baleares auto 22-2-05, EDJ 24749).

Deben ser unidos a la matriz, original o por testimonio, los **documentos complementarios** de la misma cuando así lo exija la Ley y pueden serlo aquellos que el notario autorizante juzgue conveniente. En los casos de **unión, incorporación o testimonio parcial**, el notario da fe de que en lo omitido no hay nada que restrinja ni, en forma alguna, modifique o condicione la parte transcrita.

Precisiones 1) La exigencia al notario de **inclusión de la reseña identificativa** del documento auténtico que acredite la representación viene a corregir la anterior interpretación que consideraba innecesaria la constancia, en el cuerpo de la escritura pública de apoderamiento, de los documentos fehacientes que acreditaran la representación del otorgante si en el protocolo del notario autorizante se encontraban las escrituras y documentos acreditativas de la capacidad y facultades de los otorgantes (TS 30-9-85, EDJ 7585).
2) No obstante, en ocasiones el Tribunal Supremo había sido más riguroso, exigiendo una cumplida aplicación del Reglamento Notarial y exigiendo que aquellos se insertaran en el poder del otorgante bien en forma de **original o testimonio**, concluyendo con la invalidez del poder en caso contrario (TS 31-12-91, EDJ 12409; 2-6-98, EDJ 8645).
3) Cabe la **autorización a través de videoconferencia** de los poderes notariales de representación procesal, así como su revocación (L 28-5-1862 art.17 ter.c y d).

1477 **Poderes otorgados en el extranjero** (CC art.11.1) Las formas y **solemnidades** de los actos jurídicos se rigen por la ley del país en que se otorguen.

Es por ello que los poderes otorgados en país extranjero se someten a las formalidades previstas en el respectivo Estado, sin perjuicio de que su suficiencia debe acomodarse a la ley española (TS 31-10-88, EDJ 8555; 9-5-89, EDJ 4809; 2-6-98, EDJ 8645).

Precisiones 1) Los poderes otorgados en el extranjero habrán de regirse por la ley del **lugar de otorgamiento**, sin que pueda exigirse el riguroso cumplimiento de lo dispuesto en el Reglamento Notarial en orden a transcribir en el documento de apoderamiento los antecedentes necesarios para acreditar que la representación procesal otorgada venía deferida precisamente de los órganos de la entidad facultadas para tal otorgamiento (TS 2-6-98).

2) Sin embargo, en ocasiones se sostiene que, teniendo en cuenta que los procesos civiles que se sigan en el territorio nacional se rigen únicamente por las leyes procesales españolas, la **postulación procesal** en los procedimientos con elemento extranjero se rige por la ley española (LEC art.3; TS auto 13-11-01, EDJ 52690; AP Baleares auto 22-2-05, EDJ 24749).

3) No resulta suficiente un poder otorgado por un **notario norteamericano** si se limita a legitimar la firma del otorgante, sin dar fe de la vigencia del cargo, de sus facultades y de la inscripción en el registro correspondiente, por cuanto que el control de la validez y eficacia del apoderamiento así otorgado que impone la *lex fori*, pasa por comprobar si a la hora de autorizar la escritura el notario llevó a cabo un juicio sobre la capacidad, representación y sobre el ámbito de las facultades conferidas al otorgante, y si para ello tuvo a la vista las oportunas certificaciones y documentos que le permitiesen efectuar tal juicio (AP Baleares auto 22-2-05, EDJ 24749).

Documentos públicos (LEC art.323.2.3) Se consideran documentos públicos los otorgados en país extranjero cuando cumplan los siguientes requisitos: **1478**

a) Que en el otorgamiento o confección del documento se hayan observado los requisitos que se exijan en el país donde se hayan otorgado para que el documento haga **prueba plena** en juicio.

b) Que el documento contenga la **legalización** o **apostilla** y los demás requisitos necesarios para su autenticidad en España.

Cuando los documentos extranjeros incorporen **declaraciones de voluntad**, la existencia de estas se tendrá por probada, pero su eficacia será la que determinen las leyes españolas y extranjeras aplicables en materia de capacidad, objeto y forma de los negocios jurídicos.

Precisiones 1) Dando valor la ley española a los poderes otorgados en el extranjero siempre que vayan acompañados de la **apostilla** exigida por la Convención de La Haya de 5-10-1961, debe considerarse válido el poder que la contiene, a salvo que se pruebe que el acto no se rigió por las formalidades exigidas por la legislación del lugar de su otorgamiento (AP Sta. Cruz de Tenerife 3-2-01, EDJ 99024).

2) Asimismo, los poderes para pleitos pueden otorgarse ante los **funcionarios consulares españoles** en el país de que se trate, que tienen atribuida la fe pública a estos efectos (RN Anexo 3º).

Poder apud acta (RD 1608/2005 art.5.c) El poder **por comparecencia** o *apud acta* es el que se otorga ante el letrado de la Administración de Justicia. **1479** MPCI nº 1203

Este tiene, entre sus **funciones** como titular de la fe pública judicial, la de autorizar y documentar el otorgamiento de poderes para pleitos, en los términos establecidos en las leyes procesales, debiendo informar en todo caso a los poderdantes del alcance del poder conferido en cada caso concreto.

Precisiones 1) El apoderamiento *apud acta* por comparecencia podrá ser realizado ante el letrado de la Administración de Justicia de **cualquier oficina judicial**, sin necesidad de que a dicho otorgamiento concurra el procurador, o por comparecencia electrónica (LEC art.24).

2) Ver nº 1700 s. en relación con la regulación de la **Administración de Justicia digital**.

Procurador del turno de oficio El procurador del turno de oficio puede personarse en juicio sin necesidad de **poder notarial ni comparecencia** *apud acta* ante el letrado de la Administración de Justicia. **1480**

La razón de dicha distinción no es otra que la que se deriva de la **imposibilidad de selección de profesional** cuando se es beneficiario de asistencia jurídica gratuita (nº 1000 s.), por lo que en ningún caso puede acudirse ante el notario o el letrado de la Administración de Justicia para manifestar que otorga su representación ante un determinado profesional; en estos casos, el profesional no es elegido, sino designado por el colegio de procuradores, y esa designación sirve ante el tribunal para demostrar quién es el profesional que va a representar a la parte beneficiaria de tal derecho (TSJ Madrid 16-9-05, EDJ 150946; 29-11-05, EDJ 266624).

Tipos de poder Se contemplan en nuestra legislación procesal tres tipos de poderes a procurador: **1481**

- el poder **general común**, que es el apoderamiento o mandato típico representativo (nº 1482);
- el poder **general con excepciones expresas** (nº 1483); y
- el poder **especial** para uno o varios actos para los que la Ley exige ese especial apoderamiento o para atribuir poder respecto de asuntos excluidos voluntariamente en un poder general (nº 1484).

Los tres tipos de poder para pleitos no implican tres instrumentos notariales o apud acta materialmente distintos.

Precisiones Junto a un poder general para pleitos, o separadamente, puede otorgarse a uno o varios procuradores **poder especial para allanarse, renunciar o transigir**, en toda clase de litigios o en los relativos a ciertas materias o sujetos jurídicos. No es la rúbrica del poder, sino su contenido, esto es las facultades que otorga, el elemento que determina su especialidad o generalidad (AP Madrid auto 3-5-06, EDJ 100895).

1482 **Poder general** (LEC art.25.1 redacc LO 1/2025) El poder general para pleitos faculta al procurador para realizar válidamente, en nombre de su poderdante, **todos los actos procesales** comprendidos, de ordinario, en la tramitación de aquellos.

1483 **Poder general con excepciones expresas** (LEC art.25.1 redacc LO 1/2025) El poderdante puede, no obstante, excluir del poder general asuntos y actuaciones para las que la ley no exija apoderamiento especial. La **exclusión** ha de ser consignada **expresa** e inequívocamente.

1483.1 **Poder de beneficiario de asistencia gratuita** (LEC art.25.1.3º redacc LO 1/2025) El procurador de un litigante beneficiario del derecho de asistencia jurídica gratuita puede realizar válidamente, en nombre de su representado, **todos los actos procesales** comprendidos, de ordinario, en la tramitación del proceso.

1484 **Poder especial** (LEC art.25.2) La contraposición entre poder general (nº 1482) y poder especial no debe llevar a identificar poder especial con poder concreto, sino con un poder en el que se deben nombrar las **facultades de disposición** sobre el objeto procesal.

El poder general puede ir acompañado de **apoderamientos especiales** sin que hayan de confeccionarse notarialmente dos instrumentos ni hayan de realizarse dos comparecencias distintas ante el letrado de la Administración de Justicia, ni existe razón alguna que fundamente la exigencia de que el poder especial, para renunciar, transigir o allanarse, sea un poder ad hoc, es decir, que necesariamente especifique el concreto asunto objeto de renuncia, transacción o allanamiento.

Es **necesario** poder especial:

a) Para la renuncia, la transacción, el desistimiento, el allanamiento, el sometimiento a arbitraje y las manifestaciones que puedan comportar sobreseimiento del proceso por satisfacción extraprocesal o carencia sobrevenida de objeto.

b) Para ejercitar las facultades que el poderdante haya excluido del poder general.

c) En todos los demás casos en que así lo exijan las leyes.

Precisiones 1) A estos efectos, se considera suficiente un poder general para pleitos que contiene de manera expresa las facultades de **renuncia, transacción y allanamiento** (AP Sta. Cruz de Tenerife auto 28-10-02; AP Cáceres auto 6-6-02, EDJ 49047; 4-10-04, EDJ 149126; AP Madrid auto 24-6-04, EDJ 121193; 27-7-04, EDJ 137841).

2) Se exige poder especial para interponer una **querella criminal** (LECr art.277). Ver en nº 8300 s. la parte dedicada a la querella criminal.

1485 **Poder especial en la audiencia previa al juicio ordinario civil** (LEC art.414.2) En la audiencia previa al juicio, a los efectos del intento de arreglo o **transacción**, cuando las partes no concurran personalmente sino a través de su procurador, habrán de otorgar a este poder para renunciar, allanarse o transigir. Si no concurren personalmente ni otorgan aquel poder, se les tendrá por **no comparecidos a la audiencia**.

En este caso se plantea la cuestión de si este poder especial se necesitará únicamente cuando se produzcan los supuestos de transacción o arreglo o si, por el contrario, aquella exigencia debe concurrir siempre y en todos los casos que comparezca el procurador cuando no concurre al acto personalmente la parte a quien represente (nº 2474 s.).

1486 **Derecho supletorio sobre apoderamiento** (LEC art.27; RD 1281/2002 art.5.3) A falta de disposición expresa sobre las relaciones entre el poderdante y el procurador, rigen las normas establecidas para el **contrato de mandato** (nº 5580 s. Memento Contratos Mercantiles 2024-2025).

Además, estas relaciones están regidas por las previsiones del Estatuto General de los Procuradores de los Tribunales, los Estatutos de los Consejos de Colegios de la Comunidad Autónoma, los particulares de cada colegio.

Precisiones 1) El **procurador del turno de oficio** no actúa en virtud del contrato de mandato, pues falta la voluntad, el consentimiento que conforman dichos contratos; la fuente de la obligación en estos casos no es la autonomía de la voluntad, el negocio jurídico, sino la ley (TSJ Madrid 29-11-05, EDJ 266624).

2) La **designación** de procurador del turno de oficio es objeto de estudio en nº 1467.

d. Régimen de actuación

Las cuestiones que conforman este régimen de actuación son las siguientes: **1489**
- colegiación obligatoria (nº 1490);
- pago de las cuotas colegiales (nº 1491);
- prohibiciones (nº 1492);
- incompatibilidades (nº 1493);
- causas de abstención (nº 1494);
- sustitución del procurador en determinadas actuaciones (nº 1495);
- sustitución en la representación (nº 1496);
- publicidad (nº 1497); y
- libertad del procurador para aceptar o rechazar la representación (nº 1498).

Colegiación obligatoria (LOPJ art.544.2; RD 1281/2002 art.14) La colegiación de los procuradores es obligatoria para actuar ante los tribunales, salvo que actúen al servicio de las Administraciones públicas o entidades públicas por razón de dependencia funcionarial o laboral. **1490** MPCI nº 1390 s.

Como regla general, la **defensa y representación de las Administraciones públicas** ante los tribunales se aglutina en una sola figura (nº 11715 s.).

Los procuradores tienen el deber de tener **despacho abierto** en el territorio de la demarcación territorial en la que estén habilitados.

Esta obligación no puede eludirse con la **apertura de sedes subsidiarias o delegadas** para residenciar actos de comunicación con el público y los órganos jurisdiccionales, como pudiera ser la designación de un domicilio a efectos de oír notificaciones, ya que estas modalidades no permiten satisfacer la realidad de un despacho profesional (TS 17-5-99, EDJ 18591; 21-12-05, EDJ 244542).

Precisiones El principio de ejercicio de la **procura** como **territorial**, en cuya virtud los procuradores solo podrían estar habilitados para ejercer su profesión en la demarcación territorial correspondiente a su colegio profesional, es nula por cuanto que no existe una justificación para dicha limitación, por cuanto que el principio de colegiación única habilita para ejercer la profesión en todo el territorio nacional (TS 28-2-05, EDJ 33723; 21-12-05, EDJ 244542).

Pago de las cuotas colegiales (RD 1281/2002 art.20.1.c) La falta de pago de las cuotas ordinarias o extraordinarias y de las demás cargas colegiales da lugar a la **pérdida de la condición de colegiado**, así como a la **baja inmediata** en el colegio respectivo. **1491**

Precisiones La **baja colegial** por impago de cuotas y la supeditación de nueva incorporación colegial para el ejercicio de la profesión, no supone una medida coercitiva ni sancionadora para la que sea precisa la incoación de un expediente disciplinario o sancionador, pues dicha pérdida de la condición de colegiado se limita a determinar el alcance y las consecuencias de no atender el procurador a las obligaciones que le incumben en relación al colegio y a los demás colegiados (TS 5-3-96, EDJ 1712; 17-5-96, EDJ 3065; 28-2-05, EDJ 33723).

Prohibiciones (RD 1281/2002 art.23) Los procuradores de los tribunales tienen prohibido: **1492**

a) Ejercer la procura estando incursos en **causa de incompatibilidad** (nº 1493).

b) Prestar su **firma** a quienes, por cualquier causa, no puedan ejercer como procuradores.

c) Mantener **vínculos asociativos o laborales** de carácter profesional con profesionales que impidan el correcto ejercicio de la procura o que pongan en peligro el secreto profesional.

d) Toda actuación en **fraude de ley** que directa o indirectamente pretenda burlar las anteriores prohibiciones.

Precisiones El establecimiento de prohibiciones para el ejercicio de la profesión tiende a velar por la **ética** y la **dignidad profesional** y por el debido respeto a los derechos de los particulares (TS 26-5-99, EDJ 13879; 17-6-05, EDJ 96702).

Incompatibilidades (RD 1281/2002 art.24) La profesión de procurador es incompatible con: **1493** MPCI nº 1226 s.

a) El ejercicio de la **función judicial o fiscal**, cualquiera que sea su denominación y grado, con el desempeño del secretariado de los tribunales y con todo empleo y función auxiliar o subalterna en órgano jurisdiccional.

b) El ejercicio de la **abogacía** (TS cont-adm auto 9-2-23, EDJ 524854), de la profesión de agente de negocios, **gestor** administrativo, **graduado social** y cualesquiera otras cuya propia normativa reguladora así lo especifique.

c) Con el desempeño de cargos, funciones o **empleos públicos** en los órganos institucionales del Estado, de la Administración de Justicia y de las Administraciones públicas y los organismos públicos dependientes de ellas.

d) Cualquier **empleo remunerado** en los colegios de procuradores y abogados.

Precisiones Resulta admisible la inclusión de estas incompatibilidades para el ejercicio de la profesión de procurador, por cuanto que legalmente se habilita a las normas reglamentarias para establecer incompatibilidades en cuanto al **ejercicio simultáneo de más de una profesión**, atendiendo a los fines de vigilancia de la ética y dignidad profesional y de los derechos de los clientes (TS 9-6-03, EDJ 50207; 17-6-05, EDJ 96702).

1494 MPCI nº 1228 **Causas de abstención** (RD 1281/2002 art.27) El procurador se abstendrá de ejercer su profesión ante:

a) El órgano judicial donde desempeñe la función de **magistrado** o **juez** el cónyuge o persona que con él conviva en relación asimilable, o un familiar hasta el segundo grado de consanguinidad o primero de afinidad.

b) Los **órganos jurisdiccionales** en que el letrado de la Administración de Justicia, oficiales, auxiliares o agentes judiciales se encuentren con el procurador en la misma relación de parentesco anterior.

c) Los **órganos administrativos** a cargo del cónyuge o persona vinculada por una análoga relación de afectividad, o un familiar hasta el segundo grado de consanguinidad o primero de afinidad.

Precisiones Cuando la **relación conyugal o asimilable**, o de parentesco, se produzca entre el procurador y oficiales, auxiliares o agentes judiciales, el colegio de procuradores lo pondrá en conocimiento del órgano jurisdiccional (RD 1281/2002 art.27.2).

1495 **Sustitución en determinadas actuaciones** (LOPJ art.543; RD 1281/2002 art.29) En el ejercicio de su profesión los procuradores pueden ser sustituidos por otro procurador de la **misma demarcación territorial**, con la simple **aceptación del sustituto**, manifestada en la asistencia a las diligencias y actuaciones, en la firma de escritos o en la formalización del acto profesional de que se trate.

Para que opere la sustitución entre procuradores no es necesario que el procurador sustituto se encuentre facultado en el apoderamiento del procurador sustituido, ni que el procurador sustituido acredite la **necesidad de la sustitución**.

Precisiones 1) En todo caso, la **comparecencia** debe realizarse por el procurador apoderado del litigante, sin que sea admisible una sustitución «de pasillo» o espontánea de la que puedan derivarse consecuencias graves para los que en puridad son «no representados» o, al menos, representados sin su anuencia explícita o presunta, cuando ni siquiera haya indicios o principios de prueba que permitan justificar la ausencia del verdadero representante y, por ello, la legitimidad de una sustitución (TS auto 12-5-03, EDJ 263082).

2) Sí se admite la sustitución cuando se presenta **escrito del Decano-Presidente** del Ilustre Colegio de Procuradores de Madrid, extendido en formulario impreso, por el que se ponía en conocimiento del órgano judicial que concurría justa causa que impedía a la procuradora designada por el actor asistir a la comparecencia (TCo 206/2002).

1496 MPCI nº 1232 **Sustitución en la representación** (RD 1281/2002 art.30) El procurador que acepte la representación en asunto que esté interviniendo o haya intervenido otro compañero en la misma instancia, viene obligado a satisfacer los **suplidos y derechos devengados** al tiempo de la sustitución, sin que ello limite el derecho del cliente a efectuar la sustitución entre procuradores.

El procurador que **cese en la representación** está obligado a devolver la documentación que obre en su poder y a facilitar al nuevo procurador la información que sea necesaria para continuar en el eficaz ejercicio de la representación procesal del poderdante.

1497 MPCI nº 1238 s. **Publicidad** (RD 1281/2002 art.35 y 36) Los procuradores pueden hacer publicidad de sus servicios y despachos, teniendo en cuenta el espíritu de **solidaridad, asociación y hermandad** que tradicionalmente presiden los colegios de procuradores, evitando la deslealtad hacia sus compañeros y la competencia ilícita, con sujeción a la legislación sobre publicidad, defensa de la competencia y competencia desleal, ajustándose, en cualquier caso, a las normas deontológicas.

En aquellos supuestos en que resulten afectados los valores y derechos constitucionales presentes en el ámbito jurisdiccional, la publicidad de los procuradores y sus despachos, sea directa o indirecta, incluida respecto a esta última su **participación en consultorios jurídicos** en medios de comunicación social, debe someterse a la autorización previa de la L 34/1988, General de Publicidad, correspondiendo a la Junta de Gobierno del respectivo Colegio de Procuradores, decidir sobre la autorización previa.

1498 MPCI nº 1250 **Libertad para aceptar o rechazar la representación** (RD 1281/2002 art.6) Los procuradores tienen plena libertad para aceptar o rechazar la representación procesal en un asunto determinado, así como renunciar a la representación aceptada en cualquier fase del procedimiento, de conformidad con lo dispuesto en las leyes.

e. Deberes

(LEC art.26 redacc LO 1/2025; RD 1281/2002 art.37.1)

El procurador debe desempeñar bien y fielmente la representación procesal que se le encomiende y cooperar con los órganos jurisdiccionales en la alta función pública de administrar justicia, actuando con **profesionalidad, honradez, lealtad, diligencia y firmeza** en la defensa de los intereses de sus representados. 1501

El procurador, aceptado el poder de representación, queda obligado a:

a) Seguir el asunto mientras no cese en su representación por alguna de las causas previstas en la ley. Le corresponde la obligación de colaborar con los órganos jurisdiccionales para la subsanación de los defectos procesales, así como la realización de todas aquellas actuaciones que resulten necesarias para el impulso y la buena marcha del proceso.

En cumplimiento de este deber, debe cumplir los deberes que, a su vez, le impongan las leyes procesales en orden a la adecuada defensa de sus poderdantes y a la correcta sustanciación de los procesos y los demás que resulten de los preceptos orgánicos y procesales vigentes (RD 1281/2002 art.38.1).

La **comunicación con las partes personadas** en el juicio se hace a través de su procurador cuando este las represente. El procurador firma las notificaciones, emplazamientos, citaciones y requerimientos de todas clases que deban hacerse a su poderdante en el curso del pleito, incluso las de sentencias y las que tengan por objeto alguna actuación que deba realizar personalmente el poderdante (LEC art.153).

Precisiones Los actos de **comunicación judicial** y la **cesación** del procurador son objeto de estudio en nº 2840 s. y nº 1550, respectivamente.

b) Transmitir al abogado elegido por su cliente o por él mismo cuanto a esto se extienda el poder todos los **documentos, antecedentes o instrucciones** que se le remitan o pueda adquirir, haciendo cuanto conduzca a la defensa de los intereses de su poderdante, bajo la responsabilidad que las leyes imponen al mandatario. Cuando no tenga instrucciones o sean insuficientes las remitidas por el poderdante, hará lo que requiera la naturaleza o índole del asunto. 1503

El procurador debe acudir a los tribunales ante los que ejerza su profesión, a las salas de notificaciones o de servicios comunes y a los órganos administrativos, para oír y firmar los emplazamientos, citaciones y notificaciones de cualquier clase que se le deban realizar (RD 1281/2002 art.39.d).

Precisiones 1) No resulta admisible la práctica de dejar una **copia de la sentencia en el buzón del letrado**, sin asegurarse que la recibe, a los efectos de recurrir en tiempo y forma aquella, sin que sean admisibles las excusas del procurador relativas a la inexistencia de otros medios de comunicación con el letrado (AP Pontevedra 23-1-01, EDJ 13094).
2) Ver en nº 1529 la parte dedicada a la responsabilidad civil del procurador.

c) Tener al poderdante y al abogado siempre al corriente del **curso del asunto** que se le haya confiado, pasando al segundo **copias** de todas las resoluciones que se le notifiquen y de los escritos y documentos que le sean trasladados por el tribunal o por los procuradores de las demás partes. 1504

Precisiones Esta obligación se extiende, no solo a las **actuaciones propias forenses** del procedimiento en el que actúa como apoderado, sino que también se refiere a las cuestiones conexas al mismo, como es la obligación de consignar determinada cantidad, después de la sentencia, a los efectos de evitar la resolución de un determinado contrato, y no porque el procurador tenga la obligación de pagar dicha cantidad, sino por el hecho de no haber avisado a su poderdante del plazo existente al efecto (TS 18-2-05, EDJ 13265).

d) Trasladar los escritos de su poderdante y de su letrado a los **procuradores de las restantes partes** en la forma prevista en la ley. 1505

e) Recoger del **abogado que cese en la dirección de un asunto** las copias de los escritos y documentos y demás antecedentes que se refieran a dicho asunto, para entregarlos al que se encargue de continuarlo o al poderdante.

f) Comunicar de manera inmediata al tribunal la **imposibilidad de cumplir alguna actuación** que tenga encomendada.

g) Pagar todos los **gastos causados a su instancia**, excepto los honorarios de los abogados, y los correspondientes a los peritos, las tasas por el ejercicio de la potestad jurisdiccional y los depósitos necesarios para la presentación de recursos, salvo que el poderdante le haya entregado los fondos necesarios para su abono (LEC art.26.2.7º).

h) Actuar con probidad, lealtad, veracidad y respeto en sus **relaciones con los órganos administrativos y jurisdiccionales**, así como con otros procuradores. Con la parte adversa mantendrá, en todo momento, un trato considerado y correcto (RD 1281/2002 art.37).

i) Realizar los **actos de comunicación y otros actos de cooperación** con la Administración de Justicia que su representado le solicite o en interés de este, cuando así se acuerde en el transcurso del procedimiento judicial por el letrado de la Administración de Justicia, de conformidad con lo previsto en las leyes procesales.
j) Acudir a los tribunales ante los que ejerza la profesión, a las salas de notificaciones y servicios comunes, durante el período hábil de actuaciones.
k) Llevar a efecto las **actuaciones de ejecución** previstas en la LEC, cuando la parte representada así lo solicite y le hayan sido expresamente delegadas por el órgano judicial, con los límites y en los supuestos establecidos legalmente (LEC art.26.2.10ª redacc LO 1/2025).

Precisiones La **responsabilidad disciplinaria** de los procuradores por sus actuaciones ante los tribunales de justicia y la **colegial** se analiza en nº 1517 s.

1506 **Representación pasiva** (LEC art.28) Mientras se halle **vigente el poder**, el procurador oirá y firmará los emplazamientos, citaciones, requerimientos y notificaciones de todas clases, incluso las de sentencias que se refieran a su parte, durante el curso del asunto y hasta que quede ejecutada la sentencia, teniendo estas actuaciones la misma fuerza que si interviniese en ellas directamente el poderdante sin que le sea lícito pedir que se entiendan con este.
También recibirá el procurador, a efectos de notificación y plazos o términos, las **copias** de los escritos y documentos que los procuradores de las demás partes le entreguen en la forma prevista en la ley.
En todos los edificios judiciales que sean sede de tribunales civiles existirá un **servicio de recepción de notificaciones** organizado por el Colegio de Procuradores. La recepción por dicho servicio de las notificaciones y de las copias de escritos y documentos que sean entregados por los procuradores para su traslado a los de las demás partes, surtirá plenos efectos. En la copia que se diligencie para hacer constar la recepción se expresará el **número de copias entregadas** y el **nombre de los procuradores** a quienes estén destinadas.
Se exceptúan, no obstante, los traslados, emplazamientos, citaciones y requerimientos que la ley disponga que se practiquen a los litigantes en persona.

1507 **Secreto profesional** (LOPJ art.543.3; RD 1281/2002 art.38.2.f y 39.e) El procurador debe guardar
MPCI secreto de todos los hechos o noticias de que conozca por razón de su profesión, no pudiendo
nº 1267 ser obligados a declarar sobre los mismos.
El procurador debe mantener **reserva de las conversaciones y correspondencia** con su mandante y con el letrado de este, así como con el procurador y el letrado de la parte adversa, y con esta, con prohibición de revelarlos o hacer uso, en juicio o fuera de él, sin su previo consentimiento.
Asimismo, el procurador debe guardar secreto sobre cuantos hechos, documentos y **situaciones relacionados con sus clientes** haya tenido conocimiento por razón del ejercicio de su profesión. Esta obligación de guardar secreto alcanza a los hechos de los que haya tenido conocimiento como **procurador asociado** o colaborador de otro compañero.
Cuando invoque el secreto profesional, el procurador podrá ampararse en las leyes reguladoras de su ejercicio para recabar el **pleno respeto de su derecho** conforme a la ley.

1508 **Rendición de cuentas** (RD 1281/2002 art.38.2.b) El procurador debe rendir cuentas al cliente, especificando y detallando las **cantidades percibidas** de este, aclarando los pagos realizados en beneficio de su mandante y precisando con minuciosidad los diversos conceptos y su importe exacto.
Todo mandatario está obligado a dar cuenta de sus operaciones y a **abonar al mandante** cuanto haya recibido en virtud del mandato, aun cuando lo recibido no se deba al segundo (CC art.1720).

Precisiones El procurador está obligado a transmitir a su representado lo recibido en virtud del procedimiento judicial en el que ha intervenido, lo que es consecuencia del principio fundamental de que el mandatario obra siempre por cuenta del mandante, sin que le sea dado practicar la **retención**, sin motivo alguno, y al tiempo llevar a cabo disposición para verificarse **autopago** sobre la cantidad detenida sin contar con el debido consentimiento expresado de su cliente (TS 12-7-00, EDJ 23051).

1509 **Otros deberes** (RD 1281/2002 art.38.2.a, d y e y 39.a, b y c) Los procuradores de los tribunales, en el
MPCI ejercicio de su profesión, están además obligados a:
nº 1273 s. a) Llevar un **libro de conocimiento de negocios** pendientes y otro de cuentas con los litigantes. La llevanza de estos libros puede hacerse por medios informáticos.
b) Denunciar ante el colegio todo acto que llegue a su conocimiento que implique **ejercicio ilegal de la profesión** o que sea contrario a los Estatutos.

c) Poner en conocimiento del colegio cualquier acto que afecte a la **independencia, libertad o dignidad de un procurador** en el ejercicio de sus funciones.
d) Cumplir las normas legales, estatutarias, deontológicas y los acuerdos de los diferentes **órganos corporativos**.
e) Mantener **despacho profesional abierto** en la demarcación judicial en que tengan su sede los órganos jurisdiccionales de la demarcación territorial en la que esté habilitado para el ejercicio de la profesión.
f) Comunicar, en el momento de su incorporación al correspondiente colegio, su **domicilio** y demás **datos** que permitan su fácil localización. También deben comunicar al colegio cualquier cambio de domicilio y del despacho profesional.
g) Con la finalidad de evitar reiteraciones innecesarias ver en relación con la **prevención del blanqueo de capitales** (nº 1617) y de **financiación del terrorismo** (nº 1622).

f. Responsabilidad penal

(LOPJ art.546; RD 1281/2002 art.57.1)

Los procuradores están sujetos a responsabilidad penal por los delitos que cometan en el ejercicio de su profesión. 1512

Delito de obstrucción a la justicia (CP art.463, 465 y 466) El que, citado en legal forma, deje **voluntariamente de comparecer**, sin justa causa, ante un tribunal en proceso criminal con reo en prisión provisional, provocando la suspensión del juicio oral, será castigado con la pena de prisión de 3 a 6 meses o multa de 6 a 24 meses. 1513
Cuando el responsable de este delito sea un procurador, en su actuación profesional, se le impondrá la **pena** en su mitad superior y la de inhabilitación especial para empleo o cargo público, profesión u oficio, por tiempo de 2 a 4 años.
El que, interviniendo en un proceso como procurador, con abuso de su función, **destruya, inutilice u oculte documentos** o actuaciones de los que haya recibido traslado en esta calidad, será castigado con la pena de prisión de 6 meses a 2 años, multa de 7 a 12 meses e inhabilitación especial para su profesión, empleo o cargo público de 3 a 6 años.
El procurador que **revele actuaciones procesales** declaradas **secretas** por la autoridad judicial, será castigado con las penas de multa de 12 a 24 meses e inhabilitación especial para empleo, cargo público, profesión u oficio de uno a 4 años.

Delito de deslealtad profesional (CP art.467.1.2) El procurador que, habiendo tomado la representación de alguna persona, sin el consentimiento de esta represente en el mismo asunto a quien tenga **intereses contrarios**, será castigado con la pena de multa de 6 a 12 meses e inhabilitación especial para su profesión de 2 a 4 años. 1514
Cuando por acción u omisión, perjudique de forma manifiesta los intereses que le sean encomendados, será castigado con las penas de multa de 12 a 24 meses e inhabilitación especial para empleo, cargo público, profesión u oficio de uno a 4 años.
Si los hechos se realizan por **imprudencia grave**, se impondrán las penas de multa de 6 a 12 meses e inhabilitación especial para su profesión de 6 meses a 2 años.

Precisiones La circunstancia de que el cliente conociera la estrategia diseñada por su letrado o la de que este actuara siempre con el propósito de velar por los intereses de aquella no excluye, per se, la existencia de **dolo**, al menos, eventual. La asunción, por ejemplo, de conocidos y graves riesgos de producir perjuicio serio al cliente como consecuencia de una **estrategia defensiva conscientemente arriesgada**, que el letrado, a partir de los conocimientos técnicos específicos que atesora -y no el cliente-, está en condiciones de calibrar, bien puede justificar la imputación a título de dolo eventual (TS 10-5-23, EDJ 564390).

g. Responsabilidad disciplinaria

(LOPJ art.546)

El procurador puede ser sometido a un proceso de responsabilidad disciplinaria por las **acciones u omisiones** de las que sea responsable en el ejercicio de su profesión, diferenciándose entre la responsabilidad que, de tal naturaleza, puede exigirle su colegio profesional, de la que puede imponerle el tribunal en que actúa y donde se produce la infracción, también llamada **policía de estrados**. 1517

Responsabilidad disciplinaria colegial (LOPJ art.546.3; RD 1281/2002 art.64) La responsabilidad disciplinaria por la conducta profesional de los procuradores compete declararla a los correspondientes **colegios** y **consejos** conforme a sus estatutos, que deben respetar, en todo caso, las garantías de la defensa de todo el procedimiento sancionador. 1518
Se clasifican las infracciones, según su gravedad, en muy graves, graves y leves.

1519 **Infracciones muy graves** (RD 1281/2002 art.65 y 73) Son infracciones muy graves cometidas por el procurador:

a) La infracción de las prohibiciones y de las incompatibilidades contempladas en los estatutos.

b) La publicidad de los servicios profesionales que incumplan los requisitos que resulten de aplicación y siempre que la conducta revista especial gravedad.

c) La condena de un colegiado en sentencia firme por la comisión, en el ejercicio de su profesión, de un delito doloso.

d) Los actos, expresiones o acciones que atenten contra la dignidad u honor de las personas que integran los órganos de gobierno de la Procura, y contra los compañeros con ocasión del ejercicio profesional.

e) La reiteración en infracción grave.

f) El encubrimiento del intrusismo profesional realizado por profesionales incorporados a un colegio de procuradores, así como el ejercicio de profesiones colegiadas ajenas a la procura.

g) La cooperación o consentimiento a que el mandante, a quien ha representado el procurador, se apropie de derechos correspondientes al procurador y abonados por terceros.

h) La comisión de actos que constituyan ofensa grave a la dignidad de la profesión o a las reglas deontológicas que la gobiernan.

i) El deliberado y persistente incumplimiento de las normas deontológicas esenciales en el ejercicio de la procura.

j) El incumplimiento de la obligación de tener despacho abierto y efectivo en la demarcación territorial donde el procurador está habilitado, si no ha atendido al requerimiento previo hecho al efecto por su colegio.

k) No acudir a los órganos jurisdiccionales ni a los servicios comunes de notificaciones reiteradamente y sin causa justificada.

l) La no aplicación de las disposiciones arancelarias sobre devengo de derechos en cualquier actuación profesional por cuenta ajena.

Las infracciones muy graves **prescriben** a los 3 años desde que la infracción se haya cometido.

Precisiones La tipificación como infracción muy grave consistente en la **reiteración en infracción grave**, cumple con las exigencias constitucionales y legales en orden a la adecuada seguridad jurídica, por cuanto que, si bien es cierto que hubiera sido deseable una mayor precisión en su enunciado, es evidente que en el ámbito jurídico la reiteración siempre ha hecho referencia a la comisión de dos o más infracciones (TS 28-2-05, EDJ 33723).

1520 **Infracciones graves** (RD 1281/2002 art.66 y 73) Son infracciones graves cometidas por el procurador:

a) El incumplimiento grave de las normas estatutarias o de los acuerdos adoptados por los órganos colegiales en el ámbito de su competencia, así como el reiterado incumplimiento de la obligación de atender a las cargas colegiales, salvo que constituya infracción de mayor gravedad.

b) La falta de respeto, por acción u omisión a los componentes de los órganos de gobierno colegiales.

c) Los actos de desconsideración manifiesta hacia los compañeros, en el ejercicio de la actividad profesional.

d) La competencia desleal, cuando así haya sido declarada por el órgano competente, y la infracción de lo dispuesto en la normativa aplicable sobre publicidad, cuando no constituya infracción muy grave.

e) Las conductas sobre infracción de las normas deontológicas, prohibiciones e incompatibilidades, emisión de actos u expresiones atentatorias a la dignidad u honor de los miembros de los órganos de gobierno o compañeros, y la condena por delitos dolosos, cuando no tuvieran entidad suficiente para ser considerados como muy graves.

Las infracciones graves **prescriben** a los 2 años desde que la infracción se hubiera cometido.

Precisiones Se tipifica con suficiente grado de certeza la **conducta que integra la infracción**, ya que las normas estatutarias y los acuerdos colegiales determinan obligaciones de necesario cumplimiento y responden a las potestades que la ley delega a favor de los colegios (TS 28-2-05, EDJ 33723).

1521 **Infracciones leves** (RD 1281/2002 art.67 y 73) Son infracciones leves cometidas por el procurador:

a) La falta de respeto a los miembros de los órganos colegiales, en el ejercicio de sus funciones, cuando no constituya infracción muy grave o grave.

b) La negligencia en el cumplimiento de las normas estatutarias.

Las infracciones leves **prescriben** al año desde que la infracción se ha cometido.

Precisiones 1) La negligencia en el cumplimiento de las normas estatutarias como infracción leve comporta un suficiente grado de certeza en cuanto a la conducta constitutiva de infracción, con el consiguiente respeto con el **principio de tipicidad** (TS 28-2-05, EDJ 33723).

2) La infracción leve tipificada como las infracciones leves de los **deberes que la profesión impone** ha sido declarada nula por considerar que comportaba una clara indefinición generadora de una duda más que razonable sobre cuál era la concreta conducta sancionable (TS 28-2-05, EDJ 33723).

Sanciones (RD 1281/2002 art.68 y 74) Las sanciones que puede imponerse por las **infracciones muy graves** son las de suspensión en el ejercicio de la procura por un plazo superior a 6 meses, sin exceder de 2 años, hasta incluso la expulsión del colegio. **1522**
Las **infracciones graves** son castigadas con la sanción de suspensión en el ejercicio de la procura por un plazo de uno a 6 meses.
Por las **infracciones leves** pueden imponerse las sanciones de amonestación verbal, apercibimiento por escrito o multa, con un máximo de 1.500 euros.
Las sanciones muy graves **prescriben** a los 3 años, las impuestas por infracciones graves a los 2 años y las leves al año.

Procedimiento sancionador (RD 1281/2002 art.69) Las sanciones solo pueden imponerse previa incoación de **expediente disciplinario**, que se sustancia con arreglo a las disposiciones contenidas en el RD 33/1986, por el que se aprueba el Reglamento de Régimen Disciplinario de los Funcionarios Públicos de la Administración del Estado, y demás legislación concordante, sin perjuicio de las especialidades contenidas en el Estatuto. **1523** MPCI nº 1307 s.
El expediente, al que el interesado tiene acceso en todo momento, comienza con un **pliego de cargos**. Se da al colegiado la oportunidad de descargo y de proponer y practicar **prueba**. Termina con una **propuesta de resolución** de la que se da traslado al afectado para que realice las alegaciones que crea oportunas.

Régimen disciplinario de los procuradores del turno de oficio (L 1/1996 art.42) El régimen disciplinario de los procuradores de los servicios de **asistencia jurídica gratuita** se rige por las mismas normas establecidas con carácter general para el desempeño de esta profesión (nº 1517) con las siguientes especialidades: **1524**
a) La **indebida percepción de derechos** o beneficios económicos tiene siempre la consideración de falta muy grave.
b) La imposición de **sanciones por infracciones graves o muy graves** relacionadas con las actuaciones desarrolladas en aplicación de lo establecido en la L 1/1996 lleva aparejada, en todo caso, la exclusión profesional de los servicios de asistencia jurídica gratuita.

Responsabilidad disciplinaria por su actuación ante los tribunales (LOPJ art.552 y 553) **1525**
Los procuradores que intervengan en los pleitos y causas pueden ser corregidos o sancionados cuando incumplan las obligaciones que le imponen la LOPJ y las leyes procesales, siempre que el hecho no constituya **delito**.
Los procuradores pueden ser corregidos también disciplinariamente por su actuación ante los tribunales cuando:
1) En su actuación forense falten oralmente, por escrito o por obra, al respeto debido a los jueces y tribunales, fiscales, abogados, letrados de la Administración de Justicia o cualquier persona que intervenga o se relacione con el proceso.
2) Llamados al orden en las alegaciones orales no obedezcan reiteradamente al que presida el acto.
3) No comparezcan ante el tribunal sin causa justificada una vez citados en forma.
4) Renuncien injustificadamente a la representación que ejerzan en un proceso, dentro de los 7 días anteriores a la celebración del juicio o vistas señaladas.
El procurador que incurra en **dolo** o **morosidad** en los actos de comunicación cuya práctica haya asumido o no respete alguna de las formalidades legales establecidas, causando perjuicio a tercero, es responsable de los daños y perjuicios ocasionados y puede ser sancionado conforme a lo dispuesto en las normas legales o estatutarias (LEC art.168.2).

Correcciones (LOPJ art.554 a 556; RD 1281/2002 art.59) Las correcciones que pueden imponerse a los procuradores son el **apercibimiento** y la multa, cuya máxima cuantía es la prevista en el Código Penal para los delitos leves. **1526**
La imposición de la corrección de **multa** se hace atendiendo a la gravedad, antecedentes y circunstancias de los hechos cometidos y, en todo caso, se impone siempre con **audiencia del interesado**.
La corrección se impone por la **autoridad** ante la que se sigan las actuaciones, en los propios autos o en procedimiento aparte.
En todo caso, por el letrado de la Administración de Justicia se hace constar:
- el hecho que motive la actuación correctora;
- las alegaciones del implicado; y
- el acuerdo que se adopte por el órgano judicial.

Contra el acuerdo de imposición de la corrección puede interponerse, en el plazo de 5 días, **recurso de audiencia en justicia** ante el letrado de la Administración de Justicia, el órgano judicial, que lo resolverá en el siguiente día. Contra este acuerdo o contra el de imposición de la sanción, en el caso de que no se haya utilizado el recurso de audiencia en justicia, cabe **recurso de alzada** en el plazo de 5 días, ante la Sala de Gobierno, que lo resolverá previo informe del letrado de la Administración de Justicia, del órgano judicial que impuso la corrección, en la primera reunión que celebre.
Las **sanciones disciplinarias**, una vez firmes, se anotan en el expediente personal del procurador.

h. Responsabilidad civil

(LOPJ art.546; RD 1281/2002 art.57.2; LEC art.168.2)

1529 Los procuradores, en su ejercicio profesional, están sujetos a responsabilidad civil cuando por **dolo o negligencia** dañen los intereses cuya representación les haya sido confiada; responsabilidad que es exigible conforme a la legislación ordinaria ante los tribunales de justicia, pudiendo establecerse legalmente su aseguramiento obligatorio.
El procurador que incurra en dolo, negligencia o morosidad en los **actos de comunicación** cuya práctica haya asumido o no respete alguna de las formalidades legales establecidas, causando **perjuicio a tercero**, es responsable de los daños y perjuicios ocasionados y puede ser sancionado conforme a lo dispuesto en las normas legales o estatutarias.
La simple pérdida de la oportunidad procesal que todo recurso como confiere, objetiva la producción del daño y la necesidad de su reparación, daño imputable a quien con su conducta negligente omitió la realización del encargo aceptado -es decir, al representante procesal- sin que consten ni se hayan probado excusas justificadas sobre la no interposición del recurso, comunicadas a tiempo a la otra parte contratante -es decir, al representado en el proceso- (TS 26-1-99, EDJ 308).

1530 **Responsabilidad contractual** La responsabilidad civil de los procuradores no se sitúa en el ámbito de la responsabilidad extracontractual o aquiliana, sino que se trata de una responsabilidad contractual por incumplimiento de obligaciones derivadas de la **relación de mandato** que vincula al procurador y a su representado (TS 27-2-06, EDJ 21307).
La responsabilidad civil del procurador deriva de la relación contractual derivadas del mandado, que imponen al mandatario, bajo su responsabilidad, la función de actuar ante los tribunales en **representación de su poderdante** haciendo todo lo que a este convenga, según sus instrucciones, en este caso bajo la dirección del abogado (TS 11-5-06, EDJ 71166).
La omisión por parte del procurador, cuando conlleva una **interrupción o abandono del curso procesal** o de algún trámite que causa perjuicios a su poderdante, integra un incumplimiento contractual, salvo en aquellos supuestos en los cuales actúa con instrucciones del cliente o de su abogado o, incluso, cuando no siendo las instrucciones claras y precisas, puede inferirse racionalmente de la conducta de aquellos que una determinada actuación procesal no resulta necesaria o debe suspenderse (TS 26-9-05, EDJ 149439).

1531 **Supuestos** Se ha considerado que incurre en responsabilidad contractual el procurador por una **negligencia** en el ejercicio de su profesión, entre otros:
a) Por la **no personación** del procurador ante la Audiencia Provincial en un asunto en que se interpuso recurso de apelación contra una sentencia desfavorable dictada en la instancia, dando lugar a que se declarase desierto el recurso (TS 11-5-06, EDJ 71166).
b) Por la negligencia consistente en la **falta de interposición del recurso de casación**, cuando no queda acreditado que el procurador remitiera al abogado por fax la diligencia de ordenación en la que se ordenaba interponer el recurso en un plazo residual o restante (AP Asturias 31-3-06, EDJ 46080).
c) Cuando no cumple con diligencia sus funciones, como acontece por la **falta de cumplimentación de los despachos** entregados para la práctica de la prueba, así como la total falta de comunicación con el letrado y la imposibilidad de localización (AP Madrid 12-9-05, EDJ 151261).

1532 **Exoneración de responsabilidad** (RD 1281/2002 art.58) No puede ampararse la conducta, y la pretensión de exoneración de responsabilidad, en que determinada conducta se adecuó a la **práctica habitual**, por cuanto que los tribunales de justicia no pueden legitimar prácticas no ajustadas al estatuto legal de una profesión por más habituales que sean, ya que entonces caería por su base el enjuiciamiento de la responsabilidad civil profesional desde la perspectiva de las reglas o normas rectoras de la profesión de que se trate (TS 18-2-05, EDJ 13265).

Cuando el procurador estime necesario salvar su responsabilidad, en atención a los **términos utilizados por el letrado director** de un procedimiento, en el documento firmado por este, puede anteponer a su firma la expresión «al solo efecto de representación».

Precisiones 1) La falta de diligencia del procurador no puede justificarse en una causa de **depresión** o cualquier otra **circunstancia médica** cuando no se pone en conocimiento del letrado o del representado, así como formalmente al tribunal que conoce del asunto (AP Madrid 12-9-05, EDJ 151261).

2) En los casos en que **no existan instrucciones por parte del abogado**, y no pueda inferirse de las circunstancias concurrentes la voluntad por parte de este o de su cliente de abandonar el asunto, la instancia o el trámite procesal de que se trate, el procurador está obligado a proseguir en su representación, instando lo pertinente para seguir el juicio en tanto no concurra una causa de extinción de su mandato (TS 11-5-06, EDJ 71166).

Deslinde de responsabilidad del abogado y del procurador El procurador queda obligado, una vez aceptado el poder, a transmitir al abogado todas las instrucciones que se le remitan, haciendo cuanto conduzca a la defensa de su poderdante, bajo la responsabilidad que las leyes imponen al mandatario, así como, a **falta de instrucciones del mandante** o insuficiencia de las recibidas, a hacer lo que requiera la naturaleza o índole del negocio (TS 18-2-05, EDJ 13265). **1533**

El ejercicio de la profesión de procurador comporta no solo la recepción y diligente transmisión de las resoluciones judiciales al abogado, sino también un **análisis suficiente** de tales resoluciones, al menos, como para captar los perjuicios que puede causar al cliente una determinada omisión y advertirle de ello (TS 18-2-05, EDJ 13265; AP Asturias 31-3-06, EDJ 46080).

Se considera responsable al procurador, y no al abogado, por la negligencia consistente en la **falta de interposición del recurso de casación**, por cuanto no queda acreditado que aquel remitiera a este por fax la diligencia de ordenación en la que se ordenaba interponer el recurso en un plazo residual o restante (AP Asturias 31-3-06).

No obstante, el abogado director del asunto no tiene **obligación de vigilancia** sobre el cumplimiento de las obligaciones que corresponden a los procuradores, los cuales deben tener conocimiento de cuáles son sus obligaciones y facultades y de su deber de vigilancia para garantizar la continuidad de las acciones procesales en los casos de sustitución de unos profesionales por otros, permitida por la ley (TS 27-2-06, EDJ 21307; 11-5-06, EDJ 71166).

Precisiones Se analiza un supuesto de responsabilidad por no haberse personado en el recurso de apelación previamente interpuesto, y que dio lugar a que se declarara desierto, considerando que la prevalente obligación del procurador de conocer el **deber de personación** que le incumbía comporta que la conducta del abogado carezca de relevancia alguna desde el punto de vista del nacimiento de una responsabilidad contractual por los perjuicios producidos.

Y ello, aunque se entienda que una **mayor vigilancia** por su parte hubiera podido redundar en la evitación del resultado dañoso, el carácter predominante de la omisión del procurador, por estar en relación con los deberes que directa y específicamente le incumben, conduce a una situación que puede entenderse como de ausencia de nexo de causalidad (TS 11-5-06, EDJ 71166).

Fijación de indemnización Los errores profesionales que provocan un daño provocan una reacción del Derecho, que trata de reparar sus consecuencias mediante el otorgamiento de una **acción de resarcimiento** que, al menos, atenúe el mal causado en beneficio del perjudicado (AP Araba 15-9-92; AP Madrid 24-2-01, EDJ 98981). **1534**

No obstante, uno de los mayores problemas que suscita en estos supuestos de responsabilidad contractual es la determinación o **fijación de la indemnización** de daños y perjuicios en sede de responsabilidad civil de abogados y procuradores, para lo que se ofrecen jurisprudencialmente diversos criterios.

Por pérdida de la oportunidad procesal. Daños morales El criterio mayoritariamente seguido por la jurisprudencia para fijar la indemnización reconoce esta por daño moral al producirse una **privación del derecho al recurso** que tenía a su favor la parte, o por verse privado del derecho a que la demanda fuera analizada en apelación y, en su caso ante el Tribunal Supremo, derivados del derecho de acceder a los recursos o a la tutela judicial efectiva (TS 28-7-03, EDJ 80466; 28-1-05, EDJ 6955; 21-3-06, EDJ 29178). **1535**

En estos casos, más que tratar de determinar cuál podría haber sido el desenlace de la contienda judicial si el profesional no hubiese cometido la falta en cuestión que ha privado de la posibilidad de tramitar el procedimiento o el recurso, parece aconsejable tener en cuenta la llamada «pérdida de la oportunidad» que se ha ocasionado, al habérsele impedido, por la **falta de diligencia del profesional**, acceder a los tribunales en las condiciones precisas para demandar ante los mismos la tutela de sus intereses (TS 8-4-03, EDJ 9751; 9-7-04, EDJ 82653).

Precisiones 1) En el caso de una acción por daños frustrada por la **negligencia del Procurador**, la indemnización del daño causado no coincide necesariamente con el importe de la cantidad que pudiera haberse reclamado mediante el ejercicio de la acción prescrita sino únicamente con la frustración de las expectativas de ser indemnizado (AP Madrid 7-11-07, EDJ 310159).
2) La **cuantía indemnizatoria** a cargo del Procurador para reparar el daño causado debe valorarse ponderando las posibilidades de éxito que pudiera haber tenido el recurso o la actuación procesal (AP Sta. Cruz de Tenerife 31-10-07, EDJ 281144).

1536 **Daños y perjuicios por el resultado del pleito o recurso** La segunda teoría considera que debe indemnizarse el daño moral, pero permitiendo tener en cuenta para su fijación la doctrina de la **posibilidad de éxito de la demanda** o recurso frustrado, fijando el quantum indemnizatorio en lo dejado de percibir o que pudiera haberse obtenido de no mediar la conducta negligente del abogado o procurador (TS 28-1-98, EDJ 322; 24-9-98, EDJ 21884; 3-10-98, EDJ 26459).

La **cuantificación de la indemnización** por los incumplimientos del procurador no puede vincularse, puramente, al resultado del pleito que no se obtuvo o el criterio de la prosperabilidad, sino que es necesario tener en cuenta, como criterio determinante, el estudio y naturaleza de la acción ejercitada, ponderando las posibilidades de prosperar si la misma se hubiera ejercitado adecuadamente, en orden a buscar los medios adecuados para compensar los daños y perjuicios ocasionados, configurando un daño moral por la privación de esa expectativa de derecho a obtener una sentencia favorable.

Precisiones 1) Para fijar esta indemnización, basada en lo dejado de percibir o de obtener, se exige que la **existencia del daño**, atendidas las circunstancias, se revele de forma patente e indiscutible (TS 17-11-95, EDJ 24227; 28-1-98, EDJ 322).
2) En casos de **negligencia profesional** se viene acudiendo al criterio de la prosperabilidad del asunto sometido, o que haya debido someterse, a decisión judicial, según las actuaciones dejadas de practicar o practicadas mal, como elemento cue, pese a las reservas y controles con que debe ser manejado, puede proporcionar una pauta de valoración de los eventuales daños. Este índice o pauta orientativa no es exclusivo, ni por ello impide que se tengan en cuenta otros, en concurrencia o aisladamente (TS 26-1-99, EDJ 308).

1537 **Prescripción de la acción de responsabilidad civil** (CC art.1964) La acción para exigir la responsabilidad civil del procurador por su representado prescribe a los 5 años, al no tener señalado un plazo especial de prescripción.

La acción ejercitada para exigir la responsabilidad civil derivada de **culpa contractual** prescribe en el plazo defectivo del CC art.1964 (TS 9-2-98, EDJ 738).

Teniendo en cuenta que la relación que vincula a la parte con su procurador es la propia de un **contrato de mandato**, el plazo de prescripción de la acción de responsabilidad no puede equipararse al año, plazo este último propio de la responsabilidad extracontractual (TS 18-2-05, EDJ 13265).

Precisiones La **reforma** del CC art.1964 se aplica en los términos del CC art.1939: la prescripción comenzada antes de 7-10-2015, se somete al régimen anterior (15 años); pero, si desde esta fecha transcurre el nuevo plazo íntegramente (5 años), surte efecto (L 42/2015 disp.trans.5ª).

i. Retribución

(L 1/1996 art.30; RDL 5/2010 disp.adic.única; CC art.1709 y 1711)

1540 MPCI nº 1352 El mandato, como contrato por el que una persona se obliga a prestar un servicio por cuenta o encargo de otra, se supone gratuito; no obstante, cuando el mandatario tiene por ocupación el **desempeño de servicios** de la especie a que se refiera el mandato, se presume la obligación de retribuirlo.

Siendo la relación que liga al procurador con su representado la propia de un **contrato de mandato**, y tratándose de un profesional liberal que tiene como función la representación ante los tribunales de los litigantes, se deriva a favor de aquel la retribución por los servicios que presta.

La intervención de **profesionales designados de oficio** para la asistencia, defensa y representación gratuita solo puede ser retribuida con cargo a los fondos públicos cuando exista reconocimiento expreso del derecho a la asistencia jurídica gratuita en los términos previstos legalmente.

Precisiones 1) El **arancel** de derechos de los procuradores se regula por el RD 434/2024 que incorpora dos aspectos esenciales:
- la atribución del carácter de máximo al arancel, con **prohibición de fijación de límites mínimos** a las cantidades devengadas en relación con las cistintas actuaciones profesionales y sobre la cuantía global, que no puede exceder de 75.000 euros;

- la obligación de entrega de un **presupuesto previo** al cliente, con expresa indicación de la disminución ofrecida respecto del arancel máximo normativamente establecido.

2) La **cuantía global de los derechos devengados** por un procurador de los tribunales en un mismo proceso, actuación o asunto no puede superar los 75.000 euros, salvo excepcional y justificadamente, con autorización del órgano judicial, en caso de que sea preciso para remunerar justa y adecuadamente los servicios profesionales efectivamente realizados y de carácter extraordinario.

El sistema arancelario que rija los derechos de los procuradores, no podrá fijar **límites mínimos** para las cantidades que perciban por las distintas actuaciones profesionales realizadas (L 15/2021 art.3 y disp.trans.3ª).

En los **procesos concursales** (nº 5470 s.) la base para regular los derechos que se devenguen es el 60% del pasivo resultante de la lista definitiva de acreedores presentada por la administración concursal, en caso de no superar el número de 300. Si se supera este número de acreedores, el 70%.

Estas reglas resultan de aplicación a todos los **procesos en tramitación a 1-4-2010**, incluidas las cantidades devengadas por actuaciones anteriores que no se hayan liquidado con carácter firme en tal fecha. Sobre esta limitación legal y la forma de computar, en su caso, el crédito contra la masa a estos efectos, AP Madrid 16-7-10, EDJ 193299.

El Tribunal Supremo ha desestimado una solicitud de **indemnización** solicitada por un procurador por el **sacrificio patrimonial** sufrido en sus aranceles devengados en un proceso concursal, en virtud del RDL 5/2010 disp.adic.única.3, que establece el límite máximo aplicable a todos los procedimientos en tramitación y a todos los derechos que, aún devengados, no se hayan liquidado con carácter firme (TS 12-12-12, EDJ 303137).

3) En relación con RDL 5/2010 disp.adic.única, el Tribunal Constitucional ha anulado TS auto 19-7-11, EDJ 155503 y TSauto 15-11-11, EDJ 272367, que rebajaron, apartándose de la estricta aplicación de los aranceles, los derechos de los procuradores actuantes con base en criterios de proporcionalidad. Entiende el tribunal que ello supone una alteración del **sistema de retribución de los derechos de los procuradores**, que se fijan por arancel, cuando el legislador no ha modificado la LEC, en materia de impugnación de costas, ni el RD 1373/2003 -actualmente derogado y sustituido por RD 434/2024-. Se entiende no justificada y *contra legem* la aplicación de la citada disposición adicional realizada el Tribunal Supremo, ya que en aquella no se determina un principio de proporcionalidad, sino un principio de limitación (TCo 108/2013).

4) El **límite cuantitativo** de 300.000 euros a los aranceles de procurador (RDL 5/2010 disp.adic.única) es aplicable al proceso en su conjunto, no a cada una de sus partes o fases. Así, en el caso concreto, se divide dicho límite en los siguientes **porcentajes**:

Primera Instancia: 29,40% (88.200 euros).

Segunda Instancia: 35,30% (105.900 euros).

Casación: 35,30% (105.900 euros).

Además, respecto del **recurso de casación**, al haberse tramitado conjuntamente un recurso de casación ordinario y uno por infracción procesal, contemplándose solo la condena en costas por este último, limita las costas del procurador a la mitad de la cuantía antes señalada (52.950 euros) (TS auto 15-3-17, EDJ 24769).

5) El **régimen de actuación** de los abogados y procuradores del turno de oficio se estudia en nº 1105 s.

Provisión de fondos (LEC art.29.1 y 2; CC art.1728) El poderdante está obligado a proveer de fondos al procurador conforme a lo establecido por la legislación civil aplicable para el contrato de mandato. **1541** MPCI nº 1354

El litigante debe **anticipar** al procurador, si este lo pide, las **cantidades necesarias** para la ejecución del mandato.

Si después de iniciado un proceso el poderdante no habilita a su procurador con los fondos necesarios para continuarlo, puede este pedir que sea aquel **apremiado** a verificarlo.

Esta pretensión se deduce en el tribunal que conozca del asunto, dando el letrado de la Administración de Justicia **audiencia al poderdante** por el plazo de 10 días y resolviendo lo que proceda mediante decreto, fijando, en su caso, la cantidad que estime necesaria y el plazo en que haya de entregarse, bajo apercibimiento de apremio.

Precisiones Resulta desproporcionado, y no ajustado a Derecho, el archivo de la demanda interpuesta por falta de provisión de fondos al procurador, por cuanto que la provisión de fondos no constituye un requisito estrictamente necesario que condicione la **personación formal** en la LEC, sin perjuicio de que se habilita del mecanismo de la vía de apremio para conseguir el fin pretendido por la norma (AP Araba auto 23-3-05, EDJ 131569).

Cuenta del procurador (LEC art.34.1 y 2 y 34.3) Cuando un procurador tenga que exigir de su **poderdante moroso** las cantidades que este le adeude por los derechos y gastos que haya suplido para el asunto, presentará, ante el letrado de la Administración de Justicia del lugar en que este radica, **cuenta detallada y justificada**, manifestando que le son debidas y no satisfechas las cantidades que de ella resulten y reclame. **1542**

Igual derecho que los procuradores tienen sus **herederos** respecto a los créditos de esta naturaleza que aquellos les dejen.

Para hacer efectivos estos derechos, no es preceptiva la intervención de **abogado** ni **procurador**.

Presentada la cuenta, se manda que se requiera al poderdante para que **pague** dicha suma, con las costas, o **impugne** la cuenta, en el plazo de 10 días, bajo apercibimiento de apremio si no paga ni formula impugnación.

Si el poderdante **no formula oposición** dentro del plazo de 10 días, se sigue el procedimiento de apremio por la cantidad a la que ascienda la cuenta.

Precisiones 1) Este procedimiento no resulta aplicable cuando se trate de un **procedimiento laboral** en el que la representación de las partes se atribuya a cualquier persona que se halle en el pleno ejercicio de sus derechos civiles, aunque no sea procurador, por cuanto que una cosa es tal posibilidad legal y otra que los honorarios que se hayan podido devengar puedan reclamarse a través de este procedimiento privilegiado, debiendo interpretarse restrictivamente, de forma que se impide su aplicación a otras personas distintas a un procurador (TS 12-2-99, EDJ 1746; TSJ Burgos 2-11-04, EDJ 249213).

2) La **competencia territorial** para conocer del proceso de cuenta del procurador viene atribuida por el tribunal que tramite el asunto en el que se han devengado las cantidades reclamadas por aquel, y no por el tribunal del domicilio del poderdante, por cuanto que solo así puede interpretarse la expresión «en que este radique» referida al término «asunto» (TS auto 7-3-05, EDJ 59668).

3) La L 42/2015 elimina la referencia en el despacho de la ejecución a las **costas**, limitando esta a la cantidad a la que ascienda la cuenta. Ello es paralelo a la eliminación de postulación preceptiva en estos supuestos.

4) Los procedimientos judiciales de **jura de cuentas** no vulneran el principio de igualdad (Const art.14), porque no suponen privilegios subjetivos en favor de abogados y procuradores, ni obedecen a consideraciones subjetivas de las respectivas profesiones, sino que, por el contrario, es el carácter de los créditos devengados durante la sustanciación de un litigio -y, por tanto, con constancia en este- lo que permite abreviar el procedimiento para su reintegro dentro del mismo proceso en el que se han producido y ante el mismo juzgador (TCo 110/1993; 72/1998; 184/2002). Son procedimientos de cognición limitada (TS penal 15-4-14, EDJ 80020), de carácter expedito y efectivo (TS penal 3-3-16, EDJ 15675).

1543 **Oposición del poderdante** (LEC art.34.2) Si en el plazo de 10 días el poderdante formula oposición, se dicta decreto por el letrado de la Administración de Justicia, previa audiencia al procurador por 3 días y previo examen de la cuenta y documentación, determinando la cantidad que haya de satisfacerse al procurador, bajo **apercibimiento de apremio** si el pago no se efectuase dentro de los 5 días siguientes a la notificación.

1544 **Recurribilidad del decreto** (LEC art.34.2; TCo 34/2019) El decreto dictado es susceptible de recurso. Este decreto y el auto que resuelva el recurso de revisión que frente a él se interponga no prejuzgan, ni siquiera parcialmente, la sentencia que pudiera recaer en juicio declarativo posterior.

1545 **Control de cláusulas abusivas** (LEC art.34.4) Si la reclamación se dirige **contra una persona física**, el procurador ha de aportar, junto con la cuenta, el **contrato** suscrito con el cliente.

El letrado de la Administración de Justicia, previamente a efectuar el requerimiento, dará cuenta al órgano judicial para que pueda apreciar el posible carácter abusivo de cualquier cláusula que constituya el fundamento de la petición o que hubiese determinado la cantidad exigible. Cuando aprecie que alguna cláusula puede ser calificada como tal, dará **audiencia** por 5 días a las partes.

Oídas estas, resolverá lo procedente mediante **auto** dentro de los 5 días siguientes. Para dicho trámite no es preceptiva la intervención de abogado ni de procurador. De estimar el carácter abusivo de alguna de las cláusulas contractuales, el auto que se dicte determinará las consecuencias de tal consideración, acordando la **improcedencia** de la pretensión, o bien, la **continuación** del procedimiento sin aplicación de las consideradas abusivas.

Si el tribunal no estima la existencia de cláusulas abusivas, lo declarará así y el letrado de la Administración de Justicia procederá a requerir al deudor en los términos expuestos.

El auto dictado es directamente **apelable** en todo caso. El pronunciamiento, una vez firme, tiene fuerza de cosa juzgada.

1546 **Renuncia al proceso de cuenta del procurador** El derecho del procurador a acudir al proceso de cuenta jurada es renunciable, ya que en modo alguno vulnera su derecho de defensa, sin vulnerar ninguno de los límites que, para la renuncia de los derechos, se establece en la ley (AP Madrid auto 15-6-05, EDJ 186084; 15-6-05, EDJ 186085).

La renuncia realizada **en documento privado**, en el mismo documento por el que se contratan los servicios del procurador, por la que se renunciaba al ejercicio del procedimiento especial sumario de la cuenta, resulta ajustada a Derecho, por cuanto que no es contraria a la ley, a la moral o al orden público (AP Madrid auto 26-5-05, EDJ 87517).

En virtud de estas renuncias, en realidad el procurador **no** hace **renuncia al cobro de sus derechos**, sino únicamente excluye la posibilidad de acudir a un procedimiento privilegiado y sumario en reclamación de los derechos devengados como procurador para la pronta satisfacción de sus derechos, procedimiento que además no produce los efectos de cosa juzgada.

Prescripción (CC art.1967.1ª) Por el transcurso de 3 años prescribe la acción para exigir el **cumplimiento de la obligación de pagar** a los procuradores sus honorarios y derechos, y los gastos y desembolsos que hayan realizado en el desempeño de sus oficios en los asuntos a que las obligaciones se refieran. El tiempo de prescripción se cuenta desde que dejaron de prestarse los respectivos servicios. **1547**

Precisiones Resulta aplicable a la acción para exigir el cobro de los derechos de los procuradores las previsiones aplicables a la prescripción de la correspondiente acción para el **pago de los honorarios de los letrados** (nº 1655).

j. Cesación

La representación por medio de procurador, como mandato representativo, es un contrato que produce una relación jurídica basada en la confianza mutua, lo que da lugar a la posibilidad de extinguirla por **revocación** del mandato o por **renuncia** del mandatario, entre otras causas, lo que no da lugar a indemnización de daños y perjuicios, salvo que se produzca una revocación arbitraria en determinadas circunstancias debidamente probadas (TS 30-11-04, EDJ 192446). **1550**

El **poder otorgado a favor de procurador** se mantiene vigente mientras no se produzca alguna de las circunstancias que determinan el cese de sus efectos (AP Málaga auto 14-2-03, EDJ 98696).

El procurador cesa en su representación por las siguientes circunstancias:

Revocación expresa o tácita del poder (LEC art.30.1.1º y 30.2) Esta ha de constar en autos. **1551**
Se entiende revocado tácitamente el poder por el nombramiento posterior de otro procurador que se haya personado en el asunto.

En este último caso, si el procurador que venga actuando en el juicio suscita cuestión sobre la **efectiva existencia** o sobre la **validez de la representación** que se atribuya el que pretenda sustituirle, el letrado de la Administración de Justicia, previa audiencia de la persona o personas que aparezcan como otorgantes de los respectivos poderes, resuelve la cuestión por medio de decreto.

No se considera revocado el poder en el caso de que se trate de poderes otorgados a favor de procurador por los **representantes de las personas jurídicas**, en el momento en que se produzca el cese de los administradores o gestores de dicha entidad o persona jurídica. En consecuencia, el procurador apoderado continúa con personalidad bastante, aunque cambien los directivos de la entidad, siempre que el poder no le haya sido revocado (TS 19-2-97, EDJ 325; 19-1-00, EDJ 170).

Tampoco se considera revocado el poder a procurador otorgado por la **madre del actor, menor de edad**, en el momento en que este adquiera la mayoría de edad, dado que el poder no se extingue por tal circunstancia modificativa de la capacidad, salvo que el hijo ya mayor, los revoque (TS 1-4-97, EDJ 2110).

Renuncia voluntaria o cese en la profesión (LEC art.30.1.2º) En estos casos, el procurador está obligado a poner el hecho, con anticipación y de modo fehaciente, en **conocimiento de su poderdante** y del tribunal. **1552**

Mientras no acredite en los autos la renuncia o la cesación y se le tenga por renunciante o cesante, no puede el procurador **abandonar la representación** de su poderdante, en la que ha de continuar hasta que este provea a la designación de otro dentro del plazo de 10 días. Transcurridos estos sin que se haya designado nuevo procurador, se tendrá a aquel por definitivamente apartado de la representación que venía ostentando, mediante decreto del letrado de la Administración de Justicia.

Suspensión en el ejercicio (LEC art.30.1.2º) En caso de suspensión, el colegio de procuradores correspondiente lo hará saber al tribunal. **1553**

Precisiones Ver en nº 1517 la parte dedicada a la **responsabilidad disciplinaria** de los procuradores.

Fallecimiento del poderdante (LEC art.30.1.3º; CC art.1738) El procurador está obligado a poner el hecho en conocimiento del tribunal, acreditando en forma el fallecimiento y, si no presenta **nuevo poder de los herederos** o causahabientes del finado se aplicará lo previsto en la LEC sobre la sucesión procesal por muerte (nº 2413 s.). **1554**

Lo hecho por el mandatario, ignorando la muerte del mandante es válido y surte todos sus efectos respecto a los **terceros** que hayan contratado con él **de buena fe**.

Precisiones 1) Las actuaciones realizadas por el procurador del litigante fallecido, **desconociendo** este **el fallecimiento**, surte efectos en el juicio, sin perjuicio de la necesaria justificación en el curso de los autos de la sucesión procesal mediante la documentación que acredite la transmisión mortis causa de lo que sea el objeto del proceso, así como el necesario otorgamiento de **nuevo apoderamiento** a favor del procurador de los herederos o sucesores (AP Barcelona auto 2-2-04, EDJ 8431).
2) La **sucesión procesal por muerte** es objeto de estudio en nº 2413.

1555 **Fallecimiento del procurador** (LEC art.30.1.3º) Cuando fallezca el procurador, el letrado de la Administración de Justicia hará saber al poderdante la defunción, a fin de que proceda a la designación de **nuevo procurador** en el plazo de 10 días.

1556 **Terminación del asunto** (LEC art.30.1.4º) El procurador cesa en su representación al separarse el poderdante de la pretensión o de la oposición que haya formulado y, en todo caso, por haber terminado el asunto o haberse realizado el acto para el que se haya otorgado el poder.

1557 **Extinción del poder otorgado por personas jurídicas u otras entidades** (LEC art.30.2) Los poderes otorgados a favor de un procurador por personas jurídicas u otras entidades que, careciendo de personalidad jurídica propia, actúen en el proceso como tales, se extinguen, y cesa el procurador en su representación, por las mismas causas que los otorgados por **personas físicas** (nº 1550).
Los **cambios en la representación** o administración de las personas jurídicas, masas patrimoniales o patrimonios separados, o **entes sin personalidad** no extinguen el poder del procurador ni dan lugar a nueva personación, cuando el poder haya sido otorgado por el representante legal de una persona jurídica, el administrador de una masa patrimonial o patrimonio separado, o la que persona que, conforme a la ley, actúe en juicio representando a un ente sin personalidad.

Precisiones 1) En el caso de los poderes otorgados a favor de procurador por los representantes de las personas jurídicas, la **validez del poder** se determina por la fecha en que otorgó a nombre de la correspondiente entidad jurídica, sin que obste que aquel haya sido cesado en el cargo. En consecuencia, el procurador apoderado continúa con personalidad bastante, aunque cambien los directivos de la entidad, siempre que el poder no le haya sido revocado (TS 19-2-97, EDJ 325; 19-1-00, EDJ 170).
2) El poder otorgado por el **presidente de una comunidad de propietarios** cuando ostentaba el cargo, puede ser usado una vez que ha cesado aquel en su mandato (TS 3-6-88, EDJ 4756).
3) Al cesar el poderdante en su cargo de **administrador único de la sociedad anónima** no se extinguen las facultades del apoderado, dado que debe diferenciarse la representación orgánica de las personas jurídicas de la representación voluntaria otorgada a favor de otras personas por los órganos de administración mediante apoderamientos parciales o generales (TS 14-3-02, EDJ 3804).
4) No cesa el procurador en los poderes otorgados a su favor para actuar en representación de una sociedad mercantil por haber cesado esta última en su actividad y por **cese del administrador** por transcurso del plazo para el que se le nombró, al no aparecer dichas causas como las propias para el cese del procurador, sin perjuicio de los efectos mercantiles que ello produzca (TS auto 1-2-06, EDJ 13722).
5) El poder sigue siendo válido y eficaz, aunque sea otorgado por un **administrador** que, precisamente, aparezca como **demandado en el pleito** en que se pretende utilizar dicho poder, por cuanto que, no habiendo sido revocado, sirve para representar a la sociedad (TS 7-2-95, EDJ 24208).

2. Abogado

(LO 5/2024 art.13 a 24; LOPJ art.542.1, 544.1 y 546; RD 135/2021 art.1, 4, 5, 7 y 10)

1560 La abogacía es una **profesión libre e independiente** que asegura la efectividad del derecho
MPCI fundamental de defensa y asistencia letrada y se constituye en garantía de los derechos y
nº 1452 libertades de las personas.
Corresponde en exclusiva la denominación y función de abogado al **licenciado o graduado en Derecho** que ejerza profesionalmente la dirección y defensa de las partes en toda clase de procesos, o el asesoramiento y consejo jurídico con respeto a los principios del Estado social y democrático de Derecho constitucionalmente establecido.
Son profesionales de la Abogacía quienes, incorporados a un colegio español de abogados en calidad de **ejercientes** (abogados) y cumplidos los requisitos necesarios para ello, se dedican de forma profesional al **asesoramiento**, la **solución de disputas y** la **defensa** de los derechos e intereses jurídicos ajenos, públicos o privados, en la vía extrajudicial, judicial o arbitral.
El abogado puede ejercer su profesión ante **cualquier clase de tribunales**, órganos administrativos, asociaciones, corporaciones y entidades públicas de cualquier índole, sin perjuicio de

poder hacerlo también ante cualquier entidad o **persona privada** cuando lo requieran sus servicios. También puede ejercer como **árbitro, mediador o interviniente** en cualesquiera métodos alternativos a la jurisdicción e intervenir ante órganos jurisdiccionales internacionales o supranacionales cuyas normas lo permitan.
En el **ejercicio profesional**, el abogado queda sometido a la normativa legal y estatutaria, al fiel cumplimiento de las normas y usos de la deontología profesional de la abogacía, quedando sujetos a responsabilidad civil (nº 1645), penal (nº 1626) y disciplinaria (nº 1631), según proceda.
Los abogados, antes de iniciar su ejercicio profesional, prestarán **juramento o promesa** de acatamiento a la Constitución y al resto del ordenamiento jurídico y de cumplir las normas deontológicas, con libertad e independencia, de buena fe, con lealtad al cliente, respeto a la parte contraria y guardando el secreto profesional.

Precisiones 1) Debe tenerse en cuenta la L 22/2005 disp.adic.1ª, por la que se crea la **relación laboral de carácter especial** de los abogados que prestan servicios en despachos, individuales o colectivos.
2) Ver en nº 1580 s. la relación entre el abogado y el cliente, en su **vertiente laboral**.
3) El RD 1331/2006 regula el contenido de la relación laboral de carácter especial, por la que se regirán los abogados que presten **servicios retribuidos por cuenta ajena** y dentro del ámbito de organización y dirección del titular de un despacho de abogados individual o colectivo (anulado parcialmente art.14.1.3º por TS 16-12-08, EDJ 239723; 23-12-08, EDJ 282618).
4) Para acceder a la enseñanza del **máster de acceso al ejercicio profesional de abogado** -de formación especializada-, se requiere el título -previo- de grado, u homologado si el título es extranjero, sin que quepa simultanear los estudios de Grado o la homologación de un título extranjero, con el posgrado o máster (TS cont-adm 23-4-24, EDJ 553851).
5) Hay que tener en cuenta el régimen de **test de proporcionalidad** previo a la vigente regulación del ejercicio de profesiones que debe efectuar la Administración regulante, por aplicación de normativa de la Unión Europea (RD 472/2021).

Garantía constitucional El derecho a la defensa y a la asistencia letrada (nº 1452), se integra entre el conjunto de garantías que integran el **derecho a un proceso justo**, no solo para el proceso penal sino también para el resto de los procesos, con las salvedades oportunas y cuya finalidad es la de asegurar la efectiva realización de los principios de igualdad de las partes y de contradicción (TCo 215/2003; 18/2006). **1561**
Se impone, por lo tanto, a los órganos judiciales el deber positivo de **evitar desequilibrios** entre la respectiva posición procesal de las partes, o limitaciones en la defensa que puedan inferir a alguna de ellos un resultado de indefensión (TCo 211/2003).
Es por ello que las vulneraciones o infracciones al derecho a un proceso justo, en su vertiente del derecho a la defensa y a la asistencia jurídica, que se hayan producido en el curso de un proceso, pueden dar lugar a la articulación del correspondiente **recurso de amparo** ante el Tribunal Constitucional si no son reparadas con anterioridad por el órgano judicial competente.
No obstante, quien alegue **indefensión** como consecuencia de la vulneración del derecho a la asistencia de letrado debe acreditar que:
a) No ha de haber provocado dicha situación con su **falta de diligencia**, de forma que la situación de indefensión generada por la falta de defensa técnica no resulte ser consecuencia directa del proceder de la parte.
b) La indefensión debe ser **real** y **efectiva**.
c) La **autodefensa** del litigante debe haberse revelado como **insuficiente** y **perjudicial** para el mismo, impidiéndole articular una protección adecuada de sus derechos e intereses legítimos en el proceso.

Precisiones Estos **requisitos** son exigidos por el Tribunal Constitucional para que prospere el recurso de amparo fundamentado en la indefensión producida a la parte por vulneración del derecho a la defensa por letrado (TCo 125/2002; 222/2002).

Acceso a la profesión (L 34/2006 art.1 a 7) La **obtención del título profesional** de abogado es necesaria para el desempeño de la asistencia letrada en aquellos procesos judiciales y extrajudiciales en los que la normativa vigente imponga o faculte la intervención de abogado, y, en todo caso, para prestar asistencia letrada o asesoramiento en Derecho utilizando la denominación de abogado. Todo ello sin perjuicio del cumplimiento de cualesquiera **otros requisitos** exigidos por la normativa vigente para el ejercicio de la abogacía. La obtención del título profesional de abogado será requisito imprescindible para la **colegiación** en los correspondientes colegios profesionales. **1562**
Tendrán derecho a obtener el título profesional de abogado las personas que se encuentren en posesión del título universitario de **licenciado o graduado en Derecho** y que acrediten su capacitación profesional mediante la superación de la correspondiente **formación especializada** y la evaluación que se establezca. Los cursos de formación para abogados podrán ser organizados e impartidos por universidades, públicas o privadas, como enseñanzas oficiales

de postgrado y, en su caso, dentro del régimen de precios públicos, y por escuelas de práctica jurídica; constituirán requisitos indispensables para la acreditación de los referidos cursos que estos comprendan la realización de un período de prácticas externas.
Las **prácticas externas** en actividades propias de la abogacía deberán constituir la mitad del contenido formativo de los cursos, quedando como parte integrante de los mismos. En ningún caso implicarán relación laboral o de servicios. Las prácticas se realizarán bajo la tutela de un abogado que tenga un ejercicio profesional superior a 5 años.
La **evaluación** de la aptitud profesional, que culmina el proceso de capacitación profesional, tiene por objeto acreditar, de modo objetivo, formación práctica suficiente para el ejercicio de la profesión de abogado, así como el conocimiento de las respectivas normas deontológicas y profesionales. Las **comisiones** para la evaluación de la aptitud profesional serán convocadas conjuntamente por el ministerio del ramo de justicia y el ministerio del ramo de educación y universidades -dependiendo de la estructura ministerial-, oídas las comunidades autónomas, el Consejo de Universidades y el Consejo General de los Colegios de Abogados. La evaluación para el acceso a la abogacía tendrá **contenido** único para todo el territorio español en cada convocatoria. Las **convocatorias** tendrán una periodicidad mínima anual y no podrán establecer un número limitado de plazas.

1563 Precisiones 1) El ejercicio permanente en España de la profesión abogado (o procurador) y la prestación ocasional de sus servicios con **título profesional obtenido en otro Estado** miembro de la Unión Europea o del Acuerdo sobre el Espacio Económico Europeo se regulará por su legislación específica (L 34/2006 disp.adic.1ª).
No cabe apreciar que exista una **extralimitación** en que para la solicitud del ejercicio de la profesión regulada de abogado en España por parte de un ciudadano de otro Estado de la Unión Europea o del Espacio Económico Europeo, sea necesario acreditar que se está en posesión del título oficial de dicha profesión en otro Estado de la Unión o del Espacio Económico. Por ello, no cabe apreciar nulidad de la OM PRE/421/2013 art.5.2.
La titulación del país de origen del solicitante es requisito necesario en aquel, en cuanto que solo a quien ya estuviera habilitado en su país como tal, podrá serle reconocido el ejercicio de la profesión en España, tras la superación de las pruebas correspondientes (TS 11-12-18, EDJ 661749).
La **homologación** del título habilitante obtenido en el extranjero ha de ser previa a la admisión del interesado en los cursos de formación específica -máster habilitante- en España (TS cont-adm 21-7-20, EDJ 618823; 3-11-20, EDJ 705129).
2) Las prácticas realizadas, en su caso, para acceder a la profesión de abogado conforme a lo previsto en la L 34/2006 no impedirán que, obtenida esta habilitación legal, se puedan concertar con el mismo trabajador **contratos de trabajo en prácticas** al amparo del RD 1331/2006, de cuya duración en todo caso se deducirá el tiempo de realización de aquellas (RD 1331/2006 disp.adic.2ª).
3) Los **funcionarios públicos** que hayan accedido a un cuerpo o escala del grupo A en su condición de licenciados en Derecho estarán exceptuados de obtener el título de abogado o de procurador de los tribunales, siempre que desempeñen funciones de asistencia letrada o asesoramiento jurídico.
También estarán exceptuados quienes hayan ingresado en el **cuerpo de letrados de las Cortes Generales**, en alguno de los cuerpos de letrados de las asambleas legislativas autonómicas, en la carrera judicial, en la carrera fiscal, en el cuerpo de letrados de la Administración de Justicia, o en alguno de los cuerpos comunes de las Fuerzas Armadas en su condición de licenciados en Derecho (L 34/2006 disp.adic.3ª).
4) Hay que tener en cuenta el régimen de **test de proporcionalidad** previo a la vigente regulación del ejercicio de profesiones que debe efectuar la Administración regulante, por aplicación de normativa de la Unión Europea (RD 472/2021).

a. Catálogo de garantías

(LO 5/2024 art.13 a 20)

1565 Se configuran, normativamente, las siguientes:
• **Titulación profesional y colegiación**. La **asistencia letrada** debe ser prestada por los abogados que estén en posesión del título profesional para el acceso a las profesiones de la abogacía y la procura, formen parte de un colegio de abogacía como ejerciente y se dediquen profesionalmente al asesoramiento jurídico, a la solución de conflictos y a la defensa de derechos e intereses ajenos, públicos o privados, en la vía judicial y extrajudicial. Su **actuación** es libre e independiente y se garantiza el acceso en condiciones de igualdad a los escritos y procedimientos.
El **turno de oficio** ha de incorporar a los profesionales designados para prestar el servicio obligatorio de justicia gratuita.
• **Libertad e igualdad**. Los poderes públicos deben garantizar la actuación libre e independiente del abogado y su acceso, en condiciones de igualdad, a los escritos y procedimientos.
• **Conciliación familiar**. Los abogados tienen derecho a la conciliación y al disfrute de los **permisos** de maternidad y paternidad. Pueden, por ello, solicitar la **suspensión** del procedimiento

judicial o el nuevo señalamiento de actuaciones procesales en casos de fuerza mayor o análogos -nacimiento o cuidado de menor, adopción o acogimiento de menores, hospitalización de cónyuge o persona a la que esté unido por análoga relación de afectividad y de pariente o familiar a cargo, y fallecimiento de pariente hasta segundo grado de consanguinidad o afinidad- y en caso de accidente o enfermedad que requiera hospitalización o baja médica sin hospitalización.

• **Encargo profesional**. Toda persona puede solicitar que la contratación de los servicios jurídicos de defensa se formalice por escrito en una **hoja de encargo profesional** o medio equivalente en el que se haga constar:

- la información comprensible y accesible universalmente de los derechos que le asisten, los trámites esenciales a seguir en función de la controversia planteada y las principales consecuencias jurídicas inherentes a su decisión, así como del presupuesto previo con honorarios y costes;
- si se obtienen datos personales relativos al interesado, toda la información necesaria conforme a Rgto (UE) 2016/279, cuyo tratamiento tiene por exclusiva finalidad el ejercicio del derecho de defensa encomendado por el cliente, quedando prohibido cualquier tratamiento ulterior de los datos para fines incompatibles con aquel para el que se recogieron inicialmente, con la excepción de los supuestos en que el tratamiento para otro fin distinto esté previsto en una norma con rango de ley que constituya una medida necesaria y proporcional.

• **Secreto profesional**. Todas las **comunicaciones** mantenidas entre un abogado y su cliente tienen carácter confidencial y solo pueden ser intervenidas en los casos y con los requisitos expresamente recogidos en la ley. Si estas comunicaciones lo son con ocasión de un litigio o procedimiento, cualquiera que sea el momento en el que tengan lugar o su finalidad, son confidenciales y no pueden hacerse valer en juicio, ni tienen valor probatorio, salvo que se hayan obtenido de acuerdo con lo dispuesto en la legislación procesal aplicable o su aportación o revelación haya sido autorizada. Son confidenciales, salvo que la ley disponga otra cosa, las **entrevistas** entre el abogado y el cliente defendido.

No pueden admitirse los **documentos** que, cualquiera que sea su soporte, contravengan la confidencialidad salvo que, expresamente, sea aceptada su aportación por los abogados concernidos.

El secreto profesional **incluye**:

- la inviolabilidad y secreto de todos los documentos y comunicaciones del abogado;
- la dispensa a prestar declaración ante cualquier autoridad, instancia o jurisdicción sobre hechos, documentos o informaciones de los que tengan conocimiento a consecuencia de su desempeño profesional, salvo excepciones legales;
- la protección del secreto profesional en la entrada y registro de los despachos respecto de clientes ajenos a la investigación judicial.

• **Libertad de expresión**. Oralmente y por escrito en el desarrollo del procedimiento ante los poderes públicos y con las partes.

• **Discapacidad**. El abogado afectado por ella tiene derecho a utilizar la asistencia, apoyos y demás recursos universalmente accesibles requeridos para el ejercicio profesional del derecho de defensa.

Garantías institucionales (LO 5/2024 art.21 a 24) Corresponde a los colegios de abogados o de la abogacía: **1565.1**

• Asegurar el cumplimiento de las **normas deontológicas** y el correcto amparo de los profesionales en el ejercicio de sus funciones profesionales si son perturbados o inquietados, así como su sanción si ponen en riesgo el derecho de defensa.

• Recibir, dar curso y resolver las **reclamaciones y quejas** de los ciudadanos cuando la actuación de un abogado haya podido perjudicar o perturbar su derecho de defensa, garantizando el escrupuloso respeto a los derechos de los consumidores y usuarios receptores de los servicios profesionales.

• Garantizar un **sistema transparente y accesible** universalmente para la presentación de reclamaciones y quejas, el seguimiento y resolución de los expedientes y la ejecución y cumplimiento de las medidas disciplinarias que se adopten. De conformidad con ello, el Pleno del Consejo General de la Abogacía Española debe dictar **circulares interpretativas** del Código Deontológico de la Abogacía Española. Ha de desarrollar los procedimientos de **capacitación y acreditación** en materia de formación legal y continua y especializada.

Los **consejos autonómicos** de la abogacía pueden sancionar en materia deontológica por la grave repercusión en el ámbito de la profesión o por producir un perjuicio económico a una generalidad de personas cuando transciendan la competencia territorial de más de un colegio profesional dentro de su comunidad autónoma. Si no se han constituido, la competencia corresponde al Consejo General de la Abogacía Española.

Si trascienden la competencia territorial de dos o más consejos autonómicos la instrucción corresponde al Consejo General de la Abogacía.

b. Intervención

1566 Las distintas leyes procesales señalan los litigios en los que el abogado asume la **defensa técnica** de los litigantes en el proceso con carácter preceptivo, y aquellos otros procesos en los que la parte puede comparecer asistida por otro profesional o bien ejerciendo su propia defensa.

Precisiones El **carácter no preceptivo** o necesario de la intervención de abogado en ciertos procedimientos, no obliga a las partes a actuar personalmente, sino que les faculta para elegir entre la autodefensa o la defensa técnica, pero permaneciendo, en consecuencia, el derecho de asistencia letrada incólume en tales casos, cuyo ejercicio queda a la disponibilidad de las partes (TCo 211/2003; 215/2003; 18/2006).

1567 MPCI nº 1462 **Orden civil** (LEC art.31 -redacc LO 1/2025-, 539 y disp.adic.11ª -redacc LO 1/2025-) Los litigantes son dirigidos por **abogados habilitados** para ejercer su profesión en el tribunal que conozca del asunto, no pudiendo proveerse a ninguna solicitud que no lleve la firma de abogado, a salvo las expresas excepciones que excluyen el carácter preceptivo de dicha intervención.

Precisiones La intervención de abogado en el **proceso civil** se estudia en nº 2640.

1568 **Orden penal** (LECr art.118 y 768) Toda persona a quien se impute un acto punible puede ejercitar el derecho de defensa debiendo ser representadas por procurador y defendidas por letrado, designándoseles **de oficio** cuando no los hayan nombrado por sí mismos y lo soliciten y, en todo caso, cuando no tengan aptitud legal para verificarlo.
En el **procedimiento abreviado** el abogado designado para la defensa tiene también habilitación legal para la representación de su defendido, no siendo necesaria la intervención del procurador hasta el trámite de apertura del juicio oral.

Precisiones Ver en nº 6955 la parte de esta obra dedicada a la representación de las partes en el **proceso penal**.

1569 **Orden contencioso-administrativo** (LJCA art.23) Las partes son asistidas, en todo caso, por abogado, tanto ante los órganos unipersonales como colegiados, sin perjuicio de la posibilidad de los funcionarios públicos, en defensa de sus derechos estatutarios, de comparecer por sí mismos, cuando se refieran a cuestiones de personal que no impliquen separación de empleados públicos inamovibles.

Precisiones La **representación y defensa** de las partes en el orden contencioso-administrativo está tratada con mayor detalle en nº 11715 s.

1570 **Orden social** (LRJS art.21) La defensa por abogado y la representación técnica por graduado social colegiado tiene carácter facultativo en la instancia a excepción de la defensa de las Administraciones públicas.
En el recurso de suplicación los litigantes han de estar defendidos por abogado o representados técnicamente por graduado social colegiado.
En el recurso de casación y en las actuaciones procesales ante el Tribunal Supremo es preceptiva la defensa de abogado.
Cuando la **defensa** sea **facultativa** puede utilizarla, sin embargo, cualquiera de los litigantes, en cuyo caso es de su cuenta el pago de los honorarios o derechos respectivos con las excepciones contempladas en la legislación sobre asistencia jurídica gratuita.
Si el demandante pretende **comparecer en el juicio** asistido de abogado o representado técnicamente por graduado social colegiado o representado por procurador, lo debe hacer constar en la demanda. Asimismo, el demandado ha de poner esta circunstancia en conocimiento del tribunal por escrito, dentro de los 2 días siguientes al de su citación para el juicio, con objeto de que, trasladada tal intención al actor, pueda este estar representado técnicamente por graduado social colegiado o representado por procurador, designar abogado en otro plazo igual o solicitar su designación a través del turno de oficio. La falta de cumplimiento de estos requisitos supone la renuncia de la parte al derecho de valerse en el acto de juicio de abogado, procurador o graduado social colegiado.
Si en **cualquier otra actuación**, diversa al acto de juicio, cualquiera de las partes pretende actuar asistida de letrado, el letrado de la Administración de Justicia adoptará las medidas oportunas para garantizar la igualdad de las partes.

c. Formas de designación

El abogado, en el ejercicio de su profesión, ejerce las funciones de asistencia jurídica en el proceso y fuera del mismo. 1573
Deben diferenciarse según la **elección** se haga por la persona o entidad que requiere de sus servicios, por el colegio de abogados en los casos de asistencia jurídica gratuita, e incluso a requerimiento judicial para que el órgano colegial proceda a su designación.

Libre elección (LOPJ art.545; LEC art.33.1 y 2) Las partes pueden designar libremente a sus defensores entre los abogados que reúnan los requisitos exigidos por las leyes. 1574
Fuera de los casos de **designación de oficio** previstos en nº 1575, corresponde a las partes contratar los servicios del abogado que les haya de defender en juicio.
En el **proceso civil** el litigante que no tenga derecho a la asistencia jurídica gratuita puede pedir que se le designe abogado, procurador o ambos profesionales, cuando su intervención sea preceptiva o cuando, no siéndolo, la parte contraria haya comunicado al tribunal que actuará defendida por abogado y representada por procurador.
Estas peticiones se hacen y deciden conforme a lo dispuesto en la L 1/1996, sin necesidad de acreditar el derecho a obtener dicha asistencia, siempre que el solicitante se comprometa a **pagar los honorarios y derechos** de los profesionales que se les designen.
En el caso de que la petición se realice por el **demandado**, deberá formularla en el plazo de los 3 días siguientes a recibir la cédula de emplazamiento o citación.
En estos casos, el litigante **renuncia al derecho de elegir el abogado** de su confianza y traslada dicha facultad al correspondiente colegio de abogados, que hace la designación dentro de los letrados incorporados al turno de oficio.

Precisiones 1) Para actuar en nombre de otro en un proceso resulta imprescindible el **consentimiento expreso e inequívoco** del representado, consentimiento habitualmente conferido a través del instrumento del **poder notarial** o bien mediante **apoderamiento apud acta**, por lo que no puede comparecer un abogado, en sustitución de otro compañero, si no está apoderado por el representado en alguna de las formas permitidas en Derecho (TCo 19/2003; 2/2005).
2) La confianza que al cliente le suscita el letrado, y que se manifiesta en su libre elección, determina la contratación de este último mediante el **contrato de arrendamiento de servicios** (TS 30-12-02, EDJ 58541).

Abogado del turno de oficio (L 1/1996 art.6.3; LEC art.33.3 y 4) Se designa de oficio letrado a quien acredite **insuficiencia de recursos para litigar** (nº 1000 s.). 1575
Dentro del contenido material del derecho a litigar gratuitamente (nº 1080 s.) se incluye la defensa y representación gratuitas por abogado y procurador en el procedimiento judicial, cuando la intervención de estos profesionales sea **legalmente preceptiva** o, cuando no siéndolo, sea expresamente **requerida por el tribunal** mediante auto motivado para garantizar la igualdad de las partes en el proceso.

Precisiones 1) El **derecho a la asistencia jurídica gratuita** de quienes carecen de recursos económicos para litigar es un derecho constitucional de carácter instrumental respecto del derecho de acceso a la jurisdicción, a los efectos de permitir el acceso a la justicia a quienes no tienen medios económicos suficientes para ello y, más ampliamente, trata de asegurar que ninguna persona quede procesalmente indefensa por carecer de recursos para litigar (TCo 95/2003; 127/2005).
2) En los supuestos indicados en el texto, el demandado deberá solicitar el reconocimiento del derecho a la asistencia jurídica gratuita o interesar la designación de abogado y procurador en los 3 días hábiles siguientes a la **notificación de la demanda**. Si la solicitud se efectúa en un momento posterior, la falta de designación por los respectivos colegios profesionales no suspenderá la celebración del juicio, salvo en los casos previstos en la L 1/1996 art.16.

Designación provisional a requerimiento judicial (L 1/1996 art.13 y 21) Si el órgano judicial que esté conociendo del proceso, conforme a la legislación procesal -también el órgano administrativo que conozca de un procedimiento administrativo conforme a la legislación reguladora de este, si hubiera lugar de acuerdo con ella-, estima que por las circunstancias o la **urgencia del caso**, es preciso asegurar de forma inmediata los derechos de defensa y representación de las partes, y alguna de ellas manifiesta carecer de recursos económicos, dicta una resolución motivada requiriendo de los colegios profesionales el nombramiento provisional de abogado y procurador, cuando las designaciones no hayan sido realizadas con anterioridad. 1576
Esta resolución se comunica -por el letrado de la Administración de Justicia- a través del medio más rápido posible a los colegios de abogados y de procuradores. Con dicha resolución se adjunta la **solicitud del derecho de asistencia jurídica gratuita** del interesado, debidamente firmada, solicitud que previamente le habrá sido facilitada por el propio órgano judicial, tramitándose a continuación según las reglas generales (nº 1000 s.).

Precisiones En **orden civil**, cuando en un **juicio verbal** (nº 3900 s.) en los que, con fundamento en el impago de la renta o cantidades debidas por el arrendatario, o en la expiración del plazo fijado contractualmente, pretenda el dueño, usufructuario o cualquier otra persona con derecho a poseer una finca rústica o urbana, dada en arrendamiento, ordinario o financiero, o en aparcería, recuperar la posesión, alguna de las partes solicite el reconocimiento del derecho a la asistencia jurídica gratuita, el tribunal, tan pronto tenga noticia de este hecho, dictará una resolución motivada requiriendo de los colegios profesionales el nombramiento provisional de abogado y procurador, cuando las designaciones no hayan sido realizadas con anterioridad (LEC art.33.3).
En estos juicios el demandado deberá **solicitar el reconocimiento del derecho** de asistencia jurídica gratuita o interesar la designación de abogado y procurador de oficio dentro de los 3 días siguientes al de la notificación de la demanda. Si la solicitud se realizara en un momento posterior, la **falta de designación** de abogado y procurador por los colegios profesionales no suspenderá la celebración del juicio, salvo en los supuestos contemplados en L 1/1996 art.16.
Ver nº 1208 s. sobre suspensión del curso del proceso por solicitud del derecho de asistencia jurídica gratuita.

d. Relación abogado-cliente

1580 Si bien como regla general la relación que une al abogado con su cliente es la propia de un arrendamiento de servicios, en ocasiones, la prestación de los servicios profesionales por los abogados rebasa los términos del simple arriendo de servicios para concurrir con los propios del **mandato, representación y gestión** (TS 1-6-21, EDJ 588242; 22-1-20, EDJ 505288), e incluso del arrendamiento de obra (TS 24-6-91; AP Toledo 19-7-94; AP Córdoba 21-12-99, EDJ 54819).
En todo caso, la relación entre el cliente y el abogado se fundamenta en la confianza y exige de este una **conducta profesional íntegra**, que sea honrada, leal, veraz y diligente (Consejo General Abogacía Española Acuerdo 27-9-02 art.4).

1581 **Arrendamiento de servicios** (CC art.1544) Es aquel contrato por el que una de las partes se obliga a prestar a la otra un servicio por precio cierto.
La calificación jurídica de la relación contractual entre abogado y cliente es, en la inmensa mayoría de los casos, de contrato de prestación o arrendamiento de servicios, obligándose a desplegar sus actividades con la **debida diligencia**, sin que garantice o se comprometa al resultado de la misma o éxito de la pretensión (TS 28-1-98, EDJ 322; 23-5-01, EDJ 5999).
Al margen de prestaciones accesorias, constituye un arrendamiento de servicios, en la idea de que una persona con el título de abogado se obliga a prestar unos determinados servicios, esto es, el **desempeño de la actividad profesional** a quien acude al mismo acuciado por la necesidad o problema solicitando asistencia consistente en la correspondiente defensa judicial o extrajudicial de los intereses confiados (TS 23-5-01, EDJ 5999).
La escasa reglamentación del contrato de arrendamiento de servicios determina que la relación que liga al abogado con su cliente se regule por lo **pactado entre las partes** y por lo previsto reglamentariamente en el Estatuto General de la Abogacía (TS 25-3-98, EDJ 1530).
En la relación jurídica entre abogado y cliente la **fijación del precio** puede tener lugar durante o al final del contrato, sin perjuicio de que el elemento de la retribución prefijada no puede por sí solo eliminar o borrar el predominante de la actividad profesional encomendada, justificativo de que el contrato se aproxime, incluso en tal caso, más al arrendamiento de servicios que al de contrato de obra (TS 30-12-02, EDJ 58541; 7-4-03, EDJ 6556; 18-2-05, EDJ 13265).

Precisiones **1)** El abogado comparte una obligación de medios, obligándose exclusivamente a desplegar sus actividades con la debida diligencia y acorde con su *lex artis*, sin que por lo tanto garantice o se comprometa al **resultado** de la misma, al éxito de la pretensión, como ocurre en los contratos de arrendamiento de obra (TS 30-12-02, EDJ 58541).
2) La **responsabilidad civil del abogado** se trata en detalle en nº 1645.

1582 **Arrendamiento de obra** (CC art.1544) El arrendamiento de obra es aquel contrato en el que una de las partes se obliga a ejecutar una obra por precio cierto.
El criterio que goza de mayor predicamento para distinguir el **arrendamiento de servicios** del de obra radica en el objeto inmediato de la obligación del profesional, de manera que si se obliga a la prestación de servicios o de trabajo o de una actividad en sí mismo, no al resultado que aquella prestación produce, el arrendamiento es de servicios, y en cambio si se obliga a la prestación de un resultado, sin consideraciones al trabajo que lo crea, el arrendamiento es de obra (TS 8-10-01, EDJ 32282).
Se considera que la relación puede conceptuarse de **arrendamiento de obra** cuando:
a) Haya sido contratado el abogado para una **obra determinada**, como un informe o dictamen (TS 30-12-02, EDJ 58541).

b) En el caso de que un abogado sea designado como **contador-partidor**, se le encomienda una misión concreta: hacer la partición (CC art.1057), esto es, realizar las operaciones de inventario, avalúo, liquidación, división y adjudicación de los bienes hereditarios, siendo por tanto constitutivo de un contrato de arrendamiento de obra, por comprometerse a obtener un resultado.
Es necesario, por tanto, que la **partición documentada** en el cuaderno particional presentado sea **factible**, con independencia de su aceptación o confirmación por los herederos, que pueden no estar de acuerdo con la misma e impugnarla, pero en todo caso, y de conformidad con el contrato de obra que constituye, es necesario que se trate de una partición que pueda llevarse a cabo partiendo de las diferentes operaciones particionales que en el cuaderno se documenten (AP Alicante 4-11-02, EDJ 126162).

Precisiones Si el encargo al abogado tenía como finalidad la actividad encaminada a obtener el **desalojo de unos inquilinos**, lograr la declaración de ruina del inmueble y autorizar su derribo con derecho de retorno para los inquilinos y la permuta sobre edificación futura, esto es, actividades o resultados concretos, pero su **retribución** dependía de la actividad profesional desarrollada y no del resultado obtenido, se trata de un arrendamiento de servicios y no de obra, por cuanto la cantidad a percibir depende de la actividad profesional que tuviera que desarrollarse con independencia de la obtención del resultado (AP Barcelona 4-7-00, EDJ 113261).

Contrato de mandato (CC art.1711) La actividad desempeñada por un abogado puede ser calificada como de contrato de mandato cuando tiene por objeto llevar a cabo **gestiones**, con independencia de su final resultado, y con obligación de pago de los honorarios, por cuanto que el mandatario tiene por ocupación el desempeño de servicios de la especie a que se refiere el mandato. 1583

Precisiones El encargo hecho a un abogado para que estudie la **posibilidad de venta de un inmueble a favor de un ayuntamiento**, siempre que a dicha corporación le interese su adquisición, así como el estudio de la posible recalificación urbanística de la finca, da lugar a la constitución de una relación jurídica constitutiva de mandato, o de arrendamiento de servicios, pero no de arrendamiento de obra, por no comprometerse ni abonarse los honorarios en función del resultado, ni tampoco constituye un contrato de mediación o corretaje, en cuyo caso la retribución dependen de la condición suspensiva de la celebración del contrato prometido (TS 15-12-94, EDJ 24075).

Contrato laboral (RD 135/2021 art.37 y 38) La abogacía también puede ejercerse por cuenta ajena en régimen de relación laboral especial o común. La primera es la de los profesionales de la Abogacía que prestan servicios en **despachos de profesionales**, individuales o colectivos. Si se ejerce por cuenta ajena como **abogado de empresa** se hace en régimen de relación laboral común, mediante contrato de trabajo formalizado por escrito y en el que ha de respetarse la libertad e independencia y el secreto profesional básicos para el ejercicio de la profesión y expresarse si dicho ejercicio lo es en régimen de exclusividad. 1584
La relación que liga a un abogado puede implicar una relación laboral siempre que se reúnan los requisitos necesarios para configurar aquella como una relación sujeta al Derecho del Trabajo, con las notas de **ajenidad, dependencia y sometimiento** al poder de organización y **dirección del empresario**, lo que ocurre en los casos en que el letrado desempeña las actuaciones profesionales de la empresa ante los tribunales, siendo la contraprestación por las mismas la remuneración pactada de forma fija y en razón de resultados por relación laboral (TS 30-11-04, EDJ 192446).

Relación laboral de carácter especial de los abogados que prestan servicios en despachos (L 22/2005 disp.adic.1ª) La actividad profesional de los abogados que prestan servicios retribuidos, por cuenta ajena y dentro del ámbito de organización y dirección del titular de un despacho de abogados, individual o colectivo, tiene la consideración de relación laboral de carácter especial, y ello sin perjuicio de la libertad e independencia que para el ejercicio de dicha actividad profesional reconocen las leyes o las normas éticas o deontológicas que resulten de aplicación. 1585 MPCI nº 1495 s.
No se consideran incluidos en el ámbito de esta relación laboral:
- los abogados que ejerzan la **profesión por cuenta propia**, individualmente o asociados con otros; ni
- las **colaboraciones** que se concierten entre abogados cuando se mantenga la independencia de los respectivos despachos.
Para un estudio detallado de esta cuestión, ver nº 1495 s. Memento Procesal Civil 2026.

Precisiones El RD 1331/2006 regula el contenido de la **relación laboral de carácter especial**, por la que se regirán los abogados que presten servicios retribuidos por cuenta ajena y dentro del ámbito de organización y dirección del titular de un despacho de abogados individual o colectivo. Ha sido **anulado parcialmente** su art.14.1.3º por TS 16-12-08, EDJ 239723; 23-12-08, EDJ 282618.

1586 **Relación en los supuestos de asistencia jurídica gratuita** El abogado del turno de oficio no actúa en virtud de un contrato de arrendamiento de servicios, pues falta la voluntad, el **consentimiento** que conforman dichos contratos; la fuente de la obligación en estos casos no es la autonomía de la voluntad, el negocio jurídico, sino la ley (TSJ Madrid 16-9-05, EDJ 150946; 29-11-05, EDJ 266624).

Precisiones El **régimen de actuación de los abogados** en el sistema de asistencia jurídica gratuita se trata en nº 1105 s., al cual nos remitimos.

e. Régimen de actuación

1590 El régimen de actuación del abogado se engloba en los siguientes apartados:
- principios de actuación (nº 1591);
- libertad de expresión (nº 1592);
- colegiación obligatoria y única (nº 1593);
- falta de colegiación (nº 1594);
- actuación en el ámbito territorial de otro colegio de abogados (nº 1595);
- ausencia de comunicación (nº 1596);
- ejercicio de la abogacía en España por nacionales de otros Estados de la Unión Europea (nº 1597);
- incompatibilidades (nº 1598);
- publicidad (nº 1601);
- servicios jurídicos en línea (nº 1601.1);
- libertad del abogado para aceptar o rechazar la defensa (nº 1602);
- desistimiento y renuncia a la defensa (nº 1603);
- excusa a la designación por el turno de oficio (nº 1604);
- sustitución del abogado (nº 1605);
- relaciones entre abogados (nº 1606); y
- registros de sociedades profesionales (nº 1608).

1591 **Principios** (LOPJ art.542.2; Código deontológico CGAE 6-3-2019 art.1; L 1/1996 art.23) En su actuación ante los
MPCI tribunales, los abogados:
nº 1597 s.
- son libres e independientes,
- se sujetan al principio de buena fe,
- gozan de los derechos inherentes a la dignidad de su función, y
- son amparados por aquellos en su libertad de expresión y defensa.

Estos rasgos de independencia, buena fe, dignidad en la función son los más esenciales del estatuto de la abogacía, siendo la **libertad de expresión y defensa** una parte esencial e imprescindible de la función de defensa.

El abogado debe preservar su **independencia** frente a presiones o exigencias que la limiten, sea respecto de los poderes públicos, económicos o fácticos, los tribunales o el cliente mismo, o de sus propios compañeros o colaboradores.

Los abogados y procuradores inscritos en los **servicios de asistencia jurídica gratuita** (nº 1105 s.) desarrollan su actividad con libertad e independencia de criterio, con sujeción a las normas deontológicas y a las normas que disciplinan el funcionamiento de los servicios colegiales de asistencia jurídica gratuita.

1592 **Libertad de expresión** (Código deontológico CGAE 6-3-2019 art.3) El reconocimiento legal de la
MPCI libertad de expresión de los abogados debe ser puesto en conexión con el derecho fundamen-
nº 1605 tal a la **defensa del ciudadano**, y a su vez debe equilibrarse con el respeto, por parte del abogado, de los demás sujetos procesales que también participan en la función de administrar justicia, como son jueces, fiscales, abogados, letrados de la Administración de Justicia o cualquier persona que intervenga o se relacione en el proceso (TCo 22/2005).

La libertad del abogado debe respetarse mientras que la misma no pretenda atentar a la **imparcialidad del tribunal** o alterar el orden público en la celebración de las actuaciones judiciales o menoscabar el respeto que merecen los demás intervinientes en el proceso.

La libre expresión de un abogado en el ejercicio de la defensa de su patrocinado, excluidos el **insulto** y la **descalificación**, ha de ser amparada cuando en el marco de la misma se efectúan afirmaciones y juicios instrumentalmente ordenados a la argumentación necesaria a los fines de impetrar de los órganos judiciales la debida tutela de los ciudadanos en el ejercicio de sus derechos e intereses legítimos, tanto más cuando se trata de la reparación de un derecho fundamentalmente que se entiende conculcado (TCo 157/1996; 197/2004).

Precisiones 1) La libertad de expresión es consecuencia necesaria de su conexión instrumental con el derecho fundamental a la **defensa y asistencia de letrado**, sin la cual dicho derecho resultaría ilusorio (TCo 157/1996; 197/2004).

2) La **responsabilidad disciplinaria** de los abogados por la actuación ante los tribunales se desarrolla en nº 1631 s.

Colegiación obligatoria y única (LOPJ art.544.2; RD 135/2021 art.7 y 66 s.) La colegiación de los abogados es obligatoria para actuar ante los tribunales, salvo que actúen al servicio de las Administraciones públicas o entidades públicas por razón de **dependencia funcionarial o laboral**. 1593 MPCI nº 1607

Para el ejercicio de la abogacía es obligatoria la colegiación en un colegio de abogados.

Basta la incorporación a un solo colegio, que será el del **domicilio profesional único o principal**, o, en su defecto, el de su domicilio personal en España, para ejercer en todo el territorio español.

La **primera incorporación** puede ser como abogado residente o inscrito. Únicamente, se puede incorporar como **residente** a un solo colegio. En el caso de que se cause baja en el colegio de residencia, o no conste esta, se entiende que le corresponde la condición de residente en el colegio en que esté colegiado, y si está en más de uno, en el que figure colegiado con más antigüedad.

Precisiones Con el fin de agilizar trámites y modernizar el sistema de colegiación, se ha incorporado al Estatuto General de la Abogacía el principio de colegiación única, que facilita la **movilidad profesional** del abogado al permitir el libre ejercicio en todo el ámbito estatal sin necesidad de trámites añadidos. Esta medida potencia la libre elección del abogado a favor del cliente.

Falta de colegiación (LOPJ art.238.4; LEC art.225.4º) El incumplimiento de la obligación de colegiación de quien pretenda actuar como letrado constituye la ausencia de un presupuesto indispensable para la actuación profesional (TS 18-7-92, EDJ 8115; 11-11-92, EDJ 3436). 1594

La falta de colegiación del letrado que **firma el escrito** que se presenta ante los tribunales da lugar a que se inadmita el mismo, con todas las consecuencias que ello conlleve, como es la firmeza de la resolución en el caso de que se trate de un recurso (AP Granada 12-7-93).

Incluso puede dar lugar a la **nulidad radical de actuaciones**, por cuanto que son nulos de pleno derecho los actos procesales cuando se realicen sin intervención de abogado en los casos en que la ley la establezca como obligatoria (AP Madrid auto 29-9-05, EDJ 193696).

Actuación en el ámbito territorial de otro colegio de abogados (RD 135/2021 art.14; Acuerdo Consejo General Abogacía Española 27-9-02 art.1.2) Para actuar profesionalmente en el ámbito territorial de cualquier otro colegio diferente de aquel al que esté incorporado no puede exigirse al abogado **habilitación** alguna ni el **pago de contraprestaciones** distintas de aquellas que se exijan habitualmente a los colegiados del colegio donde vaya a intervenir por la prestación de los servicios de los que sean beneficiarios y que no se encuentren cubiertos por la cuota colegial. 1595

Cuando el abogado actúe fuera del ámbito del colegio de su residencia, **dentro o fuera del Estado español**, debe respetar, además de las normas de su colegio, las normas éticas y deontológicas vigentes en el ámbito del colegio de acogida o en que desarrolle una determinada actuación profesional.

Precisiones El **error** o **inexactitud al calificar el asunto** para el que se comunica la intervención es irrelevante, pues al margen de que siempre se podría fácilmente subsanar, no afecta en lo esencial al cumplimiento del requisito administrativo de que se trata, que habrá de entenderse cumplido (TS 24-9-03, EDJ 158536).

Ausencia de comunicación Sin perjuicio de las consecuencias disciplinarias (nº 1631 s.), no puede considerarse que se actúe sin la intervención de abogado habilitado para ejercer su profesión en el tribunal que conoce del asunto por el hecho de faltar la comunicación para actuar en el ámbito territorial de otro colegio de abogados, que constituye un **requisito de alcance colegial** o interno (AP Cuenca auto 10-3-97; AP Huesca 7-11-02, EDJ 65608). 1596

Incluso el tribunal carece de jurisdicción para solicitar que se le acredite dicha comunicación al colegio de abogados, al tratarse de un **requisito corporativo o colegial**, pero con ninguna relevancia procesal (AP Cáceres auto 9-9-04, EDJ 116727).

Ejercicio de la abogacía en España por nacionales de otros Estados de la Unión Europea (L 34/2006 disp.adic.1ª; RD 135/2021 art.132 a 134) Los abogados establecidos con carácter permanente en un Estado miembro de la Unión Europea pueden desarrollar libremente en España, en régimen de **prestación ocasional**, las actividades propias de la abogacía, teniendo en cuenta lo siguiente: 1597

a) La actividad profesional se puede ejercer en España **de forma permanente y con su título profesional de origen** en los términos y con las limitaciones previstas en la normativa europea como «abogados inscritos».

b) Los abogados visitantes y los inscritos deben actuar concertadamente con un abogado colegiado en España. El **concierto** ha de ser comunicado, en cada caso, al colegio de la abogacía ante cuyo decano se haya presentado el abogado visitante o el inscrito esté registrado, mediante escrito firmado por ambos abogados; e indicar las actuaciones profesionales a que afecte.

Precisiones **1)** El **ejercicio permanente** en España de la profesión abogado (o procurador) y la prestación ocasional de sus servicios con título profesional obtenido en otro Estado miembro de la Unión Europea o del Acuerdo sobre el Espacio Económico Europeo se regulará por su legislación específica (L 34/2006 disp.adic.1ª). Sobre esta cuestión, ver también lo indicado en nº 1160.

2) La Dir 98/5/CE art.3, destinada a facilitar el ejercicio permanente de la profesión de abogado en un Estado miembro distinto de aquel en el que se haya obtenido el título que capacita para ello, ha sido objeto de **cuestión prejudicial**, que se ha resuelto declarando que debe interpretarse en el sentido de que no puede constituir una práctica abusiva el hecho de que un nacional de un Estado miembro se traslade a otro Estado miembro para adquirir en este la cualificación profesional de abogado, como resultado de la superación de exámenes universitarios, y regrese al Estado miembro del que es nacional para ejercer en él la profesión de abogado con el título profesional obtenido en el Estado miembro en el que adquirió esa cualificación profesional (TJUE 17-7-14, asuntos C-58/2013 y C-59/2013).

3) Para el **ejercicio en España** de la profesión regulada de abogado por ciudadanos de otro Estado, se requiere la superación de un ciclo de estudios postsecundarios en su país de origen y de la formación profesional que se vincula a una prueba de aptitud. La exigencia de la titulación regulada en su Estado de origen se impone como presupuesto básico de toda la regulación. Por ello, la necesidad de dicha habilitación profesional para el ejercicio de la actividad profesional de abogado en su país de origen es presupuesto básico del derecho de reconocimiento del ejercicio en España. Carecería de todo sentido que se trate de habilitar en un tercer Estado una profesión que no tiene reconocida en su país de origen, como profesión regulada para ejercerlo en él.

No cabe apreciar que exista una extralimitación en que, para la solicitud del ejercicio de la profesión regulada de abogado en España por parte de un ciudadano de otro Estado de la Unión Europea o del Espacio Económico Europeo, sea necesario acreditar que se está en posesión del título oficial de dicha profesión en otro Estado de la Unión o del Espacio Económico. Por ello, no cabe apreciar nulidad de la OM PRE/421/2013 art.5.2. La **titulación del país de origen** del solicitante debe considerarse como un requisito necesario en el país de origen, en cuanto que solo a quien ya estuviera habilitado en su país como tal, podrá serle reconocido el ejercicio de la profesión en España, tras la superación de las pruebas (TS 11-12-18, EDJ 661749).

Por otra parte, la **homologación** del título habilitante obtenido en el extranjero ha de ser previa a la admisión del interesado en los cursos de formación específica -máster habilitante- en España (TS cont-adm 21-7-20, EDJ 618823; 3-11-20, EDJ 705129).

1598 **Incompatibilidades** (RD 135/2021 art.18; Código deontológico CGAE 6-3-2019 art.4) El ejercicio de la abogacía es incompatible con:

- el desempeño, en cualquier concepto, de cargos, funciones o empleos al servicio del Poder Judicial, de las Administraciones estatal, autonómica o local y de las entidades de Derecho público dependientes o vinculadas a ellas, cuya normativa reguladora así lo imponga;
- la actividad de auditoría de cuentas;
- cualesquiera otras actividades que se declaren incompatibles por norma con rango de ley.

Los profesionales de la abogacía no pueden mantener **vínculos asociativos de carácter profesional** con las personas afectadas por las incompatibilidades anteriores si así lo dispone la ley.

El abogado a quien afecte la incompatibilidad debe de inmediato **cesar en el ejercicio** de una de las dos actividades incompatibles. Si cesa en la de la abogacía, debe formalizar su baja en el plazo máximo de 15 días mediante comunicación dirigida a la junta de gobierno de su colegio; de no hacerlo, se le puede suspender cautelarmente en el ejercicio de la profesión, pasando automáticamente a la condición de no ejerciente y acordando el inicio de expediente disciplinario.

1599 **Causas** El ejercicio de la abogacía es absolutamente incompatible con:

a) El desempeño, en cualquier concepto, de cargos, funciones o **empleos públicos en el Estado** y en cualquiera de las Administraciones públicas, sean estatales, autonómicas, locales o institucionales, cuya propia normativa reguladora así lo especifique.

b) El ejercicio de la profesión de **procurador, graduado social**, agente de negocios, **gestor administrativo** y cualquier otra cuya propia normativa reguladora así lo especifique.

c) El mantenimiento de **vínculos profesionales** con cargos o profesionales incompatibles con la abogacía que impidan el correcto ejercicio de la misma.

d) El ejercicio de la actividad de **auditoría de cuentas** u otras que sean incompatibles con el correcto ejercicio de la abogacía simultáneamente para el mismo cliente o para quienes lo hayan sido en los 3 años precedentes. No se entiende incompatible si estas funciones se realizan por personas jurídicas distintas y con Consejos de Administración diferentes.

Resulta razonable que queden **fuera de esta prohibición general** la prestación que se realice por personas jurídicas distintas y con Consejos de Administración diferentes, pues solo alterando el sustrato jurídico de estos sujetos de derecho se puede llegar al fraude de ley, que sería sancionable a través de la técnica del levantamiento del velo de la persona jurídica a fin de penetrar en su interior y descubrir la real naturaleza de los intereses particulares que bajo ella pudieran existir.

Precisiones 1) Resulta admisible la inclusión de incompatibilidades para el ejercicio de la profesión de abogado, por cuanto que legalmente se habilita a las normas reglamentarias para establecer incompatibilidades en cuanto al **ejercicio simultáneo** de más de una profesión, atendiendo a los fines de vigilancia de la ética y dignidad profesional y de los derechos de los clientes (TS 9-6-03, EDJ 50207; 3-7-03, EDJ 35415).

2) La incompatibilidad en el ejercicio de la profesión de **auditor de cuentas** y de abogado trata de preservar, por razones jurídicas y morales, la independencia y el secreto profesional del abogado, prohibiendo el desempeño simultáneo de las dos actividades (TS 20-6-03, EDJ 98064).

3) La incompatibilidad consistente en el ejercicio de la abogacía en aquellos órganos jurisdiccionales en que figuren como **oficiales, auxiliares o agentes el cónyuge**, el conviviente con análoga relación de afectividad o los parientes del abogado dentro del segundo grado, ha sido anulada por el Tribunal Supremo, por considerar que excede de los límites legales al respecto (TS 3-7-03, EDJ 35415).

Publicidad (L 34/1988 art.3 y 4; RD 135/2021 art.19 y 20; Consejo General Abogacía Circ 80/1999; Rgto Publicidad Asamblea General Abogacía 19-12-1997; Código deontológico CGAE 6-3-2019 art.6) El abogado puede realizar publicidad de sus servicios con pleno respeto a la legislación sobre publicidad, sobre defensa de la competencia y competencia desleal, así como al estatuto general y a los códigos deontológicos que sean aplicables. **1601** MPCI nº 1625 s.

Debe respetar la independencia, libertad, dignidad e integridad y el secreto profesional.

Se considera **contraria a las normas deontológicas** de la abogacía la publicidad que suponga:

a) Revelar directa o indirectamente hechos, datos o situaciones amparados por el **secreto profesional** (nº 1614).

b) Incitar genérica o concretamente al **pleito** o conflicto.

c) Ofrecer sus servicios, por sí o mediante terceros, a **víctimas directas o indirectas de accidentes o desgracias**, así como de catástrofes, calamidades públicas u otros sucesos que hayan producido un número elevado de víctimas, sean o no delito, en momentos o circunstancias que condicione la elección libre de abogado, y, en todo caso, hasta que transcurran 45 días desde el hecho. Se exceptúa el caso de que la prestación de estos servicios haya sido solicitada expresamente por la víctima.

d) Prometer la obtención de **resultados** que no dependan exclusivamente de la actividad del abogado.

e) Hacer referencia a **clientes** del propio abogado, sin su autorización, salvo las menciones que hayan de hacerse en procedimientos de contratación pública y solo para ellos.

f) Utilizar **emblemas o símbolos colegiales** y aquellos otros que por su similitud pudieran generar confusión.

g) Mencionar **actividades incompatibles** con la abogacía y su ejercicio.

El derecho del abogado a hacer **publicidad de su despacho** debe sujetarse a los imperativos que la Ley impone en relación con el respeto a la independencia judicial y la buena Administración de Justicia, la dignidad de la profesión, el cumplimiento de sus deberes y el derecho de toda persona a recibir una información veraz sobre la asistencia jurídica (TS 29-5-08, EDJ 124026).

Precisiones 1) Las normas por las que se rige la **libre competencia** en la prestación de servicios profesionales determinan que sean contrarias a Derecho y no deban ser aplicadas las normas colegiales que prohíben la publicidad de sus servicios realizada por los abogados (TS 29-5-08, EDJ 124026).

2) La (TS 29-5-01, EDJ 15367) admitió la **legalidad de prohibición de publicidad** proyectada específicamente sobre la captación desleal de clientes.

Servicios jurídicos en línea (RD 135/2021 art.16) Se prevé la posibilidad de prestar asesoramiento jurídico en línea o a través de internet de acuerdo con las siguientes **particularidades**: **1601.1**

a) La **identificación del abogado** debe ser comunicada al cliente o usuario antes de la prestación de servicios y, en todo caso, antes de solicitar el abono de contraprestación alguna.

b) Han de adoptarse las medidas necesarias para garantizar el **secreto profesional** y obtener del cliente acreditación suficiente de su identidad y de todo lo que permita evitar conflictos de intereses y prestar el asesoramiento adecuado.

c) Las **comunicaciones confidenciales** han de ser encriptadas y con firma electrónica segura, siempre que las circunstancias del cliente lo permitan.

d) Los servicios se consideran prestados en el **lugar** donde se encuentre la sede del tribunal o en el lugar donde esté colegiado el abogado, según se trate de una actuación judicial o un asesoramiento.

1602 **Libertad del abogado para aceptar o rechazar la defensa** (RD 135/2021 art.50) Los abogados tienen plena libertad de aceptar o rechazar la dirección del asunto, así como de **renunciar** al mismo en cualquier fase del procedimiento, siempre que no se produzca indefensión al cliente, estando obligado a despachar los **trámites procesales urgentes**.

1603 **Desistimiento y renuncia a la defensa** La asistencia letrada, como arrendamiento de servicios, y precisamente por fundarse en la confianza que liga a las partes en dicho contrato, puede resolverse **unilateralmente** por cualquiera de las partes, sin necesidad de acreditar incumplimiento por la parte contraria (TS 11-6-93, EDJ 23591; 9-2-96, EDJ 297; 25-3-98, EDJ 1530).
El abogado que renuncie a la dirección letrada de un asunto ha de realizar los actos necesarios para **evitar la indefensión** de su cliente (Consejo General Abogacía Española Acuerdo 27-9-02 art.13.3).

Precisiones En caso renuncia por cualquiera de las dos partes, el abogado está obligado a hacer **liquidación** de los trabajos prestados y de su importe, y devolver, en su caso, el exceso en las cantidades que se hayan entregado en concepto de provisión o anticipo de fondos (AP Barcelona 12-1-06, EDJ 13183).

1604 **Excusa a la designación por el turno de oficio** (L 1/1996 art.31 y 32) En el caso de designación por el sistema de asistencia jurídica gratuita (nº 1575), solamente en el **orden penal** pueden los abogados designados excusarse de la defensa. Para ello debe concurrir un **motivo personal y justo**, que será apreciado por los decanos de los colegios. A salvo estas excusas, la defensa del encausado o investigado es obligatoria.
La excusa debe formularse en el **plazo** de 3 días desde la notificación de la designación y resolverse en el plazo de 5 días desde su presentación.

1605 **Sustitución del abogado** (RD 135/2021 art.56.2) El letrado actuante puede ser **auxiliado o sustituido** en el acto de la vista o juicio o en cualquier otra diligencia judicial por uno o varios compañeros en ejercicio, pudiendo intervenir dos o más profesionales de la abogacía en las vistas, siempre que la intervención conjunta presente justificación suficiente a criterio del órgano judicial.
Para la sustitución basta la **declaración del abogado sustituto**, bajo su propia responsabilidad.

Precisiones No obstante, a los efectos de actuar en nombre del cliente en actuaciones judiciales se requiere que se tenga conferida la representación procesal por alguno de los medios admitidos en Derecho, fundamentalmente mediante **poder notarial** o **apoderamiento apud acta**, sin que se valida la actuación de un letrado en sustitución de un compañero sin que tenga acreditada dicha representación del cliente (TCo 2/2005).

1606 **Relaciones entre abogados** (RD 135/2021 art.60; Consejo General Abogacía Española Acuerdo 27-9-02 art.9; Código deontológico CGAE 6-3-2019 art.8) Los abogados que hayan de encargarse de la dirección profesional de un **asunto encomendado a otro compañero** en la misma instancia deben comunicárselo a este en alguna forma que permita la constancia de la recepción, acreditando haber recibido el encargo del cliente.
Se pretende con ello garantizar la seguridad jurídica, la buena práctica profesional, así como una **continuidad armónica** en la defensa del cliente y la delimitación de las responsabilidades del sustituto y del sustituido.
El **abogado sustituido**, a la mayor brevedad, debe acusar recibo de la comunicación, poner a disposición del compañero la documentación relativa al asunto que obre en su poder y proporcionarle los datos e informaciones que sean necesarios.
El **nuevo abogado** queda obligado a respetar y preservar el secreto profesional sobre la documentación recibida, especialmente la confidencialidad de las comunicaciones entre compañeros.

Precisiones **1)** La **venia** es una regla de cortesía que no puede impedir el cumplimiento de preceptos del Derecho civil, ni mucho menos, servir como arma de coacción frente al cliente que, tras la extinción del contrato, precise y reclame información y devolución de documentación (TS 25-3-98, EDJ 1530). Ha desaparecido, formalmente, en el vigente Estatuto General de la Abogacía.
2) En caso de **incumplimiento** de esta obligación, y sin perjuicio de la responsabilidad disciplinaria en que se haya podido incurrir (nº 1631 s.), se puede apreciar la existencia de responsabilidad civil del letrado que no devuelve la documentación, los expedientes, a pesar de ser requerido para ello (TS 25-3-98, EDJ 1530).

3) La venia entre letrados lleva consigo la entrega de toda aquella **documentación del expediente** que es necesaria para la defensa de los intereses del cliente (AP Madrid 16-9-16, EDJ 199228). No conlleva una **cesión de crédito**, sino que implica simplemente la recepción y cesión del testigo en la defensa del cliente y solo sirve para delimitar temporalmente el momento del relevo (AP Barcelona 12-2-18, EDJ 23695).

Registros de sociedades profesionales (RD 135/2021 art.44 a 46) Los colegios de abogados han de crear los registros que permitan inscribir, obligatoriamente, a las sociedades profesionales y a las multidisciplinares cuyo **objeto social** sea el ejercicio de la abogacía. 1608
De acuerdo con el sistema de **folio personal**, en el registro correspondiente se abre una hoja para cada entidad, en la que se inscriben todos los actos inscribibles que han de comunicarse y presentarse a inscripción dentro del plazo de 1 mes contado desde su adopción. La **inscripción o denegación** ha de efectuarse en el plazo de otro mes y el silencio opera con carácter positivo.
El Consejo General de la Abogacía puede crear un **registro estatal** de sociedades profesionales dedicadas al ejercicio de la abogacía.

f. Deberes

El ejercicio de la función de abogado lleva consigo el cumplimiento de una serie de deberes, los propios de la profesión derivados de las normas deontológicas y colegiales, así como los derivados de la relación que le liga con el cliente al que asesora y defiende en juicio. 1610
Con carácter general, los profesionales de la abogacía han de actuar conforme al ordenamiento jurídico y la buena fe procesal, garantizando la **defensa efectiva** de sus clientes con discapacidad, sin asumir la defensa ni asistencia en aquellos asuntos en los que exista una situación de **conflicto de intereses**, utilizando los **medios electrónicos**, las aplicaciones o los sistemas establecidos por la Administración de Justicia y las Administraciones públicas para el adecuado ejercicio del derecho de defensa que tienen encomendado (LO 5/2024 art.19 y 20).

Deberes generales (RD 135/2021 art.47, 48, 52, 55 y 59) El deber fundamental del abogado, como partícipe en la función pública de la Administración de Justicia, es **participar y cooperar** a ella asesorando, conciliando y defendiendo en Derecho los intereses que le sean confiados. 1611
Son también deberes generales del abogado:
- realizar, con plena libertad e independencia y bajo su responsabilidad, las **actividades profesionales** que le imponga la defensa del asunto que le haya sido encomendado, ateniéndose a las exigencias técnicas y deontológicas adecuadas;
- facilitar al cliente su nombre, NIF, colegio al que pertenece y número de colegiado, **domicilio** profesional y medio para ponerse en comunicación con él o con su despacho, incluyendo la vía electrónica; igualmente, han de poner a disposición de sus clientes un número de teléfono, fax, dirección de correo electrónico o dirección postal para que puedan dirigir sus reclamaciones o peticiones de información sobre el servicio prestado;
- informar a su cliente sobre la **viabilidad del asunto**, de los honorarios y costes de actuación e informarle del estado del asunto en que esté interviniendo;
- en las relaciones con otros **compañeros** han de mantener recíproca lealtad y respeto mutuo.

Asimismo, son obligaciones del abogado para **con los órganos jurisdiccionales** atenerse en su conducta a la buena fe, prudencia y lealtad.
En materia de responsabilidad, el que reciba el encargo de promover actuaciones de cualquier clase contra otro sobre responsabilidades relacionadas con el ejercicio profesional, debe **informar** al Decano del Colegio de abogados para que pueda realizar una **labor de mediación**, si la considera oportuna, aun cuando el incumplimiento de dicho deber no pueda ser disciplinariamente sancionado.

Cumplimiento de funciones (RD 135/2021 art.47, 48 y 61) En virtud de la relación contractual que liga al abogado con su cliente, e incluso en las designaciones de oficio, el abogado tiene el deber de respetar las **normas deontológicas** de la profesión. 1612
Son obligaciones del abogado para con su cliente, además de las que se deriven de sus relaciones contractuales, el cumplimiento de la **misión de defensa** que le sea encomendada con el máximo celo y diligencia y guardando el secreto profesional.
El deber de defensa jurídica que a los abogados se confía es también un derecho para los mismos por lo que, además de hacer uso de cuantos remedios o recursos establece la normativa vigente, pueden reclamar, tanto de las autoridades como de los colegios de abogados y de los particulares, todas las **medidas de ayuda** en su función que le sean legalmente debidas.

En todo caso, el abogado debe **identificarse** ante la persona a la que asesore o defienda, incluso cuando lo haga por cuenta de un tercero, a fin de asumir las responsabilidades civiles, penales y deontológicas que, en su caso, correspondan (nº 1626 s.).

Precisiones En nuestra jurisprudencia se parte de que el ejercicio de la **libertad de expresión** en el seno del proceso judicial por los letrados de las partes, en el desempeño de sus funciones de asistencia técnica, posee una singular cualificación, al estar ligado estrechamente a la efectividad de los derechos de defensa de Const art.24. En efecto, consiste en una libertad de expresión reforzada cuya específica relevancia constitucional deviene de su inmediata conexión con la efectividad de otro derecho fundamental, el derecho a la defensa de la parte (Const art.24.2), así como al adecuado funcionamiento de los órganos jurisdiccionales en el cumplimiento del propio y fundamental papel que la Const art.117 les atribuye. Por tales razones el contenido de la libertad de expresión de los letrados en el proceso es específicamente resistente e inmune a restricciones en su ejercicio, fuera de la prohibición de utilizar términos insultantes, vejatorios o descalificaciones gratuitas, ajenas a la materia sobre la que se proyecta la defensa (TS 5-11-08, EDJ 217171; TCo 235/2002).

1613 MPCI nº 1666 **Fidelidad** Además de las obligaciones esenciales, de prestar el servicio por parte del abogado y pagar el precio o remuneración por el cliente, se añade también el deber de fidelidad, con apoyo en el principio de buena fe y en el propio fundamento del contrato de **prestación de servicios**, que da lugar a una relación personal basada en la confianza (TS 25-3-98, EDJ 1530).

Incursos en el deber de fidelidad se hallan, en relación con el contrato con abogado, el deber de **información adecuada** durante la vigencia de la relación contractual y también, con mayor fuerza, en el momento de la extinción y, en segundo lugar, el deber de **adecuada custodia** de todos los documentos, escritos, traslados y actuaciones que se derivan de la relación contractual y actuación profesional y, también con mayor intensidad, en el momento de la extinción, la entrega de toda aquella documentación al cliente (TS 25-3-98, EDJ 1530).

El abogado tiene la obligación de poner en conocimiento del cliente, incluso **por escrito** cuando este lo solicite del mismo modo (Consejo General Abogacía Española Acuerdo 27-9-02 art.13.9):

a) Su opinión sobre las **posibilidades** de sus pretensiones y resultado previsible del asunto.

b) El **importe aproximado**, en cuanto sea posible, de sus honorarios, o de las bases para su determinación.

c) Si por sus **circunstancias personales** tiene la posibilidad de obtener el beneficio de justicia gratuita.

d) Todas aquellas situaciones que aparentemente puedan afectar a su **independencia**.

e) La **evolución del asunto** encomendado, resoluciones trascendentales, recursos contra las mismas, posibilidades de transacción, conveniencia de acuerdos extrajudiciales o soluciones alternativas al litigio.

Precisiones El deber de fidelidad que pesa sobre los letrados tiene su fundamento en el propio contrato de arrendamiento de servicios, que da lugar a una **relación personal concertada** en función de la confianza que al cliente le suscita el letrado (TS 30-12-02, EDJ 58541).

1614 MPCI nº 1672 s. **Secreto profesional** (LOPJ art.542.3; RD 135/2021 art.42.6; LECr art.263.4; Código deontológico CGAE 6-3-2019 art.5; Carta de principios fundamentales de la Abogacía; Código de Deontología Europeo art.2.3) Los abogados deben guardar secreto de todos los hechos o noticias de que conozcan por razón de cualquiera de las modalidades de su actuación profesional, **no** pudiendo ser obligados a **declarar sobre los mismos**.

El abogado no puede aceptar encargos profesionales que impliquen actuaciones contra su **anterior cliente** cuando exista riesgo de que el secreto de las informaciones obtenidas en su relación con el antiguo cliente pueda ser violado, o que de ellas pueda resultar beneficiado el nuevo cliente.

En el caso de los **despachos de abogados colectivos** y para la mejor salvaguarda del secreto profesional, las normas reguladoras del despacho colectivo pueden someter a arbitraje colegial las discrepancias que puedan surgir entre sus miembros a causa del funcionamiento, separación o liquidación de dicho despacho.

En los procesos penales, están dispensados de la obligación de declarar respecto a los hechos que el procesado le haya confiado en su calidad de defensor (LECr art.416.2º).

Si alguno de los **testigos** es abogado de uno o varios de los procesados, está obligado a declarar respecto a los demás, a no ser que su declaración pueda comprometer a su defendido.

El secreto profesional, en cuanto justifica, por razón de una actividad, la sustracción al conocimiento ajeno de datos o informaciones obtenidas que conciernen a la vida privada de las personas, está estrechamente relacionado con el **derecho a la intimidad** (Const art.18), en su doble dimensión personal y familiar, como objeto de un derecho fundamental.

En tales casos, la observancia del secreto profesional puede ser **garantía para la privacidad** y el respeto a la intimidad, una justificación reforzada para la oponibilidad del secreto, de modo que se proteja con este no solo un ámbito de reserva y sigilo en el ejercicio de una actividad profesional que, por su propia naturaleza o proyección social se estime merecedora de tutela, sino que se preserve, también, frente a intromisiones ajenas, la esfera de la intimidad garantizada constitucionalmente (TCo auto 11-12-89).

Precisiones 1) A los efectos de entender quebrantado por el abogado el deber de secreto profesional se exige haber comunicado el contenido de alguna **confidencia** adquirida en el ejercicio de la profesión, así como su prueba (AP Segovia 24-2-00, EDJ 7198). 1615

2) La protección del secreto profesional se circunscribe exclusivamente a aquello que pueda afectar a la **intimidad y vida privada de las personas**, pero no cuando se refiera a cualquier otro tipo de facetas y actividades, como por ejemplo las comerciales y económicas y, menos aún si lo que se pretende ocultar son actuaciones realizadas por el profesional, no con el cliente sino con terceros (AP Baleares 12-6-00, EDJ 56016).

3) El abogado se ampara en el secreto profesional para **no testificar en un proceso** en el que está interesado su cliente, cuando se le pregunta sobre determinadas negociaciones con los letrados de la parte contraria, a los efectos de determinar si se ha producido o no la prescripción de una deuda (AP Baleares 12-6-00).

4) Recae sobre los abogados, junto con los restantes profesionales liberales la obligación de **colaborar con la Administración tributaria**, lo que implica la puesta a disposición de Hacienda de los datos de identificación del cliente, la cuantía de los honorarios satisfechos y el concepto genérico del servicio prestado, sin que ello lesione el derecho al secreto profesional (TCo 110/1984; TS 30-10-96, EDJ 10236; 3-2-01, EDJ 29825).

5) El **cliente**, a estos efectos del secreto profesional, no es exactamente la persona que realiza el encargo profesional o asume el pago de la contraprestación, sino a quien se presta el servicio, con independencia de que se retribuya o no (TS 17-2-98, EDJ 1092).

Reserva profesional (RD 135/2021 art.22 y 23) El abogado no puede aportar a los tribunales, ni facilitar a su cliente, las **cartas, documentos y notas** que, como comunicación entre profesionales de la abogacía, mantenga con el **abogado de la otra parte**, salvo que este lo autorice expresamente, exceptuándose las cartas, documentos y notas en que intervenga con mandato representativo de su cliente y así lo haga constar expresamente. 1616

Las **conversaciones** mantenidas con los clientes, los contrarios o sus abogados, de presencia o por cualquier medio telefónico o telemático, no pueden ser grabadas sin previa advertencia y de conformidad de todos los intervinientes y, en todo caso, quedan amparadas por la reserva profesional. Igualmente, están amparadas por el secreto profesional, las realizadas por el cliente, no conocidas por su abogado, incluso si este no lo era o no intervino en dicho momento, de conversaciones en que intervenga el abogado de la otra parte.

Blanqueo de capitales (L 10/2010 art.1) La ley de referencia detalla de forma pormenorizada las **actividades** consideradas como blanqueo de capitales. De forma muy sintética, se incluye la realización de operaciones de muy diversa índole, con conocimiento de la actividad delictiva subyacente. 1617

Precisiones Se consideran **blanqueo de capitales** las siguientes actividades:

• La conversión o la transferencia de bienes, a sabiendas de que dichos bienes proceden de una actividad delictiva o de la participación en una actividad delictiva, con el propósito de ocultar o encubrir el origen ilícito de los bienes o de ayudar a personas que estén implicadas a eludir las consecuencias jurídicas de sus actos.

• La ocultación o el encubrimiento de la naturaleza, el origen, la localización, la disposición, el movimiento o la propiedad real de bienes o derechos sobre bienes, a sabiendas de que dichos bienes proceden de una actividad delictiva o de la participación en una actividad delictiva.

• La adquisición, posesión o utilización de bienes, a sabiendas, en el momento de la recepción de los mismos, de que proceden de una actividad delictiva o de la participación en una actividad delictiva.

• La participación en alguna de las actividades anteriores, la asociación para cometer este tipo de actos, las tentativas de perpetrarlas y el hecho de ayudar, instigar o aconsejar a alguien para realizarlas o facilitar su ejecución.

Se entiende por **financiación del terrorismo** el suministro, el depósito, la distribución o la recogida de fondos o bienes, por cualquier medio, de forma directa o indirecta, con la intención de utilizarlos o con el conocimiento de que serán utilizados, íntegramente o en parte, para la comisión de cualquiera de los delitos de terrorismo tipificados en el CP.

Supuestos de aplicación (L 10/2010 art.2.1) Están sujetos a la normativa sobre blanqueo de capitales y financiación del terrorismo los **abogados**, **procuradores** u **otros profesionales independientes** cuando participen en un catálogo extenso de operaciones, inmobiliarias, financieras y otras, que detalla el precepto reseñado. 1618

Con amplísimo ámbito subjetivo, se incluyen entre los afectados por la norma las personas que con carácter profesional presten a terceros **servicios** tales como:

- constituir sociedades u otras personas jurídicas;

- ejercer funciones de dirección o secretaría de una sociedad;
- ser socio de una asociación;
- facilitar un domicilio social o una dirección comercial, postal, administrativa;
- ejercer funciones de fideicomisario en un fideicomiso; o
- ejercer funciones de accionista por cuenta de otra persona, con determinadas excepciones.

1619 **Obligaciones** Las obligaciones que se imponen a los **abogados y procuradores** incluidos en el ámbito de aplicación de la L 10/2010, por realizar las actividades expuestas (nº 1617), son, genéricamente:

1) Comprobar la **identidad de los intervinientes** mediante documentos fehacientes.

2) Identificar al **titular real**, recabando información de los clientes para determinar si estos actúan por cuenta propia o de terceros.

Los sujetos obligados adoptarán medidas adecuadas al efecto de determinar la estructura de propiedad o de control de las personas jurídicas.

No se establecerán o mantendrán relaciones de negocio con personas jurídicas cuya estructura de propiedad o de control no haya podido determinarse.

3) Conservar durante un período mínimo de 10 años la **documentación** en que se formalice el cumplimiento de las obligaciones establecidas en la Ley.

Precisiones La OM EHA/114/2008 regula el cumplimiento de determinadas **obligaciones de los notarios** en el ámbito de la prevención del blanqueo de capitales.

1620 **No sujeción** (L 10/2010 art.22) Los abogados no están sometidos a una serie específica de obligaciones, con respecto a la información que reciban de uno de sus clientes u obtengan sobre él al determinar la posición jurídica en favor de su cliente o desempeñar su misión de defender a dicho cliente en procesos judiciales o en relación con ellos.

Sin perjuicio de lo establecido en la L 10/2010, los abogados guardarán el deber de secreto profesional de conformidad con la legislación vigente.

1621 **Exención de responsabilidad** (L 10/2010 art.23) La comunicación de buena fe de información a las autoridades competentes por los sujetos obligados o, excepcionalmente, por sus directivos o empleados, no constituirá violación de las **restricciones sobre divulgación de información** impuestas por vía contractual o por cualquier disposición legal, reglamentaria o administrativa, y no implicará para los sujetos obligados, sus directivos o empleados ningún tipo de responsabilidad.

1622 **Financiación del terrorismo** (L 12/2003 art.4) Los abogados y procuradores están obligados a **colaborar** con la Comisión de Vigilancia de Actividades de Financiación del Terrorismo, y, en particular, a:

a) Impedir cualquier acto u operación que suponga **disposición de saldos y posiciones** de cualquier tipo, dinero, valores y demás instrumentos vinculados a movimientos de capitales u operaciones de pago o transferencia bloqueados, a excepción de aquellos por los que afluyan nuevos fondos y recursos a **cuentas bloqueadas**.

b) Comunicar a la Comisión de Vigilancia cualquier tipo de **ingreso** que se pueda realizar a la cuenta bloqueada, sin perjuicio de realizar la operación.

c) Comunicar a la Comisión de Vigilancia, por iniciativa propia, cualquier **solicitud o petición** que reciban en la que el ordenante, emisor, titular, beneficiario o destinatario sea una persona o entidad respecto a la que la Comisión de Vigilancia haya adoptado alguna medida.

d) Facilitar a la citada Comisión la información que esta requiera para el ejercicio de sus competencias.

e) No revelar ni al cliente ni a terceros que se ha transmitido **información** a la Comisión de Vigilancia.

Precisiones La L 12/2003 pretende prevenir la utilización del **sistema financiero** para la comisión de delitos y, en concreto, de acciones terroristas.

1623 **Exención de responsabilidad** (L 12/2003 art.5) Las **medidas adoptadas de buena fe**, a fin de cumplir con lo dispuesto para prevenir la financiación de actividades terroristas no implica violación de las obligaciones impuestas por vía contractual o por las normas sectoriales a las que estén sujetos, ni da lugar a la asunción de ningún tipo de responsabilidad.

1624 **Código deontológico** (Código deontológico CGAE 6-3-2019) El abogado está obligado a respetar los principios éticos y deontológicos de la profesión establecidos en:

• El Estatuto General de la Abogacía Española (RD 135/2021).
• El Código deontológico aprobado por el Consejo de Colegios de Abogados de Europa (CCBE) de 28-11-1998.
• El Código deontológico aprobado por el Consejo General de la Abogacía Española.

• Los códigos que, en su caso, tengan aprobados los consejos autonómicos de abogados y los del concreto colegio al que esté incorporado.

Precisiones 1) El **Código Deontológico de la Abogacía Española** actualmente aplicables ha sido aprobado en el Pleno del Consejo General de la Abogacía de 6-3-2019, con vigencia desde 8-5-2019.
2) Cuando el abogado actúe **fuera del ámbito del colegio de su residencia**, dentro o fuera del Estado español, deberá respetar, además de las normas de su colegio, las normas éticas y deontológicas vigentes en el ámbito del colegio de acogida o en el que desarrolle una determinada actuación profesional.
3) Los consejos de colegios de las diferentes **comunidades autónomas** y los distintos colegios habrán de remitir los **códigos deontológicos** que tengan establecidos a la Secretaría General del Consejo General y esta obtendrá de la Secretaría del CCBE los de los demás países de la Unión Europea.

g. Responsabilidad penal

(RD 135/2021 art.124)

Los abogados pueden ser sancionados por las infracciones que cometan y sean inherentes al ejercicio de su profesión. 1626

Delito de obstrucción a la justicia (CP art.463, 465 y 466) El que, citado en legal forma, deje voluntariamente de comparecer, sin justa causa, ante un tribunal en proceso criminal con **reo en prisión provisional**, provocando la suspensión del juicio oral, será castigado con la pena de prisión de 3 a 6 meses o multa de 6 a 24 meses. 1627
Cuando el **responsable** de este delito **sea un abogado**, en su actuación profesional, se le impondrá la pena en su mitad superior y la de inhabilitación especial para empleo o cargo público, profesión u oficio, por tiempo de 2 a 4 años.
El abogado que, interviniendo en un proceso, con **abuso de su función**, destruya, inutilice u oculte documentos o actuaciones de los que haya recibido traslado en esta calidad, será castigado con la pena de prisión de 6 meses a 2 años, multa de 7 a 12 meses e inhabilitación especial para su profesión, empleo o cargo público de 3 a 6 años.
Si **revela actuaciones procesales** declaradas **secretas** por la autoridad judicial, será castigado con las penas de multa de 12 a 24 meses e inhabilitación especial para empleo, cargo público, profesión u oficio de uno a 4 años.

Delito de deslealtad profesional (CP art.467.1.2) El abogado que, habiendo tomado la defensa de alguna persona, sin el consentimiento de esta defienda en el mismo asunto a quien tenga intereses contrarios, será castigado con la pena de multa de 6 a 12 meses e inhabilitación especial para su profesión de 2 a 4 años. 1628
Si, por acción u omisión, **perjudica de forma manifiesta los intereses** que le hayan sido encomendados será castigado con las penas de multa de 12 a 24 meses e inhabilitación especial para empleo, cargo público, profesión u oficio de uno a 4 años.
Si los hechos son realizados por **imprudencia grave**, se impondrán las penas de multa de 6 a 12 meses e inhabilitación especial para su profesión de 6 meses a 2 años.

h. Responsabilidad disciplinaria colegial

(RD 135/2021 art.11 a 123; LOPJ art.546.3)

La responsabilidad disciplinaria de los abogados y de las sociedades profesionales en que participen o presten servicios se bifurca en aquella que se refiere a su **conducta profesional**, en cuyo caso compete declararla a los correspondientes colegios y consejos conforme a sus estatutos, que deben respetar, en todo caso, las garantías de la defensa de todo el procedimiento sancionador, así como aquella que se refiere a su responsabilidad disciplinaria por su actuación ante los tribunales de justicia. 1631 MPCI nº 1715

Infracciones muy graves (RD 135/2021 art.124) Se consideran tales: 1632
a) La condena en sentencia firme por delitos dolosos, en cualquier grado de participación, como consecuencia del ejercicio de la profesión.
b) La condena en sentencia firme a penas graves conforme al CP art.33.2.
c) El ejercicio de la profesión en vulneración de resoluciones administrativas o judiciales firmes de inhabilitación o prohibición del ejercicio profesional.
d) La colaboración o el encubrimiento del intrusismo profesional.
e) El ejercicio de la profesión estando incurso en causa de incompatibilidad.
f) La vulneración del deber de secreto profesional cuando la concreta infracción no esté tipificada de forma específica.

g) La renuncia o el abandono de la defensa que le haya sido confiada cuando se cause indefensión al cliente.
h) La negativa injustificada a realizar las intervenciones profesionales que se establezcan por ley.
i) La defensa de intereses contrapuestos con los del propio abogado o con los del despacho del que formara parte o con el que colabore.
j) La indebida percepción de honorarios, derechos o beneficios económicos y la retención o apropiación de cantidades correspondientes al cliente y recibidas por cualquier concepto.
k) La apropiación o retención de documentos o archivos relativos a clientes del despacho en el que haya estado integrado previamente, salvo autorización expresa del cliente.
l) El quebrantamiento de las sanciones impuestas.
m) La publicidad de servicios profesionales con incumplimiento de los requisitos legales.

1633 **Infracciones graves** (RD 135/2021 art.125) Se califican de tales:
a) La vulneración de los deberes deontológicos en caso de:
- infracción de deberes de confidencialidad y de las prohibiciones que protegen las comunicaciones entre profesionales;
- el incumplimiento de los compromisos formalizados entre compañeros;
- la falta de respeto debido o la realización de alusiones personales de menosprecio o descrédito;
- la inducción injustificada al cliente a no abonar los honorarios devengados por un compañero en caso de sustitución o cambio;
- la retención de documentación de un cliente contra sus instrucciones expresas;
- la falta de remisión de la documentación correspondiente al abogado que le sustituya en la llevanza de un asunto; o
- la citación de un abogado como testigo de hechos relacionados con su actuación profesional.

b) La publicidad de servicios profesionales con incumplimiento de lo dispuesto en el Estatuto, salvo lo dispuesto en RD 135/2021 art.124.n en relación con RD 135/2021 art.20.2.c.
c) El incumplimiento de los deberes de identificación e información.
d) El incumplimiento de las obligaciones en materia de reclamaciones.
e) La falta del respeto debido o la incomparecencia injustificada a las citaciones efectuadas, bajo apercibimiento.
f) La falta de pago de las cuotas colegiales, sin perjuicio de la baja en el colegio por dicho motivo.
g) La falta de cumplimiento de sus funciones como miembros de órganos de gobierno corporativo que impida o dificulte su correcto funcionamiento.
h) La condena penal firme por la comisión de delitos leves dolosos como consecuencia del ejercicio de la profesión.
i) La defensa de intereses en conflicto con los de otros clientes del abogado o despacho del que forme parte o con el que colabore.
j) El incumplimiento injustificado del encargo contenido en la designación realizada por el colegio de la abogacía en materia de asistencia jurídica gratuita.
k) La relación o comunicación con la parte contraria, cuando le conste que está representada o asistida por otro abogado, salvo su autorización expresa.
l) El abuso de la circunstancia de ser el único abogado interviniente, causando una lesión injusta.
m) La incomparecencia injustificada a cualquier diligencia judicial, siempre que cause un perjuicio a los intereses cuya defensa le haya sido confiada.
n) El pago, cobro, exigencia o aceptación de comisiones u otro tipo de compensación de otro abogado o de cualquier persona que infrinja las normas sobre competencia o de deontología profesional.
ñ) La negativa o retraso injustificado a rendir cuentas del encargo profesional o a liquidar honorarios y gastos.
o) La compensación de honorarios con fondos del cliente no recibidos como provisión sin su consentimiento.
p) La falsa atribución de un encargo profesional.
q) La embriaguez o consumo de drogas cuando afecten al ejercicio de la profesión.
r) La falta de contratación de seguro o garantía cuando estén exigidos por ley.
s) Los demás actos u omisiones que constituyan ofensa grave a la dignidad de la profesión y a las reglas que la gobiernan.

1634 **Infracciones leves** (RD 135/2021 art.126) Tienen esta consideración:
a) Ofender levemente en cualquier comunicación privada oral o escrita al abogado de la parte contraria, si no ha trascendido la ofensa.
b) Comprometer, en sus comunicaciones y manifestaciones con el abogado de la parte contraria, al propio cliente con comentarios o manifestaciones que puedan causarle desprestigio.

c) Impugnar reiterada e injustificadamente los honorarios de otros abogados.
d) No atender con la debida diligencia las visitas, comunicaciones escritas o telefónicas de otros abogados.
e) No comunicar oportunamente al colegio el cambio de domicilio profesional o cualquier otra circunstancia personal que afecte a su relación con aquel.
f) No consignar en el primer escrito o actuación su identificación, el colegio al que pertenece y el número de colegiado.
g) No atender con la diligencia debida los asuntos derivados del turno de oficio, si no constituye infracción grave o muy grave.

Abogados del turno de oficio (L 1/1996 art.42) El régimen disciplinario de los abogados de los servicios de **asistencia jurídica gratuita** se rige por las mismas normas establecidas con carácter general para el desempeño de dichas profesiones (nº 1631 s.) con las siguientes especialidades: 1635
a) La indebida percepción de honorarios, derechos o beneficios económicos tiene siempre la consideración de **falta muy grave**.
b) La imposición de sanciones por **infracciones graves o muy graves** relacionadas con las actuaciones desarrolladas en aplicación de lo establecido en la L 1/1996 lleva aparejada, en todo caso, la exclusión profesional de los servicios de asistencia jurídica gratuita.

Prescripción de infracciones (RD 135/2021 art.136) Las infracciones **muy graves** prescriben a los 3 años, las **graves** a los 2 años y las **leves** a los 6 meses, a contar desde que la infracción se haya cometido. 1636
La prescripción **se computa** desde el día en que la infracción se comete y **se interrumpe** con la iniciación del procedimiento sancionador con conocimiento del interesado. **Se reanuda** el cómputo del plazo de prescripción si el procedimiento permanece paralizado durante más de un mes por causa no imputable al colegiado.

Sanciones (RD 135/2021 art.119.3, 122 y 138) Las sanciones que pueden imponerse por la comisión de infracciones disciplinarias a los **abogados** son: 1637
a) Apercibimiento por escrito para infracciones leves.
b) Multa pecuniaria para infracciones graves o leves.
c) Suspensión del ejercicio de la abogacía en el caso de infracciones muy graves, graves o leves.
d) Expulsión del colegio para infracciones muy graves.
Las **sociedades profesionales** pueden ser asimismo sancionadas cuando resulte acreditada su responsabilidad concurrente, como partícipes o encubridores, en la comisión de infracciones cometidas por sus abogados. Las sanciones oscilan entre:
- baja de la sociedad en el registro del colegio en caso de infracciones muy graves;
- apercibimiento y multa entre 1.501 y 15.000 euros en las graves; y
- apercibimiento o multa por importe de 300 a 1.500 euros en el caso de las leves.
Se prevén sanciones especiales para los **abogados tutores** de prácticas externas.
Las sanciones por infracciones **muy graves** pueden ser por plazo superior a un año sin exceder de dos; la sanciones por infracciones **graves** pueden ser por un plazo superior a 15 días sin exceder de 1 año o multa pecuniaria entre 1.001 y 10.000 euros; y las **leves** tienen un plazo no superior a 15 días o una multa pecuniaria de hasta 1.000 euros.
Las sanciones que se impongan por infracciones graves o muy graves relacionadas con el **turno de oficio** llevan aparejada, en todo caso, la exclusión del abogado de dichos servicios por plazo mínimo de 6 meses e inferior a 1 año si la infracción es grave y de entre 1 y 2 años si es muy grave, se limita a plazo no superior a 6 meses en caso de infracciones leves.
Las sanciones disciplinarias corporativas se hacen constar en todo caso en el **expediente** personal del abogado o en el particular de la sociedad profesional. No obstante, se produce la **cancelación de la anotación** de las sanciones en el expediente personal del colegiado cuando hayan transcurrido los siguientes plazos sin que el colegiado haya incurrido en nueva responsabilidad disciplinaria:
- 6 meses, en caso de sanciones de apercibimiento, suspensión del ejercicio de la abogacía por un plazo no superior a 15 días, o multa pecuniaria de hasta 1.000 euros;
- un año, en caso de sanción de suspensión superior a 15 días sin exceder de un año o multa pecuniaria entre 1.001 y 10.000 euros;
- 3 años, en caso de sanción de suspensión por plazo superior a un año sin exceder de 2 años; y
- 5 años, en caso de expulsión.

1638 **Competencia y procedimiento** (RD 135/2021 art.120 y 133) La potestad disciplinaria sobre los abogados y las sociedades profesionales se ejerce por los **colegios de la abogacía** en cuyo ámbito territorial se haya cometido la infracción.
El **Consejo General de la Abogacía Española** ejerce su potestad disciplinaria sobre sus miembros solo cuando actúen como tales, así como sobre los miembros de las juntas de gobierno de los colegios y de los consejos autonómicos, salvo que la legislación autonómica o las normas estatutarias establezcan otra cosa.
Las sanciones disciplinarias solo pueden imponerse en virtud de procedimiento instruido al efecto, que ha de iniciarse de oficio o a instancia de parte mediante denuncia.
Tratándose de infracciones leves se aplica un procedimiento simplificado.

1639 **Prescripción** (RD 135/2021 art.136) Las sanciones impuestas por **infracciones muy graves** prescriben a los 3 años; las impuestas por infracciones **graves** a los 2 años; y las impuestas por infracciones **leves**, a los 6 meses.
El **plazo de prescripción** de la sanción por falta de ejecución de la misma comienza a contar desde el día siguiente a aquel en que puedan ser ejecutadas. **Se interrumpe** la prescripción por la iniciación, con conocimiento del interesado, del procedimiento de ejecución, volviendo a transcurrir el plazo si aquel está paralizado durante más de un mes por causa no imputable al infractor. El plazo de prescripción de la sanción, cuando el sancionado quebrante su cumplimiento, comienza a contar desde la fecha del quebrantamiento.

1640 **Responsabilidad disciplinaria por la actuación ante los tribunales** (LOPJ art.552 a 557) Es de aplicación lo expuesto en nº 1517 s. para los procuradores, por lo que allí nos remitimos.
El **bien tutelado** en la tipificación de las infracciones enumeradas en nº 1517 s. no es el honor o la dignidad de la persona que lleva un órgano judicial, sino el respeto debido al Poder judicial en tanto que institución y, por tanto, al margen de las personas que eventualmente desempeñan la magistratura.
De ahí que, excluidos el **insulto** y la **descalificación**, la libre expresión de un abogado en el ejercicio de la defensa deba ser tutelada cuando se efectúen, en el marco de la misma, afirmaciones y juicios instrumentalmente ordenados a la argumentación necesaria para impetrar de los órganos judiciales la debida tutela de los ciudadanos en el ejercicio de sus derechos e intereses legítimos (TCo 197/2004; 22/2005).

Precisiones La **libertad de expresión** de los abogados se estudia en nº 1560 s.

1641 **Supuestos de no responsabilidad** No procede la imposición de sanción al abogado, por las **expresiones** vertidas en sus escritos o actuaciones procesales orales cuando se trata de:
a) La utilización de expresiones tales como «el juzgado ha decidido sin juicio» «ha dictado sentencia sin juicio» «la juzgadora se ha inventado en ejecución otra sentencia» o «ha decidido expropiar al mandante inaudita parte», sin perjuicio de cierta inadecuación en la utilización del lenguaje, no traspasan el límite del **insulto** o **descalificación** en la libre expresión del abogado, siendo la defensa del contenido de un fallo que se entendía desvirtuado en ejecución de sentencia y de ahí el tenor de las expresiones utilizadas (TCo 232/2005).
b) La expresión «lo que usted quiere decir es que su Señoría no recogió lo que usted manifestó», dirigida por el letrado a un testigo en el curso de unas diligencias previas una vez finalizado el interrogatorio no rebasa los límites de la libertad de expresión, no pretendiendo sino constatar con precisión las **declaraciones de un testigo**, en conexión con algo ya manifestado por el mismo y que exigían referirse forzosamente a la actuación de los encargados de la trascripción de la primera declaración (TCo 22/2005).
c) Utiliza, contra una **providencia denegatoria de ciertos medios de prueba**, las siguientes expresiones «la decisión no puede por menos de calificarse de arbitraria, infundada, caprichosa, manifiestamente ilegal, y groseramente contraria a Derecho, por lo que deberá ser modificada» por cuanto que siendo quizás excesivamente enérgicos, no se consideran insultantes si pretenden describir la vulneración que se denunciaba, considerándose amparados en la libertad de expresión del letrado (TCo 235/2002).
d) Califica la actuación judicial como «de todo punto arbitraria e inmotivada» «de todo punto ajena a los más elementales principios de la normativa adjetiva y sustantiva española vigente», así como «incomprensible y parcial», por cuanto que se considera que no exceden del límite tolerado por el ejercicio del derecho de defensa, siendo **expresiones habitualmente utilizadas** en los **escritos forenses**, no pudiendo calificarse como formalmente injuriosas o insultantes para el titular de la potestad jurisdiccional (TCo 155/2006).

Correcciones (RD 135/2021 art.119.2) Las que pueden imponerse a los abogados, así como el procedimiento y la competencia para hacerlo se corresponden con las que, respecto del **procurador**, se exponen en nº 1526. 1642

Las sanciones o correcciones disciplinarias que impongan los tribunales de justicia al abogado se hacen constar en el **expediente personal**.

Precisiones 1) La misma razón de ser y la lógica de la «policía en estrados» determina que en el caso de que el órgano judicial entienda que se ha producido una conducta de las previstas en nº 1631 s. se imponga la corrección por la **autoridad** ante la que se sigan las actuaciones, siendo una peculiaridad perfectamente admisible de estos procedimientos diseñados para reaccionar rápida y eficazmente contra las conductas incorrectas en el proceso de los abogados y los procuradores, sin que se pueda entender vulnerado el derecho a la imparcialidad por cuanto que el instructor del expediente sea el mismo que resuelve (TCo 155/2006).

2) No se produce una ***reformatio in peius*** cuando la Sala de Gobierno se limita a desestimar el recurso de alzada confirmando la sanción disciplinaria sin que haya visto agravada o empeorada la situación creada por el acuerdo de instancia (TCo 155/2006).

i. Responsabilidad civil

(RD 135/2021 art.35, 45 y 47)

Todos los abogados están sometidos a los deberes deontológicos y han de asumir su propia responsabilidad al ejercer sus funciones con plena libertad e independencia. Cuando la responsabilidad civil corresponda a un **despacho colectivo** se exige conforme al régimen jurídico general que corresponda a la forma de agrupación utilizada y todos los abogados intervinientes responden civilmente frente al cliente con carácter **personal, solidario e ilimitado**. 1645

Dado que la ley procesal no regula las obligaciones que se derivan de su actuación procesal, y la insuficiencia normativa civil sobre la figura del **arrendamiento de servicios**, ha de acudirse a los preceptos que la teoría general de las obligaciones y, por tanto, a los postulados sobre el alcance y fuerza de los contratos y la exigencia de responsabilidad por daños y perjuicios en los casos de **incumplimiento culpable**, teniendo en cuenta, no solo la reglamentación propia de la profesión de que se trate, sino también los pactos a los que las partes hayan llegado, así como las circunstancias de las personas, tiempo y lugar que se derivan del sector del tráfico o de la vida social en que la conducta se proyecte (TS 11-5-06, EDJ 71166).

Requisitos Los requisitos que la jurisprudencia exige para que, del incumplimiento contractual, derive la obligación de **resarcimiento de perjuicios** a cargo del incumplidor son: obligación constituida, incumplimiento por el obligado y consiguiente causación efectiva de perjuicios derivados precisamente de ese incumplimiento en relación causa efecto (TS 10-10-90, EDJ 9187). 1646

A los efectos de la exigencia de responsabilidad al abogado es necesario acreditar, en el juicio de reproche, la **culpabilidad,** siempre y cuando quepa imputarle dicha responsabilidad al abogado interviniente (TS 30-12-02, EDJ 58541).

En los supuestos de responsabilidad por **infracción de deberes profesionales** no es de generalizada aplicación la inversión de la carga de la prueba, por lo que debe acreditarse la existencia de la acción u omisión infractora y la existencia de daños y perjuicios derivados de la actuación profesional negligente (TS 23-12-92, EDJ 12753).

Una vez acreditado el **nexo causal** entre la conducta del letrado y la realidad del daño, emergerá la responsabilidad de aquel y su obligación de repararlo, sin que, por lo general, ese daño equivalga a la no obtención del resultado de la pretensión confiada o reclamación judicial, evento futuro que, por su devenir aleatorio, dependerá al margen de una diligente conducta del profesional, del acierto en la correspondencia del objetivo o respuesta judicial estimatoria o, en otras palabras, la estimación de la pretensión solo provendrá de la exclusiva e intransferible integración de la convicción del juzgador (TS 30-12-02, EDJ 58541).

Supuestos La prestación de servicios, como relación personal basada en la confianza, incluye el deber de cumplirlos y un **deber de fidelidad** que deriva de las normas generales de la contratación y que imponen al profesional el deber de ejecución óptima del servicio contratado, que presupone la adecuada preparación profesional y supone el cumplimiento correcto (TS 28-1-98, EDJ 322). 1647

Entre los deberes o comportamientos que integran la **prestación de servicios** del abogado se incluyen los deberes de informar de los pros y contras, del riesgo del asunto o conveniencia o no del acceso judicial, costos, gravedad de la situación, probabilidad de éxito o fracaso, lealtad y honestidad en el desempeño del encargo, respeto y observancia escrupulosa de las leyes procesales y, como no, aplicación al problema de los indispensables conocimientos de la Ley y del Derecho (TS 30-12-02, EDJ 58541).

De ello se desprende que, si no se ejecuta o se hace incorrectamente, se produce el **incumplimiento total** o el **cumplimiento defectuoso** de la obligación que corresponde al profesional (TS 11-5-06, EDJ 71166).

Incurre en responsabilidad el letrado que **no propone en forma la prueba** existente, por olvido, con el consiguiente rechazo judicial de las probanzas propuestas (AP Toledo 15-5-00, EDJ 24479).

Es responsable el letrado que **no informa a su cliente** suficientemente de los asuntos y que no le devuelve la documentación, los expedientes, a pesar de ser requerido para ello (TS 25-3-98, EDJ 1530).

El abogado responde civilmente por un **mal planteamiento procesal**, la defectuosa fundamentación jurídica de la pretensión, la errónea elección de la acción planteada o el desconocimiento de la doctrina jurisprudencial aplicable al caso, lo que comporta la aplicación por su parte de la llamada *lex artis* propia de su ejercicio profesional (TS 8-4-03, EDJ 9751; 27-2-06, EDJ 21307).

Aun cuando no conste que el letrado haya asumido una obligación genérica de defender los intereses del cliente en toda clase de procedimientos, al haber sido designado en un apoderamiento apud acta en punto a la defensa de unas concretas diligencias penales en que se decidió personar, el **deber de confianza** que en él depositaron sus clientes, y en **buena técnica jurídica**, el consejo del letrado debió referirse no solamente a la procedencia o no de recurrir el auto de sobreseimiento de las referidas actuaciones penales, sino también tendría que haberse extendido a las posibilidades de defensa de una reclamación en el orden civil por culpa contractual o extracontractual (TS 14-5-99, EDJ 8563).

1648 **Inexistencia de responsabilidad civil** No incurre en responsabilidad civil el abogado que:

• No interpuso recurso contencioso-administrativo contra la desestimación de una **reclamación de responsabilidad patrimonial**, por no acreditar la reclamante que le hiciese el encargo al letrado para tal vía judicial, ni que hiciera provisión de fondos al respecto, habiéndose acreditado que el letrado informó de las vías y plazos de impugnación (AP Ourense 13-10-99, EDJ 81040).

• En el ejercicio de una acción de **reclamación de honorarios profesionales** hace referencias al proceso en que se generaron aquellos, no incurriendo el letrado en violación de secreto profesional por cuanto que para que exista dicha vulneración se exige que exista una divulgación o difusión de la información obtenida, que no aparece cuando solo fue empleada para su utilización en el procedimiento de reclamación de honorarios (AP Alicante 19-6-02, EDJ 126161).

• El abogado no tiene **obligación de vigilancia** sobre el cumplimiento de las obligaciones que corresponden a los **procuradores**, los cuales deben tener conocimiento de cuáles son sus obligaciones y facultades y de su deber de vigilancia para garantizar la continuidad de las acciones procesales en los casos de sustitución de unos profesionales por otros, permitida por la ley (TS 27-2-06, EDJ 21307; 11-5-06, EDJ 71166).

1649 **Autoría** (RD 135/2021 art.35 y 42; Consejo General Abogacía Española Acuerdo 27-9-02 art.21) El abogado titular de un despacho profesional individual responde profesionalmente frente a su cliente de las gestiones o actuaciones que efectúen sus **pasantes** o **colaboradores**, sin perjuicio de la facultad de repetir frente a los mismos si procede.

No obstante, los pasantes y colaboradores quedan sometidos a las obligaciones deontológicas y asumen su propia responsabilidad disciplinaria.

La responsabilidad civil que pueda tener el **despacho colectivo** será conforme al régimen jurídico general que corresponda a la forma de agrupación utilizada. Además, todos los abogados que hayan intervenido en un asunto responderán civilmente frente al cliente con carácter personal, solidario e ilimitado.

Precisiones Para el caso de responsabilidad del **notario** autorizante, en principio, la relación que liga al notario con aquel que requiere su actuación adopta la forma de arrendamiento de servicios, sin que a ello obste ni el carácter público de la función que cumple aquel, ni menos aún la obligatoriedad de aceptar el encargo que al mismo se le encomiende. Ello es consecuencia de lo establecido en el Reglamento Notarial, según el cual los notarios son a la vez profesionales del Derecho y funcionarios públicos (TS 14-5-08, EDJ 111572).

1650 **Fijación de la indemnización** En el caso de apreciarse la existencia de un incumplimiento culpable por parte del abogado, que dé lugar al nacimiento, a su cargo, de la **obligación de indemnizar**, debe determinarse la cuantía de esta indemnización.

Resulta muy problemático identificar los **perjuicios de la responsabilidad contractual** con el resultado que se habría podido obtener en el procedimiento, o recurso, de haber prosperado, porque este resultado beneficioso debe estimarse como un acontecimiento de producción incierta. Así, los daños y perjuicios en estos supuestos no pueden pretender sustituir lo que pudiera haber sido el **resultado definitivo** del pleito anterior, por ser ello tarea imposible (TS 20-5-96, EDJ 2669).

No obstante, si a pesar de estar probada la existencia de responsabilidad del abogado en la producción del daño, la **intervención del cliente**, por acción u omisión, ha influido en el devenir causal del perjuicio, procede moderar la responsabilidad del letrado y el resarcimiento del daño (TS 18-2-05, EDJ 13265).

Precisiones 1) Ver en nº 1534 s., la parte dedicada a la fijación de la **indemnización** en los casos de **responsabilidad del procurador**, en los que con evidente similitud se alude a las distintas teorías al respecto.

2) No obstante, el **quantum indemnizatorio** debe consistir en la cantidad reclamada en el proceso judicial cuya iniciación se encomendó al profesional, si se acredita la existencia de circunstancias en cuya virtud es precisamente la actuación negligente del abogado la que dé lugar a la ineficacia o pérdida de aquella cantidad, cuando resulte evidente la realidad del daño (TS 14-5-08, EDJ 111572; 4-2-16, EDJ 5942; AP Madrid 3-4-17, EDJ 109070).

Pérdida de oportunidad Las indemnizaciones se fundan en la **reparación del daño moral** 1651
acudiendo a la doctrina denominada de «pérdida de oportunidad», que se produce al cliente quien, por impericia o falta de diligencia del abogado cuyos servicios profesionales ha solicitado, no ha podido acceder a los tribunales para demandar la tutela de sus intereses ante los mismos (TS 8-4-03, EDJ 9751; 29-5-03, EDJ 17185).

La indemnización derivada de la «pérdida de oportunidad» es conceptualmente distinta del **lucro cesante**, ya que este último supone expectativas de una ganancia futura, donde se afirma la realidad de una ganancia dejada de obtener, pero contemplada desde la certeza de la situación del sujeto expectante estimada como idónea para la obtención de esas ganancias.

La oportunidad perdida supone, en sí misma, un valor y su pérdida constituye un **perjuicio actual y cierto**, derivado de la constatable, efectiva y cierta pérdida definitiva de la oportunidad de someter la cuestión al estudio y decisión del tribunal o de un tribunal superior (AP Pontevedra 23-1-01, EDJ 13094). El daño por **pérdida de oportunidades** solo puede dar lugar a indemnización cuando existe una razonable certidumbre de la probabilidad del resultado (AP Madrid 3-4-17, EDJ 109070). Aquella ha de ser equivalente al daño sufrido o proporcional a la pérdida sufrida.

Los **daños morales propios**, también denominados **no económicos** o no patrimoniales o **inmateriales**, son los detrimentos de carácter espiritual en los bienes o derechos de la personalidad o que se refieren a valores afectivos o directamente vinculados con pérdidas materiales de diversa índole que, sin aparejar próxima ni mediatamente efectos patrimoniales, son susceptibles de valuación económica (AP Araba 15-9-92; AP Madrid 24-2-01, EDJ 98981).

Precisiones La compensación que corresponde al **daño moral** es diversa del cálculo prospectivo de oportunidades del buen éxito de la acción que corresponde al **daño patrimonial incierto** por pérdida de oportunidades originado por la frustración de acciones personales (TS 1-6-21, EDJ 588242). Todo daño moral efectivo, imputable jurídicamente al causante, es indemnizable, pero el patrimonial incierto solo lo es mediante un cálculo prospectivo de oportunidades de buen éxito de la acción perdida y no procede si no concurre una razonable certeza sobre la posibilidad de que la acción frustrada hubiera sido judicialmente acogida (TS 22-1-20, EDJ 505288).

Prescripción de la acción de responsabilidad civil (CC art.1964) La acción para exigir 1652
la responsabilidad civil del abogado por su cliente prescribe a los 5 años, al no tener señalado un plazo especial de prescripción.

Precisiones 1) La acción ejercitada para exigir la responsabilidad civil derivada de **culpa contractual** prescribe en el plazo defectivo del CC art.1964 (TS 9-2-98, EDJ 738).

2) Teniendo en cuenta que la relación que vincula a la parte con su abogado tiene, como regla general, la naturaleza de una relación de servicios profesionales, concretada en un **arrendamiento de servicios**, el plazo de prescripción de la acción de responsabilidad no puede equipararse al año propio, de la responsabilidad extracontractual (TS 18-2-05, EDJ 13265).

3) La **reforma** del CC art.1964 se aplica en los términos del CC art.1939: la prescripción comenzada antes de 7-10-2015 se somete al régimen anterior (15 años); pero si desde esta fecha transcurre el nuevo plazo íntegramente (5 años), surte efecto (L 42/2015 disp.trans.5ª).

j. Honorarios

(RD 135/2021 art.25 a 29; Consejo General Abogacía Española Acuerdo 27-9-02 art.15 s.)

1655 El abogado tiene derecho a una compensación económica adecuada a los servicios prestados, así como al **reintegro** de los gastos ocasionados.

Los honorarios de los abogados pueden derivar de una **actuación extraprocesal**, consistente en el asesoramiento y gestión de los intereses que se hayan confiado o de una intervención judicial, compareciendo ante los tribunales y ejerciendo la defensa de las acciones en función del encargo profesional que se le haya atribuido.

En ambas modalidades de intervención del abogado, la **forma de determinación de la retribución** es idéntica, esto es, ateniéndose a lo libremente pactado entre el cliente y su abogado.

La **diferencia entre las retribuciones** de ambas actuaciones, judiciales o extrajudiciales, radica en los procedimientos para dilucidar las discrepancias en relación al abono de la minuta presentada por el abogado a su cliente; así, en el caso de que se trate de una actuación judicial, el abogado puede acudir a la llamada tradicionalmente «jura de cuenta», siendo impugnables por indebidas o excesivas, y siendo satisfechas por el procedimiento de apremio (LEC art.35), mientras que en el supuesto de actuación extrajudicial, la vía a seguir para conseguir el cobro (nº 1669) es el recurso al juicio declarativo que corresponda y en el cual es decisivo, como en todo procedimiento civil, la debida prueba de lo pretendido.

El abogado no puede nunca pagar, exigir ni aceptar, **comisiones** o cualquier otro tipo de **compensación** a otro abogado, ni a ninguna otra persona por haberle enviado un cliente o recomendado a posibles clientes futuros.

1656 **Libertad de pactos** (RD 135/2021 art.26 a 28) La cuantía de los honorarios es libremente convenida entre el cliente y el abogado, con respeto a las normas deontológicas y sobre competencia desleal.

Antes del inicio de la actuación profesional el abogado debe proporcionar a su cliente la información necesaria mediante la utilización de **hojas de encargo** y al acabar debe entregar factura al cliente en el que se expresen, detalladamente, los diferentes conceptos de los honorarios y la relación de gastos; y, en la medida de lo posible, se fomenta la utilización de la **factura electrónica**.

1657 Precisiones 1) Aunque la existencia de un **precio cierto** sea elemento necesario para la validez del contrato de arrendamiento de servicios y, también por ello, del contrato de arrendamiento de servicios profesionales prestados por abogado, esta exigencia se cumple no solo cuando el precio se pactó expresamente, sino también cuando es conocido por costumbre o uso frecuente en el lugar en que se prestan los servicios (TS 3-2-98, EDJ 333; 15-6-05, EDJ 96600).

2) Incluso, tratándose de profesionales que figuran inscritos en una corporación o colegio profesional, la retribución o el precio de sus servicios puede estar regulado por **aranceles** o **tarifas** o, como es el caso de los abogados, por normas orientadoras de los honorarios mínimos que protegen frente a la competencia desleal pero que también proporcionan criterios indicativos sobre el coste de los servicios (TS 3-2-98, EDJ 333).

3) En caso de **falta de precio acordado** por las partes con carácter previo al inicio de la prestación de servicios, no puede pensarse que el prestador del servicio fije unilateralmente el mismo, sino que las partes, con mutuo consentimiento, han acordado no prefijar el precio, u honorarios, lo que no siempre es posible a priori, sino fijarlo a resultas del servicio prestado efectivamente, según tarifas, caso de no aceptarse un precio de consuno (TS 25-10-02, EDJ 49688).

4) En el **seguro de defensa jurídica**, aun cuando al asegurado corresponda la libre elección de letrado, no debe pactar con él honorarios que excedan notoriamente de lo habitual para servicios similares o que resulten absolutamente desproporcionados en relación con la entidad y complejidad de los mismos, ni tampoco puede despreocuparse de cual pudiera ser el importe de aquellos por cuanto que con tal actitud faltaría a la obligación de buena fe que le obliga (TS 13-12-01, EDJ 72379; AP Asturias 10-4-03, EDJ 119385).

5) La **consulta gratuita**, en un sistema de libertad de precios, no parece contraria a los usos mercantiles de carácter general ni incompatible con el ejercicio de la abogacía (TS 29-5-08, EDJ 124026).

6) El ofrecimiento de un servicio de asesoramiento por una **cantidad anual** no parece tampoco contrario a la libre competencia ni incompatible con ejercicio de los deberes de la Abogacía (TS 29-5-08, EDJ 124026).

1658 **Regulación por el colegio de abogados** (RD 135/2021 art.29) Los colegios de la abogacía pueden elaborar **criterios orientativos** de honorarios a los solos efectos de la tasación de costas y la jura de cuentas de los abogados, así como informar y dictaminar sobre honorarios profesionales, pudiendo incluso emitir **informes periciales** a estos efectos. Son también válidos para el cálculo de honorarios que correspondan a los efectos de tasación de costas en **asistencia jurídica gratuita**.

Precisiones 1) La libertad de pacto que se proclama en las **normas de honorarios del colegio de abogados** no excluye las orientaciones que, de modo plural, y a modo de criterios pueden seguirse por las partes, sin perjuicio del carácter no vinculante que la jurisprudencia siempre ha predicado para la determinación de los honorarios de letrado (AP Jaén 1-9-04, EDJ 161855).

2) Las **tarifas de honorarios mínimos** recogidas por los colegios de abogados tienen un carácter orientativo y no vinculante, como corresponde al pago o retribución de servicios superiores o de profesionales liberales, fijados unilateralmente por el acreedor en la cuantía que estimen justa según el trabajo efectuado (TS 15-12-94, EDJ 9499; AP Córdoba 21-12-99, EDJ 54819).

3) Los tribunales tienen la potestad de determinar o **modular los honorarios** que se consideren justos apreciando las circunstancias del caso, incluso en aquellos supuestos en que los honorarios vengan determinados por la aplicación de una determinada escala a una cuantía litigiosa previamente establecida en el pleito; solamente cabría entender violado el principio de igualdad y, consiguientemente el de seguridad jurídica, si habiendo intervenido distintos letrados por distintas partes en la misma posición procesal y realizando una similar y pareja actividad, se hubieran seguido criterios distintos para la determinación de sus honorarios no previamente pactados (TS 23-2-04, EDJ 6321).

4) No puede servir de base a un recurso de casación la pretendida **infracción de las normas orientadoras** de honorarios mínimos de los colegios de abogados, teniendo en cuenta que no se trata de normas vinculantes para los tribunales (TS 23-2-04, EDJ 6321).

Pacto de cuota litis o retribución por resultado La cuota litis, en sentido estricto, es el acuerdo entre el abogado y su cliente, previo a la terminación del asunto, en virtud del cual este se compromete a pagarle únicamente un **porcentaje** del resultado del mismo, independientemente de que consista en una suma de dinero o cualquier otro beneficio, bien o valor que consiga el cliente por ese asunto. 1659

No se considera cuota litis el pacto que tenga por objeto fijar unos **honorarios alternativos** según el resultado del asunto, siempre que se contemple el pago efectivo de alguna cantidad que cubra como mínimo los costes de prestación del servicio jurídico concertado para el supuesto de que el resultado sea totalmente adverso, y dicha cantidad sea tal que, por las circunstancias concurrentes o las cifras contempladas, no pueda inducir razonablemente a estimar que se trata de una mera simulación.

Este sistema de retribución de los servicios de abogado viene siendo comúnmente admitido en el ámbito de las relaciones entre determinadas **entidades**, especialmente **financieras**, y sus letrados externos, que no se hallan integrados en sus servicios de asesoría jurídica, como fórmula que permite una economía para estos concretos clientes y que, a la vez, es interesante para los mencionados profesionales pues les aseguran un número considerable de asuntos que en general son de fácil tramitación y favorable pronóstico, al referirse a la reclamación de créditos para cuya concesión se han exigido específicas garantías reales o personales.

El ofrecimiento de **honorarios según resultados** no comporta el compromiso de no percibir honorarios en caso de obtener un resultado desfavorable, sino que, racionalmente interpretado por un consumidor medio, debe entenderse en el sentido de introducir una modulación de los honorarios condicionada a la valoración efectuada sobre las probabilidades de éxito de las pretensiones del cliente (TS 29-5-08, EDJ 124026).

Precisiones 1) No existe un pacto de cuota litis cuando se pactan unos honorarios del letrado en la forma principal de una **cantidad progresiva mensual**, a modo de sueldo y un complemento de minuta para ser reintegrado económicamente en las cantidades debidas por su trabajo profesional para el caso de resolución del contrato de servicios, sin que se fije porcentaje alguno respecto a cantidades a abonar por consecuencia de sentencias judiciales (TS 30-5-98, EDJ 7111).

2) El RD 135/2021 no contiene ninguna previsión referente a la **cuota litis** a diferencia de la normativa anterior que la prohibía en todo caso (RD 658/2001 art.44.2 derog RD 135/2021).

Fundamento El fundamento de la prohibición del convenio ha querido ponerse en su **oposición a la moral y buenas costumbres**, con referencias a su carácter leonino y a la posible desproporción del beneficio obtenido por el letrado, y el enriquecimiento injusto a que puede conducir, a la competencia desleal, en cuanto el pacto permite presumir la renuncia a honorarios, y al abuso de la ignorancia del cliente, haciéndose parte interesada el profesional, lo que afectaría a su deber de colaborar con la Administración de Justicia, propiciando iniciativas aventuradas sobre posiciones jurídicas con posibilidades remotas de prosperar (AP Madrid 18-12-00, EDJ 113384). 1660

Validez del pacto Desde el punto de vista civil, esto es, de validez del pacto o acuerdo entre las partes a la luz del principio de libertad de pactos civil y sus límites, se considera que el pacto de cuota litis o por resultado no resulta contrario al Derecho Civil, sin perjuicio de que pudiera ser constitutivo de una **falta disciplinaria** a imponer por el respectivo colegio profesional, pero nunca la nulidad del citado convenio (TS 13-5-04, EDJ 31365). 1661 MPCI nº 1772 s.

A los efectos de determinar su validez, desde el punto de vista civil, debe examinarse que el pacto de cuota litis, o retribución por el resultado, no fuera suscrito por el cliente en alguna de las circunstancias que, afectando a sus **facultades intelectivas y volitivas**, implicasen ausencia o falta de consentimiento y pudieran acarrear la nulidad de la convención, como tampoco que mediara dolo, violencia o intimidación (AP Madrid 18-12-00, EDJ 113384).

1662 Precisiones El Tribunal de Defensa de la Competencia, consideró que la norma deontológica prohibitiva del pacto de *cuota litis* vulneraba lo previsto en la derogada L 16/1989, constituyendo una **conducta prohibida** en tanto impedía que los precios de los servicios de abogado se fijaran libremente por negociación entre este y su cliente, intimando al Consejo General de la Abogacía para que procediese a modificar las normas deontológicas en tal sentido (TDC Resol 26-9-02).

No obstante, Audiencia Nacional anula la citada Resolución, si bien considera que todos los aspectos relativos a la **oferta de servicios y fijación de remuneración** se someten a la libre competencia y por ello quedan fuera de la potestad de ordenación de los colegios y consejos, pues se constituyen al margen de las potestades administrativas que estos ejercen (AN 27-6-05, EDJ 172964).

Máxime cuando desde la L 7/1997 se establece que en orden a la oferta del servicio y la remuneración rige la libre competencia. Ahora bien, la supervisión en materia de remuneración por el TDC no impide que los consejos y colegios actúen sus competencias en materia de **control** sobre el código de conducta de los colegiados en el ejercicio de su profesión.

1663 **Retribución a los abogados del turno de oficio** (L 1/1996 art.30 y 36.3) La intervención de profesionales designados de oficio para la asistencia, defensa y representación gratuita solo puede ser retribuida con **cargo a los fondos públicos** cuando exista reconocimiento expreso del derecho a la asistencia jurídica gratuita (nº 1000 s.).

Cuando la sentencia que ponga fin al proceso no contenga **expreso pronunciamiento en costas** (nº 1248 s.), venciendo en el pleito el beneficiario de la asistencia jurídica gratuita, debe este pagar las costas causadas en su defensa, siempre que no excedan de la tercera parte de lo que en él haya obtenido. Si exceden, se reducirán a lo que importe dicha tercera parte, atendiéndose a prorrata sus diversas partidas.

1664 **Provisión de fondos** (Consejo General Abogacía Española Acuerdo 27-9-02 art.17) El abogado puede solicitar y percibir la entrega de **cantidades a cuenta** de los gastos suplidos, o de sus honorarios, tanto con carácter previo como durante la tramitación del asunto, en cuantía acorde con las previsiones del asunto y el importe estimado de los honorarios definitivo.

La **falta de pago** de la provisión de fondos autoriza a renunciar o condicionar el inicio de las tareas profesionales, o a cesar en ellas.

Precisiones **1)** La existencia de la provisión de fondos en el desempeño de la actuación profesional del abogado no es un elemento que determine necesariamente la **prestación de servicios profesionales**, por más que su establecimiento esté mayoritariamente extendido (AP Ourense 8-10-01, EDJ 99010).

2) En caso de **desistimiento** de la intención de ejercitar acciones legales por el cliente, o en cualquier otro caso de **separación unilateral** del mismo, el abogado está obligado a hacer liquidación de los trabajos prestados y de su importe, y devolver, en su caso, el exceso en las cantidades que se hayan entregado en concepto de provisión o anticipo de fondos (AP Barcelona 12-1-06, EDJ 13183).

3) No existe **derecho de retención** derivado de la prestación de servicios profesionales por parte del abogado -o procurador- sobre las cantidades recibidas del cliente y a las que no tiene derecho, con pretexto de liquidar con ello sus honorarios por decisión unilateral. Puede incurrir tal conducta en delito de **apropiación indebida** (TS penal 29-5-20, EDJ 569264).

1665 **Titularidad del derecho al cobro** (RD 135/2021 art.35.2; Consejo General Abogacía Española Acuerdo 27-9-02 art.20) Los honorarios a cargo del cliente se devengan a favor del titular del despacho, aún en el caso de que las actuaciones sean realizadas por otros letrados por **delegación** o **sustitución** del mismo.

El titular del despacho responde personalmente de los honorarios debidos a los letrados a los que encargue o delegue actuaciones aún en el caso de que el cliente dejase de abonárselos, salvo pacto escrito en contrario.

Los honorarios han de ser percibidos por el abogado que lleve la **dirección efectiva del asunto**, siendo contraria a la dignidad de la profesión la partición y distribución de honorarios entre abogados salvo cuando responda a una colaboración jurídica; exista entre ellos ejercicio colectivo de la profesión en cualquiera de las formas asociativas autorizadas; se trate de compensaciones al compañero que se haya separado del despacho colectivo o constituyan cantidades abonadas a los herederos de un compañero fallecido.

Precisiones Tratándose de **despachos colectivos de abogados** se admite la minutación total por uno solo de ellos, aunque haya intervenido además otro en el proceso e incluso se puede dar validez a la minuta firmada por un componente del bufete que no intervino en el pleito (AP Granada 3-12-02, EDJ 87927).

Minuta detallada Como regla general se exige que se enumeren las partidas y se señale la **cantidad total** de la minuta, lo que tiene sentido en relación con actuaciones judiciales típicas y con referencia a asunto determinado, constatando que la actividad del abogado se refiere a asunto y actividad determinada. 1666 MPCI nº 1782 s.

Sin embargo, cuando se trata de minutar varios **asuntos de diferente naturaleza**, sin haberse pactado una retribución por tiempo de duración, ni cantidad alzada, es necesario acudir a este detalle por cuanto de otra manera se genera una auténtica indeterminación que impide el ejercicio prudente del arbitrio judicial para fijar el precio de los servicios (TS 3-2-98, EDJ 333).

Precisiones Acerca de la **deducibilidad del IVA soportado por el cliente** ver nº 1784 Memento Procesal Civil 2026.

k. Procedimiento para la reclamación judicial de honorarios

(LEC art.35)

Los abogados pueden reclamar frente a la parte a la que defiendan el pago de los honorarios que hayan devengado en el asunto, presentando **minuta detallada** (nº 1666 y, con más detalle nº 1782 Memento Procesal Civil 2026) y manifestando formalmente que esos honorarios les son debidos y no han sido satisfechos. 1669

Para hacer efectivos estos derechos no es preceptiva la intervención de **abogado** ni **procurador**.

Presentada esta reclamación, se manda que se requiera al deudor -por el letrado de la Administración de Justicia- para que pague dicha suma, con las costas, o impugne la cuenta, en el plazo de 10 días, bajo apercibimiento de **apremio** si no paga ni formula impugnación.

Si el deudor de los honorarios no formula **oposición** dentro del plazo establecido, se procede en apremio por la cantidad a la que asciende la minuta.

Precisiones **1)** La regulación de un procedimiento especial, en virtud del cual y de forma rápida y sencilla pueden resarcirse de los **gastos anticipados** y de los trabajos realizados dentro del proceso por los abogados y procuradores es razonable, por cuanto que el legislador puede establecer mecanismos de reclamación distintos del **juicio declarativo ordinario** cuando sea diferente la situación en que se encuentran los acreedores respecto de sus deudores (TCo 110/1993; auto 12-2-97).

2) La L 42/2015 elimina la referencia en el despacho de la ejecución a las **costas**, limitando esta a la cantidad a la que ascienda la cuenta. Ello es paralelo a la eliminación de la postulación preceptiva en estos casos.

Impugnación por indebidos (LEC art.35.2) Si los honorarios se impugnan por indebidos, el letrado de la Administración de Justicia examina la cuenta y las actuaciones procesales, así como la documentación aportada y, previo traslado al abogado por plazo de 3 días para alegaciones, dicta, en el plazo de 10 días, decreto determinando la cantidad que haya de satisfacerse al abogado, bajo apercibimiento de **apremio** si el pago no se efectúa dentro de los 5 días siguientes a la notificación. 1670

Precisiones Por TCo 34/2019 se declaró **inconstitucional** el inciso de LEC art.34.3 y 35.2 conforme a los cuales el decreto expuesto en el texto no era susceptible de recurso, sin prejuzgar ni siquiera parcialmente, como contrapartida, la sentencia que pudiera recaer en juicio ordinario ulterior.

Se ha planteado efectivamente debate de constitucionalidad en la **tipología de casos** que afecta al régimen de recursos contra los decretos de los letrados de la Administración de justicia en las reclamaciones de honorarios de abogados reguladas en la LEC, en la medida en que pudiera eventualmente impedirse con esa normativa que las decisiones de aquellos letrados sean revisadas por los tribunales, titulares en exclusiva de la potestad jurisdiccional (Const art.117.3), vedándoles que dispensen la **tutela judicial efectiva** sin indefensión (TCo 49/2019; 34/2019).

En lo que afecta a la **recurribilidad de los decretos** de los letrados de la Administración de justicia en ese ámbito de reclamaciones de honorarios de abogado, por L 13/2009 se creó un procedimiento en el que se dirimen derechos y obligaciones entre las partes que quedan totalmente al margen de la actividad propiamente jurisdiccional y que, además, al no caber recurso alguno, no podía ser objeto de revisión, para tutelar los derechos e intereses en presencia, por ningún órgano propiamente jurisdiccional. Se impedía una tutela de derechos e intereses legítimos que la Constitución quiere que sea siempre dispensada por los jueces y tribunales, creando un sector de inmunidad que no se compadece con Const art.24.1 (LEC art.35.2, en relación con LEC art.34.2 párr 2 y 3) (TCo 93/2019). La redacción de LEC art.34 y 35 derivada de RDL 6/2023 acoge expresamente esta doctrina.

Impugnación por excesivos (LEC art.35.2) Si se impugnan los honorarios por excesivos, se procede previamente a su regulación conforme a lo previsto en la ley sobre la tasación de las costas (nº 1674), salvo que el abogado acredite la existencia de **presupuesto previo** en escrito 1671 aceptado por el impugnante, y se dicta decreto fijando la cantidad debida, bajo apercibimiento de **apremio** si no se paga dentro de los 5 días siguientes a la notificación.

Precisiones 1) Los tribunales están obligados a examinar, con la consiguiente potestad de decidir, la necesidad o no de la intervención, su valor relativo, su utilidad para la parte y todos cuantos datos conduzcan a ponderar el **precio de los honorarios**, a falta de pacto, y en atención a tales circunstancias, sin que las normas orientadoras de los honorarios de los diferentes colegios de abogados tengan carácter vinculante (TS 16-2-01, EDJ 433; 25-10-02, EDJ 49688; AP Ourense 8-10-01, EDJ 99010).

2) Si **no se ha acordado nada entre el abogado y su cliente**, los tribunales han de estar a una serie de pautas, como la naturaleza y cuantía del asunto, su grado de complejidad, la dedicación requerida y los resultados obtenidos, sin desconocer la costumbre o uso del lugar y la ponderación de criterios de equidad, si bien constituye un presupuesto inexcusable la prueba por el letrado de la realidad de los servicios prestados (TS 30-4-04, EDJ 26175; 8-11-04, EDJ 159603).

3) Como previene LEC art.246.1 redacc LO 1/2025, cuando los honorarios sean impugnados por excesivos se debe solicitar preceptivamente **informe del colegio de abogados** para valorar la adecuación de la minuta reclamada a la actuación profesional del letrado -con la sola excepción de que se haya emitido informe previamente sin alteración de circunstancias, en el ámbito del pleito testigo de LEC art.438 bis-. En caso contrario, se incurrirá en una infracción procesal que supone una minoración sustancial del derecho de defensa del impugnante, contrario al derecho a la tutela judicial consagrado en Const art.24, toda vez que la jura de cuentas es un procedimiento sumario con garantías limitadas en el que el informe es el único elemento objetivo con que cuenta el tribunal para enjuiciar si los honorarios reclamados son o no excesivos y para adoptar su decisión. Desde esta perspectiva, la ausencia del informe se traduce en la frustración de la expectativa razonable de la parte de contar con este instrumento cualificado en la formación de juicio por el órgano judicial (TCo 62/2009).

4) Por TCo 34/2019 se ha declarado **inconstitucional** el inciso de LEC art.34.3 y 35.2 conforme a los cuales el decreto expuesto en el texto no era susceptible de recurso, sin prejuzgar ni siquiera parcialmente, como contrapartida, la sentencia que pudiera recaer en juicio ordinario ulterior.

1672 **Reclamación en juicio ordinario** (LEC art.35.2) El decreto del letrado de la Administración de Justicia dictado en materia de honorarios abogaciles es susceptible de **recurso** (TCo 34/2019). Este decreto y el auto que resuelva el recurso de revisión que frente a él se interponga no prejuzgan, ni siquiera parcialmente, la sentencia que pueda recaer en juicio declarativo posterior.

El proceso de cobro de los honorarios del abogado es un proceso especial y privilegiado que permite al abogado una forma rápida y expeditiva de obtener el abono de sus honorarios, pero en modo alguno le impide acudir al **juicio declarativo** correspondiente para obtener dicho pago, incluso habiendo acudido previamente al procedimiento especial.

Precisiones 1) Se trata, por tanto, de una resolución que no produce los efectos de **cosa juzgada material** (nº 9840), al no prejuzgar el pronunciamiento que con posterioridad se dicte en juicio ordinario ulterior (AP Madrid auto 26-5-05, EDJ 87517).

2) Por TCo 34/2019 se ha declarado **inconstitucional** el inciso de LEC art.34.3 y 35.2 conforme a los cuales el decreto expuesto en el texto no era susceptible de recurso, sin prejuzgar ni siquiera parcialmente, como contrapartida, la sentencia que pudiera recaer en juicio ordinario ulterior.

1672.1 **Control de cláusulas abusivas** (LEC art.34.5) Si la reclamación se dirige **contra una persona física**, el abogado ha de aportar, junto con la cuenta, el **contrato** suscrito con el cliente. El letrado de la Administración de Justicia, previamente a efectuar el requerimiento, dará cuenta al órgano judicial para que pueda apreciar el posible carácter abusivo de cualquier cláusula que constituya el fundamento de la petición o que haya determinado la cantidad exigible.

Si aprecia que alguna cláusula puede ser calificada como tal, abre **audiencia** por 5 días a las partes para, posteriormente, resolver lo que proceda mediante **auto** en plazo de 5 días. Para dicho trámite no es preceptiva la intervención de abogado ni de procurador.

De estimar el **carácter abusivo** de alguna cláusula, el auto acordará la improcedencia de la pretensión, o bien, la continuación del procedimiento sin aplicación de la considerada abusivas.

En caso de **no estimarse** la existencia de cláusulas abusivas, se declarará así, procediendo el letrado de la Administración de Justicia a requerir al deudor en los términos expuestos.

El auto es directamente **apelable** en todo caso, con fuerza de cosa juzgada, una vez firme.

1673 **Reclamación de honorarios y condena en costas** No deben confundirse las cuentas de honorarios de los abogados y procuradores con sus clientes con las costas procesales (nº 3083 s.).

Precisiones Incluso en materia de **prescripción de la acción** para exigir su pago se diferencia, puesto que, mientras para exigir el pago de los honorarios rige el plazo de 3 años desde que dejaron de prestarse los servicios, en el caso de la condena en costas, la acción para exigir su cumplimiento prescribe a los 15 años al tratarse de una acción que no tiene fijado un plazo especial de prescripción (TS 31-5-84; AP Asturias 14-2-00, EDJ 8468).

Condena en costas de la parte contraria (LEC art.242.3) El crédito dimanante de la condena en costas corresponde a la **parte vencedora** y no al procurador y letrado que le hayan representado y defendido en juicio, pues obviamente cualquier persona que necesite promover una demanda o defenderse frente a la formulada contra él ha de concertar los servicios de los aludidos profesionales y asume la obligación de satisfacer los derechos y honorarios devengados por su prestación, de cuyo importe puede resarcirse si la sentencia recaída en el proceso ha condenado en costas a la parte contraria (AP Asturias auto 12-1-04, EDJ 304618). 1674

Se ha considerado que una **excepción** a esta regla general se produce en los casos en que sea condenada en costas la parte contraria a la que actúa asistida de abogado y procurador del turno de oficio, por cuanto que en tales casos son el letrado y el procurador de oficio los auténticos titulares del derecho de crédito frente al condenado en costas, puesto que en estos casos el vencedor en costas ningún crédito ostenta frente a la parte contraria, dimanante del pago de unos honorarios y derechos que son gratuitos por disposición legal (AP Asturias auto 12-1-04, EDJ 304618).

En caso de condena en costas de la parte contraria, y una vez firme la sentencia o auto en que se haya impuesto la misma, los **abogados, procuradores, peritos y demás personas** que hayan intervenido en el juicio y tengan algún crédito contra las partes que deban ser incluido en la tasación de costas, pueden presentar en la oficina judicial minuta detallada (nº 1782 Memento Procesal Civil 2026) de sus derechos u honorarios y cuenta detallada y justificada de los gastos que hayan suplido.

Precisiones Algunos pronunciamientos judiciales, se inclinan por no exigir a la parte defendida el **previo pago de los honorarios** de su abogado o los derechos de su procurador cuando hay condena en costas, por una razón consistente en que si el abogado y procurador pueden dirigirse directamente contra el condenado en costas para el cobro de sus emolumentos, y no lo hacen así, sino que presentan un escrito firmado por ellos solicitando esas cantidades para su cliente, parece evidente que se produce una **novación** sin que la parte condenada en costas pueda entrar a discernir ni discutir relaciones internas del arrendamiento de servicios de la contraparte (AP Jaén 1-9-04, EDJ 161855).

Prescripción de la acción para exigir el cobro de los honorarios (CC art.1967) Por el transcurso de 3 años prescribe la acción para exigir el cumplimiento de la obligación de pagar a los abogados sus honorarios y derechos, y los **gastos** y **desembolsos** que hayan realizado en el desempeño de sus oficios en los asuntos a que las obligaciones se refieran. 1675

Precisiones 1) El **fundamento de las prescripciones cortas** no es otro que la necesidad de reducir los plazos de la prescripción en ciertas obligaciones, como las derivadas de la prestación de servicios profesionales que, por su naturaleza pueden ser exigidas y pagadas enseguida y serían a la larga de dificilísima prueba por no ser costumbre establecer la existencia de ellas por escrito ni acreditar el pago en la misma forma.

2) En todo caso, el instituto de la prescripción ha de ser tratado con **criterio restrictivo**, por ser figura que no se asienta en una idea de justicia intrínseca y sí de limitación en el ejercicio de los derechos en aras del principio de seguridad jurídica, conectado a una cierta dejación o abandono de aquellos derechos por su titular (TS 24-5-97, EDJ 5431; 27-5-97, EDJ 3421).

3) El plazo de prescripción de 3 años opera cuando se trata de honorarios devengados por **prestaciones concretadas como autónomas** e individualizadas, que generan minutas singulares en razón a cada cometido encargado y no en los supuestos en los que el abogado se integra en la empresa, al estar remunerado con retribuciones periódicas constantes y quedar obligado por un contrato de ejecución permanente y sucesiva (TS 30-5-98, EDJ 7111).

Día inicial del cómputo (CC art.1967) El tiempo de prescripción se cuenta desde que dejaron de prestarse los respectivos servicios. 1676

Precisiones 1) Es clásica la discusión sobre el adecuado sentido del último párrafo del CC art.1967 que, interpretado literalmente, excluye a los abogados de la regla que contiene sobre el día inicial, o *dies a quo*, de la prescripción aplicable a las reclamaciones de sus honorarios, de forma que no se computaría sino desde que se devengaron los honorarios por la **efectiva prestación de los servicios profesionales** y no desde que dejaron de prestarse los servicios respectivos, regla esta que favorece el cobro por los abogados.

La interpretación sistemática, según la cual, dicha regla se refiere a todos los supuestos del CC art.1967 es más justa y fundada por lo que se refiere a los abogados, que no han de verse discriminados en relación con los otros profesionales mencionados en el mismo precepto para reclamar lo que se les debe. Sin duda la **exclusión literal** se debió a un lapsus del legislador derivado de un error mecánico de trascripción (TS 24-6-91, EDJ 6738; 15-11-96, EDJ 7792; 8-4-97, EDJ 1748).

De esta forma, el **plazo de prescripción de la acción** que ostenta el abogado para exigir a su cliente el abono de los honorarios causados en su defensa es de 3 años a contar desde que dejaron de prestarse los respectivos servicios (AP Jaén 7-2-01, EDJ 14533).

2) Habitualmente, el abogado no reclama el importe de sus honorarios hasta que el **asunto** que se le encomendó no esté **finalizado definitivamente**, salvo extinción anterior de su relación profesional con el cliente, o por negativa de este a seguir con el procedimiento. Sería anormal que el abogado reclamase el pago por cada una de las tantas actuaciones judiciales como realice en un pleito en defensa de su cliente, pues esas actuaciones están íntimamente encadenadas hacia la consecución del objetivo perseguido por este, que es el triunfo de su tesis (TS 8-4-97, EDJ 1748).

La **finalización de la prestación de servicios** debe identificarse, bien con la finalización propiamente dicha del procedimiento mediante la correspondiente resolución que le ponga fin, o bien mediante declaración expresa que inhabilitase a los citados profesionales por haberles sido revocado el poder (AP Alicante 19-6-02, EDJ 126161).

3) No puede considerarse, por lo tanto, que la finalización de los servicios se identifique con la de su última actuación profesional mientras el procedimiento en cuestión continúe en tramitación y se esté a la espera de la respuesta del órgano judicial correspondiente.

En los casos en que los servicios de los abogados constituyen un conjunto de **actuaciones conexionadas y no separables**, que corresponden a actuaciones profesionales a lo largo de los años en forma de asistencia y actividad continuada, diversificada y compleja, el plazo del cómputo inicial no puede computarse atendiendo solo a las distintas partidas correspondientes a las diversas actividades particularizadas, sino a partir del momento en que se cesa de manera total en prestar los servicios profesionales contratados (TS 15-11-96, EDJ 7792; 30-5-98, EDJ 7111).

1677 **Interrupción de la prescripción** (CC art.1973) La prescripción se interrumpe:
- por su ejercicio ante los tribunales;
- por reclamación extrajudicial del acreedor; y
- por cualquier acto de reconocimiento de la deuda por el deudor.

Precisiones En cuanto a la práctica habitual de **remisión de cartas** recordando el abono de los honorarios debidos, si bien tienen naturaleza interruptiva de la prescripción, es necesario acreditar la recepción por el destinatario deudor, siendo precisa la constatación de la entrega en el lugar de destino, mediante la correspondiente comunicación o certificación del servicio, que debe procurarse el remitente para poder asegurarse la recepción y acreditarla, siendo habitual la **remisión certificada con acuse de recibo**, bien directamente o con intervención notarial (AP Granada 3-12-02, EDJ 87927).

1678 **Prescripción de la condena en costas** En el caso de la obligación de abonar las costas a que una parte ha sido condenada, y recayendo sobre la parte esta condena, el plazo de prescripción de los honorarios no es de 3 años, sino el general del CC art.1964 -5 años-, no pudiendo entenderse que se trata de una relación entre el particular que reclama los servicios de un letrado y este profesional (TS 9-2-98, EDJ 593).

Precisiones El plazo de **prescripción del crédito** recogido en la tasación de costas es objeto de estudio en nº 3102.

I. Acceso al colegio de abogados

1679 La incorporación a un colegio de abogados exigirá los siguientes **requisitos** (RD 135/2021 art.9 y 10):

a) Ser mayor de edad y tener **nacionalidad** española o de algún estado miembro de la Unión Europea o del Espacio Económico Europeo o de terceros países, salvo lo dispuesto en tratados o convenios internacionales y el cumplimiento de los requisitos recogidos en la normativa sobre extranjería respecto del derecho de los extranjeros para establecerse y acceder al ejercicio profesional en España.

b) Poseer el **título** oficial que habilite para el ejercicio de la profesión.

c) Acreditar el conocimiento de la **lengua** castellana y, en su caso, de lenguas cooficiales autonómicas, por cualquier medio válido en Derecho, salvo cuando resulte de modo fehaciente del cumplimiento del requisito anterior.

d) Satisfacer la **cuota** de ingreso que no puede superar los costes asociados a la tramitación de la inscripción.

e) Carecer de **antecedentes penales** que lleven aparejada la imposición de penas graves o la inhabilitación.

f) No haber sido condenado por **intrusismo** en el ejercicio de la abogacía en los 3 años anteriores mediante resolución firme, salvo que se hayan cancelado los antecedentes penales derivados de esta condena.

g) No haber sido sancionado disciplinariamente con la **expulsión** de un colegio de la abogacía, salvo que haya sido rehabilitado.

h) No estar incurso en causa de **incapacidad, incompatibilidad o prohibición** para el ejercicio de la abogacía.

i) Formalizar el alta en el régimen de **Seguridad Social** que corresponda o, en su caso, el ingreso en la **mutualidad** de previsión social alternativa al régimen especial de la Seguridad Social de los trabajadores por cuenta propia o autónomos.
Los abogados, antes de iniciar su ejercicio profesional por primera vez, prestarán **juramento o promesa** de acatamiento a la Constitución y al resto del ordenamiento jurídico, y de fiel cumplimiento de las obligaciones y normas deontológicas de la profesión de abogado, con libertad e independencia, buena fe, lealtad al cliente, respeto a la parte contraria y guardando el secreto profesional. El juramento o promesa será prestado ante el decano del colegio al que el abogado se incorpore como ejerciente por primera vez.

Precisiones El requisito de la **colegiación obligatoria**, así como de la actuación en el ámbito territorial de otro colegio de abogados son analizados en nº 1593 s.

Pérdida de la condición de colegiado (RD 135/2021 art.12) La condición de abogado colegiado se pierde por las siguientes **causas**: 1680
• **Fallecimiento**.
• **Baja** voluntaria.
• Falta de pago de las doce mensualidades de la cuota obligatoria, a cuyo pago venga obligado. El **impago de las cuotas** de la mutualidad no dará lugar a la inmediata pérdida de la condición de colegiado, sin perjuicio de la responsabilidad disciplinaria que corresponda.
• Condena firme que lleve consigo la pena principal o accesoria de **inhabilitación** para el ejercicio de la profesión.
• Sanción firme de **expulsión** del colegio, acordada en expediente disciplinario.
La pérdida de la condición de colegiado será acordada por la junta de gobierno del colegio en **resolución** motivada y, una vez firme, será comunicada al Consejo General y al consejo autonómico correspondiente, en su caso.

Precisiones En el caso de pérdida de la condición de abogado colegiado por **falta de pago de las cuotas colegiales**, los colegiados podrán rehabilitar sus derechos pagando lo adeudado, sus intereses al tipo legal incrementado en dos puntos, cumpliendo, en su caso, los requisitos establecidos en los respectivos estatutos colegiales.

Organización de la profesión (RD 135/2021 art.2) Los **organismos rectores** de la abogacía española, en sus ámbitos respectivos, son: 1681
- el Consejo General de la Abogacía Española (nº 1687);
- los consejos autonómicos; y
- los colegios de la abogacía (nº 1682).
Todos los organismos colegiales se someterán en su **actuación y funcionamiento** a los principios democráticos y al régimen de control presupuestario anual, con las competencias atribuidas en las disposiciones legales y estatutarias.

Colegios de abogados (RD 135/2021 art.66) Los colegios de abogados son **corporaciones de Derecho público** amparadas por la ley y reconocidas por el Estado, con personalidad jurídica propia y plena capacidad para el cumplimiento de sus fines. 1682
Los colegios de abogados se rigen por las disposiciones legales estatales o autonómicas que les afecten, por el estatuto general, por sus estatutos particulares, por sus reglamentos de régimen interior y por los acuerdos aprobados por los diferentes órganos corporativos en el ámbito de sus respectivas competencias.
Los colegios se insertan dentro de la **Administración corporativa**, tienen por ello encomendadas funciones al servicio del interés público, y en tal función actúan potestades exorbitantes propias de la Administración pública; asimismo pueden ejercer otras funciones ajenas al interés público. Así los colegios oficiales actúan como Administración pública, y como entes privados; en el primer caso se le reconocen las potestades propias de tal Administración, en el segundo actúa como mero particular y en condiciones de igualdad con los restantes sujetos de Derecho (AN 9-6-03).
En las provincias donde existe **un solo colegio de abogados**, este tendrá competencia en el ámbito territorial de toda la provincia y sede en su capital.
Los colegios podrán establecer **delegaciones** en aquellas demarcaciones judiciales en que resulte conveniente para el mejor cumplimiento de los fines y mayor eficacia de las funciones colegiales. Las delegaciones ostentarán la representación colegial delegada en el ámbito de su demarcación, con las facultades y competencias que determine la junta de gobierno del colegio al crearlas o en acuerdos posteriores.

Precisiones 1) La **naturaleza pública y privada** del colegio de abogados justifica el sometimiento a la Ley de defensa de la competencia cuando actúan con sometimiento a Derecho privado, si bien el carácter de Administración pública de los colegios, actuando en ejercicio de las funciones que los viene atribuida por ley, impide el sometimiento de estos a los preceptos de esta legislación. Lo 1683 esencial, por tanto, es qué competencias se están ejerciendo a los efectos de su sujeción a las reglas de la libre competencia e incluso a la potestad sancionadora que ejerce la Comisión Nacional de la Competencia -actual Comisión Nacional de los Mercados y de la Competencia- (AN 9-6-03).

2) En las **provincias con varios colegios** de abogados, cada uno de ellos tendrá competencia exclusiva y excluyente en el ámbito territorial que tenía al promulgarse la Constitución Española de 1978, cualquiera que sea el número de partidos judiciales que comprenda.

3) La **modificación de las demarcaciones judiciales** no afectará al ámbito territorial de los colegios de abogados, que tendrán competencia en los nuevos partidos judiciales que puedan crearse en su territorio.

4) En caso de creación de **partidos judiciales que comprendan territorios de distintos colegios**, estos podrán acordar la modificación de su ámbito territorial a fin de que la competencia colegial afecte a partidos judiciales completos, salvo que los colegios interesados convengan otra cosa. Si no se alcanzara acuerdo entre los colegios, el consejo de colegios de la respectiva comunidad autónoma o, en su defecto, el Consejo General de la Abogacía atribuirá la competencia colegial, ponderando adecuadamente las circunstancias concurrentes.

5) Actualmente existen los siguientes **colegios de abogados**: A Coruña; Araba; Albacete; Alcalá de Henares; Alcoy; Alicante; Almería; Alzira; Antequera; Ávila; Badajoz; Baleares; Barcelona; Burgos; Cáceres; Cádiz; Cantabria; Cartagena; Castellón; Ceuta; Ciudad Real; Córdoba; Cuenca; Elche; Estella; Ferrol; Figueres; Gijón; Girona; Granada; Granollers; Guadalajara; Gipuzkoa; Huelva; Huesca; Jaén; Jerez; La Rioja; Lanzarote; Las Palmas; León; Lleida; Lorca; Lucena; Lugo; Madrid; Málaga; Manresa; Mataró; Melilla; Murcia; Orihuela; Ourense; Oviedo; Palencia; Pamplona; Pontevedra; Reus; Sabadell; Salamanca; Sant Feliu de Llobregat; Sta. Cruz de La Palma; Sta. Cruz de Tenerife; Santiago de Compostela; Segovia; Sevilla; Soria; Sueca; Tafalla; Talavera de la Reina; Tarragona; Terrassa; Teruel; Toledo; Tortosa; Tudela; Valencia; Valladolid; Vic; Vigo; Bizkaia; Zamora y Zaragoza.

Para conocer la **dirección, postal y electrónica**, así como las páginas **webs oficiales** de los distintos colegios de abogados puede consultarse en la página del Consejo General de la Abogacía: http://www.abogacia.es

6) La competencia para la **aprobación de los estatutos de cada colegio** de abogados, así como su modificación, corresponde al Consejo General de la Abogacía, sin que las transferencias a favor de las comunidades autónomas en materia de colegios profesionales, ni las normas autonómicas de desarrollo desapoderen al Consejo General de su primitiva y ancestral función (TS 5-10-10, EDJ 213705).

1684 **Fines** (RD 135/2021 art.67) Son fines esenciales de los colegios de abogados, en sus respectivos ámbitos:

1) La **ordenación del ejercicio** de la profesión.

2) La **representación** exclusiva de la misma y la defensa de los derechos e intereses profesionales de los colegiados.

3) La **formación profesional** permanente de los abogados.

4) El **control deontológico** y la aplicación del **régimen disciplinario** en garantía de la sociedad.

5) La protección de los **intereses** de los consumidores y usuarios y de los clientes de los servicios de los abogados y la colaboración en el funcionamiento, promoción y mejora de la Administración de Justicia.

6) La defensa del Estado social y democrático de derecho proclamado en la Constitución y la promoción y defensa de los derechos humanos, y la colaboración en el **funcionamiento, promoción y mejora de la Administración de Justicia**.

7) La contribución a la garantía del Derecho constitucional de defensa y acceso a la justicia mediante la organización y prestación de la **defensa de oficio**.

Precisiones 1) Posiblemente en la **protección de los consumidores** y en la evitación de abusos en el ejercicio de la competencia está la necesidad y razón de los colegios profesionales y la exigencia de la colegiación obligatoria por los profesionales, ya que, fuera del marco de los colegios se propiciaría un abuso en la competencia que podría redundar precisamente en perjuicio de los consumidores. En tal sentido, los colegios profesionales no pueden considerarse como una restricción de la libre competencia, sino más bien como una limitación al ejercicio abusivo de la misma (TS 29-5-08, EDJ 124026).

2) El abogado al incorporarse al colegio profesional se incorpora a la colectividad con todos los **derechos** que ello implica, pero también asumiendo las **obligaciones** que se derivan de la pertenencia al colectivo, y deben respetar las normas que rigen al colectivo al que pertenece (TS 29-5-08, EDJ 124026).

1685 **Funciones** (RD 135/2021 art.68) Son funciones de los colegios de abogados, en su ámbito territorial:

a) Ostentar la **representación y defensa de la profesión** ante la administración, instituciones, tribunales, entidades y particulares, con legitimación para ser parte en cuantos litigios y causas afecten a los derechos e intereses profesionales y a los fines de la abogacía, ejercitar las

acciones penales, civiles, administrativas o sociales que sean procedentes, así como para utilizar el derecho de petición.
b) Elaborar sus **estatutos** particulares y sus modificaciones y redactar y aprobar su **reglamento de régimen interior**.
c) Colaborar con el Poder judicial y los demás poderes públicos mediante la realización de **estudios, emisión de informes, elaboración de estadísticas** y otras actividades relacionadas con sus fines, que les sean solicitadas o acuerden por propia iniciativa.
d) Organizar y gestionar los servicios de **asistencia jurídica gratuita** y cuantos otros de asistencia y orientación jurídica puedan estatutariamente crearse. Acerca de la asistencia jurídica gratuita y al SOJ, ver nº 510 s.
e) Participar en materias propias de la profesión en los **órganos consultivos** de la Administración, así como en los **organismos interprofesionales**.
f) Asegurar la representación de la abogacía en los **consejos sociales** y **patronatos universitarios**.
g) Participar en la elaboración de los **planes de estudios**, informar de las normas de organización de los centros docentes correspondientes a la profesión, mantener permanente contacto con los mismos, crear, mantener y proponer al Consejo General de la Abogacía la homologación de **escuelas de práctica jurídica** y otros medios para facilitar el acceso a la vida profesional de los nuevos titulados, y organizar cursos para la formación y perfeccionamiento profesional.
h) Ordenar la **actividad profesional** de los colegiados, velando por la formación, la ética y la dignidad profesionales y por el respeto debido a los derechos de los particulares.
i) Organizar y promover **actividades y servicios comunes** de interés para los colegiados de carácter profesional, formativo, cultural, asistencial, de previsión y otros análogos, incluido el aseguramiento obligatorio de la **responsabilidad civil profesional**.
j) Impulsar la adecuada utilización por los colegiados de las **tecnologías** de la información y las comunicaciones en el ejercicio profesional.
k) Adoptar las medidas conducentes a evitar y perseguir el **intrusismo** profesional.
l) Intervenir, a solicitud de los interesados, en vías **conciliación, mediación o arbitraje** en las cuestiones que, por motivos profesionales, se susciten entre los colegiados, o entre estos y sus clientes.
m) Ejercer funciones de **arbitraje** en los asuntos que les sean sometidos, así como promover o participar en instituciones de arbitraje.
n) Atender las **solicitudes de información** sobres sus colegiados y sobre las sanciones firmes a ellos impuestas.
ñ) Informar en los procedimientos judiciales o administrativos en que se discutan **honorarios profesionales**.
o) Cuantas funciones redunden en beneficio de la protección de los **intereses de los consumidores y usuarios** de los servicios de sus colegiados.

Precisiones **1)** El colegio de abogados está legitimado para ejercitar acciones, al amparo de la legislación sobre competencia desleal, para perseguir la **declaración de deslealtad** de un acto, así como su **cesación** que lleve a cabo uno de sus colegiados, sin perjuicio de las medidas disciplinarias oportunas, ya que una de sus funciones es la de velar por la ética y la dignidad profesional, evitar la competencia desleal y perseguir el intrusismo profesional (TS 29-5-08, EDJ 124026). **1686**
2) Todos los aspectos relativos a la **oferta de servicios y fijación de remuneración** se someten a la libre competencia y por ello quedan fuera de la potestad de ordenación de los colegios de abogados a partir de la L 7/1997 que modificó la Ley de colegios profesionales, puesto que respecto a la oferta del servicio y a la remuneración del mismo rige la libre competencia y han de regirse necesariamente por la ley reguladora de tales profesiones. La L 7/1997 liberalizó el ejercicio de las profesiones colegiadas en su aspecto de oferta del servicio y establecimiento de remuneración, por ello, tales aspectos en su manifestación de libre competencia quedan fuera de la potestad administrativa de ordenación de la Administración corporativa, pues han pasado a ser determinados por ley, precisamente la que regula la libre competencia (AN 9-6-03).

Consejo General de la Abogacía Española El Consejo General ostenta la **competencia** para aprobar los estatutos por cada colegio y sus reformas, sin que las transferencias a favor de las comunidades autónomas desapoderen al Consejo General de su primitiva y ancestral función (TS 5-10-10, EDJ 213705). **1687**

Consejos autonómicos Se han constituido los siguientes consejos autonómicos: **1688**
- **Andalucía**: Consejo Andaluz de Colegios de Abogados;
- **Aragón**: Consejo de Colegios de Abogados de Aragón (D Aragón 40/2003);
- **Castilla-La Mancha**: Consejo de la Abogacía de Castilla-La Mancha (D Castilla-La Mancha 5/1996; D Castilla-La Mancha 11/2001);

- **Castilla y León**: Consejo de la Abogacía de Castilla y León (L Castilla y León 18/2002);
- **Canarias**: Consejo Canario de Colegios de Abogados (D Canarias 204/2000);
- **Cataluña**: Consejo de Ilustres Colegios de Abogados de Cataluña;
- **Galicia**: Consejo de la Abogacía Gallega;
- **Madrid**: Consejo de Colegios de Abogados de la Comunidad de Madrid (D Madrid 62/1999);
- **País Vasco**: Consejo Vasco de la Abogacía;
- **Comunidad Valenciana**: Consejo Valenciano de Colegios de Abogados.

SECCIÓN 11

Administración de Justicia digital

(LOPJ art.230; RDL 6/2023 art.1 a 100, disp.adic.1ª, 2ª, 7ª y disp.trans.1ª y 3ª; Rgto (UE) 2023/2844)

1700 MPCI nº 2500 s. **Normativa interna** (LOPJ art.230; RDL 6/2023 art.1 a 100, disp.adic.1ª, 2ª, 7ª y disp.trans.1ª y 3ª) El régimen que expone a continuación entró en vigor el 9-1-2024, con **derogación** integral de la L 18/2011 -uso de las tecnologías de la información y comunicación en la Administración de Justicia-.

Precisiones 1) Por RD 95/2009, se regula el sistema de **registros administrativos de apoyo** a la Administración de Justicia.
2) Los **sistemas electrónicos notariales y registrales** serán interoperables con los sistemas de la Administración de Justicia para el cumplimiento de las disposiciones previstas en las leyes procesales (L 28-5-1862 disp.adic.2ª; LH disp.adic.2ª).
3) Deben también tenerse en cuenta en materia de **digitalización de la cooperación judicial**:
- el Rgto UE 2023/2844, sobre la digitalización de la cooperación judicial y el acceso a la justicia en asuntos transfronterizos civiles, mercantiles y penales; y
- la Dir UE 2023/2843, de modificación de diversas directivas y decisiones marco en lo que respecta a la digitalización de la cooperación judicial.

1701 MPCI nº 2600 s. **Normativa de la Unión Europea** (Rgto (UE) 2023/2844) El Rgto (UE) 2023/2844, sobre la **digitalización de la cooperación judicial** y del acceso a la justicia, es de aplicación a la comunicación electrónica en procedimientos de cooperación judicial y a vistas por videoconferencia u otros medios de tecnología de comunicación a distancia
Tiene por **objeto** establecer:
- el uso de la **comunicación electrónica** entre las autoridades competentes en los procedimientos de cooperación judicial en materia **civil, mercantil y penal**;
- el uso de la comunicación electrónica entre **personas físicas o jurídicas y autoridades** competentes en procedimientos judiciales en materia civil y mercantil;
- el uso de **videoconferencias** u otras tecnologías de comunicación a distancia con fines distintos a la obtención de pruebas;
- la aplicación de **firmas y sellos electrónicos**;
- los efectos jurídicos de los **documentos electrónicos**; y
- el **pago electrónico de tasas**.

Precisiones Con entrada en vigor el 16-1-2024 y efectos a partir del **1-5-2025**, con las excepciones previstas en Rgto (UE) 2023/2844 art.26. Su regulación se expone en detalle en nº 2600 s. Memento Procesal Civil 2026.

1702 MPCI nº 2511 **Eficiencia digital y procesal del servicio público de Justicia** (RDL 6/2023 art.1 a 4) El **uso de tecnologías de la información** por ciudadanos y profesionales en sus relaciones con la Administración de Justicia y de esta con el resto de Administraciones públicas, constituye un instrumento de soporte y apoyo a la actividad jurisdiccional.
La prestación del servicio público de justicia por medios digitales equivalentes, interoperables y con niveles de calidad equiparables debe **asegurar**, cuando menos:
- La **itinerancia** de expedientes electrónicos y la transmisión de documentos electrónicos.
- La **interoperabilidad** de datos entre órganos judiciales y fiscales.
- La **conservación y acceso** a largo plazo de expedientes y documentos electrónicos.
- La **presentación de escritos y comunicaciones** dirigidas a los órganos, oficinas judiciales y fiscales a través de un registro común para toda la Administración de Justicia.
- Un **punto de acceso general** de la Administración de Justicia.
- Un **servicio personalizado de acceso** a los distintos servicios, procedimientos e informaciones accesibles de la Administración de Justicia que afecten a ciudadanos que sean parte o interesados legítimos y directos en un proceso o actuación judicial. El acceso puede ser a través de un servicio central, de las respectivas sedes judiciales electrónicas de cada uno de los territorios, o de ambos sistemas.

• Un **registro común de datos para el contacto electrónico** de ciudadanos y profesionales, interoperable con los posibles registros existentes.
• El acceso por los profesionales, a través de un punto común, a todos los **actos de comunicación** de los que sean destinatarios, cualquiera que sea el órgano judicial o fiscal emisor.
• El **Tablón Edictal Judicial Único**.
• **Portales de datos**.
• Un **registro interoperable en el que conste el personal** al servicio de la Administración de Justicia habilitado para realizar determinados trámites o actuaciones.
• El **Registro Electrónico de Apoderamientos Judiciales**.
• La posible **textualización de actuaciones orales** registradas en soporte apto para la grabación y reproducción del sonido y la imagen.
• La **identificación y firma** de los intervinientes en actuaciones no presenciales.
• Las **comunicaciones electrónicas transfronterizas** respecto a actuaciones de cooperación jurídica internacional.
• La **identificación y firma no criptográfica** en las actuaciones y procedimientos judiciales llevados a cabo por videoconferencias y en servicios y actuaciones no presenciales; quedando admitidos los sistemas de identificación y sistemas de firma no criptográficos, que se hubieran admitido conforme a la derogada L 18/2011 art.14.2.c y se hubieran regulado y publicado en los respectivos boletines o diarios oficiales (RDL 6/2023 disp.adic.7ª).
• **Otros servicios** que se determinen por las Administraciones públicas en el marco institucional de cooperación.

Precisiones 1) En el plazo de 5 años, contado desde 16-1-2024, las Administraciones públicas con competencias en medios materiales y personales de la Administración de Justicia han de garantizar la **interoperabilidad** entre los sistemas al servicio de la Administración de Justicia.
2) Durante el tiempo en que coexistan **procedimientos tramitados en soporte papel** con procedimientos tramitados exclusivamente en formato electrónico, los servicios electrónicos de información del estado de la tramitación han de incluir respecto a los primeros, al menos, la **fase** en la que se encuentra el procedimiento y el órgano o unidad **responsable** de su tramitación (RDL 6/2023 disp. trans.1ª.1).

Acceso a los servicios electrónicos (RDL 6/2023 disp.adic.2ª) Las Administraciones públicas deben habilitar diferentes **canales o medios** para la prestación de servicios electrónicos, asegurando, en todo caso, y en la forma que estimen adecuada, el acceso a los mismos a todos los ciudadanos -p.e. oficinas de información y atención al público, sedes judiciales electrónicas, servicios de atención telefónica o puntos de información electrónicos en edificios judiciales-. **1702.1**
Asimismo, las Administraciones con competencias en materia de justicia deben garantizar que todos los ciudadanos, con especial atención a las **personas mayores** o personas con algún tipo de **discapacidad**, que se relacionen con ella, puedan acceder a los servicios electrónicos en igualdad de condiciones.

Derechos y deberes digitales (RDL 6/2023 art.5 a 7) Los **ciudadanos y profesionales** que se relacionen con la Administración de Justicia tienen, entre otros, el derecho a un servicio público de justicia prestado por medios digitales y a relacionarse con la Administración de Justicia por medios electrónicos. **1703** MPCI nº 2516 s.
Las **personas jurídicas** tienen los mismos derechos, excepto la elección del canal o las aplicaciones o sistemas para relacionarse con la Administración de Justicia.
Por lo que se refiere a los profesionales, se establece la **obligación de utilizar** los medios técnicos, electrónicos, informáticos y electrónicos que estén puestos a disposición de los órganos y oficinas judiciales, fiscalías y oficinas fiscales por la Administración competente, siempre que cumplan con los esquemas nacionales de interoperabilidad y seguridad, así como con la normativa técnica, instrucciones técnicas de seguridad, requisitos funcionales y normativa de protección de datos personales.

Precisiones Para más detalles sobre los **derechos y deberes digitales** puede consultarse nº 2516 s. Memento Procesal Civil 2026.

Acceso digital a la Administración de Justicia (RDL 6/2023 art.8 a 30) El acceso digital a la Administración de Justicia se materializa, principalmente, a través de los siguientes **medios**: **1704** MPCI nº 2520 s.
- sede electrónica;
- Punto de Acceso General de la Administración de Justicia;
- Carpeta Justicia; e
- identificación y firma electrónicas.

1704.1 MPCI nº 2520 **Sede electrónica** (RDL 6/2023 art.8 a 11) Es la **dirección electrónica** disponible para los ciudadanos a través de redes de telecomunicaciones, cuya titularidad, gestión y administración corresponde a cada una de las Administraciones competentes en materia de justicia, a la que se tiene acceso directo o mediante enlace, visible e inequívoco, en la publicación en los periódicos oficiales.

Utiliza **comunicaciones cifradas** con base en certificados cualificados de autenticación de sitios web o medio equivalente, ya que garantiza, bajo la responsabilidad de su titular, la integridad y actualización de la información que facilita, así como su confidencialidad, integridad, autenticidad, trazabilidad y disponibilidad.

Si está justificado, por motivos técnicos o funcionales, pueden crearse una o varias **sedes judiciales electrónicas derivadas** de una sede judicial electrónica, accesibles desde la dirección electrónica de la sede principal.

El órgano que origine la información que se deba incluir en la sede judicial electrónica es el **responsable** de la veracidad e integridad de su contenido.

1704.2 **Punto de Acceso General de la Administración de Justicia** (RDL 6/2023 art.12) Es un portal orientado a los ciudadanos. Dispone de sede electrónica que, como mínimo, ha de contener la **Carpeta Justicia** y el **directorio** de las sedes judiciales electrónicas que faciliten el acceso a los servicios, procedimientos e informaciones accesibles correspondientes a la Administración de Justicia, al Consejo General del Poder Judicial, a la Fiscalía General del Estado y a los organismos públicos vinculados o dependientes de la misma, así como a las Administraciones con competencias en materia de Justicia.

Su **gestión** corresponde al Ministerio de Presidencia, Justicia y Relaciones con las Cortes para asegurar la completa y exacta incorporación de la información y accesos publicados mediante la interoperación con otros puntos ubicados en portales habilitados por cada Administración competente.

Es de **acceso universal** y de claridad de información e incluye contenidos dirigidos a colectivos vulnerables -niños y adolescentes-. Ofrece a los ciudadanos, al menos, un servicio de **consulta de expedientes** en los que figuren como parte en procedimientos judiciales y posibilita el conocimiento y acceso a recibir **notificaciones judiciales**.

Las **personas jurídicas**, con volumen de causas que puedan tener dificultades para la gestión por esta vía, pueden utilizar sistemas específicos para el nivel de volumen de expedientes o de áreas de gestión.

1704.3 **Carpeta Justicia** (RDL 6/2023 art.13 a 18) Es un **servicio personalizado**, que facilita el acceso a los servicios, procedimientos e informaciones accesibles de las Administraciones de Justicia que afecten a un ciudadano, previamente identificado por ser parte o justificar un interés legítimo y directo en un procedimiento o actuación judicial.

Su **gestión** corresponde al Ministerio de la Presidencia, Justicia y Relaciones con las Cortes.

Es **interoperable** con la Carpeta Ciudadana del Sector Público Estatal.

Su **contenido mínimo** es el siguiente:

- Información necesaria que permita a los ciudadanos su utilización.
- Relación de los servicios que pueda obtener a través de la misma.
- Derechos y obligaciones de los ciudadanos derivados de su uso.
- Posibilidad de verificar los accesos previos por los ciudadanos.
- Acceso a expedientes judiciales en que el ciudadano sea parte o interesado.
- Acceso y firma de los actos de comunicación de la Administración de Justicia pendientes.
- Acceso a la información personalizada que conste en el Tablón Edictal Judicial Único.
- Obtención y gestión de cita previa en el ámbito judicial.
- Acceso a una agenda personalizada de actuaciones ante la Administración de Justicia.
- Acceso a los cauces para realizar sugerencias y quejas.

Las **normas de acceso** a los servicios y al expediente judicial pueden consultarse en nº 2523 Memento Procesal Civil 2026.

1704.4 MPCI nº 2526 s. **Identificación y firma electrónicas** (RDL 6/2023 art.19 a 30) Los **sistemas de identificación de firma** son (RDL 6/2023 art.19 a 23):

a) Los determinados por la LPAC; Rgto UE 910/2014 y L 6/2020, sin perjuicio del reconocimiento de los **sistemas de identificación de otros países** con los que la Administración de Justicia haya llegado a un acuerdo.

b) El determinado por el Comité técnico estatal de la Administración judicial electrónica respeto al **nivel de firma** aplicable en cada una de las actuaciones en el ámbito de la Administración de Justicia de acuerdo con lo dispuesto en la Guía de interoperabilidad y seguridad de autenticación, certificados y firma electrónica.

c) Los admitidos por **normativa específica**, si permiten acreditar la autenticidad de la expresión de la voluntad y el consentimiento de los ciudadanos y profesionales que se relacionan con la Administración de Justicia.
d) Los que utilicen las **personas jurídicas** y las **entidades sin personalidad jurídica**, como representantes en los procedimientos y actuaciones ante la Administración de Justicia de acuerdo con las leyes procesales.
e) En los supuestos de **videoconferencias** cuando lo determine el tribunal, representante del Ministerio Fiscal o letrado de la Administración de Justicia que dirija estas actuaciones mediante un sistema de información para la identificación y firma no criptográfica.
La Administración de Justicia puede **admitir y requerir la firma electrónica** en todos los casos en que los órganos judiciales requieran la firma. En los demás casos, basta con acreditar previamente la identidad a través de cualquiera de los medios de identificación previstos en esta norma.
La firma electrónica **no excluye** la obligación de incluir en el documento o comunicación electrónica los datos de identificación que sean necesarios.
Todos los órganos vinculados o dependientes pueden tratar los **datos personales** consignados a efectos de verificación de firma.

Precisiones Para más detalles sobre la identificación y firma electrónica de la Administración de Justicia puede consultarse nº 2526 Memento Procesal Civil 2026.

Tramitación electrónica de los procedimientos judiciales (RDL 6/2023 art.31 a 38) 1705

MPCI nº 2532 s.

Todos los sistemas de información y comunicación empleados por la Administración de Justicia, así como quienes interactúen con el sistema, deben conservar un **registro de las actividades de tratamiento** y, al menos, de operaciones de recogida, alteración, consulta, comunicación, incluidas las transferencias y combinación o supresión.
Se requiere **autorización previa** del letrado de la Administración de Justicia competente para acceder a los sistemas de información. El acceso por los órganos competentes dependientes del CGPJ, Fiscalía General del Estado y Ministerio de Presidencia, Justicia y Relaciones con las Cortes requiere la **puesta en conocimiento** de la Administración prestacional del servicio que facilita el acceso.
La presentación de escritos, documentos, actos de comunicación, consulta de expedientes judiciales y demás **actuaciones o servicios** prestados por la Administración de Justicia ha de llevarse a cabo por medios electrónicos. Se exceptúan las **personas físicas** que no actúen representadas por procurador, que pueden elegir la forma de comunicación, salvo que estén expresamente obligadas a hacerlo por medios electrónicos.
Han de realizarse por medios electrónicos las comunicaciones, traslado de expedientes judiciales electrónicos, documentos y datos y todo **intercambio de información entre órganos y oficinas judiciales y fiscales**, y demás órganos, Administraciones e instituciones en el ámbito de la Administración de Justicia, de apoyo o colaboración con la misma.
El inicio por los **ciudadanos** por medios electrónicos, en asuntos que no precisan asistencia o representación letrada, requiere la puesta a disposición, en la sede judicial electrónica, de los correspondientes **modelos o impresos normalizados**. Si los escritos se presentan en papel ha de procederse a su digitalización.
Los **profesionales** que se relacionen con la Administración de Justicia deben presentar sus demandas y otros escritos por vía telemática, empleando para el escrito principal la firma electrónica.
En cualquier caso, los **escritos de iniciación** deben ir acompañados de un formulario normalizado debidamente cumplimentado.
La **gestión electrónica** de los procedimientos judiciales debe respetar el cumplimiento de los requisitos formales y materiales establecidos en las normas procesales y garantizar el control de los **tiempos y plazos**, la identificación del órgano u oficina responsable, la tramitación ordenada y, por último, facilitar la **simplificación y publicidad** de los procedimientos.
Los actos de **comunicación y notificación** que hayan de practicarse se sujetan a lo dispuesto en RDL 6/2023.
La **remisión de expedientes administrativos** ha de realizarse por las herramientas de remisión telemática.

Documento judicial electrónico (RDL 6/2023 art.39 a 46) Es la información de cualquier naturaleza en forma electrónica, archivada en un soporte electrónico, según un formato determinado y susceptible de identificación y tratamiento diferenciado admitido en el Esquema Judicial de Interoperabilidad y Seguridad y normas que lo desarrollan, generada, recibida o incorporada al **expediente judicial electrónico** por la Administración de Justicia en el ejercicio de sus funciones. 1706

MPCI nº 2536 s.

Ha de contener **metadatos** que posibiliten la interoperabilidad y llevar asociado un **sello** o firma electrónica, en el que quede constancia del órgano emisor, fecha y hora de su presentación o creación.
Si, además, incorpora la firma electrónica de letrado de la Administración de Justicia y se produce en el ámbito de sus competencias procesales, tiene la consideración de **documento público**.
Ha de poderse verificar la **autenticidad e integridad** de los documentos judiciales electrónicos, preferiblemente, por medios criptográficos automatizados o por los sistemas basados en Código Seguro de Verificación.
No se permite la impresión ni expedición de **documentos en formato papel**, salvo si el letrado de la Administración de Justicia, en atención a las circunstancias concurrentes, acuerda su expedición o se solicita por quien no venga obligado a relacionarse con la Administración de Justicia por medios electrónicos.

1706.1 **Presentación de documentos y traslado de copias** (RDL 6/2023 art.41 a 46) Las partes intervinientes deben presentar todo tipo de documentos y actuaciones para su incorporación al expediente judicial electrónico en **formato electrónico**, excepto cuando la ley disponga otra cosa.
Su **presentación electrónica** debe garantizar la obtención de **recibo** de su presentación en el que conste su contenido, fecha y hora. Si se presenta en formato distinto han de seguirse las disposiciones previstas en el RDL 6/2023.
Su **contenido** ha de incluir:
- la identidad de la persona que lo presente;
- el órgano judicial, oficina judicial o fiscal a los que va dirigido;
- el tipo y número de procedimiento al que se debe incorporar; y
- la fecha de presentación.

Su **conservación** ha de realizarse en un formato que permita garantizar la autenticidad e integridad del documento, así como, su consulta, y asegurar la posibilidad de su traslado a otros formatos y soportes que permitan el acceso desde diferentes aplicaciones.
Su **eliminación** ser autorizada según las normas aplicables a los archivos judiciales.
La **presentación en papel** es posible cuando la parte no está obligada a relacionarse electrónicamente con la Administración de Justicia. En caso de presentarse en formatos distintos del papel han de aportarse en un **formato compatible** para su incorporación al expediente judicial electrónico. Para ello, en ambos casos, deben digitalizarse por la oficina judicial. Si **no se pueden digitalizar** por razones históricas, de protección del patrimonio u otras, o cuando su conservación así lo aconseje a juicio del letrado de la Administración de Justicia, se ha de presentar en el formato original y conservarse por la oficina judicial. De estos documentos en **formato no electrónico** ha de dejarse constancia en el expediente judicial electrónico. Las Administraciones públicas han de proveer a las oficinas judiciales y fiscales de los medios necesarios para la **conversión** de estos documentos. Los documentos presentados que no deban ser conservados han de ser devueltos a la persona que los hubiera presentado inmediatamente después de su digitalización.
El **traslado de copias entre profesionales** ha de realizarse por vía telemática de forma simultánea a la presentación telemática de escritos y documentos originales ante el tribunal, oficina judicial u oficina fiscal correspondiente. Han de presentarse en **formato digital**, debiendo procederse conforme al RDL 6/2023, cuando su destinatario no esté obligado a comunicarse por medios electrónicos con la Administración de Justicia.
Del mismo modo se procederá con los documentos que puedan o deban ser aportados en el **momento del juicio o actuación** de que se trate.
En las actuaciones realizadas con **intervención telemática de uno o varios** intervinientes, y en los **actos y servicios no presenciales**, las partes pueden presentar y visualizar la documentación con independencia de si su intervención se realiza por vía telemática o presencial.
Los **intervinientes por vía telemática** que quieran presentar documentación en el mismo acto deben hacerlo por la misma vía, incluso si, por regla general, no estuvieran obligados a relacionarse con la Administración de Justicia por medios electrónicos. Si la parte que presenta el documento o prueba **no puede remitir la documentación** de esta forma, debe justificar las circunstancias que impiden su remisión y ponerlo en conocimiento del órgano judicial previamente.
Ha de garantizarse el acceso a la información sobre el **estado de tramitación** del procedimiento y la consulta del expediente judicial electrónico, incluyendo la relación de los actos de trámite realizados, con indicación sobre su contenido y sobre la fecha en la que fueron dictadas las resoluciones.

Expediente judicial electrónico (RDL 6/2023 art.47 y 48) Es el conjunto ordenado de **datos, documentos, trámites y actuaciones electrónicas**, así como grabaciones audiovisuales, correspondientes a un procedimiento judicial, cualquiera que sea el tipo de información que contengan y el formato en el que se hayan generado. 1707

Cada uno tiene un número de **identificación** general y un índice electrónico.

La **remisión de expedientes** se sustituye a todos los efectos legales por la puesta a disposición del expediente judicial electrónico. Sin embargo, si el estado de la técnica no hace posible remitir el expediente administrativo electrónico con los requisitos legales previstos y, en todo caso, hasta el **plazo** máximo de los 5 años siguientes al 16-1-2024 se admite la remisión del expediente en otro formato digital que posibilite su descarga y reutilización por el tribunal, oficina judicial o fiscal.

Este expediente tiene el valor de **copia simple** (RDL 6/2023 disp.trans.3ª).

El **sistema común de intercambio de documentos y expedientes judiciales electrónicos** tiene por objeto posibilitar la iteración de expedientes electrónicos y la transmisión de documentos electrónicos de una oficina u órgano judicial o fiscal a otro. Está bajo la responsabilidad y gestión del Ministerio de la Presidencia, Justicia y Relaciones con las Cortes, siendo interoperable con todos los sistemas de gestión procesal.

Comunicaciones electrónicas (RDL 6/2023 art.49 a 58) Como **regla general**, las comunicaciones en el ámbito de la Administración de Justicia, incluidos los actos procesales de comunicación, han de practicarse por medios electrónicos 1708 MPCI nº 2554

Los interesados pueden identificar un **dispositivo electrónico** y, en su caso, una dirección de **correo electrónico** que sirvan para el envío de información y de avisos de puesta a disposición de actos de comunicación.

Como **excepción**, los órganos y oficinas judiciales o fiscales pueden utilizar otros medios de comunicación cuando se refieran a personas no obligadas a relacionarse con la Administración.

Las **comunicaciones procesales** son válidas siempre que exista constancia de la transmisión y recepción, sus fechas y contenido, la identificación del remitente y destinatario.

Los actos procesales de comunicación previstos en LEC art.149 que se lleven a cabo por medios electrónicos se pueden practicar mediante **comparecencia en la Carpeta Justicia** o correspondiente sede judicial electrónica, a través de la dirección electrónica habilitada.

Cuando el acto de comunicación **no pueda llevarse a cabo** por medios electrónicos, ha de procederse a su práctica en las demás formas establecidas en las leyes procesales y a su incorporación al expediente judicial electrónico de la información acreditativa de la práctica del acto de comunicación.

Todos los **actos de comunicación en papel** que se deban practicar al interesado que no esté obligado a relacionarse telemáticamente con la Administración de Justicia deben ser puestos a su disposición en la Carpeta Justicia y, en su caso, en la correspondiente sede judicial electrónica.

Punto común de actos de comunicación (RDL 6/2023 art.51) Las Administraciones competentes en materia de justicia han de garantizar la existencia de este punto al que puedan acceder **todos los profesionales** respecto de los actos de comunicación de los que sean destinatarios. 1708.1

Interopera, en tiempo real y de forma automática, con los **sistemas de gestión procesal** y con el **sistema de intercambio de registros** de la Administración pública para canalizar las comunicaciones entre sus órganos y los órganos judiciales y oficinas judiciales y fiscales.

Las comunicaciones pueden realizarse **individualmente o de forma masiva**.

Comunicaciones edictales (RDL 6/2023 art.54) La publicación de resoluciones y actos de comunicación que deban fijarse en tablón de anuncios, así como la publicación de los actos de comunicación procesal que deban ser objeto de inserción en BOE o cualquier otro periódico oficial se ha sustituido en todos los órdenes jurisdiccionales por su publicación en el **tablón edictal judicial único**. 1708.2

El destinatario del acto de comunicación edictal puede obtener **copia** íntegra de la resolución objeto de la comunicación edictal mediante acceso a la sede judicial electrónica.

Comunicaciones electrónicas transfronterizas (RDL 6/2023 art.55) El Ministerio de la Presidencia, Justicia y relaciones con las Cortes debe establecer un servicio o aplicación común como nodo para las comunicaciones electrónicas transfronterizas relativas a actuaciones de **cooperación judicial internacional**. 1708.3

Actos y servicios no presenciales (RDL 6/2023 art.59 a 68) Se admite la **presencia telemática** por videoconferencia u otro sistema similar, cuando sea solicitado expresamente y se garantice su participación, en los casos de **atención al público** tanto para ciudadanos como 1709 para profesionales si, en ambos casos, es solicitado por ellos o con su conformidad y el acto o información requerida lo permiten.

El personal al servicio de la Administración de Justicia debe gestionar las **citas** para la atención telemática a través de un sistema que otorgue seguridad jurídica y garantice la encriptación e integridad de las comunicaciones.

La **atención al público y a los profesionales** mediante presencia telemática ha de realizarse en puntos de acceso seguro, lugares seguros, salas de vistas virtuales o entornos remotos de trabajo que cumplan los requisitos de seguridad e interoperabilidad. Para más detalles sobre estos pueden consultarse nº 2562 s. Memento Procesal Civil 2026.

1709.1 **Actuaciones por videoconferencia** Las actuaciones por videoconferencia han de ajustarse a las siguientes **reglas**:

• La **identificación** de los intervinientes ha de realizarse al inicio, preferentemente mediante identificación electrónica, exceptuándose el caso de testigos o peritos protegidos, agentes de policía, agentes de policía encubiertos, y, en definitiva, el de toda persona cuya identidad haya de ser preservada en el proceso. Han de utilizarse datos básicos de identificación.

• No cabe utilizar **sistemas o aplicaciones que alteren o distorsionen** la imagen y el sonido transmitido, salvo en caso de salvaguarda de identidad.

• Han de observarse las **normas de decoro, vestimenta y respeto** igual que en las actuaciones presenciales en las salas de vistas y en las sedes de los tribunales, oficinas judiciales y fiscales.

• Si se exige la firma del interviniente se requiere, de manera general, la **verificación** previa de la información a firmar por el interviniente y su autenticación.

• Todas las actuaciones judiciales deben respetar la normativa vigente en materia de **protección de datos**.

• Se prohíbe la **grabación**, toma de imágenes o utilización de medios para una posterior reproducción del sonido y la imagen. Cualquier grabación a la que se haya tenido acceso, con motivo de un procedimiento judicial, no puede ser utilizada, sin autorización judicial, para fines distintos de los jurisdiccionales. En caso de incumplimiento se puede imponer multa de 180 a 60.000 euros, sin perjuicio de otras responsabilidades derivadas de la normativa sobre protección de datos de carácter personal y las administrativas, civiles o penales a que haya lugar.

El **incumplimiento** de lo anterior no priva por sí solo de efectos procesales y jurídicos a la actuación llevada a cabo por videoconferencia, ni supone la ineficacia o nulidad de la misma, pero, si una vez celebrada la actuación, se impugna la identificación o la firma, la Administración competente debe comprobar que la misma cumple todos los requisitos expuestos. En caso de resultado positivo, se presume la autenticidad de la identificación, siendo las costas de estas actuaciones a cargo de quien haya formulado la impugnación; en caso de resultado negativo o, si pese al positivo, el impugnante sostiene la impugnación, el tribunal ha de resolver motivadamente previa audiencia de las partes.

1709.2 **Actuaciones no jurisdiccionales** (RDL 6/2023 art.64) Cuando se trate de actuaciones no jurisdiccionales en las que intervengan jueces, magistrados, letrados de la Administración de Justicia y Ministerio Fiscal pueden realizarse de forma **presencial** o mediante **videoconferencia** o por cualquier sistema que permita la reproducción del sonido y de la imagen. Asimismo, las juntas de jueces y las salas de gobierno y las juntas de fiscales y de letrados de la Administración de Justicia pueden realizar sus actuaciones de forma presencial o telemática.

1710 **Emisión de actuaciones celebradas por medios electrónicos** (RDL 6/2023 art.66) Los actos de juicio, vistas y otras actuaciones que deban practicarse en **audiencia pública**, cuando se celebren con participación telemática de todos los intervinientes, deben retransmitirse públicamente, si bien los sistemas de información y comunicación pueden establecer diferentes niveles de seguridad y acceso al público a la **retransmisión**.

El tribunal puede acordar la **no retransmisión**:

• En los casos previstos en LEC art.138.2 y LECr art.68.1 o en cualquier otro previsto en leyes procesales.

• En los actos de **juicio, vistas y audiencias celebradas con presencia física** en sala de vistas de alguno o algunos de los intervinientes o si la publicidad se garantiza mediante el acceso abierto a las salas de vistas.

• En el **ámbito penal** (LECr art.682), incluida la limitación a la presencia de medios de comunicación audiovisuales, grabaciones, toma de imágenes, publicidad de informaciones sobre la identidad de las víctimas, testigos, peritos o cualquier otra persona que intervenga en el juicio.

En caso de **actuaciones orales ante letrado de la Administración de Justicia** se aplica lo anterior y el acuerdo de no retrasmisión, en materias de su exclusiva competencia, ha de aprobarse por decreto.

Registros de la Administración de Justicia y archivos electrónicos (RDL 6/2023 art.69 a 80) Son los siguientes: 1711 MPCI nº 2575 s.
a) **Registro de datos para el contacto electrónico con la Administración de Justicia** (RDL 6/2023 art.69 redacc LO 1/2025). Recoge los datos de contacto que los ciudadanos y profesionales que intervienen ante la Administración de Justicia faciliten a un órgano u oficina judicial o fiscal durante la tramitación de cualquier procedimiento en que sean partes o interesados.
b) **Registro judicial electrónico** (RDL 6/2023 art.70 a 72 redacc LO 1/2025). Permite que las oficinas judiciales con funciones de registro y reparto dispongan de los medios electrónicos adecuados para la recepción y registro de escritos y documentos, traslado de copias, realización de actos de comunicación y expedición de resguardos electrónicos a través de medios de transmisión seguros, entre los que se incluyen los sistemas de firma y sellado de tiempo.
c) **Registro electrónico común de la Administración de Justicia** (RDL 6/2023 art.73). Posibilita la presentación de escritos y comunicaciones dirigidas a la Administración de Justicia y a los órganos y oficinas judiciales y fiscales, de manera complementaria e interoperable con los que existen en las Administraciones con competencia de justicia. Es accesible a través del punto de acceso general de la Administración de Justicia.
d) **Registro electrónico de apoderamientos judiciales** (RDL 6/2023 art.74 a 77). Recoge la inscripción de los apoderamientos cuyo otorgamiento se haya realizado presencial o electrónicamente por quien ostente la condición de interesado en un procedimiento judicial a favor de su representante ante la Administración de Justicia. Permite comprobar, válidamente, la representación que ostentan quienes actúen ante la Administración de Justicia en nombre de un tercero. Las inscripciones tienen una validez máxima de 5 años.
e) **Registro de personal al servicio de la Administración de Justicia habilitado** (RDL 6/2023 art.78). Permite la habilitación de funcionarios al servicio de la Administración de Justicia para la realización por medios electrónicos de trámites, actuaciones o servicios determinados.

Precisiones Todos los **registros electrónicos existentes a 16-1-2024** se consideran registros judiciales electrónicos (RDL 6/2023 disp.trans.1ª.2).

Portal de Datos de la Administración de Justicia (RDL 6/2023 art.81 a 84) El Portal de datos de la Administración de Justicia facilita a los ciudadanos y profesionales información procesada y precisa sobre la **actividad y carga de trabajo**, así como cualesquiera otros datos relevantes, de todos los órganos judiciales, oficinas judiciales y fiscales, proveída por los sistemas de justicia para reflejar la realidad de la Administración de Justicia con el mayor rigor y detalles posibles. En el caso de **información de estadística judicial** es la Comisión Nacional de Estadística Judicial la que debe determinar la misma. 1712
Debe incluir un apartado donde la información tenga la consideración de **dato abierto**.
Se debe proceder a la **anonimización** previa de los datos, garantizando, en todo caso, el nivel de agregación suficiente para impedir la identificación de personas físicas.
Las **solicitudes y licencias de reutilización de datos** publicados en el apartado de datos abiertos quedan sujetos a RDL 24/2021. Corresponde a las Administraciones con competencias en materia de justicia promover la utilización, reutilización y compartición de los datos y la información suministrada en los portales a fin de favorecer el derecho a la información de los ciudadanos y el deber de transparencia de los poderes públicos.
Cualquier **tratamiento ulterior de información no jurisdiccional** de datos abiertos o de reutilización de información a la que se haya accedido en el ámbito jurisdiccional se sujeta a la normativa de protección de datos vigente.
Las Administraciones públicas con competencias en materia de Administración de Justicia deben velar por que los datos publicados sean **automáticamente procesables**, si ello es posible, mediante sistemas informáticos de gestión procesal.
La parte de datos abiertos del Portal de Datos de la Administración de Justicia debe interoperar con el del Estado y con el de la Unión Europea.

Cooperación entre Administraciones (RDL 6/2023 art.85 a 87) El **Comité técnico estatal de la Administración judicial electrónica** es el competente para el impulso de la **cogobernanza** de la Administración digital de la Justicia y para el impulso y **coordinación** del desarrollo de la transformación digital de la Administración de Justicia (RD 396/2013). Entre sus **miembros** se encuentran representantes del CGPJ, del Ministerio de la Presidencia, Justicia y Relaciones con las Cortes, de la Fiscalía General del Estado y de las comunidades autónomas con competencias en materia de justicia. 1713 MPCI nº 2590
Ha de coordinarse con la **Conferencia Sectorial de Justicia** y colaborar con la Administración General del Estado a través del Comité de Dirección para la digitalización de la Administración u órgano equivalente.
Por su parte, el **Consejo Consultivo para la Transformación Digital de la Administración de Justicia** tiene por objeto regular la **colaboración** entre las Administraciones públicas con

competencias en justicia y el sector privado y colectivos principalmente afectados para favorecer la iniciativa, diseño, desarrollo y producción de sistemas. En el caso de las Administraciones con competencias transferidas en materia de justicia se pueden crear **consejos territoriales**.

1714 **Esquema Judicial de Interoperabilidad y Seguridad** (RDL 6/2023 art.88 a 100) El Esquema Judicial de Interoperabilidad y Seguridad está constituido por el **conjunto de instrucciones técnicas** de interoperabilidad y seguridad, denominadas guías técnicas de interoperabilidad y seguridad, que deben ser aprobadas por el Comité técnico estatal de la Administración judicial electrónica para permitir el cumplimiento del Esquema Nacional de Interoperabilidad y del Esquema Nacional de Seguridad en el ámbito de la Administración electrónica (RDL 6/2023 art.88 a 92).

MPCI nº 2594 s.

Su **objetivo** es garantizar y acreditar que el tratamiento de los datos de carácter personal es conforme con la normativa de protección de datos personales.

Los **sistemas de información y comunicación** de la Administración de Justicia deben ser interoperables entre sí para facilitar su comunicación e integración. Para ello, el Comité técnico estatal de la Administración judicial electrónica ha de identificar y definir los **metadatos mínimos obligatorios** que deben contener los documentos judiciales y los **metadatos complementarios**.

Se atribuye al Comité técnico estatal de la Administración judicial electrónica la elaboración y actualización de la **política de seguridad** de la información de la Administración de Justicia, en sus aspectos organizativos, técnicos, físicos y de cumplimiento de la normativa. La aprobación de esta política de seguridad debe ser publicada como acuerdo del órgano de cooperación en el BOE y en los boletines o diarios oficiales de las comunidades autónomas con competencias asumidas en materia de justicia.

Todos los sistemas que se utilicen en la Administración de Justicia y que traten datos personales que vayan a ser incorporados a un **proceso judicial o expediente fiscal** para fines jurisdiccionales han de ajustarse a lo dispuesto en LOPJ art.236 bis a 236 decies; LO 3/2018 art.2.4 y 5 y LO 7/2021 art.2.2.

Las oficinas judiciales y fiscales han de disponer de medios tecnológicos adecuados para la **realización automatizada de la anonimización, seudonimizaicón y disociación** de los datos de carácter personal. A estos efectos las resoluciones procesales y judiciales deben adecuarse a un formato normalizado acordado por el Comité técnico estatal de la Administración judicial electrónica.

1715 **Utilización de la inteligencia artificial en la actividad jurisdiccional** (CGPJ Instr 2/2026) La utilización de los sistemas IA por los jueces y magistrados en el ejercicio de la actividad jurisdiccional debe efectuarse, en todo caso, de acuerdo con la LOPJ y sus reglamentos de desarrollo, leyes procesales y demás normativa aplicable, así como de acuerdo con la **política de uso** de la inteligencia artificial en la Administración de Justicia.

Se ajusta a los siguientes **principios**:

- Control humano efectivo, real y consciente por los jueces y magistrados.
- No sustitución de los jueces y magistrados en la toma de decisiones judiciales, valoración de los hechos o de las pruebas o interpretación y aplicación del Derecho.
- Responsabilidad judicial respecto de las resoluciones, decisiones y actuaciones jurisdiccionales, con independencia de la utilización de la IA como instrumento de apoyo o asistencia.
- Independencia judicial.
- Respeto a los derechos fundamentales constitucionales.
- Confidencialidad, integridad y seguridad de la información.
- Prevención de sesgos algorítmicos mediante las cautelas necesarias.
- Proporcionalidad a la finalidad perseguida y limitación a los supuestos en que puedan resultar útiles y eficaces como instrumento de apoyo o asistencia a su función.
- Formación y capacitación en el uso de estos sistemas.

1716 **Sistemas y usos permitidos** Única y exclusivamente se pueden utilizar los sistemas de IA que sean **facilitados y avalados** por las Administraciones competentes en materia de justicia o por el CGPJ con las siguientes **finalidades**:

- Búsqueda y localización de información jurídica.
- Análisis, clasificación y estructuración de información, documentos o datos contenidos en actuaciones judiciales.
- Elaboración de esquemas, resúmenes o borradores de trabajo interno, si no tienen carácter decisorio ni sustituyen la redacción personal de resoluciones judiciales. Los borradores exigen una revisión y validación personal, completa y crítica por el juez o magistrado que mantiene en todo momento su exclusiva responsabilidad sobre la resolución correspondiente; en ningún caso pueden ser consideradas decisiones automatizadas.

• Apoyo a tareas organizativas o auxiliares.
Han de utilizarse los sistemas de IA con pleno respeto a la normativa en materia de **protección de datos personales** y garantizando los principios de licitud, lealtad, transparencia, minimización de datos, limitación de la finalidad, exactitud, integridad y confidencialidad.
Solo es posible el uso de datos personales si resulta estrictamente necesario para la finalidad de apoyo o asistencia que se persiga y es proporcionado en relación con dicha finalidad, quedando prohibido el **tratamiento masivo o indiscriminado** de datos judiciales.

Sistemas y usos no permitidos En el ejercicio de la actividad jurisdiccional queda prohibida la utilización de los sistemas de IA que **no hayan sido facilitados** por las Administraciones competentes en materia de justicia, salvo que se trate de actividades de preparación o estudio, pero sin que puedan incorporar **datos judiciales** a estos sistemas de IA. **1717**
En concreto, **se prohíben** los siguientes usos:
• Sustitución, automatización o delegación de la toma de decisiones judiciales, de la valoración de los hechos o de las pruebas, o de la interpretación y aplicación del Derecho.
• Utilización de resultados generados por los sistemas de IA que condicionen de manera directa o indirecta la independencia judicial o la libertad de criterio de jueces y magistrados.
• La incorporación a resoluciones judiciales de contenidos generados por sistemas de IA sin una validación crítica, completa y personal por los jueces y magistrados.
• La utilización de sistemas de IA para el tratamiento de datos personales especialmente protegidos o de información sujeta a deberes reforzados de confidencialidad, fuera de los supuestos expresamente autorizados.
• La utilización de sistemas de IA con fines de perfilado de personas, predicción de comportamientos, evaluación de riesgos o clasificación de sujetos, fuera de los supuestos expresamente autorizados por la normativa vigente.
• Cualesquiera otros usos contrarios a los criterios, pautas de uso y principios expuestos.

SECCIÓN 12

Protección de datos personales en el ámbito de la Administración de Justicia

(LOPJ art.236 bis a 236 decies)

El tratamiento de los datos llevado a cabo con ocasión de la tramitación por los tribunales de los procesos de los que sean competentes, así como el realizado dentro de la gestión de la oficina judicial se someten a lo dispuesto en Rgto (UE) 2016/679; LO 3/2018 y su normativa de desarrollo, sin perjuicio de las **especialidades** que se exponen seguidamente. **1725**
Los tribunales pueden tratar datos de carácter personal con **fines** jurisdiccionales o no jurisdiccionales.
En el primer caso -**datos tratados con fines jurisdiccionales**-, el tratamiento se ha de limitar a los datos en tanto se encuentren incorporados a los procesos de que conozcan y su finalidad sea el ejercicio de la potestad jurisdiccional.
No es necesario el **consentimiento del interesado** para que los órganos judiciales procedan al tratamiento de los datos en el ejercicio de la potestad jurisdiccional, ya sean estos facilitados por las partes o recabados a solicitud del propio tribunal, sin perjuicio de lo dispuesto en las normas procesales para la validez de la prueba.
Los datos tratados con ocasión de los procesos tramitados por los órganos judiciales y por las fiscalías en el ejercicio de su competencia, así como por las oficinas judicial fiscal en la gestión procesal se someten al Rgto (UE) 2016/679, a la LO 3/2018 y sus normas de desarrollo, con las peculiaridades establecidas en la LOPJ y en las leyes procesales. En cambio, cuando se trate de **datos tratados con fines no jurisdiccionales** se estará exclusivamente a lo dispuesto en Rgto (UE) 2016/679 y LO 3/2018 y, en su caso, su normativa de desarrollo.

Precisiones 1) Esta cuestión es objeto de **estudio detallado** en nº 2795 s. Memento Procesal Civil 2026.
2) La protección de datos personales tratados para **fines de prevención, detección, investigación y enjuiciamiento de infracciones penales** y ejecución de sanciones penales se regula específicamente en LO 7/2021. Ver nº 185 s. Memento Procesal Penal 2026.

CAPÍTULO 2

Proceso civil

El ejercicio de la **potestad jurisdiccional** en todo tipo de procesos, juzgando y haciendo ejecutar lo juzgado, corresponde exclusivamente a los jueces y tribunales determinados por las leyes, según las normas de competencia y procedimiento que las mismas establezcan (Const art.117.3). 1801 MPCI nº 2852 s.

Los jueces y tribunales del orden civil conocen, además de las materias que le son propias, de todas aquellas que no estén atribuidas a otro orden jurisdiccional (LOPJ art.9.2).

La **extensión** y los **límites** de la jurisdicción de los tribunales civiles españoles (nº 1850 s.) se determina según lo dispuesto en la LOPJ y en los tratados y convenios internacionales en los que España sea parte (LEC art.36.1).

Precisiones Para un estudio en profundidad del **proceso civil** nos remitimos al Memento Procesal Civil. Recomendamos también la consulta de los **Formularios Prácticos** Proceso Civil.

SECCIÓN 1

Consideraciones generales

En los procesos civiles, los tribunales y quienes ante ellos acudan e intervengan deben actuar con arreglo a lo dispuesto en la LEC. 1804 MPCI nº 2860 s.

El **principio de legalidad procesal** vincula tanto al órgano jurisdiccional como a las partes, que deben someterse y acatar los procedimientos y plazos legalmente establecidos, siendo las normas procesales de orden público y obligado cumplimiento (LEC art.1).

El sometimiento a la legalidad procesal de los **órganos judiciales** supone que no pueden abstraerse, por su propio voluntad, de las exigencias que formule la ley; así no pueden modificar las resoluciones dictadas en el mismo fuera de los cauces legales previstos para ello, de modo que si el órgano judicial las modifica fuera del correspondiente recurso establecido al efecto por el legislador, quedaría vulnerado el derecho a la tutela judicial,

puesto que la protección judicial carecería de eficacia si se permitiese reabrir un proceso ya resuelto por sentencia firme (TCo 23/2005; 256/2006).
El Estado ostenta **competencia exclusiva** sobre legislación procesal, sin perjuicio de las necesarias especialidades que en este orden se deriven de las particularidades del derecho sustantivo de las comunidades autónomas.
Los procesos civiles que se sigan en el territorio nacional se rigen únicamente por las **normas procesales españolas**, con las solas excepciones que puedan prever los tratados y convenios internacionales (nº 4691).

Precisiones 1) Las **normas procesales** son, por tanto, de **orden público** y constituyen una garantía para los litigantes, de lo que se desprende que son **preceptivas** en su observancia salvo en aquellos supuestos excepcionales en los que las propias palabras de la ley o del sentido y finalidad de las normas se infiera que las partes o el propio juez quedan autorizados para alterar convencionalmente un acto procesal concreto (AP Málaga 19-2-04, EDJ 11824).
2) En el **arbitraje**, por el contrario, las partes pueden determinar las normas jurídicas aplicables al fondo de la controversia, así como el procedimiento al que se hayan de ajustar los árbitros en sus actuaciones (nº 17485).

a. Normativa procesal civil

1806 MPCI nº 2854 Por su interés en el proceso civil, es aplicable también:
a) La **legislación sustantiva** que contenga preceptos procesales.
b) La **normativa reglamentaria**, con respeto al principio de reserva de ley en la materia procesal.
c) La **normativa reglamentaria del CGPJ**, ya que este órgano tiene reconocida la potestad reglamentaria, en el ámbito de su competencia y con subordinación a las leyes, pudiendo dictar normas en desarrollo de la LOPJ para establecer regulaciones de carácter secundario y auxiliar (LOPJ art.560).
d) Las **especialidades procesales autonómicas**, puesto que el Estado habilita a las comunidades autónomas para regular las necesarias especialidades procesales que se deriven de las particularidades del derecho sustantivo de estas.
e) **Normativa europea**. La Unión Europea asume el desarrollo de una cooperación judicial en asuntos civiles con repercusión transfronteriza que incluya la adopción de medidas de aproximación de las disposiciones legales y reglamentarias de los Estados miembros (Tratado FUE art.81).
Las **versiones consolidadas** del Tratado UE y del Tratado FUE son resultado de las modificaciones introducidas por el Tratado de Lisboa firmado el 13-12-2007 y que entró en vigor el 1-12-2009.
f) **Convenios internacionales**. Los tratados internacionales válidamente celebrados, una vez publicados oficialmente en España, forman parte del ordenamiento interno. Sus disposiciones solo pueden ser derogadas, modificadas o suspendidas en la forma prevista en los propios tratados o de acuerdo con las normas generales del Derecho Internacional (Const art.96; CC art.1.5).
Los convenios internacionales, suscritos y ratificados por España, en materia procesal civil pueden consultarse en nº 8160 s. Memento Procesal Civil 2026.

b. Aplicación en el tiempo de las normas procesales civiles

(Const art.9.3; LEC art.2)

1808 MPCI nº 2867 Los asuntos que corresponden a los tribunales civiles se sustancian siempre por estos con arreglo a las normas procesales vigentes, que nunca son **retroactivas**, salvo que otra cosa se establezca en disposiciones legales de Derecho transitorio.
La ley procesal es irretroactiva por lo que, cuando se dicta una ley procesal no se aplica retroactivamente a procesos anteriores, sino a los actos procesales que se produzcan **a partir de su entrada en vigor**, aunque los hechos materiales y jurídicos que hayan dado origen al proceso sean anteriores (TS 18-4-98, EDJ 2301).
La sustanciación de un asunto civil conforme a la normativa procesal al tiempo de la presentación de su escrito rector exige la **admisión a trámite** del mismo por el órgano jurisdiccional (AP Madrid auto 28-4-05, EDJ 86869).
Lo mismo cabe afirmar respecto de las **normas organizativas procesales**, siendo así que para que los tribunales civiles tengan competencia, en cada caso, se requiere que el conocimiento del pleito les esté atribuido por normas con rango de Ley anteriores a la incoación de las actuaciones de que se trate (LEC art.44).

Esto supone que, aunque el escrito inicial o rector se haya presentado con anterioridad, si es rechazado y devuelto por el órgano judicial de procedencia por defectos de forma, es la **fecha en la que se vuelve a presentar**, subsanados aquellos, la que debe tomarse en cuenta a los efectos de vigencia de las normas procesales.

c. Supletoriedad de la LEC

(LEC art.4)

Se aplica la LEC en defecto de las disposiciones de las leyes que regulan los procesos penales, contencioso-administrativos, laborales y militares. **1822**
También es aplicable supletoriamente a los procesos constitucionales, concursales y, parcialmente, a los de arbitraje.
La supletoriedad procesal civil ha de jugar en su ámbito propio, esto es, en aquellos casos en que las **leyes procesales no civiles** carezcan de regulación sobre una cuestión, pero tácitamente tampoco se oponga a ella por resultar la regla de supletoriedad incompatible con el régimen diseñado por tales leyes reguladoras del resto de órdenes jurisdiccionales (TS 23-1-04, EDJ 1418; 28-6-05, EDJ 113642).

En el proceso penal (LEC art.4) En defecto de disposiciones en las leyes que regulan los procesos penales, son de aplicación los preceptos de esta ley. **1823** MPCI nº 2872
Son de **aplicación supletoria** a los procesos penales las previsiones relativas a la **presentación de escritos** hasta las 15 horas del día hábil siguiente al del vencimiento del plazo para su presentación (TS auto 6-6-03, EDJ 247197; auto 12-11-03, EDJ 247174).
No son de aplicación supletoria a los procesos penales las previsiones de la LEC sobre:
a) **Representación pasiva del procurador** en orden a la práctica de las notificaciones y citaciones a la parte (LEC art.28 y 153).
b) La **preclusión del trámite por transcurso del plazo** concedido a la parte, dada la improrrogabilidad prevista en LEC art.134 y 136.
c) Impugnación de **tasación de costas**.

En la jurisdicción contencioso-administrativa (LJCA disp.final 1ª) Con carácter general, en lo no previsto en la LJCA rige como supletoria la LEC. **1824**
Existen determinadas **remisiones concretas** desde la LJCA a la LEC, como son las relativas a:
- capacidad procesal;
- cuantía;
- documentos con la demanda y contestación; o,
- prueba (LEC art.18, 40, 56 y 60).

Se aplican supletoriamente al proceso contencioso-administrativo las siguientes previsiones (LEC art.11.2 y 3, 135.1 y 152.1.2): **1825** MPCI nº 2876
a) La legitimación de las **asociaciones de consumidores y usuarios** para el ejercicio de las acciones derivadas de actos contrarios a los intereses colectivos y difusos de los consumidores.
b) La posibilidad de **presentación de un escrito**, sujeto a plazo, hasta las 15 horas del día hábil siguiente al del vencimiento en la secretaría del tribunal o, de existir, en la oficina o servicio de registro central que se haya establecido.
c) Las **formas de realización de los actos de comunicación** procesal.

No se aplican supletoriamente al proceso contencioso-administrativo las previsiones (LEC art.13, 43, 406): **1827** MPCI nº 2878
a) Sobre **intervención de sujetos originariamente no demandantes** (nº 2325 s.).
b) Sobre **suspensión del procedimiento por prejudicialidad** en aquellos supuestos en los que la cuestión previa a dilucidar consista en la determinación sobre la legalidad o validez de una disposición de carácter general y rango reglamentario.
c) Sobre la **reconvención**.

En la jurisdicción laboral (LRJS disp.final 4ª) En lo no previsto en la Ley reguladora de la jurisdicción social (LRJS), rige como supletoria la LEC y, en los supuestos de impugnación de los actos administrativos cuya competencia corresponda al orden social, la Ley de la Jurisdicción Contencioso-Administrativa, con la necesaria adaptación a las particularidades del proceso social y en cuanto sean compatibles con sus principios. **1828**
A los efectos de determinar la aplicación supletoria de la LEC a los procesos laborales debe analizarse si la **cuestión planteada** no viene efectivamente **prevista en la normativa procesal social**, en cuyo caso se generaría un vacío o laguna que ha de cubrirse con la civil, en virtud de la supletoriedad. Si las normas procesales laborales permiten que se extraiga una consideración

normativa global incompatible con la aplicación supletoria de otro tipo de normas, no es necesario acudir a las previsiones de la norma procesal civil (TSJ Sevilla 18-6-04, EDJ 257457).

1829 MPCI nº 2882 **Se aplican supletoriamente** al proceso laboral las previsiones contenidas en la LEC sobre:
- **presentación de escritos** antes de las 15 horas del día siguiente al del vencimiento del plazo perentorio -LEC art.135- (TS auto 24-7-01, EDJ 98942; 4-2-02, EDJ 51664);
- **sucesión procesal** por causa de muerte.

1830 MPCI nº 2884 **No se aplican supletoriamente** al proceso laboral las previsiones contenidas en la LEC sobre (LEC art.219 y 442; LRJS art.83 y 99):
a) **Celebración del juicio** cuando no comparezca el demandado.
b) Sentencias con **reserva de liquidación**.

1832 **En los procesos militares** (LEC art.4; LO 2/1989 art.457) En defecto de disposiciones en la Ley que regula los procesos militares son de aplicación los preceptos de la LEC.
La LEC es supletoria en el proceso contencioso-disciplinario militar (nº 13400 s.).

1834 MPCI nº 2890 s. **En los procesos ante el Tribunal Constitucional** (LOTC art.80) Se aplican con carácter supletorio a lo dispuesto en la LOTC los preceptos de la LOPJ y de la LEC en **materia** de:
- comparecencia en juicio;
- recusación y abstención;
- publicidad y forma de los actos;
- comunicaciones y actos de auxilio jurisdiccional;
- día y horas hábiles;
- cómputo de plazos;
- deliberación y votación;
- caducidad, renuncia y desistimiento;
- lengua oficial; y
- policía de estrados.

Esta supletoriedad solo cabe aplicarla **en defecto de específica previsión** o regulación en la LOTC o en los acuerdos adoptados por el Tribunal Constitucional en ejercicio de sus específicas competencias, siempre que dicha aplicación supletoria no vaya en contra de la citada LOTC y sus principios inspiradores (TCo auto 47/2013).
En materia de ejecución de resoluciones se aplican, con **carácter supletorio** de la LOTC, los preceptos de la LJCA (LO 15/2015).

Precisiones Es de aplicación al recurso de amparo la previsión de LEC art.135.5, que permite la **presentación de escritos** hasta las 15:00 horas del día siguiente al del vencimiento del correspondiente plazo en el registro del tribunal o en cualquiera de las oficinas de registro de los tribunales civiles de cualquier localidad (LOTC art.85.2). Es discutible, en cambio, que tal regla sea de aplicación supletoria al resto de procesos constitucionales, pues no se prevé expresamente, pero tampoco se excluye.

1837 **En procesos concursales** (LCon art.521) En lo no previsto en la Ley Concursal es de aplicación lo dispuesto en la LEC, y específicamente en lo que se refiere al cómputo de todos los **plazos** determinados en la misma.
En el ámbito de los procesos concursales (nº 5470 s.), resultan de aplicación los principios de la LEC en cuanto a la ordenación formal y material del proceso.
Además de esta llamada a la supletoriedad, existen en la Ley Concursal **remisiones expresas** a la regulación contenida en la LEC, como (LEC art.17, 19, 184.7, 194 y 197):
- en las medidas cautelares anteriores a la declaración de concurso;
- las pruebas a practicar en el acto de la vista;
- sucesión por causa de muerte del deudor;
- forma de la demanda incidental;
- recursos, entre otras.

1838 MPCI nº 2896 **En materia de arbitraje** La L 60/2003 carece de una cláusula general de supletoriedad de la LEC, sin perjuicio de las concretas **remisiones** al régimen jurídico de esta última **en aspectos concretos**, como en impugnación del laudo, su efecto de cosa juzgada y ejecución forzosa del mismo.
No obstante, se viene exigiendo su aplicación por los tribunales de justicia, de forma supletoria, y a los efectos de dotar de **garantía a los laudos y su ejecución**, en cuestiones de importancia para solventar indefensiones en que se haya encontrado alguna de las partes, y concretamente en materia de **notificaciones**.

d. Clases de tutela jurisdiccional
(LEC art.5.1.2)

Se puede pretender de los tribunales la condena a determinada prestación, la declaración de la existencia de derechos y de situaciones jurídicas, la constitución, modificación o extinción de estas últimas, la ejecución, la adopción de medidas cautelares y cualquier otra clase de tutela que esté expresamente prevista por la ley. **1840** MPCI nº 2900

Estas **pretensiones** se formulan ante el tribunal que sea competente y frente a los sujetos a quienes haya de afectar la decisión pretendida.

La LEC sigue inspirándose en el **principio de justicia rogada** o principio dispositivo, teniendo en cuenta que los procesos civiles persiguen la tutela de derechos e intereses legítimos de determinados sujetos jurídicos a los que corresponde la iniciativa procesal y la configuración del objeto del proceso, de forma que las partes procesales tienen el deber y la responsabilidad de decidir qué tutela, de entre todas las posibles, puede ser la que corresponde al caso.

Resolución fundada en Derecho Uno de los contenidos esenciales del derecho a la tutela judicial efectiva es el derecho a obtener una resolución motivada y fundada en Derecho sobre el fondo del asunto planteado oportunamente ante los órganos judiciales, si bien aquel queda igualmente satisfecho si el órgano judicial, por concurrir una **causa legal y apreciada razonablemente**, dicta una resolución de inadmisión (TCo 64/2005; 73/2006). **1841**

El derecho a obtener una resolución sobre el fondo del asunto planteado rige tanto en el acceso a la primera instancia judicial como en la fase del recurso.

Sin embargo, mientras en el acceso a la jurisdicción el principio *pro actione* actúa con toda su intensidad, por lo que las **decisiones de inadmisión** solo serán adecuadas cuando no eliminen injustificadamente el derecho, debiendo interpretarse las normas que establezcan requisitos procesales de la forma que tenga más efectividad al derecho a la tutela judicial efectiva, en la **fase de recurso** este principio pierde intensidad, pues el derecho al recurso no nace directamente de la Constitución, sino de lo que hayan dispuesto las leyes procesales, correspondiendo al ámbito de libertad del legislador el establecimiento y regulación de los recursos procedentes en cada caso (TCo 108/2000; 295/2000; 22/2002).

Asimismo, el litigante tiene derecho a **optar por la vía judicial** que se considere más oportuna para la defensa de los derechos e intereses legítimos (TCo 241/1991; 236/2006).

Pretensión de ejecución La pretensión de ejecución de una sentencia judicial firme forma parte del derecho a la tutela judicial efectiva ya que, en caso contrario, las decisiones judiciales y los derechos que en ellas se reconocen no serían más que meras **declaraciones de intenciones** y no estaría garantizada la efectividad de la tutela judicial (TCo 180/2006). **1842**

Precisiones La **ejecución de resoluciones judiciales** es objeto de estudio en nº 4665 s.

Pretensión cautelar (LEC art.5.1 y 725) La tutela judicial que se reclama en la adopción de medidas cautelares (nº 4440 s.) supone que, al margen del control sobre la competencia objetiva y territorial que procede realizar de oficio al órgano jurisdiccional, la decisión que se adopte al respecto se basa en **indicios que carecen de una prueba plena**, como la que facilitará el procedimiento que en definitiva resuelva sobre el fondo del asunto (JM Bilbao núm 1 auto 18-8-05, EDJ 139731). **1843**

Pretensiones declarativas o merodeclarativas Se admiten las acciones merodeclarativas o meramente declarativas, por las que no se pretende la condena del adversario, sino que se declare, por medio de sentencia, la existencia de una determinada **relación de derecho puesta en duda** o discutida (TCo 210/1992; TS 26-2-99, EDJ 2217). **1844** MPCI nº 2910

No buscan, por ello, estas pretensiones la obtención actual del cumplimiento coercitivo del derecho, sino la puesta en claro del mismo, siendo admisibles siempre que exista un interés digno de tutela, cifrada en la existencia de una **verdadera necesidad de tutela jurisdiccional** que se concrete en que los órganos judiciales pongan término a una falta de certidumbre en torno a la relación jurídica de que se trate (TCo 71/1991; TS 31-7-01, EDJ 24560).

Acciones de jactancia Resulta discutible la admisión en el ámbito de LEC art.5 de las llamadas acciones de jactancia en cuya virtud el actor ejercita una pretensión que, caso de ser estimada, se traduce en una **condena al demandado a demandar** (JPI Santander núm 3 auto 26-9-03). **1845**

Precisiones Las acciones de jactancia han sido consideradas, por una teoría, como una **acción defensiva** que persigue la declaración judicial de que quien se jacta ostenta el derecho o, en caso contrario se condena a perpetuo silencio; y en segundo lugar se han entendido como una **duplicidad de procedimientos**, siendo la acción de jactancia provocativa ya que perseguiría que el órgano judicial fije plazo al que se jacta para que demande en defensa de tal derecho que pretende, o de no hacerlo, calle para siempre (TS 10-11-86, EDJ 7125; 20-5-88, EDJ 4316).

1846 MPCI nº 2914 **Pretensiones y partes** (LEC art.5.2) Las pretensiones admisibles en el proceso civil se formulan ante el tribunal que sea competente y frente a los sujetos a quienes haya de afectar la decisión pretendida.

Por tanto, la **actividad ejecutiva** no puede dirigirse contra personas ajenas al fallo y, más en concreto, aun en el ámbito de la jurisdicción civil, la ejecución de sentencia tiene como **destinatarios únicos** y únicos protagonistas a las partes y más específicamente al condenado en la sentencia, de modo que en ningún caso cabe derivar la acción ejecutiva hacia personas distintas sin destruir la misma esencia de la cosa juzgada (TCo 166/2003; 153/2006).

No obstante, y como excepción, en el **régimen de propiedad horizontal**, se permite a los acreedores dirigirse subsidiariamente contra los propietarios frente a las deudas contraídas por la comunidad, exigiéndose previamente que sean llamados al proceso (LPH art.22; TCo 184/2005).

SECCIÓN 2

Jurisdicción y competencia

1850

1851 Los conceptos de jurisdicción y de competencia se desglosan:

- en primer lugar, en la **competencia internacional**, que determina que un asunto esté sujeto a la jurisdicción de los tribunales españoles;
- en segundo lugar, cabe hablar de la jurisdicción, en sentido estricto, para determinar el **orden jurisdiccional** competente de los distintos existentes, así como de los asuntos atribuidos a la Administración.

Dentro de la competencia se distingue:

- la **competencia objetiva**, como aquella que distribuye los asuntos de instancia a los distintos órganos judiciales que integran una misma jurisdicción;
- la **competencia territorial**, para concretar la distribución por el territorio entre los órganos jurisdiccionales de una misma clase; y, por último,
- la **competencia funcional**, que se refiere a la competencia para conocer de todas las incidencias y ejecución de resoluciones a favor del órgano judicial que reúna los previos atributos competenciales.

1. Competencia internacional

1853 MPCI nº 2957 La plenitud jurisdiccional de los jueces y tribunales españoles es una exigencia que se deriva del derecho a la justicia o derecho a la tutela jurisdiccional, que se califica por la nota de la efectividad. No obstante, los tribunales españoles no ejercen una **jurisdicción universal**, sino que es preciso que el asunto venga legal o convencionalmente atribuido a la competencia de los tribunales nacionales para que puedan conocer de los mismos. Es un presupuesto del proceso (TS 17-2-21, EDJ 506033).

En esta materia se ha producido una progresiva internacionalización por vía de **convenios** entre los distintos Estados y de la normativa europea, a los efectos de fijar criterios homogéneos y fácilmente cognoscibles en materias como el reconocimiento de la competencia internacional.

Es por ello que, en esta materia, tienen una aplicación preferente las **normas europeas e internacionales**, a las propias fijadas en la LOPJ, por lo que comenzaremos, por aquellas, en el estudio de la competencia internacional, sin perjuicio de referir las reglas de competencia recogidas en la **legislación interna**, que se aplicarán en defecto de las normas convencionales y europeas, fundamentalmente para los domiciliados o residentes en terceros países, y sin perjuicio de analizar las normas contenidas en la LEC que regulan el tratamiento procesal que habrá de darse a la falta, o denuncia de tal, de este presupuesto inicial de la sustanciación de un proceso.

En el ámbito de la Unión Europea La Unión Europea se ha fijado el objetivo de mantener y desarrollar un espacio de libertad, seguridad y justicia, en el que esté garantizada la **libre circulación de personas**. Con este fin, asume desarrollar una cooperación judicial en asuntos civiles con repercusión transfronteriza; a estos efectos corresponde al Parlamento Europeo y al Consejo adoptar medidas para garantizar la compatibilidad de las normas aplicables en los Estados miembros en materia de **conflictos de leyes y de jurisdicción** (Tratado FUE art.81). **1855** MPCI nº 2962

Las **normas de competencia internacional** aplicables en los litigios que surjan en el ámbito de la Unión Europea pueden consultarse en nº 2962 Memento Procesal Civil 2026.

Precisiones 1) Las **versiones consolidadas** del Tratado UE y del Tratado FUE son resultado de las modificaciones introducidas por el Tratado de Lisboa firmado el 13-12-2007 en Lisboa y que entró en vigor el 1-12-2009.

2) La **aplicación de las normas europeas** tiene su fundamento en la primacía que las normas supranacionales integradas en el acervo comunitario presentan respecto de las de producción interna, rasgo que, en el caso de los convenios internacionales celebrados para cumplir los objetivos comunitarios tiene un **doble fundamento**: de un lado, su propio carácter y procedencia, y de otro su naturaleza convencional (TS auto 12-3-02, EDJ 126245).

3) Junto con esa primacía, es rasgo característico de determinadas normas europeas, particularmente los **reglamentos**, su aplicabilidad directa o efecto directo. Las consecuencias de los **principios de primacía y del efecto directo** de las normas europeas conducen tanto a la inaplicación de las normas internas incompatibles o contrarias a las europeas, como a impedir la válida producción de posteriores actos normativos incompatibles con estas como, a la obligación de garantizar el pleno efecto de estas normas supranacionales, operándose una integración entre ordenamiento interno y europeo que se traduce en la interpretación de la legalidad interna conforme al Derecho de la Unión Europea (TS auto 14-3-06, EDJ 30314).

4) La Dir 2008/52/CE, sobre ciertos aspectos de la **mediación en asuntos civiles y mercantiles** ha sido incorporada al Derecho interno por RDL 5/2012 (posteriormente L 5/2012), que regula la mediación en dicho ámbito y modifica diversos preceptos de la LEC. Sin perjuicio de las referencias que se efectúan donde corresponde, un estudio detallado del régimen incorporado puede consultarse en nº 2660 s. Memento Procesal Civil 2026.

Competencia internacional europea en materia civil y mercantil (Rgto UE/1215/2012) **1857** MPCI nº 2970

Se aplica en materia civil y mercantil, con independencia de la naturaleza del órgano jurisdiccional.

Se **excluyen de su ámbito de actuación** los procedimientos que hayan de versar sobre el estado y la capacidad de las personas, los regímenes matrimoniales o los que regulen relaciones con efectos comparables al matrimonio según la ley aplicable, los testamentos y las sucesiones -incluidas las obligaciones de alimentos por causa de muerte-, las situaciones de insolvencia y procedimientos análogos, las obligaciones de alimentos derivadas de relaciones de familia, de parentesco, de matrimonio o de afinidad, la Seguridad Social y el arbitraje (nº 4695).

Precisiones La LEC disp.final 25ª regula las medidas para facilitar la **aplicación en España** del Rgto UE/1215/2012.

Reglas generales (Rgto UE/1215/2012 art.4 y 5) Como regla general, las **personas domiciliadas en un Estado miembro** están sometidas, sea cual sea su nacionalidad, a los órganos jurisdiccionales de dicho Estado. **1858** MPCI nº 2972

A las personas que no tengan la nacionalidad del Estado miembro en que estén domiciliadas, les son de aplicación las **reglas de competencia judicial** que se apliquen a los nacionales.

Las personas domiciliadas en un Estado miembro solo pueden ser **demandadas ante los tribunales de otro Estado miembro** cuando se trate de algún asunto que genere competencias exclusivas a favor de los tribunales de otro Estado, o bien en virtud de las reglas de competencia especiales por razón de la materia previstas en esta norma.

Sin embargo, si el demandado no tiene su domicilio en un Estado miembro de la Unión Europea, se aplican las **normas de competencia internacional** del Estado en que se presenta la demanda, a salvo los fueros internacionales exclusivos y las normas del propio Rgto UE/1215/2012 sobre prórroga de la competencia o sumisión a los tribunales de otro Estado (nº 1864 y nº 1876).

1859 **Competencias exclusivas** (Rgto UE/1215/2012 art.22) Son exclusivamente competentes, sin consideración del domicilio:

a) En materia de **derechos reales inmobiliarios** y de **contratos de arrendamiento de bienes inmuebles**, los tribunales del Estado miembro donde el inmueble se halle sito.

No obstante, en materia de contratos de arrendamiento de bienes inmuebles celebrados para un **uso particular**, durante un plazo máximo de 6 meses consecutivos, son igualmente competentes los tribunales del Estado miembro donde esté domiciliado el demandado, siempre que el arrendatario sea una persona física y que propietario y arrendatario estén domiciliados en el mismo Estado miembro.

b) En materia de validez, nulidad o disolución de **sociedades y personas jurídicas**, así como en materia de validez de las decisiones de sus órganos, los tribunales del Estado miembro en que la sociedad o persona jurídica esté domiciliada; para determinar dicho domicilio, el tribunal aplica sus reglas de Derecho Internacional privado.

c) En materia de validez de las **inscripciones en los registros públicos**, los tribunales del Estado miembro en que se encuentre el registro.

d) En materia de inscripciones o validez de **patentes, marcas, diseños** o dibujos y modelos, y demás derechos análogos sometidos a depósito o registro, independientemente de que la cuestión se haya suscitado por vía de acción o por vía de excepción, los tribunales del Estado miembro en que se haya solicitado, efectuado o tenido por efectuado el depósito o registro en virtud de lo dispuesto en algún instrumento europeo o en algún convenio internacional.

Sin perjuicio de la competencia de la **Oficina Europea de Patentes**, los tribunales de cada Estado miembro son los únicos competentes, sin consideración del domicilio, en materia de registro o validez de una patente europea expedida para dicho Estado.

e) En materia de **ejecución de resoluciones judiciales**, son competentes los tribunales del Estado miembro del lugar de ejecución.

Precisiones En materia de patentes, ha de tenerse en cuenta la figura del **Tribunal Unificado de Patentes**, creado por Acuerdo 19-2-2013, de 25 Estados miembros de la Unión Europea -entre ellos, no está España-. Por Rgto UE/542/2014, se ha procedido a la modificación del Rgto UE/1215/2012, en lo relativo a las normas que deben aplicarse por lo que respecta al citado Tribunal Unificado de Patentes y al Tribunal de Justicia del Benelux.

1860 **Reglas especiales** Las **personas domiciliadas en un Estado miembro** pueden ser demandadas ante los tribunales de otro Estado, aplicándose las siguientes reglas:

a) **Contratos** (Rgto UE/1215/2012 art.7.1). En materia contractual, son competentes los tribunales del lugar en el que haya sido o deba ser cumplida la obligación que sirva de base a la demanda; así, y salvo pacto en contrario cuando se trate de **compraventa de mercaderías**, los tribunales del lugar donde deban ser entregadas, y tratándose de la prestación de servicios, los tribunales del Estado en que deban prestarse los servicios.

b) **Derechos de la personalidad** (Rgto UE/1215/2012 art.7). Las acciones de protección de estos son competencia de los tribunales del lugar donde se haya producido o pueda producirse el hecho dañoso. Frente a las intromisiones ilegítimas causadas por contenidos publicados en internet, en caso de concurso de elemento extranjero, se da un doble fuero electivo, el general del domicilio del demandado y el especial indicado, referido tanto al hecho causal como al de producción del daño e incluso el lugar de radicación del centro de intereses del afectado (TS 24-6-24, EDJ 598797).

c) **Contrato de seguro** (Rgto UE/1215/2012 art.10 a 16). El asegurador domiciliado en un Estado miembro, puede ser demandado ante los tribunales del Estado miembro donde tenga su domicilio o bien ante los tribunales del Estado miembro del domicilio del demandante, cuando se trate de **acciones entabladas por el tomador del seguro**, el asegurado o un beneficiario.

Cuando el asegurador no esté domiciliado en un Estado miembro, pero tenga **sucursales, agencias** o cualquier otro establecimiento en un Estado miembro, se le considera, para todos los litigios relativos a su explotación, domiciliado en dicho Estado miembro.

Asimismo, el asegurador puede ser demandado ante el tribunal del lugar en que se haya producido el hecho dañoso cuando se trate de **seguros de responsabilidad civil** o de inmuebles, o el del lugar en que el responsable de los hechos sea demandado.

1861 MPCI nº 2978 d) **Contratos celebrados por consumidores** (Rgto UE/1215/2012 art.17 a 19). La acción entablada por un consumidor contra la otra parte contratante puede interponerse ante los tribunales del Estado miembro en que esté domiciliada dicha parte o ante el tribunal del lugar en que esté domiciliado el consumidor.

Cuando el contratante del consumidor no esté **domiciliado en un Estado miembro**, pero posea una sucursal, agencia o cualquier otro establecimiento en un Estado miembro, se considera para todos los litigios relativos a su explotación, que está domiciliado en dicho Estado.

La acción entablada contra el consumidor por la otra parte contratante solo puede interponerse ante los tribunales del Estado miembro en que esté domiciliado el consumidor, sin que ello afecte al derecho de formular una reconvención ante el órgano jurisdiccional que conozca de la demanda inicial.

e) **Contratos de trabajo** (Rgto UE/1215/2012 art.20 a 23). Los **empresarios domiciliados** en un Estado miembro pueden ser demandados ante los tribunales del Estado en que estén domiciliados o en otro Estado miembro ante el tribunal del lugar en el que, o desde el cual, el **trabajador desempeñe habitualmente su trabajo** o ante el tribunal del último lugar en que lo haya desempeñado.

Asimismo, si el trabajador no desempeña o no ha desempeñado habitualmente su trabajo en un único Estado, es competente el tribunal del lugar en que esté o haya estado **situado el establecimiento** que haya empleado al trabajador.

Los **empresarios que no estén domiciliados** en un Estado miembro pueden ser demandados ante los órganos jurisdiccionales de un Estado miembro de conformidad con las reglas anteriores.

Cuando un trabajador celebre un **contrato individual de trabajo** con un empresario que no tenga su domicilio en un Estado miembro, pero posea una sucursal, agencia o cualquier otro establecimiento en un Estado miembro, se considera, para todos los litigios derivados de la explotación de la sucursal, agencia o establecimiento, que tiene su domicilio en dicho Estado miembro.

f) **Alimentos** (Rgto CE/4/2009 art.3). En materia de alimentos, son competentes los órganos jurisdiccionales donde tenga su residencia habitual el demandado, o el acreedor, o los competentes para conocer acciones relativas al estado de las personas o a la responsabilidad parental cuando la obligación de alimentos sea accesoria a estas acciones, salvo si esta competencia se basa únicamente en la nacionalidad de una de las partes. El Rgto CE/4/2009, sustituyó en este aspecto las previsiones del Rgto CE/44/2001, desplazando actualmente también al Rgto UE/1215/2012. **1862**

g) **Daños y perjuicios** (Rgto UE/1215/2012 art.5.3). Si se trata de acciones por daños y perjuicios o de **acciones de restitución** fundamentadas en un acto que dé lugar a un procedimiento penal, ante el tribunal del Estado que conozca de dicho proceso en la medida en que, de conformidad con su ley nacional, dicho tribunal pueda conocer de la acción civil.

h) **Sucursales o agencias** (Rgto UE/1215/2012 art.5.5). Si se trata de litigios relativos a la explotación de sucursales, agencias o cualquier otro establecimiento, es competente el tribunal del lugar en que se hallen sitos.

i) **Auxilio o salvamento** (Rgto UE/1215/2012 art.5.7). Si se trata de un litigio relativo al **pago de la remuneración reclamada** en razón del auxilio o el salvamento de los que se hubiera beneficiado un cargamento o un flete, ante el tribunal en cuya jurisdicción, dicho cargamento o flete hubiera sido embargado para garantizar dicho pago, o hubiera podido ser embargado a tal fin, pero se haya prestado una caución o cualquier otra garantía.

j) **Acciones civiles**, basadas en el derecho de propiedad, de **recuperación de bienes culturales** (Rgto UE/1215/2012 art.5.4). Incoadas por quien reclama el derecho a recuperar dicho bien, ante el órgano jurisdiccional del lugar en que se encuentre el bien cultural en el momento de interponerse la demanda.

k) **Pluralidad de acciones y demandados** (Rgto UE/1215/2012 art.8). Si hay varios demandados, pueden ser demandados ante el tribunal del domicilio de cualquiera de ellos, siempre que las **demandas** estén **vinculadas entre sí** por una relación tan estrecha que aconseje tramitarlas y juzgarlas al mismo tiempo a fin de evitar resoluciones que podrían ser inconciliables si los asuntos son juzgados separadamente. **1863**

Si se trata de una demanda sobre **obligaciones de garantía** o para la intervención de terceros en el proceso, son competentes los tribunales del Estado que esté conociendo de la demanda principal, salvo que esta se haya formulado con el único objeto de provocar la intervención de un tribunal distinto del correspondiente al demandado.

Si se trata de una **reconvención** derivada del contrato o hecho en que se fundamentare la demanda inicial, ante el tribunal del Estado que esté conociendo de esta última. En materia contractual, si la acción puede acumularse con otra en materia de **derechos reales inmobiliarios** dirigida contra el mismo demandando, ante el tribunal del Estado miembro en el que esté sito el inmueble.

Marca de la Unión Europea (Rgto UE/2017/1001 art.122) A los **procedimientos** en materia de marcas de la Unión y de **solicitudes** de marca de la Unión, así como a los relativos a **acciones simultáneas o sucesivas** emprendidas sobre la base de marcas de la Unión y de marcas nacionales, se aplican las disposiciones de las normas de la Unión relativas a la competencia judicial, el reconocimiento y la ejecución de resoluciones judiciales en materia civil y mercantil. **1863.1**

Para los procedimientos en materia de **violación** y de **validez**:
• No se aplica el Rgto UE/1215/2012 art.4, 6, 7.1, 7.2, 7.3, 7.5 y 35.
• El Rgto UE/1215/2012 art.25 y 26 se aplica con los límites establecidos por Rgto UE/2017/1001 art.125.4.
Las disposiciones del Rgto UE/1215/2012 capítulo II, que se apliquen a las **personas domiciliadas en un Estado miembro** han de aplicarse también a las personas que, sin estar domiciliadas en un Estado miembro, tengan en él un **establecimiento**.

1864 MPCI nº 2988 **Sumisión internacional o acuerdo atributivo de competencias** (Rgto UE/1215/2012 art.25) Las partes, con independencia de su domicilio, pueden acordar que un tribunal o los tribunales de un Estado miembro sean competentes para conocer de cualquier litigio que haya surgido o que pueda surgir con ocasión de una determinada relación jurídica, lo cual tiene efecto a menos que el acuerdo sea nulo de pleno Derecho en cuanto a su validez material según el Derecho de dicho Estado miembro.
Este acuerdo atributivo de competencias debe celebrarse **por escrito o verbalmente** con confirmación escrita o en una forma que se ajuste a los hábitos que las partes tengan establecidas entre ellas.
En el **comercio internacional** este acuerdo puede celebrarse en una forma conforme a los usos que las partes conozcan o deban conocer y que, en dicho comercio, sean ampliamente conocidos y regularmente observados por las partes en los contratos del mismo tipo en el sector comercial considerado.
El órgano jurisdiccional o los órganos jurisdiccionales de un Estado miembro a los que el **documento constitutivo de un** *trust* haya atribuido competencia serán exclusivamente competentes para conocer de una acción contra el fundador, el *trustee* o el beneficiario de un *trust* si se trata de relaciones entre estas personas o de sus derechos u obligaciones en el marco del *trust*.
Un acuerdo atributivo de competencia que forme parte de un contrato será considerado como un **acuerdo independiente** de las demás cláusulas del contrato. La validez del acuerdo atributivo de competencia no puede impugnarse por la sola razón de la invalidez del contrato.

Precisiones 1) Se considera hecha **por escrito** toda transmisión efectuada por **medios electrónicos** que proporcione un registro duradero del acuerdo.
2) En el ámbito internacional se presume que las partes han dado su **consentimiento a la cláusula atributiva de competencia** cuando el comportamiento de las mismas corresponda a un uso que rige en el ámbito internacional en el que operan y que conocen o debieran conocer, así como siempre que dicho uso exista, que quedará acreditado cuando los operadores de dicho sector sigan un comportamiento determinado de modo general y regular al celebrar cierta clase de contratos, debiendo apreciarse el conocimiento de dicho uso en relación con las partes originarias del convenio atributivo de competencia, sin que la nacionalidad de las mismas tenga repercusión alguna al respecto (TJCE 16-3-99).

1865 **Sumisión tácita** (Rgto UE/1215/2012 art.26) Con independencia de los casos en los que su competencia resulte de otras disposiciones del Reglamento, es competente el tribunal de un Estado miembro ante el que comparezca el **demandado**.
Esta regla no es de aplicación si la comparecencia tiene por objeto **impugnar la competencia** o si existe otra jurisdicción exclusivamente competente.
En las materias de **seguros, contratos individuales de trabajo o contratos de consumidores**, si el demandado es el tomador del seguro, el asegurado, un beneficiario del contrato de seguro, la persona perjudicada, el consumidor o el trabajador, el órgano jurisdiccional se ha de asegurar, antes de asumir la competencia en virtud la regla anterior, de que se ha informado al demandado de su derecho a impugnar la competencia del órgano jurisdiccional y de las consecuencias de comparecer o no.

1867 **En materia de nulidad, separación judicial y divorcio, responsabilidad parental y sustracción internacional de menores** (Rgto (UE) 2019/1111) Su **ámbito de aplicación** comprende, con independencia de la naturaleza del órgano jurisdiccional, las materias civiles relativas al divorcio, la separación judicial y la nulidad matrimonial, así como a la atribución, el ejercicio, la delegación, la restricción o la finalización de la responsabilidad parental (Rgto (UE) 2019/1111 art.1).
La **responsabilidad parental** incluye el derecho de custodia y de visita; la tutela, curatela e instituciones análogas; la designación y funciones de toda persona u organismo encargado de la persona o bienes del menor, de representarle o asistirle; el acogimiento del menor en una familia o establecimiento, así como las medidas de protección del menor ligadas a la administración, conservación o disposición de sus bienes.
El Reglamento **no se aplica** a:
- las acciones dirigidas a la determinación e impugnación de la filiación;

- las resoluciones sobre adopción;
- nombre y apellidos del menor;
- emancipación;
- obligaciones de alimentos;
- fideicomisos y sucesiones; así como
- las medidas adoptadas a consecuencia de infracciones penales cometidas por los menores.

Precisiones La LEC disp.final 22ª regula las medidas para facilitar la aplicación en España del Rgto CE/2201/2003, actualmente **refundido** en el Rgto (UE) 2019/1111, que se encuentra en vigor desde 23-7-2019, siendo aplicable desde 1-8-2022.

Nulidad, separación y divorcio (Rgto (UE) 2019/111 art.3 a 6) En los asuntos relativos al divorcio, la separación judicial y la nulidad matrimonial, la competencia recae en los órganos jurisdiccionales del Estado miembro de la nacionalidad de ambos **cónyuges**, o en cuyo territorio se encuentre la residencia habitual de los cónyuges o el último lugar de la residencia habitual de ambos, siempre que uno de ellos aún resida allí, o la residencia habitual del demandado. 1868

En caso de **demanda conjunta** son competentes los tribunales de la residencia habitual de uno de los cónyuges o la residencia habitual del demandante si ha residido allí durante al menos un año inmediatamente antes de la presentación de la demanda o la residencia habitual del demandante en caso de que haya residido allí al menos los 6 meses inmediatamente anteriores a la presentación de la demanda y de que sea nacional del Estado miembro en cuestión.

El órgano jurisdiccional del Estado miembro El órgano jurisdiccional del Estado miembro ante el que se sustancie un procedimiento de los indicados, es igualmente competente para conocer de la **demanda reconvencional** que se deduzca, siempre que se someta al Reglamento en estudio.

Por su parte, el órgano jurisdiccional del Estado miembro que haya dictado una resolución sobre la separación judicial, es asimismo competente para la **conversión de dicha resolución en divorcio**, si la ley de dicho Estado miembro así lo prevé.

Si de la aplicación de estas reglas no se deduce la competencia de ningún órgano jurisdiccional de un Estado miembro, la competencia se determina en cada Estado con arreglo a sus leyes propias.

Precisiones **1)** En el caso del **Reino Unido** e **Irlanda** se emplea el término *domicile* en lugar de *nacionalidad* y se entiende en el mismo sentido que tiene dicho término con arreglo a sus respectivos ordenamientos jurídicos.

2) Cuando se interponga ante un órgano jurisdiccional de un Estado miembro una demanda de divorcio, separación judicial o anulación del matrimonio en virtud del Rgto (UE) 2019/1111, los órganos jurisdiccionales de dicho Estado son igualmente competentes para resolver sobre el **régimen económico matrimonial** que surja en relación con dicha demanda. Esta regla se condiciona al acuerdo de los cónyuges en caso de que el órgano jurisdiccional que deba resolver lo sea de un Estado miembro en el que el demandante resida habitualmente y haya residido durante al menos el año inmediatamente anterior a la presentación de la demanda; de un Estado miembro del que el demandante sea nacional, en el que resida habitualmente y haya residido durante al menos los 6 meses inmediatamente anteriores a la presentación de la demanda; deba resolver en caso de conversión de separación judicial en divorcio (Rgto (UE) 2019/1111 art.4); o deba resolver en caso de competencia residual (Rgto (UE) 2019/1111 art.6) (Rgto UE/2016/1103 art.5, con aplicación efectiva desde 29-1-2019).

3) Cuando se someta a un órgano jurisdiccional de un Estado miembro la disolución o anulación de una unión registrada, los órganos jurisdiccionales de dicho Estado son igualmente competentes para resolver sobre los **efectos patrimoniales de la unión** que tengan conexión con su disolución o anulación, cuando sus miembros así lo acuerden (Rgto UE 2016/1104 art.5, con aplicación efectiva desde 29-1-2019).

4) Todo nacional de un Estado miembro que tenga su **residencia habitual en el territorio de otro Estado miembro**, puede, igual que los nacionales de este último, invocar en dicho Estado las normas sobre competencia aplicables en el mismo contra una parte demandada que no tenga su residencia habitual en el territorio de un Estado miembro ni nacionalidad de uno de ellos.

Responsabilidad parental (Rgto (UE) 2019/1111 art.7 a 16) Los órganos jurisdiccionales de un Estado miembro son competentes en materia de responsabilidad parental respecto de un **menor** que resida habitualmente en dicho Estado miembro en el momento en que se presenta el asunto ante el órgano jurisdiccional. 1869 MPCI nº 2999

Cuando un **menor cambie legalmente de residencia** de un Estado miembro a otro y adquiera una nueva residencia habitual en este último, los órganos jurisdiccionales del Estado miembro de la anterior residencia habitual seguirán siendo competentes durante los 3 meses siguientes al cambio de residencia, para modificar una resolución judicial sobre el derecho de visita dictada en dicho Estado miembros antes del cambio de residencia del menor, si el titular del derecho de visita continúa residiendo en el primer Estado.

Sin perjuicio de lo anterior, los tribunales de un Estado miembro son competentes en este campo cuando se cumplan las siguientes **condiciones**:
- que el menor esté estrechamente vinculado a dicho Estado por ser residencia habitual de al menos uno de los titulares de la responsabilidad parental o ser el antiguo lugar de residencia del menor o corresponder a su nacionalidad;
- que las partes o cualquier titular de la responsabilidad parental hayan convenido libremente la competencia o la hayan aceptado expresamente durante el procedimiento;
- que el ejercicio de la competencia responda al interés superior del menor.

Si la competencia no puede determinarse conforme a las reglas anteriores, resultan competentes los tribunales del Estado **donde se encuentre el menor**.

1870 **Sustracción de menores** (Rgto (UE) 2019/1111 art.9) En caso de sustracción de menores, por traslado o retención ilícitos, los órganos jurisdiccionales del **Estado miembro en el que residía habitualmente** el menor con anterioridad a estos hechos conservarán su competencia hasta que el menor haya adquirido una residencia habitual en otro Estado miembro, la persona o institución con derecho de custodia haya dado su conformidad al traslado o bien haya transcurrido un año desde que la persona o institución con derecho de custodia haya tenido conocimiento del paradero del menor y este esté integrado en su nuevo entorno y cumpla con las condiciones exigidas.

1872 **En materia de regímenes económico-matrimoniales y efectos patrimoniales de uniones registradas** (Rgto UE/2016/1103; Rgto Ejecución (UE) 2018/1935) Los Reglamentos de referencia rigen los regímenes económico matrimoniales y efectos patrimoniales de uniones registradas, excepto en lo relativo a las **cuestiones fiscales, aduaneras y administrativas**, sin afectar tampoco a la competencia de las autoridades de los Estados miembros en estas materias. Se aplica a todas las cuestiones relativas a los regímenes económico-matrimoniales y efectos patrimoniales de uniones registradas, con la **excepción** de:
- la capacidad jurídica de los cónyuges o de los miembros de la unión registrada;
- la existencia, validez y reconocimiento del matrimonio o de la unión registrada;
- las obligaciones de alimentos;
- la sucesión por causa de muerte de uno de los cónyuges o de uno de los miembros de la unión;
- la Seguridad Social;
- el derecho de transmisión o ajuste entre los cónyuges o miembros de la unión, en caso de divorcio, separación judicial o anulación del matrimonio o disolución o anulación de la unión, de los derechos de pensión de jubilación o de incapacidad devengados durante el matrimonio o la vigencia de la unión y que no hayan dado lugar a ingresos en forma de pensión durante estos;
- la naturaleza de los derechos reales sobre un bien; y
- cualquier inscripción en un registro de derechos sobre bienes muebles o inmuebles, incluidos los requisitos legales para llevarla a cabo, y los efectos de la inscripción o de la omisión de la inscripción de tales derechos en un registro.

1872.1 **Regímenes económico matrimoniales** (Rgto UE/2016/1103 art.4 a 11; Rgto Ejecución (UE) 2018/1935) La **competencia** para resolver sobre el régimen económico matrimonial -en conexión con las cuestiones respectivas- se ajusta a las siguientes **reglas**, teniendo en cuenta que en los casos que se exponen las partes pueden acordar que los órganos jurisdiccionales del Estado miembro cuya ley sea aplicable o los órganos jurisdiccionales del Estado miembro de la celebración del matrimonio tengan competencia exclusiva para resolver sobre las cuestiones relativas al régimen económico matrimonial:

Supuestos	Órgano jurisdiccional competente	
Fallecimiento de uno de los cónyuges	El del Estado que conozca de la sucesión del fallecido.	
Divorcio, separación judicial o anulación del matrimonio	No existe acuerdo entre los cónyuges.	El del Estado ante el que se interponga la demanda.
	Existe acuerdo entre los cónyuges (1).	El que acuerden los cónyuges, siempre que sea un órgano jurisdiccional de un Estado miembro: a) en el que el demandante resida habitualmente y haya residido durante al menos 1 año inmediatamente antes de la fecha de interposición de la demanda; b) del que el demandante sea nacional y en el que resida habitualmente y haya residido durante al menos 6 meses inmediatamente antes de la fecha de interposición de la demanda; c) que debe resolver por razón de las reglas de competencia residual.

<table>
<tr><th>Supuestos</th><th colspan="2">Órgano jurisdiccional competente</th></tr>
<tr><td>Resto de casos</td><td colspan="2">a) El del territorio en el que los cónyuges tengan su residencia habitual en el momento de la interposición de la demanda ante el órgano jurisdiccional, o, en su defecto;
b) El del territorio en el que los cónyuges hayan tenido su última residencia habitual, siempre que uno de ellos aún resida allí en el momento de la interposición de la demanda ante el órgano jurisdiccional, o, en su defecto;
c) El del territorio en el que el demandado tenga su residencia habitual en el momento de la interposición de la demanda ante el órgano jurisdiccional, o, en su defecto;
d) El de la nacionalidad común de los cónyuges en el momento de la interposición de la demanda ante el órgano jurisdiccional.</td></tr>
<tr><td>Comparecencia del demandado</td><td colspan="2">El del Estado miembro cuya ley sea aplicable (2) y ante el que comparezca el demandado, exceptuándose los casos en que la comparecencia del demandado tiene por objeto impugnar la competencia, previa advertencia del órgano jurisdiccional a aquel de su derecho a impugnar la misma y de las consecuencias de su comparecencia o incomparecencia.</td></tr>
<tr><td rowspan="2">Competencia alternativa (excepcional) (3)</td><td rowspan="2">Para el caso de que un órgano jurisdiccional considere que en su Derecho internacional privado no esté reconocido el matrimonio.</td><td>Puede inhibirse, sin dilación indebida, y si las partes atribuyen la competencia a los órganos jurisdiccionales de cualquier Estado miembro, estos son los competentes.</td></tr>
<tr><td>Si no se atribuye la competencia por las partes y no se puede atribuir según las reglas anteriores: los del Estado miembro de la celebración del matrimonio.</td></tr>
<tr><td>Competencia subsidiaria</td><td>Ningún órgano es competente o todos se inhiben y ningún órgano jurisdiccional es competente.</td><td>Los del Estado en el que se encuentre un bien inmueble de uno o ambos cónyuges sobre el cual haya que resolver.</td></tr>
<tr><td>Forum necessitatis</td><td>Ningún órgano es competente o todos los órganos jurisdiccionales se inhiben.</td><td>El de cualquier Estado miembro, con carácter excepcional, puede resolver sobre el régimen económico matrimonial si el proceso no puede incoarse o desarrollarse razonablemente o si resulta imposible en un tercer Estado con el que el asunto tenga una conexión estrecha (4).</td></tr>
</table>

(1) Si el acuerdo se celebra antes de requerirse al órgano jurisdiccional para que resuelva sobre el régimen económico matrimonial, el acuerdo debe expresarse por escrito -basta la comunicación por medios electrónicos que proporcionen un registro duradero del acuerdo-, fecharse y firmarse por las partes.
(2) La ley aplicable se determina por lo dispuesto en Rgto UE/2016/1103 art.22 y 26.1.a) o b).
(3) En ningún caso se aplican estas reglas si las partes han obtenido una resolución de divorcio, separación judicial o anulación del matrimonio susceptible de ser reconocida en el Estado miembro del foro.
(4) El asunto debe tener una conexión suficiente con el Estado miembro del órgano jurisdiccional que vaya a conocer de él.

Precisiones Ver la regla expuesta en nº 1868.

Efectos patrimoniales de uniones registradas (Rgto UE/2016/1104 art. 4 a 11; Rgto Ejecución (UE) 2018/1990) 1872.2

El régimen de **competencia**, que no afecta a las competencias de las autoridades de los Estados miembros en materia de efectos patrimoniales de las uniones registradas, se ajusta al siguiente tratamiento:

<table>
<tr><th>Supuestos</th><th colspan="2">Órganos jurisdiccionales</th></tr>
<tr><td>Fallecimiento de uno de los miembros</td><td></td><td>Los del Estado al que pertenezca el fallecido.</td></tr>
<tr><td>Disolución o anulación</td><td></td><td>Los del Estado miembro competentes para resolver sobre los efectos patrimoniales cuando sus miembros así lo acuerden (1).</td></tr>
<tr><td>Ningún órgano jurisdiccional es competente en caso de fallecimiento, disolución o anulación de unión registrada</td><td rowspan="2"></td><td rowspan="2">Los del Estado miembro:
- en cuyo territorio tengan los miembros su residencia habitual en el momento de la interposición de la demanda; o, en su defecto
- en cuyo territorio hayan tenido los miembros de la unión registrada su última residencia habitual, siempre que uno de ellos aún resida allí en el momento de la interposición de la demanda; o en su defecto
- en cuyo territorio tenga el demandado su residencia habitual en el momento de la interposición de la demanda; o, en su defecto
- de la nacionalidad común de los miembros en el momento de la interposición de la demanda; o, en su defecto
- conforme a cuya ley se haya creado la unión registrada.</td></tr>
<tr><td>Resto de casos</td></tr>
</table>

Supuestos		Órganos jurisdiccionales
Comparecencia del demandado		El del Estado miembro cuya ley sea aplicable y ante el que comparezca el demandado (2).
Competencia alternativa (3)	Para el caso de que el órgano jurisdiccional se inhiba.	El del Estado miembro que acuerden las partes o, en su defecto, el de cualquier Estado miembro determinado en «resto de casos» o por elección de las partes o por comparecencia del demandado.
Competencia subsidiaria	Ningún órgano jurisdiccional es competente o todos los órganos jurisdiccionales se han inhibido y no resulta ninguno competente.	Los de un Estado miembro en la medida en que un bien inmueble de uno o ambos miembros de la unión registrada se encuentre en el territorio de dicho Estado miembro, en cuyo caso el órgano jurisdiccional al que se someta el asunto solo es competente para resolver sobre el bien inmueble de que se trata.
Forum necessitatis (excepcional)	Ningún órgano es competente o todos se han inhibido y no resulta ninguno competente.	Los de un Estado miembro pueden resolver si el proceso no puede incoarse o desarrollarse razonablemente o si resulta imposible en un tercer Estado con el que el asunto tenga una conexión estrecha y suficiente con el citado Estado miembro.

(1) Si el acuerdo se celebra antes de que se requiera al órgano jurisdiccional que resuelva sobre los efectos patrimoniales de la unión registrada, ha de ser escrito, fechado y firmado por las partes.
(2) No se aplica si la comparecencia tiene por objeto impugnar la competencia, ni en los casos de fallecimiento de uno de los miembros de la unión registrada.
(3) No se aplica si las partes han obtenido una disolución o anulación de la unión registrada susceptible de ser reconocida en el Estado miembro del foro.

Precisiones Ver la regla expuesta en nº 1868.

1872.3 **Reglas complementarias** (Rgto UE/2016/1103 art.12 a 19; Rgto UE/2016/1104 art.12 a 19) Junto a las anteriores reglas competenciales es importante tener en cuenta las siguientes:

1. El órgano jurisdiccional ante el que se sustancien los procedimientos es, asimismo, competente para resolver sobre las **reconvenciones**.

2. Si la herencia del causante comprende **bienes situados en un tercer Estado**, el órgano jurisdiccional que resuelva sobre el régimen económico matrimonial puede, a instancia de una de las partes, optar por no resolver sobre uno o más de dichos bienes cuando quepa esperar que su resolución respecto de dichos bienes no va a ser reconocida ni, en su caso, declarada ejecutoria en dicho tercer Estado, aunque esto no afecta al derecho de las partes a limitar el alcance de los procedimientos en virtud de la ley del Estado miembro del órgano jurisdiccional que conozca del asunto.

3. Se considera que un **órgano jurisdiccional conoce de un asunto**:
- en el momento en que se presente al órgano jurisdiccional el escrito de demanda o un documento equivalente, a condición de que posteriormente el demandante no deje de tomar todas las medidas exigibles para que se le notifique al demandado;
- si dicho documento debe notificarse al demandado antes de su presentación al órgano jurisdiccional, en el momento en que lo reciba la autoridad encargada de la notificación, a condición de que posteriormente el demandante no deje de tomar todas las medidas exigibles para presentar el documento al órgano jurisdiccional; o
- si el procedimiento es incoado de oficio por el órgano jurisdiccional, en el momento en que el órgano jurisdiccional adopte la decisión de apertura del procedimiento, o, en caso de que no resulte precisa dicha resolución, en el momento en que el órgano jurisdiccional registre el asunto.

4. Si un órgano jurisdiccional de un Estado miembro conoce de un asunto en materia de régimen económico matrimonial sobre el que no sea competente debe declararse **incompetente de oficio**.

5. Si un **demandado con residencia habitual en un Estado distinto del Estado miembro en el que se haya interpuesto la demanda** no comparece, el órgano jurisdiccional competente ha de **suspender el procedimiento**, en tanto no se acredite que el demandado ha podido recibir el escrito de demanda o el documento equivalente con tiempo suficiente para preparar su defensa, o que se han tomado todas las medidas necesarias a tal fin. Sin embargo, pueden instarse **medidas cautelares** en lugar de la suspensión del procedimiento, cuando el escrito de demanda o el documento equivalente tenga que ser transmitido de un Estado miembro a otro. En el caso de no ser aplicables las disposiciones del Rgto (UE) 2020/1784, debe aplicarse el Convenio La Haya 15-11-1965 art.15, si el escrito de demanda o el documento equivalente debe transmitirse al extranjero.

6. Si se interponen **demandas con el mismo objeto y las mismas partes ante órganos jurisdiccionales de Estados miembros diferentes**, los órganos jurisdiccionales antes los que se interponen las demandas deben suspender de oficio el procedimiento en tanto no se declare competente el primer órgano jurisdiccional ante el que se haya interpuesto la demanda por razones de **litispendencia**. En estos casos, y a instancia del órgano jurisdiccional ante el que se haya sustanciado el litigio, cualquier otro órgano jurisdiccional ante el que se haya interpuesto una demanda debe informar sin dilación al primero de la fecha en que se interpuso la demanda. Si se establece que es competente el primer órgano jurisdiccional ante el que se interpuso la demanda, los demás órganos jurisdiccionales han de inhibirse en su favor.
7. Cuando haya **demandas conexas** -las conectadas entre sí por una relación tan estrecha que sería oportuno tramitarlas y juzgarlas al mismo tiempo a fin de evitar el riesgo de resoluciones que pueden ser inconciliables si los asuntos se juzgan separadamente- pendientes ante órganos jurisdiccionales de Estados miembros diferentes, aquellos ante los que se hayan interpuesto las demandas posteriores pueden suspender el procedimiento. Si las demandas están pendientes en **primera instancia**, se pueden inhibir los órganos jurisdiccionales ante los que se interponen las demandas posteriores a instancia de una de las partes, siempre y cuando el primer órgano que conoce del asunto sea competente para conocer de dichas demandas y siempre que la ley permita su acumulación.
8. Se pueden instar ante órganos jurisdiccionales de un Estado miembro **medidas provisionales y cautelares**, incluso si un órgano jurisdiccional de otro Estado miembro fuera competente para conocer del fondo del asunto.

En materia concursal (Rgto UE/848/2015) El RDLeg 1/2020 (LCon) incorpora y adapta los criterios de competencia internacional que el Reglamento establece, a los efectos de determinar la competencia de las **Secciones de lo Mercantil de los Tribunales de Instancia** -hasta su constitución, de los juzgados de lo mercantil- para conocer de los procesos concursales. 1873
Por ello se exponen conjuntamente y de manera sintética las normas de competencia internacional en materia de concursos en el ámbito de la Unión Europea, cuando el **deudor** tenga en algún Estado miembro el **centro principal de sus intereses**.

Concurso principal (Rgto UE/848/2015 art.3; LCon art.45 s.) Tienen competencia para **abrir el procedimiento de insolvencia** los tribunales del Estado miembro en cuyo territorio se sitúe el centro de los intereses del deudor principal. 1874
La competencia para **declarar y tramitar el concurso** corresponde al juez de lo mercantil en cuyo territorio tenga el deudor el centro de sus intereses principales.
Si el **deudor** tiene además **en España su domicilio** y el lugar de este no coincide con el centro de sus intereses principales, es también competente, a elección del acreedor solicitante, el juez de lo mercantil en cuyo territorio radique aquel.

Precisiones Por **centro de intereses principales**, se entiende el lugar donde el deudor ejerce de modo habitual y reconocible por terceros la administración de tales intereses.
Se presume, salvo prueba en contrario, que:
- En cuanto a las **sociedades y personas jurídicas**, el centro de los intereses principales es el lugar de su domicilio social.
- Respecto de los **particulares que ejercen una actividad mercantil o profesional independiente**, el centro de sus intereses principales es su centro principal de actividad.
- Por lo que toca a **otros particulares**, el centro de sus intereses principales es el lugar de residencia habitual de dicho particular.

Estas **presunciones solo son aplicables** si el domicilio social, en el primer caso, o el centro principal de actividad de la persona, en el segundo, no ha sido trasladado a otro Estado miembro en los 3 meses anteriores a la solicitud de apertura de un procedimiento de insolvencia. Y si la residencia habitual del particular no ejerciente de actividad mercantil o profesional independiente, en el tercero, no ha sido trasladada a otro Estado miembro en los 6 meses anteriores a la solicitud de apertura indicada.

Concurso territorial Cuando el **centro de intereses principales** del deudor se encuentre en el **territorio de un Estado miembro**, los tribunales de otro Estado miembro solo son competentes para abrir un procedimiento de insolvencia con respecto a ese deudor si este posee un establecimiento en el territorio de este último Estado. Los **efectos** de dichos procedimientos se limitan a los bienes del deudor situados en el territorio de dicho Estado miembro, afectos o no a la actividad en dicho establecimiento (LCon art.49.2). 1875
Así, si el **centro de los intereses principales no se halla en territorio español**, pero el deudor tiene en este un establecimiento, es competente el juez de lo mercantil en cuyo territorio radique y, de existir varios, donde se encuentre cualquiera de ellos, a elección del solicitante.
En el caso de que sobre los bienes situados en un Estado extranjero se abra un **procedimiento de insolvencia**, respecto del deudor contra el que se siga en España un concurso como principal, se seguirán las normas previstas para la coordinación de ambos procedimientos.

Asimismo, en el caso de que en el Estado donde el deudor tiene el centro de sus intereses principales se abra un procedimiento de insolvencia, y se esté tramitando en España un **concurso territorial limitado a los bienes del deudor**, afectos o no a la actividad, que estén situados en España, se seguirán las normas previstas para la coordinación de ambos procedimientos.

Precisiones La coordinación entre **procedimientos paralelos de insolvencia** puede consultarse en nº 5470 s. y nº 6212.

1876 **En la LOPJ** El principio de primacía del Derecho de la Unión Europea y la aplicabilidad directa o efecto directo que se predica de los reglamentos europeos, así como los **compromisos adquiridos por los convenios internacionales**, determinan que la competencia internacional se rija por estas normas con la consiguiente inaplicación de las normas internas incompatibles o contrarias a las europeas, así como la interpretación de la legalidad interna conforme al Derecho de la Unión Europea (TS auto 14-3-06, EDJ 30314).
No obstante esta remisión a los convenios internacionales y a la normativa europea (LOPJ art.21), los **criterios atributivos de competencia** a los tribunales civiles españoles tienen su plena virtualidad en los casos que no estén sujetos a aquellas normas, así como, en general, en los litigios entablados con demandados que no tengan su domicilio en el territorio de algún Estado miembro, así como en los casos de **sumisión a la jurisdicción española** que no vulnere las reglas de competencia exclusiva o especial preferentes (nº 1855 s.).

Precisiones Las reglas que aquí se exponen han de integrarse con la norma negativa siguiente: **no concurre competencia** de los órganos jurisdiccionales españoles en aquellos casos en que los fueros de competencia previstos en las leyes españolas no contemplen dicha competencia (LOPJ art.22 octies.1).

1877 **Competencias exclusivas** (LOPJ art.22) Con carácter exclusivo corresponde a los jueces y tribunales españoles la **competencia internacional** en materia de:
a) Derechos reales y arrendamientos de **inmuebles** que se hallen en España. No obstante, en materia de contratos de arrendamiento de bienes inmuebles celebrados para un uso particular durante un plazo máximo de 6 meses consecutivos, serán igualmente competentes los órganos jurisdiccionales españoles si el demandado estuviera domiciliado en España, siempre que el arrendatario sea una persona física y que este y el propietario estén domiciliados en el mismo Estado.
b) Constitución, validez, nulidad o disolución de **sociedades** o personas jurídicas que tengan su domicilio en territorio español, así como respecto de los acuerdos y decisiones de sus órganos.
c) Validez o nulidad de las **inscripciones practicadas en un registro español**; en materia de inscripciones o de validez de **patentes**, marcas, diseños o dibujos y modelos y otros derechos sometidos a depósito o registro cuando se haya solicitado o efectuado en España el depósito o registro.
d) Reconocimiento y ejecución en territorio español de **resoluciones judiciales y decisiones arbitrales dictadas en el extranjero**.

1878 MPCI nº 3029 **Sometimiento expreso o tácito** (LOPJ art.22 bis) Son competentes los tribunales españoles cuando las partes se hayan sometido expresa o tácitamente a los tribunales españoles, con independencia del **domicilio** de aquellas y siempre que se trate de **materias** en que una norma expresamente lo permita.
No surten efectos los acuerdos que atribuyan la competencia a los tribunales españoles, ni las estipulaciones similares incluidas en un contrato, si son contrarios a lo establecido en las reglas específicas de la LOPJ art.22 quater a 22 septies (nº 1878.1), o si excluyen la competencia de los órganos judiciales españoles exclusivamente competentes conforme lo establecido en LOPJ art.22 (nº 1878), en cuyo caso se ha de atender a lo establecido en dichos preceptos y normas.
La sumisión a los órganos judiciales españoles en las materias de **contratos de consumidores y de seguros** (LOPJ art.22.d y e) solo será válida si se fundamenta en un acuerdo de sumisión posterior a que surja la controversia, o ambos contratantes tuvieran ya su domicilio o residencia habitual en España en el momento de celebración del contrato o el demandante fuera el consumidor, asegurado o tomador del seguro.

Precisiones El **sometimiento a jurisdicción extranjera** exige pacto escrito y expreso. Su ausencia obliga a aplicar la *lex fori* (AP Barcelona 24-7-18, EDJ 57116).

1878.1 MPCI nº 3031 **Comparecencia o domicilio** (LOPJ art.22 ter) Junto con la regla de la sumisión, se formulan otras dos atributivas de competencia internacional:
a) Con independencia de los casos en los que su competencia resulte de otras disposiciones, son competentes los órganos judiciales españoles, **cuando comparezca ante ellos el demandado**. Esta regla no resulta de aplicación si la comparecencia tiene por objeto impugnar la competencia.

b) En materias distintas a las examinadas en nº 1877 (LOPJ art.22), así como las medidas provisionales para aseguramiento de personas y bienes y en materia concursal (LOPJ art.22 sexies y 22 septies) y si no mediara sumisión a los tribunales españoles de conformidad con LOPJ art.22 bis (nº 1878), estos resultarán competentes cuando el **demandado tenga su domicilio en España** -lo que se entiende sucede cuando tenga en ella la persona física su residencia habitual, o la persona jurídica su sede social, centro de administración o administración central o su centro de actividad principal-, o cuando así venga determinado por cualquiera de los foros establecidos expuestos en nº 1879 (LOPJ art.22 quater y 22 quinquies).
No obstante, la competencia así determinada puede ser **excluida** mediante un acuerdo de elección de foro a favor de un tribunal extranjero. En tal caso, los órganos judiciales nacionales suspenderán el procedimiento y solo podrán conocer de la pretensión deducida en el supuesto de que los tribunales extranjeros designados hubieran declinado su competencia.
En caso de **pluralidad de demandados**, son competentes los tribunales españoles cuando al menos uno de ellos tenga su domicilio en España, siempre que se ejercite una sola acción o varias entre las que exista un nexo por razón del título o causa de pedir que aconsejen su acumulación.

Otras reglas de competencia (LOPJ art.22.3º, 4º y 5º) También son competentes los tribunales **1879**
civiles españoles en materia de:
a) Declaración de **ausencia o fallecimiento**, cuando el desaparecido hubiera tenido su último domicilio en territorio español o tuviera nacionalidad española.
b) **Capacidad** de las personas y medidas de protección de la persona adulta o de sus bienes, cuando estos tuviesen su residencia habitual en España.
c) **Relaciones personales y patrimoniales** entre cónyuges, nulidad matrimonial, separación y divorcio, cuando ambos cónyuges posean residencia habitual en España al tiempo de la demanda, o cuando hayan tenido en España su última residencia habitual y uno de ellos resida allí, o cuando España sea la residencia habitual del demandado, o, en caso de demanda de mutuo acuerdo, cuando en España resida uno de los cónyuges, o cuando el demandante lleve al menos 1 año de residencia habitual en España desde la interposición de la demanda, o cuando el demandante sea español y tenga su residencia habitual en España al menos 6 meses antes de la interposición de la demanda, así como cuando ambos cónyuges tengan nacionalidad española.
d) **Filiación** y **relaciones paterno-filiales**, **protección de menores** y **responsabilidad parental**, cuando el hijo tenga su residencia habitual en España al tiempo de la demanda o el demandante sea español o resida habitualmente en España o, en todo caso, al menos desde 6 meses antes de la presentación de la demanda.
e) **Adopción**, en los supuestos regulados en la L 54/2007, de adopción internacional.
f) **Alimentos**, cuando el acreedor o el demandado de los mismos tenga su residencia habitual en territorio español o, si la pretensión de alimentos se formula como accesoria a una cuestión sobre el estado civil o de una acción de responsabilidad parental, cuando los tribunales españoles fuesen competentes para conocer de esta última acción.
g) **Sucesiones**, cuando el causante hubiera tenido su última residencia habitual en España o cuando los bienes se encuentren en ella y el causante fuera español en el momento del fallecimiento. También, cuando las partes se hubieran sometido a los órganos jurisdiccionales españoles, siempre que fuera aplicable la ley española a la sucesión. Cuando ninguna jurisdicción extranjera sea competente, los tribunales españoles lo serán respecto de los bienes de la sucesión que se encuentren en España.

Por fin, son competentes los tribunales españoles, en defecto de sumisión expresa o tácita y **1879.1**
aunque el demandado **no tenga domicilio en territorio español** en las siguientes materias:
a) **Obligaciones contractuales**, cuando estas, objeto de la demanda, se hayan cumplido o deban cumplirse en España.
b) **Obligaciones extracontractuales**, cuando el hecho del que deriven haya ocurrido en territorio español.
c) Acciones relativas a la **explotación de sucursales, agencias o establecimientos mercantiles**, cuando estos se encuentre en territorio español.
d) **Contratos celebrados por consumidores**, si tienen su residencia habitual en territorio español, o si la tuviera la otra parte contratante -esta última solo puede litigar en España si el consumidor tiene su residencia habitual en territorio español-.
e) **Seguros**, cuando el asegurado, tomador o beneficiario del seguro tuviera su domicilio en España. También podrá el asegurador ser demandado ante los tribunales españoles si el hecho dañoso se produjera en territorio español y se tratara de un contrato de seguro de responsabilidad o de seguro relativo a inmuebles, o, tratándose de un seguro de responsabilidad

civil, si los tribunales españoles fueran competentes para conocer de la acción entablada por el perjudicado contra el asegurado en virtud de lo dispuesto en el apartado b) precedente.
f) **Derechos reales sobre bienes muebles**, si estos se encontraran en territorio español al tiempo de la interposición de la demanda.

Precisiones Respecto a los apartados d) y e) también serán competentes los órganos españoles cuando el **consumidor, asegurado o tomador del seguro** sea demandante y las partes hayan acordado la sumisión a estos después de surgir la controversia, o ambos contratantes tuvieran ya su domicilio en España en el momento de celebración del contrato o el demandante fuera el consumidor, asegurado o tomador del seguro.

2. Inmunidad de jurisdicción

(LOPJ art.21.2)

1880 MPCI nº 3047 s. **En el Derecho internacional** Se exceptúan de la jurisdicción de los jueces y tribunales españoles los supuestos de inmunidad de jurisdicción y de ejecución establecidos por la legislación española o las normas de Derecho internacional público (LOPJ art.21.2).
El régimen de **inmunidad de los Estados extranjeros** no es contrario al derecho a la tutela judicial efectiva. Ha de reputarse legítima, desde un punto de vista constitucional pues posee un doble fundamento objetivo y razonable, como son el principio de igualdad soberana de los Estados y el principio de cooperación pacífica entre los mismos (TCo 140/1995).
La igualdad jurídica de los Estados y el mutuo respeto de su personalidad determinan que no puedan someterse en los casos convencionalmente previstos, sin su **consentimiento**, a la justicia de otro Estado.
Este principio se proyecta, fundamentalmente, en la institución de la inmunidad de la jurisdicción civil de los **agentes diplomáticos** dado que este privilegio se concede por el Derecho Internacional para garantizar el desempeño eficaz de las misiones diplomáticas como órganos de un Estado extranjero que le representan ante el Estado receptor.
Los llamadas **privilegios e inmunidades de los agentes diplomáticos** han de ser entendidos como garantías para el libre y eficaz ejercicio de las funciones que llevan a cabo en representación del Estado que los envía, configurando tales garantías, en su conjunto, un estatuto singular de dichas personas, establecido por el Derecho Internacional, que ha de ser respetado por los órganos y autoridades del Estado receptor.

1881 MPCI nº 3055 s. **En el Derecho interno** La regulación de la inmunidad de jurisdicción recogida en la LO 16/2015, diferencia en el tratamiento que se da a los siguientes aspectos:
- inmunidades de **jurisdicción** y **ejecución**;
- inmunidades del **Jefe del Estado, el Jefe de Gobierno y el Ministro de Asuntos Exteriores** del Estado extranjero;
- inmunidades de los **buques** de guerra y de los buques y **aeronaves** de Estado;
- otras reglas sobre inmunidades;
- **cuestiones procedimentales**.

Esta regulación puede consultarse con detalle en nº 3055 s. Memento Procesal Civil 2026.

3. Falta de competencia internacional

1883 El órgano judicial español ante el que se interponga una demanda o se inicie un proceso, está obligado a examinar la normativa sobre competencia judicial internacional civil, a los efectos de determinar si el conocimiento del asunto corresponde, efectivamente, a los tribunales españoles y no está afectado por alguna **inmunidad de jurisdicción** convenida por España (LOPJ art.22 octies.2).
A tal efecto se examinan, en primer lugar, los reglamentos y la normativa de la Unión Europea y los convenios internacionales, tanto por el principio de primacía del Derecho de la Unión Europea, como por la **remisión expresa** a las normas de competencia internacional que realiza la LOPJ art.21.
Si no son de aplicación los reglamentos y demás normas de la Unión Europea y en los convenios internacionales, han de examinarse los **criterios atributivos de competencia** a los tribunales civiles españoles contemplados en la LOPJ art.22 s. (nº 1855 y nº 1875).

1884 MPCI nº 3117 **Deber de abstención** (LOPJ art.22 octies.3; LEC art.36.2; Rgto CE/1215/2012 art.26 a 28) Los tribunales civiles españoles deben abstenerse de conocer de los asuntos que se les sometan cuando:
- se haya formulado demanda o solicitado ejecución respecto de **sujetos o bienes que gocen de inmunidad** de jurisdicción o de ejecución conforme a la legislación española y a las normas del Derecho Internacional Público (nº 1880);

- en virtud de un tratado o convenio internacional en el que España sea parte, el asunto se encuentre atribuido con **carácter exclusivo a la jurisdicción de otro Estado** (nº 1853 s.);
- **no comparezca el demandado** emplazado en debida forma, en los casos en que la competencia internacional de los tribunales españoles únicamente pueda fundarse en la sumisión tácita de las partes.

Apreciación de oficio (LEC art.38 y 66.1) La abstención de los tribunales civiles por falta de competencia internacional se acuerda de oficio, con **audiencia** de las partes y del Ministerio Fiscal, tan pronto como sea advertida tal falta de competencia internacional. **1885** MPCI nº 3119
Contra el auto absteniéndose de conocer por falta de competencia internacional cabe **recurso de apelación**.

Declinatoria de competencia internacional (LEC art.39, 65 y 66) El demandado puede denunciar mediante declinatoria la falta de competencia internacional. **1886** MPCI nº 3121
Si el tribunal entiende que carece de jurisdicción por corresponder el conocimiento del asunto a los tribunales de otro Estado, lo declara así mediante auto, **absteniéndose de conocer** y sobreseyendo el proceso.
Contra el auto por el que se rechace la falta de competencia internacional solo cabe **recurso de reposición**, sin perjuicio de alegar la falta de esos presupuestos procesales en la apelación contra la sentencia definitiva.
Contra el auto absteniéndose de conocer por falta de competencia internacional cabe **recurso de apelación**.

Precisiones La LEC agrupa la regulación de la **tramitación** de la declinatoria en un procedimiento homogéneo, para los distintos supuestos en que puede plantearse (nº 1990).

4. Jurisdicción civil

(LOPJ art.9.2 y 6)

La LOPJ diferencia **distintos órdenes jurisdiccionales**, por razón de la materia de la que conoce cada uno de ellos. **1887**
Los tribunales del orden civil conocen, además de las materias que les son propias, de todas aquellas que no estén atribuidas a otro orden jurisdiccional.
En cuanto a las **materias propias del orden jurisdiccional civil** ha de estarse a lo dispuesto en la LOPJ art.22, que enumera las mismas y su vinculación a la competencia internacional civil española (nº 1876).
Asimismo, el **defecto de jurisdicción** puede provenir por existir un compromiso previo de las partes de someter sus diferencias al arbitraje, así como por corresponder el asunto de que se trate al Tribunal de Cuentas, a la jurisdicción militar o a los órganos administrativos de cualquier Administración pública.

Falta de jurisdicción (LOPJ art.9.6; LEC art.225.1º) La jurisdicción es **improrrogable**, de forma que los órganos judiciales aprecian de oficio la falta de jurisdicción y resuelven sobre la misma con audiencia de las partes y del Ministerio Fiscal. En todo caso, la **resolución** será **fundada** y se efectuará indicando siempre el orden jurisdiccional que se estime competente. **1888**
Son nulos de pleno derecho los actos procesales cuando se produzcan por o ante tribunal con falta de jurisdicción (nº 3025 s.).

Apreciación de oficio (LEC art.37.1, 38, 66.1 y 227.2) Cuando un tribunal de la jurisdicción civil estime que el asunto que se le somete corresponde a la jurisdicción militar, o bien a una Administración pública o al Tribunal de Cuentas cuando actúe en sus funciones contables, ha de **abstenerse de conocer**. **1889** MPCI nº 3129
Se abstendrán igualmente de conocer los tribunales civiles cuando se les sometan asuntos de los que corresponda conocer a los tribunales de otro orden jurisdiccional de la jurisdicción ordinaria. Cuando el **Tribunal de Cuentas** ejerza funciones jurisdiccionales se entenderá integrado en el orden contencioso-administrativo.
La abstención de los tribunales civiles por falta de jurisdicción se acuerda **de oficio**, con **audiencia** de las partes y del Ministerio Fiscal, tan pronto como sea advertida esta falta de jurisdicción por pertenecer el asunto a otro orden jurisdiccional.
La falta de jurisdicción puede apreciarse, con la consiguiente **nulidad de actuaciones**, con ocasión de un recurso, incluso aunque no haya sido solicitada en dicho recurso por las partes.
Contra el auto absteniéndose de conocer por falta de competencia internacional o por pertenecer el asunto a tribunal de otro orden jurisdiccional cabe **recurso de apelación**.

Precisiones Ver en nº 500 s., en relación con los **conflictos de jurisdicción** y los **conflictos de competencia**.

1890 **Declinatoria** (LEC art.39, 65, 66 y 416.2) El demandado puede denunciar mediante declinatoria la falta de jurisdicción por pertenecer el asunto a otro orden jurisdiccional o por haberse sometido a arbitraje la controversia.

El **convenio arbitral** obliga a las partes a cumplir lo estipulado e impide a los tribunales conocer de las controversias sometidas a arbitraje, siempre que la parte a quien interese lo invoque mediante declinatoria (nº 17449).

Si el tribunal considera que carece de jurisdicción por corresponder el asunto de que se trate a los **tribunales de otro orden jurisdiccional**, en el auto en el que se abstenga de conocer señala a las partes ante qué órganos han de usar de su derecho. Igual resolución se dicta cuando el tribunal entienda que carece de **competencia objetiva**.

Del mismo modo procede el tribunal si estima la declinatoria fundada en haberse sometido el asunto a **arbitraje**. En este caso -arbitraje o mediación-, se articula sobre la base de una regla general, que es la invocabilidad en caso de sumisión a arbitraje o mediación de la cuestión; y una excepción, cual es el acuerdo previo de sometimiento a un procedimiento de resolución alternativa si el demandante es el consumidor. La razón es que, para este último, los acuerdos indicados no son vinculantes; aunque sí lo son para el empresario (L 7/2017 art.13 y 15.1). Si es el demandante el empresario, no opera la excepción.

Contra el auto por el que se rechace la falta de jurisdicción, así como contra el auto que rechace la sumisión del asunto a arbitraje, solo cabe **recurso de reposición**, sin perjuicio de alegar la falta de esos presupuestos procesales en la apelación contra la sentencia definitiva.

Contra el auto absteniéndose de conocer por pertenecer el asunto a tribunal de otro orden jurisdiccional o por haberse sometido el asunto a arbitraje cabe **recurso de apelación**.

En la **audiencia previa al juicio**, el demandado no puede impugnar la falta de jurisdicción o de competencia del tribunal, que hubo de proponer en forma la declinatoria, sin perjuicio de la apreciación, de oficio, por el tribunal de su falta de jurisdicción o de competencia.

Precisiones La **tramitación** de la declinatoria puede consultarse en nº 1990 s.

5. Cuestiones prejudiciales

1892 Cada orden jurisdiccional puede conocer, a los solos efectos prejudiciales, de asuntos que no le estén atribuidos privativamente (LOPJ art.10).

Las distintas leyes procesales establecen la extensión, por conexión, del conocimiento de las **cuestiones** que, sin estar incluidas en su ámbito jurisdiccional, resultan **necesarias para la resolución del objeto** sometido a su conocimiento, si bien todas estas cuestiones tienen en común que su decisión no produce efectos fuera del proceso a los efectos de la cosa juzgada.

Precisiones Sobre la **cuestión prejudicial europea**, cuando exista duda racional respecto a la interpretación que deba darse a cualquier disposición del Derecho de la Unión Europea en relación a una determinada contienda judicial, ver nº 1853.

a. Prejudicialidad penal

(LEC art.40)

1894 MPCI nº 3140 Cuando en un proceso civil se ponga de manifiesto un hecho que ofrezca apariencia de **delito o falta perseguible de oficio**, el tribunal civil, mediante providencia, lo pondrá en conocimiento del Ministerio Fiscal, por si ha lugar al ejercicio de la acción penal.

El principio de **preferencia de la jurisdicción criminal** sobre la civil pretende evitar la simultaneidad de dos procedimientos en los que pudieran recaer sentencias disconformes, si bien estos supuestos, con la correspondiente suspensión, son de aplicación restrictiva a fin de evitar infracciones del derecho constitucional a la tutela judicial efectiva mediante injustificadas suspensiones de pleitos no penales (TCo 166/1995).

La prejudicialidad penal solo opera cuando existe una **íntima conexión** entre el objeto del pleito civil y la cuestión penal (AP Segovia 20-10-15, EDJ 196983; AP Granada auto 9-6-17, EDJ 190772; AP Barcelona 17-11-16, EDJ 274754).

1896 **Suspensión de actuaciones** (LEC art.40.2) En estos casos, solo se ordena la suspensión de las actuaciones del proceso civil cuando concurran las siguientes circunstancias:

a) Que se acredite la **existencia de causa criminal** en la que se estén investigando, como hechos de apariencia delictiva, alguno o algunos de los que fundamenten las pretensiones de las partes en el proceso civil.

b) Que la decisión del tribunal penal acerca del hecho por el que se procede en causa criminal pueda tener **influencia decisiva** en la resolución sobre el asunto civil.

La **suspensión de las actuaciones** se acuerda, mediante auto, una vez que el proceso esté pendiente solo de sentencia.
No obstante, la suspensión que venga motivada por la posible existencia de un **delito de falsedad** de alguno de los documentos aportados se acuerda, sin esperar a la conclusión del procedimiento, tan pronto como se acredite que se sigue causa criminal sobre aquel delito, cuando, a juicio del tribunal, el documento pueda ser decisivo para resolver sobre el fondo del asunto.

Precisiones La **no suspensión indebida** constituye una infracción de procedimiento generadora de indefensión (AP Barcelona 17-11-16, EDJ 274754; AP Pontevedra 9-2-17, EDJ 29423).

Alzamiento de la suspensión (LEC art.40.5 y 6) En el caso de **posible falsedad documental** no se acuerda la suspensión, o se alza, por el letrado de la Administración de Justicia, la que se haya acordado, si la parte a la que pueda favorecer el documento renuncie a él. Hecha la renuncia, se ordena que el documento sea separado de los autos. 1897
La suspensión se alza, por el letrado de la Administración de Justicia, cuando se acredite que el juicio criminal ha terminado o que se encuentra paralizado por motivo que haya impedido su normal continuación.

Indemnización de daños y perjuicios (LEC art.40.7) Si la causa penal sobre falsedad de un documento obedece a **denuncia o querella** de una de las partes y finaliza por resolución en que se declare ser auténtico el documento o no haberse probado su falsedad, la parte a quien haya perjudicado la suspensión del proceso civil puede pedir en este indemnización de daños y perjuicios (nº 5005 s.). 1898

Recursos contra la suspensión por prejudicialidad penal (LEC art.41) Contra la resolución que deniegue la suspensión del asunto civil se puede interponer recurso de reposición. 1899
La **solicitud de suspensión** puede, no obstante, reproducirse durante la segunda instancia y, en su caso, durante la tramitación del recurso de casación.
Contra el auto que acuerde la suspensión se da recurso de **apelación** y contra los autos dictados en apelación acordando o confirmando la suspensión no cabe **recurso** alguno.
Contra la resolución del letrado de la Administración de Justicia que acuerde el **alzamiento de la suspensión** puede interponerse recurso directo de revisión.

Prejudicialidad penal en la ejecución (LEC art.569 y 697) La presentación de **denuncia** o la interposición de **querella** en que se expongan hechos de apariencia delictiva relacionados con el título ejecutivo o con el despacho de la ejecución forzosa no determinan, por sí solas, que se decrete la suspensión de esta. 1900 MPCI nº 3150
Sin embargo, si se encuentra pendiente causa criminal en que se investiguen **hechos de apariencia delictiva** que, de ser ciertos, determinarían la falsedad o nulidad del título o la invalidez o ilicitud del despacho de la ejecución, el tribunal que conozca de ella o que la autorizó, oídas las partes y el Ministerio Fiscal, debe acordar la suspensión de la ejecución.
En este caso la ejecución puede seguir adelante si el ejecutante presta **caución suficiente** para responder de lo que perciba y de los daños y perjuicios que la ejecución produzca al ejecutado.
Si esta causa penal finaliza por resolución en que se declare la **inexistencia del hecho** o no ser este delictivo, el ejecutante puede pedir indemnización de daños y perjuicios.
Los procedimientos de ejecución sobre **bienes hipotecados o pignorados** se suspenderán por prejudicialidad penal cuando se acredite la existencia de causa criminal sobre cualquier hecho de apariencia delictiva que determine la falsedad del título, la invalidez o ilicitud del despacho de la ejecución (nº 4938 s.).

Prejudicialidad penal en la división judicial de herencias (LEC art.787.6) Cuando se hayan suspendido las actuaciones por estar pendiente causa penal en que se investigue un **delito de cohecho** cometido en el **avalúo de los bienes de la herencia**, la suspensión se alzará, por el letrado de la Administración de Justicia, sin esperar a que la causa finalice por resolución firme, en cuanto los interesados, prescindiendo del avalúo impugnado, presenten otro hecho de común acuerdo, en cuyo caso se dicta sentencia con arreglo a lo que resulte de este. 1901

Prejudicialidad penal en el concurso (LCon art.519) La incoación de procedimientos criminales relacionados con el deudor o por hechos que tuvieran relación con o influencia en el concurso de acreedores no provoca la **suspensión** de la tramitación de este, ni de ninguna de las secciones en que se divide (nº 5770). 1902

b. Cuestiones prejudiciales civiles

(LEC art.43)

1904 MPCI nº 3160 Cuando para resolver sobre el objeto del litigio sea necesario decidir acerca de alguna cuestión que, a su vez, constituya el **objeto principal de otro proceso** pendiente ante el mismo o distinto tribunal civil, si no es posible la acumulación de autos, el tribunal, a petición de ambas partes o de una de ellas, oída la contraria, puede mediante auto decretar la **suspensión del curso de las actuaciones**, en el estado en que se hallen, hasta que finalice el proceso que tenga por objeto la cuestión prejudicial.

1905 MPCI nº 3164 **Requisitos** (LEC art.222.4) La prejudicialidad civil supone la existencia de dos procedimientos que guardan alguna conexión, aunque su **objeto no sea idéntico**, pues de lo contrario tendríamos que acudir a las instituciones de la cosa juzgada o litispendencia, según el procedimiento previo haya finalizado o no mediante sentencia firme (AP Madrid 21-1-02, EDJ 126327; 29-6-04, EDJ 106612).

A estos efectos, lo resuelto con **fuerza de cosa juzgada** en la sentencia firme que haya puesto fin a un proceso, vincula al tribunal de un proceso posterior cuando en este aparezca como antecedente lógico de lo que sea su objeto, siempre que los litigantes de ambos procesos sean los mismos o la cosa juzgada se extienda a ellos por disposición legal.

Precisiones 1) La prejudicialidad civil se aprecia cuando los **efectos de la resolución dictada** en un proceso de esta naturaleza afectan, no de modo pleno, sino tangencial o reflejo, al que se sustancia con posterioridad (AP Barcelona 25-1-00, EDJ 9838), de modo que el primero se encuentre en relación de medio a fin respecto del segundo (AP Barcelona 30-6-16, EDJ 257301).

2) En cuanto a la distinción entre la **prejudicialidad civil** y la **litispendencia**, ver nº 3840.1.

1906 **Recursos** (LEC art.43) Contra el auto que deniegue la petición cabe recurso de reposición, y contra el auto que acuerde la suspensión cabe presentar recurso de apelación.

c. Cuestión prejudicial europea

(LEC art.43 bis derog RDL 4/2024)

1907 En el caso de que un tribunal estime que, para poder emitir su fallo, cualquiera que sea la fase del procedimiento, resulta necesaria una decisión sobre la interpretación o la validez del Derecho de la Unión, en los términos de TFUE art.267, ha de dictar providencia en la que, concretando suficientemente la **duda interpretativa o de validez**, dará audiencia por un plazo común de 10 días a las partes y, en los casos en los que legalmente proceda, al Ministerio Fiscal.

El **auto de planteamiento** de la cuestión prejudicial ante el TJUE acordará la **suspensión** de las actuaciones hasta que conste en autos la resolución de dicho tribunal que decida la cuestión o se acuerde su retirada. Contra la providencia y el auto mencionados no cabe **recurso** alguno.

Cuando se encuentre **pendiente ante el TJUE** una cuestión prejudicial directamente vinculada con el objeto del litigio de que conoce un tribunal, ya planteada por otro órgano jurisdiccional de cualquier Estado miembro de la Unión, si el tribunal estima necesaria la decisión del TJUE para resolver el litigio, puede suspender motivadamente el procedimiento mediante auto, previa audiencia por plazo común de 10 días de las partes y, si legalmente procede, del Ministerio Fiscal.

Contra el **auto denegatorio de la petición** se da recurso de reposición, y contra el que la acuerde, apelación.

La suspensión se alzará por el letrado de la Administración de Justicia una vez acreditada la **resolución del TJUE** o, en otros supuestos, por auto del propio tribunal que acordó la suspensión.

Precisiones 1) LEC art.43 bis ha sido formalmente **derogado** por RDL 4/2024. Sin embargo, se mantiene su exposición por su interés y atendida la circunstancia de que se trata de un precepto que puede considerarse mero declarativo, de modo que su derogación no impida proceder en la forma descrita.

2) Es defendible la posibilidad de que un órgano judicial suspenda un procedimiento hasta la resolución de **cuestión prejudicial ante el TJUE planteada por otro**, si bien, con criterios de razonabilidad -no por el mero hecho de estar planteada- y de utilidad, puede no acordarse la suspensión, especialmente, en tanto que no existe una fecha próxima y cierta para la resolución de la cuestión, por lo que la suspensión causaría un perjuicio relevante (AP Zaragoza Secc 5ª 8-6-23, EDJ 670052).

d. Resto de cuestiones prejudiciales

(LEC art.42; LCon art.55)

Resueltas por los jueces y tribunales civiles A los solos efectos prejudiciales, los tribunales civiles pueden conocer de asuntos que estén atribuidos a los tribunales de los órdenes **contencioso-administrativo** y **social**. 1908 MPCI nº 3174

La decisión de los tribunales civiles sobre estas cuestiones no surte efecto fuera del **concurso de acreedores** en que se produzca. La jurisdicción del juez de lo mercantil se extiende a todas las cuestiones prejudiciales administrativas o sociales directamente relacionadas con el concurso o cuya resolución sea necesaria para el buen desarrollo del procedimiento concursal.

Precisiones 1) La **admisibilidad de cuestiones prejudiciales no suspensivas** no vulnera la Constitución, incluso pudiendo acarrear sentencias contradictorias dictadas por tribunales de distintos órdenes jurisdiccionales (TCo 30/1996; 102/1996).

2) Tan solo se produciría una vulneración del derecho a la tutela judicial efectiva cuando, ordenándose en la legalidad ordinaria la **suspensión del procedimiento por prejudicialidad**, el órgano judicial hiciera caso omiso de ese mandado y resolviera la cuestión prejudicial como si la misma careciese de efecto suspensivo (TCo 91/1996).

Resueltas por otros órganos (LEC art.19.4, 42.3 y 237) Cuando lo establezca la Ley o lo pidan las partes de común acuerdo o una de ellas con el consentimiento de la otra, el letrado de la Administración de Justicia **suspenderá el curso de las actuaciones**, antes de dictar sentencia, hasta que la cuestión prejudicial sea resuelta, en sus respectivos casos, por la Administración pública competente, por el Tribunal de Cuentas o por los tribunales del orden jurisdiccional que corresponda. 1911 MPCI nº 3178

En este caso, el tribunal civil quedará **vinculado a la decisión** de los órganos indicados acerca de la cuestión prejudicial.

Como regla general, las partes podrán solicitar la **suspensión del proceso**, que será acordada por el letrado de la Administración de Justicia mediante decreto, siempre que no perjudique al interés general o a tercero y que el plazo de suspensión no supere los 60 días; no obstante, la especificidad de la suspensión por cuestiones prejudiciales no penales hace que no se aplique el **límite temporal** impuesto por dicho precepto.

En todo caso, se producirá la **caducidad de la instancia** (nº 3060), y se tendrán por abandonadas las instancias y recursos, si no se produce actividad procesal alguna en el plazo de 2 años, cuando el pleito se halle en primera instancia y de uno si está en segunda instancia o pendiente de recurso de casación.

6. Competencia de los órganos jurisdiccionales civiles

A los efectos de determinar el tribunal civil competente es preciso examinar las **reglas** sobre competencia objetiva, territorial y funcional, cuya aplicación determinará la selección del concreto órgano judicial competente, sin perjuicio de las normas de **reparto de los asuntos** entre aquellos que cumplan todos los requisitos de competencia. 1913 MPCI nº 3187

Para que los tribunales civiles tengan competencia en cada caso se requiere que el **conocimiento del pleito** les esté atribuido por normas con rango de ley y anteriores a la incoación de las actuaciones de que se trate (LEC art.44).

Precisiones La **reforma de la planta jurisdiccional** operada por LO 1/2025, con la desaparición de los juzgados unipersonales en el orden civil y su transformación en Secciones Civiles o Únicas integradas en los Tribunales de Instancia, impone que la proclamación del derecho al juez predeterminado legalmente se refiera a los jueces o magistrados integrantes de dichas Secciones a los que se asigne el conocimiento de los correspondientes procesos en los mismos términos que los integrantes del resto de los órganos jurisdiccionales colegiados.

a. Competencia objetiva

Las reglas sobre competencia objetiva atribuyen el conocimiento de los asuntos, por razón de la materia sobre la que verse el pleito, a las distintas clases de órganos judiciales existentes, estableciéndose una **competencia residual** a favor de las Secciones Civiles de los Tribunales de Instancia -hasta su constitución, de los juzgados de primera instancia-. 1916 MPCI nº 3190 s.

Precisiones La Sala de lo Civil del **Tribunal Supremo**, su Sala Especial y las salas de lo civil y penal de los **Tribunales Superiores de Justicia** conocen sustancialmente de demandas de responsabilidad civil contra aforados, así como de ciertas funciones de apoyo y control del arbitraje en el último caso, y, funcionalmente, de recursos de casación, mientras que las **Audiencias Provinciales** son competentes en esencia en sede de recurso de apelación frente a resoluciones dictadas por los órganos judiciales inferiores.

1917 **Secciones Civiles -o Únicas- de los Tribunales de Instancia** (LOPJ art.84 redacc LO 1/2025)
En cada **partido judicial** hay una Sección Civil o Única -Civil y de Instrucción- en el Tribunal de Instancia -hasta su constitución, uno o más juzgados de primera instancia o de primera instancia e instrucción- con sede en la capital de aquel y jurisdicción en todo su ámbito territorial. Toman su designación del municipio de su sede.

1918 **Competencia** (LEC art.45; LOPJ art.85 y 86 redacc LO 1/2025; L 29/2015 art.52; L 5/2012 art.27) Les corresponde
MPCI el conocimiento, en primera instancia, de todos los **asuntos civiles** que por disposición legal
nº 3206 expresa no se hallen atribuidos a otros tribunales.
Conocen, asimismo, dichos órganos:
- de los actos de jurisdicción voluntaria -excepto los de competencia de la Sección de lo Mercantil- hasta su constitución, de los juzgados de lo mercantil o, en su caso, de los juzgados de paz o de las Oficinas de Justicia que los sustituyan (nº 1927);
- de los recursos contra las resoluciones de los juzgados de paz del partido o de las Oficinas de Justicia que los sustituyan (nº 4078); así como
- de las cuestiones de competencia en materia civil entre los mismos.

Igualmente conocen de las **solicitudes de reconocimiento y ejecución** de sentencias y demás resoluciones judiciales y acuerdos de mediación o transacciones judiciales extranjeros, así como de la ejecución de laudos y resoluciones arbitrales extranjeros, a no ser que, con arreglo a lo acordado en los tratados y otras normas internacionales, o a lo establecido en otras leyes, corresponda su conocimiento a otro tribunal.

El **Registro Civil** está, asimismo, a cargo de los jueces de la Sección Civil del Tribunal de Instancia -hasta su transformación, de los de primera instancia y, por delegación de estos, de los de paz u Oficinas de Justicia que los sustituyan -hasta la implantación efectiva y aplicación del sistema derivado de la L 20/2011-.

Precisiones 1) Con efecto 17-8-2022, se elimina la excepción a la competencia objetiva de los juzgados de primera instancia para conocer de los **concursos de persona natural que no tenga la condición de empresario**, atribuidos desde entonces y por efecto a los juzgados de lo mercantil (LOPJ art.85.6 derog LO 7/2022).
2) Son competentes estos órganos de forma exclusiva y excluyente para conocer de la instancia del **proceso monitorio europeo** (LEC disp.final 23ª; nº 5372 y nº 5388); y, en cuanto no corresponda a las Secciones de lo Mercantil o de lo Social de los Tribunales de Instancia -previamente, a los juzgados de lo mercantil o de lo social-, para su ejecución. También lo son -junto con las secciones o los juzgados de lo mercantil, *ratione tempore*, en función del objeto de lo reclamado- para conocer de la instancia del proceso europeo de escasa cuantía (Rgto CE/861/2007; LEC disp.final 24ª: nº 3995).
3) Las **reglas especiales de competencia territorial** y sobre reconocimiento y ejecución de sentencias y títulos extranjeros se estudian en nº 650 s. y nº 4683 s.

1919 **Especialización** (LEC art.46) Los jueces integrados en las Secciones Civiles de los Tribunales de
MPCI Instancia -previamente, juzgados de primera instancia- a los que, de acuerdo con lo estable-
nº 3208 cido en la LOPJ (LOPJ art.96 redacc LO 1/2025), se les haya atribuido el conocimiento específico de determinados asuntos, extienden su competencia, exclusivamente, a los procesos en que se ventilen aquellos, debiendo **inhibirse a favor de los demás tribunales** competentes, cuando el proceso verse sobre materias diferentes.
Si se plantea cuestión por esta causa, se sustancia como las **cuestiones de competencia**.
La especialización acordada subsiste hasta que el CGPJ decida su finalización. **Revocado el acuerdo de especialización**, el juez afectado conservará, sin embargo, el conocimiento de los asuntos que le hayan sido turnados con anterioridad, hasta su conclusión por resolución definitiva (CGPJ Reglamento 1/2005 art.23).

1920 **Secciones de lo Mercantil de los Tribunales de Instancia** (LOPJ art.87 redacc LO 1/2025)
MPCI Con carácter general, en cada **provincia**, con jurisdicción en toda ella y sede en su capital, hay
nº 3210 una Sección de lo Mercantil en el Tribunal de Instancia -hasta su constitución, uno o varios juzgados de lo mercantil-.
También pueden establecerse en **poblaciones distintas de la capital de provincia** cuando el municipio no sea limítrofe con esta y tenga población superior a 250.000 habitantes, extendiéndose el ámbito de su jurisdicción a aquellos otros municipios limítrofes que se considere oportuno.
Pueden establecerse Secciones de lo Mercantil -previamente, juzgados de lo mercantil- que extiendan su jurisdicción a **dos o más provincias limítrofes** de la misma comunidad autónoma, en caso de que la provincia a la que se extienda su jurisdicción tenga una población superior a 500.000 habitantes.

En aquellas **capitales de provincia** en las que exista más de una plaza de juez de la Sección de lo Mercantil y menos de cinco -con anterioridad a su constitución, juzgados de esta clase-, las solicitudes de declaración de concurso de acreedores de persona natural se repartirán a uno solo de ellos. Si el número de jueces especializados fuera más de cinco, esas solicitudes se repartirán a dos o más igualmente determinados, con exclusión de los demás.

Precisiones 1) La **Sección de lo Mercantil del Tribunal de Instancia de Alicante** -hasta su transformación, los juzgados de lo mercantil- tiene competencia, además, para conocer, en primera instancia y de forma exclusiva, de todos aquellos litigios que se promuevan al amparo de lo previsto en el Rgto UE/2017/1001, sobre la **marca comunitaria**, y el Rgto CE/6/2002, sobre los **dibujos** y **modelos comunitarios**. **1921**
En el ejercicio de esta competencia dicho órgano extenderá su jurisdicción a todo el territorio nacional, y a estos solos efectos se denominará **Tribunal de Marca de la Unión Europea** -previamente, juzgados de marca-.
Este órgano tendrá también **competencia exclusiva** para conocer de aquellas demandas civiles en las que se ejerciten acumuladas acciones relativas a marcas de la Unión y a marcas nacionales o internacionales idénticas o similares; y de aquellas en las que existiera cualquier otra conexión entre las acciones ejercitadas si, al menos una de ellas, estuviera basada en un registro o solicitud de marca de la Unión (LOPJ art.87.10 redacc LO 1/2025).
2) El Tribunal de Marca de la Unión Europea -con anterioridad, los juzgados así denominados- es también competente para conocer de los litigios civiles que deriven de la L 17/2001 -**marcas**- y de la L 20/2003 -**protección jurídica del diseño industrial**-, cuando se ejerciten de manera acumulada acciones concernientes a marcas comunitarias y nacionales o internacionales idénticas o similares; o si existiera cualquier otra conexión entre las pretensiones y al menos una de ellas esté basada en un registro o solicitud de marca de la Unión. En estos casos, la competencia corresponde en exclusiva al citado órgano (L 17/2001 disp.adic.1ª; L 20/2003 disp.adic.1ª).
3) En el ámbito de la **marca de la Unión Europea**, los Estados miembros han de designar en sus territorios un número tan limitado como sea posible de **tribunales nacionales** de primera y de segunda instancia, encargados de desempeñar las funciones que les atribuye el Rgto (UE) 2017/1001. Tienen **competencia exclusiva** (Rgto UE/2017/1001 art.123 s.):
a) Para cualquier acción por violación y, en su caso, por intento de violación de una marca de la Unión.
b) Para las acciones de comprobación de inexistencia de violación, si la legislación nacional las admite.
c) Para cualquier acción entablada a raíz de hechos posteriores a la publicación de una solicitud de marca de la Unión, si dichos actos quedan prohibidos por tal publicación.
d) Para las demandas de reconvención por caducidad o por nulidad de la marca de la Unión.

Competencia (LOPJ art.87.6 a 9 redacc LO 1/2025) El **órgano especializado** debe declararse incompetente cuando el objeto del proceso exceda de las competencias que tengan específicamente atribuidas, y determina que la competencia corresponda a la Sección Civil del Tribunal de Instancia -a los juzgados de primera instancia, antes de su constitución- (AP Las Palmas auto 23-12-05, EDJ 269597). **1922**
Las Secciones de lo Mercantil -previamente, juzgados de esta clase- conocen como juez del concurso de cuantas cuestiones se susciten en **materia concursal**, cualquiera que sea la condición civil o mercantil del deudor, de los planes de reestructuración y del procedimiento especial para microempresas, en los términos previstos en su legislación reguladora.
En todo caso, la **jurisdicción** del juez del concurso es **exclusiva y excluyente** en las siguientes materias:
1ª Las **acciones civiles con trascendencia patrimonial** que se dirijan contra el patrimonio del concursado, con excepción de las que se ejerciten en los procesos civiles sobre capacidad, filiación, matrimonio y menores.
2ª Las **ejecuciones relativas a créditos concursales o contra la masa** sobre los bienes y derechos del concursado integrados o que se integren en la masa activa, cualquiera que sea el tribunal o la autoridad administrativa que la hubiera ordenado, sin más excepciones que las previstas en la legislación concursal.
3ª La determinación del **carácter necesario de un bien o derecho para la continuidad de la actividad** profesional o empresarial del deudor.
4ª La declaración de la existencia de **sucesión de empresa** a efectos laborales y de Seguridad Social en los casos de transmisión de unidad o de unidades productivas y la determinación de los límites de esa declaración conforme a lo dispuesto en la legislación laboral y de seguridad social.
5ª Las **medidas cautelares** que afecten o pudieran afectar a los bienes y derechos del concursado integrados o que se integren en la masa activa, cualquiera que sea el tribunal o la autoridad administrativa que la hubiera acordado, excepto las que se adopten en los procesos civiles sobre capacidad, filiación, matrimonio y menores.
6ª Las demás materias establecidas en la legislación concursal.

1922.1 La jurisdicción del juez del concurso es también exclusiva y excluyente en las siguientes materias:

a) Cuando el **deudor sea persona natural**:

1ª Las que en el procedimiento concursal deba adoptar en relación con la **asistencia jurídica gratuita**.

2ª La disolución y liquidación de la sociedad o **comunidad conyugal** del concursado.

b) Cuando el **deudor sea persona jurídica**:

1ª Las acciones de **reclamación de deudas sociales** que se ejerciten contra los socios de la sociedad concursada que sean subsidiariamente responsables del pago de esas deudas, cualquiera que sea la fecha en que se hubieran contraído, y las acciones para exigir a los socios de la sociedad concursada el desembolso de las aportaciones sociales diferidas o el cumplimiento de las prestaciones accesorias.

2ª Las **acciones de responsabilidad contra los administradores o liquidadores**, de derecho o de hecho, contra la persona natural designada para el ejercicio permanente de las funciones propias del cargo de administrador persona jurídica y contra las personas, cualquiera que sea su denominación, que tengan atribuidas facultades de la más alta dirección de la sociedad cuando no exista delegación permanente de facultades del consejo de administración en uno o varios consejeros delegados o en una comisión ejecutiva, por los daños y perjuicios causados, antes o después de la declaración judicial de concurso, a la persona jurídica concursada.

3ª Las **acciones de responsabilidad contra los auditores** por los daños y perjuicios causados, antes o después de la declaración judicial de concurso, a la persona jurídica concursada.

c) Para conocer de las **acciones sociales** que tengan por objeto la modificación sustancial de las condiciones de trabajo, el traslado, el despido, la suspensión de contratos y la reducción de jornada por causas económicas, técnicas, organizativas o de producción que, conforme a la legislación laboral y a lo establecido en la legislación concursal, tengan carácter colectivo, así como de las que versen sobre la suspensión o extinción de **contratos de alta dirección**. La suspensión de contratos y la reducción de jornada tendrán carácter colectivo cuando afecten al número de trabajadores establecido en la legislación laboral para la modificación sustancial de las condiciones de trabajo con este carácter.

Por fin, la jurisdicción del juez del concurso se extiende a todas las **cuestiones prejudiciales civiles**, sin más excepciones que las establecidas en la legislación concursal, las administrativas y las sociales directamente relacionadas con el concurso o cuya resolución sea necesaria para la adecuada tramitación del procedimiento concursal. La decisión sobre estas cuestiones no surtirá efecto fuera del concurso de acreedores en que se produzca.

Precisiones Con efecto 17-8-2022, se elimina la excepción a la competencia objetiva de los juzgados de lo mercantil para conocer de los **concursos de persona natural que no tenga la condición de empresario**, atribuidos hasta entonces y por efecto de la LO 7/2015 a los juzgados de primera instancia (LOPJ art.85.6 derog LO 7/2022).

1923 Conocen también:

a) De cuantas cuestiones sean de la **competencia del orden jurisdiccional civil** en materia de propiedad intelectual e industrial; competencia desleal y publicidad; sociedades mercantiles, sociedades cooperativas, agrupaciones de interés económico; transporte terrestre, nacional o internacional; derecho marítimo, y derecho aéreo.

Por **excepción**, no son competentes para conocer de:

- las cuestiones en materia de **daños** derivadas de la destrucción, pérdida o avería del equipaje facturado previstas en el Convenio para la unificación de ciertas reglas para el transporte aéreo internacional (Convenio Montreal 28-5-1999);
- de las cuestiones previstas en el Rgto (CE) 261/2004, por el que se establecen normas comunes sobre compensación y asistencia a los pasajeros aéreos en caso de denegación de embarque y de cancelación o gran retraso de los vuelos; en el Rgto (UE) 2021/782, sobre los derechos y las obligaciones de los viajeros de ferrocarril; en el Rgto (UE) 181/2011, sobre los derechos de los viajeros de autobús y autocar; y en el Rgto (UE) 1177/2010, sobre los derechos de los pasajeros que viajan por mar y por vías navegables.

b) De las acciones relativas a la aplicación de del Tratado FUE art.101 y 102 y de la L 15/2007 art.1 y 2 -**defensa de la competencia**-, así como de las pretensiones de resarcimiento del perjuicio ocasionado por la infracción del Derecho de la competencia.

c) De los **recursos directos contra las calificaciones negativas de los registradores** mercantiles o, en su caso, contra las resoluciones expresas o presuntas de la Dirección General de Seguridad Jurídica y de Fe Pública relativas a esas calificaciones.

d) Del **reconocimiento y ejecución de sentencias** y demás resoluciones judiciales extranjeras cuando estas versen sobre cualquiera de las materias expuestas (LOPJ art.87.8 redacc LO 1/2025), salvo que, según los tratados y otras normas internacionales, el conocimiento de esa materia corresponda a otro órgano judicial.

Precisiones 1) Para conocer de los pleitos civiles en materia de **patentes**, será objetivamente competente la Sección de lo Mercantil del Tribunal de Instancia -el juez de lo mercantil, hasta su transformación- de la ciudad sede del Tribunal Superior de Justicia de aquellas comunidades autónomas en las que el Consejo General del Poder Judicial haya acordado atribuir en exclusiva el conocimiento de los asuntos de patentes (L 24/2015 art.118.2). **1923.1** MPCI nº 3218 s.

2) Es competencia de los órganos en estudio la ejecución de los **requerimientos europeos de pago**, declarados ejecutivos por decreto de letrado de la Administración de Justicia, y debidamente testimoniado, previo proceso monitorio europeo ante la Sección Civil del Tribunal de Instancia -hasta su constitución, juez de primera instancia- territorialmente competente (nº 5372 y nº 5388). Estos requerimientos, cuando se refiera a deuda pecuniaria derivada de relación mercantil, se ejecutan por el órgano judicial de lo mercantil que corresponda.

También es competencia objetiva de estos órganos (junto con los jueces de la Sección Civil del Tribunal de Instancia, en función del objeto de lo reclamado) para conocer de la instancia del proceso europeo de escasa cuantía (Rgto CE/861/2007; LEC disp.final 24ª).

3) La **jurisdicción del juez del concurso** se extiende a todas las cuestiones prejudiciales civiles, las administrativas o las sociales directamente relacionadas con el concurso o cuya resolución sea necesaria para el buen desarrollo del procedimiento concursal. La decisión sobre las cuestiones prejudiciales no surtirá efecto fuera del proceso concursal en que se produzca.

4) Se atribuye competencia a estos órganos para conocer de las acciones contra actos de **violación de secretos empresariales** (L 1/2019 art.12 y 14; nº 6550 s.).

5) Conocen asimismo las Secciones de lo Mercantil de los Tribunales de Instancia -hasta su constitución, los juzgados de lo mercantil- de las acciones de impugnación de las decisiones y acuerdos del **Fondo de Reestructuración Ordenada Bancaria** (FROB) en ejercicio de facultades mercantiles con ocasión de procesos de recuperación, actuación temprana o, en su caso, resolución de entidades de crédito y empresas de servicio de inversión (L 11/2015 art.63 y 71). Ver nº 1911.

6) También es competencia objetiva de estos órganos -junto con las Secciones Civiles de los Tribunales de Instancia, en función del objeto de lo reclamado- la instancia del **proceso europeo de escasa cuantía** (Rgto CE/861/2007; LEC disp.final 24ª: nº 3995). La competencia territorial de los órganos judiciales mercantiles para conocer del proceso europeo de escasa cuantía se determinará con arreglo a lo dispuesto en el Rgto UE/1215/2012 y, en lo no previsto, con arreglo a la legislación procesal española.

Acumulación de acciones y competencia A raíz de la creación de los órganos especializados mercantiles, surge la cuestión sobre la competencia de estos cuando se produce una acumulación de acciones consistentes, generalmente, en la acumulación de una **acción de carácter contractual** contra una sociedad mercantil y otra de **responsabilidad contra sus administradores**. **1924** MPCI nº 3222

Actualmente, se dispone que, cuando se acumulen inicialmente varias acciones conexas cuyo conocimiento se atribuya a **tribunales con diferente competencia objetiva**, corresponderá conocer de todas ellas a los órganos judiciales mercantiles si estos resultaran competentes para conocer de la principal y las demás fueran conexas o prejudiciales a ella. Cuando la acción principal deba ser conocida por los órganos judiciales civiles, no se permitirá la acumulación inicial de cualesquiera otras que no sean de su competencia objetiva (LEC art.73.1). Pueden consultarse las diversas alternativas al respecto en nº 3222 Memento Procesal Civil 2026.

Jueces de paz y Oficinas de Justicia (LOPJ art.99 redacc LO 1/2025; LOPJ disp.adic.24ª redacc LO 1/2025) **1926**

En cada **municipio** donde no exista Sección Civil o única -Civil y de Instrucción; previamente, juzgado de primera instancia e instrucción- hay un juzgado de paz con jurisdicción en el término correspondiente.

El juez de paz se integra en la Oficina de Justicia del municipio, cuando se constituya; desapareciendo entonces el juzgado.

Competencia (LEC art.47 redacc LO 1/2025; LOPJ art.100 redacc LO 1/2025) A los jueces de paz corresponde el conocimiento, en primera instancia, de los asuntos civiles de **cuantía no superior a 150 euros** que no estén comprendidos en ninguno de los casos en que, por razón de la materia, se hayan de ventilar por juicio verbal con independencia de su cuantía. **1927**

Su competencia se extiende a la **sustanciación** en primera instancia, **fallo** y **ejecución** de los procesos atribuidos a su conocimiento.

Precisiones 1) Conocen estos órganos de los **actos de conciliación** no atribuidos a las Secciones de lo Mercantil -hasta su creación efectiva, juzgados de lo mercantil-, cuando su cuantía sea inferior a 10.000 euros (L 15/2015 art.140.1).

2) Los jueces de paz cumplen también **funciones de Registro Civil**, antes y después de la implantación efectiva del sistema de la L 20/2011.

1928 **Secciones de Violencia sobre la Mujer** (LOPJ art.89 redacc LO 1/2025) En cada **partido judicial** habrá una Sección de Violencia sobre la Mujer en el Tribunal de Instancia -hasta su constitución, uno o más juzgados de este tipo-, con sede en la capital del partido y jurisdicción en todo su ámbito territorial. Tomarán su denominación del municipio de su sede. Por real decreto puede establecerse que este órgano extienda su jurisdicción a **dos o más partidos** dentro de la misma provincia.

MPCI nº 3228 s.

Este órgano conoce de la instrucción, y, en su caso, del fallo de las **causas penales** en materia de violencia sobre la mujer, así como de aquellas **causas civiles relacionadas**, de forma que unas y otras en la primera instancia sean objeto de tratamiento procesal ante la misma sede.

Las Secciones de Violencia sobre la Mujer pueden conocer **en el orden civil**, en todo caso de conformidad con los procedimientos y recursos previstos en la LEC, de los siguientes **asuntos** (LOPJ art.89.6 redacc LO 1/2025):

- los de filiación, maternidad y paternidad;
- los de nulidad del matrimonio, separación y divorcio;
- los que versen sobre relaciones paterno-filiales;
- los que tengan por objeto la adopción o modificación de medidas de trascendencia familiar;
- los que versen exclusivamente sobre guarda y custodia de hijos e hijas menores o sobre alimentos reclamados por un progenitor contra el otro en nombre de los hijos e hijas menores;
- los que versen sobre la necesidad de asentimiento en la adopción;
- los que tengan por objeto la oposición a las resoluciones administrativas en materia de protección de menores;
- los que versen sobre los procedimientos de liquidación del régimen económico-matrimonial instados por los herederos de la mujer víctima de violencia de género, así como los que se insten frente a estos herederos.

Las Secciones de Violencia sobre la Mujer tienen de forma exclusiva y excluyente competencia en el orden civil cuando concurran simultáneamente los siguientes **requisitos** (LOPJ art.89.7 redacc LO 1/2025):

a) Que se trate de un proceso civil que tenga por objeto alguna de las materias indicadas.
b) Que alguna de las partes del proceso civil sea víctima de actos de violencia de género.
c) Que alguna de las partes del proceso civil sea investigado como autor, inductor o cooperador necesario en la realización de actos de violencia de género.
d) Que se hayan iniciado ante el juez de violencia sobre la mujer actuaciones penales por delito o falta a consecuencia de un acto de violencia sobre la mujer, o se haya adoptado una orden de protección a una víctima de violencia de género.

Precisiones Las **Secciones de Violencia contra la Infancia y la Adolescencia** de los Tribunales de Instancia no ostentan competencias en el orden civil (LOPJ art.89 bis redacc LO 1/2025).

b. Competencia territorial

1939 La competencia territorial, determina, entre los tribunales de una misma clase, cuál ha de ser el competente para conocer de un determinado asunto **por razón del territorio**.

Se rige por **normas dispositivas**, de manera que los preceptos que a ella se refieren, y por consiguiente los fueros legales que contemplan, solo resultan aplicables en defecto de lo que resulte de los fueros convencionales, esto es, de la sumisión expresa o tácita de los litigantes, exceptuándose determinados supuestos en que sí se establecen fueros preceptivos que impiden dicha sumisión, y cuya infracción es controlable de oficio por el órgano judicial (TS auto 25-4-06, EDJ 50256).

1940 **Fuero general de las personas físicas** (LEC art.50.1 y 155.3) Salvo que la Ley disponga otra cosa, la competencia territorial corresponde al tribunal del domicilio del demandado y si no lo tiene en el territorio nacional, es **juez competente** el de su residencia en dicho territorio.

MPCI nº 3247 s.

El demandante puede designar, como **domicilio del demandado**, a efectos del primer emplazamiento o citación de este, uno o varios de los lugares que puedan considerarse como domicilio, indicando el orden por el que, a su entender, puede efectuarse con éxito la comunicación.

Para el ejercicio de los derechos y el cumplimiento de las obligaciones civiles, el domicilio de las personas físicas es el lugar de su **residencia habitual** y, en su caso, el que determinen las leyes (CC art.40).

Quienes **no tengan domicilio ni residencia en España** pueden ser demandados en el lugar en que se encuentren dentro del territorio nacional o en el de su última residencia en este y, si tampoco puede determinarse así la competencia, en el lugar del domicilio del actor (LEC art.50.2 y 155.3).

El **domicilio del demandante** es el que haya hecho constar en la demanda o en la petición o solicitud con que se inicie el proceso.

Los **empresarios y profesionales**, en los litigios derivados de su actividad empresarial o profesional, también pueden ser demandados en el lugar donde se desarrolle dicha actividad y, si tienen establecimientos a su cargo en diferentes lugares, en cualquiera de ellos a elección del actor (LEC art.50.3).

Fuero general de las personas jurídicas y de los entes sin personalidad (LEC art.51.1) Salvo que la Ley disponga otra cosa, las personas jurídicas son demandadas en el **lugar de su domicilio.** 1944 MPCI nº 3255, 3257

También pueden ser demandadas en el lugar donde la situación o relación jurídica a que se refiera el litigio haya nacido o deba surtir efectos, siempre que en dicho lugar tengan **establecimiento abierto al público** o representante autorizado para actuar en nombre de la entidad.
Los entes sin personalidad pueden ser demandados en el **domicilio de sus gestores** o en cualquier lugar en que desarrollen su actividad.
Cuando ni la ley que las haya creado o reconocido, ni los estatutos o reglas de fundación fijen el domicilio de las personas jurídicas, se entiende que lo tienen en el lugar en que se halle establecida su **representación legal** o donde ejerzan las **principales funciones de su instituto** (CC art.41).

Precisiones En el caso de las personas jurídicas, se extrema la exigencia de cumplir con la carga de disponer, en el lugar que libremente se designa como **domicilio social**, de la organización o medios precisos para poder ser destinataria de actos de comunicación, máxime tratándose, como son las personas jurídicas, de un ente creado por el Derecho del que solo figuradamente puede decirse que puede ser hallado en un lugar, lo que determina un especial deber de diligencia para velar por que su domicilio social no responda a una simple designación ficticia, sino que coincida con el mismo centro administrativo y funcional de la sociedad, como pretende el legislador (TCo 90/2003; 38/2006).

Casos especiales No se aplican los fueros generales de competencia territorial en los casos siguientes: 1946

a) **Acciones reales sobre bienes inmuebles** (LEC art.52.1.1º). En los juicios en que se ejerciten acciones reales sobre bienes inmuebles es tribunal competente el del lugar en que esté sita la cosa litigiosa.
Cuando la acción real se ejercite sobre varias cosas inmuebles o sobre una sola que esté situada en **diferentes circunscripciones**, es tribunal competente el de cualquiera de estas, a elección del demandante.
b) **Presentación y aprobación de las cuentas** (LEC art.52.1.2º). En las demandas sobre presentación y aprobación de las cuentas que deban dar los **administradores de bienes ajenos** es tribunal competente el del lugar donde deban presentarse dichas cuentas, y no estando determinado, el del domicilio del mandante, poderdante o dueño de los bienes, o el del lugar donde se desempeñe la administración, a elección del actor.
c) **Obligaciones de garantía o complemento de otras anteriores** (LEC art.52.1.3º). En las demandas sobre obligaciones de garantía o complemento de otras anteriores, es tribunal competente el que lo sea para conocer, o esté conociendo, de la obligación principal sobre que recaigan.
d) **Cuestiones hereditarias** (LEC art.52.1.4º). En los juicios sobre cuestiones hereditarias, es competente el tribunal del lugar en que el finado tuvo su último domicilio y si lo ha tenido en país extranjero, el del lugar de su último domicilio en España, o donde esté la mayor parte de sus bienes, a elección del demandante.

e) **Protección civil de derechos fundamentales** (LEC art.52.1.6º). En materia de derecho al honor, a la intimidad personal y familiar y a la propia imagen y, en general, en materia de protección civil de derechos fundamentales, es competente el tribunal del domicilio del demandante, y cuando no lo tenga en territorio español, el tribunal del lugar donde se haya producido el hecho que vulnere el derecho fundamental de que se trate. 1947 MPCI nº 3261
f) **Circulación de vehículos de motor** (LEC art.52.1.9º). En los juicios en que se pida indemnización de los daños y perjuicios derivados de la circulación de vehículos de motor es competente el tribunal del lugar en que se causaron los daños.
g) **Competencia desleal** (LEC art.52.1.12º). En los juicios en materia de competencia desleal, es competente el tribunal del lugar en que el demandado tenga su establecimiento y, a falta de este, su domicilio o lugar de residencia, y cuando no lo tenga en territorio español, el tribunal del lugar donde se haya realizado el acto de competencia desleal o donde se produzcan sus **efectos**, a elección del demandante.
h) **Condiciones generales de la contratación** (LEC art.52.1.14º). En los procesos en que se ejerciten acciones para que se declare la no incorporación al contrato o la **nulidad de las cláusulas** de condiciones generales de la contratación, es competente el tribunal del domicilio del demandante.

Sobre esa misma materia, cuando se ejerciten las **acciones declarativa, de cesación o de retractación**, es competente el tribunal del lugar donde el demandado tenga su establecimiento y, a falta de este, el de su domicilio; y si el demandado carece de domicilio en el territorio español, el del lugar en que se haya realizado la adhesión.

1948 i) **Acción de cesación** (LEC art.52.1.1º.2). En los procesos en los que se ejercite la acción en defensa de los **intereses tanto colectivos como difusos** de los consumidores y usuarios, es competente el tribunal del lugar donde el demandado tenga un establecimiento, y, a falta de este, el de su domicilio; si carece de domicilio en territorio español, el del lugar del domicilio del actor.

Cuando las normas expuestas en este apartado y en los anteriores (nº 1946 s.) no sean de aplicación a los litigios en materia de **seguros, ventas a plazos** de bienes muebles corporales y contratos destinados a su financiación, así como en materia de contratos de **prestación de servicios** o relativos a bienes muebles cuya celebración haya sido precedida de oferta pública, es competente el tribunal del domicilio del asegurado, comprador o prestatario o el del domicilio de quien haya aceptado la oferta, respectivamente, o el que corresponda conforme a las normas de LEC art.50 y 51, a elección del demandante (LEC art.52.2).

Y cuando no sean de aplicación a los litigios derivados del ejercicio de **acciones individuales de consumidores o usuarios** será competente, a elección del consumidor o usuario, el tribunal de su domicilio o el tribunal correspondiente conforme a LEC art.50 y 51 (LEC art.52.3; TS auto 20-12-17, EDJ 285572).

Se trata en ambos casos de un **fuero subsidiario e imperativo** -no cabe, por tanto, sumisión expresa ni tácita- (FGE Circ 2/2018).

j) **Diligencias preliminares** (LEC art.257). La competencia para resolver sobre las peticiones de diligencias preliminares corresponde a la Sección Civil o a la Sección de lo Mercantil del Tribunal de Instancia -hasta su constitución, al juez de primera instancia o de lo mercantil-, cuando proceda, del domicilio de la persona que, en su caso, haya de declarar, exhibir o intervenir de otro modo en las actuaciones que se acuerden para preparar el juicio.

En los casos de que se trate de **identificar a los miembros de un grupo de consumidores**, o de medidas para preparar acciones por infracción de los derechos de propiedad intelectual o industrial, u otras peticiones fijadas por leyes especiales, la competencia corresponde al tribunal ante el que haya de presentarse la demanda determinada.

Precisiones En el caso de las **personas jurídicas**, este fuero debe ponerse en conexión con la posibilidad de ser demandadas en el lugar en que tengan establecimiento abierto al público o representante autorizado para actuar en nombre de la entidad, fuero general que también cabrá utilizar para la solicitud de diligencias preliminares (AP Madrid auto 18-1-06, EDJ 18196).

1949 k) **Solicitudes de reconocimiento y ejecución de sentencias extranjeras** (L 29/2015 art.52; L 5/2012 art.27). La competencia para conocer de las solicitudes de reconocimiento y ejecución de sentencias extranjeras, así como del resto de resoluciones y transacciones judiciales y, en su caso, acuerdos de mediación que provengan de autoridades extranjeras, corresponde a la Sección Civil del Tribunal de Instancia -hasta su constitución, al juzgado de primera instancia- del **domicilio** de la parte frente a la que se solicita el reconocimiento o ejecución, o del domicilio o lugar de residencia de la persona a quien se refieren los efectos de aquellas; subsidiariamente, la competencia se determina por el **lugar de ejecución** o donde aquellas sentencias y resoluciones deban producir sus efectos; siendo competente en este último caso, el órgano judicial de esta clase ante el que se interponga la demanda de exequátur.

Corresponde a las **Secciones de lo Mercantil** de los Tribunales de Instancia -hasta su transformación, a los juzgados de este tipo-, conforme a los mismos criterios de competencia territorial, conocer de las solicitudes de reconocimiento y ejecución de sentencias y demás resoluciones judiciales y arbitrales extranjeras que versen sobre materias de su competencia.

Precisiones En el caso de reconocimiento y ejecución de **sentencias de divorcio** este fuero electivo para el actor permite plantear la solicitud tanto ante el órgano judicial del domicilio del otro cónyuge, frente al que se solicita el reconocimiento, como ante el domicilio de la persona a la que se refieren los efectos de dicha solicitud, que es cualquiera de los unidos por el anterior vínculo matrimonial, al margen de la aplicación de los fueros subsidiarios expuestos (TS auto 15-2-17, EDJ 9025; auto 25-5-16, EDJ 75114).

1950 l) **Acogimiento familiar o adopción** (LEC art.779). Para conocer de la oposición a las resoluciones administrativas en materia de protección de menores y del procedimiento para determinar la necesidad de **asentimiento** en la adopción, es competente el juez del domicilio de la entidad protectora y, en su defecto, el tribunal del domicilio del adoptante.

m) **Procesos matrimoniales** (LEC art.769). En los procesos matrimoniales es competente el tribunal del lugar del domicilio conyugal. En caso de residir los cónyuges en **distintos partidos**

judiciales, es competente, a elección del demandante o de los cónyuges que soliciten la separación o el divorcio de mutuo acuerdo, el del último domicilio del matrimonio o el de residencia del demandado.
En los procesos de **separación o divorcio** de mutuo acuerdo es competente el juez del último domicilio común o el del domicilio de cualquiera de los solicitantes.
En los procesos que versen exclusivamente sobre **guarda y custodia** de hijos menores o sobre **alimentos** reclamados por un progenitor contra el otro en nombre de los hijos menores, es competente el juez del lugar del último domicilio común de los progenitores; en caso de residir en distintos partidos judiciales, la competencia corresponde, a elección del demandante, al del domicilio del demandado o el de la residencia del menor.
n) **Proceso monitorio** (LEC art.813). En el proceso monitorio (nº 5372 s.) es exclusivamente competente la Sección Civil del Tribunal de Instancia -hasta su constitución, el juzgado de primera instancia- del domicilio o residencia del deudor o, si no son conocidos, el del lugar en que el deudor pueda ser hallado a efectos del requerimiento de pago por el tribunal, salvo que se trate de deudas por **gastos comunes de comunidades de propietarios** de inmuebles urbanos, en cuyo caso es también competente el tribunal del lugar en donde se halle la finca, a elección del solicitante.

ñ) **Derecho marítimo** (L 14/2014 art.469). En defecto de cláusula válida de sumisión expresa o de sumisión a arbitraje en los litigios derivados de **contratos de utilización del buque** son competentes, a elección del demandante, los tribunales del domicilio del demandado, del lugar de celebración del contrato y del puerto de carga o descarga, por este orden. Y en los derivados de **contratos auxiliares de navegación**, también a elección del demandante, los del domicilio del demandado, del lugar de celebración del contrato y del lugar de prestación de los servicios. **1951** MPCI nº 3271
Para conocer de la **impugnación de la liquidación de avería gruesa**, tanto la efectuada privadamente, como la realizada por notario con arreglo al correspondiente expediente de certificación pública, es competente el tribunal del lugar de finalización del transporte o el de arribada del buque, si este último fuese distinto.
o) **Otros supuestos**. Además de los enumerados, deben tenerse en cuenta igualmente:
• En los juicios en que se ejerciten acciones relativas a las **medidas judiciales de apoyo a las personas con discapacidad** será competente el tribunal del lugar en que estos residan (LEC art.52.1.5º).
• En los juicios sobre **arrendamientos de inmuebles** y en los de desahucio, es competente el tribunal del lugar en que esté sita la finca (LEC art.52.1.7º).
• En los juicios en materia de **propiedad horizontal**, es competente el tribunal del lugar en que radique la finca (LEC art.52.1.8º).
• En materia de **impugnación de acuerdos sociales** es tribunal competente el del lugar del domicilio social (LEC art.52.1.10º).
• En los procesos en que se ejerciten demandas sobre infracciones de la **propiedad intelectual**, es competente el tribunal del lugar en que la infracción se haya cometido o existan indicios de su comisión o en que se encuentren ejemplares ilícitos, a elección del demandante (LEC art.52.1.11º).
• En materia de **patentes y marcas**, es competente el tribunal que señale la legislación especial sobre dicha materia (LEC art.52.1.13º).
• En los recursos contra las **resoluciones que agoten la vía administrativa dictadas en materia de propiedad industrial** por la Oficina Española de Patentes y Marcas son competentes las secciones especializadas en materia mercantil de la Audiencia Provincial en cuya circunscripción radique la ciudad sede del Tribunal Superior de Justicia de la comunidad autónoma del domicilio del demandante o, en su defecto, del domicilio del representante autorizado en España para actuar en su nombre, siempre que el CGPJ haya acordado atribuir en exclusiva a las Secciones Mercantiles de los Tribunales de Instancia -hasta su constitución, los juzgados de lo mercantil- de esa localidad el conocimiento de los asuntos en materia de propiedad industrial. También son competentes, a elección del demandante, las secciones especializadas de la Audiencia Provincial en cuya circunscripción radique la sede de la Oficina Española de Patentes y Marcas (LEC art.52.1.13 bis).
• En las **tercerías de dominio o de mejor derecho** que se interpongan en relación con un procedimiento administrativo de apremio, es competente el tribunal del domicilio del órgano que acordó el embargo, sin perjuicio de las especialidades previstas para las Administraciones públicas en materia de competencia territorial (LEC art.52.1.15º).
• En el **juicio cambiario** es competente la Sección Civil del Tribunal de Instancia -hasta su constitución, el juzgado de primera instancia- del domicilio del demandado. Si el tenedor del título demanda a varios deudores cuya obligación surja del mismo título, es competente el del domicilio de cualquiera de ellos (LEC art.820).

1952 • En expedientes de **jurisdicción voluntaria** (nº 5415 s.) sobre la materia que se indica, es competente territorialmente (L 15/2015):

- para la **aprobación o autorización judicial para reconocimiento de la filiación no matrimonial**, el órgano judicial competente objetivamente del domicilio del reconocido o, si no lo tuviera en territorio nacional, el de su residencia en dicho territorio, y si el reconocido no tuviera su residencia en España, el del domicilio o residencia del progenitor autor del reconocimiento;
- para la **adopción**, el órgano judicial correspondiente a la sede de la entidad pública que tenga encomendada la protección del menor acogido o adoptando y, en su defecto, el del domicilio del adoptante;
- para la **habilitación para comparecer en juicio** y el nombramiento de **defensor judicial**, el órgano judicial del lugar del domicilio o, en su defecto, residencia del afectado -salvo que se halle en trámite un asunto que motive la designación, en cuyo caso es competente el órgano judicial que conozca de este-;
- para la **tutela, curatela o guarda de hecho**, el órgano judicial del domicilio o, en su defecto, de la residencia del menor o persona con discapacidad;
- para la provisión de **medidas de apoyo a la discapacidad**, el órgano judicial del lugar de residencia del afectado;
- para el **acogimiento** y adopción de **medidas relativas a las relaciones** del acogido con sus parientes, el órgano judicial correspondiente a la sede de la entidad pública que tenga encomendada la protección del menor acogido -salvo que el acogimiento se haya establecido por resolución judicial, en cuyo caso es competente el órgano judicial que la hubiera dictado-;
- para la concesión judicial de la **emancipación y beneficio de la mayor edad**, el órgano judicial del domicilio del menor;
- para la protección del **patrimonio de personas con discapacidad** o protección del **honor, la intimidad o la propia imagen** del menor o persona con discapacidad, así como actos de **disposición o gravamen** de sus bienes o derechos, el órgano del mismo tipo del domicilio o, en su defecto, del lugar de residencia del afectado;
- para la **declaración de ausencia o de fallecimiento**, el órgano judicial del último domicilio o, defectivamente, del último lugar de residencia de la persona de cuya ausencia o declaración de fallecimiento se trate -salvo siniestros, supuesto en el que es competente en relación con todos los afectados, la Sección Civil del Tribunal de Instancia (hasta su constitución, el juez de primera instancia) del lugar del siniestro-; si se hubiera producido fuera del territorio español, lo es el del lugar de inicio del viaje, salvo que se hubiera iniciado en el extranjero, supuesto en el que la competencia se atribuye al juez del lugar del residencia de la mayoría de los afectados; en defecto de todo lo cual, se aplica la regla general;

1953 - para la **extracción de órganos** de donantes vivos, el órgano judicial de la localidad en que haya de realizarse la extracción o el trasplante, a elección del solicitante;
- para la **dispensa de impedimento matrimonial** por muerte dolosa de cónyuge anterior o por matrimonio entre parientes colaterales de tercer grado, el órgano judicial del domicilio o, en su defecto, el de la residencia de cualquiera de los contrayentes;
- en caso de **desacuerdo en el ejercicio de la patria potestad**, el órgano judicial del lugar de domicilio o, en su defecto, residencia del hijo, a menos que el ejercicio conjunto de aquella hubiera sido establecido por resolución judicial, en cuyo caso es competente el órgano judicial que lo acordase;
- para las medidas sobre **relaciones de menores con progenitores y familiares**, el órgano judicial del lugar de sede de la entidad pública que tenga encomendada la protección del menor, con la misma excepción que en el caso del guion precedente;
- para las medidas de protección por indebido ejercicio de la potestad de guarda o de administración de los **bienes del menor** o persona con discapacidad, el órgano judicial del lugar del domicilio o residencia, en su defecto, del menor o afectado, salvo si el ejercicio conjunto de la patria potestad por los progenitores o la atribución de la guarda y custodia de los hijos hubiera sido establecido por resolución judicial, así como cuando estuvieran sujetos a tutela, supuestos en que es competente el que hubiera conocido del inicial expediente;
- en el caso de **desacuerdo conyugal y administración de bienes gananciales**, el juez del domicilio del que sea o hubiera sido el último domicilio o residencia de los cónyuges;
- en relación con el **albaceazgo, contadores-partidores dativos**, el órgano judicial de esta clase del último domicilio o, en su defecto, de la última residencia del causante o donde estuvieran la mayor parte de sus bienes -cualquiera que sea su naturaleza- o el del lugar del fallecimiento, siempre que estuvieran en España a elección del solicitante y, en defecto de todos ellos, el del lugar de domicilio del solicitante;
- para la **aceptación o repudiación de herencia**, el órgano judicial del último domicilio o, en su defecto, de la última residencia del causante, y si lo hubiera tenido en país extranjero, el del lugar de su último domicilio en España, o donde estuviera la mayor parte de sus bienes, a elección del solicitante;

- para la fijación de **plazo para cumplimiento de obligaciones**, el órgano judicial del domicilio del deudor, salvo si la relación trabada fuera entre un consumidor o usuario y un empresario y este fuera el deudor de la prestación, también el órgano judicial del domicilio del acreedor, a elección de este; 1954 MPCI nº 3277
- para la **consignación**, el órgano judicial competente del lugar de cumplimiento de la obligación o el de cualquiera de ellos, si hubiera varios y, en su defecto, el del domicilio del deudor;
- para la reclamación de **créditos del usufructo** por el usufructuario, el órgano judicial del domicilio o, defectivamente, de la residencia del solicitante;
- para el **deslinde de fincas no inscritas**, el órgano judicial del partido correspondiente al lugar de radicación de la finca o de la mayor parte de ella;
- para los **expedientes en materia mercantil**, el órgano judicial del lugar del obligado, o del lugar de pago o depósito de bienes o títulos, o del domicilio social de la entidad a la que se refiera el asunto o del domicilio del asegurado;
- para la **conciliación**, el órgano judicial del domicilio del requerido -si no lo tiene en territorio nacional, el de su última residencia en España; cuando el requerido es persona jurídica también es competente el órgano judicial del lugar del domicilio del solicitante, siempre que en tal lugar tenga el requerido delegación, sucursal, establecimiento u oficina abierta al público o representante autorizado para actuar en nombre de la entidad-.

Precisiones En algunos de estos expedientes, dentro del órgano judicial territorialmente competente, actúa el **letrado de la Administración de Justicia**, no el juez.

Fuero del concurso (LCon art.44 s.) La competencia para declarar y tramitar el concurso corresponde a la Sección Mercantil del Tribunal de Instancia -hasta su constitución, al juez de lo mercantil- en cuyo territorio tenga el deudor el **centro de sus intereses principales**. 1955

Si el deudor tiene además en España su **domicilio** y el lugar de este no coincide con el centro de sus intereses principales, es también competente, a elección del acreedor solicitante, el órgano judicial mercantil en cuyo territorio radique aquel.

Precisiones La **competencia internacional y territorial** en el concurso es objeto de estudio en nº 1853 y nº 1939, respectivamente.

Fuero territorial del Estado (L 52/1997 art. 15; RD 1057/2024 art.72) Para el conocimiento y resolución de los procesos civiles en que sean parte el **Estado**, los **organismos públicos** o los **órganos constitucionales**, son en todo caso competentes los tribunales que tengan su sede en las capitales de provincia, en Ceuta o en Melilla. 1957 MPCI nº 3283

Esta norma se aplica con **preferencia** a cualquier otra norma sobre competencia territorial que pueda concurrir en el procedimiento.

Este fuero **no es de aplicación** a los juicios universales ni a los juicios verbales principiados por demanda en las que se pretenda que el tribunal resuelva, con carácter sumario, la demolición o derribo de obra, edificio, árbol, columna o cualquier otro objeto análogo en estado de ruina y que amenace causar daños a quien demande.

Precisiones **1)** Estas reglas son de aplicación a las **comunidades autónomas** y **entidades públicas** dependientes de ellas (L 52/1997 disp.adic.4ª; RD 1057/2024 art.72; AP Madrid auto 13-1-04, EDJ 120709). Algunas leyes autonómicas las recogen expresamente (p.e. L Andalucía 9/2007 art.47). Sin embargo, siempre se aplican por referencia al ámbito territorial propio. De esta manera, el fuero no permite interponer, por una comunidad autónoma, demanda civil ante los tribunales de su capital frente a un demandado cuya residencia está fuera del territorio de la comunidad, pues en tal caso la competencia territorial corresponderá a los tribunales del domicilio del demandado o, al menos, de la capital de la provincia donde se ubique el municipio en el que resida.

2) Este fuero es aplicable al **Consorcio de Compensación de Seguros**, que es una entidad de derecho público, ya que se trata de una norma especial de competencia que dispone su aplicación en todo caso y con preferencia a cualquier otra norma sobre competencia territorial, por lo que resulta de aplicación el fuero privilegiado, que ha de prevalecer sobre el fuero ordinario, no siendo óbice la circunstancia de que el Consorcio deba ajustar su actividad al ordenamiento jurídico privado (AP Baleares auto 6-2-03, EDJ 36224; AP Barcelona auto 28-4-05, EDJ 99333).

Acumulación de acciones y pluralidad de demandados (LEC art.53) Cuando se ejerciten conjuntamente varias acciones frente a una o varias personas es tribunal competente el del lugar correspondiente a la acción que sea fundamento de las demás; en su defecto, aquel que deba conocer del mayor número de las acciones acumuladas y, en último término, el del lugar que corresponda a la acción más importante cuantitativamente. 1959

Cuando haya **varios demandados** y, conforme estas reglas o a las previstas como fueros generales o especiales, pueda corresponder la competencia territorial a los **jueces de más de un lugar**, la demanda puede presentarse ante cualquiera de ellos, a elección del demandante.

1960 **Carácter dispositivo de las normas sobre competencia territorial** (LEC art.54) Las reglas legales atributivas de la competencia territorial solo se aplican en defecto de **sumisión expresa o tácita** de las partes a los tribunales de una determinada circunscripción.
MPCI nº 3287

La sumisión de las partes solo es válida y eficaz cuando se haga a tribunales con competencia objetiva para conocer del asunto de que se trate.

No es válida la sumisión expresa contenida en **contratos de adhesión**, o que contengan condiciones generales impuestas por una de las partes, o que se hayan celebrado con consumidores o usuarios.

Precisiones 1) La conducta consistente en **presentar una demanda fuera del ámbito territorial** en el que debió ser presentada, con la alteración interesada de los elementos que determinan la competencia territorial, para que corresponda su conocimiento a otros órganos judiciales territoriales distintos a los que naturalmente debían corresponder, no puede ser considerada como fraudulenta por cuanto que existen mecanismos procesales, como es la declinatoria, para evitar el fin elusivo pretendido (TS 3-2-98, EDJ 333).

2) En los expedientes de **jurisdicción voluntaria** la competencia territorial viene fijada por el precepto correspondiente en cada caso, sin que sea admisible modificarla por sumisión expresa o tácita (L 15/2015 art.2.2).

1962 **Fueros preceptivos** (LEC art.54.2) No son disponibles las normas sobre competencia territorial cuando se trate de **fueros especiales** para el enjuiciamiento de (LEC art.52.1): acciones reales sobre bienes inmuebles; cuestiones hereditarias; medidas judiciales de apoyo a personas con discapacidad; protección civil de derechos fundamentales; arrendamientos de inmuebles y desahucio; propiedad horizontal; circulación de vehículos a motor; impugnación de acuerdos sociales; propiedad intelectual; competencia desleal; patentes y marcas y condiciones generales de la contratación.

Tampoco es válida la **sumisión expresa o tácita** en los asuntos que deban decidirse por el juicio verbal (TS auto 12-7-17, EDJ 150653), así como los demás en que la ley expresamente atribuya carácter imperativo al fuero designado, quedando el órgano jurisdiccional facultado para examinar de oficio la competencia territorial sin necesidad de que se plantee declinatoria (TS auto 16-11-16, EDJ 226011).

En los **procesos matrimoniales y de menores** son nulos los acuerdos de las partes que se opongan a las reglas de competencia territorial fijadas por la ley (LEC art.769.4).

No es admisible la sumisión, expresa o tácita, en **los juicios monitorios**, ni en los **cambiarios** (LEC art.813 y 820).

1964 **Sumisión expresa** (LEC art.55) Se entiende por sumisión expresa la pactada por los interesados designando con precisión la **circunscripción** a cuyos tribunales se sometan.

1965 **Sumisión tácita** (LEC art.56) Se entienden sometidos tácitamente:

a) El **demandante**, por el mero hecho de acudir a los tribunales de una determinada circunscripción interponiendo la demanda o formulando petición o solicitud que haya de presentarse ante el tribunal competente para conocer de la demanda.

b) El **demandado**, por el hecho de hacer, después de personado en el juicio tras la interposición de la demanda, cualquier gestión que no sea la de proponer en forma la declinatoria.

c) También se considera tácitamente sometido al demandado que, emplazado o citado en forma, **no comparezca** en juicio o lo haga cuando haya precluido la facultad de proponer la declinatoria.

Precisiones El órgano judicial debe respetar la sumisión tácita de las partes, que es ahora el **fuero preferente**, y viene determinado por el mero hecho de acudir el demandante a los tribunales de una determinada circunscripción interponiendo la demanda, sin que pueda plantear de oficio la falta de competencia territorial en los fueros no preceptivos, salvo que sea planteada la declinatoria por el demandado (TS auto 26-5-04, EDJ 47686; 25-4-06, EDJ 50256).

1966 **Sumisión expresa y reparto** (LEC art.57) La sumisión expresa de las partes determina la **circunscripción** cuyos tribunales hayan de conocer del asunto.

Cuando en dicha circunscripción existan **varios tribunales de la misma clase**, el reparto de los asuntos determina a cuál de ellos corresponde conocer del asunto, sin que las partes puedan someterse a un determinado tribunal con exclusión de los otros.

Precisiones El reparto de asuntos en el orden civil se estudia en nº 2000 s.

1967 **Criterios de la Fiscalía General del Estado** (FGE Circular 2/2021) La Fiscalía General del Estado ha formulado criterios relativos a la **competencia territorial en el orden civil**, algunos de ellos recapitulativos de la normativa y doctrina jurisprudencial existente. Pueden consultarse en detalle en nº 3297 s. Memento Procesal Civil 2026.
MPCI nº 3297 s.

c. Competencia funcional

La competencia funcional, al igual que la objetiva (nº 1916), y a diferencia de la territorial (nº 1939), presenta un **carácter improrrogable** para las partes, tratándose de normas de naturaleza imperativa (TS auto 25-4-06, EDJ 50256). 1968

Competencia funcional por conexión (LEC art.61, 232, 545.1 y 599) El tribunal que tenga competencia para conocer de un pleito, la tiene también para resolver sobre sus **incidencias**, para llevar a efecto las providencias y autos que dicte, y para la ejecución de la sentencia o convenios y transacciones que apruebe, salvo disposición legal expresa en contrario. 1969 MPCI nº 3317

Apreciación de oficio de la competencia para conocer de los recursos (LEC art.62, 225.1º y 227.2) No son admitidos a trámite los recursos dirigidos a un tribunal que carezca de competencia funcional para conocer de los mismos. 1970

No obstante lo anterior, si admitido un recurso, el tribunal al que se haya dirigido entiende que no tiene competencia funcional para conocer del mismo, dicta auto absteniéndose de conocer previa **audiencia** de las partes personadas por plazo común de 10 días.

Notificado este auto, los litigantes disponen de un plazo de 5 días para la correcta **interposición o anuncio del recurso**, que se añadirán al plazo legalmente previsto para dichos trámites. Si sobrepasan el tiempo resultante sin recurrir en forma, queda **firme la resolución** de que se trate.

Los actos procesales son **nulos de pleno derecho** cuando se produzcan por o ante tribunal con falta de competencia funcional.

Incluso en sede de recurso se aprecia **de oficio** la falta de competencia funcional.

7. Tratamiento procesal de la falta de competencia

Se estudian conjuntamente en este apartado la falta de competencia **objetiva** (nº 1974) y **territorial** (nº 1979). 1972

La falta de competencia **funcional** se estudia como declinatoria por falta de jurisdicción o competencia al tener la regulación de la tramitación de la declinatoria un procedimiento homogéneo para los diferentes supuestos en que puede plantearse (nº 1990).

a. Falta de competencia objetiva

Las normas sobre competencia objetiva son de orden público e **indisponibles** para las partes, por lo que han de ser objeto de control judicial desde el primer momento en que se analiza una demanda para su admisión, sin perjuicio de que pueda, además, ser apreciada a instancia de parte. 1974

Son **nulos de pleno derecho** los actos procesales cuando se produzcan por o ante tribunal con falta de competencia objetiva (LEC art.225.1º).

Apreciación de oficio (LEC art.48; LEC art.227.2) La falta de competencia objetiva se aprecia de oficio, tan pronto como se advierta, por el tribunal que esté conociendo del asunto. 1975 MPCI nº 3334

Incluso en sede de recurso se aprecia de oficio la falta de competencia objetiva.

El letrado de la Administración de Justicia dará vista a las partes y al Ministerio Fiscal por plazo común de 10 días, resolviendo el tribunal por medio de auto.

Contra el auto absteniéndose de conocer por falta de competencia objetiva cabe **recurso de apelación**.

Cuando el tribunal que conozca del asunto en segunda instancia o en trámite de recurso de casación entienda que el tribunal ante el que se siguió la primera instancia carecía de competencia objetiva, decretará la **nulidad de todo lo actuado**, dejando a salvo el derecho de las partes a ejercitar sus acciones ante la clase de tribunal que corresponda.

Declinatoria (LEC art.48, 65, 66 y 416.2) El demandado puede denunciar la falta de competencia objetiva mediante la declinatoria. El letrado de la Administración de Justicia da vista a las partes y al Ministerio Fiscal por plazo común de 10 días, resolviendo el tribunal por medio de auto. 1977 MPCI nº 3336

Si el tribunal considera que carece de competencia objetiva por corresponder el asunto de que se trate a otro órgano del mismo orden jurisdiccional, en el **auto en el que se abstenga de conocer** señalará a las partes ante qué órganos han de usar de su derecho.

Contra el auto por el que se rechace la falta de competencia objetiva solo cabe **recurso de reposición**, sin perjuicio de alegar la falta de esos presupuestos procesales en la apelación contra la sentencia definitiva.

Contra el auto absteniéndose de conocer por falta de competencia objetiva cabe recurso de apelación.
En la **audiencia previa al juicio**, el demandado no puede impugnar la falta de jurisdicción o de competencia del tribunal, que hubo de proponer en forma la declinatoria, sin perjuicio de la apreciación, de oficio, por el tribunal de su falta de jurisdicción o de competencia.

Precisiones La **tramitación de la declinatoria** puede consultarse en nº 1990.

b. Falta de competencia territorial

1979 El tratamiento procesal de la falta de competencia territorial difiere según que la ley fije como **preceptivo** un concreto criterio atributivo de competencia, en cuyo caso será apreciable de oficio o por medio de declinatoria, o el caso de los fueros **dispositivos** en que, por ser susceptibles de renuncia por sumisión expresa o tácita, únicamente podrán ser denunciados por la parte demandada mediante la correspondiente declinatoria.

1980 MPCI nº 3342, 3344 **Apreciación de oficio en los fueros preceptivos** (LEC art.58) Cuando la competencia territorial venga fijada por reglas imperativas, el tribunal examina de oficio su competencia territorial inmediatamente después de presentada la demanda y, **previa audiencia** del Ministerio Fiscal y de las partes personadas.
Si el tribunal entiende que carece de competencia territorial para conocer del asunto, lo declara así mediante auto, **remitiendo las actuaciones** al órgano judicial que considere territorialmente competente.
Si son de aplicación **fueros electivos**, el tribunal estará a lo que manifieste el demandante, tras el requerimiento que se le dirigirá a tales efectos.
Es el letrado de la Administración de Justicia, quien examina la competencia territorial inmediatamente después de presentada la demanda y, previa audiencia del Ministerio Fiscal y de las partes personadas. Si entiende que el tribunal carece de competencia territorial para conocer del asunto, da cuenta al juez para que resuelva lo que proceda mediante auto.

Precisiones El **límite temporal** para apreciar de oficio la falta de competencia territorial en la fase declarativa de los juicios ordinario y verbal se sitúa en el acto de la audiencia previa, en el primero; y en el acto de la vista en el segundo o, si no se interesa su celebración por las partes, en el momento en que se pasan los autos al juez para decidir si procede celebrarla o dictar sentencia (TS auto 20-3-18 , EDJ 38198; auto 16-11-16, EDJ 226011; auto 9-9-15, EDJ 168054; FGE Circ 2/2021).

1983 MPCI nº 3348 **Declinatoria** (LEC art.59 y 65) Fuera de los casos en que la competencia territorial venga fijada por la ley en virtud de reglas imperativas, la falta de competencia territorial solamente puede ser apreciada cuando el demandado o quienes puedan ser **parte legítima** en el juicio propongan en tiempo y forma la declinatoria.
Si se ha interpuesto declinatoria relativa a la competencia territorial y esta no viene determinada por reglas imperativas, el tribunal, para estimarla, ha de considerar competente al órgano señalado por el **promotor de la declinatoria**.
El tribunal, al estimar la declinatoria relativa a la competencia territorial, se inhibirá en favor del órgano al que corresponda la competencia y acordará remitirle los autos con **emplazamiento de las partes** para que comparezcan ante él en el plazo de 10 días.

Precisiones 1) La **tramitación** de la declinatoria, puede consultarse en nº 1990.
2) Respecto a la declinatoria territorial en el **concurso**, puede consultarse nº 5526 s.

1984 **Remisión de actuaciones al órgano judicial territorialmente competente** (LEC art.60.1) Si la decisión de inhibición de un tribunal por falta de competencia territorial se ha adoptado en virtud de **declinatoria** o con **audiencia** de todas las partes, el tribunal al que se remitan las actuaciones estará a lo decidido y no podrá declarar de oficio su falta de competencia territorial.

1985 MPCI nº 3352 **Conflicto negativo de competencia** (LEC art.60.2) Si la decisión de inhibición por falta de competencia territorial no se ha adoptado con **audiencia de todas las partes**, el tribunal a quien se remitan las actuaciones puede declarar de oficio su falta de competencia territorial cuando esta deba determinarse en virtud de reglas imperativas.
La resolución que declare la falta de competencia mandará **remitir todos los antecedentes** al tribunal inmediato superior común, que decidirá por medio de auto, sin ulterior recurso, el tribunal al que corresponde conocer del asunto, ordenando, en su caso, la **remisión de los autos y emplazamiento de las partes**, dentro de los 10 días siguientes, ante dicho tribunal.

Precisiones El **órgano superior común** en el caso de las Secciones Civiles de Tribunales de Instancia -hasta su constitución, juzgados de primera instancia- sitos en distinta comunidad autónoma es la Sala Primera del Tribunal Supremo (TS auto 11-3-05, EDJ 302564).

Imposibilidad de recurso (LEC art.67) Contra los autos que resuelvan sobre la competencia territorial no se da recurso alguno. En los recursos de **apelación** y **casación** solo se admiten alegaciones de falta de competencia territorial cuando sean de aplicación normas imperativas. 1986

8. Declinatoria por falta de jurisdicción o competencia

La LEC agrupa la regulación de la tramitación de la declinatoria en un **procedimiento homogéneo**, para los distintos supuestos en que puede plantearse, esto es, por falta de competencia internacional, por falta de jurisdicción por corresponder el asunto a otro orden jurisdiccional o a árbitros o mediadores -al respecto, ver nº 3362 Memento Procesal Civil 2026-, así como por falta de competencia objetiva, territorial y funcional. 1990 MPCI nº 3362

El **objeto** de la declinatoria es que el demandado y los que puedan ser parte legítima en el juicio promovido puedan denunciar la **falta de jurisdicción del tribunal** ante el que se ha interpuesto la demanda, por corresponder el conocimiento de esta a tribunales extranjeros, a órganos de otro orden jurisdiccional, árbitros o mediadores. También se propondrá declinatoria para denunciar la **falta de competencia de todo tipo** (LEC art.63.1 y 547).

Competencia (LEC art.63.2) La declinatoria se propone ante el mismo tribunal que esté conociendo del pleito y al que se considere carente de jurisdicción o de competencia. 1992

No obstante, la declinatoria puede presentarse también ante el **tribunal del domicilio del demandado**, que la hará llegar por el medio de comunicación más rápido posible al tribunal ante el que se haya presentado la demanda, sin perjuicio de remitírsela por oficio al día siguiente de su presentación.

Momento procesal de proposición (LEC art.64.1) La declinatoria se ha de proponer dentro de los 10 primeros días del plazo para contestar a la **demanda**. 1993

Respecto de **juicios verbales sometidos a la regulación anterior** a la L 42/2015, en los 5 primeros días posteriores a la citación para **vista** -10 días en el caso de invocación de **convenio arbitral**-, para las pretensiones afectadas por este que se tramiten por el procedimiento del juicio verbal (L 60/2003 art.11.1; nº 17449).

Efectos suspensivos (LEC art.64) Propuesta la declinatoria se suspende, hasta que sea resuelta, el plazo para **contestar**, el cómputo para el día de la vista, o el cómputo para el día de la vista, y el curso del procedimiento principal. La suspensión se acordará por el letrado de la Administración de Justicia. 1994

La suspensión del procedimiento principal producida por la **alegación previa de declinatoria** no obsta a que el tribunal ante el que penda el asunto pueda practicar, a instancia de parte legítima, cualesquiera **actuaciones de aseguramiento de prueba**, así como las **medidas cautelares** de cuya dilación puedan seguirse perjuicios irreparables para el actor, salvo que el demandado preste caución bastante para responder de los daños y perjuicios que deriven de la tramitación de una declinatoria desprovista de fundamento.

La **caución** puede otorgarse en dinero efectivo, mediante aval solidario de duración indefinida y pagadero a primer requerimiento emitido por entidad de crédito o sociedad de garantía recíproca o por cualquier otro medio que, a juicio del tribunal, garantice la inmediata disponibilidad, en su caso, de la cantidad de que se trate.

Tramitación (LEC art.65.1) Al escrito de declinatoria han de acompañarse los **documentos o principios de prueba** en que se funde, con **copias** en número igual al de los restantes litigantes, que dispondrán de un plazo de 5 días, contados desde la notificación de la declinatoria, para alegar y aportar lo que consideren conveniente para sostener la jurisdicción o la competencia del tribunal, que decidirá la cuestión dentro del quinto día siguiente. 1996 MPCI nº 3370

Si la declinatoria es relativa a la **falta de competencia territorial** (nº 1979), el actor, al impugnarla, puede también alegar la falta de competencia territorial del tribunal en favor del cual se pretenda declinar el conocimiento del asunto.

Decisión (LEC art.65) Si el tribunal entiende que **carece de jurisdicción** por corresponder el conocimiento del asunto a los tribunales de otro Estado, lo declarará así mediante auto, absteniéndose de conocer y sobreseyendo el proceso. 1998

Del mismo modo procederá el tribunal si estima la declinatoria fundada en haberse sometido el asunto a **arbitraje** o **mediación**.

Si el tribunal considera que carece de jurisdicción por corresponder el asunto de que se trate a los **tribunales de otro orden jurisdiccional**, en el auto en el que se abstenga de conocer

señalará a las partes ante qué órganos han de usar de su derecho. Igual resolución se dictará cuando el tribunal entienda que carece de **competencia objetiva** (nº 1974).
Si se ha interpuesto declinatoria relativa a la competencia territorial y esta no viene determinada por reglas imperativas, el tribunal, para estimarla, ha de considerar competente al órgano señalado por el promotor de la declinatoria.
El tribunal, al estimar la declinatoria relativa a la competencia territorial, se inhibirá en favor del órgano al que corresponda la competencia y acordará remitirle los autos con **emplazamiento de las partes** para que comparezcan ante él en el plazo de 10 días.

9. Reparto de asuntos

(LOPJ art.167 redacc LO 1/2025; Rgto CGPJ 1/2005 art.25)

2000 MPCI nº 3377 s. Las normas de reparto tienen por objeto la distribución, con arreglo a **criterios** preferentemente numéricos y cuantitativos, de los asuntos entre los diversos órganos judiciales de cada circunscripción, y se aprueban por la Sala de Gobierno del Tribunal Superior de Justicia a propuesta de la junta de jueces.
Desde la presentación de la demanda, se atribuye al procedimiento un **número de identificación** del que queda constancia en todos sus trámites, incidentes, fases e instancias, sin perjuicio del número de registro que en cada caso se le asigne. El número de identificación se incluye en todas las comunicaciones que se entiendan con las partes del procedimiento y con los demás interesados en el mismo.
Los asuntos serán repartidos y remitidos a la **oficina judicial** que corresponda dentro de los 2 días siguientes a la presentación del escrito o solicitud de incoación de las actuaciones (LEC art.69).
El reparto se realiza bajo la **supervisión del juez decano**, asistido por un letrado de la Administración de Justicia, y le corresponde a aquel resolver con carácter gubernativo interno las cuestiones que se planteen y corregir las irregularidades que puedan producirse, adoptando las medidas necesarias y promoviendo, en su caso, la exigencia de las responsabilidades que procedan. Todos los asuntos civiles son repartidos entre las **Secciones Civiles de los Tribunales de Instancia**- hasta su constitución, entre los juzgados de primera instancia- cuando haya más de uno en el partido. La misma regla se aplica a los asuntos de los que deban entender las Audiencias Provinciales cuando estén divididas en Secciones (LOPJ art.167.2; LEC art.68).
Contra las decisiones relativas al reparto no procede la declinatoria, pero cualquiera de los litigantes puede impugnar la **infracción de las normas de reparto** vigentes en el momento de la presentación del escrito o de la solicitud de incoación de las actuaciones (LEC art.68.3).
Los jueces decanos y los presidentes de tribunales pueden, a instancia de parte, adoptar las **medidas urgentes** en los asuntos no repartidos cuando, de no hacerlo, pueda quebrantarse algún derecho o producirse algún perjuicio grave e irreparable (LEC art.70).

SECCIÓN 3

Partes

2010

2012 MPCI nº 3452 La **condición de parte** en un proceso se tiene por el hecho de formular una demanda o aparecer designado en ella como demandado, abstracción hecha de que quien pida o frente a quien se pida sean o no titulares u obligados, respectivamente, por el derecho material deducido en el proceso, circunstancia esta que únicamente, como núcleo fundamental del proceso, se decidirá en la sentencia (AP Madrid 18-1-03, EDJ 220938; 2-11-05, EDJ 220531).
La LEC vigente contiene preceptos que regulan la materia relativa a las partes superando, a efectos procesales, el **dualismo** de las **personas físicas y las jurídicas** y mejorando, respecto de la anterior, otros aspectos, relativos a la sucesión procesal (nº 2410 s.), a la intervención adhesiva litisconsorcial (nº 2282 s.) y a la intervención provocada (nº 2350 s.).

A los efectos de lograr una mayor claridad expositiva se analizan las partes en el proceso, diferenciando, en primer lugar, la **capacidad** para ser parte (nº 2015) y la capacidad procesal (nº 2017), con exposición conjunta de ambas aptitudes, así como el tratamiento procesal común de ambas, y posteriormente la **legitimación** (nº 2190).
Hay que tener en cuenta también lo expuesto respecto de las partes en **otros órdenes jurisdiccionales**, sin perjuicio de la validez general de lo desarrollado más extensamente aquí.

A. Capacidad

Tradicionalmente en nuestro Derecho se han utilizado jurisprudencialmente los conceptos de *legitimatio ad processum* y de *legitimatio ad causam*. 2014
La primera de estas modalidades se hace coincidir con el concepto de **capacidad procesal**, mientras que la segunda consiste en la adecuación normativa entre la posición jurídica que se atribuye el sujeto y el objeto que demanda, esto es, la legitimación (TS 23-12-05, EDJ 230423).
Esta dualidad de conceptos entre la legitimación *ad procesum* y *ad causam* ha desaparecido en la LEC vigente, pues la misma distingue entre capacidad procesal y legitimación, refiriéndose esta última a la tradicionalmente denominada como legitimación *ad causam* (TS 7-11-05, EDJ 197592).

Precisiones A pesar de haber sido abrogada legalmente esta terminología de creación jurisprudencial, se sigue utilizando por nuestros tribunales, por lo que debe identificarse la **capacidad procesal** con la *legitimatio ad processum* y la **legitimación**, en sentido estricto, con la *legitimatio ad causam*.

Capacidad para ser parte Es la **aptitud para ser sujeto procesal**, esto es, la aptitud genérica e independiente de cualquier proceso concreto, de ser demandante o demandado en nombre propio. 2015
Esta capacidad engloba la aptitud para ser titular de derechos y facultades procesales, de asumir los correspondientes deberes y cargas de naturaleza procesal y, sobre todo, la capacidad para ser beneficiario de los efectos favorables de la sentencia que se dicte o perjudicado por la sentencia condenatoria y de sufrir los efectos que de ella se derivan: cosa juzgada (nº 9825 s.) y ejecución forzosa (nº 4665 s.).

Precisiones 1) Se trata de un concepto estrictamente procesal y su reconocimiento o denegación se realiza mediante criterios procesales; pero, aunque no sean idénticos, coincide sustancialmente con el de **personalidad jurídica** del Derecho Civil, de forma que se reconoce capacidad para ser parte a todas aquellas personas a quienes las normas sustantivas otorgan personalidad jurídica (AP Tarragona 10-5-01, EDJ 99051).
2) Los **menores de edad** tienen indiscutiblemente capacidad para ser parte en el proceso, en tanto que son titulares de derechos y obligaciones, por más que para ejercitarlos dentro del mismo deban hacerlo por medio de sus representantes o terceras personas, según los casos (TS 30-1-08, EDJ 6182).

Capacidad procesal La capacidad para comparecer en juicio o capacidad procesal consiste en la aptitud para realizar actos procesales válidamente. 2017
La capacidad procesal coincide sustancialmente con la **capacidad de obrar** plena del Derecho Civil, aunque es la ley procesal la que determina a quien se atribuye, en este ámbito, la capacidad para actuar.

Falta de capacidad (LEC art.9) La falta de capacidad para ser parte y de capacidad procesal puede ser **apreciada de oficio** por el tribunal en cualquier momento del proceso. 2019
La **falta de capacidad de obrar** plena en las partes debe ser apreciada de oficio por el juzgador, teniendo en cuenta que los tribunales han de velar por la observancia de las normas procesales y, en particular, por que quienes actúen como parte estén dotados de la necesaria capacidad de obrar (TS 30-1-06, EDJ 3925).
También han de remitirse, con arreglo a reforma operada por L 8/2021, los autos al **órgano judicial territorialmente competente de manera sobrevenida** en aquellos procesos y expedientes de jurisdicción voluntaria en los que el cambio de lugar de domicilio o residencia tras el inicio de las actuaciones y antes de la celebración de vista, determina la pérdida de competencia territorial -provisión de medidas de apoyo a la discapacidad contenciosa o en jurisdicción voluntaria- (nº 5150 s. y nº 5417 s.).

Precisiones La falta de capacidad para ser parte y de capacidad procesal puede y debe ser apreciada de oficio por el tribunal, sin que sea necesario que ninguna de las partes en el proceso haya cuestionado la referida capacidad, lo que conduce, en el caso de que la **parte** que carezca de alguna de las citadas capacidades sea la **demandada**, a su absolución (AP Ourense 12-11-04, EDJ 232169).

2020 **Subsanación** Recae sobre los órganos judiciales la responsabilidad de velar por la correcta constitución de la relación jurídico-procesal, salvo que la situación irregular se haya debido a una **actitud voluntariamente aceptada** por el perjudicado o imputable al propio desinterés, pasividad, malicia o falta de la necesaria diligencia de la parte o de los profesionales que la representen o defiendan (TCo 73/2003; 228/2005).
La falta de capacidad procesal es subsanable cuando se aprecia que la persona que actúa en juicio debe **aportar o completar los documentos** que acreditan la representación que el litigante se atribuya.
La **falta de capacidad para ser parte** es más difícilmente subsanable, puesto que se trata de una aptitud que se tiene o de la que se carece, a salvo los supuestos en que se trate de la acreditación de la constitución, y consiguiente adquisición de la personalidad jurídica, de las personas jurídicas, o el cumplimiento de los requisitos exigidos para atribuir capacidad para ser parte a los grupos de afectados en el caso de las acciones en defensa de los consumidores y usuarios.

2022 **Audiencia previa al juicio** (LEC art.416.1.1ª y 418) En la audiencia previa del juicio ordinario (nº 3810), descartado el acuerdo entre las partes, el tribunal resuelve sobre cualesquiera circunstancias que puedan impedir la válida prosecución y término del proceso mediante sentencia sobre el fondo y, en especial, sobre la **falta de capacidad** de los litigantes o **de representación** en sus diversas clases.
Cuando el demandado haya alegado en la contestación a la demanda, o el actor aduzca en la audiencia previa al juicio, **defectos** de capacidad o representación que sean **subsanables** o susceptibles de corrección, se pueden subsanar o corregir en el acto y si no es posible en ese momento, se concede para ello un plazo, no superior a 10 días, con suspensión, entre tanto, de la audiencia.
Cuando el **defecto o falta no** sean **subsanables** ni corregibles o no se subsanen o corrijan en el plazo concedido, se da por concluida la audiencia y se dicta auto poniendo fin al proceso, salvo si el defecto no subsanado afecta a la personación en forma del demandado, en cuyo caso se le declara en rebeldía, sin que de las actuaciones que haya llevado a cabo quede constancia en autos.

2023 **Juicio verbal** (LEC art.443 redacc LO 1/2025) En el desarrollo de la vista del juicio verbal, cuando esta se celebre, el demandado puede formular las **alegaciones** que a su derecho convengan comenzando, en su caso, por las cuestiones relativas a cualquier hecho o circunstancia que pueda obstar a la válida prosecución y término del proceso mediante sentencia sobre el fondo. Oído el demandante sobre estas cuestiones, así como las que considerase necesario proponer acerca de la personalidad y representación del demandado, el tribunal resuelve lo que proceda y si manda proseguir el juicio, el demandado puede pedir que **conste en acta su disconformidad**, a los efectos de apelar contra la sentencia que en definitiva recaiga.

1. Personas físicas

(LEC art.6.1.1º)

2025 MPCI nº 3470 Las personas físicas ostentan la capacidad para ser parte en los procesos que se sigan ante los tribunales civiles españoles. La capacidad jurídica y la capacidad para ser parte van unidas.
El nacimiento determina la **personalidad**, que se extingue por la muerte (CC art.29 y 32).
Las personas físicas pueden **comparecer** en juicio en todo caso, pudiendo hacerlo por sí mismas si no se encuentran en minoría de edad sin emancipación o sin beneficio de la mayor edad judicialmente concedido o afectadas por discapacidad con necesidad de apoyo (nº 2027) o bien necesitan ser representadas o asistidas por otras personas por mandato de la ley (nº 2034), bien por su minoría de edad u otras circunstancias que incidan en el ejercicio de su capacidad de obrar plena (TS 1-9-06, EDJ 261507; 30-1-08, EDJ 6182).

a. Comparecencia en juicio por sí mismo

(LEC art.7.1; CC art.246 y 247)

2027 Pueden comparecer en juicio **todas las personas**, pero solo lo pueden hacer por sí mismos plenamente los mayores de edad y los menores emancipados o que gocen del beneficio de la mayor edad que no estén sujetos a **medidas de apoyo** para el ejercicio de la capacidad jurídica.
El **mayor de edad** es capaz para todos los actos de la vida civil, salvo las excepciones establecidas en casos especiales por la ley. La mayor edad empieza a los 18 años cumplidos (Const art.12; CC art.240 y 246).

Los mayores de edad tienen a su favor la **presunción** general de capacidad completa para todos los actos de la vida civil, que está sujeta a excepciones cuando una persona, a pesar de su mayoría de edad, precisa de apoyo para determinados actos, previa su declaración judicial o cuando esta falta de capacidad plena resulta ostensible y evidente (TS 30-1-06, EDJ 3925).
Para apreciar la **falta de capacidad** procesal plena no es indispensable que haya habido una previa declaración judicial de establecimiento de medidas de apoyo, sin perjuicio de que es precisa la existencia de **pruebas**, principalmente periciales, que desvirtúen la presunción de capacidad procesal completa (TS 30-1-95, EDJ 56; AP Málaga 13-3-03, EDJ 123646).
No obstante, en otras ocasiones se ha considerado que la LEC art.7.2 -relativo a la comparecencia mediante representante legal-, no se refiere a las personas que puedan estar en una situación en la que eventualmente puedan precisar de **asistencia o representación** para el ejercicio de sus derechos civiles, sino que contempla el caso de que al iniciar el proceso ya estén necesitados de otra para el ejercicio de tales derechos, por razones jurídicas como la minoría de edad, y eventualmente, tras los cauces judiciales procedentes, establecidas las medidas judiciales de apoyo (AP Araba 19-10-05, EDJ 292204).

Precisiones 1) Por mucho que alguien comunique que una persona se halla **deteriorada física o psíquicamente**, si no se han puesto en marcha los mecanismos para la fijación de medidas de apoyo al ejercicio de la capacidad de la misma, es porque la persona tiene el grado de aptitud suficiente para defender sus derechos e intereses legítimos en virtud de la presunción de capacidad (AP Araba 19-10-05). **2028** MPCI nº 3477
Es necesario que esta falta de capacidad completa, no declarada judicialmente, resulte manifiesta lo que no ocurre cuando únicamente se acredita respecto de la salud del actor que sufre una depresión, sin que aparezca la existencia de una enfermedad determinante de situación de necesidad de medidas de apoyo al ejercicio de la capacidad que le impida regir por sí solo su persona y bienes, máxime cuando dicha parte ha comparecido ante el tribunal a los efectos de absolver las posiciones en la prueba de confesión judicial (TS 30-1-06, EDJ 3925).
2) Teniendo en cuenta la presunción de capacidad completa, no es precisa la asistencia con carácter subsidiario de otra persona, por más que se justifique que aquella tiene reconocido administrativamente un **grado de discapacidad** del 75% (AP Jaén 12-5-04, EDJ 74201).

Proceso laboral (LRJS art.16) Tienen capacidad procesal los trabajadores **mayores de 16 años y menores de 18**, respecto de los derechos e intereses legítimos derivados de sus contratos de trabajo y de la relación de Seguridad Social, cuando legalmente no precisen para la celebración del citado contrato autorización de sus padres, tutores o de la persona o institución que los tenga a su cargo, o hayan obtenido autorización conforme a la legislación laboral para contratar de aquellos que los tienen a su cargo. También tienen capacidad procesal respecto de los derechos de naturaleza sindical y de representación, así como para la impugnación de los actos administrativos que les afecten. **2030** MPCI nº 3479
Igualmente, tienen capacidad procesal los trabajadores **autónomos** económicamente dependientes mayores de 16 años.
Por quienes no se hallen en el pleno ejercicio de sus derechos civiles o precisen de asistencia o apoyo para ejercerlos comparecen sus **representantes** legítimos o los que deban apoyar su falta de capacidad conforme a Derecho.

Precisiones Ver en nº 14470 s. el estudio de las **partes procesales** en el procedimiento laboral.

Menor emancipado (CC art.239 y 247) Puede comparecer en juicio por sí solo. **2032**
La emancipación de un menor de edad tiene lugar por las siguientes **causas**:
- por alcanzar los 18 años y por tanto la mayoría de edad;
- por concesión de los que ejerzan la patria potestad; y
- por concesión judicial.

b. Comparecencia mediante representante legal, asistente o con autorización
(LEC art.7.2)

Los **menores de edad no emancipados** han de comparecer en juicio mediante la representación, asistencia o autorización exigidos por la Ley. En caso de **personas con medidas de apoyo** para el ejercicio de la capacidad jurídica, se ha de estar al alcance y contenido de estas. **2034** MPCI nº 3485
Con la demanda, la contestación o, en su caso, al comparecer a la vista de juicio verbal, han de presentarse los **documentos acreditativos** de la representación que el litigante se atribuya (LEC art.264 redacc LO 1/2025).
La existencia de una **representación voluntaria**, que no legal, no suple los defectos de capacidad plena del mandante, ya que la figura de la representación voluntaria no tiene su sentido, sino en que lo hecho por los mismos repercute en la esfera jurídica del representado, pero en modo alguno suple o complementa la capacidad de este.

Precisiones 1) La autorización judicial para **transigir** sobre los bienes de los menores y personas con discapacidad o necesitadas de medidas de apoyo se estudia en nº 2494.

2) En los procesos que tengan como parte a personas con discapacidad y personas mayores que lo soliciten o, en todo caso, personas mayores de 80 años, se realizarán las **adaptaciones y flexibilizaciones** que resulten necesarias en materia cognitiva o sensorial para garantizar su participación en condiciones de igualdad, tanto a petición de cualquiera de las partes, como del Ministerio Fiscal o de oficio por el tribunal, según los casos, en todas las fases procesales, incluidos los actos de comunicación (LEC art.7 bis; nº 2793.2).

2035 MPCI nº 3487 s. **Menores sujetos a patria potestad** (CC art.154, 156 y 162) La regulación de la minoría de edad, en cuanto mera limitación de la capacidad de obrar plena, se basa en la existencia de dicha capacidad y en la necesidad de integrarla para la protección al menor (TS 1-9-06, EDJ 261507).

Los **hijos menores no emancipados** están bajo la potestad de los progenitores, que comprende la representación y administración de sus bienes y pueden ejercitar en nombre de aquellos, las **acciones** que les competan en defensa de sus derechos e intereses legítimos, como representantes legales de los mismos hasta su mayoría de edad.

Ello es así, sin que quepa alegar que los bienes o derechos hayan sido adquiridos con **dinero familiar**, por cuanto que la figura de unidad familiar no está contemplada en nuestro ordenamiento procesal, sino que, por el contrario, se reconoce la legitimación a quienes comparezcan en juicio como titulares de la relación jurídica u objeto litigioso (AP Valladolid 18-11-02, EDJ 126416).

Los menores de edad carecen de capacidad de obrar plena, y, por ende, de capacidad procesal, por lo que deben actuar en representación de los mismos sus padres, bien conjuntamente o bien uno de ellos con el consentimiento del otro (AP Zamora auto 9-3-00, EDJ 6925; AP Zaragoza 12-12-00, EDJ 113458; AP Tarragona 10-5-01, EDJ 99051).

Precisiones 1) En todo caso es el menor quien debe ser considerado como **parte procesal legítima** al ser titular de la relación jurídica, sin perjuicio de que comparezca en juicio con la debida representación, a todos los efectos, incluso a los de una eventual condena en costas (TS 30-1-08, EDJ 6182).

En ocasiones, con confusión de los conceptos, se ha dicho que los menores de edad no poseen capacidad para ser parte, por lo que no pueden ser traídos al proceso a menos de ser citados en la persona de su representante legal, siendo así que ostentan capacidad para ser parte, careciendo de capacidad procesal, que necesita ser completada en la forma prevista por la ley (AP Almería 18-2-00, EDJ 5043).

2) La **demanda interpuesta por menor de edad** y declarada en su momento válidamente admitida, hace que no sea necesario repetir la interposición por sus padres, pese a que en ella conste el menor como demandante y no aquellos, dado que, al personarse los padres en las actuaciones, aceptan con posterioridad como propia la actuación de su hijo (TS 1-9-06, EDJ 261507).

2036 **Derecho de audiencia al menor** (LO 1/1996 art.9) Sin perjuicio de la actuación a través de sus representantes legales, el menor tiene derecho a ser oído en los procedimientos judiciales en que esté implicado y que conduzcan a una decisión que afecte a su esfera personal, familiar o social.

En estos procedimientos judiciales las **comparecencias** del menor se realizan de forma adecuada a su situación y al desarrollo evolutivo de este, cuidando de preservar su **intimidad**.

Se garantiza que este derecho a ser oído pueda ejercitarse por sí mismo o a través de la persona que designe para que le represente, cuando tenga **juicio suficiente**. No obstante, cuando ello no sea posible o no convenga al interés del menor (LO 1/1996 art.2), puede conocerse su opinión por medio de sus **representantes legales**, siempre que no sean parte interesada ni tengan intereses contrapuestos a los del menor, o a través de **otras personas** que por su profesión o relación de especial confianza con él puedan transmitirla objetivamente.

Cuando el menor solicite ser oído directamente o por medio de persona que le represente, la **denegación de la audiencia** será motivada y comunicada al Ministerio Fiscal y a aquellos.

2037 MPCI nº 3493 **Intereses contrapuestos** (CC art.163) Siempre que en algún asunto los progenitores tengan un interés opuesto al de sus hijos no emancipados, se nombra a estos un **defensor** que los represente en juicio (nº 2045).

Si el **conflicto** de intereses existe **solo con uno de los progenitores**, corresponde al otro por Ley y sin necesidad de especial nombramiento representar al menor.

Precisiones El que los intereses de los progenitores sean distintos, no implica **incompatibilidad** entre ellos, pues es posible que todos concurran y sea admisible una defensa conjunta (TS 1-9-06, EDJ 261507).

Habilitación para comparecer en juicio a menores de edad (L 15/2015 art.27 a 32) Los menores de edad no emancipados y las personas con discapacidad, necesitan habilitación para comparecer en juicio, cuando no estén autorizados para ello por la ley, o por el padre o por la madre que ejerza la patria potestad. 2038 MPCI nº 3495

Solo puede concederse la habilitación cuando, siendo demandado el menor no emancipado o siguiéndosele gran perjuicio de no promover la demanda, sus **padres** se hallen **ausentes**, ignorándose su paradero, sin que haya motivo racional bastante para creer próximo su regreso, o bien el padre y la madre se nieguen a representar al hijo en juicio o se encuentren imposibilitados de hecho para la representación en o asistencia al juicio.

No es necesaria la habilitación del hijo para litigar con su padre o madre o contra los titulares de cargos tutelares, ni para plantear expedientes de jurisdicción voluntaria si estuviera legitimado o para representarle cuando se inste por el Ministerio Fiscal el procedimiento para modificar su capacidad.

En estos expedientes se oye siempre al **Ministerio Fiscal**, cesando los efectos de la habilitación luego que el padre o la madre o el titular del cargo tutelar se presten a comparecer en juicio por el hijo o desaparezca tal imposibilidad.

Personas sujetas a tutela (CC art.199, 200, 208 a 210, 758 y 760) Están sujetos a tutela: 2039

- los menores no emancipados que no estén bajo la patria potestad; y
- los menores que se hallen en situación de desamparo.

En el caso de que se haya constituido tutela, el **tutor** es el representante del menor.

La autoridad judicial constituye la tutela mediante un **expediente de jurisdicción voluntaria** (nº 5418 s.) y se ejerce bajo la vigilancia del Ministerio Fiscal. En la resolución judicial por la que se constituya o en otra posterior, se establecen las medidas de vigilancia y control que estime adecuadas, en beneficio del tutelado. En la actualidad, no se dispone legalmente el alcance de dichas medidas, pero, como regla, el tutor necesitará autorización judicial para los mismos actos en los que la precisa el curador (nº 2041).

En los expedientes de constitución de tutela, el menor puede comparecer con su propia **defensa y representación** o asistido por un defensor judicial.

Precisiones El otorgamiento judicial del **beneficio de la mayor edad** al sujeto a tutela mayor de 16 años que lo solicite produce los mismos efectos que la emancipación respecto del menor y la patria potestad (CC art.245 y 247).

Personas sujetas a curatela (CC art.268 a 271, 287 a 289, 300, 758 y 760.3) Están sujetos a curatela -o, en su caso, **autocuratela**- las personas con discapacidad o necesitadas de ello para las que se hayan adoptado judicialmente medidas de apoyo, en caso de que así se disponga por la resolución judicial que las adopte, siempre con **carácter subsidiario** a cualquier otra medida que resulte suficiente y adecuada. 2041

La autoridad judicial determinará los **actos** para los que la persona requiera la intervención del curador, atendiendo a sus concretas necesidades. Las **medidas fijadas se revisan** periódicamente, como máximo cada 3 años o excepcionalmente, un plazo superior que no exceda de 6 años; y, en todo caso, ante cambio de situación del afectado. Solo en los casos excepcionales en los que resulte imprescindible por las circunstancias del afectado, se determinarán los actos en los que el curador ha de asumir su representación. Tanto los actos en los que el curador deba prestar la **asistencia**, como aquellos otros en que deba ejercer la **representación**, deben fijarse de manera precisa. En ningún caso puede incluir la sentencia la **mera prohibición de derechos**.

En la resolución que constituya la curatela o en otra posterior, el juez ha de fijar las **medidas de control** oportunas para garantizar el respeto de los derechos, la voluntad y las preferencias del afectado.

En todo caso, el curador precisa **autorización judicial** para interponer demanda en nombre de la persona a la que presta apoyo, salvo en los asuntos urgentes o de escasa cuantía, salvo para instar la revisión de la resolución judicial en que previamente se le hubiesen determinado los apoyos; para renunciar derechos y transigir o someter a arbitraje cuestiones que afecten a los intereses del sujeto a curatela. No se precisa para la partición de herencia o la división de cosa común realizada por el curador representativo, pero una vez practicadas requerirán aprobación judicial. Si hubiese sido nombrado un **defensor judicial para la partición** deberá obtener también la aprobación judicial, salvo que se hubiera dispuesto otra cosa al hacer el nombramiento

Los actos jurídicos realizados sin la **intervención** del curador, cuando esta sea **preceptiva**, son anulables a instancia del propio curador o de la persona sujeta a curatela, salvo que se sometan a representación, en cuyo caso han de considerarse nulos.

En los procesos y expedientes de provisión de medidas de apoyo -y, en su caso, de constitución de curatela o autocuratela-, el afectado puede comparecer con su propia **defensa y representación**. Si no fuera previsible que proceda a realizar por sí mismo tal designación, con la solicitud se pedirá que se le nombre un **defensor judicial**, quien actuará por medio de abogado y procurador.

Precisiones La circunstancia de que la resolución judicial que constituya la curatela **no sea firme** no obsta para que no se reconozca la capacidad procesal de dicha persona, por lo que deberá de actuar a través de los mecanismos previstos en aquella (AP Lleida auto 18-2-03, EDJ 263173).

2042 MPCI nº 3501 s. **Personas sometidas a concurso** (LEC art.7.8; LCon art.120 s.) Las limitaciones a la capacidad de quienes estén sometidos a concurso y los modos de suplirlas se rigen por lo establecido en la Ley Concursal.

El deudor requiere la **conformidad de los administradores concursales** para interponer demandas o recursos, allanarse, transigir o desistir cuando la materia litigiosa pueda afectar a su patrimonio, pudiendo comparecer en juicio el mismo deudor.

Se exceptúa el caso de **suspensión de las facultades de administración** y disposición del deudor, correspondiendo entonces a la administración concursal la legitimación para el ejercicio de las acciones de índole no personal.

Asimismo, en caso de **intervención**, el deudor conserva la capacidad para actuar en juicio, pero necesita la conformidad de la administración concursal para interponer demandas o recursos que puedan afectar a su patrimonio.

Precisiones El **proceso concursal** es objeto de estudio en nº 5470 s.

c. Defensor judicial

(LEC art.8.1)

2045 Cuando la persona física menor o con discapacidad se encuentre en uno de los supuestos legales (CC art.235 y 295) y no haya **persona que legalmente la represente o asista** para comparecer en juicio, el tribunal le nombra un defensor judicial que asume su representación y defensa hasta que, en su caso, se designe a aquella persona o cese la situación causante.

El defensor judicial integra la **capacidad procesal** del menor o persona con discapacidad que no esté debidamente representado, y se causa indefensión material cuando el órgano judicial no procede a promover dicha designación, toda vez que el juzgador debe emplear todos los medios necesarios para suplir la falta de capacidad procesal, promoviendo la designación de defensor para que asista a la persona con necesidad de apoyos para el ejercicio de su capacidad jurídica en la actuación procesal, a los efectos de la válida constitución de la relación jurídico procesal y el desarrollo del proceso conforme a los principios de contradicción e igualdad de armas (TCo 199/2006).

2046 **Naturaleza jurídica** El defensor judicial es la persona que **asume temporalmente la representación** de los intereses de los menores de edad o de las personas con discapacidad cuando quien legalmente deba hacerlo, padres, tutores, representantes legales o curadores, no lo hacen, o bien existe contraposición de intereses entre aquellos y estos o no han sido aún nombrados.

La institución del defensor judicial ampara un **interés de carácter público**, a los efectos de evitar situaciones de real indefensión, y este interés se manifiesta en la intervención del Ministerio Fiscal, así como la propia del órgano judicial en su designación.

Se trata de un **cargo judicial** porque es necesaria una resolución judicial que acuerde su nombramiento y cuando actúa debe obrar dentro de las facultades precisas y concretas que se le han atribuido, debiendo probar, cuando actúa judicialmente que así lo hace (TS 7-11-02, EDJ 46510; 4-3-03, EDJ 3625).

2048 MPCI nº 3511 **Supuestos de intervención** (CC art.235, 295, 296 y 758) Además del supuesto de inexistencia de persona que represente los intereses del menor de edad o de la persona con discapacidad, procede el nombramiento de defensor judicial, que ampare y represente sus intereses, de quienes se hallen en alguno de los siguientes supuestos:

a) Cuando en algún asunto exista **conflicto de intereses** entre los menores o personas con discapacidad y sus representantes legales o el curador.

En el caso de **tutela conjunta** ejercida por ambos progenitores o de medidas de apoyo encomendadas a más de una persona, si el conflicto de intereses existe solo con uno de ellos, corresponde al otro por ley, y sin necesidad de especial nombramiento, representar y amparar al menor o persona con discapacidad.

b) En el supuesto de que, por cualquier causa, el tutor o el curador no desempeñe sus funciones hasta que **cese la causa determinante** o se designe a otra persona para desempeñar el cargo.
c) Cuando el **menor emancipado** requiera el complemento de capacidad previsto en CC art.247 y 248 y a quienes corresponda prestarlo no puedan hacerlo o exista con ellos conflicto de intereses.
d) Cuando durante la tramitación de la **excusa** dada por el curador la autoridad judicial lo considere necesario.
e) Cuando se haya promovido la provisión de medidas judiciales de apoyo a la persona con discapacidad y la autoridad judicial considere necesario proveer a la **administración de los bienes** hasta que recaiga resolución judicial.
f) En todos los demás casos previstos en la ley.
Entre estos últimos se incluye:
• El supuesto en que, en algún asunto, el **padre y la madre** tengan un **interés opuesto** al de sus hijos no emancipados, en que se nombra a estos un defensor que los represente en juicio y fuera de él (nº 3359 s.).
• El caso de la **persona desaparecida** de su domicilio o del lugar de su última residencia, pudiendo el letrado de la Administración de Justicia nombrar un defensor que ampare y represente al desaparecido en juicio o en los negocios que no admitan demoras.
• En el supuesto de estar tramitándose un procedimiento de **remoción de tutela o curatela**, el letrado de la Administración de Justicia puede suspender en sus funciones al tutor o curador y nombrar un defensor judicial al tutelado. Asimismo, cuando además de la protección de la persona, que asume el Ministerio Fiscal, sea preciso atender a la del patrimonio, se procede al empleo de esta figura.
En los procesos o expedientes para la **provisión de medidas de apoyo a la discapacidad**, cuando no comparezca el presunto afectado por la discapacidad, y siempre que el Ministerio Fiscal sea el promotor del procedimiento, se designa un defensor judicial, a no ser que ya esté nombrado.

Nombramiento (CC art.236 y 298) El letrado de la Administración de Justicia, en procedimiento de jurisdicción voluntaria (nº 5405 s.), de oficio o a petición del Ministerio Fiscal, del propio menor o persona con discapacidad o de cualquier persona capaz de comparecer en juicio, nombra defensor a quien estime **más idóneo** para el cargo. **2050** MPCI nº 3513
El nombramiento de defensor judicial ha de hacerse **de oficio**, por decisión del juez, cuando conoce que la persona se encuentra en alguno de los supuestos en que se haga necesario (TS 4-3-03, EDJ 3625).

Precisiones La regulación del **trámite** de este expediente se contiene en L 15/2015 art.27 a 30. Hasta la aprobación de esta Ley permanece vigente de conformidad con la LEC disp.final 18ª, la derogada LEC/1881 art.1852 a 1860, regulando el procedimiento para el nombramiento de «**curadores para pleitos**» figura que, si bien había desaparecido, podía entenderse asimilable a los efectos del procedimiento para su designación, con los defensores judiciales. Como **reglas esenciales** cabe destacar que el juez hacía el nombramiento en un pariente inmediato del menor, si lo hubiera; en su defecto en persona de su intimidad o de la de sus padres, y no habiéndolas o no teniendo la aptitud legal necesaria, en persona de su confianza que la tuviera. La representación cesaba luego que se hubiera nombrado al menor o personas con discapacidad tutor o curador o hubiese desaparecido la falta de capacidad para representarlos.

Régimen jurídico (CC art.236, 297 y 298) El defensor judicial tiene las atribuciones que le haya concedido el letrado de la Administración de Justicia al que debe **rendir cuentas** de su gestión una vez concluida esta. **2052** MPCI nº 3515
El defensor judicial se rige por las normas de la **curatela** en lo relativo a la inhabilidad, excusas y remoción de los curadores, así como las obligaciones que a este se atribuyen de conocer y respetar la **voluntad, deseos y preferencias** de la persona a la que se preste apoyo.
En el nombramiento se le puede dispensar de la venta en subasta pública, fijando un precio mínimo, y de la aprobación judicial posterior de los actos.

Precisiones **1)** El defensor judicial es un cargo de **nombramiento judicial** -actualmente, a través del decreto del letrado de la Administración de Justicia- para un determinado asunto, con las atribuciones que se le hayan conferido al designarlo. No es un representante legal del menor para la defensa y administración de su patrimonio, y por ello, cuando actúa, debe obrar dentro de las **facultades precisas y concretas** que se le han atribuido, y cuanto actúa judicialmente, debe probar que así lo hace, no exhibir solo el auto judicial -actualmente, decreto del letrado de la Administración de Justicia- de nombramiento (TS 10-3-95).
2) No resulta admisible el ejercicio de una **acción de nulidad del contrato** por un defensor judicial que fue nombrado antes de que se perfeccionasen los contratos cuya nulidad se pide y que no haya probado siquiera que posteriormente sus facultades las haya extendido el juez a proceder en este litigio (TS 10-3-95).

d. Comparecencia del Ministerio Fiscal previamente a la designación del defensor judicial

(LEC art.8.2)

2055 El Ministerio Fiscal asume la **representación y defensa** en juicio de la persona que no esté en pleno ejercicio de sus derechos civiles o que precise asistencia para ejercerlos, sin que exista persona que la represente o asista para comparecer en juicio, hasta que se produzca el nombramiento de defensor judicial.

Asimismo, asume la representación y defensa de las **personas a las que proceda el nombramiento**, en general, de defensor judicial hasta que se produzca el nombramiento de aquel.

En todo caso, el proceso queda **en suspenso** mientras no conste la intervención del Ministerio Fiscal.

El alcance de la intervención del Ministerio Fiscal en estos casos es **provisional, subsidiaria y temporal**, y con carácter de urgencia hasta que se dote a los interesados de los mecanismos ordinarios de defensa (AP Madrid auto 28-4-04, EDJ 121196).

Es por ello que, en estos casos, la **intervención** del Ministerio Fiscal debe ser meramente **preventiva y conservativa**, de forma que no precluyan las oportunidades procesales de sus patrocinados, estando obligados a levantar las cargas procesales que puedan surgir, pero no pudiendo tomar por sí mismo decisiones que supongan actos de disposición sobre el proceso o sobre su objeto.

Precisiones 1) En estos casos resulta posible la petición de **suspensión del curso del proceso** realizada por el Ministerio Fiscal, pero se impide realizar actos de disposición del proceso (AP Madrid auto 28-4-04).

2) Se genera **indefensión material** si no se cita al Ministerio Fiscal en representación de la persona con discapacidad con necesidad de medidas de apoyo que carece de persona que lo representa en tanto no se procede a la designación de defensor judicial, toda vez que el órgano judicial debe emplear todos los medios necesarios para suplir la falta de capacidad procesal, promoviendo la intervención del Ministerio Fiscal en estos casos, a los efectos de la válida constitución de la relación jurídico procesal y el desarrollo del proceso conforme a los principios de contradicción e igualdad de armas (TCo 199/2006).

3) Ver los supuestos en que procede la **designación de defensor judicial** (nº 2045 s.) y a la capacidad para ser parte del Ministerio Fiscal (nº 2164).

2. Concebido no nacido

(LEC art.6.1.2º; CC art.29 y 30)

2057 Ostenta **capacidad para ser parte** en los procesos ante los tribunales civiles el concebido no nacido, para todos los efectos que le sean favorables (AP Almería auto 24-4-18, EDJ 527163).

El **concebido se tiene por nacido** para todos los efectos que le sean favorables, siempre que posteriormente nazca vivo y se desprenda completamente del seno materno.

Las **donaciones** hechas a los concebidos y no nacidos pueden ser aceptadas por las personas que legítimamente los representarían, si se ha verificado ya su nacimiento (CC art.627).

Precisiones El nasciturus como **parte procesal** solo puede identificarse por referencia a otro sujeto, la gestante (AP Almería auto 6-2-18, EDJ 526362; 29-11-17, EDJ 514987).

2058 MPCI nº 3527 **Comparecencia en juicio** (LEC art.7.3) Por los concebidos y no nacidos comparecen las personas que legítimamente los representarían si ya hubiesen nacido.

Precisiones Ver la parte dedicada a la **comparecencia en juicio** por los **menores de edad** en nº 5245.

3. Personas jurídicas

(CC art.35)

2060 Son personas jurídicas, las corporaciones, asociaciones y fundaciones de interés público reconocidas por la Ley, así como las asociaciones de interés particular, sean civiles, mercantiles o industriales, a las que la ley conceda **personalidad propia**, independiente de la de cada uno de los asociados.

Las personas jurídicas constituyen una creación del legislador, y tanto su **existencia** como su **capacidad jurídica** vienen supeditadas al cumplimiento de los requisitos que el ordenamiento jurídico establezca en cada caso para su válida constitución; de este modo, las personas jurídicas solo pueden ser rectamente concebidas si se las conceptúa como uno más de los instrumentos o técnicas que el Derecho pone al servicio de la persona para que pueda actuar en el tráfico jurídico y alcanzar variados fines de interés público o privado reconocidos por el propio ordenamiento (TCo 117/1998).

Capacidad para ser parte (CC art.35; LEC art.6.1.3º) Las personas jurídicas ostentan capacidad para ser parte en los procesos ante los tribunales civiles. **2061**
Como ficción del Derecho, ostentan su propia y particular personalidad, siempre que cumplan con los requisitos legalmente previstos para ello. Su **personalidad** empieza desde el instante mismo en que, con arreglo a Derecho, hayan quedado válidamente constituidas.
Por lo tanto, en el caso de que no se cumplan con todos los requisitos legalmente fijados para su constitución, nos encontraremos ante una **pluralidad de elementos personales y patrimoniales** puestos al servicio de un fin determinado, pero sin que ostenten autonomía o personalidad diferente a la de sus miembros (nº 2175).

Precisiones A los efectos de una mayor claridad en la exposición analizaremos los tipos de personas jurídicas más habituales en el tráfico jurídico, haciendo referencia a los requisitos exigidos para su **válida constitución**, determinante de su personalidad jurídica y la consiguiente capacidad para ser parte, así como a su **actuación procesal** mediante las personas que, legalmente, las representen.

Comparecencia en juicio (LEC art.7.4 y 264) Por las personas jurídicas comparecen quienes legalmente las representen. **2062** MPCI nº 3536
Con la demanda, la contestación o, en su caso, al comparecer a la vista de juicio verbal, han de presentarse los **documentos que acrediten la representación** que el litigante se atribuya.

Precisiones 1) No debe confundirse la **representación orgánica** que, por imperio de la ley, corresponde a las personas que integren el órgano de administración, como regla general, con la **representación voluntaria** a favor de otras personas físicas, otorgada por los órganos de administración, para que actúen en nombre de la entidad (TS 14-3-02, EDJ 3804).
2) Si bien la regla general es la comparecencia procesal por medio de los representantes orgánicos o necesarios, en ocasiones se ha considerado que las personas jurídicas pueden comparecer en juicio representadas también a través de representantes voluntarios, si los estatutos de la persona jurídica permiten la **delegación de su representación orgánica en otras personas**, sin que ello suponga que dejen de ser representantes legales de la persona jurídica a los efectos de la LEC (AP Cádiz auto 21-10-05, EDJ 305430; AP Madrid auto 10-1-06, EDJ 7201).

Apoderamiento al procurador (LEC art.30.2) Los **cambios en la representación** o administración de las personas jurídicas no extinguen el poder del procurador ni dan lugar a nueva personación, cuando el poder haya sido otorgado por el representante legal de una persona jurídica. **2065**
En consecuencia, el procurador apoderado continúa con representación bastante aunque cambien los directivos de la entidad, siempre que el **poder no** le haya sido **revocado** (TS 19-2-97, EDJ 325; 19-1-00, EDJ 170).

Precisiones La **extinción del apoderamiento** a procurador otorgado por las personas jurídicas y otras entidades se estudia en nº 1557.

a. Asociaciones

(LO 1/2002 art.5.1 y 10.4)

Las asociaciones se constituyen mediante **acuerdo de tres o más personas físicas o jurídicas** legalmente constituidas, que se comprometen a poner en común conocimientos, medios y actividades para conseguir unas finalidades lícitas, comunes, de interés general o particular, y se dotan de los estatutos que rigen el funcionamiento de la asociación. **2068** MPCI nº 3547
El **acuerdo de constitución**, que incluye la aprobación de los estatutos, ha de formalizarse mediante acta fundacional, en documento público o privado. Con el otorgamiento del acta adquiere la asociación su personalidad jurídica y la plena capacidad de obrar, sin perjuicio de la necesidad de la inscripción a los solos efectos de publicidad.
Las asociaciones **no** precisan de la **inscripción** en el Registro de Asociaciones para adquirir la personalidad jurídica propia, que se adquiere mediante el otorgamiento del acta; no obstante, se fomenta la inscripción, de forma que los **promotores de asociaciones no inscritas** responden, personal y solidariamente, de las obligaciones contraídas con terceros. En tal caso, los asociados responden solidariamente por las obligaciones contraídas por cualquiera de ellos frente a terceros, siempre que hayan manifestado actuar en nombre de la asociación.

Precisiones Las asociaciones están reguladas por la LO 1/2002, que desarrolla el **derecho de asociación**, incluyendo en su **ámbito normativo** a todas las asociaciones que no tengan fin de lucro y que no estén sometidas a un régimen asociativo específico.
Se rigen por su **legislación específica**, los partidos políticos, los sindicatos y las organizaciones empresariales, las iglesias, confesiones y comunidades religiosas, las federaciones deportivas, las asociaciones de consumidores y usuarios, así como cualesquiera otras reguladas por leyes especiales.

2069 **Asociaciones de consumidores y usuarios** (RDLeg 1/2007 art.22 s.) Las asociaciones de consumidores y usuarios se constituyen con arreglo a la Ley de Asociaciones y tienen como finalidad la defensa de los intereses, incluyendo la información y educación, de los consumidores y usuarios, bien sea con carácter general, bien en relación con **productos** y **servicios determinados**.

También tienen la consideración de asociaciones de consumidores y usuarios las **sociedades cooperativas** de consumidores y usuarios, que son aquellas que tienen por objeto el suministro de bienes y servicios adquiridos a terceros o producidos por sí mismas, para uso o consumo de los socios y de quienes con ellos conviven, así como la educación, formación y defensa de los derechos de sus socios, en particular, y de los consumidores y usuarios en general (L 27/1999 art.88).

Precisiones La LEC aborda la realidad de la **tutela de los intereses jurídicos colectivos y difusos**, llevados al proceso, no ya por quien se haya visto lesionado directamente y para su individual protección, o por grupos de afectados, sino por personas jurídicas constituidas y legalmente habilitadas para la defensa de aquellos intereses (nº 2218).

2070 **Comparecencia en juicio** (LO 1/2002 art.7.1.h, 11.4 y 12) Por las asociaciones actúan los órganos que las representan según sus estatutos, debiendo existir un **órgano de representación** que gestione y represente los intereses de la asociación, de acuerdo con las disposiciones y directivas de la Asamblea General.

Solo pueden formar parte del órgano de representación los **asociados**.

Las **facultades del órgano de representación** se extienden, con carácter general, a todos los actos propios según las finalidades de la asociación, siempre que no requieran, conforme a los estatutos, autorización expresa de la Asamblea General.

La asociación está debidamente representada en juicio compareciendo en el mismo en la persona de su **presidente**, que es quien ostenta dicha representación si así se justifica, incluso con la aportación de certificado de la Administración pública que registra sus estatutos (AP Sevilla 4-1-06, EDJ 87715).

Precisiones La exigencia de que figuren en los estatutos de las asociaciones los órganos de gobierno y representación resulta constitucional y razonable porque permite dar la necesaria **publicidad** no solo a los propios asociados sino porque, además, estas determinaciones estatutarias pueden incidir en las relaciones de las **asociaciones con terceros**, representando una garantía de regularidad en el tráfico jurídico en que intervengan (TCo 133/2006).

b. Fundaciones

(L 50/2002 art.2.1, 4 y 8)

2072 Son fundaciones las organizaciones constituidas **sin fin de lucro** que, por voluntad de sus creadores, tienen afectado de modo duradero su patrimonio a la realización de fines de interés general.

Las fundaciones tienen **personalidad jurídica** desde la inscripción de la escritura pública de constitución en el correspondiente Registro de Fundaciones. Solo las entidades inscritas en este Registro pueden utilizar la denominación de fundación.

Se permite la **constitución** de fundaciones tanto por personas físicas como jurídicas, y dentro de estas últimas tanto las personas jurídico privadas como las públicas.

Precisiones Se integran en el **sector público estatal** las fundaciones constituidas a iniciativa de la Administración General del Estado, que no pueden ejercer potestades públicas y coadyuvan a los fines de la entidad creadora (L 40/2015 art.128.2; L 47/2003 art.2.1.f).

2074 **Comparecencia en juicio** (L 50/2002 art.14.1 y 15.1) En toda fundación debe existir, con la denominación de **patronato**, un órgano de gobierno y representación de la misma.

El patronato está constituido por un mínimo de 3 miembros, que elegirán entre ellos un **presidente**, si no está prevista de otro modo la designación del mismo en la escritura de constitución o en los estatutos.

Precisiones La fundación, como persona jurídica ha de actuar necesariamente a través de quien la represente, por lo que es obvio que el presidente actúa adecuadamente cuando en la **escritura de poder para pleitos** se alude a las facultades de su cargo que le han sido concedidas por el patronato (AP Sevilla 21-1-04, EDJ 6925).

c. Entidades del tercer sector de acción social

(L 43/2015 art.2)

Se entiende por tales a las **personas jurídicas privadas**, surgidas de la iniciativa ciudadana o social, en diferentes modalidades, que responden a criterios de **solidaridad y participación sociales**, con fines de interés general y sin ánimo de lucro, para el impulso del reconocimiento de derechos civiles y económicos de personas en condiciones de vulnerabilidad o en riesgo de exclusión social. **2075**
Tienen este carácter, en todo caso, las asociaciones y fundaciones que cumplan lo establecido en la L 43/2015, así como las federaciones o asociaciones en que se integren.
De acuerdo con ello, cuando la entidad del tercer sector en cuestión sea una asociación o fundación, se aplicarán las reglas de **comparecencia y actuación en juicio** antes expuestas (nº 2068 s.) para una u otra. En caso de no constituirse formalmente como tales, si ello fuera posible, dado que estas entidades pueden tener diversa naturaleza jurídica, se aplicará, analógicamente, el régimen de unas u otras, según corresponda, pues, en todo caso, han de responder al modelo de persona jurídica tipo asociación -*universitas personarum*- o de tipo fundación -*universitas rerum*-.

d. Sociedades civiles

(CC art.1665 y 1669)

Son sociedades civiles aquellas que nacen de un contrato por el cual dos o más personas se obligan a **poner en común dinero, bienes o industria**, con ánimo de partir entre sí las ganancias. **2076** MPCI nº 3565 s.
No tienen personalidad jurídica las sociedades cuyos **pactos** se mantengan **secretos** entre los socios, y en que cada uno de estos contrate en su propio nombre con los terceros. Esta clase de sociedades se rige por las disposiciones relativas a la comunidad de bienes.
El elemento que ha de ser público y notorio es el **vínculo societario preexistente**, de tal modo que cualquiera que contrate con la sociedad conozca a ciencia cierta con quien se está comprometiendo al asumir sus obligaciones y derechos.
En el caso de que los **pactos** se mantengan **secretos** entre los socios, la pretendida sociedad civil no tendrá personalidad jurídica, por lo que su capacidad para ser parte será la aplicable a las **entidades irregulares** que carecen de personalidad por no haber cumplido con los requisitos legalmente establecidos para su plena personalidad (nº 2175).

Precisiones 1) La sociedad que se constituye mediante **escritura pública** en la que se hacen constar, entre otros, su objeto, denominación y duración, con la finalidad de actuar en el ámbito propio como sociedad y ejerce sus actividades de manera pública, debe ser reconocida como **persona jurídica plena**, con la consiguiente capacidad para ser parte en los procesos en los que hayan de ventilarse sobre algunas prestaciones derivadas de su tráfico (AP Málaga 22-7-05, EDJ 178037).
2) No obstante, en ocasiones se ha afirmado que la interpretación de que las sociedades civiles tienen **personalidad jurídica**, cualquiera que sea la forma en que se ha constituido, y sin precisar para ello ni de la escritura notarial ni de la inscripción en un Registro público, no puede ser aceptada sin más. Para eludir la aplicación de las reglas mercantiles de las sociedades no es suficiente la **expresa voluntad de los socios** de acogerse al régimen de la sociedad civil, pues las normas mercantiles aplicables son, muchas de ellas, de carácter imperativo por estar dictadas en interés de terceros o del tráfico (DGRN Resol31-3-97; 1-4-97).
3) En cuanto a la **personalidad jurídica de las sociedades dedicadas al tráfico mercantil** sin forma ni inscripción en el Registro Mercantil es clarificadora: AP La Rioja 22-9-17, EDJ 281851.

Comparecencia en juicio (LEC art.7.4) Por las sociedades civiles comparecen quienes legalmente las representen. **2077**

e. Sociedades mercantiles

(CC art.116 y 119; LSC art.12 y 20; RRM art.94)

La sociedad mercantil nace de un contrato por el cual dos o más personas se obligan a **poner en común bienes, industria** o alguna de estas cosas, para obtener **lucro**, siendo mercantil, cualquiera que sea su clase, siempre que se haya constituido con arreglo a las disposiciones del Código de Comercio o de las leyes societarias. **2080** MPCI nº 3580, 3596
La LSC (RDLeg 1/2010) supone el esfuerzo de refundir las normas legales sobre **sociedades de capital**, reuniendo en un texto único el contenido de la LSA y LSRL, así como de aquella parte de la LMV que regula los aspectos más puramente societarios de las sociedades anónimas con valores admitidos a negociación en un mercado secundario oficial y con la adición de

los artículos que el Código de Comercio dedica a la comanditaria por acciones, forma social derivada, de muy escasa utilización en la práctica.
Actualmente en nuestro Derecho se admiten las **sociedades unipersonales**, bien por haber sido constituidas por un único socio, sea persona natural o jurídica, o bien por llegar a dicha situación con un carácter sobrevenido al haber pasado todas las participaciones sociales o acciones a ser propiedad de un único socio.
La constitución de las sociedades de capital exigirá **escritura pública**, que deberá inscribirse en el Registro Mercantil
En el caso de que falte el requisito del otorgamiento de escritura pública e inscripción en el Registro Mercantil, la **sociedad** es **irregular**, sin personalidad jurídica, teniendo capacidad únicamente para ser parte demandada (nº 2175).

2082 **Absorción de sociedades** En los casos de absorción de una empresa o sociedad por otra, que asume los derechos y obligaciones de aquella, la **capacidad procesal**, así como la **legitimación** deben reconocerse a la entidad absorbente, aun cuando el contrato del que derive la acción ejercitada haya sido firmado por la primera de ellas (AP Las Palmas 24-11-03, EDJ 190229).

2084 **Sociedades laborales** (L 44/2015 art.1 y 4) Son sociedades anónimas o de responsabilidad
MPCI nº 3584 limitada que cumplan los siguientes **requisitos**:
• Que la **mayoría del capital social** sea propiedad de trabajadores que presten en ellas servicios retribuidos en forma personal y directa, cuya relación laboral lo sea por tiempo indefinido.
• Que **ninguno de los socios** sea titular de acciones o participaciones sociales que representen más de **1/3 del capital social**, salvo que la sociedad se constituya inicialmente por dos socios trabajadores con contrato indefinido, con participación en el capital y derechos de voto repartidos al 50%, y siempre que se ajusten a los límites indicados en plazo no superior a 36 meses; y salvo que se trate de socios que sean entidades públicas, de participación pública mayoritaria, entidades lucrativas o de la economía social, supuesto en que la participación puede llegar al 50% del capital.
• Que el **número de horas-año** trabajadas por los empleados que no sean socios no supere el 49% del cómputo global de horas-año trabajadas por el conjunto de los socios trabajadores -sin computar aquellos con discapacidad igual o superior al 33%-.
La sociedad laboral goza de **personalidad jurídica** desde su inscripción en el Registro Mercantil, si bien, para la inscripción en dicho Registro debe aportarse el **certificado** que acredite que dicha sociedad ha sido calificada como laboral por el ministerio del ramo o por el órgano competente de la respectiva comunidad autónoma e inscrita en el Registro administrativo correspondiente.

2086 **Comparecencia en juicio** (LSC art.206, 233 y 234) En la sociedad de capital la representación de la sociedad, en juicio o fuera de él, corresponde a los **administradores** en la forma determinada por los estatutos, y se extiende a todos los actos comprendidos en el objeto social delimitado en los estatutos.
Cuando el actor tuviese la **representación exclusiva** de la sociedad y la junta no tuviera designado a nadie a tal efecto, el juez nombrará la persona que ha de representarla en el proceso, entre los socios que hubieran votado a favor del **acuerdo impugnado**.
Este mismo régimen se aplica a las siguientes sociedades mercantiles:
a) **Sociedades de garantía recíproca** (L 1/1994 art.1 y 13). Son creadas por las pequeñas y medianas empresas con el fin de facilitarse el **acceso al crédito** y servicios conexos, así como la mejora integral de sus condiciones financieras.
Se constituyen mediante **escritura pública**, que se presenta a inscripción en el Registro Mercantil, acompañada de la correspondiente autorización del Ministerio de Economía y Hacienda. Con esta inscripción se adquiere personalidad jurídica.
b) **Sociedades de capital riesgo** (L 22/2014 art.3 y 9). Son sociedades anónimas cuyo objeto social principal consiste en la **toma de participaciones temporales** en el capital de empresas no financieras que, en el momento de la toma de participación, no coticen en el mercado de las bolsas de valores.
c) **Sociedades gestoras de entidades de capital riesgo** (L 22/2014 art. 41 s.). Son sociedades anónimas que actúan en **interés de los partícipes o accionistas** de dichas entidades, mediante la redacción del Reglamento de gestión de los fondos, llevanzas de contabilidad, distribución de resultados, entre otros.
d) **Sociedades de inversión colectiva** (L 35/2003 art.1 y 9). Son instituciones de inversión colectiva que adoptan la forma de sociedad anónima y que tienen por **objeto** la captación de fondos, bienes o derechos del público para gestionarlos e invertirlos en bienes, derechos, valores u

otros instrumentos, financieros o no, siempre que el rendimiento del inversor se establezca en función de los resultados colectivos.

e) **Sociedades gestoras de instituciones de inversión colectiva** (L 35/2003 art.40). Son sociedades anónimas cuyo **objeto social** consiste en la administración, representación, gestión de las inversiones y gestión de las suscripciones y reembolsos de los fondos y sociedades de inversión.

f) **Sociedades gestoras de entidades de inversión colectiva de tipo cerrado y sociedades de capital riesgo** (L 22/2014 art.26.2 y 41.4). Las primeras son gestorías de entidades que, carentes de un objeto comercial o industrial, obtienen capital de inversores mediante una actividad de comercialización para invertirlo en activos financieros o no financieros con arreglo a una política de inversión definida. Las segundas, entidades que obtienen capital de inversores mediante una actividad de comercialización y cuyo fin mercantil es generar ganancias o rendimientos para aquellos y cuyo objeto principal es tomar participaciones temporales en el capital de empresas no inmobiliarias ni financieras que no coticen en el primer mercado de bolsas de valores o cualquier otro mercado regulado equivalente de la Unión Europea o de la OCDE.

g) **Sociedades laborales** (L 44/2015 disp.final 3ª). Se les aplica el régimen de representación previsto para las sociedades anónimas o de responsabilidad limitada, según la forma que ostenten.

Sociedades disueltas y en liquidación (LSC art.371) La disolución de una sociedad abre el período de liquidación. La sociedad disuelta conserva su **personalidad jurídica** mientras la liquidación se realiza. Durante este tiempo debe añadir a su nombre la expresión «en liquidación». 2092

Precisiones 1) Se considera que una sociedad disuelta, constando así en el Registro Mercantil, pero sin que conste su liquidación, sigue ostentando personalidad jurídica, y por tanto con **capacidad para ser parte** en un proceso (AP Badajoz auto 2-4-04, EDJ 26593).

2) La capacidad para ser parte de una sociedad en un proceso desaparece con su **extinción**, si bien, con la salvedad que implica el **proceso de liquidación**, durante el que mantiene su personalidad (TS penal 15-12-16, EDJ 232479). A los meros efectos de completar las operaciones de liquidación, está latente la personalidad de la sociedad, que tiene capacidad para ser parte como demandada o como demandante y puede ser representada por el liquidador, en cuanto la reclamación pasiva o activa guarde relación con las tareas liquidatorias pendientes (TS 24-5-17, EDJ 72659).

Comparecencia en juicio (LSC art.374, 375 y 376) Con la apertura del período de liquidación **cesan en su cargo los administradores**, extinguiéndose el poder de representación. 2094 MPCI nº 3594

En las **sociedades de responsabilidad limitada**, quienes sean administradores al tiempo de la disolución quedan convertidos en liquidadores, salvo que se hayan designado otros en los estatutos o que, al acordar la disolución, los designe la Junta General.

En las **sociedades anónimas**, los liquidadores son designados por la Junta General cuando los estatutos no hayan establecido normas al respecto. El número de liquidadores será siempre impar.

El **poder de representación** corresponde a cada liquidador individualmente, salvo disposición contraria de los estatutos. La representación de los liquidadores se extiende a todas aquellas operaciones que sean necesarias para la liquidación de la sociedad. Los liquidadores deben velar por la integridad del patrimonio social en tanto no sea liquidado y repartido entre los socios.

Precisiones 1) Una sociedad anónima que aparece como disuelta en el Registro Mercantil **sin que conste registralmente su liquidación**, está perfectamente representada en juicio por sus administradores (AP Badajoz auto 2-4-04, EDJ 26593).

2) En los casos en que no aparezca claro al juzgador si la **comparecencia** en el proceso de la sociedad se realiza por el liquidador o por el administrador, actuando ambos en el proceso, el juez debe acordar que se subsanen las deficiencias, a los efectos de identificar a la persona física que actúa en nombre de la sociedad (AP Zaragoza auto 22-3-04, EDJ 15468).

3) Puede ser de interés lo expuesto en nº 3594 s. Memento Procesal Civil 2026, acerca de la situación de **acefalia societaria** y el **levantamiento del velo**.

f. Grupos de sociedades

(CCom art.42; L 6/2023 art.4)

Existe un grupo de sociedades cuando varias de estas entidades constituyan una **unidad de decisión**, porque una sociedad ostente, directa o indirectamente, el control de otra u otras. En particular, se presume que existe dicho control -que supone unidad de decisión- cuando una sociedad, que se califica como dominante, sea socio de o se encuentre en relación con otra entidad, que se califica como dependiente, y posea la mayoría de los derechos de voto, o tenga la facultad de nombrar o destituir a la mayoría de los miembros del órgano de administración, 2096 MPCI nº 3600

o pueda disponer en virtud de acuerdos celebrados con terceros de la mayoría de los derechos de voto.
También se presume cuando la sociedad dominante haya designado con sus votos a la mayoría de los miembros del órgano de administración, que desempeñen el cargo en el momento en que deban formularse las cuentas consolidadas y en los dos ejercicios anteriores, lo que, a su vez, se presume cuando la mayoría de los miembros del órgano de administración de la sociedad dominada lo son también del de la sociedad dominante o directivos de ella.
Igualmente, puede considerarse que pertenecen a un mismo grupo las entidades que constituyan una unidad de decisión, porque su **control** corresponda a una o varias personas físicas que actúen sistemáticamente en concierto.
En el **proceso concursal**, el acreedor puede instar la declaración judicial de concurso de varios de sus deudores cuando exista confusión de patrimonios entre los mismos o, siendo estos personas jurídicas, formen parte del mismo grupo, con identidad sustancial de sus miembros y unidad en la toma de decisiones (LCon art.3.5).

Precisiones 1) El grupo de sociedades carece, como tal, de **personalidad jurídica**, puesto que la unidad de dirección económica o el poder de dirección único no supone atribución de tal personalidad propia, tratándose de varias sociedades independientes, con personalidad jurídica diferenciada, que aglutinan una unidad económica funcional, en la que el ordenamiento respeta la diferente personalidad de cada sociedad (AP Barcelona 26-10-05, EDJ 280284).
2) Se niega que la demanda se pueda dirigir contra un grupo de sociedades, sin embargo, reconoce que la **sociedad dominante** de un grupo o holding pueda actuar en nombre de todas, habiéndose admitido la presencia de las **sociedades filiales** como intervinientes voluntarios, sin admitir más pretensiones que las formuladas inicialmente por la sociedad actora (AP Barcelona 26-10-05, EDJ 280284).

g. Cooperativas

(L 27/1999 art.1 y 7)

2098 La cooperativa es una sociedad constituida por personas que se asocian, en régimen de **libre adhesión** y **baja voluntaria**, para la realización de actividades empresariales, encaminadas a satisfacer sus necesidades y aspiraciones económicas y sociales, con estructura y funcionamiento democrático.
La sociedad cooperativa se constituye mediante **escritura pública**, que debe ser inscrita en el Registro de Sociedades Cooperativas. Con la inscripción adquiere **personalidad jurídica**.

2100 MPCI nº 3609 **Comparecencia en juicio** (L 27/1999 art.32.1.2) El Consejo Rector es el órgano colegiado de gobierno al que corresponde, al menos, la **alta gestión**, la **supervisión** de los directivos y la **representación** de la sociedad cooperativa, con sujeción a la Ley, a los estatutos y a la política general fijada por la Asamblea General.
No obstante, en aquellas cooperativas cuyo **número de socios** sea inferior a diez, los estatutos pueden establecer la existencia de un administrador único, persona física que ostente la condición de socio, que asumirá las competencias previstas en la ley para el Consejo Rector, su presidente y secretario.
Las **facultades representativas** del Consejo Rector se extienden a todos los actos relacionados con las actividades que integren el objeto social de la cooperativa.
El presidente del Consejo Rector y, en su caso, el vicepresidente, ostentan la **representación legal** de la misma, dentro del ámbito de facultades que les atribuyan los estatutos y las concretas que para su ejecución resulten de los acuerdos de la Asamblea General o del Consejo Rector.
El Consejo Rector puede conferir **apoderamientos**, así como proceder a su **revocación**, a cualquier persona, cuyas facultades representativas de gestión o dirección se establecen en la escritura de poder.
El otorgamiento, modificación o revocación de los poderes de gestión o dirección con carácter permanente se **inscribe** en el Registro de Sociedades Cooperativas.

h. Agrupaciones de interés económico

(L 12/1991 art.2, 3 y 7)

2102 Las agrupaciones de interés económico, con **personalidad jurídica propia**, se constituyen mediante escritura pública e inscripción en el Registro Mercantil para facilitar el desarrollo o mejorar los resultados de la actividad de sus socios, desarrollando una **actividad auxiliar** de la que desarrollen estos.

Comparecencia en juicio (L 12/1991 art.13) La representación en juicio y fuera de él de las agrupaciones de interés económico, corresponde a sus administradores. 2104

i. Personas jurídico-públicas

(L 40/2015 art.3.4 y 84 s. y disp.adic.4ª; L 47/2003 art.2)

Cada una de las Administraciones públicas actúa para el cumplimiento de sus fines con **personalidad jurídica única**. 2106
Debe diferenciarse entre las Administraciones territoriales y las instrumentales o institucionales -sector público institucional-. Se habla de las primeras para referirse a la Administración General del Estado, las Administraciones de las comunidades autónomas y las entidades locales.
Las **Administraciones instrumentales o institucionales** son personificaciones -que forman el sector público institucional- de Derecho público, vinculadas o dependientes de las Administraciones territoriales para coadyuvar a los fines propios de estas.
En el ámbito de la **Administración General del Estado**, su Administración institucional está constituida por los **organismos públicos**, que se clasifican en organismos autónomos, entidades públicas empresariales y agencias estatales, dotados de personalidad jurídica pública diferenciada.
Asimismo, ostentan tal naturaleza las **autoridades administrativas independientes** (LRJSP art.84.1.b y 109 s.) y ciertas entidades especiales, dotadas igualmente de personalidad jurídica propia, y que se rigen por su legislación específica, como es el caso de la Agencia Estatal de la Administración Tributaria (AEAT), la Comisión Nacional del Mercado de Valores (CNMV), el Consejo de Seguridad Nuclear, la Agencia Española de Protección de Datos, la Comisión Nacional de los Mercados y de la Competencia, entre otras.
Se integran también en el sector público institucional los denominados **fondos sin personalidad jurídica** (LRJSP art.84.1.f).

Precisiones 1) La **personificación jurídica** se predica tanto de las Administraciones públicas territoriales como de las instrumentales que gocen de la misma, por lo que no puede ponerse en duda la **capacidad para ser parte** de un ente público que ostenta, por ley, personalidad jurídica propia (AP Valencia 26-7-05, EDJ 204534; 26-10-05, EDJ 211736). 2107
2) La tipología de los organismos y entidades públicos del Estado se modifica por L 11/2020, que reforma la L 47/2003 art.2 y la L 40/2015 art.84 s. y disp.adic.23ª a 28ª, reincorporando la figura de las **agencias estatales**, reguladas en su día por la L 28/2006 derog L 40/2015.

Comparecencia en juicio (LOPJ art.551.1 a 3; L 52/1997 art.1.1.2.4) La representación y defensa del Estado y de sus organismos autónomos, así como de los órganos constitucionales cuyas normas internas no establezcan un régimen especial propio, corresponde a los **abogados del Estado** integrados en el servicio jurídico del Estado. 2108 MPCI nº 1840 s.
La representación y defensa de las Cortes Generales, del Congreso de los Diputados, del Senado, de la Junta Electoral Central y de los órganos e instituciones vinculados o dependientes de aquellas corresponde a los **letrados de las Cortes Generales** integrados en las secretarías generales respectivas. Asimismo, los abogados del Estado pueden representar y defender a los restantes organismos y entidades públicas, sociedades mercantiles estatales y fundaciones con participación estatal, mediante la formalización del oportuno convenio al efecto, en que se determinará la **compensación económica** a abonar al Tesoro Público.
La representación y defensa en juicio de las **entidades gestoras y servicios comunes de la Seguridad Social** corresponde a los miembros del Cuerpo de Letrados de la Administración de la Seguridad Social.
La defensa y representación de las **comunidades autónomas** y las de los **entes locales** corresponden a los letrados que sirvan en los servicios jurídicos de dichas Administraciones públicas, salvo que designen abogado colegiado que les represente y defienda.
Asimismo, los abogados del Estado pueden representar y defender en juicio, así como asesorar, a las corporaciones locales y a las comunidades autónomas, a través de los oportunos **convenios de colaboración** celebrados entre la Administración General del Estado y las respectivas corporaciones o las federaciones de las mismas, o las comunidades autónomas.

Contraposición de intereses En los supuestos en que litiguen entre sí u ostenten intereses contrapuestos las Administraciones u organismos públicos cuya **representación legal** o convencionalmente ostente el **abogado del Estado** se atenderá, en primer lugar, a lo dispuesto en la normativa especial o en las cláusulas convencionales reguladoras de la asistencia jurídica a la entidad. 2110

En caso de **silencio de la norma o convenio**, la Abogacía General del Estado, antes de evacuar el primer trámite procesal, y en atención a la naturaleza de los intereses en conflicto, expondrá a las Administraciones, entidades u organismos litigantes su criterio tanto en cuanto a la eventual solución extrajudicial, de ser esta posible, como, en su defecto, a la postulación que debiera asumir el abogado del Estado, evitando en todo caso las situaciones de indefensión.
Hayan o no manifestado su opinión las partes, con el **informe previo** de la Abogacía General del Estado, el titular del departamento del que esta dependa resolverá en definitiva lo procedente en cuanto a la postulación a asumir por el abogado del Estado.

Precisiones En relación con supuestos de contraposición de intereses, ver nº 11803. Lo que allí se expone es también de aplicación al proceso civil.

j. Personas jurídicas extranjeras

(CC art.9.11)

2112 Las personas jurídicas extranjeras se rigen, en todo lo relativo a su capacidad, constitución, representación, funcionamiento, transformación, disolución y extinción, por su **ley personal**, esto es, la determinada por su nacionalidad.
Ha de estarse, por consiguiente, a la legislación nacional propia de la persona jurídica de nacionalidad extranjera a los efectos de determinar su **personalidad jurídica**.

2114 **Comparecencia en juicio** (CC art.10.11) Se aplica, a los **representantes legales** de entidades extranjeras, la ley reguladora de la relación jurídica de la que nacen las facultades del representante, y a la **voluntaria**, de no mediar sometimiento expreso, la Ley del país en donde se ejerciten las facultades conferidas.

Precisiones 1) La determinación de la ley aplicable a los **representantes legales** se concreta, de modo específico, en el caso de las personas jurídicas, mediante la aplicación de la *lex societatis*, por cuanto que la necesidad de que la persona jurídica opere en el tráfico jurídico por medio de personas físicas que actúen como órganos sociales, lleva a la denomina representación orgánica, que es la regida por la última norma citada (DGRN Resol 19-2-93).
2) En cuanto a la **forma de los poderes de representación**, y teniendo en cuenta que las formas y solemnidades de los actos jurídicos han de regirse por la ley del país en que se otorguen, los poderes otorgados en país extranjero se someten a las formalidades previstas en el respectivo Estado, sin perjuicio de que su suficiencia debe acomodarse a la ley española (TS 31-10-88, EDJ 8555; 9-5-89, EDJ 4809; 2-6-98, EDJ 8645).
3) Teniendo en cuenta que los procesos civiles que se sigan en el territorio nacional se rigen únicamente por las leyes procesales españolas, la **postulación procesal** en los procedimientos con elemento extranjero se rige por la ley española, por lo que habrá de valorarse si, a la luz del Derecho Procesal civil español, se comparece adecuadamente (LEC art.3; TS auto 13-11-01, EDJ 52690; AP Baleares auto 22-2-05, EDJ 24749).

4. Masas patrimoniales y patrimonios separados

2116 Las masas patrimoniales o los patrimonios separados que carezcan transitoriamente de titular o cuyo titular haya sido privado de sus facultades de disposición y administración tienen **capacidad para ser parte** en los procesos civiles (LEC art.6.1.4º).
Dentro del concepto de «masa patrimonial o patrimonio separado **que carezca transitoriamente de titular**» tiene cabida, entre otros, la herencia yacente (nº 2118), que carece de titular definido en tanto no sean llamados a la sucesión y acepten la herencia sus herederos (AP Badajoz auto 9-3-04, EDJ 304602).

Precisiones Por las **especificidades** que presentan estas masas patrimoniales o patrimonios separados se trata la capacidad para ser parte y la capacidad procesal de forma conjunta en sus distintas manifestaciones.

2117 **Comparecencia en juicio** (LEC art.7.5, 30.2) Las masas patrimoniales o patrimonios separados que tengan capacidad para ser parte procesal comparecerán en juicio por medio de quienes, conforme a la ley, las administren.
Cuando el **poder a favor de un procurador** haya sido otorgado por el administrador de una masa patrimonial o patrimonio separado, los cambios en la administración de dicha masa patrimonial o patrimonio separado no extinguen el poder del procurador ni dan lugar a nueva personación (nº 1557).

a. Herencia yacente

Se considera como herencia yacente a aquella herencia que ya ha sido causada, porque ha muerto el causante, pero **aún no está deferida o adquirida**, dado que con la muerte de su titular cesa la titularidad sobre los bienes que la integran y permanece así hasta que no sea aceptada por los herederos testamentarios o abintestato (AP Asturias 23-11-04, EDJ 258423). 2118 MPCI nº 3642

En este lapso de tiempo, que puede ser amplio, es frecuente que exista la necesidad de ejercitar acciones judiciales en beneficio de la masa, o bien que la misma deba soportarlas, lo que da lugar a que se le reconozca **capacidad para ser parte**, actuando en juicio dichas masas patrimoniales por medio de quienes conforme a la ley las administren.

Precisiones 1) Con anterioridad a la LEC vigente, el Tribunal Supremo ya había admitido la posibilidad de que, a la herencia yacente, a pesar de carecer de **personalidad jurídica**, se le otorgara transitoriamente y para determinados fines, una consideración y un tratamiento unitarios, admitiendo concretamente el que pudiera ser demandada, siendo representada por los administradores o por el albacea, según lo hubiera así dispuesto el testador (TS 20-9-82, EDJ 5233; 12-3-87, EDJ 15965).

2) Tras la **aceptación de la herencia**, los acreedores del causante no deben demandar a la herencia yacente, sino directamente al heredero, a la comunidad hereditaria o a los coherederos (LEC art.798; AP Asturias 23-11-04, EDJ 258423).

3) Sin embargo, en tanto permanece la **situación de interinidad** propia de la herencia yacente, la demanda debe quedar dirigida tan solo contra la herencia yacente, suprimiendo cualquier mención como demandados a «los desconocidos e ignorados herederos del causante», los cuales solo pueden ostentar tal cualidad para el caso de aceptación de la herencia, que resulta incompatible con la yacencia hereditaria (AP Badajoz auto 9-3-04, EDJ 304602).

4) La circunstancia consistente en que **uno de los herederos haya aceptado la herencia**, no supone que la situación de interinidad, y por ende la propia herencia yacente desaparezca, por cuanto esto no ocurrirá hasta que el resto de los llamados se pronuncie aceptando o renunciando a sus derechos, pues la aceptación de uno de los llamados sucesores no le convierte en heredero único mientras el resto no repudie la herencia, por lo que la herencia yacente puede ser condenada mientras no desaparezca jurídicamente (AP Almería 18-2-00, EDJ 5043).

5) Cuestión distinta de la capacidad para ser parte es la de la **identificación de los demandados** y su emplazamiento por edictos; no se exige que la identificación tenga que ser proporcionando necesariamente el nombre y los apellidos bastando con que se haga con referencia a los herederos de alguien, ignorándose, por el actor, quiénes pudieran ser esos herederos y su domicilio (AP Madrid auto 9-1-08, EDJ 9437).

Comparecencia en juicio (CC art.901 y 1026; LEC art.798; LCon art.567 a 571) El administrador, ya lo sea el mismo heredero, ya cualquiera otra persona, tiene, en ese concepto, la representación de la herencia para ejercitar las acciones que a esta competan y contestar a las demandas que se interpongan contra la misma. 2119 MPCI nº 3646

Mientras la herencia no haya sido aceptada por los herederos, el **administrador de los bienes** representa a la herencia en todos los pleitos que se promuevan o que estén principiados al fallecer el causante y ejercita en dicha representación las acciones que puedan corresponder al difunto, hasta que se haga la declaración de herederos.

Asimismo, los **albaceas** pueden representar a la herencia yacente, si así lo ha dispuesto el testador, ya que los albaceas tienen todas las facultades que expresamente les haya conferido el testador y no sean contrarias a las leyes.

Igualmente, y en el caso de se solicite la **declaración de concurso de la herencia**, en tanto no haya sido aceptada pura y simplemente o se produzca el fallecimiento del deudor concursado, corresponde a la administración concursal el ejercicio de las facultades de administración y disposición sobre el caudal relicto.

Precisiones Una vez **aceptada la herencia**, las acciones no deben dirigirse contra la herencia yacente y sus administradores, sino directamente al heredero, a la comunidad hereditaria o a los coherederos (LEC art.798; AP Asturias 23-11-04, EDJ 258423).

b. Comunidades de bienes

(CC art.392)

Hay comunidad cuando la propiedad de una cosa o de un derecho pertenece **pro indiviso** a varias personas. A falta de contratos o de disposiciones especiales, la comunidad se rige por lo dispuesto en el Código Civil. 2122 MPCI nº 3652

La jurisprudencia ha ido precisando las características que distinguen la comunidad de bienes de la **sociedad civil** -o, en su caso, **mercantil irregular**-, coincidiendo ambas en una relación jurídica de voluntades un común, la comunidad supone la existencia de una propiedad en común y proindivisa de mantenimiento y aprovechamiento común (CC art.392), mientras que la sociedad civil contando también con un patrimonio común, se dirige a la obtención dinámica de ganancias comunes, partibles y divisibles, igual que las pérdidas (CC art.1665) (TS 15-12-92, EDJ 12397; 24-7-93, EDJ 7615; 17-7-12, EDJ 222471; 19-2-16, EDJ 9668).

2126 **Comparecencia en juicio** El comunero ostenta legitimación para actuar en nombre e interés de la comunidad puesto que, cuando realmente se actúa en beneficio o provecho de una comunidad, aunque no se indique explícitamente, no cabe apreciar la falta de legitimación activa (TS 31-12-96, EDJ 9905; AP Asturias 28-6-96).

La **actuación del comunero**, en cualquier clase de comunidad, y en nombre de la misma, viene determinada por su fundamento en el derecho material ejercitado, esto es, una acción en provecho común, y por el resultado provechoso pretendido, siempre que no se demuestre una actuación en beneficio exclusivo del actor (TS 8-4-92, EDJ 3461; 11-12-93, EDJ 11267; AP Sta. Cruz de Tenerife 4-10-02, EDJ 67310).

En todo caso, y como presupuesto al ejercicio de las acciones por el comunero, este debe **acreditar la condición de propietario o condómino**, que determina la pertenencia a la comunidad en cuyo beneficio actúa, para lo que debe aportar justificación del título, no siendo suficiente la acreditación de la condición de poseedor del bien o derecho (AP Ourense 18-11-02, EDJ 126362).

Es necesario que se mencione al resto de los condueños, a los efectos de indicar que la **sentencia**, en su caso, beneficiará y aprovechará al resto de los copropietarios o cotitulares (AP Cantabria 16-1-01, EDJ 99032).

No obstante, si **alguno de los condueños se opone** a tal actuación, bien desautorizando al actor de un modo explícito o afirmando lo contrario de lo sostenido por aquel, no puede considerarse habilitado para actuar, porque tal oposición revela que hay sobre la materia criterios dispares, y hasta que estas diferencias no desaparezcan no puede conocerse con certeza cuál sea el criterio más beneficioso para la comunidad, única norma que permite actuar sin tener la representación de los demás condueños (AP Granada 22-5-01, EDJ 98888).

La **declaración judicial de extinción** de una comunidad de bienes, y la procedencia de la **venta** del objeto de la misma **en pública subasta**, con admisión de licitadores, no excluye, elimina o anula los derechos dominicales hasta que se produzca la nueva adjudicación (AP Valencia 12-5-04, EDJ 210470).

La **capacidad** y **legitimación** para comparecer y actuar en el pleito radica en la titularidad de la relación jurídica o del objeto litigioso, si las partes comparecen como titular indiviso de la cosa objeto del juicio, situación que concurre cuando inicia la litispendencia, a tal situación hay que estar para su solución, sin que puedan incidir las innovaciones posteriores, a salvo la privación del interés legítimo en las pretensiones deducidas (AP Valencia 12-5-04, EDJ 210470).

c. Comunidad postmatrimonial

2128 En el momento del fallecimiento de uno de los cónyuges se produce la **disolución de la sociedad de gananciales**, y estando **pendiente la liquidación** de la misma nos encontramos ante una comunidad postmatrimonial sobre la antigua masa ganancial, cuyo régimen ya no puede ser el de la sociedad de gananciales, sino el de cualquier conjunto de bienes en cotitularidad ordinaria (AP Cádiz auto 5-9-03, EDJ 127237).

Es por ello que, cualquier **reclamación** que haya que ejercitar por parte de la masa ganancial pendiente de liquidar, puede ser reclamada por cualquiera de los comuneros sin necesidad de ostentar la representación del resto, pero sin que pueda olvidarse que el **titular de la indemnización** es la comunidad constituida a partir de la disolución de la sociedad de gananciales, y no para el actor, por lo que si actúa en nombre propio y para su propio patrimonio y no en beneficio de dicha comunidad, se entiende que carece de legitimación para ello.

d. Comunidad hereditaria

2130 Se entiende por comunidad hereditaria o herencia indivisa el conjunto de bienes y derechos que, habiendo formado parte de la herencia del causante, permanece **indivisa en cotitularidad** de los respectivos herederos hasta que no se proceda, judicial o extrajudicialmente a su división (nº 5320 s.).

2132 **Comparecencia en juicio** (LEC art.798) Aceptada la herencia, el administrador solo tiene la
MPCI representación de la misma en lo que se refiere directamente a la **administración del caudal**,
nº 3667 su **custodia** y **conservación**, y en tal concepto puede y debe gestionar lo que sea conducente, ejercitando las acciones que proceda.

Cualquier heredero, sin atribución concreta de bienes, puede **actuar por sí y en beneficio** de la comunidad hereditaria.

Precisiones Se prevén **reglas especiales** en relación con los coherederos de herencias indivisas (AP Toledo 1-4-04, EDJ 29155), la justificación de la filiación entre el actor y el causante (AP Cantabria 20-3-01, EDJ 99034) y la regulación de la legitimación para ejercitar la acción de desahucio por precario en las comunidades hereditarias y postgananciales frente a un cotitular que detente en exclusiva la posesión (TS 21-12-20, EDJ 748598).

e. Patrimonio protegido de las personas con discapacidad

(L 41/2003 art.1)

El patrimonio de las personas con discapacidad se forma, como patrimonio de destino, con las **aportaciones** realizadas a **título gratuito** de bienes y derechos con la finalidad de afectar tales bienes y derechos, así como los frutos, productos y rendimientos de estos, a la satisfacción de las necesidades vitales de sus titulares. 2134

Este patrimonio separado, carente de personalidad jurídica propia, tiene como **beneficiario**, exclusivamente, a la persona en cuyo interés se constituya, que será su titular, debiendo tratarse de persona afectada por una discapacidad psíquica igual o superior al 30% o por una discapacidad física o sensorial igual o superior al 65%.

Comparecencia en juicio (L 41/2003 art.5) La administración del patrimonio se rige por lo dispuesto en el **documento público** de constitución del mismo, si bien cuando se constituya por los padres, tutores o curadores de la persona con discapacidad sin capacidad de obrar suficiente o por sus guardadores de hecho, se requiere **autorización judicial** para entablar demandas en nombre del mismo, salvo en los asuntos urgentes o de escasa cuantía, así como para renunciar derechos, transigir o someter a arbitraje cuestiones en que pudiera estar interesado el patrimonio protegido. 2135

f. Fondos de capital riesgo

(L 22/2014 art.30 s.)

Los fondos de capital riesgo son **patrimonios separados sin personalidad jurídica**, pertenecientes a una pluralidad de inversores, cuya gestión y representación corresponde a una sociedad gestora, que ejerce las facultades de dominio sin ser propietario del fondo. 2136

Son **entidades financieras** cuyo objeto principal consiste en la toma de participaciones temporales en el capital de empresas no financieras y de naturaleza no inmobiliaria que, en el momento de la toma de la participación, no coticen en el primer mercado de las bolsas de valores o en cualquier otro mercado regulado equivalente de la Unión Europea o del resto de países miembros de la OCDE.

El fondo, que se constituye mediante la **puesta en común del efectivo** que integrará su patrimonio, puede **formalizarse** en escritura pública o en documento privado, debiendo constar expresamente las normas para la administración, dirección y representación, e inscribirse en el registro administrativo de la Comisión Nacional del Mercado de Valores.

Comparecencia en juicio (L 22/2014 art.35) La administración y dirección de los fondos de capital riesgo se rige por lo dispuesto en el **reglamento de gestión** de cada fondo, debiendo recaer necesariamente en una sociedad gestora de entidades de capital riesgo o en una sociedad gestora de instituciones de inversión colectiva. 2138

En ningún caso pueden **impugnarse** por defecto de facultades de administración y disposición los actos y contratos realizados por la sociedad gestora del fondo con terceros en el ejercicio de las atribuciones que le corresponden conforme a lo previsto en la ley.

g. Fondos de inversión

(L 35/2003 art.3 y 4)

Los fondos de inversión son instituciones de inversión colectiva configuradas como **patrimonios separados sin personalidad jurídica**, pertenecientes a una pluralidad de inversores, incluidos entre ellos otras instituciones de inversión colectiva, cuyo objeto es la captación de fondos, bienes o derechos del público para gestionarlos e invertirlos en bienes, derechos, valores u otros instrumentos, financieros o no, siempre que el rendimiento del inversor se establezca en función de los resultados colectivos. 2140

El fondo se constituye, una vez obtenida la **preceptiva autorización**, mediante una o varias **aportaciones iniciales**, lo que queda documentado en un contrato entre la sociedad gestora y un depositario que puede formalizarse en **escritura pública**.

2142 **Comparecencia en juicio** (L 35/2003 art.3) La gestión y representación de los fondos de inversión corresponde a una **sociedad gestora**, que ejerce las facultades de dominio sin ser propietaria del fondo, con el concurso de un depositario.

5. Entidades sin personalidad jurídica

(LEC art.6.1.5º)

2144 Tienen **capacidad para ser parte** ante los tribunales civiles aquellas entidades sin personalidad jurídica a las que la ley reconozca capacidad para ser parte.
MPCI nº 3687 Se trata de dar carta de naturaleza procesal a la intervención en el proceso de ciertas entidades que, sin estar dotadas de **personalidad jurídica**, intervienen en el tráfico jurídico con normalidad, como son las comunidades de propietarios en régimen de propiedad horizontal (nº 2148) o las uniones temporales de empresas (nº 2158), las comunidades de bienes (nº 2122), comunidades hereditarias (nº 2130) y postmatrimoniales (nº 2128), así como los órganos de representación de los trabajadores en el empresa (nº 2160), entre otros.
No deben confundirse estas entidades con las sociedades o **entidades irregulares** que son aquellas que, pudiendo llegar a ostentar personalidad jurídica propia y diferenciada, no la alcanzan por no cumplir con todos los requisitos legalmente exigibles para su constitución como tal, y a las que la LEC únicamente les reconoce capacidad para ser parte demandada (nº 2175).

Precisiones La llamada jurisprudencia menor considera en ocasiones que los entes sin personalidad tienen **capacidad limitada**, con carácter pasivo, pasa ser demandadas, no activo, sin poder ser demandantes (AP Barcelona 28-11-17, EDJ 281290; AP Madrid 6-6-17, EDJ 155031; AP Palma 4-4-17, EDJ 91925; AP Córdoba 4-4-17, EDJ 130326; AP Murcia 22-12-16, EDJ 270350).

2146 **Comparecencia en juicio** (LEC art.7.6 y 30.2) Las entidades sin personalidad a las que la ley reconozca **capacidad para ser parte procesal** comparecen en juicio por medio de las personas a quienes la ley, en cada caso, atribuya la representación en juicio de dichas entidades.
Cuando el **poder a favor del procurador** haya sido otorgado por la persona que, conforme a la ley, actúe en juicio representando a un ente sin personalidad, los cambios en la representación de dichos entes no extinguen el poder del procurador ni dan lugar a una nueva personación (nº 1557).

a. Comunidades de propietarios en régimen de propiedad horizontal

(CC art.396; LPH art.5)

2148 Los diferentes pisos o locales de un edificio pueden ser objeto de propiedad separada o independiente, teniendo inherente o anejo un **derecho de copropiedad** sobre los elementos comunes del edificio, que son todos los necesarios para su adecuado uso y disfrute, tales como el suelo, cimentaciones y cubiertas, elementos estructurales, fachadas y ascensores, entre otros.
MPCI nº 3695
El régimen de propiedad horizontal se caracteriza por la **inseparabilidad** entre el derecho singular y exclusivo de propiedad sobre la parte privativa, y la participación en la titularidad de los elementos, pertenencias y servicios comunes del edificio (DGRN Resol 28-2-00).
El **título constitutivo** de la propiedad por pisos o locales describe, además del inmueble en su conjunto, cada uno de aquellos al que se asigna un número correlativo, así como se fija la cuota de participación que corresponde a cada piso o local.

2150 **Comparecencia en juicio** (LPH art.13.3) El presidente de la comunidad de propietarios ostenta legalmente la **representación de la comunidad**, en juicio, en todos los asuntos que la afecten.
Quien actúe como **presidente** de la comunidad de propietarios debe ser el **actual**, no uno anterior al tiempo de ejercitarse la acción cuyos poderes otorgados a procuradores estén subsistentes y no revocados, máxime si la junta de propietarios ha adoptado el acuerdo de no ejercitar acciones legales (TS 23-12-05, EDJ 230423).
Al venir otorgada legalmente la representación de la comunidad en juicio y fuera de él al presidente, se sitúa su actuación entre la **representación orgánica** y la meramente **voluntaria**, llevando implícita la de todos los titulares, al actuar como órgano del ente comunitario, de tal manera que lo realizado por el presidente debe entenderse como si fuera de la propia comunidad actuante, sin perjuicio de las relaciones internas y de la obligación de aquel de responder de su gestión (TS 9-2-91; 2-10-92, EDJ 9577; AP Pontevedra 14-3-06, EDJ 46374; AP Sevilla 22-4-05, EDJ 75090).

Ello ocurre, incluso en los casos de **coexistencia de comunidades** de cada edificio con la mancomunidad que agrupa a todos los edificios de una urbanización, cuya actuación solo es válida a través de su representante (TS 23-9-91, EDJ 8841; 3-12-93, EDJ 11033; AP Cantabria 14-9-94).

Otorgamiento de poderes Es el presidente quien tiene que otorgar los poderes **a procuradores**, que son válidos, aunque la persona del presidente cambie con posterioridad, como también son válidas las actuaciones procesales aunque, durante el proceso, cambie el presidente (LEC art.30.2; TS 3-6-88, EDJ 4756; 16-7-90, EDJ 7655). **2151**

Reclamación por vicios y defectos El presidente de la comunidad de propietarios ostenta legitimación, incluso, para reclamación por defectos, no solo en los **elementos comunes**, sino también por los que recaigan sobre los elementos **privativos**, como órgano de representación de la junta de propietarios (TS 24-9-91, EDJ 8912; 15-4-04, EDJ 14260). **2152**

De esta forma, el presidente de la comunidad de propietarios de un edificio afectado en su conjunto por vicios ruinógenos puede demandar también las **reparaciones** necesarias en los elementos privativos (TS 16-11-01, EDJ 40906; 15-4-04, EDJ 14260).

Ejercicio de acciones A los efectos del ejercicio de acciones en nombre de la comunidad de propietarios por su presidente, debe acreditarse que su **junta** haya acordado ejercitar la referida acción, ya que es el único órgano competente para manifestar la voluntad de la comunidad (TS 9-4-96, EDJ 1928; 11-12-00, EDJ 44148; 23-12-05, EDJ 230423). **2153** MPCI nº 3703

Se niega la **legitimación** cuando la acción se ejercita por el presidente de una comunidad de propietarios si **no existe acuerdo de la junta** para su ejercicio, incluso siendo el presidente propietario de uno de los inmuebles que integran la comunidad, por entender que no actúa como copropietario, sino como comunidad de propietarios (AP Navarra 23-4-97; AP Murcia 3-2-05, EDJ 27298).

En los casos de **inactividad** del presidente de la comunidad, goza de legitimación cualquier copropietario para interponer demandas o contestarlas, afectando el resultado a todos los demás copropietarios en cuanto les sea beneficioso (TS 26-6-95, EDJ 3616; 8-7-03, EDJ 50801; AP Badajoz 26-3-04, EDJ 14170).

Legitimación de acreedores (LPH art.22) En el régimen de propiedad horizontal, se permite a los acreedores dirigirse subsidiariamente contra los propietarios frente a las **deudas contraídas por la comunidad**, exigiéndose previamente que sean llamados al proceso. **2154**

Audiencia a los propietarios Los propietarios deben ser llamados, a los efectos de evitar la indefensión y la condena sin ser oídos, no obstante, es válida la ejecución contra los propietarios, aún sin ser oídos, cuando dicho resultado ha sido por ellos propiciado voluntariamente, bien por no haber actuado con la diligencia que les era razonablemente exigible (TCo 184/2005). **2155**

b. Unión temporal de empresas

(L 18/1982 art.7 y 8; LEC art.543)

Las dificultades para el reconocimiento de la **capacidad para ser parte** de las uniones temporales de empresas derivan de su falta de personalidad, dado que se configuran como un sistema de **colaboración entre empresarios** de duración temporal para una obra, servicio o suministro, sin personalidad jurídica, pero con una naturaleza asociativa y una cierta autonomía en el tráfico jurídico. **2158** MPCI nº 3715

Cuando en el título ejecutivo aparezcan como **deudores** uniones o agrupaciones de diferentes empresas o entidades, solo puede despacharse ejecución directamente frente a sus socios, miembros o integrantes si, por acuerdo de estos o por disposición legal, responden solidariamente de los actos de la unión o agrupación.

Si la ley expresamente establece el **carácter subsidiario de la responsabilidad** de los miembros o integrantes de las uniones o agrupaciones, para el despacho de la ejecución frente a aquellos es preciso acreditar la insolvencia de estas.

c. Órganos de representación de los trabajadores

(RDLeg 2/2015 art.24 y 35; L 31/2006 art.24 y 35; RDLeg 5/2015 art.40.2)

Las juntas de personal, colegiadamente, por decisión mayoritaria de sus miembros y, en su caso, los delegados de personal, tienen **legitimación** para iniciar, como interesados, los correspondientes procedimientos administrativos y ejercer las acciones en vía administrativa o judicial en todo lo relativo al ámbito de sus funciones. **2160**

El **comité de empresa** es el órgano representativo y colegiado del conjunto de trabajadores en la empresa o centro de trabajo para la defensa de sus intereses, constituyéndose en cada centro de trabajo cuyo censo sea de cincuenta o más trabajadores.
Se reconoce al comité de empresa **capacidad**, como órgano colegiado, para ejercer acciones administrativas o judiciales en todo lo relativo al ámbito de sus competencias, por decisión mayoritaria de sus miembros.
Este reconocimiento no supone sino la concesión de legitimación para el ejercicio de cuantas acciones le correspondan en el estricto ámbito de la representación de un colectivo que por mandato legal se le confiere (TSJ Sevilla 14-12-01, EDJ 99048).
Asimismo, en el ámbito de las **sociedades anónimas y cooperativas europeas**, se reconoce capacidad jurídica para el ejercicio de los derechos y ejercicio de las acciones administrativas, en el ámbito de sus competencias, a la comisión negociadora, al órgano de representación de los trabajadores, por decisión mayoritaria de sus miembros teniendo legitimación para promover litigios los empresarios, los representantes de los trabajadores y la comisión negociadora.

Precisiones En ocasiones se ha considerado que la **junta de personal** carece de capacidad para ser parte demandada por cuanto que no se encuentra en la enumeración que hace la LEC art.6 y ello fundamentalmente porque no tiene la conceptuación de **persona jurídica** que requiere un substrato independiente de los elementos físicos que lo componen, careciendo por ello de capacidad como ente para ejercitar sus propios derechos y acciones y, por tanto, para responder de posibles obligaciones derivadas de su actuación (AP Ourense 12-11-04, EDJ 232169).

d. Coto de caza

2162 El coto de caza, aun careciendo de **personalidad jurídica**, es sujeto de relaciones jurídicas y es admisible la posibilidad de que pueda litigar, actuando a través de la persona que le represente (AP Huelva 21-3-06, EDJ 114379).

Precisiones Se condena al titular de la finca rústica cuyos **animales** son causantes del daño, en quien converge la condición de titular del coto de caza (AP Huelva 21-3-06, EDJ 114379).

6. Ministerio fiscal

(LEC art.6.1.6º; L 50/1981 art.3.6 y 3.7)

2164 El Ministerio Fiscal ostenta capacidad para ser parte ante los tribunales civiles respecto de los procesos en que, conforme a la ley, haya de intervenir como parte.
A sensu contrario, no tiene la condición de parte cuando la ley le llame a intervenir de forma diversa, esto es, según el tipo de proceso, y con distintas consecuencias; en ocasiones se pide la **audiencia** del Ministerio Fiscal, o su **informe**, en cuyo caso no resulta adecuado hablar de su condición de parte, ya que su función se limita a la de un órgano dictaminador, unas veces con carácter preceptivo y en otras otorga meramente la posibilidad de ser oído (FGE Circ 1/2001).
El Ministerio Fiscal ostenta la capacidad para intervenir en los procesos civiles que determine la ley cuando esté comprometido el **interés social** o cuando puedan afectar a personas **menores o con discapacidad** en tanto se provee de los mecanismos ordinarios de representación (nº 2045 s.), así como tomar parte, en defensa de la legalidad y del interés público o social, en los procesos relativos al estado civil y en los demás que establezca la ley.

2165 **Régimen de actuación** (Const art.124; LOPJ art.541; LEC art.394.5 redacc LO 1/2025) El Ministerio Fiscal tiene por misión promover la acción de la justicia en defensa de la legalidad, de los derechos de los ciudadanos y del interés público tutelado por la Ley, de oficio o a petición de los interesados, así como velar por la independencia de los tribunales y procurar ante estos la satisfacción del interés social.
La postura del Ministerio Fiscal es la de una **parte imparcial** (TCo auto 63/1997).
Cuando el Ministerio Fiscal actúa como parte, no cabe duda de que puede ser **demandante** cuando él mismo promueve el proceso, sin embargo, no cabe hablar del Ministerio Fiscal como **demandado** en sentido propio. Así se deduce de LEC art.5.2, cuando afirma que las pretensiones se formulan frente a los sujetos a quienes haya de afectar la decisión pretendida, situación en la que nunca se encuentra el ministerio público.
Cuando **no actúa como demandante**, el Ministerio Fiscal puede ser parte, con todos los derechos, obligaciones y cargas que ello supone, pero se constituye como parte *sui generis*, habida cuenta que su intervención se debe a la defensa de la legalidad, y del interés público.
En ningún caso se imponen las **costas** al Ministerio Fiscal en los procesos en que intervenga como parte.

Precisiones La cobertura de su actuación se hace atribuyéndole la cualidad de parte, pero con determinados matices. No es parte en sentido técnico que pida para sí la actuación judicial, pues su interés, como base de la legitimación, no se sitúa en el núcleo de la relación jurídica discutida. Su interés es el **interés público**, lo que acentúa los aspectos formales del concepto de parte en defecto de los materiales; es decir su posición, más que su condición de parte, viene determinada por su **legitimación legal y plena**, limitada al concepto en que lo hace (AP Madrid auto 28-4-04, EDJ 121196).

Procesos en los que interviene como parte La delimitación de los procesos en los que ha de intervenir el Ministerio Fiscal es una **decisión de política legislativa**. Esta presencia no puede depender de la iniciativa institucional del Ministerio Fiscal, sino que corresponde al legislador decidir cuando esta presencia es conveniente y necesaria. La pauta general se centra en la intervención del ministerio público en aquellos procesos en los cuales su objeto trasciende al **interés particular** de las partes litigantes (FGE Circ 1/2001). **2166**

El Ministerio Fiscal es parte en los siguientes procesos:

a) En la **tutela**, cuando se tenga conocimiento de que una persona debe ser sometida a tutela y en tanto no recaiga resolución judicial que ponga fin al procedimiento, asume su representación y defensa el Ministerio Fiscal salvo, en su caso, que intervenga el guardador de hecho (CC art.238 y 264).

b) En los procesos de tutela de los **derechos al honor, a la intimidad personal y familiar y a la propia imagen del menor**, dado que sin perjuicio de las acciones de las que sean titulares los representantes legales del menor, corresponde en todo caso al Ministerio Fiscal el ejercicio de las acciones de tutela, que puede actuar de oficio o a instancia del propio menor o de cualquier persona interesada, sea física o jurídica o entidad pública (LO 1/1996 art.4.4).

En los procesos sobre tutela del derecho al honor, a la intimidad y a la propia imagen, y las que pidan la tutela judicial civil de cualquier otro derecho fundamental, salvo las que se refieran al **derecho de rectificación**. En estos procesos es siempre parte el Ministerio Fiscal (LEC art.249.1.2º).

Asimismo, corresponde al Ministerio Fiscal el ejercicio de las acciones de cese y rectificación de **publicidad ilícita que afecte a menores** (LO 1/1996 art.5.5).

c) En la **división judicial de patrimonios**, donde se convoca junta de herederos y legatarios de parte alícuota y al cónyuge sobreviviente, siendo convocado a la misma el Ministerio Fiscal para que represente a los interesados en la herencia que sean menores y no tengan representación legítima y a los ausentes cuyo paradero se ignore. La representación del Ministerio Fiscal cesa una vez que los menores estén habilitados de representante legal o defensor judicial y, respecto de los ausentes cuando se presenten en el juicio o puedan ser citados personalmente, aunque vuelvan a ausentarse (LEC art.783). La convocatoria del Ministerio Fiscal en estos procedimientos se hace por el letrado de la Administración de Justicia. **2167**

d) En los procesos sobre **provisión de medidas de apoyo a personas con discapacidad**, en los de **nulidad matrimonial** y en los de determinación e impugnación de la **filiación**, es siempre parte el Ministerio Fiscal, aunque no haya sido promotor de los mismos ni deba, conforme a la ley, asumir la defensa de alguna de las partes (LEC art.749.1).

e) En los demás procesos sobre **capacidad, filiación, matrimonio y menores**, es preceptiva la intervención del Ministerio Fiscal, siempre que alguno de los interesados en el procedimiento sea menor, persona con discapacidad o esté en situación de ausencia legal (LEC art.749.2).

f) El Ministerio Fiscal está legitimado para el ejercicio de cualquier acción en defensa de los intereses colectivos y de los intereses difusos de los consumidores y usuarios (LEC art.11.5).

Ver en nº 2218 la legitimación para el ejercicio de los derechos de los **consumidores y usuarios**.

g) En el **proceso concursal**, respecto de concursos sometidos al régimen anterior a la L 16/2022, el Ministerio Fiscal es parte en lo relativo a la calificación del concurso y a sus efectos. No así en los sujetos a la regulación derivada de dicha Ley (LCon art.450 bis y 509). **2168**

h) El Ministerio Fiscal asume la representación y defensa en juicio de la **persona** que **no esté en pleno ejercicio de sus derechos civiles**, o que precise asistencia para ejercerlos, sin que exista persona que la represente o asista para comparecer en juicio, hasta que se produzca el nombramiento de defensor judicial (LEC art.8.2).

Ver en nº 5158 la parte de esta obra dedicada a la intervención del Ministerio Fiscal para la integración de la capacidad procesal.

i) En los **procesos sucesorios sobre títulos y derechos honoríficos** no es necesaria la presencia del Ministerio Fiscal, por cuanto que no puede seguir considerándose que aquellos derechos tengan un interés general y aún de interés público, atendiendo la consideración actual que merecen los títulos nobiliarios (TS auto 21-6-05, EDJ 120924).

7. Grupos de consumidores o usuarios

(RDLeg 1/2007 art.3)

2170 MPCI nº 3745 Ostentan capacidad para ser parte en los procesos ante los tribunales civiles, los grupos de consumidores o usuarios afectados por un **hecho dañoso** cuando los individuos que lo compongan estén determinados o sean fácilmente determinables.

Para **demandar en juicio** es necesario que el grupo se constituya con la mayoría de los afectados.

Se atribuye capacidad para ser parte a los grupos de consumidores o usuarios afectados por un mismo hecho dañoso, que carecen de **personalidad jurídica**. Si estos grupos se integran en una asociación de consumidores y usuarios, la capacidad para ser parte viene dada por su misma personalidad.

Se consideran **consumidores o usuarios** las personas físicas que actúan en un ámbito ajeno a su oficio o a una actividad profesional, comercial o empresarial, así como las personas jurídicas y las entidades sin personalidad que, sin ánimo de lucro, actúen fuera de un ámbito comercial o empresarial (RDLeg 1/2007 art.3). Por L 4/2022 se incorpora el concepto de **consumidor vulnerable** respecto de relaciones comerciales concretas, ubicado en situación de subordinación.

2171 **Comparecencia en juicio** (LEC art.7.7 y 30.2) Por los grupos de consumidores comparecen en juicio las personas que, de hecho o en virtud de **pactos** en el grupo, actúen en su nombre frente a terceros (nº 2218).

Los **cambios en la representación o administración** de los entes sin personalidad no extinguen el poder del procurador ni dan lugar a nueva personación, cuando el poder haya sido otorgado por la que persona que, conforme a la ley, actúe en juicio representando a un ente sin personalidad (nº 1557).

2172 **Entidades europeas de defensa de los consumidores y usuarios** (LEC art.6.1.8º; RDLeg 1/2007 art.54.1.d) Ostentan capacidad para ser parte en los procesos ante los tribunales civiles las entidades habilitadas conforme a la normativa europea para el ejercicio de la **acción de cesación** en defensa de los intereses colectivos y de los intereses difusos de los consumidores y usuarios.

La acción de cesación se dirige a obtener una sentencia que condene al demandado a cesar en la utilización o en la recomendación de **cláusulas abusivas** que lesionen los intereses colectivos y difusos de los consumidores y usuarios, así como a prohibir la **reiteración futura** de dichas conductas cuando hayan finalizado al tiempo de ejercitar la acción, si existen indicios suficientes que hagan temer su reiteración de modo inmediato.

Se exige a las entidades de otros Estados miembros de la Comunidad Europea, constituidas para la protección de los intereses colectivos y de los intereses difusos de los consumidores, que estén **habilitadas** mediante su inclusión en la lista publicada a tal fin en el Diario Oficial de las Comunidades Europeas.

Los jueces y tribunales aceptan dicha **lista** como prueba de capacidad de la entidad habilitada para ser parte, sin perjuicio de examinar si la finalidad de la misma y los intereses afectados legitiman el ejercicio de la acción.

Precisiones 1) Ni siquiera la **no inclusión** en la referida lista determinaría su falta de legitimación, ya que la valoración de tal circunstancia corresponde a los tribunales (JPI Barcelona núm 21 17-10-03, EDJ 225200).

2) La legitimación para el ejercicio de las **acciones colectivas de cesación** es objeto de estudio en nº 2227.

8. Entidades irregulares

(LEC art.6.2)

2175 MPCI nº 3757 **Como parte demandada** Pueden ser demandadas, en todo caso, las entidades que, no habiendo cumplido los requisitos legalmente establecidos para constituirse en personas jurídicas, estén formadas por una **pluralidad de elementos personales y patrimoniales** puestos al servicio de un fin determinado, sin perjuicio de la responsabilidad que, conforme a la ley, pueda corresponder a los gestores o a los partícipes.

Se trata de reconocer la posibilidad de ser demandadas a las entidades que, pudiendo tener **personalidad jurídica propia**, no la adquieren por falta del cumplimiento de los requisitos legalmente exigidos a sus fundadores, de forma que, para proteger a los terceros y evitar que sus promotores puedan ampararse en esta situación irregular, se les reconoce personalidad jurídica para ser sujetos pasivos en la relación procesal.

Precisiones 1) La finalidad de conceder capacidad para ser **parte pasiva** a estas entidades sin personalidad obedece a la debida tutela de los terceros que con la misma se relacionan (AP Soria auto 22-6-05, EDJ 224043).
2) Este régimen legal supone la **negación de capacidad** a la parte actora que se halla en situación irregular, para evitar que pueda beneficiarse de ventajas legales cuando no ha respetado la legislación societaria; se le reconoce capacidad para ser parte, en cambio, cuando se actúa en la posición de parte demandada para evitar que pueda ocasionar perjuicios a terceros a causa, precisamente, de su infracción, impidiéndose así que pueda sacar provecho de su propio incumplimiento (AP Baleares 10-1-03, EDJ 263136).

Como parte demandante Si bien la LEC contempla a estas entidades irregularmente constituidas, y que no han adquirido personalidad jurídica propia, con plena capacidad únicamente para ser parte demandada, existen determinados pronunciamientos jurisprudenciales que extienden dicha **capacidad para la intervención activa**, como parte demandante. **2176**

Precisiones 1) Así, se afirma que, aunque la LEC art.6.2 se refiera únicamente a la capacidad procesal de estas entidades irregulares cuando sean demandadas, al mismo tiempo utiliza la expresión «en todo caso», cuyo significado no puede ser otro que entender que estas entidades tienen siempre, sin excepción, capacidad para **comparecer en juicio en el lado pasivo** del litigio, con el evidente fin de proteger a terceros, pero no excluye su **capacidad procesal** en el ámbito activo del pleito, como demandantes, la cual puede ser admisible, al menos, en determinados supuestos concretos (AP Huesca 26-10-05, EDJ 216865).
2) Se consideran circunstancias especiales determinantes del reconocimiento de la capacidad procesal a una sociedad irregular cuando consta su **constitución formal como sociedad en contrato privado**, su actuación como tal en el tráfico jurídico, incluida la Hacienda pública, así como su reconocimiento extraprocesal por la parte demandada (AP Huesca 26-10-06).

Comparecencia en juicio (LEC art.7.7 y 30.2) Por las entidades irregulares, carentes de personalidad jurídica, comparecen en juicio las personas que, de hecho o en virtud de pactos de la entidad, actúen en su nombre frente a terceros. **2177**
Los **cambios en la representación** o administración de las entidades irregulares carentes de personalidad no extinguen el poder del procurador ni darán lugar a nueva personación.

Sociedades irregulares (LSC art.39 s.; CC art.1669) Son aquellas a las que les **falta alguno de los requisitos** legalmente exigidos para que se constituyan y adquieran personalidad jurídica propia. **2178** MPCI nº 3763
La constitución de las sociedades de capital exige escritura pública, que deberá inscribirse en el Registro Mercantil (LSC art.20; CCom art.19), teniendo el carácter de sociedad irregular la sociedad que incumpla estos requisitos.
Las sociedades civiles no tienen **personalidad jurídica** cuando sus pactos se mantengan secretos entre los socios y en los que cada uno de estos contrate en su propio nombre con los terceros.

Precisiones A los efectos de determinar los requisitos legalmente exigidos para que se entienda una entidad se constituya en persona jurídica, es preciso diferenciar según el **tipo de ente** de que se trate (AP Málaga 22-7-05, EDJ 178037).

B. Legitimación
(LEC art.10)

Se consideran **partes legítimas** quienes comparezcan y actúen en juicio como titulares de la relación jurídica u objeto litigioso. Se exceptúan los casos en que por ley se atribuya legitimación a persona distinta del titular -legitimación por sustitución (nº 2235). **2190** MPCI nº 3772 s.
La legitimación es la cualidad de un sujeto consistente en ser, dentro de una **situación jurídica determinada**, titular de un derecho subjetivo, crédito, deber u obligación, en una posición tal que fundamenta en Derecho el reconocimiento a su favor de la pretensión que ejercita, en el caso de la legitimación activa, o a la exigencia respecto del mismo, del contenido de una concreta prestación, en el caso de la legitimación pasiva (AP Madrid 18-1-03, EDJ 220938; 2-11-05, EDJ 220531). Es la cualidad de una persona para hallarse en la posición que fundamenta el reconocimiento de la pretensión que se ejercita o su rechazo, frente al que se ejercita (TS 16-2-22, EDJ 511849; 22-12-23, EDJ 785324).
La legitimación debe **acreditarse**. Así, se exige que, con la demanda, la contestación o, en su caso, al comparecer a la vista de juicio verbal, se presenten los documentos que acrediten la representación que el litigante se atribuya (LEC art.264 redacc LO 1/2025).
Están legitimados para intervenir en un proceso aquellas personas que ostentan un **interés legítimo**, entendiendo por tal, la situación en la que una parte puede verse afectada por los

efectos de cosa juzgada de la sentencia que haya de dictarse, es decir, haya de sufrir un perjuicio o experimentar un beneficio en su esfera patrimonial o moral (TS 14-6-02, EDJ 26067; 25-7-02, EDJ 34244). Esta cualidad no supone, en todo caso, que se le vaya a otorgar lo pedido a la parte legitimada, sino simplemente que el juez competente, cumplidos los **requisitos procesales**, está obligado a examinar dicho fondo y resolver sobre el mismo por imperativo del ordenamiento jurídico material (TS 23-12-05, EDJ 230423).
La legitimación está relacionada con la **pretensión que se formula**, pues es la relación existente entre una persona determinada y una situación jurídica en litigio por virtud de la cual es precisamente esta persona, y no otra, la que debe figurar en él, ya sea en concepto de actor o de demandado. La falta de legitimación o falta de acción afecta al fondo del asunto, a la esencia de la pretensión y a la sustancia del pleito (AP Las Palmas 28-4-04, EDJ 60406).

Precisiones 1) Las cuestiones relativas a la legitimación, dada su naturaleza bifronte, pueden ser objeto de análisis en **recurso de casación** (nº 4135 s.; TS 21-1-19, EDJ 501915; 19-2-20, EDJ 511657).
2) En los casos de **escisión parcial de sociedades**, carece de legitimación activa la sociedad originaria cuando el bien objeto del litigio ha sido transmitido, por la escisión a la sociedad escindida, con el consiguiente traspaso patrimonial (AP Las Palmas 25-11-03, EDJ 190196; 28-4-04, EDJ 60406).

2193 **Diferencia con otras figuras** La legitimación constituye una situación o posición del sujeto respecto de la relación o situación jurídica, dando lugar a que, mientras en el caso de la capacidad para ser parte o **capacidad procesal** se hable de personalidad o ausencia de la misma, en el caso de la legitimación se haga referencia a la acción o a su falta. Tal poder concreto, en los asuntos civiles, se considera ínsito en quien, por afirmar la titularidad del derecho, pretende acreditar por ello el máximo interés en su satisfacción (TS 24-5-95, EDJ 24222).
La falta de legitimación activa por ser titular del derecho cuya efectividad se demanda no debe confundirse con la **falta de personalidad** del actor (AP Toledo 16-9-98, EDJ 25875).
De la misma manera, tampoco debe confundirse la falta de legitimación con la **falta de acción**, por cuanto, esta última tiene en cuenta no ya la necesidad de que sea una determinada persona la que figure como demandante o demandado en un determinado proceso, sino la propia existencia del derecho contendido, de manera que su estimación o desestimación solo puede resolverse entrando en el examen del fondo del asunto, de la acción ejercitada, por tratarse de una cuestión no meramente procesal, sino claramente sustancial o de fondo (TS 24-5-95, EDJ 24222).
Precisamente lo que trata de averiguarse por medio del proceso es si existe o no el **derecho del actor**, si tiene el alcance y caracteres que afirma y si existe precisamente contra el o los demandados, que son extremos que habrá que decidir en sentencia, y por ello la legitimación no toma en cuenta la relación jurídico-material en cuanto existente, sino en cuanto meramente afirmada o deducida (AP Madrid 18-1-03, EDJ 220938; 2-11-05, EDJ 220531).
No cabe confundir la legitimación con la **representación**, legal o voluntaria, de la parte, de tal manera que, así como la carencia de legitimación es de suyo una exigencia de naturaleza insubsanable, los defectos de representación, en cambio, pueden y deben subsanarse (TS 23-12-05, EDJ 230423; AP Cuenca 18-11-97, EDJ 57430).

2194 **Subsistencia de la legitimación** (LEC art.413) Como regla general, no se tendrán en cuen-
MPCI nº 3780 ta en la sentencia las innovaciones que, **después de iniciado el juicio**, introduzcan las partes o terceros en el estado de las cosas o de las personas, que haya dado lugar a la demanda y, en su caso, a la reconvención.
La aptitud de las personas que ostentan la posición de parte procesal subsiste **durante toda la pendencia del proceso**, a pesar de los cambios jurídicos o fácticos que se produzcan durante el tiempo que se tarda en su tramitación, en virtud de una ficción que se denomina *perpetuatio legitimationis*, entendida esta como mera afirmación de titularidad del derecho en el proceso, ya sea como parte demandante, ya como parte demandada, en cuya virtud, no puede perderse, por lo general, la legitimación procesal en el curso del proceso (TS 8-6-05, EDJ 90172).
No obstante, este principio no es absoluto, pues en ocasiones pueden acaecer hechos que impliquen una **disociación** entre la persona que ostenta la cualidad inicial de parte y el nuevo titular de la cosa litigiosa que, de ser ignorada en el juicio, podría suponer la ineficacia del mismo.
En estos casos, la LEC, superando la regla de la inmutabilidad sobre la legitimación procesal una vez entablada la litis, permite, bajo determinadas condiciones, la llamada **sucesión procesal**, que no es otra cosa que la sustitución en un proceso pendiente de una parte por otra que ocupa su posición procesal (AP Barcelona 31-5-02, EDJ 126189).
La **transmisión del objeto litigioso**, por actos *inter vivos* o *mortis causa*, no puede suponer la finalización del proceso, por cuanto que, si los derechos sobre el objeto litigioso estaban

siendo esgrimidos por la parte originaria, es lógico que lo sigan siendo por el anterior o por el nuevo titular de los mismos, ya que de lo contrario se produciría una situación de indefensión que supondría una denegación de la tutela judicial efectiva (TCo 333/2005).
La sucesión procesal se expone en nº 2410 s.

1. Supuestos concretos

La determinación de los sujetos legitimados, activa y pasivamente, para actuar procesalmente en defensa de un derecho o interés legítimo debe realizarse **caso por caso**, teniendo en cuenta las acciones que se ofrecen en la legislación sustantiva o material de la que deriven los derechos y obligaciones que se pretenden hacer valer. **2197** MPCI nº 3785
No obstante, se analizan a continuación, por su interés, determinados **supuestos generales** de legitimación, como la derivada de los contratos, en la ejecución, en los recursos.

Precisiones 1) La legitimación en defensa de los intereses de los **consumidores y usuarios**, por sus numerosas particularidades, se trata en apartado separado (nº 2218), así como la **legitimación por sustitución** (nº 2235).
2) Se reconoce legitimación general a los **niños y adolescentes** para defender sus derechos e intereses en todo proceso judicial que traiga causa de una situación de violencia, generalmente a través de sus representantes legales o mediante defensor judicial (LO 8/2021 art.13).

Anulabilidad del contrato Se produce la nulidad relativa de los contratos cuando estos adolezcan de alguno de los **vicios del consentimiento**, esto es, error, violencia, intimidación o dolo, así como por cualquier otra infracción del ordenamiento jurídico que no dé lugar a una nulidad radical o absoluta (CC art.1265; TS 10-4-01, EDJ 6355). **2199**
Pueden ejercitar la acción de nulidad de los contratos los **obligados** principal o subsidiariamente en virtud de ellos (CC art.1302).
Las personas capaces no pueden, sin embargo, alegar la menor edad o la falta de apoyo para el ejercicio de la capacidad de aquellos con quienes contrataron. Tampoco los que causaron la intimidación o violencia, o emplearon el dolo o produjeron el error, pueden fundar su acción en estos vicios del contrato.
Como regla general, los contratos solo producen **efectos entre las partes** que los otorgan y sus herederos, salvo, en cuanto a estos, el caso en que los derechos y obligaciones que proceden del contrato no sean transmisibles, por su naturaleza, por pacto o por disposición de la ley. Si el contrato contiene alguna estipulación a favor de un tercero, este puede exigir su cumplimiento, siempre que haya hecho saber su aceptación al obligado antes de que haya sido aquella revocada (CC art.1257).
Este precepto establece la regla general de la **eficacia relativa de los contratos**, que puede quebrarse en determinados casos o excepciones, cuando existen terceros que titulan derechos residenciados en anteriores contratos. El límite subjetivo de esa relatividad ha supuesto que el tercero ajeno al contrato no pueda impugnar en juicio su validez o ineficacia, de forma que los derechos y obligaciones que han de ser declarados en todo pleito promovido para el cumplimiento de un contrato solo ha de afectar a los litigantes conforme a las relaciones jurídicas contraídas entre ellos (TS 15-3-94, EDJ 2354; AP Madrid 11-3-02, EDJ 68997).

Precisiones Los **acreedores hipotecarios** no tienen legitimación para intervenir en un proceso de impugnación de un contrato en el que no fueron parte, teniendo en cuenta que el derecho real que ostentan sobre los inmuebles objeto del contrato no podía ser alterado por un convenio entre deudores o extraños, sin aquiescencia del titular hipotecario y la cancelación de la hipoteca habría de ser, previa satisfacción del principal intereses y gastos cubiertos por tal garantía, careciendo, por tanto de interés sobre los efectos del contrato entre su deudor y un tercero (AP Valencia 13-2-01, EDJ 99063).

Nulidad radical del contrato La legitimación a los efectos de ejercitar una acción de declaración de inexistencia de un contrato, por carecer de alguno de los **elementos esenciales** del mismo, esto es, consentimiento de los contratantes, objeto cierto del contrato y causa de la obligación que se establezca o por nulidad radical o de pleno derecho del mismo por ser contrario a las **normas prohibitivas o imperativas**, se reconoce no solo a las partes, sino también a terceros siempre tengan un interés jurídico en ello o se vea perjudicados de alguna forma por el contrato, pero no si son extraños a tal situación (TS 24-5-02, EDJ 16918; 14-6-02, EDJ 26067). **2200** MPCI nº 3789
La acción de impugnación por **simulación** no es pública, sino que es necesario para su eficaz ejercicio que quien actúe procesalmente con dicha finalidad tenga un interés jurídico protegible por el órgano jurisdiccional (TS 5-3-94, EDJ 24066).

2201 **Contrato de seguro** El contrato de seguro es aquel por el que el asegurador se obliga, mediante el cobro de una prima y para el caso de que se produzca el evento cuyo riesgo es objeto de cobertura, a indemnizar, dentro de los límites pactados, el daño producido al asegurado o a satisfacer un capital, una renta u otras prestaciones convenidas (L 50/1980 art.1).

Además de la legitimación que corresponde al **asegurador**, para exigir el pago de la prima del seguro, así como el cumplimiento del resto de obligaciones del tomador del seguro, y al **asegurado o beneficiario** del seguro, en su caso, para la exigencia del cumplimiento de las obligaciones asumidas por el asegurador, aparecen **otras formas de legitimación** típicas de este ámbito normativo, como son la acción directa frente al asegurador por el perjudicado y la legitimación por subrogación del asegurador.

2202 **Acción directa frente al asegurador** (L 50/1980 art.76) El perjudicado o sus herederos tienen acción directa contra el asegurador para exigirle el cumplimiento de la obligación de indemnizar, sin perjuicio del derecho del asegurador a **repetir contra el asegurado**, en el caso de que sea debido a conducta dolosa de este, el daño o perjuicio causado a tercero. A los efectos de su ejercicio, el asegurado está obligado a manifestar al tercero perjudicado o a sus herederos la existencia del contrato de seguro y su contenido.

La acción directa es inmune a las **excepciones** que puedan corresponder al asegurador contra el asegurado. El asegurador puede, no obstante, oponer la culpa exclusiva del perjudicado y las excepciones personales que contra este tenga.

Precisiones En el ámbito de la responsabilidad civil por **daños causados por vehículos a motor** se reitera esta acción directa, así como contra el Consorcio de Compensación de Seguros en los casos en que este asume legalmente la responsabilidad civil (RDLeg 8/2004 art.7 -redacc L 5/2025- y 11.3).

2204 **Legitimación por subrogación del asegurador** (L 50/1980 art.43 y 82) El asegurador, una vez
MPCI nº 3795 pagada la indemnización, puede ejercitar los derechos y las acciones que por razón del siniestro **correspondan al asegurado** frente a las personas responsables del mismo, hasta el límite de la indemnización, con la única excepción de los seguros de personas, salvedad hecha, a su vez, de los gastos de asistencia sanitaria.

Los **requisitos** de la subrogación son (AP Madrid 30-11-02, EDJ 112485):

a) El cumplimiento por el asegurador de su **prestación resarcitoria** al asegurado dentro de los límites del contrato.

b) La existencia de un **crédito del asegurado** representado por el importe del daño que ha dado lugar a la indemnización del asegurador frente al tercero responsable del siniestro, así como frente al propietario, en caso de no coincidir en el mismo sujeto la doble condición, y al asegurador, en virtud de la acción directa reconocida a todo perjudicado (nº 2202).

c) La **voluntad del asegurador** de subrogarse en los derechos y acciones del asegurado como ejercicio actual del derecho potestativo eventual que le reconoce la Ley, exteriorizando y comunicando al tercero el pago de la indemnización y la derivativa adquisición de los derechos y acciones correspondientes al asegurado frente a él.

2205 **Defensa de derechos e intereses colectivos de personas con discapacidad**
MPCI nº 3797 (RDLeg 1/2013 art.76) Sin perjuicio de la legitimación individual de las personas afectadas, las **personas jurídicas legalmente habilitadas** para la defensa de los derechos e intereses legítimos colectivos pueden actuar en un proceso en nombre e interés de las personas que así lo autoricen, con la finalidad de hacer efectivo el derecho de igualdad de oportunidades, defendiendo sus derechos individuales y recayendo en dichas personas los efectos de aquella actuación.

Esta legitimación hay que entenderla en el amplio sentido contemplado en el propio RDLeg 1/2013, de derechos de las personas con discapacidad y de su inclusión social, cuando dispone que la tutela judicial del derecho a la igualdad de oportunidades de las personas con discapacidad comprende la adopción de **todas las medidas** que sean necesarias para poner fin a la violación del derecho y prevenir violaciones ulteriores, así como para restablecer al perjudicado en el ejercicio pleno de su derecho, incluyendo la indemnización por daño moral.

2206 **Entidades gestoras de derechos de propiedad intelectual** (RDLeg 1/1996 art.150) Las entidades de gestión, una vez autorizadas, están legitimadas, en los términos que resulten de sus propios estatutos, para ejercer los **derechos confiados a su gestión** y hacerlos valer en toda clase de procedimientos administrativos o judiciales.

Para acreditar dicha legitimación, la entidad de gestión únicamente debe aportar, al inicio del proceso, copia de sus estatutos y certificación acreditativa de su autorización administrativa.

El demandado solo puede fundar su **oposición a la reclamación** en la falta de representación de la actora, la autorización del titular del derecho exclusivo o el pago de la remuneración correspondiente.

Las **entidades de gestión** de estos derechos son:
• Con respecto a los autores: Sociedad General de Autores y Editores (SGAE); Centro Español de Derechos Reprográficos (CEDRO); Visual Entidad de Gestión de Autores Plásticos (VEGAP); Derechos de Autor de Medios Audiovisuales (DAMA).
• Con respecto a los artistas, intérpretes y ejecutantes: Artistas, Intérpretes y Ejecutantes (AIE); Actores e Intérpretes Sociedad de Gestión (AISGE).
• Con respecto a los productores: Asociación de Gestión de Derechos Intelectuales (AGEDI); Entidad de Gestión de Derechos de los Productores Audiovisuales (EGEDA).

Precisiones 1) Los **derechos confiados a la gestión** de dichas entidades son aquellos cuya gestión *in genere* constituye el objeto de su actividad, de acuerdo con los estatutos que las rigen y no los concretos derechos individuales, en virtud de contratos con los titulares o acuerdos con otras organizaciones de idéntica finalidad (TS 18-12-01, EDJ 98900; 31-1-03, EDJ 946; 10-5-03, EDJ 17125).
2) El reconocimiento de legitimación a las entidades gestoras de derechos de propiedad intelectual no puede dar lugar a un **perjuicio a los usuarios**, por cuanto que, si se diera el supuesto de cobro o intento de ello por otra entidad de algún derecho de autor ya abonado, podría alegarse la correspondiente excepción, no por falta de legitimación, sino por falta de acción (AP Asturias 9-11-94; AP Girona 20-3-00, EDJ 23433).

Sociedad General de Autores y Editores La legitimación de la Sociedad General de Autores y Editores, en particular, y de las entidades gestoras de derechos de propiedad intelectual, en general, se ha venido cuestionando en nuestros tribunales de forma contradictoria en ocasiones. Las **soluciones jurisprudenciales** pueden agruparse de la siguiente forma: 2207
1. Algunas resoluciones rechazan la legitimación si no se acredita la **representación conferida** por los titulares de los derechos que reclama en demanda (AP Las Palmas 20-3-98, EDJ 11674; AP Córdoba auto 31-1-98). Esta postura se basa en la finalización del monopolio de la SGAE, por lo que es necesario probar que los autores le han encomendado contractualmente la gestión, así como en la existencia de otras entidades de gestión de los derechos de autor, por lo que podría producirse una duplicidad de reclamaciones (AP Asturias 9-1-92).
No obstante, la exigencia de acreditación documental de la relación contractual establecida entre la entidad gestora con cada uno de los titulares del derecho de comunicación pública o de los acuerdos con otras entidades de idéntica función gestora, hace ineficaz el **sistema de protección** establecido en la Ley de propiedad intelectual, al no alcanzar la así dispensada los caracteres de real, concreta y efectiva, propugnados por la Ley, resultando defraudados los intereses generales en la protección de la propiedad intelectual que justifica la existencia de las entidades de gestión (TS 29-10-99, EDJ 84235).
2. En otros casos, se acepta la legitimación siempre que exista un **reconocimiento extrajudicial** de los demandados (AP Barcelona 17-2-93).
3. En ocasiones se ha entendido que concurren en virtud de la **representación** en sentido estricto (AP Sta. Cruz de Tenerife 6-4-93, EDJ 12359).
4. Otras resoluciones consideran que se trata de una manifestación de legitimación para la defensa de los **intereses difusos** (AP Girona 20-3-00, EDJ 23433). Según esta postura, se trata del reconocimiento de legitimación para la defensa de los derechos de autor de personas físicas o jurídicas, por lo que, realmente, se está protegiendo o gestionando un conjunto de derechos de propiedad intelectual pertenecientes a grupos de autores **no individualizados o difícilmente individualizables**.
Las entidades gestoras, por lo tanto, defienden intereses difusos, pues nos encontramos con el ejercicio de acciones en protección de los derechos de autor, no de obras que se difundieron en una concreta emisión y durante un determinado período de tiempo, sino de obras indeterminadas de autores, tan indeterminados como aquellas, por cuanto en los procedimientos en cuestión no se exige que se concreten aquellas y estos.
5. Finalmente, algunos tribunales se refieren a la **legitimación por sustitución** o indirecta (AP Asturias 9-11-94). Se trataría de una manifestación de la legitimación por sustitución que, en cualquier caso, ha de establecerse por ministerio de la ley, dado que quien tiene el poder de intervención, y de disposición procesal, no es el sujeto de la relación deducida, pudiendo una persona reclamar procesalmente en nombre propio un derecho ajeno, no en nombre e interés ajeno, pues en este último caso estaríamos en presencia del supuesto típico de la representación ordinaria.
Esta última es la postura adoptada por el **Tribunal Supremo**, que considera que las entidades de gestión, una vez constituidas legalmente, están legitimadas, en los términos que resulten de sus propios estatutos, para ejercer los derechos confiados a su gestión y hacerlos valer en toda clase de procedimientos administrativos o judiciales (TS 29-10-99, EDJ 30419; 29-10-99, EDJ 84235; 15-7-02, EDJ 27763).

Perjudicados por accidente nuclear (L 12/2011 art.14) Se reconoce legitimación directa para ejercer la acción de responsabilidad por daños en este campo, por los cauces del proceso civil que corresponda, al perjudicado o sus herederos contra el asegurador para exigirle el 2209 cumplimiento de la obligación de indemnizar, sin perjuicio del derecho del asegurador a repetir contra el asegurado, en el caso de que sea debido a **conducta dolosa** de este el daño o perjuicio causado a tercero. La **acción directa** es inmune a las excepciones que puedan corresponder al asegurador contra el asegurado. El asegurador puede, no obstante, oponer la acción u omisión dolosa o con negligencia grave del perjudicado y las **excepciones personales** que tenga contra este. A los efectos del ejercicio de la acción directa, el asegurado está obligado a manifestar al tercero perjudicado o a sus herederos la existencia del **contrato de seguro** y su contenido.

Precisiones 1) El **seguro de responsabilidad civil** es una de las modalidades de garantía financiera obligatoria que prevé la L 12/2011 que ha de aportar el explotador de instalaciones nucleares.
2) El **plazo de ejercicio de la acción** prescribe a los 3 años a contar desde el momento en que el perjudicado tenga conocimiento del daño nuclear y del explotador responsable, o bien desde el momento en que debió razonablemente tener conocimiento de ello, dentro en todo caso de los de 30 años, respecto de los daños en las personas, y de 10 en relación con el resto. No obstante, quienes hayan formulado una acción de indemnización dentro de los plazos legales establecidos podrán hacer una reclamación complementaria en el caso de que el daño se agrave pasados dichos plazos, y siempre que no se haya dictado sentencia definitiva por el órgano jurisdiccional competente (L 12/2011 art.15).

2209.1 **Competencia desleal** (L 3/1991 art.32 s.) Cualquier persona física o jurídica que participe en el mercado, cuyos intereses económicos resulten directamente perjudicados o amenazados por la conducta desleal, está legitimada para el ejercicio de las **acciones declarativas** de (L 13/1991 art.32.1.1ª a 5ª):
- competencia desleal;
- cesación de la misma;
- remoción de sus efectos;
- rectificación de informaciones engañosas, incorrectas o falsas; y
- reconocimiento de daños y perjuicios.

Frente a la **publicidad ilícita** está legitimada para el ejercicio de las acciones indicadas, cualquier persona que resulte afectada y, en general, quienes tengan un derecho subjetivo o un interés legítimo.
La acción de resarcimiento de los **daños y perjuicios** ocasionados por la conducta desleal puede ejercitarse, igualmente, por los legitimados conforme a LEC art.11.2.
La de **enriquecimiento injusto** solo puede ser ejercitada por el titular de la posición jurídica violada.
Además, las cuatro primeras acciones enumeradas, pueden afirmarse por las **asociaciones, corporaciones profesionales** o representativas de intereses económicos, cuando resulten afectados los intereses de sus miembros. Asimismo, ostentan legitimación activa para su ejercicio, en defensa de los **intereses generales, colectivos o difusos**, de los consumidores y usuarios:
a) El **Instituto Nacional del Consumo** y los órganos o entidades correspondientes de las comunidades autónomas y de las corporaciones locales competentes en materia de defensa de los consumidores y usuarios.
b) Las **asociaciones de consumidores y usuarios** que reúnan los requisitos establecidos en el RDLeg 1/2007 o, en su caso, en la legislación autonómica en materia de defensa de los consumidores y usuarios.
c) Las **entidades de otros Estados miembros** de la Comunidad Europea constituidas para la protección de los intereses colectivos y de los intereses difusos de los consumidores y usuarios que estén habilitadas mediante su inclusión en la lista publicada a tal fin en el DOUE.
Por fin, el **Ministerio Fiscal** puede ejercitar la acción de cesación en defensa de los intereses generales, colectivos o difusos, de los consumidores y usuarios.

Precisiones Las acciones indicadas pueden ejercitarse contra cualquier persona que haya realizado u ordenado la conducta desleal o haya cooperado a su realización. No obstante, la acción de **enriquecimiento injusto** solo puede dirigirse contra el beneficiario del enriquecimiento. Si la conducta desleal se realizó por **trabajadores u otros colaboradores** en el ejercicio de sus funciones y deberes contractuales, las cuatro primeras acciones enumeradas, deben dirigirse contra el principal. Respecto a las acciones de resarcimiento de daños y de enriquecimiento injusto se está a lo dispuesto por el Derecho Civil.

2209.5 **Violación de secretos empresariales** (L 1/2019 art.13) Se atribuye **legitimación activa** al titular del secreto empresarial y a quienes acrediten haber obtenido una licencia exclusiva o no exclusiva para su explotación que les autorice expresamente dicho ejercicio.
El **licenciatario no legitimado** puede requerir fehacientemente al titular para que entable la acción judicial correspondiente. En defecto de ejercicio dentro de un plazo de 3 meses, el licenciatario puede entablarla en su propio nombre (nº 6550 s.)

Tercerías de dominio (LEC art.595 y 600) Puede interponer tercería de dominio, en forma de demanda, quien, sin ser parte en la ejecución, afirme ser **dueño de un bien embargado** como perteneciente al ejecutado y que no ha adquirido de este una vez trabado el embargo. 2210
Pueden también interponer tercería para el alzamiento del embargo quienes sean **titulares de derechos** que, por disposición legal expresa, puedan oponerse al embargo o a la realización forzosa de uno o varios bienes embargados como pertenecientes al ejecutado.
En cuanto a la **legitimación pasiva**, la demanda de tercería se debe interponer frente al acreedor ejecutante y también frente al ejecutado, cuando el bien al que se refiera haya sido por él designado.
La admisión a trámite de la demanda se notificará en todo caso al ejecutado para que pueda tener la intervención que a su derecho convenga.
Sobre tercería de dominio, ver nº 4883.

Recursos (LEC art.448.1) Contra las resoluciones de los tribunales y de los letrados de la Administración de Justicia que les afecten desfavorablemente, las **partes** pueden interponer los recursos previstos en la Ley. 2211 MPCI nº 3813
La legitimación para interponer cualquier clase de recurso contra las resoluciones judiciales requiere la existencia de **interés**, por la parte recurrente, en la revisión y modificación de la resolución recurrida, fundado dicho interés en la existencia de un **gravamen** que resulta de la desestimación de las pretensiones por ella formuladas.
Ello supone que la legitimación para recurrir únicamente concurre en quien aparece como **perjudicado por la inadmisión o desestimación** de sus pretensiones, de forma que dicha legitimación no resulta únicamente de la condición de parte procesal, sino que es preciso que la parte recurrente resulte perjudicada en sus intereses por la resolución recurrida (AP Madrid auto 20-4-06, EDJ 86471).

Precisiones 1) La parte que obtiene a su favor una **sentencia absolutoria** carece de interés para recurrir, siendo este interés, perjuicio o agravio para el litigante, un requisito indispensable para la legitimación activa en todo recurso (TS 29-12-00, EDJ 41106).
2) No obstante, cabe alzarse contra unos **hechos declarados probados** que le resultan a la parte perjudiciales, aunque en la sentencia de instancia no hayan desembocado en una condena (AP Zaragoza 16-7-04, EDJ 151960).

Por tanto, el demandado **carece de legitimación** para impugnar una sentencia pretendiendo la condena de su codemandado, intentando un cambio de la posición procesal de las partes, pasando de demandada a demandante. Su interés no puede ser otro que el de obtener su propia absolución frente a la parte actora, pues el que pudiera alegar para conseguir la condena del codemandado habría de hacerlo valer si así le conviene en el oportuno juicio contra aquella, no hallándose legitimado para solicitar tal condena (TS 10-6-91, EDJ 6077). 2212
Si el único apelante ha sido **uno de los codemandados**, el pronunciamiento absolutorio del codemandado debe quedar firme, por cuanto que el único legitimado para pedir la condena de un demandado es la parte demandante, careciendo cualquiera de los codemandados de legitimación para pedir su condena por vía de recurso (AP Valencia 31-3-04, EDJ 196761; AP Cuenca 8-1-04, EDJ 23835; AP A Coruña 28-2-06, EDJ 22077).
Este mismo principio determina la prohibición de que un codemandado pueda **oponerse a una excepción** planteada por otro codemandado (AP Cantabria 18-12-97, EDJ 13008).

Precisiones El demandado carece de legitimación para instar la **condena de otro codemandado**, no pudiendo pedir la condena del mismo por cuanto que ni ha accionado contra él de modo directo, ni puede reconvenirle (TS 21-11-02, EDJ 51311; 27-2-03, EDJ 3629; 7-4-03, EDJ 6542; 13-5-03, EDJ 17137).

Juicio verbal contra calificaciones registrales (LH art.328) Frente a las calificaciones registrales se prevén dos posibilidades de impugnación: 2213 MPCI nº 3819
a) Ante la **Dirección General competente en materia de Registros y Notariado** -actual, Dirección General de Seguridad Jurídica y Fe Pública- o ante el **órgano judicial** que el respectivo estatuto de autonomía haya determinado como competente para conocer del recurso gubernativo contra calificaciones registrales, en plazo de un mes; y posteriormente ante el orden jurisdiccional civil por los trámites del juicio verbal, en plazo de 2 meses desde la resolución expresa o 5 meses y un día desde el efecto de silencio administrativo negativo.
b) Directamente, **ante el orden civil**, por los trámites del juicio verbal, en plazo de 2 meses desde la notificación de la calificación registral.
En el proceso civil, la **legitimación activa** se atribuye a los legitimados para recurrir ante la Dirección General competente en materia de Registros y Notariado.

Carecen de legitimación para recurrir la resolución del centro directivo el Colegio de Registradores de la Propiedad y Mercantiles de España, el Consejo General del Notariado y los colegios notariales.
El **notario** autorizante del título o su sucesor en el protocolo, así como el **registrador** de la propiedad, mercantil o de bienes muebles cuya calificación negativa hubiera sido revocada mediante resolución expresa de la Dirección General competente en materia de Registros y Notariado, pueden impugnar esta resolución cuando afecte a un derecho o interés del que sean titulares. Esta regla podría constituir una excepción a la falta de legitimación -o prohibición legal de hacerlo- de los órganos administrativos para recurrir actos de la Administración en la que se integran (LJCA art.20).
Recibido el expediente, el órgano judicial, a la vista de cuantos aparezcan como interesados en el mismo, les emplazará para que puedan **comparecer y personarse** en los autos en el plazo de 9 días.

2214 Precisiones 1) La L 24/2005 no elimina la **legitimación del registrador** para impugnar mediante demanda civil las resoluciones de la Dirección General competente en materia de Registros y Notariado estimatorias de recursos contra su calificación negativa, aunque el interés o derecho a que se refiere LH art.328.4 no puede ser personal o particular, ya que entonces aquel no podría haber calificado el título, por causa de incompatibilidad (RH art.102), sino ligado a la función pública que tiene encomendada o relativo a la protección de derechos de los terceros. Es, por ello, no un interés en los documentos calificados, sino en las consecuencias de la rectificación, anulación o revocación de la calificación (AP Alicante 14-1-08, EDJ 83218; AP Badajoz 29-2-08, EDJ 57113).
Algunas resoluciones relativas a la **legitimación del registrador para demandar** se fundan en lo siguiente:
- tutela judicial efectiva (JPI Córdoba núm 7, 3-6-04);
- interés directo en el mantenimiento del propio criterio (JPI Barcelona núm 53, 14-3-07);
- responsabilidad en la calificación -LH art.18- (JM Madrid núm 4, 12-11-07);
- defensa de la legalidad registral (JPI Madrid núm 48, 6-2-08; JPI Málaga núm 15, 29-9-07);
- defensa de los derechos de terceros en relación con la legalidad registral (AP Badajoz 29-2-08).

La previsión específica contenida en LH art.328 párr.4º, acerca de la legitimación de **titulares de derechos** a los que se haya notificado la interposición del recurso ante la Dirección General competente en materia de Registros y Notariado desaparece tras la L 24/2005.
2) El Tribunal Supremo ha anudado la **legitimación activa** a la existencia de un interés legítimo suficiente que surge con carácter extraordinario de la propia norma siempre que la resolución de la Dirección General competente en materia de Registros y Notariado pueda repercutir de modo efectivo y acreditado en la esfera jurídica del registrador que la invoca por afectar a un derecho o interés del que sea titular, el cual no se identifica con el que resulta de la defensa de la legalidad o disconformidad con la decisión del superior jerárquico respecto de actos o disposiciones cuya protección se le encomienda, ni con un interés particular que le impediría calificar el título por incompatibilidad (RH art.102), sino con aspectos que deben concretarse en la demanda, normalmente vinculados a una eventual **responsabilidad civil o disciplinaria del registrador** relacionada con la función calificadora registral si la nota de calificación hubiera sido revocada mediante resolución expresa de la Dirección General competente en materia de Registros y Notariado. Se trata, por tanto, de una **legitimación sustantiva**, que deriva de una norma especial, como es la LH art.328 (TS 10-2-12, EDJ 17258; 20-9-11, EDJ 229703). En defecto de justificación de dicho interés, se niega la legitimación activa (TS 2-1-12, EDJ 30169).

2215 MPCI nº 3825 La **legitimación pasiva** corresponde a la Administración del Estado, defendida y representada por el Abogado del Estado, en caso de que se haya interpuesto recurso gubernativo. Salvo que sea la titular del derecho o interés afectado por la calificación y haya impugnado la misma, en cuyo supuesto interviene el Ministerio Fiscal.
Sin embargo, en los **procesos derivados de demanda directa** -es decir, sin previo recurso gubernativo ante la Dirección General competente en materia de Registros y Notariado- contra la calificación negativa del registrador, puede sostenerse la falta de legitimación pasiva de la Administración estatal y la improcedencia de intervención del Abogado del Estado, atendidas las siguientes razones:
- la especial naturaleza del acto de calificación registral y la dificultad de considerar este como un acto administrativo;
- el carácter independiente e indelegable de la función del registrador en cuanto a la calificación registral y el régimen de responsabilidad personal por la misma;
- la falta de autorización para la defensa del registrador (que normalmente, además, no la habrá solicitado a la Abogacía General del Estado).

Por tanto, la Administración del Estado solo estará **representada y defendida por el Abogado del Estado** en los supuestos en los que exista un acto expreso o presunto de órgano administrativo -Dirección General competente en materia de Registros y Notariado, en este supuesto- (TS 14-1-15, EDJ 6907).

La **oposición** deberá de llevarse a cabo mediante recurso de reposición contra el auto de admisión de la demanda en el que se acuerde citar al Abogado del Estado.

Precisiones Estas afirmaciones son extensibles a **Cataluña**, en supuestos de aplicación de Derecho civil especial, salvo la relativa a la falta de legitimación pasiva en recursos directos por calificaciones negativas, dado que es preceptivo siempre interponer recurso gubernativo previo al proceso civil (L Cataluña 5/2009). Ver nº 9595 Memento Administrativo 2026.

Ejecución (LEC art.538, 540 y 544) Son partes en el proceso de ejecución la persona o personas que piden y obtienen el **despacho de ejecución** y la persona o personas frente a las que se despacha. **2216**

Asimismo, la ejecución puede despacharse a favor de quien acredite ser **sucesor** del que figure como ejecutante en el título ejecutivo y frente al que se acredite que es el sucesor de quien en dicho título aparezca como ejecutado.

Como **regla general**, la actividad ejecutiva no puede dirigirse contra personas ajenas al fallo. Especialmente en el ámbito de la jurisdicción civil, la ejecución de sentencia tiene como **destinatarios** únicos y únicos protagonistas a las partes y más específicamente al condenado en la sentencia, de modo que en ningún caso cabe derivar la acción ejecutiva hacia personas distintas sin destruir la misma esencia de la cosa juzgada (TCo 166/2003; 153/2006).

Pueden citarse, sin embargo, ciertas **excepciones** a esta regla general:

• En el caso de **títulos ejecutivos frente a entidades sin personalidad jurídica** que actúen en el tráfico como sujetos diferenciados, puede despacharse ejecución frente a los socios, miembros o gestores que hayan actuado en el tráfico jurídico en nombre de la entidad, siempre que se acredite cumplidamente, a juicio del tribunal, la condición de socio, miembro o gestor y la actuación ante terceros en nombre de la entidad.

• En el régimen de **propiedad horizontal**, se permite a los acreedores dirigirse subsidiariamente contra los propietarios frente a las deudas contraídas por la comunidad, exigiéndose previamente que sean llamados al proceso (LPH art.22). Los propietarios deben ser llamados, a los efectos de evitar la indefensión y la condena sin ser oídos. No obstante, es válida la ejecución contra los propietarios, aún sin ser oídos, cuando dicho resultado ha sido por ellos propiciado voluntariamente, por no haber actuado con la diligencia que les era razonablemente exigible (TCo 184/2005).

• El Tribunal Supremo ha entendido que el derecho a la tutela judicial efectiva impide **restringir la legitimación** para intervenir en el proceso de ejecución de sentencias exclusivamente a quienes tengan la condición procesal de parte demandante o demandada en el proceso principal o declarativo concluido por la sentencia o resolución que se trata de hacer efectiva, debiendo extenderse a quien resulta perjudicado o afectado por la resolución (TCo 153/2006).

Precisiones **1)** La extensión de la legitimación al **perjudicado o afectado** se admite implícitamente por la obligación de notificar las resoluciones judiciales a las personas a quienes se refieran, puedan parar perjuicio o puedan verse afectadas. En ese sentido, se ha considerado vulnerado el derecho a la tutela judicial efectiva cuando se niega legitimación al propietario registral de un bien que es objeto de ejecución y venta por medio de subasta, por cuanto que no fue parte en el proceso principal (TCo 153/2006).

2) La **sucesión procesal** en la ejecución se expone en nº 4715 y las **partes** en la ejecución en nº 4705.

2. Legitimación en defensa de consumidores y usuarios

Un **supuesto concreto de legitimación** es el que tiene lugar en defensa de los consumidores y usuarios. Por su importancia y particularidad lo tratamos separadamente en este apartado. **2218**

Los tribunales tienen el mandato de proteger los **derechos e intereses legítimos**, tanto individuales como colectivos, sin que en ningún caso pueda producirse indefensión. Para la defensa de los intereses colectivos se reconoce la legitimación de las **corporaciones, asociaciones, organizaciones sindicales y grupos** que resulten afectados o que estén legalmente habilitados para su defensa y promoción (LOPJ art.7.3 redacc LO 1/2025).

La defensa de los derechos e intereses de los consumidores y usuarios trasciende de la tradicional concepción del proceso civil como medio de resolución del conflicto de intereses privados o particulares, proyectándose en el derecho procesal y sustantivo como instrumento adecuado de tutela y satisfacción de intereses que afectan, en ocasiones, a una **pluralidad de individuos de difícil determinación**, tanto en el plano de demandantes como, en su caso, de demandados, y que por tanto, precisa de una **regulación especial**, en aras a evitar la repetición innecesaria de litigios, aportando seguridad jurídica en el conjunto de relaciones de esa índole que afectan a los sujetos intervinientes (AP Sevilla 11-3-04, EDJ 114981; auto 6-6-05).

La LEC aborda la realidad de la tutela de intereses jurídicos colectivos y difusos, llevados al proceso, no ya por quien se haya visto lesionado directamente y para su individual protección, o por grupos de afectados, sino por **personas jurídicas** constituidas y legalmente habilitadas para la defensa de aquellos intereses.

Esta realidad, mencionada mediante la referencia a los consumidores y usuarios, recibe en la LEC vigente una respuesta tributaria e instrumental de lo que disponen y puedan disponer en el futuro las normas sustantivas acerca del punto, controvertido y difícil, de la concreta tutela que, a través de las aludidas entidades, se quiera otorgar a los derechos e intereses de los consumidores y usuarios en cuanto colectividades.

Como cauce para esa tutela, no se considera necesario un proceso o procedimiento especial y sí, en cambio, una serie de **especialidades procesales**, en los lugares oportunos, referidas a:

- La **publicidad e intervención** en los procesos, permitiendo que intervengan quienes tengan la condición de perjudicado como consumidor o usuario, e imponiendo la intervención del Ministerio Fiscal cuando el interés social lo justifique para lo que el tribunal que conozca de alguno de estos procesos comunicará su iniciación a este, a efecto de valorar la posibilidad de su personación (LEC art.15).
- Una menor rigidez en materia de **acumulación de acciones** (LEC art.78.4).
- El **contenido de las sentencias** en los procesos promovidos por asociaciones de consumidores y usuarios (LEC art.221).
- La posibilidad de **publicidad de la sentencia** estimatoria de una acción de cesación colectiva (LEC art.221.2).
- La extensión y efectos de la **cosa juzgada material** (LEC art.222.3).
- La especial diligencia preliminar para identificar a los **integrantes del grupo** de consumidores o usuarios afectados (LEC art.256.1.6º).
- La **ejecución de sentencias** de condena sin determinación individual de los beneficiados (LEC art.519).

2219 MPCI nº 3839 **Legitimación individual** Los consumidores y usuarios son considerados parte legítima cuando comparezcan y actúen en juicio como **titulares de la relación jurídica** u objeto litigioso (LEC art.10).

En tal caso, los particulares perjudicados deben acreditar el **perjuicio individual** sufrido, así como han de ejercitar la consiguiente pretensión concreta para su resarcimiento (AP Alicante 2-2-05, EDJ 20197).

Además de la legitimación individual para iniciar un proceso en defensa de sus derechos e intereses, cualquier consumidor y usuario puede intervenir en los procesos instados por las **entidades legalmente reconocidas** para la defensa de los intereses de aquellos.

Precisiones **1)** Sobre el **concepto** de consumidor/usuario, ver nº 2170.

2) No tienen la consideración de consumidores o usuarios quienes, sin constituirse en destinatarios finales, adquieran, almacenen, utilizan o consuman bienes o servicios, con el fin de integrarlos en procesos de producción, transformación, comercialización o prestación a terceros.

3) Las referencias contenidas en la LEC a los consumidores y usuarios, deben entenderse realizadas a todo **adherente**, sea o no consumidor o usuario, en los litigios en que se ejerciten acciones individuales o colectivas derivadas de la Ley de condiciones generales de la contratación (L 7/1998 disp.adic.4ª).

2220 **Legitimación de las asociaciones** (LEC art.11.1) Las asociaciones de consumidores y usuarios, legalmente constituidas, están legitimadas para defender en juicio los derechos e intereses de sus **asociados** y los de la asociación, así como los **intereses generales** de los consumidores y usuarios, sin perjuicio de la legitimación individual de los perjudicados.

Se reconoce legitimación para actuar a la **persona jurídica** (LOPJ art.7.3) que surge por consecuencia de la masificación de contratos individuales concurrentes, que propicia la entrada en juego de los denominados intereses colectivos o difusos y asociación de los interesados para la defensa de sus derechos, a cuya unión se le reconoce la legitimación necesaria para la protección concreta de los derechos de las personas integradas en la misma. (TS 30-9-98, EDJ 17485).

Esta legitimación constituye una excepción a la regla general de litigar por derechos propios, a salvo los supuestos de representación, legal o voluntaria, dando lugar a una **legitimación superpuesta**, por cuanto las acciones pueden ejercitarse a título individual por los concretos perjudicados o por las asociaciones, en defensa tanto de los derechos de la asociación, como de sus concretos asociados, así como de los intereses generales de consumidores y usuarios (JPI Zaragoza núm 15 13-1-04).

Son **asociaciones de consumidores y usuarios** las organizaciones sin ánimo lucro que tengan como finalidad la defensa de los derechos e intereses legítimos de los consumidores, bien sea con carácter general, bien en relación con bienes o servicios determinados.

Las asociaciones de esta clase constituidas legalmente son las únicas **legitimadas** para actuar en nombre y representación de los intereses generales de los consumidores y usuarios. Las que no reúnan los requisitos legalmente exigidos solo podrán representar los intereses de sus asociados o de la asociación, pero no los generales, colectivos o difusos, de los consumidores.

Precisiones No obstante, en ocasiones, se ha considerado que la **inscripción** en el registro administrativo correspondiente es un requisito necesario para entender válidamente legitimada a la asociación de consumidores y usuarios en el ejercicio de las acciones judiciales para la defensa de intereses difusos (AP Castellón 31-12-99, EDJ 59170).
Sobre la **capacidad para ser parte** de las asociaciones, ver nº 2225.

Defensa de intereses colectivos (LEC art.11.2) Los intereses colectivos aparecen cuando se ve afectado un **conjunto de consumidores**, a través de una vinculación jurídica entre los miembros del grupo y un tercero, estando los perjudicados perfectamente determinados o siendo fácilmente determinables. **2221** MPCI nº 3843, 3845

En este caso, la **legitimación** para pretender la tutela de esos intereses colectivos corresponde:
- a las asociaciones de consumidores y usuarios, a las entidades legalmente constituidas que tengan por objeto la defensa o protección de estos;
- a los propios grupos de afectados.

Precisiones 1) A diferencia de los intereses colectivos, los **intereses difusos** aparecen cuando existe un interés supraindividual sin que entre los individuos interesados exista vínculo jurídico alguno, ni entre ellos y un tercero, sino que el nexo de unión que les agrupó obedece a circunstancias fácticas y contingentes, como pueden ser los afectados por un producto defectuoso.
2) La expresión **fácilmente determinables** debe entenderse referida al grado de posibilidad de identificar a los afectados, pero no a la laboriosidad que conlleve esa tarea. Así, aunque el número de afectados sea de miles de personas -como en el «caso Opening»-, puede entenderse que son fácilmente determinables cuando son personas que necesariamente han firmado contratos por escrito con el demandado, contratos que por tanto han debido quedar registrados por esta entidad (AP Sevilla 22-1-04, EDJ 6929; AP Gipuzkoa 2-2-01, EDJ 98891; AP Baleares 30-4-02, EDJ 126175; AP Burgos 22-3-02, EDJ 21625).

Los intereses colectivos se originan por la multiplicidad o **masificación de los contratos** celebrados en los que aparece una parte, generalmente compradora, más débil que otra, vendedora usualmente, por lo que aquellos pueden asociarse para la defensa de tales intereses colectivos, a cuya unión o asociación ha de reconocérsele verdadera legitimación para la defensa de los intereses de sus asociados, como medio adecuado e idóneo, por no decir único, para que pueda tener lugar la plena realización el principio constitucional de tutela judicial efectiva (TS 18-5-93, EDJ 4680). **2222** MPCI nº 3847, 3849

A los efectos de facilitar el ejercicio de estas acciones, se establece en la LEC una concreta **diligencia preliminar**, de forma que estos juicios pueden prepararse por petición de quien pretenda iniciar un proceso para la defensa de los intereses colectivos de consumidores y usuarios al objeto de **concretar a los integrantes del grupo** de afectados cuando, no estando determinados, sean fácilmente determinables (LEC art.256.1.6º).

A tal efecto, el tribunal debe adoptar las **medidas oportunas** para la averiguación de los integrantes del grupo, de acuerdo a las circunstancias del caso y conforme a los datos suministrados por el solicitante, incluyendo el requerimiento al demandado para que colabore en dicha determinación. La cuestión se desarrolla al tratar las diligencias preliminares (nº 3300 s.).

Precisiones La reclamación formulada por una asociación de consumidores contra una **cláusula de redondeo** al alza de los tipos de interés variables en los préstamos bancarios hipotecarios se basa en el ejercicio de un interés colectivo y no difuso, por cuanto que los afectados tiene una relación jurídica contractual con la demandada y no meramente contingente, sin que sea difícil determinar a los perjudicados con los sistemas informáticos actuales (JPI Barcelona núm 21 17-10-03, EDJ 225200).

Defensa de intereses difusos (LEC art.11.3) Cuando los perjudicados por un hecho dañoso sean una pluralidad de consumidores o usuarios **indeterminada o de difícil determinación**, la legitimación para demandar en juicio la defensa de estos intereses difusos corresponde exclusivamente a las asociaciones de consumidores y usuarios que, conforme a la ley, sean representativas. **2224** MPCI nº 3851

Las asociaciones representativas pueden ejercitar **acciones** en defensa de los consumidores y usuarios que no sean sus asociados y reclamar en su nombre la reparación de los perjuicios causados a los mismos como consecuencia de un hecho dañoso, sin perjuicio de las acciones individuales de los particulares perjudicados, previa acreditación del perjuicio individual sufrido (TS 3ª 20-9-05, EDJ 157627; AP Alicante 2-2-05, EDJ 20197).

Precisiones No obstante, en algún pronunciamiento de las Audiencias Provinciales, se ha requerido, aunque no lo exija expresamente la ley, que al menos uno de los afectados **pertenezca a la asociación** de consumidores demandante, a los efectos de reconocerle legitimación en defensa de los intereses difusos de los consumidores y usuarios (AP Sevilla 22-1-04, EDJ 6929).

2225 MPCI nº 3855 **Asociaciones representativas** (LEC art. 11.3; RDLeg 1/2007 art. 24.2) A diferencia de la legitimación para la defensa de intereses colectivos, cuando nos encontramos ante intereses difusos se exige que las asociaciones de consumidores y usuarios sean representativas (AP Castellón 31-12-99, EDJ 59170).

Tendrán la consideración legal de **asociaciones de consumidores y usuarios** representativas las que formen parte del Consejo de Consumidores y Usuarios, salvo que el ámbito territorial del conflicto afecte fundamentalmente a una Comunidad Autónoma, en cuyo caso se estará a su legislación específica.

La **selección** de estas entidades para formar parte del Consejo se realiza teniendo en cuenta los criterios de implantación territorial, número de asociados y programas de actividades a desarrollar, de entre las que se hallen inscritas en el registro del Ministerio de Sanidad y Consumo con una antigüedad superior a 5 años, previa convocatoria al efecto por orden ministerial.

Precisiones 1) Existen **pronunciamientos críticos** con el criterio de la representatividad como límite del acceso a la jurisdicción, que entienden que pueden introducirse estos límites por normas de carácter legal pero nunca reglamentario, al tratarse de un derecho de configuración legal, siempre que los límites sean razonables y proporcionados respecto de los fines que lícitamente puede perseguir (AP Madrid 10-10-02, EDJ 68855).

No obstante, debe considerarse necesaria la representatividad de las asociaciones de consumidores y usuarios para ostentar la legitimación en defensa de los intereses difusos de los consumidores por la mención expresa que a la misma se realiza actualmente en la propia LEC.

2) Sobre la **intervención procesal** y la **publicidad** en los procesos para la protección de derechos e intereses colectivos y difusos de consumidores y usuarios, ver nº 2385.

2227 MPCI nº 3863, 3865 **Acción colectiva de cesación** (Dir (UE) 2020/1828; RDLeg 1/2007 art.54.1.d) Las acciones de cesación son un instrumento efectivo para la protección de los intereses colectivos y difusos de los consumidores y usuarios, persiguiendo un **doble efecto**:

- la condena judicial a cesar en el comportamiento lesivo; y
- la prohibición judicial de reiteración futura de ese comportamiento.

Pueden ejercitarse incluso cuando la conducta ya haya finalizado, si existen indicios suficientes que hagan temer su reiteración.

Sin ánimo exhaustivo, pueden citarse las siguientes **acciones colectivas de cesación** previstas en nuestro ordenamiento:

- en materia de condiciones generales de la contratación (L 7/1998 art.16 y 19);
- para los derechos de aprovechamiento por turno de bienes inmuebles de uso turístico (L 4/2012 art.21);
- Ley Garantías y uso racional de los medicamentos y productos sanitarios (RDL 1/2015 art.118);
- en la Ley general de publicidad (L 3/1991 art.32, 33 y 38);
- en relación con empresas dedicadas a la actividad de concesión de, o intermediación en, préstamos o créditos (L 2/2009 art.11);
- en materia de crédito al consumo (L 16/2011 art.36);
- en materia de servicios de la sociedad de la información (L 34/2002 art.30 y 31).

Están **legitimados** para el ejercicio de la acción de cesación:

• El Instituto Nacional del Consumo y los órganos o entidades correspondientes de las comunidades autónomas y de las corporaciones locales competentes en materia de defensa de los consumidores y usuarios.

• Las asociaciones de consumidores y usuarios que reúnan los requisitos legales establecidos por el RDLeg 1/2007 o en la legislación autonómica en materia de defensa de los consumidores y usuarios.

• El Ministerio Fiscal.

• Las entidades de otros Estados miembros de la Comunidad Europea constituidas para la protección de los intereses colectivos y de los intereses difusos de los consumidores y usuarios que estén habilitadas mediante su inclusión en la lista publicada a tal fin en el Diario Oficial de las Comunidades Europeas.

2229 MPCI nº 3861 Precisiones 1) Los jueces y tribunales aceptarán dicha lista como prueba de la **capacidad** de la entidad habilitada para ser parte, sin perjuicio de examinar si la **finalidad** de la misma y los **intereses afectados** legitiman el ejercicio de la acción.

2) Se ha llegado a admitir *-obiter dicta-* la posibilidad de legitimación de una entidad **no incluida en la mencionada lista**, en base a que la valoración de tal circunstancia corresponde a los tribunales (JPI Barcelona núm 21 17-10-03, EDJ 225200).

3) Ha sido reconocida la legitimación de Ausbanc para el ejercicio de acciones de cesación de **cláusulas de redondeo al alza** de los tipos de interés en hipotecas que se rigen por un tipo variable (AP Madrid 10-10-02, EDJ 68855, respecto a la cláusula de redondeo al alza que incluía Caja Madrid; JPI Madrid núm 2 25-10-02, respecto a la cláusula de redondeo al alza que incluía el BBVA; JPI Palma de Mallorca núm 14 27-11-02, respecto de la cláusula de redondeo al alza que incluía la Banca March).

Sin embargo, esta legitimación se ha negado en otros pronunciamientos (AP Castellón 31-12-99, EDJ 59170).

4) Se ha considerado que la acción para la **declaración de nulidad** de una cláusula y la condena al cese con respecto de la generalidad de contratos suscritos y que pueda suscribir la demandada y con todos los usuarios actuales y potenciales, solo puede ser ejercitada por alguna de las entidades legitimadas activamente, al tratarse de un interés difuso, no pudiendo ejercitarse por un particular usuario del servicio que únicamente puede ejercitar sus derechos propios (AP Alicante 2-2-05, EDJ 20197).

Excepción a la publicidad del proceso (LEC art.15.4) En los procesos iniciados mediante el ejercicio de una acción de cesación para la defensa de los intereses colectivos o difusos de los consumidores y usuarios no se procede a la **publicación de la demanda**. **2230**

No obstante, en los casos en que se ejerciten acumuladamente acciones de cesación y otras de resolución y resarcimiento, debe como mínimo darse publicidad a estas últimas, sin perjuicio de excluir las propias de cesación (AP Girona auto 18-1-06, EDJ 13490).

Ver nº 2385 sobre publicidad e intervención en procesos para la protección de derechos e intereses colectivos y difusos de consumidores y usuarios.

Medidas cautelares (LEC art.728.3) En los procedimientos en los que se ejercite una acción de cesación en defensa de los intereses colectivos y difusos de los consumidores y usuarios, el tribunal puede dispensar al solicitante de la medida cautelar del deber de prestar **caución**, atendidas las circunstancias del caso, así como la entidad económica y la repercusión social de los distintos intereses afectados. **2231**

Publicidad de la sentencia estimatoria (LEC art.221.2) En las sentencias estimatorias de una acción de cesación en defensa de los intereses colectivos y difusos de los consumidores y usuarios, el tribunal, si lo estima procedente, y con cargo al demandado, puede acordar la **publicación total o parcial** de la sentencia o, cuando los efectos de la infracción puedan mantenerse a lo largo del tiempo, una **declaración rectificadora**. **2232**

3. Legitimación para la defensa del derecho a la igualdad de trato y no discriminación

(LEC art.11 bis y 11 ter)

Para la defensa del derecho a la igualdad de trato y no discriminación, además de los **afectados** y siempre con su autorización, están también legitimados la Autoridad Independiente para la Igualdad de Trato y la No Discriminación, los sindicatos y asociaciones, las asociaciones profesionales de trabajadores autónomos, las organizaciones de consumidores y usuarios y las asociaciones y organizaciones legalmente constituidas que tengan entre sus fines la defensa y promoción de los derechos humanos. **2233**

Si los afectados son una pluralidad indeterminada o difícilmente determinable de personas, la legitimación para demandar en juicio la defensa de estos **intereses difusos** corresponderá a la Autoridad Independiente para la Igualdad de Trato y la No Discriminación, a los partidos políticos, los sindicatos y las asociaciones profesionales de trabajadores autónomos más representativos, así como a las organizaciones de consumidores y usuarios de ámbito estatal, a las organizaciones, de ámbito estatal o del ámbito territorial en el que se produce la situación de discriminación que tengan entre sus fines la defensa y promoción de los derechos humanos, de acuerdo con lo establecido en la L 15/2022 -integral para la igualdad de trato y la no discriminación-, sin perjuicio, en todo caso, de la legitimación individual de aquellas personas afectadas que estuviesen determinadas.

En litigios por **acoso sexual**, por razón de **identidad u orientación sexual**, expresión de género o características sexuales **y acoso discriminatorio**, la persona acosada es la única legitimada.

4. Legitimación para la defensa del arte y la cultura

(LEC art.11 quater)

2234 Las **asociaciones de profesionales** del sector artístico y cultural legalmente constituidas que tengan por objeto su defensa y protección, están legitimadas para defender en juicio los derechos e intereses de sus asociados y los de la asociación, así como los intereses generales de los trabajadores por cuenta propia o autónomos del arte y la cultura, siempre que cuenten con su **autorización**. También, en los mismos términos, las **federaciones, confederaciones y uniones** constituidas por estas asociaciones.

Cuando los trabajadores por cuenta propia o autónomos del arte y la cultura afectados sean una **pluralidad indeterminada** o de difícil determinación, la legitimación para demandar en juicio la defensa de estos intereses difusos corresponderá, exclusivamente, a las entidades profesionales indicadas.

El **Ministerio Fiscal** ostenta legitimación para ejercitar cualquier acción en defensa de los intereses de los trabajadores por cuenta propia o autónomos de los sectores indicados.

5. Legitimación por sustitución

2235 MPCI nº 3887 Si bien, como **regla general**, son considerados como partes legítimas quienes comparezcan y actúen en juicio como titulares de la relación jurídica u objeto litigioso, esta previsión se exceptúa en los casos en que por ley se atribuya legitimación a **persona distinta del titular** de aquellos (LEC art.10).

En los supuestos de legitimación por sustitución, se atribuye la misma, no al sujeto de la relación deducida, sino a otra persona, pudiendo esta reclamar procesalmente en **nombre propio** un **derecho ajeno**, no en nombre e interés ajeno, pues en este último caso estaríamos en presencia del supuesto típico de la representación ordinaria.

El mecanismo de la legitimación por sustitución -o **desplazamiento de la legitimación**- entraña el ejercicio, en nombre propio, de una acción por persona distinta del titular de la misma y por **subrogación** en la posición jurídica de este (AP Alicante 22-1-19, EDJ 534034; AP Pontevedra 18-6-18, EDJ 561811). El titular originario de la acción no tiene que ser llamado al proceso, pues su posición procesal, que habría de ser la de demandante, no la de demandado, ya está plenamente cubierta por el mecanismo de la legitimación por sustitución, de forma que la resolución que recaiga en el proceso le afectará del mismo modo que si él, personalmente, hubiese ejercitado la acción y que no ejercitó por su negativa a hacerlo (TS 18-7-91, EDJ 8030).

No obstante, cabe que el titular de la acción sustituido se persone en el proceso en calidad de sujeto originariamente no demandante, pero con interés directo y legítimo en el interés del pleito (LEC art.13).

Los **supuestos** en los que se permite el ejercicio de los derechos procesales en sustitución del originariamente legitimado son tasados, debiendo ser expresamente dispuestos por una norma con rango de ley.

Precisiones **1)** La diferencia con la **representación** estriba en que en esta se ejercitan acciones ajenas en nombre asimismo de tercero, mientras que en la sustitución se ejercitan, en nombre propio, acciones de tercero, lo que tiene consecuencias procesales por cuanto que el sustituto es la verdadera parte del proceso, mientras que en los supuestos de representación la parte es el representado, lo que implica que el sustituto no puede ser citado a confesión de parte, ni, en puridad, formular reconvención contra él, lo que limita las posibilidades de defensa de la otra parte (AP Segovia 28-2-94).

2) Es igualmente diversa de la **sucesión procesal** (TS 7-12-11, EDJ 300836; nº 2410).

3) Sobre **intervención** de sujetos no originariamente demandantes ni demandados, ver nº 2325.

2238 **Miembro de la comunidad de propietarios** En las comunidades de propietarios en régimen de **propiedad horizontal**, si bien es al presidente a quien corresponde representar a la comunidad en todo tipo de juicios, en los casos de inactividad del mismo, goza de legitimación **cualquier copropietario** para interponer demandas o contestarlas, afectando el resultado a todos los demás copropietarios en cuanto les fuese beneficioso (TS 26-6-95, EDJ 3616; 8-7-03, EDJ 50801; AP Badajoz 26-3-04, EDJ 14170).

Cada propietario tiene legitimación para actuar en **defensa de los intereses comunes**, sin necesidad de previo acuerdo de la Junta, siempre que se obre en beneficio e interés de la comunicad, sin que este último interés o beneficio pueda presuponerse cuando se obra por sí y se pide para sí (TS 24-2-06, EDJ 15998).

No existe dicha legitimación en el caso en que no se acredite la previa **inactividad** de la junta de propietarios y de su presidente para el ejercicio de la acción de que se trate (AP Badajoz 26-3-04, EDJ 14170).

Precisiones 1) El comunero está legitimado para interponer la demanda una vez que la **junta ha sido informada** de la cuestión que trata de ejercitarse judicialmente y se constate que la junta, por desidia o por otras circunstancias, no quiere plantear la cuestión en interés de toda la comunidad (AP Murcia 3-2-05, EDJ 27298).

2) El titular del inmueble, como **arrendador**, no tiene que ser llamado al proceso, pues su posición procesal, que habría de ser la de demandante, no la de demandado, ya está plenamente cubierta por el mecanismo de la legitimación por sustitución, de forma que la resolución que recaiga en el proceso, le afectará del mismo modo que si él, personalmente, hubiera ejercitado la acción y que no ejercitó por su negativa a hacerlo (TS 18-7-91, EDJ 8030).

Arrendador (CC art.1551 y 1552) En el contrato de arrendamiento, se reconoce legitimación al arrendador **contra el subarrendatario**, por cuanto que, sin perjuicio de su obligación para con el subarrendador, queda el subarrendatario obligado a favor del arrendador por todos los actos que se refieran al **uso y conservación** de la cosa arrendada en la forma pactada entre el arrendador y el arrendatario. 2239

Asimismo, queda obligado el subarrendatario, para con el arrendador, por el importe del **precio** convenido en el subarriendo que se halle debiendo al tiempo del requerimiento, considerando no hechos los pagos adelantados a no haberlos verificado con arreglo a la costumbre.

Usufructuario (CC art.507) El usufructuario puede reclamar por sí los **créditos vencidos** que formen parte del usufructo, si presta o ha prestado la fianza correspondiente. 2240

Si está dispensado de prestar **fianza** o no ha podido constituirla, o si la constituida no es suficiente, para cobrar dichos créditos necesita autorización del propietario o del juez, en su defecto.

Acreedor (CC art.1111) Los acreedores, después de haber perseguido los bienes de que esté en posesión el deudor para realizar cuanto se les debe, pueden ejercitar **todos los derechos y acciones** de este con el mismo fin, exceptuando los que sean inherentes a su persona. 2241

En estos casos, el acreedor actúa **en lugar del deudor**, ejercitando los derechos y acciones de este que tiene abandonados y habían de producir un aumento en su patrimonio.

Su ejercicio no implica la necesidad de probar la total **insolvencia** del deudor, ni exige que se haya formulado **reclamación judicial** previamente contra el mismo, pues se admite que pueda acreditarse la inexistencia de otra clase de bienes en el mismo juicio entablado para deducir la acción subrogatoria (TS 30-4-90, EDJ 4540; 26-2-02, EDJ 3081).

El **efecto** del ejercicio de esta acción por sustitución es la obtención de un incremento del patrimonio del deudor, a fin de conseguir la satisfacción de su crédito, de forma que una vez producido dicho incremento patrimonial, el acreedor puede y debe exigir de su deudor el pago, sin que en este procedimiento pueda hacerse entrega al actor de las cantidades que los demandados adeudan ya que la acción subrogatoria no es una acción directa sino una acción oblicua, por la que las cantidades obtenidas **pasan al patrimonio del deudor** sin que el acreedor que ejercitó la acción subrogatoria tenga preferencia alguna en la satisfacción de su crédito (TS 25-11-96, EDJ 9691).

Acreedor concursal (LCon art.122) En el proceso concursal, los acreedores que hayan instado por escrito a la administración concursal el ejercicio de una **acción** de carácter patrimonial que corresponda al concursado, señalando las pretensiones concretas en que consista y su fundamentación jurídica, están legitimados para ejercitarla si el concursado, en caso de intervención, o la administración concursal, en caso de suspensión, no lo hacen dentro de los 2 meses siguientes al requerimiento. 2242

Esta misma legitimación subsidiaria se atribuye para ejercitar las **acciones rescisorias**.

Precisiones Para el ejercicio de la acción rescisoria y de las demás que puedan plantearse **contra los planes de reestructuración** -según L 16/2022; anteriormente, acuerdos de refinanciación- no rige el régimen de legitimación subsidiaria expuesto, correspondiendo la legitimación exclusivamente a la administración concursal (LCon art.232 s. y 598 s.; L 16/2022 disp.adic.9ª).

Acreedor pignoraticio (CC art.1869) En el contrato de **prenda**, el acreedor, si bien el deudor que da una cosa en prenda sigue siendo dueño de la misma hasta que no se realiza, puede ejercitar las acciones que competan al dueño de la cosa pignorada para reclamarla o defenderla contra tercero. 2244

Colegios profesionales En ocasiones se ha declarado la legitimación de los colegios profesionales (colegio de arquitectos) para las **reclamaciones de honorarios** de sus colegiados, pudiendo en este caso, ejercitar las acciones que correspondan a sus profesionales, por sustitución de los mismos (TS 29-9-83; 18-11-90, EDJ 10467; AP Cuenca 1-4-98, EDJ 61255; 23-9-98, EDJ 61256; AP Almería 22-4-03, EDJ 23747). 2245

No obstante, existen otros pronunciamientos en sentido contrario, en los que se afirma que los colegios pueden organizar **servicios para gestionar el cobro** de los honorarios profesionales, pudiendo facilitar a los colegiados la asistencia jurídica necesaria o, incluso, litigar en representación de los mismos, pero careciendo de la legitimación extraordinaria para litigar en nombre e interés propio, reclamando derechos ajenos (AP Segovia 28-2-94; AP Ourense 7-3-96).

2246 **Entidades de gestión de los derechos de propiedad intelectual** Las entidades de gestión de los derechos de propiedad intelectual, una vez constituidas legalmente, están legitimadas, en los términos que resulten de sus propios estatutos, para ejercer los derechos confiados a su gestión y hacerlos valer en toda clase de procedimientos administrativos o judiciales (TS 29-10-99, EDJ 30419; 29-10-99, EDJ 84235; 15-7-02, EDJ 27763).
La legitimación de estas entidades se expone en nº 2206.

2248 **Licenciatario de patente** (L 24/2015 art.117) El licenciatario de una patente, salvo pacto en contrario, puede ejercitar en su propio nombre todas las acciones que la Ley de patentes reconoce al titular de la misma **frente a terceros** que infrinjan su derecho, pero no puede ejercitarlas el concesionario de una licencia no exclusiva.
El licenciatario de una **patente no exclusiva** puede requerir notarialmente al titular de la misma para que, si el titular se niega o no ejercita la oportuna acción dentro de un plazo de 3 meses, pueda aquel entablarla en su propio nombre, acompañando el requerimiento efectuado.

Precisiones También están legitimados para el ejercicio de las acciones en defensa de su título, además de los titulares de los derechos inscritos en el Registro de Patentes, quienes acrediten haber solicitado debidamente la inscripción en dicho registro del acto o negocio del que traiga causa el derecho que se pretenda hacer valer, siempre que dicha inscripción llegue a ser concedida (L 24/2015 art.117.1).
Esta no es, en rigor, una manifestación de **legitimación por sustitución**, pero se aproxima, en tanto el legitimado que no es todavía titular registral, pero sí material, actúa sustituyendo al aún titular registral.

2249 **Vecino de entidad local** (LBRL art.68) Los vecinos que se hallen en pleno goce de sus derechos civiles y políticos pueden requerir a la entidad local el ejercicio de cualquier acción para la **defensa de sus bienes y derechos** y, en caso de no acordarse dicho ejercicio, los vecinos pueden ejercitar dicha acción en nombre e interés de la entidad local.
De prosperar la acción, el actor tendrá derecho a ser **reembolsado por la entidad local** de las costas procesales y a la indemnización de cuantos daños y perjuicios se le hayan causado.

2250 **Recuperación de determinados avales del Estado** (RDL 5/2021 art.16 y disp.trans.2ª; L 16/2022 disp.adic.8ª; RDL 20/2022 disp.trans.3ª; Acuerdo Consejo de Ministros 11-5-2021) En caso de ejecución de los avales otorgados por aplicación de RDL 8/2020 y RDL 25/2020 -**créditos del ICO**-, se seguirá para el conjunto del principal de la operación avalada el mismo régimen jurídico de recuperación y cobranza que corresponda a la parte del principal del crédito no avalada por el Estado, de acuerdo con la normativa y prácticas de las entidades financieras, y **no serán de aplicación** los procedimientos y las prerrogativas de cobranza previstos en L 47/2003 art.10.1 y 116 bis.
Corresponde a las entidades financieras el ejercicio de **acciones judiciales** -así como la formulación de reclamaciones extrajudiciales- por cuenta del Estado para la recuperación de los importes impagados de créditos de la Hacienda Pública derivados de la ejecución de estos avales. No obstante, las entidades de crédito no pueden conceder **aplazamientos, fraccionamientos y quitas** de las cantidades reclamadas por cuenta y en nombre del Estado sin recabar previamente su aprobación por parte del Departamento de Recaudación de la Agencia Estatal de la Administración Tributaria -unos sometidos, en su caso, a los términos fijados con carácter general por acuerdo del Consejo de Ministros o real decreto-.
Si bien surge la duda, a partir de los términos de la disposición citada, que se refiere al ejercicio de acciones por cuenta y en nombre del Estado, dado el tipo de actuación a que se refiere, parece más natural considerar que estamos en presencia de un supuesto de **legitimación por sustitución** y no de representación por ministerio de la Ley. Esta regla de legitimación sustitutiva **no se aplica** en caso de concurso del deudor avalado, en el que la representación y defensa del Estado se asume por el Abogado del Estado conforme a las reglas generales (L 52/1997).

Precisiones No obstante lo expuesto, los Abogados del Estado asumirán la **representación y defensa de los créditos públicos** indicados cuando el juez aprecie la existencia de conflicto de intereses o cuando, por tal motivo, la Abogacía General del Estado, previa propuesta del Instituto de Crédito Oficial entienda que la asistencia debe efectuarse separadamente respecto de los créditos de la entidad financiera.

Pueden igualmente intervenir en el concurso, en los términos generalmente previstos en LEC para la intervención procesal de tercero, sin necesidad de especial decisión judicial, en la tramitación para la aprobación del convenio, para la homologación del procedimiento especial de continuación, para la aprobación del plan de reestructuración y para el ejercicio de las acciones procedentes cuando existan indicios de fraude o irregularidades respecto de alguno de los intervinientes en la operación de financiación, sin perjuicio de lo que proceda en otros procesos ajenos al concurso y al ámbito de la legislación concursal.

6. Falta de legitimación

El **reconocimiento de la legitimación** únicamente lleva consigo el análisis de la petición de fondo que se formula, sin que necesariamente ello conlleve que se le va a otorgar lo pedido, sino simplemente porque el juez competente, cumplidos los requisitos procesales, está obligado a examinar dicho fondo y resolver sobre el mismo por imperativo del ordenamiento jurídico material (TS 23-12-05, EDJ 230423). **2255** MPCI nº 3917

La legitimación procesal es un **presupuesto de la cuestión de fondo** que tiene que dilucidarse en una contienda judicial y que concreta quien o quienes tienen que ser parte en la misma, en el lado activo y en el pasivo para que la relación jurídico procesal esté perfectamente constituida y la actividad jurisdiccional produzca todos sus efectos, esto es que la parte procesal sea titular activa o pasivamente del derecho que se estudia en el proceso (TS 30-7-99, EDJ 19937).

La **legitimación pasiva** consiste en una cualidad, condición o posición, que se atribuye o afirma en la demanda respecto de quien es llamado al proceso como demandado, definida por su relación con el objeto del proceso, por lo que ha de guardar coherencia con las consecuencias jurídicas pretendidas mediante la acción ejercitada y que supone el deber de soportar en dicho concepto el litigio. Destacan las normas de afirmación y la coherencia, y aunque tiene relación con el fondo del proceso, es presupuesto previo al mismo (TS 23-10-02, EDJ 46492; 2-12-04, EDJ 192463; 7-11-05, EDJ 197592).

Apreciación de oficio y no subsanación La falta de legitimación es una condición jurídica de **orden público procesal** y, por lo tanto, apreciable de oficio, siendo, además, insubsanable (TS 28-12-01, EDJ 55950; 23-12-05, EDJ 230423; 28-6-06, EDJ 98706). **2256** MPCI nº 3919

Es apreciable de oficio tanto la legitimación activa como la pasiva, incluso respecto de un demandado que se haya mantenido permanentemente en rebeldía en el proceso (TS 21-2-00, EDJ 1372).

Apreciación en la audiencia previa al juicio La legitimación está vinculada con la acción o la **pretensión formulada** en la demanda, cuya base es la relación de la parte con unos hechos y situación jurídica que, precisamente deben resolverse en el marco del pleito, sin que sea admisible apreciar su ausencia en la audiencia previa al juicio, por cuanto dejaría imprejuzgada la cuestión de fondo, debiendo continuarse la tramitación del procedimiento hasta su finalización mediante sentencia sobre la cuestión sometida al juzgador (AP Madrid auto 20-9-04, EDJ 166112). **2258**

La legitimación es una cuestión de fondo cuyo examen es previo e inmediatamente anterior a la decisión final. No puede ser considerada una excepción dilatoria que deba ser resuelta en la audiencia previa al juicio ni provocar el sobreseimiento de los autos, y su estimación en fase de audiencia previa es **incorrecta** en cuanto se prejuzga y deja imprejuzgado el fondo del asunto. Tan es así que no está prevista en el catálogo de excepciones procesales -LEC art.416- (AP Cádiz 23-12-04, EDJ 266277; AP Madrid 2-11-05, EDJ 220531).

No obstante, y en sentido contrario, se considera que no es preciso el desarrollo total del proceso en los supuestos de **falta de legitimación pasiva** del demandado, cuando esta es clara y manifiesta, como cuando la titularidad del bien que se reclama haya pasado a otra persona distinta, debiendo debatirse sobre la falta de legitimación pasiva, en tales casos, en la audiencia previa del juicio ordinario, pudiendo resolverse por medio de auto, sin necesidad de esperar a dictar sentencia sobre el fondo del asunto, sin que genere indefensión alguna siempre que quede acreditado documentalmente dicha falta de legitimación en el demandado (AP Huelva 31-5-05, EDJ 128286).

Cauce procesal adecuado para denunciar la falta de legitimación En los casos en que se considere que la parte actora no ostenta la condición de legitimada activamente, debe plantearse la excepción de falta de legitimación en el escrito de **contestación a la demanda** y el juez de instancia debe resolverlo en sentencia, por tratarse la legitimación de una cuestión de fondo. **2260** MPCI nº 3923, 3925

La sentencia que niega la legitimación es una sentencia de fondo que decide definitivamente la cuestión entre los litigantes, y lo hace con plenos **efectos de cosa juzgada**, que impide otro proceso idéntico entre los mismos litigantes, basado en los mismos hechos e idéntica causa de pedir. Ello que no impide que el proceso pueda repetirse frente al efectivamente legitimado, al que no alcanzan los límites subjetivos y objetivos de la cosa juzgada de la sentencia anterior. Frente a él la acción está imprejuzgada (AP Madrid 2-11-05, EDJ 220531).

Precisiones 1) La legitimación activa no puede considerarse, ni dársele el tratamiento de una **excepción procesal**, sino que es atinente al fondo del asunto, como presupuesto preliminar de la relación procesal, por cuanto que no radica en la mera afirmación de un derecho, sino que, también, depende de la coherencia jurídica entre la titularidad que se afirma y las consecuencias jurídicas que se pretenden (TS 16-5-00, EDJ 8244; 30-1-02, EDJ 531).

2) Tampoco resulta admisible el tratamiento de la falta de legitimación como **incidente de previo pronunciamiento**, dado que se considera como tal el que afecta a la capacidad y representación de cualquiera de los litigantes por hechos ocurridos después de la audiencia, pero en ningún caso afecta a un defecto de legitimación, que se considera una cuestión de fondo (AP Madrid 2-11-05, EDJ 220531).

3) La estimación de la falta de legitimación activa no crea **indefensión**, si fue alegada de contrario, ya que está ligada a la falta de acción, por estar conectada con la pretensión que se ejercita y hacer referencia a la relación existente entre una persona determinada y una situación jurídica concreta, objeto del pleito (TS 30-9-98, EDJ 17485).

C. Pluralidad de partes

2280 En el proceso civil se exige la presencia de la **parte demandante** y la **parte demandada** como presupuesto para constituir adecuadamente la relación jurídico-procesal cuyas pretensiones se ventilan en el seno del litigio.

No obstante, la posición procesal de parte demandante o demandada puede estar integrada por **más de un litigante**, dando lugar a los supuestos de litisconsorcio, activo o pasivo (nº 2282 s.).

Esta situación de pluralidad de partes puede acontecer **desde el inicio** del proceso o **durante su tramitación**, dando lugar en este caso a la intervención de sujetos originariamente no demandantes ni demandados (nº 2325).

1. Litisconsorcio

(LEC art.12)

2282 Pueden comparecer en juicio varias personas, como demandantes o como demandados, cuando las acciones que se ejerciten provengan de **un mismo título** o causa de pedir.

Cuando por razón de lo que sea objeto del juicio la tutela jurisdiccional solicitada solo pueda hacerse efectiva **frente a varios sujetos** conjuntamente considerados, todos ellos han de ser demandados, como litisconsortes, salvo que la ley disponga expresamente otra cosa.

2284 **Modalidades** El término litisconsorcio engloba distintas situaciones, siendo su nexo de unión la existencia de varias personas en el lugar del demandante o del demandado, lo que da lugar a que se hable de litisconsorcio **activo o pasivo**, según que esta pluralidad aparezca en una o en otra situación procesal.

Asimismo, debe diferenciarse entre litisconsorcio **voluntario o necesario**, según que la presencia de la pluralidad de personas, en el lado activo o pasivo, sea preceptivo o no para la válida constitución de la relación procesal y que permita el dictado de una sentencia sobre el fondo del asunto.

En virtud del principio dispositivo del que dimana el ordenamiento procesal civil, el actor es dueño de traer al proceso a aquellos demandados contra los que tenga a bien instar la demanda de los derechos que se ventilan en el proceso, siendo la traída de los demandados al proceso una **facultad del actor** de ordinario.

Sin embargo, este supuesto, normal en el proceso civil, cede en los casos del denominado **litisconsorcio pasivo necesario**. En estos supuestos el actor no es libre de demandar a uno o varios de los sujetos que constituyen la parte pasiva del litigio, sino que el ordenamiento impone que se demande a todos ellos porque todos van a ser afectados por los efectos de la cosa juzgada de la sentencia que recaiga en el proceso; todos están legitimados pasivamente en la relación jurídico-sustantiva que se deduce en el juicio.

Por ello, si **no son llamados** estos sujetos legitimados pasivamente y todos ellos en el mismo proceso, la relación jurídico procesal estaría defectuosamente constituida y no se podría dictar una resolución de fondo merced a dicho óbice procesal.

a. Cuestiones comunes

Competencia territorial (LEC art.53) En caso de **litisconsorcio activo**, esto es, cuando se ejerciten conjuntamente varias acciones frente a una o varias personas, es tribunal competente: 2285
- el del lugar correspondiente a la **acción que sea fundamento** de las demás;
- en su defecto, aquel que deba conocer del **mayor número de acciones** acumuladas; y
- en último término, el del lugar que corresponda a la **acción más importante** cuantitativamente.

En caso de **litisconsorcio pasivo**, es decir, cuando haya varios demandados y, conforme a estas reglas, pueda corresponder la competencia territorial a los jueces de más de un lugar, la demanda puede presentarse ante cualquiera de ellos, a elección del demandante.
La competencia territorial, en general, se estudia en nº 1939.

Cuantía del proceso (LEC art.252.6ª y 7ª) La concurrencia de varios demandantes o de varios demandados en una misma demanda en nada afecta a la determinación de la cuantía, cuando la petición sea la misma para todos ellos. Lo mismo ocurre cuando los demandantes o demandados lo sean en virtud de vínculos de solidaridad. 2286
Cuando la pluralidad de partes determine también la **pluralidad de acciones** afirmadas, la cuantía se determina según las reglas de determinación de la cuantía en los casos de procesos con pluralidad de objetos (nº 3227).

Interrogatorio de las partes (LEC art.301) Cada parte puede solicitar del tribunal el interrogatorio de las demás sobre hechos y circunstancias de los que tengan noticia y que guarden relación con el objeto del juicio. 2288
Un colitigante puede solicitar el interrogatorio de otro colitigante siempre y cuando exista en el proceso oposición o conflicto de intereses entre ambos.
El interrogatorio de las partes se expone en nº 3430.

Reconvención (LEC art.407) La reconvención puede dirigirse, además de contra el actor principal, **contra sujetos no demandantes**, siempre que puedan considerarse litisconsortes voluntarios o necesarios del actor reconvenido por su relación con el objeto de la demanda reconvencional. 2289

Precisiones No obstante, fuera de este supuesto de reconvención (ausente de nuestro Derecho procesal civil hasta la LEC vigente), en los supuestos de pluralidad de partes demandadas, uno de ellos carece de legitimación para instar la **condena de otro codemandado**, no pudiendo pedir la condena del mismo por cuanto que no ha accionado contra él de modo directo (TS 21-11-02, EDJ 51311; 27-2-03, EDJ 3629; 7-4-03, EDJ 6542; 13-5-03, EDJ 17137).

b. Litisconsorcio activo voluntario

(LEC art.12.1 y 72)

Pueden comparecer en juicio varias personas como **demandantes**, cuando las acciones que se ejerciten provengan de un mismo título o causa de pedir. 2290
También pueden **acumularse**, ejercitándose simultáneamente, las acciones que varios sujetos tengan contra uno, siempre que entre esas acciones exista un nexo por razón del título o causa de pedir. Se trata de una acumulación subjetiva de acciones.
Esta figura se produce en los casos en que varios litigantes acuden, en la parte actora de la relación jurídico procesal, interponiendo una demanda en la que, si bien no era necesaria o imprescindible la presencia de todos ellos para la válida constitución de la relación jurídico procesal, se estima conveniente su presencia por otras cuestiones.

Precisiones 1) Se entiende que concurre litisconsorcio activo voluntario, en el caso en que el vendedor accione contra el comprador, actuando en el lado activo y, junto al vendedor, sus dos hijas, que demandan como **litisconsortes facultativos**, dado que en el documento de venta aparecen presentes y lo aceptan junto al vendedor, justificando esta **intervención en el contrato** su interés legítimo y su legitimación en el proceso. En este supuesto, se tienen también en cuenta **otras circunstancias**, como las discrepancias entre los actores acerca del carácter ganancial o privativo del bien, por lo que la intervención de todos en el proceso eliminaba, en beneficio de los demandados, cualquier incertidumbre sobre un pleito futuro, al tiempo que protegía a los actores de una alegación de la contraparte referente a una insuficiente constitución subjetiva de la relación jurídico procesal (TS 17-11-98, EDJ 26823).
2) Se da esta figura en el caso de **coarrendamiento** (AP Barcelona 1-3-17, EDJ 102088).
3) La **acumulación de acciones** se trata en nº 2678.

c. Litisconsorcio activo necesario

2295 El litisconsorcio activo necesario es el supuesto en que es precisa la concurrencia de varias personas en la posición del demandante para la válida constitución de la relación procesal. Por ello, los problemas alrededor del litisconsorcio activo necesario realmente obedecen a la **falta de legitimación activa** del actor. Se trata de una falta de legitimación activa que tiene que ver con el fondo del asunto, aunque en puridad es preliminar al fondo, que puede y debe ser apreciada de oficio, aunque como tal, siempre que no la hayan planteado las partes (TS 15-10-02, EDJ 39398; 20-10-03, EDJ 9853; 28-6-06, EDJ 98706)

En estos casos no aparece una total inadecuación entre la titularidad jurídica afirmada y el objeto jurídico pretendido, ya que el actor es parte en la relación negocial, sino una insuficiente integración de la parte demandante para pretender por sí sola ese objeto, de suerte que más que una falta de legitimación activa por falta de acción se da una incompleta **integración de la legitimación** necesaria para ejercitar la acción y pretender lo que se pide (TS 20-7-04, EDJ 82521).

La figura del litisconsorcio activo necesario no está prevista en la ley y no puede equipararse al litisconsorcio pasivo necesario, que responde al principio de que nadie puede ser condenado sin ser oído. Nadie puede ser **obligado a litigar** contra su voluntad, de forma que en el caso de apreciarse que el objeto sobre el que versa el pleito no puede ejercerse sino en forma conjunta con otro u otros sujetos, ello se traduce en una falta de legitimación activa, pero basada en razones jurídico-materiales (TS 21-11-17, EDJ 243382; 22-9-15, EDJ 167997; 13-7-12, EDJ 154390).

2296 MPCI nº 3957 **Supuestos** Se ha considerado que existe falta de litisconsorcio activo necesario y, por tanto, una falta de integración de la legitimación necesaria en los siguientes supuestos:

• Cuando habiendo **varios vendedores**, solo alguno de ellos pida la resolución de la venta por incumplimiento (TS 7-5-99, EDJ 12460).

• En los pleitos sobre **vencimiento, vicisitudes y extinción de los contratos**, por cuanto se exige que ejerciten la acción todas las personas que en tales contratos actuaron como partes o sus respectivos causahabientes, sin que valga el pretexto sobre el pago del precio convenido o sobre la naturaleza de las diferencias que separan a los contratantes, ya que son estas cuestiones de fondo las que exigen, para ser ventiladas contradictoriamente, la válida integración del juicio contencioso (TS 5-12-00, EDJ 41100).

• La obligada intervención de todas las partes contratantes cuando la acción verdaderamente ejercitada sea la de **cumplimiento del contrato** por los vendedores (TS 10-7-02, EDJ 27756).

• La falta de legitimación de los **copropietarios** que no reúnan la totalidad de las cuotas indivisas de una finca para ejercitar una acción reivindicatoria sobre esta (TS 15-10-02, EDJ 39398).

• En el caso en que uno solo de los varios **coherederos** pida, el reconocimiento de la validez de los acuerdos particionales, así como la protocolización de dichos acuerdos (TS 20-7-04, EDJ 82521).

• En supuestos de ejercicio de la acción de protección civil del derecho a la propia **imagen de un menor** por uno solo de los progenitores (AP Barcelona 22-1-18, EDJ 23675).

d. Litisconsorcio pasivo voluntario

(LEC art.12.1 y 72)

2300 Pueden comparecer en juicio varias personas como demandadas, cuando las acciones que se ejerciten provengan de **un mismo título** o causa de pedir.

Además, pueden **acumularse**, ejercitándose simultáneamente, las acciones que uno tenga contra varios sujetos, siempre que entre esas acciones exista un nexo por razón del título o causa de pedir.

Un supuesto de litisconsorcio pasivo voluntario se prevé legalmente para las tercerías de dominio. Así, la **demanda de tercería de dominio**, interpuesta por quien, sin ser parte en una ejecución, afirme ser dueño del bien embargado al ejecutado, se puede interponer frente al acreedor ejecutante y también frente al ejecutado, cuando el bien al que se refiera haya sido por él designado (LEC art.600).

e. Litisconsorcio pasivo necesario

(LEC art.12.2)

Es el supuesto en que, por razón de lo que sea objeto del juicio, la tutela jurisdiccional solicitada solo puede hacerse efectiva **frente a varios sujetos** conjuntamente considerados. En este caso, de forma necesaria, todos ellos han de ser demandados, como litisconsortes, salvo que la ley disponga expresamente otra cosa. 2305 MPCI nº 3967

En virtud de la doctrina del litisconsorcio pasivo necesario deben ser traídas al pleito aquellas personas a las que **pueda afectarles el pronunciamiento decisorio** que emita el órgano judicial, por estar integradas en la relación material controvertida (TS 30-5-98, EDJ 7111; 23-3-99, EDJ 5822).

Se trata de la exigencia de traer al proceso a todos los interesados en la relación jurídica litigiosa, con el fin de evitar, por un lado, que puedan ser afectados por la resolución judicial quienes no fueron oídos y vencidos en el juicio, y de impedir, por otro, la posibilidad de sentencias contradictorias (TS 8-3-06, EDJ 24762; 18-5-06, EDJ 80824; 23-7-08, EDJ 127993).

En los supuestos de litisconsorcio pasivo necesario, el **allanamiento** formulado por uno de los demandados no puede perjudicar a los demás codemandados, de ahí que en tales casos únicamente sea válido el allanamiento formulado por todos los litisconsortes (TS 10-2-92, EDJ 1160; AP Granada 15-11-03, EDJ 173413).

Precisiones: Se trata de un supuesto de legitimación pasiva plural, impuesto por la naturaleza de la **relación jurídica material** que se discute en el pleito, y que obliga a que la decisión que se adopte deba incluir necesaria e ineludiblemente a todos los titulares del derecho material discutido, porque el derecho es de todos y a todos afecta la decisión (AP Madrid 18-1-03, EDJ 220938; 2-11-05, EDJ 220531).

Supuestos Pueden destacarse los siguientes supuestos de litisconsorcio pasivo necesario: 2306 MPCI nº 3969, 3971, 3973

• Para que pueda decretarse la **nulidad de un contrato** es requisito procesal ineludible la intervención en el proceso, como demandantes o como demandados respectivamente, de todos los que en dicho contrato fueron partes contratantes (TS 2-9-91, EDJ 8397; 21-7-98, EDJ 16387). O quienes sean sucesores en sus derechos.

• En los casos en que se ejercite una **acción confesoria de servidumbre**, por cuanto que deben ser demandados los titulares de todas las fincas que hayan de soportar la citada servidumbre, apreciándose, en caso contrario, la falta de litisconsorcio pasivo necesario. El hecho de que unos locales, divididos horizontalmente en la escritura de declaración de obra nueva por tener salida a la vía pública a través de un elemento común, no se hayan constituido en comunidad, para tener capacidad que supla a la de cada propietario, no significa que aquellas plazas que pueden tener uno o varios dueños no hayan de soportar la servidumbre y, por lo tanto, deben ser llamados al proceso (TS 24-2-06, EDJ 15998).

• En las **acciones de deslinde** por cuanto que todo propietario tiene derecho a deslindar su propiedad, con citación de los dueños de los predios colindantes (CC art.384). No obstante, la exigencia de que sean citados todos los dueños de los predios colindantes se ha suavizado, en la idea de que solo cabe esta exigencia respecto al lindero que, en su caso, sea objeto de la discusión (TS 16-10-90, EDJ 9372; 27-1-95, EDJ 24211).

• En la acción para exigir el **cumplimiento del legado**, por cuanto que, si el testador no grava con el legado a uno solo de los herederos, con exclusión del resto, se entiende que ha de ser soportado por la totalidad de los herederos, quedando todos obligados en la misma proporción en que sean herederos (CC art.859).

• En el caso de la acción para exigir el cumplimiento de una **obligación mancomunada**, dado que, si esta no resulta divisible, no pudiendo reputarse dividida en tantas partes como deudores tenga, la deuda solo puede hacerse efectiva procediendo contra todos los deudores (CC art.1139). Es por ello que, en el caso de producirse una obligación mancomunada e indivisible, debe traerse a todos sus titulares, siendo insoslayable la actuación conjunta de los mismos (TS 31-1-02, EDJ 532).

• En la **tercería de mejor derecho**, por cuanto que, si bien la misma se ha de dirigir siempre frente al acreedor ejecutante, el ejecutado debe también ser demandado cuando el crédito cuya preferencia alegue el tercerista no conste en un título ejecutivo (CC art.617.2). La tercería de mejor derecho se expone en nº 4893.

Inexistencia No puede apreciarse litisconsorcio pasivo necesario, por lo que no es necesario que la demanda se dirija contra personas ajenas a la relación jurídica controvertida, en los siguientes supuestos: 2309 MPCI nº 3983 s.

a) Las demandas de **responsabilidad extracontractual**, cuando existen varios agentes cuya acción, u omisión, confluyen en la causación del daño.

En tales casos se produce la llamada **solidaridad impropia** entre los causantes del daño en el supuesto de imposibilidad de dirimir, entre ellos, la conducta determinante de la producción del evento dañoso acaecido, sin posibilidad de deslindar e individualizar responsabilidades, y todo ello en búsqueda de un resarcimiento a ultranza de la víctima (TS 31-1-97, EDJ 1234; 20-10-97, EDJ 6611; 11-4-00, EDJ 5245; AP A Coruña 28-2-06, EDJ 22077; AP Málaga 8-7-05, EDJ 160389).

No obstante, en sentido contrario, se ha considerado que, no habiendo precepto legal expreso que imponga la solidaridad entre los causantes de un hecho dañoso, si se demuestra que en la producción del daño intervinieron además otras personas que no han sido demandadas y **no se puede particularizar** en el demandado un concreto daño, sino que obedece el mismo a la actuación también de los demás extraños, el litisconsorcio pasivo necesario se debe imponer con todas sus consecuencias, al no estar integrada correctamente la relación jurídico-procesal sin la presencia como partes de aquellos (TS 3-11-99, EDJ 40345).

b) En el caso de contratos suscritos por una empresa que pertenece a un **grupo de sociedades**, no puede exigirse necesariamente que se demande a todas las sociedades del grupo, o a la sociedad matriz o cabecera del holding, dado que los contratos que cualquiera de ellas celebren con terceros no legitiman a las demás, por este mero hecho, para ser parte activa o pasiva en litigios que tengan su fuente en los mismos, salvo que se aprecie que han sido realmente parte en el contrato (TS 20-5-98, EDJ 3146).

Por otro lado, habiendo sido demandada la sociedad holding o tenedora de acciones, no es necesario traer al pleito a las sociedades intermedias, puesto que en aquella radica la unidad económica, de dirección y responsabilidad de todo el grupo o holding (TS 30-7-99, EDJ 19937).

c) En los casos en que se cuestione la **validez o eficacia de un contrato**, respecto a quienes no han sido parte en el contrato que se discute, dado que carecen de legítimo interés sobre las obligaciones que constituyen su objeto y nada tienen que defender (TS 24-4-90; 30-5-98, EDJ 7111).

d) En las acciones derivadas de **obligaciones solidarias**, por cuanto que en las mismas el acreedor puede dirigirse contra cualquiera de los deudores solidarios o contra todos ellos simultáneamente (CC art.1144).

e) En las responsabilidades derivadas de la construcción de edificios, en virtud de la **acción decenal**, pues no es precisa la llamada al proceso de todos los intervinientes en el hacer constructivo, dado el principio de responsabilidad solidaria (TS 13-10-94, EDJ 24069; 17-10-95, EDJ 4850; 8-6-98, EDJ 7866).

Cuando no pueda individualizarse la causa de los daños materiales o probar debidamente la concurrencia de culpas sin que pudiera precisarse el grado de intervención de cada agente en el daño producido, la responsabilidad se puede exigir solidariamente (L 38/1999 art.17).

2311 **f)** En las reclamaciones derivadas de daños contra **asegurador y asegurado** por la solidaridad que puede existir entre asegurado y asegurador frente a terceros perjudicados, por cuanto que se permite a estos reclamar contra cualquiera de los deudores (TS 7-5-93, EDJ 4304).

g) En las reclamaciones de **daños por los consumidores**, por cuanto que, si en la producción de los daños concurren varias personas, responden solidariamente ante los perjudicados, sin perjuicio del derecho de repetición de los otros responsables según su participación en la causación de los daños (RDLeg 1/2007 art.132; TS 14-7-03, EDJ 50767).

h) En los casos en que se pretenda la intervención del **mandatario**, cuya presencia no es necesaria en el proceso, a los efectos del litisconsorcio, si este actuó en el acto o negocio litigioso únicamente como tal mandatario, en nombre y por cuenta de su mandante (AP Málaga 16-6-05, EDJ 168679).

i) Cuando se demande a **uno solo de los cónyuges**, por una relación jurídica cuya titularidad corresponde a ambos cónyuges para su sociedad de gananciales. No cabe apreciar la existencia de litisconsorcio pasivo necesario por corresponder a ambos cónyuges conjuntamente la gestión de los bienes gananciales, sin perjuicio de los mecanismos legales de defensa del otro cónyuge (AP Alicante 17-2-05, EDJ 37643).

j) Cuando se trate del ejercicio de una acción frente a actos que supongan una infracción de los derechos derivados de la **propiedad intelectual** en los que han podido participar una pluralidad de personas, como una empresa de publicidad, el anunciante, el artista, entre otros. Se trata de un supuesto de **solidaridad impropia**, en los que no puede apreciarse el litisconsorcio, siendo libre el actor de elegir la persona contra quien se ha de dirigir la demanda, todos o alguno de los intervinientes, con el riesgo de no poder ser condenados quienes no sean demandados (AP Barcelona 17-11-05, EDJ 302261).

k) En los casos en que se ejerciten **acciones reales**, ya que la acción implica una vinculación específica del sujeto con la cosa objeto del derecho real (AP Ávila 18-10-05, EDJ 207973).

l) Cuando se ejercite una acción, al amparo de la Ley de **condiciones generales de la contratación**, dirigida a declarar la nulidad de una determinada condición o cláusula. La legitimación

corresponde al actor perjudicado y a la empresa concesionaria que utiliza dicha cláusula, sin que sea necesario traer al proceso a la Administración que cedió, en régimen de concesión, la explotación del servicio de que se trata (AP Alicante 2-3-06, EDJ 99052).
ll) Resulta innecesario traer al pleito a aquellas personas que, aun estando implicadas en la relación jurídica material, han demostrado de manera fehaciente su **aquiescencia** a determinados reconocimientos que de ellos se pretendía, aunque la misma hubiera sido prestada antes y fuera del proceso (TS 27-2-98, EDJ 1120; 23-7-08, EDJ 127993).

f. Tratamiento procesal del litisconsorcio necesario

El tratamiento procesal de la **excepción de falta de litisconsorcio necesario** ha sido residenciado por el legislador como un supuesto de los previstos para ser analizado en la audiencia previa al juicio, así como en el juicio verbal. **2315** MPCI nº 4006 s.
Una vez que el órgano judicial se ha pronunciado sobre la existencia de litisconsorcio necesario, dicha cuestión queda **fuera de las posibilidades de los actores**, no pudiendo obviar dicha resolución, lo que se produce cuando, tras haber complementado tal litisconsorcio, se desiste de la demanda frente a los nuevos demandados (AP Madrid auto 14-9-05, EDJ 186770).
Este desistimiento se considera como un acto en fraude procesal con la intención de no integrar la litis. Existiendo una situación de litisconsorcio pasivo necesario, el **desistimiento** solo puede tener lugar con la aquiescencia de todos los demás demandados. En cualquier caso, habiéndose considerado el litisconsorcio por el propio tribunal, no puede haber desistimiento unilateral y quedar la situación procesal como en el momento anterior de producirse tal falta procesal, pues seguiría sin integrarse correctamente la relación jurídico procesal.

Apreciación de oficio Se cuestiona si el litisconsorcio necesario, fundamentalmente en su parte pasiva, es apreciable de oficio por el juzgador, posibilidad reconocida por la jurisprudencia, sobre la naturaleza de orden público que tiene la correcta constitución de la relación jurídico-procesal, pudiendo realizarse dicha apreciación en cualquier fase del procedimiento (TS 22-5-98, EDJ 5153; 31-5-99, EDJ 12521). **2317** MPCI nº 3992, 3994
Esta doctrina jurisprudencial resulta aplicable con la **LEC vigente**, pudiendo apreciarse la falta de litisconsorcio pasivo necesario, incluso aunque no sea alegada por la parte demandada, por cuanto que es una exigencia racional y constitucional de la tutela judicial efectiva que se resuelvan, cuanto antes, las eventuales cuestiones sobre presupuestos y óbices procesales, de modo que se eviten al máximo las sentencias que no entren a conocer del fondo del asunto y cualquier otro tipo de resolución que ponga fin al proceso sin resolver sobre su objeto, tras costosos esfuerzos baldíos de las partes y del tribunal (LEC Exp.Motivos; AP Málaga 3-11-05, EDJ 298988).

Subsanación La LEC parte, como principio, del carácter subsanable de los defectos relativos a la falta de litisconsorcio necesario, a **iniciativa del actor**, que es en la mayoría de los casos la parte más interesada en que dichos remedios se subsanen, a través de un sistema que permite, una vez alegada en la demanda la correspondiente excepción, la integración voluntaria o provocada de la litis mediante la ampliación subjetiva de la demanda. **2318**
Esta regulación responde al principio general que obliga a los tribunales a procurar la subsanación de los defectos procesales y a evitar la desestimación de las pretensiones por meros defectos formales, siempre que se manifieste la voluntad de cumplir con los requisitos legales (AP A Coruña auto 28-4-05, EDJ 216432).

Audiencia previa al juicio (LEC art.416.1.3 y 420) La audiencia previa al juicio, en el proceso ordinario, ha de versar sobre la falta del debido litisconsorcio, como circunstancia que pueda impedir la válida prosecución y término del proceso mediante sentencia sobre el fondo. **2319** MPCI nº 4002
En la audiencia previa al juicio, cuando el demandado haya alegado en la **contestación** falta del debido litisconsorcio, puede el actor presentar, con las copias correspondientes, escrito dirigiendo la demanda a los sujetos que el demandado considerase que habían de ser sus litisconsortes.
El tribunal, si estima procedente el litisconsorcio, lo declarará así, ordenando **emplazar a los nuevos demandados** para que contesten a la demanda, con suspensión de la audiencia.
El demandante, al dirigir la demanda a los litisconsortes, solo puede añadir a las **alegaciones** de la demanda inicial aquellas otras imprescindibles para justificar las pretensiones contra los nuevos demandados, sin alterar sustancialmente la causa de pedir.
Si el actor **se opone** a la falta de litisconsorcio aducida por el demandado, el tribunal debe oír a las partes sobre este punto y, cuando la dificultad o complejidad del asunto lo aconseje, puede resolverlo mediante **auto**, que debe dictar en el plazo de 5 días siguientes a la audiencia. En todo caso, la audiencia previa al juicio debe seguir para sus restantes finalidades.

Si el tribunal entiende **procedente el litisconsorcio**, debe conceder al actor el plazo que estime oportuno para constituirlo, plazo que no puede ser inferior a 10 días.
Los **nuevos demandados** pueden contestar a la demanda dentro del plazo de 20 días, quedando entre tanto en suspenso, para el demandante y el demandado iniciales, el curso de las actuaciones.
Transcurrido el plazo otorgado al actor para constituir el litisconsorcio sin haber aportado **copias de la demanda y documentos anejos**, dirigidas a nuevos demandados, se pondrá fin al proceso por medio de auto y se procederá al archivo definitivo de las actuaciones (LEC art.420.4).
Las **costas** causadas por la intervención de un codemandado absuelto, que hubiera sido llamado al proceso a instancia del actor para evitar una excepción de falta de litisconsorcio pasivo necesario, deben ser impuestas al demandante, dado que el demandado absuelto no tiene por qué soportar la carga de ser demandado de forma infundada (AP Madrid auto 14-10-05, EDJ 176459).

Precisiones El precepto mencionado parece confundir la presentación de la nueva demanda con la **aportación de las copias y documentos anejos** a la misma, debiendo realizar una interpretación favorable al derecho a la tutela judicial efectiva, entendiendo que solo procede acordar el archivo definitivo cuando no se presente la demanda dirigida a los nuevos demandados en el plazo fijado, y por ello no se haya manifestado la voluntad de subsanación, pero no ante la mera falta de aportación de las copias, sin perjuicio de la aplicación de las normas generales en estos casos (AP A Coruña auto 28-4-05, EDJ 216432).

2321 **Juicio verbal** (LEC art.443 redacc LO 1/2025) En el **acto de la vista** del juicio verbal, cuando esta se celebre, se han de analizar las cuestiones procesales, comenzando, en su caso, por las cuestiones relativas a la **acumulación de acciones** que se considere inadmisible, así como a cualquier otro hecho o circunstancia que pueda obstar a la válida prosecución y término del proceso mediante sentencia sobre el fondo.
El hecho de que este precepto procesal no contenga una regulación específica de la **subsanación** de la falta de litisconsorcio no impide acudir a la aplicación analógica de lo previsto para la audiencia previa al juicio ordinario, con la posibilidad de suspender la vista y conceder al actor el tiempo necesario para la ampliación subjetiva de la demanda (AP A Coruña auto 28-4-05, EDJ 216432).

Precisiones La única diferencia con el **juicio ordinario** es que, por respeto al principio de concentración que caracteriza al juicio verbal, no cabe diferir la decisión sobre la excepción planteada a un momento posterior al acto de la vista, sino que el juez ha de resolver oralmente en el mismo acto.

2. Intervención de sujetos originariamente no demandantes ni demandados

(LEC art.13 y 14)

2325 Si bien, en virtud del **principio dispositivo**, el actor o demandante tiene la posibilidad de demandar y, por tanto, de colocar en el lado pasivo de la relación jurídico-procesal a quien considere que es merecedor de la condena civil, las partes inicialmente demandantes y demandadas no quedan fijadas definitiva e inalterablemente con la demanda, sino que nuestro Derecho permite la intervención en el proceso de sujetos que no fueron inicialmente demandantes o demandados en el mismo.
La participación en el proceso de personas que no figuran desde el inicio del mismo como demandantes o como demandadas puede tener lugar de **forma voluntaria**, en cuyo caso se permite la intervención de quien acredite tener un interés directo y legítimo en el resultado del proceso (nº 2327), o bien de **forma provocada**, porque tal persona sea llamada al proceso, bien por el propio demandante o por el demandado (nº 2350).
Por último, se estudia un supuesto particular de intervención, que tiene lugar en los procesos para la protección de los derechos e intereses colectivos y difusos de los **consumidores y usuarios** (nº 2385).

a. Intervención voluntaria

(LEC art.13)

2327 Mientras se encuentre **pendiente un proceso**, puede ser admitido como demandante o demandado, quien acredite tener **interés directo y legítimo** en el resultado del pleito.

Precisiones Mientras que no existe duda en la doctrina y jurisprudencia que la figura de la **intervención adhesiva litisconsorcial** se encuentra regulada en LEC art.13, pues se requiere como título para la intervención el «interés directo y legítimo en el resultado del pleito» -y, se hace referencia expresa a ella en la exposición de motivos de la LEC-, han surgido dudas sobre si dicho precepto regula también la figura de la **intervención adhesiva simple**. Al respecto, concluye el Tribunal Supremo que no existe duda alguna respecto de la virtualidad de la intervención adhesiva simple en nuestro Derecho procesal, tanto durante de la vigencia de la LEC/1881 como en la vigente LEC (TS auto 9-3-16, EDJ 21413).

Interviniente La figura del interviniente se caracteriza por tres **notas esenciales** (TS 3-12-04, EDJ 173293; AP Murcia 3-11-05, EDJ 235320): **2328**
• No le asiste la facultad de promover el juicio.
• Ha de aceptar el resultado del proceso hasta el momento de su intervención, con efectos preclusivos para él.
• Puede ayudar a la gestión del litigante a quien se adhiera, contribuyendo al éxito de sus propios medios de defensa, o utilizando, en provecho común, aquellos de que esté especialmente asistido.
• Por obra de su intervención, queda vinculado a la resolución del proceso, no solo con la parte a cuyos fines coadyuvó, sino también en relación con la contraria.

Precisiones En el proceso civil, la cualidad de parte demandada corresponde al sujeto frente al que el demandante pretende la tutela ante los tribunales. Solo adquiere la **condición de parte demandada** si frente a él se ejercita una pretensión, pero puede actuar, **sin ser demandado**, como parte, teniendo las oportunidades de alegación y defensa que la tramitación del concreto proceso permita a las partes. Supone estar al cuidado del litigio, como sujeto interesado al que, sin soportar la acción, puede desarrollar una actividad en el proceso dirigida a conseguir que este tenga un resultado lo menos adverso posible para los intereses que puedan verse afectados de forma refleja, con la función de precaverse de la gestión procesal de la parte correspondiente (TS 5-3-24, EDJ 513645).

Notificación de la pendencia del proceso (LEC art.150.2) Por disposición del tribunal, se debe notificar la pendencia del proceso a las personas que, según los mismos autos, puedan verse **afectadas por la resolución** que ponga fin al procedimiento. **2329**
Esta comunicación se debe llevar a cabo, con los mismos requisitos, cuando el tribunal advierta indicios de que las partes están utilizando el proceso con **fines fraudulentos**.

Requisitos Los llamados intervinientes voluntarios, que comparecen por sí mismos en un proceso iniciado por la parte demandante, pueden fundamentar su derecho a la intervención en una **disposición legal** que expresamente les habilite para dicha participación, o alegando y acreditando tener **interés directo y legítimo** en el resultado del pleito. **2330**

Proceso pendiente A los efectos de obtener la intervención en un proceso en el que no se ha intervenido inicialmente como demandante o demandado, es necesario que el proceso se encuentre pendiente. **2331**
Por proceso pendiente debe entenderse aquel en que **la demanda ya sido admitida**, aunque los efectos de la litispendencia se consideren producidos desde la presentación de aquella si la admisión tiene lugar (LEC art.410; AP Barcelona 26-9-05, EDJ 239137).
No se puede admitir la intervención de cualquier persona que alegue tener un interés directo y legítimo en el proceso si este ha **finalizado por resolución judicial**.
No obstante, la Ley se refiere a la intervención mientras el proceso se encuentre pendiente, lo que no parece descartar que esta intervención del tercero se produzca en **fase de recurso**, siendo así que el proceso se puede entender pendiente mientras no haya recaído resolución firme, es decir aquella contra la que no cabe recurso alguno, bien por no preverlo la ley, bien porque, estando previsto, ha transcurrido el plazo legalmente fijado sin que ninguna de las partes lo haya presentado (LEC art.207.2).

Precisiones **1)** Se ha admitido la intervención de un tercero, en un proceso finalizado por sentencia derivada del allanamiento del originario demandado, a los efectos de interponer **recurso de apelación** contra la misma (AP Barcelona 26-9-05, EDJ 239137).
Sin embargo, esta interpretación permisiva parece contradecir la regla, según la cual, contra las resoluciones judiciales que les afecten desfavorablemente, las partes puede interponer los recursos previstos en la ley (LEC art.448.1), que puede interpretarse en el sentido de excluir de la fase de recurso a sujetos que no ostenten inicialmente la condición de parte.
Una tercera interpretación, que pudiera cohonestar ambos preceptos, consistiría en admitir la intervención del tercero, siempre que una de las partes originarias hubiera interpuesto oportunamente el recurso contra la resolución en cuestión, pero impidiendo que autónomamente se pudiera proceder a la interposición de un recurso por el pretendiente a parte que no hubiera intervenido en la instancia.
2) Incluso se ha admitido la intervención en **recurso de casación** siempre que se cumplan el resto de requisitos y los derechos del interviniente estén íntimamente ligados a la resolución que recaiga (TS auto 18-12-06, EDJ 333091).

2333 **Interés legítimo y directo** Para ser admitido en un proceso, como demandante o demandado, es preciso acreditar que se tiene un interés directo y legítimo en el **resultado del pleito**.
MPCI nº 4030

Pueden ser admitidos como intervinientes aquellas personas a cuyo favor se deriven derechos del propio acto, quienes ostentarían por tanto una **situación jurídica directamente afectada** por la sentencia que se pronuncie, de forma que la sentencia que recaiga en el proceso entre partes originarias, haya de producir efectos directos, que no reflejos, contra el interviniente, con la consiguiente vinculación de este a la cosa juzgada (AP Valladolid 30-6-03, EDJ 69481; 30-1-04, EDJ 9826).

La intervención de terceros en un procedimiento civil iniciado y conducido por otros debe reconducirse a sus propios y justos límites, de forma que el concepto de interesado no puede utilizarse de forma expansiva para justificar la intervención en el procedimiento de **cualquiera que lo solicite** con solo aludir a su interés legítimo (AP Valladolid 30-6-03, EDJ 69481; 30-1-04, EDJ 9826).

2334 **Interés actual** El interés que habilita esta intervención procesal debe interpretarse no como equivalente a cualquier interés, sino como **cualificado**, referido al que ese tercero pueda tener en el resultado del pleito. El interés debe ser actual, debiendo denegarse la intervención a quien solo tenga un mero interés de hecho, moral o futuro (AP Murcia 9-5-06, EDJ 95990).
MPCI nº 4032

No obstante, la repercusión de los **efectos del proceso** en la esfera jurídica del interviniente no tiene por qué ser necesariamente directa, sino que puede ser también indirecta o refleja, pues el interés no debe ser puesto en relación con los efectos del proceso sino con las **expectativas de defensa** del interviniente, las cuales podrían verse mermadas en el caso de negársele la intervención. Desde otra perspectiva, la posición parcial preexistente en orden al resultado final del proceso se fortalece con el carácter adhesivo de la intervención (AP Zaragoza auto 7-4-03, EDJ 22068).

2335 **Supuestos legales** Las leyes establecen, en **supuestos tasados**, el derecho de terceros no inicialmente demandantes ni demandados a comparecer y personarse en estos procesos, por considerar que ostentan un interés que puede verse afectado, por lo que, con carácter general, y sin necesidad de acreditar cumplidamente un concreto interés en el resultado del pleito, pueden comparecer en el mismo siempre que justifiquen hallarse incluidos en dicha previsión legal.

> Precisiones Un supuesto particular de intervención procesal voluntaria se encuentra en el **recurso de amparo** ante el Tribunal Constitucional, en el que pueden comparecer, con el carácter de demandado o con el de coadyuvante, las personas favorecidas por la decisión, acto o hecho en razón del cual se formule el recurso o que ostente un interés legítimo en el mismo (LOTC art.47.1).

2336 **Intervención en procesos sobre consumidores y usuarios** (LEC art.13.1) En los procesos en que se ejerciten pretensiones que afecten a los derechos e intereses legítimos de los consumidores y usuarios se permite la **intervención personal** de estos, así como, en su caso, la **intervención de entidades** constituidas en defensa de aquellos no originariamente demandantes.

A) Intervención de los **consumidores y usuarios**. Cualquier consumidor o usuario puede intervenir en los procesos instados por las entidades legalmente reconocidas para la defensa de los intereses de aquellos.

> Precisiones **1)** Esta norma parece estar en contradicción con la que prevé que, en los procesos iniciados por las asociaciones de consumidores o usuarios, entidades o grupos de afectados en defensa de los intereses colectivos y difusos de los consumidores y usuarios, no se admitirá la **personación individual posterior** de los afectados que no hayan acudido al llamamiento público (LEC art.15.3).
> No obstante, la contradicción es aparente si entendemos que en un caso se hace referencia a los procesos instados por las asociaciones de consumidores y usuarios en defensa de los **intereses de sus asociados**, mientras que en otro se refiere a las acciones ejercitadas en defensa de los **intereses colectivos y difusos** de los consumidores. Este último supuesto se estudia en nº 2224.
> **2)** Sobre el **concepto** de consumidor/usuario, ver nº 2170 y nº 2219.
> **3)** Sobre **legitimación** de consumidores y usuarios, ver nº 2218 s.

2337 **B)** Intervención de las **entidades de defensa de consumidores y usuarios** en las acciones colectivas de cesación. Las asociaciones de consumidores y usuarios, los colegios profesionales, las cámaras de comercio, industria y navegación, el Ministerio Fiscal, el Instituto Nacional de Consumo y los órganos o entidades equivalentes de las comunidades autónomas y de las corporaciones locales, así como las entidades de otros Estados miembros de la Comunidad Europea constituidas para la protección de los intereses colectivos y difusos de los consumidores y usuarios, pueden personarse en los procesos promovidos por otra cualquiera de ellas, si lo estiman oportuno, para la defensa de los intereses que representan (RDLeg 1/2007 art.54.1.d); L 7/1998 art.16).

Intervención de adherentes de condiciones generales de contratación (L 7/1998 art.1, 2 y disp.adic.4ª) Todo adherente, sea o no consumidor, puede intervenir en los litigios en que se ejerciten **acciones individuales o colectivas** derivadas de la Ley de condiciones generales de la contratación. 2338

Se considera **adherente** a toda persona física o jurídica, pudiendo ser incluso también un profesional, sin necesidad de que actúe en el marco de su actividad, que suscribe un contrato que contenga condiciones generales, esto es, cláusulas predispuestas cuya incorporación al contrato sea impuesta por el predisponerte, habiendo sido redactadas con la finalidad de ser incorporadas a una pluralidad de contratos.

Precisiones La **legitimación** de los adherentes para el ejercicio de acciones colectivas se expone en nº 2227.

Intervención en el concurso (LCon art.121, 512.3, 534 y 537) Además del deudor y los administradores concursales, que son reconocidos como parte en todas las secciones, sin necesidad de comparecencia, y de los acreedores, cualesquiera otros que tengan **interés legítimo** en el concurso pueden comparecer siempre que lo hagan representados por procurador y asistidos de letrado. 2340

El **deudor** puede personarse y defenderse de forma separada, en los juicios que la administración concursal haya promovido.

En el **incidente concursal**, por el que se ventilan todas las cuestiones que se susciten durante el concurso y no tengan señalada otra tramitación, se han de considerar partes demandadas aquellas contra las que se dirija la demanda y cualesquiera otras que sostengan posiciones contrarias a lo pedido por la actora.

Cualquier persona comparecida en forma en el concurso puede intervenir con plena autonomía en el incidente concursal, coadyuvando con la parte que lo haya promovido o con la contraria.

Precisiones 1) Las **costas** que se impongan al deudor que haya actuado de forma separada no tienen la consideración de deudas de la masa.
2) Cuando en un incidente se acumulen demandas cuyos pedimentos no resulten coincidentes, todas las partes que intervengan tienen que **contestar a las demandas** a cuyas pretensiones se opongan, si el momento de su intervención lo permite, y expresar con claridad y precisión la tutela concreta que soliciten. De no hacerlo así, el juez rechazará de plano su intervención, sin que contra su resolución quepa recurso alguno.

Intervención del ejecutado en la tercería de dominio (LEC art.600) La demanda de tercería de dominio, interpuesta por quien, sin ser parte en una ejecución, afirme ser dueño del bien embargado al ejecutado, se interpone frente al acreedor ejecutante y también frente al ejecutado cuando el bien al que se refiera haya sido por él designado. 2341

Aunque no se haya dirigido la demanda de tercería frente al ejecutado, puede este intervenir en el procedimiento con los mismos derechos procesales que las partes de la tercería, a cuyo fin se le notificará en todo caso la admisión a trámite de la demanda para que pueda tener la intervención que a su derecho convenga.

Precisiones La **legitimación** en las tercerías de dominio se expone en nº 2210.

Intervención del ejecutado en la tercería de mejor derecho (LEC art.617) La tercería de mejor derecho interpuesta por quien afirme que le corresponde un derecho a que su crédito sea satisfecho con preferencia al del **acreedor ejecutante**, ha de dirigirse siempre frente a este último. 2343

No obstante, el **ejecutado** puede intervenir en el procedimiento de tercería con plenitud de derechos procesales.

Aun cuando no fuera demandado, se notifica en todo caso al ejecutado la **admisión a trámite** de la demanda, a fin de que pueda realizar la intervención que a su derecho convenga.

Intervención de titulares registrales de derechos posteriores inscritos o anotados En aquellos supuestos en los que se ejercite una acción cuya estimación total o parcial pueda afectar a los titulares registrales posteriores de derechos, es preciso llamar al proceso a los mismos para darles la oportunidad de intervenir en él, a menos que se haya solicitado y extendido **anotación preventiva de demanda**. Esta medida cautelar hace innecesario llamar al proceso a los titulares de asientos o derechos posteriores a aquella. En caso contrario, para que la sentencia despliegue toda su eficacia cancelatoria y afecte a titulares de asientos posteriores es necesario que estos al menos hayan sido **citados en el procedimiento**, aunque la acción ejercitada sea una declarativa -y de condena- de cumplimiento de condición resolutoria. 2344 MPCI nº 4048

La existencia de terceros adquirentes del dominio o de otros derechos reales limitados sobre la finca no constituye, en sentido técnico procesal, una situación de **litisconsorcio pasivo necesario**. Pero estos terceros, por ser afectados de forma refleja o mediata, deben tener la posibilidad de intervenir en el proceso -intervención adhesiva y voluntaria-, para lo que es necesario que, al menos, se les haya notificado la existencia del procedimiento cuando, con carácter previo a la inscripción o anotación de su derecho, no se haya dado publicidad a la pendencia del procedimiento mediante la oportuna anotación preventiva de la demanda (DGRN Resol 11-7-13).

2345 **Intervención de la Administración gestora de montes** (L 43/2003 art.18.2) En los casos en que se promuevan juicios declarativos ordinarios cuyo objeto sea la propiedad de **montes catalogados** -no se admiten demandas de juicio verbal al amparo de LEC art.250.1.7- es parte demandada la comunidad autónoma y, en su caso, la entidad titular del monte.
En todas las actuaciones que realicen en estos procedimientos judiciales debe ser emplazada «a su debido tiempo» la representación de la Administración gestora, declarándose nulas en caso contrario.

2346 **Tramitación** (LEC art.13.2 y 188) La solicitud de intervención no suspende el curso del procedimiento.
No obstante, las **vistas** pueden suspenderse por así solicitarlo de acuerdo las partes originarias, alegando justa causa a juicio del tribunal. Toda **suspensión** que el letrado de la Administración de Justicia acuerde se hará saber en el mismo día o en el día hábil siguiente al tribunal y se comunicará por el letrado de la Administración de Justicia a las partes personadas y a quienes hubiesen sido citados judicialmente en calidad de testigos, peritos o en otra condición.
El tribunal debe resolver sobre la intervención por medio de **auto**, previa audiencia de las partes personadas, en el plazo común de 10 días.

2347 **Admisión de la intervención** (LEC art.13.3) Admitida la intervención, no se retrotraen las
MPCI actuaciones, pero el interviniente es considerado **parte en el proceso** a todos los efectos y
nº 4054 puede defender las pretensiones formuladas por su litisconsorte o las que el propio interviniente formule, si tiene oportunidad procesal para ello, aunque su litisconsorte renuncie, se allane, desista o se aparte del procedimiento por cualquier otra causa.
También se permiten al interviniente las **alegaciones** necesarias para su defensa, que no haya efectuado por corresponder a momentos procesales anteriores a su admisión en el proceso. De estas alegaciones se dará traslado por el letrado de la Administración de Justicia, en todo caso, a las demás partes por plazo de 5 días.
El interviniente puede, asimismo, utilizar los **recursos** que procedan contra las resoluciones que estime perjudiciales a su interés, aunque las consienta su litisconsorte.

Precisiones Esta previsión supone la atenuación del principio de retroacción de actuaciones, puesto que se permite al interviniente hacer alegaciones. Sin embargo, no resulta posible la concesión de un plazo para **contestar a la demanda** si este trámite ya ha precluido, por cuanto que sería una actuación contraria a aquel principio general (AP Murcia 9-5-06, EDJ 95990).

2348 **Cosa juzgada material** (LEC art.222) La cosa juzgada de las sentencias firmes, sean estimatorias o desestimatorias, excluye, conforme a ley, un **ulterior proceso** cuyo objeto sea idéntico al del proceso en que aquella se produjo.
Los **efectos** de la cosa juzgada afectan a las partes del proceso en que se dicte y a sus herederos y causahabientes, así como a los sujetos, no litigantes, titulares de los derechos que fundamenten la legitimación de las partes en la defensa de los intereses colectivos y difusos de los consumidores y usuarios.

Precisiones La cosa juzgada, como manifestación del derecho a la tutela judicial efectiva, se concreta en el derecho a que las resoluciones judiciales alcancen la **eficacia** querida por el ordenamiento jurídico; eficacia que supone tanto el derecho a que aquellas se ejecuten en sus propios términos, como en el respeto a la firmeza de las situaciones jurídicas declaradas, sin perjuicio de que se haya previsto legalmente su eventual modificación o revisión a través de determinados cauces extraordinarios (TCo 15/2006; 231/2006).
Por ello, el interviniente en el proceso queda **vinculado a la resolución** que en el mismo se dicte, como parte interviniente en el mismo, con los mismos efectos de cosa juzgada que el resto de partes que inicialmente intervinieron en el mismo (TS 3-12-04, EDJ 173293).
Sobre la cosa juzgada material, ver nº 3006.

b. Intervención provocada

(LEC art.14)

La intervención provocada permite a las partes procesales, en los casos legalmente admitidos, interesar del juez el llamamiento a un tercero para que intervenga en el proceso, diferenciándose el tratamiento según la **iniciativa** corresponda al demandante o al demandado. 2350 MPCI nº 4060

La intervención provocada se produce, como regla general, del **lado pasivo** de la relación jurídico-procesal, cuando el que se ve demandado en el proceso tiene o cree tener, en virtud de una precedente relación negocial, ciertos **derechos frente a un tercero** que pueden verse afectados por la sentencia que recaiga en dicho proceso, y pide al órgano judicial que llame a dicho tercero al referido proceso para dejar así salvaguardados los expresados derechos que al demandado le puedan corresponder contra el mencionado tercero (TS 26-6-93, EDJ 6307; AP Murcia 12-11-02, EDJ 98270).

Necesidad de expresa previsión legal La intervención provocada, tanto sea solicitada por el demandante como por el demandado, exige una expresa remisión legal para la configuración de los **supuestos** en que el tercero puede ser llamado al proceso, no concediendo la ley, con un carácter general, a quien es demandado en un litigio, la facultad de instar al tribunal la intervención de un tercero, en todo caso (AP Barcelona 6-4-05, EDJ 58477). 2352

En sentido contrario, si no existe una previsión legal concreta, material o sustantiva, que permita la intervención, no es posible acceder a la petición y, todo ello, sin perjuicio de que los terceros puedan, si les conviene, solicitar su **intervención voluntaria** cuando acrediten la existencia de un interés legítimo y directo en el resultado del pleito (nº 2333).

Corresponde a la parte que interese la presencia del tercero la **justificación** de que su petición de intervención provocada está permitida por una expresa previsión legal de norma sustantiva, dado que en caso contrario no es admisible su presencia en el proceso (JPI Bilbao núm 10 auto 11-5-04).

Precisiones No obstante lo expuesto, un sector doctrinal y jurisprudencial considera que, cuando LEC art.14.2 admite la intervención provocada a instancia del demandado «cuando la ley lo permita» no está exigiendo que la ley material contenga una **expresa previsión** de la llamada del tercero al proceso, sino que alude a aquellos supuestos en los que dicha llamada se infiere del contenido de la **relación jurídico material** legalmente fijado, pues no puede olvidarse que la intervención provocada de tercero se basa, en cierta medida, en el principio de economía procesal, pues mediante ella se evita un eventual segundo proceso derivado de una acción de regreso total o parcial (AP Baleares 13-12-05, EDJ 231647).

Posición procesal del interviniente forzoso En la intervención provocada, por regla general, el tercero no es litisconsorte o parte. 2353

El tercero puede personarse en el proceso y **asumir las responsabilidades** reclamadas al único demandado en el proceso, en cuyo supuesto pasará a convertirse en demandado.

También puede **negar toda relación** con el asunto reclamado al demandado principal, en cuyo caso las controversias existentes entre el tercero y dicho demandado principal han de ventilarse en otro proceso distinto, por lo que la sentencia que recaiga en el proceso en curso ha de referirse únicamente al demandado principal y único, pero no al tercero que niega toda relación con el asunto litigioso debatido y contra el que el demandante no ha ejercitado acción alguna (TS 26-6-93, EDJ 6307; 5-5-97, EDJ 3586).

El tercero llamado al pleito, generalmente por el demandado, no defiende un derecho propio, sino un derecho o una tesis ajena (en el caso de la compraventa, el del comprador), y ello le hace más bien integrarse en la figura del **coadyuvante** que en la de parte.

Imposibilidad de condena El interviniente forzoso no puede ser condenado, pues el actor no le ha demandado, y no puede condenarse a alguien frente a quien no se ha pedido nada y no está vinculado por los lazos de litisconsorcio con el demandado (AP Burgos 5-11-03, EDJ 208298). 2354

Solo de manera excepcional, cuando el demandado considera que su lugar en el proceso debe ser ocupado por el tercero llamado y el tribunal, tras dar audiencia a las demás partes, considera la conveniencia de la **sucesión**, aquel adquiere la condición de parte y puede, entonces, ser condenado, en su caso (AP Navarra 4-3-05, EDJ 195241). Se trata de un supuesto de sucesión procesal derivada de la intervención provocada (nº 2465).

Precisiones En algún pronunciamiento aislado se ha condenado al tercero demandado, justificando que, habiendo sido emplazado para contestar a la demanda, lo hace, en tiempo y forma, sin efectuar la más mínima protesta por haber sido traído al pleito (AP Albacete 12-12-05, EDJ 214295).

Ausencia de cosa juzgada El tercero interviniente forzoso en el proceso no puede ser condenado o absuelto, por lo que se puede promover, en su caso, un **nuevo juicio** contra quienes no se han considerado como demandados en el proceso originario, dado que, al no tener el 2355 carácter de partes, tampoco se puede considerar existente la cosa juzgada (AP Burgos 5-11-03, EDJ 208298).

2356 **Supuestos** Los supuestos de intervención provocada se encuentran previstos en las leyes sustantivas, tanto en el Código civil como en las leyes especiales.
Podemos destacar los siguientes:

2357 **Evicción en la compraventa** (CC art.1475, 1481 y 1482) Tiene lugar la evicción cuando se prive al comprador, por sentencia firme y en virtud de un **derecho anterior a la compra**, de todo o parte de la cosa comprada. El vendedor está obligado al saneamiento que corresponda, siempre que resulte probado que se le notificó la demanda de evicción a instancia del comprador.
El comprador demandado debe solicitar, dentro del término que la LEC señala para contestar a la demanda, que esta **se notifique al vendedor** o vendedores en el plazo más breve posible. La notificación se debe realizar en el plazo que la LEC establece para emplazar a los demandados. El término de contestación para el comprador queda en suspenso en tanto no expiren los que para comparecer y contestar a la demanda se señalen al vendedor o vendedores, que serán los mismos que se determinan para todos los demandados, contados desde la notificación de la demanda. Si los citados de evicción no comparecieren en tiempo y forma, continuará, respecto del comprador, el término para contestar a la demanda.
La **sentencia** que se dicte en el juicio de evicción no puede contener ningún pronunciamiento absolutorio o condenatorio para el vendedor interviniente forzoso, aunque queden vinculados por las declaraciones que en ella se hagan, que no pueden ser discutidas en un posterior y eventual proceso que el comprador promueva para exigir la indemnización compensatoria de la privación sufrida frente al vendedor, dado que el vendedor llamado en garantía no es demandado en el juicio de evicción (TS 5-5-97, EDJ 3586).
La única **consecuencia para el vendedor** de la sentencia estimatoria de la demanda de evicción es la de venir obligado al saneamiento previsto en el Código civil.

Precisiones **1)** Es necesario que se pretenda privar al comprador de todo o parte de la cosa comprada, no comprendiendo dicha expresión la posesión que pueda perderse en virtud de una **reclamación** formulada por quien pretenda ostentar la misma (TS 4-3-96, EDJ 1128; 8-4-98, EDJ 2280).
2) No resulta necesario el **emplazamiento del vendedor** si este ya había sido demandado en el proceso (AP Araba 19-10-05, EDJ 292204).
3) Las previsiones de CC art.1482 deben interpretarse de forma integrable con las previsiones procedimentales que establece LEC art.14, puesto que el legislador ha querido incluir en este último, todos aquellos supuestos de **intervención provocada** (AP Araba 19-10-05, EDJ 292204).

2360 **Evicción de bienes aportados a una sociedad** (CC art.1681; LSC art.66) El Código civil establece que cada socio es deudor a la sociedad de lo que ha prometido aportar a ella, quedando sujeto a la evicción en cuanto a las **cosas ciertas y determinadas** que haya aportado a la sociedad, en los mismos casos y de igual modo que lo está el vendedor respecto del comprador.
Esta obligación de saneamiento se establece también en la legislación societaria, con respecto a la aportación de **bienes muebles o inmuebles** o **derechos asimilados** a ellos, norma aplicable tanto a las sociedades de capital anónimas, como de responsabilidad limitada.
Si se aporta una **empresa o establecimiento**, el aportante queda obligado al saneamiento de su conjunto, si el vicio o la evicción afectasen a la totalidad o a alguno de los elementos esenciales para su normal explotación. Procede también el saneamiento individualizado de aquellos elementos de la empresa aportada que sean de importancia por su valor patrimonial.

2361 **Evicción en el contrato de arrendamiento** (CC art.1543 y 1553) En el arrendamiento de cosas, una de las partes se obliga a dar a la otra el goce o uso de una cosa por tiempo determinado y precio cierto.
Son aplicables al contrato de arrendamiento las disposiciones sobre **saneamiento** contenidas en el título de la compraventa. En los casos en que proceda la devolución del precio, se hará la disminución proporcional al tiempo que el arrendatario haya disfrutado de la cosa.
Esta previsión solo entraría en juego si se tratase de un proceso en cuya virtud, y por sentencia firme, se privase al arrendatario, por un **derecho anterior al arrendamiento**, del uso o disfrute del todo o parte de la cosa arrendada (TS 7-12-96, EDJ 9926).

2363 **Evicción en las donaciones onerosas** (CC art.619 y 638) Son donaciones onerosas aquellas en que se impone al donatario un **gravamen**, que ha de ser inferior al valor de lo donado.
En general, el donante no queda obligado al saneamiento por evicción de las cosas donadas, salvo si la donación fuera onerosa, en cuyo caso responde de la evicción hasta la concurrencia del gravamen.

Precisiones A pesar del carácter de liberalidad que es propio de las donaciones, por el cual una persona dispone gratuitamente de una cosa en favor de otra, que la acepta, la circunstancia de que el donante imponga determinadas **cargas o gravámenes**, obligaciones o servicios futuros a cargo del donatario, no hace perder a este negocio la condición de donación y adquirir la de contrato bilateral y sinalagmático, sin perjuicio de la aplicación de las normas sobre la evicción, a fin de proteger, en último lugar, al donatario (TS 6-4-99, EDJ 5408).

Evicción del legado de cosa genérica (CC art.860 y 869.3) El **obligado a la entrega** del legado responde en caso de evicción si la cosa fuera indeterminada y se señalase solo por género o especie. 2364

El legado queda **sin efecto** si la cosa legada perece del todo viviendo el testador, o después de su muerte sin culpa del heredero. Sin embargo, el obligado a pagar el legado responde por evicción si la cosa legada no ha sido determinada en especie.

Evicción en la adjudicación de bienes hereditarios (CC art.1069) Hecha la partición, los coherederos están obligados recíprocamente a la evicción y saneamiento de los bienes adjudicados. 2365

Llamada a los coherederos en caso de reclamación de los acreedores (CC art.1084) Hecha la partición, los acreedores pueden exigir el pago de sus deudas por entero a **cualquiera de los herederos** que no haya aceptado la herencia a beneficio de inventario, o hasta donde alcance su porción hereditaria, en el caso de haberla admitido con dicho beneficio. 2366

En uno y otro caso, el demandado tiene derecho a hacer citar y emplazar a sus **coherederos**, a menos que por disposición del testador, o a consecuencia de la partición, haya quedado él solo obligado al pago de la deuda.

La previsión de llamada a los coherederos no afecta a la **solidaridad**, y lo único que concede al heredero que se ve demandado por las deudas u obligaciones de su causante es un derecho a hacer citar y emplazar a sus coherederos, por lo que si no hace uso del mismo, la relación jurídico-procesal queda bien constituida con los que hayan sido demandados (TS 22-3-90, EDJ 3198).

Llamada al nudo propietario por el usufructuario (CC art.511) El usufructuario está obligado a poner en conocimiento del propietario cualquier acto de un tercero, de que tenga noticia, que sea capaz de lesionar los derechos de propiedad y responderá, si no lo hiciera, de los daños y perjuicios como si hubieran sido ocasionados por su culpa. 2367

Llamada del arrendatario al propietario (CC art.1559) El arrendatario está obligado a poner en conocimiento del propietario, en el plazo más breve posible, toda usurpación o novedad dañosa que otro haya realizado o abiertamente prepare en la cosa arrendada. 2368

Llamada a los agentes intervinientes en la edificación (L 38/1999 art.8 y disp.adic.7ª) Quien resulte demandado por ejercitarse contra él acciones de responsabilidad basadas en las obligaciones resultantes de su intervención en el proceso de la edificación, puede solicitar que esta se notifique a **otro u otros agentes** que también hayan tenido intervención en el referido proceso. 2369

La **notificación** se debe realizar conforme a lo establecido para el emplazamiento de los demandados y debe incluir la advertencia expresa a aquellos otros agentes llamados al proceso de que, en el supuesto de que no comparezcan, la sentencia que se dicte será oponible y ejecutable frente a ellos.

Los **agentes de la edificación** son todas las personas, físicas o jurídicas, que intervienen en el proceso de la edificación: promotor, proyectista, constructor, director de obra, director de la ejecución de la obra y entidades y laboratorios de control de calidad de la edificación.

Cualquiera de estos agentes de la edificación demandado puede solicitar, por tanto, la presencia de aquel otro agente que, no habiendo sido demandado, haya intervenido en el proceso de edificación.

Llamada al titular de la patente (L 24/2015 art.117) El concesionario de una **licencia exclusiva**, salvo pacto en contrario, puede ejercitar en su propio nombre todas las acciones que se reconocen al titular de la patente frente a terceros que infrinjan su derecho, pero no puede ejercitarlas el concesionario de una **licencia no exclusiva**, salvo que requiera notarialmente al titular y este no la ejercitara en el plazo de 3 meses. 2370

El licenciatario que ejercite una acción derivada de los derechos de la patente contra **terceros** debe notificárselo al titular de la patente, el cual puede personarse e intervenir en el procedimiento.

Precisiones Este es uno de los escasos supuestos de intervención **provocada por el demandante**.

Denegación de intervención provocada La llamada al proceso como interviniente forzoso ha sido denegada en los siguientes **supuestos**. 2371

Responsabilidad extracontractual La intervención provocada o forzosa es difícilmente aplicable a los supuestos en que el demandado por una reclamación de responsabilidad patrimonial extracontractual pretenda traer al proceso, **en su lugar**, a un tercero por considerar que 2372

es el causante de los daños causados, dado que la sentencia que en su día se dicte contra el demandado primitivo, para absolverlo o condenarlo, no puede pronunciarse sobre la responsabilidad del tercero (TS 26-6-93, EDJ 6307; AP Las Palmas 12-7-05, EDJ 147884). Todo ello sin perjuicio de las acciones que a dicho demandado único le puedan corresponder contra los referidos terceros, que han de ejercitarse en el juicio correspondiente.
En determinados pronunciamientos se admite la presencia de terceros en los procesos para dirimir las responsabilidades extracontractuales, a los efectos de acreditar su **falta de responsabilidad** y solicitar su absolución -p.e. terceros, no demandados, que intervinieron en un accidente de circulación en cadena- (AP Barcelona 9-1-06, EDJ 13127).

2373 **Intervención del asegurador en pleito promovido contra su asegurado** En el caso de nacimiento de acciones derivadas del contrato de seguro, el asegurado demandado no puede solicitar la intervención de su asegurador, puesto que, si bien la Ley otorga **acción directa** al perjudicado para reclamar a la aseguradora si tal facultad no ha sido utilizada por el actor, no puede ser suplida por el asegurado demandado (JPI Bilbao núm 10 auto 9-1-03; AP Bizkaia auto 29-3-07, EDJ 39427).
No obstante, en ocasiones se ha permitido la intervención provocada de la aseguradora, considerando que el principio de **economía procesal** aconsejaba su admisión, sin perjuicio de no estar prevista dicha intervención en la legislación material, por ser esta última innecesaria, dado que debe admitirse en todos aquellos supuestos en los que dicha llamada forzosa se infiera de la relación jurídico material, para evitar un eventual segundo proceso derivado de una acción de regreso total o parcial (AP Baleares 13-12-05, EDJ 231647).

Precisiones 1) La falta de previsión en la Ley de contrato de seguro veta aplicar la intervención provocada en estos supuestos, si bien pudiera ser conveniente su admisión con un **criterio más flexible** y amplio para evitar los «pleitos de repetición» a los que el asegurado condenado a abonar una indemnización se ve abocado si el asegurador no atiene la resolución judicial.
Sin embargo, en tales casos, el proceso tendría **dos objetos**, el primero, realmente querido por el actor, sobre la existencia o no de responsabilidad del asegurado demandado, y el segundo, entre asegurado y asegurador sobre la obligación del llamado al procedimiento de responder o no, en virtud de la póliza.
2) El seguimiento de la doctrina que excluye la intervención del asegurador, dejaría fuera de la institución de la intervención provocada a supuestos tales como el previsto en CC art.1145 para las **obligaciones solidarias**, el de la llamada del deudor principal por el fiador -CC art.1830 y 1843- o los recogidos en CC art.511 y 1559 (JPI Santander núm 1 auto 2-5-02).

2374 **Transporte marítimo** No existe en nuestro ordenamiento jurídico una norma positiva aplicable que ampare el llamamiento, como interviniente forzoso, del **porteador marítimo efectivo** por quien es demandado como transitario, que se comprometió con el cargador a la ejecución del transporte, por sí mismo o por medio de otros (AP Barcelona 6-4-05, EDJ 58477).

2375 **Terceros en igual situación** No resulta admisible la llamada al proceso que se solicita por el demandado, cuando se pretende la incorporación al proceso de un tercero, concretamente de otros agentes económicos que, supuestamente, también infringen la **posición concurrencial** en el mercado que la demandante afirma lesionada (AP Barcelona auto 12-5-05, EDJ 100545).
No tiene encaje en ninguno de los supuestos legales cuando se ejercita una **acción reivindicatoria** y la parte demandada alega la existencia de un título arrendaticio con otra persona a la que pretende llamar al proceso, sin perjuicio de otras posibilidades de intervención voluntaria que pueden ofrecerse a dicho tercero (AP Sta. Cruz de Tenerife auto 18-7-05, EDJ 152080).

2376 **Tramitación de la solicitud de intervención provocada por el demandante** (LEC art.14.1) En caso de que la ley permita que el demandante llame a un tercero para que intervenga en el proceso sin la cualidad de demandado, la **solicitud** de intervención debe realizarse en la demanda, salvo que la ley disponga expresamente otra cosa.
Admitida por el tribunal la entrada en el proceso del tercero, este dispone de las mismas **facultades de actuación** que la ley concede a las partes.

2377 **Tramitación de la solicitud de intervención provocada por el demandado** (LEC art.14.2) Cuando la ley permita al demandado llamar a un tercero para que intervenga en el proceso, se procederá conforme a las siguientes reglas:
a) El demandado debe **solicitar del tribunal** que sea notificada al tercero la pendencia del juicio. Esta solicitud debe presentarse dentro del **plazo** otorgado para contestar a la demanda.
En el caso de que se alegue en la contestación la **falta de litisconsorcio pasivo necesario**, como excepción, da lugar a que se estime o se desestime la misma, pero en ningún caso puede provocar la intervención del tercero en el proceso (AP Baleares 2-11-05, EDJ 198329).
b) El letrado de la Administración de Justicia ordena la **interrupción del plazo para contestar a la demanda** concedido al demandado, desde la solicitud de intervención. Este plazo se

reanuda con la notificación al demandado de la desestimación de su petición o, si es estimada, con el traslado del escrito de contestación presentado por el tercero y, en todo caso, al expirar el plazo concedido a este último para contestar a la demanda.

c) El letrado de la Administración de Justicia acordará dar **audiencia al demandante** en el plazo de 10 días.

d) El tribunal debe resolver, mediante **auto**, lo que proceda sobre la intervención solicitada por el demandado.

e) Acordada la notificación, se ha de **emplazar al tercero** para contestar a la demanda en la misma forma y en idénticos términos a los establecidos para el emplazamiento del demandado.

Precisiones La solicitud de intervención provocada por el demandado debe presentarse dentro del plazo de contestación a la demanda y **no con la contestación** invocando la falta de litisconsorcio pasivo necesario por no haber sido llamado el tercero (AP Baleares 2-11-05, EDJ 198329).

Sucesión en los casos de intervención provocada (LEC art.14.2.4ª y 18) Si, comparecido el tercero, el demandado considera que su lugar en el proceso debe ser ocupado por aquel, lo debe **solicitar**, y dando traslado el letrado de la Administración de Justicia a las demás partes por plazo de 5 días, el tribunal ha de decidir por medio de **auto** lo que resulte procedente en orden a la conveniencia o no de la sucesión. 2379 MPCI nº 4112

El hecho de que la Ley permita que una persona sea llamada al pleito y que se comporte como un demandado a la hora de alegar y probar, no significa que sea un demandado propiamente dicho. Para que se considere al llamado al proceso como parte, en lugar del primitivo demandado, es necesario cumplir el **trámite procesal específico**, solicitándolo así el demandado originario y, tras audiencia de las demás partes, acordar la sucesión el tribunal mediante auto (AP Burgos 5-11-03, EDJ 208298).

Para que se constituya correctamente la **relación procesal**, y el tercero traído al proceso por el originariamente demandado pueda ser condenado, sin vulneración del principio de congruencia de la sentencia, es preciso que se cumplan los requisitos señalados, dándose traslado de la copia de la demanda y documentos presentados y emplazándole para que la conteste (AP Albacete 12-12-05, EDJ 214295).

Condena en costas En el caso de que la intervención en el proceso del tercero sea a instancia de la parte demandada, si la sentencia absuelve al tercero y estima la demanda contra la parte originariamente demandada, es admisible la condena al demandado en las **costas causadas al tercero**, que correrá con las costas del que compareció por su llamamiento a la litis, aunque los demandantes no dirigieran pretensión alguna contra el tercero (AP Murcia 3-11-05, EDJ 235320). 2380

c. Intervención y publicidad en procesos para la protección de derechos e intereses de consumidores y usuarios

(LEC art.15)

La Ley prevé un supuesto específico de intervención que se da en los procesos para la protección de derechos e intereses colectivos y difusos de los consumidores y usuarios, que sean promovidos por **asociaciones o entidades** constituidas para la protección de los consumidores y usuarios o por los grupos de afectados. 2385

En estos procesos se prevé el llamamiento al proceso de quienes tengan la **condición de perjudicados** por haber sido consumidores del producto o usuarios del servicio que dio origen al proceso, para que hagan valer su derecho o interés individual.

Intereses colectivos y difusos Los intereses **colectivos** de los consumidores son aquellos que afectan a un colectivo perfectamente determinado o de fácil determinación. 2386

Los intereses **difusos** se dan cuando existe un interés supraindividual sin que entre los individuos interesados exista un vínculo jurídico alguno ni entre ellos y un tercero, sino que el nexo de unión que les agrupó obedece a circunstancias fácticas y contingentes, como pueden ser los afectados por un producto defectuoso.

Los **grupos de consumidores o usuarios afectados** por un hecho dañoso, cuando los individuos que lo compongan estén determinados o sean fácilmente determinables, tienen capacidad para ser parte, si bien para demandar en juicio es necesario que el grupo se constituya con la mayoría de los afectados (LEC art.6.1.7º).

Por su parte, las **asociaciones de consumidores y usuarios**, legalmente constituidas, están legitimadas para defender en juicio, además de los derechos e intereses de sus asociados, los propios de la asociación y los generales de los consumidores y usuarios, los intereses colectivos de

los consumidores, que son aquellos que afectan a un colectivo perfectamente determinados o de fácil determinación (LEC art.11.2).
Asimismo, corresponde a las asociaciones, que conforme a la ley sean representativas, la legitimación en exclusiva para la defensa de los intereses difusos de los consumidores, que se generan cuando los perjudicados sean una pluralidad de consumidores o usuarios indeterminada o de difícil determinación.

Precisiones La **capacidad** para ser parte y la **legitimación** de estas entidades se expone en nº 2069 y nº 2220.

2387 MPCI nº 4124 s. **Llamamiento a los consumidores y usuarios** (LEC art.15.1) En los procesos promovidos por asociaciones o entidades constituidas para la protección de los derechos e intereses de los consumidores y usuarios, o por los grupos de afectados, se debe llamar al proceso a quienes tengan la **condición de perjudicados** por haber sido consumidores del producto o usuarios del servicio que dio origen al proceso, para que hagan valer su derecho o interés individual. Este llamamiento se hará por el letrado de la Administración de Justicia, publicando la admisión de la demanda en medios de comunicación con difusión en el ámbito territorial en el que se haya manifestado la lesión de aquellos derechos o intereses. El Ministerio Fiscal será parte en estos procesos cuando el interés social lo justifique. El tribunal que conozca de alguno de estos procesos comunicará su iniciación al Ministerio Fiscal para que valore la posibilidad de su personación.
Todo **adherente**, sea o no consumidor, puede igualmente intervenir en los litigios en que se ejerciten acciones individuales o colectivas derivadas de la Ley de condiciones generales de la contratación (L 7/1998 disp.adic.4ª).
La **forma de hacer pública la demanda** varía según se trate de un colectivo perfectamente determinado, en cuyo caso se exige la comunicación de la interposición de la demanda por el mismo demandante o demandantes (nº 2390), o indeterminado, en cuyo caso se debe publicar la misma (nº 2388).

Precisiones 1) Son **consumidores o usuarios** las personas físicas o jurídicas, o entidades sin personalidad, que actúan en un ámbito ajeno a una actividad empresarial o profesional (RDLeg 1/2007 art.3). Por L 4/2022 se incorpora el concepto de **consumidor vulnerable** respecto de relaciones comerciales concretas, ubicado en situación de subordinación.
2) Se considera **adherente** a toda persona física o jurídica, pudiendo ser incluso también un profesional, sin necesidad de que actúe en el marco de su actividad que suscribe un contrato que contenga **condiciones generales**, esto es, cláusulas predispuestas cuya incorporación al contrato sea impuesta por el predisponerte, habiendo sido redactadas con la finalidad de ser incorporadas a una pluralidad de contratos (L 7/1998 art.1 y 2).

2388 **Publicación de la admisión de la demanda** (LEC art.15.1) El llamamiento se ha de realizar por el letrado de la Administración de Justicia, publicando la admisión de la demanda en **medios de comunicación** con difusión en el ámbito territorial en el que se haya manifestado la lesión de aquellos derechos o intereses.
Esta publicación se hará en medios de comunicación con difusión nacional cuando se alegue que la eventual lesión no se circunscribe a un **ámbito territorial concreto** y que puede afectar a una pluralidad de personas indeterminadas o de difícil determinación (JPI Madrid núm 17 auto 18-11-02).

2390 **Comunicación de la presentación de la demanda** (LEC art.15.2) Cuando se trate de un proceso en el que estén **determinados** o sean **fácilmente determinables** los perjudicados por el hecho dañoso, el demandante o demandantes deben haber comunicado previamente su propósito de presentación de la demanda a todos los interesados.
En este caso, tras el llamamiento, el consumidor o usuario puede intervenir en el proceso en cualquier momento, pero solo puede realizar los actos procesales que no hayan precluido.

Precisiones Esta **comunicación** ha de ser personal, realizada a todos los interesados, en la que deberá darse al destinatario noticia suficiente de su objeto -la presentación de la demanda-, del objeto de la misma, de la condición del destinatario como perjudicado y afectado, siendo válida cualquier forma, con tal de que quede constancia escrita de la notificación. Lo que no puede pretenderse es sustituir dicha comunicación personal por otra publicación en medios de comunicación con difusión en el ámbito territorial en el que se haya manifestado la lesión de aquellos derechos o intereses (AP Madrid auto 28-5-08, EDJ 109950).

2391 **Suspensión del curso del proceso** (LEC art.15.3) Cuando se trate de un proceso en el que el hecho dañoso perjudique a una pluralidad de personas **indeterminadas** o de **difícil determinación**, el llamamiento suspende el curso del proceso por un plazo que no puede exceder de 2 meses y que se ha de determinar en cada caso por el letrado de la Administración de Justicia, atendiendo a las circunstancias o complejidad del hecho y a las dificultades de determinación y localización de los perjudicados.

Intervención en el proceso (LEC art.15.3 y 221.1.3ª) El proceso se reanuda con la intervención de todos aquellos consumidores que hayan acudido al llamamiento. 2392

Si se han personado consumidores o usuarios determinados, la **sentencia** que se dicte en el proceso promovido por asociaciones constituidas en defensa de sus intereses, ha de pronunciarse expresamente sobre sus pretensiones.

Precisiones Ver nº 3002 sobre el **contenido de las sentencias** dictadas en procesos promovidos por asociaciones de consumidores y usuarios.

Inadmisión de personación ulterior (LEC art.15.3) No se admite la personación individual de consumidores o usuarios en un momento posterior, sin perjuicio de que estos puedan hacer valer sus derechos o intereses en ejecución de sentencia. 2393

Precisiones Esta norma entra en posible **contradicción** con LEC art.13.1, que dispone que cualquier consumidor o usuario puede intervenir en los procesos instados por las entidades legalmente reconocidas para la defensa de los intereses de aquellos, y que, al someterse a las normas generales sobre la intervención de sujetos originariamente no demandantes ni demandados, esta puede ser solicitada, y debe ser admitido como parte demandante, mientras el proceso se encuentre pendiente.

La aparente contradicción puede salvarse considerando que en la intervención de LEC art.13.1 se hace referencia a los procesos instados por las asociaciones de consumidores y usuarios en defensa de los **intereses de sus asociados**, mientras que las previsiones específicas de LEC art.15 se refieren a las acciones ejercitadas en defensa de los **intereses colectivos y difusos** de los consumidores.

Ver lo que se expone al tratar la **intervención voluntaria** en el proceso (nº 2336).

Acumulación de procesos (LEC art.78.4) En los casos en que exista una **diversidad de procesos** incoados para la protección de los derechos e intereses colectivos o difusos de los consumidores o usuarios, promovidos por las asociaciones, entidades o grupos legitimados o por consumidores o usuarios individuales, que no se haya podido evitar mediante la acumulación de acciones o la intervención de los concretos perjudicados, se debe decretar la acumulación de procesos, incluso de oficio, conforme a lo previsto en las normas generales sobre acumulación. 2395

Ver la parte de esta obra dedicada a la acumulación de procesos.

Falta de personación de los consumidores o usuarios individuales (LEC art.221.1.1ª y 519) 2396

En los casos de no intervención de los concretos consumidores o usuarios perjudicados en los procesos promovidos por las asociaciones, si se ha pretendido una condena dineraria, de hacer, no hacer o dar cosa específica o genérica, la **sentencia** estimatoria debe determinar individualmente los consumidores y usuarios que, conforme a las leyes sobre su protección, han de entenderse **beneficiados por la condena**.

Cuando la determinación individual no sea posible, la sentencia debe establecer los **datos, características y requisitos** necesarios para poder exigir el pago y, en su caso, instar la ejecución o intervenir en ella, si la instara la asociación demandante.

Si la sentencia de condena **no ha determinado los consumidores o usuarios individuales** beneficiados por aquella, el tribunal competente para la ejecución, a solicitud de uno o varios interesados y con audiencia del condenado, debe dictar auto en que resolverá si, según los datos, características y requisitos establecidos en la sentencia, reconoce a los solicitantes como beneficiarios de la condena. Con testimonio de este auto, los sujetos reconocidos pueden instar la ejecución (acción ejecutiva de consumidores y usuarios fundada en sentencia de condena sin determinación individual de los beneficiarios).

Excepción en las acciones colectivas de cesación (LEC art.15.4) Se exceptúan de la exigencia de publicidad y comunicación de la demanda los procesos iniciados mediante el ejercicio de una acción de cesación para la defensa de los intereses colectivos y de los intereses difusos de los consumidores y usuarios. 2397

No obstante, en los casos en que **se ejerciten acumuladamente** acciones de cesación y otras de resolución y resarcimiento, debe, como mínimo, darse publicidad a estas últimas, sin perjuicio de excluir a las propias de cesación (AP Girona auto 18-1-06, EDJ 13490).

Precisiones **1)** La no aplicación de estas previsiones de publicidad y comunicación tiene como **finalidad** garantizar la rapidez de los procedimientos judiciales en los que se ejerciten dichas acciones. A este mismo fin coadyuva su tramitación por el juicio verbal.

2) La **legitimación** para el ejercicio de la acción de cesación en defensa de los intereses colectivos y difusos de los consumidores y usuarios se expone en nº 2221 s.

d. Intervención en procesos para la defensa de la competencia y de protección de datos

(LEC art.15 bis)

2399 La Comisión Europea, la Comisión Nacional de los Mercados y de la Competencia y los órganos autonómicos en el ámbito de sus competencias pueden intervenir, **sin condición de parte**, por propia iniciativa o a instancia del órgano judicial, mediante la aportación de información o presentación de **observaciones escritas** sobre cuestiones relativas a la aplicación del Tratado FUE art.101 y 102 o de la L 15/2007 art.1 y 2 (prácticas colusorias y abuso de posición dominante).

Con la autorización del órgano judicial, pueden presentar también **observaciones verbales**. A estos efectos, podrán solicitar a aquel que les remita todos los documentos necesarios para realizar una valoración del asunto de que se trate. La aportación de información no alcanzará a los datos o documentos obtenidos en el ámbito de las circunstancias de aplicación de la **exención o reducción del importe** de las multas -previstas en L 15/2007 art.65 y 66- (nº 4657 s. y nº 1058 s. Memento Administrativo 2026).

Los órganos citados aportarán la información o presentarán las observaciones previstas en el número anterior 10 días antes de la celebración del acto del juicio (LEC art.433; nº 3865 s.) o dentro del plazo de oposición o impugnación del recurso interpuesto.

Este régimen es asimismo de aplicación cuando la Comisión Europea, la Agencia Española de Protección de Datos y las autoridades autonómicas de **protección de datos**, en el ámbito de sus competencias, consideren precisa su intervención en un proceso que afecte a cuestiones relativas a la aplicación del Rgto (UE) 2016/679.

Precisiones El Tratado FUE art.101 y 102 declara incompatibles con el mercado interior y prohibidos todos los **acuerdos entre empresas** que afecten al comercio entre los Estados miembros que tengan por objeto o efecto impedir, restringir o falsear el juego de la competencia dentro del mercado interior. En la misma medida quedará prohibida la explotación abusiva de una posición dominante en el mercado interior o en una parte sustancial del mismo.

e. Intervención en los procesos para la igualdad de trato y no discriminación

(LEC art.15 ter y 15 quater)

2405 En los procesos promovidos por la Autoridad Independiente para la Igualdad de Trato y la No Discriminación, los partidos políticos, sindicatos, asociaciones profesionales de trabajadores autónomos, organizaciones de consumidores y usuarios y asociaciones y organizaciones legalmente constituidas, que tengan entre sus fines la defensa y promoción de los derechos humanos y los derechos del colectivo LGTBI, se llamará al proceso a quienes tengan la condición de **personas afectadas** por haber sufrido la situación de discriminación que dio origen al proceso, para que hagan valer su derecho o interés individual.

El órgano judicial que conozca de alguno de estos procesos comunicará su iniciación al **Ministerio Fiscal** para que, de conformidad con las funciones que le son propias, valore la posibilidad de su personación.

Cuando se trate de un proceso en el que estén determinadas o sean fácilmente determinables las **personas afectadas** por la situación de discriminación, el demandante o demandantes deberán haber comunicado previamente su propósito de presentación de la demanda a todos los interesados. En este caso, tras el llamamiento, la persona afectada podrá intervenir en el proceso en cualquier momento, pero solo podrá realizar los actos procesales que no hubieran precluido.

Si se trata de un proceso en el que la situación de discriminación perjudique a una **pluralidad de personas** indeterminadas o de difícil determinación, el llamamiento suspenderá el curso del proceso por un plazo que no excederá de 2 meses y que el letrado de la Administración de Justicia determinará en cada caso atendiendo a las circunstancias o complejidad del hecho y a las dificultades de determinación y localización de las personas afectadas. El proceso se reanudará con la intervención de todas aquellas que hayan acudido al llamamiento, no admitiéndose la personación individual de personas afectadas en un momento posterior, sin perjuicio de que estas puedan hacer valer sus derechos o intereses conforme a lo dispuesto en LEC art.221 y 519.

D. Sucesión procesal

2410 Como regla general, la posición de las personas que ostentan la condición de partes en un proceso subsiste durante toda la pendencia del mismo, a pesar de los cambios jurídicos o fácticos que se produzcan durante su tramitación, en virtud de una ficción que se denomina

mantenimiento de la legitimación (*perpetuatio legitimationis*: nº 2194), entendida esta última como mera afirmación de titularidad del derecho en el proceso, ya sea como parte demandante ya como parte demandada, en cuya virtud, no puede perderse, por lo general, legitimación procesal en el curso del proceso (TS 8-6-05, EDJ 90172).
No obstante, este principio no es absoluto. En ocasiones pueden acaecer hechos que impliquen una disociación entre la persona que ostenta la calidad inicial de parte y el nuevo titular de la cosa litigiosa que, de ser ignorada en el juicio, puede suponer la ineficacia del mismo y, por ello, en esas circunstancias, la LEC, superando la regla de la inmutabilidad sobre la legitimación procesal una vez entablada la litis, permite, con determinadas condiciones, la llamada sucesión procesal, que no es otra cosa que la sustitución en un proceso pendiente de una parte por otra que ocupa su posición procesal (TS 4-9-14, EDJ 165041; AP Barcelona 31-5-02, EDJ 126189).
Este **cambio en la titularidad del objeto o derecho litigioso** puede acaecer por:
- **fallecimiento** del titular originario y consiguiente incorporación a la titularidad de sus herederos o legatarios (nº 2413);
- **transmisión por acto entre vivos** de lo que sea objeto del pleito (nº 2454).
Asimismo, se regula un supuesto específico de sucesión procesal consistente en el **cambio de la parte pasiva** de la relación procesal, cuando el demandado haya solicitado la intervención en el proceso ya iniciado de un tercero, pidiendo que este último ocupe su posición procesal y apartándose el inicialmente demandado del proceso (nº 2465).

1. Por muerte

(LEC art.16)

Cuando se transmite por causa de muerte el objeto del juicio, la persona o personas que suceden al causante pueden continuar ocupando en dicho juicio la **misma posición** que este, a todos los efectos. **2413**
La sucesión procesal por causa de muerte supone la **modificación de la identidad subjetiva** de la parte, producida por muerte de alguno de los litigantes (AP Ávila 17-6-02, EDJ 38931).
Esta sucesión procesal tiene lugar cuando fallece quien inicialmente actuaba como actor o demandado después de que la litis se haya constituido, es decir, después de la admisión a trámite de la demanda con efectos desde su interposición, no operando esta figura cuando el fallecimiento se produce con anterioridad a la interposición de la demanda, dado que en tal caso no llegó a adquirir, el fallecido, la **condición de litigante** por falta de capacidad para ser parte (AP auto Ourense 16-11-04).

Precisiones 1) La sucesión de una persona se abre en el momento de su muerte, de manera que la **transmisión sucesoria** de los derechos y obligaciones del causante tiene lugar desde su fallecimiento, comprendiendo la herencia el conjunto de bienes, derechos y obligaciones de una persona que no se extingan por su muerte y que integren su patrimonio al tiempo de fallecer, ya que nadie puede transmitir o disponer de aquello que no es suyo (TS 18-3-91, EDJ 2939; 22-2-97, EDJ 498).
2) Acerca de la **tramitación** de la sucesión procesal, ver nº 2441 s.

Requisitos Para que opere la sucesión procesal por fallecimiento de alguno de los litigantes, en un **proceso ya iniciado** cuando ocurre el óbito, es preciso que se cumplan los requisitos de carácter material consistentes en que: **2416**
- quien pretenda suceder al litigante fallecido haya sucedido en la acción o pretensión objeto del litigio (nº 2417);
- así como que el derecho o acción sea transmisible (nº 2433 s.).
Por último, es necesario cumplir con las **exigencias procesales** que regula la LEC (nº 2441 s.).

Sucesor del causante La posición procesal que ocupaba el causante en el litigio, bien como demandante o como demandado, será asumida por la persona o personas que sucedan al fallecido en la titularidad de lo que sea objeto del juicio. Acerca de la normativa aplicable para la **determinación** del sucesor del causante, ver nº 2427 s. **2417**

Precisiones 1) La sucesión procesal no se reconoce a favor de los **familiares** de la parte fallecida en el curso del procedimiento, sino que tal posición la ocupa, únicamente, quien acredite la **cualidad de sucesor** cuando se transmita por causa de muerte lo que sea objeto del juicio (AP Barcelona 21-3-05, EDJ 49323).
2) Los sucesores del litigante fallecido deben acreditar el fallecimiento mediante **certificado de defunción**, así como la **condición de herederos**, bien mediante acta de notoriedad o mediante declaración judicial de herederos (TSJ Castilla-La Mancha auto 6-4-04, EDJ 32033).
3) Son los sucesores del litigante difunto quienes están legitimados para intervenir en el proceso y, en caso de vulneración de su derecho a intervenir en el proceso, a impugnar la resolución o resoluciones que les perjudiquen en su **derecho a la defensa**, sin que esté el codemandado, no heredero del

difunto, legitimado a tal efecto, puesto que la indefensión con trascendencia constitucional es de carácter material y no exclusivamente formal y se produce únicamente cuando el interesado, de modo injustificado, ve cerrada la posibilidad de impetrar la protección judicial de sus derechos o cuando la vulneración de normas procesales comporta la privación del derecho a la defensa (AP A Coruña 13-5-03, EDJ 114904).

a. Normativa aplicable

2419 Resulta trascendental a los efectos procesales de determinar a quién o a quiénes corresponde la **condición de sucesor del causante** en lo que sea objeto del litigio, el análisis de la legislación sucesoria aplicable a la herencia de que se trate.

2420 **Legislación civil española o extranjera** (CC art.9.8) La sucesión por causa de muerte se rige por la **ley nacional del causante en el momento de su fallecimiento**, cualesquiera que sean la naturaleza de los bienes y el país donde se encuentren.
Sin embargo, las disposiciones hechas en **testamento** y los **pactos sucesorios** ordenados conforme a la Ley nacional del testador o del disponente en el momento de su otorgamiento conservan su validez, aunque sea otra la ley que rija la sucesión.

Precisiones Estas normas se encuentran incorporadas al CC art.8 a 12, bajo la rúbrica de «normas de Derecho Internacional Privado» y se aplican para determinar qué normativa sustantiva debe regir la sucesión en los bienes del causante en los casos en que se trate de una relación jurídica cuyos elementos se encuentren diversificados en **distintos países**, por lo que, donde quiera que estén los bienes que integren la herencia, esta se regirá por la ley nacional del fallecido en el momento de acontecer su fallecimiento.

2422 **Legislación civil común o especial** (Const art.149.1.8ª) Corresponde al Estado la **competencia** exclusiva en materia de legislación civil, sin perjuicio de la conservación, modificación y desarrollo por las comunidades autónomas de los Derechos civiles, forales o especiales, allí donde existan.
Este precepto permite la asunción o integración en el **ordenamiento autonómico** de las compilaciones y otras normas derivadas de las fuentes propias de su ordenamiento, así como el desarrollo del propio Derecho civil, especial o foral, que puede ser objeto no ya de conservación y modificación, sino también de una acción legislativa que haga posible su crecimiento orgánico (TCo 121/1992; 88/1993).

2423 **Legislación sucesoria autonómica** (Const art.149.1.8ª) En virtud de la asunción de competencias por los Estatutos de Autonomía, han dictado leyes sucesorias las siguientes comunidades autónomas (actualizando o modificando, generalmente, las compilaciones o leyes de Derecho civil foral previas):
- **Aragón**: DLeg Aragón 1/2011 art. 316 a 535 y 536.
- **Baleares**: DLeg Baleares 79/1990.
- **Cataluña**: L Cataluña 10/2008.
- **Galicia**: L Galicia 2/2006 art.181 a 308.
- **Navarra**: L 1/1973 leyes 148 s.
- **País Vasco**: L País Vasco 5/2015.

2424 **Coexistencia de diversas legislaciones sustantivas** Coexistiendo diversas legislaciones sustantivas que rigen la sucesión en el territorio español, es preciso establecer los criterios o **puntos de conexión** para determinar cuál de ellas se aplica a una concreta sucesión, por cuanto de ella se derivarán importantes consecuencias de orden sustantivo y procesal, a los efectos de legitimar la intervención de los sucesores en el proceso previamente iniciado por el causante.
El criterio utilizado por nuestro Derecho es el de la **vecindad civil**, que determina, por tanto, la aplicación de las normas de Derecho civil especial o foral en los territorios en que exista, o el Derecho civil común, esto es, el Código Civil, en el resto del territorio español.
Ello aun cuando los distintos elementos de la sucesión se hallen diversificados en distinto territorio y sometidos a distinta legislación, por cuanto que se opta por el **criterio único** de la vecindad civil, que es la ley personal para resolver los conflictos de leyes que puedan surgir por la coexistencia de distintas legislaciones civiles en el territorio nacional (CC art.16).
En cuanto a la **adquisición de la vecindad civil**, tienen vecindad civil en territorio de Derecho común, o en uno de los territorios de Derecho especial o foral, los nacidos de padres que tengan tal vecindad. Por su parte el adoptado no emancipado adquiere la vecindad civil de los adoptantes.
La vecindad civil también se adquiere por residencia continuada durante 2 años, siempre que el interesado manifieste ser esa su voluntad; y por residencia continuada de 10 años, sin

declaración en contrario durante este plazo. Ambas declaraciones deben hacerse constar en el Registro Civil y no necesitan ser reiteradas (CC art.14).

Legislación vigente en el momento del fallecimiento La normativa que determina la condición de herederos del fallecido es la vigente en el momento del fallecimiento del causante, siendo así que la **apertura de la sucesión** se rige por la ley aplicable en el momento en que se produce el fallecimiento del causante respetándose, en cuanto la regulación vigente lo permita, la voluntad testamentaria (TS 27-9-00, EDJ 28961; AP Tarragona auto 29-6-04, EDJ 98654). **2425**

b. Tipos de sucesión

La sucesión por causa de muerte se produce por: **2427**
- la voluntad del causante manifestada en testamento (sucesión **testamentaria**); o
- a falta de este, por disposición de la ley (sucesión **legítima**).

También puede deferirse en una parte por voluntad del hombre y en otra por disposición de la ley (CC art.658).
La **sucesión contractual** o por pacto sucesorio está prohibida, como regla general, en el Derecho común, sin embargo, en las legislaciones civiles especiales o forales se permite, en distintas modalidades.
Asimismo, la sucesión puede ser **a título universal o particular**, así se distingue entre (CC art.660):
- el **heredero** o persona que sucede a título universal al causante (nº 2429); y
- el **legatario**, que lo sucede a título particular (nº 2431).

No cabe identificar en todo caso al sucesor con el universal o heredero, sino que puede darse el caso de sucesor a título particular, en la condición de legatario; asimismo pueden ser uno o varios los sucesores, a título universal o particular, cuando se transmita por causa de muerte lo que sea objeto del juicio.

Heredero (CC art.661) Los herederos suceden al difunto, por el solo hecho de su muerte, en **todos sus derechos y obligaciones**. **2429**
Sin embargo, la herencia no se adquiere por el solo hecho de ser llamado a la misma, sino que además es precisa la **aceptación de la herencia** por el heredero, lo que puede efectuarse de forma expresa o tácita. Producido el llamamiento a heredar, el llamado a dicha herencia puede aceptar o repudiar esta, pero en tanto no acepte no puede ser considerado como sucesor (TS 27-6-00, EDJ 15190).
La aceptación de la herencia es un acto enteramente voluntario y libre, sin que pueda hacerse en parte, a plazo o condicionalmente. Sus **efectos** se retrotraen siempre al momento de la muerte de la persona a quien se hereda (CC art.988 a 990).

Cónyuge viudo El cónyuge viudo tiene la condición de **heredero forzoso** de su causante, pero con el carácter **limitado** que le confiere la ley, tanto en la sucesión testamentaria como en la intestada, de manera que, en principio, solo puede ser llamado a la herencia como usufructuario de cuota o parte alícuota, y en cuanto tal, a diferencia del heredero propiamente dicho, no sucede en su integridad al causante en sus derechos y obligaciones, al no corresponderle más que el goce temporal de una porción hereditaria ajena, cuyo dominio corresponde al heredero o nudo propietario, todo ello, sin perjuicio de ejercitar las acciones oportunas en defensa o beneficio de la herencia yacente y de los derechos de la comunidad hereditaria (AP Toledo 16-9-98, EDJ 25875). **2430**

Legatario (CC art.660) El legatario es la persona que sucede al causante a título particular, esto es, en **uno o varios bienes o derechos** concretos y determinados. **2431** MPCI nº 4196

c. Acciones o pretensiones transmisibles

Para que proceda la sucesión procesal por fallecimiento de alguna de las partes del proceso, es necesario que se cumpla el requisito de carácter sustantivo consistente en que se trate de acciones o pretensiones transmisibles, esto es, que el derecho controvertido y la acción ya emprendida para su reconocimiento y protección, sea susceptible de ser ejercitada por persona distinta a la de su originario titular (TCo auto 242/1998). **2433**
Los **derechos patrimoniales o económicos** son esencialmente transmisibles por sucesión hereditaria, salvo aquellos de carácter público, personalísimo o que tengan su duración limitada, legal o convencionalmente, a la vida de una persona, y así las obligaciones y derechos nacidos de vínculos negociales o contractuales, a excepción de los constituidos en atención a la persona y

en consideración a las cualidades que le son propias a su titular *-intuitu personae-*, se transmiten a los herederos de los contratantes (TS 26-3-94, EDJ 2801; 7-10-94, EDJ 7982; AP Toledo 1-4-04, EDJ 29155).

Si bien, como regla general, los derechos de contenido patrimonial o económico son susceptibles de transmisión, y por tanto, habilitarían a la sucesión procesal por muerte, no solamente estos derechos con repercusión económica sobre personas distintas son transmisibles, existiendo supuestos de acciones procesales encaminadas al **reconocimiento y defensa de ciertos derechos de la personalidad** que permiten la continuidad en su ejercicio por los herederos y otras personas, una vez fallecido el demandante (TCo auto 242/1998).

2434 MPCI nº 4202, 4204

Supuestos admitidos Resulta admisible la sucesión procesal a favor de los herederos o sucesores del litigante fallecido, cuando se trate del ejercicio de las siguientes acciones:

a) Las acciones en **reclamación de cantidad** y de derechos devengados por el causante, dado que forman parte del patrimonio relicto del mismo al que tienen derecho los herederos (CC art.659 y 661; TS 2-4-92, EDJ 3200).

b) Las **acciones derivadas de los contratos celebrados por el causante**, por cuanto que producen efecto entre las partes que los otorgan y sus herederos, salvo en cuanto a estos, el caso en que los derechos y obligaciones que proceden del contrato no sean transmisibles, o por su naturaleza, o por pacto o por disposición de la ley (CC art.1257).

c) La acción para reclamar la **indemnización por lesiones sufridas en accidente**. En el caso de fallecimiento de la víctima por causas distintas de aquel, sus herederos pueden suceder en sus derechos a la indemnización, dado que el derecho al resarcimiento se integra en la herencia de la víctima al morir esta por causa distinta y tal derecho ha de estimarse como no personalísimo (AP Cantabria 23-12-02, EDJ 72967).

Sin embargo, si el fallecimiento se produjo como consecuencia del accidente, se trata de un derecho originario para cuyo ejercicio no es necesario demostrar la condición de heredero del fallecido, porque se entiende que no llegó a formar parte del caudal relicto el derecho a la indemnización y debe acreditarse únicamente la condición de perjudicados.

d) En los procesos sobre **filiación, paternidad y maternidad**, a la muerte del actor, sus herederos pueden continuar las acciones ya entabladas (LEC art.765).

e) La acción de **revocación de donaciones por superveniencia o supervivencia de hijos** se transmite, por muerte del donante, a los hijos y sus descendientes (CC art.646).

f) La acción de **revocación de la donación por causa de ingratitud** no se transmite a los herederos del donante si este, pudiendo, no la ejercitó. Tampoco se puede ejercitar contra el heredero del donatario, a no ser que a la muerte de este se hallase interpuesta la demanda (CC art.653).

De aquí se desprende que, si el proceso fue iniciado por el donante, pueden continuar con el mismo sus herederos en virtud de la sucesión procesal.

g) Las acciones derivadas de vulneraciones del **derecho al honor, a la intimidad personal y a la propia imagen**. Cuando fallezca el titular del derecho lesionado, sus herederos pueden continuar la acción ya entablada (LO 1/1982 art.6).

2436 **h)** La acción judicial de **separación de un socio** de una sociedad es transmisible y ejercitable contra los herederos del socio, dado que la exclusión no es precisamente un acto de naturaleza propiamente sancionadora, sino que opera como instrumento de defensa para la conservación de la empresa, mediante la disolución parcial de la misma, de manera que extinguida la relación sociedad-socio, y la empresa puede continuar con la operatividad jurídico-mercantil (TS 26-3-94, EDJ 2801).

No puede admitirse que el fallecimiento del socio incumplidor le exima de toda responsabilidad, lo que puede predicarse de los **actos exclusivamente personalísimos**, pero no de los de contenido económico-patrimonial que no los sana el óbito, y persisten y se transmiten a sus herederos, que han de soportar las consecuencias y responsabilidades que procedan, surgiendo de la situación que creó, contraria a los intereses comunes sociales, las derivadas acciones para obtener la reparación de los quebrantos económicos que ocasionó su proceder, y obtienen la censura de la expulsión.

i) Las acciones derivadas de la **condición de asociado** en una asociación, dado que esta condición es intransmisible, salvo que los estatutos de la asociación dispongan otra cosa, por causa de muerte o a título gratuito (LO 1/2002 art.20).

j) La acción para exigir la **responsabilidad de los administradores** (AP Madrid 9-2-05, EDJ 20856).

k) La acción de **separación matrimonial** es transmisible a los herederos del cónyuge fallecido, para determinar si el sobreviviente fue o no culpable de dicha separación a los efectos de los derechos sobre la legítima viudal (AP Valladolid auto 19-2-04, EDJ 9993).

Precisiones No obstante, existen **pronunciamientos judiciales contrarios** a dicha admisión, afirmándose que el único legitimado para pedir la continuación del pleito sería el cónyuge supérstite, a efectos de obtener una declaración de culpabilidad, siendo cuando menos dudosa la procedencia de tal petición una vez que la separación, objeto principal del litigio del que el pronunciamiento de culpabilidad es accesorio, ha dejado de tener sentido por la disolución del matrimonio por muerte. Los demás interesados en obtener tal pronunciamiento a efectos sucesorios no tienen otra vía que la de promover un pleito con el fin específico de que se declare la inexistencia de derechos legitimarios del cónyuge supérstite (AP Sevilla auto 11-2-05, EDJ 76213).

l) El proceso de **concurso**, dado que la muerte o declaración de fallecimiento del concursado no es causa de conclusión del concurso, que continúa su tramitación como concurso de la herencia, correspondiendo a la administración concursal el ejercicio de las facultades patrimoniales de administración y disposición del caudal hereditario (LCon art.571). **2437** MPCI nº 4208
La representación de la herencia en el procedimiento corresponde a quien la ostente conforme a Derecho y, en su caso, a quien designen los herederos.

Acciones no transmisibles No puede admitirse la sucesión procesal por fallecimiento de cualquiera de las partes para el caso en que la acción que se ejercite en el proceso no sea transmisible por causa de muerte por tener un **carácter personalísimo** (TS auto 29-4-04, EDJ 27764). A tales características responden: **2439**
a) Las acciones derivadas del **matrimonio**, al quedar este extinguido por fallecimiento de uno de los cónyuges, no pueden transmitirse a los herederos por su carácter eminentemente personal (CC art.85; AP Sta. Cruz de Tenerife auto 21-3-05, EDJ 39366).
Respecto a este supuesto nos remitimos también a lo dicho en cuanto a la transmisión de acciones en los casos de separación matrimonial para determinar la culpabilidad o no de los cónyuges a efectos sucesorios (nº 2436).
b) La acción para solicitar la **provisión de medidas de apoyo para el ejercicio de la capacidad jurídica** de una persona no es transmisible a los herederos del legitimado para ejercitarla, por lo que, acaecido el fallecimiento del actor, en cualquier instancia en que el proceso se encuentre, se produce el archivo del mismo, sin que sea posible la actuación por quien no está legitimado (TS auto 29-4-04, EDJ 27764; AP Girona 14-5-04, EDJ 55963).
c) La acción para reclamar el **pago de alimentos**, dado que la prestación alimenticia no es transmisible por muerte, antes al contrario, se trata de una obligación personalísima que se extingue con la muerte y los herederos del fallecido no tienen obligación alguna de hacer frente a los mismos, ni a los anteriores ni a los posteriores al fallecimiento, al tratarse de derechos que se extinguen con la muerte (AP Cáceres auto 10-9-04, EDJ 116726).
d) Las acciones derivadas de la **titularidad de una Administración de Loterías**, en el caso de fallecimiento de su titular, salvo las que se hayan concretado en un crédito exigible, puesto que dicha condición de titular es un derecho que se extingue a la muerte del mismo, dado que se trata de un derecho configurado exclusivamente por normas administrativas. El administrador solo tiene facultad de proponer a la Administración un nuevo titular, no un sucesor (TS 2-1-06, EDJ 1855).
e) La de **revocación de donaciones** por incumplimiento de carga o modo, respecto de los herederos o sucesores del donante si este pudo afirmarla en vida, sin hacerlo (AP Barcelona 6-10-17, EDJ 241310).

d. Tramitación procesal

La tramitación de la sucesión procesal difiere según que la **comunicación de la defunción** de cualquier litigante (AP Asturias auto 23-6-03, EDJ 154262): **2441**
- la practique al tribunal quien deba sucederle (nº 2442); o
- conste al órgano judicial por cualquier otro medio (nº 2443).

Comunicación por el sucesor del litigante (LEC art.16.1) Comunicada la defunción de cualquier litigante por quien deba sucederle, el letrado de la Administración de Justicia debe suspender el proceso y, previo **traslado a las demás partes**, acreditados la defunción y el título sucesorio y cumplidos los trámites pertinentes, tener, en su caso, por personado al sucesor en nombre del litigante difunto -por decreto-, teniéndolo el tribunal en cuenta en la sentencia que se dicte. **2442**
Comunicada al órgano judicial de la **defunción** del demandante, procede la suspensión del proceso hasta que por los sucesores se presente la acreditación ante el mismo de la defunción y del título sucesorio, sin que legalmente se establezca un plazo determinado para dicha presentación (AP Barcelona auto 6-11-06, EDJ 417614).

Precisiones 1) De esta forma debe entenderse que, acordada la suspensión, el proceso debe continuar suspendido hasta la **personación** de los sucesores, o el transcurso del plazo de 2 años previsto para la caducidad de la instancia.

2) Si los sucesores del causante están ya **personados antes del fallecimiento** no es preciso abrir el trámite de la sucesión procesal (TS 25-4-18, EDJ 54812).

2443 **Conocimiento por el tribunal del fallecimiento** (LEC art.16.2) Cuando la defunción de un litigante conste al tribunal y **no se persone el sucesor** en el plazo de los 5 días siguientes, el letrado de la Administración de Justicia, por medio de diligencia de ordenación, permite a las demás partes pedir, con identificación de los sucesores y de su domicilio o residencia, que se les notifique la existencia del proceso, emplazándoles para comparecer en el plazo de 10 días (AP Asturias auto 23-6-03, EDJ 154262).

Acordada la notificación, el letrado de la Administración de Justicia suspende el proceso hasta que comparezcan los sucesores o finalice el plazo para la comparecencia.

Precisiones No se ha producido indefensión a los herederos del litigante cuando, a pesar de haberse infringido el art.16 LEC que obliga a poner en conocimiento de los mismos el procedimiento pendiente contra su causante, se encontraba el **procedimiento concluso para sentencia**, sin que haya influido lo más mínimo en el modo de defensa, por cuanto se intervino efectivamente en la apelación en cuya sede han podido defender sus intereses sin limitaciones de ningún tipo (AP Madrid 9-2-05, EDJ 20856).

2444 **Efectos de la no comparecencia de los sucesores del demandado** (LEC art.16.3) Cuando el litigante fallecido sea el demandado y las demás partes no conozcan a los sucesores o estos no puedan ser localizados o no quieran comparecer, el proceso sigue adelante declarándose por el letrado de la Administración de Justicia la rebeldía de la parte demandada.

La **declaración de rebeldía** no se considera como allanamiento ni como admisión de los hechos de la demanda, salvo en los casos en que la ley expresamente disponga lo contrario (LEC art.496.2).

Si los herederos del demandado fallecido **comparecen con posterioridad** en el proceso, cualquiera que sea el estado en el que se encuentre, se entiende con ellos su sustanciación, sin que pueda retroceder en ningún caso (LEC art.499; AP Bizkaia 5-7-05, EDJ 170574).

2445 **Efectos de la no comparecencia de los sucesores del demandante** (LEC art.16.3) Si el litigante fallecido es el demandante y sus sucesores no se personan por **no ser conocidos** por las demás partes o **no pueden ser localizados,** se dictará por el letrado de la Administración de Justicia decreto teniendo por desistido al demandante, salvo que el demandado se oponga, en cuyo caso el juez debe resolver lo que estime oportuno (nº 2543 s.).

Si la no personación de los sucesores del demandante se debe a que **no quieren comparecer**, se entiende que la parte demandante renuncia a la acción ejercitada (nº 2522 s.).

Precisiones 1) En el caso de que la no personación de los sucesores se produzca **con posterioridad al dictado de la sentencia en instancia** y durante la tramitación del recurso contra la misma, la consecuencia legal en dicha fase de recurso es el desistimiento y declaración de firmeza de la resolución recurrida (TSJ Castilla-La Mancha auto 6-4-04, EDJ 32033).

2) Procede acordar el desistimiento por fallecimiento del recurrente en **casación** cuando se desconocen sus herederos y se ha dejado transcurrir un considerable espacio de tiempo sin que se haya producido la sucesión procesal por muerte (TS auto 3-6-08, EDJ 121144).

e. Supuestos en particular

2447 **Fallecimiento en procedimiento con intervención de procurador** (LEC art.30.1.3º) Cuando se trate de un procedimiento en el que intervenga procurador en representación de la persona fallecida, el procurador está obligado a poner el hecho en **conocimiento del tribunal**, acreditando en forma el fallecimiento y, si no presenta **nuevo poder** de los herederos o causahabientes del finado, se estará a lo dispuesto para la sucesión procesal por causa de muerte.

En todo caso, el procurador **cesa en su representación** por el fallecimiento del poderdante; de forma que no puede sostenerse que el procurador del fallecido siga representando al heredero o causahabientes, salvo que se haga designación expresa en tal sentido.

Precisiones Lo hecho por el mandatario, ignorando la muerte del mandante, es válido y surte todos sus efectos respecto a los terceros que hayan contratado con él de buena fe (CC art.1738). En el mismo sentido, se ha considerado que las actuaciones realizadas por el procurador del litigante fallecido, **desconociendo el fallecimiento**, surte efectos en el juicio, sin perjuicio de la necesaria justificación en el curso de los autos de la sucesión procesal, mediante la documentación que acredite la transmisión por causa de muerte de lo que sea el objeto del proceso, así como el necesario otorgamiento de nuevo apoderamiento a favor del procurador de los herederos o sucesores (AP Barcelona auto 2-2-04, EDJ 8431). Respecto a la representación en juicio mediante procurador, nos remitimos a lo expuesto en nº 2609 s.

Fallecimiento anterior a la interposición de la demanda No puede hablarse de sustitución procesal de la persona demandada cuando el fallecimiento ocurre con anterioridad a la interposición de la demanda dado que el fallecido en ningún momento adquirió la **condición de litigante**. En tal caso, la demanda, de ser transmisible la acción a ejercitar, debe dirigirse contra los herederos del difunto (AP León auto 29-10-04, EDJ 162037; AP Ourense auto 16-11-04). 2448

En caso de dirigirse una **demanda contra una persona fallecida** con anterioridad a su interposición, una vez acreditado el fallecimiento no resulta admisible la continuación del procedimiento acudiendo al emplazamiento edictal del demandado ya finado, ni la continuación del proceso a la herencia yacente o los ignorados herederos del demandado, pues el art.16.3 LEC regula los supuestos de sucesión procesal una vez iniciado el proceso (AP Alicante auto 8-6-05, EDJ 131708).

Es el demandante quien debe proporcionar la **identidad de los herederos** del que se dice deudor principal y, si los desconoce, debe acudir a las diligencias preliminares específicamente previstas para supuestos en que resulta necesaria la averiguación de datos relativos a la legitimación. Respecto a las diligencias preliminares, ver lo expuesto en nº 3300 s.

Fallecimiento durante la tramitación de un recurso Si el fallecimiento se produce durante la tramitación del recurso procedente contra la sentencia dictada en primera instancia, o contra cualquier otra resolución, los sucesores tienen idéntica carga de **personación** en el mismo, así como la de **otorgamiento de poder** a favor de procurador en el caso de que su intervención sea preceptiva (nº 2610). 2449

Si los **sucesores no se personan** durante la tramitación del recurso, procede acordar el desistimiento y declarar la firmeza de la resolución recurrida (TSJ Castilla-La Mancha auto 6-4-04, EDJ 32033).

No obstante, la presentación del escrito de formalización del recurso por el procurador, **desconociendo el fallecimiento del recurrente**, y siempre que con posterioridad se subsane la falta de apoderamiento por los sucesores de aquel, así como que se acredite la sucesión por causa de muerte, conduce a tener por formalizado el recurso correspondiente, por aplicación de las normas del mandato, que implican el reconocimiento de lo realizado por el mandatario desconociendo la muerte del mandante (CC art.1738; AP Barcelona auto 2-2-04, EDJ 8431).

Fallecimiento posterior a sentencia firme (LEC art.222.1 y 3) En el caso de que el fallecimiento de alguna de las partes del proceso se produzca con posterioridad a la firmeza de la sentencia que se dicte, no acontece la sucesión procesal, dado que la fuerza de cosa juzgada de la sentencia firme afecta también a los herederos y causahabientes de las partes. 2450

Así, la **cosa juzgada** de las sentencias firmes, estimatorias o desestimatorias, excluye un ulterior proceso cuyo objeto sea idéntico al del proceso en que aquella se produjo.

La cosa juzgada afecta a las partes del proceso en que se dicte y a sus herederos y causahabientes. Respecto a la cosa juzgada, ver lo expuesto en nº 3006 s.

Fallecimiento de la parte anterior a la ejecución (LEC art.540) La ejecución puede despacharse a favor de quien acredite ser sucesor del que figure como **ejecutante** en el título ejecutivo y frente al que se acredite que es el sucesor de quien en dicho título aparezca como ejecutado. 2451 MPCI nº 4240

Para **acreditar la sucesión** a estos efectos han de presentarse al tribunal los documentos fehacientes en que aquella conste. Si el tribunal los considera suficientes debe proceder, sin más trámites, a despachar la ejecución a favor o frente a quien resulte ser sucesor en razón de los documentos presentados.

Si la sucesión **no consta en documentos fehacientes** o el tribunal no los considera suficientes, mandará que el letrado de la Administración de Justicia dé traslado a quien conste como ejecutado en el título y a quien se pretenda que es su sucesor y, oídos todos ellos en **comparecencia** señalada por el letrado de la Administración de Justicia, el tribunal decidirá lo que proceda sobre la sucesión a los solos efectos del despacho de la ejecución.

El ejecutante tiene la carga de proporcionar la **identidad de los herederos del deudor principal**, y si los desconoce debe acudir a las diligencias preliminares específicamente previstas para los supuestos en que resulte necesaria la averiguación de datos relativos a la legitimación (AP Ourense auto 16-11-04).

En el caso de que el ejecutante **no identifique a los herederos del deudor** contra los que ha de dirigirse la ejecución, mediante documentos fehacientes de su condición de herederos, procede acordar el archivo de las actuaciones por imposibilidad de continuar el proceso de ejecución, al desconocerse quienes sean las personas físicas contra las que haya de proseguir la misma, sin que sea admisible continuar con el procedimiento y declarar a dichos herederos en rebeldía. Se considera que no puede acudirse a la **declaración de rebeldía** por contener la vigente LEC una regulación unitaria, completa y clara, en lo que se refiere a la ejecución forzosa propiamente dicha, de ahí que las normas contenidas en LEC art.517 a 522 sean de aplicación preferente a las disposiciones de LEC art.16 (AP Cádiz 22-7-03, EDJ 157708).

En este sentido, se exige que la demanda ejecutiva contenga la mención a la persona o personas, con expresión de sus circunstancias identificativas, frente a las que se pretenda el despacho de la ejecución, por aparecer en el título como deudores o por estar sujetos a la ejecución (LEC art.549.5).

Respecto a la ejecución en general, nos remitimos a lo expuesto en nº 4550 s.

Precisiones En el caso de que el fallecimiento se haya producido durante la tramitación de un **proceso de ejecución**, donde las pretensiones ya han sido discutidas y declaradas, y solo cabe su ejecución en forma legal, se exige que cuando se pretende la sucesión procesal de una de sus partes, se acredite fehaciente y suficientemente su condición de sucesor (AP Salamanca auto 24-5-07, EDJ 141662).

2452 **Recurso de amparo ante el Tribunal Constitucional** Resultan aplicables supletoriamente a los recursos de amparo ante el Tribunal Constitucional las previsiones de la LEC sobre sucesión procesal, si bien debe tenerse en cuenta que, ante este Tribunal, la **legitimación activa** se sustenta no tanto en la titularidad del derecho cuya protección se demanda, cuanto en la posesión de un **interés legítimo**, categoría más amplia que la de derecho subjetivo e incluso que la de interés directo, siendo así que dicha legitimación activa se concede a toda persona cuyo círculo jurídico pueda resultar perjudicado por la violación de un derecho fundamental, aunque la violación no se produzca directamente en su contra (TCo auto 242/1998; auto 58/2000; auto 176/2001).

Precisiones 1) De esta forma se entiende admisible la sucesión procesal, en caso de muerte, del **recurso de amparo contra una sanción**, que no alcanza exclusivamente a la persona sobre la que recae de modo inmediato, sino que se proyecta negativamente también sobre quien reúne la condición de hijo y heredero del sancionado demandante de amparo (TCo 116/2001).

2) Asimismo, resulta transmisible a los herederos la acción de recurso de amparo tendente a la **revocación de una condena penal**, que se fundamentaría en la existencia de un interés legítimo de los herederos en reaccionar frente al demérito anejo a los pronunciamientos judiciales condenatorios, no así cuando no existe tal reproche penal, esto es, cuando la sentencia dictada sea absolutoria, por cuanto en tal caso permanece intangible en todo momento la constitucional presunción de inocencia (TCo auto 385/2004).

2. Por transmisión del objeto litigioso

(LEC art.17)

2454 Cuando se haya transmitido, **pendiente un juicio**, lo que sea objeto del mismo, el adquirente puede solicitar, acreditando la transmisión, que se le tenga como parte en la posición que ocupaba el transmitente.

Esta previsión es una **excepción** a la regla general, según la cual no se tendrán en cuenta las innovaciones que, después de iniciado el juicio, introduzcan las partes o terceros en el estado de las cosas que haya dado lugar a la demanda y, en su caso, a la reconvención (LEC art.413).

Precisiones La sucesión procesal atiende al **cambio en el proceso**, de una parte por otra, en la misma posición procesal, por haberse convertido la segunda en titular de la posición habilitante para que, por ella o frente a ella se formalice la pretensión (AP Murcia 28-4-05, EDJ 115770). Y tiene lugar, necesariamente, mientras pende aquel (AP Almería 30-1-18, EDJ 558587).

a. Momento de la transmisión del objeto litigioso

2456 Debe tratarse de una transmisión *inter vivos* por negocio jurídico o por efecto de la ley de lo que sea objeto del juicio, teniendo en cuenta que todos los derechos adquiridos en virtud de una obligación son trasmisibles con sujeción a las leyes, si no se pactó lo contrario (CC art.1112).

Precisiones 1) La transmisión por **cesión de todo el activo y el pasivo de la sociedad litigante** a otra entidad distinta, con la consiguiente extinción y disolución de la primera, da lugar a la sucesión procesal por transmisión del objeto de un litigio en que era parte la sociedad transmitente (TS 10-4-06, EDJ 48770).

2) No es transmisible a un tercero el **derecho a los alimentos**, pero puede transmitirse a título oneroso o gratuito el derecho a demandarlos (CC art.151).

Transmisión posterior al inicio del proceso La transmisión del objeto litigioso que puede dar lugar a la sucesión procesal derivada de su cambio de titularidad, es la que se produce durante la pendencia de un juicio, no con anterioridad, por cuanto en este último caso la acción debe ser ejercitada por el titular actual en el momento de la **presentación de la demanda**. 2457 MPCI nº 4252

Precisiones 1) En los casos en que el objeto litigioso se haya **transmitido con anterioridad** al inicio del litigio, por cualquier negocio jurídico, la consecuencia es la apreciación de la falta de legitimación activa si el pleito es iniciado por el titular que lo fue con anterioridad al ejercicio de la acción. Ello ocurre cuando el bien objeto del litigio ha sido transmitido, por la **escisión parcial de sociedades**, a la sociedad escindida, con el consiguiente traspaso patrimonial (AP Las Palmas 25-11-03, EDJ 190196; 28-4-04, EDJ 60406).

2) La sucesión procesal por transmisión del objeto litigioso puede producirse en **cualquier estado de tramitación** del proceso, siempre que esté pendiente, por lo que podrá realizarse, incluso, en sede de recurso de casación (TS 10-4-06, EDJ 48770).

Transmisión con anterioridad a la ejecución (LEC art.540) La ejecución puede despacharse a favor de quien acredite ser sucesor del que figure como ejecutante en el título ejecutivo y frente al que se acredite que es el sucesor de quien en dicho título aparezca como ejecutado. 2458

En el caso de se transmita por actos *inter vivos* el derecho de crédito reconocido en sentencia, con anterioridad al inicio del proceso de ejecución, es el adquirente o sucesor en el derecho quien debe pedir el **despacho de ejecución**, y no el cedente (AP Huelva auto 5-5-05, EDJ 128329).

Para **acreditar la sucesión** a estos efectos han de presentarse al tribunal los documentos fehacientes en que aquella conste. Si el tribunal los considera suficientes procede, sin más trámites, a despachar la ejecución a favor o frente a quien resulte ser sucesor en razón de los documentos presentados (nº 2451 s.).

Si la **sucesión no constara en documentos fehacientes** o el tribunal no los considerara suficientes, de la petición que deduzca el ejecutante mandará que el letrado de la Administración de Justicia dé traslado a quien conste como ejecutado en el título y a quien se pretenda que es su sucesor y, oídos todos ellos en comparecencia señalada por el letrado de la Administración de Justicia, el tribunal decidirá lo que proceda sobre la sucesión a los solos efectos del despacho de la ejecución.

Precisiones Carece de legitimación activa el **vendedor de una vivienda** para exigir del promotor de la misma el abono de una indemnización, en proceso de ejecución, cuando ha transmitido la propiedad de dicha vivienda a un tercero con anterioridad al inicio del proceso de ejecución, siendo el adquirente de aquella quien debe instar, en su caso, la ejecución como sucesor del inicialmente propietario (AP Huelva auto 5-5-05, EDJ 128329).

Efectos sustantivos de los contratos sobre cosas o derechos litigiosos (CC art.1291.5º) Son **rescindibles** los contratos que se refieran a cosas litigiosas, cuando se hayan celebrado por el demandado sin conocimiento y aprobación de las partes litigantes o de la autoridad judicial competente. 2459

Esta rescisión de los contratos sobre cosas litigiosas trata de proteger al demandante, que puede verse defraudado con dicha transmisión, impidiendo que la sentencia que recaiga en el pleito sobre dicho objeto litigioso no se pueda hacer efectiva o cumplirse (TS 9-4-99, EDJ 5834; 28-9-00, EDJ 32591).

Precisiones En caso de **venta de un crédito litigioso**, el deudor tiene derecho a extinguirlo, reembolsando al cesionario el precio que pagó, las costas que se le ocasionaran y los intereses del precio desde el día en que este fue satisfecho. Debe tenerse por litigioso un crédito desde que se conteste a la demanda relativa al mismo (CC art.1535).

b. Tramitación procesal

Solicitud del adquirente (LEC art.17.1) Cuando, pendiente un juicio, se haya transmitido lo que sea objeto del mismo, el adquirente tiene la **facultad** de solicitar, acreditando la transmisión, que se le tenga como parte en la posición que ocupaba el transmitente (AP Murcia 28-4-05, EDJ 115770). 2461

El letrado de la Administración de Justicia dictará diligencia de ordenación por la que acordará la **suspensión** de las actuaciones y otorgará un plazo de 10 días a la otra parte para que alegue lo que a su derecho convenga. Si esta **no se opone** dentro de dicho plazo, el letrado de la Administración de Justicia, mediante decreto, alzará la suspensión y dispondrá que el adquirente ocupe en el juicio la posición que el transmitente tuviese en él (nº 2462).

En todo caso, el proceso no puede retrotraerse a un momento anterior al mismo en que el adquirente solicitó su admisión como parte en el proceso por sucesión de la parte que le transmitió lo que era objeto del litigio, sin que pueda acordarse ninguna **retroacción de actuaciones**.

Precisiones La solicitud de sucesión procesal no puede provenir del **transmitente**, sino que debe ser formulada por el adquirente del objeto litigioso. El transmitente no puede apartarse del proceso en virtud de un desistimiento del proceso por razón de la transmisión, mientras no se produzca la solicitud del adquirente de que se le tenga como parte en la posición que ocupaba el transmitente y tal solicitud sea además aprobada judicialmente (AP Sevilla auto 14-7-05, EDJ 244060).

2462 **Oposición** (LEC art.17.2) Si hubiera oposición a la entrada en el juicio del adquirente, el tribunal debe resolver por auto lo que estime procedente.
No puede accederse a la pretensión del adquirente en los **supuestos** en que la parte contraria acredite que le competen:
- derechos o defensas que, en relación con lo que sea objeto del juicio, solamente puede hacer valer contra la parte transmitente; o
- un derecho a reconvenir; o
- que pende una reconvención; o
- si el cambio de parte pudiera dificultar notoriamente su defensa.
Cuando **no se acceda a la pretensión del adquirente**, el transmitente debe continuar en el juicio, quedando a salvo las relaciones jurídicas privadas que existan entre ambos.

2463 **Proceso concursal** (LEC art.17.3) La sucesión procesal derivada de la **enajenación de bienes y derechos litigiosos** en procesos de concurso se rige por LCon.
En estos casos, la otra parte puede oponer eficazmente al adquirente cuantos **derechos y excepciones** le correspondan frente al concursado.

3. Sucesión procesal en los casos de intervención provocada

(LEC art.14.2.4ª y 18)

2465 Cuando la ley permita al **demandado** llamar a un **tercero** para que intervenga en el proceso, si comparecido el tercero, el demandado considera que su lugar en el proceso debe ser ocupado por aquel, de la solicitud presentada por el demandado debe darse traslado, por el letrado de la Administración de Justicia, a las demás partes para que aleguen lo que a su derecho convenga, por plazo de 5 días, decidiendo a continuación el tribunal, por medio de auto, lo que resulte procedente en orden a la conveniencia o no de la sucesión.
En cuanto a la intervención de terceros en el proceso provocada por el demandado, nos remitimos a lo expuesto en nº 2350 s.

E. Disposición sobre el proceso y sus pretensiones

2470

2471 Los litigantes están facultados para disponer del objeto del juicio y pueden renunciar, desistir del juicio, allanarse, someterse a arbitraje o mediación y transigir sobre lo que sea objeto del mismo, excepto cuando la ley lo prohíba o establezca **limitaciones** por razones del interés general o en beneficio de tercero (LEC art.19.1 redacc LO 1/2025).
Estos actos pueden realizarse, según su naturaleza, en cualquier **momento** de la primera instancia, de los recursos -salvo en el de casación tras el señalamiento del día para deliberación, votación y fallo-, o de la ejecución de sentencia (LEC art.19.3 redacc LO 1/2025).
La disposición de las partes sobre el proceso y sus pretensiones presenta dos vertientes o acepciones prácticas:
- la primera, en lo que supone de **derecho de las partes** sobre el proceso y las pretensiones ejercitadas; y
- la segunda, como **forma de terminación** del proceso.

En orden a las **causas de terminación del proceso civil**, este puede terminar:
- de **forma normal**, esto es, en virtud de sentencia dictada resolviendo mediante la estimación o desestimación, total o parcial, de la pretensión formulada; o
- de **forma anormal**, ya sea por un acuerdo extrajudicial o judicial de las partes, transacción con las mismas características, o bien por una conducta del actor consistente en la renuncia a la acción o desistimiento del proceso, o bien porque el demandado se allane a la pretensión formulada.

Fuera de los casos anteriormente citados, no cabe entender otra forma de terminación del procedimiento civil, salvo la **caducidad de la instancia** que se equipara al desistimiento, puesto que si bien en el proceso civil la regla general es la disponibilidad de las partes, tanto del proceso como del objeto del mismo, no cabe ni el archivo de los autos ni su sobreseimiento, salvo que exista algún tipo de acuerdo en dicho sentido por las partes (AP Madrid 2-5-00, EDJ 113387; AP Córdoba auto 24-6-05, EDJ 128119).

Para un estudio más detallado sobre la sentencia y las formas de terminación del proceso civil nos remitimos a lo expuesto en nº 2945 s.

Precisiones Si el órgano judicial acuerda **tener por terminado el proceso**, por así haberlo manifestado la parte actora, sin que se le denomine como desistimiento o como renuncia, y sin que se dé la **tramitación** prevista para cualquiera de estas dos figuras, se incurre en nulidad de actuaciones, debiendo retrotraerse las mismas a los efectos de cumplimentar los traslados, en su caso, exigibles (AP Madrid 2-5-00, EDJ 113387).

1. Transacción

(LEC art.19.2)

La transacción es un **contrato** por el cual las partes, dando, prometiendo o reteniendo cada una alguna cosa, evitan la provocación de un pleito o ponen término al que había comenzado (CC art.1809). **2474**

Hay que distinguir la **transacción extrajudicial**, que tiene lugar al margen de la actuación de los tribunales, de la llamada **transacción judicial** que tiene lugar ante los tribunales, prevista como forma de terminación de un litigio ya iniciado. Esto es, la transacción puede poner fin a un pleito comenzado o evitar su provocación futura.

No obstante, el contrato de transacción puede abarcar, dentro de su **contenido**, una o más figuras contractuales que respondan a la finalidad de la transacción, pero que conserven su propia fisonomía y requisitos, como puede ser la renuncia de acciones, la modificación de determinado contrato o de cualquiera de sus elementos, entre otros, sin que necesariamente hayan de tener un contenido económico.

Precisiones **1)** Mediante la transacción, esto es, por vía convencional, se eliminan la **incertidumbre** y la **controversia** o evitan que puedan surgir, de forma que las partes, en contemplación de una relación preexistente, delimitan y precisan sus respectivas exigencias jurídicas, determinando el alcance para el futuro, de sus respectivas obligaciones, con lo que dan certeza al ámbito de su interrelación de intereses (TS 15-3-02, EDJ 4145).

2) Toda transacción, sea judicial o extrajudicial, provoca el nacimiento de nuevos vínculos u obligaciones, en sustitución de los extinguidos, o la modificación de estos, de suerte que tiene un **carácter novatorio** y produce el efecto de la sustitución de una relación jurídica puesta en litigio por otra cierta e incontrovertida (TS 29-7-98, EDJ 16397; 10-7-02, EDJ 27756).

3) La transacción es un **contrato consensual, bilateral y recíproco**, dando lugar a un vínculo obligacional, cuya perfección y cumplimiento está sujeto a las reglas generales de los contratos (TS 6-11-93, EDJ 9952; 30-7-96, EDJ 4744).

4) La **renuncia general de derechos** realizada en una transacción se entiende solo de los que tienen relación con la disputa sobre la que ha recaído la transacción (CC art.1815).

a. Cuestiones previas

Requisitos Los requisitos de la transacción son los siguientes: **2477**

1) Realidad de relaciones jurídicas subsistentes entre las partes, acerca de derechos o pretensiones que cada una de ellas pretenda ostentar, y entre las que existe algún tipo de **incertidumbre o indeterminación**.

2) Intención de las partes de **poner fin a tal inseguridad**, dando fijeza a sus respectivos derechos, mediante la terminación del litigio a que se hallen sometidos o evitando la provocación de un pleito.

3) Recíprocas concesiones por parte de los interesados de modo que cada uno de ellos dé, retenga o prometa alguna cosa de forma definitiva, sin que sea indispensable la igualdad absoluta de los acuerdos ni la paridad de las concesiones.

4) Que la transacción no incurra en una **nulidad** derivada de contradecir los preceptos legales imperativos, así como que la voluntad esté ausente de **vicios** (nº 2487 s.).

5) Que se ostente **poder de disposición** suficiente, en su caso, y especialmente cuando se actúe a través de representante, para transigir sobre el objeto del litigio (nº 2492).

2478 MPCI nº 4287 Precisiones 1) No constituye un requisito esencial de la transacción la **entrega recíproca de prestaciones**, ya que, en ocasiones, el objetivo de poner término a un litigio, o evitarlo, mueve a las partes a aceptar acuerdos sin iguales alcances y paridad de condiciones, radicando la esencia en cierto y recíproco sacrificio de las partes en sus respectivas posiciones y pretensiones (TS 8-7-99, EDJ 14364; 20-12-00, EDJ 55635).

2) En el seno del proceso, el derecho de disposición de las partes ha de hacerse oportunamente, de forma que además de suscribir el oportuno **acuerdo**, debe ser puesto en **conocimiento del juzgador** y, en su caso, instar la suspensión del procedimiento, antes del día o del momento del acto del juicio, dado que si llegado el día y hora señalados al efecto, el juzgador ignora la existencia de tal acuerdo y las partes no comparecen, no cabe sino declarar desistido al actor (AP Madrid auto 15-6-05, EDJ 141251).

Lo mismo sucede para el caso de que el escrito de transacción se presente en el decanato en términos que hagan imposible su noticia por el juzgador que no puede ser tenido como apto para producir sus efectos, y todo ello sin perjuicio de que las partes, con posterioridad, puedan pedir la homologación del acuerdo.

2479 MPCI nº 4289 **Límites** (LEC art.19.2) La transacción no es válida cuando la prohíba la ley o establezca limitaciones por razones de interés general o en beneficio de tercero.

Entre las **limitaciones legales** se encuentran las previstas, con carácter general para los contratos en el CC, así como, específicamente, para la transacción en CC art.1810 a 1814 (TS auto 11-7-06, EDJ 106443).

Como principio general, las partes pueden establecer los pactos, cláusulas y condiciones que tengan por conveniente, siempre que no sean contrarios a las leyes, a la moral ni al orden público (CC art.1255).

2480 **Momento procesal** (LEC art.19.3 redacc LO 1/2025) La transacción puede realizarse en cualquier momento de la primera **instancia**, de los **recursos** o de la **ejecución** de sentencia, al igual que el resto de las formas de terminación del proceso que derivan del poder de disposición de los litigantes, según su naturaleza.

Puede realizarse la transacción judicial incluso en sede de **recurso de casación** -hasta el señalamiento del día para deliberación, votación y fallo-, debiendo el Tribunal Supremo homologar el convenio transaccional al que han llegado las partes, si cumple con los requisitos generales exigidos para la terminación del proceso por medio de la misma (TS auto 11-7-06, EDJ 106443).

Ello incluso cuando dicho acuerdo transaccional se produce únicamente respecto de determinados demandados, debiendo, en tal caso, continuar la tramitación del recurso para el resto de las partes que, personadas ante el tribunal que conoce del recurso, no han llegado al acuerdo finalizador del proceso.

2481 **Transacción en la audiencia previa al juicio** (LEC art.414 y 415 redacc LO 1/2025) Una vez contestada la demanda y, en su caso, la reconvención, o transcurridos los plazos correspondientes, el letrado de la Administración de Justicia debe **convocar a las partes** a una audiencia. Esta audiencia tiene por objeto, entre otros, intentar un acuerdo o transacción de las partes que ponga fin al proceso.

Comparecidas las partes en la audiencia previa, el tribunal comprueba si subsiste el litigio entre ellas. Si manifiestan haber llegado a un **acuerdo** o se muestran dispuestas a concluirlo de inmediato, pueden desistir del proceso o solicitar del tribunal que homologue lo acordado (nº 2507). De común acuerdo pueden también solicitar la suspensión del proceso (LEC art.19.4), para someterse a un medio adecuado de solución de controversias, terminado el cual sin éxito a cualquiera de las partes cabe pedir que se alce aquella (nº 3625 s.).

En este caso, el tribunal ha de examinar previamente la **concurrencia de los requisitos** de capacidad jurídica y poder de disposición de las partes o de sus representantes debidamente acreditados, que asistan al acto.

El **acuerdo homologado** judicialmente surte los efectos atribuidos por la ley a la transacción judicial y puede llevarse a efecto por los trámites previstos para la ejecución de sentencias y convenios judicialmente aprobados (LEC art.415.2).

Este acuerdo transaccional es susceptible de **impugnación** por las causas y en la forma prevista para la transacción judicial (nº 2512).

Precisiones 1) Tienen aparejada **ejecución** y se consideran títulos suficientes para fundar la acción ejecutiva las resoluciones judiciales que aprueben u homologuen transacciones judiciales y acuerdos logrados en el proceso acompañadas, si fuera necesario para la constancia de su concreto contenido, de los correspondientes testimonios de las actuaciones (LEC art.517.2.3ª).
2) Se ha considerado que un acuerdo que recoge un principio de transacción judicial, **sin que las partes lo hayan presentado a homologación** del órgano judicial, carece de eficacia (AP Madrid 18-3-04, EDJ 106676).

Costas La LEC carece de reglas especiales para la transacción con relación a las costas, de lo que puede desprenderse que en este supuesto de terminación anormal del proceso el legislador, con su omisión, deja esta materia a **disposición de las partes**, debiendo estarse a lo que libremente acuerden en el pacto transaccional (AP Baleares auto 22-7-05, EDJ 114101). **2483**
Sin embargo, y como regla general, existiendo normas que regulan la imposición o no de las costas procesales, según los casos, se considera que estas normas tienen la condición de **Derecho necesario**, de forma que no son disponibles a la voluntad de las partes y su aplicación solo depende de los supuestos que los propios preceptos contemplan, sin que pueda dejarse supeditada a los pactos o convenios que hayan podido mediar. Además, se atribuye a los **tribunales** la facultad de decidir respecto al pago de los gastos judiciales con arreglo a la LEC, sustrayendo de la esfera de la autonomía de la voluntad el régimen de imposición de costas (CC art.1168).

b. Supuestos de invalidez

Causa ilícita La ilicitud de la causa en el negocio transaccional da lugar a **nulidad radical** apreciable de oficio, sin necesidad de ser instada por las partes (TS 31-12-98, EDJ 30725; AP Segovia 22-10-99, EDJ 49984). **2485** MPCI nº 4300
Como **regla general**, si la causa de los contratos consiste para cada parte contratante en la prestación o promesa de una cosa o servicio por la otra parte, la causa del contrato transaccional se encuentra en la recíproca cesión por cada una de las partes y en el interés común de zanjar sus diferencias, por lo que no podría hablarse de falta de causa, como tampoco de causa ilícita, salvo que se pruebe la causa de ilicitud que se alegue (AP Valencia 17-4-01, EDJ 99062).
Las opuestas pretensiones de los contendientes que pueden dar lugar a una transacción para evitar un pleito entre ellos han de tener por base **hechos ciertos** que, por su trascendencia, puedan influir en los derechos que asistan a los contratantes, lo que no ocurre cuando el hecho de la transacción es falso, constando a una de las partes y ejerciendo incertidumbre en sus derechos a la parte contraria, teniendo su origen en el engaño cometido.

Vicios del consentimiento Es anulable la transacción en que intervenga **error, dolo, violencia o falsedad** de documentos. Sin embargo, no puede una de las partes oponer el error de hecho a la otra parte siempre que este se haya apartado, por la transacción, de un pleito comenzado (CC art.1817). **2487**
Acerca de la **impugnación de la transacción** ver nº 2512 s.

Precisiones La apreciación de los vicios del consentimiento en la transacción debe derivarse hacia la correspondiente **acción anulatoria** en el proceso declarativo correspondiente, con las necesarias garantías de contradicción y de posibilidad de práctica de prueba, sin que sea posible apreciar aquellas circunstancias de la formación de la voluntad en el seno de la apelación contra el auto por el que se declara terminado el procedimiento por transacción (AP Murcia 20-9-02, EDJ 126357; auto 6-7-04, EDJ 69893).

Error (CC art.1266) Para que el error invalide el consentimiento, debe recaer sobre la sustancia de la cosa que sea objeto del contrato, o sobre aquellas condiciones de la misma que principalmente hayan dado motivo a celebrarlo. El simple error de cuenta solo da lugar a su corrección. **2488**
El error que puede, en su caso, servir para anular la transacción, es siempre el **error de hecho**, cuando la parte tiene un conocimiento defectuoso sobre cuantas circunstancias tenían que haber contribuido en orden a una correcta formación del consentimiento para realizar tales actos dispositivos (TS 23-2-95, EDJ 24216; 20-12-00, EDJ 55635).
El **descubrimiento de nuevos documentos** no es causa para anular o rescindir la transacción si no ha habido mala fe (CC art.1818).
Si estando **decidido un pleito por sentencia firme**, se celebra transacción sobre él por ignorar la existencia de la sentencia firme alguna de las partes personadas, puede esta pedir que se rescinda la transacción. La ignorancia de una sentencia que pueda revocarse, no es causa para atacar la transacción (CC art.1819).

Precisiones La alegación de un **error en la cantidad debida** por la parte demandante, cuando esta puso en conocimiento del órgano judicial que habían sido satisfechas por la parte contraria sus pretensiones, no puede integrarse como un error de hecho suficiente para anular la transacción, máxime cuando no es un requisito de la transacción la equivalencia u otro género de igualdad entre las concesiones que recíprocamente se hagan las partes (AP Murcia auto 6-7-04, EDJ 69893).

2489 **Violencia** (CC art.1267) Hay violencia cuando para arrancar el consentimiento se emplea una **fuerza irresistible**.

2490 **Intimidación** (CC art.1267) Se entiende que hay intimidación cuando se inspira a uno de los contratantes el **temor racional y fundado** de sufrir un **mal inminente y grave** en su persona o bienes, o en la persona o bienes de su cónyuge, descendientes o ascendientes. Para calificar la intimidación debe atenderse a la edad y a la condición de la persona.

El **temor de desagradar** a las personas a quienes se debe sumisión y respeto no anula el contrato.

Para apreciar la concurrencia de intimidación invalidante de la transacción es preciso que una de las partes o persona que con él se relacione, valiéndose de un **acto injusto** y no del ejercicio correcto y no abusivo de un derecho, ejerza sobre el otro una coacción o fuerza moral de tal entidad que por la inminencia del daño que pueda producir y el perjuicio que haya de originar, influya sobre su ánimo induciéndole a emitir una declaración de voluntad no deseada y contraria a sus propios intereses (TS 4-10-02, EDJ 37157).

Debe consistir en la amenaza racional y fundada de un mal grave, en atención a sus circunstancias personales y ambientales y no en un temor leve y que, entre ella y el consentimiento otorgado, medie un **nexo eficiente de causalidad** (TS 21-7-93, EDJ 7463).

Precisiones No se considera que el consentimiento en la transacción esté viciado por intimidación por la manifestación de que si no firmaba el documento transaccional la otra parte no hubiera desistido de la apelación interpuesta contra el auto de archivo de unas diligencias previas que se seguían contra quien alega dicha intimidación, dado que ni la conducta del querellante era injusta ni abusiva, ni cabe atribuirle entidad ninguna para privarle de la libertad contractual y anular su consentimiento, máxime cuando estaba reforzada su postura por la **presencia de un letrado** que le procuraba consejo (AP Valencia 17-4-01, EDJ 99062).

c. Poder de disposición

2492 Para poder comprometerse en la transacción, en la medida en que las partes, dando, prometiendo o reteniendo cada una alguna cosa, evitan la provocación de un pleito o ponen término al que había comenzado, es necesario tener poder para disponer de lo que haya de ser objeto de la misma, acentuándose esta exigencia cuando se actúa mediante representante.

2493 MPCI nº 4317 **Menores sujetos a patria potestad o tutela o personas con capacidad necesitada de apoyo** (CC art.1810) Para transigir sobre los bienes y derechos de los hijos bajo la patria potestad se exigen los mismos **requisitos** que para enajenarlos.

Los **padres** no pueden, sino por causas justificadas de utilidad o necesidad y previa **autorización** del juez del domicilio, con audiencia del Ministerio Fiscal (nº 2494), renunciar a los derechos de que los hijos sean titulares, ni enajenar o gravar sus bienes inmuebles, establecimientos mercantiles o industriales, objetos preciosos y valores mobiliarios, salvo el derecho de suscripción preferente de acciones (CC art.166).

No es necesaria autorización judicial si el menor ha cumplido 16 años y consiente en documento público, ni para la enajenación de valores mobiliarios, siempre que su importe se reinvierta en bienes o valores seguros.

El **curador que ejerza funciones de representación** no puede transigir sobre los derechos de la persona a la que asiste, sino con autorización judicial (CC art.287.4º y 1811).

La transacción sobre los derechos de los menores o personas sometidas a tutela representativa **sin la preceptiva autorización judicial**, da lugar a la anulabilidad del negocio en el que se comprenda, gozando de pleno valor, pendientes de ejercicio de la acción por la persona a quien le esté atribuida.

Precisiones La transacción en la que se contiene una **renuncia a derechos del menor** de edad o que suponga una disposición de los bienes a que hace referencia el CC art.166 es ineficaz si no se ha obtenido previamente autorización judicial (TS 22-12-89, EDJ 11672).

2494 **Autorización judicial** El procedimiento para la enajenación o gravamen de bienes de los menores, personas con discapacidad o personas con medidas de apoyo para el ejercicio de la capacidad judicialmente establecidas y la transacción acerca de sus derechos se regula como un **procedimiento de jurisdicción voluntaria** (L 15/2015 art.61 a 66).

Se trata de una actuación judicial en la que no existe enfrentamiento entre partes, de forma que si a la solicitud promovida se hace **oposición** por alguno que tenga interés en el asunto, de manera que ello suponga que ha de seguirse un proceso judicial para resolver la controversia, se hace contencioso el expediente, sin alterar la situación que tengan, al tiempo de ser incoado, los interesados y lo que sea objeto de él, y se sujeta a los trámites establecidos por el juicio que corresponda.

Precisiones La **tramitación** de estos expedientes se estudia en nº 5422 s.

Representante voluntario con poder especial (CC art.1713) Para transigir se necesita **mandato expreso**, que más bien equivale a mandato especial. 2498
Así, la transacción celebrada a nombre de otro por quien no tenga su autorización o representación legal es nula, a no ser que la ratifique la persona a cuyo nombre se otorgue antes de ser revocado por la otra parte contratante (CC art.1259; AP Murcia 20-9-02, EDJ 126357).

Precisiones 1) El apoderamiento para **vender o ceder bienes** no comprende la transacción (TS 11-11-91, EDJ 10637).
2) Se produce la **ratificación** cuando la parte, al menos en forma tácita, en prueba de confesión judicial reconoce que el mismo día de la transacción habló con el letrado, y que por el documento que este último firmó, si bien declara que no se está de acuerdo, no se exigió responsabilidad alguna al firmante del mismo (AP Murcia, de 20-9-02, EDJ 126357).

Personas jurídicas (CC art.1812) Las corporaciones que tengan personalidad jurídica solo pueden transigir en la forma y con los requisitos que necesiten para enajenar sus bienes. 2500

Hacienda Pública estatal (L 47/2003 art.7.3) No se puede transigir judicial ni extrajudicialmente sobre los derechos de la Hacienda Pública estatal, sino mediante **decreto** acordado en Consejo de Ministros, previa audiencia del Consejo de Estado en pleno, con **excepción** de los acuerdos o convenios previstos en la legislación concursal. 2501 MPCI nº 4325

Precisiones La Hacienda Pública estatal está constituida por el conjunto de **derechos y obligaciones de contenido económico** cuya titularidad corresponda a la Administración General del Estado y a sus organismos autónomos (L 47/2003 art.5).

Patrimonio del Estado (L 33/2003 art.31) No se puede transigir judicial ni extrajudicialmente sobre los bienes y derechos del Patrimonio del Estado, sino mediante **real decreto** acordado en Consejo de Ministros, a propuesta del de Hacienda, previo dictamen del Consejo de Estado en pleno. 2502 MPCI nº 4327

Precisiones El **Patrimonio del Estado** está integrado por el patrimonio de la Administración General del Estado y los patrimonios de los organismos públicos que se encuentren en relación de dependencia o vinculación con la misma (L 33/2003 art.9).

Proceso concursal (LCon art.120.1) En caso de suspensión de las facultades de administración y disposición del deudor, corresponde a la administración concursal la legitimación para el ejercicio de las **acciones de índole no personal**. 2503
Para el ejercicio del **resto de acciones** ha de comparecer en juicio el propio deudor, quien precisará la conformidad de los administradores concursales para transigir cuando la materia litigiosa pueda afectar a su patrimonio.

Poder especial al procurador (LEC art.25.2.1º) Se exige poder especial al procurador para transigir en nombre y representación de su representado. 2504
Acerca del apoderamiento al procurador y sus clases, ver nº 2610 s.

Audiencia previa del juicio ordinario (LEC art.414.3) Cuando las partes no concurran a la audiencia previa al juicio personalmente, sino **a través de su procurador**, a los efectos del intento de arreglo o transacción, han de otorgar a aquel poder para renunciar, allanarse o transigir. 2505 MPCI nº 4333
Acerca de la transacción en la audiencia previa al juicio, ver nº 2481 s.
Acerca de la representación por procurador y el tratamiento procesal de la falta de poder especial en orden a su subsanación, ver nº 2658.

d. Homologación judicial

Si las partes pretenden una transacción judicial y el acuerdo o convenio que alcanzan es conforme a Derecho, debe homologarse por el tribunal que esté conociendo del litigio al que se pretenda poner fin (LEC art.19.2). 2507

Precisiones Sobre la posibilidad de **acceso al Registro de la Propiedad** de las resoluciones de homologación judicial de acuerdos de transacción, puede consultarse lo expuesto en nº 4350 Memento Procesal Civil 2026.

2508 **Requisitos** El **acuerdo transaccional judicial** es válido cuando se cumplen los siguientes requisitos (AP Murcia auto 17-1-06, EDJ 22707):

1) Que los contratantes sean las mismas partes procesales.

2) Que en el contrato se pacten entre ellas los términos de la relación, que sea la misma que dio lugar al pleito.

3) Que la materia tratada esté plenamente incluida en el ámbito del derecho dispositivo.

4) Que el convenio no contenga estipulaciones prohibidas por la ley, ni contrarias al interés general.

En la transacción judicial no es necesario efectuar **comparecencia** alguna ni dar **traslado a la otra parte** a efecto de las alegaciones, como ocurre en los casos de satisfacción extraprocesal de pretensiones o de desistimiento, dado que la transacción ya acordada por las partes es un contrato y es sometida al órgano judicial solo para su homologación, gozando la misma, de acuerdo con lo dispuesto en CC art.1809, de la condición de contrato que existe desde que una o varias personas consienten en obligarse respecto de otra u otras (AP Murcia auto 17-1-06, EDJ 22707).

Precisiones La transacción acordada por las partes, para que pueda ser homologada judicialmente, ha de versar sobre la **misma materia y objeto** que el juicio (AP Alicante 17-2-05, EDJ 16617). Pero la **homologación** no afecta a la naturaleza consensual de aquella (AP Málaga 4-11-16, EDJ 290089; AP Zaragoza 17-1-17, EDJ 2800).

2510 **Transacción en juicios de desahucio** (LEC art.21.3) Si el **allanamiento** resultase del compromiso con efectos de transacción previsto en LEC art.437.3 para los juicios de desahucio por falta de pago de rentas o cantidades debidas, o por expiración legal o contractual del plazo, la resolución que homologue la transacción declarará que, de no cumplirse con el plazo del **desalojo** establecido en la transacción, esta quedará sin efecto, y que se llevará a cabo el **lanzamiento** sin más trámite y sin notificación alguna al condenado, en el día y hora fijadas en la citación si esta es de fecha posterior, o en el día y hora que se señale en dicha resolución.

2511 **Fuerza de cosa juzgada** (CC art.1816) La transacción tiene para las partes la autoridad de cosa juzgada, pero no procede la **vía de apremio**, sino tratándose del cumplimiento de la transacción judicial.

Cuando se trata de una transacción lograda en el marco de un proceso en curso y objeto de homologación judicial produce **efectos** similares a los que se derivan de las sentencias firmes, dado que la autocomposición de las partes litigantes sustituye a la sentencia y hace innecesaria la prosecución del proceso.

Cabe atribuir la autoridad de cosa juzgada a la transacción judicial si concurren las **identidades** exigidas para aquella entre la cuestión transigida y la planteada en un proceso ulterior (AP Asturias auto 16-4-97, EDJ 3882).

Los **efectos** de la cosa juzgada se manifiestan en el absoluto respeto a la nueva situación creada por la transacción y en el escrupuloso cumplimiento de las obligaciones fijadas en la misma, sin perjuicio de que el **cumplimiento** o incumplimiento se rija por las reglas generales (TS 29-11-91, EDJ 11336; AP Valencia 17-4-01, EDJ 99062; 11-4-18, EDJ 37449; 9-9-24, EDJ 675439).

La cosa juzgada que se predica de la transacción judicial no puede ser desconocida ni obviada por el tribunal, aunque no haya sido planteada en la alzada, pues resulta **apreciable de oficio** (TS 30-1-99, EDJ 937; AP Barcelona 8-2-00, EDJ 113263).

La disposición legal que establece que la transacción tiene para las partes contratantes la autoridad de cosa juzgada no implica que esta clase de contratos sea invulnerable, pues son susceptibles de **nulidad y rescisión** (TS 5-4-10, EDJ 45219; AP Málaga 4-11-16, EDJ 290089; AP Segovia 22-10-99, EDJ 49984).

La circunstancia de que la transacción pueda ser objeto de **impugnación** en otro proceso por causa de error, dolo, violencia a diferencia de lo que ocurre con las sentencias firmes, hace que se cuestione la equiparación exacta de su fuerza de cosa juzgada con la que se predica de las sentencias que sí la ostentan (JPI Zaragoza núm 2 20-1-03).

Acerca de la impugnación de la transacción y la cosa juzgada material, ver nº 2512 s.

e. Impugnación

2512 Contra el auto que homologa la transacción cabe interponer recurso de **apelación** con arreglo a las normas generales, en el que puede alegarse la existencia de infracción procesal o de error en la valoración de la prueba o en la aplicación de normas jurídicas o de la jurisprudencia del auto objeto del recurso.

Acerca del recurso de apelación, ver nº 4070 s.
Las únicas **cuestiones** atinentes a la transacción judicial que pueden ventilarse en el recurso de apelación son las relativas a la existencia misma del acuerdo de transacción, y la finalidad de las partes en el sentido de poner fin al procedimiento que, siempre que no sea contraria al orden público debe ser homologada judicialmente.
La **validez o no de la transacción homologada** judicialmente debe pretenderse por medio del correspondiente procedimiento declarativo en el que puede proponerse y practicarse la prueba oportuna al efecto de dar a cada parte la oportunidad de probar debidamente los hechos base de sus pretensiones, circunstancia que no puede producirse, por su propia esencia, en el seno del recurso de apelación (AP Murcia auto 19-2-04, EDJ 304615).
Sin embargo, en este nuevo procedimiento debe alegarse algún **vicio invalidante** del contrato, por defectuosa formación del consentimiento, ilicitud de la causa, o similar, sin que sea lícito exhumar pactos o cláusulas o discutir la naturaleza jurídica de las relaciones precedentes, dado que después de la transacción es este pacto transaccional el que regula las relaciones jurídicas ínsitas en la materia transigida, de forma que los **efectos de la cosa juzgada** se manifiestan en el absoluto respeto a la nueva situación y en el escrupuloso cumplimiento de las obligaciones fijadas en la transacción (AP Barcelona 21-9-04, EDJ 176258).
Si se permitiese reabrir, en un nuevo procedimiento, la cuestión litigiosa que se resolvió mediante transacción, se estaría vulnerando el efecto de cosa juzgada material, así como el derecho a la tutela judicial efectiva reconocido en Const art.24 que impide a los jueces y tribunales que puedan **revisar las sentencias y resoluciones firmes** al margen de los supuestos taxativamente establecidos por LOPJ art.18 (AP Málaga 3-6-05, EDJ 168652).
Acerca de la fuerza de cosa juzgada material de la transacción, ver nº 2511.

Precisiones 1) En el caso de pluralidad de partes demandadas que hayan **transigido extrajudicialmente**, la validez y eficacia de dicho acuerdo únicamente puede discutirse por las partes recurrentes en cuanto les afecte, sin que los posibles defectos que pudieran existir sobre la aceptación del resto de los demandados puedan ser utilizados por la parte apelante, que únicamente puede intervenir en defensa de sus derechos e intereses, pero no de terceros. **2513**
2) En el recurso de apelación contra un auto que homologa una transacción habida entre las partes y formalizada por las mismas en el acto de la **audiencia previa al juicio** no es posible analizar o resolver sobre la nulidad o no de la misma por error en una de las partes que ha transigido (AP Zamora auto 18-6-03, EDJ 70263; AP Murcia auto 6-7-04, EDJ 69893).
3) La transacción homologada judicialmente y, en cuya virtud, se dicta **sentencia absolviendo al demandado**, únicamente podría, en su caso, ser impugnada o recurrida por la parte actora, careciendo de legitimación otro codemandado para impugnar la sentencia en que se absuelve a otro codemandado (AP Alicante 17-2-05, EDJ 16617).
4) Asimismo, carece la Audiencia Provincial de la facultad de **suspender la ejecución** de la transacción, sin perjuicio de lo que pueda solicitarse en el proceso judicial que se pueda iniciar para anular la transacción homologada (AP Asturias auto 16-4-97, EDJ 3882).

2. Suspensión del proceso a petición de las partes

Las partes pueden solicitar la suspensión del proceso, que debe acordarse por el letrado de la Administración de Justicia mediante **decreto**, siempre que no perjudique al interés general o a tercero y que el **plazo** de suspensión no supere los 60 días (LEC art.19.4). **2515**
No se prevé que pueda ser ampliado el plazo máximo de 60 días por el que se acuerda la suspensión. De esta forma, si transcurrido el plazo por el que se acordó la suspensión, nadie pide, en los 5 días siguientes, la **reanudación del proceso**, procede el **archivo provisional** de los autos, que permanecen en tal situación mientras no se solicite la continuación del proceso o se produzca la caducidad de instancia (LEC art.179.2; TS auto 5-10-04, EDJ 262177). Acerca de la **caducidad de la instancia**, ver nº 3060 s.
La **ejecución** solo se suspende en los casos en que la ley lo ordene de modo expreso, o así lo acuerden todas las partes personadas en la ejecución. Decretada la suspensión pueden, no obstante, adoptarse o mantenerse medidas de garantía de los **embargos acordados** y se practicarán, en todo caso, los que ya hubieran sido acordados (LEC art.565 redacc LO 1/2025).
Sobre la suspensión de la ejecución, ver nº 4815 s.

Precisiones 1) Corresponde al letrado de la Administración de Justicia acordar el **archivo provisional de los autos** (LEC art.179.2).
2) La **celebración de las vistas** en el día señalado puede suspenderse, mediante **providencia**, por solicitarlo de acuerdo las partes, alegando justa causa a juicio del letrado de la Administración de Justicia (LEC art.188.3º). Acerca de la suspensión de las vistas, ver nº 2900 s.
3) Cuando de manera voluntaria se inicie una **mediación estando en curso un proceso judicial**, las partes de común acuerdo pueden solicitar su suspensión de conformidad con lo dispuesto en la legislación procesal (L 5/2012 art.16).

4) Cuando de manera voluntaria se inicie ante una entidad acreditada un **procedimiento de resolución alternativa con resultado no vinculante**, estando en curso un proceso judicial, las partes, de común acuerdo, pueden solicitar su suspensión de conformidad con la legislación procesal (L 7/2017 art.4.2).

2518 **Petición del abogado del Estado** (L 52/1997 art.14; RD 1057/2024 art.74) En los procesos civiles que se dirijan contra el Estado, sus organismos autónomos, entidades públicas dependientes de ambos o los órganos constitucionales, el abogado del Estado debe recabar los **antecedentes** para la defensa de la entidad representada, así como elevar, en su caso, **consulta** ante la Abogacía General del Estado (Dirección General de lo Contencioso).

A tal fin, al recibir el primer traslado, citación o notificación del órgano jurisdiccional puede pedir, y el juez debe acordar, la suspensión del curso de los autos, salvo que, excepcionalmente, y por auto motivado, se estime que ello produciría grave daño para el interés general.

El **plazo de suspensión** se fija discrecionalmente por el juez, sin que pueda exceder de un mes ni ser inferior a 15 días. Dicho plazo se computa desde el día siguiente al de la notificación de la providencia por la que se acuerde la suspensión, no cabiendo contra tal providencia recurso alguno.

Precisiones Esta disposición es también aplicable a las **comunidades autónomas** (L 52/1997 disp.adic.4ª).

2520 **Solicitud de justicia gratuita** (L 1/1996 art.16) La solicitud de reconocimiento del derecho a la asistencia jurídica gratuita no suspende el curso del proceso.

MPCI nº 4366 s.

No obstante, a fin de evitar que el transcurso de los plazos pueda provocar la **preclusión de un trámite** o la **indefensión** de cualquiera de las partes, el juez, de oficio o a petición de estas, puede decretar la suspensión hasta que se produzca la decisión sobre el reconocimiento o la denegación del derecho a litigar gratuitamente, o la designación provisional de abogado y procurador si su intervención es preceptiva o requerida en interés de la justicia.

La solicitud de suspensión del curso del proceso por haber solicitado el reconocimiento del derecho a la asistencia jurídica gratuita no obliga, necesariamente, al juzgador a acordar dicha suspensión, pudiendo denegarse en los casos en que dicha petición se formule con el exclusivo **propósito de dilatar la duración normal del procedimiento** y retrasar así la decisión final del proceso, y se muestre claramente innecesaria, de forma que no encuentre su justificación en el derecho de defensa, sino en el manifiesto abuso de derecho o en el fraude de ley, vulnerando además el derecho fundamental de la otra parte a un proceso sin dilaciones indebidas (Const art.24.2; TCo 162/1993; 51/1996; AP Barcelona 30-5-05, EDJ 110763).

Sin embargo, en el acceso a los **recursos**, los órganos jurisdiccionales tienen la obligación de suspender el curso del pleito en caso de solicitud de asistencia jurídica gratuita, y si no lo hacen vulneran el derecho a la tutela judicial efectiva de quien formuló la solicitud (TCo 105/1996; 189/2006).

Precisiones La solicitud del derecho se ha de formular en los **plazos** establecidos en las leyes procesales (L 1/1996 art.16.1).

3. Renuncia

2522 Los litigantes están facultados para disponer del objeto del juicio y pueden renunciar a lo que sea objeto del mismo, excepto cuando la ley lo prohíba o establezca **limitaciones** por razón de interés general o en beneficio de tercero (LEC art.19.1 redacc LO 1/2025).

2523 **Diferencias con el desistimiento** La renuncia se diferencia del desistimiento en que supone un **abandono de la acción**, y por consiguiente del derecho, de carácter unilateral, en tanto que ha de aprobarse por el juez, salvo que sea contraria al orden público, a la ley o en perjuicio de tercero, y el efecto más relevante de la misma consiste en que la acción abandonada no puede volver a ejercitarse (TCo 187/1990; TS 3-7-18, EDJ 518105; 17-3-03, EDJ 6474).

Por su parte el desistimiento supone el **abandono del proceso**, en el momento procesal en que se encuentre. Requiere de audiencia del demandado, que puede instar su continuación si justifica interés al respecto, y el efecto que implica es la finalización del proceso, pero sin que sea óbice para el ejercicio de la misma acción, en otro proceso, siempre que aquella no haya prescrito.

Precisiones **1)** Puede plantearse un **nuevo juicio** si el desistimiento del proceso se efectúa en primera instancia, si se produce en sede de recurso la resolución recurrida, en su caso, adquiere firmeza por lo que no puede volver a plantearse tampoco la misma cuestión entre las mimas partes en otro litigio (TS 4-3-04, EDJ 7468).

2) En el caso de que haya **dudas** acerca de si lo planteado es la renuncia a la acción o el desistimiento del procedimiento, debe pedirse la aclaración oportuna a la parte actora y, en caso de imposibilidad procesal o material de la misma, debe valorarse que la renuncia debe ser **clara, explícita y terminante** (AP Barcelona 29-3-05, EDJ 58364).

a. Requisitos

La renuncia, como acto de disposición procesal que provoca la terminación anormal del litigio, exige que: 2525 MPCI nº 4375
- quien la formule ostente **poder suficiente de disposición** sobre la cosa u materia litigiosa (nº 2528 s.);
- exista una clara y terminante **manifestación de voluntad** de renunciar a la pretensión o acción ejercitada (nº 2531); y que
- la renuncia no suponga vulneración de **normas imperativas** o necesarias (nº 2533).

La renuncia ha de ser **personal, clara, terminante e inequívoca**, sin condicionante alguno, con expresión indiscutible de la voluntad de dejación del derecho por su titular, y su revelación debe ser **expresa o tácita**, pero mediante actos concluyentes igualmente claros e inequívocos (TS 23-4-98, EDJ 2302; 30-6-03, EDJ 49214; AP Bizkaia 20-2-18, EDJ 108160).

La **renuncia general** de derechos, realizada en una transacción, se entiende solo de los que tienen relación con la disputa sobre la que ha recaído la transacción (CC art.1815).

Asimismo, la renuncia de derechos implica tener un **conocimiento del exacto contenido del derecho** que se abdica (TS 5-10-99, EDJ 27847). Al respecto, ver lo expuesto en nº 2487 s., acerca del error y los demás vicios de la voluntad en la transacción.

Precisiones 1) No se considera renuncia a la acción ejercitada o al derecho en que se funde su pretensión cuando el demandante se limita a indicar la **innecesariedad de que se haga declaración judicial** en relación con determinada pretensión, pero sin hacer desde luego ni dejación de la acción ejercitada, ni del derecho en que se funda su pretensión (AP Valencia 18-4-05, EDJ 66865).
2) La **entrega del documento privado justificativo de un crédito**, hecha voluntariamente por el acreedor al deudor, implica la renuncia de la acción que el primero tenía contra el segundo (CC art.1188).

Poder de disposición La renuncia, en cuanto supone un acto de **abandono definitivo** de la acción o derecho, exige que se formule por quien tiene poder de disposición sobre la acción o derecho que se abandona. 2528

Menores y personas con discapacidad con medidas de apoyo para el ejercicio de su capacidad jurídica (CC art.166; LEC art.271.3º) Los **padres** no pueden renunciar a los derechos de que sus hijos sean titulares sino por causas justificadas de utilidad o necesidad y previa la autorización del juez del domicilio, con audiencia del Ministerio Fiscal. 2529 MPCI nº 4381

El **tutor** necesita autorización judicial para renunciar derechos de la persona sujeta a su tutela.

En cuanto al procedimiento de **autorización judicial**, que se configura como acto de jurisdicción voluntaria, ver nº 2507 s.

Poder especial a procurador (LEC art.25.2.1º) Es necesario que se haya otorgado poder especial a favor del procurador para que este pueda renunciar a la acción ejercitada, cuando se actúe a través del mismo. 2531

En la **audiencia previa al juicio**, cuando las partes no concurran personalmente sino a través de su procurador, han de otorgar a este poder para renunciar, allanarse o transigir. Si no concurren personalmente ni otorgan aquel poder, se les tiene por no comparecidas a la audiencia (LEC art.414.2).

Sobre el **carácter subsanable** de esta omisión, ver nº 2660.

Precisiones Para que el **Abogado del Estado** pueda válidamente desistir de acciones precisa autorización expresa de la Abogacía General del Estado-Dirección del Servicio Jurídico del Estado que debe, previamente, en todo caso, recabar informe del departamento, organismo o entidad pública correspondiente (L 52/1997 art.7).

Renuncia admisible (CC art.6.2) La renuncia a los **derechos** reconocidos en la ley solo es válida cuando no contraríe el interés o el orden público ni perjudique a terceros. 2533

La renuncia a la **acción civil proveniente de un delito** no extingue la acción pública para la imposición de la pena legal (CC art.1813).

Para más detalles sobre esta cuestión, ver lo expuesto en nº 8070 s., acerca del ejercicio de la acción civil en el proceso penal.

Exclusiones No resulta admisible la renuncia de los siguientes derechos y acciones: 2534
a) El **derecho de alimentos**, que no es renunciable ni transmisible a terceros, pudiendo renunciarse las pensiones alimenticias atrasadas (CC art.151).

Precisiones No puede admitirse la renuncia a los alimentos del **hijo mayor de edad**, formulada por este último cuando convive con el progenitor que los reclama al otro cónyuge, por cuanto que en tal caso se entiende que no se actúa un derecho propio y peculiar de los hijos, sino un derecho propio del progenitor en cuya compañía habitual residen para reclamar el abono proporcional de los gastos de todo tipo que generen (TS 24-4-00, EDJ 5839; AP Castellón auto 14-2-05, EDJ 18568).

2535 b) La acción de **revocación de la donación** por superveniencia o supervivencia de hijos, que es irrenunciable (CC art.646).

c) La acción concedida al donante para la **revocación por ingratitud** de la donación, que no puede renunciarse anticipadamente (CC art.652).

d) La **renuncia sobre la legítima futura** entre el que la debe y sus herederos forzosos, que es nula, y estos pueden reclamarla cuando muera aquel, pero trayendo a colación lo que hayan recibido por la renuncia (CC art.816).

e) Las personas con capacidad para enajenar pueden renunciar la **prescripción ganada**, pero no el derecho de prescribir para lo sucesivo. Los acreedores y cualquiera otra persona interesada en hacer valer la prescripción pueden utilizarla a pesar de la renuncia expresa o tácita del deudor o propietario (CC art.1935 y 1937).

f) No surte efecto la renuncia en los procesos sobre **medidas de apoyo a la discapacidad, filiación, matrimonio y menores** (LEC art.751). No obstante, las pretensiones que se formulen en estos procesos y que tengan por objeto materias sobre las que las partes puedan disponer libremente, según la legislación civil aplicable, pueden ser objeto de renuncia, conforme a las normas generales.

g) El **derecho al honor**, a la intimidad personal y familiar y a la propia imagen, es irrenunciable. La renuncia a su protección prevista en la ley es nula, sin perjuicio de los supuestos de autorización o consentimiento previstos (LO 1/1982 art.1.3).

h) La **renuncia** previa a los derechos que la Ley reconoce a los consumidores y usuarios es nula, siendo, asimismo, nulos los actos realizados en fraude de ley de conformidad con lo previsto en CC art.6 (RDLeg 1/2007 art.10).

2536 i) En los **créditos al consumo**, no es renunciable la acción del consumidor o usuario contra el prestador de servicios y el financiador (JPI Zaragoza núm 15 13-1-04).

j) Los beneficios derivados en la ley sobre **propiedad intelectual** a los autores y a sus derechohabientes son irrenunciables, salvo disposición de la propia ley (RDLeg 1/1996 art.55).

k) Los derechos reconocidos en la ley sobre las **condiciones generales de contratación**, dado que son nulas de pleno derecho las condiciones generales que contradigan, en perjuicio del adherente, lo dispuesto en la ley (L 7/1998 art.8).

l) Es nula la renuncia anticipada a los derechos que se conceden en la ley sobre derechos de **aprovechamiento por turno de bienes inmuebles** de uso turístico (L 4/2012 art.16.2).

b. Tramitación

2538 Cuando el actor manifieste su renuncia a la acción ejercitada o al derecho en que funde su pretensión, el tribunal dicta **sentencia** absolviendo al demandado, salvo que la renuncia sea legalmente inadmisible. En este caso, se dicta **auto** mandando seguir el proceso adelante (LEC art.20).

En el caso de que se haya admitido la intervención de un **sujeto no originariamente demandante** en el proceso, se le considera como parte en el mismo y puede defender sus pretensiones, o las de su litisconsorte, aunque este último renuncie a la acción ejercitada (LEC art.13.3) (nº 2325 s.).

Precisiones: En los **procesos concursales**, el juez resuelve sobre la renuncia del solicitante del concurso, previa audiencia de los demás acreedores reconocidos en la lista definitiva (LCon art.515, 516 y 533).

2539 **Alzamiento de las medidas cautelares** (LEC art.745) En los casos de renuncia a la acción deben alzarse **de oficio** por el letrado de la Administración de Justicia todas las medidas cautelares adoptadas procediéndose, a petición del demandado, a la determinación de los **daños y perjuicios**, en su caso, producidos por la medida cautelar adoptada (nº 4040 s.).

2541 **Costas** No existe una previsión específica en materia de costas cuando el proceso termina por renuncia del actor a la acción ejercitada. Ante esta ausencia de regulación expresa, la jurisprudencia ha optado por uno de los dos siguientes **criterios**:

1) Imponer en todo caso las costas a la **parte demandante**, por equiparación a la figura jurídica del desistimiento (nº 2566). Esta opción se sustenta en considerar que, tanto la renuncia como el desistimiento, comparten un mismo efecto, la terminación anormal del proceso, por lo que no hay razón para distinguir en materia de costas entre una u otra opción cuando el fundamento de la imposición y de la propia decisión de la parte es igual en una y otra figura procesal, esto es, resarcir a la parte traída a un proceso de los gastos del mismo cuando la pretensión dirigida contra ella no ha prosperado, o se ha renunciado, o se ha

desistido sin conformidad ni acuerdo entre las partes (AP Jaén 21-1-03, EDJ 7683; AP Cáceres 11-1-02, EDJ 5934).

2) Aplicar las **normas generales** en materia de imposición de costas. Esta alternativa se basa en que no falta una previsión normativa en orden a las costas en caso de renuncia. Así, la LEC ordena, en estos casos, el dictado de **sentencia absolutoria**, lo que lógicamente implica una remisión a las disposiciones que la regulan, entre las que se encuentran las relativas a las costas (AP Murcia 1-9-04, EDJ 250681).

Así, por tanto, las costas deben imponerse a la **parte que renuncie**, salvo que el tribunal aprecie, y así lo razone, que el caso presentaba serias **dudas** de hecho o de derecho; sin perjuicio, en su caso, de la posible incidencia sobre este criterio de la conducta de la contraparte en un previo medio de solución alternativa de conflictos (LEC art.394.1 redacc LO 1/2025).

Según esta doctrina, la aplicación de la teoría de asimilar la renuncia al desistimiento, en materia de costas, implica penalizar al actor que renuncia frente al que desiste, pese a que lo primero es más beneficioso para el demandado, ya que el proceso no puede volver a iniciarse; y ello es así porque el renunciante siempre se vería abocado a sufrir la condena en costas, mientras que en el caso del desistimiento, sería preciso que, tras la audiencia del demandado, este último no prestara el consentimiento a dicho desistimiento.

4. Desistimiento

Los litigantes están facultados para disponer del objeto del juicio y pueden desistir del juicio, excepto cuando la ley lo prohíba o establezca **limitaciones** por razones de interés general o en beneficio de tercero (LEC art.19.1 redacc LO 1/2025). 2543

El desistimiento es una forma legítima de finalización de los procesos que responde al principio dispositivo que rige nuestro ordenamiento jurídico procesal (TCo 187/1990; TS 4-3-04, EDJ 7468).

Se entiende que hay desistimiento si, **fallecido el demandante**, sus sucesores no se personan, por no ser conocidos o no poder ser localizados (LEC art.16.3; nº 2413).

Asimismo, se entiende producido el desistimiento en **primera instancia** cuando no se produzca actividad procesal alguna en el plazo de 2 años, por lo que puede interponerse nueva demanda, sin perjuicio de la caducidad de la acción. Si la caducidad se produce en la **segunda instancia** o en el **recurso de casación**, para lo que se exige el transcurso de un año sin actividad procesal alguna, se tiene por desistida la apelación o dichos recursos y por firme la resolución recurrida y se devuelven las actuaciones al tribunal del que procedan (LEC art.237 y 240). Sobre la caducidad de la instancia, ver nº 3060 s.

a. Cuestiones previas

Tipos de desistimiento Según el momento en que se produce el desistimiento, puede hablarse de: 2545

- un desistimiento **unilateral**, generado por la sola decisión del demandante en aquellos procedimientos en los que el demandado no haya sido emplazado para contestar a la demanda o citado para el juicio, o bien se encuentre en rebeldía; y
- aquellos otros procesos en los que el demandado haya sido emplazado o citado, en los que es requisito indispensable el traslado a este del desistimiento pretendido por el actor, adquiriendo el desistimiento cierto carácter **bilateral** (AP Barcelona 29-3-05, EDJ 58364).

Así, en los casos de haber sido ya **emplazado o citado el demandado**, se plantea una doble posibilidad:

- que el demandado preste su **conformidad**, en cuyo caso el tribunal dicta auto de sobreseimiento; o
- que el demandado **se oponga**, en cuyo caso el tribunal debe decidir sobre la continuación o no del procedimiento atendiendo a las razones expresadas por este.

Esta diferenciación entre el desistimiento puramente unilateral y aquel que, por el momento en que se produce, adquiere cierta bilateralidad tiene **consecuencias**, tanto procedimentales, puesto que en el segundo ha de darse traslado del escrito de desistimiento al demandado, como en materia de costas procesales (nº 2567).

Diferencias con la renuncia El desistimiento, de alcance meramente procesal, no es equiparable a la renuncia, concepto este último que se vincula con el Derecho material que sustenta la acción ejercitada (TS 17-3-03, EDJ 6474). 2546

La renuncia es un **abandono de la acción**, y por consiguiente del derecho, de carácter unilateral, y no precisa de la audiencia de la otra parte. El juez debe aprobar, salvo cuando la ley la

prohíba o sea contraria al orden público o a perjudique a tercero, y su efecto relevante consiste en que la acción abandonada no puede volverse a ejercitar.
Sin embargo, el **desistimiento del proceso**, como procedimiento, cuando se efectúa **en primera instancia** no impide volver a plantear la misma acción en otro posterior. A causa de este efecto, y a partir de un determinado momento, el desistimiento tiene carácter bilateral, en cuanto requiere la audiencia de la otra parte y la aprobación judicial (TS 4-3-04, EDJ 7468).
Si el desistimiento se formula **en sede de recurso** la resolución recurrida adquiere, en su caso, firmeza, por lo que producirá los efectos de cosa juzgada material y no podrá ser planteada nuevamente en juicio.
Del desistimiento realizado **en un proceso anterior** no puede deducirse necesariamente la renuncia a la acción ejercitada en aquel, sin que quepa apreciar la existencia de actos propios que se quebrantarían con el nuevo ejercicio judicial de la acción, ya que los actos de renuncia deben ser claros, precisos, terminantes e inequívocos, no estando permitido en caso de indeterminación deducir una renuncia; tampoco el transcurso de un largo período de tiempo, entre el desistimiento y el nuevo ejercicio de la acción es óbice a la acción ejercitada con base en una supuesta renuncia, puesto que esta podrá ejercitarse mientras esté viva y no se haya extinguido por prescripción o por cualquier otra causa (AP Burgos 19-1-06, EDJ 6702).

Precisiones En caso de **duda** acerca de si lo planteado es la renuncia a la acción o el desistimiento del procedimiento, debe pedirse la aclaración oportuna a la parte actora y, en caso de imposibilidad procesal o material de la misma, debe valorarse que la renuncia debe ser clara, explícita y terminante (AP Barcelona 29-3-05, EDJ 58364).

2548 **Facultad para desistir** En cuanto el desistimiento supone una forma anticipada, o anormal de terminación del proceso, se establecen una serie de prevenciones al respecto, máxime cuando se actúa a través de representante (nº 2549).
No obstante, teniendo en cuenta que mientras la acción ejercitada en el proceso no esté prescrita puede volver a plantearse nuevamente, salvo que el desistimiento se produzca en sede de recurso, a diferencia de la renuncia que impide, en todo caso, el mismo planteamiento de la cuestión, los requisitos se suavizan con respecto a esta última (nº 2525).

2549 **Poder especial** (LEC art.25.2.1º) En caso de actuarse mediante **procurador**, este necesita poder especial para formular desistimiento en nombre y representación de su representado (nº 2612).

Precisiones 1) Para que el desistimiento pueda surtir el correspondiente efecto es necesario, bien que la representación procesal ostente poder especial, bien que la **parte demandante se ratifique** en el desistimiento formulado por su procurador (AP Ciudad Real auto 30-9-03, EDJ 263141).
2) Para que el **abogado del Estado** pueda válidamente desistir de acciones o recursos precisa autorización expresa de la Abogacía General del Estado-Dirección del Servicio Jurídico del Estado que debe, previamente, en todo caso, recabar informe del departamento, organismo o entidad pública correspondiente (L 52/1997 art.7).

2550 **Conformidad de los administradores concursales** (LCon art.120.1) Se precisa la conformidad de los administradores concursales para desistir cuando la materia litigiosa pueda afectar al patrimonio del concursado.

2551 **Conformidad del Ministerio Fiscal** (LEC art.751) El desistimiento en los procesos sobre **medidas judiciales de apoyo a la discapacidad, filiación, matrimonio y menores**, requiere la conformidad del Ministerio Fiscal.
MPCI nº 4420
Quedan **exceptuados** de esta exigencia:
- los procesos de filiación, paternidad y maternidad, siempre que no existan menores, personas con discapacidad con medidas judiciales de apoyo con funciones representativas o ausentes interesados;
- los procesos de nulidad matrimonial por minoría de edad, cuando el cónyuge que contrajo matrimonio siendo menor de edad ejercite, después de llegar a la mayoría de edad, la acción de nulidad;
- los procesos de nulidad matrimonial por error, coacción o miedo grave; y
- los procesos de separación y divorcio.
No obstante, las pretensiones que se formulen en estos procesos y que tengan por objeto materias sobre las que las partes puedan disponer libremente, según la legislación civil aplicable, pueden ser objeto de desistimiento con arreglo a las normas generales (nº 5132 s.).

b. Tramitación

2553 La tramitación que el órgano judicial debe dar al desistimiento formulado por el actor varía según que el demandado haya sido emplazado para contestar a la demanda o citado al juicio, o bien el proceso se encuentre en una **fase** más avanzada, incluida la fase de recursos.

En el caso de que se haya admitido la intervención de un **sujeto no originariamente demandante** en el proceso, se le considerará como parte en el mismo y puede defender sus pretensiones, o las de su litisconsorte, aunque este último desista del proceso iniciado (LEC art.13.3; nº 2325 s.).

Desistimiento anterior al emplazamiento o citación al juicio o con demandado en rebeldía (LEC art.20) El demandante puede desistir unilateralmente del juicio antes de que el demandado sea emplazado para contestar a la demanda o citado para juicio. 2554
También puede desistir unilateralmente, en cualquier momento, cuando el demandado se encuentre en rebeldía.

Emplazamiento para contestar a la demanda (LEC art.404) El letrado de la Administración de Justicia, examinada la demanda, dictará decreto admitiendo la misma y dará traslado de ella al demandado para que la conteste en el plazo de 20 días. No obstante, dará cuenta al **tribunal** para que resuelva sobre la admisión cuando estime falta de jurisdicción o competencia del tribunal o cuando la demanda adoleciese de defectos formales y no se hubiesen subsanado por el actor en el plazo concedido para ello por el letrado de la Administración de Justicia. 2555 MPCI nº 4429
En los procesos en materia de **defensa de la competencia** (Tratado FUE art.101 y 102; L 15/2007 art.1 y 2), el letrado de la Administración de Justicia dará traslado a la Comisión Nacional de los Mercados y de la Competencia de la resolución admitiendo la demanda.
Se considera emplazado el demandado, a los efectos de exigir el **traslado del escrito** de desistimiento del actor, cuando el emplazamiento ha llegado a su destinatario y conocimiento, sin que pueda equipararse al emplazamiento el hecho mismo de la emisión de la cédula para tal fin, puesto que se trata de una actuación recepticia que solo adquiere valor cuando llega a conocimiento del destinatario (AP Madrid auto 18-3-05, EDJ 43180).

Citación para el juicio (LEC art.440 redacc LO 1/2025) En el **juicio verbal**, el letrado de la Administración de Justicia, examinada la demanda, la admitirá o dará cuenta de ella al tribunal para que resuelva lo que proceda. 2556
Admitida la demanda, el letrado de la Administración de Justicia citará a las partes para la celebración de vista dentro de los 5 días siguientes. La vista ha de tener lugar dentro del plazo máximo de un mes.

Demandado rebelde (LEC art.496.1 y 499) El demandado será declarado por el letrado de la Administración de Justicia en rebeldía cuando **no comparezca** en forma en la fecha o en el plazo señalado en la citación o emplazamiento. 2557
Cualquiera que sea el estado del proceso en que el demandado rebelde comparezca, se entiende con él la sustanciación, sin que esta pueda retroceder en ningún caso.

Desistimiento posterior al emplazamiento o citación para el juicio (LEC art.20.3) 2558
En estos casos, y en virtud de que el proceso está más avanzado, el desistimiento pierde su carácter unilateral, lo que determina que deba ser oído el demandado y que se valore por el órgano judicial, a la vista de la **posible oposición** de este último, lo procedente en orden al desistimiento formulado.
Hay que tener en cuenta que, si en la **audiencia previa al juicio** las partes manifiestan haber llegado a un acuerdo o se muestran dispuestas a concluirlo de inmediato, pueden desistir del proceso o solicitar del tribunal que homologue lo acordado (LEC art.415.1) (nº 3810).
En este caso, se debe examinar previamente la concurrencia de los requisitos de capacidad jurídica y poder de disposición de las partes o de sus representantes debidamente acreditados, que asistan al acto.

Traslado al demandado Si el demandado hubiera sido ya emplazado, del escrito de desistimiento se le da traslado por **plazo** de 10 días. 2559
También en el caso del **juicio verbal** debe darse traslado del escrito de desistimiento a la parte o partes demandadas, a los efectos de evitar que comparezcan al acto del juicio a defender su pretensión, sin tener conocimiento previo del hecho consistente en la formulación del desistimiento por el demandante (AP Barcelona auto 19-4-05, EDJ 49412).
En el juicio verbal, como una manifestación del **desistimiento tácito**, si el demandante no asiste a la vista, y el demandado no alega interés legítimo en la continuación del proceso para que se dicte sentencia sobre el fondo, se le tendrá en el acto por desistido a aquel de la demanda, se le impondrán las costas causadas y se le condenará a indemnizar al demandado comparecido, si este y lo solicitara y acreditara los daños y perjuicios causados (LEC art.442.1).

Precisiones 1) Incurre en **nulidad de actuaciones** el auto que sobresee el procedimiento por desistimiento si no se le ha dado traslado del mismo al demandado una vez ya personado, por cuanto que se le priva de poder manifestar su conformidad o disconformidad (AP Valencia auto 15-6-01, EDJ 87899).

2) En los **procesos concursales**, el juez debe resolver sobre el desistimiento del solicitante del concurso, previa audiencia de los demás acreedores reconocidos en la lista definitiva (LCon art.515, 516 y 533).

2560 **Conformidad al desistimiento** Si el demandado presta su conformidad al desistimiento o no se opone a él (nº 2561) dentro de los 10 días, por el letrado de la Administración de Justicia se dictará decreto acordando el sobreseimiento y el actor podrá promover nuevo juicio sobre el mismo objeto.

2561 **Oposición del demandado al desistimiento** Si el demandado se opone al desistimiento, el juez debe resolver lo que estime oportuno.

Planteado el propósito de desistir por la parte actora, corresponde al demandado fundamentar su oposición en la existencia de un **interés legítimo, razonable y estimable** y, en caso contrario, la simple oposición formal al desistimiento, sin alegar razones concretas, no impide la conclusión del proceso (AP Barcelona 29-3-05, EDJ 58364).

Debe admitirse la oposición al desistimiento cuando este se realiza en fraude procesal (AP Madrid auto 14-9-05, EDJ 186770). Se considera realizado el **desistimiento en fraude procesal** cuando se trata de un desistimiento parcial respecto de las partes demandadas con posterioridad a que el órgano judicial se haya pronunciado sobre la existencia de litisconsorcio necesario, ya que queda fuera de las posibilidades de los actores el obviar dicha resolución, lo que se produciría cuando, tras haber complementado tal litisconsorcio, se desiste de la demanda frente a los nuevos demandados. Acerca del fraude procesal, ver nº 3128.

No procede acordar el desistimiento cuando se opone la parte demandada por entender que el actor, una vez practicada la prueba, y antes de dictarse sentencia, al apreciar la **falta de fundamento probatorio de la demanda**, intenta desistir de la misma (AP Madrid auto 19-12-02, EDJ 102472). Debe valorarse, a estos efectos, el perjuicio moral y material por verse obligada a personarse con abogado y procurador, oponerse a la demanda y defenderse a lo largo de todo un proceso, que justifica razonablemente su interés en la continuación, además de la circunstancia que se derivaría de dejar imprejuzgada la cuestión de fondo, de forma que se pudiera importunar nuevamente con un nuevo procedimiento judicial.

Precisiones Si la oposición al desistimiento se basa en la existencia, a favor del demandado, de defensas de tipo procesal y material que impedirían entrar en fondo del litigio, como la **falta de legitimación** o la **caducidad de la acción**, es procedente acceder al desistimiento, salvo razones fundadas de interés particular o público, siendo más beneficioso terminar prontamente con un pleito que no va a resolver el litigio, que no continuarlo hasta el final con un derroche de tiempo y dinero (AP Burgos auto 17-6-02, EDJ 126200).

2562 **Alzamiento de las medidas cautelares** (LEC art.745) En los casos de **desistimiento de la instancia** se alzan de oficio por el letrado de la Administración de Justicia todas las medidas cautelares adoptadas procediéndose, a petición del demandado, a la determinación de los **daños y perjuicios**, en su caso, producidos por la medida cautelar adoptada. Un estudio detallado de las medidas cautelares se realiza en nº 4440 s.

2563 **Desistimiento de los recursos** (LEC art. 19.1 -redacc LO 1/2025- y 450) Todo recurrente puede desistir del recurso antes de que sobre él recaiga resolución, salvo en el recurso de casación, una vez señalado el día para su deliberación, votación y fallo.

Si, en caso de ser **varios recurrentes**, solo alguno o algunos de ellos desisten, la resolución recurrida no es firme en virtud del desistimiento, pero se tienen por abandonadas las pretensiones de impugnación que sean exclusivas de quienes hayan desistido.

Un estudio detallado acerca de los recursos se recoge en nº 4025 s.

Precisiones Se ha admitido, en sede de **recurso de apelación**, un desistimiento parcial si la parte apelante en su recurso limita su solicitud solo al pronunciamiento declarativo, reservándose la reclamación de daños y perjuicios para otro pleito (AP Barcelona 27-5-05, EDJ 111099).

2564 **Desistimiento en la ejecución** (LEC art.532) En el caso de que se haya solicitado la **ejecución provisional** de sentencia, si se dicta sentencia que confirme los pronunciamientos provisionalmente ejecutados, la ejecución continúa si aún no hubiera terminado, salvo desistimiento expreso del ejecutante. En relación con la ejecución provisional de resoluciones judiciales nos remitimos a lo expuesto en nº 4550 s.

2565 **Desistimiento en las tercerías de mejor derecho** (LEC art.619.2) Si, notificada la demanda de tercería, el ejecutante desistiese de la ejecución, siempre que el crédito del tercerista constase en título ejecutivo, el letrado de la Administración de Justicia dictará **decreto ordenando seguir adelante la ejecución** para satisfacer en primer término al tercerista. Si no fuera así, dictará **decreto de desistimiento** del proceso de ejecución, y dará por finalizada esta, salvo que el ejecutado se mostrare de acuerdo en que prosiga para satisfacer el crédito del tercerista.

Un estudio detallado de la **tramitación** de las tercerías de mejor derecho se recoge en nº 4893.

Costas (LEC art.396) Se fijan, solo parcialmente, las consecuencias relativas a las costas del procedimiento en los supuestos de desistimiento, tomando en consideración la posición manifestada por el demandado, de manera que si es **consentido** no se efectúa condena en costas respecto de ninguna de las partes y si **no ha de ser consentido** se imponen al actor. 2566 MPCI nº 4451

Sin embargo, no se prevé la incidencia consistente en la **oposición del deudor** en aquellos supuestos en que es necesario darle traslado del desistimiento, sin que se establezca criterio expreso alguno para tal caso.

No obstante, parece razonable entender que, en caso de acordarse el desistimiento a pesar de la oposición del demandado, debe aplicarse el **criterio** de imposición de costas al actor, de forma que, únicamente cuando el demandado consienta en el desistimiento, no se procedería a un especial pronunciamiento respecto a las costas (AP Barcelona 29-3-05, EDJ 58364; AP Burgos auto 17-6-02, EDJ 126200).

Este criterio se fundamenta en una interpretación sistemática, con arreglo al cual parece más adecuado asimilarlo al desistimiento que no haya de ser consentido por el demandado, así como en la garantía del principio de indemnidad de quien ha sido traído a una causa sin necesidad, o ha sido llamado a juicio, con las molestias y gastos de defensa que ello le ha comportado, sin conducir a ningún resultado por la voluntad unilateral, caprichosa o conveniente, de aquel, que además no consume la acción instada pues puede volver a ejercitarla en el futuro.

En otras ocasiones se ha considerado que, en los casos de oposición del demandado, y dado que el desistimiento no vincula al tribunal, resolviendo este lo que crea procedente, puede entenderse que la decisión sobre las costas también queda al **arbitrio judicial**. 2567

Si bien esta teoría puede conducir a que se fomenten las oposiciones sistemáticas a los desistimientos como medio para lograr el demandado que el tribunal al resolver lo que estime oportuno, imponga las costas al actor, con lo que se limitaría la voluntad del legislador de favorecer el desistimiento para evitar juicios inútiles (AP Madrid auto 18-3-05, EDJ 43180).

Procede imponer las costas al demandante cuando **no se dio traslado al demandado** del escrito de desistimiento y compareció al acto del juicio asistido por letrado y con la presencia de testigos a defender su posición procesal, por cuanto que no imponer las costas en este caso supondría causar al demandado un indiscutible perjuicio (AP Barcelona auto 19-4-05, EDJ 49412).

Un estudio detallado acerca de la condena en costas se recoge en nº 3083 s.

5. Allanamiento

Los litigantes están facultados para disponer del objeto del juicio, pudiendo el demandado allanarse a lo que sea objeto del mismo, excepto cuando la ley lo prohíba o establezca **limitaciones** por razones de interés general o en beneficio de tercero (LEC art.19 redacc LO 1/2025). 2569 MPCI nº 4460

Se trata de un acto del demandado en el que muestra su **conformidad con la pretensión procesal** interpuesta por el actor, reconociendo que debe ser estimada y que tiene como **efecto**, en virtud del principio dispositivo y siempre que no exceda los límites de este, vincular al juez a dictar una sentencia estimatoria de la pretensión (TS 18-11-05, EDJ 197570). Es posible dentro del ámbito de disposición de las partes, de modo que puede afirmarse que es presupuesto absoluto del allanamiento la **naturaleza disponible del objeto del proceso** (TS 30-6-15, EDJ 128710).

El allanamiento es la **declaración de voluntad del demandado** por la que reconoce que carece de derecho alguno, que su posición es infundada, que la fundada es la del actor, única que merece la tutela impetrada y que la defensa es inútil por innecesaria; las **consecuencias** del allanamiento alcanzan a los hechos y a la causa de pedir, salvo que se dé alguna de las circunstancias de fraude o perjuicio de tercero (AP Madrid 25-6-03, EDJ 132660; AP Granada 15-11-03, EDJ 173413).

Precisiones En ocasiones se ha considerado que el allanamiento procesal implica **reconocimiento solo de los hechos**, sin que se impida su valoración judicial a efectos de pronunciar la sentencia que en Derecho proceda, configurándose como una declaración de voluntad del demandado, con sus consecuentes responsabilidades si actúan o están interesadas otras personas y en razón de la conformidad que manifiesta a las pretensiones de la parte actora (TS 8-11-95, EDJ 24233).

a. Cuestiones previas

Límites (LEC art.21.1) El allanamiento debe rechazarse mediante auto ordenando seguir el proceso adelante, si: 2571

- se hace en fraude de ley (nº 2572);
- supone renuncia contra el interés general (nº 2573); o
- supone perjuicio de tercero (nº 2574).

2572 **Fraude de ley** El fraude de ley, al igual que su manifestación en un litigio como fraude procesal, exige la concurrencia de un acto, o serie de actos que, pese a su **apariencia de legalidad**, violen el contenido ético los preceptos o normas legales en que se amparan (TS 23-1-99, EDJ 307).

Se caracteriza, el fraude de ley, por la **presencia de dos normas**:
- la denominada de cobertura, que es a la que se acoge quien intenta el fraude; y
- la que, a través de esta, y en forma fraudulenta, se pretende eludir, designada como norma eludible o soslayable (TS 31-3-00, EDJ 3759).

Para un estudio detallado acerca del **fraude procesal**, ver nº 3128 s.

2573 **Renuncia contra el interés general** En virtud del allanamiento, de ser aceptado, se dicta **sentencia condenatoria** de acuerdo con lo solicitado por el actor, por lo que esta resolución judicial causa estado y produce los efectos propios de la cosa juzgada material, de ahí la necesidad de extremar las cautelas para evitar que se produzca una renuncia de derechos prohibida por el ordenamiento jurídico, esta vez por el demandado.

La renuncia a los derechos reconocidos en la ley solo es válida cuando no contraríe el interés o el orden público ni perjudique a terceros (CC art.6.2).

El allanamiento del demandado solo vincula en lo que estrictamente concierne a las materias sujetas al **poder de disposición de las partes**, pero no respecto de lo que implica una renuncia al interés general, ni tampoco a aquellos aspectos que pueden ser objeto de apreciación de oficio, precisamente por afectar a ese interés general (AP Sta. Cruz de Tenerife 26-4-06, EDJ 82566).

Acerca de la renuncia como forma de terminación del proceso, ver lo expuesto en nº 2522 s.

2574 **Perjuicio de tercero** Es suficiente que el perjuicio a tercero se haya **ocasionado objetivamente** por el allanamiento, sin que sea preciso que tal perjuicio sea querido, buscado o aceptado, ni siquiera conocido por las partes en el procedimiento, dado que la ley no exige la concurrencia en las partes del **ánimo** de defraudar o perjudicar a un tercero (AP Barcelona 26-9-05, EDJ 239137).

2575 **Poder especial** (LEC art.25.2.1º) Cuando se actúe mediante **procurador**, este necesita de poder especial para el allanamiento en representación de su cliente.

Para allanarse es preciso que el que haga esa manifestación tenga poderes para ello, poderes que habitualmente se conceden al procurador y no al **letrado**, por lo que las manifestaciones que haga al respecto este último carecen de valor a los efectos de un pretendido allanamiento (TS 31-12-02, EDJ 58549).

Acerca de la intervención del procurador, ver nº 2609 s.

Precisiones Para que el **abogado del Estado** pueda válidamente allanarse a las pretensiones de la parte contraria precisa autorización expresa de la Abogacía General del Estado-Dirección del Servicio Jurídico del Estado que debe, previamente, en todo caso, recabar informe del departamento, organismo o entidad pública correspondiente (L 52/1997 art.7).

b. Tramitación

2577 La LEC es muy escueta en orden a la tramitación exigida cuando se plantea el allanamiento por el demandado, teniendo en cuenta que la resolución a dictar es, en su caso, la de una **sentencia condenatoria** de conformidad con lo solicitado por el actor, salvo que aprecie la concurrencia de fraude procesal, renuncia contra el interés general o perjuicio para tercero, en cuyo caso se dicta **auto rechazando el allanamiento** y ordenando continuar el procedimiento.

El allanamiento puede realizarse en cualquier **momento** de la primera instancia, de los recursos -salvo en el de casación tras el señalamiento del día para deliberación, votación y fallo- o de la ejecución de sentencia (LEC art.19.3 redacc LO 1/2025).

En la **contestación a la demanda** del juicio ordinario, el demandado puede manifestar su allanamiento a alguna o algunas de las pretensiones del actor, así como a parte de la única pretensión aducida (LEC art.405.1).

En la **audiencia previa** al juicio, cuando las partes no concurran personalmente, sino a través de su procurador, han de otorgar a este poder para renunciar, allanarse o transigir. Si no concurren personalmente ni otorgan el poder, se les tiene por no comparecidas a la audiencia (LEC art.414.2). Sobre el **carácter subsanable** de esta omisión, ver lo expuesto en nº 2504 s., acerca del poder especial al procurador en los casos de transacción.

Precisiones El allanamiento no puede producirse en sede de recurso de **apelación por el demandado-apelante**, pues lo que procedería, en su caso, es desistir el apelante del mismo y manifestar su conformidad con la sentencia apelada (TS 31-12-02, EDJ 58549).

Allanamiento total (LEC art.21.1) Cuando el demandado se allane a todas las pretensiones del actor, el tribunal debe dictar **sentencia condenatoria** de acuerdo con lo solicitado por este. No obstante, si el allanamiento se hace en fraude de ley o supone renuncia contra el interés general o perjuicio de tercero, debe dictarse auto rechazándolo y seguir el proceso adelante. 2578 MPCI nº 4482

Allanamiento parcial (LEC art.21.2) Cuando se trate de un allanamiento parcial, el tribunal, a instancia del demandante, puede dictar de inmediato auto acogiendo las pretensiones que hayan sido objeto de dicho allanamiento. 2579

Para ello es necesario que, por la naturaleza de dichas pretensiones, sea posible un **pronunciamiento separado** que no prejuzgue las restantes cuestiones no allanadas, respecto de las cuales continúa el proceso (LEC art.405.1). Este auto es ejecutable conforme a las normas generales (nº 4665 s.).

En los casos de allanamiento parcial, aceptado por el tribunal, el proceso termina, en su caso, con **dos resoluciones** susceptibles de ser ejecutadas:
- la primera, el auto por el que se acogen las pretensiones objeto del allanamiento; y
- la segunda, la sentencia que resuelva, en su caso, el resto de pretensiones deducidas oportunamente en el proceso.

Proceso con pluralidad de partes En los supuestos de **litisconsorcio pasivo necesario**, el allanamiento formulado por uno de los demandados no puede perjudicar a los demás codemandados, de ahí que en tales casos únicamente sea válido el allanamiento formulado por todos los litisconsortes (TS 10-2-92, EDJ 1160). 2580

En el caso de que se haya admitido la intervención en el proceso de un **sujeto no originariamente demandado**, se le considera como parte en el mismo y puede defender sus pretensiones, o las de su litisconsorte, aunque este último se allane a las pretensiones del demandante (LEC art.13.3). Sobre la intervención de estos sujetos en el proceso, ver nº 2325 s.

Precisiones 1) No cabe atribuir al allanamiento de un demandado con **intereses contrapuestos a los de otro codemandado** efectos probatorios decisivos en contra de este último (TS 29-5-02, EDJ 22260; 26-12-02, EDJ 58556).

2) En el caso de una **reclamación extracontractual de daños y perjuicios** en la que aparecen como demandados el agente causante y su compañía aseguradora, el allanamiento de aquel no puede provocar como efecto el pronunciamiento, sin más trámites, de la sentencia condenatoria contra su aseguradora, puesto que ello acarrearía indefensión a esta última, cuya responsabilidad está en íntima conexión con la actividad de su asegurado, por lo que se considera ajustado a Derecho ordenar la continuación del proceso en todos sus trámites, por más que, en cuanto al fondo, las posibilidades de defensa se limitan en extremo (AP Alicante 22-2-95).

Tercería de mejor derecho (LEC art.619) En las tercerías de mejor derecho, cuando el crédito del tercerista conste **en título ejecutivo**, si el ejecutante se allana a la tercería, se dicta, sin más trámites, auto ordenando seguir adelante la ejecución para satisfacer en primer término al tercerista, pero el letrado de la Administración de Justicia no le hará entrega de cantidad alguna sin haber antes satisfecho al ejecutante las tres quintas partes de las costas y gastos originados por las actuaciones llevadas a cabo a su instancia hasta la notificación de la demanda de tercería. 2581

Si el crédito del tercerista **no consta en título ejecutivo**, el ejecutado que esté personado en la tercería debe expresar su conformidad o disconformidad con el allanamiento del ejecutante dentro de los 5 días siguientes a aquel en que se le haya dado traslado del escrito de allanamiento.

Si el ejecutado se muestra **conforme con el allanamiento** o deja transcurrir el plazo sin expresar su disconformidad, se procede según lo expuesto.

Si el ejecutado **se opone** al allanamiento, se dictará auto teniendo por allanado al ejecutante y mandando seguir la tercería con el ejecutado.

Proceso sobre apoyo a la discapacidad, filiación, matrimonio y menores (LEC art.751) No surte efecto el allanamiento en los procesos sobre medidas de apoyo a la discapacidad de las personas, filiación, matrimonio y menores. 2582 MPCI nº 4490

Quedan **exceptuados** los casos en que las pretensiones que se formulen en estos procesos tengan por objeto materias sobre las que las partes puedan disponer libremente, según la legislación civil aplicable, que pueden ser objeto de allanamiento conforme a las reglas generales (nº 2569 s.).

Proceso concursal (LCon art.19 s. y 120 s.) En el caso de admisión a trámite de la solicitud de concurso, si el deudor emplazado se allana a la pretensión del solicitante o no formula oposición en plazo, el juez dicta **auto declarando el concurso** de acreedores (nº 5597). 2583

Por su parte, en el caso de ejercicio de las acciones del concursado por sí mismo, se exige la **conformidad de la administración concursal** para el allanamiento cuando la materia litigiosa pueda afectar a su patrimonio.

2583.1 **Proceso por desahucio** (LEC art.21.3) En caso de que el allanamiento resulte del compromiso con efecto de transacción previsto en LEC art.437.3 para los juicios de desahucio por **falta de pago de rentas o cantidades debidas** o por expiración legal o contractual del plazo, la resolución que homologue la transacción debe declarar que, si no se cumpliera con el plazo de desalojo establecido en la transacción, quedará esta sin efecto, llevándose a cabo el lanzamiento sin más trámite y sin notificación al condenado, en el día y hora fijadas en la citación, si es esta posterior o en los que señale la citada resolución, en otro caso.

2584 **Costas** (LEC art.394 y 395 redacc LO 1/2025) Si el demandado se allana **antes de contestar a la demanda**, no procede la imposición de costas salvo que el tribunal, razonándolo debidamente, aprecie mala fe en el demandado.
Se entiende que, en todo caso, existe **mala fe**, si antes de presentada la demanda se formuló al demandado requerimiento fehaciente y justificado de pago o si se ha iniciado procedimiento de mediación o dirigido contra él solicitud de conciliación.
Si el allanamiento se produce **tras la contestación a la demanda** se imponen las costas a la parte que haya visto rechazadas todas sus pretensiones, salvo que el tribunal aprecie, y así lo razone, que el caso presentaba serias **dudas** de hecho o de derecho. Para apreciar, a efectos de condena en costas, que el caso era jurídicamente dudoso hay que tener en cuenta la jurisprudencia recaída en casos similares.
Un estudio detallado de la condena en costas se realiza en nº 3083 s.

Precisiones 1) Se entiende que **no existe allanamiento**, a los efectos de la evitación de la condena en costas, cuando el demandado ha consignado el principal reclamado en la demanda, sin ninguna declaración de su finalidad ni manifestación de aquietamiento a las pretensiones de aquella para evitar que el proceso continúe, siendo una conducta que no posee el significado inequívoco e indiscutible del allanamiento (TS 20-9-00, EDJ 30610).
2) Lo expuesto debe entenderse sin perjuicio, en su caso, de la posible incidencia sobre este criterio de imposición de costas de la **conducta de las partes en relación a un previo medio de solución alternativa** de conflictos.

F. Satisfacción extraprocesal o carencia sobrevenida de objeto

2587 Las normas sobre satisfacción extraprocesal son una **excepción** a la regla general, según la cual no se tendrán en cuenta las innovaciones que, después de iniciado el juicio, introduzcan las partes o terceros en el estado de las cosas que haya dado lugar a la demanda y, en su caso, a la reconvención, excepto si la innovación priva definitivamente de interés legítimo las pretensiones que se dedujeron en la demanda o en la reconvención, por haber sido satisfechas extraprocesalmente o por cualquier otra causa (LEC art.22 y 413).
La terminación del proceso por satisfacción extraprocesal de pretensiones, así como por carencia sobrevenida de objeto son dos supuestos de terminación anormal del proceso por **falta de interés legítimo** en obtener la tutela judicial pretendida con carácter sobrevenido (JPI Pamplona núm 1 auto 14-5-02).
En realidad, se trata de una **lista abierta**, pudiendo apreciarse esta carencia sobrevenida de objeto del proceso por cuantos acontecimientos se produzcan en la realidad susceptibles de hacer desaparecer el objeto del proceso y de privar al actor, o al demandado reconviniente de interés en dicha tutela. Se produce la satisfacción extraprocesal de pretensiones o la carencia sobrevenida de objeto del proceso, cuando por **circunstancias sobrevenidas** a la demanda y a la reconvención deja de haber interés legítimo en obtener la tutela judicial pretendida porque se hayan satisfecho, fuera del proceso, las pretensiones del actor y, en su caso, del demandado reconviniente, o por cualquier otra causa (LEC art.22.1).
La LEC se limita a prever un cauce para reconocer la eficacia dentro del proceso de esta realidad extraprocesal, que con anterioridad solo podía hacerse valer a través de los demás actos dispositivos o de las excepciones materiales del demandado (AP Tarragona auto 24-1-05, EDJ 19114).

Precisiones 1) La satisfacción extraprocesal de pretensiones se encuentra contemplada también en la **jurisdicción contencioso-administrativa** para el caso en que la Administración demandada reconozca totalmente en vía administrativa las pretensiones del demandante una vez interpuesto recurso contencioso-administrativo (LJCA art.76).

2) En el ámbito de las acciones de **impugnación de acuerdos societarios**, se considera que la revocación o sustitución del acuerdo impugnado con posterioridad a la interposición de la demanda, es un supuesto de pérdida sobrevenida de objeto del proceso (LSC art.204 s.).

1. Cuestiones previas

Requisitos Para la aplicación de este modo de terminación del proceso se requiere que el **objeto del proceso esté definitivamente fijado**, debiendo entenderse por tal tanto las pretensiones de tutela ejercitadas por el actor en demanda como por el demandado en la reconvención, así como que, con posterioridad concurran **circunstancias sobrevenidas**, acaecidas en la realidad extraprocesal, que hagan desaparecer el interés legítimo en obtener la tutela judicial pretendida (AP Tarragona auto 24-1-05, EDJ 19114). **2589** MPCI nº 4512

Poder especial a procurador (LEC art.25.2.1º) En los litigios en que se actúe por medio de procurador de los tribunales es necesario poder especial para las manifestaciones que puedan comportar sobreseimiento del proceso por satisfacción extraprocesal o carencia sobrevenida de objeto. Un estudio detallado acerca de las formas de apoderamiento a procurador se recoge en nº 2610 s. **2591**

2. Tramitación

Cuando por circunstancias sobrevenidas a la demanda y a la reconvención deje de haber interés legítimo en obtener la tutela judicial pretendida porque se hayan satisfecho, fuera del proceso, las pretensiones del actor y, en su caso, del demandado reconviniente, o por cualquier otra causa, debe ponerse esta circunstancia en **conocimiento del tribunal** (LEC art.22.1). **2593** MPCI nº 4520

En el caso de que se haya admitido la intervención en el proceso de un **sujeto no originariamente demandante ni demandado**, se le considera como parte en el mismo y puede defender sus pretensiones, o las de su litisconsorte, aunque este último se aparte del proceso por cualquier causa (LEC art.13.3; nº 2325 s.).

Acuerdo entre las partes (LEC art.22.1) Si hay acuerdo entre las partes sobre la satisfacción fuera del proceso de las pretensiones del actor y, en su caso, del demandado reconviniente, se decretará por el letrado de la Administración de Justicia la **terminación del proceso**, sin que proceda condena en costas. **2594**

El **auto de terminación del proceso** tiene los mismos **efectos** que una sentencia absolutoria firme, sin que proceda condena en costas.

Precisiones La ausencia de **condena en costas** se produce, incluso, cuando haya una pluralidad de partes demandadas, de forma que, esta circunstancia, no tiene entidad suficiente para excepcionar la regla general de no imposición de las costas (AP Segovia 30-9-03, EDJ 263125).

Oposición a la terminación (LEC art.22.2 redacc LO 1/2025) Si alguna de las partes sostiene la **subsistencia de interés legítimo**, negando motivadamente que se haya dado satisfacción extraprocesal a sus pretensiones o con otros argumentos, el letrado de la Administración de Justicia convocará a las partes, en el plazo de 10 días, a una **comparecencia** ante el tribunal que versará sobre ese único objeto. **2595**

No obstante, en ocasiones se ha considerado que la oposición a la solicitud de archivo por satisfacción extraprocesal únicamente puede venir de aquella parte procesal que por ser demandante o reconviniente haya formulado una **pretensión de condena**; de forma que, si la oposición a la pretensión viene de la parte demandada que no ha formulado pretensión alguna de condena, no resulta necesaria la celebración de la comparecencia prevenida en la ley (JPI Sta. Cruz de Tenerife núm 3 auto 22-1-03).

Ello es así, por cuanto que la previsión de una comparecencia para la continuación del proceso se refiere a la postura del demandante y su interés en continuar o no el juicio, y no a la del demandado ya que, en definitiva, es la pretensión o la acción que aquel introduce en el proceso la que configura el objeto del juicio sin el cual no puede haber procedimiento válido (AP Huelva 3-10-02, EDJ 126230; AP Las Palmas auto 9-4-03, EDJ 124631).

Precisiones **1)** Las partes contrarias a quien solicita la terminación del proceso pueden mostrar su **disconformidad**, bien por mantener la subsistencia de un interés legítimo en el pronunciamiento jurisdiccional sobre su pretensión o porque la misma no ha sido satisfecha o bien por otras causas, debidamente motivadas. Es suficiente para ordenar la continuación del proceso, la alegación de una **falta de legitimación pasiva** en uno de los codemandados, entendiendo que no se da satisfacción a sus pretensiones, entre ellas la de haber sido indebidamente llamado al proceso y haber tenido que oponerse a las pretensiones e imputaciones adversas con la carga moral y económica que ello conlleva (AP Girona auto 10-10-02, EDJ 65937).

2) No se considera como **interés legítimo suficiente** para instar la continuación del proceso el que no se haya reintegrado a la parte en las costas del proceso, por cuanto se trata de un crédito subordinado al proceso que se promueve para ejercitar unas pretensiones principales, siendo estas últimas respecto de las cuales debe acreditarse que no se encuentran plenamente satisfechas a los efectos de la oposición a la terminación del proceso (JPI Sevilla núm 10 auto 18-11-02, EDJ 136443).

3) En el caso de las **tercerías de dominio**, siendo su objeto el alzamiento del embargo, una vez logrado dicho objetivo, la prosecución del proceso carece de finalidad, sin que proceda analizar otras cuestiones, que resultan innecesarias al haber obtenido satisfacción la pretensión deducida en la demanda de tercería (AP Asturias auto 17-12-02, EDJ 126366).

2596 **Auto** (LEC art.22.2 redacc LO 1/2025) Terminada la comparecencia, el tribunal debe decidir mediante auto, dentro de los 10 días siguientes, si procede, o no, continuar el juicio, imponiéndose las costas de estas actuaciones a quien vea rechazada su pretensión.

Se reserva, en este caso, al tribunal la **facultad para decidir** acerca de si la pretensión ha sido o no satisfecha o si la concurrencia de la causa de que se trate ha privado del interés legítimo para litigar (AP Tarragona auto 24-1-05, EDJ 19114).

Si el interés legítimo que se alega se circunscribe a la **satisfacción de las costas causadas**, el letrado de la Administración de Justicia dará cuenta al tribunal, que acordará mediante auto -susceptible de apelación-, previa audiencia de la otra parte, la terminación del proceso, pudiendo condenar al pago de las costas conforme a LEC art.395.

2597 **Recursos** (LEC art.22.3) Contra el auto que ordene la **continuación** del juicio no cabe recurso alguno.

Contra el auto que acuerde la **terminación** del proceso por satisfacción extraprocesal o carencia sobrevenida de objeto cabe recurso de apelación.

Precisiones En el caso de que el auto ordene continuar el procedimiento, de forma que se resuelva negativamente la petición de terminación del proceso por carencia sobrevenida de objeto, y no cabiendo interponer recurso alguno, resulta igualmente **no revisable en apelación**, por lo que, en caso de reiteración en la segunda instancia, procede su desestimación (AP Valencia 12-5-04, EDJ 210470).

2598 **Carencia sobrevenida de objeto en fase de recurso** Si el objeto del proceso desaparece estando en tramitación un recurso de **apelación** contra la sentencia dictada en instancia, debe admitirse la terminación del proceso por carencia sobrevenida de objeto, pues al finalizar el recurso por dicha causa no se entra a conocer sobre si dicha resolución era ajustada o no a Derecho, siendo así que, además, de no admitirse su aplicación se forzaría a la parte a un desistimiento sustentado en su libérrima voluntad de mantener o no el recurso cuando lo cierto es que el mismo sería un acto debido consecuencia de la alteración de la realidad extraprocesal (AP Málaga auto 15-10-02, EDJ 126429; AP Asturias auto 17-12-02, EDJ 126366).

Esta solución parece la más razonable, aunque pueda sostenerse que no son términos equiparables, «**objeto del proceso**» con «**objeto del recurso**», en tanto en cuanto mientras que el primero es resolver sobre la procedencia o no de las pretensiones de las partes, el del segundo es resolver acerca de si la sentencia recurrida era ajustada a Derecho.

2599 **Desaparición de objeto en los procesos constitucionales** En la tramitación de **recurso de amparo** ante el Tribunal Constitucional, la pérdida sobrevenida de objeto, como forma de terminación anticipada del proceso de amparo, cabe apreciarse cuando los propios órganos judiciales han reparado las lesiones del derecho invocado en sede constitucional o cuando dicha reparación se ha producido por desaparición de la causa o acto origen del proceso de amparo (TCo 13/2005; 226/2006).

Ello es así, por cuanto que constituyendo el recurso de amparo un remedio jurisdiccional idóneo únicamente para la reparación de lesiones singulares y efectivas de los derechos fundamentales, cuando dicha pretensión se ha visto satisfecha fuera del propio proceso de amparo, no cabe sino concluir, en principio, que este carece desde ese momento de objeto sobre el que deba pronunciarse el Tribunal Constitucional (TCo auto 156/2003; 128/2006).

En los **conflictos de competencias** ante el Tribunal Constitucional, la derogación, modificación o sustitución de la norma o el agotamiento de los efectos del acto no produce necesariamente la pérdida del objeto del proceso, sino que su apreciación depende de la incidencia real que tenga sobre el mismo (TCo 233/1999; 33/2005).

No se considera que se produzca la desaparición del objeto del proceso cuando con ello no se ha producido el **cese de la controversia competencial**, máxime cuando la normativa en cuya

virtud se trabó el conflicto no es simplemente derogada, sino parcialmente sustituida por otra que viene a plantear en esencia los mismos problemas competenciales (TCo 50/2006).
Un estudio detallado acerca del recurso de amparo y de los conflictos de competencias ante el Tribunal Constitucional se realiza en nº 16300 s.

Costas (LEC art.22.1 y 2 redacc LO 1/2025) En el caso de que se acuerde la terminación del proceso por satisfacción extraprocesal de pretensiones o por desaparición sobrevenida del objeto, habiendo **acuerdo** de las partes, no procede efectuar condena en costas. **2600** MPCI nº 4536
A tales efectos, no puede exigirse que el acuerdo entre las partes se extienda también al pago de las mismas, por cuanto que esta satisfacción extraprocesal se está refiriendo a las pretensiones sustantivas del proceso, sin que pueda entenderse que dentro de las mismas esté incluida la condena en costas que no es sino un pronunciamiento accesorio (JPI Sevilla núm 10 auto 18-11-02).
Si alguna de las partes sostiene la **subsistencia de interés legítimo**, negando motivadamente que se haya dado satisfacción extraprocesal a sus pretensiones o con otros argumentos, el tribunal debe convocar a las partes a una **comparecencia** sobre este único objeto, resolviendo mediante auto si procede o no continuar el procedimiento e imponiendo las costas de estas actuaciones a quien vea rechazada su pretensión.
En el caso de que el interés legítimo invocado se circunscriba a la satisfacción de las costas causadas, el letrado de la Administración de Justicia dará cuenta al tribunal, que acordará la **terminación del proceso** mediante auto -contra el que cabe recurso de apelación-, previa audiencia de la otra parte, pudiendo condenar al pago de aquellas conforme a LEC art.395 redacc LO 1/2025.
Un estudio detallado acerca de la condena en costas se recoge en nº 3083 s.

3. Supuesto especial de enervación de desahucio por falta de pago

(LEC art.22.4)

La enervación de la acción de desahucio es una facultad procesal reconocida al **arrendatario**, en virtud de la cual, él mismo puede poner, con carácter general, fin al proceso contra él instado sobre la base de su incumplimiento de la obligación de pago de la renta pactada, mediante la realización efectiva de dicho pago. **2602**
Ello no supone que el **arrendador** que ejercita la acción de desahucio haya visto satisfechos sus intereses, que realmente y en lo sustancial se concretaban en que se declarara resuelta la relación arrendaticia que le vinculaba con la parte demandada, conforme a lo interesado en el suplico de la demanda (AP Madrid 25-5-05, EDJ 106996).
Los procesos de desahucio de finca urbana o rústica por falta de pago de las rentas o cantidades debidas por el arrendatario **terminan mediante decreto** dictado al efecto por el letrado de la Administración de Justicia si, requerido aquel -el arrendatario- previamente a la celebración de la vista, paga al actor o pone a su disposición en el tribunal o notarialmente el importe de las cantidades reclamadas en la demanda, y el de las que adeude en el momento de dicho **pago enervador** del desahucio.
Si el **demandante se opone** a la enervación por no cumplirse los anteriores requisitos, ha de citarse a las partes a la vista, tras la cual el juez dicta sentencia por la que declara enervada la acción o, en otro caso, estima la demanda habiendo lugar al desahucio.

Precisiones 1) Si el arrendatario ha procedido, con anterioridad al juicio, al **pago únicamente de una parte de las rentas** que en dicho momento se adeudaban, la resolución a dictar no puede ser sino estimatoria de la demanda en ejercicio de la acción de desahucio por falta de pago de las rentas (AP Barcelona 20-6-05, EDJ 110748).
2) La reforma operada por la L 37/2011 extiende el sistema del **juicio monitorio** a los juicios de desahucio por falta de pago, de modo que, en el caso de que el arrendatario no desaloje el inmueble, pague o formule oposición tras el requerimiento, se pase directamente al **lanzamiento**, cuya fecha se le comunica en el mismo requerimiento, única comunicación procesal necesaria para el buen fin del proceso, aun cuando el demandado trate de dilatar la ejecución, evitándose, asimismo, la celebración de vistas innecesarias.
3) Hay que tener en cuenta, asimismo, en materia de **desahucio**, el RDL 3/2013 disp.final 2ª (nº 3948 s.).

A estos efectos, **no se admiten** las demandas de desahucio de finca urbana por falta de pago de las rentas o cantidades debidas por el arrendatario si el arrendador no indica las circunstancias concurrentes que puedan permitir o no, en el caso concreto, la enervación del desahucio (LEC art.439.3). **2603**
Igualmente, en los casos de demandas de desahucio de finca urbana por falta de pago de rentas o cantidades debidas, el tribunal debe indicar, en su caso, en la **citación para la vista**, la posibilidad de enervar el desahucio (LEC art. 438.5).

Cuando en el **juicio verbal** se pretenda la recuperación de la finca, rústica o urbana, dada en arrendamiento, por impago de la renta o cantidad asimilada, solo se permitirá al demandado alegar y probar el pago o las circunstancias relativas a la procedencia de la enervación (LEC art.444.1).
No obstante, esta satisfacción extraprocesal **no es causa de terminación** del proceso:
- cuando el arrendatario haya enervado el desahucio en una ocasión anterior, salvo que el cobro no haya tenido lugar por causas imputables al arrendador;
- cuando el arrendador haya requerido de pago al arrendatario de forma fehaciente con, al menos, 30 días de antelación a la presentación de la demanda y el pago no se haya efectuado al tiempo de dicha presentación.
El proceso de desahucio se estudia en detalle en nº 3948 s. de esta obra.

Precisiones 1) La administración concursal puede enervar la acción de desahucio ejercitada contra el deudor con anterioridad a la **declaración del concurso**, así como rehabilitar la vigencia del contrato hasta el momento mismo de practicarse el efectivo lanzamiento. En tales casos, deben pagarse con cargo a la masa todas las rentas y conceptos pendientes, así como las posibles costas procesales causadas hasta ese momento (LCon art.168). En estos casos, no se aplica la limitación por haberse enervado el desahucio en ocasión anterior o por los requerimientos del arrendador.
2) Ver nº 3952 sobre la **imposibilidad de una segunda enervación** del desahucio por pago de la renta previamente a la celebración de la vista del juicio verbal.

2604 MPCI nº 4544 **Costas** (LEC art.22.5) La resolución que declare enervada la acción de desahucio condena al **arrendatario** al pago de las costas procesales, salvo que las rentas y cantidades no se hubieran cobrado por causa imputable al **arrendador**.

G. Representación procesal y defensa técnica

2606 En el proceso civil, la representación procesal de las partes se atribuye a los **procuradores** de los tribunales, de forma que los litigantes deben actuar a través de estos profesionales del Derecho, salvo en los casos expresamente autorizados por la ley en que las partes pueden comparecer por sí mismas o bien atribuir esa facultad a un procurador (LOPJ art.543).
Asimismo, la función de defensa técnica en el proceso viene encomendada en exclusiva a los **abogados**, con una dimensión constitucional, en cuanto que el derecho a la defensa y asistencia por letrado se menciona expresamente en Const art.24.2 (LOPJ art.542).
Este derecho tiene por finalidad asegurar la efectiva realización de los principios de **igualdad de las partes y contradicción** e impone a los órganos judiciales el deber positivo de evitar desequilibrios entre la respectiva posición procesal de las partes o limitaciones en la defensa que puedan generar a alguna de ellas la indefensión proscrita por Const art.24.1 (TCo 260/2005; 189/2006).
Con carácter general, en relación con los abogados y procuradores nos remitimos a lo expuesto en nº 1450 s.

1. Comparecencia por procurador

2609 La comparecencia en juicio debe realizarse por medio de procurador, que ha de ser licenciado o graduado en Derecho, o contar con otro título universitario equivalente debidamente habilitado para actuar en el tribunal que conozca del juicio (LEC art.23.1). Sobre la **designación** de procurador, ver nº 1467.
El procurador legalmente habilitado puede comparecer en cualquier tipo de procesos **sin necesidad de abogado**, cuando lo realice a los solos efectos de oír y recibir actos de comunicación y efectuar comparecencias de carácter no personal de los representados que hayan sido solicitados por el juez, tribunal o letrado de la Administración de Justicia. Al realizar dichos actos no puede formular solicitud alguna. Es incompatible el **ejercicio simultáneo de las profesiones** de abogado y procurador de los tribunales (LEC art.23.3).

Precisiones 1) En los **juicios verbales** no se exige la presencia personal del litigante, debiendo admitirse la posibilidad de intervención del procurador en representación del mismo, a pesar de que la LEC art.442 hace referencia a la inasistencia del demandante a la vista, teniéndole por desistido, por cuanto que esto es lo que resulta conforme a las normas generales, sin que exista excepción alguna al respecto (AP Barcelona auto 18-3-02, EDJ 126185).
2) Desaparece con efecto 4-4-2025, la regla conforme a la cual no podían realizarse mediante procurador los actos que, conforme a la ley, debieran **efectuarse personalmente por los litigantes** (LEC art.25.3 derog LO 1/2025).

Apoderamiento (LEC art.24.1) El poder en que la parte otorgue su representación al procurador puede conferirse por **comparecencia electrónica**, a través de una sede judicial electrónica, en el registro electrónico de apoderamientos judiciales *apud acta*; o bien, **ante notario o por comparecencia personal**, sea presencial o por medios electrónicos, ante el letrado de la Administración de Justicia de cualquier oficina judicial, procediéndose, en estos casos, a la inscripción en el registro electrónico de apoderamientos judiciales dependiente del ministerio del ramo de justicia. 2610

No obstante, el **procurador del turno de oficio** puede personarse en juicio sin necesidad de poder notarial ni comparecencia *apud acta* ante el letrado de la Administración de Justicia. En estos casos el profesional no es elegido por el litigante, sino designado por el colegio de procuradores, y esa designación sirve ante el órgano judicial para demostrar quién es el profesional que va a representar a la parte beneficiaria de tal derecho (TSJ Madrid 16-9-05, EDJ 150946; 29-11-05, EDJ 266624).

Precisiones Cabe la **autorización a través de videoconferencia** de los poderes notariales de representación procesal, así como su revocación (L 28-5-1862 art.17 ter.c y d).

Poder general (LEC art.25.1 redacc LO 1/2025) El poder general para pleitos faculta al procurador para realizar válidamente, en nombre de su poderdante, todos los actos procesales comprendidos, de ordinario, en la tramitación de aquellos. 2611

El poderdante puede, no obstante, excluir del poder general asuntos y actuaciones para las que la ley no exija apoderamiento especial (nº 2612). La **exclusión** ha de consignarse expresa e inequívocamente.

Si el litigante representado es beneficiario del derecho de **asistencia jurídica gratuita** puede realizar válidamente el procurador todos los actos procesales comprendidos, de ordinario, en la tramitación del proceso.

Poder especial (LEC art.25.2) Es necesario poder especial para: 2612

a) La renuncia, la transacción, el desistimiento, el allanamiento, el sometimiento a arbitraje y las manifestaciones que puedan comportar sobreseimiento del proceso por satisfacción extraprocesal o carencia sobrevenida de objeto.

b) Ejercitar las facultades que el poderdante haya excluido del poder general.

c) Todos los demás casos en que así lo exijan las leyes.

El procurador debe acompañar poder especial para la **recusación** de que se trate, cuando se recuse a jueces o magistrados en un proceso (LEC art.107.2).

Audiencia previa al juicio (LEC art.414.2) En la audiencia previa al juicio, al efecto del intento de arreglo o transacción, cuando las partes no concurran personalmente sino a través de su procurador, han de otorgar a este poder para **renunciar, allanarse o transigir**. Si no concurren personalmente ni otorgan aquel poder, se les tiene por no comparecidos a la audiencia. 2613

En este caso se plantea la cuestión de si este poder especial se necesita únicamente cuando se produzcan los supuestos de transacción o arreglo o si, por el contrario, aquella exigencia debe concurrir siempre y en todos los casos que comparezca el procurador cuando no concurre al acto personalmente la parte a quien represente (nº 2481 s.).

Momento y forma para el otorgamiento y la acreditación del poder (LEC art.24.2 y 3 y 264.1º) El otorgamiento ***apud acta* por comparecencia personal o electrónica** debe hacerse al tiempo de la presentación del primer escrito o, en su caso, antes de la primera actuación, sin necesidad de que a dicho otorgamiento concurra el procurador. 2614

La representación procesal, en todo caso, **se acredita** mediante consulta automatizada orientada al dato que confirme la inscripción de esta en el registro electrónico de apoderamientos judiciales, cuando el sistema así lo permita; acreditándose, en otro caso, mediante la certificación de la inscripción en dicho registro.

Los **apoderamientos inscritos** en el Registro Electrónico de Apoderamientos de la Administración General del Estado producirán efectos en el procedimiento judicial, siempre que se ajusten a lo previsto en la LEC y que se cumplan los requisitos técnicos previstos en la normativa técnica de aplicación.

Precisiones La circunstancia consistente en la presentación, por la parte actora, de un poder en primera instancia **como persona física**, y la ulterior presentación en la apelación ante la audiencia provincial de un poder distinto, otorgado asimismo por el actor **como representante de una sociedad**, debe ser denunciado en el recurso de casación por la otra parte por concurrir un quebrantamiento de las formas esenciales del juicio, si fuera admitido, y no por infracción de las normas del ordenamiento o de la jurisprudencia (TS 7-11-05, EDJ 197592).

2615 **Aceptación del poder** (LEC art.26.1) La aceptación del poder se presume por el hecho de hacer uso de él el procurador.

Una vez aceptado el poder el procurador está obligado a ejercer las funciones propias de su profesión hasta el momento en que **cese** en su representación (nº 1550).

2616 **Representación pasiva del procurador** (LEC art.28) Mientras se halle vigente el poder, corresponde al procurador oír y firmar los **emplazamientos, citaciones, requerimientos y notificaciones** de todas clases, incluso las de sentencias que se refieran a su parte, durante el curso del asunto y hasta que quede ejecutada la sentencia, teniendo estas actuaciones la misma fuerza que si interviniera en ellas directamente el poderdante sin que le sea lícito pedir que se entiendan con este.

También recibe el procurador, a efectos de notificación y plazos o términos, las **copias de los escritos y documentos** que los procuradores de las demás partes le entreguen en la forma prevista en la ley.

En todos los edificios judiciales que sean sede de tribunales civiles debe existir un **servicio de recepción de notificaciones** organizado por el colegio de procuradores. La recepción por dicho servicio de las notificaciones y de las copias de escritos y documentos que sean entregados por los procuradores para su traslado a los de las demás partes, surte plenos efectos (nº 2854 s.). En la copia que se diligencie para hacer constar la recepción debe expresarse el número de copias entregadas y el nombre de los procuradores a quienes estén destinadas.

Quedan **exceptuados**, no obstante, los traslados, emplazamientos, citaciones y requerimientos que la ley disponga que se practiquen a los litigantes en persona.

Respecto a los deberes del procurador y su responsabilidad, ver nº 2616 s.

2617 **Derecho supletorio sobre apoderamiento** (LEC art.27) A falta de disposición expresa sobre las relaciones entre el poderdante y el procurador, rigen las normas establecidas para el **contrato de mandato** en la legislación civil aplicable.

MPCI nº 4571

En cuanto a la **retribución** del procurador y los procedimientos para hacerla efectiva nos remitimos a lo expuesto en nº 1540 s.

2. Intervención no preceptiva de procurador

2619 Los litigantes pueden **comparecer por sí mismos** en los procesos civiles que se indican a continuación.

Precisiones Además de los expuestos a continuación, tampoco es preceptiva la representación por procurador en los procedimientos de **reclamación de la cuenta** de aquel a su cliente (LEC art.34).

2620 **Juicio verbal** (LEC art.23.2.1º) Los litigantes pueden comparecer por sí mismos en los juicios verbales cuya determinación lo sea por razón de la **cuantía** y, conjuntivamente, cuando esta no exceda de 2.000 euros.

MPCI nº 4577

No obstante, si en contra de lo señalado por el actor, el letrado de la Administración de Justicia, mediante diligencia de ordenación, considera que la demanda es de **cuantía inestimable o no determinable**, ni aun en forma relativa, y que por tanto no procede seguir los cauces del juicio verbal, deberá mediante providencia, dar de oficio al asunto la tramitación del juicio ordinario, siempre que conste la designación de procurador y la firma de abogado (LEC art.254.2).

El juicio verbal se estudia en detalle en nº 3900 s.

2621 **Proceso monitorio** (LEC art.23.2.1º) Los litigantes pueden comparecer por sí mismos en la **petición inicial** de los procedimientos monitorios. La petición inicial del procedimiento monitorio se limita a la presentación de un escrito del acreedor con indicación de la identidad del deudor, domicilio, origen y cuantía de la deuda, así como la documentación en que se funde para acceder a dicho juicio (LEC art.814.2). El proceso monitorio se estudia en detalle en nº 5372 s.

MPCI nº 4579

Precisiones No se indica expresamente -tras la reforma operada por RDL 6/2023- que no sea preceptiva la representación por procurador en el trámite que puede abrirse en el seno de este proceso para la determinación del **carácter abusivo**, en su caso, de una cláusula en un contrato entre empresario o profesional y consumidor o usuario, a diferencia del régimen precedente (LEC art.815.3).

2622 **Juicio universal** (LEC art.23.2.2º) Pueden los litigantes comparecer por sí mismos en los juicios universales, cuando se limite la comparecencia a la **presentación de títulos** de crédito o derechos o para concurrir a juntas.

MPCI nº 4577

Como regla general, para solicitar la **declaración de concurso**, comparecer en el procedimiento, interponer recursos, plantear incidentes y demandas o impugnar actos de administración, los acreedores y los demás legitimados deben actuar representados por procurador y asistidos de letrado; sin necesidad de comparecer en forma, pueden solicitar de la administración concursal en cualquier momento el examen de aquellos documentos o de aquellos informes que consten en autos sobre los créditos que hubieran comunicado (LCon art.512). El proceso concursal se estudia en detalle en nº 5470 s.

Precisiones En el proceso concursal sometido al régimen derivado de la L 16/2022 desaparece la **junta de acreedores**.

Incidente de impugnación de resoluciones en materia de asistencia jurídica gratuita (LEC art.23.2.3º) Pueden los litigantes comparecer por sí mismos en los incidentes relativos a la impugnación de resoluciones en materia de asistencia jurídica gratuita. 2623

Quienes sean titulares de un **derecho** o de un **interés legítimo** pueden impugnar las resoluciones que, de modo definitivo, reconozcan, revoquen o denieguen el derecho a la asistencia jurídica gratuita, dictadas por las comisiones de asistencia jurídica gratuita (L 1/1996 art.20).

Esta impugnación, para la que no es preceptiva la intervención de letrado, ha de realizarse por **escrito** y de forma motivada en el **plazo** de 10 días desde la notificación de la resolución o desde que haya sido conocida por cualquiera de los legitimados para interponerla.

La impugnación de las resoluciones de las comisiones de asistencia jurídica gratuita se estudia en detalle en nº 1145 s.

Medidas urgentes anteriores al juicio (LEC art.23.2.3º) Los litigantes pueden comparecer por sí mismos para solicitar medidas urgentes con anterioridad al juicio. 2624

Las **medidas cautelares** pueden solicitarse antes de la demanda si, quien en ese momento las pide, alega y acredita razones de urgencia o necesidad (LEC art.730 redacc LO 1/2025).

No es necesaria la intervención de procurador para instar las **medidas provisionales** previas a la demanda de nulidad, separación o divorcio, pero sí es necesaria dicha intervención para todo escrito y actuación posterior (LEC art.771).

Las medidas cautelares solicitadas con anterioridad a la presentación de la demanda y los procesos matrimoniales se estudian en detalle en nº 4521 s. y nº 5220 s.

Acto de conciliación (L 15/2015 art.141.3) Pueden los interesados comparecer por sí mismos, sin necesidad de emplear **representación técnica** por medio de procurador. 2625

MPCI nº 4644

Actos de jurisdicción voluntaria (L 15/2015 art.3.2) No se establece un **criterio general** en sede de representación técnica por medio de procurador, ni en cuanto a la asistencia letrada. Ha de atenderse a cada tipo de expediente de jurisdicción voluntaria. En todo caso, es preciso actuar por medio de **procurador** para interponer recurso de revisión o de apelación contra la resolución definitiva que se dicte en el expediente. 2626

MPCI nº 4589

En relación con los **menores de edad**, las actuaciones judiciales previstas en el CC art.199 a 300, deben ajustarse al procedimiento previsto para la jurisdicción voluntaria, si bien no es necesaria la intervención de abogado ni procurador (LO 1/1996 disp.adic.tercera).

Precisiones Los **expedientes de provisión de apoyos a la discapacidad** exigen representación por procurador (L 15/2015 art.42 bis.a.4).

Proceso de rectificación (L 2/1984 art.5) La acción de rectificación, por la que toda persona natural o jurídica tiene derecho a rectificar la información difundida, por cualquier **medio de comunicación** social de hechos que le aludan, que considere inexactos y cuya divulgación pueda causarle perjuicios, siempre que no sea voluntariamente rectificada por el director del medio de comunicación, se ejercita mediante escrito, sin necesidad de abogado ni procurador. 2627

Ejecución de resoluciones judiciales (LEC art.539.1) En la ejecución, el ejecutante y el ejecutado deben estar dirigidos por **letrado** y representados por **procurador**, salvo que se trate de la ejecución de resoluciones dictadas en procesos en que no sea preceptiva la intervención de dichos profesionales. 2628

La ejecución de resoluciones judiciales se estudia en detalle en nº 4665 s.

Precisiones **1)** Para la ejecución derivada de **procesos monitorios** en que no haya habido oposición, se requiere la intervención de abogado y procurador siempre que la cantidad por la que se despache ejecución sea superior a 2.000 euros (nº 5372 s.).

2) Ver nº 4597 y nº 4712, respecto de las **actuaciones de ejecución delegadas en el procurador**.

3. Comparecencia sin procurador

2630 Si bien como regla general la representación de las partes ante los tribunales en todo tipo de procesos se realiza a través de la representación técnica que ejercen los procuradores, como excepción se permite en ocasiones la **comparecencia del litigante por sí mismo**.
Cuando la intervención del procurador **no sea preceptiva**, la Ley permite comparecer al litigante en el proceso por sí mismo (LEC art.23.2).
No obstante, incluso en los casos en que la intervención del procurador no sea preceptiva y pueda el litigante comparecer por sí mismo, se permite acudir a la representación del procurador legalmente habilitado para actuar en el tribunal que conozca del juicio, quien asumirá la representación técnica de la parte.

2631 **Comparecencia por sí mismo** La expresión «podrá el litigante comparecer por sí mismo», cuando se autoriza la actuación sin la necesidad de valerse de procurador, debe entenderse en sentido estricto, como al titular de la relación jurídico material, a quien puede disponer del litigio como titular de la acción o relación jurídica objeto de aquel (AP Madrid auto 9-3-06, EDJ 57375).

Precisiones No resulta adecuada la comparecencia de un **apoderado voluntario en nombre de una persona jurídica**, por cuanto que estas, como sujetos de derechos y obligaciones, necesitan de una persona física para desarrollar los actos materiales exigidos por el tráfico jurídico, siendo la representación primigenia y natural la que ostentan los miembros del órgano ejecutivo de la sociedad y a nadie más, por lo que, con independencia de la amplitud de las facultades del apoderado, solo se permite comparecer, como litigante, a la persona física que tiene la condición de miembro del órgano representativo de aquella, y en caso contrario no se tendrá por comparecido al litigante, cuando se actúe sin procurador.

2632 **Régimen de comunicación** (LEC art.155 -redacc LO 1/2025- y 274) En los casos en que el litigante comparezca por sí mismo, se diferencia entre quien está legal o contractualmente obligado a relacionarse por medios electrónicos con la Administración de Justicia y el resto de justiciables. En este caso, los actos de comunicación procesal con el mismo se hacen por remisión al **domicilio de los litigantes**. En ambos supuestos, en la forma establecida en LEC art.162, surtiendo efecto en los términos analizados en nº 2856.
Asimismo, cuando las partes no actúen representadas por procurador, firman las copias de los **escritos y documentos que presenten**, respondiendo de su exactitud, y dichas copias se entregan por el tribunal a la parte o partes contrarias. Las copias de los escritos y documentos y su traslado se estudian en detalle en nº 3350 s.

Precisiones En la cédula de emplazamiento o citación o en el acto de comunicación de que se trate al demandado se debe hacer constar el derecho a solicitar **asistencia jurídica gratuita** y el plazo para solicitarla (LEC art.155 redacc LO 1/2025).

2633 **Régimen de las vistas** (LEC art.183.3.1ª) En los procesos en que la parte no intervenga asistida de abogado o representada por procurador, si para el acto de la vista la parte alega la **imposibilidad de acudir** a ella en el día señalado, por causa de fuerza mayor u otro motivo de análoga entidad -tales como nacimiento y cuidado de menor, enfermedad grave y accidente con hospitalización, fallecimiento de cónyuge o de persona a la que estuviese unido en relación análoga al matrimonio, fallecimiento de parientes hasta segundo grado de consanguinidad o afinidad o baja laboral certificada-, ha de manifestarlo de inmediato al tribunal, acreditando cumplidamente la causa o motivo y solicitando señalamiento de nueva vista o resolución del tribunal que atienda a la situación, efectuando el tribunal nuevo señalamiento. Las vistas se estudian en detalle en nº 2900 s.

2634 **Intervención de procurador y abogado en asuntos no preceptivos** En los asuntos en que no sea preceptiva la representación mediante procurador ni la defensa por abogado, los litigantes además de comparecer y defenderse por sí mismos, pueden acudir representados y defendidos por dichos profesionales.
En tales casos el derecho de asistencia letrada, cuyo ejercicio queda a la disponibilidad de las partes, conlleva, en principio, el derecho del litigante que carece de recursos económicos para sufragar un letrado de su elección, a que se le provea de **abogado de oficio**, si así lo considera conveniente a la mejor defensa de sus derechos (TCo 211/2003; 215/2003; 18/2006).
La situación de **indefensión** generada por la falta de defensa técnica es real y efectiva cuando, además de no ser consecuencia directa de la conducta de la parte, la autodefensa del litigante se haya revelado como insuficiente y perjudicial para el mismo, impidiéndole articular una protección adecuada de sus derechos e intereses legítimos en el proceso (TCo 125/2002; 222/2002).

A los efectos de evitar situaciones de **desigualdad entre las partes** en el proceso se establecen una serie de reglas a los efectos de comunicar la intención de servirse de estos profesionales, con la finalidad de que sea conocido por la parte contraria quien, a la vista de tal comunicación puede, a su vez, comparecer y ser defendida por procurador y abogado respectivamente.

Comunicación del demandante (LEC art.32.1 y 2) Cuando, no resultando preceptiva la intervención de abogado y procurador, el demandante pretenda comparecer por sí mismo y ser defendido por abogado o ser representado por procurador, o ser asistido por ambos profesionales a la vez, debe hacerlo constar así en la **demanda**. **2635**
Recibida la notificación de la demanda, si el **demandado** pretende valerse también de abogado y procurador, debe comunicarlo al tribunal dentro de los 3 días siguientes, pudiendo solicitar también, en su caso, el reconocimiento del derecho a la **asistencia jurídica gratuita**. En este último caso, el tribunal debe acordar la suspensión del proceso hasta que se produzca el reconocimiento o denegación de dicho derecho o la designación provisional de abogado y procurador.

Comunicación del demandado (LEC art.32.3) La facultad de acudir al proceso con la asistencia de abogado y/o procurador corresponde también al demandado cuando el **actor no vaya asistido** por estos profesionales. **2636**
El demandado debe comunicar al tribunal su decisión en el **plazo** de 3 días desde que se le notifique la demanda, dándose cuenta al actor de tal circunstancia.
Si el **demandante** quiere entonces valerse también de abogado y procurador, ha de comunicarlo al tribunal en los 3 días siguientes a la recepción de la notificación, y si solicita el reconocimiento del derecho a la asistencia jurídica gratuita, se puede acordar la suspensión del proceso hasta que se produzca el reconocimiento o denegación o la designación provisional de abogado y procurador.

Contenido de la comunicación (LEC art.32.4) En la notificación en que se comunique a una parte la intención de la parte contraria de servirse de abogado y procurador, se le ha de informar del derecho que le corresponde según la Ley de asistencia jurídica gratuita, a fin de que puedan realizar la solicitud correspondiente. **2637**
Debe hacerse constar en la notificación, por remisión a L 1/1996 art.6.3, que como contenido material del **derecho a la asistencia jurídica gratuita** se incluye ser defendido y representado de forma gratuita por abogado y procurador, aun cuando su intervención no sea preceptiva, pero así sea expresamente requerida por el órgano judicial mediante auto motivado para garantizar la igualdad de las partes en el proceso.
La asistencia jurídica gratuita se estudia en detalle en nº 1000 s.

Precisiones Se produce **indefensión**, cuando no se informa a la parte de que la contraria va a servirse de letrado y/o procurador y del derecho que le asiste a que se le designe uno de oficio, siendo así que se le informa de que por el tipo de procedimiento no era necesaria la intervención de dicho profesional, dada que la finalidad del precepto es poner en conocimiento de la parte la posibilidad de asistirse mediante profesionales de oficio sin abonarle sus emolumentos si es que tiene derecho a la asistencia jurídica gratuita (AP Málaga 19-4-05, EDJ 80809).

Condena en costas (LEC art.32.5 redacc LO 1/2025) Cuando la intervención de abogado y procurador no sea preceptiva, de la eventual condena en costas de la parte contraria a la que se haya servido de dichos profesionales se excluyen los derechos y honorarios devengados por los mismos, salvo que el tribunal aprecie temeridad o abuso del servicio público de Justicia en la conducta del condenado en costas o que el domicilio de la parte representada y defendida esté en lugar distinto a aquel en que se ha tramitado el juicio operando, en este último caso, las **limitaciones** a que se refiere la ley. Tales limitaciones se refieren al máximo a pagar al litigante que obtiene a su favor la condena en costas los derechos de abogados y demás **profesionales no sujetos a tarifa o arancel**, que no puede exceder de la tercera parte de la cuantía del proceso por cada uno de los litigantes que hayan obtenido tal pronunciamiento, si bien este límite no se aplica cuando el tribunal declare la temeridad del litigante condenado en costas (LEC art.394.3 redacc LO 1/2025). **2638**
También se excluyen, en todo caso, los derechos devengados por el **procurador** como consecuencia de aquellas actuaciones de carácter meramente facultativo que hubieran podido ser practicadas por las oficinas judiciales.
En el caso en el que, pese a no ser preceptiva la postulación, el **consumidor** opte por valerse de ella para interponer demanda tras haber formulado una reclamación extrajudicial previa, en la tasación de costas se incluye la cuenta del procurador y la minuta del abogado, en este último caso sin el límite establecido en LEC art.394.3 redacc LO 1/2025.

A su vez, cuando el condenado en costas sea **titular del derecho de asistencia jurídica gratuita**, este únicamente estará obligado a pagar las costas causadas en defensa de la parte contraria en los casos expresamente señalados en L 1/1996.
La condena en costas se estudia en detalle en nº 3083 s.

4. Intervención preceptiva de abogado

2640 Los litigantes deben estar dirigidos por abogados habilitados para ejercer su profesión en el tribunal que conozca del asunto. No puede proveerse a ninguna solicitud que no lleve la firma de abogado (LEC art.31.1).
En los supuestos en que la intervención de letrado es preceptiva, la garantía constitucional de asistencia letrada se convierte en una exigencia estructural del proceso tendente a asegurar su correcto desenvolvimiento, cuyo sentido es lograr el adecuado desarrollo del proceso como mecanismo instrumental introducido por el legislador con miras a una dialéctica procesal efectiva que facilite al órgano judicial la búsqueda de una sentencia ajustada a Derecho (TCo 189/2006).
Los **actos procesales** serán nulos de pleno Derecho cuando se realicen sin intervención de abogado en los casos en que la ley la establezca como obligatoria (LEC art.225.4º).
La **colegiación obligatoria** de los abogados y a la nulidad de pleno Derecho de los actos procesales se estudia en detalle en nº 1593 y nº 3025 s., respectivamente.

Precisiones La **falta de colegiación** del abogado da lugar a nulidad radical de actuaciones (AP Madrid auto 29-9-05, EDJ 193696).

2641 **Designación de abogado** (LEC art.33.1) Corresponde a las partes contratar los servicios del abogado que les haya de defender en juicio.
No obstante, además de esta **designación voluntaria**, la designación se realiza **por el respectivo colegio de abogados**, para los litigantes que hayan solicitado asistencia jurídica gratuita, cuya designación provisional ha de ser confirmada, o puede ser revocada por la comisión de asistencia jurídica gratuita; asimismo esta designación de abogado se puede realizar por el colegio de abogados a requerimiento judicial.
La designación de abogado se estudia en detalle en nº 2641 s.

Precisiones Las funciones desarrolladas por los letrados, que tienen su fundamento en el contrato de **arrendamiento de servicios**, dan lugar a una relación personal concertada en función de la confianza que al cliente le suscita el letrado (TS 30-12-02, EDJ 58541).

2642 **Contenido de la relación jurídica abogado-cliente** La calificación jurídica de la relación contractual entre abogado y cliente es, en la inmensa mayoría de los casos, de contrato de prestación o **arrendamiento de servicios**, o una modalidad específica de este (AP Barcelona 5-6-18, EDJ 101239), obligándose a desplegar sus actividades con la debida diligencia, sin que garantice o se comprometa al resultado de la misma o éxito de la pretensión, a cambio de un precio (TS 28-1-98, EDJ 322; 23-5-01, EDJ 5999). Cuenta igualmente con elementos del **mandato**, por lo que en ocasiones se califica como contrato de gestión con elementos de uno y otro (AP Madrid 27-6-18, EDJ 552479; AP Valencia 23-5-18, EDJ 87346; AP Málaga 5-6-18, EDJ 696391).
Al margen de **prestaciones accesorias**, constituye un arrendamiento de servicios, en la idea de que una persona con el título de abogado se obliga a prestar unos determinados servicios, esto es, el desempeño de la actividad profesional a quien acude al mismo acuciado por la necesidad o problema solicitando asistencia consistente en la correspondiente defensa judicial o extrajudicial de los intereses confiados (TS 23-5-01, EDJ 5999).
La relación abogado-cliente y sus distintas modalidades se estudian en nº 1580 s.
La prestación de servicios, como **relación personal basada en la confianza**, incluye el deber de cumplirlos y un deber de fidelidad que deriva de las normas generales de la contratación y que imponen al profesional el deber de ejecución óptima del servicio contratado, que presupone la adecuada preparación profesional y supone el cumplimiento correcto (TS 28-1-98, EDJ 322).
Los derechos y deberes del abogado, el régimen de responsabilidad y su remuneración se estudian en detalle en nº 1610, nº 1626 s. y nº 1669, respectivamente.

5. Intervención no preceptiva de abogado

2644 La defensa técnica del abogado no es necesaria o preceptiva en los **casos expresamente autorizados** por la ley, que se detallan a continuación.
En tales casos, se permite la autodefensa por la parte o bien que, voluntariamente se encomiende la misma a un abogado. Para más detalles sobre la cuestión nos remitimos a nº 2634 s. donde se expone la intervención de procurador y abogado en asuntos en que su intervención no es preceptiva.

Precisiones Además de los expuestos a continuación, tampoco es preceptiva la intervención de abogado en los procedimientos de **reclamación de honorarios** del abogado al cliente (LEC art.35).

Juicio verbal (LEC art.31.2.1º) No es preceptiva la intervención de abogado en los juicios verbales, cuando el empleo de este cauce lo sea por razón cuantitativa y no por razón de la materia y, adicionalmente, cuya **cuantía** no exceda de 2.000 euros. 2645 MPCI nº 4632

No obstante, si en contra de lo señalado por el actor, el tribunal considera que la demanda es de **cuantía inestimable o no determinable**, ni aun en forma relativa, y que por tanto no procede seguir los cauces del juicio verbal, el letrado de la Administración de Justicia, mediante diligencia, debe dar de oficio al asunto la tramitación del juicio ordinario, siempre que conste la designación de procurador y la firma de abogado (LEC art.254.2). Las reglas para determinar el proceso correspondiente se exponen en nº 3200 s.

Procedimiento monitorio (LEC art.31.2.1º) No es preceptiva la intervención de abogado en la **petición inicial** de los procedimientos monitorios. 2646 MPCI nº 4634

La petición inicial del procedimiento monitorio se limita a presentar una petición del acreedor con indicación de la identidad del deudor, domicilio, origen y cuantía de la deuda, así como la documentación en que se funde para acceder a dicho juicio (LEC art.814.2).

El proceso monitorio se estudia en detalle en nº 5372 s.

Precisiones No se indica expresamente -tras la reforma operada por RDL 6/2023- que no sea preceptiva la representación por procurador en el trámite que puede abrirse en el seno de este proceso para la determinación del **carácter abusivo**, en su caso, de una cláusula en un contrato entre empresario o profesional y consumidor o usuario, a diferencia del régimen precedente (LEC art.815.3).

Escrito de personación (LEC art.31.2.2º) Los escritos que tengan por objeto personarse en juicio no necesitan ir firmados por abogado. 2647

Solicitud de medidas urgentes con anterioridad al juicio (LEC art.31.2.2º) Las **medidas cautelares** pueden solicitarse antes de la demanda si quien en ese momento las pide alega y acredita razones de urgencia o necesidad sin necesidad de la intervención de abogado (LEC art.730 redacc LO 1/2025). 2648

Las medidas cautelares solicitadas con anterioridad a la presentación de la demanda se estudian en nº 4521.

Solicitud de suspensión urgente de vistas o actuaciones (LEC art.31.2.2º) Cuando la suspensión de vistas o actuaciones que se pretenda se funde en causas que se refieren especialmente al **abogado** también debe este firmar el escrito, si es posible, pero no con carácter preceptivo. 2649

La suspensión de las vistas o actuaciones procesales se estudia en nº 2914.

Actos de jurisdicción voluntaria (L 15/2015 art.3.2) No es preceptiva la intervención de abogado en los actos de jurisdicción voluntaria cuando la Ley no lo imponga expresamente respecto de un concreto tipo de expediente. 2650

En relación con los **menores de edad**, las actuaciones judiciales previstas en CC art.199 a 300, deben ajustarse al procedimiento previsto para la jurisdicción voluntaria, si bien no es necesaria la intervención de abogado ni procurador (LO 1/1996 disp.adic.3ª).

Precisiones **1) No es preceptiva** la asistencia letrada en estos expedientes, bajo vigencia de la L 15/2015, en iguales términos que los expuestos para la representación técnica (nº 2626), con la diferencia de que en sede de tutela, curatela y guarda de hecho, respecto de expedientes de remoción del tutor o curador y extinción de poderes preventivos, **es necesaria** la asistencia de abogado, aunque no la representación por procurador; igualmente, en el otorgamiento de escritura pública de separación o divorcio ante notario, y en caso de oposición en los expedientes de concesión del beneficio de la mayor edad y emancipación. También **es preceptiva** en expedientes de provisión de apoyos a la discapacidad y de deslinde de fincas no inscritas, si el valor de la finca supera 6.000 euros.

2) La intervención de letrado en los actos de jurisdicción voluntaria es preceptiva, salvo que se acredite que su cuantía determinada no exceda del límite legal fijado, por lo que recae sobre el proponente la **carga** de indicar a la iniciación del mismo, la cuantía, así como si resulta aplicable la excepción a la regla general de la **intervención preceptiva de letrado**, cuya prueba le corresponde a quien pretende su aplicación, precisamente por el carácter de excepción de una regla general (AP Burgos 22-4-04, EDJ 116638). Esta afirmación, relativa al régimen precedente, es extensible a los supuestos en los que la preceptividad de asistencia letrada no opera sino para cuantías económicas superiores a 6.000 euros.

Por encima de dicho umbral, en ciertos expedientes se permite la **actuación sin letrado** en determinadas circunstancias y a criterio del juez.

2651 **Acto de conciliación** (L 15/2015 art.141.3) En los actos de esta clase no es preceptiva la asistencia de abogado.

2652 **Incidente relativo a la impugnación de resoluciones en materia de asistencia jurídica gratuita** (L 1/1996 art.20) Quienes sean titulares de un derecho o de un **interés legítimo** pueden impugnar las resoluciones que, de modo definitivo, reconozcan, revoquen o denieguen el derecho a la asistencia jurídica gratuita, dictadas por las comisiones de asistencia jurídica gratuita.
Esta impugnación, para la que no es preceptiva la intervención de letrado, ha de realizarse por **escrito** y de forma motivada en el **plazo** de 10 días desde la notificación de la resolución o desde que haya sido conocida por cualquiera de los legitimados para interponerla.
La impugnación de las resoluciones de las comisiones de asistencia jurídica gratuita se estudia en nº 1145 s.

2653 **Proceso de rectificación** (L 2/1984 art.5) La acción de rectificación, por la que toda persona natural o jurídica tiene derecho a rectificar la información difundida, por cualquier **medio de comunicación** social de hechos que le aludan, que considere inexactos y cuya divulgación pueda causarle perjuicios, siempre que no sea voluntariamente rectificada por el director del medio de comunicación, se ejercita mediante escrito, sin necesidad de abogado ni procurador.

2654 **Proceso concursal** Como **regla general**, para solicitar la declaración de concurso, comparecer en el procedimiento, interponer recursos, plantear incidentes y demandas o impug-
MPCI
nº 4650
nar actos de administración, los **acreedores y los demás legitimados** deben actuar representados por procurador y asistidos de letrado.
No obstante, sin necesidad de comparecer en forma, pueden solicitar de la administración concursal en cualquier momento el examen de aquellos documentos o de aquellos informes que consten en autos sobre los créditos que hubieran comunicado (LCon art.512).
Igualmente, el **deudor** debe actuar siempre representado por procurador y asistido de letrado, sin perjuicio de lo establecido para la representación y defensa de **trabajadores** en la LRJS, incluidas las facultades atribuidas a los graduados sociales (LCon art.510 y 513).
El proceso concursal se estudia en detalle en nº 5470 s.

Precisiones En el proceso concursal sometido al régimen derivado de la L 16/2022 desaparece la **junta de acreedores**.

2655 **Ejecución** (LEC art.31.2.3º, 539.1 y disp.adic.11ª redacc LO 1/2025) En la ejecución, el ejecutante y el ejecutado deben estar dirigidos por letrado y representados por procurador, salvo que se trate de la ejecución de resoluciones dictadas en procesos en que no sea preceptiva la intervención de dichos profesionales.
Para la ejecución derivada de **procesos monitorios** en que no haya habido oposición, se requiere la intervención de abogado y procurador siempre que la cantidad por la que se despache ejecución sea superior a 2.000 euros.
Tampoco es preceptiva la intervención de abogado para presentar escritos cuyo objeto sea acreditar ante la oficina judicial o el tribunal el cumplimiento de las **actividades materiales del proceso de ejecución expresamente delegadas al procurador** por aquel, sin perjuicio de la obligación de informar de su presentación a la dirección letrada del procedimiento.
La ejecución es estudia en detalle en nº 4665 s.

Precisiones Ver nº 4597 y nº 4712, respecto de las **actuaciones de ejecución delegadas en el procurador**.

6. Defectos de defensa y representación

2657 Los defectos que se aprecien por las partes en cuanto a la defensa y representación del **litigante contrario** pueden ser opuestos mediante la correspondiente excepción que, de ser estimada, impide entrar en el fondo del asunto, sin perjuicio de la subsanación que proceda.

2658 **Presentación o acreditación del apoderamiento al procurador** (LEC art.24.2) El
MPCI
otorgamiento *apud acta* por comparecencia personal o electrónica debe hacerse al tiempo de
nº 4659
la presentación del primer escrito o, en su caso, antes de la primera actuación, sin necesidad de que a dicho otorgamiento concurra el procurador.
La representación procesal, en todo caso, se acredita mediante **consulta automatizada** orientada al dato que confirme la inscripción de esta en el registro electrónico de apoderamientos judiciales, cuando el sistema así lo permita; acreditándose, en otro caso, mediante la certificación de la inscripción en dicho registro.

Los **apoderamientos inscritos** en el Registro Electrónico de Apoderamientos de la Administración General del Estado producen efectos en el procedimiento judicial, siempre que se ajusten a lo previsto en la LEC y que se cumplan los requisitos técnicos previstos en la normativa técnica de aplicación.
La **validez de los actos** ejecutados por el representante procesal depende de que el poder haya sido otorgado conforme a los requisitos de forma exigidos por la ley. El incumplimiento de las **formalidades** priva de validez y eficacia a la voluntad de las partes, facultando a la contraria para interponer la excepción (AP Baleares auto 22-2-05, EDJ 24749).

Firma de abogado (LEC art.31.1) Los litigantes han de estar dirigidos por abogados habilitados para ejercer su profesión en el tribunal que conozca del asunto. No puede proveerse a ninguna solicitud que no lleve la firma de abogado. **2659**
La **falta de firma** del abogado de la parte es un defecto de escasa relevancia que puede ser subsanado, sin que pueda dar lugar a la nulidad de todo lo actuado (TCo 2/1989; 127/1991).
La **falta de colegiación** del letrado que firma el escrito que se presenta ante los tribunales da lugar a la inadmisión del mismo, con todas las consecuencias que ello conlleva, como es la firmeza de la resolución en el caso de que se trate de un recurso (AP Granada 12-7-93).

Posibilidad de subsanación Los **defectos de postulación** pueden ser subsanados, debiendo concederse a la parte afectada la posibilidad de subsanación (TCo 15/1990; 115/1990). **2660**
El defecto advertido en el requisito de postulación o representación procesal de las partes es subsanable si el defecto se reduce a una **mera formalidad** y siempre que tal subsanación sea posible, de modo que en tales supuestos debe conferirse a las partes la posibilidad de subsanación antes de impedirles el acceso al proceso o al recurso legalmente previsto (TCo 195/1999; 285/2000; 205/2001).
Sin embargo, si nos encontramos ante una **total y absoluta carencia de representación procesal**, no resulta razonable que el órgano judicial requiera la subsanación del defecto procesal advertido, como ocurre cuando el letrado que pretende comparecer en representación de la parte carece de poder y no tiene conferida la representación procesal de este (TCo 205/2001; 19/2003; 2/2005).
Si incluso la **deficiencia del poder** ha sido subsanada por la parte que incurrió en el mismo, la parte contraria no puede alegar que se le ha producido una irregularidad procesal causante de indefensión, cuando es así que contra los defectos procesales deben interponerse los recursos y quejas pertinentes (TS 24-3-99, EDJ 2358).
En consecuencia, apreciado un defecto de defensa o representación durante la tramitación de un procedimiento judicial, siendo preceptivo cualquiera de ellos, procede **anular las actuaciones procesales**, retrotrayéndolas al momento en que se admitió indebidamente alguna escrito sin la preceptiva presencia (AP Burgos auto 22-3-05, EDJ 24861).

Precisiones: Se ha dejado a salvo al juzgador de instancia, la facultad, si las partes lo interesan y si dicho órgano judicial lo considera pertinente, de **convalidar** las actuaciones que considere oportunas, de aquellas realizadas sin la intervención del preceptivo profesional (AP Burgos auto 22-3-05, EDJ 24861).

Falta de poder especial en la audiencia previa al juicio Se ha suscitado, constantemente la **cuestión** de si constituye o no un defecto subsanable la falta o insuficiencia del poder que ha de presentar en el acto de la comparecencia previa el procurador cuando no vaya acompañado de su representado, con facultades expresas para renunciar, allanarse o transigir. **2661**
Para solventar esta cuestión, una línea jurisprudencial se inclina por su **carácter insubsanable**, ya que el vicio detectado tiene en la LEC una sanción de plano, al tener por no comparecida a la parte, y en segundo término por ser inviable la incardinación del caso en una infracción de Const art.24.1 dado que no es denunciable indefensión cuando la omisión sea imputable a la propia parte como consecuencia de su desidia, inactividad o falta de diligencia procesal (AP Asturias 4-10-02, EDJ 126369; AP Madrid 17-3-05, EDJ 44260; 19-12-05, EDJ 241135; auto 3-5-06, EDJ 100895).
Por el contrario, otros pronunciamientos jurisprudenciales han considerado que la falta u omisión del poder especial es, en el caso de la audiencia previa al juicio, un defecto **subsanable** (AP Murcia 26-11-02, EDJ 98234; AP Valencia 26-2-02, EDJ 11519; AP Cáceres 25-7-01, EDJ 64199; AP Lleida 20-11-01, EDJ 58250; AP Madrid auto 27-10-03, EDJ 211226).
La audiencia previa al juicio se estudia en detalle en nº 3810.

Nulidad de actuaciones por falta de abogado (LEC art.225.4º) Los actos procesales son nulos de pleno Derecho cuando se realicen sin intervención de abogado en los casos en que la ley la establezca como obligatoria. **2662**

La circunstancia consistente en que el letrado que intervino en defensa de una de las partes incurría en **falta de colegiación** da lugar a nulidad radical de actuaciones (AP Madrid auto 29-9-05, EDJ 193696).
La colegiación obligatoria y la nulidad de actuaciones se estudian en detalle en nº 1593 y nº 3025 s., respectivamente.

SECCIÓN 4

Acumulación de acciones y procesos

2675

1. Acumulación de acciones

(LEC art.71 s.)

2678 MPCI nº 4705 La acumulación de acciones supone el ejercicio conjunto, en un **único proceso**, de dos o más acciones, de manera que se tramitan conjuntamente y se resuelven en una misma sentencia. Es preciso cumplir con los requisitos procesales y de **conexión material entre las acciones ejercitadas**, que solo resultan de obligado cumplimiento cuando la acumulación es subjetiva.

2679 MPCI nº 4707 **Acumulación objetiva** (LEC art.71) El actor puede acumular en la demanda cuantas acciones le competan contra el demandado, aunque provengan de diferentes títulos, siempre que no sean incompatibles entre sí.
Ello tiene como **efecto** la discusión de todas las acciones en un mismo procedimiento y su resolución en una sola sentencia.

2680 **Cuantía de la demanda** (LEC art.252.1ª, 2ª y 3ª) Cuando en la demanda se acumulen una pluralidad de acciones, la cuantía de aquella se determina por la **suma del valor de todas las acciones** acumuladas si las acciones provienen del mismo título o con la acción principal se piden intereses, frutos, rentas o daños y perjuicios.
Si se acumulan varias acciones principales, que no provengan de un mismo título, la cuantía de la demanda viene determinada por la **cuantía de la acción de mayor valor**.
Cuando se trate de la acumulación de varias acciones reales referidas a un mismo **bien mueble o inmueble**, la cuantía nunca puede ser superior al valor de la cosa litigiosa.

Precisiones Las **reglas especiales** para determinar la cuantía en los procesos con pluralidad de objetos son objeto de estudio en nº 3227.

2681 **Acumulación eventual** (LEC art.71.4 y 252.1ª) El actor puede acumular eventualmente acciones entre sí incompatibles, con expresión de la acción principal y de aquella otra u otras que ejercita para el solo evento de que la principal no se estime fundada.
La **cuantía de la demanda**, en el caso de acumulación eventual de acciones, se determina por la cuantía de la acción de mayor valor.

2682 MPCI nº 4713 **Acumulación subjetiva** (LEC art.72) Pueden acumularse las acciones que uno tenga contra varios sujetos o varios contra uno, ejercitándose simultáneamente, siempre que entre esas acciones exista un **nexo por razón del título** o causa de pedir.
Se entiende que el título o causa de pedir es idéntico o conexo cuando las acciones se funden en los mismos hechos.

2683 **Cuantía de la demanda** (LEC art.252.6ª.7ª) En los casos de concurrencia de varios demandantes o de varios demandados en una misma demandada, en nada afecta a la determinación de la cuantía, cuando la petición sea la misma para todos ellos, así como cuando demandantes y demandados lo sean en virtud de **vínculos de solidaridad**.

Cuando la pluralidad de partes determine también la **pluralidad de acciones afirmadas**, la cuantía se determina según las reglas de determinación de la cuantía para los procesos con pluralidad de objetos (nº 3227).

Acumulación posterior a la demanda (LEC art.401) En el juicio ordinario puede ampliarse la demanda para acumular nuevas acciones a las ya ejercitadas o para dirigirlas contra nuevos demandados. No se permite la acumulación de acciones **después de contestada la demanda**. 2684

En este caso, el **plazo** para contestar a la demanda se vuelve a contar desde el traslado de la ampliación de la demanda.

Requisitos (LEC art.73.1) Para que sea admisible la acumulación de acciones es preciso: 2685

1) Que el tribunal que deba entender de la acción principal posea **jurisdicción y competencia** por razón de la materia o por razón de la cuantía para conocer de la acumulada o acumuladas. Sin embargo, a la acción que haya de sustanciarse en juicio ordinario puede acumularse la acción que, por si sola, se habría de ventilar, por razón de su cuantía, en juicio verbal (nº 3900 s.). MPCI nº 4719

2) Que las acciones acumuladas no deban, por razón de su materia, ventilarse en **juicios de diferente tipo**. No obstante, cabe la acumulación de la acción para instar la liquidación del régimen económico matrimonial y la de división de la herencia en el caso de que la disolución del primero se haya producido como consecuencia del fallecimiento de uno o ambos cónyuges y haya identidad subjetiva entre los legitimados para intervenir en uno y otro procesos. Si se acumularan ambas acciones se sustanciarán de acuerdo con los presupuestos y trámites del procedimiento de división judicial de la herencia.

3) Que la ley **no prohíba la acumulación** en los casos en que se ejerciten determinadas acciones en razón de su materia o por razón del tipo de juicio que se haya de seguir.

No obstante, cuando se acumulen inicialmente varias **acciones conexas** cuyo conocimiento se atribuya a **tribunales con diferente competencia objetiva**, corresponderá conocer de todas ellas a las Secciones de lo Mercantil de los Tribunales de Instancia -hasta su constitución, a los juzgados de lo mercantil- si resultaran competentes para conocer de la principal y las demás fueran conexas o prejudiciales a ella. En caso de que no se diera tal conexión o prejudicialidad, se procederá conforme a lo establecido en LEC art.73.3 (nº 2689).

Cuando la acción principal deba ser conocida por las Secciones Civiles de los Tribunales de Instancia -hasta su constitución, los juzgados de primera instancia-, **no se permitirá la acumulación inicial** de cualesquiera otras que no sean de su competencia objetiva.

Acumulación necesaria (LEC art.73.2) Cuando la demanda tenga por objeto la **impugnación de acuerdos sociales** se acumularán de oficio todas las que pretendan la declaración de nulidad o de anulabilidad de los acuerdos adoptados en una misma junta o asamblea o en una misma sesión de órgano colegiado de administración y que se presenten dentro de los 40 días siguientes a aquel en que se haya presentado la primera. 2686

En todo caso, en los lugares donde haya **más de un juzgado de primera instancia** -a partir de su constitución, Sección Civil del Tribunal de Instancia-, las demandas que se presenten con posterioridad a otra se repartirán al órgano judicial al que haya correspondido conocer de la primera.

También se acumulan en una misma demanda **distintas acciones** cuando así lo dispongan las leyes, para casos determinados.

Acumulación en el juicio verbal (LEC art.438.3) No se admite en los juicios verbales la acumulación objetiva de acciones, salvo las **excepciones** siguientes: 2687 MPCI nº 6752

a) La acumulación de acciones basadas en unos **mismos hechos**, siempre que proceda en todo caso el juicio verbal.

b) La acumulación de la acción de **resarcimiento de daños y perjuicios**, a otra acción que sea prejudicial de ella.

c) La acumulación de las acciones en **reclamación de rentas** o cantidades análogas vencidas y no pagadas, cuando se trate de juicios de desahucios de finca por falta de pago o por expiración legal o contractual del plazo, con independencia de la cantidad que se reclame. Asimismo, también podrán acumularse las acciones ejercitadas contra el fiador o avalista solidario previo requerimiento de pago no satisfecho.

En este último caso la **cuantía del proceso** está determinada por la suma de los importes de los plazos vencidos. Si el importe de alguno de los plazos no es cierto, se excluye este del cómputo de la cuantía (LEC art.252.4ª).

d) En los procesos de **separación, nulidad o divorcio** y en los que tengan por objeto obtener la eficacia civil de resoluciones o decisiones eclesiásticas, cualquier cónyuge puede ejercer simultáneamente la acción de división de la cosa común respecto de los bienes que tengan en comunidad ordinaria indivisa. Si hubiera diversos bienes y uno de los cónyuges lo solicita, el juez puede considerarlos en conjunto a efecto de formar lotes o adjudicarlos (LEC art.438.3.4ª).

e) Las acciones que uno tenga **contra varios sujetos o varios contra uno** siempre que se cumplan los requisitos generales de la **acumulación subjetiva** de acciones (nº 2682).

2688 **Indebida acumulación de acciones** La LEC regula de forma expresa el tratamiento de los requisitos de la acumulación de acciones (nº 2685), haciendo posible un doble **control** de las mismas, bien de oficio, bien a instancia de parte, al poder denunciar el demandado al contestar a la demanda el vicio de la indebida acumulación de acciones que frente al mismo puedan deducirse (AP Madrid 12-5-06, EDJ 101191).

2689 **Apreciación de oficio** (LEC art.73.3) Si se hubieran acumulado varias acciones indebidamente, el letrado de la Administración de Justicia requerirá al actor, antes de proceder a admitir la demanda, para que **subsane el defecto** en el plazo de 5 días, manteniendo las acciones cuya acumulación fuera posible.

Transcurrido el término sin que se produzca la subsanación, o si se mantuviera la circunstancia de **no acumulabilidad** entre las acciones que se pretendieran mantener por el actor, dará cuenta al tribunal para que por el mismo se resuelva sobre la admisión de la demanda.

2690 **Juicio ordinario** (LEC art.402, 405.1 y 419) El demandado puede **oponerse en la contestación a la demanda** a la acumulación de acciones pretendida, cuando no se acomode a lo previsto en las normas que las regulan. Sobre esta oposición se resuelve en la audiencia previa al juicio.

En la contestación a la demanda el demandado, si considera inadmisible la acumulación de acciones, lo manifiesta así, expresando las **razones de la inadmisibilidad**.

En la **audiencia previa al juicio**, una vez suscitadas y resueltas, en su caso, las cuestiones de capacidad y representación, si en la demanda se han acumulado diversas acciones y el demandado en su contestación se ha opuesto motivadamente a esa acumulación, el tribunal, oyendo previamente al actor en la misma audiencia, resuelve oralmente sobre la procedencia y admisibilidad de la acumulación.

La audiencia y el proceso siguen su curso respecto de la acción o acciones que, según la resolución judicial, puedan constituir el objeto del proceso.

Precisiones 1) La apreciación de la acumulación indebida de acciones no conlleva sino una **reducción del objeto del proceso**, que continuará una vez se determina cual es la acción o acciones que se entienden fuera del mismo (AP Madrid 12-5-06, EDJ 101191).

2) La indebida acumulación de acciones es preciso haberla denunciado en la **contestación a la demanda**, por cuanto que es un presupuesto básico para la viabilidad del motivo casacional basado en la infracción de las normas y garantías procesales que se haya realizado la petición de subsanación de la falta o trasgresión en la instancia en que se haya cometido, sin que sea posible suplir la pasividad de la parte en la primera instancia mediante el planteamiento de la cuestión al recurrir en apelación (TS 24-2-00, EDJ 616; 26-12-02, EDJ 58556).

3) Es precisamente en el mismo acto en el que se adopta la resolución, esto es, en la **audiencia previa**, cuando la parte que pueda no estar conforme con la misma debe mostrar su disconformidad, bien formulando el correspondiente recurso de reposición a resolver en el acto, o bien, cuanto menos, realizando tal protesta (AP Madrid 12-5-06, EDJ 101191).

4) La **suspensión del plazo de contestación** se produce automáticamente al presentar el escrito solicitándola, hasta que sea resuelta, arrancando el plazo, para la elevación de consulta desde el día en que se notifica la concesión de la suspensión. Cuando en el cómputo media el mes de agosto, y el plazo es efectivamente de un mes, este vence el día correlativo del mes de septiembre y no necesariamente el 1 de septiembre y, a partir de entonces, se reanuda el plazo restante para contestar la demanda (AP Madrid auto 17-11-23).

2691 **Juicio verbal** (LEC art.443 redacc LO 1/2025) La **vista** del juicio verbal, cuando esta se celebre, comienza con exposición por el demandante de los fundamentos de lo que pida o ratificación de los expuestos en la demanda si esta se ha formulado conforme a lo previsto para el juicio ordinario (nº 3750 s.).

Acto seguido, el demandado puede formular las **alegaciones** que a su derecho convengan comenzando, en su caso, por las cuestiones relativas a la acumulación de acciones que considerase inadmisible.

Oído el demandante sobre esta, u otras cuestiones procesales, el tribunal resuelve lo que proceda.

2. Acumulación de procesos

(LEC art.74 s.)

En virtud de la acumulación de procesos, se siguen estos en un solo procedimiento y son terminados por una sola sentencia. 2693

Legitimación (LEC art.75 y 76) La acumulación puede solicitarse **por quien sea parte** en cualquiera de los procesos cuya acumulación se pretende o será acordada **de oficio** por el tribunal, siempre que se esté en alguno de los **casos** siguientes (LEC art.76): 2694 MPCI nº 4737, 4739

a) La sentencia que haya de recaer en uno de los procesos pueda producir **efectos prejudiciales** en el otro.

b) Entre los objetos de los procesos cuya acumulación se pide exista tal conexión que, de seguirse por separado, puedan dictarse sentencias con pronunciamientos o **fundamentos contradictorios**, incompatibles o mutuamente excluyentes.

Asimismo, procede la acumulación de procesos en los siguientes casos:

1º Cuando se trate de procesos incoados para la **protección de los derechos e intereses colectivos o difusos** que las leyes reconozcan a consumidores y usuarios, susceptibles de acumulación cuando la diversidad de procesos no se hubiera podido evitar mediante la acumulación de acciones o la intervención prevista en LEC art.15.

2º Cuando el objeto de los procesos a acumular fuera la **impugnación de acuerdos sociales** adoptados en una misma junta o asamblea o en una misma sesión de órgano colegiado de administración. En este caso, se acumularán todos los procesos incoados en virtud de demandas en las que se soliciten la declaración de nulidad o de anulabilidad de dichos acuerdos, siempre que las mismas hubieran sido presentadas en un período de tiempo no superior a 40 días desde la presentación de la primera de las demandas.

3º Cuando se trate de procesos en los que se sustancie la **oposición a resoluciones administrativas en materia de protección de un mismo menor**, tramitados conforme a LEC art.780, siempre que en ninguno de ellos se haya iniciado la vista.

En todo caso, en los lugares donde exista **más de un órgano judicial con competencias en materia mercantil**, en los casos de los números 1º y 2º, o en materia civil, en el caso del número 3º, las demandas que se presenten con posterioridad a otra se repartirán al órgano judicial al que corresponda conocer de la primera.

Requisitos (LEC art.77) La acumulación de procesos declarativos solo procede respecto de los que se sustancien por los mismos trámites o cuya tramitación pueda unificarse sin pérdida de derechos procesales. 2696

Se entiende que no hay **pérdida de derechos procesales** cuando se acuerde la acumulación de un juicio ordinario y un juicio verbal, que proseguirán por los trámites del juicio ordinario, ordenando el tribunal en el auto por el que acuerde la acumulación, y de ser necesario, retrotraer hasta el momento de contestación de la demanda las actuaciones del juicio verbal que hubiera sido acumulado, a fin de que siga los trámites previstos para el juicio ordinario.

Cuando los procesos estén **pendientes ante distintos tribunales**, no cabe su acumulación si el tribunal del proceso más antiguo carece de competencia objetiva por razón de la materia o por razón de la cuantía para conocer del proceso o procesos que se quieran acumular.

No obstante, puede instarse la acumulación de procesos ante la **Sección de lo Mercantil** del Tribunal de Instancia -hasta su constitución, ante el juzgado de lo mercantil-, aunque no esté conociendo del proceso más antiguo y alguno de ellos se esté tramitando ante una Sección Civil de un Tribunal de Instancia -hasta su constitución, ante un juzgado de primera instancia-, siempre que se cumplan los demás requisitos establecidos en LEC art.76 y 78.

Tampoco procede la acumulación cuando la **competencia territorial** del tribunal que conozca del proceso más moderno tenga en la Ley carácter inderogable para las partes.

Para que sea admisible la acumulación de procesos es preciso que estos se encuentren en **primera instancia**, y que en ninguno de ellos haya finalizado el acto del juicio en el juicio ordinario.

Precisiones **1)** No procede la acumulación procesos cuando estos **no se sustancian por los mismos trámites**, máxime cuando, además, uno de ellos está concluso para sentencia (AP Las Palmas auto 24-4-06, EDJ 249815).

2) No procede acumular un proceso ordinario a un proceso verbal por cuanto que ello supondría una **merma de los derechos procesales** reconocidos por la ley, pues es distinta su tramitación, así como el régimen de recursos, concretamente en casación (AP Madrid auto 31-3-06, EDJ 46080; AP Barcelona 28-2-06, EDJ 43935).

3) Para los casos en que el proceso más antiguo sea de distinta naturaleza y no sea posible la acumulación, la LEC recoge otras soluciones, de modo que a través de la **litispendencia** pueda evitarse la existencia de sentencias contradictorias.

4) Pueden acumularse los procedimientos de **división judicial de patrimonios** cuando se trate de acumular al procedimiento de división judicial de la herencia el procedimiento de liquidación de régimen económico matrimonial promovido cuando uno o ambos cónyuges hubieran fallecido.

2697 **Improcedencia** (LEC art.78) No procede la acumulación de procesos cuando el riesgo de sentencias con pronunciamientos o fundamentos contradictorios, incompatibles o mutuamente excluyentes pueda evitarse mediante la **excepción de litispendencia**.

Tampoco procede cuando no se justifique que, con la primera demanda o, en su caso, con la ampliación de esta o con la reconvención, no pudo promoverse un proceso que comprendiese **pretensiones y cuestiones sustancialmente iguales** a las suscitadas en los procesos distintos, cuya acumulación se pretenda. Esta última limitación **no se aplica** cuando la acumulación de procesos se acuerde de oficio.

Si los procesos cuya acumulación se pretenda son **promovidos por el mismo demandante** o por demandado reconviniente, solo o en litisconsorcio, se entiende, salvo justificación cumplida, que pudo promoverse un único proceso en los términos anteriores y no procede la acumulación.

Cuando **no** sea posible la **acumulación de autos**, siendo necesario para resolver sobre el objeto del proceso decidir acerca de alguna cuestión que, a su vez, constituya el objeto principal de otro proceso pendiente ante el mismo o distinto tribunal civil, el tribunal a petición de las partes puede mediante auto decretar la suspensión del proceso hasta que finalice el proceso que tenga por objeto la cuestión prejudicial (nº 1904 s.).

Estas limitaciones no son de aplicación a los procesos, susceptibles de acumulación conforme a las reglas generales, incoados para la protección de los derechos e intereses colectivos o difusos que las leyes reconozcan a **consumidores y usuarios**, cuando la diversidad de esos procesos, ya sean promovidos por las asociaciones, entidades o grupos legitimados o por consumidores o usuarios determinados, no se haya podido evitar mediante la acumulación de acciones o la intervención prevista al efecto (nº 2218 s.).

En tales casos, se decreta la acumulación de procesos, incluso **de oficio**, conforme a lo dispuesto en esta Ley.

2699 **Proceso en que se ha de pedir la acumulación** (LEC art.79) La acumulación de procesos se solicita siempre al tribunal que conozca del **proceso más antiguo**, al que se acumularán los más modernos. De incumplirse este requisito, el letrado de la Administración de Justicia dictará decreto, inadmitiendo la solicitud.

La **antigüedad** se determina por la fecha de la presentación de la demanda. Si las demandas se han presentado el mismo día, se considera más antiguo el proceso que se haya repartido primero. Debe presentarse con la solicitud de acumulación de procesos el documento que acredite la **fecha** del proceso más antiguo.

Si, por pender ante distintos tribunales o por cualquiera otra causa, no es posible determinar cuál de las **demandas fue repartida en primer lugar**, la solicitud puede pedirse en cualquiera de los procesos cuya acumulación se pretende (nº 2000).

2700 **Acumulación de procesos en juicio verbal** (LEC art.80) En los juicios verbales, la acumulación de procesos que estén pendientes ante el mismo tribunal se regula por las **normas generales** para estos supuestos (nº 2703 s.). Y lo mismo para el caso de que pendan ante tribunales diversos (nº 2710 s.).

2701 **Acumulación de ejecuciones** (LEC art.555) Se acordará por el letrado de la Administración de Justicia, a instancia de cualquiera de las partes, o de oficio, la acumulación de los procesos de ejecución pendientes entre el **mismo acreedor** ejecutante y el **mismo deudor** ejecutado.

Los procesos de ejecución que se sigan frente al mismo ejecutado podrán acumularse, a instancia de cualquiera de los ejecutantes, si el letrado de la Administración de Justicia competente en el proceso más antiguo lo considera más conveniente para la satisfacción de todos los acreedores ejecutantes.

La **petición de acumulación** se sustancia en la forma prevenida para la acumulación de acciones en general.

Cuando la ejecución se dirija exclusivamente sobre **bienes especialmente hipotecados**, solo puede acordarse la acumulación a otros procesos de ejecución cuando estos últimos se sigan para hacer efectiva otras garantías hipotecarias sobre los mismos bienes (nº 4745).

a. Acumulación de procesos pendientes ante un mismo tribunal

Solicitud (LEC art.81 y 82) Cuando los procesos se siguen ante el mismo tribunal, la acumulación se solicita **por escrito**, en el que se señalan con claridad los procesos cuya acumulación se pide y el estado procesal en que se encuentran, exponiéndose asimismo las razones que justifican la acumulación. 2703 MPCI nº 4757

La solicitud de acumulación de procesos **no suspende** el curso de los que se pretenda acumular, aunque el tribunal debe abstenerse de dictar sentencia en cualquiera de ellos hasta que decida sobre la procedencia de la acumulación.

El tribunal puede **suspender el acto del juicio o de la vista** a fin de evitar que su celebración pueda afectar al resultado y desarrollo de las pruebas a practicar en los demás procesos.

El tribunal rechazará la solicitud de acumulación, por medio de **auto**, cuando no contenga los datos exigidos o cuando, según lo que consigne dicha solicitud, la acumulación no sea procedente por razón de la clase y tipo de los procesos, de su estado procesal y demás requisitos procesales establecidos.

Incidente de acumulación de procesos (LEC art.83) Solicitada en forma la acumulación de procesos, se da **traslado**, por el letrado de la Administración de Justicia, a las demás partes personadas y a todos los que sean parte en cualquiera de los procesos cuya acumulación se pretende, aunque no lo sean en aquel en el que se ha solicitado, a fin de que, en el plazo común de 10 días, formulen **alegaciones** acerca de la acumulación. 2706 MPCI nº 4759

Transcurrido dicho plazo, o recibidas las alegaciones, el tribunal **resuelve** la cuestión dentro de los 5 días siguientes.

Si todas las partes del incidente están conformes con la acumulación, el tribunal la otorga sin más trámites.

Cuando **entre las partes no exista acuerdo**, o cuando ninguna de ellas formule alegaciones, el tribunal resuelve lo que estime procedente, otorgando o denegando la acumulación solicitada.

Cuando la acumulación fuera **promovida de oficio**, el tribunal dará audiencia por un plazo común de 10 días a todos los que sean parte en los procesos de cuya acumulación se trate, a fin de que formulen alegaciones.

Contra el auto que decida sobre la acumulación solicitada no cabe otro **recurso** que el de reposición (nº 4055 s.).

Efectos del auto que otorga la acumulación (LEC art.84) Aceptada la acumulación, el tribunal ordena que los procesos más modernos se unan a los más antiguos, para que continúen sustanciándose en el mismo procedimiento o por los mismos trámites y se decidan en una misma sentencia. 2707

Si los procesos acumulados no están en la misma fase dentro de la **primera instancia**, se ordena, por el letrado de la Administración de Justicia, la suspensión del que esté más avanzado, hasta que los otros se hallen en el mismo o similar estado.

Precisiones La acumulación de autos no afecta a la **cuantía de la demanda** (LEC art.252.5ª).

Efectos del auto que deniega la acumulación (LEC art.85) Denegada la acumulación, los juicios se sustancian separadamente. 2708

El auto que deniegue la acumulación condena a la parte que la haya promovido al pago de las **costas** del incidente, en caso de apreciarse mala fe o temeridad.

b. Acumulación de procesos pendientes ante distintos tribunales

(LEC art.86 s.)

La acumulación de procesos que pendan ante distintos tribunales se regirá por las normas generales de la acumulación de procesos, así como por las previstas para la acumulación de procesos pendientes ante el mismo tribunal con las siguientes **particularidades**. 2710

Solicitud (LEC art.87) La acumulación se solicita **por escrito**, en el que se señalan con claridad los procesos cuya acumulación se pide y el estado procesal en que se encuentran, exponiéndose asimismo las razones que justifican la acumulación. 2711

Además, en dicho escrito se debe indicar el **tribunal** ante el que penden los otros procesos, cuya acumulación se pretende.

Efecto no suspensivo de la solicitud (LEC art.88) La solicitud de acumulación de procesos no suspende el curso de los procesos afectados, salvo desde el momento en que alguno de ellos quede **pendiente solo de sentencia**. En tal caso se suspende el plazo para dictarla. No obstante, 2712

el tribunal puede suspender el acto del juicio o de la vista a fin de evitar que su celebración pueda afectar al resultado y desarrollo de las pruebas a practicar en los demás procesos.
Tan pronto como se pida la acumulación, se da **noticia de este hecho al otro tribunal**, por el medio más rápido, a fin de que se abstenga en todo caso de dictar sentencia hasta tanto se decida definitivamente sobre la acumulación pretendida.
De la solicitud de acumulación se da **traslado** a las demás partes personadas, para que, en el plazo común de 10 días, formulen alegaciones sobre la procedencia de la acumulación.

Precisiones Los traslados a los efectos de alegaciones de las partes y comunicaciones con los tribunales que estén conociendo se residencian en el **letrado de la Administración de Justicia**.

2713 MPCI nº 4776 **Resolución** (LEC art.88.3) El tribunal, por medio de **auto**, resuelve en el plazo de 5 días. Cuando la acumulación se deniegue, se comunica, por el letrado de la Administración de Justicia, al otro tribunal, que puede dictar sentencia -o proceder a la celebración del juicio o vista- (LEC art.88.4).
En caso de estimarse se requiere al tribunal que conozca del otro pleito, a los efectos de la acumulación de procesos.

2714 **Requerimiento de acumulación** (LEC art.89) Cuando el tribunal estime procedente la acumulación, mandará en el mismo auto dirigir **oficio** al que conozca del otro pleito, requiriendo la acumulación y la remisión de los correspondientes procesos.
A este oficio acompañará **testimonio** de los antecedentes que el mismo tribunal determine y que sean bastantes para dar a conocer la causa por la que se pretende la acumulación y las alegaciones que, en su caso, hayan formulado las partes distintas del solicitante de la acumulación.

2715 **Actuaciones del tribunal requerido** (LEC art.90) Recibidos el oficio y el testimonio por el tribunal requerido, se da **traslado** de ellos por el letrado de la Administración de Justicia a los litigantes que ante él hayan comparecido.
Si alguno de los personados ante el tribunal requerido no lo esté en el proceso ante el tribunal requirente, dispone de un plazo de 5 días para **instruirse del oficio y del testimonio** en la oficina judicial y para presentar escrito manifestando lo que convenga a su derecho sobre la acumulación.

2716 **Resolución** (LEC art.91) Transcurrido, en su caso, el plazo de 5 días concedido a las partes del proceso seguido ante el tribunal requerido, el tribunal dicta **auto** aceptando o denegando el requerimiento de acumulación.
Si ninguna de las partes personadas ante el tribunal requerido se opone a la acumulación o si no alegan datos o argumentos distintos de los alegados ante el tribunal requirente, el requerido, sin cuestionar la concurrencia de los requisitos generales para la acumulación, solo puede **fundar su negativa al requerimiento** en que la acumulación debe hacerse a los procesos pendientes ante el tribunal requerido.

2717 **Aceptación de la acumulación por el tribunal requerido** (LEC art.92) Aceptado el requerimiento de acumulación, se notifica, por el letrado de la Administración de Justicia, de inmediato a quienes sean partes en el proceso seguido ante el tribunal requerido, para que en el plazo de 10 días puedan **personarse ante el tribunal requirente**, al que se remitirán los autos, para que, en su caso, sigan su curso ante él.
Acordada la acumulación de procesos, se **suspende el curso del proceso más avanzado**, por el letrado de la Administración de Justicia, hasta que el otro llegue al mismo estado procesal, en que se efectuará la acumulación.

Precisiones La acumulación de autos no afecta a la **cuantía de la demanda** (LEC art.252.5ª).

2718 **No aceptación de la acumulación por el tribunal requerido** (LEC art.93) Cuando el tribunal requerido no acepte el requerimiento de acumulación por estimarla improcedente o por creer que la acumulación debe hacerse a los que pendan ante él, lo comunicará al tribunal requirente y ambos **deferirán la decisión al tribunal competente** para dirimir la discrepancia.
Es competente para dirimir las discrepancias en materia de acumulación de procesos el tribunal inmediato superior común a requirente y requerido.

2720 **Sustanciación** (LEC art.94) Tanto el tribunal requirente como el requerido remitirán a la mayor brevedad posible al tribunal competente **testimonio** de lo que, para poder resolver la discrepancia sobre la acumulación, obre en sus respectivos tribunales.
El tribunal requirente y el requerido emplazarán a las partes para que puedan **comparecer** en el plazo improrrogable de 5 días ante el tribunal competente y **alegar** por escrito lo que consideren que conviene a su derecho.

Decisión (LEC art.95) El tribunal competente decide por medio de **auto**, en el plazo de 20 días, a la vista de los antecedentes que consten en los autos y de las alegaciones escritas de las partes, si se han presentado. Contra este auto no se da **recurso** alguno. **2721** MPCI nº 4792

Si se acuerda la acumulación de procesos, se ordena la **notificación** de inmediato a quienes sean parte en el proceso seguido ante el tribunal requerido, para que en el plazo de 10 días puedan personarse ante el tribunal requirente, al que se remitirán los autos para que sigan su curso ante el mismo.

Si se **deniega la acumulación**, los procesos deben seguir su curso por separado, alzándose, en su caso, por el letrado de la Administración de Justicia, la suspensión del plazo para dictar sentencia.

Acumulación de más de dos procesos (LEC art.96) Lo dispuesto para la acumulación de dos procesos (nº 2693 s.) es aplicable para el caso de que sean más de dos los juicios cuya acumulación se pida. **2722**

Cuando un mismo tribunal sea requerido de acumulación por dos o más tribunales, se remitirán los **autos al superior común** a todos ellos y el letrado de la Administración de Justicia lo comunicará a todos los requirentes para que defieran la decisión a dicho superior, dirimiéndose la acumulación conforme a las normas establecidas para la controversia entre dos órganos jurisdiccionales.

Prohibición de un segundo incidente de acumulación (LEC art.97) Suscitado incidente de acumulación de procesos en un proceso, no se admite solicitud de acumulación de otro juicio ulterior si quien la pide ha sido el iniciador del juicio que intenta acumular. **2723**

El letrado de la Administración de Justicia **rechaza de plano**, mediante decreto dictado al efecto, la solicitud formulada en dichos términos.

Si, a pesar de la anterior prohibición, se **sustancia el nuevo incidente**, tan pronto como conste el hecho se decreta la nulidad de lo actuado a causa de la solicitud, con imposición de las costas al que la haya presentado.

c. Acumulación de procesos singulares a procesos universales

(LEC art.98)

La acumulación de procesos singulares a un proceso universal se decreta: **2725** MPCI nº 4802

a) Cuando esté pendiente un **proceso concursal** al que se halle sujeto el caudal contra el que se haya formulado o formule cualquier demanda. En estos casos, se procede conforme a lo previsto en la legislación concursal.

b) Cuando se esté siguiendo un **proceso sucesorio** al que se halle sujeto el caudal contra el que se haya formulado o se formule una acción relativa a dicho caudal.

Se **exceptúan** de la acumulación los procesos de ejecución en que solo se persigan bienes hipotecados o pignorados, que en ningún caso se incorporan al proceso sucesorio, cualquiera que sea la fecha de iniciación de la ejecución.

La acumulación debe solicitarse ante el tribunal que conozca del proceso universal, y hacerse siempre, con independencia de cuáles sean más antiguos, al proceso universal.

La **competencia** para acordar la acumulación es del juez del concurso, como se corrobora en el hecho de que la legitimación para solicitarla sea de la administración concursal o de las partes personadas en el concurso.

La **acumulación de procesos singulares al universal**, cuando proceda, se regirá, en este caso, por las normas sobre acumulación de procesos (nº 2693 s.), con las especialidades establecidas en la legislación especial sobre procesos concursales y sucesorios.

Los **juicios declarativos en que el deudor sea parte** y que se encuentren en tramitación al momento de la declaración del concurso se continúan hasta la firmeza de la sentencia. No obstante, se acumulan aquellos que, siendo competencia del juez del concurso, se estén tramitando en primera instancia y respecto de los que el juez del concurso estime que su resolución tiene trascendencia sustancial para la formación del inventario o de la lista de acreedores (LCon art.137 s.).

Precisiones Ver nº 5314 s. y nº 5753, acerca de los **procesos sucesorios** y sobre acumulación de juicios declarativos pendientes en el **proceso concursal**.

SECCIÓN 5

Abstención y recusación

2730

2732 MPCI nº 4852 **Causas** (LEC art.99; LOPJ art.219) La abstención y, en su caso, la recusación de estos solo procede cuando concurra alguna de las causas señaladas en la LOPJ para la abstención y recusación de jueces y magistrados (nº 2733 s.).

Las causas de recusación tienen un **carácter taxativo**, por lo que la parte que propugna su concurrencia ha de subsumir los motivos de recusación en alguno de estos supuestos que la norma define como tales (TCo auto 18/2006).

Es, por tanto, una carga de quien promueve la recusación no solo afirmar el motivo de recusación y subsumirlo en alguna de las causas legalmente previstas, sino también expresar los **hechos concretos** en los que funda tal afirmación, y que estos hechos constituyan, en principio, los que configuran la causa invocada (TCo auto 115/2002; auto 80/2005).

2733 Son causas de abstención y, en su caso, de recusación:

1ª) El **vínculo matrimonial** o situación de hecho asimilable y el parentesco por consanguinidad o afinidad dentro del cuarto grado **con las partes** o el **representante del Ministerio Fiscal**.

2ª) El vínculo matrimonial o situación de hecho asimilable y el parentesco por consanguinidad o afinidad dentro del segundo grado **con el letrado o el procurador** de cualquiera de las partes que intervengan en el pleito o causa.

3ª) Ser o haber sido **defensor judicial** o integrante de los organismos tutelares de cualquiera de las partes, o haber estado bajo el cuidado o tutela de alguna de estas.

4ª) Estar o **haber sido denunciado o encausado** por alguna de las partes como responsable de algún delito o falta, siempre que la denuncia o acusación hayan dado lugar a la incoación de procedimiento penal y este no haya terminado por sentencia absolutoria o auto de sobreseimiento.

5ª) Haber sido sancionado disciplinariamente en virtud de **expediente incoado por denuncia** o a iniciativa de alguna de las partes.

6ª) Haber sido **defensor o representante** de alguna de las partes, emitido dictamen sobre el pleito o causa como letrado, o intervenido en él como fiscal, perito o testigo.

7ª) Ser o haber sido **denunciante o acusador** de cualquiera de las partes.

8ª) Tener **pleito pendiente** con alguna de estas.

9ª) **Amistad íntima o enemistad manifiesta** con cualquiera de las partes.

10ª) Tener **interés directo o indirecto** en el pleito o causa.

11ª) Haber participado en la **instrucción de la causa** penal o haber resuelto el pleito o causa en anterior instancia.

12ª) Ser o haber sido una de las partes **subordinado del juez** que deba resolver la contienda litigiosa.

13ª) Haber ocupado **cargo público**, desempeñado empleo o ejercido profesión con ocasión de los cuales haya participado directa o indirectamente en el asunto objeto del pleito o causa o en otro relacionado con el mismo.

14ª) En los procesos en que sea parte la Administración pública, encontrarse el juez o magistrado con la autoridad o **funcionario que haya dictado el acto** o informado respecto del mismo o realizado el hecho por razón de los cuales se sigue el proceso en alguna de las circunstancias mencionadas en las causas 1ª a 9ª, 12ª, 13ª y 15ª.

15ª) El vínculo matrimonial o situación de hecho asimilable, o el parentesco dentro del segundo grado de consanguinidad o afinidad, con el juez o **magistrado que haya dictado resolución** o practicado actuación a valorar por vía de recurso o en cualquier fase ulterior del proceso.

16ª) Haber ocupado el juez o **magistrado cargo público o administrativo** con ocasión del cual haya podido tener conocimiento del objeto del litigio y formar criterio en detrimento de la debida imparcialidad.

Precisiones 1) Los **cargos públicos** cuyo desempeño impide juzgar asuntos objeto de pleitos no pueden identificarse con el propio ejercicio de la potestad jurisdiccional, pues aunque en la posición de juez se forma criterio cada vez que se resuelve, el así adquirido nunca lo es en detrimento de la debida imparcialidad (TCo auto 80/2005). **2735** MPCI nº 4858, 4860

2) A los efectos de considerar la concurrencia de causa de recusación por las **opiniones manifestadas por el juez** o magistrado, es relevante considerar si la opinión ha sido manifestada en la condición de magistrado del tribunal, o antes de haberse adquirido la misma, una vez que el proceso se haya iniciado o resulte probable su inicio o en momentos anteriores al mismo, el medio en que se vierta la manifestación, la lejanía entre el objeto de la opinión y el objeto del proceso, así como la amplitud, el tenor, la contundencia y la radicalidad de aquella (TCo 162/1999; auto 226/2002).

3) Acerca de la **pertenencia a partidos políticos y sindicatos**, ver nº 4860 Memento Procesal Civil 2026.

Deber de abstención (LOPJ art.217, 446 y 449; LEC art.100) El juez o magistrado en quien concurra alguna de las causas establecidas legalmente ha de abstenerse del conocimiento del asunto **sin esperar a que se le recuse**. **2736**

El mismo deber tienen el letrado de la Administración de Justicia, los funcionarios del cuerpo de gestión procesal y administrativa, del cuerpo de tramitación procesal y administrativa y del cuerpo de auxilio judicial, el miembro del Ministerio Fiscal o el perito designado por el juez en quienes concurra alguna de las causas previstas por la ley.

Legitimación activa para recusar (LOPJ art.218.1; LEC art.101) En los asuntos civiles únicamente pueden recusar las **partes**, lo cual no incluye a los letrados defensores. **2737** MPCI nº 4864

El **Ministerio Fiscal** también puede recusar, siempre que se trate de un proceso en el que, por la naturaleza de los derechos en conflicto, pueda o deba intervenir.

1. Abstención

La abstención se puede predicar respecto de: **2739**
- jueces y magistrados (nº 2740);
- letrados de la Administración de Justicia (nº 2742);
- oficiales, auxiliares y agentes de la Administración de Justicia (nº 2744);
- peritos (nº 2746); y
- miembros del Ministerio Fiscal (nº 2748).

a. Jueces y magistrados

(LEC art.102.1.3.5)

La **comunicación** de la abstención se hace por escrito razonado tan pronto como sea advertida la causa que la motive. **2740**

La abstención del magistrado o juez se comunica, respectivamente, a la sección o sala de la que forme parte o al tribunal al que corresponda la competencia funcional para conocer de recursos contra las sentencias, que resuelve en el plazo de 10 días.

La abstención de juez o magistrado **suspende el curso del proceso** en tanto no se resuelva sobre ella. La suspensión debe ser acordada por el letrado de la Administración de Justicia, así como su alzamiento ulterior (LEC art.102.2).

Si **el tribunal no estima** justificada la abstención, ordena al juez o magistrado que continúe el conocimiento del asunto, sin perjuicio del derecho de las partes a hacer valer la recusación. Recibida la orden, el tribunal dicta providencia poniendo fin a la suspensión del proceso.

Si **se estima justificada la abstención** por el tribunal competente, el abstenido dicta auto apartándose definitivamente del asunto y ordenando remitir las actuaciones al que deba sustituirle.

Cuando el que se abstenga forme parte de un **tribunal colegiado**, el auto, que no es susceptible de recurso alguno, lo dicta la sala o sección a que pertenezca el que se abstenga.

En ambos casos, la **suspensión del proceso termina**, respectivamente, cuando el sustituto reciba las actuaciones o se integre en la sala o sección a que pertenecía el abstenido.

La abstención y la sustitución del juez o magistrado que se ha abstenido se comunican a las partes, incluyendo el nombre del sustituto.

b. Letrados de la Administración de Justicia

(LEC art.103; RD 1608/2005 art.3 y 147)

2742 Los letrados de la Administración de Justicia desempeñan sus funciones con sujeción a los principios de legalidad e imparcialidad, en todo caso, y con autonomía e independencia en el ejercicio de la función de **fe pública judicial**.

Los letrados de la Administración de Justicia se abstienen **por escrito motivado** dirigido al juez o magistrado, si se trata de un órgano unipersonal, o al presidente, si se trata de un órgano colegiado, que deciden sobre la abstención planteada.

Cuando el letrado de la Administración de Justicia esté destinado en una **unidad procesal de apoyo directo**, la abstención se formula por escrito motivado dirigido al juez o magistrado titular del órgano judicial unipersonal o al presidente del tribunal colegiado que se encuentre conociendo del asunto. Cuando el letrado de la Administración de Justicia desempeñe sus funciones en un **servicio común procesal**, el escrito motivado se dirige al juez decano.

El **órgano competente** para resolver sobre la abstención resuelve en el plazo de 10 días. La abstención **suspende el curso del procedimiento** hasta que se resuelva sobre ella o transcurra el plazo previsto para su resolución.

En caso de **confirmarse la abstención**, el letrado de la Administración de Justicia que se haya abstenido debe ser reemplazado por su sustituto legal; en caso de **denegarse**, debe aquel continuar actuando en el asunto, sin perjuicio del derecho de las partes a hacer valer la recusación.

Si **se estima justificada la abstención** por el órgano competente, el abstenido se aparta definitivamente del asunto y si se trata de un asunto de su exclusiva competencia conforme a lo dispuesto en el LOPJ art.446.3, acuerda remitir las actuaciones al letrado de la Administración de Justicia que deba sustituirle. La resolución que se pronuncie sobre la abstención no es susceptible de **recurso** alguno.

En su caso, la suspensión del proceso termina cuando el sustituto reciba las actuaciones.

La abstención y la sustitución del letrado de la Administración de Justicia que se ha abstenido se comunican a las partes, incluyendo el nombre del sustituto.

Precisiones 1) Constituye una **falta muy grave** la infracción del deber de abstención concurriendo causa para ello (LOPJ art.468 bis.1.n; RD 1608/2005 art.154).

2) El Reglamento Orgánico del Cuerpo de Letrados de la Administración de Justicia, realiza una enumeración de las **causas de abstención y recusación**, adaptando a las funciones del letrado de la Administración de Justicia, las previstas con carácter general en la LOPJ (RD 1608/2005 art.146).

c. Oficiales, auxiliares y agentes de la Administración de Justicia

(LOPJ art.499; LEC art.104; RD 796/2005 art.7.m y 8.n)

2744 MPCI nº 4885 La abstención de los funcionarios pertenecientes a los cuerpos de gestión procesal y administrativa, tramitación procesal y administrativa y auxilio judicial se comunica por **escrito motivado** al juez o al presidente del tribunal en que se siga el proceso, que decide sobre su procedencia.

En caso de ser **estimada la abstención**, el funcionario en quien concurra causa legal es reemplazado en el proceso por quien legalmente deba sustituirle. De ser **desestimada**, ha de continuar actuando en el asunto.

Se considera **infracción muy grave** la inobservancia del deber de abstención, a sabiendas de que concurre alguna de las causas legalmente previstas para ello.

Igualmente se considera infracción grave la conducta consistente en promover su abstención de forma claramente injustificada.

d. Peritos

(LEC art.105.1.2 y 342.2)

2746 El perito designado por el juez, sección o sala que conozca del asunto o, en su caso, por el letrado de la Administración de Justicia, deberá abstenerse si concurre alguna de las causas legalmente previstas. La abstención podrá ser **oral o escrita**, siempre que esté debidamente justificada.

Si la **causa de abstención existe al tiempo de ser designado**, el perito no aceptará el cargo, y será sustituido en el acto por el perito suplente, cuando este hubiera sido designado. Si el perito suplente también se negare a aceptar el cargo, por concurrir en él la misma u otra causa de abstención, será sustituido por el siguiente de la lista, y así sucesivamente, hasta que pueda efectuarse el nombramiento.

Si la **causa es conocida** o se produce después de la aceptación del cargo de perito, la abstención se decidirá, previa audiencia de las partes, por quien haya realizado la designación. Contra la resolución que se dicte no se dará **recurso** alguno.

e. Miembros del Ministerio Fiscal

(LEC art.106; L 50/1981 art.28)

Los miembros del Ministerio Fiscal, así como el Fiscal General del Estado, **no pueden ser recusados**. Se abstienen de intervenir en los pleitos cuando les afecten algunas de las causas de abstención establecidas para los jueces y magistrados (nº 2733 s.), en cuanto les sean de aplicación. **2748** MPCI nº 2425 s.

Las **partes intervinientes** en los referidos pleitos pueden acudir al superior jerárquico del fiscal de que se trate, interesando que se ordene su no intervención en el proceso. Cuando se trate del Fiscal General del Estado, resuelve la Junta de Fiscales de Sala, presidida por el Teniente Fiscal del Tribunal Supremo, al que pueden dirigirse las partes.

Contra las decisiones anteriores no cabe **recurso** alguno.

2. Recusación

De igual modo que la abstención (nº 2739 s.), pueden ser recusados: **2750**

- jueces y magistrados (nº 2752);
- letrados de la Administración de Justicia (nº 2766 s.);
- oficiales, auxiliares y agentes de la Administración de Justicia (nº 2777 s.); y
- peritos (nº 2782 s.).

a. Jueces y magistrados

Siendo la recusación un medio dirigido a garantizar la imparcialidad judicial, para que un juez pueda ser apartado del conocimiento de un concreto asunto es siempre preciso que existan **sospechas objetivamente justificadas**, es decir, exteriorizadas y apoyadas en datos objetivos, que permitan afirmar fundadamente que el juez no utilizará como criterio de juicio el previsto por la ley, sino otras consideraciones ajenas al ordenamiento jurídico que pueden influir al resolver sobre la materia enjuiciada (TCo 162/1999 y 69/2001). **2752** MPCI nº 4905

Ello puede producirse:

- bien por no ser ajeno a la causa porque está o ha estado en posición de parte realizando las funciones que a esta corresponden; o
- porque ha exteriorizado anticipadamente una toma de partido a favor o en contra de los intereses de las partes en litigio, o
- que permitan temer que, por cualquier relación jurídica o de hecho con el caso concreto, falta a la imparcialidad.

En todo caso, la **imparcialidad personal** de los jueces ha de ser presumida, salvo prueba en contrario, no basta que tales dudas o sospechas surjan en la mente de quien recusa, sino que es preciso que alcancen una consistencia tal que permita afirmar que se hallan objetiva y legítimamente justificadas (TCo auto 18/2006).

Precisiones 1) La **designación de ponente** en los tribunales colegiados se hace para cada asunto en la primera resolución que se dicte, y se notifica a las partes su nombre y, en su caso, el de aquel que, con arreglo al turno ya establecido, le sustituya (LEC art.180.2). La designación del ponente corresponde al letrado de la Administración de Justicia (LEC art.180).

2) No puede plantearse una recusación si no existe una previa **pretensión de fondo**, por la misma razón que no puede haber reconocimiento de la condición de parte procesal sin la previa existencia de proceso (TCo auto 119/2017).

Proposición (LOPJ art.223; LEC art.107) La recusación ha de proponerse de manera inmediata al momento en que se tiene **conocimiento**, por parte de quien recusa, del concurso de causa para ello, inadmitiéndose en otro caso en los términos expuestos en nº 2755. **2753** MPCI nº 4907

Precisiones 1) La recusación del juez o magistrado de cuya imparcialidad se duda es un remedio procesal útil para evitar la lesión del derecho a un juez imparcial y, por ello, cuando la recusación es posible por conocerse la **causa con carácter previo al enjuiciamiento**, resulta exigido plantearla a los efectos de considerar cumplido el requisito de la invocación temprana del derecho (TCo 306/2005).

2) La recusación, en su función de asegurar la imparcialidad del titular del órgano jurisdiccional, cumple la finalidad de impedir que un cierto juez o magistrado participe en la decisión de un

determinado proceso. Es claro, pues, que la **pendencia de un proceso** es un presupuesto lógico de la recusación (TCo auto 80/2005).

3) No obstante, si por causas no imputables a la parte, no resulta posible el planteamiento de la recusación antes de que finalice el procedimiento por resolución judicial firme, es una exigencia derivada del correcto agotamiento de la vía judicial previa al amparo, el acudir al **incidente de nulidad de actuaciones** como remedio procesal apto para intentar un restablecimiento temprano en vía judicial, habida cuenta de que lo que se invoca es un efecto de indefensión derivado de un derecho formal en cuanto afecta a la composición del órgano de enjuiciamiento (TCo 240/2005; 306/2005).

2754 **Escrito de recusación** (LOPJ art.223.2; LEC art.107.2, 109.2) La recusación se propone **por escrito** que debe expresar concreta y claramente la causa legal y los motivos en que se funde, acompañando un principio de prueba sobre los mismos.

Este escrito estará **firmado por el abogado y por procurador** si intervienen en el pleito, y por el **recusante**, o por alguien a su ruego, sí no sabe firmar. En todo caso, el procurador debe acompañar poder especial para la recusación de que se trate. Si no intervienen procurador y abogado, el recusante ha de **ratificar la recusación** ante el letrado de la Administración de Justicia del tribunal de que se trate.

No se admiten a trámite las recusaciones en las que no se expresan los **motivos** en que se funden, o a las que no se acompañen los documentos indicados.

Precisiones El escrito proponiendo la recusación debe expresar concreta y claramente la causa de recusación prevista por la ley, no siendo suficiente la afirmación de un motivo de recusación, sino que es preciso **expresar los hechos concretos** en que la parte funde tal afirmación y que estos hechos constituyan, en principio, los que configuran la causa invocada (TCo auto 115/2002).

2755 **Inadmisión** (LEC art.107) Se inadmiten las recusaciones:

MPCI nº 4911 a) Se inadmiten las recusaciones cuando no se interpongan en el plazo de 10 días desde la notificación de la primera resolución por la que se conozca la identidad del juez o magistrado a recusar, si el conocimiento de la causa fuese anterior al inicio del proceso (LEC art.107.1).

b) Cuando se propongan **pendiente ya un proceso**, si la causa de recusación se conoce con anterioridad al momento procesal en que la recusación se proponga.

Precisiones 1) El **rechazo preliminar de la recusación** puede producirse por incumplimiento de los requisitos formales que afectan a la esencia del procedimiento, por no aducirse causa en que legítimamente pueda fundarse la recusación, y por no establecerse los hechos que le sirvan de fundamento (TCo auto 80/2005).

2) También es lícito inadmitir a trámite las recusaciones que, por el momento en que se suscitan, su reiteración u otras circunstancias ligadas al proceso concreto, sean formuladas con manifiesto **abuso de derecho** o entrañen **fraude de ley** o procesal (TCo 136/1999; 155/2002), y las que se basen en una **causa ilusoria** que en modo alguno se desprenda de los hechos en que intente fundamentarse (TCo auto 117/2010).

2756 **Traslado** (LOPJ art.223.3; LEC art.107.3) Formulada la recusación, se da traslado a las demás partes del proceso para que, en el plazo común de 3 días, manifiesten si **se adhieren o se oponen** a la causa de recusación propuesta o si, en aquel momento, conocen alguna otra causa de recusación.

La parte que no proponga recusación en dicho plazo, no puede hacerlo con posterioridad, salvo que acredite cumplidamente que, en aquel momento, **no conocía la nueva causa** de recusación.

En el **día hábil siguiente** a la finalización del plazo de 3 días, el recusado ha de pronunciarse sobre si admite o no la causa o causas de recusación formuladas (LEC art.107.4).

2757 **Competencia para instruir el incidente** (LEC art.108; LOPJ art.224 redacc LO 1/2025) Los incidentes de recusación son instruidos por:

a) Un magistrado de la sala a la que pertenezca el recusado, designado en virtud de un turno establecido por orden de antigüedad, cuando el recusado sea el **presidente** o un **magistrado del Tribunal Supremo** o de un **Tribunal Superior de Justicia**.

b) Un magistrado de la Sala de lo Civil y Penal del Tribunal Superior de Justicia correspondiente, designado en virtud de un turno establecido por orden de antigüedad, cuando el recusado sea un **presidente de Audiencia Provincial**.

c) Un magistrado de la misma Audiencia Provincial, designado en virtud de un turno establecido por orden de antigüedad, siempre que no pertenezca a la misma sección que el recusado, cuando el recusado sea un **magistrado de una Audiencia**.

d) Un magistrado de los que integren el tribunal correspondiente, designado en virtud de un turno establecido por orden de antigüedad, siempre que no esté afectado por la recusación, cuando se recuse a **todos los magistrados de una sala** de justicia.

e) Un magistrado de la Audiencia Provincial o del órgano competente funcionalmente para resolver los recursos interpuestos frente a sus resoluciones, designado en virtud de un turno establecido por orden de antigüedad, cuando el recusado sea un juez o magistrado titular de un **órgano unipersonal** o se integre en un Tribunal de Instancia -desde su constitución efectiva- (LEC art.108.1).

f) Un juez de instancia del partido correspondiente designado en virtud de un turno establecido por orden de antigüedad, cuando el recusado sea un **juez de paz**. La antigüedad se rige por el orden de escalafón en la carrera judicial.

En los casos en que no sea posible cumplir estas normas de competencia, la Sala de Gobierno del tribunal correspondiente designa al **instructor**, procurando que sea de mayor categoría o, al menos, de mayor antigüedad que el recusado o recusados.

Sustanciación del incidente de recusación (LOPJ art.225; LEC art.109.1 y 3) Dentro del mismo día en que finalice el plazo de 3 días para las manifestaciones de las demás partes, o en el siguiente día hábil, pasará el pleito o causa al **conocimiento del sustituto**, debiendo remitirse al tribunal al que corresponda instruir el incidente el escrito y los documentos de la recusación. Corresponde al letrado de la Administración de Justicia pasar el pleito o causa al sustituto (LEC art.109.1) **2758**

También debe acompañarse un **informe del recusado** relativo a si admite o no la causa de recusación.

Si el recusado acepta como **cierta la causa de recusación**, se resuelve el incidente sin más trámites.

En caso contrario, el instructor, si **admite a trámite la recusación** propuesta, ordena la práctica, en el plazo de 10 días, de la prueba solicitada que sea pertinente y la que estime necesaria y, acto seguido, remite lo actuado al tribunal competente para decidir el incidente.

Recibidas las actuaciones por el tribunal competente para decidir la recusación, el letrado de la Administración de Justicia debe dar **traslado** de las mismas al Ministerio Fiscal para **informe** por plazo de 3 días.

Transcurrido ese plazo, con o sin informe del Ministerio Fiscal, se decide el incidente dentro de los 5 días siguientes.

Suspensión del proceso (LEC art.109.4) La recusación no detiene el curso del pleito, el cual sigue sustanciándose hasta la **citación para sentencia definitiva**, en cuyo estado se suspende hasta que se decida el incidente de recusación, si este no está terminado. **2759**

Competencia para decidir el incidente (LOPJ art.227 redacc LO 1/2025; LEC art.110) El incidente de recusación es decidido por: **2760**

a) La sala formada por el presidente del Tribunal Supremo, los presidentes de sala y el magistrado más antiguo y el más moderno de cada una de ellas, cuando el recusado sea el **presidente del Tribunal Supremo**, el presidente **de la Sala de lo Civil** o **dos o más magistrados** de dicha sala.

b) La Sala de lo Civil del Tribunal Supremo, cuando se recuse a **uno de los magistrados** que la integran.

c) La sala constituida por el presidente del Tribunal Superior de Justicia, los presidentes de sala y el magistrado más moderno de cada una de ellas, cuando se haya recusado al presidente del Tribunal Superior de Justicia, al presidente de la Sala de lo Civil y Penal de dicho Tribunal Superior, al **presidente** de Audiencia Provincial con sede en la comunidad autónoma correspondiente o a **dos o más magistrados** de la Sala Civil y Penal de los Tribunales Superiores de Justicia o a dos o más magistrados de una sección o de una Audiencia Provincial.

d) La Sala de lo Civil y Penal de los Tribunales Superiores de Justicia, cuando se recuse a **uno o a varios magistrados** de estos tribunales.

e) Cuando el recusado sea **magistrado de una Audiencia Provincial**, la Audiencia Provincial, sin que forme parte de ella el recusado, o, si esta se compone de dos o más secciones, la sección en la que no se encuentre integrado el recusado o la sección que siga en orden numérico a aquella de la que el recusado forme parte.

f) Cuando el recusado sea un **juez de primera instancia** o un juez de lo mercantil (LEC art.110) -un juez o magistrado de un Tribunal de Instancia, desde su constitución efectiva-, la sección de la Audiencia Provincial que conozca de los recursos contra sus resoluciones, y, si son varias, se establece un turno comenzando por la sección primera.

g) Cuando el recusado sea un **juez de paz**, resuelve el mismo juez instructor del incidente de recusación.

Especialidades (LOPJ art.226; LEC art.111) En los procesos que se sustancien por los cauces del **juicio verbal**, si el juez recusado no acepta en el acto como cierta la causa de recusación, pasan las actuaciones al que corresponda instruir el incidente, quedando entretanto en suspenso el asunto principal. **2761**

El instructor acuerda que **comparezcan las partes** a su presencia el día y hora que fije, dentro de los 5 siguientes, y, oídas las partes y practicada la prueba declarada pertinente, resuelve mediante providencia en el mismo acto sobre si ha o no lugar a la recusación.
El **letrado de la Administración de Justicia** es el competente para convocar a las partes a presencia del instructor en estos casos (LEC art.111.1).

2762 **Recusación posterior al señalamiento de vistas** (LEC art.111.2 y 192) En estos casos solo se admiten las recusaciones basadas en causas que no hayan podido conocerse **antes del comienzo de la vista.**
Si se declara procedente, por medio de auto, la **recusación posterior a la vista**, queda sin efecto la vista y se verifica de nuevo en el día más próximo que pueda señalarse, ante juez o con magistrados hábiles en sustitución de los recusados.
Cuando se declare **no haber lugar a la recusación**, dictarán la resolución el juez o los magistrados que hayan asistido a la vista, comenzando a correr el plazo para dictarla al día siguiente de la fecha en que se haya decidido sobre la recusación.
Se declaran aplicables a los **letrados de la Administración de Justicia** las previsiones generales sobre recusación respecto de aquellas actuaciones que hayan de celebrarse únicamente ante ellos (LEC art.192 bis).

2763 **Efectos** (LOPJ art.228; LEC art.112) El **auto que desestime la recusación** acordará devolver al recusado el conocimiento del pleito o causa, en el estado en que se halle y condenará en las **costas** al recusante, salvo que concurran circunstancias excepcionales que justifiquen otro pronunciamiento.
Cuando la resolución que decida el incidente declare expresamente la existencia de **mala fe en el recusante**, se puede imponer a este una multa de ciento ochenta a seis mil euros.
El **auto que estime la recusación** apartará definitivamente al recusado del conocimiento del pleito o causa. Continuará conociendo de él, hasta su terminación, aquel a quien corresponda sustituirle.

Precisiones 1) Se ha diferenciado, a los efectos de apreciar la concurrencia de una causa de recusación, entre la imparcialidad subjetiva y la objetiva. Así, en el primer caso, cuando se trata de **afectación de la imparcialidad subjetiva**, el canon es el de la prueba que destruya la presunción de imparcialidad, cuya carga recae sobre quien opone la causa de recusación (TCo 162/1999).
2) Por el contrario, en el caso de la **afectación a la imparcialidad objetiva**, el canon es el de que la sospecha, es decir, la existencia de una apariencia de posible desconfianza en la imagen pública, exige la concurrencia de una confirmación por elementos externos a la pura apreciación del recusante, que hagan posible afirmar fundadamente que el juez no es ajeno a la causa o que permitan temer que, por cualquier relación con el caso concreto, no vaya a utilizar como criterio de juicio el previsto por la Ley sino otras consideraciones ajenas al ordenamiento jurídico (TCo 69/2001).

2764 **Irrecurribilidad del auto y alegación posterior** (LOPJ art.228.3; LEC art.113) Contra la decisión del incidente de recusación no se da recurso alguno, sin perjuicio de hacer valer, al recurrir contra la resolución que decida el pleito o causa, la posible **nulidad** de esta por concurrir en el juez o magistrado que dictó la resolución recurrida, o que integró la sala o sección correspondiente, la causa de recusación alegada.

b. Letrados de la Administración de Justicia

(LOPJ art.446; LEC art.114)

2766 A la recusación de los letrados de la Administración de Justicia se aplican las normas previstas para la recusación de jueces y magistrados (nº 2752 s.), con las particularidades que se exponen a continuación.

Precisiones El Reglamento Orgánico del Cuerpo de Secretarios Judiciales -Letrados de la Administración de Justicia, redenominado por LO 7/2015-, realiza una enumeración de las **causas de abstención y recusación**, adaptando a las funciones del letrado de la Administración de Justicia, las previstas con carácter general en la LOPJ (RD 1608/2005 art.146).

2767 **Proposición** (RD 1608/2005 art.148) La recusación de los letrados de la Administración de Justicia debe proponerse tan pronto como se tenga **conocimiento de la causa** en que se funde pues, en otro caso, no se admitirá a trámite.
Se inadmiten las recusaciones cuando no se propongan en el plazo de 10 días desde la **notificación de la primera resolución** por la que se conozca la identidad del letrado de la Administración de Justicia, si el conocimiento de la concurrencia de la causa de recusación es anterior a aquel, así como cuando se propongan, pendiente ya un procedimiento, si la causa de recusación se conoce con anterioridad al momento procesal en que la recusación se proponga.

Instrucción del incidente (LEC art.115) La pieza de recusación se instruye por el letrado de la Administración de Justicia coordinador correspondiente o, en su caso, por el letrado de la Administración de Justicia designado por aquel. 2768

Competencia (LEC art.115) Se atribuye la competencia para resolver las piezas de recusación al secretario de gobierno respectivo. 2769

Admisión del escrito y traslado al instructor (LEC art.116) Presentado el escrito de recusación, el letrado de la Administración de Justicia recusado informa detalladamente **por escrito** si reconoce o no como cierta y legítima la causa alegada, y da traslado del escrito al letrado de la Administración de Justicia coordinador correspondiente para que este dé cuenta al secretario de gobierno; o, en su caso, da traslado directo al secretario de gobierno que deba conocer de la recusación. 2770

Aceptación de la recusación por el recusado (LEC art.117) Cuando el recusado reconozca como cierta la causa de la recusación, el secretario de gobierno dicta decreto, sin más trámites y sin ulterior recurso, teniéndolo por recusado, si estima que la causa es **legal**. 2772
Si estima que la causa **no es de las tipificadas** en la Ley, declara no haber lugar a la recusación. Contra este decreto no se da recurso alguno.

Oposición del recusado y sustanciación de la recusación (LEC art.118) Cuando el recusado niegue la certeza de la causa alegada como fundamento de la recusación, el instructor -letrado de la Administración de Justicia coordinador-, si **admite a trámite** la recusación propuesta, ordena la práctica, en el plazo de 10 días, de la prueba solicitada que sea pertinente y la que estime necesaria. 2773
Recibidas las actuaciones, el instructor da **traslado** de las mismas al Ministerio Fiscal para informe por plazo de 3 días.
Transcurrido ese plazo, **con o sin informe del Ministerio Fiscal**, el instructor decide el incidente dentro de los 5 días siguientes. Contra la resolución no se da recurso alguno.

Sustitución del letrado recusado (LEC art.119) El letrado de la Administración de Justicia recusado, desde el momento en que sea presentado el escrito de recusación, es reemplazado por su **sustituto legal**. 2774

Desestimación (RD 1608/2005 art.148.9) El auto que desestime la recusación declara que el letrado de la Administración de Justicia ha de seguir interviniendo en la tramitación de la causa o expediente de que se trate y acuerda la **devolución del asunto** o expediente al recusado en el estado en que se halle, y condena en las **costas** al recusante, salvo que concurran circunstancias excepcionales que justifiquen otro pronunciamiento. Cuando la resolución que decida el incidente declare expresamente la existencia de **mala fe** en el recusante, se puede imponer a este una multa de 180 a 6.000 euros. 2775

c. Oficiales, auxiliares y agentes de la Administración de Justicia
(LOPJ art.499; LEC art.121 a 123)

En el proceso civil, la recusación de los funcionarios de los cuerpos de gestión procesal y administrativa, de tramitación procesal y administrativa y de auxilio judicial (LEC art.121) solo es posible por las **causas** legalmente previstas (nº 2733 s.). 2777 MPCI nº 4955

Competencia para instruir y resolver el incidente (LEC art.121) La **instrucción** del incidente gubernativo de recusación de un funcionario de los cuerpos de gestión procesal y administrativa, de tramitación procesal y administrativa y de auxilio judicial corresponde al letrado de la Administración de Justicia del que jerárquicamente dependan y lo decide quien sea competente para dictar la resolución que ponga término al pleito o causa en la respectiva instancia. Contra la resolución que resuelva el incidente no se dará recurso alguno. 2778

Inadmisión (LEC art.122) Si, a la vista del escrito de recusación, el letrado de la Administración de Justicia estima que la causa no es de las tipificadas en la Ley, inadmite en el acto la petición expresando las razones en que se funde tal inadmisión. 2779
Contra esta resolución no cabe **recurso** alguno.

Sustanciación y decisión (LEC art.123.1) Admitido a trámite el escrito de recusación, y en el día siguiente a su recepción, el recusado manifestará al letrado de la Administración de Justicia si se da o no la causa alegada. 2780

Cuando reconozca como **cierta la causa de recusación**, el letrado de la Administración de Justicia acordará reemplazar al recusado por quien legalmente le deba sustituir. Contra esta resolución no cabrá recurso alguno.
Si el recusado **niega la certeza de la causa** alegada como fundamento de la recusación, el letrado de la Administración de Justicia, oído lo que el recusado alegue, dentro del quinto día y practicadas las comprobaciones que el recusado proponga y sean pertinentes o las que él mismo considere necesarias, remitirá lo actuado a quien haya de resolver para que decida el incidente.

d. Peritos

(LEC art.124 a 128)

2782 Solo los peritos designados por el tribunal mediante **sorteo** pueden ser recusados, en los términos previstos en este capítulo. Esta disposición es aplicable tanto a los peritos titulares como a los suplentes.
Los peritos **autores de dictámenes** presentados por las partes solo pueden ser objeto de tacha por las causas y en la forma prevista en las disposiciones comunes de los procesos declarativos sobre los medios de prueba, pero no recusados por las partes (nº 3468).

2783 **Causas de recusación** Además de las causas de recusación previstas en nº 2733 s., son causas de recusación de los peritos:
a) Haber dado anteriormente sobre el mismo asunto **dictamen contrario** a la parte recusante, ya sea dentro o fuera del proceso.
b) Haber prestado **servicios** como tal perito **al litigante contrario** o ser dependiente o socio del mismo.
c) Tener **participación en sociedad**, establecimiento o empresa que sea parte del proceso.

2784 **Proposición** (LEC art.125) La recusación se hace en **escrito firmado** por el abogado y el procurador de la parte, si intervienen en la causa, y dirigido al titular del órgano unipersonal o al magistrado ponente, si se trata de tribunal colegiado.
En dicho escrito se expresa concretamente la **causa de la recusación** y los **medios de probarla**, y se acompañan copias para el recusado y para las demás partes del proceso.
Si la causa de la recusación es **anterior a la designación del perito**, el escrito debe presentarse dentro de los 2 días siguientes al de la notificación del nombramiento.
Si la causa es **posterior a la designación**, pero anterior a la emisión del dictamen, el escrito de recusación puede presentarse antes del día señalado para el juicio o vista o al comienzo de los mismos.
Después del juicio o vista no puede recusarse al perito, sin perjuicio de que aquellas causas de recusación existentes al tiempo de emitir el dictamen, pero conocidas después de aquella pueden ser puestas de manifiesto al tribunal antes de que dicte sentencia y, sí esto no es posible, al tribunal competente para la segunda instancia.

2785 **Admisión** (LEC art.126) Propuesta en tiempo y forma la recusación, se da **traslado de copia** del escrito al perito recusado y a las partes.
El recusado debe manifestar ante el letrado de la Administración de Justicia si es o no **cierta la causa** en que la recusación se funda.
Si la reconoce como cierta y el letrado de la Administración de Justicia considera **fundado el reconocimiento**, se le tiene por recusado sin más trámites y es reemplazado por el suplente.
Si el **recusado es el suplente**, y reconoce la certeza de la causa, es sustituido por el siguiente de la lista.

2786 **Sustanciación y decisión del incidente** (LEC art.127) Cuando el perito niegue la certeza de la causa de recusación o el tribunal no acepte el reconocimiento por el perito de la concurrencia de dicha causa, el letrado de la Administración de Justicia manda a las partes que **comparezcan a presencia del tribunal** el día y hora que señala, con las **pruebas** de que intenten valerse y asistidas de sus abogados y procuradores, sí su intervención es preceptiva en el proceso.
Si **no comparece el recusante**, el letrado de la Administración de Justicia le tendrá por desistido de la recusación.
Si **comparece** el recusante **e insiste en la recusación**, el tribunal admite las pruebas pertinentes y útiles y, acto seguido, resuelve mediante auto lo que estime procedente.
En caso de estimar la recusación, el perito recusado es **sustituido por el suplente**. Si, por ser el suplente el recusado, no hay más peritos, es sustituido por el siguiente de la lista.

Contra la resolución que resuelva sobre la recusación del perito no cabe **recurso** alguno, sin perjuicio del derecho de las partes a plantear la cuestión en la instancia superior.

Costas (LEC art.128) Si la recusación es desestimada, se condena en las costas al recusante, salvo que concurran **circunstancias excepcionales** que justifiquen otro pronunciamiento. **2787**

SECCIÓN 6

Actuaciones judiciales

2790

Se exponen en esta sección **diversas cuestiones** relacionadas con las actuaciones judiciales, como son el lugar y el momento en que han de llevarse a cabo, la presencia judicial en su realización, la lengua en la que se deben realizar, su publicidad, los actos de comunicación judicial, las normas que regulan la sustanciación y vista de los asuntos y las resoluciones que se pueden adoptar. **2791**

No tratamos la cuestión del **auxilio judicial**, tanto interno como internacional, pues ya ha sido objeto de estudio en nº 600 s.

Precisiones La mera infracción de normas o principios procesales no determina la nulidad del acto o actuación judicial, sino que, además, es necesario que, como consecuencia de la infracción, se haya producido a la parte una **efectiva situación de indefensión**, que en cuanto obstativa del valor del acto judicial afectado, debe ser alegada y probada por la parte afectada (TS 7-7-21, EDJ 628003).

A. Lugar, tiempo y condiciones

Lugar (LEC art.129; LOPJ art.275) Las actuaciones del juicio se han de realizar en la **sede de la oficina judicial**, salvo aquellas que por su naturaleza se deban practicar en otro lugar. También por **videoconferencia** en la forma prevista por LOPJ art.229 redacc LO 1/2015 y LEC art.137 bis. **2793**

Las actuaciones que deban realizarse **fuera del partido judicial** donde radique la sede del tribunal que conozca del proceso se deben practicar, cuando proceda, por videoconferencia y, en su defecto, mediante auxilio judicial (nº 600).

Los tribunales, no obstante, pueden constituirse **en cualquier lugar del territorio** de su circunscripción para la práctica de las actuaciones cuando sea necesario o conveniente para la buena administración de justicia.

También pueden desplazarse fuera del territorio de su circunscripción para la práctica de **actuaciones de prueba**, cuando no se perjudique la competencia del juez correspondiente y venga justificado por razones de economía procesal.

Actuaciones con presencia telemática (LEC art.129 bis) Constituido el órgano jurisdiccional en su sede, todos los actos procesales desarrollados ante el letrado de la Administración de Justicia o ante el fiscal han de realizarse, **preferentemente**, mediante presencia telemática, siempre que las oficinas judiciales tengan a su disposición los medios técnicos necesarios para ello, practicando la intervención siempre a través de punto de **acceso seguro**, de conformidad con la normativa que regule el uso de la tecnología en la Administración de Justicia. **2793.1**

No obstante, en los actos cuyo objeto es la audiencia, declaración o interrogatorio de partes, testigos o peritos, la exploración de un menor de edad, el reconocimiento judicial personal o la entrevista a discapacitado, se exige la **presencia física del interviniente** y, cuando esta sea una de las partes, la de su defensa letrada, con la **excepción** de:

- aquellos supuestos en que el juez o tribunal, circunstanciadamente, disponga otra cosa;

- cuando el interviniente resida en municipio distinto del que sea sede el tribunal, pudiendo hacerlo, a su petición, en un lugar seguro dentro del municipio de residencia;
- en los casos en que el interviniente lo haga en su condición de autoridad o funcionario público, realizando entonces su actuación desde un punto de acceso seguro.

El juez o tribunal o el fiscal, en su caso, puede determinar mediante resolución motivada la participación física de cualquier interviniente cuando estime en atención a causas precisas y en el **caso concreto**, que el acto requiere su presencia física.

Todo ello, con adopción de las medidas necesarias para garantizar los **derechos** de todas las partes del proceso. En especial, el derecho a la asistencia letrada efectiva, a la interpretación y traducción y a la información y acceso a los expedientes judiciales.

2793.2 **Condiciones de desarrollo y adaptación** (LEC art.7 bis) En los procesos en los que participen **personas con discapacidad y mayores** que lo soliciten o, en todo caso, con una edad de **80 años o más**, han de realizarse las adaptaciones y los ajustes precisos para garantizar su participación en condiciones de igualdad, de la forma siguiente:

• Personas con discapacidad, tanto a petición de cualquiera de las partes o del Ministerio Fiscal, como de oficio por el tribunal.
• Mayores de 65 y menores de 80 años, a petición del interesado.
• Mayores de 80 años, tanto a petición de interesado como de oficio por el propio tribunal.

Las adaptaciones han de realizarse en todas las **fases y actuaciones procesales** en las que resulte necesario, incluyendo los actos de comunicación, y pueden venir referidas a la comunicación, la comprensión y la interacción con el entorno.

A fin de facilitar la **comprensión de las actuaciones** a personas con discapacidad y mayores:

• Todas las comunicaciones, orales o escritas, dirigidas a personas con discapacidad, con una edad de 80 o más años, y a personas mayores que lo hubieran solicitado, han de realizarse en un **lenguaje claro, sencillo y accesible**, de un modo que tenga en cuenta sus características personales y sus necesidades, haciendo uso de medios como la lectura fácil. Si fuera necesario, la comunicación también se hará a la persona que preste apoyo a la persona con discapacidad para el ejercicio de su capacidad jurídica.
• Ha de facilitarse a la persona con discapacidad la **asistencia o apoyos** necesarios para que pueda hacerse entender.
• Se permitirá la participación de un profesional experto que, a modo de **facilitador**, realice tareas de adaptación y ajuste necesarias para que la persona con discapacidad pueda entender y ser entendida.
• La persona con discapacidad o mayor puede estar acompañada de una **persona de su elección** desde el primer contacto con las autoridades y funcionarios.

Todos los procedimientos, tanto en fase declarativa como de ejecución, en los que alguna de las partes interesadas sea una persona con una edad de 80 años o más, son de **tramitación preferente**.

2794 **Días y horas hábiles** (LEC art.130) Las actuaciones judiciales han de practicarse en días y horas hábiles.
MPCI nº 5007 Son **días hábiles** todos los del año, excepto:

- los sábados;
- los domingos;
- los días de fiesta nacional;
- los festivos a efectos laborales en la respectiva comunidad autónoma o localidad;
- los días del mes de agosto -salvo en 2020, en el que fueron hábiles los días laborables entre el 11 al 31 de agosto para todas las actuaciones judiciales declaradas urgentes (RDL 16/2020 art.1 actualmente derogado)-;
- los días que median entre 24 diciembre y el 6 de enero del año siguiente, ambos incluidos (LOPJ art. 183).

Se entiende por **horas hábiles** las que median desde las ocho de la mañana a las ocho de la tarde (8:00-20:00 h.), salvo que la ley, para una actuación concreta, disponga otra cosa.

Para los actos de **comunicación y ejecución** también se consideran horas hábiles las que transcurren desde las ocho hasta las diez de la noche (8:00-22:00 h.).

Todo ello, sin perjuicio, de lo que pueda establecerse para las **actuaciones electrónicas**.

2795 **Habilitación de días y horas inhábiles por urgencia** (LEC art.131) De oficio o a instancia de parte, los tribunales pueden habilitar los días y horas inhábiles cuando exista una causa urgente que lo exija.

Se consideran **urgentes** las actuaciones del tribunal cuya demora pueda causar grave perjuicio a los interesados o a la buena administración de justicia, o provocar la ineficacia de una resolución judicial.

Para las actuaciones urgentes, según lo anterior, son hábiles los días del mes de **agosto**, sin necesidad de expresa habilitación. Tampoco es necesaria la habilitación para proseguir en **horas inhábiles**, durante el tiempo indispensable, las actuaciones urgentes que se hayan iniciado en horas hábiles.
La habilitación se ha de realizar por los letrados de la Administración de Justicia, cuando tenga por objeto la realización de actuaciones procesales que deban practicarse en materias de su exclusiva competencia, cuando se trate de actuaciones por ellos ordenadas o cuando sea tendente a dar cumplimiento a las resoluciones dictadas por los tribunales.
Contra las resoluciones de habilitación de días y horas inhábiles no se admite **recurso** alguno.

Plazos y términos (LEC art.132) Las actuaciones del proceso se han de practicar en los términos o dentro de los **plazos señalados** para cada una de ellas. **2797** MPCI nº 5011
Cuando **no se fije plazo ni término**, se entiende que han de practicarse sin dilación.
La **infracción** de estas previsiones por los tribunales y el personal al servicio de la Administración de Justicia debe ser corregida disciplinariamente con arreglo a lo previsto en la LOPJ, de no mediar justa causa y sin perjuicio del derecho de la parte perjudicada para exigir las demás responsabilidades que procedan.
La **responsabilidad de la Administración** por el funcionamiento de la justicia se expone en nº 1400 s.

Cómputo (LEC art.133) Los plazos comienzan a correr **desde el día siguiente** a aquel en que se haya efectuado el acto de comunicación del que la ley haga depender el inicio del plazo, y se cuenta en ellos el día del vencimiento, que expira a las veinticuatro horas (24:00 h.). **2798** MPCI nº 5015
No obstante, cuando la ley señale un plazo que comience a correr **desde la finalización de otro**, aquel se computa, sin necesidad de nueva notificación, desde el día siguiente al del vencimiento de este.
En el cómputo de los **plazos señalados por días** se han de excluir los inhábiles.
Para los plazos que se hayan señalado en las **actuaciones urgentes** no se consideran inhábiles los días del mes de agosto y solo se excluyen del cómputo los sábados, domingos y festivos.
Los **plazos señalados por meses o por años** se computan de fecha a fecha. Cuando en el mes del vencimiento no hubiera día equivalente al inicial del cómputo, se debe entender que el plazo expira el último del mes.
Los **plazos que concluyan en día inhábil** (domingo, festivo...), se entienden prorrogados hasta el siguiente día hábil.

Precisiones Aunque la LEC no recoge la expresión -si otras leyes procesales, como LECr art.309 bis, 762.5-, en ocasiones los plazos se fijan por **audiencias**. No es frecuente en sede civil, más lo es en sede penal o laboral. Cada audiencia equivale a un día. De modo que un plazo de una audiencia es de un día; uno de dos audiencias, de 2 días; tres audiencias, 3 días.

Cómputo de plazos en los expedientes judiciales electrónicos (RDL 6/2023 art.72) En cuanto al cómputo de los plazos en los procedimientos judiciales electrónicos cuando se presenten los documentos a través de los **registros electrónicos** estos se regirán por la **fecha y hora oficial de la sede judicial electrónica de acceso**, que deberá contar con las medidas de seguridad necesarias para garantizar su integridad y figurar visible. **2798.1**
Los registros electrónicos permitirán la presentación de escritos, documentos y comunicaciones **todos los días del año** durante las **veinticuatro horas**.
A los efectos del cómputo de plazo fijado en **días hábiles o naturales**, y en lo que se refiere a cumplimiento de plazos por los interesados, la presentación, en 1 día inhábil a efectos procesales conforme a la ley, se entenderá realizada en la primera hora del primer día hábil siguiente, salvo que una norma permita expresamente la recepción en día inhábil.
El **inicio del cómputo de los plazos** que hayan de cumplir las oficinas judiciales vendrá determinado por la fecha y hora de presentación en el propio registro.

Precisiones Cada **sede judicial electrónica** en la que esté disponible un registro electrónico determinará, atendiendo al ámbito territorial en el que ejerce sus competencias el titular de aquella, los días que se considerarán inhábiles a los efectos anteriores.
Ver la parte de esta obra dedicada a la **Administración de justicia digital** (nº 1700 s.).

Improrrogabilidad (LEC art.134) Los plazos establecidos en la LEC no son susceptibles de ser prorrogados, es decir, son improrrogables. **2799**
No obstante, pueden **interrumpirse** los plazos y **demorarse** los términos en caso de fuerza mayor que impida cumplirlos, reanudándose su cómputo en el momento en que haya cesado la causa determinante de la interrupción o demora.
La concurrencia de **fuerza mayor** ha de ser apreciada de oficio o a instancia de la parte que la sufrió, con audiencia de las demás. Corresponde a los letrados de la Administración de Justicia, mediante decreto, la **competencia** para apreciar la concurrencia de fuerza mayor a estos

efectos. Contra este decreto puede interponerse recurso de revisión que produce efectos suspensivos.
Pueden, asimismo, interrumpirse los plazos y demorarse los términos durante un plazo de 3 días hábiles cuando por los colegios profesionales o por las partes personadas se comuniquen causas objetivas de fuerza mayor que afecten al **abogado o procurador**, tales como nacimiento y cuidado de menor, enfermedad grave y accidente con hospitalización, fallecimiento de parientes hasta segundo grado de consanguinidad o afinidad o baja laboral certificada por la Seguridad Social o sistema sanitario o de previsión social equivalente.

Precisiones 1) No obstante, no puede hablarse de improrrogabilidad de los plazos en los casos en que la ley **no disponga de plazo improrrogable** alguno, como acontece para la práctica de tasación de las costas, por más que se le haya apercibido por el órgano judicial del archivo de las actuaciones (AP Jaén auto 9-12-05, EDJ 302503).
2) La desestimación de la pretensión de suspensión del curso de un plazo por **fuerza mayor** no impide que haya de tomarse en consideración y descontarse el tiempo que tarda en tramitarse la petición, especialmente cuando esta se rechaza con posterioridad a la consumación del plazo al que se refiere, salvo que medie mala fe o abuso (TS 2-6-20, EDJ 570736).
3) Se suspenden términos y se interrumpen los plazos previstos en las leyes procesales para todos los órdenes jurisdiccionales en los **órganos judiciales con sede en la provincia de Valencia** del 30-10-2024 al 10-11-2024 y desde el 11-11-2024 hasta el 2-12-24 (RDL 8/2024 art.28), volviendo a computarse los plazos desde su inicio -algo más propio de interrupción que de suspensión de plazos-.
Lo anterior **no será de aplicación**, en el proceso civil, a los siguientes supuestos:
a) La autorización judicial para el internamiento no voluntario por razón de trastorno psíquico prevista en LEC art.763.
b) La adopción de medidas o disposiciones de protección del menor previstas en CC art.158.
No obstante lo anterior, el juez o tribunal podrá acordar la práctica de cualesquiera actuaciones judiciales que sean necesarias para evitar **perjuicios irreparables** en los derechos e intereses legítimos de las partes en el proceso (RDL 6/2024 disp.adic.10ª; RDL 7/2024 disp.adic.12ª).
Hasta el levantamiento de la suspensión expuesta, se altera el régimen de **solicitud de declaración del concurso** de acreedores o de apertura de procedimiento especial de microempresas (RDL 6/2024 disp.adic.11ª). Ver nº 5563.
La incidencia de estas disposiciones es imperativa en todo plazo procesal afectado por ellas (TS 19-7-21, EDJ 640650, relativa a la suspensión de plazos derivada del COVID).
4) Los **plazos de prescripción y caducidad** de cualesquiera acciones y derechos correspondientes a aquellos cuyo domicilio radique en alguno de los municipios del RDL 6/2024 anexo -78, no en toda la provincia de Valencia-, o que deba ejercitarse con carácter imperativo en sus partidos judiciales, quedarán suspendidos durante el plazo de suspensión de los plazos procesales (RDL 6/2024 disp.adic.12ª).
5) Se suspenden los plazos procesales los días 28 y 29 de abril de 2025 como consecuencia del **apagón eléctrico** sufrido en toda España (CGPJ Acuerdo 29-4-2025).

2800 MPCI nº 5019 **Plazo para la presentación de escritos** (LEC art.135) Cuando la presentación de un escrito o documento en cualquier soporte o forma esté sujeta a plazo -procesal o sustantivo-, puede efectuarse hasta las 15:00 horas del **día hábil siguiente** al del vencimiento del plazo, en el servicio común procesal creado a tal efecto o, si no existiera, en la sede del órgano judicial.
En las actuaciones ante los tribunales civiles, no se admite la presentación de escritos en el **órgano judicial que preste el servicio de guardia**.
El funcionario designado para ello, en caso de presentación de documentos y escritos en **soporte papel** -cuando los interesados no estén obligados a utilizar los medios telemáticos y no hubieran optado por ello, cuando no sean susceptibles de conversión en formato electrónico y en los demás supuestos legalmente establecidos-, estampará en los escritos de iniciación del procedimiento y cualquier otro sujeto a plazo perentorio el sello correspondiente, con expresión de **día y hora** de presentación en la oficina judicial.
Estos documentos, así como los instrumentos o efectos que se acompañen quedan depositados y custodiados en el **archivo**, de gestión o definitivo, de la oficina judicial, a disposición de las partes, asignándoseles un número de orden, y dejando constancia en el **expediente judicial electrónico** de su existencia.

Precisiones La regla de LEC art.135.5, en sede de presentación de escritos hasta las 15:00 horas del día siguiente al fin del plazo de que se trate, es aplicable de forma conjunta con LEC art.151.2, respecto de las **notificaciones al Abogado del Estado** y demás indicadas en él (AP Madrid Secc 28ª auto 14-9-14). Esta regla tiene su fundamento en el sistema LexNET -transmisión inmediata de la comunicación electrónica, salvo incidencias en el sistema-. La fecha que ha de tomarse en consideración como *dies a quo* del cómputo del plazo correspondiente es la fecha/hora de envío que consta en el resguardo de LexNET. A partir de aquí, hay que diferenciar si la notificación se ha verificado antes o después de las 15:00, entendiéndose hecha al segundo día hábil si es posterior a esa hora (TS auto 30-9-25, EDJ 708760; TS civil auto 16-5-23, EDJ 570795).

Cuando las oficinas judiciales y los sujetos intervinientes en un proceso estén **obligados al empleo de los sistemas telemáticos o electrónicos existentes** en la Administración de Justicia, que permitan el envío y la normal recepción de escritos -iniciadores y demás- y documentos, de forma tal que esté garantizada la **autenticidad** de la comunicación y quede **constancia fehaciente** de la remisión y recepción íntegras y de la fecha en que se hicieren, los escritos y documentos pueden enviarse por aquellos medios, acusándose recibo del mismo modo y se tendrán por presentados, a efectos de ejercicio de los derechos y de cumplimiento de los deberes en el tiempo establecido conforme a la ley -en la fecha y hora que conste en el resguardo acreditativo de su presentación-. Si esta se efectúa en día u hora procesalmente inhábil, se entenderá hecha el primer día y hora hábil siguientes. 2801

Este régimen es también de aplicación a aquellos intervinientes que, sin estar obligados, opten por el uso de los sistemas telemáticos o electrónicos.

Se pueden presentar escritos y documentos en formato electrónico **todos los días** del año durante las 24 horas.

A efectos de prueba y del cumplimiento de los requisitos legales que exijan disponer de los **documentos originales** o copias fehacientes, cuando la autenticidad de resoluciones, documentos, dictámenes o informes presentados o transmitidos por los medios indicados solo pudiera ser reconocida o verificada mediante su examen directo o por otros procedimientos, podrán, no obstante, ser presentados en soporte electrónico mediante **imágenes digitalizadas** de los mismos, en la forma prevista en LEC art.267 y 268 (LEC art.162), si bien, en caso de solicitarlo alguna de las partes, el tribunal en procesos de familia, provisión de medidas de apoyo para el ejercicio de la capacidad jurídica o filiación, o el Ministerio Fiscal, se aportarán en soporte papel original dentro del plazo o momento procesal señalado al efecto.

Si la presentación de escritos perentorios en plazo no fuera posible por medios electrónicos a causa de la **interrupción no planificada del servicio de comunicaciones** telemáticas o electrónicas, el remitente puede presentarlos en la oficina judicial el primer día hábil siguiente, con el justificante de tal interrupción. En tal caso, siempre que sea posible, se dispondrán las medidas para que el usuario resulte informado de esta circunstancia, así como de los efectos de la suspensión, con indicación expresa, en su caso, de la **prórroga** de los plazos de inminente vencimiento. 2802

En los casos de **interrupción planificada**, debe anunciarse con la antelación suficiente, informando de los medios alternativos de presentación que en tal caso procedan.

Cuando la presentación de escritos perentorios dentro de plazo se vea impedida por **limitaciones**, incluso horarias, en el uso de soluciones tecnológicas de la Administración de Justicia, como regla, el remitente podrá proceder a su presentación el primer día hábil siguiente, justificándolo suficientemente ante la oficina judicial. En el caso de que la imposibilidad se deba a la **naturaleza del documento a presentar** o al tamaño del archivo, el remitente deberá proceder, en este caso, a la presentación del escrito por medios electrónicos y presentar en la oficina judicial dentro del primer día hábil siguiente el documento o documentos que no haya podido adjuntar.

Si el servicio de comunicaciones telemáticas o electrónicas resultase **insuficiente** para la presentación de los escritos o documentos, se deberá presentar en soporte electrónico en la oficina judicial ese día o el día siguiente hábil, junto con el justificante expedido por el servidor de haber intentado la **presentación sin éxito**. En estos casos, se entregará recibo de su recepción.

En cuanto al **traslado de los escritos y documentos**, se ha de estar a lo dispuesto para la presentación de documentos, dictámenes, informes y otros medios e instrumentos (LEC art. 264 -redacc LO 1/2025- y 265 a 272), pero puede aquel efectuarse a los procuradores o a las demás partes, a través de los mencionados medios técnicos cuando se cumplan los requisitos señalados (garantías de fehaciencia y autenticidad).

Preclusión (LEC art.136) Transcurrido el plazo o **pasado el término señalado** para la realización de un acto procesal de parte se produce la preclusión y se pierde la oportunidad de realizar el acto de que se trate. 2803

El letrado de la Administración de Justicia debe dejar **constancia** del transcurso del plazo por medio de diligencia y acordar lo que proceda o dar cuenta al tribunal a fin de que dicte la resolución que corresponda.

B. Inmediación, publicidad y lengua oficial

2805 **Presencia judicial en declaraciones, pruebas y vistas** (LEC art.137, 137 bis y 289.2; LOPJ art.229.3 redacc LO 1/2025) Los jueces y los magistrados miembros del tribunal que esté conociendo de un asunto deben presenciar las declaraciones de las partes y de testigos, los careos, las exposiciones, explicaciones y respuestas que hayan de ofrecer los peritos, así como la crítica oral de su dictamen y cualquier otro **acto de prueba** que deba llevarse a cabo contradictoria y públicamente.

Es inexcusable la presencia judicial en el **interrogatorio** de las partes y de testigos, en el reconocimiento de lugares, objetos o personas, en la reproducción de palabras, sonidos, imágenes y, en su caso, cifras y datos, así como en las explicaciones, impugnaciones, rectificaciones o ampliaciones de los dictámenes periciales.

Las **vistas** y las **comparecencias** que tengan por objeto oír a las partes antes de dictar una resolución se han de celebrar siempre ante el juez o los magistrados integrantes del tribunal que conozca del asunto.

Estas actuaciones pueden realizarse a través de **videoconferencia** u otro sistema similar que permita la comunicación bidireccional y simultánea de la imagen y el sonido y la interacción visual, auditiva y verbal entre dos personas o grupos de personas geográficamente distantes, asegurando en todo caso la posibilidad de contradicción de las partes y la salvaguarda del derecho de defensa, cuando así lo acuerde el juez o tribunal.

En estos casos, la identidad de los intervinientes a través de la videoconferencia puede acreditarse por los medios de **identificación y firma electrónica** que se determinen por la ley que regule el uso de las tecnologías en la Administración de Justicia.

Estas previsiones son de aplicación a los **letrados de la Administración de Justicia** respecto de aquellas actuaciones que hayan de realizarse únicamente ante ellos.

Precisiones El régimen de las **actuaciones por videoconferencia** es sustancialmente el siguiente (LEC art.137 bis):

- Se documentan en la forma establecida en LEC art.147.
- Ha de cumplirse el principio de publicidad, para que las actuaciones procesales que sean públicas y se celebren por este medio sean accesibles a los ciudadanos.
- Los intervinientes lo harán desde la oficina judicial correspondiente al partido judicial de su domicilio o lugar de trabajo; o, en el caso de disponer de medios adecuados, desde el juzgado de paz -a partir de su constitución, Oficina de Justicia- de su domicilio o de su lugar de trabajo.
- Por decisión judicial, estas intervenciones pueden hacerse desde cualquier lugar, siempre que disponga de los medios que permitan asegurar la identidad del interviniente. En todo caso, cuando el declarante sea menor de edad o persona sometida a un procedimiento de medidas judiciales de apoyo a discapacitados, la declaración por videoconferencia solo se podrá hacer desde una oficina judicial.
- Las víctimas de violencia de género o sexual, trata de seres humanos, y víctimas menores de edad o con discapacidad podrán intervenir desde los lugares donde se encuentren, recibiendo oficialmente asistencia, atención, asesoramiento y protección, o desde cualquier otro lugar si así lo estima oportuno el juez, siempre que dispongan de medios suficientes para asegurar su identidad y las adecuadas condiciones de la intervención.
- El uso de medios de videoconferencia debe solicitarse con la antelación suficiente y, en todo caso, 10 días antes del señalado para la actuación correspondiente.

2806 **Nulidad de pleno Derecho** (LEC art.137.4) La infracción de lo expuesto en nº 2805 sobre presencia judicial determina la nulidad de pleno derecho de las correspondientes actuaciones.
MPCI nº 5032

En los casos en que el principio de inmediación vaya unido a la **naturaleza predominantemente oral** de una actuación, resulta un requisito ineludible la presencia judicial, ya que tan solo el órgano judicial que ha presenciado la aportación verbal del material de hecho y de derecho y, en su caso, de la ejecución de la prueba, está legitimado para dictar sentencia o, dicho en otras palabras, la oralidad del procedimiento exige la inmediación judicial (TCo 215/2005).

Precisiones 1) El **acta de la vista oral** redactada por el letrado de la Administración de Justicia no suple la falta de inmediación judicial, por cuanto que aquella se limita a recoger de forma sucinta y brevemente el desarrollo del acto, consignando únicamente la petición formulada por las partes, pero no los motivos o causas que fundamentan aquella solicitud.

2) La **nulidad de las actuaciones judiciales** se expone en nº 3025.

2807 **Publicidad de las actuaciones orales** (Const art.120.1; LOPJ art.232; LEC art.138 y 754) Las actuaciones judiciales son públicas, con las excepciones que prevean las leyes de procedimiento.

Se deben practicar en audiencia pública las actuaciones de **prueba**, las **vistas** y las **comparecencias** cuyo objeto sea oír a las partes antes de dictar una resolución.

Precisiones Los tribunales deben celebrar **audiencia pública** todos los días hábiles que sean necesarios para la práctica de pruebas, las vistas de los pleitos y la publicación de las sentencias dictadas (Rgto CGPJ 1/2005 art.10).

Estas actuaciones pueden, no obstante, celebrarse **a puerta cerrada** cuando: **2809** MPCI nº 5036
- sea necesario para la protección del orden público o de la seguridad nacional;
- lo exijan los intereses de los menores;
- lo exija la protección de la vida privada de las partes y de otros derechos y libertades;
- el tribunal lo considere estrictamente necesario si, por la concurrencia de circunstancias especiales, la publicidad pudiera perjudicar a los intereses de la justicia.

En los procesos sobre **capacidad, filiación, matrimonio y menores** pueden decidir los tribunales, mediante providencia, de oficio o a instancia de parte, que los actos y vistas se celebren a puerta cerrada y que las actuaciones sean reservadas, siempre que las circunstancias lo aconsejen y aunque no se esté en ninguno de los casos previstos con carácter general.

Antes de acordar la celebración a puerta cerrada de cualquier actuación, el tribunal debe oír a las partes que estuvieran presentes en el acto.

La resolución debe adoptar la forma de **auto** y contra ella no se admite **recurso** alguno, sin perjuicio de formular protesta y suscitar la cuestión, si fuera admisible, en el recurso procedente contra la sentencia definitiva.

Los **letrados de la Administración de Justicia** pueden adoptar, mediante decreto, la misma medida en aquellas actuaciones procesales que deban practicarse en materias de su exclusiva competencia. Frente a este decreto solo cabe recurso de reposición (LEC art.138.3).

Presencia de los medios de comunicación La asistencia de los representantes de los medios de comunicación social a las sesiones de un juicio público se deriva de un derecho preferente atribuido en virtud de la función que cumplen, en aras del **deber de información**, constitucionalmente garantizado (Const art.120.1). Además, siendo las audiencias públicas judiciales una fuente pública de información, forma parte del contenido del derecho que tienen los profesionales de la prensa la obtención de la notifica en la vista pública en que esta se produce (TCo 56/2004; 57/2004). **2810**

No puede distinguirse, a este respecto, entre los periodistas que cumplen su función mediante el **escrito** y los que se valen de otros medios técnicos para obtener y transmitir la noticia, como los de **grabación óptica**, a través de cámaras fotográficas o de radiodifusión visual, dado que la Constitución no diferencia entre las diferentes modalidades de los medios de difusión en lo que se refiere al contenido constitucionalmente garantizado del derecho a la información.

Sin embargo, el derecho a la libertad de información puede entrar en **colisión con otros derechos fundamentales** de terceros y con bienes constitucionalmente protegidos relativos a intereses colectivos, conflicto que debe resolverse conforme a las exigencias del principio de proporcionalidad y de la ponderación (TCo 159/2005).

Entre estos derechos, que constituyen pueden constituir **límites** al ejercicio de la libertad de información, pueden citarse:
- el derecho a la propia imagen de los intervinientes en los juicios, cuando no son personajes públicos;
- en su caso, su derecho al honor y a la intimidad;
- en determinadas circunstancias extremas el derecho a la vida y a la integridad física y moral; y
- el derecho de defensa y al ordenado desarrollo del proceso, indispensable para la correcta administración de justicia.

Precisiones La colisión con estos derechos fundamentales se produce en mayor medida respecto de los **medios de comunicación audiovisuales**, en cuanto que pueden afectar de forma mucho más intensa que el reportaje escrito; por lo que resulta razonable que las limitaciones que se impongan a aquellos medios de comunicación sean más rigurosas que a estos (TCo 56/2004; 57/2004).

La necesidad de proteger estos derechos permiten al órgano judicial adoptar una **medida intermedia**, entre la audiencia pública y la celebración de la sesión a puerta cerrada si, como consecuencia del juicio de proporcionalidad o ponderación que realice, se llega al resultado de que, por las circunstancias del caso, basta para la protección de los bienes o derechos en peligro con la **exclusión de la entrada de determinados medios técnicos** de captación o difusión de información, como podrían ser las cámaras fotográficas, de video o televisión (TCo 56/2004; 57/2004). **2811**

No puede, sin embargo, establecerse un régimen de prohibición general de entrada de estos medios de comunicación que utilizan la imagen, con reserva de autorización, lo que resulta incompatible con la normativa reguladora del derecho fundamental a la libertad de información (TCo 159/2005).

2812 **Lugares de acceso a la sede judicial** Los **pasillos u otras dependencias** de los edificios en que se alojan los órganos judiciales no son fuente de información de acceso general, pues más allá de los locales en los que se desarrollan las actuaciones públicas, el derecho de acceso tiene un carácter instrumental, es decir, de paso para llegar a aquellos locales, por lo que puede **restringirse a la prensa** el acceso a dichas instalaciones, por cuanto que no existe un derecho de acceso a dichos lugares, cuando no haya un juicio o un acto institucional (TCo 56/2004; 57/2004; 159/2005).

2814 **Secreto de las deliberaciones de los tribunales colegiados** (LEC art.139 y 197; LOPJ art.233) Las **deliberaciones** de los tribunales colegiados son secretas. También lo es el resultado de las **votaciones**, sin perjuicio de lo dispuesto por la ley sobre publicidad de los votos particulares.
En los tribunales colegiados, la discusión y votación de las resoluciones debe ser dirigida por el presidente y se ha de verificar siempre a **puerta cerrada**.

2815 **Acceso a las actuaciones y a libros, archivos y registros judiciales** (LEC art.140 y 141; LOPJ art. 234 -redacc LO 1/2025- y 235) Los letrados de la Administración de Justicia y el personal competente de la respectiva oficina judicial u oficina fiscal deben facilitar, a cualquier persona que acredite un **interés legítimo y directo**, cuanta información solicite sobre el estado de las actuaciones procesales, que pueden examinar y conocer, salvo que se hayan declarado o se declaren reservadas o secretas.
También pueden aquellas personas acceder a la información existente en los procedimientos judiciales y consultar, conforme a la normativa aplicable, escritos y documentos que consten en los autos. Y han de expedirse a su costa, por el letrado de la Administración de Justicia los **testimonios y certificados** que soliciten, con expresión de su destinatario.
No obstante, los tribunales, por medio de auto, pueden atribuir **carácter reservado** a la totalidad o a parte de los autos, cuando tal medida resulte justificada en atención a la protección del orden público o de la seguridad nacional, o cuando los intereses de los menores o la protección de la vida privada de las partes y de otros derechos y libertades lo exijan.
Las actuaciones de carácter reservado solo pueden ser conocidas por las **partes** y por sus **representantes y defensores**, sin perjuicio de lo previsto respecto de hechos y datos con relevancia penal, tributaria o de otra índole.

Precisiones **1)** En el **proceso penal**, el secreto de las actuaciones impide a las partes acceder a estas hasta que se levante tal carácter. No así al Ministerio Fiscal. Ver nº 692 s. Memento Procesal Penal 2026.
2) El acceso a las resoluciones judiciales o a partes de las mismas por quien no es parte, pero acredita **interés legítimo y directo**, puede llevarse a efecto previa disociación o anonimización u otra medida de protección de los datos de carácter personal que contuvieran.
3) Con carácter general, se procederá a la **destrucción de autos y expedientes** transcurridos 6 años desde la firmeza de la resolución que, de manera definitiva, haya puesto término al procedimiento que dio lugar a aquellos, excepto en caso de causas penales o en los supuestos reglamentariamente previstos por razón cultural, social o histórico de lo archivado. Previamente, el letrado de la Administración de Justicia ha de dar **audiencia** a quienes fueron parte, por plazo de 15 días, para solicitar desglose de documentos o ejercer los derechos reconocidos en LOPJ art.234 y 235 (LOPJ art.458.2).

2816 **Procedimiento de acceso** (Rgto CGPJ 1/2005 art.4) Quienes estén interesados en acceder a las actuaciones judiciales, así como a los documentos contenidos en los libros, archivos y registros judiciales deben presentar la **solicitud** por escrito, en la secretaría del órgano judicial, precisando el documento o documentos cuyo conocimiento se solicita y exponiendo la causa que justifica su interés.
La solicitud debe ser resuelta en el **plazo** de 2 días, mediante acuerdo del letrado de la Administración de Justicia de la unidad de la oficina judicial en que se encuentre la documentación interesada, quien debe valorar:
- si el solicitante justifica su interés;
- la existencia de derechos fundamentales en juego; y
- la necesidad de tratar los documentos a exhibir o de omitir datos de carácter personal en los testimonios o certificaciones a expedir, en caso de que el solicitante no justifique un interés personal y directo, de manera que se salvaguarde el derecho a la intimidad personal y familiar, al honor y a la propia imagen de los afectados por la resolución judicial.
Si **accede a lo solicitado**, debe expedir el testimonio o la certificación que proceda o exhibir la documentación de que se trate, previo tratamiento de los datos de carácter personal, en su caso.

El **acuerdo denegatorio** del letrado de la Administración de Justicia será revisable por el juez o presidente, a petición del interesado, que lo debe solicitar en el plazo de 3 días desde la correspondiente notificación.
Si transcurridos 2 días desde la solicitud, **no ha recaído acuerdo expreso** del letrado de la Administración de Justicia, ni se ha expedido el testimonio o certificación solicitados, ni se ha realizado tampoco la exhibición de que se trate, se debe entender que la petición ha sido denegada y, el interesado puede ejercitar ante el juez o presidente el derecho de revisión.
Contra el acuerdo del juez o del presidente se pueden interponer los **recursos** establecidos en el Rgto CGPJ 1/2000.

Lengua oficial (LEC art.142; LOPJ art.231) En todas las actuaciones judiciales, los jueces, magistrados, fiscales, letrados de la Administración de Justicia y demás funcionarios de los tribunales deben usar el **castellano**, lengua oficial del Estado. **2818**
Los jueces, magistrados, letrados de la Administración de Justicia, fiscales y demás funcionarios de los tribunales pueden usar también la **lengua oficial propia de la comunidad autónoma**, si ninguna de las partes se opone, alegando desconocimiento de ella que pueda producir indefensión.
Las **partes**, sus **procuradores y abogados**, así como los testigos y peritos, pueden utilizar la lengua que sea también oficial en la comunidad autónoma en cuyo territorio tengan lugar las actuaciones judiciales, tanto en manifestaciones orales como escritas.
Las actuaciones judiciales realizadas y los documentos presentados en el idioma oficial de una comunidad autónoma tendrán, sin necesidad de traducción al castellano, plena validez y eficacia, pero se debe proceder de oficio a su **traducción** cuando deban surtir efecto fuera de la jurisdicción de los órganos judiciales sitos en la comunidad autónoma (TCo 105/2000), salvo si se trata de comunidades autónomas con lengua oficial propia coincidente. Este criterio solo puede ser **revisado** en recurso de amparo bajo la invocación del derecho a la tutela judicial efectiva si se ha producido la indefensión actual, real y efectiva con origen inmediato y directo en esa concreta actuación judicial, sin resultar de otras actuaciones o de la propia conducta de los profesionales (TCo 37/2023).
También se debe proceder a su traducción, cuando así lo dispongan las leyes, o a instancia de parte que alegue indefensión.
En las **actuaciones orales**, el tribunal por medio de providencia puede habilitar como intérprete a cualquier persona conocedora de la lengua empleada, previo juramento o promesa de fiel traducción.

Precisiones El **uso de las lenguas propias cooficiales** se regula fundamentalmente en las siguientes disposiciones (algunas relativas al uso de estas lenguas en las relaciones del administrado con las respectivas Administraciones públicas): L Aragón 3/2013; L Asturias 1/1998; L Baleares 3/1986; L Baleares3/2003 art.43 y 44; D Baleares 49/2018; L C.Valenciana 4/1983; L Galicia 3/1983; L Cataluña 1/1998; L Cataluña 26/2010 art.5; L Cataluña 35/2010; LF Navarra 18/1986; L País Vasco 10/1982.

Intervención de intérpretes (LEC art.143; LOPJ art.231.5) Cuando alguna persona que no conozca el castellano ni, en su caso, la lengua oficial propia de la comunidad autónoma, haya de ser interrogada o prestar alguna declaración, o cuando sea preciso darle a conocer personalmente alguna resolución, el letrado de la Administración de Justicia, por medio de **decreto**, puede habilitar como intérprete a cualquier persona conocedora de la lengua de que se trate, exigiéndosele **juramento o promesa** de fiel traducción. **2819**
De las actuaciones que en estos casos se practiquen se ha de levantar **acta**, en la que consten los textos en el idioma original y su traducción al idioma oficial, y que debe ser firmada también por el intérprete.
En los mismos casos, si la persona es sorda, se debe nombrar, con iguales requisitos, al intérprete de **lengua de signos** adecuado. De las actuaciones que se practiquen en relación con las personas sordas se ha de levantar la oportuna acta.
Se consideran **costas procesales**, y pueden incluirse en la tasación de costas (nº 3085), en su caso, los abonos que hayan de realizarse a personas que hayan intervenido en el proceso, entre los que deben incluirse los intérpretes (LEC art.241.1.4º).

Precisiones En los **litigios transfronterizos de la Unión Europea**, el derecho de asistencia jurídica gratuita, en caso de ser reconocido, comprende, además de las prestaciones generales, los servicios de intérprete, así como la traducción de los documentos presentados por el beneficiario a instancias del órgano judicial o de la autoridad competente y que sean necesarios para resolver el asunto. Ver nº 1282.

Documentos redactados en idioma no oficial (LEC art.144) A todo documento redactado en idioma que no sea el castellano o, en su caso, la lengua oficial propia de la comunidad autónoma de que se trate, se debe acompañar la **traducción** del mismo. **2820**

Dicha traducción puede ser hecha **privadamente** y, en tal caso, si alguna de las partes la impugna dentro de los 5 días siguientes desde el traslado, manifestando que no la tiene por fiel y exacta y expresando las razones de la discrepancia, se debe ordenar -por el letrado de la Administración de Justicia-, respecto de la parte que exista discrepancia, la traducción **oficial** del documento, a costa de quien lo hubiese presentado.
No obstante, si la traducción oficial realizada a instancia de parte resultara ser sustancialmente idéntica a la privada, los gastos derivados de aquella correrán a cargo de quien la solicitó.

C. Fe pública judicial

2825 MPCI nº 5060 El ejercicio de la fe pública judicial corresponde al letrado de la Administración de Justicia con exclusividad y plenitud (LOPJ art.453.2; LEC art.145.1).
Concretamente, corresponde al letrado de la Administración de Justicia (LEC art.145.1):
1. Dar **fe**, por sí o mediante el registro correspondiente, de cuyo funcionamiento es responsable, de la recepción de escritos con los documentos y recibos que los acompañen, expidiendo en su caso las certificaciones que en esta materia sean solicitadas por las partes.
2. Dejar **constancia fehaciente** de la realización de actos procesales en el tribunal o ante este y de la producción de hechos con trascendencia procesal, mediante las oportunas actas y diligencias, cualquiera que sea el soporte que se utilice.
3. Expedir **certificaciones o testimonios** de las actuaciones judiciales no declaradas secretas ni reservadas a las partes, con expresión del destinatario y el fin para el cual se solicitan.
4. Autorizar y documentar el otorgamiento de **poderes para pleitos**.
En el ejercicio de estas funciones no precisa de la intervención adicional de testigos.
Los letrados de la Administración de Justicia deben desempeñar sus funciones con sujeción al principio de **legalidad e imparcialidad** en todo caso, y especialmente con **autonomía e independencia** en el ejercicio de la fe pública judicial (LOPJ art.452).
El letrado de la Administración de Justicia puede ser sustituido en los términos previstos en la LOPJ.

Precisiones Es posible la utilización de la **firma electrónica** reconocida u otro sistema de seguridad en la grabación de las vistas, audiencias y comparecencias, de forma que quede garantizada la autenticidad e integridad de lo grabado.

2826 MPCI nº 5062 **Documentación de las actuaciones** (LEC art.146; RD 1608/2005 art.5) Las actuaciones procesales que no consistan en escritos y documentos se deben documentar por medio de **actas y diligencias**. Cuando se utilicen medios técnicos de grabación o reproducción, el letrado de la Administración de Justicia debe garantizar la autenticidad de lo grabado o reproducido.
Las **actas** han de recoger, con la necesaria extensión y detalle, todo lo actuado.
Si se trata de actuaciones que hayan de registrarse en soporte apto para la grabación y reproducción, y el letrado de la Administración de Justicia dispone de **firma electrónica** reconocida u otro sistema de seguridad que conforme a la Ley garantice la autenticidad, inalterabilidad e integridad de lo grabado, el documento electrónico así generado constituye el acta a todos los efectos.
Sin perjuicio de cualesquiera **otras medidas de identificación** de los intervinientes, estos deberán expresar, bajo su responsabilidad, ante la autoridad que presida el acto su **nombre y apellidos** de forma que quede constancia en la grabación.
Si los mecanismos de garantía anteriores no se pueden utilizar, el letrado de la Administración de Justicia debe consignar en el **acta** los siguientes extremos:
- número y clase de procedimiento;
- lugar y fecha de celebración;
- tiempo de duración;
- asistentes al acto;
- peticiones y propuestas de las partes;
- en caso de proposición de pruebas, declaración de pertinencia y orden en la práctica de las mismas;
- resoluciones que adopte el juez o tribunal; y
- las circunstancias e incidencias que no puedan constar en aquel soporte.

En estos casos, o cuando los medios de registro previstos no se puedan utilizar por cualquier causa, el acta se extenderá por **procedimientos informáticos**, sin que pueda ser manuscrita, más que en las ocasiones en que la sala en que se esté celebrando la actuación carezca de medios informáticos.
Respecto a la documentación en **expediente judicial electrónico**, puede consultarse nº 2545 Memento Procesal Civil 2026.

Documentación mediante sistemas de grabación y reproducción de la imagen y el sonido (LEC art.147 y 187) Las **actuaciones orales** en vistas, audiencias y comparecencias celebradas ante el tribunal o el letrado de la Administración de Justicia, se han de registrar en soporte apto para la grabación y reproducción del sonido y de la imagen. 2827

Siempre que se cuente con los medios tecnológicos necesarios, el letrado de la Administración de Justicia debe garantizar la **autenticidad e integridad** de lo grabado o reproducido mediante la utilización de la firma electrónica reconocida u otro sistema de seguridad que, conforme a la Ley, ofrezca tales garantías.

En este caso, la celebración del acto no requiere la **presencia en la sala** del letrado de la Administración de Justicia, salvo que lo hubieran solicitado las partes, al menos 2 días antes de la celebración de la vista, o que excepcionalmente lo considere necesario el letrado de la Administración de Justicia, atendiendo a la complejidad del asunto, al número y naturaleza de las pruebas a practicar, al número de intervinientes, a la posibilidad de que se produzcan incidencias que no pudieran registrarse o a la concurrencia de otras circunstancias igualmente excepcionales que lo justifiquen.

En estos casos, el letrado de la Administración de Justicia debe extender **acta sucinta** en los términos previstos en nº 2826.

La oficina judicial ha de asegurar la correcta **incorporación de la grabación al expediente** judicial electrónico. Si los sistemas no proveen expediente judicial electrónico, corresponde al letrado de la Administración de Justicia custodiar el documento electrónico que sirva de soporte a la grabación.

Las partes pueden pedir, a su costa, **copia de las grabaciones** originales.

Precisiones 1) La defectuosa grabación del juicio o de la vista, bien por no haberse producido, por pérdida o porque la efectuada tiene **defectos** que impiden su vista o audición, no determina la nulidad de aquellos, partiendo del principio de conservación del proceso, sino únicamente en caso de **indefensión material**. Es carga del recurrente justificar que esta se ha producido y en qué ha consistido, en función de los datos concretos no recogidos en el acta que documenta el juicio o la vista (TS 13-5-13, EDJ 70232; 11-5-14, EDJ 73419; 8-6-20, EDJ 576391). 2828

2) La finalidad de esta regulación es la de garantizar a las partes que el tribunal competente para resolver el **recurso de apelación** tenga la posibilidad de examinar la prueba practicada en el juicio en el que no está presente y resolver los motivos del recurso que se basen en ella, fundamentalmente el relativo a la concurrencia de error en la valoración de la prueba, teniendo en cuenta que el ámbito de la apelación se afirma con plena revisión jurisdiccional de la resolución apelada (AP Zamora 5-4-06, EDJ 52453).

3) Esta exigencia debe acentuarse cuando la resolución judicial apelada se basa en el resultado de las **declaraciones testificales**, así como de las alegaciones de las partes (AP Jaén 15-2-06, EDJ 72757).

4) Se ha considerado que no se produce indefensión si el desarrollo el acto de la **audiencia previa** no se registra en soporte apto para la grabación y reproducción del sonido y de la imagen, cuando el letrado de la Administración de Justicia levanta acta manuscrita en el que expresa el contenido de dicho trámite procesal, consistente en un acuerdo de las partes (AP Murcia 9-5-06, EDJ 95990).

5) En el caso de que se hayan incluido parcialmente en los discos la reproducción de todas las **pruebas practicadas en instancia**, no puede ser suplida por el acta del letrado de la Administración de Justicia, cuando esta última no recogió suficientemente la parte del acto del juicio que no quedó registrada en el soporte oportuno, dado que se limitó a consignar el nombre de las personas que iban declarando, sin ninguna alusión al contenido de sus manifestaciones, por lo que se priva a la audiencia del conocimiento de su resultado y, por lo tanto, de los elementos de juicio para formar su convicción (AP Cádiz 18-4-05, EDJ 226479; 25-10-05, EDJ 303971).

No obstante, en sentido contrario, se ha considerado que no se produce vicio de nulidad por no haberse producido dicha grabación, por cuanto que no se causó indefensión al haberse levantado **acta detallada** por el letrado de la Administración de Justicia de forma bastante para dar fe de lo acontecido y suficiente a los efectos de fe pública, sin que se hubiera producido una indefensión real y efectiva (AP Madrid auto 27-10-03, EDJ 211226).

6) Las **actuaciones orales y vistas grabadas y documentadas en soporte digital** no pueden ser transcritas, salvo en aquellos casos en que una ley lo determine (LOPJ art.230.3; LEC art.147).

7) En relación con la **documentación del expediente judicial electrónico** (RDL 6/2023 art.47 y 48), ver nº 1711.

Formación de los autos, custodia y conservación (LEC art.148) Los letrados de la Administración de Justicia responden de la debida **formación** de los autos, dejando constancia de las resoluciones que dicten los tribunales, o ellos mismos cuando así lo autorice la Ley. 2830

Igualmente responden de la **conservación y custodia** de los mismos, salvo el tiempo en que estuvieran en poder del juez o magistrado ponente u otros magistrados integrantes del tribunal.

Si el órgano judicial cuenta con **expediente judicial electrónico**, responden de su debida formación, aplicando u ordenando la aplicación, dentro del ámbito de su competencia, de la normativa sobre archivo judicial electrónico (nº 1707).

D. Actos de comunicación judicial

2840 MPCI nº 5077 La necesidad de que los actos de comunicación de los órganos judiciales con las partes se realicen de forma correcta y con la debida diligencia es una **garantía constitucional** (Const art.24), toda vez que ello es presupuesto para que puedan adoptar la postura que estimen pertinente en defensa de sus intereses (TCo 161/2006; 255/2006).
Se trata de garantizar el ejercicio del **derecho a la defensa** en un procedimiento en el que se respeten los principios de bilateralidad, contradicción e igualdad de armas procesales (TCo 21/2006).

2842 MPCI nº 5081 **Mandato a los tribunales** Los actos de comunicación judicial tienen una importancia vital en la tramitación de los procedimientos judiciales, no constituyendo meras exigencias formales, sino un mandado de las leyes procesales para garantizar a los litigantes o a aquellos que deban o puedan serlo, la defensa de sus derechos e intereses legítimos (TCo 37/1990).
En cuanto a la **diligencia** exigible a los órganos judiciales cuando realizan los emplazamientos, se ha incidido en que la citación tiene que practicarse en forma legal, mediante el cumplimiento de los requisitos procesales con el fin de que el acto o resolución llegue a conocimiento de la parte y de que el órgano judicial tenga la seguridad o certeza del cumplimiento de los requisitos legales en orden a asegurar la recepción de dicha comunicación por su destinatario (TCo 94/2005).
El cumplimiento de las normas en materia de comunicación judicial debe extremarse en el caso del **emplazamiento**, a través del cual el órgano judicial pone en conocimiento de quienes ostentan algún derecho o interés la existencia misma del proceso, dada la trascendencia que estos actos revisten para garantizar el derecho a la tutela judicial efectiva. Por esta razón pesa sobre los órganos judiciales la responsabilidad de velar por la correcta **constitución de la relación jurídico-procesal**, sin que, claro está, ello signifique exigir al juez o tribunal correspondiente el despliegue de una desmedida labor investigadora (TCo 102/2003; 241/2006).

2844 MPCI nº 5083 **Negligencia del destinatario** Cuando el interesado tiene **conocimiento extraprocesal** del asunto y, por su propia falta de diligencia, no se persona en la causa, no puede alegarse indefensión real y efectiva ocasionada por una omisión en el emplazamiento. Sin embargo, el conocimiento extraprocesal del litigio ha de verificarse mediante una prueba suficiente, que no excluye las reglas del criterio humano que rigen la prueba de presunciones (TCo 246/2005; 124/2006).
Sin embargo, la posible negligencia, descuido o impericia imputables a la parte, o el conocimiento extraprocesal de la causa judicial tramitada inaudita parte, no puede fundarse sin más en una presunción cimentada en simples conjeturas, sino que debe **acreditarse fehacientemente** para surta su efecto invalidante de la tacha de indefensión, pues lo presumido es, justamente, el desconocimiento del proceso si así se alega (TCo 268/2000; 245/2006).
La diligencia exigible al órgano judicial no llega hasta el extremo de salvar **comportamientos absolutamente negligentes** o contrarios a la buena fe de aquellos destinatarios de los actos de comunicación que hubiesen llegado a tener un conocimiento efectivo y temporáneo de los mismos que les hubiera permitido ejercitar su derecho de defensa; y ello, incluso si tales actos presentaran irregularidades en su práctica, ya que no puede resultar acreedor de la protección del amparo constitucional quien contribuyó de manera activa o negligente a causar la indefensión de la que se queja al no comparecer en un procedimiento del que tenía conocimiento por cauces diferentes del emplazamiento personal, o del que habría podido tener noticia si se hubiera comportado con una mínima diligencia (TCo 161/2006; 255/2006).

2845 MPCI nº 5085 s. **Clases de actos de comunicación del tribunal** (LEC art.149) Los actos procesales de comunicación del tribunal son los siguientes:
1. **Notificaciones**, cuando tengan por objeto dar noticia de una resolución, diligencia o actuación.
2. **Emplazamientos**, para personarse y para actuar dentro de un plazo.
3. **Citaciones**, cuando determinen lugar, fecha y hora para comparecer y actuar.
4. **Requerimientos** para ordenar, conforme a la ley, una conducta o inactividad.
5. **Mandamientos**, para ordenar el libramiento de certificaciones o testimonios y la práctica de cualquier actuación cuya ejecución corresponda a los registradores de la propiedad, mercantiles,

de buques, de ventas a plazos de bienes muebles, notarios o, funcionarios al servicio de la Administración de Justicia.
6. **Oficios**, para las comunicaciones con autoridades no judiciales y funcionarios distintos de los anteriores.

Notificación de resoluciones y diligencias de ordenación (LEC art.150) Las resoluciones procesales se han de notificar a **todos los que sean parte** en el proceso. 2846
Por disposición del tribunal, también se debe notificar la pendencia del proceso a las personas que, según los mismos autos, **puedan verse afectadas** por la resolución que ponga fin al procedimiento. Esta comunicación se debe llevar a cabo, con los mismos requisitos, cuando el tribunal advierta indicios de que las partes están utilizando el proceso con fines fraudulentos (nº 3128).
También se debe realizar notificación a los terceros en los casos en que lo prevea la Ley (p.e. en caso de intervención provocada: nº 2377).

Precisiones Cuando la notificación de la resolución contenga fijación de fecha para el **lanzamiento** de quienes ocupan una vivienda, ha de darse traslado a las Administraciones públicas competentes en materia de vivienda y asistencia social por si procediera su actuación.

Tiempo de la comunicación (LEC art.151) Todas las resoluciones dictadas por los tribunales o letrados de la Administración de Justicia se deben notificar en el **plazo máximo** de 3 días desde su fecha o publicación. 2848
Los **actos de comunicación** a la Abogacía del Estado, a los letrados de las Cortes Generales y de las asambleas legislativas, servicios jurídicos de la Seguridad Social y de las demás Administraciones públicas autonómicas o locales, y al Ministerio Fiscal, así como los que se practiquen a través de los **servicios de notificaciones** organizados por los colegios de procuradores, se tienen por realizados el día siguiente a la fecha de recepción que conste en la diligencia o en el resguardo acreditativo de su recepción si el acto de comunicación se ha efectuado por medios electrónicos o equivalentes. Cuando el acto de comunicación fuera remitido **con posterioridad a las 15 horas**, se tendrá por recibido al día siguiente hábil.
Si se acredita por el **procurador** una causa de fuerza mayor (LEC art.134; nº 2799), los colegios de procuradores pueden suspender el reenvío del servicio de notificaciones durante un plazo máximo de 3 días hábiles. Alzada la **suspensión**, el colegio restablecerá el servicio y reenviará al procurador las notificaciones diarias junto con las acumuladas, estas últimas de forma escalonada en igual proporción a los días de suspensión empleados.
Cuando el acto de comunicación deba ser acompañado de **documentos o despachos** y la entrega de estos sea posterior al momento de producción de aquel, la comunicación cuyos efectos se vinculen a la entrega documental indicada se considera efectuada al producirse esta.

Precisiones Las notificaciones que se practiquen en los **servicios o salón de procuradores** se tendrán por realizados el día siguiente a la fecha de recepción, a diferencia de la notificación que se practique personalmente, fuera de dicho servicio del colegio de procuradores, en cuyo caso la notificación se tendrá por realizada el mismo día de su práctica (TCo 162/2006). Por lo tanto, el día inicial del cómputo de los plazos es el siguiente al de la notificación (TCo 337/2005).

Comunicación con la Abogacía del Estado (L 52/1997 art.11) Las notificaciones, citaciones, emplazamientos y demás actos de comunicación procesal, en los procesos seguidos ante cualquier jurisdicción, en que sean parte la **Administración General del Estado**, los **organismos autónomos** o los **órganos constitucionales**, salvo que las normas internas de estos últimos o las leyes procesales dispongan otra cosa, se deben entender directamente con el abogado del Estado en la sede oficial de la respectiva Abogacía del Estado. 2849
Cuando las **entidades públicas empresariales** u otros organismos públicos regulados por su normativa específica sean representados y defendidos por el abogado del Estado, se aplicará igualmente esta previsión.
Son **nulas** las notificaciones, citaciones, emplazamientos y demás actos de comunicación procesal que no se practiquen de esta forma.
Estas reglas son también de aplicación a las **comunidades autónomas** y entidades públicas dependientes de ellas.

Precisiones 1) El deber de comunicar al órgano judicial los **cambios de domicilio** pesan también respecto de los representantes de las Administraciones públicas, repuntando insuficiente una simple comunicación genérica al presidente del Tribunal Superior de Justicia que no llegó a conocimiento del órgano judicial de instancia, máxime cuando en la sede anterior se siguen recibiendo escritos dirigidos al representante procesal de la Administración (AP Baleares 2-2-06, EDJ 32057).
2) Este criterio de cómputo es también aplicable a la **Abogacía del Estado**.

2850 **Comunicación con el Ministerio Fiscal** (LEC art.151.2; L 42/2015 disp.trans.4ª.1; L 3/2020 disp.adic.4ª)
Los actos de comunicación al Ministerio Fiscal se tienen por realizados al día siguiente a la fecha de recepción que conste en la diligencia, o resguardo acreditativo en caso de empleo de medios telemáticos, de acuerdo con lo expuesto en nº 2849.

Como quiera que los plazos procesales comienzan a correr desde el día siguiente a aquel en que se haya efectuado el acto de comunicación del que la Ley haga depender el inicio del plazo, el **día inicial del cómputo** de los plazos procesales es el segundo día hábil posterior a la fecha de recepción que conste en la diligencia, pues la comunicación se entiende producida, no en la fecha misma de recepción de la diligencia, sino en el siguiente día hábil (LEC art.133.1; FGE Circ 1/2001).

Sin embargo, con carácter transitorio, **hasta 31-12-2020** el plazo indicado es de 10 días naturales.

Precisiones 1) A este respecto, se ha de entender que la recepción se produce cuando la diligencia de comunicación es **sellada de entrada** en la fiscalía por funcionario autorizado (FGE Consulta 3/1994 de relación con la recepción de resoluciones y testimonios por vía postal).

2) El **plazo transitorio** expuesto en el texto ha sido ampliado, sucesivamente, por L 12/2017 y L 3/2020. Inicialmente finalizaba en fecha 1-1-2018.

2851 **Forma y medio de los actos de comunicación** (LOPJ art.271; LEC art.152) Los actos de
MPCI comunicación se han de realizar **bajo la dirección del letrado de la Administración de Justi-**
nº 5097 **cia**, que es el responsable de la adecuada organización del servicio.

La **ejecución** de estos actos corresponde a:

a) Los **funcionarios** del Cuerpo de Auxilio Judicial.

b) El **procurador** de la parte que así lo solicite. A tal efecto, en todo escrito que dé inicio a un procedimiento judicial, de ejecución, o a otra instancia, el solicitante debe expresar si interesa que los actos de comunicación se realicen por su procurador. Si no se manifiesta nada al respecto el letrado de la Administración de Justicia dará curso a los autos, realizándose tales actos por los funcionarios del Cuerpo de Auxilio Judicial. Asimismo, serán realizados por estos últimos si los demandados, ejecutados o recurridos no solicitan expresamente en su escrito de personación, que se realicen por su procurador o si las partes fueran beneficiarias del derecho de asistencia jurídica gratuita.

Los solicitantes pueden, de forma motivada y concurriendo justa causa, pedir la **modificación del régimen inicial**, procediendo el letrado de la Administración de Justicia, si lo considera justificado, a realizar los sucesivos actos de comunicación conforme a la nueva petición.

Se tendrán por válidamente realizados estos actos de comunicación cuando quede **constancia suficiente** de haber sido practicados en la persona o en el domicilio del destinatario. A estos efectos, el procurador debe acreditar, bajo su responsabilidad, la identidad y condición del receptor del acto de comunicación, cuidando de que en la copia quede constancia de su firma y de la fecha y hora en que se realice, y del contenido de lo comunicado.

Los actos de comunicación se practican **por medios electrónicos**, conforme a la normativa reguladora en el ámbito de la Administración de Justicia, cuando:

- Los intervinientes en un proceso estén obligados a emplearlos (LEC art.273 redacc LO 1/2025).
- Los intervinientes, en otro caso, se hayan obligado contractualmente a hacer uso de ellos para resolver los litigios que se deriven de una relación jurídica concreta, con expresión de los que pretenden valerse. En los contratos de adhesión en los que intervengan consumidores y usuarios, el acto de comunicación se ha de practicar conforme al régimen de los sujetos no obligados a relacionarse electrónicamente con la Administración de Justicia, siendo esta última forma la relevante a efectos de cómputo de plazos.
- Los intervinientes que, sin estar obligados, opten por el uso de esos medios.

Los actos de comunicación que deban practicarse por medios electrónicos, si van acompañados de **elementos no susceptibles de conversión en formato electrónico** deben igualmente practicarse por tales medios, indicando la forma por la que se va a hacer entrega de dichos elementos. Si este acto de comunicación diese lugar a la apertura de un plazo procesal, este comenzará a computar desde el momento en que consten recibidos por el destinatario todos los elementos que componen el acto.

El **destinatario** puede identificar un dispositivo electrónico, servicio de mensajería simple o una dirección de correo electrónico, que servirán para informarle de la puesta a su disposición de un acto de comunicación, pero no para la práctica de **notificaciones**. En tal caso, con independencia de la forma en que se realice el acto de comunicación, la oficina judicial enviará el referido aviso. La falta de práctica de este **aviso** no impedirá que la notificación sea considerada plenamente válida.

Si se practicase un **mismo acto de comunicación dos o más veces**, tendrá eficacia a efectos procesales la primera fecha en que se hubiese verificado, con independencia del medio empleado, salvo en los casos que las leyes procesales prevean expresamente la posibilidad de que una resolución se comunique más de una vez, supuestos en los que se estará a lo que estas determinen.

Precisiones El acto de comunicación y el aviso, que carece de la garantía de autenticidad, discurren bajo dos regímenes jurídicos distintos que no permiten ser confundidos. El **aviso** es un acto procesal efectuado por la oficina judicial, accesorio, que facilita el conocimiento del hecho de haberse practicado un **acto de comunicación**, pero a cuyo acceso efectivo no coadyuva, sino que exige la utilización del canal electrónico habilitado para el profesional (TCo 6/2019).

Estos actos de comunicación se han de efectuar en alguna de las **formas** siguientes: **2852**
1. A través de **procurador**, tratándose de comunicaciones a quienes estén personados en el proceso con representación de aquel.
2. Por remisión de lo que haya de comunicarse mediante **correo, telegrama o cualquier otro medio técnico** que permita dejar en los autos constancia fehaciente de la recepción, de su fecha y del contenido de lo comunicado.
3. Por **entrega al destinatario** de copia literal de la resolución que se le haya de notificar, del requerimiento que el tribunal le dirija o de la cédula de citación o emplazamiento.
4. En todo caso, por el personal al servicio de la Administración de Justicia, a través de **medios telemáticos**, cuando se trate del Ministerio Fiscal, de la Abogacía del Estado, de los Letrados de las Cortes Generales y de las asambleas legislativas, del servicio jurídico de la Administración de la Seguridad Social o de las demás Administraciones públicas autonómicas o locales, si no tuvieran designado procurador.

La cédula debe expresar, claramente, el carácter judicial del escrito, el letrado de la Administración de Justicia que haya dictado la resolución, y el asunto en que haya recaído, el nombre y apellidos de la persona a quien se haga la citación o emplazamiento, el procurador encargado de cumplimentarlo -en su caso-, el objeto de estos y el lugar, día y hora en que deba comparecer el citado, o el plazo dentro del cual deba realizarse la actuación a que se refiera el emplazamiento, con la prevención de los efectos que, en cada caso, establezca la ley.

Respuesta (LEC art.152.3) En las **notificaciones, citaciones y emplazamientos** no se admite ni se debe consignar respuesta alguna del interesado, a no ser que así se haya mandado. **2853**

En los **requerimientos** se admite la respuesta que dé el requerido, consignándola sucintamente en la diligencia.

Comunicación por medio de procurador (LEC art.28, 153 y 154) La comunicación con las partes personadas en el juicio se debe realizar a través de su procurador cuando este las represente. **2854**

Mientras se halle vigente el poder, el procurador debe oír y firmar las **notificaciones, emplazamientos, citaciones y requerimientos** de todas clases que deban hacerse a su poderdante en el curso del pleito, incluso las de sentencias y hasta que quede ejecutada la sentencia, así como las que tengan por objeto alguna actuación que deba realizar personalmente el poderdante. Estas actuaciones tienen la misma fuerza que si hubiera intervenido en ellas directamente el poderdante. Al procurador no le es lícito pedir que se entiendan con aquel.

También recibe el procurador, a efectos de notificación y plazos o términos, las **copias de los escritos y documentos** que los procuradores de las demás partes le entreguen en la forma prevista en la LEC.

Los actos de comunicación con los procuradores se han de realizar en la **sede del tribunal** o en el **servicio común de recepción** organizado por el colegio de procuradores (nº 2855). La remisión y recepción en este servicio de actos de comunicación se realiza por los medios y con el resguardo expuestos en nº 2879, siempre que la oficina judicial y el colegio dispongan de estos medios, y salvo las excepciones legales. Si así no fuera, se remitirá por duplicado copia de la resolución o cédula al servicio, recibiendo el procurador un ejemplar y devolviendo otro firmado a la oficina judicial.

Servicio de recepción de notificaciones (LOPJ art.272; LEC art.28) Puede establecerse un local de notificaciones **común a varios órganos judiciales** de una misma población, aunque sean de distinto orden jurisdiccional. **2855** MPCI nº 5107

En este supuesto, el **colegio de procuradores** debe organizar un servicio para recibir las notificaciones que no hayan podido hacerse en aquel local común por incomparecencia del procurador que deba ser notificado. La recepción de la notificación por este servicio produce plenos efectos.

En **todos los edificios judiciales** que sean sede de tribunales civiles debe existir un servicio de recepción de notificaciones organizado por el colegio de procuradores.

La **recepción** por dicho servicio de las notificaciones y de las copias de escritos y documentos que sean entregados por los procuradores para su traslado a los de las demás partes, surte plenos efectos.
El **régimen interno** de este servicio es competencia del colegio de procuradores, de conformidad con la ley.
En la **copia que se diligencie** para hacer constar la recepción, se debe expresar el número de copias entregadas y el nombre de los procuradores a quienes estén destinadas.
Se exceptúan, no obstante, los traslados, emplazamientos, citaciones y requerimientos que la ley disponga que se practiquen **a los litigantes en persona**.
Se debe remitir a este servicio, por duplicado, la **copia de la resolución** o la **cédula**, de las que el procurador recibirá un ejemplar y firmará otro, que será devuelto al tribunal por el propio servicio.

Precisiones Esta recepción por el servicio común de notificaciones determina que la notificación surta todos sus efectos, en definitiva, el de notificación a las partes del acto de que se trate, lo que da lugar a que se pueda considerar que el colegio de procuradores es el **efectivo procurador de las partes**, al menos en sus relaciones externas para con el órgano judicial, con la rapidez que supone en los actos de comunicación y que, en caso de conflicto, determina que las relaciones o **responsabilidades** han de tener lugar entre el colegio y quien se considere lesionado en sus derechos (TSJ Navarra 15-5-06, EDJ 98932).

2856 **Comunicación con las partes no personadas o no representadas por procurador** (LEC art.155.1 -redacc LO 1/2025- y 2) La parte no representada por procurador puede encontrarse en dos **situaciones**:
a) Legal o contractualmente obligada a relacionarse electrónicamente con la Administración de Justicia. El acto de comunicación se realiza por medios electrónicos (LEC art.162). No obstante, si la comunicación tuviese por objeto el primer emplazamiento o citación, o la realización o intervención personal de la parte en determinadas actuaciones procesales y transcurrieran 3 días sin que el destinatario acceda a su contenido, se procede a su publicación por la vía del Tablón Edictal Judicial Único (LEC art.164).
b) No obligada a relación electrónica. En este caso:
• Si se trata del **primer emplazamiento o citación** al demandado, se puede practicar por remisión a su domicilio o en forma telemática (LEC art.162), produciendo el acto de comunicación practicado por medios electrónicos plenos efectos procesales solo si fuese aceptado voluntariamente por su destinatario. Si puesto a disposición del destinatario en la sede judicial electrónica, no constara la recepción por el destinatario en plazo de 3 días, ha de practicarse por remisión al domicilio, dando aviso informativo, si constara una dirección de correo electrónico o servicio de mensajería de contacto del destinatario, de la puesta a su disposición de la resolución, tanto en el órgano judicial, como en la sede judicial electrónica.
• Si el acto de comunicación, no siendo primer emplazamiento o citación, tuviese por objeto la realización o **intervención personal de las partes** en determinadas actuaciones procesales, ha de practicarse conforme a lo anteriormente expuesto, excepto que el interviniente no obligado a ello haya optado previamente por el uso de medios electrónicos, en cuyo caso se estará a lo indicado a continuación.
• En **casos distintos** de los expuestos, las comunicaciones efectuadas surten plenos efectos en cuanto se acredite la correcta remisión de lo que haya de comunicarse a cualquiera de los lugares que se hayan designado como domicilio, aunque no conste su recepción por el destinatario, o cuando este, sin estar obligado, haya optado por el uso de medios electrónicos y la comunicación se haya remitido en los términos de LEC art.162, habiendo transcurrido 3 días sin que el destinatario acceda a su contenido.

Precisiones 1) La Constitución garantiza el derecho de la parte a conocer la existencia del proceso (Const art.24). Los órganos judiciales han de ejecutar correctamente los actos de comunicación y asegurarse de que garanticen que la parte pueda intervenir en el proceso, pero no se produce vulneración del derecho a la tutela judicial efectiva si la parte tiene **conocimiento extraprocesal del acto concreto** para el que ha sido correctamente emplazada, así como en los casos de inefectividad de la comunicación imputable a la conducta dolosa o imprudente del afectado (TCo 6/2019).
2) Los medios tecnológicos en ningún caso pueden erigirse en **impedimento** para la obtención de la tutela judicial (TCo 55/2019; 40/2020; 139/2020).

2858 **Domicilio de las personas físicas** (CC art.40, 69 y 70) Para el ejercicio de los derechos y el cumplimiento de las obligaciones civiles, el domicilio de las personas físicas es el lugar de su **residencia habitual** y, en su caso, el que determinen las leyes.
El domicilio de los **diplomáticos** residentes por razón de su cargo en el extranjero, que gocen del derecho de extraterritorialidad, es el último que hayan tenido en territorio español.

En el caso de los cónyuges, estos deben fijar de común acuerdo el **domicilio conyugal** y, en caso de discrepancia, ha de resolver el juez, teniendo en cuenta el interés de la familia. Además, y salvo prueba en contrario, se presume que los cónyuges viven juntos.

Precisiones 1) El domicilio de las personas naturales o físicas queda fijado en el lugar de su residencia habitual, por lo que, con carácter general, ha de atenderse al lugar donde se reside con habitualidad, que equivale a **domicilio real**, ya que materializa la voluntad de permanencia en determinado lugar (TS 13-7-96, EDJ 5669).
2) El concepto de domicilio, a efectos civiles, como punto de localización de la persona o lugar de ejercicio por esta de sus derechos y obligaciones, no coincide con el concepto de domicilio **a otros efectos**, como el meramente administrativo o el constitucional, a efectos, este último, de garantizar su intimidad como esfera de privacidad personal y familiar (TCo 10/2002).
3) A salvo de regla especial en contrario, la **alteración del domicilio** de la parte o partes determinante de la competencia territorial, que es posterior a la incoación del proceso, no altera aquella. Para que resulte competente un órgano judicial diferente del que conoció la petición inicial es preciso acreditar que el domicilio actual conocido por hechos sobrevenidos era ya el real al tiempo de presentar la demanda iniciadora del proceso (TS 13-12-17, EDJ 259370; 11-11-14, EDJ 236152).

Domicilio de las personas jurídicas (CC art.41) Cuando ni la **ley** que las haya creado o reconocido, ni los **estatutos** o reglas de fundación fijen el domicilio de las personas jurídicas, se debe entender que lo tienen en el lugar en que se halle establecida su **representación legal** o donde ejerzan las **principales funciones** de su instituto. **2859**

Precisiones 1) El domicilio de las compañías civiles y mercantiles es aquel que aparezca señalado en la **escritura** de sociedad y, como tal, es el que se debe considerar para el ejercicio de los derechos y el cumplimiento de las obligaciones que afecten al ente social (TS 25-10-97, EDJ 8574; 22-12-97, EDJ 9804).
2) En el caso de que la persona jurídica o entidad de que se trate no tenga fijado su domicilio, ha de acudirse al lugar donde la persona jurídica tenga establecida su **representación legal**, es decir, sus órganos de dirección, gobierno, gestión o administración. Si no cabe fijar el domicilio conforme a estas reglas, se considera que la persona jurídica tiene su domicilio donde ejerza sus **principales actividades**, que han de entenderse en relación con la misma, encuadrables en su propia función negocial de comercio (TS 28-1-94, EDJ 605).
3) En el caso de las personas jurídicas, se extrema la exigencia de cumplir con la carga de disponer, en el lugar que libremente se designa como domicilio social, de la **organización o medios precisos** para poder ser destinataria de actos de comunicación, máxime tratándose, como son las personas jurídicas, de un ente creado por el Derecho del que solo figuradamente puede decirse que puede ser hallado en un lugar, lo que determina un especial deber de diligencia para velar por que su domicilio social no responda a una simple **designación ficticia**, sino que coincida con el mismo centro administrativo y funcional de la sociedad, como pretende el legislador (TCo 90/2003; 38/2006).

Domicilio del demandante (LEC art.155.3) El domicilio del demandante es el que haya hecho constar en la demanda o en la petición o solicitud con que se inicie el proceso. **2860**

Domicilio del demandado (LEC art.155.3 y 4) El demandante ha de designar como domicilio del demandado uno o varios de los lugares siguientes: **2861**
- el que aparezca en el **padrón municipal** o el que conste oficialmente a otros efectos;
- el que aparezca en **registro oficial** o en publicaciones de colegios profesionales, cuando se trate, respectivamente, de empresas y otras entidades o de personas que ejerzan profesión para la que deban colegiarse obligatoriamente;
- el lugar en que se desarrolle **actividad profesional o laboral** no ocasional.

Si el demandante designa **varios lugares** como domicilios, ha de indicar el orden por el que, a su entender, puede efectuarse con éxito la comunicación.
Para los **juicios de desahucio** y los ligados a los contratos de arrendamiento de fincas se establece una regla especial: cuando en la demanda se ejercite una acción en reclamación de cantidades por impago de rentas o cantidades debidas por el arrendatario o de recuperación de la posesión por expiración del plazo legal o convencional del arriendo (LEC art.250.1.1º), se entiende que si las partes no han acordado señalar en el contrato un domicilio en el que llevar a efecto los actos de comunicación, este es, a todos los efectos, la vivienda o local arrendado (LEC art.155.3).
En caso de dirigirse la demanda contra **persona jurídica**, puede señalarse igualmente el domicilio de cualquiera que aparezca como administrador, gerente o apoderado de la empresa mercantil o presidente, miembro o gestor de la junta de cualquier asociación que figure como tal en un registro oficial.
Asimismo, el demandante debe indicar, además de los requisitos de LEC art.399, cuantos datos conozca del demandado y que puedan ser de utilidad para la **localización** de este, como, número de identificación fiscal o de extranjeros, números de teléfono, de fax, dirección de correo electrónico o similares. El demandado, una vez comparecido, puede designar, para

sucesivas comunicaciones, un domicilio distinto, o uno de los medios de comunicación electrónica de los previstos (LEC art.162).
En el supuesto de que los actos de comunicación con las partes aún no personadas o no representadas por procurador se hubiesen **practicado dos o más veces**, tendrá eficacia, a efectos procesales, la primera fecha en que se hubiese verificado, con independencia del medio empleado, salvo disposición legal específica en contrario (LEC art.152.6). En la cédula de emplazamiento o citación, o en el acto de comunicación de que se trate, se hará constar expresamente esta previsión y también el derecho a solicitar asistencia jurídica gratuita.

2862 **Cambio de domicilio** (LEC art.155.3) Cuando las partes cambien su domicilio **durante la sustanciación** del proceso, lo han de comunicar inmediatamente a la oficina judicial.
Asimismo, deben comunicar los cambios relativos a su número de **teléfono, fax, dirección de correo electrónico o similares**, o cualquier otro dato identificativo relevante para la práctica de las comunicaciones, empleados con sujeción a lo dispuesto en el RDL 6/2023 (nº 1700 s.).

2863 **Averiguaciones del tribunal sobre el domicilio** (LEC art.156 redacc LO 1/2025) En los casos en que el demandante manifieste que le es **imposible designar un domicilio o residencia** del demandado y esta averiguación resultase necesaria -generalmente, a efectos de su personación-, se deben utilizar por el letrado de la Administración de Justicia los medios oportunos para averiguar esas circunstancias, pudiendo dirigirse, en su caso, a los registros, organismos, colegios profesionales, cuando se trate de entidades, empresas o personas que ejerzan profesión para la que deban colegiarse obligatoriamente.
Al recibir estas comunicaciones, los registros y organismos públicos deben proceder conforme a las disposiciones que regulen su actividad.
En ningún caso se considera imposible la designación de domicilio a efectos de actos de comunicación si dicho domicilio **consta en archivos o registros públicos**, a los que pueda tenerse acceso.
Si de estas averiguaciones resultara el conocimiento de un domicilio o lugar de residencia, en los casos en que proceda (LEC art.155 redacc LO 1/2025), se ha de practicar la comunicación por medio de remisión de lo que haya de entregarse mediante correo, telegrama o cualquier otro medio técnico que permita dejar en los autos **constancia de la recepción**, de su fecha y del contenido de lo comunicado, siendo de aplicación, en su caso, el régimen de comunicación mediante entrega (LEC art.158 y 161; nº 2869).
Si estas averiguaciones resultan infructuosas, la comunicación se debe llevar a cabo mediante **edictos** (nº 2883).

Precisiones 1) Sin perjuicio de que pesa sobre los órganos judiciales la responsabilidad de velar por la correcta constitución de la relación jurídico-procesal, ello no significa que deba exigirse al juez o tribunal correspondiente el despliegue de una **desmedida labor investigadora** que, por lo demás, conduciría más bien a la indebida restricción de los derechos de las demás partes personadas en el proceso (TCo 219/1999; 102/2003; 241/2006).
2) Resulta exigible al órgano judicial una mera consulta en el **Registro de la Propiedad** máxime cuando se trata de un procedimiento en el que se concluye embargando y subastando propiedades a nombre del demandado y que hubiera permitido localizar otro domicilio para hacer efectivas las notificaciones (TCo 231/2007).
3) Sin embargo, se incurre en lesión del derecho a la **tutela judicial efectiva**, por no desarrollar el órgano jurisdiccional las mínimas labores de averiguación que le son exigibles, en el supuesto de emplear el medio edictal de comunicación, no obstante la constancia en autos de la dirección -domicilio- y correo electrónico del demandado (TCo 30/2014; 181/2015).

2864 **Registro Central de Rebeldes Civiles** (LEC art.157; RD 95/2009) Los **letrados de la Adminis-**
MPCI **tración de Justicia** que hayan realizado infructuosamente las averiguaciones sobre el domici-
nº 5129 s. lio del demandado (nº 2863), deben comunicar el nombre del demandado y los demás datos de identidad que les consten al Registro Central de Rebeldes Civiles, que existirá con sede en el ministerio del ramo de justicia. Los detalles relativos a su funcionamiento pueden consultarse en nº 5129 s. Memento Procesal Civil 2026.

Precisiones Se prevé un **sistema de registros administrativos de apoyo** a la Administración de Justicia integrado por el Registro Central de Penados, el Registro Central para la Protección de las Víctimas de la Violencia Doméstica, el Registro Central de Medidas Cautelares, Requisitorias y Sentencias no Firmes, el Registro Central de Rebeldes Civiles y el Registro de Sentencias de Responsabilidad Penal de los Menores.
La constancia en un registro centralizado de las pesquisas judiciales indagatorias sin resultado positivo permite al juez acudir directamente a la **comunicación a través de edictos**, con la economía en tiempo y actividad procesal que ello representa.

Comunicación mediante entrega (LEC art.158) Cuando el destinatario del acto de comunicación tenga **obligación legal o contractual de relacionarse por medios electrónicos** con la Administración de Justicia y no pueda acreditarse que ha recibido una comunicación que tenga por finalidad su personación en juicio o la realización o intervención personal en determinadas actuaciones procesales, se procede a su entrega en la forma establecida en LEC art.161 nº 2874. 2869

Comunicación con testigos, peritos y otras personas que no sean parte en el juicio (LEC art.159) Las comunicaciones que deban hacerse a testigos, peritos y otras personas que, sin ser parte en el juicio, deban intervenir en él, se han de remitir a sus destinatarios por medio de **correo, telegrama u otros medios** semejantes. 2870

La remisión se debe hacer al **domicilio** que designe la parte interesada, pudiendo realizarse, en su caso, las averiguaciones necesarias de igual forma que las que se realizan para identificar el domicilio del demandado. Estas comunicaciones serán diligenciadas por el **procurador** de la parte que las haya propuesto, si así lo hubiera solicitado.

Cuando conste en autos el **fracaso de la comunicación** mediante remisión o las circunstancias del caso lo aconsejen, atendidos el objeto de la comunicación y la naturaleza de las actuaciones que de ella dependan, el letrado de la Administración de Justicia debe ordenar que se proceda a la notificación por medio de entrega personal de copia de la resolución (nº 2874).

Estas personas deben comunicar al tribunal cualquier **cambio de domicilio** que se produzca durante la sustanciación del proceso. En la primera comparecencia que efectúen se les informará de esta obligación.

Comunicación por correo, telegrama u otros medios semejantes (LEC art.160) 2872

Cuando proceda la remisión de la copia de la resolución o de la cédula por correo certificado o telegrama con acuse de recibo, o por cualquier otro medio semejante que permita dejar en los autos constancia fehaciente de haberse recibido la notificación, de la fecha de la recepción, y de su contenido, el letrado de la Administración de Justicia debe **dar fe en los autos** de la remisión y del contenido de lo remitido, y unirá a aquellos, en su caso, el **acuse de recibo** o el medio a través del cual quede constancia de la recepción o la documentación aportada por el procurador que así lo acredite, de haber procedido este a la comunicación. MPCI nº 5141

A instancia de parte y a costa de quien lo interese, puede ordenarse que la remisión se haga de manera simultánea **a varios lugares** de los previstos como posibles domicilios.

Cuando el destinatario tenga su domicilio en el partido donde radique la sede del tribunal, y no se trate de comunicaciones de las que dependa la personación o la realización o intervención personal en las actuaciones, puede remitirse, por correo, telegrama u otros medios semejantes, **cédula de emplazamiento** para que el destinatario comparezca en dicha sede, o en la sede electrónica, a efectos de ser notificado o requerido o de dársele traslado de algún escrito.

La cédula debe expresar, con la debida precisión, el objeto para el que se requiere la comparecencia del emplazado, indicando el procedimiento y el asunto a que se refiere, con la advertencia de que, si el emplazado no comparece, sin causa justificada, dentro del plazo señalado, se tendrá por hecha la comunicación de que se trate o por efectuado el traslado.

Para la realización de actos de comunicación, a **elección del ciudadano**, podrán utilizarse los sistemas de identificación previstos en la normativa reguladora del uso de tecnologías en la Administración de Justicia.

Con independencia del medio por el que se realice el acto de comunicación, ha de enviarse por el órgano actuante un **aviso al dispositivo electrónico** de su destinatario o a la dirección de correo electrónico que conste, informando de la puesta a su disposición del acto de comunicación en la sede judicial electrónica o en la dirección electrónica habilitada única. La falta de práctica de este aviso no impide que el acto de comunicación sea considerado plenamente válido.

Comunicación por medio de entrega de copia de la resolución o de cédula (LEC art.161) La entrega al destinatario de la comunicación de la copia de la resolución o de la cédula se debe efectuar en la **sede electrónica**, en la **sede del tribunal** o en el **domicilio** de la persona que deba ser notificada, requerida, citada o emplazada, sin perjuicio de lo establecido en materia de ejecución. 2874

La entrega se debe documentar por medio de **diligencia**, firmada por el o funcionario o por el procurador que la efectúe y por la persona a quien se haga, cuyo nombre se hará constar.

Cuando el destinatario de la comunicación sea hallado en el domicilio y **se niegue a recibir la copia** de la resolución o la cédula o no quiera firmar la diligencia acreditativa de la entrega, el funcionario o, en su caso el procurador que asuma su práctica le hará saber que la copia de la resolución o la cédula queda a su disposición en la oficina judicial, produciéndose los efectos de la comunicación, de todo lo cual quedará constancia en la diligencia.

Precisiones Los órganos judiciales deben procurar el **emplazamiento o citación personal** de los demandados, siempre que sea factible, asegurando de este modo que puedan comparecer en el proceso y defender sus posiciones frente al demandante, a los efectos de evitar la indefensión y propiciar la existencia de un juicio contradictorio (TCo 21/2006).

2876 **Recepción por empleado o familiar** (LEC art.161.3 y 5) Si el domicilio donde se pretende practicar la comunicación es el lugar en el que el destinatario tiene su domicilio según el padrón municipal o a efectos fiscales o según registro oficial o publicaciones de colegios profesionales o es la vivienda o local arrendado al demandado, y **no se encuentra allí el destinatario**, puede efectuarse la entrega a cualquier empleado o familiar o persona con la que conviva, mayor de 14 años, que se encuentre en ese lugar, o al conserje de la finca, si lo tiene, advirtiendo al receptor que está obligado a entregar la copia de la resolución o la cédula al destinatario de esta, o a darle aviso, si sabe su paradero.

Si la comunicación se dirige al **lugar de trabajo** no ocasional del destinatario, en ausencia de este, la entrega se ha de efectuar a la persona que manifieste conocerle y, si existe dependencia encargada de recibir documentos u objetos, a quien esté a cargo de la misma.

En la **diligencia** se debe hacer constar el nombre de la persona destinataria de la comunicación y la fecha y la hora en la que fue buscada y no encontrada en su domicilio, así como el nombre de la persona que recibe la copia de la resolución o la cédula y la relación de dicha persona con el destinatario, produciendo todos sus efectos la comunicación así realizada.

Precisiones **1)** La modalidad de **entrega a un vecino** no se contempla en la LEC (TCo 21/2006).

2) La circunstancia de que **no se identifique suficientemente** a la persona a la que se hace entrega de la copia de la demanda, u otros documentos, con su nombre y apellidos, así como la relación que mantiene con el destinatario, no cumple con los requisitos y exigencias mínimos establecidos por el legislador para garantizar su real conocimiento por el interesado y asegurar, por tanto, al mismo la noticia del proceso y su derecho a intervenir en el mismo (TCo 21/2006).

3) No obstante, no se causa indefensión si **el destinatario comparece**, aunque no se haga constar la identidad del receptor de la comunicación (AP Baleares 16-6-06, EDJ 251455).

2877 MPCI nº 5147 Las formas de comunicación procesal realizadas con personas distintas de los destinatarios del acto o resolución judicial son **constitucionalmente válidas**, puesto que así lo exige el aseguramiento del desarrollo normal del proceso y la necesidad de garantizar el derecho a la tutela judicial efectiva de la contraparte (TCo 21/2006).

Sin embargo, estas formas de comunicación deben cumplir los **requisitos** exigidos por la legislación procesal, dado que estas exigencias encuentran su razón de ser y finalidad última en la garantía de que el destinatario del acto tenga oportuna noticia del mismo, por lo que su cumplimiento debe examinarse en cada caso concreto, de conformidad con esta ratio y fundamento que inspira su existencia.

Los órganos judiciales **no pueden presumir**, sin lesionar el derecho a la tutela judicial efectiva, que las notificaciones realizadas a terceras personas hayan llegado a conocimiento de la parte interesada cuando la misma cuestiona fundadamente la recepción del acto de comunicación procesal o la fecha en que le fue entregada, supuesto en el cual, a la vista de las alegaciones formuladas y de la prueba que eventualmente pueda practicarse, están obligados a emitir un pronunciamiento expreso sobre la posibilidad o no de que el tercero haya cumplido con su deber de hacer llevar en tiempo el acto de comunicación procesal a su destinatario (TCo 113/2001; 199/2002).

2878 **Ausencia de personas** (LEC art.161.4) En el caso de que no se halle a nadie en el domicilio al que se acuda para la práctica de un acto de comunicación, el letrado de la Administración de Justicia, procurador o funcionario debe procurar **averiguar si vive allí** su destinatario.

Si ya **no reside o trabaja** en el domicilio al que se acude y alguna de las personas consultadas conoce el actual, este se debe consignar en la diligencia negativa de comunicación.

Si **no puede conocerse** por este medio el domicilio del demandado y el demandante no ha designado otros posibles domicilios, se debe proceder a efectuar las averiguaciones tendentes a identificar el domicilio.

2879 MPCI nº 5153 s. **Comunicación por medios electrónicos, informáticos y análogos** (LEC art.162)

Cuando las oficinas judiciales y las partes o los destinatarios de los actos de comunicación estén **obligadas**, legal o contractualmente, al empleo de medios electrónicos, telemáticos, infotelecomunicaciones o de otra clase semejante, que permitan el envío y la recepción de escritos y documentos, de forma tal que esté garantizada la **autenticidad** de la comunicación y de su contenido y quede **constancia fehaciente** de la remisión y recepción íntegras y del

momento en que se hicieron, los actos de comunicación se han de efectuar por aquellos medios, con el resguardo acreditativo de la recepción que proceda.
Los **profesionales** que intervengan en el proceso, los destinatarios obligados a emplear estos medios y los que opten voluntariamente por ellos, deben comunicar a la oficina judicial el hecho de disponer de los medios antes indicados y su dirección electrónica habilitada al efecto.
Asimismo, se debe constituir en el ministerio del ramo de justicia un **registro accesible electrónicamente** de los medios indicados y las direcciones correspondientes a los organismos públicos y profesionales obligados a su empleo.
En cualquier caso, cuando conste la **correcta remisión** del acto de comunicación por dichos medios técnicos, salvo los practicados a través de los servicios de notificaciones organizados por los colegios de procuradores, y transcurran 3 días, sin que el destinatario acceda a su contenido, se debe entender que la comunicación ha sido efectuada legalmente, desplegando plenamente sus efectos y computándose los plazos correspondientes desde el día siguiente al tercero.
Sobre el **tablón edictal judicial único** (LOPJ art.236; RDL 6/2023 art.54), ver lo indicado en nº 1708.2.
Se exceptúan aquellos supuestos en los que el destinatario justifique la **falta de acceso** al sistema de notificaciones durante ese periodo. Si la falta de acceso se debe a causas técnicas y estas persisten en el momento de ponerlas en conocimiento, el acto de comunicación se ha de practicar mediante entrega de copia de la resolución.
No obstante, caso de producirse el acceso transcurrido dicho plazo, pero antes de efectuada la comunicación mediante entrega, se entenderá válidamente realizada la comunicación en la fecha que conste en el resguardo acreditativo de su recepción.
No se practicarán actos de comunicación a los profesionales por vía electrónica durante los días del **mes de agosto**, ni durante los días que median **entre el 24 de diciembre y el 6 de enero** del año siguiente, ambos incluidos, salvo que sean hábiles para las actuaciones que corresponda.
Los documentos, informes o resoluciones presentados o transmitidos por los medios analizados cuya autenticidad solo pueda reconocerse o verificarse mediante examen directo u otros procedimientos, pueden ser presentados en **soporte electrónico** mediante imágenes digitalizadas, si bien en caso de solicitarlo alguna de las partes, el tribunal en procesos de familia, provisión de medidas judiciales de apoyo a la discapacidad o filiación, o el Ministerio Fiscal, se deben aportar en papel original dentro del plazo o momento procesal señalado al efecto.

Precisiones 1) Ver la parte de esta obra dedicada al uso de las tecnologías de la información y la comunicación en la Administración de Justicia (nº 1700 s.) y la dedicada a las **comunicaciones electrónicas** (nº 1708). **2879.1**
2) Están **obligados** a relacionarse, en todo caso, con la Administración de Justicia a través de medios y canales electrónicos (LEC art.273.3; RD 1065/2015 art.4 y disp.final 4ª):
- las personas jurídicas;
- las entidades sin personalidad;
- los sujetos que ejerzan una actividad profesional sometida al requisito de colegiación obligatoria, respecto de los trámites y actuaciones con la Administración de Justicia a raíz de dicha actividad profesional colegiada;
- los notarios y registradores;
- los representantes de interesados obligados a relacionarse electrónicamente con la Administración de Justicia;
- los funcionarios de las Administraciones públicas, respecto de las actuaciones que realicen por razón de su cargo;
- los que legal o reglamentariamente se establezcan.

Sistema LexNET (RD 1065/2015) Este sistema telemático tiene por **objeto** la presentación de escritos y documentos, el traslado de copias y la realización de actos de comunicación procesal, en el ámbito de competencia del ministerio del ramo de justicia, que podrá suscribir convenios de cooperación tecnológica con las comunidades autónomas a las que se hayan transferido los medios materiales de la Administración de Justicia, para la implantación del sistema en sus ámbitos territoriales. **2880** MPCI nº 5157
El sistema es un **medio de transmisión seguro** de información, que mediante el uso de firma electrónica reconocida o cualificada y técnicas criptográficas (L 6/2020), que satisface las características de autenticación, integridad y no repudio mediante los mecanismos técnicos adecuados las de confidencialidad y sellado de tiempo, y el cumplimiento de los requisitos exigidos en las leyes procesales. Tiene consideración de sistema de entrega electrónica certificada a los efectos del Rgto UE 910/2014 y se funda en las bases de interoperabilidad de la Administración de Justicia. En todo caso se aplicará de conformidad con el Rgto (UE) 2016/679 y la LO 3/2018, en materia de protección de datos.

Las **funcionalidades** del sistema son:

a) La presentación, transporte de **escritos procesales y documentos** que con los mismos se acompañen, distribución y remisión a la oficina judicial o fiscal encargada de su tramitación.

b) La gestión del traslado de **copias**, de modo que quede acreditado en las copias la fecha y hora en que se ha realizado el traslado y que este se ha efectuado a los restantes procuradores personados y su identidad.

c) La realización de **actos de comunicación procesal**.

d) La expedición de **resguardos electrónicos**, integrables en las aplicaciones de gestión procesal, acreditativos de la correcta realización de la presentación de escritos y documentos anexos, de los traslados de copias y de la correcta remisión y recepción de los actos de comunicación procesal y, en todo caso, de la fecha y hora de la efectiva realización.

e) La **constancia de un asiento** por cada una de las transacciones telemáticas anteriores, realizadas a través del sistema, identificando cada transacción los siguientes datos: identidad del remitente y del destinatario de cada mensaje, fecha y hora de su efectiva realización proporcionada por el sistema, y proceso judicial al que se refiere, indicando tipo de procedimiento, número y año.

2880.1 MPCI nº 5159 **Obligatoriedad** La utilización del sistema es obligatoria para todos los **profesionales de la Justicia**: letrados de la Administración de Justicia, funcionarios de los cuerpos de gestión procesal y administrativa, de tramitación procesal y administrativa y de auxilio judicial; Abogacía del Estado, Ministerio Fiscal; letrados de las Cortes Generales o de las asambleas legislativas autonómicas, Servicio Jurídico de la Seguridad Social y de las demás Administraciones públicas; procuradores, abogados, graduados sociales; Colegio de Procuradores; médicos forenses, técnicos y ayudantes de laboratorio del Instituto Nacional de Toxicología; así como administradores concursales.

Precisiones **1)** El sistema LexNET no es el único sistema electrónico existente, sino que, junto a él, las comunicaciones procesales pueden efectuarse en la **sede judicial electrónica** correspondiente, el **Servicio Compartido de Gestión de Notificaciones Electrónicas** y, en su caso, la **carpeta ciudadana**, así como otros sistemas que puedan establecerse. Estos sistemas se emplean por los ciudadanos que, no estando obligados a ello, opten por comunicarse con la Administración de Justicia por medios telemáticos o los obligados a emplear estos cauces, distintos de los sujetos sometidos al Sistema LexNET. También por las Administraciones públicas y fuerzas y cuerpos de seguridad, mediante los cauces específicamente habilitados para ellas.

Todos estos sistemas deben cumplir los **requisitos** de autenticidad, temporalidad, integridad y resguardo acreditativo de envío y recepción.

2) La **implantación del sistema LexNET** no es uniforme en todo el territorio nacional. En comunidades autónomas con competencias transferidas en materia de Administración de Justicia existen, en ocasiones, **sistemas propios equivalentes**. En algún caso estos pueden no ser plenamente interoperables o compatibles, entre sí o con los sistemas del destinatario, lo que genera ocasionalmente problemas para la operatividad de las comunicaciones procesales telemáticas.

3) Los **administradores concursales** están obligados a emplear el sistema LexNET desde el día siguiente a la publicación del desarrollo reglamentario del régimen de la administración concursal resultante de la L 17/2014. Hasta entonces, pueden continuar empleando el soporte papel. Ver nº 5662 s.

4) La implantación del sistema LexNET en la **jurisdicción militar** y en la Fiscalía Jurídico-Militar se realizará de forma conjunta por los ministerios de Justicia y Defensa, mediante los instrumentos de colaboración más eficaces a tal fin.

5) La realización de **comunicaciones procesales del Tribunal Constitucional por medios electrónicos y telemáticos** a través del sistema LexNET se autoriza por Acuerdo TCo Pleno 21-4-16, con los efectos establecidos en la legislación procesal para dichos actos de comunicación, pudiendo los ciudadanos no asistidos o representados por profesionales jurídicos recibir las comunicaciones procesales en forma ordinaria.

2880.2 **Disponibilidad** El sistema está en **funcionamiento permanentemente**. En ningún caso, la presentación de escritos y documentos o la recepción de actos de comunicación por medios telemáticos implicará la alteración de lo establecido en las leyes sobre el **tiempo hábil** para las actuaciones procesales, plazos y su cómputo, ni tampoco supondrá ningún trato discriminatorio en la tramitación y resolución de los procesos judiciales.

Cuando la ineludible realización de **trabajos de mantenimiento** u otras razones técnicas lo requieran, pueden planificarse paradas de los sistemas informáticos que afecten o imposibiliten de forma temporal el servicio de comunicaciones telemáticas. Estas paradas deben ser avisadas por el propio sistema informático con una antelación mínima de 20 días -o plazo menor en caso de aplicación de medidas de seguridad u otras necesidades de corrección urgente-, indicando el tiempo estimado de indisponibilidad del servicio.

Cuando por cualquier causa el sistema no pueda prestar el servicio en las condiciones establecidas, se debe informar a los usuarios de las circunstancias de la imposibilidad a los efectos de la eventual realización de actos procesales en forma no telemática y, en su caso, se expedirá, previa solicitud, **justificante de la interrupción del servicio**. El trámite puede efectuarse, si por razón de plazo fuera preciso, el primer día hábil siguiente, acompañando el indicado justificante.

Precisiones Para conseguir una adecuada gestión y tratamiento por los destinatarios de las comunicaciones y notificaciones electrónicas, cuando se produzca una **acumulación masiva** de las mismas después de un periodo inhábil o por circunstancias excepcionales, el sistema impide que se exceda en más de un 50% el volumen de salida ordinario de actos de comunicación. Si técnicamente no resultara posible, los responsables del sistema repartirán las salidas de forma gradual, mediante remisiones sucesivas, dentro de los 5 días siguientes a la finalización del periodo inhábil o al cese de la circunstancia excepcional.

Buzones virtuales Una vez depositados en los de los usuarios, los escritos y notificaciones, así como cualquier otro documento procesal transmitido por medios telemáticos, se deben encontrar **accesibles** por un período de 60 días. Transcurrido este plazo se ha de proceder a la **eliminación del sistema** de estos documentos, salvo los resguardos electrónicos acreditativos de la transmisión. **2880.3**

Los mecanismos técnicos que aseguren la **confidencialidad** de la información procesal transmitida deben garantizar que el administrador del sistema no tenga acceso a su contenido.

Procedimiento El procedimiento para la presentación de escritos procesales, el traslado de copias y la realización de actos de comunicación por medios telemáticos se debe verificar en la forma que se expone a continuación. **2880.4** MPCI nº 5169

1) La actuación a través del sistema telemático requiere por parte de los usuarios del sistema la previa **cumplimentación** de todos los campos de datos siguientes.

Presentación de escritos	
Campo	**Observaciones**
Nombre y apellidos del remitente	De cumplimentación automática
Código de profesional del remitente	
Nombre del colegio profesional del remitente	
Código del colegio profesional del remitente	
Nombre del órgano de destino	Obligatorio
Código del órgano de destino	
Tipo de procedimiento	Obligatorio (salvo escritos iniciadores)
Número de procedimiento	
Referencia	Texto informativo. Opcional
Documento principal	Obligatorio
Documento(s) anexo(s)	Opcional
Procurador(es) destinatarios, en caso de traslado de copias	Relación de procuradores para seleccionar los destinatarios de las copias. Opcional

Actos de comunicación	
Campo	**Observaciones**
Nombre del órgano remitente	De cumplimentación automática
Código del órgano remitente	
Nombre y apellidos del destinatario	Obligatorio
Código de profesional del destinatario	
Nombre del colegio profesional del destinatario	
Código del colegio profesional del destinatario	
Tipo de procedimiento	
Número de procedimiento	
Documento principal	
Documento(s) anexo(s)	Opcional

El usuario puede incorporar, además del **documento electrónico** anexo, en el que se contenga el propio acto procesal objeto de transmisión, **otros anexos**, uno por cada uno de los documentos electrónicos que se deban acompañar. Se utilizará firma electrónica cualificada. Los documentos anexos también deben ser firmados electrónicamente.

Cuando el sistema **no permita la incorporación** de un documento como anexo para su envío en forma telemática, el usuario debe hacer llegar dicha documentación al destinatario por otros medios, en la forma establecida en las normas procesales, y deberá hacer referencia a los datos identificativos del envío telemático al que no pudo ser adjuntado.

En el caso de presentación telemática de escritos y documentos **por procurador**, este podrá realizar el traslado telemático de copias simultáneo, mediante la adecuada cumplimentación de los campos de datos necesarios. Para el **traslado de copias entre procuradores**, los colegios de estos han de emplear medios electrónicos que cumplan las previsiones de LEC art.276.

2880.5 2) Para la **acreditación de la presentación telemática** de escritos y documentos el sistema devolverá al usuario un resguardo electrónico acreditativo de la correcta transmisión y, en todo caso, de la fecha y hora de la efectiva realización de la presentación en la oficina judicial.

3) Si el envío se realiza correctamente, el acto de comunicación se recibirá en el **buzón del destinatario** y quedará depositado en el mismo a su disposición. En este supuesto, el sistema devolverá al remitente un resguardo electrónico, acreditativo de la remisión y puesta a disposición, en el que consten los siguientes datos: identidad del remitente y del destinatario, fecha y hora de su efectiva realización proporcionada por el sistema y tipo de procedimiento judicial, número y año al que se refiere.

4) Cuando **el destinatario acceda** al acto de comunicación y documentos anexos depositados en su buzón virtual, el sistema genera un resguardo electrónico dirigido al remitente, reflejando el hecho de la recepción y la fecha y hora en que ha tenido lugar, quien así tendrá constancia de la recepción.

En el caso de los **procuradores**, cuando se produzca el acceso al buzón virtual del colegio de procuradores se generará el correspondiente resguardo, que bastará para acreditar la recepción a los efectos previstos en la ley.

5) El sistema confirmará al usuario la **recepción del mensaje por el destinatario**. La falta de confirmación implica que no se ha producido la recepción. En aquellos casos en que se detecten anomalías en la transmisión, el propio sistema lo pondrá en conocimiento del usuario, mediante los correspondientes mensajes de error, para que proceda a la subsanación, o realice el envío en otro momento o utilizando otros medios.

El mensaje de indicación de **error o deficiencia de la transmisión** puede ser impreso en papel, archivado por el usuario, y en su caso, integrado en los sistemas de gestión procesal, a efectos de documentación del intento fallido.

En los casos en que se haya producido un **error en la recepción e incorporación a los sistemas de gestión procesal** y se haya subsanado el mismo en tiempo y forma, dentro de los cauces previstos por el sistema, este ha de expedir un resguardo acreditativo de la subsanación efectuada, respetando la fecha y hora del envío inicialmente realizado.

2880.6 6) El sistema permite en la presentación de documentos y escritos, traslado de copias y recepción de actos de comunicación, la **sustitución entre profesionales** de la misma profesión o cuerpo, cuando así lo prevean sus normas estatutarias. El alta en el sistema implica para los profesionales de la Justicia la titularidad de un **buzón virtual**.

7) Cuando por el exceso de volumen de los **archivos adjuntos**, por su formato o por insuficiencia de capacidad, el sistema no permita su inclusión impidiendo el envío conjunto con el archivo principal, se ha de remitir únicamente este escrito por el sistema, remitiendo el resto de documentación junto con un formulario normalizado (RD 1065/2015 art.9) o, en su defecto, un índice descriptivo y, en todo caso, el recibo de presentación del documento principal, en soporte digital o cualquier otro medio electrónico accesible a los órganos judiciales o fiscales, dentro del mismo día o el hábil siguiente.

8) Cuando por cualquier causa, el sistema LexNET o las plataformas del Consejo General de la Abogacía Española o del Consejo General de Procuradores de España conectadas a aquel no puedan prestar el servicio en las condiciones establecidas, se ha de informar a los usuarios para **presentación de escritos y documentos en forma no electrónica**, en su caso, con expedición de justificante de interrupción o certificado del consejo general profesional acreditativo de la imposibilidad.

9) La **notificación realizada por LexNET** a través de los servicios de notificaciones organizados por los colegios de procuradores, se entiende efectuada el día siguiente hábil a la fecha de recepción que conste en la diligencia o en el resguardo acreditativo de su recepción, cuando el acto de comunicación se haya efectuado por los medios y con los requisitos fijados por LEC art.162. Si el acto de comunicación fuera remitido con posterioridad a las 15 horas, se tiene

por recibido al día siguiente hábil (LEC art.151.2, 154.2 y 162; TS 9-6-14, EDJ 91231; 27-3-13, EDJ 43480; 19-5-17, EDJ 84364).

Comunicaciones en la sede judicial electrónica (RD 1065/2015 art.20 a 25 y disp.trans.2ª) Los ciudadanos que, no siendo preceptiva su representación o asistencia por profesionales de la Justicia, opten por relacionarse con la Administración de Justicia por medios electrónicos o estén obligados a ello (RD 1065/2015 art.4), han de presentar los escritos, demandas, solicitudes y documentos en los formatos establecidos por el RD 1065/2015 anexo IV, a través de la sede judicial electrónica correspondiente, a menos que utilicen el Servicio Compartido de Gestión de Notificaciones Electrónicas y/o Carpeta Ciudadana provistos por el ministerio del ramo de Administraciones públicas. 2881

Se formulan al respecto las **reglas** siguientes:

a) La actuación de **comunicación con el ciudadano** puede realizarse por comparecencia electrónica, que permita el acceso al contenido de la resolución procesal notificada. Con la finalidad de facilitar la realización del acto de comunicación, puede facilitarse por el interesado un **teléfono móvil** o una dirección de **correo electrónico**, en los que recibir el aviso de puesta a disposición de un acto de comunicación por comparecencia electrónica, al que puede acceder por Internet.

b) Pueden igualmente realizarse los actos de comunicación emanados de oficinas judiciales y fiscales mediante el sistema de **dirección electrónica habilitada**, para lo que el interesado ha de solicitar la apertura de esta dirección electrónica -de vigencia indefinida-, que ha de permitir acreditar el momento en que se pone a disposición de la parte procesal el contenido de la resolución comunicada, dejar constancia del momento de acceso a su contenido y garantizar la identidad del usuario y su acceso exclusivo.

c) La dirección electrónica habilitada puede ser objeto de **revocación** por su titular. Se produce su **extinción** por fallecimiento del titular, extinción de su personalidad, disolución en caso de ser entidad sin personalidad, por resolución judicial o por **falta de uso** durante 5 años.

d) Puede realizarse la **comunicación mediante correo electrónico**, siempre que en el momento de acceso al contenido de la comunicación se genere automáticamente y de forma independiente a la voluntad del destinatario un acuse de recibo indicativo del día y hora de la remisión del acto de comunicación y de la recepción íntegra del contenido y documentos adjuntos. Solo en caso de que el sistema de correo reúna estos caracteres puede optarse por este medio como sistema preferente de comunicación con la Administración de Justicia. Hasta que concurran estos requisitos, los órganos y oficinas judiciales y fiscales prestarán al ciudadano que elija este medio el servicio de comunicación a través de la sede judicial electrónica, sirviendo la dirección de correo electrónico como mero medio de apoyo a la comunicación, sin efectos procesales.

e) Se publicarán en el **tablón edictal** de la sede o subsede judicial electrónica aquellas resoluciones y actos de comunicación que requieran por disposición legal su publicación en el tablón de anuncios del órgano o de la oficina judicial o fiscal.

f) Por fin, se prevé que las **partes procesales y terceros intervinientes** en los procesos puedan proporcionar números de dispositivos electrónicos, teléfonos móviles o direcciones de correo electrónico a través de los que los órganos y oficinas judiciales y fiscales puedan contactar mediante mensajes de texto o avisos de apoyo a los actos de comunicación y que identifiquen la página web o enlace donde se encuentre a disposición del destinatario el acto de comunicación y documentación correspondiente. Nunca con efectos procesales.

Servicio común procesal de actos de comunicación (LEC art.163 redacc LO 1/2025) En las poblaciones donde esté establecido, el servicio común procesal de actos de comunicación ha de practicar los actos de comunicación que hayan de realizarse por la oficina judicial, con la **excepción** de los que corresponda realizar al procurador en los supuestos y con los límites previstos por la ley. 2882

Comunicación edictal (LOPJ art.236; LEC art.164) Cuando, practicadas, en su caso, las averiguaciones pertinentes, no pueda conocerse el domicilio del destinatario de la comunicación (nº 2863), o cuando no pueda hallársele ni efectuarse la comunicación con todos sus efectos, en las formas ordinarias, o cuando así se acuerde por haberse dirigido el tribunal al Registro Central de Rebeldes Civiles (nº 2864), y si los datos que en él aparecen son los mismos de los que dispone aquel, el letrado de la Administración de Justicia consignadas estas circunstancias, mandará que se haga la comunicación fijando la copia de la resolución o la cédula en el **tablón edictal judicial único** (TEJU), incluyendo los datos estrictamente indispensables para cumplir con su finalidad, salvaguardando en todo caso los derechos e intereses de menores, así como otros derechos y libertades que pudieran verse afectados por la publicidad de los mismos. En todo caso, en atención al **superior interés de los menores** y para preservar su 2883 MPCI nº 5175 intimidad, han de omitirse los datos personales, nombres y apellidos, domicilio, o cualquier otro dato o circunstancia que pudiera permitir su identificación.

En los procesos de **desahucio** de finca urbana o rústica por falta de pago de rentas o cantidades debidas o por expiración legal o contractual del plazo y en los procesos de reclamación de dichas rentas o cantidades, cuando no sea habido el arrendatario en los domicilios indicados en nº 2860 y nº 2861 ni pueda efectuarse en ellos la notificación, ni hubiera comunicado fehacientemente al arrendador un nuevo domicilio tras la celebración del contrato al que este no se hubiese opuesto, se procede sin más trámites a realizar la comunicación en el tablón edictal judicial único.

Precisiones 1) Se considera suficiente para acudir a la comunicación edictal el resultado infructuoso de **dos intentos de emplazamiento** personal en el lugar indicado que había promovido el juicio, que se comprobó en el Registro Mercantil, antes de efectuar el segundo intento de emplazamiento, y con resultado de «se marchó sin dejar señas», por cuanto que queda acreditada, de forma razonable, la imposibilidad de emplazar personalmente a su destinatario (TCo 38/2006).

2) No resulta adecuada la notificación edictal, entendiendo desconocido del domicilio del ejecutado, cuando no se revisaron las actuaciones para **comprobar si constaba otro domicilio** distinto al de la demanda, como así era, ni se esperó a que su paradero fuese averiguado por la policía judicial, pese a que el propio órgano judicial había ordenado dicha diligencia (TCo 245/2006).

3) El emplazamiento edictal realizado a una **sociedad demandada**, después de tres intentos de emplazamiento en su domicilio social, no es ajustado a Derecho por cuanto que, sabiéndose los nombres de las personas físicas que la representan, deben realizarse las gestiones oportunas para intentar el emplazamiento en la persona de sus **representantes** (TCo 215/2006).

4) No resulta admisible la comunicación por edictos del requerimiento de pago en el **proceso monitorio**, siendo capital el efectivo conocimiento por el demandado de la intimación al pago a él dirigida, en aras de su derecho de defensa, salvo que se trate de reclamaciones por deudas a la comunidad de propietarios (AP Valencia auto 12-6-03, EDJ 197743; AP Bizkaia auto 28-7-03; AP Badajoz auto 24-1-06, EDJ 6624).

2884 MPCI nº 5179 **Uso residual de la comunicación edictal** La exigencia del emplazamiento personal de los afectados y la consiguiente **limitación del empleo de la notificación edictal** a aquellos supuestos en los que no conste el domicilio de quien haya de ser emplazado o bien se ignore su paradero es un deber que se impone a los órganos judiciales, a los efectos de asegurar que los actos de comunicación sirven a su propósito y garantizar que la parte sea oída en el proceso (TCo 293/2005; 38/2006).

Así, el emplazamiento edictal, aun siendo válido constitucionalmente, exige, por su condición de último remedio de comunicación, no solo el **agotamiento previo de las otras modalidades**, de más garantía, y la constancia formal de haberse intentando practicarlas, sino también que el acuerdo o resolución judicial de tener a la parte como persona en ignorado paradero o en domicilio desconocido, presupuesto de la citación por edictos, se halle fundada en criterio de **razonabilidad** que lleve a la convicción o certeza de la inutilidad de aquellos otros medios normales de comunicación (TCo 65/2000; 268/2000).

Cuando del examen de los autos o de la documentación aportada por las partes se deduzca la **existencia de un domicilio** que haga factible practicar de forma personal los actos de comunicación procesal con el demandado, debe intentarse esta forma de notificación antes de acudir a la notificación por edictos (TCo 293/2005).

Precisiones 1) No puede entenderse que se han utilizado **todos los medios oportunos** para averiguar el domicilio cuando se solicita únicamente informe a la policía local, que no da razón al respecto del nuevo domicilio, sin que se realicen averiguaciones en otros registros públicos, como la oficina del censo electoral, del padrón municipal, Tesorería General de la Seguridad Social o AEAT (AP Badajoz auto 24-1-06, EDJ 6624).

2) En caso de **errónea designación del domicilio** del demandado en la demanda, con anterioridad a proceder al emplazamiento edictal, el órgano judicial debe realizar las actuaciones tendentes a la identificación de cuál sea aquel, pudiendo oficiarse a la oficina municipal del padrón de habitantes, a la Tesorería General de la Seguridad Social, o incluso intentar averiguar si en los archivos judiciales consta un domicilio del demandado distinto del expresado en la demanda (TCo 126/2006).

3) No resulta admisible acudir a la comunicación edictal alegando el desconocimiento del domicilio del demandado, cuando constan en autos **notas simples del Registro de la Propiedad** en las que aparece el domicilio claramente, así como cuando se prueba que el demandado llevaba empadronado en el mismo domicilio desde muchos años antes de que comenzara su intervención en el proceso (TCo 106/2006).

4) No resulta admisible la notificación edictal en aquellos casos en que se acudió a esta vía de comunicación pese a que en las actuaciones aparecía un **teléfono** en el que el demandado pudo ser localizado (TCo 65/2000).

5) Resulta contrario a Derecho la publicación edictal cuando no se intentó previamente la notificación personal en el **domicilio que señaló el vecino** con el que se practicó el acto de comunicación que resultó negativo (TCo 232/2000).

La notificación por edictos, cuando resulta infructuosa la notificación personal en el domicilio que consta en el Registro Mercantil, no es admisible cuando obra en las actuaciones un **domicilio manifestado por el propio demandado** (AP Asturias 31-3-06, EDJ 57497).

Comunicación por otros medios (LEC art.645 -redacc LO 1/2025- y 646.3) El **contenido** de la publicidad que se realice por otros medios se ha de acomodar a la naturaleza del medio que, en cada caso, se utilice, procurando la mayor economía de costes, y puede limitarse a los datos precisos para identificar los bienes o lotes de bienes, el valor de tasación de los mismos, su situación posesoria, así como la dirección electrónica que corresponda a la subasta dentro del portal de subastas. 2886

Además, a instancia del ejecutante o del ejecutado, y a su costa, si el letrado de la Administración de Justicia lo juzga conveniente, mediante providencia se debe dar a la **subasta** la publicidad que resulte razonable, utilizando los medios públicos y privados que sean más adecuados a la naturaleza y valor de los bienes que se pretende realizar.

Esta previsión, que resulta aplicable también a las subastas de bienes inmuebles (LEC art.655), permite acudir a **otras formas de comunicación o publicidad**, como pudiera ser la publicidad en periódicos, revistas especializadas o incluso internet.

Precisiones **1)** No se prevé expresamente la **delegación** por el letrado de la Administración de Justicia en el procurador del ejecutante, a petición de esta parte, de la publicación del anuncio de la subasta por otros medios; sí la del anuncio en el BOE.

2) Ver lo expuesto en nº 4929, respecto de la **DANA de Valencia**.

Comunicación mediante auxilio judicial (LEC art.165) Cuando los actos de comunicación hayan de practicarse por **tribunal distinto** del que los haya ordenado, el despacho se remitirá por medio del sistema informático judicial, salvo los supuestos en los que deba realizarse en soporte papel por ir el acto acompañado de elementos que **no sean susceptibles de conversión** en formato electrónico, acompañándose la copia o cédula correspondiente y lo demás que en cada caso proceda. 2887

Estos actos de comunicación se han de cumplimentar en un **plazo** no superior a 20 días, contados a partir de su recepción. Cuando no se realice en el tiempo indicado, a cuyo efecto se requerirá al letrado de la Administración de Justicia para su observancia, se han de expresar, en su caso, las causas de la dilación.

Dichos actos pueden ser realizados, a instancia de parte, por **procurador**, encargándose de su cumplimiento en los mismos términos y plazos.

Precisiones El **auxilio judicial** se estudia en nº 600 s.

Nulidad y subsanación de los actos de comunicación (LEC art.166) Son nulos los actos de comunicación que no se practiquen con arreglo a lo dispuesto en las normas previstas para su realización y puedan causar **indefensión**. 2888

Sin embargo, cuando la persona notificada, citada, emplazada o requerida **se haya dado por enterada** en el asunto, y no denuncie la nulidad de la diligencia en su primer acto de comparecencia ante el tribunal, surte esta desde entonces todos sus efectos, como sí se hubiera hecho con arreglo a las disposiciones de la ley.

Precisiones Para que se considere emplazado al demandado, a los efectos de exigir el traslado del escrito de desistimiento del actor, es necesario que el emplazamiento haya llegado a su destinatario y conocimiento, sin que pueda equipararse al emplazamiento el hecho mismo de la emisión de la cédula para tal fin, puesto que se trata de actuación recepticia que solo adquiere valor cuando llega a **conocimiento del destinatario**, encontrándonos en caso contrario en el absurdo de que los plazos de respuesta a la actuación jurisdiccional comenzarían a correr desde la emisión de la resolución (AP Madrid auto 18-3-05, EDJ 43180).

Forma de los oficios y mandamientos (LEC art.167) Los mandamientos y oficios se han de remitir directamente por el letrado de la Administración de Justicia, que los expida a la autoridad o funcionario a que vayan dirigidos, debiendo utilizarse los **medios electrónicos, informáticos y similares** (LEC art.162), que permitan el envío y la recepción de escritos y documentos de forma tal que esté garantizada la autenticidad de la comunicación y de su contenido y quede constancia fehaciente de la remisión recepción íntegras y del momento en que se hicieron. 2889

No obstante, si así lo solicitan, las partes pueden **diligenciar personalmente** los mandamientos y oficios.

En todo caso, la parte a cuya instancia se libren los oficios y mandamientos ha de satisfacer los **gastos** que requiera su cumplimiento.

2890 **Responsabilidad de los funcionarios y profesionales intervinientes en la comunicación procesal** (LEC art.168) El **letrado de la Administración de Justicia** o el funcionario de los cuerpos al servicio de la Administración de Justicia que, en el desempeño de las funciones que se le asignan en materia de actos de comunicación judicial, dé lugar, por malicia o negligencia, a retrasos o dilaciones indebidas, debe ser corregido disciplinariamente por la autoridad de quien dependa e incurre además en responsabilidad por los daños y perjuicios que ocasione.

El **procurador** que incurra en dolo o morosidad o negligencia en los actos de comunicación cuya práctica haya asumido o no respete alguna de las formalidades legales establecidas, causando perjuicio a tercero, es responsable de los daños y perjuicios ocasionados y puede ser sancionado conforme a lo dispuesto en las normas legales o estatutarias.

E. Sustanciación de asuntos

2895 **Dación de cuenta del letrado de la Administración de Justicia** (LOPJ art.455; LEC art.178) La dación de cuenta es una **responsabilidad** que recae en el letrado de la Administración de Justicia, regulándose en cada ley procesal la forma de articular la misma.

Para el despacho ordinario deben dar cuenta los letrados de la Administración de Justicia a la sala, al ponente o al juez, en cada caso, de los **escritos y documentos presentados**, en el mismo día de su presentación o en el siguiente día hábil cuando contuvieran peticiones o pretensiones que exijan pronunciamientos de aquellos Lo mismo harán respecto a las **actas** que se hubieran autorizado fuera de la presencia judicial.

También darán cuenta, en el siguiente día hábil, del **transcurso de los plazos procesales** y del consiguiente estado de los autos cuando a su vencimiento deba dictarse la oportuna resolución por el juez o magistrado, así como de las resoluciones que hubieran dictado que no fueran de mera tramitación.

Los funcionarios del Cuerpo de Gestión Procesal y Administrativa darán a su vez cuenta al letrado de la Administración de Justicia de la tramitación de los procedimientos, en particular cuando esta exija una **interpretación de ley** o de normas procesales, sin perjuicio de informar al titular del órgano judicial cuando fueran requeridos para ello.

2896 **Impulso procesal** (LEC art.179.1) El **letrado de la Administración de Justicia** dará de oficio al
MPCI proceso el curso que corresponda, dictando al efecto las resoluciones necesarias.
nº 5197 El principio de impulso procesal de oficio no es incompatible, sino más bien al contrario, con las **obligaciones procesales de las partes** y su deber de colaboración con los órganos jurisdiccionales, debiendo coadyuvar e interesarse por la marcha del proceso en el que pretenden la defensa de sus derechos e intereses legítimos.

Precisiones Desde el 2-12-2024 -levantamiento de la suspensión de los plazos procesales acordada por el RDL 7/2024- hasta el 31-12-2025, se tramitarán con preferencia en el orden jurisdiccional civil, los procedimientos que tengan por objeto el ejercicio de acciones civiles derivadas de lo dispuesto en el capítulo V y en la sección 2.ª del capítulo VI del RDL 6/2024, y de lo dispuesto en el título II y en el capítulo V del título XII del RDL 7/2024, así como el ejercicio de acciones civiles que tengan su fundamento en los **daños causados por la DANA de Valencia** en los municipios incluidos en el RDL 6/2024 Anexo, entre el 28-10-24 y el 4-11-2024 (RDL 6/2024 art.29).

2897 **Suspensión del proceso por acuerdo de las partes** (LEC art.19.4 y 179.2) El curso del procedimiento se puede suspender si las **partes** lo solicitan, siempre que no perjudique el interés general o a tercero y que el plazo de la suspensión no supere los 60 días.

El procedimiento **se reanuda** si lo solicita cualquiera de las partes.

No se prevé que la **prórroga** del plazo máximo de suspensión de 60 días, por lo que, transcurrido el mismo, se han de archivar provisionalmente los autos y se inicia el cómputo del plazo para la caducidad de la instancia -nº 3060- (TS auto 5-10-04, EDJ 262177).

Si, **transcurrido el plazo** por el que se acordó la suspensión, nadie pide, en los 5 días siguientes, la reanudación del proceso, se han de archivar provisionalmente los autos -por el letrado de la Administración de Justicia- y permanecerán en tal situación mientras no se solicite la continuación del proceso o se produzca la caducidad de instancia.

En cualquier momento del procedimiento, el letrado de la Administración de Justicia o el juez o tribunal puede plantear a las partes la posibilidad de **derivar el litigio a mediación o a otro medio adecuado de solución de controversias**, siempre que concurran circunstancias que posibilitan una solución del conflicto en dicho ámbito -apreciadas por resolución motivada oral o escrita- y, singularmente, cuando no haya sido posible negociación previa. Es precisa la conformidad de las partes, que en tal caso han de pedir conjuntamente la suspensión del procedimiento. Si en el proceso intervienen personas mayores (LEC art.7 bis), ha de valorarse específicamente esta circunstancia para promover su resolución a través de medios adecuados de solución de controversias, con especial consideración al principio de igualdad de partes (LEC art.19.5 redacc LO 1/2025).

Precisiones Se ha denegado la **prórroga** a la suspensión del proceso, solicitada por la parte, por considerar dicho plazo máximo improrrogable, archivándose provisionalmente las actuaciones (TS auto 5-10-04).

Suspensión a instancia del abogado (LEC art.179.3 a 5) El curso del procedimiento puede también suspenderse por 3 días hábiles desde la producción del hecho causante, a solicitud del abogado, por el **fallecimiento, accidente o enfermedad graves** de su cónyuge, de persona a la que estuviese unido por análoga relación de afectividad o de un familiar dentro del primer grado de consanguinidad o afinidad, con ampliación hasta 5 días hábiles cuando, a tal efecto, sea preciso un desplazamiento a otra localidad, o reducción a 2 y 4 días hábiles, respectivamente, cuando el fallecimiento y las otras circunstancias indicadas afecten a familiares en segundo grado de afinidad o consanguinidad. 2897.1

También se suspenderá el procedimiento por **accidente o enfermedad del abogado** interviniente, mantenida durante el periodo coincidente con la baja laboral conforme a la legislación laboral y de Seguridad Social o cualquier otro sistema de previsión social y, en todo caso, por un **plazo máximo** de 30 días naturales, transcurridos los cuales se alzará la suspensión.

Para los casos de **nacimiento y cuidado de menor**, los abogados intervinientes a quienes se les haya concedido la baja por tal motivo pueden solicitar la suspensión y, por tanto, de todos los actos y plazos procesales en curso, para el período coincidente con el descanso laboral obligatorio establecido en la normativa sectorial. La suspensión así solicitada afectará a todos los procedimientos en los que intervenga el abogado.

Junto con la **solicitud** de suspensión han de acreditarse documentalmente las circunstancias expresadas.

Para el caso de que en el plazo por el que se solicita la suspensión estuviera **señalada alguna vista u otro acto procesal**, en la misma solicitud se indicarán, además, todos los datos que sean necesarios de las partes, los profesionales, peritos, testigos y demás intervinientes para facilitar su localización y que puedan ser informados a la mayor brevedad de la suspensión acordada.

El letrado de la Administración de Justicia, una vez acreditada la causa invocada, dictará a la mayor brevedad posible decreto acordando la suspensión del proceso a todos los efectos y por el plazo que corresponda, con **notificación** inmediata.

Magistrado ponente (LEC art.180; Rgto CGPJ 1/2005 art.34 y 35) En los **tribunales colegiados**, el letrado de la Administración de Justicia determinará para cada asunto un magistrado ponente según el turno establecido para la sala o sección al principio del año judicial, exclusivamente sobre la base de criterios objetivos. 2898

El **reparto y la asignación** de ponencias, así como, en general, el funcionamiento de la Sala o Audiencia, se regula por las normas que, previa propuesta del presidente respectivo, sean aprobadas por la Sala de Gobierno y comunicadas al Consejo General del Poder Judicial.

La **designación** se hará en la primera resolución que el letrado de la Administración de Justicia dicte en el proceso y se notificará a las partes el nombre del magistrado ponente y, en su caso, del que con arreglo al turno ya establecido le sustituya, con expresión de las causas que motiven la sustitución. En la designación de ponente se han de turnar todos los magistrados de la sala o sección, incluidos los presidentes.

El **cambio de ponente**, no notificado previamente a las partes, es un acto contrario a las normas procesales que lo imponen como necesario para que los litigantes puedan tener la posibilidad de recusar a los miembros del tribunal. Sin embargo, su omisión tan solo puede dar lugar a la nulidad de lo actuado, como constitutivo de un quebrantamiento de forma originador de indefensión, cuando se haya manifestado la intención clara y fundada de la parte de recusar al nuevo ponente, por lo que, en los demás supuestos, debe tenerse como una simple y no deseable infracción que no produce consecuencias anulatorias del procedimiento (TS 30-12-98, EDJ 27969).

Los **magistrados suplentes**, ya actúen para completar sala, ya lo hagan en régimen de adscripción como medida de refuerzo, deben participar en el turno de ponencias en régimen de igualdad con los restantes magistrados componentes de la misma.

Funciones (LEC art.181) En los tribunales colegiados, corresponde al magistrado ponente: 2899

1. El **despacho ordinario** y el cuidado de la tramitación de los asuntos que le hayan sido turnados, sin perjuicio del impulso que corresponda al letrado de la Administración de Justicia.
2. Examinar la proposición de **medios de prueba** que las partes presenten e informar sobre su admisibilidad, pertinencia y utilidad.

3. Informar los **recursos** interpuestos contra las decisiones del tribunal y contra las decisiones del letrado de la Administración de Justicia que deba resolver el tribunal.
4. Dictar las **providencias** y proponer las demás resoluciones que deba dictar el tribunal.
5. Redactar las **resoluciones** que dicte el tribunal, sin perjuicio de la posibilidad de formular voto particular.

F. Vista

2900 MPCI nº 5212 **Señalamiento** (LEC art.182) Corresponde a los presidentes de sala y a los de sección de los órganos colegiados el señalamiento de **fecha y hora** para la deliberación y votación de los asuntos que deban fallarse sin celebración de vista.

Del mismo modo, corresponde al juez o presidente el señalamiento cuando la decisión de convocar, reanudar o señalar de nuevo un juicio, vista o trámite equivalente se adopte en el transcurso de cualquier **acto procesal ya iniciado** y que presidan, siempre que puedan hacerla en el mismo acto, y teniendo en cuenta las necesidades de la agenda programada de señalamientos.

Los titulares de órganos jurisdiccionales unipersonales y los presidentes de sala o sección en los tribunales colegiados deben fijar los **criterios generales** y dar las concretas y específicas **instrucciones** con arreglo a los cuales se ha de realizar el señalamiento de las vistas o trámites equivalentes. Esos criterios e instrucciones deben abarcar:

- la fijación de los días predeterminados para tal fin, que debe sujetarse a la disponibilidad de sala prevista para cada órgano judicial y a la necesaria coordinación con los restantes órganos judiciales;
- las horas de audiencia;
- el número de señalamientos;
- la duración aproximada de la vista en concreto, según hayan podido determinar una vez estudiado el asunto o pleito de que se trate;
- la naturaleza y complejidad de los asuntos;
- cualquier otra circunstancia que se estime pertinente.

Los letrados de la Administración de Justicia deben establecer la **fecha y hora** de las vistas o trámites equivalentes sujetándose a los criterios e instrucciones anteriores y gestionando una agenda programada de señalamientos y teniendo en cuenta las siguientes **circunstancias**:

• El **orden** en que los procedimientos lleguen a estado en que deba celebrarse vista o juicio, salvo las excepciones legalmente establecidas o los casos en que el órgano jurisdiccional excepcionalmente establezca que deben tener preferencia. En tales casos serán antepuestos a los demás cuyo señalamiento no se haya hecho.
• La **disponibilidad de sala** prevista para cada órgano judicial.
• La organización de los **recursos humanos** de la oficina judicial.
• El **tiempo** que fuera preciso para las citaciones y comparecencias de los peritos y testigos.
• La **coordinación con el Ministerio Fiscal** en los procedimientos en que las Leyes prevean su intervención.

A medida que se incluyan los señalamientos en la agenda programada y, en todo caso, antes de su notificación a las partes, se debe **dar cuenta al juez o presidente**. En el caso de que no se ajusten a los criterios e instrucciones establecidos, el juez o presidente decidirá sobre señalamiento.

2903 **Tramitación preferente** Tienen un tratamiento o tramitación preferente los señalamientos que se refieran a:

• Las demandas que pretendan la tutela del derecho al honor, a la intimidad y a la propia imagen, y las que pidan la tutela judicial civil de cualquier otro **derecho fundamental**, salvo las que se refieran al derecho de rectificación (LEC art.249.1.2º).
• Los **recursos de apelación** contra autos que inadmitan demandas por falta de requisitos que la ley exija para casos especiales (LEC art.455.3) y contra resoluciones dictadas en pleitos testigo, así como contra los autos de suspensión del curso de las actuaciones hasta que se dicte sentencia en el procedimiento identificado como testigo y esta gane firmeza (LEC art.455.4).
• La ejecución provisional de las sentencias en las que se tutelen **derechos fundamentales** (LEC art.524.5).
• La vista para la audiencia de las partes cuando se ha solicitado por alguna de ellas la adopción de una **medida cautelar**, cuando así lo exija la efectividad de la medida solicitada (LEC art.734.1).
• El **recurso de apelación** contra el auto en que el tribunal deniegue la medida cautelar (LEC art.736.1).

Precisiones Si una de las partes o de quienes han de intervenir en la vista tiene **80 años o más**, puede solicitar al letrado de la Administración de Justicia, que lo acordará, que se practique el señalamiento en las primeras o en las últimas horas de audiencia, en función de sus necesidades (LEC art.183.3 bis).

Solicitud de nuevo señalamiento (LEC art.183 y 430) Si a cualquiera de los que hayan de acudir a una vista le **resulta imposible asistir** a ella en el día señalado, por causa de fuerza mayor u otro motivo de análoga entidad, lo debe manifestar de inmediato al tribunal, acreditando cumplidamente la causa o motivo y solicitando señalamiento de nueva vista o resolución del tribunal que atienda a la situación. 2905

Asimismo, en el **juicio ordinario**, si cualquiera de los que hayan de acudir al acto del juicio no puede asistir a este por causa de fuerza mayor u otro motivo de análoga entidad -tales como nacimiento y cuidado de menor, enfermedad grave y accidente con hospitalización, fallecimiento de cónyuge o de persona a la que estuviese unido en relación análoga al matrimonio, fallecimiento de parientes hasta segundo grado de consanguinidad o afinidad o baja laboral certificada-, puede solicitar nuevo señalamiento de juicio.

Cuando sea el **abogado de una de las partes** quien considere imposible acudir a la vista o acto procesal de que se trate, si se considera atendible y acreditada la situación que se alegue, el letrado de la Administración de Justicia puede hacer nuevo señalamiento de vista.

Cuando sea la **parte** quien alegue la situación de imposibilidad, el letrado de la Administración de Justicia, si considera atendible y acreditada la situación que se alegue, puede adoptar una de las siguientes resoluciones:

1. Si la vista es de procesos en los que la parte **no** está asistida de **abogado** o representada por **procurador**, el tribunal debe efectuar nuevo señalamiento.

2. Si la vista es para actuaciones en que, aun estando la parte asistida por abogado o representada por procurador, sea necesaria la **presencia personal** de la parte, se debe efectuar igualmente nuevo señalamiento de vista.

En particular, si la parte ha sido citada a la vista para responder al interrogatorio de la parte, el tribunal debe efectuar nuevo señalamiento, con las citaciones que sean procedentes. Lo mismo se debe resolver cuando esté citada para interrogatorio una parte contraria a la que alegue y acredite la imposibilidad de asistir.

El letrado de la Administración de Justicia debe poner en **conocimiento del tribunal** la fecha y hora fijadas para el nuevo señalamiento, en el mismo día o en el día hábil siguiente a aquel en que hubiera sido acordado (LEC art.183.4).

Cuando un **testigo o perito**, que haya sido citado a vista por el tribunal, manifieste y acredite encontrarse en la misma situación de imposibilidad, el letrado de la Administración de Justicia, si se acepta la excusa, debe decidir, oídas las partes en el plazo común de 3 días, si deja sin efecto el señalamiento de la vista y efectúa uno nuevo o si cita al testigo o perito para la práctica de la actuación probatoria fuera de la vista señalada.

Si el tribunal **no considera atendible o acreditada la excusa** del testigo o del perito, puede mantener el señalamiento de la vista y notificarlo así a aquellos, requiriéndoles a comparecer, con el apercibimiento de proceder contra ellos por desobediencia a la autoridad, además de la procedencia de la imposición de multa de entre 180 a 600 euros.

Se debe proceder a nuevo señalamiento para la vista, además de los casos anteriores, en el supuesto de la llamada **intervención provocada** en los juicios verbales (nº 2377).

Cuando el tribunal -el letrado de la Administración de Justicia-, al resolver sobre la solicitud de suspensión de la vista, aprecie que el abogado, el litigante, el perito o el testigo han procedido con **dilación injustificada** o sin fundamento alguno, puede imponerles multa de hasta 600 euros, sin perjuicio de lo que resuelva sobre el nuevo señalamiento.

Precisiones Si una de las partes o de las personas que han de intervenir en la vista es una persona con una **edad de 80 años o más**, puede solicitar, y así se acordará por el letrado de la Administración de Justicia, que se practique el señalamiento en las primeras horas de audiencia, o bien, en las últimas, en función de las necesidades de la persona afectada (LEC art.183.3 bis; nº 2793.2).

Tiempo para la celebración (LEC art.184) Para la celebración de las vistas se pueden emplear todas las horas hábiles y habilitadas del día en una o más sesiones y, en caso necesario, continuar el día o días siguientes. 2907

Entre el señalamiento y la celebración de la vista deben mediar, al menos, 10 días hábiles, salvo en los casos en que la ley disponga otra cosa.

Las horas y días hábiles para las actuaciones judiciales se exponen en nº 2794.

Celebración (LEC art.185 y 447 -redacc LO 1/2025-) Constituido el tribunal en forma, el juez o presidente debe declarar que se procede a celebrar vista pública, excepto cuando el acto se celebre a puerta cerrada. 2909 MPCI nº 5222

Iniciada la vista, se deben relacionar sucintamente los **antecedentes** del caso o las cuestiones que hayan de tratarse.
Seguidamente, deben **informar**, por su orden, el actor y el demandado o el recurrente y el recurrido, por medio de sus abogados, o las partes mismas, cuando la ley lo permita. Si se hubiera admitido **prueba** para el acto de la vista se debe proceder a su práctica.
Concluida la práctica de prueba o, si esta no se ha producido, finalizado el primer turno de intervenciones, el juez o presidente concede de nuevo la palabra a las partes para **rectificar hechos o conceptos** y, en su caso, formular concisamente las alegaciones que a su derecho convengan sobre el resultado de las pruebas practicadas.
En el seno de la regulación del **juicio verbal**, una vez practicadas las pruebas, si se han propuesto y admitido (incluidas las diligencias finales -sometidas a LEC art.435-), o expuestas, en otro caso, las alegaciones de las partes, se da por terminada la vista, salvo que se abra un turno potestativo de conclusiones orales. El tribunal debe dictar sentencia dentro de los 10 días siguientes. Está previsión entra en contradicción con lo previsto con carácter general para la celebración de las vistas, antes expuesto, esto es, la necesaria concesión a las partes de un nuevo turno de palabra para rectificar hechos o conceptos o formular alegaciones sobre el resultado de las pruebas practicadas, concesión que en el seno del juicio verbal no es preceptiva, sino potestativa.

2911 **Dirección de los debates y orden público** (LEC art.186; LOPJ art.191 a 194) Durante el desarrollo de las vistas, corresponde al juez o presidente o al letrado de la Administración de Justicia en el caso de vistas celebradas exclusivamente ante él la dirección de los debates y, en particular:
a) Mantener, con todos los medios a su alcance, el **buen orden** en las vistas, exigiendo que se guarde el respeto y consideración debidos a los tribunales y a quienes se hallen actuando ante ellos, corrigiendo en el acto las faltas que se cometan.
b) Agilizar el **desarrollo** de las vistas, a cuyo efecto debe llamar la atención del abogado o de la parte que en sus intervenciones se separen notoriamente de las cuestiones que se debatan, instándoles a evitar divagaciones innecesarias, y si no atienden a la segunda advertencia que en tal sentido se les formule, puede retirarles el uso de la palabra.

Precisiones No debe confundirse la **dirección del litigio** y de los concretos actos procesales que lo integran, en los que los magistrados tienen pleno control, con respeto a la ley, y se ven investidos de amplias facultades dirigidas, en definitiva, a soslayar en la medida de lo posible cuestiones meramente formales que dificulten, entorpezcan o enturbien la solicitud de tutela que se les ha sometido, y lo que es una mera aplicación de la ley que permite, en la audiencia previa, una **intervención activa del juzgador** (AP Alicante 2-3-06, EDJ 99052).

2912 Los que **perturben la vista** de algún proceso, causa u otro acto judicial, dando señales ostensibles de aprobación o desaprobación, faltando al respeto y consideraciones debidas a los jueces, tribunales, Ministerio Fiscal, abogados, procuradores, letrados de la Administración de Justicia, médicos forenses o resto del personal al servicio de la Administración de Justicia, deben ser **amonestados** en el acto por quien presida y **expulsados de la sala** o de las dependencias de la oficina judicial, si no obedecen a la primera advertencia, sin perjuicio de la responsabilidad penal en que incurran.
Los que se resistan a cumplir la orden de expulsión pueden ser, además, sancionados con **multa**, cuyo máximo es la cuantía de la multa más elevada en el Código penal como pena correspondiente a las faltas.
Con la misma multa pueden ser sancionados los **testigos, peritos o cualquier otro** que, como parte o representándola, falten en las vistas y actos judiciales, de palabra, obra o por escrito a la consideración, respeto y obediencia debidos a jueces, fiscales, letrados de la Administración de Justicia y resto del personal al servicio de la Administración de Justicia, cuando sus actos no constituyan delito.
Debe hacerse constar en el **acta** el hecho que motiva la sanción, la explicación que, en su caso, dé el sancionado, y el acuerdo que se adopte por quien presida el acto.
Contra el acuerdo de imposición de sanción puede interponerse, en el plazo de 3 días, **recurso de audiencia en justicia** ante el propio juez, presidente o letrado de la Administración de Justicia, que lo debe resolver en el siguiente día. Contra el acuerdo resolviendo el recurso o contra el de imposición de la sanción, si no se ha utilizado aquel recurso, cabe **recurso de alzada**, en el plazo de 5 días, ante la sala de gobierno, que lo ha de resolver previo informe del juez, presidente o letrado de la Administración de Justicia que impuso la sanción en la primera reunión que se celebre.
Los **abogados y procuradores** de las partes se rigen por su normativa propia (nº 1450).

Documentación (LEC art.147 y 187) El desarrollo de la vista se debe registrar en soporte apto para la **grabación y reproducción** del sonido y de la imagen o, si no es posible, solo del sonido. Si estos medios de registro no pueden utilizarse por cualquier causa, la vista se ha de documentar por medio de **acta** realizada por el letrado de la Administración de Justicia. 2913

Siempre que se cuente con los medios tecnológicos necesarios, el letrado de la Administración de Justicia debe garantizar la **autenticidad e integridad** de lo grabado o reproducido mediante la utilización de la firma electrónica reconocida u otro sistema de seguridad que, conforme a la Ley, ofrezca tales garantías. En este caso, la celebración del acto no requiere la **presencia en la sala** del letrado de la Administración de Justicia, salvo que lo hubieran solicitado las partes (al menos 2 días antes de la celebración de la vista) o que excepcionalmente lo considere necesario el letrado de la Administración de Justicia, atendiendo a la complejidad del asunto, al número y naturaleza de las pruebas a practicar, al número de intervinientes, a la posibilidad de que se produzcan incidencias que no pudieran registrarse, o a la concurrencia de otras circunstancias igualmente excepcionales que lo justifiquen. En estos casos, el letrado de la Administración de Justicia extenderá acta sucinta.

Si los sistemas disponibles no proveen de expediente electrónico, el letrado de la Administración de Justicia debe **custodiar el documento electrónico** que sirva de soporte a la grabación. Las partes pueden pedir, a su costa, **copia de las grabaciones** originales o acceso electrónico a las mismas.

La oficina judicial ha de garantizar la **correcta incorporación** de la grabación al expediente electrónico, en su caso.

Precisiones Sobre documentación a través de sistemas de **grabación y reproducción** del sonido y de la imagen, ver nº 2827.

Suspensión (LEC art.188 y 189) Se prevé la suspensión de la vista cuando concurran una serie de causas (nº 2916). La decisión de suspensión corresponde al letrado de la Administración de Justicia. 2914

Toda suspensión que se acuerde se ha de **comunicar inmediatamente** a las partes personadas y a quienes hayan sido citados judicialmente en calidad de testigos, peritos o en otra condición.

Las normas que regulan la suspensión merecen una **interpretación flexible y antiformalista**, en aras a la protección del derecho a la tutela judicial efectiva, congruente con el propósito del legislador, que no es otro que el de restringir, en lo posible, las suspensiones inmotivadas o solapadamente dilatorias (TCo 86/1994; 196/1994).

Sin embargo, esta interpretación flexible no puede amparar actitudes carentes de la **diligencia** debida por parte del interesado, lesivas del derecho a la tutela judicial efectiva de la contraparte, de la garantía a un proceso sin dilaciones indebidas o a la regularidad, buen funcionamiento y, en definitiva, integridad del proceso.

Así, la **realidad de la causa de suspensión** que se invoque ha de ser adverada, con eficacia probatoria y fuerza de convicción suficiente para acreditar la veracidad de la circunstancia impeditiva de la asistencia, siendo al letrado de la Administración de Justicia a quien corresponde apreciar la concurrencia de las circunstancias imposibilitantes de la comparecencia para acordar la suspensión del juicio, decisión que no admite discrecionalidad alguna pues se ha de adoptar en función de circunstancias concretas, probadas e idóneas para justificar la suspensión.

Precisiones **1)** No resulta adecuada la conducta del letrado que, habiendo solicitado la suspensión de la celebración de la vista **un día antes de la fecha señalada** para la misma, y sin conocer el criterio del juzgador sobre la suspensión solicitada, dado que aquel no había tenido tiempo material para resolverla, decide no acudir a la celebración de la misma, por lo que resulta ajustada a Derecho la resolución que lo tiene por no comparecido (AP Cantabria 22-1-04, EDJ 5622).

2) Excepcionalmente se admite la **justificación** *a posteriori* de la causa de inasistencia cuando la enfermedad constituya un acontecimiento imprevisible, que, además y a la vista de las circunstancias concurrentes tenga una capacidad obstativa o paralizante de la actividad normal del sujeto (TCo 195/1999).

Causas (LEC art.188) La celebración de las vistas en el día señalado solo puede suspenderse por alguna de las siguientes causas: 2916

1. Por impedirla la continuación de otra **pendiente del día anterior**.
2. Por faltar el número de **magistrados** necesario para dictar resolución o por indisposición sobrevenida del juez o del letrado de la Administración de Justicia, si no puede ser sustituido.
3. Por solicitarlo de acuerdo las **partes**, alegando justa causa a juicio del letrado de la Administración de Justicia.
4. Por imposibilidad absoluta de cualquiera de las **partes citadas** para ser interrogadas en el juicio o vista, siempre que tal imposibilidad, justificada suficientemente a juicio del letrado de

la Administración de Justicia, se haya producido cuando ya no sea posible solicitar nuevo señalamiento.
5. Por muerte, enfermedad, baja por maternidad o paternidad o cuidado de menor o imposibilidad absoluta del **abogado** de la parte que pidiera la suspensión o cualquiera de las causas indicadas en nº 2897.1 (LEC art.179.3), justificadas suficientemente, a juicio del letrado de la Administración de Justicia, siempre que tales hechos se hubiesen producido cuando ya no fuera posible solicitar nuevo señalamiento.
Serán equiparables otras situaciones análogas previstas en otros sistemas de previsión social por el mismo tiempo por el que se otorgue la baja y la prestación de los permisos previstos en la legislación de la Seguridad Social.
En los casos de urgencia médica ocurrida el mismo día de un señalamiento o dentro de las 24 horas inmediatamente anteriores, para la suspensión del acto procesal bastará la aportación de cualquier medio que permita al tribunal tener conocimiento de la situación generadora de la necesidad de suspensión, sin perjuicio de su necesaria acreditación posterior.
Si cualquiera de las circunstancias expuestas en este apartado afectaran al **procurador** de una de las partes y el hecho se hubiera producido sin la oportunidad de poder designar en ese momento profesional que le sustituya, se suspenderá igualmente la celebración de la vista, que no podrá volver a señalarse hasta 3 días después, con objeto de que el colegio de procuradores pueda, en su caso, organizar su sustitución.
6. Por tener el abogado defensor **dos señalamientos de vista** para el mismo día en distintos tribunales, resultando imposible, por el horario fijado, su asistencia a ambos, siempre que acredite suficientemente que intentó, sin resultado, un nuevo señalamiento que evitara la coincidencia.
7. Por haberse acordado la **suspensión del curso de las actuaciones** o resultar procedente tal suspensión de acuerdo con lo dispuesto por la ley.
8. Por **imposibilidad técnica** en los casos que, habiéndose acordado la celebración de la vista o la asistencia de algún interviniente por medio de videoconferencia, no se pudiese realizar la misma en las condiciones necesarias para el buen desarrollo de la vista.

Precisiones 1) No se produce indefensión cuando no se acuerda la suspensión de la vista por haberse presentado la solicitud de suspensión **un día antes de la fecha marcada** para la celebración de la misma, sin haber justificado los motivos por los cuales no tuvo conocimiento del señalamiento, según se alegó, hasta un día antes de la celebración de aquella (AP Cantabria 22-1-04, EDJ 5622).
2) Este régimen de suspensión de las vistas es aplicable, en lo que proceda, a los demás **actos procesales que estuvieran señalados**.

2917 Con respecto a la suspensión por tener el abogado defensor **dos señalamientos de vista** para el mismo día en distintos tribunales, se precisa lo siguiente:
• Tiene **preferencia** la vista relativa a causa criminal con preso y, en defecto de esta actuación, la del señalamiento más antiguo, y si los dos señalamientos fuesen de la misma fecha, se ha de suspender la vista correspondiente al procedimiento más moderno.
• No se debe acordar la suspensión de la vista si la comunicación de la solicitud para que aquella se acuerde se produce con **más de 3 días de retraso** desde la notificación del señalamiento que se reciba en segundo lugar. A estos efectos debe acompañarse con la solicitud copia de la notificación del citado señalamiento. Esto no es de aplicación a las vistas relativas a causa criminal con preso, sin perjuicio de la responsabilidad en que se haya podido incurrir.
Toda suspensión que el letrado de la Administración de Justicia acuerde se hará saber en el mismo día o en el día hábil siguiente al tribunal y se comunicará por el letrado de la Administración de Justicia a las partes personadas y a quienes hubiesen sido citados judicialmente en calidad de testigos, peritos o en otra condición (LEC art.188.2).

Precisiones Procede hacer un análisis fáctico sobre la **hora exacta de los señalamientos**, así como sobre la **proximidad de los tribunales** ante los que se encuentran señalados de vista el letrado, valorando los intentos de retrasos o adelantos en la celebración de las vistas a los efectos de favorecer la presencia en las vistas (AP Cantabria 22-1-04, EDJ 5622).

2918 **Nuevo señalamiento de vista suspendida** (LEC art.189) En caso de suspensión de la vista se debe hacer por el letrado de la Administración de Justicia el nuevo señalamiento **al acordarse la suspensión** y, si no es posible, tan pronto como desaparezca el motivo que la ocasionó.
El nuevo señalamiento se debe fijar para el **día más inmediato posible**, sin alterar el orden de los que ya estuvieran hechos.
Para los casos indicados en nº 2897.1 (LEC art.179.3), y con los límites establecidos en el mismo, se respetará en la fecha del nuevo señalamiento el período de **baja obligatoria** que, por enfermedad, nacimiento o cuidado de menor, tuviera establecido el abogado.

Cambio en el personal juzgador después del señalamiento de vista (LEC art.190) 2919

Cuando haya cambiado el juez o algún magistrado integrante del tribunal, después de efectuado el señalamiento y antes de la celebración de la vista, tan luego como ello ocurra y, en todo caso, antes de darse principio a la vista, se deben **comunicar dichos cambios** a las partes, sin perjuicio de proceder a la celebración de vista, a no ser que en el acto sea recusado, aunque sea verbalmente, el juez o alguno de los magistrados que, como consecuencia del cambio, hayan pasado a formar parte del tribunal.
Si se formula **recusación** se debe suspender la vista y tramitarse el incidente según lo dispuesto en la ley (nº 2754 s.), haciéndose el nuevo señalamiento una vez resuelta la recusación.
La recusación que se formule **verbalmente** ha de contener expresión sucinta de la causa o causas y debe formalizarse por escrito en el plazo de 3 días. Si no se hace dentro de dicho plazo, no puede ser admitida y se impondrá al recusante una multa de 150 a 600 euros, condenándole, además, al pago de las costas ocasionadas con la suspensión. En la misma resolución se hará el nuevo señalamiento para la vista lo antes posible.
Estas previsiones son también aplicables a los **letrados de la Administración de Justicia**, respecto de aquellas actuaciones que hayan de celebrarse únicamente ante ellos (LEC art.192 bis).

Precisiones La **falta de notificación** del cambio de ponente, aun siendo el nuevo ponente un magistrado suplente, no genera por sí sola indefensión material si la parte que la alega no justifica la existencia de una causa de recusación del nuevo ponente dotada de un mínimo fundamento (TCo auto 64/1997).

Recusación posterior a la vista (LEC art.191 y 192) En el caso de cambio de juez o de magistrado o magistrados, cuando se haya celebrado la vista por no haber mediado recusación, si el tribunal es unipersonal, el juez debe dejar **transcurrir 3 días** antes de dictar la resolución; si se trata de tribunal colegiado, se suspende por 3 días la discusión y votación de la misma. 2920
Dentro de este plazo pueden ser **recusados** el juez o los magistrados que hayan entrado a formar parte del tribunal después del señalamiento, y si las partes no hacen uso de ese derecho, empieza a correr el plazo para dictar resolución.
En este caso solo se admiten las recusaciones basadas en **causas** que no hayan podido conocerse antes del comienzo de la vista.
Si se declara **procedente**, por medio de auto, la recusación posterior a la vista, queda sin efecto la vista y se debe verificar de nuevo en el día más próximo que pueda señalarse, ante juez o con magistrados hábiles en sustitución de los recusados.
Cuando se declare **improcedente** la recusación, el juez o los magistrados que hayan asistido a la vista deben dictar la resolución, comenzando a correr el plazo para dictarla al día siguiente de la fecha en que se haya decidido sobre la recusación.
Estas previsiones son también aplicables a los **letrados de la Administración de Justicia**, respecto de aquellas actuaciones que hayan de celebrarse únicamente ante ellos (LEC art.192 bis).

Interrupción de la vista (LEC art.193 y 292) Una vez iniciada la celebración de una vista, solo puede interrumpirse por las siguientes causas: 2921

1. Cuando el tribunal deba resolver alguna **cuestión incidental** que no pueda decidir en el acto.
2. Cuando se deba practicar alguna **diligencia de prueba** fuera de la sede del tribunal y no pudiera verificarse en el tiempo intermedio entre una y otra sesión.
3. Cuando no comparezcan los **testigos** o los **peritos** citados judicialmente y el tribunal considere imprescindible la declaración o el informe de los mismos. Cuando, sin mediar previa excusa, un testigo o perito no comparezca al juicio o vista, el tribunal, oyendo a las partes que hayan comparecido, debe decidir, mediante providencia, si la audiencia ha de suspenderse o continuar.
4. Cuando, después de iniciada la vista, se produzca alguna de las **circunstancias que habrían determinado la suspensión** de su celebración y (así se acuerde por el juez o presidente.
La vista se debe **reanudar** una vez desaparecida la causa que motivó su interrupción.
Cuando no pueda reanudarse la vista dentro de los 20 días siguientes a su interrupción se ha de proceder a la celebración de **nueva vista**, haciéndose el oportuno señalamiento por el letrado de la Administración de Justicia para la fecha más inmediata posible. Lo mismo se hará, aunque no haya transcurrido dicho plazo, siempre que deba ser sustituido el juez ante el que comenzó a celebrarse la vista interrumpida y, tratándose de tribunales colegiados, cuando la vista no pueda reanudarse con magistrados de los que ya actuaron en ella en número suficiente para dictar resolución.
Cuando pueda **reanudarse la vista** dentro de los 20 días siguientes a su interrupción, así como en todos los casos en que el nuevo señalamiento pueda realizarse al mismo tiempo de acordar la interrupción, se hará por el juez o presidente, que debe tener en cuenta las necesidades de la agenda programada de señalamientos y las demás circunstancias.

G. Votación y fallo

2930 El régimen de votación y fallo se estudia con detalle en nº 5250 s. Memento Procesal Civil 2026.

H. Resoluciones judiciales

1. Clases

(LEC art.206 y 545.4)

2945 MPCI nº 5280 Son resoluciones judiciales las **providencias, autos y sentencias** dictadas por los jueces y tribunales.

En los **procesos de declaración**, cuando no se exprese la clase de resolución que haya de emplearse, se han de aplicar las reglas generales sobre la clase de resolución judicial que debe dictarse (nº 2948 s.).

Asimismo, en los **procesos de ejecución** se deben seguir, en lo que resulten aplicables, las reglas generales previstas para los procesos de declaración.

El tribunal debe decidir por medio de **providencia** en los supuestos en que así expresamente se señale y, en los demás casos, las resoluciones que procedan se dictarán por el letrado de la Administración de Justicia a través de **diligencias de ordenación y decretos**.

Precisiones **1)** Estas son las denominaciones de las resoluciones judiciales cuando ejercen su **función jurisdiccional**, juzgando y haciendo ejecutar lo juzgado. En el caso de no estar constituidos en salas de justicia, las resoluciones de las salas de gobierno y las de los jueces y presidentes cuando tengan **carácter gubernativo**, se denominan **acuerdos**. La misma denominación se ha de dar a las advertencias y correcciones que por recaer en personas que estén sujetas a la jurisdicción disciplinaria se impongan en las sentencias o en otros actos judiciales (LOPJ art.244).

Frente a este tipo de resoluciones, dictadas en el uso de las funciones meramente administrativas de los órganos judiciales, cabe interponer **recurso contencioso-administrativo** (TS auto 20-5-91, EDJ 5290).

2) Con el objeto de unificar la terminología y adaptarla a las competencias del letrado de la Administración de Justicia, la expresión resoluciones procesales engloba tanto las **resoluciones judiciales**, providencias, autos y sentencias, como las **resoluciones del letrado de la Administración de Justicia** que son:

- diligencias de ordenación, cuando la resolución tenga por objeto dar a los autos el curso que la Ley establezca;
- decretos, cuando con la resolución se admita la demanda o se ponga término al procedimiento del que el letrado de la Administración de Justicia tuviera atribuida competencia exclusiva, o cuando fuera preciso o conveniente razonar lo resuelto; y
- diligencias de constancia, comunicación o ejecución a los efectos de reflejar en autos hechos o actos con trascendencia procesal.

3) Lo determinante de la **forma de la resolución** que haya de adoptarse no es el contenido del escrito presentado por la parte, sino la índole de la decisión a adoptar a la vista del mismo (TCo auto 72/2010).

4) No son resoluciones judiciales ni procesales los **testimonios**. Mediante ellos, el letrado de la Administración de justicia, como fedatario público judicial, acredita que ha tenido a la vista el original de una resolución y que la copia del documento corresponde íntegramente con aquel, firmando el testimonio en prueba de su autenticidad. Tampoco los **mandamientos**, que son título formal -no material- para la práctica de ciertos asientos registrales (RH art.165; DGRN/DGSFP Resol 23-12-20).

2948 **Providencia** (LOPJ art.245.1.a; LEC art.206.1.1ª y 208.1) Se denominan providencias las resoluciones judiciales cuando se refieran a cuestiones procesales que requieran una **decisión judicial**, bien por así establecerlo la ley, bien por derivarse de ellas cargas o por afectar a derechos procesales de las partes, siempre que no exija expresamente la forma de auto.

Las providencias se deben limitar a expresar lo que por ellas se mande y deben incluir además una sucinta **motivación** cuando así lo disponga la ley o el tribunal lo estime conveniente.

2949 **Auto** (LEC art.206.1.2ª y 208.2) Como regla general, se ha de dictar auto cuando **se resuelva o decida sobre**:

- recursos contra providencias o decretos;
- admisión o inadmisión de demanda, reconvención y acumulación de acciones;
- admisión o inadmisión de la prueba;
- aprobación judicial de transacciones, acuerdos de mediación y convenios;
- medidas cautelares y nulidad o validez de las actuaciones.

También revestirán la forma de auto las resoluciones que versen sobre presupuestos procesales, anotaciones e inscripciones registrales y cuestiones incidentales, tengan o no señalada tramitación especial, siempre que en tales casos la Ley exigiera decisión del tribunal, así como las que pongan **fin a las actuaciones de una instancia o recurso** antes de que concluya su tramitación ordinaria, salvo que, respecto de estas últimas, la Ley hubiera dispuesto que deban finalizar por decreto.
Asimismo, el **recurso de casación** se puede decidir mediante auto en los supuestos de existencia de doctrina jurisprudencial sobre la cuestión o cuestiones planteadas a la que se oponga la resolución impugnada con devolución del asunto al tribunal de su procedencia para que dicte nueva resolución de acuerdo con la doctrina jurisprudencial existente (LEC art.487.1).
Los autos deben ser siempre **motivados** y han de contener, en párrafos separados y numerados, los antecedentes de hecho y los fundamentos de derecho en los que se base la subsiguiente parte dispositiva o fallo.

Sentencia (LEC art.206.1.3ª, 208.2 y 210.3) Como regla general, se debe dictar sentencia para poner **fin al proceso**, en primera o segunda instancia, una vez que haya concluido su tramitación ordinaria prevista en la Ley. **2950**
También se resuelven mediante sentencia los **recursos de casación** y los procedimientos para la **revisión de sentencias** firmes, salvo en el supuesto de LEC art.487.1.
Las sentencias deben ser siempre **motivadas** y han de contener, en párrafos separados y numerados, los antecedentes de hecho y los fundamentos de Derecho en los que se base la subsiguiente parte dispositiva o fallo.
En ningún caso se pueden dictar oralmente sentencias en procesos civiles.

Precisiones Las resoluciones judiciales deben atender a las exigencias que, potencialmente, impongan **normas sectoriales** o legales en general. Por ejemplo, las que se refieran a inmuebles, deben incorporar la referencia catastral de los mismos (RDLeg 1/2004 art.38).

2. Forma y contenido

Resoluciones escritas (LEC art. 208; LOPJ art.248 redacc LO 1/2025) Las **diligencias de ordenación** y **las providencias** se limitarán a expresar lo que por ellas se mande e incluirán además una sucinta motivación cuando así lo disponga la ley o quien haya de dictarlas lo estime conveniente. **2953** MPCI nº 5290
Los **decretos** y los **autos** serán siempre motivados y contendrán en párrafos separados y numerados los antecedentes de hecho y los fundamentos de derecho en los que se base la subsiguiente parte dispositiva o fallo.
Si se tratara de **sentencias** y **autos** habrá de indicarse el tribunal que las dicte, con expresión del juez o magistrados que lo integren y su firma e indicación del nombre del ponente, cuando el tribunal sea colegiado. En el caso de providencias dictadas por salas de justicia, bastará con la firma del ponente.
En las resoluciones dictadas por los letrados de la Administración de Justicia se indicará siempre el nombre del que la hubiera dictado, con extensión de su firma.

Precisiones 1) Tendrá la consideración de **documento judicial electrónico** la información de cualquier naturaleza en forma electrónica, archivada en un soporte electrónico, según un formato determinado y susceptible de identificación y tratamiento diferenciado admitido en el Esquema Judicial de Interoperabilidad y Seguridad y en las normas que lo desarrollan, y que haya sido generada, recibida o incorporada al expediente judicial electrónico por la Administración de Justicia en el ejercicio de sus funciones, con arreglo a las leyes procesales (RDL 6/2023 art.39.1).
2) Ver la parte de esta obra dedicada al **expediente judicial electrónico** dentro de la dedicada a la Administración de Justicia digital (nº 1707).
3) La **firma** es un mecanismo idóneo, por genuino, para prestar autenticidad a las resoluciones judiciales, excluyendo el riesgo de que no hayan sido dictadas por quienes están facultados para ello. Pero esta funcionalidad de la firma no impide que, en supuestos en los que falte, pueda reconocerse también la **autenticidad** de una resolución, si cabe despejar las dudas que pudieran cuestionarla (TS 14-12-23, EDJ 771506).

Indicación de los recursos procedentes (LEC art.208 redacc LO 1/2025) Toda resolución incluirá la mención del lugar y fecha en que se adopte y si la misma es firme o si cabe algún **recurso** contra ella, con expresión, en este último caso, del recurso que proceda, del **órgano** ante el que debe interponerse y del **plazo** para recurrir. **2954**
Deben diferenciarse los supuestos en que el órgano judicial omite toda indicación acerca de los recursos procedentes, de aquellos otros supuestos en que no se trata de una omisión judicial, sino de una **indicación errónea o equivocada** sobre la existencia o no de recursos, sobre todo a los efectos de otorgar o no el amparo, en el caso de que la parte entienda que se le ha causado indefensión por la actuación judicial (TCo 244/2005; 256/2006).

Precisiones 1) Si bien los errores judiciales no deben producir efectos negativos en la esfera jurídica del ciudadano, esos defectos carecen de relevancia constitucional, a los efectos de un eventual recurso de amparo, cuando el error sea también imputable a la negligencia de la parte. No obstante, no se puede imputar negligencia a la parte si la oficina judicial ha ofrecido **indicaciones equivocadas** sobre los recursos utilizables o hubiera declarado firme, expresamente, y por tanto inimpugnable la resolución, y ello aun estando asistido por expertos en la materia, precisamente por la autoridad inherente a la decisión judicial (TCo 5/2001; 241/2006).

2) Se ha otorgado amparo al litigante que interpuso **recurso de reposición**, por ser el recurso ofrecido en la notificación de la resolución dictada en instancia, siendo así que lo procedente era el **recurso de apelación** que fue inadmitido por la Audiencia Provincial (TCo 256/2006).

3) Las resoluciones judiciales han de ser claras. Las que dan **traslado y plazo para una determinada actuación procesal** han de especificar a qué actuaciones o trámites se refieren sin que pueda exigirse a la parte procesal su interpretación o adivinación, so pena de causar indefensión material (AP A Coruña 19-2-25, EDJ 551767).

2955 MPCI nº 5294 **Resoluciones orales** (LEC art. 210 -redacc LO 1/2025- y 285; LOPJ art. 247; LO 1/2025 disp.trans.9ª.2) Salvo que la Ley permita diferir el pronunciamiento, las resoluciones que deban dictarse en la celebración de una **vista, audiencia o comparecencia** ante el tribunal o letrado de la Administración de Justicia se pronunciarán oralmente en el mismo acto, documentándose este con expresión del fallo y motivación sucinta de aquellas resoluciones, expresando asimismo, si son o no firmes, con indicación en este caso de los recursos que procedan, órgano ante el cual deben interponerse y plazo.

Salvo en los procedimientos en los que no intervenga abogado (LEC art.31.2; nº 1567), pueden dictarse **sentencias orales en el ámbito del juicio verbal**, con expresión de las pretensiones de las partes, las pruebas propuestas y practicadas y, en su caso, de los hechos probados, las razones y fundamentos legales del fallo y la referencia concreta de las normas jurídicas aplicables al caso, ajustándose el fallo a lo dispuesto en LEC art.209.4ª (nº 2961). La sentencia se dictará al concluir el mismo acto de la vista en presencia de las partes, sin perjuicio de su ulterior redacción por el juez, con expresión de circunstancias de firmeza o en su caso de su recurso.

Pronunciada oralmente una resolución o sentencia, si todas las personas que fueran parte en el proceso estuvieran presentes en el acto, por sí o debidamente representadas, y expresaran su **decisión de no recurrir**, se declarará, en el mismo acto, la firmeza de la resolución.

Fuera de este caso, el **plazo para recurrir** comenzará a contar desde la notificación de la resolución debidamente redactada.

En el caso de las **sentencias**, las partes tendrán un plazo de 5 días desde la celebración de la vista para presentar escrito manifestando su interés en recurrirla, con expresión de los pronunciamientos objeto de impugnación. El plazo para interponer el recurso de apelación comenzará a contar desde el día siguiente al que se notificase a la parte la sentencia por escrito con expresión del fallo y con motivación sucinta.

Las resoluciones judiciales que se dicten oralmente y deban ser documentadas en **acta** en los juicios verbales, vistas de los pleitos y demás actos solemnes, deben incluir la fundamentación que proceda.

En la resolución sobre la **admisibilidad de las pruebas** propuestas, el tribunal ha de decidir sobre la admisión de cada una de las que le hayan sido propuestas. Contra esa resolución solo cabe recurso de reposición, que se sustancia y resuelve en el acto y, si se desestima, la parte puede formular protesta al efecto de hacer valer sus derechos en la segunda instancia.

Precisiones 1) No cabe confundir una **resolución *in voce*** con la **anticipación parcial por el juzgador de ciertos contenidos** de la futura resolución, por lo que el silencio de la parte o su letrado ante ella no puede considerarse aquietamiento ni renuncia al recurso frente a la misma (AP Madrid 9-2-18, EDJ 62515).

2) Desaparece por efecto de la LO 1/2025 la regla precedente que excluía las **sentencias orales en procesos civiles**. El nuevo régimen se aplica a los juicios verbales en los que no se haya celebrado vista a la entrada en vigor de dicha Ley.

2956 MPCI nº 5296 **Reglas especiales sobre forma y contenido de las sentencias escritas** (LEC art.209 redacc LO 1/2025) Sin perjuicio de las **reglas generales** sobre forma de las resoluciones judiciales, las sentencias dictadas por escrito se han de formular con sujeción, además, a las reglas que exponemos en los números siguientes.

Sobre los **requisitos internos** de la sentencia y sus efectos, ver nº 2985 s.

2957 **Encabezamiento** (LEC art.209.1ª) En el encabezamiento deben expresarse:

- los nombres de las partes;
- la legitimación y representación en virtud de las cuales actúen las partes, cuando sea necesario;
- los nombres de los abogados y procuradores;
- el objeto del juicio.

Antecedentes de hecho (LEC art.209.2ª) En los antecedentes de hecho se han de consignar, con la claridad y la concisión posibles y en **párrafos separados y numerados**: 2959 MPCI nº 5300
- las pretensiones de las partes o interesados;
- los hechos en que se funden dichas pretensiones, que hayan sido alegados oportunamente y tengan relación con las cuestiones que hayan de resolverse;
- las pruebas que se hayan propuesto y practicado;
- los hechos probados, en su caso.

Precisiones 1) Se vulnera el derecho a la tutela judicial efectiva, y procede, en su caso, el otorgamiento de amparo por el Tribunal Constitucional, cuando la resolución judicial sea el producto de un **razonamiento equivocado** que no se corresponde con la realidad, por haber incurrido el órgano judicial en un error patente en la **determinación y selección del material de hecho** o del presupuesto sobre el que se asienta su decisión, produciendo efectos negativos en la esfera jurídica del ciudadano (TCo 245/2005).
A estos efectos, se exige que se trate de un error que sea inmediatamente verificable de forma incontrovertible a partir de las actuaciones judiciales, y que sea **determinante de la decisión** adoptada, constituyendo el único o básico *ratio decidendi* de la resolución, de forma que no pueda saberse cuál hubiera sido el criterio del órgano judicial de no haber incurrido en dicho error (TCo 118/2006; 263/2006).
Ha de ser de tal magnitud que suponga vulneración del derecho a la tutela judicial efectiva (TS 10-1-22, EDJ 500776).
2) No se produce indefensión cuando en los antecedentes de hecho no se efectúa una especificación de los terceros que acuden al proceso a través del mecanismo de la **intervención procesal voluntaria**, diferenciándolos así del inicial actor de la demanda y del destinatario de la misma, cuando expone claramente las posiciones procesales de unas y otras partes, bien como demandantes o bien como demandados (AP Murcia 9-5-06, EDJ 95990).

Fundamentos de Derecho (LEC art.209.3ª) En los fundamentos de Derecho se han de expresar, en párrafos separados y numerados, los puntos de hecho y de Derecho fijados por las partes y los que ofrezcan las cuestiones controvertidas, dando las razones y fundamentos legales del fallo que haya de dictarse, con expresión concreta de las normas jurídicas aplicables al caso. 2960 MPCI nº 5302

Fallo (LEC art.209.4ª) El fallo, que se debe acomodar a las normas previstas para los requisitos internos de la sentencia y sus efectos (nº 2985 s.), debe contener, numerados, los **pronunciamientos** correspondientes a las pretensiones de las partes, aunque la estimación o desestimación de todas o algunas de dichas pretensiones pueda deducirse de los fundamentos jurídicos, así como el pronunciamiento sobre las **costas** (nº 3080). 2961 MPCI nº 5304
También debe determinar, en su caso, la **cantidad objeto de la condena**, sin que pueda reservarse su determinación para la ejecución de la sentencia, sin perjuicio de lo dispuesto para las sentencias con reserva de liquidación.

Precisiones 1) En la regulación sobre la forma de las sentencias de la LEC vigente se aumenta la **exigencia de cuidado** en la parte dispositiva, disponiendo que en esta se hagan todos los pronunciamientos correspondientes a las pretensiones de las partes sin permitir los pronunciamientos tácitos con frecuencia envueltos hasta ahora en los fundamentos jurídicos (LEC Exp. Motivos).
2) Sobre sentencias con **reserva de liquidación**, ver nº 3000.

Plazo para dictar las resoluciones judiciales

(LEC art.211) Las resoluciones de tribunales y letrados de la Administración de Justicia deben ser dictados dentro del plazo que la ley establezca. La inobservancia del plazo da lugar a **corrección disciplinaria**, a no mediar justa causa, que se debe hacer constar en la resolución. 2962
Los **plazos más habituales** a tener en cuenta son los siguientes:
- Para dictar sentencia si las partes no ponen fin al litigio mediante acuerdo, pero están **conformes en todos los hechos** y la discrepancia queda reducida a cuestión o cuestiones jurídicas: 20 días a partir del siguiente a la terminación de la audiencia (LEC art.428.3).
- Para dictar sentencia en el **juicio ordinario**: 20 días a partir de la terminación del juicio (LEC art.434).
- Para dictar sentencia en los **juicios verbales**: 10 días una vez terminada la vista (LEC art.447).
- Para dictar sentencia en los juicios verbales en que se pida el **desahucio** de finca urbana: 5 días una vez terminada la vista (LEC art.447).
- Para resolver el **recurso de reposición**, mediante auto: 5 días, transcurrido el plazo de impugnación y habiéndose o no presentado escritos (LEC art.453).
- Para dictar sentencia en el **recurso de apelación**: 10 días desde la terminación de la vista, o 1 mes, si no se ha celebrado vista, a contar desde el día siguiente a aquel en que se hayan evacuado los trámites de traslado del escrito de interposición, oposición o impugnación de la resolución apelada (LEC art. 461 y 465).

• Para dictar sentencia en el **recurso de casación**: 20 días siguientes al de finalización de la vista, o al señalado para la votación y fallo (LEC art.487).
• Para resolver el **recurso de queja**: 5 días desde que se le presente al tribunal el recurso con el testimonio (LEC art.495).

3. Publicación y archivo de sentencias

(LOPJ art. 235 y 235 bis; LEC art. 212 y 221.2; L 7/1998 art.11, 21 y 22)

2965 Las sentencias y demás resoluciones definitivas, una vez **extendidas y firmadas** por quienes las hayan dictado serán publicadas y depositadas en la oficina judicial ordenándose por el letrado de la Administración de Justicia su notificación y archivo, dándoseles publicidad en la forma permitida u ordenada por la Constitución y las leyes, con respeto a lo establecido en la normativa sobre protección de datos, en su caso.
Los letrados de la Administración de Justicia deben poner en los autos **certificación literal** de las sentencias y demás resoluciones definitivas, si el tribunal no cuenta con **expediente judicial electrónico**. En otro caso, velarán por la incorporación y constancia en el mismo de la sentencia, firmada electrónicamente con arreglo a la normativa de aplicación.
En las sentencias estimatorias de una **acción de cesación** en defensa de los intereses colectivos y de los intereses difusos de los **consumidores y usuarios**, el tribunal, si lo estima procedente, y con cargo al demandado, puede acordar la publicación total o parcial de la sentencia o, cuando los efectos de la infracción puedan mantenerse a lo largo del tiempo, una declaración rectificadora.
En los procesos en materia de **condiciones generales de contratación** el fallo de la sentencia dictada en el ejercicio de una acción colectiva, una vez firme, junto con el texto de la cláusula afectada, puede publicarse por decisión judicial en el **Boletín Oficial del Registro Mercantil** o en un **periódico** de los de mayor circulación de la provincia correspondiente al órgano judicial donde se haya dictado la sentencia, salvo que el juez o tribunal acuerde su publicación en ambos, con los gastos a cargo del demandado y condenado, para lo cual se le da un plazo de 15 días desde la notificación de la sentencia.
En todo caso en que haya prosperado una acción colectiva o individual de nulidad o no incorporación, cesación o retractación relativa a condiciones generales, el juez ha de dictar de oficio mandamiento al titular del **Registro de Condiciones Generales de la Contratación** para la inscripción de la sentencia en el mismo.

2966 Precisiones 1) Las sentencias que se dicten en los procedimientos sobre **defensa de la competencia** (Tratado FUE art.101 y 102; L 15/2007 art.1 y 2) se comunicarán por el letrado de la Administración de Justicia a la Comisión Nacional de los Mercados y de la Competencia (LEC art.212.3).
2) El Tratado FUE art.101 y 102 declara incompatibles con el mercado interior y prohibidos todos los **acuerdos entre empresas** que afecten al comercio entre los Estados miembros que tengan por objeto o efecto impedir, restringir o falsear el juego de la competencia dentro del mercado interior. En la misma medida quedará prohibida la explotación abusiva de una posición dominante en el mercado interior o en una parte sustancial del mismo.
3) En el caso de las sentencias dictadas por el **Tribunal Constitucional**, se impone la publicación íntegra de las mismas en el BOE (LOTC art.86), sin limitación alguna, teniendo en cuenta que el cumplimiento de la función específica de la jurisprudencia constitucional determina que se posibilite el más amplio acceso y conocimiento a la interpretación que de los preceptos y principios constitucionales realiza el tribunal (TCo 114/2006).
4) Los **notarios y registradores** de la propiedad y mercantiles no autorizarán ni inscribirán aquellos contratos o negocios jurídicos en los que se pretenda la inclusión de cláusulas que sean contrarias a normas imperativas o prohibitivas o hubieran sido declaradas nulas por abusivas en sentencia del Tribunal Supremo con valor de jurisprudencia o por sentencia firme inscrita en el Registro de Condiciones Generales de la Contratación (RDLeg 1/2007 art.84).

4. Acceso a sentencias

(LOPJ art. 234 a 235 bis, 265 y 266; LEC art.212)

2967 MPCI nº 5325 s. Las sentencias, una vez extendidas y firmadas por el juez o por todos los magistrados que las hayan dictado, deben ser depositadas en la **oficina judicial**. Se permitirá a **cualquier interesado** el acceso al texto de las sentencias o a determinados extremos de las mismas.
Sin perjuicio de las restricciones que, en su caso, pudieran establecerse en las leyes procesales, el acceso al texto de las sentencias, o a determinados extremos de las mismas, o a otras resoluciones dictadas en el seno del proceso, solo podrá llevarse a cabo previa disociación de los **datos de carácter personal** que los mismos contuvieran.

El acceso puede quedar **restringido** cuando el mismo pueda afectar al derecho a la intimidad, a los derechos de las personas que requieran un especial deber de tutela o a la garantía del anonimato de los perjudicados, cuando proceda, así como, con carácter general, para evitar que las sentencias puedan ser usadas con fines contrarios a las leyes.
Los letrados de la Administración de Justicia y funcionarios competentes de la oficina judicial deben facilitar a los interesados cuanta información soliciten sobre el **estado de las actuaciones procesales**, que pueden examinar y conocer, salvo que sean o hayan sido declaradas secretas conforme a la ley. Asimismo, las partes y cualquier persona que acredite un interés legítimo y directo tienen derecho a obtener **copias simples** de escritos y documentos que consten en los autos, no declarados secretos ni reservados.

Precisiones 1) El acceso a las sentencias y demás resoluciones procesales plantea el problema de su colisión potencial con el régimen de **protección de datos** y **derecho a la intimidad**. Hay que tener en cuenta que el citado derecho del sujeto a la protección de los datos que afectan a su esfera o intimidad no es ilimitado, y aunque la Constitución no le imponga expresamente límites específicos, ni remita a los poderes públicos para su determinación como ha hecho con otros derechos fundamentales, no cabe duda de que han de encontrarlos en los restantes derechos fundamentales y bienes jurídicos constitucionales protegidos (TCo 292/2000). De donde resulta que la publicación íntegra de aquellas, cuando emanen del Tribunal Constitucional, con nombres y apellidos de los afectados, no resulta contraria a la Ley Orgánica Protección de Datos (TCo 114/2006). **2967.1**
El Tribunal Supremo considera que la **publicidad de las sentencias** constituye un instrumento de garantía de la independencia de los tribunales y de su actuación conforme a Derecho, por cuanto estos principios se refuerzan mediante el conocimiento de la actuación de los tribunales por los ciudadanos, y debe considerarse estrechamente ligada a la protección de los derechos fundamentales inherentes al ejercicio de la potestad jurisdiccional por los jueces y tribunales (TS 22-12-11, Rec 1191/08).
Con arreglo a LOPJ art.266, se reconoce el **libre acceso al texto de las sentencias** siempre que se justifique un particular interés. El acceso no se limita a aquellos que tuvieron la condición de interesados en el pleito, sino que se amplía a cualquier otro que tenga interés justificado en acceder a la misma. Se reconoce así un **régimen de publicidad relativa**. Al tiempo que determinados extremos relativos a la privacidad de las personas pueden quedar restringidos, de acuerdo con la doctrina constitucional conforme a la cual los principios de ponderación y proporcionalidad pueden llevar a la conclusión de que otros derechos fundamentales o bienes con protección constitucional deben tener prevalencia sobre la publicidad de las resoluciones judiciales (TCo 57/2004; y en igual sentido respecto de la publicación de las sentencias del Tribunal Constitucional, TCo 114/2006; auto 516/2004).
De acuerdo con todo ello, la **limitación de la publicidad de las sentencias** en relación con ciertas partes o datos de las mismas (por ejemplo, eliminación de datos personales) es excepción a la regla general y precisa de una decisión al respecto del órgano judicial, en la que se ponderen los intereses en conflicto.
Ahora bien, no debe confundirse el régimen de acceso y publicidad expuestos, con la **difusión masiva** (por ejemplo, en medios de comunicación) del contenido de resoluciones judiciales, que puede no quedar amparada por aquel.
2) Ver nº 2815 sobre el **acceso a libros, archivos y registros judiciales** en el orden jurisdiccional civil.
3) La **difusión del contenido de las sentencias** puede colisionar en ciertos casos con el derecho al honor e intimidad de alguna de las partes del proceso, cuyos datos aparecen reflejados en ellas. La existencia de colisión ha de resolverse por medio de un proceso de ponderación, considerándose que no concurre en caso de que la publicación de la resolución derive del ejercicio de un derecho reconocido (LO 1/1982 art.2.2; TS 25-1-21, EDJ 502759).
4) Los **datos personales** contenidos en determinadas sentencias firmes penales condenatorias son **públicos** (LOPJ art. 235 bis y 235 ter; nº 4415 Memento Procesal Penal 2026).

Libros de sentencias y decretos (LOPJ art.235 y 265; LEC art.213 y 213 bis) En cada tribunal se lleva, bajo la custodia del letrado de la Administración de Justicia, un libro de sentencias, en el que se han de incluir firmadas todas las **sentencias definitivas**, los **autos** de igual carácter, así como los **votos particulares** que se hayan formulado, ordenados correlativamente según su fecha. Igualmente, se lleva un libro de **decretos definitivos**, bajo su custodia y responsabilidad. Cuando los sistemas informáticos permitan la generación de **libros electrónicos**, el letrado citado velará por el adecuado uso de los sistemas. **2968**
En caso de que la tramitación de los procedimientos se realice mediante un **sistema de gestión procesal electrónico**, este ha de generar automáticamente un fichero en el que se incluyan las resoluciones indicadas, por orden cronológico de firma.
Los interesados tienen acceso a los libros, archivos y registros judiciales que no tengan carácter reservado, mediante las formas de **exhibición, testimonio o certificación** que establezca la ley.

5. Invariabilidad de las resoluciones

(LOPJ art.267; LEC art.214 y 215)

2970 Los tribunales no pueden variar las resoluciones que pronuncien **después de firmadas**, pero sí aclarar algún concepto oscuro y rectificar cualquier error material de que adolezcan (LEC art.214.1).

La invariabilidad de las resoluciones judiciales, también denominado principio de intangibilidad o inmodificabilidad de las mismas, se anuda tanto a las exigencias derivadas del **principio de seguridad jurídica** como, y sobre todo, al **derecho a la tutela judicial efectiva** sin indefensión. En su virtud, los jueces y tribunales no pueden variar o revisar las resoluciones judiciales firmes, al margen de los supuestos taxativamente previstos por la ley, y ello aún en la hipótesis de que, ya dictada, considere el órgano judicial que la resolución no se ajusta a la legalidad (LOPJ art.18.1; TCo 111/2000; 224/2004).

Precisiones 1) La LEC dispuso que las previsiones contenidas en LEC art.214 sobre aclaración y corrección de resoluciones judiciales no serían de aplicación mientras no se procediera a **reformar la LOPJ** (LEC disp.final 17ª); esta reforma se lleva a cabo por la LO 19/2003 que modifica LOPJ art.267, por lo que los preceptos de la LEC son plenamente aplicables.

2) El derecho a la **tutela judicial efectiva** asegura, por tanto, a los que son o han sido parte en el proceso, que las resoluciones judiciales dictadas en el mismo no puedan ser alteradas o modificadas fuera de los cauces legales previstos para ello, de modo que si el órgano judicial las modificara fuera del correspondiente recurso establecido al efecto por el legislador quedaría vulnerado el derecho a la tutela judicial, puesto que la protección judicial carecería de eficacia si se permitiese reabrir un proceso ya resuelto por sentencia firme (TCo 23/2005; 256/2006).

3) No se vulnera el derecho a la intangibilidad de las resoluciones judiciales en el caso en que una Audiencia Provincial, como órgano superior competente para la tramitación y resolución de un **recurso de apelación**, considere que no debió tenerse por preparado el mismo por el juzgador de instancia, por cuanto que los vicios o defectos procesales son de apreciación de oficio y sin que tal proceder vulnere la intangibilidad de unas resoluciones judiciales que no son suyas, y a las que no tiene por qué sentirse vinculada (TCo 256/2006).

4) La regulación sobre la invariabilidad de las resoluciones, su aclaración y rectificación incrementa la **seguridad jurídica** al perfilar adecuadamente los casos en que estas dos últimas proceden, además de introducir un instrumento para subsanar rápidamente, de oficio o a instancia de parte, las manifiestas omisiones de pronunciamiento, completando las sentencias en que, por error, se hayan cometido tales omisiones (LEC Exp.Motivos).

2971 **Aclaración de concepto oscuro** (LEC art.214.2 y 4) Es una de las excepciones a la intangibilidad de las sentencias. La aclaración de algún concepto oscuro en la resolución judicial no debe suponer un cambio de **sentido y espíritu del fallo**, ya que el órgano judicial, al explicar el sentido de sus palabras, en su caso, está obligado a no salirse del contexto interpretativo de lo anteriormente manifestado o razonado (TCo 206/2005).

Las aclaraciones pueden hacerse **de oficio** por el tribunal o letrado de la Administración de Justicia, dentro de los 2 días hábiles siguientes al de la publicación de la resolución, o **a petición de parte** o del Ministerio Fiscal, formulada dentro del mismo plazo, siendo en este caso resuelta por quien hubiera dictado la resolución dentro de los 3 días siguientes al de la presentación del escrito en que se solicite la aclaración.

No cabe **recurso** alguno contra la resolución que decida sobre la aclaración, sin perjuicio de los recursos que procedan, en su caso, contra la resolución a que se refiriera la solicitud o la actuación de oficio.

Precisiones 1) A los efectos del **recurso de amparo** ante el Tribunal Constitucional, la aclaración instada contra la resolución judicial que agota la vía judicial previa debe tener el efecto de desplazar el *dies a quo* para la presentación de este recurso constitucional desde el día siguiente al de la notificación de la resolución aclaratoria, cuando la presentación del recurso de aclaración no constituya ni un abuso de derecho ni una maniobra dilatoria (TCo 106/2006; 188/2006).

2) No cabe en aclaración alterar el **contenido del fallo** (TCo 357/2006, en relación con auto social que modifica la resolución aclarada en materia de cómputo de salarios de tramitación).

2972 MPCI nº 5339 La aclaración de las resoluciones judiciales supone una **excepción al régimen general** de intangibilidad de las mismas, que se basa en la seguridad jurídica en su relación con el derecho a la tutela judicial efectiva.

Sin embargo, la facultad de aclaración tiene su límite, además del temporal, consistente en no permitir la alteración de los **elementos esenciales de la resolución** judicial en cuestión, ni suponer cambio de sentido y espíritu del fallo, ya que el órgano judicial está obligado a no salirse del contexto interpretativo de lo anteriormente manifestado o razonado (TCo 141/2003; 257/2006).

La aclaración queda necesariamente sujeta a una **interpretación restrictiva** que, en todo caso, debe distinguir entre lo que sea salvar un mero desajuste o contradicción patente, al margen de todo juicio de valor o apreciación jurídica, entre la fundamentación jurídica y el fallo de la resolución judicial (TCo 111/2000).

Precisiones 1) El derecho a la **tutela judicial efectiva** no veda por completo la posible alteración de las resoluciones judiciales, pues tan lesivo de la tutela judicial efectiva puede ser que aquellas puedan revisarse en cualquier tiempo y de cualquier forma, como que las partes en el proceso se beneficien o sufran de simples errores materiales o evidentes omisiones en la redacción o trascripción del fallo de la resolución en cuestión, que bien pudieron corregirse a la vista de lo que fácilmente se deduzca, con toda certeza, de su texto. Se excede, con mucho, las posibilidades de modificación que ofrece un recurso de aclaración, cuando se realizan complejas operaciones jurídicas que entrañan la selección de la norma aplicable, de las que se derivan **modificaciones en los fundamentos y en el fallo**, en orden a la variación del pronunciamiento relativo a la imposición de las costas procesales (TCo 257/2006).

2) La tramitación de una petición de aclaración interrumpe el curso de los plazos de recurso (TCo 96/2021; 90/2010; 105/2006), salvo que sea **manifiestamente abusiva** (LOPJ art.11).

Rectificación de errores materiales (LEC art.214.3 y 215.5) Los errores materiales manifiestos y los aritméticos en que incurran las resoluciones de los tribunales y de los letrados de la Administración de Justicia pueden ser rectificados **en cualquier momento**. 2974

Para apreciar la **concurrencia de errores materiales**, han de considerarse como tales aquellos cuya corrección no implique un juicio valorativo, ni exija operaciones de calificación jurídica o nuevas y distintas apreciaciones de la prueba, ni suponga resolver cuestiones discutibles y opinables por evidenciarse el error directamente al deducirse, con toda certeza, del propio texto de la resolución o del contexto procesal en la que se inscribe, sin necesidad de hipótesis, deducciones o interpretaciones (TCo 206/2005).

La corrección del error material entraña siempre algún tipo de **modificación**, en cuanto que la única manera de rectificar o subsanar alguna incorrección es cambiando los términos expresivos del error, de modo que en tales supuestos no cabe excluir cierta posibilidad de variación de la resolución judicial rectificada.

No cabe **recurso** alguno contra la resolución que decida sobre la corrección, sin perjuicio de los recursos que procedan, en su caso, contra la resolución a que se refiriera la solicitud o la actuación de oficio. Los plazos para estos recursos, si son procedentes, se interrumpen desde que se solicite su aclaración, rectificación, subsanación o complemento, continuando el cómputo desde el día siguiente a la notificación de la resolución que reconozca o niegue la omisión de pronunciamiento y acuerde o deniegue remediarla.

Precisiones 1) La vía de la aclaración no puede utilizarse como remedio de la **falta de fundamentación jurídica**, ni tampoco para corregir **errores judiciales de calificación**, salvo que, excepcionalmente, el error material consista en un mero desajuste o contradicción patente e independiente de cualquier juicio valorativo o apreciación jurídica entre la doctrina establecida en sus fundamentos jurídicos y el fallo de la resolución judicial (TCo 206/2005). 2976

2) Se permite la corrección del error material mediante **aclaración de juez distinto**, en la misma instancia procesal, o en otra, cuando la discordancia entre lo que debe ser y lo consignado resulta evidente en los propios términos de la sentencia, porque el salvarla corrigiendo no supone revisión por otro de todo lo actuado (TS 29-11-01, EDJ 78340; AP A Coruña 15-12-05, EDJ 276788).

3) Un ejemplo de error material consiste en el caso en el que el órgano judicial de instancia, tras fijar en su razonamiento jurídico una indemnización de 3.000 euros, en el fallo consta la de 6.000 (AP A Coruña 15-12-05, EDJ 276788).

4) Cuando el propio órgano judicial, de oficio o a instancia de parte, ha procedido a rectificar su pronunciamiento sobre las **costas procesales** como consecuencia de advertir que se había apartado de una disposición legal expresa al respecto, no por ello se afecta a la intangibilidad de la resolución judicial (TCo 140/2001).

5) En relación con la **imposición de las costas**, su integración en el fallo es también consecuencia obligada de los razonamientos estimatorios y deducible de ellos sin duda alguna (TCo 59/2001; 216/2001). Esto resulta obvio en aquellos otros supuestos en los que el legislador acoge la regla del vencimiento objetivo, sin prever excepciones, ya que no existe un margen de apreciación para que el órgano judicial decida por sí sobre la imposición de costas, sino que, por imperativo legal, la única decisión que puede adoptar es la que la norma contempla (TCo 25/2006).

6) El **error de cuenta**, consistente en proceder a la suma de las cantidades declaradas como debidas en los fundamentos de derecho de la sentencia de forma incorrecta constituye un evidente error material que procede rectificar en cualquier momento, incluido en recurso de apelación (AP Teruel 3-9-98, EDJ 25861).

Subsanación y complemento de resoluciones defectuosas o incompletas (LEC art.215) Las omisiones o defectos de que puedan adolecer sentencias y autos y que sea necesario remediar para llevar plenamente a efecto dichas resoluciones pueden ser subsanados, mediante auto, en los mismos **plazos** y por el mismo **procedimiento** establecidos para la aclaración de las resoluciones (nº 2971). 2977 MPCI nº 5345

Este mismo remedio procesal se emplea para los decretos dictados por los letrados de la Administración de Justicia.
No cabe **recurso** alguno contra los autos o decretos en que se completen o se deniegue completar las resoluciones, sin perjuicio de los recursos que procedan, en su caso, contra la sentencia, auto o decreto a que se refiera la solicitud o la actuación de oficio.
Los **plazos** para estos recursos, si son procedentes, comienzan a computarse desde el día siguiente a la notificación del auto que reconozca o niegue la subsanación y el complemento. Los mencionados plazos se interrumpen desde que se solicite su aclaración, rectificación, subsanación o complemento, continuando el cómputo desde el día siguiente a la notificación de la resolución que reconozca o niegue la subsanación y el complemento.

2978 **Incongruencia omisiva** (LEC art.215.2 a 4) El complemento de las resoluciones puede tener lugar a instancia de parte o de oficio:
MPCI nº 5349 s.
• Si se trata de sentencias o autos o decretos del letrado de la Administración de Justicia que hayan omitido manifiestamente pronunciamientos relativos a pretensiones oportunamente deducidas y sustanciadas en el proceso, el tribunal, a **solicitud** escrita de parte, en el plazo de 5 días a contar desde la notificación de la resolución, previo traslado de dicha solicitud por el letrado de la Administración de Justicia a las demás partes, para alegaciones escritas por otros 5 días, debe dictar resolución por la que resuelva completar la resolución con el pronunciamiento omitido o no haber lugar a completarla.
• Si el tribunal o el letrado de la Administración de Justicia advierten, en sentencias, autos o decretos que dicten, las omisiones a que se refiere el párrafo anterior, pueden, en el plazo de 5 días a contar desde la fecha en que se dicta, proceder **de oficio**, mediante auto, a completar su resolución, pero sin modificar ni rectificar lo que haya acordado.
No cabe **recurso** alguno contra las resoluciones en que se completen o se deniegue completar las resoluciones omisivas, sin perjuicio de los recursos que procedan, en su caso, contra la sentencia, auto o decreto a que se refiriera la solicitud o la actuación de oficio del tribunal o letrado de la Administración de Justicia.
Los **plazos** para estos recursos, si fueran procedentes, se interrumpirán desde que se solicite su aclaración, rectificación, subsanación o complemento, continuando el cómputo desde el día siguiente a la notificación de la resolución que reconociera o negara la omisión de pronunciamiento y acordara o denegara remediarla. El plazo de recurso comienza a correr de nuevo íntegramente desde la notificación de la resolución, ya que las resoluciones aclarada y aclaratorio forman una unidad lógico-jurídica que no puede ser impugnada sino en su conjunto (TS auto 5-6-17, EDJ 96402).
Debe tenerse en cuenta que la incongruencia del fallo es, junto con los defectos de forma que hayan causado indefensión, uno de los motivos para sustentar el incidente excepcional de **nulidad de actuaciones** (nº 3030).

2979 Precisiones **1)** Con esta regulación se pretende, de una parte, no forzar el mecanismo del denominado recurso de aclaración y, por otra, **evitar recursos** ordinarios y extraordinarios fundados en incongruencia por omisión de pronunciamiento (LEC Exp.Motivos). Este instituto en nada ataca a la firmeza que, en su caso, deba atribuirse a la sentencia incompleta, porque, de un lado, los pronunciamientos ya emitidos son, obviamente, firmes y, de otro, se prohíbe modificarlos, permitiendo solo añadir los que se omitieron.
2) Para apreciar la incongruencia por omisión, y que esta vulneración de las leyes tenga relevancia constitucional, a los efectos del **recurso de amparo**, se requiere, ante todo, que se haya planteado la cuestión cuyo conocimiento y decisión por el órgano judicial sea trascendente para el fallo y, en segundo lugar, que no se dé una respuesta razonada por parte del órgano judicial, de forma que razonablemente no pueda deducirse del conjunto de la resolución la existencia de una desestimación tácita de la pretensión planteada (TCo 53/1991).
3) La LEC excluye la incongruencia de esta vía procesal porque la incongruencia de las resoluciones que pongan fin al proceso, además de que no siempre entraña nulidad radical, presenta una entidad a todas luces diferente, que no reclama en muchos casos la reposición de las actuaciones para la reparación de la indefensión causada por el vicio de **nulidad** y, cuando se trate de una patente incongruencia omisiva, la LEC ha previsto este tratamiento específico para subsanar y complementar las sentencias y autos defectuosos o incompletos (LEC Exp.Motivos).
4) Los requisitos internos de la sentencia y, en concreto, la **congruencia** de la misma se exponen en nº 2985 s.
5) La **falta de traslado** a las partes por 5 días alegar sobre la solicitud de complemento de una resolución por omisión de pronunciamiento sobre las costas no vulnera el derecho a la tutela judicial efectiva en su vertiente de proscripción de la indefensión material cuando tal condena en costas tiene un carácter necesario o automático (TCo 53/2007).
6) La omisión del pronunciamiento sobre **costas** puede ser subsanada mediante la petición de complemento de la resolución que omite el mismo, proceda o no la condena en costas (TS auto 3-5-07, EDJ 68737).

Incongruencia en sede de recurso Los pronunciamientos de la sentencia apelada no impugnados por ninguno de los litigantes quedan **fuera de la función revisora** del órgano *ad quem*, de tal forma que apelante y apelado están a salvo de que la sentencia de segundo grado trascienda, excediéndolos, de los términos en que el primero de ellos haya formulado su recurso y, en consecuencia, este no puede servir de cauce para que los pronunciamientos de la sentencia que no hayan sido atacados por ninguno de ellos se revoquen en perjuicio de los mismos. 2980

Las facultades de los **tribunales de apelación** están limitadas por los precisos contornos fijados por el apelante al impugnar la sentencia cuando se contrae a extremos o particulares determinados de la sentencia dictada por el juzgador de instancia, impidiendo que de la alzada se siga una reforma peyorativa de la situación de los litigantes, al margen de los términos en que haya quedado planteada la revisión (AP Madrid 30-11-02, EDJ 112485).

La **reforma peyorativa** no es sino una manifestación de la incongruencia procesal producida en el seno y con ocasión de un recurso y su prohibición es una de las posibles consecuencias del derecho a la tutela judicial efectiva sin indefensión, orientada a proscribir toda posibilidad de reforma de la situación jurídica de los litigantes definida en el pronunciamiento de primer grado que no sea consecuencia de una pretensión frente a la cual, aquel en cuyo daño se produce tal reforma, no tenga ocasión de defenderse salvo, claro está, el daño que eventualmente resulte como consecuencia de la aplicación de normas de orden público, cuya recta aplicación es siempre deber del juez, con independencia de que sea o no pedida por las partes (TCo 59/1997; 219/1997).

Precisiones **1)** El referido empeoramiento no tiene lugar cuando en el uso de las facultades que al tribunal otorga el principio de *iura novit curia*, acatando el relato fáctico probado en la primera instancia, se confirma, sin agravarlo, el resultado de esta por **otros fundamentos jurídicos** (AP Madrid 30-11-02, EDJ 112485).

2) Aun concibiendo el recurso de apelación como simple revisión del procedimiento primitivo anterior, sin posibilidad de reiteración en todos sus trámites, permite, sin embargo, al tribunal *ad quem* conocer y resolver sobre todas las cuestiones planteadas en el pleito y consecuentemente si el actor ha interpuesto recurso de apelación contra la sentencia dictada en instancia y no habiendo concretado cuales eran las pretensiones que excluía del recurso, resulta evidente que la Audiencia puede **valorar íntegramente el proceso** en cuanto a todas las pretensiones que en él se habían actuado.

6. Requisitos internos de la sentencia

(LEC art.216 a 221)

Las sentencias deben ser **claras, precisas y congruentes** con las demandas y con las demás pretensiones de las partes, deducidas oportunamente en el pleito. Deben contener las declaraciones que aquellas exijan, condenando o absolviendo al demandado y decidiendo todos los puntos litigiosos que hayan sido objeto del debate (LEC art.218). 2985

El tribunal, sin apartarse de la causa de pedir acudiendo a fundamentos de hecho o de Derecho distintos de los que las partes hayan querido hacer valer, debe resolver **conforme a las normas aplicables** al caso, aunque no hayan sido acertadamente citadas o alegadas por los litigantes.

Cuando los **puntos objeto del litigio** hayan sido varios, el tribunal debe hacer con la debida separación el pronunciamiento correspondiente a cada uno de ellos.

Pueden tratarse las principales cuestiones en relación con lo expuesto:

- el principio de la justicia rogada (nº 2986);
- la carga de la prueba (nº 2987);
- la congruencia (nº 2992) y motivación de las sentencias (nº 2994);
- las sentencias con reserva de liquidación (nº 3000);
- las condenas de futuro (nº 3001); y
- los requisitos especiales exigibles a las sentencias dictadas en procesos promovidos por asociaciones de consumidores y usuarios (nº 3002).

Precisiones Este precepto tiene también su aplicación en las **sentencias dictadas en los recursos**, por cuanto que no cabe estimar un recurso o algún motivo del mismo cuando haya de mantenerse el fallo de la sentencia recurrida o algún concreto pronunciamiento del mismo, aunque sea por otros razonamientos jurídicos distintos de los que dicha sentencia tuvo en cuenta (TS 9-9-91; 17-12-97, EDJ 10491).

Principio de justicia rogada (LEC art.216) Los tribunales civiles han de decidir los asuntos en virtud de las **aportaciones** de hechos, **pruebas y pretensiones** de las partes, excepto cuando la ley disponga otra cosa en casos especiales. 2986

Este principio tiene una indudable relación con el principio de **congruencia** (nº 2992) que rige en el contenido de la sentencia, así como con el principio dispositivo que permite a las partes desistir del proceso o renunciar al derecho en que se basa su ejercicio ante los tribunales (nº 2543 y nº 2522).

Precisiones El fundamento de la *mutatio libelli* no es otro que el de tratar de **evitar la indefensión** que supondría que los litigantes a lo largo del proceso pudieran variar la sustancia de sus peticiones o los elementos que las componen, sin ocasión para el contrario de oponerse a estas modificaciones en igualdad de condiciones, lo que se agrava cuando el cambio de la causa de pedir puede suponer cambio de pretensión, puesto que la pretensión se configura tanto por el conjunto de los elementos subjetivos y objetivos de la relación, por los sujetos activo y pasivo, aquello que se pide y la causa en que se funda la petición, lo que exige la correcta identificación del *petitum*, lo que se pide y la causa de pedir (AP Barcelona 20-12-04, EDJ 226833).

2987 **Carga de la prueba** (LEC art.217) Corresponde al actor y al demandado reconviniente la carga de probar la **certeza de los hechos** de los que ordinariamente se desprenda, según las normas jurídicas a ellos aplicables, el efecto jurídico correspondiente a las pretensiones de la demanda y de la reconvención.

Incumbe al demandado y al actor reconvenido la carga de probar los hechos que, conforme a las normas que les sean aplicables, **impidan, extingan o enerven la eficacia jurídica** de los hechos sobre los que se basen las pretensiones de la demanda y la reconvención, respectivamente.

Cuando, al tiempo de dictar sentencia o resolución semejante, el tribunal **considerase dudosos** unos hechos relevantes para la decisión, debe desestimar las pretensiones del actor o del reconviniente, o las del demandado o reconvenido, según corresponda a unos u otros la carga de probar los hechos que permanezcan inciertos y fundamenten las pretensiones.

Para la aplicación de estas previsiones sobre carga de la prueba el tribunal debe tener presente la **disponibilidad y facilidad probatoria** que corresponde a cada una de las partes del litigio.

2988 Precisiones 1) Este precepto no contiene norma alguna sobre **valoración de la prueba**, sino que simplemente regula la distribución de la carga de la misma entre las partes. El principio de atribución de la carga de la prueba que establece es un principio supletorio para el caso de que las partes no hayan desarrollado actividad probatoria dentro de sus posibilidades, según su situación y disponibilidad de medios (TS 27-11-98, EDJ 26841).

2) La prueba, en definitiva, no es más que el medio por el que las partes contendientes acreditan o no los hechos que **someten a decisión judicial** y, en consecuencia, el medio por el que el juzgador, tras su libre valoración, se convence o no de la veracidad de los hechos alegados por una y otra parte.

3) Todo ello conduce a la llamada doctrina de la carga de la prueba, cuya finalidad es determinar para quien han de producirse las **consecuencias desfavorables** en el caso de que un hecho no haya resultado probado; solo entra en juego cuando falta la necesaria prueba sobre los hechos que se han convertido en controvertidos, esto es, el problema de la carga de la prueba es el problema de su falta (TS 31-3-98, EDJ 1822; 14-4-98, EDJ 2281; AP Madrid 29-1-00, EDJ 21332).

4) Las normas de carga de la prueba, aunque solo se aplican judicialmente cuando no se ha logrado certeza sobre los hechos controvertidos y relevantes en cada proceso, constituyen **reglas de decisiva orientación** para la actividad de las partes. Son, asimismo, reglas que, bien aplicadas, permiten al juzgador confiar en el acierto de su enjuiciamiento fáctico, cuando no se trate de casos en que, por estar implicado un interés público, resulte exigible que se agoten, de oficio, las posibilidades de esclarecer los hechos (LEC Exp.Motivos).

2989 **Derecho a utilizar la prueba** El derecho a utilizar los medios de prueba pertinentes para la defensa (Const art.24) impide al órgano judicial **denegar una prueba oportunamente propuesta** por la parte, o dejar de practicarla si esta es admitida, y luego fundar su decisión en la falta de acreditación de los hechos cuya demostración se intentaba obtener con la prueba omitida (TCo 4/2005; 308/2005).

Asimismo, se lesiona este derecho fundamental cuando se hayan inadmitido pruebas relevantes para la decisión final **sin motivación** alguna, o mediante una interpretación y aplicación de la legalidad arbitraria o irrazonable o cuando la falta de práctica de la prueba sea imputable al órgano judicial (TCo 71/2003).

Precisiones Corresponde al demandado **probar la prescripción de la acción** que ejercita el actor, ya que a todo demandado le corresponde probar los hechos básicos o constitutivos de la excepción alegada, sin que sea el actor el que deba probar que la acción que ejercita no está prescrita (TS 17-12-97, EDJ 10491).

2990 **Reglas especiales** (LEC art.217.5) Las normas generales expuestas sobre carga de la prueba se
MPCI aplican siempre que una disposición legal expresa no distribuya con **criterios especiales** la
nº 5936 s. carga de probar los hechos relevantes.

Pueden citarse las siguientes reglas especiales en la materia:

• En los procesos sobre **competencia desleal** y sobre **publicidad ilícita** corresponde al demandado la carga de la prueba de la exactitud y veracidad de las indicaciones y manifestaciones realizadas y de los datos materiales que la publicidad exprese, respectivamente (LEC art.217.4).

• Se considera **cláusula abusiva** la imposición de la carga de la prueba en perjuicio del consumidor en los casos en que debería corresponder a la otra parte contratante (RDLeg 1/2007 art.88.2).

• En materia de responsabilidad civil por los daños causados por **productos defectuosos**, el perjudicado tiene que probar, únicamente, el defecto, el daño y la relación de causalidad entre ambos (RDLeg 1/2007 art.128).

Precisiones 1) En los daños derivados por la **subida de tensión eléctrica**, la culpa se presume, debiendo la compañía suministradora acreditar, en su caso, que actuó con la diligencia debida, incluso el hecho de que la tensión no subiera de los límites reglamentarios no le exonera de su responsabilidad cuando se producen daños a terceros (TS 2-12-04, EDJ 192463; AP Córdoba 30-1-06, EDJ 66004).

2) En las acciones de daños por **responsabilidad extracontractual**, la prueba ha ido evolucionando, aunque sin eliminar el elemento culpabilístico, hacia **soluciones cuasiobjetivas**, moderando el criterio subjetivo de la culpa, bien exigiendo una diligencia específica más alta que la administrativamente reglada, bien presumiendo culposa toda acción u omisión generadora de un daño indemnizable, lo que comporta una **inversión de la carga de la prueba** en el sentido de que tendrá que ser el autor del daño quien demuestre haber procedido con la diligencia debida a tenor de las circunstancias de lugar y tiempo (TS 16-10-89, EDJ 9118; 4-6-91, EDJ 5857; AP Valencia 31-3-04, EDJ 196761).

3) No debe confundirse la acreditación del **actuar culpable del agente** que es donde actúa la inversión de la carga de la prueba en el caso de responsabilidad patrimonial y la cuantificación y justificación del daño pues la carga de la prueba de estos elementos de la responsabilidad corresponde a quien alega el hecho (TS 22-7-08, EDJ 128036).

Carga de la prueba y recurso de casación Las normas de carga de la prueba, por su carácter genérico, no permiten el **éxito de un recurso de casación** más que en los supuestos en que el juzgador *a quo*, cuya sentencia se revisa en casación, haya invertido la carga de la prueba, pero no en aquellos otros en las que lo pretendido consiste en combatir la valoración de la prueba del tribunal (TS 20-3-96, EDJ 2534; 15-6-05, EDJ 96600). **2991**

En efecto, la inversión de la carga de la prueba es **casacionalmente denunciable** cuando, no habiéndose producido prueba sobre algún punto o extremo litigioso, la sentencia recurrida haya hecho recaer las consecuencias de esa falta de prueba sobre parte distinta de aquella a la que incumbía soportar dicha ausencia probatoria, pero no procede en modo alguno la referencia denuncia en casación cuando, habiéndose practicado la prueba correspondiente sobre dicho extremo litigioso, cualquiera que sea la parte que la haya propuesto, la sentencia recurrida obtiene su conclusión probatoria de la valoración de la prueba efectivamente practicada (TS 17-12-97, EDJ 10491).

Congruencia

Congruencia (LEC art.218.1) Es uno de los requisitos de la sentencia, que debe ser congruente con la **demanda** y con las **demás pretensiones** de las partes, deducidas oportunamente en el pleito (TS 6-3-13, EDJ 42032; 1-3-23, EDJ 521530; 17-4-23, EDJ 550589). **2992**

La incongruencia consiste en el **desajuste** entre el fallo judicial y los términos en que las partes formulan sus pretensiones, concediendo más o menos o cosa distinta de lo pedido (TCo 194/2005; 237/2006).

La congruencia de la sentencia no exige una pormenorizada respuesta a todas las alegaciones de las partes, pues basta con que el juzgador exprese las **razones jurídicas** en que se apoya para adoptar su decisión (TCo 144/1991).

La incongruencia puede producirse por **error del juzgador**, cuando por cualquier género de error sufrido por el órgano judicial, no se resuelve sobre la pretensión o pretensiones formuladas por las partes en la demanda o sobre los motivos del recurso, sino que equivocadamente se razona sobre otra pretensión absolutamente ajena al debate procesal planteado, dejando al mismo tiempo aquella sin respuesta (TCo 211/2003; 166/2006).

La congruencia o incongruencia de una sentencia ha de ser contemplada única y exclusivamente **respecto de su fallo** o parte dispositiva, y no respecto de lo que se razone en su fundamentación jurídica (TS 17-12-97, EDJ 10491).

Puede darse **incongruencia por exceso** cuando la desviación o el desajuste entre el fallo judicial y los términos en que las partes hayan formulado sus pretensiones, por conceder **más de lo pedido** *-ultra petitum-* o **algo distinto de lo pedido** *-extra petitum-*. En este caso, para que la incongruencia adquiera relevancia constitucional, y pueda ser lesiva del derecho a la tutela judicial efectiva, se requiere que suponga una modificación sustancial del objeto procesal, con la consiguiente indefensión y sustracción a las partes del verdadero debate contradictorio, produciéndose un fallo extraño a las respectivas pretensiones de las partes, de forma que la decisión judicial se haya pronunciado sobre temas o materias no debatidas oportunamente en el proceso y respecto de las cuales, por consiguiente, las partes no tuvieron oportunidad de ejercitar adecuadamente su derecho de defensa, formulando o exponiendo las alegaciones y argumentos que tuvieran por conveniente en apoyo de sus respectivas posiciones procesales (TCo 250/2004; 262/2005).

2993 MPCI nº 5376 Precisiones 1) El vicio de incongruencia puede entrañar una vulneración del principio de contradicción y constituir una efectiva denegación del derecho a la **tutela judicial efectiva** siempre y cuando aquella desviación sea de tal naturaleza que suponga una completa modificación de los términos en que se produjo el debate procesal, sustrayendo a las partes del verdadero debate contradictorio y produciéndose un fallo o parte dispositiva no ordenado o no ajustado sustancialmente a las recíprocas pretensiones de las partes (TCo 40/2006; 166/2006).

2) El juicio sobre la congruencia de la resolución judicial precisa de la confrontación entre su **parte dispositiva** y el **objeto del proceso** delimitado por sus elementos subjetivos, las partes, y objetivos, la causa de pedir y el *petitum*. En relación con estos últimos, la adecuación debe extenderse tanto al resultado que el litigante pretende obtener, como a los hechos que sustentan la pretensión y al fundamento jurídico que la nutre, sin que las resoluciones judiciales puedan modificar la *causa petendi*, alterando de oficio la acción ejercitada, pues se habrían dictado sin oportunidad de debate, ni de defensa, sobre las nuevas posiciones en que el órgano judicial sitúa el proceso (TCo 264/2005; 40/2006).

3) La sentencia puede ser incongruente cuando se da por **causas de pedir** diferentes de las planteadas o por argumentos tan ajenos a la cuestión que pueden producir indefensión (TS 3-5-99, EDJ 7260; AP Bizkaia 20-7-05, EDJ 170572).

4) No incurre en **incongruencia por exceso** la sentencia que condena a pagar una cantidad cuando lo que ha pedido la actora es que se declare haber lugar a su reclamación sin que suplique la condena al pago de tal cantidad e intereses (TS 3-2-98, EDJ 333).

5) Con independencia de la mayor o menor fortuna en la redacción de la demanda, si del contexto del escrito rector de las actuaciones se evidencia que el concepto de la reclamación no puede significar otra cosa que la condena a la parte demandada en la cantidad que estima se le adeuda, no incurre en incongruencia por **no seguir literal y servilmente** los términos del suplico de la demanda, por cuanto sí atiende en concreción y correlación los términos de la controversia (TS 3-2-98, EDJ 333).

6) La **incongruencia por omisión** es susceptible de ser subsanada a través del complemento de sentencia (nº 2978).

2994 MPCI nº 5378 **Motivación** (LEC art.218.2) Las sentencias deben ser motivadas por los jueces y tribunales en el ejercicio de su jurisdicción, con el fin de dar a conocer a las partes las razones de las decisiones judiciales y propiciar su crítica a través de los recursos.

Las sentencias se han de motivar expresando los **razonamientos fácticos y jurídicos** que conducen a la apreciación y valoración de las pruebas, así como a la aplicación e interpretación del derecho.

La motivación debe incidir en los distintos elementos fácticos y jurídicos del pleito, considerados individualmente y en conjunto, ajustándose siempre a las **reglas de la lógica y de la razón**.

La motivación no tiene que superar el ámbito objetivo de la propia decisión y, por lo tanto, del debate, delimitado por los elementos fácticos y jurídicos oportunamente introducidos en el proceso (TS 8-7-08, EDJ 118941).

2995 MPCI nº 5380 Precisiones 1) La motivación debe contener una **fundamentación en Derecho**, sin incluir un pretendido derecho al acierto judicial en la selección, interpretación y aplicación de las disposiciones legales, salvo que con ellas se afecte al contenido de otros derechos fundamentales distintos al de la tutela judicial efectiva (TCo 256/2000; 82/2001).

2) La fundamentación en Derecho conlleva la garantía de que la decisión no es consecuencia de una **aplicación arbitraria** de la legalidad, no resulta manifiestamente irrazonada o irrazonable o incurra en error patente ya que, en tal caso, la aplicación de la legalidad sería tan solo una mera apariencia (TCo 55/2003; 213/2003).

3) Los órganos judiciales tienen la obligación de dictar una **resolución fundada en Derecho**, que no puede considerarse cumplida con la mera emisión de una declaración de voluntad en un sentido u otro, sino que debe ser consecuencia de una exégesis racional del ordenamiento y no fruto de la arbitrariedad (TCo 24/1999; 10/2000).

4) Se considera que no están motivadas aquellas resoluciones judiciales que, a primera vista y sin necesidad de mayor esfuerzo intelectual y argumental, se comprueba que parten de **premisas inexistentes o patentemente erróneas** o siguen un desarrollo argumental que incurre en quiebras lógicas, de tal magnitud que las conclusiones alcanzadas no pueden considerarse basadas en ninguna de las razones aducidas (TCo 248/2006).

5) No debe confundirse la motivación con la **congruencia**. Esta última se refiere a la relación entre el suplico de la demanda y de la reconvención, en su caso, y el fallo de la sentencia (TS 4-5-99, EDJ 8825; 18-5-99, EDJ 12465; 22-1-00, EDJ 110).
La motivación no ha de referirse, de forma exhaustiva, a todos y cada uno de los hechos y argumentaciones de las partes (TS 4-10-99, EDJ 29512; 15-11-99, EDJ 33362).
En todo caso, no cabe apreciar incongruencia cuando se trate de **sentencias desestimatorias**, que no estiman, siquiera parcialmente, las pretensiones ejercitadas en demanda o en la reconvención (TS 30-12-98, EDJ 27969; 9-2-99, EDJ 836).

Por remisión Resulta válida -y conforme con las exigencias de Const art.24 (AP Valencia 2-9-15, EDJ 208207)- la motivación por remisión a una **resolución anterior**, cuando la misma haya de ser confirmada y, precisamente, cuando en la misma ya se exponen argumentos correctos y bastantes que fundamenten la decisión adoptada. En tales supuestos subsiste la motivación de la sentencia de instancia, al asumirla explícitamente el tribunal de segundo grado (TCo 181/1998; 187/2000; TS 5-10-98, EDJ 25076; 21-6-00, EDJ 14340). **2997** MPCI nº 5382
Es por ello por lo que se viene sosteniendo que, si la resolución de primer grado es acertada, la que **confirma en apelación** no tiene por qué repetir o reproducir argumentos, pues en aras de la economía procesal solo debe corregir aquello que resulte necesario (TS 30-3-99, EDJ 2585; 19-10-99, EDJ 33321).
La motivación por remisión a lo resuelto en resoluciones precedentes es suficiente, siempre que el tribunal haya tomado en cuenta los **argumentos de los recurrentes** y que la resolución a la que se remita la motivación resuelva, a su vez, fundamentadamente la cuestión planteada (TS 29-9-05, EDJ 157490; 12-6-06, EDJ 89273).
Esta técnica argumental, además, persigue la finalidad de preservar el **principio de igualdad** en la aplicación de la ley cuando se trata de casos coincidentes (TS 18-2-05, EDJ 13266; 18-10-05, EDJ 165809).

De pronunciamientos accesorios En relación con la motivación que debe acompañar a la adopción de pronunciamientos accesorios que pueden integrar el fallo de una sentencia o la parte dispositiva de un auto, como es el referido a las **costas procesales**, deben distinguirse aquellos casos en los que el sentido del pronunciamiento accesorio viene impuesto por la Ley, de aquellos otros que son fruto de una decisión adoptada por el órgano judicial dentro del ámbito de arbitrio previsto por la norma (TCo 25/2006). **2998**
a) En efecto, en aquellos supuestos en los que la imposición, o no, de las costas procesales, sea el resultado de una **valoración del órgano judicial** sobre las circunstancias particulares del caso o sobre la conducta procesal de las partes, temeridad o mala fe litigiosas, el deber de motivar su decisión es una exigencia derivada de la Constitución (Const art.24.1 y 120.3).
Ello no obsta para que, aun en estos casos, pueda ser admitida una **motivación implícita** cuando la razón del pronunciamiento sobre las costas del proceso pueda inferirse del conjunto y sentido de las argumentaciones utilizadas por el tribunal para resolver las pretensiones de las partes, ya que la sentencia es un acto procesal orgánico y unitario que no puede contemplarse con visión fragmentaria (TCo 131/1986; 230/1988).
b) En aquellos otros supuestos en los que, por el contrario, el pronunciamiento accesorio viene **impuesto por la Ley** (regla del **vencimiento objetivo**), no existe un margen de apreciación para que el órgano judicial decida por sí sobre la imposición de costas, sino que, por imperativo legal, la única decisión que puede adoptar es la que la norma contempla. En estos casos no existe un deber de motivación sobre la imposición de las costas procesales que vaya más allá de la motivación necesaria para estimar o desestimar las pretensiones que constituyan el objeto del concreto proceso, de cuyo resultado es consecuencia inescindible la decisión sobre las costas causadas (TCo 25/2006).
La motivación de la **valoración de la prueba** nada tiene que ver con la corrección de la misma; una cosa es explicar las razones por las que el tribunal llega a identificar el supuesto de hecho al que la norma vincula la consecuencia jurídica y otra distinta que hayan sido correctamente valorados los medios de prueba que dan lugar a la convicción judicial (TS 8-7-08, EDJ 118941).

Precisiones La **denegación de prueba** puede ser considerada como suficientemente motivada, aunque sea parca y sucinta «por impertinente», si resulta suficiente y demostrativa de la inferencia jurídica que realiza el juzgador, congruente con la concisa manera escogida en su proposición, sin que se le prive de ningún derecho al recurso, ni siquiera la garantía referida a la motivación, aunque sea mínima, derivada de la mera denominación o revestimiento formal (AP Segovia 24-2-00, EDJ 7198).

En caso de separación del criterio unificado (LOPJ art.264 redacc LO 1/2025) Se impone una exigencia específica de justificación en la sentencia -o, en general, resolución judicial-, en caso de que el órgano que la dicte se aparte del criterio establecido por un pleno jurisdiccional del tribunal en su conjunto. **2998.1**

En los casos en que los magistrados de las diversas secciones de una misma sala o tribunal sostengan en sus resoluciones **diversidad de criterios interpretativos** en la aplicación de la ley en asuntos sustancialmente iguales, el presidente de la sala o tribunal respectivo, por sí o a petición mayoritaria de sus miembros, puede convocar **pleno jurisdiccional** para que conozca de uno o varios de dichos asuntos al objeto de unificar el criterio, del que forman parte todos los magistrados de la sala o, en su caso, tribunal correspondiente que por reparto conozcan de la materia en la que la discrepancia se hubiera puesto de manifiesto.
Queda a salvo la independencia de las secciones para el enjuiciamiento y resolución de los distintos procesos de que conozcan, si bien deberán motivar las razones por las que se aparten del criterio acordado.

Precisiones La junta de jueces de **Sección de un Tribunal de Instancia** podrá reunirse para el examen y valoración de criterios cuando los jueces y magistrados que la integren sostuvieran en sus resoluciones diversidad de criterios interpretativos en la aplicación de la ley en asuntos sustancialmente iguales, quedando a salvo su independencia para el enjuiciamiento y resolución de los distintos procesos de que conozcan.

2999 **Falta de motivación** (LEC art.225.3º) Con carácter general, se establece que son **nulos de pleno derecho** los actos procesales cuando se prescinda de normas esenciales del procedimiento siempre que, por esa causa, haya podido producirse indefensión.
Así, la **total y absoluta falta de motivación** de la sentencia puede originar una vulneración de Const art.24 y 120.3 y dar lugar a la nulidad de la sentencia, debiendo retrotraerse hasta aquel momento decisorio a fin de que se razone lo suficiente para fundamentar el fallo.

Precisiones No resulta suficiente la motivación de la resolución judicial cuando esta se limita a **referencias legales y jurisprudenciales**, pero carece de la necesaria referencia a los datos fácticos que permitan a la recurrente comprender por qué el órgano judicial adopta la decisión de rechazar su pretensión. Así, por ejemplo, habiéndose alegado la prescripción, cuando se limita a transcribir el texto legal que fija su plazo, pero no expresa ninguno de los extremos esenciales para determinar si concurren o no los requisitos para apreciarla o rechazarla: fecha en que deba entenderse iniciado el plazo, si esta se interrumpió o no, así como la fecha en que se produjo el vencimiento del plazo (TCo 311/2005).

3000 **Sentencias con reserva de liquidación** (LEC art.219 y 416.5ª) Cuando se reclame en juicio
MPCI el **pago de una cantidad de dinero** determinada o de frutos, rentas, utilidades o productos de
nº 5392 s. cualquier clase, la **demanda** no puede limitarse a pretender una sentencia meramente declarativa del derecho a percibirlos, sino que debe solicitarse también la condena a su pago, cuantificando exactamente su importe, sin que pueda solicitarse su determinación en ejecución de sentencia, o fijando claramente las bases con arreglo a las cuales se deba efectuar la liquidación, de forma que esta consista en una pura operación aritmética.
En estos casos la **sentencia** de condena debe:
- establecer el **importe exacto** de las cantidades respectivas; o
- fijar con claridad y precisión las **bases para su liquidación**, que debe consistir en una simple operación aritmética que se efectuará en la ejecución.

Fuera de los casos anteriores, no puede el demandante pretender, ni se permite al tribunal en la sentencia, que la condena se efectúe con reserva de liquidación en la ejecución.
No obstante lo anterior, se permite al demandante solicitar, y al tribunal sentenciar, la condena al pago de cantidad de dinero, frutos, rentas, utilidades o productos cuando esa **sea exclusivamente la pretensión planteada** y se dejen para un pleito posterior los problemas de liquidación concreta de las cantidades.
El **incumplimiento** de estas previsiones puede ser constitutivo de un vicio procesal consistente en el defecto legal en el modo de proponer la demanda.

Precisiones 1) En un caso de condena a una entidad financiera por falta de cumplimiento del contrato de la prestadora de servicios de academia de inglés -caso Opening-, teniendo en cuenta las diferentes situaciones en que se encuentran los diversos alumnos, atendida la duración del curso pactada y la distinta intensidad que reviste el incumplimiento, se fijan las **bases de liquidación** en la propia sentencia, a los efectos de cuantificar en ejecución de sentencia (JPI Zaragoza núm 15 13-1-04).
2) Se pretende evitar que el **proceso de ejecución** se convierta en un nuevo juicio declarativo, en muchas ocasiones de mayor extensión y complejidad que el propio pleito principal. Sin embargo, la existencia de esta prohibición no conlleva que deban ser desestimadas todas las pretensiones que no puedan cuantificarse con exactitud en la fase declarativa, pues ello resultaría contrario al principio de tutela judicial efectiva. En los supuestos en los que sea constatada en la fase declarativa la existencia de una obligación, si la misma no puede ser cuantificada en dicha fase, ni tampoco pueden fijarse con precisión las bases para su liquidación, resulta posible efectuar un pronunciamiento de condena, defiriendo a un pleito posterior la cuantificación del importe de la misma, con todos los problemas que ello puede conllevar (AP Teruel auto 27-4-04, EDJ 39669).

La LEC art.219.2 no contiene una prohibición, sino una **limitación**, y permite relegar a la fase de ejecución de sentencia la **determinación exacta** del importe de la condena si se fijan con claridad y precisión las bases para su liquidación, excluyendo que se difiera sin motivo razonable a fase de ejecución de sentencia o a un pleito posterior la liquidación de la condena (TS 24-10-12, EDJ 270025; 21-11-12, EDJ 335881; 14-9-23, EDJ 679064).

3) No cabe confundir la pretensión de indemnización con base en la **declaración de la nulidad de un acto recurrido** en vía contenciosa, con otro supuesto en que se enjuicia una **pretensión autónoma indemnizatoria**, en cuyo caso es la sentencia la que debe determinar el importe de la indemnización, sin que pueda deferirse a la ejecución de la sentencia y menos aún en apelación o en casación (TS 4-6-08, EDJ 90810).

No obstante, es necesario hacer una **interpretación flexible** de estas reglas, que salvaguarde el derecho de defensa y a la tutela judicial efectiva de las partes, superando las imprecisiones de su redacción. Se establece, de forma bastante oscura, un sistema que pretende **evitar el diferimiento a ejecución de sentencia** de la cuantificación de las condenas, de modo que las regulaciones que prevé se circunscriben, aparte supuestos que la propia LEC señala -como los de liquidación de daños y perjuicios (LEC art.40.7, 533.3 y 534.1.2º), a eventos que surjan o se deriven de la propia ejecución (TS 14-9-18, EDJ 563251)-, imponiendo como regla la cuantificación dentro del proceso declarativo (LEC art.209.4). Pero se ha de aplicar un criterio de **ponderación** de las circunstancias del caso para determinar si, a la vista de la mayor o menor complejidad del asunto, la solución debe ser remitir la determinación del *quantum* de la condena dineraria a un proceso posterior o permitir su concreción en un incidente de ejecución.

Condenas de futuro (LEC art.220) Cuando se reclame el pago de **intereses** o de **prestaciones periódicas**, la sentencia puede incluir la condena a satisfacer los intereses o prestaciones que se devenguen con posterioridad al momento en que se dicte. 3001

Si se trata de **reclamaciones de rentas periódicas**, cuando la acción de reclamación se acumule a la de desahucio por falta de pago o expiración del plazo legal o contractual, cuando el demandante lo haya interesado expresamente en la demanda, la sentencia, el auto o el decreto, ha de incluir la condena a satisfacer asimismo las rentas debidas que se devenguen posteriormente a la presentación de la demanda y hasta la entrega de la posesión efectiva de la finca. Para ello se toma como base el importe de la última mensualidad reclamada al tiempo de presentar la demanda.

Sentencias dictadas en procesos promovidos por asociaciones de consumidores o usuarios (LEC art.221) Sin perjuicio de las normas generales, las sentencias dictadas a consecuencia de demandas interpuestas por asociaciones de consumidores o usuarios con la legitimación reconocida a las mismas (nº 2218 s.), están sujetas a las siguientes reglas: 3002 MPCI nº 5398

a) Si se ha pretendido una condena dineraria, de hacer, no hacer o dar cosa específica o genérica, la sentencia estimatoria debe **determinar individualmente** los consumidores y usuarios que, conforme a las leyes sobre su protección, han de entenderse beneficiados por la condena.

Cuando la determinación individual no sea posible, la sentencia debe establecer los **datos, características y requisitos** necesarios para poder exigir el pago y, en su caso, instar la ejecución o intervenir en ella, si la instara la asociación demandante.

b) Si, como presupuesto de la condena o como pronunciamiento principal o único, se declarara ilícita o no conforme a la ley una determinada actividad o conducta, la sentencia debe determinar si, conforme a la legislación de protección a los consumidores y usuarios, la declaración ha de surtir **efectos procesales no limitados a quienes hayan sido partes** en el proceso correspondiente.

c) Si se han personado **consumidores o usuarios determinados**, la sentencia ha de pronunciarse expresamente sobre sus pretensiones.

En las sentencias estimatorias de una acción de cesación en defensa de los intereses colectivos y de los intereses difusos de los consumidores y usuarios el tribunal, si lo estima procedente, y con cargo al demandado, puede acordar la **publicación total o parcial** de la sentencia o, cuando los efectos de la infracción puedan mantenerse a lo largo del tiempo, una declaración rectificadora.

7. Efectos de la sentencia

Una de las proyecciones del derecho fundamental a la tutela judicial efectiva es la que se concreta en el derecho a que las resoluciones judiciales alcancen la **eficacia** querida por el ordenamiento, eficacia que supone (TCo 15/2006; 231/2006): 3005

- tanto el derecho a que aquellas se ejecuten en sus propios términos;

- como el respeto a la firmeza de las situaciones jurídicas declaradas, sin perjuicio de que se haya previsto legalmente su eventual modificación o revisión a través de determinados cauces extraordinarios.

La primera manifestación supone que la actividad ejecutiva no puede dirigirse contra persona ajena al fallo y, más en concreto en el ámbito civil, que la **ejecución de sentencia** tiene como únicos destinatarios a las partes, y más específicamente al condenado en la sentencia, de modo que, en ningún caso, cabe derivar la acción ejecutiva hacia personas distintas sin destruir la misma esencia de la cosa juzgada (TCo 166/2003; 153/2006).

Precisiones 1) La institución de la cosa juzgada se entiende como un instituto de naturaleza esencialmente procesal, dirigido a impedir la **repetición indebida de litigios** y a procurar, mediante el efecto de vinculación positiva a lo juzgado anteriormente, la armonía de las sentencias que se pronuncien sobre el fondo en asuntos perjudicialmente conexos (LEC Exp.Motivos).

2) Si bien es cierto que para que la cosa juzgada material pueda ser invocada con éxito en otro proceso es necesario que concurran las tres identidades, subjetiva, objetiva y casual, no es menos cierto que toda sentencia firme, con independencia de tales efectos de cosa juzgada, produce otros **efectos accesorios o indirectos**, entre los cuales debe destacarse el de constituir en un ulterior proceso un medio de prueba de los hechos en ella contemplados y valorados y que fueron determinantes de su parte dispositiva, medio de prueba cualificado aun cuando deba ponderarse en unión de los demás elementos de convicción aportados al juicio (TS 18-3-87, EDJ 2191; JPI Barcelona núm 21 17-10-03, EDJ 225200).

3) Se vulnera el derecho a la tutela judicial efectiva, no solo por el desconocimiento de los efectos de la cosa juzgada material, sino también cuando hay un **desconocimiento de lo resuelto por sentencia firme** en el marco de procesos que examinan cuestiones que guardan con aquella una relación de estricta dependencia, aunque no reúnan los requisitos de la triple identidad, de forma que se debe salvaguardar la eficacia de una resolución judicial que, habiendo adquirido firmeza, ha conformado la realidad jurídica de una forma cualificada que no puede desconocerse por otros órganos juzgadores sin reducir a la nada la propia eficacia de aquella (TCo 151/2001; 231/2006).

3006 MPCI nº 5409 s. **Cosa juzgada material** (LEC art.222.1 y 2 y 400.2) La cosa juzgada de las sentencias firmes, sean estimatorias o desestimatorias, excluye, conforme a la ley, un **ulterior proceso** cuyo objeto sea idéntico al del proceso en que aquella se produjo.

A los efectos de la cosa juzgada, los **hechos y fundamentos jurídicos** aducidos en un litigio se consideran los mismos que los alegados en otro juicio anterior si hubiesen podido alegarse en este.

Se consideran hechos nuevos y distintos, en relación con el fundamento de las referidas pretensiones, los **posteriores a la completa preclusión** de los actos de alegación en el proceso en que aquellas se formulen.

La cosa juzgada alcanza a las pretensiones de la **demanda** y de la **reconvención**.

Asimismo, la cosa juzgada alcanza también a la alegación de **compensación y nulidad** del negocio jurídico en que se funde la demanda.

Precisiones 1) Cuando lo que se pida en la demanda pueda fundarse en **diferentes hechos** o en **distintos fundamentos o títulos jurídicos**, han de aducirse en ella cuantos resulten conocidos o puedan invocarse al tiempo de interponerla, sin que sea admisible reservar su alegación para un proceso ulterior, sin perjuicio de las alegaciones complementarias o hechos nuevos o de nueva noticia permitidos por la ley en momentos posteriores a la demanda y a la contestación (LEC art.400.1).

2) El **laudo arbitral** firme produce efectos de cosa juzgada y frente a él solo cabe solicitar la revisión conforme a lo establecido en la LEC para las sentencias firmes (nº 17500).

3) En el caso de **dos acciones de objeto semejante**, sustanciadas una por el juicio verbal y otra por el ordinario entre las **mismas partes**, la sentencia recaída primero en aquel no tiene que producir efecto de vinculación positiva de cosa juzgada material en el segundo proceso, ni tampoco en la revisión de apelación de la sentencia recaída en este (TS 6-3-20, EDJ 550184; 11-3-21, EDJ 516007).

4) Ignorar la cosa juzgada -en su efecto positivo- puede implicar lesión del derecho a la **tutela judicial efectiva** en su faceta de intangibilidad de las resoluciones firmes (TCo 173/2021).

3007 MPCI nº 5415 **Alcance subjetivo** (LEC art.222.3 y 4) La cosa juzgada afecta a:

- las **partes** del proceso en que se dicte; y
- a sus **herederos** y causahabientes.

En los procesos promovidos por **asociaciones de consumidores o usuarios**, afecta a los consumidores y usuarios, no litigantes, titulares de los derechos que fundamenten la legitimación de las asociaciones que asumen su defensa y representación.

En las sentencias sobre **estado civil, matrimonio, filiación**, paternidad, maternidad y provisión de medidas judiciales de apoyo a la discapacidad, la cosa juzgada tendrá efectos frente a todos a partir de su inscripción o anotación en el Registro Civil.

Las sentencias que se dicten sobre **impugnación de acuerdos societarios** afectan a todos los socios, aunque no hayan litigado.

Lo resuelto con fuerza de cosa juzgada en la sentencia firme que haya puesto fin a un proceso vincula al **tribunal de un proceso posterior** cuando en este aparezca como antecedente lógico de lo que sea su objeto, siempre que los litigantes de ambos procesos sean los mismos o la cosa juzgada se extienda a ellos por disposición legal.

Precisiones 1) La **concurrencia de las identidades** exigida debe apreciarse estableciendo un juicio comparativo entre la sentencia precedente y las pretensiones del proceso posterior, pues de la paridad entre los dos litigios es de donde ha de inferirse la relación jurídica controvertida, interpretada, si es preciso, con los hechos y fundamentos que sirvieron de base a la petición, y requiriéndose, para apreciar la situación de cosa juzgada, una semejanza real que produzca contradicción evidente entre lo que se resolvió y lo que de nuevo se pretende (TS 20-10-97, EDJ 7997; 6-4-99, EDJ 5408).
2) No existe semejanza entre la sentencia dictada con ocasión de una acción de **revocación de donación** por supervivencia de hijos con la ulterior pretensión de **nulidad de la donación** por simulación absoluta (AP Murcia 29-1-01, EDJ 98999).

En las **obligaciones solidarias**, la extensión subjetiva de la cosa juzgada no puede impedir todo proceso ulterior sobre la misma cuestión frente a los deudores solidarios cuando previamente se haya dictado sentencia contra uno de ellos, pues eliminaría la esencia de la solidaridad, dada la imposibilidad de perseguir y ejecutar la condena contra los restantes deudores al carecer de título ejecutivo para ello, y limitaría indebidamente la aplicación de las normas que permiten al acreedor dirigirse simultánea o sucesivamente contra todos los deudores mientras no esté cobrada la deuda y al deudor solidario oponer las excepciones personales que tuviera contra el deudor y que pueden ser ajenas a los restantes obligados (TS 24-10-05, EDJ 165847). **3008**
La vinculación de la cosa juzgada a **otro orden jurisdiccional** es problemática. No se trata de que una jurisdicción haya de aceptar siempre de forma mecánica lo declarado por otra jurisdicción, sino que una distinta apreciación de los hechos debe ser motivada, de acuerdo con la doctrina que determina que el derecho a la tutela judicial efectiva comprende, entre otros, el derecho a una resolución fundada en Derecho. Así, cuando resulta que, en principio, la resolución que un órgano judicial va a dictar pueda ser contradictoria con la ya dictada por otro órgano, el que pronuncia la segunda debe exponer las razones por las cuales, a pesar de las apariencias, tal contradicción no existe a su juicio (TCo 138/1985; AP Segovia 24-2-00, EDJ 7198).

Ausencia de cosa juzgada (LEC art.447 redacc LO 1/2025) No producen efectos de cosa juzgada: **3009** MPCI nº 5419
- las sentencias que pongan fin a los juicios verbales sobre **tutela sumaria de la posesión**;
- las sentencias que decidan sobre la pretensión de **desahucio**;
- las sentencias que decidan sobre la pretensión de **recuperación de finca**, rústica o urbana, dada en arrendamiento, por **impago de la renta** o alquiler o por **expiración** legal o contractual del plazo;
- las sentencias dictadas sobre pretensiones de **tutela** que la ley califique como **sumaria**;
- las sentencias que se dicten en los juicios verbales en que se pretenda la efectividad de **derechos reales inscritos** frente a quienes se opongan a ellos o perturben su ejercicio, sin disponer de título inscrito;
- las sentencias a las que la ley niegue, en casos determinados, esos efectos.

Pueden citarse otras disposiciones legales referidas a procesos concretos:
• En la **tercería de dominio**, el auto que resuelva la misma, que se debe pronunciar sobre la pertenencia del bien y la procedencia de su embargo a los únicos efectos de la ejecución en curso, no produce efectos de cosa juzgada en relación con la titularidad del bien (LEC art.603).
• En el caso de **división judicial de herencia**, la sentencia que recaiga se debe llevar a efecto, pero no tiene eficacia de cosa juzgada, pudiendo los interesados hacer valer los derechos que crean corresponderles sobre los bienes adjudicados en el juicio ordinario que corresponda (LEC art.787.5).
• La sentencia firme dictada en **juicio cambiario** produce efectos de cosa juzgada, respecto de las cuestiones que pudieron ser en él alegadas y discutidas, pudiéndose plantear las cuestiones restantes en el juicio correspondiente (LEC art.827.3).

Precisiones 1) Cuando se acumulen a la pretensión de desahucio o recuperación de finca dada en arrendamiento, por impago de renta o alquiler o por expiración legal o contractual del plazo, las acciones de reclamación de rentas o cantidades análogas vencidas y no pagadas, así como las acciones ejercitadas contra el fiador o avalista solidario, los pronunciamientos de la sentencia en relación con esas **acciones acumuladas a la de desahucio** producirán efectos de cosa juzgada (LEC art.447.2 redacc LO 1/2025).
2) Ver el apartado dedicado a los **juicios verbales** cuyas sentencias carecen de fuerza de cosa juzgada (nº 3987).

3010 **Tratamiento procesal** En el **juicio ordinario**, la apreciación de cosa juzgada tiene lugar en la **audiencia previa** al juicio, al igual que el resto de cuestiones procesales que pudieran obstar a la prosecución del proceso y a su terminación mediante sentencia sobre su objeto (LEC art.414.1 redacc LO 1/2025).

Cuando el tribunal aprecie la existencia de resolución firme sobre objeto idéntico, con efectos de cosa juzgada sobre el proceso de que se trate, debe dar por finalizada la audiencia y dictar, en el plazo de los siguientes 5 días, **auto de sobreseimiento** (LEC art.421).

No obstante, si lo resuelto en un proceso con fuerza de cosa juzgada en sentencia firme ha de vincular al tribunal de un **proceso posterior** cuando en este aparezca como antecedente lógico de lo que sea su objeto, siempre que los litigantes de ambos procesos sean los mismos o la cosa juzgada se extienda a ellos por disposición legal, no se sobreseerá este nuevo proceso (LEC art.222.4).

Si el tribunal **considera inexistente la cosa juzgada**, lo debe declarar así, motivadamente, en el acto y debe decidir que la audiencia prosiga para sus restantes finalidades.

No obstante, cuando la dificultad o **complejidad de las cuestiones suscitadas** sobre la cosa juzgada lo aconsejen, puede también resolver sobre dichas cuestiones mediante auto, dentro de los 5 días siguientes a la audiencia, que proseguirá en todo caso para sus restantes finalidades.

3011 **Resoluciones definitivas y firmes** (LEC art.207.1 y 2) Son **resoluciones definitivas** las que ponen fin a la primera instancia y las que decidan los recursos interpuestos frente a ellas.

MPCI nº 5423

Son **resoluciones firmes** aquellas contra las que no cabe recurso alguno, bien por no preverlo la ley, bien porque, estando previsto, ha transcurrido el plazo legalmente fijado sin que ninguna de las partes lo haya presentado.

Son **sentencias firmes** aquellas contra las que no quepa recurso alguno, salvo el de revisión u otros extraordinarios que establezca la ley (LOPJ art.245.3).

En el caso de sentencias firmes, los demandados que hayan permanecido constantemente en **rebeldía** pueden pretender, del tribunal que la haya dictado, la **rescisión de la sentencia** firme cuando se cumplan los requisitos exigidos para ofrecer nueva audiencia al demandado rebelde (LEC art.501). Ver nº 4242.

Asimismo, es posible la **revisión** de las sentencias firmes, cuando concurran los motivos y requisitos exigidos por la ley, por la Sala de lo Civil del Tribunal Supremo o las Salas de lo Civil y Penal de los Tribunales Superiores de Justicia (LEC art.509). Ver nº 4265 s.

3013 **Cosa juzgada formal** (LEC art.207.3) Las resoluciones firmes pasan en autoridad de cosa juzgada y el tribunal del proceso en que haya recaído debe estar, en todo caso, a lo dispuesto en ellas.

Transcurridos los plazos previstos para recurrir una resolución sin haberla impugnado, queda firme y pasada en autoridad de cosa juzgada, debiendo el tribunal del proceso en que recaiga estar en todo caso a lo dispuesto en ella.

8. Resoluciones del letrado de la Administración de Justicia

(LEC art.206.2 y 208)

3015 Las resoluciones de los letrados de la Administración de Justicia se denominan **diligencias y decretos**.

Cuando la Ley no exprese la clase de resolución que haya de emplearse, se han de observar las siguientes reglas:

1. Se debe dictar **diligencia de ordenación** cuando la resolución tenga por objeto dar a los autos el curso que la Ley establezca.

2. Se debe dictar **decreto** cuando se admita a trámite la demanda, cuando se ponga término al procedimiento del que el letrado de la Administración de Justicia tenga atribuida competencia exclusiva y, en cualquier clase de procedimiento, cuando sea preciso o conveniente razonar lo resuelto.

3. Se han de dictar **diligencias de constancia, comunicación o ejecución** a los efectos de reflejar en autos hechos o actos con trascendencia procesal.

Las **diligencias** se deben limitar a expresar lo que por ellas se mande y deben incluir además una sucinta motivación cuando así lo disponga la Ley o quien haya de dictarlas lo estime conveniente.

Los **decretos** han de ser siempre motivados y deben contener, en párrafos separados y numerados, los antecedentes de hecho y los fundamentos de derecho en los que se base la subsiguiente parte dispositiva o fallo.

En las resoluciones dictadas por los letrados de la Administración de Justicia se ha de indicar siempre el **nombre** del que la haya dictado, con extensión de su firma.
Toda resolución debe incluir la mención del **lugar y fecha** en que se adopte y si la misma es firme o si cabe algún **recurso** contra ella, con expresión, en este último caso, del recurso que proceda, del órgano ante el que debe interponerse y del plazo para recurrir.

I. Nulidad de actuaciones judiciales

(LEC art.225 a 231)

Los actos procesales son nulos de pleno derecho por las siguientes **causas** (LOPJ art.238; LEC art.225): **3025**
- cuando se produzcan por o ante tribunal con falta de jurisdicción o de competencia objetiva o funcional (nº 1888 y nº 1974);
- cuando se realicen bajo violencia o intimidación (nº 3027);
- cuando se prescinda de normas esenciales del procedimiento, siempre que, por esa causa, haya podido producirse indefensión (nº 3028);
- cuando se realicen sin intervención de abogado, en los casos en que la ley la establezca como obligatoria (nº 3029);
- cuando se celebren vistas sin la preceptiva intervención del letrado de la Administración de Justicia (nº 3030);
- cuando se resolvieran mediante diligencias de ordenación o decreto cuestiones que conforme a la Ley han de ser resueltas mediante providencia, auto o sentencia;
- en los demás casos en que la Ley así lo establezca (nº 3030).

Si aún no ha recaído resolución, la nulidad puede declararse por el **propio tribunal** que conoce del asunto. Una vez recaída esta, se debe hacer valer por medio de los **recursos** establecidos en la ley contra la resolución de que se trate (nº 4025 s.). Con carácter excepcional se prevé también su declaración a través del **incidente de nulidad** (nº 3033).

Precisiones 1) La LEC dispone que, mientras no se proceda a **reformar la LOPJ**, no resulta de aplicación lo dispuesto en LEC art.225 a 230 sobre nulidad de las actuaciones judiciales (LEC disp.final 17ª). Esta modificación debe entenderse referida a la producida por la LO 19/2003, por lo que resultan plenamente aplicables los preceptos contenidos en la LEC sobre nulidad de las actuaciones judiciales.
2) La vigente regulación ampliada del incidente de nulidad de actuaciones refuerza el protagonismo que han de asumir los jueces y tribunales ordinarios como guardianes naturales y primeros de los derechos fundamentales y el **carácter subsidiario del recurso de amparo**. De acuerdo con ello, se ha de interponer el incidente y exigirlo para considerar agotada la vía judicial previa, cuando sea claramente ejercitable sin superar unas dificultades interpretativas mayores de lo exigible razonablemente (TCo 131/2016; 189/2016).

Violencia o intimidación (LOPJ art.239; LEC art.225.2º y 226) Los tribunales cuya actuación se haya producido con intimidación o violencia, en cuanto se vean libres de ella, han de **declarar nulo** todo lo practicado y promover la formación de **causa contra los culpables**, poniendo los hechos en conocimiento del Ministerio Fiscal. **3027**
También se deben declarar nulos los **actos de las partes** o de personas que intervengan en el proceso si se acredita que se produjeron bajo intimidación o violencia.
La nulidad de estos actos entraña la de todos los demás **actos relacionados** con ellos o que puedan haberse visto condicionados o influidos sustancialmente por el acto nulo.

Precisiones Ver lo que se expone con respecto a la violencia e intimidación en los vicios de la voluntad que invalidan la **transacción** (nº 2487).

Ausencia de las normas esenciales del procedimiento (LEC art.225.3º) Se produce la nulidad de pleno derecho de lo actuado cuando se prescinda de las normas esenciales del procedimiento, siempre que, por esa causa, haya podido producirse **indefensión**. **3028** MPCI nº 5441, 5443
La indefensión prohibida por Const art.24.1 no nace de la sola y simple infracción por los órganos judiciales de las reglas procesales, pues el quebrantamiento de esta legalidad no provoca en todos los casos la eliminación o disminución sustancial de los derechos de las partes en el procedimiento.
Surge esa indefensión de la **privación del derecho a alegar y a demostrar** en el proceso los derechos propios, y tiene su manifestación más trascendente cuando por el órgano judicial se impide a una parte el ejercicio de este **derecho a la defensa**, privándola de ejercitar su potestad de alegar y, en su caso, de justificar sus derechos e intereses para que le sean reconocidos, o para replicar las posiciones contrarias, en el ejercicio indispensable del principio de contradicción (TCo 226/2005).

La indefensión, con todo, no se produce cuando, aun habiéndose quebrantado la legalidad procesal por el juzgador, el propio interesado, por impericia o negligencia, no haya utilizado sus posibilidades de defensa, desdeñando los remedios hábiles para hacer valer sus intereses y cooperando, con ello, al menoscabo de su situación procesal (TCo 287/2005).

Precisiones 1) Se causa indefensión determinante de nulidad de actuaciones cuando se dicta un auto que sobresee el procedimiento por **desistimiento** sin haber dado traslado del escrito del demandante al demandado comparecido, privándole de poder manifestar su conformidad o disconformidad (AP Valencia auto 15-6-01, EDJ 87899).

2) La indefensión puede provenir de un **defecto formal** si afecta a la composición del órgano de enjuiciamiento, cuando participa en la decisión del asunto un magistrado en el que concurre una causa de abstención y recusación manifiesta, siendo el incidente de nulidad de actuaciones un cauce idóneo para restablecer esta infracción (TCo 240/2005; 306/2005).

3) Se produce la nulidad cuando no se cita al **Ministerio Fiscal** en un proceso de provisión de medidas de apoyo para el ejercicio de la capacidad jurídica, siendo así que su presencia es preceptiva, debiendo extremarse estas cautelas cuando, además, no comparece el propio presunto afectado por la discapacidad (AP Córdoba auto 16-12-05, EDJ 304112).

3029 **Ausencia de abogado en caso de intervención obligatoria** (LEC art.225.4º) Produce igualmente la nulidad de actuaciones cuando se realicen sin intervención de abogado, en los casos en que la ley la establezca como obligatoria.

La **falta de colegiación** del abogado interviniente se equipara a la intervención sin abogado (AP Granada 12-7-93; AP Madrid auto 29-9-05, EDJ 193696).

En cambio, la mera **falta de firma** del abogado de la parte es un defecto de escasa relevancia que puede ser subsanado, sin que pueda dar lugar a la nulidad de todo lo actuado (TCo 2/1989; 127/1991).

Precisiones Se produce nulidad de las actuaciones cuando se le designa a la parte un **letrado del turno de oficio** con escaso tiempo para realizar una defensa adecuada, por cuanto que el derecho fundamental a la defensa debe resultar coherente y ajustado a las circunstancias concurrentes, no meramente formal, especialmente en los casos de designación por el turno de oficio, no bastando para tutelar este derecho con la designación del correspondiente profesional, y sí debiéndose proporcionar asistencia real, efectiva y operativa (AP Palencia 22-2-06, EDJ 69444).

3030 MPCI nº 5447 **Otras causas de nulidad** (LEC art.225.7º) Por último, se dispone que las actuaciones judiciales son nulas de pleno derecho en los demás casos en que la LEC así lo establezca. A ellos habría que añadir otros supuestos de nulidad previstos en otras normas.

En conjunto pueden citarse los siguientes:

a) La celebración de vistas y comparecencias sin la necesaria **inmediación de los jueces y magistrados** miembros del tribunal que esté conociendo de un asunto, cuando aquellas que tengan por objeto oír a las partes antes de dictar una resolución, las declaraciones de las partes, y de testigos, los careos, las exposiciones, explicaciones y respuestas que hayan de ofrecer los peritos, así como la crítica oral de su dictamen y cualquier otro acto de prueba que, conforme a la ley, deba llevarse a cabo contradictoria y públicamente. Igualmente, cuando se celebren sin la presencia del letrado de la Administración de Justicia, respecto de aquellas actuaciones que hayan de celebrarse ante su exclusiva presencia (LEC art.137).

b) Los **actos de comunicación** que no se practiquen con arreglo a lo dispuesto a las normas previstas para su realización y que puedan causar indefensión (LEC art.166).

No obstante, cuando la persona notificada, citada, emplazada o requerida se haya dado por enterada en el asunto, y no denuncie la nulidad de la diligencia en su primer acto de comparecencia ante el tribunal, esta surte desde entonces todos sus efectos, como sí se hubiese hecho con arreglo a las disposiciones de la ley.

c) En los procesos seguidos ante cualquier jurisdicción, en que sean parte la **Administración General del Estado**, los organismos autónomos o los órganos constitucionales, las notificaciones, citaciones, emplazamientos y demás actos de comunicación procesal que no se entiendan directamente con el abogado del Estado en la sede oficial de la respectiva abogacía del Estado (L 52/1997 art.11).

d) Excepcionalmente, quienes sean parte legítima o hubieran debido serlo, pueden pedir por escrito que se declare la nulidad de actuaciones fundada en cualquier **violación de un derecho fundamental** de la Const art.14 a 19, siempre que no hayan podido denunciarse antes de recaer la resolución que ponga fin al proceso y que esta no sea susceptible de recurso ordinario o extraordinario (LOPJ art.241.1).

3031 **Actuaciones judiciales realizadas fuera del tiempo establecido** (LOPJ art.242; LEC art.229) Las actuaciones judiciales realizadas fuera del tiempo establecido solo pueden anularse si lo impone la naturaleza del término o plazo.

Declaración de nulidad y pretensiones de anulación de actuaciones procesales (LEC art.227; LOPJ art.240.1) El tribunal puede, de oficio o a instancia de parte, **antes de que haya recaído resolución** que ponga fin al proceso, y siempre que no proceda la subsanación, declarar, previa audiencia de las partes, la nulidad de todas las actuaciones o de alguna en particular. 3032

Una vez **dictada la resolución**, la nulidad de pleno derecho, en todo caso, y los defectos de forma en los actos procesales que impliquen ausencia de los requisitos indispensables para alcanzar su fin o determinen efectiva indefensión, se harán valer por medio de los **recursos** establecidos en la ley contra la resolución de que se trate.

También se pueden hacer valer por los **demás medios** que establezcan las distintas leyes procesales.

En ningún caso puede el tribunal, con ocasión de un recurso, decretar de oficio una nulidad de las actuaciones que **no haya sido solicitada** en dicho recurso, salvo que aprecie falta de jurisdicción o de competencia objetiva o funcional o se haya producido violencia o intimidación que afectare a ese tribunal.

Incidente excepcional de nulidad de actuaciones (LEC art.228) Con carácter general, no se admiten incidentes de nulidad de actuaciones. No obstante, puede pedir el incidente de nulidad, por escrito, quien sea **parte legítima** en el proceso o hubiera debido serlo. 3033 MPCI nº 5453

Este incidente constituye un **remedio procesal específico** para aquellos casos en que la nulidad radical, por el momento en que se produjo el vicio que la causó, no haya podido ser declarada de oficio ni denunciada por vía de recurso, tratándose, sin embargo, de defectos graves generadores de innegable indefensión.

Para la admisión de este incidente se exigen los siguientes **requisitos**:

- Que la nulidad esté fundada en cualquier vulneración de un derecho fundamental de la Const art.14 a 29
- Que, por el momento en que se produjeron, no haya sido posible denunciar esos defectos antes de recaer resolución que ponga fin al proceso;
- Que dicha resolución no sea susceptible de recurso ordinario ni extraordinario.

Es requisito esencial que los vicios determinantes de nulidad no sean susceptibles de ser denunciados por vía de **recurso**, incluido el de casación, ni antes de dictarse sentencia o resolución irrecurrible.

Mediante el incidente excepcional de nulidad de actuaciones pueden verse afectadas **sentencias y otras resoluciones finales**, que han de considerarse firmes, pero sin que la firmeza pueda ser obstáculo que haya de prevalecer frente a la antecedente nulidad radical que afecte a la resolución.

Competencia (LEC art.228.1) Es competente para conocer de este incidente el mismo tribunal que dictó la sentencia o resolución que haya adquirido firmeza. 3034

Plazo (LEC art.228.1) El plazo para pedir la nulidad es de 20 días, desde la notificación de la sentencia, la resolución o, en todo caso, desde que se tuvo conocimiento del defecto causante de indefensión, sin que, en este último caso, pueda solicitarse la nulidad de actuaciones después de transcurridos 5 años desde la notificación de la sentencia o resolución. 3035

Inadmisión a trámite (LEC art.228.1) El tribunal debe inadmitir a trámite, mediante providencia sucintamente motivada, cualquier incidente en el que se pretenda suscitar otras cuestiones distintas de las señaladas. Contra la resolución por la que se inadmita a trámite el incidente no cabe recurso alguno. 3036

Precisiones: Con esta medida se pretende evitar el **riesgo de abuso** de la solicitud excepcional de nulidad de actuaciones (LEC Exp.Motivos).

Suspensión de la resolución recurrida (LEC art.228.2) Admitido a trámite el escrito en que se pida la nulidad fundada en la invocación de los vicios que pudieran dar lugar a la misma, no queda en suspenso la ejecución y eficacia de la sentencia o resolución irrecurribles, salvo que se acuerde de forma expresa la suspensión para evitar que el incidente pudiera perder su finalidad. 3037

Tramitación (LEC art.228.2) Del escrito por el que se pida la nulidad de actuaciones se debe dar **traslado** por el letrado de la Administración de Justicia junto con copia de los documentos que se acompañen, en su caso, para acreditar el vicio o defecto en que la petición se funde, a las demás partes. 3038

Estas disponen entonces de un **plazo** común de 5 días para formular por escrito sus alegaciones, a las que deben acompañar los documentos que se estimen pertinentes.

3039 **Resolución del incidente** (LEC art.228.2) El incidente de nulidad de actuaciones se resuelve por medio de auto que puede estimar o desestimar la nulidad.

• Si **se estima** la nulidad, se han de reponer las actuaciones al estado inmediatamente anterior al defecto que la haya originado y se ha de seguir el procedimiento legalmente establecido.

• Si **se desestima** la solicitud de nulidad, se debe condenar, por medio de auto, al solicitante en todas las costas del incidente y, en caso de que el tribunal entienda que se promovió con temeridad, le debe imponer, además, una multa de 90 a 600 euros.

Se trata con esta medida de evitar el abuso en el ejercicio de la facultad excepcional de plantear la nulidad de actuaciones de una resolución judicial firme.

Precisiones 1) La **cuantía y conversión a euros** se estableció por RD 1417/2001. La LOPJ fija idéntica cuantía de multa (LOPJ art.241). La L 13/2009 fija ya en euros la cuantía de la multa en la misma LEC.

2) En el caso de apreciarse y ser proclamada la nulidad de actuaciones, por existencia de una infracción determinante de nulidad radical y que ha causado indefensión a la parte, no resulta admisible analizar a continuación si esa situación le ha perjudicado hasta el punto de que se haga preciso declarar la **nulidad de todo lo actuado**, para concluir que la sentencia habría sido idéntica en el fondo; ello es así, por cuanto que, una vez apreciada la situación de **indefensión**, el remedio constitucionalmente exigible no puede ser otro que el de preservar el derecho y retrotraer las actuaciones al momento en que se produjeron (TCo 215/2006).

3040 **Irrecurribilidad** (LOPJ art.241.2; LEC art.228.2) Contra la resolución que resuelva el incidente no cabe recurso alguno.

Esta irrecurribilidad, que se establece como una excepción a la regla general de recurribilidad general de los autos no definitivos, se sustenta en la naturaleza de **regla especial**, integrada en la completa regulación de este remedio excepcional que es la declaración de nulidad de actuaciones (TCo 38/2006; 241/2006).

Precisiones 1) Si se ha interpuesto algún **recurso** contra este auto de forma **improcedente**, el recurso de amparo, que eventualmente se interponga, se debe considerar extemporáneo, ya que se considera que se ha provocado con ello una artificiosa e innecesaria vía judicial previa, por cuanto que el principio de seguridad jurídica determina que la fecha a considerar sea la de aquella que puso fin a la vía judicial previa, sin que puedan tomarse en consideración los recursos notoriamente inexistentes o inviables que se interpongan con posterioridad a dicha fecha (TCo 245/2000; 237/2006).

Sin embargo, ello no ocurre cuando el órgano que lo resuelve, de forma indebida, **ofreció la interposición de cualquier recurso** contra el mismo, por cuanto que, en tal caso no puede considerarse como manifiestamente improcedente el recurso a los efectos de determinar la extemporaneidad del recurso de amparo, si a ello fue inducido por una errónea indicación judicial (TCo 38/2006; 241/2006).

2) La función del incidente de nulidad como mecanismo de **protección de los derechos fundamentales** y la **subsidiariedad del recurso de amparo** ante el Tribunal Constitucional respecto del mismo, pueden consultarse en nº 7565 s. Memento Procesal Contencioso-Administrativo 2026.

3041 **Recurso de amparo** El Tribunal Constitucional, a través del recurso de amparo, puede realizar un **control externo**, limitado estrictamente a verificar que la resolución judicial está fundada en Derecho, lo que implica verificar que el razonamiento que sustenta la decisión no resulte arbitrario, manifiestamente irrazonable o incurso en error patente (TCo 226/2000; 60/2006).

Es decir, solo puede considerarse que la resolución judicial impugnada en amparo vulnera el derecho a la tutela judicial efectiva cuando el razonamiento que la funda incurra en tal grado de **arbitrariedad, irrazonabilidad o error** que, por su evidencia y contenido, sean tan manifiestos y graves que para cualquier observador resulte patente que la resolución de hecho carece toda motivación o razonamiento (TCo 214/1999).

Precisiones No pueden entenderse como decisiones motivadas y razonadas aquellas que, a primera vista y sin necesidad de mayor esfuerzo intelectual y argumental, se comprueba que parten de **premisas inexistentes o patentemente erróneas** o siguen un desarrollo argumental que incurre en quiebras lógicas de tal magnitud que las conclusiones alcanzadas no pueden considerarse basadas en ninguna de las razones aducidas.

3042 **Conservación de los actos** (LEC art.230) La nulidad de un acto no implica la de los **actos**
MPCI **sucesivos** que sean independientes de aquel ni la de aquellos cuyo contenido hubiese perma-
nº 5471 necido invariado aun sin cometido la infracción que dio lugar a la nulidad.

3043 **Subsanación** (LEC art.231; LOPJ art.243.4) El tribunal y el letrado de la Administración de Justicia
MPCI cuidarán de que puedan ser subsanados los defectos en que incurran los **actos procesales de**
nº 5473 **las partes**.

Los actos de las partes que **carezcan de los requisitos** exigidos por la Ley son subsanables en los casos, condiciones y plazos previstos en las leyes procesales.

Los tribunales, de conformidad con el principio de tutela efectiva, deben resolver siempre sobre las pretensiones que se les formulen, y solo pueden desestimarlas por **motivos formales** cuando el defecto sea insubsanable o no se subsane por el procedimiento establecido en las leyes (LOPJ art.11.3).
No obstante, constituye un obstáculo insubsanable el **incumplimiento voluntario o malicioso** de requisitos formales, así como cuando se impida la buena marcha del proceso (TCo 51/1992).

Precisiones La falta de **acreditación de la representación procesal** es subsanable si el defecto se reduce a esta mera formalidad, y siempre que tal subsanación sea posible, de modo que, en tales casos, debe conferirse a las partes la posibilidad de subsanación antes de impedirles el acceso al proceso o al recurso legalmente previsto (TCo 217/2005; 287/2005).
En cambio, no es subsanable, no ya la falta de acreditación o insuficiencia de la representación procesal, sino la carencia absoluta de la misma, ante la **inexistencia del apoderamiento** mediante el que se confiere (TCo 205/2001).

J. Reconstrucción de los autos

(LEC art.232 a 235)

En los supuestos en que se produzca la **desaparición**, total o parcial de las actuaciones judiciales, es preciso determinar la forma en que se han de reconstruir los autos. **3050**

Competencia (LEC art.232.1) Será competente para tramitar la reconstitución total o parcial de todo tipo de actuaciones judiciales el letrado de la Administración de Justicia de la oficina judicial en que la desaparición o mutilación hubiera acontecido. **3051**

Intervención del Ministerio Fiscal (LEC art.232.2) En los procedimientos de reconstrucción de actuaciones es siempre parte el Ministerio Fiscal. **3052**
La presencia del fiscal, incluso en los casos en los que la necesidad de reconstrucción se produzca en relación con procesos en los que no ha sido parte, se justifica por un **interés público** incuestionable.
El Ministerio Fiscal debe contribuir a que la reconstrucción de los autos se ajuste, en la medida de lo posible, a la **realidad preexistente**, impidiendo que la falta de identidad entre lo que fueron los autos y lo que es el resultado de la reconstrucción, pueda jugar en perjuicio de cualquiera de los litigantes. A tal fin, el fiscal debe acomodar su presencia en el procedimiento y el contenido mismo de su dictamen al objetivo de hacer prevalecer el derecho a un proceso con todas las garantías para todos aquellos que hayan podido verse afectados por la desaparición o mutilación.

Precisiones La mención a la **condición de parte** del Ministerio Fiscal en la reconstrucción de autos no debe entenderse en su sentido más estricto, dada la ausencia, tanto de genuinas partes en ese procedimiento, como de una verdadera pretensión (FGE Circ 1/2001).

Inicio del expediente (LEC art.233) El tribunal o el letrado de la Administración de Justicia en actuaciones de su exclusiva competencia), de oficio, o las partes o sus herederos, en su caso, pueden instar la reconstrucción de los autos. **3054**
Si el procedimiento se inicia a instancia de parte, debe comenzar mediante **escrito** que contenga los siguientes extremos:
- cuándo ocurrió la desaparición o mutilación, con la precisión que sea posible;
- la situación procesal del asunto;
- los datos que conozca y los medios de investigación que puedan conducir a la reconstitución.

A este escrito se han de acompañar, en cuanto sea posible, las **copias** auténticas y privadas que se conserven de los documentos y, en otro caso, se deben señalar los **protocolos o registros** en que obren sus matrices o en los que se haya efectuado algún asiento o inscripción. También se deben adjuntar las copias de los escritos presentados y las resoluciones de toda clase recaídas en el juicio, así como cuantos **otros documentos** pudieran ser útiles para la reconstrucción.

Citación de las partes (LEC art.234) Acordado por el tribunal mediante **providencia** o, en su caso, por el letrado de la Administración de Justicia mediante **diligencia**, el inicio del procedimiento de reconstrucción de las actuaciones, el letrado de la Administración de Justicia mandará citar a las partes, a una comparecencia ante sí mismo, que habrá de celebrarse dentro del plazo máximo de 10 días. **3055**
A esta vista deben asistir las **partes** y sus **abogados**, siempre que la intervención de estos fuera preceptiva en el proceso cuyas actuaciones se pretenden reconstruir.

La **inasistencia** de alguna de las partes no impide la prosecución de la vista con las que estén presentes. Cuando no comparezca ninguna se sustanciará el trámite con el Ministerio Fiscal.

Precisiones La asistencia del **Ministerio Fiscal** a ese trámite resulta ineludible, siendo depositario de ese interés que trasciende al que pueda ser propio de las partes. En tales casos, su informe ha de perseguir que la resolución judicial que pone término al expediente sea congruente con los datos que el examen y contraste de los documentos pueda poner de manifiesto (FGE Circ 1/2001).

3056 **Vista y decisión** (LEC art.235.1) La vista se debe iniciar requiriendo a las partes para que manifiesten su **conformidad o disconformidad** con la exactitud de los escritos y documentos presentados por la parte instante del procedimiento, así como con aquellos que hubieran podido aportar las demás partes en la misma vista.

El letrado de la Administración de Justicia, oídas las partes y examinados los escritos y documentos presentados, previo **informe del fiscal**, debe determinar los extremos en que haya habido **acuerdo** entre los litigantes y aquellos otros en que, prescindiendo de diferencias accidentales, haya mediado disconformidad.

Cuando **no exista ninguna controversia** sobre los extremos a que afecte la reconstrucción, el letrado de la Administración de Justicia debe dictar un **decreto** declarando reconstituidas las actuaciones y fijando la situación procesal de la que deba partirse para el ulterior curso del juicio de que se trate.

Cuando entre las partes exista **desacuerdo total o parcial**, el letrado de la Administración de Justicia convocará a las partes y al Ministerio Fiscal a vista ante el tribunal, que habrá de celebrarse en los 10 días siguientes y en la que se propondrá la prueba que sea precisa, que se practicará en el mismo acto, o si ello no fuera posible, en el plazo de 15 días.

El tribunal debe resolver mediante **auto** la forma en que deben quedar reconstituidas las actuaciones, o la imposibilidad de su reconstitución.

Contra dicho auto puede interponerse **recurso de apelación**.

Precisiones El Fiscal ha de velar para que un **acuerdo de las partes** genere los efectos que son propios cuando afecten a instituciones sometidas a la libre disponibilidad de las partes. De ahí que deba reforzar su atención a fin de impedir que en determinados procesos -p.e. los relativos a la filiación o al estado civil-, el acuerdo entre las partes pueda enmascarar transacciones o componendas proscritas por la ley (FGE Circ 1/2001).

K. Caducidad de la instancia

3060 En principio, la **falta de impulso del procedimiento** por las partes o interesados no origina la
MPCI caducidad de la instancia o del recurso (LEC art.236). Corresponde al letrado de la Adminis-
nº 5497 s. tración de Justicia dar al proceso el curso que corresponda, de oficio, dictando al efecto las resoluciones necesarias (LEC art.179).

No obstante, se tienen por abandonadas las instancias y recursos en toda clase de pleitos si, pese al impulso de oficio de las actuaciones, **no se produce actividad procesal** alguna en el plazo de 2 años, cuando el pleito se halle en primera instancia, y de uno, si estuviese en segunda instancia o pendiente de recurso de casación (LEC art.237.1).

Estos **plazos** se cuentan desde la última notificación a las partes.

Contra el decreto del letrado de la Administración de Justicia que declare la caducidad solo cabe **recurso de revisión** (LEC art.237.2).

Debe tenerse en cuenta que, transcurrido el plazo o pasado el término señalado para la realización de un acto procesal de parte se produce la **preclusión** y se pierde la oportunidad de realizar el acto de que se trate. El letrado de la Administración de Justicia debe dejar **constancia del transcurso del plazo** por medio de diligencia y acordar lo que proceda o dar cuenta al tribunal, a fin de que dicte la resolución que corresponda (LEC art.136).

En el caso de que el curso del procedimiento se haya suspendido a petición de las partes (nº 2897), si transcurrido el plazo por el que se acordó la **suspensión**, nadie pide, en los 5 días siguientes, la reanudación del proceso, se han de archivar provisionalmente los autos y permanecerán en tal situación mientras no se solicite la continuación del proceso o se produzca la caducidad de instancia (LEC art.179).

Precisiones **1)** El principio de **impulso procesal de oficio** no es incompatible, sino más bien al contrario, con las obligaciones procesales de las partes y su deber de colaborar con los órganos jurisdiccionales, debiendo coadyuvar a interesarse por la marcha del proceso en el que pretendan la defensa de sus derechos e intereses legítimos. No existe lesión del derecho a la tutela judicial efectiva cuando esta resulte exclusivamente imputable a la inactividad procesal de las partes (TCo 68/1993; 61/1991).

2) Los preceptos sobre caducidad son de naturaleza excepcional y de **interpretación restrictiva**, con estricta observancia de los requisitos que la constituyen: paralización del proceso durante los plazos legales e inactividad o abandono imputable a las partes o interesados.

Exclusión de la caducidad (LEC art.238 y 239) La caducidad de la instancia no se produce, pese a que se den los requisitos señalados, en las siguientes situaciones. 3061

a) En caso de **fuerza mayor o contra la voluntad de las partes.** No se produce caducidad de la instancia o del recurso si el procedimiento ha quedado paralizado por fuerza mayor o por cualquier otra causa contraria o no imputable a la voluntad de las partes o interesados.

b) Las **actuaciones de ejecución** se pueden proseguir hasta obtener el cumplimiento de lo juzgado, aunque hayan quedado sin curso durante los plazos señalados para la caducidad, que no son aplicables en las actuaciones para la ejecución forzosa.

Es por ello que, se pueden proseguir las actuaciones para la ejecución forzosa, hasta obtener el cumplimiento de lo juzgado, aunque hayan quedado sin curso los plazos que se señalan, esto es, 2 años para la primera instancia, y un año para la segunda instancia (AP Jaén auto 9-12-05, EDJ 302503).

Precisiones No debe confundirse la inexistencia de caducidad en la instancia para las actividades de ejecución con la **caducidad de la acción ejecutiva** fundada en sentencia judicial, acuerdo transaccional o resolución arbitral, que caduca si no se interpone la correspondiente demanda ejecutiva dentro de los 5 años siguientes a la firmeza de la sentencia o resolución (LEC art.518).

Efectos En cuanto a los efectos de la caducidad de la instancia han de distinguirse diversas situaciones, según el momento procesal en que se produzca la caducidad. Exponemos también los efectos que produce con respecto a la prescripción adquisitiva y a la prescripción de acciones, así como a la imposición de costas. 3062

Caducidad en primera instancia (LEC art.240.2) Si la caducidad se produce en la primera instancia, se entiende producido el desistimiento en dicha instancia, por lo que puede interponerse **nueva demanda**, sin perjuicio de la caducidad de la acción. 3063

Por la caducidad de la instancia no se extingue la acción, que puede ejercitarse de nuevo en el juicio correspondiente, si no ha prescrito con arreglo a Derecho.

Caducidad en fase de recurso (LEC art.240.1) Si la caducidad se produce en la segunda instancia o en el recurso de casación, se tiene por desistida la apelación o dichos recursos y por firme la resolución recurrida y se han de devolver las actuaciones al tribunal del que procedan. 3064

Efectos en la prescripción adquisitiva (CC art.1945 y 1946) La prescripción adquisitiva, por la que se adquiere el dominio y demás derechos reales por el transcurso del tiempo con los demás requisitos que la ley exige, **se interrumpe** por la citación judicial hecha al poseedor, aunque sea por mandato de juez incompetente. 3065

No obstante, se considera como no hecha y deja de producir interrupción dicha citación judicial si el actor deja caducar la instancia.

Caducidad y prescripción de acciones (CC art.1973) La prescripción extintiva o prescripción de acciones, por la que se extinguen o prescriben las acciones por el mero lapso de tiempo fijado por la ley, unido a su no ejercicio, se interrumpe por su ejercicio ante los tribunales. 3066

En el caso de caducidad de la instancia del proceso judicial que hubiera interrumpido la prescripción extintiva de acciones, **no se hace ninguna reserva legal** en cuanto a la ineficacia de dicha interrupción por haber dejado caducar la instancia, como sí se realiza en el caso de la prescripción adquisitiva de acciones. No obstante, la **consecuencia lógica** es que la declaración de caducidad de la instancia no surte el mismo efecto en lo tocante a la interrupción de la prescripción, porque ni la letra ni el espíritu de CC art.1973 permiten que tenga el alcance de que, en virtud de ella, pueda llegarse a perder la acción. Debe armonizarse el Código civil con lo previsto en la LEC al establecerse que la caducidad de primera instancia no extingue la acción, que, si no hubiera prescrito con arreglo a Derecho, puede volver a ejercitarse en el juicio correspondiente.

Costas procesales (LEC art.240.3) La declaración de caducidad no contiene imposición de costas, debiendo pagar cada parte las causadas a su instancia y las comunes por mitad. 3067

SECCIÓN 7

Tasación de costas

(LEC art.241 a 246)

3080

3081 Los gastos y costas del proceso, causados a instancia de las partes, deben ser **pagados por cada parte** a medida que se vayan produciendo, a salvo lo dispuesto sobre asistencia jurídica gratuita (LEC art.241.1).
Se considerarán **gastos del proceso** aquellos desembolsos que tengan su origen directo e inmediato en la existencia de dicho proceso (LEC art.241.2).
Los **titulares de créditos** derivados de actuaciones procesales pueden reclamarlos de la parte o partes que deban satisfacerlos sin esperar a que el proceso finalice y con independencia del eventual pronunciamiento sobre costas que en este recaiga (LEC art.241.3).
Corresponde a la parte que contrata la prestación de los servicios, el pago de los **honorarios profesionales**. No obstante, cuando una resolución judicial impone a una de las partes el abono de las costas causadas por la otra, es lógico concluir que es la parte condenada en costas la obligada a abonar las incluidas en la tasación efectuada por el letrado de la Administración de Justicia, en la que lógicamente se incluyen los honorarios devengados por los profesionales que defendieron a la parte contraria.
De esta forma, se permite que los profesionales que intervienen en el proceso **vayan percibiendo sus derechos y honorarios**, sin perjuicio de que con posterioridad se resarza la parte que los haya abonado de la contraria, en el caso de existencia de condena en costas de la contraria.
En concreto, se prevé el **anticipo de fondos** a favor de los procuradores (LEC art.29.2) y para los peritos designados judicialmente (LEC art.342), y nada se opone que se realicen también a favor de los abogados, siendo la práctica más extendida.
En las actuaciones del **proceso de ejecución**, las partes deben satisfacer los gastos y costas que les correspondan, sin perjuicio de los reembolsos que procedan tras la decisión del tribunal sobre las costas (LEC art.539 redacc LO 1/2025).
Las costas del proceso de ejecución **no incluidas en la condena en costas** son a cargo del ejecutado, sin necesidad de expresa imposición, pero hasta su liquidación, el ejecutante debe satisfacer los gastos y costas que se vayan produciendo, salvo los que correspondan a actuaciones que se realicen a instancia del ejecutado o de otros sujetos, que deben ser pagados por quien haya solicitado la actuación de que se trate.

> Precisiones Las resoluciones de letrados de la Administración de Justicia o funcionarios equivalentes de **órganos judiciales extranjeros** tasando las costas procesales pueden ser objeto de reconocimiento y ejecución en España por el procedimiento de exequátur (L 29/2015 art.41 s.). Ver nº 4685.

3083 **Condena en costas** (LEC art.394.1 y 2 redacc LO 1/2025) En los **procesos declarativos**, las costas
MPCI de la primera instancia se impondrán a la parte que haya visto rechazadas todas sus preten-
nº 5554 s. siones, salvo que el tribunal aprecie, y así lo razone, que el caso presentaba serias dudas de hecho o de derecho.
No obstante, cuando la participación en un **medio de solución de conflictos** sea legalmente preceptiva, o se hubiera acordado, previa conformidad de las partes, por el juez o el letrado de la Administración de Justicia durante el curso del proceso, no habrá pronunciamiento de costas a favor de la parte que hubiera rehusado expresa o tácitamente y sin justa causa, participar en el medio al que hubiese sido efectivamente convocado.

En caso de **estimación o desestimación parcial**, cada parte debe abonar las costas causadas a su instancia y las comunes por mitad, a no ser que hubiese méritos para imponerlas a una de ellas por haber litigado con temeridad (LEC art.394.2).

Precisiones 1) Cuando se impongan las costas al litigante vencido, este solo está obligado a pagar, de la parte que corresponda a los **abogados y demás profesionales** que no estén sujetos a tarifa o arancel, una cantidad total que no exceda de la tercera parte de la cuantía del proceso, por cada uno de los litigantes que hayan obtenido tal pronunciamiento, salvo que se aprecie temeridad del litigante condenado en costas (LEC art.394.3).

2) Respecto de la condena en costas en procesos sobre **cláusulas abusivas** o, en general, de consumidores y el juego del principio de efectividad del Derecho de la Unión Europea, ver nº 3600.

Titularidad del crédito por costas El crédito originado por las costas es propio y específico de la **parte beneficiada** con las mismas, no del abogado y procurador. Estos profesionales tienen acción para cobrar sus honorarios y derechos de quien contrató sus servicios (TS 28-6-05, EDJ 108755; 14-2-06, EDJ 42972). **3084**

En efecto, el crédito dimanante de la condena en costas corresponde a la parte vencedora y no al procurador y letrado que le hayan representado y defendido en juicio, pues obviamente cualquier persona que necesite promover una demanda o defenderse frente a la formulada contra él ha de concertar los servicios de los aludidos profesionales, mediante un contrato calificado como de **arrendamiento de servicios** y asume la obligación de satisfacer los derechos y honorarios devengados por su prestación, de cuyo importe puede resarcirse, si la sentencia recaída en el proceso ha condenado en costas a la parte contraria (AP Asturias auto 12-1-04, EDJ 304618).

Estas previsiones generales no impiden que las partes acreedora y deudora de un crédito de costas **negocien** o transijan sobre la persona que definitivamente deba recibir el pago de las cantidades que se hayan generado en este concepto, designando incluso que sean los propios abogados y procuradores de la parte vencedora, en cuyo caso estos últimos tienen derecho a **cobrar directamente** de la parte vencida en costas (TS 14-2-06, EDJ 42972).

El litigante **beneficiario de la justicia gratuita**, en el caso de condena en costas de la parte contraria, no ostenta crédito alguno dimanante del supuesto abono de honorarios y derechos de los profesionales que lo hayan representado y defendido en el proceso, sino que el letrado y el procurador son los auténticos titulares del derecho de crédito frente al condenado en costas, puesto que en estos casos no existe un verdadero contrato de arrendamiento de servicios concertado entre el litigante y los profesionales, cuya prestación es gratuita respecto de aquel y retribuida con fondos públicos, por lo que obviamente el vencedor en costas no ostenta ningún crédito frente a la parte contraria, dimanante del pago de unos honorarios y derechos que son gratuitos por disposición legal (AP Asturias auto 12-1-04, EDJ 304618).

Precisiones 1) La circunstancia de **quien sea el concreto profesional** que haya prestado sus servicios carece de incidencia alguna en la obligación de pago que la resolución judicial ha impuesto al condenado en costas, por cuanto que el titular del crédito que origina la condena en costas es la parte contraria beneficiaria de la misma y no los profesionales que la han representado o defendido (TCo 28/1990).

2) De los llamados **gastos procesales**, como gastos de abogado, procurador, peritos, costes de inserción de edictos, depósitos, son acreedores, no la parte contraria sino los profesionales que asisten y representan al beneficiario de la asistencia jurídica gratuita o las Administraciones públicas (AP Cantabria 5-1-06, EDJ 7504).

Conceptos a incluir (LEC art.241.1) Se consideran costas la parte de los gastos procesales que se refieran al pago de los siguientes conceptos: **3085** MPCI nº 5564

- **honorarios** de la defensa y de la representación técnica cuando sean preceptivas;
- inserción de **anuncios o edictos** que de forma obligada deban publicarse en el curso del proceso;
- **depósitos** necesarios para la presentación de recursos;
- derechos de **peritos** y demás abonos que tengan que realizarse a personas que hayan intervenido en el proceso;
- **copias, certificaciones, notas, testimonios** y documentos análogos que hayan de solicitarse conforme a la ley, salvo los que se reclamen por el tribunal a registros y protocolos públicos, que serán gratuitos;
- **derechos arancelarios** que deban abonarse como consecuencia de actuaciones necesarias para el desarrollo del proceso.
- **tasa por el ejercicio de la potestad jurisdiccional**, cuando esta tasa sea preceptiva, salvo el importe de la tasa abonada en los procesos de **ejecución de hipotecas** constituidas para la adquisición de vivienda habitual y en los demás procesos de ejecución derivados de dichos préstamos o créditos hipotecarios, cuando se dirijan contra el propio ejecutado o contra los avalistas.

Es esencial a la tasación de costas tomar en consideración la **cuantía del proceso** o su carácter indeterminado. Lo contrario determina una resolución separada de la realidad jurídica que supone lesión del derecho a la tutela judicial efectiva, en su faceta de derecho a una resolución motivada no incursa en irracionalidad (TCo 95/2021).
Analizamos alguno de estos conceptos a continuación.

3086 **Honorarios de la defensa y de la representación técnica** (LEC art.32.5 -redacc LO 1/2025- y 241.1.1º; RD 135/2021 art. 25 a 29) Cuando la intervención de procurador o de abogado **no sea preceptiva**, de la eventual condena en costas de la parte contraria a la que se hubiese servido de dichos profesionales se deben excluir los derechos y honorarios devengados por los mismos, salvo que el tribunal aprecie temeridad o abuso del servicio público de Justicia en la conducta del condenado en costas o que el domicilio de la parte representada y defendida esté en lugar distinto a aquel en que se ha tramitado el juicio -con los límites en este caso de LEC art.394.3-.
También se han de excluir, en todo caso, los derechos devengados por el procurador por la realización de los actos procesales de comunicación y otros actos de cooperación y auxilio a la Administración de Justicia, y por aquellas actuaciones de carácter meramente facultativo que hubieran podido ser practicadas por las oficinas judiciales.
Si, pese a no ser preceptiva la postulación, el litigante **consumidor** opta por valerse de ella para interponer demanda previa reclamación extrajudicial, en la tasación de costas se han de incluir la cuenta del procurador y la minuta del abogado, en este último caso sin el límite derivado de LEC art.394.3.
En los casos de condena en costas a la parte contraria se deben aplicar los **baremos orientadores** del colegio de abogados en cuyo ámbito se haya actuado, aplicados conforme a las reglas, usos y costumbres del mismo para determinar el importe de los honorarios de los abogados intervinientes cuya parte haya obtenido a su favor dicha condena.
No se trata de fijar los **honorarios del letrado** de la parte favorecida por la condena en costas, ya que el trabajo de este se remunera por la parte a quien defiende y con quien le vincula una relación de arrendamiento de servicios, libremente estipulada por las partes contratantes, sino de determinar la carga que debe soportar el condenado en costas (autos TS 8-11-07, EDJ 206619; 8-1-08, EDJ 1836; 12-2-08, EDJ 26658).

Precisiones **1)** Se vulnera el derecho a la tutela judicial efectiva si, en el caso de tener el beneficiario de la condena en costas **domicilio en un municipio distinto** a aquel en que se haya tramitado el procedimiento, y a pesar de no ser preceptiva la intervención de procurador, no se incluyen sus derechos en la tasación de costas (TCo 180/2006).
2) Con independencia de cuál sea la cuantía procesal del litigio, los honorarios pueden y deben girarse en atención a su **verdadera trascendencia económica** y la labor desarrollada por el profesional correspondiente (TS 5-10-01, EDJ 32277).
3) Sobre la **defensa y representación**, ver nº 1450. Sobre **asistencia jurídica gratuita**, ver nº 1000.

3087 **Impuesto sobre el valor añadido** El IVA **abonado a los abogados y procuradores** por la prestación de sus servicios profesionales debe ser incluido en la tasación de las costas a abonar por la parte condenada a satisfacerlas por cuanto que, si bien el contribuyente es el profesional que presta el servicio, la persona a la que se traslada la carga impositiva, como eslabón final del proceso de distribución de servicios, es el cliente.

Precisiones **1)** Si la condena en costas comporta la satisfacción plena de lo que por ese concepto tendría que pagar el vencedor en juicio, es palmario que estando adosado el IVA al importe del honorario o derecho que cobra quien presta el servicio profesional, ello quiere decir que ha de abonarlo quien finalmente paga el concepto principal de honorario o derecho, del que el referido impuesto es un simple **complemento accesorio** (TS 30-6-98, EDJ 8669).
2) Por efecto de la L 42/2015 se aclara la **discusión**, acerca de la inclusión del IVA en las costas, indicando que, en la tasación, los honorarios de abogado y procurador han de incluir el IVA que, sin embargo, no se computa a efectos del límite establecido en LEC art.394.3 (LEC art.243.2; nº 3083).

3088 **Derechos de peritos y abonos a otros intervinientes en el proceso** (LEC art.241.1.4º y 375) Los **dictámenes periciales**, como regla general, se aportan con la demanda y la contestación, por lo que dichas pericias se deben abonar por los clientes a sus técnicos, quedando estas normas únicamente aplicables para los supuestos excepcionales de designación de perito por la autoridad judicial.
Los **testigos** que declaren tienen derecho a obtener de la parte que les propuso una indemnización por los gastos y perjuicios que su comparecencia les haya originado, sin perjuicio de lo que pueda acordarse en materia de costas. Si varias partes proponen un mismo testigo, el importe de la indemnización se debe prorratear entre ellas.
El importe de la **indemnización** lo fijará el letrado de la Administración de Justicia, mediante decreto, que tendrá en cuenta los datos y circunstancias que se hubiesen aportado. Dicho decreto se dictará una vez finalizado el juicio o la vista.

Si la parte o partes que hayan de indemnizar no lo hacen en el plazo de 10 días desde la firmeza de la resolución que fija el importe de la indemnización, el testigo puede acudir directamente al **procedimiento de apremio**.

Tasa judicial (L 10/2012 art.1 a 11) El **hecho imponible** de la tasa judicial es el ejercicio de la potestad jurisdiccional, a instancia de parte, en el orden civil mediante la realización de los actos procesales de la interposición de la demanda en toda clase de procesos declarativos y de ejecución y en los correspondientes recursos de apelación y casación. **3089**

Es **sujeto pasivo** de la misma quien promueva el ejercicio de la potestad jurisdiccional y realice el hecho imponible.

Se establecen una serie de **exenciones subjetivas y objetivas**, entre las que destacan las personas físicas y las entidades total o parcialmente exentas en el impuesto sobre sociedades.

Las tasas por administración de justicia son objeto de estudio en nº 6255 s.

Precisiones **1)** Por la propia conceptuación como una tasa no se permite su inclusión en la **tasación de costas**, al no preverse legalmente una obligación de repercusión, y atendiendo a la finalidad del tributo no se estima admisible que quien, en su momento procesal, se vio obligado, previa su solicitud, al pago de la tasa, además de utilizar, con un resultado favorable, el servicio público de la justicia, pueda recuperar lo abonado en concepto de tasa, cargándolo sobre persona que no está obligada a su pago por mandato legal expreso y concluyente, porque sería ir contra la filosofía de la ley que de forma precisa le exonere del mismo (AP Sevilla 9-12-04, EDJ 263991).

2) La tasa por el ejercicio de la potestad jurisdiccional debe incluirse en la **tasación de costas**, cuando dicha tasa sea preceptiva, por lo que se elimina la incertidumbre existente hasta entonces. No obstante, otros pronunciamientos jurisprudenciales consideran que, restablecida la tasa para el Estado, es posible considerarla incluida en la tasación de costas como **arancel** (AP Zaragoza 23-3-04, EDJ 304621).

3) Han sido **declarados inconstitucionales** L 10/2012 art.7.1 en el inciso: orden civil, apelación 800 euros; casación y extraordinario por infracción procesal 1200 euros; y L 10/2012 art.7.2, con efectos limitados a futuro (TCo 140/2016). Respecto de los efectos de TCo 140/2016, se diferencia entre las demandas anteriores y posteriores al 15-8-2016 (DGT CV 20-9-16). Ver nº 6258.

Solicitud (LEC art.242) Cuando haya condena en costas, una vez que sea firme, se debe proceder a la exacción de las mismas por el **procedimiento de apremio**, previa su tasación, si la parte condenada no las ha satisfecho antes de que la contraria solicite dicha tasación. **3090** MPCI nº 5574

No se exige la **reclamación previa** de las costas por vía extrajudicial para que pueda practicarse la tasación de costas; se procederá a la exacción por la vía de apremio si la parte condenada no los hubiera satisfecho antes. No se trata de una obligación legal, aunque se permite que los gastos y costas se vayan satisfaciendo a medida que se vayan produciendo, e incluso que los titulares de créditos derivados de las actuaciones procesales puedan reclamarlas sin esperar a que el proceso concluya (AP Jaén 1-9-04, EDJ 161855).

Justificación documental (LEC art.242.2 y 3) La parte que pida la tasación de costas debe presentar con la solicitud los justificantes de haber satisfecho las cantidades cuyo reembolso reclame. **3091**

Una vez **firme la sentencia o auto** en que se haya impuesto la condena, los procuradores, abogados, peritos y demás personas que hayan intervenido en el juicio y que tengan algún crédito contra las partes que deba ser incluido en la tasación de costas pueden presentar en la oficina judicial **minuta detallada** de sus derechos u honorarios y cuenta detallada y justificada de los gastos que hayan suplido.

Los derechos que correspondan a los **funcionarios, procuradores y profesionales** se regulan con sujeción a los aranceles a los que estén sujetos.

Los **abogados, peritos y demás profesionales** y funcionarios que no estén sujetos a arancel han de fijar sus honorarios con sujeción, en su caso, a las normas reguladoras de su estatuto profesional.

Precisiones **1)** La jurisprudencia ha declarado que **no es preceptivo** presentar con la solicitud de tasación de costas los justificantes de haber satisfecho las cantidades que se reclaman. Se considera que esta referencia ha de entenderse referida a los **gastos anticipados** por la intervención de peritos, indemnización a testigos, inscripciones en registros públicos, etc., pero no cuando se trata de gastos correspondientes a minutas de profesionales que han representado y defendido a la parte que aún no se han realizado, pero que necesariamente han de hacerse, y respecto de las cuales nada impide que puedan ser incluidas en la tasación de costas sin necesidad de previa factura, pues el devengo de las mismas queda acreditado por la intervención de estos profesionales documentada en autos (AP Jaén 1-9-04, EDJ 161855).

2) Lo que se concede a la parte ganadora es un **crédito frente a los obligados** al pago de las costas procesales, y no un **derecho de repetición o de reembolso** de lo abonado por los acreedores a los abogados que los defienden y a los procurador que los representan, por lo que, para hacer efectivo el mismo, al menos en vía de ejecución, no necesitan acreditar que los tienen abonados a los respectivos profesionales, basta con que presenten las correspondientes facturas de haberse devengado los honorarios o los derechos durante el proceso (TS 31-3-03, EDJ 6527; 10-2-03, EDJ 2049; 14-10-02, EDJ 44026).

3) Si bien en principio se exigía fijar por separado y detalladamente cada uno de los **conceptos objeto de minutación**, lejos de la estimación global de los trabajos minutados, que imposibilitarían, en su caso, a los tribunales, detraer las cantidades correspondientes a las partidas de improcedente abono, en la actualidad no se exige tal detalle en la minuta, sin ser necesario consignar la cuantía concreta asignada a cada concepto detallado, pues esta ha de resultar, indudablemente, del aspecto proporcional asignable a cada una de las correspondientes normas (AP León 25-5-05, EDJ 145117).

3093 **Práctica** (LEC art.243) En todo tipo de procesos e instancias, la tasación de costas se ha de practicar por el **letrado de la Administración de Justicia** del tribunal que haya conocido del proceso o recurso, respectivamente, o, en su caso, por el letrado de la Administración de Justicia encargado de la ejecución.

No se incluyen en la tasación los derechos correspondientes a escritos y actuaciones que sean **inútiles, superfluas o no autorizadas** por la ley, ni las partidas de las minutas que no se expresen detalladamente o que se refieran a honorarios que no se hayan devengado en el pleito.

Tampoco se incluyen en la tasación de costas los derechos de los procuradores devengados por actuaciones meramente facultativas que hubieran podido ser practicadas en otro caso por las oficinas judiciales.

El letrado de la Administración de Justicia debe **reducir el importe de los honorarios** de los abogados y demás profesionales que no estén sujetos a tarifa o arancel, cuando los reclamados excedan del límite de la tercera parte del proceso y no se haya declarado la temeridad del litigante condenado en costas.

Tampoco se incluyen las costas de actuaciones o incidentes en que haya sido **condenada expresamente** la parte favorecida por el pronunciamiento sobre costas en el asunto principal.

La circunstancia de haber mediado el reconocimiento del beneficio de **justicia gratuita** no exime al letrado de la Administración de Justicia de practicar la tasación de costas que afecte negativamente al titular de aquel derecho, dado que la misma puede llegar a ser efectiva en el supuesto que el beneficiario llegue a mejor fortuna o posición (nº 1450) y es entonces cuando dicha tasación puede ser realizada (TS 30-10-01, EDJ 37630).

3094
MPCI
nº 5582

Precisiones **1)** No se puede considerar como **inútil o superfluo**:

- un **informe pericial** que sirvió para determinar la procedencia de un determinado tipo de procedimiento (AP Burgos 13-2-02, EDJ 14799);
- la personación del **representante del Estado**, que es una actuación útil para la defensa de los intereses que le están encomendados, teniendo presente, en especial, que la representación y defensa se ejercen institucionalmente por el mismo abogado del Estado, a diferencia de la separación profesional y funcional entre abogados y procuradores que rige, como norma general, en la personación (TS 13-7-98, EDJ 11969; AP Madrid Secc 28ª auto 10-2-20, rollo apelación 749/16).

2) Cuando se impongan las costas al litigante vencido, este solo está obligado a pagar, de la parte que corresponda a los abogados y demás profesionales que no estén sujetos a tarifa o arancel, una cantidad total que **no exceda de la tercera parte** de la cuantía del proceso, por cada uno de los litigantes que hubieran obtenido tal pronunciamiento, salvo que el tribunal declare la temeridad del litigante condenado en costas (LEC art.394.3 redacc LO 1/2025).

3) La circunstancia de que el beneficiario de **justicia gratuita** no esté obligado al pago de las costas de la parte contraria si no se acredita que ha mejorado su fortuna en el plazo de 3 años (nº 1450), no empece a que se proceda a la tasación de tales costas, si así se solicita, sin que sea viable la impugnación de dicha tasación por indebidas. Cuestión distinta es que dicha tasación no puede hacerse efectiva si el beneficiario de tal derecho no viene a mejor fortuna dentro de los siguientes 3 años a la terminación del proceso; pero en todo caso y con dicha tasación, se habrá concretado el crédito (TS 30-4-02, EDJ 13109; AP Jaén 1-9-04, EDJ 161855; AP Madrid 12-4-05, EDJ 44816; AP Castellón 15-7-05, EDJ 198910).

4) La **fijación de honorarios** tendrá en cuenta la cuantía del procedimiento y el esfuerzo profesional del letrado, sin que opere el posible contrato de arrendamientos de servicios que haya podido concluir con su cliente (TS 5-2-08, EDJ 97449).

3095 **Traslado a las partes y aprobación** (LEC art.244 redacc LO 1/2025) Practicada por el letrado de la Administración de Justicia, la tasación de costas se debe dar traslado de ella a las partes por **plazo** común de 10 días.

Una vez acordado este traslado no se admite la **inclusión o adición** de partida alguna, reservando al interesado su derecho para reclamarla de quien y como corresponda.

Transcurrido el plazo de 10 días sin haber sido impugnada la tasación de costas practicada o sin haberse solicitado exoneración o reducción (LEC art.245; nº 3096), el letrado de la

Administración de Justicia la aprobará mediante decreto. Contra esta resolución cabe recurso directo de revisión, y contra el auto resolviendo el recurso de revisión no cabe recurso alguno.

Impugnación (LEC art.245 redacc LO 1/2025) La tasación de costas puede ser impugnada dentro del **plazo** de 10 días concedido a las partes. **3096**
En el **escrito** de impugnación han de mencionarse las cuentas o minutas y las partidas concretas a que se refiera la discrepancia y las razones de esta. De no efectuarse dicha mención, no se admitirá la impugnación a trámite. La inadmisión corresponde al letrado de la Administración de Justicia, que debe realizarla mediante decreto, frente al que cabe interponer únicamente recurso de revisión.
La impugnación de la tasación de costas puede basarse en diversas **causas**:
- inclusión en la tasación de partidas, derechos o gastos indebidos;
- inclusión de honorarios de abogados, peritos o profesionales no sujetos a arancel, con importe excesivo;
- no inclusión de gastos justificados.

Precisiones 1) La exigencia de que se hagan constar las cuentas o minutas y las partidas impugnadas determina que la **impugnación en momento posterior** de partidas no impugnadas en su momento, así como la alegación de otros motivos o razones de impugnación, resulta extemporánea y, por tanto, como cuestión nueva alegada en momento procesal inoportuno, de imposible examen (AP Burgos 22-4-04, EDJ 116638).
2) Se considera **infracción leve** de los profesionales de la abogacía la impugnación reiterada e injustificada de los honorarios de otros abogados, con una sanción asignada de apercibimiento escrito suspensión del ejercicio por plazo de hasta 15 días o multa no superior a 1.000 euros (RD 135/2021 art.126.c y 127.3).

De honorarios por excesivos (LEC art.246 redacc LO 1/2025) En cuanto a los honorarios de los abogados, puede impugnarse la tasación alegando que el importe de dichos honorarios es excesivo. **3098** MPCI nº 5588
La **tramitación** en este caso es la siguiente:
• Se debe oír en el plazo de 5 días al abogado de que se trate.
• Si no acepta la reducción de honorarios que se le reclame, se debe pasar testimonio de los autos, o de la parte de ellos que resulte necesaria, al colegio de abogados para que emita informe, salvo en el ámbito del procedimiento testigo de LEC art.438 bis -acciones individuales relativas a condiciones generales de contratación- cuando ya se haya emitido informe previamente, a menos que concurran circunstancias diversas a las tenidas en cuenta por el colegio en el informe previo.
Esto mismo se aplicará igualmente respecto de la impugnación de honorarios de **peritos**, pidiéndose en este caso el dictamen del colegio, asociación o corporación profesional a la que pertenezcan.
El letrado de la Administración de Justicia, a la vista de lo actuado y de los dictámenes emitidos, dictará decreto manteniendo la tasación realizada o, en su caso, introducirá las **modificaciones** que estime oportunas
Si la impugnación es **totalmente desestimada**, se deben imponer las costas del incidente al impugnante, si actuó con abuso del servicio público de Justicia. Si es **total o parcialmente estimada**, se impondrán al abogado o perito o a la parte a la que asista, en el caso de que hubiera obrado con abuso del servicio público de Justicia, cuyos honorarios se hubieran considerado excesivos.
Contra el decreto del letrado de la Administración de Justicia cabe **recurso** de revisión. Contra el auto resolviendo el recurso de revisión no cabe recurso alguno (LEC art.246.4 redacc LO 1/2025).

Precisiones 1) El juez o tribunal no está vinculado ni por el **dictamen del colegio de abogados** ni por el **informe del letrado de la Administración de Justicia**, antecedentes meramente orientativos para su resolución, en la que soberanamente puede tener en cuenta la cuantía del procedimiento, las dificultades de las cuestiones tratadas en el mismo, y el esfuerzo prestado por los letrados (TS 23-11-07, EDJ 230021).
2) No procede declarar a cargo de del letrado minutante los **derechos colegiales** por emisión de dictamen por el colegio de abogados; su emisión constituye una obligación impuesta por la Ley a aquellos, además de un trámite preceptivo para que el órgano jurisdiccional pueda pronunciarse con mayor conocimiento y mejor criterio (TS auto 26-6-07, EDJ 75312).
3) Ver lo expuesto en el nº 3096, Precisiones, sobre el tratamiento disciplinario de la **impugnación reiterada e injustificada de minutas** de otros abogados.

Por partidas indebidas o por no inclusión de gastos justificados (LEC art.246.4 redacc LO 1/2025) **3099**
La impugnación puede basarse en que se han incluido en la tasación, **partidas, derechos o gastos indebidos**, o bien en que no se han incluido en aquella **gastos debidamente justificados** y reclamados.

También puede fundarse la reclamación en no haberse incluido la **totalidad de la minuta** de honorarios del abogado, o de perito, profesional o funcionario no sujeto a arancel que haya actuado en el proceso a instancia del reclamante, o en no haber sido incluidos correctamente los derechos de su procurador.

Cuando sea impugnada la tasación por haberse incluido en ella partidas de derechos u honorarios indebidas, o por no haberse incluido en aquella gastos debidamente justificados y reclamados, el letrado de la Administración de Justicia dará traslado a la otra parte por 3 días para que se pronuncie sobre la inclusión o exclusión de las partidas reclamadas.

El letrado de la Administración de Justicia resolverá en los 3 días siguientes mediante decreto. Frente a esta resolución podrá ser interpuesto **recurso directo de revisión** y contra el auto resolviendo el recurso de revisión no cabe recurso alguno.

Las **costas del incidente** se imponen con los mismos criterios expuestos en nº 3098, con referencia a los honorarios indebidos.

Precisiones En esta vista no pueden **ampliarse las partidas** de derechos u honorarios previamente impugnados, así como la alegación de otros motivos o razones de impugnación, resultando extemporánea dicha impugnación y de imposible examen (AP Burgos 22-4-04, EDJ 116638).

3100 **Por honorarios indebidos y excesivos** (LEC art.246.5) Cuando se alegue que alguna partida de honorarios de abogados o peritos incluida en la tasación de costas es indebida y que, en caso de no serlo, sería excesiva, se han de tramitar ambas impugnaciones **simultáneamente**, con arreglo a lo prevenido para cada una de ellas.

No obstante, la **resolución** sobre si los honorarios son excesivos queda en suspenso hasta que se decida sobre si la partida impugnada es o no debida.

3101 **En caso de justicia gratuita** (LEC art.246.6) Cuando una de las partes sea titular del derecho a la asistencia jurídica gratuita, no se discutirá ni se resolverá en el incidente de tasación de costas cuestión alguna relativa a la obligación de la Administración de asumir el pago de las cantidades que se le reclaman por aplicación de la Ley de asistencia jurídica gratuita.

3101.1 **Exoneración o reducción** (LEC art.245.5 y 245 bis redacc LO 1/2025) Sin perjuicio de lo expuesto respecto a la impugnación y en el mismo plazo de 10 días, la parte condenada en costas puede solicitar su exoneración o la moderación de su cuantía cuando hubiera formulado una **propuesta a la parte contraria** en cualquiera de los medios adecuados de solución de controversias al que hubieran acudido -incluida la propuesta efectuada por un tercero neutral-, la misma no hubiera sido aceptada por la parte requerida y la resolución judicial finalizadora del procedimiento sea sustancialmente **coincidente** con el contenido de dicha propuesta. A la solicitud se ha de acompañar -so pena de inadmisión a trámite por el letrado de la Administración de Justicia, mediante decreto susceptible de recurso de revisión- la documentación íntegra referida a la propuesta formulada, dispensada en este momento procesal y a estos efectos de confidencialidad.

De la solicitud admitida, el letrado de la Administración de Justicia da **traslado** a la parte favorecida por la condena en costas por plazo de 3 días.

Si esta parte **acepta** la exoneración o la reducción -o no evacúa alegaciones en plazo-, se procederá a dictar decreto fijando, en su caso, la cantidad debida en los términos de la solicitud. Contra este decreto cabe recurso de revisión.

Si la contraparte **no acepta** la solicitud, se resolverá por el tribunal si son o no procedentes en la cuantía tasada, mediante auto sin condena en costas. Si se considerara procedente una reducción, con indicación del porcentaje concreto y las partidas objeto de la misma. Contra este auto cabe recurso de reposición.

Una vez firme la resolución denegatoria, así como la que hubiera reducido la cuantía de las costas, se procederá, en su caso, a tramitar la **impugnación** de la tasación de costas por excesivas o indebidas (LEC art.246 redacc LO 1/2025; nº 3096 s.).

3102 **Prescripción** La obligación de abonar las costas a que una parte ha sido condenada prescribe en el **plazo general** defectivo del CC art.1964 -5 años-, de acuerdo con el plazo general de prescripción de las obligaciones que no tengan señalado plazo especial, sin que resulte aplicable el plazo de prescripción de los honorarios de 3 años (CC art.1967), no pudiendo entenderse que se trata de una relación entre el particular que reclama los servicios de un letrado y este profesional (TS 9-2-98, EDJ 593).

Precisiones 1) Con la **modificación del plazo general** de prescripción de 15 a 5 años por efecto de la L 42/2015, pierde relevancia la cuestión de si se aplica el CC art.1964 o la LEC art.518, pues ambos quedan en 5 años.

Aunque en nuestro criterio ha sido de aplicación el **plazo** de prescripción de 15 años, hasta la reforma, se trata de una cuestión **opinable**. Así, el TS auto 23-2-10, EDJ 14902 acoge el plazo de 5 años con base en LEC art.518; mientras que, en otros supuestos, se considera aplicable el de 15 años (TS 16-3-09, EDJ 25480). Es clara, en todo caso, la ajenidad a estas obligaciones del plazo trienal. Ver también nº 2877 Memento Procesal Contencioso-Administrativo 2026.

2) La reforma del CC art.1964 se aplica en los términos del CC art.1939: la prescripción comenzada **antes de 7-10-2015** se somete al régimen anterior (15 años); pero si desde esta fecha transcurre el nuevo plazo íntegramente (5 años), surte efecto (L 42/2015 disp.trans.5ª).

Tasación de costas y Administración pública La Administración Pública, como persona jurídica, tiene personalidad y capacidad de obrar para actuar en juicio, bien como parte actora o como parte demandada, en todos los órdenes jurisdiccionales. **3103** MPCI nº 5598

En los procesos judiciales en los que la Administración, en sus distintas formas y manifestaciones, sea parte, se puede producir una condena en costas, bien a favor de la Administración o a favor de la persona que litiga contra la misma.

Condena en costas a favor de la Administración (L 52/1997 art.13) La tasación de costas en que sea condenada la parte que actúe en el proceso en contra del Estado, sus organismos públicos, los órganos constitucionales o personas representadas y defendidas por el abogado del Estado, se rige, en cuanto a sus conceptos e importe, por las **normas generales**, con inclusión, en su caso, de los correspondientes a las funciones de representación del Abogado del Estado. **3105**

Para la exacción de las costas impuestas a particulares se utilizará el **procedimiento administrativo de apremio**, en defecto de pago voluntario.

Firme la tasación, su importe se ha de **ingresar** en la forma legalmente prevista, dándosele el destino establecido presupuestariamente.

Precisiones **1)** Las costas en que sea condenada la parte que actúe en el proceso contra el Estado, organismos públicos y órganos constitucionales se han de aplicar al **presupuesto de ingresos** del Estado, salvo en los supuestos en que el abogado del Estado actúe en virtud del correspondiente convenio en defensa de comunidades autónomas, entidades locales, entidades públicas empresariales y demás Administración institucional, que se rigen por lo establecido en el correspondiente convenio.

2) La L 3/2017 modifica el tratamiento de la **gestión de cobro de las costas** a favor del Estado en **periodo voluntario**. Desde su entrada en vigor, aquella corresponde a las delegaciones de Economía y Hacienda en dicho periodo voluntario, frente al anterior sistema en el que los abogados del Estado instaban que los obligados a su pago las satisficieran mediante el ingreso de su importe, de forma que, en caso de que no fueran satisfechas voluntariamente en el plazo de un mes a contar desde el requerimiento de pago efectuado al efecto, el Servicio Jurídico del Estado acreditaba esta circunstancia y remitía justificación de esta junto con testimonio del auto aprobatorio de la tasación de costas, con expresión de su firmeza, a la Agencia Estatal de Administración Tributaria, para su exacción en **vía de apremio administrativo**.

Condena en costas contra la Administración (L 52/1997 art.13.3) Las costas a cuyo pago sea condenado el Estado, sus organismos públicos o los órganos constitucionales, deben ser abonadas con **cargo a los respectivos presupuestos**. **3106**

Las entidades gestoras y los servicios comunes de la **Seguridad Social**, como titulares del derecho a litigar gratuitamente (nº 1034), no están exentos del pago de las costas procesales, siendo de aplicación a estas entidades el régimen de asistencia jurídica al Estado e instituciones públicas (L 52/1997 disp.adic.3ª), el cual establece que el pago de las costas a que sea condenado el Estado, sus organismos públicos y los organismos constitucionales corre a cargo de sus respectivos presupuestos. No existe, por tanto, explicación que justifique la exención del pago de costas procesales a las entidades gestoras y servicios comunes de la Seguridad Social con apoyo en las normas sobre justicia gratuita (TCo auto 311/2000; TS 16-3-05, EDJ 30120; 7-4-05, EDJ 40623).

Tasación de costas y justicia gratuita La imposición y consiguiente tasación de las costas procesales puede coincidir en un mismo procedimiento, en cuanto a su aplicación, con el beneficio de justicia gratuita, alterando el régimen normal de funcionamiento de aquel. **3107**

Las **situaciones** que pueden darse son las siguientes:
- la condena en costas a favor de quien es beneficiario de la justicia gratuita;
- la condena en costas del beneficiario de las mismas;
- la inexistencia de condena en costas en la resolución que ponga fin al proceso.

Condena en costas a favor del beneficiario de justicia gratuita (LEC art.394.3 redacc LO 1/2025; L 1/1996 art. 36.1 redacc LO 1/2025) Si en la resolución que ponga fin al proceso hubiera pronunciamiento sobre costas a favor de quien obtuvo el reconocimiento del derecho a la asistencia jurídica gratuita o de quien lo tuviera legalmente reconocido, la parte contraria debe **abonar las costas** causadas en la defensa de aquella. **3108**

En estos casos, a diferencia de la regla general, el litigante beneficiario de la justicia gratuita no ostenta crédito alguno, sino que el letrado y el procurador de oficio son los auténticos **titulares del derecho de crédito** frente al condenado en costas, puesto que en estos caso no existe un verdadero contrato de arrendamiento de servicios concertado entre el litigante y los profesionales, cuya prestación es gratuita respecto de aquel y retribuida con fondos públicos, por lo que el vencedor en costas no ostenta ningún crédito frente a la parte contraria.
Ambos profesionales están **obligados a devolver** las cantidades eventualmente percibidas con cargo a fondos públicos por su intervención en el proceso. A tales efectos, se comunicará por la oficina judicial a los colegios profesionales correspondientes dicha circunstancia.

3109 **Condena en costas contra el beneficiario de justicia gratuita** (LEC art.394.3 redacc LO 1/2025; L 1/1996 art.36.2) Cuando el condenado en costas sea titular del derecho de asistencia jurídica gratuita, este únicamente está obligado a pagar las costas causadas en **defensa de la parte contraria** en los casos expresamente señalados en la Ley de asistencia jurídica gratuita.
Así, se dispone que, cuando en la sentencia o resolución que ponga fin al proceso sea condenado en costas quien haya obtenido el reconocimiento del derecho a la defensa jurídica gratuita o quien lo tenga legalmente reconocido, este queda obligado a pagar las causadas en su defensa y las de la parte contraria, si dentro de los 3 años siguientes a la terminación del proceso viene a **mejor fortuna**, quedando mientras tanto interrumpida la prescripción de 3 años para su cobro.

Precisiones 1) El beneficio de justicia gratuita no exime a quienes, por disposición legal o declaración administrativa, sean sus destinatarios, del pago de las costas causadas en su defensa y las de la parte contraria, si son condenados a ellas, sin perjuicio de que su pago está supeditado al cumplimiento de la condición consistente en la **acreditación del cambio de fortuna** dentro del plazo indicado, a cargo de la representación de la parte contraria (TS 3ª 29-12-99, EDJ 49596; 23-11-99, EDJ 40354; 11-2-03, EDJ 2056).
2) Corresponde a la comisión de asistencia jurídica gratuita competente la declaración de si el beneficiario ha venido a **mejor fortuna** (L 1/1996 art.19), pudiendo ser impugnada la resolución que dicte en la forma prevista en L 1/1996 art.20.

3110 **Inexistencia de condena en costas** (L 1/1996 art.36.3) Cuando la sentencia que ponga fin al proceso no contenga expreso pronunciamiento en costas, venciendo en el pleito el beneficiario de la justicia gratuita, debe este pagar las **costas causadas en su defensa**, siempre que no excedan de la tercera parte de lo que en él haya obtenido. Si exceden de tal cantidad, se han de reducir a lo que importe dicha tercera parte, atendiéndose a prorrata sus diversas partidas.

Precisiones En estos casos, y para que sea efectiva la reclamación de honorarios al litigante vencedor en el pleito, y beneficiario de justicia gratuita, no es necesario probar que este último ha venido a **mejor fortuna**, requisito únicamente exigible para el caso en que sea condenado en costas, sino que únicamente ha de probarse que es beneficiario de tal derecho y que ha vencido en el pleito (AP Madrid 9-1-04, EDJ 125131).

SECCIÓN 8

Buena fe procesal

(LOPJ art.11; LEC art.247 redacc LO 1/2025)

3120

3121 Los **intervinientes** en todo tipo de procesos deben ajustarse en sus actuaciones a las reglas de la buena fe.
Los **tribunales** deben rechazar fundadamente las peticiones, incidentes y excepciones que se formulen con manifiesto **abuso de derecho** o entrañen fraude de ley o procesal.
Tanto la LOPJ como la LEC se refieren a una serie de figuras que, si bien tienen **puntos en común** y aparecen unificadas en su regulación y consecuencias, presentan diferencias notables, por lo que se analizan por separado (nº 3122 s.).

La **vulneración** de estos principios e instituciones conlleva como consecuencias:
- la inadmisión de la petición (nº 3129);
- la imposición de una multa pecuniaria (nº 3130); y
- cuando su autor sea uno de los profesionales colaboradores de la justicia, una sanción disciplinaria (nº 3131).

Buena fe (CC art.7.1; LEC art.247.1) Los **derechos** deben ejercitarse conforme a las exigencias de la buena fe. Ello supone que los intervinientes en todo tipo de procesos han de ajustar sus actuaciones a las reglas de la buena fe. 3122 MPCI nº 5654

Ello se extiende tanto a la fase de constitución de **relaciones y situaciones jurídicas** como al marco de su desenvolvimiento, incluida la relación jurídico-procesal derivada.

Precisiones Rechaza un desleal ejercicio de los derechos subjetivos y veda ir en contra de los actos propios (TS 18-6-20, EDJ 597437; 9-2-21, EDJ 504528; 7-6-21, EDJ 595775), es contraria a abusar de la nulidad por motivos formales (TS 23-5-87, EDJ 4054), y exige la observancia de la regla «*tu quoque*», según la cual no debe admitirse la invocación de las reglas jurídicas por el mismo sujeto que las despreció, ni cabe imputar a otro una conducta en la que la propia parte ha incurrido (TS 20-2-20, EDJ 597437).

Su infracción también comprende aquellas conductas que **sin intención de perjudicar** vulneran los deberes de conducta diligente, no abusiva y razonable que cabe exigir a las partes (TS 19-7-16, EDJ 113544). La reforma de la LEC por L 13/2009 potencia este principio, asociándolo con especial intensidad al **antiformalismo**. Por ejemplo, en materia de subsanación de oficio, frente a la anterior a petición de parte (LEC art.231) (nº 3043).

Actuación en contra de los actos propios Se falta a la buena fe cuando se va contra el resultado de los actos propios, se realiza un acto equívoco para beneficiarse intencionadamente de su dudosa significación o se crea una apariencia jurídica para contradecirla después, en perjuicio de quien puso su confianza en ella (TS 2-2-96, EDJ 52221). 3123

La inadmisibilidad de actuar en contra de los propios actos supone un **límite del derecho subjetivo**, como consecuencia de la buena fe y de la exigencia de la observancia de una coherencia en el tráfico jurídico, que será apreciable cuando concurran los siguientes **requisitos**:
- que los actos sean válidos y eficaces en Derecho;
- que obedezcan a una determinación espontánea y libre de la voluntad, manifestada de forma expresa o tácita, pero indubitada y concluyente;
- que su objeto consista en crear, modificar o extinguir alguna situación jurídica, de tal suerte que causen estado y definan inalterablemente la situación de quien los realice;
- que se opongan a la acción ejercitada por este;
- que exista un nexo de causalidad eficiente entre dichos actos y su incompatibilidad con lo ulteriormente pretendido.

Precisiones **1)** La doctrina de los actos propios tiene su fundamento en la **protección de la confianza** y en el principio de la buena fe, que impone un deber de coherencia y autolimita la libertad de actuación cuando se han creado expectativas razonables (TS 25-10-00, EDJ 35383; 28-11-00, EDJ 41086).

2) Entre la conducta anterior y la pretensión actual debe existir una **incompatibilidad o contradicción**, en el sentido que, de buena fe, hubiera de atribuirse a la conducta anterior (TS 9-5-00, EDJ 9282; 25-1-02, EDJ 382).

3) El principio de respeto a los actos propios no es aplicable cuando los actos tomados en consideración tienen **carácter ambiguo o inconcreto**, o carecen de la trascendencia que se pretende para producir el cambio jurídico (TS 26-7-02, EDJ 34243; 23-5-03, EDJ 17204).

Abuso de derecho (CC art.7.2; LEC art.247.2) La Ley no ampara el abuso del derecho o su ejercicio antisocial. Todo acto u omisión que, por la intención de su autor, por su objeto o por las circunstancias en que se realice, sobrepase manifiestamente los límites normales del ejercicio de un derecho, con **daño para tercero**, da lugar a indemnización y a la adopción de las medidas judiciales o administrativas que impidan la persistencia en el abuso. 3124 MPCI nº 5660, 5662

Los **tribunales** deben rechazar fundadamente las peticiones, incidentes y excepciones que se formulen con manifiesto abuso de derecho.

Son **requisitos esenciales** para apreciar la existencia del abuso del derecho (TS 11-3-21, EDJ 516007; 3-4-25, EDJ 548044):
- el uso de un derecho subjetivo externamente legal;
- el daño a un interés no protegido por una específica prerrogativa jurídica;
- la inmoralidad o antisocialidad de este daño, manifestada en forma subjetiva, cuando el derecho se actúa con intención de perjudicar o sin un fin serio y legítimo, o bajo forma objetiva, cuando el daño proviene de causa de anormalidad en el ejercicio del derecho.

Precisiones La presentación de una **demanda de 600 folios** constituye un abuso de derecho, una carga para el tribunal que compromete la tutela judicial efectiva y una desigualdad de armas procesales en relación al tiempo que dispone la parte demandada para contestar a la demanda.
La desmesurada e injustificada extensión de la demanda impone una **complejidad añadida** en la resolución del litigio, sin que se atisbe más razón que una concepción egocéntrica del proceso y un desprecio a la labor del tribunal, que debe afrontar con congruencia, pero con severidad, los reiterativos y confusos hilos argumentales, ajenos a las exigencias de claridad y precisión (LJCA art.56.1; LEC art.399 redacc LO 1/2025). Tal situación supone un abuso retórico que imposibilita una adecuada gestión de un no ilimitado servicio público de la Justicia, y obliga a un esfuerzo cuantitativo incompatible con las tendencias actuales de exigir una **razonable extensión** de los escritos de demanda -Sala Primera y Tercera del Tribunal Supremo, Tribunal Europeo de Derechos Humanos, Tribunal General y Tribunal de Justicia de la Unión Europea, entre otros- (TSJ C.Valenciana 24-3-23, EDJ 557123).
En igual sentido, se observa con preocupación creciente cómo muchos de los escritos de interposición de los recursos presentan una extensión desmesurada que, lejos de facilitar su resolución, dificulta el trabajo de la fase de admisión, entorpece el correcto entendimiento de las pretensiones del recurrente, introduce confusión en el debate y provoca que, en muchas ocasiones, los argumentos realmente relevantes queden oscurecidos en un cúmulo de **alegaciones reiterativas e incluso contradictorias** (TS Acuerdo Pleno no jurisdiccional 27-1-17, EDJ 5345), teniendo presente que los acuerdos interpretativos de la admisión y los requisitos de forma de los recursos han sido declarados constitucionales (TCo 150/2004; 114/2009; 10/2012).

3126 MPCI nº 5666 **Fraude de ley** (CC art.6.4 y 12.4; LEC art.247.2) Los actos realizados al amparo del texto de una norma que persigan un **resultado prohibido** por el ordenamiento jurídico, o contrario a él, se consideran ejecutados en fraude de ley y no impiden la debida aplicación de la norma que se haya tratado de eludir.
Se considera fraude de ley la utilización de una **norma de conflicto** con el fin de eludir una ley imperativa española.
Los **tribunales** deben rechazar fundadamente las peticiones, incidentes y excepciones que entrañen fraude de ley.
Son **requisitos** para apreciar fraude de ley:
- que el acto o actos sean contrarios al fin práctico que la norma defraudada persigue y supongan, en consecuencia, su violación efectiva;
- que la norma en que el acto pretende apoyarse -norma de cobertura- no vaya dirigida, expresa y directamente, a protegerle, bien por no constituir el supuesto normal, bien por ser un medio de vulneración de otras normas, bien por tender a perjudicar a otros.

Se caracteriza, por tanto, el fraude de ley, por la **presencia de dos normas**: la conocida o de cobertura, que es a la que se acoge quien intenta el fraude, y la que a través de esta y en forma fraudulenta se pretende eludir, designada como norma eludible o soslayable (TS 23-1-99, EDJ 307; 31-3-00, EDJ 3759).

3128 MPCI nº 5670 s. **Fraude procesal** (LEC art.247.2) El fraude procesal representa una **manifestación del fraude de ley**. Ambos exigen la concurrencia de una serie de actos que, pese a su apariencia de legalidad, violen el contenido ético de los preceptos o normas legales en que se amparan (TS 17-4-97, EDJ 2157; 23-1-99, EDJ 307).
Los **tribunales** deben rechazar fundadamente las peticiones, incidentes y excepciones que entrañen fraude procesal.
Para apreciar el fraude es preciso que se dé prueba cumplida de haber utilizado subterfugios o ardides con **aparente cobertura legal**, pero que en el fondo son actos realizados contra la ley, para sortear las reglas del Derecho e instaurar efectivos daños y perjuicios a personas ajenas, es decir, que al amparo de una norma que se presenta aplicable -norma de cobertura-, lo es solo en apariencia, por no corresponder a lo que en realidad se pretende (TS 29-7-96, EDJ 4135; 17-1-01, EDJ 258).

Precisiones **1)** El ejercicio de una **facultad legalmente reconocida** no puede ser origen de un fraude legal (TS 13-5-92, EDJ 4692).
2) La conducta consistente en presentar una **demanda fuera del ámbito territorial** en el que debió ser presentada, con la alteración interesada de los elementos que determinan la competencia territorial, para que corresponda su conocimiento a otros órganos judiciales territoriales distintos a los que naturalmente debía corresponder, no puede ser considerada como fraudulenta, dado que existen mecanismos procesales para evitar el fin elusivo pretendido (TS 3-2-98, EDJ 333).
3) Las figuras de fraude procesal y **estafa procesal** no son sinónimas, aunque puedan solaparse. La segunda es constitutiva de delito (CP art.250.1.7ª).

3128.1 **Abuso del servicio público de Justicia** (LO 1/2025, art.7; LEC art.32.5, 246.4, 247.3 y 4, 394.4, 395.1 redacc LO 1/2025) El concepto de referencia se incorpora a la LEC por medio de la reforma operada por la LO 1/2025, con referencias en numerosos preceptos. Si bien no se define y, por tanto, es un

concepto jurídico indeterminado, se ha de entender por tal el **uso excesivo** del proceso, en aquellos casos en los que existe una clara desproporción en el empleo de aquel para los fines perseguidos con su empleo o el **uso deshonesto** del mismo, para buscar fines indirectos, aun no necesariamente ilegales.
Supone la superación de los **límites normales del derecho a la tutela judicial efectiva**, en sus diferentes aspectos o facetas, especialmente el acceso al proceso o a los recursos; en este caso, frecuentemente, mediante el agotamiento de las posibilidades formales de impugnación, más allá de toda posibilidad razonable de estimación, con la finalidad, por ejemplo, de prolongar indebida o indefinidamente un proceso, evitando que una resolución judicial definitiva o interlocutoria alcance firmeza; encadenando, para ello, una sucesión de vías sucesivas: aclaración, rectificación de error, recurso, incidente de nulidad,...
Concurre, igualmente, en supuestos de **no aceptación de una solución alternativa razonable** alcanzada en un medio adecuado de solución de controversias de carácter extrajudicial, forzando el inicio y tramitación de un proceso no fundado en posibilidad sostenible de éxito.
El abuso del servicio público de Justicia no es equivalente a la **mala fe o temeridad**, aunque son conceptos que se solapan o pueden solaparse. Estos implican una connotación subjetiva de malevolencia o irreflexividad superior, generalmente asociada a insostenibilidad de la pretensión afirmada, mientras que el abuso presenta más autonomía respecto de la pretensión. De esta forma, la mala fe o temeridad pueden darse junto al abuso o separadamente, al tiempo que cabe abuso sin aquellas.

Consecuencias procesales (LEC art.150.2 y 247.2; LOPJ art.11) La **principal consecuencia** procesal prevista para las peticiones, incidentes y excepciones que se formulen con manifiesto abuso de derecho o que entrañen fraude de ley o procesal es el rechazo fundado por parte del tribunal. **3129** MPCI nº 5674
Además, no surten efecto las **pruebas** obtenidas, directa o indirectamente, violentando los derechos o libertades fundamentales.
Por disposición del tribunal, cuando este advierta **indicios** de que las partes están utilizando el proceso con fines fraudulentos, se debe notificar la pendencia del proceso a las personas que, según los mismos autos, puedan verse afectadas por la sentencia que en su momento se dicte.
Adicionalmente, se prevé la imposición de una **sanción** a las partes (nº 3130) o a los profesionales que intervienen en el proceso (nº 3131).

Multa pecuniaria (LEC art.247.3 redacc LO 1/2025) Si los tribunales estiman que alguna de las partes ha actuado conculcando las reglas de la buena fe procesal o con abuso del servicio público de Justicia, puede imponerle, de forma motivada, y respetando el **principio de proporcionalidad**, una multa que puede oscilar de 180 a 6.000 euros, sin que en ningún caso pueda superar la tercera parte de la cuantía del litigio. **3130** MPCI nº 5676
Para determinar la **cuantía** de la multa el tribunal debe tener en cuenta las circunstancias del hecho de que se trate, así como los perjuicios que se hayan podido causar al procedimiento o a la otra parte.
Por el letrado de la Administración de Justicia se hará constar el hecho que motive la actuación correctora, las alegaciones del implicado y el acuerdo que se adopte por el órgano judicial.

Precisiones **1)** La imposición de una concreta multa pecuniaria, por entender vulneradas las reglas de la buena fe, no puede ser **alterada en su cuantía** en sede de aclaración de la resolución que la impone, por entender que en lugar de imponer una multa de 1.000 euros se estimaba procedente una de 1.000 euros quincenales hasta acreditar la exhibición de documentos que se resistía a facilitar (TCo 162/2006).
2) Otra modalidad de multa pecuniaria para limitar el abuso en el ejercicio de los derechos se encuentra en el incidente excepcional de nulidad de actuaciones. En ese caso, si se desestima la solicitud de **nulidad por temeridad**, además de la condena en todas las costas del incidente al solicitante, el tribunal le puede imponer una multa de 90 a 600 euros (nº 3039).
3) En el seno de procesos incoados por acciones contra actos de **violación de secretos empresariales**, la multa que puede imponerse a la parte demandante que haya ejercido la acción de forma abusiva o de mala fe, puede alcanzar, sin otro límite, la tercera parte de la cuantía del litigio, tomándose en consideración a los efectos de su fijación, entre otros criterios, la gravedad del perjuicio ocasionado, la naturaleza e importancia de la conducta abusiva o de mala fe, la intencionalidad y el número de afectados. Además, los jueces y tribunales pueden ordenar la difusión de la resolución en que se constate ese carácter abusivo y manifiestamente infundado de la demanda interpuesta (L 1/2019 art.16; nº 6550 s.).

Sanción disciplinaria (LEC art.247.4 redacc LO 1/2025) Si los tribunales entienden que la actuación contraria a las reglas de la buena fe o incursa en abuso del servicio público de Justicia podría ser imputable a alguno de los profesionales intervinientes en el proceso, sin perjuicio de la imposición de la multa, cuando corresponda, deben dar traslado de tal circunstancia a los **colegios profesionales** respectivos, por si puede proceder la imposición de algún tipo de sanción disciplinaria. **3131**

Esta remisión a la responsabilidad disciplinaria colegial, se entiende que no excluye la posibilidad de imposición de **sanción por el propio órgano judicial** (AP Barcelona 13ª auto 23-1-06, EDJ 16567) cuando se considere que se vulneran los deberes impuestos por las leyes procesales por los profesionales. En contra, AP Barcelona 17ª auto 14-1-05, Rec 647/04, entiende que el órgano judicial puede únicamente sancionar a la parte procesal, remitiendo al colegio profesional correspondiente traslado de la conducta, a efectos de que la depure disciplinariamente, en su caso (en igual sentido, AP Barcelona 17ª auto 27-7-05, EDJ 239548; 13-6-05, EDJ 105528).

En los casos en los que la actuación abusiva o de mala fe se produzca en el ámbito de un proceso en el que la parte litigue con el **beneficio de justicia gratuita**, la comunicación se remitirá también a la comisión de asistencia jurídica gratuita correspondiente.

Precisiones 1) Dentro de la responsabilidad disciplinaria de los **abogados y procuradores** se diferencia entre:
- aquella cuyo ejercicio corresponde a los tribunales de justicia por venir determinada por conductas desarrolladas en sus actividades ante aquellos; y
- la responsabilidad disciplinaria colegial a ejercer por los colegios profesionales respectivos por incumplimiento de las normas deontológicas propias de cada profesión.

2) La **responsabilidad disciplinaria** de abogados y procuradores se expone en nº 1631 y nº 1517.

3132 **Recursos** (LEC art.247.5; LOPJ art.556 y 557) Se han diferenciado hipótesis en relación con la posible **impugnación de la corrección** impuesta (AP Zaragoza 4ª 12-2-03, EDJ 263130; AP Baleares 4ª 18-2-03, EDJ 82323; 3ª 6-2-02, EDJ 126173):

a) Si se acuerda en **resolución autónoma** (auto), puede interponerse potestativamente audiencia en justicia en 5 días ante el letrado de la Administración de Justicia, juez o sala correspondiente. Contra la resolución desestimatoria o contra la que impone la sanción, si no se hubiera acudido en audiencia conforme a lo anterior, cabe alzada en plazo de 5 días ante la Sala de Gobierno del Tribunal Superior de Justicia respectivo, que resuelve previo informe del letrado de la Administración de Justicia, juez o sala que impuso la corrección.

b) Si se impone la sanción en la **sentencia que termina el asunto** (lo cual en principio es improcedente, al menos respecto del letrado), podrá recurrirse aquella, solicitando en ese momento la nulidad de actuaciones e interponiendo simultáneamente los recursos expuestos en el apartado anterior (Sánchez García).

Contra el acuerdo de imposición de la corrección puede interponerse, en el plazo de 5 días, **recurso de audiencia en justicia** ante el letrado de la Administración de Justicia, el juez o la sala, que lo resolverán en el siguiente día. Contra este acuerdo o contra el de imposición de la sanción, en el caso de que no se hubiese utilizado el recurso de audiencia en justicia, cabrá recurso de alzada, en el plazo de 5 días, ante la Sala de Gobierno, que lo resolverá previo informe del letrado de la Administración de Justicia, del juez o de la sala que impuso la corrección, en la primera reunión que celebre.

3135 MPCI nº 5682 s. **Extensión de los escritos procesales** No existe en el ordenamiento procesal español una norma general relativa a la posibilidad de limitar la extensión de los escritos procesales, ya con afirmación directa por el legislador, ya por decisión acordada por el órgano jurisdiccional competente, sea con carácter genérico y publicidad, sea en un caso concreto; a diferencia de lo que sucede en sede de los tribunales europeos. Por ello se plantea la cuestión de si en los supuestos en que las partes no hagan un **ejercicio prudente** de sus facultades procesales al respecto, el tribunal debe necesariamente admitir tales escritos o puede devolverlos (Córdoba Castroverde). El detalle acerca de las distintas posturas al respecto puede consultarse en nº 5682 s. Memento Procesal Civil 2026.

3140 **Acciones manifiestamente abusivas con implicación transfronteriza** (Dir UE 2024/1069) El objeto de esta directiva es establecer **garantías** contra las pretensiones manifiestamente infundadas o las acciones judiciales abusivas en asuntos civiles y mercantiles con repercusiones transfronterizas interpuestas contra personas físicas y jurídicas con motivo de la implicación de dichas personas en la participación pública, sin perjuicio de la posibilidad de que los Estados miembros introduzcan o mantengan disposiciones más favorables de protección sobre todo respecto a la **libertad de expresión y de información**.

Se entiende que un asunto tiene repercusiones transfronterizas cuando las partes y los demás elementos pertinentes para la situación de que se trate no estén domiciliados o ubicados en el mismo Estado miembro que el órgano jurisdiccional conocedor de los asuntos.

Quedan **excluidas**, sin perjuicio de lo dispuesto en la normativa procesal penal:
- las materias fiscal, aduanera y administrativa;
- la responsabilidad del Estado por acciones u omisiones en el ejercicio de su autoridad (*acta iure imperii*);
- los asuntos penales y el arbitraje.

Tampoco se aplica a los convenios y acuerdos bilaterales o multilaterales entre un tercer Estado, por un lado, y la Unión o un Estado miembro, por otro, celebrados antes del 6-5-2024 (Dir UE 2024/1069 art.18).

Precisiones La Dir UE 2024/1069 entra en vigor el 7-5-2024, con **transposición** no posterior a 7-5-2026.

Normas comunes sobre garantías procesales (Dir UE 2024/1069 art.6 a 19) La normativa interna de los Estados miembros debe responder a los siguientes parámetros: 3141
• Posibilidad de **solicitar**, de oficio y con celeridad, frente a quienes interpongan estas acciones:
- la constitución de una caución;
- la desestimación temprana de las pretensiones manifiestamente infundadas;
- las medidas correctivas precisas con aceleración solo si es posible.
• Las **modificaciones posteriores** de la demanda o de las pretensiones formuladas por el demandante, incluida la retirada de pretensiones, no puede afectar a la posibilidad de que el demandado solicite medidas correctivas.
• La **intervención en apoyo del demandado** en procesos judiciales, si este lo aprueba, y la facilitación de información de las asociaciones, organizaciones, sindicatos y otras entidades con interés legítimo en salvaguardar o promover los derechos de las personas que se implican en la participación pública.
• La exigencia por el órgano jurisdiccional de una **caución** por la cuantía estimada de los costes del procedimiento y, si lo prevé el Derecho nacional, los daños y perjuicios.
• La posibilidad de **desestimar tempranamente**, tras un examen adecuado, pretensiones que sean manifiestamente infundadas. Las resoluciones concediendo la desestimación temprana son susceptibles de **recurso**.
• La posible **condena en costas**, en virtud del Derecho nacional, a los demandantes del proceso.
• La imposición de **sanciones** efectivas, proporcionadas y disuasorias u otras medidas adecuadas igualmente eficaces, a la parte que haya interpuesto la acción.
• La **denegación** del reconocimiento y la ejecución de las sentencias dictadas en terceros países a raíz de una acción judicial contra la participación pública de una persona física o jurídica domiciliada en un Estado miembro cuando se considere manifiestamente infundada o abusiva de acuerdo con el Derecho del Estado en el que se solicita.
• La posibilidad de **solicitar indemnización** por los daños y perjuicios sufridos y por las costas incurridas si un demandante domiciliado fuera de la Unión interpone una acción judicial abusiva contra la participación pública contra una persona domiciliada en un Estado miembro ante un órgano jurisdiccional de un tercer país. Los Estados miembros pueden limitarlo mientras el proceso esté pendiente en el tercer país.
• El **acceso a información** sobre las garantías procesales y las medidas correctivas disponibles, así como las medidas de apoyo existentes -asistencia jurídica gratuita, apoyo financiero o psicológico-, campañas de concienciación y cooperación con las organizaciones de la sociedad civil pertinentes y otras partes interesadas y la publicación y las sentencias firmes relativas a estos procesos.

SECCIÓN 9

Disposiciones comunes a los procesos declarativos

3190

Los **procesos civiles** se han clasificado tradicionalmente en: 3191
a) Procesos **declarativos o de cognición** (LEC Libro II). Son aquellos que tienen por objeto declarar la existencia de un derecho subjetivo o relación jurídica, modificarla, constituirla, anularla o condenar al deudor al cumplimiento de una determinada prestación (Gimeno Sendra). Es decir, son los

procesos tendentes a la obtención de una sentencia que, en el caso de ser estimativa puede dar lugar o servir de título del proceso de ejecución.

b) Procesos **de ejecución** (LEC Libro III). Dentro de ellos se distingue:

• La ejecución **dineraria**, que es la ejecución ordinaria o expropiativa que tiene lugar cuando se pretende del órgano jurisdiccional la entrega de una cantidad de dinero al acreedor. Las ejecuciones dinerarias pueden ser, a su vez, según recaigan sobre elementos aislados o sobre toda la masa del patrimonio del deudor:
- singulares (LEC art.571 s.); o
- generales (procesos concursales -LCon-).

• La ejecución **no dineraria** (LEC art.699 s.), cuando el título ejecutivo contiene una obligación de hacer, de no hacer o de entregar cosa distinta a una cantidad de dinero.

A continuación se estudian los procesos declarativos, siendo los procesos de ejecución objeto de estudio en nº 4550 s.

A. Clases de procesos declarativos

3195 Los procesos de conocimiento, de cognición o declarativos se clasifican distinguiendo entre procesos **comunes** (nº 3196) y procesos **especiales** (nº 3198).

3196 MPCI nº 5757 **Procesos comunes** Son los concebidos para hipótesis generales, frente a los especiales, aplicables a supuestos especiales y concretos. Dentro de ellos, a su vez, cabe distinguir entre:

a) El **juicio ordinario**, cuya tramitación se aplica a los procedimientos más comunes, enumerados mediante un sistema de lista (LEC art.249.1) y otro subsidiario de cuantía (LEC art.249.2). El juicio ordinario es objeto de estudio en nº 3750 s.

b) El **juicio verbal**, concebido para la resolución de aquellos litigios que demanden una más rápida respuesta judicial y que se enumeran con un criterio cuantitativo -asuntos de cuantía inferior a 15.000 euros (LEC art.250.2)- y material, cualquiera que sea su cuantía -lista de LEC art.250.1.1º a 13º-. También se sigue este cauce en aquellos supuestos establecidos específicamente por la Ley. El juicio verbal es objeto de estudio en nº 3900 s.

Precisiones El umbral de **cuantía** se eleva a 15.000 euros por RDL 6/2023, con efecto 20-3-2024 -anteriormente, estaba fijado 6.000 euros-.

3197 **Características** En cualquiera de los procesos indicados, la Ley diseña los procesos declarativos de modo que la **inmediación**, la **publicidad** y la **oralidad** hayan de ser efectivas. En particular, en los juicios verbales, por la trascendencia de la vista; en el ordinario, porque tras demanda y contestación, los hitos procedimentales más sobresalientes son la audiencia previa al juicio y el juicio mismo, ambos con la inexcusable presencia del juzgador.

La LEC ha realizado una **simplificación** de los tipos de procesos, reduciéndolos a dos: ordinario y verbal. Estos procesos acogen, en algunos casos gracias a disposiciones particulares, los litigios que hasta ahora se ventilaban a través de cuatro procesos ordinarios, así como todos los incidentes no regulados expresamente, con lo que se suprime también el procedimiento incidental común. Ello permite también afrontar, sin merma de garantías, los asuntos que eran contemplados hasta hoy en más de una docena de leyes distintas de la procesal civil común. Prueba de ello son la disposición derogatoria y las disposiciones finales. Así, se simplifican, con estos procedimientos, los cauces procesales de muchas y muy diversas tutelas jurisdiccionales. Lo que no se hace es prescindir de particularidades justificadas, tanto por lo que respecta a presupuestos especiales de admisibilidad o procedibilidad como en lo relativo a ciertos aspectos del procedimiento mismo.

3198 MPCI nº 5763 **Procesos especiales** Son aquellos en los que concurre alguna singularidad, por razones jurídico-procesales o por razones jurídico-materiales. En algunos casos, más que de procesos especiales debe hablarse de especialidades procesales. La especialidad puede ser:

• Por **razones jurídico procesales**, son procedimientos especiales aquellos en los que es la función que el proceso cumple, no su materia, lo que determina la especialidad. Esta función o finalidad puede consistir en:
- la facilitación del proceso (auxilio jurisdiccional, reconstrucción de autos, procedimiento de los incidentes o diligencias preliminares);
- la impugnación de otro procedimiento (recursos -LEC art.448 s.-);
- la depuración de cualquier defecto o presupuesto procesal (recusación, declinatoria de competencia o de jurisdicción, incidente de nulidad de actuaciones -LEC art.228-); o
- el aseguramiento de los efectos del proceso (medidas cautelares; aunque estas se regulen dentro del Libro III de la LEC).

• Por **razones jurídico materiales**, son procesos especiales aquellos en los que es la materia lo determinante.

Precisiones El estudio de los **procesos especiales** se realiza en nº 5130 s.

B. Reglas para determinar el proceso a seguir

(LEC art.248 a 255 -redacc LO 1/2025-)

La determinación del proceso a seguir se lleva a cabo combinando **criterios** relativos a la materia y a la cuantía. La **materia** no solo se considera factor predominante respecto de la cuantía, sino elemento de muy superior relevancia, como consecuencia de la preocupación por la efectividad de la tutela judicial. Dicha efectividad reclama que, por razón de la materia, con independencia de la evaluación dineraria del interés del asunto, se solvente con más rapidez que hasta ahora gran número de casos y cuestiones. **3200** MPCI nº 5770
Las normas de determinación de la clase de juicio por razón de la **cuantía** solo se aplican en defecto de norma por razón de la materia.
La cuantía del proceso determina también si el asunto podrá tener acceso a **casación**.

1. Ámbito del juicio ordinario

(LEC art.249)

Pretensiones por razón de la materia (LEC art.249.1) El juicio ordinario tiene por objeto, cualquiera que sea su cuantía: **3210**
1) Las demandas relativas a **derechos honoríficos de la persona**.
2) Las que pretendan la tutela del derecho al honor, a la intimidad y a la propia imagen, y las que pidan la tutela judicial civil de cualquier otro **derecho fundamental**, salvo las que se refieran al derecho de rectificación.
3) Las demandas sobre **impugnación de acuerdos sociales** de entidades mercantiles. La competencia objetiva se atribuye a los jueces de lo mercantil (LOPJ art.87 redacc LO 1/2025).
4) Las demandas en materia de **competencia desleal, defensa de la competencia** (aplicación de Tratado FUE art.101 y 102 o de L 15/2007 art.1 y 2 -prácticas colusorias y abuso de posición dominante-), **propiedad industrial, propiedad intelectual y publicidad**, siempre que no versen exclusivamente sobre reclamaciones de cantidad, en cuyo caso se tramitarán por el procedimiento que les corresponda en función de la cuantía que se reclame y los recursos contra las resoluciones de la Oficina Española de Patentes y Marcas en materia de propiedad industrial que agoten la vía administrativa que se tramitan por los cauces del juicio verbal. No obstante, se estará a lo dispuesto en LEC art.250.1.12º cuando se trate del ejercicio de la acción de cesación en defensa de los **intereses colectivos e intereses difusos** de los consumidores y usuarios en materia de publicidad. La competencia objetiva se atribuye a los jueces de lo mercantil (LOPJ art.87 redacc LO 1/2025).

Precisiones El Tratado FUE art.101 y 102 declara incompatibles con el mercado interior y prohibidos todos los **acuerdos entre empresas** que afecten al comercio entre los Estados miembros que tengan por objeto o efecto impedir, restringir o falsear el juego de la competencia dentro del mercado interior. En la misma medida quedará prohibida la explotación abusiva de una posición dominante en el mercado interior o en una parte sustancial del mismo.

5) Las demandas en que se ejerciten acciones colectivas relativas a **condiciones generales de contratación** en los casos previstos en la legislación sobre esta materia. **3211**
6) Las demandas que versen sobre cualesquiera asuntos relativos a **arrendamientos urbanos o rústicos de bienes inmuebles**, salvo que se trate del desahucio por falta de pago o por extinción del plazo de la relación arrendaticia o de reclamaciones de rentas o cantidades debidas por el arrendatario, o salvo que sea posible hacer una valoración de la cuantía del objeto del proceso, tramitándose en tal caso por el cauce correspondiente según las reglas generales (LEC art.249.1.6º).
7) Las que ejerciten una **acción de retracto** de cualquier tipo.
8) Cuando se ejerciten las acciones que otorga a las **juntas de propietarios** y a estos la Ley de propiedad horizontal, siempre que no versen exclusivamente sobre reclamaciones de cantidad, en cuyo caso se tramitarán por el juicio verbal o por el procedimiento especial que corresponda.

Precisiones No existe en la vigente LEC norma específica alguna que determine la forma de cálculo de la cuantía de los procesos cuyo objeto sea la determinación de la **validez de los acuerdos de las juntas de propietarios** (LEC art.251 s.), razón por la que ya el art.249.8 LEC, establece que las acciones que otorga la Ley de propiedad horizontal a las juntas de propietarios y a estos, se dilucidarán en juicio ordinario, cualquiera que sea su cuantía, siempre que no versen sobre reclamaciones de cantidad. Si se solicita la **nulidad de un acuerdo**, y no una reclamación de cantidad, resulta su interés económico de imposible cálculo, pese a que el acuerdo impugnado se refiera a un nuevo reparto de cuotas de participación entre los propietarios. Por todo ello, debe colegirse que el pleito se ha seguido así por razón de la materia y no de la cuantía, la que debe estimarse como indeterminada (AP Zaragoza 14-1-03, EDJ 5430).

3212 **Pretensiones por razón de la cuantía** (LEC art.249.2) El juicio ordinario tiene por objeto por razón de la cuantía las demandas cuyo importe **exceda de 15.000 euros** y aquellas cuyo interés económico resulte **imposible de calcular**, ni siquiera de modo relativo.

Precisiones 1) Aunque la LEC art.249 no hace expresa referencia a los procedimientos relativos a **derechos hereditarios**, no por ello se puede concluir que no quepa dilucidar estas cuestiones en el juicio ordinario, porque en este caso no existe en la LEC un proceso contradictorio específico y, por ello, se debe acudir al procedimiento que, en función de la cuantía litigiosa, corresponda, estableciendo así en LEC art.249.2 que se decidirán en el juicio ordinario las demandas cuya cuantía exceda de 15.000 euros y aquellas cuyo interés económico resulte imposible de calcular, ni siquiera de modo relativo (AP Barcelona auto 5-9-05, EDJ 231807).
2) El umbral de **cuantía** se eleva a 15.000 euros por RDL 6/2023, con efecto 20-3-2024 -anteriormente, el umbral se situaba en los 6.000 euros-.

2. Ámbito del juicio verbal

(LEC art.250)

3215 Se ventilarán en juicio verbal aquellas contiendas judiciales entre partes a las que no les corresponda un juicio especial conforme a la LEC y que versen sobre las materias o que tengan la cuantía litigiosa a las que se refiere la Ley, teniendo en cuenta que para determinar la clase de juicio aplicable prevalece el criterio de la materia sobre el de la cuantía. A tales efectos, la LEC recoge un **listado de pretensiones**.

Precisiones Además de lo que se expone en los apartados siguientes, ha de tenerse en cuenta que las **tercerías** (nº 4883 s.) se tramitan por los cauces del juicio verbal, con ciertos matices, resolviéndose las de dominio por medio auto y las de mejor derecho por sentencia (LEC art.599 y 617.1). También siguen los trámites del verbal, los **incidentes concursales** (LCon art.532 y 535), con ciertas peculiaridades (nº 5635 s.).

3216 **Pretensiones por razón de la materia** (LEC art.250.1) Dentro del criterio material las pretensiones pueden clasificarse en **sumarias** o **plenarias**, siendo las primeras las que demandan que el tribunal resuelva con carácter sumario y con causas de oposición tasadas y eficacia de cosa juzgada limitada, y dejando a salvo el juicio declarativo plenario que corresponda a la materia o cuantía.
Se deciden en juicio verbal, cualquiera que sea su cuantía, las demandas siguientes:
1) Las que versen sobre reclamaciones de cantidades por **impago de rentas** o cantidades debidas y las que igualmente, con fundamento en el impago de la renta o cantidades debidas por el arrendatario, o en la expiración del plazo fijado contractualmente, pretendan que el dueño, usufructuario o cualquier otra persona con derecho a poseer una finca rústica o urbana, dada en arrendamiento, ordinario o financiero, o en aparcería, recuperen la **posesión** de dicha finca.

3216.1 Precisiones 1) En una primera aproximación, podría sostenerse que, ya que el juicio verbal es un juicio declarativo, lejos del antiguo desahucio, cabe en su seno la discusión de **cualquier cuestión** que pudiera plantear el demandado como oposición a la pretensión del demandante arrendador. Sin embargo, no parece que esta sea la voluntad de la norma. Y ello es así porque, de conformidad con LEC art.249.1.6º, deben tramitarse en juicio declarativo ordinario todas las cuestiones relativas a arrendamientos urbanos y rústicos, salvo los desahucios por falta de pago y por expiración del plazo contractual. Por tanto, parece claro que el legislador no ha querido someter todas las cuestiones arrendaticias al cauce del juicio verbal, sino al del ordinario. Por lo demás, si en aquel pudiese discutirse cualquier cuestión, carecería de sentido la previsión de LEC art.447.2, que priva de fuerza de cosa juzgada a las sentencias que pongan fin a los procedimientos en que se haya entablado la acción de desahucio por impago de rentas. Por último, tampoco puede perderse de vista que, en la propia Exposición de Motivos de la LEC, puede leerse que la Ley reserva para el juicio verbal aquellos litigios caracterizados por la singular **simplicidad de lo controvertido**. En definitiva, con las lógicas dudas que entraña la aplicación de una normativa nueva, que no es todo lo clara, en este y en otros aspectos, que cabría desear, parece que puede concluirse que no cualquier cuestión tiene cabida en el ámbito del juicio verbal en el que se ejercite una acción de desahucio por impago de rentas. Pero también se ha de cuestionar si es siquiera posible que el arrendatario pueda plantear una **cuestión compleja** en el ámbito del juicio verbal. Y ello es así porque, conforme a LEC art. 444.1, cuando en el juicio verbal se pretenda la recuperación de la finca, rústica o urbana, dada en arrendamiento, por impago de la renta o cantidad asimilada, solo se permitirá al demandado alegar y probar el pago o las circunstancias relativas a la procedencia de la enervación. El precepto es semejante a la derogada LEC/1881 art.1579, que restringía las pruebas que podían practicarse en el juicio de desahucio a la confesión judicial y a la documental que acreditase el pago. Existe, sin embargo, un matiz importante, ya que el precepto se refiere no solo al objeto de la prueba, sino también de las alegaciones. No parece, no obstante, que dicho precepto aboque al automatismo que preconiza el recurrente, en el sentido de que tan solo puede acreditarse, en lo que aquí interesa, el hecho del pago. Parece claro que podrá alegarse y probarse cualquier circunstancia que incida o influya directamente en el cumplimiento de tal obligación. La solución contraria abocaría a una indefensión del demandado, con graves consecuencias prácticas, ya que, si invocado el impago no puede oponer motivos que hayan conducido a él, quedaría condenado al lanzamiento en todo caso. En consecuencia, si la circunstancia que se alega y acredita, concerniente o influyente en la falta de pago, entra dentro de lo que denominamos cuestión compleja, la solución más adecuada será la anteriormente expuesta: que el conflicto se resuelva en el ámbito de un juicio ordinario (AP Girona 28-11-01, EDJ 65461).

2) En cuanto a la **extinción del contrato por expiración del plazo**, el juicio tiene carácter plenario de manera que no está exceptuado del efecto de cosa juzgada (LEC art.447.2).

3) El **ámbito de estos procesos** se amplía por efecto de la L 19/2009, extendiéndose no solo al desahucio y recuperación posesoria sino a la reclamación de cantidades y rentas debidas al arrendador.

2) Las que pretendan la **recuperación de la plena posesión de una finca** rústica o urbana, cedida en **precario**, por el dueño, usufructuario o cualquier otra persona con derecho a poseer dicha finca. **3217** MPCI nº 6664 s.

Precisiones **1)** Se permite ejercitar el juicio de desahucio por precario contra cualquier persona que disfrute o tenga en precario la finca, sea rústica o urbana, sin pagar merced, pues la jurisprudencia ha ido paulatinamente ampliando el concepto del precario hasta comprender, no solamente los supuestos en que se detenta una cosa con la tolerancia o por cuenta de su dueño, sino también todos aquellos en que la tenencia del demandado no se apoya en ningún título y presenta caracteres de abusiva (TS 29-2-00, EDJ 998). Este **concepto amplio del precario**, como sustantivo que es, no puede entenderse alterado por la vigente LEC, que alude al supuesto en que existe consentimiento de quien es dueño o usufructuario o tiene derecho a poseer la finca y la cede en precario, de modo que la acción podrá ser ejercitada también por quien se encuentra privado de ella y esta es detentada por persona que carece de título, no estableciéndose en la vigente legislación la exigencia de requerir al precarista con un mes de antelación para que desocupe la finca, presupuesto que establecía la derogada LEC/1881 art.1565.3. En la doctrina se ha puesto de relieve que en LEC art.250.1.2 no se conceptúa el precario y omite referencias a la mera liberalidad, pareciendo que, en términos puramente terminológicos, ciñe la situación de precariedad a los casos en que la finca es cedida en tal concepto. Sin embargo, la mayoría de la doctrina rechaza ese **concepto estricto**, diciendo que no ha de modificarse la conceptualización ya existente por vía jurisprudencial del precario, ni ha de otorgarse a la expresión «cedida en precario» mayor extensión que la de ser una simple utilización del lenguaje sin mayores pretensiones que las de indicar que el procedimiento va dirigido a sustanciar las pretensiones de desahucio por precario. En definitiva, en los casos en que se produce una cesión de la finca por dicha causa, es claro que se estaría en el ámbito literal de LEC art.250.1.2. Pero también se puede calificar como precaria una situación en que el precarista tenga una posesión del bien que pueda calificarse como injusta o degenerada, es decir, aquellas en que no existió una cesión por mera liberalidad en origen, derivando la posesión bien de la simple **ocupación de hecho sin título alguno** o del acceso a la finca por medio de un **título que ha devenido insuficiente**, cual sucede, por ejemplo, con el nudo propietario tras la constitución de un usufructo (AP Cuenca 17-2-06, EDJ 13423).

Asimismo, la situación de precario no cesa porque sea **consentida durante cierto tiempo** por el propietario, lo que, por otra parte, es habitual (TS 26-10-17, EDJ 221593).

2) El juicio verbal de desahucio por precario no tiene el **carácter de sumario** del que gozaba en la derogada LEC/1881, en el sentido técnico jurídico de juicios de una cognición limitada y, por ende susceptibles de una ulterior revisión en la vía judicial declarativa, de ahí que frente a los juicios verbales especiales, no producen **efecto de cosa juzgada**, y existe prohibición de **reconvención**, que habría de sustanciarse acaso por un procedimiento diverso al previsto para la sustanciación de la demanda principal (AP Alicante 3-4-03, EDJ 14881).

3) Existen sustanciales diferencias a pesar de evidentes concordancias entre precario y **comodato** y lo que es incuestionable es que en relación a la extinción de la posesión por parte del precarista o comodatario es donde se albergan las mayores diferencias. Esa situación impediría la aplicación a la figura del comodato de la regla del art.250.2 LEC, precepto exclusivamente aplicable al precario y que como norma especial deberá exclusivamente aplicarse a aquello para lo que se prevé (AP Ourense 10-5-05, EDJ 93777).

3) Las que pretendan que el tribunal ponga en **posesión de bienes adquiridos por herencia** si no estuvieran siendo poseídos por nadie a título de dueño o usufructuario. **3218** MPCI nº 6670

4) Las que pretendan la **tutela sumaria de la tenencia o de la posesión** de una cosa o derecho por quien haya sido despojado de ellas o perturbado en su disfrute.

Pueden pedir la inmediata recuperación de la plena posesión de una **vivienda** o parte de ella, siempre que se hayan visto privados de ella sin su consentimiento: la persona física propietaria o poseedora legítima por otro título, las entidades sin ánimo de lucro con derecho a poseerla y las entidades públicas propietarias o poseedoras legítimas de vivienda social (LEC art.250.1.4 párr.2).

Precisiones 1) La finalidad del actual procedimiento de juicio verbal para recobrar la posesión, antiguo **interdicto de recobrar**, no es otra que la de amparar a cualquier poseedor o tenedor de la cosa o derecho que, en los términos del CC art.446, tiene derecho a ser respetado en su posesión, y si fuera inquietado en ella, deberá ser amparado o restituido en dicha posesión por los medios que las leyes de procedimiento establecen. Y tal protección ha de prestarse contra cualquier acto de **perturbación o despojo** realizado por un tercero, de modo que la acción se ejercite antes de haber transcurrido un año a contar desde el acto que lo ocasione, atendiendo de esta manera la finalidad de interés social de que los estados de hecho no pueden destruirse por actos de propia autoridad.
Por ello, son realmente tres las **cuestiones** que es necesario tratar para la resolución de un juicio posesorio de tal clase, a saber:
1ª La existencia de la **posesión o tenencia** de la cosa o derecho en el promotor del interdicto, la legitimación siendo suficiente a estos efectos para activarla la mera detentación.
2ª La certeza y realidad de los **actos perturbadores** o de despojo efectuado por la persona o personas contra las que se dirige la demanda.
3ª Que tales actos hayan sido realizados con menos de **un año** de antelación a la fecha de esta.
2) En esta clase de procedimientos -juicios posesorios- solo se trata de proteger el hecho de la posesión, sin plantearse para nada **a quién pertenece el derecho**; cuestión que debe de ventilarse en el juicio declarativo correspondiente.
El ejercicio de las acciones posesorias persigue garantizar la «**paz jurídica**» (CC art.441) de forma sumaria; mientras que la ejercitada en el juicio declarativo posterior pretende alcanzar la «**paz justa**», resolviendo de forma plenaria a quién corresponde el derecho controvertido (TS 7-10-25, EDJ 717287).
3) La **protección posesoria** halla su fundamento en la conveniencia del logro acelerado y provisional de una paz jurídica inmediata que dé solución momentánea al conflicto suscitado, pues la apariencia posesoria debe ser absolutamente merecedora de respeto y toda destrucción de la misma ha de consumarse acudiendo a los medios que el Derecho proporciona; viniendo reservada la paz justa y definitiva a los procesos ordinarios (TS 21-4-79). La regulación contenida en la LEC, no cambia los planteamientos, los requisitos para su **prosperabilidad**, ni tampoco los efectos clásicos de esta clase de acción. Así, la LEC art.250.1.4º dice que se decidirán en juicio verbal las demandas que pretendan la tutela sumaria de la tenencia o de la posesión de una cosa o derecho por quien haya sido despojado de ellas o perturbado en su disfrute. La LEC art.439.1 señala que no se admitirán las demandas que pretendan retener o recobrar la posesión si se interponen transcurrido el plazo de un año a contar desde el acto de la perturbación o el despojo -requisito de procedibilidad para la admisión de la demanda (TS 28-9-98); dicho plazo es de caducidad. Y LEC art.447.2 precisa que no producirán efecto de cosa juzgada las sentencias que pongan fin a los juicios verbales sobre tutela sumaria de la posesión (AP Valencia 13-5-02, EDJ 33400; AP Barcelona 7-10-02, EDJ 66079); en definitiva, es una acción dirigida a la protección de una mera situación de hecho, una situación de posesión, sin que este cauce sea el adecuado para decidir si existe o no derecho, si existe o no servidumbre que justifique tal posesión, o si el terreno por el que pasa el actor es o no propiedad del demandado, quedando esas otras cuestiones para ser dilucidadas en otro procedimiento, y es por ello que, como se indica en la resolución recurrida, la LEC art.447.2 prevé que la sentencia que aquí se dicte (en este proceso sumario) no produce los efectos de la cosa juzgada, pudiendo discutir las partes esos derechos en otro procedimiento (AP Palencia 2-5-02, EDJ 126376).
4) La decisión judicial de proceder al desalojo de los ocupantes que puede adoptarse en el proceso sumario para recuperación de la vivienda instituido por la L 5/2018 no constituye violación del derecho a la **inviolabilidad del domicilio**. El juez es la autoridad competente para reconducir situaciones contrarias a la legalidad, sin que puedan oponérsele situaciones de hecho encaminadas a hacer posible la permanencia y consolidación de una **situación ilícita**, como es la ocupación ilegal de una vivienda (TCo 32/2019).
5) La acción interdictal de tutela sumaria de la posesión se caracteriza porque la **legitimación activa** se atribuye a quien ostente el *ius possessionis* -poder de hecho sobre la cosa- que haya sido perturbado en el disfrute actual posesorio, mientras la acción por precario, la atribuye a quien tiene el *ius possidendi* -derecho a poseer-, aunque no ostente la tenencia actual perturbada (TS 15-12-20, EDJ 746896).
6) Se excluyen del presupuesto de procedibilidad de someterse a un **medio adecuado de solución de conflictos previo** al proceso (nº 3625 s.) las acciones relativas a la tutela sumaria de la posesión (LO 2/2025 art.5.2.e).

3219 MPCI nº 6674 **5)** Las que pretendan que el tribunal resuelva, con carácter sumario, la **suspensión de una obra nueva**.

Precisiones 1) El juicio verbal de carácter sumario de la obtención de tutela para el logro de la suspensión de una obra nueva, tiene por finalidad la protección de la propiedad, la posesión y los demás derechos reales frente a la **perturbación** que para ellos suponga la construcción de una obra nueva mediante la suspensión inmediata de la misma, debiendo entenderse por «obra nueva» no solo la nueva construcción de un edificio, vivienda, casa u otra obra de ingeniería, sino también la modificación de las ya existentes que altere o varié la situación actual de la cosa poseída. En cualquier caso, debe tratarse de **obra no culminada**, pues de haber ya finalizado la misma, no sería procedente la tutela sumaria por carecer ya de objeto.

El aspecto esencial es la **alteración de la situación preexistente** mediante la ejecución -en curso- de trabajos innovativos de cierta entidad, que comprenden la actuación sobre una edificación existente; aunque no se identifica obra con edificación, pues una perforación, excavación o movimiento de tierras entra en el concepto; del que se excluyen los daños derivados del mal estado de una construcción o la falta de actuación sobre la misma por pasividad del dueño -sin perjuicio de su encaje en LEC art.250.1.6º (TS 28-2-22, EDJ 518264).

La legitimación activa corresponde al propietario, poseedor o titular de un derecho real para quien la obra nueva suponga una perturbación o perjuicio, y la legitimación pasiva al dueño de la obra, aunque la doctrina jurisprudencial, con relación al antiguo interdicto de obra nueva de la derogada LEC/1881, ha permitido que la acción interdictal se dirigiera también contra el contratista (AP Barcelona auto 2-4-02, EDJ 16729); de otro lado es preciso tener en cuenta lo dispuesto en LEC art.441.2 (sobre la suspensión inmediata y continuación previa caución del dueño o encargado de lo obra).

2) No se reconoce una facultad de **elección incondicionada** entre las acciones analizadas en los apartados 4) y 5), sino que estas acciones se someten al principio de **especialidad** (TS 16-1-23, EDJ 501156; 7-10-25, EDJ 717287).

6) Las que pretenden que el tribunal resuelva, con carácter sumario, la **demolición o derribo** de obra, edificio, árbol, columna o cualquier otro objeto análogo en estado de ruina y que amenaza causar daños a quien demande. **3220** MPCI nº 6676, 6678 s.

7) Las que, instadas por los titulares de **derechos reales inscritos** en el Registro de la Propiedad, demandan la efectividad de esos derechos frente a quienes se oponen a ellos o perturban su ejercicio, sin disponer de título inscrito que legitime la oposición o la perturbación.

Precisiones **1)** Es preciso tener en cuenta las especialidades del **juicio verbal** respecto de este apartado en LEC art.439.2 (motivos especiales de inadmisión de la demanda), LEC art.438.4 (apercibimientos al demandado), LEC art.444.2 (caución para formular oposición) y LEC art.447 (ausencia de cosa juzgada material). La LEC art.439.2 dispone que **no se admitirán** en los casos siguientes:

1º Cuando en ellas no se expresen las medidas que se consideren necesarias para asegurar la eficacia de la sentencia que recayere.

2º Si, salvo renuncia del demandante, que hará constar en la demanda, no se señalase en esta la caución que, conforme a lo previsto en el párrafo segundo del apartado segundo del art.64, ha de prestar el demandado, en caso de comparecer y contestar, para responder de los frutos que haya percibido indebidamente, de los daños y perjuicios que hubiera irrogado y de las costas del juicio.

3º Si no se acompañase a la demanda certificación literal del Registro de la Propiedad que acredite expresamente la vigencia, sin contradicción alguna, del asiento que legitima al demandante» (AP Valencia auto 15-2-03, EDJ 33743).

En efecto, no se admite reconvención (LEC art.438.1) ni la sentencia que se dicte producirá efectos de cosa juzgada (LEC art.447.3; AP Murcia 21-12-02, EDJ 68257).

2) La **acción negatoria de servidumbre** como pretensión dirigida a conseguir la efectividad plena de un derecho inscrito, puede ser ejercitada por su titular por la vía de LEC art.270.1.7º, porque expresamente lo autoriza la norma, siendo una libre decisión de la parte acudir al amparo jurisdiccional por este remedio procesal o por medio del juicio declarativo correspondiente. Y es que el procedimiento que regula sustantivamente LH art.41 tiene como finalidad un objetivo sustancial, cual es que el titular inscrito del dominio de inmuebles o derechos reales impuestos sobre los mismos que impliquen posesión, uso o servicio, pueda conseguir el mismo resultado que lograría con la ejecución de una sentencia que hubiera obtenido de haber ejercitado con éxito en el juicio ordinario correspondiente una acción reivindicatoria, confesoria o negatoria u otra de análogo carácter real. Esta tesis, ya mantenida por AP A Coruña 11-5-57 ha sido ratificada por otras de AP Sta. Cruz de Tenerife 18-12-80; AP Sevilla 27-2-62; AP Madrid 10-5-77, e incluso, de forma indirecta por la de esta Audiencia de 16-2-98; no obstante, la existencia de un procedimiento anterior (interdicto de recobrar la posesión, en el que se acordó el mantenimiento de la servidumbre de desagüe instado por el causante del demandado) impide que la declaración que ahora se pretende se obtenga a través de un procedimiento sumario como el presente cuando la resolución que puso fin a la instancia remitió a las partes al juicio declarativo correspondiente para la decisión de los derechos sobre propiedad o posesión definitivos (AP Valladolid 24-6-03, EDJ 69473).

3) Existen resoluciones en contra de que la acción negatoria de servidumbre se encauce por el juicio verbal con base en LEC art.250.1.7º; aunque si bien puede seguirse este juicio por razón de la **cuantía**, si no supera el límite de LEC art. 250.2, pero entonces no son de aplicación de las reglas especiales, entre ellas las de LEC art.444.2.

4) Se excluye del presupuesto de procedibilidad de someterse a un **medio adecuado de solución de conflictos** previo al proceso (nº 3625 s.) la pretensión de que el tribunal resuelva, con carácter sumario, la demolición o derribo de obra, edificio, árbol, columna o cualquier otro objeto análogo en estado de ruina y que amenace causar daños a quien demande (LO 1/2025 art.5.2.f).

3221 MPCI nº 6686 s. **8)** Las que solicitan **alimentos** debidos por disposición legal o por otro título.

9) Las que suponen el ejercicio de la **acción de rectificación** de hechos inexactos y perjudiciales.

10) Las que pretenden que el tribunal resuelva, con carácter sumario, sobre el incumplimiento por el comprador de las obligaciones derivadas de los contratos inscritos en el **Registro de Venta a Plazos de Bienes Muebles** y formalizados en el modelo oficial establecido al efecto, al objeto de obtener una sentencia condenatoria que permita dirigir la ejecución exclusivamente sobre el bien o bienes adquiridos o financiados a plazos.

11) Las que pretendan que el tribunal resuelva, con carácter sumario, sobre el incumplimiento de un contrato de **arrendamiento financiero** -canalizadas según LEC art.250.1.1º (AP Girona 11-12-12, EDJ 30981)-, de **arrendamiento de bienes muebles**, o de un contrato de **venta a plazos con reserva de dominio**, siempre que estén inscritos en el Registro de Venta a Plazos de Bienes Muebles y formalizados en el modelo oficial establecido al efecto, mediante el ejercicio de una acción exclusivamente encaminada a obtener la inmediata entrega del bien al arrendador financiero, al arrendador o al vendedor o financiador en el lugar indicado en el contrato, previa declaración de resolución de este, en su caso.

12) Las que suponen el ejercicio de la acción de cesación en defensa de los intereses colectivos y difusos de los **consumidores y usuarios**. Asimismo, las demandas en que se ejerciten acciones individuales relativas a condiciones generales de contratación en los casos previstos en la legislación sobre esta materia (LEC art.250.1.14ª).

El **interés colectivo** se da cuando se trata de reaccionar contra una conducta empresarial, ilícita capaz de generar perjuicios a una pluralidad de consumidores, manteniendo un control sobre la misma que contribuya a evitar la extensión del perjuicio ya ocasionado y disuadir de realizar en el futuro comportamientos lesivos similares en detrimento del conjunto de los consumidores (AP Sevilla 22-1-04, EDJ 6929).

Se admite la **acumulación de acciones colectivas e individuales**, aunque el cauce de las primeras es el juicio verbal y el de las segundas el ordinario; siguiéndose el trámite del juicio verbal dado que la acción principal es la colectiva (AP Cantabria 5-2-15, EDJ 101833; 6-2-15, EDJ 103281).

13) Las que pretenden la efectividad de los derechos reconocidos en CC art.160, en relación con el régimen de **visitas y estancias de los hijos menores de edad**. En estos casos el juicio verbal se sustancia con las peculiaridades dispuestas en LEC art.748 a 755.

Precisiones **1)** Por lo que respecta a los **alimentos**, se incluyen todo tipo de pretensiones relacionadas con los mismos y para las que no haya un trámite especial: alimentos acordados cautelarmente en procesos matrimoniales y de menores y sobre filiación (AP Barcelona 8-9-16, EDJ 192887).

2) No se incluye la acción de **reintegro de cantidades ajenas a los alimentos** en LEC art.250.1.8º. En caso de no haberse alegado en primera instancia la inadecuación de procedimiento no procede entrar sobre ello en apelación (AP Las Palmas 11-1-16, EDJ 83438).

3221.1 **14)** Las demandas en las que se ejerciten las acciones que otorga a las **juntas de propietarios** y a estos la L 49/1960 -propiedad horizontal-, siempre que versen exclusivamente sobre reclamaciones de cantidad, sea cual sea esta.

15) Aquellas en las que se afirme la **acción de división de cosa común**.

16) Los recursos contra las **resoluciones que agoten la vía administrativa dictadas en materia de propiedad industrial** por la Oficina Española de Patentes y Marcas, con las especialidades de LEC art.447 bis.

3222 **Pretensiones por razón de la cuantía** (LEC art.250.2) Se deciden también en el juicio verbal las demandas cuya cuantía **no exceda de 15.000 euros** y no se refieran a ninguna de las materias previstas en nº 3216 s.

Precisiones El umbral de **cuantía** se eleva a 15.000 euros por RDL 6/2023, con efecto 20-3-2024 -anteriormente, estaba fijado en 6.000 euros-.

3. Reglas generales para determinar el proceso

(LEC art.251, 253, 254 y 255)

3223 MPCI nº 5770 Aunque la **materia** es criterio determinante del procedimiento en numerosos casos, la **cuantía** sigue cumpliendo un papel no desdeñable y las reglas sobre su determinación cambian notablemente, con mejor contenido y estructura, conforme a la experiencia, procurándose, por otra parte, que la indeterminación inicial quede circunscrita a los casos verdaderamente irreductibles a toda cuantificación, siquiera sea relativa.

Examinando la concreta regulación legal, la LEC, después de establecer, como precepto básico en esta materia, que la determinación de la cuantía del proceso se fija según el **interés económico** de la demanda (LEC art.251.1), establece:
- las reglas generales de determinación de la cuantía;
- unas reglas especiales en casos de procesos con pluralidad de objetos o de partes; y
- lo que podríamos denominar «aspectos procesales» de esta materia.
Analizaremos de forma sistemática y sintética, cada una de estas cuestiones.

Reglas generales de determinación de la cuantía (LEC art.251 y 252) La **cuantía de la pretensión** es el criterio general elegido por LEC para determinar el proceso adecuado, correspondiendo al actor fijar la misma con precisión, estableciéndose una serie de reglas para determinar el valor del objeto, y otras para el caso de acumulación de pretensiones. 3224

Si a pesar de tales reglas no puede fijarse de modo concreto, se trata de un asunto de cuantía **inestimable**, para los que la LEC art.249.2 y 253.3, disponen que se tramitan por el juicio ordinario (AP Murcia 21-10-04, EDJ 206240).

Las reglas generales de determinación del **interés económico** de la demanda, se pueden resumir de la siguiente forma:

• Si se reclama una cantidad de **dinero** determinada, la cuantía de la demanda está representada por dicha cantidad, y si falta la determinación, aun en forma relativa, la demanda se considera de cuantía indeterminada.

• Cuando el objeto del proceso es la condena de dar **bienes** muebles o inmuebles; garantizar el disfrute de las facultades que se deriva del dominio; determinar la validez, nulidad o eficacia del título de dominio y existencia o extensión de este; el derecho a adquirir la propiedad de un bien o conjunto de bienes; la posesión; el deslinde, la división de la cosa común y en todos aquellos casos en los que la satisfacción de la pretensión dependa de la acreditación por el demandante de la condición de dueño, se ha de estar al valor de los bienes al tiempo de interponerse la demanda, conforme a los precios corrientes en el mercado o en la contratación de bienes de la misma clase.

• Si la reclamación versa sobre el usufructo, nuda propiedad, uso, habitación, aprovechamiento por turnos u otro **derecho real** limitativo del dominio no sujeto a regla especial, ha de estarse a la base imponible tributaria sobre la que gire el impuesto para la constitución o transmisión de estos derechos.

• En el caso de **servidumbres** se está al precio satisfecho por su constitución si constara y su fecha no fuese anterior en más de 5 años.

• En las demandas relativas a **derechos reales de garantía** (existencia, inexistencia, validez o eficacia) se está al importe de las sumas garantizadas por todos los conceptos.

• Si se exige en juicio **prestaciones periódicas** -vitalicias o temporales- la cuantía se determina por el importe de una anualidad multiplicando por diez, salvo que el plazo de la prestación fuera inferior a un año.

• En los juicios que versan sobre la existencia, validez o eficacia de un **título obligacional**, su valor se calcula por el total de lo debido, aunque sea pagadero a plazos.

• En los **arrendamientos de bienes**, salvo los de reclamación de rentas o cantidades debidas, ha de estarse al importe de una anualidad de renta, cualquiera que sea la periodicidad con que esta aparezca fijada en el contrato.

• Si la demanda versa sobre **valores negociados en Bolsa**, la cuantía vendrá determinada por la media del cambio medio ponderado de los mismos, calculando según las reglas que contiene la propia LEC art.251.1.10.

• Cuando la demanda tiene por objeto una **prestación de hacer**, su cuantía consiste en el coste de aquello que se inste o en el importe de los daños y perjuicios derivados del incumplimiento.

• En los pleitos relativos a una **herencia** o a un conjunto de masas patrimoniales o patrimonios separados se aplican las reglas anteriores respecto de los bienes, derechos o créditos que allí figuran comprendidos.

Precisiones Si se ejercita la **protección de la posesión**, aunque de forma incorrecta se aluda a la acción negatoria, la LEC art.250 declara que se deciden en juicio verbal, cualquiera que sea su cuantía; por lo tanto, es adecuado el procedimiento elegido y ello, con independencia de que para otorgarle la posesión deba o no estudiarse el derecho sobre la pared en la que se han abierto las ventanas. Ahora bien, cuestión distinta es cuál debe ser el valor de la demanda, no a efectos de determinar el procedimiento, que imperativamente, dada la naturaleza de la pretensión, es el del juicio verbal, por razón de la materia, sino a otros efectos, como, por ejemplo, de tasar las costas, y en este sentido, no estamos en presencia de una condena de hacer, sino sobre un proceso de posesión, para cuya determinación debe acudirse a las reglas de LEC art.251.3ª.5º relativos a los procesos que versen sobre la posesión, y no sea aplicable otra regla de este precepto (AP Zamora auto 20-9-05, EDJ 164316). 3226

3227 **Procesos con pluralidad de objetos o partes: reglas especiales** (LEC art.252) Para estos supuestos se establecen las siguientes reglas:

• Cuando se acumulan varias acciones que no provengan de un mismo título o en el caso de **acumulación eventual**, ha de estarse a la cuantía de la acción de mayor valor.

• Si las acciones provienen de un mismo título o si se piden, con la acción principal, **intereses**, juntar rentas o daños y perjuicios, han de sumarse el valor de todas las acciones acumuladas, con exclusión del importe de la acción que no es cierto y líquido.

Solo se toman en cuenta los frutos, rentas o intereses vencidos, excluyendo igualmente la petición de condena en costas. No obstante, si las acciones acumuladas son la de **desahucio** por falta de pago o por expiración del plazo y la de reclamación de rentas o cantidades debidas, la cuantía se determina por la acción de mayor valor (LEC art.252.2).

• Si se acumulan varias acciones reales referidas a un mismo bien **mueble o inmueble**, la cuantía no puede ser superior al valor de este.

• Si se reclaman varios **plazos** vencidos de una misma obligación, se está a la suma de los importes reclamados o al valor total de la obligación, si, en este caso, se pide en la demanda declaración expresa sobre la validez o eficacia de aquella.

• No afectan a la cuantía de la demanda ni la **reconvención**, ni la acumulación de autos, ni el **litisconsorcio** activo o pasivo si, en este caso, la petición es la misma para todos los litisconsortes.

• En los casos de **ampliación de demanda** y de pluralidad de partes y acciones se aplican las reglas de determinación contenidas en la LEC art.252.

Precisiones Si la demanda contiene una **acumulación eventual** -declaración de nulidad del acuerdo y subsidiaria indemnización de daños y perjuicios de la demandante- es de aplicación la LEC art.252.1 y si ambas son de cuantía indeterminada así ha de considerarse la demanda (AP Zaragoza 31-3-03, EDJ 168716).

3228 **Aspectos procesales** (LEC art. 253, 254 y 255 -redacc LO 1/2025-) El actor ha de expresar justificadamente y con claridad y precisión, la cuantía de la demanda en su **escrito inicial**. No obstante, puede indicarla en forma relativa si justifica que el interés económico del litigio iguala, al menos, la cuantía mínima correspondiente al juicio ordinario, o que no rebasa la máxima del juicio verbal. En ningún caso puede limitarse a indicar la clase del juicio a seguir.

No obstante, si a la vista de las alegaciones de la demanda el letrado de la Administración de Justicia advirtiera que el juicio elegido por el actor no corresponde al valor señalado o a la materia a que se refiere la demanda, acordará por **diligencia de ordenación** que se dé al asunto la tramitación que corresponda. Contra esta diligencia cabrá recurso directo de revisión ante el tribunal, que no producirá efectos suspensivos.

Si, en contra de lo señalado por el actor, el letrado de la Administración de Justicia considera que la demanda es de **cuantía inestimable** o no determinable, ni aun en forma relativa, y que por tanto no procede seguir los cauces del juicio verbal, deberá, mediante diligencia, dar de oficio al asunto la tramitación del juicio ordinario, siempre que conste la designación de procurador y la firma de abogado

Cuando el actor no puede determinar la cuantía ni siquiera en forma relativa, esta se sustancia conforme a los cauces del **juicio ordinario**. En todo caso, al juicio se le da inicialmente la tramitación que ha indicado el actor en su demanda, sin perjuicio de la potestad de controlar de oficio la clase de juicio por razón de la cuantía expuesta, y de la posibilidad que tiene el demandado de impugnar la cuantía de la demanda, aunque limitada esta a los casos de que, de haberse determinado correctamente, el procedimiento a seguir sería otro o resultaría procedente el recurso de apelación. El **momento procesal** para hacer valer esta pretensión por parte del demandado es el de la contestación a la demanda.

La resolución judicial a esta controversia se adopta en la audiencia previa al juicio, en el caso del juicio ordinario y en el trámite de LEC art.438.10 redacc LO 1/2025 (nº 3945 s.) en el supuesto del juicio verbal.

En ningún caso podrá el tribunal inadmitir la demanda, porque entienda inadecuado el procedimiento por razón de la cuantía. Pero si la demanda se limitara a indicar sin más la clase de juicio que corresponde, o si, tras apreciarse de oficio por el letrado de la Administración de Justicia que la cuantía fijada es incorrecta, no existieran en aquella **elementos suficientes para calcularla** correctamente, no se dará curso a los autos hasta que el actor no subsane el defecto de que se trate.

El plazo para la subsanación será de 10 días, pasados los cuales el tribunal resolverá lo que proceda.

3230 Precisiones 1) Se sostiene que el **control de oficio** queda reservado a los casos en que la cuantía del pleito determina la clase de procedimiento, verbal u ordinario, a seguir. Así resulta del encabezamiento de la norma citada: «Control de oficio de la clase de juicio por razón de la cuantía»; a lo largo del art.254 LEC se hace siempre referencia a la clase de juicio, en íntima conexión con el valor de la litis: «Al juicio se le dará inicialmente la tramitación que haya indicado el actor (...); si (...) el tribunal (letrado de la Administración de Justicia) advirtiese que el juicio elegido por el actor no corresponde al valor señalado (...); si el tribunal (letrado de la Administración de Justicia) considera que (...) no procede seguir los cauces del juicio verbal (...)» etc. Tras exponerse los distintos casos y soluciones que pueden presentarse, se concluye., en el apartado 3º, que «Una vez calculada adecuadamente la cuantía, se dará al juicio el proceso que corresponda». Y no se considera que el párrafo cuatro del artículo demuestre que la determinación de la cuantía es independiente de la clase de juicio, puesto que prevé la posibilidad de archivar la demanda, tras concederse plazo de subsanación sin que esta se lleve a cabo, cuando «la demanda se limitare a indicar sin más la clase de juicio que corresponde o si, tras apreciarse de oficio que la cuantía fijada es incorrecta, no existieren en aquella elementos suficientes para calcularla correctamente»; dado que esa apreciación «de oficio» queda circunscrita a los casos en que la cuantía pueda determinar la clase de proceso a seguir, este presupuesto no es posible cuando el tipo de juicio venga determinado por razón de la materia, como ocurre en el presente caso (AP Sta. Cruz de Tenerife auto 27-6-05, EDJ 193777).

2) Solo cuando la cuantía es determinante del procedimiento o del régimen de recursos se permite la **impugnación** de la cuantía por parte del demandado (LEC art.255). Si se ejercita una acción de desahucio por precario, conforme a LEC art. 250.1.2º, el cauce procedimental es el del juicio verbal, por lo que la cuantía no puede impugnarse conforme a lo dicho. Cuestión distinta es la influencia que dicha cuantía pueda tener en orden a la tasación de costas (AP Barcelona 29-3-05, EDJ 57276).

3) La parte requerida para subsanación fijó la **cuantía** como **inestimable**, por lo que la parte entendió que ni aún con las reglas de la LEC art.251 y 252 podía fijarse de modo concreto el valor de lo pedido. Con ello queda establecido que el procedimiento elegido se adecua al valor de las pretensiones, que la propia parte le otorga, por lo que el juzgador (letrado de la Administración de Justicia) debe admitir a trámite la demanda, sin perjuicio de lo arbitrado en la LEC art.422, donde se concede a la parte que al contestar la demanda pueda alegar inadecuación de procedimiento por disconformidad con el valor de la cosa litigiosa o con el modo de calcular, según las reglas legales, el interés económico de la demanda, debiendo el juzgador, si se hiciese tal alegación, obrar en la forma que establece el citado precepto, bastando, a efectos del control de oficio en la fase procesal en que nos hallamos, con lo manifestado por la actora sobre la cuantía, que se corresponde con el procedimiento elegido (AP Murcia auto 21-10-04, EDJ 206240).

4) En la LEC vigente la resolución sobre inadecuación de procedimiento no conlleva el sobreseimiento y archivo del proceso, sino la **reconducción** del mismo al procedimiento que se juzga el adecuado, manteniendo la validez de las actuaciones ya practicadas en la medida en que sean compatibles con la naturaleza de este último. Así se establece cuando la excepción se aprecia en el seno del **juicio ordinario**, y en el momento procesal correspondiente, que es la audiencia previa, en cuyo caso la LEC art.422 y 423 disponen que se ha de citar a las partes para la vista del juicio verbal, lo que supone que no se pone fin al procedimiento sino que se reconduce a los trámites del juicio que corresponda, bien por razón de la cuantía (LEC art.422), bien por razón de la materia (LEC art.423). En este caso, la resolución no es definitiva en la medida en que no pone fin a la primera instancia (LEC art.207.1), sin que quepa formular contra la misma recurso de apelación. Cuando la inadecuación de procedimiento se aprecia en el seno del **juicio verbal**, la regulación procesal de este juicio no contiene las mismas previsiones que la LEC art.422 y 423 para el juicio ordinario, ni tampoco LEC art.255.3 redacc LO 1/2025, que se limita a decir que el demandado puede impugnar la cuantía o la clase de juicio por razón de la cuantía en la contestación a la demanda, y el tribunal la ha de resolver en el trámite de LEC art.438.10 redacc LO 1/2025 (nº 3973 s.). Sin embargo, teniendo en cuenta que lo que quiere la Ley es que el procedimiento no termine de esta forma, sino que se reconduzca o se convierta en el juicio adecuado, y que esa es la solución que impera cuando el tribunal aprecia de oficio la inadecuación por razón de la materia o de la cuantía al admitir a trámite la demanda (LEC art.254), debe concluirse que tampoco en el juicio verbal el procedimiento finaliza al apreciarse la inadecuación en la contestación a la demanda, sino que el procedimiento continúa por los trámites del ordinario, siempre que la demanda reúna los requisitos de postulación y defensa propios de este procedimiento, y aunque la demanda adolezca de alguno de los defectos que permiten su subsanación en el plazo de 10 días conforme a la LEC art.254. Todo ello salvo que la parte actora desista del procedimiento para formular una nueva demanda, lo que puede hacer, toda vez que todavía no se ha dado traslado al demandado para que la conteste (AP Burgos auto 30-9-02, EDJ 55181).

C. Actos preparatorios de los juicios

Como actos preparatorios de los juicios pueden clasificarse todos aquellos que, realizándose antes de la iniciación del proceso principal, tratan de hacer posible esa iniciación o de facilitar de antemano su ulterior desarrollo. Su objeto es, como su nombre indica, preparar el proceso principal. **3250**

La doctrina tradicionalmente ha venido considerando como actos preparatorios del ulterior proceso:

a) Las **diligencias preliminares**, que la vigente LEC regula entre las disposiciones comunes a los juicios declarativos.

b) La llamada **anticipación de la prueba** (LEC art.293 s.), que se produce cuando existe el temor fundado de que, por causa de las personas o por el estado de las cosas, dichos actos no puedan realizarse en el momento procesal generalmente previsto.
A ello se han de añadir las medidas de **aseguramiento de la prueba**, que pueden ser solicitadas antes de la iniciación de cualquier proceso, para evitar que, por conductas humanas o acontecimientos naturales, puedan destruirse o alterarse objetos materiales, o cambiar el estado de las cosas de suerte que resulte imposible en su momento practicar una prueba relevante o incluso carezca de sentido proponerla (LEC art.297).
Han de considerarse también actos preparatorios las **medidas cautelares** solicitadas y acordadas antes de la demanda, por razones de urgencia o necesidad (LEC art.730 redacc LO 1/2025).
El estudio de cada una de ellas se realiza según la sistemática de la LEC.

3251 **Acto de conciliación** (L 15/2015 art.139 a 148; LEC disp.derog.única) Un supuesto distinto de los actos preparatorios es el acto de conciliación, el cual, aunque también es previo al proceso, tiene como función evitarlo.
El acto de conciliación es un medio **voluntario** de eliminación del proceso de cognición en el que se encarga a un órgano jurisdiccional la función de intentar avenir a las partes con carácter previo.
Antes de promover un juicio, puede intentarse la conciliación ante el letrado de la Administración de Justicia de la Sección Civil o de lo Mercantil del Tribunal de Instancia -hasta su constitución, ante del juzgado de primera instancia o del juzgado de lo mercantil- competente, o ante el juez de paz -integrado en la Oficina de Justicia, a partir de su constitución-, en su caso.
Sin embargo, **no se admiten a trámite** las peticiones de conciliación que se soliciten con relación a:
• Los juicios en que están interesados el **Estado**, las **comunidades autónomas y** las demás Administraciones públicas, **corporaciones** o instituciones de igual naturaleza.
• Los juicios en que están interesados los **menores** y las personas con capacidad judicialmente complementada o modificada respecto de la libre administración de sus bienes.
• Los juicios de responsabilidad civil contra **jueces y magistrados**, por efecto de la LO 7/2015, desaparece la acción directa del perjudicado contra aquellos, que se le atribuía anteriormente en caso de dolo o culpa grave, operando en su caso la acción de repetición del Estado contra los mismos, en caso de que haya cubierto los daños y perjuicios causados (LOPJ art.296).
• En general, los que se promueven sobre materias no susceptibles de transacción ni compromiso.

Precisiones 1) El acto de conciliación, que es voluntario desde la reforma de 6-8-1986, se concibe como un **acto de jurisdicción voluntaria** (L 15/2015 art.139 a 148).
2) Sobre la **competencia del juzgado de paz** en este trámite -a partir de su constitución, Oficina de Justicia-, si la cuantía de la petición fuera inferior a 6.000 euros y no se tratara de cuestiones atribuidas a los juzgados de lo mercantil -Secciones de lo Mercantil del Tribunal de Instancia, a partir de su constitución- la competencia corresponderá, en su caso, a estos.
3) Los actos de conciliación sobre cualquier **controversia inmobiliaria, urbanística y mercantil** o que verse sobre hechos o **actos inscribibles** en el Registro de la Propiedad, Mercantil u otro registro público, pueden tramitarse ante el registrador de la propiedad o mercantil competente, siempre que no recaiga sobre materia indisponible, con la finalidad de alcanzar un acuerdo extrajudicial. La conciliación por estas controversias puede también celebrarse, a elección de los interesados, ante notario o letrado de la Administración de Justicia. No obstante, las cuestiones previstas en la legislación concursal no podrán conciliarse siguiendo este trámite. Alternativamente, puede en estos casos actuarse ante notario o letrado de la Administración de Justicia (LH art.103 bis redacc LO 1/2025).
4) Igualmente, y con igual finalidad, puede intentarse la conciliación ante notario en cualquier **controversia contractual, mercantil, sucesoria o familiar**, siempre que no recaiga sobre materia indisponible, con exclusión asimismo de las cuestiones propias de la legislación concursal. Se consideran indisponibles los mismos asuntos excluidos de conciliación con carácter general (L 28-5-1862 art. 81 a 83).

3252 **Requisitos** (L 15/2015 art.140 y 141.3) La **competencia** se atribuye al letrado de la Administración de Justicia de la Sección Civil o de lo Mercantil del Tribunal de Instancia -hasta su constitución, del juzgado de primera instancia o del juzgado de lo mercantil-, cuando se trate de materias de su competencia, del domicilio del requerido; o al juez de paz correspondiente. Si no tiene domicilio en territorio nacional, el de su última residencia en España.
Cuando el requerido es **persona jurídica** también es competente el órgano judicial del lugar del domicilio del solicitante, siempre que en tal lugar tenga el requerido delegación, sucursal, establecimiento u oficina abierta al público o representante autorizado para actuar en nombre de la entidad.

Si pese a todo **no se identifica el domicilio o residencia**, el letrado de la Administración de Justicia debe dictar decreto -el juez de paz, auto-, dando por terminado el expediente.
En el caso de suscitarse **cuestiones de competencia** del órgano judicial o de **recusación** del letrado de la Administración de Justicia o del juez de paz ante quien se celebre el acto de conciliación, se tiene por intentada la comparecencia sin más trámites.
Las partes **no** necesitan valerse de **abogado y procurador**.

Procedimiento (L 15/2015 art.141) La conciliación consta de los siguientes **trámites**: 3253
1. El que intente el acto de conciliación debe presentar **solicitud por escrito**, en la que se deben consignar los datos y circunstancias de identificación del actor y del requerido o requeridos y el domicilio o los domicilios en que puedan ser citados, y fijar con claridad y precisión lo que se pida, así como el objeto de la avenencia.
El solicitante de conciliación puede igualmente formular su solicitud de conciliación cumplimentando unos **impresos normalizados** que, a tal efecto, se hallarán a su disposición en el tribunal u órgano correspondiente.
La solicitud, si se presenta en papel, se debe presentar con tantas **copias** como sean los demandados y una más.
2. El letrado de la Administración de Justicia, en los 5 días hábiles siguientes a aquel en que se presente la solicitud, debe dictar resolución sobre su **admisión** y citar a los interesados para una **comparecencia** que no puede tener lugar antes de los 5 días y nunca después de los 10 días desde la admisión de la solicitud.
3. Las partes solicitantes deben comparecer y si no lo hacen ni alegan justa causa para no concurrir, se les tiene por desistidos y se archiva el expediente. El requerido puede reclamar al solicitante la indemnización de los daños y perjuicios que su comparecencia le haya originado, si el solicitante no acredita que su **incomparecencia** se debió a justa causa.
4. Si el **requerido de conciliación no comparece** ni alega justa causa para no concurrir, se pone fin al acto, teniéndose la conciliación por intentada a todos los efectos legales. Si, siendo varios los requeridos, **concurre solo alguno** de ellos, se celebra con él el acto y se tiene por intentada la conciliación en cuanto a los restantes.

Precisiones **1)** Las partes pueden comparecer por sí mismas o, voluntariamente, mediante **procurador**.
2) El **impreso normalizado de solicitud de conciliación** se aprueba por Acuerdo de la Comisión Permanente del CGPJ 22-12-15.

La **celebración del acto de conciliación** se desarrolla del modo siguiente (L 15/2015 art.145): 3253.1
1. Comienza el solicitante con la exposición de su **reclamación**, manifestando los fundamentos en que la apoye.
2. En defecto de **avenencia** espontánea, el letrado de la Administración de Justicia debe intentar avenir a las partes.
3. En el caso de que haya conformidad entre los interesados en todo o en parte del objeto de la conciliación debe hacerse constar detalladamente en un **acta** todo cuanto acuerden y que el acto ha terminado con avenencia, así como los términos de la misma, debiendo ser firmada por los comparecientes.
4. El desarrollo de la **comparecencia** se registra en soporte apto para la grabación y reproducción del sonido y de la imagen, de conformidad con lo dispuesto en la LEC. Finalizado el acto, el letrado de la Administración de Justicia dicta decreto haciendo constar la avenencia o, en su caso, que se intentó sin efecto o que se celebró sin avenencia, acordándose el archivo definitivo de las actuaciones.
5. Las partes podrán solicitar **testimonio del acta** que ponga fin al acto de conciliación.

Efectos (L 15/2015 art.147 y 148; LEC art.517.2.9ª y 545.1; CC art.1947) Se concretan en los siguientes: 3254
a) La presentación con ulterior admisión de la petición de conciliación interrumpe la **prescripción**, tanto adquisitiva como extintiva, desde el momento de la presentación. El plazo para la prescripción volverá a computarse desde que recaiga decreto del letrado de la Administración de Justicia, poniendo término al expediente.
b) El documento que recoge lo convenido por las partes es ejecutivo. De forma que el testimonio del acta debidamente firmada tiene aparejada **ejecución** (LEC art.517.2.9º). Lo pactado por las partes en acto de conciliación -que tiene el valor de lo consignado en un documento público y solemne-, se debe llevar a efecto en el mismo órgano judicial en que se tramitó la conciliación en todo caso.
c) Como en la conciliación no hay resolución, no cabe recurso alguno. Pero la Ley autoriza a ejercitar la **acción de nulidad** del convenio por las causas que invalidan los contratos. La demanda ejercitando dicha acción debe interponerse dentro de los 15 días siguientes a la celebración del acto, determinándose la competencia del juez y la clase de procedimiento a seguir por las reglas generales de la LEC, por razón de materia y cuantía.

Acreditado el ejercicio de la acción de nulidad, queda en suspenso la ejecución de lo convenido en acto de conciliación hasta que se resuelva definitivamente sobre la acción ejercitada.
d) Los **gastos** que ocasiona el acto de conciliación son de cuenta del que lo ha promovido; los de las certificaciones, o testimonios del que las pide.

Precisiones En caso de **conciliación celebrada ante registrador**, este ha de certificar la avenencia entre los interesados o, en su caso, el intento sin efecto. La certificación goza de eficacia ejecutiva en los términos de LEC art.517.2.9ª. La ejecución se tramita conforme a lo previsto para los títulos ejecutivos extrajudiciales (LH art.103 bis.2 redacc LO 1/2025).

D. Diligencias preliminares

(LEC art.256 a 263)

3300 Las diligencias preliminares se regulan dentro de las **disposiciones comunes** a todos los procesos declarativos.
Las diligencias que cabe solicitar son amplias, aunque sin llegar al extremo de que sean indeterminadas.
Además, se prevén consecuencias prácticas de efectividad muy superior a la responsabilidad por daños y perjuicios, en caso de negativa injustificada.
Buscando un equilibrio equitativo, se exige al solicitante de las medidas preliminares una **caución** para compensar los gastos, daños y perjuicios que se pueda ocasionar a los sujetos pasivos de aquellas, con la particularidad de que el mismo tribunal competente para las medidas decide sumariamente sobre el destino de la caución.

3301 MPCI nº 5809 **Concepto** (LEC art.256) Las diligencias preliminares son el conjunto de actuaciones de carácter jurisdiccional por las que se pide a la Sección Civil del Tribunal de Instancia -hasta su constitución, al juzgado de primera instancia- competente la práctica de concretas actuaciones para resolver los datos indispensables para que el futuro juicio pueda tener eficacia.
El Tribunal Supremo las ha concebido como el conjunto de actuaciones dirigidas a aclarar las cuestiones que pudieran surgir antes del nacimiento de un proceso principal, por lo que se trata de un **proceso aclaratorio** que carece de ejecutabilidad.
Planteada en la práctica si tales diligencias se encuentran o no sujetas a un ***numerus clausus***, o sea, si solo pueden pedirse las consignadas expresamente en la ley o pueden pedirse respecto a otros supuestos de análoga finalidad, la solución fue contradictoria, pues mientras que algunas Audiencias Provinciales en sus sentencias siguieron el criterio taxativo, otras las admitieron en supuestos no previstos en la ley, si bien predominó el criterio restrictivo. Tal criterio es el hoy existente en la vigente Ley, pues, aunque no lo dice expresamente, hay que entenderlo así, porque se suprime alguno de la Ley precedente -p.e. la exhibición de títulos en casos de evicción a que se refería la derogada LEC/1881 art.497.4º-, pero crea nuevos supuestos, como el previsto en LEC art.256.6, referido a la defensa de intereses colectivos de consumidores o usuarios. Finalmente, el núm 7 del mismo precepto admite otros supuestos para la protección de determinados derechos previstos en leyes especiales. Por tanto, la conclusión es que solo pueden considerarse diligencias preliminares las establecidas la LEC art.256 o las establecidas en las correspondientes leyes especiales (TS auto 11-11-02, EDJ 123183).

3302 **Requisitos** Para la adopción de diligencias preliminares es necesaria la concurrencia de presupuestos tanto de orden procesal, como material.

3303 MPCI nº 5813 **Procesales** (LEC art.256.3, 257.1 y 258.3) **1.** La **competencia** corresponde a la Sección Civil del Tribunal de Instancia -hasta su constitución, al juzgado de primera instancia- del domicilio de la persona que ha de declarar o exhibir (LEC art.50 y 51).
2. La instancia o **solicitud** de la parte legitimada (interés legítimo), con las reglas generales sobre postulación y defensa (LEC art.23 y 31 redacc LO 1/2025).
3. Subordinación a la presentación efectiva de la **demanda** en un mes desde la terminación de dichas diligencias (en otro caso, pérdida de la caución), y prestación efectiva de la **caución** ofrecida, dentro de los 3 días siguientes a la notificación del auto de concesión (en otro caso, se archivan las actuaciones), con la finalidad de responder tanto de los gastos que conlleve la práctica de la misma como de los daños que se puedan causar a aquel que viene obligado a su práctica.
Si la caución ordenada por el tribunal no se presta en 3 días, contados desde que se dicte el auto en que conceda las diligencias, se debe proceder por el letrado de la Administración de Justicia, mediante decreto dictado al efecto, al archivo definitivo de las actuaciones (LEC art.258.3).

Precisiones Se excluye del presupuesto de procedibilidad de someterse a un medio adecuado de solución de conflictos previo al proceso (nº 3625 s.) la **solicitud de diligencias preliminares** (LO 2/2025 art.5.3).

Materiales (LEC art.256.2, 256.3 y 258) 1) **Adecuación** de la diligencia solicitada a la situación jurídica y al objeto del futuro pleito, y por ello, a la finalidad de las diligencias y a las circunstancias del caso concreto, teniendo en cuenta que solo pueden pedirse y acordarse las legalmente previstas. **3304**
2) **Justa causa**. No pueden servir de instrumento de presión, ni para preconstituir pruebas sobre el debate del futuro pleito, sino para preparar el juicio, facilitando a las partes datos para poder ejercitar su derecho a la tutela judicial.
3) Ofrecimiento de prestación de **caución** (AP Barcelona auto 13-12-05, EDJ 280197).

Precisiones No cabe una petición indiscriminada de documentos, sino que dichas peticiones han de estar en función del juicio posterior que se vaya a plantear. Por ello, para acceder a la pretensión, se exige (LEC art.258) que el juez aprecie si la diligencia interesada es adecuada a la finalidad que el solicitante persigue y que en la solicitud concurren justa causa e interés legítimo. Por lo tanto, la **inadmisión** de las diligencias preliminares, puede fundamentarse, bien en que no estén comprendidas en ninguno de los supuestos legales, bien en que, tratándose de alguna de las diligencias previstas en el precepto, el tribunal considera que las diligencias interesadas no resultan justificadas, o bien en que se soliciten frente a personas contra la que no se va a dirigir la demanda (AP Baleares auto 13-10-05, EDJ 172109).

Clases de diligencias (LEC art.256) Todo juicio puede prepararse: **3305** MPCI nº 5817
a) Por petición de que la persona a quien se dirigiría la demanda declare, bajo juramento o promesa de decir verdad, sobre algún hecho relativo a su **capacidad, representación o legitimación**, cuyo conocimiento sea necesario para el pleito, o exhiba los documentos en los que conste dicha capacidad, representación o legitimación.
b) Mediante solicitud de que la persona a la que se pretende demandar haga **exhibición de la cosa** que tenga en su poder y a la que se haya de referir el juicio.

Precisiones **1)** No es posible admitir el **interrogatorio** de la parte para otra finalidad distinta a la de conocer hechos relativos a presupuestos procesales como la capacidad, representación y legitimación de la persona a quien se pretenda demandar, y la exhibición de documentos ha de tender a la misma finalidad, pero no dirigida a descubrir la concurrencia de los hechos que fundarían la acción que se propone ejercitar, esto es la cuestión de fondo. En modo alguno tienen por destino proveer a quien lo pida de los medios necesarios para realizar una investigación previa sobre la existencia de una acción o su procedencia (AP Madrid auto 28-4-06, EDJ 101626).
2) Se está refiriendo no a cuestiones o problemas de fondo, porque si así fuera se estaría anticipando la prueba, con quiebra de las garantías inherentes al procedimiento, dejando ya decidida la controversia, sino que la **finalidad** perseguida es concretar o definir algún aspecto procesal relativo a la persona contra la que haya de dirigirse la demanda (AP auto Asturias 23-12-03, EDJ 263159); así no cabe utilizar la vía de las preliminares para hacer claro acopio de un **acervo probatorio** que le permita ponderar el resultado del pleito, accediendo a datos de carácter personal y protegido, cuando lo cierto es que cualquier actividad probatoria ajena al iter procesal común, pasaría por los excepcionales supuestos de prueba anticipada de la LEC art.290 (AP Cádiz auto 14-5-02, EDJ 30408).
3) La exhibición de los recibos de los últimos 5 años de **alquiler de una casa** no es incardinable en el supuesto, puesto que lo que persigue el solicitante no es tanto una diligencia previa, sino la práctica de una prueba anticipada, desnaturalizando así la finalidad de la LEC art.256 (JPI Pamplona núm 1 auto 21-3-02).
4) Únicamente ampara la propia exhibición de aquello que constituirá el objeto del juicio que posteriormente se entable y, por lo tanto, no cabe además la **entrega** que se pretende de los dos ejemplares, pues no está legalmente amparada (JPI auto Sta. Cruz de Tenerife núm 3 17-6-03).
5) El solicitante no es socio de la sociedad cuya documentación pretende conocer por este medio, y de ahí que no pueda albergarse su petición en la LEC art.256.4, y tampoco en el invocado apartado 2º, porque en el anunciado proceso principal no se ejercitará una acción real o mixta que tenga por objeto la **contabilidad** o documentación de la sociedad. Una y otra podrá ser medio de prueba, pero no objeto litigioso. En realidad, lo que se pretende no es tanto una diligencia preliminar en cuanto medio necesario para obtener datos imprescindibles para interponer la demanda, sino la práctica de una prueba anticipada (AP Barcelona auto 22-12-05, EDJ 314657); por el contrario se estima cuando se necesita acceder al local donde se encuentra el centro de transformación, para reconocer el estado en que se encuentra, y el alcance y entidad de las obras que hubieran podido hacerse (AP Huelva auto 22-9-05, EDJ 233464).
6) En lo que respecta a la exhibición del **dinero**, debe recordarse que se trata del bien fungible por excelencia y genérico por antonomasia, por lo que pretender de la demandada que exhiba las mismas unidades monetarias que se dice proceden de aquella venta resulta imposible, máxime cuando el propio demandante admite que el pago se articuló mediante cheque y se depositó en cuenta,

típico depósito irregular, donde el depositario se obliga a devolver otro tanto de la misma especie y calidad, pero no las mismas unidades (JPI Santander núm 3 auto de 13-7-05).

3307 **c)** Por petición del que se considere **heredero, coheredero o legatario**, de exhibición, por quien lo tenga en su poder, del acto de última voluntad del causante de la herencia o legado.

d) Por petición de un **socio o comunero** para que se le exhiban los documentos y cuentas de la sociedad o comunidad, dirigida a estas o al consocio o condueño que los tenga en su poder.

e) Por petición del que se considere perjudicado por un hecho que pudiera estar cubierto por **seguro** de responsabilidad civil, de que se exhiba el contrato de seguro por quien lo tenga en su poder (AP Las Palmas auto 23-9-05, EDJ 202004).

f) Por la petición de la **historia clínica** al centro sanitario o profesional que la custodie, en las condiciones y con el contenido que establece la Ley.

Precisiones **1)** El **testamento** cuya exhibición se pretende se halla en el protocolo del notario de quien se pide la meritada diligencia cuando la exhibición debe entenderse referida en buena lógica, a la parte contra la que se pretende, en su caso, litigar y no al notario en cuyo protocolo obra el documento público al que se quiere tener acceso (AP Barcelona auto 27-5-02, EDJ 126188), los únicos legitimados para soportar la petición realizada en base a la LEC art.256.1º son los que en dicho preceptos se establecen (AP Baleares auto 13-10-05, EDJ 172109).

2) La **legitimación** para solicitar dicha exhibición se refiere al socio o comunero, y la diligencia no sirve para instar la nulidad de un negocio jurídico aun cuando se refiera a participaciones sociales (AP Gipuzkoa auto 30-9-05, EDJ 209265).

3) El solicitante debe acreditar, con su solicitud, su **condición de socio o comunero**, con independencia del carácter de la sociedad o comunidad a la que se pertenece.

De otro lado, no están justificadas las diligencias preliminares si se puede tener acceso a estos acuerdos que se encuentran inscritos en el registro mercantil (AP Cádiz auto 8-4-05, EDJ 154228).

4) En modo alguno procede ni la discusión ni la aplicación en el ámbito del procedimiento de las diligencias preliminares de la doctrina del **levantamiento del velo** (AP Zamora auto 8-1-03, EDJ 263129).

3309 MPCI nº 5823 **g)** Por petición de quien pretenda iniciar un proceso para la defensa de los intereses colectivos de **consumidores y usuarios**, al objeto de concretar a los integrantes del grupo de afectados cuando, no estando determinados, sean fácilmente determinables. A tal efecto el tribunal adopta las medidas oportunas para la averiguación de los integrantes del grupo, de acuerdo a las circunstancias del caso y conforme a los datos suministrados por el solicitante, incluyendo el requerimiento al demandado para que colabore en dicha determinación.

h) Mediante la solicitud, formulada por quien pretenda ejercitar una acción por infracción de un derecho de **propiedad industrial o** de un derecho de propiedad **intelectual** cometida mediante actos que no puedan considerarse realizados por meros consumidores finales de buena fe y sin ánimo de obtención de beneficios económicos o comerciales (LEC art.256.1.7º), de diligencias de obtención de datos sobre el posible infractor, el origen y redes de distribución de las obras, mercancías o servicios que infringen un derecho de propiedad intelectual o de propiedad industrial y, en particular, los siguientes:

• Los nombres y direcciones de los **productores, fabricantes, distribuidores, suministradores y prestadores** de las mercancías y servicios, así como de quienes, con fines comerciales, hubieran estado en posesión de las mercancías.

• Los nombres y direcciones de los **mayoristas y minoristas** a quienes se hubieran distribuido las mercancías o servicios.

• Las **cantidades** producidas, fabricadas, entregadas, recibidas o encargadas, y las cantidades satisfechas como **precio** por las mercancías o servicios de que se trate y los modelos y características técnicas de las mercancías.

3310 **i)** Por petición de quien pretenda ejercitar una acción por infracción de un derecho de propiedad industrial o de un derecho de propiedad intelectual cometida mediante actos desarrollados a escala comercial, de la exhibición de los **documentos bancarios, financieros, comerciales o aduaneros**, producidos en un determinado tiempo y que se presuman en poder de quien sería demandado como responsable. La solicitud debe acompañarse de un principio de prueba de la realidad de la infracción que puede consistir en la presentación de una muestra de los ejemplares, mercancías o productos en los que materialice aquella infracción. El solicitante puede pedir que el letrado de la Administración de Justicia extienda testimonio de los documentos exhibidos o que se digitalicen bajo su fe, si el requerido no estuviera dispuesto a desprenderse del documento para su incorporación a la diligencia practicada (LEC art.331).

Se entiende por actos desarrollados a **escala comercial** aquellos que son realizados para obtener beneficios económicos o comerciales directos o indirectos.

j) Por petición de quien pretenda ejercitar una acción por infracción de un derecho de propiedad industrial o de un derecho de propiedad intelectual, para que se identifique al prestador de un servicio de la sociedad de la información sobre el que concurran indicios razonables de que está poniendo a disposición o difundiendo de forma directa o indirecta, contenidos, obras o prestaciones objeto de tal derecho sin que se cumplan los requisitos establecidos por la legislación de propiedad industrial o de propiedad intelectual, considerando la existencia de un **nivel apreciable de audiencia** en España de dicho prestador o, un **volumen apreciable de obras y prestaciones protegidas no autorizadas** puestas a disposición o difundidas. La solicitud ha de ir referida a la obtención de los datos necesarios para llevar a cabo la **identificación** y podrá dirigirse a los prestadores de servicios de la sociedad de la información, de pagos electrónicos y de publicidad que mantengan o hayan mantenido en los últimos 12 meses relaciones de prestación de un servicio con el prestador de servicios de la sociedad de la información que se desee identificar. Los citados prestadores proporcionarán la información solicitada, siempre que esta pueda extraerse de los datos de que dispongan o conserven como resultado de la relación de servicio que mantengan o hayan mantenido con el prestador de servicios objeto de identificación, con la **excepción** de los datos que exclusivamente estuvieran siendo objeto de tratamiento por un proveedor de servicios de Internet en cumplimiento de lo dispuesto en la L 25/2007 -conservación de datos relativos a las comunicaciones electrónicas y a las redes públicas de comunicaciones- (L 21/2014).

k) Mediante la solicitud, formulada por el titular de un derecho de propiedad intelectual que pretenda ejercitar una acción por infracción del mismo, de que un prestador de servicios de la sociedad de la información aporte los datos necesarios para llevar a cabo la identificación de un usuario de sus servicios, con el que mantengan o hayan mantenido en los últimos 12 meses relaciones de prestación de un servicio, sobre el que concurran indicios razonables de que está poniendo a disposición o difundiendo de forma directa o indirecta, contenidos, obras o prestaciones objeto de tal derecho sin que se cumplan los requisitos establecidos por la legislación de propiedad intelectual, y mediante **actos que no puedan considerarse realizados por meros consumidores finales** de buena fe y sin ánimo de obtención de beneficios económicos o comerciales, teniendo en cuenta el volumen apreciable de obras y prestaciones protegidas no autorizadas puestas a disposición o difundidas (L 21/2014).

l) Por petición de las diligencias y averiguaciones que, para la protección de determinados derechos, prevean las correspondientes **leyes especiales**.

Precisiones **1)** En un asunto de **marca comunitaria** -actualmente, marca de la Unión-, se ha dicho que el libramiento de unos oficios para averiguación de determinada información no se trata de diligencias de comprobación de hechos en los términos previstos en la Ley de Patentes, sino que se trata de información documental para preparar la demanda cuyo encuadre sería el de las diligencias preliminares de la LEC art.256 s. Las diligencias de comprobación de hechos presuponen una actuación judicial de supervisión, con asistencia pericial para determinar si las máquinas, dispositivos o instalaciones inspeccionadas pueden servir para llevar a cabo la violación del derecho de propiedad industrial alegada. Y solo se pueden acordar cuando no sea posible comprobar la realidad de la violación sin recurrir a tales diligencias (JM Alicante núm 1 auto 4-10-04, EDJ 224861). **3311** MPCI nº 5827

2) Son excluyentes las diligencias preliminares cuando con las mismas lo que se pretende es el conocimiento de una situación general o de datos que permitan examinar un estado genérico de documentación con mero ánimo de información. En definitiva, no procede acceder a la práctica de diligencias preliminares que no se encuentren previstas o no resulten necesarias al existir otros medios por los cuales el peticionario pueda obtener la información que solicita. De ahí que proceda la **prudencia** en su admisión, sin que opere un acogimiento automático amparado en la caución que se fije para responder de los daños y perjuicios que eventualmente puedan ocasionarse (AP A Coruña 8-5-06, EDJ 66061).

3) Sin la concreción necesaria de la **información privilegiada** a la que se refiere, no cabe concluir que las diligencias de exhibición que se solicitan tiendan a preparar pleito de competencia desleal, sino que parecen, más bien, una investigación general, indiscriminada, sobre las obras a las que se refiere, aclarando que, por supuesto, en esta resolución no cabe pronunciarse respecto a si existe o no competencia desleal (AP Gipuzkoa auto 25-1-05, EDJ 13811).

Solicitud En la solicitud de las diligencias ha de expresarse el **fundamento** de las mismas, haciendo especial referencia al asunto objeto del juicio que se quiere preparar. **3312**

Los **gastos** que se ocasionen a las personas que han de intervenir en las diligencias son a cargo del solicitante de las diligencias preliminares. Al pedir estas, dicho solicitante ofrece caución para responder tanto de tales gastos como de los daños y perjuicios que se les pudieran irrogar.

La **caución** se pierde, en favor de dichas personas, si, transcurrido un mes desde la terminación de las diligencias, deja de interponerse la demanda, sin justificación suficiente, a juicio del tribunal. La caución puede prestarse en la forma prevista en la LEC art.64.2.

Precisiones Resulta oportuno imponer, cuando menos una mínima justificación sobre el **interés en la promoción de la medida**, sin perjuicio de la prueba plena que pudiera desarrollarse en el juicio posterior (AP Zaragoza auto 20-3-06, EDJ 42470).

3315 **Competencia** (LEC art.257) La competencia para resolver sobre las diligencias preliminares corresponde a la Sección Civil del Tribunal de Instancia -hasta su constitución, al juzgado de primera instancia- del **domicilio** de la persona que, en su caso, ha de declarar, exhibir o intervenir en las actuaciones acordadas.

En los casos de los números 6º, 7º, 8º y 9º de LEC art.256.1 (nº 3309 y nº 3310), es competente el tribunal ante el que haya de presentarse la demanda determinada. Si, en estos casos, se solicitan **nuevas diligencias**, a raíz del resultado de las hasta entonces practicadas, podrán instarse del mismo tribunal o bien del que, a raíz de los hechos averiguados en la anterior diligencia, resultaría competente para conocer de la misma pretensión o de nuevas pretensiones que pudieran eventualmente acumularse.

Precisiones 1) La **sumisión** expresa a los tribunales pactada en el contrato suscrito por la parte recurrente ha de considerarse como abusiva (AP Madrid auto 18-1-06, EDJ 18196).

2) La existencia de la cláusula de sumisión a **arbitraje**, no impide la solicitud por una de las partes de las diligencias preliminares, toda vez que se trata de una fase anterior al juicio, y que no implica contienda (AP Baleares auto 14-10-05, EDJ 198363).

3316 No se admite **declinatoria** en esta materia, pero el juez al que se soliciten las diligencias ha de revisar de oficio su competencia y si entiende que no le corresponde el conocimiento de la solicitud se ha de abstener, indicando la Sección Civil del Tribunal de Instancia -hasta su constitución, el juzgado de primera instancia- competente. En caso de **inhibición** de este último decide el conflicto negativo el tribunal inmediato superior común según las reglas generales de la LEC art.60.

Si el tribunal aprecia que la diligencia es adecuada a la finalidad perseguida y que concurre justa causa de interés legítimo accede a la petición fijando la **caución** que debe prestarse; denegándola en caso contrario. En todo caso, la solicitud debe resolverse en los 5 días siguientes a su presentación.

Precisiones 1) Contra el auto que acuerde las diligencias no cabe **recurso** alguno; contra el auto denegatorio cabe recurso de apelación.

2) Concedidas las diligencias, dispone el solicitante de 3 días para aportar la caución ordenada por el tribunal. En caso de no aportar dicha caución, se procede al **archivo definitivo de las actuaciones**. Es el juez el que debe señalar la cuantía de la caución para garantizar los gastos que se ocasionen y los daños y perjuicios que se pudieren irrogar. Una vez señalada por el juez la cuantía de la caución, la parte la ha de prestar en cualquiera de las formas que permite la LEC art.64, si le interesa constituirla (AP Sevilla auto 5-12-03, EDJ 263163).

3317 **Procedimiento para la práctica de las diligencias** (LEC art.258 a 263) En el **auto** que acuerda la práctica de diligencias, se ha de citar a los interesados para que en la sede de la oficina judicial o en el lugar y modo que se consideren oportunos, lleven a cabo la diligencia solicitada, debiendo practicarse la misma dentro de los 10 días siguientes.

Los documentos y títulos a que se refieren las diligencias señaladas en LEC art.256.1 pueden ser presentados ante el órgano judicial para su exhibición por medios telemáticos o electrónicos, supuesto en el que su examen se realizará en la sede de la oficina judicial, pudiendo obtener la parte solicitante, con los medios que aporte, copia electrónica de los mismos y acudir, en todo caso, asesorado por un experto en la materia, que actúa siempre a su costa.

En el caso de las diligencias de la LEC art.256.1.7º (nº 3309: letra h), para garantizar la confidencialidad de la **información** requerida, el tribunal puede ordenar que la práctica del interrogatorio se celebre a puerta cerrada. Esta decisión se adopta en la forma establecida en la LEC art.138.3, y a solicitud de cualquiera que acredite interés legítimo.

La información obtenida mediante las diligencias de la LEC art.256.1.7º, 8º, 10º y 11º (nº 3309: letra h; nº 3310: letra i, j y k) se ha de utilizar exclusivamente para la tutela jurisdiccional de los derechos de propiedad industrial o de propiedad intelectual del solicitante de las medidas, con **prohibición** de divulgarla o comunicarla a terceros. A instancia de cualquier interesado, el tribunal puede atribuir carácter reservado a las actuaciones, para garantizar la protección de los datos e información que tuvieran carácter confidencial (LEC art.259.3 y 4).

En los 5 días siguientes a aquel en que se recibe la citación, la persona requerida para la práctica de diligencias puede oponerse a las mismas. En tal caso, se da traslado de la oposición al requirente, quien puede impugnarla por escrito en el plazo de otros 5 días. Cabe que las partes, en sus respectivos escritos de oposición y de impugnación de esta, soliciten la celebración de vista, siguiéndose los trámites previstos para los juicios verbales (LEC art.260.1).

Celebrada la vista, el tribunal, mediante auto, resuelve si la **oposición** es o no justificada. Caso de considerarla injustificada, condena al requerido al pago de las costas causadas. Contra dicho acuerdo no cabe recurso alguno.

Si se considera **justificada** la oposición, lo declara mediante auto susceptible de recurso de apelación.

Si la persona citada y requerida no atiende al requerimiento ni formula oposición, el tribunal mediante **providencia**, adopta las medidas de la LEC art.261 y, en tal caso, puede acordar las siguientes: 3319 MPCI nº 5841

a) Si se ha pedido declaración sobre hechos relativos a la **capacidad, representación o legitimación** del citado, se pueden tener por respondidas afirmativamente las preguntas que el solicitante pretendiera formularle y los hechos correspondientes se considerarán admitidos a efectos del juicio posterior.

b) Si se ha solicitado la **exhibición de títulos y documentos** y el tribunal aprecia que existen indicios suficientes de que pueden hallarse en un lugar determinado, ordena la entrada y registro de dicho lugar, procediéndose, si se encuentran, a ocupar los documentos y a ponerlos a disposición del solicitante, en la sede del tribunal.

c) Si se trata de la **exhibición de una cosa** y se conoce o presume fundadamente el lugar en que se encuentra, se procede de modo semejante al dispuesto en el apartado b) y se presenta la cosa al solicitante, que puede pedir el depósito o medida de garantía más adecuada a su conservación.

d) Si se ha pedido la exhibición de **documentos contables**, se pueden tener por ciertos, a los efectos del juicio posterior, las cuentas y datos que presente el solicitante.

e) Tratándose de las diligencias previstas en la LEC art.256.1.6º (nº 3309: letra g), ante la **negativa** del requerido o de cualquier otra persona que pudiera colaborar en la determinación de los integrantes del grupo, el tribunal ordena que se acuerden las medidas de intervención necesarias, incluida la de entrada y registro, para encontrar los documentos o datos precisos, sin perjuicio de la responsabilidad penal en que se pudiera incurrir por desobediencia a la autoridad judicial. Iguales medidas ordena el tribunal en los casos de la LEC art.256.1.5º bis, 7º y 8º (nº 3307: letra f; nº 3309: letra h; nº 3310: letra i), ante la negativa del requerido a la exhibición de documentos.

Tras practicarse las diligencias, o denegarse la práctica de las mismas, se resuelve sobre la aplicación de la **caución**, a la vista de la petición de indemnización y justificación de gastos presentados, con audiencia del solicitante.

La decisión sobre la aplicación de la caución es apelable sin efectos suspensivos.

Si queda **remanente** después de abonar tales importes, el mismo es retenido por el tribunal hasta que transcurra el plazo de un mes, previsto para interponer la demanda posterior a la práctica de las diligencias.

Si las diligencias preliminares están previstas en leyes especiales, los preceptos de la LEC son de aplicación, en cuanto no se oponga a la legislación especial de la materia de que se trate.

E. Presentación de documentos, dictámenes, informes y otros medios o instrumentos

(LEC art. 264 -redacc LO 1/2025- y 265 a 272)

Documentos de carácter procesal (LEC art.264 redacc LO 1/2025) Con la demanda, la contestación o, en su caso, al comparecer a la vista del juicio verbal, han de presentarse: 3350 MPCI nº 5852

- La **certificación del registro electrónico de apoderamientos** judiciales o referencia al número asignado por dicho registro.
- Los documentos que acrediten la **representación** que el litigante se atribuya.
- Los documentos o dictámenes que acrediten el **valor** de la cosa litigiosa, a efectos de competencia y procedimiento.
- El documento que acredite haberse intentado la **actividad negociadora previa a la vía judicial** cuando la ley exija dicho intento como requisito de procedibilidad, o declaración responsable de la parte de la imposibilidad de llevarla a cabo por desconocer el domicilio de la parte demandada o el medio por el que puede ser requerido.

Documentos de carácter sustantivo (LEC art.265) A toda demanda o contestación ha de acompañarse: 3352

a) Los documentos en que las partes fundan su derecho.

b) Los medios e instrumentos de **reproducción de la palabra**, el **sonido** y la **imagen**, así como los instrumentos que permiten archivar y conocer o reproducir palabras, datos, cifras y operaciones matemáticas llevadas a cabo con fines contables o de otra clase, si en ellos se fundaran las pretensiones de las partes.

c) Las certificaciones y notas sobre cualesquiera **asientos registrales** o sobre el contenido de libros registro, actuaciones o expedientes de cualquier clase. Cuando las partes no puedan disponer de estos documentos o instrumentos, pueden designar el archivo, protocolo o lugar en que se encuentran o del que se pretende obtener una certificación. Cuando pueden pedirse

y obtener copias fehacientes, se entiende que se dispone de ello y debe acompañarse a la demanda.
d) Los **dictámenes periciales** en que las partes apoya sus pretensiones, sin perjuicio de que la LEC art.337 y 339 permiten a las partes simplemente expresar los dictámenes de que pretenden valerse si no les fuera posible todavía aportarlos, y al demandante aportarlos con posterioridad cuando su utilidad se ponga de manifiesto por las alegaciones del demandado.
e) Los **informes** elaborados por profesionales de la **investigación privada** legalmente habilitados, sobre hechos, que en caso de no ser reconocidos requieren de prueba testifical.

3353 MPCI nº 5858 Acogiendo el criterio anteriormente sentado por la jurisprudencia, la LEC art.265.3 prevé que, no obstante lo dispuesto en todos los casos anteriores, el actor puede presentar en la **audiencia previa** al juicio o, de acuerdo con la L 42/2015, en la vista, los documentos, medios, instrumentos, dictámenes e informes, relativos al fondo del asunto, cuyo interés o relevancia solo se ponga de manifiesto a consecuencia de alegaciones efectuadas por el demandado en la contestación a la demanda.

Precisiones **1)** La facultad que confiere la LEC art.429.1 al tribunal no puede servir de fundamento para subsanar la **inexistencia de pruebas** o las propuestas inadecuadamente por las partes por no ajustarse a lo dispuesto en la Ley (AP Murcia 15-2-02, EDJ 11920).
2) Si bien en el ámbito de los juicios declarativos la LEC art.264 -redacc LO 1/2025- y 265 obliga a presentar toda la documentación con la demanda y la contestación, salvo casos excepcionales y expresamente previstos en la Ley -entre otros los de la LEC art. 270), ello no es predicable en un juicio especial como es el **juicio monitorio**. En primer lugar, porque en este procedimiento especial no hay demanda propiamente dicha a la que necesariamente haya de acompañarse toda la documentación de la que se disponga, sino una petición inicial en los términos de la LEC art.814. En segundo lugar, porque para la iniciación solo se exige la presentación de cualquiera de los documentos que menciona la LEC art.812, que refleja la existencia de la deuda que se reclama. Y, finalmente, porque solo habiendo oposición del supuesto deudor, el juicio especial monitorio se transforma en el declarativo que corresponda por razón de su cuantía, y será en el momento de presentación de la demanda de juicio ordinario, o en el momento de celebración de la vista del verbal (LEC art.818.2 en relación con LEC art.249, 250, 264 y 265), ya que no se exige presentación de demanda, sino que el juez cite a las partes a juicio verbal, cuando deben aportarse todos los documentos de que intente valerse la parte actora, que es lo que correctamente se hizo en el caso de autos al celebrarse la vista del juicio verbal (AP Burgos 27-5-04, EDJ 72935).

3355 **Casos particulares** (LEC art.266) Se han de acompañar a la demanda:
1º Los documentos que justifiquen cumplidamente el título en cuya virtud se piden **alimentos**, cuando este es el objeto de la demanda.
2º Los documentos que constituyan un principio de prueba del título en que se funden las demandas de **retracto y**, cuando la **consignación del precio** se exija por ley o por contrato, el documento que acredite haber consignado, si fuera conocido, el precio de la cosa objeto de retracto o haberse constituido caución que garantice la consignación en cuanto el precio se conociere.
3º El documento en que conste fehacientemente la **sucesión mortis causa** en favor del demandante, así como la relación de los testigos que pueden declarar sobre la ausencia de poseedor a título de dueño o usufructuario, cuando se pretende que el tribunal ponga al demandante en posesión de unos bienes que se afirme haber adquirido en virtud de aquella sucesión.
4º Aquellos otros documentos que **cualquier Ley** exija expresamente para la admisión de la demanda.

Precisiones No se admiten las demandas a las que no se acompañen los documentos a que se refiere la LEC art.266 (LEC art.269.2).

3356 **Forma de aportación** (LEC art.267, 268 y 268 bis) Cuando son **públicos** los documentos relativos al fondo de la cuestión, pueden aportarse mediante copia simple en soporte papel o electrónico a través de imagen digitalizada conforme a la normativa técnica del Comité Técnico Estatal de la Administración Judicial Electrónica. Solo en caso de ser impugnados es necesario aportar el original, copia o certificación del documento con los requisitos precisos para que surta efecto probatorio.
El testimonio o certificación fehacientes de solo una parte de un documento, no hace prueba plena mientras no se complete con las adiciones que solicite el litigante a quien pueda perjudicarle (LEC art.321).
Los documentos **privados** se aportan en original o copia autenticada por fedatario público, pero si el interesado solo dispone de copia simple, surte esta todo su efecto, siempre que no sea impugnada. Si el original del documento privado se encuentra en un archivo público, puede simplemente designarse este, cuando no pueda pedir y obtener copias fehacientes. Estos

documentos pueden presentarse también mediante imágenes digitalizadas en los mismos términos que los públicos.
La presentación de documentos por **medios electrónicos** se ha de ajustar en todo caso a lo que determine la Ley reguladora el uso de las tecnologías en la Administración de Justicia.

Precisiones Ver la parte de esta obra dedicada a la **tramitación del procedimiento judicial utilizando medios electrónicos** (nº 1700 s.).

Falta de aportación (LEC art.269) Cuando las partes no aportan los documentos o elementos que deben acompañarse a la demanda, contestación o en su caso, en la audiencia previa al juicio, ya no se puede, ni presentarlos, ni pedir que sean traídos a los autos con posterioridad. 3357

Precisiones Se acoge la jurisprudencia elaborada sobre las consecuencias de la falta de aportación inicial de los documentos previstos en la derogada LEC/1881 art.504, aunque de forma extensiva para todos los documentos de la LEC art.265.

Supuestos especiales (LEC art.270 y 271) Se admiten los documentos o elementos relativos al fondo del asunto que: 3358 MPCI nº 5870

- Son **de fecha posterior**, siempre que no se hubiesen podido confeccionar ni obtener con anterioridad.
- Son **anteriores**, cuando la parte que los presenta justifica no haber tenido antes conocimiento de su existencia.
- No haya sido posible obtenerlos con anterioridad, por causas que no sean imputables a la parte, siempre que haya hecho oportunamente la **designación** o el anuncio anteriormente referidos.

Presentado un documento o elemento fuera de estos casos, las demás partes pueden alegar en el juicio o en la vista, la improcedencia de tomarlo en consideración, e incluso, puede el tribunal imponer una **multa** al responsable, si apreciare ánimo dilatorio o mala fe.
Ni siquiera en los casos anteriores se admite a las partes **documento** o elemento **asimilado** alguno después de la vista o juicio, sin perjuicio de lo que pueda acordarse como diligencia final relativa a hecho nuevo o de nueva noticia en el juicio ordinario.
Ello no obstante, se admiten las sentencias o **resoluciones judiciales** o de autoridad administrativa no dictada o notificada con anterioridad al momento de formular las conclusiones, cuando resultan condicionantes o decisivas para resolver, las cuales pueden presentarse incluso dentro del plazo para dictar sentencia, dando traslado por diligencia de ordenación a las demás partes.
La presentación de documentos en el curso de **actos judiciales o procesales celebrados por videoconferencia**, en los casos en los que dicha presentación sea posible conforme a LEC, se ajustará a lo establecido por la Ley reguladora del uso de las tecnologías en la Administración de Justicia (LEC art.270.3).

Forma de presentación de escritos y documentos. Copias (LEC art.273 redacc LO 1/2025) 3359

Todos los **profesionales de la justicia** están obligados al empleo de los sistemas telemáticos o electrónicos existentes en la Administración de Justicia para la presentación de escritos, iniciadores o no, y demás documentos, de forma que esté garantizada la autenticidad de la presentación y quede constancia fehaciente de la remisión y la recepción íntegras, así como de la fecha en que estas se hicieren.
Los **litigantes** no representados por procurador pueden optar en todo momento por actuar ante la Administración de Justicia a través de medios electrónicos o no, salvo que estén obligados a su empleo, pudiendo modificar el medio elegido en cualquier momento. En todo caso, están obligados al uso de medios, al menos, los siguientes sujetos:
a) Las personas jurídicas.
b) Las entidades sin personalidad jurídica.
c) Quienes ejerzan una actividad profesional para la que se requiera colegiación obligatoria para los trámites y actuaciones que realicen con la Administración de Justicia en ejercicio de dicha actividad profesional.
d) Los notarios y registradores.
e) Quienes representen a un interesado que esté obligado a relacionarse electrónicamente con la Administración de Justicia.
f) Los funcionarios de las Administraciones Públicas para los trámites y actuaciones que realicen por razón de su cargo.
Los escritos y documentos presentados por **vía telemática o electrónica** han de indicar el tipo y número de expediente y año al que se refieren e ir debidamente referenciados mediante un índice electrónico que permita su debida localización y consulta. El escrito principal debe incorporar firma electrónica, adaptándose a la normativa reguladora del uso de las tecnologías en la Administración de Justicia.

Precisiones Ha desaparecido por efecto de la LO 1/2025 la previsión de que si se considerase de interés, el escrito principal podría hacer **referencia a documentos adicionales**, siempre que existiera una clave que relacionase esa referencia de manera unívoca por cada uno de los documentos, y, a su vez, asegurase de manera efectiva su integridad.

3359.1 El **incumplimiento** del deber del uso de las tecnologías o de las especificaciones técnicas que se establezcan dará lugar a que el letrado de la Administración de Justicia conceda un plazo máximo de 5 días para su subsanación. Si no se subsana en este plazo, los escritos y documentos se tendrán por no presentados a todos los efectos.
Sin perjuicio de lo expuesto, se han de presentar en **soporte papel** los escritos y documentos cuando expresamente lo indique la ley. De todo escrito y de cualquier documento que se aporte o presente en soporte papel y en las vistas se acompañarán tantas copias literales cuantas sean las otras partes.
Cuando las partes no actúan representadas por procurador, han de firmar las copias de los escritos y documentos que presentan, respondiendo de su exactitud, y dichas copias se entregan por el letrado de la Administración de Justicia a la parte o partes contrarias.
Si la presentación se realizara por medios telemáticos por estar obligados o haber optado por ello, siempre que cumplan los presupuestos y requisitos exigidos, el traslado de las copias a las demás partes se realizará por la oficina judicial por el medio que proceda.

Precisiones **1)** El **traslado de copias** por vía telemática se realizará de forma simultánea a la presentación telemática de escritos y documentos ante el órgano u oficina judicial correspondiente (RDL 6/2023 art.44.1). Respecto a la tramitación del procedimiento judicial por medios electrónicos, ver nº 1700 s.
2) En general, las **fotocopias** carecen completamente de fehaciencia (DGRN/DGSJFP Resol 12-11-20). No son fotocopias las impresiones de documentos electrónicos debidamente firmados con CSV o sistema similar.

3360 **Función de las copias** (LEC art.279) Las pretensiones de las partes se deducen en vista de las copias de los escritos, de los documentos y de las resoluciones del tribunal o del letrado de la Administración de Justicia, que cada litigante ha de conservar en su poder.
No se entregan a las partes los autos originales en **formato papel**, sin perjuicio de la puesta a disposición del **expediente judicial electrónico** cuando proceda, y de que, en los casos en que no estén obligadas a intervenir a través de medios electrónicos con la Administración de Justicia, puedan solicitar copia de algún escrito o documento.

3361 **Inexactitud de la copia** (LEC art.280) Si se **denuncia** que la copia entregada a un litigante no se corresponde con el original, el tribunal, oídas las demás partes, declara la nulidad de lo actuado a partir de la entrega de la copia, si su inexactitud ha podido afectar a la defensa de la parte, sin perjuicio de la responsabilidad en que incurra quien presenta la copia inexacta.
El tribunal, al declarar la nulidad, dispone la entrega de copia conforme al original, a los efectos que procedan en cada caso.

3362 MPCI nº 5880
Traslado de copias cuando interviene procurador (LEC art.276)
Cuando las partes están representadas por procurador, cada uno de estos debe trasladar a los procuradores de las restantes partes las copias de los escritos y documentos que presente al tribunal -no siempre con carácter previo-.
El traslado de copias de los escritos y documentos, se hará de forma simultánea a la **presentación telemática** del escrito y documentos de que se trate y se entenderá efectuado en la fecha y hora que conste en el resguardo acreditativo de su presentación. En caso de que el traslado tenga lugar en día y hora inhábil a efectos procesales conforme a la ley se entenderá efectuado el primer día y hora hábil siguiente. En caso de emplearse el **soporte papel** en alguno de los supuestos legalmente previstos (LEC art.135), el procurador tiene que trasladar de forma telemática y, previamente, a los procuradores de las restantes partes y litisconsortes copia de los documentos y escritos que vaya a presentar al órgano judicial -en este caso, siempre con carácter previo-.

Precisiones Cuando la presentación de documentos y escritos se realice por procurador y haya de darse el traslado de copias en los términos de LEC art.276 s., puede llevarse a cabo a través de la **plataforma del Consejo General de Procuradores de España** aprobada por el ministerio del ramo de justicia y conectada a LexNET. En tal caso, la presentación electrónica que se dirija al órgano u oficina judicial o fiscal debe contener un justificante firmado electrónicamente acreditativo inequívocamente de la realización del traslado de copias conforme a lo establecido en las normas procesales (RD 1065/2015 art.10).

3363 MPCI nº 5882 s. **Omisión** (LEC art.274 a 277) No se admitirá por el letrado de la Administración de Justicia la presentación de **escritos y documentos** si no consta que se ha realizado el traslado de las **copias** correspondientes a las demás partes personadas.

Precisiones 1) Es clara la LEC al establecer el traslado de copias entre los representantes causídicos, como medio para llevar a cabo la comunicación entre las partes y el conocimiento del contenido de los escritos y documentos, habiéndose completado esta regulación con una rigurosa consecuencia para el caso de omitirse el traslado mediante procurador, y así la LEC art.277 recoge que cuando sean de aplicación los dos primeros apartados del precepto, no se admitirá la presentación de escritos y documentos si no consta que se ha realizado el traslado de copias correspondientes a las demás partes personadas. Se trata de un precepto estricto que penaliza con la **ineficacia**, para lograr que el traslado se lleva a cabo oportunamente, siendo evidente que la falta de una sanción haría inoperante la determinación de la LEC art.276 (TS 21-3-23, EDJ 530912).
2) Con relación a la **subsanación** de la omisión del traslado de copias, se impone una solución negativa (TS auto 6-7-04, EDJ 144542; TS 29-9-10, EDJ 201435).
3) La **insubsanabilidad** que se predica de la omisión del traslado de copias se ha visto expresamente respaldada por el Tribunal Constitucional, que considera que la decisión de no tener por preparado un recurso de apelación por falta de cumplimiento de dicha carga procesal constituye una cuestión de legalidad ordinaria (TCo auto 122/2004).
4) La LEC impone a las partes la carga de comunicarse entre sí el contenido de los escritos y documentos que presenten en el proceso mediante la previa entrega de copias de unos y otros, siendo la consecuencia inmediata de la omisión de la acreditación, la no admisión, con los efectos que en cada caso anude la Ley a la falta de presentación oportuna, formal y tempestiva de los mismos ordinariamente la **preclusión** (AP auto Sta. Cruz de Tenerife auto 24-5-04, EDJ 70928).
5) La **sanción** prevista en la LEC art.277 solo tiene efectividad y ha de ser ejecutada por el órgano judicial cuando el escrito del que se trate se halle sometido a un plazo preclusivo, que impida que la reproducción de la presentación del escrito presentado sin traslado previo pueda causar los efectos pretendidos (JPI Sevilla núm 2 auto 4-3-03).
6) El rigor de esta carga procesal debe atemperarse cuando el propio **órgano jurisdiccional induce, propicia, motiva o coadyuva** a la omisión de su cumplimiento, normalmente por haber admitido las copias del escrito o documento para su traslado a través del mismo, pues lo contrario supondría colocar al recurrente en una posición que excede del deber de colaboración con la Administración de Justicia, incluso de efectiva indefensión, vulnerándose su derecho a la tutela judicial efectiva (TS 29-9-10, EDJ 201435; 21-3-23, EDJ 530912).

Efectos (LEC art.278) Cuando el acto del que se ha dado traslado determina, según la ley, la apertura de un **plazo** para llevar a cabo una actuación procesal, este plazo comienza su curso sin intervención del tribunal y debe computarse desde el día siguiente al de la fecha que se haya hecho constar en las copias entregadas o del día en que se entienda efectuado el traslado cuando se utilicen los medios técnicos expuestos en nº 2801 (LEC art.135). **3365**

Sistemas telemáticos En relación con esta cuestión, ver lo expuesto en nº 2879 s. respecto a los actos de comunicación judicial realizados por medios electrónicos, informáticos y similares. **3366**

F. Prueba

(LEC art.281 a 386)

Ha sido tradicional distinguir dos **acepciones** de la prueba. Como **fin**, la prueba es la demostración de la verdad de un hecho, o, en sentido jurídico, de la exactitud de un hecho del cual depende la existencia del derecho. Como **medio**, la prueba alude al conjunto de recursos que pueden utilizarse para obtener dicha demostración (Castán Tobeñas). **3400**
Desde un punto de vista procesal, puede definirse la prueba de forma sintética como aquella actividad que tiene por finalidad obtener el **convencimiento** del juez sobre los hechos procesales.

Perspectiva constitucional Es jurisprudencia constitucional reiterada la que declara que el derecho a utilizar los medios de prueba pertinentes constituye un **derecho fundamental**, inseparable del de defensa, que la Const art.24.2 reconoce y garantiza a todos los que son parte en un proceso judicial, y cuyo contenido esencial se integra por el poder jurídico que se reconoce a quien interviene como litigante en un proceso de provocar la actividad procesal necesaria para lograr la convicción del órgano judicial sobre la existencia o inexistencia de los hechos relevantes para la decisión del conflicto que es objeto del proceso (TCo 131/1995; 1/1996; 37/2000). **3401** MPCI nº 5892
Ahora bien, del mismo modo, se ha declarado que el citado artículo 24.2 de la Constitución **no** atribuye un **ilimitado** derecho de las partes a que se admitan y se practiquen todos los medios de prueba propuestos, pues solo procede la admisión de las que, articuladas en tiempo y forma, sean lícitas y pertinentes al caso, correspondiendo el juicio de pertinencia y la decisión sobre la admisión de las pruebas propuestas a los órganos judiciales, salvo cuando el rechazo

carezca de toda motivación, o esta sea insuficiente (TCo 89/1995), o la que se ofrezca resulte manifiestamente arbitraria o irrazonable (TCo 52/1989; 65/1992; 233/1992).

Precisiones Si unas pruebas fundamentales figuran **grabadas en CD** y no es posible visionarlo, es procedente decretar la nulidad de actuaciones al ser inviable la reconstrucción de lo actuado, ordenando la devolución de los autos a fin de que se celebre, nuevamente el acto del juicio y se dicte la sentencia que proceda, de conformidad con las normas procesales vigentes (AP Málaga 10-3-06, EDJ 95835).

3402 **Normativa europea** (Rgto (UE) 2020/1783) Desde hace tiempo las instituciones europeas vienen elaborando una serie de normas que tienen como finalidad coordinar la actividad judicial de los diferentes Estados miembros (Muerza Esparza). En cuanto a la **justicia civil**, los trabajos se han encaminado a la elaboración, entre otras, de normas que faciliten a los tribunales la obtención de pruebas en otros Estados de la Unión Europea, así como a garantizar que las resoluciones judiciales se notifiquen adecuadamente y surtan efectos en el resto de los países de la Unión Europea.

El Rgto CE/1206/2001, que sustituye al Convenio La Haya 18-3-1970, relativo a la obtención de pruebas en el extranjero en materia civil o mercantil, es obligatorio en todos sus elementos y directamente aplicable en los Estados miembros, de conformidad con el Tratado constitutivo de la Comunidad Europea, a excepción de Dinamarca que queda excluida. Por otra parte, cada 5 años, la Comisión presenta al Parlamento Europeo, al Consejo y al Comité Económico y Social un Informe relativo a su aplicación (art.23). Una lectura detenida del Rgto CE/1206/2001 lleva a la conclusión de que el principio informador básico sobre el que gira toda su regulación es la **simplificación**.

En efecto, el Reglamento contiene un conjunto de disposiciones cuya finalidad es simplificar la **cooperación** entre los órganos jurisdiccionales de los diferentes Estados de la Unión Europea en el ámbito de la obtención de pruebas. Así, por ejemplo, el artículo 2 prevé la comunicación directa entre los órganos jurisdiccionales; el artículo 4 establece que las solicitudes de realización de diligencias de pruebas deberán transmitirse mediante un formulario que figura en el propio Reglamento; el artículo 17 señala la posibilidad de la obtención directas de pruebas por el órgano jurisdiccional requirente, etc. Junto a la simplificación, el principio de celeridad informa la regulación de este Reglamento. En efecto, en la medida que se establece la comunicación directa entre órganos jurisdiccionales de diferentes estados y que el vehículo de transmisión de la solicitud de realización de diligencias de obtención de pruebas es un formulario, común para todos los intervinientes, además de la fijación de un plazo (90 días para ejecutar la solicitud prevé el art.10), la rapidez en la obtención de pruebas en otro Estado distinto de aquel donde se está tramitando un proceso judicial civil resulta clara. Si a todo ello unimos las manifestaciones del principio de inmediación (art.11), así como las disposiciones sobre el idioma (art.6), podremos concluir que en este Reglamento están previstos los mecanismos necesarios para garantizar un máximo de claridad y seguridad jurídica en la obtención de pruebas.

3404 **Obtención de pruebas en el extranjero en materia civil y mercantil** (Convenio La Haya 18-3-1970 -ratificado por Instrumento 4-5-1987-) El sistema gravita sobre la figura de la **comisión rogatoria** -por la que la autoridad judicial de un Estado contratante puede, de acuerdo con su legislación, solicitar, de la autoridad competente de otro Estado contratante, la obtención de pruebas, así como la realización de otras actuaciones judiciales, excepto notificación de documentos judiciales y medidas de conservación o de ejecución- y la **obtención de pruebas por funcionarios diplomáticos o consulares o por comisario**.

MPCI nº 5896 s.

Precisiones El convenio citado se refiere a un ámbito diverso que el Convenio La Haya 5-10-1961 -sobre **apostilla de documentos extranjeros**- y no afecta a su contenido ni operatividad. Sin perjuicio de que, en caso de obtención de pruebas conforme al convenio de 1970 que suponga la aportación de documentos extranjeros, estos hayan de someterse al sistema de apostilla, en su caso, de acuerdo con el de 1961.

1. Aspectos generales

(LEC art.281 a 298)

3405 La doctrina (Baleriola, Salvo) establece los siguientes **momentos procesales** de la prueba:

• El **juicio ordinario civil** dispone a efectos de prueba -o mejor puede disponer, pues se ha de estar a la dinámica del proceso-, de los siguientes momentos procesales: demanda, contestación; a las que, en ambos casos, se incorporan los elementos probatorios de fondo, audiencia previa de la que no haya surgido conformidad con los hechos, con la consecuente proposición y admisión de prueba en la misma audiencia, juicio en el que se practican determinadas pruebas y diligencias finales para la práctica de actuaciones de prueba.

La fase de prueba propiamente dicha y los medios de prueba *stricto sensu* -no los elementos probatorios-, del juicio ordinario se enmarcan en los tres últimos momentos procesales citados.

• En lo que se refiere al **verbal** de la jurisdicción civil, en cambio, esos momentos se identifican con la demanda, a la que se han de incorporar los elementos e instrumentos probatorios en cuanto al fondo del asunto, y con la vista, en la que tiene lugar la proposición, admisión y práctica de las pruebas. Es decir, toda la fase probatoria en sentido estricto se inserta en el momento procesal de la vista.

Precisiones Rige en la materia, el **principio de preclusión**, consagrado por la jurisprudencia, que exige, que cada acto o actividad procesal se realice dentro de la fase o período que tenga asignado, de forma que, como norma general, vencido el período o etapa dentro del cual debió ejecutarse, precluye o se pierde la oportunidad de llevarse a efecto con posterioridad, principio de preclusión dirigido a ordenar las actuaciones que se producen en el proceso (AP Granada 3-3-04, EDJ 304606).

Objeto de la prueba (LEC art.281) Es la materia que debe probarse. Con carácter general se distingue entre prueba de los hechos y del derecho (costumbre y derecho extranjero). 3406 MPCI nº 5912 s.

La prueba tiene como objeto los **hechos** que guardan relación con la tutela judicial que se pretende obtener en el proceso.

La **costumbre** es objeto de prueba, salvo que las partes estén conformes en su existencia y contenido y sus normas no afecten al orden público.

El **derecho extranjero** debe ser probado en lo que respecta a su contenido y vigencia; pudiendo valerse el tribunal de cuantos medios de averiguación estime necesarios.

No son objeto de prueba, en tanto que están exentos, los hechos sobre los que existe **conformidad** entre las partes a no ser que la materia del proceso esté fuera del poder de disposición de las mismas. Tampoco es necesaria la prueba de los hechos que gocen de **notoriedad** absoluta y general.

Valoración de la prueba (LEC art.316, 319 y 326) Es su apreciación por parte del **juez** para determinar qué hechos debe reputar como existentes o inexistentes, qué afirmaciones verdaderas o falsas. 3407 MPCI nº 5920 s.

Tradicionalmente en esta materia se han enfrentado dos sistemas teóricos: el de prueba legal o tasada y el de libre valoración.

• El de **prueba legal o tasada**. Es la Ley la que indica el valor de las pruebas, estando el juez obligado a dar por probados los hechos según las normas legales. Se ha criticado este sistema por la desconfianza que demuestra sobre el juez y porque le impide alcanzar la libre convicción, que es precisamente la finalidad de la prueba.

• El de **libre valoración**, conforme al cual se deben valorar las pruebas según el recto criterio del juez.

La LEC no establece una regla general sobre la materia. Se debe estar entonces a los distintos **medios** de prueba, donde se encuentran manifestaciones de valoración legal en el interrogatorio de las partes y en la prueba de documentos. Las restantes son de libre valoración.

En materia de valoración de la prueba existe la teoría jurisprudencial de la **apreciación conjunta** de la misma que impide impugnar la valoración del juez, aun cuando a ciertos medios no les conceda el valor de plena prueba que les otorga la ley, si se aprecian en unión con otros medios. Dicha tesis tiene su reconocimiento legal en la LEC, que en diversos preceptos exceptciona las reglas de valoración legal cuando de otros instrumentos resulte lo contrario. (p.e. LEC art.316 y 319.2).

Precisiones **1)** Los tribunales vienen ratificando que la vigente normativa recoge la doctrina jurisprudencial continuamente reiterada por el Tribunal Supremo, según la cual, por ejemplo, el **documento público** no tiene prevalencia sobre otras pruebas, y por sí solo no basta para enervar una valoración probatoria conjunta, vinculando al juez solo respecto al hecho del otorgamiento, identificación de sus intervinientes y su fecha (TS 10-5-99, EDJ 8829; TSJ Galicia 11-11-04, EDJ 271455).

2) No existe motivo alguno para dar preferencia a las **conclusiones del perito judicial** sobre las de los propuestos por las partes cuando de su contenido, sometido a contradicción en el acto del juicio, y de las explicaciones, aclaraciones y complementos que dieren, resultan más convincentes al tribunal que las del perito judicial (AP Barcelona 27-7-04, EDJ 176214).

Carga de la prueba (LEC art.217) Si bien ambas partes del proceso tienen la facultad de alegar y probar, el problema de la carga de la prueba consiste en determinar cuál de las **partes** le corresponde la prueba; es decir, quién debe soportar las consecuencias desfavorables de la falta de prueba. 3408 MPCI nº 5926 s.

Cuando al tiempo de dictar la resolución, el tribunal considera dudosos hechos relevantes para la decisión, desestima la pretensión del actor, del reconviniente, del demandado o del reconvenido, según corresponda a uno u otro la carga de probar.

Corresponde al **actor y** al **demandado reconviniente** la carga de probar la certeza de los hechos de los que ordinariamente se desprenda, según las normas jurídicas a ellos aplicables, el efecto jurídico correspondiente a las pretensiones de la demanda y de la reconvención. Al **demandado o** al **actor reconvenido** le incumbe la carga de probar los hechos que impidan, extingan o enerven la eficacia de los hechos alegados por la parte contraria.

En los procesos de **competencia desleal y publicidad ilícita** se establecen reglas especiales, conforme a las cuales incumbe al demandado la carga de la prueba de la veracidad y exactitud de las indicaciones y manifestaciones realizadas, y de los datos que exprese la publicidad, respectivamente.

En determinados casos, la Ley distribuye con **criterios especiales** la carga de probar hechos relevantes. Por ejemplo, en sede de **igualdad real entre sexos**, se dispone que en todo proceso (salvo penal) en el que la parte actora se funde en alegaciones relativas a discriminación por razón de sexo, corresponde a la demanda acreditar la proporcionalidad y el carácter no discriminatorio de la medida o actuación acordada; pudiendo solicitarse por el órgano judicial informe a instancias competentes (LO 3/2007 art.13; LEC art.217.5; nº 12639). Asimismo, pesa sobre la empresa dedicada a la actividad de concesión de, o intermediación en, **préstamos o créditos** en los términos de L 2/2009, la carga de acreditar el cumplimento de las obligaciones que les impone la Ley (L 2/2009 art.8).

De modo análogo, corresponde al proveedor la carga de la prueba del cumplimiento de las obligaciones establecidas en la L 22/2007, reguladora de la comercialización a distancia de **servicios financieros** destinados a los consumidores, en materia de información al consumidor, así como, la del consentimiento del consumidor en la celebración y ejecución del contrato (L 22/2007 art.17).

El tribunal, al aplicar las reglas sobre la carga de la prueba puede considerar la **disponibilidad y facilidad** probatoria que corresponde a cada una de las partes en el litigio.

3409 Precisiones 1) Es reiterada la jurisprudencia sentada respecto la correcta interpretación del CC art.1214 -doctrina aplicable a la vigente LEC art.217, en cuanto se refiere a que posición litigante, actor o demandado, corresponde probar los hechos deducidos en juicio y que resulten controvertidos-, habiendo reiterado en diversos fallos el Tribunal Supremo que este artículo no contiene norma valorativa de prueba y que solo puede ser alegado como infringido en **casación** cuando se acuse al juez de haber invertido la carga de la prueba que a cada parte corresponde: al actor, la de probar los hechos normalmente constitutivos de su pretensión, y al demandado, en general, la de los impeditivos o extintivos (TS 15-4-82; 7-7-82, EDJ 4565; 31-10-83; 15-2-85, EDJ 7166; 15-9-85; 10-6-86, EDJ 3972; 8-3-91, EDJ 2528). La aplicación de esta doctrina ha de efectuarse de forma armónica en conexión con los hechos debatidos en el pleito y que son probados, y de modo subsidiario para cuando no exista prueba suficiente (TS 30-11-82, EDJ 7402; 19-5-87, EDJ 3896; 16-11-88; 10-5-88; 19-12-89, EDJ 11464; 27-2-90, EDJ 2157; 10-5-90; 2-6-95, EDJ 24225), precisándose la **doctrina del** *onus probandi* no tiene otro alcance que el señalar las consecuencias de la falta de prueba y no es aplicable por consiguiente, cuando la sentencia establece con precisión la resultancia probatoria obtenida a través de la apreciación de los medios de prueba aportados al pleito (TS 5-10-88, EDJ 7708).

2) De otra parte, se declara que para precisar a quién debe corresponder la facultad de demostrar el fundamento esgrimido, que la obligación de probar los hechos normalmente constitutivos de su **pretensión** corresponde al actor y, por el contrario, es atribución del demandado la de los **impeditivos o extintivos** de la relación jurídica en discusión, sin perjuicio siempre del examen aislado de cada caso, a los fines de analizar los factores que se ofrecen para deducir por ellos cuál es el hecho que origina la constitución del derecho que se pide, o la extinción que la origina, llevándolo a declarar en otros, que cuando el demandado no se limita a negar los hechos de la demanda y opone otros que sirven para desvirtuarlos, impedirlos o extinguirlos, queda, en cuanto a estos, gravado con la demostración de aquellos que constituyen la base de su oposición (TS 8-3-96, EDJ 903).

3) La correcta interpretación de la doctrina legal sobre la carga de la prueba se ha de realizar según **criterios flexibles** y no tasados, que se deben adoptar en cada caso, según la naturaleza de los hechos afirmados o negados y la disponibilidad o facilidad para probar que tenga cada parte (TS 18-5-88, EDJ 4241).

4) El CC art.1214 -actualmente, LEC art.217- no contiene normas valorativas de prueba, siendo su operatividad determinar para quién se deben producir las **consecuencias desfavorables** cuando los hechos controvertidos no han quedado demostrado, y sin que proceda a su amparo llevar a cabo un examen de las pruebas obrantes en el pleito (TS 30-6-00, EDJ 23049).

5) Se trata de una regla cuyo alcance ha sido confirmado por la doctrina científica y jurisprudencial, y que por su carácter genérico opera solamente en defecto de regla especial. No se infringe por la **falta de práctica** de medios de prueba propuestos, sino cuando se atribuyen las consecuencias de dicha falta a quien no tenía la carga de probar; no se contradice aunque la parte entienda o sostenga que ha desplegado la actividad necesaria para tratar de justificar los hechos, porque lo transcendente para la regla es el resultado efectivo de dicha actividad; no es de aplicación en los casos de imposibilidad de probar, de ahí que la dificultad que puede determinar el desplazamiento de la

carga a la otra parte exija la posibilidad -facilidad- para esta parte de llevarla a cabo (TS 15-12-99, EDJ 40451).
6) En relación con los principios de disponibilidad y facilidad probatoria que venían ya reconocidos en la jurisprudencia anterior, se considera que cada parte ha de probar el **supuesto de hecho** de la norma cuyas consecuencias jurídicas invoca a su favor, doctrina esta que puede verse matizada, bien para reforzarla, bien para alterarla, con el criterio de la facilidad, en una clara manifestación procesal del principio de la buena fe: cuando para una parte resulta mucho más fácil el acreditación de un dato es ella la que debe probarlo (TS 26-9-88, EDJ 16901).

Iniciativa de la actividad probatoria (LEC art.282) La iniciativa, de conformidad con el principio dispositivo, corresponde a los **litigantes**, ya que la prueba se practica a instancia de parte, sin perjuicio de la facultad del tribunal de disponer la práctica de pruebas o aportación de documentos de oficio. **3411**

Pertinencia y utilidad (LEC art.283) La Ley ordena no admitir las pruebas que, por su falta de relación con el objeto del proceso, son impertinentes. **3412** MPCI nº 5946 s.
Tampoco las inútiles, definiéndolas como las que, según criterios razonables y seguros, no pueden contribuir en el esclarecimiento de los hechos.
Finalmente, no se puede admitir como prueba, cualquier **actividad prohibida** por la Ley.

A instancia del juzgador (LEC art.429 redacc LO 1/2025) Cuando el tribunal considera que las pruebas propuestas por las partes pueden resultar **insuficientes** para el esclarecimiento de los hechos controvertidos, lo ha de poner de manifiesto a las partes, indicado el hecho o hechos que, a su juicio, pueden verse afectados por la insuficiencia probatoria. **3413**
Al efectuar esta manifestación, el tribunal, ciñéndose a los elementos probatorios cuya existencia resulte de los autos, puede también señalar la prueba o pruebas cuya práctica considere conveniente.
Al respecto se ha cuestionado si se trata de un deber o, por el contrario, de una mera **facultad** del órgano judicial, inclinándose la doctrina científica más autorizada y la denominada jurisprudencia menor por considerar que se trata de una facultad judicial condicionada a la subjetiva constatación sobre la insuficiencia de las pruebas ya propuestas para acreditar los hechos controvertidos, con la finalidad última de convencer al órgano jurisdiccional de la bondad de la pretensión actuada, señalando la citada doctrina jurisprudencial que se trata de una **apreciación subjetiva** que difícilmente puede ser objeto de control externo y a posteriori por otro órgano judicial para imponer su propio criterio, sin que pueda servir de fundamento para subsanar la inexistencia de prueba o las propuestas por las partes inadecuadamente, así como que las actuaciones no se puede retrotraer hasta la proposición de prueba para dar posibilidad a las partes para proponer la necesaria para acreditar su derecho (AP Badajoz 3-5-02, EDJ 40005; AP Lugo 29-5-02, EDJ 32229; AP Alicante 30-10-02, EDJ 63966).
En definitiva, se introduce un mecanismo para facilitar la convicción judicial sobre los hechos controvertidos mediante la facultad de integración probatoria, pero **no** impone al juez un **deber** de controlar la suficiencia probatoria en la inicial fase de la audiencia previa y con la posibilidad que sea un juez distinto el que dicte sentencia, ni existe una garantía absoluta que, aun con indicación de insuficiencia probatoria, las nuevas pruebas acrediten los hechos controvertidos, todo ello sin olvidar que la normativa de la carga de la prueba de LEC art.217, que opera al tiempo de dictar sentencia, no se halla supeditada al uso de la facultad de LEC art.429 (AP Baleares 3-5-05, EDJ 47544).

Proposición y admisión (LEC art.284 s.) La proposición se realiza haciendo constar con separación los distintos **medios** e indicando el **domicilio** de las personas que deben intervenir en la práctica de la prueba. **3414** MPCI nº 5950
El **tribunal** ha de resolver sobre la admisión de cada una de las pruebas propuestas.
Contra la resolución que admita una de las pruebas se puede recurrir únicamente en **reposición**, que deberá resolverse en el acto y, en caso desestimatorio, se puede formular protesta a efectos de hacer valer sus derechos en la segunda instancia.

Precisiones **1)** De acuerdo con la jurisprudencia del Tribunal Constitucional, para que pueda apreciarse la **vulneración del derecho a la prueba** se exige:
- que el recurrente haya instado a los órganos judiciales la práctica de una actividad probatoria, respetando las previsiones legales al respecto;
- que los órganos judiciales hayan rechazado su práctica sin motivación, con una motivación incongruente, arbitraria o irrazonable, de una manera tardía o que habiendo admitido la prueba finalmente no hubiera podido practicarse por causas imputables al propio órgano judicial;
- que la actividad probatoria que no fue admitida o practicada hubiera podido tener una influencia decisiva en la resolución del pleito, generando indefensión al actor (TCo 43/2003).

2) Solo procede la admisión de las que, articuladas en tiempo y forma, son lícitas y pertinentes al caso, correspondiendo el juicio de **pertinencia** y la decisión sobre la admisión de las pruebas propuestas a los órganos judiciales, salvo cuando el rechazo carezca de toda motivación, o esta sea insuficiente (TCo 89/1995), o la que se ofrezca resulte manifiestamente arbitraria o irrazonable (TCo 52/1989; 65/1992; 94/1992; 233/1992).

3) Es criterio de la jurisprudencia constitucional, considerar que la lesión del derecho invocado solo se produce si, en primer lugar, la falta de práctica de la prueba es imputable al órgano judicial y, en segundo término, si esa falta generó **indefensión** material a los recurrentes en cuanto que su trascendencia, hubiese posibilitado una modificación del sentido del fallo. Cuando ante la negativa de una prueba la parte que la interesa se aquieta, no puede hablarse de indefensión (AP Valencia 13-9-04, EDJ 210099).

3415 MPCI nº 5954 s. **Prueba ilícita** (LEC art.287 redacc LO 1/2025) Admitidas las pruebas, si alguna de las partes considera que alguna de ellas se puede haber obtenido con vulneración de **derechos fundamentales** debe alegarlo de inmediato, aunque también puede apreciarse esta circunstancia de oficio.

La cuestión se ha de resolver, con **audiencia de las partes** y práctica de las pruebas pertinentes sobre el extremo de la ilicitud, en el juicio o en el trámite de LEC art.438.10 redacc LO 1/2025 en los juicios verbales (nº 3945 s.).

Contra la resolución se puede recurrir en **reposición** que se resuelve en el acto de la vista o juicio, pudiendo reproducir la impugnación en la apelación frente a la sentencia definitiva.

Precisiones **1)** Respecto a la licitud de una prueba, el Tribunal Constitucional considera que hay que ponderar en cada caso los **intereses** en tensión, para dar acogida preferente en su decisión a uno u otro de ellos (interés público en la obtención de la verdad procesal e interés, también, en el reconocimiento de plena eficacia a los derechos constitucionales). No existe, por tanto, un derecho constitucional a la desestimación de la prueba ilícita concluyendo por ello que la hipotética recepción de una prueba antijurídicamente obtenida, no implica necesariamente lesión de un derecho fundamental, afectando a este por referencia a los derechos que cobran existencia en el ámbito del proceso.

2) La aportación de documentos sobre la existencia de **conversaciones previas** al procedimiento entre los letrados en aras de evitar el mismo, no vulnera el derecho a la intimidad de ninguna de las partes (AP Castellón 8-6-04, EDJ 214674).

3416 MPCI nº 5958 s. **Hechos nuevos o de nueva noticia** (LEC art.286) Existe la posibilidad de alegar los hechos que, con relevancia en el pleito, ocurren o se conocen con posterioridad a la preclusión de la fase de alegaciones y antes del transcurso del plazo para dictar **sentencia**.

Se presenta entonces el denominado **escrito de ampliación**, salvo que se puedan introducir en el proceso en la fase de juicio o vista. Del escrito de ampliación se da traslado por el letrado de la Administración de Justicia a la otra parte para que los reconozca o los niegue. En este último caso puede aducir cuanto sea necesario para desvirtuarlo o aclararlo. En caso de no ser reconocidos, los hechos pueden ser probados siempre que el estado de tramitación del proceso lo permita y sin perjuicio de las diligencias finales en el juicio ordinario.

El **tribunal** puede rechazar la alegación del escrito de ampliación cuando no resulta debidamente acreditado el carácter posterior del hecho, en relación con la fase de alegaciones o si a la vista de las circunstancias y alegaciones de las otras partes, no resulta justificado la imposibilidad de alegarlo con anterioridad.

Precisiones Distinto es el supuesto de la LEC art.271.2. Sobre el mismo se señala que no existe infracción procesal, ni que la falta de resolución sobre la admisibilidad o inadmisibilidad de las **copias de las sentencias** antes del dictado de la resolución del proceso causa indefensión a la demandada, porque nunca podrían haber sido tenidas en cuenta, conforme a las normas procesales que rigen los términos hábiles de presentación de sentencias o resoluciones administrativas, por el juez de instancia al decidir el pleito, ni, por ello, se ha vulnerado el derecho constitucional a usar todos los medios defensa (AP Madrid 7-4-05, EDJ 43823).

3417 **Denegación de prueba** (LEC art.285.2) De manera paralela a la expuesta en nº 3414 para el caso de admisión, contra la denegación de alguna de las pruebas que hayan sido propuestas solo cabe **recurso de reposición**, que se sustanciará y resolverá en el acto, y si se desestima, la parte podrá formular protesta, al efecto de hacer valer sus derechos en la segunda instancia.

Denegada por el juez de instancia la pertinencia de una prueba propuesta, no resulta suficiente que el abogado de la parte proponente formule protesta si no **denuncia en forma**, mediante el recurso de reposición legalmente previsto, infracción procesal o vulneración de Const art.24 (TS 23-3-10, EDJ 37588).

La discrepancia con las resoluciones que deniegan prueba en la primera instancia se ha de manifestar en la **segunda instancia** no solo a través del recurso de apelación, sino del modo establecido en LEC art.285.2, que se traduce en la posibilidad de solicitar la prueba que se entienda indebidamente denegada en el escrito de interposición del recurso -LEC art.460.2.1- (AP Zaragoza 29-11-10, EDJ 302858).

No obstante, en ocasiones, se impone la **retroacción de actuaciones** cuando, con estimación del recurso de apelación, se considera más razonable que las pruebas se practiquen en primera instancia y no en segunda; esta solución parece más razonable desde de punto de vista de los derechos procesales de la otra parte (AP Cádiz 21-9-10, EDJ 320666).

Precisiones 1) La interposición de recurso de reposición, y la ulterior protesta, en su caso, contra la denegación de alguna prueba propuesta es una carga que se impone a la **parte proponente**, determinada por el contenido del derecho constitucional a no sufrir indefensión, que exige a quien la denuncia la obligación de un actuar diligente durante el proceso, haciendo uso de todos los medios a su alcance para evitar su padecimiento, dado que solo es constitucionalmente relevante la indefensión imputable a actos u omisiones de los órganos judiciales, esto es, que sea causada por la incorrecta actuación del órgano jurisdiccional, quedando excluida del ámbito protector de la Const art.24 la indefensión debida a la pasividad, desinterés, negligencia, error técnico o impericia de la parte o de los profesionales que la representen o defiendan (TCo 5/2004; 160/2009; TS 23-3-10, EDJ 37588).

2) Ver lo que se expone en nº 3412 sobre la **pertinencia y utilidad** de la prueba.

Práctica de la prueba (LEC art.289 a 292 y 304) La prueba se practica contradictoriamente, en vista pública, o con **publicidad** y documentación similar si no se lleva a cabo en la sede del tribunal. 3418 MPCI nº 5966, 5968

Es indispensable la **presencia judicial** en algunas diligencias de práctica de prueba (p.e. interrogatorio de las partes y testigos, reconocimiento de lugares, objetos o personas, reproducción de palabra, imagen sonido y en explicaciones, rectificaciones o ampliaciones de dictámenes periciales). Por el contrario, basta la presencia del letrado de la Administración de Justicia, sin perjuicio del examen judicial, en el reconocimiento y presentación de documentos, entre otras.

Se han de llevar a cabo ante el letrado de la Administración de Justicia la presentación de documentos originales o copias auténticas, la aportación de otros medios o instrumentos probatorios, el reconocimiento de la autenticidad de un documento privado, la formación de cuerpos de escritura para el cotejo de letras y la mera ratificación de la autoría del dictamen pericial, siempre que tengan lugar fuera de la vista pública o cuando el letrado de la Administración de Justicia estuviera presente en el acto. No obstante, el tribunal ha de examinar por sí mismo la prueba documental, los informes y dictámenes escritos y cualesquiera otros medios o instrumentos que se aporten.

La prueba debe practicarse en **unidad de acto**. Excepcionalmente, el tribunal podrá acordar, mediante providencia, que determinadas pruebas se celebren **fuera del acto de juicio o vista**; en estos casos, el letrado de la Administración de Justicia señalará, con al menos 5 días de antelación, el día y la hora en que hayan de practicarse los actos de prueba que no sea posible llevar a cabo en el juicio o vista. Si, excepcionalmente, la prueba no se practicase en la sede del tribunal, se determinará y notificará el lugar de que se trate. Estas pruebas se practicarán en todo caso antes del juicio o vista.

Es obligatoria la comparecencia de las **partes, testigos y peritos** en las audiencias en las que se celebra la prueba. Se prevé una nueva citación para los testigos y peritos, el apercibimiento de proceder contra ellos por desobediencia y la necesidad de oír a las partes acerca de la suspensión del acto. En relación con la incomparecencia de las partes, se establece la posibilidad de **multa** y de tener por reconocidos los hechos del interrogatorio que le resulten perjudiciales.

Anticipación de la prueba (LEC art.293 a 298) Procede la **solicitud** de anticipación de la prueba cuando existe temor fundado de que, por causa de las personas o por el estado de las cosas, la prueba no pueda realizarse en el momento procesal oportuno. Se puede solicitar, bien previamente a la iniciación del proceso, por el que pretenda incoarlo, o bien por ambas partes durante el curso del proceso, antes del juicio o vista. 3419 MPCI nº 5970, 5972

En cuanto al **procedimiento**, la solicitud debe dirigirse al juez o tribunal que se estime competente, cuando se presente antes de la iniciación del proceso, el cual ha de vigilar de oficio su jurisdicción y competencia objetiva y territorial sin que sea admisible la declinatoria. Cuando se formula la petición iniciado el proceso, se dirige al órgano que conoce del mismo.

La **proposición** se hace según las normas del medio de prueba que se insta, exponiendo las razones de la petición. Si el juez la estima fundada dicta **providencia** disponiendo que se practiquen las actuaciones, realizándose por el letrado de la Administración de Justicia el oportuno señalamiento. El procedimiento es contradictorio y exige distinguir según el **momento** en que se proponga:

• Si se insta y se admite **antes de la iniciación**, el que la ha solicitado debe designar a las personas que se proponga demandar, las cuales son citadas al menos con 5 días de antelación pudiendo intervenir según las normas de cada medio de prueba. La prueba así practicada no tiene valor si en el plazo de 2 meses no se interpone la oportuna demanda, salvo que se demuestre que por fuerza mayor o causa análoga no se pudo iniciar el proceso en ese plazo.

• Si se solicita habiendo **comenzado el proceso**, las partes pueden intervenir según lo dispuesto en la Ley para cada medio de prueba.
En ambos casos, la prueba anticipada puede volverse a practicar si en la fase de proposición es posible y alguna de las partes lo solicita.

Precisiones 1) Si no se tiene medios económicos para designar un perito de pago, queda la posibilidad de solicitar a la **comisión provincial de asistencia jurídica gratuita** el nombramiento de un perito (L 1/1996 art.6), pero no es motivo para pedir la anticipación de la prueba (AP Cáceres auto 25-10-05, EDJ 208419).
2) La prueba anticipada se ha de diferenciar de las medidas de aseguramiento de la prueba (LEC art.297 y 298), y de las medidas preliminares para preparar el juicio (LEC art.256 s.) (AP Murcia auto 10-6-05, EDJ 163738), y no cabe si lo que pretende el solicitante no es anticipar una prueba (p.e. exhibición de libros de comercio y de otros documentos para avalar los hechos que guarden relación con la tutela judicial que se pretenda obtener en el proceso), sino que tal prueba le sirva de base para facilitar la realización de un **informe pericial** que se integre en la base de su pretensión, por lo que la finalidad de lo solicitado es la preparación de un ulterior juicio declarativo, lo que excede claramente de la finalidad prevista en la Ley para la solicitud de prueba anticipada, pudiendo ser más bien objeto de unas diligencias preliminares (AP Sta. Cruz de Tenerife auto 31-10-05, EDJ 195994).

3421 MPCI nº 5976, 5978

Aseguramiento de la prueba (LEC art.293 a 298) El aseguramiento de prueba tiene por finalidad evitar que, por conductas humanas o acontecimientos naturales que puedan **destruir o alterar** objetos o estados de cosas, no se pueda practicar, o carezca de sentido, la prueba en el momento correspondiente.
Se puede **solicitar** antes del proceso, por quien vaya a ejercitarlo, o por cualquiera de los litigantes, durante el mismo.
Las medidas se acuerdan por **providencia** y consisten en las disposiciones que el juez estime necesarias para conservar cosas o situaciones o hacer constar su realidad y caracteres, pudiendo, en su caso, dirigir mandatos de hacer y no hacer.
La **jurisdicción y competencia** se rigen por las mismas normas que la anticipación de la prueba.
Son **requisitos** necesarios que la prueba sea pertinente, útil y posible; la existencia de razones para temer que, de no adoptarse pueda resultar imposible la prueba en el futuro y que se pueda llevar a cabo la medida en tiempo breve sin causar perjuicios graves a los implicados o a terceros.
Existe la posibilidad de que se tome en consideración o se acepte el ofrecimiento de **garantía** por parte del solicitante para responder de los daños que se puedan causar. Se permite que, por medio de providencia, se acepte en lugar de la medida propuesta, el ofrecimiento de garantía, por parte de la persona que habría de soportar el aseguramiento, que sea suficiente para responder de la práctica de la prueba cuya seguridad se pretende.

2. Medios de prueba

(LEC art.299 a 386)

3425 Los medios de prueba de que se puede hacer uso en juicio son:
• Interrogatorio de las partes (nº 3430).
• Documentos públicos y privados (nº 3445).
• Dictamen de peritos (nº 3460).
• Reconocimiento judicial (nº 3475).
• Interrogatorio de testigos (nº 3480).
También se admiten los **medios de reproducción de la palabra, el sonido y la imagen**, así como los instrumentos que permiten archivar y conocer o reproducir palabras, datos, cifras y operaciones matemáticas llevadas a cabo con fines contables o de otra clase, relevantes para el proceso.
Cuando por cualquier otro medio no expresamente previsto se puede obtener certeza sobre hechos relevantes, el tribunal, a instancia de parte, lo ha de admitir como prueba, adoptando las medidas que en cada caso resulten necesarias.

Precisiones De un lado, se produce la apertura a la evolución de las nuevas tecnologías en materia; de otro lado, consagra el criterio de *numerus apertus*.

3426 **Orden de práctica** (LEC art.300) Salvo que el tribunal, de oficio o a instancia de parte, acuerde otro distinto, las pruebas se practican en el juicio o **vista** por el orden siguiente:
1º Interrogatorio de las partes.
2º Interrogatorio de testigos.

3º Declaraciones de peritos sobre sus dictámenes o presentación de estos, cuando excepcionalmente se hayan de admitir en ese momento.
4º Reconocimiento judicial, cuando no se haya de llevar a cabo fuera de la sede del tribunal.
5º Reproducción ante el tribunal de palabras, imágenes y sonidos captados mediante instrumentos de filmación, grabación y otros semejantes.
Si alguna de las pruebas admitidas **no puede practicarse** en la audiencia, continúa esta para la práctica de las restantes, por el orden que proceda.

a. Interrogatorio

(LEC art.301 a 316)

El interrogatorio es el medio de prueba que recae sobre hechos y circunstancias que guardan relación con el objeto del juicio, de los que tienen noticias las partes o un colitigante, siempre que, en este caso, exista en el proceso oposición o **conflicto de intereses**. Es esencial a esta prueba la contraposición de posiciones entre el proponente y el declarante, por lo que no cabe admitir la prueba de **interrogatorio de sí mismo** propuesta por un litigante (LEC art.301.1). **3430** MPCI nº 5992
Cuando la parte legitimada, actuante en el juicio, no es el sujeto de la relación jurídica controvertida o el titular del derecho en cuya virtud se acciona, se puede solicitar el interrogatorio de dicho sujeto o titular.
En la **práctica** del interrogatorio rigen los principios de pertinencia y utilidad propios de toda prueba.

Precisiones No se ocasiona indefensión a la parte demandada y apelada, cuando en la audiencia previa se limita el interrogatorio solo a unas **partes elegidas aleatoriamente**, si la práctica del interrogatorio de todos los demandantes no es necesaria para el esclarecimiento de los hechos. A mayor abundamiento, para que en alzada se aprecie indefensión es preciso que la parte recurrente haya desplegado toda la diligencia exigible para la práctica del interrogatorio de los actores, de manera que no la hay si no consta que interpusiera recurso de reposición contra la denegación del interrogatorio de todos los demandantes, ni consta que solicitara en el acto del juicio que se practicara como diligencia final (AP Murcia 16-6-03, EDJ 160592).

Procedimiento Las **preguntas** del interrogatorio se formulan oralmente en sentido afirmativo con claridad y precisión sin incluir valoraciones ni calificaciones. El tribunal ha de comprobar que las preguntas corresponden a los hechos sobre los que el interrogatorio se ha admitido, y decidir sobre la admisibilidad de las preguntas en el mismo acto en que se lleve a cabo el interrogatorio. **3431** MPCI nº 5994
La parte que ha de responder al interrogatorio, así como su abogado, en su caso, pueden impugnar en el acto la **admisibilidad** de las preguntas y hacer notar las valoraciones y calificaciones que, contenidas en las preguntas, son, en su criterio, improcedentes y deben tenerse por no realizadas.
La parte interrogada ha de responder por sí misma, sin valerse de ningún **borrador** de respuestas; pero se le permite consultar en el acto documentos y notas o apuntes, cuando a juicio del tribunal son convenientes para auxiliar a la memoria.
Las **respuestas** han de ser afirmativas o negativas y, de no ser ello posible según el tenor de las preguntas, deben ser precisas y concretas. El declarante puede agregar, en todo caso, las explicaciones que estime convenientes y que guarden relación con las cuestiones planteadas.

Precisiones El requisito de la **formulación afirmativa** no excluye e impide efectuar preguntas abiertas, siempre que no sugieran la respuesta, engañen al declarante o le pidan una valoración del hecho (AP Almería 3-12-02, EDJ 126164).

Cuando alguna pregunta se refiera a hechos que no son personales del declarante, este ha de responder según sus conocimientos, dando razón del origen de estos, pero puede proponer que conteste también a la pregunta un **tercero** que tenga conocimiento personal de los hechos, por sus relaciones con el asunto, aceptando las consecuencias de la declaración. **3432** MPCI nº 5996, 5998
Cuando sobre unos mismos hechos controvertidos han de declarar **dos o más partes** o personas asimiladas, se adoptan las medidas necesarias para evitar que puedan comunicarse y conocer previamente el contenido de las preguntas y de las respuestas. Igual prevención se adopta cuando deban ser interrogados varios litisconsortes.
Una vez respondidas las preguntas formuladas por el abogado de quien solicitó la prueba, el **tribunal**, los **abogados** de las demás partes, y el de aquella que declarara, pueden formular al declarante nuevas preguntas que reputen conducentes para determinar los hechos.
Cuando no es preceptiva la intervención de abogado, las partes, con la venia del tribunal, que ha de cuidar de que no se atraviesen la palabra ni se interrumpan, pueden hacerse recíprocamente las preguntas y observaciones que sean convenientes para la determinación de los hechos relevantes en el proceso.

3433 **Incomparecencia y negativa a declarar** Si la parte citada para el interrogatorio no comparece, el tribunal puede considerar reconocidos los hechos en que dicha parte ha intervenido personalmente y cuya fijación como ciertos le son enteramente perjudiciales, además de imponerle la **multa** (LEC art.292.4).

MPCI nº 6002 s.

Si la parte citada para el interrogatorio comparece, pero se niega a declarar, el tribunal la apercibe en el acto de que, salvo que concurra una obligación legal de guardar secreto, puede considerar reconocidos como ciertos los hechos a que se refieren las preguntas, siempre que el interrogado haya intervenido en ellos personalmente y su fijación como ciertos le resulte perjudicial, en todo o en parte. Cuando las respuestas que da el declarante son **evasivas** o inconcluyentes, el tribunal, de oficio o a instancia de parte, le ha de hacer el mismo apercibimiento.

Precisiones 1) No basta la genérica alusión a los **motivos personales** para que opere automáticamente lo dispuesto en la LEC art.169.4 para la suspensión del juicio, si no que han de ser concretadas y justificadas.

2) En un **accidente de tráfico**, si la parte actora no puede contar prácticamente con otra prueba que la del interrogatorio del conductor contrario, la incomparecencia voluntaria del mismo ha de dar lugar a la aplicación de la consecuencia prevista en la LEC art.304 (AP Murcia 30-5-02, EDJ 126358).

3) Respecto de la *ficta confessio*, no tiene un carácter automático, sino que es una potestad del tribunal, y, además, tiene sentido respecto de aquellos hechos en que la parte hubiese intervenido personalmente (AP Baleares 30-1-06, EDJ 12192).

4) Respecto de la **incomparecencia** de la parte en el juicio verbal, es preciso tener en consideración que aun cuando se entendiera que basta con el genérico apercibimiento a las partes que se contiene en la LEC art. 438.4, para que pueda hacerse uso de la llamada *ficta confessio* en los términos en que la regula la LEC art.304; no puede perderse por eso de vista que, desde luego, no se trata de un efecto meramente automático, ante la incomparecencia de una cualquiera de las partes, sino de una facultad otorgada a los órganos jurisdiccionales de la que, en todo caso, debe hacerse prudente uso en atención a su natural finalidad (AP Cuenca 9-7-03, EDJ 263143).

3434 **Formas especiales de interrogatorio** Ha de hacerse mención a dos supuestos especiales, que son el del interrogatorio de una persona jurídica o entidad sin personalidad y el interrogatorio domiciliario, con o sin auxilio judicial. Se exponen también algunas especialidades aplicables a la práctica de esta prueba a las Administraciones públicas.

3435 **Interrogatorio de persona jurídica o de entidad sin personalidad jurídica** Cuando la parte declarante es una persona jurídica o ente sin personalidad, y su **representante** en juicio no ha intervenido en los hechos controvertidos en el proceso, ha de alegar tal circunstancia en la audiencia previa al juicio, y debe facilitar la identidad de la persona que intervino en nombre de la persona jurídica o entidad interrogada, para que sea citada al juicio.

MPCI nº 6010

El representante puede solicitar que la persona identificada sea citada en calidad de **testigo** si ya no forma parte de la persona jurídica o ente sin personalidad.

Cuando alguna pregunta se refiere a hechos en que no ha intervenido el representante de la persona jurídica o ente sin personalidad, debe, no obstante, de responder según sus conocimientos, dando razón de su origen y ha de identificar a la persona que, en nombre de la parte, ha intervenido en aquellos hechos. El **tribunal** ha de citar a dicha persona para ser interrogada fuera del juicio como diligencia final (LEC art.435.1).

Precisiones Si una persona no es la representante en juicio del demandado, su interrogatorio como **sustituto** tan solo puede tener lugar:

- Por ser la persona designada por la parte demandada para responder al interrogatorio propuesto tras excusar en la audiencia previa la declaración de su representante en juicio (LEC art.309.1).
- Por ser la persona designada por el representante en juicio de la demandada en el curso de su propio interrogatorio para responder a alguna pregunta relativa a hechos en que ella hubiera intervenido (LEC art.309.2).

Únicamente por una de estas dos vías puede la declaración prestada por ella estimarse sujeta en su valoración a la regla de tasa contenida en la LEC art.316.1 (TSJ Navarra 6-2-06, EDJ 43152).

Si por la representación de la persona jurídica o entidad sin personalidad se manifiesta desconocer la persona interviniente en los hechos, el tribunal considera tal manifestación como respuesta **evasiva o resistencia** a declarar, con los efectos previstos en la LEC art.307.1 y 2.

3436 **Interrogatorio por videoconferencia o domiciliario** En el caso de que por **enfermedad** que lo impida, o por **otras circunstancias especiales** de la persona que haya de contestar a las preguntas, no pueda esta comparecer en la sede del tribunal, o este no lo considere conveniente, a instancia de parte o de oficio, el órgano judicial puede decidir, oídas las partes, que la declaración se realice mediante videoconferencia, si las circunstancias concurrentes garantizan la validez de la declaración. También se podrá prestar la declaración en el domicilio o

MPCI nº 6014

residencia del declarante ante el juez o el miembro del tribunal que corresponda, en presencia del letrado de la Administración de Justicia
Si las circunstancias no lo hacen imposible o sumamente inconveniente, al interrogatorio domiciliario pueden concurrir las demás partes y sus abogados; en caso contrario, puede presentar la parte proponente un **pliego de preguntas** para que sean formuladas por el tribunal.
Cuando la parte que ha de responder a interrogatorio reside **fuera de la demarcación judicial** del tribunal, y concurren circunstancias gravosas -p.e., distancia, dificultad de desplazamiento-, aquella puede ser examinada por vía de **videoconferencia** (LEC art.137 bis) o, subsidiariamente, de **auxilio judicial**, cuando concurran las circunstancias exigidas por LEC art.169 (nº 600 s.).
En tales casos, se acompaña al despacho una **relación de preguntas** formuladas por la parte proponente del interrogatorio, si esta así lo ha solicitado por no poder concurrir al acto del mismo, sometiéndose a la previa declaración de pertinencia por el juez o tribunal.

Especialidades aplicables a las Administraciones públicas (LEC art.315) Cuando son parte en un proceso el Estado, una comunidad autónoma, una entidad local u otro organismo público, y el tribunal admite su declaración, se les remite, sin esperar al juicio o a la vista, una lista con las preguntas que, presentadas por la parte proponente en el momento en que se admite la prueba, el tribunal declara pertinentes, para que sean respondidas por **escrito** y entregada la respuesta al tribunal antes de la fecha señalada para aquellos actos. **3437** MPCI nº 6016
Leídas en el acto del juicio o en la vista las respuestas escritas, se entienden con la representación procesal de la parte que ha remitido las preguntas complementarias que el tribunal estima pertinentes y útiles, y si dicha representación justifica cumplidamente no poder ofrecer las respuestas que se requieren, se procede a remitir nuevo interrogatorio por escrito como diligencia final.

Valoración del interrogatorio El sistema de valoración de la prueba establecido por la LEC se sustenta en la jurisprudencia dominante acerca de la prueba de **confesión** bajo juramento indecisorio: **3438** MPCI nº 6018, 6020 s.

• Se mantiene el **valor pleno** en la prueba en los casos que estrictamente la norma señala (LEC art.316.1); casos que se reducen en relación con la normativa precedente: si no lo contradice el resultado de las demás pruebas, en la sentencia se consideran ciertos los hechos que una parte haya reconocido como tales si en ellos intervino personalmente y su fijación como ciertos le es enteramente perjudicial.
• Se establece de forma ordinaria una norma general de **libre apreciación** de la prueba con arreglo a las reglas de la sana crítica, a fin de superar esa sobrevaloración de la confesión judicial como prueba de valor absoluto. En todo lo demás, los tribunales valoran las declaraciones de las partes y de las personas a que se refiere la LEC art.301.2, según las reglas de la sana crítica, sin perjuicio de lo que se dispone en los artículos 304 y 307. Esta nueva consideración de la confesión como prueba sometida a la libre valoración es una constante en nuestra reciente jurisprudencia (TS 13-3-01, EDJ 2296). De otro lado, debe estarse en todo caso en su valoración al conjunto armónico de lo declarado y no a la estimación fragmentaria de las respuestas ofrecidas (TS 17-5-02, EDJ 14744; 21-11-03, EDJ 152421).

b. Prueba documental

(LEC art.317 a 335)

La prueba documental puede definirse como el conjunto de actividades dirigidas a obtener el convencimiento del juzgador sobre la certeza positiva o negativa de unos hechos, mediante la apreciación de documentos (De la Oliva). Basándose en los textos legales que avalan una tesis restringida, define el documento como el objeto material que incorpora la **expresión escrita** de un pensamiento humano. **3445**

Precisiones 1) En la **regulación** de la prueba documental, no solo ha de tenerse en cuenta la regulación contenida en la LEC art.317 a 335, sino también:
- la regulación contenida en el CC art.1216 a 1230, algunas de cuyas normas se derogan por la LEC (concretamente, CC art.1214, 1215 y 1226);
- dentro de la propia LEC, la regulación referente a la presentación de documentos, dictámenes, informes y otros medios e instrumentos, la cual regula la materia en sus (LEC art.264 a 280);
- la regulación contenida en el CCom art.317 a 334 y la Ley del Notariado de 28-5-1862 y en su Reglamento de 2-6-1944;
- la regulación sobre documentos electrónicos ya que, siguiendo la pauta marcada por la L 34/2002 de servicios de la sociedad de la información y de comercio electrónico, y como complemento del Rgto UE 910/2014 -identificación electrónica y servicios de confianza para las transacciones electrónicas en el mercado interior-, la L 6/2020 incluye dentro de la modalidad de prueba documental el soporte en el que figuran los datos identificados electrónicamente, dando mayor

seguridad jurídica al empleo de sistemas electrónicos de identificación al someterlos a las reglas de eficacia en juicio de la prueba documental.

2) La LEC **excluye** expresamente del concepto de documento:

- los **dictámenes periciales** de parte y los informes de profesionales de la investigación privada, que tienen el carácter de pruebas periciales o testificales;
- los **medios de reproducción** de la palabra, la imagen y el sonido y los instrumentos que permiten archivar y conocer datos y cifras, pues se configuran como un medio de prueba autónomo, sin perjuicio de que la similitud en muchos aspectos de todos estos medios de prueba con los documentos, conlleva un trato procesal idéntico.

3) La LEC art.299.3 configura una categoría innominada de medios de prueba no previstos de forma específica, que permite englobar en ella, aquellos supuestos de difícil encaje en el concepto de prueba documental. No obstante, la LEC admite como documentos, los **dibujos, fotografías, croquis**, planos, mapas y otros documentos que no incorporan predominantemente textos escritos (LEC art.333).

3446 MPCI nº 6029 s. **Documentos públicos** (CC art.1216; LEC art.317) A efectos de prueba en el proceso, se considerarán documentos públicos:

• Las **resoluciones y diligencias** de actuaciones judiciales de toda especie y los testimonios que de las mismas expidan los letrados de la Administración de Justicia.

• Los autorizados por **notario** con arreglo a Derecho.

• Los intervenidos por corredores de comercio colegiados y las certificaciones de las operaciones en que hubiesen intervenido, expedidas por ellos con referencia al libro-registro que deben llevar conforme a Derecho.

• Las certificaciones que expidan los **registradores de la propiedad y mercantiles** de los asientos registrales.

• Los expedidos por **funcionarios públicos** legalmente facultados para dar fe en lo que se refiere al ejercicio de sus funciones.

• Los que, con referencia a **archivos y registros** de órganos del Estado o de otras entidades de Derecho Público, son expedidos por funcionarios facultados para dar fe de disposiciones y actuaciones de aquellos órganos o entidades.

Los **documentos electrónicos** públicos o administrativos tienen el valor y eficacia jurídica que les corresponda según su respectiva naturaleza conforme a la normativa que les resulte aplicable (L 6/2020 art.3, disp.adic.1ª y 2ª), partiendo del principio de que no cabe denegar efectos jurídicos ni inadmitir como prueba en un proceso un documento por el mero hecho de que su formato sea electrónico (Rgto UE 910/2014 art.46).

A efectos procesales, se considerarán documentos públicos los **documentos extranjeros** a los que, en virtud de tratados o convenios internacionales o de leyes especiales, haya de atribuírseles la fuerza probatoria prevista para los documentos públicos (LEC art.323). Cuando no sea aplicable ningún tratado o convenio internacional ni ley especial, se considerarán documentos públicos los que reúnan los siguientes **requisitos**:

1. Que en el **otorgamiento o confección** del documento se hayan observado los requisitos que se exijan en el país donde se hayan otorgado para que el documento haga prueba plena en juicio.

2. Que el documento contenga la **legalización o apostilla** y los demás requisitos necesarios para su autenticidad en España.

Cuando los documentos extranjeros incorporen **declaraciones de voluntad**, la existencia de estas se tendrá por probada, pero su eficacia será la que determinen las normas españolas y extranjeras aplicables en materia de capacidad, objeto y forma de los negocios jurídicos.

En todo caso, al documento redactado en **idioma que no sea el castellano** o, en su caso, la lengua oficial propia de la comunidad autónoma de que se trate, se acompañará la traducción del mismo. Dicha traducción podrá ser hecha privadamente y, en tal caso, si alguna de las partes la impugna dentro de los 5 días siguientes desde el traslado, manifestando que no la tiene por fiel y exacta y expresando las razones de la discrepancia, el letrado de la Administración de Justicia ordenará, respecto de la parte que exista discrepancia, la traducción oficial del documento, a costa de quien lo hubiese presentado. No obstante, si la traducción oficial realizada a instancia de parte resultara ser sustancialmente idéntica a la privada, los gastos derivados de aquella correrán a cargo de quien la solicitó (LEC art.144).

3446.1 Precisiones **1)** Los documentos en que interviene **notario público** se rigen por la legislación notarial (CC art.1217). Esta no obstante se remite al Código Civil en lo que se refiere a la forma y requisitos de los testamentos y actos de última voluntad (Reglamento Notarial art.143). Los instrumentos públicos regulados por la legislación notarial son escrituras cuando contienen declaraciones de voluntad, actos jurídicos que implican prestación de consentimiento y contratos de todas clases (Reglamento Notarial art.144). En otro caso pueden ser actas de presencia, notificación, requerimiento, notoriedad, depósito etc. También existen testimonios y otros documentos regulados por la legislación notarial.

2) La L 55/1999 establece la **unificación de notarios y corredores de comercio** en un cuerpo único. Esta integración o unificación no supone la desaparición de los dos instrumentos clásicos de intervención de fedatario público de nuestro derecho, a saber, la escritura pública y la póliza, con los distintos efectos e incidencias en la constitución de la demanda ejecutiva atribuidos a cada uno: una es autorizada; la otra es intervenida; la escritura pública circula en copia, protocolizándose el original; la póliza circula por original, asentándose una copia en el libro registro.
3) Tendrá la consideración de **documento judicial electrónico** la información de cualquier naturaleza en forma electrónica, archivada en un soporte electrónico, según un formato determinado y susceptible de identificación y tratamiento diferenciado admitido en el Esquema Judicial de Interoperabilidad y Seguridad y en las normas que lo desarrollan, y que haya sido generada, recibida o incorporada al expediente judicial electrónico por la Administración de Justicia en el ejercicio de sus funciones, con arreglo a las leyes procesales (RDL 6/2023 art.39.1).
El régimen de **servicios de confianza electrónica** en sede documental no sustituye ni modifica las normas que reguilan las funciones que corresponden a los funcionarios que tengan legalmente atribuida la facultad de dar fe en documentos en el ámbito de sus competencias (L 6/2020 disp.adic.1ª).
Todos los **sistemas de identificación, firma y sello electrónico** previstos en la L 39/2015 -procedimiento administrativo común de las Administraciones públicas- y en la L 40/2015 -régimen jurídico del sector público- tienen plenos efectos jurídicos (L 6/2020 disp.adic.2ª).

Valor probatorio (LEC art.319) Los documentos públicos aportados en la forma que prevé la Ley, hacen prueba plena del hecho, acto o estado de cosas que documenten, de la **fecha** en que se produce esa documentación y de la **identidad** de los fedatarios y demás personas que, en su caso, intervengan en ella. **3447** MPCI nº 6033 s.
Los **documentos administrativos** no comprendidos en la LEC art.317.5º y 6º, a los que, no obstante, las leyes otorgan el carácter de públicos, tienen la fuerza probatoria que establecen las mismas; en su defecto, los hechos, actos y estados de cosas que constan en los referidos documentos se tienen por ciertos, salvo que otros medios de prueba desvirtúen su certeza (LEC art.319).
Los documentos públicos hacen prueba aún contra **terceros**, del hecho que motiva su otorgamiento y de la fecha de este (CC art.1218). También hacen prueba contra los contratantes y sus causahabientes, en cuanto a las declaraciones que en ellos han efectuado los primeros.

Precisiones **1)** Sobre la interpretación de la LEC art.319, se señala que el empleo por el legislador de la expresión **prueba plena**, es la plasmación legal de lo ya reconocido por la jurisprudencia (TS 14-3-83, EDJ 1673; 6-5-93, EDJ 4242), y que, en definitiva, supone que el documento público aportado al procedimiento además de su legitimidad de origen y fehaciencia de contenido, por sí solo y sin ningún otro elemento demostrativo, y sin precisar interpretaciones o deducciones (TS 4-2-86, EDJ 1013), acredita los contenidos señalados en la Ley. Para precisar cuáles son dichos contenidos legales, hay que partir de que la LEC, no derogó los preceptos del Código Civil que regulan la cuestión (CC art.1218 y 1225), que continúan subsistentes respectivamente para documentos públicos y privados, limitándose a la derogación de los preceptos del Código de exclusivo carácter procesal (LEC disp.derog.única.2.1º). Existe, por tanto, en la actualidad, una dualidad de normas de similar, aunque no de idéntico contenido, que regulan la materia, y que son los ya citados tanto del Código Civil como de la LEC. Es obvio que al ser posterior la LEC debe prevalecer sobre el Código, dentro del proceso, dado su idéntico rango legal.
2) La expresión «**estado de cosas que documenten**» (LEC art.319.1), novedosa respecto a la dicción del Código, es la que puede generar dudas sobre el alcance de la reforma procesal. No obstante, entendemos, que no debe sobrevalorarse, aunque tampoco infravalorarse, por lo que en su justa medida debe interpretarse como el acomodo legal a la doctrina jurisprudencial que en referencia a la palabra «hecho» en la dicción del Código, venían entendiendo por tal, en concordancia sobre todo con la legislación notarial, todo lo que abarca la unidad de acto, o sea desde la comparecencia hasta la lectura y suscripción, comprendido las manifestaciones de los otorgantes, pero sin que respecto a estas la autenticidad pase de haberse realizado o emitido a presencia del fedatario hasta llegar a la verdad intrínseca o sinceridad, porque estos aspectos escapan a la percepción notarial (TS 4-2-86, EDJ 1013; 31-10-91), o lo que es lo mismo -como así se deduce también de la literalidad de la LEC art.319.1, cuando habla *ex novo* de la identidad de los fedatarios y demás personas, que en su caso intervengan-, la expresión «estado de cosas» hay que extenderla a aquello que el fedatario público ve, oye o percibe por los sentidos, pero no alcanza a la veracidad intrínseca de lo restante, y, en consecuencia, cabe prueba en contrario sobre todo aquel contenido al que no alcanza la fe pública. Es por ello, que hay que entender que sigue vigente la doctrina jurisprudencial que establece que no cabe aislar una sola prueba para pretender desmontar los hechos probados que tienen la condición de firmes, pues los documentos públicos no tienen eficacia probatoria plena, en cuanto a su veracidad intrínseca, para relevar a los tribunales de su apreciación en relación con el conjunto de las pruebas, y que no impiden la concurrencia y eficacia de otros elementos demostrativos, tanto para acreditar la realidad de unos hechos, como su inexistencia, ya que no están dotados de prevalencia sobre las demás pruebas (TS 17-4-99, EDJ 7189; 18-10-04, EDJ 152673; 11-11-04, EDJ 174137).

3) Los testimonios de declaraciones prestadas en **diligencias penales** no tienen en los pleitos civiles el carácter de prueba documental ni de presunciones, por lo que tales testimonios no tienen otro valor que el de un medio probatorio más a armonizar con las probanzas peculiares o propias de la litis civil, pero no ser factor decisivo en la resolución de la misma (AP Murcia 19-10-02, EDJ 126431).

4) Cabe la aportación de estos documentos en **soporte electrónico** (LEC art.318), tanto del original o certificación fehaciente como de copia simple mediante imagen digitalizada, si no se impugna su autenticidad (nº 3356 s.).

3448 **Impugnación** (LEC art.320) Si se impugna la **autenticidad** de un documento público, para que pueda hacer **prueba plena**:
- las **copias, certificaciones o testimonios fehacientes** se cotejan o comprueban con los originales por el letrado de la Administración de Justicia a presencia de las partes, ya se hayan presentado en soporte papel o electrónico, informático o digital;
- las **pólizas intervenidas** por corredor de comercio colegiado se comprobarán con los asientos de su Libro Registro;
- en el caso de **documentos electrónicos** se verifica la validez de la firma electrónica por el letrado de la Administración de Justicia, a través del código seguro de verificación con asistencia en su caso de un experto, de inicio, a cargo del impugnante, sin perjuicio de lo que se determine sobre imposición de costas.

Cabe imponer al impugnante **multa** de 120 a 600 euros en caso de temeridad.

3449 MPCI nº 6043 **Supuestos especiales** Además de las reglas generales expuestas, se contemplan los siguientes supuestos especiales:

• Las **escrituras hechas para desvirtuar otra escritura** anterior entre los mismos interesados, solo producen efectos contra terceros cuando el contenido de aquellas ha sido anotado en el registro público competente o al margen de la escritura matriz y del traslado o copia en cuya virtud ha procedido el tercero (CC art.1219).

• La **inscripción en** cualquier **registro público** de un documento que ha desaparecido, es apreciada por los tribunales según las circunstancias, no constituyendo más que un principio de prueba por escrito (CC art.1222).

• La **escritura defectuosa**, por incompetencia del notario o por otra falta en la forma, tiene el concepto de documento privado, siempre que esté firmada por los otorgantes (CC art.1223).

• Las **escrituras de reconocimiento de un acto o contrato** nada prueban contra el documento en que estos han sido consignados, si por exceso u omisión se apartan de él, a menos que conste expresamente la novación del primero (CC art.1224).

• En relación con la legalización o apostilla necesarias para la autenticidad en España de los **documentos públicos extranjeros** (LEC art.323), se ha señalado que es suficiente con la legalización de la firma del funcionario autorizante del acta de declaración de herederos por el canciller del Consulado General de España en La Habana (AP Sta. Cruz de Tenerife 25-11-02, EDJ 106297).

• El contenido del acta extendida por el notario con ocasión del **acto de información al prestatario de un préstamo hipotecario** previo al otorgamiento de la escritura, se presume veraz e íntegro, y hace prueba del asesoramiento prestado por el notario y de la manifestación de que el prestatario comprende y acepta el contenido de los documentos descritos, a efectos de cumplir con el principio de transparencia en su vertiente material (L 28-5-1862 art.17 bis.2.b; L 5/2019 art.15.6).

3450 MPCI nº 6045, 6047 **Documentos privados** (LEC art.324) Se consideran documentos privados, a efectos de prueba en el proceso, aquellos que no se hallan comprendidos en los supuestos de la LEC art.317. Los **documentos electrónicos** -es decir, los contenidos almacenados en formato electrónico- pueden ser soporte de documentos **privados**, con el valor y eficacia jurídica que les corresponda según su respectiva naturaleza conforme a la normativa que les resulte aplicable, partiendo del principio de que no cabe denegar efectos jurídicos ni inadmitir como prueba en un proceso un documento por el mero hecho de que su formato sea electrónico (L 6/2020 art.3; Rgto UE 910/2014 art.3.35 y 46).

La prueba de la **celebración de un contrato por vía electrónica** y la de las obligaciones que tienen su origen en él se sujetará a las reglas generales del ordenamiento jurídico. En todo caso, el soporte electrónico en que conste un contrato celebrado por vía electrónica será admisible en juicio como prueba documental (L 34/2002 art.24).

3451 MPCI nº 6049 s. **Valor probatorio** (LEC art.326) Los documentos privados hacen prueba plena en el proceso, en los términos de la LEC art.319, cuando su autenticidad no es **impugnada** por la parte a quien perjudican.

Cuando se impugna la autenticidad de un documento privado, el que lo ha presentado puede pedir el **cotejo pericial** de letras o proponer cualquier otro medio de prueba que resulte útil y pertinente al efecto. Si del cotejo o de otro medio de prueba se desprende la autenticidad del documento, se procede conforme a lo previsto en la LEC art.320.3.

Cuando no se puede deducir su autenticidad o no se ha propuesto prueba alguna, el **tribunal** lo valora conforme a las reglas de la sana crítica.

Cuando la parte a quien interese la eficacia de documento electrónico de carácter privado en cuya confección se haya empleado un **sistema de confianza no cualificado**, lo solicite o impugne su autenticidad, integridad, precisión de fecha y hora u otros elementos, se procede conforme a LEC art.326.2 y al Rgto UE 910/2014 -identificación electrónica y servicios de confianza para las transacciones electrónicas en el mercado interior-.

Por el contrario, si en la confección del documento se hubiera empleado algún **servicio de confianza cualificado** de los regulados en el Rgto UE 910/2014, se presume que aquel reúne el rasgo o la característica cuestionada y que el servicio de confianza se ha prestado correctamente si figuraba, en el momento relevante a los efectos de la discrepancia en lista de prestadores y servicios cualificados (L 6/2020 art.16), correspondiendo en caso de impugnación la carga de efectuar la comprobación al impugnante, a su costa en caso de que su resultado fuera negativo y bajo multa de 300 a 1200 euros si el órgano jurisdiccional considerase temeraria la impugnación (LEC art.326.3 y 4).

En los procesos sobre **capacidad, filiación, matrimonio y menores** no estará el tribunal vinculado a las disposiciones sobre la fuerza probatoria de los documentos privados reconocidos (LEC art.752).

Precisiones **1)** De una parte, el CC art.1225 establece que el **documento privado**, reconocido legalmente, tiene el mismo valor que la escritura pública entre los que lo hubiesen suscrito y sus causahabientes; de otra, el CC art.1227 dispone que la fecha de un documento privado no se cuenta respecto de terceros sino desde el día en que ha sido incorporado o inscrito en un registro público, desde la muerte de cualquiera de los que firmaron, o desde el día en que se entrega a un funcionario público por razón de su oficio. El CC art.1230 prevé que los documentos privados hechos para alterar lo pactado en escritura pública, no producen efecto contra tercero. **3452**

2) La LEC art.326.1 no constriñe la **valoración conjunta** de la prueba. Así, a falta de impugnación de su autenticidad por la parte autora del documento, se impone legalmente a los juzgadores de instancia tener por hechas las manifestaciones en él consignadas, pero no constriñe en modo alguno su libertad para apreciar críticamente la veracidad de su contenido en conjunción con las restantes pruebas practicadas (TSJ Navarra 8-4-05, EDJ 55289).

3) El **correo electrónico** remitido entre empleados del demandado ha sido abordado, en cuanto documento, con detalle por alguna sentencia (TSJ Navarra 6-2-06, EDJ 43152), estableciéndose que, por su autoría o procedencia, naturaleza, objeto y destino no constituye un documento privado subsumible en la LEC art.326.1 o en su concordante (CC art.1225), ni está sujeto a la valoración tasada que esta normativa anuda a los documentos privados de autenticidad acreditada o no impugnada. El correo impreso, de haberse redactado por sujeto facultado para actuar en nombre de la sociedad y vincularla con sus declaraciones, habría quedado sujeto a las prescripciones del CC art.1228 que, como una reiterada jurisprudencia ha puesto de manifiesto (TS 17-4-01, EDJ 6372; 7-3-03, EDJ 7196; 11-11-04, EDJ 159587), se refiere solo a documentos estrictamente particulares caracterizados por haberse elaborado por los interesados para su exclusiva información, manteniéndolos consigo y sin destino al tráfico, la publicidad o la entrega a otros, que únicamente hacen prueba contra el que los ha escrito en todo aquello que conste con claridad.

4) Sobre la **impugnación de la valoración** se ha de distinguir la vulneración de las normas de apreciación de la prueba documental (*quaestio facti*), que se produce cuando el juzgador no reconoce a un documento la fuerza o eficacia que le atribuye un precepto legal o le da un valor probatorio que no tiene; y la violación de las normas de interpretación de las declaraciones documentadas (*quaestio iuris*), que tiene lugar cuando infringe o se aparta de las normas de hermenéutica contractual en la indagación y fijación del alcance jurídico del contenido documental declarado probado. La primera ha de denunciarse como infracción procesal en la valoración de la prueba documental y las segunda como infracción sustantiva en la interpretación de su contenido (TS 30-9-04, EDJ 143911).

5) Respecto de la **fecha** del documento privado frente a terceros, la jurisprudencia determina que esta regla solo es de aplicación cuando el hecho a que se contrae únicamente pueda tener demostración a través del propio documento (TS 25-2-91, EDJ 1958), y, en consecuencia, ello no impide que la autenticidad de la fecha del documento pueda quedar determinada por otras pruebas (TS 12-3-92, EDJ 2400).

6) En general, las **fotocopias** carecen completamente de fehaciencia (DGRN Resol 12-11-20). No son fotocopias las impresiones de **documentos electrónicos debidamente firmados** con CSV o sistema similar.

Cuando han de utilizarse como medio de prueba los **libros de los comerciantes** se ha de estar a lo dispuesto en las leyes mercantiles. De manera motivada, y con carácter excepcional, el tribunal puede reclamar que se presenten ante él los libros o su soporte informático, siempre que se especifiquen los asientos que deben ser examinados (LEC art.327). **3453** MPCI nº 6057

Precisiones 1) Los **asientos, registros y papeles** privados únicamente hacen prueba contra el que los ha escrito en todo aquello que conste con claridad; pero el que quiera aprovecharse de ellos ha de aceptarlos en la parte que le perjudiquen (CC art.1228).
2) El art.1229 del CC dispone que la nota escrita o firmada por el **acreedor** a continuación, al margen o al dorso de una escritura que obre en su poder o de un documento o recibo que se halle en poder del deudor, hace prueba en todo lo que sea favorable al deudor (CC art.1229). El deudor que quiere aprovecharse de lo que le favorece, tiene que pasar por lo que le perjudique.
3) Si bien es cierto que solo las **facturas** resultan directamente determinantes cuando el destinatario las acepta expresamente, no es menos cierto que alcanzan la eficacia de los documentos privados, aún no reconocidos, cuando en conjunción con los demás medios probatorios se acredita el hecho que contienen (TS 22-10-92, EDJ 10324; 26-11-93, EDJ 10739; 6-5-94, EDJ 4051; 29-5-95, EDJ 24223; 28-11-98, EDJ 26846; 3-11-05, EDJ 171686). En efecto, en el ámbito de las relaciones comerciales y en definitiva en el usual tráfico mercantil presidido por los principios de confianza y buena fe, el acreditamiento del suministro de la correspondiente mercancía encuentra adecuado fundamento y cobertura probatoria en los documentos que habitualmente son utilizados en dicho sector comercial como justificativos de la usual relación comercial. Así, cabe proclamarlo de las facturas y **albaranes** (AP Murcia 14-10-05, EDJ 178192).
4) No puede acogerse la ineficacia de las **fotocopias** por el solo dato de su no cotejo con los originales. La LEC art.334 recoge lo que con anterioridad a su vigencia era una doctrina jurisprudencial consolidada (TS 1-6-00, EDJ 15179; 1-2-89, EDJ 863; 4-12-93; 6-5-94), en orden a la posibilidad de reconocer eficacia probatoria a las fotocopias no adveradas, conjugando su contenido con los demás elementos de prueba obrantes en autos (AP Asturias 10-5-04, EDJ 70319).

3455 **Procedimiento** (LEC art.273 -redacc LO 1/2025- y 320 s.) De todo escrito y de cualquier documento que se aporte o presente en los juicios se han de acompañar tantas **copias literales** cuantas son las otras partes.
Si se impugna la **autenticidad de un documento público**, para que pueda hacer prueba plena, se procede de la forma siguiente:
1º Se cotejan las copias, certificaciones o testimonios fehacientes con los **originales** dondequiera que se encuentren, ya se hayan presentado en soporte papel o electrónico, informático o digital.
2º Las pólizas intervenidas por corredor de comercio colegiado se comprueban con los asientos de su libro-registro. Al efecto, se constituye el letrado de la Administración de Justicia a presencia de las partes y sus defensores, en el **archivo** o local donde se halle el original o matriz. Si los documentos públicos estuvieran en soporte electrónico, el cotejo con los originales se practicará por el letrado de la Administración de Justicia en la oficina judicial, a presencia, si concurrieren, de las partes y de sus defensores, que serán citados al efecto.
3º En el caso de **documentos electrónicos** se verifica la validez de la firma electrónica.

Precisiones Las copias de los documentos públicos de los que existe **matriz o protocolo**, impugnadas por aquellos a quienes perjudican, solo tienen fuerza probatoria cuando han sido debidamente cotejadas. Si resulta alguna variante entre la matriz y la copia, se está al contenido de la primera (CC art.1220).

3456 MPCI nº 6063 Hacen prueba plena en juicio, **sin necesidad de comprobación o cotejo**:
- las escrituras públicas antiguas que carecen de protocolo, y todas aquellas cuyo protocolo o matriz ha desaparecido;
- cualquier otro documento público que, por su índole, carece de original o registro con el que pueda cotejarse o comprobarse.

Todo ello siempre salvo prueba en contrario y la facultad de solicitar el cotejo de letras cuando sea posible.
Si se impugna la **autenticidad** de un documento privado, el que lo ha presentado puede pedir el cotejo pericial de letras o proponer cualquier otro medio de prueba que resulte útil y pertinente (LEC art.326.2.I).
Si se impugna la **exactitud** de un documento presentado por copia reprográfica, se coteja con el original si es posible y, no siéndolo, se determina su valor probatorio según las reglas de la sana crítica, teniendo en cuenta el resultado de las demás pruebas.
El cotejo se practica por el letrado de la Administración de Justicia, salvo el derecho de las partes a proponer prueba pericial.

3456.1 En los **documentos electrónicos** admitidos como prueba documental que sean soporte de documentos **públicos**, si se impugna la autenticidad, se atiende al régimen aplicable según su naturaleza. Y si lo son de documentos **privados**, se procede en la forma expuesta en nº 3451 (L 6/2020 art.3; LEC art.326.3 y 4; Rgto UE 910/2014 art.46).
Es en la **audiencia previa** del juicio ordinario donde cada parte se pronunciará sobre los documentos aportados de contrario hasta ese momento, manifestando si los admite o impugna o reconoce o sí, en su caso, propone prueba acerca de su autenticidad (LEC art.427.1). Resulta

tardía la alegación ulterior sobre estas cuestiones, pues la fase del proceso en la que debe manifestarse la impugnación de la autenticidad de los documentos aportados de contrario es la audiencia previa y, no llevándolo a cabo en la misma, se pierde la oportunidad de hacerlo en otra fase más avanzada del proceso (AP Madrid 5-6-08, EDJ 115910).

Precisiones 1) Cuando han **desaparecido** la escritura matriz, el protocolo o los expedientes **originales**, hacen prueba: **3457** MPCI nº 6063
- las primeras copias, sacadas por el funcionario público que las autorizara;
- las copias ulteriores libradas por mandato judicial, con citación de los interesados;
- las que, sin mandato judicial, se han sacado en presencia de los interesados y con su conformidad.

A falta de las copias mencionadas, hacen prueba plena cualesquiera otras que tengan la antigüedad de 30 o más años, siempre que hubiesen sido tomadas del original por el funcionario que lo autorizó u otro encargado de su custodia. Las copias en que no concurran los anteriores requisitos, solo sirven como un principio de prueba por escrito (CC art.1221).

2) Respecto de las **copias no adveradas**, la vigente LEC difiere de la regulación anterior, e incluso, similar al relativo a los documentos privativos originales. En este sentido, se entiende que la copia no adverada de contrato, aportada junto con el escrito de demanda, constituye aquel documento en que la parte actora funda su derecho (LEC art.265.1.1º); y, poseyendo la misma únicamente copia simple, la misma surte los mismos efectos que el original, siempre y cuando no sea cuestionada su autenticidad por cualquiera de las demás partes (LEC art.268.2). En el caso de autos, habiéndose cuestionado su autenticidad por el demandado (hoy recurrente) -en concreto su firma- no puede surtir efectos, salvo que se proceda al cotejo pericial de letras y que del mismo se desprendiere su autenticidad (AP La Rioja 24-1-03, EDJ 263078).

Documentos en poder de otros Cada parte puede solicitar de las demás, la exhibición de documentos que no se hallen a su disposición, acompañando copia simple de los documentos o indicando el contenido de estos. **3458** MPCI nº 6067

En caso de **negativa injustificada**, el tribunal puede, atendidas las circunstancias, atribuir valor probatorio a la copia simple o a la versión ofrecida del documento, o bien, formular requerimiento para su aportación.

En los procesos seguidos por infracción de un derecho de **propiedad industrial o** de un derecho de propiedad **intelectual**, cometida a escala comercial, la solicitud de exhibición puede extenderse, en particular, a los documentos bancarios, financieros, comerciales o aduaneros producidos en un determinado período de tiempo y que se presuman en poder del demandado.

La **solicitud** debe acompañarse de un principio de prueba que podrá consistir en la presentación de una muestra de los ejemplares, mercancías o productos en los que se hubiera materializado la infracción. A instancia de cualquier interesado, el tribunal puede atribuir carácter reservado a las actuaciones, para garantizar la protección de los datos e información que tuvieran carácter confidencial (LEC art.328 y 329).

Solo se requiere a los **terceros no litigantes** la exhibición de documentos de su propiedad, cuando pedida por una de las partes, el tribunal entiende, tras oír en comparecencia al tercero, que resulta trascendente para la sentencia. Todo ello salvo lo dispuesto en la Ley en materia de diligencias preliminares (LEC art.330).

Cuando estuvieran dispuestos a **exhibirlos voluntariamente**, no se les obligará a que los presenten en la oficina judicial, sino que, si así lo exigieran, debe ir el letrado de la Administración de Justicia a su domicilio para testimoniarlos (LEC art.330).

Entidades oficiales (LEC art.332) El Estado y las demás entidades de Derecho Público no pueden negarse a expedir certificaciones y testimonios, ni a exhibir los documentos que obren en sus dependencias y archivos, excepto cuando estén legalmente declarados o clasificados como de **carácter reservado o secreto.** **3459** MPCI nº 6069

A la misma obligación están sometidas las empresas que realicen servicios públicos o estén encargadas de actividades públicas, salvo que exista un deber legal de secreto o reserva.

c. Dictamen de peritos

(LEC art.335 a 352)

La prueba pericial se configura como un medio de **prueba personal** en el que la persona que debe prestar su declaración, conoce los hechos sobre los que declara procesalmente, a diferencia del testigo que conoce de los hechos sobre los que declara extraprocesalmente. **3460** MPCI nº 6077

Así, cuando sean necesarios **conocimientos científicos, artísticos, técnicos** o prácticos para valorar hechos o circunstancias relevantes en el asunto o adquirir certeza sobre ellos, las partes pueden aportar al proceso el dictamen de peritos que posean los conocimientos correspondientes para solicitar, en los casos previstos en la Ley, que se emita dictamen por perito designado por el tribunal.

Precisiones 1) Los **dictámenes de contenido estrictamente jurídico** que puedan, en su caso, aportarse en un procedimiento, elaborados sobre cuestiones jurídicas por expertos con conocimientos jurídicos -p.e. profesores de universidad- no merecen el valor de prueba pericial, ya que la finalidad de la misma no puede ser otra que aportar al proceso conocimientos científicos, artísticos, técnicos o prácticos que permitan valorar los hechos objeto del proceso o adquirir certeza respecto a ellos (LEC art.335). Los conocimientos jurídicos, en cambio, incumben al órgano judicial, que por la función que tiene encomendada ni precisa ni puede recabar el asesoramiento de tercero al respecto, de forma que dichos dictámenes no pueden tener una consideración procesal distinta que la dedicada a la de los propios alegatos de la parte que los aporta (AP Madrid 10-3-09, EDJ 77989).

2) Salvo acuerdo en contrario de las partes, no se puede solicitar dictamen a un perito que haya intervenido en una **mediación o arbitraje relacionados** con el mismo asunto (LEC art.335.3).

3) No procede considerar como prueba pericial lo que es una simple prueba documental, complementada con la testifical de quien emite el informe que contiene el citado documento. Un **informe pericial** no es exactamente un documento. Los **dictámenes** periciales se valoran según las reglas de la sana crítica, en tanto que los **documentos** pueden tener otra fuerza probatoria (LEC art.319; TS 18-3-09, EDJ 38166; 16-2-11, EDJ 10609).

3461 **Dictámenes periciales extrajudiciales** La modalidad de prueba pericial por medio de dictámenes de peritos designados por las partes es una de las principales innovaciones introducidas por la LEC vigente. Al permitirse por la LEC art.336 s., la prueba a través de dictámenes elaborados por peritos designados por las partes, se otorga **naturaleza probatoria** a los llamados dictámenes periciales extrajudiciales, producidos fuera del proceso que las partes acostumbran a acompañar a sus escritos de alegaciones, adaptándose la prueba pericial a la realidad del foro.

Antes de presentar la **demanda o la contestación** a la demanda las partes acostumbran a buscar las fuentes probatorias, que luego introducirán en el proceso a través de los medios de prueba. Y suele ocurrir, además, que en esta actividad previa al proceso surge la necesidad de encargar dictámenes periciales para conocer o apreciar algunos hechos o circunstancias que posteriormente se argumentarán en los escritos de alegaciones.

Estos dictámenes, en el anterior orden procesal, se acompañaban habitualmente por las partes con la demanda y con la contestación a la demanda, como **documentos fundamentadores** de sus argumentaciones de naturaleza técnica o especializada, pero era difícil saber qué valor se les podía atribuir, ya que para la **jurisprudencia**:

1º Se trataba de documentos periciales, ratificados habitualmente por los expertos que los habían emitido, a través de la prueba de testigos (TS 6-2-98, EDJ 588): una neta prueba documental que debe ser adecuada y ratificada a través de la prueba testifical (TS 10-2-88, EDJ 1069; 18-5-93, EDJ 4677).

2º No tenían la naturaleza probatoria de los documentos. Los informes técnicos que como prueba preconstituida aportaban los litigantes no conformaban efectiva y decidida prueba de alcance documentada para evidenciar secuencias de error en su apreciación, dado que su estimación es discrecional por los jueces y tribunales (TS 30-7-92, EDJ 8463).

3º Tampoco podían valorarse los dictámenes como declaraciones testificales, dado que incorporaban juicios de valor. Cualquiera que fuera la calificación que correspondiese a los referidos informes en orden a la clase de prueba que constituyen, documental, testifical o pericial, en todo caso, era un medio de prueba admitido por la ley y, en su consecuencia, apto para ser tomado en consideración por el juzgador (TS 4-12-65).

4º Desde luego, no podían considerarse dictámenes emitidos a través de la prueba de peritos. A los informes acompañados con la demanda, en cuanto prueba preconstituida extraprocesalmente, no se les podía atribuir el carácter de prueba pericial, al no haber sido emitido por el referido informe con las garantías procesales exigidas para una prueba de esta naturaleza (LEC/1881 art.612, 614, 617, 619, 626 y 628 derogada) con la consiguiente indefensión para la parte a la que se privó de las expresadas garantías procesales (TS 9-3-98, EDJ 1516).

5º Aunque de todos modos se trataba de conclusiones técnicas que el juzgador podría tener en cuenta en el momento de la valoración conjunta de la prueba (TS 26-11-90, EDJ 10740).

Esta clara **contradicción jurisprudencial**, consistente en negar naturaleza de medio de prueba a la llamada pericia extrajudicial, pero, a la vez, atribuirse un cierto valor probatorio, era imposible de superar sin una reforma legal. La vigente LEC otorga naturaleza de prueba pericial a los llamados dictámenes periciales extrajudiciales, obtenidos fuera del proceso, facultando a las partes para que los aporten con sus escritos de alegaciones e, incluso, permitiéndoles aportarlos posteriormente -aunque siempre con anterioridad al juicio o vista- cuando la necesidad de aportarlos surja de actuaciones procesales posteriores (AP Bizkaia 24-2-05, EDJ 33215).

Designación de peritos Además de a través del concurso del órgano judicial que conoce del asunto, la Ley permite la designación privada de los peritos, configurando esta como forma ordinaria de su designación. 3462

Designación privada (LEC art.336) Los dictámenes de que los litigantes disponen, elaborados por peritos por ellos designados, y que estimen necesarios o convenientes para la defensa de sus derechos, han de aportarlos con la **demanda o** con la **contestación** a la demanda, si esta ha de realizarse en forma escrita, sin perjuicio de lo dispuesto en LEC art.337. 3463 MPCI nº 6083 s.

Los dictámenes se formulan siempre por **escrito**, acompañándose de los materiales, instrumentos o documentos en los que se basa el juicio pericial.

Se presume que el demandante siempre puede aportar dichos dictámenes escritos elaborados por peritos designados por él, si no justifica cumplidamente que no ha podido demorar la interposición de la demanda o de la contestación hasta la obtención del dictamen, tanto si la contestación es por escrito como verbalmente. Si no les es posible a las partes aportar estos dictámenes junto con los escritos de demanda o contestación, deben expresar esta **imposibilidad** en dichos escritos y han de aportarlos en cuanto dispongan de ellos, y en todo caso 5 días antes de iniciarse la audiencia previa al juicio ordinario o en 30 días desde la presentación de la demanda o de la contestación en el juicio verbal. Estos plazos pueden prorrogarse por el tribunal cuando la naturaleza de la prueba pericial así lo exija y medie causa justificada (LEC art.337).

Las partes han de manifestar si desean que los peritos comparezcan en el juicio ordinario o en la vista del juicio verbal.

Es posible que la necesidad de la prueba pericial no resulte del inicio de juicio, sino que se haga palpable como consecuencia de las alegaciones vertidas en la contestación a la demanda o en las alegaciones complementarias admitidas en la audiencia de juicio ordinario, en cuyo caso los dictámenes realizados por peritos designados por las partes se tienen que presentar, para su traslado a la parte contraria, con al menos 5 días de antelación a la **celebración del juicio** o de la vista en los juicios verbales, con iguales manifestaciones que las que hemos señalado anteriormente sobre la presencia del perito en la vista, aunque en este caso el tribunal también de oficio puede acordar la presencia de los peritos (TS 27-9-21, EDJ 709932; 29-11-23, EDJ 763775).

Precisiones 1) En los juicios **con contestación escrita** -tras la L 42/2015, todos, incluido el verbal-, el demandado debe aportar los dictámenes periciales con su escrito de contestación a la demanda, de reconvención o de oposición, pero la LEC art.337 introduce la especialidad del **anuncio de dictámenes** si no los puede aportar con dicho escrito, debiendo hacerlo 5 días antes de la audiencia previa -juicio ordinario- o en 30 días desde la presentación de la demanda o de la contestación -juicio verbal-; plazos ambos prorrogables por el tribunal cuando la naturaleza de la prueba pericial así lo exija y medie causa justificada. 3464

El problema surge si, señalada la audiencia previa, en el juicio ordinario, o, cumplidos los trámites indicados, en el juicio verbal, y solicitado por el demandado en la contestación el aporte de dictámenes y aceptando esta carga, no los aporta, y, más tarde, la audiencia previa del ordinario o la vista o el trámite del verbal se suspende por causas legales. Se plantea así, si el demandado que incumplió su obligación de aportar el dictamen pericial en los plazos indicados, al haberse señalado nueva audiencia previa o vista, o reanudado el trámite, en su caso, puede aprovechar la **suspensión** y, antes del nuevo señalamiento, aportar el dictamen pericial que no aportó en su momento, subsanando más tarde el defecto de la no presentación del dictamen pericial.

Atendida la naturaleza preclusiva de este plazo (LEC art.136), ha de sostenerse que el demandado no puede **subsanar la falta de aportación** del dictamen en la situación descrita, siempre que la suspensión se haya acordado dentro del plazo de los 5 días anteriores a la celebración de la audiencia preliminar o en los 30 desde la presentación de la demanda o contestación en el juicio verbal. En caso de haberse acordado antes de dicho momento, puede efectuar el aporte del dictamen por el remanente de días hasta llegar al quinto día anterior al de celebración del nuevo trámite de audiencia o hasta el trigésimo posterior a la presentación de demanda o contestación en el verbal.

2) Había criticado la doctrina la relajación en la estricta aplicación de LEC art.336.3º y 4º, y lo que se prevé como una determinada situación excepcional acaba convirtiéndose en lo habitual, permitiéndose por la mayoría de juzgados la posterior aportación del dictamen sin que se intente ni mucho menos se llegue a justificar esa imposibilidad de aportarlo inicialmente (López Chocarro). Ello obligaba a que el demandado en el juicio ordinario tuviera que contestar sin ver todavía el dictamen del que se va a servir la actora, con la **indefensión** que ello puede provocar, y en otras ocasiones, se aprovecha la evidente imprecisión de la LEC art.337.1 («antes de la audiencia previa»), para aportar ese dictamen anunciado meses antes de la audiencia, justo en los minutos previos a dar comienzo la misma. Esta cuestión ha sido tratada recientemente, confirmando la decisión inicial del juez de 1ª Instancia que acordó devolver a una de las partes el dictamen aportado minutos antes de la audiencia previa, el cual -como suele suceder en estos casos- estaba firmado por el perito con una fecha muy anterior a la del día de la referida audiencia, señalándose que el mandato principal del

precepto es que se aporten los dictámenes en cuanto la parte disponga de ellos... el primer mandato legal, el que traduce la buena fe y la diligencia de las partes en el proceso, el que manda que se entreguen los dictámenes tan pronto como se tengan, con la evidente indefensión para el que la recibe, pues apenas va a disponer de unos minutos para estudiarla (AP Barcelona auto 13-10-05). En idéntico sentido, rechazando la prueba pericial aportada en momentos muy próximos al juicio (AP Lleida 8-7-05, EDJ 309643).

3) Para solucionar esta problemática, se prevé que, si no fuese posible a las partes la **aportación de dictámenes** elaborados por peritos por ellas designados, junto con la demanda o contestación, expresen en una u otra los dictámenes de que, en su caso, pretendan valerse, que habrán de aportar, para su traslado a la parte contraria, en cuanto dispongan de ellos y, en todo caso, 5 días antes de iniciarse la audiencia previa al juicio ordinario o en 30 días desde la presentación de la demanda o de la contestación en el juicio verbal. Estos plazos pueden prorrogarse por el tribunal cuando la naturaleza de la prueba pericial así lo exija y medie causa justificada (LEC art.337).

3465 MPCI nº 6095 s. **Designación judicial** (LEC art.339) Si cualquiera de las partes es titular del derecho de **asistencia jurídica gratuita**, no tiene que aportar con la demanda o la contestación el dictamen pericial, sino simplemente anunciarlo, a los efectos de que se proceda a la designación judicial de perito, conforme a lo que se establece en la ley de asistencia jurídica gratuita.

Si se trata de **juicio verbal** sin trámite de contestación escrita, el demandado beneficiario de justicia gratuita debe solicitar la designación judicial de perito, al menos, con 10 días de antelación al que se hubiera señalado para la celebración del acto de la vista, a fin de que el perito designado pueda emitir su informe con anterioridad a dicho acto.

Las partes también pueden solicitar en sus **escritos iniciales** que se proceda a la designación, siendo el dictamen de costa de quien lo ha pedido, sin perjuicio de lo que se acuerde finalmente sobre el pago de las costas. Sin embargo, salvo que se refiera a alegaciones o pretensiones no contenidas en la demanda, no se puede solicitar, con posterioridad a la demanda o contestación el informe pericial del perito designado judicialmente.

El tribunal puede, de oficio, designar perito cuando la pericia sea pertinente en procesos sobre declaración de impugnación de **filiación, paternidad y maternidad**, sobre la capacidad de las personas o en procesos matrimoniales.

Si ambas partes han convenido en la persona, física o jurídica, que debe realizar la pericia, el tribunal lo acuerda así, siendo en este caso los **gastos** del perito pagados por mitad.

Fuera del caso en que exista el acuerdo, el tribunal no designa más que un **único perito** titular, por cada cuestión o conjunto de cuestiones que han de ser objeto de pericia y que no requieren, por la diversidad de su materia el parecer de expertos distintos.

Precisiones En el **juicio ordinario**, si, a consecuencia de las alegaciones o pretensiones complementarias permitidas en la audiencia, las partes solicitasen, conforme previene LEC art.427.4, la designación por el tribunal de un perito que dictamine, lo ha de acordar este así, siempre que considere pertinente y útil el dictamen. Lo mismo podrá hacer el tribunal cuando se trate de juicio verbal y las partes solicitasen en la vista designación de perito, en cuyo caso se interrumpirá aquella hasta que se realice el dictamen.

3466 **Requisitos de los peritos** (LEC art.340 redacc LO 1/2025) Los peritos deben poseer **título oficial** que corresponda a la materia objeto del dictamen y ser expertos acreditados en ella; o si se trata de materias no comprendidas en títulos profesionales oficiales, ser personas entendidas en la materia.

El perito puede ser persona física o **persona jurídica**; en este caso han de serlo las que están legalmente habilitadas para ello y, concretamente, puede tratarse de academias e instituciones culturales y científicas que se ocupen del estudio de las materias correspondientes al objeto de la pericia.

En el caso de tratarse de personas jurídicas, estas, a la mayor brevedad, deben expresar qué persona o **personas físicas** se van a encargar directamente de preparar el dictamen y a estas, como cualquier otro perito, se les pide el juramento o promesa de decir verdad.

Precisiones Adicionalmente, se regula en la Ley regula tanto el llamamiento, **aceptación** y nombramiento de los peritos, así como su **provisión** de fondos (LEC art.341 s.; nº 6095 s. Memento Procesal Civil 2026).

3467 **Recusación** Solo pueden ser recusados los peritos **designados judicialmente**.

La recusación de los peritos se regula conjuntamente con la abstención y recusación de los jueces y magistrados, letrados de la Administración de Justicia, fiscales y demás personal al servicio de la administración de justicia. Así, se establece (LEC art.124). que las **causas** de recusación de los peritos designados judicialmente son las establecidas en la LOPJ de forma general y, además, las tres siguientes:

- Haber dado anteriormente sobre el mismo asunto dictamen contrario a la parte recusante, ya sea dentro o fuera del proceso.

• Haber prestado servicios como tal perito al litigante contrario o ser dependiente o socio del mismo.
• Tener participación en sociedad, establecimiento o empresa que sea parte del proceso.

Tacha de los peritos (LEC art.343 s.) Los peritos **no designados judicialmente** pueden ser objeto de tacha en virtud de circunstancias anejas, en cuanto a su contenido, a las que se constituyen como causas de abstención y recusación de jueces y magistrados en la LOPJ, con la peculiaridad de que se establece un *numerus apertus* para dichas causas, habida cuenta de que la quinta y última de ellas se refiere a cualquier otra circunstancia, debidamente acreditada, que les haga desmerecer en el concepto profesional. **3468** MPCI nº 6103, 6105

En los **juicios verbales**, las tachas no pueden formularse después del juicio o de la vista.
Si se trata de **juicio ordinario**, las tachas de los peritos autores de los dictámenes aportados con la demanda o la contestación se han de proponer en la audiencia previa al juicio.
Las tachas han de justificarse proponiendo al respecto la **prueba** que sea conveniente, sin que se admita la testifical.
Si se aprecia temeridad o deslealtad procesal en la tacha, bien por su motivación, bien por el tiempo en que se formule, se puede imponer a la parte responsable una **multa** de 60 a 600 euros (LEC disp.adic.2ª.2; RD 1417/2001).

Forma del dictamen (LEC art.345 s.) Si la práctica de la pericia requiere algún **reconocimiento** de lugares, objetos o personas, las partes y sus defensores pueden presenciar uno y otras, si con ello no se impide o estorba la labor del perito y se puede garantizar el acierto e imparcialidad del dictamen, lo que debe ser solicitado por las partes y acordado por el tribunal. **3469** MPCI nº 6107, 6109, 6111 s.

El dictamen de los peritos ha de expresarse por **escrito**.
El perito que el tribunal designe emitirá por escrito su dictamen, que hará llegar al tribunal por medios electrónicos en el plazo que se le haya señalado. De dicho dictamen se dará **traslado** por el letrado de la Administración de Justicia a las partes por si consideran necesario que el perito concurra al **juicio** o a la **vista** a los efectos de que aporte las aclaraciones o explicaciones que sean oportunas. El tribunal podrá acordar, en todo caso, mediante providencia, que considera necesaria la **presencia** del perito en el juicio o la vista para comprender y valorar mejor el dictamen realizado (LEC art.346).
Si el perito que ha de intervenir en el juicio o la vista reside **fuera de la demarcación judicial** del tribunal, la declaración se hará preferentemente a través de videoconferencia (LEC art.137 bis).
Si se acuerda la actuación de los peritos en el juicio o en la vista -el tribunal solo puede denegar las solicitudes de intervención impertinentes o inútiles, o cuando exista un deber de **confidencialidad** derivado de la participación del perito en un procedimiento de mediación anterior entre los litigantes-, las partes y sus defensores pueden pedirles una serie de puntos que se recogen en la LEC art.347, respecto a su propio dictamen.
El **tribunal** puede formular preguntas a los peritos y requerirles explicaciones.

Valoración de la prueba (LEC art.348) El tribunal valorara los dictámenes periciales según las reglas de la sana crítica. **3470**

El tribunal, al valorar la prueba por medio de dictamen de peritos, debe ponderar, entre otras, las siguientes **circunstancias** (AP Bizkaia 24-11-05, EDJ 271489):
1º Los **razonamientos** que contienen los dictámenes, y los que se han vertido en el acto del juicio o vista en el interrogatorio de los peritos, pudiendo no aceptar el resultado de un dictamen o aceptarlo, o incluso aceptar el resultado de un dictamen por estar mejor fundamentado que otro (TS 10-2-94, EDJ 1134).
2º Las **conclusiones** conformes y mayoritarias que resultan, tanto de los dictámenes emitidos por peritos designados por las partes, como de los dictámenes emitidos por peritos designados por el tribunal, motivando su decisión cuando no esté de acuerdo con las conclusiones mayoritarias de los dictámenes (TS 4-12-89, EDJ 10881).
3º Las operaciones periciales llevadas a cabo por los peritos que han intervenido en el proceso, los **medios o instrumentos empleados** y los datos en los que se sustentan los dictámenes (TS 28-1-95, EDJ 50).
4º La **competencia profesional** de los peritos que los han emitido, así como todas las circunstancias que hacen presumir su objetividad, lo que le puede llevar, en el sistema de la LEC, a que se dé más crédito a los dictámenes de los peritos designados por el tribunal que a los aportados por las partes (TS 31-3-97, EDJ 2111).

Precisiones 1) Es jurisprudencia reiteradísima, en lo que respecta a la prueba pericial, que entre las normas de nuestro sistema que contienen regla tasada de valoración probatoria, no se encuentran las referentes a la prueba pericial, pues dicha prueba está sujeta a las reglas de la sana crítica, de **3471** MPCI nº 6117 s.

modo que al no estar estas constatadas en normas legales preestablecidas, el criterio valorativo no puede ser sometido a **revisión casacional**, a no ser que el mismo sea notoriamente irracional o no ajustado a las directrices de la lógica, y que, salvo casos muy excepcionales, no cabe intentar en casación que se revise o censure la valoración de la prueba pericial hecha por el tribunal de instancia, ya que al venir confiada tal valoración a la sana crítica solo será posible la infracción de tales preceptos si el tribunal de instancia ha llegado a conclusiones absolutamente contrarias a la lógica, al raciocinio humano o a las máximas comunes de experiencia (TS 26-2-92, EDJ 1822; 30-11-94, EDJ 9379; 8-11-96, EDJ 7790; 20-11-98, EDJ 25683); de ahí que se declare que el Tribunal Supremo no tiene facultad para valorar de nuevo la prueba pericial con arreglo a sus propios criterios (TS 24-12-94, EDJ 9913; TSJ Cataluña 30-6-05, EDJ 233952).

2) A juicio de la jurisprudencia, en la valoración de la prueba por medio de dictamen de peritos, se produce una **vulneración de las reglas de la sana crítica**, cuando

• No consta en la sentencia valoración alguna en torno al resultado del dictamen pericial (TS 17-6-96, EDJ 3156).

• Se prescinde del contenido del dictamen, omitiendo datos, alterándolo, deduciendo del mismo conclusiones distintas, valorándolo incoherentemente, etc. (TS 20-5-96, EDJ 3296).

• Sin haberse producido en el proceso dictámenes contradictorios, el tribunal en base a los mismos, llega a conclusiones distintas de las de los dictámenes (TS 7-1-91, EDJ 92).

• Los razonamientos del tribunal en torno a los dictámenes atentan contra la lógica y la racionalidad (TS 11-4-98, EDJ 2815); o son arbitrarios, incoherentes y contradictorios (TS 13-7-95, EDJ 24228); o llevan al absurdo (TS 15-7-88, EDJ 16795).

3472 MPCI nº 6125 **Casos particulares** Cabe referirse a los siguientes:

• **Cotejo de letras** (LEC art.349 s.). Se practica el cotejo de letras cuando la autenticidad de un documento privado se niega o se pone en duda por la parte a quien perjudica, así como respecto al documento público que carece de matriz y de copias fehacientes. Dicho cotejo se practica siempre por perito designado por el tribunal. La ley regula pormenorizadamente el procedimiento para proceder a dicho cotejo de letras.

• **Dictámenes periciales instrumentales de pruebas diferentes** (LEC art.352). Las partes pueden aportar o proponer dictámenes periciales sobre otros medios de prueba admitidos por el tribunal cuando sea necesario o conveniente para conocer el contenido o sentido de una prueba o para proceder a su más acertada valoración.

• **Testigo-perito** (LEC art.370.4º). Cuando el testigo posee conocimientos científicos, técnicos, artísticos o prácticos sobre la materia a que se refieren los hechos del interrogatorio, el tribunal admite las manifestaciones que en virtud de dichos conocimientos agrega el testigo a sus respuestas sobre los hechos. Sobre estas manifestaciones se admiten las circunstancias de las tachas de los peritos.

d. Reconocimiento judicial

(LEC art.353 a 359)

3475 MPCI nº 6130 El reconocimiento judicial se acuerda cuando, para el esclarecimiento y apreciación de los hechos, es necesario o conveniente que el **tribunal** examine por sí mismo algún lugar, objeto o persona.

Se trata, pues, de un supuesto en que el tribunal decisor, bien de primera o de segunda instancia, precisa de la **apreciación personal y directa** del objeto o persona reconocido y al propio tiempo, tratándose del lugar litigioso, este, entre la decisión del primer grado jurisdiccional hasta la que deba recaer en esta alzada, puede haber sufrido mudanzas objetivas que necesiten de nuevo examen.

Acordada por el tribunal la práctica del reconocimiento judicial, el letrado de la Administración de Justicia ha de señalar, con 5 días de antelación por lo menos, el día y hora en que haya de practicarse el mismo (LEC art.353.3).

Precisiones No cabe duda que todo reconocimiento judicial se documenta con la exhaustividad y con las posibilidades que el caso requiere, mas no es menos cierto que la especialísima naturaleza de la prueba de reconocimiento judicial implica el desamparo de circunstancias, ya subjetivas ya objetivas y sobrevenidas, que hacen necesario la **práctica de nuevo** de la misma prueba, en aras a adquirir certeza sobre los hechos enjuiciados, que es lo que se persigue en cualquier resolución, como premisa inicial y primera de su decisión en derecho (AP Baleares 31-12-02, EDJ 88810).

3476 MPCI nº 6132 **Forma de realización** La parte que solicita el reconocimiento judicial debe expresar los extremos principales a que este se refiere, e indicar si pretende acudir al acto con alguna persona técnica o práctica en la materia.

El tribunal puede acordar las medidas necesarias para lograr la efectividad del reconocimiento, incluida la de ordenar la **entrada en el lugar** que debe reconocerse o en que se halla el objeto o persona que se deba reconocer.

Las partes, sus procuradores y abogados pueden acudir al reconocimiento judicial y hacer al tribunal las observaciones que estime oportunas. Si de oficio o a instancia de parte, el tribunal considera conveniente oír las observaciones de las personas técnicas o prácticas que acompañan a las partes, les recibe previamente juramento o promesa de decir verdad.
El reconocimiento judicial de una **persona** se practica a través de un interrogatorio realizado por el tribunal que se ha de adaptar a las necesidades de cada caso en concreto, pudiéndose practicar a puerta cerrada.

Concurrencia del reconocimiento judicial y pericial Cuando el tribunal lo considera conveniente, puede, mediante providencia, ordenar que se practiquen conjuntamente el reconocimiento judicial y el pericial siempre que se trate del mismo lugar, objeto o persona siguiéndose el siguiente **orden**: primero el reconocimiento pericial y después el reconocimiento judicial. **3477**
También se puede solicitar así por las partes.

Concurrencia del reconocimiento judicial y de la prueba testifical A instancia de parte y a su costa, el tribunal puede determinar, mediante **providencia**, que los testigos sean interrogados a continuación del reconocimiento judicial, cuando su presencia en el lugar o delante de las cosas o personas objeto del reconocimiento puede contribuir a la claridad de su testimonio. **3478**
Del mismo modo se puede solicitar también el interrogatorio de la parte contraria cuando concurran las mismas circunstancias.

Constancia de la prueba (LEC art.358 y 359) De la prueba de reconocimiento judicial se levanta el **acta** correspondiente, a menos que se cuente con los medios tecnológicos precisos, supuesto en el que el letrado de la Administración de Justicia garantiza bajo su fe la autenticidad e integridad de lo grabado o reproducido, mediante el empleo de firma electrónica u otro sistema adecuado de seguridad. **3479** MPCI nº 6138
Se utilizarán medios de **grabación** de imagen y sonido para dejar constancia del reconocimiento y de las manifestaciones de los intervinientes, con la garantía de firma electrónica o de otro sistema *ad hoc*. En su defecto, se confeccionará acta escrita consignando en ella cuanto sea necesario para la identificación de las grabaciones, reproducciones o exámenes llevados a cabo, que habrán de incorporarse al expediente judicial electrónico o, en su defecto, conservarse por el letrado de la Administración de Justicia, de modo que no sufran alteraciones.

e. Interrogatorio de testigos
(LEC art.360 a 381)

La prueba testifical se define como aquel medio de prueba que recae sobre hechos o circunstancias controvertidos que son conocidos por personas distintas de las partes. **3480**

Requisitos Pueden ser testigos todas las personas, salvo las que se hallen permanentemente **privadas de razón** o del uso de sentidos respecto de hechos sobre los que únicamente cabe tener conocimiento por dichos sentidos. **3481** MPCI nº 6147
Los **menores** de 14 años pueden declarar como testigos si, a juicio del tribunal, poseen el discernimiento necesario para conocer y para declarar verazmente.
La **designación** de los testigos se ha de realizar al proponer la prueba de testigos, expresando su identidad, con indicación, en cuanto sea posible, del nombre y apellidos de cada uno, su profesión y su domicilio o residencia.
También puede hacerse la designación del testigo expresando el **cargo** que ostenta o cualesquiera otras circunstancias de identificación, así como el lugar en que puede ser citado.
Las partes pueden proponer el **número** de testigos que estimen conveniente, pero los gastos de los que excedan de tres por cada hecho discutido son. en todo caso, de cuenta de la parte que los ha presentado.
Cuando el tribunal escucha el testimonio de al menos **tres** testigos con relación a un hecho discutido, puede obviar las declaraciones testificales que faltan, referentes a ese mismo hecho, si considera que con las emitidas ya ha quedado suficientemente ilustrado.
Con independencia de lo dispuesto en la LEC art.367.2, cada parte puede **tachar** los testigos propuestos por la contraria en quienes concurran las causas que establece la Ley y que presuponen la parcialidad de su declaración.
Las tachas se han de formular desde el **momento** en que se admite la prueba testifical, hasta que comienza el juicio o la vista, sin perjuicio de la obligación que tienen los testigos de reconocer cualquier causa de tacha al ser interrogados. Con la alegación de las tachas, se puede proponer la prueba conducente a justificarlas, excepto la testifical. Si formulada tacha de un testigo, las demás partes no se oponen a ella dentro del tercer día siguiente a su formulación, se entiende que reconocen el fundamento de la tacha.

Precisiones Es de aplicación la doctrina jurisprudencial declarativa, de que la **tacha** no impide al juzgador estimar, en todo o en parte, el **valor probatorio** de las declaraciones de tales testigos tachados (AP León 21-11-02, EDJ 126231).

3483 MPCI nº 6151, 6153, 6155 s. **Procedimiento** Antes de declarar, cada testigo ha de prestar **juramento o promesa** de decir verdad, con la conminación de las penas establecidas para el delito de falso testimonio en causa civil, de las que le instruye el tribunal si manifiesta ignorarlas. Cuando se trata de testigos **menores de edad penal**, no se les exige juramento ni promesa de decir verdad.

Con carácter preliminar, el tribunal pregunta a cada testigo las generales de la Ley. Una vez contestadas las **preguntas** generales, el testigo es examinado por la parte que le ha propuesto, y si ha sido propuesto por ambas partes, se comienza por las preguntas que formula el demandante. El testigo responde por sí mismo, de palabra, sin valerse de ningún borrador de respuestas.

En cada una de sus respuestas, el testigo ha de expresar la razón de ciencia de lo que dice.

Cuando el testigo posee **conocimientos científicos, técnicos, artísticos** o prácticos sobre la materia a que se refieren los hechos del interrogatorio, el tribunal admite las manifestaciones que en virtud de dichos conocimientos agrega el testigo a sus respuestas sobre los hechos.

Las preguntas que se plantan al testigo deben formularse oralmente, en sentido afirmativo, y con la debida **claridad y precisión**. No han de incluir valoraciones ni calificaciones; si estas se incorporan, se tienen por no realizadas.

No es necesario que las preguntas se formulen en sentido positivo (LEC art.368).

El **tribunal** decide sobre las preguntas planteadas en el mismo acto del interrogatorio, admitiendo las que pueden resultar conducentes a la averiguación de hechos y circunstancias controvertidos, que guardan relación con el objeto del juicio.

Procede la **inadmisión** de las preguntas que no se refieren a los conocimientos propios de un testigo (LEC art.360.3). Si pese a haber sido inadmitida, se responde una pregunta, la respuesta no consta en acta.

Los testigos declaran separada y sucesivamente, por el **orden** en que vinieren consignados en las propuestas, salvo que el tribunal encuentre motivo para alterarlo.

Los testigos **no se comunican** entre sí, ni pueden unos asistir a las declaraciones de otros. A este fin, se han de adoptar las medidas que sean necesarias.

Cuando, por su estado o profesión, el testigo tiene el deber de guardar **secreto** respecto de hechos por los que se le interrogue, lo debe manifestar razonadamente y el tribunal, considerando el fundamento de la negativa a declarar, resuelve, mediante providencia, lo que proceda en Derecho. Si el testigo queda liberado de responder, se hace constar así en el acta.

Una vez respondidas las preguntas formuladas por el abogado de la parte que propuso la prueba testifical, pueden los **abogados** de cualquiera de las demás partes plantear al testigo nuevas preguntas que reputen conducentes para determinar los hechos. El tribunal debe repeler las preguntas que son impertinentes o inútiles.

Cuando los testigos incurren en graves **contradicciones**, el tribunal, de oficio o a instancia de parte, puede acordar que se sometan a un careo.

3486 MPCI nº 6165 s. **Interrogatorios especiales** Cabe referirse a los siguientes supuestos:

a) **Interrogatorio acerca de los hechos que consten en informes escritos** (LEC art.380). Si se han aportado a los autos informes sobre hechos y estos no han sido reconocidos como ciertos por todas las partes a quienes pueden perjudicar, se interroga como testigos a los **autores** de los informes, en la forma prevista en la Ley, con las siguientes reglas especiales:

• No procede la tacha del testigo por razón de interés en el asunto, cuando el informe ha sido elaborado por encargo de una de las partes.

• El autor del informe, una vez acreditada su habilitación profesional, ha de reconocerlo y ratificarse en su contenido, antes de que se le formulen las preguntas pertinentes.

• El interrogatorio se limita a los hechos consignados en los informes.

b) **Declaración del testigo por videoconferencia, domiciliaria y mediante auxilio judicial** (LEC art.169.4 y 364). Con carácter general, cuando este resida fuera de la demarcación del tribunal, se emplea la videoconferencia (LEC art.137 bis). Si no pudiera aplicarse dicho sistema, y, por **enfermedad u otro motivo**, como distancia, dificultad de desplazamiento o circunstancias personales, el tribunal considera que algún testigo no puede comparecer en la sede de aquel, podrá tomársele declaración en su domicilio bien directamente, bien a través de auxilio judicial, según que dicho domicilio se halle o no en la demarcación del tribunal.

En el caso de la **declaración domiciliaria**, si se cuenta con los medios precisos y es posible grabar la declaración sin lesión de la intimidad o dignidad del declarante, así se hará, pero solo en audio, dando fe el letrado de la Administración de Justicia de la autenticidad e integridad de lo grabado (LEC art.374).

c) **Personas jurídica y entidades públicas** (LEC art.381). Cuando, sobre hechos relevantes para el proceso, es pertinente que informen personas jurídicas y entidades públicas en cuanto tales, por referirse esos hechos a su actividad, sin que quepa o sea necesario individualizar en personas físicas determinadas el conocimiento de lo que para el proceso interese, la parte a quien conviene esta prueba puede proponer que la persona jurídica o entidad, a requerimiento del tribunal, responda por **escrito** sobre los hechos en los 10 días anteriores al juicio o a la vista, indicando en la proposición, con precisión, los extremos sobre los que ha de versar la declaración o informe escrito. Recibidas las respuestas escritas, el letrado de la Administración de Justicia dará traslado de ellas a las partes.
Las demás partes pueden alegar lo que consideren conveniente y, en concreto, si desean que se adicionen otros extremos a la petición de declaración escrita o se rectifiquen o complementen los que hubiera expresado el proponente de la prueba.

Valoración de la prueba (LEC art.379) Los tribunales valoran la fuerza probatoria de las declaraciones de los testigos conforme a las reglas de la sana crítica, tomando en consideración la razón de ciencia que hubieran dado, las circunstancias que en ellos concurren y, en su caso, las tachas formuladas y los resultados de la prueba que sobre estas se ha practicado. **3488** MPCI nº 6171

Precisiones 1) Las reglas de la sana crítica son las propias del criterio racional que, al no hallarse consignadas en precepto legal alguno, **no** son susceptibles de **impugnación** en casación (TS 11-10-00, EDJ 37067; 30-10-00, EDJ 37076), quedando tal apreciación está reservada a la soberanía de los juzgadores de instancia (TS 8-5-98, EDJ 18023; 7-2-00, EDJ 601; 13-7-01, EDJ 15324), que en su libre convicción han de ajustarse a las máximas de la experiencia, evitando la arbitrariedad (TS 17-5-02, EDJ 14744). Tan solo deviene revisable en casación cuando se revela arbitraria, irracional, ilógica o disparatada (TS 21-9-92, EDJ 8979; 2-12-97, EDJ 9763; TSJ Navarra 8-4-05, EDJ 55289).
2) No cabe dar verosimilitud a las declaraciones de **empleados** de la actora, que por razones de dependencia laboral cabe al menos cuestionar su inhabilidad (AP Ourense 9-1-03, EDJ 263156).
3) Ha de estarse al conjunto armónico de lo declarado y **no** a la **estimación fragmentaria** de las respuestas ofrecidas (TSJ Navarra 8-4-05, EDJ 55289).

f. Reproducción de la palabra, el sonido y la imagen

(LEC art.382 a 384)

A continuación se examinan los medios de prueba consistentes en la reproducción de la palabra, el sonido y la imagen y los instrumentos que permiten archivar y conocer datos relevantes para el proceso. **3490**

Filmación, grabación y otros medios análogos Las partes pueden proponer como medio de prueba la reproducción ante el tribunal de palabras, imágenes y sonidos captados mediante instrumentos de filmación, grabación y otros análogos. **3491**
Al proponer esta prueba, la parte puede acompañar en su caso, **transcripción escrita** de las palabras contenidas en el soporte de que se trata y que resultan relevantes para el caso.
La parte que propone este medio de prueba puede aportar los **dictámenes** y medios de prueba instrumentales que considere convenientes. También las otras partes pueden aportar dictámenes y medios de prueba cuando cuestionen la autenticidad y exactitud de lo reproducido.
El tribunal ha de valorar las reproducciones según las reglas de la sana crítica.

Acta de reproducción y custodia Se ha de levantar la oportuna acta, donde se consigna cuanto es necesario para la **identificación** de las filmaciones, grabaciones y reproducciones llevadas a cabo, así como, en su caso, las justificaciones y dictámenes aportados o las pruebas practicadas. **3492**
El material que contiene la palabra, la imagen o el sonido reproducidos se ha de **conservar** por el letrado de la Administración de Justicia, con referencia a los autos del juicio o, en su caso, incorporarse al expediente judicial electrónico, de modo que no sufra alteraciones (LEC art.383.2).

Precisiones Por efecto de la L 42/2015 desaparece la regla conforme a la cual el tribunal podía acordar mediante providencia que se realizase una **transcripción literal** de las palabras y voces filmadas o grabadas, siempre que fuera de relevancia para el caso, la cual se unía al acta.

Archivo, conocimiento o reproducción Los **instrumentos** que permiten archivar, conocer o reproducir palabras, datos, cifras y operaciones matemáticas llevadas a cabo con fines contables o de otra clase, que, por ser relevantes para el proceso, han sido admitidos como prueba, son examinados por el tribunal por los medios que la parte proponente aporta o que el tribunal dispone utilizar y de modo que las demás partes del proceso puedan, con idéntico conocimiento que el tribunal, alegar y proponer lo que a su derecho convenga. **3493** MPCI nº 6183

La documentación en autos se hace del modo más apropiado a la naturaleza del instrumento, bajo la fe del **letrado de la Administración de Justicia**, que, en su caso, adopta también las medidas de custodia que resulten necesarias.
El tribunal valora dichos instrumentos conforme a las reglas de sana crítica aplicables a aquellos según su naturaleza.

Precisiones El uso de estos medios no ha de incurrir en **ilicitud**:
• La **filmación videográfica** proyectada en la sala que lleva a cabo el investigador privado y que en soporte material queda unido a las actuaciones, no puede entenderse que constituye un ataque ilegítimo a la inviolabilidad de domicilio, por cuanto la toma de la película por el procedimiento antes dicho, se lleva a cabo desde fuera del recinto de la finca; pero el montar un dispositivo de vigilancia permanente sobre la finca constituye un verdadero ataque al derecho fundamental a la intimidad, reconocido por la Const art.18 (AP Córdoba 25-5-02, EDJ 126215).
• La aportación de una grabación de una **conversación telefónica** por el destinatario de la misma es lícito; sea cual sea el ámbito objetivo del concepto de «comunicación», la norma constitucional -Const art.18.3- se dirige inequívocamente a garantizar su impenetrabilidad por terceros (públicos o privados: el derecho posee eficacia erga omnes), ajenos a la comunicación misma. No hay secreto para aquel a quien la comunicación se dirige, ni implica contravención de lo dispuesto en la Const art.18.3, la retención, por cualquier medio, del contenido del mensaje (AP Navarra 11-1-04, EDJ 258822).
• Respecto de los **correos electrónicos**, se ha dicho que la obtención de esos mensajes vulnera de modo flagrante la confidencialidad de las comunicaciones que la Constitución trata de preservar, y por lo tanto, por mucho que se encuentren rastros que permitan su reconstrucción en los ordenadores que pertenecen a la actora, no pueden ser tenidos en cuenta en este procedimiento con relevancia probatoria, porque se han rescatado sin la intervención judicial a la que alude nuestra carta magna, única excepción a ese derecho fundamental que ampara a todos, incluso a los trabajadores empleados por una empresa (JM Bilbao núm 1 30-12-05, EDJ 284080).

3. Presunciones

(LEC art.385 y 386)

3495 Dicen los autores (Baleriola Salvo) que las presunciones se han constituido en un factor básico del sistema procesal y probatorio y de la estructura de las normas, pero no son realidades jurídicas determinadas en cuanto que requieren **operaciones deductivas o inferencias**, que se realizan por el hombre (judicial o procesal) o por la propia ley (legal). Se trata de silogismos en los que el primer grado o premisa mayor es lo indiciario o hecho base y el segundo grado o premisa menor, al que se llega mediante el proceso deductivo, es la presunción o hecho consecuencia.

3496 **Presunciones legales** (LEC art.385) Las presunciones que la ley establece dispensan de la **prueba** del hecho presunto a la parte a la que este hecho favorece.
Estas presunciones solo son admisibles cuando la **certeza** del hecho indicio del que parte la presunción ha quedado establecida mediante admisión o prueba. En ellas, -*praesumptio iuris* o *praesumptio legis*-, la ley, formulando una operación deductiva abstracta que ha de concretarse por el operador jurídico, impone el hecho consecuencia o resultado inferencial
Cuando la ley establece una presunción legal *iuris tantum*, la prueba en contrario puede dirigirse, tanto a demostrar a la inexistencia del hecho presunto, como a demostrar que no existe, en el caso concreto de que se trate, el enlace que ha de haber entre el hecho que se presume y el hecho probado o admitido que fundamenta la presunción.
Salvo que la ley disponga otra cosa, todas las presunciones legales son *iuris tantum*.

3497 MPCI nº 6194 Precisiones 1) Con carácter general la jurisprudencia señala que la presunción *iuris tantum* puede ser destruida o admite **prueba en contrario** (TS 28-7-00, EDJ 20373; 30-5-00, EDJ 15781) y el derecho positivo elegido *ad hoc* para disertar sobre este inciso del estudio se ha de integrar en la doctrina general establecida en la LEC art.385.2, conforme al cual, la prueba en contrario en la presunción *iuris tantum* puede articularse de dos maneras:
• Probando la **inexistencia** del hecho presunto; es decir, invalidando la premisa menor o conclusión presuntiva; en definitiva, enervando la presunción (primer razonamiento).
• Demostrando que no existe **enlace** entre el hecho que se presume o hecho consecuencia y el hecho probado o admitido que fundamenta la pretensión (LEC art.385.2). El enlace no existe cuando la operación presuntiva para formular la presunción legal no se ajusta a las reglas del criterio humano o a las de la sana crítica.
2) La presunción de certeza o de razonabilidad de la **actuación administrativa**, que, recuerda la doctrina citada, se califica de presunción *iuris tantum* (TS 9-11-00, EDJ 49970; 16-1-01, EDJ 98925). En el mismo sentido, se alude a la presunción, salvo prueba en contrario, de validez de los actos administrativos (TS 19-7-00, EDJ 32796), poniendo de manifiesto que la presunción *iuris tantum* de

legalidad de los actos de la Administración no la exonera de basar sus decisiones en circunstancias ciertas y reales (TS 5-5-00, EDJ 12276).

Presunciones judiciales (LEC art.386) A partir de un hecho admitido o probado, el tribunal puede presumir la certeza, a los efectos del proceso, de otro hecho, si entre el admitido o demostrado y el presunto existe un **enlace** preciso y directo según las reglas del criterio humano. **3498** MPCI nº 6196, 6198

La conclusión presuntiva se articula por el juez o tribunal, que es el que realiza el juicio lógico o el proceso discernitivo o deductivo (TS 8-6-00, EDJ 14304; 3-5-00, EDJ 10009; 27-12-99, EDJ 43928; 11-10-99, EDJ 29525).

En la **sentencia** se tiene que incluir el razonamiento en virtud del cual el tribunal ha establecido la presunción.

El litigante **perjudicado** por una presunción judicial siempre puede practicar la prueba en contrario a que nos hemos referido al hablar de las presunciones legales.

Precisiones 1) La presunción hominis, o judicial, consiste en la apreciación a los efectos del proceso de la certeza de un hecho controvertido a partir de otro hecho admitido o probado, cuando entre ambos se da un **enlace preciso y directo** (inferencia) según las reglas del criterio humano (TS 13-3-00, EDJ 3646; 13-3-00, EDJ 3646). Es decir, se obtiene por el juzgador una nueva conclusión fáctica mediante los hechos admitidos o probados en la litis, a través de un proceso deductivo lógico y racional. Se trata, por tanto, de un instrumento probatorio para acreditar supuestos fácticos de los litigios. **3499** MPCI nº 6202

2) Las **reglas de la sana crítica** no están codificadas, han de ser entendidas como las más elementales directrices de la lógica humana (TS 16-10-98, EDJ 21886; 11-4-98, EDJ 2815). Es más, se llega a afirmar que las reglas de la sana crítica, que no están contenidas en precepto legal alguno y, por tanto, quedan reducidas a que no pueden obtenerse conclusiones ilógicas, ilegales o absurdas (TS 28-7-94, EDJ 6261).

3) Con carácter general, las presunciones judiciales, en el ámbito **penal**, se suelen denominar «prueba de indicios», lo que tradicionalmente se ha denominado «prueba circunstancial» (TS 15-11-00, EDJ 52673).

4) Cuando se prueba un hecho, se tiene por probado salvo prueba en contrario aquel hecho que generalmente es consecuencia o causa del hecho base conforme a las reglas del criterio humano, también llamado «principio de lo que generalmente sucede». Es frecuente su aplicación en materia de **propiedad intelectual**. De este modo, si en un establecimiento de hostelería, abierto al público, destinado al ocio y esparcimiento de su clientela, se dispone de aparatos de televisión y de música, es lógico presumir que dichos aparatos se emplean con mayor o menor frecuencia para retransmitir o reproducir piezas musicales y obras audiovisuales (AP Pontevedra 13-7-06, EDJ 259775).

5) No son presunciones las máximas de la **experiencia**. Así, la atribución de conocimientos y preparación adecuados para conocer y comprender el alcance y los riesgos de la operación en razón a su dedicación a la actividad negocial no es el resultado de una presunción judicial, sino la aplicación de una máxima de la experiencia, esto es, una deducción o inferencia lógica basada en la experiencia jurídica y vital. Y sabido es, por su reiteración en la jurisprudencia (TS 6-3-98, EDJ 1247; 7-11-02, EDJ 46503; 22-12-04, EDJ 248036), que no constituyen presunciones judiciales en sentido propio y técnico, las máximas de la experiencia, que posibilitan la formulación de un juicio hipotético a partir de hechos o circunstancias conducentes a conclusiones razonables en un orden normal y que el juez puede utilizar sin sobrepasar el principio de aportación de parte.

6) El Tribunal Constitucional ha declarado (TCo 117/2000), que puesto que no existe norma alguna en nuestras leyes de enjuiciamiento que imponga a priori una determinada extensión o un cierto modo de razonar, ni es misión en este tribunal revisar la estructura de las resoluciones judiciales. Pero hemos de supervisar externamente la **razonabilidad** del discurso que une la actividad probatoria y el relato fáctico resultante (TCo 220/1998).

7) La correcta aplicación de las presunciones judiciales no impone alcanzar un resultado único, sino que es posible admitir **varios resultados lógicos** a partir de unos mismos hechos base (TS 14-3-24, EDJ 514994).

G. Cuestiones incidentales

(LEC art.387 a 393)

Son cuestiones incidentales las que, siendo distintas de las que constituyen el objeto principal del pleito, guardan con este **relación inmediata**, así como las que se susciten respecto de presupuestos y requisitos procesales de influencia en el proceso. **3500** MPCI nº 6205

Tipos Legalmente, se distingue entre las cuestiones incidentales de especial pronunciamiento y las de previo pronunciamiento. **3501**

3502 **Especial pronunciamiento** (LEC art.389) Son aquellas que exigen que el tribunal decida sobre ellas separadamente en la **sentencia** antes de entrar a resolver sobre el objeto principal del pleito, caracterizándose, además, porque no suspende el curso ordinario del proceso.

3503 **Previo pronunciamiento** (LEC art.391) Son aquellas que, por su naturaleza, suponen un obstáculo a la continuación del juicio por sus trámites ordinarios, por lo que ha de **suspenderse** el curso de las **actuaciones** hasta que las mismas son resueltas.

Son cuestiones de previo pronunciamiento, además de las determinadas expresamente en la LEC, las **referidas a**:

1. **Capacidad y representación** de cualquiera de los litigantes por hechos ocurridos después de la audiencia previa al juicio (LEC art.414 redacc LO 1/2025).

2. Defectos de algún otro **presupuesto procesal** o a la aparición de un óbice de la misma naturaleza siempre que hubiese sobrevenido con posterioridad a la audiencia previa al juicio.

3. Cualquier otra incidencia que ocurra **durante el juicio** y cuya resolución sea absolutamente necesaria, de hecho o de derecho, para decidir sobre la continuación del juicio por sus trámites ordinarios o su terminación.

Precisiones No hay precepto en la LEC que autorice a promover un incidente de previo pronunciamiento antes de **contestar a la demanda** con suspensión del curso del proceso, o después de ella, pero antes de la conclusión de la audiencia previa.

La **excepción de falta de capacidad completa** por falta de apoyo preciso judicialmente provisto o, en su caso, por menor edad -con anterioridad a la L 8/2021, excepción de incapacitación- debe formularse en el escrito de contestación y resolverse en la audiencia previa (LEC art.418), subsanando el defecto sobre la base de la presunción de capacidad (LEC art.7.2). No resulta admisible plantearla vía incidente de previo pronunciamiento, pretendiendo que se convierta en un sucedáneo del proceso de establecimiento de apoyos al ejercicio de la capacidad, dado que resulta ajeno a su objeto (AP Madrid auto 31-3-05, EDJ 87069).

3505 **Tramitación** (LEC art.392 s.) Las cuestiones incidentales se plantean por **escrito**, acompañando los documentos pertinentes, proponiendo la prueba que se estimase necesaria, e indicando si a juicio del proponente, ha de suspenderse o no el curso de las actuaciones hasta su resolución.

La Ley es especialmente rígida respecto al **formalismo** exigido en el planteamiento de la cuestión incidental al señalar que el tribunal repelerá, mediante auto, el planteamiento de toda cuestión que no reúna los requisitos señalados.

Respecto al momento procesal de su **planteamiento**, el procedimiento ordinario no se admite planteamiento de cuestiones incidentales una vez iniciado el juicio, ni en el verbal, una vez admitida la prueba propuesta.

Una vez admitida la cuestión incidental se resuelve en la misma **providencia**, con sucinta motivación, si ha de considerarse de previo o de especial pronunciamiento, suspendiéndose en el primer caso el curso ordinario de las actuaciones.

3506 MPCI nº 6217 El letrado de la Administración de Justicia dará traslado del escrito en que se plantee la cuestión a las demás partes, quienes podrán contestar lo que estimen oportuno en el plazo de 5 días y, transcurrido este plazo, el letrado de la Administración de Justicia, señalando día y hora, citará a las partes a una **comparecencia** ante el tribunal, que se celebrará conforme a lo dispuesto para las vistas de los juicios verbales (LEC art.393.3).

Formuladas las **alegaciones** y practicada, en su caso, la prueba que en la vista se admita, si la cuestión es de previo pronunciamiento se dicta auto resolviendo la misma y disponiendo lo que sea procedente respecto a la continuación del proceso.

Si se acuerda poner fin al mismo, el auto es susceptible de **apelación**. Si decide la continuación, no cabe recurso alguno, sin perjuicio de que la parte perjudicada puede impugnar tal resolución al apelar la sentencia definitiva (JPI Bilbao núm 10 auto 27-3-02).

Si la cuestión es de especial pronunciamiento se resuelve, en todo caso, con la debida separación, en la **sentencia** definitiva.

H. Condena en costas

(LEC art.394 y 395 -redacc LO 1/2025- y 396 a 398)

3600 MPCI nº 6222 En síntesis, son dos los **criterios** utilizados:

a) Criterio subjetivo de la **temeridad o mala fe**. Según este criterio solo debe condenarse en costas a una de las partes cuando actúa temerariamente, esto es, cuando conoce o notoriamente debe conocer que carece de razón. Si no se dan estas circunstancias, no debe existir condena en costas, abonando cada parte las que haya ocasionado y las comunes por mitad. Es el sistema que emplea, por ejemplo y, matizadamente, la Ley de la Jurisdicción contencioso-administrativa (LJCA art.139).

b) Criterio objetivo o del **vencimiento**. Según este criterio, las costas debe pagarlas siempre el vencido en el pleito, con independencia de que su actuación pueda calificarse de dolosa o culposa y ello tanto si es el demandante, que inició un pleito sin causa suficiente como si es el demandado, que con su conducta antijurídica obligó al actor a iniciar el litigio. De acuerdo con este criterio se considera que quien vence en el litigio debe verse resarcido de todos los gastos que le ha ocasionado el proceso.

Precisiones **1)** El régimen de LEC art.394 ha sido considerado contrario a la Dir 93/13/CEE, en tanto que permite que un consumidor cargue con una parte de las costas procesales en función del importe de las cantidades indebidamente pagadas que le son restituidas a raíz de la declaración de nulidad de una cláusula contractual de carácter abusivo (TJUE 16-7-20 asuntos C-224/19 y C-259/19). Conforme a este criterio, basado en el **principio de efectividad** del Derecho de la Unión Europea, no procede aplicar la excepción al principio del vencimiento por existencia de serias dudas de Derecho en litigios sobre cláusulas abusivas, para evitar la generación de un efecto disuasorio inverso (TS 4-7-17, EDJ 124798; 17-9-20, EDJ 657693).

Este criterio **no se aplica** en caso de ejercicio de acciones basadas en la L 23-7-1908 (Ley Azcárate) sobre nulidad de préstamos usurarios (TS 2-2-21, EDJ 503611).

2) Lo dispuesto en LEC art.394 redacc LO 1/2025 ha sido considerado contrario a la Dir UE 93/13 en tanto que permite que un consumidor cargue con una parte de las costas procesales en función del importe de las cantidades indebidamente pagadas que le son restituidas a raíz de la declaración de **nulidad de una cláusula contractual de carácter abusivo** (TJUE 16-7-20, asuntos C-224/19 y C-259/19). Conforme a este criterio, basado en el principio de efectividad del Derecho de la Unión Europea, no procede aplicar la excepción al principio del vencimiento por existencia de serias dudas de Derecho en litigios sobre cláusulas abusivas, para evitar la generación de un efecto disuasorio inverso (TS 4-7-17, EDJ 124798; 17-9-20, EDJ 657693; 6-10-20, EDJ 675125; 26-1-21, EDJ 502374).

Este criterio **no es aplicable** en caso de ejercicio de acciones basadas en la L 23-7-1908 (Ley Azcárate) sobre nulidad de préstamos usurarios (TS 2-2-21, EDJ 503611).

La **no imposición de costas** en procesos en los que se declara el carácter abusivo de una cláusula contractual con inaplicación del principio de efectividad supone lesión del derecho a la tutela judicial efectiva (TCo 91/2023; 96/2023; 52/2024; 121/2025).

Primera instancia En los procesos declarativos, las costas de la primera instancia se imponen a la parte que ha visto **rechazadas** todas sus **pretensiones**, salvo que el tribunal aprecie, y así lo razone, que el caso presentaba serias dudas de hecho o de derecho. En este último caso, y para apreciar las dudas de derecho se tiene en cuenta la jurisprudencia recaída en casos similares. **3605** MPCI nº 6224 s.

Las **circunstancias excepcionales** han sido objeto de una interpretación amplia por los tribunales superando el tema de la temeridad o mala fe. Se trata, en suma, de una discrecionalidad razonada y estas razones existen y resultan justas y ponderadas.

Si la sentencia es de **estimación parcial**, cada parte abonara las costas causadas a su instancia y las comunes por mitad, a no ser que haya méritos para imponerlas a una de ellas por haber litigado con temeridad.

Cuando en aplicación de estas reglas se imponen las costas al litigante vencido, este solo está obligado a pagar de la parte que corresponde a los **abogados** y demás profesionales que no estén sujetos a tarifa o arancel, una cantidad total que no exceda de la tercera parte de la cuantía del proceso por cada uno de los litigantes que han obtenido tal pronunciamiento. A estos solos efectos, las pretensiones inestimables se valoran en 24.000 euros (LEC disp.adic.2ª.2; RD 1417/2001), salvo que, en razón de la complejidad del asunto, el tribunal disponga otra cosa. No se aplica esta limitación cuando el tribunal declara la temeridad del litigante condenado en costas. En este límite no queda comprendido el importe del IVA correspondiente a los honorarios de dichos profesionales, que sin embargo se ha de incluir en la tasación (LEC art.243.2).

Cuando el condenado en costas es titular del derecho de **asistencia gratuita**, únicamente está obligado a pagar las costas causadas en defensa de la parte contraria en los casos en que dentro de los 3 años siguientes a la terminación del procedimiento viniere a mejor fortuna (L 1/1996 art.36.2).

Precisiones **1)** Cuando se ha **omitido** la referencia a las costas se ha de añadir al fallo de la misma que procede la condena en costas (AP Murcia auto 1-9-03, EDJ 134254).

2) Cabe la apreciación de circunstancias excepcionales y las excepciones a la regla general en caso de estimación parcial de las pretensiones. Si al órgano judicial de instancia se permite en casos de preceptiva imposición de costas, su no imposición por la concurrencia de circunstancias excepcionales, con mayor razón puede imponer las costas en parte o exonerar en parte su imposición, lo que es igual con la concurrencia de dichas circunstancias, o sea, hacer una **imposición limitada** o reducida. Ello es así, porque el que puede lo más, con mayor razón puede lo menos, y además constituye la praxis de nuestros tribunales de instancia, que por notorio y conocido excusa mayor comentario (TS 4-12-01, EDJ 44859).

3606 **Incidencia de la conducta de las partes respecto a un MASC** (LEC art.394.1, 2 y 4 redacc LO 1/2025) Las reglas expuestas se modulan en función cuál sea la actitud adoptada por las partes a este respecto. De este modo, la **regla general** de imposición de costas por vencimiento objetivo -por estimación o desestimación total de pretensiones-, se matiza: cuando la participación en un medio de solución de conflictos sea legalmente preceptiva, o se hubiera acordado, previa conformidad de las partes, por el juez o el letrado de la Administración de Justicia durante el curso del proceso, no habrá pronunciamiento de costas a favor de la parte que **hubiera rehusado** expresa o tácitamente y sin justa causa, participar en el medio al que hubiese sido efectivamente convocado.

En caso de estimación o desestimación parcial, si alguna de las partes **no hubiera acudido**, sin causa que lo justifique, a un medio adecuado de solución de controversias, cuando fuera legalmente preceptivo o así lo hubiera acordado el tribunal o el letrado de la Administración de Justicia durante el proceso, se le podrá condenar motivadamente al pago de las costas, aun cuando la estimación de la demanda sea parcial.

Adicionalmente, se formula una regla general: si la parte requerida para iniciar una actividad negociadora previa tendente a evitar el proceso judicial hubiese rehusado intervenir en la misma, la parte requirente quedará exenta de la condena en costas, salvo que se aprecie un **abuso** del servicio público de Justicia.

A ello se añade la previsión específica a este respecto en materia de costas y **allanamiento** (LEC art.395.3 redacc LO 1/2025; nº 3607).

3607 **Supuestos especiales** (LEC art.394.4 -redacc LO 1/2025-, 395, 396 y 397) En ningún caso se le imponen las costas al Ministerio Fiscal.

MPCI nº 6232 s.

Si se produce el **allanamiento** del demando antes de contestar la demanda, no procede la imposición de costas, salvo que el tribunal, razonándolo debidamente, aprecie mala fe o abuso del servicio público de Justicia en el demandado. Se entiende que, en todo caso, existe **mala fe**, si antes de presentada la demanda se ha formulado al demandado requerimiento para el cumplimiento de la obligación de forma fehaciente y justificada, o cuando hubiese rechazado el acuerdo ofrecido o la participación en un medio adecuado de solución de controversias. Si el allanamiento se produce tras la contestación a la demanda se imponen las costas al demandado.

Si el proceso termina por **desistimiento** del actor, que no haya de ser consentido por el demandado, aquel es condenado a las costas. Si el desistimiento que pone fin al proceso es consentido por el demandado o demandados, no se condena en costas a ninguno de los litigantes.

La regla del vencimiento objetivo se aplica también al recurso de **apelación** que se interponga en impugnación de la condena o falta de condena en costas.

Precisiones La regla general es que no se imponen las costas al demandado que se allane, salvo **mala fe.** No es suficiente el criterio temporal de que el allanamiento haya sido anterior o posterior al juicio, sino que en ambos casos hay que acudir al de la buena o mala fe. Además, la lectura correcta del precepto ha de venir referida a la naturaleza de cada procedimiento. No es lo mismo en el juicio ordinario, en que existe un trámite de contestación a la demanda desde el mismo momento en que el tribunal la admite a trámite y emplaza al demandado por 20 días (LEC art.404), de tal forma que este demandado únicamente puede allanarse a la demanda una vez admitida a trámite, presentando un escrito dirigido al tribunal en que manifieste su voluntad, supliendo u omitiendo de este modo el escrito de contestación a la demanda, que por tanto no se produce. En cambio, en el juicio verbal se cita a la parte demandada a la vista regulada en LEC art.440 redacc LO 1/2025, momento en el que debe contestar a la demanda. Es, al igual que en el otro caso, el primer acto de contacto del demandado con el tribunal y primero también en que puede manifestar esa voluntad de allanarse a la demanda (AP A Coruña auto 11-3-03, EDJ 87533).

3610 **Apelación y casación** (LEC art.398) En el **recurso de apelación**, las costas se imponen a la parte que haya visto rechazadas todas sus pretensiones, salvo que el tribunal aprecie, y así lo razone, que el caso presentaba **serias dudas de hecho o de derecho**. Para apreciar, a efectos de condena en costas, que el caso era jurídicamente dudoso se tendrá en cuenta la jurisprudencia recaída en casos similares (nº 3605).

En sede de **casación**, la desestimación total del recurso lleva aparejada la imposición de costas a la parte recurrente, salvo que la Sala aprecie circunstancias especiales que justifiquen otro pronunciamiento. En caso de **estimación total o parcial**, no se condenará en las costas de dicho recurso a ninguno de los litigantes.

Precisiones La **reforma** operada por RDL 6/2023 se aplica a los procedimientos judiciales incoados desde 20-3-2024 (RDL 6/2023 disp.trans.2ª).

Impuesto sobre el valor añadido (LEC art.242 s.) La Sala de lo Civil del Tribunal Supremo considera incluible en la tasación de costas el **IVA** de los honorarios del letrado y de los derechos del procurador. 3615

Esta doctrina ha de seguir aplicándose, pese al respetable criterio opuesto de resoluciones de otras Salas de este Tribunal Supremo (Sala 3ª) o de órganos administrativos (Dirección General de Tributos) sobre la misma cuestión, porque el crédito nacido de la condena en costas a favor de la parte vencedora se traduce en el reintegro de unos gastos que esta ha tenido que soportar mediante el **pago de unos servicios profesionales** que devengan el impuesto de que se trata. Por ello, tal vez sea más acertado abordar el problema no tanto desde la perspectiva de una indemnización cuanto desde la de un crédito no muy distinto del que corresponde a quien, tras encargar a un industrial del ramo una obra urgente de reparación, exige luego al causante del desperfecto el reintegro del precio de la obra más el IVA correspondiente abonado por él (TS 18-9-06, EDJ 3941; 14-1-05, EDJ 6964; 19-12-99, EDJ 36840; 20-3-96, EDJ 1360, entre otras muchas).

Por efecto de la L 42/2015 **se aclara** la discusión acerca de la inclusión del IVA en las costas, indicando que, en la tasación, los honorarios de abogado y procurador han de incluir el IVA, que sin embargo no se computa a efectos del límite de LEC art.394.3 (LEC art.243.2).

Precisiones **1)** La parte condenada en costas no ha de **repercutir IVA al litigante vencedor**. Con arreglo a LIVA art.4.1, están sujetas a dicho impuesto las entregas de bienes y prestaciones de servicios efectuadas por empresarios o profesionales en el ejercicio de su actividad empresarial o profesional. De acuerdo con LIVA art.78.3.1º, no forman parte de su base imponible las cantidades percibidas por razón de indemnizaciones que, por su naturaleza y función, no constituyan contraprestación o compensación de las entregas de bienes o prestaciones de servicios sujetas al impuesto (a salvo de ciertas excepciones de LIVA art.78.2). 3616 MPCI nº 6244

El pago del importe de la condena en costas por la parte perdedora en un proceso implica la indemnización a la parte ganadora de los gastos en que incurrió, entre otros, por servicios de asistencia jurídica y que son objeto de cuantificación en vía judicial. Habida cuenta de esta naturaleza indemnizatoria, no procede repercusión alguna del tributo por la parte ganadora a la perdedora, ya que no hay operación sujeta al mismo que sustente dicha repercusión. Igualmente, no habiendo operación sujeta a tributación, no procede la expedición de factura a estos efectos, sin perjuicio de la expedición de cualquier otro documento con el que se justifique el cobro del importe correspondiente. Esto debe entenderse, en todo caso, sin perjuicio de la sujeción al IVA de los servicios que pudieran haberle sido prestados a la parte que ha de percibir las cantidades en concepto de costas judiciales por empresarios o profesionales que actúen en el ejercicio independiente de su actividad empresarial o profesional -p.e. abogados y procuradores-, con independencia del hecho de que sea precisamente el importe de tales servicios, en su caso, IVA incluido, el que haya de tenerse en cuenta para determinar las costas judiciales que habrá de satisfacerle la otra parte en el proceso. En este sentido, (TS 30-11-05, EDJ 207346) afirma que el sujeto pasivo del IVA, el letrado o procurador en este caso, viene obligado a repercutir su importe sobre la persona para quien se realiza la operación gravada y aquella no es otra que la recurrida (litigante vencedora) quien en virtud de la condena en costas no hace sino obtener el reintegro de lo abonado de quien resulta vencido en el proceso. No estamos ante un supuesto de repercusión del IVA sino ante el reintegro al litigante que obtiene una sentencia favorable con condena en costas, por parte de quien resulta condenada en tal concepto, de los gastos por aquel realizados.

De acuerdo con lo expuesto, dado que las prestaciones de servicios profesionales contratadas por la parte ganadora en un procedimiento judicial habrán estado sujetas y no exentas del Impuesto sobre el Valor Añadido, el importe de las costas judiciales debería incluir las cuotas devengadas por dicho impuesto, si bien es el órgano judicial a quien compete la fijación de las mismas (DGT CV 19-1-09).

2) El IVA no integrará las costas en caso de que el litigante vencedor, acreedor del crédito por costas, tenga **derecho a la deducción del IVA soportado** (repercutido por el letrado o/y el procurador), pues en tal caso la neutralidad del impuesto no justifica su inclusión en aquellas, al no producir un perjuicio patrimonial sobre el acreedor a las costas. Al contrario, su computación en tal caso produciría un beneficio patrimonial no justificado. Pero esta circunstancia deberá ser alegada en el trámite de tasación por la parte condenada al pago, requiriendo al instante de la tasación a que manifieste su régimen al respecto, en su caso.

3) Los **derechos económicos por costas procesales a favor del Estado** y demás organismos y Administraciones públicas no se someten al plazo de prescripción de 4 años (LGP art.15), al no ser ingresos de Derecho público, sino al de 5 años (CC art.1964; TS 16-3-09, EDJ 25480; LEC art.518; TS auto 23-2-10, EDJ 14902).

SECCIÓN 10

Medios adecuados de solución de controversias en vía no jurisdiccional (MASC)

(LO 1/2025 art.2 a 19, disp.adic.2ª a 4ª, disp.trans.9ª.2 y disp.final 30ª y 31ª)

3625 **Disposiciones generales** (LO 1/2025 art.2 a 4) Se considera medio adecuado de solución de controversias -en adelante, MASC- a cualquier tipo de **actividad negociadora**, reconocida legalmente, a la que las partes de un conflicto acuden de buena fe con el objeto de encontrar una solución extrajudicial al mismo, ya sea por sí mismas o con la intervención de un tercero neutral. Pueden convenir o transigir las partes siempre que no sea contrario a la ley, a la buena fe o al orden público, alcanzando acuerdos totales o parciales -principio de autonomía privada-.

Se aplican a:
- asuntos civiles y mercantiles, incluidos conflictos transfronterizos (L 5/2012 art.3);
- en defecto de sometimiento expreso o tácito, siempre que una de las partes tenga su domicilio en España y la actividad negociadora se realice en territorio español; y
- a los efectos y medidas previstos en CC art.102 y 103 sin perjuicio de la homologación judicial del acuerdo alcanzado.

Quedan **excluidos**:
- las materias laboral, penal y concursal;
- los asuntos de cualquier naturaleza, independientemente del orden jurisdiccional, en los que una parte sea una entidad perteneciente al sector público;
- los conflictos que versen sobre materias que no estén a disposición de las partes -ni aún por derivación judicial-; y,
- en todo caso, los conflictos de carácter civil que versen sobre alguna de las materias excluidas de la mediación (LOPJ art.89.9).

Precisiones 1) El régimen expuesto **entra en vigor** en fecha 3-4-2025 -a los 3 meses de la publicación de la LO 1/2025- y se aplica a procesos incoados desde entonces, sin perjuicio de que en los procedimientos judiciales en curso, las partes de común acuerdo puedan someterse a cualquier MASC (LO 1/2025 disp.trans.9ª.1 y 2).

2) El Gobierno debe remitir a las Cortes Generales dos **proyectos de Ley**:
- antes de 3-4-2027 -2 años desde la entrada en vigor de LO 1/2025-, regulador de los MASC cuando una de las partes es la Administración;
- antes de 3-4-2026 -1 año desde la entrada en vigor de LO 1/2025-, regulador el estatuto del tercero neutral interviniente en cualquiera de los MASC -hasta su aprobación se aplicará el estatuto personal del mediador previsto en la L 5/2012 y, en su caso, en la legislación autonómica-.

3626 **Requisito o presupuesto de procedibilidad** (LO 1/2025 art.5) En el **orden jurisdiccional civil**, con carácter general para todos los procesos declarativos y especiales (LEC Libros II y IV), es requisito de procedibilidad acudir previamente a algún MASC para que sea admisible la demanda, siempre que haya identidad entre el objeto de la negociación y el objeto del litigio, aun cuando las pretensiones que puedan ejercitarse en vía judicial sobre dicho objeto puedan variar.

Se entiende **cumplido** cuando se dé alguno de los supuestos siguientes:
- se acude previamente a la mediación, conciliación o a la opinión neutral de una persona experta independiente;
- se formula una oferta vinculante confidencial o se emplea cualquier otro tipo de actividad negociadora, reconocida en esta u otras leyes, estatales o autonómicas;
- la actividad negociadora se desarrolla directamente por las partes, o entre sus abogados, o si han recurrido a un proceso de derecho colaborativo.

Quedan **excluidos** del cumplimiento de este requisito los siguientes casos:
- la tutela judicial civil de derechos fundamentales;
- la adopción de las medidas previstas en CC art.158;
- la adopción de medidas judiciales de apoyo a personas con discapacidad;
- la filiación, paternidad y maternidad;
- la tutela sumaria de la tenencia o de la posesión de una cosa o derecho por quien haya sido despojado de ellas o perturbado en su disfrute;
- la pretensión de que el tribunal resuelva, con carácter sumario, la demolición o derribo de obra, edificio, árbol, columna o cualquier otro objeto análogo en estado de ruina y que amenace causar daños a quien demande;

- el ingreso de menores con problemas de conducta en centros de protección específicos, la entrada en domicilios y restantes lugares para la ejecución forzosa de medidas de protección de menores o la restitución o retorno de menores en los supuestos de sustracción internacional;
- el juicio cambiario.

No es preciso respetarlo en los casos siguientes casos:
- interposición de una demanda ejecutiva;
- solicitud de medias cautelares previas a la demanda;
- solicitud de diligencias preliminares;
- iniciación de expedientes de jurisdicción voluntaria, excepto expedientes de intervención judicial en los casos de desacuerdo conyugal y en la administración de bienes gananciales y los de intervención judicial en caso de desacuerdo en el ejercicio de la patria potestad;
- presentación de la petición de requerimiento europeo de pago (Rgto (CE) 1896/2006) o solicitud de inicio de un proceso europeo de escasa cuantía (Rgto (CE) 861/2007).

La **iniciativa** para utilizar un MASC puede proceder de una de las partes, de ambas de común acuerdo, de una decisión judicial o del letrado de la Administración de Justicia de derivación de las partes a este tipo de medios.

Precisiones Debe advertirse la posible variabilidad de los criterios anteriores. Así, por ejemplo, aunque cabe interpretar que las solicitudes de medidas provisionales previas a la interposición de la demanda de LEC art.771 no exigen acudir previamente a alguno de los medios adecuados legalmente establecidos para la solución de controversias (MASC) como requisito de procedibilidad establecido con carácter general por la LO 1/2025 en los procesos civiles, es una cuestión que puede resultar controvertida y dar lugar a **prácticas diferentes**, como ha sido el caso de los jueces de familia de Madrid capital, que han establecido por mayoría la exigencia de acudir previamente a un MASC en estos casos. En el mismo sentido se han pronunciado los jueces de primera instancia de Las Palmas de Gran Canaria para el caso de la petición inicial del proceso monitorio.

Postulación (LO 1/2025 art.6) La asistencia de **abogado** no es preceptiva, salvo que el medio elegido sea la formulación de una oferta vinculante que supere los 2.000 euros o una ley sectorial exija su intervención. En el caso de que alguna de las partes requiera asistencia letrada ha de hacerlo constar en el requerimiento o en el plazo de 3 días desde la fecha de recepción de la propuesta por la parte requerida, comunicándoselo a la otra parte para que pueda decidir valerse también de abogado en el plazo de los 3 días siguientes a la recepción de la notificación. **3627**

Los **honorarios** de los abogados han de ser abonados por las partes, salvo que se tenga derecho al beneficio de justicia gratuita. Debe asegurarse la disponibilidad de MASC de acceso gratuito para las partes.

Las partes tienen libertad para la **elección** de MASC, pero, en caso de desacuerdo sobre el que ha de utilizarse, se emplea el que se haya propuesto antes temporalmente.

Efectos de apertura y finalización de un MASC (LO 1/2025 art.7) La solicitud de un MASC produce los siguientes efectos: **3628**

1) Se **interrumpe la prescripción o suspende la caducidad** de acciones desde la fecha en la que conste el intento de comunicación de la solicitud a la otra parte -en el domicilio personal, en el lugar de trabajo o por el medio de comunicación electrónico empleado por las partes en sus relaciones previas-. Ambas se prolongan hasta la fecha en que se firme el acuerdo o se termine la negociación sin acuerdo, reiniciándose o reanudándose el cómputo de los plazos si no se mantiene la primera reunión dirigida a alcanzar un acuerdo o no se obtiene respuesta por escrito en el plazo de 30 días naturales desde la fecha de recepción.

2) Sin perjuicio de lo anterior, cuando interviene un **tercero neutral** se siguen las ciertas reglas según quién realice la intervención:

• La intervención de un **mediador** se rige por L 5/2012 art.4.

• En el caso de participación de **conciliador**, la solicitud de conciliación interrumpe la prescripción o suspende la caducidad de acciones desde la fecha en la que conste la recepción de la solicitud, reiniciándose o reanudándose, respectivamente, el cómputo de plazos si en 15 días naturales desde su fecha:
- no se ha intentado la comunicación con la otra parte; o
- habiéndose intentado, la recepción no se produce, no se ha mantenido la primera reunión dirigida a alcanzar un acuerdo o no se ha obtenido respuesta por escrito.

La apertura de la conciliación supone que se prolongue la interrupción o la suspensión hasta la fecha de la firma del acuerdo o hasta la terminación de la conciliación.

• La intervención de un **experto independiente** supone la interrupción la prescripción o la caducidad de acciones desde la fecha de su designación, reiniciándose o reanudándose, respectivamente, el cómputo de los plazos a partir de la fecha de aceptación del acuerdo final por todas las partes o de emisión de la certificación de intento de acuerdo.

• La intervención de un **letrado de la Administración de Justicia** se rige por la L 15/2015 respecto a la suspensión de la caducidad y la interrupción de la prescripción, que se aplica supletoriamente en los casos de actuación como conciliador de un **notario o registrador**.
3) Si la solicitud inicial de negociación no tiene respuesta o el proceso negociador finaliza sin acuerdo, para que se entienda cumplido el requisito de procedibilidad ha de **formularse la demanda:**
- en el plazo de un año a contar, según el caso, desde la fecha de recepción de la solicitud de negociación o desde la de terminación del proceso sin acuerdo;
- en el plazo de 20 días, si se hubieran acordado medidas cautelares durante la tramitación del proceso negociador y ante el mismo tribunal que las impuso -si se hubieran acordado antes del inicio de este proceso, este plazo se suspende y reanuda según lo dispuesto en el punto 1-.
4) Si se inicia un proceso judicial con el mismo objeto que el de una previa actividad negociadora intentada sin acuerdo los tribunales deben tener en consideración la **colaboración** de las partes respecto a la solución consensuada y el eventual **abuso del servicio público de justicia** a los efectos de costas o imposición de multas y sanciones.

3629 **Actuaciones por medios electrónicos** (LO 1/2025 art.8) Las partes pueden acordar que todas o alguna de las actuaciones de se lleven a cabo por **medios telemáticos**, por **videoconferencia** u por cualquier otro medio **análogo** de transmisión de la voz o la imagen, siempre que queda garantizada la identidad de los intervinientes.
Si el objeto de la controversia es una **reclamación de cantidad que no exceda de 600 euros** ha de desarrollarse preferentemente por estos medios, salvo que no sea posible para alguna de las partes.

3630 **Confidencialidad** (LO 1/2025 art.9) Todo el proceso de negociación y su documentación, salvo la asistencia de las partes y el objeto de la controversia, es confidencial. Los abogados y el tercero neutral que intervenga están sujetos al deber y derecho de **secreto profesional**, con las siguientes **excepciones**:
- que todas las partes, de manera expresa y por escrito, se dispensen recíprocamente o al abogado o tercero neutral;
- que se encuentra en trámite la impugnación de la tasación de costas, su solicitud de exoneración o moderación -sin que pueda utilizarse para otros diferentes ni en procesos posteriores-;
- que se solicite, en resolución judicial motivada, por los jueces del orden jurisdiccional penal;
- que sea necesario por razones de orden público, lo requiera la protección del interés superior del menor o la prevención de daños a la integridad física o psicológica de una persona.
Esta información **no puede aportarse como prueba** (LEC art.283.3), siendo, en su caso, inadmitida por la autoridad judicial y no incorporándose al expediente, sin perjuicio de las responsabilidades en que hubiera podido incurrirse.

3631 **Acreditación y documentación** (LO 1/2025 art.10.1 a 3) Toda actividad negociadora, o su intento infructuoso, ha de ser documentada por **escrito firmado por las partes**.
A **falta de tercero neutral**, la acreditación puede producirse mediante cualquier documento firmado por ambas partes en el que se deje constancia de su identidad y, en su caso, de los profesionales o expertos que hayan participado, la fecha, el objeto de la controversia, la fecha de la reunión o reuniones mantenidas, en su caso, y la declaración responsable de que las dos partes han intervenido de buena fe en el proceso. En su defecto, el intento de negociación se acredita mediante cualquier documento que pruebe que la otra parte ha recibido la solicitud o invitación para negociar o, en su caso, la propuesta, en qué fecha, y que ha podido acceder a su contenido íntegro.
Si ha intervenido un **tercero neutral gestionando la actividad negociadora**, debe expedir, a petición de parte, un documento expresivo de:
a) Su identidad, cualificación, colegio profesional, institución a la que pertenece o registro en el que esté inscrito.
b) La identidad de las partes.
c) El objeto de la controversia.
d) La fecha de la reunión o reuniones mantenidas.
e) La declaración solemne de que las dos partes han intervenido de buena fe en el proceso, para que surta efectos ante la autoridad judicial correspondiente.
f) La inasistencia de cualquiera de las partes, con justificación de notificación de la citación efectuada efectivamente.

Finalización sin acuerdo (LO 1/2025 art.10.4) Se produce la terminación del proceso sin acuerdo en los siguientes **supuestos**: 3632
• Por el transcurso de 30 días naturales, contados desde la fecha de recepción de la solicitud, sin mantener la primera reunión o contacto o sin obtener respuesta por escrito.
• Cuando, iniciada la actividad negociadora, transcurran 30 días desde la fecha de una propuesta concreta de acuerdo sin que se alcance ni se obtenga respuesta por escrito.
• Por el transcurso de 3 meses desde la fecha de celebración de la primera reunión sin que se haya alcanzado el acuerdo. Puede prolongarse el plazo por mutuo acuerdo de las partes.
• Si cualquiera de las partes se dirige por escrito dando por terminadas las negociaciones, dejando constancia de esto.

Acuerdo (LO 1/2025 art.12 y 13) El acuerdo que ponga fin a la actividad negociadora ha de ser formalizado en **documento**, firmado por las partes, en el que se haga constar todos los datos de los intervinientes, fecha y lugar y obligaciones asumidas, pudiendo elevarse a escritura pública. 3633
Su **contenido** puede versar sobre una parte o sobre la totalidad de las materias sometidas a negociación y es **vinculante** para las partes.
Las partes pueden compelerse recíprocamente a elevar el acuerdo alcanzado a **escritura pública**. De no atender la parte requerida a la solicitud de la otra, podrá otorgarse unilateralmente por la solicitante, debiendo hacerse la solicitud por medio del notario autorizante del instrumento público y dejar constancia en él. No es necesaria la presencia del tercero neutral en el acto de otorgamiento de la escritura.
Los **gastos** de otorgamiento de escrituras serán abonados según lo acordado; y, en defecto de acuerdo, por la parte que solicite la elevación a escritura pública, sin perjuicio de la repercusión como costas que, en su caso, pudiera producirse en el proceso de ejecución de conformidad, teniendo la consideración de derechos arancelarios.
Cuando el acuerdo haya de **ejecutarse en otro Estado**, además de la elevación a escritura pública será necesario el cumplimiento de los requisitos que, en su caso, puedan exigir los convenios internacionales en que España sea parte y las normas de la Unión Europea.
Cuando así lo exija la ley o el acuerdo se hubiera alcanzado en un proceso de negociación al que se hubiera derivado por el tribunal en el seno del proceso judicial, las partes podrán solicitar del mismo su **homologación**.

Precisiones Para que tenga **valor de título ejecutivo** el acuerdo habrá de ser elevado a escritura pública, ser homologado judicialmente, o constar en la certificación a que se refiere LH art.103 bis, si es consecuencia de una conciliación registral.

Modalidades de negociación previa a la vía jurisdiccional (LO 1/2025 art. 14 a 19) A los efectos de cumplir el requisito de procedibilidad para la iniciación de la vía jurisdiccional las partes pueden: 3635
• Acudir a cualquiera de las **modalidades de negociación previa** o a cualquier otro MASC previsto en otras normas, a la mediación, conciliación ante notario o ante registrador de la propiedad o mercantil, ante el letrado de la Administración de Justicia o ante el juez de paz.
• Cumplirlo mediante la **negociación directa**.
• Acudir a un proceso de **Derecho colaborativo**.

Conciliación privada (LO 1/2025 art.15 a 18) Puede **ser requerida** por cualquier persona física o jurídica que se proponga ejercitar las acciones legales que le corresponden en defensa de un derecho y **solicitarse** a una persona con conocimientos técnicos o jurídicos relacionados con la materia de que se trate. 3636
Para intervenir como **persona o entidad conciliadora** se precisa estar inscrita como ejerciente en uno de los colegios profesionales reconocidos legalmente -abogacía, procura, graduados sociales, economistas, notariado o registradores de la propiedad-, en registros o instituciones de mediación debidamente homologadas. Ha de ser imparcial y guardar los deberes de confidencialidad y secreto profesional y, si se trata de una sociedad profesional, ha de cumplir lo dispuesto en la L 2/2007 y estar inscrita en el Registro de sociedades profesionales del colegio profesional que corresponda a su domicilio.
Sus **funciones** son:
• Realizar una sesión inicial informativa.
• Gestionar la recepción de la solicitud, invitación a otra parte o citación para reuniones presenciales o virtuales.
• Documentar el acta de inicio, delimitando el objeto, honorarios y comparecencia de las partes por sí mismas o asistidas de abogado o representante legal
• Dar la palabra a las partes.
• Poner de manifiesto de las dimensiones extrajurídicas de la controversia.

• Formular directamente a las partes posibles soluciones para llegar a un eficaz acuerdo común.
• Requerir a los abogados, si participan en el proceso, la supervisión del acuerdo alcanzado.
• Elaborar el acta final que recoja la propuesta sobre la que exista el acuerdo total o parcial y firmarlo.
• En caso de desacuerdo, emitir una certificación acreditativa del intento sin efecto.
• Emitir certificado acreditativo de haber intentado sin efecto la conciliación o de haberla rehusado.

Cualquier persona que formule una **oferta vinculante confidencial** a la otra parte queda obligada a cumplir la obligación que asume una vez que la parte a la que va dirigida la acepta expresa e irrevocablemente en los términos en que vaya redactada.

Si la **oferta es rechazada o no es aceptada expresamente** por la otra parte en el plazo de un mes o en cualquier otro plazo mayor establecido por la parte requirente decae y la parte requirente puede ejercitar la acción que le corresponda ante el tribunal competente, entendiendo que se ha cumplido el requisito de procedibilidad. En este caso, basta acreditar la remisión de la oferta a la otra parte por manifestación expresa en el escrito de demanda o en su contestación.

Las partes pueden designar de mutuo acuerdo a un **experto independiente** para que emita una opinión no vinculante sobre cuestiones jurídicas o técnicas. Este dictamen es confidencial. Una vez emitido las partes disponen de un plazo de 10 días hábiles para hacer recomendaciones, observaciones o propuestas de mejora para aceptar la opinión escrita propuesta por el experto. Si las conclusiones se aceptan por todas las partes, el acuerdo se consigna; en caso contrario, se extiende certificación de haber sido intentado sin efecto llegar a un acuerdo para tener por cumplido el requisito de procedibilidad.

3637 **Proceso de Derecho colaborativo** (LO 1/2025 art.19) Supone que las partes sean asesoradas por un abogado ejerciente, colegiado y acreditado en Derecho colaborativo, y con intervención de terceros neutrales expertos para buscar la **solución consensuada** a la controversia y quienes, tras el proceso, redactan un acta final sobre los acuerdos adoptados y las cuestiones sobre las que no haya sido posible alcanzarlos.

3638 **Litigios en materia de consumo** (LO 1/2025 disp.adic.7ª) En los litigios en que se ejerciten **acciones individuales** promovidas por consumidores o usuarios, se entenderá cumplido el requisito o presupuesto de procedibilidad por la reclamación extrajudicial previa a la empresa o profesional con el que hubieran contratado, sin haber obtenido una respuesta en el plazo establecido por la legislación especial aplicable, o cuando la misma no sea satisfactoria, y sin perjuicio de que puedan acudir a cualquiera de los medios adecuados de solución de controversias, tanto los previstos en legislación especial en materia de consumo, como los generales previstos en la LO 1/2025.

Se entenderá también cumplido el requisito de procedibilidad con la resolución de las **reclamaciones** presentadas por los usuarios de los servicios financieros ante el Banco de España, la Comisión Nacional del Mercado de Valores y la Dirección General de Seguros y Fondos de Pensiones (L 44/2002 art.40), o por haber acudido a alguno de los procedimientos a que se refiere la L 7/2017 o los que pudieran haber sido establecidos en normativa sectorial en desarrollo de la misma.

3640 **Criterios orientativos** (Acuerdo Juzgados Primera Instancia Madrid 26-9-2025) Se establecen para el partido judicial de Madrid, **sin efecto vinculante**, los siguientes criterios de valor ilustrativo general:

1) Procedimientos sujetos a MASC previo (LO 1/2025 art.2):
• Todos en los que no se excluya expresamente por la ley.
• Monitorio.
• Monitorio en el ámbito de la L 49/1960 (LPH).
• Posteriores a una medida cautelar previa (LO 1/2025 art.7.3.3).
• Sobre obligaciones solidarias.

2) Procedimientos exentos de MASC previo:
• Obligaciones o deudas periódicas y de tracto sucesivo (ampliación): Tras su vencimiento, el MASC se entiende ampliado automáticamente para las restantes y sirve para reclamarlas judicialmente hasta el límite de un año de eficacia de aquel.
• Reconvención, ampliación por litisconsorcio u otras causas -intervención, sucesión, etc.- compensación: al ser accesorios del proceso principal haciendo imposible cumplir los plazos procesales.
• Tráfico: Se considera que la reclamación previa prevista en RDLeg 8/2004 art.7 es equivalente al MASC.
• Verbales y ordinarios derivados de la oposición a un monitorio previo.

• Procedimientos en que sea parte una entidad perteneciente al sector público (LO 1/2025 art.3.2).
3) Procedimientos de desahucio por falta de pago y precario. Como regla general, ninguno está excluido de MASC (LO 1/2025 art.5.2). En particular, debe destacarse:
• Desahucio por precario: requiere, al menos, declaración responsable de haberlo intentado en el inmueble objeto de desahucio.
• Desahucio por falta de pago (enervación): basta el requerimiento para la enervación como requisito de procedibilidad (LEC art.22.4) y estar previsto que en la misma demanda se ofrezca condonar todo o parte de las deudas rentas en caso de desalojo (LEC art.437.3).
• Desahucio por expiración de plazo sin solicitud de cantidades: es necesario el MASC para negociar el plazo de desalojo.
• Desahucio en que es parte la EMVS (Empresa Municipal de Vivienda y Suelo) o entes públicos semejantes: no precisan MASC.
• Desahucio en procesos en que interviene avalista, fiador o coarrendatario: es necesario MASC en cada uno de ellos.
• Desahucio reclamando rentas periódicas: sigue la regla general para rentas periódicas.

4) Procedimientos con consumidores: **3641**
• Se está a lo dispuesto en el requerimiento del consumidor (LO 1/2025 disp.adic.7ª).
• Los procedimientos previstos en LEC art.139 bis y 139.5 se limitan a supuestos de condiciones generales de contratación en préstamos garantizados con hipoteca inmobiliaria.
5) Asuntos hipotecarios:
• Demandas planteadas *ex* LH art.328 (acciones de impugnación de calificaciones negativas): están excluidas de MASC previo (LO 1/2025 art.3.2) por considerar que la parte demandada -Registradores de la Propiedad y DGSJFP- son entidades pertenecientes al sector público.
• Demandas planteadas *ex* LH art.41: excluidas de MASC por tratarse de procesos de tutela sumaria o de posesión de una cosa o derecho por quien haya sido despojado de ellas o perturbado en su disfrute (LO 1/2025 art.5.2.e).
• Demandas de ejecución sobre bienes hipotecados o pignorados y demandas de ejecución dineraria en casos de bienes especialmente hipotecados o pignorados para la satisfacción de la deuda remanente tras la terminación del procedimiento de ejecución directa contra aquellos bienes: quedan excluidas de MASC por tratarse de demandas ejecutivas (LO 1/2025 art.5.3).
6) Otros aspectos:
• Se considera insubsanable la **omisión del MASC** previo (LEC art.264.4), procediendo en tal caso la inadmisión de la demanda.
• Si la demanda contiene una **mención**, aun sucinta, a un proceso de negociación o intento de MASC, pero **no se aportan los documentos** que la acrediten, es posible subsanar el defecto aportando los que, en todo caso, sean de fecha anterior a la demanda (1 mes o 3 meses) y efectuando el requerimiento de subsanación por 5 días con expreso apercibimiento de inadmisión para el caso de no ser cumplimentado en el plazo señalado.
• Los **medios para acreditar documentalmente** el requisito de procedibilidad son: burofax; buromail; buroSMS; correo certificado con acuse de recibo (acreditando fecha de envío, objeto de negociación y recepción por la otra parte que ha de coincidir con el futuro demandado); correo electrónico, SMS, WhatsApp u otro medio de mensajería instantánea cuando conste que se haya recibido, intervenido un tercero de confianza y las partes lo hayan estipulado como medio habitual de comunicación sin que se admitan las comunicaciones unilaterales no contestadas; acta notarial; documento expedido por tercero neutral; actos de conciliación ante notario, registrador de la propiedad, LAJ o juez de paz (cuantía inferior a 10.000 euros); justificante de envío y recepción de oferta vinculante; negociación directa o, en su caso, a través de sus abogados y conciliación privada.
No se considera acreditada la exigencia mediante envíos masivos o cualesquiera que no permitan tener constancia de la recepción.
• El **contenido** del MASC requiere:
- identidad entre el objeto de la negociación y el objeto del litigio, aun cuando las pretensiones que puedan ejercitarse, en su caso, en vía judicial, puedan variar;
- voluntad negociadora conforme a las exigencias de la buena fe;
- identificación de las partes: en caso de cesión, el intento de negociación realizado por el cedente no puede utilizarse por el cesionario precisándose un MASC propio;
- identificación del objeto: aunque debe tener los elementos necesarios para establecer esta identidad se reconoce la confidencialidad del contenido y documentos de la negociación;
- fecha de recepción: no basta la referencia de «enviada»; la falta de recepción como rehusada o no retirada equivale a recibida, pero si lo es por domicilio desconocido o dirección incorrecta, no cabe entenderlo como recibido.

SECCIÓN 11

Juicio ordinario

(LEC art. 399 a 436; RDL 6/2023; LO 1/2025)

3750

3751 MPCI nº 6308 s. Toda contienda judicial entre partes que no tenga señalada por la Ley otra tramitación, debe ser ventilada y decidida en el proceso declarativo que corresponda (LEC art.248). Son **procesos declarativos**:

• El **juicio ordinario**, que se aplica a los procedimientos más comunes, enumerados mediante un sistema de lista (LEC art.249.1) y otro subsidiario de cuantía (LEC art.249.2).

• El **juicio verbal**, concebido para la resolución de aquellos litigios que demanden una más rápida respuesta judicial, que se enumeran con un criterio cuantitativo -asuntos de cuantía inferior a 15.000 euros- (LEC art.250.2) y material, cualquiera que sea su cuantía (LEC art.250.1).

Las **normas de determinación** de la clase de juicio por razón de la cuantía solo se aplican en defecto de norma por razón de la materia. La propia Ley establece reglas para la determinación de la cuantía y el control de oficio a instancia de parte de la clase de juicio aplicable (LEC art.251 a 256). Sobre la determinación del juicio aplicable, ver nº 3200 s.

El juicio ordinario se configura como **proceso tipo**, estructurándose en demanda, audiencia previa, vista y sentencia.

3752 **Caracteres** El juicio ordinario es un procedimiento caracterizado por las siguientes notas:

• Trata de potenciar la **oralidad**, frente al carácter predominantemente escrito de los juicios declarativos en la anterior regulación.

• Apuesta decididamente por los principios de **inmediación, publicidad y lengua oficial** (nº 2805).

• Rige el **principio dispositivo**, aunque con alguna concesión a favor del de oficialidad (p.e. diligencias finales -LEC art.435.2-).

• El procedimiento se estructura en **cuatro fases**.

A grandes rasgos, el **desarrollo del proceso ordinario** puede resumirse como sigue:

1. Con la **demanda y contestación** quedan fijadas las partes y el objeto del proceso; en particular, se establece una regulación precisa y detallada de la **reconvención**, prohibiendo la reconvención implícita, que tantos problemas planteaba en la práctica con la anterior regulación y que ocasionaba numerosas indefensiones, y exige al demandado una formulación expresa de sus pretensiones frente al actor.

2. En la **audiencia previa**, se intenta inicialmente un acuerdo o transacción de las partes, que ponga fin al proceso y, si tal acuerdo no se logra, se resuelven las posibles cuestiones sobre presupuestos y óbices procesales, se determinan con precisión las pretensiones de las partes y el ámbito de su controversia, se intenta nuevamente un acuerdo entre los litigantes y, en caso de no alcanzarse y de existir hechos controvertidos, se proponen y admiten las pruebas pertinentes.

3. En el **juicio**, se practica la **prueba** y se formulan las **conclusiones** sobre esta, finalizando con informes sobre los aspectos jurídicos, salvo que todas las partes prefieran informar por escrito o el tribunal lo estime oportuno. Conviene reiterar, además, que de todas las actuaciones

públicas y orales, en ambas instancias, queda constancia mediante los instrumentos oportunos de grabación y reproducción, sin perjuicio de las actas necesarias.
4. La Ley vigente suprime las «diligencias para mejor proveer», sustituyéndolas por unas **diligencias finales**, con presupuestos distintos de los de aquellas. La razón principal para este cambio es la coherencia con la ya referida inspiración fundamental que debe presidir el inicio, desarrollo y desenlace de los procesos civiles. Además, es conveniente en cuanto refuerza la importancia del acto del juicio, restringiendo la actividad previa a la sentencia a aquello que sea estrictamente necesario. Por tanto, como diligencias finales solo son admisibles las **diligencias de pruebas**, debidamente propuestas y admitidas, que no se hayan podido practicar por causas ajenas a la parte que las haya interesado. Se considera improcedente llevar a cabo nada de cuanto se haya podido proponer y no se haya propuesto, así como cualquier actividad del tribunal que, con merma de la igualitaria contienda entre las partes, supla su falta de diligencia y cuidado (LEC Exp.Motivos). Las excepciones a esta regla han sido meditadas detenidamente y responden a criterios de equidad, sin que supongan ocasión injustificada para desordenar la estructura procesal o menoscabar la igualdad de la contradicción.

1. Demanda

(LEC art.399 -redacc LO 1/2025-, 400 a 403 -redacc LO 1/2025- y 404)

La demanda puede definirse como una declaración de voluntad por la cual se solicita la **iniciación del proceso**. Se trata de un acto de parte en el que normalmente se contiene la pretensión. **3760**
La demanda marca el comienzo del juicio ordinario.

Precisiones Sobre la utilización de **LexNET** -y otros sistemas equivalentes- para la presentación de escritos y otras comunicaciones procesales, ver nº 2880 s.

Contenido (LEC art.399) La demanda debe contener: **3761** MPCI nº 6322 s.
a) Los datos y circunstancias de identificación del **actor** y el domicilio o residencia en que puedan ser emplazado, con mención del nombre y apellidos del procurador y del abogado, cuando intervengan, consignando el demandante número de teléfono, dispositivo electrónico, servicio de mensajería simple o dirección de correo electrónico, si los tuviere, a los meros efectos de contacto por el tribunal. Si se trata de personas obligadas a relacionarse electrónicamente con la Administración de Justicia, o que elijan hacerlo, la consignación de número de teléfono y una dirección de correo electrónico es preceptiva. Además, cualquiera de los medios previstos en LEC art.162.1 (nº 2879 s.), para realizar notificaciones, requerimientos o emplazamientos personales, incluidos, en su caso, los actos de comunicación correspondientes al procedimiento de ejecución, que se realizarán en la forma y con las garantías previstas en dicho precepto para su debida constancia.
b) Los datos y circunstancias de identificación del **demandado** y el domicilio o residencia en que puedan ser emplazado.
c) La exposición, numerada y separada, de los **hechos**. Se deben narrar de forma ordenada y clara con objeto de facilitar su admisión o negación por el demandado. Con igual orden y claridad se han de expresar los documentos, medios e instrumentos que se aporten en relación con los hechos. Se puede, además, si parece conveniente, realizar valoraciones o razonamientos sobre los mismos.
d) La descripción del **proceso de negociación previo** llevado a cabo o la imposibilidad del mismo (LEC art.264.4º redacc LO 1/2025), y, en su caso, los documentos que justifiquen que se ha acudido a un medio adecuado de solución de controversias (nº 3625 s.), salvo en los supuestos exceptuados en la Ley de este requisito de procedibilidad.
e) La exposición, numerada y separada, de los **fundamentos de Derecho**. Además de lo relativo al fondo del asunto, se han de incluir, con separación, las alegaciones sobre capacidad de las partes, representación de ellas o del procurador, jurisdicción, competencia y clase de juicio en que se deba sustanciar la demanda. También debe alegarse acerca de cualquier otro hecho del que pueda depender la validez del juicio y la procedencia de la sentencia sobre el fondo del asunto.
f) La **pretensión**, fijada con claridad y precisión. Cuando se pretendan varios pronunciamientos judiciales, se deben expresar con la debida separación. Las peticiones formuladas subsidiariamente, para el caso en que las principales sean desestimadas, se deben hacer constar separadamente y por su orden.
Para determinar cuál o cuáles son las pretensiones afirmadas no ha de atenderse exclusivamente al suplico de la demanda, sino a todo el contenido de la misma, a todas las alegaciones fácticas y jurídicas, pues la súplica ha de ser interpretada poniéndola en relación con el resto

de las alegaciones contenidas en aquella a efecto de apreciar la congruencia de la sentencia (TS 11-6-24, EDJ 584021).
Debe tenerse en cuenta que, con la finalidad principal de determinar el tipo de juicio a seguir, en la demanda se debe hacer constar la **cuantía de la pretensión** que se ejercite, pues se prohíbe que la demanda se limite a fijar el tipo de juicio o que deje a la actividad del demandado la carga de fijar la cuantía (nº 3228).
Sobre los **documentos** que han de acompañar a la demanda, ver nº 3350 s.

3763 MPCI nº 6328

Precisiones 1) En lo que se refiere a los **datos y domicilio del demandado** se ha de tener en cuenta lo que se dispone sobre los actos de comunicación con las partes aún no personadas o no representadas por procurador (nº 2856).
2) Sostienen los tribunales que LEC art.399 redacc LO 1/2025 establece un **conjunto básico de requisitos** de forma y, especialmente a los efectos que aquí interesan, de contenido en la elaboración de la demanda de juicio ordinario, destacando entre dichas exigencias legales la narración de los hechos, cuyo nexo o vínculo con las partes debe quedar esclarecida en esa descripción, siendo así improcedente demandar a una o varias personas sin exponer en absoluto cuál es su relación fáctica o jurídica con el hecho supuestamente generador de responsabilidad, pues tal carencia no solo va a obstaculizar que se articule una defensa, sino que incluso impide al órgano judicial fiscalizar la correcta y válida constitución desde un principio de la relación jurídico-procesal y, por tanto, deriva en su inadmisión (AP Almería 21-6-04, EDJ 83233).
3) Ante la **imposibilidad de designación de domicilio o residencia** a efectos de su personación, se han de utilizar los medios oportunos para averiguar esas circunstancias, pudiendo dirigirse en su caso a los registros, organismos o publicaciones de colegios profesionales en los que pueda aparecer (LEC art.155 y 156 redacc LO 1/2025). En definitiva, si la parte actora ha aportado los datos que conoce, corresponde al tribunal desplegar los mecanismos necesarios para la averiguación en su caso de los datos expuestos en registro público y que la demandante no haya podido obtener (AP Cáceres 12-12-03, EDJ 263140).
4) El **suplico** de los escritos de las partes debe ser integrado, en la medida de lo posible y siempre atendiendo a una integración hermenéutica, con lo señalado en los hechos y fundamentos de derecho, así como el material probatorio (AP Zaragoza 14-5-02, EDJ 126422).

3764 MPCI nº 6330 s.

Preclusión de las alegaciones de hecho y fundamentos de derecho (LEC art.400)

Se impone al actor la carga de aducir en la demanda los distintos hechos y fundamentos o títulos jurídicos en los que pueda fundarse, **que resulten conocidos o puedan invocarse**, prohibiendo que se reserven para ser alegados en un proceso ulterior.
Se establece como **excepción** la posibilidad de alegaciones complementarias y de hechos nuevos o de nueva noticia (nº 3860).

Precisiones 1) Se trata de una **norma de política legislativa**, sin precedentes en materia procesal civil, que se encuentra inmersa en la voluntad del legislador de simplificar la mecánica de funcionamiento de la Administración de Justicia, imponiendo a los justiciables una mayor responsabilidad en sus relaciones con el aparato estatal dispensador de la tutela judicial.
Se parte aquí de dos **criterios inspiradores**: por un lado, la necesidad de seguridad jurídica y, por otro, la escasa justificación de someter a los mismos justiciables a diferentes procesos y de provocar la correspondiente actividad de los órganos jurisdiccionales, cuando la cuestión o asunto litigioso razonablemente puede zanjarse en uno solo. Con estos criterios, que han de armonizarse con la plenitud de las garantías procesales, la Ley, entre otras disposiciones, establece una regla de preclusión de alegaciones de hechos y de fundamentos jurídicos, que se inspiran en una sólida y consolidada jurisprudencia y en la doctrina (LEC Exp.Motivos).
2) La rigidez de la preclusión es de gran consideración, por lo que el que pretenda interponer una demanda, con una pretensión u objeto determinado, debe **calibrar bien todas sus posibilidades**, para no verse impedido posteriormente de ejercitar derechos que pudieren corresponderle, pero que ya no podrá ejercitar como consecuencia de la norma que se comenta.
3) Lo que se trata de evitar es una práctica ciertamente viciosa como era el que unos mismos hechos dieran lugar a una **proliferación de procesos** judiciales. Así, por ejemplo, en los supuestos de responsabilidad civil por **culpa contractual, extracontractual u objetiva**, esas diversas catalogaciones de la culpa deben esgrimirse en la demanda y en un único proceso, de manera que no cabe que una vez desestimado un litigio por considerar que los hechos no son constitutivos de culpa extracontractual, reproducir la pretensión sobre la base de una supuesta responsabilidad objetiva.
O bien, en los supuestos en los que se dude si estamos en presencia de un **contrato de mandato o de gestión de negocios ajenos**, deben hacerse valer en el proceso todos aquellos títulos jurídicos en los que pueda fundarse la reclamación, y de no hacerlo operaría el efecto preclusivo señalado.
Lo que en ningún caso impone ese precepto legal es una **acumulación subjetiva u objetiva de acciones**, que fuera de los casos legalmente previstos sigue teniendo un carácter facultativo (AP Asturias 24-2-03, EDJ 26769).

3765

Efectos La presentación de la demanda produce una serie de efectos, entre los que hay que distinguir los de derecho material de los de derecho procesal.

Efectos materiales De acuerdo con la regulación del Código civil, pueden destacarse los siguientes: 3766
• Constituye en **mora** al deudor (CC art.1100).
• Da lugar a que los intereses vencidos devenguen el **interés legal** (nº 4669), aunque la obligación guarde silencio sobre este punto (CC art.1109).
• Interrumpe la **prescripción**, tanto la adquisitiva como la extintiva (CC art.1945 y 1973).

Efectos procesales (LEC art.410 a 413) Al iniciar el proceso, la demanda lo hace quedar pendiente de resolución, lo que da lugar al efecto de la **litispendencia**. Los efectos de la pendencia del proceso se producen en el momento de presentación de la demanda, si después es admitida. Como efectos principales pueden destacarse la perpetuación de la jurisdicción, la prohibición del cambio de la demanda y la influencia de las modificaciones que se produzcan en las partes o sus intereses: 3767 MPCI nº 6340 s., 6348 s.

a) La **perpetuación de la jurisdicción** supone que la jurisdicción y competencia permanecen invariables a pesar de las alteraciones que, una vez iniciado el proceso, se produzcan en lo relativo al domicilio de las partes, la situación de la cosa litigiosa y el objeto del juicio (LEC art.411).
b) La **prohibición del cambio de demanda**, supone que, una vez fijado el objeto del proceso en la demanda y contestación y, en su caso, en la reconvención, el mismo no puede ser alterado, en lo fundamental, posteriormente por las partes. Ahora bien, ello no afecta a la posibilidad que tienen las partes de formular, en la audiencia previa al juicio, **alegaciones complementarias** en los términos que permite la Ley, las cuales no pueden alterar lo sustancial de las pretensiones ejercitadas, pero sí aclarar las alegaciones, rectificar extremos secundarios de las pretensiones sin alterarlas y añadir alguna petición accesoria o complementaria, con los requisitos de conformidad de la otra parte o consentimiento de la autoridad judicial (LEC art.412 y 426).
La **ampliación de la demanda** es posible antes de la contestación, para acumular nuevas acciones a las ya ejercitadas o para dirigirlas contra nuevos demandados. En tal caso, el plazo para contestar a la demanda se vuelve a contar desde el traslado de la ampliación de la demanda. El demandado puede oponerse en la contestación a la demanda a la acumulación pretendida, cuando no se acomode a lo dispuesto en LEC art.71 s. Sobre esta oposición se debe resolver en la audiencia previa al juicio. No se permite la acumulación de acciones después de contestada la demanda (LEC art.401 y 402).
c) Las **modificaciones** que, una vez iniciado el juicio, introduzcan las partes o terceros en el estado de las cosas o de las personas que hayan dado lugar a la demanda, no se tienen en cuenta en la sentencia. No obstante, se exceptúa el supuesto en que la modificación implique la pérdida de interés legítimo de la pretensión, por satisfacción extraprocesal de la misma o por cualquier otra causa, en cuyo caso, de acuerdo con el trámite previsto en LEC art.22, se concluye el proceso por medio de auto (LEC art.413).
d) Finalmente, la litispendencia excluye cualquier **actividad procesal respecto de la misma pretensión**. En caso de que se aprecie que lo ejercitado en la demanda constituye el objeto de otro juicio, el juez debe dictar auto de sobreseimiento, tratándose la litispendencia en la audiencia previa (LEC art.416 y 421).

2. Admisión

(LEC art.403 -redacc LO 1/2025- y 404)

El letrado de la Administración de Justicia, examinada la demanda, dictará **decreto** admitiendo la misma y dará traslado de ella al demandado para que la conteste en el plazo de 20 días. El letrado de la Administración de Justicia, no obstante, ha de dar **cuenta al tribunal** para que resuelva sobre la admisión en los siguientes casos: 3770 MPCI nº 6355
• Cuando estime **falta de jurisdicción o competencia** del tribunal.
• Cuando la demanda adolezca de **defectos formales** y no se hubiesen subsanado por el actor en el plazo concedido para ello por el letrado de la Administración de Justicia.

Precisiones 1) En los procedimientos sobre **defensa de la competencia** (Tratado FUE art.101 y 102 o de L 15/2007 art.1 y 2) se trasladará el auto de admisión por el letrado de la Administración de Justicia a la Comisión Nacional de los Mercados y de la Competencia en el plazo de 20 días (igual que el de contestación).
El Tratado FUE art.101 y 102 declara incompatibles con el mercado interior y prohibidos todos los **acuerdos entre empresas** que afecten al comercio entre los Estados miembros que tengan por objeto o efecto impedir, restringir o falsear el juego de la competencia dentro del mercado interior. En la misma medida quedará prohibida la explotación abusiva de una posición dominante en el mercado interior o en una parte sustancial del mismo.

2) Se atribuye al **letrado de la Administración de Justicia** la competencia para la admisión de la demanda, por entender que se trata de comprobar ciertos requisitos formales y el examen de la jurisdicción y competencia objetiva y territorial. Todo ello, sin perjuicio de la posibilidad de corregir sus posibles errores de apreciación a través de la declinatoria interpuesta por el demandado y, en todo caso, por el control de oficio que en cualquier momento puede realizar el juez o tribunal.

3772 **Supuestos de inadmisión** Puede declararse la inadmisión de la demanda en los casos y por las causas expresamente previstas en la Ley. Pueden señalarse los siguientes supuestos:

MPCI nº 6357 s.

a) Falta de **jurisdicción** o de **competencia** objetiva o territorial (cuando esta última sea indisponible por vía de sumisión expresa o tácita).

b) Falta de presentación de los **documentos** que la ley expresamente exija para la admisión de la demanda (LEC art.403.2).

c) Ausencia de acreditación de las circunstancias del proceso de negociación previo o su imposibilidad (LEC art.399.3 redacc LO 1/2025) en los casos en que se haya acudido a un **medio adecuado de solución de controversias** exigido por la ley como requisito de procedibilidad (LEC art.403.2 redacc LO 1/2025). En el ámbito del juicio ordinario se excluyen de esta exigencia los procesos sobre tutela civil de los derechos fundamentales (LO 1/2025 art.5.2.a).

d) Ausencia de **requerimiento**, **reclamación** o **consignación**, cuando se exijan (LEC art.403.2).

e) Falta de **firmeza** de la resolución lesiva o de agotamiento de la vía judicial frente a ella, cuando se pretenda demandar la responsabilidad contra jueces y magistrados por los daños y perjuicios que, por dolo, culpa o ignorancia inexcusable, causen en el desempeño de sus funciones.

No cabe la inadmisión si se cumple el requisito de firmeza de la resolución que puso fin al proceso en el que se causó el presunto agravio.

f) Falta de **indicación de la cuantía**. En ningún caso puede el tribunal inadmitir la demanda porque entienda inadecuado el procedimiento por razón de la cuantía. No obstante, si la demanda se limita a indicar, sin más, la clase de juicio que corresponde, o si, tras apreciarse de oficio que la cuantía fijada es incorrecta, no existen en aquella elementos suficientes para calcularla correctamente, no se da curso a los autos hasta que el actor no subsane el defecto de que se trate. El plazo para la subsanación es de 10 días, pasados los cuales se archivará definitivamente la demanda (LEC art.254.4).

Precisiones 1) No procede resolver **cuestiones de fondo** en el auto de admisión a trámite de la demanda, que únicamente tiene por objeto resolver sobre su admisión o no, pero en función de que se cumplan los requisitos legales para meramente darle o no curso, sin que se pueda examinar la concurrencia de los presupuestos necesarios para la viabilidad de la acción, ya que ello precisamente constituye la cuestión a debatir dentro del procedimiento para resolverla en la sentencia que ponga fin al procedimiento (AP Asturias 29-10-02, EDJ 126367).

2) Acerca de la **reclamación previa**, ver nº 3846.

3773 **Supuestos controvertidos** Pueden analizarse algunos supuestos dudosos en torno a la admisión de la demanda, que han sido resueltos por la jurisprudencia.

a) Falta de **concreción de la cuantía**. Cuando se reclame en juicio el pago de una cantidad de dinero determinada o de frutos, rentas, utilidades o productos de cualquier clase, la demanda no puede limitarse a pretender una sentencia meramente declarativa del derecho a percibirlos, sino que debe solicitarse también la condena a su pago, cuantificando exactamente su importe o fijando claramente las bases con arreglo a las cuales se deba efectuar la liquidación, de forma que esta consista en una pura operación aritmética. No puede el demandante pretender que la condena se efectúe con reserva de liquidación en la ejecución, aunque si se permite al demandante solicitar la condena al pago de cantidad de dinero, frutos, rentas, utilidades o productos cuando esa sea exclusivamente la pretensión planteada y se dejen para un pleito posterior los problemas de liquidación concreta de las cantidades (LEC art.219).

Aun cuando literalmente no se prohíben las sentencias con reserva de liquidación, **se reduce extraordinariamente** la posibilidad de producción de dicho tipo de sentencias.

Sin embargo, y pese a la restricción señalada, la vulneración del indicado precepto no se halla entre las causas de inadmisión de la demanda, pudiéndose **subsanar** dicho defecto en la audiencia previa (AP Valencia 8-5-02, EDJ 33245).

La imposibilidad de fijar la cuantía de lo que se reclama no puede llevar, sin más, a rechazar la admisión de la demanda, so pena de que los tribunales antepongan indebidamente una interpretación restrictiva de lo dispuesto en LEC art.219 por encima del derecho constitucional de **acceso al proceso**. Por el contrario, hemos de dar lugar, en la medida de lo posible, a una **interpretación conciliadora** de ambas normas.

3774 **b)** Actuación en **fraude de ley o procesal** (LEC art.247.2) Se faculta a los tribunales para rechazar, fundadamente, las peticiones e incidentes que se formulen con manifiesto abuso de derecho o entrañen fraude de ley o procesal.

MPCI nº 6363

No obstante, el mandato de que los tribunales deben rechazar fundadamente las peticiones no se refiere a la inadmisión de la demanda, porque no es posible en nuestro ordenamiento que el tribunal dicte esta resolución por **razones de fondo**, salvo en los supuestos excepcionales en que la tutela judicial concreta que se solicita esté expresamente privada de accionabilidad (TS auto 24-2-03, EDJ 263085).

La **calificación de actuación abusiva** ha de ser tomada con exquisito cuidado y riguroso análisis de la conducta procesal para no coartar el ejercicio de acciones, así como con estricto estudio de las resoluciones judiciales cuyo contenido puede ser esclarecedor (TS 17-10-98, EDJ 25085).

c) Demanda de proceso declarativo en el que se insta la **nulidad de un juicio ejecutivo**, basando dicha nulidad en la citación por edictos de dichos demandados, lo que no les permitió conocer la existencia del proceso indicado. Se diferencia entre aquellos supuestos en que la nulidad invocada se residencia en un procedimiento declarativo y aquella otra en que se ubica en un procedimiento sumario, precisando que la supresión del incidente de nulidad de actuaciones no autoriza a sustituirlo por un juicio declarativo sin más, pues, con ello, se conseguiría un efecto contrario al que pretendió el legislador al eliminarlo (TS 22-9-00, EDJ 25712; TCo 185/1990). **3775** MPCI nº 6367

Solo el **tercero que se vea directamente envuelto** en una ejecución indebida, ya sea por actos nulos, ya sea por actos inicuos, podría acudir a esta vía procesal (el juicio declarativo posterior) tan amplia de oposición. En los procesos declarativos, en tanto sean procesos de naturaleza plenaria (sean ordinarios o especiales) no cabe que los que hayan sido partes, fuera de los recursos establecidos, planteen juicios posteriores acerca de nulidades habidas en aquellos, a diferencia de lo que ocurre en los denominados sumarios que, con la amplitud que en cada caso reconocen la Ley y la jurisprudencia, pueden conducir a plenarios promovidos por quienes fueron parte en el sumario, cuyo objeto verse, entre otros, sobre nulidades que no hayan tenido oportunidad de denunciarse por medio de los recursos (TS 17-6-94, EDJ 5421). Consecuencia necesaria de anterior doctrina jurisprudencial, es la posibilidad, de que los recurrentes puedan instar la nulidad aducida (TS 20-2-03, EDJ 2542; AP Madrid 29-3-04, EDJ 106468).

d) Falta de acreditación del **poder del procurador**. No siempre es motivo de inadmisión, ya que, aunque resulta obligado (LEC art.264.1), se considera que la demanda cumple los requisitos de contenido y forma si tal extremo obra **acreditado en otros autos** del mismo órgano judicial en el que ha sido emplazado precisamente para formalizar la demanda, a los que se remite (AP Burgos 28-6-02, EDJ 126199). Lo que actualmente se ratifica al bastar la mera indicación del número asignado en el **registro de apoderamientos**.

Constitucionalidad de la inadmisión por falta de subsanación Es reiterada la doctrina que señala que el derecho a la **tutela judicial efectiva** no comprende el de obtener una decisión judicial acorde con las pretensiones formuladas, ni ampara una determinada interpretación de las normas aplicables al caso, sino únicamente el de recibir una respuesta judicial a sus pretensiones, motivada y fundada en Derecho (TCo 9/1981; 111/1995; 176/1996). **3776**

El mencionado derecho fundamental no es un derecho de libertad, ejercitable sin más y directamente a partir de la Constitución, ni se trata tampoco de un derecho absoluto o incondicional, sino propiamente de un **derecho de configuración legal**, de suerte que el legislador, dentro de su ámbito de atribuciones, puede establecer límites al pleno acceso a la jurisdicción, siempre que dichos límites sean razonables y proporcionados respecto de los fines que lícitamente puede perseguir en el marco de la Constitución, lo que comporta que aquel se satisface no solo cuando el juez resuelve sobre las pretensiones de las partes sino también cuando **inadmite una acción o un recurso** en virtud de la aplicación, razonada en Derecho y no arbitraria, de una causa legal (TCo 15-1-98; 35/1999; TS 29-1-97).

El derecho de acceder al proceso exige el deber para el ciudadano de cumplir con los **presupuestos procesales** legalmente establecidos; de modo que, aunque es cierto que no toda irregularidad formal puede erigirse en un obstáculo insalvable para la prosecución del proceso, y que debe procederse a permitir su subsanación, siempre que así pueda lograrse la finalidad a la que sirve el requisito procesal incumplido, no lo es menos que ello debe hacerse sin detrimento de otros derechos o bienes constitucionalmente dignos de tutela y siempre que el defecto no tenga origen en una actividad en que no haya observado la diligencia debida el interesado (TCo 39/1988; 95/1989; 239/1991; 247/1991).

Es constitucionalmente inobjetable la fijación de **plazos breves** para la realización de determinados actos procesales o para la subsanación de defectos en los procesos. El incumplimiento del requerimiento judicial en el plazo improrrogable legalmente establecido para la subsanación de un defecto procesal determina irremisiblemente el archivo de las actuaciones (TCo 25/1991), sin que pueda llegar a flexibilizarse el cumplimiento de los requisitos procesales **3777**

cuando una de las partes incide en falta de diligencia o inactividad, dañando la regularidad del procedimiento y los intereses de la contraparte, a la que también asiste el derecho a la tutela judicial efectiva, en base a lo cual, la falta de subsanación de un vicio subsanable puede dar lugar a la inadmisión de la pretensión, si se ha dado la ocasión de subsanarlo y no se ha hecho por una conducta negligente del obligado a subsanarlo.
No puede alegarse indefensión cuando el órgano judicial no ha impedido a quien la invoca el ejercicio efectivo en el curso del proceso de su derecho de defensa, sino que ha sido el litigante quien se ha colocado a sí mismo en tal situación al **no haber actuado con una diligencia razonablemente exigible** (TCo 8/1991; auto 11/2001) o, de otro modo, con un mínimo de diligencia (TCo 82/2000). Ni la Ley, ni la doctrina constitucional amparan la **omisión voluntaria** ni tampoco, de existir, la negligencia o impericia (TCo 68/1993).
En definitiva, si bien el deber impuesto a los órganos judiciales de disponer la subsanación de los óbices de procedibilidad no es incompatible con la obligación que tiene el litigante de cumplir con los **presupuestos y requisitos formales** propios de cada acto procesal, lo que es una manifestación del más genérico deber de las partes de colaborar con la Justicia (Const art.118; TCo 31/1989; 275/1993; 7/1994; 25/1996; 76/1996), deber que ha de ser aún más estricto, si cabe, cuando el recurrente está asistido por un **abogado** y representado por un **procurador**, de los que debe presumirse el conocimiento de los trámites procesales y su diligencia profesional en su cumplimentación (TCo 205/1988; auto 1328/1988; auto 348/1991; auto 36/1995; auto 349/1991).
El rechazo a toda interpretación rigorista y enervante de la legalidad procesal no debe confundirse con lo que, en último término, constituyen simples desconocimientos de los presupuestos procesales que las leyes establecen para la admisión de los recursos, haciéndolos del todo ineficaces, ya que, de otra manera, se estaría dejando al arbitrio de las partes el modo de su cumplimiento, prescindiendo de las formalidades queridas por la ley, las cuales no responden al capricho puramente ritual del legislador, sino a la necesidad de dotar al proceso de ciertas **formalidades objetivas** en garantía de los derechos e intereses legítimos de los que en él intervengan (TCo 16/1992; 41/1992; 29/1993; auto 185/1993; AP Madrid 15-4-05, EDJ 43633).

3778 **Relación con el proceso monitorio** (LEC art.818.2 redacc LO 1/2025) En el proceso monitorio se establece que, en el caso de **oposición del deudor**, si la cuantía de la reclamación excede de la propia del juicio verbal, se debe presentar demanda en plazo de un mes desde el traslado del escrito de oposición y el proceso se tramita como un juicio ordinario autónomo respecto al monitorio.
Si el peticionario **no interpone la demanda** correspondiente dentro del plazo de un mes desde el traslado del escrito de oposición, el letrado de la Administración de Justicia debe dictar decreto sobreseyendo las actuaciones y condenando en costas al acreedor. Si **presenta la demanda**, en el decreto poniendo fin al proceso monitorio, debe acordar dar traslado de ella al demandado.
De ello se derivan dos **conclusiones**:
• Que la parte es libre de dirigirse en el proceso declarativo posterior al monitorio frente a quien considere oportuno, y ampliar incluso el objeto del proceso, acumulando nuevas acciones, si lo juzga conveniente. La demanda previa de procedimiento monitorio no le constriñe.
• Que la oposición realizada dentro del monitorio no puede considerarse como contestación a efectos de la aplicación de las reglas que ordenan este juicio.
Entre esas reglas se encuentra LEC art.401, que establece como **momento preclusivo** de la ampliación subjetiva y objetiva de la demanda el de la contestación del demandado. Conforme a lo que de esa norma resulta, si el demandante podía ampliar la demanda antes de la contestación del demandado, se le puede permitir que la ampliación se haga en la propia demanda. No es razonable impedirle esa posibilidad (AP Barcelona 2-7-02, EDJ 108448).

3. Contestación a la demanda

(LEC art.404 y 405)

3785 Una vez admitida la demanda, el letrado de la Administración de Justicia debe dar traslado de la misma al demandado, para que conteste en el plazo de 20 días.
MPCI
nº 6380 s.

a. Contenido

(LEC art.405)

3787 Se dispone lo siguiente:
MPCI
nº 6390
a) La contestación a la demanda se ha de redactar en la **forma** prevenida para la demanda (nº 3761). El demandado ha de asumir idéntico compromiso que el demandante a los

efectos de recibir **notificaciones, requerimientos o emplazamientos** personales directamente procedentes del órgano judicial, cuando legalmente proceda o actúe sin procurador y siempre que esté obligado a relacionarse electrónicamente con la Administración de Justicia o que opte por hacerlo.
b) En ella han de negarse o admitirse los **hechos aducidos por el actor**. El tribunal puede considerar el silencio o las respuestas evasivas del demandado como admisión tácita de los hechos que le sean perjudiciales.
c) También ha de aducir el demandado, en la contestación a la demanda, las **excepciones procesales** y demás alegaciones que pongan de relieve cuanto obste a la válida prosecución y término del proceso mediante sentencia sobre el fondo. Sobre esta oposición se resolverá en la audiencia previa al juicio (nº 3810). Se exceptúan los supuestos de falta de jurisdicción o de competencia objetiva o territorial que, si bien pueden ser apreciados de oficio por el juez en el trámite de admisión, no pueden ser opuestos por el demandado en la contestación, sino mediante escrito independiente, en forma de declinatoria y dentro de los 10 primeros días del plazo para contestar a la demanda o en los 5 posteriores a la citación para vista (nº 1990).
d) Si considera inadmisible la **acumulación de acciones**, lo ha de manifestar así, expresando las razones de la inadmisibilidad.
e) También puede manifestar en la contestación su **allanamiento** a alguna o algunas de las pretensiones del actor, así como a parte de la única pretensión aducida.
f) En la contestación el demandado debe exponer los **fundamentos de su oposición** a las pretensiones del actor, alegando las **excepciones materiales** que tenga por conveniente. El demandado puede oponerse por motivos de fondo, aduciendo los fundamentos que tenga por conveniente. La oposición por motivos de fondo puede ser simple o reconvencional:
• La **oposición simple** es aquella en la que el demandado se limita, previa la correspondiente fundamentación, a solicitar del órgano judicial la desestimación de las pretensiones.
• La **oposición reconvencional** o reconvención es aquella en la que el demandado opone al actor una pretensión y solicita su estimación del órgano jurisdiccional (nº 3790 s.).
El letrado de la Administración de Justicia puede solicitar del demandado la **subsanación de los errores u omisiones** apreciados en la contestación a la demanda en el plazo concedido a este efecto.

b. Reconvención

(LEC art.406 a 408)

En la reconvención u **oposición reconvencional** el demandado opone al actor una pretensión y solicita su estimación del órgano jurisdiccional. **3790** MPCI nº 6395
De la reconvención se debe dar **traslado** al actor y demás sujetos reconvenidos, a fin de que la contesten en el plazo de 20 días.
Su regulación es más detallada que con anterioridad, prohibiéndose la **reconvención implícita** (AP Cantabria 22-1-16, EDJ 296842; AP Zaragoza 4-5-16, EDJ 123757), que tantos problemas planteaba en la práctica y que ocasionaba numerosas indefensiones, y se exige al demandado una formulación expresa de sus pretensiones frente al actor. No obstante, en algunos casos tal exclusión se matiza, como en los procesos matrimoniales (LEC art.770.2; AP Asturias 3-2-17, EDJ 30505). Se admite que la reconvención se dirija contra **terceros** sujetos no demandados y se dispone que las cuestiones reconvenidas se han de sustanciar y resolver al propio tiempo y en la misma forma que las que sean objeto de la demanda principal (LEC art.438.2).

Concepto y caracteres La reconvención representa el ejercicio de una **acción independiente** frente a la ejercitada de contrario que pretende la efectividad de un derecho respecto al actor inicial. **3791** MPCI nº 6397 s.
Ha de formularse en hechos y fundamentos separados, y solo procede cuando:
- exista **conexión** entre sus pretensiones y las que sean objeto de la demanda principal;
- cuando el órgano judicial tenga **competencia** objetiva por razón de la materia o de la cuantía; y
- cuando la acción que se ejercite no deba ventilarse en **juicio** de diferente tipo o naturaleza, salvo en juicio verbal.
Sin embargo, la reconvención puede dirigirse también **contra sujetos no demandantes**, siempre que puedan considerarse litis-consortes voluntarios o necesarios del actor reconvenido, por su relación con el objeto de la demanda reconvencional.

Precisiones 1) La presencia o no de una **acción autónoma** determina la diferencia entre la reconvención y cualquier otro medio de defensa que utilice el demandado.

La reconvención precisa de un tratamiento autónomo, al introducir en el debate un **nuevo objeto litigioso**, sin que el ordenamiento exija una relación o conexión causal y objetiva entre el contenido de la demanda y el de la pretensión reconvencional (TS 19-4-84, EDJ 7191; 4-7-84, EDJ 4085; 28-2-86, EDJ 1614). No obstante, si entre la acción principal y la reconvencional se da una relación de dependencia, la estimación de la demanda implicará necesariamente la repulsa de la reconvención (AP Córdoba 28-6-00, EDJ 27314).

2) Su **fundamento** es otorgar al demandado la posibilidad de reaccionar frente a la acción dirigida contra él, ejercitando otra que le competa contra el demandante, a fin de que la resolución que se dice resuelva la contienda en su integridad (AP Alicante 5-10-18, EDJ 639637).

3792 **Requisitos de fondo** (LEC art.406) Al contestar a la demanda, el demandado puede, por medio de reconvención, formular la pretensión o pretensiones que crea que le competen respecto del demandante. Solo se admite la reconvención si existe **conexión** entre sus pretensiones y las que sean objeto de la demanda principal, debiendo inadmitirse en otro caso.

Es preciso igualmente que el tribunal ante el que se presente cuente con **competencia** objetiva por razón de la materia o de la cuantía, debiendo inadmitirse la reconvención cuando el órgano judicial carezca de dicha competencia o cuando la acción que se ejercite deba ventilarse en juicio de diferente tipo o naturaleza. Sin embargo, puede ejercitarse mediante reconvención la acción conexa que, por razón de la cuantía, haya de ventilarse en juicio verbal.

De igual modo, si se estuviera tramitando un proceso ante una Sección Civil de un Tribunal de Instancia -hasta su constitución, un juzgado de primera instancia- y se planteara mediante reconvención una acción conexa a la principal que fuera **competencia de la Sección de lo Mercantil del Tribunal de Instancia** -hasta su constitución de los juzgados de lo mercantil-, previa audiencia del actor y demás partes personadas por un plazo de 5 días, el órgano judicial civil deberá inhibirse del conocimiento del asunto, remitiendo los autos en el estado en que se hallen al juez de lo mercantil que resulte competente, procediéndose de igual manera cuando el demandado alegue la nulidad a que se refiere LEC art.408.2 y esta se fundara en una materia competencia de los órganos judiciales mercantiles.

El auto que inadmita la reconvención por **falta de competencia objetiva** para conocer de la acción reconvencional puede recurrirse en apelación, suspendiéndose la tramitación del procedimiento principal hasta que dicho recurso sea resuelto.

3793 MPCI nº 6405

Precisiones **1)** Existe una **variada casuística** sobre las pretensiones que, por ser conexas o compatibles con las ejercitadas por el demandante, pueden deducirse mediante reconvención y ser resueltas en la misma sentencia:

a. En **procesos arrendaticios**:

• Denegación de prórroga de contrato por necesidad de vivienda de la hija de la actora (LAU art.62.1º). Reconvención por medio de la cual se ejercita acción de impugnación de LAU/64 art.53.1.2º y se solicita el efecto de la imposibilidad de denegación de prórroga (LAU/64 art.53.1.3º), por entender que la actora compró la finca cuando ya estaba vigente el arriendo sin darle posibilidad de ejercer su derecho de tanteo y retracto y que el precio fue excesivo (AP Cádiz 8-9-99, EDJ 47746).

• Demandante que solicita determinadas consecuencias por la extinción de contrato de arrendamiento rústico; el demandado reconviene para solicitar indemnización del 50% o 40% del plus valor de la finca por tratarse de un arrendamiento histórico valenciano. Se admite la reconvención en relación con la calificación del contrato y la indemnización (TS 8-6-00, EDJ 27558).

b. En procesos sobre **propiedad horizontal**:

• Demanda de reclamación de gastos ordinarios y extraordinarios de la comunidad de vecinos. Necesidad del demandado de reconvenir para lograr la nulidad de los acuerdos en los que aprobó su reclamación. No basta oponerse alegando tal nulidad (AP Málaga 26-6-99, EDJ 81023).

• Demanda de reclamación de gastos generales de la comunidad de propietarios. Necesidad del demandado de reconvenir para impugnar la falta de comunicación del acta en la que se acordó la reclamación judicial de las cuotas y para solicitar una corrección de su coeficiente de participación, por considerarlo menor del que figura en el Registro de la Propiedad (AP Madrid 26-3-99, EDJ 81021).

c. Tercerías de dominio: admisión de reconvención cuando concurre un doble requisito:

- que la cuestión planteada en la reconvención tenga una conexión directa con el dominio de la finca embargada en el procedimiento de ejecución; y
- que dicha cuestión se discuta entre las personas que son partes en la tercería (TS 2-10-00, EDJ 28965).

2) Por el contrario, se ha entendido que no cabe formular la reconvención por inconexión en los siguientes casos:

• Incidente de **modificación de medidas** adoptadas en proceso de separación. No puede reconvenirse para solicitar el divorcio. Peticiones incompatibles entre sí (AP Madrid 4-11-99; AP Las Palmas 18-10-99, EDJ 50827).

• Liquidación de **sociedad de gananciales**. Oposición a las operaciones divisorias del contador dirimente: juicio ordinario que por la cuantía corresponda, sin que pueda formularse en el mismo reconvención alguna (AP Asturias 20-10-99, EDJ 56384).

• **Tercería de dominio**. No cabe reconvenir para instar la rescisión por fraude de acreedores (TS 27-4-98, EDJ 2757).

Alegación y apreciación por el juzgador de la falta de conexión En el juicio ordinario, cuando el demandado, al contestar a la demanda, formule reconvención contra el demandante, en la que deduzca una o varias pretensiones, el tribunal que conozca del proceso debe analizar, sin dar audiencia ni oír a la parte demandante-reconvenida, la **existencia de conexión** entre las pretensiones deducidas en la demanda y las deducidas en la reconvención. **3795**

El tribunal debe dictar una **resolución** judicial, que debe revestir la forma de auto (LEC art.206.2.2ª), por la que se admita a trámite la reconvención (de existir conexión entre las pretensiones) o, por el contrario, se inadmita a trámite la reconvención (en caso de ausencia de conexión entre las pretensiones).

De ser **varias pretensiones** las deducidas en la reconvención, nada impide que en el auto se admita a trámite la reconvención respecto de alguna o algunas pretensiones (por ser conexas con las de la demanda) y no se admita a trámite respecto de las otras (por no ser conexas con las de la demanda).

El **auto de inadmisión** a trámite de la reconvención no tiene la naturaleza de definitivo (en el sentido de LEC art.207.1), de ahí que, contra el mismo, solo pueda el demandado-reconviniente interponer recurso de reposición (LEC art.451) y, contra el auto resolutorio del recurso de reposición, no cabe recurso alguno, sin perjuicio de resolver esta cuestión al interponer recurso de apelación contra la sentencia definitiva (LEC art.454).

Si el demandante-reconvenido considera que **no existe conexión** entre las pretensiones de la demanda y de la reconvención, no tiene ni debe interponer recurso de reposición contra el auto de admisión a trámite de la reconvención, sino que debe ponerlo de manifiesto en el escrito de contestación a la reconvención (LEC art.407.2), oponiendo como excepción, que impide entrar a conocer del fondo de las pretensiones deducidas en la reconvención, la ausencia de conexión entre las pretensiones de la demanda y de la reconvención. Esta **excepción** debe resolverse en la sentencia definitiva, sin que nada impida que el mismo juez, que en su día dictó el auto admitiendo a trámite la reconvención, dicte, luego de leer las alegaciones y argumentos del demandante-reconvenido, sentencia acogiendo la excepción de falta de conexión entre las pretensiones, sin pronunciarse sobre el fondo de las pretensiones deducidas en la reconvención, que quedarían imprejuzgadas. Un sector de la doctrina considera que la excepción debe ser resuelta en la audiencia previa al juicio, dándose un tratamiento análogo al previsto para la acumulación de acciones (LEC art.419).

La cuestión que se plantea es la de si, habiéndose dictado un auto de admisión de la reconvención y sin que nada alegue el demandante-reconvenido respecto a la ausencia de conexión entre las pretensiones de la demanda y de la reconvención en su escrito de contestación a la reconvención, puede el juez, al dictar la sentencia, **acoger de oficio** la excepción de falta de conexión sin entrar a conocer del fondo de las pretensiones deducidas en la reconvención. La contestación debe ser negativa, de tal manera que no puede el juez acoger de oficio la excepción de falta de conexión sin entrar a conocer del fondo de las pretensiones deducidas en la reconvención (AP Madrid 15-11-05, EDJ 221660).

Requisitos formales (LEC art.406.3) Se exige su **proposición** a continuación de la contestación y en la forma prevista para la demanda (LEC art.399 redacc LO 1/2025). **3797** MPCI nº 6413

Queda proscrita la **reconvención implícita**, que es aquella que no se expresa con el formulismo que la exteriorice. Se exige al demandado expresar con claridad la **concreta tutela judicial** que se pretende obtener respecto del actor y, en su caso, de otros sujetos. No constituye reconvención cualquier escrito del demandado que finalice solicitando su absolución respecto de la pretensión o pretensiones de la demanda principal.

Ha de tenerse en cuenta además que rige también la **preclusión** de la alegación de hechos y fundamentos de derecho, prevista para la demanda (nº 3764).

Partes (LEC art.407) La reconvención se dirige, en principio, contra el **demandante**, aunque puede dirigirse también contra sujetos no demandantes, siempre que puedan considerarse **litisconsortes voluntarios o necesarios** del actor reconvenido, por su relación con el objeto de la demanda reconvencional. **3798** MPCI nº 6417 s.

El actor reconvenido y los sujetos contra los que se dirija la reconvención pueden **contestar a la reconvención** en el plazo de 20 días a partir de la notificación de la demanda reconvencional.

Esta contestación se debe de ajustar a lo dispuesto para la contestación a la demanda (LEC art.405).

Precisiones La LEC amplía los sujetos activa y pasivamente legitimados en la reconvención. De un lado, ha de tenerse en cuenta la posibilidad de que **terceros sujetos** ajenos al proceso se personen en el mismo como demandados, ya sea por tener un interés directo y legítimo en el resultado del pleito (LEC art.13), ya por haber sido llamados por el demandado (LEC art.14.2). En ambos casos, el nuevo demandado puede plantear reconvención. Por otro lado, en lo que se refiere a la legitimación pasiva, la jurisprudencia se ha mostrado excesivamente vacilante a la hora de permitir al demandado plantear reconvención frente a terceros sujetos ajenos al proceso. Ahora se permite, como vemos, expresamente dirigir la reconvención frente a terceros sujetos (Gutiérrez Zarza).

3799 **Excepciones de compensación y de nulidad del negocio jurídico** (LEC art.408) Se establece lo siguiente:

MPCI nº 6423 s.

• Si, frente a la pretensión actora de condena al pago de cantidad de dinero, el demandado alega la **existencia de crédito compensable**, dicha alegación puede ser controvertida por el actor en la forma prevenida para la contestación a la reconvención (20 días para contestar a la misma), aunque el demandado solo pretenda su absolución y no la condena al saldo que a su favor pueda resultar.

• Si el demandado aduce en su defensa hechos determinantes de la **nulidad absoluta** del negocio en que se funda la pretensión o pretensiones del actor y en la demanda se hubiese dado por supuesta la validez del negocio, el actor puede pedir al letrado de la Administración de Justicia, que así lo acordará mediante decreto, contestar a la referida alegación de nulidad en el mismo plazo establecido para la contestación a la reconvención.
Se contempla la posibilidad de alegar la nulidad del contrato sin necesidad de formular reconvención (AP Barcelona 27-9-04, EDJ 158608).

• La sentencia que en definitiva se dicte ha de resolver sobre los puntos anteriores y los pronunciamientos que la sentencia contenga sobre dichos puntos tienen fuerza de **cosa juzgada**.

Precisiones El criterio de distinción hay que buscarlo acudiendo al fin que se pretende conseguir con la **compensación** y, de esta manera, si el demandado pide la condena por el exceso del crédito estaremos ante un caso indudable de reconvención, pues se ejercita el derecho de crédito (Gómez Orbaneja). Por el contrario, cuando la compensación es excepción, el demando hace valer su crédito, pero no lo ejercita pidiendo la declaración de su existencia; y lo hace valer para pretender la inexistencia del crédito del actor, naturalmente perdiendo la parte del crédito exactamente igual a la parte compensada (CC art.1202). Ahora la LEC acoge, aunque imperfectamente, esta base de distinción en LEC art.408.1, en el que, de forma clara, se nos dice que solo es excepción de compensación cuando se pide la **absolución de la demanda principal** y no la condena al pago del saldo que a su favor pudiera resultar. En igual sentido, en LEC art.438.2 se incide igualmente en la distinción, pues no se admite en los juicios verbales la alegación de la compensación, como reconvención, cuando el crédito compensable fuese superior a la cuantía que determina que se siga el juicio verbal. Lo que no prevé la Ley es que el crédito compensable sea de menor cuantía que el que se reclama en vía principal (AP Ávila 20-5-05, EDJ 140141).

c. Sustanciación y decisión de las pretensiones de la contestación y la reconvención

(LEC art.409)

3805 Las pretensiones que deduzca el demandado en la contestación y, en su caso, en la reconvención, se han de **sustanciar y resolver** al propio tiempo y en la misma forma que las que sean objeto de la demanda principal.

4. Audiencia previa al juicio

(LEC art.414 y 415 -redacc LO 1/2025- y 416 a 430)

3810 Tras la contestación a la demanda y, en su caso, la reconvención, el tribunal debe convocar a las partes a una audiencia previa al juicio.
Esta audiencia tiene como **finalidad** intentar un acuerdo o transacción de las partes que ponga fin al proceso (nº 3820), examinar las cuestiones procesales que puedan obstar a la prosecución de este y a su terminación mediante sentencia sobre su objeto (nº 3825), fijar con precisión dicho objeto (nº 3860) y los extremos, de hecho o de derecho, sobre los que exista controversia entre las partes y, en su caso, proponer y admitir la prueba (nº 3863).

Precisiones Como consecuencia del tratamiento de los **medios adecuados de solución de controversias** (LO 1/2025 art.2 s.), desaparece la previsión de la información a las partes en la convocatoria de este trámite de la posibilidad de alcanzar en ella un acuerdo o de que el juez las inste a uno de mediación que ponga fin al proceso.

a. Plazo de celebración

(LEC art.414.1 redacc LO 1/2025)

3812 Una vez contestada la demanda y, en su caso, la reconvención, o transcurridos los plazos correspondientes, el letrado de la Administración de Justicia dentro del tercer día, debe **convocar a las partes** a una audiencia, que ha de celebrarse en el plazo de 20 días desde la convocatoria.
Se señala a la convocatoria un **plazo máximo** de celebración, pero no mínimo. Por otra parte, pese a las imprecisiones terminológicas de la norma, difícilmente se puede encuadrar el contenido específico de la audiencia previa en las peculiaridades de la vista, que se describen en LEC art.185.
Desde el punto de vista procesal sustantivo, habiéndose contestado a la demanda, en modo alguno puede causar indefensión el **acortamiento del plazo**, que interesa la parte para la celebración de la audiencia previa, puesto que este acto no es más que la puesta en común de las alegaciones de las partes contenidas en sus escritos iniciales, bajo los auspicios de la oralidad, la publicidad, la contradicción y la inmediación; y, en definitiva, el plazo señalado fue igual para ambas partes litigantes (AP Madrid 19-4-05, EDJ 87036).

3813 **Suspensión por prejudicialidad penal** (LEC art.40) Se regula de forma unitaria la prejudicialidad penal, disponiendo que cuando en un proceso se ponga de manifiesto un hecho que ofrezca **apariencia de delito o falta** perseguible de oficio, el tribunal civil lo pondrá en conocimiento del Ministerio Fiscal, por si hubiera lugar al ejercicio de la acción penal, pero no se ordenará la **suspensión de las actuaciones** del proceso civil sino cuando:
- se acredite la **existencia de causa criminal** en la que se están investigando, como hechos de apariencia delictiva, alguno o algunos de los que fundamentan las pretensiones de las partes en el proceso civil; y
- la decisión del tribunal penal acerca del hecho por el que se procede en causa criminal pueda tener **influencia decisiva** en la resolución sobre el asunto civil.

Dicha suspensión se debe acordar una vez que el proceso esté **pendiente solo de sentencia**, salvo cuando la suspensión venga motivada por la posible existencia de un delito de falsedad de alguno de los documentos aportados, y el mismo pudiese ser decisivo para resolver sobre el fondo del asunto, en cuyo caso la suspensión se acordará sin esperar a la conclusión del procedimiento (AP Baleares 3-5-05, EDJ 47562).
La competencia para **alzar estas suspensiones** corresponde al letrado de la Administración de Justicia.

b. Intervinientes

(LEC art.414.2)

3815 MPCI nº 6452 Las **partes** han de comparecer en la audiencia asistidas de **abogado**.
Ellas y sus representantes procesales comparecerán por **videoconferencia** o mediante la utilización de medios electrónicos para la reproducción del sonido y, en su caso, de la imagen, cuando el tribunal lo acuerde de oficio o a instancia de parte (LEC art.137 bis; nº 2805).
Al efecto del intento de arreglo o transacción, cuando las partes no concurran personalmente, sino a través de su **procurador**, han de otorgar a este poder para renunciar, allanarse o transigir. Si no concurren personalmente ni otorgan aquel poder, se les tendrá por no comparecidos a la audiencia.
Se plantean diversas situaciones en las que **falta alguno de los intervinientes**:
- Si no comparece a la audiencia **ninguna de las partes**, se debe levantar acta haciéndolo constar y el tribunal, sin más trámites, dictará auto de sobreseimiento del proceso, ordenando el archivo de las actuaciones.
- Si falta el **actor** y el demandado no alega interés legítimo en que continúe el procedimiento para que se dicte sentencia sobre el fondo, se sobreseerá el proceso.
- Si es el **demandado** quien no concurre, la audiencia se entenderá con el actor en lo que resulte procedente.
- Si falta a la audiencia el **abogado del demandante**, se sobreseerá el proceso, salvo que el demandado alegue interés legítimo en la continuación del procedimiento para que se dicte sentencia sobre el fondo.
- Si falta el **abogado del demandado**, la audiencia se ha de seguir con el demandante en lo que resulte procedente.

Precisiones La parte puede asistir al acto de audiencia previa personalmente, o hacerlo por medio de su procurador, con el poder legalmente exigible. En el primer caso no se requiere (tiene carácter facultativo) la **presencia del procurador**, por lo que no cabe exigir como preceptiva la asistencia de este cuando lo haga la parte -aunque, en todo caso, asista la parte, o el procurador, o ambos, es necesaria la asistencia de abogado-. Así se deduce, como argumento básico, de la interpretación literal de LEC art.414 redacc LO 1/2025, corroborada por los elementos teleológico, sistemático e histórico de interpretación, sin que se oponga a esta conclusión, ni el contenido de LEC art.23 redacc LO 1/2025, ya que se refiere a la comparecencia en juicio y no obsta que para un acto procesal concreto no sea ineludible la intervención del procurador, ni el de LEC art.399 -redacc LO 1/2025- y 405, que se refieren exclusivamente a los escritos de demanda y de contestación. Por otro lado, abundan en la corrección de esta tesis **aspectos de economía procesal**, en orden a la agilización de procesos -eludiendo las dificultades que puedan presentarse a los procuradores para cubrir todas las audiencias de sus clientes- y el coste (TS 23-7-09, EDJ 197664).

3816 **Poder del procurador** Se prevé que en la audiencia previa las partes concurran personalmente o a través de procurador con **poder especial para renunciar, allanarse o transigir**. Si no concurren personalmente ni otorgan aquel poder, se les debe tener por no comparecidas en la audiencia.

Sobre esta materia pueden plantearse las siguientes cuestiones:

A) Dicho poder especial debe ser otorgado -bien notarialmente, bien *apud acta*- **aparte del general para pleitos**, pero nada se opone a que consten en el mismo documento.

Se establecen tres **tipos de poderes** a procurador (LEC art.25 redacc LO 1/2025):

- poder general común, apoderamiento o mandato representativo típico;
- poder general con excepciones expresas; y
- poder especial, para uno o varios de los actos para los que la Ley exige ese especial apoderamiento o para atribuir poder respecto de asuntos excluidos voluntariamente en un poder general.

Los tres tipos de poder no implican tres instrumentos notariales o *apud acta* materialmente distintos. El poder general para pleitos comprende todos los actos procesales comprendidos, de ordinario, en aquellos.

La contraposición entre **poder general y poder especial** no debe llevar a identificar poder especial con poder concreto, sino con un poder en el que se deben nombrar las facultades de disposición a que hace referencia la norma. El poder general puede ir acompañado de apoderamientos especiales sin que hayan de confeccionarse notarialmente dos instrumentos ni hayan de realizarse dos comparecencias distintas ante el letrado de la Administración de Justicia, ni existe razón alguna que fundamente la exigencia de que el poder especial (para renunciar, transigir o allanarse) sea un poder *ad hoc*, es decir, que necesariamente especifique el concreto asunto objeto de renuncia, transacción o allanamiento.

Junto a un poder general para pleitos, o separadamente, puede otorgarse a uno o varios procuradores poder especial para **allanarse, renunciar o transigir**, en toda clase de litigios o en los relativos a ciertas materias o sujetos jurídicos. No es la rúbrica del poder, sino su contenido -esto es, las **facultades que otorga**- el elemento que determina su especialidad o generalidad.

Entre las resoluciones que concluyen con la **suficiencia**, a los efectos de lo dispuesto en LEC art.414 redacc LO 1/2025, de un poder general para pleitos que contiene de manera expresa las facultades de renuncia, transacción y allanamiento, cabe citar, entre otras, las siguientes: AP Sta. Cruz de Tenerife auto 28-10-02; AP Cáceres 6-6-02, EDJ 49047; 4-10-04, EDJ 149126; AP Madrid 31-1-02; 24-6-04, EDJ 121193.

3817 MPCI nº 6458, 6460 **B)** La segunda cuestión consiste en determinar si el poder exigido se necesitará únicamente cuando se produzcan los supuestos de **transacción o arreglo** o si, por el contrario, aquella exigencia debe concurrir **siempre y en todos los casos** que comparezca el procurador cuando no concurre al acto personalmente la parte a quien representa y si la exigencia de LEC art.414.2 párr 2, en relación con la **falta o insuficiencia del poder** que ha de presentar en el acto de la comparecencia previa el procurador cuando no vaya acompañado de su representado, con expresas facultades para renunciar, allanarse o transigir, constituye o no un **defecto subsanable**. Las resoluciones de las Audiencias Provinciales han dado diversas soluciones a los dos problemas planteados si bien en la mayoría de los casos han rechazado la alegación de que no es necesario poder especial otorgado al procurador si no se va a producir ningún tipo de acuerdo o al menos no lo es hasta que se presente como posible esa eventualidad (AP Murcia 26-11-02, EDJ 98234; AP Granada 6-10-03, EDJ 176439; AP Baleares 20-11-03; AP Ciudad Real 25-11-03, EDJ 229230; AP Toledo 21-1-04, EDJ 49741).

C) Sobre si la falta o insuficiencia del poder que ha de presentar en el acto de la comparecencia previa el procurador cuando no vaya acompañado de su representado, con expresas facultades para renunciar, allanarse o transigir, constituye o no un **defecto subsanable**, las resoluciones de las Audiencias Provinciales también han sido dispares (a favor: AP Badajoz 19-12-04; AP Valencia 26-2-02, EDJ 11519; AP Sta. Cruz de Tenerife 18-3-02, EDJ 17562; en contra: AP Asturias 4-10-02, EDJ 126369; AP Málaga 27-10-04, EDJ 215619).

c. Solución extrajudicial o desistimiento bilateral

(LEC art.415 redacc LO 1/2025)

Comparecidas las partes, el tribunal debe declarar abierto el acto y comprobar si **subsiste el litigio** entre ellas. **3820** MPCI nº 6465

Si manifiestan haber llegado a un **acuerdo** o se muestran dispuestas a concluirlo de inmediato, pueden desistir del proceso o solicitar del tribunal que homologue lo acordado. Las partes de común acuerdo pueden también solicitar la **suspensión** del proceso, para someterse a un medio adecuado de solución de controversias (LEC art.19.4; nº 3625 s.). En estos casos, el tribunal debe examinar previamente la concurrencia de los requisitos de capacidad jurídica y poder de disposición de las partes o de sus representantes debidamente acreditados, que asistan al acto.

El acuerdo homologado judicialmente surte los efectos atribuidos por la ley a la **transacción** judicial y puede llevarse a efecto por los trámites previstos para la ejecución de sentencias y convenios judicialmente aprobados. Dicho acuerdo podrá impugnarse por las causas y en la forma que se prevén para la transacción judicial.

Si las partes **no han llegado a un acuerdo** o no se muestran dispuestas a concluirlo de inmediato, la audiencia debe continuar. Cuando se haya suspendido el proceso para acudir a un medio adecuado de solución de controversias, terminado el mismo, cualquiera de las partes puede solicitar que se alce la suspensión y se señale fecha para la **continuación** de la audiencia.

Precisiones En cualquier momento del procedimiento, el letrado de la Administración de Justicia o el juez puede plantear a las partes la **posibilidad de derivar el litigio** a mediación o a otro medio adecuado de solución de controversias (LEC art.19.5 redacc LO 1/2025), en los términos expuestos en nº 2897.

d. Excepciones procesales

(LEC art.416)

Son excepciones procesales o dilatorias todas aquellas que afectan a la válida **constitución de la relación jurídico-procesal**, oponibles por el demandado y cuando su eventual viabilidad impide u obstaculiza que el órgano judicial pueda entrar a conocer sobre el fondo de la cuestión litigiosa. **3825**

En el **escrito de contestación** a la demanda, el demandado puede deducir, las excepciones procesales y demás alegaciones que pongan de relieve cuanto obste a la válida prosecución y término del proceso, mediante sentencia sobre el fondo.

Su **finalidad** es impedir un pronunciamiento sobre el fondo de la litis, de tal modo que la admisión de una excepción procesal produce una **terminación anormal o infructuosa** de la demanda, pues impide entrar en el análisis de la relación jurídico-material tramada en la demanda, en definitiva, sobre lo que se acciona en el proceso.

Enumeración y orden de examen (LEC art.416 y 417) La Ley cita las siguientes excepciones procesales: **3826**

1ª. La falta de **capacidad** de los litigantes o de representación en sus diversas clases.
2ª. **Cosa juzgada** o litispendencia.
3ª. Falta del debido **litisconsorcio**.
4ª. Inadecuación de **procedimiento**.
5ª. Defecto legal en el modo de proponer la **demanda** o, en su caso, la **reconvención**, por falta de claridad o precisión en la determinación de las partes o de la petición que se deduzca.

En la audiencia, el demandado no puede impugnar la **falta de jurisdicción o de competencia** del tribunal, que hubo de proponer en forma de declinatoria, sin perjuicio de lo previsto en la ley sobre apreciación por el tribunal, de oficio, de su falta de jurisdicción o de competencia.

Cuando la audiencia verse sobre varias circunstancias, se deben examinar y resolver por el siguiente **orden**: **3827** MPCI nº 6474

1. Defectos de capacidad o de representación (nº 3835).
2. Acumulación de acciones (nº 3837).
3. Falta del debido litisconsorcio (nº 3838).
4. Cosa juzgada o litispendencia (nº 3840).
5. Inadecuación de procedimiento (nº 3841).
6. Demanda defectuosa (nº 3843).

Cuando sea objeto de la audiencia más de una de las cuestiones y circunstancias, el tribunal, dentro de los 5 días siguientes a la audiencia, se ha de pronunciar **en un mismo auto** sobre todas las suscitadas, que no resuelva oralmente en la misma audiencia.

3828 **Sistema de «numerus apertus»** Dicen los tribunales que su enumeración no es exhaustiva, sino que igual tratamiento procesal debe adoptarse sobre **otras excepciones análogas** a las señaladas (LEC art.425). Entre ellas no plantearía ninguna duda la excepción de **arraigo del juicio** o falta de reclamación previa en vía gubernativa.

Uno de los fines de la audiencia previa es depurar, hasta donde sea posible, los **defectos o vicios procesales** que pudieran impedir una resolución de fondo sobre la cuestión sustantiva objeto de la controversia, de modo que no resulte baldía la completa tramitación del procedimiento, con el consiguiente dispendio de medios y tiempo, porque luego un óbice procesal impida la emisión de la perseguida decisión judicial sobre el fondo (AP Zamora 1-6-05, EDJ 89315).

Las cuestiones procesales enumeradas como excepciones y susceptibles de ser resueltas en la audiencia previa no constituyen una relación cerrada, sino abierta a la inclusión de cualquiera otra análoga. La aplicación de este principio extensivo queda limitada por el hecho esencial de que la circunstancia no incluida en LEC art.416, alegada o **puesta de manifiesto de oficio**, impida la valida la valida prosecución y termino del proceso, esto es, que constituya un **obstáculo meramente procesal** que no afecte a la pretensión de fondo o a los motivos impeditivos o extintivos de esta y que, por tanto, además de la alegación requieren su correspondiente prueba.

3829 **Cuestiones excluidas** No cabe examinar como tales excepciones procesales las que no lo son. Entre ellas:

1. La **prescripción** ni está incluida en LEC art.416, ni tiene analogía con las que en él se relacionan ni, desde luego, impide la prosecución y terminación del proceso, sino que, por el contrario, hace necesario que se agoten todas sus fases, y entre ellas la de prueba, a fin de que pueda acreditarse debidamente el concurso de sus presupuestos de hecho. No se trata de una excepción de orden público, que pueda ser apreciada de oficio por el órgano judicial, sino que debe ser alegada por el demandado. Su origen y regulación no se halla en la LEC ni es un presupuesto del proceso o un óbice cuya existencia impida su continuación, sino en el Código civil, como uno de los modos de extinción de las acciones por la inactividad de su titular unida al transcurso del tiempo.

En definitiva, **afecta a la acción** (fondo), extinguiéndola, no al trámite o proceso que conduce al examen y decisión de aquella. El principio de economía procesal, por atendible que sea, no puede amparar la anticipación de la decisión de una cuestión de fondo con grave lesión del derecho a obtener una tutela judicial sin indefensión, que sin duda se produce cuando se priva a la demandante del derecho a probar las circunstancias que demuestran la vigencia de su derecho en el momento en que se ejercita procesalmente y, por tanto, la improsperabilidad de la prescripción de la acción (AP Madrid 20-12-05, EDJ 282768).

Se trata de una **cuestión de orden material**, que afecta a la existencia del derecho o de la acción planteada en el proceso, por lo que no puede dirimirse esta cuestión en la audiencia previa al juicio. La extinción del derecho por prescripción es una cuestión de orden material, susceptible de controversia en el juicio, así como de prueba sobre las circunstancias fácticas que pueden incidir en la misma y su eventual interrupción (AP La Rioja 16-9-05, EDJ 150120).

3830 MPCI nº 6480 2. La excepción de **falta de legitimación pasiva** *ad causam*, como excepción de naturaleza material debe resolverse en la sentencia (AP Zamora 1-6-05, EDJ 89315), salvo que sea manifiesta.

Si es titular del derecho subjetivo privado que fundamenta su acción de incumplimiento por ser la parte contratante o no lo es por no ser la parte contratante, constituye, sin duda, una **cuestión de fondo** o, al menos, cuestión preliminar al fondo que puede exigir un examen del fondo incardinable en el tradicional concepto de *legitimatio ad causam*, y es absolutamente improcedente resolver en la audiencia previa tal cuestión como si se tratara de la cuestión procesal de falta de capacidad del actor (capacidad para ser parte y para comparecer en el proceso), es decir, como si se tratara de un presupuesto del desarrollo o desenlace válidos de un proceso, con una sentencia sobre el fondo, pues con ello se prescinde total y absolutamente de las **normas esenciales de procedimiento** establecidas por la ley, resolviendo prematura e intempestivamente una cuestión sin seguir el proceso hasta sentencia que es donde debe resolverse la cuestión (AP Madrid 8-1-04, EDJ 121260).

3833 3. La **caducidad** de la acción para impugnar ante los tribunales los acuerdos de las asambleas de propietarios, plantea problemas que exceden de la mera excepción procesal, pues la discrepancia que puede ser formulada hasta oralmente, o de manera oral (eso sí, va más allá de una mera opinión negativa), exige una constancia de su recepción o no, de su existencia o no, lo que engarza con **problemas de facilidad o dificultad probatoria**, que vienen a situar la cuestión en lo esencial del litigio, imponiendo, por tanto, una sentencia sobre el fondo que recoja dicho problema, además parece olvidarse, que la figura jurídica de la caducidad, se desenvuelve en el ámbito del derecho material, plazo preclusivo dentro del cual, y solo en él se puede realizar un acto con eficacia jurídica. Luego, si ello es así, mal se ha de encuadrar el problema dentro de las excepciones procesales (AP Granada 22-10-03, EDJ 146201).

4. Quedan fuera del tratamiento de las excepciones procesales, las relativas a la **falta de jurisdicción y de competencia**, pues tanto una como otra, se han de tramitar como una cuestión de competencia mediante declinatoria (LEC art.63 a 65). La declinatoria puede formularse tanto en los supuestos de una eventual falta de jurisdicción como de falta de competencia objetiva, funcional o territorial y se ha de proponer ante el tribunal que esté conociendo del pleito y al que se considere carente de jurisdicción o de competencia, y se ha de proponer dentro de los 10 primeros días del plazo para contestar a la demanda; y surte un efecto suspensivo pues suspende el resto del plazo que quede para contestar a la demanda. **3834** MPCI nº 6484

No obstante, ha de ponerse de relieve que, si bien se establece que la falta de jurisdicción puede ser apreciada bien **de oficio** o por **denuncia de la parte demandada**, y que esta debe hacer tal denuncia de dicha falta de jurisdicción por la vía de la declinatoria, y se establece expresamente que en la audiencia previa del acto del juicio, el demandado no puede oponer la falta de jurisdicción por tenerla que haber denunciado por vía de declinatoria, ello no impide que en tal **audiencia previa** el juez en el caso que estime que concurre la misma, pueda resolverla, aunque esta no haya sido denunciada oportunamente por el demandado, teniendo en cuenta que el ser la excepción de falta de jurisdicción una **cuestión de orden público** puede ser apreciada por parte del tribunal, en dicho acto, al ser una de las finalidades de dicha audiencia previa el subsanar los óbices o defectos procesales que pueda existir y que impidan la continuación del procedimiento (AP Madrid 3-2-04, EDJ 114707).

Defectos de capacidad de los litigantes o de representación (LEC art.418) Si la falta de capacidad o de representación es **subsanable** o susceptible de subsanación (p.e. falta de poder, o no actuar la persona necesitada de medidas de apoyo para el ejercicio de su capacidad válidamente representada), se debe proceder a su subsanación en el acto, y si esto no es posible, se concede el plazo de 10 días para tal fin, con efectos suspensivos sobre la audiencia previa al juicio. **3835** MPCI nº 6486

Si el defecto o falta **no es subsanable** o corregible o no se subsanan o corrigen en el plazo concedido a tal efecto, se debe dictar auto poniendo fin al proceso (salvo que se refiriese a la falta de personación del demandado).

Si el defecto consiste en la **falta de personación** del demandado en este trámite, se le declarará en rebeldía, prosiguiendo el juicio, y sin que de las actuaciones que hubiese llevado a cabo quede constancia en autos.

Precisiones 1) El tribunal debe resolver sobre cualquier circunstancia que pueda impedir la válida prosecución y término del proceso mediante sentencia sobre el fondo y, en especial, la falta de capacidad o de representación en sus diversas clases. Pero no es solo en esa fase de audiencia previa, sino también en **cualquier momento del proceso** donde el órgano jurisdiccional ha de apreciar la falta de capacidad -LEC art.9- (AP Barcelona 21-10-03, EDJ 137691). **3836** MPCI nº 6488

2) Es preciso hacer referencia a la distinción existente entre la **falta de personalidad** y la **falta de acción**, comprendiendo la primera las cualidades necesarias para comparecer en juicio (capacidad para ser parte y capacidad procesal), que integra, para todo tipo de proceso, un verdadero presupuesto procesal (conocido con la expresión de *legitimatio ad processum*, cuya falta determina una sentencia procesal absolutoria en la instancia) y consistiendo la segunda (*legitimatio ad causam*) en ostentar la titularidad de la relación jurídico-material invocada por el demandante en el proceso concreto de que se trate, constituyendo un presupuesto de la acción, o con más precisión, un presupuesto preliminar del fondo propiamente dicho, o presupuesto de la estimación de la demanda, cuya apreciación conlleva la obligación, por parte del juez, de conocer de la cuestión de fondo estrictamente considerada (TS 9-10-93, EDJ 8887).

La legitimación *ad causam* es **cuestión preliminar al fondo** pero que puede exigir un examen del fondo (TS 2-9-96, EDJ 6209; 16-5-00, EDJ 8244). Mientras la falta de legitimación *ad processum* equivale a la **falta de capacidad procesal**, la falta de legitimación *ad causam* equivale a la falta de acción (TS 4-6-97, EDJ 4905).

En suma, la legitimación en el proceso civil se manifiesta como un problema de consistencia jurídica, en cuanto exige la adecuación entre la **titularidad jurídica** que se afirma y el **objeto jurídico** que se pretende, lo que se traduce en que el tema de la legitimación comporta una *quaestio iuris* y no una *quaestio facti* que, aunque afecta a los argumentos jurídicos de fondo, puede determinarse con carácter previo a la resolución del mismo, pues únicamente obliga a establecer si, efectivamente, guarda coherencia jurídica la posición subjetiva que se invoca en relación con las peticiones que se deducen. Se puede, por ello, estar legitimado y carecer del derecho que se controvierte. Con todo, dada la vinculación de la legitimación con el tema de fondo y las utilidades que comporta el manejo del concepto con precisión, no es extraño que, en ocasiones, se confunda la legitimación con la existencia del derecho discutido -que exige la comprobación de los elementos fácticos que lo configuran- (TS 31-3-97, EDJ 1487). De ahí que la falta de legitimación *ad causam* se considere apreciable de oficio por los tribunales (TS 13-11-95, EDJ 24231; 30-12-95, EDJ 7312). La estimación previa de la excepción solo se limita a aquellos casos en que sea manifiesta su falta, debiendo en los otros resolverse con el fondo (TS 18-3-93, EDJ 2729; AP Barcelona 30-12-05, EDJ 273542).

3837 **Acumulación objetiva o subjetiva de acciones** (LEC art.419) Pese a que no es enumerada como una excepción procesal (nº 3826), recibe el segundo lugar en el tratamiento y estudio de las cuestiones procesales (nº 3827).

Por ello, una vez suscitadas y resueltas, en su caso, las cuestiones de capacidad y representación, si se hubiesen acumulado **varias acciones** y el demandado en el escrito de contestación a la demanda, se hubiera opuesto motivadamente a tal acumulación, se ha de proceder seguidamente a su estudio, en este trámite de audiencia previa al juicio, y se dará preceptivamente audiencia al actor sobre este extremo, el de la acumulación.

El tribunal competente debe **resolver oralmente** sobre la procedencia y admisión de la acumulación.

La audiencia y el proceso continúan respecto de la acción o acciones que según la resolución judicial puedan constituir el objeto del proceso.

3838 **Falta de litisconsorcio pasivo necesario** (LEC art.420) Se trata de los supuestos en que el demandado, en el escrito de contestación a la demanda, ha excepcionado la defectuosa constitución de la relación jurídico-procesal en la parte pasiva, alegando que no han sido **llamados al proceso** (o demandados) todos los que pudieran estar afectados en la relación jurídico-material o de fondo que se ventila en la litis.

MPCI nº 6492 s.

Su **tratamiento procesal** y sus **efectos** son los siguientes:

a) Posible **integración voluntaria de la litis**. Consiste en que, una vez invocada esta excepción por el demandado en el escrito de contestación de la demanda, el actor en la audiencia previa al juicio presente escrito dirigiendo la demanda a los demás sujetos a los que el demandado en uso de esta excepción haya llamado al proceso.

Si el tribunal **considera pertinente** este litisconsorcio pasivo necesario lo debe declarar así, ordenando emplazar a los nuevos demandados para que procedan a la contestación a la demanda, con suspensión de la audiencia.

Dado el efecto de *perpetuatio pretensiones*, que provoca la interposición de la demanda, cuando el actor la dirija contra los nuevos litisconsortes, no puede alterar sustancialmente la causa de pedir.

b) Si el actor **se opone** a la existencia del litisconsorcio pasivo necesario, el tribunal debe dar **audiencia a las partes**, y resolver por auto en el plazo de 5 días. Pero no se produce el efecto suspensivo de la audiencia, ya que esta continuará para sus restantes finalidades.

Si el tribunal considera procedente el litisconsorcio, debe conceder un plazo no inferior a 10 días al actor para que proceda a su constitución.

Los nuevos demandados pueden **contestar a la demanda** en el plazo de 20 días (LEC art.404), quedando entretanto suspenso para el demandante y el demandado iniciales el curso de las actuaciones.

Transcurrido el plazo otorgado al actor para constituir el litisconsorcio sin haber aportado copias de la demanda y documentos anejos, dirigidas a nuevos demandados, se pondrá **fin al proceso** por medio de auto y se procederá al archivo definitivo de las actuaciones.

Precisiones La **finalidad** de la institución del litisconsorcio pasivo es preservar el principio de audiencia (o, si se prefiere, evitar la indefensión), evitando que los efectos de la cosa juzgada se impongan a quien no ha sido parte en el proceso, y, por tanto, no ha podido alegar en defensa de su derecho. De modo más sencillo, puesto que en ciertos casos es inevitable que de la actividad procesal de las partes se deriven efectos perjudiciales para otros, la única forma de evitar que estas personas queden en indefensión es obligar al actor a dirigir la demanda frente a todo aquel que tenga un interés en el resultado del proceso. El examen del litisconsorcio pasivo necesario se hace en apartado distinto (nº 2305).

3840 **Litispendencia o cosa juzgada** (LEC art.410 y 421) Litispendencia, es la existencia de otro proceso pendiente concurriendo la triple identidad subjetiva, objetiva y causal. La cosa juzgada de las sentencias firmes, sean estimatorias o desestimatorias, excluye un ulterior proceso cuyo objeto sea idéntico al del proceso en que aquella se produjo (LEC art.222).

El **tratamiento procesal** que reciben en la audiencia previa al juicio es el siguiente:

• Si el tribunal aprecia la **concurrencia** de litispendencia o de cosa juzgada debe dar por finalizada la audiencia y, en el plazo de los 5 días siguientes, ha de dictar un auto de sobreseimiento (archivo de los autos).

• Si el tribunal observa la **inexistencia** de tal excepción, debe ordenar proseguir la audiencia previa.

• Si se observa **complejidad o dificultad** para apreciarlas, puede también resolver sobre dichas cuestiones mediante auto en el plazo de 5 días siguientes a la audiencia, que proseguirá en todo caso, para sus restantes finalidades.

Precisiones 1) El Tribunal Supremo se ha pronunciado en numerosas ocasiones sobre los requisitos y efectos de **excepción perentoria de cosa juzgada** (TS 10-6-02, EDJ 22237), en los términos siguientes: **3840.1** MPCI nº 6506 s.

- La intrínseca entidad material de una acción permanece intacta sean cuales fueran las modalidades extrínsecas adoptadas para su formal articulación procesal (TS 11-3-85, EDJ 7218; 25-5-95, EDJ 2710).
- La causa de pedir viene integrada por el conjunto de hechos esenciales para el logro de la consecuencia jurídica pretendida por la parte actora (TS 3-5-00, EDJ 9280) o, dicho de otra forma, por el conjunto de hechos jurídicamente relevantes para fundar la pretensión (TS 19-6-00, EDJ 13141) o título que sirve de base al derecho reclamado (TS 27-10-00, EDJ 35384; 15-11-01, EDJ 40417).
- La identidad de causa de pedir concurre en aquellos supuestos en que se produce una perfecta igualdad en las circunstancias determinantes del derecho reclamado y de su exigibilidad, que sirven de fundamento y apoyo a la nueva acción (TS 27-10-00).
- No desaparece la consecuencia negativa de la cosa juzgada cuando, mediante el segundo pleito, se han querido suplir o subsanar los errores alegatorios o de prueba acaecidos en el primero, porque no es correcto procesalmente plantear de nuevo la misma pretensión cuando antes se omitieron pedimentos, o no pudieron demostrarse o el juzgador no los atendió (TS 30-7-96, EDJ 6222).
- La cosa juzgada se extiende incluso a cuestiones no juzgadas, en cuanto no deducidas expresamente en el proceso, pero que resultan cubiertas igualmente por la cosa juzgada impidiendo su reproducción en ulterior proceso, cual sucede con peticiones complementarias de otra principal u otras cuestiones deducibles y no deducidas, como una indemnización de daños no solicitada, siempre que entre ellas y el objeto principal del pleito exista un profundo enlace, pues el mantenimiento en el tiempo de la incertidumbre litigiosa, después de una demanda donde objetiva y causalmente el actor pudo hacer valer todos los pedimentos que tenía contra el demandado, quiebra las garantías jurídicas del amenazado (TS 28-2-91, EDJ 2199; 30-7-96, EDJ 6222), postulados en gran medida incorporados explícitamente ahora a LEC art.400.
- El juicio sobre la concurrencia o no de la cosa juzgada ha de inferirse de la relación jurídica controvertida, comparando lo resuelto en el primer pleito con lo pretendido en el segundo (TS 3-4-90, EDJ 3689; 31-3-92, EDJ 3124; 25-5-95, EDJ 376; 30-7-96).

2) Junto con el efecto excluyente descrito -efecto negativo o formal- la cosa juzgada puede producir un **efecto de vinculación positiva o material**, entre lo resuelto en un proceso previo respecto de otro posterior conexo, respecto del que, sin concurrir triple identidad con el precedente, sí exista conexidad objetiva-subjetiva, de forma que opere el precedente como antecedente lógico del objeto del nuevo proceso, ya examinado y resuelto por otro órgano -o por el mismo- de forma prejudicial. Este efecto positivo requiere, además de identidad de sujetos, conexión entre los pronunciamientos, sin precisar completa identidad de objetos, lo que excluiría el segundo proceso. El primero ha de actuar entre las partes como factor condicionante o prejudicial, de manera que la primera sentencia no impide la segunda, pero sí la condiciona. Esto no significa que lo resuelto en el pleito anterior sea indefinidamente inmodificable, pues si se alteran las circunstancias cede el efecto vinculante (TS 29-5-95, EDJ 24421; 23-10-95, EDJ 24415; 27-5-03, EDJ 241363; 11-11-08, EDJ 234690; 22-12-08, EDJ 272964). La vinculación de esta figura con la prejudicialidad es directa. **3840.2**

3) Es fundamental distinguir entre la **litispendencia** y la **prejudicialidad civil**, instituciones procesales que, aunque relacionadas entre sí, son de distinta naturaleza.

• La **litispendencia** es una figura procesal cuya interpretación teleológica coincide plenamente con la de la cosa juzgada, que sirve de anticipo de aquella, y que, con carácter preventivo o cautelar, busca evitar posibles sentencias contradictorias. Por esta razón, con carácter general, al igual que para apreciar aquella, también se exige para estimar la excepción de litispendencia que concurra una **triple identidad**: objetiva, subjetiva y causal entre el pleito o pleitos precedentes y aquel en que se haga valer la excepción. Esto es, la litispendencia es una institución preventiva y tutelar de la cosa juzgada o de la univocidad procesal y del legítimo derecho de quien la esgrime a no quedar sometido a un doble litigio, y en tal sentido se exige que, sin variación alguna, la identidad de ambos procesos se produzca en cuanto a los sujetos, a las cosas en litigio y a la causa de pedir.

• Por otro lado, la **prejudicialidad** se da en aquellos supuestos en los que, faltando esa triple identidad, lo discutido en un pleito pendiente pueda llegar a interferir o prejuzgar el resultado de otro posterior, con riesgo de fallos contradictorios en asuntos interdependientes, de modo que, para que se acuerde la suspensión en estos casos, se exige valorar, previamente, la existencia, al tiempo en que se alegó, de verdadera **interconexión** entre los pleitos, de interdependencia entre las cuestiones debatidas, y de riesgo de que ello conduzca a fallos contradictorios, riesgo que, no basta con que exista, sino que debe persistir aún, para lograrse a través del recurso un efecto útil.
Además, esa interconexión no puede ser meramente instrumental, esto es, buscada de propósito por uno de los litigantes, pues la litispendencia no busca el beneficio particular sino la salvaguarda de la tutela judicial (TS 18-6-07, EDJ 70112; AP Madrid 19-1-05, EDJ 168258).

3840.5 **Litispendencia y conexidad internacionales** (L 29/2015 art.37 a 40; LOPJ art.22 nonies) Una y otra se alegan y tramitan con arreglo a las normas generales que regulen las leyes procesales respecto de la excepción de litispendencia interna, partiendo de que el concepto de pendencia se asocia temporalmente a la interposición de la demanda, siempre que posteriormente resulte admitida.

Respecto de la **litispendencia** se establece el régimen siguiente:

• Si con anterioridad a la presentación de una demanda ante los órganos jurisdiccionales españoles se hubiera formulado entre las mismas partes, con idéntico objeto y causa de pedir, una demanda ante los órganos jurisdiccionales de un Estado extranjero, el tribunal español, a instancia de parte y previo informe del Ministerio Fiscal, puede acordar la **suspensión** del proceso, mientras que aquel esté pendiente, siempre que se cumplan los siguientes **requisitos**:

a) Que la competencia del órgano jurisdiccional extranjero obedezca a una conexión razonable con el litigio, lo que se presume existe cuando el órgano jurisdiccional extranjero haya basado su competencia judicial internacional en criterios equivalentes a los previstos en la legislación española para ese caso concreto.

b) Que sea previsible que el órgano jurisdiccional extranjero dicte una resolución susceptible de ser reconocida y ejecutada en España.

c) Y que el órgano jurisdiccional español considere necesaria la suspensión del procedimiento en aras a la buena administración de justicia.

La suspensión no alcanza, sin embargo, a las **medidas de urgencia** que resulten procedentes. El proceso se considerará pendiente desde el momento de la interposición de la demanda si después es admitida.

• El tribunal español puede alzar la suspensión y **continuar con la sustanciación** del procedimiento en cualquier momento, a instancia de parte y previo informe del Ministerio Fiscal, cuando concurra alguna de las siguientes circunstancias:

a) Que el órgano judicial extranjero se haya declarado incompetente, o si, requerido por cualquiera de las partes, no se hubiera pronunciado sobre su propia competencia.

b) Que el proceso ante el órgano jurisdiccional del otro Estado sea suspendido o concluido.

c) Que existan fundadas razones para estimar que el tribunal extranjero no va a resolver sobre el fondo en un tiempo razonable.

d) Que se considere necesaria la continuación del proceso en aras a la buena administración de justicia.

e) Que se entienda que la sentencia definitiva que eventualmente pueda llegar a dictar no será susceptible de ser reconocida y, en su caso, ejecutada en España.

• El órgano jurisdiccional español pondrá fin y archivará las actuaciones si el proceso ante el órgano jurisdiccional del otro Estado ha concluido con una **resolución susceptible de reconocimiento** y, en su caso, de **ejecución** en España.

3840.6 En relación con la **conexidad internacional**, se determina lo siguiente:

• Se consideran conexas a estos efectos las **demandas vinculadas** entre sí por una relación tan estrecha que sería oportuno tramitarlas y juzgarlas al mismo tiempo a fin de evitar resoluciones inconciliables.

• Cuando exista un proceso pendiente ante los órganos jurisdiccionales de un Estado extranjero en el momento en que se interpone ante un órgano jurisdiccional español una demanda conexa, este último podrá, a instancia de parte, y previo informe del Ministerio Fiscal, **suspender el proceso**, siempre que, conjuntamente:

- sea conveniente oír y resolver conjuntamente las demandas conexas para evitar el riesgo de resoluciones inconciliables;
- sea previsible que el órgano jurisdiccional del Estado extranjero dicte una resolución susceptible de ser reconocida en España; y
- el órgano jurisdiccional español considere necesaria la suspensión del proceso en aras a la buena administración de justicia.

El órgano jurisdiccional español puede **continuar con el proceso** en cualquier momento, a instancia de parte y previo informe del Ministerio Fiscal, cuando (alternativamente):

- considere que ya no existe riesgo de resoluciones contradictorias;
- el proceso extranjero sea suspendido o concluido;
- estime poco probable que el proceso extranjero pueda concluirse en un tiempo razonable;
- repute necesaria la continuación del proceso en aras a la buena administración de justicia.

3841 **Inadecuación de procedimiento** (LEC art.422 y 423) Distingue la LEC si la inadecuación del proceso es por razón de la cuantía o por razón de la materia.

MPCI nº 6514 **a)** Inadecuación **por razón de la cuantía**. La alegación de esta excepción se convierte en un incidente de fijación de cuantía.

Se admite que en la audiencia previa al juicio las partes, una vez invocada esta excepción por el demandado, se pongan de **acuerdo en la fijación** de la cuantía del pleito.
Si no llegan a un acuerdo, debe ser **fijada judicialmente** atendiendo a los documentos, informes y cualesquiera otros elementos útiles que hayan sido aportados por las partes.
Si lo que procede es el juicio verbal, se debe poner **fin a la audiencia**, citando a las partes a la vista de tal juicio. En este caso, siempre que sea posible, se hará el señalamiento por el juez en el mismo acto, teniendo en cuenta las necesidades de la agenda programada de señalamientos y demás circunstancias.
b) Inadecuación **por razón de la materia**. Si por razón de la materia el demandado invocara la excepción de inadecuación del procedimiento elegido por el actor, el tribunal en la audiencia previa al juicio, debe dar audiencia a las partes sobre este extremo, decidiendo motivadamente en el acto lo que resulte procedente.
Si considera **infundada** esta alegación, debe mandar proseguir la audiencia para sus restantes finalidades.
Si esta determinación, la clase de juicio a seguir por razón de la materia, reviste **especial complejidad**, el juez puede decidir sobre el pleito a seguir dentro de los 5 días siguientes a la audiencia, la cual puede proseguir para sus demás finalidades.
Si el proceso adecuado fuera el **juicio verbal** se terminará la audiencia y se citará a las partes -por el letrado de la Administración de Justicia- para la vista de este juicio.

Demanda o reconvención defectuosas (LEC art.424) Se entiende por demanda defectuosa la **falta de precisión o claridad** en la determinación de las partes contendientes o en las pretensiones deducidas, tanto en la demanda como, en su caso, en la reconvención formulada por el demandado contra el actor. **3843** MPCI nº 6516 s.
Se trata de un defecto **subsanable** en el trámite de la audiencia previa al juicio, de tal modo que, en tal acto, el tribunal debe admitir las aclaraciones y precisiones oportunas.
Si no se han realizado tales precisiones y fuera imposible determinar en qué consisten las pretensiones o quiénes son las partes contendientes, el tribunal ha de decretar el **sobreseimiento** del pleito.

Otras excepciones procesales. Falta de reclamación previa (LEC art.425) Como se ha examinado, la LEC admite un *numerus apertus* con relación a las excepciones procesales. Su tratamiento procesal y efectos han de acomodarse a las reglas establecidas para las excepciones análogas. **3844**
Pueden destacarse especialmente **dos excepciones** dentro de este apartado:
- la falta de reclamación previa al ejercicio de acciones civiles y laborales frente a las Administraciones públicas; y
- la sumisión de la cuestión litigiosa a arbitraje.

Tratamos aquí la primera de ellas. Para la segunda nos remitimos a lo expuesto en nº 17420 s.
El ejercicio de acciones fundadas en derecho privado contra cualquier Administración pública comporta una serie de **especialidades o prerrogativas procesales**. Una de ellas está constituida por las reclamaciones previas al ejercicio de acciones civiles y laborales.
Cuando las Administraciones públicas actúan **sometidas al Derecho común** -privado o laboral- carecen de las prerrogativas propias que les da el Derecho Administrativo; actúan entonces desprovistas de *imperium*, en la misma posición que los ciudadanos. Así, los conflictos que se producen entre la Administración y los demás sujetos en el ámbito de las relaciones jurídico-privadas, no se diferencian de los que ocurren entre particulares: la Administración puede demandar y ser demandada **como cualquier particular**, y en el orden jurisdiccional, civil o social, que corresponda a la materia en que se produce el conflicto. Esto tiene matices, puesto que, aún en los casos en que las Administraciones públicas actúan conforme a las normas comunes, gozan de una serie de especialidades o prerrogativas entre la que se encuentra el requisito previo de la reclamación administrativa.

Precisiones: Desde la entrada en vigor de la LPAC, únicamente subsiste la exigencia de **reclamación administrativa previa** a la vía civil y laboral en cuanto resulte de normativa específica. Señaladamente, la **reclamación previa de tercería** (LPAC disp.adic.1ª.2.a) y b); LGT art.165.3; RDLeg 8/2015 art.39; RD 1415/2004 art.132 a 134). O en materia de prestaciones de Seguridad Social, en sede social (L 36/2011 art.72 s.; RDLeg 8/2015 art.303 y 350).

Exigibilidad La LEC no regula de manera expresa la reclamación previa, entendiendo que es cuestión que debe contemplarse en normas administrativas. No obstante, su exigibilidad se encuentra contenida en diversos preceptos de la misma (LEC art.266, 289 y 403): **3846**
a) Su incumplimiento debe apreciarse **de oficio** por el juzgador; pero ha de entenderse, conforme a la doctrina del Tribunal Constitucional, que debe antes ofrecerse la oportunidad de **subsanación**, de ser ello posible con los fines de la institución.

b) La falta de apreciación de oficio, no impide su **alegación por la otra parte** como cuestión incidental, o bien en la contestación a la demanda, o en la audiencia previa en el juicio ordinario.

c) En efecto, suele calificarse este instituto como un **presupuesto procesal** para que la relación jurídico procesal quede válidamente constituida. Es requisito previo al ejercicio de acciones fundadas en Derecho privado o laboral contra cualquier Administración Pública.

Las **principales cuestiones** que suscita la reclamación previa han sido resueltas tanto por el Tribunal Constitucional como por el Supremo: su constitucionalidad y lo referente a la subsanación del requisito procesal, imperando como se verá una interpretación antiformalista y *pro actione* de este requisito.

Precisiones 1) La ausencia de este presupuesto procesal puede también alegarse mediante **recurso de reposición** frente al decreto del letrado de la Administración de Justicia por el que se admita la demanda, en tanto que no se adjunta a esta un documento necesario (LEC art.404).
2) Un examen detenido la **reclamación previa** se realiza en nº 9655 s. Memento Administrativo 2026.

3847 **Constitucionalidad** Se ha admitido la constitucionalidad de la reclamación previa, aunque el Tribunal Supremo ha seguido una interpretación antiformalista del presupuesto procesal, más laxa incluso que el Tribunal Constitucional (TS auto 15-12-98, EDJ 61270).

3848 **Subsanabilidad** La cuestión de la subsanabilidad de la reclamación previa, así como su tratamiento procesal, plantea básicamente la cuestión de si la falta de la reclamación previa debe impedir que el órgano jurisdiccional, del orden civil, entre a conocer el fondo de la cuestión planteada.

La doctrina del Tribunal Supremo, tras equiparar la reclamación administrativa previa al acto de conciliación en el proceso civil, entiende que no puede operar como condicionante absoluto al ejercicio de la acción y que constituye un **requisito puramente formalista** sin fundamentación alguna, que debe ser obviado en aras de la efectividad de la tutela judicial consagrada constitucionalmente (TS 1ª 15-3-93, EDJ 23596; 2-2-93, EDJ 915). Se afirma, en consecuencia, la subsanabilidad de la falta de reclamación previa en vía administrativa (TS 26-12-95, EDJ 7595; 15-10-96, EDJ 6138; 27-1-97, EDJ 14; TS auto 15-12-98, EDJ 61270).

En definitiva, el requisito cuestionado es jurídicamente exigible mientras no se modifiquen los textos legales para excluir, en su caso, su necesidad; sin embargo, debe proclamarse la **flexibilidad en la interpretación** de los preceptos en los que se contiene tal exigencia, para tenerla por efectivamente cumplida en todos aquellos supuestos en los que la finalidad a que responde su exigencia se haya alcanzado, aun cuando no se hubiera formalmente interpuesto la reclamación previa (TS 18-3-97, EDJ 1982). Por ello, aún en los casos en que debiera haberse subsanado el defecto en la instancia, en casación, la subsanación se revela improcedente y su omisión irrelevante (TS 15-3-93, EDJ 23596; TS auto 15-12-93).

e. Fijación del objeto del procedimiento

(LEC art.426 a 428)

3860 En este trámite, los litigantes, sin alterar sustancialmente sus pretensiones ni los fundamentos de estas, expuestos en sus escritos, pueden:

MPCI nº 6545 s.

a) Efectuar **alegaciones complementarias** en relación con lo expuesto de contrario.

b) Aclarar las alegaciones que hayan formulado y rectificar extremos secundarios de sus pretensiones, siempre sin alterar estas ni sus fundamentos;

c) Alegar los **hechos nuevos** o los desconocidos con anterioridad que tuvieran relevancia.

d) Aportar **documentos y dictámenes** que se justifiquen en razón de las alegaciones complementarias, rectificaciones, peticiones, adiciones y hechos nuevos. En estos casos, cada parte se debe pronunciar sobre los documentos o pericia aportados de contrario.

e) Formular las **aclaraciones o precisiones** requeridas por el juez.

La audiencia continúa para que las partes o sus defensores, con el órgano judicial, fijen los hechos sobre los que exista conformidad y disconformidad de los litigantes.

Precisiones El principio *iura novit curia* implica que el órgano judicial conoce el Derecho aplicable a la *causa petendi* y *petitum* de la demanda, y no está vinculado a la aplicación de los preceptos legales citados en la demanda como apoyo del *petitum*. Pero en ningún caso puede alterarse ni modificarse la **causa de pedir** (TS 12-11-99, EDJ 40349).

f. Proposición y admisión de prueba

(LEC art.429 redacc LO 1/2025)

Si no hubiese acuerdo de las partes para finalizar el litigio ni existiera conformidad sobre los hechos, la audiencia debe proseguir para la proposición y admisión de la prueba. **3863** MPCI nº 6560 s.

La prueba se propone de forma verbal, sin perjuicio de la obligación de las partes de aportar en el acto un **escrito** detallado o minuta de la misma, pudiendo completarlo durante la audiencia. La omisión de la presentación de dicho escrito no da lugar a la inadmisión de la prueba, quedando condicionada esta a que se presente en el plazo de los 2 días siguientes (LEC art.429.1).

El órgano judicial puede sugerir a las partes la práctica de alguna concreta **diligencia probatoria** que coadyuve a la correcta resolución de la litis.

Los litigantes deben **señalar las pruebas** para cuya práctica resultará necesario el auxilio del órgano jurisdiccional.

Una vez admitidas las pruebas pertinentes, el juez debe señalar la **fecha del juicio**.

El **señalamiento** del juicio para su celebración ha de realizarse en el **plazo** de un mes desde la conclusión de la audiencia -bien por el juez en el mismo acto o, posteriormente, por el letrado de la Administración de Justicia (LEC art.182)-.

Precisiones La **práctica de la prueba** se expone en nº 3400 s.

g. Derivación a MASC

(LEC art.429.2 redacc LO 1/2025)

Si se hiciera uso de la facultad prevista en LEC art.19.5 redacc LO 1/2025 (nº 3820) y todas las partes manifestaran su **conformidad** con la derivación del asunto a un medio adecuado de solución de controversias, se acordará mediante providencia -incluso en forma oral-. **3864**

La actividad de **negociación** se desarrollará durante el tiempo que media entre la finalización de la audiencia previa y la fecha señalada para el juicio. No obstante, si 15 días antes de llegar dicho término todas las partes convinieran en prorrogar dicho plazo por una sola vez y tiempo determinado y especificado, el letrado de Administración de Justicia fijará nueva fecha para la celebración del juicio.

En el caso de haberse alcanzado un **acuerdo**, las partes lo comunicarán al tribunal para que decrete el archivo del procedimiento, sin perjuicio de solicitar previamente su **homologación judicial**. Si el medio adecuado seguido fuera una conciliación ante notario o registrador, se acreditará mediante la **escritura o certificación** registral, sin que sea precisa la homologación judicial.

5. Juicio

(LEC art.431 a 433)

El juicio tendrá por objeto la práctica de las **pruebas** admitidas y la formulación de **conclusiones** sobre estas. No ha lugar a practicar este trámite de conclusiones cuando la única prueba que resulte admitida sea la de documentos, y estos ya se hayan aportado al proceso sin resultar impugnados, o cuando se hayan presentado informes periciales, y ni las partes ni el tribunal soliciten la presencia de los peritos en el juicio para la ratificación de su informe. **3865** MPCI nº 6570, 6575

Comparecencia Las partes comparecerán en el juicio bajo la representación y asistencia de **procurador y abogado**. **3867** MPCI nº 6577, 6579

Lo harán por **videoconferencia** o mediante la utilización de medios electrónicos para la reproducción del sonido y, en su caso, de la imagen, cuando el tribunal lo acuerde de oficio o a instancia de parte (LEC art.37 bis; nº 2805).

Si **no comparece** en el juicio ninguna de las partes, se levanta acta haciéndolo constar y el tribunal, sin más trámites, declara el pleito visto para sentencia.

Si solo comparece alguna de las partes, se procede a la celebración del juicio.

Si cualquiera de los que hubieran de acudir al acto del juicio no pudiera asistir a este por causa de **fuerza mayor** u otro motivo de análoga entidad (nº 2633 y nº 2905) podrá solicitar nuevo señalamiento de juicio (LEC art.430). Esta solicitud se hará de inmediato al tribunal, acreditando cumplidamente la causa o motivo y solicitando nuevo señalamiento que atienda a la situación. Cuando sea el **abogado** de una de las partes quien considerase imposible acudir a la vista o acto procesal de que se trate, si se considerase atendible y acreditada la situación que se alegue, el letrado de la Administración de Justicia hará nuevo señalamiento de vista (LEC art.183).

3869 **Prueba** El juicio comienza con la práctica, conforme a las reglas generales, las **pruebas admitidas.**
MPCI nº 6581

Antes de la práctica, sin embargo, ha de resolverse, en su caso, sobre la vulneración de **derechos fundamentales** en la obtención u origen de alguna prueba, y se procederá a oír a las partes si se hubiesen alegado o se alegaran **hechos acaecidos o conocidos con posterioridad** a la audiencia previa.

El examen de la prueba se realiza en nº 3400 s.

3870 **Conclusiones** Se formulan oralmente y han de versar sobre los **hechos controvertidos**, exponiendo de forma ordenada, clara y concisa, si, a su juicio, los hechos relevantes han sido o deben considerarse admitidos y, en su caso, probados o inciertos.
MPCI nº 6583 s.

Cada parte debe comenzar con los hechos aducidos en apoyo de sus pretensiones y seguir con lo que se refiera a los hechos aducidos por la parte contraria.

Expuestas sus conclusiones sobre los hechos controvertidos, cada parte puede informar sobre los **argumentos jurídicos** en que se apoyen sus pretensiones, que no pueden ser alteradas en ese momento.

Precisiones **1)** Es obvio que las facultades revisoras del tribunal dentro del ámbito de revisión que le es dado a la alzada se contraen a verificar si en la valoración conjunta del material probatorio se ha comportado el juez *a quo* de forma arbitraria o si, por el contrario, la apreciación conjunta del mismo es la procedente por su adecuación a los resultados obtenidos en el proceso. Si ese examen se ve vedado ante la carencia de un soporte mínimo en amplia parte de la prueba que permita dicho control -**defectos en la grabación del juicio**-, se produce la infracción de los principios procesales básicos. Por tanto, procede determinar la nulidad de actuaciones con reproducción del juicio al objeto de que consten aquellos elementos de prueba y alegaciones que no quedaron reflejados en los correspondientes soportes (AP Bizkaia 14-9-05, EDJ 212796).

2) Si bien en el procedimiento ordinario las partes deben acudir asistidas de **letrado** (LEC art.31 y 432.1), dicho profesional puede acreditar debidamente su **inasistencia justificada** a efectos de pedir la suspensión de la vista por enfermedad o imposibilidad absoluta justificada suficientemente a juicio del tribunal, siempre que tales hechos se hayan producido cuando ya no fuera posible solicitar un nuevo señalamiento conforme a LEC art.183 (LEC art.188.5º; AP Madrid auto 1-3-04, EDJ 114987).

3) Las conclusiones deben formularse concisamente, según lo previsto con carácter general en LEC art.185.4. Corresponde al juez agilizar el desarrollo de las vistas, pudiendo llegar incluso a **retirar el uso de la palabra** al abogado cuando el informe sobre los aspectos jurídicos del debate se esté extendiendo excesivamente para lo que es el objeto del pleito, no apreciándose indefensión de la parte demandante (LEC art.186.2º; AP Barcelona 15-3-05, EDJ 58365).

6. Sentencia

(LEC art.434 a 436)

3875 La forma normal de terminación del procedimiento es la sentencia, que debe dictarse en el **plazo** de los 20 días siguientes a la terminación del juicio.
MPCI nº 6590

Se podrá suspender el plazo para dictar sentencia en los procedimientos sobre **defensa de la competencia** (Tratado FUE art.101 y 102; L 15/2007 art.1 y 2) cuando el tribunal tenga conocimiento de la existencia de un expediente administrativo ante la Comisión Europea, la Comisión Nacional de los Mercados y de la Competencia o los órganos autonómicos competentes y resulte necesario conocer el pronunciamiento del órgano administrativo. Dicha suspensión, acordada previa audiencia de las partes por auto motivado solo recurrible en reposición, se notificará al órgano administrativo. Este, a su vez, habrá de dar traslado de su resolución al tribunal.

La Comisión Nacional de los Mercados y de la Competencia trasladará a la Comisión Europea las sentencias recaídas (L 15/2007 art.16.4).

La **forma** de la sentencia se estudia en nº 2956 s.

Precisiones **1)** En cuanto a la prosecución del procedimiento si existe **reconvención** por el demandado y no habiendo desistido de la misma, deberá recaer sentencia sobre dicha reconvención (AP Bizkaia auto 20-9-05, EDJ 212934).

2) Cuando se ha omitido la referencia a las **costas** se ha de añadir al fallo de la sentencia que procede la condena en costas (AP Murcia auto 1-9-03, EDJ 134254).

3877 **Diligencias finales** (LEC art.435 y 436) Excepcionalmente, con carácter previo, puede acordarse, a instancia de parte -solo excepcionalmente de oficio-, mediante auto, la práctica de determinadas **diligencias probatorias** llamadas diligencias finales -antiguas diligencias para mejor proveer-. Solo ha lugar a ellas en los siguientes **supuestos**:
MPCI nº 6592 s.

1) Cuando no hayan podido proponerse en tiempo y forma por las partes.

2) Cuando por causas ajenas a la parte que la haya propuesto, no se haya practicado alguna de las pruebas admitidas.
3) Cuando se refieran a hechos nuevos o de nueva noticia o a hechos anteriores, oportunamente alegados, si los actos de prueba anteriores no hubieran resultado conducentes a causa de circunstancias ya desaparecidas e independientes de la voluntad y diligencia de las partes, siempre que existan motivos fundados para creer que las nuevas actuaciones permitirán adquirir certeza sobre aquellos hechos.
Tras la práctica de las diligencias finales, las partes pueden, dentro del quinto día, presentar escrito en que resuman y valoren el **resultado**.
Finalizado este plazo, se empieza a contarse el plazo de 20 días con que cuenta el juez para dictar sentencia.

Precisiones Las diligencias finales son herederas de las **diligencias para mejor proveer** de la derogada LEC/1881 art.340, si bien se diferencian de estas en que debe existir, salvo excepciones, **solicitud de parte**. Sin embargo, siguen configuradas como una facultad que, de forma potestativa y discrecional, aunque respetando las reglas previstas en LEC art.435.1, corresponde al tribunal, que puede acordar, mediante auto, como diligencias finales, la práctica de actuaciones de prueba. El carácter potestativo, discrecional y soberano de estas diligencias ni otorga **derecho subjetivo** alguno a la parte, pues se configura como una potestad de los órganos judiciales, ni su práctica puede estimarse obligada como consecuencia necesaria del art.24 Const en los procesos gobernados por el principio dispositivo, pues ello lo convertiría en un nuevo y extemporáneo plazo de prueba (TCo 98/1987; AP Burgos 30-12-05, EDJ 302276).

SECCIÓN 12

Juicio verbal

(LEC art. 437 a 447 bis; RDL 6/2023)

3900

El juicio verbal y el juicio ordinario constituyen las dos modalidades procesales de contienda judicial declarativa común o general instauradas por la LEC. La regulación del juicio verbal civil en la LEC pretende, dentro de su ámbito procesal objetivo, y para cuestiones de **escasa cuantía litigiosa**, consagrar el derecho fundamental a la pronta y eficaz tutela judicial efectiva en un doble aspecto (Const art.24): **3902** MPCI nº 6660 s.
- la plenitud de garantías procesales;
- la cercanía temporal de la respuesta judicial respecto de la demanda de tutela, con un menor coste de tiempo en determinar lo jurídico en los casos concretos, dotando al proceso de una mayor capacidad de transformación de la realidad de las cosas.

Cabe definir este juicio como el proceso civil entre partes que tiene por objeto la satisfacción sumaria o plenaria de concretas pretensiones procesales basadas en una específica causa jurídica de pedir, respecto a la cual y bajo los principios de justicia rogada, inmediación, oralidad -matizada tras la reforma operada por la L 42/2015, que implanta con carácter absoluto y sin excepción la contestación escrita- y celeridad procesal, ha de decidir el juzgador civil dentro del ámbito de la congruencia en relación con lo pedido y lo oportunamente excepcionado.
El juicio verbal tiene una **estructura** sencilla:
- demanda o, en su caso, demanda sucinta (nº 3910 s.);
- vista, en su caso (nº 3960 s.); y
- sentencia (nº 3985 s.).

En el mismo, es relevante la **simplicidad y rapidez en el trámite** y la oralidad, lo que revela que está pensado para los procesos de escasa cuantía y menor complejidad. Como justificación de la elección de los procesos reservados al juicio verbal, solo es conveniente acudir a la máxima concentración de actos -propios del juicio verbal- para asuntos litigiosos desprovistos de complejidad o que reclamen una tutela con singular rapidez. En otros casos, la opción legislativa prudente es el juicio ordinario, con su audiencia previa dirigida a depurar el proceso y a fijar el objeto del debate (nº 3750 s.).

Aunque la **materia** es criterio determinante del procedimiento en numerosos casos, la **cuantía** cumple un papel no desdeñable y las reglas sobre su determinación procuran que la indeterminación inicial quede circunscrita a los casos verdaderamente irreductibles a toda cuantificación, siquiera sea relativa.

3903 Precisiones 1) El **ámbito de aplicación** del juicio verbal (LEC art.250) se estudia al examinar las disposiciones generales de los procesos declarativos (nº 3215 s.).

2) La insuficiente regulación del juicio verbal se ha de integrar, mediante la **analogía** por lo dispuesto para el juicio ordinario (nº 3750 s.). Aunque hubiera sido deseable la inclusión, en la disciplina de la plural variedad de procedimientos verbales que, de forma más «unidora» que «unitaria», regula la LEC, de una norma explícita de reenvío a las prevenciones del proceso ordinario, o haber situado sistemáticamente la regulación de ciertos institutos comunes a todos los procedimientos declarativos de cualquier especie -comunes y especiales- entre las disposiciones generales, no cabe desconocer que por vía interpretativa y acudiendo a la analogía, es claro que ciertas disposiciones formalmente imbricadas entre las disposiciones rectoras del procedimiento ordinario proyectan, ontológica e ineluctablemente, su virtualidad también a los procesos que deban -o puedan-ser sustanciados por los procedimientos verbales (AP Madrid auto 6-7-02, EDJ 126329).

3905 **Caracteres** Como caracteres que delimitan la naturaleza jurídica del juicio verbal hay que destacar que se trata de:

a) Un **juicio de cognición extensa o limitada**, pues frente a los procesos de ejecución, el juicio verbal tiene por objeto la declaración del juzgador, que conoce la contienda, que una determinada pretensión, o su oposición, es conforme a Derecho, constituyéndose como una modalidad de juicio declarativo común.

b) Un **juicio común**, pues resulta de aplicación a aquellas pretensiones que según su materia y cuantía no tengan señalada por la Ley otra tramitación especial. Se constituye así, junto con el juicio ordinario, como la base dual de la justicia civil declarativa común, frente a los juicios especiales que tienen específica regulación en la LEC y resultan de aplicación en esencia a los juicios relativos al estado civil, la división judicial de un patrimonio, el juicio monitorio y el proceso cambiario.

c) Una modalidad procesal de **naturaleza mixta**, ya que presenta un ámbito procesal objetivo de aplicación bifronte en relación con la cosa juzgada material, pues en su seno se desenvuelven pretensiones de tutela judicial sumaria cuya sentencia no produce aquel efecto de cosa juzgada, y de otro lado el juicio verbal alberga pretensiones declarativas que determinan un juicio plenario, que con análisis de todas las cuestiones controvertidas originan una sentencia con plena eficacia de cosa juzgada material y sin limitación de causas de oposición.

d) Una modalidad procesal que se caracteriza por la **inmediación, publicidad y oralidad matizada**. Constituyen los principios procesales básicos del juicio verbal, cuya realización efectiva se encomienda al trámite de la vista, que se celebra imperativamente con la mera solicitud de una de las partes (Const art.120).

e) Una modalidad procesal que tiene **carácter conciliador**, pues trata, de un lado, de provocar una rápida respuesta judicial que, con un menor coste de tiempo, resuelva el conflicto suscitado, y de otro lado, haciendo conciliable aquel logro con la plenitud de garantías procesales, en el seno del debate contradictorio entre las partes, para mejor realización de la tutela judicial efectiva (Const art.24).

f) Una modalidad procesal que se caracteriza por el **principio de justicia rogada o principio dispositivo**, pues de una parte no se entiende razonable que al órgano jurisdiccional le incumba comprobar e investigar la veracidad de los hechos alegados y, de otra, no se grava al tribunal con el deber y la responsabilidad de decidir qué tutela puede corresponder al conflicto, siendo antes bien, al contrario, que corresponderá al demandante de la tutela decidir con claridad y precisión el alcance de esta, así como alegar y probar los hechos y aducir los fundamentos jurídicos de su causa de pedir.

g) Una modalidad procesal caracterizada por la **simplificación procesal**, que viene a prescindir de trámites innecesarios al iniciarse con demanda, que en ciertos casos puede ser formularia, seguida de contestación a la demanda en plazo breve e inmediata citación para la vista -salvo que se prescinda de esta por acuerdo expreso o tácito de las partes y del tribunal-, todo ello para litigios caracterizados, en primer lugar, por la singular simplicidad de lo controvertido, y, en segundo término, por su pequeño interés económico.

h) Un proceso con **carácter absorbente y sustitutorio** de anteriores juicios especiales, pues viene a albergar en su seno procedimental antiguos juicios interdictales en materia de protección posesoria, arrendaticia por falta de pago de la renta e incluso el juicio derivado de LH art.41 -derogado por la LEC-.

A. Demanda

(LEC art.437)

El juicio verbal se inicia por **demanda** con el contenido y forma propios del juicio ordinario, del que se aplican también las reglas sobre preclusión de alegaciones y litispendencia. **3910** MPCI nº 6700, 6702

No obstante, cuando se trate de juicio verbal en que no se actúe con abogado y procurador, puede presentarse **demanda sucinta** en la que debe fijarse la identidad y domicilio de las partes y, con claridad y precisión, la pretensión e identificarse los datos del actor y demandado. En estos asuntos, el actor puede utilizar demanda según impresos normalizados, a su disposición en el tribunal o en la sede judicial electrónica.

Los litigantes podrán **comparecer por sí mismos**, sin necesidad de **procurador**, en los juicios verbales por asuntos a los que, cumulativamente, se aplique este cauce por razón de la cuantía -no de la materia- y en los que esta cuantía no exceda de 2.000 euros (LEC art.23.2.1). Cuando su cuantía exceda de esta cantidad, o el empleo de este cauce lo sea por razón de la materia, deberán otorgar su representación a procurador de los tribunales.

No es preceptiva la intervención de **abogado** en los juicios verbales cuya determinación lo sea por razón de la cuantía y, adicionalmente, cuya cuantía no exceda de 2.000 euros (LEC art.31.2.1º).

Precisiones 1) El **impreso normalizado de demanda** se aprueba por Acuerdo de la Comisión Permanente del CGPJ 22-12-15.

2) Si en la demanda se solicita el **desahucio** de finca urbana por falta de pago de rentas o cantidades debidas o por expiración del plazo legal o contractualmente aplicable, el demandante puede anunciar su compromiso, en la misma demanda, de **condonar al arrendatario**, total o parcialmente, la deuda y costas procesales, con indicación de concreta cantidad, condicionándolo al desalojo voluntario del inmueble dentro del plazo que indique, no inferior a 15 días desde que se notifique la demanda (LEC art.437.3). Asimismo, puede solicitar que se tenga por recabada la ejecución del lanzamiento.

3) Cuando se solicite en la demanda la **recuperación de la posesión de una vivienda** o parte de ella a la que se refiere LEC art.250.1.4º párr.2 (nº 3218), aquella podrá dirigirse genéricamente contra los **ocupantes desconocidos** de la misma, sin perjuicio de la notificación que de ella se realice a quien en concreto se encontrara en el inmueble al tiempo de llevar a cabo dicha notificación. A la demanda se deberá acompañar el título en que el actor funde su derecho a poseer (LEC art.437.3 bis).

1. Admisión

Con carácter general, aplicando por analogía lo dispuesto en LEC art.403.1 redacc LO 1/2025, las demandas solo se inadmiten en los **casos** y por las **causas** expresamente previstas en esta Ley, que no encuentra explícito correlato en la regulación de los procedimientos verbales. **3915** MPCI nº 6705

Precisiones No procede la inadmisión por **falta de indicación del domicilio del demandado** (que no se conoce), porque es absolutamente indispensable que una norma vincule de forma expresa la inadmisión como efecto de la advertencia, observación o constatación de algún óbice procesal o la falta de un presupuesto o requisito de esta misma naturaleza (AP Madrid auto 6-7-02, EDJ 126329).

Falta de aportación y traslado de copias de la demanda y documentos que la acompañan (LEC art.276 y 277) Se incurre en un **rigor excesivo** si se inadmite la demanda, en particular, en el caso de que se intervenga en el proceso por medio de procurador, por falta de aportación y traslado de las copias de la demanda y documentos acompañados a la misma. En primer término, los supuestos de inadmisibilidad de una demanda (o en su caso, de la oposición a la misma) son ciertamente excepcionales en la LEC, tanto en lo que se refiere al juicio ordinario como al juicio verbal, y así con relación al primero, al LEC art.403.1 redacc LO 1/2025 establece que las demandas solo se inadmitirán en los casos y por las **causas expresamente previstas** en LEC y, si bien en LEC art.403.3 dice que tampoco se admitirán las demandas cuando no se acompañen a ellas los **documentos** que la Ley expresamente exija para la admisión de aquella, es claro que a los documentos a que se refiere este precepto no son las **copias** contempladas en LEC art.273 redacc LO 1/2025, sino los que menciona la LEC art.266, cuya omisión sí da lugar a la inadmisión de la demanda según lo dispuesto en LEC art.269.2. Pero es que, con relación al juicio verbal, la conclusión es la misma visto el contenido de LEC art.439, que especifica aquellos supuestos concretos en que puede rechazarse *a limine* una demanda, entre los que no se encuentran el caso de que con la demanda no se hayan acompañado las copias a que se ha hecho referencia y dado traslado de ellas a los procuradores de las otras partes o a estas, porque si bien es cierto que la LEC art.276.1 y 2 y 277 y con relación a las copias de documentos y escritos presentados por medio de procurador dispone que la omisión de las copias da lugar a que **no se admita su presentación**, también lo es que la falta **3917**

de aportación de tales copias puede y debe ser **subsanada** (LEC art.231), y toda vez que, además, la preclusión para aportar documentos con los escritos de demanda, contestación o, en su caso, en la audiencia previa, viene referida a los documentos relativos al fondo del asunto de LEC art.265 y no a los procesales, como es el caso de las copias previstas en LEC art.273 redacc LO 1/2025 (AP Valencia auto 9-12-02, EDJ 126413; 21-12-02, EDJ 68465; AP Alicante auto 20-9-04, EDJ 185471 -todas relativas a la precedente LEC art.276.4, pero con argumento extensible a la regulación vigente-).

3919 **Falta de indicación de la cuantía** En cuanto al **plazo de subsanación** por falta de indicación de la cuantía, la vigente LEC no excluye del requisito de expresión de la cuantía en la demanda a aquellos procedimientos que por su materia sean del ámbito del juicio verbal o del ordinario, por lo que no cabe admitir la alegación del recurso que señala que en todo caso el procedimiento de carácter posesorio se tramita por los cauces del juicio verbal. Ha de conferirse al actor el plazo previsto legalmente en LEC art.254.4 párr.2º de 10 días para poder subsanar, y no otro de carácter judicial por solo 5 días, contraviniendo el mencionado precepto (AP Cádiz auto 15-12-04, EDJ 266296).

3921 **Supuestos específicos de inadmisibilidad** (LEC art.439 redacc LO 1/2025) Son causas de
MPCI inadmisibilidad de la demanda en las materias especiales:
nº 6713 s. a) **Juicios de recobrar o retener la posesión**: Si se interponen después de transcurrido un año desde la perturbación o despojo.

b) **Juicios registrales inmobiliarios**, cuando por inactividad del actor:
- no exprese las medidas judiciales a adoptar para asegurarle la eficacia de la sentencia que recaiga;
- no indique, salvo renuncia expresa, la caución que ha de prestar el demandado para responder de los frutos percibidos indebidamente, de los daños y costas, para el caso de comparecer y contestar a la demanda;
- no acompañe certificación registral vigente y sin contradicción de su asiento.

c) **Juicios mobiliarios de ventas a plazos**, en casos de incumplimiento de contrato, cuando el actor no acompañe a la demanda certificación registral sobre inscripción en el registro de venta de bienes muebles a plazos en caso de bienes susceptibles de tal inscripción, así como acreditación del requerimiento de pago al deudor con diligencia expresiva de la falta de pago y entrega del bien, en los términos de la ley reguladora de dichas ventas.

d) **Juicios de recuperación de la posesión de fincas arrendadas o en precario o registrales inmobiliarios**. En estos, se formulan **reglas específicas**:
• Se inadmitirán las demandas que pretendan la recuperación de la posesión de una finca, en que **no se especifique**:
- si el inmueble objeto de las mismas constituye **vivienda habitual** del ocupante;
- si concurre en la parte demandante la **condición de gran tenedora** de vivienda (L 12/2023 art.k -derecho a la vivienda-) -en el caso de indicarse que no se ostenta tal condición se debe adjuntar a la demanda certificación del Registro de la Propiedad en el que consten la relación de propiedades a nombre de la actora-.

e) **Juicios para devolución de las cantidades indebidamente satisfechas por el consumidor** en aplicación de cláusulas suelo u otras abusivas contenidas en contratos de préstamo o crédito garantizados con hipoteca inmobiliaria: cuando no se acompañe a la demanda documento que justifique haber practicado el consumidor una reclamación previa extrajudicial a la persona física o jurídica que realice la actividad de concesión de préstamos o créditos de manera profesional (LEC art.439 bis redacc LO 1/2025), con el fin de que reconozca expresamente el carácter abusivo de dichas cláusulas y devolución de las cantidades indebidamente satisfechas por el consumidor.

f) En el **resto de casos**, cuando no se acredite el cumplimiento de los requisitos de admisibilidad fijados para casos especiales conforme a las leyes aplicables.

No se admitirán las demandas de **desahucio de finca urbana** por falta de pago de las rentas o cantidades debidas por el arrendatario si el arrendador no indicare las circunstancias concurrentes que puedan permitir o no, en el caso concreto, la enervación del desahucio.

Cuando se ejerciten acciones basadas en el incumplimiento de un **contrato de arrendamiento financiero** o de bienes muebles, no se admitirán las demandas a las que no se acompañe la acreditación del requerimiento de pago al deudor, con diligencia expresiva del impago y de la no entrega del bien (L 28/1998 disp.adic.1ª).

Precisiones 1) La reforma operada por la L 37/2011 en la LEC extiende el sistema del **juicio monitorio** a los juicios de desahucio por falta de pago, de modo que, en el caso de que el arrendatario no desaloje el inmueble, pague o formule oposición tras el requerimiento, se pase directamente al **lanzamiento**, cuya fecha se le comunica en el mismo requerimiento, única comunicación procesal necesaria para el buen fin del proceso, aun cuando el demandado trate de dilatar la ejecución, evitándose asimismo la celebración de vistas innecesarias (nº 2602 s.).

2) Ha sido declarado **inconstitucional** lo dispuesto en LEC art.439.6.c y 7 redacc L 12/2023 -así como en LEC art.655 bis y 685.2 en la redacción dada por L 12/2023- respecto de la carga de acreditación que se imponía al demandante que ostentase la condición de gran tenedor sobre la situación de vulnerabilidad económica, o su ausencia, del demandado, a efectos de admisión de la demanda; así como, en el mismo caso, si el inmueble objeto de demanda constituyera vivienda habitual del ocupante y este se encontrase en situación de vulnerabilidad económica, la inadmisión de las demandas en las que no se acreditase que la parte actora se sometió al procedimiento de conciliación o intermediación establecido a tal efecto por las Administraciones públicas competentes (TCo 26/2025).

Juicio verbal contra resoluciones de la Dirección General de Seguridad Jurídica y Fe Pública en materia de calificación registral (LH art.327 s.) Como se expone en nº 2213 s., frente a las **calificaciones registrales negativas** puede el afectado interponer recurso gubernativo ante el centro directivo o acudir directamente al orden civil mediante demanda -tramitada por los cauces del juicio verbal-, en el plazo de un mes desde la notificación de la calificación. 3924 MPCI nº 6715

En el caso de que se interponga **recurso gubernativo** (nº 9515 s. Memento Administrativo 2026), la Dirección General ha de **resolver y notificar** su resolución en plazo de 3 meses, con efecto de silencio negativo en otro caso.

La **demanda**, tramitada también por los cauces del juicio verbal, ha de presentarse en el plazo máximo de 2 meses desde la notificación de la resolución de la Dirección General o en el de 5 meses y un día, en caso de desestimación por silencio.

En ambos supuestos la **extemporaneidad** opera como causa específica de inadmisibilidad.

Precisiones **1)** Se ha planteado la cuestión de si el **transcurso del plazo de 3 meses** a que se refiere LH art.327.9º, convierte en firme la desestimación del recurso gubernativo o si, por el contrario, debe entenderse, mediante una aplicación supletoria de la regulación sobre el silencio administrativo negativo contenida en LPAC, que la obligación de resolver que tiene la Administración permite una resolución expresa posterior al vencimiento del expresado plazo sin vinculación alguna al sentido del silencio (LPAC art.21 a 24; nº 2325 s. Memento Administrativo 2026):

• **A favor**, sobre la base de la aplicación supletoria de esta norma y el carácter administrativo del procedimiento, AP Navarra 2-10-08, EDJ 372498.

• **En contra**, considerando nula la resolución posterior al vencimiento del plazo, AP Madrid 27-5-10, EDJ 128772; AP Las Palmas 23-12-09, EDJ 376391; AP Alicante 9-7-09, EDJ 229213; AP Valencia 23-4-08, EDJ 89310; AP Ciudad Real 14-4-08, EDJ 179435.

La **doctrina del Tribunal Supremo** se decanta por esta segunda línea (TS 3-1-11, EDJ 6668). Sus argumentos pueden consultarse en nº 6717 Memento Procesal Civil 2026.

2) De acuerdo con lo anterior, parece claro que la Dirección General **no puede resolver expresamente en contra del sentido del silencio**, so pena de nulidad. No queda sin embargo claro si debe o puede hacerlo en el mismo sentido. Cuestión que tiene relevancia inmediata en relación con la efectividad y arranque el plazo para interponer demanda (5 meses y un día desde la interposición del recurso gubernativo). Si permanece subsistente el deber de resolver, dicho plazo no corre en perjuicio del interesado, por lo que la demanda presentada con posterioridad al citado momento no puede considerarse extemporánea. Si, por el contrario, se considera que ha cesado el deber de resolver por parte del centro directivo (aun vinculado por el sentido negativo del silencio), la demanda posterior al plazo citado será extemporánea.

3) Este juicio es de **conocimiento limitado** a la calificación registral, en atención a lo que pudo ser tenido en cuenta por el registrador. Sin embargo, queda a salvo la facultad que puedan tener los interesados de discutir judicialmente y entre sí «la eficacia o ineficacia del acto o negocio contenido en el título calificado o la de este mismo», que debería necesariamente hacerse en un procedimiento distinto, cuyo inicio o pendencia no provocaría la **suspensión** del juicio verbal de impugnación de la calificación negativa (TS 4-9-25, EDJ 697015).

2. Reconvención

(LEC art.438.2 y 3)

No se admite la reconvención en los **juicios que no determinen eficacia de cosa juzgada**. 3930 MPCI nº 6740 s.

En el **resto de juicios** solo se admite la reconvención si no determina la improcedencia del juicio verbal y existe conexión entre la reconvención y la demanda -regla aplicable a la alegación del demandado sobre existencia de un crédito compensable como oposición-.

Lo decisivo en el caso de planteamiento de reconvención en los juicios verbales es que exista **conexión entre las pretensiones** de la reconvención y las que sean objeto de la demanda, así como que por razón de la materia o cuantía sea procedente el juicio verbal (LEC art.438.1.2º; AP Albacete 30-9-02, EDJ 126157).

La **cosa juzgada material** comprende:
- las pretensiones deducidas en la demanda;
- las pretensiones propias de la reconvención; y
- las cuestiones atinentes a la alegación de compensación y de nulidad del negocio jurídico en que se funde la demanda (LEC art.408.1 y 2).

Las nociones apuntadas muestran su pleno encaje en el juicio verbal. En él, si bien la demanda reconvencional tiene un ámbito limitado, apartándola en los supuestos en que finalice por sentencia sin efecto de cosa juzgada (LEC art.438.1), sí admite las llamadas **excepciones reconvencionales**, fundadas en hechos excluyentes, y con la finalidad de lograr el demandado su absolución; así aparecen en aquel, la compensación y la nulidad del negocio jurídico (AP Granada 25-1-03, EDJ 48330).

3932 **Crédito compensable** Cuando el demandado oponga como **excepción** la existencia de un crédito compensable, resulta de aplicación lo dispuesto en LEC art.408. La **cuantía** del crédito compensable no debe ser superior a la que determine que se siga el juicio verbal (15.000 euros). Si se supera esa cuantía, el juez debe tener por no hecha la alegación de compensación.

Precisiones No es dable al demandado que opone la excepción reconvencional enunciada, **dividir el crédito compensable**, no reclamando el exceso, que se guarda para otro litigio (el adecuado procesalmente), limitándolo, (nos referimos al crédito), por tanto, a lo permitido, con el propósito de obtener su absolución; y no se permite esto, porque la posterior exigencia del exceso por vía judicial, estaría condicionada por la anterior resolución, vinculante en el segundo litigio por el efecto positivo de la cosa juzgada, que tiene un carácter prejudicial. Entender lo contrario, supone quebrantar el espíritu de la LEC art.438.2.2, yendo hacia el fraude procesal que proscribe LOPJ art.11.2 (AP Granada 25-1-03, EDJ 48330).

3. Acumulación de acciones

(LEC art.437.4 y 5)

3940 MPCI nº 6752 No se admite en los juicios verbales la acumulación objetiva de acciones, salvo las **excepciones** siguientes:

1) La acumulación de acciones basadas en unos **mismos hechos**, siempre que proceda en todo caso el juicio verbal.

2) La acumulación de la acción de **resarcimiento de daños y perjuicios** a otra acción que sea prejudicial de ella.

3) La acumulación de las acciones en **reclamación de rentas** o cantidades análogas vencidas y no pagadas, cuando se trate de juicios de desahucio de finca por falta de pago de renta con independencia de la cantidad que se reclame o por expiración legal o contractual del plazo. También pueden acumularse acciones contra el fiador o avalista solidario previo requerimiento de pago no satisfecho (LEC art.437.4).

4) En los procesos de **separación, nulidad o divorcio** y en los que tengan por objeto obtener la eficacia civil de **resoluciones o decisiones eclesiásticas**, cualquier cónyuge puede ejercer simultáneamente la acción de división de la cosa común respecto de los bienes que tengan en comunidad ordinaria indivisa. Si hubiera diversos bienes y uno de los cónyuges lo solicitara, el juez puede considerarlos en conjunto a efectos de formar lotes o adjudicarlos (LEC art.437.4.4ª).

5) Las acciones que uno tenga **contra varios sujetos o varios contra uno** siempre que se cumplan los requisitos establecidos en LEC art.72 y 73.1.

4. Resolución de admisión de la demanda, contestación y citación a la vista

(LEC art.404, 438 y 440 redacc LO 1/2025)

3945 El letrado de la Administración de Justicia, examinada la demanda, la admitirá o dará cuenta de ella al **tribunal** para que resuelva lo que proceda sobre la admisión en los siguientes **casos**:
- cuando estime falta de jurisdicción o competencia del tribunal; o
- cuando la demanda adoleciese de defectos formales y no se hubiesen subsanado por el actor en el plazo concedido para ello por el letrado de la Administración de Justicia.

Admitida la demanda, el letrado de la Administración de Justicia, dará **traslado** de ella al demandado para que la conteste por escrito en el plazo de 10 días conforme a lo dispuesto para el juicio ordinario. Si el demandado no comparece en plazo será declarado en rebeldía (LEC art.496). Cuando sea posible actuar sin abogado ni procurador, se ha de expresar así en el decreto de admisión y se ha de comunicar al demandado que están a su disposición en el órgano judicial o en la sede judicial electrónica unos impresos normalizados que puede emplear para la contestación a la demanda.

Contestada la demanda y, en su caso, la reconvención o el crédito compensable, o transcurridos los plazos correspondientes, el letrado de la Administración de Justicia da traslado de la contestación al demandante, concediendo a ambas partes el plazo común de 5 días para **proposición de prueba**, debiendo indicar las personas que han de ser citadas por el letrado de la Administración de Justicia a la vista para que declaren en calidad de parte, testigos o peritos, a cuyo fin facilitarán todos los datos y circunstancias precisos para llevar a cabo la citación. En el mismo plazo pueden las partes pedir respuestas escritas a cargo de personas jurídicas o entidades públicas (LEC art.381). Si alguna de las partes hubiera anunciado la presentación de una prueba pericial (LEC art.337.1), dicho plazo de 5 días arranca desde que se tenga por aportado el referido dictamen o haya transcurrido el plazo para su presentación.

Dentro del mismo plazo, cabe a la parte actora realizar alegaciones con respecto a las **excepciones procesales** planteadas por el demandado en su contestación que puedan impedir la válida prosecución y término del proceso mediante sentencia sobre el fondo.

En los 3 días siguientes al traslado del escrito de proposición de prueba, las partes pueden, en su caso, presentar las **impugnaciones** a las que se refieren LEC art.280, 283, 287 y 427, resolviendo el tribunal por medio de auto -recurrible en reposición con efecto suspensivo- sobre la impugnación de la cuantía del pleito de haberse producido, las excepciones procesales planteadas, la admisión de la prueba propuesta y la pertinencia de la celebración de vista, quedando los autos conclusos para dictar sentencia si no se considera necesaria.

Cuando la única prueba que resulte admitida sea la documental, y ya se hubiera aportado al proceso sin resultar impugnada, o cuando se hayan presentado informes periciales y el tribunal no haya considerado procedente la presencia de los peritos en el juicio, se procederá a dictar sentencia, **sin previa celebración de vista**.

En caso de que se acuerde la **celebración de vista**, el letrado de la Administración de Justicia citará a las partes para la celebración de vista en el día y hora que a tal efecto señale, dentro de los 5 días siguientes a la conclusión del trámite de contestación, debiendo tener lugar antes de un mes.

En la **citación** se hará constar que la vista **no se suspende** por inasistencia del demandado y se advertirá a los litigantes que, si no asisten y se hubiera admitido su interrogatorio, pueden considerarse admitidos los hechos del mismo (LEC art.304), previniéndoles, igualmente, de los respectivos efectos de su eventual incomparecencia (LEC art.442).

También se indicará que las partes pueden someterse a una **negociación** para intentar solucionar el conflicto, incluso **mediación**, en cuyo caso estas indicarán en la audiencia su decisión al respecto y las razones correspondientes.

Precisiones 1) El **impreso normalizado de contestación a la demanda** se aprueba por Acuerdo de la Comisión Permanente del CGPJ 22-12-15. 3946 MPCI nº 6722

2) Si la **parte citada para el interrogatorio no comparece** al juicio, el tribunal puede considerar reconocidos los hechos en que dicha parte haya intervenido personalmente y cuya fijación como ciertos le sea enteramente perjudicial, además de imponerle multa. En la citación debe apercibirse al interesado que, en caso de **incomparecencia injustificada**, se producirá el citado efecto (LEC art.304).

3) Para que pueda tenerse al litigante incomparecido sin causa justificada al acto de la vista del juicio verbal por conforme en los hechos de la demanda no basta con que en el momento de la citación a juicio se le haga la prevención de que si no asiste y se propone y admite su declaración, pueden **considerarse admitidos los hechos del interrogatorio** (LEC art.440.1) para la eventualidad de que la parte contraria pueda proponer como prueba su interrogatorio, sino que es preciso que la parte que quiera servirse del interrogatorio de la contraria como medio de prueba notifique al tribunal que lo va a utilizar, y que este cite a la contraparte con la expresa indicación de que tendrá que declarar en calidad de parte en la vista por haberlo pedido la contraria, haciéndole los apercibimientos de la LEC art.304, pues es evidente que ningún litigante tiene la obligación de comparecer personalmente el día de la vista, aunque sí deba soportar las consecuencias de la incomparecencia y la «ficta confessio» solo opera si se ha propuesto la prueba en la forma expuesta (AP Pontevedra 12-4-07 Secc 1ª, EDJ 124258).

Desahucio por falta de pago (LEC art. 438.5 y 6) En las demandas de desahucio por falta de pago de rentas o cantidades debidas, acumulando o no la pretensión de condena al pago de las mismas, el letrado de la Administración de Justicia, **tras la admisión y previamente a la vista**, ha de efectuar **requerimiento al demandado** para que, en el plazo de 10 días: 3948

- desaloje el inmueble, pague al actor o, en caso de pretender la enervación, pague la totalidad de lo que deba o ponga a disposición de aquel, en el tribunal o notarialmente, el importe de las cantidades reclamadas en la demanda y el de las que adeude en el momento de dicho **pago enervador** del desahucio; o,

- en otro caso, comparezca ante este y alegue sucintamente, formulando **oposición**, las razones por las que, a su entender, no debe, en todo o en parte, la cantidad reclamada o las circunstancias relativas a la procedencia de la enervación.

Si el **demandante** expresa en su demanda que asume el **compromiso de condonar al arrendatario todo o parte de la deuda y de las costas**, con expresión de la cantidad concreta, condicionándolo al desalojo voluntario de la finca dentro del plazo que se indique por el arrendador -no inferior a 15 días desde la notificación de la demanda-, la aceptación de este compromiso equivale a un **allanamiento**.

3949 El **requerimiento** ha de expresar:

- el día y la hora señalados para la eventual **vista**, en caso de **oposición** del demandado, sirviendo de citación, y para la práctica del **lanzamiento**;
- que en caso de solicitar **asistencia jurídica gratuita** el demandado, debe hacerlo en los 3 días siguientes a la práctica del requerimiento;
- que la **falta de oposición** al requerimiento supondrá la prestación de su consentimiento a la resolución del contrato de arrendamiento que le vincula con el arrendador; así como,
- el apercibimiento de que, de **no realizar ninguna de las actuaciones** indicadas, se procederá a su inmediato lanzamiento, sin necesidad de notificación posterior.

Si el demandado **no atiende el requerimiento de pago o no comparece** para oponerse o allanarse, el letrado de la Administración de Justicia dicta decreto dando por terminado el juicio de desahucio y procediendo al lanzamiento en la fecha fijada -día y hora concretos-.

Si el demandado **atiende el requerimiento en cuanto al desalojo** del inmueble sin formular oposición ni pagar la cantidad que se reclama, el letrado de la Administración de Justicia lo hace constar, y dicta también decreto, dando por terminado el procedimiento, dejando sin efecto la diligencia de lanzamiento, a menos que el demandante interese su mantenimiento para levantar acta del estado de la finca, dando traslado al demandante para que inste el despacho de ejecución, bastando para ello con la mera solicitud.

En ambos supuestos, el decreto por el que se dé por terminado el juicio de desahucio ha de imponer las **costas** al demandado y ha de incluir las **rentas debidas** que se devenguen desde la presentación de la demanda hasta la entrega efectiva de la posesión de la finca, tomándose como base para la liquidación de las rentas futuras, el importe de la última mensualidad reclamada al presentar la demanda. Si el demandado formula **oposición**, se celebra la vista en la fecha señalada.

En todos los casos de desahucio, debe apercibirse al demandado en el requerimiento que, de **no comparecer a la vista**, se declarará el desahucio sin más trámites y que queda citado para recibir la notificación de la sentencia que se dicte el sexto día siguiente al señalado para la vista.

Igualmente, en la **resolución de admisión** ha de fijarse día y hora para que tenga lugar, en su caso, el lanzamiento, que debe verificarse antes de 30 días desde la fecha señalada para la vista, advirtiendo al demandado que, si la sentencia es condenatoria y no se recurre, se procederá al **lanzamiento** en la fecha fijada -día y hora exactos-, sin necesidad de notificación posterior.

Precisiones Ver nº 3963, en relación con la suspensión previa a la vista en supuestos de demandados en **situación de especial vulnerabilidad**.

3950 Los procesos de desahucio de finca urbana o rústica por falta de pago de las rentas o cantidades debidas por el arrendatario terminan mediante decreto dictado al efecto por el letrado de la Administración de Justicia si, requerido aquel previamente a la celebración de la vista, paga al actor o pone a su disposición en el tribunal o notarialmente el importe de las cantidades reclamadas en la demanda, y el de las que adeude en el momento de dicho **pago enervador** del desahucio.

Si el **demandante se opone a la enervación** por no cumplirse los anteriores requisitos, se cita a las partes a la vista prevenida, tras la cual el juez dicta sentencia por la que declara enervada la acción o, en otro caso, estima la demanda habiendo lugar al desahucio.

No se aplica la facultad de enervar cuando el arrendatario haya enervado el desahucio en una ocasión anterior, excepto si el cobro no ha tenido lugar por causas imputables al arrendador, ni cuando el arrendador haya requerido de pago al arrendatario por cualquier medio fehaciente con, al menos, 30 días de antelación a la presentación de la demanda y el pago no se haya efectuado al tiempo de dicha presentación (LEC art.22.4; nº 2602 s.).

Precisiones En todos los casos de desahucio y en todos los decretos o resoluciones judiciales que tengan como objeto el **señalamiento del lanzamiento**, independientemente de que este se haya intentado llevar a cabo con anterioridad, se ha de expresar el día y la hora exacta en los que tendrá lugar el mismo (LEC art.438.6).

Segunda enervación Se ha planteado la cuestión de si en un proceso de desahucio de finca urbana por falta de pago de las rentas **promovido después de otro** en el que ya se había declarado enervada la acción (LEC art.22.4), procede o no el desahucio si el demandado paga o consigna la renta debida con unos días de retraso y antes de haber sido citado para la vista del juicio verbal. La **jurisprudencia menor** de las Audiencias Provinciales se encuentra dividida en esta cuestión (nº 6728 s. Memento Procesal Civil 2026). 3952

El **Tribunal Supremo** ha declarado como doctrina jurisprudencial que el pago de la renta fuera de plazo y después de presentada la demanda de desahucio, no excluye la aplicabilidad de la resolución arrendaticia, y ello, aunque la demanda se funde en el impago de una sola mensualidad de renta, sin que el arrendador venga obligado a soportar que el arrendatario se retrase de ordinario en el abono de las rentas periódicas (TS 24-7-08, EDJ 128033).

Precisiones 1) Cuando el propio contrato estipula un **plazo máximo de retraso en el pago**, previendo expresamente que después de vencido este plazo el arrendador puede promover el desahucio, carece de sentido plantearse si un retraso superior constituye ya incumplimiento resolutorio o mero retraso, pues las propias partes lo han configurado como incumplimiento justificativo del desahucio. La consideración de otros plazos diferentes por los tribunales, para distinguir el **mero retraso** del **incumplimiento resolutorio**, conduciría a la inseguridad jurídica, creando un indudable riesgo de arbitrariedad más que de arbitrio judicial, sin perjuicio de que las circunstancias del caso concreto sí puedan y deban ser atendidas para valorar si efectivamente ha existido o no incumplimiento contractual (TS 26-3-09, EDJ 72814).

2) Resulta difícilmente sostenible, cuando ya ha mediado una enervación de acción de desahucio y el arrendador interpone posteriormente otra demanda de desahucio por un **nuevo impago de renta** a su debido tiempo, que el arrendatario pueda evitar el desahucio pagando la renta debida antes de ser citado para la vista. En primer lugar, porque la **mora del deudor** comienza con la interposición de la demanda contra él y no con su emplazamiento; y en segundo lugar, porque permitir ese comportamiento contractual del arrendatario lleva consigo el riesgo de propiciar los pagos impuntuales de la renta, debilitando correlativamente el derecho del arrendador a su pago puntual, ya que a este le resultará imposible saber con certeza si al interponer su demanda, por muy fundada que esté, va a acabar prosperando o no, pues su viabilidad no dependerá tanto de ser ciertos los hechos y los fundamentos de derecho de la propia demanda cuanto del factor puramente aleatorio de que el arrendatario decida o no pagar antes de ser citado para la vista (TS 26-3-09, EDJ 72814).

3) En los procesos de desahucio de finca urbana o rústica por falta de pago de rentas o cantidades debidas o por **expiración legal o contractual del plazo** y en los **procesos de reclamación de estas rentas o cantidades debidas**, cuando no pudiera hallársele ni efectuarle la comunicación al arrendatario en el domicilio o domicilios designados (LEC art.155.3), ni hubiese comunicado de forma fehaciente con posterioridad al contrato un nuevo domicilio al arrendador al que este no se hubiese opuesto, se procederá, sin más trámites, a realizar la comunicación en el tablón edictal judicial único (LEC art.164). Esto es, la **citación edictal** tiene plenos efectos, y si en la misma consta el apercibimiento consistente en que de no comparecer se declarará el desahucio sin más trámites, procede acordar el desahucio en caso de rebeldía del arrendatario (AP Murcia 1-3-11, EDJ 54395).

4) La L 37/2011 extiende el sistema del **juicio monitorio** a los juicios de desahucio por falta de pago, de modo que, en el caso de que el arrendatario no desaloje, pague o formule oposición tras el requerimiento, se pase directamente al lanzamiento, cuya fecha se le comunica en el mismo requerimiento, **única comunicación procesal** necesaria para el buen fin del proceso, aun cuando el demandado trate de dilatar la ejecución, evitándose asimismo la celebración de vistas innecesarias.

5) Los **contratos de arrendamiento** que se suscriban en el marco de la encomienda al Gobierno prevista en la L 1/2013 disp.adic.1ª se consideran contratos de arrendamiento de vivienda y estarán sujetos a la L 29/1994 de arrendamientos urbanos, excepto en lo previsto en L 29/1994 art.9 y 18, con la especialidad de que la duración de estos contratos será de 2 años, prorrogables por otro más. A los 6 meses de producido el **impago de la renta** sin que este se haya regularizado en su integridad, el arrendador podrá iniciar el desahucio del arrendatario. Asimismo, transcurrido el plazo de duración del contrato, si el arrendatario no desalojara la vivienda, el arrendador podrá iniciar el procedimiento de desahucio.

Pleito testigo (LEC art.438 bis) Cuando se trate de demandas en las que se afirmen **acciones individuales relativas a condiciones generales de la contratación** (LEC art.250.1.14º), sin perjuicio de aplicar el régimen general de admisión (LEC art.438.1), el letrado de la Administración de Justicia ha de dar cuenta al tribunal, con carácter previo a la misma, si considera que la presentada incluye pretensiones objeto de procedimientos anteriores planteados por otros litigantes, que no es preciso realizar un **control de transparencia** de la cláusula, ni valorar la existencia de **vicios** en el consentimiento del contratante y que las condiciones generales de contratación cuestionadas tienen **identidad** sustancial. Las partes pueden igualmente solicitar en su escrito de demanda y contestación que el procedimiento se someta al régimen del procedimiento testigo, siempre que concurran estos presupuestos. 3954

Dada cuenta y examinado el asunto, el tribunal dictará auto acordando la **suspensión** del curso de las actuaciones hasta que se dicte sentencia firme en el procedimiento identificado como testigo o, en su caso, providencia acordando **seguir con la tramitación** de las actuaciones. En el primer caso, junto a su notificación se remitirá copia de aquellas que consten en el procedimiento testigo y permitan apreciar las circunstancias expuestas, quedando unido a los autos testimonio de las mismas (LOPJ art.236 quinquies).

El procedimiento testigo goza de **trámite preferente**. Contra el auto acordando la suspensión se da recurso de apelación preferente y urgente, preferencia de la que goza igualmente el trámite del recurso de los recursos de apelación contra otras resoluciones dictadas en aquel (LEC art.455.4).

Firme la sentencia dictada en el pleito testigo, se dicta providencia en la que el órgano judicial ha de indicar si considera procedente la **continuación** de los autos suspendidos, por haber sido resueltas o no todas las cuestiones planteadas en él en la sentencia del procedimiento testigo, relacionando las que considere no resueltas y dando traslado al demandante del proceso suspendido para que en 5 días desista de sus pretensiones -en cuyo caso, se termina el procedimiento por decreto, sin costas- o solicite, bien la continuación del procedimiento suspendido, indicando las razones o pretensiones que deben ser, a su juicio, resueltas; o bien, la extensión de los efectos de la sentencia dictada en el pleito testigo.

De instarse la continuación, el letrado de la Administración de Justicia alza la suspensión y acuerda aquella en los términos que la parte demandante mantenga. En estos casos, si el tribunal hubiera expresado en la providencia antes referida la innecesaria continuación del procedimiento y se dicta una sentencia estimando íntegramente la parte de la demanda que coincida en sustancia con lo que fue resuelto en el procedimiento testigo, podrá motivadamente disponer que cada parte abone sus propias **costas** y las comunes por mitad.

Si el demandante solicitara la **extensión de los efectos** de la sentencia del procedimiento testigo, se estará a lo dispuesto en LEC art.519.

B. Vista

3960 **Actuaciones previas en casos especiales** (LEC art.441) Hay que hacer referencia a los siguientes **supuestos**:

MPCI nº 6757

a) En juicios para **adquirir la posesión hereditaria** el letrado de la Administración de Justicia ha de citar a los testigos del actor y, tras oírles, dictar auto concediendo o denegando la posesión, sin perjuicio de terceros, ordenando su publicación en el tablón edictal judicial único, concediendo un plazo de 40 días a los posibles interesados para comparecer y reclamar su mejor derecho.

De no comparecer **terceros interesados** el tribunal confirma la posesión del actor. Si comparecen o se oponen se debe dar traslado de su oposición al actor citando a las partes a la vista.

b) En juicios sobre **suspensión de obra nueva**, el juez, aun antes de dar traslado para la contestación a la demanda, ordenará la suspensión de la obra a su dueño o encargado, quienes podrán prestar caución para continuarla, así como realizar trabajos indispensables de conservación, pudiendo el juez ordenar la inspección judicial, pericial o conjunta de la obra.

c) En los juicios sobre **incumplimiento de contrato inscrito en el registro de ventas mobiliarias a plazos** sobre acción de incumplimiento de contrato y ejecución contra el bien inscrito en garantía, el tribunal podrá ordenar la exhibición del bien por su poseedor y su embargo preventivo por depósito.

d) Cuando se ejerciten acciones basadas en el **incumplimiento de un contrato de arrendamiento financiero, arrendamiento de bienes muebles** o contrato de **venta a plazos con reserva de dominio**, admitida la demanda, el tribunal ordenará el depósito del bien cuya entrega se reclame. No se exige caución al demandante para la adopción de estas medidas cautelares, ni se admite oposición del demandado a las mismas.

e) En los procedimientos instados por los **titulares de derechos reales inscritos** en el Registro de la Propiedad que demanden la efectividad de esos derechos frente a quienes se oponga a ellos o perturben su ejercicio, sin disponer de título inscrito que legitime la oposición o la perturbación, tan pronto se admita la demanda, el tribunal adoptará las medidas solicitadas que, según las circunstancias, sean necesarias para asegurar, en todo caso, el cumplimiento de la sentencia que recaiga.

Además, en los juicios de los apartados c) y d) sobre contratos inscritos en el registro de venta de bienes muebles a plazo, el letrado de la Administración de Justicia debe **emplazar al demandado** para que se persone por procurador en 5 días y conteste a la demanda con arreglo a alguna causa tasada. En caso de no cumplir estos requisitos, se dictará sentencia estimatoria.

Si **comparece y contesta** con base en una causa tasada, el letrado de la Administración de Justicia citará a las partes a vista.

Si **no comparece** el demandado a la vista o compareciendo **no formula oposición** o lo hace alegando causa no tasada, el tribunal dictará sentencia estimatoria -orden de ejecución del bien en garantía o de devolución del mueble- pudiendo sancionar al demandado con multa desde 180 euros hasta el quíntuplo del valor de la reclamación.
En casos de ausencia de oposición contra la sentencia no cabe **recurso**.
f) Cuando se trate de una demanda de **recuperación de la posesión de una vivienda** o parte de ella a que se refiere LEC art.250.1.4º (nº 3218), la **notificación** se hará a quien se encuentre habitando aquella y, en su caso, a los ignorados ocupantes de la vivienda. A efectos de proceder a la **identificación** del receptor y demás ocupantes, quien realice el acto de comunicación puede ir acompañado de los agentes de la autoridad.
Si el demandante hubiera solicitado la inmediata entrega de la posesión de la vivienda, en el decreto de admisión a trámite de la demanda se ha requerir a sus ocupantes para que aporten, en el plazo de 5 días desde la notificación de aquella, **título** que justifique su situación posesoria. Si no se aportara justificación suficiente, el tribunal ha de ordenar, mediante auto, el **desalojo de los ocupantes** y la **inmediata entrega de la posesión** de la vivienda al demandante, siempre que el título que se hubiera acompañado a la demanda fuera bastante para la acreditación de su derecho a poseer, y sin perjuicio de lo procedente si ha sido posible la identificación del receptor de la notificación o demás ocupantes de la vivienda (nº 3963 y nº 3967).
Contra el auto que decida sobre el incidente no cabe **recurso** alguno y se lleva a efecto contra cualquiera de los ocupantes que se encontraran en ese momento en la vivienda (LEC art.441.1 bis).

Suspensión de la vista en supuestos desahucio con especial vulnerabilidad (LEC art.441.5 a 7) **3963** MPCI nº 6759
En los supuestos de **juicios de recuperación de la posesión de fincas arrendadas o en precario o registrales inmobiliarios** (LEC art.250.1.1º, 2º, 4º y 7º), siempre que el inmueble objeto de la controversia constituya la vivienda habitual de la parte demandada, se informa a esta con datos precisos, en el decreto de admisión a trámite de la demanda, de la posibilidad de acudir a las Administraciones públicas autonómicas y locales competentes en materia de vivienda y asistencia social.
Asimismo, se comunica inmediatamente y de oficio por el órgano judicial la existencia del procedimiento a las Administraciones indicadas, a fin de que puedan verificar la situación de vulnerabilidad y, de existir, presentar a dicho órgano **propuesta de alternativa** de vivienda en alquiler social y de medidas de atención inmediata, así como de las posibles ayudas económicas de las que pueda ser beneficiaria la parte demandada.
En caso de que estas Administraciones públicas confirmasen que el hogar afectado se encuentra en situación de vulnerabilidad económica y, en su caso, social, se notifica al órgano judicial en el plazo máximo de 10 días.
Cuando la **parte actora sea gran tenedora** de vivienda y hubiera presentado junto con la demanda documento acreditativo de la vulnerabilidad de la parte demandada, en el oficio a las Administraciones públicas competentes se hace constar esta circunstancia a efectos de que efectúen directamente, en el mismo plazo, la **propuesta de medidas de atención inmediata** procedentes, así como de las posibles ayudas económicas de las que pueda ser beneficiaria la demandada y las causas que, en su caso, han impedido su aplicación con anterioridad. Recibida dicha comunicación o transcurrido el plazo, el letrado de la Administración de Justicia da traslado a las partes para que en el plazo de 5 días puedan instar lo que a su derecho convenga, procediendo a suspender la fecha prevista para la celebración de la vista o para el lanzamiento, de ser necesaria tal suspensión por la inmediatez de las fechas.
Presentados los escritos de las partes o transcurrido el plazo, el tribunal resuelve mediante **auto**, a la vista de la información recibida de las Administraciones competentes y de las alegaciones efectuadas, sobre si suspende el proceso durante un plazo máximo de 2 meses, si el demandante es una persona física, o de 4 meses, si se trata de una persona jurídica.
Una vez adoptadas las medidas por las Administraciones públicas competentes o transcurrido el **plazo máximo de suspensión**, se alza esta automáticamente y continúa el procedimiento.

Suspensión de la vista o del curso de los autos por vulnerabilidad económica (RDL 11/2020 art.1) **3965**
Desde 23-12-2020 **hasta el 31-12-2025**, y una vez levantada la suspensión previa de todos los términos y plazos procesales por la finalización del estado de alarma previamente declarado por RD 463/2020 y sucesivamente prorrogado, en la tramitación del procedimiento de desahucio derivado de contratos de arrendamiento de vivienda sujetos a la L 29/1994, en los que el arrendatario acredite ante el órgano judicial encontrarse en una situación de vulnerabilidad económica, que le imposibilite encontrar una alternativa habitacional para sí y para las personas con las que conviva, y se haya suspendido o no previamente el proceso conforme a LEC art.441.5, esta circunstancia será comunicada por el letrado de la Administración de Justicia a los servicios sociales competentes y se iniciará una **suspensión extraordinaria del acto de lanzamiento**. Si no estuviese señalado, por no haber transcurrido el plazo de 10 días a

que se refiere LEC art.438.5 o por no haberse celebrado la vista, se suspenderá dicho plazo o la celebración de la vista hasta que se adopten las medidas que los servicios sociales competentes estimen oportunas.
El arrendatario ha de acreditar encontrarse en **situación de vulnerabilidad económica** (RDL 11/2020 art.5.a y b y 6), dando traslado el letrado de la Administración de Justicia al demandante para que en plazo máximo de 10 días pueda acreditar a su vez encontrarse en tal situación o en riesgo de incurrir en ella de aplicarse la medida de suspensión del lanzamiento.
El juez, a la vista de la documentación aportada y del **informe de los servicios sociales** competentes, suspenderá por medio de auto el lanzamiento si se considera probada la situación de vulnerabilidad económica del arrendatario y, en su caso, que no debe prevalecer la situación equivalente del arrendador. En otro caso, continúa el procedimiento. En todo caso, el auto ha de indicar expresamente que el **31-12-2025** se reanudará automáticamente el cómputo de días a que se refiere la LEC art.438.5 o se señalará fecha para la celebración de vista y en su caso lanzamiento, en función del estado en el que se encuentre el trámite del proceso.
Acreditada la vulnerabilidad y antes del fin del plazo de suspensión, las Administraciones públicas competentes han de adoptar las medidas indicadas en el informe de los servicios sociales u otras adecuadas para proveer a la necesidad habitacional de la persona vulnerable. Aplicadas que sean, se han de comunicar al letrado de la Administración de Justicia, que en plazo de 3 días dictará decreto levantando la suspensión del procedimiento.
Se considera que concurre el **consentimiento del arrendatario** por la mera presentación de la solicitud de suspensión a los efectos de LEC art.150.4; ahora bien, la exigencia de esta autorización en este precepto desaparece por efecto de la L 12/2023, con efecto 26-5-2023.

Precisiones 1) Las reglas expuestas **son extraordinarias y dejan de surtir efecto el 31-12-2025**. Se aplican a procedimientos incoados desde 23-12-2020 y a los iniciados con anterioridad, aunque se hubieran suspendido conforme a la redacción precedente del RDL 11/2020 art.1, salvo que se hubieran reanudado por quedar acreditada la vulnerabilidad económica del arrendador (RDL 37/2020 disp.trans.1ª).
2) Se establece un régimen de **compensación económica** en caso de aplicación de estas reglas (RDL 37/2020 disp.adic.3ª y disp.trans.1ª.2).
3) **A partir del 30-6-2024**, los procedimientos de desahucio y los lanzamientos suspendidos con arreglo al régimen expuesto, cuando la parte actora sea una gran tenedora de vivienda (L 12/2023 art.3.k), solo se reanudarán, a petición expresa de la misma, si la parte actora acredita que se ha sometido al procedimiento de **conciliación o intermediación** que a tal efecto establezcan las Administraciones públicas, en base al análisis de las circunstancias de ambas partes y de las posibles ayudas y subvenciones existentes conforme a la legislación y normativa autonómica en materia de vivienda (L 12/2023 disp.trans.3ª; RDL 8/2023 art.88; RDL 9/2024 art.91; RDL 1/2025 art.73).

3967 **Suspensión del curso de los autos (lanzamiento de ocupantes sin título) por vulnerabilidad económica** (RDL 11/2020 art.1 bis) Desde 23-12-2020 hasta el 31-12-2025, se atribuye al juez la facultad de suspender el lanzamiento por el tiempo que reste hasta esta segunda fecha, en todos los juicios verbales previstos en LEC art.250.1.2º, 4º y 7º (nº 3217 apartado 2; nº 3218 apartado 4; nº 3220 apartado 7), en caso de que el inmueble sea vivienda que pertenezca a persona física o jurídica **titular de más de 10 viviendas** y de que el morador sea persona en situación de vulnerabilidad económica (RDL 11/2020 art.5.a). La decisión, ponderada en función de las circunstancias del caso, ha de ser proporcional y tomará en cuenta el concurso de situación de **extrema necesidad**, según informe de los servicios sociales, así como la **cooperación** del titular con la autoridad competente en la búsqueda de alternativa habitacional para el afectado.
Para que opere esta regla, el ocupante de la vivienda sin título tiene que ser **persona dependiente** (L 39/2006 art.2.dos), **víctima de violencia sobre la mujer** o tener a su cargo conviviendo en la misma vivienda una persona dependiente o un **menor de edad**. Además, el ocupante ha de acreditar encontrarse en situación de vulnerabilidad económica (RDL 11/2020 art.5.a), cuya acreditación se trasladará por el letrado de la Administración de Justicia al demandante.
El auto que se dicte acordará la suspensión, en su caso, hasta el 31-12-2025 o la continuación del procedimiento.
No procede la aplicación de este régimen excepcional cuando la entrada o permanencia sin título se haya producido:
- en un inmueble de propiedad de una persona física, sea vivienda habitual o segunda residencia, sin perjuicio del número de viviendas de que sea propietario o que sea propiedad de una persona física o jurídica que lo tenga cedido a otra persona física por cualquier título válido para dichos usos;
- mediando intimidación o violencia sobre las personas;
- concurriendo indicios racionales de que se desarrollan actividades ilícitas;
- en inmuebles de titularidad pública o privada destinados a vivienda social y se hubiera asignado la vivienda a un solicitante o entidad que gestione dicha vivienda;
- con posterioridad a 23-12-2020.

Precisiones 1) Se aplican iguales reglas a las expuestas en nº 3963 relativas a medidas que han de adoptar las Administraciones públicas competentes para buscar una **solución a la necesidad habitacional existente** y su traslado por el letrado de la Administración de Justicia y a la presunción de **consentimiento del ocupante** a efecto de LEC art.150.4; exigencia eliminada de este precepto por L 12/2023, con efecto 26-5-2023.
2) Se establece un régimen de **compensación económica** en caso de aplicación de estas reglas (RDL 37/2020 disp.adic.2ª y disp.trans.1ª.2).
3) Por efecto de RDL 1/2021 esta suspensión se aplica igualmente a **lanzamientos que traigan su causa de un proceso penal**.
4) Se aplica igualmente el **régimen de reinicio**, expuesto en nº 3963 para procesos suspendidos, cuando la parte actora sea gran tenedora de vivienda (L 12/2023 disp.trans.3ª; RDL 1/2025 art.73).
5) Hay una relación directa entre la **situación de vulnerabilidad y extrema necesidad** que define el Gobierno por medio de real decreto ley y la medida que contempla la norma de conferir a los jueces potestad para suspender el lanzamiento de la vivienda de las personas que se encontraran en dicha circunstancia y carecieran de alternativa habitacional -que se estudia en este marginal y el anterior-. Por ello, es conforme a la Constitución el empleo del real decreto ley para aprobar tal regla (TCo 70/2016; 9/2023; 15/2023; 7/2024).

Inasistencia de las partes (LEC art.442) La incomparecencia del **demandante**, salvo interés en continuar del demandado, supondrá el desistimiento del demandante con condena en costas y al abono de perjuicios al demandado comparecido. **3969** MPCI nº 6765
La incomparecencia del **demandado** no impedirá la continuación del juicio.

Precisiones Lo dispuesto en LEC art.442 no debe ser interpretado aisladamente sino en relación con LEC art.414.2 (audiencia preliminar juicio ordinario), LEC art.438.4 y 440, y las normas generales sobre representación procesal, LEC art.23.1 (no asistencia personal: la comparecencia en juicio será por medio de procurador legalmente habilitado para actuar en el tribunal que conozca del juicio). Por ello, si bien la presencia personal de las partes es posibilitada por la Ley para facilitar que los litigantes se aproximan al debate procesal, pudiéndose encontrar argumentos a favor de dicha **comparecencia personal** como serán las mayores posibilidades de acuerdo si los mismos están presentes, puesto que, además, tienen una mayor disponibilidad sobre el objeto de la pretensión, ello no impide que bien por las molestias o dificultades que tal comparecencia personal pudiera ocasionar cuando el actor no resida en el lugar del juicio, bien por estar los procuradores, como profesionales del Derecho, más cualificados y acostumbrados a la asistencia ante los órganos jurisdiccionales, se posibilita la opción de que la comparecencia se realice **por medio de procurador**.
En apoyo de esta interpretación cabe citar el propio texto de LEC art.414.2, cuyo párrafo 2ª prevé la no concurrencia personal sino a través de procurador, en cuyo caso y al efecto del intento de arreglo o transacción, habrán de otorgar poder para renunciar, allanarse o transigir; e igualmente, y ya de forma específica para el juicio verbal, de LEC art.440.1 y 442 no se colige esa asistencia personal; dado que el primero contiene una doble prevención que ha de hacerse a las partes en el momento de la citación para el juicio: que si no asisten y se propusiera y admitiera en declaración como prueba, podrán considerarse admitidos los hechos del interrogatorio y una segunda de las consecuencias de la inasistencia previstas en LEC art.442, prevención esta innecesaria si la inasistencia personal conllevará ya el desistimiento.

Desarrollo (LEC art.443 redacc LO 1/2025) Comparecidas las partes, presencialmente o por videoconferencia si esta se hubiera acordado, el tribunal declara abierto el acto y comprueba si subsiste efectivamente el litigio entre ellas. **3971** MPCI nº 6771
En caso afirmativo, se continúa con la exposición por el **demandante** de los fundamentos de su pretensión -demanda sucinta-, o ratificando los de su demanda si la presentada fuera la propia del juicio ordinario.
A continuación, se ratifica el **demandado** en su contestación.
Ambas partes pueden realizar **aclaraciones** y han de precisar los hechos en que exista contradicción.

Precisiones 1) Se vulnera el derecho de defensa del demandado si no le fue concedida la **suspensión de la vista** que solicitó ante la falta de designación de abogado y procurador de oficio que fueron solicitados con bastante antelación a los colegios respectivos y que fueron designados cuando ya la vista se había celebrado con la incomparecencia de la parte demandada (AP Sevilla 9-6-03, EDJ 154601; TCo 146/2022).
2) La LEC no permite en el juicio verbal **alterar los datos consignados en la demanda** pues el demandado se vería sorprendido en el momento del juicio, sin posibilidad de preparar prueba para atacar los **nuevos hechos** (AP Madrid 26-11-03, EDJ 263154). En efecto, en el juicio verbal no es admisible la *mutatio libelli* o alteración del objeto del proceso que se hubiese fijado en la demanda con posterioridad a su admisión -momento en el que, retrotraído al de la interposición, se inicia la litispendencia-. Solo cuando entre la interposición de la demanda y el acto de la vista acaeciese o se viniese en conocimiento de algún **hecho relevante** para la decisión del pleito, y se justifique debidamente su novedosa noticia o superveniencia, se autoriza su alegación por LEC art.286 en el propio acto de la vista (AP Baleares 25-2-05, EDJ 34052).

3) Se entiende que no existe oposición si solo se hace formalmente, pero sin concretar, siendo extemporáneo hacerlo en **conclusiones**. Tal comportamiento procesal es generador de indefensión a la demandante y procesalmente inaceptable, pues LEC art.443.2 y 4 dejan bien claro que es, tras la en su caso exposición o ratificación del demandante, cuando procesalmente puede y debe el demandado hacer las alegaciones que a su derecho convengan, así como fijar los hechos relevantes de su posición o pretensión. En rigor la LEC art.447.1 deja claro que tras la práctica de las pruebas se dará por terminada la vista. Pero si se quiere encontrar en LEC art.185.4 cobijo para ese trámite de conclusiones, lo que cabalmente admite este último precepto es una mera **valoración de las pruebas practicadas**, no articular la oposición. Limitarse a exponer una genérica e imprecisa oposición a la demanda, bastaría prácticamente para la desestimación del recurso (AP Zaragoza 13-6-01, EDJ 99087).

4) No hay **indefensión** para la recurrente cuando ha tenido ocasiones de subsanar el defecto advertido en el poder otorgado y no lo ha realizado (AP Murcia 21-6-05, EDJ 241923).

3972 **Acuerdo de las partes** Si las partes manifiestan haber llegado a un acuerdo o se muestran dispuestas a concluirlo de inmediato, podrán desistir del proceso o solicitar del órgano judicial que homologue lo acordado.

El **acuerdo homologado judicialmente** surte los efectos atribuidos por la ley a la transacción judicial y puede llevarse a efecto por los trámites previstos para la ejecución de sentencias y convenios judicialmente aprobados. Dicho acuerdo puede impugnarse por las causas y en la forma establecidos para la transacción judicial.

3973 **Suspensión para sometimiento a mediación u otro MASC** (LEC art.19.4) Cabe igualmente a las partes, de común acuerdo, solicitar la suspensión del proceso, para someterse a **mediación u otro medio adecuado de solución de controversias** (nº 3625 s.). En este caso, el tribunal ha de examinar previamente la concurrencia de los requisitos de capacidad jurídica y poder de disposición de las partes o de sus representantes debidamente acreditados, que asistan al acto.

Cuando se hubiera suspendido el proceso para acudir a mediación o a otro medio adecuado de los indicados, terminado sin acuerdo, cualquiera de las partes podrá solicitar que se alce la suspensión y se señale fecha para la **continuación de la vista**. En el caso de haberse alcanzado en la mediación acuerdo entre las partes, estas deben comunicarlo al tribunal para que decrete el **archivo del procedimiento**, sin perjuicio de solicitar previamente su homologación judicial.

Si las partes no hubiesen llegado a un acuerdo o no se mostrasen dispuestas a concluirlo de inmediato, el órgano judicial resolverá sobre las circunstancias que puedan impedir la válida **prosecución y término del proceso mediante sentencia** sobre el fondo (LEC art.416 s.).

En cualquier momento del procedimiento, **antes de la práctica de la prueba**, el tribunal puede plantear a las partes la posibilidad de derivar el litigio a mediación o a otro medio adecuado de solución de controversias (LEC art.19.5 redacc LO 1/2025), acordando la suspensión del curso de los autos mediante providencia -incluso oral- si hubiera acuerdo de las partes sobre esta derivación.

La **negociación** ha de desarrollarse en el plazo máximo que fije el tribunal, atendiendo a la complejidad del procedimiento y demás circunstancias. No obstante, si 15 días antes de cumplirse el plazo fijado judicialmente las partes convinieran en la prórroga de dicho plazo por una sola vez y por tiempo determinado y específico, el tribunal podrá acceder a ello si observa avances que permitan prever una solución extrajudicial, comunicando las partes al tribunal si han alcanzado o no un **acuerdo** dentro del plazo fijado. En el primer caso, el tribunal decretará el archivo del procedimiento, sin perjuicio de que las partes deban solicitar previamente su homologación judicial. En caso de **desacuerdo** o en caso de acuerdo parcial, y sin perjuicio de su homologación judicial, se levantará la suspensión y continuará la vista, señalada con carácter preferente.

3974 **Prueba** En defecto de acuerdo de las partes o de su disposición a concluirlo de inmediato, el tribunal dará la palabra a las partes para realizar **aclaraciones** y fijar los hechos sobre los que exista contradicción. Si no hubiera conformidad sobre todos ellos, se practicarán seguidamente las **pruebas** que resultaron en su momento admitidas.

La **proposición** de prueba de las partes puede completarse (LEC art.429.1): cuando el tribunal considere que las pruebas propuestas pudieran resultar insuficientes para el esclarecimiento de los hechos controvertidos lo pondrá de manifiesto a las partes, indicando el hecho o hechos que, a su juicio, podrían verse afectados por la insuficiencia probatoria. Al efectuar esta manifestación podrá señalar también la prueba o pruebas cuya práctica considere conveniente. La **práctica** de la prueba se somete a las reglas generales (nº 3400 s.).

Contra las resoluciones judiciales en el acto de la vista sobre admisión o inadmisión de pruebas solo cabe recurso de reposición, sustanciado y resuelto en el acto, pudiendo la parte, si se desestimara, formular **protesta** al efecto de hacer valer sus derechos, en su caso, en la segunda instancia (LEC art.446).

Practicadas las pruebas puede abrirse un **turno de conclusiones orales**.

Precisiones 1) Respecto al **interrogatorio de la parte contraria** -*ficta confessio*-, en una primera aproximación podría considerarse que la LEC art. 438.5 y 440 redacc LO 1/2025 representa una cierta antinomia en el sentido de que mientras el primero señala que en la citación al juicio verbal se advertirá a los litigantes que han de concurrir con los medios de prueba de que intenten valerse, con la prevención de que si no asisten y se propusiera y admitiera su declaración, podrán considerarse admitidos los hechos del interrogatorio conforme a lo dispuesto en LEC art.304, la LEC art.438.5 establece que en el plazo de los 3 días siguientes a la recepción de la citación a juicio -actualmente, 5 días-, deberán indicar las partes las personas que, por no poderlas presentar ellas mismas, habrán de ser citadas por el tribunal a la vista para que declaren en calidad de partes o de testigos. Lo cierto es que, si no se pide el interrogatorio en la persona de la parte contraria, su inasistencia, cuando esté representada debidamente en el proceso no permite invocar la *ficta confessio*. En el ámbito del juicio verbal y, otorgada la correspondiente representación procesal, no está la parte obligada a comparecer personalmente al acto del juicio, dependiendo, además en tal caso la imposición de la multa de que la parte contraria solicite o no en el acto del juicio, y sin conocimiento previo de la ausente, la prueba de interrogatorio. Desde otro punto de vista, es preciso tener también en consideración que aun cuando se entendiera que basta con el genérico apercibimiento a las partes que se contiene en LEC art.440 redacc LO 1/2025 para que pueda hacerse uso de la *ficta confessio*. No puede perderse por eso de vista que, desde luego, no se trata de un efecto meramente automático, ante la incomparecencia de una cualquiera de las partes, sino de una facultad otorgada a los órganos jurisdiccionales de la que, en todo caso, deberá hacerse prudente uso en atención a su natural finalidad siendo obligado diferenciar, también en este caso, entre la discrecionalidad y el puro arbitrio (AP Cuenca 9-7-03, EDJ 263143). Viene siendo además práctica forense admitida el que el letrado con facultades para ello, conteste a las preguntas del interrogatorio y por esta razón en este caso de autos si la proponente de la prueba no hizo constar la persona concreta que debería responder a las preguntas y la evidencia de esta práctica mencionada, todo ello unido a que examinada esta prueba con las restantes no se estima esencial para la resolución del debate, es por lo que procede rechazar este motivo de impugnación de la sentencia (AP Cádiz 21-1-04, EDJ 13074). **3975** MPCI nº 6777

2) Se plantea la posibilidad de que al juicio verbal pueda serle aplicable el art.428.3 LEC previsto para el juicio ordinario; es decir, si al quedar el objeto litigioso reducido a una cuestión jurídica, se hace innecesaria la práctica de prueba. En LEC art.281.3 se establece que están **exentos de prueba** los hechos sobre los que exista plena conformidad de las partes. Pero, además, dentro de la regulación del juicio verbal, existen preceptos que conducen a la misma solución; así, en LEC art.443.4 se establece que una vez fijados por las partes los hechos relevantes en que fundamenten sus pretensiones, si no hay conformidad sobre ellos, se propondrán las pruebas, lo cual no puede ser interpretado de otra forma que el período probatorio solo se abrirá si no hay **conformidad en los hechos relevantes**, lo cual es lógico (AP Almería 22-6-02, EDJ 126163).

Reglas especiales (LEC art.444 redacc LO 1/2025) Bajo esta denominación se contemplan las **causas tasadas de oposición** jurídico material o de fondo del demandado en caso de pretensiones materiales especiales en los siguientes supuestos: **3977**

a) En el **desahucio por falta de pago**, solo podrá alegarse y probarse el pago o la procedencia de la enervación de la acción.

b) En las **acciones registrales inmobiliarias** solo podrá oponerse el demandado bajo caución alegando:

- falsedad en la certificación del Registro u omisión de condiciones inscritas que desvirtúan la acción;
- poseer el demandado la finca o disfrutar el derecho por contrato u otra relación jurídica directa con el último titular o los anteriores o en virtud de prescripción que deba perjudicar al titular inscrito;
- que la finca o el derecho estén inscritos a favor del demandado y así lo justifique con certificación registral vigente;
- no ser la finca inscrita la que efectivamente posea el demandado.

Precisiones El ejercicio por la parte actora de una acción en defensa de un **derecho real inscrito** en el registro de la propiedad (LEC art.250.1.7º) determina, por aplicación de lo prevenido en LEC art.444.2, que solo puedan esgrimirse por la parte demandada una serie tasada de causas de oposición expresamente previstas por el legislador, lo que se justifica, entre otras razones, por la ausencia de eficacia cosa juzgada que tienen estos procesos (LEC art.447.3). De ahí que solo puedan ser considerados por el tribunal aquellos motivos que la parte demandada esgrima de entre los que el legislador ha previsto expresamente (AP Burgos 10-7-03, EDJ 263138).

c) En los casos de **acciones sobre ejecución de garantías mobiliarias inscritas** en el Registro de Venta de Bienes Muebles a Plazo o de rescisión por incumplimiento y devolución del bien vendido con reserva de dominio en contrato inscrito según modelo oficial, o por incumplimiento de contrato de arrendamiento financiero o de arrendamiento de bienes muebles inscritos en dicho Registro, solo serán oponibles: **3978**

- falta de jurisdicción o competencia judicial;

- pago acreditado documentalmente;
- inexistencia o falta de validez del consentimiento incluida la falsedad de la firma;
- falsedad del documento en que aparezca formalizado el contrato.

Precisiones Las reglas previstas en LEC art.444 sobre el contenido de la vista son reglas especiales, sin embargo, esta especialidad derivada precisamente de su contenido queda delimitada a aquellas cuestiones expresamente referidas en el precepto de referencia; esto es, que la **limitación de los motivos de oposición** se refiere al fondo, pero no a las excepciones procesales. Así, la LEC art.443, con referencia al desarrollo de la vista en el juicio verbal -sin hacer referencia a regla especial alguna-, prevé igualmente la posibilidad de que el demandado realice cuantas alegaciones tenga por conveniente, una vez oído el demandante, comenzando por las cuestiones relativas a la acumulación de acciones o a cualquier otro hecho o circunstancia que impida la prosecución del juicio (como sería la cuestión de prejudicialidad civil), y el juez resolverá lo que proceda y podrá mandar seguir el juicio, pudiendo el demandado mostrar su disconformidad a los efectos de la apelación (AP Valencia 10-4-02, EDJ 24691).

3979 **d)** En los supuestos de **recuperación de la posesión de una vivienda** a que se refiere LEC art.250.1.4º párr.2 (nº 3128), si el demandado o demandados no contestaran a la demanda en el plazo legalmente previsto, se procederá de inmediato a dictar sentencia. La oposición del demandado podrá fundarse exclusivamente en la existencia de título suficiente frente al actor para poseer la vivienda o en la falta de título por parte del actor.

C. Sentencia

(LEC art. 445 y 447 redacc LO 1/2025)

3985 Practicada la prueba admitida, incluidas las diligencias finales -sometidas al régimen de LEC art.435- y formuladas las conclusiones, si se han acordado, o tras las alegaciones de las partes, en caso de no haberse admitido y practicado prueba, y acordadas y practicadas las diligencias finales, en su caso, el tribunal dará por terminada la visita y dictará sentencia en el **plazo** de 10 días, salvo en los supuestos en los que se dicte esta oralmente (LEC art.210.3 redacc LO 1/2025).

Precisiones **1)** En los juicios verbales en que se pida el **desahucio** de finca urbana se dicta sentencia en el plazo de 5 días, convocándose en el acto de la vista a las partes a la sede el tribunal para recibir la notificación, que tendrá lugar el día más próximo posible dentro de los 5 siguientes a la sentencia. No obstante, en las sentencias de **condena por allanamiento** (LEC art.437.3 y 438.3), en previsión de que el arrendatario no efectúe voluntariamente el desalojo en el plazo señalado al efecto, se fija con carácter subsidiario el momento temporal en el que tendrá lugar el lanzamiento directo del demandado, llevado a efecto sin ulteriores trámites en plazo no superior a 15 días desde la finalización del citado periodo voluntario. Igualmente, en las sentencias de condena por incomparecencia del demandado, se procede al lanzamiento en la fecha fijada sin más trámite (LEC art.447.1).
2) Respecto a las **diligencias finales**, algunas sentencias parecen oponerse a su posibilidad porque no están previstas para el juicio verbal (AP Gipuzkoa 7-3-02, EDJ 123192).
3) Respecto a las **conclusiones**, la LEC art.447.1 redacc LO 1/2025 no contempla que, practicadas las pruebas propuestas o admitidas, se conceda la palabra a las partes para que, como dispone LEC art.433.2 para el caso del juicio ordinario, evacuen el trámite de conclusiones o resumen de prueba; pero, a mayor abundamiento, en el caso que nos ocupa el visionado de la cinta de vídeo en la que se grabó la vista del juicio permite advertir que, cuando el magistrado dio por terminada la vista, como dispone LEC art.447.1 redacc LO 1/2025, la parte demandante no formuló alegación alguna de la que pudiera inferirse que se le había privado de su derecho a intervenir en el juicio de alguna de las formas legalmente previstas, por lo que consintiendo la decisión judicial tampoco cabría apreciar la indefensión que invoca pues, en su caso, ella solo sería imputable al propio demandante (AP Madrid 29-3-04, EDJ 115069). No obstante, si se ha practicado prueba distinta de la documental aportada por el actor, parece oportuno conceder, por analogía con lo dispuesto para el juicio ordinario un trámite de conclusiones.
4) La **indemnización** a la que se refiere LEC art.442.1 hay que ponerla en relación con los perjuicios derivados del hecho de la comparecencia en sí por los gastos ocasionados con ella que no tienen la consideración de **costas**, concepto este que debe ser objeto de condena autónoma según el mismo precepto; por otro lado, la indemnización se conecta a la decisión inmediata de desistimiento (AP Sta. Cruz de Tenerife 14-7-03, EDJ 191239).
5) El régimen de dictado de **sentencia oral** se aplica a los juicios verbales en los que no se haya celebrado vista a la entrada en vigor de la LO 1/2025 (LO 1/2025 disp.trans.9ª.2).

3987 **Efecto de cosa juzgada** No producen efecto de cosa juzgada material las sentencias dictadas en los juicios verbales siguientes -los relativos a pretensiones denominadas sumarias-:
1) Tutela sumaria de la **posesión** -recobrar proteger la posesión, suspensión de obra nueva u obra ruinosa-.

2) Acciones basadas en **contratos oficiales inscritos** en el registro de venta de bienes muebles a plazos, para ejecutar los bienes dados en garantía u obtener la extinción del contrato y restitución del bien en supuestos de ventas aplazadas con reserva de dominio.
3) Desahucio por **falta de pago de la renta** o alquiler o por expiración del plazo legal o contractual. Frente a esta regla, el desahucio por precario es plenario y sí produce efectos de cosa juzgada material.
4) **Acciones registrales inmobiliarias** tendentes a proteger al titular registral frente a perturbadores que no dispongan de título inscrito.
5) El resto de sentencias dictadas en ejercicio de pretensiones que la LEC califique de **sumarias** o aquellas sentencias a las que leyes especiales priven expresamente de efectos de cosa juzgada material.
En relación con las demandas en las que se acumulen a la pretensión de desahucio o recuperación de finca dada en arrendamiento, por impago de renta o alquiler o por expiración legal o contractual del plazo, las acciones de reclamación de rentas o cantidades análogas vencidas y no pagadas, y las ejercitadas contra el fiador o avalista solidario, los pronunciamientos de la sentencia en relación con esas **acciones acumuladas a la de desahucio** producen efectos de cosa juzgada (LEC art.447.2 redacc LO 1/2025).

Registro de sentencias firmes de impagos de rentas de alquiler (L 4/2013 art.3) Se crea este Registro con la finalidad de ofrecer **información sobre el riesgo** que supone arrendar inmuebles a personas que tienen precedentes de incumplimiento de sus obligaciones de pago de renta en contratos de arrendamiento y que, por dicho motivo, hayan sido condenadas por sentencia firme en un procedimiento de desahucio conforme a LEC art.250.1.1º o LEC art.438. 3989
El letrado de la Administración de Justicia correspondiente ha de remitir dicha información al Registro indicado.
Igualmente, los **órganos de arbitraje** competentes deben poner en conocimiento de dicho Registro los datos relativos a aquellas personas que hayan sido declaradas responsables del impago de rentas de arrendamientos, por medio de laudo arbitral dictado al efecto.
Tienen **acceso** a la información obrante en el Registro, los propietarios de inmuebles que deseen suscribir contratos de arrendamiento sobre los mismos, sean personas físicas o jurídicas. Para ello, deben presentar una **propuesta de contrato** de arrendamiento en la que se identifique al eventual arrendatario, limitándose la información a la que tendrá derecho, a los datos que consten en el Registro, relacionados exclusivamente con dicho arrendatario.
Las personas incluidas en el Registro pueden instar la **cancelación de la inscripción** cuando en el proceso correspondiente hayan satisfecho la deuda por la que fueron condenadas. No obstante, la constancia en el citado Registro tiene una **duración máxima** de 6 años, procediéndose a su cancelación automática al fin de dicho plazo.
Esta inscripción está en todo caso sujeta a lo establecido en el Rgto (UE) 2016/679 y la LO 3/2018, respecto a la protección de datos de carácter personal.

D. Especialidades en recursos contra resoluciones de la Oficina Española de Patentes y Marcas en materia de propiedad industrial

(LEC art.447 bis)

Esta impugnación se sustancia por los trámites del juicio verbal con las siguientes especialidades: 3994
1) Se reconoce **legitimación** para la interposición del recurso a las partes que hubieran intervenido en el procedimiento administrativo previo cuya resolución se recurre.
2) El **plazo** para interponer el recurso es de 2 meses contados desde el día siguiente al de la notificación o publicación en el Boletín Oficial de la Propiedad Industrial de la resolución dictada, si fuera expresa. Si no lo fuera, el plazo será de 6 meses y se contará a partir del día siguiente a aquel en que, de acuerdo con su normativa específica, se produzca el acto presunto. Debe entenderse aplicable la doctrina constitucional conforme a la cual, en caso de silencio, queda abierto el plazo de recurso más allá del indicado de forma indefinida hasta que recaiga, en su caso, la resolución expresa.
3) Admitido el recurso, el letrado de la Administración de Justicia requerirá a la Oficina Española de Patentes y Marcas para que remita el **expediente administrativo** en el plazo improrrogable de 20 días, a contar desde que la comunicación judicial tenga entrada en el registro general de la Oficina Española de Patentes y Marcas. Transcurrido el **plazo de remisión** del expediente sin haberse recibido completo, se reiterará la reclamación.

4) Recibido el expediente, el letrado de la Administración de Justicia acordará el **emplazamiento** de los interesados para que se puedan personar como demandados en el plazo de 9 días.
5) El **emplazamiento de la Oficina Española de Patentes y Marcas** se entenderá efectuado por la reclamación del expediente. La Oficina Española de Patentes y Marcas se entenderá personada por el envío del expediente.
6) Los interesados legalmente emplazados pueden **personarse en autos** dentro del plazo concedido. Si lo hicieran posteriormente, se les tendrá por parte para los trámites no precluidos. Si no se personaran oportunamente continuará el procedimiento por sus trámites, sin que haya lugar a practicarles, en estrados o en cualquier otra forma, notificaciones de clase alguna.
7) El letrado de la Administración de Justicia acordará que se entregue el expediente al recurrente para que se deduzca la **demanda** en el plazo de 20 días.
8) El **demandante** puede pretender la declaración de no ser conforme a Derecho y, en su caso, la anulación de la resolución recurrida. También puede pretender el reconocimiento y restablecimiento de una situación jurídica individualizada y la adopción de las medidas adecuadas para el pleno restablecimiento de la misma.
9) Si la demanda no se presenta dentro del plazo, el tribunal acordará de oficio por auto el **archivo de las actuaciones**.
10) Transcurrido el término para la remisión del expediente administrativo sin que este hubiera sido enviado, la parte recurrente podrá pedir, por sí o a iniciativa del letrado de la Administración de Justicia, que se conceda **plazo para formalizar la demanda**. Si después de que la parte demandante hubiera usado del derecho establecido en el párrafo anterior se recibiera el expediente, el letrado de la Administración de Justicia pondrá este de manifiesto a las partes por plazo común de 10 días para que puedan efectuar las **alegaciones complementarias** que estimen oportunas.
11) Presentada la demanda, el letrado de la Administración de Justicia dará traslado de la misma, con entrega del expediente administrativo o copia del mismo, a los interesados que hubieran comparecido, para que la contesten en el plazo de 20 días. Si la demanda se formalizó **sin haberse recibido el expediente** administrativo, se emplazará a la Oficina Española de Patentes y Marcas para contestar, apercibiéndola de que no se admitirá la contestación si no va acompañada de dicho expediente.

Precisiones Las reglas de **atribución de competencia objetiva a las Audiencias Provinciales** en este ámbito entran en vigor el 14-1-2023 (LO 7/2022 disp.final 5ª).

E. Proceso europeo de escasa cuantía

(Rgto CE/861/2007; LEC disp.final 24ª)

3995 Las normas rectoras de este proceso, aplicable a reclamaciones cuyo importe, excluidos intereses, costas y gastos **no supere 5.000 euros**, son las siguientes:

• La **competencia** objetiva para conocer de la instancia de este cauce corresponde a la Sección Civil o de lo Mercantil del Tribunal de Instancia -hasta su constitución, al juzgado de primera instancia o de lo mercantil-, según cuál sea el objeto de la reclamación, determinándose la competencia territorial de acuerdo con el Rgto UE/1215/2012 (nº 1857 s.), y, en lo no previsto, con arreglo a la legislación procesal española.
• Su **inicio y trámite** sigue lo establecido en el Rgto CE/861/2007, con arreglo los formularios que figuran en sus anexos. Supletoriamente, se aplica la regulación contenida en la LEC para el juicio verbal.
• El cómputo de los plazos se rige por el Rgto CEE/1182/71, por el que se determinan las normas aplicables a los plazos, fechas y términos, **sin que se excluyan los días inhábiles**.
• Las cuestiones a que se refiere Rgto CE/861/2007 art.4.3 y 4 (pretensión no incluida en el ámbito de este proceso, información proporcionada por el demandante no suficientemente clara o impertinente, formulario de demanda indebidamente cumplimentado, con posibilidad de subsanación en plazo) se deciden mediante decreto del letrado de la Administración de Justicia, salvo que implique la desestimación de la demanda (solicitud manifiestamente infundada, solicitud inadmisible, desatención del requerimiento de subsanación de defectos en el formulario), en cuyo caso resolverá el juez mediante auto. En ambos casos, se concederá un **plazo** de 10 días al demandante para que manifieste lo que a su derecho convenga al respecto.
• Si el demandado adujese **inadecuación del procedimiento** por superar la reclamación de demanda no pecuniaria el valor antes indicado, el juez decidirá por auto en el plazo de 30 días, contado desde que se diera traslado al demandante para que formule alegaciones, si la demanda ha de tramitarse por el presente procedimiento o bien transformarse en el procedimiento correspondiente conforme a las normas procesales españolas. Contra este auto no

cabrá recurso alguno, sin perjuicio de reproducir su alegación en la apelación contra la sentencia dictada en otro procedimiento.
En caso de que se formule reconvención por el demandado y esta supere el límite de la cuantía indicada, el juez resolverá mediante auto que el asunto se tramite por el procedimiento que corresponda con arreglo a las normas procesales españolas.
• Las **notificaciones** deben practicarse por correo postal, por los medios electrónicos de notificación y traslado establecidos en el Rgto UE 2020/1784 o mediante el punto de acceso electrónico europeo (Rgto (UE) 2023/2844 art.4), siempre que el destinatario haya prestado previamente su consentimiento expreso al uso de este medio para la notificación y el traslado de documentos en el transcurso de este proceso -regla aplicable **desde 1-5-2025**-.
• Toda **comunicación no incluida** en el punto anterior entre el órgano jurisdiccional y las partes u otras personas que intervengan en el procedimiento ha de realizarse por medios electrónicos con acuse de recibo, siempre que dichos medios estén disponibles técnicamente y sean admisibles con arreglo a las normas procesales del Estado miembro en el que se sustancie este proceso, y siempre que la parte o persona en cuestión haya prestado previamente su consentimiento a dichos medios de comunicación o tenga la obligación legal, con arreglo a las normas procesales del Estado miembro en que dicha parte o persona esté domiciliada o resida habitualmente, de aceptar tales medios de comunicación. También pueden emplearse los medios de comunicación electrónica previstos en Rgto (UE) 2023/2844 -regla aplicable **desde 1-5-2025**-.
• La **sentencia** que ponga fin al proceso europeo de escasa cuantía es susceptible de **recurso** con arreglo a la LEC.
• La competencia para la **ejecución en España** de una sentencia dictada en otro Estado miembro de la Unión Europea que ponga fin a un proceso europeo de escasa cuantía corresponde a la Sección Civil del Tribunal de Instancia -hasta su constitución, al juzgado de primera instancia- del domicilio del demandado. Igualmente, le corresponderá la denegación de la ejecución de la sentencia, a instancia del demandado, así como la limitación de la ejecución, la constitución de garantía o la suspensión del procedimiento de ejecución a que se refiere el Rgto CE/861/2007art.22 y 23.
• Corresponde a los Estados miembros garantizar que las partes puedan abonar las **tasas judiciales** por medios de pago a distancia, que también les permitan efectuar el pago desde un Estado miembro distinto del Estado miembro en el que esté situado el órgano jurisdiccional -regla aplicable **desde 1-5-2025**-.

Precisiones 1) Los procedimientos de **ejecución en España** de las sentencias dictadas en otros Estados miembros de la Unión Europea que pongan fin a un proceso europeo de escasa cuantía se rigen por la LEC. A estos efectos, el demandante debe presentar ante el órgano judicial competente una **traducción oficial** al castellano o a la lengua oficial de la comunidad autónoma en cuyo territorio tengan lugar las actuaciones judiciales del certificado de dicha sentencia, certificada en la forma prevista en el Rgto CE/861/2007 art.21.2. 3996
2) La tramitación de la **denegación de la ejecución** de la sentencia, así como la limitación de la ejecución, su suspensión o la constitución de garantía, se llevan a cabo con arreglo LEC art.556 s., sin que en ningún caso la sentencia pueda ser objeto de revisión en cuanto al fondo, y se resuelven mediante auto no susceptible de recurso.
3) Los originales de los formularios contenidos en los anexos del Rgto CE/861/2007, integran los **autos**, tanto en los casos en los que sea un tribunal español el que resuelva el proceso europeo de escasa cuantía, como en los casos en los que España sea Estado de ejecución del mismo. A los efectos oportunos, se han de expedir las **copias testimoniadas** que correspondan.
4) El demandante debe iniciar el proceso cumplimentando el **formulario** estándar y presentándolo directamente ante el órgano jurisdiccional competente o enviándolo por correo postal, por los medios de comunicación electrónica previstos en Rgto (UE) 2023/2844 art.4, o por cualquier otro medio de comunicación admitido por el Estado miembro en que se inicie el proceso -regla aplicable **desde 1-5-2025**-.
5) No se somete al presupuesto de procedibilidad de sumisión a un **medio adecuado de solución de conflictos** (nº 3625 s.), la presentación de la petición de inicio del proceso estudiado (LO 1/2025 art.5.3).

SECCIÓN 13

Recursos

4025

4026 MPCI nº 6852 Los **medios de impugnación del proceso** tienen su origen en un fundamento de Justicia, que reclama que toda resolución pueda ser revisada, ofreciendo la posibilidad de remediar los errores padecidos al dictarla, y de seguridad jurídica que, por su parte, exige que se imponga un límite a estos medios de impugnación.

Precisiones Sobre el **concepto** de medio de impugnación en relación con el de recurso se han mantenido dos posiciones:

• Aquella que considera coincidentes ambos conceptos; así, se ha definido el recurso como aquel proceso especial por razones jurídico procesales que tiene por objeto satisfacer una pretensión de reforma de una resolución judicial (Guasp).

• Aquella que considera más amplio el concepto de medio de impugnación que el de recurso, bien por referir este exclusivamente a los medios de impugnación hechos valer ante el juez superior al que dictó la resolución impugnada -teoría esta que no parece que deba ser acogida, pues lo definitivo para calificar un proceso no es el órgano judicial que de él conozca sino la pretensión que actúa-, bien por entender que recurso es solo aquel medio de impugnación de una resolución judicial en el mismo proceso en que se dictó, que impide así que la resolución adquiera efectos de cosa juzgada formal, excluyendo así del concepto el tradicional recurso de revisión y el recurso de audiencia al rebelde.

Se ha dicho que esta orientación no debe ser aceptada porque cada pretensión da lugar a un proceso distinto y, siendo diferente la pretensión de impugnación y la que dio lugar a la resolución impugnada, todo recurso es un **proceso autónomo**. Sin embargo, es este concepto el que parece acoger nuestro Derecho positivo. La vigente LEC es clara, regulando en títulos diferentes los recursos y los antes llamados recurso de revisión y de audiencia al rebelde (LEC art.448 a 516), y abandonando definitivamente esta terminología, para dar a estos la denominación de rescisión de sentencias firmes a instancias del rebelde y revisión de sentencias firmes.

4027 MPCI nº 6860 La vigente LEC corrige la dispersión normativa anterior y contiene unas disposiciones generales (nº 4035 s.), aplicables a todos los recursos. Como características más significativas cabe destacar las siguientes:

1) La regulación de las **disposiciones generales aplicables a todos los recursos** (LEC art.448 a 450):

a) Aparte del **carácter recurrible de la resolución** que se persigue impugnar, se contemplan dos **presupuestos objetivos** que condicionan en general el derecho a recurrir:

- que la resolución judicial suponga un **gravamen para el recurrente**, en el sentido de que le afecte desfavorablemente y por ello tenga un interés legítimo en impugnarla, lo que no sucede cuando los pronunciamientos de la resolución son por completo favorables a las pretensiones del recurrente, aunque descanse en fundamentos jurídicos distintos a los alegados por la parte (LEC art.448.1);

- que se interponga dentro del **plazo legal**, contado a partir de la notificación de la resolución recurrida o su aclaración, sin perjuicio de lo dispuesto para las resoluciones pronunciadas oralmente y para los recursos presentados ante un tribunal funcionalmente incompetente (LEC art.62 y 210.2), determinando la falta de presentación del recurso en el término legal que la resolución impugnada adquiera firmeza y autoridad de cosa juzgada sin necesidad de declaración expresa (LEC art.207.4 y 448.2).

b) Junto a los **presupuestos de admisibilidad** generales (LEC art.448), se establecen otros **específicos** (LEC art.449). Estos presupuestos especiales de admisibilidad de los recursos en determinadas materias recogen como Derecho positivo la doctrina del Tribunal Constitucional sobre el particular. Se refieren a:

- la acreditación del pago de las rentas para recurrir en los **procesos arrendaticios** (LEC art.449.1);

- la consignación de la indemnización para recurrir en los procesos sobre reparación de los daños y perjuicios derivados de la **circulación de vehículos** (LEC art.449.3);
- la consignación de la cantidad debida para recurrir en los procesos en que se pretenda la condena al pago de las cantidades debidas por un propietario a la **comunidad de vecinos** (LEC art.449.4).
c) Se regula el **desistimiento** de los recursos con carácter general para todos los recursos (LEC art.19.1 -redacc LO 1/2025- y 450).

Precisiones Siguiendo a la doctrina cabe añadir como requisito general de admisibilidad deducido de la disciplina particular que rige los diferentes recursos (LEC art.451 s.), la necesidad de expresar su **motivación o fundamentación jurídica**.

2) Se mantienen los tradicionales criterios empleados para la **clasificación de los recursos** en atención al carácter devolutivo o no devolutivo de los mismos, o bien a su naturaleza ordinaria o extraordinaria, pudiendo catalogarse como devolutivos los recursos de apelación, de queja y de casación, frente al ejemplar no devolutivo representado por el recurso de reposición. **4028**
3) La vigente LEC contiene una sola **regulación del recurso de apelación y de la segunda instancia**, porque se estima injustificada y perturbadora una diversidad de regímenes. Desaparecen prácticamente, las apelaciones contra resoluciones interlocutorias -en la misma línea, la Ley Concursal-. La apelación se reafirma como plena revisión jurisdiccional de la resolución apelada y, si esta es una sentencia recaída en primera instancia, se determina legalmente que la segunda instancia no constituye un nuevo juicio, en que puedan aducirse toda clase de hechos y argumentos o formularse pretensiones nuevas sobre el caso. Para una mejor tramitación, se introduce la **innovación procedimental** consistente en disponer que el recurrente lleve a cabo la preparación y la interposición ante el tribunal que dicte la resolución recurrida, remitiéndose después los autos al superior. Lo mismo se establece respecto del recurso extraordinario de casación.

4) La vigente LEC pretende una **superación de la tercera instancia** y, en especial, de la casación, como tercera instancia. **4029** MPCI nº 6866, 6868
En cuanto al **ámbito objetivo de la casación**:
- no se excluye ninguna materia civil o mercantil;
- se incluyen las infracciones de leyes procesales;
- es relevante la función de crear autorizada doctrina jurisprudencial.
En un sistema jurídico como el nuestro, en el que el precedente carece de fuerza vinculante -solo atribuida a la ley y a las demás fuentes del Derecho objetivo-, no carece de interés la singularísima eficacia ejemplar de la doctrina ligada al precedente, no autoritario, pero sí dotado de singular autoridad jurídica. De ahí que el **interés casacional** (nº 4175), es decir, el interés trascendente a las partes procesales que puede presentar la resolución de un recurso de casación, se objetive en esta Ley.

5) Establecido un **nuevo sistema de ejecución provisional**, la Ley no considera necesario ni oportuno generalizar la exigencia de depósito para el acceso al recurso de casación (o al recurso extraordinario por infracción de ley procesal). **4030**
6) Hasta la entrada en vigor del RDL 5/2023 -30-7-2023-, como pieza de cierre del sistema de recursos, y respecto de cuestiones procesales no atribuidas al Tribunal Constitucional, se mantiene el **recurso en interés de la ley** ante la Sala de lo Civil del Tribunal Supremo; un recurso concebido para la deseable unidad jurisprudencial, para los casos de sentencias firmes divergentes de las Salas de lo Civil y Penal de los Tribunales Superiores de Justicia. Sin embargo, este recurso ha sido **eliminado** actualmente (LEC art.490 a 493 derog RDL 5/2023).
7) La L 13/2009, introduce el concepto de **resoluciones procesales**, para incluir tanto a las dictadas por jueces y tribunales como por los letrados de la Administración de Justicia, dado que a estos últimos se les reconocen más competencias y, por ende, se articula el régimen de impugnación de sus resoluciones.

Clases de recursos Son tradicionales las clasificaciones siguientes: **4031**
a) La que diferencia entre recursos:
• **Ordinarios**: No tienen taxativamente establecidos en la ley los motivos en que pueden fundarse ni se restringen los pronunciamientos del tribunal que de ellos conoce.
• **Extraordinarios**: Solo proceden contra determinadas resoluciones y por motivos tasados y concretos.
b) La que diferencia entre recursos:
Devolutivos: De los que conoce un juez distinto de aquel que dictó la resolución recurrida.
No devolutivos: De los que conoce el mismo juez que dictó la resolución recurrida.

La doctrina subraya que la LEC no ha cambiado los tradicionales criterios empleados para clasificar los recursos en nuestro ordenamiento jurídico (Raúl C. Cancio Fernández, La personación ante el órgano *ad quem* en el sistema de recursos de la LEC y su empleo como criterio clasificatorio, BIB 2002/2120). Al contrario, la discriminación de las modalidades de recursos que se apoya, bien en el carácter devolutivo o no devolutivo de los mismos, o bien en su naturaleza ordinaria o extraordinaria, mantienen su plena vigencia. Así, la vigente LEC contempla los siguientes recursos:

• **Recursos ordinarios**:
- reposición, habiéndose suprimido el recurso de súplica (nº 4055 s.);
- apelación y queja (nº 4070 s. y nº 4220 s.).

• **Recursos extraordinarios**:
- casación (nº 4135 s.).

De ellos son **devolutivos** todos, salvo el recurso de reposición.

4033 MPCI nº 6876 Precisiones 1) No obstante, la doctrina pone de manifiesto algunas **dificultades en la clasificación** expuesta:

a) De un lado, el discutible carácter de recurso de la desaparecida **casación en interés de ley**. En primer lugar, porque no se encontraban legitimados para interponerlo quienes hayan sido parte en el procedimiento, salvo que sean las personas señaladas en LEC art.491 derog RDL 5/2023. En segundo término, las resoluciones susceptibles de esta modalidad de recurso, tenían la consideración legal de sentencias firmes. Y, por último, con este mecanismo no se pretendía reparar gravamen alguno que hubiera podido sufrir quien fuese parte en un proceso previo, sino que el Tribunal Supremo consolidase una jurisprudencia cuando las salas de lo civil y penal de los Tribunales Superiores de Justicia sostuvieran criterios discrepantes sobre la interpretación de normas.

b) Respecto del **recurso de queja**, el hecho de que, para su calificación, el clásico examen de los motivos que fundamentan su interposición, resulta insuficiente a la vista de las antagónicas posturas que se advierten en la doctrina. Se ha defendido, por un lado, la naturaleza ordinaria del recurso de queja (Pérez López); y por otro la naturaleza extraordinaria del recurso, alegando sustancialmente que es en todo caso único el motivo de fundamentación esgrimible: la antijurídica inadmisión de otro distinto recurso devolutivo, así como su ubicación sistemática en la LEC, en tanto su régimen se residencia entre los recursos devolutivos extraordinarios.

2) Al margen del panorama general de los recursos expuesto, ha de tenerse presente la figura de la **audiencia** en justicia, como mecanismo impugnatorio que procede en algunos supuestos especialmente previstos (LOPJ art.556 s.; nº 3132); y la revisión de diligencias de ordenación (nº 4056).

3) Los **criterios de admisión** forman parte del sistema de recursos (TCo 50/2004; 114/2009; 10/2012) (Acuerdo TS Pleno no Jurisdiccional 27-1-17, EDJ 5345, sobre criterios de admisión de los recursos de casación y extraordinario por infracción procesal).

4034 **Régimen transitorio** (L 37/2011 disp.trans.única; RDL 5/2023 disp.trans.10ª.4; RDL 6/2023 disp.trans.2ª) Se modifica el tratamiento de los recursos en el proceso civil, eliminando el trámite de preparación en los devolutivos, excluyendo del de apelación las sentencias dictadas en juicio verbal de cuantía no superior a 3.000 euros, elevando el umbral cuantitativo y en ciertos aspectos la configuración del interés casacional como medio de acceso al recurso en el de casación.

El **régimen vigente** se aplica a los recursos entablados desde el 31-10-2011.

Ha de tenerse en cuenta, asimismo, el régimen de transitoriedad de la reforma operada por el RDL 5/2023, que se expone en el nº 4142. Y de la operada por el RDL 6/2023, en sede de apelación, llevando la interposición del recurso al órgano competente para resolverlo (nº 4097) y eliminación del recurso extraordinario por infracción procesal (nº 4120 s. Memento Procesal 2025).

A. Disposiciones generales

(LEC art.448 a 450)

4035 Las disposiciones generales **aplicables a todos los recursos** son las que a continuación se exponen.

4036 MPCI nº 6887, 6889 **Derecho a recurrir** (LEC art.448.1) Se reconoce el derecho a recurrir a los que sean parte en el proceso. Así, contra las resoluciones de los tribunales y letrados de la Administración de Justicia que les afecten desfavorablemente, las partes podrán interponer los recursos previstos en la ley. Es un derecho de **configuración legal**. Ha de diferenciarse del derecho al acceso a la jurisdicción el derecho de acceso a los recursos, el cual no nace de la Constitución, sino de lo que establece la Ley en cada caso; gozando el legislador de un amplio margen de libertad para configurar el sistema de recursos contra las resoluciones judiciales; correspondiendo a los órganos judiciales la verificación y control de la concurrencia de los requisitos y presupuestos procesales que condicionan su admisibilidad (TCo 121/1990; 51/1992; 87/1992;

115/1992; 311/1992; 130/1993; 214/1993; 344/1993; 249/1994; 37/1995; TS 13-2-96; auto 14-3-97).

En particular, conviene recordar que la propia doctrina del Tribunal Constitucional es clara al señalar que no existe un derecho a los **recursos extraordinarios**, siendo posible y real que no estén previstos dichos medios de impugnación extraordinarios, está condicionado a los requisitos de admisibilidad establecidos por el legislador, particularmente, en el régimen transitorio de la vigente LEC, al momento en que efectivamente se dicta la resolución que pretende recurrirse, criterio estrictamente objetivo que no cabe matizar, sin que la interpretación de las normas rectoras del acceso a la casación tenga que ser necesariamente la más favorable al recurrente (TCo 216/1998).

Asimismo, debe hacerse constar que el principio *pro actione*, proyectado sobre la tutela judicial efectiva, no opera con igual intensidad en la fase inicial del pleito que en las posteriores. El referido derecho constitucional se satisface incluso con un **pronunciamiento sobre la inadmisibilidad del recurso**, y no necesariamente sobre el fondo, cuando obedezca a razones establecidas por el legislador y proporcionadas en relación con los fines constitucionalmente protegibles a que los requisitos procesales tienden (TS auto 28-12-01, EDJ 98908).

Precisiones 1) Al notificarse cualquier resolución a las partes debe indicarse si la misma es o no firme y, en su caso, los recursos que procedan, órgano ante el que deban interponerse y el plazo para ello (LOPJ art.248.6 redacc LO 1/2025); pero la inobservancia del referido precepto no siempre tiene relevancia constitucional, sino que debe distinguirse entre la omisión radical y la advertencia equivocada de recursos, e incluso ponderarse, a efectos de determinar la concurrencia de una actividad negligente en el afectado, la disposición o no de asistencia letrada. La **defectuosa instrucción de recursos** puede originar un error excusable por inducido, pero la mera **falta de indicación**, normalmente no impide la interposición de los medios de impugnación procedentes, sobre todo si se está asistido de letrado, pues siempre podría solicitarse la oportuna aclaración judicial (TCo 51/1996; AP León auto 21-3-01, EDJ 98895).

2) El rigor entre la utilización del término «**preparar**» e «**interponer**», constando la intención de recurrir debió dar lugar a la concesión del plazo para formalizar el recurso anunciado, pero no para fundamentar su inadmisión (AP Valencia auto 19-5-03, EDJ 57482).

Legitimación (LEC art.448) Se sigue la consolidada doctrina jurisprudencial que exigía un **interés legítimo** que sirviera de fundamento a la legitimación para formular recursos contra las resoluciones judiciales (TS 16-5-91, EDJ 5107; 23-10-98, EDJ 23078). En efecto, es indispensable la existencia de un **perjuicio o gravamen** para el recurrente, negando legitimación para recurrir a la parte que no tiene un interés o no está perjudicada o gravada por la resolución (AP Salamanca auto 31-10-05, EDJ 210389). **4037** MPCI nº 6891

En particular, una uniforme doctrina jurisprudencial viene entendiendo que cuando se estiman **peticiones alternativas o subsidiarias** a una principal, se produce un acogimiento íntegro de la demanda, tanto en lo que se refiere a la aplicación de la regla del vencimiento objetivo como criterio por el que se han de discernir las costas de primera instancia (TS 29-10-92, EDJ 10604; 9-11-93; 27-10-98, EDJ 25095), como en cuanto al análisis del interés legítimo que sirve de fundamento a la legitimación para formular recursos contra las resoluciones judiciales (AP Zaragoza 11-3-05, EDJ 220267).

Plazo (LEC art.448.2) Los plazos para recurrir se computan desde el día siguiente a la **notificación** de la resolución que se recurra o, en su caso, a la notificación de su aclaración o de la denegación de esta. **4038** MPCI nº 6893, 6895

Cuando la presentación del escrito esté sujeta a plazo puede efectuarse hasta las quince horas del día hábil siguiente al del **vencimiento del plazo**, en la secretaría del tribunal o, de existir, en la oficina o servicio de Registro central que se haya establecido (LEC art.135) (TS auto 23-1-02, EDJ 126242).

Precisiones Los plazos para el anuncio, preparación, formalización e interposición de recursos contra sentencias y demás resoluciones que, conforme a las leyes procesales, pongan fin al procedimiento y que sean notificadas durante la suspensión de plazos derivada de la **DANA de Valencia** (RDL 6/2024 disp.adic.10ª; RDL 7/2024 disp.adic.12ª), así como las que sean notificadas dentro de los 20 días hábiles siguientes al levantamiento de la suspensión de los plazos procesales suspendidos, quedarán ampliados por un plazo igual al previsto para el anuncio, preparación, formalización o interposición del recurso en su correspondiente ley reguladora. Esta regla **no se aplica** a los procedimientos cuyos plazos fueron exceptuados de la suspensión (RDL 8/2024 art.28.2).

Derecho a recurrir en casos especiales (LEC art.449) Cabe referirse a los siguientes supuestos: **4039**

4040 MPCI nº 6899, 6901 **Procesos que lleven aparejado el lanzamiento** (LEC art.449.1) Respecto a la **acreditación del pago de las rentas** vencidas y las que con arreglo al contrato deba pagar por adelantado para recurrir en los procesos que lleven aparejado el lanzamiento cabe destacar:

• Esta exigencia se aplica tanto al **recurso ordinario de apelación** como al **extraordinario de casación**.

• Es de aplicación en todos los supuestos en los que se ejercite la **acción resolutoria** del contrato, con independencia de que la causa invocada sea o no la falta de pago de la renta, mientras que, por el contrario, no se aplica cuando el objeto del proceso sea simplemente la **reclamación de las rentas adeudadas** o la **determinación de su importe**. En efecto, de la literalidad de LEC art.449.1 se advierte que el legislador no ha hecho distinción alguna sobre la clase de acción ejercitada en la demanda, y ha establecido la obligatoriedad de cumplimiento de dicho requisito para todos los procesos que lleven aparejado el lanzamiento; de manera que, hace exigible el cumplimiento oportuno del requisito no solo en aquellos procesos arrendaticios en que se ejercite una acción de desahucio, bien sea por falta de pago o expiración del término contractual, sino que resulta exigible en todos aquellos procesos, cualquiera que sea la acción ejercitada y el cauce procedimental seguido, cuya consecuencia sea el lanzamiento, o lo que es lo mismo, lleven aparejado el desalojo o la entrega de la posesión, como consecuencia del cese de una relación jurídica en la que se venga satisfaciendo un canon o renta (TS auto 3-2-04, EDJ 304608).

• Cuestión distinta es qué se deba entender por **rentas vencidas**, que el demandado-apelante está obligado a tener satisfechas al preparar el recurso de apelación. Por rentas debe entenderse ampliamente todas aquellas cantidades determinadas cuyo pago corresponda al arrendatario. Esta interpretación resulta adecuada relacionando LEC art.449.1 con LEC art.250.1 y 22.4. El primero de ellos, al regular el ámbito del juicio verbal, dispone que se decidan por ese procedimiento las pretensiones para recuperar la posesión de una finca dada en arrendamiento cuando se funden en el impago de la renta o cantidades debidas por el arrendatario; y si tal juicio se puede basar tanto en el impago estricto de lo considerado como rentas como de aquellas otras cantidades debidas por el arrendatario (IBI o gastos de la comunidad de propietarios), carece de toda razón lógica que para preparar el recurso de apelación se pida al demandado-arrendatario tener satisfechas las cantidades estrictamente consideradas como rentas y no aquellas otras cuyo pago también le incumbe; lo que se aprecia si cabe mejor cuando la demanda se funda únicamente en el impago de cantidades no comprendidas en el concepto restringido de rentas. Esta conclusión la reafirma LEC art.22.4, al regular la enervación del desahucio, que requiere el pago no solo de la renta, sino de cuantas cantidades adeudase el arrendatario al momento del pago enervador de la acción. Por otra parte, esta interpretación es la admitida por otros tribunales (AP Asturias 31-12-02; AP Madrid auto 19-4-04, EDJ 124601).

4041 MPCI nº 6903 Precisiones **1)** En los procesos que lleven aparejado el lanzamiento no se admitirán al demandado los recursos de apelación o casación si, al interponerlos, no manifiesta, acreditándolo por escrito, tener satisfechas las **rentas vencidas** y las que con arreglo al contrato deba pagar adelantadas. Adicionalmente, estos recursos se declararán desiertos, cualquiera que sea el estado en que se hallen, si durante la sustanciación de los mismos el demandado recurrente dejara de pagar los **plazos que venzan** o los que deba adelantar. El arrendatario podrá adelantar o consignar el pago de varios **períodos no vencidos**, los cuales se sujetarán a liquidación una vez firme la sentencia, y, en todo caso, el abono de dichos importes no se considerará novación del contrato (LEC art.499.1 y 2).

2) El requisito del **pago o consignación** como materia de orden público y, por tanto, de carácter imperativo, escapa al poder dispositivo de las partes y del órgano judicial, por lo que su cumplimiento debe ser controlado y revisado de oficio por los tribunales al resolver los recursos para cuyo conocimiento son competentes, por lo que el tribunal *ad quem* tiene facultades para fiscalizar y revisar la decisión del órgano *a quo* cuando este haya admitido indebidamente el recurso (AP Guadalajara 5-7-02, EDJ 126228).

3) Ha de tenerse en cuenta que los procesos de desahucio de finca urbana o rústica por falta de pago de las rentas o cantidades debidas por el arrendatario terminan mediante decreto dictado al efecto por el letrado de la Administración de Justicia si, requerido aquel previamente a la celebración de la vista en los términos previstos en LEC art.438.5, paga al actor o pone a su disposición en el tribunal o notarialmente el importe de las cantidades reclamadas en la demanda, y el de las que adeude en el momento de dicho **pago enervador del desahucio**. Si el demandante se opusiera a la enervación por no cumplirse los anteriores requisitos, se citará a las partes a la vista prevenida en LEC art.443, tras la cual el juez dictará sentencia por la que declarará enervada la acción o, en otro caso, estimará la demanda habiendo lugar al desahucio.

Lo expuesto no será de aplicación cuando el arrendatario hubiera **enervado el desahucio en una ocasión anterior**, salvo que el cobro no hubiera tenido lugar por causas imputables al arrendador, ni cuando el arrendador hubiese requerido de pago al arrendatario por cualquier medio fehaciente con, al menos, un mes de antelación a la presentación de la demanda y el pago no se hubiese efectuado al tiempo de dicha presentación (LEC art.22.4).

Procesos sobre reparación de daños y perjuicios derivados de la circulación de vehículos (LEC art.449.3) En los procesos en que se pretenda la condena a indemnizar los daños y perjuicios derivados de la circulación de vehículos de motor no se admitirán los recursos si el condenado a pagar la indemnización, al interponerlos, no acredita haber constituido **depósito** del importe de la condena más los **intereses y recargos** exigibles en el establecimiento destinado al efecto. 4042 MPCI nº 6907

La **consignación de la indemnización para recurrir** en estos procesos se aplica tanto a la apelación como al recurso extraordinario de casación, tramitándose aquellos por los cauces del juicio declarativo, sea ordinario o verbal, que proceda por razón de la cuantía, operando como límite entre ambos el umbral de 15.000 euros -por efecto del RDL 6/2023; anteriormente, 6.000 euros-.

Desde el punto de vista subjetivo, la LEC no establece ninguna distinción acerca de quiénes se encuentran **obligados a consignar**, por lo que hay que entender que tanto los particulares como las entidades aseguradoras deben cumplir este requisito (AP Cáceres 17-4-02, EDJ 136154).

Desde el punto de vista objetivo, el deber de consignar no solo alcanza a la **cantidad principal** debida en concepto de indemnización, sino a los **intereses de demora** y a los **recargos** exigibles. La falta de depósito de alguna de estas cantidades debe conducir a la inadmisión o, en su caso, a la desestimación del recurso (TS 5-5-10, EDJ 92245, que efectúa unas consideraciones muy interesantes sobre el alcance del requisito de consignación en conexión con el derecho a recurrir).

Por otra parte, dada la total autonomía con la que se configura la impugnación de la sentencia por el inicialmente apelado con respecto a la apelación principal, frente a la adhesión contemplada en la legislación anterior, ha de concluirse que el deber de consignar se extiende también a la parte impugnante.

Precisiones 1) Se ha admitido el **recurso de apelación sin efectuar la consignación** al tiempo de la preparación del recurso en el caso de una colisión de un vehículo con una vaca, sin concurrir culpa alguna en el conductor del vehículo (AP Badajoz 19-2-03, EDJ 9472).

2) En cuanto al **Consorcio de Compensación de Seguros**, si bien la jurisprudencia de las Audiencias ha sido en general favorable a su sometimiento al deber de consignación, la L 52/1997 art.12, de asistencia jurídica del Estado a las instituciones públicas, dispone de manera clara la exoneración al Estado y sus organismos autónomos -y el Consorcio tiene la naturaleza de organismo público empresarial- de constituir depósitos, cauciones, consignaciones o cualquier otro tipo de garantía previstas en las leyes (AP Zaragoza auto 24-7-03, EDJ 80366).

Procesos sobre reclamación de cantidades debidas a la comunidad de propietarios (LEC art.449.4) En los procesos en que se pretenda la condena al pago de las cantidades debidas por un propietario a la comunidad de vecinos, no se admitirá al condenado el recurso de apelación o casación si, al interponerlos, no acredita tener satisfecha o consignada la **cantidad líquida** a que se contrae la sentencia condenatoria; sin que dicho depósito impida la ejecución provisional de la resolución dictada (nº 4044). 4043 MPCI nº 6909

El ámbito objetivo de este requisito viene determinado por las **acciones de reclamación de cantidad** que la comunidad de propietarios puede dirigir contra el propietario moroso, de acuerdo con lo previsto en la LPH art.21, ejercitables por medio del procedimiento monitorio, y su **finalidad** es común a los demás supuestos de la LEC art.449: evitar la demora en el pago o en el cumplimiento de la sentencia mediante la interposición de recursos infundados con ánimo meramente dilatorio (AP Asturias 2-12-03, EDJ 208663).

Este requisito **no se exige** a los miembros de las entidades urbanísticas de conservación y mantenimiento que pretendan recurrir contra las sentencias que les condenan al pago de las cantidades debidas a la entidad (AP Murcia 27-7-10, EDJ 166641: no estamos ante una comunidad de vecinos, sino ante una entidad urbanística, que se integra en el ámbito de la gestión pública, por lo que no es una urbanización privada de las previstas en la LPH).

Ejecución provisional (LEC art.449.3, 4 y 5) Se establece una **disposición común** a los procesos de responsabilidad civil derivada de la circulación de vehículos y de reclamación de cuotas comunitarias, en el sentido de que la constitución del **depósito para recurrir** no impide la ejecución provisional de la sentencia condenatoria. El depósito previo no se configura, por lo tanto, como un presupuesto determinante de la suspensión de la ejecución del fallo recurrido, sino como un requisito de admisibilidad del recurso, de modo que el fallo puede ser llevado a efecto de acuerdo con las normas generales sobre ejecución provisional. 4044

En concreto, se dispone que el depósito o consignación exigidos en los apartados anteriores puede hacerse también mediante **aval** solidario de duración indefinida y pagadero a primer requerimiento emitido por entidad de crédito o sociedad de garantía recíproca, o por cualquier otro medio que, a juicio del tribunal, garantice la inmediata disponibilidad, en su caso, de la cantidad consignada o depositada.

4045 MPCI nº 6913 **Aspectos comunes a los requisitos especiales de admisibilidad de los recursos** (LEC art.449.5 y 6)

Hay que mencionar los siguientes:

• **Formas alternativas a la consignación**. Se contempla la posibilidad de acudir a distintas formas alternativas a la consignación o depósito en efectivo -aval solidario a primer requerimiento u otro medio-, estableciéndose como criterio para su admisión, de acuerdo con la jurisprudencia, que, a juicio del tribunal, quede garantizada la **inmediata disponibilidad** por el recurrido de la cantidad consignada o depositada, en el caso de que el recurso sea desestimado.

4046 MPCI nº 6915 • **Subsanación**. Antes de rechazar o declarar desierto el recurso, el letrado de la Administración de Justicia estará a lo dispuesto en LEC art.231, cuando el recurrente hubiese manifestado su voluntad de abonar, consignar, depositar o avalar las cantidades correspondientes, pero no acreditara documentalmente el cumplimiento de tales requisitos (LEC art.449.6, que dispone literalmente que en los casos de los apartados anteriores, antes de que se rechacen o declaren desiertos los recursos, se estará a lo dispuesto en LEC art.231 para que puedan ser subsanados los defectos en que hubieran incurrido los actos procesales de las partes).

Se recoge aquí, con expresa remisión a LEC art.231, la jurisprudencia constitucional que permite subsanar el defecto cometido antes de rechazar o declarar desierto el recurso, siempre que el recurrente haya manifestado su voluntad de cumplir la exigencia legal. La doctrina constitucional distingue entre la **falta de consignación o de pago** en el momento oportuno, que constituye un defecto insubsanable, y la **falta de acreditación** de dichos actos, que admite subsanación. De ahí que, digan los autores que, si bien cabe subsanar la falta de acreditación documental del cumplimiento en plazo de dicho requisito, no cabe sanación alguna cuando la consignación no se ha hecho tempestivamente, o se ha realizado en cuantía insuficiente (TCo 204/1998).

Tal criterio ha de matizarse porque en algún caso se ha permitido subsanar o completar la **consignación parcialmente hecha en tiempo** oportuno, cuando se ha debido a una simple equivocación del recurrente sobre el importe exacto del depósito y existe voluntad de cumplir el requisito procesal (TCo 119/1994, resolución que permitió la subsanación de una consignación defectuosa, que no cubría el importe exacto que debió depositarse, por tratarse de una equivocación de escasa cuantía, habiendo manifestado la recurrente, que consignó en el plazo legal la cantidad líquida fijada en el fallo pero no los intereses, la voluntad de cumplir con el mencionado requisito procesal), y, de otro lado, los tribunales consideran que ambos preceptos anudan la posibilidad de subsanar no ya al efectivo cumplimiento no suficientemente acreditado, sino la sola voluntad de cumplir, debidamente manifestada, lo que, en su interpretación literal, supone tanto como intención futura de observar un requisito que todavía no ha podido realizarse.

En cualquier caso, la **aparente contradicción** existente entre la dicción de ambos preceptos y la de LEC art.449.3, que sí se refiere a la acreditación, ha de resolverse en **sentido favorable al acceso al recurso**, como derecho inherente al principio de tutela judicial efectiva, según consolidada jurisprudencia del Tribunal Constitucional (AP Asturias auto 27-9-01, EDJ 74262); esto es, no cabe la subsanación cuando el recurrente haya manifestado su voluntad de abonar, consignar, depositar o avalar las cantidades correspondientes, pero no acreditara documentalmente, a satisfacción del tribunal, voluntad que no puede ser meramente formal sino real, no bastando la mera alusión a la voluntad de pagar cuando esta no se traduce en actos tendentes al cumplimiento efectivo del requisito, que denoten que el propósito de cumplimiento es real y no una mera invocación formal, frente a una norma imperativa de contenido claro, pues si se admitiera la sola enunciación de la «intención» de cumplir, sin exteriorización de la autenticidad de dicho propósito, se dejaría al arbitrio de la parte impugnante la posibilidad de vaciar de contenido el requisito, interpretando erróneamente el precepto (AP Guadalajara 5-7-02, EDJ 126228).

4047 MPCI nº 6917 En particular, en relación con los **daños derivados de accidentes de circulación**, el criterio de determinadas Audiencias Provinciales -como la de Asturias- ha venido siendo el de la no operatividad de la consignación extemporánea, aun reconociendo la existencia de corrientes doctrinales favorables al requisito de la subsanación, pero en suma se adhirió a la tesis favorable a la no subsanación con cita de TCo auto 349/1991 y AP Baleares 11-7-91 que sostiene, además, que el requisito de la falta de consignación es apreciable de oficio.

Por otra parte, si se compara la dicción de LO 3/1989 disp.adic.1ª.4 con la vigente de LEC art.449.3, se aprecia que, si aquella ya sugería que la consignación o depósito debería efectuarse al menos **simultáneamente a la interposición** del recurso, la vigente redacción de la LEC parece más restrictiva. Así, mientras la LO 3/1989 disp.adic.1ª.4 establecía que para interponer recurso de apelación contra la resolución que ponga fin a los procesos relativos a la indemnización de daños y perjuicios ocasionados con motivo de la circulación, el condenado al pago de la indemnización debía acreditar haber constituido depósito en el establecimiento adecuado, el vigente art.449.3 LEC señala de modo más tajante que en tales procesos no se admitirá al condenado a pagar la indemnización el recurso de apelación si al prepararlo no acredita haber constituido depósito.

Asistencia jurídica gratuita (L 1/1996 art.6.5) El derecho a esta asistencia comprende la **exención del pago de los depósitos** necesarios para la interposición de recursos. **4048** MPCI nº 6919, 6921
Por ello, se sostiene por la doctrina que debe mantenerse el criterio jurisprudencial que viene incluyendo la exención del deber de consignar o afianzar para recurrir entre los beneficios de la justicia gratuita (TCo 71/1999; TEDH 15-2-00, núm 38695/97 -por la que se condena al Estado español en un caso en el que no se admitió a un particular el recurso de apelación contra la sentencia dictada en un juicio verbal del automóvil, por falta de consignación, sin haberse decidido previamente sobre la petición de justicia gratuita formulada por la recurrente y pese a concurrir en ella las condiciones necesarias para ser merecedora de este beneficio-).

Desistimiento (LEC art.19.1 -redacc LO 1/2025- y 450) El desistimiento es una declaración de voluntad unilateral del demandante o apelante, manifestando su intención de desistir del juicio o del recurso entablado, lo que conduce a la **terminación del proceso**. **4049**
El desistimiento puede efectuarse antes de que recaiga resolución sobre el recurso -salvo en el recurso de casación una vez señalado el día para su deliberación, votación y fallo-.
Si son **varios** los **recurrentes** y solo alguno desiste, la resolución recurrida no es firme en virtud del desistimiento, pero se tienen por abandonadas las pretensiones de impugnación que fueran exclusivamente sostenidas por quienes desistieron.
El desistimiento exige como **requisito** el otorgamiento de poder especial (LEC art.25.2).

Precisiones **1)** Se excepciona del régimen expuesto el **recurso de casación**, en el que no cabe desistir una vez señalado día para su deliberación, votación y fallo (LEC art.19.1 -redacc LO 1/2025- y 450.1). De acuerdo con ello, tras la fijación de fecha, no cabe desistir, aun antes de su llegada.
2) Mientras ha sido exigible, se consideraba necesario para desistir del recurso haber liquidado la **tasa** devengada por su interposición, con presentación del modelo 696. Sin embargo, por efecto de TCo 140/2016, con declaración de inconstitucionalidad de L 10/2012 at.7.1, no cabe exigir esta por los actos procesales de interposición de recursos (nº 6257).

Costas procesales En virtud de la remisión de LEC art.398.1 -que regula las costas causadas en los recursos de apelación-, a LEC art.394 -que rige la condena en las costas de la primera instancia, cuando sean íntegramente desestimadas las pretensiones del recurrente-, el **principio del vencimiento** tiene la excepción de que el tribunal aprecie y razone que el caso presenta serias dudas de hecho o de derecho, para no hacer una especial imposición de las costas. **4050**
En sede de recurso de **casación**, se aplica la regla del vencimiento en caso de desestimación total, salvo circunstancias especiales apreciadas por la sala sentenciadora, y la no imposición a parte alguna en caso de estimación total o parcial.
Destaca la doctrina que debe interpretarse la norma en los recursos en sentido muy restrictivo, al desaparecer la situación de incertidumbre que se da en la primera instancia una vez concluida esta, y en su caso la segunda, por sentencia o resolución que pone fin a la misma.

Precisiones Los pronunciamientos basados en la apreciación o no apreciación de circunstancias que sirven de **excepción a la regla del vencimiento objetivo** (LEC art.394.1 redacc LO 1/2025) no operan en sede de recurso (TS 17-9-20, EDJ 657693; 3-12-20, EDJ 731767).
En la imposición de costas del recurso, cuando el mismo es estimado, no juega el principio de vencimiento ni, en su caso, la excepción de serias dudas de hecho o de derecho, que solo rige en primera instancia o cuando el recurso es desestimado (TS 3-12-20, EDJ 731767). Lo que supone una **regla específica** respecto del criterio mantenido en relación con pleitos sobre cláusulas abusivas en los que se aplica el principio de efectividad de la Unión Europea como matiz de LEC art.394.

Costas en el desistimiento Se parte de la regla de que deberían imponerse al que desiste ya que la consecuencia es que la resolución combatida deviene firme, lo que equivale a una desestimación del recurso, tal y como acontece con los supuestos en los que el mismo se declara desierto (LEC art.458.2 y 481.4), dándose así la mera aplicación de LEC art.398, pues no existe procedimiento específico en la materia; en fase de recurso, el recurrido, quien se ha aquietado con la resolución recurrida, no tiene interés ni legitimación para oponerse al desistimiento al adquirir la resolución firmeza, y por ello, no puede adoptar otra postura que la de consentirlo, resultando por tanto injusto que por ello deba soportar unas costas que se han generado por la sola voluntad del recurrente. Sin embargo, si esta es la **regla general**, cuando nos encontramos en un supuesto en el que todas las partes se encuentran conformes con la no imposición, se entiende, por aplicación de LEC art.398.1 en relación con LEC art.394.1 redacc LO 1/2025, que concurren razones de hecho que pese a la desestimación del recurso justifican su no imposición, debiendo cada parte soportar sus costas y las comunes, si las hubiera, por **4051**

iguales partes, dado el acuerdo extrajudicial alcanzado al efecto que ha motivado el desistimiento y la resolución del conflicto jurídico (AP Bizkaia 24-1-02, EDJ 7321; 1-10-02, EDJ 126438).
En relación con LEC art.394.1 -redacc LO 1/2025- y 398, conforme a los cuales cabe apartarse en supuestos excepcionales del criterio del vencimiento, entre tales **supuestos de excepción** cabe incardinar los casos en que el desistimiento esté justificado porque el recurrente haya obtenido la satisfacción de su derecho, por circunstancias sobrevenidas, y por ello deje de tener interés legítimo en obtener la tutela judicial pretendida, es decir, que concurra una verdadera carencia sobrevenida del objeto del recurso (LEC art.22), en cuyo caso no procede hacer expresa imposición de costas (AP Asturias auto 20-1-04, EDJ 49094).

Precisiones El **desistimiento formulado en el mismo acto de la vista**, cuando ya se había acordado su celebración y la práctica de pruebas (LEC art.759) obliga a apreciar la temeridad en la formulación del recurso de apelación lo que lleva a imponer las del recurso a la apelante (LEC art.396); al producirse el desistimiento en el mismo acto de la vista debe declararse expresamente la temeridad en la interposición de dicho recurso (AP Barcelona 10-10-03, EDJ 138497).

B. Recurso de reposición

(LEC art.451 a 454)

4055 El recurso de reposición es un **recurso ordinario**, no devolutivo, que tiene por objeto satisfacer una pretensión de reforma de una resolución judicial interlocutoria.

4056 MPCI nº 6937 s. **Resoluciones recurribles** (LEC art.451) El recurso de reposición puede interponerse frente a:
a) Las **providencias** y los **autos** no definitivos, ante el mismo tribunal que dictó la resolución recurrida.
b) Las **diligencias de ordenación** y los **decretos** no definitivos, ante el letrado de la Administración de Justicia que dictó la resolución recurrida, excepto en los casos en que la Ley prevea recurso directo de revisión (nº 3015).
Contra el auto que ya resuelve un recurso de reposición, procesalmente, no cabe interponer **nuevo recurso de reposición** (AP Madrid 13-4-05, EDJ 215470). Ello sin perjuicio de reproducir la cuestión objeto de la reposición al recurrir, si procede, la resolución definitiva. De ahí que se haya señalado que la LEC establece dos vías separadas y distintas para recurrir las **resoluciones judiciales dictadas en primera instancia**:
• De un lado, el recurso de **reposición** contra todas las providencias y autos no definitivos, sin que contra el auto que resuelve el mismo quepa recurso alguno, salvo el de queja en los casos que proceda, lo cual solo tendrá lugar cuando el auto deniegue la admisión a trámite de un recurso de apelación.
• Y, de otra parte, contra las sentencias, autos definitivos y aquellos otros que expresamente establezca la ley, en los que se podrá y deberá interponer directamente el recurso de **apelación**.
En definitiva, los recursos de reposición y apelación son dos **vías distintas y paralelas**, sin que en ningún caso el recurso de reposición deba o pueda preceder al de apelación, salvo excepciones como (AP Salamanca auto 31-10-05, EDJ 210389):
- cuando se ha despachado ejecución y el tribunal provea en contradicción con el título ejecutivo (LEC art.563.1º); y
- el auto que deniega el despacho de la ejecución (LEC art.552.2º).
No es posible equiparar el **auto que resuelve la reposición** con el concepto de **auto definitivo**, a los efectos de que contra el mismo pueda interponerse el recurso de apelación (LEC art.455.1º). El hecho de que en el procedimiento no exista una resolución definitiva en cuyo recurso pueda reproducirse la cuestión objeto de la reposición, carece de trascendencia. El art.454 LEC permite **reproducir la cuestión** siempre que proceda el recurso contra la resolución definitiva, es decir, lo plantea como una posibilidad, no como un presupuesto necesario que justifique la irrecurribilidad de dicho auto, se trata de que de existir esa resolución definitiva y si se formula recurso contra la misma, se pueda plantear la cuestión nuevamente, pero no necesariamente tiene que darse dicho presupuesto (AP Sevilla auto 20-6-05, EDJ 164022).

4058 **Procedimiento** En cuanto a la **tramitación** de este recurso, hay que hacer referencia a las cuestiones que se exponen a continuación.

4059 **Traslado previo al procurador de la parte contraria** (LEC art.276 y 277) Si, con carácter previo a la presentación del recurso de reposición, **no se da traslado** de la copia de los escritos al procurador de la parte contraria, se tienen tales escritos por no presentados.

Es un **defecto insubsanable** que tiene como consecuencia, prevista legalmente con carácter penalizador, la inadmisión del escrito y, por ende, la propia ineficacia del acto procesal de parte que la presentación del mismo suponga.

Precisiones No resulta de aplicación la **subsanación** a que se refiere con carácter general LEC art.231, porque está referida a los actos defectuosos, pero no a los no realizados, de tal modo que puede corregirse la falta de acreditación o un traslado deficiente, pero en ningún caso el acto omitido, máxime cuando se establece la referida consecuencia de la inadmisibilidad (LEC art.277; TS 19-11-02, EDJ 126238; 26-11-02, EDJ 126239; 25-2-03, EDJ 263088; 3-2-04, EDJ 304608).

Requisitos (LEC art.452) El recurso de reposición ha de interponerse: **4060**
a) **Plazo**: dentro del quinto día.
b) **Contenido**: expresándose la infracción que se considere cometida por la resolución recurrida.
Si no se cumplen ambos requisitos, se **inadmitirá** la reposición:
- mediante providencia no susceptible de recurso, en caso de reposición interpuesta frente a providencias y autos no definitivos; y
- mediante decreto directamente recurrible en revisión (nº 4065), en caso de reposición formulada contra diligencias de ordenación y decretos no definitivos.

Precisiones **1)** Según el criterio general de los tribunales, basta que se presente **fuera de plazo**, o no se exprese la infracción en que ha incurrido la resolución a juicio del recurrente, para inadmitir por providencia el recurso de reposición.
2) Al ser la resolución impugnada notificada a través de la sala de procuradores el día 1-2-2001, el **cómputo de dicho plazo** ha de efectuarse de conformidad con LEC art.276 en relación con LEC art.135, según los cuales el escrito de interposición del recurso se puede presentar hasta las 15:00 horas del día siguiente al del vencimiento del plazo en dicho servicio. La notificación empieza a correr por imperativo de LEC art.133.2 a partir del día siguiente a aquel en que se hubiera efectuado y para determinar cuándo debe considerarse efectuada la notificación ha de acudirse a LEC art.151, que la entiende realizada al día siguiente de la fecha de recepción que conste en la diligencia. De este modo, notificada la resolución el día 1-2-2001 a través del servicio de presentación de escritos, debe entenderse realizada al siguiente, esto es, el día 2-2-2001, y el plazo para comenzar a contar empieza el día 3-2-2001 (LEC art.133), por lo que siendo 5 los días, si se excluye el domingo, finalizaba el día 9-2-2001 sin tener en cuenta lo establecido en LEC art.135, de modo que el recurso está en plazo y la providencia admitiéndolo es ajustada a Derecho. La diligencia de la secretaria a la que se refiere el recurrente expresa la fecha en que el escrito tuvo **entrada en el órgano judicial**, no la fecha en que se presentó en el decanato, que es la que debe considerarse al estar centralizado el servicio de presentación de escritos en la forma prevenida en la Ley (JPI Sta. Cruz de Tenerife auto 3-7-01).
Para apreciar adecuadamente en la actualidad este ejemplo, planteado por la resolución citada, ha de tenerse presente que:
• La LEC art.135, 151 y 276 ha sido retocada por L 42/2015 y RDL 6/2023.
• Conforme a LEC art.151, la notificación se entiende realizada **al día siguiente de la fecha que conste** en diligencia o en el resguardo acreditativo de su recepción cuando el acto de comunicación se haya efectuado por los medios electrónicos. Cuando el acto de comunicación fuera remitido con posterioridad a las 15:00 horas, se tendrá por recibido **al día siguiente hábil**.
• Cuando la entrega de algún documento o despacho que deba acompañarse al acto de comunicación tenga lugar en fecha posterior a la recepción del acto de comunicación, este se tendrá por realizado **cuando conste efectuada la entrega** del documento, siempre que los efectos derivados de la comunicación estén vinculados al documento.

Competencia El recurso de reposición es un recurso **no devolutivo** y ha de presentarse ante la Sección Civil del Tribunal de Instancia -hasta su constitución, ante el juzgado de primera instancia-, que tiene competencia para resolver la cuestión planteada, sin que sea óbice para ello que los autos no se encuentren en la secretaría de dicho órgano judicial, toda vez que, una vez presentado el escrito con el objetivo pretendido, deben devolverse los mismos al órgano judicial previa petición del mismo a instancia de la parte recurrente, para dictar la resolución que proceda (TS auto 23-1-02, EDJ 126242). **4061**
También cabe recurso de reposición contra las diligencias de ordenación y decretos no definitivos ante el **letrado de la Administración de Justicia** que dictó la resolución recurrida, excepto en los casos en que proceda recurso directo de revisión, por lo que será el propio letrado de la Administración de Justicia el competente para revisar la resolución recurrida en reposición (LEC art.451).

Sustanciación (LEC art.453) Admitido el recurso de reposición por el letrado de la Administración de Justicia se da **traslado** a las demás partes personadas para que en el plazo común de 5 días puedan impugnarlo. **4062**
Transcurrido el plazo para impugnación, se hayan presentado o no los escritos, se ha de **resolver** en el plazo de 5 días:
- por el tribunal mediante **auto**, si se tratara de reposición interpuesta frente a providencias o autos; o

- por el letrado de la Administración de Justicia mediante **decreto**, si se trata de reposición formulada frente a diligencias de ordenación o decretos.

4063 MPCI nº 6953 **Efectos** La interposición del recurso no impide que se lleve a efecto lo acordado en la resolución recurrida.
La resolución que decida esta impugnación no es susceptible de **ulterior recurso**, si bien se puede **reproducir la cuestión** objeto de la reposición al recurrir la resolución definitiva (en su caso).

C. Recurso de revisión

(LEC art.454 bis)

4065 MPCI nº 6960 El sistema de **recursos contra las resoluciones procesales dictadas por los letrados de la Administración de Justicia**, diferencia entre:
- el recurso de **reposición**, cuando se interpone ante el letrado de la Administración de Justicia que dicta la resolución impugnada, con el fin de que sea él mismo quien reconsidere su decisión; y
- el recurso de **revisión**, cuando se trata de que sea el juez o tribunal quien decida la cuestión.

Precisiones 1) Fue declarada **inconstitucional** la regla prevista en LEC art.454 bis.1.1º, conforme a la cual contra el **decreto resolutivo de la reposición** no cabía recurso alguno, sin perjuicio de reproducir la cuestión, necesariamente, en la primera audiencia ante el tribunal tras la toma de la decisión -fuera, por tanto, al recurrir la resolución definitiva o no- y, si no fuera posible por el estado de los autos, se podría solicitar antes de que se dictase la resolución definitiva para que se solventase en ella (TCo 28-1-20).
2) No debe confundirse el recurso de revisión previsto en LEC art.454 bis, respecto de **decretos del letrado de la Administración de Justicia**, con la solicitud de revisión -o incluso la revisión de oficio- de las **diligencias de ordenación** de aquel, que puede instarse en plazo de 5 días desde la notificación, ante el propio letrado de la Administración de Justicia.
3) Los decretos dictados aplicando el **precepto declarado inconstitucional** causaban indefensión a la parte, debiendo dar la posibilidad de interponer recurso de revisión, previa retroacción de actuaciones en su caso (TCo 151/2020; 57/2021; 47/2024).

4066 MPCI nº 6964 **Resoluciones recurribles** Cabe recurso de revisión contra los **decretos resolutivos del recurso de reposición** y, directo, contra los **decretos que pongan fin al procedimiento o impidan su continuación**. Las resoluciones que no supongan la terminación del procedimiento no serán susceptibles de este recurso.
Cabe interponer igualmente recurso directo de revisión contra los decretos en aquellos casos expresamente previstos.
Dicho recurso carece de efectos suspensivos sin que, en ningún caso, proceda actuar en sentido contrario a lo que se hubiese resuelto.

Precisiones Ha sido declarada **inconstitucional** la regla conforme a la cual contra el **decreto resolutivo de la reposición** no cabe recurso alguno, sin perjuicio de reproducir la cuestión al recurrir, si fuera procedente, la resolución definitiva. Esta reproducción se ha de efectuar, necesariamente, en la primera audiencia ante el tribunal tras la toma de la decisión y, si no fuera posible por el estado de los autos, se puede solicitar antes de que se dicte la resolución definitiva para que se solvente en ella (TCo 28-1-20).

4067 **Interposición y sustanciación** El recurso de revisión debe interponerse en el **plazo** de 5 días mediante escrito en el que se debe citar la infracción en que la resolución hubiera incurrido.
Cumplidos los anteriores requisitos, el letrado de la Administración de Justicia, mediante diligencia de ordenación, **admitirá** el recurso concediendo a las demás partes personadas un plazo común de 5 días para impugnarlo, si lo estiman conveniente. Si no se cumplieran los requisitos de admisibilidad del recurso, el tribunal lo **inadmitirá** mediante providencia. Contra las resoluciones sobre admisión o inadmisión **no** cabe **recurso** alguno.
Transcurrido el plazo para impugnación, se hayan presentado o no escritos, el tribunal **resolverá** sin más trámites, mediante auto, en un plazo de 5 días. Contra el auto dictado resolviendo el recurso de revisión solo cabe recurso de **apelación** cuando ponga fin al procedimiento o impida su continuación.

D. Recurso de apelación

(LEC art.455 a 466)

El recurso de apelación se concibe como un recurso ordinario, **devolutivo**, que tiene por objeto satisfacer una pretensión de reforma de ciertas resoluciones judiciales dictadas por las Secciones Civiles de los Tribunales de Instancia -hasta su constitución, por los juzgados de primera instancia- y por los jueces de paz. **4070** MPCI nº 6970

Cuando se interpone frente a sentencias definitivas sobre el fondo origina lo que se denomina **segunda instancia**.

El recurso de apelación no es un nuevo juicio, sino una **revisión plena** de la primera instancia que opera sobre el material litigioso aportado en ella, a salvo de las **pruebas nuevas** que, excepcionalmente, pueden practicarse (TS 22-12-15, EDJ 244059; 22-4-16, EDJ 44817).

En virtud del recurso de apelación puede perseguirse, con arreglo a los fundamentos de hecho y de Derecho de las pretensiones formuladas ante el tribunal de primera instancia, que se revoque un auto o sentencia y que, en su lugar, se dicte otro u otra favorable al recurrente, mediante **nuevo examen de las actuaciones** llevadas a cabo ante aquel tribunal y conforme a la prueba que, en los casos previstos en la Ley, se practique ante el tribunal de apelación (LEC art.456).

La doctrina y jurisprudencia lo fundamentan en el **principio de inmediación** que rige el proceso civil en la primera instancia, especialmente en materia de prueba, lo que confiere un carácter necesariamente limitado a la **revisión fáctica** que, de su valoración probatoria debidamente motivada, pueda hacer la sentencia de apelación. La falta de inmediación de la que, en principio, adolece el órgano judicial de segunda instancia, difícilmente puede ser suplida a través de la documentación de las actuaciones orales mediante los sistemas de grabación y reproducción de imagen y sonido (LEC art.147), de manera que solo cabe la revisión, bien cuando la prueba sea inexistente o no tenga el resultado que se le atribuye; bien cuando las conclusiones fácticas impugnadas no se apoyen en medios de prueba especialmente sometidos a la percepción directa o inmediación judicial, como es el caso de la prueba documental o incluso la pericial, mientras que en los demás supuestos, el examen revisorio ha de ceñirse a la razonabilidad y respaldo empírico del juicio probatorio, con arreglo a las reglas de la lógica y los principios de la experiencia, sin entrar a considerar la credibilidad de los testimonios prestados ante el juzgador.

Revisión de la valoración de la prueba realizada en la instancia La naturaleza, ámbito y alcance del recurso de apelación viene determinado fundamentalmente por las posibilidades de revisión en la alzada por el tribunal *ad quem* de la valoración de la prueba realizada por el juzgador de instancia. Al respecto se sientan los siguientes **criterios**: **4071**

Examen del objeto del litigio La amplitud del recurso de apelación permite al tribunal *ad quem* examinar el objeto de la *litis* con igual **amplitud y potestad** con la que lo hizo el juzgador *a quo*. Por tanto, no está obligado a respetar los hechos probados por este, pues tales hechos no alcanzan la inviolabilidad de otros recursos como es el de casación. Ahora bien, tampoco puede olvidarse que la práctica de la prueba se realiza ante el órgano judicial de instancia y este tiene ocasión de poder percibir con inmediación las pruebas practicadas, es decir, de estar en **contacto directo** con las mismas y con las personas intervinientes. En suma, el principio de inmediación, que informa el proceso civil debe concluir *ad initio* por el **respeto a la valoración de la prueba** realizada por el juzgador de instancia, salvo que aparezca claramente que: **4072**

- existia una **inexactitud o manifiesto error** en la apreciación de la prueba;
- el propio **relato fáctico** sea **oscuro**, impreciso o dubitativo, ininteligible, incompleto, incongruente o contradictorio.

Prescindir de todo lo anterior es sencillamente pretender modificar el criterio del juzgador por el interesado de la parte recurrente. Pero aún más, esta sala viene haciendo hincapié en que en modo alguno puede analizarse o impugnarse la valoración probatoria del juzgador de instancia mediante el análisis de la prueba (cualquier medio de prueba) de forma individualizada sin hacer mención a una **valoración conjunta de la prueba** que es la que ofrece el juzgador (AP Bizkaia 11-4-02, EDJ 33718).

En suma, la valoración probatoria es **facultad de los tribunales**, sustraída a los litigantes, que sí pueden aportar las pruebas que la normativa legal autoriza -principio dispositivo y de rogación- pero, en forma alguna, tratar de imponerlas a los juzgadores (TS 23-9-96, EDJ 5130), pues no puede sustituirse la valoración que la sala -en este caso el órgano judicial de instancia- hizo de toda la prueba practicada por la valoración que realiza la parte recurrente, función que corresponde, única y exclusivamente al juzgador *a quo* y no a las partes (TS 18-5-90; 4-5-93; 29-10-96; 7-10-97, EDJ 6855).

Asimismo, cabe señalar que la valoración de los medios de prueba practicados ha de ser realizada en su conjunto, correspondiendo la misma al juez de instancia, que ha dispuesto de todo el material probatorio practicado en las actuaciones y de la convicción derivada de la mediación en la práctica de las pruebas.

La impugnación de la sentencia mediante el recurso de apelación por el recurrente, precisa la **acreditación del error** en el que fundamenta su argumentación, con referencia puntual y precisa a las pruebas de las que se infiera la existencia del mismo (AP Ourense 12-6-06, EDJ 115503). Ahora bien, sería absurdo que esta sala tan solo pudiera atender a la valoración de la prueba si se considerase arbitraria, ilógica, o irracional la actuación *a quo*, convirtiéndose en ese caso no en un tribunal de apelación, sino en una comisión juzgadora de la labor realizada con total independencia, profesionalidad y objetividad por el juzgador *a quo*. Es más, la LEC vigente permite que el principio de inmediación del que gozan los juzgadores de primera instancia pueda beneficiar también en la alzada, por medio de la aportación a los autos de la práctica de las pruebas realizadas en la vista bajo soporte audiovisual (AP Valencia 26-5-05, EDJ 125308).

Precisiones No debe confundirse la **revisión de la valoración de la prueba** que excepcionalmente puede llegar a realizarse en caso de error patente o arbitrariedad en la valoración realizada por la sentencia recurrida que comporte una infracción del derecho a la tutela judicial efectiva (TS 30-5-12, EDJ 109286), con la **revisión de la valoración jurídica de los hechos**. Una valoración como esta, acertada o no, es jurídica y debe ser impugnada, en su caso, en el recurso de casación, si con ella se infringe la normativa legal reguladora de la materia y su interpretación jurisprudencial (TS 25-2-16, EDJ 12915; 13-1-23, EDJ 501555).

4073 MPCI nº 6976 **Planteamiento de cuestiones nuevas** La jurisprudencia es constante en señalar cómo la especial naturaleza del recurso de apelación no permite plantear **cuestiones nuevas** no suscitadas en los escritos fundamentales del proceso -*in apelatione nihil innovetur*-, lo que no procede dado que supondría la indefensión para la parte recurrida al ir frontalmente en contra del principio fundamental de contradicción, privándosele de la posibilidad de rebatir en el momento procesal oportuno (TS 28-11-95, EDJ 6641; 7-6-96, EDJ 4021; 19-12-97, EDJ 3481; 31-10-98, EDJ 22771; 2-2-00, EDJ 184). El recurso de apelación no constituye un nuevo juicio ni autoriza a resolver problemas o **cuestiones distintas** de las planteadas en primera instancia (TS 21-4-92, EDJ 3877; 1-2-94; 31-12-02), pues dada su naturaleza de recurso ordinario y que la comprobación que en el mismo se hace es de resultado, para verificar el acuerdo o desacuerdo de la sentencia de instancia, es por lo que la resolución de la apelación ha de hacerse con absoluta fidelidad a lo alegado por las partes en el procedimiento, sin tener en consideración alegaciones o acciones extemporáneas (AP Málaga 18-1-06, EDJ 50758; AP La Rioja 18-2-08, EDJ 114144).

4074 MPCI nº 6980 **Congruencia y cosa juzgada** El recurso de apelación transfiere **plena jurisdicción al órgano superior** para volver a conocer del asunto planteado y debatido en primera instancia, dicha transferencia jurisdiccional no se produce de modo absoluto e incondicionado, sino que la misma se halla sujeta a una concreta limitación. **Limitación** consistente en que el pronunciamiento de la sentencia de primera instancia que haya sido consentido por la parte a quien perjudique -única que estaría legitimada para recurrirlo-, al deber ser tenido por firme y con autoridad de cosa juzgada, no puede volver a ser considerado y resuelto por la sentencia de apelación, al haber quedado totalmente fuera de su ámbito de conocimiento, por no haberlo recurrido la parte legitimada para ello, por lo que si no obstante ello, el tribunal de apelación, por su propia y única iniciativa, vuelve a pronunciarse sobre el mismo, la sentencia que pronuncie está indudablemente afectada del vicio de incongruencia, además de desconocer la autoridad de cosa juzgada formal (LEC art.207; AP Araba 11-4-06, EDJ 94234).

4076 **Doble instancia en el proceso civil** Uno de los principios que inspiran el régimen de la apelación en la vigente LEC es la **generalización de la doble instancia**, por la que el legislador ha optado decididamente en ejercicio de su función configuradora del proceso (AP Sevilla 7-7-03, EDJ 100668). De ahí la amplia delimitación del ámbito objetivo del recurso, que convierte en recurribles en apelación las sentencias dictadas en toda clase de juicios.

No obstante, **se excluyen** del recurso de apelación las sentencias dictadas en los **juicios verbales** por razón de la cuantía cuando esta no supere los 3.000 euros (LEC art.455.1).

1. Disposiciones generales

4078 **Competencia** Corresponde conocer del recurso de apelación a:

- la **Sección Civil del Tribunal de Instancia** -hasta su constitución, juzgado de primera instancia-, cuando la resolución impugnada proceda de un juez de paz de su partido; y

- la **Audiencia Provincial**, cuando la resolución recurrida haya sido dictada por una Sección Civil del Tribunal de Instancia -hasta su constitución, juzgado de primera instancia- de su circunscripción.

Para el conocimiento de los recursos de apelación frente a las resoluciones dictadas por las Secciones Civiles de los Tribunales de Instancia -hasta su constitución, de los jueces de primera instancia- en procesos seguidos por los trámites del **juicio verbal** por razón de la cuantía, la Audiencia se constituye con un solo magistrado, designado por turno de reparto (LOPJ art.82.2.1º redacc LO 1/2025).

La jurisdicción del tribunal que haya dictado la resolución recurrida, durante la sustanciación del recurso, se limita a las actuaciones relativas a la **ejecución provisional** de la sentencia apelada.

Precisiones La previsión relativa a la resolución por el juez de primera instancia -desde su transformación, por el juez de la Sección Civil o Única del Tribunal de Instancia- de los **recursos frente a resoluciones de los jueces de paz** del partido (LOPJ art.85.4 redacc LO 1/2025) no tiene reflejo real en la actualidad, dado que la competencia de estos se extiende al conocimiento de asuntos de cuantía hasta 150 euros, no subsumibles en ninguno de los supuestos de aplicación del juicio verbal por razón de la materia (LEC art.47 -redacc LO 1/2025- y 250.1), y que el recurso de apelación no cabe frente a sentencias dictadas en juicio verbal de cuantía inferior a 3.000 euros.

Legitimación Es necesario un **interés legítimo** en las partes para recurrir. Es requisito esencialmente inexcusable para poder recurrir una sentencia que el recurrente tenga un interés jurídico en el recurso, por resultar **afectado o perjudicado** en algún modo por la sentencia que trata de recurrir, y es evidente que la recurrente no resulta afectada o perjudicada en modo alguno por la sentencia recurrida que acoge todos sus pedimentos (TS 1-9-94, EDJ 6288; AP Castellón 23-2-05, EDJ 18532). **4079**

Por tanto:

• Si el actor ha consentido la absolución de alguno de los codemandados, no puede en la alzada revisarse dicho pronunciamiento a petición de uno de los codemandados.

• Su pretensión -la del codemandado condenado- en la alzada, ha de limitarse a solicitar su absolución, sin perjuicio de defender dicha posición, estimando que no existió falta de diligencia alguna en su actuación o que junto a él deben responder otros intervinientes, pero sin pedir ni reclamar nada respecto a su condena en la litis.

• Tampoco el juzgador *ad quem* puede, incluso si estimase que el fallo de instancia no es correcto, condenar a un condenado absuelto ya que, en caso contrario, incidiría en reforma peyorativa (AP Cantabria 6-7-05, EDJ 203460).

Asimismo, es necesario determinar si la **parte favorecida por la sentencia de instancia**, para lograr que el tribunal de apelación revise aquellas pretensiones o excepciones, que no obstante el resultado favorable para la parte, fueron desestimadas, necesita impugnar o solo alegar en el escrito de oposición aquello que sostuvo y defendió en la instancia, lo que constituye quizá el tema más confuso de la regulación de la apelación. El posicionamiento plural en el proceso es predicable no solo del demandante, sino también del demandado, quien en su oposición puede articular un conjunto de defensas o excepciones de fondo. Se plantea así el problema de si, estimada alguna de ellas y desestimadas las demás, necesita como apelado impugnar la sentencia si quiere que el tribunal *ad quem* revise el enjuiciamiento que de las desestimadas se hizo en la primera instancia, o le basta aducirlas y alegarlas en el escrito de oposición.

Correlativamente, cabe preguntarse si puede el tribunal *ad quem*, sin incurrir en incongruencia, entrar a examinar aquellas **excepciones desestimadas** que no han sido objeto de recurso. La respuesta que la jurisprudencia dio a esta cuestión bajo la vigencia de la derogada LEC/1881, fue profundamente contradictoria. Así, se muestra decidida a favor de la necesidad de **recurso por adhesión** la sentencia TS 6-6-92, EDJ 5875, en la que se apreciaba en la sentencia de instancia una excepción de fondo, pero se había desestimado previamente la de prescripción, entendiéndose que el tribunal *ad quem* no pudo entrar a valorar aquella prescripción alegada al no haber existido adhesión. En el mismo sentido, TS 27-9-93, EDJ 8311; 14-3-95, EDJ 852. Pero son **contrarias a esta tesis**, considerando que el tribunal puede entrar a conocer de las excepciones desestimadas, aunque el apelado no se adhiera. Entre otras, TS 15-2-94, EDJ 1300. **4080**

La problemática se puede trasladar a la vigente LEC, pues no hay pronunciamiento expreso del legislador, pero determinadas Audiencias se alinean con la segunda corriente jurisprudencial citada, ya que para estos supuestos no se puede negar que, aunque no se recurre, porque no se puede recurrir, el tribunal adquiere plena competencia para conocer de aquella excepción, aunque acaso con un límite, el derivado de LEC art.465.4, pues si en este precepto la congruencia de la segunda instancia se construye en relación a lo que ha sido objeto recurso, lo es no solo en relación a ella, sino también a los puntos y cuestiones planteados en los escritos de oposiciones o impugnación. Ello quiere decir que el demandado que ha visto desestimada una de las excepciones planteadas, pero se le han estimado otras y ha sido absuelto, no puede recurrir por **falta de gravamen**, pero no solo puede, sino que debe hacerla valer en el **escrito de oposición** para que el tribunal *ad quem* adquiera competencia para su conocimiento. Esto es, le basta hacer valer la excepción desestimada en el escrito de oposición, pero necesita hacerlo. En ningún caso puede recurrir, pues no hay gravamen (AP Zaragoza 3-5-05, EDJ 67628).

4081 MPCI nº 6991, 6993 **Resoluciones recurribles** Son apelables:
1) Las **sentencias** dictadas en toda clase de juicios, salvo en verbales cuya cuantía no supere los 3.000 euros.
2) Los **autos definitivos**.
3) Aquellos **autos que la ley expresamente señale**, como:
- los que acuerden la suspensión de actuaciones por prejudicialidad penal y civil (LEC art.41 y 43); o
- los que denieguen la práctica de diligencias preliminares, dictados por las Secciones Civiles de los Tribunales de Instancia -hasta su constitución, por los juzgados de primera instancia- y por los jueces de paz (LEC art.258).

4082 MPCI nº 6995 **Supuestos concretos** Los supuestos concretos analizados por los tribunales son numerosos. Cabe destacar, entre otros, los siguientes:
a) El criterio general de la vigente LEC de impedir el recurso de apelación en las **resoluciones interlocutorias**, al señalar que no cabe recurso alguno, sin perjuicio de que la parte perjudicada pueda impugnar la resolución al apelar la sentencia definitiva (LEC art.454). En efecto, en LEC art.455.1 se enumeran las resoluciones recurribles en apelación. Este precepto hay que relacionarlo con LEC art.207, así como lo dispuesto en LEC art.454. La LEC parte efectivamente de la regla general de que contra las resoluciones interlocutorias -las que se dictan a lo largo de la primera instancia- procede recurso de reposición y de que contra el auto que decide la reposición no cabe recurso de apelación de modo autónomo e independiente. La tutela judicial exige que contra las resoluciones que **no pongan fin al proceso**, no quepa interponer apelación, debiendo insistirse en la eventual **reproducción de la cuestión** al recurrir contra la sentencia de primera instancia, con lo que desaparecen prácticamente los recursos contra las resoluciones interlocutorias.

4083 MPCI nº 6997, 6999 b) Tratándose de la **ejecución de sentencias** o de actuaciones análogas, es necesaria una interpretación adecuada de los términos «**auto no definitivo**» y «**auto definitivo**», porque el mantenimiento de un concepto análogo llevaría, o bien a la denegación de toda posibilidad de apelación, o que la misma quedara al arbitrio de que previamente se haya concedido o no el recurso de reposición, situaciones ambas que carecen de fundamento (LEC art.451, 454, 455.1, 465.3 y 562, entre otros). Descartando las resoluciones de mero trámite, en los casos en que la Ley nada prevea en uno u otro sentido, se impone considerar como definitivo en fase de ejecución y, por tanto, susceptible de recurso de apelación, aquella resolución que lleva la ejecución a una situación irreversible (AP Bizkaia auto 31-5-05, EDJ 134748).

4084 MPCI nº 7001 c) Debe atenderse a la naturaleza de la **resolución** para decidir sobre su **carácter de definitiva**, para determinar el alcance de lo regulado en LEC art.455.1, que autoriza, a estas resoluciones (definitivas) el recurso de apelación.
Definitivas son aquellas resoluciones que ponen fin a la primera instancia, las que decidan definitivamente el pleito o causa en cualquier instancia o recurso (LEC art.207; LOPJ art.245). Cuando la LEC art.454 deniega todo recurso contra el auto que decida el anterior recurso de reposición, seguidamente matiza que, ello se entiende sin perjuicio de reproducir la cuestión objeto de la reposición al recurrir, si procede, la resolución definitiva. Porque entonces, no considera estas resoluciones (cuyos pronunciamientos pueden ser objeto de reproducción, de recurso, junto con la resolución principal recurrida) de carácter definitivo, porque de lo que se trata es de evitar la proliferación innecesaria de los mecanismos de recurso, pero en ningún caso, limitar el derecho a la doble instancia (AP Madrid auto 5-5-06, EDJ 100799). Así, se confunde la resolución interlocutoria con una definitiva, al acordar la inadmisión de la demanda y es evidente que, al no continuar el proceso, no recaerá sentencia definitiva, como tampoco podrá la parte combatir la argumentación de fondo a través de un recurso de queja (AP Málaga auto 31-1-03, EDJ 98686).
En el mismo sentido, si la providencia sí da una solución a cuestión de fondo, que afecta a la adopción de medidas de aseguramiento encaminadas a la satisfacción de un crédito, de manera que la cuestión que resuelve y que viene a ser objeto de recurso, en ningún momento se va a poder reproducir al recurrir la resolución definitiva (LEC art.454), resultando en

consecuencia dicha resolución en sí misma, no meramente interlocutoria, sino definitiva, en cuanto se resuelve, y en la primera instancia, poniéndola fin, sobre el fondo de una cuestión que ya no podrá traerse nuevamente al proceso, aunque afecte a la ampliación de una medida ya adoptada en el procedimiento, respecto de un bien concreto, resultando por ende de aplicación el art.455.1 LEC, y no el art.454 LEC (AP Madrid auto 26-4-06, EDJ 78556).

d) No es factible interponer recurso de apelación independiente contra un **auto que resuelve un previo recurso de reposición**, salvo que expresamente se disponga otra cosa, como ocurre con LEC art.563.1. **4085** MPCI nº 7003

Precisiones En un **procedimiento de ejecución forzosa** -en concreto de sentencia firme-, en que resulta aplicable el art.562.2º LEC, se infiere que no cabe el recurso de apelación pretendido, pues el mismo solamente es posible en los casos en que expresamente se prevea en esta Ley, entre los cuales no se encuentra el que nos ocupa (auto resolutorio de un recurso de reposición), por lo que debe declararse indebidamente admitido el recurso de apelación (AP Burgos auto 17-2-03, EDJ 12409; 29-1-04; AP Zaragoza auto 21-3-03, EDJ 258255; AP Toledo auto 6-2-02; AP Asturias auto 30-1-04).

e) Contra el auto que resuelve el **incidente de nulidad de actuaciones** no cabe recurso alguno (LEC art.228; LOPJ art.241.2). La literalidad de la norma exime de cualquier otro tipo de argumentación. Es una opción del legislador no solo limitar los incidentes de nulidad de actuaciones, de los que tanto se abusó en un pasado reciente, sino también limitar el acceso de dichos incidentes a segunda instancia, por lo que no cabe recurso de apelación contra dicho auto y son correctos los autos dictados inadmitiendo la preparación de la apelación y resolviendo la reposición previa a esta queja, que debe ser por ello desestimada (AP Murcia auto 4-11-05, EDJ 235336). **4086**

Precisiones De conformidad con LEC art.225 s., en su necesaria conexión, a contrario sensu, con LEC art.455 y 457.3 y 4, procede declarar la nulidad de pleno Derecho de la providencia por la que se admite a trámite el recurso entablado contra el **auto de medidas provisionales**, lo que conlleva iguales consecuencias anulatorias respecto de todas las ulteriores actuaciones derivadas de la expresada providencia (AP Madrid auto 10-3-06; AP Málaga auto 4-2-03, EDJ 98689).

f) Se prevé en LPH art.17.7 el remedio de acudir al juez cuando no pueda alcanzarse la mayoría para adoptar los acuerdos que resuelvan el funcionamiento y buena marcha de las **comunidades de propietarios**. El procedimiento atípico y fuera de la LEC, establece que el juez ha de resolver en equidad. La **equidad** (CC art.3.2), según la jurisprudencia solo opera en la interpretación de las normas; no es fuente del Derecho, sino una regla de interpretación y, en su caso, de aplicación de las leyes y solo tiene virtualidad y eficacia ante la existencia de vacío legal. Por su parte el recurso de apelación tiene por objeto la revocación del auto o sentencia de instancia en base a los fundamentos de hecho y de Derecho en que apoyó sus pretensiones la parte procesal (LEC art.456). Dado que la resolución recurrida se basa solo en criterios de equidad, difícilmente puede un tribunal estimar correcta o equivocada la equidad aplicada al caso. Más aún, la resolución judicial, sustituye la adopción de acuerdos que es facultad de la junta de propietarios, por lo que, aun adoptando la forma de resolución judicial, su contenido carece de los requisitos de las resoluciones judiciales susceptibles de recurso de apelación (LEC art.455 y 456). **4087** MPCI nº 7007, 7009

Precisiones Este **criterio de irrecurribilidad** también lo recogen los comentaristas de la LPH (Fuentes Lojo; Carrasco Perea; Magro-Servet); así como AP Asturias 23-12-03, EDJ 213236 o AP Barcelona auto 13-1-06, EDJ 9492.

g) La infracción de normas que regulan los **actos concretos del proceso de ejecución** se puede hacer valer por medio del recurso de apelación cuando expresamente se prevea, y contra el auto que acuerde el **lanzamiento** de los ocupantes del inmueble en el proceso de ejecución no se prevé la posibilidad de interponer recurso de apelación, sin perjuicio de la salvaguarda de los derechos interesados en el proceso que corresponda, así pues el recurso de queja ha de ser desestimado (AP Las Palmas auto 16-3-06, EDJ 69474). **4088**

h) La resolución recaída en la **cuestión de competencia** es susceptible de recurso de apelación (AP Soria auto 10-4-02, EDJ 135237).

i) Cuando **no hay trámite posterior** en el que pueda recaer resolución susceptible de apelación, sino que simplemente acaba el procedimiento, cabe apelación (AP Córdoba auto 12-2-03, EDJ 263172).

2. Procedimiento

(LEC art.458 a 466)

4097 MPCI nº 7022, 7024 **Interposición** (LEC art.458 y 459) El recurso de apelación se interpone, con aplicación de LEC art.276, en su caso (nº 3362), ante el tribunal competente para resolverlo, dentro del **plazo** de 20 días contados desde el día siguiente a la notificación de la resolución impugnada, acompañando copia de la misma.

El escrito de interposición debe poner de manifiesto las **alegaciones** en que se base la impugnación, además de citar la **resolución** apelada y los **pronunciamientos** que se impugnan.

Interpuesto el recurso, y previamente a la decisión de admisión o inadmisión a trámite, se dicta diligencia de ordenación por el letrado de la Administración de Justicia requiriendo del órgano que hubiera dictado la resolución objeto de recurso la **elevación de las actuaciones**, indicándole la parte o partes apelantes -sin perjuicio de lo cual, en el mismo día en el que se reciba el escrito interponiendo recurso de apelación, se informará de esta circunstancia al órgano *a quo*-.

Recibido el requerimiento anterior, el letrado de la Administración de Justicia del órgano que hubiera dictado la resolución recurrida, remite de los autos, con **emplazamiento** de las partes no recurrentes al efecto de que comparezcan ante el órgano *ad quem* del recurso en el plazo de 10 días.

Recibidos los autos, si la resolución impugnada es apelable y el recurso se ha formulado dentro de plazo, en el de 3 días el letrado de la Administración de Justicia lo tendrá por interpuesto, poniéndolo, en caso contrario, en conocimiento del tribunal para que decida sobre su **admisión**.

Si el tribunal entiende que se cumplen los requisitos de admisión, dictará providencia teniendo por interpuesto el recurso, mientras que, en caso contrario, dictará auto declarando la **inadmisión**, con devolución de las actuaciones al órgano *a quo*.

Contra la resolución por la que se tenga por interpuesto el recurso de apelación no cabe recurso alguno, pero la parte recurrida puede alegar la inadmisibilidad de la apelación en el trámite de **oposición** al recurso a que se refiere la LEC art.461.

4097.1 Precisiones **1)** El sistema de interposición implantado por RDL 6/2023 modifica sustancialmente el precedente, en tanto no se interpone ya el recurso ante el órgano *a quo*, sino ante el órgano *ad quem*, razón por la que se elimina el **recurso de queja** contra el auto de inadmisión del recurso. La regulación vigente hasta el 20-3-2024 puede consultarse en nº 4090 s. Memento Procesal 2023. En principio, se considera que los recursos interpuestos desde esta fecha, en **procesos incoados con anterioridad**, deben someterse al nuevo régimen. Sin embargo, en la práctica, se está aplicando el régimen precedente a recursos interpuestos con posterioridad a dicha fecha en procesos cuya primera instancia fue incoada con anterioridad (AP Valencia auto 14-5-24, EDJ 676836; 17-4-24, EDJ 611720).

2) El uso abusivo por la parte actora de remedios procesales previstos en LEC art.215 -complemento o subsanación-, absolutamente improcedentes, no puede servir para postergar el **día inicial del cómputo** del plazo de caducidad establecido para la interposición del recurso de apelación que habría, en tal caso, de reputarse por ello formalizado -interpuesto- **fuera de plazo** (AP Asturias 1-9-15, EDJ 187515).

3) El incumplimiento por el apelante de la **carga de motivar el escrito de interposición** con las alegaciones en que sustente la apelación, entraña la inobservancia de un requisito procesal esencial para el correcto desarrollo del derecho a la tutela judicial efectiva en la fase de recurso, cuya omisión permitirá acordar la inadmisión del recurso (AP Granada 13-11-15, EDJ 266205).

4) El contenido de este escrito no puede limitarse a reproducir la **argumentación** de la contestación a la demanda o de la demanda (AP Lleida 29-1-15, EDJ 57334), como si la sentencia dictada recurrida no tuviese existencia real ni hubiese nacido a la vida del Derecho. Ha de manifestarse el motivo o motivos por los cuales entiende la parte que ha de modificarse la conclusión obtenida en la instancia, puesto que, entre la contestación y el escrito de interposición del recurso de apelación, ha existido al menos una actuación intermedia cual es la resolución que con un determinado fundamento ha sido dictada por el juez de instancia y ha sido recurrida en apelación (AP Córdoba 17-1-16, EDJ 41748).

5) La expresión o cita de los pronunciamientos que impugna el apelante no requiere el cumplimiento de determinada **forma** o que se siga un concreto **orden** dentro del propio escrito de interposición del recurso, bastando a estos efectos que se identifiquen en el escrito cuáles son los pronunciamientos objeto de impugnación sin necesidad de utilizar determinadas fórmulas sacramentales (AP Bizkaia 25-2-16, EDJ 40207).

6) La falta de indicación en el trámite de interposición del recurso de los **pronunciamientos impugnados** no tiene relevancia para la admisión del mismo, siempre que de las mismas alegaciones se infieran aquellos (AP Alicante 20-2-15, EDJ 64591).

Apelación por infracción de normas o garantías procesales (LEC art.459) En el recurso de apelación puede alegarse infracción de normas o garantías procesales en la primera instancia. Cuando así sea, el escrito de interposición debe citar las normas que se consideren infringidas y alegar, en su caso, la **indefensión** sufrida. Asimismo, el apelante debe acreditar que denunció oportunamente la infracción, si tuvo oportunidad procesal para ello, requisitos todos ellos que se recogen por los tribunales (AP Córdoba 22-3-03, EDJ 12695). **4098** MPCI nº 7026

Precisiones No puede fundarse un recurso, en su escrito de interposición, en la vulneración o aplicación indebida de unas **normas no alegadas** en la instancia y en las que no se fundamentó la oposición, puesto que los tribunales deben atenerse a las cuestiones de hecho y de Derecho que las partes les hayan sometido, las cuales acotan los problemas litigiosos y han de ser fijadas en los escritos de alegaciones, que son los rectores del proceso (AP Madrid 10-3-16, EDJ 49549).

Documentos y solicitud de prueba (LEC art.460) Al escrito de interposición pueden acompañarse los documentos que se hallen en alguno de los casos previstos en LEC art.270 y que no hayan podido aportarse en la primera instancia. Y en el mismo se puede pedir la práctica de las **pruebas** siguientes: **4099** MPCI nº 7028, 7030

a) Las que hayan sido **indebidamente denegadas en primera instancia**, siempre que se haya interpuesto recurso de reposición o se haya protestado en la vista (hechos improbables a causa del juez).
b) Las que, admitidas en primera instancia **no hayan podido practicarse** por cualquier causa no imputable al que las haya solicitado (hechos improbables por fuerza mayor).
c) Las que proponga el **demandado declarado en rebeldía** que, por cualquier causa que no le sea imputable, se haya personado en los autos después del momento de proposición de prueba en primera instancia (hechos improbables a causa de parte).
d) Las que se refieran a **hechos de relevancia para el pleito ocurridos después** del comienzo del plazo para dictar sentencia en primera instancia (hechos posteriores).
e) Las que se refieran a **hechos ocurridos antes** si la parte justifica no haber tenido conocimiento anterior de ellos (hechos desconocidos).

Oposición e impugnación de la parte apelada (LEC art.461) Del escrito de interposición se da traslado a la parte apelada por el letrado de la Administración de Justicia que, en el **plazo** de 10 días, puede presentar escrito de oposición al recurso o, en su caso, de impugnación de la resolución apelada en lo que le resulte desfavorable, ajustándose tales escritos a lo dispuesto para el escrito de interposición y pudiendo alegar en ellos lo que se estime oportuno sobre la admisibilidad de los documentos aportados y pruebas propuestas por el apelante. **4100** MPCI nº 7032, 7034 s.

Pueden acompañarse **documentos** y proponerse **pruebas** en los mismos casos en los que se permite para la interposición del recurso (nº 4099).

El letrado de la Administración de Justicia dará traslado a la **Comisión Nacional de los Mercados y de la Competencia**, de la presentación del escrito de interposición del recurso de apelación en los procedimientos sobre prácticas colusorias y abuso de posición dominante (Tratado FUE art.101 y 102; L 15/2007 art.1 y 2).

Precisiones **1)** La supresión de la **adhesión al recurso**, y su sustitución por la impugnación de la resolución apelada, en lo que le resulte desfavorable al inicialmente recurrido (LEC art.461.1), obedece, según la doctrina, no solamente a una razón terminológica de mayor precisión, sino que indica la autonomía procesal de la que goza la impugnación frente al recurso principal, hasta el punto de considerarse un nuevo recurso o apelación posterior, de manera que la subsistencia de aquella no depende del mantenimiento de este, como ocurre en caso de desistimiento (LEC art.450.2).
2) Acerca de la **impugnación de la sentencia por la parte inicialmente apelante**, pueden consultarse nº 7036 s. Memento Procesal Civil 2026.
3) La **impugnación sucesiva** es una oportunidad que se concede al litigante que inicialmente no recurrió, pese a que la sentencia dictada no le haya reconocido totalmente sus pretensiones, de arrepentirse de su decisión inicial, precisamente a consecuencia de que su adversario no se ha aquietado. De forma que, por su sola voluntad, permaneciendo inactivo durante el plazo de preparación -actualmente, interposición-, la sentencia dictada habría adquirido firmeza. No obstante, al haberse recurrido por su oponente, la Ley excepciona el principio de preclusión, permitiendo al apelado aprovechar la oportunidad que le confiere el recurso de la parte contraria para impugnar, a su vez, los pronunciamientos desfavorables para él (AP Madrid 30-6-16, EDJ 151343; 20-10-15, EDJ 208942).
4) Las pretensiones formuladas en el escrito de impugnación no pueden ir dirigidas contra las **partes que no hayan apelado** (AP Barcelona 4-4-16, EDJ 71449).

Traslado al apelante del escrito de impugnación del apelado (LEC art.461.1 -RDL 6/2023- y 4) Del escrito de impugnación y de mera oposición que, en su caso, se presente, ha de darse traslado al apelante por el letrado de la Administración de Justicia para que en 10 días alegue lo que tenga por conveniente. **4101** MPCI nº 7036 s.

4102 **Ejecución provisional de la resolución recurrida** (LEC art.463) De haberse solicitado la ejecución provisional, quedará en el tribunal de primera instancia **testimonio** de lo necesario para dicha ejecución.

En el caso de haberse **solicitado después de la remisión de los autos** al tribunal competente para resolver la apelación, el solicitante deberá obtener previamente de este testimonio de lo que sea preciso para la ejecución.

4106 **Prueba en la segunda instancia** (LEC art.464) El tribunal que conoce de la apelación debe resolver lo que proceda sobre las pruebas propuestas y documentos aportados en el **plazo** de 10 días.
MPCI nº 7054

La prueba se practica, cuando sea posible hacerlo, en el mismo acto de la **vista** y, en otro caso, **con anterioridad** a ella. Es el letrado de la Administración de Justicia -letrado de la Administración de Justicia- quien fija el día de la vista para su celebración dentro del mes siguiente.

Según la doctrina, la naturaleza y el ámbito limitados del recurso de apelación, que se manifiesta en la Exposición de Motivos de la Ley y en LEC art.456.1, se traduce en una **regulación restrictiva de la admisibilidad de prueba** en la segunda instancia (LEC art.460). Así, la posibilidad de introducir o acreditar **hechos nuevos** en la apelación reviste carácter excepcional, y, en general, el trámite de prueba en la alzada no está concebido como un medio de suplir la inactividad o negligencia en que hayan incurrido las partes en la primera instancia, debiendo atenderse, tanto a la circunstancia de que la deficiencia probatoria denunciada no sea imputable a la propia parte proponente, como a que su falta le cause efectiva indefensión, para que su denegación tenga relevancia constitucional y suponga en definitiva una vulneración del derecho de defensa (Tasende Calvo).

Precisiones Que la **admisión** de la práctica de la prueba en apelación quede a la **valoración del tribunal** no significa que tal práctica pueda denegarse sin más cuando la Ley la autoriza; la denegación debe fundarse en una causa legal (TCo 60/2007).

4107 **Supuestos** Cabe hacer referencia, siguiendo al autor citado, a los siguientes:
MPCI nº 7056

a) **Aportación de documentos** (LEC art.460.1). Se restringe tal posibilidad a la aportación de aquellos que, necesariamente, deben acompañarse a los escritos de interposición, oposición o impugnación.

b) **Pruebas indebidamente denegadas o no practicadas en primera instancia** (LEC art.460.2.1ª y 2ª; AP Murcia auto 1-9-03, EDJ 134256). En cuanto a las pruebas **indebidamente denegadas** en primera instancia, su admisión exige que se haya impugnado ante el órgano judicial *a quo* la resolución denegatoria, lo cual implica la necesidad de formular recurso de reposición y, si se desestima, de protesta, tanto en el juicio ordinario como en el juicio verbal (LEC art.446).

En cuanto a las **pruebas admitidas y no practicadas** en primera instancia por causa no imputable a la parte, su admisión requiere que no hayan podido practicarse ni siquiera como diligencias finales (LEC art.460.2.2ª), pero bien entendido que esta exigencia de que la parte haya agotado previamente esta vía procesal interesando la práctica de la prueba como diligencia final, solo cabe referirla al **juicio ordinario**, donde aparece legalmente previsto este trámite (LEC art.435), a diferencia de lo que ocurre en el **juicio verbal**, en el que no existe la posibilidad de proponer y practicar diligencias finales.

c) **Prueba sobre hechos nuevos o de nueva noticia** (LEC art.460.2.3ª). No es suficiente con que la parte «jure» que no tuvo antes conocimiento de tal hecho, sino que se impone que lo «justifique». La prueba sobre estos nuevos hechos conlleva la posibilidad de su previa alegación en la fase de interposición del recurso, pese a su carácter innovativo (LEC art.456.1).

d) **Prueba a instancia del demandado rebelde** (LEC art.460.3). Solo se permite al rebelde involuntario, limitación que ya gozaba de respaldo en la jurisprudencia constitucional (TCo 37/1995). En efecto, es necesario que se trate de una rebeldía involuntaria, no táctica o por mera desidia o dejación de derechos por parte del demandado, pues solo para aquella está justificado que al demandante se le pueda producir una privación de una de las instancias, dado que toda la oposición que pueda plantear el rebelde involuntario se sustanciará y dilucidará exclusivamente en la segunda instancia (AP Zaragoza 16-9-03, EDJ 112524).

4108 **Vista** (LEC art.464) Se celebra siempre que haya de practicarse alguna prueba y cuando lo haya solicitado alguna de las partes o el tribunal lo considere necesario. Se celebra con arreglo a lo previsto para el **juicio verbal** (nº 3971). Es el letrado de la Administración de Justicia quien fija día para la vista.
MPCI nº 7060

La vista es **preceptiva** cuando se haya admitido y practicado prueba en la segunda instancia.

La vista, en cambio, es **potestativa** cuando no se haya propuesto prueba o la propuesta se haya inadmitido, sin quedar vinculado el órgano judicial a la petición formulada por las partes.

En caso de acordarse su celebración, el letrado de la Administración de Justicia señalará día y hora para dicho acto.

Precisiones La importancia que el legislador ha querido atribuir a los escritos de alegaciones de las partes, trasladando el momento de **fundamentación** de la apelación a los escritos de interposición y de impugnación del recurso, supone que la vista ha perdido su carácter esencial para convertirse en un **trámite no siempre necesario** que, no obstante, es obligado cuando se practique prueba en la segunda instancia (AP Granada 13-11-15, EDJ 266205; 27-11-15, EDJ 266228).

Resolución (LEC art.465) El tribunal resuelve sobre el recurso de apelación: **4109** MPCI nº 7062
- mediante **auto**, cuando el mismo hubiera sido interpuesto contra un auto; y
- mediante **sentencia**, en caso contrario.

El **plazo para resolver** es de 10 días en caso de celebración de vista, a contar desde su finalización. En otro supuesto, el indicado plazo es de un mes desde la finalización de la instrucción o tramitación del recurso (LEC art.461).

Precisiones De modo paralelo y en iguales términos a lo que sucede en primera instancia, se puede **suspender el plazo** para resolver en los procedimientos en materia de defensa de la competencia (nº 3875).

Efectos La admisión de la apelación no produce **efectos suspensivos** sobre los autos que pongan fin al proceso y las sentencias desestimatorias de la demanda, pudiendo solicitarse, sin necesidad de prestar caución, la ejecución provisional de las sentencias condenatorias (LEC art.524 s.). **4110**

Si la **infracción procesal** alegada fue **cometida al dictar sentencia** en la primera instancia, el tribunal de apelación, tras revocar la sentencia apelada, ha de resolver sobre la cuestión o cuestiones objeto del proceso.

Cuando esto último no sea de aplicación -infracción procesal cometida por la sentencia recurrida- y la infracción procesal sea de las que originan la **nulidad radical de las actuaciones** o de parte de ellas, el tribunal ha de declararlo así mediante providencia, reponiéndolas al estado en que se hallasen cuando la infracción se cometió.

No se declara la nulidad de actuaciones, si el **vicio o defecto procesal es subsanable** en la segunda instancia, para lo que el tribunal ha de conceder un plazo no superior a 10 días, salvo que el vicio se ponga de manifiesto en la vista y sea subsanable en el acto. Producida la subsanación y, en su caso, oídas las partes y practicada la prueba admisible, el tribunal de apelación dicta resolución sobre la cuestión o cuestiones objeto del pleito.

Alcance En relación con el alcance de la sentencia, se ha planteado la cuestión de los efectos cuando en la primera instancia se produce la **absolución en la instancia** del demandado y el tribunal *ad quem*, rechazando la excepción procesal, entra o debe entrar a conocer el fondo del asunto. **4111** MPCI nº 7066

La doctrina ha abordado los distintos **supuestos** sobre los que se han pronunciado los tribunales (Salas Canceller, A. El Derecho a la doble instancia en el Orden Civil, Comentario a la Sentencia de la Sala Primera del Tribunal Supremo nº 1208/2004 de 9 de diciembre):

a) El primer supuesto que se analiza se refiere a la licitud procesal, pese a la desestimación de la falta de jurisdicción apreciada de oficio, que motivó la absolución en la instancia en primer grado, de haber dictado en segunda instancia, **sentencia sobre el fondo**, en vez, de ordenar la **remisión de las actuaciones** al juzgado de primera instancia, para que una vez declarada su competencia objetiva a fin de resolver, dictara una sentencia, también sobre el mérito, ya que, en caso contrario, como sucede en el asunto de que se trata, se priva de una instancia al recurrente. Al respecto señala el tribunal que no cabe duda, que la sentencia de segunda instancia al resolver sobre la inexistencia de la falta de jurisdicción, apreciada *in extremis* por el juez, sin posibilidad de oír a las partes, debió declarar la nulidad de la sentencia recurrida y remitir las actuaciones al momento previo a dictar sentencia para que, en primer grado, se entrara a conocer del fondo del asunto sin privar, con ello, de una instancia a la parte recurrente. Tal afirmación se apoya en otra previa, según la cual el recurso de apelación es fruto de la refundición de dos recursos diferenciados, el recurso de nulidad y el de apelación propiamente dicho, de manera, que las causas de nulidad que cabe alegar en el recurso de apelación exigen en la sentencia un tratamiento concorde con su naturaleza.

b) En segundo lugar, y con similar solución, la misma sala primera en TS 25-11-04, EDJ 183458, analiza un supuesto en que la sentencia de primera instancia había estimado una excepción de sometimiento de la cuestión litigiosa a arbitraje y había sido confirmada por la Audiencia Provincial correspondiente al conocer del recurso de apelación interpuesto contra aquella, pero en este caso el Tribunal Supremo ordenó la **remisión de los autos nuevamente a la Audiencia**, no al juzgado, para que dictara la correspondiente resolución entrando a conocer del fondo. En igual sentido, se pronuncia la Sala Primera en TS 21-10-04, EDJ 152647, cuando, desestimando la excepción de litispendencia apreciada por el juzgado y por la

Audiencia Provincial, ordena la remisión de los autos a la Audiencia Provincial para que reponga las actuaciones al momento anterior a dictar sentencia y dicte otra nueva sobre el fondo del asunto.

4112 **c)** Se ha mantenido, no obstante, una solución distinta en supuestos en que lo apreciado no es falta de jurisdicción en el orden civil, sino una **excepción que llevaba a no formular un pronunciamiento propiamente de fondo** que resolviera la controversia. Así la sentencia TS 6-11-03, EDJ 146400, se plantea un caso en que se estimó por el juzgado y por la Audiencia Provincial la excepción material de prescripción de la acción entablada. En esta ocasión la sala primera del Tribunal Supremo, al entender que la misma no resultaba apreciable y que la acción se había deducido en tiempo hábil, asume la instancia y entra a resolver por primera y única vez sobre el fondo discutido estimando parcialmente la demanda.

d) La sentencia TS 30-4-04, EDJ 26173 aborda un supuesto en que la sentencia dictada en apelación por la Audiencia Provincial confirmó la de primera instancia -que era desestimatoria de la demanda- apreciando por primera vez el órgano de apelación la concurrencia de **litispendencia**. Aquí el Tribunal Supremo, considerando que tal litispendencia no existía, entra a resolver sobre el fondo estimando la demanda. Igual solución se observa en TS 18-2-04, EDJ 3927), supuesto en el que las sentencias de ambas instancias habían estimado la excepción de **falta de reclamación previa en la vía administrativa** y el Tribunal Supremo, al entender que dicha excepción no era de apreciar, resuelve sobre el fondo de la pretensión formulada contra el Instituto Nacional de la Salud. En definitiva, sostiene el autor antes citado, que la solución que deba entenderse como más adecuada en cada caso depende del punto de partida que se adopte sobre la necesidad de la doble instancia y el contenido propio de la instancia o, lo que es lo mismo, si la misma se agota, aunque no se produzca un pronunciamiento de fondo.

4113 **e)** En el **ámbito de resolución propio del Tribunal Supremo**, al conocer él mismo de recursos de carácter extraordinario, podría sostenerse la oportunidad de no pronunciarse por primera vez en cuanto al fondo del asunto cuando no lo hubieran hecho ya los órganos inferiores. La regulación del recurso por infracción procesal -vigente hasta 20-3-2024 y derogada desde entonces por RDL 6/2023-, disponía que, si el recurso se hubiese interpuesto contra sentencia que confirmaba o declaraba la falta de jurisdicción o de competencia, y la Sala lo estimara, tras casar la sentencia, debía ordenar al tribunal de que se tratase que iniciase o prosiguiera el conocimiento del asunto, salvo que la falta de jurisdicción se hubiera estimado erróneamente una vez contestada la demanda y practicadas las pruebas, en cuyo caso se ordenaría al tribunal de que se tratara que resolviera sobre el fondo del asunto (LEC art.476.2 derog RDL 6/2023).

Pero distinto es el caso de que sea la **Audiencia Provincial** la que conoce del fondo de la pretensión por vez primera, lo que se estima adecuado y no contrario al derecho a la doble instancia; pues, reconocido que se trata de un órgano superior que recobraría el pleno conocimiento del asunto según las pretensiones formuladas en la primera, no cabe pensar que sería distinta la solución a adoptar por la Audiencia según que hubiera o no sentencia de fondo dictada por el juzgado y, en todo caso, la economía procesal y la celeridad en la resolución parece que aconsejan la solución propugnada.

Así, en LEC art.465.2 se dispone que si la **infracción procesal** alegada se hubiera cometido al dictar sentencia en la primera instancia, el tribunal de apelación, tras revocar la sentencia apelada, debe resolver sobre la cuestión o cuestiones que fueran objeto del proceso, y en LEC art.465.3 que no se declarará la nulidad de actuaciones, si el vicio o defecto procesal pudiera ser subsanado en la segunda instancia, para lo que el tribunal ha de conceder un plazo no superior a 10 días, salvo que el vicio se ponga de manifiesto en la vista y sea subsanable en el acto. Producida la subsanación y, en su caso, oídas las partes y practicada la prueba admisible, el tribunal de apelación dicta sentencia sobre la cuestión o cuestiones objeto del pleito.

Precisiones Para inscribir en el **Registro de la Propiedad** una sentencia declarativa ha de aportarse, en principio, no solo la recaída en la resolución del recurso de apelación, sino también la de instancia, en tanto que en ella conste el pronunciamiento que ha de tenerse en cuenta para la inscripción, salvo que haya sido completamente revocada y se haya dictado otra en su lugar (DGRN Resol 18-11-15). Ver al respecto, nº 7074 Memento Procesal Civil 2026.

4113.1 **Remisión al órgano «a quo»** (LEC art.465.7) Una vez que la resolución -sentencia o auto, según los casos- que haya resuelto el recurso de apelación gane **firmeza**, el letrado de la Administración de Justicia acordará la remisión de las actuaciones al órgano que hubiera dictado la resolución impugnada.

4114 **Recursos** (LEC art.466) La sentencia que resuelva la apelación será susceptible de **recurso de casación** (nº 4135), siempre que reúna los requisitos exigidos para la interposición de este recurso extraordinario.

Precisiones Hasta su desaparición por efecto del RDL 6/2023, se daba igualmente frente a la sentencia de apelación el **recurso extraordinario por infracción procesal**, con arreglo a las prevenciones siguientes:

• Si se interponían por la misma parte este recurso y el de casación, se inadmitía el de casación.

• Si los distintos litigantes optaban por interponer distinta clase de recurso extraordinario, el fundado en infracción procesal se tramitaba con preferencia, quedando en suspenso la tramitación del recurso de casación, una vez admitido, y continuando posteriormente si el recurso por infracción procesal era desestimado -por remisión a LEC art.488-.

• Contra las sentencias dictadas por las Audiencias Provinciales como consecuencia de la estimación de un recurso extraordinario por infracción procesal, solo se admitía de nuevo este recurso cuando se fundase en infracciones diferentes de la que fue objeto del primer recurso (LEC art.467 derog RDL 6/2023), destacaba la doctrina (Velázquez Martín) que uno de los problemas más graves que originaba la escisión del recurso de casación en este y en el extraordinario por infracción procesal, era la diabólica posición en que colocaba al justiciable que había obtenido una sentencia desfavorable en segunda instancia, pues la LEC art.466 -en su redacción anterior al RDL 6/2023- le obligaba a elegir entre interponer el recurso extraordinario por infracción procesal o el de casación, opción que además había de realizar con carácter excluyente, de forma que si optaba por la casación no podía, posterior ni coetáneamente, interponer un recurso por infracción procesal, y, optando por este último, estaría renunciando a la defensa del recurso de casación.

Es más, si se interponían por la misma parte y contra la misma resolución los dos recursos, se tenía por inadmitido el recurso de casación. Esta situación llevaba consigo importantes consecuencias. En primer lugar, que siendo objeto del recurso extraordinario por infracción procesal las infracciones de Const art.24, se estaba vedando, en caso de optar por la casación, al Tribunal Supremo el conocimiento del precepto procesalmente más importante de nuestro ordenamiento jurídico y cuya vulneración tiene especial trascendencia, tanto para el justiciable como para el orden jurídico en general.

E. Recurso de casación

(LEC art. 477 a 489)

El concepto de casación va indisolublemente unido al carácter de recurso supremo que tiene en todas las legislaciones. Es tradicional la definición que lo concibe como un proceso especial por razones jurídico procesales que tiene por objeto satisfacer una pretensión de **reforma de resoluciones definitivas**, dictadas en apelación, por vicios inherentes a las mismas, cuyo conocimiento se atribuye al Tribunal Supremo (Guasp). **4135** MPCI nº 7170

Así, por recurso de casación se entiende el **remedio supremo y extraordinario** que concede la ley contra las ejecutorias o sentencias firmes de los tribunales de apelación, para enmendar el abuso, exceso o agravio por ellas inferido, cuando han sido dictadas contra ley o doctrina legal, o con infracción de los trámites y formas más sustanciales del juicio.

En el primer caso, esto es, cuando el recurso se funda en que la ejecutoria es contra ley o contra doctrina legal, se ha convenido en llamarle recurso de **casación en el fondo**, porque versa sobre el fondo de la ejecutoria, es decir, sobre si ha sido conforme a la ley la cuestión debatida en el pleito; y **en la forma** cuando se funda en defectos sustanciales del procedimiento, es decir, en la infracción de las leyes que arreglan la forma del juicio.

Precisiones La **reforma** operada por el RDL 5/2023, modifica el tratamiento del recurso de casación y afecta al esquema anterior, en tanto que puede invocarse en el nuevo régimen como motivo en sede casacional tanto la infracción de norma sustantiva o material como procesal o formal. De este modo, sin alteración del tratamiento del recurso extraordinario por infracción procesal -hasta su desaparición con efectos 20-3-2024 por RDL 6/2023-, la reforma de la casación sí modifica sustancialmente la relación entre ambos medios de impugnación, pudiendo hacer innecesario el primero de ellos, en tanto que los vicios formales pueden ser motivo de casación en el nuevo régimen, aplicado en los términos transitorios expuestos en el nº 4142.

La casación ha de fundarse, en el régimen anterior al RDL 5/2023, en la **infracción de normas sustantivas** aplicables para resolver las cuestiones objeto del proceso como fundamento único o exclusivo, de manera que el recurso de casación no puede tener otro sustento. Lo que no debe confundirse con la posibilidad de alegar **diversas infracciones** en el mismo recurso, lo que efectivamente se admite, en la medida en que se articulen en **motivos separados** (Acuerdo TS Pleno no Jurisdiccional 27-1-17, EDJ 5345).

Los **motivos** de casación quedaron reducidos a uno: la infracción de normas aplicables para resolver las cuestiones objeto del proceso (LEC art.477.1 redacc original).

Ciertas instituciones o figuras, dada su naturaleza bifronte, pueden ser objeto de análisis tanto en recurso de infracción procesal como en casación bajo dicho régimen. Por ejemplo, la **legitimación** (TS 14-7-15, EDJ 161330; 21-1-19, EDJ 501915; 19-2-20, EDJ 511657).

En la actualidad, tal limitación o **disociación formal y material** desaparece, de forma que el motivo de casación puede ser, tanto la infracción de norma sustantiva, como procesal (LEC art.477.2).

En ambos regímenes está presente el concepto de «**interés casacional**» como parámetro para determinar la procedencia o no del recurso -salvo excepciones- y ausente el Ministerio Fiscal en la fase de admisión del recurso.
A continuación se expone el régimen derivado del RDL 5/2023, vigente desde 30-7-2023 (nº 4150 s.).
El **régimen anterior al RDL 5/2023**, en vigor hasta 29-7-2023, puede consultarse en nº 4165 s. Memento Procesal 2025.

4136 MPCI nº 7172, 7174 Ha sido tradicional en la regulación de la casación la distinción de **dos motivos** por los que procedía:
- por infracción de ley; y
- por quebrantamiento de forma.

Sin embargo, la vigente LEC, en su **redacción anterior al RDL 5/2023**, escindió estos dos motivos, regulando en su lugar **dos recursos** distintos para ser conocidos cada uno de ellos por tribunales distintos:
- el recurso extraordinario por infracción procesal, competencia de los Tribunales Superiores de Justicia, cuyo régimen puede consultarse en nº 4120 s. Memento Procesal 2025; y
- el recurso de casación, que es competencia del Tribunal Supremo.

Sin embargo, este planteamiento se altera en el **régimen vigente desde 30-7-2023**, de forma que, si bien el recurso por infracción procesal no se ve modificado directamente y subiste sin alteración inmediata -hasta su desaparición con efectos 20-3-2024 por RDL 6/2023, sin perjuicio de situaciones transitorias-, la ampliación del ámbito del recurso de casación a la infracción de norma procesal, afecta no solo a la definición de este recurso en el nuevo modelo, sino a la relación entre ambos.

Precisiones **1)** En cuanto a su **naturaleza jurídica**, el recurso de casación responde al concepto de extraordinario, por cuanto solo procede contra determinadas resoluciones y por **motivos tasados**, aunque redactados con amplitud. No supone una nueva -tercera- instancia en el proceso, pues no permite discutir los hechos ni introducir otros nuevos. Se ha tratado, así, de reconducir el recurso a uno de sus fines tradicionales: la función de **protección del ordenamiento jurídico**, la denominada por la jurisprudencia **función nomofiláctica** del recurso de casación, con la que se pretende poner de relieve la existencia de un interés que trasciende al meramente particular mantenido por las partes litigantes y que se relaciona, directamente, con la atribución al Tribunal Supremo de la función de creación de doctrina jurisprudencial y, en su caso, del mantenimiento de la **unidad jurisprudencial** (TS auto 22-1-02, EDJ 126247).
Lo anterior no quiere decir que se abandone otra de las finalidades del recurso de casación como es la llamada **protección del *ius litigatoris***, pues en los casos en los que el recurso de casación resulta estimado, la Sala Primera del Tribunal Supremo no se limita solo a anular -casar- la sentencia recurrida, sino que además resuelve sobre el caso, declarando lo que corresponda según los términos en que se haya producido la oposición a la doctrina jurisprudencial o divergencia de jurisprudencia (J. López Sánchez), pudiendo asimismo en la actualidad, en caso de **infracción de la jurisprudencia**, anular la resolución impugnada mediante auto y devolver el asunto al tribunal de procedencia para que dicte nueva resolución conforme a aquella (LEC art.487.1).
En fin, la casación une a la finalidad propia de todo proceso, que es la satisfacción de pretensiones de parte, un **fin público**, consistente en corregir el error padecido en la aplicación del Derecho, depurando el ordenamiento jurídico y manteniendo la igualdad ante la Ley mediante una interpretación unitaria de la misma por el Tribunal Supremo, la cual permite la formación de la jurisprudencia, no limitada actualmente a las cuestiones de Derecho sustantivo, al haberse reintroducido en el ámbito del recurso los vicios *in iudicando* y la denuncia de infracción de normas procesales.
2) La **función de control** en la interpretación y aplicación de la norma y de **creación de doctrina jurisprudencial** que cumple el recurso de casación, exige que las cuestiones jurídicas que se planteen respeten los hechos o base fáctica de la sentencia (TS 27-1-16, EDJ 1840), pues el de casación es un grado de enjuiciamiento jurisdiccional «limitado y peculiar» (TS auto 27-5-15, EDJ 268694).
Al no ser este recurso una tercera instancia, no permite una **solución jurídica distinta** a la dada por el órgano *a quo* por una simple cuestión de criterio (TS 15-10-14, EDJ 179969).
3) Sobre la **intervención del Ministerio Fiscal** en este recurso, ver FGE Circ 1/2020.

4138 **Derecho transitorio** En el estudio de los distintos recursos se hace mención detallada al Acuerdo sobre los **criterios de recurribilidad y admisión** en relación con los recursos de casación y extraordinario por infracción procesal adoptado, al amparo de LOPJ art.264.1, por los magistrados de la Sala Primera del Tribunal Supremo y adoptados en la Junta General de 12-12-2000. Este Acuerdo recoge unos **criterios restrictivos** sobre las resoluciones susceptibles de casación.
Han de tenerse en cuenta también los sucesivos Acuerdos del Tribunal Supremo, que establecen **criterios de admisión** de los recursos de casación y extraordinario por infracción procesal (Acuerdo TS Pleno no jurisdiccional 30-12-11; Acuerdo TS Pleno no jurisdiccional 27-1-17).

Régimen transitorio de LEC disp.final 16ª (Acuerdo TS Pleno no Jurisdiccional 12-12-00 aptdo III) Su examen, realizado al exponer el desaparecido recurso extraordinario por infracción procesal puede consultarse en nº 4125 s. Memento Procesal 2025. Esta disposición se ve afectada por la L 37/2011 y, en cierta medida, por el Acuerdo TS Pleno no Jurisdiccional 30-12-11. No así por el Acuerdo TS Pleno no Jurisdiccional 27-1-17, que sustituye al anterior. 4139

Precisiones Con efecto 20-3-2024, queda **derogado** lo dispuesto en LEC disp.final 16ª (RDL 6/2023 art.103.131).

Disposiciones transitorias de LEC (Acuerdo TS Pleno no Jurisdiccional 12-12-00 aptdo.IV) Las normas sobre Derecho transitorio de la LEC determinan el siguiente **régimen de acceso a los recursos extraordinarios**, que se expone a efectos meramente informativos y en cuanto de ellas puedan extraerse principios para resolver situaciones transitorias: 4140 MPCI nº 7180

1) Las sentencias dictadas en segunda instancia, **antes de la fecha de entrada en vigor de la vigente LEC**, eran recurribles en casación, tramitándose la preparación, interposición y admisión conforme a la derogada LEC/1881, estando exceptuadas en todo caso del recurso extraordinario por infracción procesal (LEC disp.trans.tercera y disp.trans.cuarta).

2) Las sentencias dictadas en segunda instancia, **a partir de la fecha de entrada en vigor de la vigente LEC**, son susceptibles de recurso de casación y por infracción procesal, según los criterios de los apartados I -sobre la casación- y III -sobre el recurso extraordinario por infracción procesal- del Acuerdo TS Pleno no Jurisdiccional 12-12-00, lo que exige aplicar los supuestos de recurribilidad previstos en LEC art.477.2, en base a los cuales son susceptibles de acceso a los recursos extraordinarios:

• Las sentencias dictadas en procesos relativos a la **protección jurisdiccional de los derechos fundamentales** de la persona, tramitados por el cauce del juicio declarativo o por el incidental previsto en L 62/1978.

• Las sentencias dictadas en **procesos declarativos ordinarios de mayor o menor cuantía**, seguidos por razón de la cuantía, siempre que esta exceda del límite de 150.000 euros, quedando excluidos los de cuantía inferior o indeterminada, así como los juicios de cognición y verbales también por razón de la cuantía.

• Las sentencias dictadas en **procesos declarativos sustanciados por razón de la materia**, así como en **procesos especiales**, que son recurribles cuando se justifique el interés casacional para la resolución del recurso (nº 4175 s.), excepto en los juicios ejecutivos (LEC disp.trans.quinta).

La **preparación, interposición y admisión** se lleva a cabo conforme a las normas de la vigente LEC (LEC disp.trans.tercera).

Régimen de transitoriedad de la L 37/2011 (L 37/2011 disp.trans.única; Acuerdo TS Pleno no Jurisdiccional 30-12-11 apartado V) Los recursos de casación -y también los extraordinarios por infracción procesal, así como el resto, por extensión del criterio, en la medida en que sea extensible-, frente a sentencias de segunda instancia que se dicten **a partir de 31-10-2011**, se someten al régimen derivado de L 37/2011, siendo de aplicación los criterios de admisión contenidos en el Acuerdo citado (nº 4034). 4141

Precisiones El Acuerdo TS Pleno no Jurisdiccional 27-1-17, que sustituye al Acuerdo TS Pleno no Jurisdiccional 30-12-11 no se refiere a la cuestión aquí analizada, pero sí a los criterios de admisión de los recursos indicados.

Régimen transitorio del RDL 5/2023 (RDL 5/2023 disp.trans.10ª.4) La vigente regulación de la casación se aplica a los recursos que se interpongan contra las **resoluciones dictadas a partir de 30-7-2023**, conforme a estos **criterios**: 4142

• Los recursos de casación y extraordinarios por infracción procesal interpuestos contra **resoluciones dictadas con anterioridad** a esa fecha se rigen por la legislación anterior, cualquiera que sea la fecha en la que dichas resoluciones se notifiquen.

• Si procediera la **inadmisión** de los recursos por las causas previstas en las normas hasta entonces vigentes, se acordará por providencia sucintamente motivada, previa audiencia de las partes.

• En el mismo caso, si concurren los requisitos previstos al efecto en LEC art.487.1, el recurso de casación y, en su caso, el extraordinario por infracción procesal, podrán resolverse por medio de **auto**, que casará la sentencia y devolverá el asunto al tribunal de su procedencia para que dicte nueva resolución de acuerdo con la doctrina jurisprudencial existente sobre las cuestiones planteadas.

Alcance constitucional Reiteradamente ha declarado el Tribunal Constitucional que no existe un **derecho constitucional** a recurrir en casación y, por ende, tampoco por infracción procesal (TCo 37/1988; 196/1988; 216/1998), siendo el derecho a los recursos en el proceso civil de caracterización y contenido legal, sin que la interpretación de las normas de acceso a 4144 MPCI nº 7186 la casación deba ser necesariamente la más favorable al recurrente (TCo 37/1995; 138/1995; 211/1996; 132/1997; 63/2000; 258/2000; 6/2001), y sin que el **principio** ***pro actione*** opere con la misma intensidad en la fase inicial del pleito que en las posteriores (TCo 3/1983; 294/1994; 23/1999).

En particular, el Tribunal Constitucional se ha pronunciado sobre los **criterios de recurribilidad, admisión y régimen transitorio** en relación con los recursos de casación y extraordinario por infracción procesal, adoptados por los magistrados de la Sala Primera del Tribunal Supremo, considerando que estos acuerdos han integrado la regulación de la LEC, formando parte de la normativa sobre el recurso de casación y convalidando la constitucionalidad de los mismos (TCo 108/2003; 46/2004).

1. Disposiciones generales

(LEC art.477 y 478)

4150 Se hace referencia seguidamente a la legitimación, la competencia, el interés casacional y las resoluciones susceptibles de recurso.

4152 **Legitimación** La regulación derivada del RDL 5/2023 no contiene ninguna regla respecto a la legitimación por lo que deben aplicarse las **reglas generales** contenidas en LEC art.448 que reconoce la legitimación para recurrir contra las sentencias que les afecten desfavorablemente (nº 4036 s.).

4154 **Competencia** (LEC art.478.1) Se atribuye a la Sala Primera del **Tribunal Supremo**. No obstante, corresponde a las Salas de lo Civil y Penal de los **Tribunales Superiores de Justicia** conocer de los recursos de casación que procedan contra las resoluciones de los tribunales civiles con sede en la comunidad autónoma, siempre que el recurso se funde, exclusivamente o junto a otros motivos, en infracción de las normas del Derecho civil, foral o especial propio de la comunidad, y cuando el correspondiente estatuto de autonomía haya previsto esta atribución.

4156 **Motivos** (LEC art.477.2) Debe fundarse en infracción de **norma procesal o sustantiva**, siempre que concurra **interés casacional** -salvo en el procedimiento de tutela de derechos fundamentales-.

4158 **Interés casacional** (LEC art.477.3 y 4) Los requisitos para que se considere concurrente interés casacional permiten diferenciar dos **supuestos**:

a) Si la competencia para conocer del recurso es del **Tribunal Supremo** concurre cuando la resolución recurrida:
- se oponga a doctrina jurisprudencial del Tribunal Supremo; o
- resuelva puntos y cuestiones sobre los que exista jurisprudencia contradictoria de las Audiencias Provinciales; o
- aplique normas sobre las que no exista doctrina jurisprudencial del Tribunal Supremo.

b) Si la competencia es de un **Tribunal Superior de Justicia** existe cuando la sentencia recurrida:
- se oponga a doctrina jurisprudencial; o
- no exista doctrina del Tribunal Superior de Justicia sobre normas de Derecho especial de la comunidad autónoma correspondiente; o
- resuelva puntos y cuestiones sobre los que exista jurisprudencia contradictora de las Audiencias Provinciales.

La **apreciación del concurso o ausencia** el interés casacional, si la resolución impugnada se ha dictado en un proceso en el que la cuestión litigiosa es de interés general -por afectar potencial o efectivamente a un gran número de situaciones, bien en sí misma o por trascender del caso objeto del proceso- para la interpretación uniforme de la ley estatal o autonómica corresponde a:
- la Sala Primera del Tribunal Supremo;
- las Salas de lo Civil y de lo Penal de los Tribunales Superiores de Justicia.

Como **especialidades** se prevé:
• Si el recurso se funda en infracción de normas procesales es imprescindible acreditar que, de haber sido posible, previamente al recurso de casación, la infracción se ha denunciado en la instancia y que, de haberse producido en la primera, la **denuncia** se ha reproducido en la segunda instancia.
• Si la infracción procesal produce falta o defecto subsanable, debe haberse pedido la **subsanación** en la instancia o instancias oportunas.

Precisiones El interés casacional no es propiamente motivo de casación, sino **presupuesto** de este. El verdadero motivo radica en el **conflicto jurídico** producido por la infracción de una norma sustantiva aplicable al objeto del proceso (TS 18-5-21, EDJ 570256; 3-4-25, EDJ 548044).

Resoluciones recurribles (LEC art.477.1 y 2) Se da este recurso frente a las siguientes resoluciones: 4160

a) **Sentencias** que pongan fin a la segunda instancia dictadas por las Audiencias Provinciales cuando, conforme la ley, deben actuar como órgano colegiado. **Se excluyen** las sentencias dictadas en apelación por las Audiencias cuando actúen en composición unipersonal en recursos interpuestos frente a sentencias de las Secciones Civiles de los Tribunales de Instancia -hasta su constitución, juzgados de primera instancia- dictadas en juicio verbal por razón de la cuantía (LOPJ art.82.2.1º redacc LO 1/2025).

b) **Autos y sentencias dictados en apelación** en procesos sobre reconocimiento y ejecución de sentencias extranjeras en materia civil y mercantil al amparo de los tratados y convenios internacionales, así como de reglamentos de la Unión Europea u otras normas internacionales, cuando la facultad de recurrir se reconozca en el correspondiente instrumento.

c) **Sentencias dictadas para la tutela judicial civil de derechos fundamentales** susceptibles de recurso de amparo, aun cuando no concurra interés casacional.

d) **Sentencias dictadas por las Audiencias Provinciales en los recursos contra las resoluciones que agotan la vía administrativa** dictadas en materia de propiedad industrial por la Oficina Española de Patentes y Marcas (LEC art.477.1.a, con aplicación a recursos interpuestos desde 20-3-2024).

Quedan **excluidas** como objeto de recurso de casación: la valoración de la prueba y la fijación de hechos, salvo error de hecho, patente e inmediatamente verificable a partir de las propias actuaciones.

Precisiones **1)** La **interpretación de los contratos** constituye una función de los Tribunales de Instancia, que no puede ser revisada en casación, salvo que sea contraria a alguna de las normas legales que regulan aquella o se demuestre su carácter manifiestamente ilógico, irracional o arbitrario (TS 18-11-24, EDJ 745394).

2) El recurso de casación, en el supuesto del apartado d) del texto, tiene una naturaleza y funcionalidad muy similares a las de la casación ante el TJUE contra las sentencias del Tribunal General que revisan las resoluciones de la **Oficina de Propiedad Intelectual de la Unión Europea** (EUIPO). Por ello, se aplica el mismo esquema sobre admisión, interés casacional y materias propias de examen en casación (TJUE 25-7-18, asunto C-139/17).

De acuerdo con ello:

a) El **objeto del recurso** es la sentencia de la Audiencia Provincial, no la resolución de la OEPM.

b) El recurso debe identificar con precisión el **interés casacional** y los elementos de la sentencia recurrida que supuestamente se apartan de la legislación aplicable o de su interpretación jurisprudencial. No basta con reiterar o reproducir las alegaciones ya formuladas ante la Audiencia.

c) Las **cuestiones de Derecho** examinadas por la Audiencia pueden volver a plantearse siempre que se impugne la interpretación o la aplicación del Derecho comunitario o nacional llevada a cabo por aquella.

d) El recurso de casación se limita a las **cuestiones jurídicas** con exclusión de cualquier apreciación de naturaleza exclusivamente fáctica.

e) La revisión en casación ha de respetar, en principio, las **valoraciones realizadas por los Tribunales de Instancia**, salvo que no sigan la doctrina del TJUE y la jurisprudencia de esta Sala de manera manifiesta (TS 15-9-25, EDJ 696764).

2. Procedimiento

(LEC art.478 a 486)

Interposición (LEC art.479 y 481) El recurso de casación se interpone ante el tribunal que haya dictado la resolución que se impugne dentro del **plazo** de 20 días contados desde el día siguiente a la notificación de aquella. El letrado de la Administración de Justicia en un plazo de 3 días debe: 4170

a) Tener por interpuesto el recurso **si se acredita** que:

- la resolución impugnada es susceptible de recurso;
- este se ha formulado dentro de plazo; y,
- si se trata de recurso fundado en infracción de normas procesales, se acredite, de haber sido posible, la previa denuncia de la infracción y, en su caso, el intento de subsanación, en la instancia o instancias precedentes.

b) Ponerlo en conocimiento del tribunal para que se pronuncie sobre la admisión del recurso **si no se acreditan** los requisitos anteriores. En este caso el tribunal, en un plazo de 10 días, debe dictar:
- providencia teniendo por interpuesto el recurso si entiende que se cumplen los requisitos de **admisión**, contra la que no cabe recurso alguno, pero la parte recurrida puede oponerse a la admisión al comparecer ante el tribunal de casación;
- auto de **inadmisión**, en caso contrario, contra el que solo podrá interponerse recurso de queja.

Se debe dar **tramitación preferente** a los recursos de casación legalmente previstos contra las sentencias definitivas dictadas en la tramitación de los procedimientos testigo.

El **escrito de interposición** debe tener el siguiente contenido:
• Identificar el **cauce de acceso** a la casación y, de ser este el interés casacional, identificar, asimismo, la modalidad que se invoca y la justificación, con la necesaria claridad, de la concurrencia del interés casacional invocado.
• Expresar la **norma procesal o sustantiva infringida**, precisando, en las peticiones, la doctrina jurisprudencial que se interesa de la Sala, en su caso, y los pronunciamientos correspondientes sobre el objeto del pleito.
• Pedir la **celebración de vista**, que solo tiene lugar si el tribunal lo considera necesario.

Debe estar **articulado en motivos**, sin que puedan acumularse en el mismo infracciones diferentes, y solo pueden denunciarse las infracciones que sean relevantes para el fallo, siempre que hayan sido invocadas oportunamente en el proceso o consideradas por la Audiencia Provincial.

Cada motivo debe iniciarse con un **encabezamiento** que contenga la cita precisa de la norma infringida -sin que sea suficiente que pueda deducirse del desarrollo de los motivos (TS 23-5-24, EDJ 553801; 9-9-24, EDJ 675437)- y el resumen de la infracción cometida. Han de exponerse sus **fundamentos** sin apartarse del contenido esencial del encabezamiento y con la claridad expositiva necesaria para permitir la identificación del problema jurídico planteado y, en su caso, manifestar, razonadamente, cuanto se refiera a la **inexistencia de doctrina jurisprudencial** relativa a la norma que se estime infringida.

El escrito debe ir acompañado de **copia de la sentencia impugnada**, si contiene firma electrónica o código de verificación que la identifique, o **certificación** en otro caso, y, cuando sea procedente, texto de las sentencias que se aduzcan como fundamento del interés casacional.

La Sala de Gobierno del Tribunal Supremo puede determinar, mediante acuerdo publicado en el BOE, la extensión máxima y otras condiciones extrínsecas, incluidas las relativas al **formato** en el que deban ser presentados los escritos de interposición y de oposición de los recursos de casación.

4171 Precisiones 1) Sin perjuicio de lo que establezca el Pleno de la Sala Primera del Tribunal Supremo sobre criterios de admisión, se fijan **directrices sobre los requisitos formales** de los escritos de interposición y oposición en el recurso: extensión máxima, formato, carátula para que el recurrente, resumidamente, identifique los datos esenciales del recurso (Acuerdo Sala Gobierno 8-9-23):

1) **Extensión máxima**: 50.000 caracteres con espacio, equivalente a 25 folios, incluyendo notas a pie de página, imágenes, esquemas o gráficos que, eventualmente, puedan incorporarse. Debe quedar certificado al final del recurso por el abogado o quien este haya designado. En caso de superación debe justificarse por concurrir circunstancias especiales de carácter excepcional.

2) **Formato**. Debe utilizarse el siguiente:
• Fuente *times new roman*. Tamaño: 12 puntos para el texto y 10 puntos para notas a pie de página o para la transcripción literal de normas o párrafos de sentencias que se incorporen.
• Interlineado del texto: 1,5.
• Márgenes horizontales y verticales (superior, inferior, izquierdo y derecho de la página): 2.5 cm.
• No puede contener rayas ni otros elementos que dificulten su lectura.
• Los folios deben ser enumerados de forma creciente con el número que debe figurar en la esquina superior derecha del folio.
• Los documentos que se aporten han de estar suficientemente identificados y numerados, como documento o anexo, con numeración sucesiva.
• El escrito de interposición debe cumplir lo dispuesto en RD 1065/2015 y Resolución de la Secretaría General de la Administración de Justicia 15-12-2015 (LexNET).

3) **Documentos que han de acompañar al escrito**:
• Poder para pleitos.
• Copia de la resolución dictada en primera instancia y, en su caso, copia del auto de aclaración, rectificación, complemento o subsanación.
• Copia de la resolución impugnada y, en su caso, copia del auto de aclaración, rectificación, complemento o subsanación.
• Copia del resguardo de constitución del depósito para recurrir en la Cuenta de Depósitos y Consignaciones Judiciales de la correspondiente Audiencia Provincial.
• Copia del documento que acredite el cumplimiento de lo dispuesto en LEC art.449.

4) **Carátula**. Ha de estar a disposición de los profesionales en la página web del CGPJ y ser descargable para facilitar su cumplimiento e incorporación junto al recurso. No suple ni amplía el contenido del escrito de recurso.

Debe preceder al escrito del recurso de casación, con expresión de los datos esenciales del recurso, sin que pueda suplir ni ampliar el contenido de aquel.
Debe tener el siguiente **contenido**:
• Identificación: nombre y apellidos o denominación social del recurrente o recurrentes ordenados alfabéticamente -por el primer apellido- y el número de DNI, pasaporte, NIE (extranjeros) o NIF (personas jurídicas); nombre y apellidos del procurador y letrado/s y número de colegiados.
• Resolución recurrida.
• Cauce de acceso a la casación: interés casacional (LEC art.477.4) o procedimiento de tutela de derechos fundamentales (LEC art.481.1).
• En su caso, si se trata de un recurso de tramitación preferente y fundamento de la preferencia.
• **Motivos** numerados del recurso, En cada uno de ellos:
- norma procesal o sustantiva en cuya infracción se funde el motivo (LEC art.477.2);
- resumen de la infracción cometida (LEC art.481.4), que no supere los 300 caracteres con espacios;
- modalidad del interés casacional que se invoca, identificando las sentencias del TS o AP que lo justifiquen (LEC art.481.1): tribunal, número de resolución, fecha y número de recurso;
- justificación del interés casacional notorio que se alegue (LEC art.477.4), inexistencia de jurisprudencia o necesidad de revisión (máximo 300 caracteres con espacios);
- si la infracción se funda en infracción de una norma procesal: identificación de la resolución o actuación procesal en que se haya cometido la infracción, con indicación de su fecha y, en su caso, número de folio de las actuaciones y/o minuto de la grabación; acto procesal (escrito, resolución, audiencia previa, vista, comparecencia,...) en que la infracción se haya denunciado en la instancia y, en su caso, reproducido en la segunda instancia. Si la infracción es subsanable deben hacerse las mismas indicaciones sobre el acto procesal en que se hubiera solicitado la subsanación en la instancia o instancias oportunas (LEC art.477.6);
- doctrina jurisprudencial que se interesa de la Sala, en su caso (máximo 300 caracteres con espacios);
- petición de celebración de vista, en su caso.
2) La falta de cumplimiento de los **requisitos de la carátula** es subsanable (TS auto 28-2-24, EDJ 511291; 13-3-24, EDJ 516060; 28-1-25, EDJ 502851). No ocurre lo mismo con lo relativo a la **extensión del escrito** del recurso (TS 12-3-25, EDJ 519606).
La aplicación rigurosa de los requisitos de admisibilidad es la consecuencia del **carácter extraordinario** del recurso de casación, lo que no supone merma del derecho a la **tutela judicial efectiva** (TS 30-4-25, EDJ 656822).

Simultaneidad de recursos (LEC art.478.2) Cuando la misma parte interponga recursos de casación contra una misma sentencia ante el Tribunal Supremo y ante el Tribunal Superior de Justicia, se tendrá, mediante providencia, por no presentado el primero de ellos, en cuanto se acredite esta circunstancia. 4173

Remisión de los autos y emplazamiento de las partes (LEC art. 482.1 y 482.2) Dentro de los 5 días siguientes a la resolución que tenga por interpuesto el recurso, el letrado de la Administración de Justicia debe remitir todos los autos originales al tribunal competente para conocer del recurso de casación, con **emplazamiento** de las partes por término de 30 días. 4175
Si el **recurrente no comparece** en el plazo señalado, el letrado de la Administración de Justicia debe declarar desierto el recurso, quedando firme la resolución recurrida.
Si el **recurrente no ha podido obtener la certificación de sentencia** (LEC art.481), se efectuará no obstante la remisión de los autos según lo expuesto. La negativa o resistencia a expedir la certificación será corregida disciplinariamente y, si fuera necesario, la Sala de casación las reclamará del letrado de la Administración de Justicia que deba expedirla.

Admisión (LEC art.483) Una vez transcurrido el término del emplazamiento, el letrado de la Administración de Justicia debe comprobar que concurren los **requisitos de admisión**: 4177
- interposición en tiempo y forma;
- en el caso de infracciones procesales, la denuncia previa en la instancia, de haber sido posible;
- debida constitución de los depósitos para recurrir y cumplimiento, en su caso, de los requisitos previstos en LEC art.449.
Hecho esto, debe acordar:
• Elevar las actuaciones a la Sección de Admisión de la Sala Primera del Tribunal Supremo o a la Sala de lo Civil y Penal del Tribunal Superior de Justicia para que se pronuncie sobre la **admisión** del recurso, si se cumplen.
• **Inadmitirlo**, si no se cumplen, mediante decreto.
El recurso:
a) **Se inadmite** por providencia sucintamente motivada que ha de declarar, en su caso, la firmeza de la resolución recurrida.

b) **Se admite** por medio de auto que exprese las razones por las que la Sala Primera del Tribunal Supremo o la Sala de lo Civil y Penal del Tribunal Superior de Justicia debe pronunciarse sobre la cuestión o cuestiones planteadas en el recurso.
Si la causa de inadmisión no afecta más que a alguna de las infracciones alegadas, ha de resolverse mediante auto la admisión del recurso respecto de las demás que el recurso denuncie.
Contra la providencia o el auto que resuelva sobre la admisión del recurso de casación no cabe **recurso** alguno.

4178 **Competencia en trámite de admisión** (LEC art.484.1, 2 y 3) En este trámite la Sección de Admisión de la Sala Primera del Tribunal Supremo o la Sala de lo Civil y Penal del Tribunal Superior de Justicia debe examinar su competencia para conocer del recurso de casación, antes de pronunciarse sobre la admisibilidad del mismo.
Si **no se considera competente**, ha de acordar, previa audiencia de las partes y del Ministerio Fiscal por plazo de 10 días, la remisión de las actuaciones y emplazamiento de las partes para que comparezcan ante la Sala que se estime competente en el plazo de 10 días.
En este caso, recibidas las actuaciones y personadas las partes ante la Sala que se haya considerado competente, continuará la sustanciación del recurso desde el trámite de admisión.
Las Salas de los Tribunales Superiores de Justicia no pueden **declinar su competencia** para conocer de los recursos de casación que les hayan sido remitidos por la Sala Primera del Tribunal Supremo.

4180 **Traslado y oposición** (LEC art.485) Admitido el recurso de casación, el letrado de la Administración de Justicia dará traslado del escrito de interposición, con sus documentos adjuntos, a la parte o partes recurridas, para que formalicen su oposición por escrito en el **plazo** de 20 días y manifiesten si consideran necesaria la celebración de vista.

4182 **Votación y fallo** (LEC art.486) Transcurrido el plazo anterior de 20 días, háyanse presentado o no los escritos de oposición, el letrado de la Administración de Justicia señalará día y hora para la celebración de la **vista** cuando el tribunal hubiera resuelto, mediante providencia, por considerarlo conveniente para la mejor impartición de justicia, la celebración de dicho acto.
En caso contrario, la Sala señalará día y hora para la votación y fallo del recurso de casación.
En caso de celebrarse la vista, comenzará con el **informe** de la parte recurrente, para después proceder al de la parte recurrida.
Si fueran varias las partes recurrentes, se estará al **orden** de interposición de los recursos, y siendo varias las partes recurridas, al orden de las comparecencias.
La Sala puede indicar a los abogados de las partes y, en su caso, al Ministerio Fiscal, el **tiempo** del que disponen para sus informes y las **cuestiones** que considera de especial interés.

4184 **Resolución** (LEC art.487) El recurso de casación se decide por:
a) **Sentencia**.
b) **Auto**, cuando habiendo ya doctrina jurisprudencial sobre la cuestión o cuestiones planteadas, la resolución impugnada se oponga a dicha doctrina. El auto debe casar la resolución recurrida y devolver el asunto al tribunal de su procedencia para que dicte nueva resolución de acuerdo con la doctrina jurisprudencial.
La sentencia, o en su caso el auto, debe dictarse dentro de los 20 días siguientes al de la finalización de la deliberación. Si en el escrito de interposición se han denunciado distintas infracciones, procesales y sustantivas, la Sala ha de resolver en primer lugar el motivo o motivos cuya eventual estimación determine una reposición de las actuaciones.
Contra la sentencia o el auto que resuelva el recurso de casación no cabe **recurso** alguno.
Los **pronunciamientos** de la sentencia que se dicte en casación en ningún caso afectan a las situaciones jurídicas creadas por las sentencias, distintas de la impugnada, que se hubiera invocado.
En cuanto a las **costas**, se aplica la regla del vencimiento en caso de desestimación total, salvo circunstancias especiales apreciadas por la sala sentenciadora, y la no imposición a parte alguna en caso de estimación total o parcial (LEC art.398.3 y 3, con aplicación en recursos interpuestos desde 20-3-2024).

F. Recurso de queja

(LEC art.494 y 495)

Resoluciones recurribles Contra los **autos** en que el tribunal que haya dictado la resolución deniegue la tramitación de un recurso de casación, se puede interponer recurso de queja ante el órgano al que corresponda resolver del **recurso no tramitado**. 4220 MPCI nº 7350, 7352

No procederá el recurso de queja en los procesos de **desahucios** de finca urbana y rústica, cuando la sentencia que procediera dictar en su caso no tuviese la consideración de cosa juzgada (LEC art.494).

Los recursos de queja se tramitan y resuelven con **carácter preferente**.

El ámbito del recurso de queja -que constituye un claro ejemplo de recurso devolutivo e instrumental- no permite plantear otras **cuestiones** que no sean las relativas a la corrección jurídica de la decisión por la que se deniega la preparación del recurso devolutivo, estricto alcance que resulta del régimen establecido en LEC art.494 y 495 (TS auto 25-5-04, EDJ 47682; 1-6-04, EDJ 144968).

Precisiones **1)** En cuanto a su **naturaleza**, el recurso de queja se configura como un medio de impugnación instrumental, para controlar la denegación de la tramitación de un recurso devolutivo por el juez o tribunal *a quo*, resolviendo por el tribunal *ad quem* sin oír a ninguna otra parte, exclusivamente en base a las alegaciones del que ha interpuesto la queja y atendiendo al contenido de los testimonios que la ley prevé y, eventualmente, de aquellos otros que deban recabarse por considerarse necesarios en orden a la decisión que proceda adoptar, sin que esa *inaudita parte*, consustancial a la queja, pueda eludirse por otros litigantes, solicitando su personación o por cualquier otro medio (TS auto 20-3-02, EDJ 126243).

2) La sala no puede a examinar la **eficacia o no de cosa juzgada** material de la sentencia impugnada (TS auto 15-2-05, EDJ 25991); y no incumbe al tribunal *ad quem* suplir la **falta de alegaciones**, ni efectuar una labor indagatoria, de naturaleza inquisitiva, sobre las razones que puedan asistir al litigante y que este no ha expresado, constituyendo la ausencia o falta de alegaciones una verdadera causa de rechazo *ad limine* del recurso de queja, si bien la falta de previsión legal sobre un trámite específico de admisión en el mismo, determina que en su fase de decisión proceda por esa causa su desestimación (TS auto 14-9-04, EDJ 162649; 21-12-04, EDJ 230474; 8-3-05, EDJ 31382).

Interposición (LEC art.494 y 495) Entre los presupuestos o condiciones de los actos procesales, y como requisito para su válida y eficaz realización, figura la determinación del **lugar** donde deben producirse, y por lo que se refiere, en concreto al escrito de interposición del recurso de queja, ha de presentarse ante el órgano jurisdiccional al que corresponda resolver del recurso no tramitado, debiendo efectuarse dicha presentación, dentro del **plazo** legalmente fijado, ante el letrado de la Administración de Justicia o ante la oficina o servicio del registro general cuando estuviese establecido (LEC art.135; LOPJ art.268.1 y 272.3). 4222

Precisiones Se han declarado inadmisibles, por **formulación fuera de plazo**, recursos de queja que han tenido su entrada en el registro del Tribunal Supremo después del término legalmente establecido para la interposición, aunque se hayan presentado antes en oficinas de correos (TS auto 20-3-01, EDJ 3527; 28-5-02, Rec 2391/01), e igualmente cuando se presentasen **ante la propia Audiencia** ***a quo*** (TS auto 19-11-02, EDJ 126237; 11-2-03, EDJ 263084; 18-2-03, EDJ 263086) teniendo declarado el Tribunal Constitucional que no menoscaba el derecho a la tutela judicial efectiva la interpretación judicial de que resulta extemporánea la llegada fuera de plazo de un escrito de parte presentado en tiempo, pero en otro órgano judicial distinto del competente y que no existe vulneración de tal derecho cuando la falta de respuesta en el fondo se debe a la pasividad, desinterés, negligencia, error técnico o impericia de las partes o profesionales que las representen (TCo 137/1996). No es aplicable en este supuesto la previsión contenida en LEC art.62, que añade un plazo de 5 días, para la correcta interposición o anuncio del recurso, porque este precepto se refiere al litigante que acude a un tribunal al que erróneamente cree competente para «conocer» del recurso devolutivo, en orden a su resolución o cualquier fase previa (preparación, interposición), de tal modo que ese **plazo excepcional** de 5 días no puede servir para eludir la preclusión y prolongar artificialmente los plazos generales, como el recogido en LEC art.495.3 (TS auto 25-2-03, EDJ 263087; 31-7-03, EDJ 263090).

Sustanciación y decisión (LEC art.495) El recurso de queja se interpone ante el órgano al que corresponda resolver el recurso no tramitado, en el **plazo** de 10 días desde la notificación de la resolución que deniegue la tramitación de un recurso de casación, debiendo acompañarse al recurso copia de la resolución recurrida. 4224

Presentado en tiempo el recurso con dicha copia, el tribunal ha de resolver sobre él en el plazo de 5 días. Si considera **bien denegada la tramitación** del recurso, manda ponerlo en conocimiento del tribunal correspondiente, para que conste en los autos. Si la estima **mal denegada**, ordena a dicho tribunal que continúe con la tramitación.

Contra el auto que resuelva el recurso de queja **no** cabe **recurso** alguno.

G. Recursos que puede utilizar el demandado rebelde

(LEC art.496 a 508)

4230 Al regular los recursos que puede ejercer el demandado rebelde, la LEC pone especial atención a la **pretensión rescisoria de la sentencia firme dictada** (nº 4242 s.).

La santidad de la cosa juzgada solo puede atacarse en un doble campo y a través de alguno de estos **remedios extraordinarios** (TS 23-7-90, EDJ 7967): el de audiencia al rebelde o el pertinente de revisión.

La **finalidad** específica de este medio de rescisión de la cosa juzgada consiste en que, quien se encuentre perjudicado por una sentencia dictada tras un proceso en el que no ha sido oído por **causas que no le son imputables**, y que no puede utilizar contra ella el recurso de apelación o de casación (LEC art.771 y 772) pueda obtener su rescisión y un nuevo fallo que reemplace a la sentencia pronunciada inaudita parte, y que solo será dictada tras permitirle ejercer sus derechos de alegación y de prueba en defensa de sus derechos e intereses legítimos (TS 14-5-93).

El Tribunal Constitucional ha señalado al efecto que el **recurso de audiencia** ofrece un cauce adecuado para que los tribunales del orden jurisdiccional competente conozcan y resuelvan sobre las eventuales indefensiones ocasionadas en sus juicios, permitiendo a los órganos jurisdiccionales remediar aquellas situaciones de indefensión contrarias a Const art.24, cuando el vicio determinante de inconstitucionalidad es detectado después de que la sentencia deviene firme y, por ende, intangible a través de los recursos de apelación suplicación o casación, siendo preciso interpretar las normas procesales que integran alguna vía rescisoria de sentencias firmes, en el sentido más favorable para permitir la tutela en fase jurisdiccional de los **derechos fundamentales**, singularmente el derecho a no padecer indefensión imputable a un tribunal de justicia (TCo 185/1990; 186/1991; 8/1993; 183/1993; 310/1993; AP Baleares 6-9-94).

4232 MPCI nº 7367 **Declaración de rebeldía** (LEC art.496) El letrado de la Administración de Justicia declarará en rebeldía al demandado que no comparezca en forma en la fecha o en el plazo señalado en la citación o emplazamiento, excepto en los supuestos previstos en esta Ley en que la declaración de rebeldía corresponda al tribunal.

Según doctrina jurisprudencial consolidada, declaración de rebeldía no se considera como **allanamiento** ni como **admisión de los hechos** de la demanda, salvo los casos en que la ley expresamente disponga lo contrario -p.e. proceso monitorio (LEC art.816.1).

Precisiones El Tribunal Constitucional ha mantenido, por una parte, que solo la incomparecencia en el proceso o en el recurso debida a la **voluntad expresa o tácita** de la parte o a su **negligencia** podría justificar una resolución sin haber oído sus alegaciones o examinado sus pruebas (TCo 149/1997), y, en el mismo sentido, que el derecho a la tutela judicial efectiva supone no solamente el derecho de acceso al proceso y a los recursos legalmente establecidos, sino también el adecuado ejercicio del derecho de audiencia y defensa para que las partes puedan hacer valer sus derechos e intereses excluyendo así la indefensión prohibida por Const art.24.

El **principio de contradicción**, en cualquiera de las instancias procesales, constituye una exigencia ineludible vinculada al derecho a un proceso con todas las garantías. Como consecuencia de ello, la **citación edictal** debe ser entendida y mantenida como un medio de llamada al proceso supletorio y excepcional. Tal modalidad de citación solo es utilizable cuando no es posible recurrir a otros medios más efectivos. Se trata de un procedimiento que solo puede ser empleado cuando se tiene la convicción o certeza de la inutilidad de cualquier modalidad de citación, lo que quiere decir que previamente han de agotarse todas aquellas otras modalidades que aseguren más eficazmente la recepción por el destinatario de la correspondiente notificación, y que, en consecuencia, garanticen en mayor medida el derecho defensa. Los órganos judiciales ordinarios no pueden efectuar una interpretación restrictiva, rigorista o en exceso formalista de los presupuestos contenidos en los preceptos que regulan la rescisión por rebeldía de la cosa juzgada, ya que las infracciones del derecho a la tutela y de defensa pueden y han de ser remediadas, a través de dicha vía, por los tribunales ordinarios (TCo 12/2000).

La **petición de audiencia** debe ser examinada de conformidad con los principios expuestos (AP Barcelona 15-12-00, EDJ 113260).

1. Disposiciones generales

4235 MPCI nº 7375 **Régimen de notificaciones** (LEC art.497) La **resolución que declare la rebeldía** debe notificarse al demandado en forma electrónica, cuando tenga obligación legal o contractual de relacionarse con la Administración de Justicia por dichos medios. En otro caso, por correo, si su domicilio es conocido y, si no lo es, mediante edictos. Hecha esta notificación, no se lleva a cabo ninguna otra, excepto la de la resolución que ponga fin al proceso.

La sentencia o **resolución que ponga fin al proceso** se notifica al demandado personalmente (LEC art.161).
Si el demandado se halla en **paradero desconocido**, la notificación se hace en el tablón edictal judicial único. Lo mismo se aplica para las sentencias dictadas en los recursos de apelación o de casación.
No es necesaria la publicación de edictos en el boletín oficial de la comunidad autónoma o en el BOE en aquellos procedimientos en los que la sentencia **no tenga efecto de cosa juzgada**, ni en los **procesos de desahucio** en los que se acumule la acción de reclamación de rentas y cantidades debidas. En estos casos, basta la publicidad del edicto en el **tablón de anuncios** de la oficina judicial.
Esta publicación puede ser sustituida, en los términos que reglamentariamente se determinen, por la utilización de **medios telemáticos**, informáticos o electrónicos, conforme a lo previsto en la LOPJ art.236.

Comunicación de la existencia del proceso en caso de citación o emplazamiento por edictos (LEC art.498) Al demandado rebelde que, por carecer de domicilio conocido o hallarse en ignorado paradero, haya sido citado o emplazado para personarse mediante edictos, se le debe comunicar la pendencia del proceso, de oficio o a instancia de cualquiera de las partes personadas, en cuanto **se tenga noticia del lugar** en que pueda llevarse a cabo la comunicación. 4237 MPCI nº 7377
Cualquiera que sea el estado del proceso en que el demandado rebelde comparezca, se entiende con él la sustanciación, sin que esta pueda retroceder en ningún caso.

Recursos ordinarios (LEC art.500) El demandado rebelde a quien haya sido **notificada personalmente la sentencia**, solo puede utilizar contra ella el recurso de apelación o el de casación, cuando procedan, si los interpone dentro del plazo legal. 4239 MPCI nº 7379
Los mismos recursos puede utilizar el demandado rebelde a quien **no haya sido notificada personalmente** la sentencia, pero en este caso, el plazo para interponerlos se cuenta desde el día siguiente al de la publicación del edicto de notificación de la sentencia en el tablón edictal judicial único o por medios electrónicos (nº 4235).

Precisiones La LEC art.503, en relación con LEC art.564, no permite el recurso de **audiencia al rebelde** bien como recurso autónomo bien como embebido habido en el de apelación, y en orden a la segunda de ellas por cuanto que la **fecha de la notificación de la sentencia** no es aquella en que la parte, compareciendo ante el órgano judicial, interesa la misma, sino que es aquella que establece LEC art.502, de manera que si cuando se presenta el recurso de apelación ha transcurrido con creces el plazo, bien de 20 días si la sentencia en su día se notificó personalmente, bien de 4 meses si lo fue por edictos, no cabe admitir el recurso de apelación por razón de rebeldía (AP Málaga auto 10-12-02, EDJ 126430).

2. Rescisión de la sentencia firme

Audiencia al litigante rebelde para la rescisión de sentencias firmes El Tribunal Constitucional en reiteradas resoluciones -entre ellas, TCo auto 324/1997- ha entendido que cuando el interesado tiene conocimiento de la sentencia que perjudica sus derechos sin haber tenido una oportunidad real de ser oído por el tribunal que la ha dictado, debe intentar el recurso de **apelación** o de **casación** que proceda, si tiene plazo para ello. 4242 MPCI nº 7385, 7387
Si la falta o los defectos de emplazamiento han sido causados por maquinaciones de la parte contraria, procede pedir la **revisión** de la sentencia injustamente ganada.
Y, en defecto a los cauces anteriores, puede pedirse **audiencia**.

Legitimación (LEC art.501) La tiene el demandado que ha permanecido de modo constante en rebeldía, siempre y cuando concurra alguno de los siguientes **supuestos**: 4244 MPCI nº 7389
1. **Fuerza mayor ininterrumpida** que impidió al demandado comparecer en todo momento, aunque haya tenido conocimiento del pleito por haber sido citado o emplazado en forma.
2. **Desconocimiento de la demanda y del pleito**, cuando la citación o emplazamiento, se haya efectuado por **cédula**, a tenor de LEC art.161 -entrega a vecino, pariente, etc.-, y no haya llegado a su poder por causas a él no imputable -p.e. no entrega de la cédula por olvido, extravío, fallecimiento del receptor-.
3. **Desconocimiento de la demanda y del pleito**, cuando la citación o emplazamiento, se haya efectuado por **edictos** y haya estado ausente del lugar donde se haya seguido el proceso y de cualquier otro lugar del Estado o comunidad autónoma, en cuyos boletines oficiales se hayan publicado aquellos (por ejemplo, residencia en el extranjero).

Precisiones Es necesario, dicen los tribunales que concurran tanto los requisitos objetivos genéricos y los específicos que para cada caso concreto se consignan, como el subjetivo de no serle imputable la incomparecencia en juicio, toda vez que su finalidad es evitar la condena de quienes se vean en la imposibilidad de defenderse a causa del desconocimiento de la existencia del proceso y no la concesión a los litigantes contumaces de un privilegio respecto a la impugnabilidad de las resoluciones judiciales. Ahora bien, no impone al recurrente en rebeldía emplazado por edictos la **obligación de justificar el obstáculo** que le haya impedido comparecer en la contienda judicial, por estimar suficiente la prueba de su alejamiento de los lugares a que se alude durante el período de tiempo requerido a tal fin, y este diferente tratamiento no responde al propósito legislativo de exonerar a las personas comprendidas en el precepto citado, pero la contraparte tiene la posibilidad de acreditar por cualquier medio probatorio admisible en Derecho, el conocimiento por parte de su adversario de la iniciación o sustanciación del litigio con la consiguiente ineficacia de la acción impugnatoria (TS 3-12-85, EDJ 11724).

4247 **Objeto** (LEC art.501 y 503) Son las **sentencias firmes**, esto es, aquellas contra las que no cabe recurso alguno, bien porque no lo prevé la Ley o las partes no han hecho uso del mismo, dejando transcurrir el plazo legal, siempre y cuando produzcan los **efectos de la cosa juzgada** (LEC art.207).
En consecuencia, no cabe por ejemplo en las **tercerías de dominio** que se pronuncian sobre la titularidad del bien a los solos efectos de la ejecución (LEC art.393 s.), o para aquellas sentencias que **carecen de los efectos de cosa juzgada** (LEC art.447.2 y 3), esto es, las que pongan fin a los juicios verbales sobre tutela sumaria de la posesión, las que decidan sobre la pretensión de desahucio o recuperación de finca, rústica o urbana, dada en arrendamiento, por impago de la renta o alquiler, o en las que se pretenda la efectividad de derechos reales frente a quienes se opongan a ellos o perturben su ejercicio sin disponer de título inscrito, y cuantas otras, como las antes citadas, establezca el legislador.

4249 **Competencia** El órgano competente es el tribunal que dictó la sentencia firme a rescindir.

4251 **Plazo de interposición** La demanda de rescisión debe presentarse, bajo sanción de su
MPCI inadmisión, en los siguientes plazos de **caducidad** (apreciación de oficio):
nº 7397 **a)** En los supuestos de **notificación personal** de la sentencia al demandado rebelde, en el plazo de 20 días a partir del siguiente al acto de comunicación.
b) En los supuestos de **notificación por edictos** de la sentencia al demandado rebelde, en el plazo de 20 días a partir del siguiente al acto de comunicación, esto es la publicación del edicto.
Tales plazos, son **improrrogables** a no ser que exista fuerza mayor, apreciada de oficio o a instancia de parte, que le impida al demandado rebelde comparecer, en cuyo caso con el límite de 16 meses desde la notificación de la sentencia, el plazo antes indicado se prorroga, iniciándose su cómputo al cesar aquella (LEC art.134.2 en relación con LEC art.502).

4253 **Procedimiento** Los cauces procesales para la tramitación de la demanda de rescisión son los del juicio ordinario (nº 3750 s.), con intervención de los fueron parte en el proceso cuya sentencia se pretende se rescinda.
Durante su tramitación la **sentencia** se ejecuta a no ser que se haya acordado su **suspensión**, siempre que se garantice el valor de lo litigado y los daños y perjuicios que puedan irrogarse de la no ejecución (LEC art.566).

4255 **Sentencia** La sentencia que se dicte, que no es susceptible de **recurso** alguno (TS auto 29-5-01, EDJ 32602), debe contener alguno de los siguientes **pronunciamientos**:
• **Desestimatoria** de la demanda de rescisión, con imposición de costas al litigante en rebeldía (LEC art.506.1). Si se accedió a la suspensión de la ejecución, se alza esta una vez le conste al tribunal de la ejecución la desestimación (LEC art.566.2).
• **Estimatoria** de la demanda de rescisión, sin expresa condena en costas a no ser que uno de los litigantes actuara con temeridad -p.e. oposición maliciosa o rebeldía provocada-. En este caso, la consecuencia es la **revisión del proceso** por el órgano judicial que conoció del asunto en primera instancia -hay que pensar también en los jueces de paz dentro de sus competencias-. Para ello, se da traslado de los autos por 10 días al litigante rebelde para que alegue lo que a su derecho convenga, cumpliendo para ello los requisitos de la contestación a la demanda (LEC art.507 y 508).

4256 **Opciones del demandado** Transcurrido el plazo, el demandado puede adoptar diversas posturas:
1) **No contestar**, lo que equivale a tenerle por renunciado a ser oído, dictando el órgano judicial una sentencia idéntica a la rescindida, la cual carece de recurso.
2) **Contestar**, en cuyo caso se da traslado de lo alegado con entrega de copias de los escritos y documentos presentados, a la parte contraria por 10 días, tras lo cual se siguen los trámites del juicio declarativo que corresponda, que es el que en su día se haya seguido.

La **sentencia** que así se dicte, puede ser (LEC art.566.4):
- **desestimatoria** de la demanda, de suerte que se sobresea la ejecución que de la rescindida se llevara a cabo;
- **estimatoria** de la demanda, condenando de modo igual o diverso a la sentencia, por lo que mantienen su validez los actos de ejecución realizados.
Lógicamente, contra esta sentencia se admiten los **recursos** establecidos en la LEC.

Relación con la nulidad de actuaciones (LOPJ art.241) Como ha declarado AP Madrid 2-2-02, EDJ 5473, en principio parece conveniente deslindar adecuadamente, por una parte, el recurso de audiencia al demandado condenado en rebeldía, y, por otra parte, la nulidad de pleno Derecho de los actos judiciales (LOPJ art.238 a 241), y el otro recurso rescisorio extraordinario, el de revisión, pues, aunque puedan tener puntos de concomitancia no deben confundirse. **4258**

El **recurso de audiencia al demandado condenado en rebeldía** no es uno de los recursos a los que se refiere LOPJ art.240, al disponer que la nulidad de pleno Derecho se hará valer por medio de los recursos establecidos en la Ley, de manera que no puede el rebelde valerse del recurso de audiencia para instar la nulidad de todo o parte del proceso concluido por sentencia firme.

Tampoco puede el tribunal que conoce del recurso de audiencia al demandado condenado en rebeldía decretar la nulidad del precedente proceso, al amparo de LOPJ art.240.2, por haberse dictado ya sentencia firme. En este sentido, el Tribunal Supremo ha señalado que la nulidad de actuaciones **no es equiparable** a la eventual rescisión de esta por ser procedente la audiencia al condenado rebelde, cuyos presupuestos subjetivos, de fondo son distintos, como lo es el órgano jurisdiccional que ha de conocer de la misma; así, la primera se funda en **defectos formales** concurrentes en la actividad procesal, mientras que la segunda es una concurrencia del principio *nemo debet inaudito damnari* y en ella se valora la **ausencia involuntaria y constante** del proceso de un demandado, con independencia de la regularidad formal de los actos procesales, aunque haya de apreciarse la trascendencia de estos para la calificación como involuntaria de la ausencia del proceso (TS 26-1-94, EDJ 492).

No obstante, en la actualidad, se sostiene que la precedente distinción aparece totalmente difuminada, hasta tal punto de poder afirmar que prácticamente ha desaparecido por la ampliación de que está siendo objeto el recurso de audiencia al rebelde (AP Madrid 22-12-95). La tendencia a ampliar el ámbito de este recurso a supuestos de **emplazamientos defectuosos** generadores de indefensión se observa claramente en TCo 310/1993. Asimismo se dice que los órganos judiciales no deben efectuar una interpretación restrictiva, rigorista o en exceso formalista de los presupuestos contenidos en los preceptos que regulan la audiencia al rebelde que condicionan la admisibilidad de este medio rescisorio de la cosa juzgada, ya que las infracciones del derecho a la tutela y de defensa pueden y han de ser remediadas, a través de dicha vía, por los tribunales ordinarios sin que quepa acceder *per saltum* ante la jurisdicción constitucional.

El Tribunal Supremo también ha seguido esta línea de interpretar con bastante amplitud el ámbito de este recurso de audiencia (TS 26-1-94, EDJ 492; 17-10-91, EDJ 9807; 3-10-90, EDJ 8955).

Precisiones Hay que tener en cuenta, también, el ámbito del incidente de nulidad de actuaciones por efecto de la LO 6/2007, de forma que si con anterioridad se refería a la nulidad fundada en defectos de forma que hubieran causado indefensión o en la incongruencia del fallo, actualmente se refiere a **cualquier lesión de derecho fundamental** de Const art.53.2, siempre que no haya podido denunciarse antes de recaer resolución que ponga fin al proceso y siempre que dicha resolución no sea susceptible de recurso ordinario ni extraordinario.

3. Especialidades en el proceso laboral

(LRJS art.185)

La previsión de la audiencia al rebelde en el proceso laboral remite a la norma procesal civil, pero estableciendo las siguientes especialidades: **4260**

a) No es necesaria la **declaración** de rebeldía.

b) A petición del demandante puede decretarse el **embargo de bienes** del demandado, u otras medidas cautelares, para asegurar el resultado del suplico.

c) El **plazo** para solicitar la audiencia es de 20 días desde la notificación personal de la Sentencia o desde que conste el conocimiento procesal o extraprocesal de la misma. En todo caso, en el plazo de 4 meses, desde la notificación por el correspondiente «boletín oficial» con los requisitos de la LEC art.501.

d) **Se pide** ante el órgano judicial que hubiera dictado la correspondiente sentencia firme cuya rescisión se pretende y **se sustancia** ante el órgano que conoció del litigio en la instancia.
e) Se tramita por lo previsto para el proceso ordinario que puede ser iniciado por quién haya sido parte en el proceso, siguiéndose los **trámites del juicio declarativo** que corresponda hasta el dictado de la sentencia que es recurrible de acuerdo con lo dispuesto, en su caso, en la LRJS art.191 s.
Si lo que se pretende no es la rescisión de la sentencia o resolución firme sino **su nulidad por defectos de forma** que hayan causado indefensión, se plantea a través del incidente de nulidad de actuaciones.
Solicitada la rescisión de la sentencia firme, el demandante puede interesar el embargo de bienes para asegurar el suplico, no quedando en suspenso la ejecución. Contra la sentencia dictada en este procedimiento de audiencia **no cabe recurso** alguno (TS 26-11-04, EDJ 197459; 31-5-07, EDJ 80479).

Precisiones 1) La **audiencia al rebelde** se reserva para los casos en que la **notificación edictal** haya ido precedida de un emplazamiento realizado en forma legal, es decir, por alguno de los medios recogidos en la LRJS art.56 y 57 (TSJ Cataluña 22-6-06, EDJ 382829; TSJ Galicia 10-7-06, EDJ 458609), mientras que los supuestos de indefensión causados por irregularidad del emplazamiento deben sustanciarse por la vía incidental abierta por la LOPJ art.240.2 (TS 31-1-00, EDJ 1623). Siendo exigible, en todo caso, que se hayan intentado todos los medios posibles de citación (TSJ Cataluña 22-11-06, EDJ 416993).
2) La LRJS se remite a la LEC en cuanto a la **regulación del procedimiento** de audiencia al rebelde y esta norma señala expresamente que las sentencias de rescisión no son susceptibles de recurso alguno (LEC art.505; TS 14-4-03, EDJ 29887).

H. Revisión de sentencias firmes

(LEC art.509 a 516)

4265 MPCI nº 7410 Es doctrina reiterada y constante del Tribunal Supremo que (TS auto 30-10-03, EDJ 263089):
a) El recurso de revisión dado su carácter **extraordinario y excepcional**, aparece bien **limitado** en su alcance, condiciones precisas y plazo para su ejercicio por las normas de inexcusable observancia, contenidas en LEC art.509 a 516, sin posibilidad de extenderlo a causas o supuestos distintos de los taxativamente señalados (TS 1-2-82, EDJ 433; 15-2-82, EDJ 752; 8-6-82, EDJ 3767; 21-10-82, EDJ 6219).
b) La **interpretación** de dichos supuestos ha de hacerse con absoluta rigidez y criterio restrictivo, sin extenderlo a casos no especificados en el texto legal, para evitar la inseguridad de situaciones reconocidas o derechos declarados en la sentencia, con quebranto de la autoridad de la cosa juzgada, que no puede ponerse en entredicho (TS 13-4-81, EDJ 1489; 25-5-81, EDJ 1442; 8-3-82, EDJ 1262; 8-6-82, EDJ 3767; 3-6-87; 22-3-91, EDJ 3135).
c) No es una **tercera instancia**, ni este remedio procesal permite subsanar deficiencias procesales que pudo reparar la parte; y no es posible, a través de la revisión, examinar la actuación del tribunal que dio lugar a la sentencia impugnada (TS 30-6-88, EDJ 5706; 14-7-88, EDJ 16796; 3-11-88, EDJ 8662; 4-3-91, EDJ 2320; 22-3-91, EDJ 3135).
d) La **firmeza de la sentencia** objeto de revisión no tiene necesariamente que producirse por agotamiento de los recursos (TS 10-12-21, EDJ 767907).

4267 MPCI nº 7412 s. **Competencia y resoluciones recurribles** (LEC art.509; LOPJ art.56.1 y 73.1.b) La revisión de sentencias firmes se solicita a la Sala de lo Civil del **Tribunal Supremo** o a las Salas de lo Civil y Penal de los **Tribunales Superiores de Justicia**.
La lectura de LOPJ art.56 y 73 determina que el conocimiento de los recursos de revisión civil por las Salas de lo Civil de los **Tribunales Superiores de Justicia** quede condicionado o supeditado a la concurrencia conjunta de los siguientes **requisitos**:
a) Que se trate de sentencias dictadas por órganos jurisdiccionales con sede en la comunidad autónoma.
b) Que el correspondiente Estatuto de Autonomía lo haya previsto.
c) Que la demanda de revisión se interponga contra sentencias que apliquen normas de Derecho civil, foral o especial, propias de la comunidad autónoma.
En el supuesto de que falte alguna de las especificaciones anteriores la competencia corresponde al **Tribunal Supremo** por imperativo de LOPJ art.56.1.

Precisiones 1) Lo anterior en modo alguno puede ser afectado por la redacción de los preceptos contenidos en **leyes ordinarias** -carentes de rango de ley orgánica- como es L 38/1998 art. 54.2 sobre demarcación y planta judicial, leyes ordinarias que requieren ser integradas con las normas competenciales contenidas en las Leyes Orgánicas reguladoras del Poder Judicial y del Estatuto de Autonomía, pues el verdadero significado y alcance de este precepto no es otro que establecer el cauce procesal que asegure la integridad competencial de los Tribunales Superiores de Justicia para conocer de esta clase de recursos (TSJ Murcia auto 2-11-00, EDJ 108349).

2) Respecto de las **resoluciones recurribles**, existe una consolidada doctrina jurisprudencial que establece que la revisión **únicamente** puede admitirse contra sentencias dictadas en casación si el Tribunal Supremo ha actuado como juzgador de primera y única instancia, no procediendo **nunca** contra aquellas sentencias si en ellas se declara no haber lugar al recurso de casación interpuesto (TS auto 25-7-02). De acuerdo con ello, es preciso haber interpuesto **incidente de nulidad de actuaciones**, habiendo tenido oportunidad para ello, para considerar agotadas todas las vías procesales impugnatorias previas a efecto de prosperabilidad de la revisión (TS 10-6-20, EDJ 575365; 23-11-23, EDJ 759301).

3) Respecto de la **firmeza**, se ha dicho que no cabe el recurso si la sentencia permitía recurso de apelación y se dejó ganar la firmeza; no es aceptable sustituir la revisión por la apelación (TS 28-4-05, EDJ 62550).

4) A pesar de la restricción interpretativa que de este medio de revisión se proclama, la jurisprudencia ha extendido su operatividad a **resoluciones judiciales o procesales firmes que ponen fin al procedimiento sin carácter de sentencia**, como es el caso del auto de conclusión del concurso, el decreto por el que se despacha ejecución en el proceso monitorio, el de conclusión del monitorio europeo o el decreto que pone fin al proceso de desahucio por falta de oposición del demandado, susceptibles por tanto de revisión por este cauce excepcional (TS 23-2-21, EDJ 507113; 28-3-19, EDJ 564249; 9-10-15, EDJ 187096; 28-10-13, EDJ 20-11-29).

Motivos (LEC art.510) Ha lugar a la revisión de una **sentencia firme**: **4270** MPCI nº 7418, 7420

1º Si después de pronunciada, se recobran u obtienen **documentos decisivos**, de los que no se haya podido disponer por fuerza mayor o por obra de la parte en cuyo favor se haya dictado.

Los **datos esenciales** para que pueda surgir este supuesto son:

• Que los documentos, en cuestión, se hayan recobrado después de pronunciada la sentencia firme.

• Que los mismos hayan sido detenidos por causa de fuerza mayor o por la parte en cuyo favor se dictó el fallo impugnado.

• Que sean decisivos para la justa decisión de la litis, siendo irrelevante que otros tribunales hayan resuelto en sentido contrario o distinto (TS 19-1-21, EDJ 501415).

La **carga probatoria** de los citados extremos o datos corresponde a la parte recurrente (TS 19-7-06, EDJ 105543).

Precisiones **1)** Se contemplan no solo los supuestos de documentos recobrados, sino también de **documentos obtenidos**, con lo que se amplía el ámbito del precepto y la disposición revisoria a los supuestos en los que, ignorándose con anterioridad a dictarse sentencia la posible existencia de un documento trascendental para la resolución del pleito, se llega a tener posteriormente conocimiento del mismo y se alcanza su disponibilidad. Sin embargo, el precepto no se refiere a toda clase de documentos, sino que conforme a la doctrina jurisprudencial que venía aplicándose y que resulta también válida para interpretar el art.510.1 LEC, es preciso que el documento obtenido sea de **fecha anterior a la sentencia** objeto de revisión (TS auto 14-12-01, EDJ 98903).

2) No cabe admitir un supuesto **desconocimiento** ni una indisponibilidad de un **documento** suscrito por todos los litigantes máxime si está incorporado su original a un archivo de la administración pública lo que permitiría haber obtenido copia del mismo para su temporánea aportación con la demanda o contestación (TS 3-12-07, EDJ 230020).

3) Con carácter general se considera que los **informes periciales** no tienen carácter de documento recobrado a efectos de instar la revisión de una sentencia firme, dado que no reúnen la garantía de fehaciente fiabilidad, al ser emitidos a instancia de parte, ni se les puede atribuir presunción de acierto o veracidad en su contenido. Sin embargo, se han aceptado a estos efectos en el caso de no haber sido solicitados de oficio y emitidos por organismo oficial, incluso con **fecha anterior a la sentencia**, pero no disponibles para la parte en el momento de dictarse (TS 19-4-21, EDJ 539748).

2º Si la sentencia recayó en virtud de documentos que al tiempo de dictarse ignoraba una de las partes haber sido **declarados falsos en un proceso penal**, o cuya falsedad declarare después penalmente. **4271** MPCI nº 7422 s.

3º Si la sentencia recayó en virtud de prueba testifical o pericial, y los testigos o los peritos hubieran sido **condenados por falso testimonio** dado en las declaraciones que sirvieron de fundamento a la sentencia.

4º Si se ganó injustamente en virtud de **cohecho, violencia o maquinación fraudulenta**. La maquinación fraudulenta exige una irrefutable verificación de que se ha llegado al fallo por medio de argucias, artificios o ardides encaminados a impedir la defensa del adversario, de suerte que exista **nexo causal** suficiente entre el proceso malicioso y la resolución judicial y ha de resultar de hechos ajenos al pleito, pero no de los alegados y discutidos en él.

Precisiones **1)** Una reiterada doctrina jurisprudencial reputa maquinación fraudulenta la **ocultación maliciosa del domicilio del demandado**, que da lugar a su emplazamiento por edictos. Ello lo es cuando no solo se acredita intención torticera de quien lo ocultó, sino también cuando consta que tal indefensión se produjo por causa no imputable al demandado (TS 14-6-06, EDJ 94041; 16-10-17, EDJ 215270; 10-10-18, EDJ 596652; 10-2-20, EDJ 509947; 1-6-20, EDJ 570700; 20-4-23, EDJ 550674).

En todo caso, se exige que entre el acto de quien dificulta el emplazamiento de la parte contraria y la indefensión generada, medie relación de **causalidad** (TS 7-4-25, EDJ 543840).

2) La tramitación de un **proceso judicial aparente** con la finalidad de obtener una sentencia que es necesariamente favorable a ambos sujetos del pleito por ser común a sus pretensiones, en perjuicio directo de los verdaderos interesados a los que se ha ocultado la existencia del juicio, hace que concurra la causa de revisión determinada en LEC art.510.4 (TS 15-6-06, EDJ 89282).

3) El **testimonio declarado falso en sentencia penal firme** ha de haber sido relevante para la sentencia objeto de revisión, aunque no necesariamente prueba única determinante del fallo (TS 10-12-21, EDJ 767907; 21-3-19, EDJ 536658).

4272 5º Asimismo, se puede interponer recurso de revisión contra una resolución judicial firme cuando el Tribunal Europeo de Derechos Humanos haya declarado que dicha resolución ha sido dictada en violación de alguno de los **derechos reconocidos en él** y sus protocolos, siempre que la violación, por su naturaleza y gravedad, entrañe efectos que persistan y no puedan cesar de ningún otro modo que no sea mediante esta revisión, sin que la misma pueda perjudicar los derechos adquiridos de buena fe por terceras personas (LOPJ art.5 bis; LEC art.510.2).

Precisiones No se equiparan a efectos de este medio de revisión las sentencias del Tribunal Europeo de Derechos Humanos con las **recomendaciones o dictámenes** de los distintos comités de las variadas organizaciones internacionales que se pronuncian sobre el cumplimiento de las obligaciones asumidas por España en materia de derechos humanos, pues la Ley española solo atribuye la condición de título habilitante a efectos de revisión a las sentencias de dicho tribunal, y ello en determinadas condiciones (TS Sala Especial 12-2-20, EDJ 510040).

4273 **Legitimación activa** (LEC art.511) Puede solicitar la revisión quien haya sido **parte perjudicada** por la sentencia firme impugnada. En el supuesto del nº 4272, la revisión solo puede solicitarse por quien haya sido demandante ante el Tribunal Europeo de Derechos Humanos.

Precisiones Se ha estimado la demanda de revisión en un pleito en que se dirigió la **acción contra una persona fallecida**, sin agotar las medidas posibles para la constancia de este hecho fundamental, y sin intento alguno de verificar el domicilio de sus herederos, cuando en el Registro de la Propiedad figura la actual demandante como titular registral (TS 14-6-06, EDJ 94041).

4275 **Plazo de interposición** (LEC art.512) En ningún caso puede solicitarse la revisión después de transcurridos **5 años** desde la fecha de la publicación de la sentencia que se pretende impugnar. Debe rechazarse toda solicitud de revisión que se presente pasado este plazo (TS 14-7-06, EDJ 105584).

MPCI nº 7432

Dentro del plazo anterior, se puede solicitar la revisión siempre que no hayan transcurrido 3 meses desde el día en que se descubrieron los documentos decisivos, el cohecho, la violencia o el fraude, o en que se haya reconocido o declarado la falsedad.

En definitiva, el plazo para interponer la demanda de revisión no es de naturaleza procesal, sino civil, siendo de **caducidad** por lo que no admite interrupción alguna.

Dicho plazo comienza a contarse desde el momento en que el interesado tiene **conocimiento de los hechos**.

El régimen de plazos expuesto, sin embargo, **no aplica** cuando la revisión esté motivada en una sentencia del Tribunal Europeo de Derechos Humanos. En este caso, la solicitud debe formularse en el plazo de 1 año desde que adquiera firmeza la sentencia del referido Tribunal.

Precisiones 1) Existe una consolidada doctrina jurisprudencial, que determina que el plazo de **caducidad** empieza a correr a partir del día en que se descubrieron los documentos nuevos o el fraude (TS auto 30-5-06, EDJ 106497).

2) Es necesario, para la viabilidad de la demanda de revisión, que el ***dies a quo*** del referido plazo se pruebe con precisión, y cuyo incumplimiento debe soportar el demandante (TS 16-10-02, EDJ 42705); así, no es suficiente una declaración de parte. Si como causa impeditiva de la aportación del documento, o de su obtención, se alega la fuerza mayor (LEC art.510.1º), la lógica de este mismo precepto, en combinación con LEC art.512.2, parece exigir que el demandante de revisión precise cuándo cesó la fuerza mayor que le impedía aportar u obtener el documento, pues de otra manera quedaría a su libre y entera voluntad el momento de pedir la revisión sin más que cumplir el plazo absoluto de 5 años (TS 18-2-04, EDJ 6330; TSJ Navarra 4-5-05, EDJ 90349).

3) Sobre si computa en el plazo de 3 meses el de **agosto** no es clara la doctrina. De un lado, se dice que ha de atenderse a LEC art.130 que fija los días hábiles, incluyendo como inhábil el mes de agosto (TS 29-4-04, EDJ 26196). En otras, se dice que el mes de agosto se computa para el plazo de caducidad de los 3 meses; caducidad que no excluye los días inhábiles (TS 25-1-05, EDJ 6968). Como tal plazo de caducidad no queda interrumpido el referido término, entre otros supuestos, por el acto de presentación de recurso de amparo ante el Tribunal Constitucional, o por el transcurso del inhábil (para otros casos) mes de agosto, o cuando se plantee recurso de casación, si este es inadmitido por razón de la cuantía. Por ello, caducado el derecho de la parte, e interpuesto el

recurso fuera del tiempo determinado en orden a la caducidad, tal como está previsto, procede inadmitir *a limine* el mismo (TS auto 22-12-05, EDJ 302695).
4) El *dies a quo* del cómputo debe contarse desde la notificación del auto resolutorio del incidente excepcional de **nulidad de actuaciones** (TS 6-5-04, EDJ 26203).
5) El hecho de que se incoaran **diligencias indeterminadas** como consecuencia de la interposición de la querella (que no llegó a ser admitida) en modo alguno determinó la **suspensión** del plazo de caducidad para el ejercicio de la acción civil (TS 17-6-04, EDJ 58879).

Depósito (LEC art.513) Para poder interponer la demanda de revisión es indispensable que a ella se acompañe documento justificativo de haberse depositado en el establecimiento destinado al efecto la cantidad de **300 euros**. Esta cantidad se devuelve si el tribunal estima la demanda de revisión. **4278**
La **falta o insuficiencia** del depósito mencionado, cuando no se subsane dentro del plazo señalado al efecto, por el letrado de la Administración de Justicia -letrado de la Administración de Justicia-, que no será en ningún caso superior a 5 días, determina que el tribunal repela de plano la demanda.

Sustanciación (LEC art.514) Presentada y admitida la demanda de revisión, el letrado de la Administración de Justicia ha de solicitar la **remisión** al tribunal de todas las actuaciones del pleito cuya sentencia se impugne, y **emplazará** a cuantos en él hayan litigado, o a sus causahabientes, para que dentro del plazo de 20 días contesten a la demanda, sosteniendo lo que convenga a su derecho. **4280** MPCI nº 7438
Contestada la demanda de revisión o transcurrido el plazo anterior sin haberlo hecho, se convoca a las partes a una vista sometida a las reglas establecidas para los juicios verbales (LEC art.440 s.; nº 3900 s.).
En todo caso, el **Ministerio Fiscal** debe informar sobre la revisión antes de que se dicte sentencia sobre si ha o no lugar a la estimación de la demanda.
Si se suscitan **cuestiones prejudiciales penales** durante la tramitación de la revisión, se aplican las normas generales establecidas en LEC art.40, sin que opere ya el plazo absoluto de caducidad a que se refiere LEC art.512.1.

Precisiones Salvo en procedimientos en que alguna de las partes esté representada y defendida por el abogado del Estado, el letrado de la Administración de Justicia dará traslado a la **Abogacía General del Estado** de la presentación de la demanda de revisión y de la decisión sobre su admisión. La Abogacía del Estado puede intervenir, sin condición de parte, por propia iniciativa o a instancia del órgano judicial, mediante la aportación de información o presentación de observaciones escritas sobre cuestiones relativas a la ejecución de la sentencia del Tribunal Europeo de Derechos Humanos.

Suspensión de la ejecución Las demandas de revisión **no suspenden** la ejecución de las sentencias firmes que las motiven, salvo lo dispuesto en LEC art.566 (nº 4815). **4281**

Decisión (LEC art.514) Si el tribunal **estima procedente la revisión** solicitada, ha de declararlo así, y rescindir la sentencia impugnada. A continuación, mandará expedir certificación del fallo, y devolverá los autos al tribunal del que procedan para que las partes usen de su derecho, según les convenga, en el juicio correspondiente. **4282**
En este juicio, han de tomarse como base y no pueden discutirse las declaraciones hechas en la sentencia de revisión.
Si el tribunal **desestima la revisión** solicitada, se condena en costas al demandante y pierde el depósito realizado.
Contra la sentencia que dicte el tribunal de revisión no cabe **recurso** alguno.

Precisiones El letrado de la Administración de Justicia notificará igualmente la decisión de la revisión a la **Abogacía General del Estado** en el supuesto previsto en LEC art.510.2. Del mismo modo, en caso de estimarse la revisión, los letrados de la Administración de Justicia de los tribunales correspondientes informarán a la Abogacía General del Estado de las principales actuaciones que se lleven a cabo como consecuencia de la revisión.

SECCIÓN 14

Medidas cautelares

(LEC art.721 a 747)

4440

4442 MPCI nº 7506, 7508 Las **actividades procesales de aseguramiento** son aquellas que tienen por objeto garantizar la eficacia de los resultados de un proceso.

En nuestro Derecho existen dos clases de medidas cautelares:

• Un primer grupo compuesto por las que tienden a proporcionar o conservar (a la parte interesada) una **posición necesaria o jurídicamente conveniente** en el proceso: prueba anticipada, ocupación de los libros de contabilidad y documentos en el proceso de ejecución general y concursal, etc. Estas se estudian en un apartado distinto de este capítulo.

• El segundo género, lo constituyen las que tienen por objeto garantizar la **efectividad de las sentencias** de contenido económico o condenatorias a la realización de actos u omisiones que hayan de recaer en procesos futuros o pendientes, que vienen motivadas por el temor de la insolvencia, de desaparición de las cosas y de empobrecimiento de los bienes productivos, por mala administración o similar, o simplemente por la molestia que al demandante pueda producir la continuación del estado actual hasta que recae decisión; consideraciones todas ellas que prevalecen sobre el criterio de esperar hasta la producción de la resolución firme.

Las medidas cautelares pueden definirse como las que se adoptan judicialmente, antes o en el curso del proceso declarativo, para evitar que el estado de cosas, coetáneo al inicio de la pendencia, se altere o modifique en **perjuicio de la efectividad de la sentencia** que haya de recaer o para subvenir a la regulación concreta de la situación provisional originada por aquella (Almagro Nosete).

Ahora bien, teniendo en cuenta que el efecto de las medidas cautelares produce cuando todavía el derecho es incierto o no reconocido por una decisión judicial, y la posibilidad de que se produzcan daños morales o materiales a la persona que las sufre, las medidas cautelares se sujetan a **requisitos** taxativos para su otorgamiento (nº 4480), procurando además que se lleven a efecto de la manera menos onerosa posible. Además, se les asigna un carácter de **provisionalidad** y para su concesión se suele exigir cauciones o **contracautelas** (nº 4490), todo ello con el fin de que se soliciten únicamente cuando se tenga una convicción firme sobre la procedencia de las mismas.

Precisiones 1) La justicia cautelar o preventiva es necesaria, por cuanto la función de impartición de justicia o de tutela jurídica no se propone lograr fines simplemente teóricos, sino llevar a **resultados positivos y tangibles**, siendo preciso, para que así suceda, acudir a las medidas cautelares.

2) Dentro de la LEC, las medidas cautelares no están reguladas en el libro dedicado a los procesos declarativos, sino en un libro independiente que hace referencia a **medidas concretas de ejecución**. Por ello no hay razón para pensar que solo son aplicables a los juicios declarativos. Es decir, se regulan genéricamente **para todo proceso**, salvo para ciertos procesos especiales que tienen sus específicas medidas cautelares. Si un proceso no tiene reguladas medidas cautelares específicas, puede beneficiarse de las generales previstas en la LEC (AP Zaragoza 8-11-02, EDJ 68079). Por el contrario, esta regulación no resulta de aplicación a supuestos en los que existe regulación especial (p.e. en materia de menores).

4444 MPCI nº 7510 **Distinción con figuras afines** Existen diversas figuras procesales afines a las medidas cautelares, pero que conceptualmente han de distinguirse:

a) Los **procedimientos declarativos sumarios**, en los que provisoriamente se decide sobre la concesión o no de la tutela interesada -tutela sumaria, también llamada privilegiada o judicial provisional- (p.e. LEC art.250.1.4º, 5º, 6º, 10º y 11º), sin perjuicio de que la parte vencida pueda reiterar sus pretensiones en el correspondiente juicio declarativo, por no producir efecto de cosa juzgada (LEC art.447.2).

La principal diferencia estriba en que en tales procedimientos sumarios se halla ausente la nota de la instrumentalidad caracterizadora de las medidas cautelares.
b) La **anticipación o aseguramiento de la prueba** (LEC art.293 a 298). Aun teniendo en común con las medidas cautelares la noción de impedir un hipotético daño derivado de la duración del proceso, mediante la prueba anticipada se procuran asegurar determinados productos probatorios que solo tienen de instrumental lo mismo que pueda tener la prueba desarrollada normalmente -es decir, en su pertinente momento- respecto de la futura sentencia que recaiga.
c) Las **diligencias preliminares** (LEC art.256 a 263). Son actuaciones establecidas con carácter general para facilitar el proceso posterior, preparándolo y asegurando la prueba, mientras que las medidas cautelares tienen como fin garantizar la efectividad de la satisfacción de la pretensión ejercitada en el proceso, en definitiva, la ejecución de la sentencia que pueda recaer.
d) La **ejecución provisional** (LEC art.524 a 537), que consiste en una verdadera ejecución con base en un título ejecutable que no es firme.

Fundamento Como quiera que el desarrollo del proceso exige el transcurso de un espacio temporal más o menos largo -años por lo general- puede ocurrir, y de hecho sucede, que se generen situaciones que vienen a dificultar o imposibilitar de todo punto la **ejecución de la resolución** que en su día se dicte, e incluso que el propio demandado lleve a cabo determinadas actuaciones que conviertan en ilusoria tal resolución. **4445** MPCI nº 7512
Las medidas cautelares tienden pues a evitar el **peligro de la mora**, porque los litigantes que durante el proceso conservan su capacidad de actuar y la libre disposición de sus bienes pueden eludir la virtualidad de la responsabilidad patrimonial universal, que es la garantía del cumplimiento de todas sus obligaciones. Aparecen pues como medios jurídico-procesales que tienen como finalidad evitar que se realicen actos que impidan o dificulten la efectividad de la satisfacción de la pretensión (AP Madrid 17-6-04, EDJ 114840).
Así, la potestad de los jueces y tribunales de adoptar medidas cautelares responde a la necesidad de asegurar la **efectividad del pronunciamiento** del órgano jurisdiccional, evitando que un posible fallo favorable a la pretensión deducida quede desprovisto de la eficacia por la conservación o consolidación irreversibles de situaciones contrarias al derecho o interés reconocido por el órgano jurisdiccional en su momento (TCo 148/1993; 238/1992).

Precisiones El inicial fundamento de la tutela cautelar está en la **tramitación misma del proceso**, consagrándose un principio según el cual el tiempo necesario para tener razón no debe volverse en contra de quien tiene razón, y la necesidad de acudir al proceso para obtener la razón no debe perjudicar a quien tiene la razón (TS 20-3-90, EDJ 19338; 4-12-90, EDJ 11098).

Es preciso por ello que el órgano jurisdiccional (TCo 26/1983; 125/1987): **4446** MPCI nº 7514
- por un lado, asegure la **posible y previsible condena** desde un primer momento a través de las diversas medidas cautelares tendentes a su favorecimiento; y
- por otro lado, que adopte posteriormente las medidas oportunas que la Ley concede para llevar a efecto la **ejecución**.

En definitiva, la Administración de Justicia es eficaz, entre otras notas, por la existencia en los procesos de unas medidas cautelares y de ejecución que posibilitan la **tutela efectiva de los derechos e intereses** legítimos.
Desde esta concepción de la función cautelar, se destaca que con la adopción de las medidas cautelares se produce un **adelanto de la actividad ejecutiva** durante la litispendencia y, si bien se exige una homogeneidad entre las medidas adoptadas y la ejecución forzosa, tampoco ha de existir identidad, aunque es claro que no cabe acordar cautelarmente medidas que produzcan consecuencias que nunca se derivarían de la decisión final (TCo 39/1995).

A. Caracteres generales

(LEC art.726)

Tanto de la regulación legal como de la doctrina y jurisprudencia pueden deducirse los siguientes caracteres de las medidas cautelares: **4450**
- instrumentalidad, en cuanto son instrumento del proceso principal declarativo o de ejecución al que están subordinadas (nº 4451);
- **proporcionalidad y menor onerosidad**, en cuanto que debe optarse por la medida eficaz menos gravosa o perjudicial para el demandado (nº 4452);
- **temporalidad**, consecuencia de su carácter instrumental del proceso principal, pues nacen para extinguirse (nº 4454);

- **provisionalidad**, porque se mantienen en tanto en cuanto cumplen su función de aseguramiento, de forma que desaparecen cuando con el proceso principal se haya logrado una situación que hace inútil su mantenimiento (nº 4454);
- **variabilidad**, en cuanto que permiten su modificación cuando se alteren las circunstancias o motivos que se tuvieron en cuenta para adoptarse (nº 4455);
- **indeterminación**, pues no se trata de medidas tasadas (nº 4456).

Precisiones El carácter instrumental, provisorio y urgente de las cautelas y el riesgo que estas generan, abogan por una **interpretación restrictiva** de las mismas, ya que implican un grado de agresión al derecho del demandado (AP Girona 29-11-01, EDJ 65579).

4451 MPCI nº 7522, 7524 **Instrumentalidad** (LEC art.726.1.1ª) Las medidas cautelares son instrumento del proceso declarativo y del de ejecución, sin los cuales carece de sentido. Por ello, al ser **accesorias** del proceso principal, el decaimiento de este lleva consigo el de aquellas.

La tutela cautelar comienza a funcionar en **previsión de una resolución principal** y definitiva que aguarda, pero sin condicionar el fallo de esta ni formar parte de su contenido.

En ese sentido, la LEC señala que la medida cautelar es toda aquella actuación, directa o indirecta, que sea exclusivamente conducente a hacer posible la efectividad de la tutela judicial que pueda otorgarse en una eventual sentencia estimatoria.

Precisiones **1)** Esta característica entra dentro del concepto definitorio de las medidas cautelares (LEC art.721.1) y recoge su concepción tradicional, estrictamente asegurativa, aunque la misma se amplía, en el sentido de que no solo tienden a asegurar la **ejecución de la sentencia**, sino también su **efectividad**, lo que permite su adopción en los procesos en que se ejerciten pretensiones de tutela meramente declarativas o constitutivas que, por definición, no son (las sentencias que las estiman) susceptibles de ejecución.

2) A pesar del carácter instrumental y provisional de las medidas cautelares, de su dependencia del expediente principal y de su vigencia temporal, la resolución cautelar presenta una relevancia y trascendencia propias, en cuanto tiene una incidencia directa e inmediata en los **derechos e intereses legítimos** del afectado y puede causar la pérdida irreversible de tales derechos e intereses incluidos sin duda en el ámbito de Const art.24.1 (TCo 238/1992; 235/1998). Es esta afectación o incidencia directa e inmediata en derechos e intereses susceptibles de protección, lo que determina que estos actos deban tener, en lo que se refiere a su eventual impugnabilidad, es decir, a los efectos de acceso a la jurisdicción y de su correspondiente control judicial, las mismas garantías que los actos definitivos.

4452 MPCI nº 7526 **Proporcionalidad y menor onerosidad** (LEC art.726.1.2ª) Se recoge como una característica de las medidas cautelares el hecho de que no sean susceptibles de sustitución por otras medidas igualmente eficaces, pero menos gravosas o perjudiciales para el demandado.

Con la previsión de esta característica se parte de que las medidas cautelares son restrictivas de derechos y se aplica a las mismas el principio general de proporcionalidad, vigente también en la ejecución forzosa (p.e. LEC art.584), en virtud del cual la satisfacción del interés del acreedor debe buscarse causando al deudor solo **el perjuicio que sea necesario**. Dicho con otras palabras, debe respetarse la proporcionalidad entre los bienes jurídicos protegibles, cuya tutela judicial se demanda, y el tipo de medida solicitada (AP Madrid 15-4-02, EDJ 126331).

Cuando para alcanzar el mismo resultado existan dos medidas igualmente eficaces, debe optarse por la menos perjudicial para el deudor. Si solo existe la posibilidad de una medida y esta es desproporcionada y, por ello, especialmente gravosa para el deudor, el juez puede sustituirla por una caución (nº 4540).

Precisiones La doctrina (Faustino Cordón Moreno) ha planteado la cuestión del modo en que ha de proceder el tribunal cuando, siendo en abstracto la medida cautelar solicitada susceptible de sustitución por otra menos gravosa e igualmente eficaz, esta **no ha sido pedida con carácter eventual**, y ni siquiera insinuada en el escrito de solicitud, ni tampoco planteada por el demandado en el acto de la vista como alternativa a su oposición. La conclusión que se propone es que el juez tiene reconocida **potestad para sustituir la medida** cautelar solicitada por otra no pedida ni planteada por el demandado, que derive de los mismos presupuestos de la que sí lo fue y que resulte menos gravosa. Debe entenderse que, en tal caso, no se habría producido alteración del debate procesal, porque el demandado (perjudicado por la medida) ya tuvo oportunidad de defenderse respecto de los presupuestos de la nueva medida acordada que, por estar implícitamente contenida en la inicialmente solicitada, son los mismos que los de esta. Pero en todo caso debe prestarse **audiencia** a las partes, porque, de no hacerse, se corre el riesgo de sustraer al debate contradictorio (privando a las partes de la posibilidad de defenderse sobre ellos) los presupuestos de la medida cautelar no pedida que ha sido acordada, empezando por el primero de ellos, esto es, que la misma sea menos gravosa que la inicialmente solicitada e igualmente eficaz para alcanzar la finalidad asegurativa que se pretende.

Temporalidad y provisionalidad (LEC art.726.2) La temporalidad viene determinada por el propio fundamento de las medidas cautelares y está ligada a la nota de la instrumentalidad y accesoriedad de las mismas. Al cubrir el periodo de tiempo o duración del proceso, no pueden durar más tiempo que el **proceso principal**. Por ello, no se debe mantener una medida cautelar cuando el proceso principal haya terminado, por cualquier causa, salvo que se trate de **sentencia condenatoria o auto equivalente**, en cuyo caso deben mantenerse las medidas acordadas hasta que transcurra el plazo para solicitar la ejecución, que es de 20 días desde la notificación al ejecutado (AP Zaragoza 2-10-03, EDJ 135975). Transcurrido dicho plazo, si no se solicita la ejecución, se deben alzar las medidas adoptadas. 4454 MPCI nº 7530

De otro lado, tampoco puede mantenerse una medida cautelar si se produce la **suspensión del proceso** durante más de 6 meses, por causa imputable al solicitante de la medida.

Asimismo, cuando se despache la **ejecución provisional** de una sentencia, se han de alzar las medidas cautelares que se hubiesen acordado y que guarden relación con dicha ejecución.

Precisiones Las medidas cautelares no aspiran a transformarse en definitivas, aludiendo dicho carácter provisional a la interinidad o transitoriedad de las mismas, a su limitada vigencia temporal, en definitiva, debiendo ser alzadas cuando en el proceso principal se alcance un estadio que permita **prescindir del aseguramiento** que confiere su adopción, ya sea por desestimación de la pretensión del instante, ya por cumplimiento de la sentencia dictada o por llevarse a cabo actos ejecutivos que hagan que la conservación de las mismas carezca ya de cualquier fundamento.

Variabilidad (LEC art.726.2 y art.743.1) Las medidas pueden ser modificadas o alzadas cuando se alteren o muden los **presupuestos y circunstancias** que originaron su adopción. 4455 MPCI nº 7532

Pueden ser modificadas alegando y probando hechos y circunstancias que no pudieron tenerse en cuenta al tiempo de su concesión o dentro del plazo para oponerse a ellas.

Toda medida de aseguramiento debe adaptarse permanentemente a las **sucesivas circunstancias** por las que atraviesa el proceso (TCo auto 187/1996), por ello, aun cuando un auto de medidas cautelares sea firme y, por lo tanto, ejecutorio, no lo es menos que por su propia naturaleza puede ser revisado en cualquier momento si las circunstancias cambian (TCo 14/2000).

Precisiones **1)** Sobre esta cuestión pueden consultarse también las siguientes sentencias: TCo 105/1994; 27/1997; 56/1997).

2) La **modificación y alzamiento** de las medidas cautelares se tratan en nº 4535 s.

Indeterminación Debido a la heterogeneidad de las numerosas pretensiones que se pueden ejercitar, la LEC no comprime ni se limita a ofrecer una lista cerrada o tasada -tipo *numerus clausus*- de los instrumentos integrantes de la tutela cautelar, sino que, por el contrario, utiliza una fórmula ***numerus apertus*** que habilita al juzgador a acordar, en cada específico supuesto, aquella medida cautelar que más adecuada y concreta resulte para el mismo. 4456 MPCI nº 7536

Este régimen abierto es compatible con el hecho de que se ofrezca un **catálogo de medidas** específicas con carácter puramente ejemplificativo (LEC art.727 redacc LO 1/2025).

En definitiva, la Ley prevé las medidas cautelares con gran amplitud, evitando cualquier interpretación restrictiva al disponer que el tribunal puede acordar como medida cautelar **cualquier actuación**, directa o indirecta, que reúna las características que se enuncian (LEC art.726).

B. Clases

(LEC art.726 y 727 -redacc LO 1/2025-)

Dentro de la regulación de las medidas cautelares de carácter patrimonial cabe distinguir las **genéricas** de las **específicas**. 4460 MPCI nº 7540, 7542, 7544

Precisiones Las **medidas cautelares personales**, recogidas dentro de los procesos especiales referidos a capacidad de las personas e internamiento, procesos de filiación y procesos matrimoniales, se exponen en nº 5178 y nº 5214.

1. Medidas cautelares genéricas

(LEC art.726 y 727.11ª -redacc LO 1/2025-)

Se establece un **elenco abierto** de medidas cautelares, no hallándose las mismas, por ende, limitadas en número. 4462 MPCI nº 7550

Es la propia Ley la que establece la posibilidad de acordar medidas cautelares no tasadas:

a) El tribunal puede acordar como medida cautelar, respecto de los bienes y derechos del demandado, **cualquier actuación**, directa o indirecta, que reúna las características propias de las medidas cautelares, según vienen recogidas en la propia Ley (nº 4450).

b) La enumeración legal de medidas cautelares, de carácter enunciativo (nº 4465 s.), se termina con una amplísima fórmula que opera como apartado de cierre y auténtico «cajón de sastre»: se permite al juez acordar **cualesquiera otras medidas** que, para la protección de ciertos derechos, prevean expresamente las leyes, o que se estimen necesarias para asegurar la efectividad de la tutela judicial que pueda otorgarse en la sentencia estimatoria que recaiga en el juicio.
En cualquier caso, para poder ejercer la tutela cautelar a través de las medidas cautelares correspondientes se hace necesario determinar con carácter previo la **situación jurídica cautelable**. Esta situación jurídica que va a ser objeto de cautela viene determinada necesariamente por el tipo de pretensión que se está ejercitando en el proceso principal.
Dado su **carácter patrimonial**, las medidas cautelares han de recaer sobre bienes o derechos del demandado, pero siempre que se respeten los límites que el propio precepto establece, el órgano jurisdiccional adoptar como cautela cualquier actuación directa o indirecta; incluso con carácter genérico puede el tribunal acordar ordenes o prohibiciones de contenido similar a la pretensión deducida en el proceso principal.

2. Medidas cautelares específicas

(LEC art.727 redacc LO 1/2025)

4464 No obstante la nota de indeterminación comentada, la propia Ley especifica, a título puramente enunciativo, una serie de medidas que no vienen a ser sino las **más comunes**, las típicas. Estas medidas pueden clasificarse en tres categorías:
1. Medidas que garantizan ejecuciones pecuniarias, siendo el **embargo preventivo** (nº 4465) la única encuadrable en este grupo al avalar la existencia de bienes bastantes en aquel que resulte condenado para, en el supuesto de incumplimiento del fallo del pleito principal, hacer el mismo efectivo.
2. Medidas que garantizan ejecuciones de **entregar cosas específicas**, que son las expuestas en nº 4467 a nº 4470.
3. Medidas que garantizan ejecuciones de **condena de hacer (acción) o no hacer (omisión)**, que son las expuestas en nº 4473 a nº 4476.

Precisiones Además de unas medidas específicas, típicas, que tienen una naturaleza meramente preventiva, preparatoria y aseguratoria de los efectos del fallo, son admitidas otras de **carácter innovativo o anticipatorio**, las cuales han de ostentar un carácter excepcional y subsidiario, de modo tal que solo pueden ser acordadas en defecto de la posibilidad o utilidad de las legalmente previstas (en función de la regla de la menor onerosidad y mínimo perjuicio).

4465 MPCI nº 7557 s. **Embargo preventivo de bienes** (LEC art.727.1ª y 729) Esta medida cautelar procede para asegurar la ejecución de sentencias de **condena a la entrega de cantidades** de dinero o de frutos, rentas y cosas fungibles, computables a metálico por aplicación de precios ciertos.
Fuera de esos casos, también es procedente el embargo preventivo si resulta medida idónea y no sustituible por otra de igual o superior eficacia y menor onerosidad para el demandado.
En el embargo preventivo puede interponerse **tercería de dominio**, pero no se admite la tercería de mejor derecho, salvo que la interponga quien en otro proceso demande al mismo deudor la entrega de una cantidad de dinero. Responde ello a la naturaleza verdadera de la tercería de dominio que no es otra que la de ser una acción declarativa de propiedad cuyo objeto viene constituido, precisamente, por la declaración de propiedad a favor de quien la ejercita (actor-tercerista), teniendo como fin primordial el levantamiento del embargo trabado a instancia de un codemandado sobre un bien que aparentemente era del otro codemandado (TS 28-10-98, EDJ 25098). La competencia para conocer de las tercerías corresponde al tribunal que haya acordado el embargo preventivo.

Precisiones **1)** El embargo constituye la **medida cautelar común**, susceptible de aplicarse a cualquier supuesto de hecho, pues si bien en principio está encaminada a garantizar la ejecución dineraria, líquida o ilíquida (condena a entregar frutos, rentas o cosas fungibles), también puede ser acordada con el fin de asegurar sentencias de **condena a hacer, no hacer o entregar cosa específica**, garantizando el equivalente económico en que pueden transformarse dichas obligaciones para el supuesto de incumplimiento en sus propios términos.
2) Acerca de la **conversión** de una anotación de embargo preventivo en **embargo ejecutivo**, puede consultarse nº 7589 Memento Procesal Civil 2026.

4466 MPCI nº 7581 s. **Supuestos concretos en la legislación especial** Se prevén los siguientes supuestos de embargo preventivo de bienes con relación a diferentes procesos:
a) Declaración de concurso (LCon art.133). Se prevé la posibilidad, desde la declaración de concurso, de embargo de bienes y derechos de los administradores o liquidadores de derecho o de hecho y de quienes hayan tenido esta condición en los 2 años anteriores a la fecha de aquella declaración, cuando de lo actuado resulte fundada la posibilidad de que el concurso se

califique como culpable y de que la masa activa sea insuficiente para satisfacer todas las deudas.
Dicho embargo se ha de realizar por la cuantía que el juez estime bastante y puede ser sustituido, a solicitud del interesado, por aval de entidad de crédito.
b) Propiedad horizontal (L 49/1960 art.21). Se prevé el embargo preventivo de los bienes del propietario ante el incumplimiento de su obligación de contribuir a los gastos de la comunidad y a la dotación del fondo de reserva.
El tribunal debe acordar el embargo preventivo siempre que se solicite por la comunidad y sin necesidad de prestar caución. El deudor puede enervar el embargo mediante la prestación de las garantías previstas en la LEC.
c) Buques. El régimen vigente tanto para buques y embarcaciones españoles, como extranjeros, es el previsto en la L 14/2014 art.470 a 479. Puede consultarse en nº 7583 s. Memento Procesal Civil 2026.
d) Embargos por deudas de persona fallecida (RH art.166.1). Dictado mandamiento judicial por el que se ordena embargar y practicar anotación preventiva de embargo respecto de una finca inscrita a favor de persona fallecida, ha de diferenciarse si se formula reclamación por deudas contraídas por el titular registral o contraídas por los herederos.
Tratándose de **deudas del heredero o legatario** se exige, para practicar la anotación de embargo sobre bienes inscritos a favor del causante, que, además del certificado de defunción y del Registro General de Actos de Última Voluntad, se hagan constar las circunstancias del testamento o declaración de herederos, practicándose la anotación sobre los inmuebles o derechos que especifique el mandamiento judicial en la parte que corresponda el derecho hereditario del deudor, en tanto que siendo deudas de un heredero no puede embargarse el derecho hereditario correspondiente a otro heredero.
Por el contrario, tratándose de anotaciones de embargo por **deudas del propio titular registral fallecido**, si el procedimiento se sigue contra herederos indeterminados del deudor, basta con expresar la fecha de fallecimiento de este; y si el procedimiento se sigue contra herederos ciertos y determinados del deudor, se consignarán, además, las circunstancias personales de aquellos. Pero en estos dos supuestos no es preciso determinar la parte que corresponda al derecho hereditario del heredero, por cuanto tratándose de deudas del causante, todos los bienes hereditarios responden de su cumplimiento (CC art.659; DGRN Resol 5-10-15).

Intervención o administración judiciales de bienes productivos (LEC art.727.2ª) **4467** MPCI nº 7591, 7593
Esta medida procede cuando se pretenda sentencia de condena a entregar dichos bienes a título de dueño, usufructuario o cualquier otro que comporte interés legítimo en mantener o mejorar la **productividad** o cuando la garantía de esta sea de primordial interés para la efectividad de la condena que pueda recaer.
Es una medida adecuada cuando se ha de prevenir que el demandado haga descender la productividad de cosas o bienes litigiosos sujetos a un **proceso posesorio o reivindicatorio**, como en los casos de explotaciones, o cuando la productividad aparece como único bien susceptible de asegurar la efectividad de una sentencia de condena dineraria.

Depósito de bien mueble (LEC art.727.3ª) Procede la medida de depósito de cosa mueble cuando la demanda pretenda la condena a entregarla y se encuentre en posesión del demandado. **4468** MPCI nº 7595, 7597
Es la medida habitual cuando se ejercita una pretensión de **condena a entregar** cosas específicas.

Inventario de bienes (LEC art.727.4ª) También se prevé como medida cautelar la formación de inventarios de bienes, en las condiciones que el tribunal disponga. **4469** MPCI nº 7599
Es una medida adecuada cuando se ejercita una pretensión de **condena a entregar** cosas específicas procedentes de un patrimonio (división judicial de patrimonios) o rendiciones de cuentas.

Anotaciones registrales (LEC art.727.5ª -redacc LO 1/2025- y 6ª) La **anotación preventiva de demanda** o de inicio de un medio de solución de controversias, arbitrajes y litigios extranjeros, conforme a LEC art.722, procederá cuando esta se refiera a bienes o derechos susceptibles de **inscripción en registros públicos**. **4470** MPCI nº 7601 s.
También son posibles **otras anotaciones** registrales, en casos en que la publicidad registral sea útil para el buen fin de la ejecución.
Estas medidas permiten asegurar pretensiones cuya estimación pueda tener trascendencia jurídico registral, y con el fin de evitar que se consoliden situaciones contradictorias con la acción ejercitada por el juego de la irreivindicabilidad derivada de la **fe pública registral** (LH art.34).

Precisiones 1) Además de la habitual anotación preventiva de demanda, pueden citarse las consistentes en **prohibiciones** de disponer, de gravar o enajenar.
2) La anotación de demanda no es una medida de **eficacia** registral, sino procesal: expresión de la subordinación del registro a los fines del proceso. La eficacia de la anotación es solo la de la sentencia.
3) No pueden practicarse en virtud de la mera **solicitud** de un particular, sino que solo es posible si las acuerda el órgano judicial competente -título material- y se documentan en la forma legalmente establecida -título formal- (DGRN Resol 22-3-17).

4471 MPCI nº 7607 s. La **legislación hipotecaria** establece que pueden pedir anotación preventiva de sus respectivos derechos en el Registro correspondiente (LH art.42):
1. El que demande en juicio la propiedad de bienes inmuebles o la constitución, declaración, modificación o extinción de cualquier derecho real.
2. El que proponga demanda con objeto de obtener una resolución judicial referida a la declaración de ausencia, fallecimiento, las previstas en LEC art.755 párrafo segundo -procesos de familia, menores y apoyo a personas con discapacidad, con acceso rogado a registros públicos distintos del Registro Civil-) y cualquier otra por la que se incida en las personas sobre la libre disposición de sus bienes, salvo la que tenga por objeto la implantación de o sea relativa a medidas judiciales de apoyo a personas con discapacidad.
La **doctrina y jurisprudencia** han venido flexibilizando el objeto material de esta medida cautelar para acabar permitiendo el acceso al Registro de toda demanda que pueda afectar a situaciones jurídicas inmobiliarias inscritas o inscribibles. Dicho de otro modo, la demanda debe tener, en caso de ser estimada, alguna **repercusión de carácter registral**, bien se trate de acciones reales o personales, constitutivas o meramente declarativas.
La posibilidad de anotación de las demandas en las que se ejercita **acción personal** es hoy comúnmente admitida: la naturaleza real que debe revestir la solicitud de anotación preventiva de demanda hay que deducirla, más que de la clase de acción que se ejercita, de las consecuencias reales que lleva implícita su procedencia (TS 18-2-85, EDJ 7173; AP Barcelona auto 22-12-89; DGRN Resol 29-3-54).

Precisiones Respecto de la posibilidad de anotar preventivamente las demandas en que se ejerciten derechos personales que puedan tener trascendencia real y sobre el amplio concepto de **crédito refaccionario** puede consultarse la siguiente jurisprudencia y doctrina administrativa: TS 21-5-87, EDJ 4005; 9-7-93, EDJ 6888; 21-7-00, EDJ 18341; AP Baleares 5-2-03, EDJ 36223; AP Huesca 14-10-94, EDJ 13702; DGRN Resol 29-3-54; 8-6-99.

4472 Aplicando lo que antecede a la procedencia de la medida cautelar, el actor, al instar la misma, no debe limitarse al ofrecimiento de una fianza para, en su caso, compensar los eventuales perjuicios ocasionados al demandado, sino que debe acreditar un **principio de prueba** del derecho que reclama y de la trascendencia registral del mismo.
La Ley dispone que la anotación se hará en virtud de documento bastante, al prudente arbitrio del juzgador (LH art.43). Esto es, tiene que aportar datos mínimos, pero bastantes, justificativos de que esa concreta medida cautelar puede asegurar los efectos del pleito.

4473 MPCI nº 7615 s. **Orden judicial de cesación, de abstención o de prohibición** (LEC art.727.7ª) Puede decretarse, como medida cautelar, la orden judicial de:
- cesar provisionalmente en una **actividad**;
- abstenerse temporalmente de llevar a cabo una **conducta**; o
- la prohibición temporal de interrumpir o de cesar en la realización de una **prestación** que viniera llevándose a cabo.

Las dos primeras son medidas adecuadas para asegurar la efectividad de sentencias en las que se estimen **pretensiones de no hacer**, y suponen una anticipación de la futura ejecución, puesto que la duración del proceso puede suponer un daño irreparable con la ejecución de la sentencia futura.
La prohibición temporal de interrumpir o de cesar en la realización de una prestación que viniera llevándose a cabo, anticipa también la ejecución del fallo, pero en supuestos en que se ejercitan **pretensiones de hacer**.

4474 MPCI nº 7625 **Intervención y depósito de ingresos** (LEC art.727.8ª) Otra posible medida cautelar consiste en la intervención y depósito de ingresos obtenidos mediante una **actividad que se considere ilícita** y cuya prohibición o cesación se pretenda en la demanda, así como la consignación o depósito de las cantidades que se reclamen en concepto de remuneración de la propiedad intelectual.
Es la medida habitual en pleitos de materia de **propiedad intelectual o industrial** y su esencia radica en privar al demandado de los beneficios obtenidos como consecuencia de la actividad ilícita.

Depósito temporal de ejemplares (LEC art.727.9ª) Se prevé el depósito temporal de ejemplares de las obras u objetos que se reputen producidos con infracción de las normas sobre **propiedad intelectual e industrial**, así como el depósito del material empleado para su producción. 4475 MPCI nº 7627

Es también medida habitual en pleitos de materia de propiedad intelectual o industria, concurriendo con otras como la de cesación de actividades o la intervención y depósito de los ingresos obtenidos.

Suspensión de acuerdos sociales impugnados (LEC art.727.10ª) Otra medida cautelar consiste en la suspensión de acuerdos sociales impugnados. Es preciso que el demandante o los demandantes representen, al menos: 4476 MPCI nº 7629

- el 1% del capital social, en caso de que la sociedad demandada ha emitido valores admitidos a negociación en mercado secundario oficial;
- el 5% del capital social, si la sociedad demandada no ha emitido tales valores.

Precisiones En opinión de la doctrina, esta medida cautelar hubiera podido hacerse extensiva a los **acuerdos de las juntas de propietarios** en el régimen de propiedad horizontal (L 49/1960 art.18.4), a fin de simplificar notablemente las disposiciones reguladoras de medidas cautelares que hoy quedan subsistentes.

Cláusula «suelo» en hipotecas Con carácter general, se ha sostenido la **licitud** de la llamada cláusula «suelo» en los préstamos con garantía hipotecaria, salvo que la misma no supere el denominado control reforzado de transparencia, entendido como **doble control** del límite mínimo a la variabilidad del tipo de interés (TS 9-5-13, EDJ 53424): 4478

- por un lado, de los requisitos de **inclusión documental** de la cláusula; y,
- por otro, de la **comprensibilidad real** por el consumidor del reparto de riesgos en cuanto a los límites a la variabilidad de los tipos de interés y de la importancia del papel que puede jugar durante la vigencia del contrato, en cuanto elemento que contribuye a definir el objeto principal del mismo -precio-.

Esta sentencia declaró la **nulidad** de estas cláusulas respecto de las hipotecas concertadas por diversas entidades de crédito, al no superar el control reforzado de transparencia, pero limitó los efectos de la **retroactividad** propia de toda nulidad, señalando que tales efectos deben desplegarse desde la fecha de la sentencia -9-5-2013- para no afectar al orden público económico.

Por ello, es frecuente que en el marco de los procedimientos en que se solicita la declaración de nulidad de la cláusula suelo inserta en un contrato de préstamo hipotecario, se interese la adopción de la **medida cautelar de suspensión provisional** de la llamada cláusula suelo, al amparo de la LEC art.728.

Precisiones 1) Se ha adoptado por JM Bilbao núm 1 auto 9-10-13 y por JM Málaga núm 1 auto 28-1-14. Sin embargo, cierto sector de la doctrina (Cohen Benchetrit) considera que existen serias dificultades a la hora de justificar la concurrencia del **peligro en la mora procesal**, tal y como se ha ido perfilando dicho presupuesto por la doctrina jurisprudencial de las Audiencias Provinciales, salvo que se pruebe el riesgo de que durante la pendencia del proceso la entidad demandada pueda encontrarse en una situación de insolvencia que comprometiera, en caso de dictarse sentencia estimatoria, la efectividad de la misma.

2) Respecto a las **medidas urgentes de protección de los consumidores** en materia de cláusulas «suelo» adoptadas por RDL 1/2017 derog LO 1/2025, ver nº 4977.

C. Requisitos

(LEC art.728)

Para que proceda la adopción de medidas cautelares han de concurrir las siguientes circunstancias: 4480 MPCI nº 7640

- peligro por la demora procesal;
- apariencia de buen derecho;
- caución.

Peligro por demora procesal (LEC art.728.1) Solo pueden acordarse medidas cautelares si quien las solicita justifica, que, en el caso de que se trate, durante la **pendencia del proceso**, podrían producirse, si no se adoptan las medidas solicitadas, situaciones que impidan o dificulten la efectividad de la tutela que pueda otorgarse en una eventual sentencia estimatoria. 4481

La existencia del peligro de demora *-periculum in mora-* es requisito esencial para la adopción de la medida cautelar solicitada. Se configura con un **carácter objetivo**, como una probabilidad concreta de peligro para la efectividad de la resolución que se dicte, no en

términos subjetivistas de creencia o temor del solicitante en la existencia del peligro (TS auto 3-5-02, EDJ 52437).
Corresponde al que pide las medidas la **prueba del peligro** a que da lugar la pendencia del litigio, no procediendo, la adopción de aquellas medidas con las cuales pretenda modificar **situaciones fácticas** consentidas por él, a no ser que el instante ofrezca cumplida justificación del motivo o motivos que le han conducido a no interesar, hasta entonces, la adopción de las medidas que ahora solicita.

Precisiones 1) Se habla del peligro de demora como presupuesto de la adopción de la medida cautelar. Este se fundamenta en el **riesgo de daño** que recae sobre el actor por la dilación temporal que el desarrollo de un proceso contradictorio con todas las garantías conlleva. Así el peligro en la demora encuentra su fundamento en la necesaria respuesta inmediata que deben otorgar los órganos jurisdiccionales, a instancia de parte, en aquellos supuestos en los que la mera interpretación de la demanda puede llevar a actuaciones voluntarias tendentes a evitar la ejecución de una eventual sentencia de condena. En este sentido la Ley se refiere a la acreditación de **situaciones futuras** que se podrían producir durante la pendencia del proceso y que impedirían o dificultarían una eventual incidencia estimatoria. Sin embargo, este requisito se debe concretar, según la doctrina, en un **peligro actual** que, obviamente, reforzado por el tiempo que transcurrirá hasta que se dicte sentencia, pueda impedir la eficacia de la futura sentencia estimatoria. En consecuencia, el solicitante debe acreditar cuales son los hechos que fundamentan la existencia actual, siquiera indiciaria, del peligro alegado y que pueden determinar que, contestados en el futuro, impidan que pueda hacerse efectiva la eventual sentencia estimatoria (AP Córdoba auto 27-1-03, EDJ 4947).
2) El solicitante **debe acreditar** cuáles son los hechos que fundamentan la existencia actual, siquiera indicaría, del peligro alegado y que pueden determinar que, constatados en el futuro, impidan que pueda hacerse efectiva la eventual sentencia estimatoria que se dicte (AP Madrid 5-7-04, EDJ 138699).

4484 **Tipos de riesgo** Se señalan como tipos de riesgos los siguientes (AP Cádiz 14-7-03, EDJ 121438):
1. Riesgos que amenazarían la posibilidad práctica de la efectividad de una sentencia en **sentido genérico**, es decir, por colocarse el demandado en situación de no poder cumplirla.
2. Riesgos que amenazarían la efectividad de la sentencia, en el supuesto de una **ejecución específica**. En el caso de entrega de una cosa determinada mueble, si no se halla dicha cosa mueble por no haber adoptado la correspondiente cautela a lo largo del proceso principal, se tendrá que convertir la ejecución específica en una ejecución dineraria.
3. Riesgos que amenazarían la **inefectividad de la ejecución**, en cuanto que, de no adoptarse las medidas cautelares correspondientes, transcurriría el tiempo y llegado el momento de la ejecución de la sentencia que ha acogido la pretensión del actor, este podría encontrarse en una situación irreversible.
4. Riesgos que amenazan la utilidad práctica de los **efectos no ejecutivos** de la sentencia. Por ejemplo, la estimación de una pretensión declarativa de dominio deviene inútil si, en el desarrollo del proceso, el titular registral ha vendido el inmueble a un tercero de buena fe y este ha inscrito a su favor.
En definitiva, si bien es cierto que, en principio, todo proceso comporta la amenaza de un daño, pudiéndose hablar, por tanto, de peligro de mora general, abstracto e inherente a todo proceso, ese riesgo abstracto no es suficiente, pues el mero hecho de iniciar un proceso no supone la pérdida automática de la efectiva tutela judicial. De ahí que sea absoluta la **necesidad de justificar el peligro** en todo caso y para toda clase de medidas.

Precisiones 1) Se ha estimado la existencia de peligro de demora en un caso en que las entidades demandadas son promotoras de construcciones, que pueden **enajenar inmuebles a terceras personas**, o gravarlos, como ya han hecho, imposibilitando la anotación de la demanda sobre la finca vendida, con el riesgo consiguiente de incurrir en insolvencia, total o parcial, o aminorar sus garantías, o que se dificulte notablemente la efectividad de la sentencia (AP Baleares 5-2-03, EDJ 36223).
2) No cabe acordar la medida cautelar respecto al demandado con base en la **insolvencia de otras entidades codemandadas**. El peligro ha de derivar de actos del propio demandado respecto del cual deba adoptarse la medida cautelar, no de la situación en que puedan encontrarse los que también con él hayan sido demandados. Por otro lado, no es justificación suficiente la existencia de otros embargos trabados sobre bienes de aquella entidad (AP Salamanca 11-3-05, EDJ 39092).

4487 MPCI nº 7650, 7652 **Apariencia de buen derecho** (LEC art.728.2) La apariencia de buen derecho -también denominada apariencia jurídica o de prevalencia jurídica, o *fumus boni iuris*- implica que la existencia del derecho o interés jurídico afirmadas ha de **parecer verosímil**, es decir, suficiente para que quepa prever que la resolución principal declarará el derecho en sentido favorable al que solicita la medida cautelar.
En este sentido, se exige al solicitante de medidas cautelares que presente los **datos, argumentos y justificaciones documentales** que conduzcan a fundar, por parte del tribunal, sin prejuzgar el fondo del asunto, un juicio provisional e indiciario favorable al fundamento de su

pretensión. En defecto de justificación documental, el solicitante puede ofrecerla por **otros medios de prueba**, que debe proponer en forma en el mismo escrito (autorizándose así su demostración por cualquier instrumento probatorio y no reduciéndose, por ende, solo a las documentales, ya que, de lo contrario, se estaría negando el derecho fundamental a la obtención de la tutela cautelar efectiva).

Precisiones 1) No cabe exigir una plena declaración jurídica pues, en ese caso, el cautelar sustituiría el proceso principal, siendo bastante con el **acreditamiento de la apariencia**. A ello se une el hecho de que exigir una completa convicción judicial acerca de la juridicidad y en su caso relevancia del interés cautelar para poder acordar la medida solicitada, precisaría un tiempo procesal que podría retrasar aún más el proceso (AP Córdoba auto 27-1-03, EDJ 4947). **4488**

2) La adopción de medidas cautelares no exige que la **convicción judicial** llegue al grado que es necesario para la decisión definitiva sobre la pretensión principal, razón por la que, para ello, no se precisa una prueba terminante y plena del derecho invocado. Pero no basta con afirmar ese derecho para que proceda la tutela cautelar, sino que es necesario el **control judicial** sobre la buena apariencia o verosimilitud del mismo a partir de los datos y justificaciones ofrecidas. Es preciso, por ello, que el juez pueda alcanzar un juicio positivo de que el resultado del proceso principal será probablemente favorable al actor (AP Barcelona 17-3-03, EDJ 176402).

3) La referida **verosimilitud** ha de exigirse en la medida de una probabilidad y, en todo caso, sin prejuzgar la cuestión que se sustancia en el proceso principal (AP Barcelona auto 28-7-00, EDJ 68936; AP Valencia auto 22-2-03, EDJ 33738).

4) Estamos pues, ante un juicio cautelar calificable de **juicio de probabilidad** o de verosimilitud. Se trata, en definitiva, de que el solicitante aporte los datos, argumentos y justificaciones que conduzcan a fundar, por parte del tribunal, un juicio provisional favorable al fundamento de su pretensión. Dicha posibilidad es acreditable documentalmente, aunque la Ley admite que, en defecto de justificación documental, el solicitante pueda ofrecerla por otros medios (AP Cádiz 14-7-03, EDJ 121438).

5) El acuerdo judicial de la medida cautelar precisa asentarse en una prueba *prima facie* del derecho que, mediante él, se pretende asegurar -la cual corre a cargo del peticionario-, esto es, en un **título que lo legitime**, habida cuenta, de una parte, los daños y perjuicios que es susceptible de acarrear a aquel frente al cual se dirija y, de otra, la sinrazón que supondría asegurar la efectividad de una sentencia si, desde el comienzo, no se acredita en modo alguno el derecho que se pretende sea reconocido en la resolución definitiva que, ulteriormente, se dicte.

6) En definitiva, puede definirse como aquella **convicción indiciaria** que debe tenerse al adoptar la decisión de que al solicitante de una medida provisional le asiste un derecho. Dicha convicción ha de ser lo suficientemente sólida como para adoptar una decisión que, aunque no sea definitiva, tiene trascendencia y es adoptada sin necesidad de mayores comprobaciones (TDC Resol 3-3-97).

7) No puede ni debe acceder el órgano judicial a las medidas cautelares solicitadas en los casos de **no concurrencia de la apariencia**, y tampoco en aquellos otros supuestos en que la **parte contraria** goce igualmente de una apariencia de buen derecho (AP Burgos auto 5-2-18, EDJ 73243; AP Madrid auto 30-9-16, EDJ 210920).

8) En la materia tiene relevancia la **buena o mala fe** de las partes. Existe en nuestro Derecho un principio derivado de las exigencias de la buena fe (CC art.7), que nos obliga al respeto de los actos propios, consciente y voluntariamente expresados. La jurisprudencia ha destacado con reiteración la necesidad de observancia de tal principio. Desde esta perspectiva, los **actos propios** se manifiestan como expresión inequívoca del consentimiento que, actuando sobre un derecho o simplemente sobre un acto jurídico, concretan efectivamente lo que ha querido su autor y además causan estado frente a terceros (TS 15-3-02, EDJ 3861). Asimismo, se ha señalado que el principio general de Derecho que afirma la inadmisibilidad de venir contra los actos propios constituye un límite del ejercicio de un derecho subjetivo o de una facultad, como consecuencia del principio de la buena fe y, particularmente, de la exigencia de observar, dentro del tráfico jurídico, un comportamiento coherente (AP A Coruña 27-6-03, Rec 1076/03).

Caución (LEC art.728.3, 732 y 737) Salvo que expresamente se disponga otra cosa, el solicitante de la medida cautelar debe prestar caución suficiente para responder, de manera rápida y efectiva, de los **daños y perjuicios** que la adopción de la medida cautelar pueda causar al patrimonio del demandado. **4490** MPCI nº 7656 s.

Denominada también **contracautela o fianza**, la caución tiene como fin responder de manera rápida y efectiva de los daños y perjuicios que la adopción de la medida pudiera causar al patrimonio del demandado. Es un requisito general exigible siempre, salvo que expresamente se disponga otra cosa.

Se supedita así la efectividad de cualquier medida cautelar a la previa prestación por el solicitante de una caución, que ha de ser suficiente para responder de los daños y perjuicios que la adopción de la medida cautelar pueda causar al demandado. En congruencia con ello, se exige al solicitante que ofrezca, en su **escrito de petición inicial** de la medida cautelar, la prestación de caución, especificando y justificando su importe, así como el tipo que ofrece constituir.

Precisiones La caución exigible al solicitante de la medida cautelar no constituye fundamento de la decisión que la acuerda, sino que se considera mero presupuesto de ejecución de la medida ya acordada. Es decir, la caución o fianza es un **fundamento del cumplimiento** de la medida cautelar, pero no de su adopción. Por tanto, resulta intrascendente a efectos de acordar la medida cautelar que se haya ofrecido o no fianza, pues el juzgador puede adoptarla en atención a la concurrencia de los presupuestos necesarios para ello (peligro de demora y apariencia de buen derecho, aunque para su efectividad será exigible la caución que, a criterio de aquel, sea suficiente, tanto si ha sido ofrecida como si no (AP Castellón 20-5-03, EDJ 172769).

4491 MPCI nº 7660 **Falta de ofrecimiento en forma** Sobre las **consecuencias** de la falta de ofrecimiento en forma de la caución, los tribunales no son unánimes:

a) Para unos, mientras la efectiva constitución de la caución es un presupuesto de ejecución de la medida, el ofrecimiento de la misma es **presupuesto para su adopción inicial**. La razón de ello reside en que es preciso posibilitar la defensa del demandado en cuanto a este presupuesto, sea en la audiencia previa o en la oposición posterior, y proporcionar al tribunal fundamento para su resolución sobre la forma, cuantía y tiempo en que deba prestarse la caución por el solicitante. La omisión de este ofrecimiento constituye pues la falta de un presupuesto para su adopción siendo un claro indicio de la ausencia de la voluntad de cumplir con uno de los requisitos de las medidas cautelares que conduce necesariamente a la desestimación del recurso. No puede subsanarse la falta de dicho ofrecimiento por la vía de LEC art.231, porque una cosa es la falta de concreción de la cualidad y cuantía de la fianza y otra la absoluta falta de ofrecimiento de la misma, que constituye un **defecto insubsanable** (AP Madrid 17-6-04, EDJ 114840; AP Madrid auto 25-1-10, EDJ 24287).

b) Para otros, debe interpretarse ese requisito en atención a su fin y **en conexión con la naturaleza del derecho** que se ejercita, pues la tutela cautelar forma parte del derecho fundamental a la **tutela judicial efectiva**, de manera si se rechaza *a limine* esa petición, se está impidiendo de principio el acceso a esa tutela que integra un derecho fundamental. Es preciso, por tanto, interpretar la disposición legal que impone esa exigencia y determinar las consecuencias de su omisión en razón de su incidencia en dicho derecho, interpretación que, como es sabido, debe optar siempre por el sentido que más favorezca un ejercicio efectivo de tal derecho fundamental. Sobre esta base, se ha entendido que la omisión de ese requisito (o su cumplimiento en términos tales que impidan cumplir su finalidad legal) integra un **defecto subsanable** que no puede excluir, como efecto inmediato, el ejercicio de un derecho fundamental, subsanación que bien puede realizarse por el cauce de LEC art.215 o bien mediante la aplicación por analogía de las posibilidades que ofrece LEC art.424 (AP Sta. Cruz de Tenerife 22-9-03, EDJ 191412).

4492 MPCI nº 7662 **Suficiencia y forma de la caución** (LEC art.728.3, 737 y 529.3 párrafo 2º) El tribunal debe determinar la caución atendiendo a la naturaleza y contenido de la pretensión y a la valoración que realice sobre el fundamento de la solicitud de la medida -es decir, sobre la base del peligro de demora y, en especial, de la apariencia de buen derecho-.

Más concretamente, han de tenerse en cuenta los siguientes **criterios**:

1. La **naturaleza y contenido** de la pretensión.

2. La valoración que realice el tribunal respecto a la **prueba aportada** por el solicitante, en orden al fundamento de la adopción de la cautela.

3. Razones o motivos de idoneidad y suficiencia con relación a la cuantificación de los **daños y perjuicios** que se pudieran causar al patrimonio del demandado.

Precisiones Esto es, se debe atender, en primer lugar, a la concurrencia de los **presupuestos** de adopción de la medida, con tratamiento a la apariencia de buen derecho, al riesgo de demora, así como a la cautela solicitada, para posteriormente, decidir en orden al **importe** de la caución atendiendo a su idoneidad y suficiencia en el marco de los criterios expuestos (AP Bizkaia 27-5-05, EDJ 126007).

4494 De otro lado, la caución puede constituirse de alguna de las siguientes **formas**:

- en dinero efectivo;
- mediante aval solidario de duración indefinida y pagadero a primer requerimiento emitido por entidad de crédito o sociedad de garantía recíproca; o
- por cualquier otro medio que, a juicio del tribunal, garantice la inmediata disponibilidad, en su caso, de la cantidad de que se trate.

La **resolución** que acuerde la medida cautelar ha de precisar el tipo de caución, su cuantía y el plazo de prestación.

En todo caso, la garantía ha de prestarse **anticipadamente** a cualquier acto de cumplimiento de la medida cautelar acordada, es decir, se configura como presupuesto de para su ejecución.

Precisiones La caución-fianza no ha de confundirse con la **caución sustitutoria** (LEC art.746 y 747), que se permite prestar a aquel que debe sufrir la adopción de la medida cautelar a fin de que, una vez acordada, se alce la misma a modo de garantía para asegurar los daños y perjuicios que se puedan causar al demandante por el alzamiento de la medida. Por el contrario, dicha caución sustitutoria tiene por objeto el mismo aseguramiento de la satisfacción de la obligación que se pretendía con la medida cautelar acordada, y por tanto la cuantificación de su importe debe atender a dichos parámetros. Por lo tanto, siendo que la fianza y la caución sustitutoria atienden a diversos parámetros de cuantificación, es claro que no tienen por qué coincidir y será raro que así ocurra en la práctica.

Plazo No especifica la Ley plazo alguno para hacer efectiva la caución, por lo que su **determinación** corresponde al tribunal. **4495**
No obstante, acordada la medida cautelar, así como la caución correspondiente, la tutela judicial efectiva exige que no se pongan **obstáculos irrazonables o arbitrarios** para llevar a efecto la medida cautelar adoptada de manera que la haga impracticable, que es lo que ocurre si se fija un plazo excesivamente corto, atendidas las circunstancias, que hagan imposible el depósito de la caución. En tal sentido, debe recordarse que los plazos que no son fijados taxativamente en la Ley sino por los tribunales deben permitir al titular del derecho el **efectivo ejercicio** del mismo, pues de otra forma la tutela concedida restará en un plano meramente teórico sin efectividad práctica (AP Baleares 2-7-04, EDJ 72750).

Supuestos exentos Como supuestos en que no se exige caución pueden citarse los siguientes: **4496**
a) En el ámbito de la **propiedad horizontal**, se establece que cuando el deudor se oponga a la petición inicial del proceso monitorio, el acreedor puede solicitar el embargo preventivo de bienes suficientes de aquel, para hacer frente a la cantidad reclamada, los intereses y las costas. El tribunal debe acordar, en todo caso, el embargo preventivo sin necesidad de que el acreedor preste caución (L 49/1960 art.21.4). MPCI nº 7670
b) El **Estado** y sus organismos autónomos, así como las entidades públicas empresariales, los organismos públicos regulados por su normativa específica dependientes de ambos y los órganos constitucionales, están exentos de la obligación de constituir los depósitos, cauciones, consignaciones o cualquier otro tipo de garantía previsto en las leyes (L 52/1997 art.12.1).
c) El derecho a la **justicia gratuita** no exime a su beneficiario -en caso de ser el peticionario de medidas cautelares- de la prestación de caución (TCo 202/1987).
d) En los procedimientos en los que se ejercite una **acción de cesación** en defensa de los intereses colectivos y de los intereses difusos de los **consumidores y usuarios**, el tribunal puede dispensar al solicitante de la medida cautelar del deber de prestar caución, atendidas las circunstancias del caso, así como la entidad económica y la repercusión social de los distintos intereses afectados (LEC art.728.3).

D. Jurisdicción y competencia

(LEC art.723 y 724)

Las medidas cautelares relacionadas con procesos judiciales o arbitrales solo pueden ser acordadas mediante resolución dictada por un **órgano jurisdiccional**. **4500** MPCI nº 7675 s.
La competencia para conocer de las solicitudes está en función del órgano que sigue el proceso principal. Así, como **regla general**, es tribunal competente para conocer de la solicitud de las medidas cautelares el que esté conociendo del asunto en primera instancia o, si el proceso no se ha iniciado, el que sea competente para conocer de la demanda principal.
Para conocer de las solicitudes relativas a medidas cautelares que se formulen durante la sustanciación de la **segunda instancia** o de un **recurso de casación**, es competente el tribunal que conozca de la segunda instancia o de dichos recursos.
Por su parte, como supuesto especial, cuando las medidas cautelares se soliciten estando pendiente un **proceso arbitral** o la formalización judicial del arbitraje, es tribunal competente (fuero principal) el del lugar en que el laudo deba ser ejecutado y, en su defecto (fuero subsidiario), el del lugar donde las medidas deban producir su eficacia (L 60/2003 art.8.3; LEC art.724).
Lo mismo se debe observar cuando el proceso se siga ante un **tribunal extranjero**, salvo lo que se prevea en los tratados internacionales (LEC art.725).

Precisiones **1)** La competencia para el procedimiento de **exequátur** no está prevista expresamente en la norma, considerándose como criterio más acertado atribuir la competencia para la adopción de medidas cautelares a los órganos jurisdiccionales del lugar donde la resolución extranjera deba ser ejecutada y, en su defecto, del lugar donde las medidas solicitadas deban producir eficacia (TS auto 9-10-01, EDJ 52570).
Sin embargo, hay que tener presente que, una vez vigente la L 29/2015, las resoluciones por las que se impongan o acuerden medidas cautelares o provisionales no son susceptibles de reconocimiento y ejecución -al margen de lo que se pueda establecer por norma internacional, convenio o disposición interna especial- (L 29/2015 art.2 y 41.4).
2) El **arbitraje** se expone en nº 17420 s.

4502 **Examen de oficio de la competencia. Medidas cautelares en prevención** (LEC art.725) Cuando las medidas cautelares se soliciten **con anterioridad a la demanda**, no se admite declinatoria fundada en la falta de competencia territorial, pero el tribunal ha de examinar de oficio su jurisdicción, su competencia objetiva y la territorial.

Si considera que carece de **jurisdicción** o de **competencia objetiva**, previa audiencia del Ministerio Fiscal y del solicitante de las medidas cautelares, debe dictar auto absteniéndose de conocer y remitiendo a las partes a que usen de su derecho ante quien corresponda, si la abstención no se funda en la falta de jurisdicción de los tribunales españoles.

Lo mismo se debe acordar cuando la **competencia territorial** del tribunal no pueda fundarse en ninguno de los fueros legales, imperativos o no, que resulten aplicables en atención a lo que el solicitante pretenda reclamar en el juicio principal. No obstante, cuando el fuero legal aplicable sea dispositivo, el tribunal no declinará su competencia si las partes se hubieran sometido expresamente a su jurisdicción para el asunto principal.

Si el tribunal se considera territorialmente incompetente, puede, no obstante, cuando las circunstancias del caso lo aconsejaran, ordenar en **prevención** aquellas medidas cautelares que resulten más urgentes, remitiendo posteriormente los autos al tribunal que resulte competente.

E. Legitimación

(LEC art.721 y 722)

4510 MPCI nº 7690 Conforme al principio dispositivo que rige en el proceso civil, como **regla general** se prohíbe que las medidas cautelares sean acordadas de oficio por el tribunal (a salvo lo dispuesto en determinados procesos especiales), de modo que solo pueden adoptarse a instancia de parte, y sin que pueda el órgano judicial acordar medidas más gravosas que las solicitadas. Este principio no queda infringido ni contradicho, cuando, habiendo sido solicitadas ciertas medidas cautelares por el demandante, el tribunal acuerda **otras distintas**, igual de eficaces, pero menos gravosas para el demandado, en aplicación del principio de proporcionalidad (LEC art.726.1.2ª).

Se excepciona del principio de rogación, incluso interpretado en la forma indicada, el supuesto en que el tribunal acordase la suspensión del proceso en que se ejercita la acción individual de un consumidor dirigida a obtener que se declare el carácter abusivo de una cláusula contractual (LEC art.43), en cuyo caso podrá acordar de oficio, sin necesidad de prestar caución, las medidas cautelares que considere necesarias para asegurar la eficacia de un eventual pronunciamiento estimatorio.

La **legitimación activa** corresponde a cualquier actor del proceso, principal o reconvencional. Si se solicitan antes de la presentación de la demanda (nº 4521), está legitimado el que lo esté para la futura demanda.

En cuanto a la **legitimación pasiva** corresponde al demandado en el pleito principal o aquel que vaya a ser demandado.

Precisiones Por ejemplo, se prevé la **adopción de oficio** de medidas cautelares en los procesos sobre la capacidad de las personas (LEC art.762) y en los procesos sobre filiación, paternidad o maternidad (LEC art.768).

4511 Existen **supuestos especiales** en que se requieren otras condiciones en el actor, como, por ejemplo, la titularidad de un capital social mínimo en la medida cautelar consistente en la **suspensión de acuerdos societarios** (LEC art.727.10).

En materia de **propiedad intelectual**, las medidas cautelares deben ser solicitadas por los titulares de los derechos reconocidos por la propia Ley. La Ley distingue al respecto los derechos morales del autor, de carácter personal, y los relativos a la explotación de la obra, de contenido patrimonial (LPI art.2):

- Los **derechos morales**, que son irrenunciables e inalienables, corresponden al autor mientras vive (LPI art.14), y a su fallecimiento, el ejercicio de los derechos de reconocimiento de autoría o paternidad, e integridad de la obra, corresponde, sin límite de tiempo, a la persona natural o jurídica a la que el autor se lo haya confiado expresamente por disposición de última voluntad o, en su defecto a los herederos (LPI art.15).
- Por el contrario, los **derechos de explotación** de la obra duran toda la vida del autor y 70 años después de su muerte o declaración de fallecimiento (LPI art.27).

Precisiones Se ha planteado respecto de la legitimación de una empresa (Gas Natural) para pedir, ante una OPA que lanza, la **pasividad de los administradores** de la empresa que se pretende adquirir (Endesa). La demandada alega, y en eso coincide con la actora y la mejor doctrina, que el deber de pasividad que la norma consagra tiene como objeto la protección de los accionistas. Se trata de garantizar que los mismos van a decidir sobre la oferta de adquisición de sus acciones libremente, sin que los administradores desvirtúen la oferta o hagan ineficaz ese derecho. Desde ese punto de vista, la demandada alega que, como Gas Natural no es accionista, resulta **ajena a la cuestión** de autos y que solo los accionistas pueden exigir y demandar el deber de pasividad de los administradores. En una primera aproximación, se considera que la respuesta a la objeción de Endesa debería ser negativa. El concepto de legitimación no se construye exclusivamente desde la óptica de la titularidad de una relación jurídica (en este caso desde la titularidad del derecho del accionista a exigir pasividad), sino también desde la óptica del **interés** y no cabe duda alguna de que el oferente tiene interés en que su oferta no se desvirtúe. En definitiva, se acude a las categorías generales (interés legítimo, en este caso) para admitir la legitimación (JM Barcelona auto 13-2-06).

Procedimientos arbitrales y litigios extranjeros (L 60/2003 art.11.3, 15 y 23; LEC art.722) El convenio arbitral no impide a ninguna de las partes, con anterioridad a las **actuaciones arbitrales** o durante su tramitación, solicitar de un tribunal la adopción de medidas cautelares ni de este concederlas. **4512** MPCI nº 7694

Está **legitimado** para pedir al tribunal medidas cautelares quien acredite:
- ser parte en un convenio arbitral con anterioridad a las actuaciones arbitrales (L 11/2011);
- ser parte de un proceso arbitral pendiente en España;
- en su caso, haber pedido la formalización judicial a que se refiere la L 60/2003 art.15; o
- en el supuesto de un arbitraje institucional, haber presentado la debida solicitud o encargo a la institución correspondiente, según su Reglamento.

Esta última posibilidad se ofrece por el lapso de tiempo que transcurre de hecho desde que se presenta la solicitud o encargo a la institución hasta que comienza propiamente el proceso arbitral.

Salvo acuerdo en contrario de las partes, las partes pueden, a instancia de cualquiera de ellas, **adoptar las medidas cautelares** que estimen necesarias respecto del objeto del litigio, pudiendo los árbitros exigir caución suficiente.

A las decisiones arbitrales sobre medidas cautelares cualquiera que sea la forma que revistan, les son de aplicación las normas sobre **anulación y ejecución forzosa de autos**.

Precisiones El **arbitraje** se expone en nº 17420 s.

Asimismo, y sin perjuicio de las reglas especiales previstas en los tratados y convenios o en las normas europeas que sean de aplicación, también puede solicitar de un tribunal español la adopción de medidas cautelares quien acredite ser parte de un **proceso en el extranjero** (jurisdiccional o arbitral), salvo en los casos en que para conocer del asunto principal sean exclusivamente competentes los tribunales españoles (LEC art.722). **4513**

En el **ámbito europeo**, pueden solicitarse medidas provisionales o cautelares previstas por la ley de un Estado contratante a las autoridades judiciales de dicho Estado, incluso si un tribunal de otro Estado contratante fuera competente para conocer sobre el fondo (Rgto UE/1215/2012). Si una de las partes solicita medidas provisionales o preventivas de conservación o seguridad ante una autoridad judicial, no debe ello estimarse como incompatible con el acuerdo o compromiso arbitral, ni como sometimiento del asunto al tribunal judicial para que este resuelva (TJCE 17-11-98).

F. Procedimiento

(LEC art.730 a 747)

Solicitud (LEC art.730 redacc LO 1/2025) Ya se ha indicado que, según el principio rogatorio, las medidas cautelares no pueden adoptarse de oficio, por lo que deben ser siempre solicitadas por la persona que esté legitimada para ello (nº 4510). **4520**

Las medidas cautelares se solicitan, de ordinario, **junto con la demanda** principal, aunque también pueden solicitarse **antes o después de la demanda** cuando concurran determinadas circunstancias.

Antes de la demanda (LEC art.730.2 -redacc LO 1/2025- y 3) Las medidas cautelares pueden solicitarse con anterioridad a la demanda iniciadora del pleito si se acreditan **razones de urgencia o necesidad**, si bien en este caso las medidas quedan sin efecto si no se presenta la demanda en el **plazo** de los 20 días siguientes a la fecha en que se adoptaron. **4521** MPCI nº 7702, 7704

Esto último no opera en los casos de formalización judicial del **arbitraje** o de arbitraje institucional. En ellos, para que la medida cautelar se mantenga, es suficiente con que la parte beneficiada por esta lleve a cabo todas las actuaciones tendentes a poner en marcha el procedimiento arbitral.

Como regla especial cabe citar también la que rige en materia de **patentes**, cuya Ley establece el plazo de 2 meses para la presentación de la demanda (L 24/2015 art.131).

La **ausencia de formulación en plazo** de la demanda principal provoca:
- el alzamiento de las medidas acordadas;
- la ineficacia sobrevenida de los actos de ejecución practicados;
- la declaración de que el peticionario es responsable de los daños y perjuicios irrogados al sujeto frente al cual se instaron; y
- la expresa imposición de costas al solicitante.

Corresponde al letrado de la Administración de Justicia, de oficio, mediante decreto, el alzamiento o revocación de los actos de cumplimiento que se hubieran realizado, la condena en costas y la declaración de responsabilidad de los daños y perjuicios causados.

En la solicitud de medidas antes de la demanda no resulta preceptiva la **postulación** (LEC art.23.3, en cuanto a procurador, y LEC art.31.2.2, en cuanto al letrado).

El **órgano competente** para acordar las medidas es el que lo sea para conocer de la demanda principal (LEC art.723.1), si bien se autoriza a adoptar medidas urgentes al tribunal al que se haya dirigido el peticionario, aunque resulte incompetente territorialmente, remitiendo después los autos al competente territorialmente (LEC art.725.2).

Precisiones 1) No han de confundirse los presupuestos de las medidas cautelares con la **urgencia**. La finalidad asegurativa puede o no ser urgente. La urgencia en obtener tutela jurisdiccional es cosa sustancialmente distinta de la justicia cautelar, que tiene sus propios objetivos y presupuestos. La urgencia puede justificar la búsqueda de una medida cautelar con especial premura, antes incluso de presentar demanda alguna, y puede justificar igualmente, si el solicitante lo pide y acredita las razones de urgencia, que la adopción de las medidas cautelares se haga **sin audiencia al demandado** -LEC art.733.2- (AP Barcelona 2-2-06, EDJ 32369).

2) Se excluye del presupuesto de procedibilidad de someterse a un **medio adecuado de solución de conflictos previo** al proceso (nº 3625 s.) la solicitud de medidas cautelares previas a la demanda (LO 2/2025 art.5.3).

4521.1 Cuando las medidas cautelares se hayan acordado **antes del inicio de un procedimiento de solución adecuada de controversias** -o durante su pendencia-, alcanzado el acuerdo, este habrá de ser puesto de manifiesto ante el tribunal. En este **acuerdo** las partes deberán pronunciarse sobre el alzamiento, mantenimiento o modificación de las medidas cautelares adoptadas. Si ambas partes solicitan el alzamiento se ordenará por el letrado de la Administración de Justicia. En otro caso, se dará cuenta al tribunal que, oídas las partes, resolverá lo procedente atendiendo a las circunstancias concurrentes.

Si se hubiese practicado **anotación preventiva de inicio de un procedimiento de solución extrajudicial**, la anotación de demanda en el mismo asunto producirá sus efectos desde la fecha de la anotación vigente del procedimiento de solución extrajudicial.

Las partes pueden solicitar el alzamiento de las medidas cautelares ante el tribunal competente en el plazo de 20 días desde la terminación del proceso negociador **sin acuerdo** o desde la fecha de recepción de la propuesta por la parte requerida en caso de que dicha propuesta inicial de acuerdo no obtenga respuesta.

4522 MPCI nº 7706 **Con posterioridad a la demanda** (LEC art.730.4) Con posterioridad a la presentación de la demanda o pendiente recurso solo puede solicitarse la adopción de medidas cautelares cuando la petición se base en hechos y circunstancias que justifiquen la solicitud en esos momentos, aun cuando con anterioridad se hubieran pedido y denegado, y siempre que hubiesen cambiado las circunstancias existentes en el momento de la petición.

El supuesto es aquel en que surgen **hechos y circunstancias inexistentes** en el momento de la presentación de la demanda, que justifican la solicitud en dicho momento posterior (AP Barcelona 27-1-04, EDJ 304604).

Precisiones La solicitud de medidas cautelares al margen de la demanda, una vez interpuesta esta o pendiente el recurso frente a la sentencia, no se somete a previo **medio adecuado de solución de conflictos**, pues aunque nada se indica al respecto en LO 1/2025 art.5, ha de entenderse que no sea así, una vez pendiente el proceso que sí se ha sometido al mismo como presupuesto de procedibilidad o que se encuentra exento del mismo.

4523 MPCI nº 7708 **Forma** (LEC art.732) Sobre la forma de hacerlo, debe formularse por **escrito**, sea independiente o, como es habitual, por medio de otrosí en el escrito de demanda, con claridad y precisión, presentando los **datos, argumentos y justificaciones** documentales de la concurrencia de los presupuestos legalmente exigidos para su adopción o proponiendo otros medios para la acreditación de los requisitos, por cuanto presentada la solicitud de medidas precluirá la posibilidad de proponer nuevas pruebas.

Como regla especial se prevé que, cuando las medidas cautelares se soliciten en relación con procesos incoados por demandas en que se pretenda la **prohibición o cesación de actividades ilícitas**, también puede proponerse al tribunal que, con carácter urgente y sin dar traslado del escrito de solicitud, requiera los informes u ordene las investigaciones que el solicitante no pueda aportar o llevar a cabo y que resulten necesarias para resolver sobre la solicitud. Esto es, los documentos que la parte demandante no pueda aportar deben ser sustituidos por el resultado de los informes e investigaciones ordenados por el tribunal, a modo de **diligencias preliminares**, practicadas sin audiencia del futuro demandado.

Tramitación con previa audiencia del demandado (LEC art.733.1, 734 y 735) Como **regla general**, la petición de medidas cautelares se tramita y se provee con la intervención del demandado, aunque cabe también la posibilidad de la adopción de medidas sin previa audiencia del demandado o futuro demandado, según los casos. **4524** MPCI nº 7710

Vista para la audiencia de las partes (LEC art.734) Recibida la solicitud, el **letrado de la Administración de Justicia** mediante diligencia dentro de los 5 días siguientes a la notificación de la solicitud al demandado, convocará a las partes a una vista, que debe tener lugar en el plazo de los 10 días siguientes, para que actor y demandado expongan lo que convenga a su derecho, sirviéndose de cuantas pruebas dispongan y sean admitidas. **4525** MPCI nº 7712

En dicha vista se concentran los actos de **alegación** (asimismo, se pueden formular alegaciones relativas al tipo y cuantía de la caución) y práctica de **prueba**. Respecto de la prueba, ha de reunir el requisito de la pertinencia en razón de los presupuestos de las medidas cautelares.

Como regla especial sobre el **reconocimiento judicial** se establece que, si se considera pertinente y no puede practicarse en el acto de la vista, se debe llevar a cabo en el plazo de 5 días.

El que deba sufrir la medida cautelar puede pedir al tribunal que, en sustitución de esta, acuerde aceptar **caución sustitutoria** (nº 4540).

No se prevé nada para el supuesto de **incomparecencia** de las partes a la vista. En este caso, si no comparece aquel frente al que se pide la medida hay que entender que la vista ha de celebrarse sin él. En el supuesto de incomparecencia del peticionario, puede entenderse que el tribunal ha de decidir sobre la solicitud de medidas formulada, aunque también puede argumentarse que se debe considerar al actor por desistido de la solicitud.

Contra las resoluciones del tribunal sobre el desarrollo de la comparecencia, su contenido y la prueba propuesta, **no** cabe **recurso** alguno, sin perjuicio de que, previa la oportuna protesta, en su caso, puedan alegarse las infracciones que se hayan producido en la comparecencia, en el recurso contra el auto que resuelva sobre las medidas cautelares.

Precisiones 1) La tramitación es **preferente** en el sentido de que es preciso seguir el orden de los asuntos pendientes cuando así lo exija la efectividad de la medida cautelar. **4526** MPCI nº 7714

2) Sobre el **plazo** que ha de transcurrir entre la presentación de la solicitud de medidas al tribunal y su notificación a aquel al que afecten, opina la doctrina que ha de acudirse a la norma general que establece que cuando no se fije plazo ni término, se entenderá que las actuaciones judiciales han de practicarse sin dilación (LEC art.132.2).

3) En cuanto a la posibilidad de plantear la excepción de **falta de litis-consorcio pasivo** necesario, no es solamente el de la audiencia previa al juicio prevista en LEC art.420, ya que, el hecho de que en el citado precepto se prevea un trámite al respecto no quiere decir que solamente en esa ocasión la referida excepción pueda ser alegada, por lo que lógicamente, al solicitarse una medida cautelar que puede afectar no solo a la demandada, sino a otras personas que igualmente pueden serlo, resulta necesario darle a las mismas la correspondiente audiencia, ya que lo contrario significaría dejarles indefensas (AP Málaga 12-6-03, EDJ 160130).

Auto resolutorio sobre la solicitud de medidas cautelares (LEC art.735) Terminada la vista, y en el **plazo** de 5 días, el tribunal debe decidir por auto sobre la solicitud de medidas deducida, que puede estimar o desestimar total o parcialmente, debiendo razonar la concurrencia o no de sus presupuestos. **4527**

a) Para el caso de que **acuerde medidas cautelares**, ha de determinar con exactitud su contenido y el régimen a que haya de quedar sometida la prestación de caución del peticionario. La prestación de caución es siempre previa a cualquier acto de cumplimiento de la medida cautelar acordada. El tribunal debe decidir, mediante providencia, sobre la idoneidad y suficiencia del importe de la caución (LEC art.737).

Contra el auto que acuerde medidas cautelares cabe **recurso** de apelación, que no tiene efectos suspensivos.

b) En el supuesto que **deniegue la petición** de medidas cautelares, cabe formular apelación en ambos efectos, a la que se da una tramitación preferente, imponiéndose las costas de acuerdo con los criterios de LEC art.394 redacc LO 1/2025. Aunque sea denegada la solicitud de medidas, el peticionario puede reproducir su solicitud si cambian las circunstancias existentes en el momento de la petición (LEC art.736.2).

Tramitación sin previa audiencia del demandado (LEC art.733.2, 739 a 742) Pueden practicarse las medidas sin la celebración de la vista y sin audiencia del demandado cuando el solicitante acredite **razones de urgencia** o que la audiencia puede comprometer el buen fin de la medida cautelar. **4528** MPCI nº 7718

El **auto** por el cual adopte las medidas interesadas habrá de pronunciarse, además de sobre la concurrencia de los requisitos para acordarlas, sobre los motivos de su decisión sin previa audiencia del sujeto contra el que aquellas se dirigen.
La adopción de la medida cautelar *inaudita parte* tiene **carácter excepcional** y la vulneración de los requisitos que permiten su adopción sin previa audiencia del demandado pueden dar lugar a la **nulidad** de la medida.

Precisiones Son nulos de pleno derecho los actos judiciales, cuando se prescinde total y absolutamente de las **normas esenciales de procedimiento** establecidas por la Ley, con infracción de los principios de audiencia, asistencia y defensa, siempre que efectivamente se haya producido indefensión (LOPJ art.238.3; AP Baleares 21-6-03, EDJ 157339).

4529 MPCI nº 7720 **Oposición a la medida cautelar** (LEC art.739 a 742) El demandado puede formular oposición dentro del **plazo** de 20 días siguientes a la notificación del auto en que se acuerden las medidas.
Si el afectado por la medida cautelar acordada deja transcurrir dicho plazo de 20 días perderá la oportunidad de oponerse a la misma y únicamente podría pedir la modificación de aquella (nº 4536).
El que formule oposición a la medida cautelar podrá esgrimir como **causas** de aquella cuantos hechos y razones se opongan a la procedencia, requisitos, alcance, tipo y demás circunstancias de la medida o medidas efectivamente acordadas, sin limitación alguna.
También puede ofrecer **caución sustitutoria** (nº 4540).
La oposición del demandado exige la **celebración de una vista**, que se tramita del mismo modo que la vista en el caso de audiencia al demandado (nº 4524).

4530 MPCI nº 7722, 7724 Celebrada la vista, el tribunal, en el plazo de 5 días, debe decidir en forma de **auto** sobre la oposición:
- Si **mantiene las medidas cautelares** acordadas condenará al opositor a las costas de la oposición.
- Si **alza las medidas cautelares**, condenará al actor a las costas y al pago de los daños y perjuicios que estas hayan producido.

El auto en que se decida sobre la oposición es **apelable** sin efecto suspensivo.
Si el auto estima la oposición, una vez firme y a petición del demandado, se debe proceder a la determinación de los **daños y perjuicios** provocados por la ejecución de las medidas, por los trámites previstos en LEC art.712 s.

4531 MPCI nº 7726 **Ejecución de la medida cautelar** (LEC art.738) Acordada la medida cautelar y prestada la caución se procede, de oficio, a su inmediato cumplimiento, empleando para ello los **medios** que sean necesarios, incluso los previstos para la ejecución de las sentencias.
- Si lo acordado es el **embargo preventivo** se debe proceder conforme a lo previsto para los embargos decretados en el proceso de ejecución (LEC art.584 s.), pero sin que el deudor esté obligado a la manifestación de bienes (LEC art.589). Las decisiones sobre mejora, reducción o modificación del embargo preventivo habrán de ser adoptadas, en su caso, por el tribunal.
- Si fuera la **administración judicial** se ha de proceder conforme a lo previsto en LEC art.630 s.
- Si se trata de la **anotación preventiva** se procederá conforme a las normas del registro correspondiente.

Los depositarios, administradores judiciales o responsables de los bienes o derechos sobre los que ha recaído una medida cautelar solo pueden **enajenarlos**, previa autorización por medio de providencia del tribunal y si concurren circunstancias tan excepcionales que resulte más gravosa para el patrimonio del demandado la conservación que la enajenación.

G. Modificación y alzamiento

(LEC art.743 a 745)

4535 Dado su carácter instrumental, se prevé la modificación y el alzamiento de las medidas adoptadas por **circunstancias sobrevenidas**. Cabe distinguir los siguientes **supuestos**:

4536 MPCI nº 7732 **Modificación durante la sustanciación del proceso** (LEC art.743) Las medidas cautelares pueden ser modificadas cuando concurran **hechos y circunstancias** que no pudieron tenerse en cuenta al tiempo de su concesión o dentro del plazo para oponerse a ellas. Corresponde al solicitante la **alegación y prueba** de dichos hechos sobrevenidos.
La solicitud de modificación se sustancia y resuelve según el **procedimiento** previsto para la adopción de las medidas con audiencia del demandado (nº 4524).

Precisiones **1)** Una **declaración testifical** no constituye un hecho o circunstancia que justifique la modificación de una medida cautelar porque se aparta de la finalidad inicialmente perseguida por la demandante (AP Valencia 12-2-03, EDJ 27613).
2) La pretensión de modificación debe sustanciarse por los **trámites** de LEC art.743 ante el propio órgano judicial que conoce del procedimiento principal y no por la vía del recurso de apelación contra el auto de adopción de medidas (AP Asturias 30-4-03, EDJ 119475).

Alzamiento por sentencia no firme (LEC art.744) Procede el alzamiento de las medidas cautelares cuando el proceso principal haya **terminado por cualquier causa**, salvo que se trate de sentencia condenatoria o auto equivalente, en cuyo caso deben mantenerse en tanto transcurre el plazo de 20 días que se concede para instar la ejecución (LEC art.548). **4537** MPCI nº 7734

Si la **absolución del demandado** es en la primera o segunda instancia mediante resolución no firme, el letrado de la Administración de Justicia debe ordenar el inmediato alzamiento, salvo que el recurrente solicite su **mantenimiento** o la adopción de una medida distinta. En este caso, se debe dar cuenta al tribunal, el cual, mediante auto, puede acceder atendiendo a las circunstancias del caso, previa audiencia de la otra parte y aumento de la caución.

Si la estimación de la demanda es **parcial**, el tribunal, con audiencia de la parte contraria, debe decidir mediante auto sobre el mantenimiento, alzamiento o modificación de las medidas cautelares acordadas.

Precisiones 1) Una vez **desestimada la demanda** en virtud de la cual se acordó la medida cautelar, la misma se debe de alzar. No obstante, la Ley también permite su mantenimiento, de forma excepcional, cuando la sentencia es recurrida y concurran circunstancias excepcionales (AP Málaga 13-5-04, EDJ 75076).

2) No distingue el precepto entre que la absolución lo sea en el fondo o en la instancia. Consiguientemente, en dicho precepto deben de incluirse los supuestos que den lugar al **archivo o sobreseimiento de las actuaciones**, como ocurre cuando el tribunal entienda que carece de jurisdicción por corresponder el conocimiento del asunto a los tribunales de otro Estado (AP Sta. Cruz de Tenerife 7-3-05, EDJ 39310).

3) Téngase en cuenta que la LEC art.744.1, pasa a disponer que, absuelto el demandado en primera o segunda instancia, el letrado de la Administración de Justicia ha de ordenar el alzamiento de las medidas cautelares adoptadas si el recurrente no solicita su mantenimiento, o la adopción de alguna **medida cautelar distinta**, en el momento de interponer recurso contra la sentencia, en cuyo caso ha de dar cuenta al tribunal, que, oída la parte contraria y con anterioridad a remitir los autos al órgano competente para resolver el recurso contra la sentencia, resolverá lo procedente sobre la solicitud, atendiendo a la subsistencia de los presupuestos y circunstancias que justifiquen el mantenimiento o la adopción de dichas medidas.

Alzamiento tras sentencia absolutoria firme (LEC art.745) Firme una sentencia absolutoria, sea en el fondo o en la instancia, se deben alzar de oficio por el letrado de la Administración de Justicia todas las medidas cautelares adoptadas y procederse a la liquidación de los **daños y perjuicios** que haya podido sufrir el demandado (LEC art.742). **4538** MPCI nº 7738

Lo mismo se debe ordenar en los casos de **renuncia** a la acción o **desistimiento** de la instancia.

Otros supuestos Procede el alzamiento de las medidas cautelares acordadas en los siguientes casos: **4539**

• Cuando el proceso quede **en suspenso** durante más de 6 meses por causa imputable al solicitante.

• Cuando se despache la **ejecución provisional** de la sentencia, en cuyo caso se deben alzar las medidas que guarden relación con dicha ejecución.

H. Caución sustitutoria

(LEC art.746 y 747)

Aquel frente a quien se hayan solicitado o acordado las medidas cautelares puede pedir del tribunal, en la vista para la audiencia o en la oposición a las adoptadas sin ella, que acepte, en sustitución de las medidas, la prestación de una **caución suficiente** para asegurar el efectivo cumplimiento de la sentencia estimatoria que se dicte. **4540**

El demandado puede acompañar a su solicitud los **documentos** que estime convenientes sobre su solvencia, las consecuencias de la adopción de la medida y la más precisa valoración del peligro de la mora procesal.

Previo traslado del escrito al solicitante de la medida cautelar, por 5 días, se convocará por el letrado de la Administración de Justicia a las partes a una **vista** sobre la solicitud de caución sustitutoria, conforme a lo dispuesto en LEC art.734.

Celebrada la vista, el tribunal debe resolver mediante **auto** lo que estime procedente, en el plazo de otros 5 días.

Contra el auto que resuelva aceptar o rechazar caución sustitutoria no cabe **recurso** alguno.

Para **decidir sobre la petición** de aceptación de caución sustitutoria, el tribunal debe examinar el fundamento de la solicitud de medidas cautelares, la naturaleza y contenido de la pretensión de condena y la apariencia jurídica favorable que pueda presentar la posición del demandado. También debe tener en cuenta el tribunal si la medida cautelar habría de restringir o

dificultar la actividad patrimonial o económica del demandado de modo grave y desproporcionado respecto del aseguramiento que aquella medida representaría para el solicitante.
La caución puede constituirse de alguna de las siguientes **formas** (LEC art.529.3):
- en dinero efectivo;
- mediante aval solidario de duración indefinida y pagadero a primer requerimiento emitido por entidad de crédito o sociedad de garantía recíproca; o
- por cualquier otro medio que, a juicio del tribunal, garantice la inmediata disponibilidad, en su caso, de la cantidad de que se trate.

4542 Precisiones 1) Lo primero que ha de resolverse es si la contracautela pedida y acordada es aplicable, teniendo en cuenta el tipo de acción que se ejercita en el proceso principal. Dicho de otro modo, si el **resarcimiento dinerario** (que es lo que la caución asegura) resulta adecuado o tolerable a la calidad de la tutela pedida en el proceso principal (Ortells Ramos).
2) La solicitud de sustitución de las medidas acordadas por esta caución o fianza en modo alguno implica **reconocer los hechos** que basan la pretensión del peticionario siendo, incluso, compatible con la oposición.
3) De la lectura del precepto parece deducirse que la **finalidad** de la norma es que la prestación de esa caución va a ser suficiente para inducir al demandado a adoptar durante el proceso una conducta que posteriormente haga factible el cumplimiento de la sentencia en los mismos términos que se produce la condena (Moreno Hellín). Así, un sector de la doctrina plantea que la caución sustitutoria se equipara a algo parecido a la fianza en la libertad provisional, y que, de la misma manera que una persona se expone a perder en beneficio del Estado una determinada cantidad de dinero para el supuesto de que no comparezca a presencia judicial, la caución en sede de medidas cautelares debería tener una naturaleza que hiciese que el demandado no llevara a cabo una serie de actuaciones tendentes a hacer ilusoria la sentencia que se dicte en su momento, con el temor de perder o que se haga efectiva la caución prestada (Gascón y de la Oliva).
Por su parte, para otros autores, cuando se solicita una **medida cautelar homogénea** tiene mayor sentido la fijación de una caución sustitutoria, pero en el caso de haber solicitado una medida anticipatoria el tribunal debe ponderar si la caución sustitutoria constituye una medida adecuada y suficiente para lograr que, en caso de sentencia estimatoria, pueda asegurarse su efectividad. Debería negarse la posibilidad de sustitución de la cautela por la caución sustitutoria cuando con su prestación no solo no se asegura el efectivo cumplimiento de la sentencia estimatoria que pueda dictarse y a la cual responde en relación de instrumentalidad la cautela adoptada, sino que puede comportar la desaparición del derecho controvertido y hacer inútil el proceso (Rifa Soler).

SECCIÓN 15

Ejecución provisional de resoluciones judiciales

(LEC art.524 a 537)

4550

4551 MPCI nº 7802 La ejecución provisional se define como una institución procesal especial de naturaleza ejecutiva que permite la ejecución de **resoluciones judiciales que no han adquirido firmeza** pretendiendo evitar así las consecuencias de la dilatada duración de un proceso o la utilización abusiva de recursos.

Si bien el derecho a la ejecución provisional de las sentencias ha sido vinculado al derecho a la ejecución de las resoluciones judiciales, que integra el contenido de la tutela judicial efectiva, no es un derecho fundamental, sino que se trata de un **derecho de configuración legal** y se encuentra sometido a ciertos requisitos sobre su procedencia o su improcedencia que deben ser valorados por los órganos judiciales (TCo 104/1994; 80/1990; 87/1996; TCo auto 103/1993).
El derecho a la tutela judicial efectiva comprende no solo el acceso al proceso de instancia sino también los recursos establecidos en la Ley, pero de ello no puede deducirse, con la misma naturaleza constitucional, un **derecho a la no ejecución provisional de las sentencias** cuya posibilidad esté permitida en términos de legalidad ordinaria por las normas procesales de los diferentes órdenes jurisdiccionales; al contrario, podría admitirse la vulneración de la Const art.24.1 en caso de prohibición expresa y terminante de la ejecución provisional por un precepto legal que así lo establece (TCo 80/1990; 93/1993).

1. Consideraciones generales

La obligación constitucional de cumplir las sentencias y demás resoluciones firmes de los jueces y tribunales no significa que solo sean ejecutables las sentencias y resoluciones firmes. Se establece la obligación de cumplir no solo las **sentencias** y **resoluciones judiciales** que hayan ganado **firmeza**, sino también las que sean **ejecutables** de acuerdo con las leyes (LOPJ art.17.2). **4553**
Así, si bien se dispone que solo tienen aparejada ejecución, entre otros títulos, las sentencias de condena firmes (LEC art.517.2 redacc LO 1/2025), no hay obstáculo para la regulación de la ejecución provisional, con **fundamento** en:
- el derecho a la tutela judicial efectiva; y
- la necesidad de evitar los abusos procesales que impiden el cumplimiento de sentencias que, aunque no sean firmes, son decisiones adoptadas tras el desarrollo de un proceso con las debidas garantías procesales.

Características a) La **regulación** del régimen procesal de la ejecución provisional está **unificada**, tanto para la primera como para la segunda instancia, así como en cuanto a las normas de procedimiento, derechos y facultades procesales. **4555** MPCI nº 7809 s.
b) Puede **solicitarse en cualquier tiempo** y no se exige afianzamiento al solicitante.
c) Como cautela y garantía del ejecutado se establece:
- la **posibilidad de oposición**, una vez despachada la ejecución provisional con base, no solo en la no concurrencia de los requisitos legales, sino también en la existencia de perjuicios irreparables derivados de la ejecución provisional;
- la regulación de las **consecuencias de la revocación** de las resoluciones ejecutadas provisionalmente, así como el **apremio contra el ejecutante** provisional que no restituya lo percibido, aunque es en la no devolución de lo percibido por el ejecutante cuya sentencia se revoca donde se ven los mayores riesgos de las facilidades para acordarse por el juzgador la ejecución provisional.

Precisiones La doctrina de los tribunales en relación con los **principios o aspectos generales** de la regulación de la ejecución provisional puede consultarse en nº 7805 s. Memento Procesal Civil 2026.

Fundamento La ejecución provisional se fundamenta en la propia existencia de la sentencia condenatoria, dictada con las debidas garantías y con **probabilidad de ser confirmada**. **4558** MPCI nº 7815
Se compara la ejecución de resoluciones jurisdiccionales con la **autotutela ejecutiva** de que gozan las Administraciones públicas respecto de sus propios actos sujetos a Derecho administrativo, puesto que las decisiones jurisdiccionales no recaen con menos garantías sustanciales y procedimentales de ajustarse a Derecho que las que constituye el procedimiento administrativo en cuyo seno se dictan los actos y resoluciones que las Administraciones públicas, inmediatamente ejecutables salvo la suspensión cautelar que se pida a la jurisdicción y por ella se otorgue.

Naturaleza jurídica La ejecución forzosa provisional no es ninguna medida cautelar y supone, de ordinario, efectos de más fuerza e intensidad que los propios de las **medidas cautelares** (nº 4440 s.). **4560** MPCI nº 7817 s.
La ejecución provisional es ejecución con la sola diferencia de que, mientras aquella se dirige frente a resoluciones judiciales firmes, esta se proyecta sobre **resoluciones judiciales definitivas o no firmes** (LEC art.207.1 y 2).

Precisiones La naturaleza que la ejecución provisional tiene en la LEC es la de considerarla como una **actividad ejecutiva** y no simplemente cautelar, siendo la única diferencia con la ejecución forzosa y definitiva la de implicar esta un derecho inmediato que tienen ambos litigantes cuando existe una resolución firme mientras que la ejecución provisional es una facultad del que ha obtenido a su favor una **sentencia de condena** objeto de un recurso para que le sea **anticipada la prestación** en que esta consista, sin que surja consecuentemente la obligación hasta que el acreedor haya manifestado su interés en utilizar la facultad que la ley le confiere (TS 17-2-03; AP Barcelona auto 13-6-05, EDJ 105528).

4562 **Distinción con otras figuras afines** La ejecución provisional se diferencia de otras figuras, de entre las que se dedica especial atención, principalmente por las divergencias doctrinales, a las medidas cautelares (nº 4440 s.).

Antes de entrar en el estudio de las mismas, se pone de manifiesto la diferencia de la ejecución provisional con:

• La **admisión del recurso en un solo efecto**. Supone la ejecución provisional *ex lege* de la resolución recurrida, es decir, sin necesidad de ser instada por las partes y sin precisarse el cumplimiento de los requisitos procesales requeridos en el caso de iniciarse el proceso de ejecución.

Tratándose de una **resolución interlocutoria**, una vez admitido el recurso contra la misma, el juzgador procederá de oficio a la ejecución de la resolución recurrida sin necesidad de aplicación de la normativa específica sobre ejecución provisional.

• La **ejecución definitiva** que, a diferencia de la ejecución provisional, se apoya sobre una resolución judicial firme y, por tanto, no se precisa una previa declaración de ejecutabilidad para que pueda llevarse a efecto pues la misma deviene de una exigencia del derecho fundamental a la tutela judicial efectiva. En la ejecución provisional la resolución está sometida a recurso y, por tanto, sometida a **condición resolutoria**.

La ejecución definitiva, en algunos supuestos, puede estar igualmente sometida a condición resolutoria y, sin embargo, se considera como definitiva a pesar de su **carácter provisional** en supuestos como la revisión de sentencia o el recurso de amparo, en caso de que no se otorgue la suspensión por el Tribunal Constitucional (LOTC art.56 a 58).

4564 MPCI nº 7823 s. **Distinción con las medidas cautelares** La jurisprudencia sostiene que la ejecución provisional tiene la naturaleza jurídica de proceso de ejecución. La consecuencia más importante de esta afirmación es la de **negar cualquier asimilación** entre ejecución provisional y medida cautelar, de modo que en absoluto puede ser equiparado el régimen de ejecución provisional al de garantía futura de la ejecución de sentencias firmes y autorizar limitaciones a su establecimiento (TS 14-11-02, EDJ 49710).

No faltan autores que, sin embargo, consideran que la ejecución provisional responde a la misma naturaleza jurídica que las medidas cautelares, mientras que otros, por el contrario, aun reconociendo que la ejecución provisional tiene cierta naturaleza cautelar, subrayan sus diferencias (nº 7823 s. Memento Procesal Civil 2026).

4567 MPCI nº 7829 **Régimen transitorio** Se mantiene la exposición del régimen transitorio en materia de ejecución establecido en la LEC, a pesar del tiempo transcurrido desde su entrada en vigor, porque, además de encontrarse vigente, en supuestos de transitoriedad para la aplicación de las reformas de esta norma habidas en los últimos años, puede considerarse relevante y sus principios aplicables a las mismas, con carácter supletorio y en defecto de norma específica de Derecho intertemporal o como elemento de integración de la misma.

Los procesos de ejecución ya iniciados al entrar en vigor la LEC se regirán por lo dispuesto en ella para las actuaciones ejecutivas que aún puedan realizarse o modificarse hasta la completa satisfacción del ejecutante (LEC disp.trans.6ª).

Se establece una **norma especial**, frente a la regla general que, por ello, la desplaza, considerándose, por lo tanto, la plena **aplicabilidad** de dicha norma a las **ejecuciones ya en marcha**, especialidad que la aplicabilidad del régimen previsto en la LEC a la ejecución provisional de la sentencia estimatoria recurrida en casación (LEC disp.trans.4ª). Por ello, el vigente sistema de ejecución provisional se aplica a todas las sentencias dictadas antes de la entrada en vigor de la vigente LEC que estén pendientes de recurso de casación (AP Burgos auto 29-11-01, EDJ 98864).

2. Ámbito objetivo

4570 Son objeto de estudio en este apartado las resoluciones judiciales:

- provisionalmente ejecutables (nº 4572); y
- las no ejecutables provisionalmente (nº 4580).

a. Resoluciones judiciales provisionalmente ejecutables

(LEC art.524.2 y 5)

En principio, solo las **sentencias** de condena que no sean firmes y no toda resolución jurisdiccional son susceptibles de ejecución provisional. 4572 MPCI nº 7842

Ha de tratarse, por consiguiente, de una sentencia y contener un **pronunciamiento de condena** (se excluyen por tanto las sentencias meramente declarativas y las constitutivas, y en general las que no sean de condena) sobre el fondo, al menos parcialmente estimatorio de la demanda, puesto que la apelación contra sentencias desestimatorias carece de efecto suspensivo (LEC art.456.2 y 3). Las que contengan **pronunciamientos absolutorios** lógicamente no pueden ser objeto de ejecución, sin perjuicio de sus efectos de cosa juzgada material desde el punto de vista positivo (efecto positivo de la cosa juzgada) que puedan tener (AP Lleida auto 2-2-06, EDJ 44878).

Lo que no importa es si la **condena** es **dineraria** -que ha de ser líquida-, sin posibilidad de reservar la liquidación a la fase de ejecución (AP Madrid auto 16-6-00, EDJ 113386) o lo es a **hacer, no hacer o entregar** una cosa determinada.

La LEC hace además mención específica a sentencias en que se tutelen **derechos fundamentales**, cuya ejecución provisional tiene carácter preferente, conforme a las exigencias de que las reglas sobre admisión y tramitación deben interpretarse siempre conforme a la finalidad de garantía suplementaria o reforzada (TCo 14-2-89).

De otro lado, se admite la ejecución provisional respecto de las sentencias dictadas en **primera instancia** y **recurridas en apelación**, así como las dictadas en **segunda instancia** y objeto de un **recurso de casación**.

Por consiguiente, la regla general es la ejecución forzosa de toda **sentencia de condena no firme**, salvo excepción, y sin necesidad de prestar caución. Es preciso sin embargo realizar las matizaciones que se exponen a continuación, puesto que la LEC se refiere a resoluciones judiciales sin más aclaración.

Ejecución provisional de autos Ha sido un tema discutido en la doctrina si pueden ser objeto de ejecución provisional otro tipo de resoluciones jurisdiccionales, y particularmente ciertos **autos definitivos** que **no** son de **contenido estrictamente procesal** si bien, en un terreno práctico, se discute que sea posible encontrar supuestos, no tanto por la forma sino por el contenido, de autos provisionalmente ejecutables. 4573 MPCI nº 7846

Cabe referirse a diversos supuestos (Muerza Esparza y Velázquez Martín):

a) Resoluciones judiciales que **aprueben u homologuen transacciones judiciales** y acuerdos logrados en el proceso (LEC art.517.3). Se trata de resoluciones judiciales, pero tienen como presupuesto el **acuerdo previo de las partes** por lo que, ninguna de ellas podrá impugnar dicho auto (pues carecerán de gravamen o legitimación para hacerlo), por lo que carece de sentido plantearse la ejecución provisional. Sobre el auto de cuantía máxima, ver nº 4781.

b) El auto por el que se aprueba el **allanamiento parcial del demandado** (LEC art.21). Sin embargo, el auto que se limita a recoger un allanamiento parcial no es susceptible de recurso (ya que ni el actor ni el demandado pueden impugnarlo desde el momento en que dicha resolución beneficia al primero, y, respecto del segundo, se limita a acoger su propia declaración de voluntad), por lo que tampoco procederá la ejecución provisional de dicho auto.

c) El llamado «**auto de cuantía máxima**». Respecto del mismo no es lógico cuestionarse sobre su posible ejecución provisional conforme a la LEC, porque, tratándose de una **resolución** judicial que ha de ser **dictada** en todo caso **en un proceso penal** y que será susceptible de ser recurrida solo ante los órganos del orden penal, el régimen a seguir para su eventual ejecución provisional habría de ser el previsto en la LECr y no el de la LEC.

Los pronunciamientos sobre **responsabilidad civil** son susceptibles de ejecución provisional con arreglo a lo dispuesto en la LEC art.385 (LECr art.989), pero con ello alude a los pronunciamientos de condena civil contenidos en las sentencias penales condenatorias objeto de recurso, entre las que no se encuentra el auto de cuantía máxima.

Títulos ejecutivos no judiciales En contra de la ejecución provisional de los mismos se invoca la LEC art.524 a 537, que excluye del **ámbito de la ejecución provisional** todos aquellos títulos ejecutivos o de ejecución que no revistan la condición de resoluciones judiciales. En particular, nunca pueden ser objeto de esta ejecución de carácter provisional: 4575

• Los **laudos, resoluciones arbitrales y acuerdos** alcanzados por las partes en cualquier otro de los medios adecuados de solución de controversias elevados a escritura pública (LEC art.517.2.2º redacc LO 1/2025), pues, además de no constituir género alguno de resoluciones judiciales, la L 60/2003 únicamente permite, respecto de los primeros, que durante la tramitación del recurso de anulación frente al laudo arbitral puedan adoptarse medidas cautelares en sentido estricto.

• Las **escrituras públicas** -copias de matriz-, **pólizas de contratos mercantiles** -testimonios notariales- y otros títulos valores o certificados de los mismos (LEC art.517.2.4º, 5º, 6º y 7º redacc LO 1/2025), por cuanto ninguno de estos documentos tiene un origen judicial, ni pueden calificarse además como resoluciones.

Precisiones Por igual razón, tampoco pueden ser objeto de ejecución provisional los **bonos garantizados** -cédulas o bonos hipotecarios, cédulas o bonos territoriales, bonos de internacionalización- emitidos por entidades hábiles para ello -entidades de crédito establecidas en España, incluso respecto de emisiones en el extranjero; Instituto de Crédito Oficial- (RDL 24/2021 art.6).

4576 **Otros supuestos** La doctrina ha destacado otros supuestos específicos (Delgado Cruces):
a) Interdictos (LEC art.250.3, 4, 5, 6, 439 a 441). Los tradicionales interdictos se tramitan ahora a través del procedimiento verbal con algunas matizaciones. La ejecución provisional consiste en la adopción de las medidas acordes con los pronunciamientos que se adopten, respecto de la suspensión de la obra nueva. El proceso sumario tiene semejanzas con la propia ejecución provisional, aunque se permite la prestación de caución por el demandado.
b) Alimentos. Mientras unos autores consideran que la sentencia que recaiga cabe ejecutarla provisionalmente por los trámites ordinarios, otros consideran que se trata de medidas anticipatorias de ejecución directa y forzosa sin necesidad de acudir a la ejecución provisional.
c) Desahucio (LEC art.449). La consignación de rentas, en caso de sentencia que conlleve lanzamiento, es un presupuesto para la interposición y admisión de los recursos, por lo que es difícil que consignada la renta quepa el lanzamiento provisional.
d) Daños y perjuicios causados con motivo de la circulación de vehículos a motor. Teniendo en cuenta que se impone el deber de constituir depósito del importe de la condena más los intereses y recargos exigibles para poder acceder a los recursos, se sostiene que el despacho de la ejecución debe recaer sobre dicha consignación.
e) Laudos (L 60/2003 art.45). Respecto del laudo arbitral se establece la posibilidad de ejecución forzosa del mismo durante la pendencia del procedimiento en que se ejercite la acción de anulación. Ningún sentido tiene pues que la ejecutividad del laudo dependa de su firmeza dada la amplitud con que se acoge la ejecución provisional de sentencias. La ejecutividad del laudo no firme se ve matizada por la facultad del ejecutado de obtener la suspensión de la ejecución mediante la prestación de caución para responder de lo debido, más las costas y los daños y perjuicios derivado de la demora de la ejecución.

4578 MPCI nº 7852 s. **Condena en costas contenida en las sentencias** (LEC art.533) Se plantea la posibilidad de ejecutar de manera provisional única y exclusivamente la condena en costas impuesta por una sentencia que **no** contenga **otros distintos pronunciamientos condenatorios**.
El hecho de que la LEC prevea que, revocada totalmente la condena dineraria contenida en una sentencia provisionalmente ejecutada, el ejecutante provisional haya de reintegrar al ejecutado las costas de la ejecución provisional que este haya satisfecho, costas que también son ilíquidas, y que tal **reintegro** pueda exigirse **por la vía de apremio** en los casos en que aquella resolución revocatoria no sea firme, no supone ningún argumento en favor de la admisibilidad de ejecutar de forma provisional y exclusiva una condena en costas.
Esta singular **ejecución dineraria** por el reintegro de las costas en modo alguno puede tenerse por una verdadera ejecución provisional (pese a que la pendencia de un recurso contra la resolución revocatoria pueda hacer pensar lo contrario), pues de lo que se trata es de dejar sin efecto, definitiva e irrevocablemente, la ejecución provisional de una **sentencia revocada en vía de recurso**, sin que la eventual anulación de este último pronunciamiento revocatorio suponga el renacimiento por este motivo de aquella originaria ejecución provisional.

Precisiones **1)** Que el pronunciamiento de condena en costas no esté incluido en ninguno de los supuestos de la LEC sobre resoluciones no ejecutables provisionalmente, no implica, sin más, que se permita respecto de las costas procesales, porque para proceder a la **exacción de las costas por la vía de apremio** se exige la previa tasación que solo puede practicarse cuando la sentencia sea firme; por tanto, no podría legitimarse a la parte que hubiese obtenido un pronunciamiento a su favor en sentencia de condena para pedir la ejecución provisional, porque ello solo tiene cabida respecto de las pretensiones deducidas por las partes en el proceso (AP Murcia 22-12-01, EDJ 62936).
2) Desde un punto de vista material es evidente que la condena en costas es un supuesto de **condena dineraria ilíquida**, respecto de la cual no cabe la ejecución provisional, ni antes, ni ahora (AP Madrid auto 16-6-00, EDJ 113386).
3) Será el letrado de la Administración de Justicia (actualmente denominado letrado de la Administración de Justicia) quien **sobresea la ejecución provisional** (LEC art.533.1).
4) La **no devolución del dinero recibido** a consecuencia de la ejecución provisional de la sentencia posteriormente revocada no constituye delito de apropiación indebida; el dinero se recibe en igual condición y con los mismos efectos dominicales con los que los recibiría el ejecutante definitivo (TS 23-3-22, EDJ 527877).

b. Resoluciones no ejecutables provisionalmente

Con carácter general, cabe destacar una serie de supuestos en que no cabe instar la ejecución provisional. 4580

Sentencias meramente declarativas o constitutivas (LEC art.521) Las sentencias declarativas no permiten su ejecución definitiva una vez adquirida firmeza. Solo son susceptibles de ejecución, tanto definitiva como condicional o provisional, las **sentencias de condena**, esto es, aquellas que contienen, de forma principal, un mandato al condenado para que realice una prestación, sea de hacer, no hacer o de dar, y en este último caso, de entregar cosas genéricas o específicas. 4581 MPCI nº 7864

No son ejecutables las sentencias declarativas ni las constitutivas. Las primeras, porque no incluyen la **declaración de un deber incumplido** ni de la **responsabilidad** inherente a la infracción. Las segundas, porque su firmeza produce **plenos efectos jurídicos**, o al menos los más importantes, de modo inmediato, a no ser que la sentencia constitutiva o declarativa contenga, además, algún pronunciamiento de condena. Cuando así ocurra, los pronunciamientos que correspondan a las acciones de condena deben ser ejecutados como si hubiesen sido deducidos de modo independiente, porque son, en realidad, **acciones independientes**, susceptibles de diverso cumplimiento o de diversa ejecución forzosa.

Lo mismo sucede con los pronunciamientos de condena que contengan las acciones constitutivas típicas, siempre que además de constituir un estado jurídico nuevo, efectivamente condenen a la parte demandada a una **prestación patrimonial**; no las de otra clase, que se disciplinan por normas diferentes. No obstante, aunque no sean aptas para abrir la ejecución forzosa, ocasionalmente las sentencias mero-declarativas y constitutivas pueden precisar de **actuaciones complementarias** destinadas a reforzar su efectividad práctica.

En tales casos, se habla de **ejecución impropia**, que puede dar lugar a una plural variedad de actividades (p.e. asientos en registros públicos, etc.), en ocasiones muy complejas, pero en todo caso diferentes de las que integran la ejecución ordinaria de las sentencias de condena (TS 18-11-92, EDJ 11381).

Lo mismo es predicable de las sentencias constitutivas, las cuales producen los efectos que les son peculiares en el momento mismo en que pasen en autoridad de **cosa juzgada**, pero es posible que precisen de algunos **actos complementarios** de cumplimiento o ejecución impropia (AP Madrid auto 26-1-02, EDJ 126328).

Sentencias que dispongan o permitan la inscripción o cancelación de asientos (LEC art.524.4) Son resoluciones no ejecutables provisionalmente las sentencias que dispongan o permitan la inscripción o cancelación de asientos **en registros públicos** cuando no son firmes o, aun siéndolo, cuando no hayan transcurrido los plazos para la rescisión si han sido dictadas en rebeldía permitiendo únicamente su anotación preventiva por virtud del principio de seguridad jurídica y eficacia *erga omnes* que afecta a los registros públicos. Como supuesto particular en relación con una sentencia dictada en un **procedimiento de tercería**, se subraya que en una resolución constitutiva procesal, habrá de convenirse en la imposibilidad de su ejecución provisional y ello porque las sentencias objeto de ejecución provisional, son las de condena, mientras que las meramente declarativas y las constitutivas, no son susceptibles de ejecución, y solo las constitutivas firmes, podrán permitir inscripciones y modificaciones en registros públicos. 4583 MPCI nº 7866, 7868

Precisiones 1) Si una **sentencia constitutiva firme** no es susceptible de ejecución, mal puede pretenderse su ejecución provisional, afirmación que no puede verse alterada porque en la sentencia en cuestión se acuerde oficiar al organismo correspondiente para levantar y dejar cancelados los **embargos trabados** sobre los derechos y subvenciones afectadas, comunicación que solo procederá cuando la sentencia adquiera firmeza (AP Madrid auto 12-9-02, EDJ 126333).

2) En defecto del cumplimiento de los **requisitos** exigidos por LEC art.524.4, aun cuando conste acreditada en tiempo y forma la firmeza de la resolución, no cabe la inscripción, ni siquiera haciendo constar la posibilidad de rescisión (DGRN Resol 18-1-17).

Sentencias dictadas en procesos sobre derechos indisponibles (LEC art.525.1.1ª redacc LO 1/2025) No son, en ningún caso, susceptibles de ejecución provisional las sentencias dictadas en los procesos sobre **paternidad**, maternidad, **filiación**, **nulidad de matrimonio**, separación y divorcio, **capacidad** y **estado civil**, así como sobre las medidas relativas a la **restitución o retorno de menores** en los supuestos de sustracción internacional y **derechos honoríficos**, salvo los pronunciamientos que regulen las obligaciones y relaciones patrimoniales relacionadas con lo que sea objeto principal del proceso y que sean susceptibles de realización. 4584 MPCI nº 7870

Precisiones 1) Se echa en falta la posibilidad de ejecutar provisionalmente de otro tipo de pronunciamientos implícitos en esta clase de sentencias que no son de contenido patrimonial pero cuya ejecución provisional sería conveniente de cara a los intereses que pretenden tutelar, como los pronunciamientos sobre **régimen de visitas en procesos matrimoniales**, si bien es cierto que en la mayoría de los supuestos estas situaciones quedan cubiertas por la ejecución de la resolución acordando las medidas previas o las medidas provisionales que se hayan solicitado y cuya eficacia se mantiene aun habiendo sido recurridas de manera independiente o junto con la sentencia que decida sobre la relación matrimonial (Velázquez Martín).

2) El **acuerdo de los cónyuges** o, en su defecto, la decisión judicial reflejada en sentencia sobre las medidas que vayan a sustituir a las previamente adoptadas que atañen, entre otros aspectos, en relación con los **hijos** y a las **cargas del matrimonio**, no quedan afectadas en su eficacia por los recursos que se interpongan contra la sentencia; consecuencia de lo cual no se trata de una ejecución provisional sino de un efecto derivado de que el **recurso carece de efecto suspensivo** respecto de los pronunciamientos relativos a las medidas adoptadas (AP Tarragona auto 12-6-03, EDJ 203728; AP Navarra auto 13-4-00; AP Málaga auto 9-10-02, EDJ 126351).

3) La inclusión en la relación de sentencias no ejecutables provisionalmente de las referentes a medidas relativas a la **restitución o retorno de menores** en los supuestos de sustracción internacional tiene lugar por L 15/2015.

4) La inclusión en la lista de las sentencias dictadas en procesos sobre oposición a las resoluciones administrativas dictadas en materia de **protección de menores**, por L 26/2015.

4585 MPCI nº 7874 s.

Sentencias que condenen a emitir una declaración de voluntad (LEC art.525.1.2ª) Se trata de supuestos en que la pretensión consiste en la emisión de una declaración de voluntad para iniciar una **relación jurídica** hasta ese momento **inexistente** (p.e. el incumplimiento de la promesa de venta, la adjudicación de un bien, celebrar un contrato sobre un precontrato.

Las sentencias de condena a emitir una declaración de voluntad tienen en realidad un carácter constitutivo que da lugar a un nuevo derecho de naturaleza potestativa. Son situaciones susceptibles de ejecución definitiva, que exige para ello su firmeza, pero que, no obstante, contienen una **obligación de hacer** de carácter personalísimo y, por tanto, no son susceptibles de una medida como la ejecución provisional.

La comprensión de esta prohibición se aclara si se relaciona este precepto con la LEC art.708, que se refiere a la resolución judicial o arbitral firme que condene a emitir una declaración de voluntad. Este precepto establece un régimen especial de ejecución de sentencias que condenen a la emisión de una declaración de voluntad, las cuales, por incorporar un hacer personalísimo, solo son susceptibles de integración por el juez, en caso de ausencia del hacer del sujeto obligado, si se dan los requisitos que el propio precepto exige (TS 14-11-02, EDJ 49710).

Precisiones Pueden consultarse algunos **supuestos concretos reconocidos por la jurisprudencia** en nº 7876 Memento Procesal Civil 2026.

4588 MPCI nº 7878

Sentencias que declaren la nulidad o caducidad de títulos de propiedad industrial (LEC art.525.1.3ª) Las razones que justifican la excepción son:
- las dificultades de **reparación de daños** en la materia; y
- el **sistema cautelar** establecido por la normativa de patentes y marcas (L 24/2015 art.130).

4589 MPCI nº 7880

Sentencias extranjeras no firmes (LEC art.525.2) No son susceptibles de ejecución provisional las sentencias extranjeras no firmes, salvo que expresamente se disponga lo contrario en los **tratados internacionales vigentes** en España.

Las sentencias extranjeras, para ser ejecutadas en España, precisan de su reconocimiento mediante el sistema regulado en L 29/2015 art.41 a 55. Se exige como norma general su firmeza para el reconocimiento y ejecución de sentencias extranjeras.

Las resoluciones dictadas en un Estado miembro de la Unión Europea que tengan **fuerza ejecutiva** en él gozan también de esta en los demás Estados miembros sin necesidad de una declaración de fuerza ejecutiva (Rgto UE/1215/2012 art.40). Estas reglas sucesivas tienen los precedentes del Convenio Bruselas 27-9-1968 art.31 y Convenio Lugano 16-9-1988. Este último -de aplicación cuando del Estado de origen de la decisión fuera parte en el mismo, pero no en el Rgto UE/1215/2012, sucesivamente- permite la **ejecución provisional** de resoluciones judiciales que en su país de origen pudieran ejecutarse provisionalmente.

4590

Indemnización por vulneración del derecho al honor, a la intimidad personal y familiar y a la propia imagen (LEC art.525.3) En cuanto a los pronunciamientos de carácter indemnizatorio de sentencias que declaren la vulneración del derecho al honor, a la intimidad personal y familiar y a la propia imagen, es la fecha de la primera de las actuaciones la que determina cuál es la **legislación aplicable** para la resolución de las pretensiones deducidas en tal momento (AP Madrid auto 22-9-04, EDJ 166277).

4591 MPCI nº 7884 s.

Intereses No se hace referencia en la legislación al tema de los intereses entre las materias que excluyen de la ejecución provisional (LEC art.525 redacc LO 1/2025), dando pie la LEC art.531 para interpretar que dicho concepto es **reclamable en ejecución provisional** (AP Murcia auto 10-6-05, EDJ 163722).

Con respecto a los de **carácter procesal** estos tienen una doble finalidad:
- la de carácter disuasorio, con respecto al incremento de dos puntos; y
- el simplemente indemnizatorio en lo que al interés legal se refiere.

La **obligación de devengo** nace desde la fecha de sentencia y sin necesidad de petición, y por tanto de condena concreta de manera tal que deben entenderse absolutamente incompatibles, desde la fecha de sentencia, con los **moratorios contractuales**.

Precisiones Los **intereses de demora procesales** también resultan susceptibles de ejecución provisional si bien con límite exclusivo a la fecha de total pago -o consignación- o de la sentencia de segunda instancia, con tipo el legal más dos puntos y cuantía la referente a principal y remuneratorios si existen (JPI Valencia núm 5 auto 2-10-01).

3. Requisitos procesales

(LEC art.524 a 530)

En la regulación legal, se distinguen dos capítulos dedicados a la ejecución provisional de sentencias de condena: **4593**
- las dictadas en primera instancia; y
- las dictadas en segunda instancia, que se rige por lo dispuesto con carácter general con determinadas especialidades.

Con carácter general, cabe destacar:

a) La ejecución provisional **puede pedirse en cualquier momento** desde la notificación de la providencia en que se tenga por preparado el recurso de apelación o desde el traslado a la parte apelante del escrito del apelado adhiriéndose al recurso, hasta que la sentencia gane firmeza.

b) El **tribunal competente** ante el que se debe solicitar es el que conoció del asunto en primera instancia. No obstante, se atribuye a los letrados de la Administración de Justicia la ejecución salvo aquellas competencias que se exceptúan por estar reservadas a jueces y magistrados.

c) El **despacho de la ejecución provisional**, una vez solicitada por la parte favorecida por la sentencia, no es potestativo para el tribunal sino obligado, salvo que concurra alguno de los supuestos de exclusión legal o que aquella no contenga pronunciamiento de condena.

d) La **oposición a la ejecución provisional**, fuera del supuesto en que se haya infringido lo dispuesto en nº 4602, presenta caracteres y contenido diverso según sea la **sentencia de condena no dineraria**, que solo prosperará cuando resulte imposible o de extrema dificultad restaurar la situación anterior a la ejecución provisional o compensar económicamente al ejecutado, o **de condena dineraria**, en cuyo caso, sin que el legislador distinga entre liquidez o iliquidez de la condena, al ejecutado no le está permitido oponerse a la ejecución provisional en su conjunto, sino únicamente a actuaciones ejecutivas concretas siempre que estas provoquen una situación absolutamente imposible de restaurar o compensar económicamente y, al mismo tiempo, indique medios o actuaciones ejecutivas viables y ofrezca caución suficiente para responder de la demora en la ejecución. Asimismo, también deben admitirse aquellos **motivos de oposición** sustantivos fundados en el pago, cumplimiento, caducidad de la acción y transacción, o procesales, fundados en las causas de la LEC art.559.

e) La ejecución provisional se lleva a cabo del mismo modo que la ejecución ordinaria (nº 4665 s.), gozando las partes de los mismos **derechos y facultades procesales** que en esta, que, por tanto, es de aplicación subsidiaria (LEC art.524.2 y 3).

a. Legitimación

(LEC art.526)

La legitimación **activa** para instar la ejecución provisional corresponde a quien haya obtenido un pronunciamiento a su favor en sentencia de condena dictada en primera instancia (también en segunda por la remisión de la LEC art.535.1). **4595** MPCI nº 7895

La legitimación **pasiva** la ostenta la persona que resulte condenada por dicha resolución judicial, esto es, desfavorecido por la resolución.

Determinación de las partes (LEC art.538 a 544) Se realiza teniendo en cuenta las partes y sujetos de la ejecución forzosa, que contempla los supuestos de sucesión, ejecución de gananciales, asociaciones y entidades temporales y sin personalidad jurídica y deudores solidarios, exigiéndose respecto de estos últimos que hayan sido parte y condenados en el proceso. **4596** MPCI nº 7897

Así, puede ostentar la posición de **ejecutado** no solo quien aparezca como deudor en el título ejecutivo, sino también:

a) Quien, sin figurar como deudor en el título, responda personalmente de la deuda por disposición legal o en virtud de afianzamiento acreditado por documento público.

b) Quien, sin figurar como deudor en el título ejecutivo, resulte ser propietario de los bienes especialmente afectos al pago de la deuda, afección que derive de la Ley o conste en documento fehaciente.

4597 MPCI nº 7899 **Postulación** (LEC art.539 y disp.adic.11ª redacc LO 1/2025) Se aplican las reglas generales de la ejecución forzosa de manera que el ejecutante y el ejecutado provisionales deben estar dirigidos por **letrado** y representados por **procurador**, salvo que se trate de ejecutar sentencias de condena dictadas en procesos en que no sea preceptiva la intervención de dichos profesionales.

En los supuestos legalmente establecidos, previa solicitud del ejecutante y a su costa, el juez puede acordar que determinadas **actuaciones materiales propias del proceso de ejecución** sean efectuadas por el procurador que le represente, que actuará de forma personal e indelegable. Su actuación será impugnable ante el letrado de la Administración de Justicia (LEC art.452 y 453). Contra el decreto resolutivo de esta **impugnación** se podrá interponer recurso de revisión.

b. Competencia

(LEC art.61 y 524.2)

4600 La ejecución provisional se despacha y lleva a cabo por el **tribunal competente** para la primera instancia, regla aplicable tanto a la dictada en dicha primera instancia como en la segunda instancia, al resolverse el recurso de apelación interpuesto contra la anterior (LEC art.535.2.2º y 535.3). Esta es la regla prevista también en el ámbito de la ejecución definitiva de resoluciones judiciales firmes (LEC art.545.1).

Precisiones Corresponde a los **letrados de la Administración de Justicia** la ejecución, salvo aquellas competencias que se exceptúan por estar reservadas a jueces y magistrados.

c. Plazos

(LEC art.527.1)

4602 Se establece un amplio plazo para instar la ejecución provisional:

1) En **primera instancia** (LEC art.458, 461.4 y 463): la ejecución provisional puede pedirse en cualquier momento desde la notificación de la resolución en que se tenga por interpuesto el recurso de apelación, o, en su caso, desde el traslado a la parte apelante del escrito del apelado, adhiriéndose al recurso, y siempre antes de que haya recaído sentencia en dicho recurso. Por lo tanto, para solicitar la ejecución provisional no es preciso esperar el plazo de 20 días de la LEC art.548, que establece que no se despachará ejecución de resoluciones procesales o arbitrales dentro de los 20 días posteriores a aquel en que la resolución de condena sea firme, o la resolución de aprobación del convenio haya sido notificada al ejecutado, ya que la finalidad del mencionado precepto es la de permitir al condenado el cumplimiento voluntario de la sentencia condenatoria sin necesidad de entrar en la ejecución forzosa (AP Barcelona auto 25-4-08, EDJ 75601).

El *dies a quo* lo constituye aquel en el que se efectúa la notificación de la resolución por la que se admite el escrito de interposición de la apelación, mientras que el *dies ad quem* lo es, a falta de mayor precisión legal, el día anterior a aquel en el que se dicte la sentencia de apelación, aunque olvida el legislador que el recurso de apelación interpuesto frente a sentencias de condena también puede concluir mediante providencia (LEC art.465.3.párrafo 1º), razón por la cual la fecha límite en estos casos para instar la ejecución provisional será la del día anterior a la emisión de la indicada resolución judicial.

La petición de **ejecución provisional presentada antes de tiempo** no se puede subsanar por medio de rectificación temporánea posterior, sin perjuicio del derecho de la parte beneficiada por la sentencia de instar de nuevo su ejecución en tiempo y forma (AP León auto 4-3-10, EDJ 64899).

2) En **segunda instancia**: la solicitud de ejecución provisional puede presentarse en cualquier momento desde la notificación de la resolución que tenga por interpuesto el recurso de casación, y siempre antes de que haya recaído sentencia en tal recurso (LEC art.535.2).

d. Solicitud

(LEC art.524 y 549)

La ejecución provisional se solicita por demanda o por simple solicitud. 4603 MPCI nº 7915

Solicitud (LEC art.549.2) Cuando el título ejecutivo sea una resolución del letrado de la Administración de Justicia o una sentencia o resolución dictada por el tribunal competente para conocer de la ejecución, la demanda ejecutiva puede limitarse a la solicitud de que se despache la ejecución, identificando la sentencia o **resolución** cuya ejecución se pretenda. 4604

Demanda ejecutiva (LEC art.524.1) En consonancia con la similitud del régimen jurídico de la ejecución provisional con el de la ejecución definitiva, se inicia de la misma forma que esta mediante la presentación de una demanda ejecutiva en la que ha de hacerse constar: 4605

a) El **título** en que se funda su petición, que es la resolución de condena.
b) La **tutela ejecutiva** que se pretende -si de dar dinero, cosa distinta a dinero, de hacer, de no hacer-, precisando en el supuesto de entrega de dinero la cantidad que reclame.
c) Los **bienes del ejecutado** susceptibles de embargo de los que tenga conocimiento, determinando si los considera o no suficientes para el fin de la ejecución.
d) Si los considera insuficientes, indicará también las **medidas de localización e investigación de los bienes** del ejecutado que interese, según lo previsto en nº 4855.
e) La **identidad** de la persona o personas frente a las que pretenda el despacho de ejecución, frente a las que se pretenda el despacho de la ejecución por aparecer en el título como deudores o por estar sujetos a la ejecución (LEC art.538 a 544).

Cuando el título ejecutivo sea una resolución del letrado de la Administración de Justicia o una sentencia o resolución dictada por el tribunal competente para conocer de la ejecución (lo que ocurre siempre con la ejecución provisional de las sentencias de condena dictadas en primera instancia, y nunca con la de sentencias dictadas en segunda instancia que impongan la condena por vez primera), la demanda ejecutiva podrá limitarse a la solicitud de que se **despache la ejecución**, identificando la sentencia o resolución cuya ejecución se pretenda (LEC art.549.2).

Documentación a acompañar a la demanda Cuando la ejecución provisional se solicite después de haberse remitido los autos al tribunal competente para resolver la apelación (lo que es posible puesto que como puede instarse hasta que se dicte sentencia en los recursos de que se trate), el ejecutante debe obtener previamente de este **testimonio** de lo que sea necesario para la ejecución, y acompañar dicho testimonio a la solicitud. Si se solicita antes de dicha remisión, el letrado de la Administración de Justicia expedirá el testimonio antes de ordenarla (LEC art.527.2). 4606 MPCI nº 7925

En caso de **ejecución provisional de sentencia dictada en segunda instancia**, a la solicitud de ejecución provisional ha de acompañarse certificación de la sentencia cuya ejecución provisional se pretenda.

Aparte de los anteriores testimonios, se acompañarán a la demanda de ejecución provisional, por aplicación en lo que procede del régimen general de ejecución forzosa los siguientes documentos (LEC art.550.1.2º y 3º y 550.2):

a) El **poder** otorgado al procurador, siempre que la representación no se confiera *apud acta* o no conste ya en las actuaciones.
b) Los documentos que acrediten los **precios o cotizaciones** aplicados para el cómputo en dinero de deudas no dinerarias, cuando no se trate de datos oficiales o de público conocimiento.
c) Los **documentos** que el ejecutante considere **útiles o convenientes** para el mejor desarrollo de la ejecución, y contengan datos de interés para despacharla.

Si bien *ab initio* **no existe parte ejecutada** a la que dar traslado y el despacho de ejecución se dictará *inaudita parte*, procede la presentación de tantas copias literales de los documentos presentados en soporte papel, cuantas sean las otras partes (LEC art.273).

Por el contrario, la **caución** no es requisito para que se despache ejecución. El ejecutante provisional no tiene que prestar ningún tipo de caución como requisito previo y condicionante para la obtención de la ejecución (LEC art.526).

e. Despacho

(LEC art.527.3 y 4)

Formalizada la demanda ejecutiva o la solicitud de ejecución provisional (nº 4605), el tribunal, siempre que concurran todos los presupuestos y requisitos legales, viene obligado *ope legis* a acordarla, sin necesidad de dar audiencia al ejecutado, sin citarlo ni emplazarlo. Ha de revestir la forma de **auto**, y la doctrina opina que debe acordarse la formación de **pieza separada**. 4610 MPCI nº 7930 s.

Si la demanda de ejecución provisional reúne los requisitos legalmente exigidos, el tribunal competente la despacha, sin que frente al auto en que así se ordene quepa **recurso** alguno, sin perjuicio de la oposición que pueda formular el ejecutado (AP Castellón auto 25-7-05, EDJ 180815).
No es preciso el transcurso de los 20 días previstos para la ejecución ordinaria desde la **notificación al obligado**.
Se convierte así el despacho de la ejecución en algo imperativo para el juez, que únicamente puede proceder a examinar la regularidad y aptitud del título y solo puede **denegar el despacho** si no concurren los presupuestos y requisitos legales (LEC art.552), no correspondiendo, pues, al juez adelantar a la fase de admisión los motivos de oposición dependientes de la iniciativa del ejecutado.

4612 MPCI nº 7938 **Denegación del despacho de ejecución** La denegación judicial de la solicitud de ejecución provisional reviste la forma de **auto**, frente al cual se da el recurso de **apelación**, (sin necesidad de reposición previa al tratarse de un auto definitivo que pone fin a las actuaciones de ejecución provisional), que se tramita y resuelve con carácter preferente (LEC art.527.4).

f. Oposición

(LEC art.528)

4615 Se admite el despacho de la ejecución provisional en términos favorables para el favorecido por la resolución, **sin** necesidad de prestar **caución** y sin que se admita la **recurribilidad del auto**. Por ello, cobra especial importancia la oposición del ejecutado.
Frente al auto por el que se despache la ejecución el ejecutado puede adoptar tres **conductas** posibles:
a) Cumplir íntegramente con la obligación a que haya sido condenado, poniendo así término a la ejecución (LEC art.531 y 570).
b) Mantener una actitud pasiva, en la que ni cumpla con sus obligaciones ni formule reparos y oposiciones expresas a las actuaciones ejecutivas realizadas en su contra, supuesto en el cual la ejecución proseguirá con su normal desarrollo, sin más.
c) Oponerse a la ejecución despachada en su contra (LEC art.528.1).
El ejecutado solo puede **oponerse a la ejecución provisional** una vez que esta haya sido despachada.
La oposición a la ejecución provisional únicamente puede fundarse en las **causas** expuestas en nº 4617.
Al formular esta oposición a medidas ejecutivas concretas, el ejecutado ha de indicar **otras medidas o actuaciones ejecutivas** que sean posibles y no provoquen situaciones similares a las que causaría, a su juicio, la actuación o medida a la que se opone, así como ofrecer **caución** suficiente para responder de la demora en la ejecución, si las medidas alternativas no son aceptadas por el tribunal y el pronunciamiento de condena dineraria resulte posteriormente confirmado. Si el ejecutado no indica medidas alternativas ni ofrece prestar caución suficiente, no procede en ningún caso la oposición a la ejecución y así se decretará de inmediato por el letrado de la Administración de Justicia. Contra dicho decreto cabrá recurso directo de revisión que no producirá efectos suspensivos.

4616 MPCI nº 7947 **Ámbito de la oposición a la ejecución provisional** La ejecución provisional se despachará y llevará a efecto del mismo modo que la ejecución ordinaria disponiendo las partes de los mismos derechos y facultades procesales que en la ordinaria.
Por ello la doctrina se plantea la cuestión del alcance o extensión de la referida oposición, en el sentido de concluir si resulta admisible que dicha oposición pueda fundarse en las **causas generales de oposición** previstas para la ejecución definitiva de resoluciones judiciales firmes en nº 4593 s., o si, por el contrario, dicha oposición debe limitarse a las **causas** que de **forma tasada** dispone la LEC art.528, en el marco específico de la regulación de la ejecución provisional.

4617 MPCI nº 7951 **Causas** La oposición a la ejecución provisional puede deberse a:
a) La **infracción legal de sus presupuestos condicionantes** (LEC art.527). Es aplicable tanto en caso de condena dineraria como no dineraria.
Tales requisitos son temporales y con remisión, en cuanto a las resoluciones no susceptibles de ejecución provisional, a todos lo que resultan de la regulación expuesta en nº 4593 s.
La estimación de esta causa impide (a salvo defectos subsanables en cuyo caso debe concederse plazo) que la ejecución provisional continúe y se levantarán embargos y medidas de garantía de la traba adoptadas (LEC art.530.1).
b) La idea de la **irreversibilidad** de las situaciones jurídicas a las que conduzca la ejecución.
Respecto de esta segunda causa, cabe distinguir:
- oposición a la ejecución provisional de condena no dineraria; y
- oposición en caso de ejecución provisional de condena dineraria.
Además de las causas citadas, la oposición puede estar fundada en (LEC art.528.4):
• El **pago o cumplimiento de lo ordenado en la sentencia**, que habrá de justificarse documentalmente.

• La existencia de **pactos o transacciones** que se hubieran convenido y documentado en el proceso para evitar la ejecución provisional.
Estas causas de oposición se tramitarán conforme a lo dispuesto para la ejecución ordinaria o definitiva.

Oposición a la ejecución provisional de condena no dineraria (LEC art.528.2.2ª y 529.3) Puede tratarse de condena a hacer, a no hacer, o a entregar cosa distinta a dinero. 4618 MPCI nº 7953 s.
El motivo de la oposición ha de ser que resulte **imposible** o de **extrema dificultad**, atendida la naturaleza de las actuaciones ejecutivas, restaurar la situación anterior a la ejecución provisional o compensar económicamente al ejecutado mediante el **resarcimiento de los daños y perjuicios** que se le causen, si aquella sentencia es revocada.
Una vez que se dé traslado de la oposición del ejecutado al ejecutante, además de impugnar dicha oposición, se prevé la posibilidad de que el ejecutante ofrezca **caución suficiente** para garantizar que, en caso de revocarse la sentencia ejecutada, se restaurará la situación anterior o, de ser esto imposible, se resarcirán los daños y perjuicios causados.

Oposición a la ejecución provisional de condena dineraria (LEC art.528.3) Si la condena objeto de ejecución provisional es dineraria, la oposición del ejecutado tiene limitaciones: 4619 MPCI nº 7957 s.
a) El ejecutado ya **no** podrá **oponerse a la ejecución en conjunto** por la irreversibilidad de la misma -siempre es posible la *restitutio in integrum* de la cantidad de dinero entregada al ejecutante-.
b) Deberá acreditar que dichas actuaciones causarán una **situación absolutamente imposible** -no basta la dificultad extrema, como en el supuesto general- de restaurar o de compensar económicamente mediante el resarcimiento de daños y perjuicios.
c) La admisión de la oposición exige el cumplimiento, además, del requisito de que el ejecutado, al formular esta oposición, indique otras **medidas o actuaciones ejecutivas** que sean posibles y no provoquen situaciones similares a las que causaría, a su juicio, la actuación o medida a la que se opone; de igual manera, deberá ofrecer **caución suficiente** para responder de la demora en la ejecución, si las medidas alternativas no son aceptadas por el tribunal y el pronunciamiento de condena dineraria resulta posteriormente confirmado.
Si el ejecutado **no cumple los citados requisitos**, por no indicar en su escrito de oposición dichas medidas alternativas, o por no ofrecer caución suficiente, no procederá en ningún caso la oposición a la ejecución y así se decretará de inmediato por el letrado de la Administración de Justicia. Contra dicho decreto cabrá recurso directo de revisión que no producirá efectos suspensivos (LEC art.528.3).

Precisiones **1)** En las condenas dinerarias, solo cabe oponerse a actuaciones ejecutivas concretas del **procedimiento de apremio** y cuando se entienda que dichas actuaciones causarán una situación absolutamente imposible de restaurar o de compensar económicamente mediante el resarcimiento de daños y perjuicios. Y si no se ofrecen las razones para ello y tampoco se indican otras medidas de ejecución alternativas ni se ofrecer caución para responder de la demora, no es dable acceder a la oposición (JPI Santander núm 1 auto 16-5-01). 4620
2) De otro lado, el hecho de **haber consignado el principal** no es por sí solo causa para denegar tal ejecución, si bien, sí restan las cantidades presupuestadas para costas e intereses, así como los intereses que el actor estima devengado, sin perjuicio del derecho del ejecutado a oponerse si a su derecho conviene, a la procedencia de la ejecución provisional (AP Madrid auto 18-5-05, EDJ 186078).
3) Respecto de la **liquidez de la cantidad dineraria**, existen pronunciamientos diferentes:
• En ocasiones se establece que en los supuestos de sentencia de condena al pago de **cantidad dineraria indeterminada** no puede accederse a su ejecución provisional hasta tanto dicha liquidación se realice en el procedimiento correspondiente (AP Ciudad Real auto 10-12-03, EDJ 263142).
• En otras se matiza en el sentido de que, si bien es cierto que la sentencia que se ejecuta provisionalmente no contiene una cantidad concreta en su fallo, sí contiene un **elemento** conceptual claro **para la identificación** de la cantidad. Esto, en principio, conduciría la ejecución al trámite de las de condena dineraria, pues claramente lo es sin que quepa confundir la falta de cuantificación en el fallo con las condenas no dinerarias, lo que son cosas diferentes (AP Zaragoza 18-9-03, EDJ 112546).

g. Sustanciación de la oposición

(LEC art.529)

Se siguen las siguientes reglas: 4622 MPCI nº 7967
1ª El **escrito de oposición** del ejecutado se presenta dentro de los 5 días siguientes al de la notificación de la resolución que acuerde el despacho de ejecución (LEC art.553.2) o las actuaciones concretas a las que se oponga. Dicha oposición no suspende el curso de la ejecución (LEC art.556.2).
2ª Del escrito de oposición, junto con los documentos que lo acompañen, se da **traslado al ejecutante** y a quienes estén personados en la ejecución provisional, para que manifiesten y

acrediten, en el plazo de 5 días, lo que consideren conveniente. El escrito ha de reunir las **exigencias formales** ordinarias y cumplirse los requisitos de la **postulación**.
Acerca de la posibilidad de la **apertura de un periodo probatorio**, además de la posibilidad de aportar documentos junto con la demanda ejecutiva, diversos autores se pronuncian a favor de dicha posibilidad, aunque la ley no lo prevé ni tampoco trámite de **vista**.
3ª El ejecutante, en el caso particular de la oposición a la ejecución no dineraria globalmente considerada por conducir la misma a **situaciones jurídicas irreversibles** o difícilmente reversibles, puede ofrecer **caución suficiente** para garantizar que, en caso de revocarse la sentencia, se restaurará la situación anterior o, de ser esto imposible, se resarcirán los daños y perjuicios causados, caución que puede constituirse en dinero efectivo, mediante aval solidario de duración indefinida y pagadero a primer requerimiento emitido por entidad de crédito o sociedad de garantía recíproca o por cualquier otro medio que, a juicio del tribunal, garantice la inmediata disponibilidad, en su caso, de la cantidad de que se trate.

Precisiones **No** es requisito **prescindible la caución** para la ejecución provisional no dineraria, **ni** es **subsanable**, sin que tampoco pueda apoyarse el recurrente en la posibilidad de plantear la ejecución en cualquier momento para pedirla varias veces sucesivas y en relación a los mismos pronunciamientos, tratando en definitiva de intentar subsanar lo omitido en su momento, cuando ya se le puso de manifiesto la necesidad de caución que ahora ofrece (AP Guadalajara auto 17-3-05, EDJ 216783).

h. Resolución de la oposición del ejecutado

(LEC art.530)

4625 MPCI nº 7972 El auto que resuelve la oposición formulada por el ejecutado varía según el motivo que se invoca:
a) Si se trata de la **infracción** de los **presupuestos legales** condicionantes del **despacho de ejecución provisional**, esto es que se despachó la ejecución con vulneración de algún requisito procesal (LEC art.528.2.1ª), el auto por el que se estime dicha oposición declarará no haber lugar a que prosiga la ejecución provisional, alzándose los embargos y las medidas de garantía que pudieran haberse adoptado.
b) Si se trata de **oposición a la ejecución provisional de condena no dineraria** (irreversibilidad o la dificultosa reversibilidad de la ejecución) caben diversas posibilidades:
• Que se **desestime la oposición** deducida por el ejecutado, en cuyo caso la ejecución prosigue.
• Que el tribunal considere **fundada la causa de oposición**, pero también considere que la **caución** ofrecida por el ejecutante garantiza suficientemente los daños que pudieran originarse de seguir adelante con la ejecución, en cuyo caso ordenará que se constituya la caución. Una vez prestada en forma dicha caución, la ejecución provisional sigue.
• Que el tribunal, considere fundada la causa de oposición, y considere que la **caución** ofrecida por el ejecutante **no garantiza suficientemente los daños** que pudieran originarse de seguir adelante con la ejecución. En este supuesto, el auto resolutorio de la oposición dejará dicha ejecución en suspenso, subsistiendo, no obstante, los embargos y las medidas de garantía adoptadas, y acordándose, además, la adopción de aquellas otras medidas que procedan.
c) Si la oposición frente a la ejecución provisional de condenas dinerarias se dirige frente a **medidas ejecutivas concretas** cabe distinguir:
• Si se **desestima la oposición**, sigue la ejecución provisional respecto de la concreta actividad ejecutiva.
• Si se **estima dicha oposición** porque el tribunal considera posibles y de eficacia similar las actuaciones o medidas alternativas indicadas por el provisionalmente ejecutado, se sustituye la adoptada por la propuesta, continuando la ejecución provisional.
• Si se estima la oposición respecto de la medida ejecutiva que se trate cuando el tribunal aprecie que concurre en el caso una **absoluta imposibilidad de restaurar la situación anterior** a la ejecución o de compensar económicamente al ejecutado provisionalmente mediante ulterior resarcimiento de daños y perjuicios, en caso de ser revocada la condena, y el ejecutado ha ofrecido caución que se crea suficiente para responder de la demora en la ejecución, el auto únicamente determinará que se deniegue la realización de la concreta actividad ejecutiva objeto de aquella, prosiguiendo el procedimiento de apremio.

Precisiones En ninguno de los tres casos anteriores se admitirá **recurso alguno** frente al auto resolutorio del incidente de oposición (AP Madrid auto 25-1-06, EDJ 56792).

4627 MPCI nº 7974 **Suspensión de la ejecución provisional de condenas dinerarias** (LEC art.531) El letrado de la Administración de Justicia suspenderá mediante **decreto** la ejecución provisional de pronunciamientos de condena al pago de cantidades de dinero líquidas, cuando el ejecutado pusiera a disposición del órgano judicial, para su entrega al ejecutante, la cantidad a la que hubiera sido condenado, más los intereses correspondientes y las costas por los que se despachó ejecución. Liquidados aquellos y tasadas estas, se decidirá por el letrado de la Administración de

Justicia responsable de la ejecución provisional sobre la continuación o el archivo de la ejecución. El decreto dictado al efecto será susceptible de **recurso directo de revisión** ante el tribunal que hubiera autorizado la ejecución.

i. Buena fe procesal
(LEC art.247 redacc LO 1/2025)

Es preciso que el ejecutado no realice actuaciones contrarias a la buena fe procesal en el cumplimiento de lo ordenado en ejecución provisional. **4630**
Los intervinientes en todo tipo de procesos, también en materia de ejecución provisional deben ajustarse en sus actuaciones a las reglas de la buena fe, debiendo los tribunales rechazar fundadamente las peticiones e incidentes que se formulen con **manifiesto abuso de derecho** o entrañen **fraude de ley** o procesal a la vez que faculta a estos, si entienden que alguna de las partes ha actuado conculcando las reglas de la buena fe procesal o con abuso del servicio público de Justicia, para imponer, de forma motivada, y respetando el principio de proporcionalidad, una **multa** que puede oscilar de 180 a 6.000 euros, sin que en ningún caso pueda superar la tercera parte de la cuantía del litigio, indicándose como criterio para la **determinación de la cuantía de la multa**, las circunstancias del hecho de que se trate, así como los perjuicios que al procedimiento o a la otra parte se hayan podido causar (AP Barcelona auto 13-6-05, EDJ 105528).
Sobre la buena fe procesal, ver nº 3120 s.

4. Confirmación o revocación de la resolución
(LEC art.532 a 534)

Las sentencias sometidas a ejecución provisional son aquellas, no firmes, frente a las cuales se haya ejercitado **recurso** (la apelación respecto de las sentencias dictadas en primera instancia o el recurso extraordinario de casación respecto de las dictadas en segunda instancia), que ha de encontrarse **pendiente de resolución** al momento de ser instada por el ejecutante y despachada por el tribunal (LEC art.527.1 y 535.2.párrafo 1º). **4632**
Así, la ejecución provisional está sujeta a la condición de la confirmación o revocación de la sentencia. Cabe distinguir los siguientes supuestos:

Confirmación de la sentencia provisionalmente ejecutada (LEC art.532.I) La ejecución continuará -como tal ejecución provisional- si aún no ha terminado, salvo **desistimiento expreso** del ejecutante. Si, además, la sentencia confirmatoria no es susceptible de recurso o aun siéndolo no se recurre, la ejecución, salvo desistimiento, seguirá adelante como definitiva (LEC art.532.párrafo 2º), sin necesidad de declaración expresa al respecto. **4633**
En cuanto a las **cauciones** prestadas cabe distinguir:
- la prestada por el ejecutante, se le devuelve (LEC art.529.3);
- la del ejecutado, sirve para el resarcimiento de la demora en la ejecución (LEC art.528.3).

Revocación de la sentencia provisionalmente ejecutada Debe distinguirse entre las sentencias de condenas dinerarias y las no dinerarias. **4634**

Revocación de condenas al pago de cantidad dineraria (LEC art.533) Se establecen las siguientes reglas: **4635** MPCI nº 7991 s.
a) Si el pronunciamiento provisionalmente ejecutado es de condena al pago de dinero y la **revocación** es **total**, se sobresee la ejecución provisional por el letrado de la Administración de Justicia y el ejecutante debe:
- devolver la cantidad que, en su caso, haya percibido;
- reintegrar al ejecutado las costas de la ejecución provisional que este haya satisfecho; y
- resarcirle de los daños y perjuicios que dicha ejecución le haya ocasionado.
b) Si la **revocación** de la sentencia es **parcial**, solo se devuelve la diferencia entre la cantidad percibida por el ejecutante y la que resulte de la confirmación parcial, con el incremento que resulte de aplicar a dicha diferencia, anualmente, desde el momento de la percepción, el tipo del interés legal del dinero (nº 4669).
c) Si la **sentencia revocatoria no es firme**, la percepción de las cantidades e incrementos puede pretenderse por vía de apremio ante el tribunal que haya sustanciado la ejecución provisional.
La liquidación de los daños y perjuicios se hace según lo dispuesto en nº 5005 s.
d) El **obligado a devolver, reintegrar** e **indemnizar** puede oponerse a actuaciones concretas de apremio (LEC art.528.3).

4636 **Revocación de condenas no dinerarias** (LEC art.534) La regulación legal establece las siguientes pautas:
MPCI nº 7993
1. Si la resolución provisionalmente ejecutada que se revoca ha condenado a la **entrega de un bien determinado**, se restituye este al ejecutado, en el concepto en que lo haya tenido, más las rentas, frutos o productos, o el valor pecuniario de la utilización del bien.

Si la **restitución** es **imposible**, de hecho o de derecho, el ejecutado puede pedir que se le indemnicen los daños y perjuicios, que se liquidan por el procedimiento establecido en nº 5005 s.

2. Si se revoca una resolución que contenga **condena a hacer** y este ha sido realizado, se puede pedir que se deshaga lo hecho y que se indemnicen los daños y perjuicios causados.

3. Para la **restitución** de la cosa, la **destrucción** de lo mal hecho o la **exacción** de daños y perjuicios, procede, en caso de que la sentencia revocatoria no sea firme, la vía de ejecución ante el tribunal competente para la provisional.

4. En los casos previstos en los apartados anteriores, el obligado a restituir, deshacer o indemnizar puede **oponerse**, dentro de la vía de ejecución, con arreglo a lo previsto en nº 4615.

5. Especialidades de la ejecución provisional de sentencias dictadas en segunda instancia

(LEC art.535 a 537)

4638 De la regulación legal cabe destacar las siguientes reglas:

a) Los **presupuestos**, **requisitos** y el **procedimiento** a seguir en estos casos es el mismo que el que ha de observarse en la ejecución provisional de sentencias recaídas en primera instancia.

b) Por lo que respecta a los **requisitos temporales**, la ejecución provisional podrá instarse en cualquier momento desde la notificación de la resolución que tenga por interpuesto el recurso de casación, y siempre antes de que haya recaído sentencia en este recurso.

c) La **solicitud de ejecución provisional** se presenta ante el tribunal que haya conocido del proceso en primera instancia, acompañando certificación de la sentencia cuya ejecución provisional se pretenda, así como testimonio de cuantos particulares se estimen necesarios, certificación y testimonio que deberán obtenerse del tribunal que haya dictado la sentencia de apelación o, en su caso, del órgano competente para conocer del recurso que se haya interpuesto contra esta.

d) La **oposición a la ejecución provisional y a medidas ejecutivas** concretas, en segunda instancia, se regirá por lo dispuesto en nº 4615 s.

e) Los **efectos** derivados de la confirmación o la revocación de la condena de segunda instancia provisionalmente ejecutada también son los previstos en nº 4632.

6. Costas de la ejecución

(LEC art.539.2)

4640 En las actuaciones del proceso de ejecución para las que se prevea expresamente pronunciamiento sobre costas, las **partes** deben satisfacer los gastos y costas que les correspondan, sin perjuicio de los **reembolsos** que procedan tras la decisión del tribunal o, en su caso del letrado de la Administración de Justicia sobre las costas.
MPCI nº 8005 s.

Las costas del proceso de ejecución no comprendidas en el párrafo anterior son **a cargo del ejecutado** sin necesidad de expresa imposición, pero, hasta su liquidación, el ejecutante debe satisfacer los gastos y costas que se vayan produciendo, salvo los que correspondan a **actuaciones** que se realicen **a instancia** del ejecutado o **de otros sujetos**, que deben ser pagados por quien haya solicitado la actuación de que se trate.

Por tanto, en fase de ejecución no se precisa resolución que haga **expresa imposición de costas**, lo que encuentra su justificación en que se hace merecedor de las mismas el ejecutado que no cumpla voluntariamente la condena establecida en resolución firme, obligando con ello al favorecido por el pronunciamiento a recabar el auxilio judicial para la obtención del cumplimiento (AP Asturias auto 14-2-19, EDJ 553432). Pero, en el caso de la **ejecución provisional** dicho fundamento carece de valor dado que ese incumplimiento no se ha de considerar voluntario pues ello pugnaría con la existencia misma del recurso interpuesto. Carece pues de sentido el exigir al condenado mediante sentencia no firme que **cumpla voluntariamente** con una condena de la que discrepa.

La ejecución provisional no deviene de la **pasividad del condenado**, sino de la regulación procesal que concede la facultad de instarla al beneficiado por el pronunciamiento definitivo, pero no firme, lo que obedece a razones de oportunidad, de modo tal que la ejecución provisional no nace, en esencia, del derecho a la ejecución de sentencia.

Precisiones 1) Las costas de la ejecución son aquellos gastos que tienen su **origen directo e inmediato en la existencia del proceso** y se rigen por el principio del vencimiento (AP A Coruña auto 17-5-19, EDJ 694878). 4641

2) La **simple petición de ejecución provisional** no puede conllevar la condena en costas del ejecutado cuando este consigna o paga la cantidad reclamada nada más conocer el propósito del acreedor de ejecutar provisionalmente la sentencia, y, por tanto, las costas tasadas en la pieza separada de ejecución provisional han de declararse indebidas, pues no se está ante el caso de un **incumplimiento voluntario**, ya que no hay obligación de cumplir la sentencia que ha sido objeto de recurso, en tanto este penda, por lo que no cabe aplicar un precepto a supuestos distintos de los en él contemplados (AP Albacete 2-11-04, EDJ 197800).

3) Revocada la sentencia que ha sido ejecutada provisionalmente, el ejecutante debe devolver o reintegrar al ejecutado las costas y los **daños y perjuicios** de la ejecución provisional que este haya satisfecho o se le hayan ocasionado, pues solo se contemplan las costas que el ejecutado haya satisfecho como consecuencia de la ejecución provisional, referido a la **costas** que haya satisfecho **como consecuencia de la oposición**, ya que son las propias partes las que han de ir satisfaciendo las costas sin perjuicio del reembolso que procedan tras la decisión del tribunal (AP Madrid auto 27-4-05, EDJ 87240).

SECCIÓN 16

Ejecución forzosa

(LEC art.517 a 720)

A. Consideraciones generales

La actividad del órgano jurisdiccional se desarrolla en el marco de dos grandes campos de acción, el **proceso de declaración** y el **proceso de ejecución**. Mientras que, en el primero, las partes recaban del juez una declaración de voluntad, en el segundo, lo que se produce es la realización de lo declarado anteriormente. 4666

La declaración y la ejecución constituyen dos campos de acción procesal muy diferenciados en cuanto a sus consecuencias, prerrogativas y posibilidades de intervención por las partes. El punto de inflexión que determina el inicio del proceso de ejecución es la existencia de una previa **resolución judicial**, dictada tras el desarrollo de un proceso declarativo con igualdad de armas entre las partes y con todas las garantías sustanciales y procedimentales.
Se denomina **ejecución forzosa** al proceso que tiene por objeto promover una actuación jurisdiccional consistente en un conjunto de actuaciones materiales destinadas a obtener la **transmisión de bienes** o elementos del patrimonio del deudor al del acreedor, quien debe enriquecerse en la cuantía de la prestación debida y no satisfecha. Es un proceso que tiene sustantividad propia y que supone la manifestación más directa del poder jurisdiccional: el ejercicio de la **potestad coercitiva** a fin de dar cumplimiento a lo por él declarado en el previo proceso de cognición.
Corresponde a los **letrados de la Administración de Justicia** la ejecución, salvo aquellas competencias que exceptúen las Leyes procesales por estar reservadas a jueces y magistrados. Como consecuencia de esta atribución se modifica el Libro III de la LEC, tratando de delimitar claramente las competencias que pueden ser asumidas por los letrados de la Administración de Justicia de aquellas otras a que se refiere la LOPJ cuando reserva a los jueces y tribunales determinadas decisiones. Entre las atribuciones destacadas, se encuentra la decisión de las medidas ejecutivas concretas para llevar a cabo lo dispuesto por la orden general de ejecución. Habiéndose otorgado a los letrados de la Administración de Justicia la mayor parte de las actuaciones del proceso de ejecución, ello lleva consigo que también se les atribuya la decisión acerca de la **acumulación** de las ejecuciones.

4667 MPCI nº 8057, 8059

Alcance constitucional El derecho a la **tutela judicial efectiva** (Const art.24.1) no se agota con la sentencia, sino que, con frecuencia, se exige tras la resolución del conflicto la intervención del órgano jurisdiccional para dar cumplimiento al fallo. Así, por previsión constitucional, la actividad jurisdiccional se constituye por dos tipos de actuaciones distintas, **juzgar y hacer ejecutar** lo juzgado (Const art.117.3). Ambas integran el contenido de la tutela judicial efectiva: el derecho a aquella tutela judicial efectiva se concreta en que el fallo judicial pronunciado se cumpla, de manera que el ciudadano, que ha obtenido la sentencia, vea satisfecho su derecho y, por consiguiente, en su vertiente negativa es el derecho a que las sentencias y decisiones judiciales **no** se conviertan en **meras declaraciones** sin efectividad (TCo 58/1983; 41/1993; 288/1993).

4668 MPCI nº 8061 s., 8069

Regulación (LEC art.517 a 720) La LEC presenta en materia de ejecución una regulación unitaria, clara, más detallada y completa, dentro del objetivo general de la Ley de proteger más eficazmente el crédito. Es decir, se regula un verdadero **proceso de ejecución** que se inicia con una **demanda** en que se deduce una acción ejecutiva, dictándose a continuación la resolución típica en nuestro derecho procesal frente a pretensiones ejecutivas (despacharse ejecución o no haber lugar a ello).
Se diseña un proceso de ejecución **unitario** para cuanto puede considerarse genuino título ejecutivo, sea judicial o contractual o se trate de una ejecución forzosa común o de garantía hipotecaria, sin que esta sustancial unidad de la ejecución forzosa impida particularidades.

Precisiones Para solucionar las cuestiones de **Derecho transitorio**, se establecen en materia de ejecución forzosa las siguientes reglas (LEC disp.trans.5ª y 6ª):
1. **Juicios ejecutivos**. Cualquiera que sea el título en que se funden, los juicios ejecutivos pendientes a la entrada en vigor de la LEC se siguen tramitando conforme a la anterior, pero si las actuaciones no hubieran llegado al procedimiento de apremio, se aplica en su momento la LEC en lo relativo a dicho procedimiento.
2. **Ejecución forzosa**. Los procesos de ejecución ya iniciados al entrar en vigor la LEC se rigen por lo dispuesto en ella para las actuaciones ejecutivas que aún puedan realizarse o modificarse hasta la completa satisfacción del ejecutante.
Se mantiene la exposición de este régimen transitorio en cuanto, formalmente vigente, contiene reglas que pueden ser supletorias respecto de potenciales situaciones de transitoriedad que se den respecto a normas posteriores sin régimen transitorio propio o con regímenes incompletos, precisados de integración.

4669 MPCI nº 8071

Interés legal del dinero Tanto en materia de ejecución provisional como de ejecución forzosa se hace continua referencia a la aplicación del interés legal del dinero. Para 2025, está fijado en el 3,25% (L 31/2022 disp.adic.42ª -en prórroga-).

Precisiones En nº 8071 Memento Procesal Civil 2026 se recoge una **tabla** con el interés legal vigente en los ejercicios sucesivos con indicación de su norma reguladora.

B. Títulos ejecutivos

(LEC art.517 -redacc LO 1/2025- y 518 a 523)

Bajo esta rúbrica, la LEC distingue: 4673
- las **sentencias** y demás títulos ejecutivos (nº 4674 s.); y
- los títulos ejecutivos **extranjeros** (nº 4683).

1. Sentencias y otros títulos ejecutivos

(LEC art.517 -redacc LO 1/2025- y 518 a 522)

La LEC art.517 -redacc LO 1/2025- regula tanto la **acción** ejecutiva como los **títulos** ejecutivos. 4674
Respecto a la primera, entendida como «genuino derecho subjetivo público a una concreta tutela jurisdiccional de índole ejecutiva» (De la Oliva Santos), derecho que nace cuando una de las partes no cumple su parte del contrato instrumentalizado, o el fallo de una sentencia condenatoria o laudo arbitral.

La acción ejecutiva consta, materialmente, de dos partes o documentos: la **demanda** ejecutiva y un **título** que tenga aparejada ejecución.

Los dos presupuestos materiales de la ejecución -acción ejecutiva y título ejecutivo- de ordinario suelen aparecer unidos -si existe título ejecutivo, normalmente existe también acción ejecutiva- pero son conceptualmente distintos, independientes en su realidad y destinados a actuar en campos diferentes.

La efectiva existencia de un título ejecutivo es **presupuesto absoluto** de toda ejecución -*nulla executio sine titulo*-, de suerte que el juez en ningún caso y sin ninguna excepción puede despachar ejecución si no se le presenta un título ejecutivo.

La acción ejecutiva es **presupuesto de la ejecución** licita, válida o debida. La ejecución no debe comenzar -aunque pueda hacerlo si hay título ejecutivo- si no existe acción ejecutiva, pues lo obtenido con ella, como indebido, aunque sea momentáneamente eficaz, puede ser posteriormente revocado. Que acción ejecutiva y título ejecutivo tengan existencia independiente y puedan existir el uno sin la otra es consecuencia necesaria de la independencia conceptual y real entre el proceso de declaración y el proceso de ejecución. Dicho de otro modo: el título ejecutivo hace posible la ejecución, pero no garantiza su éxito. La ejecución no puede comenzar si no hay título ejecutivo y debe comenzar por el solo hecho de que este exista (y el ejecutante pida su despacho). Pero el título ejecutivo no garantiza al ejecutante que la ejecución llegue a su final, ni que efectivamente obtenga lo que, a su favor, aparece documentado en el título ejecutivo.

Que esto sea así procede de la radical diversidad entre los **hechos** que forman el supuesto de hecho que funda la acción ejecutiva y aquellos que forman el supuesto de hecho que constituye título ejecutivo; y de la diversidad de los **derechos** procesales que cada uno de ellos concede.

La **acción ejecutiva** presupone la efectiva existencia -declarada o no judicialmente- del derecho a la tutela (que, a su vez, depende de la existencia de derecho subjetivo material y de las demás condiciones de la acción -v. gr., interés, legitimación, etc.-) y concede a quien la tiene el derecho a obtener de los órganos jurisdiccionales que se haga efectiva en el patrimonio del ejecutado la condena que contiene en el título ejecutivo, lo que incluye todos los actos que sean necesarios para que el acreedor obtenga la efectiva satisfacción de su derecho o interés lesionados. 4674.1

En cambio, el **título ejecutivo** se funda en un supuesto de hecho diferente y, por sí solo, concede el derecho a obtener el despacho de la ejecución y a que el juez, sin oír al ejecutado, acuerde la práctica de todas aquellas actividades ejecutivas que la Ley anuda al despacho de la ejecución (requerimiento de pago embargo de bienes, etc.). Precisamente porque el título ejecutivo se refiere a un supuesto de hecho diverso del que funda la acción ejecutiva se dice que tiene **carácter abstracto** (abstracto respecto del derecho de acción) y que es **condición** necesaria y suficiente para el despacho de la ejecución, aunque sea condición necesaria, pero no suficiente de la acción ejecutiva o derecho a la tutela. En realidad, el título ejecutivo despliega y agota su función en el momento inicial de la ejecución.

El **documento** al que la LEC llama título ejecutivo, «lleva incorporados» tanto el derecho del acreedor al despacho de la ejecución como la obligación del juez de despacharla. Pero, ni prueba el derecho del ejecutante a la tutela, ni prueba la existencia de responsabilidad del ejecutado: prueba solo la existencia del derecho al despacho de la ejecución que, como todo derecho, depende de la existencia de uno a varios hechos jurídicamente relevantes. De ahí que lo esencial del título ejecutivo no resida en que incorpore el derecho a la tutela, sino en que aparezca como idóneo para despachar ejecución. De ahí que le esté prohibido al juez Ejecutor analizar el fondo del título ejecutivo y deba, por imposición legal limitarse a analizar la **regularidad formal** del título ejecutivo. Y de ahí que el acreedor ejecutante, para obtener el despacho de la ejecución no deba probar ni le sea preciso alegar la existencia de la responsabilidad del ejecutado (AP Madrid 20-7-02, EDJ 112625).

4675 MPCI nº 8084 **Relación de títulos ejecutivos** (LEC art.517 redacc LO 1/2025) La acción ejecutiva deberá fundarse en un título que tenga aparejada ejecución. Así, denominamos título ejecutivo al **documento** del que se deduce que el acreedor tiene derecho al despacho de la ejecución. El documento produce este importante efecto porque goza de unas condiciones de **fehaciencia** que le sirven para acreditar cada uno de aquellos hechos típicos que conceden, o en los que se funda, el derecho al despacho de la ejecución.

Dentro de los títulos ejecutivos, como clasificación adoptada por la propia Ley rituaria, conviene distinguir entre los **judiciales** y los **extrajudiciales** (nº 4680).

Precisiones Para una mejor **sistematización** distinguimos los tipos siguiendo a Serrano Espinosa.

4676 MPCI nº 8086 s. **Títulos judiciales o equiparados** (LEC art.517.2.1º, 2º -redacc LO 1/2025-, 3º, 8º) Son títulos ejecutivos judiciales:

a) La sentencia de **condena firme**, si bien también se permite la ejecución provisional de la sentencia no firme con el fin de garantizar la efectividad de la tutela judicial y evitar las sentencias platónicas (nº 4550 s.).

b) Los **laudos o resoluciones arbitrales** (L 60/2003 disp.final 1ª aptdo.1).

c) Los acuerdos alcanzados por las partes en cualquier otro de los **medios adecuados de solución de controversias** (nº 3625 s.) elevados a escritura pública.

d) Las resoluciones judiciales que aprueben u homologuen **transacciones judiciales** y acuerdos logrados en el proceso, acompañadas, si fuera necesario para constancia de su concreto contenido, de los correspondientes testimonios de las actuaciones. Dentro de estos títulos pueden incluirse a los acuerdos homologados (bastará testimonio del acta o certificación del letrado de la Administración de Justicia si se ha recogido en medios audiovisuales) a los que las partes lleguen en la audiencia previa al juicio ordinario.

e) El auto que establezca la cantidad máxima reclamable en concepto de **indemnización**, dictado en los supuestos previstos por la Ley en procesos penales incoados por hechos cubiertos por el seguro obligatorio de responsabilidad civil derivada del uso y circulación de vehículos de motor.

f) Las **demás resoluciones procesales y documentos** que, por disposición de esta u otra ley, lleven aparejada ejecución.

4677 Precisiones 1) El legislador ha perdido una oportunidad inmejorable, dice la doctrina, de evitar la progresiva **criminalización** de las pretensiones, en la que el juez penal se convierte en juez civil llegando a un juicio de faltas en el cual lo que menos importa es la responsabilidad penal; a ello contribuye que las compañías de seguros no lleguen a un acuerdo en la exégesis de la TCo 181/2000 sobre el sistema de valoración de daños corporales.

2) No se despachará ejecución de las **sentencias meramente declarativas** ni de las **constitutivas** (LEC art.521), si bien mediante su certificación y, en su caso, el mandamiento judicial oportuno, las sentencias constitutivas firmes podrán permitir inscripciones y modificaciones en Registros públicos, sin necesidad de que se despache ejecución.

3) La enumeración de LEC art.517 **no tiene carácter tasado** al incluir LEC art.517.2.9º, entre los títulos ejecutivos, las demás resoluciones procesales y documentos que, por disposición legal, lleven aparejada ejecución. Aquí pueden incluirse los **autos de cuenta jurada** (LEC art.29, 34 y 35), no pudiendo afirmarse lo mismo respecto al regulado en LEC art.246 en cuanto a la tasación de costas, y en ningún caso respecto a las indebidas, toda vez que la remisión al juicio verbal es expresa.

4) Los **acuerdos de mediación**, son también títulos ejecutivos, debiendo estos últimos haber sido elevados a escritura pública de acuerdo con la L 5/2012.

5) Cuando en un proceso penal, incoado por hecho cubierto por el seguro de responsabilidad civil de suscripción obligatoria en la circulación de vehículos de motor, recayera **sentencia absolutoria**, si el perjudicado no hubiera renunciado a la acción civil ni la hubiera reservado para ejercitarla separadamente, el órgano jurisdiccional que hubiera conocido de la causa ha de dictar auto, a instancia de parte, en el que se determine la cantidad líquida máxima que puede reclamarse como indemnización de los daños y perjuicios sufridos por cada perjudicado, amparados por dicho seguro de suscripción obligatoria y según la valoración que corresponda con arreglo al baremo. Igualmente se ha de proceder en los casos de fallecimiento en accidente de circulación y se dictará auto que determine la cantidad máxima a reclamar por cada perjudicado, a solicitud de este, cuando recaiga resolución que ponga fin, provisional o definitivamente, al proceso penal incoado, sin declaración de responsabilidad. El auto referido se dicta a la vista de la oferta motivada o de la respuesta motivada del asegurador o del Consorcio de Compensación de Seguros, y ha de contener la descripción del hecho, la indicación de las personas y vehículos que intervinieron y de los aseguradores de cada uno de estos.

En todo caso, antes de dictarse el auto, si en las actuaciones no consta **oferta motivada o respuesta motivada** (RDL 8/2004), el juez convocará a los perjudicados y posibles responsables y sus aseguradores, incluido, en su caso, el Consorcio de Compensación de Seguros, a una comparecencia en el plazo de 5 días, a fin de que pueda aportarse la oferta o la respuesta motivada, o hacerse las alegaciones que consideren convenientes.

Si en la **comparecencia** se produjera acuerdo entre las partes, el mismo será homologado por el juez con los efectos de una transacción judicial. De no alcanzarse el **acuerdo**, se dictará auto de cuantía máxima en el plazo de 3 días desde la terminación de la comparecencia y contra el mismo no podrá interponerse recurso alguno (RDL 8/2004 art.13).

6) La **inclusión de un crédito en la lista de acreedores en el concurso de persona natural** equivale a sentencia firme de condena a efecto de las ejecuciones singulares que puedan incoarse una vez concluido el concurso y antes de su reapertura o de la declaración de un nuevo concurso (LCon art.484).

Caducidad de la acción ejecutiva fundada en sentencia judicial o resolución arbitral (LEC art.518) La acción ejecutiva fundada en sentencia, en resolución del tribunal o del letrado de la Administración de Justicia que apruebe una **transacción** judicial o un acuerdo alcanzado en el proceso o resolución arbitral o en acuerdo de mediación, caduca si no se interpone la correspondiente **demanda ejecutiva** dentro de los 5 años siguientes a la firmeza de la sentencia o resolución. **4678** MPCI nº 8100

El acto procesal que ha de interesarse antes de transcurridos los 5 años es el de la **interposición** de la demanda, aunque el despacho se practique una vez transcurridos los 5 años.

Precisiones Cada pronunciamiento condenatorio confiere a quien ha obtenido la sentencia a su favor una acción ejecutiva para hacerlo efectivo. Si contiene **varios pronunciamientos condenatorios** -p.e. condena al pago de una cantidad principal, los intereses y las costas-, las acciones ejecutivas se ejercitan por lo común conjuntamente, aunque en ocasiones el ejercicio de alguna de estas acciones requiera la realización de actuaciones preparatorias -como es el caso de las costas, que necesitan ser tasadas, y los intereses, que por lo general precisan ser liquidados-, respecto de cuya solicitud rige también el plazo de caducidad de LEC art.518. Pero puede suceder que se solicite en un primer momento la ejecución de alguno de estos pronunciamientos y, más adelante, se inste la ejecución de otros. Se trata de diversas acciones ejecutivas a las que, aun tramitadas en un mismo proceso de ejecución, les es aplicable por separado el plazo de caducidad de LEC art.518, de modo que el ejercicio de la acción ejecutiva respecto de uno de estos pronunciamientos no excluye la caducidad de las acciones relativas a los demás que no hayan sido ejercitadas (TS 16-10-14, EDJ 208189; 29-11-23, EDJ 763775).

Acción ejecutiva de consumidores y usuarios (LEC art.519) Constituye un **supuesto especial** la acción ejecutiva de consumidores y usuarios fundada en sentencia de condena sin determinación individual de beneficiados. Cuando las sentencias de condena a que se refiere la regla 1ª de LEC art.221 no hubiesen determinado los consumidores o usuarios individuales beneficiados por aquella, el tribunal competente para la ejecución, a solicitud de uno o varios interesados y con audiencia del condenado, dictará **auto** en que resolverá si, según los datos, características y requisitos establecidos en la sentencia, reconoce a los solicitantes como **beneficiarios** de la condena. Con testimonio de este auto, los sujetos reconocidos y el Ministerio Fiscal podrán instar la ejecución. **4679** MPCI nº 8102

Precisiones Las referencias contenidas en la LEC a los consumidores y usuarios, deben entenderse realizadas a todo adherente, sea o no consumidor o usuario, en los litigios en que se ejerciten acciones individuales o colectivas derivadas de la Ley de **condiciones generales de la contratación**. Asimismo, las referencias contenidas en la LEC a las asociaciones de consumidores y usuarios, deben considerarse aplicables igualmente, en los litigios en que se ejerciten acciones colectivas contempladas en dicha Ley de condiciones generales de la contratación, a las demás personas y entes legitimados activamente para su ejercicio (L 7/1998 disp.adic.4ª).

Extensión de efectos de sentencias individuales relativas a condiciones generales de la contratación (LEC art.519.2 a 6) En el caso de las demandas previstas en LEC art.250.1.14º, y sin perjuicio de la opción al proceso declarativo, los efectos de una sentencia que reconozca una situación jurídica individualizada y que hubiera adquirido firmeza tras ser confirmada por una Audiencia Provincial, podrán extenderse a otras cuando: **4679.1**

- los interesados estén en **idéntica situación jurídica** que los favorecidos por el fallo;
- el **demandado sea el mismo** o su sucesor;
- no sea preciso realizar un **control de transparencia** de la cláusula ni valorar la existencia de **vicios** en el consentimiento del contratante;
- las condiciones generales de contratación tengan **identidad sustancial** con las conocidas en la sentencia cuyos efectos se pretenden extender;
- el órgano jurisdiccional sentenciador o competente para la ejecución de la sentencia de cuya extensión se trata tenga también la **competencia**, por razón del territorio, para conocer de la pretensión.

La **solicitud** se deduce en el plazo máximo de un año desde la firmeza de la sentencia cuyos efectos se pretenden extender mediante escrito con indicación del número de autos, la concreta pretensión de anulación, de cantidad o ambas, la identidad de la situación jurídica y un número de cuenta bancaria en la que, eventualmente, puedan realizarse ingresos, acompañando en su caso la documentación justificativa.
De todo ello se da **traslado** por 10 días a la parte condenada en el procedimiento previo para allanarse u oponerse, adjuntando a su escrito la documentación en que funde su oposición o identificándola si ya obrara en autos. Si no se respondiera en plazo, se entenderá **conforme** con la extensión.
Sin más trámite, en los 5 días siguientes se dicta **auto** accediendo total o parcialmente a la solicitud de extensión, fijándose, en su caso, la cantidad debida, o rechazándola, sin que se pueda reconocer una situación jurídica distinta a la definida en la sentencia firme de que se trate. Si el auto accede total o parcialmente y hubiera habido oposición, se estará en cuanto a las **costas** a LEC art.394 redacc LO 1/2025. Si se rechaza la solicitud de extensión de efectos no se hará pronunciamiento condenatorio sobre las costas, sin perjuicio de poder acudir al juicio declarativo que proceda.
El auto es susceptible de **recurso** de apelación, de tramitación preferente.
Si en el término de 20 días desde la firmeza del auto (LEC art.548) no se cumpliera voluntariamente realizando el ingreso en la cuenta designada por el solicitante, la parte interesada podrá instar la **ejecución**, para lo que servirá de título ejecutivo el testimonio del auto que acuerde la extensión de efectos.

4680 MPCI nº 8104, 8106 **Títulos extrajudiciales** (LEC art.517.2.4º, 5º, 6º y 7º -redacc LO 1/2025-) Son títulos de ejecución extrajudiciales:
• Las **copias de las escrituras públicas matriz** que el interesado solicite que se expida con tal carácter. Sobre esta cuestión, D 2-6-1944 art.233 s.
• Los **testimonios** expedidos por el notario del original de la póliza debidamente conservada en su Libro-Registro o la copia autorizada de la misma, acompañada de la certificación a que se refiere LEC art.572.2.
• Los **títulos al portador o nominativos**, legítimamente emitidos, que representen obligaciones vencidas y los cupones, también vencidos, de dichos títulos, siempre que los cupones confronten con los títulos y estos, en todo caso, con los libros talonarios. La **protesta de falsedad** del título formulada en el acto de la confrontación no impedirá, si esta resulta conforme, que se despache la ejecución, sin perjuicio de la posterior oposición a la ejecución que pueda formular el deudor alegando falsedad en el título.
• Los **certificados no caducados** expedidos por las entidades encargadas de los registros contables respecto de los **valores** representados mediante **anotaciones en cuenta** a los que se refiere la Ley del Mercado de Valores, siempre que se acompañe copia de la escritura pública de representación de los valores o, en su caso, de la emisión, cuando tal escritura sea necesaria, conforme a la legislación vigente. Instada y despachada la ejecución, no caducarán tales certificados.
• Los **bonos garantizados** -cedulas o bonos hipotecarios, cédulas o bonos territoriales, bonos de internacionalización- emitidos por entidades hábiles para ello -entidades de crédito establecidas en España, incluso respecto de emisiones en el extranjero; Instituto de Crédito Oficial-, en los términos resultantes de la LEC (RDL 24/2021 art.6).

Precisiones La integración o unificación de **notarios** y **corredores** de comercio en un cuerpo único de notarios (L 55/1999; RD 1643/2000) no supone la desaparición de los dos instrumentos clásicos de intervención de fedatario público de nuestro derecho (**escritura pública** y **póliza**), con los distintos efectos e incidencias en la constitución de la demanda ejecutiva atribuidos a cada uno (una es autorizada; la otra es intervenida; la escritura pública circula en copia, protocolizándose el original; la póliza circula por original, asentándose una copia en el libro registro). Es un único cuerpo y dos formas de actuación.

4680.1 **Facturas electrónicas** (L 56/2007 art.2 ter) Las facturas electrónicas llevan aparejada ejecución si las partes así lo acuerdan expresamente. En ese caso, su carácter de título ejecutivo debe figurar en la factura y el **acuerdo** firmado entre las partes por el que el deudor acepte dotar de eficacia ejecutiva a cada factura, en un anexo. En dicho acuerdo debe hacerse referencia a la relación subyacente que origina la emisión de la factura.
La **falta de pago** de la factura que reúna estos requisitos, acreditada fehacientemente o, en su caso, mediante la oportuna declaración emitida por la entidad domiciliaria, faculta al acreedor para instar su pago mediante el ejercicio de una acción ejecutiva de las previstas en LEC art.517.
Sin embargo, en las **relaciones con consumidores y usuarios**, la factura electrónica no puede tener eficacia ejecutiva.

Precisiones Este régimen **no se aplica** al pago de las facturas que tengan por destinatarios a los órganos, organismos y entidades integrantes del sector público.

Requisitos de los títulos ejecutivos para despachar ejecución (LEC art.520; RD 1417/2001) Solo puede despacharse ejecución, fundada en estos títulos, por cantidad determinada que exceda de **300 euros**: 4681 MPCI nº 8110

1º. En dinero efectivo.
2º. En moneda extranjera convertible, siempre que la obligación de pago en la misma esté autorizada o resulte permitida legalmente.
3º. En cosa o especie computable en dinero.
El límite de 300 euros puede obtenerse mediante la **adición** de varios títulos ejecutivos extrajudiciales.

Precisiones 1) Dentro la de regulación general de la **ejecución dineraria**, en relación con el despacho de ejecución de saldo de operaciones (LEC art.572.2), en caso de ejecuciones por el importe del saldo resultante de operaciones derivadas de contratos formalizados en póliza intervenida o en escritura pública, se despachará ejecución siempre que se haya pactado en el título que la cantidad exigible será la resultante de la **liquidación** hecha por el **acreedor** en la forma convenida en el contrato, exigiéndose además la acreditación por parte del ejecutante de la notificación de la cantidad liquidada resultante al ejecutado y a su fiador, en su caso.
Sobre esta cuestión ha de atenderse también a D 2-6-1944 art.218.
2) Se habla expresamente de despacho de ejecución en **moneda extranjera convertible** (que evita confusiones ya que el art.577 LEC parece admitir el despacho por todo tipo de moneda sea o no convertible, lo que no sería lógico).
3) Se establece como **cambio oficial** de la moneda nacional frente a otras divisas el que publique para el euro el Banco Central Europeo, por sí o a través del Banco de España (L 46/1998).

Ejecutividad de actos de la Unión Europea (Tratado FUE art.299) Los actos del Consejo, de la Comisión o del Banco Central Europeo que impongan una obligación pecuniaria a personas distintas de los Estados tienen consideración de títulos ejecutivos (**autotutela declarativa**). 4682

La ejecución forzosa se regirá por las normas de procedimiento civil vigentes en el Estado en cuyo territorio se lleve a cabo. La orden de ejecución será consignada, sin otro control que el de la comprobación de la **autenticidad del título**, por la autoridad nacional que el Gobierno de cada uno de los Estados miembros habrá de designar al respecto y cuyo nombre deberá comunicar a la Comisión y al Tribunal de Justicia de la Unión Europea (**TJUE**). Cumplidas estas formalidades a instancia del interesado, este podrá promover la ejecución forzosa conforme al Derecho interno, recurriendo directamente al órgano competente.
La ejecución forzosa solo podrá ser **suspendida** en virtud de una decisión del TJUE. No obstante, el control de la conformidad a Derecho de las medidas de ejecución será competencia de las jurisdicciones nacionales.

Precisiones **1)** El empleo de la expresión «procedimiento civil» en el Tratado FUE no significa que, en el ordenamiento interno español, los actos de las instituciones de la Unión Europea mencionadas hayan de seguir forzosamente la ejecución judicial ante el orden civil. Antes al contrario, aceptado el carácter público y administrativo de las mismas, sus actos deben recibir el tratamiento que a estos efectos da el Derecho español a la ejecución de actos administrativos: **autotutela ejecutiva**, sin perjuicio de poder instar, voluntariamente, la ejecución judicial del título.
2) No hay que confundir la regla expuesta con la **ejecución extraterritorial de actos administrativos** (nº 1900 s. Memento Administrativo 2026).

2. Títulos ejecutivos extranjeros

(L 29/2015 art.44 a 61 y disp.trans.única.3)

La necesidad de reconocer una decisión judicial extranjera -o, en su caso, un documento público extranjero- surge cuando, habiéndola obtenido se precisa que despliegue sus **efectos en España**. 4683

El Derecho español ha regulado tradicionalmente un procedimiento de homologación conocido como **exequátur**, regulado actualmente en la L 29/2015, y que se tramita ante la Sección Civil del Tribunal de Instancia -hasta su constitución, ante el juzgado de primera instancia- (LOPJ art.85.5).
No obstante, uno de los objetivos de la cooperación judicial en la materia ha sido el de facilitar el **reconocimiento automático**, sin necesidad de procedimiento especial. Así, en el ámbito de las resoluciones originadas en países miembros de la Unión Europea y en virtud de varios **Reglamentos europeos**, se prima el reconocimiento automático (nº 4693 s.).

Sin embargo, la falta de sistematización del Derecho Internacional Privado obliga, además de atender a los Reglamentos europeos, a tener en cuenta el gran número de **tratados internacionales** existentes sobre la materia, que tratan de superar el procedimiento de *exequátur*, por el sistema de reconocimiento automático. Son múltiples los tratados, multilaterales y bilaterales, algunos generales (sobre un amplio número de materias) o específicos sobre materias concretas (nº 4691).

La exposición de la materia se efectúa a continuación, diferenciando entre el tratamiento de la cuestión en Derecho interno (nº 4684 s.) y en el plano internacional (nº 4690 s.).

a. Reconocimiento y ejecución en España de decisiones judiciales extranjeras. Normativa interna

4684 Se establecen dos **reglas** básicas (LEC art.523):

a) **Fuerza ejecutiva**. Para que las sentencias firmes y demás títulos ejecutivos extranjeros lleven aparejada ejecución en España ha de estarse a lo dispuesto en los tratados internacionales y a las disposiciones legales sobre cooperación jurídica internacional (L 29/2015).

b) **Ley aplicable al procedimiento**. En todo caso, la ejecución de sentencias y títulos ejecutivos extranjeros se llevará a cabo en España conforme a las disposiciones de la L 29/2015, salvo que se disponga otra cosa en los tratados internacionales vigentes en España.

De acuerdo con ello, en el plano del **Derecho interno** ha de atenderse al régimen contenido en la L 29/2015 art.44 a 61 y disp.trans.única.3, aplicable respecto de resoluciones judiciales y documentos públicos procedentes de Estados ajenos a la Unión Europea y es supletorio de lo establecido por **convenio internacional**, sea bilateral o multilateral (L 29/2015 art.2).

Precisiones: Ha de tenerse presente que los actos de cooperación jurídica internacional realizados por autoridades españolas no prejuzgan la determinación de la **competencia judicial internacional**, ni el reconocimiento y ejecución en España de resoluciones judiciales extranjeras (L 29/2015 art.6).

4685 **Reconocimiento** (L 29/2015 art.41 s.) Son susceptibles de reconocimiento -con atribución de los efectos propios del Estado de origen- y ejecución en España las **resoluciones extranjeras firmes**, de cualquier denominación, procedentes de un órgano jurisdiccional o su secretaría -incluida la liquidación de costas-, recaídas en un proceso contencioso, así como las resoluciones definitivas dictadas en procedimientos de **jurisdicción voluntaria**, siendo ejecutables los **documentos públicos** -cualquier documento formalizado o registrado oficialmente con esta denominación en un Estado y cuya autenticidad se refiera a la firma y al contenido del instrumento, y haya sido establecida por una autoridad pública u otra autoridad habilitada a tal fin- extranjeros.

No son susceptibles de reconocimiento las resoluciones relativas a medidas cautelares o provisionales, a menos que su denegación suponga vulneración de la tutela judicial efectiva, y únicamente si han sido adoptadas previa audiencia de la parte contraria.

Todo ello a través de un **procedimiento específico**, de exequátur (nº 4686), que se aplica igualmente para declarar que una resolución o documento no es susceptible de reconocimiento y/o ejecución, en el primer caso; o de ejecución en el segundo.

El **reconocimiento**, que se ha de producir imperativamente en caso de concurrir los requisitos precisos y no mediar causa de denegación, puede tener lugar por medio de un procedimiento específico de exequátur o por vía incidental en un proceso principal tramitado ante un órgano jurisdiccional. En este caso, el juez que conozca del mismo debe pronunciarse respecto a dicho reconocimiento en el seno de dicho proceso según lo dispuesto en las leyes procesales.

La eficacia del reconocimiento **incidental** queda limitada a lo resuelto en el proceso principal y no impide que se solicite el exequátur de la resolución extranjera.

Se admite el reconocimiento **parcial**.

4685.1 **Adaptación o modificación** (L 29/2015 art.44.4 y 45) Se puede producir la adaptación de la resolución o su modificación. De esta forma:

• Si una resolución contiene una **medida desconocida en el ordenamiento jurídico español**, se adaptará a una medida conocida que tenga efectos equivalentes y persiga una finalidad e intereses similares, si bien tal adaptación no tendrá más efectos que los dispuestos en el Derecho del Estado de origen. Cualquiera de las partes puede impugnar la adaptación de la medida.

• Igualmente, una resolución extranjera puede ser modificada por los órganos jurisdiccionales españoles siempre que hubiera obtenido **previamente su reconocimiento por vía principal o incidental**. Esto no impide que se pueda plantear una nueva demanda en un procedimiento declarativo ante los órganos jurisdiccionales españoles.

Causas de denegación (L 29/2015 art.46) Las resoluciones judiciales extranjeras firmes no se reconocerán, cuando la resolución: 4685.2

a) Sea contraria al **orden público**.

b) Se haya dictado con manifiesta **infracción de los derechos de defensa** de cualquiera de las partes. Si se hubiera dictado en rebeldía, se entiende que concurre una manifiesta infracción de los derechos de defensa si no se entregó al demandado cédula de emplazamiento o documento equivalente de forma regular y con tiempo suficiente para que pudiera defenderse.

c) Se haya pronunciado sobre una materia respecto a la cual sean exclusivamente competentes los órganos jurisdiccionales españoles o, respecto a las demás materias, si la **competencia** del juez de origen no obedezca a una **conexión razonable**; presumiéndose que concurre esta con el litigio cuando el órgano jurisdiccional extranjero haya basado su competencia judicial internacional en criterios similares a los previstos en la legislación española.

d) Sea **inconciliable** con una resolución dictada en España o con una resolución dictada con anterioridad en otro Estado, cuando esta última resolución reúna las condiciones necesarias para su reconocimiento en España.

e) Exista un **litigio pendiente en España** entre las mismas partes y con el mismo objeto, iniciado con anterioridad al proceso en el extranjero.

Precisiones 1) En ningún caso la resolución extranjera puede ser objeto de una **revisión en cuanto al fondo**. En particular, no puede denegarse el reconocimiento por el hecho de que el órgano judicial extranjero haya aplicado un ordenamiento distinto al que habría correspondido según las reglas del derecho internacional privado español.

2) Las **transacciones judiciales extranjeras** no se reconocerán cuando sean contrarias al orden público. Sin embargo, no puede exigirse la **absoluta conformidad** de la resolución extranjera con todas y cada una de las exigencias de la legislación interna, porque ello haría prácticamente imposible el reconocimiento y ejecución de resoluciones extranjeras (TS 20-2-25, EDJ 508243).

Acciones colectivas (L 29/2015 art.47) Las resoluciones extranjeras dictadas en procedimientos derivados de acciones colectivas son susceptibles de reconocimiento y ejecución en España. 4685.3

En particular, para su **oponibilidad en España** a afectados que no se hayan adherido expresamente será exigible que la acción colectiva extranjera haya sido comunicada o publicada en España por medios equivalentes a los exigidos por la ley española y que dichos afectados hayan tenido las mismas oportunidades de participación o desvinculación en el proceso colectivo que aquellos domiciliados en el Estado de origen.

En estos casos, la resolución extranjera **no se reconocerá** cuando la competencia del órgano jurisdiccional de origen no se hubiera basado en un foro equivalente a los previstos en la legislación española.

Ejecución (L 29/2015 art.50 y 51) 4685.4

Las resoluciones y transacciones judiciales extranjeras que tengan fuerza ejecutiva en el Estado de origen serán ejecutables, aun parcialmente, en España, una vez se haya obtenido el **exequátur**, por los cauces establecidos en la LEC, que se aplica también en sede de **caducidad de la acción** ejecutiva.

Procedimiento de exequátur (L 29/2015 art.52 a 55) 4686

Son **reglas** rectoras del mismo las siguientes:

1. La **competencia** -apreciada en todo caso de oficio- para conocer de las solicitudes de exequátur corresponde a las Secciones Civiles de los Tribunales de Instancia -hasta su constitución, a los juzgados de primera instancia- del domicilio de la parte frente a la que se solicita el reconocimiento o ejecución, o de la persona a quien se refieren los efectos de la resolución judicial extranjera. Subsidiariamente, la competencia territorial se determina por el lugar de ejecución o por el lugar en el que la resolución deba producir sus efectos, siendo competente, en último caso, la Sección Civil del Tribunal de Instancia -hasta su constitución, el juzgado de primera instancia- ante el cual se interponga la demanda de exequátur. En los mismos términos, se determina la competencia de las Secciones de lo Mercantil de los Tribunales de Instancia -hasta su constitución, de los juzgados de lo mercantil- para conocer de las solicitudes de exequátur de resoluciones judiciales extranjeras que versen sobre materias de su competencia.

Si la parte contra la que se insta el exequátur estuviera sometida a **proceso concursal en España** y la resolución extranjera tuviese por objeto algunas de las materias competencia del juez del concurso, la competencia para conocer de la solicitud de exequátur corresponde al juez del concurso y se sustancia por los trámites del incidente concursal.

Precisiones El **esquema de competencias** que se ha sucedido es el siguiente, siempre a salvo de las reglas contenidas en tratados y normas internacionales:

Fechas de petición	Tipo de resolución extranjera	Órgano judicial competente
Antes de 15-1-2004	Judicial o arbitral	Tribunal Supremo
Desde 15-1-2004 hasta 10-6-2011	Judicial, arbitral o acuerdo de mediación	Juzgado de primera instancia o mercantil (en el ámbito de su competencia)
Desde 11-6-2011 hasta 21-8-2015	Judicial o acuerdo de mediación	Juzgado de primera instancia
	Arbitral	*Exequátur*: Sala de lo Civil y de lo Penal TSJ Ejecución: Juzgado de primera instancia -desde su constitución, Sección Civil del Tribunal de Instancia-
Desde 22-8-2015	Judicial o acuerdo de mediación o transacción	Juzgado de primera instancia o mercantil (*ratione materiae*) -desde su constitución, Sección Civil o de lo Mercantil del Tribunal de Instancia-
	Arbitral	*Exequátur*: Sala de lo Civil y de lo Penal TSJ Ejecución: Juzgado de primera instancia -desde su constitución, Sección Civil del Tribunal de Instancia-

4686.2 2. Las partes en el proceso de *exequátur* pueden solicitar las prestaciones que puedan corresponderles conforme a la legislación reguladora de la **asistencia jurídica gratuita**.

3. El **proceso** de *exequátur*, en el que las partes deben estar representadas por procurador y asistidas de letrado, se inicia mediante **demanda** a instancia de cualquier persona que acredite un interés legítimo. La demanda de *exequátur* y la solicitud de ejecución pueden acumularse en el mismo escrito. No obstante, no se procederá a la ejecución hasta que se haya dictado resolución decretando el exequátur.

La demanda, en la que puede solicitarse la adopción de **medidas cautelares** previstas en la LEC, se habrá de dirigir contra aquella parte o partes frente a las que se quiera hacer valer la resolución judicial extranjera, y se ha de ajustar a la LEC art.399 redacc LO 1/2025, debiendo acompañarse de los siguientes **documentos**:

a) El original o copia auténtica de la resolución extranjera, debidamente legalizados o apostillados.

b) El documento que acredite, si la resolución se dictó en rebeldía, la entrega o notificación de la cédula de emplazamiento o el documento equivalente.

c) Cualquier otro documento acreditativo de la firmeza y fuerza ejecutiva, en su caso, de la resolución extranjera en el Estado de origen, pudiendo constar este extremo en la propia resolución o desprenderse así de la ley aplicada por el tribunal de origen.

Examinados por el letrado de la Administración de Justicia la demanda y documentos presentados dicta este decreto, admitiéndola y dando **traslado** de ella a la parte demandada para que se oponga en el plazo de 30 días. El demandado podrá acompañar a su escrito de **oposición** los documentos, entre otros, que permitan impugnar la autenticidad de la resolución extranjera, la corrección del emplazamiento al demandado, o la firmeza y fuerza ejecutiva de la resolución extranjera.

El letrado de la Administración de Justicia, no obstante, en el caso de que apreciase la falta de subsanación de un **defecto procesal** o de una posible **causa de inadmisión**, con arreglo a las leyes procesales españolas, procederá a dar cuenta al órgano jurisdiccional para que resuelva en plazo de 10 días sobre la admisión en los casos en que estime falta de jurisdicción o de competencia o cuando la demanda adoleciese de defectos formales o la documentación fuese incompleta y no se hubiesen subsanado por el actor en el plazo de 5 días concedido para ello por el letrado de la Administración de Justicia.

Formalizada la oposición o transcurrido el plazo para ello sin que la misma se haya formalizado, el órgano jurisdiccional resolverá por medio de **auto** lo que proceda en el plazo de 10 días.

Precisiones El **Ministerio Fiscal** interviene siempre en estos procesos, a cuyo efecto se le da traslado de todas las actuaciones.

4686.3 4. Contra el auto de *exequátur* solo cabe interponer **recurso** de apelación de conformidad con la LEC. Si el auto recurrido fuera estimatorio, el órgano jurisdiccional podrá suspender la ejecución o sujetar dicha ejecución a la prestación de la oportuna caución.

Contra la resolución dictada por la Audiencia Provincial en segunda instancia, la parte legitimada podrá interponer el recurso de casación.

Documentos públicos extranjeros (L 29/2015 art.56 y 57) Los documentos públicos expedidos o autorizados por autoridades extranjeras serán ejecutables en España si lo son en su país de origen y no resultan contrarios al orden público. A efectos de su ejecutabilidad en España deben tener al menos la misma o equivalente **eficacia** que los expedidos o autorizados por autoridades españolas. **4687**

Se prevé, de manera semejante a la adaptación de resoluciones, la **adecuación de instituciones jurídicas extranjeras**. De manera que, los notarios y funcionarios públicos españoles, cuando sea necesario para la correcta ejecución de documentos públicos expedidos o autorizados por autoridades extranjeras, podrán adecuar al ordenamiento español las instituciones jurídicas desconocidas en España, sustituyéndolas por otra u otras que tengan en nuestra legislación efectos equivalentes y persigan finalidades e intereses similares. Cualquier interesado podrá impugnar la adecuación efectuada directamente ante un órgano jurisdiccional.

Acuerdos de mediación transfronterizos (L 5/2012 art.27) Sin perjuicio de lo que dispongan la normativa de la Unión Europea y los convenios internacionales vigentes en España, el reconocimiento y ejecución de un acuerdo de mediación se producirá en la forma prevista en la L 29/2015. **4688**

Un acuerdo de mediación que no haya sido **declarado ejecutable por una autoridad extranjera** solo podrá ser ejecutado en España previa **elevación a escritura pública** por notario español a solicitud de las partes, o de una de ellas con el consentimiento expreso de las demás.

El documento extranjero no podrá ser ejecutado cuando resulte contrario al **orden público** en España.

Acceso a registros públicos (L 29/2015 art.58 a 61) Es **regla básica** que el procedimiento registral, los requisitos legales y los efectos de los asientos registrales se someten, en todo caso, a las normas del Derecho español. **4689**

A partir de ella, no se requiere procedimiento especial para la inscripción en los registros españoles de la propiedad, mercantil y de bienes muebles de las resoluciones judiciales extranjeras que ya no admitan recurso con arreglo a su legislación, ya se trate de resoluciones judiciales firmes o de resoluciones de jurisdicción voluntaria definitivas. Si no fueran firmes o definitivas, solo podrán ser objeto de anotación preventiva.

Precisiones 1) Ha de tenerse presente que las normas de la LH y del RH -en especial, LH art.4 y sus normas de desarrollo-, así como del Código de Comercio y Reglamento del Registro Mercantil, reguladoras de la inscripción de documentos extranjeros tienen consideración de **ley especial preferente** en cuanto sean compatibles con lo dispuesto en la legislación de cooperación jurídica internacional (L 29/2015 disp.adic.1ª.f).

2) Para más detalles acerca de la **inscripción** de resoluciones judiciales extranjeras y documentos públicos extranjeros, puede consultarse nº 8149 s. Memento Procesal Civil 2026.

b. Reconocimiento y ejecución en España de decisiones judiciales extranjeras. Normativa internacional

(L 29/2015 art.52 a 55)

Hay que diferenciar entre los convenios internacionales, multilaterales o bilaterales, y las normas de origen comunitario. **4690**

Principales convenios Los convenios internacionales, tanto multilaterales como bilaterales, suscritos y ratificados por España en materia procesal civil pueden consultarse en nº 8160 s. Memento Procesal Civil 2026. **4691** MPCI nº 8160, 8164

Precisiones En materia arbitral, ver nº 17860.

Normas de origen comunitario (Tratado UECE-UE 29-12-2006 art. 65) La Unión Europea asume desarrollar una **cooperación judicial en asuntos civiles** con repercusión transfronteriza, basada en el principio de reconocimiento mutuo de las resoluciones judiciales y extrajudiciales. Esta cooperación podrá incluir la adopción de medidas de aproximación de las disposiciones legales y reglamentarias de los Estados miembros; el Parlamento Europeo y el Consejo adoptarán medidas para garantizar el reconocimiento mutuo, entre los Estados miembros, de las resoluciones judiciales y extrajudiciales, así como su ejecución. **4693** MPCI nº 8166

En efecto, ciertas diferencias en las normas nacionales sobre competencia judicial y reconocimiento de las resoluciones judiciales hacen más difícil el buen funcionamiento del mercado interior. Son indispensables, por consiguiente, disposiciones mediante las que se unifiquen

las normas sobre **conflictos de jurisdicción** en materia civil y mercantil, simplificándose los trámites para un reconocimiento y una ejecución rápidos y simples de las resoluciones judiciales de los Estados miembros.
Con el objeto de alcanzar los fines del Tratado en la materia, se han aprobado y llevado a efecto en los últimos años diversas decisiones y planes de acción que, a su vez, han dado como resultado un acervo comunitario en cuanto al **reconocimiento de Sentencias** en materia civil y mercantil. Como resultado de esta actividad se han aprobado diversos Reglamentos.

4694 **Marco general europeo** (Rgto CE/743/2002) Su objeto es establecer un marco general europeo de actividades flexible y efectivo para el periodo 2002-2006 con el fin de mejorar la comprensión mutua de los sistemas jurídicos y judiciales de los Estados miembros, lo que contribuirá a disminuir los obstáculos para la **cooperación judicial en materia civil**, y, por consiguiente, al correcto funcionamiento del mercado interior. En particular, entre sus objetivos se establece promover la cooperación judicial en materia civil aspirando en especial a fomentar el **reconocimiento mutuo** de resoluciones judiciales y de las sentencias (Rgto CE/743/2002 art.2.1.b).

4695 **Competencia judicial, reconocimiento y ejecución de resoluciones judiciales en materia civil y mercantil** (Rgto UE/1215/2012) Se aplica a las acciones ejercitadas y a los **documentos públicos** con fuerza ejecutiva formalizados con posterioridad a la entrada en vigor del mismo.
El Reglamento no tiene supeditada su efectividad a que los Estados miembros lo fueran acogiendo dentro de su normativa, pues los Reglamentos tienen alcance general, son obligatorios en sus elementos y directamente aplicables en los Estados miembros, no siendo necesaria su adaptación o recepción en el ordenamiento interno de cada estado (Tratado FUE art.288) (AP Madrid 28-4-06, EDJ 101221).
Este Reglamento sustituye, entre los Estados miembros (no se aplica a **Dinamarca**), al Rgto CE/44/2001 -vigente desde 1-3-2002 hasta 9-1-2015-, que a su vez sustituyó tanto al Convenio Bruselas 27-9-1968 como al Convenio Lugano 16-9-1988, así como a otros tratados bilaterales. Mantiene el mismo procedimiento, actualizado, de **reconocimiento y ejecución** que el Convenio de Bruselas, de manera casi automática previo control formal de los documentos aportados.
Se parte de la regla esencial de que las resoluciones dictadas en un Estado miembro que tengan **fuerza ejecutiva** en él gozan también de esta en los demás Estados miembros sin necesidad de una declaración específica en tal sentido.

4696 MPCI nº 8174 **Competencia, reconocimiento y ejecución de resoluciones judiciales en materia matrimonial, de responsabilidad parental y de sustracción internacional de menores** (Rgto (UE) 2019/1111) Este Reglamento -del que queda excluida **Dinamarca**, y aplicable desde 1-8-2022- se aplica a todas las resoluciones en materia de responsabilidad parental y de sustracción internacional de menores, incluidas las medidas de **protección del menor**, con independencia de que estén vinculadas o no a un procedimiento en materia matrimonial.
El Reglamento se aplica a las materias civiles, con independencia de cuál sea la naturaleza del **órgano jurisdiccional**.
Con el fin de facilitar la aplicación del Reglamento, la LEC se refiere a la **certificación judicial** relativa a las resoluciones judiciales en materias matrimonial y de responsabilidad parental, sobre el derecho de visita y sobre restitución del menor, que se expiden de forma separada y mediante providencia, cumplimentando el formulario correspondiente que figura en los anexos I a IV y anexos II, III, V y VI, respectivamente de los Reglamentos citados.
Su **denegación** se adopta igualmente de forma separada, siendo impugnable por el cauce del recurso de reposición.
El procedimiento para la **rectificación de errores** en la certificación judicial se resuelve de la forma establecida en LOPJ art.267.1 a 3. No cabe recurso alguno contra la resolución sobre la aclaración o rectificación de la certificación expuesta en el párrafo anterior (LEC disp.final 22ª).

4696.1 **Competencia, ley aplicable, reconocimiento y ejecución de las resoluciones y cooperación en materia de obligaciones de alimentos** (Rgto CE/4/2009) Este Reglamento se aplicará a las obligaciones de alimentos derivadas de una relación familiar, de parentesco, matrimonio o afinidad.
Se diferencia entre el tratamiento de las resoluciones dictadas en Estados miembros vinculados y no vinculados por el Protocolo La Haya 23-11-2007, sobre Ley aplicable a las obligaciones alimenticias. La adhesión de la Comunidad Europea al mismo se autorizó por Decisión del Consejo 30-11-2009.
También ha de atenderse a la condición de los Estados miembros que sean o no parte en el Convenio La Haya 23-11-2007, sobre cobro internacional de alimentos para niños y otros miembros de la familia.

Reconocimiento, fuerza ejecutiva y ejecución de resoluciones en materia de regímenes económico-matrimoniales y efectos patrimoniales de uniones registradas (Rgto UE/2016/1103 art.20 s.; Rgto UE/2016/1104 art.20 s.) Las resoluciones dictadas en un Estado miembro son reconocidas en los demás Estados miembros sin necesidad de seguir procedimiento alguno y cualquier parte interesada que invoque el reconocimiento de una resolución a título principal en un litigio, puede solicitar que se reconozca la resolución. Solo cabe la **denegación de reconocimiento** de una resolución: 4696.2

- si el reconocimiento es manifiestamente **contrario al orden público** del Estado miembro en que se solicita;
- la resolución se ha dictado en **rebeldía del demandado** y no se le ha notificado la demanda -o documento equivalente- con tiempo suficiente y de forma tal que le permitiera preparar su defensa, salvo que el demandado no haya recurrido contra dicha resolución cuando hubiera podido hacerlo;
- si la resolución es **inconciliable con una resolución dictada en un procedimiento entre las mismas partes** en el Estado miembro en el que se solicita el reconocimiento;
- si la resolución es **inconciliable con una resolución dictada con anterioridad** en un litigio, en otro Estado miembro o en un tercer Estado, con el mismo objeto y entre las mismas partes, cuando esta última resolución reúna las condiciones necesarias para su reconocimiento en el Estado miembro en el que se solicita el reconocimiento.

Durante el reconocimiento de la resolución han de respetarse los **derechos fundamentales** y los principios reconocidos legalmente, en particular, el principio de no discriminación y, en ningún caso, se puede controlar la **competencia** de los órganos jurisdiccionales del Estado miembro de origen.

Las resoluciones dictadas en un Estado miembro y ejecutorias en él, también se pueden ejecutar en otro Estado si, a instancia del interesado, se declara que en él poseen **fuerza ejecutiva**.

El procedimiento de **declaración de fuerza ejecutiva** se ajusta a los siguientes **trámites**: 4696.3

• La **solicitud**, acompañada de la copia de la resolución y de la certificación expedida por el órgano jurisdiccional o la autoridad competente, se presenta ante el órgano jurisdiccional o autoridad competente del Estado miembro de ejecución cuyos datos se hayan comunicado a la Comisión y la competencia territorial se determina por el domicilio de la parte contra la que se solicite la ejecución o por el lugar de ejecución.
• El **procedimiento** se ajusta a la ley del Estado miembro de ejecución.
• El **solicitante** no está obligado a tener dirección postal ni representante autorizado en el Estado miembro de ejecución.
• La **declaración** se emite inmediatamente una vez cumplidas las formalidades antes indicadas sin necesidad de proceder a ningún examen y su **notificación** se practica de inmediato al solicitante.
• La resolución puede ser recurrida por cualquiera de las partes ante el órgano jurisdiccional que el Estado miembro interesado haya comunicado a la Comisión.
• Cuando deba reconocerse una resolución nada impide al solicitante a instar la adopción de **medidas provisionales y cautelares**, sin que resulte necesaria la declaración de fuerza ejecutiva y, en todo caso, esta declaración implica por ministerio de la ley la autorización para adoptar aquellas.
• Cuando la resolución se pronuncie sobre varias pretensiones y no se pueda declarar la fuerza ejecutiva de todas ellas, el órgano jurisdiccional o la autoridad competente puede declarar la **fuerza ejecutiva parcial**.

En ningún caso se exige **garantía, fianza o depósito** alguno, sea cual sea su denominación, a la parte que solicite en un Estado miembro el reconocimiento, la fuerza ejecutiva o la ejecución de una resolución dictada en otro Estado miembro por su condición de extranjero o por no estar domiciliado o no ser residente en el Estado miembro de ejecución.

El Estado miembro de ejecución no percibe **impuesto, derecho** ni **tasa** alguna, proporcional al valor del litigio, en estos procedimientos.

Precisiones Los Reglamentos de referencia se encuentran vigentes desde 29-7-2016, siendo de **aplicación efectiva** desde 29-1-2019.

Título ejecutivo europeo para créditos no impugnados (Rgto CE/805/2004) Se crea un título ejecutivo europeo para créditos no impugnados, que permite, mediante la fijación de normas mínimas, la libre circulación en todos los Estados miembros de resoluciones, transacciones judiciales y documentos públicos con fuerza ejecutiva, sin que deba llevarse a cabo **ningún procedimiento intermedio** en el Estado miembro de ejecución para el reconocimiento y ejecución. 4697

La **certificación judicial de un título ejecutivo** europeo se adoptará de forma separada y mediante providencia, en la forma prevista en el Rgto CE/805/2004, anexo I. La **competencia**

para certificar un título ejecutivo europeo corresponde al mismo tribunal que dictó la resolución.
El **procedimiento para la rectificación de errores** en un título ejecutivo europeo previsto en el citado Reglamento se resolverá según la LOPJ art.267.1 a 3.
El **procedimiento para la revocación de la emisión** de un certificado de un título ejecutivo europeo se tramitará y resolverá de conformidad con lo previsto para el recurso de reposición regulado en la LEC, con independencia del orden jurisdiccional al que pertenezca el tribunal.
La **denegación de emisión de un certificado** de título ejecutivo europeo se adoptará de forma separada y mediante providencia, y podrá impugnarse por los trámites del recurso de reposición.
Para la certificación como título ejecutivo europeo de **resoluciones judiciales que aprueben u homologuen transacciones** se aplicará lo expuesto en el punto anterior, y se efectuará en la forma prevista en el Rgto CE/805/2004, anexo II.
Compete al **notario autorizante**, o a quien legalmente le sustituya o suceda en su protocolo, la expedición de dicho certificado. De dicha expedición dejará constancia mediante **nota en la matriz o póliza**, y archivará el original que circulará mediante copia. Corresponderá al **notario** en cuyo protocolo se encuentre el título ejecutivo europeo certificado expedir el relativo a su rectificación por error material y el de revocación, así como el derivado de la falta o limitación de ejecutividad.

4698 Se exceptúa la **pérdida de ejecutividad** derivada de una resolución judicial, para cuya certificación se estará al apartado 1 de esta disposición adicional.
En todo caso, deberá constar en la **matriz o póliza** la rectificación, revocación, falta o limitación de ejecutividad.
La **negativa del notario a la expedición** de los certificados requeridos podrá ser impugnada por el interesado ante la Dirección General competente en materia de Registros y Notariado por los trámites del recurso de queja previsto en la legislación notarial. Contra la resolución de este órgano directivo podrá interponerse recurso, en única instancia, ante la Sección Civil del Tribunal de Instancia -hasta su constitución, ante el juzgado de primera instancia- de la capital de la provincia donde tenga su domicilio el notario, el cual se resolverá por los trámites del juicio verbal.
La certificación se expedirá por el órgano administrativo o jurisdiccional que hubiera dictado la resolución.
La **competencia territorial** para la ejecución de resoluciones, transacciones judiciales y documentos públicos certificados como título ejecutivo europeo corresponderá a la Sección Civil del Tribunal de Instancia -hasta su constitución, al juzgado de primera instancia- del domicilio del demandado o del lugar de ejecución (LEC disp.final 21ª).

4699 **Orden europea de retención de cuentas** (Rgto UE/655/2014) Se establece el **procedimiento** relativo a la orden europea de retención de cuentas para simplificar el cobro transfronterizo de deudas en materia civil y mercantil.
MPCI nº 8188, 14505 s.

Precisiones 1) Se ha procedido a la **modificación de la LEC** a fin de facilitar la aplicación en España del Rgto UE/655/2014 (LEC disp.final 27ª).
2) Ha sido objeto de **reforma** la regulación contenida en el Rgto (UE) 655/2014 para adaptarlo a la normativa que prevé la presentación de solicitudes y documentos y su transmisión por **medios de comunicación electrónica** (Rgto (UE) 2023/2844 art.22, aplicable **desde 1-5-2025**).

C. Disposiciones generales en materia de ejecución

(LEC art.538 a 562)

4700 Las disposiciones generales en materia de ejecución regulan:
- Las partes y sujetos intervinientes en la ejecución (nº 4705).
- La competencia (nº 4735).
- El despacho de la ejecución (nº 4745).
- Las causas y régimen procedimental de la oposición a la ejecución, los recursos y actos de impugnación de resoluciones y actuaciones ejecutivas concretas (nº 4766 s.).
- La suspensión y el término del proceso de ejecución (nº 4815 s.).

1. Partes

(LEC art.538 a 544)

Regla general Como regla general, son parte en el proceso de ejecución la persona o personas que piden y obtienen el **despacho de la ejecución** y la persona o personas frente a las que esta se despacha. De esta forma, a instancia de quien aparezca como **acreedor** en el título ejecutivo, solo podrá despacharse ejecución frente a los siguientes sujetos (LEC art.538.2): 4705 MPCI nº 8200 s.

1) Quien aparezca como **deudor** en el mismo título.

2) Quien, sin figurar como deudor en el título ejecutivo, **responda personalmente** de la deuda por disposición legal o en virtud de afianzamiento acreditado mediante documento público.

3) Quien, sin figurar como deudor en el título ejecutivo, resulte ser **propietario** de los **bienes** especialmente **afectos** al pago de la deuda en cuya virtud se procede, siempre que tal afección derive de la Ley o se acredite mediante documento fehaciente. La ejecución se concretará, respecto de estas personas, a los bienes especialmente afectos.

Supuestos particulares Sin perjuicio de lo señalado en nº 4705, hay que tener en cuenta las siguientes particularidades en materia de alimentos, responsabilidad y ejecución de resoluciones en el ámbito comunitario: 4707 MPCI nº 8208, 8210

a) **Alimentos**. El progenitor ostenta la legitimación activa para reclamar los alimentos en nombre de los hijos mayores de edad, que cumplan los requisitos del CC art.93.2, sin perjuicio del derecho del demandado de acreditar que la hija no cumple las condiciones que justifican la legitimación activa de su madre (TS 24-4-00, EDJ 5839; AP Valencia 28-10-02, EDJ 126412). El cónyuge con el cual conviven los **hijos mayores de edad** que se encuentran en la situación de necesidad (CC art.93.2), se halla legitimado para demandar del otro progenitor la contribución de este a los alimentos de aquellos hijos, en los procesos matrimoniales entre los comunes progenitores.

No puede impugnar la personalidad o la legitimación de un litigante quien dentro o fuera del pleito se la tenga reconocida (TS 20-6-74, EDJ 541; 2-4-86, EDJ 2322; 5-10-87, EDJ 6993; AP Baleares 10-5-05, EDJ 55440).

b) **Títulos ejecutivos europeos**. En relación con la legitimación pasiva en el ámbito comunitario, en modo alguno el tribunal español que ha procedido al reconocimiento y a despachar ejecución del auto dictado por el tribunal inglés, puede ampliar la ejecución a sujetos o personas distintas de las que aparecen en el título correspondiente, toda vez que se incumpliría la norma comunitaria (Rgto (UE) 1215/2012) en cuanto la ejecución debe hacerse en los propios términos y contra las personas que han sido condenadas en la resolución ejecutada, pero no en términos distintos, ni contra personas distintas cualquiera que sea su vinculación con la persona que haya resultado condenada por el tribunal que dictó la resolución (AP Madrid 28-4-06, EDJ 101221).

Desde 10-1-2015, la materia se rige por el Rgto UE/1215/2012 art.39 s., partiendo de la regla esencial de que las resoluciones dictadas en un Estado miembro que tengan **fuerza ejecutiva** en él gozan también de esta en los demás Estados miembros sin necesidad de una declaración específica en tal sentido.

c) **Responsabilidad**. El supuesto de quien resulte ser propietario de los **bienes especialmente afectos** trata de extender la cualidad de legitimados pasivos a otras personas o entidades que no aparecen como deudores en el título. Ello viene a plantear problemas no solo a la hora de determinar los supuestos legales de responsabilidad, pues la Ley no los especifica, sino de cuáles han de ser las circunstancias determinantes de esa responsabilidad a efectos de despachar la ejecución. En la LEC y en la legislación mercantil hay diversos preceptos donde se viene a declarar la **responsabilidad personal** por simple disposición legal:

- la LEC (art.544.1) prevé en el caso de los **entes sin personalidad** la extensión a los socios, miembros o gestores;
- el CCom (art.120) prevé igual extensión de responsabilidad en los supuestos de **sociedad irregular**, ambos casos de una responsabilidad legal y directa y no subsidiaria;
- también estamos ante un supuesto de responsabilidad legal en el caso de la **sociedad colectiva** (CCom art.127 y 237), si bien aquí la responsabilidad es subsidiaria;
- lo mismo sucede para las **sociedades comanditarias** (CCom art.148);
- supuestos más dudoso serían los de las deudas de la **comunidad de propietarios** (LPH art.22).

Junto a estos supuestos de legitimación pasiva originaria existirían aquellos otros de carácter derivativo como en los casos de **sucesión** de quienes aparecen en el título ejecutivo.

Demanda ejecutiva dirigida contra quienes carecen de legitimación pasiva (LEC art.538.4) A modo de sanción contra una indebida constitución de la relación jurídico procesal, si el ejecutante indujera al tribunal a extender la ejecución frente a personas o bienes que el título o la ley no autorizan, será responsable de los **daños y perjuicios**. 4710

4712 **Representación y costas** (LEC art.539 y disp.adic.11ª redacc LO 1/2025) El ejecutante y el ejecutado deberán estar dirigidos por **letrado** y representados por **procurador**, salvo que se trate de la ejecución de resoluciones dictadas en procesos en que no sea preceptiva la intervención de dichos profesionales.

En los supuestos legalmente establecidos, previa solicitud del ejecutante y a su costa, el juez puede acordar que determinadas **actuaciones materiales propias del proceso de ejecución** sean efectuadas por el procurador que le represente, mediante actuación personal e indelegable impugnable ante el letrado de la Administración de Justicia (LEC art.452 y 453). El decreto resolutivo de esta **impugnación** es susceptible de recurso de revisión.

Para la ejecución derivada de **procesos monitorios** en que no haya habido oposición, se requiere la intervención de abogado y procurador siempre que la cantidad por la que se despache ejecución sea superior a 2.000 euros.

Las partes deberán satisfacer los **gastos y costas** que les correspondan conforme a lo previsto en la LEC art.241 (nº 3080 s.), sin perjuicio de los reembolsos que procedan tras la decisión del tribunal o, en su caso, del letrado de la Administración de Justicia sobre las costas.

Las costas del proceso de ejecución no comprendidas en dicho precepto serán a cargo del **ejecutado** sin necesidad de expresa imposición, pero, hasta su liquidación, el ejecutante deberá satisfacer los gastos y costas que se vayan produciendo, salvo los que correspondan a actuaciones que se realicen a instancia del ejecutado o de otros sujetos, que deberán ser pagados por quien haya solicitado la actuación de que se trate.

Precisiones Para la ejecución derivada de un **acuerdo de mediación** o un **laudo arbitral** se requiere la intervención de abogado y procurador, siempre que la cantidad por la que se despache ejecución sea superior a 2.000 euros (RDL 5/2012; L 5/2012).

4714 **Regla especial** (LEC art.538.3) Como regla especial, también pueden utilizar los medios de
MPCI defensa que la ley concede al ejecutado aquellas personas frente a las que **no** se haya **despa-**
nº 8218 **chado** la ejecución, pero a cuyos bienes haya dispuesto el tribunal que esta se extienda por entender que, pese a no pertenecer dichos **bienes** al ejecutado, están **afectos** los mismos al cumplimiento de la obligación por la que se proceda.

Los tribunales han aplicado el precepto considerando que la actividad ejecutiva puede afectar a quien, por la **relación** en que se halla con la persona del **deudor** o con determinados bienes o derechos, y en virtud de un determinado vínculo o efecto jurídico, tenga el deber de soportar la injerencia patrimonial que aquella supone. Entre tales supuestos señalan el caso del **tercero** que adquiere de **mala fe** el bien litigioso, frente al que -si bien no se ha despachado ejecución, porque no aparece en el título- queda legitimado para defender el bien de su propiedad que queda afecto a la ejecución.

También se incluye el supuesto en que se descubre la identidad real entre el tercero aparente y el deudor mediante la aplicación de la doctrina del **levantamiento del velo** (AP Cádiz 15-7-02, EDJ 110967).

En cualquiera de los supuestos en que se sigan actuaciones contra personas que **no** aparezcan en el **título ejecutivo**, dicha extensión de responsabilidad requerirá que:

a) Se hagan constar en la demanda ejecutiva **todas las personas** contra las que se dirige la ejecución (LEC art.549.5º).

b) Se **despache ejecución** contra las mismas (LEC art.555 y 553.1º).

c) Se les notifique el **auto** despachando ejecución para que para que en cualquier momento pueda personarse en la ejecución, entendiéndose con él, en tal caso, las ulteriores actuaciones (AP Madrid 26-4-04, EDJ 107116).

Precisiones No cabe proceder a la ejecución de la sentencia en su día dictada, sobre los bienes de los 39 **copropietarios** que forman parte de la comunidad condenada al pago, ya que los mismos no han sido demandados individualmente en el litigio seguido, y tal ejecución equivaldría a su condena sin haber sido oídos en el pleito, quebrantando así los derechos de defensa y tutela judicial efectiva (AP Sevilla 11-2-05, EDJ 76214).

4715 **Sucesión** (LEC art.540) La ejecución puede despacharse a favor de quien acredite ser **sucesor**
MPCI del que figure como **ejecutante** en el título ejecutivo y frente al que se acredite que es el suce-
nº 8222 sor de quien en dicho título aparezca como ejecutado.

Para **acreditar** la sucesión, a los efectos del apartado anterior, habrán de presentarse al tribunal los documentos fehacientes en que aquella conste. Si el tribunal los considera suficientes a tales efectos, procederá, sin más trámites, a despachar la ejecución a favor o frente a quien resulte ser sucesor en razón de los documentos presentados. En el caso de que se hubiera despachado ya ejecución, se ha de notificar la sucesión al ejecutado o ejecutante, según proceda, continuándose la ejecución a favor o frente a quien resulte ser sucesor.

Si la sucesión no constara en **documentos fehacientes** o el tribunal no los considerare suficientes, de la petición que deduzca el ejecutante o el ejecutado cuya sucesión se haya producido se dará traslado por el letrado de la Administración de Justicia a quien conste como ejecutado o ejecutante en el título y a quien se pretenda que es su sucesor y, oídos todos ellos en comparecencia señalada por el letrado de la Administración de Justicia, el tribunal decidirá lo que proceda sobre la sucesión a los solos efectos del despacho o de la prosecución de la ejecución.

En los supuestos de sucesión en la deuda por **causa de muerte**, será preciso acreditar la defunción de quien aparezca como deudor en el título ejecutivo, así como la cualidad de heredero del demandado; no es posible admitir identidad de naturaleza entre la herencia yacente y las entidades sin personalidad jurídica de la LEC art.544 (AP Murcia 28-6-03, EDJ 160481).

Si uno de los **deudores hipotecarios** falleció antes de la interposición de la demanda, antes de examinar la oposición formulada deben retrotraerse las actuaciones a dicho momento procesal (AP Barcelona 2-12-03, EDJ 184578).

Es el ejecutante quién debe proporcionar la **identidad de los herederos** de los que se dice deudor principal y si los desconoce debe acudir a las diligencias preliminares (LEC art.256 s.), pues resulta necesaria la averiguación de datos relativos a la legitimación (AP Ourense auto 16-11-04, EDJ 500384).

Ejecución de bienes gananciales (LEC art.541) No se despachará ejecución frente a la **sociedad de gananciales**, que por ser una comunidad de bienes sin personalidad jurídica no ostenta capacidad procesal activa ni pasiva (AP Sta. Cruz de Tenerife 8-3-04, EDJ 22293). 4717

Los **legitimados** para actuar activa y pasivamente en el proceso ejecutivo son los cónyuges -incluso cuando, a resultas de un proceso previo de división de cosa común, resulte ser la sociedad de gananciales copropietaria indivisa de una parte de los bienes ejecutados (AP Salamanca 14-5-02, EDJ 32286)- que ostentan, en régimen de comunidad sin cuotas, la titularidad de los bienes y derechos que se integran en la sociedad, así como las deudas y obligaciones que son de cargo de la misma (AP Araba 3-10-97).

Cuando la ejecución se siga a causa de **deudas** contraídas por **uno de los cónyuges**, pero de las que deba responder la sociedad de gananciales, la demanda ejecutiva podrá dirigirse únicamente contra el cónyuge deudor, pero el **embargo** de bienes gananciales habrá de notificarse al otro cónyuge, dándole traslado de la demanda ejecutiva y del auto que despache ejecución a fin de que, dentro del plazo ordinario, pueda oponerse a la ejecución. La **oposición** a la ejecución podrá fundarse en las mismas causas que correspondan al ejecutado y, además, en que los bienes gananciales no deben responder de la deuda por la que se haya despachado la ejecución. Cuando la oposición se funde en esta última causa, corresponderá al acreedor probar la responsabilidad de los bienes gananciales. Si no se acreditara esta responsabilidad, el cónyuge del ejecutado podrá pedir la disolución de la sociedad conyugal conforme se indica a continuación.

Si el **cónyuge no deudor** opta por pedir la **disolución de la sociedad conyugal**, el tribunal, oídos los cónyuges, resolverá lo procedente sobre división del patrimonio y, en su caso, acordará que se lleve a cabo, suspendiéndose entre tanto la ejecución en lo relativo a los bienes comunes. Ello supone una expresa remisión al procedimiento LEC art.806 y 807 a 810. Ahora bien, conforme al tenor literal de la normativa procesal, el procedimiento de división del patrimonio ganancial ha de abrirse de oficio en el presente proceso de ejecución, con el fin de evitar la indefinida pendencia en la realización del crédito ejecutado (AP Cantabria 29-6-05, EDJ 116181).

En los casos anteriores, el cónyuge al que se haya notificado el embargo podrá interponer los **recursos** y usar de los medios de impugnación de que dispone el ejecutado para la defensa de los intereses de la comunidad de gananciales.

Precisiones La doctrina (Aguilar Ruiz) destaca algunas cuestiones de las que afectan a este particular procedimiento ejecutivo como: 4719 MPCI nº 8228

- la necesidad o no de **demandar** en vía ejecutiva a **ambos cónyuges**;
- la determinación del modo y plazo en que pudiera el **cónyuge no deudor** defender sus intereses en la comunidad conyugal;
- la previa calificación del **carácter (privativo o ganancial)** de la deuda, y la carga de la **prueba** sobre la misma; o
- el cauce procedimental adecuado para **dividir**, abierta la vía ejecutiva, el **patrimonio ganancial**.

Algunos de estos problemas y de las soluciones apuntadas por la doctrina y jurisprudencia en las últimas décadas, han encontrado refrendo legal en la LEC art.541. Siguiendo a la citada autora nos referimos a tales cuestiones a continuación.

Deudas contraídas por uno de los cónyuges Que la responsabilidad se extienda o no al otro cónyuge depende de las siguientes circunstancias: 4720 MPCI nº 8232

a) Las deudas contraídas por uno solo de los cónyuges **con consentimiento expreso** del otro obligan a ambos (CC art.1367). Por regla general, en el título ejecutivo aparecerán designados

ambos cónyuges como deudores, despachándose ejecución contra ambos y quedando todos sus bienes (gananciales, privativos de uno y otro) afectos al resultado de la ejecución (CC art.1911).
Ambos cónyuges actuarán entonces como partes del proceso de ejecución, debiendo ser **demandados ambos** si la obligación se hubiera constituido de forma mancomunada; no así cuando la deuda hubiera sido asumida expresamente en forma solidaria.
b) Deudas contraídas mediante la actuación individual de uno de los cónyuges, pero **dentro del ámbito de la sociedad de gananciales** (deudas de los art.1365, 1366 y 1368 CC, vinculadas al ejercicio de la potestad doméstica, la gestión económica de los bienes gananciales o de los privativos suyos, el ejercicio de su profesión o negocio, etc.). Quedan sometidas a un régimen de responsabilidad solidaria de los bienes gananciales y los privativos de quien aparece en el título como deudor (CC art.1369). En estos casos en el título ejecutivo aparecerá como deudor el cónyuge que contrajo la deuda, pero debido a que el cónyuge no deudor puede verse afectado de forma importante por la afección de los bienes comunes, la LEC le permite personarse en el proceso ejecutivo, defendiendo sus intereses y los de la comunidad.
c) Deudas contraídas individualmente por uno de los cónyuges, fuera del ámbito de actuación propio de la sociedad de gananciales, y **sin consentimiento expreso** del consorte. Responderá el deudor directamente con su patrimonio privativo; subsidiariamente, si no fuera suficiente para hacer efectivas dichas deudas, responderá el patrimonio ganancial (CC art.1373). En estos casos, la ejecución solo se dirige contra el único deudor, pero ofreciéndose también al **cónyuge no deudor** la posibilidad de actuar en el proceso como parte, en defensa de su patrimonio consorcial, optando entre:
- **aceptar el embargo** y permitir la ejecución de bienes gananciales, reservándose en este caso una acción contable «interna», que le permitirá exigir al tiempo de la liquidación de la sociedad matrimonial que se entienda recibido a cuenta de la participación del deudor en la masa ganancial el valor de los bienes que fueron ejecutados;
- solicitar la **disolución de la sociedad de gananciales** y, paralizándose mientras tanto la ejecución, pedir que en la traba se sustituyan los bienes comunes embargados por la parte que ostenta el cónyuge deudor en la sociedad. La LEC (art.541.2º y 3º) aporta así soluciones a muchos de los problemas que hasta ahora planteaba la ejecución del patrimonio ganancial.

4722 **Oposición del cónyuge no deudor** (LEC art.541.2) Si el cónyuge no deudor decide oponerse a la ejecución, la Ley le consagra los siguientes **derechos** (Sabater Martín), que lo convierten en verdadera parte -que no en ejecutado (TS 14-5-02, EDJ 13123)- en el proceso de ejecución:
a) El derecho a utilizar todos los mecanismos de defensa que pudiera tener el cónyuge deudor para la defensa de los intereses de la sociedad de gananciales (LEC art.541.4); entre ellos, la proposición de **declinatoria** o la interposición de un **proceso declarativo** de oposición a la ejecución basado, por ejemplo, en la existencia y señalamiento de bienes privativos del deudor.
b) El derecho a oponerse a la ejecución por los cauces generales (LEC art.566 s.; nº 4766 s.).
c) El derecho a oponerse a la ejecución alegando la **ausencia de responsabilidad** de los bienes gananciales por la deuda ejecutada.
Subrayan los tribunales que dicha oposición está pensada exclusivamente para regular la defensa del cónyuge no condenado cuando la ejecución se dirija contra **bienes gananciales** (AP Madrid 31-3-05, EDJ 106693).
Como presupuesto previo a la oposición se establece la exigencia de **notificación del embargo** de bienes gananciales al cónyuge no deudor (LEC art.541.2), a fin de que dentro del plazo legal pueda oponerse a la ejecución, ejercitando alguno de los derechos de defensa anteriormente mencionados que conlleven su personación en el proceso. La obligación de notificación del embargo al cónyuge del deudor venía ya impuesta para los **inmuebles gananciales** (Reglamento Hipotecario art.144). Ahora bien, esta previsión normativa contrasta con la ausencia de reglas especiales sobre cómo formalizar esta notificación. Frente a ciertas prácticas judiciales, el Tribunal Supremo (TS 22-9-04, EDJ 135112) precisa ineludiblemente el conocimiento del cónyuge no deudor a través de notificación o actuación fehaciente, sin que se entienda cumplido dicho trámite por la simple **publicación de edictos** para la subasta, dada la diferente finalidad de estos actos; mientras que la primera se dirige, fundamentalmente, a dar noticia a posibles licitadores de la venta en pública subasta del bien embargado, este es un acto procesal encaminado a dar la necesaria intervención al cónyuge del ejecutado en la traba y embargo de bienes que, en parte, son de su propiedad. La **falta de notificación** del embargo al cónyuge no deudor será, en la fase inicial del proceso, causa de denegación de la práctica de medidas cautelares, especialmente de la anotación preventiva de embargo del bien ganancial (AP Girona 28-11-02, EDJ 73155; 26-9-03).

Bienes inmuebles de cónyuges extranjeros Se ha planteado el problema de si, inscrito un bien a nombre de unos cónyuges de nacionalidad extranjera «para su comunidad de bienes, con sujeción a su régimen económico matrimonial» (o de forma semejante), puede anotarse un embargo a favor del actor (en sede procesal, o en sede de apremio administrativo, en este caso a favor de la Administración correspondiente) por **deudas contraídas por el marido**, habiendo sido **notificado el embargo a su esposa cotitular o viceversa**. Ordinariamente, en estos supuestos, el registrador ha venido suspendiendo la práctica del asiento por no haberse acreditado la posibilidad de que los bienes comunes puedan embargarse por deudas de un cónyuge y notificación al otro con arreglo al régimen económico matrimonial de los esposos. **4723** MPCI nº 8238

Se trata, frecuentemente, del **embargo de mitad indivisa de vivienda** inscrita a favor de los dos cónyuges, ambos extranjeros, sin asignación de cuotas, cuando no se acredite la legislación aplicable. Y el tratamiento de la cuestión ha variado por efecto de la L 13/2012.

De acuerdo con el principio de especialidad, se exige que esté claramente determinada la extensión de los derechos inscritos en el Registro de la Propiedad (RH art.51.6). Esta regla se flexibiliza para los supuestos de inscripción de bienes a favor de adquirentes casados de nacionalidad extranjera, donde no se precisa la acreditación a priori del régimen económico matrimonial, bastando que la **inscripción** se practique **a favor del adquirente o adquirentes casados**, haciéndose constar en la inscripción que se verificará con **sujeción a su régimen matrimonial**, con indicación de este si constare (RH art.92). Lo cierto es que la legitimación registral no se extiende a cuál sea el régimen matrimonial aplicable. Esto obliga a una acreditación a posteriori del Derecho extranjero, y en particular de la **capacidad de los cónyuges de nacionalidad extranjera** para realizar los actos dispositivos sobre los bienes o derechos inscritos, a menos que el notario o el registrador sea conocedor, bajo su responsabilidad, de dicho Derecho extranjero (LEC art.281.2; RH art.36).

Alternativamente, puede dirigirse la **demanda contra ambos cónyuges**, de acuerdo con doctrina reiterada de la Dirección General competente en materia de Registros y Notariado conforme a la que en el caso de que no se acrediten las normas aplicables del Derecho competente, puede solucionarse el problema de esta manera, único supuesto en el que se podría anotar el embargo sobre la totalidad del bien, no siendo suficiente la mera notificación o comunicación a efectos de tracto sucesivo por desconocerse si con arreglo al Derecho extranjero relevante al caso rige un sistema similar al de gananciales que permitiera la aplicación de lo dispuesto en RH art.144.1. La demanda a ambos cónyuges, además, permitiría que, si la anotación concluyera con la **venta forzosa de la finca**, el funcionario correspondiente podría actuar en representación de ambos titulares en caso de rebeldía (DGRN Resol 22-1-08; 1-2-07; 9-8-06; 1-2-07; 10-4-07).

En el supuesto en el que, de conformidad con la Ley aplicable al régimen económico-matrimonial de los cónyuges, sea aplicable un sistema equivalente al derivado del Derecho español, no se suscita problema, siendo de aplicación el régimen de LEC art.541.2 y RH art.144.1.

Disuelta la sociedad de gananciales y aún no liquidada surge una **comunidad «postmatrimonial» o «postganancial»** sobre la antigua masa ganancial cuyo régimen ya no puede ser el de la sociedad de gananciales, sino el de cualquier conjunto de bienes en cotitularidad ordinaria, en la que cada comunero (cónyuge supérstite y herederos del premuerto en caso de disolución por muerte, o ambos cónyuges si la causa de disolución fue otra) ostenta una cuota abstracta sobre el *totum* ganancial (como ocurre en la comunidad hereditaria antes de la partición de la herencia), pero no una cuota concreta sobre cada uno de los bienes integrantes del mismo, cuya cuota abstracta subsistirá, mientras perviva la expresada comunidad postmatrimonial y hasta que, mediante las oportunas operaciones de liquidación-división, se materialice en una parte individualizada y concreta de bienes para cada uno de los comuneros (TS 7-11-97, EDJ 7630; 11-5-00, EDJ 10091; 3-7-04; 10-6-10). **4724**

En la misma línea, la Dirección General competente en materia de Registros y Notariado ha reiterado que no corresponde a los cónyuges individualmente una cuota indivisa de todos y cada uno de los bienes que la integran y de la que puedan disponer separadamente, sino que, por el contrario, la participación de aquellos se predica globalmente respecto de la masa ganancial en cuanto **patrimonio separado colectivo**, en tanto que conjunto de bienes con su propio ámbito de responsabilidad y con un régimen específico de gestión, disposición y liquidación, que presupone la actuación conjunta de ambos cónyuges o sus respectivos herederos, y solamente cuando concluyan las operaciones liquidatorias, esta cuota sobre el todo cederá su lugar a las titularidades singulares y concretas que a cada uno de ellos se le adjudiquen en las operaciones liquidatorias (DGRN Resol 4-7-09; 10-12-12; 11-12-13).

4725 **Embargo de bienes de sociedad ganancial en liquidación** En cuanto a la posibilidad de embargar bienes de la sociedad ganancial en liquidación, se desprende la necesidad de distinguir tres hipótesis diferentes.

a) Embargo de **bienes concretos** de la sociedad ganancial en liquidación, el cual, en congruencia con la unanimidad que preside la gestión y disposición de esa masa patrimonial (CC art.397, 1058 y 1401), requiere que las actuaciones procesales respectivas se sigan contra todos los titulares (LH art.20).

b) Embargo de la **cuota global** que a un cónyuge corresponde en esa masa patrimonial, embargo que, por aplicación analógica de CC art.1067 y LH art.42.6 y 46, puede practicarse en actuaciones judiciales seguidas solo contra el cónyuge deudor, y cuyo reflejo registral se realizará mediante su anotación sobre los inmuebles o derechos que se especifique en el mandamiento judicial en la parte que corresponda al derecho del deudor (RH art.166.1 *in fine*).

c) Embargo de los derechos que puedan corresponder a un cónyuge sobre un **concreto bien ganancial**, una vez disuelta la sociedad conyugal, supuesto que no puede confundirse con el anterior dada la diferente sustantividad y requisitos jurídicos de una y otra hipótesis. En efecto, teniendo en cuenta que los cónyuges, o el cónyuge viudo y los herederos del premuerto, puedan verificar la partición del remanente contemplado en CC art.1404, como tengan por conveniente, con tal de que no se perjudiquen los derechos del tercero (CC art.1058, 1083 y 1410), en el caso de la traba de los derechos que puedan corresponder al deudor sobre bienes gananciales concretos, puede perfectamente ocurrir que estos bienes no sean adjudicados al cónyuge deudor (y lógicamente así será si su cuota puede satisfacerse en otros bienes gananciales de la misma naturaleza especie y calidad), con lo que aquella traba quedará absolutamente estéril; en cambio, si se embarga la cuota global, y los bienes sobre los que se anota no se atribuyen al deudor, estos quedan libres, pero el embargo se proyecta sobre los que se le haya adjudicado a este en pago de su derecho (de modo que solo queda estéril la anotación, pero no la traba). Se advierte, pues, que el objeto del embargo cuando la traba se contrae a los derechos que puedan corresponder a un cónyuge en bienes gananciales singulares carece de verdadera sustantividad jurídica; no puede ser configurado como un auténtico objeto de derecho susceptible de una futura enajenación judicial (DGRN Resol 8-7-91) y, por tanto, debe rechazarse su reflejo registral, conforme a lo previsto en LH art.1 y 2.

Lo que no cabe nunca es el **embargo de mitad indivisa** del bien, pues mientras no esté liquidada la sociedad de gananciales y aunque haya disolución por divorcio de los cónyuges, no existen cuotas indivisas sobre bienes concretos (DGRN Resol 27-1-15).

4726 **Ejecución frente al deudor solidario** (LEC art.542) En relación a los títulos ejecutivos
MPCI obtenidos solo frente a uno o varios deudores solidarios, si la acción se funda en **título judicial**
nº 8244 no se despachará ejecución frente a los deudores solidarios que no hubiesen sido parte en el proceso. Si los títulos ejecutivos fueran **extrajudiciales**, solo podrá despacharse ejecución frente al deudor solidario que figure en ellos o en otro documento que acredite la solidaridad de la deuda y lleve aparejada ejecución conforme a lo dispuesto en la ley.

Se recoge así legalmente la **doctrina jurisprudencial** que excluía de la eficacia ejecutiva de las sentencias al deudor solidario no demandado.

4728 **Asociaciones o entidades temporales** (LEC art.543) Cuando en el título ejecutivo aparez-
MPCI can como deudores uniones o agrupaciones de diferentes empresas o entidades, solo podrá
nº 8246 despacharse ejecución directamente frente a sus socios, miembros o integrantes si, por acuerdo de estos o por disposición legal, **respondieran solidariamente** de los actos de la unión o agrupación. En aquellos casos en que la ley expresamente establezca el carácter **subsidiario** de la responsabilidad de los miembros o integrantes de aquellas uniones o agrupaciones, para el despacho de la ejecución frente a aquellos será preciso acreditar la insolvencia de estas.

4730 **Entidades sin personalidad jurídica** (LEC art.544; LPH art.22.1) En caso de títulos ejecutivos
MPCI frente a entidades sin personalidad jurídica que actúen en el tráfico como sujetos diferencia-
nº 8250 dos, podrá despacharse ejecución frente a los **socios, miembros o gestores** que hayan actuado en el tráfico jurídico en nombre de la entidad, siempre que se acredite cumplidamente, a juicio del tribunal, la condición de socio, miembro o gestor y la actuación ante terceros en nombre de la entidad.

Quedan excluidas de esta regla las **comunidades de propietarios** de inmuebles en régimen de propiedad horizontal. Estas responden de sus deudas frente a terceros con todos los fondos dispuestos a su favor. **Subsidiariamente** al requerimiento de pago al propietario respectivo, el acreedor podrá dirigirse contra cada propietario que hubiera sido parte en el correspondiente proceso.

Las comunidades que **no** están **formalmente constituidas** constituyen una comunidad de bienes ordinaria, y deviene la responsabilidad de todos los comuneros frente a las deudas generadas por dicha comunidad, puesto que las decisiones judiciales pueden tener efecto frente a terceros cuando estos terceros son titulares de la relación jurídica dependiente en virtud de la cual se ha generado la obligación, por lo que no existe inconveniente alguno en proceder a la ejecución contra los bienes de los que integran y pertenecen a la citada comunidad (AP Madrid 21-6-05, EDJ 106885).

2. Competencia

(LEC art.545 a 547)

Tribunal competente (LEC art.545.1 a 4) Sea cual sea el título en virtud del cual se despacha ejecución, la **falta de competencia** puede apreciarse de oficio y a instancia de parte. **4735** MPCI nº 8255 s.
La LEC distingue según se trate de títulos judiciales o extrajudiciales, y dentro de los primeros, lo hace depender de si la ejecución es de resolución judicial o título asimilado a ella. Asimismo, se reconoce carácter de título ejecutivo a las resoluciones dictadas por los letrados de la Administración de Justicia.
a) **Resoluciones judiciales** (LEC art.545.1). Tratándose de resoluciones judiciales o, resoluciones dictadas por letrados de la Administración de Justicia a las que esta ley reconozca carácter de título ejecutivo, el criterio para determinar la competencia es el funcional. La competencia corresponde al órgano judicial que ha conocido en primera instancia.
En el supuesto de **transacciones y acuerdos** judicialmente homologados o aprobados se atribuye al órgano que hubiera homologado o aprobado la transacción o el acuerdo de las partes.
Cuando el título sea un **laudo arbitral** o un **acuerdo de mediación**, será competente para denegar o autorizar la ejecución y el correspondiente despacho la Sección Civil del Tribunal de Instancia -hasta su constitución, el juzgado de primera instancia- del lugar en que se haya dictado dicho laudo o firmado el acuerdo de mediación (LEC art.545.2).
Como regla especial, si se trata de **ejecución hipotecaria**, le corresponde a la Sección Civil del Tribunal de Instancia -hasta su constitución, al juzgado de primera instancia- del partido en que radique la finca, y si radica en más de uno, el juez de la Sección Civil del Tribunal de Instancia -hasta su constitución, el juez de primera instancia- de cualquiera de ellos, a elección del ejecutante (LEC art.684.1.1º).
b) **Títulos extrajudiciales** (LEC art.545.3). Corresponde a la Sección Civil del Tribunal de Instancia -hasta su constitución, al juzgado de primera instancia- del **domicilio** del demandado y si no lo tuviera en el territorio nacional, el de su residencia en dicho territorio.
En el caso de que el demandado **no** tuviera domicilio ni residencia en **España** pueden ser demandados en el lugar en que se encuentren dentro del territorio nacional o en el de su última residencia en este y, si tampoco pudiera determinarse así la competencia, en el lugar del domicilio del actor.
En cualquiera de los supuestos anteriores, también es juez competente, a elección del actor, el del **lugar del cumplimiento de la obligación**, según el título, o el de cualquier **lugar en que se hallen los bienes** del ejecutado que puedan ser embargados, sin que sean aplicables las reglas sobre sumisión expresa o tácita.
Si son **varios** los **demandados**, el actor puede presentar la demanda, a su elección, ante cualquiera de los jueces del lugar del domicilio de cualquiera de ellos.
Corresponde al letrado de la Administración de Justicia la **concreción de los bienes del ejecutado** a los que ha de extenderse el despacho de la ejecución, la adopción de todas las medidas necesarias para la efectividad del despacho, ordenando los medios de averiguación patrimonial que fueran necesarios, así como las medidas ejecutivas concretas que procedan (LEC art.545.4).

Forma de las resoluciones (LEC art.545.5 a 7) Adoptan la forma de: **4737** MPCI nº 8259
a) **Auto**, las resoluciones del tribunal que:
- contengan la orden general de ejecución por la que se autoriza y despacha la misma;
- decidan sobre oposición a la ejecución definitiva basada en motivos procesales o de fondo;
- resuelvan las tercerías de dominio; y
- aquellas otras que se señalen en la Ley.
b) **Decreto**, las resoluciones del letrado de la Administración de Justicia que determinen los bienes del ejecutado a los que ha de extenderse el despacho de la ejecución y aquellas otras que se señalen en la Ley.
c) **Providencia**, las resoluciones que dicte el tribunal en los supuestos en que así expresamente se señale.

d) **Diligencias de ordenación**, las resoluciones que se dicten por el letrado de la Administración de Justicia, salvo cuando proceda resolver por decreto.

4739 MPCI nº 8261 **Examen de oficio de la competencia territorial** Antes de despachar ejecución, el tribunal examinará de oficio su competencia territorial y si, conforme al título ejecutivo y demás documentos que se acompañen a la demanda, entendiera que **no es territorialmente competente**, dictará auto absteniéndose de despachar ejecución e indicando al demandante el tribunal ante el que ha de presentar la demanda. Esta resolución será recurrible (LEC art.552.2).
Una vez **despachada ejecución** el tribunal no podrá, de oficio, revisar su competencia territorial.

4741 **Declinatoria en la ejecución forzosa** El ejecutado podrá **impugnar la competencia** del tribunal proponiendo declinatoria dentro de los 5 días siguientes a aquel en que reciba la primera notificación del proceso de ejecución. La declinatoria se sustanciará y decidirá conforme a lo previsto en LEC art.65.

3. Despacho de la ejecución

(LEC art.548 a 555)

4745 Se establece un **plazo de espera**, de modo que no se despachará ejecución de resoluciones procesales o arbitrales, de acuerdos de mediación o de convenios aprobados judicialmente dentro de los 20 días posteriores a aquel en que la resolución de condena sea firme o la resolución de aprobación del convenio haya sido notificada al ejecutado (LEC art.548).

Precisiones Este plazo de espera legal no se aplica a las resoluciones de condena por cualquier tipo de **desahucio**. No obstante, cuando se trate de **vivienda habitual**, con carácter previo al lanzamiento debe haberse procedido conforme a lo expuesto en nº 3963 (LEC art.441.5 y 549.4).

4746 **Solicitud** (LEC art.549.2) Cuando el título ejecutivo sea una resolución del letrado de la Administración de Justicia o una sentencia o resolución dictada por el tribunal competente para conocer de la ejecución, la demanda ejecutiva podrá limitarse a la solicitud de que se despache la ejecución, identificando la sentencia o resolución cuya ejecución se pretenda.

4747 **Demanda ejecutiva** El proceso ejecutivo se inicia por medio de demanda -a petición de parte- que ha de reunir un **contenido** fijado por la ley e ir acompañada de determinados **documentos**.
La demanda ha de expresar (LEC art.549.1):
a) El **título** en que se funda el ejecutante. Ha de ser alguno de los títulos **contractuales o extrajudiciales** (LEC art.517.2.4º, 5º, 6º, 7º y 9º). Pero cuando el título sea **judicial** o asimilado, la demanda ejecutiva puede limitarse a la solicitud de que se despache ejecución, identificando la sentencia o resolución judicial cuya ejecución se pretenda (nº 4746).
b) La **tutela ejecutiva** que se pretende, en relación con el título ejecutivo que se aduce.
Cuando la tutela ejecutiva pretendida sea **dineraria** con base en un título judicial, resulta necesario determinar la cantidad por la que se insta la ejecución (LEC art.575, en relación con LEC art.219). Si la cantidad deriva de un título extrajudicial es posible instar la ejecución tanto por deuda líquida, como liquidable (LEC art.520, en relación al LEC art.572.2).
Cuando la cantidad que el demandante reclama provenga de un **préstamo o crédito**, instrumentado en póliza o escritura pública, en el que se hubiera pactado un interés variable, o en el que sea preciso ajustar las paridades de distintas monedas y sus respectivos tipos de interés, debe expresar en la demanda ejecutiva las operaciones de cálculo que arrojan como saldo la cantidad determinada por la que pide el despacho de la ejecución (LEC art.574).
c) Los **bienes** del ejecutado **susceptibles de embargo** de los que tuviera conocimiento y, en su caso, si los considera suficientes para el fin de la ejecución.
Si acreedor los desconoce, o resultan insuficientes los conocidos, podrá instar al tribunal medidas de **localización y averiguación** (LEC art.590) para que acuerde, por providencia, dirigirse a las entidades financieras, organismos y registros públicos y personas físicas y jurídicas que el ejecutante indique, para que faciliten la relación de bienes o derechos del deudor de los que tenga constancia. Por otra parte, si el acreedor y deudor hubieran pactado antes del inicio del juicio ejecutivo cuál debieran ser los bienes a embargar, así se debe indicar en la demanda a fin de que el juez acuerde el embargo de conformidad a dicho pacto (LEC art.592).
d) La **persona o personas**, con expresión de sus circunstancias identificativas, frente a las que se pretenda el despacho de la ejecución, por aparecer en el título como deudores o por estar sujetos a la ejecución (LEC art.538 a 544).

Precisiones 1) Ha de constar la firma del **abogado y procurador**, cuando intervengan. 4748 MPCI nº 8276
2) Es posible solicitar la **ampliación de la ejecución** en supuestos en los que el ejecutante considere que después del despacho de ejecución puede vencer algún plazo de la obligación en cuya virtud se procede, o el resto de la obligación en su totalidad (LEC art.578).
3) Señala la doctrina que no hay obstáculo para que en la misma demanda se pida el **embargo** y, si se trata de inmuebles, el libramiento del correspondiente mandamiento al **Registro de la Propiedad** (LEC art.629 redacc LO 1/2025).
4) La **designación de bienes parcial o insuficiente** hecha el escrito de demanda ejecutiva no tiene un efecto preclusivo respecto de la que pueda hacerse posteriormente. En especial en supuestos en que la insuficiencia de los bienes designados en el escrito inicial es evidente. Lo contrario sería absurdo. Pues, despachada la ejecución, y constando la existencia de bienes de cuya titularidad no se discute, siendo embargables, pretender una especie de «inviolabilidad» sobrevenida no tiene fundamento.
5) La solicitud en la **demanda de desahucio** de ejecución de sentencia condenatoria o de decreto que termine el procedimiento en caso de falta de oposición al requerimiento, es suficiente para proceder a ejecutar dichas resoluciones, sin necesidad de ningún otro trámite para efectuar el lanzamiento en el momento señalado en la sentencia o en la fecha que se hubiera fijado al ordenar la realización del requerimiento al demandado. Asimismo, el plazo de espera legal referido en LEC art.548 no es de aplicación a la ejecución de resoluciones como las indicadas (LEC art.549).
6) Es título ejecutivo, a los efectos indicados en el apartado a) del texto, el **requerimiento europeo de pago** declarado ejecutivo mediante decreto del letrado de la Administración de Justicia competente, debidamente testimoniado (LEC disp.final 23ª; nº 5388).
7) Se excluye del presupuesto de procedibilidad de someterse a un **medio adecuado de solución de conflictos previo** al proceso (nº 3625 s.) la demanda ejecutiva (LO 2/2025 art.5.2 y 3).

Documentos que acompañan a la demanda (LEC art.550 redacc LO 1/2025) A la demanda ejecutiva han de acompañarse: 4749 MPCI nº 8278, 8280
1º El **título ejecutivo**, salvo que la ejecución se funde en sentencia, decreto, acuerdo o transacción que conste en los autos.
Cuando el título sea un **laudo**, se acompañan, además, el convenio arbitral y los documentos acreditativos de la notificación de aquel a las partes. Cuando el título sea un **acuerdo de mediación** elevado a escritura pública, ha de acompañarse, además, copia de las actas de la sesión constitutiva y final del procedimiento.
2º Cuando el título sea un **acuerdo de mediación o de un medio adecuado de solución de controversias** en vía extrajudicial elevado a escritura pública, ha de acompañarse, además, copia de las actas de la sesión constitutiva y final del procedimiento (nº 3625 s.).
3º La **certificación del registro electrónico de apoderamientos** judiciales o referencia al número asignado por este, siempre que no conste ya en las actuaciones, cuando se pida la ejecución de sentencias, transacciones o acuerdos aprobados judicialmente.
4º Los documentos que acrediten los **precios o cotizaciones** aplicados para el cómputo en dinero de deudas no dinerarias, cuando no se trate de datos oficiales o de público conocimiento.
5º Los demás documentos que la ley exija para el despacho de la ejecución.
6º También pueden acompañarse a la demanda ejecutiva **otros documentos** que considere el ejecutante útiles o convenientes para el mejor desarrollo de la ejecución y contengan datos de interés para despacharla. Así, pueden citarse los justificantes de las diversas partidas de cargo y abono, cuando se inste la ejecución por el importe del saldo resultante de operaciones derivadas de contratos formalizados en escritura pública o póliza intervenida, siempre que se haya pactado en el título que la cantidad exigible en caso de ejecución será la resultante de la liquidación efectuada por el acreedor en la forma convenida por las partes en el propio título ejecutivo (LEC art.573.2 en relación con LEC art.572).

Presupuestos (LEC art.551.1) Presentada la demanda ejecutiva, deben concurrir los siguientes presupuestos para que se autorice el despacho de la ejecución: 4751 MPCI nº 8282, 8284
1º Que en la demanda ejecutiva concurran los **requisitos procesales** exigidos, esto es:
- la competencia tanto objetiva y funcional como territorial (nº 4735);
- el carácter y legitimación de las partes (nº 4705 s.);
- que la demanda esté redactada conforme dispone la LEC art.549 (nº 4747), así como que se halle acompañada de los documentos precisos conforme al LEC art.550 redacc LO 1/2025 (nº 4749);
- que el ejecutante ha dejado transcurrir para interponer la demanda ejecutiva el plazo de espera de 20 días desde el momento en que se notificó el título al ejecutado (nº 4745); y
- que no ha excedido el plazo de caducidad de 5 años (nº 4778).
2º Que el título ejecutivo no adolezca de ninguna **irregularidad formal**.
3º Que los actos de ejecución que se hayan **solicitado** sean conformes con la naturaleza y contenido del título (LEC art.551.1).

No se dictará auto autorizando y despachando la ejecución cuando conste al tribunal que el demandado se halla en situación de **concurso de acreedores** o se haya efectuado la comunicación a que se refiere la LCon art.583 a 664; L 16/2022 disp.adic.9ª -sobre el inicio de negociaciones para alcanzar un plan de reestructuración (nº 5852 s.)- y respecto a los bienes determinados en dichos preceptos. En este último supuesto, cuando la ejecución afecte a una garantía real (LCon art.603), se tendrá por iniciada la ejecución a los efectos de la LCon art.145 y 146 para el caso de que sobrevenga finalmente el concurso a pesar de la falta de despacho de ejecución (LEC art.568.1).

Precisiones A la luz de LEC art.548 parece que cabe bien interponer demanda ejecutiva transcurridos 20 días desde la notificación de la resolución procesal o arbitral de cuya ejecución se trata (supuesto en el que el despacho de la ejecución puede ser inmediato), o interponer la demanda de ejecución antes del vencimiento de dicho **plazo de espera**, supuesto en el que no debe inadmitirse por pretemporánea, sino esperarse a la consumación del lapso de 20 días para despachar la ejecución por el órgano judicial.

4753 MPCI nº 8286 **Auto despachando ejecución** (LEC art.551.1 y 4) La ejecución se autoriza y despacha mediante **auto**, que dictará el tribunal siempre que concurran los presupuestos antes citados (nº 4751). Contra dicho auto no cabe **recurso** alguno, sin perjuicio de la oposición que pueda formular el ejecutado. Cuando se incluya en el auto un **examen de abusividad** de las cláusulas que sirven de fundamento a la ejecución y determinan la cantidad exigible en un contrato de consumidores o usuarios, el deudor puede oponerse a la valoración efectuada, sin que pueda hacerlo posteriormente si no lo hace en tiempo y forma, lo que se indicará expresamente en el auto (LEC art.552.4).

El auto del juez autorizando y despachando la ejecución debe contener una **orden general de ejecución**, siendo el responsable último de dicha ejecución el letrado de la Administración de Justicia (nº 4756).

4754 MPCI nº 8288, 8290 **Contenido** (LEC art.551.2 redacc LO 1/2025) El auto debe contener los siguientes extremos:

a) La **persona** o personas a cuyo favor se despacha la ejecución y la persona o personas contra quien se despacha esta.

b) Si la ejecución se despacha en **forma** mancomunada o solidaria.

c) La **cantidad**, en su caso, por la que se despacha la ejecución, por todos los conceptos -principal e intereses-.

Además, se podrá despachar ejecución, por la cantidad antes citada incrementada por la que se prevea para hacer frente a los intereses que, en su caso, puedan devengarse durante la ejecución y a las **costas** de esta. La cantidad prevista para estos dos conceptos, que se fijará provisionalmente, no puede superar en ningún caso el **30%** de la que se reclame en la demanda ejecutiva, sin perjuicio de la posterior liquidación.

Excepcionalmente, si el acreedor justifica que, atendiendo a la previsible duración de la ejecución y al tipo de interés aplicable, los intereses que puedan devengarse durante la ejecución más las costas de esta superaran el límite fijado en el párrafo anterior, la cantidad que provisionalmente se fije para dichos conceptos puede **exceder del límite** indicado (LEC art.575.1.2º).

La **iliquidez** de la cantidad que en este caso permite el legislador, la salva en el último inciso de LEC art.572, pues no será preciso, sin embargo, al efecto de despachar ejecución, que sea líquida la cantidad que el ejecutante solicite por los intereses que puedan devengar durante la ejecución y por las costas que esta origine.

Si la cantidad que consta en el título fuera en **moneda extranjera**, el auto despachando ejecución recogerá esta misma cantidad, aunque las costas y gastos, así como los intereses de demora procesal se abonarán en la moneda nacional.

d) Las precisiones que resulte necesario realizar respecto de las partes o del contenido de la ejecución, según lo dispuesto en el **título ejecutivo**.

e) Las precisiones necesarias respecto de los responsables personales de la deuda o propietarios de **bienes especialmente afectos** a su pago o a los que ha de extenderse la ejecución, según la LEC art.538.

f) Cuando la ejecución se fundamente en un **contrato celebrado entre un empresario o profesional y un consumidor** o usuario, la ausencia de carácter abusivo de las cláusulas que sirven de fundamento a la ejecución y que determinan la cantidad exigible insertas en los títulos ejecutivos extrajudiciales.

g) Las **actuaciones materiales propias del proceso de ejecución que se delegan en el procurador** del ejecutante, a petición de la misma y a su costa, en los términos establecidos legalmente, si procede (LEC art.551.2.6ª redacc LO 1/2025).

Precisiones El decreto del letrado de la Administración de Justicia competente por el que se tasan las **costas procesales** a que ha sido condenado el litigante vencido en pleito, no puede ejecutarse a instancia del abogado ni del procurador del litigante en su propio nombre, sino a petición del litigante vencedor, que es el titular del crédito por costas (TS 18-9-06, EDJ 3941; 14-1-05, EDJ 6964; 19-12-99, EDJ 36840, entre otras muchas) a cargo de la parte procesal condenada a su pago. Por ello, no procede despachar ejecución en tal caso; y si indebidamente se ha despachado, deberá estimarse la oposición en estos términos.

Decreto del letrado de la Administración de Justicia (LEC art.551.3 y 5) Dictado el auto por el juez o magistrado, el letrado de la Administración de Justicia **responsable de la ejecución**, en el mismo día o en el siguiente día hábil a aquel en que hubiera sido dictado el auto despachando ejecución, ha de dictar decreto en el que se contengan: **4756**

a) Las medidas ejecutivas concretas que resulten procedentes, incluido si fuera posible el **embargo** de bienes.

b) Las medidas de **localización y averiguación** de los bienes del ejecutado que procedan, conforme a lo expuesto en nº 4855.

c) El contenido del **requerimiento de pago** que deba hacerse al deudor, en los casos en que la Ley establezca este requerimiento y, si este se efectuara por funcionarios del Cuerpo de Auxilio Judicial o por el procurador de la parte ejecutante, si lo hubiera solicitado.

Contra el decreto dictado por el letrado de la Administración de Justicia cabrá interponer **recurso directo de revisión**, sin efecto suspensivo, ante el tribunal que hubiera dictado la orden general de ejecución (nº 4753).

Coordinación y consulta del Registro Público Concursal (LEC art.551.1 y 3) Se establecen las siguientes **reglas**: **4757**

a) Con anterioridad al dictado del auto con la orden general de ejecución y despacho de la misma, el letrado de la Administración de Justicia ha de efectuar consulta del Registro Público Concursal a los efectos de LCon art.600.

b) El letrado de la Administración de Justicia ha de comunicar a dicho Registro la existencia del auto por el que se despacha la ejecución, con indicación del NIF del deudor persona física o jurídica.

c) Por su parte, el Registro ha de notificar al órgano judicial que conozca de la ejecución, la práctica de cualquier asiento que esté asociado al NIF notificado.

d) El letrado de la Administración de Justicia, ha de comunicar al Registro Público Concursal la finalización del procedimiento, cuando esta tenga lugar.

Denegación del despacho de ejecución (LEC art.552) El juez puede denegar el despacho de ejecución mediante **auto** si entiende que no concurren los presupuestos y requisitos legalmente exigidos para el despacho de la ejecución (nº 4751). **4758** MPCI nº 8296, 8298

Si la ejecución se basa en un **contrato entre empresario o profesional y consumidor** o usuario y el tribunal en su examen de oficio apreciara carácter abusivo en alguna de las cláusulas que constituyen el fundamento de la ejecución o que hayan determinado la cantidad exigible, incluidas en el título ejecutivo, dará audiencia por 15 días a las partes, acordando lo procedente una vez oídas estas, en el plazo de 5 días, decretando la procedencia o improcedencia de la ejecución o despachando la misma sin aplicación de las cláusulas consideradas abusivas (LEC art.561.2). Una vez firme el auto que resuelva la controversia, el **pronunciamiento sobre la abusividad** tendrá eficacia de cosa juzgada.

Este procedimiento se sigue también cuando, en el despacho de la **ejecución de un laudo arbitral** que haya adquirido fuerza de cosa juzgada, el tribunal aprecie que alguna de las cláusulas arbitrales contenidas en el contrato celebrado entre empresarios o profesionales con consumidores o usuarios puede ser abusiva (L 42/2015).

Contra el auto que deniegue el despacho de la ejecución el actor podrá bien intentar **recurso de reposición** previo al de apelación, o bien preparar directamente el de **apelación**, sustanciándose la apelación solo con el acreedor, (el ejecutado no ha sido todavía notificado de la apertura de la ejecución: LEC art.552.2).Una vez **firme** el auto denegando el despacho de ejecución, el acreedor solo puede hacer valer sus derechos en el proceso ordinario correspondiente. Pero si el auto de denegación lo es a la ejecución de lo dispuesto en sentencia o título judicial, solo podrá instarse el proceso ordinario correspondiente si no obsta a este la cosa juzgada de la sentencia o resolución firme en que se hubiese fundado la demanda de ejecución (LEC art.552.3).

Notificación (LEC art.553) El **auto** que autorice y despache ejecución, así como el **decreto** que en su caso hubiera dictado el letrado de la Administración de Justicia junto con copia de la demanda ejecutiva, se han de notificar simultáneamente al ejecutado o, en su caso, al procurador que le represente, sin citación ni emplazamiento, para que en cualquier momento pueda personarse en la ejecución, entendiéndose con él, en tal caso, las ulteriores actuaciones. **4760** MPCI nº 8300

4762 **Medidas inmediatas tras el auto de despacho de la ejecución** (LEC art.554) La notificación del auto despachando ejecución y del decreto del letrado de la Administración de Justicia, tendrá lugar en diversos momentos y es seguido de distintas medidas según se trate de ejecutar un título judicial o asimilado, o un título extrajudicial. Siguiendo al autor antes citado (Castillejo Manzanares), cabe distinguir:

a) Si se ejecuta una resolución procesal, **título judicial** o asimilado, debe notificarse al ejecutado el auto que despache ejecución y el decreto, con copia de la demanda ejecutiva y -aunque nada dice la ley- de los documentos que acompañen a la demanda, sin citación ni emplazamiento, para que en cualquier momento pueda personarse en la ejecución, entendiéndose con él, en tal caso, las ulteriores actuaciones.

b) En los supuestos en los que la ejecución sea a entregar cantidades determinadas de dinero y se funde en **títulos extrajudiciales**, se pueden diferenciar las siguientes actuaciones:

• Será necesario requerir de pago al ejecutado para proceder al embargo de los bienes (LEC art.580). El **requerimiento de pago** implica un último intento para que el deudor pague de forma voluntaria. A continuación, si el deudor no pagase en el acto, procederá a la notificación del auto despachando ejecución y del decreto del letrado de la Administración de Justicia) y a la adopción de las **medidas de localización y averiguación** de los bienes del ejecutado (LEC art.554). Para, acto seguido, proceder el letrado de la Administración de Justicia al embargo de sus bienes en la medida suficiente para responder de la cantidad por la que se haya despachado ejecución y las costas de esta (LEC art.581).

• No será necesario el requerimiento de pago, si con la demanda ejecutiva el acreedor ha acompañado **acta notarial** que acredite haberse requerido de pago al ejecutado con al menos 10 días de antelación (LEC art.581.2). En este supuesto, al auto despachando ejecución, o al decreto del letrado de la Administración de Justicia, le sigue la notificación del mismo, y a continuación las medidas de localización y averiguación de los bienes del deudor.

• Efectuado o no el requerimiento de pago, las **medidas de averiguación y localización** se podrán llevar a efecto de inmediato, sin oír previamente al ejecutado ni esperar a la notificación del auto despachando ejecución o decreto, cuando así lo solicitase el ejecutante, justificando, a juicio del letrado de la Administración de Justicia responsable de la ejecución, que cualquier demora en la localización e investigación de bienes podría frustrar el buen fin de la ejecución (LEC art.554.2).

4764 **Acumulación de ejecuciones** (LEC art.555) A instancia de cualquiera de las partes, o de oficio, se acordará por el letrado de la Administración de Justicia la acumulación de los procesos
MPCI nº 8304, 8306
de ejecución pendientes entre el **mismo acreedor** ejecutante y el **mismo deudor** ejecutado.

Los procesos de ejecución que se sigan frente al **mismo ejecutado** podrán acumularse, a instancia de cualquiera de los ejecutantes, si el letrado de la Administración de Justicia competente en el proceso más antiguo lo considera más conveniente para la satisfacción de todos los acreedores ejecutantes.

La **petición** de acumulación se sustanciará en la forma prevenida en LEC art.74 s. para la acumulación de procesos (nº 2693 s.).

Cuando la ejecución se dirija exclusivamente sobre **bienes especialmente hipotecados**, solo podrá acordarse la acumulación a otros procesos de ejecución cuando estos últimos se sigan para hacer efectiva otras garantías hipotecarias sobre los mismos bienes.

> Precisiones Ningún precepto de LEC ni de LH permite acumular acciones ejecutivas referidas a **distintas obligaciones garantizadas con diferentes hipotecas**, con la única excepción de que recaigan sobre el mismo inmueble. Tampoco es posible presentar **acciones hipotecarias simultáneas** de forma conjunta en tales casos. En suma, no cabe unificar en una sola demanda ejecutiva y por una única cantidad global la reclamación de obligaciones cuyas cláusulas financieras difieren (DGRN Resol 5-3-20).

4. Oposición a la ejecución

(LEC art.556 a 570)

4766 El incidente de oposición a la ejecución previsto en la LEC es **común** a todas las ejecuciones, con la única **excepción** de las que tengan por finalidad exclusiva la realización de una garantía
MPCI nº 8312, 8314
real, que tienen su régimen especial (nº 4938 s.).

Como características de la regulación cabe destacar:

• La oposición se sustancia dentro del **mismo proceso** de ejecución y solo puede fundamentarse en motivos tasados, que son diferentes según el título sea judicial o no judicial.

• Configura una oposición en su **conjunto**, ya sea por motivos procesales o de fondo; de otro lado, regula la impugnación de actos ejecutivos concretos, bien sea por ser contrarios a la ley bien por serlo al título ejecutivo.

Motivos (LEC art.556 a 558; RDL 5/2012) La LEC ha optado por regular la oposición a la ejecución con un carácter **restrictivo**. 4769

Por un lado, establece un sistema de *numerus clausus* de motivos tasados de oposición, de manera que los que no están expresamente recogidos en la Ley, habrán de alegarse en un proceso declarativo posterior, y en principio no evitan la continuación de la oposición (LEC art.564).

De otro lado, se restringen los medios de prueba respecto de las **cuestiones de hecho** que pueda suscitar la verificación de motivo.

Destaca el establecimiento de un régimen de posible oposición a la ejecución de **sentencias** y títulos judiciales. Sin merma de la efectividad de esos títulos -deseable por muchos motivos, destaca la doctrina- esta Ley tiene en cuenta la realidad y la justicia y permite la oposición a la ejecución de sentencias.

a. Por razones de fondo

(LEC art.556 y 557)

Cabe distinguir la oposición a la ejecución de títulos judiciales y la de los títulos extrajudiciales. 4772

En relación con los títulos judiciales, la oposición por motivos de fondo no produce **efectos suspensivos** sobre el curso de la ejecución (LEC art.556.2), a salvo la **consignación** de la cantidad por la que se despacha ejecución, que sí la suspende (LEC art.585 y 586).

Títulos judiciales Se dibuja un régimen de posible oposición a la ejecución de sentencias y títulos judiciales, incluidas las llamadas **resoluciones procesales**, que comprenden las dictadas por jueces y tribunales, y por los letrados de la Administración de Justicia. 4774 MPCI nº 8324

Es criterio de los tribunales que, en el proceso de ejecución ordinario, la oposición de fondo a la ejecución solo puede fundarse en la existencia de **hechos extintivos** o de hechos **excluyentes** producidos desde el momento en que precluyó la última oportunidad de alegarlos en el proceso de declaración. En ningún caso la oposición de fondo puede fundarse en la inexistencia de los hechos constitutivos, ni en la concurrencia con los constitutivos de hechos impeditivos.

Una oposición a la ejecución en la que, directa o veladamente, se intente volver a cuestionar la existencia, inexistencia o modo de ser de los **hechos constitutivos** declarados en la sentencia debe ser desestimada. Tampoco pueden ser fundamento de una oposición a la ejecución los **hechos impeditivos** (AP Madrid 20-7-02, EDJ 112625).

No obstante, en supuestos particulares -**derecho de familia**- se ha dicho que puede entenderse que es admisible y debe apreciarse la razón de la parte demandada de ejecución para oponerse a la resolución dictada sin que haya lugar a la ejecución de la misma, al haberse alterado el título de ejecución con anterioridad al momento en el que se adoptó (AP Burgos 26-4-02, EDJ 36947); pero en otros supuestos no se admite sino alguno de los motivos tasados (AP Guadalajara 4-2-04, EDJ 9055). Por ello, no pueden invocarse alegaciones o motivos que inciden única y exclusivamente sobre lo que ya fue objeto de enjuiciamiento en la fase declarativa del juicio (AP Cáceres 19-12-02).

La oposición tasada es igualmente aplicable a sentencias obtenidas en procesos especiales como el **monitorio**. Así si el recurrente renunció a la posibilidad de personarse en el procedimiento monitorio cuando fue requerido de pago ello comporta de limitación de medios de oposición a un título de ejecución, sin que sea el momento procesal oportuno para alegar que no procede el devengo de intereses de la deuda principal, o que existieron pagos periódicos antes de la iniciación del proceso monitorio. En definitiva, no puede el demandado alegar otros motivos de oposición que los que contempla el art.556 LEC (AP Soria 29-11-03, EDJ 263164).

Pago o cumplimiento de lo ordenado en sentencia, siempre que se acredite documentalmente (LEC art.556.1) Ha de comprenderse en este supuesto el pago o lo ordenado, no solo en sentencia, sino también en otra resolución procesal o arbitral de condena, acuerdo de mediación o en el acuerdo o transacción judicial. Respecto al concepto de resoluciones procesales, ver nº 4774. 4776 MPCI nº 8326, 8328

Hay que acudir en cuanto a las **causas de extinción** al CC art.1156, pero sin permitirse alegar otras causas de extinción como la condonación o la novación extintiva (JPI Santander núm 1 8-11-01).

El pago ha de ser **posterior** al título ejecutivo (AP Cádiz 26-9-02, EDJ 126209; AP Barcelona 18-6-02, EDJ 126184) y **anterior** al despacho de la ejecución (AP La Rioja 17-5-02, EDJ 126234), así como que no se haya intentado previamente ante el órgano jurisdiccional. Distinto es el caso de que despachada ejecución y antes de que se resuelva la oposición se consigne la cantidad para **suspender el embargo** o el alzamiento del que ya se hubiera trabado (LEC art.585; en relación con ello, la LEC art.586 regula el destino de la cantidad consignada y la LEC art.650.5, el pago anterior a la aprobación del remate o adjudicación al acreedor).

El pago habrá de reunir los requisitos **subjetivos** -a favor del acreedor o persona autorizada para recibirlo en su nombre (CC art.1161)- y **objetivos**, en la forma y condiciones exigidos en el título (AP Zaragoza 8-7-02, EDJ 38517; AP Girona 23-7-02, EDJ 48027) y estar justificada **documentalmente** (AP Burgos 28-2-02, EDJ 126201; AP Córdoba 16-10-02, EDJ 126214), aunque no se exige que sea público o que tenga fuerza ejecutiva.
Hay que tener en cuenta el principio de la *perpetuatio jurisdictionis*, pues el proceso ha de resolverse teniendo en cuenta la situación jurídica objeto del pleito tal y como se hallaran en el momento de la presentación de la demanda, si esta es admitida a trámite; por lo que en caso de **consignación posterior**, lo procedente es despachar la ejecución conforme a lo suplicado en la demanda ejecutiva y acordar que se tengan en cuenta en ejecución de sentencia las cantidades entregadas a cuenta con posterioridad a la demanda, sin perjuicio del derecho que tiene el deudor a oponerse a la ejecución (AP Madrid 7-10-04, EDJ 206006).

4778 MPCI nº 8330 **Caducidad de la acción ejecutiva** (LEC art.556.1) También se puede oponer la caducidad de la acción ejecutiva. Sobre la interpretación del **plazo de 5 años** (LEC art.518) se sostiene que el *dies a quo* será el de la firmeza de la sentencia o resolución (no faltan autores que defienden que no se inicia hasta los 20 días que exige el art.548 LEC para que pueda instarse la ejecución.
Defiende la doctrina que cabe un **control de oficio** por el tribunal, aunque no haya opuesto el ejecutado este motivo, porque presenta una naturaleza procesal y no material.
No cabe confundir, obviamente, este motivo con la **prescripción o caducidad** del derecho subjetivo material, la caducidad de la instancia (LEC art.239).
Como cuestión de derecho transitorio los tribunales se inclinan por la **irretroactividad** del plazo de caducidad de la LEC art.518 (AP Baleares 5-7-02, EDJ 126172).

4780 MPCI nº 8332 **Existencia de pacto o transacción entre las partes** (LEC art.556.1) Pueden oponerse los pactos y transacciones que se hubieran convenido para evitar la ejecución, siempre que dichos pactos y transacciones consten en **documento público**.
Corresponde a los ejecutados su **acreditación**, sin que baste la mera declaración testifical, especialmente si proviene de un de las partes, exigiéndose por alguna resolución documento público (LEC art.556.1); no obstante, en ocasiones se ha admitido medios de prueba no documentales (JPI Santander núm 1 8-11-01, EDJ 107652; nº 4778).

4781 MPCI nº 8334 s. **Caso particular: auto de cuantía máxima** (LEC art.517.2.8º y 556.3) Al auto que establezca la cantidad máxima reclamable, dictado en los supuestos establecidos en la Ley en procesos penales incoados por siniestros o sucesos cubiertos por el Seguro Obligatorio de Responsabilidad Civil derivada del **uso y circulación de vehículo a motor** -auto de cuantía máxima-, a pesar de su naturaleza judicial le es aplicable la regulación o motivos de oposición establecida para los títulos ejecutivos extrajudiciales (LEC art.556.3), puesto que para su emisión no existe un proceso declarativo previo, pudiendo además oponer, en particular:
1ª Culpa exclusiva de la víctima.
2ª Fuerza mayor extraña a la conducción o al funcionamiento del vehículo.
3ª Concurrencia de culpas.
Es preciso alegarlas de forma expresa, y habiendo optado el ejecutado por la de culpa exclusiva, no puede estimarse que basa de forma implícita su oposición también en la de concurrencia de culpas, configurada como excepción independiente y autónoma (AP Barcelona 21-6-05, EDJ 104528).

4782 MPCI nº 8346 s. Títulos ejecutivos extrajudiciales

(LEC art.557) La oposición del ejecutado se admite en términos más amplios, si se tiene en cuenta que no ha existido un previo proceso judicial de cognición. La oposición a la ejecución fundada en títulos no judiciales, se admite por las siguientes **causas**:
1. **Pago**, que pueda acreditar documentalmente (nº 4766 s.). A fin de evitar que la oposición se convierta en un proceso declarativo, ha de reunir como requisitos:
- que la deuda sea **líquida** (CC art.1196.4).
- que conste en **documento** que lleve aparejada fuerza ejecutiva, requisitos que han de ser objeto de examen para el despacho de la ejecución (LEC art.551).
2. **Compensación** de crédito líquido que resulte de documento que tenga fuerza ejecutiva.
3. **Pluspetición** o exceso en la computación a metálico de las deudas en especie.
4. **Prescripción y caducidad**, que no ha de confundirse con la caducidad de la acción ejecutiva (LEC art.518), que no se aplica a los títulos extrajudiciales.
5. **Quita, espera** o pacto o promesa de no pedir, que conste documentalmente.
6. **Transacción**, siempre que conste en documento público.
7. **Cláusulas abusivas en el título**. Sin perjuicio de la posibilidad del **control de oficio** (nº 4753 y nº 4758), puede invocarse esta causa de oposición. Cuando se apreciase el carácter abusivo de

una o varias cláusulas, el auto que se dicte determinará las consecuencias de tal carácter, decretando bien la improcedencia de la ejecución, bien despachando la misma sin aplicación de aquellas consideradas abusivas. Una vez firme el auto, el pronunciamiento sobre la abusividad tendrá eficacia de cosa juzgada.

Es el **letrado de la Administración de Justicia** quien suspende el curso de la ejecución, mediante diligencia de ordenación, si se formula oposición basada en alguno de los motivos expuestos.

Caso particular: oposición por pluspetición (LEC art.558) La oposición fundada exclusivamente en pluspetición o exceso en la computación a metálico de las deudas en especie **no suspende** el curso de la ejecución, **a no ser que** el ejecutado ponga a disposición del tribunal, para su inmediata entrega al ejecutante -por el letrado de la Administración de Justicia-, la cantidad que considere debida. Fuera de este caso, la ejecución continuará su curso, pero el producto de la venta de bienes embargados, en lo que exceda de la cantidad reconocida como debida por el ejecutado, no se entregará al ejecutante mientras la oposición no haya sido resuelta. **4783**

En los casos de **saldos de cuentas e intereses variables** será el **letrado de la Administración de Justicia** encargado de la ejecución quien, a solicitud del ejecutado, podrá designar mediante diligencia de ordenación perito que, previa provisión de fondos, emita dictamen sobre el importe de la deuda. De este dictamen se dará traslado a ambas partes para que en el plazo común de 5 días presenten sus alegaciones sobre el dictamen emitido. Si ambas partes estuvieran conformes con lo dictaminado o no hubieran presentado alegaciones en el plazo para ello concedido, el letrado de la Administración de Justicia dictará **decreto** de conformidad con el dictamen. Contra este decreto cabrá interponer recurso directo de revisión, sin efectos suspensivos, ante el tribunal.

b. Por defectos procesales

(LEC art.559)

Los motivos se fundamentan prácticamente en las mismas razones que pudieron conducir al tribunal a denegar el despacho de la ejecución (LEC art.551 y 552.1), con la diferencia de que examina de nuevo las cuestiones, pero con las alegaciones y las aportaciones documentales del ejecutado, lo que aumenta la expectativa de una resolución favorable a este último. **4784**

En cuanto a sus efectos, la oposición por defectos procesales **no suspende** la ejecución. Si se consigna la cantidad por la que se ha despachado la ejecución, se suspende la práctica del embargo (LEC art.585 y 586).

El ejecutado podrá oponerse a la oposición alegando alguno de los siguientes defectos procesales.

Carecer el ejecutado del carácter o de la representación con que se le demanda (LEC art.559.1.1º) Cuando se alude al «carácter con que se le demanda» los tribunales se refieren a la **legitimación pasiva** (AP Burgos 8-4-02, EDJ 36930). **4785** MPCI nº 8357

Cuando se alude a la falta de representación, se alude a una cuestión no de fondo, sino de carecer el representante de la representación que se le atribuye.

Falta de capacidad o de representación del ejecutante o no acreditación (LEC art.559.1.2º) La capacidad del ejecutante se determina conforme a la LEC art.6 s. La falta de capacidad para ser **parte** no es subsanable; la capacidad de **actuación procesal**, por el contrario, es subsanable. **4786** MPCI nº 8359, 8361

La no acreditación del carácter con que demanda puede también oponerse, entendido bien como la falta de **legitimación activa** (LEC art.519), o como la falta de acreditación de la misma, siendo esta última subsanable.

Nulidad radical del despacho de ejecución (LEC art.559.1.3º) Por alguna de las siguientes causas: **4787**

a) Cuando el documento presentado no cumpla los **requisitos legales** exigidos para llevar aparejada la ejecución. Dice la doctrina que el motivo sirve de cláusula de cierre para denunciar cualquier requisito del título ejecutivo, sin que ello suponga alterar el sistema de *numerus clausus* de motivos de oposición. En particular, se citan, entre otros, por la doctrina, como motivos:
- los **defectos formales** en el título ejecutivo;
- que el **documento** presentado no es en verdad título ejecutivo;
- la nulidad de la **obligación**, suspende la ejecución;
- la **falsedad** del título o del acto que le hubiese dado fuerza de tal;
- no haber transcurrido el **plazo** de 20 días de la LEC art.548;

- la **falta de liquidez** de la deuda (LEC art.219 y 572 en relación con LEC art.573 y 574);
- falta de **exigibilidad** de la deuda;
- falta de **vencimiento** de la obligación;
- falta de **firmeza** del título judicial.

b) Cuando la resolución judicial o arbitral no contengan **pronunciamiento de condena**.
c) Cuando se haya despachado la ejecución basada en **títulos no judiciales ni arbitrales** con infracción del art.520 LEC (nº 4681).

4788 **Laudo arbitral o acuerdo de mediación** (LEC art.559) También es motivo de oposición, si el título ejecutivo fuera un laudo arbitral no protocolizado notarialmente, su falta de **autenticidad**. Y si se trata de un acuerdo de mediación, el no cumplimiento de los **requisitos legales**.

c. Procedimiento

4790 La Ley simplifica al máximo la tramitación de la oposición, cualquiera que sea la clase de título, a través de un **incidente declarativo** con cognición judicial limitada; si bien cuando se trata de la realización de una garantía real remite a su regulación especial. Existen unas cuestiones comunes y unas reglas especiales, según se invoquen motivos procesales o de fondo.

4792 **Cuestiones procedimentales comunes** El **término** para formular la oposición es 10 días, siguientes a la notificación del auto en que se despache ejecución (AP Asturias 10-5-02, EDJ 126372); si se otorga plazo de **subsanación** y se subsana no hay infracción del plazo (AP Madrid 29-11-02, EDJ 68241).
MPCI nº 8372

Si son **varios** los **ejecutados**, el plazo es personal para cada uno.
Transcurrido el plazo, precluye el derecho a formular oposición y la ejecución sigue su curso.
La oposición ha de hacerse por **escrito**, con los requisitos de una demanda (LEC art.399 redacc LO 1/2025). Puede el ejecutado acumular tanto los motivos procesales como de fondo, si bien tiene la carga de la alegación y prueba de los **hechos** en que se fundamenta, debiendo acompañar tanto los documentos procesales como los relativos al fondo (LEC art.264 -redacc LO 1/2025- y 265). Puede asimismo proponer la práctica de otros medios de prueba y solicitar la celebración de **vista** en la substanciación de la oposición por motivos de fondo.

4794 **Procedimiento por defectos procesales** Cuando la oposición del ejecutado se funde, exclusivamente o junto con otros motivos o causas, en defectos procesales, se dará traslado al ejecutante del escrito de oposición, para que pueda **contestar** lo relativo a los defectos procesales, en el plazo de 5 días. Si el tribunal entiende que el defecto es **subsanable**, concederá al ejecutante un plazo de 10 días para subsanarlo.
Cuando el defecto o falta no sea subsanable o no se subsane dentro de este plazo, se dictará auto de **sobreseimiento** de la ejecución. Si el tribunal no apreciase la existencia de los defectos procesales a que se limite la oposición, dictará auto desestimándola y mandando seguir la ejecución adelante.

4796 **Costas** A pesar de la dicción literal de la ley (LEC art.559: con imposición de las costas al ejecutante), se admite que el juez *a quo*, al dictar auto por el que resuelve dejar sin efecto la ejecución despachada por concurrir un defecto subsanable, o cuando no se subsanare dentro de plazo, puede acudir a la facultad que autoriza el ultimo inciso de LEC art. 394 redacc LO 1/2025: las costas se impondrán a la parte que haya visto rechazadas todas sus pretensiones, salvo que el tribunal aprecie, y así lo razone, que el caso presentaba **serias dudas** de hecho o de derecho (AP Madrid 13-10-05, EDJ 185933).
De otro lado, se imponen, aunque solo se estime uno de los motivos (AP Castellón 19-2-04, EDJ 193308).

4798 **Procedimiento por motivos de fondo** Resuelta la oposición en lo relativo a defectos procesales, o no habiéndose alegado estos, se dará **traslado** al ejecutante del escrito de oposición, al que se acompañarán los documentos que la fundamenten, para que alegue y acredite lo que a su derecho convenga en los 5 días siguientes.
Al mismo tiempo, se decreta la **suspensión** de la ejecución -por el letrado de la Administración de Justicia mediante diligencia de ordenación (LEC art.557.2)-, salvo que esta se haya despachado en virtud de sentencia o resolución judicial o arbitral de condena o de transacción o acuerdo aprobado judicialmente.
El procedimiento por el que debe sustanciarse la oposición de fondo a la ejecución es el **declarativo ordinario** que corresponda a la cuantía de lo que se ejecute, puesto que la acción de oposición a la ejecución no está directamente regulada en la LEC (AP Madrid 20-7-02, EDJ 112625).

Precisiones Procede acordar la **nulidad de las actuaciones**, retrotrayéndolas al momento inmediatamente anterior al auto recurrido a fin de que por el juez de primera instancia se dicte nueva resolución, pronunciándose en la misma, exclusivamente, sobre la oposición por motivos procesales y resuelto este motivo, continúe la tramitación en la forma establecida en la LEC art.560 para la oposición por motivos de fondo. Y ello porque así lo establece expresamente la Ley procesal civil, que no permite dirimir **ambos motivos de oposición en una misma resolución**, como se infiere de los propios términos de LEC art.559 s. (AP Asturias 21-5-03, EDJ 119174).

Eventual celebración de vista A instancia del ejecutado o del ejecutante, el tribunal mediante providencia podrá acordar la celebración de vista, si la **controversia** sobre la oposición no pudiera resolverse con los documentos aportados, señalándose -por el letrado de la Administración de Justicia (LEC art.560)- día y hora para su celebración dentro de los 10 días siguientes a la conclusión del trámite de impugnación. **4800**

Si **no comparece** a la vista el **ejecutado**, por sí o por su representación, el tribunal le tendrá por desistido de la oposición y le impondrá las costas y el deber de indemnizar al ejecutante que haya comparecido y que reclame daños y perjuicios.

Si no comparece el **ejecutante**, el tribunal resolverá sin oírle sobre la oposición a la ejecución.

Sobre el **derecho de prueba**, no hay indefensión cuando la actividad probatoria fuera innecesaria por constar los hechos ya constatado en un previo proceso penal (AP Murcia 15-3-06, EDJ 69079).

Auto resolutorio de oposición por motivos de fondo Oídas las partes sobre la oposición a la ejecución no fundada en defectos procesales y, en su caso, celebrada la vista, el tribunal adoptará, mediante auto, a los solos efectos de la ejecución, alguna de las siguientes **resoluciones**: **4802** MPCI nº 8382

• Declarar **procedente** que la ejecución siga adelante por la cantidad que se hubiese despachado, cuando la oposición se desestimare totalmente. En caso de que la oposición se hubiese fundado en **pluspetición** y esta se desestimare parcialmente, la ejecución se declarará procedente solo por la cantidad que corresponda.

• Declarar que **no procede** la ejecución, cuando se estimare alguno de los motivos de oposición o se considerare enteramente fundada la pluspetición (nº 4783).

Costas El auto que **desestime** totalmente la **oposición** condenará en las costas de esta al ejecutado, conforme a lo dispuesto en LEC art.394 redacc LO 1/2025 para la condena en costas en primera instancia. **4804** MPCI nº 8384

Si se **estima** la oposición a la ejecución, se sobreseerá esta, se alzarán los embargos y se dejarán sin efecto las medidas de garantía de la afección que se hubieran adoptado, reintegrándose al ejecutado a la situación anterior al despacho de la ejecución.

El auto que resuelve la oposición por motivos de fondo **no** tiene efecto de **cosa juzgada**, sino que se dicta a los solos efectos de la ejecución (LEC art.561.1).

Recursos (LEC art.561.4) El auto resolviendo sobre la oposición por **motivos de fondo** a la ejecución será apelable sin efecto suspensivo, si fuese desestimatorio de la oposición. Si fuese estimatorio el ejecutante podrá solicitar el mantenimiento o la adopción de medidas de garantía siempre que preste caución suficiente para el caso de que la estimación de la oposición sea confirmada. **4806** MPCI nº 8386

Por el contrario, cuando se trata de **motivos procesales**, ningún recurso se ha previsto en LEC art.559; consecuencia de ello es que se venga distinguiendo por la doctrina según que el auto sea desestimatorio o estimatorio de la oposición por motivos procesales:

- en el primer caso, cuando se **desestima** la oposición, no cabe recurso de apelación pues no estamos ante una resolución definitiva ni está expresamente previsto el recurso de apelación;
- en el segundo supuesto, cuando se **estima** la oposición, entendemos que cabe recurso de apelación al tratarse de una resolución que pone fin al proceso respecto de aquella (AP Asturias 28-2-03, EDJ 26732).

d. Impugnación de actos del proceso de ejecución

La LEC, además de la oposición al proceso de ejecución, por motivos de fondo o procesales, permite la impugnación de los concretos actos del proceso de ejecución; y distingue la impugnación basada en la infracción de las **normas procesales** que regulan la ejecución en general o bien de las que regulan la ejecución del **título ejecutivo** de que se trate. **4808**

Impugnación de infracciones legales en el curso de la ejecución (LEC art.562) Con independencia de la oposición a la ejecución por el ejecutado, **todas las partes** y sujetos de la ejecución, podrán denunciar la infracción de normas que regulen los actos concretos del proceso de ejecución: **4809** MPCI nº 8392 s.

1. Por medio del recurso de **reposición**, si la infracción constara o se cometiera en resolución del tribunal de la ejecución o del letrado de la Administración de Justicia.

2. Por medio del recurso de **apelación** en los casos en que expresamente se prevea en la LEC.
3. Mediante **escrito** dirigido al tribunal si no existiera resolución expresa frente a la que recurrir.
Si se alega que la infracción entraña **nulidad de actuaciones** o el tribunal lo estimase así, se estará a lo dispuesto en la LEC art.225 s. (nº 3025 s.). Así, la nulidad del proceso de ejecución con fundamento en la **falta de notificación** del auto despachando ejecución puede instarse con base al art.225.3º LEC que se remite en la fase de ejecución a la LEC art.562.2 (AP Burgos 24-2-05, EDJ 13772).
Cuando dicha nulidad hubiera sido alegada ante el letrado de la Administración de Justicia o este entienda que hay causa para declararla, dará cuenta al tribunal que autorizó la ejecución para que resuelva sobre ello (LEC art.562.2).

4810 **Actos de ejecución contradictorios con el título ejecutivo judicial** (LEC art.563)
Cuando, habiéndose despachado ejecución en virtud de **sentencias o resoluciones judiciales**, el tribunal competente para la ejecución provea en contradicción con el título ejecutivo, la parte perjudicada puede interponer recurso de reposición y, si se desestima, de apelación.
Si la resolución contraria al título ejecutivo es dictada por el **letrado de la Administración de Justicia**, cabe contra ella, previa reposición, recurso de revisión ante el tribunal y, si es desestimado, apelación contra la resolución desestimatoria.
La parte que recurra podrá pedir la **suspensión** de la concreta actividad ejecutiva impugnada, que se concederá, a juicio del tribunal, si presta caución suficiente para responder de los daños que el retraso pueda causar a la otra parte. Podrá constituirse la **caución** en cualquiera de las formas previstas en LEC art.529.3.2º.
En el ámbito de la ejecución forzosa, la LEC ha restringido muy acusadamente la posibilidad de recurrir en **apelación**, de forma que se puede afirmar que únicamente cabe en dos supuestos:
- cuando la Ley lo indique expresamente (LEC art.562.1.2º);
- cuando se provea en contradicción con lo ejecutoriado (LEC art.563), esto es, cuando se provea en contradicción con el título ejecutivo (AP Ciudad Real 29-3-05, EDJ 25233).

No obstante, en una interpretación flexible del precepto se ha admitido el recurso de apelación aun cuando no procedía en supuesto de **embargo de pensión** en cuantía diferente a la que permite la LEC (AP Córdoba 30-4-03, EDJ 32320).
Por último, si después de precluidas las posibilidades de alegación en juicio o con posterioridad a la producción de un título ejecutivo extrajudicial, se produjesen **hechos o actos**, distintos de los admitidos por esta Ley como causas de oposición a la ejecución, pero jurídicamente **relevantes** respecto de los derechos de la parte ejecutante frente al ejecutado o de los deberes del ejecutado para con el ejecutante, la eficacia jurídica de aquellos hechos o actos podrá hacerse valer en el proceso que corresponda (LEC art.564).

4811 **Defensa jurídica del ejecutado fundada en hechos y actos ajenos a las causas de oposición a la ejecución** (LEC art.564) Si después de precluidas las posibilidades de alegación en juicio, o con posterioridad a la producción de un título ejecutivo extrajudicial, se produjesen hechos o actos, distintos de los admitidos por la propia Ley como causas de oposición a la ejecución, pero **jurídicamente relevantes** respecto de los derechos de la parte ejecutante frente al ejecutado o de los deberes del ejecutado para con el ejecutante, la eficacia jurídica de aquellos hechos o actos podrá hacerse valer en el proceso que corresponda.
MPCI nº 8402, 8404

5. Suspensión y término de la ejecución

(LEC art.565 -redacc LO 1/2025- y 566 a 570)

4815 La LEC regula la suspensión de la ejecución (LEC art.565 -redacc LO 1/2025- y 566 a 569) con carácter general, excepto para la ejecución hipotecaria, que tiene su régimen específico (nº 4938 s.).
MPCI nº 8412 s.
Solo se suspende la ejecución en los casos en que la Ley lo ordene de modo expreso, o así lo **acuerden todas las partes** personadas en la ejecución. Decretada la suspensión, podrán, no obstante, adoptarse o mantenerse **medidas de garantía** de los embargos acordados y se practicarán, en todo caso, los que ya hubieran sido acordados.
Las únicas **causas** de suspensión que se contemplan -además de la derivada del incidente de oposición a la ejecución basada en títulos no judiciales-, son las siguientes:
a) La interposición y admisión de demanda de revisión o de rescisión de sentencia firme dictada en **rebeldía**, prestando caución por el valor de lo litigado y los daños y perjuicios que pudieren irrogarse por la inejecución de la sentencia (LEC art.566).

b) La interposición de un recurso frente a una actuación ejecutiva cuya realización pueda producir **daño de difícil reparación**, prestando caución suficiente para responder de los perjuicios que el retraso pueda producir (LEC art.567).
c) Por situación **concursal o preconcursal** del ejecutado. Si existieran varios demandados y solo algunos de ellos se encontraran en situación concursal o preconcursal -por haber efectuado la comunicación a que se refiere la LCon art.583, relativa al inicio de negociaciones para aprobar un plan de reestructuración (nº 5852 s.)-, la ejecución no se suspenderá respecto de los demás (LEC art.568). Respecto al auto despachando ejecución en situación de concurso, ver nº 4751.
d) Por **prejudicialidad penal**, cuando los hechos de apariencia delictiva que se estén investigando en la causa criminal pendiente, de ser ciertos, determinarían la falsedad o nulidad del título o la invalidez o ilicitud del despacho de la ejecución. No obstante lo anterior, la ejecución podría seguir adelante si el ejecutante presta caución suficiente para responder de lo que perciba y de los daños y perjuicios que la ejecución produzca al ejecutado (LEC art.569).
La ejecución forzosa solo terminará con la **completa satisfacción** del acreedor ejecutante; lo que acordará por **decreto** el letrado de la Administración de Justicia, contra el cual podrá interponerse recurso directo de revisión (LEC art.570).
En cualquier momento del proceso de ejecución, las partes podrán someterse a **mediación u otro medio adecuado de solución de controversias**, con suspensión del curso de aquel, alzada a petición de cualquiera de las partes si finalizaran sin acuerdo. Alcanzado, en cambio, un acuerdo extrajudicial por dichos medios, debidamente cumplido o que determine la innecesaria continuación de la ejecución, el ejecutante lo pondrá en conocimiento del órgano judicial, para acordar su archivo. Este tendrá lugar igualmente por la homologación judicial del acuerdo alcanzado, a solicitud de las partes.

D. Ejecución dineraria

(LEC art.571 a 698)

La doctrina procesalista ha distinguido una ejecución **ordinaria**, cuya pretensión se satisface con la entrega al ejecutante de una cantidad de dinero, de otra **extraordinaria**, o menos común, cuya pretensión se satisface con la entrega al ejecutante de una cosa específica, distinta del dinero, o con la imposición de un hacer o deshacer forzosos. **4818** MPCI nº 8427
La LEC, tras regular de forma genérica el procedimiento común que debe seguir toda ejecución (nº 4790 s.), recoge de forma explícita las peculiaridades que atañen a estas dos especies de ejecución:
- la **dineraria**: LEC art.571 a 698; y
- la **no dineraria**: LEC art.699 a 720 (nº 4982 s.).

1. Disposiciones generales

(LEC art.571 a 579)

La **ejecución dineraria** es la forma más habitual y se define como la que tiene lugar cuando la ejecución forzosa proceda en virtud de un título ejecutivo del que directa o indirectamente resulte el deber de entregar una cantidad de dinero líquida (LEC art.571). **4825**
Comprende tanto la ejecución de títulos ejecutivos por **cantidad líquida** como los que precisen **liquidación** o sea necesario acudir a la ejecución por equivalencia (LEC art.701 s.).
Cuando la ejecución se dirija exclusivamente contra **bienes hipotecados** o pignorados en garantía de una deuda dineraria ha de estarse a las particularidades expuestas en nº 4938 s.
Si, subastados los bienes hipotecados o pignorados, su producto fuera insuficiente para cubrir el crédito, el ejecutante podrá pedir el **embargo** por la cantidad que falte y la ejecución proseguirá con arreglo a las normas ordinarias aplicables a toda ejecución.

Contenido mínimo de la demanda ejecutiva Habida cuenta que la ejecución forzosa se encamina a la satisfacción de una obligación consistente en el pago de una **cantidad líquida de dinero**, la demanda ejecutiva deberá precisar la cantidad por la que se solicita despacho de ejecución y, en su caso, ir acompañada de los **documentos** que justifican su liquidación. **4826**
Tal cantidad debe tener un sustento en el título ejecutivo, previendo las siguientes posibilidades:
- que sea la cantidad líquida determinada que se exprese en el título; o
- que se trate de la cantidad liquidada con base a criterios resultantes del título ejecutivo.

4828 **Cantidad líquida** (LEC art.572.1) Que sea la cantidad líquida determinada que se exprese en el **título ejecutivo** con letras, cifras o guarismos comprensibles. En caso de discordancia prevalecerá la señalada en **letra**.

MPCI nº 8434

Si el título condena al pago de una cantidad de dinero que no cuantifica, deberá procederse previamente a su liquidación (LEC art.712 s.).

La **condena en costas** -ejecución de condena al pago de una cantidad dineraria- no puede considerarse líquida, hasta que una vez practicada la correspondiente tasación, la misma se apruebe, bien por no ser impugnada, o porque se dicte la correspondiente resolución poniendo fin al incidente de impugnación. Y dicha resolución aprobando la **tasación**, sería en todo caso el título ejecutivo necesario para despachar la ejecución (AP Gipuzkoa 15-2-05, EDJ 31055).

Tampoco lo son los gastos generados tanto por la compra de **libros y material escolar**, así como las clases particulares cuando sean necesarias y todos los **gastos sanitarios** que no estén cubiertos por la red sanitaria pública, ya que es evidente que no nos encontramos ante la presencia de una cantidad líquida, sino que por el contrario tal cantidad no está determinada (AP Badajoz 7-6-05, EDJ 244985).

4830 **Cantidad liquidada** La segunda posibilidad es que se trate de la cantidad liquidada con base a criterios resultantes del título ejecutivo. Cabe distinguir los casos siguientes.

a) El **saldo resultante** de operaciones derivadas de **contratos** formalizados en escritura pública, siempre que se haya pactado en el título que la cantidad exigible en caso de ejecución será la resultante de la liquidación efectuada por el acreedor en la forma convenida por las partes en el propio título ejecutivo (LEC art.572.2).

La demanda ha de ir acompañada del título y de los documentos previstos en la LEC art.550 redacc LO 1/2025 y, en particular, del documento en que se exprese el **saldo** y extracto de partidas de **cargo y abono** e intereses (LEC art.573.1; D 2-6-1944 art.218). Ver TCo 14/1992 en nº 4681.

Se exige, además, la acreditación por parte del ejecutante de la **notificación** de la cantidad liquidada resultante al ejecutado y a su fiador, en su caso. Para que la notificación al ejecutado del saldo deudor se entienda practicada, basta con que conste en autos que el acreedor remitió la comunicación por **telegrama**, u otro medio idóneo y fehaciente, al domicilio del deudor designado en la póliza, y que ha llegado a la órbita de decisión de su destinatario, de suerte que, si el acreedor hizo cuanto estaba en su mano para comunicar el saldo deudor, la actitud intencional, negligente e incluso olvidadiza del deudor, no puede impedir que se entienda producido el efecto pretendido (AP Sevilla 25-6-02; 29-6-04, EDJ 91462).

b) El saldo de un **préstamo o crédito** que se hubiera pactado con **interés variable** (LEC art.574.1.1º). Fijado en el título ejecutivo el tipo de interés, el tiempo y el principal, su determinación es mera operación aritmética, ya sean intereses remuneratorios como moratorios.

Respecto de los intereses de la mora procesal, debe tenerse en cuenta que no es necesario que se pidan en la demanda, en la medida en que nacen *ope legis*, siendo necesario razonar la retroacción de su pago a la fecha de la sentencia en primera instancia cuando esta es revocada parcialmente (TS 30-6-01; LEC art.576).

c) El saldo de un **préstamo o crédito** en el que sea preciso ajustar las paridades de **distintas monedas** y sus respectivos tipos de interés (LEC art.574.1.2º).

4832 Precisiones **1)** Debe distinguirse la escritura de **préstamo** y la de **crédito**. Las pólizas de préstamo son líquidas *ab initio* a los solos efectos de despachar ejecución, no necesitando operaciones para determinar la liquidez salvo pacto expreso en contrario. En los préstamos, ni existe el **pacto** mencionado en LEC art.572.2, ni resulta necesario ya que la cantidad es líquida, constituyendo el resultado de una simple operación aritmética consistente en restar del importe total del préstamo lo realmente abonado e incrementar el resultado con los intereses (AP Valencia 29-6-02, EDJ 126408). En los préstamos no se precisan los **documentos** mencionados en nº 4834, ni tampoco de ulterior liquidación que se refiere únicamente a intereses procesales y costas (AP Castellón 16-3-05, EDJ 51645).

2) En otras ocasiones, se sostiene que si en la póliza de préstamo cuya ejecución se pretende no aparece en ninguna de sus **cláusulas** la forma en la que las partes han convenido que se practique la **liquidación** de la cantidad exigible, no cabe reservar tal tarea a la propia ejecutante (AP Badajoz 4-3-04, EDJ 304601).

3) Respecto de la **notificación**:

- en los casos de comunicación por **correo** bastará con adjuntar la tarjeta o certificado de correos justificativo de que se ha efectuado la entrega de la notificación; y
- en caso de **fax, burofax o telegrama**, el documento que acredite la recepción u otro medio análogo (AP Tarragona 3-5-02, EDJ 31451).

4) La mención expresa al despacho de ejecución en **moneda extranjera convertible** (LEC art.520) evita confusiones, ya que el art.577 LEC parece admitir el despacho por todo tipo de moneda, sea o no convertible, lo que no sería lógico.

5) La L 46/1998 establece como **cambio oficial** de la moneda nacional frente a otras divisas el que publique para el euro el Banco Central Europeo, por sí o a través del Banco de España.

Justificación documental (LEC art.573 y 574.2) En los supuestos en que la **cantidad** ha de ser **liquidada** por el demandante ha de acompañarse a la demanda la documentación que acredite fehacientemente que las operaciones practicadas se encuentran fundadas en los títulos y practicadas conforme a lo dispuesto en ellos. Si el acreedor tuviera **dudas** sobre la realidad o exigibilidad de alguna partida o sobre su efectiva cuantía, podrá pedir el despacho de la ejecución por la cantidad que le resulta indubitada y reservar la reclamación del resto para el proceso declarativo que corresponda, que podrá ser simultáneo a la ejecución (LEC art.573.3). **4834** MPCI nº 8440

Precisiones Sobre las exigencias de detalle y de verificación por el fedatario público **no** se exige una explicación **asiento por asiento** (AP Valencia 10-6-02, EDJ 110290).

Contenido potestativo (LEC art.578) En la demanda ejecutiva podrá solicitarse la **ampliación** de la ejecución para el caso de que una vez despachada venciera algún plazo o la totalidad de la obligación en virtud de la cual se procede. En tal caso deberá presentarse en la demanda una **liquidación final**, de la deuda incluyendo los vencimientos de principal e intereses producidos durante la ejecución. **4835** MPCI nº 8442

Especialidades en el despacho de ejecución Hay que hacer referencia a la admisión de la demanda y a la extensión del despacho de ejecución. **4836**

Admisión de la demanda (LEC art.575.3) No se despachará ejecución si, en su caso, la demanda ejecutiva no expresase los **cálculos** aludidos en nº 4826 s. o a ella no se acompañasen los **documentos** mencionados en nº 4834. No obstante, el tribunal **no** podrá **denegar** el despacho de la ejecución porque entienda que la cantidad debida es distinta de la fijada por el ejecutante en la demanda ejecutiva, sin perjuicio de la pluspetición que pueda alegar el ejecutado (LEC art.575.2). **4837**

Extensión objetiva del despacho de ejecución (LEC art.575.1 y 575.1 bis) Pueden distinguirse la extensión objetiva inicial y la sobrevenida. **4838** MPCI nº 8448, 8450

a) **Inicial**. Tratándose de extensión objetiva inicial, la ejecución se despachará por las siguientes **cantidades**, denominadas en moneda nacional, aun cuando el título las fijase en moneda extranjera con arreglo a los criterios de cálculo del tipo de cambio que recoge al LECart.577:
- la cantidad que se reclame en la demanda ejecutiva en concepto de **principal** e **intereses** moratorios **vencidos**;
- la que se prevea para hacer frente a los **intereses** que en su caso puedan devengarse durante la ejecución y a las **costas** de la ejecución.

La cantidad que reclame el demandante por intereses moratorios procesales y las costas **no** es necesario que sea **líquida** (LEC art.572.1 *in fine*). Se fijará provisionalmente en el despacho de ejecución en un **importe** que no superará el 30% del que se reclame en la demanda ejecutiva, salvo que el ejecutante justifique que pueda resultar superior atendiendo a la previsible duración de la ejecución y al tipo de interés aplicable. Ello sin perjuicio de lo que resulte en el momento de la **liquidación definitiva** por estos conceptos.

Para la liquidación definitiva de los **intereses moratorios procesales**, desde que fuera dictada en primera instancia, toda sentencia o resolución que condene al pago de una cantidad de dinero líquida determinará, en favor del acreedor, el devengo de un interés anual igual al del **interés legal del dinero** (nº 4669) incrementado en dos puntos o el que corresponda por pacto de las partes o por disposición especial de la ley. En los casos de **revocación parcial**, el tribunal resolverá sobre los intereses de demora procesales conforme a su prudente arbitrio, razonándolo al efecto. Lo anterior es de aplicación a todo tipo de resoluciones judiciales de cualquier orden jurisdiccional, a los laudos arbitrales y a los acuerdos de mediación que impongan el pago de cantidad líquida, salvo las especialidades legalmente previstas para las **Haciendas Públicas** (LEC art.576).

b) **Sobrevenida**. La extensión objetiva sobrevenida consiste en la ampliación de la ejecución. Si en la demanda ejecutiva se solicitó la **ampliación automática** de la ejecución, se entenderá ampliado el despacho de ejecución por el importe correspondiente a los nuevos vencimientos de principal e intereses sin necesidad de retrotraer el procedimiento. A estos efectos, al notificarse al deudor el auto que despache la ejecución se le advertirá expresamente de que se producirá la ampliación si en las fechas de vencimiento no **consigna** a disposición del órgano judicial las cantidades correspondientes a cada vencimiento. **4840** MPCI nº 8452, 8454

También podrá solicitarse sobrevenidamente la ampliación de la ejecución cuando tengan lugar **nuevos vencimientos** de la obligación reclamada no atendidos a su vencimiento.

Ahora bien, debe hacerse notar que la ampliación de la ejecución no conlleva en ningún caso automáticamente la mejora de los **embargos** practicados ni la ampliación objetiva de las anotaciones preventivas de embargo, que deberá ser solicitada por el ejecutante después de cada vencimiento que no hubiera sido atendido si desea aprovecharse de sus efectos (LEC art.578.3).

4843 **Ejecución dineraria de bienes especialmente hipotecados o pignorados** (LEC art.579) Cuando la ejecución se dirija exclusivamente contra bienes hipotecados o pignorados en garantía de una **deuda dineraria** ha de estarse a lo dispuesto en LEC art.681 s. y si, subastados los bienes hipotecados o pignorados, su producto es **insuficiente** para cubrir el crédito, el ejecutante puede pedir el despacho de la ejecución por la cantidad que falte, y contra quienes proceda, y la ejecución prosigue con arreglo a las normas ordinarias aplicables a toda ejecución.

Sin perjuicio de ello, en el supuesto de adjudicación de la **vivienda habitual hipotecada**, si el remate aprobado fuera insuficiente para lograr la completa satisfacción del derecho del ejecutante, la ejecución, que no se suspenderá, por la cantidad que reste, se debe ajustar a las siguientes especialidades (LEC art.579.2):

a) El ejecutado queda **liberado** si su responsabilidad queda cubierta, en el plazo de 5 años desde la fecha del decreto de aprobación del remate o adjudicación, por el **65%** de la cantidad total que entonces quedara pendiente, incrementada exclusivamente en el interés legal del dinero (nº 4669) hasta el momento del pago. Queda liberado en los mismos términos si, no pudiendo satisfacer el 65% dentro del plazo de 5 años, satisface el **80%** dentro de 10 años desde aquella fecha. De no concurrir las anteriores circunstancias, puede el acreedor reclamar la totalidad de lo que se le deba, según las estipulaciones contractuales y normas que resulten de aplicación.

b) En el supuesto de que se haya aprobado el remate o la adjudicación en favor del ejecutante o de aquel a quien le hubiera cedido su derecho y estos, o cualquier sociedad de su grupo, dentro del plazo de 10 años desde la aprobación, **enajenan la vivienda**, la deuda remanente que corresponda pagar al ejecutado en el momento de la enajenación se verá reducida en un **50%** de la plusvalía obtenida en tal venta, para cuyo cálculo se han de deducir todos los costes que debidamente acredite el ejecutante.

Si en los plazos antes señalados se produce una **ejecución dineraria** que exceda del importe por el que el deudor podría quedar liberado, según las reglas anteriores, se pondrá a su disposición el remanente. El letrado de la Administración de Justicia encargado de la ejecución hará constar estas circunstancias en el decreto de adjudicación y ordenará practicar el correspondiente asiento de inscripción en el Registro de la Propiedad en relación con lo previsto en la letra b) anterior.

Precisiones 1) Este precepto debe relacionarse con el CC art.1911 y con la LH art.105 y 140, que consagran la **responsabilidad patrimonial universal** del deudor y la no limitación de la responsabilidad del deudor hipotecario respecto de los bienes hipotecados en ausencia de **pacto expreso**. Como consecuencia del contexto de recesión económica planteado en 2008 y años sucesivos, que se deja sentir especialmente sobre el mercado inmobiliario, la L 1/2013 establece el supuesto estudiado de limitación de responsabilidad que, como **norma excepcional**, debe interpretarse restrictivamente, sin resultar de aplicación a supuestos diversos del expresamente previsto.

2) En el caso de préstamo o crédito concluido por una persona física que esté garantizado mediante **hipoteca sobre bienes inmuebles para uso residencial**, el interés de demora será el remuneratorio más 3 puntos porcentuales a lo largo del período en el que aquel resulte exigible. Solo puede devengarse sobre el principal vencido y pendiente de pago y sin ser capitalizados en ningún caso, salvo en el supuesto previsto en LEC art.579.2.a (L 5/2019 art.25).

2. Requerimiento de pago

(LEC art.580 a 583)

4845 La ejecución dineraria se inicia con el **auto** por el que se despacha ejecución, que debe dictar el tribunal siempre que concurran los presupuestos y requisitos procesales, el título ejecutivo no adolezca de ninguna irregularidad formal y los actos de ejecución que se solicitan sean conformes con la naturaleza y contenido del título (LEC art.555.1).

Una vez despachada ejecución y antes de acordar el embargo de los bienes del deudor ejecutado la LEC prevé un trámite de requerimiento de pago en el que se concede al demandado una **última oportunidad** para evitar la realización forzosa de sus bienes.

El requerimiento de pago se ha de dirigir contra **todos los demandados**, y se extenderá a la cantidad reclamada en concepto de **principal e intereses** devengados, en su caso, hasta la fecha de la demanda (LEC art.581.1).

Excepciones Como **regla general**, se exige el requerimiento de pago. **4847**
Sin embargo, de acuerdo con la finalidad perseguida, **no tendrá lugar** el requerimiento de pago en los dos casos siguientes:
a) Cuando el título ejecutivo consista en **resoluciones** del letrado de la Administración de Justicia, resoluciones judiciales o arbitrales o que aprueben **transacciones o convenios** alcanzados dentro del proceso y acuerdos de mediación (LEC art.580). Ello se debe a que por causa de un proceso judicial ya se ha efectuado una reclamación de deuda por el acreedor cuya legitimidad e importe han sido reconocidos por el deudor.
b) Cuando a la demanda ejecutiva se haya acompañado **acta notarial** que acredite haberse requerido de pago al ejecutado con, al menos, 10 días de antelación (LEC art.581.2). Debe recordarse que los art.573.3 y 574.2 LEC exigen, para su admisión, que a la demanda ejecutiva se acompañe el documento que acredite haber **notificado** al deudor y al fiador -si lo hubiera- la cantidad exigible, cuando esta resulte de los cálculos de liquidación realizados por el demandante con base en los criterios que surgen del título ejecutivo. La razón de ser de esta exclusión es la inutilidad de repetir una reclamación de pago formal cuando ya es patente la **rebeldía** al cumplimiento de la obligación manifestada por el demandado. Así, en caso de la acción ejecutiva basada en deuda fundada en una **póliza de contrato mercantil**, es clara la exigencia de requerimiento pago (AP Sta. Cruz de Tenerife 20-12-04, EDJ 237774).

Requisitos de actividad El requerimiento de pago debe realizarse cumpliendo los siguientes requisitos: **4849** MPCI nº 8469, 8471
a) **Lugar**: se realizará el requerimiento en el domicilio que figure en el título ejecutivo o también a través de la sede judicial electrónica, en el caso de que el ejecutado esté obligado a relacionarse con la Administración de Justicia a través de medios electrónicos; y, además, a petición del demandante, en cualquier otro domicilio en el que, incluso de forma accidental, el ejecutado pudiera ser hallado (LEC art.582).
b) **Tiempo**: una vez despachada ejecución y antes de acordar el embargo de bienes (LEC art.581.1).
c) **Forma**: conforme a lo dispuesto en la LEC para los actos de comunicación mediante entrega de la **resolución o cédula** y, en su caso, para la comunicación edictal.
Cuando no conste que los ejecutados notificaran al ejecutante su **cambio de domicilio** y Correos informe que la notificación no fue entregada por no encontrar al destinatario en el momento de la entrega y haber hecho caso omiso del aviso dejado, debe entenderse cumplido el requisito de la notificación, pues la inefectividad de tal comunicación es imputable a la conducta del deudor. De no entenderse así, la entidad acreedora se encontraría en una situación de total **indefensión** al no poder cumplir el requisito de la notificación, ni poder utilizar consecuentemente el procedimiento ejecutivo, por no comunicar el deudor sus cambios de domicilio, sin que la entidad ejecutante esté obligada a averiguar ese domicilio, o por no querer recoger las comunicaciones (AP Sevilla 27-4-05, EDJ 76186).

Efectos del requerimiento Varían en función de que el ejecutado pague, no pague o no sea hallado; así: **4850**
• En caso de **pago**: si el ejecutado hallado paga en el acto del requerimiento o ha pagado antes del despacho de ejecución, se dará por terminada la ejecución, poniéndose la suma de dinero a disposición del ejecutante por el letrado de la Administración de Justicia (LEC art.583.1).
La LEC prevé la posibilidad del pago por el ejecutado una vez despachada ejecución y antes de que se resuelva la oposición a la ejecución consignando la cantidad por la que esta se hubiera despachado (LEC art.585 y 586). El efecto será la suspensión del **embargo** o el levantamiento del que ya se hubiera trabado. La cantidad quedará depositada en el establecimiento designado por el juez o tribunal mientras tanto se sustancia la eventual **oposición** a la ejecución. De no existir tal oposición y una vez resuelta en sentido desestimatorio, se entregará al ejecutante sin perjuicio de la ulterior liquidación de intereses y costas.
• En caso de **impago**: si el ejecutado no puede ser hallado en el domicilio señalado en el título ejecutivo, o en cualquier otro -aun accidental- del que se tenga constancia, o en sede electrónica; o si hallado no paga, podrá acordarse el embargo de sus bienes para satisfacer el pago de la cantidad por la que se despachó ejecución (LEC art.582).
• En ambos casos, las **costas** del requerimiento son de cuenta del ejecutado, salvo que el juez acuerde otra cosa en base a una circunstancia justificada no imputable a aquel que le impidiera efectuar el pago antes de que el acreedor promoviera la ejecución (LEC art.583.2).

3. Embargo de bienes

(LEC art.584 a 633)

4853 MPCI nº 8480, 8482 Despachada ejecución y practicado, en su caso, el requerimiento de pago, se procede al embargo de bienes del ejecutado cuya **realización** permita satisfacer el crédito del demandante.

El embargo es un acto procesal que, naciendo de la voluntad del órgano jurisdiccional del Estado, se practica por el agente judicial asistido del letrado de la Administración de Justicia o de quien haga sus veces, en virtud del cual determinados bienes del deudor son declarados adscritos y afectos a la **satisfacción del crédito** del acreedor ejecutante, todo ello en el seno de un concreto proceso (TS 28-12-99, EDJ 43930).

Por tanto, la **efectividad y eficacia** del acto en que consiste, no se produce ni cuando se ordena, ni tampoco cuando el órgano judicial decide librar los oficios indagatorios, en su caso, pedidos, sino en el momento en que se realiza, máxime, cuando la traba recae sobre bienes muebles y se encuentra presente el deudor ejecutado, previamente requerido de pago.

Precisiones El embargo consiste en la vinculación del **valor de realización** de una cosa en funciones de garantía de una obligación dineraria, sin que tal aprehensión dé lugar a un derecho real (cosa distinta es la eficacia real en cuanto vincula -*erga omnes*-), ni suponga la transferencia de ningún derecho. Por ello resulta desacertado hablar de transmisión de los **derechos de uso y disfrute** como efecto del embargo, y mucho menos todavía crea para el embargante la obligación de pagar (o adelantar) otras cantidades distintas de las que, en su caso, pudieran derivarse de la efectividad de la medida ejecutiva (depósito, gastos registrales) (TS 14-11-95, EDJ 24230).

4855 MPCI nº 8484 s. **Investigación de bienes del ejecutado** La traba de los bienes del deudor ejecutado depende de que se conozca su **existencia**. No es posible el embargo de bienes y derechos cuya efectiva existencia no conste (LEC art.588).

Si el **ejecutante no es capaz de señalar bienes del ejecutado** sobre los que trabar embargo, suficientes para asegurar los fines de la ejecución, el letrado de la Administración de Justicia, mediante diligencia de ordenación (LEC art.589.1), de oficio, requerirá al ejecutado para que **manifieste** relación de los **bienes y derechos** de su pertenencia con expresión de cargas, gravámenes y -en el caso de inmuebles- si están ocupados, por qué personas y con qué título.

Si el **ejecutado no señala bienes** susceptibles de embargo o el valor de los señalados es insuficiente para el fin de la ejecución, el letrado de la Administración de Justicia ha de dictar decreto advirtiendo al ejecutado de que, en caso de probabilidad de insolvencia, de insolvencia inminente o de insolvencia actual, puede comunicar al órgano judicial competente el inicio o la **voluntad de iniciar negociaciones** con acreedores para alcanzar un plan de reestructuración, con paralización de las ejecuciones durante esa negociación en los términos establecidos por la ley; y que, si encontrándose en estado de insolvencia actual no lo hace, tiene el deber de solicitar la declaración de concurso de acreedores dentro de los 2 meses siguientes a la fecha en que hubiera conocido o debido conocer ese estado de insolvencia (LEC art.589.3).

Para asegurar la efectividad de este trámite se apercibirá del posible procesamiento por **desobediencia** grave y se podrán imponer **multas** coercitivas por el letrado de la Administración de Justicia mediante decreto (LEC art. 589.4).

El letrado de la Administración de Justicia, previa instancia razonada del ejecutante puede acordar, cuando aquel no pueda reclamar los datos por sí mismo o su procurador, dirigirse a **entidades financieras**, organismos y registros públicos y personas físicas o jurídicas para que faciliten una relación de bienes y derechos del ejecutado de que tengan constancia (LEC art.590).

Precisiones En caso de que la traba afecte a **cuentas abiertas en entidades de crédito** se aplican dos **reglas específicas** (LEC art.588):

• Cuando los fondos se encuentren depositados en **cuentas a nombre de varios titulares** solo se embargará la parte correspondiente al deudor. A estos solos efectos, en el caso de cuentas de titularidad indistinta con solidaridad activa frente al depositario o de titularidad conjunta mancomunada, el embargo podrá alcanzar a la parte del saldo correspondiente al deudor, entendiéndose que corresponde a partes iguales a los titulares de la cuenta, salvo que conste una titularidad material de los fondos diferente.

• En caso de que en la cuenta afectada por el embargo se efectúe habitualmente el **abono del salario, sueldo, pensión, retribución** o su equivalente, deberán respetarse las limitaciones establecidas en la LEC, mediante su aplicación sobre el importe que deba considerarse sueldo, salario, pensión o retribución del deudor o su equivalente. A estos efectos se considerará sueldo, salario, pensión, retribución o su equivalente el importe ingresado en dicha cuenta por ese concepto en el mes en el que se practique el embargo o, en su defecto, en el mes anterior.

Determinación de los bienes embargables (LEC art.605 a 608) Una vez que se cuenta con una **relación de bienes** de titularidad del ejecutado o ejecutados, se procede a determinar cuáles son embargables. 4857 MPCI nº 8492

En principio, **todos los bienes** del deudor quedan afectos al pago de sus obligaciones (CC art.1911), pero tradicionalmente las leyes procesales civiles han **excluido** del embargo determinados bienes, sobre la base de tres fundamentos siguientes:
- ser bienes **fuera de comercio**;
- ser bienes que atienden al **mínimo vital de subsistencia**; y
- ser bienes que permiten al ejecutado **generar rentas**.

La trascendencia de esta exclusión es que el embargo trabado sobre bienes inembargables es **nulo de pleno derecho**. El ejecutado puede denunciar esta nulidad ante el tribunal mediante los recursos ordinarios o por simple comparecencia, si no se hubiera personado en la ejecución ni deseara hacerlo (LEC art.609).

Bienes fuera de comercio Se trata de los bienes fuera de comercio, que **no** pueden ser objeto de **venta forzosa**, bien por propia naturaleza -por carecer de valor patrimonial- o por disposición de la Ley. 4859 MPCI nº 8494

En esta categoría de bienes se incluyen:

a) Como **absolutamente inembargables** (LEC art.605), cualquiera que sea la persona a quien pertenecen:
- los animales de compañía, sin perjuicio de la embargabilidad de las rentas que los mismos puedan generar;
- los bienes que hayan sido declarados inalienables;
- los derechos accesorios, que no sean alienables con independencia del principal;
- los bienes que carezcan, por sí solos, de contenido patrimonial; y
- los bienes expresamente declarados inembargables por alguna disposición legal.

b) Como inembargables de **pertenencia del ejecutado** (LEC art.606):
- los bienes declarados inembargables por tratados internacionales ratificados por España; y
- las cantidades declaradas inembargables por Ley o tratado internacional.

Junto a esta enumeración, ha de mencionarse la inalienabilidad e inembargabilidad de los bienes de **dominio público** (Const art.132; TCo 166/1998).

Precisiones Las ayudas previstas en el RDL 6/2024, RDL 7/2024 y RDL 8/2024 -**DANA de Valencia**-, concedidas al amparo de L 17/2015 art.11y 24 -Sistema Nacional de Protección Civil-, tienen la consideración de inembargables a los efectos de LEC art.606 y LGT art.169.5, lo que se aplica igualmente a las devoluciones tributarias derivadas de las medidas fiscales incluidas en dichas disposiciones (RDL 6/2024 art.9; RDL 7/2024 disp.adic.3ª; RDL 8/2024 art.30 y disp.adic.5ª).

Mínimo vital de subsistencia (LEC art.606 a 608) Son también inembargables los bienes que atienden al mínimo vital de subsistencia del **deudor** y su **familia**. Así se declaran: 4861 MPCI nº 8496, 8498
- aquellos bienes que a juicio del tribunal resulten imprescindibles para que el ejecutado y las personas de él dependientes puedan atender con razonable **dignidad** a su subsistencia, enumerando a título de ejemplo el mobiliario, menaje de la casa y ropas no superfluos, alimentos y combustible;
- los sueldos, pensiones, retribuciones o su equivalente que no excedan de la cuantía del **salario mínimo interprofesional** (SMI) (LEC art.607.1). Los que sean superiores al SMI se embargan conforme a esta escala:

1) Para la primera cuantía adicional hasta la que suponga el importe del **doble** del SMI, el 30%.
2) Para la cuantía adicional hasta el importe equivalente a un **tercer** SMI, el 50%.
3) Para la cuantía adicional hasta el importe equivalente a un **cuarto** SMI, el 60%.
4) Para la cuantía adicional hasta el importe equivalente a un **quinto** SMI, el 75%.
5) Para **cualquier cantidad** que exceda de la anterior cuantía, el 90%.

Si el ejecutado es beneficiario de **más de una percepción**, se acumulan todas ellas para deducir una sola vez la parte inembargable.

Igualmente son acumulables los salarios, sueldos y pensiones, retribuciones o equivalentes de los cónyuges cuando el **régimen económico** que les rija no sea el de separación de bienes y rentas de toda clase, circunstancia que han de acreditar al letrado de la Administración de Justicia (LEC art.607.3).

En atención a las **cargas familiares** del ejecutado, el letrado de la Administración de Justicia podrá aplicar una **rebaja** de entre un 10 a un 15% en los porcentajes establecidos en los números 1) a 4) anteriores.

Si los salarios, sueldos, pensiones o retribuciones estuvieran gravados con **descuentos permanentes** o transitorios de carácter público, en razón de la legislación fiscal, tributaria o de Seguridad Social, la cantidad líquida que percibiera el ejecutado, deducidos estos, será la que sirva de tipo para regular el embargo.

Las reglas anteriores son de aplicación a los ingresos procedentes de **actividades profesionales** y mercantiles autónomas (LEC art.607).

4862 Precisiones 1) El SMI, en su cuantía, tanto anual como mensual, es inembargable. A efectos de determinar lo anterior, han de tenerse en cuenta tanto el periodo de devengo como la forma de cómputo, se incluya o no el prorrateo de las pagas extraordinarias, garantizándose la inembargabilidad de la cuantía que resulte en cada caso. En particular, si junto con el salario mensual se percibiese una gratificación o paga extraordinaria, el **límite de inembargabilidad** estará constituido por el doble del importe del SMI mensual y en el caso de que en el salario mensual percibido estuviera incluida la parte proporcional de las pagas o gratificaciones extraordinarias, el límite de inembargabilidad estará constituido por el importe del SMI en cómputo anual prorrateado entre 12 meses (RDLeg 2/2015 art.27.2). En los meses de **paga extraordinaria**, el límite inembargable se calcula computando el doble del SMI (TS 20-10-22, EDJ 733594).

2) Acerca del **embargo de cuentas abiertas en entidades de crédito**, ver nº 4855.

3) Las **ayudas o subvenciones públicas** de las que resulten beneficiarios trabajadores por cuenta ajena sometidos a expedientes de regulación temporal de empleo o autónomos que tengan por finalidad subvertir situaciones de emergencia social, pueden gozar de la prerrogativa de inembargabilidad parcial -LEC art.607- (TS 8-1-24, EDJ 500625).

4863 MPCI nº 8500 Las cantidades embargadas de conformidad con lo expuesto podrán ser **entregadas directamente** a la parte ejecutante, en la cuenta que esta designe previamente, si así lo acuerda el letrado de la Administración de Justicia encargado de la ejecución. En este caso, tanto la persona o entidad que practique la retención y su posterior entrega como el ejecutante, deberán informar trimestralmente al letrado de la Administración de Justicia sobre las sumas remitidas y recibidas, respectivamente, quedando a salvo en todo caso las alegaciones que el ejecutado pueda formular, ya sea porque considere que la deuda se halla abonada totalmente y en consecuencia debe dejarse sin efecto la traba, o porque las retenciones o entregas no se estuvieran realizando conforme a lo acordado por el letrado de la Administración de Justicia. Contra la resolución del letrado de la Administración de Justicia acordando tal entrega directa cabrá **recurso** directo de revisión ante el tribunal (LEC art.607.7).

El embargo de estas rentas puede ser excepcionalmente superior para atender el pago de una **obligación alimenticia** legal, en el ámbito de ejecución de sentencias o medidas cautelares en procesos que versen sobre alimentos, nulidad, separación o divorcio, o de los decretos o escrituras públicas que formalicen el convenio regulador que establezca aquellos o cuando se proceda por ejecución de sentencia, decreto o escritura pública que establezca el pago de pensión compensatoria si el ejecutante lo solicita y acredita una necesidad justificativa, previa ponderación de la situación económica de aquel y del ejecutado (LEC art.608 redacc LO 1/2025).

4864 MPCI nº 8502 Precisiones 1) La referencia expresa a los ingresos procedentes de **actividades profesionales y mercantiles autónomas** (LEC art.607), avala la conclusión de que la anterior normativa no preveía la inembargabilidad de ese tipo de ingresos y se refería únicamente a aquellos que el ejecutado percibía de manera fija y periódica, cuya cuantía podía calcularse en el momento de practicarse el embargo, a los efectos de aplicar los porcentajes previstos teniendo en cuenta el SMI (AP Gipuzkoa 20-2-06, EDJ 72617).

2) Si el sueldo de una persona es equivalente al **SMI más una cantidad** [S = (SMI + c)], se puede embargar el mismo según la proporción en que se exceda del SMI. Ello determinará el porcentaje embargable (E = % c). Si sobre ese sueldo ya recae un embargo anterior, lógicamente la cantidad que queda disponible para una **nueva traba** debe determinarse restando de c la cuantía que ya es objeto de embargo previo (llamémosle d). Así, el límite de embargabilidad será (E = % c - d) (AP Huelva 15-5-03, EDJ 59779).

En los **meses de paga extraordinaria**, el límite inembargable se calcula computando el doble del SMI (TS 20-12-22, EDJ 733594).

3) También son inembargables los bienes sacros y dedicados al culto de las **religiones** legalmente registradas (LEC art.606.3º).

4) La regla contenida en LEC art.608 redacc LO 1/2025, no altera ni el **orden de embargos** ni la **preferencia entre ejecuciones** o procedimientos de ejecución ni entre embargos. Únicamente permite inaplicar en todo o en parte la escala de embargabilidad contenida en LEC art.607.

5) Los tribunales, jueces y autoridades administrativas no podrán, por **deudas de los Estados extranjeros beneficiarios** exigibles en territorio español, o por deudas de las empresas ejecutoras o beneficiarias de proyectos financiados con cargo al Fondo para la Promoción del Desarrollo **-FONPRODE-**, despachar mandamientos de ejecución ni dictar providencias de embargo contra los derechos, fondos y valores producto de la realización, liquidación y pago por parte de la autoridad española concedente o su agente financiero, de las financiaciones otorgadas con cargo al FONPRODE (L 36/2010 art.16; L 1/2023 disp.trans.1ª y disp.adic.1ª).

6) Se someten a las reglas establecidas en LEC art.607 -**escala de embargabilidad**- los embargos que tengan por objeto las siguientes **prestaciones públicas** (RDL 9/2015 art.4):
- prestaciones económicas establecidas por las comunidades autónomas en concepto de renta mínima de inserción para garantizar recursos económicos de subsistencia a quienes carezcan de ellos;
- restantes ayudas autonómicas o de las entidades locales a colectivos en riesgo de exclusión social, situaciones de emergencia social, necesidades habitacionales de personas sin recursos o necesidades de alimentación, escolarización y demás necesidades básicas de menores o de personas con discapacidad, cuando estos y las personas a su cargo carezcan de medios económicos suficientes;
- prestaciones establecidas por el Estado con finalidades análogas a las expuestas;
- ayudas concedidas a víctimas de delitos violentos y contra la libertad sexual, de acuerdo con la L 35/1995;
- ayudas satisfechas a víctimas de violencia de género por tal condición previstas en la LO 1/2004 o en otras disposiciones.

Todas estas ayudas se consideran como una percepción más a los efectos de aplicar la LEC art.607.3.

Bienes que generan rentas (LEC art.606.2º) Son inembargables los bienes que permiten al ejecutado generar rentas con que atender al pago de la deuda: libros e instrumentos del ejecutado necesarios para el ejercicio de su **profesión, arte u oficio**, cuando su valor no guarde proporción con la cuantía de la deuda reclamada. **4865** MPCI nº 8504

Regla para la protección del núcleo familiar (RDL 8/2011 art.1; LH art.129) Se aplica en supuestos de **ejecución forzosa subsiguiente**, basada en el mismo título ejecutivo, a la ejecución de **vivienda habitual hipotecada** en la que el precio obtenido por la venta de esta sea insuficiente para cubrir el crédito garantizado con la hipoteca que se ejecuta. **4866** MPCI nº 8506, 8508

Con arreglo a la misma, la **cantidad inembargable** resultante de LEC art.607.1 -importe del salario mínimo interprofesional (nº 4861)- se incrementa en un 50% y, además, en otro 30% del SMI adicional por cada miembro del núcleo familiar que no disponga de ingresos propios regulares, salario o pensión superiores al SMI.

A estos efectos, se entiende por núcleo familiar el constituido por el cónyuge o pareja de hecho, los ascendientes y descendientes de primer grado que convivan con el ejecutado.

Los sueldos, salarios, jornales, pensiones o retribuciones que sean **superiores a las cuantías** resultantes de aplicar la regla de protección del núcleo familiar expuesta se someten a la escala de embargabilidad de LEC art.607.2 (nº 4861).

Precisiones Hay que tener en cuenta las modificaciones incorporadas por L 1/2013 en LH art.129 y LEC art.552 s. En particular, se establece la posibilidad de que si, tras la ejecución hipotecaria de una vivienda habitual, aún **queda deuda por pagar**, durante el procedimiento de ejecución dineraria posterior se podrá condonar parte del pago de la deuda remanente, siempre que se cumpla con ciertas obligaciones de pago. Además, se permite que el deudor participe de la eventual revalorización futura de la vivienda ejecutada.

Orden para la práctica del embargo de bienes (LEC art.592.1) Determinados los bienes susceptibles de embargo, deben señalarse criterios de orden para la verificación de embargos hasta la **completa satisfacción** de la pretensión del ejecutante. **4867** MPCI nº 8510

Debe atenderse primero a lo que las **partes** hubiesen **pactado** dentro o fuera de la ejecución. El letrado de la Administración de Justicia (LEC art.592.1), subsidiariamente, aplicará:

a) En defecto de pacto, el orden que considere oportuno atendiendo a la **facilidad de enajenación** y la menor onerosidad para el ejecutado.

b) Si lo pactado o los criterios genéricos anteriores son de imposible o muy difícil aplicación, el siguiente orden (LEC art.592.2):

1º **Dinero** o cuentas corrientes de cualquier clase.
2º Créditos y derechos realizables en el **acto o a corto plazo**, y títulos, valores u otros instrumentos financieros admitidos a negociación en un mercado secundario oficial de valores.
3º **Joyas y objetos de arte**.
4º **Rentas en dinero**, cualquiera que sea su origen y la razón de su devengo.
5º **Intereses**, rentas y frutos de toda especie.
6º Bienes **muebles** o semovientes, **acciones**, títulos o valores no admitidos a cotización oficial y participaciones sociales.
7º Bienes **inmuebles**.
8º **Sueldos**, salarios, pensiones e ingresos procedentes de actividades profesionales y mercantiles autónomas.
9º Créditos, derechos y valores realizables a **medio y largo plazo**.

También se puede decretarse el embargo de **empresas** cuando resulte preferible al embargo de sus distintos elementos patrimoniales (LEC art.592.3).

Como **regla general** aplicable en todo caso, el previsible valor del bien embargado no debe exceder de la cantidad por la que se ha despachado ejecución, salvo que no se puedan encontrar de valor inferior (LEC art.584).

4869 MPCI nº 8512 **Procedimiento para efectuar el embargo** (LEC art.621 a 624 redacc LO 1/2025) El embargo procede una vez **despachada la ejecución** (LEC art.585). Se entiende hecho desde que se decrete por **resolución del letrado de la Administración de Justicia** (LEC art.587.1) o se reseñe la descripción de un bien en el acta de la **diligencia de embargo**, aunque no se hayan adoptado todavía medidas de garantía o publicidad de la traba.

El letrado de la Administración de Justicia adoptará inmediatamente dichas **medidas de garantía y publicidad**, expidiendo de oficio los despachos precisos, de los que, en su caso, se hará entrega al procurador del ejecutante que así lo hubiera solicitado (LEC art.587.1 in fine).

La LEC especifica el contenido mínimo de dicha resolución judicial y cómo debe llevarse a la práctica en relación con cada tipo de bienes. Así:

• Embargo de **dinero, sueldos, pensiones** u otras prestaciones periódicas: se ordena su retención a la entidad depositaria o pagadora de los mismos y su ulterior ingreso en la cuenta de depósitos y consignaciones del órgano judicial (LEC art.621.1 y 3).

• Embargo de saldos favorables en **cuentas** abiertas en entidades de crédito, ahorro o financiación: se ordena su retención a la entidad depositaria (LEC art.621.2).

• Embargo de **intereses, rentas y frutos**: se dicta orden de retención a quien deba pagarlos o los perciba, que puede llevarse a efecto por el procurador del ejecutante, a su petición y a su costa, si así lo acuerda el letrado de la Administración de Justicia. Si son intereses se ingresan en la cuenta de depósitos o consignaciones (LEC art.622 redacc LO 1/2025).

• Bienes **muebles**: se hace constar en acta la diligencia de embargo en la que se incluirá la descripción detallada de la situación física y jurídica del bien.

• Bienes **inmuebles**: se rige por las normas generales.

• Embargo de **valores** e instrumentos financieros: se ordena al obligado a reembolsar su importe y al pago de rendimientos la retención a disposición del tribunal de tales cantidades. Esta norma se precisa para:

- el caso de valores cotizables en **mercado secundario oficial**, imponiendo esta obligación al órgano rector del mercado y a la entidad encargada de la compensación y liquidación;
- participaciones en personas jurídicas que **no cotizan** en mercados secundarios oficiales, imponiendo tales obligaciones a los administradores de las mismas.

Las **comunicaciones** precisas a estos efectos pueden hacerse por el procurador del ejecutante, previa solicitud y a su costa, una vez autorizado por el letrado de la Administración de Justicia (LEC art.623 redacc LO 1/2025).

Precisiones Es posible el embargo sobre **saldos y depósitos bancarios** siempre que se determine por medio de auto una cantidad como límite máximo. La Ley pretende evitar peticiones genéricas de embargo, pero no hay razón legal que impida la validez del embargo practicado sobre esos posibles saldos que la entidad demandada posee en los bancos y cajas de ahorro que designó la parte actora (AP Madrid 23-4-04, EDJ 114618).

4872 MPCI nº 8518, 8520 **Efecto del embargo** (LEC art.612 y 613) El embargo concede al acreedor ejecutante el derecho a percibir el producto de lo que se obtenga de la **realización de los bienes** embargados a fin de satisfacer el importe de la deuda que conste en el título, los intereses que procedan y las costas de la ejecución. Hasta que no se satisfagan plenamente dichas cantidades no podrán aplicarse las sumas realizadas a ningún otro objeto que no haya sido declarado preferente por sentencia dictada en **tercería de mejor derecho** (nº 4893).

El embargo o sus medidas de garantía pueden ser **mejorados** -a instancia del ejecutante-, **reducidos** -a instancia del ejecutado- o **modificados** de otra manera en los casos de admisión o estimación de tercerías de dominio, modificación de la cantidad por la que se despacha ejecución, cuando un cambio de circunstancias permita dudar de la suficiencia de los bienes embargados o puedan ser variadas sin peligro para los fines de la ejecución. El letrado de la Administración de Justicia resolverá, mediante **decreto**, sobre estas peticiones de mejora o reducción. Contra dicho decreto cabrá **recurso directo de revisión** que no producirá efectos suspensivos (LEC art. 612).

Precisiones **1)** Los **acreedores posteriores**, que no son terceros hipotecarios, aunque tengan su crédito anotado o inscrito, no tienen derecho a cobrar con el producto de la realización del bien embargado, mientras no haya sido satisfecho el ejecutante por completo del principal y de todo lo que, definitivamente, se adeude por intereses y costas, aunque supere la cantidad preventivamente anotada, a no ser que su crédito haya sido declarado preferente en un procedimiento de tercería de mejor derecho. En ese sentido se pronuncia la LEC art.672 que, al referirse el destino de las sumas obtenidas en la subasta de **inmuebles**, remite a LEC art.654.1 (AP Sevilla 3-12-03, EDJ 263162).

2) Los adquirentes de los bienes que traigan su causa del ejecutado con **posterioridad a la traba** carecerán de legitimación para interponer demandas de tercería de dominio (LEC art.595).

Reembargo y embargo del sobrante (LEC art.610 y 611) Los bienes y derechos embargados podrán ser reembargados. El reembargante tendrá derecho a percibir el producto de lo que se obtenga de la **realización** de los bienes reembargados una vez satisfechos los derechos de los ejecutantes a cuya instancia se hubiesen decretado embargos anteriores. 4874 MPCI nº 8522, 8524
Si embargo, podrá él mismo reembargante solicitar independientemente la **realización forzosa** de los bienes:
- cuando se alzaren todos los embargos preferentes, subsistiendo el suyo;
- cuando los derechos de embargantes anteriores no hayan de verse afectados por aquella realización.
Pueden pedirse al letrado de la Administración de Justicia medidas de **aseguramiento** del reembargo que no perjudiquen la eficacia de las de aseguramiento o ejecución de embargos preferentes.
Puede asimismo pedirse el embargo del sobrante de la realización forzosa de bienes realizada. La cantidad que sobre, una vez satisfechos el **ejecutante** y -si el bien realizado era inmueble- los **acreedores** que tuvieran su derecho inscrito o anotado con posterioridad al del ejecutante y que tengan preferencia sobre el acreedor reembargante, se ingresará en la Cuenta de Depósitos y Consignaciones a disposición del órgano judicial que ordenó el embargo del sobrante para su disposición en el proceso donde se ordenó el embargo del sobrante. Sobre el reparto de este, ver nº 4928.
La determinación de la preferencia entre los concurrentes al reparto del sobrante, y señaladamente, entre el acreedor que lo ha embargado y los titulares de anotaciones posteriores a la carga ejecutada, se deberá efectuar en un trámite específico para comparar las preferencias concurrentes, pero que carece de la condición de tercería (AP Bizkaia 7-3-04, EDJ 172289; AP Zaragoza 4-12-02, EDJ 68023; AP Castellón 23-9-00, EDJ 119961).

Aseguramiento de la eficacia del embargo El embargo debe afectar a todas las personas que, tras adoptarse la medida procesal, adquieran el **dominio del bien**, cualquier derecho sobre el mismo o que pretendan hacer efectivos los créditos que ostenten sobre el citado bien. Para que tal medida pueda afectarles, en aplicación de los principios que tutelan la buena fe, debe exigirse que los mismos tengan **conocimiento** del citado acto que, ordinariamente, les vendrá dado por determinados actos que permiten exteriorizar la circunstancia que en un proceso judicial se ha llevado a cabo la **afección** de determinados bienes del ejecutado para asegurar el resultado del procedimiento judicial (AP Madrid 15-3-05, EDJ 20890). 4875
En efecto, para asegurar que el embargo conserva su eficacia hasta la realización de los bienes y el pago al ejecutante, se prevén tres **medidas de garantías**:
a) La **anotación preventiva**.
b) El **depósito judicial** de los bienes.
c) La **administración judicial** (nº 4880).

Anotación preventiva (LEC art.629 redacc LO 1/2025) Se aplica a bienes **inmuebles** u otros susceptibles de **inscripción registral**. 4876 MPCI nº 8528, 8530
El letrado de la Administración de Justicia a instancias del ejecutante, librará **mandamiento** para que se haga anotación preventiva de embargo en el registro correspondiente.
El **procurador** del ejecutante, a su petición y a su costa, puede ser autorizado por el letrado de la Administración de Justicia para diligenciar el mandamiento, comunicando en este caso el registrador de la propiedad la práctica de la anotación o los defectos que lo impidan directamente al procurador, que lo trasladará al órgano judicial en plazo de 2 días hábiles.
Si el bien **no** está **inmatriculado** o lo está a favor de persona distinta del ejecutado pero que traiga causa de este, se practicará anotación preventiva de suspensión de la anotación del embargo en la forma y con los efectos previstos en la legislación hipotecaria.
Como regulación específica a efectos de esta anotación preventiva, la responsabilidad de los **terceros poseedores** que hubieran adquirido dichos bienes en otra ejecución tendrá como límite las cantidades que, para la satisfacción del principal, intereses y costas, aparecieran precisadas en el registro (LEC art.613.3 y 4).
Sobre el **alcance** de la anotación preventiva, sigue vigente la interpretación extensiva. Esta corriente entiende que el principio de concreción de responsabilidad no juega en las anotaciones preventivas de embargo, y que, por ello, la responsabilidad a la que se enfrentan los terceros y de la que se beneficia el ejecutante solo debe venir delimitada por **elementos ajenos al Registro** como es el resultado del proceso de ejecución (AP Madrid 15-3-05, EDJ 20890).

Depósito judicial de los bienes (LEC art.625 a 628) Se trata de una medida de aseguramiento que puede acordarse por el juez o tribunal para asegurar la eficacia del embargo de bienes **muebles o derechos**. 4878 MPCI nº 8532

Parece que el letrado de la Administración de Justicia (LEC art.622.3) debe acordar el depósito en los casos en que no se cumplan las obligaciones de retención o ingreso, lo aconsejen las circunstancias del deudor o la naturaleza y entidad de los bienes (LEC art.622 -redacc LO 1/2025- y 626).

Pueden ser designados **depositarios**, atendiendo a la naturaleza de los bienes y su situación posesoria, el ejecutante, el ejecutado, el tercer poseedor de los bienes, establecimiento público o privado que se considere más adecuado, los Colegios de Procuradores o cualquier otra persona.

La designación de depositario se hace mediante **decreto** del letrado de la Administración de Justicia (LEC art.626.4), que debe notificarse a las partes, requiriendo la **aceptación** del designado depositario.

4879 MPCI nº 8534 Como **efectos** del depósito se contemplan:

a) En cuanto a los **sujetos**, el depositario judicial está **obligado** a:
- conservar los bienes con la debida diligencia a disposición del tribunal;
- exhibirlos en las condiciones que el letrado de la Administración de Justicia indique (LEC art.627.1); y
- entregarlos a la persona que el letrado de la Administración de Justicia designe.

A instancia de parte o, de oficio, si no cumple sus obligaciones el letrado de la Administración de Justicia mediante decreto podrá **remover de su cargo** al depositario, designando a otro.

Hasta que se nombre depositario y se entreguen los bienes, las obligaciones de este incumben, sin necesidad de previa aceptación ni requerimiento, al **ejecutado** y, si concedieron el embargo, a los administradores, representantes o encargados o al tercero en cuyo poder se encontraron los bienes (LEC art.627.2).

El depositario tiene **derecho** -si no se trata del ejecutante, el ejecutado o el tercer poseedor- al reembolso de los gastos derivados del cumplimiento de sus obligaciones y a verse resarcido de los daños y perjuicios que sufra a causa del depósito (LEC art.628).

b) En cuanto a los **objetos**, desde que se depositen o se ordene su retención, tendrán la consideración de efectos o caudales públicos. De esta manera se otorga una especial protección al embargo respecto de posibles actos irregulares de los particulares encargados del depósito o administración de los objetos embargados mediante los tipos previstos en CP art.432 a 435.

En cuanto a su **extinción**, se completa la regulación general del Código Civil con la mención de la **remoción** del depositario de oficio o a instancia de parte, designando a otro, cuando se incumplan las obligaciones, sin perjuicio de la responsabilidad penal o civil en que hubiera incurrido el depositario removido.

Precisiones El **precinto de los vehículos** por la Guardia Civil debe de significarse que en modo alguno implica que la Guardia Civil se constituya en depositaria de los vehículos, sino como mera ejecutora de una medida de garantía de la remoción acordada (AP Madrid 21-3-06, EDJ 68387).

4880 **Administración judicial** (LEC art.630 a 633) Puede constituirse la administración judicial cuando se embargue una **empresa o grupo de empresas**, la mayoría de su capital social, o del patrimonio común, o de los bienes o derechos pertenecientes o adscritos a las empresas, así como en el supuesto previsto en el LEC art.623.2 y 3.

Para la **constitución** de la administración judicial, se citará de comparecencia ante el letrado de la Administración de Justicia encargado de la ejecución a las partes y, en su caso, a los administradores de las sociedades, cuando estas no sean la parte ejecutada, así como a los socios o partícipes cuyas acciones o participaciones no se hayan embargado, a fin de que lleguen a un acuerdo o efectúen las alegaciones y prueba oportunas sobre el nombramiento de administrador, persona que deba desempeñar tal cargo, exigencia o no de caución, forma de actuación, mantenimiento o no de la administración preexistente, rendición de cuentas y retribución procedente. A los interesados que no comparezcan injustificadamente se les tendrá por conformes con lo acordado por los comparecientes.

Si existe **acuerdo**, el letrado de la Administración de Justicia establecerá por medio de **decreto** los términos de la administración judicial en consonancia con el acuerdo.

Para la resolución de los extremos en que **no exista acuerdo** o medie oposición de alguna de las partes, si pretendieran practicar prueba, se les convocará a comparecencia ante el tribunal que dictó la orden general de ejecución, que resolverá, mediante **auto**, lo que estime procedente sobre la administración judicial. Si no se pretendiese la práctica de prueba, se pasarán las actuaciones al tribunal para que directamente resuelva lo procedente (LEC art.631.1).

Si se acuerda la administración judicial de una **empresa o grupo** de ellas, el letrado de la Administración de Justicia deberá nombrar un interventor designado por el titular o titulares de la empresa o empresas embargadas y si solo se embargare la mayoría del capital social o la mayoría de los bienes o derechos pertenecientes a una empresa o adscritos a su explotación, se nombrarán dos interventores, designados, uno por los afectados mayoritarios, y otro, por los minoritarios (LEC art.631.2).

Se inscribirá el nombramiento cuando proceda en el Registro Mercantil y el de la propiedad. **4881** MPCI nº 8538
A continuación, se da **posesión** al designado requiriendo al ejecutado para que cese en la administración que hasta entonces llevará.
El administrador judicial tendrá los **derechos, obligaciones**, facultades y responsabilidades que correspondieran a los sustituidos. Sin embargo, el letrado de la Administración de Justicia, por medio de decreto, debe autorizar previamente, tramitando la comparecencia convocada por el administrador si hay **oposición** por alguno de los interventores, las propuestas de enajenación o gravamen de participaciones empresariales, bienes inmuebles u otros que por su naturaleza o importancia hubiera el juez establecido (LEC art.632.2).
El letrado de la Administración de Justicia pueda acordar la administración judicial cuando se compruebe que la entidad pagadora o perceptora o, en su caso, el mismo ejecutado, **no** cumplen la **orden de retención o ingreso** de los frutos y rentas (LEC art.622.3). Concurriendo tal supuesto, procede mantener la administración judicial, teniendo en cuenta que la entidad reclamada continúa con su actividad mercantil (AP La Rioja 31-7-03, EDJ 263080).
Acordada la administración judicial, el letrado de la Administración de Justicia dará inmediata posesión al designado, requiriendo al ejecutado para que cese en la administración que hasta entonces llevara. Las **discrepancias** que surjan sobre los actos del administrador serán resueltas por el letrado de la Administración de Justicia responsable de la ejecución mediante decreto, tras oír a los afectados y sin perjuicio del derecho de oponerse a la cuenta final que habrá de rendir el administrador. De la **cuenta final justificada** que presente el administrador se dará vista a las partes y a los interventores, quienes podrán impugnarla en el plazo de 5 días, prorrogable hasta treinta atendida su complejidad. De mediar oposición se resolverá tras citar a los interesados de comparecencia. El decreto que se dicte será **recurrible** directamente en revisión ante el tribunal (LEC art.633).

4. Tercerías

Los pleitos de tercería derivados de una ejecución administrativa (procedimiento de apremio común -tributario- o de recaudación de la Seguridad Social) van precedidos de una necesaria reclamación administrativa previa. **4883**

Precisiones Desde la entrada en vigor de la LPAC, únicamente subsiste la exigencia de **reclamación administrativa previa** en vía civil y laboral en cuanto resulte de normativa específica. Señaladamente, la reclamación previa de tercería (LPAC disp.adic.1ª.2.a y b; LGT art.165.3; RD 939/2005 art.117 a 122; RDLeg 8/2015 art.35; RD 1415/2004 art.132 a 134).
El RD 939/2005 se modificó por RD 1071/2017 en el sentido de:
- permitir la presentación de la **reclamación previa** de tercería sin aportación de documentos originales, sino simplemente un principio de prueba por escrito, quedando a disposición del órgano de recaudación los primeros;
- ampliar el **plazo de resolución** a 6 meses.

En el ámbito de la AEAT, la **competencia** para resolver estas reclamaciones se determina en OM PRE/3581/2007 art.6.2.e (nº 1814 Memento Administrativo 2026).

Tercería de dominio (LEC art.593 a 604) La tercería de dominio es el remedio procesal que la ley concede a quien se considera **propietario** de un **bien** que ha sido **embargado** en un procedimiento ejecutivo en el cual no es parte. **4884** MPCI nº 8547 s.
En efecto el art.594 LEC previene que el embargo trabado sobre bienes que **no pertenezcan al ejecutado** será, no obstante, eficaz. Si el **verdadero titular** no hiciese valer sus derechos por medio de la tercería de dominio, no podrá impugnar la enajenación de los bienes embargados si el rematante o el adjudicatario los hubiera adquirido de modo irreivindicable. Ello, sin perjuicio de las **acciones** de resarcimiento o enriquecimiento injusto o nulidad de la enajenación.

Requisitos subjetivos La tercería de dominio habrá de interponerse ante el **letrado de la Administración de Justicia** responsable de la ejecución y se resolverá -sustanciada por el cauce del juicio verbal- por el tribunal que dictó la orden general y despacho de la misma (LEC art.599). **4885** MPCI nº 8553, 8555
Se encuentran **legitimados activamente** para interponer demandas de tercería los que sin ser parte en la ejecución:
a) Afirmen ser **dueños** de un bien embargado como perteneciente al ejecutado y que no ha adquirido de este una vez trabado el embargo. El Tribunal Supremo legitima a cualquiera de los **comuneros** para actuar en beneficio de la comunidad (TS 10-4-03, EDJ 9856).
b) Sean titulares de **derechos** que, por disposición legal expresa, puedan **oponerse** al embargo o a la realización forzosa de uno o varios bienes embargados como pertenecientes al ejecutado (LEC art.595.1 y 2).

La **legitimación pasiva** la ostentan:
a) En todo caso, el **acreedor** ejecutante
b) El **ejecutado**: de manera forzosa cuando el bien a que se refiera haya sido por él designado; de forma voluntaria en los demás casos, a cuyo fin se le notificará en todo caso la admisión a trámite de la demanda para que pueda tener la intervención que a su derecho convenga (LEC art.600).

4886 MPCI nº 8557 Precisiones 1) La acción de tercería solo puede ser ejercitada por quien tiene la condición de **tercero**, condición que viene referida no solo al hecho de no ser parte en el procedimiento de ejecución del cual es un incidente, sino también, y fundamentalmente, de ser tercero respecto a la obligación cuya efectividad se persigue con la ejecución (TS 15-6-05, EDJ 96605).
2) En relación con el requisito de ser tercero, la doctrina del **levantamiento del velo** de la persona jurídica, tiene como función evitar el abuso de una pura fórmula jurídica y desvela las verdaderas situaciones en orden a la personalidad, para evitar ficciones fraudulentas (TS 15-10-97, EDJ 7488). La idea básica es que no cabe la alegación de la **separación de patrimonios** de la persona jurídica por razón de tener personalidad jurídica, cuando tal separación es, en la realidad, una ficción que pretende obtener un fin fraudulento, como incumplir un contrato, eludir la responsabilidad contractual o extracontractual, aparentar insolvencia.
3) La tercería de dominio requiere para su viabilidad la **prueba del dominio** que alega el tercerista, que tiene que haber sido adquirido con anterioridad a la práctica del embargo cuyo alzamiento se pretende, así como que exista identidad entre la finca embargada y aquella sobre la que recae el derecho de dominio que invoca el tercerista (TS 7-5-03, EDJ 17127).
4) Ha de tomarse como **fecha** la del embargo no la del despacho de la ejecución (TS 20-10-03, EDJ 130258).
5) El **título de compra**, anterior al embargo, será protegido siempre y cuando resulte claramente demostrada la *traditio* de los bienes vendidos (CC art.609), pues si no se realiza la entrega se sigue teniendo al vendedor como titular. El **documento privado** no acredita por sí solo la efectiva transmisión patrimonial, en cuanto que la tercería de dominio requiere para su acogimiento el haber acreditado el dominio previo y excluyente (TS 13-10-04, EDJ 152654).

4888 MPCI nº 8559, 8561 **Requisitos objetivos** No se admitirá otra **pretensión** del tercerista que la dirigida al alzamiento del embargo.
La parte demandada en la tercería no podrá pretender nada más que el **mantenimiento** del embargo o la sujeción a **ejecución** del bien objeto de tercería (LEC art.601).
La tercería de dominio es una **incidencia** del juicio ejecutivo principal -no un proceso autónomo-, a instancia de tercero y frente al ejecutante y ejecutado, que persigue exclusivamente la liberación del derecho embargado en virtud de un título con idoneidad y entidad bastante para obtener el alzamiento total o parcial de la traba. No cabe acumular a la tercería, o pretender a través de la misma, **pretensiones ajenas** a su finalidad única y exclusiva (TS 18-7-05, EDJ 116821), como:
- lograr la **nulidad** del procedimiento (TS 4-2-87, EDJ 883);
- impugnar la existencia de una **hipoteca** sobre el inmueble controvertido (TS 10-10-96, EDJ 6949);
- discutir acerca de la naturaleza y caracteres del **aval** prestado por el ejecutado (TS 17-7-97, EDJ 5150);
- imposibilidad de **acumular** al procedimiento de tercería ninguna pretensión de fondo que constituya objeto autónomo, salvo la relativa a la nulidad del título del tercerista (TS 27-4-98, EDJ 2757);
- acumular al procedimiento de tercería una **acción reivindicatoria** (TS 20-5-98, EDJ 5018);
- pretender la declaración de **nulidad** del embargo (TS 7-5-03, EDJ 17127).

4890 MPCI nº 8563, 8565 **Requisitos de actividad** La tercería puede interponerse desde que se haya **embargado el bien** o bienes a que se refiera, siquiera sea preventivamente (LEC art.596.1).
Se **inadmitirá** si se interpone con posterioridad al momento en que de acuerdo con lo dispuesto en la legislación civil se produzca la transmisión del bien sea mediante adjudicación al acreedor, sea a tercero en pública subasta (LEC art.596.2).
En tanto no surge ese documento -el testimonio del **auto de aprobación del remate**- del que nace la *traditio ficta* (CC art.1462.2), puede interponerse temporáneamente la demanda de tercería de dominio (AP Barcelona 25-11-04, EDJ 201756).

4891 MPCI nº 8571 **Procedimiento** La tercería principiará por **demanda** que deberá ser acompañada de un principio de **prueba** por escrito (LEC art.595.3).
La demanda se someterá a una evaluación de su **admisibilidad**. Es inadmisible la **extemporánea**, la **deficientemente documentada** (LEC art.596.2), y la **reiterativa** (LEC art.597: prohibición de segunda o ulterior tercería sobre los mismos bienes con base en títulos o derecho que se poseyera al tiempo de la primera.

Podrá condicionarse la admisión a que se preste **caución** por los daños y perjuicios que pudiera producir al acreedor ejecutante (LEC art.598.2).
El tribunal juzgará sobre la **pertenencia** de los bienes embargables al **ejecutado** en base a indicios o signos externos que permitan deducir aquella, sin necesidad de especiales investigaciones.
Cuando tuviera motivos racionales para sospechar la posible pertenencia de los bienes a un **tercero**, ordenará por providencia que se le haga saber la inminencia de la traba, al objeto de que pueda comparecer a defender sus eventuales derechos en el plazo de 5 días.
Si **no comparece** o no se opone, se acordará el embargo salvo que las partes manifiesten si conformidad a que no se realice.
Si **comparece** oponiéndose razonablemente, aportando los documentos que justifiquen su derecho, el tribunal, oídas las partes, resolverá lo que proceda.
Si se trata de **bienes inscribibles** distintos de la vivienda familiar del tercero cuyo título no se encuentre inscrito, no podrá evitar el embargo a salvo sus derechos a ejercitar contra quien y como corresponda.
Su **admisión** determina la suspensión de la ejecución solo respecto del bien a que se refiera, debiendo el letrado de la Administración de Justicia adoptar las medidas necesarias para dar cumplimiento a la suspensión acordada. Es causa suficiente para que el letrado de la Administración de Justicia ordene, mediante decreto, la **mejora del embargo** (LEC art.598).
Si la parte demandada **no contesta**, se considera que admite los hechos consignados en la demanda (LEC art.602).
La tercería de dominio ha de interponerse ante el **letrado de la Administración de Justicia** responsable de la ejecución, se resuelve por el tribunal que dictó la orden general de despacho de la misma, y se sustancia por los trámites previstos para el **juicio verbal** (LEC art.599).
Se resuelve por medio de **auto** que se pronunciará sobre la pertenencia del bien y la procedencia de su embargo, así como sobre la imposición de costas, respecto de las cuales hay normas especiales para fomentar la buena fe procesal.
Si es **estimatorio**, ordenará el alzamiento de la traba y la terminación de cualquier medida que se hubiera tomado para garantizar el embargo del bien (LEC art.604).
El auto no producirá efecto de **cosa juzgada** en relación con la titularidad del bien (LEC art.603).

Precisiones 1) Conforme al art.595.3 LEC, con la demanda de tercería de dominio deberá aportarse un principio de **prueba por escrito** del fundamento de la pretensión del tercerista, lo que no permite exigirle la aportación de una prueba plena, ni anticipar su valoración para cerrarle las puertas del proceso, con el riesgo de impedirle complementar ese principio de prueba documental con otras que acrediten definitivamente la titularidad del tercerista sobre los bienes trabados (AP Valencia 16-3-02, EDJ 22041).
2) La **prohibición de segunda o ulterior tercería** no impide interponer la de mejor derecho una vez desestimada la de dominio sobre los mismos bienes y en relación con igual embargo. Dada la regulación diferenciada de ambos tipos en la LEC, la prohibición no cabe sino referirla a las tercerías que sean de la misma clase que las anteriores, pero no a las de diferente naturaleza. Ni ello resulta del tenor gramatical de LEC art.597 y 614, ni de la regulación sistemática de la figura, ni de la finalidad buscada por el legislador de evitar la dilación en la ejecución cuando es la misma la pretensión entablada, es decir, cuando la demanda es sustancialmente idéntica, pero no cuando es diferente lo que se pide. Por fin, en tanto normas prohibitivas, que limitan los derechos de los litigantes al acceso a los tribunales, no admiten estas disposiciones una interpretación extensiva (AP Asturias 22-12-05, EDJ 235633).

Inadmisión de recurso de casación La tercería de dominio tiene la naturaleza de un **incidente** en ejecución, que concluye siempre mediante auto. Ha de negarse su carácter de acción reivindicatoria, por cuanto su objeto es exclusivamente resolver sobre la **idoneidad** del bien objeto de la tercería para ser ejecutado. Ello determina la irrecurribilidad en casación de la resolución que decida aquel, por no poner fin a una verdadera segunda instancia (TS 18-9-01, EDJ 38458), además de por revestir dicha forma (auto). **4892** MPCI nº 8573

Precisiones En caso de que la resolución de la tercería revista forma de **sentencia** y no de auto, contraviniendo LEC art.603, el recurso de apelación interpuesto frente a aquella se resolverá también por sentencia (LEC art.465.1), frente a la que no se dará recurso de casación, a pesar de su forma (TS 16-9-15, EDJ 161397; AP Huesca 17-4-20, EDJ 589136; AP La Rioja 20-7-20, rollo apelación 228/19).

Tercería de mejor derecho (LEC art.614 a 620) La tercería de mejor derecho es el remedio procesal que la ley concede a quien se considera titular de un derecho de crédito que considera debe ser satisfecho **con preferencia** al del acreedor ejecutante (LEC art.614.1). **4893** MPCI nº 8575, 8577

4895 **Requisitos** a) Por lo que atañe a los **requisitos subjetivos**, conoce de la tercería de mejor derecho el tribunal que hubiera **trabado el bien** en el seno del procedimiento ejecutivo.

MPCI nº 8579 s.

En cuanto a las partes, gozan de **legitimación activa** quienes tengan un interés legítimo en el crédito preferente. Se dirigirá siempre contra el **acreedor ejecutante**. El **ejecutado** podrá intervenir forzosamente si el crédito del demandante no conste en título ejecutivo y voluntariamente en otro caso. Aun cuando no fuera demandado, se notificará en todo caso al ejecutado la admisión a trámite de la demanda, a fin de que pueda realizar la intervención que a su derecho convenga (LEC art.617).

b) En cuanto a los requisitos objetivos, el **objeto** de la acción solo podrá ser la existencia de preferencia en el orden de cobro respecto del ejecutante.

c) Solo procede desde el **momento** en que se haya embargado el bien a que se refiera la preferencia, si esta fuera especial -sobre lo obtenido con la venta de un bien concreto-, o desde que se despachare ejecución, si fuera general -sobre lo obtenido con la venta de todos los bienes del ejecutado-. No se admitirá **después** de que los bienes hayan sido adjudicados al ejecutante y este haya adquiridos su titularidad conforme a la legislación civil, o de que se haya entregado al ejecutante la suma obtenida mediante la ejecución forzosa (LEC art.615).

Precisiones Una vez adjudicado el bien, no puede admitirse tercería en relación con el **reparto del sobrante**, que deberá realizarse en un trámite específico para comparar las preferencias concurrentes, pero que carece de la condición de tercería (AP Bizkaia 7-3-04, EDJ 172289; AP Zaragoza 4-12-02, EDJ 68023; AP Castellón 23-9-00, EDJ 119961).

4897 **Procedimiento** (LEC art.616 a 619) Principia con **demanda**, a la que ha de acompañarse principio de **prueba** del crédito que se afirma preferente.

Se sustancia por los trámites del **juicio verbal** (LEC art.617.1), con las siguientes especialidades:

- Existe un trámite de **admisión**. Se inadmitirán las demandas que no estén documentadas, las reiterativas que se funden en títulos o derechos que poseyera el que la interponga al tiempo de formular la primera (LEC art.614.2).
- Efecto de la admisión es que la ejecución forzosa continuará hasta **realizar** los bienes embargados. El tercerista cuyo título fuera ejecutivo podrá intervenir en tal ejecución.

Lo que se recaude se depositará en la cuenta de **depósitos y consignaciones** del órgano judicial para atender al cumplimiento de la resolución que ponga término a la tercería (LEC art.616).

Precisiones El trámite por el cauce del juicio verbal tiene lugar con independencia de que la ejecución de la que la tercería es incidente sea **judicial o administrativa**. En ambos casos se sigue el cauce indicado y no el dependiente de la cuantía (verbal o procedimiento ordinario).

4898 La **parte demandada** puede adoptar las siguientes actitudes:

MPCI nº 8595

a) **No contestar**: se entenderá que admiten los hechos alegados en la demanda (LEC art.618).

b) **Allanarse** (LEC art.619):

- allanarse solo el **acreedor ejecutante**: si el crédito del tercerista no constare en título ejecutivo se dará traslado al ejecutado que se hubiera personado en la tercería para que manifieste su opinión en plazo de 5 días. Cuando se **oponga**, se dictará auto teniendo por allanado al ejecutante, pero mandando seguir la tercería con el ejecutado;

- en otro caso, se tendrá a los **dos por allanados**, dictando decreto el letrado de la Administración de Justicia ordenando seguir adelante la ejecución para satisfacer: las **3/5** partes de las **costas y gastos** originados por las actuaciones llevados a cabo a instancia del ejecutante hasta la notificación de la demanda de tercería, y el **crédito preferente** del tercerista.

c) **Desistir** de la ejecución (LEC art.619.2):

Si el **título** del **tercerista** fuera ejecutivo, se procederá como se ha indicado para el allanamiento sin oposición.

Si el título fuera distinto, el tribunal dictará **auto de desistimiento** del proceso de ejecución, salvo que el ejecutado se mostrare de acuerdo en que prosiga para satisfacer el crédito del tercerista.

d) Contestar **oponiéndose**.

Se resolverá la tercería por **sentencia** que se pronunciará sobre la existencia del privilegio y el orden en que los créditos deben ser satisfechos en la ejecución. Asimismo, se pronunciará sobre las **costas** procesales, respecto de las cuales hay normas especiales para fomentar la buena fe procesal.

Si es **estimatoria**, no se entregará al tercerista cantidad alguna procedente de la ejecución mientras no se hayan satisfecho al ejecutante las 3/5 partes de las costas causadas en esta hasta el momento en que recayó la sentencia.

Precisiones Ha de tenerse en cuenta que la tercería de mejor derecho se sustancia por los trámites del **juicio verbal** (LEC art.617).

Oposición a la validez del título Presentada demanda de tercería (ordinariamente, de dominio), que ha de tramitarse por los cauces del juicio verbal (LEC art.599 y 617.1), el demandado puede oponer al título de dominio -o, en su caso, justificativo del crédito- aportado por el tercerista, el concurso de **nulidad** de aquel. 4899
Esta alegación no debe considerarse como **reconvención**, que vendría impedida en este caso por el cauce específico de la tercería (juicio verbal), frente al trámite de juicio ordinario que correspondería a la pretensión de declaración de nulidad, razón por la que no habría lugar a reconvenir en tales términos (LEC art.438 redacc LO 1/2025).
En rigor, la nulidad del título no se opone por otro procedimiento acumulado ni por reconvención (lo que exigiría efectivamente procedimientos de la misma especie) sino como **oposición al título invocado** en el único cauce de tercería que existe.

5. Procedimiento de apremio

La **realización forzosa** de un bien embargado es susceptible de verificarse por una triple vía: 4900 MPCI nº 8600
- la **utilización del bien** en sí, en su totalidad por el ejecutante;
- la **utilización del valor en cambio** del bien; y
- la **utilización del valor en uso**.

La primera de estas formas da lugar a la **adjudicación** forzosa; la segunda, a la **enajenación** forzosa; y la tercera, a la **administración** forzosa.
Dentro de la ejecución dineraria, estos tres sistemas de realización forzosa han sido recogidos por la LEC.

a. Adjudicación forzosa

Es un sistema de realización forzosa que consiste en la **entrega del bien embargado**, tal y como este objetivamente es, al acreedor ejecutante, para conseguir así la satisfacción de su pretensión. 4904
Es preciso diferenciar esta adjudicación forzosa de la **adjudicación judicial** al acreedor de un bien que era el que específicamente reclamaba, ya que esta segunda categoría de adjudicación tiene su encuadramiento en la **ejecución no dineraria**. Y también hay que diferenciarla de aquellos supuestos en que se produce subsidiariamente la adjudicación forzosa de un bien al acreedor, una vez que han resultado infructuosos otros medios de realización forzosa, particularmente el de enajenación.

Supuestos (LEC art.634) Bajo la rúbrica de «Entrega directa al ejecutante», se dispone que el letrado de la Administración de Justicia entregará directamente al ejecutante, por su valor nominal, los bienes embargados que sean: 4905 MPCI nº 8607
1º **Dinero** efectivo.
2º Saldos de **cuentas corrientes** y de otras de inmediata disposición. También cabe, sin embargo, que esta disponibilidad no sea tan inmediata. Se añade que cuando se trate de saldos favorables en cuenta, con vencimiento diferido, el letrado de la Administración de Justicia adoptará las medidas oportunas para lograr su cobro, pudiendo designar un administrador cuando fuese conveniente o necesario para su realización.
3º **Divisas** convertibles, previa conversión, en su caso.
4º Cualquier **otro bien** cuyo valor nominal coincida con su **valor de mercado**, o que, aunque inferior, el acreedor acepte la entrega del bien por su valor nominal.
La Ley no hace referencia a la posibilidad de **ceder créditos** al ejecutante, como modalidad de adjudicación forzosa. Podría incluirse la cesión de créditos en este apartado 4º, si bien, de admitir esta posibilidad, quedaría en pie el problema de determinar si esa adjudicación forzosa por cesión de créditos se ha efectuado *pro soluto*, o *pro solvendo*, es decir, que solo se consideraría concluido el proceso de ejecución cuando se haya hecho valer con éxito el crédito adjudicado (CC art.346). Seguramente para evitar esta incertidumbre, la norma no ha hecho referencia expresa a la cesión de créditos.
Puede acordarse la **entrega de las cantidades embargadas**, cuando tengan carácter periódico, mediante resolución del letrado de la Administración de Justicia que ampare las posteriores entregas hasta el pago completo del principal. Y, una vez cubierto este y, en su caso, liquidados los intereses y tasadas las costas, puede acordarse también la entrega de las cantidades embargadas en la forma indicada y por esos conceptos mediante una sola resolución (LEC art.634.3).

4906 **Norma especial para los bienes muebles vendidos a plazos** (LEC art.634.3) En la ejecución de sentencias que condenen al pago de las cantidades debidas por **incumplimiento de contratos** de venta a plazos de bienes muebles, si el ejecutante lo solicita, se le hará entrega inmediata, por el letrado de la Administración de Justicia, del bien o bienes muebles vendidos o financiados a plazos por el valor que resulte de las tablas o índices referenciales de depreciación que se hubieran establecido en el contrato.

MPCI nº 8609

4907 **Adjudicación de bienes o derechos a la Administración General del Estado** (RD 1373/2009 art.16 a 19) La adjudicación de bienes o derechos a la Administración General del Estado en procedimientos judiciales (y de forma análoga, administrativos de apremio) se somete a las siguientes **reglas**:

MPCI nº 8613

1º En los procedimientos judiciales de ejecución en los que se ofrezca a dicha Administración la adjudicación a su favor de bienes embargados, la Abogacía del Estado ha de solicitar los datos suficientes para la **identificación de los bienes o derechos** y de las cargas que recaigan sobre ellos y comunicarlo a la delegación de Economía y Hacienda competente, con indicación del plazo señalado para solicitar dicha adjudicación. Recibida la notificación, la delegación citada desarrolla las actuaciones preliminares necesarias para identificar los citados bienes y derechos y determinar la **conveniencia de su adjudicación** a aquella, solicitando en su caso la colaboración de la Dirección General del Patrimonio del Estado o de las delegaciones de Economía y Hacienda donde radiquen los bienes (si lo hicieran en más de una provincia), a efectos de informar sobre la adjudicación. El informe ha de ser favorable. Si las **cargas y gastos** fueran superiores al valor del bien o derecho, el solo se informará favorablemente cuando existan razones de interés público debidamente acreditadas y previa constatación de la existencia de crédito suficiente para el abono o asunción de las cargas y gastos.

2º Si el procedimiento judicial se sustanciara ante un órgano con jurisdicción de ámbito nacional, la citada comunicación se dirigirá a la **Dirección General del Patrimonio del Estado**, a quien corresponderá informar sobre la adjudicación.

3º Emitido el correspondiente informe, se comunicará a la **Abogacía del Estado**, al objeto de realizar las actuaciones procesales oportunas.

4º La **resolución judicial de adjudicación** al Estado se comunicará a la delegación de Economía y Hacienda de la provincia donde radiquen los bienes y a la Dirección General del Patrimonio del Estado si radicaren en más de una.

Recibida la resolución, se procederá a la identificación plena de los bienes o derechos adjudicados, a su **tasación pericial** y a su anotación en el Inventario General de Bienes y Derechos del Estado, a su inscripción en el Registro de la Propiedad, en su caso, e incorporación al Catastro. No obstante, si se pusiese de manifiesto que las características del bien adjudicado o su valoración no concuerdan con las señaladas en la resolución de adjudicación, se informará de ello al órgano que la hubiese acordado, para que proceda a la adopción de las medidas pertinentes, incluida, en su caso, la revisión judicial de la adjudicación adoptada, solicitada por el procedimiento correspondiente de acuerdo con la legislación procesal.

b. Enajenación forzosa

4910 La enajenación forzosa es la actividad procesal de ejecución que consiste en **cambiar el bien embargado por dinero**, con el cual satisfacer la pretensión del ejecutante. Se utiliza, por tanto, el valor en cambio del bien embargado.

Junto a la tradicional y común modalidad de ejecución (la **subasta**), la LEC abre camino a vías de enajenación forzosa alternativas que, en determinadas circunstancias, permitirán agilizar la realización y mejorar su rendimiento. Estas modalidades de enajenación se fundamentan en la naturaleza del bien, como ocurre en el supuesto de la enajenación de **acciones** y otras formas de participación sociales (LEC art.635), y, en menor medida, en la realización por **persona o entidad especializada** -mediante convenio de realización- (LEC art.640), en cuanto que, además de las características del bien, se requiere la petición del ejecutante; o en la voluntad de las partes del proceso de ejecución, como ocurre en el supuesto del convenio de realización (LEC art.640).

4911 **Requisito previo: valoración de los bienes embargados** (LEC art.637) El **avalúo** o valoración de los bienes embargados constituye el lógico presupuesto previo de cualquier modalidad de enajenación forzosa.

Se exceptúa, no obstante, el supuesto de enajenación de **acciones** y otras formas de participación social, cuyo precio vendrá determinado en los mercados regulados, o por las disposiciones legales y estatutarias por las que se rigen las sociedades, y por los datos de su contabilidad.

Y, lógicamente, también se exceptúa el supuesto de que **ejecutante y ejecutado** lleguen a un **acuerdo** sobre el valor, antes o durante la ejecución. No obstante, parece que en este último supuesto no quedan suficientemente salvaguardados los derechos e intereses de otros acreedores distintos del ejecutante.

Nombramiento de perito (LEC art.638) Para valorar los bienes, el letrado de la Administración de Justicia encargado de la ejecución designará el perito tasador. Se prefiere a los que presten servicios a la **Administración de Justicia**. En su defecto, la tasación podrá encomendarse a organismos o servicios técnicos dependientes de las **Administraciones públicas**, que dispongan de personal cualificado y hayan asumido el compromiso de colaborar, a estos efectos, con la Administración de Justicia. Solo en último extremo se encomendará a **profesionales colegiados** o a las personas físicas o jurídicas que figuren en una relación que se formará con las listas que suministren las entidades públicas competentes para conferir habilitaciones para la valoración de los bienes. 4912

Cabe referirse a las siguientes cuestiones:

• **Recusación** del perito: el perito designado puede ser recusado por el ejecutante o por el ejecutado que hubiera comparecido (sobre la recusación, hay que estar a lo dispuesto en LEC art.124 a 128).

• **Aceptación y elaboración del informe**: el nombramiento se notificará al perito designado, que necesariamente ha de aceptarlo en el siguiente día, si no concurre causa de abstención que se lo impida (LEC art.639).

A partir de la aceptación del encargo, el perito entregará la **valoración** en el plazo de 8 días, simultáneamente al tribunal y a las partes. Solo por causas justificadas, mediante providencia, puede ampliarse este plazo, en función de la cuantía o complejidad de la valoración.

• **Criterios de valoración**: el perito hará la tasación del bien o derecho embargado por su **valor de mercado**. La deducción de cargas y gravámenes, en el supuesto de bienes **inmuebles**, le corresponde efectuarla al letrado de la Administración de Justicia (LEC art.666).

• **Contradicción** de la valoración pericial: durante los 5 días siguientes a la entrega de la valoración, las partes y los titulares registrales del bien valorado pueden contradecir la valoración pericial mediante **alegaciones e informes** suscritos por perito tasador.

• **Aprobación** de la valoración: el letrado de la Administración de Justicia, a la vista de las alegaciones y apreciando todos los informes según las reglas de la sana crítica, determinará la **valoración definitiva** a efectos de la ejecución, mediante decreto.

Efectos comunes de toda enajenación forzosa Cualquiera que sea su modalidad, y con la sola **excepción** del supuesto de enajenación de acciones y otras formas de participación sociales (LEC art.635), les son aplicables las previsiones contenidas en la regulación de la **subasta** para la subsistencia y cancelación de cargas, así como sobre distribución de las sumas recaudadas, inscripción del derecho del adquirente y mandamiento de cancelación de cargas. 4913

Ello explica que, aun tratándose de enajenación mediante **convenio** o mediante **persona o entidad especializada**, en ambos supuestos sea precisa la aprobación de la enajenación mediante **providencia**, previa comprobación de que la transmisión del bien se produjo con conocimiento, por parte del adquirente, de la situación registral que resulte de la certificación de cargas.

Enajenación de acciones y otras formas de participación social (LEC art.635) Se distinguen dos **supuestos**: 4914

a) Si los bienes embargados fuesen acciones, obligaciones, otros valores admitidos a **negociación en mercado secundario**, o si el bien embargado cotiza en cualquier mercado regulado o puede acceder a un mercado con precio oficial, el letrado de la Administración de Justicia ordenará que se enajenen con arreglo a las Leyes que rigen estos mercados.

b) Si lo embargado fuesen acciones o participaciones societarias que **no coticen en Bolsa**, la realización se efectuará atendiendo a las disposiciones legales y estatutarias sobre la enajenación de las acciones y participaciones, con respeto, en especial, a los derechos de preferente adquisición. En este supuesto, a falta de disposiciones especiales, la realización se hará por subasta judicial.

En este supuesto de venta directa **no** es requisito previo el **avalúo**, pues serán los mercados o los datos contables los que determinarán el valor del bien embargado; ni rige la regla de la **subsistencia de cargas anteriores**, que afectaría gravemente a la seguridad de este tipo de mercados; ni es necesaria la aprobación de la enajenación mediante **providencia** judicial (LEC art.637 y concordantes). No obstante, entendemos que sí serán aplicables por extensión analógica lo dispuesto para la subasta en lo que se refiere a la **distribución de las sumas recaudadas**.

4915 **Convenio de realización judicialmente aprobado** (LEC art.636.1 y 640 redacc LO 1/2025) Se trata de la modalidad preferente de **realización forzosa** para los bienes no susceptibles ni de adjudicación forzosa ni de venta directa. Es un acto procesal por el que el letrado de la Administración de Justicia aprueba un **acuerdo entre los interesados** sobre una forma de realización de la totalidad o parte de los bienes embargados, incluida la realización por persona o entidad especializada. Pese a su denominación, no es un convenio, sino un verdadero **acto procesal**, cuya fuerza vinculante deriva no de la voluntad de las partes, sino de la autoridad del órgano judicial.

1) En cuanto a sus elementos **personales**, la **competencia** para su aprobación le corresponde al órgano judicial ejecutante.

Están **legitimados** para promover el procedimiento mediante la presentación de la solicitud, el ejecutante, el ejecutado y quien acredite interés directo en la ejecución (LEC art.640.1 redacc LO 1/2025).

Además, en el procedimiento intervienen otros dos grupos de personas:

- los **acreedores y terceros poseedores** que hubiesen inscrito o anotado sus derechos en el registro correspondiente con posterioridad al gravamen que se ejecuta: su conformidad es imprescindible para la aprobación del convenio (LEC art.640.3 redacc LO 1/2025);
- **otras personas**, distintas del ejecutante y del ejecutado a quienes afectare el acuerdo (LEC art.640.3 redacc LO 1/2025).

2) En cuanto a los elementos **reales**, el convenio ha de versar sobre la **totalidad o parte de los bienes embargados**, siempre que no se trate de aquellos susceptibles de adjudicación forzosa o de venta directa (LEC art.636.1).

4916 **Procedimiento** (LEC art.640 redacc LO 1/2025) Consiste en el **acuerdo** alcanzado entre los sujetos implicados en la ejecución, sin necesidad de comparecencia, con la finalidad de convenir el modo de realización más eficaz de los bienes trabados.

El letrado de la Administración de Justicia aprobará el convenio por **decreto** si se logra el acuerdo entre el ejecutante y el ejecutado, y este no pueda causar perjuicios a tercero cuyos derechos proteja esta Ley; y también, si pudiese llegar a causarlos, si se incluyera la conformidad de aquellos a los que afectara.

En el supuesto de que la realización sea mediante **subasta extrajudicial**, por persona o entidad especializada, el letrado de la Administración de Justicia aprobará la transmisión tras verificar el cumplimiento de la normativa de ordenación del comercio minorista, reguladora de la venta en pública subasta.

El efecto inmediato de la **aprobación** del convenio es la **suspensión de la ejecución** respecto del bien o bienes objeto del acuerdo (LEC art.640.3).

Si se acreditara el **cumplimiento del acuerdo**, la ejecución se sobreseerá respecto del bien o bienes a que se refiriese. Por el contrario, si el acuerdo no se cumpliese dentro del plazo pactado o, por cualquier causa, no se lograse la satisfacción del ejecutante en los términos convenidos, podrá este pedir que se alce la suspensión de la ejecución y se proceda a la subasta en la forma prevista en esta Ley (LEC art.640.3 redacc LO 1/2025).

Las disposiciones generales sobre **subsistencia y cancelación de cargas** son aplicables también cuando se transmita la titularidad de inmuebles hipotecados o embargados, aprobándose las enajenaciones que se produzcan por el letrado de la Administración de Justicia encargado de la ejecución, mediante decreto, previa comprobación de que la transmisión del bien se produjo con conocimiento, por parte del adquirente, de la situación registral que resulte de la certificación de cargas, y con el consentimiento expreso de los acreedores y terceros poseedores que hubieran inscrito o anotado sus derechos en el Registro correspondiente con posterioridad al gravamen que se ejecuta.

Aprobada la transmisión, se aplica el régimen de subasta de inmuebles en lo que se refiere a la **distribución de las sumas recaudadas, inscripción del derecho del adquirente y mandamiento de cancelación de cargas**. Es mandamiento bastante para el Registro de la Propiedad el testimonio del decreto por el que se apruebe la transmisión del bien (LEC art.640.4 redacc LO 1/2025).

Precisiones La **enajenación de bienes embargados a través de entidad o persona especializada** se prevé actualmente como modalidad de ejecución admisible en sede de convenio entre las partes y, en su caso, terceros; no al margen del mismo, a diferencia del régimen precedente a la LO 1/2025, que la preveía como sistema alternativo a la subasta (LEC art.636.2.1º redacc anterior LO 1/2025; LEC art. 641 y 642 derog LO 1/2025).

4919 **Subasta: procedimiento ordinario de enajenación forzosa** (LEC art.643 a 675 -redacc LO 1/2025- y disp.adic.6ª) Funcionalmente, la subasta es un procedimiento destinado a la **elección de un adquirente** de un bien (o de un contratista, en el ámbito del Derecho Administrativo).

Estructuralmente, se caracteriza por la concurrencia enfrentada de los eventuales aspirantes a su adquisición, de modo que es nota definidora de la subasta la **oposición o pugna, puja**, en sentido técnico, entre tales aspirantes. Con ello, la subasta se diferencia no solo de la venta sin concurrencia, sino también de la venta por concurso, en la que existe pluralidad de aspirantes a la adquisición, pero no lucha entre ellos.

Se configura la subasta como **procedimiento común** u ordinario de enajenación forzosa, y subsidiaria de todos los demás.

La regulación legal presenta dos características:

- se establece una **única subasta**, y no sucesivas;
- se regulan separadamente la subasta de bienes **muebles** (LEC art.643 a 654 redacc LO 1/2025) y la de bienes **inmuebles** (LEC art.655 a 657 -redacc LO 1/2025-, 658 a 666, 667 a 671 -redacc LO 1/2025- y 672 a 675).

El procedimiento de la subasta de muebles es el **modelo común**; la de inmuebles y otros muebles sujetos a un régimen de publicidad registral contiene solo especialidades. Por tanto, las reglas de la subasta de los muebles son de general aplicación, a salvo las especialidades de la de los inmuebles.

Las subastas se tramitan necesariamente en sede electrónica, a través del Portal del Subastas del BOE (L 19/2015 disp.trans.1ª).

Precisiones **1)** Las especialidades relativas a la **venta forzosa de buques**, pueden consultarse en nº 8940 s. Memento Procesal Civil 2026.

2) Ha sido declarado **inconstitucional** lo dispuesto en LEC art.655 bis redacc L 12/2023 -así como en LEC art.439.6.c y 7 y 685.2, en la redacción dada por L 12/2023-, respecto de la regla especial de enajenación por subasta de inmueble vivienda habitual del ejecutado, siendo el acreedor una empresa de vivienda o un gran tenedor de ella (TCo 26/2025).

Elementos personales Además del **letrado de la Administración de Justicia** competente para la ejecución, que convoca, anuncia, adjudica, aprueba el remate, entrega los bienes, liquida y resuelve incidentes, intervienen en la subasta las siguientes personas: **4920**

a) El **ejecutante**, que puede tomar parte en la subasta y **mejorar las posturas** que se hiciesen, sin necesidad de consignar cantidad alguna. Necesariamente habrá de hacerlo, en las condiciones previstas en LEC art.650 y 670 redacc LO 1/2025, cuando pretenda adjudicarse los bienes. Si no hubiera habido pujas, no podrá solicitar la adjudicación de los bienes; asimismo, es el único, junto con los acreedores, que puede hacer posturas reservándose la facultad de **ceder el remate** a un tercero, sin necesidad de manifestación expresa.

Si la postura ofrecida es superior al 50% del valor de la subasta en los muebles, o al 70% en los inmuebles y la cantidad ofrecida fuera igual o inferior al principal reclamado, se pondrá al ejecutante en posesión de los bienes y se dictará el decreto de **adjudicación**. Si la postura fuera superior, se procederá por el letrado de la Administración de Justicia a la **liquidación** de lo que se deba por principal, intereses y costas, consignado la diferencia, si la hubiera, en el plazo de 10 días, poniéndosele en posesión de los bienes y dictando el decreto de adjudicación. En otro caso, se declarará la **quiebra de la subasta** y se descontará del crédito del ejecutante el importe equivalente al depósito exigido a los demás postores para participar en la subasta, corriendo a su cargo los gastos de celebración de la nueva subasta (LEC art.647.3, 650.2 y 670.2 redacc LO 1/2025).

La adjudicación al ejecutante por estos porcentajes es procedente, aunque la cifra que arrojen sea muy inferior a la suma que se le deba. La alternativa que deja la LEC al ejecutante en casos de **subasta sin ningún postor** es solicitar la adjudicación del mismo por la cantidad suficiente para lograr la completa satisfacción del derecho del ejecutante, sin que pueda ser inferior al 40% del valor de subasta.

Adicionalmente, se especifica que en el caso de las **adjudicaciones solicitadas por el acreedor** ejecutante en los términos previstos en LEC art.655 a 675 (de bienes inmuebles) y siempre que las subastas en las que no hubiera ningún postor se realicen sobre inmuebles diferentes de la vivienda habitual del deudor, el acreedor puede pedir la adjudicación de los bienes por cantidad igual o superior al 50% de su valor de subasta o por la cantidad que se le deba por todos los conceptos. Asimismo, y para los citados inmuebles diferentes de la vivienda habitual del deudor, cuando la mejor postura ofrecida sea inferior al 70% del valor por el que el bien hubiera salido a subasta y el ejecutado no hubiera presentado postor, puede el acreedor pedir la adjudicación del inmueble por el 70% o por la cantidad que se le deba por todos los conceptos, siempre que esta cantidad sea superior a la mejor postura (LEC disp.adic.6ª).

Tratándose de la **vivienda habitual del deudor**, no se aprobará el remate por cantidad inferior al 70% de su valor de subasta, salvo que se haga por la cantidad debida al ejecutante por todos los conceptos. En este caso, no se podrá aprobar el remate de la vivienda por menos del 60% de ese valor. Cuando el ejecutante haya sido el mejor postor, ofreciendo un precio que no cumple esas condiciones, el letrado de la Administración de Justicia, si el ejecutado no hace uso de su facultad de mejora, procederá a aprobar el remate de la vivienda por el 70% del valor de subasta o por la cantidad que se le deba por todos los conceptos si fuera inferior a ese porcentaje, con un mínimo del 60 % de su valor de subasta (LEC art.670.3 redacc LO 1/2025).

b) El **ejecutado**, en cualquier momento anterior a la aprobación del remate o de la adjudicación al acreedor, puede como deudor **liberar sus bienes** pagando íntegramente lo que deba al ejecutante por **principal**, **intereses** y **costas** (LEC art.650.5 y 670.7 redacc LO 1/2025). Cuando las **posturas** ofrecidas sean **inferiores** al 50% de la subasta, en muebles, o 70% en inmuebles, puede presentar un **tercero** que mejore la postura ofreciendo cantidad superior, o incluso inferior, siempre que resulte suficiente para la completa satisfacción del derecho del ejecutante. Ello habrá de hacerlo en el plazo de 10 días (LEC art.650.3 y 670.3 redacc LO 1/2025).

c) Los **licitadores**, en general, para tomar parte en la subasta, han de identificarse de forma suficiente, indicando si actúan en nombre propio o de terceros, total o parcialmente. Si actúan en representación de varios, informarán sobre el porcentaje de adjudicación que corresponda a cada uno. Han de declarar que conocen las **condiciones** generales y particulares de la subasta; y han de presentar acreditación de que han consignado -a través del Portal de Subastas, que utilizará los servicios telemáticos de la Agencia Estatal de Administración Tributaria (L 19/2015; RD 1011/2015) por el 10% -en caso de muebles- o 20% -inmuebles- o el porcentaje fijado por el letrado de la Administración de Justicia en función de las circunstancias, o un mínimo de 1.000 euros si el importe que resultara de la aplicación de esos porcentajes fuera inferior, del valor que se haya dado a los bienes con arreglo a lo establecido en LEC art.666.

Se entenderá que por el solo hecho de participar aceptan como suficiente la **titulación** que consta en autos y que aceptan, asimismo, subrogarse en las **cargas** anteriores al crédito por el que se ejecuta, en caso de que el remate se adjudique a su favor (LEC art. 646.2 y 668.2 -redacc LO 1/2025- y 669.2).

En su caso, al efectuar la consignación, harán constar si estas cantidades provienen, en todo o en parte, de un tercero, reflejándose en la acreditación, a efectos de su ulterior devolución (LEC art.647 y 652).

Durante el periodo de licitación, cualquier licitador o interesado en la subasta puede solicitar del órgano judicial inspeccionar el inmueble o inmuebles subastados. Cuando el deudor consienta en la inspección y colabore con el tribunal en el adecuado desarrollo de la enajenación, puede solicitar la reducción del importe de su deuda hasta en un 2%, resolviendo el órgano judicial previa audiencia del ejecutante por plazo no superior a 5 días, dentro del margen legal (LEC art.669.3).

4920.1 MPCI nº 8644 Precisiones El procedimiento de constitución, gestión y devolución de **depósitos** exigidos para participar en subastas electrónicas, se somete a las siguientes **reglas** (RD 1011/2015):

- Para poder **participar** en la subasta, los interesados deben estar en posesión de la correspondiente acreditación, para lo que han de haber constituido, en su caso, depósito porcentual del valor de los bienes, según se indica en el texto.
- Para cursar la **constitución telemática** del depósito, el interesado, dado de alta en el portal de subastas (LEC art.648.4ª redacc LO 1/2025), ha de conectarse a través de este con los servicios electrónicos de la AEAT y, por vía de estos, con los de la entidad colaboradora en la que tenga cuenta. Si la constitución del depósito es aceptada por esta entidad, efectuará el traspaso de su importe desde la cuenta del depositante a la cuenta de depósitos por participación en subastas de la Agencia Tributaria, comunicando este hecho o la imposibilidad de efectuarlo por inexistencia de saldo o por cualquier otra causa, así como los datos identificadores del depositante y de la subasta, a la Agencia Tributaria y de forma sucesiva al portal de subastas, a resultas de la subasta. El portal de subastas enviará al interesado, como acreditación del depósito constituido, un número de referencia completo que previamente le habrá comunicado la Agencia Tributaria tras ser emitido por la entidad colaboradora correspondiente.
- En la fecha del **cierre** de la subasta y a continuación de la misma, el portal de subastas transmitirá a la Agencia Tributaria la información necesaria para que el importe correspondiente al depósito constituido por el postor adjudicatario se ingrese en la cuenta restringida de la entidad colaboradora en la que se hubiere efectuado, a los efectos de su posterior transferencia a la cuenta del Tesoro en el Banco de España. Este ingreso se efectuará una vez finalizada la quincena prevista en RGR art.29.1. Seguidamente la AEAT ha de remitir la propuesta de pago a la Secretaría General del Tesoro y Política Financiera para que le transfiera los fondos correspondientes a ese depósito, recibiendo información del portal de subastas con los datos correspondientes al nombre y NIF del depositante, así como los identificadores de la subasta, lote y demás circunstancias que, en su caso, sean precisos para asegurar la correcta recepción e identificación de las cantidades que serán transferidas a la cuenta de depósitos y consignaciones judiciales, o a las cuentas correspondientes en caso de subastas notariales.

• Una vez disponga de los **fondos** y de acuerdo con la información recibida, la AEAT ha de remitirlos a la cuenta de depósitos y consignaciones del órgano u oficina judicial ante la que se siga el procedimiento o expediente en el que se acordó la celebración de la subasta judicial o a las cuentas correspondientes en caso de subastas notariales.
• Asimismo, en la misma fecha del cierre de la subasta, el portal de subastas transmitirá a la AEAT la información necesaria para que traspase los depósitos constituidos por los postores que realizaron su puja sin reserva de postura desde la cuenta de depósitos por participación en subastas a la cuenta del depositante (LEC art.652 redacc LO 1/2025).
• Los depósitos constituidos por los postores que hayan pujado con reserva de postura permanecen en el mismo estado hasta que se comunique por el órgano subastador al portal de subastas que el adjudicatario ha completado la totalidad del precio ofrecido, que se ha aprobado el remate en favor de tercero o que se ha dictado decreto de adjudicación. Una vez recibida esta comunicación, el portal de subastas transmitirá a la AEAT la información necesaria para que traspase a las cuentas de los depositantes los depósitos constituidos.
• Si existieran **pujas** efectuadas con reserva de postura y el mejor postor o, en su caso, el primero de los postores que hubiera reservado postura, no completara el precio ofrecido en plazo (LEC art.653 redacc LO 1/2025), el letrado de la Administración de Justicia (letrado de la Administración de Justicia) o notario responsable de la subasta, además de dar el destino legal al depósito constituido por el postor que causó la quiebra de la subasta, ha de comunicarlo al portal de subastas interesando del mismo el envío de la certificación con los datos del siguiente mejor postor que pujó con reserva de postura y que actúe conforme a lo establecido en el párrafo primero del apartado anterior. Si este postor tampoco completara el precio ofrecido, se procederá de la misma forma respecto a los sucesivos postores que hubieran pujado con reserva de su postura.
• Si, a pesar de haberse constituido el depósito para participar en una subasta determinada, finalmente esta no tuviere ningún postor, el portal de subastas, al cerrarla, transmitirá a la AEAT la información necesaria para que traspase a las cuentas de los depositantes los depósitos constituidos para aquella.
• Los **depósitos constituidos** por los postores que, una vez iniciada la subasta dejen de tener interés en la misma, no realicen ninguna puja o hayan visto su postura superada y no hayan hecho reserva de postura, serán traspasados en el momento de cierre de la subasta.
• En los casos de **suspensión** de la subasta por un periodo superior a quince días o cancelación directa de la misma por el letrado de la Administración de Justicia (letrado de la Administración de Justicia) o notario responsable, el portal de subastas, una vez transcurrido el citado plazo o recibida la comunicación expedida por aquel dejando sin efecto la subasta, transmitirá a la AEAT la información necesaria para que traspase a las cuentas de los depositantes los depósitos constituidos para participar en la misma.

d) Terceros adjudicatarios no licitadores. La ley admite esta posibilidad cuando el ejecutante o un acreedor haga postura reservándose la facultad de ceder a un tercero, o cuando resulte el propio ejecutante adjudicatario, sin necesidad de manifestación expresa. De no haberse efectuado con anterioridad, la **cesión** se verificará en el plazo de 5 días conferido por el letrado de la Administración de Justicia cuando queden los autos pendientes de dictar el decreto de adjudicación y tras haberse pagado, en su caso, el precio de remate. A tal efecto, se presentará escrito firmado por cedente y cesionario con los documentos que permitan acreditar la identidad, facultades y representación de los firmantes, si no constaran ya en el expediente, acreditando el pago de la cantidad total por el cesionario si la cesión ha sido mediante precio, que podrá ser inferior al del remate o adjudicación, sin perjuicio de que la minoración de deuda para el ejecutado deberá corresponderse con el importe total del remate o adjudicación. Si hubiera sobreprecio también se aplicará a los fines de la ejecución, con constancia en el decreto de adjudicación como un concepto distinto del precio de adjudicación. De no efectuarse el **pago** en el plazo de 10 días, se declara la quiebra de la subasta y se descuenta del crédito del ejecutante el importe equivalente al depósito exigido a los demás postores para participar en esa subasta, corriendo a su cargo los gastos de celebración de la nueva (LEC art.647.3 redacc LO 1/2025). **4921** MPCI nº 8648

e) Otros acreedores. La Ley diferencia entre los **créditos anteriores** al que sirvió de despacho para la ejecución, y los **posteriores**.
Los anteriores han de **informar al letrado de la Administración de Justicia** en el plazo de 10 días (LEC art.657 redacc LO 1/2025), sobre la subsistencia y cuantía actual de sus créditos.
A los posteriores al crédito que sirvió de título para la ejecución, el **registrador** les informará de la existencia de la ejecución. Ahora bien, si son posteriores a la fecha de la expedición de la **certificación de cargas y gravámenes**, no se les realiza comunicación alguna, pero, acreditando al órgano judicial la inscripción de su derecho, se les dará intervención en el avalúo y demás actuaciones del procedimiento que les afecten (LEC art.659).
f) Titular registral distinto del ejecutado. Si la **inscripción** de dominio es **posterior** a la anotación de embargo, lógicamente se mantendrá este y se entenderán con el titular registral todas las actuaciones de realización forzosa. Ahora bien, si la **inscripción es anterior**, el órgano judicial, oídas las partes personadas, ordenará alzar el embargo, a menos que el procedimiento

se siga contra el ejecutado en concepto de heredero de quien apareciese como dueño en el Registro o que el embargo se hubiese trabado teniendo en cuenta tal concepto (LEC art.658).

g) Tercer poseedor. Se considera a estos efectos a quienes después de anotado el embargo o de consignado registralmente el comienzo del procedimiento de apremio, **adquieren el pleno dominio**, el usufructo, la nuda propiedad, el dominio directo o el dominio útil de un inmueble, en virtud de venta o adjudicación en ejecución. La consecuencia es doble: se entenderán con él las actuaciones ulteriores y puede liberar el bien satisfaciendo lo que deba el acreedor por principal, intereses y costas, dentro de los límites de responsabilidad a que esté sujeto al bien, y con aplicación de lo dispuesto en LEC art.613 (LEC art.662).

h) Arrendatarios y ocupantes de hecho. Se les notifica (incluso a través del procurador del ejecutante, cuando este lo solicite o lo acuerde el letrado de la Administración de Justicia -letrado de la Administración de Justicia-) la existencia de la ejecución para que en el plazo de 10 días presenten al letrado de la Administración de Justicia (LEC art.675.3) los **títulos** que justifiquen su situación. En la publicidad de la subasta que se realice en el portal de subastas y en medios públicos o privados, en su caso, se ha de expresar con el detalle posible la situación posesoria del inmueble o su situación de desocupado, si se acredita esto último ante el letrado de la Administración de Justicia. El ejecutante puede pedir que se declare que no tienen derecho a permanecer en el inmueble. Se tramitará entonces el incidente de **lanzamiento**, cuya resolución mediante auto no produce efecto de cosa juzgada, pues el auto dejará a salvo, cualquiera que fuese su contenido, los derechos de los interesados, que podrán ejecutarse en el juicio que corresponda (LEC art.661 y 675).

4923 **Elementos reales** (LEC art.643) La enajenación forzosa se efectúa de modo individualizado, por **cada uno de los bienes** embargados, vendiéndose sucesivamente, salvo que resultase conveniente, en el caso de los bienes muebles, enajenarlos por lotes. La formación de estos **lotes** la efectuará el letrado de la Administración de Justicia, previa audiencia de las partes.

4924 **Actos preparatorios de la subasta** (LEC art.666) En la subasta de inmuebles y muebles sujetos
MPCI a un régimen de **publicidad registral**, del valor de la tasación pericial se deduce el importe de
nº 8652, todas las **cargas y derechos anteriores** al gravamen por el que se hubiese despachado la eje-
8654 cución cuya preferencia resulte de la certificación registral de dominio y cargas. Esta operación la realiza el letrado de la Administración de Justicia, teniendo en cuenta la cuantía actual de estas cargas y gravámenes. Si el valor de las cargas o gravámenes iguala o excede del determinado para el bien, el letrado de la Administración de Justicia dejará en suspenso la ejecución sobre ese bien. Igualmente, en el caso de los bienes **muebles**, no se convocará la subasta cuando su valor sea inferior a los gastos que previsiblemente haya de originar la subasta (LEC art.643.2).

La **titulación** es especialmente significativa en la subasta de inmuebles y de muebles sujetos a régimen de publicidad registral. Tiene una doble vertiente:

- por un lado, la **certificación de dominio y de cargas** que ha de expedir el Registro correspondiente, siempre en formato electrónico y con contenido estructurado, previo mandamiento del órgano judicial, y cuya expedición se hará constar por nota marginal (LEC art.656 redacc LO 1/2025);

- por otro, los **títulos de propiedad** que ha de presentar el ejecutado, a requerimiento del órgano judicial. El ejecutante podrá alegar que se subsanen las faltas o se suplan las insuficiencias que observare. Si el ejecutado no presentare los títulos, se le puede apremiar, o se pueden obtener los títulos directamente del **Registro** en que se encuentren, o suplir su falta por los medios establecidos en el Título VI de la Ley Hipotecaria. Ahora bien, la **falta de estos títulos** o de su suplencia, no impide que se saquen los bienes a subasta, expresándose esta circunstancia en los edictos, y observándose en estos casos lo dispuesto en la RH art.140.5 (LEC art.663 a 665).

Precisiones Si la petición de subasta del inmueble objeto de ejecución se demora más de 6 meses desde la **fecha de expedición de la certificación de cargas**, el letrado de la Administración de Justicia, antes de dictar el decreto de convocatoria, puede solicitar, de oficio, nota simple registral actualizada, comprobando la vigencia actual de las cargas preferentes tenidas en cuenta para valorar el bien a efectos de subasta, por si fuera necesario liquidarlas nuevamente.

Desde el inicio de la subasta que haya de celebrarse, y hasta su finalización, el registrador notificará, inmediatamente y de forma telemática, al letrado de la Administración de Justicia y al Portal de Subastas la presentación de **otros títulos que afecten o modifiquen la información inicial** a los efectos de LEC art.667 redacc LO 1/2025.

A estos mismos efectos, el letrado de la Administración de Justicia incorporará el **código registral único** de la finca a subastar, si se dispone del mismo, a la información que transmita al Portal de Subastas, que recogerá la información proporcionada por el Registro de modo inmediato para su traslado a los que consulten su contenido (LEC art.656.2 redacc LO 1/2025).

Celebración de la subasta (LEC art.648 y 649 redacc LO 1/2025) La subasta se somete a las reglas siguientes: 4926

• La subasta tiene lugar en el **portal de subastas** dependiente del BOE, a cuyo sistema de gestión han de tener acceso todas las oficinas judiciales. Todos los intercambios de información entre estas y el Portal han de ser telemáticos. Cada subasta está dotada de un número de identificación único.

• Se abre transcurridas al menos **24 horas desde la publicación del anuncio** en el BOE, cuando se haya remitido al portal de subastas la información necesaria para su celebración. El pago de la **tasa** exigida por el BOE para la publicación del anuncio se realiza por el solicitante de la subasta, dando cuenta al órgano judicial previamente a su inicio. Si el solicitante no lo hiciera en el plazo de 10 días desde la remisión, el pago podrá ser realizado por cualquiera de las demás partes de la ejecución, dando cuenta al órgano judicial previamente a su inicio.

• Abierta la subasta, solo pueden realizar **pujas electrónicas** con sujeción a la LEC en cuanto a tipos de subasta, consignaciones y demás reglas de aplicación.

• Para poder participar, los interesados han de estar dados de alta como **usuarios del sistema**, al que se accede mediante un certificado electrónico reconocido (RDL 6/2023 art.6) o mediante un sistema de claves previamente concertadas (L 19/2015 disp.adic.1ª). A los ejecutantes se les identifica de modo que puedan participar como postores en las subastas dimanantes del proceso de ejecución instado por ellos sin necesidad de realizar consignación alguna.

• El ejecutante, el tercer poseedor o el ejecutado pueden a través de la oficina judicial ante la que se siga el procedimiento, enviar al portal de subastas la **información** de que dispongan sobre el bien objeto de licitación que pueda ser de interés para los licitadores. También lo puede hacer el letrado de la Administración de Justicia -letrado de la Administración de Justicia-, de oficio.

• Las pujas se envían telemáticamente a portal de subastas, que ha de devolver **acuse técnico**, con inclusión de un sello de tiempo, del momento exacto de la postura y de su cuantía, momento en el que se publica electrónicamente cada puja. El postor ha de indicar si consiente o no la reserva de LEC art.652.1 y su puja en nombre propio o de tercero.

Un mismo postor puede efectuar **nuevas posturas** por importe superior o inferior a la ya realizada, teniéndose en cuenta únicamente la última efectuada antes del cierre de la subasta. Si existen posturas por el **mismo importe**, se prefiere la anterior en el tiempo.

Durante el período de celebración de la subasta, el portal no informa de la existencia o inexistencia de pujas ni de su cuantía, ya que son **secretas**. Al finalizar la subasta, el portal solo publicará el importe del mejor precio ofrecido, o que la subasta ha concluido sin postores.

• Se admiten **pujas superiores, iguales o inferiores a la más alta ya realizada**, entendiéndose en caso de pujas iguales o inferiores que los licitadores que las hagan consienten la reserva de consignación, tomándose en consideración en caso de que el licitador que haya realizado la puja más alta no consigne finalmente el resto del precio de adquisición, prefiriéndose la anterior en el tiempo en caso de pujas iguales.

• Se admiten posturas durante un **plazo** improrrogable de 20 días naturales desde la apertura.
Se admiten posturas durante un **plazo** improrrogable de 20 días naturales desde la apertura. No podrá finalizar en sábados, domingos ni en los días de fiesta nacional. Tampoco podrá finalizar en los días que median entre el 24 de diciembre y el 6 de enero, ambos incluidos, ni en el mes de agosto.

• Si el letrado de la Administración de Justicia -letrado de la Administración de Justicia- tiene conocimiento del **concurso del deudor**, se suspenderá por decreto la ejecución, dejando sin efecto la subasta, aun ya iniciada, con comunicación al portal de subastas.

• En caso de **suspensión de la subasta** por más de 15 días naturales, que implica su cancelación, se procede a nueva publicación de anuncio y nueva petición de información registral, como si de nueva subasta se tratase, con devolución de depósitos y retroacción al momento inmediatamente anterior a la publicación del anuncio. Si la suspensión no supera el plazo indicado, queda paralizada su celebración, que se reanudará por el tiempo que reste para su conclusión.

• En la fecha de **cierre de la subasta** y a continuación del mismo, el portal de subastas remite al letrado de la Administración de Justicia información certificada de la postura que haya resultado vencedora, así como los datos del mejor postor. Si este no completa el precio ofrecido, el Portal remite al letrado de la Administración de Justicia, a su petición, información certificada sobre el importe de la siguiente puja por orden decreciente y la identidad del postor, siempre que este haya optado por la reserva de postura (LEC art.652.1.2º redacc LO 1/2025).

• Terminada la subasta y recibida esta información, se deja **constancia** de ella por el letrado de la Administración de Justicia.

Precisiones El tratamiento de **datos de carácter personal** llevado a cabo en los procedimientos de subasta electrónica se somete al Rgto (UE) 2016/679 y la LO 3/2018 (L 19/2015 disp.adic.2ª).

4927 MPCI nº 8660 **Aprobación del remate** Cuando la mejor postura sea igual o superior al 50% del avalúo, el **letrado de la Administración de Justicia** mediante decreto, en el mismo día o en el siguiente al de cierre de la subasta, aprobará el remate en favor del mejor postor. El rematante habrá de consignar el importe de dicha postura, menos el del depósito, en el plazo de 10 días desde la fecha de cierre de la subasta y, realizada esta consignación, se le pondrá en posesión de los bienes (LEC art.650.1 redacc LO 1/2025). Este plazo es de 20 días en el caso de **inmuebles**, con postura mínima igual o superior al 70% del avalúo (LEC art.670.1 redacc LO 1/2025).

Ahora bien, cabe que se planteen las siguientes incidencias: que no se alcanzasen con las posturas esos límites; que no haya postores; y que se haya celebrado una subasta simultánea en varios partidos judiciales.

a) Si no se alcanzan los **límites mínimos**, el ejecutado puede presentar persona que mejore la postura, y el ejecutante puede pedir la adjudicación.

De no hacerse uso de estos derechos, **se aprobará el remate**, siempre que las posturas fuesen superiores respectivamente al 30% y al 50% para los muebles y para los inmuebles.

Por último, puede aprobarse el remate cuando las **posturas sean inferiores**, oídas las partes y atendiendo las circunstancias del caso, teniendo en cuenta especialmente la conducta del deudor en relación con el cumplimiento de la obligación por la que se procede, las posibilidades de lograr la satisfacción del acreedor mediante la realización de otros bienes, el sacrificio patrimonial que la aprobación del remate suponga para el deudor y el beneficio que de ella obtenga el acreedor. Si, atendidas estas circunstancias, no se aprobase el remate, se procederá al levantamiento del embargo a instancia del ejecutado (LEC art.650.3 y 670.3 redacc LO 1/2025).

Si por la cuantía de la puja, el ejecutado pudiera ejercer las facultades expuestas, el letrado de la Administración de Justicia una vez transcurridos los plazos correspondientes, debe practicar la notificación al licitador que hubiera resultado **mejor postor** o, en su caso, le ha de comunicar que el tercero presentado por el ejecutado ha mejorado el precio ofrecido en la subasta y que se ordena la inmediata devolución del depósito efectuado para participar en ella. Si no hubiera habido **mejora**, o esta no se hubiera llevado a efecto, aprobado el remate, se requerirá al mejor postor para que, en el plazo de 10 días efectúe el pago del resto del precio ofrecido, descontado el depósito. Verificado el ingreso, se le pondrá en posesión del lote subastado y se dictará el decreto de **adjudicación**. Si no realizara el **pago**, perderá su depósito, que se aplicará a los fines de la ejecución (LEC art. 650.4 redacc LO 1/2025).

b) Si no hubiese **ningún postor**, el letrado de la Administración de Justicia procederá al alzamiento del embargo, a instancia del ejecutado. No obstante, en el caso de **inmuebles**, desde la finalización de la subasta desierta, el ejecutado, por sí o a propuesta del ejecutante, puede designar tercero dispuesto a adjudicarse el bien por un importe igual o superior al 50% de su valor de subasta, o por la cantidad suficiente para lograr la completa satisfacción del derecho del ejecutante, sin que pueda ser inferior al 40% de dicho valor, con terminación de la ejecución por completa satisfacción del ejecutante, quedando liberados el resto de bienes que pudieran garantizar el pago de lo reclamado.

Si la **petición de adjudicación fuera por importe inferior**, el letrado de la Administración de Justicia responsable de la ejecución, oídas las partes, resolverá a la vista de las circunstancias del caso y teniendo en cuenta especialmente la conducta del deudor en relación con el cumplimiento de la obligación por la que se procede, las posibilidades de lograr la satisfacción del acreedor mediante la realización de otros bienes, el sacrificio patrimonial que la aprobación o no aprobación del remate suponga para el deudor, para el propio ejecutante o para terceros acreedores con sus derechos inscritos, y el beneficio que de ella obtenga el acreedor.

Contra el decreto que apruebe o deniegue el remate cabe **recurso** directo de revisión ante el tribunal que dictó la orden general de ejecución.

En todo caso, las partes de la ejecución pueden solicitar, de común acuerdo, la celebración de **nueva subasta**, o proponer otras formas de satisfacción del derecho del ejecutante (LEC art.640 redacc LO 1/2025).

Precisiones El ejecutado no puede **impugnar en un juicio declarativo** los pronunciamientos efectuados en el procedimiento de ejecución sobre la aprobación del remate y la adjudicación de los bienes al acreedor, ya que pudo impugnar el decreto dictado por el letrado de la Administración de Justicia en el propio procedimiento de ejecución hipotecaria para que ello fuera resuelto en un procedimiento contradictorio con plenas garantías por el juez o tribunal de la ejecución (TS 12-2-25, EDJ 508271).

4928 MPCI nº 8666 s. **Actividades complementarias y efectos de la subasta** El efecto inmediato de la aprobación del remate es la **devolución de los depósitos** o consignaciones por el letrado de la Administración de Justicia a los que no hubiesen resultado adjudicatarios, salvo que ellos mismos soliciten que no se devuelvan hasta que el adjudicatario cumpla en plazo su obligación de pagar el precio del remate, ya que, de no hacerlo, puede aprobarse el remate en favor de los que le sigan, por orden de sus respectivas posturas y si fueran cuantitativamente iguales, por su orden cronológico.

Si, en el plazo fijado, no consignase el rematante el complemento del precio, quedará sin efecto el **remate inicial**. El remate se podrá aprobar en favor del postor que le hubiese seguido en el orden de su postura siempre que se hubiese producido la reserva y que la cantidad ofrecida por este, sumada al depósito del primer postor, alcance el importe del remate principal fallido que constituirá el precio de adjudicación. En ningún caso se aprobará el **remate en favor del segundo postor** cuando, con el depósito constituido por el primer rematante, se puedan satisfacer el capital e intereses del crédito del ejecutante y las costas. En el momento en que, como consecuencia del impago del precio por el primer postor, el Portal de Subastas comunique la identidad del siguiente postor cuya reserva de postura cumpla las condiciones exigidas, se devolverán los depósitos de los demás postores y quedarán sin efecto sus reservas de postura. Cuando el **mejor postor haya sido el mismo ejecutante**, se devolverán los depósitos de todos los postores que hubieran efectuado reserva de postura, como si el precio de remate ya hubiera sido satisfecho (LEC art.652 redacc LO 1/2025).

Para el **rematante** surge la obligación de **pagar el precio** del remate, en el plazo establecido. Puede solicitar que se suspenda dicho plazo, si hubiese obtenido un **préstamo** con garantía hipotecaria sobre ese derecho de remate (LH art.107.12). En este caso, el letrado de la Administración de Justicia expedirá inmediatamente testimonio del decreto de aprobación del remate, aun antes de haberse pagado el precio. Pero el plazo para pagar se reanudará una vez entregado el testimonio.

Pagado el precio del remate e **inscrito el dominio** a favor del rematante, la hipoteca subsistirá, pero variando el objeto, y recayendo directamente sobre los bienes adjudicados (LEC art.670.6 y disp.final 9ª).

La Ley regula minuciosamente el **destino de las sumas obtenidas**, con la peculiaridad para los inmuebles de que el remanente, después de pagar el principal y las costas, se retendrá para el pago de quienes tengan su derecho inscrito o anotado con posterioridad al del ejecutante (LEC art.654.1 y 2 y 672). Para ello se regula un **incidente** encaminado a acreditar la subsistencia y exigibilidad de estos créditos.

En el caso de que la ejecución resulte **insuficiente para saldar toda la cantidad** por la que se haya despachado ejecución más los intereses y costas devengados durante ella, dicha cantidad se imputa por el siguiente orden: intereses remuneratorios, principal, intereses moratorios y costas. Además, el tribunal ha de expedir certificación acreditativa del precio del remate, y de la deuda pendiente por todos los conceptos, con distinción de la correspondiente a principal, a intereses remuneratorios, a intereses de demora y a costas (LEC art.654.3).

Pagado el precio del remate, se produce la **transmisión de la propiedad** de la cosa subastada, subsistiendo las cargas anteriores, y cancelándose las posteriores y la propia anotación de embargo. Será título bastante para la **inscripción** en el Registro de la Propiedad el testimonio, expedido por el letrado de la Administración de Justicia, del decreto de adjudicación, comprensivo de la resolución de aprobación del remate, de la adjudicación al acreedor o de la transmisión por convenio de realización o por persona o entidad especializada, y en el que se exprese, en su caso, que se ha consignado el precio, así como las demás circunstancias necesarias para la inscripción con arreglo a la legislación hipotecaria. El testimonio expresará, en su caso, que el rematante ha obtenido crédito para atender el pago del precio del remate y, en su caso, el depósito previo, indicando los importes financiados y la entidad que haya concedido el préstamo, a los efectos previstos en LH art.134 (LEC art.672.2 y 674).

Se prevé, en fin, un **incidente de entrega de posesión** al adquirente, que en todo caso habrá de plantearse en el plazo de un año, en congruencia con la naturaleza posesoria de la acción que se ejercita (LEC art.675), y sin perjuicio de hacer valer su derecho por el ejercicio de otras acciones. Tanto el decreto de adjudicación como el testimonio se han de remitir telemáticamente al Registro de la Propiedad competente (LEC art.672.2, 673 y 674).

Precisiones La LEC art. 652.1 establece la aprobación del remate únicamente a favor del **mejor postor**, sin que los restantes postores queden ya vinculados por la subasta, a no ser que lo soliciten (LEC art.652.2). El espíritu de la norma es que la vinculación de tales postores de peor puja -ejecutantes o no- deban manifestar expresamente su deseo de quedar vinculados por la subasta para ese supuesto de quiebra de la subasta. Es decir, la cuestión de que hayan realizado o no **depósito** para concurrir a la subasta es secundaria respecto a la cuestión principal, que es la desvinculación de los postores restantes del remate a no ser que soliciten personalmente permanecer en una suerte de «**lista de espera**» para el caso de que el mejor postor incumpla sus obligaciones (AP Las Palmas 16-1-06, EDJ 19024). **4928.1**

La aplicación del sobrante a los titulares de **créditos inscritos o anotados con posterioridad a la carga ejecutada** se efectúa de acuerdo al criterio de prelación sustantiva de aquellos, no por el de prioridad registral, dado que esta y los derechos reales de garantía inscritos se han extinguido por la ejecución. En este sentido, se reconoce preferencia al crédito tributario frente a un acreedor que fue hipotecario, por esta razón (TS 10-5-05, EDJ 71444; 7-3-02, EDJ 3249; AP Bizkaia 7-5-04, EDJ 172289). Se rechaza además una eventual subrogación real de las cargas registrales extinguidas por otras sobre el teórico remanente (AP Cádiz 27-1-00, EDJ 2905).

La determinación de la **preferencia entre los concurrentes al reparto del sobrante**, y señaladamente, entre el acreedor que lo ha embargado y los titulares de anotaciones posteriores a la carga ejecutada, se deberá efectuar en un trámite específico para comparar las preferencias concurrentes, pero que carece de la condición de tercería (AP Bizkaia 7-3-04; AP Zaragoza 4-12-02, EDJ 68023; AP Castellón 23-9-00, EDJ 119961).

4929 **Regla transitoria: DANA de Valencia** (RDL 8/2024 art.31 y 32) Los deudores titulares de bienes situados en los municipios del RDL 6/2024 Anexo, que se estén enajenando mediante subasta judicial o notarial a través del Portal de Subastas de la Agencia Estatal del «Boletín Oficial del Estado» que **no haya concluido a fecha 28-10-2024** y que no se encuentre suspendida por la aplicación del RDL 7/2024 disp.adic.12ª (nº 5017), pueden solicitar, hasta el 30-1-2025, que se deje sin efecto la subasta y se celebre nuevamente.

En las **subastas iniciadas antes del 28-10-2024 y no finalizadas el 30-1-2025**, el licitador puede solicitar que se deje sin efecto su puja y la devolución del depósito efectuado para participar, si:

a) Los bienes objeto de enajenación radicaran en cualquiera de los municipios o áreas de los mismos del RDL 6/2024 anexo, comprendidos en la «zona afectada gravemente por una emergencia de protección civil» declarada por Acuerdo del Consejo de Ministros de 5-11-2024.

b) El licitador tuviera su domicilio fiscal, o su establecimiento de explotación o bienes inmuebles declarados como afectos a su actividad, en dicha zona o municipio.

Igualmente, en cualquiera de esos casos, el licitador que hubiera realizado la **mejor puja** puede solicitar -hasta el 30-1-2025- la devolución del depósito realizado y del precio del remate que hubiera satisfecho, siempre que no se le hubiera adjudicado el bien. Ordenada esa devolución, la subasta se deja sin efecto, debiéndose celebrar nuevamente.

Asimismo, el sujeto pasivo de la **tasa por la publicación de anuncios** de convocatoria de subastas en el BOE podrá solicitar la devolución de la tasa correspondiente al anuncio de la subasta previsto en LEC art.645, cuando aquella no pudiera finalmente celebrarse por destrucción o deterioro del bien como consecuencia de los daños derivados de la DANA, y este se localizase en alguno de los municipios previstos en el RDL 6/2024 Anexo.

c. Administración forzosa

(LEC art.630 a 633; 676 a 680)

4930 Es un procedimiento de realización forzosa en el que se utilizan los **rendimientos de un bien, sus frutos o productos**, para con ellos satisfacer la pretensión del ejecutante. Ha de diferenciarse de la **administración cautelar**, que es una modalidad de embargo, caracterizada porque en esta los frutos o productos siguen afectados al proceso, mientras que en la administración forzosa dichos frutos o productos se destinan directa e inmediatamente al acreedor ejecutante, el cual los hace suyos tan pronto como se produzcan o devenguen.

La LEC diferencia:

- la administración cautelar o modalidad de embargo, que denomina **administración judicial** (LEC art.630 a 633);
- la Administración forzosa o ejecutiva, a la que denomina **administración para pago** (LEC art.676 a 680), que es la que se examina a continuación.

4932 **Requisitos** (LEC art.676.1 y 2) a) **Subjetivos**. El **ejecutante** es el único legitimado para pedir que se le entreguen los bienes en administración.

Al **ejecutado** se le oirá en los tres momentos de la administración: en su **constitución**, para acordar dicha administración; en su **desarrollo**, en la rendición de cuentas y en cualquier otro incidente que pueda surgir; y en su **terminación**, a la rendición de la cuenta general y devolución de los bienes.

También prevé la Ley que en la constitución se dé audiencia a los terceros titulares de derechos sobre el bien embargado, inscritos o anotados con posterioridad al del ejecutante.

b) **Objetivos**. La administración para pago puede constituirse sobre **todo o parte de los bienes** embargados. Como su finalidad es aplicar sus rendimientos al pago del principal, intereses y costas de la ejecución, ha de tratarse de bienes que por su naturaleza sean fructíferos.

4933 **Constitución** (LEC art.676) La **solicitud** se puede formular en cualquier tiempo. El letrado de la Administración de Justicia debe dar **audiencia** al ejecutado, aunque expresamente no lo diga la Ley, pero se deduce de lo dispuesto en los art.677 y 678 LEC; asimismo dará audiencia a los titulares de los derechos antes referidos.

Previo **inventario**, el letrado de la Administración de Justicia dictará decreto poniendo en **posesión** de los bienes al ejecutante, el cual puede solicitar que dicha puesta en posesión se le dé a conocer a las personas que el mismo ejecutante designe. El letrado de la Administración de Justicia, a instancias del ejecutante, podrá imponer **multas** coercitivas al ejecutado o a los terceros que impidan o dificulten el ejercicio de las facultades del administrador, sin perjuicio de las demás responsabilidades en que aquellas hubieran podido incurrir.

Desarrollo de la administración (LEC art.677, 678 y 679) Los **criterios** de administración serán los que se hayan **pactado** entre ejecutante y ejecutado. En su defecto, se entenderá que los bienes han de ser administrados según la costumbre del país. 4934

Salvo que otra cosa acuerde el letrado de la Administración de Justicia o convengan las partes, el acreedor ejecutante **rendirá cuentas** anualmente al letrado de la Administración de Justicia. De estas, se dará traslado al ejecutado, por el plazo de 15 días. Si formulase **alegaciones**, se le dará traslado de las mismas al ejecutante, para que en el plazo de 9 días manifieste si está o no conforme con ellas. Si no hay acuerdo, se convocará una comparecencia en el plazo de 5 días, y se admitirán pruebas, cuya práctica se efectuará en un plazo no superior a 10 días.

El letrado de la Administración de Justicia resolverá mediante decreto en el plazo de 5 días sobre la **aprobación o rectificación** de las cuentas presentadas.

Las restantes controversias puedan surgir entre ejecutante y ejecutado, distintas de la rendición de cuentas, se sustanciarán por los trámites del **juicio verbal**.

Terminación (LEC art.680) Normalmente terminará cuando el ejecutante se haya hecho **pago de su crédito**, intereses y costas, con el producto de los bienes administrados. 4935

Se supone, aunque no lo diga la Ley, que habrá de **rendir una cuenta general** o final. Lo que sí dice la Ley es que los bienes volverán al poder del ejecutado.

Excepcionalmente terminará, bien porque el **ejecutado pague** lo que reste de deuda, según el último estado de cuenta presentado por el acreedor; o bien porque el ejecutante, al no lograr la satisfacción de su derecho mediante la administración, pida al letrado de la Administración de Justicia que ponga término a esta y proceda a la **realización forzosa** por otros medios. En uno y otro caso se le devuelve la posesión al deudor y habrá que rendir cuenta general por parte del ejecutante en los 15 días siguientes.

E. Ejecución de los bienes hipotecados o pignorados

(LEC art.681 a 698)

Se aborda la regulación de los procesos de **ejecución de créditos** garantizados con **hipoteca** o con **prenda**, de un modo unitario. 4938

1. Ejecución de bienes pignorados

Estas normas solo serán aplicables cuando la ejecución se dirija directamente contra los bienes pignorados en garantía de la deuda por la que se proceda. En general, se aplicarán las normas recogidas en LEC art. 571 s., sobre los procesos de ejecución, con las especialidades contenidas en su Capítulo V (LEC art.681.1 y 682.2). 4940

Es **órgano competente** la Sección Civil del Tribunal de Instancia -hasta su constitución, el juzgado de primera instancia- al que las partes se hubiesen sometido en la escritura o póliza de constitución de la garantía, y, en su defecto, el del lugar en el que los bienes se hallen, estén almacenados o se entiendan depositados. El órgano judicial examinará de oficio su propia competencia territorial (LEC art.684.1.4º y 2).

Causas de oposición (LEC art.695) La LEC concreta las causas de oposición que puede alegar el ejecutado en este tipo de procesos de ejecución: 4941 MPCI nº 8697 s.

- la **extinción** de la garantía o de la deuda garantizada;
- el **error** en la determinación de la **cantidad** exigible, cuando la deuda garantizada sea el saldo que arroje el cierre de la cuenta entre el ejecutante y el ejecutado; y
- en el caso de **prenda sin desplazamiento**, la sujeción de dichos bienes a otra prenda, hipoteca mobiliaria o inmobiliaria o embargo inscritos con anterioridad al gravamen que motive el procedimiento; y
- el **carácter abusivo** de una cláusula contractual que constituya el fundamento de la ejecución o que hubiese determinado la cantidad exigible.

Desde el punto de vista procedimental, una vez **formulada la oposición**, el letrado de la Administración de Justicia debe suspender la ejecución y convocar a las partes a una **comparecencia** ante el tribunal que hubiera dictado la orden general de ejecución -que tendrá lugar no antes de 15 días desde la citación-, en la que el tribunal oirá a las partes, admitirá los documentos que se presenten y acordará en forma de auto lo que estime procedente dentro del segundo día. La ausencia de esta comparecencia por falta de emplazamiento es determinante de la nulidad de lo actuado, por indefensión de la parta a la que no se le ha notificado debidamente la convocatoria (AP Madrid auto 23-9-10, EDJ 216392).

El auto que **estime la oposición** basada en la extinción de la garantía o de la deuda, o en la sujeción de los bienes pignorados a otra garantía real preferente, mandará sobreseer la ejecución, mientras que el auto que estime la oposición basada en el error fijará la cantidad por la que haya de seguirse la ejecución.

De estimarse el **carácter abusivo** de una cláusula, se acordará el sobreseimiento de la ejecución cuando la cláusula contractual fundamente la ejecución. En otro caso, se continuará la ejecución con la inaplicación de la cláusula abusiva.

Contra el auto que ordene el sobreseimiento de la ejecución, la inaplicación de una cláusula abusiva, o la desestimación de la oposición fundada en existencia de tal cláusula abusiva puede interponerse **recurso de apelación**, y los demás autos que decidan la oposición no serán susceptibles de recurso alguno, quedando sus efectos circunscritos al procedimiento en que se dicten. Así, el auto que rechaza la oposición no es susceptible de recurso (AP Castellón auto 5-3-10, EDJ 104644).

El **embargo** presenta la peculiaridad de que se efectúa mandando que los bienes pignorados se depositen en poder del acreedor o de la persona que este designe. Este **depósito** se acordará mediante decreto del letrado de la Administración de Justicia, si se hubiese requerido extrajudicialmente de pago al deudor. De no ser así, primero se ordenará el requerimiento de pago, y, de no atenderlo el deudor, se mandará constituir el depósito.

Cuando no pudieran ser **aprehendidos** los bienes pignorados, ni constituido el depósito de los mismos, no seguirá adelante el procedimiento (LEC art.687).

4942 **Realización forzosa de bienes pignorados** (LEC art.694) La única peculiaridad destacable es que el **valor de los bienes** para la subasta será el fijado en la escritura o póliza de constitución de la prenda, y, si no se hubiese señalado, el importe total de la reclamación por principal, intereses y costas.

2. Ejecución de bienes hipotecados

(LEC art.681 a 698)

4944 Cabe destacar las siguientes **peculiaridades** de la ejecución sobre bienes hipotecados (o pignorados):

MPCI nº 8710, 8714 s.

• Se traen a la LEC estos procesos con lo que se refuerza el **carácter jurisdiccional** de estas ejecuciones, en ocasiones discutido.

• Se regulan de manera **unitaria** las ejecuciones de créditos con garantía real, eliminando la multiplicidad de regulaciones existentes en la actualidad.

• Se ordenan de manera más adecuada las actuales causas de **suspensión**, distinguiendo las que constituyen verdaderos supuestos de oposición a la ejecución, manteniendo en ambos casos su carácter restrictivo. Precisamente hay que destacar como nota peculiar de la ejecución hipotecaria la drástica limitación de las causas de oposición del deudor a la ejecución y de los supuestos de suspensión de esta lo que, sin embargo, no vulnera la Constitución, según criterio reiterado del Tribunal Constitucional.

Ha de recordarse que el procedimiento de ejecución directa contra los bienes hipotecados solo puede ejercitarse como realización de una **hipoteca inscrita** y, dado su carácter constitutivo, sobre la base de los extremos contenidos en el asiento respectivo (LH art.130).

La **acción hipotecaria** podrá ejercitarse directamente contra los bienes hipotecados sujetando su ejercicio a lo dispuesto en LEC art.571 a 698, con las especialidades que se establecen en su capítulo V. Hay así una remisión a los preceptos de la ley procesal que regulan la ejecución dineraria (LEC art.571 s.) con ciertas peculiaridades previstas para la ejecución de bienes hipotecados o pignorados (LEC art.681 a 698) (LH art.129).

En caso de **hipoteca naval**, el acreedor puede ejercitar su derecho contra el buque o buques afectos a su satisfacción en los casos previstos en (L 14/2014 art.140; nº 8710 Memento Procesal Civil 2026).

Precisiones Hay que tener en cuenta que el importe de la **tasa judicial** abonada en los procesos de ejecución de las hipotecas constituidas para la **adquisición de vivienda habitual** y en los demás procesos de ejecución derivados de dichos préstamos o créditos hipotecarios cuando se dirijan contra el propio ejecutado o contra los avalistas, no se incluye en el cálculo de las costas procesales (LEC art.241.1).

Requisitos (LEC art.682) Las particularidades previstas en la LEC se aplicarán siempre que, dirigiéndose la ejecución exclusivamente contra **bienes hipotecados** en garantía de la deuda por la que se proceda, se cumplan los requisitos siguientes: **4946** MPCI nº 8716, 8718
- que en la escritura de constitución de la hipoteca se determine el **precio** en que los interesados tasan la finca o bien hipotecado, para que sirva de tipo en la subasta, que no puede ser inferior, en ningún caso, al 75% del valor señalado en la tasación realizada conforme a las disposiciones del RDL 24/2021, de transposición de directivas en materia de bonos garantizados;
- que, en la misma escritura, conste un **domicilio**, que fijará el deudor, para la práctica de los requerimientos y de las notificaciones.

Los **actos de comunicación** se practicarán siempre por medios electrónicos cuando sus destinatarios tengan obligación, legal o contractual, de relacionarse con la Administración de Justicia por dichos medios.
En la hipoteca sobre **establecimientos mercantiles** se tendrá necesariamente por domicilio el local en que estuviera instalado el establecimiento que se hipoteca.
El registrador hará constar en la **inscripción** de la hipoteca las circunstancias a que se refiere el apartado anterior.

Cambio de domicilio (LEC art.683) No será necesario el **consentimiento** del acreedor, siempre que el cambio del domicilio señalado para requerimientos y notificaciones tenga lugar dentro de la misma población que se hubiera designado en la escritura, o de cualquier otra que esté enclavada en el término en que radiquen las fincas y que sirva para determinar la competencia del órgano judicial. **4947** MPCI nº 8720
Para cambiar ese domicilio a punto diferente de los expresados será necesaria la **conformidad** del acreedor.
Los cambios de domicilio se harán constar en **acta notarial** y en el **Registro** correspondiente, por nota al margen de la inscripción de la hipoteca.
A efectos de requerimientos y notificaciones, el domicilio de los **terceros adquirentes** de bienes hipotecados será el que aparezca designado en la inscripción de su adquisición. En cualquier momento podrá el tercer adquirente cambiar dicho domicilio en la forma descrita.

Competencia (LEC art.684) Es competente la **Sección Civil del Tribunal de Instancia** -hasta su constitución, el juzgado de primera instancia- del lugar en que radique la finca y si esta radicara en más de un partido judicial, lo mismo que si fueran varias y radicaran en diferentes partidos, el correspondiente órgano judicial de cualquiera de ellos, a elección del demandante, sin que sean aplicables en este caso las normas sobre sumisión expresa o tácita contenidas en la presente Ley. **4948** MPCI nº 8722

Demanda ejecutiva (LEC art.685) La demanda ejecutiva debe dirigirse frente al **deudor** y, en su caso, frente al **hipotecante no deudor** o frente al **tercer poseedor** de los bienes hipotecados, siempre que este último hubiese acreditado al acreedor la adquisición de dichos bienes. **4949** MPCI nº 8724 s.
A la demanda se acompañarán el título o **títulos de crédito**, revestidos de los requisitos exigibles para el despacho de la ejecución, así como los demás documentos a que se refieren LEC art.550 redacc LO 1/2025 y, en sus respectivos casos, LEC art.573 y 574.
En supuestos de demanda de ejecución sobre **bienes hipotecados** debe indicarse si el inmueble objeto de la misma constituye la vivienda habitual del deudor, así como si concurre en la parte ejecutante la condición de gran tenedora de vivienda (L 12/2023 art.k -derecho a la vivienda-), aportando en caso negativo certificación del Registro de la Propiedad en el que consten la relación de propiedades a nombre de la actora.
Conforme a LEC art. 573.1.3º, deben acompañarse a la demanda ejecutiva, entre otros documentos, el que acredite haberse **notificado** al deudor y al fiador, si lo hubiera, la cantidad exigible. Por ello, podría cuestionarse si lo dispuesto en LEC art.573 solo es aplicable a los supuestos de ejecución derivados de demanda ejecutiva por **saldo de cuenta**; sin embargo, resulta claro que el mismo es también aplicable en supuestos de ejecución sobre bienes hipotecados (AP La Rioja 10-11-05, EDJ 209472).
A los efectos de LEC art.579.1, es necesario para que pueda despacharse ejecución por la cantidad que falte y contra quien proceda, que se le o les haya facilitado la demanda ejecutiva inicial, sirviendo la cantidad reclamada en esta de base al despacho de la ejecución contra los avalistas o fiadores, sin que pueda ser aumentada por razón de los intereses de demora devengados durante el procedimiento ejecutivo inicial (L 19/2015).

Precisiones Ha sido declarado parcialmente **inconstitucional** lo dispuesto en LEC art.685.2 redacc L 12/2023 -así como en LEC art.439.6.c y 7 y 655 bis redacc L 12/2023-, respecto de la regla de acreditación de la situación de vulnerabilidad económica o su ausencia del deudor (TCo 26/2025).

4950 MPCI nº 8730, 8732 s. **Requerimiento de pago** (LEC art.686) En el mismo **auto** en que se despache ejecución se mandará que se requiera de pago al deudor y, en su caso, al hipotecante no deudor o al tercer poseedor. En el requerimiento ha de incluirse mención de la posibilidad de acudir el afectado a los servicios sociales competentes, con posible cesión de sus datos a estos, a efectos de apreciar el concurso de la **situación de especial vulnerabilidad**. Con los efectos expuestos en nº 3963.

Se omitirá esta diligencia procesal si se hubiera procedido al requerimiento privado mediante **acta notarial** (esto es, extrajudicialmente) por lo menos con 10 días de antelación a la presentación de la demanda (LEC art.583.2). Así lo exigen los tribunales (AP La Rioja 10-11-05, EDJ 209472).

Este requerimiento extrajudicial ha de hacerse, conforme a la legislación notarial, en el **domicilio** que resulte del Registro de la Propiedad (que es el lugar en el que necesariamente se tiene que efectuar este trámite (AP Murcia auto 29-6-04, EDJ 125529), bien personalmente con cualquiera de los anteriores si se encuentra en él, bien con cualquier persona que allí se encontrase, mayor de edad y que manifieste tener relación laboral o personal con el destinatario.

Debe el **notario** hacer constar expresamente el compromiso del receptor no destinatario de hacerse cargo de la cédula y de su obligación de hacerla llegar al destinatario. En todo caso, es válido el requerimiento entregado por el notario personalmente, cualquiera que sea el lugar en el que se realice, siempre en la persona del destinatario, con constancia de su consentimiento y previa su identificación. Si el destinatario fuera una persona jurídica, el notario ha de entender la notificación con la persona mayor de edad que se encontrase en el domicilio según el Registro y que forme parte del órgano de administración, que acredite ser representante con facultades suficientes o que a juicio del notario actúe notoriamente como persona física encargada por la jurídica de recibir comunicaciones o notificaciones. Si, intentado sin efecto el requerimiento judicial, no pudiera ser realizado con las personas destinatarias del mismo, y realizadas las oportunas averiguaciones por la oficina judicial para determinar el domicilio del deudor, se procederá a ordenar la publicación de edictos en la forma prevista con carácter general.

Desaparece, por lo tanto, la posibilidad de llevar a cabo el requerimiento a través de las **personas subsidiarias** antes indicadas (aquí la norma procesal se aparta en materia de notificaciones de la norma jurídico administrativa en la que se basaba).

Precisiones Dada la relevancia que tiene la correcta realización de esta notificación en el **domicilio real del deudor** cuando no resulta posible al órgano judicial la notificación y requerimiento en el domicilio que aparece en el Registro, deben adoptarse las garantías necesarias para asegurar que la misma se realiza **personalmente con el ejecutado**, para evitar indefensión. Sin embargo, no es preciso, en caso de **personas jurídicas**, que se entienda siempre la notificación con el representante orgánico (DGRN Resol 14-12-15).

4951 MPCI nº 8734 s. **Certificación de dominio y cargas** (LEC art.688) Se reclamará del **registrador** certificación en la que consten:

- la **titularidad** del dominio y demás derechos reales del bien o derecho gravado;
- los **derechos** de cualquier naturaleza que existan sobre el bien registrable embargado, en especial, relación completa de las **cargas** inscritas que lo graven o, en su caso, que se halla **libre de cargas** (LEC art.656.1).

En la certificación se ha de expresar, asimismo, que la **hipoteca** en favor del ejecutante se halla **subsistente** y sin cancelar o, en su caso, la cancelación o modificaciones que aparecieran en el Registro de la Propiedad, siendo de aplicación en todo caso la regla de LEC art.656.3, posibilidad del procurador del ejecutante de solicitar la certificación del dominio y cargas, siempre en formato electrónico.

El registrador hará constar por **nota marginal** en la inscripción de hipoteca que se ha expedido la certificación de dominio y cargas, expresando su fecha y la existencia del procedimiento a que se refiere.

En tanto no se cancele por **mandamiento del letrado de la Administración de Justicia** dicha nota marginal, el registrador no podrá cancelar la hipoteca por causas distintas de la propia ejecución (es decir, la cancelación del gravamen no podrá hacerse efectiva por otro medio que el mandamiento judicial que así lo ordene).

Si de la certificación resultare que la hipoteca en la que el ejecutante funda su reclamación no existe o ha sido cancelada, el letrado de la Administración de Justicia dictará decreto poniendo **fin a la ejecución**.

4952 MPCI nº 8740 **Comunicación al titular inscrito y acreedores posteriores** (LEC art.689) Si de la certificación registral apareciere que la persona a cuyo favor resulte practicada la **última inscripción** de dominio no ha sido requerido de pago en ninguna de las formas notarial o judicial, se

notificará la existencia del procedimiento a aquella persona, en el domicilio que conste en el Registro, para que pueda, si le conviene, intervenir en la ejecución, conforme a lo dispuesto en art.662 LEC, o satisfacer antes del remate el importe del crédito y los intereses y costas en la parte que esté asegurada con la hipoteca de su finca.
Cuando existan **cargas o derechos reales** constituidos con posterioridad a la hipoteca que garantiza el crédito del actor, se aplicará lo dispuesto en el art.659 LEC (posibilidad de subrogarse en los derechos del primer acreedor ejecutante pagando la deuda hasta el importe de lo que garantice la hipoteca).

Administración de la finca o bien hipotecado (LEC art.690) Transcurrido el término de 10 días desde el requerimiento de pago o, cuando este se hubiera efectuado extrajudicialmente, desde el despacho de la ejecución, el acreedor podrá pedir que se le confiera la administración o **posesión interina** de la finca o bien hipotecado. El acreedor percibirá en dicho caso las **rentas vencidas y no satisfechas**, si así se hubiese estipulado, y los **frutos**, rentas y productos posteriores, cubriendo con ello los gastos de conservación y explotación de los bienes y después su propio crédito. **4953** MPCI nº 8744
La administración interina se notificará al **ocupante del inmueble**, con la indicación de que queda obligado a efectuar al administrador los pagos que debieran hacer al propietario.
Tratándose de **inmuebles desocupados**, el administrador será puesto, con carácter provisional, en la posesión material de aquellos.
Si los **acreedores** fuesen **más de uno**, corresponderá la administración al que sea preferente, según el Registro, y si fueran de la misma prelación podrá pedirla cualquiera de ellos en beneficio común. Si lo pidieran varios de la misma prelación, decide el letrado de la Administración de Justicia mediante decreto a su prudente arbitrio.
La **duración** de la administración y posesión interina que se conceda al acreedor no excederá, como norma general, de 2 años. A su término, el acreedor **rendirá cuentas** de su gestión al letrado de la Administración de Justicia, quien las aprobará, si procediese. Sin este requisito no podrá proseguirse la ejecución.
Cuando la ejecución hipotecaria concurra con un **proceso concursal**, en materia de administración o posesión interina se estará a lo que disponga el tribunal que conozca del proceso concursal.

Precisiones Cuando se trate de deuda garantizada con hipoteca sobre **vehículo a motor**, solo se acordará la administración si el acreedor que la solicita presta caución suficiente.

Subasta: convocatoria y publicidad (LEC art.691) Cumplido todo lo dispuesto anteriormente, y transcurridos 20 días desde que tuvieron lugar el requerimiento de pago y las notificaciones antes expuestas, se procede, a instancia del actor, del deudor o del tercer poseedor, a la subasta de la finca o bien hipotecado. **4954** MPCI nº 8748
La subasta **se anuncia** con arreglo a LEC art.645, 667 y 668 redacc LO 1/2025: firme la convocatoria de subasta, se publica en el BOE, sirviendo el anuncio como notificación al ejecutado no personado. El anuncio expresa la fecha de subasta, la oficina judicial tramitadora, su número de identificación, su clase y la dirección de correo electrónico que corresponda a la concreta subasta en el Portal de Subastas. En este se incorpora el edicto, la identificación de bienes, datos registrales, incluido el código registral único, y referencia catastral de inmuebles y datos relevantes de los mismos, el avalúo o valoración que sirve de tipo -incluyendo el informe de tasación extrajudicial, cuyo certificado conste en el título ejecutivo y que haya servido de referencia para determinar el valor de subasta-, la minoración de cargas preferentes -mediante incorporación de certificaciones relativas a la situación actualizada de estos créditos-, en su caso, y la situación posesoria del bien, si consta. Asimismo, la posibilidad de visitar el inmueble hipotecado, en los términos expuestos en nº 4920.
Se hace constar igualmente que todo licitador acepta como bastante la **titulación** existente y las consecuencias de que sus pujas no superen los porcentajes del tipo de subasta conforme a LEC art.670, así como la subsistencia de cargas preferentes y subrogación en las mismas en caso de adjudicación.
Se informa igualmente de que este **traslado**, para que el ejecutado pueda presentar un tercero que mejore el precio resultante de la subasta, comienza desde la fecha de cierre, sin necesidad de nueva notificación y con expresión en el decreto que acuerde la subasta.
Cuando se siga el **procedimiento por deuda garantizada con hipoteca sobre establecimiento mercantil**, el edicto que se publique en el Portal de Subastas indicará que el adquirente quedará sujeto a lo dispuesto en la Ley de arrendamientos urbanos, aceptando, en su caso, el derecho del arrendador a elevar la renta por cesión del contrato.
La subasta se realizará, sean los hipotecados **bienes muebles o inmuebles**, con arreglo a lo dispuesto en la Ley para la subasta de bienes inmuebles (LEC art.655 a 675). En caso de que conste al letrado de la Administración de Justicia la apertura de concurso de acreedores del

deudor, se suspende la subasta aun ya iniciada, continuándose cuando se acredite mediante testimonio de la resolución del juez del concurso, que los bienes no son necesarios para la continuidad de la actividad profesional o mercantil del concursado. El Registrador de la Propiedad competente ha de comunicar a la oficina judicial ante la que se siga la ejecución, la inscripción o anotación de concurso sobre la finca hipotecada, así como la constancia registral de no necesariedad del bien, en su caso.
En estos procesos de ejecución **pueden utilizarse también** la realización mediante convenio y la realización por medio de persona o entidad especializada.

Precisiones 1) Este régimen es de aplicación a las subastas de **procesos iniciados con posterioridad a 15-10-2015** y a las que tengan lugar en procesos iniciados con anterioridad, pero no anunciadas aún a esta fecha (L 19/2015 disp.trans.1ª).
2) Cuando, estando el inmueble ocupado, no se hubiera procedido previamente con arreglo a lo dispuesto en la LEC art.661.2, con fijación de día y hora exactos, el adquirente que solicitara ser puesto en la posesión del inmueble podrá pedir al tribunal de la ejecución el lanzamiento de quienes puedan considerarse como **ocupantes de mero hecho o sin título suficiente**, petición que deberá efectuarse en el plazo de un año desde la adquisición del inmueble por el rematante o adjudicatario, transcurrido el cual la pretensión de desalojo solo podrá hacerse valer en el seno del juicio que corresponda (LEC art.675).

4955 MPCI nº 8752 **Pago del crédito hipotecario y aplicación del sobrante** (LEC art.692) El **precio del remate** se destinará, sin dilación, a pagar al actor el principal de su crédito, los intereses devengados y las costas causadas, sin que lo entregado al acreedor por cada uno de estos conceptos exceda del límite de la respectiva **cobertura hipotecaria**.
El **exceso**, si lo hubiera, se depositará a disposición de los titulares de derechos posteriores inscritos o anotados sobre el bien hipotecado, pero el registrador debe comprobar que en ninguno de los conceptos se ha sobrepasado la **cantidad asegurada**, pues la cantidad sobrante por cada concepto debe ponerse a disposición de los titulares de asientos posteriores (DGRN Resol 9-3-17). Satisfechos, en su caso, los acreedores posteriores, se entregará el **remanente** al propietario del bien hipotecado.
Cuando el **propietario** del bien hipotecado fuera el propio deudor, el precio del remate, en la cuantía que exceda del límite de la cobertura hipotecaria, se destinará al pago de la totalidad de lo que se deba al ejecutante por el crédito que sea objeto de la ejecución, una vez satisfechos, en su caso, los créditos inscritos o anotados posteriores a la hipoteca y siempre que el deudor no se encuentre en situación concursal.
Quien se considere con derecho al remanente que pudiera quedar tras el pago a los acreedores posteriores podrá promover el **incidente** mencionado en la LEC art.672.2.
Todo ello se entiende sin perjuicio del destino que deba darse al remanente cuando se hubiera ordenado su **retención** en alguna otra ejecución singular o en cualquier proceso concursal.
En el **mandamiento** que se expida para la cancelación de la hipoteca que garantizaba el crédito del ejecutante y, en su caso, de las inscripciones y anotaciones posteriores, se expresará:
- que el **valor de lo vendido** o adjudicado fue igual o inferior al importe total del crédito del actor y, en el caso de haberlo superado, que se retuvo el remanente a disposición de los interesados;
- las demás circunstancias exigidas por la **legislación hipotecaria** para la inscripción de la cancelación;
- que se hicieron las **notificaciones** descritas en la LEC art.674 y 689.

Precisiones En el procedimiento de **ejecución directa** nada impide reclamar al deudor por todo lo debido al acreedor, aunque exceda de la cifra de responsabilidad hipotecaria, pero siempre que no existan **terceros con cargas inscritas con posterioridad**, ya que en tal caso la cifra de responsabilidad hipotecaria actúa como límite.

4956 MPCI nº 8754 **Reclamación limitada** (LEC art.693) Se regula la reclamación limitada a **parte del capital** o de los intereses cuyo pago deba hacerse en plazos diferentes, así como el **vencimiento anticipado** de deudas a plazos.
Lo dispuesto en sede de ejecución hipotecaria (LEC art.681 a 698) es aplicable al caso en que deje de pagarse una parte del capital del crédito o de los intereses, cuyo pago deba hacerse en **plazos diferentes**, si vence alguno de ellos sin cumplir el deudor su obligación.
Si para el pago de alguno de los plazos del capital o de los intereses resulta necesario **enajenar el bien hipotecado**, y aún quedasen por vencer otros plazos de la obligación, se verificará la venta y se transferirá la finca al comprador con la hipoteca correspondiente a la parte del crédito que no estuviese satisfecha.
Puede reclamarse la **totalidad** de lo adeudado por capital y por intereses en los términos convenidos en la escritura de constitución y que consten en el asiento respectivo. Cuando se trate de un préstamo o crédito concluido por una persona física y que esté garantizado mediante hipoteca sobre vivienda o cuya finalidad sea la adquisición de bienes **inmuebles para**

uso residencial, habrá de estarse a lo establecido en L 5/2019 art.15 -contratos de crédito inmobiliario- y, en su caso, LH art.129 bis (LEC art.693.2). Ver nº 4964.1.

El acreedor puede solicitar que se comunique al deudor que, antes de que se cierre la subasta, puede liberar el bien mediante la **consignación** de la cantidad exacta que, por principal e intereses, esté pendiente.

Si el bien hipotecado fuese la **vivienda familiar**, el deudor puede, por una sola vez, aun sin el consentimiento del acreedor, liberar el bien mediante la consignación de las cantidades expresadas en el párrafo anterior. Liberado un bien por primera vez, puede liberarse en **segunda o ulteriores ocasiones** siempre que, al menos, medien 3 años entre la fecha de la liberación y la del requerimiento de pago judicial o extrajudicial efectuada por el acreedor.

Si el deudor efectúa el pago en las condiciones previstas en los párrafos anteriores, se deben tasar las **costas**, calculadas sobre la cuantía de las cuotas atrasadas abonadas -con el límite establecido de 5% de la cantidad que se reclame en la demanda ejecutiva (LEC art.575.1 bis)- e intereses vencidos y, una vez satisfechas estas, el letrado de la Administración de Justicia ha de dictar **decreto liberando el bien** y declarando terminado el procedimiento. Lo mismo se acordará cuando el pago lo realice un tercero con el consentimiento del ejecutante.

Oposición a la ejecución (LEC art.695) En los procedimientos a que se refiere este Capítulo solo se admitirá la oposición del ejecutado cuando se funde en las siguientes **causas**: **4957** MPCI nº 10451

1) **Extinción** de la **garantía** o de la **obligación** garantizada, siempre que se presente certificación del Registro expresiva de la cancelación de la hipoteca o escritura pública de carta de pago o de cancelación de la garantía.

2) **Error** en la determinación de la **cantidad** exigible, cuando la deuda garantizada sea el saldo que arroje el cierre de una cuenta entre ejecutante y ejecutado. El ejecutado deberá acompañar su ejemplar de la **libreta** en la que consten los asientos de la cuenta y solo se admitirá la oposición cuando el saldo que arroje dicha libreta sea distinto del que resulte de la presentada por el ejecutante.

No será necesario acompañar libreta cuando el procedimiento se refiera a **contratos mercantiles** otorgados por entidades de crédito, ahorro o financiación en los que se hubiera convenido que la cantidad exigible en caso de ejecución será la especificada en certificación expedida por la entidad acreedora, pero el ejecutado deberá expresar con la debida precisión los puntos en que discrepe de la liquidación efectuada por la entidad.

3) Sujeción de bienes muebles hipotecados o pignorados con prenda sin desplazamiento a **otra prenda o hipoteca mobiliaria o inmobiliaria o embargo inscritos** con anterioridad al gravamen que motive el procedimiento, con acreditación mediante certificación registral.

4) **Carácter abusivo** de una cláusula contractual. Siempre que constituya el fundamento de la ejecución o que hubiese determinado la cantidad exigible.

Formulada la oposición, se **suspende** la ejecución. El letrado de la Administración de Justicia convocará a las partes a una comparecencia -que tendrá lugar no antes de 15 días desde la citación-, en la que el tribunal que haya dictado la orden general de ejecución oirá a las partes, admitirá los documentos que se presenten y acordará en forma de auto lo que estime procedente dentro del segundo día.

El auto que **estime la oposición** basada en la causa 1ª o 3ª mandará sobreseer la ejecución; el que estime la oposición basada en la causa 2ª fijará la cantidad por la que haya de seguirse la ejecución. De estimarse la causa 4ª, se acordará el sobreseimiento de la ejecución cuando la cláusula contractual fundamente la ejecución. En otro caso, se continuará la ejecución con la inaplicación de la cláusula abusiva. El auto se pronunciará expresamente sobre el carácter abusivo de las cláusulas examinadas, y una vez firme, dicho pronunciamiento tendrá eficacia de cosa juzgada.

Contra el auto que ordene el **sobreseimiento** de la ejecución, la inaplicación de una cláusula abusiva o la desestimación de la oposición fundada en existencia de tal cláusula abusiva, podrá interponerse **recurso** de apelación. Fuera de este caso, los autos que decidan la oposición no serán susceptibles de recurso alguno y sus efectos se circunscribirán exclusivamente al proceso de ejecución en que se dicten.

Precisiones Es más que discutible que quepa la posibilidad de alegar en la ejecución hipotecaria **otros motivos de oposición** distintos a los que señala LEC art.695, dados los términos que utiliza dicho precepto, y teniendo en cuenta que el art.698 LEC es aún más terminante (AP Sevilla 27-5-05, EDJ 121989).

Tercerías de dominio (LEC art.696) Para que pueda admitirse la tercería de dominio en los procedimientos de ejecución hipotecaria, deberá acompañarse a la demanda **título de propiedad** de fecha fehaciente anterior a la de constitución de la garantía. **4958** MPCI nº 8762

Si se tratare de bienes cuyo dominio fuera susceptible de inscripción en algún **Registro**, dicho título habrá de estar inscrito a favor del tercerista o de su causante con fecha anterior a la de

inscripción de la garantía, lo que se acreditará mediante certificación registral expresiva de la inscripción del título del tercerista o de su causante y certificación de no aparecer extinguido ni cancelado en el Registro el asiento de dominio correspondiente.
La admisión de la demanda de tercería **suspende la ejecución** respecto de los bienes a los que se refiera y, si estos fueran solo parte de los comprendidos en la garantía, podrá seguir el procedimiento respecto de los demás, si así lo solicitare el acreedor.

4959 MPCI nº 8764 **Suspensión de la ejecución por prejudicialidad penal** (LEC art.697 y 698) Fuera de los casos analizados en nº 4957 y nº 4958, los procedimientos a que se refiere este Capítulo solo se suspenderán por prejudicialidad penal, cuando se acredite (LEC art.569), la existencia de **causa criminal** sobre cualquier hecho de apariencia delictiva que determine la falsedad del título, la invalidez o ilicitud del despacho de la ejecución.
Cualquier otra reclamación que el deudor, el tercer poseedor y cualquier interesado puedan formular, incluso las que versen sobre nulidad del título o sobre el vencimiento, certeza, extinción o cuantía de la deuda, se ventilarán en el **juicio** que corresponda, sin producir nunca el efecto de suspender ni entorpecer el procedimiento de ejecución hipotecaria.
Al tiempo de formular esta reclamación durante el curso de juicio a que diere lugar, podrá solicitarse que se asegure la **efectividad de la sentencia** que se dicte en el mismo, con retención del todo o de una parte de la cantidad que, por el procedimiento de ejecución hipotecaria, deba entregarse al acreedor.
Cuando el acreedor **afiance** a satisfacción del tribunal la cantidad que estuviera mandada retener a las resultas del juicio, se alzará la retención.

4960 **Efectos respecto de terceros poseedores y demás titulares registrales** Respecto de los terceros poseedores el efecto más general que el **procedimiento de ejecución de bienes hipotecados** produce es el de tener estos que sufrir, tolerar o soportar el procedimiento. El tercer poseedor no puede paralizar el proceso ni retrotraerlo; solo puede ingresar en él ocupando el lugar de aquel que le vendió el inmueble.
Respecto de los demás titulares registrales es preciso distinguir **dos grupos**:
• Inscripciones y anotaciones **anteriores** a la hipoteca que garantizaba el crédito del ejecutante. No se cancelan y quedan subsistentes, entendiéndose que el adjudicatario las acepta y queda subrogado en las responsabilidades de las mismas.
• Inscripciones y anotaciones **posteriores** a la hipoteca que garantizaba el crédito del ejecutante. Rige para las cargas posteriores el sistema de purga, de tal forma que el rematante recibirá la finca libre de toda carga que sea posterior o no preferente a la hipoteca que se ejecuta.

Precisiones 1) El **derecho de uso** no puede prevalecer frente al del actor, debiendo correr la suerte de todo derecho o carga posterior condicionada en su subsistencia y eficacia a la del derecho preferente, en este caso el de hipoteca y el derivado de su ejecución. En el caso de no haber existido separación en el matrimonio, este se hubiera visto obligado a abandonar la vivienda, sin que el hecho de que la finca constituyera domicilio conyugal pudiera impedirlo, de lo que se desprende que la separación y atribución del derecho de uso no puede generan un derecho antes inexistente (AP Barcelona 15-6-04, EDJ 283544).
2) Sobre el reparto del **sobrante**, si lo hay, ver nº 4928.

4961 MPCI nº 8770 s. **Efectos registrales** (LH art.129 a 135; L 19/2015) Las **anotaciones preventivas de demanda** de nulidad de la propia hipoteca o cualesquiera otras que no se basen en alguno de los supuestos que puedan determinar la suspensión de la ejecución quedarán canceladas en virtud del **mandamiento** de cancelación, siempre que sean posteriores a la nota marginal de expedición de certificación de cargas (LH art.133).
No se podrá inscribir la **escritura de carta de pago** de la hipoteca mientras no se haya cancelado previamente la citada nota marginal, mediante mandamiento judicial al efecto.
A los efectos de las inscripciones y cancelaciones a que den lugar los procedimientos de ejecución directa sobre los bienes hipotecados, la **calificación del registrador** se extenderá a los extremos siguientes:
1º Que se ha **demandado y requerido de pago** al deudor, hipotecante no deudor y terceros poseedores que tengan inscritos su derecho en el Registro en el momento de expedirse certificación de cargas en el procedimiento.
2º Que se ha **notificado** la existencia del procedimiento a los acreedores y terceros cuyo derecho ha sido anotado o inscrito con posterioridad a la hipoteca, a excepción de los que sean posteriores a la nota marginal de expedición de certificación de cargas, respecto de los cuales la nota marginal surtirá los efectos de la notificación.
3º Que lo **entregado** al acreedor en pago del principal del crédito, de los intereses devengados y de las costas causadas, no exceden del **límite** de la respectiva cobertura hipotecaria.

4º Que el **valor de lo vendido o adjudicado** fue igual o inferior al importe total del crédito del actor, o en caso de haberlo superado, que se consignó el exceso en establecimiento público destinado al efecto a disposición de los acreedores posteriores.
El testimonio expedido por el letrado de la Administración de Justicia comprensivo del decreto de adjudicación y el mandamiento de cancelación de cargas será **título** bastante para practicar la **inscripción** de la finca o derecho adjudicado a favor del rematante o adjudicatario.
El mandamiento de cancelación de cargas y el testimonio del decreto de remate o adjudicación podrán constar en **un solo documento** en el que se consignará, en todo caso, el cumplimiento de los requisitos que sean necesarios para practicar la inscripción y la cancelación.
El testimonio del decreto de adjudicación y el mandamiento de cancelación de cargas, determinarán la **inscripción** de la finca o derecho a favor del adjudicatario y la **cancelación de la hipoteca** que motivó la ejecución, así como la de todas las cargas, gravámenes e inscripciones de terceros poseedores que sean posteriores a ellas, sin excepción, incluso las que se hubieran verificado con posterioridad a la nota marginal de expedición de certificación de cargas en el correspondiente procedimiento.
Tan solo subsistirán las declaraciones de **obras nuevas** y **divisiones horizontales** posteriores, cuando de la inscripción de la hipoteca resulte que esta se extiende por ley o por pacto a las nuevas edificaciones.
El registrador debe comunicar al órgano judicial ante el que se sustancie un procedimiento ejecutivo, incluso cuando recaiga directamente sobre bienes hipotecados, la extensión de **ulteriores asientos** que puedan afectar a la ejecución (LH art.135).

Procedimiento ejecutivo extrajudicial (LH art.129; RH art.234 a 236; L 19/2015) En la escritura de **constitución de la hipoteca** puede pactarse la venta extrajudicial del bien hipotecado, conforme al CC art.1858, únicamente para el caso de falta de cumplimiento de la obligación garantizada, en los casos de impago del capital o de los intereses de la cantidad objeto de garantía. **4962** MPCI nº 8786 s.
La venta extrajudicial se realizará por medio de **notario**, con las formalidades y requisitos siguientes, además de los establecidos en el Reglamento hipotecario (D 2-6-1944 art.220 s.).
a) El valor en que los interesados tasen la finca para que sirva de tipo en la subasta no puede ser distinto del que, en su caso, se haya fijado para el procedimiento de ejecución judicial directa, ni en ningún caso ser inferior al valor señalado en la **tasación** realizada conforme a lo previsto en el RDL 24/2021, de transposición de directivas en materia de bonos garantizados.
b) La estipulación en virtud de la cual los otorgantes pacten la **sujeción al procedimiento de venta extrajudicial** de la hipoteca debe constar separadamente de las restantes estipulaciones de la escritura y señalar expresamente el carácter, habitual o no, que pretenda atribuirse a la vivienda que se hipoteque, presumiéndose, salvo prueba en contrario, que en el momento de la venta extrajudicial el inmueble es vivienda habitual si así se hubiera hecho constar en la escritura de constitución.
c) La venta extrajudicial solo puede aplicarse a las **hipotecas** constituidas en garantía de obligaciones cuya cuantía aparezca inicialmente determinada, de sus intereses ordinarios y de demora liquidados de conformidad con lo previsto en el título y con las limitaciones señaladas en LH art.114. Según este precepto, en el caso de préstamos o créditos para la adquisición de vivienda habitual, garantizados con hipotecas constituidas sobre la misma vivienda, no podrán aquellos ser superiores a 3 veces el interés legal del dinero (nº 4669) y solo podrán devengarse sobre el principal pendiente de pago, sin que puedan ser capitalizados en ningún caso, salvo en el supuesto previsto en LEC art.579.2 a (nº 4843).
En el caso de que la cantidad prestada esté inicialmente determinada pero el contrato de préstamo garantizado prevea el **reembolso progresivo** del capital, a la solicitud de venta extrajudicial se acompañará un documento en el que consten las amortizaciones realizadas y sus fechas, y el documento fehaciente que acredite haberse practicado la liquidación en la forma pactada por las partes en la escritura de constitución de hipoteca.
En cualquier caso, de haberse pactado **intereses variables**, a la solicitud de venta extrajudicial, se debe acompañar el documento fehaciente que acredite haberse practicado la liquidación en la forma pactada por las partes en la escritura de constitución de hipoteca.
d) La venta se realiza mediante una **única subasta electrónica**, que tiene lugar en el portal de subastas que a tal efecto disponga la Agencia Estatal Boletín Oficial del Estado. Los tipos en la subasta y sus condiciones serán, en todo caso, los determinados por la LEC.
e) La forma y personas a las que deban realizarse las **notificaciones**, el **procedimiento** de subasta, las cantidades a consignar para tomar parte en la misma, las causas de suspensión, la adjudicación y sus efectos sobre los titulares de derechos o cargas posteriores, así como las personas que hayan de otorgar la escritura de venta y sus formas de representación se determinan en el Reglamento hipotecario.

f) Cuando el notario considere que alguna de las cláusulas del préstamo hipotecario que constituya el fundamento de la venta extrajudicial o que hubiese determinado la cantidad exigible pudiera tener **carácter abusivo**, lo pondrá en conocimiento de deudor, acreedor y, en su caso, avalista e hipotecante no deudor, a los efectos oportunos.
En todo caso, el notario suspenderá la venta extrajudicial cuando cualquiera de las partes acredite haber planteado ante el **juez competente** el carácter abusivo de dichas cláusulas contractuales. La cuestión sobre dicho carácter abusivo se sustanciará por los trámites y con los efectos previstos para la causa de oposición regulada en LEC art.695.1.4. Una vez sustanciada la cuestión, y siempre que no se trate de una cláusula abusiva que constituya el fundamento de venta o que hubiera determinado la cantidad exigible, el notario podrá proseguir la venta extrajudicial a requerimiento del acreedor.
g) Una vez concluido el procedimiento, el notario expedirá **certificación acreditativa** del precio del remate y de la deuda pendiente por todos los conceptos, con distinción de la correspondiente a principal, a intereses remuneratorios, a intereses de demora y a costas, todo ello con aplicación de las reglas de imputación contenidas en LEC art.654.3 (nº 4928). Cualquier controversia sobre las cantidades pendientes determinadas por el notario, debe ser dilucidada por las partes en juicio verbal.
h) La LEC tiene **carácter supletorio** en todo aquello que no se regule en la Ley y el Reglamento hipotecarios y, en todo caso, será de aplicación lo dispuesto en LEC art.579.2 (nº 4843).

4963 Precisiones 1) Como consecuencia de la doctrina del TJUE (TJUE 14-3-13, asunto C-415/11), por L 1/2013 se incorpora en la venta extrajudicial la posibilidad de suspensión por el notario cuando las partes acrediten haber solicitado ante el órgano jurisdiccional competente la declaración de existencia de **cláusulas abusivas** en el contrato de préstamo hipotecario, con la declaración de improcedencia de la ejecución y venta derivada de ella, o la continuación del contrato sin tales cláusulas, permitiendo igualmente al notario advertir a las partes de que alguna de las cláusulas de contrato pueda ser abusiva (LH art.129).
2) No puede practicarse la inscripción derivada del ejercicio de un procedimiento de venta extrajudicial ante notario de finca hipotecada cuando resulta del expediente que se ha interpuesto querella criminal por **falsedad documental de la hipoteca inscrita** hasta que no resulte que el procedimiento penal ha finalizado sin que se declare la falsedad del título (DGRN Resol 30-5-17).

4964 Procedimiento ejecutivo extrajudicial sobre la vivienda habitual del deudor

MPCI nº 8800

(RDL 6/2012 art.12) La ejecución hipotecaria extrajudicial de la vivienda habitual del deudor se somete a las siguientes **reglas específicas**:
1) La realización del valor del bien se lleva a cabo a través de una **única subasta** para la que sirve de **tipo** el pactado en la escritura de constitución de hipoteca. No obstante, si se presentan posturas por un importe igual o superior al 70% del valor por el que el bien haya salido a subasta, se entiende adjudicada la finca a quien presente la mejor postura.
2) Cuando la **mejor postura presentada sea inferior al 70%** del tipo señalado para la subasta, el deudor puede presentar, en el plazo de 10 días, tercero que mejore la postura, ofreciendo cantidad superior al 70% del valor de tasación o que, aun inferior a dicho importe, resulte suficiente para lograr la completa satisfacción del derecho del ejecutante.
3) Si transcurre el plazo sin presentar el tercero, el **acreedor** puede pedir, dentro del término de 5 días, la **adjudicación de la finca** o fincas por **importe igual o superior al 60%** del valor de tasación.
4) Si el acreedor no utiliza esta facultad se entiende adjudicada la finca a quien presente la **mejor postura**, siempre que la cantidad que haya ofrecido supere el **50% del valor de tasación** o, siendo inferior, cubra, al menos, la cantidad reclamada por otros conceptos.
5) Si en el acto de la subasta no hay **ningún postor**, el acreedor, puede en el plazo de 20 días, pedir la **adjudicación** por importe igual o superior al **60% del valor de tasación**. Si no hace uso de esta facultad el notario debe dar por terminada la ejecución y cerrar y protocolizar el acta, quedando expedita la vía judicial que corresponda (RH art.236).

Precisiones 1) Los **intereses de demora** de préstamos o créditos concluidos por personas físicas, garantizados mediante hipoteca sobre bienes inmuebles para uso residencial, no pueden ser superiores a 3 veces el interés legal del dinero (nº 4669) y solo pueden devengarse sobre el principal vencido y pendiente de pago. Dichos intereses de demora no pueden ser capitalizados en ningún caso, salvo en el supuesto previsto en LEC art. 579.2.a) (nº 4843).
2) En las escrituras de préstamo hipotecario sobre vivienda debe constar el **carácter, habitual o no de la vivienda** que se hipoteque. Se presume, salvo prueba en contrario, que en el momento de la ejecución judicial del inmueble es vivienda habitual si así se hace constar en la escritura de constitución (LH art.21.3 y 129.2.b).
3) Ver lo expuesto en nº 4962, cuyo contenido resulta también de aplicación en este ámbito.

4964.1 **Tratamiento especial** (LH art.129 bis) En caso de préstamo o crédito concluido por una persona física garantizado con hipoteca sobre inmuebles para uso residencial o cuya finalidad sea adquirir o conservar derechos de propiedad sobre terrenos o inmuebles construidos o por

construir para tal uso, el deudor pierde el derecho al plazo y se produce el **vencimiento anticipado del contrato**, pudiendo ejercitarse la acción hipotecaria, si concurren conjuntamente los siguientes **requisitos**:
a) Que el prestatario se encuentre en **mora** en el pago de una parte del capital del préstamo o de los intereses.
b) Que la cuantía de las **cuotas vencidas y no satisfechas** equivalgan al menos a:
• El **3%** de la cuantía del capital concedido, si la mora se produjera dentro de la primera mitad de la duración del préstamo, considerándose cumplido este requisito cuando las cuotas vencidas y no satisfechas equivalgan al impago de 12 plazos mensuales o un número de cuotas tal que suponga que el deudor ha incumplido su obligación por un plazo al menos equivalente a 12 meses.
• El **7%** de la cuantía del capital concedido, si la mora se produjera dentro de la segunda mitad de la duración del préstamo, considerándose cumplido este requisito cuando las cuotas vencidas y no satisfechas equivalgan al impago de 15 plazos mensuales o un número de cuotas tal que suponga que el deudor ha incumplido su obligación por un plazo al menos equivalente a 15 meses.
c) Que el prestamista haya **requerido el pago** al prestatario, concediéndole un plazo de al menos un mes para su cumplimiento y advirtiéndole de que, de no ser atendido, reclamará el reembolso total del préstamo. Sin posibilidad de pacto en contrario.

Protección del deudor, fiador y avalista hipotecario frente a la ejecución (RDL 6/2012 art.1 a 7 y Anexo; RDL 19/2022) Con la finalidad de **reestructurar la deuda hipotecaria** de quienes padecen extraordinarias dificultades para atender su pago -o, en su caso, de aplicar sobre ella una quita o de extinguirla por dación en pago-, así como de establecer mecanismos que flexibilicen la ejecución hipotecaria, se aprueban ciertas medidas aplicables a los contratos de préstamo o crédito garantizados con hipoteca inmobiliaria. **4965** MPCI nº 8806
Su aplicación exige la concurrencia de dos **requisitos**:
- el deudor, o el avalista hipotecario respecto de su vivienda habitual o también el fiador hipotecario respecto de esta, ha de estar situado en el umbral de exclusión;
- los contratos de préstamo o crédito garantizados con hipoteca inmobiliaria han de estar vigentes a 10-3-2012.
Por **umbral de exclusión**, respecto de los deudores de un crédito o préstamo garantizado con hipoteca sobre su vivienda habitual, se entiende aquel en el que encuentran los deudores en quienes concurran las circunstancias siguientes, debidamente acreditadas documentalmente:
a) El conjunto de los **ingresos de los miembros de la unidad familiar** no ha de superar los siguientes límites:
- en general, el triple del IPREM anual de 14 pagas;
- el cuádruplo del IPREM anual de 14 pagas, en caso de que alguno de los miembros de la unidad familiar tenga declarada discapacidad superior al 33%, situación de dependencia o enfermedad que le incapacite acreditadamente de forma permanente para realizar una actividad laboral; o
- el quíntuplo del IPREM anual de 14 pagas, en el caso de que un deudor hipotecario sea persona con parálisis cerebral, enfermedad mental o discapacidad intelectual, con un grado de discapacidad reconocido igual o superior al 33%, o persona con discapacidad física o sensorial, con un grado de discapacidad reconocido igual o superior al 65%, así como en los casos de enfermedad grave que incapacite acreditadamente, a la persona o a su cuidador, para realizar una actividad laboral.
b) En los **4 años anteriores** al momento de la solicitud:
- la unidad familiar ha de haber sufrido una **alteración significativa de sus circunstancias económicas**, en términos de esfuerzo de acceso a la vivienda -lo que se entiende producido cuando el esfuerzo que represente la carga hipotecaria sobre la renta familiar se haya incrementado-; o
- deben haber sobrevenido en dicho período **circunstancias familiares de especial vulnerabilidad** -considerándose que se hallan en esta la familia numerosa y la unidad familiar monoparental con **dos hijos a cargo** o de la que forme parte un menor de edad o en la que alguno de sus miembros tenga declarada **discapacidad** superior al 33%, situación de dependencia o enfermedad que le incapacite de forma permanente para realizar una actividad laboral, la unidad familiar en la que exista una víctima de **violencia de género o de trata o explotación sexual** o en la que convivan, en la misma vivienda, una o más personas que estén unidas con el titular de la hipoteca o su cónyuge por vínculo de parentesco hasta el tercer grado de consanguinidad o afinidad, y que se encuentren en situación personal de discapacidad, dependencia, enfermedad grave que les incapacite acreditadamente de forma temporal o permanente

para realizar una actividad laboral, así como, el **deudor mayor de 60 años**, aunque no reúna los requisitos para ser considerado unidad familiar-.

c) La **cuota hipotecaria** ha de resultar superior al 50% de los ingresos netos que perciba el conjunto de los miembros de la unidad familiar (40% cuando alguno de dichos miembros sea una persona en la que concurren las circunstancias de discapacidad, enfermedad o dependencia expuestas en el apartado a).

Precisiones Los fiadores, avalistas e hipotecantes no deudores que se encuentren en el **umbral de exclusión** podrán exigir que la entidad agote el patrimonio del deudor principal, sin perjuicio de la aplicación a este, en su caso, de las medidas previstas en el CBP, antes de reclamarles la deuda garantizada, aun cuando en el contrato hubieran renunciado expresamente al beneficio de excusión.

4966 MPCI nº 8808 Para la aplicación de las **medidas complementarias y sustitutivas de la ejecución** hipotecaria -quita y dación en pago (nº 4967)-, es además preciso que se cumplan los siguientes **requisitos**:

1) Carecer el conjunto de los miembros de la unidad familiar de cualesquiera **otros bienes o derechos patrimoniales** suficientes con los que hacer frente a la deuda.

2) Tratarse el considerado de un crédito o préstamo garantizado con hipoteca que recaiga sobre la **única vivienda en propiedad** del deudor o deudores y concedido para la adquisición de la misma.

3) Tratarse el considerado de un crédito o préstamo que **carezca de otras garantías**, reales o personales o, en el caso de existir estas últimas, que carezca de otros bienes o derechos patrimoniales suficientes con los que hacer frente a la deuda.

4) En el caso de que existan **codeudores** que no formen parte de la unidad familiar, estar incluidos en las circunstancias a), b) y c) indicadas en nº 4965.

En todos los contratos de crédito o préstamo garantizados con hipoteca inmobiliaria en los que el deudor se encuentre situado en el umbral de exclusión, el **interés moratorio** aplicable desde el momento en que el deudor solicite a la entidad la aplicación de cualquiera de las medidas del Código de Buenas Prácticas (CBP) y acredite ante la entidad que se encuentra en dicha circunstancia, será, como máximo, el resultante de sumar a los intereses remuneratorios pactados en el préstamo un 2% sobre el capital pendiente del préstamo. Esta moderación de intereses no será aplicable a deudores o contratos distintos de los regulados en el RDL 6/2012.

4967 **Código de buenas prácticas** (RDL6/2012 art.5 y Anexo) La aplicación del código de buenas prácticas se extiende a las hipotecas constituidas en garantía de préstamos o créditos, cuando el **precio de adquisición** del bien inmueble hipotecado no exceda en un 20% del que resultaría de multiplicar la extensión del inmueble, por el precio medio por metro cuadrado para vivienda libre que arroje el Índice de Precios de la Vivienda elaborado por el Ministerio de Fomento para el año de adquisición del bien inmueble y la provincia en que esté radicada dicho bien, con un **límite** absoluto de 300.000 euros.

Los **inmuebles adquiridos antes del año 1995** toman como precio medio de referencia el relativo al año 1995.

No obstante, solo podrán acogerse a la medida de **dación en pago** las hipotecas constituidas en garantía de préstamos o créditos concedidos, cuando el precio de adquisición del bien inmueble hipotecado no exceda del que resultaría de multiplicar la extensión del inmueble, por el precio medio por metro cuadrado para vivienda libre que arroje el Índice de Precios de la Vivienda elaborado por el Ministerio de Fomento para el año de adquisición del bien inmueble y la provincia en que esté radicada dicho bien, con un **límite** absoluto de 250.000 euros. Los inmuebles adquiridos antes del año 1995 tomarán como precio medio de referencia el relativo al año 1995.

Las entidades que, voluntariamente, se adhieran deben comunicarlo a la Secretaría General del Tesoro y Financiación Internacional.

Las **entidades adheridas voluntariamente** pueden, de forma potestativa, aplicar sus previsiones a deudores diferentes y, en todo caso, mejorar las previsiones contenidas en el mismo.

La adhesión se entiende producida por un **plazo** de 2 años, prorrogable automáticamente por períodos anuales, salvo denuncia expresa de la entidad adherida con una antelación mínima de 3 meses.

Precisiones **1)** La relación de **entidades adheridas** a este código puede consultarse en nº 14510 Memento Procesal Civil 2026 (Anexos).

2) Ha de tenerse presente el RDL 5/2017, en relación con los **supuestos de especial vulnerabilidad** y la regulación del **alquiler potestativo para el ejecutado** sobre el inmueble. Sobre este último, puede consultarse nº 8818 Memento Procesal Civil 2026.

3) Las entidades que a 17-6-2019 se encontrasen adheridas al Código de Buenas Prácticas, se consideran adheridas al mismo en la redacción dada por L 5/2019, salvo que en el plazo de un mes desde dicha fecha comuniquen expresamente a la Secretaría General del Tesoro y Financiación

Internacional el acuerdo de su órgano de administración por el que solicitan mantenerse en el ámbito de aplicación de las **versiones previas** que correspondan.

4) Desde la **adhesión**, el contenido del CBP se incorpora a toda la cartera de contratos de la entidad adherida y su contenido será oponible a terceros, de manera que, aun no habiendo disfrutado el deudor de las medidas incorporadas al mismo, conservará su **derecho a reclamarlas** durante el periodo de su vigencia. Además, las entidades han de adoptar las medidas precisas para la salvaguarda de los derechos del deudor en caso de **cesión de crédito a un tercero**.

Segundo código de buenas prácticas (CBP II) (RDL 19/2022 art.1 a 7; RDL 7/2024 disp.final 7ª) Con **vigencia** coyuntural y transitoria -36 meses; 42 meses en el caso de afectados por la DANA de Valencia de 28-10-2024 a 4-11-2024-, se aplica el CBP II a las personas físicas titulares de préstamos o créditos garantizados con **hipoteca sobre la vivienda habitual** del deudor o del hipotecante no deudor, cuyo precio de adquisición no exceda de 300.000 euros, constituidos hasta 31-12-2022. Las medidas aplicables, condiciones y requisitos se han de establecer por acuerdo del Consejo de Ministros. **4968**

La **finalidad** del CBP II es la adopción de medidas para hacer frente a la situación de los hogares con deuda instrumentada en préstamos o créditos con hipoteca inmobiliaria sobre vivienda habitual generada por el alza acelerada de los tipos de interés.

Los **caracteres de la adhesión** de las entidades de crédito son semejantes a los del CBP (nº 4967).

Los **derechos arancelarios y demás conceptos notariales y registrales** derivados de la formalización e inscripción de las novaciones que se realicen al amparo de CBP II serán satisfechos, en todo caso, por el acreedor y se bonifican en los siguientes términos:

a) Por el **otorgamiento de la escritura** se devengará el arancel correspondiente a las escrituras de novación hipotecaria (RD 1426/1989 anexo I, aptdo 1.1.f), reducido en un 75%, sin que se devengue cantidad alguna a partir del quinto folio de matriz y de copia, sea copia autorizada o copia simple. El arancel mínimo previsto será de 10 euros y el máximo de 30 euros por todos los conceptos.

b) Por la práctica de la **inscripción** se aplicará el arancel previsto para las novaciones modificativas (RD 1427/1989 anexo I art.2.1.g). Al resultado se le aplicará una bonificación del 75%. El arancel mínimo previsto será de 10 euros y el máximo de 20 euros por todos los conceptos.

La novación del contrato tendrá los **efectos** previstos en la L 2/1994 art.4.3 -subrogación y modificación de préstamos hipotecarios-, con respecto a los préstamos y créditos novados.

Paralización transitoria de lanzamientos en procesos de ejecución hipotecaria (L 1/2013 art. 1 y 2, disp.adic.1ª y disp.trans.1ª) **Hasta el 28-6-2028**, no procederá el lanzamiento cuando en un proceso judicial o extrajudicial de ejecución hipotecaria se hubiera adjudicado al acreedor, o a persona que actúe por su cuenta, la **vivienda habitual** de personas que se encuentren en los supuestos de especial vulnerabilidad y en las circunstancias económicas que se exponen seguidamente. **4969**

Esta regla de protección transitoria se aplica a los procesos judiciales o extrajudiciales de ejecución hipotecaria ya **iniciados a fecha 16-11-2012**, en los que no se hubiese ejecutado el lanzamiento.

Durante ese plazo, el ejecutado situado en el umbral de exclusión puede solicitar y obtener del acreedor ejecutante de la vivienda adherido al Código de Buenas Prácticas para la reestructuración viable de las deudas con garantía hipotecaria sobre la vivienda habitual, o persona que actúe por su cuenta, el **alquiler** de la misma en las condiciones previstas en RDL 6/2012 Anexo apartado 4. Para más detalles al respecto puede consultarse nº 8818 Memento Procesal Civil 2026.

Los **supuestos de especial vulnerabilidad** a estos efectos son, alternativamente, las siguientes unidades familiares:

a) Numerosas.

b) Monoparentales con al menos un hijo a cargo.

c) De las que forme parte un menor de edad.

d) En las que alguno de sus miembros tenga declarada discapacidad superior al 33%, situación de dependencia o enfermedad que le incapacite acreditadamente de forma permanente para realizar una actividad laboral.

e) En las que el deudor hipotecario se encuentre en situación de desempleo.

f) Con las que convivan, en la misma vivienda, una o más personas que estén unidas con el titular de la hipoteca o su cónyuge por vínculo de parentesco hasta el tercer grado de consanguinidad o afinidad, y que se encuentren en situación personal de discapacidad, dependencia, enfermedad grave que les incapacite acreditadamente de forma temporal o permanente para realizar una actividad laboral.

g) En las que exista una víctima de violencia de género.

h) El deudor mayor de 60 años.

Precisiones 1) Se considera **unidad familiar** la compuesta por el deudor, su cónyuge no separado legalmente o pareja de hecho inscrita y los hijos, con independencia de su edad, que residan en la vivienda, incluyendo los vinculados por una relación de tutela, guarda o acogimiento familiar.
2) Se encomienda al Gobierno que promueva con el sector financiero la constitución de un **fondo social de viviendas** propiedad de las entidades de crédito, destinadas a ofrecer cobertura a aquellas personas que hayan sido desalojadas de su vivienda habitual por el impago de un préstamo hipotecario, cuando concurran en ellas las circunstancias antes enumeradas.
Un 5% de las viviendas que integren el fondo se podrá destinar a personas que, siendo propietarias de su vivienda habitual y reuniendo las circunstancias expuestas, hayan sido **desalojadas por impago de préstamos no hipotecarios**.
3) Por RDL 5/2017 se modifica el régimen establecido por la L 1/2013 en relación con los **supuestos de especial vulnerabilidad**.

4970 MPCI nº 8828 Para que sea de aplicación el **periodo de carencia** deben concurrir, además de alguno de los supuestos de especial vulnerabilidad, las **circunstancias económicas** siguientes:
a) Que el conjunto de los **ingresos** de los miembros de la unidad familiar no supere el límite de:
- en general, el triple del IPREM anual de 14 pagas;
- el cuádruplo del IPREM anual de 14 pagas, en los supuestos de los apartados d) y f) del nº 4969; o
- el quíntuplo del IPREM anual de 14 pagas, en el caso de que el ejecutado sea persona con parálisis cerebral, enfermedad mental o discapacidad intelectual, con un grado de discapacidad reconocido igual o superior al 33%, o persona con discapacidad física o sensorial, con un grado de discapacidad reconocido igual o superior al 65%, así como en los casos de enfermedad grave que incapacite acreditadamente, a la persona o a su cuidador, para realizar una actividad laboral.

El límite establecido en cada caso se incrementa por cada hijo a cargo dentro de la unidad familiar en 0,10 veces el IPREM -0,15 para las familias monoparentales-.
b) Que, en los 4 años anteriores al momento de la solicitud, la unidad familiar haya sufrido una alteración significativa de sus **circunstancias económicas**, en términos de esfuerzo de acceso a la vivienda (cuando el esfuerzo que represente la carga hipotecaria sobre la renta familiar se haya multiplicado por, al menos, 1,5).
c) Que la **cuota hipotecaria** resulte superior al 50% de los ingresos netos que perciba el conjunto de los miembros de la unidad familiar.
d) Que se trate de un crédito o préstamo garantizado con hipoteca que recaiga sobre la **única vivienda en propiedad** del deudor y concedido para la adquisición de la misma.

4971 Precisiones 1) Las medidas adoptadas en relación con la paralización transitoria de lanzamientos en las distintas **comunidades autónomas** pueden consultarse en nº 8830 s. Memento Procesal Civil 2026.
2) La suspensión de los lanzamientos regulada en la L 1/2023 art.1.1 es transitoria, puesto que propugna favorecer el tránsito de la situación provisional y de mera suspensión del lanzamiento, a otra más firme amparada en un título contractual de arrendamiento, en las condiciones previstas en el CBP Anexo, apartado 5, que contempla unas condiciones favorables para el arrendatario en materia de rentas y plazos contractuales (TS 7-7-21, EDJ 623973; 10-10-22, EDJ 742590). Ello supone que la **prórroga de la suspensión de los lanzamientos** está supeditada a la concurrencia de unos determinados requisitos establecidos en la Ley -estar incurso en alguno de los supuestos de especial vulnerabilidad y no tener acceso a un arrendamiento en los términos previstos-, que no cabe presumir que sean inmutables en el tiempo, puesto que pueden variar -venir a mejor fortuna, aligeramiento de las cargas familiares, variaciones en la composición de la unidad familiar, etc.-, por lo que para obtener sucesivas ampliaciones de las prórrogas habrá de ir solicitándose su concesión, previa demostración de la **permanencia de las circunstancias** que dan lugar a ellas (TS 26-2-24, EDJ 511264).
3) Están exentas de **IRPF** y de **IVTNU**, las transmisiones que se produzcan con ocasión de la **dación en pago de la vivienda habitual** del deudor o del garante del deudor, para la cancelación de deudas garantizadas con hipoteca que recaigan sobre la misma; así como, las ganancias patrimoniales puestas de manifiesto con ocasión de la transmisión de la vivienda habitual del deudor, con los requisitos establecidos, en un procedimiento de **ejecución hipotecaria judicial o notarial**. En todo caso, es preciso que el deudor -en el IVTNU, también el garante o cualquier miembro de su unidad familiar- no disponga de otros bienes o derechos en cuantía suficiente para satisfacer la totalidad de la deuda y para evitar la enajenación de la vivienda (LIRPF art.33.4.d; RDLeg 2/2004 art.105.1.c).

4972 **Cláusulas abusivas y ejecución hipotecaria** (TJUE 14-3-13, asunto C-415/11) Se consideran cláusulas abusivas todas aquellas estipulaciones no negociadas individualmente y todas aquellas prácticas no consentidas expresamente que, en contra de las exigencias de la buena fe causen, en perjuicio del consumidor y usuario, un **desequilibrio importante** de los derechos y obligaciones de las partes que se deriven del contrato (RDLeg 1/2007 art.82 s.).

El **carácter abusivo** de una cláusula debe apreciarse teniendo en cuenta la naturaleza de los bienes o servicios objeto del contrato y considerando todas las circunstancias concurrentes en el momento de su celebración, así como todas las demás cláusulas del contrato o de otro del que este dependa.
No obstante lo expuesto, en todo caso son abusivas las **cláusulas** que:
- vinculan el contrato a la voluntad del empresario;
- limitan los derechos del consumidor y usuario -p.e. en caso de falta de transparencia (TJUE 21-12-16, asunto C-154/15 y acumulados; TS 30-1-17, EDJ 5821; 20-1-17, EDJ 1983)-;
- determinan la falta de reciprocidad en el contrato;
- imponen al consumidor y usuario garantías desproporcionadas o le imponen indebidamente la carga de la prueba.
Ahora bien, el concepto de abusividad queda circunscrito a los **contratos con consumidores**, pues la sanción legal de nulidad de cláusulas abusivas se aplica no a todo adherente, sino al que es consumidor (TS 9-5-13, EDJ 53424; 30-4-15, EDJ 73571; 2-11-17, EDJ 7197).
En lo que respecta al procedimiento de **requerimiento de pago y ejecución forzosa**, la normativa aplicable es LEC art.681 a 698, regulatorios del procedimiento de ejecución hipotecaria. También LH art.131 y 153 bis.

Precisiones **1)** Es obligación del órgano jurisdiccional llevar a cabo un **efectivo control** del posible abuso de las cláusulas contractuales en los contratos celebrados con consumidores de forma respetuosa con el Derecho de la Unión, lesionando de lo contrario el derecho a la tutela judicial efectiva (TCo 31/2019; 7/2021; 8/2021).
2) Se admite la posibilidad de que una cláusula potencialmente nula, como la cláusula suelo, pueda ser **modificada por las partes con posterioridad**, pero si esta modificación no ha sido negociada individualmente, sino predispuesta por el empresario, se exige transparencia (TJUE 9-7-20, asunto C-452/18; TS 5-11-20, EDJ 698701; 5-11-20, EDJ 705110; 9-2-21, EDJ 504528).

Los datos del supuesto enjuiciado en el **proceso principal**, a partir del que se plantea la cuestión prejudicial, son los siguientes: **4973**
• Contrato de **préstamo con garantía hipotecaria**; siendo el inmueble sobre el que se constituía dicha garantía la vivienda familiar del deudor ejecutado.
• **Intereses de demora** anuales del 18,75% automáticamente devengables respecto de las cantidades no satisfechas a su vencimiento, sin necesidad de realizar ningún tipo de reclamación por la entidad de crédito acreedora hipotecaria.
• Facultad para la entidad de crédito de **declarar exigible la totalidad del préstamo** en el caso de que alguno de los plazos pactados venciera sin que el deudor hubiese cumplido su obligación de pago de una parte del capital o de los intereses del préstamo.
• **Pacto de liquidez**, que preveía no solo la posibilidad de que la entidad de crédito recurriera a la ejecución hipotecaria para cobrar una posible deuda, sino también de que pudiera presentar directamente a esos efectos la liquidación mediante el certificado oportuno que recogiese la cantidad exigida.

El deudor hipotecario fue objeto de **ejecución y lanzamiento** de su vivienda. Posteriormente, presentó **demanda declarativa de nulidad**, por abusiva, de la cláusula relativa al pacto de liquidez, solicitando dejar sin efecto el resultado del procedimiento de ejecución hipotecaria. **4974**
El órgano judicial ante el que se sustanció dicha acción, manifestó dudas en cuanto a la conformidad del Derecho español con el marco jurídico europeo, planteando **cuestión prejudicial**. En particular, señalando que, si a efectos de la ejecución forzosa, el acreedor opta por el procedimiento de ejecución hipotecaria, las posibilidades de alegar el carácter abusivo de alguna de las cláusulas del contrato de préstamo son muy limitadas, ya que quedan postergadas a un procedimiento declarativo posterior, que no tiene efecto suspensivo. El órgano jurisdiccional remitente consideró que, por este motivo, resulta muy complicado para un juez español garantizar una **protección eficaz al consumidor** en dicho procedimiento de ejecución hipotecaria y en el correspondiente proceso declarativo. Por tanto, plantea la cuestión de si el sistema de ejecución de títulos judiciales sobre bienes hipotecados o pignorados establecido en LEC art.695 s., con sus limitaciones en cuanto a los **motivos de oposición**, supone una limitación evidente de la tutela del consumidor por cuanto representa formal y materialmente una clara obstaculización a aquel para el ejercicio de acciones o recursos judiciales que garanticen una tutela efectiva de sus derechos.
Al mismo tiempo, se requiere al TJUE para que pueda dar contenido al **concepto de desproporción** de la Dir 93/13/CEE, sobre las cláusulas abusivas en los contratos celebrados con consumidores, en orden a:
a) La posibilidad de **vencimiento anticipado en contratos proyectados a largo plazo** por incumplimientos en un período muy limitado y concreto.

b) La fijación de unos **intereses de demora**, que no coinciden con los criterios de determinación de los intereses moratorios en otros contratos que afectan a consumidores (créditos al consumo) y que, en otros ámbitos de la contratación de consumidores, se podrían entender abusivos y que, sin embargo, en la contratación inmobiliaria no disponen de un límite legal claro, aun en los casos en los que hayan de aplicarse no solo a las cuotas vencidas, sino a la totalidad de las debidas por el vencimiento anticipado.
c) La **fijación de mecanismos de liquidación** y **fijación de los intereses variables** -tanto ordinarios como moratorios- realizados unilateralmente por el prestamista vinculados a la posibilidad de ejecución hipotecaria y que no permiten al deudor ejecutado que articule su oposición a la cuantificación de la deuda en el propio procedimiento ejecutivo, remitiéndole a un procedimiento declarativo en el que cuando haya obtenido pronunciamiento definitivo la ejecución habrá concluido o, cuando menos, el deudor habrá perdido el bien hipotecado o dado en garantía, cuestión de especial relevancia cuando el préstamo se solicita para adquirir una vivienda y la ejecución determina el desalojo del inmueble.

4975 MPCI nº 8862 En cuanto a la **primera cuestión**, en el sistema procesal español vigente al tiempo de plantearse y resolverse la cuestión prejudicial, la adjudicación final a un tercero de un bien hipotecado adquiere siempre carácter irreversible, aunque el carácter abusivo de la cláusula impugnada por el consumidor ante el juez que conozca del proceso declarativo entrañe la nulidad del procedimiento de ejecución hipotecaria, salvo en el supuesto de que el consumidor realice una **anotación preventiva de la demanda de nulidad** de la hipoteca con anterioridad a la nota marginal de expedición de certificación de cargas. No obstante, existe un riesgo no desdeñable de que el consumidor afectado no practique esa anotación preventiva en los plazos fijados para ello, debido al carácter sumamente rápido del procedimiento de ejecución en cuestión, o porque ignora o no percibe la amplitud de sus derechos.
Por tanto, procede declarar que un régimen procesal de este tipo, al no permitir que el juez que conozca del proceso declarativo, ante el que el consumidor haya presentado una demanda alegando el carácter abusivo de una cláusula contractual que constituye el fundamento del título ejecutivo, adopte medidas cautelares que puedan suspender o entorpecer el procedimiento de ejecución hipotecaria, cuando acordar tales medidas resulte necesario para garantizar la plena eficacia de su decisión final, puede menoscabar la efectividad de la protección que pretende garantizar la Directiva (TJUE 13-3-07, asunto C-432/05). Por ello, la normativa española controvertida en el litigio principal no se ajusta al **principio de efectividad**, en la medida en que hace imposible o excesivamente difícil, en los procedimientos de ejecución hipotecaria iniciados a instancia de los profesionales y en los que los consumidores son parte demandada, aplicar la protección que la Directiva pretende conferir a estos últimos.
De ahí resulta que es contraria a la Directiva la normativa de un Estado miembro, como la controvertida en el litigio principal, que, al mismo tiempo que no prevé, en el marco del procedimiento de ejecución hipotecaria, la posibilidad de formular **motivos de oposición** basados en el carácter abusivo de una cláusula contractual que constituye el fundamento del título ejecutivo, no permite que el juez que conozca del proceso declarativo, competente para apreciar el carácter abusivo de esa cláusula, adopte **medidas cautelares**, como la suspensión del procedimiento de ejecución hipotecaria, cuando acordar tales medidas sea necesario para garantizar la plena eficacia de su decisión final.

Precisiones **1)** Como consecuencia de la doctrina contenida en esta sentencia, se modifica la LH art.129 por L 1/2013 art.3, incorporando en la venta extrajudicial la **posibilidad de suspensión por el notario** cuando las partes acrediten haber solicitado ante el órgano jurisdiccional competente la **declaración de existencia de cláusulas abusivas** en el contrato de préstamo hipotecario, con la declaración de improcedencia de la ejecución y venta derivada de ella, o la continuación del contrato sin tales cláusulas, permitiendo igualmente al notario advertir a las partes de que alguna de las cláusulas de contrato pueda ser abusiva. Esta regla se aplica a las ventas extrajudiciales iniciadas **con posterioridad al 15-5-2013** -entrada en vigor de la L 1/2013-, cualquiera que sea la fecha de la escritura de hipoteca. En los procedimientos de venta extrajudicial iniciados **con anterioridad**, en los que a tal fecha no se haya producido adjudicación del bien hipotecado, el notario ha de acordar su suspensión cuando, en el plazo preclusivo de un mes desde dicha fecha, cualquiera de las partes acredite haber planteado ante el juez competente demanda sobre el carácter abusivo de alguna cláusula del contrato de préstamo hipotecario que constituya el fundamento de la venta extrajudicial o que determine la cantidad exigible (L 1/2013 disp.trans.5ª). Ver nº 4962.
2) Las sentencias del Tribunal de Justicia de la Unión Europea -especialmente TJUE 14-3-13, asunto C-415/11-, determinan la obligación de los funcionarios y autoridades de los Estados miembros de rechazar las cláusulas abusivas, entre los que se encuentran incluidos los **registradores de la propiedad**. El momento oportuno para que aprecien este carácter tiene lugar al inscribir el negocio jurídico que la contenga, en el Registro de la Propiedad, mediante la calificación (DGRN Resol 26-9-17).

Respecto de la **segunda cuestión prejudicial**, se declara que: 4976
• Corresponde al juez comprobar:
- si la facultad del profesional de **dar por vencida anticipadamente la totalidad del préstamo** depende de que el consumidor haya incumplido una obligación que revista carácter esencial en el marco de la relación contractual de que se trate;
- si esa facultad está prevista para los casos en los que el incumplimiento tiene carácter suficientemente grave con respecto a la duración y a la cuantía del préstamo;
- si dicha facultad constituye una excepción con respecto a las normas aplicables en la materia y si el Derecho nacional prevé medios adecuados y eficaces que permitan al consumidor sujeto a la aplicación de esa cláusula poner remedio a los efectos del vencimiento anticipado del préstamo.
• En cuanto a la cláusula relativa a la **fijación de los intereses de demora**, procede recordar que el juez remitente debe comprobar:
- por un lado, las normas nacionales aplicables entre las partes en el supuesto de que no se hubiera estipulado ningún acuerdo en el contrato controvertido o en diferentes contratos de ese tipo celebrados con los consumidores; y,
- por otro lado, el tipo de interés de demora fijado con respecto al tipo de interés legal (nº 4669), con el fin de verificar que es adecuado para garantizar la realización de los objetivos que este persigue en el Estado miembro de que se trate y que no va más allá de lo necesario para alcanzarlos.
• Por último, en lo que atañe a la cláusula relativa a la **liquidación unilateral por el prestamista del importe de la deuda impagada**, vinculada a la posibilidad de iniciar el procedimiento de ejecución hipotecaria, procede señalar que el juez remitente debe determinar si -y, en su caso, en qué medida- la cláusula de que se trata supone una excepción a las normas aplicables a falta de acuerdo entre las partes, de manera que, a la vista de los medios procesales de que dispone, dificulta el acceso del consumidor a la justicia y el ejercicio de su derecho de defensa.
Todo ello, teniendo en cuenta que el concepto de «**desequilibrio importante**» en detrimento del consumidor resultante de la Directiva -y del RDLeg 1/2007-, debe apreciarse mediante un análisis de las normas nacionales aplicables a falta de acuerdo entre las partes. Y que para determinar si se cursa el desequilibrio -pese a las exigencias de la buena fe-, debe comprobarse si el profesional, tratando de manera leal y equitativa con el consumidor, podía estimar razonablemente que este aceptaría la cláusula en cuestión en el marco de una negociación individual.

Precisiones La Dir 93/13/CEE art. 6.1 debe interpretarse en el sentido de que se opone a una jurisprudencia nacional que limita en el tiempo los **efectos restitutorios vinculados a la declaración del carácter abusivo**, en el sentido de Dir 93/13/CEE art. 3.1, de una cláusula contenida en un contrato celebrado con un consumidor por un profesional, circunscribiendo tales efectos restitutorios exclusivamente a las cantidades pagadas indebidamente en aplicación de tal cláusula con posterioridad al pronunciamiento de la resolución judicial mediante la que se declaró el carácter abusivo de la cláusula en cuestión (TJUE 21-12-16, asuntos acumulados C-54/15, C-307/15, C-308/15).

Medidas urgentes de protección de consumidores en materia de cláusulas suelo (RDL 1/2017 derog LO 1/2025) Con la finalidad de regular la problemática social de las ejecuciones hipotecarias y la vivienda y, teniendo en cuenta, no solo la normativa europea de protección de los consumidores, sino también los pronunciamientos de los tribunales nacionales y del Tribunal de Justicia de la Unión Europea, se han aprobado medidas urgentes para facilitar la **devolución de las cantidades indebidamente satisfechas** por el consumidor a las entidades de crédito en aplicación de determinadas cláusulas suelo contenidas en contratos de préstamo o crédito garantizados con hipoteca inmobiliaria. 4977 MPCI nº 8866
Estas medidas han de implantarse por las entidades de crédito como un **sistema de reclamación previa** a la interposición de demandas judiciales, con carácter voluntario para el consumidor, y con la suficiente claridad para que garanticen su **conocimiento** por todos los consumidores que tengan incluidas cláusula suelo en su préstamo hipotecario.
Los consumidores pueden presentar sus **reclamaciones desde el 21-1-2017**.
En los **procedimientos judiciales en curso a 21-1-2017**, en los que se dirima una pretensión incluida en su ámbito, ejercida por uno o varios consumidores frente a una entidad de crédito, las partes, de común acuerdo, se pueden someter al procedimiento arriba expuesto, solicitando la suspensión del proceso.
Un estudio más detallado de esta medida puede consultarse en nº 8866 s. Memento Procesal Civil 2026.

Precisiones Esta disposición queda **derogada** con efecto 3-4-2025.

4978 **Directiva sobre hipotecas** (Dir 2014/17/UE) Esta disposición, sobre los contratos de crédito celebrados con los consumidores para bienes **inmuebles de uso residencial**, determina que los Estados miembros de la Unión Europea:
- han de adoptar **medidas** para alentar a los prestamistas a mostrarse razonablemente tolerantes antes de iniciar un procedimiento de ejecución;
- puedan exigir que, si se permite al prestamista definir e imponer **recargos** al consumidor en caso de un impago, esos recargos no excedan de lo necesario para compensar al prestamista de los costes que le acarree el impago;
- puedan autorizar a los prestamistas a imponer recargos adicionales al consumidor en caso de impago, determinado el valor máximo de tales recargos;
- no impidan que las partes en un contrato de crédito puedan acordar expresamente que la **transferencia de la garantía o ingresos derivados de la venta** de la garantía al prestamista basten para reembolsar el crédito;
- se hayan de dotar de procedimientos o medidas que permitan lograr que, en caso de que el precio obtenido por el bien afecte al importe adeudado por el consumidor, se obtenga el **mejor precio** por la propiedad objeto de ejecución hipotecaria;
- velen por que se adopten **medidas que faciliten el reembolso** en aquellos casos en que la deuda no quede saldada al término del procedimiento de ejecución, con el fin de proteger al consumidor;
- velen por el establecimiento de procedimientos adecuados y efectivos de reclamación y recurso para la **resolución extrajudicial** de los litigios de los consumidores con prestamistas, intermediarios de crédito y representantes designados en relación con contratos de crédito, valiéndose, si procede, de organismos ya existentes;
- exijan a los organismos que hayan tomado parte en la resolución extrajudicial de los litigios de los consumidores que cooperen de modo que puedan resolverse los **conflictos transfronterizos** sobre contratos de crédito.

4979 **Ejecución extrajudicial de hipoteca mobiliaria y prenda sin desplazamiento** (L 16-12-1954 art. 86 a 89 y 90 a 95) La regulación del procedimiento ejecutivo extrajudicial en este ámbito se efectúa de acuerdo con los parámetros siguientes:
a) En materia de **hipoteca mobiliaria** (L 16-12-1954 art.86 s.):
1.- Necesidad de **pacto** en la escritura, con designación de representante para el acto de la venta por el deudor o hipotecante no deudor -que puede ser propio el acreedor-, tasación del bien -la misma que para el procedimiento judicial- y dirección -incluso electrónica- para notificaciones.
2.- Aplicación supletoria de la regulación de la **subasta electrónica** en la legislación procesal (LEC art.648 y 649).
3.- Tramitación ante **notario hábil** para actuar en el lugar del domicilio del concedente de la garantía -en el lugar de radicación del bien- o en partido colindante, al que el acreedor requiere para que, a su vez, lo haga de pago al deudor o al hipotecante no deudor o tercer poseedor, con pago o, en su defecto, entrega de la posesión material de los bienes por estos en plazo de 5 días -en caso de falta de entrega, paralización del trámite del procedimiento si lo solicita el acreedor, que puede acudir a la vía judicial correspondiente para hacer efectivo el crédito, sin perjuicio de las acciones civiles o penales que procedan-.
4.- Expedición de **certificación literal electrónica del asiento de hipoteca** por el registrador, a solicitud del acreedor, con práctica de nota marginal. Si de aquella resulta algún asiento posterior a la inscripción de la hipoteca, notificación al deudor y a su titular de la existencia del procedimiento para que pueda intervenir en la subasta o satisfacer antes del remate el importe del crédito, intereses y costas. En este último caso, subrogación de los acreedores en los derechos del actor haciéndose constar el pago y la subrogación por nota al margen.
5.- Realización de la **subasta** transcurridos 5 días desde el requerimiento de pago. En el portal de subastas del BOE, con admisión de posturas durante al menos 20 días naturales y sin cierre hasta transcurrida una hora desde la última postura, aunque ello suponga ampliación del plazo inicial, en un máximo de 24 horas.
6.- Celebración de **subasta única**, sirviendo de **tipo** el valor de tasación. Mediando posturas de valor igual o superior al 70%, adjudicación al mejor postor. En otro caso, posibilidad para el deudor de presentar oferta de tercero igual o superior al 70% del valor o inferior, pero con plena cobertura de la deuda.
En defecto de esta presentación, posibilidad para el acreedor de solicitar la adjudicación del bien por el 70% del valor de tasación o por la cantidad debida por todo concepto, siempre que sea superior al 60% del valor de tasación y de la mejor postura.
En defecto de uso de esta facultad, consideración del bien como rematado por el mejor postor, siempre que se cubra al menos el 50% del valor de tasación o, alternativamente, el total de la deuda reclamada por todo concepto.

En caso de **ausencia de postores**, posible solicitud por el acreedor de la adjudicación del bien por el 50% del tipo o por la cantidad debida.
7.- Admisión del **concurso** en la subasta como licitador del acreedor ejecutante, sin obligación de consignar cantidad alguna (5% del tipo el resto de licitadores).
8.- Constancia de la **adjudicación** en escritura pública y puesta en posesión de los bienes al adjudicatario.
9.- En caso de **subasta desierta y ausencia de petición de adjudicación** por el acreedor, terminación del procedimiento sin efecto y apertura expedita al acreedor del cauce judicial correspondiente.
10.- **Suspensión** por causas tasadas:
- aportación de certificación registral expresiva de **cancelación de la hipoteca** o escritura de **carta de pago** o cancelación -alzándose con el fin del procedimiento registral sin inscripción de la cancelación, en su caso-;
- existencia de **causa criminal** por hecho de apariencia delictiva que determine la falsedad del título, la invalidez o ilicitud del procedimiento de venta -levantándose la suspensión con su archivo o finalización sin declaración de la falsedad-;
- constancia al notario del **concurso del deudor**, aun con los anuncios de la subasta ya publicados, alzándose la suspensión cuando se acredite, mediante testimonio de la resolución del juez del concurso, que los bienes o derechos no están afectos, o no son necesarios para la continuidad de la actividad profesional o empresarial del deudor;
- interposición de demanda de **tercería de dominio**, acompañando inexcusablemente con ella título de propiedad, anterior a la fecha de la escritura de hipoteca, inscrito también con fecha anterior a la hipoteca -si es susceptible de inscripción en un registro público-, subsistiendo la suspensión hasta el término de juicio de tercería;
- acreditación, con certificación registral, que los mismos bienes están sujetos a **otra hipoteca** mobiliaria o afectos a hipoteca inmobiliaria -en virtud de LH art.111-, vigentes o inscritas antes de la que motivó el procedimiento;
- acreditación por cualquiera de las partes, de haber planteado ante el juez competente el carácter abusivo de alguna de las cláusulas contractuales del préstamo hipotecario que constituya el fundamento de la venta extrajudicial o que hubiese determinado la cantidad exigible, pudiendo el notario proseguir el expediente una vez sustanciada la cuestión, y siempre que, de acuerdo con la resolución judicial correspondiente, no se declare **cláusula abusiva** la indicada.

b) En materia de **hipoteca mobiliaria de establecimiento mercantil**, adicionalmente, se esta- **4980**
blecen algunas **reglas especiales** (L 16-12-1954):
1.- **Notificación al arrendador** del inmueble de la incoación del procedimiento.
2.- **Posturas unitarias**, por todos los bienes comprendidos en la hipoteca, sin distribución.
3.- Consideración como **precio de traspaso del local**, en su caso, de la parte correspondiente del importe de adjudicación.
4.- Notificación al arrendador, hecho el remate y consignado el precio, en plazo de 8 días, a efecto de ejercicio de **derecho de adquisición preferente** o de percepción de su parte en el precio de traspaso.
c) Si la hipoteca recae sobre un **vehículo a motor**, este se precinta y se impide su uso, salvo que ello no sea posible, en cuyo caso se nombra interventor. No se entrega la posesión material del bien a menos que el acreedor preste fianza suficiente (L 16-12-1954 art.91).

d) En sede de **prenda sin desplazamiento**, la subasta de los bienes pignorados se somete a las **4981**
siguientes **reglas específicas** (L 16-12-1954 art.92 a 95):
1.- **Requerimiento de pago** del acreedor al deudor por notario hábil para actuar en el lugar de almacenamiento o depósito de los bienes, con expresión de que, en defecto de pago, se procederá a la venta de lo pignorado.
2.- **Pago o entrega de la posesión**, por el deudor, en plazo de 3 días. En defecto de esta, se procede como en sede de hipoteca mobiliaria (nº 4979).
3.- En **defecto de pago**, pero **con entrega**, se enajenan los bienes conforme al CC art.1872.
4.- Posible **aplazamiento de la subasta** hasta la recolección de los **frutos** pendientes o cosechas esperadas, en caso de ser estos los pignorados.

F. Ejecución no dineraria

(LEC art.699 a 720)

La ejecución de las sentencias -configurada como realización de la resolución judicial en sus **4982**
propios términos (LOPJ art.18)- no solo forma parte integrante del derecho a la tutela judicial efectiva que la Const art.24.1 reconoce, sino que es también un principio esencial de nuestro

ordenamiento jurídico que cual implica el derecho a un adecuado **cumplimiento** de lo declarado en la **sentencia**.

La ejecución ha de cumplir con el principio de **identidad total** entre lo establecido en el fallo con lo que ha de realizarse, pues de esta manera aquel se verifica e integra efectivamente en el patrimonio del que lo obtuvo favorable.

Ahora bien, el derecho a la **ejecución de las sentencias en sus propios términos**, como regla general, puede quebrar en los supuestos en que la ejecución de lo dispuesto en el fallo no sea posible por múltiples motivos, de tal manera que puede transformarse la condena establecida en la parte dispositiva de la resolución por su equivalente pecuniario (JPI Santander núm 1 15-12-04). Así, dentro de los procesos de ejecución comunes y singulares cabe diferenciar entre aquellos que tienen por objeto:

- la entrega de una determinada **cantidad de dinero**, embargando o enajenando bienes del deudor (ejecución expropiativa);
- la entrega al acreedor ejecutante de una **cosa determinada** (ejecución satisfactiva); y
- obtener el cumplimiento de una **obligación de hacer**, no hacer u omitir (ejecución transformativa).

1. Disposiciones generales

(LEC art.699 y 700)

4983 Se prevén requerimientos y multas coercitivas dirigidas al cumplimiento de los deberes de hacer y no hacer.

Asimismo, se regulan con detalle los **supuestos** en que procede la ejecución no dineraria (LEC art.699 a 720), diferenciando el régimen de la **ejecución satisfactiva** y de la **transformativa** y estableciendo reglas especiales para la liquidación, en su caso, de las indemnizaciones que procedan.

4984 MPCI nº 8887 **Títulos ejecutables** (LEC art.699) Con carácter general, cuando el título ejecutivo contenga condena u **obligación de hacer o no hacer** o de **entregar cosa** distinta a una cantidad de dinero, en el auto por el que se despache ejecución se ha de requerir al ejecutado para que, dentro del plazo que el tribunal estime adecuado, cumpla en sus **propios términos** lo que establezca el título ejecutivo, pudiendo en ese requerimiento el tribunal apercibir al ejecutado con el empleo de apremios personales o multas pecuniarias (nº 4985).

4985 MPCI nº 8889 **Multas coercitivas** Para que el ejecutado cumpla en sus **propios términos** lo que establezca el título ejecutivo, el tribunal puede apercibirle con el empleo de **apremios** personales o multas pecuniarias. Estas medidas conminatorias tienen naturaleza procesal no sancionadora, aunque deben reunir las notas de ser legítimas, adecuadas y proporcionadas.

Para determinar la **cuantía de las multas**, se ha de tener en cuenta el precio o la contraprestación del hacer personalísimo establecidos en el título ejecutivo y, si no constaran en él o se tratara de deshacer lo mal hecho, el coste dinerario que en el mercado se atribuya a esas conductas. Las multas mensuales pueden ascender a un 20% del precio o valor y la multa única al 50% de dicho precio o valor (LEC art.711).

4986 MPCI nº 8891 **Medidas de garantía** En caso de que no pudiera procederse al inmediato cumplimiento del requerimiento para hacer, no hacer o entregar cosa distinta de una cantidad de dinero, se permite al letrado de la Administración de Justicia, a instancia del ejecutante, acordar las medidas de garantía que resulten adecuadas para asegurar la efectividad de la condena. En todo caso, cuando el ejecutante lo solicite, se acordará el **embargo** de bienes del ejecutado en cantidad suficiente para asegurar el pago de las eventuales **indemnizaciones** sustitutorias y las **costas** de la ejecución.

Contra el decreto del letrado de la Administración de Justicia que acuerde el embargo cabe **recurso** directo de revisión sin efecto suspensivo ante el tribunal que dictó la orden general de ejecución (LEC el art.700).

El embargo solo se alzará si el ejecutado presta **caución** en cuantía suficiente, fijada de conformidad a lo establecido para la ejecución provisional. Sobre la caución en la ejecución provisional, ver nº 4622.

Aunque lo normal es que tales medidas se soliciten en la **petición inicial**, nada impide que pueda hacerse con posterioridad a la demanda ejecutiva.

2. Ejecución de obligaciones de dar (ejecución satisfactiva)

(LEC art.701 a 704)

Entrega de cosa mueble determinada (LEC art.701) Se distinguen a su vez los siguientes casos: 4987

a) Si la cosa se encuentra **en poder del ejecutado** y se conoce el lugar donde se encuentra, en caso de que el ejecutado no cumpla su obligación de entrega, el letrado de la Administración de Justicia pondrá al ejecutante en posesión de la cosa debida, empleando para ello los apremios que crea precisos, ordenando la entrada en lugares cerrados y auxiliándose de la fuerza pública, si fuera necesario.

b) Si se **ignorase el lugar** en que la cosa se encuentra o si no se encontrara al buscarla en el sitio en que debiera hallarse, el tribunal interrogará al ejecutado o a terceros, con apercibimiento de incurrir en desobediencia, para que digan si la cosa está o no en su poder y si saben dónde se encuentra.

c) Cuando **no pudiere ser habida la cosa**, ordenará el letrado de la Administración de Justicia, mediante providencia, a instancia del ejecutante, que la falta de entrega de la cosa o cosas debidas se sustituya por una justa compensación pecuniaria.

Precisiones 1) Puede solicitarse la diligencia preliminar de **exhibición** de las cosas (LEC art.256.1).
2) Sobre la **entrada en lugares cerrados**: TCo 160/1991; 76/1992.

Entrega de cosas genéricas o indeterminadas (LEC art.702) En caso de que el ejecutado **no entregue** las cosas en el plazo establecido, el ejecutante podrá instar del letrado de la Administración de Justicia: 4988 MPCI nº 8899

a) Que le ponga **en posesión** de las cosas debidas, o

b) Que le faculte para que las **adquiera**, a costa del ejecutado, ordenando al mismo tiempo el embargo de bienes suficientes para pagar la adquisición, de la que el ejecutante dará cuenta justificada.

Si el ejecutante manifestara que la **adquisición tardía** no satisface ya su interés legítimo se determinará el equivalente pecuniario, con los daños y perjuicios que hubieran podido causarse al ejecutante.

Entrega de bienes inmuebles (LEC art.703) El letrado de la Administración de Justicia ordenará de inmediato lo que proceda según el contenido de la condena y, en su caso, dispondrá lo necesario para adecuar el **Registro** al título ejecutivo. 4989 MPCI nº 8903

Sin embargo, la entrega de bienes inmuebles lleva aparejada una serie de problemas:

a) En cuanto a la existencia en el bien inmueble de **bienes muebles** que no sean objeto del título ejecutivo, el tribunal requerirá al ejecutado para los retire dentro del plazo que señale. Si no las retirare, se considerarán bienes **abandonados** a todos los efectos, aplicándose las normas del Código Civil.

Si se tratare de **cosas no separables** que consistan en plantaciones o instalaciones estrictamente necesarias para la utilización ordinaria del inmueble, el ejecutado podrá reclamar el abono de su valor en el plazo de 5 días a partir del desalojo (AP Huelva 13-2-03, EDJ 12989).

b) Si existieran **desperfectos** en el inmueble, habiendo estos sido ocasionados por el ejecutado o los ocupantes del mismo, se podrá acordar la retención y constitución en depósito de bienes suficientes del posible responsable, para responder de los daños y perjuicios causados.

c) Si el inmueble fuera **vivienda habitual** del ejecutado o de quienes de él dependan se les dará un plazo de un mes para desalojarlo, que podrá prorrogarse un mes más de existir motivo fundado. Transcurrido ese plazo, se procederá de inmediato al lanzamiento.

d) En el supuesto en que el inmueble se encuentre **ocupado por tercera persona** distinta del ejecutado, el tribunal, tan pronto como conozca su existencia, les notificará el despacho de la ejecución para que, en el plazo de 10 días, presenten al tribunal los títulos que justifiquen su situación.

Si se tratara de **ocupantes de mero hecho** o sin título suficiente, el ejecutante podrá pedir al tribunal su lanzamiento. En este caso, la petición de lanzamiento se notificará a los ocupantes, con citación a una vista dentro del plazo de 10 días, en la que podrán alegar y probar lo que consideren oportuno respecto de su situación, resolviendo el tribunal, por medio de auto, sin ulterior recurso, sobre el lanzamiento.

3. Ejecución de obligaciones de hacer (ejecución transformativa)

(LEC art.705 s. redacc LO 1/2025)

Con carácter general, el tribunal requerirá al deudor para que cumpla la prestación dentro de un **plazo** que fijará, según la naturaleza del hacer y las circunstancias que concurran. A petición del ejecutante y a su costa, cabe delegar en su **procurador** la práctica de este requerimiento (LEC art.705 redacc LO 1/2025). 4990

Se establecen distintas reglas para los supuestos en que el ejecutado **no cumpla** con la obligación impuesta, atendiendo al carácter personalísimo o no personalísimo de la prestación consignada en el título ejecutivo.

4992 MPCI nº 8912 **Condena de hacer no personalísimo** (LEC art.706) En este caso, y siempre que el título ejecutivo no contenga una disposición expresa para el caso de incumplimiento del deudor, el ejecutante puede optar entre:

a) Encargar el hacer a un tercero, en cuyo caso se valorará previamente el coste de dicho hacer por un **perito tasador** designado por el tribunal. Una vez evaluada la prestación, el ejecutado debe depositar la cantidad aprobada o afianzar el pago, procediéndose de inmediato al embargo de bienes en caso contrario hasta obtener la suma que sea necesaria.

b) Reclamar el resarcimiento de **daños y perjuicios**.

Si el ejecutante optara por encargar el hacer a un tercero, se valorará previamente el coste de dicho hacer por un perito tasador designado por el letrado de la Administración de Justicia y, si el ejecutado no depositase la cantidad que este apruebe mediante **decreto**, susceptible de **recurso** directo de revisión sin efecto suspensivo ante el tribunal que dictó la orden general de ejecución, o no afianzase el pago, se procederá de inmediato al **embargo** de bienes y a su realización forzosa hasta obtener la suma que sea necesaria.

La **acción interdictal** no puede prosperar, toda vez que la obra en cuestión se está realizando con motivo de la ejecución de sentencia seguida entre las partes, y será en el seno del procedimiento donde se podrán controlar los posibles excesos que se puedan cometer vía la oposición a la ejecución correspondiente (AP Pontevedra 7-4-05, EDJ 228243).

4994 MPCI nº 8916 **Condena de hacer personalísimo** (LEC art.709 redacc LO 1/2025) En este caso, el ejecutado podrá manifestar al tribunal, dentro del plazo que se le haya concedido para cumplir el requerimiento, los **motivos** por los que se niega a hacer lo que el título dispone y **alegar** lo que tenga por conveniente sobre el carácter personalísimo o no personalísimo de la prestación debida, resolviendo el tribunal lo que proceda por medio de Auto.

Transcurrido el plazo **sin alegación** del ejecutado, o habiéndose declarado la prestación personalísima por el tribunal, el ejecutante, si el título ejecutivo no contiene una disposición expresa para el caso de incumplimiento del deudor, podrá optar entre:

a) Pedir que la ejecución siga adelante para entregar a aquel un **equivalente pecuniario** de la prestación de hacer, en cuyo caso, en la misma resolución que así lo acuerde se impondrá al ejecutado una única multa, que podrá ascender al 50% del valor de la prestación, calculado conforme a lo establecido en LEC art.711.

b) Solicitar que se apremie al ejecutado con una **multa** por cada mes que transcurra, desde la finalización del plazo sin llevar a cabo la prestación. En tal supuesto se reiterarán trimestralmente los requerimientos por el letrado de la Administración de Justicia, hasta que se cumpla un año desde el primero. A petición del ejecutante y a su costa, cabe delegar en su procurador la práctica de estos requerimientos.

Si, al cabo del año, el ejecutado continuare **rehusando** hacer lo que dispusiese el título, proseguirá la ejecución para entregar al ejecutante un equivalente pecuniario de la prestación o para la adopción de cualesquiera otras medidas que resulten idóneas para la satisfacción del ejecutante y que, a petición de este y oído el ejecutado, podrá acordar el tribunal.

El importe de las multas podrá ascender al 20% del valor de la prestación, calculado según lo dispuesto en LEC art.711.

4996 MPCI nº 8918, 8920 **Supuestos especiales** (LEC art.707 -redacc LO 1/2025- y 709) Si la prestación consiste en la **publicación de la sentencia** en medios de comunicación, se requerirá por el letrado de la Administración de Justicia al ejecutado para que contrate los **anuncios** que resulten procedentes. A petición del ejecutante y a su costa, cabe delegar en su procurador la práctica de este requerimiento.

Tratándose de la emisión de una **declaración de voluntad negocial**, se establece una serie de reglas para el supuesto en que el ejecutado no hubiera cumplido en el plazo de 20 días, teniendo en cuenta el grado de determinación del negocio al que se refiera la declaración de voluntad:

a) Si estuviesen predeterminados los **elementos esenciales** del negocio, el tribunal, por medio de auto, resolverá tener por emitida la declaración de voluntad. Además, emitida la declaración, el ejecutante podrá pedir que se libre, con testimonio del auto, mandamiento de anotación o inscripción en el Registro o Registros que correspondan.

b) Si no estuviesen predeterminados algunos **elementos no esenciales** del negocio o contrato sobre el que deba recaer la declaración de voluntad, el tribunal, oídas las partes, los determinará en la propia resolución en que tenga por emitida la declaración, conforme a lo que sea usual en el mercado o en el tráfico jurídico.

c) Si la indeterminación afectase a elementos esenciales del negocio o contrato sobre el que debiera recaer la declaración de voluntad y no se emitiere por el condenado, procederá la ejecución por los **daños y perjuicios** causados al ejecutante.

4. Ejecución de obligaciones de no hacer

(LEC art.710 redacc LO 1/2025)

Si el condenado a no hacer alguna cosa **quebranta la sentencia**, se le requerirá por el letrado de la Administración de Justicia a instancia del ejecutante, y cuantas veces incumpla la condena, para que deshaga lo mal hecho si fuera posible, indemnice los daños y perjuicios causados y, en su caso, se abstenga de reiterar el quebrantamiento, con apercibimiento de incurrir en el delito de **desobediencia** a la autoridad judicial. **5000**
A estos efectos se intimará al ejecutado con la imposición de **multas** de hasta el 20% del coste dinerario que en el mercado se atribuya a su conducta por cada mes que transcurra sin deshacerlo. A petición del ejecutante y a su costa, cabe delegar en su procurador la práctica de este requerimiento.
Si, atendida la naturaleza de la condena de no hacer, su incumplimiento no fuera susceptible de reiteración y tampoco fuera posible deshacer lo mal hecho, se resarcirán al ejecutante los **daños y perjuicios** que se le hayan causado.
En virtud de una sentencia que condena a **no construir**, con la prevención de demolición de lo edificado, título ejecutivo que no se puede superar (LEC art.551), la demolición que podía obtenerse, será con el solo fundamento en la condena a no hacer y prevención que comporta. En ningún caso podrá afectar a obra que haya sido construida antes de la fecha de la firmeza de la sentencia, sin perjuicio del posible derecho de la parte a ejercitar acción no ya de condena a no hacer que no sería precisa, sino directamente de condena a demoler, derivada del acuerdo de conciliación que fue declarado válido (AP Granada 16-3-05, EDJ 72309).

5. Liquidación de daños y perjuicios

(LEC art.712 a 720)

Supuestos en que procede En determinados supuestos, la ejecución no dineraria puede resolverse en **resarcimiento de daños y perjuicios** o en una ejecución pecuniaria derivada de la determinación del **equivalente dinerario** de una prestación no dineraria. Así, se prevé que el procedimiento tendrá lugar siempre que, conforme a esta Ley, deba determinarse en la ejecución forzosa el equivalente pecuniario de una prestación no dineraria o fijar la cantidad debida en concepto de daños y perjuicios o de frutos, rentas, utilidades o productos de cualquier clase o determinar el saldo resultante de la rendición de cuentas de una administración. **5005**

Expropiación forzosa En caso de expropiación forzosa del **inmueble** que había de entregarse en virtud de sentencia, ha de entregarse al actor, en sustitución del bien inmueble, cuyo retorno material no es factible, su equivalente económico o, por decirlo en palabras de la Ley, su **equivalente dinerario** (LEC art.699, 703, 712 y 717). Debe determinarse en ejecución de sentencia cuál es el equivalente dinerario del inmueble que no puede reintegrarse al patrimonio de la parte actora; esa es la **indemnización** que debe determinarse y no otra. **5008**
Para determinar el **valor dinerario** de un bien inmueble que no se puede retornar tiene singular relevancia la **prueba pericial**, que puede ser pedida a instancia de parte u ordenada de oficio (AP Burgos 13-2-03, EDJ 12417).
El procedimiento de LEC art.712 s. no se refiere a la liquidación de **intereses** (AP Tarragona 21-12-04, EDJ 258557); no obstante, también se ha dicho que la liquidación de interés contractuales o devengados hasta la fecha de la sentencia o se realizan en el propio **fallo de la sentencia**, o ante la ausencia de mecanismo procesal adecuado, se transfiere a un incidente propio de la ejecución de la sentencia, aun por vía analógica (AP Valencia 6-11-02, EDJ 126409).

Procedimiento El procedimiento se inicia mediante la presentación por el ejecutante de un **escrito** en el que solicite motivadamente la determinación judicial de los **daños**, acompañándose de una relación detallada de los mismos, con su valoración y, en su caso, los dictámenes y documentos que considere oportunos. **5010** MPCI nº 8936
Del escrito y de la relación de daños y perjuicios y demás documentos se dará traslado a quien hubiera de abonar los daños y perjuicios, para que, en el plazo de 10 días, **conteste** lo que estime conveniente.
a) En caso de que el deudor **se conforme** con la relación efectuada (lo que se entiende que se produce cuando deje pasar el plazo de 10 días sin evacuar el traslado o se limite a negar genéricamente la existencia de daños y perjuicios, sin concretar los puntos en que discrepa de la

relación presentada por el acreedor) el letrado de la Administración de Justicia la aprobará mediante **decreto** y se procederá a hacer efectiva la suma convenida en la forma establecida para la ejecución dineraria.

b) En caso de que, dentro del plazo legal, el deudor **se opusiera** motivadamente a la petición del ejecutante, se sustanciará la liquidación de daños y perjuicios por los trámites establecidos para el juicio verbal. En este caso, el tribunal podrá mediante providencia, a instancia de parte o de oficio, y tras la presentación del escrito de impugnación de la oposición (LEC art.715), nombrar un **perito** que dictamine sobre la efectiva producción de los daños y su evaluación en dinero, en cuyo caso la vista no se celebrará sino transcurridos 10 días desde el traslado a las partes del dictamen.

Por último, dentro de los 5 días siguientes a aquel en que se celebre la vista, el tribunal dictará, por medio de auto, la **resolución** que estime justa, fijando la cantidad que deba abonarse al acreedor como daños y perjuicios. Este auto será apelable en un solo efecto y haciendo declaración expresa de la imposición de las costas.

Cuando se solicitase la determinación de la cantidad que se debe en concepto de **frutos, rentas**, utilidades o productos y cuando el título ejecutivo se refiriese al deber de rendir cuentas de una administración y entregar el saldo de las mismas, el procedimiento será similar, si bien el escrito de valoración de los mismos se presentará por el deudor.

G. Ejecución de sentencias en que se condena a las Administraciones públicas

5015 Cuando se han de ejecutar sentencias civiles condenatorias de las Administraciones públicas, deben ponderarse debidamente dos principios esenciales:

El principio de **universalidad**, exigido por el Estado de Derecho, que vincula a la Administración respecto de las sentencias de los tribunales, de forma que será para aquella obligado cumplir lo ordenado por la sentencia.

El principio de **intangibilidad** de los medios económicos destinados a la satisfacción de los fines públicos de interés general, porque si estos bienes pudiesen ser embargados o vendidos, podrían verse desatendidas las necesidades públicas más perentorias.

5017 MPCI nº 8957 **Inembargabilidad de los fondos públicos** (L 47/2003 art.23) No se establece previsión alguna sobre el particular, lo que podría plantear hasta qué punto son de aplicación las normas que regulan el régimen específico de la **Hacienda Pública**. Sin embargo, la mayoría de la doctrina considera que son de aplicación las disposiciones de la **Ley General Presupuestaria** (L 47/2003), dado su carácter de norma especial, en lo que se refiere al régimen de la Hacienda Pública.

La vigente LGP establece determinadas reglas a las que habrá de sujetarse la ejecución dirigida contra la Hacienda Pública, partiendo de los principios de **solvencia** de la Administración e inembargabilidad de los bienes del dominio público.

1) Los tribunales, jueces y autoridades administrativas no podrán despachar mandamientos de **ejecución** ni dictar providencias de **embargo** contra derechos, fondos, valores y bienes en general de la Hacienda Pública.

2) El cumplimiento de las resoluciones judiciales que determinen obligaciones a cargo del Estado o de sus organismos autónomos corresponderá exclusivamente a la **Autoridad administrativa** que sea competente por razón de la materia, sin perjuicio de la posibilidad de instar, en su caso, otras modalidades de ejecución de acuerdo con la Constitución y las Leyes.

3) La autoridad administrativa encargada del cumplimiento acordará el **pago** en la forma y con los límites del respectivo presupuesto. Si para el pago fuera necesaria una modificación presupuestaria, deberá concluirse el procedimiento correspondiente dentro de los 3 meses siguientes al día de la notificación de la resolución judicial.

El Tribunal Constitucional exige la **afección** del bien o derecho a una **función pública** para que esté justificada en términos constitucionales la exclusión (nº 4857 s.).

5019 MPCI nº 8959, 8961 **Abono de intereses** (LEC art.576) En cuanto al abono de intereses de demora por **retraso en el cumplimiento de las sentencias**, en LGP art.24 se establece la concurrencia de dos presupuestos para que se produzca el devengo de intereses en caso de créditos contra la Hacienda Pública:

a) Que hayan transcurrido **3 meses** desde el día de la notificación de la resolución judicial o del reconocimiento de la obligación.

b) Que el acreedor reclame por **escrito** el cumplimiento de la obligación.

Cumplidos esos trámites, la Hacienda debe abonar al acreedor el **interés legal del dinero** (nº 4669) sobre la cantidad debida, desde la fecha de la reclamación.

Obligaciones de los Abogados del Estado (RD 1057/2024) Cuando haya de ejecutarse una sentencia que condene al Estado, organismo, entidad pública, sociedad mercantil estatal o fundación con participación estatal a entregar una cosa determinada, procurarán los Abogados del Estado, representantes de aquellos, que los **requerimientos** tendentes a hacer efectiva la **ejecución** se entiendan directamente con la autoridad, entidad, sociedad o fundación u órgano bajo cuya administración se encuentren los bienes, y no podrán admitir, en ningún caso, tales requerimientos los antedichos representantes en juicio. En igual forma se procederá cuando el Estado, organismo, entidad pública, sociedad mercantil estatal o fundación con participación estatal sean condenados a hacer o no hacer alguna cosa. 5022

En caso de sentencias firmes dictadas por jueces o **tribunales extranjeros**, la ejecución de la sentencia se hará siempre con cargo a los presupuestos del ministerio, organismo o entidad a quien especialmente afecte la cuestión litigiosa en el momento de la ejecución.

En fase de ejecución de sentencias, el Servicio Jurídico del Estado promoverá cuantas iniciativas redunden en defensa y protección de los **intereses públicos**.

Notificaciones y exención de depósitos y cauciones (L 52/1997 art.11 y 12; RD 1057/2024 art.70 y 73) 5025

También rigen en materia de ejecución forzosa las restantes peculiaridades previstas en la L 52/1997, entre las que cabe recordar el específico régimen de notificaciones, citaciones y emplazamientos. En particular, el Estado y sus organismos autónomos, así como las entidades públicas empresariales, los organismos públicos regulados por su normativa específica dependientes de ambos y los órganos constitucionales, estarán **exentos** de la obligación de constituir los depósitos, cauciones, consignaciones o cualquier otro tipo de **garantía** previsto en las leyes.

En los Presupuestos Generales del Estado y demás instituciones públicas se consignarán **créditos presupuestarios** para garantizar el pronto cumplimiento, si fuera procedente, de las obligaciones no aseguradas por la exención.

SECCIÓN 17

Procesos especiales

5130

El tratamiento de esta sección se presenta mostrando, de forma unitaria, los procedimientos que tienen unas especialidades propias, bien por el **interés público afectado**, como es el caso de los procesos sobre capacidad, filiación, matrimonio y menores, así como una regulación unitaria de los procesos de división judicial de patrimonios con una especial atención a las particulares **medidas de intervención y administración** y, por último aquellos procesos que por su carácter sumario, en virtud del título en que se documenta un **crédito**, requieren de una normativa más ágil como es el caso de los procesos monitorio y cambiario. 5131

Precisiones También cabe hacer mención aquí al procedimiento para limitar la **responsabilidad por créditos marítimos** (L 14/2014 art.487 a 500). Se concibe como un incidente o pieza separada de un proceso principal en el que se afirma una pretensión de reclamación limitable frente al titular del derecho a limitar. Se somete a reglas específicas que pueden consultarse en nº 9645 s. Memento Procesal Civil 2026.

A. Procesos sobre provisión de medidas judiciales de apoyo a la discapacidad, filiación, matrimonio y menores

(LEC art.748 s.; L 8/2021 disp.trans.4ª y 5ª)

5132 Son procesos sobre capacidad, filiación, matrimonio y menores los siguientes:
- Los que versen sobre la adopción de medidas judiciales de apoyo a las personas con discapacidad (nº 5150 s.).
- Los de filiación, paternidad y maternidad (nº 5185 s.).
- Los de nulidad del matrimonio, separación y divorcio y los de modificación de medidas adoptadas en ellos (nº 5220 s.).
- Los que versen exclusivamente sobre guarda y custodia de hijos menores o sobre alimentos reclamados por un progenitor contra el otro en nombre de los hijos menores (nº 5232).
- Los de reconocimiento de eficacia civil de resoluciones o decisiones eclesiásticas en materia matrimonial (nº 5265 s.).
- Los que tengan por objeto la oposición a las resoluciones administrativas en materia de protección de menores (nº 5350 s.).
- Los que versen sobre la necesidad de asentimiento en la adopción (nº 5310 s.).

Precisiones Transitoriamente, se reguló un **procedimiento preferente y sumario en materia familiar**, ya desaparecido, cuyo objeto era resolver sobre pretensiones relativas al restablecimiento del equilibrio en el régimen de visitas o custodia compartida cuando uno de los progenitores no hubiera podido atender en sus estrictos términos el régimen establecido y, en su caso, custodia compartida vigente, como consecuencia de las medidas adoptadas por el Gobierno a raíz de la pandemia por COVID-19; las que tuvieran por objeto solicitar la revisión de las medidas definitivas sobre cargas del matrimonio, pensiones económicas entre cónyuges y alimentos reconocidos a los hijos ex LEC art.774, cuando la revisión se fundara en variación sustancial de las circunstancias económicas del progenitor obligado a consecuencia de la crisis sanitaria; y las que pretendieran el establecimiento o la revisión de la obligación de prestar alimentos con igual fundamento (RDL 16/2020 art.3 a 5 y 7.1.a derog L 3/2020).

1. Consideraciones generales comunes a estos procesos

5135 Los procesos especiales civiles sobre capacidad, filiación, matrimonio y menores, en cuanto afectan al **ámbito personal y familiar**, comparten unas disposiciones generales que tratan de proteger el interés particular y que repercute en el proceso, con normas especiales sobre la intervención del Ministerio Fiscal, indisponibilidad del objeto del proceso, prueba o exclusión de publicidad, entre otras, que son comunes a todos ellos.

5137 MPCI nº 9009, 9011 **Intervención del Ministerio Fiscal** (LEC art.749) En los procesos sobre adopción de medidas judiciales de apoyo a personas con discapacidad (nº 5150 s.), en los de nulidad matrimonial (nº 5220 s.), sustracción internacional de menores (nº 5312 s.) y en los de determinación e impugnación de la filiación (nº 5185 s.) es siempre **parte** el Ministerio Fiscal, aunque no haya sido promotor de los mismos ni deba asumir la defensa de alguna de las partes, velando por la salvaguarda de la voluntad, preferencias y derechos de las personas con discapacidad que participen en aquellos, así como por la del interés superior del menor.

En los demás procesos es **preceptiva** la intervención del Ministerio Fiscal, siempre que alguno de los interesados en el procedimiento sea menor, persona con discapacidad o esté en situación de ausencia legal (nº 5158).

No obstante, existen determinados procesos que versan sobre el estado civil respecto de los que la LEC no ha efectuado previsión alguna sobre la intervención del Ministerio Fiscal, como son los procesos sobre privación de **patria potestad** o sobre **cambio de sexo**.

En tales casos, debe afirmarse la **legitimación del Ministerio Fiscal** en atención a que el estado civil se regula por normas de carácter imperativo, sustraídas al juego de la autonomía de la voluntad. El concepto y naturaleza del estado civil justifican la presencia del Ministerio Fiscal en aquellos procesos en los que esté en juego materia propia del estado civil en tanto que se atribuye al fiscal la misión de promover la justicia en **defensa de la legalidad y del interés público** tutelado por la Ley (FGE Circ 1/2001).

Supletoriamente, corresponde al Ministerio Fiscal tomar parte, en defensa de la legalidad y del interés público o social, en los procesos relativos al **estado civil** y en los demás que establezca la Ley (L 50/1981 art.3.6).

5138 **Carácter de su intervención** La postura del Ministerio Fiscal es la de una **parte imparcial** (TCo auto 63/1997).

La cobertura de su actuación se hace atribuyéndole la cualidad de parte, pero con determinados matices. No es parte en sentido técnico que pida para sí la actuación judicial, pues su interés, como base de la legitimación, no se sitúa en el núcleo de la relación jurídica discutida. Su interés es el **interés público**, lo que acentúa los aspectos formales del concepto de parte en defecto de los materiales; es decir su posición, más que su condición de parte, viene determinada por su legitimación legal y plena, limitada al concepto en que lo hace (AP Madrid auto 28-4-04, EDJ 121196).

Representación y defensa de las partes (LEC art.750, 771) Fuera de los casos en que, conforme a la Ley, deban ser defendidas por el Ministerio Fiscal, las partes actúan en los procesos a que se refiere este título con **asistencia** de abogado y **representadas** por procurador. 5139 MPCI nº 9013
En los procedimientos de **separación o divorcio** solicitado de común acuerdo por los cónyuges, estos pueden valerse de una sola defensa y representación.
No obstante, cuando alguno de los **pactos propuestos** por los cónyuges no sea aprobado por el tribunal, se requiere a las partes por el letrado de la Administración de Justicia -letrado de la Administración de Justicia- a fin de que en el plazo de 5 días manifiesten sí desean continuar con la defensa y representación únicas o si, por el contrario, prefieren litigar cada una con su propia defensa y representación.
Asimismo, cuando, a pesar del acuerdo suscrito por las partes y homologado por el tribunal, una de las partes pida la **ejecución judicial de dicho acuerdo**, se requiere a la otra para que nombre abogado y procurador que la defienda y represente.
Para la solicitud de **medidas provisionales previas a la demanda** de nulidad, separación o divorcio no es precisa la intervención de procurador y abogado, pero sí es necesaria dicha intervención para todo escrito y actuación posterior.

Precisiones La representación técnica mediante estos profesionales en el proceso civil es objeto de estudio en nº 2606 s.

Indisponibilidad del objeto del proceso (LEC art.19.1 -redacc LO 1/2025- y 751; CC art.1814) En los procesos sobre adopción de medidas judiciales de apoyo a la discapacidad, filiación, matrimonio y menores no surten efecto la **renuncia**, el **allanamiento** ni la **transacción**. 5140 MPCI nº 9015, 9017
No se puede transigir sobre el estado civil de las personas, ni sobre las cuestiones matrimoniales ni sobre alimentos futuros.
El **desistimiento** requiere la conformidad del Ministerio Fiscal, **excepto** en los casos siguientes:
• En los procesos que se refieran a filiación, paternidad y maternidad, siempre que no existan menores, personas con discapacidad o ausentes interesados en el procedimiento.
• En los procesos de nulidad matrimonial por minoría de edad, cuando el cónyuge que contrajo matrimonio siendo menor ejercite, después de llegar a la mayoría de edad, la acción de nulidad.
• En los procesos de nulidad matrimonial por error, coacción o miedo grave.
• En los procesos de separación y divorcio.
No obstante, las pretensiones que se formulen en estos procesos sobre capacidad, filiación, matrimonio y menores y que tengan por objeto materias sobre las que las **partes puedan disponer libremente**, según la legislación civil aplicable, pueden ser objeto de renuncia, allanamiento, transacción o desistimiento, conforme a lo previsto en las normas generales.
En estos casos, los litigantes están facultados para **disponer del objeto del juicio** y pueden renunciar, desistir del juicio, allanarse, someterse a arbitraje y transigir sobre lo que sea objeto del mismo, excepto cuando la ley lo prohíba o establezca **limitaciones** por razones del interés general o en beneficio de tercero.

Prueba (LEC art.752) Los procesos sobre capacidad, filiación, matrimonio y menores se deciden con arreglo a los **hechos** que hayan sido **objeto de debate** y resulten probados, con independencia del momento en que hayan sido alegados o introducidos de otra manera en el procedimiento. 5142 MPCI nº 9019
Sin perjuicio de las pruebas que se practiquen a instancia del Ministerio Fiscal y de las demás partes, el tribunal puede decretar **de oficio** cuantas estime pertinentes.
Puede acordarse de oficio por el tribunal o a instancia de parte la práctica de toda aquella **prueba anticipada** que se considere pertinente y útil, procurando que el resultado de dicha prueba admitida o acordada obre en las actuaciones con anterioridad a la celebración de la vista, a disposición de las partes.
La **conformidad de las partes** sobre los hechos no vincula al tribunal, ni puede este decidir la cuestión litigiosa basándose exclusivamente en dicha conformidad o en el silencio o respuestas evasivas sobre los hechos alegados por la parte contraria.
Tampoco está el tribunal vinculado, en estos procesos a las disposiciones de la LEC en materia de fuerza probatoria del **interrogatorio de las partes**, de los **documentos** públicos y de los documentos privados reconocidos.

Precisiones Estas previsiones son aplicables asimismo a la **segunda instancia**. No son, sin embargo, aplicables respecto de las pretensiones que se formulen en estos procesos y que tengan por objeto materias sobre las que las partes pueden disponer libremente según la legislación civil aplicable.

5143 MPCI nº 9021 **Tramitación por juicio verbal** (LEC art.753) Salvo que expresamente se disponga otra cosa, los procesos sobre adopción de medidas judiciales de apoyo a la discapacidad, filiación, matrimonio y menores se sustancian por los trámites del juicio verbal (nº 3900).

En todo caso, de la **demanda** se da traslado al Ministerio Fiscal por el letrado de la Administración de Justicia cuando proceda, y a las demás personas que deban ser parte en el procedimiento, hayan sido o no demandados, **emplazándoles** para que la contesten en el plazo de 20 días.

Por último, téngase en cuenta que los procesos sobre adopción de medidas judiciales de apoyo a la discapacidad, filiación, matrimonio y menores son de **tramitación preferente**, siempre que alguno de los interesados en el procedimiento sea menor, persona con discapacidad con medidas judiciales de apoyo de carácter representativo, o se halle en situación de ausencia legal (LEC art.753.3).

Precisiones Cuando se presente ante un **tribunal civil** una demanda relativa a los procesos en estudio, de la que pueda ser competente por razón de la materia una **Sección de Violencia sobre la Mujer** de un Tribunal de Instancia -hasta su constitución, un juzgado de violencia sobre la mujer- (nº 1928), se recabará la oportuna consulta al sistema de **registros administrativos de apoyo** a la Administración de Justicia, así como al sistema de gestión procesal correspondiente a fin de verificar la competencia (LEC art.49 bis), reiterada antes de la celebración de la vista o comparecencia o del acto de ratificación de los procedimientos de mutuo acuerdo. Del mismo modo, en el decreto de admisión, se requerirá a las partes para que comuniquen, en el plazo de 5 días, si existen o han existido procedimientos de violencia sobre la mujer entre los cónyuges o progenitores, su estado procesal actual, y si constan adoptadas medidas civiles o penales, con advertencia de la obligación de comunicar inmediatamente cualquier procedimiento que inicien ante una Sección de Violencia sobre la Mujer -hasta su constitución, juzgado de violencia sobre la mujer- durante la tramitación del procedimiento civil, así como cualquier incidente de violencia sobre la mujer que se produzca (LEC art.753.1).

5145 MPCI nº 9023, 9025 **Exclusión de la publicidad** (LEC art.138 y 754) Como regla general, las actuaciones de prueba, las vistas y las comparecencias cuyo objeto sea oír a las partes antes de dictar una resolución se practican en **audiencia pública**.

No obstante, en los procesos sobre capacidad, filiación, matrimonio y menores pueden decidir los tribunales, mediante providencia, de oficio o a instancia de parte, que los actos y vistas se celebren **a puerta cerrada** y que las **actuaciones** sean **reservadas**, siempre que las circunstancias lo aconsejen y aunque no se esté en ninguno de los casos previstos con carácter general.

Precisiones **1)** No puede excluirse al Ministerio Fiscal de la publicidad del procedimiento, a fin de que el fiscal pueda personalmente oír e **interrogar a los menores**, para conocer si expresan con libertad su opinión sobre el conflicto que afecta a su esfera personal y familiar e interesar, en su caso, la adopción por el tribunal de las medidas de protección de los menores que estime necesarias (TCo 17/2006)

2) Esta limitación de la publicidad de los actos y vistas en estos procesos se extiende también a la asistencia a los actos públicos de los **medios de comunicación social**, por cuanto que el derecho a la libertad de información puede entrar en colisión con otros derechos fundamentales de terceros y con bienes constitucionalmente protegidos relativos a intereses colectivos, conflicto que debe resolverse conforme a las exigencias del principio de proporcionalidad y de la ponderación (TCo 159/2005).

3) La colisión con estos derechos fundamentales se produce en mayor medida respecto de los medios de comunicación que utilizan la **captación y difusión visuales**, en cuanto que pueden afectar de forma mucho más intensa que el reportaje escrito, por lo que resulta razonable que las limitaciones que se impongan a aquellos medios de comunicación sean más rigurosas que a estos (TCo 56/2004; 57/2004).

5147 MPCI nº 9027 **Acceso de las sentencias a registros públicos** (LEC art.755) Cuando proceda, las sentencias y demás resoluciones dictadas en los procedimientos sobre provisión de medidas judiciales de apoyo a la discapacidad, filiación, matrimonio y menores se comunicarán de oficio por el letrado de la Administración de Justicia a los **Registros Civiles** para la práctica de los asientos que correspondan, así como, a petición de parte, al Registro de la Propiedad, cuando afecten a las facultades de administración y disposición de bienes inmuebles, y a los **Registros Mercantil o de Bienes Muebles** si fuera procedente.

En caso de **medidas de apoyo**, la comunicación se hace únicamente a petición de la persona a cuyo favor se haya constituido dicho apoyo.

La llevanza del **Registro Civil** corresponde al letrado de la Administración de Justicia competente -o en su caso al juez o magistrado en situación de servicios especiales que continúe en su puesto de encargado tras la entrada en vigor de la L 6/2021-, y en el mismo deben ser objeto de inscripción cuantos actos y resoluciones judiciales afecten al estado civil y capacidad de las personas y los restantes establecidos legalmente (L 20/2011 art.2.2).
En el **Registro de la Propiedad** se inscriben las resoluciones judiciales en que se declare la ausencia, el fallecimiento y cualesquiera otras que afecten a la libre disposición de bienes por una persona. Las inscripciones de resoluciones judiciales sobre medidas de apoyo realizadas en virtud de este apartado se practicarán exclusivamente en el Libro sobre administración y disposición de bienes inmuebles. (LH art.2.4).

Precisiones Acerca de los **acuerdos de las partes homologados judicialmente**, puede consultarse nº 9029 Memento Procesal Civil 2026.

2. Procesos sobre capacidad de las personas. Medidas judiciales de apoyo a la discapacidad

(LEC art.756 a 763; L 8/2021 disp.trans.4ª y 5ª)

Los procesos de provisión de medidas de apoyo a la discapacidad no pueden concebirse como un **conflicto de intereses privados** y contrapuestos entre dos partes litigantes, que es lo que, generalmente caracteriza a los procesos civiles, pues en el mismo está en juego nada menos que la pretendida negación a un ciudadano o ciudadana mayor de edad de su capacidad para regir su persona y administrar sus bienes del modo que tenga por conveniente (TS 30-12-95, EDJ 7312; 19-5-98, EDJ 5016; AP Jaén 25-1-05, EDJ 79149). **5150**
Al ser la capacidad de las personas físicas un atributo de la **personalidad**, trasunto del principio de la dignidad de la persona, donde rige la presunción de legalidad de su existencia e integridad, su restricción y control queda sujeta a las siguientes **exigencias**:
- sentencia judicial;
- observancia de las garantías fundamentales en el proceso;
- cumplida demostración de la deficiencia y su alcance;
- adecuación de la restricción y control en su extensión y límites al grado de idoneidad, en armonía con el principio básico que debe inspirar la materia de protección del presunto afectado por una discapacidad;
- la aplicación de un criterio restringido en la determinación del ámbito de la restricción.

Precisiones Se excluyen del **presupuesto de procedibilidad** de someterse a un medio adecuado de solución de conflictos previo al proceso (nº 3625 s.), las solicitudes de adopción de medidas judiciales de apoyo a la discapacidad (LO 1/2025 art.5.2.c).

Causas de adopción de medidas de apoyo a la discapacidad (CC art.249 s.; L 8/2021 disp.trans.1ª a 3ª) Son causas de la provisión de estas medidas las **enfermedades** o las **deficiencias persistentes** de carácter físico o psíquico que impidan a la persona gobernarse por sí misma. **5152** MPCI nº 9040, 9042
Los **menores de edad** sujetos a patria potestad o tutela pueden ser objeto de dichas medidas para cuando concluya la minoría de edad, cuando se prevea razonablemente en los 2 años anteriores a la mayoría de edad que un menor pueda, después de alcanzada aquella, precisar de apoyo en el ejercicio de su capacidad jurídica, a petición del menor, de los progenitores, del tutor o del Ministerio Fiscal, siempre dando participación al menor en el proceso y atendiendo a su voluntad, deseos y preferencias. Igualmente, respecto de menores mayores de 16 años, en defecto o por insuficiencia de estas medidas de naturaleza voluntaria debidamente previstas en escritura pública, con carácter supletorio o complementario.

Precisiones **1)** Para que se adopten medidas de apoyo respecto a una persona no solo es suficiente que padezca una **enfermedad persistente de carácter físico o psíquico**, lo cual, puede perfectamente integrarse en una patología permanente y con una intensidad prolongada en el tiempo y en intensidad, sino que lo que verdaderamente sobresale es que, el trastorno, tanto sea permanente como oscile en intensidad, impida gobernarse a la afectada por sí misma (TS 28-7-98, EDJ 12946).
2) La persistencia o permanencia de las enfermedades físicas o psíquicas requiere que sean **constantes**, lo que hay que entender como permanencia hacia el futuro y no hacia el pasado (TS 19-2-96, EDJ 1309).

Competencia (LEC art.756) Es competente para conocer de las demandas sobre adopción de medidas de apoyo a la discapacidad la Sección de Familia, Infancia y Capacidad o Sección Única del Tribunal de Instancia -hasta su constitución, el juez de primera instancia o de familia- del lugar en el que resida la persona a la que se refiera la declaración que se solicite y, en su **5154**

caso, el que haya conocido del previo expediente de jurisdicción voluntaria en el que se haya formulado **oposición**. Este fuero territorial es imperativo (TS auto 21-6-17, EDJ 124728).

Si antes de la celebración de la vista se produjera un **cambio de la residencia habitual** de la persona a que se refiera el proceso, se remitirán las actuaciones al órgano judicial correspondiente en el estado en que se hallen (LEC art.756.3). Esta regla es contraria a la preexistente, conforme a la cual el cambio de domicilio, incluso por internamiento, de la persona sometida a un proceso sobre capacidad, no alteraba la competencia territorial ni la funcional del órgano judicial que hubiera iniciado las actuaciones.

Precisiones Esto no impide que, respecto de los procesos derivados de las actuaciones procesales precedentes, en caso de **cambio sobrevenido de domicilio**, sea competente el órgano judicial correspondiente al nuevo lugar de residencia (TS auto 21-6-17, EDJ 124728; auto 3-7-12, EDJ 141779).

5156 MPCI nº 9050, 9052 **Legitimación e intervención procesal** (LEC art.757) La adopción de medidas de apoyo puede **promoverla** el propio interesado, el cónyuge o quien se encuentre en una situación de hecho asimilable, los descendientes, los ascendientes, o los hermanos de aquel.

Precisiones No puede equipararse a la situación del cónyuge o de quien se encuentre en una situación de hecho asimilable a la **persona que convive de hecho** en una misma vivienda, tratando de forma altruista y desinteresada a los efectos de la legitimación para promover la adopción de medidas de apoyo a la discapacidad. Ello es así por cuanto que la referencia a una situación de hecho asimilable al matrimonio equipara con ello a quien convive maritalmente con el presunto afectado por la discapacidad sin que exista vínculo matrimonial, esto es, se exige la convivencia *more uxorio* como requisito esencial para considerar la existencia de legitimación activa. Ello sin perjuicio de la posibilidad existente de poner en conocimiento del Ministerio Fiscal la presunta situación de discapacidad para que sea este quien lo promueva a través de la legitimación que la LEC le reconoce.
Asimismo, al establecerse de forma tasada la **relación de parentesco** que ha de ligar al afectado por posible discapacidad con el legitimado activamente para promover la provisión de medidas de apoyo para el ejercicio de su capacidad jurídica, no puede aceptarse la legitimación de otros parientes en grado diferente al dispuesto por dicho precepto imperativo (AP Girona auto 31-12-02, EDJ 73060).

5158 MPCI nº 9056 **Ministerio fiscal** (LEC art.757.2; FGE Circ 1/2001) El Ministerio Fiscal debe promover la adopción de medidas judiciales de apoyo si las personas legitimadas para promoverla no existen, o no la han solicitado, salvo que existan otras vías a través de las que el interesado puede obtener el apoyo que precisa.

Está siempre legitimado para presentar la **demanda de medidas**, cuando no lo haga ninguna de las personas legitimadas y no haya otros medios aptos de provisión, sin excepción.

Cualquier persona está facultada para poner en conocimiento del Ministerio Fiscal los hechos que puedan ser determinantes de la adopción de medidas de apoyo.

Aunque la Ley no lo dispone, actualmente, de manera expresa, ha de entenderse que cualquier persona está facultada para poner en conocimiento del Ministerio Fiscal los hechos que puedan ser determinantes de la adopción de medidas de apoyo; esta facultad se convierte en deber en el supuesto de las **autoridades** y **funcionarios públicos** que, por razón de sus cargos, conozcan la existencia de una posible causa de promoción de dichas medidas en una persona, debiendo ponerlo en conocimiento del Ministerio Fiscal, sin que pueda entenderse nunca como un título atributivo de legitimación activa.

El fiscal es parte en estos procesos solo en un sentido formal, ya que en todo caso su actuación estará orientada en el aspecto material por los principios de imparcialidad y de defensa de la legalidad y del interés público o social. Esto se manifiesta en la **diversa posición** que puede corresponder al fiscal en el proceso, determinada únicamente por el hecho de quién sea el que tome la **iniciativa procesal**.

Si es el fiscal quien interpone la demanda, obviamente será el demandante. Si la demanda la interpone otra persona y el presunto afectado por la discapacidad no comparece con su propia defensa y representación, el fiscal intervendrá asumiendo la representación y defensa de este; si, por el contrario, el fiscal no es demandante y el afectado decide comparecer con su propia defensa y representación, el fiscal intervendrá como parte *sui generis*.

5160 **Intransmisibilidad de la acción** No puede pretenderse que, por **fallecimiento del actor** legitimado para instar la adopción de medidas por ser hermano del presunto afectado de discapacidad, pueda el heredero universal del actor tener por sucesión procesal una legitimación que no le corresponde, al tratarse de una acción personalísima que no se transmite con la muerte (TS auto 29-4-04, EDJ 27764).

La acción estudiada no tiene el carácter de transmisible, por lo que **se extingue** al fallecimiento de su titular sin que opere el instituto de la sucesión procesal (AP Girona 14-5-04, EDJ 55963).

Legitimación pasiva (LEC art.758) En los procesos de promoción de medidas de apoyo a la discapacidad, la legitimación pasiva, dejando a un lado al Ministerio Fiscal, corresponde a la persona cuya capacidad se persigue apoyar (TS 30-12-95, EDJ 7312; AP Zaragoza 24-11-00, EDJ 53007). **5164**

El **afectado** intervendrá en dicho proceso bien compareciendo con su propia defensa y representación, nombradas por él mismo, o bien mediante un **defensor judicial** designado por el letrado de la Administración de Justicia si el Ministerio Fiscal ha promovido el proceso de adopción de medidas y el afectado no actúa con su propia defensa y representación o en caso de que no haya comparecido en el plazo conferido para la contestación de la demanda, abriendo en tal caso un nuevo plazo para contestar si se considera procedente.

En todo caso será defendido por el **ministerio público** si este no es el que ha promovido el proceso (AP Almería 11-2-04, EDJ 10974) y el presunto afectado por la discapacidad no actúa por sí mismo.

No resulta admisible, en modo alguno, que sean sujetos pasivos o demandados en el proceso de provisión de medidas de apoyo para el ejercicio de la capacidad jurídica los **parientes** del presunto afectado por la discapacidad, cualquiera que sea su grado de parentesco, ello sin perjuicio de que el juez habrá de oírles en el proceso, careciendo de legitimación para intervenir en el proceso en su condición de partes demandadas (TS 30-12-95, EDJ 7312).

Precisiones 1) Los parientes del afectado, si acreditan la existencia de un **interés directo y legítimo** en el resultado del proceso de adopción de medidas de apoyo, previo cumplimiento de los trámites para la intervención procesal, pueden ser considerados como **terceros** con derecho o interés en el mismo (AP Jaén 25-1-05, EDJ 79149).

2) En la medida en que, por las circunstancias del caso, resulte posible, el letrado de la Administración de Justicia llevará a cabo las **actuaciones necesarias** para que la persona con discapacidad comprenda el objeto, la finalidad y los trámites del procedimiento. Igualmente, una vez admitida la demanda, recabará certificación del Registro Civil y demás registros públicos sobre las **medidas de protección inscritas**.

3) El incumplimiento del mandato de designar defensor judicial, si no estuviera ya nombrado, supone la nulidad de las actuaciones practicadas (AP Valencia 8-5-03, EDJ 68985).

Intervención de curador determinado (LEC art.757.3) Si la demanda que solicita el inicio del procedimiento de provisión de apoyos concreta las medidas de apoyo correspondientes y un curador determinado, ha de darse a este **traslado** de aquella a fin de que pueda alegar lo que considere conveniente sobre dicha cuestión. **5165**

Pruebas y audiencias preceptivas (LEC art.339.5, 355 y 759) En los procesos de adopción o provisión de medidas de apoyo, además de otras pruebas, el tribunal oirá al cónyuge no separado legalmente o de hecho o persona unida por análoga relación de afectividad, a los **parientes más próximos** del presunto afectado por la discapacidad, se entrevistará con este por sí mismo y acordará los **dictámenes periciales** necesarios o pertinentes en relación con las pretensiones de la demanda, así como las demás medidas previstas por las leyes. **5170** MPCI nº 9065 a 9071

Si la sentencia que decida sobre la adopción de medidas es apelada, se ordenará también de oficio en la **segunda instancia** la práctica de estas pruebas preceptivas.

Precisiones Debe decretarse la **nulidad de actuaciones** cuando no se cita al Ministerio Fiscal en un proceso de adopción de medidas de apoyo a la discapacidad, siendo así que su presencia es preceptiva, debiendo extremarse estas cautelas cuando, además, no comparece el propio presunto afectado por la discapacidad (AP Córdoba auto 16-12-05, EDJ 304112).

Sentencia (LEC art.760) La sentencia que acuerde la adopción de medidas de apoyo al ejercicio de la capacidad, ha de ser conforme con el régimen del CC art.268 s. u otras normas civiles que resulten aplicables. **5172** MPCI nº 9075

Cuando se haya solicitado en la demanda el **nombramiento de la persona o personas que hayan de asistir o representar** a la persona con discapacidad y velar por ella, si el tribunal accede a la solicitud, la sentencia contendrá ordinariamente también este nombramiento.

Precisiones 1) Uno de los rasgos definitorios del sistema de la LEC en este ámbito es la posibilidad de acumular al proceso de provisión de medidas de apoyo la **acción de nombramiento** de las personas que vayan a ejercer la curatela, y que la sentencia se pueda pronunciar, en su caso, sobre la **necesidad de internamiento** del afectado.

2) La provisión judicial de apoyos mediante una curatela exige un juicio o valoración sobre la necesidad de la medida, para lo cual habrá que evaluar el impacto que la discapacidad provoca en la vida de esa persona y en qué medida precisa de un apoyo. Su adopción requiere de un **juicio de capacidad** de la persona afectada, también por la exigencia de la **proporcionalidad** de las medidas con las necesidades de la persona que las precisa, que vienen a su vez determinadas por la concreta discapacidad de la persona y sus circunstancias vitales (TS 18-9-24, EDJ 679950).

3) El **internamiento no voluntario** por razón de trastorno psíquico se analiza en nº 5180.

5176 **Revisión de medidas de apoyo adoptadas** (LEC art.761) La sentencia de provisión de medidas de apoyo no impide que, sobrevenidas nuevas circunstancias, pueda instarse un **nuevo proceso** que tenga por objeto dejar sin efecto o modificar el alcance de las ya acordadas.
MPCI nº 9080

Las medidas contenidas en la sentencia dictada serán revisadas conforme a lo establecido en la legislación civil, debiendo seguirse los **trámites** previstos a tal efecto en la L 15/2015 -jurisdicción voluntaria-. En caso de que se produjera oposición en el expediente de revisión, se deberá instar el correspondiente proceso contencioso conforme a las reglas en estudio, pudiendo promoverlo cualquiera de las personas legitimadas (LEC art.757), así como el curador de la persona afectada.

Si se ha privado a la persona de la **capacidad para comparecer en juicio**, este debe obtener expresa autorización judicial para actuar en el proceso por sí mismo.

En estos procesos de revisión de medidas de apoyo adoptadas se practican de oficio las **pruebas** y **audiencias preceptivas** previstas, tanto en la primera instancia como, en su caso, en la segunda.

La **sentencia** debe pronunciarse sobre si procede o no dejar sin efecto la medida o medidas de apoyo al ejercicio de la capacidad, o sobre si deben o no modificarse su extensión y límites.

Precisiones A efecto de revisión de **medidas adoptadas con arreglo a la legislación vigente con anterioridad** a la entrada en vigor de L 8/2021, aquella podrá instarse en cualquier momento desde la fecha de inicio de vigencia de esta ley -4-9-2021- (L 8/2021 disp.trans.4ª).

5178 **Medidas cautelares** (LEC art.762) Cuando el tribunal competente tenga conocimiento de la existencia de una persona en situación de discapacidad con necesidad potencial de medidas de apoyo, adoptará **de oficio** (AP Barcelona 14-12-06, EDJ 431192) las medidas que estime necesarias para la adecuada protección del afectado o de su patrimonio, y pondrá el hecho en conocimiento del Ministerio Fiscal para que este promueva, si lo estima procedente, un expediente de jurisdicción voluntaria.
MPCI nº 9085

El **Ministerio Fiscal** puede también, en cuanto tenga conocimiento de la existencia de posible causa de provisión de medidas de apoyo respecto de una persona, solicitar del tribunal la inmediata adopción de estas cautelas o medidas protectoras (FGE Instr 4/2009).

Las **medidas cautelares** pueden adoptarse, de oficio o a instancia de parte, en **cualquier estado del procedimiento**, previa **audiencia** de las personas afectadas, salvo que la urgencia de la situación lo impida.

Precisiones 1) Para la adopción de estas medidas cautelares se aplicarán las previsiones sobre la **vista para la audiencia** de las partes y sobre el auto que fije estas medidas (nº 4440 s.).
2) Las funciones tuitivas del **Ministerio Fiscal** en el marco de los procesos sobre la capacidad de las personas se resumen en la FGE Instr 4/2009.

5180 **Internamiento no voluntario por razón de trastorno psíquico** (LEC art.763) El internamiento, por razón de trastorno psíquico, de una persona que no esté en condiciones de decidirlo por sí, aunque esté sometida a la patria potestad o a tutela, requerirá **autorización judicial**, que será recabada del tribunal del lugar donde resida la persona afectada por el internamiento.
MPCI nº 9090 s.

La autorización será **previa a dicho internamiento**, salvo que razones de urgencia hagan necesaria la inmediata adopción de la medida.

En este caso, el **responsable del centro** en que se haya producido el internamiento deberá dar cuenta de este al tribunal competente lo antes posible y, en todo caso, dentro del plazo de 24 horas, a los efectos de que se proceda a la preceptiva ratificación de dicha medida, que deberá efectuarse en el plazo máximo de 72 horas desde que el internamiento llegue a conocimiento del tribunal.

En los casos de **internamientos urgentes**, la competencia para la ratificación de la medida corresponderá al tribunal del lugar en que radique el centro donde se haya producido el internamiento.

Dicho tribunal, en su caso, pondrá en conocimiento del **Ministerio Fiscal** los hechos que puedan ser determinantes de la provisión de medidas de apoyo para el ejercicio de la capacidad jurídica.

El **internamiento de menores** se realizará siempre en un establecimiento de salud mental adecuado a su edad, previo informe de los servicios de asistencia al menor.

Antes de conceder la autorización o de ratificar el internamiento que ya se ha efectuado, el **tribunal oirá a la persona afectada** por la decisión, al Ministerio Fiscal y a cualquier otra persona cuya comparecencia estime conveniente o le sea solicitada por el afectado por la medida.

Además, y sin perjuicio de que pueda practicar cualquier otra prueba que estime relevante para el caso, el tribunal deberá **examinar** por sí mismo **a la persona** de cuyo internamiento se trate y oír el dictamen de un facultativo por él designado.

En todas las actuaciones, la persona afectada por la medida de internamiento podrá disponer de **representación y defensa**.
En todo caso, la decisión que el tribunal adopte en relación con el internamiento será susceptible de **recurso de apelación**.
En la misma resolución que acuerde el internamiento se expresará la obligación de los facultativos que atiendan a la persona internada de **informar periódicamente al tribunal** sobre la necesidad de mantener la medida, sin perjuicio de los demás informes que el tribunal pueda requerir cuando lo crea pertinente.
Los **informes periódicos** serán emitidos cada 6 meses, a no ser que el tribunal, atendida la naturaleza del trastorno que motivó el internamiento, señale un plazo inferior.
Recibidos los referidos informes, el tribunal, previa la práctica, en su caso, de las actuaciones que estime imprescindibles, acordará lo procedente sobre la **continuación o no del internamiento**.
Cuando los facultativos que atiendan a la persona internada consideren que no es necesario mantener el internamiento, darán el **alta al enfermo**, y lo comunicarán inmediatamente al tribunal competente.

Precisiones El internamiento en estudio no puede considerarse como un expediente de jurisdicción voluntaria (FGE Circ 1/2001), sino como un **proceso especial contradictorio** con ciertas singularidades. Por tanto, no procede la aplicación de las disposiciones generales y normas comunes de la L 15/2015, sino el específico régimen previsto en LEC art.763 (FGE Circ 9/2015).

3. Filiación, paternidad y maternidad

(LEC art.746 y 764 a 768)

Las acciones para determinar la filiación son pretensiones declarativas que tienen por objeto determinar que **una persona es hijo o hija de otro**. 5185 MPCI nº 9100 s.

Precisiones Se excluyen del **presupuesto de procedibilidad** de someterse a un medio adecuado de solución de conflictos previo al proceso (nº 3625 s.) los procesos sobre filiación, paternidad y maternidad (LO 2/2025 art.5.2.d).

Posesión de estado (CC art.131) Cualquier **persona con interés legítimo** tiene acción para que se declare la filiación manifestada por la constante posesión de estado. Se exceptúa el supuesto en que la filiación que se reclame contradiga otra legalmente determinada. 5187 MPCI nº 9120

Precisiones La posesión de estado consiste en el concepto público en que es tenido un hijo con relación a su **padre natural**, cuando este concepto se forma por actos directos del mismo padre o de su familia, demostrativos de un verdadero reconocimiento perfectamente voluntario, libre y espontáneo (TS 24-1-01, EDJ 8).

Filiación matrimonial (CC art.132) A falta de la correspondiente posesión de estado, la acción de reclamación de la filiación matrimonial, que es imprescriptible, corresponde a cualquiera de los dos **progenitores** o al **hijo**. 5189 MPCI nº 9122
Si el **hijo fallece** antes de transcurrir 4 años desde que alcance plena capacidad, o durante el año siguiente al descubrimiento de las pruebas en que se haya de fundar la demanda, su acción corresponde a sus herederos por el tiempo que falte para completar dichos plazos.

Filiación no matrimonial (CC art.133) La acción de reclamación de filiación no matrimonial, cuando falte la respectiva posesión de estado, corresponde al **hijo durante toda su vida**. 5190 MPCI nº 9124
Si el **hijo fallece** antes de transcurrir 4 años desde que alcance plena capacidad o durante el año siguiente al descubrimiento de las pruebas en que se funde la demanda, su acción corresponde a sus herederos por el tiempo que falte para completar dichos plazos.
Igualmente, pueden ejercitar esta acción de filiación los **progenitores** en el plazo de un año contado desde que tengan conocimiento de los hechos en que se base su reclamación. Esta acción no es transmisible a los herederos que solo pueden continuar la acción iniciada por el progenitor en vida.

Acciones de impugnación de la filiación Las acciones de impugnación de la filiación son pretensiones declarativas que tienen por objeto impugnar una filiación legalmente predeterminada. 5192 MPCI nº 9130

Impugnación de filiación matrimonial por el marido (CC art.136) El marido puede ejercitar la acción de impugnación de la paternidad en el **plazo** de un año contado desde la inscripción de la filiación en el Registro Civil. Sin embargo, este plazo no corre mientras el marido ignore el nacimiento. 5193 MPCI nº 9132, 9134

Si el **marido fallece** antes de transcurrir este plazo, la acción corresponde a cada heredero por el tiempo que falte para completar dicho plazo. Fallecido el marido sin conocer el nacimiento, el año se cuenta desde que lo conozca el heredero.

Precisiones 1) La **inscripción del nacimiento** en el Registro Civil no implica conocimiento del nacimiento por el marido, y *dies a quo* para el ejercicio de la acción de impugnación, sino que el comienzo de dicho plazo se cuenta a partir del momento del verdadero conocimiento del nacimiento (TS 30-9-00, EDJ 29719).
2) Este precepto ha sido declarado inconstitucional, en cuanto al **día inicial del cómputo**, considerando que existen otras causas, además de que el marido ignore el nacimiento que determinarán dicha fecha inicial, como pueden ser los casos en que el marido desconozca ser el progenitor biológico, por lo tanto el plazo de un año empezará a contar desde que el marido tenga conocimiento de que no tuvo la condición de padre biológico, aunque haya transcurrido más de un año desde que se produjo la inscripción en el Registro Civil (TCo 138/2005; 156/2005).
3) Sin embargo, la **fijación del plazo de un año** para el ejercicio de la acción de impugnación matrimonial no vulnera, por supuesta infracción del derecho a la igualdad, la Constitución Española, puesto que no contempla un supuesto idéntico a otros casos contemplados en la norma, como es el de las acciones de impugnación por vicios en el reconocimiento, a los efectos de impedir un distinto tratamiento legal (TCo 138/2005).

5195 MPCI nº 9136 **Impugnación de paternidad por el hijo** (CC art.137) La filiación del padre o progenitor no gestante puede ser impugnada por el **hijo** durante el año siguiente a la inscripción de la filiación. Si es **menor o persona con discapacidad** con medidas de apoyo acordadas judicialmente, el plazo cuenta desde que alcanza la mayoría de edad o se produce el cese de las medidas indicadas.
El **ejercicio de la acción en interés del hijo** que sea menor, corresponde, asimismo, durante el año siguiente a la inscripción de la filiación, a la madre o progenitor gestante a quien corresponda la patria potestad, o al Ministerio Fiscal. Si fuera persona con discapacidad, a quien preste el apoyo y se halle expresamente facultado para ello o, en su defecto, al Ministerio Fiscal, en igual plazo.
Si el hijo, pese a haber transcurrido más de un año desde la inscripción en el registro, desde su mayoría de edad o desde la extinción de la medida de apoyo, desconociera la falta de paternidad biológica de quien aparece inscrito como su progenitor, el cómputo del plazo de un año comenzará a contar desde que tuviera tal conocimiento.
En caso de **fallecimiento del hijo** antes del transcurso completo de los plazos indicados, la acción puede afirmarse durante el remanente por los herederos.
Si falta en las relaciones familiares la **posesión de estado** de filiación matrimonial, la demanda puede ser interpuesta en cualquier tiempo por el hijo o sus herederos.

5197 MPCI nº 9138 **Impugnación de la maternidad** (CC art.139) La madre o progenitor que conste como gestante puede ejercitar la acción de impugnación de su maternidad justificando la **suposición del parto** o no ser cierta la identidad del hijo.

Precisiones **No puede impugnarse** la maternidad biológicamente acreditada (AP Cantabria 26-5-09, EDJ 126416). Se excluye la posibilidad de que la **madre pueda desconocer su propia maternidad** (AP Salamanca 19-6-15, EDJ 122421).

5198 MPCI nº 9140, 9142 **Impugnación de filiación no matrimonial** (CC art.140) Cuando **falte** en las relaciones familiares la **posesión de estado**, la filiación paterna o materna no matrimonial puede ser impugnada por aquellos a quienes perjudique.
Cuando **exista posesión de estado**, la acción de impugnación corresponde a quien aparece como hijo o progenitor y a quienes por la filiación puedan resultar afectados en su calidad de herederos forzosos. La acción caduca pasados 4 años desde que el hijo, una vez inscrita la filiación, goce de la posesión de estado correspondiente.
Los **hijos** tienen, en todo caso, acción durante un año después de haber llegado a la plena capacidad.

5200 MPCI nº 9144 **Impugnación del reconocimiento de filiación** (CC art.141) La acción de impugnación del reconocimiento realizado mediante **error, violencia o intimidación** corresponde a quien lo haya otorgado.
La acción **caduca** al año del reconocimiento o desde que cesó el vicio de consentimiento, y puede ser ejercitada o continuada por los herederos de aquel, si ha fallecido antes de transcurrir el año.

Precisiones 1) El **reconocimiento de la paternidad** es un acto personalísimo, puro, esto es, no sujeto a condición, término o modo, mediante el que se declara que ha existido el hecho biológico de la procreación del que ha nacido el hijo sobre el que recae el reconocimiento, por lo que es necesario para su validez que este no se encuentre afectado por alguno de los vicios que invalidan el consentimiento (TCo 138/2005).

2) Si bien el reconocimiento de la filiación es **irrevocable** por exigencias de la seguridad jurídica del estado civil de las personas, sin embargo, el reconocimiento pierde su fuerza legal si se acredita que se ha incurrido en un vicio de la voluntad (TS 26-3-01, EDJ 6235).

Determinación legal de la filiación por sentencia firme (LEC art.764) Puede pedirse de los tribunales la determinación legal de la filiación, así como impugnarse ante ellos la filiación legalmente determinada, en los casos previstos en la legislación civil. **5202** MPCI nº 9146

Los tribunales **rechazarán la admisión a trámite** de cualquier demanda que pretenda la impugnación de la filiación declarada por sentencia firme, o la determinación de una filiación contradictoria con otra que haya sido establecida también por sentencia firme.

Si la **existencia de dicha sentencia firme** se acredita una vez iniciado el proceso, el tribunal procede de plano al archivo de este.

Intervención del Ministerio Fiscal (LEC art.749.1) El Ministerio Fiscal es siempre parte en los procesos de determinación e impugnación de la filiación, aunque no haya sido promotor de los mismos ni deba asumir, conforme a la ley, la defensa de ninguna de las partes. **5204**

La intervención del Ministerio Fiscal se fundamenta en el **interés público** que subyace en estos procedimientos y que trasciende de los derechos o intereses privados en conflicto al afectar al estado civil de los litigantes.

Precisiones El fiscal, en defensa de la legalidad y del interés público debe asegurar la **protección integral de los hijos** y garantizar la asistencia de todo orden a los hijos habidos dentro o fuera del matrimonio, así como los derechos a la dignidad de la persona y al libre desarrollo de la personalidad en cuyo ámbito cabe incluir el derecho a conocer la **propia filiación biológica**. El respeto y protección de tales valores y derechos deben presidir sus intervenciones (FGE Circ 1/2001).

Ejercicio de las acciones que correspondan al hijo menor o con discapacidad y sucesión procesal (LEC art.765) Las acciones de determinación o de impugnación de la filiación que correspondan al hijo menor de edad o con discapacidad con medidas judiciales de apoyo podrán ser ejercitadas por su **representante legal** -el curador en el caso de la persona con discapacidad con medidas fijadas por resolución judicial- o por el **Ministerio Fiscal**, indistintamente. **5206**

En todos los procesos a que se refiere este capítulo, a la **muerte del actor**, sus herederos pueden continuar las acciones ya entabladas (nº 2410 s.).

Legitimación pasiva (LEC art.766) En los procesos sobre filiación, paternidad y maternidad son parte demandada, si no han interpuesto ellos la demanda, las personas a las que en esta se atribuya la **condición de progenitores y de hijo**, cuando se pida la determinación de la filiación y quienes aparezcan como progenitores y como hijo en virtud de la filiación legalmente determinada, cuando se impugne esta. **5208** MPCI nº 9106

Si cualquiera de ellos ha fallecido, son parte demandada sus **herederos**.

Especialidades en materia de procedimiento y prueba (LEC art.767) En ningún caso se admite la demanda sobre determinación o impugnación de la filiación si con ella no se presenta un principio de prueba de los hechos en que se funde. **5210** MPCI nº 9150, 9152

Aunque no haya prueba directa, puede declararse la filiación que resulte del **reconocimiento expreso o tácito**, de la posesión de estado, de la convivencia con la madre en la época de la concepción, o de otros hechos de los que se infiera la filiación, de modo análogo.

Pruebas biológicas (LEC art.767) En los juicios sobre filiación es admisible la **investigación de la paternidad y de la maternidad** mediante toda clase de pruebas, incluidas las biológicas. **5212** MPCI nº 9154

La **negativa injustificada** a someterse a la prueba biológica de paternidad o maternidad permite al tribunal declarar la filiación reclamada, siempre que existan otros indicios de la paternidad o maternidad y la prueba de esta no se haya obtenido por otros medios.

Precisiones 1) Para permitir declarar la paternidad, han de conjugarse los suficientes **elementos de prueba o indicios**, para crear y poder motivar suficientemente, la realidad de una filiación biológica por obedecer a una concepción natural, y no meramente ficticia (TS 11-10-99, EDJ 28264; 24-4-00, EDJ 5937; 30-5-00, EDJ 15177).

2) La prueba biológica para la investigación de la relación de paternidad o de maternidad exige, siempre que sea considerada **pertinente por la autoridad judicial**, que no entrañe un grave riesgo o quebranto para la salud de quien deba soportarla, y que su práctica resulte proporcionada atendida la finalidad perseguida con su realización (TCo 7/1994 y 95/1999).

3) La prueba biológica despliega con plenitud sus efectos probatorios en los supuestos dudosos, en donde los medios de prueba de otro tipo son suficientes para mostrar que la demanda no es frívola ni abusiva, pero insuficientes para acreditar por sí solos la paternidad (TS 26-9-00, EDJ 27645).

4) El **Ministerio Fiscal** propondrá la práctica de la prueba biológica, con carácter general, cuando, en atención a los criterios expuestos, la considere necesaria para acreditar la paternidad o maternidad discutidas (FGE Circ 1/2001).

5214 MPCI nº 9158, 9160 **Medidas cautelares** (LEC art.768) Mientras dure el procedimiento por el que se impugne la filiación, el tribunal adopta las medidas de protección oportunas **sobre la persona y bienes** del sometido a la potestad del que aparece como progenitor.

Reclamada judicialmente la filiación, el tribunal puede acordar **alimentos provisionales** a cargo del demandado y, en su caso, adoptar las medidas de protección a que se refiere el apartado anterior.

Como regla, estas medidas se acuerdan **previa audiencia** de las personas que puedan resultar afectadas.

No obstante, cuando concurran **razones de urgencia**, se pueden acordar las medidas sin más trámites, y se manda citar por el letrado de la Administración de Justicia -letrado de la Administración de Justicia- a los interesados a una comparecencia, que se celebrará dentro de los 10 días siguientes y en la que, tras oír las alegaciones de los comparecientes sobre la procedencia de las medidas adoptadas, resolverá el tribunal lo que proceda por medio de auto.

Para la adopción de las medidas cautelares en estos procesos, puede no exigirse **caución** a quien las solicite.

Precisiones 1) Para la adopción de estas medidas cautelares se aplican las previsiones sobre la **vista** para la audiencia de las partes y auto que fije estas medidas (nº 4440 s.).

2) Se excluyen del **presupuesto de procedibilidad** de someterse a un medio adecuado de solución de conflictos previo al proceso (nº 3625 s.) las solicitudes de adopción de medidas cautelares del CC art.158 (LO 2/2025 art.5.2.b).

4. Procesos matrimoniales, de menores y en materia de Registro Civil

(LEC art.769 a 781 y 781 bis)

5220 MPCI nº 9165 Se entienden incluidos en estos procesos especiales los que versen sobre **nulidad, separación y divorcio**, así como los de modificación de medidas adoptadas en ellos y los procesos sobre **guarda y custodia** de hijos menores o sobre alimentos reclamados por un progenitor contra el otro en nombre de los hijos menores.

Precisiones Se excluyen del **presupuesto de procedibilidad** de someterse a un medio adecuado de solución de conflictos previo al proceso (nº 3625 s.) las solicitudes de adopción de medidas cautelares del CC art.158 (LO 2/2025 art.5.2.b).

a. Consideraciones generales

5222 Los procesos matrimoniales se configuran como procesos especiales, entendiéndose que su objeto es, en buena medida, indisponible, dado que afecta en su contenido inmediato al estado, pervivencia y circunstancias del **vínculo matrimonial**, y en sus consecuencias mediatas, a **aspectos** existenciales, **educativos y personales de los hijos menores**, con discapacidad o ausentes que quedan bajo el resguardo protector del Estado (nº 5135 s.).

Precisiones En sede de procesos matrimoniales, es muy relevante la reforma del CC art.82 operada por la L 15/2015, en tanto permite que los cónyuges opten por tramitar su **separación o divorcio de mutuo acuerdo ante notario**. Ver nº 5283.

5224 **Tribunal competente** En los procesos matrimoniales, las potestades del órgano judicial, y en virtud del interés público afectado, va más allá del ejercicio de la función jurisdiccional, y se justifica en la medida en que admite la atribución a jueces y tribunales, por mediación de la ley, de otras funciones en garantía de cualquier derecho, distintas a la **satisfacción de pretensiones** (TCo 4/2001).

Sobre esta base constitucional se apoya la particular posición que ocupa el tribunal en el desarrollo de esta modalidad de procesos civiles, regidos excepcionalmente por el **principio de oficialidad**, y por el compromiso activo de búsqueda de la verdad material, y por la resolución de todas las cuestiones relativas al interés público con independencia de los términos en que las partes formulen sus pretensiones.

Así, el tribunal es responsable de acordar la práctica de cuantas **pruebas** sean precisas para alcanzar un conocimiento cabal de la realidad, supliendo la inactividad de las partes, igualmente las pruebas se incorporan al proceso en el momento más adecuado, sin sujetarse a rígidos cánones de preclusión de trámites característicos del proceso civil común.

Competencia objetiva (LOPJ art 89 redacc LO 1/2025) Los tribunales competentes para conocer de estos procesos especiales son las Secciones Civiles de los Tribunales de Instancia -hasta su constitución, los juzgados de primera instancia- (nº 1917) o, en su caso, las correspondientes Secciones de Violencia sobre la Mujer -hasta su constitución, juzgados de violencia sobre la mujer- (nº 1928). **5226** MPCI nº 9174

Estos últimos pueden conocer en el orden civil de los procesos, en lo que aquí afecta sobre nulidad del matrimonio, separación y divorcio; relaciones paterno-filiales; la adopción o modificación de medidas de trascendencia familiar, así como los que versen exclusivamente sobre guarda y custodia de hijos e hijas menores o sobre alimentos reclamados por un progenitor contra el otro en nombre de los hijos e hijas menores.

Para determinar la competencia de las Secciones de Violencia sobre la Mujer de los Tribunales de Instancia -hasta su constitución, de los juzgados de violencia sobre la mujer- de forma exclusiva y excluyente en el orden civil deben concurrir simultáneamente los siguientes **requisitos** (LOPJ art.89.7 redacc LO 1/2025):

a) Que se trate de un proceso civil que tenga por **objeto** alguna de las materias indicadas.

b) Que alguna de las partes del proceso civil sea víctima de actos de **violencia de género**.

c) Que alguna de las partes del proceso civil sea **investigado** como autor, inductor o cooperador necesario en la realización de actos de violencia de género.

d) Que se hayan iniciado ante el juez de violencia sobre la mujer **actuaciones penales** por delito o falta a consecuencia de un acto de violencia sobre la mujer, o se haya adoptado una orden de protección a una víctima de violencia de género.

En el caso de que no concurran, con el carácter de simultaneidad exigido por la ley, estos presupuestos, la competencia ordinaria corresponde a las Secciones Civiles de los Tribunales de Instancia -hasta su constitución, a los juzgados de primera instancia-.

Competencia territorial (LEC art.769; CC art.70) Salvo que expresamente se disponga otra cosa, es tribunal competente para conocer de los procedimientos matrimoniales y de menores la Sección de Familia, Infancia y Capacidad o Sección Única del Tribunal de Instancia -hasta su constitución, al juzgado de primera instancia o de familia- del **lugar del domicilio conyugal**. **5228** MPCI nº 9176, 9178

Los cónyuges fijan de común acuerdo el domicilio conyugal y, en caso de discrepancia, resuelve el juez, teniendo en cuenta el **interés de la familia**.

En el caso de residir los cónyuges en **distintos partidos judiciales**, es tribunal competente, a elección del demandante o de los cónyuges que soliciten la separación o el divorcio de mutuo acuerdo, el del último domicilio del matrimonio o el de residencia del demandado.

Los que no tengan **domicilio ni residencia fijos** pueden ser demandados en el lugar en que se hallen o en el de su última residencia, a elección del demandante y, si tampoco puede determinarse así la competencia, corresponde esta al tribunal del domicilio del actor.

En el procedimiento de **separación o divorcio de mutuo acuerdo**, es competente el juez del último domicilio común o el del domicilio de cualquiera de los solicitantes.

En los procesos que versen exclusivamente sobre **guarda y custodia de hijos** menores o sobre **alimentos** reclamados por un progenitor contra el otro en nombre de los hijos menores, es competente la Sección de Familia, Infancia y Capacidad o Sección Única del Tribunal de Instancia -hasta su constitución, al juzgado de primera instancia o de familia- del lugar del último domicilio común de los progenitores.

En el caso de residir los progenitores en **distintos partidos judiciales**, es tribunal competente, a elección del demandante, el del domicilio del demandado o el de la residencia del menor.

El tribunal examina de oficio su competencia, siendo **nulos** los acuerdos de las partes que contravengan estas previsiones.

Precisiones Se considera que la pretensión de **modificación de la cuantía de la pensión alimenticia** fijada por una sentencia firme constituye una incidencia de la misma y no un proceso autónomo, por lo que la competencia corresponde al órgano judicial que la fijó de forma definitiva (TCo 61/2000; TS auto 10-10-01, EDJ 98905; AP Baleares 24-5-06, EDJ 89974).

Ministerio Fiscal (LEC art.749) Interviene en el proceso si existen hijos del matrimonio menores de edad o con discapacidad, ejerciendo una **legitimación no sustitutiva** de sus representantes legales, sino propia, justificada en la defensa del interés público comprometido. **5230** MPCI nº 9180

Es siempre parte en los procesos de **nulidad matrimonial**, aunque no sea promotor de los mismos ni deba asumir la defensa de ninguna de las partes, y en los demás procesos especiales es preceptiva su intervención siempre que alguno de los interesados en el procedimiento sea menor, persona con discapacidad, o esté en situación legal de ausencia.

La potestad de **tutela del interés público** implicado en el proceso la comparten ambos órganos del Estado, tribunal y fiscal, si bien desde posiciones procesales diferenciadas.

Precisiones En los **procesos matrimoniales**, el Ministerio Fiscal carece de legitimación para ejercitar una pretensión con vocación de futuro, solicitando alimentos en nombre de menores de edad que se plasmaría cuando estos alcanzasen la mayoría de edad, por cuanto que el ministerio público carece de legitimación para ejercitar una pretensión que afectaría a una persona mayor de edad que, por ley, está fuera de la esfera de su protección (AP Gipuzkoa 29-6-00, EDJ 113290; 15-2-03, EDJ 115304).

5231 **Legitimación** La legitimación para instar estos procesos matrimoniales corresponde, obviamente a los **cónyuges**, así como, en su caso a los **menores** en cuanto a los procesos que les afecten, que pueden intervenir compareciendo a través de cualquiera de los sistemas previstos por la ley para integrar su capacidad procesal, sin perjuicio del derecho de audiencia (nº 2034 s.).

5232 MPCI nº 9184 **Alimentos** (LEC art.748.4º) Los alimentos pueden ser solicitados o reclamados por un **progenitor contra el otro** en nombre de los hijos menores.

Precisiones Resulta admisible que en un pleito matrimonial se pida por uno de los progenitores contendientes alimentos a cargo del otro y a favor del hijo mayor de edad que con aquel convive, lo que supone la atribución de la legitimación procesal y sustantiva al **cónyuge que soporta convivencia** y mantenimiento de los hijos mayores para, en el proceso matrimonial, reclamar del otro cónyuge la contribución con que, en el futuro, sufragar tal carga (TS 24-4-00, EDJ 5839; AP Castellón auto 14-2-05, EDJ 18568).

La **justificación** se encuentra en considerar que, en tales casos, las necesidades de los hijos mayores de edad son una **carga familiar** de forma que, en su reclamación, no se actúa un derecho propio y peculiar de los hijos, sino un derecho propio del progenitor en cuya compañía habitual residen para reclamar el abono proporcional de los gastos de todo tipo que generen.

No obstante, existen pronunciamientos en sentido contrario (AP Gipuzkoa 29-6-00, EDJ 113290; AP Alicante 6-7-05, EDJ 207841).

Acerca de la **legitimación de los hijos mayores de edad**, ver nº 9186 Memento Procesal Civil 2026.

5233 MPCI nº 9188, 9190 **Nulidad matrimonial** (CC art.74) La **acción** para pedir la nulidad del matrimonio puede ejercitarse por los cónyuges, dirigiendo su acción frente al otro, al Ministerio Fiscal, y a cualquier persona que tenga interés directo y legítimo en la nulidad.

El **interés de tercero** para ejercitar la acción de nulidad matrimonial debe entenderse que, sea moral o económico, ha de alcanzar cierta relevancia para que sea socialmente aceptable la impugnación del matrimonio, para lo cual la acción impugnatoria debe dirigirse contra ambos cónyuges.

Precisiones No cabe reconocer **legitimación activa** a la hija del matrimonio para pedir la nulidad matrimonial de sus progenitores, una vez que uno de ellos ha fallecido, por cuanto que se exige que el matrimonio subsista en el momento de pedirse dicha nulidad, sin que sea atendible cuando ha transcurrido tiempo desde su disolución por fallecimiento (AP Barcelona 29-10-99, EDJ 54136).

5234 MPCI nº 9192 s. **Atribución del derecho de uso de la vivienda a los hijos menores** La **regla general** en procesos matrimoniales es atribuir el uso de la vivienda familiar sin limitaciones a los menores, mientras sigan siéndolo, cuyo interés es el que debe presidir su atribución (TS 1-4-11, EDJ 34634, 14-4-11, EDJ 78869; 13-7-12, EDJ 196513; 17-10-13, EDJ 198109), como manifestación del principio del interés del menor (LO 1/1996 art.2), que no puede ser limitada por el juez, salvo lo establecido en el CC art.96 y sin perjuicio de que la medida pueda verse alterada en razón a circunstancias posteriores (TS 16-6-14, EDJ 91088; 2-6-14, EDJ 85662). Esta medida, que se integra dentro de los **alimentos como habitación** (CC art.142; TS 2-6-14, EDJ 85662), tiene carácter de *ius cogens*, por lo que puede ser adoptada de oficio por el juez (TS 21-5-12, EDJ 89289). Sin embargo, la aplicación más o menos automática de esta regla, derivada del CC art.96.1, se viene matizando en la doctrina del Tribunal Supremo, cuyos **criterios** pueden consultarse en nº 9192 Memento Procesal Civil 2026.

Precisiones **Otras cuestiones** en relación con el derecho de uso de la vivienda familiar pueden consultarse en nº 9196 s. Memento Procesal Civil 2026.

5235 **Alcance del convenio regulador a efectos de acceso al Registro de la Propiedad** En relación con la cuestión de si el **convenio regulador aprobado judicialmente** constituye o no, y en qué términos, título hábil para la inscripción de los actos realizados en el mismo, ver nº 9200 s. Memento Procesal Civil 2026.

5236 MPCI nº 9206 **Tratamiento procesal del principio de interés superior del menor** (LO 1/1996 art.2) La prevalencia absoluta del interés del menor y su carácter primordial en todas las acciones y decisiones que le conciernan presenta ciertas implicaciones procesales, especialmente relevantes en los procesos estudiados en esta sección. Se concretan en:

- El derecho del menor a **ser informado, oído y escuchado** y a tomar parte en el correspondiente proceso de acuerdo con la normativa vigente (LO 1/1996 art.9).
- La **intervención en el proceso de profesionales cualificados y expertos**.

• La **participación de los progenitores, tutores o representantes legales** del menor o de un **defensor judicial** si hubiera conflicto o discrepancia de intereses, y del **Ministerio Fiscal** en defensa de sus intereses. Se presume que existe tal conflicto en caso de que el criterio del menor de edad sea contrario a la medida que se adopte o suponga esta una restricción de derechos.
• La **motivación de las decisiones**.
• La existencia de **recursos** que permitan la revisión de la resolución adoptada.
• El beneficio de **asistencia jurídica gratuita** en los casos legalmente previstos.

Precisiones **1)** El interés del menor es la suma de distintos factores que tienen que ver con las circunstancias personales de sus progenitores y las **necesidades afectivas** de los hijos -tras la ruptura, en su caso- de lo que es corolario lógico y natural la guarda y custodia compartida, y con otras **circunstancias personales, familiares, materiales y socioculturales** que deben ser objeto de valoración para evitar en lo posible un factor de riesgo para la estabilidad del niño. Para ello, ha de mantenerse un **status** parecido al que disfrutaba hasta ese momento, manteniendo el mismo ambiente de la vivienda familiar y dando respuesta a los problemas económicos que resultan de la separación o del divorcio para hacer frente tanto a los gastos que comporta una doble ubicación de los progenitores, como a los alimentos presentes y futuros (TS 17-6-13, EDJ 115330; 17-10-17, EDJ 216479).

2) La necesidad de ser oído el menor en procedimientos que le afectan -**exploración del menor**- ha sido reconocida reiteradamente por la jurisprudencia, sin que la parte pueda renunciar a la práctica de esta diligencia de prueba, ante lo que el juez la acordará de oficio, en su caso (TS 20-10-14, EDJ 188229; 25-10-17, EDJ 221587). En caso de sentencias dictadas en tales procesos -en ambas instancias- sin haberse practicado la exploración del menor, el recurso procedente ante el Tribunal Supremo es el de **infracción procesal** -hasta su desaparición con efectos 20-3-2024 por RDL 6/2023, sin perjuicio de situaciones transitorias-, no el de casación (TS 7-3-17, EDJ 15363; 5-12-16, EDJ 224685).

3) En cualquier procedimiento de familia en el que se examinan cuestiones que afectan a bienes o derechos de los menores se aplican normas de orden público, por lo que no deben prevalecer las pretensiones de los progenitores, sino exclusivamente el **real beneficio del hijo menor** (TCo 178/2020).

b. Procedimiento de juicio verbal

(LEC art.749 y 753)

5238 Las demandas de separación y divorcio, salvo las que se presenten de mutuo acuerdo o por uno de los cónyuges con el consentimiento del otro, las de nulidad del matrimonio y las demás que se formulen sobre el matrimonio, se sustancian por los trámites del juicio verbal (nº 3900 s.), y con sujeción, además, a las siguientes **reglas**:

5240 (MPCI nº 9212) **Demanda** En todo caso, de la demanda se da **traslado al Ministerio Fiscal** por el letrado de la Administración de Justicia (LEC art.753), en los procesos de nulidad matrimonial, así como en los casos en que alguno de los interesados en el procedimiento sea menor, persona con discapacidad o esté en situación de ausencia legal, emplazándole para que conteste a la demanda en el plazo de 20 días.

En este juicio la demanda y la contestación no deben ser sucintas, sino que deben contener una **exposición completa** de hechos y fundamentos de derecho. En la **contestación a la demanda** se deben admitir o negar los hechos aducidos por el actor.

Precisiones **1)** En principio el Ministerio Fiscal debe negar los hechos que no consten debidamente acreditados en la documentación que acompañe a la demanda, proponiendo en el acto de la vista la **prueba** que estime pertinente en relación con los hechos que afecten a la situación y derechos de los hijos menores o con discapacidad (FGE Circ 1/2001).

2) La regulación general del juicio verbal ha sido profundamente modificada por L 42/2015. En los procesos tramitados por este cauce sometidos a la L 42/2015, los **escritos** rectores del proceso no han de ser necesariamente sucintos, habiéndose modificado sustancialmente el régimen de celebración de **vista** (nº 6100 s.).

5241 (MPCI nº 9214, 9216) **Documentos a acompañar con la demanda** (LEC art.770.1ª) A la demanda debe acompañarse la certificación de la inscripción del matrimonio y, en su caso, las de inscripción de nacimiento de los hijos en el Registro Civil, así como los documentos en que el cónyuge funde su derecho.

Si se solicitan **medidas de carácter patrimonial**, el actor y el demandado deben aportar los documentos de que dispongan que permitan evaluar la situación económica de los cónyuges y, en su caso, de los hijos, tales como declaraciones tributarias, nóminas, certificaciones bancarias, títulos de propiedad o certificaciones registrales. Asimismo, se ha de acreditar, si existiera, la resolución judicial o acuerdo en virtud del cual corresponde el **uso de la vivienda familiar**.

Precisiones Ha de tenerse en cuenta que, con fecha 30-4-2021, tuvo lugar la completa entrada en vigor de la L 20/2011, del **Registro Civil** (L 20/2011 disp.adic.10ª). Fue modificada parcialmente por L 6/2021, con igual fecha de efecto.

5242 MPCI nº 9218 **Reconvención** (LEC art.770.2ª) La reconvención se propone con la **contestación a la demanda**. El actor dispone de 10 días para contestarla.

Solo se admite la reconvención:

a) Cuando se funde en alguna de las causas que puedan dar lugar a la nulidad del matrimonio.
b) Cuando el cónyuge demandado de separación o de nulidad pretenda el divorcio.
c) Cuando el cónyuge demandado de nulidad pretenda la separación.
d) Cuando el cónyuge demandado pretenda la adopción de medidas definitivas, que no hayan sido solicitadas en la demanda, y sobre las que el tribunal no deba pronunciarse de oficio.

5243 MPCI nº 9222 **Vista del juicio** (LEC art.770.3ª) A la vista deben concurrir las partes por sí mismas, con apercibimiento de que su **incomparecencia** sin causa justificada puede determinar que se consideren admitidos los hechos alegados por la parte que comparezca para fundamentar sus peticiones sobre medidas definitivas de carácter patrimonial.

También es obligatoria la presencia de los **abogados** respectivos.

5244 MPCI nº 9224 **Prueba** (LEC art.339.5 y 770.4ª) Las pruebas que no puedan practicarse en el **acto de la vista** se practican dentro del plazo que el tribunal señale, que no puede exceder de 30 días.

Durante este plazo, el tribunal puede acordar **de oficio** las pruebas que estime necesarias para comprobar la concurrencia de las circunstancias en cada caso exigidas por el Código Civil para decretar la nulidad, separación o divorcio, así como las que se refieran a hechos de los que dependan los pronunciamientos sobre medidas que afecten a los hijos menores o mayores con discapacidad que precisen medidas de apoyo, de acuerdo con la legislación civil aplicable.

El tribunal puede, de oficio, designar **perito** cuando la pericia sea pertinente en los procesos matrimoniales.

5245 MPCI nº 9226, 9228 **Audiencia de los menores** (LEC art.770.4ª; LO 1/1996 art.9; CC art.92.6) Si el **procedimiento contencioso** y se estima necesario, de oficio o a petición del fiscal, partes o miembros del equipo técnico judicial, o del propio hijo o hijos, se oirá a estos, potestativamente si son menores de 12 años y, en todo caso, si son mayores de esta edad.

También habrán de ser oídos cuando precisen apoyo para el ejercicio de su capacidad jurídica y este sea prestado por los progenitores, así como los hijos mayores de edad con discapacidad, cuando se discuta el uso de la vivienda familiar y la estén usando.

En las audiencias han de garantizarse las **condiciones idóneas** para la salvaguarda de los intereses de los menores o de quienes precisen apoyo para el ejercicio de su capacidad, sin interferencias de terceros y con el auxilio de especialistas si fuera preciso, excepcionalmente.

Los menores tienen derecho a ser oídos en cualquier procedimiento en el que estén directamente implicados y que conduzca a una decisión que afecte a su **esfera personal, familiar o social**.

Precisiones Bajo el **régimen precedente** a la L 8/2021 se sostuvo que debía practicarse la audiencia del menor, si este tenía **suficiente juicio**, incluso en sede de recurso de apelación si no se había realizado en la instancia, siempre que se tratase de un caso que afectase a la esfera personal y familiar de un menor, dando lugar a la nulidad de las actuaciones en caso contrario (TCo 221/2002; 152/2005). Tras la reforma, se elimina de LEC art.770.4ª la referencia a la suficiencia de juicio del afectado, pero subsiste en CC art.92.6.

5246 MPCI nº 9230 **Exploraciones de los menores** (LEC art.138 y 754) En las exploraciones de menores en los procedimientos civiles se garantizará por el juez que el menor pueda ser oído en condiciones idóneas para la salvaguarda de sus intereses, **sin interferencias** de otras personas, y recabando excepcionalmente el **auxilio de especialistas** cuando ello sea necesario.

De esta forma, se podrá acordar, mediante providencia, de oficio o a instancia de parte, que la exploración se celebre **a puerta cerrada** para proteger los derechos de los menores y su intimidad. Es necesario permitir la intervención efectiva del **Ministerio Fiscal** en las exploraciones de los menores, sin que pueda excluirse a este de la publicidad del procedimiento, a fin de que el fiscal pueda personalmente oír e interrogar a los menores, para conocer si expresan con libertad su opinión sobre el conflicto que afecta a su esfera personal y familiar e interesar, en su caso, la adopción por el tribunal de las medidas de protección de los menores que estime necesarias (TCo 17/2006).

Precisiones La **referencia expresa** a las exploraciones ha desaparecido de LEC art.770.4ª por efecto de la L 8/2021. Sin embargo, sigue siendo posible o necesaria, según el caso, y ha de atenderse a los criterios expuestos, no obstante el silencio actual del precepto.

Transformación a separación y divorcio de mutuo acuerdo (LEC art.770.5ª) En cualquier momento del proceso, concurriendo los requisitos exigidos para la tramitación de la separación y divorcio de mutuo acuerdo, las partes pueden solicitar que continúe el procedimiento por los trámites que se establecen para estos supuestos. 5247

Precisiones En sede de procesos matrimoniales, es muy relevante la reforma del CC art.82 operada por la L 15/2015, en tanto permite que los cónyuges opten por tramitar su **separación o divorcio de mutuo acuerdo ante notario**. Ver nº 5283.

Mediación (LEC art.770.7ª) Las partes de común acuerdo pueden solicitar la **suspensión del proceso** de conformidad con las normas generales, para someterse a mediación. 5248 MPCI nº 9234, 9236
Esta suspensión de mutuo acuerdo, lleva consigo la suspensión del proceso por un plazo máximo de 60 días.

Precisiones 1) Este precepto no prevé que pueda ser **ampliado el plazo máximo** de 60 días por el que se acuerda la suspensión, por lo que, transcurrido el mismo, se archivan provisionalmente los autos y se inicia el cómputo del plazo para la caducidad de la instancia (TS auto 5-10-04, EDJ 262177).
2) En cuanto a la mediación familiar, debe tenerse en cuenta la siguiente **normativa autonómica**: L Canarias 15/2003; L Castilla y León 1/2006; L Castilla-La Mancha 4/2005; L Cataluña 1/2001; L C.Valenciana 7/2001; L Galicia 4/2001.

Hijos con discapacidad mayores de 16 años (LEC art.770.8ª) En los procesos matrimoniales en que existieran hijos comunes mayores de 16 años que se hallasen en situación de necesitar medidas de apoyo por razón de su discapacidad, se seguirán los **trámites** establecidos en esta ley para los procesos para la adopción judicial de medidas de apoyo a una persona con discapacidad (nº 5150 s.). 5249

c. Procesos relacionados con hijos no matrimoniales

(LEC art.770.6ª)

Existe una previsión específica para la regulación de los procesos que versen exclusivamente sobre **guardia y custodia** de los hijos menores o sobre **alimentos** reclamados por un progenitor al otro en su nombre. 5250
Para la adopción de las **medidas cautelares** que sean adecuadas a dichos procesos se siguen los trámites establecidos para la adopción de medidas previas, simultáneas o definitivas en los procesos de nulidad, separación o divorcio (nº 5252).
El proceso que tenga por objeto exclusivo la **adopción en sentencia de medidas definitivas** sobre guardia y custodia y la fijación de alimentos para los hijos menores, con exclusión de cualquier otra pretensión, como división de bienes comunes, acciones reivindicatorias, de enriquecimiento injusto, o de cualquier otra naturaleza, se acomodará a los trámites del proceso matrimonial correspondiente, consensual o contradictorio, con idénticas facultades para acordar medidas provisionales previas y simultáneas.
El **juez competente** es el de la Sección de Familia, Infancia y Capacidad o Única del Tribunal de Instancia -hasta su constitución, el juez de primera instancia- del lugar del último domicilio común de los progenitores, y en el caso de residir los progenitores en partidos judiciales diferentes, a elección del demandante, el del domicilio del demandado o el de la residencia del menor.
La **intervención del fiscal** es necesaria en defensa del interés de los menores.

Precisiones Aunque no se puede descartar *a priori* que entre cónyuges se pueda plantear una acción de este tipo que no pretenda afectar al vínculo matrimonial, en la mayor parte de los casos esta vía procesal atenderá a la regulación de los efectos que la extinción de una unión *more uxorio* pueda producir sobre los hijos habidos en la misma y a las medidas que se soliciten en relación con **hijos extramatrimoniales habidos en relaciones ocasionales**, asimilando su trámite al de los procesos matrimoniales.

d. Medidas provisionales previas a la demanda de nulidad, separación o divorcio

(CC art.102 y 103)

El cónyuge que se proponga demandar la nulidad, separación o divorcio puede solicitar que se produzcan, con carácter provisional, los siguientes **efectos**: 5252 MPCI nº 9250
a) Que los cónyuges puedan **vivir separados** y cese la presunción de convivencia conyugal.
b) Que queden revocados los **consentimientos** y **poderes** que cualquiera de los cónyuges hubiera otorgado al otro.

c) Que cese la posibilidad de vincular los **bienes privativos** del otro cónyuge en el ejercicio de la potestad doméstica.
Asimismo, también puede solicitarse con un carácter provisional que se acuerden las siguientes medidas:
d) Determinar, en interés de los hijos, con cuál de los cónyuges han de quedar los sujetos a la **patria potestad de ambos**, así como la forma en que el cónyuge apartado de los hijos podrá cumplir el deber de velar por estos y el tiempo, modo y lugar en que podrá comunicar con ellos y tenerlos en su compañía.
e) Determinar, atendiendo al interés de los miembros de la familia y al bienestar animal, si los **animales de compañía** se confían a uno o a ambos cónyuges, la forma en que el cónyuge al que no se hayan confiado podrá tenerlos en su compañía, así como también las medidas cautelares convenientes para conservar el derecho de cada uno.
f) Determinar, teniendo en cuenta el interés familiar más necesitado de protección, cuál de los cónyuges ha de continuar en el **uso de la vivienda** familiar (nº 9196 s. Memento Procesal Civil 2026).
g) Fijar la contribución de cada cónyuge a las **cargas del matrimonio**, incluidas si procede las *litis expensas* (nº 1052).
h) Señalar los **bienes gananciales** que, previo inventario, se hayan de entregar a uno u otro cónyuge y las reglas que deban observar en la administración y disposición, así como en la obligación de rendición de cuentas sobre los bienes comunes.
i) Determinar, en su caso, el **régimen de administración y disposición** de aquellos bienes privativos que por capitulaciones y escritura pública estén especialmente afectados a las cargas del matrimonio.

5253 MPCI nº 9252 **Solicitud** (LEC art.771.1) El cónyuge que se proponga demandar la nulidad, separación o divorcio de su matrimonio puede solicitar los efectos y medidas anteriores ante el tribunal de su domicilio.
Para formular esta solicitud no es precisa la **intervención de procurador y abogado**, pero si es necesaria dicha intervención para todo escrito y actuación posterior.

Precisiones Debe tenerse en cuenta que aquí se parte de la interpretación de que las solicitudes de medidas provisionales previas a la interposición de la demanda de LEC art.771 no exigen acudir previamente a alguno de los medios adecuados legalmente establecidos para la solución de controversias (MASC) como **requisito de procedibilidad** establecido con carácter general por la LO 1/2025 en los procesos civiles. Sin embargo, se trata de una cuestión que puede resultar controvertida y dar lugar a prácticas diferentes, como ha sido el caso de los jueces de familia de Madrid capital, que han establecido por mayoría la exigencia de acudir previamente a un MASC en estos casos.

5254 MPCI nº 9254 **Comparecencia** (LEC art.771.2 a 5) A la vista de la solicitud, el letrado de la Administración de Justicia -letrado de la Administración de Justicia- (LEC art.771) manda citar a los cónyuges y, si hay hijos menores o con discapacidad con medidas de apoyo al ejercicio de su capacidad jurídica, al Ministerio Fiscal, a una comparecencia, en la que se intenta un **acuerdo de las partes** y que se celebra en los 10 días siguientes.
A dicha comparecencia debe acudir el cónyuge demandado asistido por su **abogado** y representado por su **procurador**.
De esta resolución se da traslado al tribunal para que pueda acordar inmediatamente, si la urgencia del caso lo aconseja, los efectos a que se refiere CC art.102 y lo que sea procedente en relación con la **custodia** de los hijos, los animales de compañía (L 17/2021) y el **uso de la vivienda y ajuar** familiares. Contra esta decisión no se da recurso alguno.
En el acto de la comparecencia, si **no hay acuerdo de los cónyuges** sobre las medidas a adoptar o este, oído, en su caso, el Ministerio Fiscal, no es aprobado en todo o en parte por el tribunal, se oirán las alegaciones de los concurrentes y se practicará la prueba que estos propongan y que no sea inútil o impertinente, así como la que el tribunal acuerde de oficio. Si alguna prueba no puede practicarse en la comparecencia, se señalará fecha por el letrado de la Administración de Justicia para su práctica en unidad de acto, dentro de los 10 días siguientes.
La **falta de asistencia**, sin causa justificada, de alguno de los cónyuges a la comparecencia puede determinar que se consideren admitidos los hechos alegados por el cónyuge presente para fundamentar sus peticiones sobre medidas provisionales de carácter patrimonial.
Finalizada la comparecencia o, en su caso, terminado el acto que se haya señalado para la **práctica de la prueba** que no haya podido producirse en aquella, el tribunal resuelve, en el plazo de 3 días, mediante auto, contra el que no se da recurso alguno.

Precisiones Por efecto de la L 8/2021, **desaparece** la regla conforme a la cual, en la misma resolución el letrado de la Administración de Justicia puede acordar de inmediato, si la urgencia del caso lo aconseja, lo que considere procedente en relación con la custodia de los hijos y el uso de la vivienda y ajuar familiares, sin darse contra esta resolución recurso alguno.

Vigencia (LEC art.771.5) Los efectos y medidas acordados provisionalmente solo subsisten si, dentro de los 30 días siguientes a su adopción se presenta la **demanda de nulidad, separación o divorcio**. 5255 MPCI nº 9256

Confirmación o modificación (LEC art.772) Cuando se hayan adoptado medidas con anterioridad a la demanda, admitida esta, se unirán las actuaciones por el letrado de la Administración de Justicia sobre adopción de dichas medidas a los autos del proceso de nulidad, separación o divorcio, solicitándose, a tal efecto, el correspondiente **testimonio**, si las actuaciones sobre las medidas se hayan producido en tribunal distinto del que conozca de la demanda. 5256 MPCI nº 9258

Solo cuando el tribunal considere que procede completar o modificar las medidas previamente acordadas convocará por el letrado de la Administración de Justicia a las partes a una **comparecencia**.

Contra el auto que se dicte no se dará **recurso** alguno.

Precisiones La **comparecencia** se practicará sujetándose a iguales reglas que la prevista para la adopción de las medidas provisionales previas a la demanda (nº 5252 s.).

e. Medidas provisionales solicitadas en demanda de nulidad, separación o divorcio

(LEC art.773)

El cónyuge que solicite la nulidad de su matrimonio, la separación o el divorcio podrá pedir en la demanda lo que considere oportuno sobre las medidas provisionales a adoptar, siempre que no se hayan adoptado con anterioridad (nº 5252). 5260 MPCI nº 9265

También pueden ambos cónyuges someter a la aprobación del tribunal el **acuerdo** a que hayan llegado sobre tales cuestiones. Dicho acuerdo **no** es **vinculante** para las pretensiones respectivas de las partes ni para la decisión que pueda adoptar el tribunal en lo que respecta a las medidas definitivas.

Admitida la demanda, el tribunal resuelve sobre estas peticiones sometidas de mutuo acuerdo y, en su defecto, y a falta de acuerdo, adopta **previa comparecencia**, a la que son convocados los cónyuges por el letrado de la Administración de Justicia -letrado de la Administración de Justicia- y, en su caso, el Ministerio Fiscal, las medidas previstas en nº 5252 s.

En dicha comparecencia se oyen las **alegaciones** de los concurrentes y se practica la **prueba** que propongan y no se inútil o impertinente, así como la que el tribunal acuerde de oficio, resolviendo el tribunal en el plazo de 3 días por medio de auto.

Contra el auto que se dicte no se da **recurso** alguno.

f. Medidas provisionales solicitadas en la contestación a la demanda de nulidad, separación o divorcio

(LEC art.773.4)

También puede solicitar medidas provisionales el cónyuge demandado, cuando no se hayan adoptado con anterioridad (nº 5252) o no hayan sido solicitadas por el actor. 5265 MPCI nº 9270

La **solicitud** debe hacerse en la contestación a la demanda y se sustancia en la vista principal, cuando esta se señale dentro de los 10 días siguientes a la contestación, resolviendo el tribunal por medio de auto no recurrible cuando la sentencia no pueda dictarse inmediatamente después de la vista.

Si la **vista** no puede señalarse en el plazo indicado, se convoca por el letrado de la Administración de Justicia -letrado de la Administración de Justicia- a los cónyuges y al Ministerio Fiscal, en su caso, a una **comparecencia** en la que se oyen las alegaciones de los concurrentes y se practica la **prueba** que propongan y no sea inútil o impertinente, así como la que el tribunal acuerde de oficio, resolviendo el tribunal en el plazo de 3 días por medio de auto.

Las medidas provisionales quedan **sin efecto** cuando sean sustituidas por las que establezca definitivamente la sentencia o cuando se ponga fin al procedimiento de otro modo.

g. Medidas definitivas

(LEC art.774)

En la vista del juicio, si no lo han hecho antes, los cónyuges pueden someter al tribunal los **acuerdos** a que hayan llegado para regular las consecuencias de la nulidad, separación o divorcio y proponer la **prueba** que consideren conveniente para justificar su procedencia. 5268 MPCI nº 9275 s.

A falta de acuerdo, se practica la **prueba útil y pertinente** que los cónyuges o el Ministerio Fiscal propongan y la que el tribunal acuerde de oficio sobre los hechos que sean relevantes para la decisión sobre las medidas a adoptar.
El tribunal resuelve en la sentencia sobre las **medidas solicitadas de común acuerdo** por los cónyuges, tanto si ya han sido adoptadas, en concepto de provisionales, como si se han propuesto con posterioridad.
En defecto de acuerdo de los cónyuges o en caso de no aprobación del mismo, el tribunal determina, en la propia sentencia, las **medidas que hayan de sustituir a las ya adoptadas** con anterioridad en relación con los hijos, los animales de compañía (L 17/2021), la vivienda familiar, las cargas del matrimonio, disolución del régimen económico y las cautelas o garantías respectivas, estableciendo las que procedan si para alguno de estos conceptos no se hubiera adoptado ninguna.
Los **recursos** que, conforme a la ley, se interpongan contra la sentencia no suspenden la eficacia de las medidas que se hayan acordado en esta. Si la **impugnación** afecta únicamente a los pronunciamientos sobre medidas, se declara por el letrado de la Administración de Justicia -letrado de la Administración de Justicia- la firmeza del pronunciamiento sobre la nulidad, separación o divorcio.

5270 MPCI nº 9279, 9281, 9283 **Modificación** (LEC art.775) El Ministerio Fiscal, habiendo **hijos menores o con discapacidad** con medidas de apoyo atribuidas a sus progenitores, y, en todo caso, los cónyuges pueden solicitan del tribunal la modificación de las medidas convenidas por los cónyuges o de las adoptadas en defecto de acuerdo, siempre que hayan **variado sustancialmente las circunstancias** tenidas en cuenta al aprobarlas o acordarlas.
Estas peticiones se tramitan conforme a las reglas previstas para tramitar las demandas de separación o divorcio; no obstante, si la petición se hace por ambos cónyuges de común acuerdo o por uno con el consentimiento del otro (nº 5275) y acompañando **propuesta de convenio regulador**, se sigue el procedimiento establecido para tramitar la separación o el divorcio de mutuo acuerdo.
Las partes pueden solicitan, en la demanda o en la contestación, la **modificación provisional** de las medidas definitivas concedidas en un pleito anterior.
Esta petición se sustancia con arreglo a lo previsto para las medidas provisionales solicitadas en demanda y la contestación (nº 5260 y nº 5265).

5272 MPCI nº 9285, 9287 **Ejecución forzosa de los pronunciamientos sobre medidas** (LEC art.776) Los pronunciamientos sobre medidas se ejecutan con arreglo a lo dispuesto sobre ejecución de resoluciones judiciales (nº 4665 s.), con las **especialidades** siguientes:
a) Al cónyuge o progenitor que incumpla de manera reiterada las **obligaciones de pago de cantidad** que le correspondan podrán imponérsele por el letrado de la Administración de Justicia multas coercitivas sin perjuicio de hacen efectivas sobre su patrimonio las cantidades debidas y no satisfechas.
b) En caso de incumplimiento de **obligaciones no pecuniarias de carácter personalísimo**, no procederá la sustitución automática por el equivalente pecuniario y podrán mantenerse las multas coercitivas mensuales todo el tiempo que sea necesario más allá del plazo de un año establecido en dicho precepto.
c) El incumplimiento reiterado de las **obligaciones derivadas del régimen de visitas**, tanto por parte del progenitor guardador como del no guardador, podrá dar lugar a la modificación del régimen de guarda y visitas, siempre con evaluación previa del interés superior del menor y conforme a ella.
d) Cuando deban ser objeto de ejecución forzosa **gastos extraordinarios**, no expresamente previstos en las medidas definitivas o provisionales, debe solicitarse previamente al despacho de ejecución, la declaración de que la cantidad reclamada tiene la consideración de gasto extraordinario. Del escrito solicitando la **declaración de gasto extraordinario** se dará vista a la contraria y, en caso de oposición, dentro de los 5 días siguientes, el tribunal convocará a las partes a una vista que resolverá mediante auto.

h. Separación o divorcio solicitados de mutuo acuerdo o por uno de los cónyuges con el consentimiento del otro

(LEC art.777)

5275 MPCI nº 9290 Las peticiones de separación o divorcio presentadas de común acuerdo por ambos cónyuges o por uno con el consentimiento del otro se tramitan por el procedimiento siguiente:

> Precisiones En sede de procesos matrimoniales, es muy relevante la reforma del CC art.82 operada por la L 15/2015, en tanto permite que los cónyuges opten por tramitar su **separación o divorcio de mutuo acuerdo ante notario**. Ver nº 5283.

Petición de separación o divorcio de mutuo acuerdo (LEC art.777.2) Al escrito por el que se promueva el procedimiento debe acompañarse: 5276 MPCI nº 9292

a) Certificación de la **inscripción del matrimonio** y, en su caso, las de inscripción **de nacimiento** de los hijos en el Registro Civil.

b) Propuesta de **convenio regulador** conforme a lo establecido en la legislación civil.

c) El documento o documentos en que el cónyuge o cónyuges funden su derecho, incluyendo, en su caso, el **acuerdo final** alcanzado en el procedimiento de mediación familiar.

Si algún hecho relevante no puede ser probado mediante documentos, en el mismo escrito se propondrá la **prueba** de que los cónyuges quieran valerse para acreditarlo.

Ratificación (LEC art.777.3) Admitida la solicitud de separación o divorcio, el letrado de la Administración de Justicia -letrado de la Administración de Justicia- procederá a **citar a los cónyuges**, dentro de los 3 días siguientes, para que se ratifiquen por separado en su petición. 5277 MPCI nº 9294

Si esta no fuera ratificada por alguno de los cónyuges, el letrado de la Administración de Justicia acordará de inmediato el **archivo** de las actuaciones, quedando a salvo el derecho de los cónyuges a promover la separación o el divorcio por el procedimiento ordinario o contencioso. Contra esta resolución del letrado de la Administración de Justicia podrá interponerse recurso directo de revisión ante el tribunal.

Ratificada por ambos cónyuges la solicitud, si la **documentación** aportada es **insuficiente**, el tribunal concede mediante providencia a los solicitantes un plazo de 10 días para que la completen.

Sustanciación del procedimiento (LEC art.777.4 y 5) Ratificada por ambos cónyuges la solicitud, si la documentación aportada fuera insuficiente, el juez o el letrado de la Administración de Justicia competente (nº 5282) concederá a los solicitantes un plazo de diez días para que la completen. Durante este plazo. Durante este plazo se practicará, en su caso, la **prueba** que los cónyuges hayan propuesto y la demás que el tribunal considere necesaria para acreditar la concurrencia de las circunstancias en cada caso exigidas por el Código Civil y para apreciar la procedencia de aprobar la **propuesta de convenio regulador**. 5278 MPCI nº 9296

Si hay **hijos menores o con discapacidad** con medidas de apoyo atribuidas a sus progenitores, el tribunal recaba informe del Ministerio Fiscal sobre los términos del convenio relativos a los hijos y oye a estos cuando se estime necesario de oficio o a petición del fiscal, partes o miembros del equipo técnico judicial o del propio menor.

Sentencia (LEC art.777.6, 7 y 8) Una vez sustanciado el procedimiento o, si no es necesario, inmediatamente después de la ratificación de los cónyuges, el tribunal dicta sentencia concediendo o denegando la separación o el divorcio y pronunciándose, en su caso, sobre el **convenio regulador**. 5280 MPCI nº 9298

Concedida la **separación** o el **divorcio**, si la sentencia no aprueba en todo o en parte el convenio regulador propuesto, se concede a las partes un plazo de 10 días para proponer **nuevo convenio**, limitado, en su caso, a los puntos que no hayan sido aprobados por el tribunal. Presentada la propuesta o transcurrido el plazo concedido sin hacerlo, el tribunal dictará auto dentro del tercer día, resolviendo lo procedente.

La sentencia que deniegue la separación o el divorcio y el auto que acuerde alguna medida que se aparte de los términos del convenio propuesto por los cónyuges puede ser recurridos en **apelación**.

El **recurso** contra el auto que decida sobre las medidas no suspende la eficacia de estas, ni afecta a la firmeza de la sentencia relativa a la separación o al divorcio.

La sentencia o el auto que aprueben en su totalidad la propuesta de convenio solo pueden ser recurridos, en interés de los hijos menores o para la salvaguarda de la voluntad, preferencias y derechos de los hijos con discapacidad con medidas de apoyo atribuidas a sus progenitores, por el **Ministerio Fiscal**.

Modificación del convenio regulador (LEC art.777.9) La modificación del convenio regulador o de las medidas acordadas por el tribunal se sustancia conforme a lo dispuesto en este procedimiento cuando se solicite por ambos cónyuges de común acuerdo o por uno con el consentimiento del otro y con **propuesta** de nuevo convenio regulador. En otro caso, se estará a lo dispuesto para la **modificación de las medidas definitivas** en el proceso de separación o divorcio ordinario o contencioso (nº 5270). 5281 MPCI nº 9300

Competencia del letrado de la Administración de Justicia (LEC art.777.10) Cuando **no existan hijos menores no emancipados o con discapacidad** con medidas de apoyo atribuidas a sus progenitores, inmediatamente después de la ratificación de los cónyuges ante el letrado de la Administración de Justicia, este dicta decreto pronunciándose sobre el convenio regulador. 5282

El decreto que formalice la propuesta del convenio regulador declarará la **separación o divorcio** de los cónyuges.
Si considerase que, a su juicio, alguno de los **acuerdos** del convenio pudiera ser dañoso o gravemente perjudicial para uno de los cónyuges o para los hijos mayores o menores emancipados afectados, lo advertirá a los otorgantes y dará por terminado el procedimiento.
En este caso, los cónyuges solo podrán acudir ante el juez para la aprobación de la propuesta de convenio regulador.
El decreto no admite **recurso**.

Precisiones Como consecuencia de la reforma llevada a cabo por la L 8/2021, **desaparece la regla** conforme a la cual la modificación del convenio regulador formalizada por el letrado de la Administración de Justicia se sustanciaba conforme a lo dispuesto en LEC art.777 cuando concurrían los requisitos necesarios para ello.

5283 **Actuación ante notario** (CC art.82 s. y 1392) Transcurridos 3 meses desde la celebración del matrimonio, mediante la formulación de un **convenio regulador** en escritura pública, en el que, junto a la voluntad inequívoca de separarse o divorciarse, se determinen las medidas que hayan de regular los efectos derivados de la separación en los términos establecidos en el CC art.90, los cónyuges pueden optar por tramitar su **separación de mutuo** acuerdo ante notario -salvo que en el matrimonio haya hijos no emancipados o con medidas de apoyo al ejercicio de su capacidad atribuidas a los progenitores-, interviniendo personalmente ante este para prestar su consentimiento, sin perjuicio de que comparezcan asistidos por abogado. Deben intervenir personalmente los **hijos emancipados o mayores de edad que convivan** con los progenitores y carezcan de ingresos propios para consentir aquello que les afecte.
El otorgamiento del convenio regulador determinante de la separación o divorcio, determina la suspensión de la vida común de los casados y cesa la posibilidad de vincular bienes del otro cónyuge en el ejercicio de la potestad doméstica, en los mismos términos que la sentencia.
Los **efectos** de la separación o del divorcio operan desde la manifestación del consentimiento mediante el otorgamiento de la escritura.
En caso de **reconciliación** posterior a la separación, que pone término al procedimiento y a sus efectos, si la separación se ha acordado y producido por este cauce, aquella ha de constar por escritura pública o acta de manifestaciones ante notario.
La escritura pública que formalice el convenio regulador, en su caso, producirá, respecto de los bienes del matrimonio, la disolución o extinción del **régimen económico matrimonial** y aprobará su liquidación si hubiera mutuo acuerdo entre los cónyuges al respecto, fijando los términos de la pensión compensatoria, en su caso.

5284 MPCI nº 9306, 9308, 9310

Eficacia civil de las resoluciones de los tribunales eclesiásticos (CC art.80; LEC art.778)

Las resoluciones dictadas por los tribunales eclesiásticos sobre **nulidad de matrimonio canónico** o las decisiones pontificias sobre **matrimonio rato y no consumado** tienen eficacia en el orden civil, a solicitud de cualquiera de las partes, si se declaran ajustadas al Derecho del Estado, en resolución dictada por el juez civil competente.
En las demandas en solicitud de la eficacia civil de las resoluciones dictadas por los tribunales eclesiásticos sobre nulidad del matrimonio canónico o las decisiones pontificias sobre matrimonio rato y no consumado, si no se pide la **adopción o modificación de medidas**, el tribunal da audiencia por plazo de 10 días al otro cónyuge y al Ministerio Fiscal y resuelve por medio de auto lo que resulte procedente sobre la eficacia en el orden civil de la resolución o decisión eclesiástica.
Cuando en la demanda se haya solicitado la adopción o modificación de medidas, se sustancia la petición de **eficacia civil de la resolución o decisión canónica** conjuntamente con la relativa a las medidas, siguiendo el procedimiento que corresponda con arreglo a lo dispuesto con carácter general.

Precisiones 1) Se instituye, así, un verdadero **proceso especial y sumario** ya que, presentada la demanda, el tribunal competente da audiencia por plazo de 10 días al otro cónyuge y al Ministerio Fiscal para que aleguen frente a la demanda lo que estimen procedente, resolviendo el tribunal la cuestión mediante auto (FGE Circ 1/2001).
2) Este procedimiento especial es autónomo y autosuficiente, y puede llevar aparejada la solicitud de adopción o modificación de medidas. Cuando además de la pretensión de eficacia civil de las resoluciones eclesiásticas se insta la **adopción de medidas**, no se crea otro procedimiento distinto, sino que se inserta en el mismo, a modo de incidente, el trámite para solventar la petición de modificación o adopción de medidas.
3) Sobre esta cuestión, ver nº 18000 s.

i. Procedimiento para la liquidación del régimen económico matrimonial

(LEC art.806 a 811)

La liquidación de cualquier régimen económico matrimonial que, por capitulaciones matrimoniales o por disposición legal, determine la existencia de una masa común de bienes y derechos sujeta a determinadas cargas y obligaciones se lleva a cabo, en defecto de acuerdo entre los cónyuges, con arreglo a las presentes normas y a las normas civiles que resulten aplicables. 5286 MPCI nº 9315 s.

Precisiones Ver lo expuesto en nº 2685 y nº 2696 sobre la **acumulación de la acción de liquidación del régimen económico matrimonial por fallecimiento** de uno o de ambos cónyuges con la de división de herencia, así como la acumulación de autos en estos casos.

Competencia (LEC art.807) Es competente para conocer del procedimiento de liquidación el órgano judicial que esté conociendo o haya conocido del **proceso de nulidad, separación o divorcio**, o aquel ante el que se sigan o se hayan seguido las actuaciones sobre disolución del régimen económico matrimonial por alguna de las causas previstas en la legislación civil. 5288 MPCI nº 9323

Solicitud de inventario (LEC art.808) Admitida la demanda de nulidad, separación o divorcio, o iniciado el proceso en que se haya demandado la **disolución del régimen económico matrimonial**, cualquiera de los cónyuges o de sus herederos puede solicitar la formación de inventario. 5290 MPCI nº 9325, 9327

Esta solicitud debe acompañarse de una propuesta en la que, con la debida separación, se harán constan las **diferentes partidas** que deban incluirse en el inventario con arreglo a la legislación civil.

A la solicitud se acompañarán también los **documentos** que justifiquen las diferentes partidas incluidas en la propuesta.

Formación del inventario (LEC art.809) A la vista de la solicitud para la formación de inventario, se señalará **día y hora** por el letrado de la Administración de Justicia para que, en el plazo máximo de 10 días, se proceda a la formación de inventario, mandando citar a los cónyuges. 5292 MPCI nº 9329, 9331

En el día y hora señalados, procederá el letrado de la Administración de Justicia, con los cónyuges, a formar el inventario de la comunidad matrimonial, sujetándose a lo dispuesto en la legislación civil para el **régimen económico matrimonial** de que se trate.

Cuando, sin mediar causa justificada, alguno de los **cónyuges no comparezca** en el día señalado, se le tendrá por conforme con la propuesta de inventario que efectúe el cónyuge que haya comparecido. En este caso, así como cuando, habiendo comparecido ambos cónyuges, lleguen a un acuerdo, se consignará este en el **acta** y se dará por concluido el acto.

En el mismo día o en el siguiente, se resolverá por el tribunal lo que proceda sobre la **administración y disposición** de los bienes incluidos en el inventario.

Si se suscita **controversia** sobre la inclusión o exclusión de algún concepto en el inventario, o sobre el importe de cualquiera de las partidas, se harán constar por el letrado de la Administración de Justicia en el acta las pretensiones de cada una de las partes sobre los referidos bienes y su fundamentación jurídica y se citará por el letrado de la Administración de Justicia a los interesados a una **vista**, continuando la tramitación con arreglo a lo previsto para el **juicio verbal** (nº 3900).

La **sentencia** resolverá sobre todas las cuestiones suscitadas, aprobando el inventario de la comunidad matrimonial, y dispondrá lo que sea procedente sobre la administración y disposición de los bienes comunes.

Liquidación del régimen económico matrimonial (LEC art.788 y 810) Concluido el inventario, y una vez firme la resolución que declare disuelto el régimen económico matrimonial, cualquiera de los cónyuges o, de haber fallecido, sus herederos podrán solicitar al juez la liquidación de este. 5294 MPCI nº 9333

La **solicitud** deberá acompañarse de una **propuesta de liquidación** que incluya el pago de las indemnizaciones y reintegros debidos a cada cónyuge y la división del remanente en la proporción que corresponda, teniendo en cuenta, en la formación de los lotes, las preferencias que establezcan las normas civiles aplicables.

Admitida a trámite la solicitud de liquidación, se señalará por el letrado de la Administración de Justicia dentro del plazo máximo de 10 días, el día y hora en que los cónyuges deberán comparecer ante el letrado de la Administración de Justicia al objeto de alcanzar un acuerdo y, en su defecto, designar **contador** y, en su caso, **peritos**, para la práctica de las operaciones divisorias.

Cuando, sin mediar causa justificada, alguno de los cónyuges o, de haber fallecido, sus herederos, no comparezcan en el día señalado, se les tendrá por **conformes** con la **propuesta de liquidación** que efectúe el cónyuge o, si hubiera fallecido, el heredero que haya comparecido.

En este caso, así como cuando, habiendo comparecido ambos cónyuges, o, de haber fallecido, sus herederos lleguen a un acuerdo, se consignará este en el acta y se dará por concluido el acto, entregándose a cada uno de ellos lo que le haya sido adjudicado y los **títulos de propiedad**, poniéndose previamente en estos por el actuario notas expresivas de la adjudicación.
Luego que sean **protocolizadas**, se dará a los cónyuges, si lo piden testimonio de su haber y adjudicación respectivos.
De no lograrse acuerdo entre los cónyuges o, de haber fallecido, entre uno de los cónyuges y los herederos del otro sobre la liquidación de su régimen económico-matrimonial, se procederá, mediante **diligencia**, al nombramiento de **contador** y, en su caso, de **peritos**, continuando la tramitación con arreglo a lo dispuesto para la división de la herencia.

5296 MPCI nº 9335 **Liquidación del régimen de participación** (LEC art.811) No podrá solicitarse la liquidación de régimen de participación hasta que no sea firme la resolución que declare disuelto el régimen económico matrimonial.
La solicitud deberá acompañarse de una propuesta de liquidación que incluya una **estimación del patrimonio inicial y final** de cada cónyuge, expresando, en su caso, la cantidad resultante a pagar por el cónyuge que haya experimentado un mayor incremento patrimonial.
A la vista de la solicitud de liquidación, se señalará por el letrado de la Administración de Justicia dentro del plazo máximo de 10 días, el día y hora en que los cónyuges deberán comparecer ante el letrado de la Administración de Justicia al objeto de alcanzar un **acuerdo**.
Cuando, sin mediar causa justificada, alguno de los cónyuges no comparezca en el día señalado, se le tendrá por **conforme con la propuesta de liquidación** que efectúe el cónyuge que haya comparecido. En este caso, así como cuando, habiendo comparecido ambos cónyuges, lleguen a un acuerdo, se consignará este en el acta y se dará por concluido el acto.
De no existir acuerdo entre los cónyuges, se les citará a una **vista**, y continuará la tramitación con arreglo a lo previsto para el juicio verbal (nº 3900).
La **sentencia** resolverá sobre todas las cuestiones suscitadas, determinando los patrimonios iniciales y finales de cada cónyuge, así como, en su caso, la cantidad que deba satisfacer el cónyuge cuyo patrimonio haya experimentado un mayor incremento y la forma en que haya de hacerse el pago.

j. Oposición a las resoluciones administrativas en materia de protección de menores

5300 MPCI nº 9340 La **competencia** para conocer de estos procesos es de la Sección de Familia, Infancia y Capacidad o Sección Única del Tribunal de Instancia -hasta su constitución, del juzgado de primera instancia o de familia- del domicilio de la entidad pública y, en su defecto, o en los supuestos de exclusión del adoptante de sus funciones o de extinción de la adopción a petición del padre o de la madre, la competencia corresponde al tribunal del domicilio del adoptante (LEC art.779).

Precisiones No ha lugar a aplicar en este proceso el **fuero supletorio** ya que necesariamente, si se está impugnando una resolución administrativa, alguna tiene que haber sido la entidad pública que la haya adoptado.
Sin embargo, este precepto determina las **reglas de competencia territorial** para dos procesos en materia de adopción, pero sin hacer más adelante ninguna otra mención relativa a los mismos, en los cuales y si no ha intervenido alguna entidad pública podrá aplicarse dicho fuero supletorio.

5302 MPCI nº 9342 **Resoluciones administrativas en materia de protección de menores** (CC art.172)
La entidad pública a la que, en el respectivo territorio, esté encomendada la protección de los menores, cuando constate que un menor se encuentra en **situación de desamparo**, tiene por ministerio de la ley la tutela del mismo y debe adoptar las medidas de protección necesarias para su guarda, poniéndolo en conocimiento del Ministerio Fiscal y, en su caso, del juez que acordó la tutela ordinaria, y notificándolo inmediatamente en forma legal a los progenitores, tutores o guardadores, y al menor mayor de 12 años o de edad inferior si tuviera suficiente madurez, sin sobrepasar en ningún caso el plazo de 48 horas.
Siempre que sea posible, en el momento de la notificación se les informará de forma presencial y de **modo claro y comprensible** -y en formato accesible- de las causas que dieron lugar a la intervención de la administración y de los posibles efectos de la decisión adoptada.

Precisiones 1) Se considera como **situación de desamparo** la que se produce a causa del incumplimiento, o del imposible o inadecuado ejercicio de los deberes de protección establecidos por las leyes para la guarda de los menores, cuando estos queden privados de la necesaria asistencia moral o material. La tutela de la entidad pública **cesa** en caso de que el menor abandone voluntariamente España, cuando se encuentre en el territorio de otra comunidad autónoma, en cuyo caso se procederá al traslado del expediente de protección a la entidad correspondiente, salvo que se considere que ya no es necesario adoptar medidas de protección a tenor de la situación del menor, o cuando hayan transcurrido 12 meses desde que el menor abandonó voluntariamente el centro de protección, encontrándose en paradero desconocido. La guarda provisional cesará por las mismas causas.

2) En la misma notificación, se deberá instruir a los padres o tutores que se ven **suspendidos en la patria potestad o tutela** del recurso que cabe interponer contra la decisión adoptada o medio de que disponen para impugnarla, que es precisamente este proceso especial. Asimismo, deberán ser informados del órgano competente para conocer del recurso (FGE Circ 1/2001).

Oposición a estas medidas (LEC art.779 y 780) No es necesaria la **reclamación previa en vía administrativa** para formular oposición, ante los tribunales civiles, a las resoluciones administrativas en materia de protección de menores. **5304** MPCI nº 9344 s.

Quien pretenda oponerse a una resolución administrativa en materia de protección de menores presentará un **escrito inicial** en el que sucintamente expresará su pretensión y la resolución a que se opone.

El letrado de la Administración de Justicia reclamará a la entidad administrativa un **testimonio completo o copia auténtica del expediente**, que deberá ser aportado en el plazo de 10 días. La entidad administrativa podrá ser requerida para aportar al tribunal antes de la vista las actualizaciones que se hayan producido en el expediente del menor.

Recibido el testimonio o copia auténtica del expediente administrativo, se emplazará por el letrado de la Administración de Justicia al actor por 20 días para que presente la **demanda**, que se tramitará con arreglo a los trámites del juicio verbal (nº 3900), dándose traslado al Ministerio Fiscal, cuando proceda, y a las demás partes que deban ser parte en el procedimiento, hayan sido o no demandados, emplazándoles para que la contesten en el plazo de 20 días.

Precisiones **1)** Este proceso especial es el cauce procesal no solo para la impugnación de las resoluciones que aprecien el desamparo y declaren la asunción de la tutela por ministerio de la ley, sino que se extiende **con carácter general** a todas las resoluciones administrativas en materia de protección de menores; resoluciones cuyo contenido puede ser muy variado, dadas las amplias facultades que las autoridades administrativas tienen reconocidas en esta materia (FGE Circ 1/2001).

2) En cuanto al **plazo para la oposición**, se establece actualmente un plazo de 2 meses desde la notificación de la resolución (LEC art.780.1).

3) En estos procesos el fiscal debe orientar su actuación conforme los principios recogidos en la LO 1/1996 art.11.2, primando siempre el **interés superior de los menores** sobre cualquier otro interés legítimo que pudiera concurrir (LO 1/1996 art.2). De manera particular velará para que se respete el **derecho del menor a ser oído** en el procedimiento (FGE Circ 1/2001).

4) El fiscal tiene el deber de procurar que, incoado un procedimiento sobre reclamación frente a las resoluciones de las entidades públicas en materia de menores, se **resuelvan en el mismo expediente** todas las acciones e incidencias que afecten a un mismo menor (LO 1/1996 disp.final 20ª; FGE Circ 1/2001).

k. Procedimiento para determinar la necesidad de asentimiento en la adopción

(CC art.177.2.2º; LEC art.781)

Deben asentir la adopción los **progenitores del adoptando** que no se halle emancipado, a menos que estén privados de la patria potestad por sentencia firme o incursos en causa legal para tal privación; esta situación solo podrá apreciarse en procedimiento judicial contradictorio (CC art.177). **5310** MPCI nº 9355, 9357, 9359

La expresión «**incursos en causa legal**» no ha de ser interpretada en términos procesales, es decir, como existencia de un procedimiento incoado y en el que se esté ejercitando la acción para privarles de la patria potestad, sino en términos meramente materiales, es decir, como constatación de la concurrencia de un motivo que con arreglo a la Ley sea causa para privarles de la patria potestad, lo cual deberá haberse reflejado en la propuesta elevada por la entidad pública al juez competente para tramitar el expediente de adopción, el cual habrá de comunicar esta circunstancia a los padres en la notificación en que se les cite para recabar su audiencia en lugar del asentimiento (FGE Circ 1/2001).

No es necesario el asentimiento cuando los que deban prestarlo se encuentren **imposibilitados** para ello, imposibilidad que se aprecia motivadamente en la resolución judicial que constituya la adopción.

Tampoco es preciso el asentimiento de los progenitores que tengan **suspendida la patria potestad** cuando hayan transcurrido 2 años desde la notificación de la declaración de situación de desamparo, en los términos previstos en CC art.172.2, sin oposición a la misma, o cuando, interpuesta en plazo, hubiera sido desestimada.

El **asentimiento de la madre** no podrá prestarse hasta que hayan transcurrido 6 semanas desde el parto.

En las adopciones que exijan propuesta previa **no se admite** que el asentimiento de los progenitores se refiera a adoptantes determinados.

Los **progenitores** que pretendan que se reconozca la necesidad de su asentimiento para la adopción pueden comparecen ante el tribunal que esté conociendo del correspondiente expediente de jurisdicción voluntaria, y manifestarlo así.

El letrado de la Administración de Justicia, con **suspensión del expediente**, señalará el plazo de 15 días para la presentación de la demanda, para cuyo conocimiento es competente el mismo tribunal (LEC art.781).

Presentada la **demanda**, y tras dictar decreto el letrado de la Administración de Justicia, por el que declara contencioso el expediente, se tramita con arreglo a las normas previstas para el juicio verbal (nº 3900), como **pieza separada** del expediente de adopción, dándose traslado al Ministerio Fiscal, cuando proceda, y a las demás partes que deban ser parte en el procedimiento, hayan sido o no demandados, emplazándoles para que la contesten en el plazo de 20 días.

Si **no se presenta la demanda** en el plazo fijado por el letrado de la Administración de Justicia, se dictará decreto dando por finalizado el trámite, y alzando la suspensión del expediente de adopción de acuerdo con lo establecido en la L 15/2015 -jurisdicción voluntaria-, decreto que será recurrible directamente en revisión ante el tribunal. Firme dicha resolución;

- no se admitirá **ninguna reclamación posterior** de los mismos sujetos sobre necesidad de asentimiento para la adopción de que se trate (LEC art.781.2);
- el letrado de la Administración de Justicia acordará la **citación** ante el juez de las personas indicadas en el CC art.177 que deban prestar el consentimiento o el asentimiento a la adopción, así como ser oídos, y que todavía no lo hayan hecho, debiendo resolver a continuación sobre la adopción.

El auto que ponga fin al procedimiento será susceptible de **recurso** de apelación, que tendrá efectos suspensivos.

El testimonio de la resolución firme en la que se acuerde la adopción se remitirá al **Registro Civil**, para que se practique su inscripción.

l. Oposición a las resoluciones y actos de la Dirección General competente en Registros y Notariado en materia de Registro Civil

(LEC art.781 bis)

5311 La oposición a las resoluciones y actos de la Dirección General de Seguridad Jurídica y Fe Pública en materia de Registro Civil, con al **excepción** de la obtención de nacionalidad por residencia -cuyo conocimiento corresponde al orden contencioso-administrativo CC art.22.5-, se puede formular en el plazo de 2 meses desde la notificación, sin necesidad de reclamación administrativa previa, mediante un escrito en el que se concrete la resolución impugnada y la pretensión que se afirma. El letrado de la Administración de Justicia reclama a la Dirección General el **expediente completo testimoniado o copia auténtica**, que se remite en plazo de 20 días hábiles, emplazando seguidamente al actor para deducir demanda en el plazo de otros 20 días. Se tramita esta con arreglo a LEC art.753 (nº 7842).

5. Sustracción internacional de menores

(LEC art.778 quater a 778 sexies)

5312 Las reglas que se exponen a continuación se aplican en aquellos casos en que, siendo aplicables un convenio internacional o las disposiciones de la Unión Europea, se pretenda la restitución de un menor o su retorno al lugar de procedencia por haber sido objeto de un **traslado o retención ilícito** y se encuentre en España -quedando **excluidos** los casos en que el menor proceda de un Estado que no forma parte de la Unión Europea ni está sujeto a un convenio internacional-.

Precisiones: Sobre la **intervención del Ministerio Fiscal** en este procedimiento, ha de tenerse en cuenta FGE Circ 6/2015.

5312.1 **Normas generales** La **competencia** se atribuye a la Sección de Familia, Infancia y Capacidad o Sección Única del Tribunal de Instancia -hasta su constitución, al juzgado de primera instancia de la capital de provincia, Ceuta o Melilla, con competencias en materia de Derecho de familia-, en cuya circunscripción se halle el menor que haya sido objeto de un traslado o retención ilícitos, si lo hubiera y, en su defecto, al que por turno de reparto corresponda.

Se atribuye **legitimación** para promover el procedimiento a la persona, institución u organismo que tenga atribuida la guarda y custodia o un régimen de estancia o visitas, relación o comunicación del menor, la Autoridad Central Española encargada del cumplimiento de las

obligaciones impuestas por el correspondiente convenio, en su caso, y, en representación de esta, la persona que designe dicha autoridad.
El **procedimiento** tiene carácter urgente y preferente, debiendo realizarse, en ambas instancias, en el inexcusable plazo total de 6 semanas desde la fecha de la presentación de la solicitud instando la restitución o el retorno del menor, salvo que existan circunstancias excepcionales que lo hagan imposible.
No cabe acordar la suspensión de las actuaciones civiles por la existencia de **prejudicialidad penal** que venga motivada por el ejercicio de acciones penales en materia de sustracción de menores.
Durante el proceso, de oficio o a petición de quien promueva el procedimiento o del Ministerio Fiscal, se pueden acordar las **medidas cautelares** oportunas y de **aseguramiento del menor** que se estimen pertinentes. Igualmente, se puede acordar que durante la tramitación del proceso se garanticen los **derechos de estancia o visita, relación y comunicación** del menor con el demandante, incluso de forma supervisada, si ello fuera conveniente a los intereses del menor.

Tramitación El procedimiento se inicia mediante **demanda** que debe ser admitida en un plazo de 24 horas, salvo que el letrado de la Administración de Justicia entienda que no resulte admisible, dando cuenta al juez para que resuelva lo que proceda dentro de dicho plazo. **5312.2**
En la resolución de **admisión** ha de requerirse a la persona a quien se impute la sustracción o retención ilícita del menor para que, en la fecha que se determine y que no puede exceder de los 3 días siguientes, comparezca con el menor y manifieste si accede a su **restitución o retorno**, o se opone a ella con causa legalmente justificada.
Si el **menor no se encuentra** en el lugar indicado en la demanda se archiva provisionalmente el procedimiento hasta que sea encontrado. En el caso de encontrarse **en otra provincia** se da cuenta al juez para que resuelva, previa audiencia del Ministerio Fiscal y de las partes personadas por plazo de 1 día, remitiendo las actuaciones al tribunal competente y emplazando a las partes a una comparecencia ante el mismo en el plazo de los 3 días siguientes.

Precisiones Se excluyen del **presupuesto de procedibilidad** de someterse a un medio adecuado de solución de conflictos previo al proceso (nº 3625 s.) los procesos sobre restitución o retorno de menores en los supuestos de sustracción internacional (LO 2/2025 art.5.2.g).

Comparecencia y vista Llegado el día, si el requerido **comparece y accede a la restitución** del menor se levanta acta, acordándose la conclusión del proceso y la restitución o retorno del menor. **5312.3**
Si no comparece o si no lo hace en forma, ni presenta oposición, ni procede a la entrega o retorno del menor, el letrado de la Administración de Justicia debe declararle en **rebeldía** y disponer la continuación del procedimiento sin el mismo, citando únicamente al demandante y al Ministerio Fiscal a una vista ante el juez durante un plazo no superior a los 5 días siguientes. Esta resolución se debe notificar al demandado y el juez puede decretar las **medidas cautelares** que estime pertinentes.
Si en la primera comparecencia el requerido formula **oposición** el letrado de la Administración de Justicia cita a todos los interesados y al Ministerio Fiscal a una vista a celebrar en el plazo improrrogable de 5 días. Esta **vista** no se suspende por incomparecencia del demandante. Si el **demandado no comparece** se le tiene por desistido y se continúa la vista en la que deben practicarse cuantas **pruebas** útiles y pertinentes sean necesarias, por plazo improrrogable de 6 días; pudiendo el juez recabar cuantos **informes** considere procedentes, cuya emisión será preferente a cualquier otro.
Antes de dictar resolución se celebra una **audiencia separada con el menor**, a menos que no se considere procedente habida cuenta la edad o madurez de aquel, de lo que se deja constancia en resolución motivada.
A continuación, y dentro de los 3 días siguientes a su finalización, el juez ha de dictar **sentencia** en la que ha de pronunciarse únicamente sobre si el traslado o la retención son ilícitos y acordar si procede o no la restitución del menor a la persona, institución u organismo que tenga atribuida la guarda y custodia o su retorno al lugar de procedencia para permitir al solicitante el ejercicio del régimen de estancia, comunicación o relación con el menor.

Recursos (LEC art.778.11) Contra esta resolución solo cabe recurso de **apelación con efectos suspensivos**, de tramitación preferente y con resolución en el improrrogable plazo de 30 días. **5312.4**
En su tramitación rigen las siguientes **especialidades**:
• Se interpone **ante el tribunal competente para resolverlo** en el plazo de 10 días contados desde el siguiente a la notificación de la resolución, acordando el órgano judicial sobre su admisión dentro de las 24 horas siguientes a la presentación.

• Admitido, las demás partes pueden presentar **oposición o impugnación** en plazo de 3 días. En este último supuesto, el apelante principal dispondrá de un plazo igual para alegar lo que tenga por conveniente.
• Si hubiera de practicarse **prueba** o si se acordase la celebración de **vista**, el letrado de la Administración de Justicia señalará fecha dentro de los 3 días siguientes.
• La **resolución** se dicta en el plazo de 3 días desde la terminación de la vista o, en defecto de esta, desde el día siguiente al de recepción de los autos en el tribunal competente para la apelación.

5312.5 **Mediación** En cualquier momento del proceso, ambas partes podrán solicitar la **suspensión** del mismo para someterse a mediación.
La **duración** de este proceso ha de ser la más breve posible, sin que en ningún caso pueda la suspensión del proceso para mediación exceder del plazo legalmente previsto.
El procedimiento judicial se reanudará si lo solicita cualquiera de las partes o en caso de alcanzarse un **acuerdo** en la mediación, que deberá ser aprobado por el juez, únicamente en aquellos aspectos que se refieran a la restitución o retorno del menor y siempre que se proteja su interés superior y se respete el régimen de guarda y custodia del menor, así como y el de estancia, comunicación y relación de este con los progenitores.

5312.6 **Declaración de ilicitud de un traslado o retención internacional** (LEC art.778 quater)
Adicionalmente a lo expuesto, se dispone lo siguiente:
• Cuando un **menor con residencia habitual en España** sea objeto de un traslado o retención internacional, conforme a lo establecido en el correspondiente convenio o norma internacional aplicable, cualquier persona interesada, al margen del proceso que se inicie para pedir su restitución internacional, podrá dirigirse en España a la autoridad judicial competente para conocer del fondo del asunto con la finalidad de obtener una resolución que especifique que el traslado o la retención lo han sido ilícitos.
• La **autoridad competente en España** lo es la última autoridad judicial que haya conocido en España de cualquier proceso sobre responsabilidad parental afectante al menor. En su defecto, la Sección de Familia, Infancia y Capacidad o Sección Única del Tribunal de Instancia -hasta su constitución, el juzgado de primera instancia o de familia- del último domicilio de menor en el territorio nacional.

Precisiones En relación con la intervención y actuación procesal del **Ministerio Fiscal** en este procedimiento (FGE Circ 6/2015), puede consultarse nº 9384 Memento Procesal Civil 2026.

6. Ingreso de menores con problemas de conducta en centros de protección específicos

(LEC art.778 bis; LO 1/1996 art.25 s.)

5313 Corresponde la **legitimación** a la entidad pública que ostente la tutela o guarda de un menor,
MPCI así como al Ministerio Fiscal, para solicitar la autorización judicial para ingreso en centros
nº 9397 s. específicos de protección para menores con problemas de conducta, debiendo aportar en todo caso un **informe** de valoración psicosocial que lo justifique (LO 1/1996 art.25).
La **competencia** corresponde a la Sección de Familia, Infancia y Capacidad o Sección Única del Tribunal de Instancia -hasta su constitución, al juzgado de primera instancia o de familia- del lugar de radicación del centro en el que se pretenda efectuar el ingreso.
La **autorización judicial** es preceptiva y ha de ser previa al ingreso, salvo por concurso de razones de **urgencia** que impongan la adopción inmediata de la medida de ingreso. En tal caso, la entidad pública o el Ministerio Fiscal han de comunicar en plazo máximo de 24 horas al órgano judicial competente, a efecto de que proceda a la ratificación de la medida, en su caso, lo que debe tener lugar dentro de las 72 horas desde que el hecho del ingreso llegue a conocimiento del órgano jurisdiccional, quedando inmediatamente sin efecto en caso de falta de ratificación.
Para conceder la autorización o ratificar el ingreso ya efectuado, el juez debe **examinar y oír al menor**, quien debe ser informado de la medida en términos y formatos accesibles, comprensibles y adecuados a su edad y circunstancias. Ha de darse **audiencia** igualmente a la entidad pública antes citada, a los progenitores o tutores que ostenten la patria potestad o tutela, así como a cualquier tercero que se considere conveniente o cuya declaración le sea solicitada. Igualmente, se emite **informe** por el Ministerio Fiscal y ha de recabarse, al menos, **dictamen** de un facultativo.
La autorización de ingreso únicamente ha de otorgarse en caso de que no sea posible atender al menor en condiciones menos restrictivas.

Frente a la **resolución** por la que se resuelva sobre el ingreso o su ratificación, cabe interponer **recurso** de apelación, sin efecto suspensivo, por el menor, la entidad pública, el Ministerio Fiscal o los progenitores o tutores que ostenten legitimación para oponerse a las resoluciones en materia de protección de menores.

Precisiones 1) Los **criterios de actuación del Ministerio Fiscal** en estos expedientes (FGE Circ 2/2016), pueden consultarse nº 9399 Memento Procesal Civil 2026.

2) Se excluyen del **presupuesto de procedibilidad** de someterse a un medio adecuado de solución de conflictos previo al proceso (nº 3625 s.) los procesos estudiados (LO 2/2025 art.5.2.g).

7. Entrada en domicilio y otros lugares para ejecutar resoluciones de protección de menores

(LEC art.778 ter)

Cuando sea preciso para la ejecución forzosa de resoluciones o medidas adoptadas por la entidad pública competente en materia de protección de menores, esta ha de solicitar **autorización de entrada** de la Sección de Familia, Infancia y Capacidad o Sección Única del Tribunal de Instancia -hasta su constitución, del juzgado de primera instancia o de familia- del lugar de radicación del domicilio o lugar de acceso dependiente del consentimiento de su titular u ocupante o del órgano judicial que haya dictado resolución confirmatoria de un acto, decisión o medida adoptada por aquella entidad. **5313.1** MPCI nº 9412

El letrado de la Administración de Justicia el mismo día de la presentación de la **solicitud**, da **traslado** al titular u ocupante para que en 24 horas alegue lo conveniente a su derecho. No obstante, cuando la entidad lo solicite expresamente y concurran **circunstancias urgentes**, bien por riesgo cierto en la demora o bien por implicación real e inmediata de los derechos fundamentales del menor, el juez puede acordar la entrada inmediatamente, previo informe del Ministerio Fiscal y, en todo caso, dentro del plazo máximo de 24 horas.

Presentadas las **alegaciones** por escrito del interesado, o en defecto de ellas, el juez ha de resolver, acordando o denegando la entrada en el plazo máximo de las 24 horas siguientes, previo informe del Ministerio Fiscal. Se notifica a las partes previamente a la diligencia de entrada o, en caso de no haber sido posible, al efectuar esta, por medio del letrado de la Administración de Justicia.

El auto, aun dictado sin audiencia del interesado, es susceptible de **apelación** no suspensiva, interpuesta en el plazo de 3 días desde la notificación, con tramitación preferente.

Precisiones 1) Es preciso que el juez valore ponderadamente la **situación personal y familiar**, así como social, del menor que se puede ver afectado por la autorización de entrada (TS 23-11-17, EDJ 252278).

2) Se excluyen del **presupuesto de procedibilidad** de someterse a un medio adecuado de solución de conflictos previo al proceso (nº 3625 s.) los procesos estudiados (LO 2/2025 art.5.2.g).

B. Procesos hereditarios

Son objeto de estudio en este apartado: **5314**
- la división judicial de patrimonios (nº 5315);
- el procedimiento para la división de la herencia (nº 5320);
- la intervención del caudal hereditario (nº 5345);
- la administración del caudal hereditario (nº 5358).

1. División judicial de patrimonios

La división del patrimonio hereditario es el procedimiento específico que se regula en la LEC al que ha de entenderse actualmente la **remisión** que el Código Civil efectúa para aquellos supuestos en los que el testador no hace la partición de sus bienes, ni encomienda la simple facultad de hacerla a cualquier persona que no sea uno de los coherederos ni hay designación judicial de dicha persona, ni los herederos se ponen de acuerdo de tal manera que, residualmente, el propio Código faculta a los coherederos para que ejerciten su derecho a partir la herencia en la forma prevenida en la LEC (CC art.1056 a 1059). **5315** MPCI nº 9430

Precisiones Estas previsiones terminan con el debate doctrinal suscitado durante la vigencia de la LEC\1881, acerca de la **naturaleza contenciosa o voluntaria** de los procedimientos sucesorios, puesto que en la vigente LEC es claro que el legislador remite expresamente a otro texto legal la regulación de la jurisdicción voluntaria, por lo que subsume este proceso entre los contenciosos (AP Las Palmas auto 13-2-06, EDJ 62389).

Esta afirmación, una vez vigente la L 15/2015, queda ratificada en cuanto esta Ley regula entre los expedientes de jurisdicción voluntaria algunos relativos al hecho sucesorio y al patrimonio matrimonial distintos del proceso indicado.

5317 MPCI nº 9432 **Ámbito de aplicación** La LEC contempla como procesos especiales los dirigidos a la división judicial de patrimonios, regulando dos modalidades:
- la división de la herencia (nº 5320); y
- la liquidación del régimen económico matrimonial (nº 5286).

No obstante, este procedimiento es también aplicable a cualquier división de patrimonio o cosa que se ostente en común por varias personas en pro indiviso, de conformidad con el CC art.406 que remite a las reglas de la división de la herencia para proceder a la **división entre los partícipes en la comunidad**.

Asimismo, procede el procedimiento previsto para la división de la herencia en el caso de **división de la comunidad postmatrimonial**, que nace en el momento del fallecimiento de uno de los cónyuges por cuanto que se produce la disolución de la sociedad de gananciales, y estando pendiente la liquidación de la misma nos encontramos ante una comunidad postmatrimonial sobre la antigua masa ganancial, cuyo régimen ya no puede ser el de la sociedad de gananciales, sino el de cualquier conjunto de bienes en cotitularidad ordinaria (AP Cádiz auto 5-9-03, EDJ 127237).

2. Procedimiento para la división de la herencia

5320 MPCI nº 9435, 9437 Las previsiones contenidas en la LEC se aplican con la finalidad de eliminar la situación de indivisión existente en las comunidades hereditarias.

Deberán seguirse, por lo tanto, sus trámites cuando se solicite judicialmente la división de la herencia. No obstante, la legislación material o sustantiva que ha de ser aplicada por los **contadores** y, en su caso, por los **peritos**, varía según que la sucesión esté sujeta a la legislación civil común o a la foral o especial correspondiente.

Precisiones 1) El estudiado es un **proceso especial por razón de la materia** (TS auto 6-3-12), cuyo objeto es llevar a cabo la partición cuando, a falta de la efectuada por el testador o por el contador-partidor designado testamentariamente, **no existe acuerdo** entre los llamados a la sucesión sobre la forma de realizarla o sobre la solicitud de designación de un contador partidor. La especialidad radica tanto en lo limitado del objeto como en sus particulares trámites y en la ausencia de efecto de **cosa juzgada**, aun cuando devenga en proceso contencioso (DGRN Resol 1-2-18; 3-11-17). Es, por otra parte, un **proceso declarativo** de naturaleza contenciosa, no de jurisdicción voluntaria (DGRN Resol 29-11-18; 26-3-14).

2) Ver lo expuesto en nº 2685 y nº 2696 sobre la **acumulación de la acción de división de herencia con la de liquidación del régimen económico matrimonial** por fallecimiento de uno o de ambos cónyuges, así como la acumulación de autos en estos casos.

3) En virtud de la asunción de competencias por los Estatutos de Autonomía, han dictado **leyes sucesorias** las siguientes comunidades autónomas: **Aragón**: DLeg Aragón 1/2011; **Baleares**: DLeg Baleares 79/1990; **Cataluña**: L Cataluña 10/2008; **Galicia**: L Galicia 2/2006; **Navarra**: L 1/1973; **País Vasco**: L País Vasco 5/2015.

5322 MPCI nº 9439, 9441 **Solicitud de división judicial de la herencia** (LEC art.782) Cualquier **coheredero** o **legatario** de parte alícuota puede reclamar judicialmente la división de la herencia, siempre que esta no deba efectuarla un comisario o contador-partidor designado por el testador, por acuerdo entre los coherederos o por medio de intervención de notario.

A la solicitud debe acompañarse el **certificado de defunción** de la persona de cuya sucesión se trate y el documento que acredite la condición de heredero o legatario del solicitante.

Los **acreedores** no pueden instar la división, sin perjuicio de las acciones que les correspondan contra la herencia, la comunidad hereditaria o los coherederos, que se ejercitan en el juicio declarativo que corresponda, sin suspender ni entorpecer las actuaciones de división de la herencia.

No obstante, los acreedores reconocidos como tales en el testamento o por los coherederos y los que tengan su **derecho documentado en un título ejecutivo** pueden oponerse a que se lleve a efecto la partición de la herencia hasta que se les pague o afiance el importe de sus créditos. Esta petición puede deducirse en cualquier momento, antes de que se produzca la entrega de los bienes adjudicados a cada heredero.

Los acreedores de uno o más de los coherederos pueden intervenir a su costa en la partición para evitar que esta se haga en **fraude** o **perjuicio de sus derechos**.

Precisiones Procede el **archivo del procedimiento** si la persona que insta el procedimiento de división judicial de la herencia no acredita documentalmente su condición de heredero (AP Almería 7-2-06, EDJ 31972).

Intervención del caudal hereditario y formación de inventario (LEC art.783.1) Solicitada la división judicial de la herencia se acordará, cuando así se haya pedido y resulte procedente, la intervención del caudal hereditario y la formación de inventario (nº 5345 s. y nº 5354). 5324

Convocatoria de junta para designar contador y peritos Practicada, en su caso la intervención del caudal hereditario y ordenada la formación de inventario, o si no es necesario, a la vista de la solicitud de división judicial de la herencia, se manda convocar a junta a los herederos, a los legatarios de parte alícuota y al cónyuge sobreviviente, señalando día dentro de los 10 siguientes. 5326 MPCI nº 9445

La **citación de los interesados** que estén ya personados en las actuaciones se hace por medio del procurador. A los que no estén personados se les cita personalmente, si su residencia es conocida. Si no lo es, se les llama por edictos.

Se convoca también al **Ministerio Fiscal** por el letrado de la Administración de Justicia para que represente a los interesados en la herencia que sean menores y no tengan representación legítima y a los ausentes cuyo paradero se ignore. La representación del Ministerio Fiscal cesa una vez que los menores estén habilitados de representante legal o defensor judicial y, respecto de los ausentes, cuando se presenten en el juicio o puedan ser citados personalmente, aunque vuelvan a ausentarse.

Los **acreedores de uno o más de los coherederos** son convocados a la junta cuando estén personados en el procedimiento. Los que no estén personados no son citados, pero pueden participar en ella si concurren en el día señalado aportando los títulos justificativos de sus créditos.

Designación del contador y de los peritos (LEC art.784) La junta se celebrará, con los que concurran, en el día y hora señalado y será presidida por el letrado de la Administración de Justicia. 5328 MPCI nº 9447

Los interesados deberán ponerse de acuerdo sobre el nombramiento de un contador que practique las **operaciones divisorias del caudal**, así como sobre el nombramiento del perito o peritos que hayan de intervenir en el **avalúo de los bienes**.

Si de la Junta resulta **falta de acuerdo** para el nombramiento de contador, se designará uno por sorteo, conforme a lo dispuesto para la designación judicial de perito, de entre los abogados ejercientes con especiales conocimientos en la materia y con despacho profesional en el lugar del juicio.

Si **no** hay **acuerdo sobre los peritos**, se designarán por igual procedimiento los que el contador o contadores estimen necesarios para practicar los avalúos, pero nunca más de uno por cada clase de bienes que deban ser tasados.

Será aplicable al contador designado por sorteo lo dispuesto para la **recusación de los peritos** (nº 2782 s.).

Entrega de la documentación al contador (LEC art.785.1) Elegidos el contador y los peritos, en su caso, previa aceptación, se entregarán los autos por el letrado de la Administración de Justicia al primero y se pondrán a disposición de este y de los peritos cuantos **objetos, documentos y papeles** necesiten para practicar el inventario, cuando este no haya sido hecho, y el avalúo, la liquidación y la división del caudal hereditario. 5330 MPCI nº 9449

Obligación de cumplir el encargo (LEC art.785.2) La **aceptación del contador** dará derecho a cada uno de los interesados para obligarle a que cumpla su encargo. 5332 MPCI nº 9451

Precisiones En el caso de que las funciones de contador sean desempeñadas por un **abogado**, si bien la regla general es que su actividad da lugar a un contrato de arrendamiento de servicios, cuando sea designado como contador-partidor, se le encomienda una misión concreta: hacer la partición, esto es, realizar las operaciones de inventario, avalúo, liquidación, división y adjudicación de los bienes hereditarios, siendo por tanto constitutivo de un contrato de arrendamiento de obra, por comprometerse a obtener un resultado (AP Alicante 4-11-02, EDJ 126162).

Plazo (LEC art.785.3) A instancia de parte, podrá el letrado de la Administración de Justicia mediante diligencia fijar al contador un plazo para que presente las operaciones divisorias, y si no lo verifica, será responsable de los **daños y perjuicios**. 5334 MPCI nº 9453

Práctica de las operaciones divisorias (LEC art.786) El contador realizará las operaciones divisorias con arreglo a lo dispuesto en la ley aplicable a la sucesión del causante; pero si el testador ha establecido **reglas distintas** para el inventario, avalúo, liquidación y división de sus bienes, se atendrá a lo que resulte de ellas, siempre que no perjudiquen las legítimas de los herederos forzosos. 5335 MPCI nº 9455, 9457

Procurará, en todo caso, evitar la **indivisión**, así como la excesiva división de las fincas.

Las operaciones divisorias deberán presentarse en el plazo máximo de 2 meses desde que fueron iniciadas, y se contendrán en un **escrito firmado por el contador**, en el que se expresará:
1) La relación de los bienes que formen el caudal partible.
2) El avalúo de los comprendidos en esa relación.
3) La liquidación del caudal, su división y adjudicación a cada uno de los partícipes.

5336 MPCI nº 9459, 9461 **Aprobación u oposición a las operaciones divisorias** (LEC art.787) De las operaciones divisorias se dará traslado a las partes, emplazándolas por el letrado de la Administración de Justicia por 10 días para que formulen oposición.
Durante este plazo, podrán las partes examinar en la oficina judicial los autos y las operaciones divisorias y obtener, a su costa, las **copias** que soliciten.
La oposición habrá de formularse **por escrito**, expresando los puntos de las operaciones divisorias a que se refiere y las razones en que se funda.
Pasado dicho término sin hacerse oposición o luego que los interesados hayan manifestado su **conformidad**, el letrado de la Administración de Justicia dictará decreto aprobando las operaciones divisorias, mandando protocolizarlas.
Cuando en tiempo hábil se haya formalizado la oposición a las operaciones divisorias, el letrado de la Administración de Justicia mandará convocar al contador y a las partes a una **comparecencia**, que se celebrará dentro de los 10 días siguientes.
Si en la comparecencia se alcanza la **conformidad de todos los interesados** respecto a las cuestiones promovidas, se ejecutará lo acordado y el contador hará en las operaciones divisorias las reformas convenidas, que serán aprobadas por el tribunal.
Si **no hay conformidad**, el tribunal oirá a las partes y admitirá las pruebas que propongan y que no sean impertinentes o inútiles, continuando la sustanciación del procedimiento con arreglo a lo dispuesto para el juicio verbal (nº 3900).
Cuando se hayan **suspendido las actuaciones** por estar pendiente causa penal en que se investigue un **delito de cohecho** cometido en el avalúo de los bienes de la herencia, la suspensión se alzará, sin esperar a que la causa finalice por resolución firme, en cuanto los interesados, prescindiendo del avalúo impugnado, presenten otro hecho de común acuerdo, en cuyo caso se dictará sentencia con arreglo a lo que resulte de este.

Precisiones A efectos de acceso al Registro de la Propiedad, el decreto mencionado en el texto ha de ser firme. Se precisa acreditar su **firmeza**, dado el carácter definitivo del asiento que motiva conforme a LH art.3 y 82. Además, no es título por sí mismo, sino que precisa **protocolización**, según se ha indicado (DGRN Resol 29-11-18).

5338 MPCI nº 9463 **Ausencia de cosa juzgada material** (LEC art.787.5) La sentencia que recaiga se llevará a efecto, pero no tendrá eficacia de cosa juzgada, pudiendo los interesados hacer valer los derechos que crean corresponderles sobre los bienes adjudicados en el **juicio ordinario** que corresponda.

Precisiones Es por ello que cualquiera de los interesados podrá promover un procedimiento que tenga por objeto esta misma materia, aunque haya prestado su **consentimiento, de forma viciada**, a la partición realizada (AP Córdoba auto 10-2-06, EDJ 90434).

5340 MPCI nº 9465 **Entrega de los bienes adjudicados a cada heredero** (LEC art.788) Aprobadas definitivamente las particiones, se procederá a entregar a cada uno de los interesados lo que en ellas le haya sido adjudicado y los **títulos de propiedad**, poniéndose previamente en estos por el actuario notas expresivas de la adjudicación.
Luego que sean protocolizadas, se dará por el letrado de la Administración de Justicia a los partícipes que lo pidan **testimonio** de su haber y adjudicación respectivos.
No obstante, cuando se haya **formulado oposición** por algún acreedor de la herencia a que se lleve a efecto la partición hasta que se les pague o afiance el importe de sus créditos, no se hará la entrega de los bienes a ninguno de los herederos ni legatarios sin estar aquellos completamente pagados o garantizados a su satisfacción.

5342 MPCI nº 9467 **Terminación del procedimiento por acuerdo de los coherederos** (LEC art.789) En cualquier estado del juicio podrán los interesados separarse de su seguimiento y adoptar los acuerdos que estimen convenientes. Cuando lo soliciten de común acuerdo, deberá el letrado de la Administración de Justicia **sobreseer el juicio** y poner los bienes a disposición de los herederos (nº 2587 s.).

Precisiones Una vez abierto el procedimiento se intenta llegar a un **acuerdo entre las partes** lo que no impide la posibilidad de **transigir** sobre lo que es objeto del litigio y poner fin al mismo mediante el acuerdo que alcancen, que será homologado por el tribunal que esté conociendo del mismo, como transacción judicial (AP Las Palmas auto 13-2-06, EDJ 62389).

Acceso al Registro de la Propiedad El acceso al Registro de las resoluciones dictadas en procesos hereditarios, es objeto de estudio en nº 9469 s. Memento Procesal Civil 2026. 5343 MPCI nº 9469, 9471

3. Intervención del caudal hereditario

Aseguramiento de los bienes de la herencia y de los documentos del difunto (LEC art.790) Siempre que el tribunal tenga noticia del fallecimiento de una persona y **no** conste la existencia de **testamento**, ni de ascendientes, descendientes o cónyuge del finado o persona que se halle en una situación de hecho asimilable, ni de colaterales dentro del cuarto grado, se adoptarán de oficio las medidas más indispensables para el **enterramiento del difunto** si es necesario y para la seguridad de los bienes, libros, papeles, correspondencia y efectos del difunto susceptibles de sustracción u ocultación. 5345 MPCI nº 9480

De la misma forma se procederá cuando estas personas estén **ausentes** o cuando alguno de ellos sea **menor** y carezca de representante legal.

Luego de que comparezcan los parientes, o se nombre representante legal a los menores, se les hará entrega de los bienes y efectos pertenecientes al difunto, cesando la **intervención judicial** -salvo lo expuesto en nº 5347-, debiendo aquellos comparecer ante **notario** a efectos de incoar expediente de declaración de herederos.

Intervención judicial de la herencia cuando no conste la existencia de testamento ni de parientes llamados a la sucesión legítima (LEC art.791) Una vez practicadas las actuaciones de aseguramiento de los bienes de la herencia y de los documentos del difunto, el letrado de la Administración de Justicia adoptará mediante providencia las medidas que estime más conducentes para averiguar si la persona de cuya sucesión se trata ha muerto con **disposición testamentaria** o sin ella. 5347 MPCI nº 9484, 9486

A tal efecto, ordenará que se traiga a los autos certificado del Registro General de Actos de Última Voluntad, así como el **certificado de defunción** luego que sea posible.

A falta de otros medios, el tribunal ordenará mediante providencia que sean examinados los parientes, amigos o vecinos del difunto sobre el **hecho de haber muerto** este **abintestato** y sobre si tiene parientes con derecho a la sucesión legítima.

Si, en efecto, resulta haber **fallecido sin testar y sin parientes** llamados por la ley a la sucesión, mandará el tribunal, por medio de auto, que se proceda a:

- ocupar los libros, papeles y correspondencia del difunto; e
- inventariar y depositar los bienes, disponiendo lo que proceda sobre su administración.

El tribunal podrá nombrar a una persona, con cargo al caudal hereditario, que efectúe y garantice el **inventario** y su depósito.

En la misma resolución ordenará, de oficio, la comunicación a la Delegación de Economía y Hacienda correspondiente por si resulta procedente la **declaración de heredero** *abintestato* **a favor del Estado**, siguiéndose los trámites oportunos al efecto.

Intervención judicial de la herencia durante la tramitación de la declaración de herederos o de la división judicial (LEC art.792.1) La ocupación de los libros, papeles y correspondencia del difunto, así como el inventario y depósito de los bienes, disponiendo lo que proceda sobre su administración, podrá acordarse a instancia de parte en los siguientes casos: 5348 MPCI nº 9488, 9490 s.

a) Por el **cónyuge** o **cualquiera de los parientes** que se crea con derecho a la sucesión legítima, siempre que acrediten haber promovido la declaración de herederos abintestato ante notario, o se formule la solicitud de intervención del caudal hereditario al tiempo de promover la declaración judicial de herederos.

b) Por **cualquier coheredero o legatario** de parte alícuota, al tiempo de solicitan la división judicial de la herencia, salvo que la intervención hubiera sido expresamente prohibida por disposición testamentaria.

c) Por la **Administración pública** que haya iniciado un procedimiento para su declaración como heredero *abintestato* (L 15/2015). Esta cuestión se estudia en detalle en nº 9488 s. Memento Procesal Civil 2026.

Intervención judicial de la herencia a instancia de los acreedores (LEC art.792.3) También podrán pedir la intervención del caudal hereditario los acreedores reconocidos como tales en el testamento o por los coherederos y los que tengan su derecho documentado en un **título ejecutivo**. 5349 MPCI nº 9492

Medidas de aseguramiento (LEC art.793.1) Acordada la intervención del caudal hereditario, en cualquiera de los casos en que proceda, el tribunal ordenará, por medio de auto, si es necesario y no se ha efectuado anteriormente, la adopción de las medidas indispensables 5350 para la seguridad de los bienes, así como de los libros, papeles, correspondencia y efectos del difunto susceptibles de **sustracción** u **ocultación**.

5352 MPCI nº 9496 **Citación a los interesados** (LEC art.793.2) El letrado de la Administración de Justicia señalará día y hora para la formación de inventario, mandando citar a los interesados.

Deben ser citados para la formación de inventario:

- El **cónyuge** sobreviviente.
- Los **parientes** que puedan tener derecho a la herencia y sean conocidos, cuando no conste la existencia de testamento ni se haya hecho la declaración de herederos abintestato.
- Los **herederos o legatarios** de parte alícuota.
- Los **acreedores** a cuya instancia se haya decretado la intervención del caudal hereditario y, en su caso, los que estén personados en el procedimiento de división de la herencia.
- El **Ministerio Fiscal**, siempre que pueda haber parientes desconocidos con derecho a la sucesión legítima, o que alguno de los parientes conocidos con derecho a la herencia o de los herederos o legatarios de parte alícuota no pueda ser citado personalmente por no ser conocida su residencia, o cuando cualquiera de los interesados sea menor y no tenga representante legal.
- El **abogado del Estado**, o, en los casos previstos legalmente, los servicios jurídicos de las comunidades autónomas, cuando no conste la existencia de testamento ni de cónyuge o parientes que puedan tener derecho a la sucesión legítima.

Precisiones La intervención del abogado del Estado o de los letrados integrados en los servicios jurídicos de la comunidad autónoma dependerá de si la sucesión se sujeta a la **legislación civil** o común o a la **legislación especial o foral** que declare heredero abintestato, a falta de parientes a la administración de su comunidad.

5354 MPCI nº 9498 **Formación del inventario** (LEC art.794) Citados todos los interesados, en el día y hora señalados, procederá el letrado de la Administración de Justicia, con los que concurran, a formar el inventario, el cual contendrá la **relación de los bienes de la herencia** y de las escrituras, documentos y papeles de importancia que se encuentren.

Si por disposición testamentaria se han establecido **reglas especiales** para el inventario de los bienes de la herencia, se formará este con sujeción a dichas reglas.

Cuando no se pueda terminar el inventario en el día señalado se continuará en los siguientes.

Si se suscita **controversia sobre la inclusión o exclusión de bienes** en el inventario, se hacen constar por el letrado de la Administración de Justicia en el acta las pretensiones de cada una de las partes sobre los referidos bienes y su fundamentación jurídica, citando a los interesados a una **vista** por el letrado de la Administración de Justicia, continuando la tramitación con arreglo a lo previsto para el juicio verbal.

La sentencia que se pronuncie sobre la inclusión o exclusión de bienes en el inventario dejará a salvo los **derechos de terceros**.

5355 MPCI nº 9500 **Resolución sobre la administración, custodia y conservación del caudal hereditario** (LEC art.795) Hecho el inventario, determinará el tribunal, por medio de auto, lo que según las circunstancias corresponda sobre la administración del caudal, su custodia y conservación, ateniéndose, en su caso, a lo que sobre estas materias haya dispuesto el testador.

En su defecto, habrá de sujetarse a las reglas siguientes:

a) El **metálico** y **efectos públicos** se depositarán con arreglo a derecho.

b) Se nombrará **administrador** al viudo o viuda y, en su defecto, al heredero o legatario de parte alícuota que tenga mayor parte en la herencia. A falta de estos, o si no tienen, a juicio del tribunal, la capacidad necesaria para desempeñen el cargo, podrá el tribunal nombrar administrador a cualquiera de los herederos o legatarios de parte alícuota, si los hay, o a un tercero.

c) El administrador deberá prestar **caución** bastante a responder de los bienes que se le entreguen, que será fijada por el tribunal. Podrá este, no obstante, dispensar de la caución al cónyuge viudo o al heredero designado administrador cuando tengan bienes suficientes para responden de los que se le entreguen.

d) Los herederos y legatarios de parte alícuota podrán **dispensar** al administrador **del deber de prestar caución**. No habiendo acerca de esto conformidad, la caución será proporcionada al interés en el caudal de los que no otorguen su relevación. Se constituirá caución, en todo caso, respecto de la participación en la herencia de los menores que no tengan representante legal y de los ausentes a los que no se haya podido citan por ignorarse su paradero.

5356 MPCI nº 9502 **Cesación de la intervención judicial de la herencia** (LEC art.796) Cesará la intervención judicial de la herencia cuando se efectúe la **declaración de herederos**, a no ser que alguno de ellos pida la división judicial de la herencia, en cuyo caso podrá subsistir la intervención,

sí así se solicita, hasta que se haga entrega a cada heredero de los bienes que les hayan sido adjudicados.
Durante la sustanciación del procedimiento de división judicial de la herencia podrán pedir los herederos, de común acuerdo, que **cese la intervención judicial**.
El letrado de la Administración de Justicia, mediante decreto así lo acordará, salvo cuando alguno de los interesados sea **menor** y no tenga representante legal o cuando haya algún heredero ausente al que no haya podido citarse por ignorarse su paradero.
Si hubiera **acreedores** reconocidos en el testamento o por los coherederos o con derecho documentado en un título ejecutivo, que se hubieran opuesto a que se lleve a efecto la partición de la herencia hasta que se les pague o afiance el importe de sus créditos, no se acordará la cesación de la intervención hasta que se produzca el pago o afianzamiento.

4. Administración del caudal hereditario

Toma de posesión del cargo de administrador de la herencia (LEC art.797) Nombrado el administrador y prestada por este la caución (nº 5355), se le pondrá en posesión de su cargo por el letrado de la Administración de Justicia, dándole a conocer a las personas que el mismo designe de aquellas con quienes deba entenderse para su desempeño. **5358** MPCI nº 9505
Para que pueda acreditar su representación se le dará **testimonio o copia auténtica**, en que conste su nombramiento y que se halla en posesión del cargo.
Podrá hacerse constar en el Registro de la Propiedad el **estado de administración de las fincas** de la herencia y el nombramiento de administrador mediante el correspondiente mandamiento judicial con los requisitos previstos en la legislación hipotecaria.

Representación de la herencia por el administrador (LEC art.798) Mientras la herencia no haya sido aceptada por los herederos, el administrador de los bienes representará a la herencia en **todos los pleitos** que se promuevan o que estén principiados al fallecer el causante y ejercitará en dicha representación las acciones que pudieran corresponder al difunto, hasta que se haga la declaración de herederos. **5361** MPCI nº 9507
Aceptada la herencia, el administrador solo tendrá la representación de la misma en lo que se refiere directamente a la **administración del caudal**, su **custodia** y **conservación**, y en tal concepto podrá y deberá gestionar lo que sea conducente, ejercitando las acciones que procedan.

Rendición periódica de cuentas (LEC art.799) El administrador rendirá cuenta justificada en los plazos que el tribunal le señale, los que serán proporcionados a la **importancia y condiciones del caudal**, sin que en ningún caso puedan exceder de un año. **5362** MPCI nº 9509
Al rendir la cuenta, el administrador consignará el **saldo** que de la misma resulte o presentará el **resguardo original** que acredite haberlo depositado en el establecimiento destinado al efecto. En el primer caso, el letrado de la Administración de Justicia, mediante diligencia acordará inmediatamente mediante providencia el depósito y, en el segundo, que se ponga en los autos diligencia expresiva de la fecha y cantidad del mismo.
Para el efecto de instruirse de las cuentas y a fin de inspeccionar la administración o promover cualesquiera **medidas** que versen **sobre rectificación o aprobación** de aquellas, serán puestas de manifiesto en la secretaría a la parte que, en cualquier tiempo, lo pida.

Rendición final de cuentas (LEC art.800) Cuando el administrador cese en el desempeño de su cargo, rendirá una **cuenta final complementaria** de las ya presentadas. **5363** MPCI nº 9511
Todas las cuentas del administrador, incluso la final, serán puestas de manifiesto a las partes en la secretaría, cuando cese en el desempeño de su cargo, por un término común, que el letrado de la Administración de Justicia, mediante diligencia señalará mediante providencia según la importancia de aquellas.
Pasado dicho término sin hacerse **oposición a las cuentas**, el letrado de la Administración de Justicia dictará decreto aprobándolas y declarando exento de responsabilidad al administrador. En el mismo decreto, el letrado de la Administración de Justicia mandará devolver al administrador la **caución** que haya prestado.

Impugnación de las cuentas (LEC art.800.4) Si las cuentas son impugnadas en tiempo hábil, se dará **traslado del escrito de impugnación** al cuentadante para que conteste en el plazo de 10 días. Las partes, en sus respectivos escritos de impugnación y contestación a esta, pueden solicitar la celebración de vista, continuando la tramitación con arreglo a lo dispuesto para el juicio verbal (nº 3900). **5364**

5365 **Conservación de los bienes de la herencia** (LEC art.801) El administrador está obligado bajo su responsabilidad, a conservar sin menoscabo los bienes de la herencia, y a procurar que den las **rentas, productos o utilidades** que corresponda.
A este fin deberá hacen las **reparaciones ordinarias** que sean indispensables para la conservación de los bienes.
Cuando sean necesarias **reparaciones** o **gastos extraordinarios**, lo pondrá en conocimiento del órgano judicial que, oyendo en una comparecencia a los interesados citados por el letrado de la Administración de Justicia y previo reconocimiento pericial y formación de presupuesto resolverá lo que estime procedente, atendidas las circunstancias del caso.

5366 **Destino de las cantidades recaudadas por el administrador en el desempeño del cargo** (LEC art.802) El administrador depositará sin dilación a disposición del órgano judicial las cantidades que recaude en el desempeño de su cargo, reteniendo únicamente las que sean necesarias para atender los **gastos de pleitos o notariales**, **pago de contribuciones** y demás atenciones ordinarias.
Para atender los **gastos extraordinarios** en los bienes de la herencia, el tribunal, mediante providencia, podrá dejar en poder del administrador la suma que se crea necesaria, mandando sacarla del depósito si no puede cubrirse con los ingresos ordinarios.
Esto último se ordenará también cuando deba hacerse algún **gasto ordinario** y el administrador no disponga de la cantidad suficiente procedente de la administración de la herencia.

5367 **Prohibición de enajenar los bienes inventariados** (LEC art.803) El administrador no podrá enajenar ni gravan los bienes inventariados.
Se **exceptúan** de esta regla prohibición:
- los que puedan deteriorarse;
- los que sean de difícil y costosa conservación;
- los frutos para cuya enajenación se presenten circunstancias que se estimen ventajosas; y
- los demás bienes cuya enajenación sea necesaria para el pago de deudas, o para cubrir otras atenciones de la administración de la herencia.

El tribunal, a propuesta del administrador, y oyendo a los interesados, podrá decretar mediante providencia la **venta** de cualesquiera de dichos bienes, que se verificará en pública subasta conforme a lo establecido en la legislación notarial o en procedimiento de jurisdicción voluntaria.
Los **valores admitidos a cotización oficial** se venderán a través de dicho mercado.

Precisiones Ha de tenerse presente el régimen de la jurisdicción voluntaria (L 15/2015), que defiere las subastas mencionadas a la **competencia notarial** (L 28-5-1862 art.70 s.).

5368 **Retribución del administrador** (LEC art.804) El administrador no tendrá derecho a otra
MPCI retribución que la siguiente:
nº 9521 a) Sobre el producto líquido de la venta de **frutos** y otros **bienes muebles** de los incluidos en el inventario, percibirá el 2%.
b) Sobre el producto líquido de la venta de **bienes raíces** y cobranza de **valores** de cualquier especie, el 1%.
c) Sobre el producto líquido de la venta de **efectos públicos**, el medio por 100.
d) Sobre los **demás ingresos** que haya en la administración, por conceptos diversos de los expresados, el letrado de la Administración de Justicia le señalará del 4 al 10%, teniendo en consideración los productos del caudal y el trabajo de la administración.
También podrá acordar el letrado de la Administración de Justicia, mediante decreto, cuando lo considere justo, que se abonen al administrador los **gastos de viajes** que tenga necesidad de hacer para el desempeño de su cargo.

5369 **Administraciones subalternas** (LEC art.805) Se conservarán las administraciones subalternas que para el cuidado de sus bienes tenga el finado, con la misma **retribución** y **facultades** que aquel les haya otorgado.
Dichos administradores rendirán sus cuentas y remitirán lo que recauden al administrador judicial, considerándose como dependientes del mismo, pero no podrán ser **separados** por este sino por causa justa y con autorización mediante decreto del letrado de la Administración de Justicia.
Con la misma autorización podrá proveer el administrador judicial, bajo su responsabilidad, las **vacantes** que resulten.

C. Proceso monitorio

Se trata de un proceso rápido y eficaz para el **cobro de deudas dinerarias** vencidas, exigibles y documentadas, convirtiéndose en la forma más frecuente de iniciar las reclamaciones judiciales de cantidad. **5372** MPCI nº 9530, 9532 s.

Por otro lado, se reputa una eficaz vía para **evitar juicios declarativos contradictorios**, con la consiguiente descarga de trabajo para los órganos jurisdiccionales, estimándose que más del 50% de los procesos monitorios evita el consiguiente declarativo, al finalizar el procedimiento, bien mediante el pago voluntario por el deudor, bien por ejecución del título base de la petición inicial.

En definitiva, la **finalidad** esencial del procedimiento monitorio es la protección del crédito, materializándose en la creación de un título ejecutivo para aquellas deudas que cumplimenten una serie de requisitos que el legislador ha expresado de forma clara y expresa, y cuyo incumplimiento, dado el carácter potestativo con el que se ha revestido a este procedimiento, hará necesario acudir al juicio declarativo correspondiente en función de la cuantía del crédito.

No existe **límite cuantitativo** para acceder a este proceso.

Precisiones 1) El **proceso monitorio europeo** puede consultarse en nº 5388.

2) Los **letrados de la Administración de Justicia** tienen competencia para tramitar y, en su caso, resolver, los procesos monitorios, en los términos previstos por la legislación procesal (LOPJ art.456.6.d).

3) Hay que tener en cuenta el criterio de TJUE 18-2-16, asunto C-49/14, en tanto que sostiene que la normativa interna sobre la fase de ejecución del proceso monitorio, que impide controlar de oficio la existencia de cláusulas abusivas, es **contraria al Derecho de la Unión Europea**.

Casos en que procede (LEC art.812) Puede acudir al proceso monitorio quien pretenda de otro el **pago de deuda dineraria** de cualquier importe, líquida, determinada, vencida y exigible -a partir 31-10-2011-, cuando la deuda se acredite de alguna de las formas siguientes: **5374** MPCI nº 9536 s.

a) Mediante **documentos**, cualquiera que sea su forma y clase o el soporte físico en que se encuentren, que aparezcan firmados por el deudor o con su sello, impronta o marca o con cualquier otra señal, física o electrónica.

b) Mediante **facturas, albaranes de entrega**, certificaciones, **telegramas**, telefax o cualesquiera otros documentos que, aun unilateralmente creados por el acreedor, sean de los que habitualmente documentan los créditos y deudas en relaciones de la clase que aparezca existente entre acreedor y deudor.

Sin perjuicio de lo expuesto y cuando se trate de deudas dinerarias, líquidas, determinadas, vencidas y exigibles, puede también acudirse al proceso monitorio para obtener su pago en los casos siguientes:

• Cuando, junto al documento en que conste la deuda, se aporten **documentos comerciales** que acrediten una relación anterior duradera.

• Cuando la deuda se acredite mediante **certificaciones de impago** de cantidades debidas en concepto de gastos comunes de comunidades de propietarios de inmuebles urbanos.

Competencia (LEC art.410, 411 y 813) Es exclusivamente competente para el proceso monitorio el tribunal del **domicilio o residencia del deudor** o, si no son conocidos, el del lugar en que el deudor pueda ser hallado a efectos del requerimiento de pago por dicho órgano judicial. **5375** MPCI nº 9548, 9550

Cuando se trate de la reclamación de deuda en concepto de **gastos comunes de comunidades** de propietarios de inmuebles urbanos es también competente el tribunal del lugar en donde se halle la finca, a elección del solicitante.

Las **alteraciones** que una vez iniciado el proceso se produzcan en cuanto al **domicilio de las partes** no modificarán la competencia, que se determinará según lo que se acredite en el momento inicial de la litispendencia; esto es, desde el momento de interposición de la demanda.

Sin embargo, no cabe hablar de cambio de domicilio cuando, en realidad, se trata de un **domicilio equivocado** por haberse producido dicho cambio de residencia con anterioridad al inicio del proceso monitorio.

En todo caso, no son de aplicación las normas sobre **sumisión expresa o tácita**.

Si, una vez efectuadas las correspondientes averiguaciones por el letrado de la Administración de Justicia sobre el domicilio o residencia del deudor, estas son infructuosas o el deudor es localizado en otro partido judicial, el juez dicta auto dando por terminado el proceso, haciendo constar tal circunstancia y reservando al acreedor el derecho a instar de nuevo el proceso ante el órgano judicial competente (LEC art.813 in fine).

Precisiones 1) El fuero del domicilio o residencia del deudor en el proceso monitorio hay que referirlo temporalmente al momento de la presentación del escrito de petición inicial del procedimiento monitorio, sin que los **cambios de domicilio posteriores** puedan alterar la competencia territorial (AP Madrid auto 21-2-06, EDJ 57089).

2) En los casos de haberse fijado un **domicilio equivocado** de la parte demandada, no pudiendo llevarse a cabo el requerimiento de pago en el designado en la demanda, no es aplicable la LEC art.411, ya que este precepto únicamente contempla las alteraciones del domicilio una vez iniciado el proceso, por lo que resulta prevalente la aplicación de la LEC art.813 que determina la competencia de los procesos monitorios a favor del juez del domicilio o residencia del deudor (TS auto 11-4-05, EDJ 38211; 7-11-05, EDJ 302604).

3) No obstante, existen pronunciamientos que consideran que una vez admitida a trámite la demanda o petición inicial del juicio monitorio no puede apreciarse de oficio la **falta de competencia territorial**, por lo que, si el actor presenta la demanda en el tribunal del domicilio conocido, lo que ocurrirá es que el requerimiento de pago tenga que hacerse en otro lugar, pero sin que ello afecte a la competencia (TSJ C.Valenciana auto 19-5-05, EDJ 90359; 8-11-05, EDJ 292287).

5376 **Apreciación de oficio de falta de competencia territorial** El juez que conoce del proceso monitorio puede de oficio declarar que carece de competencia territorial (TS auto 25-11-02, EDJ 126236).

Procede la **aplicación analógica** de las normas cuando estas no contemplen un supuesto específico, pero regulen otro semejante entre los que se aprecie identidad de razón (CC art.4.1).

Precisiones A diferencia de lo que ocurre en el **orden social**, donde la competencia o incompetencia por razón del territorio se considera que no puede ser apreciada de oficio (TS 4-11-04, EDJ 183595; 10-5-06, EDJ 71286).

5377 MPCI nº 9556 **Petición inicial** (LEC art.814) El procedimiento monitorio comienza por **petición del acreedor** en la que se expresan la identidad del deudor, el domicilio o domicilios del acreedor y del deudor o el lugar en que residan o puedan ser hallados y el origen y cuantía de la deuda, acompañándose el documento o documentos justificativos de la misma.

La petición puede extenderse en **impreso o formulario** -obtenido en papel o a través de la sede electrónica- que facilite la expresión de estos extremos.

Precisiones **1)** El **modelo de impreso o formulario** para la petición inicial del procedimiento monitorio se aprueba por Acuerdo Comisión Permanente CGPJ 22-12-15.

2) Debe tenerse en cuenta que aquí se parte de la interpretación de que la petición inicial del procedimiento monitorio no exige acudir previamente a alguno de los medios adecuados legalmente establecidos para la solución de controversias (MASC) como **requisito de procedibilidad** establecido por la LO 1/2025 con carácter general en los procesos civiles. Se trata, sin embargo, de una cuestión que puede resultar controvertida y dar lugar a prácticas diferentes. Así, por ejemplo, los jueces de primera instancia de Las Palmas de Gran Canaria han unificado criterios, estableciendo la exigencia de acudir previamente a un MASC como requisito de procedibilidad.

5378 MPCI nº 9558, 9560 **Abogado y procurador** (LEC art.814.2) Para la presentación de la **petición inicial** del procedimiento monitorio no es preciso valerse de procurador y abogado. No obstante, si la parte desea ser defendida por un letrado, es obligatorio poner este hecho en **conocimiento de la contraria** para que pueda adoptar las medidas que estime necesarias en defensa de su derecho.

Precisiones **1)** No puede acudirse al subterfugio de admitir la iniciación de procesos monitorios mediante un **apoderamiento** puramente **procesal**, pues podría derivar en situaciones fraudulentas y no queridas por el legislador, pues si se desliga totalmente la representación procesal, fundamentalmente de las personas jurídicas, de la orgánica o societaria, nada impediría que estos poderes se otorgaran a abogados, con notorio quebranto del derecho de igualdad de las partes en la defensa (AP Madrid auto 30-9-05, EDJ 241547).

2) El **carácter no preceptivo o necesario** de la intervención de abogado en ciertos procedimientos, no obliga a las partes a actuar personalmente, sino que les faculta para elegir entre la autodefensa o la defensa técnica, pero permaneciendo, en consecuencia, el derecho de asistencia letrada incólume en tales casos, cuyo ejercicio queda a la disponibilidad de las partes (TCo 211/2003; 215/2003; 18/2006).

5379 MPCI nº 9562 **Admisión de la petición y requerimiento de pago** (LEC art.815) Si los documentos aportados con la petición son de los previstos legalmente para acceder a este proceso o constituyen, a juicio del tribunal, un **principio de prueba del derecho del peticionario**, confirmado por lo que se exponga en aquella, se requerirá al deudor por el letrado de la Administración de Justicia para que:

- en el plazo de 20 días, pague al peticionario, acreditándolo ante el tribunal; o
- comparezca ante este y alegue sucintamente, en escrito de oposición, las razones por las que, a su entender, no debe, en todo o en parte, la cantidad reclamada.

El requerimiento se notifica personalmente, con apercibimiento de que, de no pagar ni comparecer alegando **razones de la negativa al pago**, se despachará contra él ejecución.

En las **reclamaciones por deudas a la comunidad de propietarios**, la notificación debe efectuarse en el domicilio previamente designado por el deudor para las notificaciones y citaciones de toda índole relacionadas con los asuntos de la comunidad de propietarios.
Si **no se ha designado** tal **domicilio**, se intenta la comunicación en el piso o local, y si tampoco puede hacerse efectiva de este modo, se le notifica edictalmente.
Si de la documentación aportada con la petición se desprende que la **cantidad reclamada no es correcta**, el letrado de la Administración de Justicia dará traslado al juez, quien, en su caso, mediante auto podrá plantear al peticionario aceptar o rechazar una propuesta de requerimiento de pago por el importe inferior al inicialmente solicitado que especifique.
El demandante ha de **aceptar o rechazar la propuesta** formulada en el plazo de 10 días, entendiéndose aceptada en defecto de manifestación en plazo. En ningún caso se entenderá la aceptación del actor como renuncia parcial a su pretensión, pudiendo ejercitar la parte no satisfecha únicamente en el procedimiento declarativo que corresponda. Si la propuesta fuera aceptada se requerirá de pago al demandado por dicha cantidad. En otro caso, se tendrá al demandante por desistido, pudiendo hacer valer su pretensión únicamente en procedimiento declarativo. El **auto** que se dicte en este último caso será directamente apelable por la parte personada en el procedimiento.

Precisiones No resulta admisible la **comunicación por edictos** del requerimiento de pago por cuanto que en el proceso monitorio se revela capital el efectivo conocimiento por el demandado de la intimación al pago a él dirigida, en aras de su derecho de defensa, salvo que se trate de reclamaciones por deudas a la comunidad de propietarios (AP Valencia auto 12-6-03, EDJ 197743; AP Bizkaia auto 28-7-03; AP Badajoz auto 24-1-06, EDJ 6624).

Cláusulas abusivas (LEC art.815.3) Cuando la reclamación de la deuda se funde en un contrato entre un empresario o profesional y un consumidor o usuario, el letrado de la Administración de Justicia, previamente a efectuar el requerimiento, ha de **dar cuenta al juez** para que pueda apreciar el posible carácter abusivo de cualquier cláusula que constituya el fundamento de la petición o que hubiese determinado la cantidad exigible. **5380**
Si el juez considera que alguna de las cláusulas que constituye el fundamento de la petición o que haya determinado la cantidad exigible puede ser calificada como abusiva, puede plantear mediante auto una **propuesta de requerimiento de pago** por el importe que resultara de excluir de la cantidad reclamada la cuantía derivada de la aplicación de la cláusula abusiva, abriéndose el mismo trámite expuesto en nº 5379 para el caso de cantidad reclamada incorrecta.

Precisiones **1)** No se excluye expresamente de **postulación** preceptiva el trámite expuesto en caso de abusividad de cláusulas contractuales, a diferencia del régimen previo a la reforma operada por RDL 6/2023.
2) Hay que tener en cuenta el criterio recogido en TJUE 18-2-16, asunto C-49/14, en tanto que sostiene que la normativa interna previa a la L 42/2015, sobre la fase de ejecución del proceso monitorio, que impedía el **control de oficio de la existencia de cláusulas abusivas**, era contraria al Derecho de la Unión Europea.

Incomparecencia y despacho de ejecución (LEC art.816) Si el deudor no atendiera el requerimiento de pago o no compareciera, el letrado de la Administración de Justicia dictará decreto dando por terminado el proceso monitorio y dará traslado al acreedor para que inste el despacho de ejecución, bastando para ello con la mera solicitud. No es preciso que transcurra el plazo establecido en LEC art.548 -plazo de congelación que excluye el despacho de la ejecución de resoluciones procesales, arbitrales o acuerdos de mediación en los 20 días posteriores a aquel en que la resolución de condena sea firme, o la resolución de aprobación del convenio o de firma del acuerdo haya sido notificada al ejecutado-. **5381**
Despachada ejecución, proseguirá esta conforme a lo dispuesto para la de sentencias judiciales, pudiendo formularse la **oposición** prevista en estos casos, pero el solicitante del proceso monitorio y el deudor ejecutado no podrán pretender ulteriormente en proceso ordinario la **cantidad reclamada** en el monitorio o la **devolución** de la que con la ejecución se obtenga.

Intereses (LEC art.816.2) Desde que se dicte el auto despachando ejecución la deuda devengará el interés de demora, esto es el **devengo de un interés anual** igual al del interés legal del dinero (nº 4669), incrementado en dos puntos o el que corresponda por pacto de las partes o por disposición especial de la ley. **5382**

Pago del deudor (LEC art.817) Si el deudor atiende el requerimiento de pago, tan pronto como lo acredite, se le hará entrega de **justificante de pago** y se archivarán las actuaciones por el letrado de la Administración de Justicia. **5383**

5384 **Oposición del deudor** (LEC art.818 redacc LO 1/2025) Si el deudor presenta escrito de oposición
MPCI dentro de plazo, el asunto se resolverá definitivamente en juicio que corresponda, teniendo la
nº 9572 s. sentencia que se dicte **fuerza de cosa juzgada**.

El escrito de oposición deberá ir **firmado por abogado y procurador** cuando su intervención sea necesaria por razón de la cuantía, según las reglas generales.

Si la oposición del deudor se funda en la **existencia de pluspetición**, se actuará respecto de la cantidad reconocida como debida conforme a las normas previstas para el allanamiento parcial.

Precisiones El escrito de oposición presentado con la firma de abogado y procurador, pero sin acompañar el **poder de representación** ***apud acta***, no obstante haber sido expresamente solicitado dicho otorgamiento debe ser admitido, máxime en el proceso monitorio en el que el demandado dispone de solo esa oportunidad para oponerse al pago de la cantidad reclamada, siendo aquel un defecto subsanable (TCo 287/2005).

5385 **Trámite del juicio verbal** (LEC art.818.2 redacc LO 1/2025) Cuando la **cuantía** de la pretensión no
MPCI exceda de 15.000 euros, el letrado de la Administración de Justicia dictará decreto dando por
nº 9576 terminado el proceso monitorio y acordando seguir la tramitación conforme a lo previsto para el juicio verbal, dando traslado de la oposición al actor, quien podrá impugnarla por escrito en el plazo de 10 días.

Presentado el escrito de **impugnación** o transcurrido el plazo sin haberse efectuado, se dictará diligencia de ordenación acordando conceder a ambas partes el plazo de 5 días para proposición de prueba, debiendo, igualmente, indicar las personas que, por no poderlas presentar ellas mismas, han de ser citadas por el letrado de la Administración de Justicia a la **vista** para que declaren en calidad de parte, testigos o peritos, facilitando todos los datos y circunstancias precisos para llevar a cabo la citación y podrán pedir respuestas escritas a cargo de personas jurídicas o entidades públicas (LEC art.381), continuando el procedimiento por los trámites de LEC art.438.9 s.

Precisiones Esta es la cuantía de las pretensiones que, con independencia de la materia, determina que el proceso haya de seguirse por los trámites del **juicio verbal** (LEC art.250.2).

5386 **Trámite del juicio ordinario** (LEC art.818.2 redacc LO 1/2025) Cuando el **importe** de la reclamación **exceda de 15.000 euros**, si el peticionario no interpone la demanda correspondiente dentro del plazo de un mes desde el traslado del escrito de oposición, se sobreseerán las actuaciones y se condenará en costas al acreedor.

Si **presenta la demanda**, se dará traslado de ella al demandado para que la conteste en el plazo de 20 días y se seguirán los trámites del juicio ordinario.

Precisiones 1) El **cómputo del plazo** de un mes debe realizarse con arreglo a las normas generales, de forma que el plazo comenzará a correr desde el día siguiente a aquel en que se haya efectuado el traslado del escrito de oposición (AP Burgos auto 24-2-06, EDJ 16663).

2) Aunque la petición inicial del proceso monitorio está exenta de la **negociación previa** por un medio adecuado de solución de conflictos (LO 1/2025 art.5.3), nada se dispone respecto de la demanda de juicio ordinario derivado de aquel. Quizá sea razonable no exigirla, dadas las circunstancias concurrentes en este supuesto.

5387 **Pluralidad de deudores solidarios** (LEC art.816.1) Resulta admisible la **acumulación sub-**
MPCI **jetiva de acciones** cuando provengan de un mismo título en un solo procedimiento monitorio,
nº 9580 s. por cuanto que la mención de los preceptos que regulan este juicio monitorio al deudor, en singular, no es suficiente para entender que no puede dirigirse frente a varios (AP Madrid auto 10-3-04, EDJ 120565; AP Almería auto 24-5-04, EDJ 64620; AP Murcia auto 14-1-05, EDJ 16645).

Esta pluralidad de demandados en un proceso monitorio plantea cierta problemática cuando las **posiciones procesales de los requeridos de pago** son **diversas**, siendo la obligación solidaria, máxime cuando uno de ellos se opone y el otro deja transcurrir el término de 20 días sin presentar escrito de oposición.

En estos casos, se procederá a dictar auto por el que se despache ejecución por la cantidad adeudada, respecto al deudor que nada opuso, y se seguirá el procedimiento declarativo que proceda, respecto del que sí lo hizo, con el evidente **riesgo de sentencias contradictorias** sobre unos mismos hechos.

Precisiones 1) Se ha admitido el procedimiento monitorio contra los **cotitulares de tarjetas de crédito**, que quedan obligados solidariamente (AP Huelva 17-3-04, EDJ 23674); o en el de propietarios sucesivos de inmuebles que no atienden las obligaciones derivadas de la Ley de Propiedad Horizontal (AP Madrid auto 10-3-04, EDJ 120565).

2) Siendo así que la obligación solidaria es única, sin perjuicio de que el acreedor puede dirigirse frente a uno, varios o todos los obligados de esta forma, en virtud de tal unidad de fin, y pese a que

la oposición solo se formule por un deudor, el **tratamiento** de esa misma oposición tiene que ser también **unitario**, por lo que la demanda habrá de serlo contra ambos deudores (AP Zaragoza auto 13-4-04, EDJ 30078).

3) Ello sin perjuicio de que con ello el deudor que nada opuso puede resultar perjudicado, pues se verá abocado a un procedimiento que puede provocar una **condena en costas**. Sin embargo, esta dificultad puede ser matizada a través del allanamiento y, en todo caso, también puede acontecer que, si la oposición prospera, la posición para dicho deudor que no se opuso sea más favorable que la actual (JM Bilbao núm 1, auto 7-4-06, EDJ 58340).

4) No obstante, en sentido contrario, se ha considerado que es posible, en estos casos, **despachar ejecución frente al deudor que no se haya opuesto** y no frente al resto que formulen oposición ya que si llegado el caso un obligado solidario obtiene una sentencia favorable posteriormente y se entiende que este debe beneficiar a los demás por la fuerza expansiva de la solidaridad, el deudor que haya pagado podría dirigirse frente al acreedor para reclamar lo pagado de más (AP Asturias auto 2-3-06, EDJ 27597).

Proceso monitorio europeo (Rgto CE/1896/2006; LEC disp.final 23ª) Con el ámbito de aplicación expuesto en nº 5372, sus reglas rectoras son las siguientes -en defecto de las cuales se aplican las generales del monitorio-: 5388

• Es **competente objetivamente** la Sección Civil del Tribunal de Instancia -hasta su constitución, el juzgado de primera instancia-, de forma exclusiva y excluyente, para conocer de la instancia de este proceso, determinándose la competencia territorial de acuerdo con el Rgto UE/1215/2012 (nº 1857 s.), y, en lo no previsto, con arreglo a la legislación procesal española.

• La petición de requerimiento europeo de pago se presenta a través del **formulario A** (Rgto CE/1896/2006 anexo I), sin necesidad de aportar documentación alguna, que en su caso será inadmitida, con la **excepción** de las peticiones de requerimiento europeo de pago que se basen en un contrato entre un empresario o profesional y un consumidor o usuario, cuando el juez lo solicite a fin de poder ejercer de oficio el control de abusividad de las cláusulas.

• Formulada una petición de esta especie, el letrado de la Administración de Justicia mediante decreto y en la forma prevista en el **formulario B** (Rgto CE/1896/2006 anexo II), puede instar al demandante a que complete o rectifique su petición, salvo que esta sea manifiestamente infundada o inadmisible, en cuyo caso resolverá el juez mediante auto.

• Si los requisitos establecidos Rgto CE/1896/2006 art.2 (respecto del ámbito de aplicación del proceso), 3 (carácter transfronterizo del litigio), 4 (carácter del crédito: pecuniario, de importe determinado, vencido y exigible), 6 (competencia judicial internacional) y 7 (requisitos de la petición) se dan únicamente respecto de una parte de la petición, el letrado de la Administración de Justicia da traslado al juez, quien, en su caso, mediante **auto** y en la forma prevista en el **formulario C** (Rgto CE/1896/2006 anexo III) plantea al demandante aceptar o rechazar una propuesta de requerimiento europeo de pago por el importe que especifique, informado al demandante de que, si no envía la respuesta o la misma es de rechazo, se desestimará íntegramente la petición del requerimiento europeo de pago, sin perjuicio de la posibilidad de formular la reclamación del crédito a través del juicio que corresponda con arreglo a las normas procesales nacionales o europeas.

El demandante responderá devolviendo el formulario C enviado en el plazo que se haya especificado. Si se acepta la propuesta de requerimiento europeo de pago parcial, la parte restante del crédito inicial podrá ser reclamada a través del juicio que corresponda con arreglo a las normas procesales nacionales o europeas.

• La **desestimación** de la petición de requerimiento europeo de pago se adopta mediante **auto no susceptible de recurso**, informando al demandante de los motivos de la desestimación en la forma prevista en el Rgto CE/1896/2006, **formulario D**, anexo IV.

• La expedición de un requerimiento europeo de pago se adopta mediante **decreto** en el plazo máximo de 30 días (sin computar el tiempo empleado por el demandante para completar, rectificar o modificar la petición) desde la fecha de presentación de la petición, y en la forma prevista en el formulario E (Rgto CE/1896/2006 anexo V).

Precisiones No se somete al **presupuesto de procedibilidad** de sumisión a un medio adecuado de solución de conflictos (nº 3625 s.), la presentación de la petición estudiada (LO 1/2025 art.5.3).

• El demandado puede presentar en el plazo de 30 días desde la notificación del requerimiento **escrito de oposición**, mediante el **formulario F** (Rgto 1896/2006 anexo VI). En la notificación del requerimiento se advertirá al demandado que el cómputo de los plazos se rige por el Rgto 1182/1971 del Consejo, 3-6-71, por el que se determinan las normas aplicables a los plazos, fechas y términos, **sin que se excluyan los inhábiles**. 5388.1

• Si se presenta escrito de oposición en el plazo señalado, el letrado de la Administración de Justicia comunica al demandante que ha de instar la continuación del asunto por el procedimiento que corresponda con arreglo a las normas procesales españolas ante la Sección Civil, de lo Mercantil o de lo Social del Tribunal de Instancia -hasta su constitución, ante el juzgado

de primera instancia, de lo mercantil o de lo social- que corresponda, a menos que ya hubiera solicitado expresamente que, en dicho supuesto, se finalice el proceso.
En el caso de que en el plazo indicado no se haya formulado oposición o no se haya pagado la deuda, el letrado de la Administración de Justicia pondrá fin al proceso monitorio declarando ejecutivo el requerimiento europeo de pago mediante decreto y en la forma prevista en el **formulario G** (Rgto 1896/2006 anexo VII). Este requerimiento se entregará al demandante debidamente testimoniado por el letrado de la Administración de Justicia, bien sobre el original bien sobre la copia, haciendo constar esta circunstancia.
• La competencia para la **revisión** de un requerimiento europeo de pago corresponde al órgano jurisdiccional que lo haya expedido. Por las causas previstas en Rgto CE/1896/2006, se tramita y resuelve de conformidad con LEC art.501 s. (rescisión de sentencias firmes a instancia del litigante rebelde -nº 4242 s.-).
La revisión prevista en Rgto CE/1896/2006 art.20.2 se tramita por medio del incidente de nulidad de actos judiciales (LOPJ art.241).
• Las **notificaciones** efectuadas por el tribunal con ocasión de la tramitación de un proceso monitorio europeo y de la expedición del requerimiento europeo de pago se llevarán a cabo con arreglo a lo dispuesto en la LEC, siempre que se trate de medios de comunicación previstos en el Rgto CE/1896/2006, prioritariamente por medios informáticos o telemáticos y, en su defecto, por cualquier otro medio que también permita tener constancia de la entrega al demandado del acto de comunicación.
• La competencia para la **ejecución en España** de un requerimiento europeo de pago que haya adquirido fuerza ejecutiva corresponde a la Sección Civil del Tribunal de Instancia -hasta su constitución, al juzgado de primera instancia- del domicilio del demandado. Igualmente, le corresponde la denegación de la ejecución del requerimiento europeo de pago, a instancia del demandado, así como la limitación de la ejecución, la constitución de garantía o la suspensión del procedimiento de ejecución a que se refiere el Rgto CE/1896/2006 art.22 y 23.

5388.2 Precisiones 1) Los originales de los **formularios** citados en el texto integran el procedimiento tanto en los casos en los que España sea Estado emisor del requerimiento europeo de pago como en los casos en los que España sea Estado de ejecución del mismo. A los efectos oportunos, se expedirán las **copias** testimoniadas que correspondan.
2) Sin perjuicio de lo que dispongan las normas contenidas en el Rgto CE/1896/2006, los procedimientos de ejecución en España de los requerimientos europeos de pago expedidos en otros Estados miembros se regirán por la LEC. La tramitación de la **denegación** de la ejecución del requerimiento europeo de pago, así como la limitación de la ejecución, su suspensión o la constitución de garantía, se rigen por LEC art.556, y se resolverán mediante auto no susceptible de recurso.
3) Cuando deba ejecutarse en España un requerimiento europeo de pago, el demandante deberá presentar ante el órgano judicial competente una **traducción** oficial al castellano o a la lengua oficial de la comunidad autónoma en cuyo territorio tengan lugar las actuaciones judiciales de dicho requerimiento, certificada de acuerdo con Rgto CE/1896/2006 art.21.
4) Las Administraciones públicas competentes para la provisión de **medios materiales** al servicio de la Administración de Justicia han de proveer la puesta a disposición de los órganos jurisdiccionales y del público de los formularios procesales contenidos en normas de la Unión Europea (LEC disp.final 25ª).
5) Por Rgto Delegado (UE) 2017/1260 se sustituye el **anexo I** del Rgto (CE) 1896/2006.
6) Con **efecto 1-5-2025**, se dispone que las peticiones indicadas pueden presentarse por los medios de **comunicación electrónica** establecidos en el Rgto UE/2023/2844, en papel o mediante cualquier otro medio de comunicación, incluido el soporte electrónico, aceptado por el Estado miembro de origen y disponible en el órgano jurisdiccional de origen. La petición debe llevar la firma del demandante o, si procede, de su representante. Sin embargo, cuando la petición se haya presentado en soporte electrónico la firma se cumple de acuerdo con el Rgto UE/2023/2844.
7) El requerimiento europeo de pago se podrá notificar o trasladar al demandado por los **medios electrónicos** establecidos en Rgto UE/2023/2844 art.19 y 19 bis -regla aplicable **con efecto 1-5-2025**-.
8) Con **efecto 1-5-2025**, se dispone que:
• En relación con el **plazo** de 30 días para la presentación de la oposición, contado desde la **notificación del requerimiento europeo de pago**, esta puede hacerse al demandado, además de por notificación personal, por correo o por medios electrónicos como telecopia o correo electrónico, por los medios de notificación y traslado electrónicos establecidos en Rgto (UE) 2020/1784 art.19 y 19 bis.
• Ha de presentarse por los **medios de comunicación** electrónica establecidos en Rgto (UE) 2023/2844 art.4, en papel o por cualquier otro medio de comunicación, incluido el soporte electrónico, aceptado por el Estado miembro de origen, sin que sea posible establecer requisitos adicionales. Debe llevar la **firma** del demandado o, si procede, de su representante. Cuando se haya presentado en soporte electrónico este requisito se cumple de acuerdo con lo dispuesto en Rgto (UE) 2023/2844 art.7.3.

Propiedad horizontal (LPH art.21) La comunidad de propietarios, sin perjuicio de la utilización de otros procedimientos judiciales, puede reclamar del obligado al pago todas las cantidades que le sean debidas en concepto de **gastos comunes**, tanto si son ordinarios como extraordinarios, generales o individualizables, o fondo de reserva, y mediante el **proceso monitorio especial** aplicable a las comunidades de propietarios de inmuebles en régimen de propiedad horizontal. Sus **reglas específicas** pueden consultarse en nº 8162 s. Memento Procesal Civil 2026. **5389** MPCI nº 9598 s.

D. Juicio cambiario

(LEC art.819 s.)

Solo procede el juicio cambiario si, al incoarlo, se presenta **letra de cambio, cheque o pagaré** que reúnan los requisitos previstos en la Ley Cambiaria y del Cheque. **5390** MPCI nº 9607 s.
Cuando se ejercita una acción cambiaria por la tenencia de una letra, cheque o pagaré que a su vencimiento resultaron impagados se trata del ejercicio de una **acción cambiaria ordinaria** tendente a cobrar su importe, siendo a tales efectos irrelevante cual haya sido el origen de tales libramientos, sea civil, laboral o mercantil (AP Cádiz auto 17-12-03, EDJ 179350).

Precisiones Se excluye del **presupuesto de procedibilidad** de someterse a un medio adecuado de solución de conflictos previo al proceso (nº 3625 s.) el juicio cambiario (LO 2/2025 art.5.2.h).

Competencia (LEC art.820) Es competente para el juicio cambiario la Sección Civil del Tribunal de Instancia -hasta su constitución, el juzgado de primera instancia- del **domicilio del demandado**, fuero imperativo que ha de apreciarse de oficio, sin posibilidad de sumisión expresa o tácita (TS 13-12-17, EDJ 259370). **5392** MPCI nº 9613, 9615
Si el tenedor del título demanda a varios deudores cuya obligación surge del mismo título, es competente el domicilio de cualquiera de ellos, quienes pueden comparecen en juicio mediante una **representación independiente**.
No son aplicables las normas sobre **sumisión expresa o tácita**.
Si se admite a trámite la demanda, la **falta de competencia territorial** puede ser denunciada, en su caso, por el demandado si propone en forma la declinatoria (nº 1990 s.).

Precisiones **1)** La competencia territorial en los juicios cambiarios tiene naturaleza preceptiva por lo que el órgano judicial debe examinar, de oficio, esa competencia **previa audiencia de las partes** y del Ministerio Fiscal, inmediatamente después de presentada la demanda y antes de acordar nada acerca de su admisión a trámite (LEC art.58; TSJ C.Valenciana auto 15-12-05, EDJ 292291).
2) No obstante, para la **falta de competencia objetiva**, en un juicio cambiario, una vez admitida a trámite la demanda, el órgano judicial puede, de oficio, declararse incompetente territorialmente, dado que las normas específicas determinan un fuero preceptivo y no dispositivo (TS auto 23-5-06, EDJ 72980).
3) Se debe entender por domicilio de la persona demandada en el juicio cambiario el domicilio real al **tiempo de la demanda**, sin que los sucesivos cambios de domicilio den lugar a su modificación. Ello equivaldría a dejar en manos de la demandada la determinación del órgano judicial competente, con el simple traslado de su domicilio social (TS auto 11-6-08, EDJ 93173). Ver nº 1939 s.

Demanda (LEC art.821.1) El juicio cambiario comienza mediante demanda sucinta a la que se acompaña el **título cambiario**. **5394** MPCI nº 9617

Requerimiento de pago y embargo preventivo (LEC art.821.2.3) El tribunal analiza, por medio de auto, la corrección formal del título cambiario y, si lo encuentra conforme, adopta, sin más trámites, las siguientes **medidas**: **5395** MPCI nº 9619
a) Requerir al deudor para que pague en el plazo de 10 días.
b) Ordenar el inmediato embargo preventivo de los bienes del deudor por la **cantidad que figure en el título ejecutivo**, más otra para intereses de demora, gastos y costas, por si no se atendiera el requerimiento de pago.
c) Contra el auto que deniegue la adopción de estas medidas podrá interponer el demandante **recurso de apelación**, sustanciándose la apelación solo con el acreedor. También podrá el acreedor, a su elección, intentar **recurso de reposición** previo al de apelación.

Pago (LEC art.822) Si el deudor cambiario atiende el requerimiento de pago se pondrá la suma de dinero correspondiente a disposición del demandante y se entregará al deudor **justificante del pago** realizado, pero las **costas** serán de cargo del deudor. **5396** MPCI nº 9621, 9623

Precisiones **1)** En el caso de que el pago no se produzca tras el acto de requerimiento, sino en un momento posterior, es preciso darle el tratamiento procesal previsto para la satisfacción extraprocesal de las pretensiones o la desaparición sobrevenida del objeto del proceso (nº 2587 s.), esto es,

como una **forma anormal de terminación del juicio**, que exige que se dé traslado al demandante (AP Córdoba auto 4-4-03, EDJ 32449; 24-6-05, EDJ 128119).
2) Para fundamentar esta decisión se acude a la doctrina según la cual no cabe entender otra forma de **terminación del procedimiento civil**, además de la ordinaria sentencia, que la renuncia, el desistimiento, el allanamiento, la desaparición del objeto o la satisfacción extraprocesal de pretensiones, puesto que si bien en el proceso civil la regla general es la disponibilidad de las partes, tanto del proceso como del objeto del mismo, no cabe ni el archivo de los autos ni su sobreseimiento salvo que exista algún tipo de acuerdo en dicho sentido por las partes (AP Madrid 2-5-00, EDJ 113387).

5397 MPCI nº 9625 **Alzamiento del embargo** (LEC art.823) Si el deudor se persona por sí o por representante dentro de los 5 días siguientes a aquel en que se le requirió de pago y niega categóricamente la **autenticidad de su firma** o alega **falta absoluta de representación**, podrá el tribunal, a la vista de las circunstancias del caso y de la documentación aportada, alzar los embargos que se hayan acordado, exigiendo, sí lo considera conveniente, la caución o garantía adecuada.
No se levanta el embargo en los casos siguientes:
a) Cuando el libramiento, la aceptación, el aval o el endoso hayan sido intervenidos, con expresión de la fecha, por **corredor de comercio colegiado** o las respectivas firmas estén legitimadas en la propia letra por notario.
b) Cuando el deudor cambiario en el **protesto** o en el **requerimiento notarial** de pago no haya negado categóricamente la autenticidad de su firma en el título o no haya alegado falta absoluta de representación.
c) Cuando el obligado cambiario haya **reconocido su firma judicialmente** o en documento público.

5398 MPCI nº 9627 a 9631 **Oposición cambiaria** (LEC art.824; L 19/1985 art.67) Sin perjuicio de lo dispuesto para el alzamiento del embargo, en los 10 días siguientes al del requerimiento de pago el deudor puede interponer demanda de oposición al juicio cambiario.
La oposición se hace en forma de **demanda**.
El deudor cambiario solo puede oponen al tenedor de la letra, el cheque o el pagaré las siguientes **causas o motivos de oposición**:
a) La inexistencia o falta de validez de su propia declaración cambiaria, incluida la falsedad de la firma.
b) La falta de legitimación del tenedor o de las formalidades necesarias de la letra de cambio exigidas por la ley.
c) La extinción del crédito cambiario cuyo cumplimiento se exige al demandado.

5399 MPCI nº 9633 **Falta de oposición** (LEC art.825) Cuando el deudor no interponga demanda de oposición en el plazo establecido, se despachará ejecución por las cantidades reclamadas y se trabará embargo por el letrado de la Administración de Justicia, si no se ha podido practicar o ha sido alzado.
La **ejecución despachada** en este caso se sustancia conforme a lo previsto para la de sentencias y resoluciones judiciales y arbitrales (nº 4745 y nº 17502).

5400 MPCI nº 9635 **Sustanciación de la oposición cambiaria** (LEC art.826) Presentado por el deudor escrito de oposición, se da traslado de él al acreedor por el letrado de la Administración de Justicia para que lo impugne por escrito por plazo de 10 días. Las partes, en sus respectivos escritos de oposición y de impugnación de esta, pueden solicitar la celebración de **vista**, siguiendo los trámites previstos para el juicio verbal (LEC art.438 s.; nº 3900 s.). Si **no se solicita** la vista o si el órgano judicial **no considera procedente** su celebración, se resolverá sin más trámites la oposición.
Cuando se acuerde la celebración de vista, si **no comparece el deudor**, el tribunal le tiene por desistido de la oposición y se despacha ejecución por las cantidades, trabándose embargo si no se ha podido practicar o ha sido alzado.
Si **no comparece el acreedor**, el tribunal resuelve sin oírle sobre la oposición.

5401 **Sentencia sobre la oposición** (LEC art.827) En el plazo de 10 días, el tribunal dicta sentencia resolviendo sobre la oposición.
Si esta es **desestimada** y la sentencia es recurrida, será provisionalmente ejecutable conforme a lo dispuesto en la ley.
Si la **sentencia** que estima la oposición es **recurrida**, se alzan los embargos preventivos que se hayan trabado, salvo que el acreedor cambiario solicite su mantenimiento o la adopción de alguna medida distinta y el tribunal, oída la parte contraria, atendidas las circunstancias del caso, considere procedente acceder a la solicitud mediante auto.

Efectos de cosa juzgada (LEC art.827.3) La sentencia firme dictada en juicio cambiario produce efectos de cosa juzgada (nº 3506), respecto de las cuestiones que pudieron ser en él alegadas y discutidas, pudiéndose plantear las cuestiones restantes en el juicio correspondiente. **5402** MPCI nº 9639

E. Juicio de equidad en materia de propiedad horizontal

Se trata de un **cauce especial** para determinadas pretensiones, muy concretas, propias de las relaciones jurídicas derivadas del fenómeno de la propiedad horizontal, en el que la especificidad reside no tanto en el trámite, cuanto en el objeto, en el fundamento de la decisión, en la impugnabilidad de la misma y, en su caso, en sede de costas procesales (LPH art.17 redacc LO 1/2025). **5403** MPCI nº 9670 s.

Este mecanismo se configura procesalmente como un procedimiento sumario idóneo para alcanzar en breve plazo una **solución de urgencia** a los conflictos de intereses que la práctica puede plantear, o como un remedio destinado a **evitar el bloqueo de la comunidad** de propietarios derivado de una situación en que no es posible alcanzar un acuerdo, en ciertos casos (AP Granada 31-3-17, EDJ 111055).

En el juicio de equidad, el juez resuelve utilizando argumentos de justicia o equidad y no en términos de legalidad con objeto de evitar su parálisis o un grave perjuicio a la comunidad (AP Las Palmas 22-3-06, EDJ 249757; AP Valencia auto 29-11-12, EDJ 324034).

En todo caso, el empleo de esta figura es **alternativo y potestativo**: cualquier cuestión que pueda resolverse en el cauce de equidad puede plantearse en el proceso contencioso que corresponda -juicio ordinario-; no a la inversa, si se sigue la línea que considera limitado el ámbito del proceso o vía de equidad.

Ámbito de aplicación La jurisprudencia no es unánime respecto a si el denominado procedimiento o demanda de equidad es factible en todos aquellos casos en que no se obtienen cualquiera de las mayorías previstas en alguna de las normas de la LPH art.17 redacc LO 1/2025, o si, por el contrario, dicho procedimiento es únicamente posible en el caso de no reunirse las mayorías respectivas y sucesivamente previstas en la norma 7 del mismo, es decir, si esa revisión y decisión judicial en equidad puede afectar a cualquiera de las **materias expresamente referidas** a lo largo de LPH art.17.1 a 6 (establecimiento o suspensión de servicios de ascensor, conserjería; arrendamiento de elementos comunes; realización de obras o el establecimiento de nuevos servicios que tengan por finalidad la suspensión de barreras arquitectónicas; eficiencia energética o hídrica; instalación de infraestructuras comunes para el acceso a los servicios de telecomunicación), o si, por el contrario, únicamente es actuable para la **validez de los demás acuerdos**, esto es, aquellos que no tienen una expresa, típica e individualizada referencia legal a la materia u objeto al que pueden referirse, y que, en segunda convocatoria, pueden adoptarse con la simple y doble mayoría presencial antes indicada (AP Huelva auto 30-3-07, EDJ 74830). **5403.1** MPCI nº 9676 s.

Precisiones **1)** Puede emplearse el cauce de equidad en caso de que sea preciso **sustituir al presidente nombrado** de la comunidad o cuando sea imposible designar a alguno (LPH art.13.3); y, en general, en sede de conflictos originados por la renovación de cargos, incluido el administrador (AP Madrid 29-11-12, EDJ 211220).

2) Esta misma cuestión y duda se plantea adicionalmente con el supuesto incluido en L 29/1994 art.5.2.e): **cesión temporal de uso de la totalidad de una vivienda** y equipada en condiciones de uso inmediato, comercializada por cualquier canal y con finalidad lucrativa, que esté sometida a régimen sectorial específico (LPH art.17.12).

3) Es válida la utilización del juicio en estudio cuando no se alcanza la unanimidad por causa de un **único vecino que se opone a la decisión de todos los demás sin justificación**, a fin de evitar supuestos de abuso notorio del derecho (AP Madrid 19-2-15, EDJ 32959).

Naturaleza y cauce De la previsión en la LPH de la existencia de una contienda entre las partes, como se desprende de la exigencia que contiene de oír en comparecencia a los contradictores, se concluiría, en principio, su naturaleza contenciosa (AP Asturias de 6-4-22, EDJ 591467). Por tanto, según este criterio, nos hallaríamos ante una acción que debe ser objeto de un **proceso contencioso**, no ante un expediente de jurisdicción voluntaria. Sin embargo, existen ciertas dudas al respecto (TS auto 15-10-13, EDJ 197205; AP Huelva 4-3-09, EDJ 428707; AP Las Palmas 1-2-18, EDJ 582950; AP A Coruña 6-10-22, EDJ 734547). **5403.2**

Por otra parte, la LPH no contempla la regulación de un determinado **procedimiento**, con inclusión del correspondiente trámite, limitándose a señalar dicha norma que el supuesto al que se refiere habrá de resolverse «en equidad», pero sin que contenga un concreto régimen de tramitación, ni remisión a ninguno concreto. Por ello, si se acepta la tesis de que debe acudirse al ámbito de la jurisdicción contenciosa, y hallándonos ante el ejercicio de una acción otorgada por la LPH en relación con la cual no se establece una concreta tramitación procesal, habría de aplicarse la LEC art.249.1.8ª, que determina que el proceso a seguir es el juicio ordinario (AP Navarra 26-7-13, EDJ 280608).

5403.3 **Requisitos** La promoción de esta vía de equidad debe respetar las siguientes reglas:

a) Que se haya **intentado previamente en dos ocasiones llegar al acuerdo**, tal y como se desprende de la letra de la Ley al referirse «a la fecha de la segunda junta».

b) Que la parte que lo promueva lo haga en el **plazo** de un mes a contar desde la fecha de esa junta.

Es requisito implícito para plantear una pretensión en equidad que se haya incluido previamente en el **orden del día** de la junta de propietarios (AP Baleares 9-6-06, EDJ 266370).

La **competencia** para conocer de estas pretensiones corresponde a la Sección civil del Tribunal de Instancia -hasta su constitución, al juez de primera instancia- del lugar de radicación de la finca (LEC art.52.1.8º), pues esta regla en materia de propiedad horizontal es aplicable tanto al proceso ordinario que corresponda (LPH art.18) como al juicio de equidad (LPH art.17 redacc LO 1/2025).

5403.4 MPCI nº 9686 s. **Recurso** Es discutible que contra la resolución dictada en el denominado juicio o vía de equidad de la LPH art.17.7 pueda interponerse **recurso de apelación**. La conclusión que se alcance sobre el particular es paralela al reconocimiento o negación del efecto de cosa juzgada que se haga de la sentencia recaída en aquel:

a) La **mayoría** de las resoluciones judiciales se muestran **contrarias** a ello por la propia naturaleza de esta clase de juicios, inadmitiendo la posibilidad de su revisión por un órgano judicial de segundo grado, sin perjuicio de la posible impugnación en la vía jurisdiccional y en el ulterior proceso contencioso de la resolución adoptada, conforme a lo dispuesto en L 49/1960 art.18 (AP Asturias auto 15-7-03, EDJ 178071; 23-12-03, EDJ 213236), y ello sobre la base fundamental de que no constituye un verdadero proceso, sino que el juez actúa como un árbitro de equidad. Incluso se considera que la resolución no debe ser la de un auto o sentencia, sino la de una acuerdo o laudo (AP Asturias auto 19-10-09, EDJ 256609).

b) Se ha sostenido también la **procedencia** de recurso de apelación, pero **limitado**. La propia naturaleza del cauce estudiado impone que no pueda entenderse aplicable a este recurso cuanto dice la LEC art.456 como ámbito de la apelación, pues en la medida en que en la instancia no se resuelve en Derecho, no es posible corregir la aplicación que del mismo ha hecho el juez de instancia, y en la medida en que la equidad supone por definición una decisión subjetiva fruto del libre arbitrio en la configuración de la justicia en el caso concreto, fijando cuál es la decisión de la comunidad acerca de esa cuestión controvertida entre los comuneros, es claro que no admite su control por un tribunal superior (TS 17-3-88, EDJ 2248, con referencia al arbitraje de equidad).

c) Por fin, y **en contra**, se considera que, dado que en esta vía se está en presencia de una contienda contenciosa, que se tramita por el juicio ordinario y que no hay excepción a la apelabilidad de las sentencias recaídas en este, ni en la regulación general, ni en la LPH art.17.7, **procede el recurso de apelación** contra la resolución dictada, que será en forma de sentencia y que produce efecto de cosa juzgada (AP Navarra 26-7-13, EDJ 280608).

5403.6 MPCI nº 9692 **Costas** Al resolver en equidad, se exige que el juez haga **pronunciamiento** sobre el pago de costas, pero no precisa si tal pronunciamiento ha de regirse por el criterio objetivo del **vencimiento** o por el subjetivo de la **temeridad o mala fe**, aunque puede considerarse razonable la aplicación de la LEC art.394.1 redacc LO 1/2025 en sede de criterio objetivo (AP León auto 13-10-04, EDJ 162120).

5403.7 MPCI nº 9694, 9696 **Complejos inmobiliarios y propiedad horizontal tumbada o plana** La vía de equidad es o puede ser aplicable a los denominados complejos inmobiliarios, que son comunidades de propietarios sujetas al régimen de propiedad horizontal, como «**urbanizaciones**». El cauce analizado será aplicable a las pretensiones propias del mismo, antes expuestas, siempre que tales complejos queden sujetos a la LPH. Para ello deben estar integrados por dos o más edificaciones o parcelas independientes, cuyo destino principal ha de ser la vivienda o local, participando los titulares de los inmuebles o de las viviendas y locales en una situación de copropiedad sobre otros elementos inmobiliarios, viales, instalaciones o servicios (elementos comunes).

Estos complejos pueden adoptar las **modalidades** de comunidad única, como si se tratase de un único edificio en propiedad horizontal; agrupación de comunidades preexistentes de propietarios ya sometidas al régimen de propiedad horizontal; y otra forma acordada por los propietarios -principalmente, comunidad de bienes ordinaria o asociación- (LPH art.24).

En el primer caso -**comunidad única**-, se someten directamente a la LPH, en el segundo -**agrupación de comunidades preexistentes**- también, pero la junta de propietarios del

complejo se integra por los presidentes de las juntas de cada comunidad preexistente, mientras que en el tercer supuesto -**comunidad de bienes o asociación**- se rigen por sus estipulaciones específicas y, defectivamente, por la LPH.
Ello supone que para la adopción de acuerdos de la junta correspondiente será aplicable la vía en equidad, matizadamente, en su caso: sin modulación alguna en el caso de comunidades únicas y, con ella, en los otros dos supuestos. Si se trata de agrupaciones de comunidades, lo será tanto respecto de los acuerdos de las comunidades partícipes como los de la agrupación, partiendo de que la adopción de acuerdos para los que la ley requiera mayorías cualificadas exigirá, en todo caso, la previa obtención de la mayoría de que se trate en cada una de las juntas de propietarios de las comunidades que integran la agrupación. Y si se trata de otras formas de comunidad, en caso de que la aplicación de LPH no sea incompatible con las estipulaciones específicas.
Cuando la constitución es forzosa, por tratarse de un complejo inmobiliario o urbanístico derivado de un **plan de rehabilitación, renovación o reforma urbana** (RDLeg 7/2015 (LS/15) -que refunde la previa L 8/2013-), la cuestión queda fuera, no solo de esta vía, sino del orden civil, debiendo ventilarse en sede de revisión del acto o disposición administrativa que lo impone. Y lo mismo cabe decir de las cuestiones relativas a la posible necesidad de licencia administrativa para constituir determinados complejos de los indicados.

SECCIÓN 18

Jurisdicción voluntaria

5405

A. Consideraciones generales

Tradicionalmente la **jurisdicción voluntaria** ha venido a caracterizarse como una actividad judicial solicitada sin que exista litigio. La diferencia esencial entre la jurisdicción voluntaria y el proceso contencioso -el proceso, propiamente dicho- estriba en el hecho de que haya o no **contradicción o controversia** entre las partes, ya que la jurisdicción voluntaria viene definida por la ausencia de contradicción y el **carácter no litigioso** de los expedientes a cuyo través se sustancia. 5407 MPCI nº 9757
De acuerdo con ello, se afirma que son expedientes de jurisdicción voluntaria todos aquellos que, estando legalmente previstos, requieran la intervención de un órgano jurisdiccional para la tutela de derechos e intereses en materia de Derecho civil y mercantil, sin que exista controversia que deba sustanciarse en un proceso contencioso (L 15/2015 art.1).
Constando la **oposición** en el expediente de jurisdicción voluntaria de uno de los interesados, se resalta lo inconciliable de dicha jurisdicción con la actuación en ella de una verdadera pretensión procesal, que viene a transformar en contencioso el expediente de jurisdicción voluntaria (AP Valencia 7-7-03, EDJ 69155, con cita de TS 29-3-81; 9-2-89, EDJ 1258). Con la entrada en vigor de la L 15/2015 esta afirmación debe matizarse: dicha oposición debe ser incompatible con la continuación y resolución del expediente, lo que se entiende producido únicamente cuando la Ley lo establezca, continuando el trámite del asunto hasta su resolución en otro caso (L 15/2015 art.18).

El **fundamento constitucional** de la jurisdicción voluntaria reside en Const art.117.4, que dispone que los tribunales no ejercerán más funciones que las relativas al ejercicio de la función jurisdiccional propiamente dicha y las que expresamente les sean atribuidas por la Ley en garantía de cualquier derecho. Hay que entender, por tanto, que la Ley atribuye a los órganos judiciales -jueces y, en muchos casos, tras la L 15/2015, letrados de la Administración de Justicia- la facultad de intervenir en los actos de jurisdicción voluntaria como garantía respecto del derecho de los particulares a obtener las consecuencias derivadas de tales actos, sin que su función en este ámbito pueda ser entendida como parte de la función propiamente jurisdiccional que tienen encomendada de acuerdo con Const art.117.3. Y ello sin perjuicio de que, especialmente en el sistema implantado por la L 15/2015, aunque también con anterioridad, determinados expedientes se defieran a conocimiento exclusivo -o concurrente con los órganos jurisdiccionales- de ciertos profesionales (registradores de la propiedad, mercantiles o notarios).
La **distinción** entre jurisdicción voluntaria y jurisdicción contenciosa se recoge ampliamente en nº 9761 s. Memento Procesal Civil 2026.

5407.1 MPCI nº 9759 s. **Naturaleza** Por su naturaleza extraña al ámbito de la jurisdicción propiamente dicha, los actos de jurisdicción voluntaria no constituyen verdaderos procesos, ni representan el ejercicio de una actividad jurisdiccional, porque no presuponen la existencia de un litigio. Se trata de **actividades heterogéneas relacionadas con el Derecho civil y mercantil** que se atribuyen a los jueces -y, por L 15/2015, a los letrados de la Administración de Justicia-, por sus **conocimientos** en esta materia y su **imparcialidad**. Por tanto, se acude al juez o, en algunos casos, al letrado de la Administración de Justicia, no como árbitro dirimente de una contienda, sino como sujeto dotado de autoridad (*auctoritas*) y como sujeto que, también, está dotado de la suficiente potestad jurídica (*potestas*) para dirigir la práctica de estos actos de jurisdicción voluntaria.
Por todo ello, la doctrina ha destacado la **finalidad constitutiva** como nota diferencial de la jurisdicción voluntaria. Se caracteriza por la **ausencia de contienda** u oposición, que hace según la opinión ampliamente mayoritaria que esta esfera no constituya una verdadera jurisdicción, sino una cierta función de **administración del Derecho**, realizada por órganos judiciales o no, encaminada a tutelar el orden jurídico, mediante la constitución, aseguramiento y modificación de estados y relaciones jurídicas (DGRN Resol 8-5-95).
El hecho de que estos actos no tengan **naturaleza procesal** impide al tribunal que participa en los mismos condenar en **costas** a alguno de los intervinientes (AP Madrid auto 15-4-10, EDJ 129693).

Precisiones Hay que tener en cuenta que, en el ámbito del Derecho marítimo, bajo la denominación de **certificación pública de expedientes de Derecho marítimo**, se atribuye **competencia notarial exclusiva** para su resolución -sin perjuicio de su posterior impugnación en sede judicial, en su caso-; lo que supone un necesario matiz y una novedad fundamental en la tradicional configuración de estos expedientes (L 14/2014 art.501 a 524).
En esta línea, la L 15/2015 defiere a conocimiento exclusivo, o compartido en algún caso, de **notario** numerosos asuntos que, anteriormente, conocía el juez. Asimismo, a **registradores** de la propiedad (L 13/2015) y/o mercantiles en ciertos supuestos. Y dentro del órgano judicial, es en muchos casos el letrado de la Administración de Justicia el competente para resolver estos expedientes conforme al sistema implantado por esta Ley.

5407.2 MPCI nº 9769 **Exclusividad de jueces** No corresponde exclusivamente a **jueces** protagonizar las actuaciones de jurisdicción voluntaria.
Aunque la jurisdicción voluntaria se atribuyera tradicionalmente al poder judicial, con la entrada en vigor de la L 15/2015 se atribuye, dentro del ámbito del órgano jurisdiccional, aunque no del juez, una numerosa serie de expedientes a **letrados de la Administración de Justicia**; y fuera de dicho ámbito, a **notarios**, en exclusiva en muchos casos, y a **registradores** de la propiedad o mercantiles. Algunas veces, con carácter alternativo con los letrados de la Administración de Justicia. Ello permite sostener:
- que los expedientes de jurisdicción voluntaria solo son los resueltos en el seno del **órgano judicial**, ya por el juez, ya por el letrado de la Administración de Justicia, atendiendo a la definición literal de la L 15/2015 art.1.2 (criterio formal o restrictivo);
- que dentro de la jurisdicción voluntaria entran también los expedientes deferidos al conocimiento de **otros profesionales**, en exclusiva o con carácter concurrente (criterio material o amplio).
En caso de seguirse el primero de los criterios expuestos, habrá que admitir una suerte de división entre expedientes de jurisdicción voluntaria y expedientes notariales o registrales asimilados en sus efectos. Si se opta por el segundo, dentro del concepto estudiado, tendrán encaje unos y otros, sean jurisdiccionales, notariales o registrales. A favor de este último, el tenor literal de la L 15/2015 art.1.1, que en nuestra opinión es la opción más acertada (nº 5407.5).

Conversión del expediente de jurisdicción voluntaria en contencioso (L 15/2015 art.18) La oposición de uno de los interesados solo impide la tramitación y resolución del expediente de jurisdicción voluntaria en caso de preverlo así la Ley; entendiendo, por tanto, que solo media **controversia incompatible**, que exija un proceso contencioso, cuando la L 15/2015 lo establece. 5407.3 MPCI nº 9771 s.

Precisiones 1) Bajo vigencia del actual régimen, en general **desde 24-7-2015**, se dispone asimismo que la resolución de un expediente de jurisdicción voluntaria no puede impedir la incoación de un **proceso jurisdiccional posterior con el mismo objeto** que aquel -sí excluye un nuevo expediente de jurisdicción voluntaria, salvo alteración de circunstancias-. Sin embargo, no se puede iniciar o continuar con la tramitación de un expediente de jurisdicción voluntaria que verse sobre un objeto que esté siendo sustanciado en un proceso jurisdiccional contencioso cuya resolución pudiese afectarle (L 15/2015 art.6.2).

2) La **incoación del proceso subsiguiente** no es como regla automática ni necesaria. Lo es, por ejemplo, en el caso de la adopción (L 15/2015 art.39.3).

Concepto legal y ámbito de la jurisdicción voluntaria (L 15/2015 art.1) Son expedientes de jurisdicción voluntaria todos aquellos que, estando **legalmente previstos**, requieran la **intervención de un órgano jurisdiccional** para la tutela de derechos e intereses en materia de **Derecho civil** -sea en materia de obligaciones y contratos, persona, derechos reales o sucesiones- **y mercantil**, sin que exista controversia que deba sustanciarse en un proceso contencioso. 5407.5

Si se admite que la previsión legal pueda ser externa a la L 15/2015 y que, en un sentido amplio, responden a la misma naturaleza los **expedientes de competencia notarial o registral**, se incluyen en la jurisdicción voluntaria en sentido material, las actas y expedientes especiales regulados en la L 28-5-1862 -notariado- de competencia notarial o de los registros de la propiedad (LH art.198 s.), los atribuidos a los registradores mercantiles (LSC art.169 a 171) y los supuestos de certificación de expedientes de Derecho marítimo, también competencia de notario (L 14/2014 art.501 a 524).

Precisiones El tenor de la L 15/2015 art.1.1 abre esta posibilidad, pues delimita su **ámbito**, afirmando que la ley tiene por objeto la regulación de los expedientes de jurisdicción voluntaria que se tramitan **ante los órganos jurisdiccionales**. Lo que, a contrasentido, implica admitir que otros expedientes **de competencia no jurisdiccional**, son también de jurisdicción voluntaria.

B. Expedientes tramitados ante órganos jurisdiccionales

1. Disposiciones comunes

Competencia (L 15/2015 art.2) Se atribuye de acuerdo con las **reglas** siguientes: 5411

Competencia objetiva	Secciones Civiles o Únicas de los Tribunales de Instancia -hasta su constitución, Juzgados de Primera Instancia-	Conocimiento y resolución de los expedientes de jurisdicción voluntaria
	Secciones de lo Mercantil de los Tribunales de Instancia -hasta su constitución, Juzgados de lo Mercantil-	Conocimiento y resolución de los expedientes de jurisdicción voluntaria, dentro su ámbito de competencia (LOPJ art.86.7 redacc LO 1/2025; nº 3210 s. Memento Procesal Civil 2026)
	Jueces de Paz (Oficinas de Justicia) -hasta su constitución, Juzgados de Paz-	Conocimiento de **peticiones de conciliación** inferiores a 6.000 euros ajenas a las Secciones de lo Mercantil de los Tribunales de Instancia -hasta su constitución, a los Juzgados de lo Mercantil-
Competencia territorial	Sección del Tribunal de Instancia -hasta su constitución, Juzgado- determinada legalmente en cada caso, sin que quepa modificación por sumisión expresa o tácita	

Precisiones 1) El **impulso y dirección de los expedientes** corresponde a los letrados de la Administración de Justicia, atribuyéndose al juez o al letrado de la Administración de Justicia, según el caso, la **decisión de fondo** que recaiga sobre aquellos y las demás resoluciones que expresamente se indiquen por la Ley. Cuando no venga atribuida la competencia expresamente a ninguno de ellos, el juez decidirá los expedientes que afecten al interés público, al estado civil de las personas, los que precisen la tutela de normas sustantivas o puedan deparar actos de disposición, reconocimiento, creación o extinción de derechos subjetivos, así como cuando afecten a los derechos de menores o personas con discapacidad. El resto de expedientes serán resueltos por el letrado de la Administración de Justicia.

2) No se mencionan en la L 15/2015 los **juzgados de paz**, salvo en sede de **conciliación** (nº 5436). Ello puede deberse a que los expedientes de esta naturaleza, legalmente previstos, al margen de la cuantía del interés económico que pudiera asignárseles, se consideran ajenos al ámbito competencial de aquellos órganos. Sin embargo, en algún caso al margen de la conciliación, por ejemplo, en la consignación o en la fijación de plazo para el cumplimiento de obligaciones, no habría razón para excluir su intervención, dentro de la cuantía máxima resultante de LOPJ art.100 y LEC art.47.

5411.1 **Legitimación y postulación** (L 15/2015 art.3 y 4) Se atribuye a quienes sean titulares de derechos o intereses legítimos o cuya legitimación les venga conferida legalmente sobre la materia que constituya su objeto, sin perjuicio de los casos en que el expediente pueda iniciarse de oficio o a instancia del Ministerio Fiscal.
La actuación procesal exige actuar los interesados defendidos por **letrado** y representados por **procurador** en aquellos expedientes en que así lo prevea la ley (nº 4589 y nº 4642 Memento Procesal Civil 2026). Su intervención es necesaria para la presentación de los **recursos** de revisión y apelación que en su caso se interpongan contra la resolución definitiva que se dicte en el expediente.
Igualmente, el **Ministerio Fiscal** ha de intervenir en los expedientes que afecten al estado civil o condición de la persona, o esté comprometido el interés de un menor o una persona con discapacidad con medidas de apoyo para el ejercicio de su capacidad jurídica, y en aquellos otros casos en que la ley expresamente lo declare.

Precisiones Los criterios que rigen la **intervención del Ministerio Fiscal** en los expedientes de jurisdicción voluntaria se recogen en la FGE Circ 9/2015. Las dudas interpretativas en relación con su intervención y actuación en ellos se resuelven conforme al principio de legalidad (L 50/1981 art.3), a las características de la concreta intervención procesal y a las exigencias de celo y carácter protector que rigen la Institución.

5411.2 **Reglas de común aplicación** (L 15/2015 art.5 a 8) Se formulan las siguientes:
1) Prueba. El juez o el letrado de la Administración de Justicia deben decidir sobre la **admisión** de los medios de prueba que se le propongan, pudiendo ordenar prueba **de oficio** en los casos en que exista un interés público, se afecte a menores o personas con discapacidad con medidas de apoyo para ejercicio de su capacidad jurídica, o expresamente lo prevea la ley.
2) Intangibilidad de lo resuelto. Una vez resuelto un expediente de jurisdicción voluntaria no puede iniciarse otro sobre idéntico objeto, salvo que cambien las circunstancias que dieron lugar a aquel. Lo allí decidido ha de vincular a cualquier otra actuación o expediente posterior que resulten conexos a aquel.
Cuando se tramiten **simultáneamente dos o más expedientes con idéntico objeto** ha de proseguirse la tramitación del que primero se haya iniciado y acordarse el archivo de los expedientes posteriormente incoados.
3) Ausencia de efecto de cosa juzgada. La resolución de un expediente de jurisdicción voluntaria no puede impedir la incoación de un **proceso jurisdiccional posterior** con el mismo objeto que aquel.
Sin embargo, **no se puede** iniciar o continuar con la tramitación de un expediente de jurisdicción voluntaria que verse sobre un objeto que esté siendo sustanciado en un proceso jurisdiccional contencioso cuya resolución pudiese afectarle. Una vez acreditada la presentación de la correspondiente demanda, se procederá al archivo del expediente, remitiéndose las actuaciones realizadas al tribunal que esté conociendo del proceso jurisdiccional para que lo incorpore a los autos.

Precisiones Esta carencia de los efectos propios de la cosa juzgada tiene las siguientes **consecuencias procesales**:
• La ausencia de efectos de cosa juzgada material impide considerar la **excepción de litispendencia** en relación con los expedientes de jurisdicción voluntaria: la litispendencia parte de la necesidad de que el primer procedimiento finalice con sentencia con plenos efectos de cosa juzgada, y por ello no opera cuando media un procedimiento de jurisdicción voluntaria (TS 1-6-05, EDJ 83526, respecto de la partición judicial de la herencia).
• **No** cabe **recurso de revisión** contra las resoluciones dictadas en los expedientes de jurisdicción voluntaria, aunque pudieran tener la denominación y la forma de sentencias. Ello se debe a que solo cabe este recurso extraordinario contra sentencias firmes, sin perjuicio de que el actor, a través de la vía declarativa correspondiente, puede instar la defensa de sus intereses (TS 27-5-10, EDJ 133395).

5411.4 **4) Suspensión**. Se acordará la suspensión del expediente cuando se acredite la existencia de un **proceso jurisdiccional contencioso** cuya resolución pudiese afectarle, debiendo tramitase el incidente previsto en LEC art.43.
5) Gastos. Los que se originen en los **expedientes** corresponden al solicitante, salvo que la ley disponga otra cosa. Los ocasionados por **testigos y peritos** son de quien los proponga.

6) Exclusión de sumisión previa a medios adecuados de solución de conflictos. Con excepción de los expedientes de intervención judicial en los casos de desacuerdo conyugal y en la administración de bienes gananciales, así como de los de intervención judicial en caso de desacuerdo en el ejercicio de la patria potestad (LO 1/2025 art.5.3).

Normas de Derecho internacional privado (L 15/2015 art.9 a 12) Los órganos judiciales españoles son competentes para conocer de los expedientes de jurisdicción voluntaria suscitados en **asuntos con elemento internacional o extranjero**, cuando concurran los foros de competencia internacional recogidos en los tratados y otras normas internacionales en vigor para España. En el resto de los supuestos la competencia se determina por la concurrencia de los foros de competencia internacional regulados en la LOPJ. **5411.5**

Cuando atribuyéndose la **competencia** a los órganos españoles, no sea posible determinar el órgano territorialmente competente, se atribuye al del lugar en que los actos deban producir sus efectos principales o el de su ejecución.

Las **normas aplicables** a estos expedientes son las determinadas por la Unión Europea o por las españolas de Derecho internacional privado.

Los **actos de jurisdicción voluntaria acordados por autoridades extranjeras** que sean firmes surten **efectos en España** y tienen acceso a los registros públicos españoles una vez sean reconocidos. Las resoluciones dictadas en ellos, en tanto no hayan superado el trámite de **exequátur** o sido reconocidas incidentalmente, solo pueden ser objeto de anotación preventiva.

Solo **se deniega el reconocimiento** en estos casos:

a) Si el acto ha sido acordado por **autoridad extranjera manifiestamente incompetente**. Se considera que la autoridad extranjera es competente si el supuesto presenta vínculos razonables con el Estado extranjero cuyas autoridades han otorgado dicho acto. Se considera, en todo caso, que las autoridades extranjeras son manifiestamente incompetentes cuando el supuesto afecte a una materia cuya competencia exclusiva corresponda a los órganos judiciales o autoridades españoles.

b) Si el acto ha sido acordado con **manifiesta infracción de los derechos de defensa** de cualquiera de los implicados.

c) Si el reconocimiento del acto produce **efectos manifiestamente contrarios al orden público español**.

d) Si el reconocimiento del acto implicara la **violación de un derecho fundamental** o libertad pública del ordenamiento jurídico interno.

Precisiones 1) Las reglas expuestas tienen carácter de norma especial respecto de las contenidas en la legislación sobre **cooperación jurídica internacional en materia civil** (L 29/2015 disp.adic.1ª.g). No obstante, las normas sobre el procedimiento de exequátur contenidas en la L 29/2015 art.41 s., son también aplicables para la ejecución de resoluciones extranjeras definitivas adoptadas en un procedimiento de jurisdicción voluntaria.

2) El empleo del término «**firmeza**» en relación con las resoluciones dictadas en el seno de la jurisdicción voluntaria puede resultar improcedente, pues no producen efecto de cosa juzgada ni impiden un proceso jurisdiccional posterior. Por ello la L 15/2015, respecto de las dictadas en España, se refiere exclusivamente a las «**definitivas**».

Tramitación de los expedientes (L 15/2015 art.13 a 22) Son de aplicación a la tramitación de todos los expedientes sometidos a la Ley de referencia las **reglas** siguientes: **5412**

Inicio Los expedientes han de iniciarse de **oficio**, a instancia del Ministerio Fiscal o por **solicitud** formulada por persona legitimada, en la que han de consignarse los datos y circunstancias de identificación del solicitante, con indicación de un domicilio a efectos de notificaciones, así como una dirección de correo electrónico en caso de personas obligadas a relacionarse electrónicamente con la Administración de Justicia -indicación meramente voluntaria en otro caso-. **5412.1**

Precisiones Cuando **no sea preceptiva la intervención** de abogado ni de procurador, el interesado puede emplear para formular su solicitud un **impreso normalizado** que se le facilitará en la oficina judicial. El contenido de este modelo se aprueba por Acuerdo de la Comisión Permanente del CGPJ 22-12-15.

Acumulación de expedientes Procede la acumulación de expedientes cuando la resolución de uno pueda afectar a otro, o exista tal **conexión** entre ellos que pueda dar lugar a resoluciones contradictorias; sin embargo, **no puede acordarse** la acumulación de expedientes cuando la resolución corresponda a sujetos distintos. **5412.2**

La acumulación se rige por las normas previstas para la acumulación en la LEC con las siguientes **especialidades**:

a) Si se trata de la acumulación de **expedientes pendientes ante el mismo órgano judicial**, la acumulación ha de solicitarse por escrito antes de la comparecencia señalada en primer lugar, realizándose las alegaciones pertinentes, y decidiéndose sobre la misma.

b) Si los expedientes estuvieran **pendientes ante distintos órganos judiciales**, los interesados deben solicitar por escrito la acumulación en cualquier momento antes de la comparecencia. Si no accede a la acumulación el órgano requerido la discrepancia la resuelve el tribunal superior común.
No cabe la acumulación a los procesos contenciosos.

5412.3 **Competencia** Tanto la competencia objetiva como la territorial debe examinarse de oficio por el letrado de la Administración de Justicia.
En el caso de entender que carece de **competencia territorial** para conocer del asunto, puede acordar la remisión al órgano que considere competente en los expedientes que sean de su competencia. En otro caso, dará cuenta al juez para que acuerde lo que sea procedente.
También es competencia del letrado de la Administración de Justicia examinar la existencia de posibles **defectos u omisiones** en las solicitudes presentadas, concediendo un plazo de 5 días para su subsanación, en su caso. En defecto de la misma se archivan las actuaciones.

5412.4 MPCI nº 9817 **Comparecencia** El letrado de la Administración de Justicia debe resolver la solicitud y si entiende que no es admisible ha de dictar decreto archivando el expediente o dando cuenta al juez cuando este sea el competente para que acuerde lo que proceda.
Una vez admitida se cita a comparecencia a quienes hayan de intervenir en el expediente, siempre que:
- deban ser oídos en el expediente interesados distintos del solicitante;
- hayan de practicarse pruebas ante el juez o letrado de la Administración de Justicia;
- el juez o letrado de la Administración de Justicia consideren necesaria la celebración de la comparecencia para la mejor resolución del expediente.

La comparecencia se rige por los siguientes **trámites**:
1) Tiene lugar **ante el juez o el letrado de la Administración de Justicia**, según su competencia para conocer del expediente, en el **plazo** de 30 días siguientes a la admisión de la solicitud.
2) La **tramitación** es la propia de la vista del juicio verbal, teniendo en cuenta:
a) Si el **solicitante no asiste**, se acuerda el archivo del expediente y se le tiene por desistido; si no asiste alguno de los **demás citados** se celebra el acto y se continúa el expediente, sin más citaciones ni notificaciones que las que la ley disponga.
b) Se oye al solicitante, a los demás citados y a cuantos disponga la ley, de oficio o a instancia del solicitante o del Ministerio Fiscal en su caso, garantizándose la intervención de las personas con discapacidad. Salvo que la ley lo prevea expresamente, la formulación de **oposición** por alguno de los interesados, ni hace contencioso el expediente, ni impide que continúe su tramitación hasta que sea resuelto.
c) Si se plantean **cuestiones procesales** que puedan impedir la válida prosecución del expediente han de resolverse oralmente en el propio acto.
d) Si el expediente afecta a los **intereses de un menor o persona con discapacidad** han de practicarse en el mismo acto o, si no es posible, en los 10 días siguientes, las diligencias relativas a dichos intereses que se acuerden de oficio o a instancia del Ministerio Fiscal.
e) En la celebración de la comparecencia, una vez practicadas las pruebas, se permite a los interesados formular oralmente sus **conclusiones**.
f) El desarrollo de la comparecencia ha de registrarse en soporte apto para la **grabación** y reproducción.

Precisiones 1) La modificación de la regulación del **juicio verbal** -en tramitación- implantará con carácter general la contestación escrita y la posibilidad de que no se celebre vista, a menos que una de las partes solicite su celebración.
2) En caso de que haya de procederse a la **exploración de un menor o persona con discapacidad**, ha de levantarse acta detallada con traslado a los interesados para alegaciones. Esta regla (L 15/2015 art.18.2.4) no es contraria a la Constitución (TCo 64/2019).

5412.5 **Decisión** El expediente se resuelve por medio de auto o decreto en el **plazo** de 5 días contado desde la terminación de la comparecencia o, en caso de falta de celebración, desde la última diligencia practicada.
Contra toda **resolución interlocutoria** dictada en el expediente cabe **recurso** de reposición. Si la resolución impugnada se hubiera acordado durante la celebración de la comparecencia, el recurso se tramita y resuelve oralmente en el mismo momento.
Las **resoluciones definitivas** pueden ser recurridas en apelación por cualquier interesado que se considere perjudicado por ella. Este recurso no tiene efectos suspensivos, salvo que la ley expresamente disponga lo contrario.
Si la resolución ha sido **dictada por el letrado de la Administración de Justicia** es susceptible de impugnarse mediante recurso de revisión ante el juez competente, de acuerdo con el tratamiento dado por la LEC a los recursos contra las resoluciones procesales de aquellos.

Caducidad Se tiene por abandonado el expediente si, pese al impulso de oficio de las actuaciones, no se produce actividad promovida por los interesados en el **plazo** de 6 meses contados desde la última notificación practicada. Contra la resolución de caducidad solo cabe **recurso** de revisión. 5412.6

Cumplimiento y ejecución de la resolución La ejecución de la resolución firme -o definitiva- se rige por lo establecido en LEC art.521 y 522, pudiéndose instar, en todo caso, la inmediata realización de actos que resulten precisos para dar eficacia a lo decidido. 5412.7

Tiempo de las actuaciones

(L 15/2015 art.8) No se formula regla sobre **días y horas hábiles**, remitiéndose a la LEC. Se aplica el régimen de tiempo de las actuaciones derivado de la LOPJ art.183 y de la LEC, que puede consultarse en nº 5007 s. Memento Procesal Civil 2026. 5413 MPCI nº 9825

Precisiones En los **expedientes de Derecho marítimo**, de competencia notarial, sí existe regla específica: en ellos todos los días y horas son hábiles, sin excepción (L 14/2014 art.502).

Otras cuestiones sobre procedimiento

Se plantean las siguientes: 5413.1

1) Se ha relajado la regla de rotunda **ausencia de formalismos**. Uno de los caracteres clásicos de los expedientes de jurisdicción voluntaria ha sido la relajación de formalidades, frente a las imperantes en otros tiempos en el ámbito de los procesos contenciosos. Así resultaba de la derogada LEC/1881 art.1816, conforme a la que se debían de admitir, sin necesidad de solicitud ni otra solemnidad alguna, los documentos que se presentaran y las justificaciones que se ofrecieran en el seno del acto de jurisdicción voluntaria. Lo que suponía que los actos de jurisdicción voluntaria estaban desprovistos de toda dificultad o solemnidad formal, proclamándose como principio inspirador el de **libertad de forma** (AP Ciudad Real auto 12-11-08, EDJ 363758; AP La Rioja auto 5-12-07, EDJ 304152). Precepto que amparaba, por ejemplo, la proposición de **prueba** distinta de la meramente documental (AP Madrid auto 5-6-07, EDJ 170696).

No existe, sin embargo, precepto equivalente en la vigente L 15/2015, que se remite, en todo lo no previsto específicamente en la norma especial, a la LEC. Por ello, habrá de aplicarse el mismo parámetro en relación con las formalidades procedimentales. Es llamativo, por ejemplo, cómo se emplea la misma expresión de exponer «con claridad y precisión lo que se pida» en la solicitud de jurisdicción voluntaria (L 15/2015 art.14.1), que la LEC para la demanda del juicio ordinario o del verbal, salvo en los casos en que esta última sea sucinta (nº 6700 s. Memento Procesal Civil 2026).

En el caso de los **obligados a intervenir electrónicamente** en las actuaciones de la Administración de Justicia, se impone adjuntar una dirección de correo electrónico a la solicitud, lo que será voluntario en otro caso.

2) Las **remisiones al juicio verbal**, que en ocasiones se hacen (L 15/2015 art.18), no suponen la identificación con el mismo. Aunque remita a los trámites del juicio verbal, no nos encontramos ante un verdadero juicio verbal, ni siquiera ante un juicio estrictamente considerado. Por todo ello, por estar en la jurisdicción voluntaria, por tratarse de mera remisión al juicio verbal que no mera identificación, por la distinta naturaleza de las actuaciones, de la jurisdicción, ante la inexistencia del principio dispositivo en la jurisdicción voluntaria, no cabe extender automáticamente el tratamiento de las situaciones procesales propio del juicio verbal, sino atender a la norma propia (L 15/2015) que, no obstante, asimila muchos aspectos de estos expedientes a los procesos judiciales.

Como **ejemplo** ilustrativo, en relación con el régimen precedente a la L 15/2015, se ha sostenido que la **inasistencia** de quien promueve el acto a la comparecencia que se señale (LEC/1881 art.1907 derog L 15/2015) no da lugar al **desistimiento** de la LEC art.442. El desistimiento se denomina como anormal terminación, requiere voluntad expresa del litigante y, en principio, no puede, en ningún caso, presumirse. En este caso, no concurre uno de los requisitos, cual es la no asistencia, puesto que, aunque no estuvo físicamente sí que presentó el escrito por vía de fax (AP Valencia 29-11-02, EDJ 71484).

Actualmente, sin embargo, la inasistencia determina que al solicitante se le tenga por desistido (L 15/2015 art.18).

3) Se afirma la posibilidad de **acumular peticiones relacionadas** con el acto de jurisdicción voluntaria (AP Huesca 16-11-93, EDJ 14350). Actualmente, recogida en L 15/2015 art.15. 5413.2

4) Ha de entenderse desaparecida o limitada la denominada **variabilidad de las resoluciones**. Con arreglo a LEC/1881 art.1818 derog L 15/2015, el juez podía variar o modificar las providencias que dictase (esto es, las resoluciones de ordenación del proceso, de acuerdo con AP Madrid 7-4-00, Rec 187/19; en el mismo sentido, AP Lugo auto 31-10-08, EDJ 325154), sin sujeción a los términos y formas establecidas para las de la jurisdicción contenciosa, sin que esta suerte de *ius variandi* afectase a los autos que tuvieran fuerza de definitivos y contra los

que no se hubiera interpuesto recurso alguno. Por tanto, si el auto que se recurría no había ganado firmeza, cabía su modificación (AP Madrid 17-3-04, EDJ 115013). Este precepto era otra de las manifestaciones de la **elasticidad** consustancial a estas actuaciones judiciales (AP León 9-12-09, EDJ 316578). Sin embargo, no existe un precepto equivalente en la L 15/2015.

5) Por fin, en cuanto a la **resolución que pone fin a los expedientes** de jurisdicción voluntaria, estos terminan por medio de auto, si corresponden a la competencia decisoria del juez, o por medio de decreto, si entran en el ámbito del letrado de la Administración de Justicia (L 15/2015 art.19.1).

5413.3 MPCI nº 9831 **«Numerus clausus» vs «numerus apertus»** Son expedientes de jurisdicción voluntaria **los previstos legalmente**, lo que pone de manifiesto la necesidad de previsión normativa y, por tanto, el carácter cerrado de la relación de estos asuntos, sin perjuicio que pueda ampliarse por medio de una concreta disposición legal posterior.

5413.4 **Clasificación** Partiendo de la división conceptual subjetiva previa entre expedientes o actos de jurisdicción voluntaria tramitados **ante los órganos jurisdiccionales** -sea con decisión judicial o del letrado de la Administración de Justicia-; y **ante otros profesionales** -notarios o registradores de la propiedad (nº 5440), registradores mercantiles (nº 5455)-, suele utilizarse una clasificación de los actos de jurisdicción voluntaria basada en su **objeto**. En este sentido, se puede diferenciar, dentro de los expedientes de carácter jurisdiccional, entre actos de jurisdicción voluntaria relativos a -todas las enumeraciones que siguen son meramente ejemplificativas-:

• **Derecho de personas** -habilitaciones para comparecer en juicio, declaración de fallecimiento, autorización o aprobación judicial del reconocimiento de la filiación no matrimonial- (nº 5415).

• **Derecho de cosas** -reclamación de créditos vencidos integrantes del usufructo por el usufructuario, deslinde de fincas no inscritas- (nº 5432).

• **Derecho de familia** -dispensa de impedimento matrimonial, intervención judicial en el ejercicio de la patria potestad o en caso de desacuerdo conyugal y en sede de administración de bienes gananciales- (nº 5425).

• **Derecho sucesorio** -intervención en el albaceazgo, aprobación de la partición del contador-partidor dativo o autorización judicial de aceptación o repudiación de herencia- (nº 5429).

• **Derecho de obligaciones** -consignación- (nº 5430).

• **Derecho mercantil** y a los **negocios de comercio** -exhibición de libros por personas obligadas a la llevanza de contabilidad, nombramiento o revocación de cargos societarios, disolución judicial de sociedades- (nº 5434).

• Materia **preprocesal o para la evitación del proceso** -conciliación- (nº 5436).

5413.5 **Comparecencia e informe del Ministerio Fiscal** (FGE Instr 2/2015) Con el carácter de **directrices** de la Fiscalía General del Estado, se dispone lo siguiente:

5413.6 **Comparecencia por videoconferencia** Dado que en el ámbito de familia, menores y personas con discapacidad, el volumen de expedientes puede resultar muy elevado, dadas la exigencia de comparecencia en los expedientes y la duplicación del número de instancias de decisión -juez y letrado de la Administración de Justicia-, se prevé la **intervención del fiscal** en las comparecencias mediante videoconferencia, si no afecta a la cobertura legal de derechos fundamentales en juego, motivando su uso en cada caso, con garantía del principio de proporcionalidad y la posibilidad de **impugnación** por las partes procesales, comunicándose al órgano judicial.

Si a juicio del titular del órgano jurisdiccional se desaconseja su uso por afectar a las mencionadas **garantías** u otro motivo que este crea entender, debe dictar entonces resolución debidamente motivada en la que consten aquellas razones por las que se veta el uso de una facultad legalmente reconocida al Ministerio Fiscal respaldada por las modificaciones legislativas más recientes, incluida la LOPJ.

Ante la **resolución judicial negativa** a su pretensión, la Fiscalía tendrá la posibilidad de admitir los argumentos esgrimidos y, por tanto, proceder a reorganizar sus servicios ante las razones aducidas por el órgano judicial, si se entiende que razonablemente determinan la necesidad de acudir físicamente a la diligencia de que se trate. Si tal **reorganización no es posible**, puede optarse por interesar la suspensión y nuevo señalamiento o por la emisión de dictamen por escrito, que no ha desaparecido por completo, no obstante potenciarse por la L 15/2015 la forma oral.

Precisiones Resulta de aplicación el régimen establecido para las actuaciones por videoconferencia en LEC art.137 bis.

5413.7 **Informe** Cuando la L 15/2015 emplee términos semejantes a «previa audiencia del Ministerio Fiscal» o «tras haber oído al Ministerio Fiscal», será posible evacuar el **trámite por escrito**.

Los fiscales han de valorar singularmente en cada caso el alcance de la flexibilidad que pueda darse a la posibilidad de emitir informe escrito, valoración que, en última instancia, debe inspirarse en el propósito de buscar la justicia material, lograr una presencia que derive en la defensa efectiva en las materias encomendadas al Ministerio Fiscal y evitar suspensiones y retrasos en la Administración de Justicia.

Asistencia a la comparecencia Debe partirse del principio general de obligación de asistir cuando sea preceptiva, lo que obliga a promover la **concentración de señalamientos** a los que debe asistir el Fiscal, llegando a acuerdos con los órganos jurisdiccionales que permitan consensuar y concentrar en los mismos días y en las mismas franjas horarias las vistas de jurisdicción voluntaria en las que deba intervenir el Fiscal. **5413.8**
Podrá promoverse la **comparecencia virtual**, mediante videoconferencia o sistema asimilado.
En los supuestos en los que concurra **imposibilidad de asistir** tanto física como virtualmente a la comparecencia desde la Fiscalía, haciendo uso de LEC art.183, los fiscales podrán anunciar que no se podrá asistir el día señalado, interesando bien la suspensión y el traslado a la fecha más próxima en que esté prevista la asistencia del fiscal, bien la autorización para emitir informe por escrito.
Con el fin de no retrasar el curso de los autos, ni causar perjuicio a los interesados por la dilación del procedimiento, la pauta general en supuestos de imposibilidad de asistencia será la de interesar preferentemente la autorización para emitir **informe por escrito**.

2. Expedientes en materia de personas

(L 15/2015 art.23 s.)

Se regulan los siguientes expedientes: **5415**
- autorización o aprobación judicial del **reconocimiento de la filiación no matrimonial** (nº 5415.1);
- aprobación judicial de modificaciones de mención registral de sexo (nº 5415.2);
- **habilitación para comparecer en juicio** y nombramiento de **defensor judicial** (nº 5415.3);
- **adopción** (nº 5416);
- **tutela, curatela y guarda de hecho** (nº 5418);
- concesión judicial de la **emancipación** y del **beneficio de la mayor edad** (nº 5419);
- protección del **patrimonio de las personas con discapacidad** (nº 5420);
- derecho al **honor**, a la **intimidad** y a la **propia imagen** del menor o persona con discapacidad (nº 5421);
- autorización o aprobación judicial para la realización de actos de disposición, gravamen u otros que se refieran a los **bienes y derechos de menores y personas con discapacidad con medidas de apoyo** para el ejercicio de su capacidad jurídica (nº 5422);
- declaración de **ausencia y fallecimiento** (nº 5423); y
- extracción de órganos de **donantes vivos** (nº 5424).

Autorización o aprobación judicial del reconocimiento de la filiación no matrimonial 5415.1

(L 15/2015 art.23 a 26) Para el reconocimiento de la filiación no matrimonial cuando se necesite para su validez autorización o aprobación judicial es necesaria presentación de la **solicitud** debidamente complementada, en su caso, cuando la solicite un menor o una persona con discapacidad con medidas de apoyo para el ejercicio de su capacidad jurídica.
La **competencia** corresponde a la Sección de Familia, Infancia y Capacidad o Sección Única del Tribunal de Instancia -hasta su constitución, al juzgado de primera instancia o de familia- del domicilio del reconocido o, si no lo tiene en territorio nacional, el de su residencia en dicho territorio. Si no tiene residencia en España, lo será el domicilio o residencia del progenitor autor del reconocimiento.
Admitida a trámite la solicitud se cita de **comparecencia** al solicitante y, según proceda, al progenitor conocido, al representante legal o curador del reconocido y a este si tiene suficiente madurez y, en todo caso, si es mayor de 12 años, así como a sus descendientes si ha fallecido y los hay, y a las personas que se estime oportuno, así como al Ministerio Fiscal.
El **juez** resuelve lo que sea procedente sobre el reconocimiento de que se trate, atendiendo para ello al discernimiento del progenitor, la veracidad o autenticidad de su acto, la verosimilitud de la relación de procreación, sin necesidad de una prueba plena de la misma, y el interés del reconocido cuando sea menor o una persona con discapacidad con medidas de apoyo para el ejercicio de su capacidad jurídica.
En el caso de tratarse del reconocimiento de un **menor o persona con discapacidad** otorgada por quien fuera hermano o pariente consanguíneo en línea recta de otro progenitor, el juez solo puede autorizar la determinación de la filiación si conviene a aquellos. En todo caso, debe invalidar la determinación si se presenta un documento público en el que conste la manifestación del reconocido al respecto, realizada una vez alcanzada la plena capacidad.

5415.2 **Aprobación judicial de modificaciones de mención registral de sexo** (L 4/2023 art.43.4 y 47 y disp.trans.2ª; L 15/2015 art.26 bis a 26 nonies) Se regulan dos **expedientes**:
- el de aprobación judicial para la modificación de la mención registral del sexo por **personas de entre 12 y 14 años**, bajo competencia del juez de la Sección Civil del Tribunal de Instancia -hasta su constitución, del juez de primera instancia- del domicilio o residencia del menor instante, con audiencia preceptiva de este y aplicación del principio de salvaguarda de interés del menor, así como tramitación preferente;
- el de aprobación judicial para la modificación de la mención registral relativa al sexo cuando respecto de la misma persona **ya se haya realizado una rectificación** de la inscripción registral relativa al sexo y una reversión de dicha modificación, con sujeción a iguales parámetros.

Precisiones Hay que tener en cuenta la DGSJFP Instr 26-5-23, sobre rectificación de la mención registral relativa al sexo.

5415.3 **Habilitación para comparecer en juicio y nombramiento de defensor judicial** (L 15/2015 art.27 a 32) Procede este expediente en los casos en que proceda conforme a la ley el nombramiento de un defensor judicial de **menores o personas con discapacidad**.
También cabe en los casos en que proceda la habilitación para comparecer en juicio y ulterior nombramiento de defensor judicial y el **menor no emancipado o persona con discapacidad**, sea **demandado** y se encuentre en alguno de los supuestos siguientes:
- se hallan ausentes o en ignorado paradero los progenitores, tutor o curador ausentes, ignorándose su paradero, sin que haya motivo racional bastante para creer próximo su regreso;
- negarse ambos progenitores, tutor o curador a representar o asistir en juicio al menor o persona con discapacidad;
- hallarse los progenitores, tutor o curador en situación de imposibilidad de hecho para representar o asistir en juicio al menor o persona con discapacidad.
No obstante lo expuesto, se nombrará defensor judicial al menor o persona con discapacidad, **directamente y sin necesidad de habilitación previa**, para litigar contra sus progenitores, tutor o curador, o para instar expedientes de jurisdicción voluntaria, cuando se hallare legitimado para ello o para representarle cuando sea el Ministerio Fiscal quien inste el procedimiento.
No cabe la solicitud si el otro progenitor o tutor, si lo hay, no tiene un interés opuesto al menor o persona con discapacidad.
La **competencia** se atribuye al letrado de la Administración de Justicia de la Sección de Familia, Infancia y Capacidad o Sección Única del Tribunal de Instancia -hasta su constitución, al juzgado de primera instancia o de familia- del domicilio o, en su defecto, de la residencia del menor o persona con discapacidad, o en su caso, a aquel correspondiente al órgano judicial que esté conociendo del asunto para el que se requiera defensor judicial.
El expediente se inicia de **oficio o a instancia de parte**, quedando suspendidos, desde la fecha de la solicitud, el transcurso de los plazos de prescripción o caducidad que afecten a la acción de cuyo ejercicio se trate.
El **procedimiento** consta de comparecencia y resolución.
El **defensor judicial** cesa en su cargo cuando desaparezca la causa que motivó su nombramiento y se le aplican las disposiciones civiles relativas a la formación de inventario, excusa y remoción de los tutores y rendición de cuentas.

Precisiones Para garantizar el **derecho del menor** a la jurisdicción, se le permite, incluso, designar a una persona que le represente cuando tenga suficiente juicio (LO 1/1996 art.9).

5416 **Adopción** (L 15/2015 art.33 a 42; CC art.175 s.) En los expedientes sobre adopción la **competencia** se atribuye a la Sección de Familia, Infancia y Capacidad o Sección Única del Tribunal de Instancia -hasta su constitución, al juzgado de primera instancia o de familia- correspondiente a la sede de la entidad pública que tenga encomendada la protección del adoptando y, en su defecto, el del domicilio del adoptante.
El juez puede ordenar cuantas diligencias estime oportunas para asegurarse de que las actuaciones se hacen en **interés del menor** (LO 1/1996 art.2). Para ello, las actuaciones han de llevarse a cabo con la conveniente reserva, evitando, en particular, que la familia de origen tenga conocimiento de cuál sea la adoptiva.

5416.1 MPCI nº 9857 **Tramitación** La tramitación de los expedientes tiene carácter **preferente** y contra el auto resolutorio cabe recurso de apelación, con carácter igualmente preferente, sin que produzca efectos suspensivos.
El expediente comienza con **propuesta** de la entidad pública o la **solicitud** del adoptante cuando esté legitimado para ello.

En el primer caso, con detallada expresión de:
- las condiciones personales y socioeconómicas del adoptante asignado, la razón de su elección;
- la identificación de los domicilios de quienes hayan de prestar asentimiento o ser oídos; y
- la expresión, en su caso, de que unos u otros han asentido ante la entidad pública o en documento público.

En el segundo caso, la solicitud ha de expresar las condiciones del oferente y las pruebas acreditativas de que en el adoptando concurren los requisitos legales.
En ambos supuestos, con la precisa **documentación** acreditativa adjunta, la declaración previa de **idoneidad** para el ejercicio de la patria potestad emitida por la entidad pública, si procede, y cuantos **informes** se consideren precisos.
A continuación, se cita para que manifiesten el **consentimiento ante el juez** el adoptante o adoptantes y el adoptando si es mayor de 12 años.
El asentimiento ante el juez debe prestarse por el **cónyuge del adoptante** o de la persona con la que conviva en relación de análoga naturaleza y, en su caso, y de conformidad con lo previsto en la legislación civil, por los **progenitores del adoptando**, si no lo hubieran prestado antes de la propuesta, ante la correspondiente entidad pública o en documento público.
También es necesario que las personas anteriores comparezcan ante el juez para renovar su **asentimiento** cuando lo hayan prestado previamente a la presentación de la propuesta o solicitud de adopción y hayan transcurrido más de 6 meses desde entonces.
Si los progenitores pretenden que se les reconozca la necesidad de su asentimiento para la adopción en el caso previsto en LEC art.781 (nº 9355 Memento Procesal Civil 2026) se procede a la suspensión del expediente hasta que recaiga resolución en dicho procedimiento, que se tramita como pieza separada ante el mismo tribunal y por los cauces del juicio verbal.
El procedimiento exige citar en **audiencia**:
- a los progenitores que no hayan sido privados de la patria potestad, si se precisa su asentimiento;
- al tutor y, en su caso, al guardador;
- al adoptando mayor de 12 años o menor, si tiene suficiente madurez; y
- a la entidad pública para que aprecie la idoneidad del adoptante, si no es precisa su propuesta previa -caso de llevar el adoptando más de 1 año en acogimiento preadoptivo o en tutela-.

A continuación, se dicta **resolución** y, si se acuerda, la adopción se remite al **Registro Civil**.

Precisiones 1) El expediente de jurisdicción voluntaria de adopción tiene por finalidad la **constitución** de la misma, no la declaración de la preexistencia de la adopción y de las relaciones jurídicas de ella derivadas (AP Lleida 4-6-02, EDJ 39626), pues es la resolución judicial la que constituye la adopción de acuerdo con CC art.176.
2) No es necesaria la intervención de **abogado** ni **procurador** en estos casos, salvo que se formule oposición, en cuyo caso al convertirse en contencioso el expediente, será preceptiva la postulación técnica de acuerdo con las reglas generales (juicio verbal *ratione materiae*).

Extinción de la adopción Las actuaciones para **excluir de funciones tutelares al adoptante** (CC art.179 y 180), con extinción de la adopción, se rigen por los trámites del juicio que corresponda de acuerdo con las reglas generales de la LEC, pudiendo adoptar el juez durante su sustanciación **medidas de protección** oportunas. **5416.4**
Si se suscitara **oposición**, el expediente se hará contencioso y el letrado de la Administración de Justicia citará a los interesados a una vista, continuando la tramitación con arreglo a lo previsto para el juicio verbal.

Adopción internacional En los casos de adopción internacional se está a lo dispuesto en CC art.9.5; L 54/2007 y RD 573/2023. **5416.5**
Cabe la **conversión de la adopción simple o menos plena** impuesta por una autoridad extranjera siempre que, alternativamente:
- el adoptando tenga su residencia habitual en España en el momento de constitución de la adopción;
- el adoptando haya sido o vaya a ser trasladado a España para establecer su residencia habitual en España;
- el adoptante tenga nacionalidad española o residencia habitual en España.

Provisión de medidas de apoyo a la discapacidad (L 15/2015 art.42 bis A a C) Bajo **competencia** de la Sección de Familia, Infancia y Capacidad o Sección Única del Tribunal de Instancia -hasta su constitución, del juzgado de primera instancia o de familia- del lugar de residencia habitual de la persona con discapacidad -y con alteración de ella, si antes de la celebración de la comparecencia se produjera un cambio de aquella, con remisión de las actuaciones al órgano judicial correspondiente en el estado en que se hallen- este expediente **puede ser promovido** por el Ministerio Fiscal -de oficio o mediante denuncia de cualquier tercero o funcionario público por razón de su cargo-, la **5417**

propia persona con discapacidad, su cónyuge no separado de hecho o legalmente o quien se encuentre en una situación de hecho asimilable y sus descendientes, ascendientes, o hermanos.

5417.1 **Procedimiento** El afectado puede actuar con su propia **defensa y representación**. Si no fuera previsible que proceda a realizar por sí mismo tal designación, con la solicitud se pedirá que se le nombre un **defensor judicial**, quien actuará por medio de abogado y procurador.

Se acompañan a la **solicitud** los documentos que acrediten la necesidad de la adopción de medidas de apoyo, así como un **dictamen pericial** de los profesionales especializados de los ámbitos jurídico, social y sanitario u otros, que aconsejen que resulten idóneas al caso; proponiendo igualmente aquellas **pruebas** que se considere necesario practicar en la comparecencia.

Admitida a trámite la solicitud por el letrado de la Administración de Justicia, este convocará a la **comparecencia** al Ministerio Fiscal, a la persona con discapacidad y, en su caso, a los restantes sujetos legitimados activamente antes indicados. Los interesados podrán proponer en el plazo de 5 días desde la recepción de la citación aquellas diligencias de prueba que consideren necesario practicar en la comparecencia. También se recabará certificación del Registro Civil y demás Registros públicos sobre las **medidas de protección inscritas**. El juez podrá ordenar antes de la comparecencia un dictamen pericial, así como informe de la entidad pública que tenga encomendada en el territorio funciones de asistencia a personas con discapacidad, cuando así lo considere necesario atendiendo a las circunstancias del caso.

En todo caso, se da **audiencia** a los comparecidos que manifiesten su voluntad de ser oídos y al presunto afectado por la discapacidad.

Si tras la información judicial el afectado opta por una **medida alternativa de apoyo**, finaliza el expediente.

La **oposición** de la persona con discapacidad, del Ministerio Fiscal o de cualquiera de los interesados a la adopción de las medidas de apoyo solicitadas pone fin al expediente, sin perjuicio de que el juez pueda adoptar las personales o patrimoniales que considere convenientes por un plazo máximo de 30 días, siempre que con anterioridad no se haya presentado la correspondiente demanda de adopción de medidas de apoyo en **juicio contencioso**.

No se considera oposición a los efectos señalados la relativa únicamente a la designación como curador de una persona concreta.

El expediente se resuelve por **auto**.

5417.2 **Revisión periódica** Las medidas adoptadas son objeto de revisión periódica por el mismo órgano judicial -o por el que corresponda a la nueva residencia del afectado- mediante auto en el **plazo** y la **forma** en que disponga aquel, con posible solicitud de revisión anterior por cualquier legitimado para promover el expediente, así como quien ejerza el apoyo.

Si alguno de los mencionados formulara **oposición**, se pondrá fin al expediente sin perjuicio de instar la revisión de las medidas conforme a lo previsto en la LEC (nº 5176).

5418 **Tutela, curatela y guarda de hecho** (L 15/2015 art.43 a 52) La **competencia** se atribuye a la Sección de Familia, Infancia y Capacidad o Sección Única del Tribunal de Instancia -hasta su constitución, al juzgado de primera instancia o de familia- del domicilio o, en su caso, de la residencia del menor o persona con discapacidad. Este órgano ostenta la competencia para conocer de todas las incidencias, trámites y adopción de medidas posteriores, siempre que el menor o persona con discapacidad resida en la misma circunscripción. En caso contrario, debe pedirse testimonio completo al órgano judicial que anteriormente conoció del asunto para que lo remita en un plazo de 10 días.

5418.1 **Tutela y curatela** (L 15/2015 art.43 a 51) Se tramitan por este cauce los expedientes relativos a
MPCI tutela y curatela. En cuanto a esta, únicamente cuando, tras la tramitación de un proceso o de
nº 9873 s. un expediente sobre la adopción de medidas judiciales de apoyo a una persona con discapacidad (nº 5150 s. y nº 5417 s.), sea procedente el nombramiento de un **nuevo curador**, en sustitución de otro removido o fallecido.

El expediente se inicia, por el Ministerio Fiscal o persona legitimada para promover la constitución de la tutela o curatela, mediante **solicitud** acompañada de los documentos acreditativos de la legitimación. A continuación, ha de oírse al promotor, a la persona cuya designación se proponga si es distinta del promotor, a aquel cuya tutela o curatela se pretenda constituir, si es mayor de 12 años, o al menor de dicha edad que tenga suficiente madurez, a los parientes más próximos, al Ministerio Fiscal y a cuantas personas se considere oportuno.

Tanto el juez como el Ministerio Fiscal actúan de oficio en **interés del menor** (LO 1/1996 art.2) o persona con discapacidad.

Se designa tutor o curador a las personas determinadas por el Código Civil o legislación aplicable y en la misma **resolución** han de adoptarse las **medidas de fiscalización** de la tutela o curatela establecidas por los progenitores en testamento o documento público notarial, o por

el propio afectado en el otorgado al respecto, salvo que sea otro el interés de la persona afectada. Cuando corresponda conforme a la legislación civil de aplicación, en la resolución el juez puede acordar las que considere oportunas. Igualmente, en la resolución puede exigirse al tutor o curador, excepcionalmente, la constitución de **fianza** que asegure el cumplimiento de sus obligaciones.
La resolución es susceptible de **recurso** de apelación, sin que produzca efectos suspensivos. Durante la sustanciación del recurso, e incluso si se instara un proceso ordinario posterior sobre el mismo objeto, quedará a cargo del tutor o curador electo, en su caso, el cuidado del menor o de la persona con discapacidad y la administración de su caudal, según proceda, bajo las garantías suficientes dispuestas por el juez.
En los casos previstos por el Código Civil o legislación civil aplicable, de oficio, a solicitud del Ministerio Fiscal, del tutelado, del sujeto a curatela o de otra persona interesada, se puede acordar la **remoción** del tutor o del curador, previa celebración de comparecencia, en la que ha de oírse al tutor o curador, a la persona que le vaya a sustituir en el cargo y a la persona con discapacidad si fuera posible o al menor si tuviera suficiente madurez y, en todo caso, si fuera mayor de 12 años, así como al Ministerio Fiscal.
Cabe también la **excusa del cargo**, pudiéndose alegar en el plazo de 15 días contados desde que tenga conocimiento del nombramiento. Si el motivo de la excusa sobreviene durante su ejercicio, puede alegarse en cualquier momento, salvo las personas jurídicas, siempre que haya persona de parecidas condiciones para sustituirle. Se puede admitir la excusa previa celebración de la comparecencia. Una vez admitida la excusa se procede al nombramiento de un nuevo tutor o curador.
Conforme a la legislación civil o a la resolución judicial, el tutor o curador ha de presentar **informe** sobre la situación personal del menor o persona con discapacidad y una **rendición de cuentas** de la administración de sus bienes, si procede.

Extinción de poderes preventivos (L 15/2015 art.51 bis) Cualquier persona legitimada para instar el procedimiento de provisión de apoyos y el curador, si lo hubiera, puede instar la extinción de los poderes preventivos otorgados por la persona con discapacidad (CC art.256 a 262), si en el apoderado concurre alguna de las causas previstas para la **remoción del curador**. **5418.2**
Admitida la solicitud, se cita a la **comparecencia** al solicitante, al apoderado, a la persona con discapacidad que precise apoyo y al Ministerio Fiscal. Si se suscitara **oposición**, el expediente se hará contencioso y el letrado de la Administración de Justicia citará a los interesados a una **vista**, continuando la tramitación con arreglo a lo previsto en el **juicio verbal**.
En estos expedientes es precisa la asistencia de abogado, pero no la representación por procurador.

Guarda de hecho (L 15/2015 art.52) Cuando el juez tenga conocimiento de la existencia de un guardador de hecho, puede requerirle -a instancia del Ministerio Fiscal, de la persona que precise medidas de apoyo o de cualquier legítimamente interesado- para que **informe** de la situación de la persona y bienes del menor, de la persona con discapacidad o de la que hubiera de estarlo, y de su actuación en relación con los mismos. **5418.3**
Puede establecer, previa comparecencia, **medidas de control y vigilancia** y promover expedientes para la **constitución de tutela en el caso de menores**, si procediera.
Igualmente, el guardador de hecho precisa la **autorización judicial** para la realización de actos que requieran acreditar la representación (CC art.264) y para prestar consentimiento en los actos trascendencia personal, a salvo de lo dispuesto legalmente en materia de **internamiento**. En estos casos, antes de tomar una decisión, el juez entrevistará por sí mismo a la persona con discapacidad y podrá solicitar un informe pericial para acreditar la situación de esta y podrá citar a la comparecencia a cuantas personas considere necesario oír en función del acto cuya autorización se solicita.

Concesión judicial de la emancipación y del beneficio de la mayoría de edad (L 15/2015 art.53 a 55) La **competencia** se atribuye a la Sección de Familia, Infancia y Capacidad o Sección Única del Tribunal de Instancia -hasta su constitución, al juzgado de primera instancia- del domicilio del menor, instándose el procedimiento por concurrir alguno de los **supuestos** previstos en el CC art.244 y 245 y, en concreto, cuando: **5419**
- quien ejerza la patria potestad contraiga nupcias o conviva maritalmente con persona distinta del otro progenitor;
- los progenitores vivan separados;
- concurra cualquier causa que entorpezca gravemente el ejercicio de la patria potestad;
- el menor esté constituido en tutela.

El expediente debe iniciarse mediante **solicitud** dirigida al órgano judicial por el menor mayor de 16 años, con la asistencia de alguno de sus progenitores, no privados o suspendidos de la patria potestad, o del tutor. A falta de asistencia de los mismos debe nombrarse **defensor**

judicial al menor para instar el expediente. En todo caso, el Ministerio Fiscal debe asumir su representación y defensa hasta que se produzca el nombramiento de defensor judicial.
Admitida a trámite la solicitud debe convocarse a **comparecencia** al menor, a sus progenitores o, en su caso, a su tutor, al Ministerio Fiscal y a aquellos que puedan estar interesados. Posteriormente deben practicarse las **pruebas** que hayan sido propuestas y acordadas.
El juez debe resolver, valorando el **interés del menor** (LO 1/1996 art.2), concediendo o denegando la emancipación o el beneficio de mayoría de edad solicitados.

Precisiones En estos expedientes no es preceptiva la **intervención de abogado y procurador**, salvo que se formule oposición, siéndolo la asistencia de letrado desde entonces.

5420 **Protección del patrimonio de las personas con discapacidad** (L 15/2015 art.56 a 58)
Se sujetan a la regulación de la jurisdicción voluntaria las actuaciones judiciales sobre protección patrimonial de las personas con discapacidad y, en concreto, las que tienen por objeto:
a) La **constitución del patrimonio protegido** de las personas con discapacidad o aprobación de las **aportaciones** al mismo, cuando sus progenitores, tutor o curador se negaran injustificadamente a prestar el consentimiento o asentimiento a ello.
b) El **nombramiento de su administrador**, cuando no se pudiera realizar conforme al título de constitución.
c) El establecimiento de **exenciones** a la exigencia de obtener por el administrador de la autorización o aprobación judicial para la realización de actos de disposición, gravamen u otros, que se refieran a los bienes y derechos integrantes del patrimonio protegido de las personas con discapacidad.
d) La **sustitución del administrador**, el cambio de las reglas de administración, el establecimiento de **medidas especiales de fiscalización**, la adopción de **cautelas**, la extinción del patrimonio protegido o cualquier otra medida de análoga naturaleza que sea necesaria tras la constitución del patrimonio protegido.
La **competencia** se atribuye a la Sección de Familia, Infancia y Capacidad o Sección Única del Tribunal de Instancia -hasta su constitución, al juzgado de primera instancia o de familia- del domicilio o, en su defecto, de la residencia de la persona con discapacidad. Para promover los expedientes solo queda legitimado el Ministerio Fiscal quien, a su vez, debe ser oído en todas las actuaciones.
El expediente se inicia mediante **solicitud** por escrito del Ministerio Fiscal. Su tramitación se ajusta a las normas generales de tramitación previstas en la L 15/2015.
La **resolución** se dicta siempre en interés de la persona con discapacidad, siendo recurrible en apelación con efectos suspensivos, salvo que se nombre administrador en la resolución por no poderse designar conforme a las reglas establecidas en el documento público o la resolución judicial de constitución.
En este ámbito ha de atenderse también a lo establecido por la L 41/2003.

5421 **Derecho al honor, intimidad y propia imagen del menor o persona con discapacidad con medidas de apoyo para el ejercicio de su capacidad jurídica**
(L 15/2015 art.59 y 60) Quedan sujetas a este procedimiento las actuaciones que tengan por **objeto** obtener la protección civil del derecho al honor, a la intimidad personal y familiar y a la propia imagen, cuando el Ministerio Fiscal se haya opuesto al consentimiento otorgado por el representante legal de un menor o persona con discapacidad con medidas de apoyo para el ejercicio de su capacidad jurídica.
La **competencia** se atribuye a la Sección de Familia, Infancia y Capacidad o Sección Única del Tribunal de Instancia -hasta su constitución, al juzgado de primera instancia o de familia- del domicilio o, en su defecto, de la residencia del menor o persona con discapacidad con medidas de apoyo. El expediente debe iniciarse mediante **solicitud**, señalándose a continuación día y hora para la comparecencia.
La **resolución** se dicta al término de la misma o, si la complejidad del asunto lo justifica, dentro de los 5 días siguientes, en atención al interés superior del menor o persona con discapacidad con medidas de apoyo.
Contra esta resolución cabe **recurso** de apelación, con efectos suspensivos, que se resuelve con carácter preferente.

5422 **Actos relativos a bienes y derechos de menores y personas con discapacidad**
MPCI nº 9889 s.
(L 15/2015 art. 61 a 66) En este caso, el expediente tiene por **objeto** las actuaciones para las que el representante legal del menor o de la persona con discapacidad o el administrador de un patrimonio protegido necesite autorización o aprobación judicial -conforme al Código Civil, la L 41/2003 o las normas civiles forales de aplicación- para la validez de actos de disposición, gravamen u otros que se refieran a sus bienes o derechos o al patrimonio protegido, salvo que hubiera establecida una tramitación específica.

La **competencia** se atribuye a la Sección de Familia, Infancia y Capacidad o Sección Única del Tribunal de Instancia -hasta su constitución, al juzgado de primera instancia o de familia- del domicilio o, en su defecto, de la residencia del menor o de la persona con discapacidad. Si antes de la celebración de la comparecencia se produjera un **cambio de la residencia habitual** del afectado, se remiten las actuaciones al órgano judicial correspondiente en el estado en que se hallen.
En la **solicitud** debe expresarse:
a) El **motivo** del acto o negocio de que se trate.
b) La razón de la **necesidad, utilidad o conveniencia** del mismo.
c) La **identificación** del bien o derecho a que se refiera.
d) La exposición, en su caso, de la **finalidad** a que deba aplicarse la suma que se obtenga.
Si la autorización se solicita para transigir debe acompañarse el documento en que se hayan formulado las bases de la **transacción** y, en el caso de que la solicitud se realice para la realización de un **acto de disposición** también puede incluirse en la solicitud la petición de que la autorización se extienda a la celebración de **venta directa**, sin necesidad de subasta ni intervención de persona o entidad especializada -acompañando en este caso un dictamen pericial de valoración del precio de mercado del bien o derecho-.
Admitida a trámite la solicitud debe citarse a **comparecencia** al Ministerio Fiscal y a las personas que exijan las leyes y, en todo caso, al afectado que tenga suficiente madurez y al menor mayor de 12 años.
Cuando proceda **dictamen pericial** se emite antes de la comparecencia, a la que se cita al perito.
El juez debe emitir su **resolución**, teniendo en cuenta la justificación ofrecida y valorando su conveniencia a los intereses del menor o persona con discapacidad. En el caso de **autorización para la venta** de bienes o derechos, ha de concederse bajo la condición de efectuarse en pública subasta, previo dictamen pericial de valoración de los mismos, salvo que se haya instado la autorización por venta directa o por persona o entidad especializada, sin necesidad de subasta y el juez así lo autorice. Quedan **exceptuados** los casos de que se trate de acciones, obligaciones u otros títulos admitidos a negociación en mercado secundario, en que ha de acordarse que se enajenen con arreglo a las leyes que rigen estos mercados.

En caso de solicitarse **autorización para transigir**, su concesión ha de determinar la expedición de testimonio que se entregue al solicitante para el uso que corresponda. **5422.1**
Cuando se autorice la realización de algún **acto de gravamen** sobre bienes o derechos que pertenezcan al menor o persona con discapacidad o la **extinción de derechos reales** a ellos pertenecientes, ha de ordenarse seguir con las mismas formalidades establecidas para la venta, con exclusión de la subasta.
La resolución, necesariamente motivada, es susceptible de **recurso** de apelación en ambos efectos -es decir, con efecto suspensivo-.
El juez puede adoptar las **medidas** necesarias para asegurar que la cantidad obtenida por el acto de enajenación o gravamen, así como por la realización del negocio o contrato autorizado se aplique a la finalidad en atención a la que se haya concedido la autorización.
En estos expedientes es preceptiva la **asistencia de abogado y representación por procurador** si la cuantía del acto supera 6.000 euros. Cuando la supere, la solicitud inicial podrá realizarse sin necesidad de ambos profesionales, sin perjuicio de que el juez pueda ordenar la actuación de todos los interesados por medio de abogado cuando la complejidad de la operación así lo requiera o comparezcan sujetos con intereses enfrentados.

Precisiones La autorización judicial ha de ser solicitada **antes de la perfección de la enajenación**.

Autorización en pública subasta (L 15/2015 art.65) La autorización se concederá, en todo caso, bajo la **condición** de haberse de ejecutar la venta en pública subasta, salvo que se haya instado la autorización por venta directa o por persona o entidad especializada, sin necesidad de subasta, y el juez así lo autorice; y al margen de ciertas excepciones antes indicadas. **5422.2** MPCI nº 9891

Declaración de ausencia y fallecimiento (L 15/2015 art.67 a 77; CC art.181 s.) En las actuaciones judiciales relativas a la desaparición y a las declaraciones de ausencia y fallecimiento de una persona la **competencia** se atribuye a la Sección de Familia, Infancia y Capacidad o Sección Única del Tribunal de Instancia -hasta su constitución, al juzgado de primera instancia o de familia- del último domicilio de la persona de cuya declaración de ausencia o fallecimiento se trate, o, en su defecto, el de su última residencia. **5423**
No obstante, en caso de declaración de fallecimiento en los supuestos del CC art.194.2 y 3 -**siniestros en naves o aeronaves**- es competente en relación con todos los afectados, el órgano judicial del lugar del siniestro; si se hubiera producido fuera del territorio español, lo es el del lugar de inicio del viaje, salvo que se hubiera iniciado en el extranjero, supuesto en el

que la competencia se atribuye al juez del lugar de residencia de la mayoría de los afectados. De no ser aplicable ninguno de estos criterios, se fija la competencia según la regla general expuesta en el párrafo anterior.
La **legitimación** para presentar la solicitud corresponde al Ministerio Fiscal, de oficio o en virtud de denuncia, al cónyuge del ausente no separado legalmente, a la persona que esté unida por análoga relación de afectividad a la conyugal, a los parientes consanguíneos hasta el cuarto grado y a cualquier persona que racionalmente estime tener sobre los bienes del desaparecido algún derecho ejercitable en vida del mismo o dependiente de su muerte.

Precisiones El trámite procesal para la declaración se rige por la L 15/2015 art.68, en lo que a la **competencia territorial** se refiere, y este precepto se ha de poner en conexión con la LOPJ art.22 quater, que establece que, en el orden civil, los tribunales españoles serán competentes en materia de declaración de ausencia o fallecimiento, cuando el desaparecido hubiera tenido su último domicilio en territorio español o nacionalidad española.

5423.1 **Desaparición o ausencia legal** En los casos de desaparición o ausencia legal debe indicarse en la solicitud inicial el nombre, domicilio y demás datos de localización de los **parientes** conocidos más próximos del ausente o desaparecido hasta el cuarto grado de consanguinidad y el segundo grado de afinidad.
En los casos de desaparición de una persona, si se solicita por parte legitimada o por el Ministerio Fiscal debe nombrarse por el letrado de la Administración de Justicia **defensor** a quien corresponda, previa celebración de comparecencia en el plazo máximo de 5 días desde la presentación de la solicitud.
En caso de **urgencia** por seguirse perjuicio en el caso de espera debe designarse de inmediato defensor a quien corresponda o a quien se proponga por el solicitante, así como adoptar medidas urgentes de protección del patrimonio del desaparecido, continuándose luego los trámites ordinarios del expediente que, en este caso, debe terminar por resolución por la que se ratifiquen o se revoquen el nombramiento y las medidas acordadas al inicio.
En el caso de **declaración de ausencia** conforme al CC art.182 a 184, procede el nombramiento del representante del ausente instado por persona interesada o por el Ministerio Fiscal. Admitida la solicitud, el letrado de la Administración de Justicia citará a los interesados a comparecencia -con publicación edictal de la citación- y, en su caso puede adoptar -de oficio o a instancia del interesado- **medidas de averiguación e investigación** que considere procedentes, así como todas las de **protección** que juzgue útiles al desaparecido o ausente. Una vez practicadas las pruebas y finalizada la comparecencia se dicta decreto de declaración legal de ausencia y se nombra al **representante del ausente** a quien le corresponde la pesquisa de la persona del ausente, la protección y administración de sus bienes y el cumplimiento de sus obligaciones.
Si antes de iniciarse el expediente para la declaración de ausencia legal se adoptan medidas para los casos de desaparición, estas subsistirán hasta que tenga lugar dicha declaración, a no ser que el letrado de la Administración de Justicia estime conveniente modificarlas. Si no se han adoptado el letrado de la Administración de Justicia puede acordarlas con carácter provisional, en tanto no se ultime el expediente de ausencia.
Una vez aceptado el cargo por el representante debe proceder a realizar el **inventario** de bienes muebles y la descripción de los inmuebles (CC art.185).

5423.2 MPCI nº 9899 **Declaración de fallecimiento** La declaración de fallecimiento puede instarse por los interesados o por el Ministerio Fiscal (CC art.193 s.). El decreto que dicte el letrado de la Administración de Justicia debe declarar, si resulta acreditado, el cese de la situación de ausencia legal, si hubiera sido decretada previamente, y el fallecimiento de la persona, expresando la fecha a partir de la cual se entienda sucedida la muerte. Firme la declaración, se abre la **sucesión en los bienes** del declarado fallecido.
En los casos en que se presente alguna **persona que diga ser el declarado ausente o fallecido**, el letrado de la Administración de Justicia ha de ordenar que sea identificada por los medios adecuados que puede acordar de oficio o a instancia del interesado, convocando comparecencia a la que deben ser citados la persona presentada, el Ministerio Fiscal y todos los que hubieran intervenido en el expediente de declaración.
Una vez terminada la comparecencia el letrado de la Administración de Justicia debe dictar decreto dentro de los 3 días siguientes por el que se deje sin efecto o se ratifique la resolución de declaración de ausencia o fallecimiento.
En el caso de no presentarse, pero tenerse noticias de la **supuesta existencia en paradero conocido**, debe notificarse al presunto afectado la resolución de declaración de su ausencia o fallecimiento, requiriéndole para que en el plazo de 20 días aporte las pruebas de su identidad. Transcurrido el plazo, el letrado de la Administración de Justicia convocará la comparecencia y dictará la resolución que proceda dentro de los 3 días siguientes. Cabe la suspensión de la actuación del representante del declarado ausente hasta la celebración de la comparecencia

en el caso de que la persona que diga ser el desaparecido lo solicite y aporte documentación identificativa bastante.

Si, por otro lado, se tiene noticia de la **muerte** del desaparecido después de la declaración de ausencia o de fallecimiento, el letrado de la Administración de Justicia, previa celebración de comparecencia debe resolver sobre la revocación de la resolución en los 3 días siguientes.

Si en cualquier momento durante la sustanciación de alguno de los expedientes se comprueba el fallecimiento del desaparecido o ausente, se archiva el expediente y quedan sin efecto las medidas que se hayan adoptado.

Extracción de órganos de donantes vivos (L 15/2015 art.78 a 80) Los expedientes que tengan por objeto la constatación de la concurrencia del **consentimiento** libre, consciente y desinteresado del donante y demás requisitos exigidos para la extracción y trasplante de órganos de un donante vivo (L 30/1979) deben ser conocidos por la Sección de Familia, Infancia y Capacidad o Sección Única del Tribunal de Instancia -hasta su constitución, por el juez de primera instancia- de la localidad donde haya de realizarse la extracción o el trasplante, a elección del solicitante. 5424

El expediente se inicia mediante **solicitud** del donante o comunicación del director del centro sanitario en que vaya a efectuarse la extracción o persona en quien delegue.

A la **comparecencia** debe citarse al médico que haya de efectuar la extracción, al médico firmante del certificado, al médico responsable del trasplante o en quien delegue y a la persona a quien corresponda dar la autorización para la intervención. El donante debe otorgar su **consentimiento expreso** ante el juez durante la comparecencia, tras oír las explicaciones del médico que debe efectuar la extracción y las de los demás asistentes al acto.

Si el juez considera que el consentimiento prestado expresamente por el donante no lo ha sido de forma libre, consciente y desinteresada, o no se han cumplido los otros requisitos establecidos legalmente, no se extiende el documento de cesión del órgano. Si no hay motivos de **oposición** que aconsejen la denegación y el juez estima que se han cumplido los requisitos legales, extenderá por escrito el documento de cesión del órgano que será firmado por el interesado, el médico que ha de efectuar la extracción y los demás asistentes.

3. Expedientes en materia de familia

(L 15/2015 art.81 a 90)

En materia de familia se regulan los siguientes expedientes de jurisdicción voluntaria: 5425

- dispensa de **impedimento matrimonial** (nº 5426);
- intervención judicial en relación con la **patria potestad** (nº 5427); e
- intervención judicial en ciertos supuestos de **desacuerdo conyugal y administración de bienes gananciales** (nº 5428).

Dispensa de impedimento matrimonial: muerte dolosa de cónyuge anterior y grado tercero entre colaterales (L 15/2015 art.81 a 84; CC art.48) La **competencia** se atribuye a la Sección de Familia, Infancia y Capacidad o Sección Única del Tribunal de Instancia -hasta su constitución, al juzgado de primera instancia o de familia- del domicilio o, en su defecto, de la residencia de cualquiera de los contrayentes. 5426

La **legitimación** para promover el expediente se atribuye a aquel en quien concurra el impedimento para el matrimonio.

El expediente se inicia mediante **solicitud** dirigida al órgano judicial. Una vez admitida a trámite se cita a **comparecencia** a los contrayentes y a los que siendo interesados quienes sean oídos.

El juez teniendo en cuenta la justificación ofrecida resuelve concediendo o denegando la dispensa del impedimento para el matrimonio.

> Precisiones Distinta del expediente de dispensa de impedimento, es la **acreditación** de ella, que puede corresponder al letrado de la Administración de Justicia, notario, encargado del Registro Civil, funcionario diplomático o consular encargado de este (L 20/2011 disp.final 2ª.2 y disp.final 21ª; L 20/2011 disp.adic.10ª).

Intervención judicial en relación con la patria potestad (L 15/2015 art.85 a 89) Una vez presentada la **solicitud** relativa a uno de estos expedientes, el letrado de la Administración de Justicia debe citar a la **comparecencia**: 5427

- al solicitante;
- al Ministerio Fiscal;
- a los progenitores, guardadores o tutores, cuando proceda;
- a la persona con discapacidad con medidas de apoyo para el ejercicio de su capacidad jurídica, en su caso; o
- al menor si tuviera suficiente madurez y, en todo caso, si fuere mayor de 12 años.

Si el **titular de la patria potestad es menor no emancipado** también deben ser citados sus progenitores o, en su caso, el tutor. También se pueden citar a otros interesados.
Durante la comparecencia, el juez puede acordar la práctica de cuantas **diligencias** sean oportunas. Si se adoptan posteriormente, previa audiencia a los interesados por plazo de 5 días.

Precisiones La **no celebración de la comparecencia** prevista en L 15/2015 art.85.1, no supone lesión del derecho de defensa de la parte si tuvo ocasión, en sus escritos, de desarrollar adecuadamente sus argumentos, presentando la documentación pertinente, admitida y valorada por el órgano judicial (TCo 148/2023).

5427.1 **Tramitación** Se diferencian en la tramitación los siguientes **supuestos**:
a) En los casos de intervención judicial por existir **desacuerdo en el ejercicio** de la patria potestad o por **imposibilidad** de los progenitores o tutor, es competente la Sección de Familia, Infancia y Capacidad o Sección Única del Tribunal de Instancia -hasta su constitución, al juzgado de primera instancia o de familia- del domicilio, o en su defecto, de la residencia del hijo. No obstante, si el ejercicio conjunto de la patria potestad por los progenitores ha sido establecido por resolución judicial, es competente para conocer del expediente el órgano judicial que la haya dictado.
La **legitimación** para promover el expediente se atribuye a ambos progenitores, individual o conjuntamente; sin embargo, si el titular de la patria potestad es un menor no emancipado también se atribuye a sus progenitores o tutor, en su caso.
b) La adopción de medidas relativas al **ejercicio inadecuado** de la potestad de guarda o de **administración de los bienes** del menor o de la persona con discapacidad corresponde a la Sección de Familia, Infancia y Capacidad o Sección Única del Tribunal de Instancia -hasta su constitución, al juzgado de primera instancia o de familia- del domicilio o, en su defecto, de la residencia del afectado. **Se exceptúan** los casos en que el ejercicio conjunto de la patria potestad o la atribución de la guarda o custodia se haya establecido por resolución judicial, así como cuando estuvieran sujetos a tutela y cuando la medida de apoyo a la discapacidad hubiera sido provista judicialmente, en cuyo caso corresponde al órgano judicial que hubiera conocido del expediente inicial.

5427.2 **Objeto del procedimiento** El objeto del procedimiento es adoptar cualquiera de las siguientes **medidas**, además de la corrección de los **desacuerdos** en el ejercicio de la patria potestad:
a) Medidas de **protección**.
b) Nombramiento de **administrador judicial** para la administración de los bienes adquiridos por el hijo por sucesión en la que el padre, la madre o ambos hayan sido justamente desheredados o no hayan podido heredar por causa de indignidad, y no se haya designado por el causante persona para ello, ni pueda tampoco desempeñar dicha función el otro progenitor.
c) Atribución de la parte de los **frutos** que en equidad corresponda a los progenitores que carezcan de medios, cuando el hijo los haya adquirido a título gratuito y el disponente haya ordenado de manera expresa que no sean para los mismos. Se incluyen también los adquiridos por sucesión en que el padre, la madre o ambos hubieran sido justamente desheredados o no hubieran podido heredar por causa de indignidad, y de aquellos donados o dejados a los hijos especialmente para su educación o carrera.
d) Adopción de las medidas necesarias que aseguren y protejan los bienes de los hijos, exigencia de **caución o fianza** para continuar los progenitores con su administración o incluso nombrar un administrador cuando la administración de los progenitores ponga en peligro el patrimonio del hijo.
Estas medidas pueden adoptarse de oficio o a instancia del propio afectado, de cualquier pariente o del Ministerio Fiscal. Y en el caso de **personas con discapacidad**, de cualquier interesado.
La **resolución** debe designar la persona o institución que, en su caso, haya de encargarse de la custodia del menor o persona con discapacidad, pudiendo nombrar, si procede, un defensor judicial.

Precisiones En los casos de tutela del menor o curatela de la persona con discapacidad, el juez que haya conocido del expediente remitirá **testimonio de la resolución definitiva** al que hubiese conocido del nombramiento de tutor o del curador, respectivamente, cuando sea uno distinto.

5428 **Intervención judicial en caso de desacuerdo conyugal y en la administración de bienes gananciales** (L 15/2015 art.90) Estos procedimientos tienen por **objeto** resolver las solicitudes sobre intervención o autorización judicial para:
a) Fijar el **domicilio conyugal** o disponer sobre la vivienda habitual y objetos de uso ordinario, si hubiere desacuerdo entre los cónyuges.
b) Fijar la contribución a las **cargas** del matrimonio, cuando uno de los cónyuges incumpliere tal deber.

c) Realizar un **acto de administración respecto de bienes comunes** por ser necesario el consentimiento de ambos cónyuges, o para la realización de un acto de disposición a título oneroso sobre los mismos, por hallarse el otro cónyuge impedido para prestarlo o se negare injustificadamente a ello.
d) Conferir la **administración de los bienes comunes**, cuando uno de los cónyuges se halle impedido para prestar el consentimiento o haya abandonado la familia o exista separación de hecho.
e) Realizar actos de **disposición sobre inmuebles, establecimientos mercantiles, objetos preciosos o valores mobiliarios**, salvo el derecho de suscripción preferente, si el cónyuge tuviera la administración y, en su caso, la disposición de los bienes comunes por ministerio de la ley o por resolución judicial.
La **competencia** se atribuye a la Sección de Familia, Infancia y Capacidad o Sección Única del Tribunal de Instancia -hasta su constitución, al juzgado de primera instancia o de familia- del que sea o haya sido el último domicilio o residencia de los cónyuges.
En estos expedientes es preceptiva la **asistencia de abogado y representación por procurador** si la cuantía supera 6.000 euros.

4. Expedientes en materia de sucesiones

(L 15/2015 art.91 a 95)

Se prevén expedientes de jurisdicción voluntaria relativos a: **5429**
- albaceazgo (nº 5429.1);
- contadores-partidores dativos (nº 5429.3); y
- aceptación y repudiación de la herencia (nº 5429.4).

En todos estos expedientes es preceptiva la **asistencia de abogado y representación por procurador** si la cuantía del acto supera 6.000 euros.

Albaceazgo (L 15/2015 art.91) El ámbito de aplicación de este procedimiento incluye: **5429.1**
- los casos de **renuncia del albacea** a su cargo o de prórroga del plazo de albaceazgo;
- la **remoción** de su cargo;
- la **rendición de cuentas** del albacea; y
- la obtención de autorización para que el albacea pueda efectuar **actos de disposición** sobre bienes de la herencia.

La **competencia** se atribuye a la Sección de Familia, Infancia y Capacidad o Sección Única del Tribunal de Instancia -hasta su constitución, al juzgado de primera instancia o de familia- del último domicilio o, en su defecto, de la última residencia del causante o donde estuvieran la mayor parte de sus bienes -cualquiera que sea su naturaleza- o el del lugar del fallecimiento, siempre que estuvieran en España a elección del solicitante. En defecto de todos ellos, el del lugar de domicilio del solicitante.
Este órgano judicial debe resolver los expedientes, salvo en el caso de renuncia del albacea a su cargo o prórroga del plazo de albaceazgo, en que la resolución corresponde al letrado de la Administración de Justicia.

Contador-partidor dativo (L 15/2015 art.92) La **aprobación de la partición** realizada por el contador-partidor, si resulta necesario, corresponde al letrado de la Administración de Justicia de la Sección de Familia, Infancia y Capacidad o Sección Única del Tribunal de Instancia -hasta su constitución, del juzgado de primera instancia o de familia- del último domicilio o, en su defecto, de la última residencia del causante o donde se encuentren la mayor parte de sus bienes -cualquiera que sea su naturaleza- o el del lugar del fallecimiento, siempre que estén en España a elección del solicitante. En defecto de todos ellos, el del lugar del domicilio del solicitante. **5429.3**
También le corresponde la **designación** de contador-partidor dativo y el conocimiento de los supuestos de **renuncia** del contador nombrado o de **prórroga** del cargo, en iguales términos.

Precisiones Estas operaciones pueden tramitarse igualmente mediante **expediente ante notario**. Ver nº 5444.1 s.

Aceptación y repudiación de la herencia (L 15/2015 art.93, 94 -redacc LO 1/2025- y 95) Estos expedientes de jurisdicción voluntaria tienen por **objeto** adverar la validez de la aceptación o repudiación de la herencia cuando necesiten autorización o aprobación judicial. En todo caso precisan esta autorización: **5429.4** MPCI nº 9926
a) Los **progenitores** que ejerzan la patria potestad para repudiar la herencia o legados en nombre de sus hijos menores de 16 años, o si aun siendo mayores de esa edad, sin llegar a la mayoría, no prestaran su consentimiento.

b) Los **tutores**, los **curadores representativos** y, en su caso, los **defensores judiciales**, para aceptar sin beneficio de inventario cualquier herencia o legado o para repudiar los mismos.
c) Los **acreedores del heredero** que hubiera repudiado la herencia a la que hubiera sido llamado en perjuicio de aquellos, para aceptar la herencia en su nombre (CC art.1001).
d) La eficacia de la repudiación de la herencia realizada por los legítimos representantes de las **asociaciones, corporaciones y fundaciones** capaces de adquirir.
La **competencia** se atribuye a la Sección de Familia, Infancia y Capacidad del Tribunal de Instancia -hasta su constitución, al juzgado de primera instancia o de familia- del último domicilio o, en su defecto, de la última residencia del causante y, si lo hubiera tenido en país extranjero, el del lugar de su último domicilio en España o donde esté la mayor parte de sus bienes, a elección del solicitante. Cuando sea llamado a la herencia un menor o discapacitado con medidas judiciales de apoyo, es competente el órgano judicial de su lugar de residencia.
La **legitimación** se atribuye a quienes ostenten la representación de los llamados a la herencia, ellos mismos representados por el Ministerio Fiscal si fueran menores y, en caso de personas con discapacidad con apoyo representativo, a quien ejerza el apoyo, así como al defensor judicial si no se le hubiera dado la autorización en el nombramiento y los acreedores del heredero que hubiera repudiado la herencia.
El juez debe resolver concediendo o denegando la autorización o aprobación solicitada. Si se solicita la autorización o aprobación para **aceptar sin beneficio de inventario o repudiar** la herencia, si no fuera concedida por el juez, solo puede ser aceptada a beneficio de inventario. La resolución es susceptible de **recurso** en apelación con efectos suspensivos.

Precisiones 1) Ver lo expuesto en nº 5444.7 s. sobre la **formación notarial de inventario** y el **derecho a deliberar**.
2) Este expediente de **aceptación instrumental por el acreedor** de la herencia repudiada por el instituido heredero, también es aplicable a la solicitud de **revocación instrumental de la repudiación del legado** por el llamado a la sucesión como legatario.

5. Expedientes en materia de obligaciones

(L 15/2015 art.96 a 99)

5430 Son los siguientes:
- señalamiento de **plazo para cumplimiento** de una obligación (nº 5430.1); y
- **consignación** (nº 5430.2).

5430.1 **Señalamiento de plazo para el cumplimiento de una obligación** (L 15/2015 art.96 y 97; CC art.1128) La **tramitación y resolución**, en el caso de solicitud de señalamiento de plazo para el cumplimiento de una obligación a instancia de alguno de los sujetos de la misma, corresponde al letrado de la Administración de Justicia de la Sección Civil del Tribunal de Instancia -hasta su constitución, del juzgado de primera instancia- del domicilio del deudor. Si la relación trabada es entre un consumidor o usuario y un empresario y este es el deudor de la prestación, la **competencia** corresponde también al letrado de la Administración de Justicia del órgano judicial del domicilio del acreedor, a elección de este.

5430.2 **Consignación** (L 15/2015 art.98 y 99; CC art.1176 a 1181 y 1776) Este expediente tiene por objeto la consignación conforme a la ley cuando haya de realizarse **ante el órgano judicial**. Cabe también
MPCI nº 9936 s. consignación **ante notario** (nº 5445.1).
La **competencia** corresponde a la Sección Civil del Tribunal de Instancia -hasta su constitución, al juzgado de primera instancia- correspondiente al lugar donde deba cumplirse la obligación y, si puede cumplirse en distintos lugares, cualquiera de ellos a elección del solicitante. En su defecto, es competente el que corresponda al domicilio del deudor. El fuero defectivo se aplica en caso de falta de determinación del lugar de cumplimiento de la obligación y coincide con la regla general del CC art.1171 (TS auto 24-1-18, EDJ 3100).
El que promueva la consignación judicial debe expresar en su **solicitud** los datos y circunstancias de identificación de los interesados en la obligación a que se refiera la consignación, el domicilio en que puedan ser citados, así como las razones de esta, todo lo relativo al objeto de la consignación, su puesta a disposición del órgano judicial y, en su caso, lo que se solicite en cuanto a su depósito. También debe acreditar haber efectuado el ofrecimiento de pago y el anuncio de la consignación al acreedor y demás interesados.
Una vez **admitida la solicitud** el letrado de la Administración de Justicia debe notificar a los interesados la existencia de la consignación para que en el plazo de 10 días retiren la cosa debida o realicen las alegaciones que consideren oportunas, así como adoptar las medidas oportunas relativas al depósito.
Cuando los interesados comparecidos retiren la cosa debida, con **aceptación** expresa de la consignación, el letrado de la Administración de Justicia debe dictar decreto, teniéndola por

aceptada, mandando cancelar la obligación y, en su caso, la garantía, si así lo solicita el deudor. Si, transcurrido el plazo, **no se retira la cosa debida**, ni se realiza ninguna alegación, o si rechazan la consignación, ha de darse traslado al consignatario para que inste, en el plazo de 5 días, la devolución de lo consignado o el mantenimiento de la consignación.
En el caso de que el deudor solicite la **devolución de lo consignado**, ha de darse traslado de la petición al acreedor por 5 días, y si le autoriza a retirarlo, el letrado de la Administración de Justicia dicta decreto acordando el archivo del expediente y el acreedor pierde toda preferencia que tenga sobre la cosa y los codeudores y fiadores quedan libres. Si la cosa se retira por la exclusiva voluntad del deudor, el archivo del expediente deja subsistente la obligación. Sin embargo, si el deudor insta el **mantenimiento de la consignación**, el letrado de la Administración de Justicia debe citar al consignatario, al acreedor y a los demás interesados a una comparecencia a celebrar ante el juez, quien debe resolver declarando o no estar bien hecha la misma.
En el caso de tenerse por bien hecha la consignación se producen los efectos legales procedentes; en caso contrario, la obligación subsiste y se devuelve al promotor lo consignado.

Precisiones **1)** La consignación, como medio de extinción de las obligaciones, requiere para que sea eficaz que se ajuste a las disposiciones que regulan el **pago**, y que se haya notificado, o cuando menos intentado, la consignación a los interesados una vez realizado el ofrecimiento. El auto declarando **bien hecha una consignación** en el seno de un expediente de jurisdicción voluntaria es revisable, en principio, en vía contenciosa, pues las resoluciones judiciales aprobatorias no tienen el carácter de sentencias firmes recaídas en juicio contradictorio, ni puede atribuírseles la autoridad de cosa juzgada. **5430.3**
2) Para que la consignación surta sus **efectos liberatorios** se precisa:
- ofrecimiento de pago al acreedor de lo debido;
- anuncio del propósito de consignar, ante la negativa al cobro;
- efectiva consignación ante el órgano judicial -actualmente, también ante el notario- competente;
- acreditación al consignar del ofrecimiento y del anuncio;
- comunicación al acreedor del hecho de la consignación efectuada y ofrecimiento de lo depositado;
- en defecto de aceptación u oposición, solicitud de declaración judicial de estar bien hecha la consignación, con cancelación de la obligación;
- en caso de oposición, conclusión del expediente y remisión al juicio declarativo.

3) La consignación, como expediente de jurisdicción voluntaria, produce efectos de pago o reparación y, en su caso, liberatorios de devengo de intereses, en el **proceso penal**, debiendo adaptarse las reglas contenidas en L 15/2015 art.98 s. al proceso penal.

6. Expedientes en materia de derechos reales

(L 15/2015 art.100 a 111)

Se regulan los siguientes expedientes de jurisdicción voluntaria: **5432**
- autorización judicial al usufructuario para reclamar **créditos vencidos que formen parte del usufructo** (nº 5432.1);
- **deslinde de fincas no inscritas** (nº 5432.2);
- **subastas voluntarias** (nº 5432.3); y
- aprobación de **estatutos de comunidades propietarias de montes en mano común** (nº 5432.4).

Autorización judicial al usufructuario para reclamar créditos vencidos que formen parte del usufructo (L 15/2015 art.100 a 103) En los supuestos en los que el usufructuario pretenda reclamar y cobrar por sí los créditos vencidos que formen parte del usufructo, cuando esté dispensado de prestar fianza o no hubiese podido constituirla, o la constituida no fuese suficiente y no cuente con la autorización del propietario para hacerlo, así como para poner a interés el capital obtenido con dicha reclamación si no contara con el acuerdo del propietario, se aplican las reglas siguientes: **5432.1**
• La **competencia** se atribuye a la Sección Civil del Tribunal de Instancia -hasta su constitución, al juzgado de primera instancia- del último domicilio o en su defecto, de la última residencia del solicitante.
• El expediente se inicia mediante **solicitud** del usufructuario dirigida al órgano judicial. En el caso de que solicite la autorización para poner a interés el capital obtenido tras cobrar el crédito vencido, debe ofrecer garantías suficientes para conservar su integridad. A continuación se convoca a la **comparecencia** oportuna, siendo competencia del juez resolver concediendo o denegando la autorización solicitada.

Deslinde de fincas no inscritas (L 15/2015 art.104 a 107) En el caso de que se pretenda obtener el deslinde de fincas que no estuvieran inscritas en el Registro de la Propiedad se aplican las siguientes reglas: **5432.2**
MPCI nº 9946 s.
• Las **fincas inscritas** se rigen por lo dispuesto en la Ley hipotecaria y los inmuebles que sean titularidad de las Administraciones públicas se rigen por su legislación específica.

• La **competencia** se atribuye al letrado de la Administración de Justicia de la Sección Civil del Tribunal de Instancia -hasta su constitución, del juzgado de primera instancia- del lugar donde esté situada la finca o la mayor parte de ella.
• El expediente se inicia a instancia del titular del dominio de la finca o, de ser varios, de cualquiera de ellos, o del titular de cualquier derecho real de uso y disfrute sobre la misma. El expediente se inicia mediante **solicitud** debidamente documentada. Tras su admisión se comunica el inicio del expediente a los interesados para que aleguen cuanto tengan por conveniente en el plazo de 15 días, así como para que presente las **pruebas** que estimen procedentes. Una vez transcurrido el plazo se da traslado a los interesados citándoles al **acto de deslinde** a celebrar en el plazo de 30 días para buscar la avenencia entre ellos.
No se suspende la práctica del deslinde por la **falta de asistencia** de alguno de los dueños colindantes, quedando a salvo su derecho para demandar, en el juicio declarativo que corresponda, la posesión o propiedad de las que se crea despojado en virtud del deslinde.
De lograrse el **acuerdo**, entre todos los interesados o parte de ellos, el letrado de la Administración de Justicia debe hacer constar en un acta todo cuanto acuerden y que el acto terminó con **avenencia total o parcial** respecto de algunos de los linderos, así como los términos de la misma, debiendo ser firmada por los comparecientes. Si no se puede conseguir acuerdo se hace constar que el acto terminó **sin avenencia**.
Una vez finalizado el acto, el letrado de la Administración de Justicia debe dictar **decreto** haciendo constar la avenencia, total o parcial, acordándose el **archivo** de las actuaciones.
• En estos expedientes es preceptiva la asistencia de **abogado -no representación por procurador-** si el valor de la finca supera 6.000 euros.

Precisiones El **deslinde de fincas inmatriculadas** se tramita en sede de Registro de la Propiedad (LH art.198 s.). Es también acto de jurisdicción voluntaria, pero extrajudicial.

5432.3 **Subasta voluntaria** (L 15/2015 art.108 a 111) Este expediente de jurisdicción voluntaria, de **competencia** del letrado de la Administración de Justicia de la Sección Civil del Tribunal de Instancia -hasta su constitución, del juzgado de primera instancia- del domicilio del titular del bien subastado o si hubiera varios, de cualquiera de ellos o en caso de inmuebles, del lugar de radicación de los mismos, tiene por **objeto** lograr la venta de alguna cosa con las garantías que implican la pública subasta y la intervención jurisdiccional.
El **solicitante** de la celebración de subasta judicial ha de acreditar la capacidad legal para la celebración del contrato que se propone realizar, y que puede disponer del bien que pretende que sea subastado. Debe aportarse, igualmente, el **pliego** de condiciones particulares a las que se ha de someter la subasta, con **tasación** de bienes y derechos.
La **capacidad legal** para realizar la subasta no se refiere únicamente a la capacidad de obrar plena, sino a la **capacidad jurídica** que permite al demandante situarse en la posición de vendedor, es decir, la **titularidad del derecho** que pretende transmitir por pública subasta.
La **tramitación** y su **publicidad** se efectúan electrónicamente a través del portal de subastas del BOE, sometiéndose a la regulación de la LEC en todo lo no previsto en el pliego de condiciones antes indicado.
El **remate** se aprueba por decreto del letrado de la Administración de Justicia a favor del único o mejor postor, siempre que se cubra el tipo mínimo fijado por el solicitante o no se hubiese reservado expresamente el derecho de aprobarla, en cuyo caso se le da vista del expediente por 3 días para alegaciones, lo que se hace también cuando algún licitador ofrezca aceptar el remate con modificación de condiciones. En **defecto de licitadores**, se sobresee el expediente.

Precisiones **1)** Ver también lo expuesto en relación con la **subasta notarial** (nº 5446). Se aplica el mismo régimen de comunicación con el Registro Público Concursal allí expuesto.
2) El procedimiento de constitución, gestión y devolución de depósitos exigidos para participar en **subastas electrónicas**, se somete a las reglas contenidas en el RD 1011/2015.

5432.4 **Aprobación de estatutos de comunidades propietarias de montes en mano común** (L 55/1980 art.4) Formalizada a través del órgano judicial del partido en cuyo territorio radique el monte, puede promover este expediente cualquiera de los partícipes, acompañando a su **solicitud** una relación de todos los demás -a efectos de su citación-, así como un **proyecto** de estatutos.
MPCI nº 9950
Dentro del plazo de 5 días desde su **presentación**, el órgano judicial debe abrir trámite de **información pública** por plazo de un mes, para conocimiento de cuantos se consideren con derecho a formar parte de la comunidad y para que puedan comparecer y tomar parte en el procedimiento de aprobación.
Dentro de los 10 días siguientes a la expiración del plazo de información, el órgano judicial ha de señalar día y hora para comparecencia de **deliberación y votación**, así como, en su caso, aprobación, de los estatutos, citando a todos los que figuren en la relación presentada por el promotor, que podrán examinar la documentación en la secretaría del órgano judicial.

Puede celebrarse la comparecencia en la sede del tribunal o en otro lugar más adecuado para favorecer la concurrencia de los partícipes.
Si se suscita controversia sobre el **derecho a pertenecer** a la comunidad, se resuelve provisionalmente por el órgano judicial, reservando a las partes el ejercicio de las acciones que les correspondan, lo que supone que no produce efecto de cosa juzgada. Es discutible si la oposición o controversia impide o no continuar la tramitación del expediente sin perder su carácter de jurisdicción voluntaria (en contra, AP Soria auto 3-3-04, EDJ 23652, considera que no se deriva esta característica del precepto rector del expediente, que únicamente remite a las partes al ejercicio de las acciones que les asistan, con lo que en caso de oposición deberían archivarse las actuaciones).
Las actuaciones tienen carácter gratuito.

7. Expedientes en materia mercantil

(L 15/2015 art.112 s.)

Se regulan los siguientes: 5434
• Exhibición de libros de las personas obligadas a llevar contabilidad (nº 5434.1).
• Derecho de información de los socios (nº 5434.3).
• Nombramiento y revocación de administrador, liquidador, auditor o interventor de una entidad (nº 5434.6).
• Disolución judicial de sociedades (nº 5434.7).
• Convocatoria de juntas generales (nº 5434.8).
• Reducción de capital social (nº 5434.9).
• Convocatoria de asamblea general de obligacionistas (nº 5435).
• Robo, hurto, extravío o destrucción de títulos valores o representación de partes de socio (nº 5435.1).
• Nombramiento de perito en contratos de seguro (nº 5435.4).
En estos expedientes es preceptiva la postulación por medio de **procurador y abogado**, salvo en el que se tramita para la designación de perito en el contrato de seguro.

Precisiones Además de los expedientes indicados y que se estudian seguidamente, o solapándose con ellos en algún caso, hay que tener presente que en sede de reducción de capital social, de nombramiento de auditor cuando la junta general no lo haya nombrado antes del final del ejercicio que haya de ser auditado, así como la revocación del cargo del así nombrado, de nombramiento de interventores, separación o sustitución de liquidadores y, por fin, de convocatoria de asamblea de obligacionistas, la tramitación de los expedientes se atribuye alternativamente al **letrado de la Administración de Justicia** (por los cauces de la L 15/2015) o al **registrador mercantil** (conforme a lo establecido por el Reglamento del Registro Mercantil). Ver nº 5455 s.

Exhibición de libros de las personas obligadas a llevar contabilidad (L 15/2015 art.112 a 116) La exhibición de libros, documentos y soportes contables de la persona obligada a llevarlos se puede solicitar mediante este expediente, siempre que no exista norma especial aplicable al caso. 5434.1
La **competencia** corresponde a la Sección de lo Mercantil del Tribunal de Instancia -hasta su constitución, al juzgado de lo mercantil- del domicilio de la persona obligada a la exhibición o del establecimiento a cuya contabilidad se refieran los libros y documentos de cuya exhibición se trate.
La **solicitud** se tramita con arreglo a las normas comunes, debiendo constar el derecho o interés legítimo del solicitante, y especificando los asientos que deban ser examinados o su contenido en la forma más exacta posible, así como el objeto y finalidad de la solicitud. El juez resuelve sobre la solicitud motivadamente en la propia comparecencia.
Si se estima la solicitud se debe ordenar que se pongan de manifiesto los libros y documentos que proceda examinar, especificando el alcance de la exhibición. Una vez admitida la solicitud el letrado de la Administración de Justicia cita a **comparecencia** a quienes vayan a intervenir en el expediente. El juez ha de resolver sobre la solicitud motivadamente en la propia comparecencia o en los 5 días siguientes a su finalización mediante auto.
La persona obligada a la exhibición tiene el deber de colaborar y facilitar el acceso a la documentación. La **exhibición** se realiza ante el letrado de la Administración de Justicia en el domicilio o establecimiento de la persona obligada a llevar los libros, o mediante su aportación en soporte informático si así se hubiera acordado. En el caso de que el obligado se niegue a la exhibición injustificadamente, obstaculice o quiebre el deber de colaborar y facilitar el acceso a la documentación solicitada, esta se requerirá por el letrado de la Administración de Justicia con apercibimiento de la imposición de multa coercitiva y de incurrir en delito de desobediencia a la autoridad.

5434.2 [Precisiones] 1) Las **multas coercitivas**, por decreto, pueden imponerse por importe máximo de 300 euros/día.

2) El régimen expuesto se integra con el establecido en CCom art.40. Conforme a este, todo empresario viene obligado a someter a **auditoría** las cuentas anuales de su empresa, cuando así lo acuerde el órgano judicial competente, incluso en vía de jurisdicción voluntaria, si acoge la petición fundada de quien acredite un interés legítimo. Antes de estimar la solicitud, el tribunal deberá exigir al solicitante que adelante los fondos necesarios para el pago de la **retribución del auditor**.

El mismo día en que se emita, el auditor entrega el informe al empresario y al solicitante y presenta copia al tribunal. Si contuviera **opinión denegada o desfavorable**, el juez ordenará que el empresario satisfaga al solicitante las cantidades que hubiera anticipado. Si el informe contuviera una **opinión con reservas o salvedades**, dictará resolución determinando en quién deberá recaer y en qué proporción el coste de la auditoría. Si el informe fuera con **opinión favorable**, el coste de la auditoría será de cargo del solicitante.

El juez desestimará la solicitud de auditoría cuando, antes de la fecha de la solicitud, constara inscrito en el Registro mercantil nombramiento de auditor para la verificación de las cuentas de ese mismo ejercicio o, en el caso de las sociedades mercantiles y demás persona jurídicas obligadas, no hubiese finalizado el plazo legal para efectuar el nombramiento de auditor por el órgano competente.

La emisión de informe de auditoría no impide el ejercicio del **derecho de acceso a la contabilidad** por aquellos a los que la Ley atribuya ese derecho.

3) En materia de **cuentas anuales**, ha de tenerse en cuenta la reforma de CCom art.44 s.; LSC art.253 y L 22/2015 art.35 operada por L 11/2018, con aplicación a ejercicios **desde 1-1-2018** (L 11/2018 disp.trans.1). Asimismo, RDL 4/2025 disp.adic.1ª.

5434.3 **Derecho de información de los socios** (LSC art.196 y 197) Como manifestación específica del expediente anterior, la jurisdicción voluntaria se ha considerado igualmente de aplicación para satisfacer el derecho de información que corresponde a los socios (L 15/2015 art.112 s.). Pues bien, la LSC no recoge un **derecho genérico de examen de los libros** en todo momento, como es, en cambio, la regla en las sociedades colectivas y comanditarias -en estas últimas, respecto de los socios colectivos-.

5434.4 **Sociedades de responsabilidad limitada** (LSC art.196) El régimen de ejercicio del derecho de información de los socios es el siguiente:

1) Los socios podrán solicitar por escrito, con anterioridad a la reunión de la junta general, o verbalmente durante la misma, los **informes** o **aclaraciones** que estimen precisos acerca de los asuntos comprendidos en el orden del día.

2) El órgano de administración estará obligado a proporcionárselos, en **forma oral** o **escrita** de acuerdo con el momento y con la naturaleza de la información solicitada, salvo en los casos en que, a juicio del propio órgano, la publicidad de esta perjudique el interés social.

3) No procederá la **denegación de la información** cuando la solicitud esté apoyada por socios que representen, al menos, el 25% del capital social.

Esta limitación del derecho de información del socio de una sociedad de responsabilidad limitada se halla también en consonancia con el **carácter secreto de los libros de contabilidad**, incluso para los propios socios no administradores de una sociedad anónima o una sociedad de responsabilidad limitada.

5434.5 **Sociedades anónimas** (LSC art.197 y 520) El régimen de ejercicio del derecho de información de los socios es el siguiente:

1) Los accionistas podrán solicitar de los administradores, acerca de los asuntos comprendidos en el orden del día, las informaciones o aclaraciones que estimen precisas, o formular por escrito las preguntas que estimen pertinentes **hasta el séptimo día anterior al previsto para la celebración de la junta** -hasta el quinto anterior en el caso de las sociedades cotizadas-. Los administradores estarán obligados a facilitar la información por escrito hasta el día de la celebración de la junta general.

2) Durante la **celebración de la junta general**, los accionistas de la sociedad podrán solicitar verbalmente las informaciones o aclaraciones que consideren convenientes acerca de los asuntos comprendidos en el orden del día, y, en caso de no ser posible satisfacer el derecho del accionista en ese momento, los administradores estarán obligados a facilitar esa información por escrito dentro de los 7 días siguientes al de la terminación de la junta.

3) Los administradores estarán obligados a proporcionar la información solicitada por los accionistas, salvo en los casos en que, los datos solicitados sean innecesarios para la tutela de los derechos del socio o existan razones objetivas para considerar que podría utilizarse para fines extrasociales o su **publicidad perjudique al interés de la sociedad o sus vinculadas**.

4) No procederá la **denegación de información** cuando la solicitud esté apoyada por accionistas que representen, al menos, la cuarta parte del capital social -pudiendo fijar los estatutos un porcentaje menor, siempre que no sea inferior al 5%-.

5) En caso de **uso abusivo o perjudicial de la información**, el socio es responsable de los daños y perjuicios causados.
6) La **transgresión del derecho de información** habilita al socio afectado para exigir su cumplimiento, pero no es causa de impugnación de la junta general.

Nombramiento y revocación de administrador, liquidador, auditor o interventor de una entidad (L 15/2015 art.120 a 123) En los casos en que una ley prevea la posibilidad de solicitar judicialmente el nombramiento de administrador, liquidador, auditor o interventor, la **competencia** corresponde a la Sección de lo Mercantil del Tribunal de Instancia -hasta su constitución, al juzgado de lo mercantil- del domicilio social de la entidad a la que se haga referencia. 5434.6
Puede solicitar el nombramiento quien esté legitimado para ello por las correspondientes leyes.
El **expediente** se inicia mediante escrito solicitando el nombramiento y haciendo constar la concurrencia de los requisitos exigidos legalmente en cada caso, acompañando los documentos en que se apoye la solicitud. Tras la **comparecencia**, el letrado de la Administración de Justicia debe resolver el expediente por medio de decreto dictado en el plazo de 5 días contados desde la terminación de la comparecencia.

Disolución judicial de sociedades (L 15/2015 art.125 a 128) La **competencia** para los expedientes relativos a la disolución judicial de una sociedad corresponde a la Sección de lo Mercantil del Tribunal de Instancia -hasta su constitución, al juzgado de lo mercantil- de su domicilio social. 5434.7
La **legitimación** se atribuye a los administradores, socios y cualquier interesado.
El **expediente** se inicia mediante escrito en que se haga constar la concurrencia legal de los requisitos para proceder a la disolución de las sociedades. El letrado de la Administración de Justicia convoca a una **comparecencia** de quienes deban intervenir en el expediente y el juez resuelve por medio de auto en el plazo de 5 días contados desde la terminación de la comparecencia. Si declara disuelta la sociedad debe incluir la designación de las personas que vayan a desempeñar el cargo de **liquidadores**.

Convocatoria de junta general (L 15/2015 art.117 a 119) Siendo **competencia** de la Sección de lo Mercantil del Tribunal de Instancia -hasta su constitución, del juzgado de lo mercantil- del domicilio de la entidad, se aplicará en todos los casos en que las leyes permitan solicitar la convocatoria de una junta general, sea ordinaria o extraordinaria. 5434.8 MPCI nº 9971
El **expediente** se inicia mediante escrito solicitando la convocatoria de la junta, en donde se hace constar la concurrencia de los requisitos exigidos legalmente en cada caso, acompañando los estatutos, los documentos que justifiquen la legitimación y el cumplimiento de dichos requisitos.
Si la junta solicitada es **ordinaria**, la solicitud deberá fundamentarse en que no se ha reunido dentro de los plazos legalmente establecidos. Si la junta solicitada es **extraordinaria**, se expresarán los motivos de la solicitud y el orden del día que se solicita. También se podrá solicitar en el escrito que se designe un **presidente y secretario para la junta distintos** de los que corresponda estatutariamente.
Admitida la solicitud, el letrado de la Administración de Justicia señalará día y hora para la **comparecencia**, a la que se citará al órgano de administración. Si accediera a lo solicitado, convocará la junta general en el plazo de un mes desde que hubiera sido formulada la solicitud, indicando **lugar, día y hora** para la celebración, así como el orden del día, y designará al presidente y secretario de la misma. El lugar establecido deberá ser el fijado en los estatutos, y si no lo estuviera deberá estar dentro del término municipal donde radique el domicilio de la sociedad.
Si se solicita **simultáneamente la celebración de una junta ordinaria y extraordinaria** podrá acordarse que se celebren conjuntamente.
Contra el decreto por el que se acuerde la convocatoria de la junta general no cabrá **recurso** alguno.
Una vez obtenida la **aceptación de quien haya sido designado para presidirla**, la resolución convocando a la junta deberá ser notificada al solicitante y al administrador.
En caso de no aceptación de la persona designada, el letrado de la Administración de Justicia nombrará a otra que la sustituya.

Precisiones La **publicidad** de la convocatoria de la junta general ha de realizarse en un medio de información impreso con periodicidad diaria, no siendo suficiente otra publicación periódica como un semanario; pero, en relación con la expresión «**mayor circulación**» la interpretación ha sido más flexible, entre otras razones, porque tan solo con controles oficiales podría saberse cuáles son los de mayor circulación en cada momento. Por ello, se permite su publicación en un periódico diario presente notoriamente en la práctica totalidad de los puntos de distribución de tales medios de comunicación social; y, además, se atiende al hecho de que se haya utilizado el mismo medio de publicación en ocasiones anteriores, de tal forma que no se evidencie un ánimo de ocultación de la convocatoria (TS 5-5-01; 19-9-06, EDJ 265953; DGRN Resol 16-2-17).

5434.9 **Reducción de capital social y amortización o enajenación de participaciones o acciones** (L 15/2015 art.124) En todos aquellos casos en que la ley prevea la posibilidad de solicitar al letrado de la Administración de Justicia la reducción de capital social o la amortización o enajenación de las participaciones o acciones de una sociedad, se seguirá el expediente general previsto en la L 15/2015, correspondiendo la **competencia** a la Sección de lo Mercantil del Tribunal de Instancia -hasta su constitución, al juzgado de lo mercantil- del domicilio social de la entidad a la que se haga referencia.

Precisiones Este expediente puede, alternativamente, tramitarse **ante registrador mercantil** (LSC art.139 s.). Ver nº 5455 s.

5435 **Convocatoria de asamblea general de obligacionistas** (L 15/2015 art.129 a 131) Ante la Sección de lo Mercantil del Tribunal de Instancia -hasta su constitución, ante el juzgado de lo mercantil- del domicilio de la entidad, puede seguirse este expediente cuando la ley prevea dicha convocatoria, pudiendo solicitarla quien resulte legitimado para ello de acuerdo con el ordenamiento jurídico.

El **expediente** se inicia mediante escrito solicitando la convocatoria de la asamblea, expresivo de la concurrencia de los requisitos exigidos legalmente en cada caso, acompañando los estatutos sociales y, en su caso, el reglamento del sindicato, los documentos que justifiquen la legitimación y el cumplimiento de dichos requisitos.

Admitida la solicitud, el letrado de la Administración de Justicia señala día y hora para la **comparecencia**, a la que cita al comisario designado en la escritura de emisión y a los promotores de la asamblea.

Celebrada la comparecencia, dictará **decreto** en el que, si procede, convocará la asamblea general de obligacionistas para la constitución del sindicato de obligacionistas, pudiendo designar un nuevo comisario en sustitución del que no hubiera cumplido con su obligación de convocar la asamblea.

Contra el decreto por el que se acuerde la convocatoria de la asamblea general no cabrá **recurso** alguno.

Precisiones El letrado de la Administración de Justicia convocará la asamblea en el **plazo** de un mes desde que hubiera sido formulada la solicitud, indicando lugar, día y hora para la celebración, así como el **orden del día**, de conformidad con el reglamento del sindicato y el contenido de la solicitud.

5435.1 **Robo, hurto, extravío o destrucción de títulos valores o representación de partes de socio** (L 15/2015 art.132 a 135) Cuando se solicite la adopción de las **medidas** previstas en la legislación mercantil en los casos de robo, hurto, extravío o destrucción de títulos valor o de representación de partes de socio, puede entablarse este expediente ante la Sección de lo Mercantil del Tribunal de Instancia -hasta su constitución, ante el juzgado de lo mercantil- del **lugar** de pago, cuando se trate de un título de crédito; del lugar de depósito en el caso de títulos de depósito; o el del lugar del domicilio de la entidad emisora cuando los títulos fueran valores mobiliarios, según proceda.

Se atribuye **legitimación** para iniciar el expediente a los poseedores legítimos de los títulos que hubieran sido desposeídos de los mismos, así como los que hubieran sufrido su destrucción o extravío.

5435.2 **Denuncia** El sujeto legitimado puede, si su valor estuviera **admitido a negociación** en alguna Bolsa u otro mercado secundario oficial, dirigirse a la sociedad rectora del mercado secundario oficial correspondiente al domicilio de la entidad emisora para denunciar el robo, hurto, destrucción o extravío del título; comunicando la indicada sociedad rectora a las restantes sociedades rectoras, que lo publicarán en el tablón de anuncios para impedir la transmisión del título o títulos afectados. Igualmente, se publicará la denuncia en el tablón edictal judicial único y, si lo solicitara el denunciante, en un periódico de gran circulación a su elección.

El denunciante deberá solicitar la iniciación del expediente en el **plazo** máximo de 9 días a contar desde la formalización de la denuncia.

Si no se notificase a la sociedad rectora del mercado secundario oficial la incoación del expediente, levantará la interdicción de los valores, lo comunicará a las sociedades rectoras de las restantes Bolsas o mercados oficiales y lo hará público mediante su fijación en el tablón de anuncios.

5435.3 **Tramitación** El expediente se inicia mediante un escrito justificativo de la **legitimación** para promoverlo, haciendo constar, si se hubiera denunciado la desposesión del valor ante la sociedad rectora del mercado secundario oficial correspondiente, la fecha de la presentación de la denuncia.

Incoado el expediente, el letrado de la Administración de Justicia lo comunicará al emisor de los valores y, si se tratara de un título admitido a negociación, a la sociedad rectora del mercado secundario oficial correspondiente, a los efectos expuestos en el apartado anterior El letrado de la Administración de Justicia acordará el **anuncio de la incoación del expediente** en el BOE y en un periódico de gran circulación en su provincia y dispondrá la citación de quien pueda estar interesado en el expediente.
Celebrada la **comparecencia**, el letrado de la Administración de Justicia dictará **decreto** en el que se pronunciará acerca de la prohibición de negociar o transmitir los valores, de la suspensión del pago del capital, intereses o dividendos, o bien del depósito de las mercancías, según proceda en atención al título de que se trate y, en su caso, ratificará la prohibición de negociación acordada por la sociedad rectora del mercado secundario oficial correspondiente.
Sin perjuicio de lo anterior, cuando se tratase de un **título de tradición**, no procederá el depósito de las mercancías si fueran de imposible, difícil o muy costosa conservación o corrieran el peligro de sufrir grave deterioro o de disminuir considerablemente de valor. En ese caso, el letrado de la Administración de Justicia instará al porteador o al depositario, previa audiencia del tenedor del título, que entregue las mercancías al solicitante si este hubiera prestado caución suficiente por el valor de las mercancías depositadas, más la eventual indemnización de los daños y perjuicios al tenedor del título si se acreditara posteriormente que el solicitante no tenía derecho a la entrega.
A petición del solicitante, el letrado de la Administración de Justicia puede nombrar un **administrador para el ejercicio de los derechos de asistencia y de voto a las juntas** generales y especiales de accionistas correspondientes a los títulos que fueran valores mobiliarios, así como para la impugnación de los acuerdos sociales. La retribución del nombrado correrá a cargo del solicitante.
Transcurrido el plazo de **6 meses sin que se haya suscitado controversia**, el letrado de la Administración de Justicia autorizará al que promovió el expediente a cobrar los rendimientos que produzca el título, comunicándoselo, a instancia de este, al emisor para que pueda proceder a su pago; pudiendo, si lo considera oportuno, exigir al perceptor de los rendimientos una fianza que garantice, en su caso, la devolución de los mismos.
Transcurrido el plazo de **un año sin mediar oposición**, el letrado de la Administración de Justicia ordenará al emisor la expedición de nuevos títulos que se entregarán al solicitante.

Precisiones En ningún caso procederá la **anulación del título** o títulos, si el tenedor actual que formule oposición los hubiera adquirido de buena fe conforme a la ley de circulación del propio título. En caso de que no fuera procedente la anulación del título o títulos, quien hubiera sido tenedor legítimo en el momento de la pérdida de la posesión tendrá las **acciones civiles o penales** que correspondan contra aquella persona que hubiera adquirido de mala fe la posesión del documento.

Nombramiento de perito en contratos de seguro (L 15/2015 art.136 a 138) Resulta de aplicación este expediente, promovido por cualquiera de las partes del contrato ante la Sección de lo Mercantil del Tribunal de Instancia -hasta su constitución, ante el juzgado de lo mercantil- del lugar de domicilio del asegurado, cuando en el contrato de seguro, conforme a su legislación específica, **no haya acuerdo entre los peritos** nombrados por el asegurador y el asegurado para determinar los daños producidos y aquellos no estén conformes con la designación de un tercero. No es preceptiva **postulación técnica**. 5435.4
Se inicia el expediente mediante **escrito** presentado por cualquiera de los interesados en el que se hará constar el hecho de la discordia de los peritos designados por los interesados para valorar los daños sufridos, solicitando el nombramiento de un tercer perito. Al escrito se acompañará la póliza de seguro y los dictámenes de los peritos.
Admitida a trámite la solicitud, se convocará a una **comparecencia**, en la que el letrado de la Administración de Justicia instará a los interesados a que se pongan de acuerdo en el nombramiento de otro perito y, si no hubiera acuerdo, procederá a nombrarlo con arreglo a las normas de la LEC.
Verificado el nombramiento, se hará saber al designado para que manifieste si acepta o no el cargo, lo que podrá realizar alegando justa causa. Aceptado el cargo, se le proveerá del consiguiente nombramiento, debiendo emitir el **dictamen** en el plazo de 30 días, el cual se incorporará al expediente, dándose por finalizado el mismo.

8. Conciliación

(L 15/2015 art.139 a 148)

Se puede intentar la conciliación para alcanzar un **acuerdo para evitar un pleito**, sin embargo, la utilización de este expediente para **finalidades distintas** que supongan un manifiesto abuso de derecho o que entrañen fraude de ley o procesal tiene como consecuencia la inadmisión de plano de la petición. 5436

Su **régimen** puede consultarse en nº 2745, nº 4587, nº 4644 y nº 5792 s. Memento Procesal Civil 2026.

Precisiones 1) La **naturaleza** de acto de jurisdicción voluntaria de la conciliación se da tanto en caso de preceder a un posible proceso civil como penal (TSJ C.Valenciana auto 16-2-15, EDJ 30822).
2) Respecto a su naturaleza jurídica, y en el plano teórico, la doctrina se ha dividido entre quienes estiman que la conciliación es un auténtico **proceso**, los que lo encuadran en el ámbito de la **jurisdicción voluntaria**, o los que consideran que se trata de un **contrato**. La L 15/2015, a pesar de reconocer como expediente de aquella, se inclina por la tesis contractualista (DGRN Resol 7-3-18).
3) En determinados supuestos puede conocerse de este acto **por el registrador de la propiedad o mercantil** (LH art. 103 bis redacc LO 1/2025; nº 9080 Memento Urbanismo 2026) o por **notario** (L 28-5-1862 art.81 a 83).
Se podrá realizar a través de **videoconferencia** la conciliación notarial, salvo que el notario considere conveniente la presencia física para el buen fin del expediente (L 28-5-1862 art.17 ter.j).

9. Declaración judicial sobre hechos pasados

(L 15/2015 art.80 bis a 80 quinquies)

5438 Se aplica este régimen a los expedientes que tengan por **objeto** la obtención de una declaración judicial sobre la realidad y las circunstancias de hechos pasados determinados, siempre que no exista controversia que deba sustanciarse en un proceso contencioso.
Puede interesarse emisión de declaración judicial sobre **hechos de cualquier naturaleza**, concretos, ya acaecidos, percibidos o no por el promotor del expediente, siempre que se den las siguientes **condiciones**:
a) Que su objeto sea posible y lícito.
b) Que exista un principio de prueba de los hechos sobre los que se interesa la información.
c) Que de los hechos sobre los que se interesa la información no resulte perjuicio para una persona cierta y determinada.
d) Que los hechos sobre los que se interesa la información no sean objeto de un procedimiento judicial en trámite.
e) Que no exista otro procedimiento judicial legalmente indicado para la demostración de los hechos sobre los que se interesa la información.
Se atribuye **competencia** a la Sección Civil del Tribunal de Instancia -hasta su constitución, al juzgado de primera instancia- del lugar donde acaecieron los hechos a los que se refiere la declaración judicial interesada y, si fueran varios lugares, al de cualquiera de ellos a elección del solicitante. En su defecto, al órgano judicial correspondiente del domicilio del solicitante.
Pueden promover este expediente quienes sean **titulares de derechos o intereses legítimos** en relación con los hechos respecto de los cuales se interesa la información y el Ministerio Fiscal, quien actuará de oficio o a solicitud de cualquier persona.
No es preceptiva la defensa de letrado ni la representación por procurador para la promoción e intervención en el expediente -mediante **modelo normalizado**, en su caso-, en que siempre es parte el **Ministerio Fiscal**.
Las resoluciones interlocutorias dictadas son susceptibles de **recurso** reposición y la definitiva, de apelación.

C. Expedientes tramitados ante notario o registrador de la propiedad

(L 28-5-1862 art.49 s.; L 14/2014 art.501 a 524; LH 198 s.)

5440 En este campo ha de diferenciarse entre los expedientes regulados en la legislación notarial e hipotecaria (nº 5441) y los propios del Derecho marítimo (nº 5452).

Precisiones En algunos de los actos de jurisdicción voluntaria que hasta ahora se encomendaban a los jueces, intervienen actualmente los notarios. En estos expedientes, la doctrina entiende que, sin ser jueces, los notarios realizan **funciones atributivas de derechos** en el tráfico jurídico, de naturaleza cercana a la decisión judicial. Esto debería implicar que su actuación dentro de la materia se equiparase a la judicial también a efectos registrales, lo cual conllevaría la aplicación, por analogía, del RH art.100 (DGRN Resol 2-10-19).

1. Expedientes regulados en la legislación notarial e hipotecaria

5441 Se diferencia entre:
- los **expedientes y actas especiales de competencia notarial** regulados en la L 28-5-1862 art.49 s. (nº 5442); y
- los **expedientes atinentes al Registro de la Propiedad**, regulados en la LH art.198 s. (nº 5450).

Precisiones Se reconocerán las prestaciones previstas en la normativa de **asistencia jurídica gratuita** referidas a la reducción de los aranceles notariales y registrales, la gratuidad de las publicaciones y, en su caso, la intervención de peritos, a los siguientes expedientes (L 15/2015 disp.final 19ª):
a) En materia de **sucesiones**: declaración de herederos abintestato; presentación, adveración, apertura y lectura, y protocolización de testamentos, y formación de inventario (regulados en la L 28-5-1862).
b) En materia de **derechos reales**: deslinde y amojonamiento de fincas inscritas; expedientes de dominio para la inmatriculación de fincas que no estén inscritas a favor de persona alguna; reanudación del tracto sucesivo interrumpido; subsanación de la doble o múltiple inmatriculación y liberación registral de cargas o gravámenes extinguidos por prescripción, caducidad o no uso (regulados en la Ley Hipotecaria).
La acreditación de los **requisitos** para el reconocimiento del derecho a las prestaciones señaladas tendrá lugar, de conformidad con lo dispuesto en la L 1/1996, ante el colegio notarial o registro que corresponda, los cuales tendrán las facultades previstas por dicha ley para verificar la exactitud y realidad de los datos económicos que proporcionen los solicitantes. Cuando se solicite el reconocimiento del derecho para la asistencia de letrado en los casos de **separación o divorcio ante notario**, la acreditación se realizará en la misma forma prevista en la L 1/1996.

a. Intervención de notarios en expedientes y actas especiales

(L 28-5-1862 art.49 a 83)

Con carácter general, la intervención notarial en expedientes especiales se produce (L 28-5-1862 art.49): **5442**
• Mediante **escritura pública**, cuando el expediente tenga por objeto la declaración de voluntad de quien lo inste o la realización de un acto jurídico que implique la prestación de consentimiento.
• Extendiendo y autorizando **acta**, cuando el expediente tenga por objeto la constatación o verificación de un hecho, la percepción del mismo, así como sus juicios o calificaciones.

Precisiones En los expedientes de competencia notarial, tanto en el seno de la L 28-5-1862 como en el de otras -p.e. L 14/2014-, puede ser preciso que el notario actuante designe un perito, para lo cual ha de atenderse a la regla siguiente sobre **formación de listas de peritos** (L 28-5-1862 art.50).
A los efectos de participar como peritos se debe interesar, en el mes de enero de cada año, por parte del decano de cada colegio notarial de los distintos colegios profesionales, de entidades análogas, así como de las academias e instituciones culturales y científicas que se ocupen del estudio de las materias correspondientes al objeto de la pericia, el envío de una lista de colegiados o asociados dispuestos a actuar como tales. También pueden solicitar formar parte de esa lista los **profesionales** que acrediten conocimientos necesarios en la materia correspondiente, con independencia de su pertenencia o no a un colegio profesional. Los **profesores titulares o catedráticos** de Derecho Civil pueden ser considerados profesionales para ser incluidos en las listas de peritos (L 28-5-1862 art.50) como contador partidor dativo, sin que sea necesario estar colegiado ni desempeñar su actividad por cuenta propia (TS 24-4-25, EDJ 559915).
La primera designación de cada lista ha de efectuarse por **sorteo** realizado en presencia del Decano del Colegio Notarial y, a partir de ella, efectuarse las siguientes designaciones por orden correlativo conforme sean solicitadas por los notarios que pertenezcan al mismo.
Cuando haya de designarse perito a **persona sin título oficial, práctica o entendida en la materia**, previa citación de las partes, ha de realizarse la designación por el procedimiento anterior usándose para ello una lista de personas que cada año se debe solicitar de sindicatos, asociaciones y entidades apropiadas, y que debe estar integrada por al menos 5 de aquellas personas. Si, por razón de la singularidad de la materia de dictamen, únicamente se dispone del nombre de una persona entendida o práctica, ha de recabarse de las partes su consentimiento y solo si todas lo otorgan se designa perito a esa persona.

A continuación se estudian las **funciones** desarrolladas por notario en relación con las **5442.1**
siguientes cuestiones:
- actas y escrituras públicas **en materia matrimonial** (nº 5443);
- expedientes en materia de **sucesiones** (nº 5444);
- expedientes en materia de **obligaciones** (nº 5445);
- expedientes en el **ámbito mercantil** (nº 5447);
- **conciliación** (nº 5448).

Actas y escrituras públicas en materia matrimonial (L 28-5-1862 art.51 a 53; L 20/2011 art.58 **5443**
-redacc LO 1/2025- y 58 bis) Son las siguientes:

Acta matrimonial y escritura de celebración de matrimonio (L 28-5-1862 art.51 y 52 -redacc LO **5443.1**
1/2025-) La celebración del matrimonio obliga a quienes vayan a contraerlo, cuando se precise **acta notarial** que constate el cumplimiento de los requisitos de capacidad de los contrayentes,

la inexistencia de impedimentos o su dispensa, o de cualquier género de obstáculos para contraer matrimonio, a instar del notario su tramitación.

La **competencia** para el otorgamiento del acta corresponde al notario que tenga su residencia en el lugar del domicilio de cualquiera de los contrayentes y, si hay varios, el que corresponda por turno. El **procedimiento** se rige por lo dispuesto en L 20/2011 art.58 y, en lo no previsto, por la legislación notarial.

Si el acta es **favorable a la celebración del matrimonio**, debe llevarse a cabo ante el notario que haya intervenido en la tramitación del acta mediante el otorgamiento de escritura pública. Sin embargo, si los contrayentes, en su solicitud inicial o posteriormente durante la tramitación del acta, solicitan que la prestación del consentimiento se realice ante el alcalde o concejal en quien este delegue, u otro notario, ha de remitirse copia del acta al oficiante elegido para que se limite a celebrar el matrimonio, levantar acta u otorgar escritura pública.

Por otra parte, en caso de **matrimonio celebrado en peligro de muerte**, el notario debe otorgar escritura pública donde se recoja la prestación del consentimiento matrimonial, previo dictamen médico sobre su aptitud para prestar este y sobre la gravedad de la situación, cuando el riesgo se derive de enfermedad o estado físico de alguno de los contrayentes, salvo imposibilidad acreditada. Posteriormente, se tramita el acta para comprobar los requisitos de validez del matrimonio.

5443.2 Precisiones 1) Distinta del expediente de **dispensa** de impedimento, de competencia judicial, es la **acreditación** de ella, que puede corresponder al letrado de la Administración de Justicia, notario, encargado del Registro Civil, funcionario diplomático o consular encargado de este (L 20/2011 disp.final 2ª.2).

2) El notario -e igualmente, cuando actúen, el letrado de la Administración de Justicia, encargado del Registro Civil o funcionario que tramite el expediente-, en caso necesario, puede recabar de las Administraciones o entidades de iniciativa social de promoción y protección de los derechos de las **personas con discapacidad**, la provisión de apoyos humanos, técnicos y materiales que faciliten la emisión, interpretación y recepción del consentimiento del o los contrayentes. Solo en el caso excepcional de que alguno de los contrayentes presente una condición de salud que, de modo evidente, categórico y sustancial, pueda impedirle prestar el consentimiento matrimonial pese a las **medidas de apoyo**, se recabará **dictamen médico** sobre su aptitud para prestar el consentimiento (L 20/2011 art.58.5 redacc LO 1/2025).

3) El régimen de tramitación y celebración del matrimonio y las reglas expuestas, derivadas de la L 15/2015, entraron **en vigor el 30-4-2021** (L 15/2015 disp.final 21ª.3; L 20/2011 disp.adic.10ª). Ahora bien, **a partir del 23-7-2015**, resuelto favorablemente el expediente matrimonial por el encargado del Registro Civil competente por razón del domicilio, si los contrayentes eligen prestar el consentimiento matrimonial ante el letrado de la Administración de justicia o el notario, el encargado del Registro Civil competente para la tramitación y autorización de la celebración del matrimonio delegará la competencia para su celebración en el notario o letrado de la Administración de justicia. Ante la **contradicción** existente entre la L 15/2015 disp.trans.4ª y la L 15/2015 disp.final 21ª, la Dirección General competente en materia de Registros y Notariado se ha pronunciado entendiendo que la citada L 15/2015 disp.trans.4ª es aplicable a los matrimonios que se tramiten a partir de su entrada en vigor, el 23-7-2015, pudiendo por tanto **celebrar el matrimonio civil los notarios** y los letrados de la Administración de justicia, previa tramitación del expediente por los actuales encargados de los Registros Civiles, que delegarán en el notario o letrado de la Administración de justicia elegido por los interesados (DGRN Instr 3-8-15).

4) El Gobierno ha de aprobar los **aranceles** correspondientes a la intervención de los notarios en la tramitación de las actas matrimoniales previas y por la celebración de matrimonios en forma civil con la autorización de las escrituras públicas correspondientes (L 20/2011 disp.final 5ª bis).

5) En relación con las cuestiones tratadas en este apartado, ha de atenderse a la DGRN/DSJFP Instr 3-6-21 redacc DGRN/DGSJFP Instr 9-7-21.

5443.3 **Régimen económico matrimonial legal** (L 28-5-1862 art.53) Para hacer constar expresamente en el Registro Civil el régimen económico matrimonial de un matrimonio, si este no consta con anterioridad, debe solicitarse del notario correspondiente a su domicilio la tramitación de un **acta de notoriedad**. Si se acreditan los hechos y documentos aportados el notario debe remitir, en el mismo día y por medios telemáticos, copia electrónica del acta al Registro Civil correspondiente; en caso contrario, se cierra el acta pudiendo los interesados ejercer su derecho en el juicio que corresponda.

5443.4 **Escritura pública de separación o divorcio** (L 28-5-1862 art.54) En **ausencia de hijos menores o con medidas de apoyo al ejercicio de la capacidad** judicialmente establecidas y atribuidas a sus progenitores que dependan de los cónyuges, puede acordarse la separación o el divorcio ante notario -el del último domicilio común o el del domicilio de cualquiera de los solicitantes-, formulando convenio regulador en escritura pública.

Deben comparecer **asistidos por letrado** en ejercicio.

Expedientes en materia de sucesiones (L 28-5-1862 art.55 a 68) Son los siguientes: 5444

Declaración de herederos abintestato (L 28-5-1862 art.55 y 56) Los que se consideren con derecho a la herencia de una persona fallecida sin testamento pueden promover la declaración de herederos abintestato. Si estos fueran sus descendientes, ascendientes, cónyuge o sus parientes colaterales pueden obtener esta declaración mediante **acta de notoriedad** tramitada por notario con residencia en el lugar en que haya tenido el causante su último domicilio o residencia habitual en España, ante el que se practiquen las actuaciones testifical y documental precisas. De no haber tenido nunca domicilio o residencia habitual en España el competente es el del lugar de su fallecimiento y, en caso de haber fallecido fuera de España, el del lugar donde estuviera la mayor parte de sus bienes. También puede actuar un notario hábil en distrito colindante con cualquiera de los anteriores. En defecto de todos los anteriores, el del lugar del domicilio del solicitante. 5444.1 MPCI nº 10026

Tramitadas todas las diligencias con intervención de todos los interesados y transcurrido el plazo de 20 días contado desde la comparecencia del último de los interesados o del transcurso del mes otorgado para hacer alegaciones si falta por comparecer o por ser localizado alguno de ellos, el notario debe hacer constar su **juicio de conjunto**, declarando qué parientes del causante son los herederos abintestato y los derechos que por ley les corresponden. Ha de hacerse constar la **reserva del derecho a ejercitar su pretensión ante los tribunales** de los que no hayan acreditado su derecho a la herencia, a juicio del notario, de los que no hayan podido ser localizados, o de quienes se consideren perjudicados en su derecho.

Terminado el proceso ante el notario se levanta **acta** y se procede a su protocolización. Este acta sirve de título para inscribir a favor de los herederos en el Registro de la Propiedad los inmuebles o derechos reales que figuren en el mismo a nombre del causante.

Transcurrido el plazo de 2 meses desde que se citó a los interesados sin que nadie se haya presentado o si se declaran sin derecho los que hubieran acudido reclamando la herencia y, si a juicio del notario, **no hay persona con derecho a ser llamada**, ha de remitirse copia del acta de lo actuado a la Delegación de Economía y Hacienda correspondiente por si resulta procedente la declaración administrativa de heredero.

Precisiones 1) Cuando cualquiera de los interesados fuera **menor** y careciera de representante legal, o fuera **persona con discapacidad** sin apoyo suficiente, el notario comunicará esta circunstancia al Ministerio Fiscal para que inste la designación de un defensor judicial.

2) En el régimen implantado por L 15/2015, la declaración del **Estado o ciertas comunidades autónomas o diputaciones forales como herederos abintestato** ha pasado a efectuarse por medio de expediente administrativo, no judicial (nº 8067 s. Memento Procesal Civil 2026).

Presentación, adveración, apertura y protocolización de testamento cerrado (L 28-5-1862 art.57a 60) Se efectúa ante notario con residencia en el **lugar** en que haya tenido el causante su último domicilio o residencia habitual o donde se encuentre la mayor parte de su patrimonio -cualquiera que sea su naturaleza- o en el lugar en que haya fallecido, siempre que estuvieran en España, a elección del solicitante. Puede designarse igualmente, el notario hábil de un distrito colindante con cualquiera de los anteriores. En defecto de todos ellos, el del lugar del domicilio del solicitante o requirente. 5444.2

Desde el fallecimiento del causante se dispone de un **plazo** de 10 días para presentar el testamento, pero en caso de no hacerlo, cualquier interesado puede solicitar al notario que requiera a la persona que tenga en su poder un testamento cerrado para que lo presente ante él. En este caso, deben acreditarse los datos identificativos del causante y, si fuera extraño a la familia del fallecido, expresar y acreditar, además, la razón por la que se cree tener **interés** en la presentación del testamento.

En el caso de que comparezca quien tenga en su poder un testamento cerrado, pero manifieste **no tener interés** en su adveración y protocolización, el notario debe requerir a quienes puedan tener interés en la herencia y, en todo caso, si son conocidos, al cónyuge supérstite, descendientes y ascendientes del testador y, en su defecto, a los parientes colaterales hasta el cuarto grado para que promuevan el expediente ante notario competente, si les interesa.

Siempre que, en cualquiera de los casos, cualquiera de los interesados sea **menor o persona con discapacidad** y carezca de representante legal, el notario debe comunicar esta circunstancia al Ministerio Fiscal para la designación de un defensor judicial.

De ignorarse la identidad o domicilio de estas personas el notario debe dar **publicidad**, durante un mes, del expediente en los tablones de anuncios de los ayuntamientos correspondientes al último domicilio o residencia habitual del causante, al del lugar de fallecimiento, si fuera distinto, y donde radiquen la mayor parte de sus bienes, sin perjuicio de la posibilidad de utilizar otros medios adicionales de comunicación.

Transcurridos 3 meses desde que se hayan realizado los requerimientos o desde la finalización del plazo de la última exposición del anuncio sin que se haya presentado el testamento, a pesar del requerimiento, o sin que ningún interesado haya promovido el expediente, debe procederse al **archivo** del mismo sin perjuicio de su posible reapertura.

5444.3 El **procedimiento** debe observar las diligencias oportunas en las que comparezcan el notario autorizante del testamento, si es distinto, y, en su caso, los testigos instrumentales que hubieran intervenido; en el caso de no comparecer estos ha de preguntarse a los demás si vieron que aquellos pusieron su firma y rúbrica. A continuación, el notario procederá a abrir el pliego y leer en voz alta la disposición testamentaria, a no ser que contenga disposición del testador ordenando que alguna o algunas cláusulas queden reservadas y secretas hasta cierta época, en cuyo caso la lectura se ha de limitar a las demás cláusulas de la disposición testamentaria.
Los parientes del testador u otras personas en quienes pueda presumirse algún interés pueden presenciar la **apertura del pliego y lectura del testamento**, si lo tienen por conveniente, sin permitirles que se opongan a la práctica de la diligencia por ningún motivo, aunque presenten otro testamento posterior.
Cumplidos estos trámites el notario debe extender **acta de protocolización**. Sin embargo, si entiende que el testamento no reúne las solemnidades prescritas por la ley o que, a su juicio no quedó acreditada la autenticidad del pliego, ha de hacerlo constar así, ha de cerrar el acta y no puede autorizar la protocolización del testamento.

Precisiones 1) Cuando cualquiera de los interesados fuera **menor** y careciera de representante legal, o fuera **persona con discapacidad** sin apoyo suficiente, el notario comunicará esta circunstancia al Ministerio Fiscal para que inste la designación de un defensor judicial.
2) Pueden protocolizarse igualmente las **memorias testamentarias**, que no existen en el Derecho común, sino solamente en **Cataluña y Baleares**.

5444.4 **Presentación, adveración, apertura y protocolización de testamento ológrafo** (L 28-5-1862 art.61 a 63) Las reglas de determinación de la **competencia** notarial son en este caso, iguales que las expuestas en el expediente precedente.
Si transcurrido el **plazo** de 10 días desde el fallecimiento del otorgante, el testamento no es presentado con forme a lo dispuesto en el Código Civil, cualquier interesado puede solicitar al notario que requiera a quien tenga en su poder un testamento ológrafo para que lo presente ante él. En el caso de que comparezca, pero manifieste no tener **interés** en la adveración y protocolización, el notario ha de requerir a quienes puedan tener interés en la herencia y, en todo caso, si les es conocido, al cónyuge supérstite, a los descendientes y ascendientes del testador y, en defecto de estos, a los parientes colaterales hasta el cuarto grado para que promuevan el expediente ante notario competente, si les interesa.
No se admiten las solicitudes que se presenten después de transcurridos 5 años desde el fallecimiento del testador.
Una vez **presentado el testamento** ológrafo ha de citarse al cónyuge sobreviviente, si lo hubiera, los descendientes y ascendientes del testador y, en su defecto, a los parientes colaterales hasta el cuarto grado. En caso de ignorarlos se citarán por edictos en los tablones de anuncios de los ayuntamientos correspondientes al último domicilio o residencia del causante, al del lugar del fallecimiento si fuera distinto y donde radiquen la mayor parte de sus bienes, sin perjuicio de la posibilidad de utilizar otros medios adicionales de comunicación.
En el día señalado, el notario debe proceder a la **apertura del testamento** ológrafo cuando esté en pliego cerrado, rubricándolo en todas sus hojas y examinando los **testigos**. Cuando al menos tres testigos declaren que no abrigan duda racional puede prescindirse de las declaraciones testificales que falten.
Si el notario considera justificada la autenticidad del testamento ha de autorizar el **acta de protocolización** y expedir copia de la misma a los interesados que la soliciten. En caso contrario, lo debe hacer constar, cerrar el acta u no autorizar la protocolización.

Precisiones Se aplica igual regla en caso de interesados **menores o con discapacidad** sin apoyo suficiente expuesta en nº 5444.1 y nº 5444.2.

5444.5 **Presentación, adveración, apertura y protocolización de testamento otorgados en forma oral** (L 28-5-1862 art.64 y 65) Aplicando iguales criterios de **competencia** notarial que en los dos expedientes precedentes, cualquier interesado puede solicitar al notario que otorgue el correspondiente acta, debiendo acompañar su solicitud de la nota, memoria o soporte en el que se encuentre grabada la voz o el audio y el vídeo con las últimas disposiciones del testador, siempre que permita su reproducción y se hayan tomado al otorgarse el testamento.
El notario, tras aceptar la solicitud, debe citar a los **testigos** para que comparezcan, pudiendo autorizar la protocolización del testamento cuando de sus declaraciones resulten clara y terminantemente acreditadas las circunstancias siguientes:
- que concurrió causa legal para el otorgamiento del testamento en forma oral;
- que el testador tuvo el propósito serio y deliberado de otorgar su última disposición;

- que los testigos oyeron simultáneamente de boca del testador todas las disposiciones que quería se tuviesen como su última voluntad, bien lo manifestase de palabra, bien leyendo o dando a leer alguna nota o memoria en que se contuviese;
- que los testigos fueron en el número que exige la ley, según las circunstancias del lugar y tiempo en que se otorgó, y que reúnen las cualidades que se requiere para ser testigo en los testamentos.
Si el notario no considera justificada la **autenticidad del testamento** debe hacerlo constar así, cerrar el acta y no autorizar la protocolización del testamento.

Designación de contador-partidor dativo y otras operaciones (L 28-5-1862 art.66) El notario con residencia en el lugar en que haya tenido el causante su último domicilio o residencia habitual o en el lugar en que hubiera fallecido, siempre que estuvieran en España, tiene **competencia** para: **5444.6** MPCI nº 10038
a) El **nombramiento de contador-partidor dativo** para los casos previstos en el CC art.1057.
b) La **renuncia del contador-partidor** nombrado o la **prórroga** de fijación del plazo para la realización de su encargo.
c) La **renuncia del albacea o prórroga** de su cargo por concurrir justa causa.
d) La **aprobación de la partición** realizada por el contador-partidor dativo, cuando sea preciso por no concurrir confirmación expresa de todos los herederos o legatarios. La aprobación constituye un específico expediente de jurisdicción voluntaria tramitado por el notario competente, aunque no sea el mismo que autorice la escritura de partición, pero tratándose de una aprobación diferente a la autorización de la citada escritura (DGRN Resol 18-7-16).
Puede actuarse ante un notario de distrito colindante con cualquiera de los anteriores. En defecto de todos ellos, ante el del lugar del domicilio del solicitante.

Aceptación de herencia a beneficio de inventario y derecho a deliberar previo inventario (CC art.1010, 1011, 1014 s. y 1030) La aceptación de la herencia, acto jurídico en virtud del cual el llamado como heredero o a título universal se convierte en tal respecto de una sucesión abierta, puede producirse pura y simplemente -expresa o tácitamente- o a beneficio de inventario, aunque el testador lo haya prohibido (CC art.998, 999 y 1010; DGRN Resol 19-7-16). Una vez hecha, como la renuncia, es **irrevocable** (CC art.997), lo que no impide efectuar posterior **subsanación de una manifestación** hecha en este sentido, siempre que no encubra una revocación de la aceptación o renuncia (DGRN Resol 21-4-17), ni corregir o subsanar **errores en el documento notarial** (RN art.153; DGRN Resol 18-5-17; 17-10-17). **5444.7** MPCI nº 10040
El beneficio de inventario constituye una **prerrogativa** o privilegio que posee el heredero consistente en la facultad de poder limitar su responsabilidad por deudas hereditarias hasta el punto donde alcancen los bienes relictos (AP A Coruña 22-6-06, EDJ 473987).
La aceptación de la herencia a beneficio de inventario, ha de realizarse **ante notario**, mediante instrumento público o ante agente diplomático o consular habilitado para desempeñar funciones notariales, si el heredero se halla en país extranjero. La declaración ha de ir precedida o seguida de un **inventario** fiel y exacto de todos los bienes de la herencia, elaborado conforme a las reglas del CC art.1014 s. -fundamentalmente, citación a coherederos y legatarios, inventario fiel- y **solicitud** temporánea.
Los **plazos** para efectuar la solicitud son los siguientes:

Si el llamado a la herencia **tiene en su poder los bienes** o parte de ellos	30 días naturales desde que se sepa llamado en concepto de heredero	Cualquiera que sea el lugar de su residencia
Si el llamado a la herencia **no tiene en su poder los bienes** ni ha practicado gestión alguna como heredero	Iguales plazos, computados desde el vencimiento del plazo otorgado por el notario (CC art.1005) o desde que hubiese gestionado la herencia	
Si se ha presentado **solicitud al notario para que requiera al llamado** para que acepte o repudie (*)	En el plazo dado al efecto (CC art.1005)	
En **otro caso**	Dentro del plazo de prescripción de la acción para reclamar la herencia	

(*) Ver nº 10050 Memento Procesal Civil 2026 sobre la **«interrogatio in iure» catalana**.

En todo caso, cuando para el **pago de los créditos con cargo a la herencia** y de los **legados** sea preciso enajenar bienes hereditarios, se ha de efectuar por medio de subasta pública notarial o mediante enajenación directa en caso de valores cotizables en mercado secundario oficial, a menos que todos los herederos, acreedores y legatarios acuerden otra cosa. **5444.8**

En tales supuestos, el trámite que ha de seguirse es el previsto, complementariamente a las reglas del Código Civil, en la L 28-5-1862 -notariado- art.70 s. (nº 5445.2) o en la legislación sobre mercados de valores.

En aquellos casos en los que, previamente a la aceptación, el llamado a la herencia solicite la formación de inventario para ejercer su **derecho a deliberar**, lo recabará del notario competente, pudiendo este proveer a instancia de parte interesada, durante la formación del inventario y hasta la aceptación de la herencia, a la **administración del caudal y custodia de los bienes** con arreglo a lo establecido en el Código Civil y en la legislación notarial (CC art.1020), pudiendo aplicarse por analogía, en sede notarial, las normas procesales relativas a la intervención del caudal hereditario (LEC art.790 a 805), y ello sin perjuicio de la **intervención judicial**, en caso de que esta proceda.

Desde la **conclusión del inventario**, el heredero que se haya reservado el derecho a deliberar, debe manifestar ante notario, dentro de 30 días contados desde el siguiente al de la conclusión, si repudia o acepta la herencia y si hace uso o no del beneficio de inventario. Pasado tal plazo sin hacer dicha manifestación, se entiende que la acepta pura y simplemente.

5444.9 MPCI nº 10046 s. **Formación de inventario** (L 28-5-1862 art.67; CC art.1017) Se aplican iguales reglas de atribución de **competencia** notarial que las expuestas en los expedientes de apertura, adveración y protocolización de testamentos (nº 5444.5).

El heredero que solicite la formación de inventario debe presentar su **título de sucesión** hereditaria y acreditar al notario, o bien comprobar este, el **fallecimiento** del otorgante y la existencia de **disposiciones testamentarias**.

El **inventario comienza** dentro de los 30 días de la citación de los acreedores y legatarios.

Contiene una relación de los bienes del causante, así como las escrituras, documentos y papeles de importancia que se encuentren, referidos a bienes muebles e inmuebles. Del metálico y valores mobiliarios depositados en entidades financieras, debe aportarse certificación o documento expedido por la entidad depositaria. El pasivo debe incluir relación circunstanciada de estar alguna deuda vencida y no satisfecha. No recibiéndose por parte de los acreedores respuesta, se ha de incluir por entero la cuantía de la deuda u obligación.

El **inventario debe concluir** dentro de los 60 días a contar desde su comienzo, pero si se considera insuficiente se puede prorrogar hasta un máximo de 1 año.

Terminado el inventario, se cierra y protocoliza el **acta**.

Quedan a salvo los **derechos de terceros**.

5445 Expedientes en materia de obligaciones (L 28-5-1862 art.69 a 71) Son los siguientes:

5445.1 **Ofrecimiento de pago y consignación** (CC art.1176 a 1181; L 28-5-1862 art.69) El ofrecimiento de pago y la consignación de los bienes de que se trate pueden efectuarse ante notario o ante la autoridad judicial competente (nº 5430.1). En el caso de realizarse **ante notario**, el régimen es el siguiente:

• Quien promueva el expediente ha de expresar los datos y circunstancias de **identificación** de los interesados en la obligación a que se refiera el ofrecimiento de pago o la consignación, el domicilio en que pueda ser citado, así como las razones de la actuación, todo lo relativo al objeto del pago o la consignación y su puesta a disposición del notario.

• Si los bienes consignados consisten en **dinero, valores e instrumentos financieros**, han de depositarse en el establecimiento que designe el notario. Si son de **otra naturaleza** se ha de hacer en el establecimiento que disponga el notario o encargando su custodia a establecimiento adecuado a tal fin, asegurándose de que se adoptan las medidas necesarias para su conservación. Puede incluso ser depositario el propio deudor.

• El notario debe **notificar a los interesados** la existencia del ofrecimiento de pago o la consignación, para que en el plazo de 10 días acepten el pago, retiren la cosa debida o realicen las alegaciones que consideren oportunas. En caso aceptar el pago o lo consignado en plazo se le hace entrega del bien haciendo constar en acta tal circunstancia, dando por finalizado el expediente.

Si transcurrido dicho plazo no se procede a retirarla, no realiza ninguna alegación o se niega a recibirla, se procede a la **devolución** de lo consignado sin más trámite y se archiva el expediente.

Precisiones Ver nº 5430.2 en relación con la **consignación judicial**.

5445.2 **Reclamación de deudas dinerarias que puedan resultar no contradichas** (L 28-5-1862 art.70 y 71) Cualquier acreedor que pretenda de otro el pago de una deuda dineraria de cualquier **importe**, líquida, determinada, vencida y exigible, puede solicitar del notario con residencia en el domicilio o residencia del deudor o el del lugar en que el deudor pueda ser hallado, que requiera de pago a dicho deudor, siempre que la deuda, desglosada entre el principal, interés de demora y el tipo de interés de demora aplicado, se acredite documentalmente de forma indubitada.

Se excluyen las reclamaciones fundadas en un contrato entre un empresario o profesional y un consumidor o usuario, las basadas en la L 49/1960 art.21 -propiedad horizontal-, las deudas de alimentos en que estén interesados menores, las que recaigan sobre materias indisponibles u operaciones sometidas a autorización judicial y las reclamaciones fundadas en Derecho privado o laboral contra cualquier Administración pública.
La reclamación de las deudas se autoriza mediante **acta notarial** que identifique todos los elementos de la deuda y en la que se deje constancia de las actuaciones que se vayan practicando.
El notario, una vez aceptada la **solicitud** del acreedor y comprobada la concurrencia de los **requisitos** precisos, ha de requerir al deudor para que, en el **plazo** de 20 días, pague al peticionario, acreditándolo ante la notaría, o comparezca ante esta para realizar el pago o alegar las razones por las que, a su entender, no debe, en todo o en parte, la cantidad reclamada.

Si el **deudor no puede ser localizado**, no se le puede hacer entrega personal del requerimiento o fuera localizado en otro lugar donde no tenga competencia, el notario ha de dar por terminada la actuación, haciendo constar en el acta tal circunstancia, quedando a salvo el ejercicio de su derecho en vía judicial o ante notario competente, en su caso. **5445.3**
Se tiene por **realizado válidamente el requerimiento** si el deudor es localizado y efectivamente requerido por el notario, aunque rehúse hacerse cargo de la documentación que lo acompaña, que queda a su disposición en la notaría. También es válido el requerimiento realizado a cualquier empleado, familiar o persona con la que conviva el deudor, siempre que sea mayor de edad, cuando se encuentre en su domicilio. En el caso de efectuarse el **requerimiento en el lugar de trabajo** no ocasional del destinatario, en ausencia de este, debe efectuarse a la persona que esté a cargo de la dependencia destinada a recibir documentos u objetos.
Si el **destinatario es persona jurídica**, el notario ha de entender la diligencia con persona mayor de edad que se halle en el domicilio expresado en el documento y que forme parte del órgano de administración, que acredite ser representante con facultades bastantes o que, a juicio del notario, actúe notoriamente como encargado de recibir notificaciones o requerimientos.

Una vez **entregado el requerimiento** y dentro del plazo de 20 días, si el deudor comparece ante el notario requirente y **paga la deuda**, se hace constar por diligencia que tiene el carácter de carta de pago. Si paga directamente al acreedor y lo acredita, el notario cierra el acta. Y si no hay confirmación por el acreedor el notario cierra el acta quedando abierta la vía judicial. **5445.4**
Si se acude a la notaría a formular **oposición**, han de recogerse los motivos que fundamentan esta, haciéndolo constar por diligencia y poniéndose fin a la actuación notarial, quedando a salvo la **vía judicial**.
Cuando se hubiera requerido a **varios deudores por una única deuda**, la oposición de uno da lugar al fin de la actuación notarial respecto de todos si la causa fuera concurrente, haciéndose constar los pagos que hubiera podido realizar alguno de ellos.
Si en el plazo indicado el deudor **no comparece o no alega motivos de oposición**, el notario debe dejar constancia de dicha circunstancia, convirtiéndose el acta en documento que lleva aparejada ejecución que se debe tramitar conforme a lo establecido para los títulos ejecutivos extrajudiciales.

Expediente de subasta notarial (L 28-5-1862 art.72 a 77) Las subastas que se realicen ante notario en cumplimiento de una disposición legal se regulan por las **normas** que las establezcan y, en su defecto, por las siguientes, que rigen también en las subastas ante notario en cumplimiento de una resolución judicial o administrativa o de cláusula contractual o testamentaria. Son de **aplicación supletoria** las normas establecidas para las subastas electrónicas en la legislación procesal, en cuanto fueran compatibles. **5446**
En defecto de disposición contraria, respecto de la subasta en cumplimiento de una resolución judicial o administrativa, la **competencia** corresponde al notario que designe el titular del bien o derecho subastado o el de la mayor parte del mismo, si fueran varios -en defecto de acuerdo entre los interesados, de entre los notarios con residencia en el ámbito de competencia de la autoridad que dictó la resolución-. Si los diversos titulares lo son por partes iguales, el que designe el titular anterior. En defecto de todo ello, se designará el que proceda reglamentariamente de entre los notarios competentes.
En los restantes supuestos, es competente el notario designado por acuerdo de los interesados. En su defecto y a falta de previsión al respecto, el designado libremente por el requirente, si fuera titular del bien o derecho subastado. En otro caso, el notario hábil en el domicilio o residencia habitual del titular o de cualquiera de los titulares o el de situación del bien o de la mayor parte de los bienes, a elección del requirente. Puede igualmente elegirse a un notario colindante con cualquiera de los anteriores.

5446.1 **Convocatoria** El notario, a requerimiento de persona legitimada, debe proceder a la convocatoria de la subasta que ha de ser electrónica y llevarse a cabo en el **portal de subastas** de la Agencia Estatal del BOE. Correspondiendo al notario la autorización del **acta** que refleje las circunstancias esenciales y el resultado de la subasta y, en su caso, la autorización de la correspondiente **escritura pública**.

Acreditadas ante el notario todas las circunstancias legitimadoras para instar la subasta se acepta la **solicitud** y, tratándose de un inmueble o derecho real inscrito en el Registro de la Propiedad, así como de bienes o derechos sujetos a publicidad registral, se solicita, por procedimientos electrónicos, **certificación registral de dominio y cargas**.

El notario aceptará el requerimiento previa **consulta al registro público concursal**, poniendo en conocimiento de este la existencia del procedimiento con indicación expresa del NIF del titular del bien o derecho que se subasta, comunicando el registro citado al notario cualquier asiento que se practique relativo al titular del bien o derecho. Asimismo, el notario ha de comunicar al citado registro público la finalización del expediente.

El **anuncio de la convocatoria** de la subasta ha de publicarse, además de los lugares designados por el promotor del expediente, en la sección correspondiente del BOE. La convocatoria debe anunciarse con una antelación de, al menos, 24 horas respecto al momento en que se haya de abrir el plazo de presentación de posturas, Ha de contener únicamente su fecha, nombre y apellidos del notario encargado y la dirección electrónica que corresponda a la subasta en el portal de subastas. También debe indicarse la posibilidad de visitar el inmueble objeto de subasta.

Las **subastas voluntarias** pueden convocarse bajo condiciones especiales o particulares, debiendo estas consignarse en el pliego y en los anuncios insertos en el portal de subastas.

5446.2 **Notificación y comparecencia** El notario debe notificar al **titular del bien**, salvo que sea el propio solicitante, la celebración de la subasta, así como todo el contenido de su anuncio y el procedimiento seguido para la fijación del tipo de subasta. Asimismo, ha de requerirle para que comparezca en el acta en defensa de sus intereses. Por último, ha de comunicar la celebración de la subasta a los **titulares de derechos y cargas** que figuren en la certificación de dominio, así como a los **arrendatarios u ocupantes** que consten identificados en la solicitud; pero si no los puede localizar, ha de darles la misma **publicidad** que la que se prevé para la subasta.

En el caso de que el titular del bien o un tercero que se considere con derecho a ello comparezcan manifestando su **oposición** a la celebración de la subasta, el notario ha de hacer constar su petición y las razones y documentos que aduzcan, reservándoles sus posibles derechos para la interposición de acciones judiciales, sin que se produzca la **suspensión** del expediente, salvo que se justifique haber sido interpuesta la correspondiente demanda.

5446.3 **Celebración** La subasta se abre transcurridas, al menos, 24 horas desde la fecha de publicación del anuncio en el BOE, una vez haya sido remitida al **portal de subastas** la información necesaria.

A continuación se pueden realizar **pujas electrónicas** durante, al menos, un plazo de 20 días naturales desde su apertura, de las cuales se ha de dar la información oportuna.

Para la **participación** en la subasta es necesario estar en posesión de la correspondiente acreditación para intervenir en la misma, tras haber consignado en la forma electrónica o prestado aval bancario por el 5% del valor de los bienes. Sin embargo, si el solicitante no es el titular y quiere participar en la subasta no le es exigida la constitución de esa consignación, como tampoco a los copropietarios o cotitulares del bien o derecho a subastar.

En la fecha de **cierre de la subasta**, el portal de subastas debe remitir al notario información certificada de la postura telemática vencedora y este ha de extender la correspondiente diligencia.

En el caso de no concurrir **ningún postor** el notario lo ha de hacer constar, declarar desierta la subasta y acordar el cierre del expediente.

El **adjudicatario** debe firmar la diligencia.

5446.4 **Adjudicación y devolución de consignaciones** La devolución de las consignaciones hechas para tomar parte en la subasta por personas que no hayan resultado adjudicatarias, no ha de efectuarse hasta que no se haya abonado el total del precio de la adjudicación, si así se hubiera solicitado por parte de los postores.

Si el adjudicatario incumple su obligación de **entrega de la diferencia del precio** entre lo consignado y lo efectivamente rematado, al adjudicación ha de realizarse al segundo o sucesivo mejor postor que haya solicitado la reserva de su consignación, perdiendo las consignaciones los incumplidores; no obstante, se procede a la **suspensión provisional del remate o adjudicación** hasta que haya transcurrido el plazo establecido para el ejercicio del derecho de adquisición preferente de los socios o de la sociedad.

Si el bien subastado es un **inmueble**, el titular ha de otorgar ante el notario escritura pública de venta a favor del adjudicatario al tiempo de completar este el pago del precio.

Precisiones 1) La subasta notarial que cause una venta forzosa solo puede ser objeto de **suspensión** por alguna de las causas tasadas que enumera la L 28-5-1862 art.76. Concretamente:
- aportación de resolución judicial, aun no firme, justificativa de la **inexistencia** de la obligación garantizada o certificación registral de **cancelación** de la carga o escritura pública de carta de pago o de alteración de titularidad o situación de las cargas de la finca;
- acreditación documental de existencia de **causa criminal** en trámite que pueda determinar la falsedad del título, la ilicitud o invalidez de la venta;
- justificación de la declaración del **concurso** del deudor o la paralización de acciones de ejecución en los supuestos previstos en la legislación concursal, aunque ya estuvieran publicados los anuncios de la subasta, con levantamiento de la suspensión en caso de resolución judicial de no afectación o no necesariedad de bienes o la homologación judicial de un acuerdo alcanzado en el concurso;
- interposición de **tercería de dominio** con título de propiedad anterior a la fecha del que funde la subasta;
- acreditación de inicio de **otra subasta** sobre los mismos bienes o derechos.

2) El procedimiento de constitución, gestión y devolución de depósitos exigidos para participar en **subastas electrónicas**, se somete a las reglas contenidas en el RD 1011/2015.

Expedientes en materia mercantil (L 28-5-1862 art.78 a 80) Son los que se exponen a continuación: 5447

Robo, hurto, extravío o destrucción del título-valor (L 28-5-1862 art.78) Están **legitimados** para solicitar del notario la adopción de estas medidas quienes sean los poseedores legítimos de estos títulos que vayan a ser desposeídos de los mismos o que hayan sufrido su destrucción o extravío. 5447.1

La **competencia** corresponde al notario del lugar de pago, cuando se trate de un título de crédito; al del lugar de depósito, en el caso de títulos de depósito; o al del lugar del domicilio de la entidad emisora, cuando sean títulos de valores mobiliarios, según proceda.

El notario, tras aceptar la solicitud del legitimado, ha de comunicarlo, mediante **requerimiento al emisor** de los títulos y, si se trata de un título cotizable, a la sociedad rectora de la Bolsa correspondiente; también debe solicitar la **publicación oficial** a los efectos de que los posibles interesados en el procedimiento comparezcan en la notaría.

Si comparece el notario debe levantar acta de la celebración de la **comparecencia** e instar al promotor del expediente y al emisor de los títulos a que no procedan a su negociación o transmisión, así como a la **suspensión del cumplimiento** de la obligación de pago documentada en el título o del pago del capital, intereses o dividendos, o bien al depósito de las mercancías, según proceda en atención al título de que se trate.

Cuando se trate de un **título de tradición**, no procede el depósito de las mercancías si son de imposible, difícil o muy costosa conservación o corren el peligro de sufrir grave deterioro o de disminuir considerablemente de valor. En ese caso, el notario ha de instar al porteador o depositario a que entregue las mercancías al solicitante si este ha prestado caución suficiente por el valor de las mercancías depositadas más la eventual indemnización de los daños y perjuicios al tenedor del título si se acredita posteriormente que el solicitante no tenía derecho a la entrega.

A petición del solicitante el notario puede nombrar un **administrador para el ejercicio de los derechos de asistencia y de voto a las juntas** generales y especiales de accionistas correspondientes a los títulos que sean valores mobiliarios, así como para la impugnación de los acuerdos sociales.

Una vez **transcurrido el plazo de 6 meses** sin que se haya suscitado controversia, el notario ha de autorizar al que promovió el expediente a cobrar los **rendimientos** que produzca el título, requiriendo a su instancia, al emisor para que proceda a su pago.

Transcurrido el plazo de 1 año sin mediar oposición, el notario debe requerir al emisor para que expida los nuevos títulos, que han de entregarse al solicitante.

En ningún caso procede la **anulación del título** si el tenedor actual que formula oposición los ha adquirido de buena fe.

En caso de que no sea procedente la anulación del título, quien haya sido tenedor legítimo en el momento de la pérdida de la posesión, tiene las acciones civiles o penales que correspondan contra el adquirente de mala fe de la posesión del documento.

Precisiones Conexión evidente con este expediente guarda, en el ámbito del Derecho marítimo, el relativo al extravío, la sustracción o la destrucción del **conocimiento de embarque** (L 14/2014 art.516 a 522), también de competencia notarial (nº 5452).

Depósitos en materia mercantil y venta de los bienes depositados (L 28-5-1862 art.79) En todos los casos en que, por disposición legal o pacto, proceda el depósito de bienes muebles, valores o efectos mercantiles, puede realizarse ante notario mediante **acta** de depósito. 5447.2

Si el depósito consiste en **letras de cambio u otros efectos** que se puedan perjudicar por su no presentación en ciertas fechas a la aceptación o al pago, el notario puede proceder a realizar dicha presentación y, si se le es satisfecho el importe, queda sustituido el depósito de los efectos por su importe en dinero.
En todos los casos en que se permita la **venta** de los bienes o efectos depositados, el notario, a instancia del depositante o del propio depositario, puede convocar y proceder a la venta de los bienes.

Precisiones En el ámbito del **Derecho marítimo** se regulan algunos expedientes que guardan cercanía con el estudiado. Señaladamente, el depósito y venta de mercancías o equipajes en el transporte marítimo (L 14/2014 art.512 a 515). Ver nº 5452.

5447.3 **Nombramiento de peritos en contrato de seguro** (L 28-5-1862 art.80; L 50/1980 art.38) Cuando en el contrato de seguro **no haya acuerdo entre los peritos** nombrados por el asegurador y el asegurado para determinar los daños producidos, y aquellos no estén conformes con la designación de un tercero, el notario al que acudan las partes y tenga su residencia en el lugar del domicilio del asegurado, puede llevar a cabo este expediente iniciado por cualquiera de las partes del contrato de seguro o ambas conjuntamente.
Una vez verificado el **nombramiento**, ha de hacerse saber al designado para que manifieste si lo acepta o no, lo que puede realizar alegando justa causa. Una vez aceptado, se ha de proveer el consiguiente nombramiento, debiendo el perito emitir el **dictamen** en el plazo previsto por las partes y, en su defecto, en el plazo de 30 días a partir de la aceptación del nombramiento. Una vez emitido el dictamen ha de incorporarse al **acta** y darse por finalizada.

5448 **Conciliación** (L 28-5-1862 art.81) Puede intentarse la conciliación ante notario en cualquier **controversia contractual, mercantil, sucesoria o familiar**, siempre que no recaiga sobre materia indisponible, con exclusión asimismo de las cuestiones propias de la legislación concursal. Se consideran **materias indisponibles** los mismos asuntos excluidos de conciliación con carácter general (L 28-5-1862 art.81 a 83).
Asimismo, cabe plantear ante notario la conciliación a que se refiere LH art.103 bis redacc LO 1/2025: sobre cualquier **controversia inmobiliaria, urbanística y mercantil** o que verse sobre **hechos o actos inscribibles** en el Registro de la Propiedad, Mercantil u otro registro público, siempre que no se trate de materia indisponible.

5449 MPCI nº 10084 **Acta de notoriedad** En algunos de los expedientes estudiados se hace referencia a esta figura, por lo que resulta conveniente efectuar unas consideraciones generales sobre ella.
Desaparecidas de la LH como consecuencia de la reforma operada por L 13/2015 -**reanudación del tracto sucesivo interrumpido**-, subsisten en la redacción vigente de la L 28-5-1862 -notariado-.
Los tribunales y la doctrina han afirmado rotundamente que participan de la naturaleza de los actos de jurisdicción voluntaria (DGRN Resol 11-3-03: se trata de un **documento notarial singular** que, por mandato legal, participa de la misma naturaleza de jurisdicción voluntaria de que gozaba el pronunciamiento judicial sustituido; y, en consecuencia, los efectos de ese documento notarial son los mismos que en su momento tuvieron los documentos judiciales en relación con el título sucesorio *abintestato*; AP Madrid auto 17-10-07, EDJ 231626; AP Huesca 29-7-08, EDJ 198880).
El acta de notoriedad tampoco se regula en la L 15/2015, sino en las normas reguladoras del notariado (L 28-5-1862 art.49 s.; RN art.209)-, y consiste en un documento levantado por notario que tiene por **objeto** la comprobación y fijación de **hechos notorios** sobre los cuales pueden ser fundados y declarados derechos y legitimadas situaciones personales o patrimoniales, con trascendencia jurídica (DGRN Resol 24-2-50).

b. Expedientes relativos al Registro de la Propiedad

(LH art.198 s.)

5450 Alrededor de la figura del expediente de dominio gravitan una serie de actos o cauces de jurisdicción voluntaria extrajudicial relativos a la debida **constancia de las titularidades reales** en el Registro de la Propiedad. Han sido objeto de una profunda reforma por medio de la L 13/2015. Estos expedientes son:
- el **deslinde** registral de la finca inscrita;
- la **rectificación de la descripción registral** de la finca;
- el **expediente de dominio** para la inmatriculación de fincas no inscritas a favor de persona alguna;
- la **subsanación** de la doble o múltiple inmatriculación;
- la **liberación registral de cargas** o gravámenes;

- la **reanudación del tracto sucesivo** interrumpido.

Todos estos expedientes pueden acumularse cuando su finalidad sea compatible y recaiga en el mismo funcionario (notario, registrador de la propiedad) la **competencia** para su tramitación, debiendo integrarse coetánea o, en su defecto, sucesivamente, la totalidad de los trámites exigidos para cada uno de ellos.

De entre ellos, el **trámite** dominante es el propio del expediente de dominio para la inmatriculación de fincas no inscritas, que se aplica también, con ciertas especialidades a los expedientes de rectificación de descripción registral de fincas y a la reanudación del tracto sucesivo interrumpido.

En todos ellos, la desestimación de la pretensión del promotor no impide la incoación de un **proceso judicial posterior** con el mismo objeto.

Precisiones 1) Las operaciones registrales relativas a **bienes de las Administraciones públicas** se efectúan por medio de certificación administrativa (LH art.206). **5450.1** MPCI nº 10092

2) Además de los expedientes expuestos, se regula en los preceptos citados de la LH la **inscripción de plantaciones, instalaciones, edificaciones y otras mejoras**, cuyo perfil se separa relativamente de los anteriores, siendo simplemente una operación de presentación de títulos sometida a calificación registral sin alcanzar la condición de acto de jurisdicción voluntaria.

3) Igualmente, los actos de **conciliación sobre cualquier controversia inmobiliaria o urbanística** que verse sobre hechos o actos inscribibles en el Registro de la Propiedad u otro registro público, pueden tramitarse ante registrador de la propiedad competente, siempre que no recaiga sobre materia indisponible, con la finalidad de alcanzar un acuerdo extrajudicial. La conciliación por estas controversias puede también celebrarse, a elección de los interesados, ante notario o letrado de la Administración de Justicia. No obstante, las **cuestiones previstas en la legislación concursal** no podrán conciliarse siguiendo este trámite (LH art.103 bis redacc LO 1/2025; DGRN Resol 31-1-18).

4) Tras la entrada en vigor de la L 13/2015, con la **desjudicialización** de los procedimientos de la LH art.198 s., se puede emplear para inscribir la ubicación y delimitación geográfica de las fincas, su superficie y linderos, rectificando si fuera preciso la previa descripción literaria, el procedimiento ante registrador (LH art.199) o bien acudir a la tramitación ante notario (LH art.201), encaminada a la inscripción de **rectificaciones de la descripción, superficie y linderos de las fincas registrales** (DGRN Resol 21-10-15).

Dichos procedimientos se inician **a instancia de titular registral** conforme al principio de rogación, no de oficio por el registrador, siendo esencial que aquel identifique la representación gráfica georreferenciada que se corresponde con la finca de que es titular y cuya inscripción se pretende (DGRN Resol 15-6-16; 29-9-17; 25-4-24).

El cauce de LH art.201 redacc L 13/2015 puede ser utilizado cualesquiera que sean las discrepancias superficiales con la cabida inscrita o los linderos que pretendan modificarse, incluso fijos (DGRN Resol 17-11-15; 21-11-17).

5) Tras la L 13/2015, la legitimación para instar el procedimiento para la **subsanación de la doble inmatriculación** está específicamente regulada en LH art.209, regla segunda, que establece que el expediente se iniciará de oficio por el registrador, o a instancia del titular registral de cualquier derecho inscrito en alguno de los diferentes historiales registrales coincidentes. Por tanto, fuera de los supuestos de iniciación de oficio por el registrador, la legislación hipotecaria solo reconoce legitimación a los titulares registrales de derechos inscritos en las fincas afectadas por la doble inmatriculación. Siguiendo la doctrina de la Dirección General competente en materia de Registros y Notariado para la regulación anterior a la L 13/2015 (DGRN Resol 26-2-13; 2-12-14), la expresión legal de esta regla, así como la de LH art.209 regla sexta, puede entenderse comprensiva no solo de los titulares de derechos inscritos, sino también anotados, entendiendo la inscripción en sentido amplio y, por tanto, no solo comprensiva de las inscripciones propiamente dichas, sino también de las anotaciones preventivas (DGRN Resol 22-11-16).

6) El expediente regulado en LH art.201 -**rectificación de descripción registral de fincas**-, es un medio hábil para obtener la inscripción registral de la rectificación descriptiva de cualquier tipo, tanto de superficie como de linderos, incluso linderos fijos, y de cualquier magnitud, sin límite cuantitativo (DGRN Resol 17-11-15; 4-12-19); pero **no se aplica** para la rectificación descriptiva de edificaciones, fincas o elementos integrantes de cualquier edificio en régimen de división horizontal o fincas resultantes de expediente administrativo de reorganización de la propiedad, expropiación o deslinde. En tales casos, es necesaria la rectificación del título original o la previa tramitación del procedimiento administrativo correspondiente (DGRN Resol 29-11-17; 13-11-18; 5-11-19).

Expediente de dominio Son tres las **notas características** del expediente de dominio: **5451** MPCI nº 10094, 10098 s.

1) Su **objeto**, que no es otro que conseguir una declaración -resolución motivada dictada por el registrador de la propiedad- de haberse justificado o acreditado el dominio o un derecho real sobre finca no inscrita por parte de la persona que lo promueve, con el consiguiente acceso al Registro de la Propiedad.

2) Su **naturaleza**, pues constituye lo que se llama **titulación supletoria**, que es la que, como su nombre indica, suple la falta de título propio y adecuado de la adquisición de inmuebles o derechos reales, sustituyendo el título originario y verdadero, revelador de la adquisición o transmisión por otro en el que se justifica que aquel existió como acto o como documento.

3) Su **finalidad**, que está ordenada a la inmatriculación de fincas no inscritas, la inscripción de excesos de cabida y la reanudación del tracto registral interrumpido (Abogacía General del Estado Dict 26-3-2003).
Su **regulación** no está contenida en la L 15/2015, sino en la LH y en el RH.

Precisiones La **doctrina de la Dirección General competente en materia de Registros y Notariado** sobre estos expedientes se expone con detalle en nº 10098 s. Memento Procesal Civil 2026.

5451.1 **Oposición de tercero** El régimen de oposición de tercero en el expediente de dominio es específico, **si se formula oposición por cualquier interesado** ante el notario actuante -el de cualquier población del distrito hipotecario en que radiquen las finca, los colindantes o la capital provincial-, este da por concluso el expediente y archiva las actuaciones, dando cuenta al registrador de la propiedad. El promotor puede entablar **demanda de juicio declarativo** contra todos los que se hayan opuesto, ante el juez del lugar de radicación de la finca.
Asimismo, siempre que se entable **proceso contencioso** relativo al dominio sobre la finca o cualquier otro derecho inscribible, se da inmediatamente por concluido el expediente (LH art.203.1.6ª).
Por lo tanto, **mientras no se formule oposición** es un acto de jurisdicción voluntaria.
Cuando la **oposición se produce**, pero referida exclusivamente a la pretendida **justificación de la adquisición del dominio**, el expediente se convierte en contencioso, es decir, en un juicio, aunque se ventila dentro del mismo procedimiento, que finaliza con la declaración, teniendo o no por justificados los extremos solicitados (LH art.201.5ª).
Cuando la oposición no se limita a la discusión de si está o no justificado el acto de adquisición del dominio, sino que es una **oposición de tipo reivindicatorio**, al pretender una declaración del derecho dominical contradictorio, entonces resulta inadecuado el marco elegido para salvar las diferencias entre las partes y debe acordarse el sobreseimiento del expediente para que la controversia se ventile en el oportuno juicio declarativo (AP Girona 26-1-99, EDJ 7220; AP Cádiz auto 26-1-09, EDJ 103323).

2. Expedientes de Derecho marítimo

(L 14/2014 art.501 a 524)

5452 Los expedientes relativos al Derecho marítimo, son **desde 26-9-2014** -siendo siempre competente un notario, con lo que el expediente tiene carácter no judicial-:
- la **protesta de mar por incidencias del viaje** (L 14/2014 art.504 y 505), mediante la que el capitán del buque, al llegar a puerto, hace constar ante la capitanía marítima o el cónsul español las incidencias habidas durante el viaje, en caso de exigirlo así la legislación aplicable o cuando el capitán lo considere conveniente, con examen del buque por notario y tasación por medio de perito;
- la **liquidación de avería gruesa** (L 14/2014 art.506 a 511), a través de la que se solventa la falta de acuerdo de los interesados en la liquidación privada de la avería gruesa, con designación notarial de liquidador y resolución motivada del notario al respecto -susceptible de impugnación suspensiva ante la Sección de lo Mercantil del Tribunal de Instancia (hasta su constitución, ante el juzgado de lo mercantil), con nombramiento de nuevo liquidador por el letrado de la Administración de Justicia y trámite por los cauces del juicio verbal (nº 3900 s.)-;
- el **depósito y venta de mercancías o equipajes** en el transporte marítimo (L 14/2014 art.512 a 515), por medio del cual cuando el contrato de fletamento faculte al porteador a solicitar dicho depósito y venta en caso de que el destinatario o pasajero no abone el flete o el pasaje y sus gastos o no se presente para su retirada, con requerimiento notarial previo de pago, tasación, venta por persona o entidad especializada o en pública subasta, trámite de oposición al pago y posible juicio declarativo posterior;
- el **extravío, sustracción o destrucción del conocimiento de embarque** (L 14/2014 art.516 a 522), por el que el tenedor desposeído de un título de conocimiento de embarque, solicita del notario competente que inste al porteador a que no se entregue la mercancía a tercero distinto del solicitante, con amortización del conocimiento y reconocimiento de su titularidad, y posible juicio declarativo posterior;
- la **enajenación de efectos mercantiles alterados o averiados** (L 14/2014 art.523 y 524), respecto del cargamento del buque que apareciera en tal estado, o en peligro inminente de avería, sin posibilidad de conservación por quien corresponda y solicitud de autorización notarial de enajenación en pública subasta o por persona o entidad especializada.

Precisiones En estos expedientes **todos los días y horas son hábiles**, sin excepción (L 14/2014 art.502).

D. Expedientes tramitados ante registrador mercantil

(LSC art.139, 141, 169 a 171, 265, 266, 377, 380, 381, 389, 422 y 492)

Se atribuyen a los registradores mercantiles los expedientes relativos a: 5455
- la convocatoria de la junta general de accionistas (nº 5456);
- la convocatoria de la junta de accionistas para nombramiento de liquidador (nº 5457);
- la convocatoria de la junta en el sistema de la sociedad anónima europea con sistema de administración dual (nº 5463); y
- la constitución del sindicato de obligacionistas en determinadas entidades (nº 5462).

Precisiones 1) Igualmente, se atribuye **competencia** a estos en sede de:
- reducción de capital social;
- nombramiento de auditor, cuando la junta general no lo haya nombrado antes del final del ejercicio que haya de ser auditado, así como la revocación del cargo del así nombrado;
- nombramiento de interventores;
- separación o sustitución de liquidadores; y, por fin,
- convocatoria de asamblea de obligacionistas.

En todos estos casos, la tramitación se atribuye alternativamente al letrado de la Administración de Justicia o al registrador mercantil (nº 5434.8).

2) Al margen de ello, los actos de **conciliación** sobre cualquier controversia mercantil o que verse sobre hechos o actos inscribibles en el Registro Mercantil pueden tramitarse ante registrador mercantil competente, siempre que no recaiga sobre **materia indisponible**, con la finalidad de alcanzar un acuerdo extrajudicial. La conciliación por estas controversias puede también celebrarse, a elección de los interesados, ante notario o letrado de la Administración de Justicia. No obstante, las cuestiones previstas en la Ley Concursal no podrán conciliarse siguiendo este trámite (LH art.193 bis).

Convocatoria de junta general de accionistas (LSC art.169) Si la junta general ordinaria o las juntas generales previstas en los estatutos no se convocan dentro del correspondiente plazo legal o estatutariamente establecido, podrán serlo, a **solicitud de cualquier socio**, por el registrador mercantil del domicilio social, y previa audiencia de los administradores. 5456

Asimismo, si los administradores no atienden oportunamente la solicitud de convocatoria de la junta general efectuada por la **minoría**, podrá realizarse la convocatoria por registrador mercantil del domicilio social, previa audiencia de los administradores.

Procedimiento (LSC art.170) El régimen procesal aplicable es el siguiente: 5456.1 MPCI nº 10129

1) Cuando proceda la convocatoria judicial de la junta, el registrador mercantil resolverá en el **plazo** de un mes desde la formulación de la solicitud, y, si la acuerda, designará libremente al presidente y al secretario de la junta.

2) La decisión del registrador no admite **oposición**.

3) Los **gastos** de la convocatoria judicial son de cuenta de la sociedad.

Se trata de un **expediente especial**, esto es, ajeno a la regulación común de la jurisdicción voluntaria. Este carácter de especialidad se manifiesta, entre otras cosas, en la preceptiva **audiencia de los administradores de la sociedad**, con traslado del escrito y de los documentos presentados por el solicitante -y no simplemente en la puesta de manifiesto del expediente-, y en que el registrador -antes, el juez- ha de decidir, en todo caso, si procede convocar la junta solicitada, o, por el contrario, no debe ser convocada por ausencia de alguno de los requisitos. Ello significa que siempre ha de haber una **respuesta registral concreta**, estimatoria o desestimatoria de la pretensión.

Precisiones La convocatoria de juntas generales también se prevé como acto tramitado **ante órgano jurisdiccional** en L 15/2015 art.117 s. (nº 5434.8).

Convocatoria de junta de accionistas para nombramiento de liquidadores (LSC art.377) En caso de **fallecimiento o cese** del liquidador único, de todos los liquidadores solidarios, de alguno de los liquidadores que actúen conjuntamente, o de la mayoría de los liquidadores que actúen colegiadamente, sin que existan suplentes, **cualquier socio** de la sociedad anónima o persona con interés legítimo puede solicitar del registrador mercantil del domicilio social, la convocatoria de junta general para el nombramiento de los liquidadores. Además, **cualquiera de los liquidadores** que permanezcan en el ejercicio del cargo podrá convocar la junta general con ese único objeto. 5457

En caso de que la junta convocada por esta vía no proceda al nombramiento de liquidadores, cualquier interesado puede recabar del juez de lo mercantil del domicilio social su designación.

Precisiones Este expediente puede tramitarse igualmente **ante el letrado de la Administración de Justicia** de la Sección de lo Mercantil del Tribunal de Instancia -hasta su constitución, del juzgado de lo mercantil- competente. La solicitud dirigida al registrador mercantil se tramitará de acuerdo a lo dispuesto en el Reglamento del Registro Mercantil. La instada ante el letrado de la Administración de Justicia seguirá los **trámites** establecidos en la legislación de jurisdicción voluntaria. En todo caso, la resolución por la que se acuerde o rechace el nombramiento, será **recurrible** ante el juez de lo mercantil.

5458 **Separación de liquidadores** (LSC art.380) Los liquidadores de la sociedad anónima pueden ser separados por decisión del letrado de la Administración de Justicia o registrador mercantil del domicilio social, mediante justa **causa**, a **petición** de accionistas que representen la vigésima parte del capital social.
Se aplican iguales reglas de **competencia** alternativa y regulación del expediente.
La **resolución** es, también en todo caso, recurrible ante el juez de lo mercantil.

5459 **Nombramiento de interventores** (LSC art.381) En caso de **liquidación de sociedades anónimas**, los accionistas que representen la vigésima parte del capital social podrán solicitar del letrado de la Administración de Justicia o del registrador mercantil del domicilio social la designación de un interventor que fiscalice las operaciones de liquidación.
Se aplican las mismas reglas de **trámite y recurso** que en los dos supuestos precedentes.

5460 **Sustitución de liquidadores por duración excesiva de la liquidación** (LSC art.389) Transcurridos 3 años desde la apertura de la liquidación sin que se haya sometido a la aprobación de la junta general el balance final de liquidación, cualquier socio o persona con interés legítimo podrá solicitar del letrado de la Administración de Justicia o registrador mercantil del domicilio social la separación de los liquidadores. Previa audiencia de los liquidadores, acordará la separación si no existiera causa que justifique la dilación y nombrará liquidadores a la persona o personas que tenga por conveniente, fijando su régimen de actuación.
La **resolución** que se dicte sobre la revocación del liquidador será recurrible ante el juez de lo mercantil.

5461 **Convocatoria de la asamblea general de obligacionistas** (LSC art.422) En los supuestos en que por el comisario no se convoque la asamblea solicitada por obligacionistas que representen, al menos, la vigésima parte de las obligaciones emitidas y no amortizadas, puede realizarse la convocatoria, previa audiencia del comisario, por el letrado de la Administración de Justicia o el registrador mercantil del domicilio social, por los **trámites** previstos en la L 15/2015 o en el Reglamento del Registro Mercantil, según ante quién se tramite.
Contra el decreto o resolución por la que se acuerde la convocatoria de la asamblea general de obligacionistas no cabrá **recurso** alguno.

5462 **Constitución del sindicato de obligacionistas en determinadas entidades emisoras de obligaciones** (L 211/1964 art.6) Las sociedades que no hayan adoptado la forma de anónimas y las asociaciones y demás personas jurídicas **emisoras de obligaciones de cualquier clase**, deberán constituir el sindicato de obligacionistas y designar un comisario, que concurrirá al otorgamiento de la escritura de emisión en nombre de los futuros tenedores de los títulos.
Si las entidades emisoras no constituyen el sindicato referido, podrán tomar la iniciativa y solicitar su constitución los propios obligacionistas que representen, como mínimo el 30% del total de la serie o emisión, previa deducción de las amortizaciones realizadas mediante solicitud ante el registrador mercantil del domicilio de la entidad emisora, de conformidad con lo dispuesto en el Reglamento del Registro Mercantil. A la **asamblea** en que se adopten estas decisiones deberá ser convocada la entidad emisora y el comisario designado en la escritura de emisión.

5463 **Convocatoria de junta de accionistas de sociedad anónima europea** (LSC art.492) La sociedad anónima europea que tenga **domicilio en España** puede contar con un sistema de administración monista, sometido al sistema general de las sociedades anónimas, o dual, con órgano de dirección y consejo de control.
En el **sistema de administración dual**, la convocatoria de la junta general corresponde a la dirección, que debe convocar cuando lo soliciten accionistas que representen al menos el 5% del capital. Si las juntas no fueran convocadas dentro de los plazos establecidos por el Rgto CE/2157/2001 o los estatutos, podrán serlo por el consejo de control o, a petición de cualquier socio, por el registrador mercantil del domicilio social, conforme a lo previsto para las juntas generales en la LSC.

SECCIÓN 19

Proceso concursal

5470

I. Consideraciones generales

El **marco normativo** del proceso concursal se recoge, principalmente, en el RDLeg 1/2020 -en adelante, LCon-, que comprende la mayor parte de la regulación sustantiva y procesal del concurso de acreedores y ha sido ampliamente modificado por la L 16/2022, para transposición de la Dir (UE) 2019/1023, sobre marcos de reestructuración preventiva, exoneración de deudas e inhabilitaciones y para aumentar la eficiencia de procedimientos de reestructuración, insolvencia y exoneración de deudas, vigente desde 26-9-2022; la LO 8/2003, para la reforma concursal; el Rgto UE/848/2015, sobre procedimientos de insolvencia. Los formularios previstos en dicho Reglamento se implantan por Rgto UE/2017/1105. También ha de tomarse en consideración la LO 7/2022, de reforma de la LOPJ en relación con la competencia objetiva de los juzgados de lo mercantil (LOPJ art.86.6 redacc LO 1/2025), previa y asociada a la reforma operada por L 16/2022. **5472** MPCI nº 10205 s.

Precisiones **1)** Adicionalmente, a efectos del procedimiento concursal han de tenerse en cuenta:
a) El régimen de la administración concursal: **retribuciones** (RD 1860/2004), **aseguramiento** (RD 1333/2012) y, en general, desarrollo reglamentario de la regulación legal aún pendiente de aprobación.
b) La **publicidad** de las resoluciones concursales (RD 892/2013; OM JUS/3473/2005). Ha de tenerse en cuenta que se encuentra pendiente de aprobación la reforma del citado Real Decreto (L 16/2022 disp.final 14ª). No se determina claramente si, en este aspecto y hasta entonces, seguirá siendo de aplicación la regulación prevista en LCon/03 art.198, en su redacción anterior a la entrada en vigor de la L 17/2014 (LCon disp.trans.única).
c) La **planta** de los juzgados de lo mercantil (RD 1649/2004).
2) Por L 1/2019 disp.final 3ª se autorizó al Gobierno a la elaboración de un **texto refundido**, aprobado por RDLeg 1/2020, con entrada en vigor el 1-9-2020.
3) Hay que tener en cuenta igualmente las normas dictadas con ocasión del **estado de alarma por coronavirus** contenidas en RDL 8/2020 disp.adic.10ª y L 3/2020 art.3 a 13.
4) Un tratamiento más completo del concurso de acreedores puede consultarse en el **Memento Concursal**.

Regímenes transitorios Las sucesivas modificaciones de la legislación concursal han dado lugar a un complejo sistema de Derecho transitorio. **5477**
Los regímenes transitorios derivados de las **reformas posteriores** a la L 38/2011 se resumen en el siguiente cuadro:

Materia	Preceptos		Fecha de entrada en vigor/Aplicación a procedimientos en trámite	Matices
Legislación especial Reestructuración y resolución entidades de crédito	L 9/2012 disp.final 6ª	LCon art.578.2.14ª	31-8-2012/No	Fecha de entrada en vigor del RDL 24/2012, asumido por L 9/2012

5477 (sigue)

Materia	Preceptos		Fecha de entrada en vigor/Aplicación a procedimientos en trámite	Matices
Acuerdo extrajudicial de pagos	L 14/2013 art.21	LCon art. 3, 231 a 242, 484, 560, 561, 583, 594, 631 a 694, 645, 655	29-9-2013/No	
Acuerdos de refinanciación	L 14/2013 art.31	LCon art.597 s. y 605 s.	29-9-2013/No	
Acuerdos de refinanciación (homologación, créditos transmitidos a SAREB, S.A.). Legislación especial	L 26/2013 disp.final.7ª	LCon art.578 y 605 s.	29-12-2013/No	
Contratos laborales afectados por el concurso	L 1/2014 art.10, disp.trans.2ª	LCon art.169, 171 y 174.3	4-8-2013/Sí	Fecha de entrada en vigor del RDL 11/2013, asumido por L 1/2014
				Aplicación a procedimientos concursales en curso a la fecha de 4-8-2013, para la tramitación de expedientes de extinción, suspensión o modificación colectiva de los contratos de trabajo
Acuerdos de refinanciación	RDL 4/2014 art.único; L 17/2014 art.único	LCon art.64, 147, 231, 281.5, 282, 455.2, 456, 583 s., 597 s., 602 y 605 s.	9-3-2014/No, con matices	A los acuerdos en negociación según LCon art.238 se les aplica el régimen anterior, si el deudor ya ha solicitado designación de experto independiente, salvo que las partes opten por el nuevo régimen
Convenio concursal	RDL 11/2014 art.único.uno y disp.trans.1ª; L 9/2015 disp.trans.1ª	LCon art.272, 273, 282, 283, 286, 317, 318, 352, 376, 397, 404 y 405	7-9-2014/Sí	Siempre que a tal fecha no se haya evacuado el informe de la administración concursal. En el caso de LCon art.398 también se aplica cuando en dicha fecha no se haya abierto la fase de liquidación. Si hubiera precluido el plazo legalmente establecido para presentar propuesta de convenio, pero aún no se hubiera abierto la fase de liquidación, o se hubiera iniciado el cómputo de dicho plazo, el juez ha de abrir nuevo plazo al efecto
		LCon art.379		Cuando en tal fecha no se haya votado una propuesta de convenio

5477 (sigue)

Materia	Preceptos		Fecha de entrada en vigor/Aplicación a procedimientos en trámite	Matices
Convenio concursal	RDL 11/2014 art.único.uno y disp.trans.1ª; L 9/2015 disp.trans.1ª	LCon art.578	7-9-2014/Sí	A todos los contratos administrativos que no se hayan extinguido, cualquiera que sea su fecha de adjudicación, con independencia de la fase en que se hallen los procedimientos concursales
Liquidación	RDL 11/2014 art.único.dos y disp.trans.1ª; L 9/2015 disp.trans.1ª	LCon art.421, 430.2 y 448	7-9-2014/Sí	Siempre que a tal fecha no se haya evacuado el informe de la administración concursal
		LCon art.116, 215 s., 417 y 425		Siempre que tal fecha se haya abierto la fase de liquidación
Calificación	RDL 11/2014 art.único.tres y disp.trans.1ª; L 9/2015 disp.trans.1ª	LCon art.446	7-9-2014/Sí	Cuando en tal fecha no se haya votado una propuesta de convenio
Administración concursal	L 17/2014 art.único	LCon art.57 s., 84 a 90 y 560	En el momento de la entrada en vigor de su desarrollo reglamentario/No se especifica	
		LCon art.63 a 65 y 72 a 79	2-10-2014/ No se especifica	
Acuerdo extrajudicial de pagos, responsabilidad persona física concursada, conclusión del concurso por inexistencia de bienes, créditos subordinados, personas vinculadas con el concursado, valoración de garantías	RDL 1/2015 art.1, disp.adic.1ª a disp.adic.4ª y disp.trans.1ª	LCon art.272, 281 y 282	1-3-2015/Sí	Siempre que no se haya presentado el texto definitivo del informe de la administración concursal en esta fecha.
		LCon art.470 a 472, 484 y 486 s.		- En los concursos concluidos por liquidación o por insuficiencia de masa activa antes de esta fecha, el deudor podrá beneficiarse de lo establecido en LCon art.470 a 472 y 486 s., si se instase de nuevo el concurso, voluntario o necesario. - Hasta 1-3-2016, no es exigible, para obtener el beneficio de la exoneración previsto en LCon art.486 s., el requisito previsto en LCon art.493.1º.
		LCon art.631 a 634		Hasta 1-3-2016, no es exigible, para solicitar un acuerdo extrajudicial de pagos, el requisito previsto en LCon art.634.2º.

Materia	Preceptos		Fecha de entrada en vigor/Aplicación a procedimientos en trámite	Matices
Negociaciones previas	L 9/2015 art.único.cuatro y disp.trans.1ª	LCon art.583 y 597	27-5-2015/Sí	Negociaciones no concluidas o en las que no haya vencido el plazo de 3 meses desde la comunicación al órgano judicial
Clasificación de créditos, convenios	L 9/2015 art.único.uno.3 a 5, 8, 9, 15 a 17, 19, 20 y disp.trans.1ª	LCon art.270, 282 a 288, 317, 333, 352 a 376, 396, 397 y 402 s.	27-5-2015/Sí	En caso de no haberse presentado el texto del informe definitivo de la administración concursal
Liquidación	L 9/2015 art.único.dos. 2 y 5 y disp.trans.1ª	LCon art.292 y 416 a 420	27-5-2015/Sí	
Inventario	L 9/2015 art.único.uno.7 y disp.trans.1ª	LCon art.300 y 301	27-5-2015/Sí	Cuando no se haya iniciado el plazo de impugnación del inventario y la lista de acreedores
Convenio	L 9/2015 art.único.uno.13 y 14 y disp.trans.1ª	LCon art.366 y 370	27-5-2015/Sí	En caso de no haberse votado aún la propuesta de convenio
Calificación	L 9/2015 art.único.tres.3 y disp.trans.1ª	LCon art.446	27-5-2015/Sí	
	L 9/2015 art.único.tres.1, 2 y 4 y disp.trans.1ª	LCon art.442 a 444 y 455.2.1º	27-5-2015/Sí	Cuando no se haya formado aún la sección sexta
Liquidación	L 9/2015 art.único.dos. 1, 3, 4, 6, 8 y 9 y disp.trans.1ª	LCon art.116, 205 s., 215 s., 415 y 424	27-5-2015/Sí	En el supuesto de no haberse iniciado la fase de liquidación
	L 9/2015 art.único.dos.7 y disp.trans.1ª	LCon art.244 y 430 s.	27-5-2015/Sí	-
Contratos administrativos	L 9/2015 art.único.uno.21 y disp.trans.1ª	LCon art.578	27-5-2015/Sí	Con independencia de la fase de tramitación, respecto de todo contrato no extinguido

5478 **Régimen transitorio de las normas excepcionales derivadas del estado de alarma por COVID-19** (L 3/2020 disp.trans.1ª y 2ª) Las disposiciones excepcionales y de vigencia temporal limitada, sometidas a sus propias normas específicas de transitoriedad, pueden consultarse en nº 6250 s. Memento Procesal 2025.

5486 MPCI nº 10255 s. **Vigencia de legislación especial** (LCon art.578) La LCon ha tratado de dejar a salvo la legislación especial que contiene un gran número de particularidades en cuanto a los efectos del concurso en relación con las **operaciones financieras, entidades de crédito, empresas de servicios de inversión y entidades aseguradoras**, aunque la técnica legislativa empleada al efecto no ha sido la más correcta, como ha puesto de relieve la experiencia legislativa reciente.

En todo caso, estas especialidades no solo se aplican en los **concursos** de tales entidades, sino también -y especialmente- en los restantes concursos en los que estas entidades y sus respectivas operaciones y contratos se ven afectados: las normas legales mencionadas deben aplicarse con el **alcance subjetivo y objetivo** previsto en las mismas a las operaciones o contratos que en ellas se contemplan y, en particular, las referidas a las operaciones relativas a los sistemas de pagos y de liquidación y compensación de valores, operaciones dobles, operaciones con pacto de recompra y operaciones financieras relativas a instrumentos derivados.

En cuanto a las disposiciones consideradas como **legislación especial**, nos remitimos a nº 10255 s. Memento Procesal Civil 2026.

Principios generales de la regulación concursal Pueden señalarse los siguientes principios reguladores de la legislación concursal: 5487 MPCI nº 10219 s.

• **Unidad legal, de disciplina y de sistema**. Se regulan en un único texto legal los aspectos sustantivos y procesales del concurso, se someten a su regulación todos los deudores, comerciantes o no, todo ello a través de un único procedimiento, con un único presupuesto objetivo -insolvencia-, y con la garantía de una unidad de ejecución.

• **Satisfacción de los acreedores**. Es la finalidad esencial del concurso. Los principios de conservación de la empresa, como unidad productiva, o el principio de conservación de los puestos de trabajo que la empresa concursada genera, solo son elementos que, cuando aparecen, modulan dicha finalidad esencial.

• **Flexibilidad del procedimiento**. La opción legislativa de establecer un solo procedimiento común para dar un tratamiento a situaciones tan separadas como la liquidación o la solución convencional obliga, necesariamente, a esta flexibilidad en el procedimiento (DGRN Resol 2-12-19).

• **Igualdad en el tratamiento de los acreedores**. Es manifestación de la *par condictio creditorum* y gobierna el concurso, tratándose de salvaguardar el principio de comunidad de pérdidas entre los acreedores, sin que unos puedan ver satisfechos sus créditos en perjuicio de otros. No obstante, es un principio relativo en la medida en que existen excepciones basadas en el reconocimiento a alguno de los acreedores de la facultad de cobrar con preferencia a los demás.

• **Preferencia de la solución convencional sobre la liquidatoria**. Esta preferencia se funda en una clara apuesta por la autonomía de la voluntad. Se manifiesta por la apertura de la fase de convenio, incluso cuando no existe propuesta alguna que debatir al final de la fase común.

• Otros principios, tales como el de **conservación de la unidad productiva**, rapidez y simplicidad, y eficacia preventiva.

II. Iniciación del procedimiento

En el **esquema del procedimiento** de la Ley Concursal hay que destacar la existencia de cuatro **fases**: 5512

- una fase previa o de presentación de la solicitud de concurso (nº 5563);
- la fase común (nº 5646 s.); y finalmente
- dos fases de carácter alternativo o sucesivo de solución del concurso, la fase de convenio (nº 5979 s.) y la fase de liquidación (nº 6057 s.).

A continuación se analiza la **fase previa o de iniciación** del procedimiento.

A. Competencia y punto de conexión

La **competencia objetiva** en materia concursal corresponde a las Secciones de lo Mercantil de los Tribunales de Instancia -hasta su constitución, a los juzgados de lo mercantil-, con independencia de la condición civil o mercantil del deudor, incluso para conocer de los concursos de persona natural que no tenga la condición de empresario, extendiéndose sobre los planes de reestructuración y al procedimiento especial para microempresas (LOPJ art.86.7 redacc LO 1/2025; LO 7/2022 disp.trans.2ª.1; LCon art.44). 5516

La competencia objetiva hay que ponerla en conexión con el principio de **unidad y universalidad** del concurso, que conduce a afirmar que la competencia del juez objetivamente competente para el conocimiento del procedimiento concursal se extiende a las **cuestiones conexas**. El carácter universal del concurso justifica la concentración en un solo órgano judicial de las materias que se consideran de especial trascendencia para el patrimonio del deudor, lo que lleva a atribuir al juez del concurso **jurisdicción exclusiva y excluyente** en materias como todas las ejecuciones y medidas cautelares que puedan adoptarse en relación con el patrimonio del concursado, por cualesquiera órganos jurisdiccionales o administrativos, así como determinados asuntos que, en principio, son de la competencia de los tribunales del orden social, pero que por incidir en la situación patrimonial del concursado, y en aras de la unidad del procedimiento, no deben resolverse por separado. Incluso se le atribuye la disolución y liquidación de la comunidad o **sociedad conyugal** del concursado persona física (LO 8/2003 Exp.Motivos; LO 7/2022).

Como excepción a este principio de universalidad del concurso, la Ley contempla la posibilidad de **ejecución** separada de las **garantías reales**, siendo el juez del concurso el competente para pronunciarse sobre si el bien objeto de la ejecución hipotecaria está afecto o es necesario 5517

para la continuidad de la actividad empresarial del deudor; una vez resuelva sobre ello el juez de lo mercantil, en sentido negativo (esto es, fallando que no es necesario), será competente el juez de la ejecución hipotecaria para decidir sobre si procede suspender el proceso de ejecución hipotecaria.
La apreciación y valoración de los datos y circunstancias que justifican la aplicación de estos principios para restringir las excepciones al principio de universalidad del concurso que supone la ejecución separada de las garantías hipotecarias es competencia del **juez del concurso**. Es este juez, ante quien puede presentarse propuesta de convenio, anticipado u ordinario, así como el plan de viabilidad, el que tiene una visión de conjunto sobre la situación patrimonial del concursado, que cuenta en el proceso concursal con un órgano técnico e imparcial en el conflicto entre el concursado y el acreedor hipotecario, como es la administración concursal, quien tiene la competencia para pronunciarse sobre si el bien sobre el que recae la garantía real está o no afecto a la actividad profesional o empresarial del concursado, o a una unidad productiva de su titularidad, o resulta o no necesario para la continuidad de la actividad profesional o empresarial del deudor. De hecho, si se trata de ejecuciones hipotecarias que se promuevan sobre bienes necesarios con posterioridad a que se dicte el auto de declaración del concurso, el juez del concurso -o la autoridad administrativa si se trata de este tipo de ejecuciones- será competente para conocer de las mismas, si ha transcurrido más de un año desde la declaración de concurso sin que se haya dictado el auto de apertura de la fase de liquidación (LCon art.145 a 149).

5518 También son de competencia del juez del concurso aquellas acciones basadas en el CC art.1597 que se dirijan contra el concursado una vez **producida la declaración de concurso** (LCon art.136.3): una vez declarado en concurso, todos los bienes y derechos de crédito del concursado se integran en la masa activa, y todos los acreedores del deudor se integran en la masa pasiva y han de estar a las resultas del proceso concursal según la clasificación de su crédito, salvo los casos excepcionales que la Ley permita. Y como la acción directa del CC art.1597 se encuentra al margen del concurso, la Ley Concursal no la contempla, y, una vez declarada tal situación, no puede ser de aplicación aquel precepto aun cuando se hubiese ejercitado antes por vía extrajudicial, desde el momento en que no fue aceptado por el dueño de la obra, debiendo pues la aquí recurrente integrarse en la masa pasiva y sujeta a las exigencias de la *par condictio creditorum* según la clasificación de su crédito, sin que proceda en tal situación concursal retraer de la masa activa el importe de su crédito como interesa la parte apelante.
Escapan a la competencia del juez del concurso, no obstante, aquellas ejecuciones administrativas cuya diligencia de embargo sea anterior al concurso, cuando los bienes no sean necesarios para la actividad profesional o empresarial del concursado.
Mayor detenimiento requiere la determinación de la **competencia territorial** (nº 5520) e **internacional** (nº 5530).

Precisiones En relación con la **competencia objetiva** del juzgado de lo mercantil -de la Sección de lo Mercantil del Tribunal de Instancia, desde su constitución- para conocer de toda medida cautelar que afecte al patrimonio del concursado, se excluyen las que se adopten en los procesos civiles sobre adopción de medidas de apoyo al ejercicio de la capacidad, filiación, matrimonio y menores (LOPJ art.86.7 redacc LO 1/2025; nº 5654 y nº 5770). Con anterioridad a la reforma por LO 7/2022, se excluían también las medidas cautelares que pudieran decretar los árbitros durante un **procedimiento arbitral**.

1. Competencia territorial

5520 MPCI nº 10275 El **criterio** que preside la atribución de competencia territorial es el del lugar en que el deudor tiene el centro de sus intereses principales (LCon art.45), lo que constituye un fuero imperativo especial (TS auto 20-2-09, EDJ 20533).

5521 MPCI nº 10279 **Deudor persona jurídica** Se presume, salvo prueba en contrario, que el centro de intereses principales coincide con el **domicilio social**. El concepto de centro de intereses principales no debe confundirse con el lugar donde (coyunturalmente o no) se lleva a cabo la actividad principal, ni siquiera con el lugar donde se tuvieran establecimientos abiertos al público. Lo decisivo no es la actividad desplegada en desarrollo del objeto social, sino el **centro administrativo** de la entidad. En este sentido, el Tribunal Supremo identifica el centro de los intereses principales del deudor con el centro principal de administración de sus intereses, y por tal ha de entenderse el lugar donde las empresas aparecen en el mercado adoptando sus decisiones y centralizando la gestión de sus negocios (TS auto 20-2-09, EDJ 20533).
Se trata, pues, de la **conexión administrativa** con un territorio, y no de la simple conexión patrimonial, lo cual parece especialmente adaptado como criterio para la competencia en

materia concursal, pues no se trata propiamente de litigios sobre los bienes materiales, sino sobre el conjunto patrimonial de la empresa. Si lo que se busca es la proximidad, esta ha de referirse al lugar donde se viene desarrollando principalmente la **gestión** y el **control** de ese conjunto patrimonial (activo y pasivo), y no al lugar donde se encuentran los bienes materiales de mayor importancia dentro de su activo.

Tal es el sentido de la **presunción** de LCon art.45.2: no es que se presuma que las entidades mercantiles desarrollan su actividad principal donde tienen su domicilio social, sino que es en el lugar del domicilio donde se lleva a cabo la **dirección de la actividad societaria** en su conjunto, sin perjuicio de la ubicación territorial de sus bienes principales o de su actividad de producción o comercialización. Lo que en definitiva se presume es que el domicilio social es la **sede real** de la empresa, y no un domicilio ficticio, que se fija por razones de conveniencia.

Además, para evitar que el deudor **pueda cambiar ese domicilio** con intención de acceder a tribunales más favorables (*forum shopping*), la ley deja sin efecto el cambio de domicilio social que se produce en los 6 meses anteriores a la solicitud del concurso, cualquiera que sea la fecha en que se hubiera acordado o decidido.

Centro de intereses principales en lugar distinto del domicilio social Si el deudor tiene el centro de intereses principales en un lugar distinto al de su domicilio social, se aplican los siguientes **criterios** de atribución de competencia: **5523** MPCI nº 10281

1) Si el domicilio del deudor y el centro de sus intereses principales radica **en territorio español**, aunque en lugares diferentes, es competente, a elección del acreedor solicitante, el juez en cuyo territorio radique el domicilio (LCon art.45.3).

2) En caso de **concursos conexos** es competente el juez del lugar donde tenga el centro de sus intereses principales el deudor con mayor pasivo y, si se trata de un grupo de sociedades, el de la sociedad dominante o, en supuestos en que el concurso no se solicite respecto de esta, el de la sociedad de mayor pasivo.

3) Si se presentan solicitudes de declaración de concurso **ante dos o más órganos judiciales** que resultan competentes por aplicación de los anteriores criterios -por el deudor o por sus acreedores-, es preferente la competencia de aquel ante el que se ha presentado la primera solicitud, aunque esa solicitud o la documentación que la acompañe adolezcan de algún defecto procesal o material, o aunque la documentación sea insuficiente (LCon art.48).

4) En el caso del **concurso territorial planteado en España**, la competencia corresponde también al juez de lo mercantil donde radica el establecimiento del deudor. Por establecimiento se entiende todo lugar de operaciones en el que el deudor ejerza de forma no transitoria una actividad económica con medios humanos y materiales (LCon art.49). Si existen **varios establecimientos**, el solicitante puede elegir el juez de cualquiera de ellos.

Precisiones A estos efectos se entiende por **grupo de sociedades** el referido en el CCom art.42 (RDLeg 1/2020 disp.adic.única).

Pluralidad de deudores o acumulación de concursos

5524 MPCI nº 10283

Si el concurso afecta a varios deudores, o en caso de acumulación de concursos, la **competencia territorial** corresponde al juez de lo mercantil del lugar donde tenga el centro de sus intereses principales el **deudor con mayor pasivo**. Esta regla se aplica, igualmente, a los casos en los que la solicitud de concurso se efectúa por parte de dos personas físicas ligadas por medio de vínculo conyugal o situación asimilada de hecho (LCon art.46, 38 y 40).

Si se trata de un **grupo de sociedades** la competencia corresponde al juez de lo mercantil del lugar donde tenga el centro de sus intereses principales la **sociedad dominante**.

Deudor persona física

5525 MPCI nº 10285

(LCon art.45.1 y 3) El juez competente para declarar y tramitar el concurso del deudor persona natural es aquel en cuyo territorio tenga el deudor el **centro de sus intereses principales**, entendiéndose como tal, donde ejerza de modo habitual y reconocible por terceros la administración de tales intereses. En caso de que el centro de intereses y su **domicilio** radicasen en lugares diferentes, será competente aquel en cuyo territorio radique el domicilio.

Precisiones Con esta solución, la LCon cubre la **laguna** de la LCon/03, acogiendo la solución que doctrina y jurisprudencia habían dado al problema, aplicando el instituto de la analogía.

Declinatoria

5526

(LCon art.50 y 51) El juez viene obligado a apreciar **de oficio** su competencia territorial específica. No obstante, cualquiera de las partes en el concurso puede plantearla ante el juez del concurso, a través de la promoción de una **cuestión de competencia territorial** por **declinatoria** sometida a las **reglas** especiales que se detallan a continuación.

Planteamiento y efectos En el **concurso voluntario**, cualquiera de los legitimados para instar la declaración de concurso puede plantear declinatoria, en el plazo de los 10 días desde la publicación del auto de declaración de concurso (LCon art.51.1, en igual plazo computado desde la última de las publicaciones dicho auto). **5527**

En el **concurso necesario**, el deudor puede plantear declinatoria en el plazo de los 5 días siguientes a su emplazamiento. Los demás legitimados para instar el concurso deben plantearla dentro del plazo de 10 días antes reseñado.
En cualquiera de los casos anteriores, solo puede denunciarse por medio de declinatoria la falta de competencia territorial. A este respecto, el promotor de la declinatoria debe indicar cuál es el órgano competente para conocer del concurso (LCon art.51.2). La interposición de la declinatoria no supone la **suspensión** del curso del procedimiento.

5528 **Resolución** El juez ha de resolver lo que proceda por medio de **auto**, previa audiencia del Ministerio Fiscal.
Si el deudor ha planteado declinatoria en el **concurso necesario**, el juez se debe pronunciar sobre ella antes de resolver sobre la oposición del deudor.
Si el juez **desestima** la declinatoria, continúa con la tramitación del procedimiento. Si, por el contrario, la **estima**, debe inhibirse a favor del órgano competente, remitiendo todo lo actuado y emplazamiento a las partes para comparecer ante aquel.
Todas las **actuaciones realizadas** en caso de que la declinatoria resulte estimada por falta de competencia territorial se consideran válidas (LCon art.51.3).

Precisiones Sobre estas **cuestiones de competencia** en el ámbito del Rgto UE/848/2015 hay que destacar los importantes pronunciamientos derivados de TJCE 2-5-06, asunto C-341/04:
- Que un **procedimiento principal** de insolvencia abierto por un órgano jurisdiccional de un Estado miembro debe ser reconocido por los órganos jurisdiccionales de los demás Estados miembros, sin que estos puedan controlar la competencia del órgano jurisdiccional del Estado de apertura.
- Que, sin embargo, el juez concursal puede negarse a reconocer un procedimiento de insolvencia abierto en otro Estado miembro cuando la resolución de apertura se haya adoptado vulnerando de manera manifiesta el **derecho fundamental a ser oído** del que es titular la persona afectada por dicho procedimiento, por ser contrario a las normas de orden público.

2. Competencia internacional

(LCon art.45, 56 y 722; Rgto UE/848/2015)

5530 MPCI nº 10295 Partiendo del esquema de la Guía legislativa de la Comisión de Naciones Unidas para el Derecho mercantil internacional para las insolvencias transfronterizas y del Rgto UE/848/2015, los **procedimientos de insolvencia con elemento internacional** se estructuran sobre la base de un procedimiento principal de insolvencia con validez universal, pero compatible con procedimientos nacionales (territorial o secundario) que abarquen exclusivamente los bienes situados en el país en que se incoa el procedimiento.

5531 **Supuestos y extensión** Sobre este esquema, los tribunales españoles tienen competencia para conocer de los siguientes procesos concursales que se han de sustanciar de acuerdo con la ley procesal española:
a) Los concursos que se planteen en relación con **deudores que tienen en España su centro de intereses principales o su domicilio**, si no coincide con aquel. Los efectos de este concurso, que en el ámbito internacional se considerará «concurso principal», tienen alcance universal, comprendiendo todos los bienes del deudor, estén situados dentro o fuera de España. Y para el caso de apertura de un procedimiento secundario o territorial sobre los bienes situados en un Estado extranjero, han de tenerse en cuenta las reglas de coordinación del Rgto UE/848/2015 y de LCon art.749 a 752.
b) El concurso de un deudor que, teniendo su **domicilio en el extranjero**, tiene **en España un establecimiento**, es decir, un lugar en el que el deudor ejerce una actividad económica no transitoria con medios humanos y materiales. Y, de existir varios, donde se encuentre cualquiera de ellos, a elección del solicitante. Los efectos de este concurso, que en el ámbito internacional se considerará «concurso territorial», se limitan a los bienes del deudor, afectos o no a su actividad, que estén situados en España. Y en el caso de que en el Estado donde el deudor tiene el centro de sus intereses principales se abra un procedimiento de insolvencia, han de tenerse en cuenta las reglas de coordinación del Rgto UE/848/2015 y de LCon art.749 a 752.
En ambos casos, la competencia internacional del juez del concurso solo comprende el conocimiento de aquellas acciones que tienen su fundamento jurídico en la legislación concursal y guardan una relación inmediata con el concurso (LCon art.51 y 56).

5532 **Invariabilidad de la competencia** Hay que destacar el criterio de invariabilidad de la competencia señalado por TJCE 17-1-06, asunto C-1/04, a cuyo tenor el tribunal del Estado miembro en cuyo territorio se encuentra el centro de los intereses principales del deudor en el momento en que este presenta la solicitud de apertura del procedimiento de insolvencia sigue siendo competente para incoar dicho procedimiento cuando el deudor proceda al

traslado del centro de sus intereses principales al territorio de otro Estado miembro después de haber presentado tal solicitud, pero antes de la apertura del procedimiento.

Precisiones El mero hecho de que las decisiones económicas sean o puedan ser controladas por una sociedad matriz cuyo domicilio se encuentre en otro Estado miembro no basta para desvirtuar la regla de atribución de competencia a los órganos judiciales del Estado donde radica el **centro de intereses principales del deudor**. Además, la competencia produce **efectos universales**, en el sentido de extenderse a todos los bienes del deudor situados en todos los Estados miembros e influye en las facultades del síndico que podrá ejercerlas en el territorio de otro Estado miembro. El alcance de dicho procedimiento en cuanto a las facultades del administrador concursal (síndico) y bienes del deudor ubicados en determinado Estado miembro, solo puede limitarse mediante la apertura de un procedimiento secundario de insolvencia en el Estado miembro donde el deudor posea un establecimiento (TJCE 2-5-06, asunto C-341/04; 21-1-10, asunto C-444/07).

B. Presupuestos

(LCon art.1 y 2)

La fase de iniciación de concurso da comienzo con la **solicitud** presentada por el deudor, un acreedor u otra persona legitimada para instarlo dirigido a la Sección de lo Mercantil del Tribunal de Instancia -hasta su constitución, al juzgado de lo mercantil- que resulta competente. **5534**
La solicitud ha de estar fundada en la concurrencia de los presupuestos subjetivo y objetivo (insolvencia) previstos por la Ley.
La **conclusión** de esta fase se produce por:
- auto que declara no haber lugar a la admisión de la solicitud;
- auto de desestimación de la solicitud; o
- como supuesto más general, por auto de declaración de concurso (LCon art.28).

1. Presupuesto subjetivo

(LCon art.1)

La declaración de concurso procede respecto de **cualquier deudor**, sea persona natural o jurídica. De esta manera, se salva la anterior dualidad de nuestro sistema concursal entre comerciantes o no comerciantes. **5536** MPCI nº 10310
Los deudores incluidos en el ámbito de aplicación del procedimiento especial de **microempresas** (LCon art.685 a 720), se someten únicamente a las disposiciones contenidas en dichos artículos, agrupados en LCon Libro III (nº 6226 s.).
No obstante, se imponen una serie de **peculiaridades**, en las que nos detenemos a continuación.

Herencia yacente (LCon art.567) Se admite la posibilidad de la **declaración de concurso** de la herencia yacente, como masa patrimonial temporalmente ayuna de titularidad y carente de personalidad jurídica, en tanto no haya sido aceptada pura y simplemente. La apertura de la sucesión de una persona se abre justamente en el momento de su muerte, en el cual el patrimonio se trasmuta en herencia yacente que no es sino aquel patrimonio relicto mientras se mantiene interinamente sin titular, por lo que carece de personalidad jurídica, aunque, para determinados fines, se le otorga transitoriamente una consideración y tratamientos unitarios, siendo su destino el de ser adquirida por los herederos voluntarios o legales (TS 12-3-87, EDJ 15965). **5537**
El **presupuesto objetivo** de la declaración de concurso de la herencia yacente se ha de entender de la misma forma que respecto de otros deudores, de forma que procederá cuando exista una situación de sobreseimiento general en lo que al cumplimiento de las obligaciones propias de la herencia yacente se refiere (JM Málaga núm 1, auto 23-6-08, EDJ 115933).

Precisiones Frente al régimen anterior, que regulaba el **concurso de la herencia** de forma dispersa, el texto vigente lo regula en LCon art.567 a 571.

Administración pública (LCon art.1.3) Se mantiene la **limitación** de promover la declaración de concurso de una Administración pública. Se delimita el presupuesto subjetivo del concurso, excluyendo que pueda promoverse el de las entidades que integran la organización territorial del Estado, los organismos públicos y demás entes de Derecho público. **5538** MPCI nº 10316
En cuanto a la expresión **entidades que integran la organización territorial del Estado**, resulta claro que se emplea el término Estado en sentido amplio. Por lo tanto, hay que entenderlo referido no solo a la extensión de las distintas Administraciones territoriales, sino incluyendo a los distintos órganos constitucionales del Estado y públicos de las comunidades autónomas y, en su caso, de las entidades locales (LJCA art.1.3).

De igual manera, la expresión **organismos públicos y demás entes de Derecho público** debe interpretarse conforme a lo dispuesto en LRJSP art.1, 2 y 41 y LPAC art.2, a cuyo tenor las entidades de Derecho público con personalidad jurídica propia vinculadas o dependientes de cualquiera de las Administraciones públicas tienen, así mismo, la consideración de Administración pública.
Por el contrario, no quedan expresamente exceptuadas las **sociedades estatales, autonómicas o locales**, lo que ha dado lugar a numerosos pronunciamientos judiciales que resuelven la cuestión tomando como referencia el porcentaje de capital público presente en el accionariado y el objeto social. El JM Málaga auto 13-4-09, EDJ 69399, después de un exhaustivo análisis de las normas de Derecho público a cuya luz debe interpretarse el concepto de Administraciones y entidades de Derecho público de LCon/03 art.1.3, concluye que no podrán ser declaradas en concurso las **entidades instrumentales** dependientes de las Administraciones públicas territoriales que con carácter heterogéneo han venido desarrollándose, y que constituyen **entidades jurídico-públicas** de forma diferente a las entidades jurídico-privadas.
En el **ámbito local**, la entidad instrumental local y entidad pública empresarial no podrían ser declaradas en concurso, es decir aquellas que tienen personificación jurídico-pública.
Cuando se trata de una **sociedad mercantil** con un objeto social privado, sin intervención pública o de servicio público o de ejercicio de autoridad, cuya característica esencial es la plena participación pública que no le quita la naturaleza privada, debe aplicarse la Ley Concursal, pues sustraer a la misma del Derecho privado cuando concurre en el mercado, no aplicándole la normativa concursal, supone un privilegio contrario a los más elementales principios y normas sobre la competencia.

Precisiones Puede atenderse respecto de las **entidades privadas con capital público**, como criterio determinante, a la especie de función o giro desarrollado por aquellas. Si se trata de la prestación de un servicio público y la entidad no interviene en el mercado con criterios empresariales, no procederá su declaración en concurso por falta de presupuesto subjetivo (AP Albacete 26-10-15, Rec 58/15).

5540 **Persona jurídica** (LCon art.3) La solicitud de concurso de las **personas jurídicas, incluso en liquidación**, corresponde al órgano de administración o de liquidación.
Las **sucursales**, esto es, los establecimientos secundarios dotados de cierta autonomía de gestión a través de los cuales se desarrollan las actividades de una sociedad, en la medida en que no tienen personalidad jurídica propia, a diferencia de lo que sucede con las **filiales**.
Como **excepción**, sí es posible el concurso en España -concurso territorial- de un establecimiento, entendido como un lugar de operaciones donde el deudor ejerce de forma no transitoria una actividad con medios humanos y bienes, cuando el centro de actividades principales del deudor está situado en el extranjero.
Por último, las **agrupaciones de interés económico** pueden ser declaradas en concurso en los mismos términos que las sociedades mercantiles. En tal caso, se hallan legitimados para solicitar el concurso los integrantes de la propia AIE (L 12/1991 art.18.3; LCon art.3.3).

5541 **Entidades sin personalidad jurídica** La exigencia legal de **personalidad jurídica** para ser declarado en concurso (que puede deducirse de LCon art.1.1) parece motivar que las entidades sin personalidad jurídica no puedan ser declaradas en concurso, y que, para los supuestos de insolvencia en el tráfico de estas entidades, se deba acudir a la solución de la **acumulación de concursos** de las distintas personas físicas o jurídicas que integren tales entidades y respondan personalmente de las deudas contraídas en el tráfico a nombre de estas, a instancia de la administración concursal de cualquiera de ellas (LCon art.41 y 42).
Esta es la solución que la Dirección General competente en materia de Registros y Notariado propugna respecto de la solicitud de declaración de concurso de la **sociedad conyugal**: no teniendo en nuestro Derecho la sociedad conyugal personalidad jurídica, no puede instarse su declaración de concurso (DGRN Resol 24-9-10).
Sin embargo, la LCon art.38 y 40 sí contempla expresamente la posibilidad de que se declare **concurso conjunto** de ambos cónyuges o personas unidas por relación de afectividad de que dé lugar a su inscripción como pareja de hecho en el registro correspondiente, cuando se aprecie la existencia de pactos o hechos concluyentes de los que se derive la inequívoca voluntad de los convivientes de formar un patrimonio común; sin perjuicio de que, una vez declarados en concurso ambos cónyuges o convivientes, la administración concursal de cualquiera de ellos pueda solicitar del juez la acumulación al procedimiento del concurso del otro cónyuge (LCon art.41.1).

Precisiones Se admite, pacíficamente, la declaración de concurso de la **sociedad mercantil irregular** (AP Granada auto 1-2-18, EDJ 59902).

Comunidad de bienes En línea con lo expuesto respecto a las entidades sin personalidad jurídica (nº 5541), es también controvertida la cuestión de determinar si las comunidades de bienes pueden ser declaradas en concurso. La respuesta depende de que les pueda ser reconocida personalidad jurídica propia. **5542**

Desde la perspectiva de su **naturaleza**, deben distinguirse:

- las que responden al modelo del Código Civil, que atiende más bien al supuesto de condominio o copropiedad; y
- aquellas otras que, actuando en el tráfico mercantil, se convierten de hecho en sociedades.

Es sobre la base de la calificación de la **comunidad-empresa** como sociedad irregular como se establece la posibilidad de declarar el concurso de estas comunidades, no como tales sino por la vía de la irregularidad, lo que les dota de personalidad jurídica básica y les permite ser sujetos pasivos del concurso (Rivas Kortázar):

a) Con carácter general, la comunidad de bienes, como forma de cotitularidad que atribuye a cada comunero un derecho real autónomo sobre una cuota del derecho común, perteneciendo la propiedad de una cosa o derecho proindiviso a varios sujetos (CC art.399), no constituye un **sujeto de derecho** distinto de los comuneros, ni está dotado de personalidad jurídica y, por tanto, en principio, no podría quedar sometida al concurso de acreedores.

b) Son los comuneros los que deben responder de las **deudas de la comunidad** (CC art.395) sobre la base del principio de división *pro cuota* (CC art.393) salvo que hayan renunciado a su cuota al tratarse de obligaciones *propter rem* (CC art.395 y 1695.3).

c) No se declara, por tanto, el concurso de acreedores de la comunidad de bienes sino el de sus comuneros pudiendo, sobre la base de la LCon art.41, acumularse los **diversos concursos**.

d) Sin embargo, la ausencia de personalidad jurídica de las comunidades de bienes puede quebrarse en el caso de la denominada «comunidad empresa», «comunidad societaria» o «comunidad funcional», es decir, cuando estas se hayan constituido para la explotación de una **empresa mercantil**. Asimismo, en determinados ámbitos normativos se dota a la comunidad de bienes de cierta **subjetivación**: en relación con los arrendamientos urbanos (L 49/2003); con los tributos (LGT art.35.4; LITP art.22; RITP art.60); y en materia laboral (ET art.1.2). En estos casos se suscita la cuestión de si esta subjetivación permite, a los efectos de LCon art.1.1, el sometimiento de la comunidad-empresa al concurso de acreedores.

Las comunidades de bienes constituidas para la explotación de una empresa mercantil constituyen un supuesto de coexistencia de comunidad y de sociedad que, aun siendo figuras heterogéneas, no son incompatibles entre sí cuando el contrato de sociedad configura una sociedad interna (comunidad de bienes).

Cabría considerar que la comunidad de bienes ha sufrido una **conversión en sociedad**, debido a sus actos externos de comercio que van más allá del objeto propio de la comunidad de mera detentación de un bien o derecho en copropiedad. Al no estar inscrita esa sociedad como tal en **Registro**, cabría entender que se trata de una sociedad irregular a la que, en función de la naturaleza civil o mercantil de su objeto social, se le aplicarían las normas de la sociedad civil o mercantil colectiva, no pudiendo prosperar el intento de las partes de constituir una comunidad (AP Madrid 14-10-11, EDJ 277275).

Concurso conexo inicial (LCon art.39 y 40) Se permite la declaración de concurso, por parte del acreedor, de varios de sus deudores de forma conjunta, en los siguientes **supuestos**: **5543**

1) Tratándose de **personas físicas**, cuando sean cónyuges o pareja de hecho. En este segundo caso, será además preciso que existan pactos o hechos concluyentes de los que se derive la inequívoca voluntad de los cónyuges de formar un patrimonio común.

2) Tratándose de **personas jurídicas** cuando formen parte del mismo grupo.

En ambos casos, cuando exista **confusión de patrimonios** entre las mismas.

Concursos conexos (LCon art.38 a 42) Son objeto de regulación las siguientes cuestiones: **5544**

1) La **declaración conjunta** de concurso de varios deudores.

2) La **acumulación** de concursos.

3) La **tramitación coordinada** de los concursos.

Declaración conjunta de concurso de varios deudores (LCon art.38 a 40 y 46) Se contempla la posibilidad de que se solicite la declaración conjunta de concurso de varios deudores, en los términos siguientes: **5545** MPCI nº 10328

1) Podrán solicitar la declaración judicial conjunta de concurso aquellos deudores que sean **cónyuges**, o que sean **administradores**, **socios**, **miembros** o integrantes personalmente responsables de las deudas de una misma persona jurídica, así como cuando formen parte del mismo **grupo de sociedades**.

2) El **acreedor** podrá solicitar la declaración judicial conjunta de concurso de varios de sus deudores, cuando sean cónyuges, exista entre ellos confusión de patrimonios o formen parte del mismo grupo de sociedades.
3) El juez podrá declarar el concurso conjunto de dos personas que sean **pareja de hecho inscrita**, a solicitud de los propios miembros de la pareja o de un acreedor, cuando aprecie la existencia de pactos expresos o tácitos o de hechos concluyentes de los que se derive la inequívoca voluntad de los convivientes de formar un **patrimonio común**.
Lo anterior se complementa con una regla especifica en materia competencial: será **juez competente** para la declaración conjunta de concurso el del lugar donde tenga el centro de sus intereses principales el deudor con mayor pasivo, y, si se trata de un grupo de sociedades, el de la sociedad dominante o, en supuestos en que el concurso no se solicite respecto de esta, el de la sociedad de mayor pasivo.

5546 **Acumulación de concursos ya declarados** (LCon art.41) Se disciplina la acumulación de concursos declarados, de forma que cualquiera de los concursados, o cualquiera de las administraciones concursales, podrá solicitar al juez del concurso y mediante **escrito razonado** la acumulación del concurso en determinados supuestos que se exponen en los números siguientes.
En defecto de **solicitud** por cualquiera de los concursados, o por la administración concursal, la acumulación podrá ser solicitada por cualquiera de los acreedores, mediante escrito razonado.
Por otra parte, se establece que la acumulación procederá aunque los concursos hayan sido declarados por **diferentes órganos judiciales**, y que, en tal caso, la competencia para la tramitación de los concursos acumulados corresponderá al juez que estuviera conociendo del concurso del deudor con mayor pasivo en el momento de la presentación de la solicitud de concurso, o, en su caso, del concurso de la sociedad dominante, o, cuando esta no haya sido declarada en concurso, el que primero hubiera conocido del concurso de cualquiera de las sociedades del grupo.

5547 **Grupos de sociedades** Se puede pedir la acumulación del concurso de quienes formen parte de un **grupo de sociedades**.
MPCI nº 10330, 10332
La LCon remite expresamente, en cuanto al **concepto de grupo**, a lo previsto en el CCom art.42 (RDLeg 1/2020 disp.adic.1ª), y también se debe estar a lo dispuesto en la L 6/2023 art. 4. Existe grupo cuando hay **unidad de decisión**, y esta se produce, en el ámbito societario, fundamentalmente a través del concepto de **dominio**, que implica la existencia de una sociedad dominante, que es socio de la sociedad filial de forma directa o de forma indirecta a través de otra filial, y asimismo el **control** de la dominante sobre las dominadas.
Junto a este concepto de grupo de sociedades, la **normativa concursal** también contiene notas que pueden ayudarnos a concretar la noción del grupo. La LCon menciona la identidad sustancial de miembros, pero ello no se ha de equiparar con identidad de todos los miembros: es suficiente que haya una identidad de personas que supongan la mayoría que permita adoptar acuerdos en las juntas generales. Ahora bien, la existencia de este precepto no nos debe llevar a prescindir del concepto de grupo previsto por el Código de Comercio, sino que es posible establecer un concepto complementario.

5548 También es posible la acumulación del concurso:
MPCI nº 10334
• De quienes tuvieran sus **patrimonios confundidos**.
• De los **administradores**, **socios**, **miembros** o integrantes personalmente responsables de las deudas de la **persona jurídica**.
• De quienes sean **miembros** o integrantes de una **entidad sin personalidad jurídica** y respondan personalmente de las deudas contraídas en el tráfico en nombre de esta.
• De los **cónyuges**.
• De la **pareja de hecho inscrita**, cuando concurra alguna de las circunstancias de LCon art.40, esto es, cuando consten pactos expresos o tácitos, o bien hechos concluyentes, de los que se derive la inequívoca voluntad de los convivientes de formar un **patrimonio común**.

5549 **Tramitación coordinada de los concursos** (LCon art.42) Se regula la tramitación coordinada de los concursos de acreedores **declarados conjuntamente y acumulados**, que se tramitarán de forma coordinada, sin consolidación de las masas; si bien, y a título excepcional, se podrán consolidar inventarios y listas de acreedores a los efectos de elaborar el informe de la administración concursal, cuando exista confusión de patrimonios y no sea posible deslindar la titularidad de activos y de pasivos sin incurrir en un gasto o en una demora injustificados.

En cuanto al **procedimiento** hay que tener en cuenta algunas **reglas básicas**: 5550
• Los **trámites** para acordar la acumulación de concursos son los previstos en LEC art.74 s. para la acumulación de procesos, que resultan de aplicación subsidiaria (LCon art.521).
• La **legitimación** para solicitar la acumulación de concursos corresponde a cualquiera de los deudores y a cualquiera de las administraciones concursales. Igualmente, en defecto de los anteriores, los acreedores se encontrarán legitimados para instar la acumulación mediante escrito motivado.
• La acumulación, inicial o sucesiva no supone la tramitación de un único concurso, sino la **tramitación coordinada** de los concursos acumulados, que se llevará a cabo de acuerdo con la LCon art.42 y 43.

Declaración de concurso del concurso A pesar de no contemplarse expresamente, 5551
hay que entender que no cabe la declaración de concurso del concurso.
En cuanto a las **deudas contra la masa**, durante la tramitación de concurso y por efecto de LCon art.248, carecen de exigibilidad.
En caso de **incumplimiento del convenio** o de **superveniencia de deudas posteriores** que no puedan satisfacerse, se produce la transformación del procedimiento en liquidación (LCon art.409).
Finalmente, una vez **concluido el concurso**, solo cabe la reapertura o la solicitud de una nueva declaración de concurso (LCon art.503).

Pluralidad de acreedores La Ley Concursal no impone expresamente que exista una 5552
pluralidad de acreedores para poder instar la declaración del concurso. Sin embargo, esta MPCI
exigencia parece deducirse de la propia **naturaleza del procedimiento** y de su finalidad, que nº 10340
no es otra que ordenar la concurrencia de determinados acreedores sobre un patrimonio que, en principio, resulta insuficiente para atenderlos a todos. No puede olvidarse que **concurso**, de acuerdo con la Real Academia, es sinónimo de **concurrencia**, que a su vez es el conjunto de personas que asisten a un acto o reunión (acepción segunda).
Con base en lo anterior, los tribunales exigen la **pluralidad de acreedores** como requisito de procedibilidad de la declaración de concurso. La AP Baleares auto 27-1-10, EDJ 19489 es clara: aun cuando la ley no lo establece expresamente, los tribunales vienen entendiendo que se ha de justificar igualmente la existencia de una pluralidad de acreedores, pues precisamente el propio procedimiento concursal solo tiene sentido si concurre más de un acreedor, dado que se trata de un **procedimiento universal** dirigido a la satisfacción de los acreedores, bien mediante **convenio** entre estos y el deudor común, bien mediante la **liquidación** ordenada del patrimonio de aquel; y una u otra solución solamente cobran sentido si existe una pluralidad de titulares de crédito, ya que, de lo contrario, entraría en juego la posibilidad que establece el ordenamiento jurídico de la **ejecución individual** o singular.
Las normas sobre respeto a las *par condictio creditorum* que inspira toda regulación concursal, calificación de créditos, mayorías de convenio o graduación en los pagos, etc., no se explican si es uno solo el acreedor. La propia denominación de la norma, Ley Concursal, pone de manifiesto la necesidad de dicha concurrencia, y así lo indica su Exposición de Motivos, al decir que el nombre elegido para denominar el procedimiento único es de concurso, expresión clásica que, por antonomasia, describe la **concurrencia de los acreedores** sobre el patrimonio del deudor común. Por otra parte, son numerosos los preceptos de la Ley que contienen implícita esta exigencia, como LCon art.3, que menciona a los acreedores en plural; LCon art.4.1, que habla de pluralidad de acreedores; LCon art.7.3º, que exige en el concurso voluntario la obligación de presentar una relación de acreedores, por orden alfabético; LCon art.22.3, que ordena el llamamiento a otros acreedores interesados cuando el inicial no comparezca en la vista de oposición, o no se ratifique en la solicitud; LCon art.28.1.4º, en el llamamiento a los acreedores; LCon art.251 y 252, que ordenan la formación de la masa pasiva con una pluralidad de los mismos, o LCon art.293.1.2, que hace otro tanto para la elaboración de una lista de acreedores por la administración concursal; o LCon art.429, que aborda el pago a los acreedores concursales.

En idéntico sentido se ha manifestado la jurisprudencia, que alude a razones de simple etimo- 5553
logía (la palabra concurso, derivada del latín *concursus*, significa concurrencia de varios en un MPCI
mismo lugar o sobre un objeto. En suma, **pluralidad**, que en el caso ha de ser de acreedores nº 10344
respecto de un mismo deudor, pues si no es así no tiene sentido el orden procedimental a que obliga el proceso concursal. Dicho de otro modo, si no hay varios acreedores del mismo deudor, carece de sentido la declaración judicial de concurso, pues ni cabe poner orden en la pretensión de un solo acreedor, ni es necesario dicho cauce procesal, cuando a la satisfacción del crédito vigente ya sirve el procedimiento singular) y a los argumentos jurídicos a los que se ha hecho referencia (AP Castellón auto 25-11-09, EDJ 365042).

Se trata, en definitiva, de un **requisito esencial** que no puede ser desconocido: presupuesto necesario, aunque implícito, de la declaración de concurso es la existencia de una pluralidad de acreedores, sin la cual el procedimiento universal carece de sentido; desde el momento en que el deudor que se presenta en concurso reconoce que tan solo tiene un solo acreedor, no existe **concurrencia de acreedores** que justifique el tratamiento concursal de la insolvencia.
El concurso solicitado, en que concurre un solo acreedor, no se adecúa a la finalidad de la institución, que pretende la satisfacción de los créditos de los acreedores y también facilitar la continuidad de la actividad del deudor mediante un convenio o acuerdo con sus acreedores. El convenio tan solo podría existir entre el único acreedor y su deudor, y para su consecución no resulta ni necesaria ni conveniente la apertura de un proceso concursal. Y, al mismo tiempo, no se da el presupuesto que justifique la imposición de una regla de **paridad en el pago**, pues tan solo hay un acreedor, quien, además, puede cobrar mejor a través de una ejecución singular (AP Barcelona auto 3-7-09, EDJ 253938).
La pluralidad de acreedores se deduce desde el **momento** en que conste la existencia de un procedimiento de apremio de un organismo público junto a la propia reclamación del acreedor instante del concurso (AP Baleares auto 25-1-16, núm 8/16).

2. Presupuesto objetivo

5555 El presupuesto objetivo del concurso es la **insolvencia** (LCon art.2).
La declaración de concurso procede en caso de insolvencia del **deudor común**.
Se distingue entre **concurso actual** y **concurso inminente** (nº 5556 y nº 5558).
Además, se fijan unas **presunciones** o supuestos de hecho que legitiman al acreedor para solicitar la declaración de concurso necesario (LCon art.2.4; nº 5560). Tales supuestos no alteran que la insolvencia siga siendo el presupuesto objetivo, ya que el deudor podría oponerse invocando tanto la inexistencia del hecho en que se fundamenta la solicitud, como que, aun habiéndose producido ese hecho, no se encontraba o ya no se encuentra en estado de insolvencia (LCon art.20).
Por último, la Ley Concursal no impone la presentación de un **informe acreditativo de la situación de insolvencia**, pero sí acreditar el hecho o hechos reveladores del estado de insolvencia de entre los enumerados en la Ley, para fundar su solicitud (LCon art.13.1). En todo caso, sobre la descripción de los factores o circunstancias que revelan una situación de insolvencia o insolvencia inminente, existe una notable producción científica. Sin embargo, como primer elemento de análisis hay que acudir a los factores recogidos en la Norma de Auditoría sobre la Aplicación del Principio de Empresa en Funcionamiento del ICAC.

5556 **Insolvencia actual** (LCon art.2.1 y 2) El primero de los requisitos que se exigen en supuestos de concurso es que se acredite la situación de insolvencia, identificada esta como la **imposibilidad del cumplimiento regular** de sus obligaciones por parte del deudor (TS 22-4-16, EDJ 44817; AP Girona auto 2-12-09, EDJ 352957). Con carácter general, se entiende que se encuentra en estado de insolvencia el deudor que no puede cumplir regularmente sus obligaciones exigibles. La insolvencia tiene que ser acreditada ante el juez del concurso, no bastando con una mera indicación de que el deudor se halla en un estado de sobreseimiento general de sus obligaciones (AP Castellón auto 15-11-10, EDJ 291090): el **sobreseimiento** en el pago de las obligaciones del deudor debe ser **actual** y **generalizado**, lo que no equivale a esporádico, simple o aislado, sino a **definitivo**, **general** y **completo**, de modo que no basta una mera referencia a un sobreseimiento general en los pagos y debe exteriorizarse la forma en que se alcanza la convicción de su presencia.
El sobreseimiento tiene que ser generalizado, mas **no absoluto**, y así se aprecia cuando el impago de deuda vencida afecta a una pluralidad más que significativa de acreedores y por un montante que supone una cuantía elevada (AP Madrid auto 28-6-10, EDJ 112904). Pero no se identifica con el mero desbalance o incluso con las pérdidas agravadas (TS 22-4-16, EDJ 44817; 7-5-15, EDJ 86713; 1-4-14, EDJ 53394).

5557 **Elementos característicos** Son elementos característicos de tal estado:
MPCI nº 10354
1) La **imposibilidad** en el cumplimiento de las obligaciones.
2) Que las **obligaciones** sean **exigibles**.
3) Que se impida el **cumplimiento regular**.
La **insolvencia actual o inminente** es requisito necesario para que se pueda efectuar al juez la comunicación a que se refiere la LCon art.583.

Insolvencia inminente (LCon art.2.3) Se define como la situación del deudor que prevea que no podrá cumplir **regular y puntualmente** sus obligaciones (JM Barcelona auto 4-12-08, EDJ 222582). **5558** MPCI nº 10356, 10358

Se trata de un estado de **pronóstico cierto** de la insolvencia todavía no actual («el deudor que prevea que dentro de los 3 meses siguientes no podrá cumplir»), pero referido no solo a la regularidad, como en el modelo de insolvencia actual, sino también referido a la puntualidad en el cumplimiento de las obligaciones.

Ha de tenerse en cuenta que la insolvencia inminente, por tratarse de una **situación futura** y **previsible**, presenta un cierto margen de **incertidumbre**, siendo preciso atender a la totalidad de circunstancias concurrentes en el caso concreto para valorar que esa incertidumbre es mínima y se acerca a la certeza del hecho futuro (JM Santander 29-3-06, EDJ 116118).

Presunciones de situación de insolvencia (LCon art.2.4) Como elemento justificativo o probatorio del estado de insolvencia, se recogen las siguientes **causas tasadas** que debe acreditar el acreedor o legitimado instante para acreditarla: **5560** MPCI nº 10362

1) La existencia de un **título** por el cual se haya despachado ejecución o apremio sin que del embargo resulten bienes libres bastantes para el pago.

2) Que concurra alguno de los supuestos de LCon art.2.4, que por su gravedad parecen presumir una situación de insolvencia:

• El **sobreseimiento general en el pago corriente** de las obligaciones del deudor.

• La existencia de **embargos por ejecuciones pendientes** que afecten de una manera general al patrimonio del deudor.

• El **alzamiento** o la **liquidación apresurada o ruinosa** de sus bienes por el deudor.

• Un **sobreseimiento sectorial relevante**, que se concreta en el incumplimiento generalizado de obligaciones de alguna de las clases siguientes:

- las de pago de obligaciones tributarias exigibles durante los 3 meses anteriores a la solicitud de concurso;
- las de pago de cuotas de la Seguridad Social y demás conceptos de recaudación conjunta durante el mismo período;
- las de pago de salarios e indemnizaciones y demás retribuciones derivadas de las relaciones de trabajo correspondientes a las tres últimas mensualidades.

Ahora bien, estos hechos no desvirtúan la insolvencia como presupuesto objetivo del concurso, ya que expresamente se permite que el deudor acredite la situación de solvencia. De forma que estas causas se configuran, como presunciones de insolvencia que admiten **prueba en contrario**. Así, el deudor puede oponerse a la declaración no solo probando la inexistencia de tales causas, sino también que, aun existiendo, o habiendo existido y desaparecido, no está en estado de insolvencia (LCon art.20).

Por otro lado, las circunstancias de LCon art.2.4 se configuran como un elemento privilegiado en el sistema de prueba de la insolvencia en el procedimiento previsto por la Ley Concursal. No solo son hechos que permiten a un acreedor instar la declaración de concurso, sino que también se configuran como un **medio privilegiado de prueba** para el deudor para:

- acreditar su estado de insolvencia (LCon art. 6.1);
- determinar el deber de presentación del concurso (LCon art.5); o
- controlar la solvencia de la entidad en la fase de cumplimiento del convenio (LCon art.407).

Precisiones La LSC establece como causa de disolución las **pérdidas graves** que dejen reducido el patrimonio neto a una cantidad inferior a la mitad del capital social, a no ser que este se aumente o se reduzca en la medida suficiente, y siempre que no sea procedente solicitar la declaración de concurso (LSC art.363). Sobre la incidencia de esta cuestión en la determinación del presupuesto objetivo del concurso, ver nº 10362 Memento Procesal Civil 2026.

C. Solicitud del concurso

1. Legitimación activa

Con carácter amplio, para solicitar la declaración de concurso están legitimados el **deudor** y cualquiera de sus **acreedores** (LCon art.3.1). **5563**

Es acreedor el titular de un **derecho de crédito** al que deba hacer frente el deudor actual o inminentemente insolvente. De este modo, se consideran legitimados para instar el procedimiento concursal a los trabajadores del deudor, proveedores, acreedores hipotecarios, subcontratistas, etc. No es preciso que el crédito sea **dinerario**, aunque este será, obviamente, el supuesto más común.

Precisiones Se formula la siguiente **regla especial a consecuencia de la DANA de Valencia**: Hasta el 31-12-2025, el deudor que se encuentre en estado de insolvencia actual, y cuyo domicilio se encuentre en alguno de los municipios del RDL 6/2024 Anexo, no tendrá el deber de solicitar la declaración de concurso o la apertura de procedimiento especial para microempresas. Hasta el 1-3-2026, los jueces no admitirán a trámite las solicitudes de concurso necesario que se hubieran presentado durante ese estado de insolvencia o que se presenten hasta dicha fecha. Si se hubiera presentado solicitud de concurso voluntario, este se admitirá a trámite, con preferencia, aunque fuera de fecha posterior.
Tampoco tendrá el deber de solicitar la declaración de concurso, hasta el 31-12-2025, el deudor cuyo domicilio se encuentre en alguno de los municipios indicados, que hubiera presentado a la Sección de lo Mercantil del Tribunal de Instancia -hasta su constitución, al juzgado de lo mercantil- competente para la declaración de concurso la comunicación de la apertura de negociaciones con los acreedores para alcanzar un plan de restructuración o de continuación o solicitado la homologación de un plan de reestructuración, aunque hubiera vencido el plazo a que se refiere LCon art.611 (RDL 8/2024 art.34).

a. Deber de solicitud

5566 Respecto de la existencia o no de un deber de formular la solicitud de concurso, la Ley Concursal distingue entre deudor y acreedor.

5566.1 **Deudor** En el caso del deudor, sí se establece la obligación de solicitar la declaración de concurso dentro de los 2 meses siguientes a la fecha en que haya conocido o debido conocer su estado de insolvencia.
A tal efecto, se dispone una **presunción**, que admite prueba en contrario, cuando haya acaecido alguno de los hechos que pueden servir de fundamento a una solicitud de concurso necesario conforme a la LCon art.2.4 y tratándose de los supuestos recogidos en la LCon art.2.4.5º que haya transcurrido el plazo correspondiente.
Este deber de instar la declaración de concurso de acreedores por parte del propio de deudor se matiza en el supuesto de **preconcurso**: se favorece la reestructuración preconcursal, de modo que el deudor ha de poner en conocimiento del órgano judicial competente para la declaración de su concurso que ha iniciado **negociaciones** para la aprobación de un plan de reestructuración (nº 6224 s.).
Esta comunicación puede formularse en cualquier momento o necesariamente durante los 2 meses siguientes desde que el deudor conoció, o debió conocer, su estado de insolvencia, si se encontrase respectivamente en situación de insolvencia inminente o actual (LCon art.5). De esta **comunicación** se publica extracto en el Registro público concursal a menos que se solicite por el deudor lo contrario, por el carácter reservado de la negociación.
Transcurridos 3 meses desde la comunicación al órgano judicial -más la prórroga que en su caso se haya acordado, de hasta 3 meses adicionales-, el deudor debe solicitar la **declaración de concurso** dentro del mes hábil siguiente, en caso de no haber alcanzado la aprobación de un plan de reestructuración, a menos que ya no se encontrara en estado de insolvencia. Formulada la comunicación, no puede formularse otra por el mismo deudor en el plazo de un año (LCon art.607 a 611).
Mientras estén en vigor los **efectos de la comunicación**, la solicitud de concurso voluntario presentada por el deudor persona jurídica -salvo que los socios sean responsables de las deudas sociales- puede suspenderse por el juez a instancia del experto en la reestructuración, si ha sido nombrado, o de los acreedores que, en el momento de la solicitud, representen más del 50% del pasivo que pudiera quedar afectado por el plan de reestructuración, acreditando en la solicitud la presentación de un plan por parte de los acreedores que tenga probabilidad de ser aprobado. La **suspensión** se levanta transcurrido un mes desde la presentación de la solicitud de concurso por el deudor si los acreedores no hubieran presentado la solicitud de homologación del plan de reestructuración (LCon art.612).

5566.2 Precisiones 1) Desde la presentación de la comunicación y hasta que trascurran 3 meses -prorrogables hasta 6 meses-, como regla general, no pueden iniciarse **ejecuciones judiciales** de bienes que resulten necesarios para la **continuidad de la actividad** profesional o empresarial del deudor, quedando las que estén en tramitación suspendidas con la recepción de la comunicación del órgano judicial dando, constancia de la comunicación.
En su comunicación, el deudor indicará qué ejecuciones se siguen contra su patrimonio y cuáles de ellas recaen sobre bienes que considere necesarios para la continuidad de su actividad profesional o empresarial, que se harán constar en el decreto por el cual el letrado de la Administración de Justicia tenga por efectuada la comunicación del expediente (LCon art.590.2). En caso de **controversia** sobre el carácter necesario del bien, cabe interponer recurso de revisión frente a la resolución -decreto- (LCon art.590.3.2º).

Quedan levantadas estas limitaciones si el juez competente para conocer del concurso resuelve que los bienes o derechos afectados por la ejecución no son necesarios para la continuidad de la actividad profesional o empresarial y, en todo caso, una vez transcurridos los plazos indicados en el párrafo siguiente.
No obstante, estas reglas no impiden que los **acreedores con garantía real** ejerciten la acción real frente a los bienes y derechos sobre los que recaiga su garantía, sin perjuicio de que, una vez iniciado el procedimiento, quede paralizado mientras no se haya realizado alguna de las actuaciones expuestas o haya transcurrido el plazo de 3 meses -y su prórroga, en su caso- en los términos de lo dispuesto en LCon art.603. Quedan en todo caso **excluidos** de estas reglas los procedimientos de ejecución que tengan por objeto hacer efectivos créditos de Derecho público, sin perjuicio de su suspensión exclusivamente en fase de realización o enajenación, acordada por el juez y con cese de efectos automáticos transcurrido el plazo indicado desde la comunicación (LCon art.605).
2) Las personas que puedan solicitar la declaración conjunta de los respectivos concursos de acreedores podrán realizar una **comunicación conjunta**. En el caso de **grupos de sociedades**, puede efectuarse sin necesidad de incluir a la sociedad dominante ni a todas las sociedades del grupo.
La **competencia** para conocer de la comunicación conjunta corresponde al órgano judicial del lugar donde tenga el centro de intereses principales el deudor con mayor pasivo y, si se trata de un grupo de sociedades, el de la sociedad dominante o, si no estuviera incluida en la comunicación, el de la sociedad de mayor pasivo (LCon art.587.1 y 3).

A los efectos de considerar el concurso como voluntario o necesario, la solicitud del deudor realizada conforme a LCon art.583 se entiende presentada el día en que se formuló la **comunicación** prevista en dicho precepto. Se atribuyen al **incumplimiento** de este deber de solicitar el concurso en forma graves consecuencias para el deudor, como la presunción de culpabilidad en la calificación del concurso (LCon art.444.1º). **5567** MPCI nº 10386 s.

Acreedor En el caso del acreedor o los restantes legitimados, no se establece la obligación de solicitar el concurso, ni se impone ningún tipo de carga o sanción por no hacerlo. **5569** MPCI nº 10388
Por el contrario, para incitar a su presentación se acude a una serie de **incentivos** como por ejemplo la posibilidad que se atribuye al deudor que quiera oponerse en el acto de la vista a la admisión del concurso, a consignar en ese acto el importe del crédito, lo que puede motivar que el acreedor no ratifique su solicitud (LCon art.22.2); así como el **privilegio general** que se reconoce a los créditos no subordinados de que sea titular el acreedor que insta la declaración de concurso, hasta el **50%** de su importe (LCon art.280.7º).

b. Peculiaridades de la legitimación

Se prevén las siguientes peculiaridades sobre la **legitimación activa** de la solicitud de concurso: **5570** MPCI nº 10395, 10397
1) Como **excepción a la legitimación del acreedor**, no están legitimados los acreedores que, dentro de los 6 meses anteriores a la presentación de la solicitud, hayan adquirido el crédito por actos *inter vivos* y a título singular, después de su vencimiento (LCon art.3.2).
2) Si el **deudor** es **persona jurídica**, es competente para decidir sobre la solicitud el órgano de administración o liquidación (LCon art.3.1). Eso supone que la presentación de la solicitud no precisa de ratificación por la junta o asamblea de la entidad.
3) Tratándose del **concurso de una persona jurídica**, se considera igualmente legitimados para formular la solicitud a los **socios**, miembros o integrantes de la misma que sean **personalmente responsables**, conforme a la legislación vigente, de las deudas de aquella (LCon art.3.3).
Esta legitimación se amplía en ciertos casos, como el concurso de las sociedades sin limitación de responsabilidad y también en el de personas jurídicas. La razón de esta legitimación, que la doctrina ha llamado **excepcional** o **extraordinaria**, es que hay casos en que, por disposición legal, los socios de cierto tipo de sociedades, o cuando concurren ciertas circunstancias, responden personalmente de las deudas sociales, sin que se diferencie entre el patrimonio social, único afecto al objeto propio de la sociedad, y el personal de los socios que la integran. Así acontece con las sociedades regulares colectivas, con las comanditarias, con las comanditarias por acciones, con las sociedades irregulares, con los socios únicos de las sociedades anónimas o limitadas cuando la unipersonalidad sobrevenida no se inscribe tras 6 meses, o con las agrupaciones de interés económico.
4) Para el caso del **concurso de la herencia yacente**, la legitimación se reconoce para los **acreedores** del deudor fallecido, los **herederos** de este y el **administrador** de la herencia (LCon art.569). La solicitud de concurso de la herencia por el llamado a ella como **heredero** implica aceptación tácita de la misma (LCon art.568.3; CC art.999) (AP Madrid 11-5-19, EDJ 594370).
5) En cuanto a la legitimación activa para promover la declaración de concurso, se salvan las anteriores dudas sobre la posibilidad de que la **Administración pública** pueda instarla, al admitirse indirectamente en LCon art.14.

c. Legitimación de la autoridad judicial

5572 A la autoridad judicial y al Ministerio Fiscal no se les faculta para instar de oficio la declaración de concurso.

2. Forma de la solicitud

5574 MPCI nº 10405 La solicitud de declaración de concurso debe reunir los **requisitos** de forma previstos en cuanto a (LCon art.6.2 y 510):
- **postulación** (representación por procurador en virtud de poder especial);
- **dirección letrada** (asistencia técnica de abogado);
- empleo preceptivo del **modelo oficial**; y
- autoliquidación de la **tasa** correspondiente por el ejercicio de la función jurisdiccional (L 10/2012; OM HAP/2662/2012; nº 6255).

No se exige la **firma del deudor** o de su representante, por lo que debe entenderse que esta antigua exigencia ya no opera. Es suficiente con el **poder especial** otorgado al procurador que le permite instar la declaración de concurso.
No obstante, se dispone un tratamiento formal de la solicitud diferente según la presente el deudor u otro legitimado (nº 5575 y nº 5583).

5575 **Presentación por el deudor** El deudor debe presentar la solicitud cumpliendo todos los **requisitos** previstos en LCon art.6.

5576 MPCI nº 10409 **Contenido** (LCon art.6) Además de solicitud del concurso, se impone un mínimo a la expresión de si su **estado de insolvencia** es actual o si lo prevé como inminente.
Pese a la naturaleza de la **declaración confesoria** de la insolvencia hecha por el deudor en su solicitud (LEC art.316), no basta la mera voluntad de ser declarado en concurso, sino que la concurrencia del presupuesto objetivo debe deducirse de la documentación que se acompañe.
No se exige que se presenten **documentos de justificación** de esa situación de insolvencia, sin embargo, tal justificación es necesaria.

5577 **Adopción de medidas cautelares** (LCon art.18 y 28.3) No se prevé la adopción de medidas cautelares a instancia del deudor durante esta fase de verificación, pues se limitan al supuesto del **concurso necesario**.
Las medidas cautelares solo pueden ser adoptadas a instancia de parte, estando legitimado para su solicitud el que lo estuviera para instar el concurso necesario, por lo que existe el **impedimento legal** para que estas medidas cautelares puedan ser acordadas en caso de **concurso voluntario**, pues así se deduce de lo dispuesto en LCon art.18, estableciendo dicho precepto que las medidas cautelares previas podrán adoptarse al admitir a trámite la solicitud de concurso, por lo que es requisito esencial que para su acuerdo previamente se haya formulado la solicitud de concurso, a diferencia de las medidas cautelares que regula la LEC, que pueden ser formuladas con anterioridad a la demanda relativa a la acción principal de la que puedan dimanar. De modo que, a petición del legitimado para promover el concurso necesario, el juez, al admitir a trámite la solicitud de concurso de acreedores, podrá adoptar las medidas cautelares que considere necesarias para asegurar la integridad del patrimonio del deudor, de conformidad con lo dispuesto en la LEC. Así pues, resulta evidente que el aludido precepto veda la adopción de medidas cautelares cuando la solicitud del concurso la insta el deudor, lo que puede ser criticable, pero es claro a la vista de las normas que se han de aplicar (AP Cádiz auto 4-2-10, EDJ 80044).
Ello no excluye que en la solicitud se puedan interesar la adopción de tales medidas cautelares, para ser acordadas, en su caso, en el **auto** de declaración.

5578 **Documentos de orden procesal** (LConart.6.2) Debe acompañar a la solicitud el **poder especial** otorgado ante notario para solicitar el concurso, si bien puede sustituirse mediante la realización de apoderamiento *apud acta* o por **comparecencia electrónica** en la sede judicial.

5579 MPCI nº 10415 **Documentos de orden sustantivo** (LCon art.7) Se exige que se acompañen a la solicitud los siguientes documentos, cuya principal finalidad es la de acreditar la **insolvencia actual o inminente** del solicitante:
• La **memoria** expresiva de la historia económica y jurídica del deudor, de la actividad o actividades a que se haya dedicado durante los 3 últimos años y de los establecimientos, oficinas y explotaciones de que sea titular, de las causas del estado en que se encuentre.
Si el deudor es **persona casada**, ha de indicar en la memoria la identidad del cónyuge, con expresión del régimen económico del matrimonio.
Si el deudor es **persona jurídica**, ha de indicar en la memoria la identidad de los socios o asociados de que tenga constancia, de los administradores o de los liquidadores y, en su caso, del

auditor de cuentas, así como si forma parte de un grupo de empresas, enumerando las entidades integradas en el mismo e identificando la sociedad dominante, y si tiene admitidos valores a cotización en un centro de negociación.
Si se trata de una **herencia**, han de indicarse en la memoria los datos del causante (LCon art.568.2).
• Un **inventario de bienes y derechos**, con expresión de su naturaleza, lugar en que se encuentran, datos de identificación registral en su caso, valor de adquisición, correcciones valorativas que procedan y estimación del valor de mercado a la fecha de la solicitud. Han de indicarse también los gravámenes, trabas y cargas que afecten a estos bienes y derechos, con expresión de su naturaleza y los datos de identificación.
• La **relación de acreedores**, por orden alfabético, con expresión de la identidad, domicilio y dirección electrónica de cada uno de ellos, así como de la cuantía y el vencimiento de los respectivos créditos y las garantías personales o reales constituidas. Si algún acreedor hubiera reclamado judicialmente el pago, se identificará el procedimiento correspondiente y se indicará el estado de las actuaciones (LCon art.7.3º).
• Si el deudor es empresario, el número de la **plantilla de trabajadores**, con expresión del centro de trabajo al que estén afectos y la identidad del **órgano de representación** de los mismos, si lo hubiera, indicando la dirección electrónica de cada uno de sus integrantes (LCon art.7.4º).

Además, si el deudor está legalmente **obligado a llevar contabilidad**, debe acompañar (LCon art.8): **5580**
- cuentas anuales y, en su caso, informes de gestión o de auditoría correspondientes a los tres últimos ejercicios;
- memoria de los cambios significativos operados en el patrimonio con posterioridad a las últimas cuentas anuales formuladas y depositadas y de las operaciones que por su naturaleza, objeto o cuantía excedan del giro o tráfico ordinario del deudor;
- estados financieros intermedios elaborados con posterioridad a las últimas cuentas anuales presentadas, en el caso de que el deudor esté obligado a comunicarlos o remitirlos a autoridades supervisoras;
- en el caso de que el deudor forme parte de un grupo de empresas, como sociedad dominante o como sociedad dominada, debe acompañar también las cuentas anuales y el informe de gestión consolidados correspondientes a los tres últimos ejercicios sociales y el informe de auditoría emitido en relación con dichas cuentas, así como una memoria expresiva de las operaciones realizadas con otras sociedades del grupo durante ese mismo período.

Finalmente, cuando **no se acompañe alguno de los documentos** mencionados o falte en ellos alguno de los requisitos o datos exigidos, el deudor debe expresar en su solicitud la causa que lo motiva -p.e. robo o destrucción- (LCon art.9). **5581** MPCI nº 10417
Pese a ello, y a lo que se dirá sobre la subsanación de la solicitud (nº 5585), hay que destacar la especial importancia del cumplimiento fiel de esta obligación de aportación documental contable, dadas las **presunciones de concurso culpable** que se vinculan a su incumplimiento sustancial, irregularidad relevante o inexactitud grave (LCon art.443.4º); o al mero incumplimiento de la obligación legal de llevanza de contabilidad (LCon art.443.5º).

Consecuencias de la falta de aportación de estos documentos Las consecuencias del defecto de aportación de los documentos exigidos a la solicitud de concurso que ha de presentar el deudor son las siguientes: **5582**
1) Conllevará la **inadmisión**: cuando en la documental presentada no se aporte **poder**, o no se solicite el otorgamiento de este *apud acta*; en estos casos la aportación de un poder general y no especial debe entenderse como no aportación del poder, y por lo tanto conllevará la inadmisión dado que el régimen del poder especial implica la atribución al apoderado de determinadas facultades que no se recogen en el general, y por ello no existe una solicitud con documental completa; cuando no se aporte la **memoria**; cuando no se aporte el **inventario** de bienes y derechos, o la relación de acreedores; cuando no se aporten los **documentos contables** exigidos en la LCon art.7; cuando no se aporte **plan de liquidación**, en el supuesto en que se solicite esta. Esta falta de aportación deberá asimilarse a una aportación inidónea en tanto en cuanto, por ejemplo, se presente algo titulado como memoria pero que realmente no lo sea (presentar, verbigracia, la memoria de las cuentas anuales como tal memoria).
2) Conllevará **subsanación** o **justificación**, según los casos, cuando los documentos referidos anteriormente no contengan todos y cada uno de los datos que exige el precepto; cuando exista algún error en los mismos, o cuando se hubieran presentado de forma ilegible o incomprensible. Y requerida la subsanación o la justificación, según los casos, conllevará la inadmisión si esta no se realiza en forma sustancialmente idónea. Así, por ejemplo, en el supuesto de

presentar, por subsanación, una propuesta sobre viabilidad patrimonial incompleta o falta de contenido.
No toda omisión de la documentación que la LCon art.7 s. prescribe para ser aportada con la solicitud debe dar lugar necesariamente a la desestimación de la solicitud de concurso voluntario, sino tan solo aquella que sea relevante para acreditar la **competencia** del órgano judicial ante el que se presenta, la **legitimación** del instante del concurso, el **presupuesto subjetivo** y la situación de **insolvencia**, actual o inminente (AP Barcelona auto 9-12-09, EDJ 364293).
En relación con lo anterior, téngase en cuenta que la LCon art.11.1 dispone que, si el juez estimara que la solicitud o la documentación que la acompaña adolecen de algún defecto procesal o material, o que esta es insuficiente, señalará al solicitante un **único plazo de justificación o subsanación**, que no podrá exceder de 3 días.

Precisiones No existe duda de que la falta de cualquiera de los documentos a los que se hace referencia en LCon art.7 s. es subsanable en el supuesto de **concurso voluntario** (AP Girona auto 9-7-09, EDJ 221061).

5582.1 **Solicitud con aportación de oferta de adquisición de una o varias unidades productivas** (LCon art.224 bis) El deudor puede presentar, junto con la solicitud de declaración de concurso, una **propuesta escrita vinculante** de acreedor o de tercero para la adquisición de una o varias unidades productivas.
En la propuesta, el acreedor o el tercero debe asumir la obligación de continuar o de reiniciar la actividad con la unidad o unidades productivas a las que se refiera por un **tiempo mínimo** de 3 años.
Esta aportación da lugar a ciertas **particularidades** de tramitación (nº 5731).

5582.2 **Solicitud de nombramiento de experto para recabar ofertas de adquisición de una o varias unidades productivas** (LCon art.224 ter a 224 septies) El deudor, ante una situación de **probabilidad de insolvencia**, insolvencia inminente o actual, puede pedir del juez el nombramiento de experto para recabar ofertas de adquisición de unidad productiva, sin que ello afecte al deber de solicitar el concurso, dentro del **plazo** de 2 meses desde que le conste o le deba haber constado la situación de insolvencia.
La **competencia** para la declaración de concurso posterior corresponde al juez que hubiera nombrado al experto, pudiendo revocar o ratificar el nombramiento del experto. Si lo ratificara tendrá la condición de administrador concursal. La **retribución** que no hubiera percibido el experto tendrá la consideración de crédito contra la masa.

Precisiones Los preceptos citados en este marginal y en el precedente acogen el denominado ***«pre-pack administration»* concursal**, considerado inicialmente en el Protocolo de los Juzgados de lo Mercantil de Barcelona 20-1-2021.

5583 **Presentación por el acreedor y otro legitimado** (LCon art.13) Si la solicitud de concurso la formulan el acreedor u otros legitimados, la **forma de la solicitud** se simplifica. El escrito de solicitud de concurso necesario no está sujeto a especiales requisitos de forma, limitándose la ley a imponer al acreedor que inste la declaración de concurso que exprese en la solicitud el origen, naturaleza, importe, fechas de adquisición y vencimiento y situación actual del crédito, del que acompañará documento acreditativo (AP Madrid auto 20-11-08, EDJ 288479). Ha de expresar igualmente el **título** o **hecho** en el que funda su solicitud (LCon art.2.4).
Así, como contenido justificativo de la **legitimación**, se exige al acreedor la expresión del origen, naturaleza, importe, fechas de adquisición y vencimiento y situación actual del **crédito** que le corresponde frente al deudor, del que debe acompañar **documento acreditativo** (p.e. la factura acreditativa del trabajo realizado en interés del deudor y no abonado). El acreedor que insta la declaración de concurso debe ofrecer una **justificación** de su título de crédito, si bien no es preciso que haya mediado reclamación judicial, ni que haya obtenido mandamiento de embargo, por no ser estos requisitos que exija la Ley Concursal, debiendo justificar igualmente los hechos en que funda su solicitud, como constitutivos de su pretensión (AP Lleida 17-9-12, EDJ 231654). Si el deudor niega la certeza de la existencia del crédito del acreedor instante del concurso, tanto por aplicación de las reglas generales sobre carga de la prueba como por lo dispuesto en la Ley sobre oposición a la solicitud de concurso necesario, la prueba de tales alegaciones impeditivas o excluyentes, le corresponde (AP Córdoba auto 20-12-07, EDJ 309340). No se exige que el crédito en sí conste de forma documental, sino que se acompañe algún documento que acredite su existencia (AP Barcelona auto 27-1-06, EDJ 488295).

5584 En este sentido, no debe olvidarse que no basta con que el acreedor presente un título que le legitime, sino que es preciso además que exprese, en todo caso, los **medios de prueba** de que se valga o pretenda valerse para acreditar los hechos constitutivos de la declaración de concurso, al tratarse de un **proceso de declaración** posiblemente contradictorio, en el que debe garantizarse que el deudor conoce los argumentos del acreedor solicitante, no bastando por

sí sola la prueba testifical; y que indique, en efecto, el hecho o hechos en que funda la concurrencia del **presupuesto objetivo** del concurso, pues la declaración de concurso procederá en caso de insolvencia del deudor común, si bien para el concurso necesario, a instancias de un acreedor, este deberá fundar su solicitud en un título por el cual se haya despachado ejecución o apremio sin que del embargo resultasen bienes libres bastantes para el pago, o en la existencia de alguno de los siguientes hechos (LCon art.2.4):
- el **sobreseimiento general** en el cumplimiento corriente de las obligaciones del deudor;
- la existencia de **embargos** por ejecuciones pendientes que afecten de una manera general al patrimonio del deudor;
- el **alzamiento** o la **liquidación** apresurada o ruinosa de sus bienes por el deudor;
- el **incumplimiento generalizado** de obligaciones de alguna de las clases siguientes: las de pago de obligaciones tributarias exigibles durante los 3 meses anteriores a la solicitud de concurso; las de pago de cuotas de la Seguridad Social, y demás conceptos de recaudación conjunta durante el mismo período; las de pago de salarios e indemnizaciones y demás retribuciones derivadas de las relaciones de trabajo correspondientes a las tres últimas mensualidades.

Aunque no corresponde al acreedor acreditar inicialmente la pluralidad de titulares de derechos de crédito, que es presupuesto implícito del procedimiento concursal, sin duda debe tratar de acreditar este extremo al amparo de LCon art.7.3, que le exige acompañar la solicitud de concurso con una relación de sus acreedores.

Los **otros legitimados** deben expresar en la solicitud el carácter en el que la formulan, acompañando el **documento** del que resulte su legitimación, o proponiendo la **prueba** para acreditarla (LCon art.13.2).

Se hará mención, en su caso, de la proposición de **medidas cautelares** para asegurar la integridad del patrimonio del deudor durante la fase de admisión y verificación, o para ser adoptadas, en su caso, en el auto de declaración (LCon art.18 y 28.3).

Finalmente, se pospone la incorporación de los **documentos sustantivos** a la declaración del concurso y, en tal caso, mediante **requerimiento** expreso al deudor concursado (LCon art.28.2).

Control formal de la solicitud (LCon art.14) Presentada la solicitud de declaración de concurso se impone un primer control de tipo formal por el juez competente el mismo día o al siguiente de su reparto a la oficina judicial correspondiente -a su vez, el mismo día de la presentación o al siguiente-, permitiendo la **subsanación de defectos** en aquella. **5585** MPCI nº 10429, 10431

En este sentido, y de igual forma que en el concurso voluntario, en el necesario, si el juez estimara que la solicitud o la documentación que la acompaña adolecen de algún defecto procesal o material, o que esta es insuficiente, señalará al solicitante un **único plazo** de justificación o subsanación, que no podrá exceder de 3 días (LCon art.14 y 17).

D. Declaración del concurso

1. Admisión de la declaración

A partir de este momento se bifurca el **tratamiento procesal** de las solicitudes: **5587** MPCI nº 10435

1) Si la solicitud es del **deudor**, se impone una **verificación no contradictoria del presupuesto objetivo**. Si la solicitud o documentación que la ha de acompañar adoleciera de defectos, el plazo para subsanación será único y no mayor de 5 días (LCon art.10).

Sin existir resolución expresa de admisión a trámite ni intervención de terceros, el juez ha de dictar **auto** declarando el concurso si de la documentación aportada, apreciada en su conjunto, resulta la existencia de alguno de los hechos previstos en LCon art.2.4, u otros que acrediten la insolvencia alegada por el deudor. Contra el auto de no admisión -o de desestimación- del concurso voluntario se da únicamente **recurso de reposición** (LCon art.12).

2) En el caso de la solicitud de cualquier **otro legitimado**, tras el control formal inicial se dicta un **auto** de admisión a trámite de la solicitud, abriendo en la pieza primera del concurso un **proceso de verificación contradictorio**, en el que nos detenemos a continuación (LCon art.14 s.). Si el auto es de inadmisión, se da contra él únicamente recurso de reposición (AP Barcelona auto 18-5-18, EDJ 98984):

• Cuando la solicitud hubiera sido presentada por un **acreedor**, y se fundara en un embargo o en una investigación de patrimonio infructuosos o que hubiera dado lugar a una **declaración administrativa** o **judicial** de **insolvencia**, el juez dictará auto de declaración de concurso el primer día hábil siguiente. El deudor y los demás interesados podrán interponer frente a este auto los recursos previstos en LCon art.25.

• Cuando la solicitud hubiera sido presentada por **cualquier legitimado distinto** del deudor, y por un hecho distinto del previsto en el apartado anterior, el juez dictará auto admitiéndola a trámite y ordenando el emplazamiento del deudor conforme a lo previsto en LCon art.513, con traslado de la solicitud, para que comparezca en el plazo de 5 días, dentro del cual se le pondrán de manifiesto los autos y podrá formular oposición a la solicitud, proponiendo los medios de prueba de que intente valerse.
• Una vez realizada la **comunicación** prevista en LConart.583, y mientras no transcurra el plazo de 3 meses previsto en dicho precepto -más su prórroga hasta 6 meses, en su caso-, no se admitirán solicitudes de concurso a instancia de otros legitimados distintos del deudor. Las solicitudes presentadas con posterioridad quedarán suspendidas y solo se proveerán cuando haya vencido el plazo de un mes hábil previsto en el citado artículo si el deudor no hubiera presentado solicitud de concurso.
Declarado el concurso o admitida a trámite la solicitud de la declaración, según los casos, el juez ordenará la **formación de la sección primera**, que se encabezará con la solicitud y sus documentos adjuntos (LCon art.14.3 y 31), acumulando a los autos las solicitudes suspendidas y las que se presenten con posterioridad (LCon art.610).

5590 **Solicitudes suspendidas y posteriores** (LCon art.15 y 610) Las solicitudes suspendidas y las posteriores al vencimiento de los plazos expuestos en nº 5587 se acumulan a la primeramente repartida y se unen a los autos, teniendo por comparecidos a los nuevos solicitantes sin retrotraer las actuaciones.

5591 **Adopción de medidas cautelares** Sobre la adopción de medidas cautelares durante esta fase, bien sean las previstas en LO 8/2003 art.1 u otras que aseguren la integridad del patrimonio del deudor, hay que atender a la **regulación supletoria** de LEC art.721 s. (nº 7500 s. Memento Procesal Civil 2026), con las **especialidades** previstas en LCon art.18, como son:
- la adopción *inaudita parte*; o
- que la exigencia de caución no es obligatoria, sino que depende del juez.
En caso desestimarse la solicitud y firme el auto, a petición del deudor y por los trámites de LEC art.712, se resuelve por el juez mercantil del concurso sobre la determinación de los **daños y perjuicios** y, en su caso, su pago.

5592 **Oposición y allanamiento a la pretensión** (LCon art.19 y 20) Tras ser emplazado, se con-
MPCI cede al deudor un **plazo** de 5 días para oponerse o para allanarse a la pretensión.
nº 10443 Si el deudor **se allana** a la pretensión, **no comparece** o, compareciendo, **no formula oposición**, el juez ha de declarar de inmediato el concurso, asimilándose a tal allanamiento el supuesto de la solicitud de concurso del propio deudor antes de ser emplazado.
Si **formula oposición** a la solicitud, el deudor debe proponer los medios de prueba de que intente valerse. En tal caso, se convoca a las partes por el letrado de la Administración de Justicia a una vista para su práctica. La oposición se puede fundamentar en cualquiera de las siguientes **alegaciones**:
- la falta de legitimación del instante;
- la inexistencia del hecho en que se fundamenta la solicitud; o
- aun cuando tal hecho sea cierto, la inexistencia de una situación de insolvencia.
Igualmente, el deudor debe en este plazo plantear la **declinatoria** por falta de competencia internacional y territorial (LCon art.51).
En caso de que se formule oposición por el deudor, el letrado de la Administración de Justicia, al siguiente día, citará a las partes a la **vista**, a celebrar en el plazo de 3 días, previniéndolas para que comparezcan a ella con todos los medios de la prueba que pueda practicarse en el acto, y que, si el deudor estuviera obligado legalmente a la llevanza de contabilidad, advirtiendo a este para que comparezca con los libros contables de llevanza obligatoria (LCon art.21).

5594 **Comparecencia** (LCon art.22) La comparecencia es **presidida** por el juez y ha de tener lugar en el **plazo** de los 10 días siguientes a aquel en que se ha formulado oposición.
Pueden producirse las siguientes situaciones:
1) Comparece el **solicitante** y **no el deudor**. En tal caso, se declara el concurso sin más trámites. Aunque la ley no lo dice, a este supuesto debe equipararse la comparecencia del deudor que no manifiesta oposición.
2) Comparece el **deudor** y **no el solicitante**. El juez tiene al solicitante por desistido y declara concluido el procedimiento, imponiéndole las costas. La misma solución procede cuando el solicitante comparece, pero no se ratifica porque el deudor ha consignado el crédito o por cualquier otro motivo. En ausencia del solicitante, el juez no puede declarar el concurso, pero si considera que existen otros acreedores puede concederles un plazo de 5 días para que realicen alegaciones.

3) **No comparecen** solicitante ni deudor. Pese a que la Ley no contempla esta posibilidad, debe atenderse preferentemente a los efectos de la incomparecencia del acreedor, por aplicación del principio dispositivo, lo que ha de llevar a declarar concluso el procedimiento, como si hubiera desistido.

4) Comparecen **deudor y solicitante con tesis contrapuestas**. La oposición del deudor puede fundamentarse en la falta de legitimación del solicitante, en la inexistencia del hecho o en la inexistencia del presupuesto del concurso, en cuyo caso, el deudor debe acreditar su solvencia, por medio de su contabilidad, si está obligado a su llevanza.

En tal caso el juez ha de oír a las partes y practicar las **pruebas** propuestas en el acto, o en el plazo más breve posible, señalado por el letrado de la Administración de Justicia, que no puede exceder de 20 días hábiles. Con relación al carácter preclusivo de la prueba propuesta en la solicitud de concurso necesario, hay que destacar que la LCon art.23, en relación con la vista que sigue a la oposición del deudor a la solicitud de concurso necesario, admite la proposición en ese acto de la vista de otros medios de prueba adicionales a los propuestos por el solicitante (AP Baleares auto 29-3-07, EDJ 119709).

Si el deudor **no consigna el importe del crédito** que esgrime el instante, ni explica las razones de esta actuación, lo lógico es que el juez declare el concurso; no obstante, la Ley no impone esta conclusión, por lo que el juez debe decidir en función de si aprecia o no el estado de insolvencia.

Consignación del importe del crédito del solicitante (LCon art.22) Se exige al deudor que consigne el importe del crédito del solicitante -de todos los solicitantes, si fueran varios-, o al menos a explicar la razón de la falta de consignación, con el aparente fin de eliminar el hecho de insolvencia alegado. **5595**

Precisiones Sobre el **destino** de la consignación realizada el Primer Encuentro de Jueces de la Especialidad Mercantil (Valencia, diciembre 2004) concluyó que solo puede ser entregada al acreedor cuando se dicte auto de desestimación de la solicitud o no declaración del concurso; por el contrario, declarado el concurso, la cantidad consignada debe integrar la masa activa y no ser entregada al acreedor.

Vista El juez debe oír a las partes y a sus abogados sobre la procedencia o improcedencia de la declaración de concurso y decidir sobre la pertinencia de los medios de prueba propuestos o que se propongan en este acto, acordando la práctica a la mayor brevedad. **5596**

Pese a este tenor, el criterio judicial mayoritario es restrictivo en cuanto a la admisión de **pruebas distintas de las inicialmente propuestas**, en especial en la medida que pueda ser sorpresiva para la parte contraria, infringiendo las exigencias de la buena fe y la lealtad procesal (Primer Encuentro de Jueces de la Especialidad Mercantil, Valencia, diciembre 2004).

Por último, el juez puede **interrogar directamente** a las partes y a los peritos y testigos y apreciar las pruebas que se practiquen conforme a las reglas de valoración previstas en la LEC (nº 5890 s. Memento Procesal Civil 2026). La insolvencia es una cuestión de hecho reservada al tribunal de instancia (TS 11-3-85).

Especialidades para entidades financieras (L 11/2015 disp.adic.15ª) Los jueces no pueden admitir las solicitudes de concurso de una entidad de crédito o empresa de servicios de inversión que se encuentre sujeta a los **procedimientos de actuación temprana o resolución**. La admisión de la solicitud en este supuesto estaría viciada de nulidad de pleno Derecho. **5596.1** MPCI nº 10453

Las entidades sometidas a la L 11/2015, no pueden presentar solicitud de declaración de **concurso voluntario** sin haber efectuado la comunicación prevista en L 11/2015 art.9.1 y 21.4 -puesta en conocimiento del supervisor de circunstancias económicas que previsiblemente determinarán el incumplimiento de la normativa de estabilidad y solvencia- y sin que el supervisor competente y el FROB decidan si van a abrir un proceso de actuación temprana o de resolución de la entidad. El plazo de 2 meses previsto en LCon art.5, se suspende hasta que se adopte esta decisión.

En caso de solicitarse el **concurso necesario** de una entidad de crédito o empresa de servicios de inversión **no afectada** por procedimientos de actuación temprana o resolución, el juez, suspendiendo la tramitación de la solicitud, lo notificará al supervisor competente -Banco de España, Banco Central Europeo, Comisión Nacional del Mercado de Valores- y al FROB para que, en el plazo de 7 días, comuniquen si van a proceder o no a la apertura de un procedimiento de esta índole.

Si la comunicación del supervisor y del FROB es afirmativa el juez debe inadmitir la solicitud, si a pesar de ello la admite esta admisión estará, igualmente, viciada de nulidad de pleno Derecho.

2. Auto de declaración del concurso

(LCon art.24 y 224 sexies)

5597 MPCI nº 10457 Practicadas las pruebas, o transcurrido el plazo previsto para ello, el juez, dentro del **plazo** de los 3 días siguientes, debe dictar auto declarando el concurso o desestimando la solicitud.

Si se declara el concurso, tanto a solicitud del deudor como de los restantes legitimados, las **costas** tendrán la consideración de créditos contra la masa, mientras que si se desestima la solicitud las costas serán impuestas al solicitante, salvo que el juez aprecie excepcionalmente, y así lo razone, que el caso presentaba serias dudas de hecho o de derecho.

La condena al pago de las costas al acreedor que haya solicitado la declaración de concurso **no procede** si el crédito de que fuera titular hubiera vencido 6 meses antes de la presentación de la solicitud, salvo temeridad o mala fe.

El auto declarando el concurso constituye no solo la finalización de la fase inicial, sino la **pieza procesal esencial** del procedimiento concursal.

En cuanto a los **recursos** que proceden contra el auto dictado (LCon art.25) hay que tener en cuenta lo siguiente (sin perjuicio de lo que se trata, con detalle, en nº 5612):

1) Contra el pronunciamiento del auto sobre la **estimación o desestimación** de la solicitud de concurso necesario cabrá, en todo caso, recurso de apelación, que no tendrá efecto suspensivo salvo que, excepcionalmente, el juez acuerde lo contrario; en tal caso habrá de pronunciarse sobre el mantenimiento, total o parcial, de las medidas cautelares que se hubiesen adoptado.

2) Si se trata de recurrir únicamente alguno de los **demás pronunciamientos** contenidos en el auto de declaración del concurso, las partes podrán oponerse a las concretas medidas adoptadas mediante recurso de reposición.

3) En cuanto a la **legitimación**, estarán legitimados para recurrir el auto de declaración de concurso el deudor que no la hubiese solicitado y cualquier persona que acredite interés legítimo, aunque no hubiera comparecido con anterioridad. Para recurrir el auto desestimatorio solo estará legitimada la parte solicitante del concurso.

4) El **plazo** para interponer el recurso de reposición y el recurso de apelación contará, respecto de las partes que hubieran comparecido, desde la **notificación** del auto, y, respecto de los demás legitimados, desde la **publicación** ordenada en LCon art.25.4.

5) La desestimación de los recursos determinará la condena en **costas** del recurrente.

Precisiones Ver lo expuesto en nº 5582.2 respecto del auto de declaración del concurso posterior a una solicitud de nombramiento de **experto para obtención de ofertas de adquisición de unidades productivas.**

5599 **Contenido** (LCon art.28) El auto de declaración de concurso debe incluir las siguientes menciones:

1) Referencia al **carácter del concurso**: voluntario o necesario, con indicación, en su caso, de que el deudor ha solicitado la liquidación o ha presentado propuesta de convenio o una oferta vinculante de adquisición de unidad o unidades productivas.

Como **regla general**, es voluntario el concurso solicitado por el deudor, y es necesario si lo solicita cualquier otro sujeto legitimado. En el supuesto de que el deudor hubiera comunicado al juez la iniciación de **negociaciones** para alcanzar la aprobación de un plan de reestructuración, y haya posteriormente presentado la solicitud de concurso en el plazo resultante de LCon art.583 -dentro del mes hábil posterior al vencimiento del plazo de 3 meses desde la comunicación al órgano judicial-, y su prórroga de hasta 6 meses en total, en su caso, la solicitud se considera presentada cuando lo fue la repetida comunicación (LCon art.29.1 y 569.1).

Como **excepción**, tiene la condición de necesario el concurso cuando, en los 3 meses anteriores a la fecha de la solicitud del deudor, se hubiera presentado y admitido a trámite otra solicitud por cualquier legitimado, aunque este hubiera desistido, no hubiera comparecido o no se hubiese ratificado (LCon art.29.2 y 569.2).

En caso de concurso necesario, debe requerirse al deudor para que aporte en el plazo de 10 días la documentación que, de haberse tratado de un concurso voluntario, habría aportado el mismo con la solicitud inicial.

2) Los **efectos del concurso** sobre las facultades de administración y disposición del deudor respecto de la masa activa. El juez puede acordar un régimen de mera **intervención** de tales facultades o de **suspensión** de las mismas que, como regla general, va asociada al carácter del concurso, si bien admite un pronunciamiento independiente inicial o posterior (LCon art.106 y 108). El ámbito de la intervención y de la suspensión se limita a los bienes y derechos integrados o que se integren en la masa activa, a la asunción, modificación o extinción de obligaciones de carácter patrimonial relacionadas con esos bienes o derechos y, en su caso, al ejercicio de las facultades que correspondan al deudor en la sociedad o comunidad conyugal.

3) El **nombramiento de los administradores concursales** y sus atribuciones, que son corolario de las limitaciones impuestas al deudor sobre sus facultades de administración y disposición.

4) Las medidas que, con carácter cautelar, el juez considere necesario establecer hasta la aceptación de su cargo por parte de los administradores concursales. Estas **medidas cautelares** pueden ser acordadas en cualquier hipótesis de concurso, de oficio o a instancia de parte, y su finalidad es proveer lo necesario para la conservación y administración del patrimonio del deudor, en el período que transcurre entre el nombramiento y la aceptación de su cargo por los administradores concursales. **5600** MPCI nº 10463

Estas medidas de carácter cautelar deben servir de instrumento para evitar que determinados bienes o derechos puedan salir de la esfera de disposición del deudor concursado sin un **pleno conocimiento** del órgano judicial. Se trata, por lo tanto, de una **garantía** para los acreedores y para la propia actividad del concursado (JM Barcelona auto 24-2-05, EDJ 313926).

5) El **llamamiento a los acreedores** para que pongan en conocimiento de la administración concursal la existencia de sus **créditos**, anteriores a la fecha de la declaración de concurso, con indicación de la forma en que ha de efectuarse tal comunicación (LCon art.255). En el caso de los acreedores cuya identidad y domicilio son conocidos, la administración concursal ha de efectuar, nada más aceptar el cargo, una comunicación individualizada, en los mismos términos. Los acreedores deben comunicar sus créditos en el plazo de **un mes**, a contar desde el día siguiente a la publicación en el BOE del auto de declaración del concurso (LCon art.28.1.4º).

6) En su caso, la decisión sobre formación de **pieza separada de disolución de la sociedad de gananciales**, que puede instar el cónyuge del concursado (LCon art.125). **5601**

7) Si el deudor ha planteado una **propuesta anticipada de convenio**, el juez se ha de pronunciar sobre su admisión a trámite (LCon art.343).

8) La **publicidad** que ha de darse a la declaración de concurso.

La administración concursal realizará sin demora una **comunicación individualizada** a cada uno de los acreedores cuya identidad y domicilio consten en la documentación que obre en autos, informando de la declaración de concurso y del deber de comunicar los créditos en la forma establecida por la ley. Esta comunicación se efectuará por medios telemáticos, informáticos o electrónicos cuando conste la dirección electrónica del acreedor; y también se dirigirá por medios electrónicos a la Agencia Estatal de la Administración Tributaria y a la Tesorería General de la Seguridad Social, a través de los medios que estas habiliten en sus respectivas sedes electrónicas, conste o no su condición de acreedoras. Igualmente, se comunicará a la representación de los trabajadores, si la hubiera, haciéndoles saber de su derecho a personarse en el procedimiento como parte (LCon art.28.2).

Efectos (LCon art.32) El auto de declaración de concurso produce todos sus efectos, esto es, los propios del concurso, de inmediato, aun cuando sea objeto de recurso (nº 5612). **5602**

Notificación (LCon art.28.1.5º y 33) El auto de declaración de concurso ha de ser notificado por el letrado de la Administración de Justicia, como todas las resoluciones que se dictan a lo largo del proceso concursal, a todas las **partes personadas** en el procedimiento, que en ese momento son tan solo el deudor y, en caso de concurso necesario, quien lo ha instado. **5603**

Si el **deudor no ha comparecido**, se le da por notificado a través de la publicación prevista en LCon art.33 -preferente por medios telemáticos, con extracto gratuito en el BOE-.

El auto igualmente se notifica -por el letrado de la Administración de Justicia a las partes a las **entidades reguladoras** y al **Ministerio de Trabajo**, cuando proceda por el giro o tráfico del concursado; así como, al **Fondo de Garantía Salarial**, cuando del proceso pueda derivarse su responsabilidad para el abono de salarios o indemnizaciones de los trabajadores. Y, en todo caso, y por medios electrónicos, a la **AEAT** o a las haciendas forales y a la **Tesorería General de la Seguridad Social** (LCon disp.adic.1ª).

La declaración de concurso y la forma en que se debe proceder para **comunicar los créditos** no el auto de declaración en sí mismo ha de ser comunicada por la administración concursal, de forma individualizada, a cada uno de los acreedores cuya identidad y domicilio constan en el concurso (LCon art.252). Esta comunicación, sin embargo, no determina el plazo para la insinuación del crédito (se computa desde la última publicación oficial).

No obstante, para la **información a los acreedores en el extranjero** debe tenerse en cuenta la existencia de una comunicación más formal (LCon art.738; Rgto UE/848/2015 art.28 y 29).

Publicidad (LCon art.35 s.; LCon/03 art.198) El sistema de publicidad previsto en la Ley Concursal se basa en LCon art.35 y 36 y LCon/03 art.198. En primer lugar, se trata de asegurar la publicidad meramente informativa, o «**publicidad noticia**», de la declaración del concurso y de **5604** MPCI nº 10471 cuantas otras resoluciones se vayan dictando a lo largo del procedimiento; la LCon art.35 impone, también, la correspondiente **publicidad registral** en los registros de personas y de bienes; y, por último, en LCon art.560 se prevé la existencia del **Registro Público Concursal**, como instrumento técnico de información, de acceso libre y gratuito, sobre los concursos de acreedores declarados en España, las principales resoluciones que se dicten en los concursos y las situaciones preconcursales, así como de las personas naturales y jurídicas que puedan ser nombradas administradores concursales.

Este sistema no impide que el juez pueda adoptar, de oficio o a instancia de parte, cualquier otra medida de **publicidad adicional** siempre que sea imprescindible para la efectiva difusión de los actos del concurso, en medios oficiales o privados, bien en el momento de declarar el concurso, bien con posterioridad. Esta situación puede concurrir cuando el concurso ha de producir efectos en un país distinto de España, porque allí se hallan bienes y derechos del concursado o existen acreedores (LCon art.736).

La publicidad se realizará preferentemente por **medios telemáticos, informáticos y electrónicos**, siempre que se garantice la seguridad y la integridad de las comunicaciones (RD 892/2013). El traslado de los oficios con los edictos se realiza por estos medios, salvo excepción, por causa de imposibilidad, supuesto en el que se entregarán al procurador del solicitante del concurso para que los remita a los medios de publicidad correspondientes. Si el solicitante del concurso es una Administración pública representada y defendida por su servicio jurídico, el oficio se traslada directamente por el letrado de la Administración de Justicia a los medios citados.

Las resoluciones que hayan de publicarse por medio de edictos lo serán en el Registro Público Concursal y en el tablón de anuncios del órgano judicial. En aquel se publicarán también, en todo caso, el **auto** de declaración del concurso y las **resoluciones concursales** que deban ser objeto de publicidad.

5607 MPCI nº 10479, 10481 **Publicidad registral** (LCon art.36) En caso de que el concursado sea **persona natural**, se anotarán y, una vez el auto devenga firme, se inscribirán en el **Registro Civil** la declaración de concurso, con indicación del órgano judicial que la hubiera dictado, del carácter de la resolución y de la fecha en que se hubiera producido; la intervención o, en su caso, la suspensión de sus facultades de administración y disposición del concursado sobre los bienes y derechos que integren la masa activa, así como la identidad del administrador o de los administradores concursales.

En caso de que el concursado, persona natural o jurídica, sea un **sujeto inscribible en el Registro Mercantil** (RRM art.81), se anotarán y, una vez el auto devengue firme se inscribirán en la hoja que esa persona tenga abierta la declaración de concurso, con indicación del órgano judicial que la haya dictado, del carácter de la resolución y de la fecha en que se haya producido; la intervención o, en su caso, la suspensión de las facultades de administración y disposición del concursado sobre los bienes y derechos que integren la masa activa, así como la identidad del administrador o los administradores concursales. Y en caso de que no constase hoja abierta a la entidad, se practicará previamente la inscripción en el Registro.

En caso de que el concursado sea una persona jurídica **no inscribible en el Registro Mercantil**, pero que conste en otro registro público, el letrado de la Administración de Justicia mandará inscribir o anotar, preferentemente por medios telemáticos, en este registro las mismas circunstancias previstas para las personas jurídicas sujetas a inscripción en el Registro Mercantil.

5608 Si el deudor, con independencia de su naturaleza, tuviese **bienes** o **derechos** inscritos en **registros públicos** (Registro de la Propiedad, Registro de Venta a Plazos de Bienes Muebles, etc.), se inscribirán en el folio correspondiente a cada uno de ellos la declaración de concurso, con indicación de su fecha, la intervención o, en su caso, la suspensión de las facultades de administración y disposición del deudor, así como el nombramiento de los administradores concursales.

Practicada la anotación preventiva, o la inscripción, se produce el efecto de **cierre registral**: no podrán anotarse respecto de aquellos bienes o derechos más **embargos o secuestros posteriores** a la declaración de concurso que los acordados por el juez de este, a salvo de lo establecido en la propia Ley Concursal (LCon art.37.2).

Los **asientos** registrales derivados de la aplicación de LCon art.36 se practicarán en virtud de **mandamiento** librado por el letrado de la Administración de Justicia, en el que se expresará si la correspondiente resolución es firme o no. Y, en todo caso, las **anotaciones preventivas** que deban extenderse en los registros públicos de personas o de bienes por falta de firmeza de la resolución caducarán a los **4 años** desde la fecha de la anotación, y se cancelarán de oficio o a instancia de cualquier interesado. El letrado de la Administración de Justicia podrá decretar la **prórroga** de las mismas por 4 años más.

Desde el punto de vista formal, se establece que el **traslado de la documentación** necesaria para la práctica de los asientos se realizará preferentemente por vía telemática desde el órgano judicial a los registros correspondientes. Excepcionalmente, y si esto no fuera posible, los oficios con los edictos serán entregados al procurador del solicitante del concurso, con los mandamientos necesarios para la práctica inmediata de los asientos registrales previstos en este artículo. Y si el solicitante del concurso fuese una Administración pública, que actuase representada y defendida por sus propios servicios jurídicos, el traslado de oficio se realizará directamente por el órgano judicial a los correspondientes registros.

Registro Público Concursal (LCon/03 art.198; RD 892/2013; LCon art.560 s. y disp.trans.única; L 16/2022 disp.final 14ª) El Registro Público Concursal se constituye como un instrumento técnico de información, de acceso libre y gratuito, sobre los concursos de acreedores declarados en España, las principales resoluciones que se dicten en esos concursos y las situaciones preconcursales, así como de las personas naturales y jurídicas que puedan ser nombradas administradores concursales. Su llevanza se efectúa bajo la **dependencia** del ministerio del ramo de justicia, constando de las cuatro **secciones** siguientes: 5610

1) Sección primera, de **edictos concursales**, en la que se insertarán ordenadas por concursado y fechas, las resoluciones que deban publicarse conforme a lo previsto en LCon art.35 y en virtud de mandamiento remitido por el letrado de la Administración de Justicia.

2) Sección segunda, de **publicidad registral**, en la que se harán constar, ordenadas por concursado y fechas, las resoluciones registrales anotadas o inscritas en todos los registros públicos de personas referidos en LCon art.36, incluidas las que declaren concursados culpables o acuerden la designación o inhabilitación de los administradores concursales y en virtud de certificaciones remitidas de oficio por el encargado del registro una vez practicado el correspondiente asiento.

La publicación de las resoluciones judiciales, o de sus extractos, tendrá un valor meramente informativo o de **publicidad notoria**.

3) Sección tercera, de **acuerdos extrajudiciales**, en la que se hará constar la apertura de las negociaciones para alcanzar tales acuerdos y su finalización.

4) Sección cuarta, de **administradores concursales y auxiliares delegados**, que publica la relación de personas físicas y jurídicas que reúnan los requisitos que se establezcan reglamentariamente para poder ser designado administrador concursal y hayan manifestado su voluntad de actuar como tal, con indicación del administrador cuya designación secuencial corresponda a cada Sección de lo Mercantil del Tribunal de Instancia -hasta su constitución, juzgado de lo mercantil- y en función del tamaño de cada concurso.

Se hacen constar los datos identificativos, el ámbito territorial en el que declara la disposición para ejercer y la experiencia en concursos previos, las personas jurídicas inscritas en esta sección con los que la persona física se encuentre relacionada, la dirección de los socios persona jurídica y de quienes presten servicios para ella, así como su representación.

También publica los autos que designen, inhabiliten o separen a los administradores concursales, y los de fijación o modificación de su remuneración.

Precisiones El modelo expuesto resulta de LCon/03 art.198, vigente en la actualidad, transitoriamente. El derivado de LCon art.561, comprende cinco secciones. Respecto del expuesto, destacan las siguientes **variaciones**:

- En la **sección segunda**, se hacen constar las resoluciones relativas a la limitación o suspensión de facultades de administración y disposición de bienes y derechos integrantes de la masa activa, además de las exigidas legalmente y de la sentencia que califique el concurso como culpable. Se prevé la apertura de una subsección, de personas afectadas por la calificación en la que se insertarán, por orden alfabético, las correspondientes resoluciones judiciales firmes.
- La **sección tercera** será la de exoneración del pasivo insatisfecho, expresiva de su obtención, provisional o definitiva y de su revocación total o parcial.
- En la **sección cuarta** se hará constar la habilitación del administrador concursal para actuar en concursos de media o gran complejidad.
- La **sección quinta**, de planes de reestructuración, recoge las comunicaciones de apertura de negociaciones, salvo que tengan carácter reservado, y la homologación judicial de los planes. Se prevé una subsección de expertos en reestructuraciones, con inclusión de los nombramientos habidos.

Estructura, contenido, publicidad y procedimientos de inserción y acceso La estructura, el contenido y el sistema de publicidad a través de este registro, así como los procedimientos de inserción y acceso, se remiten a la regulación reglamentaria que debe considerar los **principios** siguientes: 5611

1) Las resoluciones judiciales podrán publicarse en **extracto**, en el que se recojan los datos indispensables para la determinación del contenido y alcance de la resolución, con indicación de los datos registrables cuando aquellas hubieran causado anotación o inscripción en los correspondientes registros públicos.

2) La inserción de las resoluciones o sus extractos se realizará preferentemente a través de mecanismos de **coordinación** con el Registro Civil, el Registro Mercantil o los restantes registros de personas en que constare el concursado persona jurídica, conforme a los modelos que se aprueben.
3) El registro deberá contar con un dispositivo que permita conocer y acreditar fehacientemente el inicio de la **difusión pública** de las resoluciones e información que se incluyan en el mismo.
4) El **contenido** del registro será accesible de forma gratuita por Internet u otros medios equivalentes de consulta telemática.

5611.1 Los **parámetros** fundamentales en los que finalmente se ha plasmado la regulación reglamentaria, son los siguientes (RD 892/2013):
a) La **publicidad de las resoluciones concursales** publicadas en el registro se realiza través de un portal en Internet localizado dentro de la sede electrónica que determine el ministerio del ramo de justicia.
b) Este instrumento se encuentra **adscrito** a la Dirección General competente en materia de Registros y Notariado, a la que corresponde dictar cuantos actos o resoluciones de carácter jurídico y técnico den soporte a la actividad del Registro. La **gestión material** del servicio de publicidad se encomienda al Colegio de Registradores de la Propiedad, Mercantiles y de Bienes Muebles de España.
c) Las **comunicaciones** que se efectúen a través del registro serán siempre electrónicas, utilizándose canales de comunicación securizados. Solo en caso de imposibilidad de emplear medios electrónicos se podrán efectuar las comunicaciones a través de otro medio, de acuerdo con la legislación que resulte aplicable, que asegure, asimismo, la seguridad e integridad de su contenido.
d) La **publicidad de las inhabilitaciones** contenidas en las sentencias de calificación que no sean firmes solo será accesible a los órganos jurisdiccionales y las Administraciones públicas habilitadas legalmente para recabar la información necesaria para el ejercicio de sus funciones, a menos que no siendo firmes tuvieran acceso al Registro Mercantil u otros registros públicos de personas.
e) La publicidad de la **sección primera y segunda** permite realizar consultas en atención al nombre, denominación o NIF del deudor o concursado y, con referencia a los correspondientes concursos y resoluciones procesales, por el nombre o denominación de las personas físicas o jurídicas que hubieran sido nombrados o separados como administradores concursales, así como por el número de autos y el número de identificación general del procedimiento y el órgano judicial competente. Respecto de las inhabilitaciones de las personas afectadas por la calificación del concurso como culpable se debe insertar la parte dispositiva de la sentencia de calificación que las hubiera acordado.
En la **sección primera**, se insertan, ordenadas por deudor o concursado y dentro de cada procedimiento por fecha de su adopción, la resolución por la que se deje constancia de la comunicación de negociaciones prevista en la LCon art.572 s. y las resoluciones procesales que deban publicarse conforme a la LCon art.35 y demás preceptos que a aquel se remiten; las resoluciones correspondientes al proceso concursal a las que, por decisión judicial, se deba dar publicidad de acuerdo con la LCon; así como la apertura de un procedimiento de insolvencia abierto en otro Estado miembro de la Unión Europea cuando así lo solicite el administrador concursal designado por el tribunal competente de ese Estado o, en su caso, el propio tribunal, con arreglo a lo dispuesto en la normativa de la Unión Europea sobre procedimientos de insolvencia.
En la **sección segunda** se reflejan en extracto y ordenadas por concursado y fechas, las resoluciones registrales anotadas o inscritas en todos los registros públicos de personas referidos en la LCon art.36, incluidos los asientos registrales relativos a las sentencias que declaren concursados culpables o acuerden la designación o inhabilitación de los administradores concursales, y en virtud de certificaciones remitidas de oficio por el encargado del Registro una vez practicado el correspondiente asiento.

5611.2 **f)** Respecto de la **sección tercera**, su publicidad permite realizar consultas en atención al nombre o denominación del deudor y, con referencia a los correspondientes expedientes, por el nombre o denominación del mediador concursal que hubieren aceptado, así como por el número de identificación fiscal, el número de expediente o procedimiento y el notario o registrador mercantil que lo tramite. En el caso de procedimientos de homologación, por el número de autos y el número de identificación general del procedimiento y el órgano judicial competente.

En esta sección tercera se hacen constar, ordenados por deudor, los procedimientos para alcanzar un acuerdo extrajudicial de pagos, con indicación del nombre o denominación del deudor y del mediador concursal, del NIF de ambos, de las fechas de solicitud, de apertura del expediente, de inicio de negociaciones y de finalización de las mismas, así como la información que se indica en los artículos siguientes. Asimismo, ordenadas por entidades deudoras, se publicarán el anuncio con el extracto del decreto del letrado de la Administración de Justicia por el que se admite a trámite la solicitud de la homologación, del auto judicial por el que se apruebe la homologación de los acuerdos de refinanciación y de la sentencia que resuelva sobre la impugnación de la homologación. Ha de tenerse en cuenta que, tras la reforma operada por la L 16/2022, desaparecen las figuras objeto de esta sección, que responde a LCon/03 art.198.

g) Los **datos de carácter personal** incluidos en las resoluciones concursales y en los asientos registrales insertados en el registro se cancelan como regla dentro del mes siguiente a que finalicen sus efectos, sin perjuicio de su disociación para su utilización posterior. No obstante:

• Los datos relativos a las sentencias firmes en que se ordena la inhabilitación para administrar bienes ajenos, así como para representar a cualquier persona en los términos previstos en la LCon art.2.2º, son cancelados de oficio en el plazo de 2 meses contados desde que hubiere trascurrido el período de inhabilitac ón establecido en la misma sentencia.

• Los relativos a la inhabilitación temporal para ser nombrado administrador en otros concursos en los términos previstos en LCon art.102, se cancelan en los mismos términos y plazo, una vez terminen los efectos de la inhabilitación según lo que se establece en la sentencia de desaprobación de cuentas.

• Los relativos al cese de la administración concursal o auxiliares delegados se cancelan transcurrido un plazo de 3 años desde la firmeza del auto o de la resolución judicial.

• Los datos relativos al acuerdo extrajudicial de pagos se cancelan de oficio transcurridos 2 meses desde la publicación del acta notarial de cumplimiento del plan de pagos o desde la firmeza de la resolución judicial que declare la conclusión del concurso consecutivo.

h) De conformidad con las normas de la Unión Europea que lo regulen, el registro analizado podrá conectarse con los registros de resoluciones concursales de los demás Estados miembros, así como con las plataformas comunitarias que al efecto se establezcan, al objeto de facilitar las consultas en materia concursal en la Unión Europea y permitir el conocimiento de los procesos concursales en este ámbito, con los efectos que se prevean.

Precisiones 1) Debe tenerse en cuenta que el Registro Público Concursal no estará operativo hasta que no se apruebe y entre en vigor su **normativa reglamentaria específica**. **5611.3**

2) La **comunicación** prevista en LCon art.583 s. (nº 5852 s.) ha de publicarse en el Registro, a menos que el deudor solicite al letrado de la Administración de Justicia del órgano judicial competente para conocer del concurso lo contrario por el carácter reservado de la negociación, que puede cambiar, levantándose, en cualquier momento a solicitud del deudor.

3) La **sección cuarta** se crea con efectos desde la entrada en vigor de la regulación reglamentaria a la que remite LCon art.560 s., que no debe ser posterior a 2-3-2015, pero que aún no ha sido aprobada (L 17/2014 disp.trans.2ª).

4) Al Registro Público Concursal se accede por un **portal telemático** que obra actualmente en la dirección: www.publicidadconcursal.es. Debe crearse asimismo en dicho Registro, un portal en el que ha de figurar una relación de las empresas en fase de liquidación concursal y cuanta información resulte necesaria para facilitar su enajenación (L 9/2015 disp.adic.2ª).

5) El régimen de **ejecución forzosa** (LEC art.551.1 y 3) así como el de **subastas voluntarias** ante letrado de la Administración de Justicia o ante notario implantado en sede de expedientes de jurisdicción voluntaria (L 15/2015), prevén la consulta al Registro Público Concursal a efecto de admisión a trámite del expediente y comunicación al mismo del resultado.

3. Sistema de interconexión de registros de insolvencia

(Rgto UE/848/2015 art.24 a 27)

Con especial relevancia en el ámbito de los **concursos con elemento internacional** (nº 9840 s.), se dispone que los Estados miembros de la Unión Europea han de crear y llevar en su territorio uno o más registros en los que se publique información relativa a procedimientos de insolvencia -registros de insolvencia-. Esta información ha de publicarse tan pronto como sea posible tras la apertura de los procedimientos correspondientes. **5611.5**

La información ha de ponerse a disposición del público, incluyendo toda la **información obligatoria** sobre el procedimiento: fecha de apertura, órgano jurisdiccional que abre el procedimiento, tipo de procedimiento, determinación de la competencia, identificación del deudor -tanto si es una sociedad o persona jurídica como una persona física-, identificación del administrador concursal, plazo de presentación de los créditos, fecha de conclusión, órgano jurisdiccional ante el que debe impugnarse la resolución de apertura y plazo para ello.

Lo anterior no impide a los Estados miembros incluir en sus registros nacionales de insolvencia documentos o **información adicional**, como las inhabilitaciones de administradores sociales relativas a la insolvencia.
Los Estados miembros no están obligados a incluir en los registros de insolvencia la información relativa a los procedimientos de insolvencia, en relación con **particulares** que no ejerzan ninguna actividad mercantil o profesional independiente, ni a divulgar dicha información a través del sistema de interconexión de dichos registros.
La publicidad de la información no afecta a los créditos de los **acreedores extranjeros** que no hayan recibido la citada información.

Precisiones 1) La **información obligatoria** ha de estar disponible sin costes, a través del sistema de interconexión de los registros de insolvencia, lo que no excluye la implantación y exigencia de una **tasa** razonable por el acceso a los documentos o a la información adicional. Igualmente, cabe someter el acceso a la información obligatoria relativa a particulares que no ejercen ninguna actividad mercantil o profesional independiente, y a particulares que ejercen una actividad mercantil o profesional independiente cuando los procedimientos no estén relacionados con esa actividad, a criterios de búsqueda adicionales relacionados con el deudor. Los Estados miembros pueden exigir que el acceso a la información se realice previa **solicitud a la autoridad competente**, condicionando dicho acceso a la verificación previa de la existencia de un **interés legítimo**.
2) La Comisión debía establecer, mediante actos de ejecución, un **sistema descentralizado** para la interconexión de los registros de insolvencia a través de los mismos registros y del Portal Europeo de e-Justicia y, **antes del 26-6-2019** ha de adoptar las **especificaciones técnicas** que definan los métodos de comunicación, las medidas técnicas que garanticen las normas mínimas en materia de seguridad informática, los criterios mínimos para el servicio de búsqueda y para la presentación de los resultados de las mismas, los medios y condiciones técnicas de acceso a los servicios facilitados por el sistema de interconexión y un glosario con una explicación básica de los procedimientos nacionales de insolvencia.

4. Recursos

(LCon art.25 y 544)

5612 El sistema de recursos es diferente en función del contenido de la resolución judicial:
1) Contra el auto que declare el concurso cabe **recurso de apelación**, que pueden interponer el deudor y cualquier tercero que acredite interés legítimo, aunque el referido tercero no haya comparecido con anterioridad.
Este recurso no tiene **efectos suspensivos**, salvo que el juez acuerde la suspensión, en cuyo caso debe pronunciarse sobre las medidas cautelares acordadas. La resolución del juez sobre el efecto suspensivo es susceptible de recurso ante la Audiencia Provincial.
Por otra parte, puede interponerse, únicamente, **recurso de reposición** contra los restantes pronunciamientos del auto de declaración del concurso, distintos de la declaración en sí misma considerada -p.e. el pronunciamiento sobre costas-. Existen dos **excepciones**:
- el pronunciamiento relativo al nombramiento de los **administradores concursales**, designación que es recurrible en reposición, y el auto que, a su vez, resuelva el recurso, es susceptible de recurso de apelación (LCon art.103); y
- las **medidas cautelares** de LO 8/2003 art.1 adoptadas son recurribles en apelación sin efectos suspensivos, y con tramitación preferente (LO 8/2003 art.1.6).

2) Contra el auto desestimatorio de la declaración de concurso cabe **recurso de apelación**, que solo puede interponer la parte solicitante del concurso.
No puede confundirse este auto, que estima o desestima la solicitud de concurso a la vista de las alegaciones de las partes, de la documentación aportada y de las demás pruebas que hayan podido practicarse, y que es susceptible de recurso de apelación, con los autos en materia de admisión e inadmisión a trámite de la solicitud se dictan al amparo de LCon art.12, que solo son susceptibles de recurso de reposición.
El **plazo** para interponer recurso de reposición y para preparar recurso de apelación (5 días), se computa desde la notificación del auto, respecto de las partes personadas, o desde la publicación oficial, respecto de los restantes legitimados (LCon art.25.4).

5. Desistimiento

5614 **Antes del auto de declaración del concurso necesario**, el desistimiento del solicitante no está sujeto a ninguna limitación, por aplicación del principio dispositivo que rige el proceso civil (AP Cádiz auto 21-12-16, EDJ 271671). Además, se le autoriza a hacerlo de forma tácita: si no comparece al ser citado por el juez o no se ratifica en su solicitud, se le tiene por desistido

(LCon art.22.3), si bien no de manera automática en todo caso, como si la solicitud no hubiera tenido lugar (AP Burgos auto 26-7-17, EDJ 180675).
El riesgo de este desistimiento es que pueda obedecer a una **transacción** entre el deudor y el solicitante, con el consiguiente **fraude de terceros** (los acreedores), pues el deudor insolvente tiene la obligación de declararse en concurso y este es el cauce en el que se debe suscribir cualquier acuerdo entre deudor y solicitante. La única previsión legal ante este tipo de situaciones es la que contiene LCon art.22.3, que permite al juez ante la incomparecencia o falta de ratificación del solicitante, si considera que concurre el presupuesto objetivo y existen otros posibles acreedores, concederles término de alegaciones (AP Burgos auto 26-7-17, EDJ 180675).
Después del auto de declaración del concurso, tradicionalmente, no se admite el desistimiento, por considerar que el concurso ha producido efectos sustantivos en relación con la totalidad de los acreedores. Por ello, solo se admite el desistimiento previa audiencia de los demás acreedores, de acuerdo con LCon art.477.1.

6. Concurso de persona casada

Notificación del auto de declaración (LCon art.33.2; DGRN Resol 23-10-15) Se ordena la notificación del auto de declaración de concurso al cónyuge del concursado, al igual que a su pareja de hecho, en caso de encontrarse inscrita. **5614.1**

7. Declaración de concurso sin masa

(LCon art.37 bis a 37 quinquies)

El concurso sin masa existe cuando se den los **supuestos** siguientes por este orden: **5614.2**
a) El concursado carezca de bienes y derechos que sean legalmente embargables.
b) El coste de realización de los bienes y derechos del concursado sea manifiestamente desproporcionado respecto al previsible valor venal.
c) Los bienes y derechos del concursado libres de cargas sean de valor inferior al previsible coste del procedimiento.
d) Los gravámenes y las cargas existentes sobre los bienes y derechos del concursado lo sean por importe superior al valor de mercado de esos bienes y derechos.
La declaración de concurso sin masa se efectúa mediante **auto** una vez comprobado el concurso de los presupuestos exigidos para ello, expresando el pasivo que resulte de la documentación.
Sin más pronunciamientos ha de ordenar la remisión telemática al BOE para su **publicación** en el suplemento del tablón edictal judicial único y en el Registro público concursal con llamamiento al acreedor/es que representen, al menos, el 5% del pasivo a fin de que, en el plazo de 15 días a contar del siguiente a la publicación del edicto, puedan solicitar el nombramiento de un administrador concursal para que presente **informe** razonado y documentado sobre la existencia de indicios suficientes sobre los siguientes puntos:
• Realización por el deudor de actos perjudiciales para la masa activa que sean rescindibles conforme a lo establecido en la ley.
• Ejercicio de la acción social de responsabilidad contra los administradores o liquidadores, de derecho o de hecho, de la persona jurídica concursada, o contra la persona natural designada por la persona jurídica administradora para el ejercicio permanente de las funciones propias del cargo de administrador persona jurídica y contra la persona, cualquiera que sea su denominación, que tenga atribuidas facultades de más alta dirección de la sociedad cuando no exista delegación permanente de facultades del consejo en uno o varios consejeros delegados.
• Posibilidad de que el concurso sea calificado de culpable.
Si en el plazo señalado **nadie formula** esa solicitud el deudor, que sea persona natural, puede presentar solicitud de exoneración del pasivo insatisfecho (nº 6174).

Efectos Se producen los siguientes: **5614.3**
a) Si el **deudor es empleador** debe notificarse a la representación legal de los trabajadores.
b) Cuando se haya **solicitado nombramiento de administrador concursal** el juez ha de hacerlo, mediante auto, para que el informe solicitado se emita en el plazo de un mes contado desde su aceptación, previa fijación de su retribución a cargo de los solicitantes y de acuerdo con la información que el deudor le facilite.
c) Si del **informe** resultan los indicios suficientes, el juez ha de dictar auto complementario a la declaración de concurso y apertura de la fase de liquidación de la masa activa, continuando el procedimiento.

En este caso, el administrador concursal debe ejercitar las **acciones rescisorias y sociales** de responsabilidad antes de que transcurran 2 meses contados desde la presentación del informe anterior. De no hacerlo, el acreedor o acreedores que hubieran solicitado el nombramiento de administrador concursal están legitimados para el ejercicio de esas acciones dentro de los 2 meses siguientes.

Las **costas y gastos** se rigen por lo establecido para el ejercicio subsidiario de acciones por los acreedores.

8. Declaración de concurso de entidades aseguradoras

(L 20/2015 art.168 y 189)

5615 Estas entidades se someten a un **régimen específico**, cuyos elementos fundamentales se recogen aquí de manera unificada, por razones sistemáticas:

a) Las entidades aseguradoras y reaseguradoras, en cuanto estén sometidas a un procedimiento de control especial no pueden solicitar judicialmente la declaración de concurso ni acogerse a las medidas previstas en LCon art.583 s. y 600 s.

b) En el supuesto de **solicitud de concurso**, el juez ha de recabar, con anterioridad a acordar la declaración, a la dirección general del ramo de seguros del ministerio competente o, en su caso, al organismo supervisor de la comunidad autónoma, para que informe sobre la situación de la entidad y las medidas adoptadas en relación con ella. Si se comunicara que la entidad se encuentra sometida a alguna medida o procedimiento de control especial, se ha de inadmitir la solicitud de concurso o del mediador concursal. A la vista del contenido del informe, puede abrirse sin más trámite la fase de liquidación (nº 6057).

c) El juez, al declarar el concurso, ha de notificarlo inmediatamente al centro directivo antes indicado o a la autoridad competente de la comunidad autónoma, en su caso. Respecto de las entidades autorizadas a operar en **todo el territorio nacional**, el centro directivo del ramo de seguros ha de informar a las autoridades supervisoras del resto de los Estados miembros de la Unión o del Espacio Económico Europeo (L 20/2015 disp.adic.1ª) sobre la existencia del procedimiento y sus efectos, remitiendo para su publicación en el DOUE un extracto de la indicada información, expresando el órgano jurisdiccional competente y la aplicación de la legislación española al proceso.

d) La declaración de concurso no impide la adopción de **medidas de control especial** o su modificación sobre una de las entidades indicadas, sin que se vean afectadas las competencias administrativas de los órganos supervisores, incluidas las de revocación de autorización o de disolución, establecidas en la L 20/2015 art.169 a 174. En todo caso, la adopción de cualquiera de estas medidas se comunica al juez del concurso de manera inmediata.

El acuerdo de disolución de la entidad supone la apertura de la fase de liquidación, sometida a la Ley Concursal.

e) Se establecen ciertas **peculiaridades de trámite** en el caso de propuesta de convenio, con informe de los órganos supervisores ya mencionados acerca de la viabilidad de la entidad y cumplimiento de exigencias de solvencia, previo al traslado de la propuesta a la administración concursal (nº 5937).

5615.1 **f)** La **enajenación** de activos sometidos a la medida de prohibición de disposición, cualquiera que sea la fase del concurso en el que se produzca, requiere autorización del órgano supervisor competente.

g) En caso de acreedores conocidos que tengan su domicilio en **otro Estado miembro**, deben ser informados de la forma en que han de solicitar el reconocimiento de sus créditos, pudiendo presentar los escritos de reclamación de créditos o de observaciones a estos en la forma determinada reglamentariamente.

h) En estos concursos ha de intervenir el **órgano supervisor** estatal o autonómico antes citado.

i) La **administración concursal** ha de recaer exclusiva y necesariamente en el Consorcio de Compensación de Seguros.

j) Recaída la declaración de concurso, el Consorcio procede a liquidar el importe de los bienes (L 20/2015 art.179.2), al efecto de distribuirlo entre los asegurados, beneficiarios y terceros perjudicados, sin perjuicio de los derechos que les continúen correspondiendo en el concurso. Dentro de él, los acreedores por contrato de seguro tienen consideración de especialmente privilegiados.

k) Si la entidad concursada careciera de la **liquidez** necesaria, el Consorcio puede anticipar los fondos para gastos precisos que garanticen el adecuado desarrollo del proceso concursal. No obstante, el pago de los honorarios de letrados y derechos de procuradores intervinientes

en la solicitud de concurso u oposición, incidentes y recursos derivados, son de cuenta de las partes que los designen, sin que proceda el anticipo por el Consorcio.
l) El informe sobre la **calificación del concurso** (LCon art.464.3) se emite por el Consorcio, como órgano de liquidación de la entidad, que será parte interesada en el incidente en representación de los acreedores. Se emite tan pronto como el Consorcio haya tenido posibilidad de conocer los antecedentes y situación de la entidad, para determinar el inventario de activo y la relación de acreedores y para poder determinar las causas de insolvencia y calificación. A estos efectos, el juez dejará en suspenso la apertura de la sección sexta hasta que el órgano supervisor comunique que está en condiciones de emitir el indicado informe, en todo caso antes de la convocatoria de la junta de acreedores -desaparecida en el régimen derivado de la L 16/2022-.
m) **Finalizado el concurso**, si se ha resuelto liquidando la entidad (L 20/2015 art.188.8): los créditos reconocidos por sentencia firme notificada al acreedor en fecha posterior a la celebración de la junta general de acreedores así como aquellos que el Consorcio reconozca por constatar que son ajustados a Derecho, con posterioridad a dicha junta, serán satisfechos con sus propios recursos o con el remanente resultante del desfase temporal entre la aprobación de las reglas especiales de liquidación de la entidad, en su caso, y el pago a los acreedores, abonando a los acreedores por contrato de seguro el porcentaje aprobado por aplicación de los beneficios de liquidación, si fuere superior al resultante de las reglas de liquidación de la entidad.

III. Aspectos procesales de carácter general

Con independencia de su examen particular en cada una de las fases y piezas del concurso, la Ley Concursal define un conjunto de **reglas procesales de carácter general** para el desarrollo de este procedimiento judicial (LCon Título XII art.508 a 551), a la par que define a la LEC como **Derecho procesal supletorio** (LCon art.521). **5616**

Estructura formal del procedimiento (LCon art.508) Su desarrollo procesal se efectúa por **secciones**, pudiendo abrir en ellas cuantas **piezas** sean necesarias, que tienen una finalidad de facilitar la tramitación del procedimiento, ordenando sistemáticamente los distintos efectos antes señalados y las posibles vías de terminación. **5617**
Las seis secciones del concurso son las siguientes:
• **Sección primera**, que es la principal, relativa a la declaración y efectos del concurso. Se inicia con la declaración de concurso o el auto de admisión a trámite (LCon art.14.3 y 31) y a ella se incorpora todo lo relativo a declaración de concurso, a las medidas cautelares, a la resolución final de la fase común, a la conclusión y, en su caso, a la reapertura del concurso.
• **Sección segunda**, que se refiere a la administración concursal, esto es, nombramiento y cese del titular o titulares de este órgano y del auxiliar delegado en su caso, determinación de sus facultades y su ejercicio, retribución, rendición de cuentas y, en su caso, responsabilidad civil del o de los administradores concursales. En pieza separada se incluye el informe de la administración concursal y la relación definitiva de acreedores.
• **Sección tercera**, que comprenderá lo relativo a la determinación de la masa activa, los incidentes sobre la necesariedad de bienes y derechos para la continuación de la actividad empresarial del concursado, alzamientos de embargos, autorizaciones judiciales y créditos contra la masa. En piezas separadas, los incidentes de reintegración y de reducción y las ejecuciones que se inicien o reanuden contra bienes y derechos de la masa activa.
• **Sección cuarta**, paralela a la anterior, en relación con la masa pasiva, que comprende lo relativo a la determinación de la misma, a la comunicación, reconocimiento, graduación y clasificación de los créditos concursales y al pago de los acreedores. En esta sección se incluirán también, en pieza separada, cada uno de los incidentes relativos a la inclusión o exclusión de créditos concursales, cuantía o clasificación de los reconocidos y los juicios declarativos contra el deudor que se acumulen al concurso de acreedores.
• **Sección quinta**, que integra todas las actuaciones correspondientes a la continuación de la sección primera, una vez que la fase común desemboca en la fase de convenio (proposición, discusión, aprobación, impugnación y cumplimiento) o liquidación (realización de los bienes y pago a los acreedores). Esta sección comprende, en piezas separadas, lo relativo al convenio y a la liquidación.
• **Sección sexta**, de calificación, a efecto de calificación y ejecución de la sentencia que califique el concurso como culpable.

En caso de **concursos conexos**, se abren tantas secciones como concursos se hayan declarado o acumulado, salvo las secciones tercera y cuarta, que serán comunes en caso de que se haya acordado por el juez la acumulación de masas.

Las **secciones segunda, tercera y cuarta**, se abren tras dictarse el auto de declaración de concurso (LCon art.31).

La **sección quinta** se abre al concluir la fase común del concurso, salvo que el deudor solicite la liquidación al mismo tiempo de la declaración de concurso, en cuyo caso se abre la sección al tiempo de dictarse el auto de declaración de concurso.

La **sección sexta**, se abre por orden del juez contenida en el auto por el que se ponga fin a la fase común, en todo caso (LCon art.441 y 446).

5619 **Principios generales procesales** (LCon art.508 a 521) Resumidamente, afectan a:

MPCI nº 10516, 10518

a) **Impulso procesal de oficio** (LCon art.515), que se atribuye al letrado de la Administración de Justicia, una vez declarado el concurso.

b) **Plazos y celeridad** (LCon art.516). Cuando la Ley no establece un plazo, el juez debe dictar sus resoluciones **sin dilación**. En todo caso, la duración del procedimiento de concurso, desde la apertura de la sección primera al cierre de la quinta, no puede ser superior a 12 meses, si bien el juez puede acordar una ampliación del plazo de duración del mismo si es necesario en atención a la complejidad del concurso o a las circunstancias justificadas que pudieran concurrir (LCon art.508 bis).

c) **Actuaciones judiciales** (LCon art.517.1). Las actuaciones judiciales se realizan, como regla general, en **días** y **horas hábiles**. El juez puede habilitar los días y horas necesarios para la práctica de **diligencias urgentes**. Esta habilitación se extenderá también al **letrado de la Administración de Justicia** cuando tenga por objeto la realización de actuaciones procesales ordenadas por él, o persiga dar cumplimiento a las resoluciones dictadas por el juez.

d) **Actuaciones fuera de la demarcación** (LCon art.517.2). Por razones de economía procesal, se autoriza que el juez pueda realizar actuaciones fuera de su ámbito territorial de competencia, siempre que lo ponga antes en conocimiento del juez competente.

e) **Autorizaciones judiciales** (LCon art.518). La solicitud de una autorización judicial, en los casos en que lo exige la Ley, debe realizarse por escrito, del que se da traslado a todas las partes personadas, por plazo de entre 3 y 10 días. El juez ha de resolver mediante auto, dentro de los 5 días siguientes al último vencimiento y contra el acto que conceda o deniegue la autorización solicitada solo cabe recurso de reposición.

No puede emplearse como instrumento de denuncia de una hipotética infracción procesal respecto de la que se ha hecho uso del sistema de recursos aplicable, de modo que se reabra artificialmente una cuestión cerrada, mediante un mecanismo improcedente (AP Valencia 21-3-19, EDJ 573400).

f) **Prejudicialidad penal** (LOPJ art.86.7 redacc LO 1/2025; LCon art.519). La incoación de procedimientos criminales en relación con el concurso no provoca la suspensión de este. En tal caso, corresponde al juez del concurso la adopción de medidas de aseguramiento de la eventual condena penal (a modo de ejemplo, se refiere a la retención de pagos a acreedores inculpados), siempre que no haga imposible la ejecución de los pronunciamientos patrimoniales de la eventual condena penal.

g) **Libre acceso a los autos** (LCon art.512.2). Se autoriza a los acreedores no comparecidos a consultar en la oficina judicial los documentos o informes que constan en los autos del concurso en relación con sus créditos, personalmente o por letrado o procurador debidamente apoderado, sin necesidad de personarse.

h) **Publicidad** (LCon/03 art.198 -vigente conforme a lo dispuesto en RDLeg 1/2020 disp.trans.única-; LCon art.561). Se prevé su realización a través del Registro Público Concursal, de acceso gratuito en Internet, en el que publicarán todas las resoluciones concursales que lo requieran legalmente, las que declaren concursados culpables, las que designen o inhabiliten administradores concursales y las demás inscribibles en el Registro Mercantil.

i) **Supletoriedad** (LCon art.521). En defecto de regulación en la Ley Concursal, se aplica en general el **régimen de la LEC**.

Son aplicables a los procesos concursales los principios procesales civiles de **ordenación formal y material del proceso**.

5621 **Legitimación** (LCon art.510 s.) La legitimación para ser **parte en el concurso** (que no es lo mismo que ser parte en el incidente concursal -AP Barcelona auto 19-6-09, EDJ 219811-) se atribuye en los siguientes términos:

1) Previa **comparecencia**, a quienes acreditan ser **titulares de un interés legítimo**: típicamente, los acreedores, pero también otros interesados, como por ejemplo terceros que han contratado con el deudor y pueden resultar alcanzados por las acciones de reintegración de la masa, o cuyos negocios jurídicos concluidos con el deudor pueden ser rescindidos.

2) Sin necesidad de comparecencia en forma, son reconocidos como partes en todas las secciones del concurso el **deudor** y los **administradores concursales**. La administración concursal será oída siempre sin necesidad de comparecencia en forma, pero que cuando intervenga en incidentes o recursos deberá hacerlo asistida de letrado, y que la dirección técnica de estos incidentes y recursos se entenderá incluida en las funciones del letrado miembro de la administración concursal, en caso de que no lo haya (nº 5667; LCon art.511).
3) El **Ministerio Fiscal** no es parte en la sección de calificación, pero sí interviene cuando haya que adoptar alguna de las medidas cautelares previstas en LO 8/2003 art.1, o cuando se plantee la declinatoria o cuestión de competencia internacional o territorial (LCon art.589 y 644).
En caso de que pudiera resultar de los informes de calificación del concurso o de la documentación obrante en los autos la posible comisión de un delito público, se le da traslado a los efectos de ejercicio si procede de la acción penal (LCon art.450 bis y 688.2).

4) Por su parte, se impone que el **Fondo de Garantía Salarial** (FOGASA) deba ser citado como parte cuando del proceso pueda derivarse su responsabilidad para el abono de salarios o indemnizaciones de los trabajadores (LCon art.514). Esto sucede en los procesos que tengan por objeto la modificación sustancial de condiciones de trabajo de **carácter colectivo**, incluidos los traslados colectivos, y la suspensión y extinción colectiva de los contratos de trabajo en los que sea empleador el concursado, por causas económicas, técnicas, organizativas o de producción, y los que se refieran a la suspensión y extinción de los contratos de alta dirección (LCon art.53). Todo ello, sin perjuicio de la actuación del FOGASA como subrogado en los créditos de los trabajadores. **5622** MPCI nº 10522
Esta citación supone el traslado a la sede concursal del emplazamiento previsto en LRJS art.23, debiendo tenerse en cuenta la jurisprudencia social recaída sobre la **peculiar posición procesal** del FOGASA (TS 22-10-02, EDJ 61460), aunque todavía no se hubieran abonado las correspondientes prestaciones ni producido la subrogación a la que se refiere el ET art.33.4.
5) Los **acreedores** podrán solicitar de la administración concursal, en cualquier momento, el examen de aquellos documentos o informes que consten en autos sobre sus respectivos créditos debidamente comunicados (LCon art.512.2.2).
6) Por último, se reconoce legitimación atribuida a los **trabajadores** para el ejercicio de cuantas acciones y recursos sean precisos en el proceso concursal para la efectividad de los créditos y derechos laborales, como excepción a las reglas generales de LCon art.513.

Postulación (LCon art.510 a 513) El requisito de la postulación se modula en atención a los principios de **flexibilidad** y de **reducción de costes**: **5623** MPCI nº 10524
1) El **deudor** ha de actuar siempre representado por **procurador** y asistido de **letrado**.
2) La **administración concursal**, como regla general, será oída sin necesidad de representación por procurador ni asistencia de letrado.
Se dispone en este sentido que la administración concursal será oída siempre **sin necesidad de comparecencia en forma**, pero que cuando intervenga en incidentes o recursos deberá hacerlo asistida de letrado, y que la dirección técnica de estos incidentes y recursos se entenderá incluida en las funciones del letrado miembro de la administración concursal, en caso de que no lo haya (nº 5667).
Nada obsta a que la administración concursal se valga de los **servicios profesionales de un letrado** ajeno al órgano rector del concursado para ejercer funciones distintas de las que con carácter necesario le impone la ley. La ley no impone al integrante de la administración concursal con titulación de abogado, fuera de las competencias comunes para todos los miembros, otra función específica que la de asumir la dirección técnica de los recursos que el órgano concursal interponga contra las resoluciones del juez del concurso (LCon art.512 y 513), tarea que no podrá ser retribuida de manera individualizada con cargo a la masa activa al resultar inherente a su condición de miembro del órgano concursal, pero ninguna otra. Es por ello que la **dirección técnica** de los pleitos que puedan afectar al concursado en los juicios que se ventilan extramuros del concurso en modo alguno compete con carácter necesario al letrado administrador concursal, sin que tampoco resulte de aplicación al caso la norma contenida en LCon art.72 a 74 para la designación de auxiliares delegados, dado que su presupuesto de aplicación es precisamente la delegación a terceros de determinadas funciones de entre aquellas que resulten propias o sean de la incumbencia exclusiva del órgano concursal (JM Oviedo auto 25-4-06).
La conclusión que se extrae de todo lo anterior es que la administración concursal es libre, dentro del ámbito de decisión en que se desenvuelve su actuación, para contratar los servicios de otro letrado que asuma la indicada tarea si entiende que concurren **circunstancias** -cualitativas, como puede ser la complejidad técnica o la dispersión geográficas de los asuntos, o cuantitativas como su elevado número- que así lo aconsejan en interés de la masa.

Precisiones Actualmente, con la afirmación casi absoluta del principio de **administración concursal no colegiada** tras la L 17/2014 (nº 5667 s.), todas estas afirmaciones pueden verse matizadas.

5625 3) Los **acreedores** pueden comunicar créditos, formular alegaciones y consultar la documentación relativa a sus créditos sin necesidad de procurador ni abogado. Pero necesitan comparecer por medio de procurador y abogado para solicitar la declaración de concurso, comparecer en el procedimiento, interponer recursos, actuar en los incidentes que se incoen o presentar solicitudes o demandas.

4) Los **demás legitimados** deben comparecer en el proceso representados por procurador y asistidos de letrado.

5) Las **Administraciones públicas** comparecen en la forma prevista por la normativa procesal específica (L 52/1997 y demás normas aplicables en la materia). En general, son representadas por el abogado del Estado o figura equivalente en las comunidades autónomas y, en su caso, entidades locales.

6) Igualmente se impone el respeto de las normas sobre **representación y defensa de los trabajadores** establecidas por las normas reguladoras del procedimiento social. Se establece en este sentido que lo dispuesto en LCon art.512 debe entenderse sin perjuicio de lo establecido para la representación y defensa de los trabajadores en la Ley de Procedimiento Laboral -actual LRJS-, incluidas las facultades atribuidas a los graduados sociales y a los sindicatos para el ejercicio de cuantas acciones y recursos sean precisos en el proceso concursal para la efectividad de los créditos y derechos laborales (LCon art.513).

5626 **Sistema de recursos** (LCon art.544 a 551) La Ley Concursal contiene un sistema de recursos propio, pero muy acomodado al juicio verbal de la LEC (nº 3900 s.) y al ordinario del proceso laboral (nº 14550 s.).

El **objetivo** del sistema de recursos es simplificar la tramitación del procedimiento, evitando la proliferación de recursos contra resoluciones interlocutorias, que venía dificultando la tramitación de los procedimientos concursales.

Teniendo en cuenta las dificultades del sistema legal, se recogen en el siguiente **cuadro** las resoluciones que se mencionan en los distintos preceptos de la Ley, clasificados en las distintas secciones del concurso, a fin de determinar, en cada caso, cuál es la forma que debe adoptar la resolución, y el recurso que procede, en virtud de una regla especial o de la regla general.

Precisiones Los recursos contra las **resoluciones del letrado de la Administración de Justicia** son los mismos que se establecen en la LEC y se sustancian en la forma que esta determina (LCon art.541).

5627

SISTEMA DE RECURSOS

Contenido de la resolución	LCon art.	Resolución	Recurso
SECCIÓN PRIMERA			
Inadmisión de solicitud de concurso por motivos formales	11.1 a 3	Auto	Reposición
Concurso voluntario:			
- Declaración	25.1 y 3	Auto	Apelación
- Desestimación	12	Auto	Reposición
Concurso necesario:			
• Admisión a trámite solicitud	14.2.1º y 15	Auto	Apelación
• Resolución:			
- Estimación	25.1 y 3	Auto	Apelación
- Desestimación	25.1 y 3	Auto	Apelación
- Otros pronunciamientos	25.1 y 3	Auto	Reposición
Conclusión del concurso:			
• Acuerdo de conclusión	481	Auto	No
• Incidente sobre conclusión	481	Sentencia	Apelación/Casación
Reapertura del concurso:			
Rechazo de pretensión no referida a la actualización del inventario	507	Auto	No

5627 (sigue)

Contenido de la resolución	LCon art.	Resolución	Recurso
Autorizaciones judiciales:			
Concesión o denegación	518.4	Auto	Reposición (o incidente)
SECCIÓN SEGUNDA			
Administración concursal:			
• Autorización de auxiliares delegados	79.1	Auto	No
• Nombramiento de expertos independientes	203.1	Auto	Reposición
• Cuestiones sobre ejercicio del cargo	83	Auto	No
• Retribución	89	Auto	Apelación
• Nombramiento, recusación y cese	103	Auto	Reposición/Apelación
• Sanción (pérdida honorarios)	296	Auto	Apelación
SECCIONES TERCERA Y CUARTA			
Régimen general de los incidentes			
• Decisión sobre el mantenimiento o resolución de contratos	164.4	Sentencia	Apelación
SECCIÓN QUINTA			
Convenio:			
• Inadmisión/admisión a trámite	339 y 345	Auto	Reposición
• Resolución estimatoria de la oposición	391. y 550	Sentencia	Ap/Cas/Ext (**)
• Aprobación del convenio	389 y 550	Sentencia	Ap/Cas/Ext (**)
• Declaración de cumplimiento	401 y 550	Auto	Ap/Cas/Ext (**)
Declaración de incumplimiento (ver régimen general de incidentes)			
Liquidación:			
• Apertura por ausencia de propuestas de convenio	340 y 409.1.1º	Auto	Apelación
• Apertura por inadmisión o no aceptación de propuestas de convenio, incumplimiento, rechazo o nulidad de convenio aceptado	409	Sentencia o auto	Apelación
• Establecimiento/modificación/levantamiento de reglas especiales de liquidación	415	Auto	Reposición
• Aprobación de plan de liquidación (procedimiento especial microempresas)	707.8	Auto	No
• Enajenación de activos	215, 216, 219 y 220	Auto	Reposición
• Enajenación individualizada	422	Auto	No
SECCIÓN SEXTA			
Calificación:			
- Archivo de la sección	450	Auto	No
- Calificación del concurso	460 y 550	Sentencia	Ap/Cas/Ext (**)
- Aprobación de transacción en la calificación	451 bis	Auto	Apelación
INCIDENTES			
Inadmisión	536	Auto	Apelación
Admisión	536	Providencia	Reposición
Efectos suspensivos	536	Auto	Reposición
Rechazo de intervención de partes	536	Auto	No

Contenido de la resolución	LCon art.	Resolución	Recurso
Resolución del incidente:			
• En fase común hasta convenio o liquidación	540 y 546	Sentencia	Apelación
• Durante convenio o liquidación	540, 548 y 550	Sentencia	Ap/Cas/Ext (**)
• Secciones tercera y cuarta	540, 548 y 550	Sentencia	Ap/Cas/Ext (**)
INCIDENTE LABORAL			
Admisión a trámite	541 y 551 (*)	Auto	Suplicación y recursos LRJS (L 36/2011)
Resolución	541 y 551 (*)	Sentencia	Suplicación y recursos LRJS (L 36/2011)
PRECONCURSO			
• Declaración de falta de competencia internacional o territorial para conocer de comunicación o para la homologación del plan	589 y 644.2	Auto	Apelación
• Extensión de la prohibición de iniciación de ejecuciones, judiciales o extrajudiciales, o la suspensión de las ya iniciadas a otros activos	602.1	Auto	Reposición
• Resolución sobre la prórroga del plazo de efectos de la comunicación	607 y 608	Auto denegatorio	No
		Auto estimatorio	Reposición
• Resolución de la impugnación de la homologación o de la oposición a ella en caso de contradicción previa	659.3 y 663.4º	Sentencia	No
PROCEDIMIENTO ESPECIAL PARA MICROEMPRESAS			
• Régimen general de impugnación de resoluciones judiciales	687.4	Sentencias o autos	No, salvo previsión específica

(*) También L 36/2011 art.7.d.
(**) Debe tenerse presente la **modificación** del régimen del recurso de casación, ampliando su objeto a la infracción de norma procesal, eliminando el umbral cuantitativo y alterando, indirectamente, su relación con el extraordinario por infracción procesal, por medio del RDL 5/2023, con efecto 30-7-2023. Y la **eliminación** del recurso extraordinario por infracción procesal por RDL 6/2023, vigente desde 20-3-2024, sin perjuicio de la sustanciación y resolución de los interpuestos con anterioridad a esta fecha.

5628 MPCI nº 10534 s.

Reglas generales (LCon art.544; L 16/2022) En función de la naturaleza de las resoluciones que se dicten, y en defecto de regla especial, se aplicarán las reglas siguientes:

1) Contra las **resoluciones dictadas por el letrado de la Administración de Justicia** se aplican las previstas en LEC y LOPJ.

2) Contra las **providencias y autos** que dicte el juez del concurso solo cabe el recurso de reposición, salvo que en la LCon se excluya todo recurso o, en el caso de los autos, se otorgue expresamente el de apelación.

3) Contra las **sentencias dictadas por el juez** se da recurso de apelación.

4) El **recurso de apelación frente a sentencias y frente a los autos apelables** debe tramitarse con carácter preferente (LCon art.548).

5) Cabe el recurso de **casación**, de acuerdo con los criterios de admisión previstos en LEC, contra las **sentencias dictadas por las Audiencias** relativas a la aprobación o cumplimiento del convenio, a la calificación o conclusión del concurso, o que resuelvan acciones de las comprendidas en las secciones tercera y cuarta.

6) Contra la **sentencia que resuelva incidentes concursales relativos a acciones sociales** cuyo conocimiento corresponda al juez del concurso, cabe el recurso de suplicación y los demás recursos previstos en la legislación procesal laboral, sin que ninguno de ellos tenga efectos suspensivos sobre la tramitación del concurso ni de ninguna de sus piezas. Pese al presupuesto aparentemente amplio, la referencia de LCon art.551 limita tal incidente a los previstos en los expedientes colectivos de LCon art.169 y a las controversias suscitadas con relación a los contratos de alta dirección.

Precisiones 1) Por efecto de la L 16/2022 desaparece la denominada **apelación diferida**, conforme a la cual contra los autos resolutorios de recursos de reposición y contra las sentencias dictadas en incidentes concursales promovidos en la fase común o en la de convenio no cabía recurso alguno, pero las partes podían reproducir la cuestión en la apelación más próxima siempre que hubieran formulado protesta en el plazo de 5 días. Se exceptuaban las sentencias dictadas en el incidente relativo a las acciones rescisorias y en el incidente contra la resolución denegatoria de la separación de bienes, que eran apelables directamente, teniendo este recurso de apelación carácter preferente. 5629

Se consideraba como **apelación más próxima** la que correspondiese frente a la resolución de apertura de la fase de convenio, la que acordase la apertura de la fase de liquidación y la que aprobase la propuesta anticipada de convenio.

2) Las **materias que no acceden a los recursos extraordinarios** se definen por exclusión: parte de las cuestiones relativas a la sección primera -declaración de concurso, medidas cautelares, resolución final de la fase común- son irrecurribles. Lo son -siempre que adopten forma de sentencia- las relativas a la conclusión del concurso. También están excluidas las cuestiones relativas a la sección segunda -p.e. las propias de la recusación de la administración concursal- (TS auto 8-11-16, EDJ 202564) o cese de ella (TS auto 30-9-15, EDJ 177720) o la rendición de cuentas (TS auto 11-9-19, EDJ 688677).

Tramitación (LCon art.545 y 549) Se hace remisión a la normativa procesal civil y laboral (nº 6850 Memento Procesal Civil 2026). 5631

En cuanto a los **efectos** del recurso, especialmente el suspensivo, la única peculiaridad radica en la posibilidad que se atribuye al juez del concurso, de oficio o a instancia de parte, de acordar motivadamente al admitir el recurso de apelación la suspensión de aquellas actuaciones que puedan verse afectadas por su resolución. Esta decisión puede ser revisada por la Audiencia Provincial a solicitud de parte formulada en el escrito de interposición de la apelación u oposición a la misma, en cuyo caso esta cuestión ha de resolverse con carácter previo al examen del fondo del recurso y dentro de los 10 días siguientes a la recepción de los autos por el tribunal, sin que contra el auto que se dicte pueda interponerse recurso alguno.

Precisiones Con **carácter supletorio** se aplica el régimen de la LEC respecto a la LCon (LCon art.521; TS 11-12-12, EDJ 294513).

Incidente concursal (LCon art.532 a 543) Todas las cuestiones que se plantean a lo largo de la tramitación del concurso se encauzan a través de este procedimiento típico, que reviste las siguientes **características**: 5632 MPCI nº 10540

1) Residual, ya que es aplicable, en defecto de procedimiento específico, a cualesquiera cuestiones que se planteen a lo largo de la tramitación del concurso, así como a los procedimientos civiles y laborales de los que conozca el juez del concurso (forman parte del ámbito del incidente, por ejemplo, las cuestiones relativas al pago de créditos contra la masa -JM Santander auto 25-1-06, EDJ 116111-). No obstante, se excluyen expresamente del incidente concursal los que tengan por objeto solicitar actos de administración, o impugnarlos por razones de oportunidad (LCon art.532.2).

2) Flexible, dado que permite que por este cauce procesal continúen las acciones que se acumulen al proceso concursal, sin repetir actuaciones. Además, en atención al **carácter universal** del procedimiento, se amplía la posición activa y pasiva del incidente ya que se considera demandada no solo a la parte contra la que se dirija la demanda, sino también a todas las que sostengan posiciones contrarias a lo pedido por la actora (aplicando este precepto los tribunales entienden que cuanto se impugna la lista de acreedores deben ser demandados la administración concursal y el deudor: se basa esta interpretación en el hecho de que con la confección de la lista de acreedores se determina el pasivo, en definitiva, el *quantum* de la deuda de la concursada, y por lo tanto es un acto que afecta directamente a su patrimonio); y cualquier comparecido en forma puede intervenir como coadyuvante con plena autonomía. La flexibilidad se extiende, por último, a la posibilidad de contestar a las distintas pretensiones que se pueden acumular en un único incidente, y expresar con claridad y precisión la tutela concreta que se solicita.

3) Rápido, no solo por remitirse al cauce general de juicio verbal, sino porque se establece una restricción de los medios de prueba y se suprime en determinados supuestos la celebración del trámite de vista (LCon art.540).

4) Sin efectos suspensivos respecto de la tramitación del concurso, salvo que el juez, de oficio o a instancia de parte, puede acordar la suspensión cuando estime que determinadas actuaciones pueden verse afectadas por la resolución que se dicte (LCon art.533).

Tramitación Se dispone un cauce general asimilado a los trámites del **juicio verbal** de la LEC (nº 6650 s. Memento Procesal Civil 2026), con las **salvedades** recogidas en LCon art.536 s. y salvo en lo que a celebración de **vista** se refiere -aunque con menos divergencia en cuanto a 5634

esta tras la reforma del tratamiento de aquel juicio por L 42/2015, que permite prescindir de la vista en ciertos supuestos-.
La **demanda incidental** se ha de plantear por escrito (LEC art.399 redacc LO 1/2025). El plazo para la presentación de la demanda dependerá de su objeto, debiendo estarse a los distintos preceptos de la Ley Concursal que prevén la impugnación de actuaciones del concurso por medio del trámite incidental -p.e. art.96 en relación con el inventario y con la lista de acreedores-.
Una vez presentada, el juez ha de resolver sobre su **admisión a trámite**. Si considera que la cuestión planteada es impertinente, o que carece de la entidad necesaria para tramitarla por la vía incidental, debe resolver, mediante auto, su inadmisión dando a la cuestión planteada la tramitación que corresponda.
Se ha interpretado este precepto de modo que por **impertinente** debe entenderse, según LEC art.283, lo que no guarde relación con lo que sea objeto del proceso, contemplándose también, como causa de inadmisión, la de aquellas materias que carezcan de la entidad necesaria para el acceso al cauce incidental (AP Tarragona auto 30-12-09, EDJ 365951). No obstante, la previsión de LCon art.532.2 y 536 es aplicable a todo supuesto de inadmisión a trámite de un incidente concursal, y no solo cuando tal inadmisión tenga lugar porque el juez estime que la cuestión planteada es impertinente o carezca de entidad necesaria para tramitarla por la vía incidental (AP Madrid auto 11-6-07, EDJ 289769). Dicho artículo añade nuevas causas de inadmisión a las generales para todo tipo de impugnaciones incidentales (extemporaneidad, falta de interés legítimo, etc.), supuestos todos ellos en los que habrá de dictarse **auto de inadmisión**.

5635 MPCI nº 10546 Contra este **auto** cabe **recurso de apelación**. Cuando el último inciso de LCon art.536 prevé la pertinencia del recurso de apelación contra el auto de inadmisión a trámite del incidente concursal no limita la procedencia de tal recurso a los supuestos en los que la inadmisión a trámite se haya producido porque el juez haya estimado que la cuestión planteada sea impertinente o carezca de entidad necesaria para tramitarla por la vía incidental, sino a todos los supuestos de inadmisión a trámite del incidente, por el motivo que sea.
En caso contrario, debe dictar **providencia** admitiendo a trámite el incidente y ordenar que se emplace a las demás partes personadas, con entrega de copia de la demanda o demandas, para que en el plazo común de 10 días contesten en la forma prevenida en LEC art.405. Contestada la demanda o transcurrido el plazo, continúa el incidente por los trámites del juicio verbal.
No obstante, con el fin de evitar gastos, la práctica forense admite que el administrador concursal sea requerido por el juez para emitir un **informe sobre la demanda** (LCon art.82), sin que ello implique otorgarle la cualidad de contestación ni la condición de interviniente en el incidente, al ser preceptiva la asistencia letrada. La **vista** solo se celebra si lo piden las partes y previa declaración de pertinencia de las pruebas anunciadas. Se admite la posibilidad de prescindir de la celebración de vista (LEC art.429 redacc LO 1/2025).
El juez resuelve por **sentencia** en el plazo de 10 días, en la que se acuerda lo que proceda en cuanto a la suspensión -si ha sido acordada- y se decide sobre las **costas**, conforme a los criterios establecidos en la LEC (LCon art.542).
Las **condenas en costas** recaídas en el incidente concursal son exigibles con carácter inmediato, una vez firme la sentencia, con independencia del estado en que se encuentre el concurso. Igualmente, una vez firme, la sentencia que ponga fin al incidente concursal producirá efectos de cosa juzgada (LCon art.543).

Precisiones Las **situaciones transitorias** respecto del RDL 3/2009 pueden consultarse en nº 10239 Memento Procesal Civil 2026.

5636 **Incidentes en materia laboral** (LCon art.541) Junto al régimen general anterior, se contempla un **cauce específico** para los incidentes en materia laboral. Los incidentes que se planteen en los expedientes de modificación, suspensión o extinción colectiva de las relaciones de trabajo de LCon art.169 s., se inician por **demanda sucinta** en los términos de LEC art.437 (nº 6700 s. Memento Procesal Civil 2026). La competencia del juez del concurso para el conocimiento de estos incidentes es un reflejo claro de la **universalidad** de su **jurisdicción**.
El ámbito de este incidente se circunscribe a las **cuestiones de índole colectiva** y a las acciones individuales con base en un **contrato de alta dirección** (LCon art.541.1).
Sin embargo, los tribunales antes de la entrada en vigor del texto refundido (RDLeg 1/2020) entendieron que en este incidente se pueden resolver, también, **cuestiones de naturaleza estrictamente individual** relativas a unos u otros de los trabajadores afectados por la extinción colectiva de los contratos de trabajo, y de ahí que se habilite luego esta posibilidad de actuación a los trabajadores individuales que no son parte en el trámite de LCon art.169 s., lo que no tendría ningún sentido en el caso de que el auto no pudiese incidir en aspectos individuales de la relación laboral, tal y como de hecho así ha de ocurrir, necesariamente, cuando la

extinción colectiva pudiere no afectar a la totalidad de la plantilla de la empresa en orden a determinar la elección de unos u otros trabajadores para la extinción de sus contratos de trabajo, o bien cuando el auto de extinción colectiva cuantifique el importe de la indemnización a percibir por cada uno de los trabajadores afectados en función de su antigüedad y salario. Lo que el legislador ha querido es dejar a salvo el derecho de los trabajadores individuales para ejercitar las acciones que estimen procedentes en defensa de sus derechos contra el auto de extinción colectiva por la vía del incidente concursal, garantizando de esta forma, perfectamente, la tutela judicial efectiva -Const art.24- (TSJ Cataluña 18-9-09, EDJ 328782).

Siguiendo los principios del procedimiento laboral, el letrado de la Administración de Justicia debe advertir a la parte de los **defectos, omisiones o imprecisiones** en que haya incurrido al redactar la demanda, a fin de que los subsane dentro del plazo de 4 días, con apercibimiento de que, si no lo hace, se ordenará su archivo. **5637**
Si se admite la demanda, el letrado de la Administración de Justicia señala dentro de los 10 días siguientes para la celebración del **acto del juicio**, citando a los demandados con entrega de copia de la demanda y demás documentos, debiendo mediar, en todo caso, un mínimo de 4 días entre la citación y la efectiva celebración del juicio, que debe comenzar con el **intento de conciliación** o **avenencia** sobre el objeto del incidente.
De no lograrse esta, debe ratificarse el actor en su demanda o ampliarla sin alterar sustancialmente sus pretensiones, contestando oralmente el demandado, y proponiendo las partes a continuación las **pruebas** sobre los hechos en los que no haya conformidad, continuando el procedimiento conforme a los trámites del juicio verbal de la LEC (nº 6650 s. Memento Procesal Civil 2026), si bien tras la práctica de la prueba se otorga a las partes un trámite de **conclusiones**.

Procedimiento especial para microempresas (LCon art.685 a 720) Este procedimiento se aplica a los **deudores** que sean personas naturales o jurídicas que lleven a cabo una actividad empresarial o profesional y que reúnan las siguientes **características** de las microempresas, computadas en base consolidada si la entidad forma parte de un grupo: **5639**
a) Haber empleado durante el año anterior a la solicitud una media de **menos de 10 trabajadores**: en el caso de que el número de horas de trabajo realizadas por el conjunto de la plantilla sea igual o inferior al que hubiera correspondido a menos de 10 trabajadores a tiempo completo.
b) Tener un **volumen de negocio anual inferior a 700.000 euros** o un **pasivo inferior a 350.000 euros** según las últimas cuentas cerradas en el ejercicio anterior a la presentación de la solicitud.
Afecta a:
• La totalidad de los bienes y derechos integrados en el patrimonio del deudor en la fecha de apertura del procedimiento especial y los que se reintegren en el mismo o adquiera durante el procedimiento, con excepción, en su caso, de los bienes y derechos legalmente inembargables. Si el deudor está casado se aplica lo dispuesto en el régimen económico matrimonial.
• Todos los acreedores del deudor, con independencia del origen y naturaleza de la deuda.
Se estudia con detalle en nº 6226 s.

Precisiones La regulación del procedimiento especial entra en vigor el **1-1-2023** (L 16/2022 disp.final 19ª). Ha desaparecido por efecto de la L 16/2022 el **procedimiento abreviado** (LCon art.522 a 531).

IV. Fase común

La fase común **se inicia** con el auto de declaración del concurso y **concluye** con los autos de apertura de fase de convenio o liquidación, o por la conclusión anormal del concurso en los supuestos de LCon art.465.1, 2 y 6 a 8 (nº 6154 s.). **5646**
El auto de declaración de concurso constituye la pieza inicial y esencial para que se desplieguen los **efectos del concurso** (LCon art.32). Estas **consecuencias sustantivas** se analizan en los siguientes apartados:
- la jurisdicción del juez del concurso (nº 5650 s.);
- la administración concursal (nº 5662 s.);
- los efectos del concurso (nº 5706 s.); y
- la formación de las masas activa y pasiva (nº 5831 s.).

A. Jurisdicción y administración concursal

1. Jurisdicción del juez del concurso

5650 MPCI nº 10565 **Jurisdicción propia** (LCon art.52 y 53 s.; LOPJ art. 86.7 redacc LO 1/2025) La jurisdicción del juez del concurso se rige por los principios de **exclusividad e imperatividad**, y se asienta en la noción de **universalidad** que atribuye el juez del concurso el conocimiento de cuantas cuestiones litigiosas guarden relación con la masa patrimonial del deudor. El carácter universal del concurso justifica la concentración en un solo órgano jurisdiccional del conocimiento de todas estas materias, cuya dispersión quebranta la necesaria unidad procedimental y de decisión (AP Valencia auto 19-10-07, EDJ 240551).

El principio de universalidad del procedimiento concursal determina la **unidad** del órgano judicial competente y la universalidad de su jurisdicción previstas en la LOPJ art.86.7 redacc LO 1/2025, evitando, según ha entendido la mejor doctrina, uno de los defectos más graves del Derecho concursal anterior, que centrifugaba entre diversos órganos judiciales las competencias sobre el patrimonio del deudor y permitía actuaciones separadas del procedimiento concursal, rompiendo la unidad de este e impidiendo un tratamiento homogéneo, coherente y lógico el estado de insolvencia. Por ello, al juez del concurso se le atribuye el conocimiento de cuantas cuestiones se susciten en materia concursal en los términos previstos en su Ley reguladora y en la LOPJ (AP Madrid auto 11-10-07, EDJ 238874).

Precisiones La remisión que la LOPJ art.86.7 redacc LO 1/2025 hace a las **cuestiones que se susciten en materia concursal**, en los términos previstos en su Ley reguladora -actualmente, que sean competencia del orden jurisdiccional civil en materia de concurso de acreedores en los términos establecidos por LCon-, si bien no habilita al legislador ordinario para configurar libremente la competencia del juez del concurso, pues en todo caso habrá de respetar en sentido positivo las materias acerca de las cuales la jurisdicción del juez del concurso es exclusiva y excluyente, así como, en sentido negativo, las que la propia ley orgánica asigna al conocimiento de órganos integrados en otros órdenes jurisdiccionales, obliga a tomar en consideración la **naturaleza universal** del proceso concursal e impone al legislador ordinario la adopción de las previsiones legales necesarias para preservarla, entre ellas, significativamente, la atribución de la **más amplia competencia** para el conocimiento de **cuestiones civiles** que puedan tener incidencia directa o indirecta en la conformación de las masas activa y pasiva (JM A Coruña auto 22-1-10).

5652 **Competencia** El juez del concurso tiene competencia exclusiva y excluyente sobre las siguientes **materias**:

1) Las **acciones civiles con trascendencia patrimonial** que se dirijan contra el patrimonio del concursado -antes de la aprobación de un convenio concursal (TS 3-5-17, EDJ 57003)-, con excepción de las que se ejerciten en los procesos sobre adopción de medidas judiciales de apoyo a personas con discapacidad, filiación, matrimonio y menores (LEC art.748 a 781). También conoce de las **medidas cautelares** anteriores a la declaración del concurso, así como los eventuales **daños y perjuicios** derivados de estas, si la solicitud de concurso es desestimada (LCon art.18 y 27), así como de las medidas cautelares que afecten o puedan afectar a bienes y derechos del concursado, integrados o que se integren en la masa activa, cualquiera que sea el tribunal o autoridad administrativa que las haya acordado, excepto las que se adopten en los procesos civiles indicados (LCon art.52.1.5º).

En caso de controversia sobre los requisitos de la **compensación** de créditos y deudas del concursado, y el momento de su existencia, la competencia corresponde al juez del concurso: el tratamiento de la compensación debe ser objeto de examen en el procedimiento concursal y por parte del juez de lo mercantil (AP Segovia 1-2-10, EDJ 29403).

Esta competencia no alcanza a aquellas acciones civiles que, aun al amparo de una demanda contra el concursado, se dirijan **contra el patrimonio de terceros**. Cuando se atribuye competencia objetiva al juez de lo mercantil sobre el concurso, y, dentro de él, competencia exclusiva y excluyente sobre acciones dirigidas contra el patrimonio del concursado (LCon art.52; LOPJ art.86.7 redacc LO 1/2025), se está acotando de forma negativa y positiva tal competencia; no existe disposición legal que permita al juez del concurso conocer de las acciones que se dirijan, incluso a propósito de la presentación de una demanda contra el concursado, contra el patrimonio de terceros *in bonis*. De este modo, si el demandante pretende un **litisconsorcio pasivo voluntario** a través de la acumulación subjetiva de acciones, se le debería requerir para desacumular, pues no podemos olvidar que, para que pueda admitirse la acumulación de acciones, es preciso que el tribunal que deba entender de la acción principal posea jurisdicción y competencia por razón de la materia, o por razón de la cuantía, para conocer de la acumulada o acumuladas -LEC art.73.1.1º- (AP Pontevedra 5-5-10, Rec 245/10).

Dicha regla puede tener una salvedad: la presencia de **litisconsorcio pasivo necesario**. La exigencia procesal de litisconsorcio pasivo necesario exigirá del juez del concurso conocer de la acción ejercitada no solo contra el concursado, sino también respecto de aquellos codemandados que se hallen unidos a él por una comunidad de relación jurídica. En tal caso, la exigencia procesal que deriva de tal figura jurídica.
Es discutible si la competencia objetiva para conocer de las **tercerías** interpuestas como incidentes del procedimiento de apremio separado (preferente en los supuestos de LCon art.142) corresponde al juez del concurso o al de primera instancia que por turno corresponda.

2) Las **ejecuciones relativas a créditos concursales o contra la masa** sobre los bienes y derechos del concursado integrados o que se integren en la masa activa, cualquiera que sea el tribunal o la autoridad administrativa que la hubiera ordenado, sin más excepciones que las previstas en la ley (LCon art.52.2º). **5653** MPCI nº 10569
3) Las **acciones sociales** que tengan por objeto la extinción, modificación o suspensión colectivas de los contratos de trabajo en los que sea empleador el concursado, así como la suspensión o extinción de contratos de alta dirección, sin perjuicio de que cuando estas medidas supongan modificar las condiciones establecidas en convenio colectivo aplicable a estos contratos se requerirá el acuerdo de los representantes de los trabajadores.
Asimismo, conoce de la declaración de **sucesión de empresa** a efectos laborales y de Seguridad Social en los casos de transmisión de unidades productivas, así como de la determinación en estos casos de los elementos que las integran (LCon art.52.1.4º).

4) Toda **ejecución frente a los bienes y derechos de contenido patrimonial** del concursado, cualquiera que sea el órgano que la haya ordenado. Competencia que tiene, sin embargo, las excepciones previstas en LCon art.144. **5654** MPCI nº 10573
Es obvio que la competencia del juez del concurso en materia ejecutiva no se puede extender a la ejecución de aquellos **bienes que no formen parte del patrimonio del concursado**. Así se ha entendido con base en los siguientes argumentos (JM Alicante núm 1, auto 8-11-10, EDJ 233616):
- literal: LCon art.145 s., dedicados a la ejecución con garantía real, se refiere y contempla las ejecuciones sobre bienes del concursado, por lo que, si antes de la demanda ejecutiva esos bienes ya pertenecen a **terceros**, carece de competencia objetiva el juez del concurso;
- sistemático: LOPJ art.86.7 redacc LO 1/2025 y LCon art.52.1º y 55, dedicados a la competencia objetiva en general ponen de manifiesto que el conocimiento del juez del concurso en materia ejecutiva tiene como presupuesto que el bien adquirido forme parte del patrimonio del deudor, o sean bienes y derechos de contenido patrimonial del concursado;
- teleológico: la finalidad perseguida por el legislador es mantener intacto durante un lapso temporal el patrimonio del concursado para lograr ya una solución consensuada ya una liquidación ordenada, y por ello la ejecución se concentra en manos del juez del concurso solo cuando se refiere a sus bienes.
El juez del concurso es competente, además, para determinar si las **ejecuciones iniciadas antes de la declaración del concurso** de acreedores se refieren, o no, a bienes necesarios a la actividad profesional o empresarial del deudor, con fundamento en la *vis atractiva* competencial del juez del concurso (LCon art.52.1.3º). Si se declaran no necesarios, la competencia para el conocimiento de la ejecución será del juez de la de la Sección Civil del Tribunal de Instancia -hasta su constitución, del juez de primera instancia- que corresponda.
De acuerdo con la doctrina jurisprudencial mayoritaria, también se exceptúa, por aplicación del principio de supremacía del orden penal, la competencia atribuida por la LOPJ y la LECr a los órganos judiciales penales en relación con las **medidas cautelares** o definitivas que puedan adoptarse por estos sobre bienes o derechos del concursado, por lo que el juez del concurso no puede dejar sin efecto dichas medidas, acordadas en la jurisdicción penal (AP Baleares 7-4-10; AP Zaragoza 29-6-09; AP Pontevedra 5-11-09; AP Zamora 19-1-11, EDJ 65590). Sin embargo, han de tenerse presentes los importantes matices que se derivan de la reciente doctrina del Tribunal Supremo (TS auto 19-2-19, EDJ 514137), que se reseña en nº 5655.
5) La adopción de las **medidas cautelares que procedan constante concurso** -salvo las que en materia de familia se exceptúan en LCon art.54-, así como para ordenar la suspensión y requerir al levantamiento de las acordadas por otros órganos judiciales, incluidos los del orden jurisdiccional penal, o autoridades administrativas, cuando dichas medidas puedan suponer un perjuicio para la adecuada tramitación del procedimiento concursal.
El TS auto 19-2-19, EDJ 514137, anticipa la redacción dada a la **competencia del juez del concurso en materia de medidas cautelares** por LCon art.54 y 520. Dicha resolución señala:
- una vez declarado el concurso, el único que tiene **competencia** para acordar una medida cautelar sobre el patrimonio del deudor es el juez del concurso: no cabe que un tribunal

distinto del juez del concurso adopte medidas cautelares que afecten a la masa del concurso de acreedores, mientras este esté en vigor;
- el eventual crédito por responsabilidad civil contra el deudor concursado que se llegara a declarar en una sentencia penal no debe sustraerse a las reglas del concurso de acreedores, y a quien le corresponde el **control de las medidas** para que sea así es al juez del concurso (LCon/03 art.189.2; LCon art.54);
- en ningún caso el juez de instrucción puede adoptar **medidas cautelares sobre la masa activa intervenida** en el concurso de acreedores, y, bajo la lógica de la función de dichas medidas, hay que entender que la declaración de concurso conlleva la innecesariedad de todas aquellas adoptadas en otros procedimientos, en cuanto que la función cautelar es sustituida por las medidas propias del concurso;
- en consecuencia, procede reconocer competencia al juez del concurso para decidir sobre la **vigencia de las medidas cautelares** que afectan al patrimonio del deudor concursado, y que no están afectadas por las excepciones a la paralización de ejecuciones o la competencia exclusiva del juez del concurso para la adopción de medidas cautelares.
La competencia del juez no alcanza a las cautelas que puedan adoptarse sobre los **bienes y derechos de terceros** -p.e. entidades filiales de la concursada no declaradas en concurso-, pues en tal caso no afectan o pueden afectar al patrimonio presente o futuro de aquella (TCJ 20-12-21, EDJ 815153).

5655 MPCI nº 10577 **6)** Se ha afirmado reiteradamente que las medidas adoptadas conforme a LGT art.81.8, y ratificadas judicialmente, en caso de concurso de la entidad que tiene **condición de obligado tributario** sometido al proceso penal, no quedan dentro de la jurisdicción del juez del concurso (AP Valladolid auto 16-5-11, EDJ 10583; JM Valencia núm 3 27-5-12).
Sin embargo, este criterio ha de matizarse o replantearse a la luz del TS auto 19-2-19, EDJ 514137, con arreglo al cual:
- una vez declarado el concurso, el único que tiene **competencia** para acordar una medida cautelar sobre el patrimonio del deudor es el juez del concurso: no cabe que un tribunal distinto del juez del concurso adopte medidas cautelares que afecten a la masa del concurso de acreedores, mientras este esté en vigor;
- el eventual crédito por responsabilidad civil contra el deudor concursado que se llegara a declarar en una sentencia penal no debe sustraerse a las reglas del concurso de acreedores; y a quien le corresponde el **control de las medidas** para que sea así es al juez del concurso (LCon art.54 y 520);
- en ningún caso el juez de instrucción puede adoptar **medidas cautelares sobre la masa activa intervenida** en el concurso de acreedores, y, bajo la lógica de la función de dichas medidas, hay que entender que la declaración de concurso conlleva la innecesariedad de todas aquellas adoptadas en otros procedimientos, en cuanto que la función cautelar es sustituida por las medidas propias del concurso;
- en consecuencia, procede reconocer competencia al juez del concurso para decidir sobre la **vigencia de las medidas cautelares** que afectan al patrimonio del deudor concursado, y que no están afectadas por las excepciones a la paralización de ejecuciones o la competencia exclusiva del juez del concurso para la adopción de medidas cautelares.
La competencia del juez no alcanza a las cautelas que puedan adoptarse sobre los **bienes y derechos de terceros** -p.e. entidades filiales de la concursada no declaradas en concurso-, pues en tal caso no afectan o pueden afectar al patrimonio presente o futuro de aquella (TCJ 20-12-21, EDJ 815153).
7) Las medidas que en el procedimiento concursal del deudor persona física deba adoptar en relación con la **asistencia jurídica gratuita**.
8) La disolución o liquidación de la **sociedad o comunidad conyugal** -de gananciales y otra sometida a régimen foral- (LCon art.52.2.2º).
9) Las **acciones de reclamación de deudas sociales** interpuestas contra los socios subsidiariamente responsables de los créditos de la sociedad deudora, cualquiera que sea la fecha en que se hubiera contraído, y las acciones para exigir a los socios de la sociedad deudora el desembolso de las aportaciones sociales diferidas (dividendos pasivos) o el cumplimiento de las prestaciones accesorias (LCon art.52.3.1º).
10) Las **acciones de responsabilidad** contra los **administradores** o **liquidadores**, de derecho o de hecho, y contra los **auditores**, por los daños y perjuicios causados, antes o después de la declaración judicial de concurso, a la persona jurídica concursada (LCon art.52.3.2º y 3º).

5655.1 Precisiones **1)** La competencia del juez del concurso no se extiende a revisar la actuación administrativa consistente en la emisión o ausencia de emisión de certificaciones de corriente **cumplimiento de obligaciones tributarias** por parte del concursado; lo que competerá, en su caso, al orden contencioso-administrativo (JM Pontevedra núm 1, 11-9-07).

2) Tampoco llega a fiscalizar los **acuerdos de carácter administrativo** relativos a la aplicación o inaplicación del régimen de resolución (LCon art.160 y 161) a supuestos de aplazamiento y fraccionamiento de deudas tributarias (JM Zaragoza núm 1, 8-10-07), competencia del citado orden judicial.

3) No hay inconveniente en admitir que la **acción social de responsabilidad** no es una genuina acción concursal, a diferencia, por ejemplo, de las acciones de reintegración de LCon art.226 s. y 697. Pero la Ley habla de «cuestiones que se susciten en materia concursal, en los términos previstos en su Ley reguladora» y, en el contexto del concurso de la sociedad, la acción social de responsabilidad es, sin duda alguna, uno de los mecanismos que es posible actuar para la **restauración de la masa activa**, garantía última de los derechos de los acreedores, razón por la cual se reconoce legitimación a la administración concursal y competencia al juez del concurso (JM A Coruña auto 22-11-10).

4) En el supuesto de que el recurrente en sede contencioso-administrativa contra un **acto administrativo-tributario** determinado se encuentre en situación de concurso de acreedores, la jurisdicción exclusiva y excluyente del juez del concurso no impide a los tribunales de aquel orden pronunciarse sobre la legalidad de los actos administrativos de los que nacen los créditos tributarios y sobre la suspensión de los mismos, con o sin garantías. Constituye una cuestión distinta la decisión que se adopte acerca de la **prestación o no de garantía** y las consecuencias que ello pueda producir en el proceso concursal, aspectos ajenos al orden contencioso-administrativo (TS 20-12-12, EDJ 294563).

5) La **competencia** para conocer de la solicitud de cancelación de una hipoteca aportada como garantía de suspensión de la ejecución de un acto administrativo-tributario en un proceso contencioso-administrativo, cuya constitución fue acordada por un órgano jurisdiccional de este orden, corresponde a dicho órgano, aunque posteriormente la recurrente haya sido declarada en concurso de acreedores, pues lo contrario supondría dividir la competencia para conocer del procedimiento principal y de la medida cautelar accesoria al mismo. Ello no supone que el bien hipotecado, incluido en la masa activa del concurso, quede al margen del mismo y de la competencia del Juez del concurso, sino que se relacionará en el inventario, en los términos previstos en LCon art.82, ni tampoco que el crédito tributario garantizado quede fuera de la masa pasiva del concurso (TS Sala Especial Conflictos de Competencia auto 28-4-16, EDJ 58447).

6) La competencia para conocer de los procedimientos de **derivación de responsabilidad por deudas tributarias** de la concursada a los administradores concursales queda fuera de la jurisdicción del juez del concurso correspondiendo a la Administración Tributaria (TCJ 9-4-13, EDJ 84298).
Puede ser ejercitada mientras aún se encuentra **constante el concurso del deudor principal**, esto es, sin necesidad de esperar a su finalización (TS 27-6-17, EDJ 124991; 15-6-16, EDJ 87484).
Conforme a esta doctrina, aunque las deudas tributarias no pueden hacerse efectivas sobre el patrimonio de la entidad concursada al margen del concurso, nada impide hacerlas efectivas sobre el **patrimonio de otras personas no sujetas a procedimiento concursal** y que hayan sido legítimamente declaradas responsables del cumplimiento de las obligaciones tributarias de aquellas.
La derivación de responsabilidad tributaria no es una de las acciones a las que se refiere LCon art.94 s., por la que se pretenden reparar los daños o perjuicios causados a la persona concursada o a la masa por los actos u omisiones contrarios a la ley o realizados sin la debida diligencia por los administradores concursales. Por ello, **no es aplicable** a la misma la competencia del juez del concurso (TCJ 21-3-18, EDJ 37620; 9-4-13, EDJ 84298).

7) La resolución de cualquier conflicto entre la jurisdicción exclusiva y excluyente del juez del concurso y la potestad de autotutela de la Administración, ha de partir de que la atribución a favor de los tribunales de la función de tutela de los derechos subjetivos e intereses legítimos que se articula con base en el principio de reserva de jurisdicción, no puede servir de argumento para prescindir del legítimo ejercicio de las potestades de las Administraciones públicas, sin perjuicio del necesario **control jurisdiccional de la actuación administrativa** que, en este caso, corresponde al orden contencioso-administrativo (TCJ 21-2-24, EDJ 515003).
La jurisdicción del juez del concurso para conocer de cualesquiera cuestiones relacionadas con el proceso universal, con desplazamiento del órgano primariamente competente -sea jurisdiccional o administrativo-, supone una **excepción al principio de improrrogabilidad** y, por ello, debe ser objeto de una interpretación estricta (TCJ 21-2-24, EDJ 515003).
Las consecuencias económicas que para la concursada puedan derivarse de los **acuerdos adoptados por la Administración tributaria** en relación con bienes y derechos de terceros, aunque se encuentren vinculados con aquella -como cuando se trata de sociedades pertenecientes al mismo grupo-, no pueden servir para que el juez del concurso extienda sus facultades de tutela y protección de la masa activa del concurso a proteger también el patrimonio de terceras empresas frente a sus acreedores (TCJ 20-12-21, EDJ 815153).

Recapitulando lo anterior, se puede concluir lo siguiente (AP A Coruña 22-4-10, EDJ 187074): **5656**
a) El juez del concurso no conoce, a pesar de la formulación del principio de jurisdicción exclusiva y excluyente, de todas las materias relacionadas con el estado de insolvencia del deudor, dejando fuera las de los órdenes **penal** y **contencioso-administrativo**, la mayoría de las acciones **sociales**, y algunas de las civiles.
b) La competencia del juez del concurso no alcanza, tampoco, a las acciones que ejerciten el concursado o la administración concursal, según el régimen de intervención o suspensión de

sus facultades de administración y disposición, contra **terceras personas**, aunque afecten al patrimonio de aquel, debiendo seguirse en estos casos las reglas generales competenciales previstas en la LEC, pudiendo conocer, por tanto, el juzgado de primera instancia, juzgado de paz, o juzgado de lo mercantil correspondiente -a partir de su constitución, Sección Civil o de lo Mercantil del Tribunal de Instancia o juez de paz integrado en la Oficina de Justicia-. En este sentido, se afirma que no existe norma alguna que atribuya la competencia al juez del concurso para conocer las demandas que haya formulado la concursada en ejercicio de acciones de reclamación de cantidad para el cobro de créditos frente a terceros (AP Madrid auto 30-3-10, EDJ 98672).

c) En definitiva, la legislación concursal no atribuye competencia al juez del concurso de forma exclusiva a todos los litigios en que sea parte la persona concursada, solo los **expresamente contemplados** en la misma (LCon art.52.1.6º).

5657 **Acciones previamente ejercitadas y segunda instancia** Hay que tener en cuenta, adicionalmente, que la competencia del juez del concurso nace con el **auto declarativo** del mismo, de modo que no se puede extender a las acciones ejercitadas antes de que el concurso sea declarado por mucho que formen parte del ámbito objetivo competencial delimitado por LOPJ art. 86.7 redacc LO 1/2025 y LCon art.52: ciertamente el primero de los efectos que produce la declaración de concurso de una persona es la **ampliación de la competencia especializada** del juez encargado del concurso de dicha persona, que pasa a conocer de acciones cuyo conocimiento correspondería en principio, por especialidad, a los jueces civiles, y, así, le corresponde el conocimiento de las acciones civiles con trascendencia patrimonial que se dirijan contra el patrimonio del concursado, con excepción de las que se ejerciten en los procesos sobre capacidad, filiación, matrimonio y menores. Pero, sin embargo, la declaración de concurso de una persona no altera la competencia de la Sección Civil del Tribunal de Instancia -hasta su constitución, del juez de primera instancia- que, al tiempo de recaer dicha declaración, ya estuviera conociendo de una demanda contra la misma, debiendo continuar su tramitación hasta la firmeza de la sentencia -conforme a LCon art.137-, y ello como consecuencia de la llamada ***perpetuatio iurisdictionis*** que se produce desde el momento de la presentación de la demanda -conforme a LEC art. 410 y 411- (AP Sevilla auto 22-2-10, EDJ 100055).

A lo anterior debe añadirse un matiz: si la acción ejercitada antes de la declaración del concurso es **ejecutiva**, las actuaciones quedarán suspendidas como consecuencia del dictado del auto, sin perjuicio del tratamiento concursal que corresponda dar a los respectivos créditos (AP Barcelona auto 9-2-09, EDJ 33228).

Por último, esta jurisdicción se traslada igualmente a la **segunda instancia**, ya que como regla general se atribuye a las secciones especializadas de las Audiencias Provinciales el conocimiento en segunda instancia de los procesos atribuidos a la jurisdicción del juez del concurso (LOPJ art.75.2 y 82.4); si bien contra las sentencias que resuelven incidentes concursales relativos a acciones sociales de las que conozca el juez del concurso corresponden, por recurso de suplicación y queja, a las Salas de lo Social de los Tribunales Superiores de Justicia (LCon art.551).

5658 **Extensión de la jurisdicción** (LCon art.55) La jurisdicción del juez del concurso se extiende a
MPCI todas las **cuestiones prejudiciales civiles**, con excepción de las excluidas en LCon art.52.1.1º, las
nº 10585 **administrativas** o las **sociales** directamente relacionadas con el concurso o cuya resolución sea necesaria para el buen desarrollo del procedimiento concursal (LCon art.55.1).

Sobre las materias administrativas y sociales en las que el juez del concurso no tiene competencia se contempla una extensión de jurisdicción (esto es, una atribución complementaria de competencia al juez del concurso, TS auto 22-3-10, EDJ 26532) para conocer de las cuestiones prejudiciales que se puedan plantear, en términos similares a LEC art.42 (nº 3170 Memento Procesal Civil 2026). Así, la jurisdicción del juez se extiende a todas las cuestiones prejudiciales administrativas o sociales directamente relacionadas con el concurso, o cuya resolución sea necesaria para el buen desarrollo del procedimiento concursal.

Dada la naturaleza de esta forma de actividad jurisdiccional, cualquier pronunciamiento que se ampare en ella debe respetar dos **principios**:

- debe dejar incólume la competencia del orden jurisdiccional llamado por la ley a resolver definitivamente la cuestión; respeto que, en todo caso, implica que la decisión judicial deba asegurar la efectividad de ese ulterior pronunciamiento judicial;
- no existe cuestión prejudicial cuando el objeto de esta se erige en, a su vez, objeto principal del proceso.

No puede el juez del concurso, al amparo de la competencia prejudicial que le otorga LCon art.55, revisar la conformidad a Derecho de los **actos administrativos** de los que se desprenda la existencia de un crédito contra la masa o de deudas frente a la Administración (JM Madrid 25-1-10, EDJ 18066, que resume las opiniones doctrinales y la posición de los tribunales en relación con esta materia).

Tampoco puede el juez del concurso conocer de los efectos de la **sucesión de empresa** provocada como consecuencia de la enajenación de una unidad productiva que formara parte del patrimonio del concursado. LCon art.55 no ampara este pronunciamiento, porque no tiene el grado de vinculación con el procedimiento concursal a que se refiere el precepto, máxime atendiendo a que las consecuencias, en su caso, y la proyección del pronunciamiento interesado relativo al alcance de la subrogación se van a producir fuera del procedimiento concursal, en el patrimonio del adquirente, y no dentro de él. Y por el carácter inocuo e irrelevante de dicho pronunciamiento, que de conformidad con LEC art.42.2 no surtiría efecto fuera del procedimiento concursal (JM Santander núm 10 auto 14-10-08, EDJ 301850).
La **prejudicialidad penal** se rige por sus normas propias, en particular LCon art.519 y 520.1. El juez del concurso no tiene competencia sobre las cuestiones prejudiciales penales, si bien las mismas no suponen la suspensión del procedimiento concursal, pues en esta sede no se aplica la LEC art.40 (JM Cádiz auto 11-10-05, EDJ 166603).

Precisiones 1) La decisión que adopte el juez del concurso sobre las cuestiones prejudiciales administrativas o sociales no surtirá efectos **fuera del proceso concursal** en que se produzca (LCon art.55.2). 5659
2) La regla de LCon art.55 no permite acoger la solicitud de que se requiera a la AEAT, como medida cautelar, para que extienda **certificación de corriente cumplimiento de obligaciones fiscales**, lo que desborda claramente el fin de aquel precepto (JM Sevilla núm 2 1-4-11, incidente 158/11).
3) El juez del concurso no es competente para imponer la **devolución de las cuotas tributarias** negativas solicitada por la administración concursal, sin perjuicio de que tal pretensión sea correcta conforme a lo dispuesto en LCon art.153 (JM Santander núm 1 17-10-11, EDJ 245873). Sí lo es para decidir sobre la resolución de un contrato administrativo celebrado por la entidad concursada con una entidad local (JM Santander núm 1 auto 3-3-11, Proc 636/09).

Criterios judiciales Sobre esta materia, los principales conflictos de la práctica forense se han centrado en la competencia del juez del concurso sobre las **acciones declarativas**, en las que, con posible trascendencia patrimonial, el concursado figurara demandado con terceras personas; o en caso de **reconvención frente al concursado** en materia ajena a la competencia de LCon art.52 (nº 5650). 5660
Y, en cuanto a los **procedimientos en trámite**, se entiende que no han de acumularse al concurso, por no ser el pleito competencia del juez del concurso, aun cuando pudiera tener trascendencia sustancial para la formación del inventario o la lista de acreedores (LCon art.137), con las excepciones relativas a las acciones de responsabilidad frente a los administradores (LCon art.138).

2. Administración concursal

Siguiendo el esquema de la Guía legislativa de Naciones Unidas, la estructura institucional del concurso se completa con la regulación de un **representante de la insolvencia**, denominado «administración concursal». 5662
La elección del nombre no es casual, ya que se configura como un **efectivo gestor del régimen de insolvencia**, ejerciendo ciertas facultades en relación con los actos y bienes del deudor, y tiene la obligación de proteger esos bienes y su respectivo valor, así como los intereses de los acreedores.
De esta manera, junto con la posibilidad de intervenir o sustituir las facultades de administración y disposición de la persona concursada, se le atribuyen otras **facultades** claramente administrativas que velan por el eficaz desarrollo del régimen de insolvencia, como, por ejemplo:
- proposición del cambio de situaciones de intervención o administración, la convalidación o confirmación de los actos realizados contra las limitaciones establecidas (LCon art.106 y 109);
- conservación de los bienes en interés del concurso (LCon art.206);
- autorización general de los actos u operaciones propios del giro o tráfico o solicitud de cierre de la actividad (LCon art.112);
- asistencia con voz y voto en los órganos colegiados de la persona jurídica (LCon art.127);
- disposición de la acción procesal (LCon art.119, 120, 137 y 138);
- negociación de los expedientes (LCon art.169 s.);
- rehabilitación de créditos, contratos de compra con precio aplazado o enervación de desahucio (LCon art.166 a 168);
- oposición al convenio aprobado, incluso por cumplimiento objetivamente inviable (LCon art.348 y 382);
- ejercicio de las opciones de tramitación de los créditos con privilegio especial (LCon art.211), etc.

Facultades que quedan sintetizadas en LCon art.80 a 83.
Así, no puede calificarse como un mero órgano auxiliar del juez del concurso, ya que la administración concursal puede interponer **recursos** contra las resoluciones del juez (LCon art.511). A ello no se opone la existencia de una **supervisión del juez** del concurso (LCon art.82), ya que la causa última de la administración concursal es velar por una aplicación eficaz e imparcial del régimen legal del concurso, cuya responsabilidad última corresponde al juez del concurso.

5663 Precisiones 1) Lo dispuesto en LCon art.57 a 63 (composición, requisitos y nombramiento de la administración concursal), LCon art.84 a 89 (retribución de la administración concursal) y LCon art.574.1 (especialidades en determinados concursos aplicables al nombramiento de administradores concursales), entrará en vigor cuando se apruebe el **reglamento** a que se refiere la L 17/2014 disp.trans.2ª. Hasta entonces, habrá de aplicarse lo dispuesto sobre dichas cuestiones en LCon/03 art.27, 34 y 198, si bien en la redacción que tenían con anterioridad a la entrada en vigor de la L 17/2014 (RDLeg 1/2020 disp.trans.única; L 16/2022 disp.trans.5ª). Ver nº 5477.
Igualmente, lo dispuesto en LCon art.91 a 93, que regulan la **garantía arancelaria** y que se corresponden a LCon/03 art.34 bis a 34 quater, entrarán en vigor cuando se apruebe el desarrollo reglamentario de la cuenta arancelaria.
2) Hasta que entre en vigor el **desarrollo reglamentario** del LCon/03 art.27, el Instituto de Contabilidad y Auditoría de Cuentas remitirá al Decanato de los órganos judiciales de cada provincia las relaciones de las personas físicas, en situación de ejercientes, y jurídicas inscritas en el Registro Oficial de Auditores de Cuentas que hayan manifestado su disponibilidad para ser nombrados administradores concursales (RD 2/2021 disp.trans.5ª).

a. Estructura

5665 Como regla general, la administración concursal se integra por un **único miembro**, que deberá ser abogado en ejercicio con 5 años de experiencia profesional efectiva en el ejercicio de la abogacía, que haya acreditado formación especializada en Derecho Concursal, o bien economista, titulado mercantil o auditor de cuentas con 5 años de experiencia profesional, con especialización demostrable en el ámbito concursal.
También puede designarse a una **persona jurídica** en la que se integre, al menos, un abogado en ejercicio y un economista, titulado mercantil o auditor de cuentas, y que garantice la debida independencia y dedicación en el desarrollo de las funciones de administración concursal (LCon art.57 y 60 a 62).

5666 **Designación** (LCon/03 art.27; RDLeg 1/2020 disp.trans.única; L 16/2022 disp.trans.5ª; LCon art.62 y 63) La designación puede recaer tanto en personas físicas como en personas jurídicas. En caso de nombramiento de una **persona física**, está obligado a comunicar al órgano judicial si está integrado en alguna **persona jurídica de carácter profesional**, ya que de ser así se extiende el régimen de restricciones legales al resto de **socios o colaboradores**.
Siendo nombrada una **persona jurídica** como administradora concursal se debe designar, al aceptar el cargo, a una persona física que será quien la represente y asuma la dirección de los trabajos en el ejercicio del cargo. Es aplicable a la persona física designada como representante el régimen propio de los administradores concursales en cuanto a las restricciones legales para su nombramiento, separación y responsabilidad.
Cuando la administración concursal corresponda a una persona jurídica, en los términos previstos en el inciso final de LCon art.57, esta comunicará la identidad de la **persona natural** que reúna alguna de las condiciones profesionales de los números 1º y 2º de este precepto, que la representará en el ejercicio del cargo (LCon art.62).

5667 **Administración concursal colegiada** (LCon/03 art.27; LCon art.57; L 16/2022 disp.trans.5ª) Se establece el principio general de **administración concursal única**, con independencia del tamaño del concurso, de modo que el administrador concursal será uno solo incluso en los concursos de mayor relevancia, esto es, los de tamaño grande de acuerdo con la nueva clasificación legal.
La **regla general** es que la administración concursal esté constituida por un único miembro, si bien se contienen **excepciones** a esta regla.
Así, en caso de **concursos ordinarios de especial trascendencia** el juez nombrará, además del administrador concursal previsto generalmente, a un administrador concursal que sea acreedor titular de créditos ordinarios, o con privilegio general no garantizado, de entre los que figuren en el primer tercio de mayor importe. A estos efectos, cuando el conjunto de las deudas con los trabajadores por estos créditos estuviera incluida en el primer tercio de mayor importe, el juez podrá nombrar como administrador acreedor a la **representación legal de los trabajadores**, si la hubiera, que deberá designar un profesional que reúna la condición de

economista, titulado mercantil, auditor de cuentas o abogado, quedando sometido al mismo régimen de incapacidades, incompatibilidades, prohibiciones, remuneración y responsabilidad que los demás miembros de la administración concursal.
Debe entenderse por **concursos ordinarios de especial transcendencia**:
1) Aquellos en que la cifra de negocio anual del deudor haya sido de 100 millones de euros, o superior, en cualquiera de los tres ejercicios anteriores a aquel en que sea declarado el concurso.
2) Aquellos en que el importe de la masa pasiva declarada por el concursado sea superior a 100 millones de euros.
3) Aquellos en que el número de acreedores manifestado por el concursado sea superior a 1.000.
4) Aquellos en que el número de trabajadores del deudor sea superior a 100, o lo haya sido en alguno de los tres ejercicios anteriores a la declaración del concurso.
En todo caso, el juez del concurso, de oficio o a instancia de un acreedor de carácter público o de la administración concursal, en aquellos concursos en que exista una causa de **interés público** que así lo justifique y aun cuando no concurran los supuestos mencionados, podrá nombrar como administrador concursal acreedor a una **Administración pública** o a una entidad de Derecho público vinculada o dependiente de ella.

Precisiones Hasta el **desarrollo reglamentario** de LCon art.56 a 63 será aplicable el régimen contenido en LCon/03 art.27 (RDLeg 1/2020 disp.trans.única).

Segundo administrador concursal (LCon/03 art.27; RDLeg 1/2020 disp.trans.única; L 16/2022 disp.trans.5ª) De acuerdo con el **régimen anterior** a la L 17/2014, que en este punto sigue **vigente** hasta la aprobación del reglamento de desarrollo de esta Ley y sintetizando las reglas anteriores, resulta que el segundo administrador concursal será: 5668
1) Como regla general, un **acreedor** titular de créditos ordinarios, o con privilegio general no garantizado, de entre los que figuren en el primer tercio de mayor importe.
2) En caso de que el deudor tuviese obligaciones pendientes con sus trabajadores, y el conjunto de las deudas por estos créditos estuviera incluida en el primer tercio de mayor importe, el juez podrá nombrar como **administrador acreedor** a la **representación legal de los trabajadores**, si la hubiera, que deberá designar un profesional que reúna la condición de economista, titulado mercantil, auditor de cuentas o abogado, quedando sometido al mismo régimen de incapacidades, incompatibilidades, prohibiciones, remuneración y responsabilidad que los demás miembros de la administración concursal.
3) Y en caso de que exista una causa de **interés público** que así lo justifique se podrá nombrar como administrador concursal acreedor a una **Administración pública**, o a una entidad de Derecho Público vinculada o dependiente de ella.
Tras la modificación llevada a cabo por la L 17/2014, como sola **excepción** al sistema de administración concursal unipersonal, que el juez del concurso puede, en los concursos en que exista una causa de interés público que así lo justifique, y actuando de oficio o a instancia de un acreedor de carácter público, nombrar como segundo administrador concursal a una Administración pública acreedora o a una entidad de Derecho público acreedora vinculada o dependiente de ella.
Es decir, si media **causa de interés público** (concepto indeterminado que deberá aprecia el juez del concurso en cada caso) y existe un acreedor público, este podrá ser designado como segundo administrador concursal.
En tal caso, la **representación** de la administración concursal debe recaer sobre algún empleado público con titulación universitaria, de graduado o licenciado, que desempeñe sus funciones en el ámbito jurídico o económico, y su régimen de responsabilidad será el específico de la legislación administrativa. Si se designan dos administradores concursales, la representación de la administración concursal frente a terceros recaerá sobre el primer administrador concursal.
El acreedor público podrá en todo caso **renunciar** al nombramiento como administrador concursal, lo que supondrá a nuestro juicio que el juez podrá designar a un segundo acreedor público (de existir) como administrador, o que, en defecto de esta posibilidad, el concurso mantendrá el administrador único designado en primer término.

Auxiliares delegados (LCon art.75 s.) La estructura de la administración concursal se complementa con la previsión de designar auxiliares delegados, cuando la **complejidad del concurso** así lo exija. 5669
Su **designación** corresponde al juez del concurso, que debe determinar sus funciones delegadas y su retribución, que correrá a cargo del administrador concursal (AP Bizkaia 21-12-18, EDJ 707902).

Los auxiliares están sometidos al mismo régimen de incapacidades, incompatibilidades, prohibiciones, recusación y responsabilidad establecido para los administradores concursales y sus representantes (nº 5670 s.).
Estos auxiliares son **independientes** y ajenos al personal colaborador con el que puede contar el administrador concursal o los dependientes del deudor.
Las resoluciones del juez del concurso sobre nombramiento de los auxiliares delegados no son susceptibles de **recurso** alguno (LCon art.79). Por el contrario, sí serán susceptibles de recurso las relativas a la recusación y cese (LCon art. 103).
La resolución judicial que nombre a los auxiliares delegados ha de identificar sus **funciones** -que pueden incluir las relativas a la continuación de la totalidad o parte de la actividad del deudor- y **retribuciones**, siendo estas un porcentaje de las percibidas por la administración concursal, a quien corresponde su abono (LCon art.77 y 78). Al igual que las funciones, las retribuciones se fijan por el juez del concurso y su abono debe adecuarse al de la administración concursal.

b. Nombramiento

5670 El nombramiento de los administradores concursales corresponde al juez, con arreglo a las siguientes **reglas generales** (LCon/03 art.27.4; RDLeg 1/2020 disp.trans.única; L 16/2022 disp.trans.5ª; LCon art.61 y 62):
1) Los **administradores concursales profesionales** se nombrarán por el juez procurando una distribución equitativa de designaciones entre los incluidos en las listas que existan.
2) No obstante lo anterior, el juez podrá, apreciándolo razonadamente, designar a unos **concretos administradores concursales** cuando el previsible desarrollo del proceso exija una experiencia o unos conocimientos o formación especiales, como los vinculados a asegurar la continuidad de la actividad empresarial o que se puedan deducir de la complejidad del concurso. Y para concursos ordinarios deberá designar a quienes acrediten su participación como administradores o auxiliares delegados en otros concursos ordinarios o, al menos, tres concursos abreviados, salvo que el juez considere, de manera motivada, idónea la formación y experiencia de los que designe en atención a las características concretas del concurso.
A efectos de nombramiento se establece que en los decanatos de los órganos judiciales competentes existirán **listados de los profesionales** y de las personas jurídicas que hayan puesto de manifiesto su disponibilidad para el desempeño de tal función, su formación en materia concursal y, en todo caso, su compromiso de continuidad en la formación en esta materia. El Registro Oficial de Auditores de Cuentas y los correspondientes colegios profesionales presentarán, en el mes de diciembre de cada año, para su utilización desde el primer día del año siguiente, los respectivos listados de personas disponibles, incluidas las personas jurídicas. Los profesionales cuya colegiación no resulte obligatoria podrán solicitar, de forma gratuita, su inclusión en la lista en ese mismo período justificando documentalmente la formación recibida y la disponibilidad para ser designados. Igualmente, las **personas jurídicas** podrán solicitar su inclusión en esos listados, reseñando los profesionales que las integran y, salvo que ya figuraran en las listas, su formación y disponibilidad (LCon/03 art.27.3; LCon art.60 y 61). Las personas implicadas podrán solicitar la inclusión en la lista de su **experiencia** como administradores concursales o auxiliares delegados en otros concursos, así como de otros conocimientos o formación especiales que puedan ser relevantes a los efectos de su función.

Precisiones Hasta que entre en vigor el **desarrollo reglamentario** del LCon/03 art.27, el Instituto de Contabilidad y Auditoría de Cuentas remitirá al Decanato de los órganos judiciales de cada provincia las relaciones de las personas físicas, en situación de ejercientes, y jurídicas inscritas en el Registro Oficial de Auditores de Cuentas que hayan manifestado su disponibilidad para ser nombrados administradores concursales (RD 2/2021 disp.trans.5ª).

5671 Cualquier interesado podrá plantear al decanato correspondiente las **quejas** sobre el funcionamiento o requisitos de la lista oficial u otras cuestiones o irregularidades de las personas inscritas con carácter previo a su nombramiento (LOPJ art.168 redacc LO 1/2025).
El **cese** de los administradores concursales también corresponde al juez del concurso.
Se disciplina el régimen de **recursos** contra las resoluciones en materia de nombramiento, recusación y cese de los administradores concursales y auxiliares delegados, en los términos que siguen (LCon art.103):
1) Contra las resoluciones sobre **nombramiento, recusación y cese** de los administradores concursales y auxiliares delegados cabrá recurso de reposición y, contra el auto que lo resuelva, el de apelación que no tendrá efecto suspensivo.
2) Estarán **legitimados** para recurrir el concursado, la administración concursal, los administradores concursales afectados y quienes acrediten interés legítimo, aunque no hubieran comparecido con anterioridad.

La L 17/2014 modifica sustancialmente la LCon/03 art.27 -actual LCon art.57 y 60 a 62-, en lo que se refiere a la designación de los administradores concursales. Si bien esta reforma entrará en vigor cuando se apruebe el **desarrollo reglamentario** de la L 17/2014, las reglas comprendidas en la LCon art.61 y 62 son las siguientes: **5671.1**

a) A los efectos de la designación de la administración concursal se ha de distinguir entre concursos de **tamaño** pequeño, medio y grande.

Reglamentariamente se han de fijar las características que permitan definir el tamaño del concurso.

b) La **designación** como administrador concursal corresponde a la persona física o jurídica del listado de la sección cuarta del Registro Público Concursal que corresponda por turno correlativo, y que, reuniendo las condiciones exigidas, que también serán objeto de determinación por medio de reglamento, haya manifestado al tiempo de solicitar su inscripción en el registro, o con posterioridad, su voluntad de actuar en el ámbito de competencia territorial del órgano judicial. La primera designación de la lista se realizará mediante sorteo.

c) En los **concursos de gran tamaño**, el juez puede motivadamente designar a un administrador concursal distinto del que corresponda de aplicar el turno correlativo, cuando considere que el perfil del administrador alternativo se adecúa mejor a las características del concurso. El juez deberá motivar su designación atendiendo a alguno de estos criterios: la especialización o experiencia previa acreditada en el sector de actividad del concursado, la experiencia con los instrumentos financieros empleados por el deudor para su financiación, o con expedientes de modificación sustancial de las condiciones de trabajo o de suspensión o extinción colectiva de las relaciones laborales.

d) En función de la particular naturaleza del deudor también existen **especialidades**: en caso de concurso de una entidad de crédito, el juez ha de nombrará al administrador concursal de entre los propuestos por el Fondo de Reestructuración Ordenada Bancaria; si el deudor es una entidad sujeta a la supervisión de la Comisión Nacional del Mercado de Valores, se designará al administrador concursal de entre los que sean propuestos por esta Comisión; y, cuando se trate de concursos de entidades aseguradoras, el juez nombra como administrador exclusivamente al Consorcio de Compensación de Seguros (RDLeg 7/2004 art.14.2).

Precisiones El proyecto de reglamento del **estatuto de la administración concursal**, prevé sobre la designación de administrador concursal en función del tamaño del concurso lo siguiente (no vigente, se incluye por su interés y valor informativo): **5671.2**

a) Es concurso de pequeño, mediano o gran tamaño aquel en el que concurran al menos tres de los siguientes requisitos:

	Pequeño tamaño	Mediano tamaño	Gran tamaño
Nº trabajadores empleados en el momento de la declaración del concurso	Hasta 9	De 10 a 49	Igual o superior a 50
Nº de acreedores en la lista presentada por el deudor	Menos de 50	Entre 50 y 100	Más de 100
Estimación inicial del pasivo	Hasta dos millones €	De 2 millones a 20 millones €	Más de 20 millones €
Valoración inicial del activo			
Cifra de negocios anual en el momento de la declaración del concurso	Hasta dos millones €	De 2 millones a 10 millones €	Más de 10 millones €

b) Con independencia de estos factores, es concurso de gran tamaño a efectos de designación de administrador concursal aquel en el que concurra alguna de las siguientes circunstancias:

- Al menos una cuarta parte del valor de los bienes y derechos que figuren en el inventario presentado por el deudor corresponda a bienes que estén fuera del territorio español, siempre que el valor total del inventario sea superior a los 10 millones de euros.
- El número de establecimientos, explotaciones y cualesquiera otras unidades productivas de bienes o de servicios que figuren en el inventario presentado por el deudor fuera superior a diez o, al menos, tres de ellos radiquen en distintas provincias.
- El concursado hubiera emitido valores que estén admitidos a cotización en mercados secundarios oficiales o plataformas multilaterales de negociación.
- El concursado fuera una entidad de crédito o de seguros.
- El concursado fuera una entidad sometida a supervisión de la Comisión Nacional del Mercado de Valores.
- Cuando se tramiten ante el juez expedientes de modificación sustancial de las condiciones de trabajo o de suspensión o extinción colectiva de las relaciones laborales, de conformidad con LCon art.173, siempre que el deudor concursado tenga más de 50 trabajadores.
- En el caso de concursos conexos.

- Se trate de una sociedad en la que la participación pública alcance, al menos, del 10% del capital o de los derechos de voto.
- Cuando el concursado tenga atribuida la gestión de servicios públicos.

c) Si conforme a los criterios expuestos existen dudas sobre el tamaño del concurso será el juez del concurso quien, oídas las partes, decida sobre su clasificación. Una vez efectuada la clasificación del concurso, se ha de mantener durante toda su tramitación.

5672 **Requisitos de aptitud** (LCon/03 art.27; RDLeg 1/2020 disp.trans.única; LCon art.57 s.; L 16/2022 disp.trans.5ª)

Hasta la aprobación del reglamento de desarrollo de la Ley Concursal, el **administrador concursal único**, persona física, debe reunir una de las dos siguientes aptitudes profesionales:

1. **Abogado** en ejercicio con 5 años de experiencia profesional efectiva en el ejercicio de la abogacía, que hubiera acreditado formación especializada en Derecho Concursal.
2. **Economista, titulado mercantil o auditor de cuentas** con 5 años de experiencia profesional, con especialización demostrable en el ámbito concursal.

En cuanto al administrador concursal único, **persona jurídica**, dispone la Ley que también podrá designarse a una persona jurídica en la que se integre, al menos, un abogado en ejercicio y un economista, titulado mercantil o auditor de cuentas, y que garantice la debida independencia y dedicación en el desarrollo de las funciones de administración concursal.

Como se observa, se eliminan los requisitos de **colegiación** exigidos bajo la regulación para los administradores concursales profesionales, aunque el hecho de que el abogado deba ejercer permite interpretar que sigue siendo necesaria su adscripción al colegio profesional correspondiente, al menos mientras las normas en la materia no sean modificadas, y algo parecido cabe decir del economista.

Se establecen unas reglas especiales de **aptitud y capacitación** del administrador concursal único en función de la especial naturaleza del deudor, de forma que:

a) En caso de concurso de una **entidad emisora de valores** o instrumentos derivados que se negocien en un mercado secundario oficial, de una entidad encargada de regir la negociación, compensación o liquidación de esos valores o instrumentos, o de una empresa de servicios de inversión, será nombrado administrador concursal un miembro del personal técnico de la Comisión Nacional del Mercado de Valores, u otra persona propuesta por esta con la cualificación de LCon art.57 s., a cuyo efecto la Comisión Nacional del Mercado de Valores comunicará al juez la identidad de aquella.

b) En caso de concurso de una **entidad de crédito**, o de una **entidad aseguradora**, el juez nombrará al administrador concursal de entre los propuestos respectivamente por el Fondo de Garantía de Depósitos y por el Consorcio de Compensación de Seguros.

5673 Existen, también reglas especiales de aptitud exigibles al **administrador concursal acreedor**:

1) Cuando se nombre a la **representación legal de los trabajadores**, si la hubiera, esta deberá designar un profesional que reúna la condición de economista, titulado mercantil, auditor de cuentas o abogado, que se someterá sometido al mismo régimen de incapacidades, incompatibilidades, prohibiciones, remuneración y responsabilidad que los demás miembros de la administración concursal.

2) Cuando se nombre a una **Administración pública**, o una entidad de Derecho Público vinculada o dependiente de ella, el profesional podrá ser cualquier empleado público con titulación universitaria, de graduado o licenciado en ámbitos pertenecientes a las ciencias jurídicas o económicas, y su régimen de responsabilidad será el específico de la legislación administrativa.

En definitiva, el juez debe nombrar a los administradores entre las personas susceptibles de desempeñar ese cargo, ateniéndose a las **restricciones** legalmente establecidas, dentro de las cuales goza de un amplio **margen de discrecionalidad** (AP Madrid 4-12-06, Rec 427/06): el nombramiento de los administradores concursales, dentro de los límites y presupuestos legales, es discrecional para el juez, que analizará el supuesto concreto y nombrará a la persona que considere más adecuada para cada caso; el hecho de que esta facultad no fuera revisable por vía de recurso reforzaba esta discrecionalidad (LCon art.103).

Precisiones La L 17/2014 modifica LCon/03 art.27 -actual LCon art.57 s.- en cuanto a los **requisitos de aptitud** de los administradores concursales. No obstante, LCon/03 art.27 no entrará en vigor hasta la aprobación del **desarrollo reglamentario** de la L 17/2014. En este caso el diferimiento de la vigencia de la norma es obligado, más allá de su régimen transitorio, ante la ausencia de reglamento que regule los requisitos para ser administrador concursal.

Se dispone ahora que podrán inscribirse en la sección cuarta del Registro Público Concursal y, por lo tanto, podrán ser designados como administradores concursales, las personas físicas y jurídicas que cumplan los requisitos que se determinen reglamentariamente (LCon art.62).

La **determinación** de las condiciones de aptitud se deja en manos por lo tanto del titular de la potestad reglamentaria, pero la Ley impone un límite al establecer que los requisitos podrán referirse a la titulación requerida, a la experiencia a acreditar y a la realización o superación de pruebas o cursos específicos.

Además, se establece que se podrán exigir requisitos específicos para ejercer como administrador concursal en concursos de tamaño medio y de gran tamaño. Hasta que no se apruebe el desarrollo reglamentario no sabremos cuáles son los nuevos requisitos.

Restricciones (LCon art.64 y 65) Se establecen una serie de restricciones para poder ser nombrado administrador concursal. Se trata de circunstancias cuya naturaleza jurídica (incapacidad, incompatibilidad o prohibición) es difícil de precisar, por este motivo, se clasifican en atención a su fundamento. 5674

Ante la concurrencia de una restricción legal, el administrador designado debe poner tal circunstancia en **conocimiento del juez** y declinar el encargo, por lo general, antes de aceptar el cargo o, si la circunstancia concurre después, cuando se produce. Si el administrador no comunica tal circunstancia, puede ser **recusado** (LCon art.72 a 74).

Todas estas restricciones son aplicables a las **personas físicas o jurídicas** que sean nombradas administradores y, en este último caso, también a sus representantes, incluidos quienes lo son de una persona jurídico-pública (CNMV, Fondo de Reestructuración Ordenada Bancaria y Consorcio de Compensación de Seguros).

Las restricciones que se analizan a continuación afectan a la totalidad de los administradores, incluido el **administrador acreedor**, quien, además, no debe ser persona especialmente relacionada con el deudor, ni competidor del mismo, ni formar parte de un grupo de empresas competidoras.

Incapacidades, incompatibilidades y prohibiciones (LCon art.64 y 65) No pueden ser nombrados administrador concursal, con carácter absoluto, las siguientes **personas**: 5675

a) Las referidas en la LCon art.64:

1. Quienes **no puedan ser administradores** de sociedades anónimas o de responsabilidad limitada.

No pueden serlo las personas que no tienen capacidad jurídica, bien porque no la han adquirido conforme a las normas aplicables bien porque se les ha privado de ella (en supuestos de inhabilitación). En este sentido se pronuncia el RDLeg 1/2010 art.213, conforme al que no pueden ser administradores los menores de edad no emancipados, las personas con discapacidad con medidas de apoyo para el ejercicio de su capacidad jurídica, las personas inhabilitadas conforme a la legislación concursal, mientras no haya concluido el período de inhabilitación fijado en la sentencia de calificación del concurso, y los condenados por delitos contra la libertad, contra el patrimonio o contra el orden socioeconómico, contra la seguridad colectiva, contra la Administración de Justicia o por cualquier clase de falsedad, así como aquellos que por razón de su cargo no puedan ejercer el comercio. Tampoco podrán ser administradores los funcionarios al servicio de la Administración pública con funciones a su cargo que se relacionen con las actividades propias de las sociedades de que se trate, los jueces o magistrados y las demás personas afectadas por una incompatibilidad legal.

A estos efectos, puede tomarse en consideración cualquier inhabilitación o información pertinente sobre **inhabilitación vigente en otro u otros Estados** miembros de la Unión Europea.

2. Quienes hayan prestado cualquier clase de **servicios profesionales al deudor** o a personas especialmente relacionadas con este en los últimos 3 años, incluidos aquellos que durante ese plazo hubieran compartido con aquel el ejercicio de actividades profesionales de la misma o diferente naturaleza (cláusula de salvaguarda de la independencia del administrador concursal).

3. Quienes, estando inscritos en la sección cuarta del Registro Público Concursal, se encuentren, cualquiera que sea su condición o profesión, en alguna de las situaciones a que se refiere la normativa reguladora de la **auditoría de cuentas** (L 22/2015 art.16 a 20; RD 2/2021 art.43 a 59, en relación con el propio deudor, sus directivos o administradores, o con un acreedor que represente más del 10% de la masa pasiva del concurso. Estas situaciones (**causas de incompatibilidad**) son las siguientes:

• La condición de miembro del órgano de administración, directivo o apoderado general de la entidad auditada, responsable del área económica financiera o el desempeño puestos de empleo en ella o funciones de supervisión o control interno, cualquiera que sea el vínculo que tengan con dicha entidad.

• La existencia de interés significativo directo en la entidad derivado de un contrato, de la propiedad de un bien o de la titularidad de un derecho, considerándose que existe tal interés en el supuesto de posesión de instrumentos financieros de la entidad auditada o de una vinculada a esta cuando, en este último caso, sean significativos para cualquiera de las partes, con excepción de los intereses que se posean de forma indirecta a través de instituciones de inversión colectiva diversificada.

• La realización de cualquier tipo de operación relacionada con instrumentos financieros emitidos, garantizados o respaldados de cualquier otra forma por la entidad auditada, con igual excepción.

• La aceptación o solicitud de obsequios o favores de la entidad, salvo que su valor sea insignificante o intrascendente.
• La prestación a la entidad auditada de servicios de contabilidad o preparación de los registros contables o los estados financieros o de valoración, salvo que no tengan un efecto directo o lo sea de poca importancia relativa, por separado o de forma agregada, en los estados financieros auditados y que la estimación del efecto en los estados financieros auditados esté documentada de forma exhaustiva.
• La prestación de servicios de:
- auditoría interna a la entidad auditada, salvo que su órgano de gestión sea responsable del sistema global de control interno, de la determinación del alcance, riesgo y frecuencia de los procedimientos de auditoría interna, de la consideración y ejecución de los resultados y recomendaciones proporcionadas por la auditoría;
- abogacía simultáneamente para la entidad, salvo que se presten por personas jurídicas distintas y con consejos de administración diferentes, y sin que puedan referirse a la resolución de litigios sobre cuestiones que puedan tener una incidencia significativa, medida en términos de importancia relativa, en los estados financieros correspondientes al período o ejercicio auditado;
- de diseño y puesta en práctica de procedimientos de control interno o de gestión de riesgos relacionados con la elaboración o control de la información financiera, o del diseño o aplicación de los sistemas informáticos de la información financiera, utilizados para generar los datos integrantes de los estados financieros de la entidad auditada, salvo que esta asuma la responsabilidad del sistema global de control interno o el servicio se preste siguiendo las especificaciones establecidas por dicha entidad.
• La condición de familiar (cónyuge o persona unida por análoga relación, parentesco por consanguinidad o afinidad de primer grado o segundo colateral) de personas en las que concurran las circunstancias expuestas.
4. Quienes estén **especialmente relacionados con alguna persona que haya prestado cualquier clase de servicios profesionales al deudor** o a personas especialmente relacionadas con este en los últimos 3 años. Esta causa es introducida *ex novo* por la L 17/2014 y trata de incrementar las garantías de independencia de la administración concursal al prohibir el ejercicio del cargo a las personas que, a su vez, estén especialmente relacionadas con quien haya prestado servicios profesionales, aunque no hayan prestado ellas mismas (las personas llamadas a ser administradores concursales) los servicios profesionales.

5676 b) Las personas que hubieran sido **separadas del cargo de administrador concursal** dentro de los 3 años anteriores, o que se encuentren inhabilitadas, conforme a la LCon art.478 s., por sentencia firme de desaprobación de cuentas en concurso anterior, tampoco pueden ser nombrados administradores concursales, ni designados por la persona jurídica cuando se haya nombrado a esta como administrador concursal (LCon art.65.2).
c) No pueden ser nombrados administradores quienes estén especialmente relacionados con alguna persona que haya prestado cualquier clase de **servicios profesionales** al deudor o a personas especialmente relacionadas con este en los últimos 3 años (LCon art.65.1).
Para apreciar la **vinculación personal** se aplicarán las reglas establecidas en la LCon art.65.1, 282 y 283. En cuanto a la vinculación profesional, se entenderá que están vinculadas profesionalmente las personas entre las que existan, o hayan existido en los 2 años anteriores a la solicitud del concurso, de hecho o de derecho, relaciones de prestación de servicios, de colaboración o de dependencia, cualquiera que sea el título jurídico que pueda atribuirse a dichas relaciones.
Además se establece una **prohibición relativa** (LCon art.65.2): si existen suficientes personas disponibles en el listado -la referencia al listado creemos que debe entenderse efectuada a la sección cuarta del Registro Público Concursal, en relación con las personas inscritas que cumplan los requisitos y hayan manifestado su voluntad de ser administradores en el ámbito territorial del concurso correspondiente-, no pueden ser nombrados administradores concursales, ni auxiliares delegados en los concursos de mayor complejidad, las personas físicas o jurídicas que hubieran sido designadas discrecionalmente para cualesquiera de dichos cargos por el mismo órgano judicial o por el mismo juez en **tres concursos dentro de los 2 años anteriores**.
En el cómputo del **límite máximo de nombramientos** se incluyen los concursos en que dichas personas hayan sido nombrados representantes de la persona jurídica designada para el ejercicio de las funciones propias del cargo de administrador concursal o auxiliar delegada. A estos efectos, los nombramientos efectuados en concursos de sociedades pertenecientes al mismo **grupo de empresas** se computarán como uno solo.
Tampoco puede ser nombrado administrador concursal quien, en la negociación de un plan de reestructuración, hubiera sido nombrado experto en reestructuración.

Junto con las incompatibilidades y especialidades aplicables a todo tipo de concursos dentro de la regulación de las especialidades aplicables al concurso, en atención a la persona del deudor, se incluye una **excepción**, de forma que todas las prohibiciones y restricciones contenidas en el precepto se aplicaran a los representantes de la Comisión Nacional del Mercado de Valores, del Fondo de Reestructuración Ordenada Bancaria, del Consorcio de Compensación de Seguros y de cualesquiera Administraciones públicas acreedoras, con excepción de las prohibiciones por razón de cargo o función pública, y en caso de administrador dual de las derivadas d ella vinculación personal o profesional entre los miembros de la administración concursal (LCon art.575).

Precisiones La referencia a los **representantes de las entidades supervisoras** parece que debe entenderse efectuada a las personas propuestas por ellas como administradores concursales, porque tras la reforma de la L 17/2014 los administradores no son representantes de estas entidades -antes solo lo eran de la Comisión Nacional del Mercado de Valores, como personal técnico de la misma-, sino que son personas propuestas por ellas. En caso contrario, la norma habría perdido su sentido en este punto.

Aceptación del cargo (LCon art.66 y 67) Se ajusta al siguiente régimen jurídico: 5678

1) El nombramiento de administrador concursal será comunicado al designado por el medio más rápido, y este, dentro de los 5 días siguientes al de recibo de la comunicación, deberá comparecer ante el órgano judicial para aceptar el cargo y acreditar que tiene suscrito un **seguro de responsabilidad civil** o **garantía equivalente** proporcional a la naturaleza y alcance del riesgo cubierto en los términos que se desarrollen reglamentariamente, para responder de los posibles daños en el ejercicio de su función y manifestar si acepta o no el encargo.
Por **excepción**, la Administración pública acreedora o la entidad acreedora vinculada o dependiente de aquella, que hayan sido nombradas segundas administradoras concursales, pueden no aceptar el nombramiento.
Cuando administrador concursal sea una persona jurídica, recaerá sobre esta la exigencia de suscripción del seguro de responsabilidad civil o garantía equivalente.
De concurrir en el administrador concursal alguna causa de **recusación**, estará obligado a manifestarla en este momento.
Aceptado el cargo, el letrado de la Administración de Justicia expedirá y entregará al designado documento acreditativo de su condición de administrador concursal. Dicho documento acreditativo deberá ser devuelto al órgano judicial en el momento en el que se produzca el cese por cualquier causa del administrador concursal.
2) Si el administrador designado no compareciese, no tuviera suscrito un seguro de responsabilidad civil o garantía equivalente suficiente, o no aceptase el cargo, el juez procederá de inmediato a un nuevo nombramiento.
A quien sin justa causa no compareciese, no tuviera seguro suscrito o no aceptase el cargo, no se le podrá designar administrador en los procedimientos concursales que puedan seguirse en el mismo ámbito territorial durante un plazo de 3 años (aplica esta norma el JM Madrid auto 30-4-08).
3) Aceptado el cargo, solo se admite la **renuncia por causa grave**.
4) Al aceptar el cargo, el administrador concursal deberá facilitar al órgano judicial las **direcciones postal** y **electrónica** en las que efectuar la comunicación de créditos, así como cualquier otra notificación. La dirección electrónica que se señale deberá cumplir las condiciones técnicas de seguridad de las comunicaciones electrónicas en lo relativo a la constancia de la transmisión y recepción, de sus fechas y del contenido íntegro de las comunicaciones (LCon art.68).
5) En los **concursos de mayor complejidad**, en el momento de la aceptación del cargo, el nombrado deberá entregar al órgano judicial declaración firmada de los concursos de acreedores en que haya sido nombrado administrador concursal o auxiliar delegado que todavía se encuentren en tramitación, con indicación del tribunal que le haya nombrado, la fecha de la declaración de concurso y el juez que la haya dictado. Si alguno de estos concursos de acreedores se encontrara en fase de liquidación, se indicará la fecha de la resolución de apertura de esa fase y, en el caso de que haya transcurrido más de un año desde la misma, las razones por las cuales el concurso no se encuentra concluido (LCon art.67.5).

Precisiones Hasta la reforma llevada a cabo por la L 17/2014, la LCon/03 art.31 -actual LCon art.75 a 79- exigía que, al aceptar el cargo, el administrador concursal señalara un **despacho** u **oficina** para el ejercicio de su cargo en alguna localidad del ámbito de competencia territorial del juzgado. Esta condición desaparece. Hay que tener en cuenta que, la designación como administrador concursal solo puede recaer en quien haya declarado su disposición a ejercer las labores de administrador concursal en el ámbito de competencia territorial del órgano judicial del concurso.

5679 **Aceptación automática** (LCon art.576.1) No es necesaria la aceptación cuando el nombramiento recaiga en **personal técnico** de la Comisión Nacional del Mercado de Valores, en un fondo de garantía de depósitos o en el Consorcio de Compensación de Seguros.

No obstante lo anterior, dentro del plazo de 5 días siguientes al recibo de la designación deberán facilitar al órgano judicial las direcciones postal y electrónica en las que efectuar la comunicación de créditos, así como cualquier otra notificación. También deben comunicar al juez de inmediato el nombre de la **persona física** que va a ejercer el cargo, o a representar a estas entidades, según los casos.

Sí es necesaria la aceptación cuando se designa como administrador concursal a otra persona jurídico pública (el JM Madrid auto 30-4-08 tiene por no comparecida a la Tesorería General de la Seguridad Social y designa como administrador a la Agencia Tributaria, con apercibimiento de comparecencia).

5679.1 **Régimen de aseguramiento** (RD 1333/2012) El desarrollo reglamentario de las reglas expuestas en nº 5678 en relación con el **seguro de suscripción obligatoria** por los administradores concursales presenta el siguiente contenido.

5679.2 **Acreditación inicial** Al aceptar el nombramiento, todo administrador concursal, sea persona natural o jurídica, debe acreditar ante el letrado de la Administración de Justicia del órgano judicial que conozca del concurso la vigencia de un contrato de seguro o una garantía equivalente por cuya virtud el asegurador o entidad de crédito se obligue, dentro de los límites pactados, a cubrir el **riesgo** del nacimiento a cargo del propio administrador concursal asegurado de la obligación de indemnizar por los daños y perjuicios causados en el ejercicio de su función. Si la administración concursal recae en una **persona jurídica**, la cobertura del seguro o garantía equivalente ha de incluir la responsabilidad de los profesionales que actúen por cuenta de esta.

Se exceptúa de la obligación de aseguramiento el administrador que:

- sea una **Administración pública o una entidad de Derecho público** vinculada o dependiente de la anterior que designe para llevar a cabo tales cometidos a una persona natural que tenga la condición de empleado público -en los demás casos, la obligación de aseguramiento será exigible a la persona natural que hubiera designado-;
- sea **personal técnico** de la Comisión Nacional del Mercado de Valores o del Consorcio de Compensación de Seguros.

5679.3 **Cobertura** El seguro o la garantía equivalente ha de comprender:

- la cobertura del riesgo de nacimiento de la obligación de indemnizar al deudor o a los acreedores por los **daños y perjuicios causados a la masa activa** del concurso por los actos y omisiones realizados, en el ejercicio de sus funciones, por el administrador concursal o por el auxiliar delegado de cuya actuación sea responsable que sean contrarios a la ley o hayan sido realizados sin la debida diligencia;
- la cobertura de los daños y perjuicios por actos u omisiones del administrador concursal que lesionen directamente los **intereses del deudor, los acreedores o terceros**;
- adicionalmente, si por sentencia se declara la responsabilidad del administrador concursal, la cobertura de los **gastos** necesarios que haya soportado el acreedor que hubiera ejercitado la acción en interés de la masa.

> Precisiones El perjudicado o sus herederos tienen **acción directa contra el asegurador** para exigirle el cumplimiento de la obligación de indemnizar en los términos previstos por la L 50/1980 -contrato de seguro-. A estos efectos, el asegurado está obligado a manifestar al tercero perjudicado o a sus herederos la existencia del contrato de seguro.

5679.4 **Vigencia** Aceptado el cargo por el administrador concursal, el letrado de la Administración de Justicia del órgano judicial notifica al asegurador el **nombramiento** y la **aceptación**, con expresión de las fechas en que se hubieran producido. Asimismo, ha de notificar al asegurador el **cese** de aquel.

Cualquiera que sea la duración pactada en la póliza, debe preverse la **prórroga del contrato** una o más veces por periodos de un año, salvo en caso de oposición por cualquiera de las partes. En caso de **oposición** a la prórroga por cualquiera de las partes, el administrador concursal ha de comunicarlo al órgano judicial, sin perjuicio de los deberes de comunicación que se imponen al asegurador. En todo caso, si el contrato no se prorroga, el administrador concursal ha de aportar otro contrato de seguro o garantía equivalente antes de que finalice la cobertura de la póliza no prorrogada.

5679.5 **Modificación y renovación** Al aceptar el cargo, la vigencia del seguro se acredita mediante exhibición y testimonio de la **póliza** y del **recibo** de la prima correspondiente al período del seguro en curso o, en su caso, del **certificado de cobertura** expedido por la entidad aseguradora.

En caso de que la aceptación lleve consigo el **aumento de la cobertura**, el administrador concursal exhibirá el seguro de que dispone y deberá efectuar su adaptación a la nueva suma asegurada que le corresponde, en el plazo máximo de 15 días, acreditándolo ante el órgano judicial.
Cuando la terminación de otros concursos en los que intervenga permita una **reducción** de la suma asegurada, el administrador concursal puede adaptar su contrato de seguro, acreditando su nueva cobertura, que siempre deberá cubrir su responsabilidad en el concurso o concursos en que siga desempeñando su función.
Durante la tramitación del concurso de acreedores, el administrador concursal debe acreditar las sucesivas **renovaciones** del seguro, ante el letrado de la Administración de Justicia mediante exhibición y testimonio del recibo de la prima por el periodo o periodos sucesivos.
La infracción del deber de acreditar la renovación del seguro se considera justa causa de separación del cargo.
El asegurador debe comunicar inmediatamente al órgano judicial que tramite el concurso cualquier **modificación** del seguro, la **falta de pago** de la prima, la **oposición a la prórroga**, la **suspensión** de la cobertura y la **extinción** del contrato. En tanto no transcurra un mes a contar desde la fecha en que el asegurador haya comunicado al órgano judicial la extinción o la modificación del seguro que reduzca, limite o suspenda la cobertura o el impago de la prima, subsiste la cobertura.

Suma mínima La suma mínima asegurada por los hechos generadores de responsabilidad del administrador concursal es la siguiente (en euros). 5679.6

<table>
<tr><td colspan="3">Cuantía general</td><td>300.000</td></tr>
<tr><td rowspan="4">Cuantías especiales</td><td colspan="2">Asegurado administrador concursal en 3 o más concursos ordinarios</td><td>800.000</td></tr>
<tr><td colspan="2">Administrador concursal persona jurídica</td><td>2.000.000</td></tr>
<tr><td rowspan="2">Concurso de entidad emisora de valores o instrumentos derivados negociados en mercado secundario oficial, de una entidad rectora de la negociación, compensación o liquidación de esos valores o instrumentos, de una empresa de servicios de inversión, de una entidad de crédito o de una entidad aseguradora</td><td>Administrador concursal persona física</td><td>3.000.000</td></tr>
<tr><td>Administrador concursal persona jurídica</td><td>4.000.000</td></tr>
</table>

Precisiones El administrador concursal puede sustituir el aseguramiento objeto de análisis por una **garantía solidaria** de contenido equivalente constituida por entidad de crédito que pueda prestar garantías de este tipo por el importe que corresponda, que deberá mantener su vigencia en los mismos términos que se exponen seguidamente.

Delimitación temporal La cobertura del asegurador comprende las reclamaciones presentadas contra el asegurado durante el **ejercicio de su función** o en los **4 años siguientes** a la fecha en la que el administrador concursal cesó en el cargo por cualquier causa, siempre y cuando dichas reclamaciones tuvieran su fundamento en los daños y perjuicios causados a la masa activa durante el período en el que ostente la condición de administrador concursal en el proceso de que se trate. 5679.7
Las **acciones** de responsabilidad que puedan corresponder al deudor, a los acreedores o a terceros por actos u omisiones de los administradores concursales que lesionen directamente los intereses de aquellos, tienen un plazo de prescripción de un año.
La **reclamación del perjudicado** podrá producirse en un proceso judicial, que se sustanciará ante el juez que conozca o haya conocido el concurso.

Coberturas adicionales El seguro en estudio puede incluir otras coberturas que libremente se pacten entre las partes, así como ampliar el ámbito y los límites de cobertura. 5679.8

Régimen transitorio Los contratos de seguro de responsabilidad civil o garantías equivalentes suscritos con ocasión del nombramiento como administrador concursal **con posterioridad al 1-1-2012**, debieron adecuarse a las condiciones establecidas en el RD 1333/2012 antes del 8-12-2012. 5679.9

c. Cese

(LCon art.71 a 74 y 100)

5680 Solo se regula someramente el cese de los administradores, al tratar la **separación del cargo**. Los administradores concursales y sus auxiliares pueden cesar en sus funciones durante la tramitación del concurso, de forma voluntaria o involuntaria. A lo que se añade que la Ley asimila el supuesto de designación de nuevo representante por una persona jurídica administradora. En cualquiera de los casos, tras el cese es necesario nombrar un nuevo administrador (o representante).

Los administradores concursales pueden cesar en sus cargos por cualquiera de los siguientes **motivos**:

- fallecimiento de la persona física o extinción de la persona jurídica;
- renuncia al cargo, que solo es posible por causa grave o por haber perdido de forma sobrevenida las condiciones exigidas para ejercer el cargo (LCon art.71);
- recusación, a instancia de cualquiera de las personas legitimadas para instar la declaración de concurso (nº 5681);
- separación, cuando concurra justa causa, de oficio o a instancia de las personas legitimadas para solicitar la declaración de concurso o de cualquiera de los restantes administradores (nº 5684).

5681 MPCI nº 10654, 10658 **Recusación** (LCon art.72 a 74) Los administradores concursales pueden ser recusados si concurren las **restricciones legales** dispuestas en LCon art.64 y 65, así como las establecidas en la legislación procesal civil para la recusación de **peritos**, lo que supone una **doble remisión** a LEC art.124, 343 y 344 y LOPJ art.219.

La mayor parte de las restricciones son aplicables a **todos los administradores**, pues la ley solo matiza en algunos casos. Por lo tanto, debe entenderse que el **administrador acreedor** puede ser recusado del mismo modo que los otros dos. Si bien la remisión en cascada puede motivar problemas de interpretación sistemática. Así, por ejemplo, el hecho de que el crédito del administrador concursal acreedor sea litigioso no puede configurarse, por ese solo hecho, como causa de recusación por tener pleito pendiente con el deudor o tener interés directo o indirecto (LOPJ art.219).

Si el administrador **acepta el cargo**, o bien es nombrada una persona natural como representante, a pesar de la concurrencia de una causa de recusación, cualquiera de las personas legitimadas para instar la declaración de concurso puede promover la recusación de un administrador concursal o de la persona representante. Esta recusación debe ser planteada tan pronto como el instante conozca la concurrencia de la causa; en caso contrario, el juez puede rechazar su petición, sin más trámite.

La recusación se tramita por el cauce del **incidente concursal**, sin efectos suspensivos (LCon art.532 s.). Es decir, el concurso sigue tramitándose con normalidad y las actuaciones no se ven afectadas por lo que finalmente se resuelva en el incidente de recusación. El incidente termina por **sentencia**, contra la que no cabe recurso alguno (LCon art.103). La resolución que recaiga no afecta a la validez de las actuaciones del administrador, por el solo hecho de haber apreciado la causa de recusación.

Respecto a los **efectos** que tiene la recusación sobre el **derecho de los administradores a ser retribuidos** por el ejercicio de su cargo, mientras no se proceda a su **separación**, por estimación de la recusación o por otra causa, ha de considerarse que la actuación del administrador concursal es válida, por lo que ha de ser retribuida con cargo a la masa, según determina expresamente LCon/03 art.34.1 -vigente conforme dispone RDLeg 1/2020 disp.trans.única y L 16/2022 disp.trans.5ª-. Así se desprende sin género de dudas de LCon art.291.3 (LCon/03 art.74.3), que dispone que la recusación de los administradores concursales no tiene efectos suspensivos, que el recusado seguirá actuando como administrador concursal, y que la resolución que recaiga no afectará a la validez de las actuaciones. Es decir, aun en el hipotético caso de que la recusación prosperase, ello no afectaría a la **retribución** fijada por el juez del concurso, sino, a lo sumo, a su **aplicación proporcional** por la actuación entre la fecha de inicio del desempeño del cargo y la de cese, sobre todo cuando la Ley no prevé que la separación por causa de recusación suponga pérdida de la retribución, ya que los únicos supuestos en que la Ley Concursal establece tal sanción son los de falta de presentación en plazo del informe de la administración concursal -LCon art.172-, la inasistencia a la junta de acreedores -LCon art.362, en el régimen precedente a la L 16/2022- y la prolongación indebida de la liquidación -LCon art.427- (AP Córdoba auto 17-1-08, EDJ 9298).

5684 **Separación del cargo** (LCon art.100) Cuando concurra justa causa el juez, de oficio o a instancia de cualquiera de las personas legitimadas para solicitar la declaración de concurso, o de cualquiera de los demás miembros de la administración concursal, podrá separar del cargo a los administradores concursales o revocar el nombramiento de los auxiliares delegados.

Además, se tipifican **dos causas** que constituyen causa de separación del administrador concursal salvo que el juez resuelva lo contrario atendiendo a circunstancias objetivas:
- el incumplimiento grave del deber de diligencia, imparcialidad e independencia respecto del deudor y respecto de los acreedores concursales (LCon art. 100.2); y
- la resolución de impugnaciones sobre el inventario o la lista de acreedores en favor de los demandantes por una cuantía igual o superior al veinte por ciento del valor de la masa activa o de la lista de acreedores presentada por la administración concursal en su informe.

Por fin, la separación del **representante de una persona jurídica** implica el cese automático de esta como administrador concursal.

Dos son las principales **modificaciones** que introduce la L 17/2014 en este ámbito:

a) Se tipifican **dos causas tasadas** de separación, además de cualquier otra «justa causa» que pueda apreciar el juez. Esta labor de tipificación es ciertamente limitada, en todo caso, por dos motivos: porque una de las causas se define como concepto jurídico indeterminado (el incumplimiento grave de las funciones de la administración concursal) y porque la Ley permite al juez no acordar la separación a pesar de que concurran estas causas. En la práctica la capacidad de maniobra del juez del concurso en cuanto a la separación de los administradores concursales sigue siendo amplísima.

b) La **consecuencia** de cese automático de la persona jurídica designada como administrador concursal en el caso de que se separe a su representante.

No se regulan de forma sistemática las **causas de separación** en la ley; solo se señala que los administradores concursales pueden ser cesados cuando concurra **justa causa**, de lo que se deduce que no existen motivos tasados, teniendo el juez cierto margen de discreción al respecto. **5685** MPCI nº 10662

No obstante, La ley alude a los siguientes **motivos**, además de los previstos en LCon art.100:
- falta de respuesta o de respuesta concreta en plazo al requerimiento de cualquier acreedor, reiterado por el juez, acerca de la suficiencia de la masa (LCon art.242.2);
- falta de presentación del informe en el plazo fijado (LCon art. 172 y 296);
- falta de presentación del informe trimestral sobre la liquidación, durante todo el tiempo que dure esta fase (LCon art.424);
- demora injustificada en la conclusión de la fase de liquidación (LCon art.427).

Junto a estas razones, el juez podrá acordar la separación cuando los administradores incumplan los **deberes** que les incumben como tales (JM Murcia auto 5-2-10). Todas estas conductas son subsumibles tanto en el concepto de «justa causa» como en el de incumplimiento grave de la diligencia debida que resultan de LCon art.100.

El juez ha de acordar la separación por medio de **auto motivado**, que no es recurrible y que es inscrito, previa remisión por el letrado de la Administración de Justicia, en el Registro Público Concursal (LCon art.100, 103, 104 y 560 s.).

El **administrador separado** no puede volver a desempeñar el cargo de administrador en los 2 años siguientes (LCon art.65.2). Además, pueden añadirse otras sanciones legalmente previstas en algunos supuestos, como la **pérdida de la retribución** en caso de:
- demora en la presentación del informe (LCon art. 172 y 296);
- prolongación indebida de la liquidación (LCon art.427); o
- falta de respuesta concreta y temporánea a los acreedores acerca de la suficiencia de masa (LCon art.242.2).

Efectos del cese El cese del administrador se acuerda por medio de **auto** -aunque la ley solo prevé tal formalidad para el supuesto de separación-, con los siguientes efectos: **5686**

1) La **publicación** del cese, que es la prevista para el nombramiento.

2) La obligación del administrador cesado de presentar **rendición de cuentas**, por lo que a él respecta; esto es, en cuanto a las competencias que le hubieran sido atribuidas. Debe hacerlo en el plazo de un mes a contar desde la notificación del cese y se ha de llevar a cabo de conformidad con lo regulado por la ley para la hipótesis de conclusión del concurso (nº 5704).

En caso de que el cese afecte a todos los administradores, en el caso excepcional, tras la L 17/2014, de ser más de uno, la administración concursal en su conjunto) debe asimismo rendir cuentas.

3) El **nombramiento del nuevo administrador**, en sustitución del cesado.

Recursos (LCon art.103) El cese de los administradores concursales corresponde al juez del concurso. **5687**

El régimen de recursos contra las resoluciones sobre **nombramiento, recusación y cese** de los administradores concursales y auxiliares delegados es el siguiente:

1) Contra ellas cabrá recurso de **reposición** y, contra el auto que lo resuelva, el de **apelación** sin efecto suspensivo.

2) Están **legitimados** para recurrir el deudor, la administración concursal, los administradores concursales afectados y quienes acrediten interés legítimo, aunque no hubieran comparecido con anterioridad.

d. Obligaciones

5688 La obligación esencial de los administradores concursales es el ejercicio de su cargo con la debida **diligencia**, quedando sujetos a un régimen de responsabilidad muy riguroso.
Como **contraprestación** por su trabajo, los administradores reciben una retribución con cargo a la masa.

5689 MPCI nº 10672 s. **Funciones** (LCon art. 80 a 83) En general, la administración concursal desarrolla dos tipos de funciones:
a) Una función de **análisis de la situación del deudor** y de las **causas de la insolvencia**, es decir, de auxilio al juez de cara a conocer qué ha sucedido, cuál es la situación actual y cuáles son las perspectivas de cara al futuro. En ejercicio de esta función auxiliar la administración concursal prepara informes, inventarios, listas de acreedores y, en su caso, lleva a cabo la evaluación de las propuestas de convenio.
b) Una función dinámica, que es la de **supervisar el negocio del deudor**, con mayor o menor intensidad, esto es, de intervención de los actos realizados por el deudor en el ejercicio de sus facultades patrimoniales, o bien de sustitución del deudor en los actos a realizar por este en el ejercicio de sus facultades patrimoniales.
Anteriormente, la LCon/03 art.33 sistematizaba todas las funciones de la administración concursal, poniendo fin a la dispersión que existía en esta materia por medio de una enumeración taxativa, pero no cerrada, ya que se incluye una cláusula general de remisión a cualesquiera otras funciones atribuidas por la Ley. Respecto a dicha relación ver nº 10672 s. Memento Procesal Civil 2026. Actualmente, la LCon se remite en general a las funciones propias de la administración concursal sin indicación exhaustiva de cuáles sean las mismas.

5690 MPCI nº 10700 **Reglas de ejercicio del cargo** (LCon art. 80 y 81 s.) Se exige al administrador concursal que desempeñe su cargo con la **diligencia debida**, del modo más eficiente para el interés del concurso, con imparcialidad e independencia y con sometimiento a la supervisión del juez que, en cualquier momento, podrá requerirle una información específica o una memoria sobre el estado de la fase del concurso.
Al margen de esta regla general, el régimen de ejercicio del cargo de administrador concursal fue profundamente modificado por L 38/2011 con objeto de adaptarlo al **esquema de administración concursal unipersonal**. Así:
1) Cuando la administración concursal (dual) esté integrada por **dos miembros**, las funciones de este órgano concursal se ejercerán de forma conjunta. Las decisiones se adoptarán de forma mancomunada, salvo para el ejercicio de aquellas competencias que el juez les atribuya de modo individualizado. Y, en caso de disconformidad, resolverá el juez.
2) Las decisiones y los acuerdos de la administración concursal que **no sean de trámite o de gestión ordinaria** se consignarán por escrito, y serán firmados, en su caso, por todos sus miembros.
Las resoluciones judiciales que se dicten para resolver las cuestiones a que se refiere este artículo revestirán la forma de **auto**, contra el que no cabrá **recurso** alguno. Tampoco podrá plantearse **incidente concursal** sobre la materia resuelta.

e. Responsabilidad

(LCon art.94 a 99)

5696 Como primera premisa hay que tener en cuenta que LCon art.94 a 97 regula **dos tipos diferentes de acciones** de exigencia de responsabilidad a los administradores concursales (AP Córdoba 7-7-08, EDJ 306029):
1) Una, a la que se refieren LCon art.94 a 97, denominada por la doctrina como **responsabilidad concursal** o **colectiva**, que tiene por objeto reparar el daño sufrido por la masa como consecuencia de actos u omisiones ilícitos de la administración concursal; se trata de una acción que se relaciona con el interés colectivo de preservación de la integridad de la masa, y que puede ser ejercitada indistintamente tanto por el deudor como por cualquier acreedor.
2) Otra conocida por la doctrina como **responsabilidad individual** (LCon art.98.1), que permite al deudor, a los acreedores o a terceros reclamar por los daños y perjuicios que les hayan causado los actos u omisiones de los administradores concursales directamente en su patrimonio -estas acciones prescriben a los 4 años, contados desde que el actor haya tenido

conocimiento del daño o perjuicio por el que reclama y, en todo caso, desde que los administradores concursales o los auxiliares delegados hayan cesado en su cargo-.
La primera modalidad de responsabilidad, la propiamente concursal, se configura en la Ley Concursal como una **responsabilidad subjetiva**, por culpa y por daño, derivada del incumplimiento de obligaciones específicas -las previstas en la Ley- y genéricas -las que surgen del deber de diligencia e imparcialidad exigibles (LCon art.80-. Son **presupuestos materiales** de dicha responsabilidad, según se desprende inequívocamente de LCon art.94 a 99, la existencia de daños y perjuicios en la masa, la realización por parte de los administradores concursales de actos contrarios a la ley, o negligentes, y la relación de causalidad entre tales actos y el resultado lesivo.
El régimen de responsabilidad de los miembros de la administración concursal, que se extiende también a los **auxiliares** que estos designen, es de carácter similar a la regulación de la responsabilidad por daños prevista para los **administradores de la sociedad anónima**, que se aplica por analogía (LSC art.236 a 241; L 31/2014), si bien es cierto que en este ámbito se refuerza el elemento subjetivo o culpabilístico que debe integrar la responsabilidad.
Al modo en que respecto de las acciones de responsabilidad de los administradores sociales se distingue entre acción individual y acción social, en la **acción individual frente al administrador concursal** por los daños y perjuicios ocasionados a un tercero en el ejercicio de sus funciones, ese daño debe ser directo a los intereses económico patrimoniales de ese tercero que ejercita la acción. Además, mientras que en la acción social el plazo de prescripción es de 4 años, en la individual es de un año (TS 30-6-23, EDJ 611800; 9-1-24, EDJ 500618).

Precisiones No se trata de que los demandados, por el mero hecho de ser administradores del concurso, deban responder de cualquier suceso perjudicial o dañoso, sino que su conducta debe aparecer teñida de un **aspecto subjetivamente reprochable**, pues el propio LCon/03 art.36.1º -actual LCon art.94.1- alude a actos u omisiones contrarios a la Ley o realizados sin la debida diligencia. La **culpa** representa un criterio de imputación subjetiva de responsabilidad en todos los supuestos previstos legalmente de responsabilidad de los administradores, entendiéndose ínsita en aquellos actos contrarios al ordenamiento jurídico y siendo precisa su concurrencia en los definidos como negligentes o faltos de la debida diligencia (AP Sta. Cruz de Tenerife 4-4-08, EDJ 95720).

De igual modo, los administradores concursales incurren en **culpa *in vigilando*** por razón de los actos de sus **auxiliares delegados** (solidariamente con ellos), salvo que prueben que emplearon toda la diligencia debida para prevenir o evitar el daño irrogado. **5697** MPCI nº 10709
Como sucede en relación con las sociedades mercantiles, puede exigirse responsabilidad a los administradores por medio de:
- una acción en interés del concurso, cuya legitimación se atribuye al propio deudor y a los acreedores (LCon art.94);
- una acción individual por lesión directa de los intereses del deudor, los acreedores o terceros (LCon art.98).

La **acción de responsabilidad en interés del concurso** ha de plantearse ante el juez del concurso por medio de un **proceso declarativo**, antes o después de que este concluya (LCon art.99). Queda sometida a un plazo de prescripción de 4 años, contados desde que el actor tuvo conocimiento del daño o perjuicio, y, en todo caso, desde que los administradores concursales cesaron en su cargo. Por último, dado que la acción es en interés del concurso, el acreedor que la haya promovido tiene derecho a reembolsarse de los **gastos necesarios** que haya soportado, con cargo a la indemnización que se haya establecido y que se perciba.
La **acción de responsabilidad individual** no es, a diferencia de la anterior, **competencia** del juez del concurso, sino que se somete a las reglas generales de distribución entre los órganos jurisdiccionales con competencia objetiva: las Secciones Civiles de los Tribunales de Instancia -hasta su constitución, los juzgados de primera instancia- territorialmente competentes. De una interpretación sistemática y teleológica de LCon art.94 s. se desprende que no se atribuye al juez del concurso una competencia común para las dos acciones que se prevén, lo que supone una remisión a las reglas generales de competencia de la LOPJ -concretamente, LOPJ art.85 redacc LO 1/2025-. Hay que entender que la salvedad contenida en LCon art.98, referente a la acción individual de responsabilidad, supone una remisión a las reglas generales de competencia recogidas en la LOPJ y LEC (JPI Valladolid núm 14, auto 31-10-14, procedimiento ordinario 171/2014).

Precisiones **1)** La **reforma del Código Penal** operada por LO 1/2015 atribuye a los administradores concursales la condición de autoridad o funcionario a efectos penales, en relación con los tipos de cohecho y malversación, respecto de las conductas desarrolladas en el ejercicio de sus funciones o cargos (CP art.423 y 435). El primero establece que lo dispuesto en relación con el delito de cohecho será igualmente aplicable a los jurados, árbitros, peritos, administradores o interventores designados judicialmente, administradores concursales o a cualesquiera personas que participen en el ejercicio de la función pública, y el CP art.435 extiende lo dispuesto en relación con el delito de malversación a los administradores o depositarios de dinero o bienes embargados, secuestrados o depositados por autoridad pública, aunque pertenezcan a particulares, añadiéndose a los administradores concursales, con relación a la masa concursal o los intereses económicos de los acreedores, considerándose en particular afectados los intereses de los acreedores cuando de manera dolosa se alterara el orden de pagos de los créditos establecido en la ley.

Con anterioridad a la reforma, se planteaba si podría entenderse que estos artículos se referían ya a los administradores concursales. La reforma zanja la cuestión desde su entrada en vigor el 1-7-2015.

2) Se aprecia responsabilidad del administrador concursal al amparo de LCon art.98 en caso de **postergación indebida de pago de créditos** del actor por aplicación improcedente de LCon art.250, fijándose la cuantía de aquella en el importe del crédito impagado (AP Valladolid 13-11-15, EDJ 234124).

5698 **Responsabilidad tributaria** (L 58/2003 art.43.1.c) Como elemento complementario, se contempla en un doble régimen de responsabilidad tributaria **subsidiaria** de los administradores concursales:

• **Plena** (ya exista suspensión o limitación de facultades del concursado), de las obligaciones tributarias devengadas con anterioridad a la situación concursal imputables al concursado, cuando no hayan realizado las gestiones necesarias para el íntegro cumplimiento de las mismas.

Gestiones en las que claramente cabe destacar la necesidad de incluir las deudas tributarias que resulten de la documentación contable o que de otro modo consten en el concurso.

Pero también, en cuanto a la falta de colaboración en cuanto a las gestiones necesarias para el íntegro cumplimiento -p.e. la falta de presentación de las autoliquidaciones no presentadas previamente-.

• **Limitada** al supuesto en que expresamente tengan funciones de administradores, cuando no hayan realizado las gestiones necesarias para el íntegro cumplimiento de las obligaciones tributarias devengadas imputables al concursado y que sean posteriores a la declaración del concurso.

f. Retribución

(LCon/03 art.34; RDLeg 1/2020 disp.trans.única; L 16/2022 disp.trans.5ª)

5699 Para la exposición de esta materia, se estudia el tratamiento legal contenido en LCon/03 art.34. Además, se ha decidido mantener el acervo de doctrina jurisprudencial existente sobre el particular (nº 5700), así como la determinación (nº 5702) y la pérdida de la retribución (nº 5703).

El indicado (LCon/03 art.34) es el **régimen vigente** en esta cuestión conforme a lo dispuesto en RDLeg 1/2020 disp.trans.única y L 16/2022 disp.trans.5ª, hasta que no se proceda al desarrollo reglamentario de los artículos que en el texto refundido regulan esta cuestión, esto es, el nuevo arancel (L 17/2014 disp.trans.2ª).

La retribución de los administradores concursales, que se abona con cargo a la masa, se determina por el juez con arreglo a un **arancel** (RD 1860/2004). De este modo, la facultad del juez del concurso de determinar los honorarios de la administración concursal es completamente reglada (AP Córdoba 14-5-10, EDJ 197537).

No tiene derecho a retribución el personal de las entidades públicas a las que se refiere la LCon/03 art.27.2.1º y 2º (Fondo de Garantía de Depósitos, Consorcio de Compensación de Seguros, CNMV).

El sistema se funda en los **parámetros** de la cuantía del activo y pasivo, en la previsible complejidad del concurso, en el carácter ordinario o abreviado del procedimiento, en la acumulación de concursos, ay en las facultades de administración y disposición que se asumen. Sobre esta base, se distingue entre la retribución correspondiente a la fase común (la única que necesariamente tiene que existir en cualquier concurso) y la de la fase o fases sucesivas.

La retribución correspondiente a la **fase común** se calcula de modo global, cualquiera que sea la duración efectiva de esa fase, con algunas especialidades para el caso de tramitación abreviada con administración concursal unipersonal y para el caso de aprobación judicial de un convenio anticipado -teniendo en cuenta que tanto el procedimiento abreviado como la propuesta anticipada de convenio desaparecen de la Ley Concursal por efecto de la L 16/2022-. Su **percepción** se fracciona entre el momento de su **fijación** y la **terminación** de la fase común.

La retribución correspondiente a la fase o **fases sucesivas** se determina en función de la establecida para la fase anterior, siendo igual a la décima parte de la correspondiente a la fase común por cada mes de duración de la fase de convenio. Igual retribución se percibe durante los seis primeros meses de la fase de liquidación, si bien dicha retribución se reduce a la mitad a partir del séptimo mes de esta fase.

La retribución arancelaria se funda en la regla esencial de **exclusividad**, conforme a la cual los administradores solo pueden percibir con cargo a la masa activa otras cantidades distintas

al arancel. Si bien se admite el abono de los gastos justificados de desplazamiento fuera del ámbito de competencia del órgano judicial o las cantidades complementarias por incremento del valor del activo previsto en RD 1860/2004 art.11.
La administración concursal no puede ser retribuida por encima de la **cantidad máxima** fijada reglamentariamente para el conjunto del concurso. Asimismo, en los concursos con masa insuficiente se ha de garantizar el pago de un mínimo fijado por reglamento, mediante una cuenta de garantía arancelaria dotada con aportaciones obligatorias de administradores concursales, que se detraerán en el porcentaje establecido por norma reglamentaria de las retribuciones que efectivamente perciban los citados administradores en aquellos concursos en los que actúen.

Doctrina jurisprudencial 1) Cuestión de interés es la inclusión o exclusión, en la retribución de la administración concursal, de los **honorarios del abogado** integrado en ella, devengados por actuaciones procesales en representación de la misma. Con carácter general, ha de diferenciarse entre las actuaciones del abogado como **administrador concursal** -dentro del concurso, sin derecho a honorarios separados fuera del arancel- y las que desarrolla «**extramuros del concurso**», por las que puede minutar con separación. 5700
Quedan claramente fuera los procesos civiles tramitados ante **órganos judiciales distintos** del juez del concurso. Y, claramente dentro, los **incidentes concursales** (JM Málaga núm 1, auto 8-3-07). En contra, se ha sostenido -antes de la reforma de RDL 3/2009- que estos incidentes generan derecho a minutar, por no ser inherente su llevanza a las funciones del letrado-administrador concursal (JM Zaragoza núm 1, auto 11-4-07; JM Oviedo núm 1, auto 25-4-06; JM Oviedo núm 1, auto 23-4-07). Incluso han mantenido estas resoluciones que el letrado-administrador no tiene **obligación de actuar** en incidentes concursales (LCon/03 art.184.5 redacc original), pudiendo incluso a designar a un abogado externo.
Las **acciones de reintegración** quedan igualmente fuera de las funciones inherentes al administrador-abogado, pero el cobro de honorarios puede condicionarse al éxito de la acción, limitándose su importe a lo recuperado para la masa (recuérdese además que el pacto de *cuota litis* está admitido por la más reciente jurisprudencia).
Esta cuestión queda aclarada desde el **1-4-2009**, con la redacción dada a la LCon/03 art.184.5 por el RDL 3/2009, pues la dirección técnica de **recursos e incidentes** se entiende incluida, sin excepción, mientras que en la redacción anterior del precepto tal inclusión se establecía únicamente «como regla general».
2) Respecto de los honorarios del abogado de la concursada, no integrado en la administración concursal, las normas orientadoras del respectivo colegio de abogados no son vinculantes para el juzgador, que puede acudir a otros criterios para fijar la cantidad que tiene derecho a percibir el demandante con cargo a la masa por su intervención como letrado de la solicitante del concurso (AP Madrid 12-3-10). No obstante, en ningún caso el concurso puede ser fuente de un **injustificado enriquecimiento** por parte de los profesionales que intervienen en el mismo con quebranto de las posibilidades de cobro de los acreedores (AP Madrid 16-7-10), por lo que ha de atenderse a la valoración del **trabajo efectivamente realizado**, utilizando como base los honorarios fijados para los letrados de la concursada, reduciéndolos proporcionalmente al tiempo de trabajo del demandante (el transcurrido desde la solicitud de concurso y la fecha del auto de declaración de concurso) frente a los días que duró la fase común y por los que se retribuye a los letrados de la concursada (JM Madrid núm 7, 4-2-11, Proc 209/06).
3) En el supuesto de administradores concursales de un **grupo de empresas** que han solicitado concurso conjuntamente, ha de seguirse un criterio proporcional en la fijación de su retribución (JM Barcelona núm 6, 9-12-10). Deben sumarse, aunque no se haya producido la consolidación de masas, los importes de las masas activas y pasivas de todas las sociedades para calcular la suma total de las retribuciones, procediendo después a distribuirlas de forma proporcional entre los activos y pasivos de cada una de ellas, evitando con ello retribuciones desproporcionadas. Asimismo, se señala que la falta de **impugnación** de la aprobación de las retribuciones provisionales no veda la posibilidad de impugnar la aprobación definitiva, pues esta última determina la retribución finalmente percibida por la administración concursal (AP Barcelona auto 9-2-12, EDJ 317921).
No obstante, otra línea jurisprudencial ha entendido que no procede aplicar este criterio proporcional sobre la acumulación de activos porque la LCon/03 art.34.2, establece la retribución de los administradores de acuerdo con un **arancel** que cuyas reglas han de respetar los tribunales sin más margen de **discrecionalidad** que el que permite el RD 1860/2004. El arancel está previsto para concursos singulares debiendo entenderse que hay tantos concursos como deudores, por lo que no procede para la determinación de la retribución la acumulación de activos y pasivos, las masas de cada uno deben considerarse separadamente. El hecho de que se trate de concursos conexos no implica un menor trabajo del administrador concursal o que

su tarea sea más fácil, porque los trámites y actuaciones esenciales deben efectuarse separadamente (AP Valladolid auto 14-3-13, Rec 302/12).

En esta línea, no procede fijar la retribución conforme a los importes de los activos y pasivos de cada uno de los deudores por cuanto no puede equiparse la situación de los diversos concursos absolutamente independientes con bienes, derechos y obligaciones distintas a comprobar, situación que indudablemente implicaría la aplicación del RD 1860/2004 a cada uno de forma independiente, con un supuesto en que los bienes, derechos y obligaciones son los mismos y están interrelacionados de modo que el trabajo de la administración concursal que se retribuye en uno y en otro supuesto, ni es el mismo ni es equiparable, ya que el número de bienes, derechos y deudas a comprobar en lo que consiste su trabajo es manifiestamente inferior (JM Zaragoza núm 2, auto 19-6-13, Proc 1/13).

5701 4) Se determina igualmente que los honorarios devengados por emisión de informe por **expertos independientes** se abonan con cargo a la retribución de la administración concursal -anteriormente, recaían sobre la masa- (LCon art.203).

Asimismo, dado el perfecto conocimiento que el administrador concursal de la **rama económica** debe tener de la contabilidad de la empresa, y por analogía con lo dispuesto en LCon art.511 para la actuación del letrado integrante de la administración concursal, cuando hay un economista o titulado mercantil en la administración concursal, la formulación de cuentas entra en sus funciones y por lo tanto dentro de sus honorarios; pero si se trata de gastos de auditoría y el economista o titulado mercantil no es auditor, estaremos en presencia de un crédito contra la masa, extraño a los honorarios de la administración concursal (JM Murcia núm 1, 13-2-13, Proc 708/08).

5) No cabe incrementar la cuantía de las retribuciones de la administración concursal en **fase de liquidación** del concurso cuando existe suspensión del ejercicio de las facultades de administración y disposición del patrimonio del concursado, dado que la fase de liquidación lleva consigo esta suspensión y, por ello, la misma no supone mayor carga de trabajo para el administrador concursal (AP Zaragoza 28-5-13, Rec 216/13).

6) La **acumulación** de concursos no determina la reducción proporcional de los honorarios a percibir por los administradores; cada concurso es, en efecto, autónomo, con su respectivas masas pasivas y activas, cada uno precisará de su respectivo informe a emitir por la administración concursal, y en cada uno de ellos podrán surgir incidentes o actuaciones independientes o no compartidas, tanto en relación con la masa activa como con la pasiva; su destino puede ser diverso (liquidación o convenio) y, en fin, el trabajo de la administración concursal será individualizado y no necesariamente común respecto de cada concurso (AP Barcelona auto 9-3-09, EDJ 213366).

7) Los **coeficientes reductores** de las retribuciones de la administración concursal por cese de actividad de la empresa concursada (RD 1860/2004 art.5.1 -interpretado como cese en el desenvolvimiento de su objeto social y no como otras actividades propias de la liquidación-) han de aplicarse, atendiendo a la menor carga de trabajo que para aquella supone dicha situación (AP Zaragoza auto 24-2-12, EDJ 381205; auto 18-11-15, EDJ 285134).

La aplicación de este factor de corrección solamente resulta **procedente** en aquellos casos en los que el cese de la actividad empresarial de la entidad concursada se ha producido *ab initio* del proceso concursal, pero no en cambio una vez iniciado el mismo, en cuyo caso esa reducción no resultaría operativa, ya que la **finalidad** de ese decremento cuantitativo en la retribución consiste en adaptar la misma al menor trabajo que supone la no intervención del administrador concursal en la actividad económica desarrollada por la sociedad deudora, y a la menor complicación que supone la situación de cese de la actividad, actividad que debe ser precisamente la relacionada con el objeto social y mercantil de la concursada (AP Murcia auto 26-9-13, Rec 662/13; auto 17-10-13, Rec 661/13).

8) El legislador no ha regulado ni ha previsto expresamente la cuestión del **momento de devengo** de honorarios de la administración concursal, lo que ha dado lugar a resoluciones contrapuestas. Se ha sostenido que han de considerarse vencidos de acuerdo con lo establecido en el RD 1860/2004 art.8, o, en su caso, en los plazos que establezca el juez del concurso (AP Pontevedra 7-6-12; AP Navarra 5-3-12; JM Murcia núm 1, 20-12-13), pues entender que el vencimiento de los honorarios se produce por la mera aceptación del cargo, supondría anticipar el pago a un momento en el que ni siquiera ha iniciado la actividad. En contra, se ha mantenido que la retribución de los administradores concursales vence a los efectos de la LCon art.244, a partir de la efectiva aceptación de los designados, y en caso de administración colegiada desde la aceptación de dos de ellos, en consonancia con LCon/03 art.35.3 (JM Palma de Mallorca núm 1, 14-12-09).

9) La retribución del **auxiliar delegado** lo es a cargo de la fijada para la administración concursal y consiste en un porcentaje sobre la misma (JM Madrid núm 2, auto 31-7-14, Proc 863/13). Solución esta expresamente incluida en LCon art.78.

10) En caso de que el administrador concursal haya percibido **cantidades indebidas** «de momento» de acuerdo con un criterio de vencimiento, procede que las reintegre. No es factible el argumento práctico de retenerlas en pago de sus honorarios futuros vulnerándose ese criterio fundamental de pago, que podría incluso obligar al Administrador concursal a soportar una eventual demanda por responsabilidad en el ejercicio de su función -LCon/03 art.36- (JM Murcia núm 1 22-5-15, EDJ 212460).

11) Se plantea el **alcance temporal y cuantitativo** de la retribución de la administración concursal, cuando las operaciones de liquidación se prolongan por más de un año, habida cuenta del silencio, tanto de la norma legal como de la reglamentaria. La LCon/03 no determina imperativamente que la liquidación concursal deba tener una duración máxima de un año, sino que parece ser el deseo del legislador que las operaciones liquidatorias no se prolonguen más de lo necesario, siendo el plazo de un año razonable para su desarrollo y finalización. Por su parte, el RD 1860/2004 art.9, establece la regla general de que la retribución de la administración concursal en fases sucesivas se determina con referencia a la fase común (10% en fase de convenio; 10% en fase de liquidación los 6 primeros meses y 5% a partir del séptimo mes), no siendo necesario, pues, que los honorarios para las fases sucesivas tengan que volver a ser determinados judicialmente. No obstante, con objeto de evitar la desproporción y adaptar la retribución a la realidad de las concretas tareas realizadas, LCon/03 art.34.4 permite que el juez pueda modificar la retribución de estos, mediando justa causa (JM Madrid núm 6, auto 19-6-15, EDJ 164029).

12) Una cosa es el **nacimiento** para la administración concursal de sus honorarios, que se produce desde la aceptación del cargo o auto que los fije, y otra cosa es el **vencimiento**: salvo que el juez del concurso establezca otros plazos, se abonará el 50% dentro de los 5 días siguientes al de la firmeza del auto que la fije y el 50% restante dentro de los 5 días siguientes al de la firmeza de la resolución que ponga fin a la fase común (RD 1860/2004 art.8). En consecuencia, el crédito de la Administración concursal no vence en la fecha de su aceptación, ya que en ese momento se produce su devengo, pero no su vencimiento (AP Almería 2-6-15, Rec 706/14).

Determinación y devengo La **fijación inicial** de la retribución de los administradores se efectúa por medio de **auto**, que es susceptible de **recurso de apelación** que se puede presentar por cualquiera el administrador concursal y por las personas legitimadas para solicitar la declaración de concurso. **5702**

Junto a ello, la decisión judicial puede ser **revisada en cualquier momento**, siempre que concurra una justa causa para ello, bien de oficio o bien a instancia de parte.

En cuanto al **devengo**, a la fecha del crédito, la jurisprudencia ha señalado que el vencimiento de los honorarios de la administración concursal no es el momento de la aceptación del cargo, sino la prestación efectiva de los servicios y sujeta a los hitos temporales de vencimiento previstos en el RD 1860/2004 (TS 8-6-16, EDJ 81968; 8-3-17, EDJ 15375; 6-4-17, EDJ 37052; 16-10-17, EDJ 215261; 20-2-19, EDJ 513223).

Precisiones **1)** Para fijar las retribuciones de los administradores concursales han de **excluirse de la masa pasiva** los créditos contra la masa (JM Zaragoza núm 1, auto 28-2-11, Proc abreviado 55/10).
2) El devengo del **impuesto sobre el valor añadido** por los servicios prestados por los administradores concursales se produce al finalizar cada una de las fases del proceso concursal (TS 14-11-22, EDJ 748290).

Pérdida Los administradores pierden el derecho a la retribución fijada por el juez y tienen obligación de restituir lo que hayan percibido, en los siguientes **supuestos**: **5703**
- cuando no presentan en plazo el informe (LCon art.296);
- cuando no responden concreta y temporáneamente a los acreedores acerca de la suficiencia de masa (LCon art.242.2);
- cuando se prolonga indebidamente la liquidación por más de un año (LCon art.427).

g. Rendición de cuentas

(LCon art.478, 479 y 480)

Para todos los supuestos de **cese** de la administración concursal se dispone un régimen de rendición de cuentas que presenta las siguientes **especialidades**: **5704** MPCI nº 10732

1) En el escrito de rendición de cuentas justificará cumplidamente el administrador concursal la utilización que haya hecho de las facultades conferidas; y detallará la **retribución** que le hubiera sido fijada por el juez para cada fase del concurso, especificando las cantidades percibidas, incluidas las complementarias, así como las fechas de cada una de esas percepciones, y expresará los pagos del auxiliar o auxiliares delegados, si hubieran sido nombrados, así como los de cualesquiera expertos, tasadores y entidades especializadas que

hubiera contratado, con cargo a la retribución del propio administrador concursal. Asimismo, precisará el número de trabajadores asignados por la administración concursal al concurso y el número total de horas dedicadas por el conjunto de estos trabajadores al concurso.
2) Tanto el deudor como los acreedores pueden formular **oposición** razonada a la aprobación de las cuentas en el plazo de 15 días del trámite de audiencia a las partes personadas.
La oposición se puede dirigir contra (JM Valencia núm 2, 23-6-08, EDJ 379097):
- solo la **rendición de cuentas**, en cuyo caso el juez dará a dicha oposición el trámite del **incidente concursal** previsto en LCon art.532s.; la sentencia que recaiga habrá de resolver con carácter previo sobre la oposición a las cuentas y, a continuación, acordará la conclusión de concurso, y contra la misma cabrá recurso de apelación;
- la **aprobación de cuentas** y también a la **conclusión del concurso**, en cuyo caso habrán de sustanciarse ambas cuestiones en el mismo **incidente concursal** y resolverse en la misma sentencia; la resolución que recaiga podrá, en consecuencia, aprobar o desaprobar las cuentas, y de manera independiente acordar o no la conclusión del concurso, pues ambos pronunciamientos no están indefectiblemente ligados; la aprobación o no de las cuentas no implica que se deba acordar necesariamente la conclusión del concurso, si el juez estima la procedencia del motivo de oposición al efecto alegado, y, de la misma manera, cabe la posibilidad de que las cuentas no se aprueben y, sin embargo, se desestimen los motivos de oposición a la conclusión del concurso.
La oposición a la aprobación de las cuentas rendidas se tiene que ceñir a la corrección de la utilización que por parte del administrador se haya realizado de las facultades de administración conferidas, y al resultado y saldo final de las operaciones. No cabe ampararse en el incidente de oposición para plantear otras cuestiones (JM Santander 30-4-07).
3) Si solo se formula **oposición a las cuentas**, ha de sustanciarse por los trámites del incidente concursal y en la sentencia se resuelve sobre la oposición y se decide sobre la conclusión del concurso. Pero si solo afecta a la conclusión del concurso, el juez debe aprobar las cuentas en la sentencia que decida sobre la conclusión, en el caso de que esta sea acordada.
4) Si no se formula oposición, el juez, en el **auto** de conclusión del concurso, las declara aprobadas. Si hay oposición, debe sustanciarla por los trámites del **incidente concursal** y resolverla con carácter previo en la sentencia, que también debe resolver sobre la conclusión del concurso. Si hay oposición a la aprobación de las cuentas y también a la conclusión del concurso, ambas deben sustanciarse en el mismo incidente y resolverse en la misma sentencia, sin perjuicio de llevar testimonio de esta a la sección segunda.
5) La aprobación o la desaprobación de las cuentas no prejuzga la procedencia o improcedencia de la **acción de responsabilidad** de los administradores concursales, pero la desaprobación comporta su **inhabilitación temporal** para ser nombrados en otros concursos durante el período que determine el juez en la sentencia de desaprobación, lapso que no puede ser inferior a 6 meses ni superior a 2 años (TS 6-4-17, EDJ 37051; 22-7-15, EDJ 136049).

5705 Precisiones **1)** Se trata de una materia excluida del **recurso extraordinarios de casación** (TS auto 11-9-19, EDJ 688677).
2) No se aprecia obstáculo en que en la rendición se reconozcan **créditos contra la masa**, sin necesidad de previo incidente conforme a LCon/03 art.84.4 -actual LCon art.248-, pero tal reconocimiento no habilita para dejar sin efecto **pagos previos** (AP Murcia 10-10-19, EDJ 740868). Y en caso de **desaprobación de las cuentas**, por haberse efectuado con infracción de la normativa aplicable, procederá la reordenación de los pagos indebidamente hechos (AP Valencia 2-10-19, EDJ 746295). En contra de ambos aspectos, AP Barcelona 11-10-12.
3) Con ocasión de la presentación del escrito de rendición de cuentas, el administrador concursal ha de aportar, asimismo, el **formulario del boletín estadístico de rendición de cuentas**, que se remite por el letrado de la Administración de Justicia al Registro Público Concursal (LCon disp.adic.4ª; RD 188/2023).

B. Efectos sobre el deudor y otros afectados

5706 El principio de **flexibilidad** del concurso se pone de manifiesto en el régimen de los efectos que produce la declaración de concurso respecto del deudor. Las restricciones en la capacidad del deudor se entienden producidas desde el momento del **auto de declaración**, salvo en los supuestos excepcionales de las medidas cautelares de LCon art.18. Tales efectos **se mantienen** hasta:
- la eficacia del convenio (LCon art.394.1 y 396), salvo el deber de colaborar o los que se establezcan en el convenio; o
- la conclusión del concurso (LCon art.483).
Y **se incrementan** una vez iniciada la fase de liquidación (LCon art.105 s. y 413).

1. Deudor

Hay que distinguir entre efectos personales y patrimoniales (nº 5709 y nº 5724). **5708**

Precisiones Respecto a los efectos tributarios de la **declaración de concurso del sujeto pasivo del IVA** acogido al régimen especial de criterio de caja o del sujeto pasivo destinatario de sus operaciones, ver nº 10815 Memento Procesal Civil 2026.

a. Efectos personales

La **inhabilitación** no es un efecto derivado de la declaración de concurso, sino que se reserva para el supuesto de concurso culpable. **5709**
Ello se refuerza si se tiene en cuenta que todas las declaraciones de incapacidad de los quebrados o concursados y las prohibiciones para el desempeño por estos de cargos o funciones o para el desarrollo de cualquier clase de actividades establecidas en preceptos legales no modificados expresamente por la vigente Ley Concursal han de entenderse referidas a las personas sometidas a un procedimiento de concurso en el que se haya producido la apertura de la fase de liquidación (LCon/03 disp.adic.1ª.3).

Facultades afectadas La legislación concursal efectúa una delimitación precisa de las facultades del **deudor** que se ven afectadas por la declaración de concurso. Tal efecto se puede extender también a los **apoderados** del deudor y a quienes lo han sido en los 2 años anteriores; y en caso de persona jurídica, a sus **administradores** (de hecho o de derecho) o **liquidadores** y a quienes lo han sido durante los 2 años anteriores a la declaración de concurso. **5710**

Derechos y libertades fundamentales del concursado (LCon art.105) Sobre los derechos y libertades fundamentales del concursado, se hace **remisión** a lo dispuesto en LO 8/2003 art.1. Así, el juez puede acordar: **5711**

1) La **intervención de las comunicaciones** del deudor, con garantía del **secreto** de los contenidos que sean ajenos al interés del concurso. La intervención de las comunicaciones telefónicas deberá realizarse conforme a lo previsto en la Ley de Enjuiciamiento Criminal.

2) El **deber de residencia** del deudor persona natural en su domicilio, admitiéndose incluso (con carácter excepcional: el arresto domiciliario del concursado ha de contemplarse, además, solo como **medida extrema** en aquellos casos en que infrinja el deber de residencia, incumpla la prohibición de ausentarse sin autorización judicial o existan motivos fundados para temer que lo haga) el arresto domiciliario (TCo 179/1985).
La LCon no ampara directamente la adopción de una medida de **prohibición de salida del territorio nacional** del deudor, pues no está prevista expresamente; solamente, en su caso, podría plantearse tal medida en caso de incumplimiento del deber de residencia, al amparo de la expresión «el juez podrá adoptar las medidas que considere necesarias, incluido el arresto domiciliario», sin dejar de apuntar los problemas que se suscitarían desde la óptica constitucional, ya que como resume el TCo 169/2001 la legitimidad constitucional de cualquier injerencia del poder público en los derechos fundamentales requiere que haya sido autorizada o habilitada por una disposición con rango de ley, y que la norma legal habilitadora de la injerencia reúna las condiciones mínimas suficientes requeridas por las exigencias de seguridad jurídica y de certeza del Derecho (JM Alicante auto 22-5-09).

3) La **entrada en el domicilio** del deudor, y su **registro**. La autorización judicial de entrada y registro en el domicilio del deudor o de las demás personas a las que se puede imponer esta medida, cuando nieguen su consentimiento, habrá de basarse en indicios racionales de existencia de documentos de interés para el procedimiento concursal, no aportados, o en la necesidad de esta medida para la adopción de cualquier otra procedente. Se aplica a esta medida la doctrina del Tribunal Constitucional sobre entrada en domicilio y registro en el seno de un procedimiento penal para la investigación del delito.

Precisiones No hay prevista una verdadera diligencia de ocupación en la Ley Concursal, pero, atendiendo a las circunstancias del caso y, concretamente, al hecho de que la entidad solicitante sea una empresa que continúe su actividad, resulta conveniente autorizar expresamente a los administradores del concurso para que puedan **acceder a las instalaciones** del deudor, revisar sus libros y la contabilidad y recabar cuantos documentos o información consideren necesaria para el ejercicio de las facultades propias de su cargo, así como para la elaboración de los correspondientes informes (JM Madrid auto 18-5-10; JM Barcelona auto 4-12-08).

Si el deudor es **persona jurídica** estas medidas podrán acordarse también respecto de todos o alguno de sus **administradores** o **liquidadores**, tanto de quienes lo sean en el momento de la solicitud de declaración de concurso como de los que lo hubieran sido dentro de los 2 años anteriores. **5712**

La adopción de cualquiera de estas medidas se tiene que acordar **previa audiencia** del **Ministerio Fiscal** y mediante decisión judicial motivada, conforme a los siguientes criterios basados en la estricta **proporcionalidad**:
1) La **idoneidad** de la medida en relación con el estado del procedimiento de concurso.
2) El **resultado** u **objetivo** perseguido, que se expondrá de manera concreta.
3) La relación de **proporcionalidad** entre el **alcance** de cada medida y el **resultado** u objetivo perseguido.
4) La **duración** de la medida, con fijación del tiempo máximo de vigencia, que no podrá exceder del estrictamente necesario para asegurar el resultado u objetivo perseguido, sin perjuicio de que, de persistir los motivos que justificaron la medida, el juez acuerde su prórroga con los mismos requisitos que su adopción. Durante el tiempo de vigencia de la medida, el juez podrá acordar en cualquier momento su atenuación o cese.
Las decisiones judiciales estimatorias de la solicitud de adopción de estas medidas podrán ser recurridas en **apelación** por el deudor, en el plazo de 5 días, sin efectos suspensivos y ante la Audiencia Provincial. Se dará a recurso **tramitación preferente**.

5713 **Facultad de testar** (LCon art. 107.2) El deudor conserva la facultad de testar, sin perjuicio de los efectos del concurso sobre la herencia (nº 5537).

5714 **Prestación de alimentos** (LCon art.123, 124 y 413.2) Se establecen dos **reglas básicas**:
1) El concursado persona natural que se encuentre en **estado de necesidad** tendrá derecho a percibir alimentos durante la tramitación del concurso, con cargo a la masa activa, siempre que en ella existan bienes bastantes para atender sus necesidades y las de su cónyuge, pareja de hecho inscrita cuando concurra alguna de las circunstancias previstas en LCon art.40, y descendientes bajo su potestad.
2) Las personas respecto de las cuales el concursado tuviera **deber legal de alimentos**, con excepción de su cónyuge, pareja de hecho inscrita cuando concurra alguna de las circunstancias previstas en LCon art.40 y descendientes bajo su potestad, solo podrán obtenerlos con cargo a la masa si no pudieran percibirlos de otras personas legalmente obligadas a prestárselos y siempre que hubieran ejercido la acción de reclamación en el plazo de un año a contar desde el momento en que debió percibirse, previa autorización del juez del concurso, que resolverá sobre su procedencia y cuantía.
Por su parte, si el concursado es **persona natural**, la apertura de la liquidación producirá la extinción del derecho a alimentos con cargo a la masa activa, salvo cuando fuera imprescindible para atender las necesidades mínimas del concursado y las de su cónyuge, pareja de hecho inscrita cuando concurra alguna de las circunstancias previstas en LCon art.40 y descendientes bajo su potestad (LCon art.413).
La **fijación**, **modificación** y **revocación** de los alimentos con cargo a la masa activa del concurso se someten, por voluntad del legislador, a un cauce procedimental propio, el previsto en LCon art.123, sin que se pueda acudir al cauce del **incidente concursal** dado que LCon art.244 solo prevé ese tipo de proceso para las eventuales disputas referentes a la calificación o al pago de los créditos contra la masa, pero no para tratar si es o no procedente la fijación de los alimentos (JM Palma de Mallorca núm 1, 2-11-07, EDJ 285071).

5715 **Efectos sobre la persona jurídica** (LCon art.126 a 133) La declaración de concurso determina los siguientes efectos sobre los **órganos** del deudor persona jurídica:
a) Durante la tramitación del concurso se mantendrán los órganos de la persona jurídica deudora, sin perjuicio de los efectos que sobre su **funcionamiento** produzca la intervención o la suspensión de sus facultades de administración y disposición.
b) La administración concursal tendrá **derecho de asistencia y de voz** en las sesiones de los órganos colegiados de la persona jurídica concursada. A estos efectos, deberá ser convocada en la misma forma, y con la misma antelación, que los integrantes del órgano que ha de reunirse.
c) La constitución de junta o asamblea, de otro órgano colegiado con el carácter de universal, no será válida sin la concurrencia de la administración concursal. Los acuerdos de la junta o de la asamblea que puedan tener contenido patrimonial o relevancia directa para el concurso requerirán, para su eficacia, de la **autorización o confirmación** de la administración concursal.
d) Los **administradores o liquidadores** del deudor persona jurídica continuarán con la representación de la entidad dentro del concurso. En caso de **suspensión**, las facultades de administración y disposición propias del órgano de administración o liquidación pasarán a la administración concursal. En caso de **intervención**, tales facultades continuarán siendo ejercidas por los administradores o liquidadores, con la supervisión de la administración concursal, a quien corresponderá autorizar o confirmar los actos de administración y disposición.

e) Los **apoderamientos** que pudieran existir al tiempo de la declaración de concurso quedarán afectados por la suspensión o intervención de las facultades patrimoniales.
f) Si el cargo de administrador de la persona jurídica fuera retribuido, el juez del concurso podrá acordar que deje de serlo, o reducir el importe de la **retribución**, a la vista del contenido y la complejidad de las funciones de administración y del patrimonio de la concursada.
g) A solicitud de la administración concursal, el juez podrá atribuirle, siempre que se encuentren afectados los intereses patrimoniales de la persona jurídica concursada, el ejercicio de los **derechos políticos** que correspondan a esta en otras entidades.
En definitiva, y partiendo de la base de que la declaración de concurso no es **causa de disolución** de la sociedad -si bien es cierto que cuando se abre la fase de liquidación la sociedad queda disuelta de manera automática, y en tal caso el juez del concurso hará constar la disolución en la resolución de apertura de la fase de liquidación del concurso (LSC art.361)-, la Ley Concursal afirma la subsistencia de la organización societaria del deudor persona jurídica pero somete su natural desenvolvimiento a la presencia de la **administración concursal**, que pasa a formar parte de los órganos de gobierno y representación del deudor con importantes facultades de control e incluso de autorización sobre la actuación de estos órganos.

Los efectos de la declaración de concurso sobre las **acciones contra los socios** se concretan en la atribución en exclusiva a la administración concursal de la legitimación para el ejercicio de las siguientes acciones: **5716**
a. La acción contra el socio o socios personalmente responsables por las deudas de esta anteriores a la declaración de concurso.
b. La acción de reclamación, en el momento y cuantía que se estime conveniente, del desembolso de las aportaciones sociales que hubiesen sido diferidas, cualquiera que fuera el plazo fijado en la escritura o en los estatutos, y de las prestaciones accesorias pendientes de cumplimiento.

Se prevé el **embargo de bienes** como medida cautelar específica del procedimiento concursal, de acuerdo con las siguientes reglas: **5717**
1) Desde la declaración de concurso de persona jurídica, el juez del concurso, de oficio o a solicitud razonada de la administración concursal, podrá acordar cautelarmente el embargo de bienes y derechos de sus **administradores** o **liquidadores**, de hecho y de derecho, apoderados generales y de quienes hubieran tenido esta condición dentro de los 2 años anteriores a la fecha de aquella declaración, cuando de lo actuado resulte fundada la posibilidad de que en la sentencia de calificación las personas a las que afecte el embargo sean condenadas a la cobertura del déficit resultante de la liquidación, en los términos previstos en la propia LCon.
2) Este embargo se acordará por la **cuantía** que el juez estime, y podrá ser sustituido, a solicitud del interesado, por **aval** de entidad de crédito.
3) De igual manera, durante la tramitación del concurso de la sociedad, el juez, de oficio o a solicitud razonada de la administración concursal, podrá ordenar el embargo de bienes y derechos del **socio o socios** personalmente responsables por las deudas de la sociedad anteriores a la declaración de concurso, en la cuantía que estime bastante, cuando de lo actuado resulte fundada la posibilidad de que la masa activa sea insuficiente para satisfacer todas las deudas, pudiendo, a solicitud del interesado, acordarse la sustitución del embargo por aval de entidad de crédito.
4) Contra el auto que resuelva sobre estas medidas cautelares cabrá **recurso de apelación**.
Esta medida tiene el fin de garantizar la responsabilidad patrimonial personal de los administradores, liquidadores y socios personalmente responsables de la entidad concursada; y se trata, en cuanto a su naturaleza jurídica, de una **medida cautelar especial**, adoptable de oficio o bien a instancia de la administración concursal (JM Madrid auto 3-8-10, que permite la adopción de esta medida *inaudita parte* y, además, entiende que debe adoptarse previa ponderación de los requisitos propios de las medidas cautelares reguladas en la LEC, esto es, *periculum in mora* y *fumus boni iuris*).
La medida cautelar de embargo puede acordarse cuando concurran los requisitos generales a los que se somete la adopción de toda cautela procesal, esto es, peligro en la demora (interpretado como riesgo de que, de no adoptarse tal medida se produzcan situaciones que impidan la ejecución de las medidas adoptadas en la sentencia de culpabilidad del concurso) y apariencia de buen derecho (siempre que medie culpabilidad del concurso, imputabilidad de tal culpabilidad a los administradores sociales a título de dolo o culpa grave, e insuficiencia de masa activa para satisfacer todas las deudas). Se da dicha culpabilidad en el caso de simulación de tráfico mercantil real al objeto de aparentar una solvencia que permita a la empresa captar nuevos clientes (JM Barcelona 3-12-10 conc necesario 438/10).

5718 Y, por último, se regulan los efectos de la declaración de concurso sobre las **acciones contra los administradores de la sociedad deudora**, atribuyendo a la administración concursal en exclusiva, una vez declarado en concurso, la legitimación para el ejercicio de las acciones de responsabilidad de la persona jurídica concursada contra sus administradores, auditores o liquidadores.

Debemos entender que la Ley se refiere exclusivamente a la **acción social de responsabilidad**. Este precepto no se refiere ni a la acción individual de responsabilidad que pueden ejercitar los terceros y socios por los daños que hayan podido causarles los administradores, liquidadores o auditores con su conducta ilícita, ni tampoco a la responsabilidad-sanción derivada del incumplimiento del deber de promover la disolución de la sociedad cuando concurre causa legal para ello. Como consecuencia de esta distinción entre uno y otro tipo de acciones, al hacer mención el artículo citado únicamente a la acción social de responsabilidad, y no a las otras dos, los titulares de las acciones distintas a la social conservan la posibilidad de ejercitar acciones individuales de responsabilidad para obtener la reparación de los daños causados en su patrimonio, y los acreedores sociales podrán exigir el pago del crédito a los administradores de la sociedad concursada fuera del concurso (AP Córdoba 3-4-08, EDJ 244900).

5719 **Deber de colaboración del concursado** (LCon art.135) Se concreta en las siguientes **obligaciones y deberes**:

1) Informar al juez, y a la administración concursal, de todo lo que resulte necesario o conveniente que estos conozcan a los efectos de la tramitación del concurso.

2) Comparecer personalmente ante el juez del concurso y ante la administración concursal, siempre que sea requerido para ello.

3) Colaborar en todo lo necesario o conveniente para la tramitación del concurso; lo que ha de entenderse como una referencia genérica a un comportamiento leal y de buena fe, que no se traduce en ninguna obligación concreta.

4) Se obliga al deudor a poner a disposición de la administración concursal, que no a entregar, los libros de comercio de llevanza obligatoria y, en general, cualesquiera libros, documentos o registros que se refieran a los aspectos patrimoniales de su actividad profesional o empresarial (LCon art.134.1).

Cuando el deudor sea **persona jurídica**, estos deberes incumbirán a sus administradores o liquidadores, y a quienes hayan desempeñado estos cargos dentro de los 2 años anteriores a la declaración de concurso. Estos deberes alcanzarán, también, a los apoderados del deudor y a quienes lo hayan sido dentro de dicho período (JM Cádiz auto 2-11-05).

El incumplimiento del deber de colaboración es una de las causas de calificación del concurso de acreedores como **culpable** (AP A Coruña 6-2-09, EDJ 45769).

5720 **Obligación de formular cuentas anuales** (LCon art.115 a 118) Su regulación se concreta en las reglas siguientes:

1) En caso de **intervención** subsistirá la obligación legal de los administradores de formular y de someter a auditoría las cuentas anuales, si bien bajo la supervisión de los administradores concursales.

2) La administración concursal podrá autorizar a los administradores del deudor concursado que el cumplimiento de la obligación legal de formular las cuentas anuales correspondientes al ejercicio anterior a la declaración judicial de concurso **se retrase** al mes siguiente a la presentación del inventario y de la lista de acreedores, debiendo la aprobación de las cuentas realizarse en los 3 meses siguientes al vencimiento de dicha prórroga.

De ello se dará cuenta al juez del concurso y, si la persona jurídica estuviera obligada a depositar las cuentas anuales, al Registro Mercantil en que figurase inscrita. Efectuada esta comunicación, el **retraso del depósito de las cuentas** no producirá el cierre de la hoja registral, si se cumplen los plazos para el depósito desde el vencimiento del citado plazo prorrogado de aprobación de las cuentas.

En cada uno de los documentos que integran las cuentas anuales se hará mención de la causa legítima del retraso.

3) A petición fundada de la administración concursal, el juez del concurso podrá acordar la **revocación del nombramiento del auditor** de cuentas de la persona jurídica deudora y el nombramiento de otro para la verificación de las cuentas anuales.

4) En caso de **suspensión** subsistirá la obligación legal de formular y de someter a auditoría las cuentas anuales, correspondiendo tales facultades a los administradores concursales.

En definitiva, la declaración de concurso de acreedores no exime del cumplimiento del deber de formular y auditar, en su caso, las cuentas anuales del deudor persona jurídica que esté legalmente obligado a la llevanza de la contabilidad, si bien es cierto que el desenvolvimiento efectivo de esta obligación se somete a las especialidades derivadas de la situación de concurso.

5) En caso de intervención, la obligación legal de presentar las **declaraciones y autoliquidaciones tributarias** corresponde al concursado bajo la supervisión de la administración concursal. En caso de suspensión la obligación es del administrador concursal (LCon art.118).

Mandato El mandato **se extingue** ipso iure por muerte o por concurso del mandante o del mandatario, por el establecimiento en relación al mandatario de medidas de apoyo que incidan en el acto en que deba intervenir en tal condición o por constitución a favor del mandante de curatela representativa como medida de apoyo para el ejercicio de su capacidad, salvo en caso de mandatos preventivos (CC art.1732.3º). 5721 MPCI nº 10771

Inaptitud para ser nombrado curador (CC art.275.3.3º) El administrador societario de la entidad concursada que hubiese sido sustituido en sus facultades de administración durante la tramitación del procedimiento concursal, no puede ser nombrado curador, salvo circunstancias excepcionales debidamente apreciadas por el juez competente. 5722

Incumplimiento (LCon art.134.2 y 444.2) La inobservancia de los deberes y obligaciones por parte del deudor se sanciona con la **presunción de culpabilidad** en la calificación del concurso (AP A Coruña 6-2-09, EDJ 45769). 5723

Por lo demás, el juez puede en determinados casos adoptar las medidas necesarias para la efectividad de la obligación o incluso ante el **incumplimiento reiterado**, acordar el cambio del régimen de intervención a suspensión.

b. Efectos patrimoniales

(LCon art.105 a 126)

Las facultades del deudor concursado en orden a la administración y disposición sobre sus bienes varían según la fase del procedimiento concursal, diferenciándose entre (DGRN Resol 2-12-19): 5724

- la **fase común**, en la que se somete al régimen de intervención o suspensión;
- la de **convenio**, en la que el deudor recupera la totalidad de facultades dispositivas sobre los bienes no incluidos en aquel; y
- la de **liquidación**, en la que los negocios jurídicos susceptibles de celebrarse son más restringidos y sustancialmente tendentes a la realización de los bienes y derechos integrados en la masa activa.

Limitación de las facultades patrimoniales Una vez declarado el concurso, el deudor, aunque no queda inhabilitado, sí ve afectada en mayor o menor grado su **capacidad de obrar**, pues sus facultades de administración y disposición sobre su patrimonio quedan sometidas a **intervención o suspensión**, según se trate de concurso voluntario o necesario, respectivamente. 5724.1

En relación con la **invasión de las facultades de gestión patrimonial** del deudor concursado hay que tener en cuenta, pues, que LCon art.105 a 126 vincula al concurso necesario el régimen de suspensión del ejercicio por el deudor de las facultades de administración y disposición de su patrimonio, siendo aquel sustituido por sus administradores, mientras que si se declara el concurso voluntario, en principio, el deudor conserva la facultades de administración y disposición, quedando sometido a la intervención de los administradores concursales, mediante su autorización o conformidad.

No obstante lo anterior, LCon art.106 del citado precepto permite al juez acordar la **suspensión** en caso de concurso voluntario, o bien la mera intervención cuando se trate de concurso necesario, siempre motivando su decisión por medio del señalamiento de los riesgos que se pretendan evitar y de las ventajas que se quieran obtener. En definitiva, se conceden amplias facultades al juez del concurso para adoptar o modificar el régimen sobre las facultades patrimoniales del deudor (JM Madrid auto 11-1-07, EDJ 2296; son criterios que pueden fundar la mera intervención en caso de concurso de acreedores la especificidad de la actividad llevada a cabo por el deudor y la complejidad de su administración, entre otros, JM Oviedo auto 11-7-08, EDJ 384206).

Es claro que LCon art.105 a 126 se refiere al **patrimonio del deudor concursado**, y no al de terceros como, por ejemplo, administradores o representantes del deudor, que podrán disponer de sus facultades patrimoniales plenamente (AP Araba 26-7-10, EDJ 254235).

Bienes a los que alcanza (LCon art.107) Las limitaciones alcanzan a la **totalidad del patrimonio** del deudor, esto es, a los bienes y derechos que integran la masa activa del concurso, incluidos los que le correspondan al concursado en la sociedad conyugal. 5725

Sin embargo, el deudor continúa ejercitando sin restricción alguna todos los **derechos que carezcan de trascendencia patrimonial**, como los derechos personales, que son ajenos al concurso (p.e. los relativos al estado civil).

Precisiones Originalmente, nada se indicaba de forma expresa sobre los efectos de la declaración del concurso sobre un **patrimonio distinto**, como, por ejemplo, en virtud de representación. Silencio que había de integrarse por LCon/03 disp.adic.1ª.3. No obstante, la modificación posterior del CC art.1732 por L 41/2003, determinando la extinción del mandato por concurso del mandante o mandatario, incrementa el ámbito de extensión de estas limitaciones.

5726 **Limitaciones transitorias** Con independencia de las medidas cautelares previas de LCon art.18 (nº 5591), la declaración del concurso implica una serie de limitaciones transitorias hasta el nombramiento y aceptación de la administración concursal.

De un lado, las **medidas cautelares** que pueden establecerse en el auto de declaración de concurso (LCon art.31).

De otro, la autorización al concursado a continuar realizando los **actos propios de su tráfico que sean imprescindibles** y que se ajusten a condiciones normales de mercado (LCon art. 111.2).

5727 MPCI nº 10788 **Limitaciones generales** Los efectos patrimoniales de la declaración del concurso varían según los casos. Como regla general, en caso de **concurso necesario**, se produce la suspensión de las facultades patrimoniales del deudor; y en caso de **concurso voluntario**, procede la intervención de la administración concursal.

En caso de **suspensión**, el deudor no puede, en lo sucesivo, ejercitar las facultades de administración y disposición sobre los bienes y derechos que integran su patrimonio, que quedan en suspenso y son atribuidas a la administración concursal.

En la hipótesis de concurso de la herencia, corresponde en todo caso a la administración concursal el ejercicio de todas las facultades patrimoniales sobre el caudal relicto.

En caso de **intervención**, el deudor conserva la administración y disposición sobre su patrimonio, quedando tan solo sujeto a la «intervención» de la administración concursal. Esto es, la administración concursal tan solo puede autorizar o desautorizar lo que el deudor propone, pero nunca sustituir al deudor en tal iniciativa, con una única excepción: el planteamiento de demandas o recursos que el deudor se niegue a formular, previa autorización del juez.

No obstante, dicha regla general puede verse alterada, en beneficio o en perjuicio del deudor, por **resolución judicial motivada** en la que se precisen los inconvenientes que se pretende evitar y las ventajas que se pretende obtener al establecer un **régimen distinto** al que sería normalmente aplicable. Por la misma razón, se faculta al juez para acordar, en cualquier momento, el **cambio del régimen**, siempre con audiencia del concursado y mediante auto motivado, sometido al régimen general de publicidad de LCon art.35 a 37 (nº 5604, nº 5607).

5728 MPCI nº 10790 **Efectos** (LCon art.109) Contra los actos que infringen las limitaciones impuestas al deudor cabrá el ejercicio de la **acción de anulación** a instancia de la administración concursal, y, cuando esta no los haya convalidado o confirmado, por el trámite del incidente concursal.

Para ello se permite que cualquier acreedor, o quien haya sido parte en la relación contractual afectada, pueda requerir de la administración concursal que se pronuncie acerca del ejercicio de la correspondiente acción, o de la **convalidación** o **confirmación** del acto.

De este modo, los actos realizados por el deudor sin la intervención o confirmación de los administradores del concurso no son nulos, sino **anulables**, y los únicos sujetos legitimados para propugnar dicha anulación son los administradores concursales. El acreedor puede exigir a la administración concursal que se pronuncie sobre el ejercicio de la acción de nulidad o sobre la confirmación o convalidación del acto; es una **posibilidad** que la Ley otorga al acreedor para su propia seguridad, pero no es una **obligación** (AP Cantabria 28-2-08, EDJ 183250).

En todo caso, la acción de anulación tiene un **plazo de caducidad** de un mes desde que se efectuó el requerimiento o desde el cumplimiento del convenio o la finalización de la liquidación.

Como elemento precautorio se impone un **cierre registral** a estos actos mientras no sean confirmados o convalidados, o bien se acredite la caducidad de la acción de anulación o su desestimación firme.

El remedio de **ineficacia** diseñado por el legislador mediante la acción de anulación en defensa de los intereses de la masa aparece desconectado de cualquier resultado de **perjuicio** efectivo para la masa activa, estando por lo tanto exonerada la acción de anulación de la carga de **alegación y prueba** en tal sentido, bastando para su ejercicio la simple y objetiva realidad del quebranto por parte de la concursada de los límites legales establecidos a propósito de las facultades de disponer o administrar su patrimonio, pues lo realmente relevante vendrá dado por la salida de bienes o derechos de la masa activa mediante una operación no consentida por la administración concursal en cuanto que único órgano con capacidad discrecional y soberana para decidir en cada momento los actos de administración y disposición que convienen a la mejor tutela de la masa activa del concurso (LCon art.532.2), lo que, a su vez, se plasma en que solo a la voluntad de la administración concursal le corresponde optar bien por el ejercicio de la acción de anulación, cuya legitimación le viene encomendada en exclusiva por LCon art.109, o bien por la convalidación o por la confirmación del acto, si así lo entiende oportuno, siendo el órgano judicial del concurso el que asume y despliega su jurisdicción exclusiva y excluyente para conocer de la irregular salida de bienes y derechos del patrimonio de la concursada (AP Madrid 19-6-09, EDJ 262137).

Conservación de la masa activa (LCon art.204 y 205) En tanto no sean enajenados los elementos integrantes de la masa activa, se atenderá a su conservación del modo más conveniente para los intereses del concurso. La obligación de conservación de la masa activa viene impuesta por la propia razón de ser del procedimiento concursal, dirigido a asegurar la **consistencia del patrimonio** del concurso. 5729

Esta obligación, sin embargo, no tiene carácter absoluto, sino que debe llevarse a cabo del modo más conveniente para los **intereses del concurso**. A estos efectos, los administradores judiciales pueden solicitar al juez el auxilio que estimen necesario.

Esta obligación de conservación se concreta en los dos **aspectos** que se detallan seguidamente.

Enajenación de los bienes del concurso En atención al principio de **continuidad de la empresa**, se admite que la conservación del patrimonio del concursado no implica la inalterabilidad del mismo. 5730 MPCI nº 10794 s.

Si bien la Ley Concursal parte del principio de que hasta la aprobación del convenio o la apertura de la liquidación no se pueden enajenar o gravar los bienes y derechos de la masa activa, esta regla presenta las siguientes excepciones (LCon art.206):

1) Los actos de disposición que la administración concursal considere **indispensables para garantizar la viabilidad** de la empresa o las necesidades de tesorería que exija la continuidad del concurso. Deberán comunicarse inmediatamente al juez del concurso los actos realizados, acompañando la justificación de su necesidad.

2) Los actos de disposición de bienes que **no sean necesarios para la continuidad de la actividad**, cuando se presenten ofertas que coincidan sustancialmente con el valor que se les haya dado en el inventario. Se entenderá que esa coincidencia es sustancial si en el caso de inmuebles la diferencia es inferior a un 10% y en el caso de muebles de un 20%, y no constare oferta superior. La administración concursal deberá comunicar inmediatamente al juez del concurso la oferta recibida, y la justificación del carácter no necesario de los bienes. Y la oferta presentada quedará aprobada si en plazo de 10 días no se presenta una superior.

3) Los actos de disposición **inherentes a la continuación de la actividad** profesional o empresarial del deudor, en los términos establecidos en LCon art. 111.1.

Se prescinde de la necesaria **aprobación** de las operaciones de enajenación por parte del juez del concurso, trasladando la **responsabilidad** respecto de estas a la administración concursal, que simplemente tiene que comunicar al juez la realización de los actos de enajenación o gravamen sobre los bienes del deudor.

Precisiones **1)** Cuando se presente a **inscripción** en los registros de bienes cualquier título relativo a un acto de enajenación o gravamen de bienes o derechos de la masa activa realizado por la administración concursal antes de la aprobación judicial del convenio o de la apertura de la fase de liquidación, la administración concursal deberá declarar en el instrumento público el **motivo de la enajenación o gravamen** sin que el registrador pueda exigir que se acredite la existencia del motivo alegado (LCon art.206.3).

2) La enajenación de activos de entidades aseguradoras o reaseguradoras en concurso, que estén sometidos a la medida de **prohibición de disposición**, cualquiera que sea la fase del concurso en el que se produzca, requiere autorización del órgano supervisor competente (L 20/2015 art.168.4).

3) La **autorización judicial** para enajenar o gravar antes de la aprobación del convenio o la apertura de la liquidación, puede ser posterior a la venta o gravamen, aunque ordinariamente sea anterior (TS 22-12-23, EDJ 785324).

4) No todos los **errores** cometidos por el tribunal de segunda instancia tienen relevancia a efecto de recurso por motivo de infracción procesal -eliminado con efectos 20-3-2024 por RDL 6/2023, sin perjuicio de situaciones transitorias-, que es excepcional en este aspecto, sino solo los fácticos que han servido de base para sustentar el fallo y manifiestos e incontrovertibles (TS 28-9-23, EDJ 738757).

Transmisión de unidades productivas de bienes o servicios del concursado (LCon art.215 a 225) 5731

En el caso de que el objeto de la transmisión sean estas, se ceden al adquirente los derechos y obligaciones derivados de los **contratos afectos a la continuidad** de la actividad profesional o empresarial cuya resolución no se hubiera solicitado, subrogándose el adquirente en la posición contractual del concursado sin necesidad de consentimiento de la otra parte, sometiéndose la cesión de **contratos administrativos** a la L 9/2017 art.214. También se ceden

las **licencias**, autorizaciones administrativas o títulos habilitantes afectas a la continuación de la actividad e incluidas como parte de la unidad productiva, siempre que el adquirente continúe la actividad en las mismas instalaciones.
Lo expuesto **no se aplica** en los casos en los que el adquirente haya manifestado expresamente su intención de no subrogarse, sin perjuicio de los efectos laborales que procedan (ET art.44).
La transmisión no lleva aparejada la obligación del pago de **créditos no satisfechos por el concursado** antes de aquella, sean concursales o contra la masa, salvo que el adquirente la haya asumido expresamente o exista disposición legal en contrario y sin perjuicio de lo establecido por LCon art. 224.1. Pero esta exclusión no se aplica en caso de que los adquirentes de unidades productivas sean personas especialmente relacionadas con el concursado (cláusula antifraude).

Precisiones **1)** Con carácter meramente orientativo, pero de evidente relevancia práctica, se han de tener en cuenta los **criterios procedimentales** en las ventas de unidades productivas recogidos en el Acuerdo jueces de lo mercantil y secretarios judiciales de Cataluña 3-7-2014, a este respecto ver nº 10798 s. Memento Procesal Civil 2026.
2) La exclusión de la cesión de los **contratos administrativos**, que se producirá de conformidad con lo dispuesto en la L 9/2017 art.214 es una limitación derivada de la falta de previsión de este tipo de cesión incondicionada en la Dir 2014/24/UE, sobre contratación pública. La L 9/2017 art.72 permite la sucesión total o parcial del contratista inicial, a raíz de una reestructuración empresarial, en particular por absorción, fusión, adquisición o insolvencia, por otro operador económico que cumpla los criterios de selección cualitativa establecidos inicialmente, siempre que ello no implique otras modificaciones sustanciales del contrato ni tenga por objeto eludir la aplicación de la Directiva.
3) No existe ningún elemento de interpretación de LCon art.222 que permita atribuir competencia al juez del concurso sobre el régimen de la **concesión demanial** otorgada a la concursada ni que la situación de concurso de la concesionaria produzca un desplazamiento de las competencias de la Administración para resolver sobre la eventual extinción *ex lege* de aquella por disolución de la entidad mercantil concesionaria como efecto legamente impuesto por la apertura de la fase de liquidación del concurso (TCJ 24-3-21, EDJ 544625).

5732 MPCI nº 10810 **Continuación del ejercicio de la actividad profesional o empresarial** (LCon art.111.1) La declaración de concurso no interrumpe la continuación de la actividad profesional o empresarial que viniera ejerciendo el deudor.
Sin embargo, este principio general se somete a una serie de **limitaciones y excepciones**:
1) En caso de **intervención**, con el fin de facilitar la continuación de la actividad profesional o empresarial del deudor, la administración concursal puede determinar los actos u operaciones propios del giro o tráfico de aquella actividad que, por razón de su naturaleza o cuantía, quedan autorizados con carácter general.
2) En caso de **suspensión** de las facultades de administración y disposición del deudor, corresponde a la administración concursal adoptar las medidas necesarias para la continuación de la actividad profesional o empresarial.
3) Como excepción, el juez, a solicitud de la administración concursal y previa audiencia del deudor y de los representantes de los trabajadores de la empresa, puede acordar mediante auto el **cierre de la totalidad o de parte de las oficinas, establecimientos o explotaciones** de que fuera titular el deudor, así como, cuando ejerza una actividad empresarial, el cese o la suspensión, total o parcial, de esta.
Cuando estas medidas supongan la extinción, suspensión o modificación colectivas de los **contratos de trabajo**, incluidos los traslados colectivos, el juez actuará conforme a lo establecido en LCon art.52 y, simultáneamente, iniciará el expediente previsto en LCon art. 169 s. (LCon art.114). La administración concursal en su solicitud deberá dar cumplimiento a lo dispuesto en LCon art.173.

5732.1 **Conformidad penal** Respecto de las **responsabilidades pecuniarias** (penales y civiles), en los supuestos en que la persona física o jurídica afectada esté en situación de concurso de acreedores con facultades suspendidas, resulta de aplicación la LCon art.120, conforme al que en caso de suspensión de las facultades de administración y disposición del deudor, la administración concursal, en el ámbito de sus competencias, sustituirá a este en los procedimientos judiciales en trámite, a cuyo efecto se le concederá, una vez personada, un plazo de 5 días para que se instruya en las actuaciones, pero necesitará la autorización del juez del concurso para desistir, allanarse, total o parcialmente, y transigir litigios. De la solicitud presentada por la administración concursal dará el juez traslado al deudor en todo caso y a aquellas partes personadas en el concurso que estime deban ser oídas respecto de su objeto.
Las **costas** impuestas a consecuencia del allanamiento o del desistimiento autorizados tendrán la consideración de crédito concursal; en caso de transacción, se estará a lo pactado en materia de costas. No obstante, la sustitución no impedirá que el deudor mantenga su representación y defensa separada por medio de sus propios procurador y abogado, siempre que

garantice, de forma suficiente ante el juez del concurso, que los gastos de su actuación procesal y, en su caso, la efectividad de la condena en costas no recaerá sobre la masa del concurso, sin que en ningún caso pueda realizar las actuaciones procesales que, corresponden a la administración concursal con autorización del juez.

c. Efectos tributarios

Impuesto sobre el valor añadido (LIVA art.163 sexiesdecies) La declaración de concurso del sujeto pasivo del IVA acogido al **régimen especial de criterio de caja** o del sujeto pasivo destinatario de sus operaciones determina, en la fecha del auto de declaración de concurso (RIVA art.61 sexies a 61 undecies): **5733** MPCI nº 10815 s.

a) El **devengo de las cuotas repercutidas** por el sujeto pasivo que estuvieran aún pendientes de devengo en dicha fecha.

b) El nacimiento del derecho a la **deducción de las cuotas soportadas** por el sujeto pasivo respecto de las operaciones que haya sido destinatario que estuvieran pendientes de pago y en las que no haya transcurrido el plazo previsto en la LIVA art.163 terdecies.Tres.a: 31 de diciembre del año inmediato posterior a aquel en que se haya realizado la operación.

c) El nacimiento del derecho a la deducción de las cuotas soportadas por el sujeto pasivo concursado, acogido al régimen especial, como destinatario de operaciones no acogidas al mismo, que estuvieran aún pendientes de pago y en las que no haya transcurrido el plazo previsto en LIVA art.163 terdecies.Tres.a.

El sujeto pasivo en concurso debe declarar las cuotas devengadas y ejercitar la deducción de las cuotas soportadas referidas en la declaración-liquidación prevista reglamentariamente, correspondiente a los hechos imponibles anteriores a la declaración de concurso. Asimismo, el sujeto pasivo debe declarar en dicha declaración-liquidación, las demás cuotas soportadas que estuvieran pendientes de deducción a dicha fecha.

Impuesto sobre la renta de las personas físicas La declaración y trámite del concurso tiene incidencia en sede de IRPF, considerándose **pérdidas patrimoniales** las derivadas de alguna de las siguientes circunstancias, debiendo imputarse al periodo impositivo en que se produzcan (LIRPF art.14.2 K): **5733.1**

- La adquisición de eficacia de una quita establecida en un acuerdo de refinanciación judicialmente homologable (LCon/03 art.71 bis y disp.adic.4ª; LCon art. 597 s.) o en un acuerdo extrajudicial de pagos -bajo la L 16/2022 desaparecen los acuerdos de refinanciación, los extrajudiciales de pagos y propuestas anticipadas de convenio-.
- La adquisición de eficacia de un convenio concursal en el que se acuerde una quita en el importe del crédito, computándose la pérdida en la cuantía de la quita.
- La conclusión del concurso sin satisfacción del crédito, salvo cuando se acuerde tal conclusión por las causas establecidas en LCon art.465.1º, 6º o 7º.

También es circunstancia que produce igual efecto fiscal, el transcurso de un año desde el inicio de un proceso de **ejecución no concursal** que tenga por objeto la satisfacción del crédito sin que este haya sido satisfecho.

En todos estos casos, según proceda, cuando el crédito fuera **cobrado con posterioridad al cómputo de la pérdida** patrimonial, se imputa ganancia patrimonial en el periodo impositivo en el que se produzca el cobro, por el importe cobrado.

Están **exentas** de este impuesto las rentas obtenidas por los deudores que se pongan de manifiesto como consecuencia de **quitas y daciones en pago** de deudas, establecidas en un convenio aprobado judicialmente conforme al procedimiento fijado en la Ley Concursal, en un acuerdo de refinanciación judicialmente homologado de los previstos en LCon art.597 s., en un acuerdo extrajudicial de pagos (LCon art.631 s.), o como consecuencia de **exoneraciones del pasivo insatisfecho** a que se refiere LCon art.486 s., siempre que las deudas no deriven del ejercicio de actividades económicas (LIRPF disp.adic.43ª). **5733.2**

La situación de concurso por sí misma no es fundamento para la denegación de solicitudes de **aplazamiento y fraccionamiento** de estas deudas, en tanto puede suponer una imposibilidad meramente transitoria de afrontar su pago (LGT art.65).

Ha de atenderse al momento procesal en que se presenta la solicitud, a las circunstancias del concurso, y a la apertura de fase, en su caso, de convenio o liquidación. De manera que, abierto el concurso y en fase común, o aprobado convenio, o presentada propuesta anticipada del mismo, podría considerarse que el impedimento de pago es transitorio, todo ello en función de las circunstancias concurrentes en el caso del obligado tributario concursado. Pues se trataría de una situación de insolvencia transitoria llamada a ser superada (potencialmente), sin implicar de manera automática una insolvencia estructural.

Por el contrario, en caso de liquidación abierta o en fase común en determinadas circunstancias, la imposibilidad podrá considerarse estructural.

5733.3 **Impuesto sobre sociedades** (L 27/2014 art.11.13, 26.1, disp.trans.34ª y disp.adic.14ª) Se formulan ciertas reglas específicas con ocasión del concurso de acreedores del contribuyente:

- En sede de **imputación temporal e inscripción contable de ingresos y gastos**, se establece que los ingresos correspondientes al registro contable de quitas y esperas como consecuencia de la aplicación de la LCon se imputan en la base imponible del deudor a medida que proceda registrar con posterioridad gastos financieros derivados de la misma deuda y hasta el límite del citado ingreso. No obstante, en caso de que el importe del ingreso sea superior al total de gastos financieros pendientes de registrar, derivados de la misma deuda, la imputación de aquel en la base imponible se realiza proporcionalmente a los gastos financieros registrados en cada periodo respecto de los gastos financieros totales pendientes derivados de la misma deuda (L 27/2014 art.11.13).
- En sede de **compensación de bases imponibles negativas**, el límite a la compensación (un millón de euros) no resulta de aplicación a las rentas correspondientes a quitas o esperas consecuencia de un acuerdo de acreedores del contribuyente, de modo que las bases negativas objeto de compensación no se toman en consideración al efecto de computar dicho límite (L 27/2014 art.26.1).

Respecto del **ejercicio 2015**, en sede de régimen transitorio, se especifica concretamente la no aplicabilidad de la limitación a las rentas correspondientes a quitas o esperas consecuencia de un acuerdo de acreedores no vinculados con el contribuyente (L 27/2014 disp.trans.34ª).

Por fin, en sede de pagos fraccionados del impuesto en estudio. El tratamiento de estos se ha modificado para los periodos impositivos **iniciados a partir de 1-1-2016**, con aplicación desde el pago fraccionado que ha de efectuarse en los primeros 20 días naturales de octubre de 2016, siendo la cantidad a ingresar no menor del 23% del resultado positivo de la cuenta de pérdidas y ganancias del ejercicio de los 3, 9 y 11 primeros meses de cada año natural o para contribuyentes cuyo periodo impositivo no coincida con el año natural, del ejercicio transcurrido desde el inicio del dicho periodo hasta el día anterior al inicio de cada periodo de ingreso del pago fraccionado. En el caso de contribuyentes a los que resulte de aplicación el tipo de la LIS art.29.6.1º el porcentaje es del 25% (LIS disp.adic.14ª; OM HAP/1552/2016).

Pues bien, queda excluido del porcentaje indicado el importe del mismo que se corresponda con rentas derivadas de quita o espera consecuencia de un acuerdo de acreedores del contribuyente, incluyéndose en dicho resultado aquella parte de su importe que se integre en la base imponible del periodo impositivo (L 27/2014 disp.adic.14ª).

Precisiones La redacción de LIS disp.adic.14ª por RDL 16/2016 ha sido declarada **inconstitucional** por indebida utilización de la figura del real decreto ley, sin afectar esta declaración a las situaciones decididas por sentencia con fuerza de cosa juzgada, ni las consolidadas en vía administrativa por no haber sido impugnadas en tiempo y forma (TCo 1-7-20).

5733.4 **Suspensión de actos en el proceso contencioso tributario** A efectos de suspensión de actos administrativo-tributarios de contenido económico, la declaración en concurso del deudor no lleva automáticamente como consecuencia que la **insolvencia del concursado recurrente** sea estructural. Todo lo contrario, un concurso voluntario con convenio aprobado revela una situación transitoria llamada a ser superada. Por ello no cabe presumir *iuris et de iure* que un deudor declarado en concurso queda impedido de forma definitiva para hacer frente a sus obligaciones económicas. La denegación de la suspensión debe explicar algo más para afirmar que las dificultades económico-financieras del recurrente son estructurales y no meramente transitorias (TS 13-10-15, EDJ 179573).

2. Otros afectados por el concurso

5734 Además del deudor, la declaración de concurso puede implicar **efectos directos** para otras personas.

5735 **Socios subsidiariamente responsables** (LCon art.131) La insolvencia de las **sociedades colectivas y comanditarias** se comunica de forma automática a los socios que sean ilimitada y subsidiariamente responsables de las deudas sociales (CCom art.237).

En todo caso, durante la tramitación del concurso de la sociedad, corresponderá exclusivamente a la administración concursal el ejercicio de la acción contra el socio o socios personalmente responsables por las deudas de esta que sean anteriores a la declaración de concurso, así como la reclamación, en el momento y cuantía que estime conveniente, del desembolso de las aportaciones sociales que hubiesen sido diferidas, cualquiera que fuera el plazo fijado en la escritura o en los estatutos, y de las prestaciones accesorias pendientes de cumplimiento.

Se pretende evitar la **extensión automática** del concurso a personas que pueden ser solventes, así como las reclamaciones individuales de los acreedores contra los socios.

Cónyuge del concursado (LCon art.123, 125, 194 y 198.2) La declaración de concurso afecta a las **relaciones alimenticias** del deudor en los términos de LCon art.123. **5736** MPCI nº 10834, 10836

En caso de concurso de persona casada en régimen de **gananciales**, o cualquier otro de **comunidad de bienes**, se integrarán en la masa pasiva los créditos contra el cónyuge del concursado, que sean, además, créditos de responsabilidad de la sociedad o comunidad conyugal (LCon art.194 y 198.2).

La peculiaridad de los regímenes económico-matrimoniales, y la limitación de las facultades del cónyuge concursado sobre el **patrimonio ganancial** plantean una serie de **problemas** que no presentan, en ocasiones, fácil solución (LCon art.107):

1) Se impone la **inclusión en la masa activa** de los bienes y derechos gananciales o comunes cuando deban responder de obligaciones del concursado (LCon art.193.2). Si bien en el inventario de la masa se debe incluir la relación y avalúo de todos los bienes gananciales o comunes (LCon art.198.2).

2) En la **lista de acreedores** debe indicarse separadamente los créditos que deben hacerse efectivos sobre el patrimonio privativo; y los que, además, pueden hacerse efectivos contra el patrimonio común conyugal (LCon art.286.4).

3) Si el régimen económico matrimonial fuera el de **sociedad de gananciales o cualquier otro de comunidad de bienes**, el cónyuge del concursado puede pedir la disolución de la sociedad o comunidad conyugal y el juez acordará la liquidación o división del patrimonio que debe llevarse a cabo de forma coordinada con lo que resulte del convenio o de la liquidación del concurso (LCon art.125).

4) Queda igualmente afectado por la **presunción de donación** y por la facultad de adquisición sobre los bienes adquiridos con pacto de sobrevivencia o de adjudicación de la vivienda habitual (LCon art.196).

Se omite toda referencia a las **reglas concretas de administración y disposición** de dicha sociedad conyugal sobre aspectos que afectan directa o indirectamente al patrimonio común. A título de ejemplo, cabe señalar algunos supuestos en que, pese a afectar al patrimonio del concursado, no es clara la **sustitución de facultades** (o su intervención) por parte de la administración concursal. En concreto, cabe referirse a:

- el otorgamiento de capitulaciones matrimoniales;
- la prestación del consentimiento a los actos de disposición por el cónyuge del concursado de la vivienda habitual o los muebles de uso ordinario de la familia que sean privativos;
- la confesión del CC art.1324;
- el supuesto del CC art.1373 en caso de embargo de bien ganancial por deudas del cónyuge;
- los actos de disposición unilateral del CC art.1384 por el otro cónyuge; o
- la capacidad de instar la disolución judicial de la sociedad de gananciales (CC art.1393).

Pese al silencio, el claro contenido patrimonial de estos actos impone una **directa intervención** de la administración concursal.

C. Efectos sobre los acreedores

5741 El efecto esencial de la declaración del concurso en relación con los acreedores del deudor que lo sean en el momento de declararse aquel (AP Pontevedra 22-10-09, EDJ 269819) consiste en su **integración** en la **masa pasiva** del concurso, con independencia de su carácter ordinario o no y de su nacionalidad, sin más excepciones que las que expresamente prevean las leyes (LCon art.251).

Ello deriva, como consecuencia inmediata, del **carácter universal** del concurso de acreedores, es decir, que es el espíritu del legislador que la apertura del concurso alcance a la totalidad de los acreedores del deudor, de modo que queden integrados en la **masa pasiva** (AP Sevilla auto 20-2-09, EDJ 89948). Y téngase presente que el principio de universalidad del concurso no es absoluto, de modo que, excepcionalmente, determinados acreedores podrán ejecutar sus créditos contra determinados bienes del concursado separadamente respecto del proceso concursal, como es el caso, por ejemplo, de lo previsto en LCon art.145y de algunos de los supuestos previstos en LCon art.144 (AP Madrid auto 11-10-07, EDJ 238874).

Tal integración tiene una doble faceta, como son los efectos sobre las **acciones individuales** (nº 5743) y los efectos sobre los **créditos** en particular (nº 5771).

En caso de concurso de persona casada en régimen de **gananciales**, o cualquier otro de **comunidad de bienes**, se integrarán en la masa pasiva los créditos contra el cónyuge del concursado que sean, además, créditos de responsabilidad de la sociedad o comunidad conyugal (LCon art.251.2).

1. Efectos sobre las acciones individuales

5743 Se regulan con detalle los efectos del concurso sobre los procedimientos en que es parte el concursado y los distintos procesos que se pueden iniciar.
No obstante, con carácter previo es preciso señalar las consecuencias que la declaración de concurso lleva aparejada en orden a la **capacidad procesal del concursado** en los procesos que puedan tener trascendencia para su patrimonio.

5744 **Posición procesal del concursado** En relación con la capacidad procesal del concursado es necesario distinguir entre las situaciones de **suspensión** (nº 5745) e **intervención** (nº 5747).

5745 MPCI nº 10856 **Suspensión** (LCon art.106, 120, 121 y 122.1) En caso de suspensión, corresponde a la administración concursal el ejercicio de las facultades de **administración** y **disposición** sobre el patrimonio del deudor, lo que alcanza a los procesos que tengan **trascendencia patrimonial**. Para el ejercicio de acciones con trascendencia patrimonial se atribuye **legitimación** a la administración concursal, como regla general.
Fuera del ámbito patrimonial -p.e. en el ámbito de las acciones relativas al estado civil- el deudor conserva su legitimación. No obstante, debe recabar la conformidad de los administradores concursales para interponer **demandas o recursos, allanarse, transigir o desistir**, cuando estos actos pueden afectar a su patrimonio (se exige al deudor aportar **prueba** de entidad suficiente que permita deducir la conformidad de la administración concursal con los actos procesales ejercitados, AP Bizkaia 21-5-09, EDJ 170366). La **autorización** de la administración concursal se considera **revocable** por parte de los tribunales. Como el concursado, que puede disponer del objeto del pleito conforme a lo prevenido por la ley, no está obligado a continuar el proceso hasta su normal terminación, tampoco lo está el administrador, por lo que, si este retira en un momento determinado la autorización inicialmente concedida para demandar, lo que puede suceder implícitamente al aceptar el administrador el acuerdo transaccional ofrecido de contrario, el proceso no puede continuar, pues el concursado carece ya de la preceptiva autorización para ello (AP Huesca auto 24-11-08, EDJ 306536).
Por su parte, los **acreedores** pueden requerir a la administración concursal para el ejercicio de una **acción concreta**. En caso de no promoverla en los 2 meses siguientes, los acreedores pueden litigar a su costa en interés de la masa y, si su acción es estimada, tienen derecho a reintegrarse de los gastos y costas con cargo a lo percibido.
Pese a la suspensión, la ley autoriza al concursado a mantener su **personación y defensa letrada separada** -en el plano activo o pasivo-, a los meros efectos de mantener una defensa legal distinta de la que ejercita la administración concursal, pero sin **facultad de disponer** en cuanto al objeto del proceso. Como única precaución se impone que se garantice al juez del concurso que este hecho no va a gravar la masa activa, por razón de los gastos derivados de su actuación.
Se reconoce al **deudor suspendido**, adicionalmente, la capacidad de ejercitar la **reconvención**.
Finalmente, en orden a la **disposición de la acción procesal** -por allanamiento, desistimiento o transacción-, la administración concursal necesita **autorización** del juez del concurso, que ha de ser solicitada por escrito del que se da, por el letrado de la Administración de Justicia (LCon art.120), traslado al deudor, en todo caso, y a las partes personadas que se considere que tienen interés en la cuestión.
Las **costas** a que haya lugar en virtud de la terminación del procedimiento por estos cauces tendrán la consideración de **crédito concursal**, salvo en los supuestos de **transacción** en los que se podrá pactar sobre las mismas.

Precisiones El concursado que ha interpuesto una demanda antes de la declaración del concurso con efecto de suspensión en el ejercicio de sus facultades patrimoniales, conserva la **representación en el pleito de la masa** mientras no sea sustituido por la administración concursal. Tras la sentencia, si no ha tenido lugar la sustitución, está legitimado para interponer recurso, con la conformidad de la administración concursal (TS 30-3-21, EDJ 521038).

5747 **Intervención** (LCon art.119) En caso de mera intervención se mantiene la **capacidad procesal** del concursado, si bien esta queda sometida a las siguientes **limitaciones**:
1) En el **plano pasivo**, es demandado el deudor y, como tal, debe ser emplazado. Como medida de precaución, el demandante puede solicitar, junto con el emplazamiento del demandado, el emplazamiento de la administración concursal, si bien no es imprescindible hacerlo.
2) En el **plano activo**, el deudor ha de recabar la **autorización** de la **administración concursal** para el planteamiento de cualquier **reclamación judicial** que pueda afectar a su patrimonio. Como excepción, se atribuye a la administración concursal legitimación para plantear demandas o recursos que el deudor se niegue a formular, previa **autorización** del juez. Se reconoce **legitimación** a la administración concursal solo cuando exista autorización del juez del concurso, por lo que obliga así a este a hacer una estimación *prima facie* de la viabilidad de la

demanda y de la conveniencia que su estimación o rechazo pueda tener para la masa del concurso, a fin de evitar la condena en costas, si tiene escasas posibilidades de éxito o, incluso, que cuando resulten acogidas no exista beneficio para estos últimos porque no haya bienes suficientes para el pago de sus créditos (AP Asturias auto 9-10-08, EDJ 311660).

En caso de intervención, pues, el deudor conserva la **legitimación principal** para el ejercicio de las **acciones de índole no personal** que le correspondan, esto es, conserva su capacidad para actuar en juicio, si bien esta capacidad tiene que ser complementada con el indispensable requisito de la conformidad de la administración concursal en cada caso. Por el contrario, la legitimación de la administración concursal para el ejercicio de acciones en beneficio de la masa se encuentra diseñada, legalmente, como una **legitimación subsidiaria** y reservada para el único supuesto en que el deudor se negara a formular la demanda tras haber sido expresamente requerido a tal fin por dicho órgano concursal, exigiéndose asimismo una vez cumplido lo anterior un segundo requisito cual es la **autorización judicial** para interponer la demanda (JM Oviedo auto 3-7-06).

En cuanto a la **disposición de la acción procesal**, el deudor necesita la autorización de la administración concursal. Las **costas** a que haya lugar en virtud de la terminación del procedimiento por estos cauces tienen la consideración de crédito concursal, salvo en los supuestos de transacción en los que se puede pactar sobre las mismas.

Precisiones Respecto de los **procedimientos incoados con posterioridad a la declaración de concurso** por la concursada intervenida, si al tiempo de dictarse sentencia de primera instancia se ha acordado la suspensión de facultades patrimoniales por la apertura de la liquidación, la administración concursal puede personarse e instar la sustitución. Mientras no lo haga, persiste la legitimación procesal de la concursada, aunque el recurso de apelación exige conformidad de aquella (TS 15-10-18, EDJ 606867).

Ejercicio de acciones declarativas Como **regla general**, el concurso no es incompatible con los procedimientos declarativos, que por sí mismos no afectan al patrimonio del deudor. 5749

Ahora bien, por razones de orden práctico -en la línea del principio de «unidad» que preside la vigente legislación concursal-, se encomienda en muchos casos el conocimiento de esos procesos declarativos al **juez del concurso**, bien desde el inicio, bien por vía de **acumulación**.

Los requisitos para que tenga lugar esta acumulación son los siguientes (AP Burgos auto 4-3-10, EDJ 56090):

1) Que los procesos declarativos incoados antes de la declaración del concurso se estén tramitando en **primera instancia**.

2) Que el juez del concurso estime que su resolución tiene **trascendencia sustancial** para la formación del inventario o de la lista de acreedores.

3) Que la solicitud de acumulación se formule al juez en un **momento temporal concreto** en atención al sujeto legitimado; así, la administración concursal debe instar la acumulación con carácter previo a la emisión de su informe, y cualquier otra parte personada antes de la finalización del plazo de impugnación del inventario y de la lista de acreedores.

En definitiva, cuando el proceso seguido ante el órgano judicial de primera instancia es un **proceso declarativo** en que el deudor sea parte, y se encuentre en tramitación al momento de la declaración del concurso, aquel deberá continuar ante el órgano judicial en el que esté siendo tramitado hasta la **firmeza** de la correspondiente resolución, y solo se acumularán aquellos que, siendo competencia del juez del concurso (LCon art.44), se estén tramitando en **primera instancia** y respecto de los que el propio **juez del concurso**, por haberlo solicitado así la administración concursal o cualquier parte personada en el concurso, acuerde la **acumulación** porque estime que su resolución tiene trascendencia sustancial para la formación del inventario o de la lista de acreedores.

No se trata, pues, de que hayan de acumularse al concurso la totalidad de los procesos en trámite en los que sea parte el concursado, sino aquellos cuya resolución, por la naturaleza de la acción ejercitada o por la cuantía litigiosa, tengan **trascendencia sustancial** bien para la determinación de la masa activa (formación del inventario), bien para la determinación de la masa pasiva (formación de la lista de acreedores) del concurso, y así lo acuerde la Sección de lo Mercantil del Tribunal de Instancia -hasta su constitución, el juzgado de lo mercantil- que conoce del proceso concursal, previa solicitud de la administración concursal o de cualquier parte personada en el concurso, en un determinado momento procesal (AP Madrid auto 26-3-10, EDJ 98674).

Procedimientos nuevos (LCon art.136 s. y 140) Se entiende por nuevos procedimientos declarativos los que se plantean **contra el concursado** después de la declaración del concurso, no aquellos en los que el concursado sea el que ejercita las acciones. Y ello porque LCon art.52 es una norma que, como disposición competencial y al establecer normas de carácter imperativo, exige 5750

una **interpretación estricta**, toda vez que excepcionalmente atribuye a un juez especializado competencias que fuera del concurso serían propias de la jurisdicción civil ordinaria.
De dicho precepto se infiere que la competencia más importante de las asignadas al juez del concurso es la prevista en su ordinal primero, a saber «las acciones civiles dirigidas contra el patrimonio del deudor». Así, todo tipo de acciones civiles, con **trascendencia patrimonial**, que se dirijan frente al patrimonio del deudor se tramitarán en el ámbito del procedimiento concursal, con exclusión pues de cualquier procedimiento que se siga o se pueda seguir ante otro tipo de órganos judiciales de cualquier orden jurisdiccional. Pero es preciso que el procedimiento se dirija «contra el patrimonio del deudor», esto es, que se trate de un procedimiento en el que el **concursado** figure como **demandado**, y por tanto no serán de competencia del juez del concurso las reclamaciones que este pretenda promover, o que pueda haber promovido el concursado como demandante.
La finalidad del precepto es clara, y se corresponde con el **carácter universal** del concurso que parece desaconsejar la tramitación separada de acciones civiles en otros procedimientos; lo que la ley pretende es unificar la persecución contra los bienes del deudor en un solo procedimiento y con la intervención de todos y cada uno de los acreedores, conforme establece LCon art.534 al regular el incidente concursal; la llamada *vis atractiva* del concurso.
Y esa *vis atractiva* del concurso se proyecta tanto respecto a los **juicios declarativos** que se dirijan contra el concursado (LCon art.136) como respecto de las **ejecuciones** que se dirijan contra su patrimonio (LCon art.143), pues no podrán iniciarse y las iniciadas se paralizarán y los acreedores, en ambos casos, habrán de someterse al concurso («usar su derecho ante el juez del concurso» en términos de LCon art.136o dar el «tratamiento concursal que corresponda dar a sus respectivos créditos» utilizando la terminología de la que se vale LCon art.143), comunicando sus créditos en la forma prevista en LCon art.252 y 255 a 258. Pero de ningún modo esta *vis atractiva* producirá efectos respecto de los procedimientos en los que el deudor actúe como **actor**, pues, al no dirigirse contra su patrimonio, estos quedan al margen del concurso (JM Murcia auto 28-7-10) sin perjuicio de los efectos que la **declaración** de concurso haya surtido respecto de la **legitimación procesal activa** del deudor concursado (nº 5745 y nº 5747).
El momento al que se debe atender para determinar si se trata de un procedimiento incoado antes o después de la declaración del concurso de acreedores es el de presentación de la **demanda**, que de acuerdo con la LEC art.410 provoca la **litispendencia** (AP León 1-3-10, EDJ 48353). En caso de que la demanda se presente antes de que se dicte el auto de declaración del concurso no se aplicará LCon art.136, sino LCon art.137.

5751 No obstante, según que el juez del concurso **tenga o no competencia** sobre la acción ejercitada la consecuencia es distinta:
1) Los jueces del **orden civil** y del **orden social** ante quienes se interponga demanda de la que deba conocer el juez del concurso deberán abstenerse de conocer, previniendo a las partes que usen de su derecho ante el juez del concurso. De admitirse a trámite las demandas, se ordenará el archivo de todo lo actuado, careciendo de validez las actuaciones que se hayan practicado. La competencia que corresponde a estos tribunales conforme a las disposiciones ordinarias en la materia se pierde como consecuencia de la declaración del concurso de acreedores (AP Murcia 10-6-10, EDJ 147704).
El legislador en ningún momento se refiere a inhibición y mucho menos a la remisión de autos, reflejando solamente dos posibilidades: **abstención**, respecto de asuntos no iniciados; y **archivo**, en otro caso, con la invalidez consiguiente de lo indebidamente actuado (JM Logroño auto 27-4-07).
2) Los **jueces de lo mercantil** no admitirán a trámite las demandas que se presenten desde la declaración del concurso hasta su conclusión, en las que se ejerciten acciones de reclamación de obligaciones sociales contra los administradores de las sociedades de capital concursadas que hubieran incumplido los deberes impuestos en caso de concurrencia de causa de disolución. De admitirse, se ordenará el archivo de todo lo actuado, careciendo de validez las actuaciones que se hayan practicado (LCon art.136.1.2º).
3) Las **Secciones Civiles de los Tribunales de Instancia** -hasta su constitución, los jueces de primera instancia- no admitirán a trámite las demandas que se presenten desde la declaración del concurso hasta su conclusión, en las que se ejercite la acción que se reconoce a los que pusieren su trabajo y materiales en una obra ajustada alzadamente contra el dueño de la obra en los términos previstos en el CC art.1597. De admitirse, se ordenará el archivo de todo lo actuado, careciendo de validez las actuaciones que se hayan practicado (LCon art.136.1.3º).
4) Los jueces o tribunales de los **órdenes contencioso -administrativo, social o penal** ante los que se ejerciten, con posterioridad a la declaración del concurso, acciones que pudieran tener trascendencia para el patrimonio del deudor, deberán emplazar a la **administración concursal** y tenerla como parte en defensa de la masa, si se persona (LCon art.136.3).

5) La declaración de concurso, por sí sola, no afecta a los **pactos de mediación** ni a los **convenios arbitrales** suscritos por el concursado. Cuando el órgano jurisdiccional entienda que dichos pactos o convenios puedan suponer un perjuicio para la tramitación del concurso podrá acordar la suspensión de sus efectos, todo ello sin perjuicio de lo dispuesto en los tratados internacionales (LCon art.140.1).

5753 MPCI nº 10864

Procedimientos en tramitación (LCon art.137, 140.4 y 141) Como **regla general**, los juicios declarativos en que el deudor sea parte y que se encuentren en tramitación al momento de la declaración de concurso continuarán sustanciándose ante el mismo tribunal que estuviera conociendo de ellos, hasta la firmeza de la sentencia.
Como **excepción** a la regla anterior, se acumularán de oficio al concurso, siempre que se encuentren en primera instancia y no haya finalizado el acto de juicio o la vista, todos los juicios por reclamación de daños y perjuicios a la persona jurídica concursada contra sus administradores o liquidadores, de hecho o de derecho, y contra los auditores. Estos juicios acumulados continuarán su tramitación ante el juez del concurso, por los trámites del procedimiento por el que viniera sustanciándose la reclamación, incluidos los recursos que procedan contra la sentencia.
En cuanto a los **procedimientos arbitrales** en trámite al momento de la declaración de concurso, han de continuarse hasta la firmeza del laudo que en ellos recaiga. De modo que, una vez ejercitada la pretensión de someter una controversia a arbitraje, nada puede perturbar el desarrollo del procedimiento arbitral, ni siquiera la declaración de concurso (TSJ C.Valenciana 23-1-17, EDJ 520867; TSJ Cataluña 15-6-15, EDJ 137300).

5754

Suspensión de juicios declarativos pendientes (LCon art.139) Se establecen las dos reglas siguientes:
1) Declarado el concurso, y hasta su conclusión, quedarán en suspenso los procedimientos iniciados antes de la declaración de concurso en los que se hubieran ejercitado **acciones de reclamación de obligaciones sociales** contra los administradores de las sociedades de capital concursadas que hubieran incumplido los deberes impuestos en caso de concurrencia de causa de disolución.
2) Declarado el concurso, hasta la fecha de eficacia del convenio o, en caso de liquidación, hasta su conclusión, quedarán en suspenso los procedimientos iniciados con anterioridad en los que se hubiera ejercitado la **acción que se reconoce a los que ponen su trabajo y materiales** en una obra ajustada alzadamente contra el dueño de la obra (CC art.1597).

5755

Procedimientos concluidos (LCon art.141 y 260.1) Las **sentencias firmes** que hayan puesto fin a cualquier proceso declarativo vincularán al **juez** del concurso en todo caso, ya se hayan dictado antes o después de la declaración del concurso y con independencia de que hayan sido dictadas por el mismo juez del concurso o por un juez distinto.
La **sentencia que no sea firme** vinculará igualmente a la **administración concursal**, a la hora de elaborar los listados de acreedores. A estos efectos, se incluirán necesariamente en la lista de acreedores aquellos créditos que hayan sido reconocidos por laudo o por resolución procesal, aunque no fueran firmes. No obstante, la administración concursal podrá impugnar en juicio ordinario y dentro del plazo para emitir su informe, los convenios o procedimientos arbitrales en caso de fraude.
Como se ve, a las sentencias se equiparan los **laudos arbitrales**, que adquieren firmeza por ser consentidos o por ser confirmados en vía de recurso de anulación. En relación con los laudos arbitrales, quedan a salvo las acciones de impugnación del convenio y del procedimiento arbitral por parte de la administración concursal, en caso de **fraude**.

5756 MPCI nº 10870 s.

Ejecuciones y apremios (LCon art.142 s.; LEC art.568) En atención a la amplitud de la competencia recogida en LCon art. 52 -toda ejecución frente a bienes y derechos de contenido patrimonial del concursado, cualquiera que sea el órgano que la ordenó, incluso en el caso de subastas notariales o ante letrado de la Administración de Justicia en sede de jurisdicción voluntaria (L 28-5-1862 art.76; L 15/2015 art.108 s.)-, el principio general es la **paralización** de las ejecuciones contra el patrimonio del concursado.
En cuanto a las **ejecuciones individuales**, se establece que una vez declarado el concurso no podrán iniciarse ejecuciones singulares, judiciales o extrajudiciales, ni seguirse apremios administrativos o tributarios contra el patrimonio del deudor -bienes o derechos de la masa activa-.
Las actuaciones que se hallaran **en tramitación** quedarán en suspenso desde la fecha de declaración de concurso, sin perjuicio del tratamiento concursal que corresponda dar a los respectivos créditos.
Cuando las actuaciones de ejecución hayan quedado en suspenso, el juez, a petición de la administración concursal y previa audiencia de los acreedores afectados, podrá acordar el

levantamiento y cancelación de los embargos trabados cuando el mantenimiento de los mismos dificultara gravemente la continuidad de la actividad profesional o empresarial del concursado. El levantamiento y cancelación no podrá acordarse respecto de los embargos administrativos.
El legislador se decanta claramente por la **imposibilidad de ejecuciones singulares** contra el deudor (JM Salamanca auto 25-5-10, EDJ 137286), salvo las excepciones expresamente previstas. Y ello en concordancia con LCon art. 44 y 53 que establece la competencia exclusiva y excluyente del juez del concurso para toda ejecución frente a los bienes y derechos de contenido patrimonial del concursado, cualquiera que sea el órgano que la hubiera ordenado.

5756.1 Precisiones 1) Estando en marcha un **procedimiento administrativo de ejecución**, si se produce la declaración del concurso la Administración queda obligada a dirigirse al juez que lo tramita para que decida si los bienes o los derechos específicos sobre los que se pretende hacer efectivo el apremio son o no necesarios para la continuación de la actividad del deudor (TCJ22-6-09, EDJ 151136). Si la respuesta es negativa, la Administración recupera en su integridad las facultades de ejecución. Si, por el contrario, resulta positiva, queda sin competencia en los términos previstos LCon art.143. En este último escenario el procedimiento administrativo pierde su singularidad y debe quedar sometido al concurso; en el otro, la ejecución iniciada por la Administración puede seguir su curso hasta hacer trance y remate de los bienes y liquidar la deuda con su producto (TCJ 18-10-10, EDJ 233463). Este régimen opera hasta la aprobación del plan de liquidación, de acuerdo con lo indicado anteriormente.
2) El criterio que marca desde la perspectiva temporal el procedimiento administrativo o judicial, a efectos de la preceptividad de solicitar la **declaración de no necesariedad de los bienes o derechos embargados**, no es la fecha de la diligencia de embargo, sino si, en la fecha en que la declaración del concurso se produce, los bienes o derechos incursos en el procedimiento administrativo de apremio se han realizado o no (TCJ 11-12-12, EDJ 311351).
3) El momento para valorar si los bienes o derechos embargados son o no necesarios para la continuidad de la actividad del deudor es el de la declaración de concurso. No cabe **posponer la petición de autorización para su enajenación** hasta que, por circunstancias sobrevenidas como un cese de actividad ulterior, dejen de ser necesarios y pretender con ello una respuesta distinta a la que se hubiera obtenido de formular la petición en un momento inmediato a la declaración de concurso. Tampoco cabe, aunque en el momento de presentar la petición de autorización los bienes y derechos fueran necesarios, **cambiar a lo largo de la tramitación** del procedimiento este carácter -por cesar la actividad-, al impedirlo, además, los efectos de la litispendencia (AP Cantabria 22-5-19, Rec 310/19).
4) En las **ejecuciones separadas iniciadas antes de la declaración de concurso** sobre bienes del concursado que prosiguen por concurrir los requisitos precisos, opera el orden de prelación de créditos concursal, derivado de la clasificación de créditos, hecho valer por la administración concursal mediante tercería de mejor derecho, resuelta conforme a las normas concursales de prelación. En caso de estimación de la **tercería**, el importe obtenido se integra en la masa, sin ir directamente dirigido al pago de créditos concretos preferentes al ejecutado separadamente (TS 30-5-18, EDJ 89397). Pero en ella pueden hacer valer exclusivamente créditos concursales, no contra la masa (TS 13-2-19, EDJ 508519).

5757 MPCI nº 10876 s. **Excepciones** Esta suspensión o paralización presenta dos excepciones sobre **procedimientos de ejecución en tramitación** al momento de declararse el concurso:
1. En las **ejecuciones laborales** que, en el momento de ser declarado el concurso, se estén tramitando y en las que ya se han embargado bienes del concursado, la ejecución continúa hasta la realización forzosa y efectivo pago al acreedor, siempre que los bienes objeto de embargo no sean necesarios para la continuidad de la actividad empresarial o profesional del deudor.
En particular, la consignación necesaria para la interposición de los recursos de suplicación o casación ha sido considerada por la práctica forense como un supuesto de medida cautelar a resolver conforme a este precepto (Primer Encuentro de Jueces de la Especialidad Mercantil, Valencia, diciembre 2004).
2. También gozan de preferencia los **procedimientos administrativos** de ejecución en los que se haya dictado diligencia de embargo con anterioridad al auto de declaración del concurso.
La **carga de la prueba** de lo imprescindible del bien para continuar la actividad pesa sobre el concursado.
Parece razonable sostener que, desde la apertura de la fase de liquidación -o incluso, desde el inicio del concurso si con la solicitud se presenta propuesta de liquidación- no pueda concurrir ni apreciarse **necesidad para continuar la actividad** de la empresa en bien o activo alguno.
En caso de **convenio concursal**, puede apremiarse por el importe de los créditos privilegiados no afectados por aquel, desde su aprobación por resolución judicial (LCon/03 art.133.2 derogado).

Son **compatibles** el proceso concursal y el procedimiento administrativo de derivación de responsabilidad, aun cuando en la ejecución de la resolución administrativa que recaiga se realice el aval prestado por los administradores de la entidad en concurso (JM A Coruña núm 1, 6-11-07).

La **posibilidad de ejecutar avales** constituidos en garantía del crédito concursal queda amparada en LCon/03 art.87.6 (JM Barcelona núm 1, 22-4-05). Recogen un compendio de doctrina jurisprudencial al respecto las siguientes resoluciones: TS 22-7-02, EDJ 28325; 27-2-04, EDJ 6311.

Créditos públicos Tras la declaración de concurso, la legislación concursal diferencia claramente el tratamiento de las ejecuciones singulares por créditos públicos contra masa y concursales. **5759**

En la línea iniciada por la jurisprudencia del Tribunal Supremo, la LCon art.248 es clara y prohíbe su **inicio** hasta la aprobación judicial del convenio, al ser esta la fecha de eficacia (LCon art.393.1). La solución es razonable si tenemos en cuenta que estos créditos no pueden conformar el contenido del convenio y que la aprobación de este supone el cese de los efectos que anudados a la declaración de concurso.

El **apremio de créditos concursales públicos** no puede iniciarse tras la declaración de concurso, conforme prohíbe LCon art.142, al igual que las ejecuciones judiciales. Tras la declaración de concurso podrán proseguirse los apremios y ejecuciones iniciados con anterioridad a la misma, siempre que, a dicha fecha -la fecha en la que se dicta el auto de declaración de concurso-, ya se hubiese dictado -aunque no hubiese sido notificada- la diligencia de embargo. Además, será necesario que dicha ejecución se siga frente a bienes o derechos que el juez del concurso declare que no son necesarios para la continuidad de la actividad empresarial o profesional del deudor.

La **competencia** del juez del concurso para emitir dicha resolución es clara (LCon art.52). El pronunciamiento se emite a instancia de parte y siguiendo el **procedimiento** establecido en LCon art.147, pues no se entiende que, en función del crédito ejecutado, deba acudirse a procedimiento diverso, como podría ser la autorización judicial (LCon art.518) o el incidente concursal (LCon art.532 s.). Obtenida la **declaración**, podrá proseguirse el apremio o la ejecución separada, pero para que el producto obtenido se aplique a la **cancelación del crédito ejecutado**, será necesario que no existan créditos con preferencia al cobro ganada en tercería de mejor derecho promovida con base en las preferencias de la Ley Concursal.

La **conclusión** del procedimiento de apremio se produce con la enajenación del bien o derecho afectado o con la publicación de los anuncios de subasta.

Las reglas anteriores se completan con la prohibición del levantamiento de los **embargos administrativos**.

Ejecución de garantías reales (LCon art.145, 147 y 244) **5762**

Como **excepción** al régimen general de ejecución antes visto (LCon art.142), se dispone un régimen propio y novedoso para la ejecución de garantías reales, fundado no en su paralización absoluta, sino en un **aplazamiento** que permita la comprobación de la situación del concursado y la adopción de la decisión más ajustada a los intereses del concurso.

Se regulan los efectos del concurso sobre las **ejecuciones hipotecarias** y otras **garantías de índole real**, distinguiendo entre los supuestos de ejecuciones ya iniciadas antes del concurso o posteriores al mismo, y diferenciando si estas se refieren a bienes del concursado necesarios para la continuidad de su actividad empresarial o profesional. La combinación de ambos criterios da lugar a **cuatro posibles situaciones** (LCon art.145 y 147):

1) Ejecuciones **no iniciadas** que recaigan sobre bienes necesarios para la actividad profesional o empresarial del deudor: los acreedores con garantía real sobre bienes del concursado necesarios para continuar su actividad no podrán iniciar la ejecución o realización forzosa de la garantía hasta que se apruebe un convenio cuyo contenido no afecte al ejercicio de este derecho, o trascurra un año desde la declaración de concurso sin que se hubiera producido la apertura de la liquidación.

Y el mismo precepto dispone que **tampoco se pueden ejercitar**, durante ese tiempo:

- las acciones tendentes a recuperar los bienes vendidos a plazos o financiados con reserva de dominio mediante contratos inscritos en el Registro de Bienes Muebles;
- las acciones resolutorias de ventas de inmuebles por falta de pago del precio aplazado, aunque deriven de condiciones explícitas inscritas en el Registro de la Propiedad; y
- las acciones tendentes a recuperar los bienes cedidos en arrendamiento financiero mediante contratos inscritos en los Registros de la Propiedad o de Bienes Muebles o formalizados en documento que lleve aparejada ejecución (LCon art.147.1).

Precisiones En particular, **no se consideran necesarias** para la continuación de la actividad las acciones o participaciones de sociedades destinadas en exclusiva a la tenencia de un activo y un pasivo necesario para su financiación, siempre que la ejecución de la garantía constituida sobre las mismas no suponga causa de resolución o modificación de las relaciones contractuales a las que, estando sujeta la referida sociedad, permitan al deudor mantener la explotación del activo (L 17/2014).

5763 MPCI nº 10890 2) Ejecuciones **no iniciadas sobre bienes no necesarios** para la actividad profesional o empresarial del deudor: en cuanto a este supuesto la ley no dice nada, pero no se considera aplicable el criterio general sentando en LCon art.244 -que impediría la ejecución- sino LCon art.147.1, interpretado a *sensu contrario*, que permitiría iniciar la ejecución. El problema en este supuesto es de quién es la competencia, del juez de la Sección Civil del Tribunal de Instancia -hasta su constitución, del juez de primera instancia- o del juez del concurso.

3) Ejecuciones **iniciadas sobre bienes necesarios** para la actividad profesional o empresarial del deudor: en este caso, las actuaciones ya iniciadas en ejercicio de las acciones ejecutivas se suspenderán desde que la declaración del concurso, sea o no firme, conste en el correspondiente procedimiento, aunque ya estuvieran publicados los anuncios de subasta del bien o derecho. Y que solo se alzará la suspensión de la ejecución, y se ordenará que continúe cuando se incorpore al procedimiento testimonio de la resolución del juez del concurso que declare que los bienes o derechos no son necesarios para la continuidad de la actividad profesional o empresarial del deudor (LCon art.145.2 y 146).

4) Ejecuciones ya **iniciadas cuando se declara el concurso**: para este supuesto la ley no da la respuesta, pero es claro que no es aplicable el general LCon art.244 -que impediría la ejecución- sino LCon art.147.1, interpretado a *sensu contrario*, que conduciría a que las ejecuciones no se suspendieran y continuaran su tramitación normal.

Precisiones La L 17/2014 modifica la referencia anteriormente contenida en LCon/03 art.56 (LCon art.147) a **bienes afectos** a la actividad profesional o empresarial del deudor o a una unidad productiva de su titularidad, sustituyéndola por la hecha a los **bienes necesarios** para la continuidad de su actividad empresarial o profesional, unificando así la terminología empleada en este precepto y en LCon art.244.

5764 **Competencia** El régimen de incidencia de la declaración del concurso de acreedores sobre las ejecuciones con garantía real que incidan sobre bienes del deudor plantea dos grandes **cuestiones** desde el punto de vista de la competencia:

1) Qué órgano judicial es el competente para resolver si los bienes son **necesarios para la continuidad de la actividad profesional o empresarial** del deudor. En este punto es claro que dicha competencia corresponderá a la **Sección de lo Mercantil** del Tribunal de Instancia -hasta su constitución, al juzgado de lo mercantil- que conozca del concurso (TS 12-12-06 -Sala de Conflictos-; AP Madrid 11-10-07, EDJ 238874; JM Madrid auto 15-1-10), por los motivos siguientes: *vis atractiva* del concurso, y tutela del principio de continuidad de la actividad económica desarrollada por el concursado de acuerdo con LCon art.111 y 206.

2) Qué juez debe conocer de la solicitud de ejecución en los supuestos en los que se acuerde que la ejecución puede iniciarse o continuarse, no obstante el concurso, al no referirse a bienes necesarios para continuar la actividad profesional o empresarial del deudor.

En este caso las ejecuciones ya iniciadas continúan ante el **juez civil**, mientras que respecto de las ejecuciones que puedan iniciarse *a posteriori* existe cierta polémica doctrinal que se ha trasladado a los tribunales: mientras algunas resoluciones consideran que la competencia para conocer de esas ejecuciones hipotecarias es del **juez del concurso** (AP Barcelona auto 28-6-07, EDJ 146381), con base en LCon/03 art.8 -actual LCon art.52- que define la competencia de dicho juez de forma exclusiva y excluyente para el conocimiento de toda acción de trascendencia patrimonial para el patrimonio del concursado, y de toda ejecución de contenido patrimonial contra los bienes y derechos del concursado ejecutado, la tesis mayoritaria se inclina por entender que la competencia es del **juez civil ordinario**, con base en que la *vis atractiva* de la jurisdicción del concurso sobre la ejecución de las garantías reales que aparece prevista en LCon art.148.1 y 2 únicamente operará cuando concurran los requisitos de tratarse de una garantía real que recaiga sobre bienes necesarios para continuar la **actividad profesional o empresarial** del deudor, pues en el caso de tratarse de garantías reales constituidas sobre bienes no efectos, el inicio de tales acciones gozará del privilegio procesal de la **ejecución separada** (JM Alicante auto 3-7-07). Cuando se trata de ejecuciones hipotecarias no dirigidas contra bienes afectos o necesarios para la continuidad de la actividad económica del concursado, o al menos hasta que esto se declare por la Sección de lo Mercantil del Tribunal de Instancia -hasta su constitución, por el juzgado de lo mercantil- que conoce del concurso, no rige la excepción a la competencia objetiva de la Sección Civil del Tribunal de Instancia -hasta su constitución, de los juzgados de primera instancia-.

Corresponde al juez del concurso determinar si un bien resulta necesario para la continuidad de la actividad profesional o empresarial del deudor (LCon art.147.1).

Supuestos En cuanto a la **determinación de las ejecuciones** que entran en este singular régimen, sobre la base de las garantías reales: 5765
1) Se excluyen las garantías:
- respecto de las que el concursado no es su propietario (LCon art.147);
- cuando los bienes sobre los que recaiga no sean necesarios para continuar la actividad empresarial (LCon art.147.1 y 3).
2) Se asimilan al concepto de garantías reales determinados créditos por derechos de uso, garantía o retención y con derecho de recuperación de los bienes, pero que tienen excluido este derecho en sede concursal (LCon art.239). En concreto, se trata de los derivados de contratos inscritos en el Registro de bienes muebles o los cedidos en arrendamientos financieros formalizados en documento que lleve aparejada ejecución o haya sido inscrito en el referido registro, o a los derivados de acciones resolutorias de ventas de inmuebles por falta de pago del precio aplazado, aunque deriven de condiciones explícitas inscritas en el Registro de la Propiedad (LCon art.147.1).

Precisiones La consideración como **necesario para continuar la actividad** de un bien, es una cuestión de hecho, sometida a las reglas de la carga de la prueba. A su vez, el concepto «afecto» indicado es jurídicamente indeterminado. Puede atenderse a criterios contables, entendiendo por tales los bienes que figuran en el inmovilizado de la empresa; o bien a criterios fiscales; o a otros de diversa índole.

Régimen especial de la ejecución Se reconoce el derecho a la **ejecución separada** contra el bien necesario, si bien se sujeta este derecho a un plazo de espera y a un límite máximo. 5766 MPCI nº 10894
a) **Restricciones temporales a la ejecución**. Para las **ejecuciones no iniciadas**, se impone un plazo mínimo y un plazo máximo para promover tal ejecución (LCon art.148 y 149):
• De una parte, no pueden iniciarse nuevas ejecuciones hasta la aprobación de un convenio o hasta que transcurra un año desde la declaración de concurso sin que se haya iniciado la liquidación.
• De otra parte, no se permite al acreedor iniciar estas acciones una vez abierta la fase de liquidación para que no interfiera con tales operaciones. No obstante, los titulares de garantías reales recuperan el derecho de ejecución o realización forzosa cuando transcurra un año desde la apertura de la liquidación sin que se haya enajenado el bien o derecho afecto.
Las **ejecuciones en curso** se han de suspender en el estado en que se hallen. No obstante, esta suspensión es temporal, pues las actuaciones de ejecución continúan cuando transcurre el plazo de un año y, en todo caso, en el momento en que se abre la fase de liquidación, si bien sometidas a la jurisdicción del juez del concurso, conforme a las normas que se exponen a continuación.

Precisiones 1) Corresponde al juez del concurso decidir si el bien contra el que se sigue una ejecución hipotecaria es necesario para la **continuidad de la actividad del concursado** y es el juez ante el que se sigue la ejecución hipotecaria quien habrá de pronunciarse sobre si procede la suspensión a que se refiere el LCon/03 art.56 -actual LCon art.147- puesto que, para decidir sobre tal suspensión es preciso apreciar ciertos extremos que resultan directamente del proceso de ejecución hipotecaria que ante él se sigue; fundamentalmente:
- si no están publicados los anuncios de subasta al tiempo de la declaración de concurso -en ejecuciones sometidas al régimen anterior a la L 38/2011-, será precio constatar por parte del juez de la ejecución que el juez concursal ha declarado o no que se trata de un bien necesario para la continuidad de la actividad; y
- si el bien ha sido ya adjudicado en el seno del proceso de ejecución, el juez de la ejecución podrá denegar la suspensión, puesto que en tal caso el bien habría salido ya del patrimonio del deudor (AP Madrid 9-2-10).
2) La **competencia** para ejecutar bienes hipotecados o con garantía real no necesarios para la continuidad de la actividad no corresponde al juez del concurso -que solo debe asumir la ejecución de los bienes afectos a la actividad empresarial del concursado-, sino a la Sección Civil del Tribunal de Instancia -hasta su constitución, al juzgado de primera instancia- donde radique la finca hipotecada (JPI Toledo núm 1 21-3-11 concurso 970/09).

b) **Procedimiento de ejecución**. Transcurridos los plazos de espera vistos, la ejecución puede iniciarse, o continuar, sometida a las **reglas** siguientes (LCon art.145 y 244): 5767
• Corresponde su conocimiento al juez del concurso, en pieza separada.
• Las actuaciones de ejecución continúan hasta la satisfacción del crédito y no pueden ser suspendidas por razón de las vicisitudes propias del concurso.
• El juez ha de aplicar la normativa que proceda, ya se trate de una ejecución judicial o extrajudicial.
• La realización de los bienes se ha de llevar a cabo en subasta, salvo que, a solicitud de la administración concursal y con audiencia del concursado y del acreedor titular del privilegio,

el juez autorice la venta al contado por un precio superior al precio mínimo pactado; es decir, al valor de tasación.

• La autorización judicial y las condiciones de la venta han de ser anunciadas con la misma publicidad que corresponde a la subasta, al objeto de que durante los 10 días siguientes a la última publicación se puedan presentar mejores ofertas. En tal caso, se abre una licitación entre los oferentes.

5768 c) **Facultad de redención** (LCon art.147.3, 249 y 250). Se faculta a la administración concursal para, en interés del concurso, evitar la realización de los bienes o derechos necesarios para la continuidad de la actividad, por medio del pago de los créditos con cargo a la masa. Ello sometido a las siguientes **reglas**:

• Debe ser decidida por la administración concursal, con independencia del régimen a que esté sujeto el deudor -suspensión o intervención-.

• Debe ser comunicada por la administración concursal al acreedor en cuestión durante el tiempo en que se encuentran paralizadas las acciones referidas -antes de su inicio-, o mientras se hallan suspendidas, las ya iniciadas, pero no después.

• Comunicada esta opción, la administración concursal debe abonar de inmediato el crédito ya vencido, con intereses, y asumir la obligación de abonar los que queden por vencer, que han de tener la condición de créditos contra la masa en cuantía que no exceda del valor de la garantía, calculado conforme a LCon art. 285 s. En caso de incumplimiento, el acreedor puede promover la ejecución, con lo que desaparece la restricción temporal antes analizada.

5769 MPCI nº 10900 d) **Venta del bien objeto de la garantía** (LCon art.212.1). Por último, se faculta, bien por razones de difícil conservación u oportunidad, a la venta del bien objeto de garantía durante la tramitación del concurso. Esta venta debe ser autorizada por el juez, a solicitud de la administración concursal, con audiencia del concursado y del acreedor titular del privilegio. Y se puede efectuar:

- con **subsistencia del gravamen** y, por tanto, sin pagar al acreedor privilegiado -el adquirente se subroga en las obligaciones garantizadas;
- con **cancelación de la carga**, en cuyo caso queda excluida de la masa pasiva y el precio se ha de destinar, en primer término, al pago del titular del privilegio.

e) **Déficit de satisfacción del crédito garantizado**. En el supuesto de que la garantía hipotecaria o real no cubra el importe del crédito y, en su caso, intereses, no ha lugar a despachar la ejecución (LEC art.579) contra otros bienes o derechos integrantes de la masa activa.

En caso de haberse aprobado judicialmente un **convenio concursal**, si se permitiera que una ejecución hipotecaria pudiera seguir con la traba de otros bienes de la masa activa por ser insuficiente el producto de la realización de la garantía, ello supondría tanto como conferir al acreedor hipotecario un crédito con privilegio general para el cobro del déficit que no le ha sido reconocido y que no tiene encaje en LCon art.280.

Por ello, el tratamiento concursal que el déficit debe recibir, una vez determinado su importe, es el propio de los créditos ordinarios, respecto del principal, y el de los subordinados (LCon art.281), respecto de los intereses devengados hasta la fecha de declaración del concurso, que la garantía no ha cubierto, para ser pagados conforme al convenio (JM A Coruña núm 1, 29-11-11, Proc 42/11).

En el supuesto **de no haber convenio** aprobado, se integrará el remanente de crédito en la masa pasiva, como crédito ordinario o subordinado, conforme a las reglas generales. Cuando se trate de derechos de crédito que, además de contar con garantía hipotecaria o real, ostenten condición de privilegiados en todo o parte -p.e. los tributarios o los de Seguridad Social-, el déficit de realización tendrá el tratamiento correspondiente a su naturaleza, en defecto de la garantía -privilegiado general en todo o en parte- (LCon art.280).

5770 **Medidas cautelares** (LCon art.18, 52 y 54) Además de la expresa atribución de **competencia** al juez del concurso para la adopción de medidas cautelares que afecten al patrimonio del concursado, se le otorga igualmente sobre las medidas cautelares que afecten o pudieran afectar a los bienes y derechos del concursado integrados o que se integren en la masa activa, cualquiera que sea el tribunal o la autoridad administrativa que la hubiera acordado, excepto las que se acuerden en los procesos de adopción de medidas judiciales de apoyo a personas con discapacidad, filiación, matrimonio y menores.

No obstante, pueden deducirse de las normas del concurso las siguientes **excepciones** o matizaciones:

1) Tal **competencia** no se extiende a las medidas que no afecten al patrimonio del concursado o las que se adopten en los procesos civiles sobre capacidad, filiación, matrimonio y menores, que quedan excluidos de su jurisdicción (LOPJ art.86.7 redacc LO 1/2025; LCon art.54).

2) Para los **procedimientos de ejecución no paralizados**, se acepta la posibilidad de adopción de medidas cautelares de constancia registral, que establece que practicada la anotación preventiva, o la inscripción, no podrán anotarse respecto de aquellos bienes o derechos más embargos o secuestros posteriores a la declaración de concurso que los acordados por el juez de este, salvo lo establecido en LCon art.142 y 144.1.

3) Las medidas cautelares del **procedimiento penal concurrente** sobre el patrimonio del concursado se someten al especial régimen establecido en LCon art.520, que dispone que admitida a trámite querella o denuncia criminal sobre hechos que tengan relación o influencia en el concurso, será de competencia del juez de este adoptar las medidas de **retención de pagos** a los acreedores inculpados u otras análogas que permitan continuar la tramitación del procedimiento concursal, siempre que no hagan imposible la ejecución de los pronunciamientos patrimoniales de la eventual condena penal.

4) En la decisión sobre medidas cautelares que afecte a **derechos que se ventilen en otras jurisdicciones**, se puede producir una anormal disociación entre la vía declarativa judicial y la medida cautelar que instrumentalmente debe venir vinculada a aquella, con el consiguiente riesgo de inconstitucionalidad (TCo 199/1998). De esta forma, el juez concursal no puede impedir la efectividad de la resolución judicial de otro órgano judicial, ni exceder de la finalidad de ese tipo de medidas.

Responsabilidad del FOGASA (ET art.33.1 y 33.3; RD 505/1985 art. 16; LRJS art. 248.3; LCon art.119, 142, 143, 158, 242.8º, 310.2.1º y 508.2) En caso de **insolvencia o concurso** del empresario, el FOGASA ha de abonar a los trabajadores el importe de los salarios que tuviesen pendientes por alguna de estas causas. Las indemnizaciones a abonar a cargo del FOGASA, con independencia de los que se pueda pactar en el proceso concursal, se calculan sobre la base de 20 días por año de servicio, con el límite máximo de una anualidad, sin que el salario diario, base del cálculo, pueda exceder del doble del SMI, incluyendo la parte proporcional de las pagas extraordinarias. **5770.1**

Respecto al límite de responsabilidad del FOGASA para indemnizaciones y para salarios, ver nº 8049 s. Memento Social 2026.

Cuando en los procedimientos concursales se tenga conocimiento de la existencia de créditos laborales o se presuma la posibilidad de su existencia, el letrado de la Administración de Justicia debe citar al FOGASA (LRJS art.23). Se persona, una vez citado, en el expediente como **responsable legal subsidiario** del pago de los créditos salariales, y, una vez realizado este, continúa como acreedor en el expediente, subrogándose en los créditos con la misma clasificación.

La **solicitud** de concesión de prestaciones del FOGASA, por hallarse la empresa sometida a dicho procedimiento, puede presentarse en cualquier momento de su tramitación, aun cuando ya se haya aprobado convenio con los acreedores. Si la solicitud se formula una vez **firmado el convenio** con los acreedores, se debe justificar que este se halla en fase de cumplimiento, acreditándose, en su caso, las cantidades percibidas por los trabajadores correspondientes al crédito laboral.

El reconocimiento del derecho a la prestación exige que los créditos de los trabajadores aparezcan incluidos en la **lista de acreedores**, o reconocidos como **créditos contra la masa**, en cuantía igual o superior a la que se solicite del FOGASA. Si la cuantía solicitada es inferior a la reconocida en la lista, los trabajadores han de reducir su solicitud, o reintegrarla si ya la hubieran percibido.

Es posible el reconocimiento de créditos concursales a los trabajadores pese a **no haber sido incluidos** en los textos definitivos, cuando después de presentado el informe inicial o el texto definitivo de la lista de acreedores, se inicia un proceso laboral que pueda suponer el reconocimiento de un crédito concursal.

Si durante la tramitación del procedimiento administrativo se produce **desistimiento** de la empresa, o recae resolución judicial denegando la solicitud del concurso o acordando su **sobreseimiento**, se procede al archivo del expediente y se comunica a los interesados advirtiéndoles de su derecho a plantearlo por la vía de la insolvencia.

La tramitación del procedimiento concursal **suspende el cómputo de la prescripción** de las acciones contra el deudor por los créditos anteriores a la declaración de concurso y se entiende que hay que prolongar sus efectos desde la iniciación hasta la conclusión del concurso, hasta que por decisión judicial se ponga fin al trámite (TS 11-7-01, EDJ 35631).

Protección transnacional del FOGASA (ET art.33.10 y 11; L 38/2007 disp.trans.1ª) Se amplía la protección del FOGASA para todos aquellos procedimientos colectivos basados en la insolvencia del empresario, en relación con los créditos impagados de los trabajadores que **ejerzan o hayan ejercido habitualmente** su trabajo en España, cuando pertenezcan a una empresa con actividad en el territorio de, al menos, dos Estados miembros de la UE, uno de **5770.2**

los cuales sea España. Para ello, deben concurrir, conjuntamente, las siguientes **circunstancias**:
a) Se haya solicitado la apertura de un **procedimiento colectivo** basado en la insolvencia del empresario en un Estado miembro distinto de España, que implique el desapoderamiento parcial o total del empresario y el nombramiento de un síndico o persona que ejerza una función similar.
b) Se acredite que la **autoridad competente** ha decidido la apertura del procedimiento; o bien que ha comprobado el cierre definitivo de la empresa o el centro de trabajo del empresario, así como la insuficiencia del activo disponible para justificar la apertura del procedimiento.

2. Efectos sobre los créditos en particular

5771 MPCI nº 10910, 10914 s. **Compensación** (LCon art. 153.2) La compensación, como forma de extinción de las obligaciones, queda directamente afectada, **prohibida** tras la declaración de concurso y hasta, en su caso, la aprobación del convenio no declarado incumplido (TS 8-4-16, EDJ 40495), salvo la compensación conforme a las normas de Derecho internacional privado y la compensación de los créditos que nazcan de una misma relación jurídica, aunque la determinación de su importe respectivo se declare en proceso judicial posterior a la declaración del concurso de una de las partes (TS 25-3-21, EDJ 519484). Una vez declarado el concurso, no procederá la compensación de los créditos y deudas del concursado, pero producirá sus **efectos** la compensación cuyos requisitos hubieran existido con anterioridad a la declaración, aunque la resolución judicial o acto administrativo que la declare se haya dictado con posterioridad a ella y aunque los créditos hubieran sido comunicados en el concurso.
Como consecuencia de la contienda que implica (CC art.1196), el régimen general impone que, declarado el concurso, no procede la compensación de los créditos y deudas del concursado, pero esta prohibición **no es absoluta** (AP León 12-11-10, EDJ 291341), pues producirá sus efectos la compensación cuyos requisitos hayan existido con anterioridad a la declaración, de modo que será preciso analizar si antes de la fecha del auto que declaró el concurso de acreedores concurrían las condiciones esenciales de **identidad subjetiva** entre los obligados al pago, de modo que ambos sean deudor y acreedor recíprocamente, y de **vencimiento**, **liquidez** y **exigibilidad** de las obligaciones que impone el CC para que tenga lugar la **compensación legal** (AP Palencia 11-10-10, EDJ 266561).
Desde el punto de vista procesal se impone que, en caso de **controversia** en cuanto a este extremo, esta se resuelva a través de los cauces del **incidente concursal** (LCon art.153.2).
Sin embargo, existen notables **excepciones** a este efecto general:
1) Las derivadas de la legislación especial que regula el **sector financiero** en materia de compensación (LCon art.578).
2) Las previsiones de los supuestos de **insolvencia transfronteriza o internacional** (LCon art.727; Rgto UE 848/2015 art.9).
3) La aceptación de los acuerdos de compensación en los términos previstos en la **legislación tributaria**, si bien dicha excepción ha sido muy restringida por la doctrina del Tribunal de Conflictos de Jurisdicción (LGT art.164.4; LGP art.10.2; TCJ 24-4-06; 28-6-04; 22-6-09).

5772 Precisiones **1)** Los créditos contra la masa **no se integran en la masa del concurso**, por lo que no les afecta en principio la prohibición de LCon/03 art.58 -LCon art.153- (TS 17-7-19, EDJ 651208; 25-3-21, EDJ 529484).
2) Pueden sostenerse los siguientes criterios generales en materia de **compensación de créditos tributarios** y deudas ante el concurso (LCon art.153.2 y 727; LGT art.164.4):
• El **acuerdo administrativo** de compensación dictado con anterioridad a la declaración del concurso es válido y eficaz en sede concursal, debiendo insinuarse en el proceso judicial únicamente el saldo resultante a favor de la Administración que ha compensado, en caso de compensación parcial.
• Los **créditos contra la masa** (LCon art.242) son siempre compensables con los **créditos reconocidos a favor del concursado**, haya tenido lugar el reconocimiento de estos antes o después de la fecha del auto declarativo del concurso. No obstante, la Administración tributaria no puede dictar providencia de apremio en relación con estos créditos (LCon art.248; nº 5876).
• No son compensables los créditos **integrados en la masa del concurso**, salvo en el seno de un convenio general o de un acuerdo singular concursal.
3) De acuerdo con lo expuesto, se ha admitido la **extinción por compensación** de créditos tributarios contra la masa, en tanto que la prohibición de compensación -LCon art.153.2- se limita a los créditos concursales (JM Sevilla núm 1, 14-4-11, EDJ 400585).
4) La **competencia** para conocer sobre la procedencia de la compensación de créditos en el caso de **emisión de facturas rectificativas de IVA** corresponde al juez del concurso. Ha de distinguirse la competencia para liquidar el IVA, que es propia de la AEAT, de la calificación concursal que corresponde al crédito derivado de tales facturas rectificativas, que pertenece al juez mercantil. En tanto

la compensación realizada incide en esta calificación, se considera competente para pronunciarse sobre aquella al juez, pues lo contrario supone configurar como contra la masa, de hecho, un crédito al margen del proceso concursal (TCJ 25-2-13, EDJ 25468; 14-12-11, EDJ 310112; 22-6-09, EDJ 151137; 25-6-07, EDJ 144168).

5) Sobre **compensación** ha de tenerse en cuenta lo dispuesto en RIVA art.24.1 y 2 (nº 11203 Memento Procesal Civil 2026).

6) Cuando las obligaciones que se pretenden compensar surgen de **contratos distintos** ha de examinarse si los requisitos para la compensación existían antes de la declaración de concurso, no solo respecto de la compensación legal, sino convencional, en cuyo caso no son requisitos legales, sino convencionales (TS 19-11-25, EDJ 765093).

Suspensión del devengo de intereses (LCon art.152, 281.1.3º, 393 y 394) Tras la declaración de concurso se produce la suspensión del devengo de intereses de cualquier **origen**, legal o convencional. **5773** MPCI nº 10920

Esta suspensión opera del siguiente modo:

1) Comprende los intereses **devengados durante la tramitación** del concurso, ya sea su origen contractual o legal y con las excepciones que se comentan en nº 5776.

2) No afecta a los intereses **devengados antes de ser declarado** el concurso. Estos créditos por intereses tienen la condición de créditos subordinados.

La clara **finalidad** a la que atiende la regla de suspensión del devengo de intereses es, por un lado, la de inmovilizar en lo posible el pasivo del concurso, evitando que este siga aumentando durante el transcurso del procedimiento en perjuicio de la perspectiva de cobro del resto de acreedores y entorpeciendo notablemente la consecución de una solución concursal, ya sea la convencional o la liquidativa; y, de otro lado, equiparar en el trato a los distintos acreedores concursales sin hacer de peor condición a los titulares de créditos que no tuvieran a su favor dicho devengo.

Precisiones **1)** No se aclara si la suspensión comprende solo los intereses de los **créditos anteriores a la declaración** de concurso (de la masa pasiva) o si también abarca los intereses de los **créditos contra la masa**. Estos últimos son pagaderos a su vencimiento y, como tales, son exigibles, por lo que parece lógico pensar que devengan interés (LCon art.244; en este sentido, AP Barcelona 8-7-09, EDJ 253902). No obstante, la cuestión es discutible, pues la LCon art.320 y 440 no hace distinción alguna.

2) Respecto a cómo afecta la LCon art.152 a los contratos de **permuta financiera** o *swaps* que hubiera suscrito el deudor, ver nº 10920 Memento Procesal Civil 2026.

3) En relación con el devengo y la liquidación de intereses respecto del **fiador solidario**, ver nº 10920 Memento Procesal Civil 2026.

El devengo de intereses simplemente se suspende al ser declarado el concurso. Lo que significa que la **reanudación del devengo de intereses** se produce del modo siguiente: **5775**

• Si el concurso conduce a un **convenio**, los intereses vuelven a correr en el momento en que este sea aprobado por sentencia, pues esta determina el cese de todos los efectos de la declaración de concurso. Adicionalmente, en caso de convenio, la ley deja libertad a las partes para pactar el pago total o parcial de los intereses que no se han devengado durante la tramitación del concurso, calculados al tipo legal o al tipo convencional si es menor.

• En caso de **liquidación**, si después del pago de la totalidad de los créditos concursales resulta remanente, se han de abonar los intereses no devengados durante la tramitación del concurso. Tales intereses deben abonarse al tipo de interés convencional o, a falta de pacto, al tipo legal correspondiente.

Precisiones Las **facultades de comprobación e investigación** de la Administración Tributaria para la práctica de liquidaciones tributarias se mantienen cuando la entidad ha sido declarada en concurso de acreedores, cualquiera que sea la fase de tramitación en que se encuentre el mismo. Sin embargo, el concurso impone determinadas restricciones respecto de los **intereses legales o convencionales**, cuyo devengo se suspende al ser declarado el concurso, de manera que no son cuantificables y, por tanto, exigibles hasta que el concurso llegue a una solución de convenio o liquidación (DGT Resol 28-11-11, C 1792/10).

Excepciones (LCon art.152 y 244) Como excepciones a este régimen se contemplan las siguientes: **5776** MPCI nº 10926

1) En el caso de que exista **garantía real**, los intereses se devengarán hasta donde alcance la garantía.

La declaración del concurso no afecta a la producción de los intereses garantizados por hipoteca, y esta no afección se predica no solo de los intereses **convencionales** o **remuneratorios** sino también de los intereses **moratorios**, de acuerdo con LCon art.281 (los créditos por intereses, incluidos los moratorios, son de naturaleza subordinada, salvo los relativos a créditos con garantía real, hasta donde alcance la respectiva garantía). Este trato especial encuentra su confirmación en LCon art.430.2 (adoptada la decisión de no realizar las cargas que pesaran sobre los bienes del concursado, habrán de satisfacerse la totalidad de los plazos e intereses vencidos hasta ese momento, y seguir atendiendo los que vencieren, con cargo a la masa). El trato económico es el mismo que si no hubiera concurso de acreedores (AP Zaragoza 4-12-08, EDJ 348133).

2) Los **créditos salariales reconocidos** -los que se integran en el listado de acreedores incluidos- devengan intereses, al tipo del interés legal (nº 4669), aunque el crédito por interés tiene la consideración de subordinado.

De modo que, en relación con el crédito salarial impagado, proceden los intereses según ET art.29.3 hasta la fecha de la declaración del concurso de acreedores, debiendo regir a partir de entonces la regla especial de LCon art.152.2, pues este precepto dispone que desde la declaración del concurso los créditos salariales que resulten reconocidos devengarán intereses conforme al interés legal del dinero fijado en la correspondiente Ley de Presupuestos.

Precisiones El interés legal del dinero para el año **2021** asciende al tipo del 3% (L 11/2020 disp.adic.49ª).

5778 **Suspensión del derecho de retención** (LCon art.154) Se dispone a estos efectos lo que sigue:

1) Declarado el concurso, quedará suspendido el ejercicio del derecho de retención sobre **bienes y derechos** integrados en la masa activa.

2) Si en el momento de conclusión del concurso esos bienes o derechos **no hubieran sido enajenados**, deberán ser restituidos de inmediato al titular del derecho de retención cuyo crédito no haya sido íntegramente satisfecho.

3) Esta suspensión no afectará a las retenciones impuestas por la **legislación administrativa, tributaria, laboral y de seguridad social**.

Precisiones La retención no puede resistir la apertura de la **fase de liquidación**, que presupone la necesidad de que todo el patrimonio del deudor se liquide para hacer pago a los acreedores (AP Madrid 3-7-17, EDJ 250060). Tras la **declaración de concurso**, la retención practicada queda sin efecto, se suspende, se paraliza, como si no hubiera tenido lugar (AP Madrid 23-3-14).

5779 **Prescripción** (LCon art.155) Durante el tiempo que transcurre entre la declaración de concurso y la terminación del procedimiento, esto es, durante la tramitación del concurso, **se interrumpe el cómputo** del plazo de prescripción de las acciones contra el deudor y contra los socios, administradores, liquidadores y auditores de la persona jurídica deudora.

Se establecen, pues, distintos **supuestos** (según criterio, actualizado, de JM Oviedo auto 13-12-05):

1) Interrupción de la prescripción de las **acciones individuales contra el deudor**: la Ley Concursal establece una regulación precisa a propósito del derecho que asiste a los titulares de créditos contra el deudor fallido, estableciendo que estos deberán comunicar sus créditos en el concurso como requisito necesario para su reconocimiento en la lista de acreedores y su integración en la masa pasiva (con las excepciones previstas en LCon art.260.1), siendo en el seno del concurso donde se habrán de ventilar las controversias relativas a la realidad del crédito, su cuantificación y clasificación. Lo anterior lleva aparejada como medida correlativa e imprescindible la imposibilidad de ejercitar demandas ante los órdenes civil y social en solicitud del mismo derecho que incumbe al juzgador del concurso (LCon art.136.1).

2) Interrupción de la prescripción de las **acciones contra los socios** del deudor persona jurídica: la norma debe en este punto ponerse en relación con el régimen establecido en LCon art.131; de conformidad con él nos encontramos de nuevo ante el patrimonio de terceras personas como son los socios que resulten subsidiariamente responsables de las deudas de la sociedad -singularmente los socios de la sociedad civil, sociedad colectiva, socios colectivos de la sociedad comanditaria simple o por acciones y socios comanditarios cuyo nombre se incluya en la razón social- cuya responsabilidad debe reclamarse también en el seno del concurso, conforme a la legitimación exclusiva que asiste a la administración concursal. Se configura un sistema especial de reintegración de la masa activa por cuya virtud lo que se obtenga por el ejercicio exitoso de tales acciones no pasará directamente al patrimonio de los acreedores sino a la masa activa del concurso. En cuanto a la tempestividad para su ejercicio ante el juez del concurso (LCon art.52), no podrá reclamarse esta responsabilidad hasta la aprobación del convenio o la liquidación del patrimonio social, lo que así resulta por aplicación de la regla de subsidiariedad propia de la responsabilidad de los socios por las deudas sociales. Cabe por lo tanto concluir aquí también que la interrupción de la prescripción de las acciones contra los socios que sanciona LCon art.155.3 encuentra su fundamento en la imposibilidad de dirigirse extra concursalmente contra ellos en tanto no se alcance la conclusión del concurso.

3) Interrupción de la prescripción de las **acciones contra liquidadores y auditores** del deudor persona jurídica: se trata también del patrimonio de terceras personas cuya responsabilidad ante la masa del concurso, solicitada por la administración concursal (LCon art.131.2), debe ser ventilada ante el juez del concurso (LCon art.52.8ª), por lo que apareciendo vedada su reclamación extraconcursal el plazo prescriptivo quedará interrumpido hasta la conclusión del procedimiento universal. 5780

4) Interrupción de la prescripción de las **acciones contra los administradores** del deudor persona jurídica: también aquí la interrupción obedece a la imposibilidad de dirigirse extra concursalmente frente a los administradores sociales en ejercicio de las acciones generales de responsabilidad (LCon art.52.8ª), pues en lo que a ellas respecta en modo alguno puede sostenerse que la incoación del proceso concursal produzca por sí sola una rotura del silencio de la relación jurídica, o sirva como interpelación judicial hábil para interrumpir la prescripción, dada la total ausencia de identidad entre la responsabilidad concursal y la responsabilidad prevista en la regulación societaria, siendo lo cierto que esa perfecta identidad es exigida como presupuesto indispensable de la eficacia interruptiva.

A la **terminación del concurso** el cómputo del plazo que haya quedado interrumpido se iniciará de nuevo desde el principio, por ser este el efecto típico de la prescripción.

El ***dies a quo*** para la interrupción es el correspondiente al momento de la **declaración** del concurso, mientras que el ***dies ad quem*** lo será el momento de la **conclusión** del concurso, en el que queda nuevamente expedita la posibilidad de ejercicio de las respectivas **acciones individuales**, como expresamente se dispone en LCon art.483.

La interrupción de la prescripción no perjudica a los **deudores solidarios**, ni tampoco a los fiadores y avalistas (LCon art.155.2).

Por otra parte, a estos efectos que la L 38/2011 traslada la **regulación de los efectos** de la declaración de concurso sobre las acciones contra los socios al vigente LCon art.131, mientras que la regulación de los efectos de la declaración de concurso sobre las acciones contra los administradores, auditores o liquidadores del deudor persona jurídica pasa al vigente LCon art. 131.2.

Acciones La interrupción del cómputo de los plazos de prescripción afecta a las siguientes **acciones**: 5781 MPCI nº 10938

a) Las que tienen **trascendencia patrimonial**, que son las que quedan afectadas por la declaración de concurso.

b) Las que tienen su **origen en créditos anteriores a la declaración** de concurso, lo que excluye las relativas a créditos postconcursales. No obstante, como los acreedores no pueden plantear reclamaciones por este concepto hasta que se apruebe un convenio, se abra la liquidación o transcurra un año desde la declaración de concurso sin que los anteriores acontecimientos se hayan producido, parece lógico entender que la prescripción solo empieza a correr desde el momento en que estas acciones pueden ejercitarse (LCon art.430.1).

c) Las que se dirigen **contra el concursado**. Las acciones que pueda ejercitar el concursado -en su caso, a través de la administración concursal- no se ven afectadas por la declaración de concurso, a ningún efecto.

d) Las acciones **contra socios y administradores, liquidadores y auditores** de la persona jurídica deudora.

Por último, esta causa de interrupción tiene una regulación especial en el **ámbito tributario**, limitándola al derecho de la Administración para exigir el pago de las deudas tributarias liquidadas y autoliquidadas.

Obligaciones a plazo (LCon art.222 s.) El **vencimiento anticipado** de los créditos aplazados y la **conversión en dinero** de aquellos que consistan en otras prestaciones, solo se produce en el momento de la apertura de la fase de liquidación. El vencimiento anticipado produce sus efectos sobre los actos administrativos de aplazamiento o fraccionamiento anterior que no se vieran afectados por la declaración de concurso. 5783 MPCI nº 10940

D. Efectos sobre los contratos

La Ley regula con detalle los efectos del concurso sobre los contratos, refiriéndose principalmente a los contratos con **obligaciones recíprocas** -sinalagmáticos (nº 5787)- y a los contratos de **naturaleza laboral** (nº 5815) **y administrativa** (nº 5805). 5785

1. Contratos con obligaciones recíprocas

5787 Los contratos sinalagmáticos o con obligaciones recíprocas son aquellos que generan **obligaciones recíprocas para ambas partes**, existiendo una vinculación a efectos de cumplimiento entre las obligaciones a cargo de cada parte (CC art.1124).

5788 **Reglas generales** (LCon art.158) Como regla general, los contratos bilaterales en que es parte el concursado no se ven afectados por la declaración de concurso, manteniéndose las obligaciones pendientes de cumplimiento en el momento en el que el concurso se declara, tanto las que incumben al concursado como las que incumben a la otra parte, que no puede suspenderlas o modificarlas. Las prestaciones a que esté obligado el concursado se realizarán con cargo a la masa.

MPCI nº 10954 s.

La regla legal es que la declaración de concurso, por sí sola, no afecta a la vigencia de los contratos que se encuentren en la indicada situación, y las prestaciones a que esté obligado el concursado se realizarán con cargo a la masa, es decir, constituirán un **crédito contra la masa**. La norma se coordina con LCon art.242.9º, que establece que son créditos contra la masa los que, conforme a la ley, resulten de prestaciones a cargo del concursado en los contratos con obligaciones recíprocas pendientes de cumplimiento que continúen en vigor tras la declaración de concurso (AP Barcelona 6-10-10, EDJ 298807). Si bien es cierto que calificar como crédito contra la masa la prestación pendiente a cargo del deudor solo tiene sentido cuando el contrato se está cumpliendo, no cuando se sabe que el deudor no ha cumplido ni puede cumplir, en cuyo caso debe dársele el tratamiento de **crédito concursal ordinario** (AP Alicante 9-9-10, EDJ 242459).

No obstante, se prevé, en **interés del concurso**, la posibilidad de una declaración judicial de resolución, así como la subsanación del incumplimiento en que pudiera incurrir el concursado.

En este sentido, se dispone que la administración concursal, en caso de suspensión, o el concursado, en caso de intervención, podrán solicitar la **resolución del contrato** si lo estimaran conveniente al interés del concurso. El letrado de la Administración de Justicia citará a comparecencia ante el juez al concursado, a la administración concursal y a la otra parte en el contrato y, de existir acuerdo en cuanto a la resolución y sus efectos, el juez dictará auto declarando resuelto el contrato de conformidad con lo acordado. En otro caso, las diferencias se sustanciarán por los trámites del incidente concursal y el juez decidirá acerca de la resolución, acordando, en su caso, las restituciones que procedan. El crédito que, en su caso, corresponda a la contraparte en concepto de indemnización de daños y perjuicios tendrá la consideración de crédito concursal.

Es posible que tenga lugar la resolución de los contratos, por lo tanto, conforme a las reglas generales previstas en el CC art.1124 s., y además, de acuerdo con la posibilidad especial de solicitar la resolución del contrato si se estima conveniente para el interés del concurso, causa especial de resolución que es por completo ajena al **incumplimiento de las obligaciones pendientes** y que se basa en el concepto jurídico indeterminado de interés del concurso, que debe entenderse como la mayor satisfacción de los acreedores del concursado. Si este interés, que es primordial del concurso, se atiende, se podrá acordar la resolución (AP Araba 22-9-10, EDJ 254219).

Precisiones El régimen de **reducción pactada de renta de arrendamientos de inmuebles** (RDL 35/2020 art.1 a 5) no rige en caso de que el arrendador se encuentre en situación de concurso de acreedores o cuando, como consecuencia de la aplicación de las medidas previstas en el citado RDL pueda entrar en situación de insolvencia o encontrarse en insolvencia inminente o actual. La carga de acreditar estas situaciones corresponde al arrendador (RDL 35/2020 art.6).

5790 **Existencia de incumplimiento anterior a la declaración del concurso** (LCon art. 157 s.) Conforme a los principios generales contractuales, el incumplimiento faculta a la contraparte a la resolución del contrato (CC art.1124: la facultad de resolver las obligaciones se entiende implícita, en las recíprocas, para el caso de que uno de los obligados no cumpliere lo que le incumbe).

Los **efectos del incumplimiento** son distintos en función de quién sea la parte que ha incumplido:

1) Si la **contraparte** del deudor concursado incumplió antes de la declaración de concurso las obligaciones a su cargo, el concursado puede optar entre exigir el **cumplimiento** o la **resolución** del contrato, conforme a los principios generales civiles (CC art.1124.2: el perjudicado podrá escoger entre exigir el cumplimiento o la resolución de la obligación, con el resarcimiento de daños y el abono de intereses en ambos casos. También podrá pedir la resolución, aun después de haber optado por el cumplimiento, cuando este resultare imposible).

2) Si fue el **concursado** quien, antes de la declaración de concurso, incumplió sus obligaciones, la contraparte puede igualmente ejercitar la **facultad resolutoria** ante el juez del concurso. En tal caso, el crédito contra el concursado -incluyendo el importe de la indemnización de daños y perjuicios que proceda- se integrará en la **masa pasiva** del concurso, ya que el incumplimiento fue anterior al inicio del procedimiento de insolvencia.
En definitiva, al disciplinar la vigencia de los contratos con obligaciones recíprocas se establece que en los casos en que una de las partes hubiera cumplido íntegramente sus obligaciones, y la otra tuviera pendiente el cumplimiento total o parcial de las recíprocas, el crédito o la deuda que corresponda al deudor se incluirá, según proceda, en la **masa activa** o **pasiva** del concurso (LCon art.157). El sistema que dispone LCon art.158 regula la situación en la que se sitúan los contratos que, en el momento de la declaración de concurso, están pendientes de cumplimiento por ambas partes.
En el número primero se recoge una situación usual, que es la de aquellos contratos en que el contratante ha **satisfecho íntegramente** su obligación y está pendiente el cumplimiento por la otra; y, en el número segundo, la situación también habitual de que al declararse el concurso no haya un contratante *in bonis*, porque haya **prestaciones pendientes** de ambas partes, razón por la que el precepto dice tanto a cargo del concursado como de la otra parte (JM Bilbao núm 1, auto 1-9-05, EDJ 152520).
Hay que tener en cuenta que, en el ámbito de los contratos con obligaciones recíprocas de **tracto sucesivo**, para que pueda ejercitarse con éxito la acción resolutoria no es suficiente cualquier incumplimiento, sino que es menester que el incumplimiento pueda calificarse de **grave y total** (TS 17-11-04, EDJ 183462), esto es, de un incumplimiento con la entidad precisa para producir una grave consecuencia en el funcionamiento de la relación; tampoco basta con un mero retraso en el cumplimiento de la contraprestación, ni con un cumplimiento defectuoso de la misma. De ahí que los retrasos en el cumplimiento de las obligaciones pendientes cuando se declara el concurso no amparen el ejercicio de la facultad resolutoria prevista en la ley, pues la jurisprudencia no reconoce al mero retraso eficacia resolutoria de contratos con prestaciones recíprocas, salvo que con tal retraso se frustre el fin práctico perseguido por las partes con el contrato (JM Madrid núm 1, 15-4-05, EDJ 60597; JM Barcelona núm 2, 13-11-09, EDJ 374792).
Como **excepción**, se atribuye a la administración judicial la facultad de subsanar el incumplimiento anterior a la declaración de concurso (nº 5795), en el caso de los **contratos de tracto sucesivo**, teniendo en consideración el posible interés del concurso en el mantenimiento del contrato (LCon art.164).

Nulidad de las cláusulas que autorizan la resolución por efecto del concurso (LCon art.156 y 159.2) Tras la declaración de concurso el contrato sigue produciendo efectos con total normalidad, y así las obligaciones que tengan vencimiento en lo sucesivo merecerán la consideración de **créditos contra la masa** (LCon art. 242.13º). **5792** MPCI nº 10964, 10966
Para despejar cualquier duda al respecto, la ley declara expresamente que la contraparte del concursado no puede resolver el contrato por efecto de la sola declaración de concurso, y que se tendrán por no puestas las cláusulas que establezcan la facultad de resolución, o la extinción del contrato, por la sola causa de la declaración de concurso de cualquiera de las partes. Dicho en otros términos, la declaración concursal no es *per se* un hecho determinante de la resolución de un contrato, conservándose inmaculada la facultad que al respecto corresponde a las partes en los contratos a los que alude LCon art.158 -contratos con obligaciones recíprocas pendientes de cumplimiento tanto a cargo del concursado como de la otra parte- pero anudada a los estrictos términos del CC art.1124 (AP Pontevedra 29-11-10, EDJ 308073).
No obstante lo anterior, la **administración concursal**, en caso de **suspensión**, o el **deudor concursado** en caso de **intervención**, podrán solicitar al juez la resolución de esos contratos en **interés del concurso**, imputándose siempre a la masa la indemnización correspondiente (AP Burgos 16-11-10, EDJ 291014). Y, además, se mantiene el efecto resolutorio cuando sean las leyes las que dispongan o expresamente permitan la **extinción del contrato por el concurso o liquidación** administrativa; así, por ejemplo, contrato de sociedad (CC art.1700), mandato (CC art.1732), o contrato de agencia (L 12/1992 art.26).
La regla de inmunidad de la vigencia de los contratos a la declaración de concurso de acreedores de cualquiera de las partes encuentra una importante excepción en relación con los **contratos de permuta financiera** o *swap* que hubiera contratado el deudor y que se mantuvieran vigentes en el momento de declararse el concurso (nº 10964 s. Memento Procesal Civil 2026).

Mantenimiento del contrato (LCon art.164) Ejercitada la acción de resolución de un contrato de tracto sucesivo por incumplimiento anterior a la declaración de concurso o de cualquier contrato, aunque no sea de tracto sucesivo, por incumplimiento posterior a esa declaración, el concursado, en caso de intervención, o la administración concursal, en caso de suspensión, **5795**

puede oponerse a la resolución solicitando en **interés del concurso** que se mantenga en vigor el contrato incumplido. Si el incumplimiento fuera posterior a la declaración de concurso, al formular oposición ha de ofrecerse al demandante el pago con cargo a la masa, dentro de los 3 meses siguientes a la fecha de la sentencia, de las cantidades adeudadas por las prestaciones realizadas.

El juez, previa **audiencia** al demandante, resolverá lo que proceda sobre el mantenimiento del contrato.

Aunque exista **causa de resolución**, el juez, atendiendo al interés del concurso, puede acordar el cumplimiento del contrato, siendo a cargo de la masa las prestaciones debidas o que deba realizar el concursado. En caso de estimación de la oposición a la resolución solicitada, si el pago de las cantidades adeudadas no se realizase dentro de plazo, el mantenimiento del contrato quedará sin efecto.

Contra la sentencia que acuerde el mantenimiento del contrato, la parte que se considere perjudicada puede interponer **recurso** de apelación.

5797 **Resolución en interés del concurso** (LCon art.165) Como excepción a la regla general se contempla la posibilidad de **resolución sin causa** de los contratos bilaterales en interés del concurso.

La ley faculta al concursado o, en su caso, a la administración concursal, y nunca a la contraparte *in bonis*, para continuar la relación o solicitar la resolución del contrato, si se estima conveniente para el **interés del concurso**, esto es, para permitir la continuidad de la actividad del deudor y para la mayor satisfacción de los acreedores, incluso aunque no haya habido incumplimiento (JM Alicante 19-6-06, EDJ 89442).

Se dispone a estos efectos lo siguiente:

1) La **legitimación** para solicitar la resolución del contrato se atribuye a la administración concursal, en caso de suspensión, o al concursado, en caso de intervención, si lo estimaran conveniente al interés del concurso.

2) Efectuada esta solicitud, el letrado de la Administración de Justicia citará a **comparecencia** ante el juez al concursado, a la administración concursal y a la otra parte en el contrato.

3) De existir **acuerdo** en cuanto a la resolución y sus efectos, el juez dictará auto declarando resuelto el contrato de conformidad con lo acordado.

4) En otro caso, las **diferencias** se sustanciarán por los trámites del incidente concursal y el juez decidirá acerca de la resolución, acordando, en su caso, las restituciones que procedan. El crédito que, en su caso, corresponda a la contraparte en concepto de indemnización de daños y perjuicios tendrá la consideración de **crédito concursal**.

5) Cuando se trate de la resolución de **contratos de arrendamiento financiero**, y a falta de acuerdo entre las partes, con la demanda incidental se acompañará tasación pericial independiente de los bienes cedidos que el juez podrá tener en cuenta al fijar la indemnización.

5798 **Supuestos particulares** Junto a las reglas generales expuestas, se contemplan una serie de **contratos particulares** en los que se concretan tales reglas.

5799 **Rehabilitación de contratos** (LCon art.166.1 y 2 y 168) Se permite que la **administración concursal**, por su propia iniciativa o a instancia del deudor concursado, pueda rehabilitar ciertos contratos:

a) Los **contratos de crédito**, como el de préstamo, cuyo vencimiento anticipado por impago de alguna cuota se haya producido dentro de los 3 meses precedentes a la declaración de concurso.

b) Los **contratos de adquisición de bienes** muebles o inmuebles transmitidos al concursado mediante contraprestación o precio aplazado, cuya resolución por impago de alguno de los plazos se haya producido dentro del mismo plazo. Esto debe entenderse aplicable a los bienes muebles vendidos en virtud de contrato inscrito en el Registro de Bienes Muebles y a los inmuebles con condición resolutoria inscrita en el Registro de la Propiedad (LCon art.150).

El **presupuesto** necesario para que opere la **rehabilitación** es que el deudor haya incumplido alguna de las cuotas, o, en su caso, alguno de los plazos vencidos, pero que el titular de los créditos no haya iniciado el ejercicio de las acciones correspondientes, en los términos previstos en los preceptos citados.

5800 Sobre la base de este presupuesto, se imponen los siguientes **requisitos** para la rehabilitación:

1) Que se notifique la rehabilitación al acreedor o al transmitente, antes de que finalice el plazo para presentar la comunicación de créditos, con el fin de que puedan ser incluidos en la masa pasiva del concurso.

2) Que satisfaga o consigne la totalidad de las cantidades debidas al momento de la rehabilitación.

3) Que asuma los pagos futuros con cargo a la masa, de manera que estos sean satisfechos a su vencimiento (LCon art.242).

Tanto el acreedor como el transmitente podrán **oponerse a la rehabilitación** cuando concurran las siguientes circunstancias (LCon art.166.3 y 168): 5801

a. En los **contratos de crédito**, cuando, antes de la declaración del concurso, el acreedor haya iniciado el ejercicio de las acciones por impago contra el deudor, codeudor solidario o contra cualquier garante.

La rehabilitación de créditos, que abarca no solo al contrato de préstamo sino también a los de **crédito en general**, presupone que se haya producido su vencimiento anticipado dentro de los 3 meses precedentes a la declaración de concurso, por impago de cuotas de amortización o de intereses devengados. Si bien el caso prototípico es el impago de cuotas de amortización de un contrato de préstamo, cabe extender la rehabilitación a otros contratos de crédito en los que se prevean durante su vigencia obligaciones dinerarias para el cliente, cuyo incumplimiento motiva la resolución anticipada.

Si antes de la declaración de concurso no consta tal incumplimiento, ni por consiguiente la resolución del contrato, resulta improcedente la rehabilitación, por ser innecesaria: no cabe rehabilitar un contrato de crédito que previamente no ha sido resuelto por impago de obligaciones del cliente (AP Barcelona 18-2-08, EDJ 204940).

b. En los **contratos de venta a plazos**, cuando, antes de la declaración del concurso, el transmitente haya iniciado el ejercicio judicial de la acción recuperatoria de los bienes. O, si la facultad resolutoria se ejercita de forma extrajudicial, cuando con la misma antelación haya recuperado de un modo efectivo la posesión material del bien por cauces legítimos y haya devuelto o consignado la contraprestación recibida. En este último caso, el transmitente también puede oponerse si, pese a no haber devuelto la contraprestación, ha realizado actos dispositivos a favor de un tercero.

Enervación del desahucio (LCon art.168.2) Ampliando las previsiones de LEC art.22, se permite que la **administración judicial** pueda enervar la acción de desahucio ejercitada contra el deudor **antes de la declaración del concurso** mediante el pago de las rentas debidas, así como rehabilitar la vigencia del contrato de arriendo, hasta el momento mismo de practicarse el lanzamiento efectivo. 5802

No procede la enervación si la acción resolutoria se plantea **con posterioridad** a la declaración del concurso (JM Palma de Mallorca núm 1, 5-7-07, EDJ 285151). Se impone, por lo tanto, que la administración concursada sea llamada al proceso en el que se dirime el desahucio con el fin de que pueda manifestar si ejercita la facultad de enervación o no (AP Baleares 30-7-07, EDJ 275511).

En ambos casos, se deben pagar con cargo a la masa todas las **rentas** y **conceptos pendientes**, con el compromiso de satisfacer las posibles **costas** procesales causadas hasta ese momento.

Además, no se aplica en tales casos la **limitación** que establece el último párrafo de LEC art.22, que impide enervar la acción de desahucio cuando el arrendatario ya lo hubiese hecho en una ocasión anterior y cuando el arrendador hubiese requerido fehacientemente de pago al arrendatario con, al menos, 4 meses de antelación a la presentación de la demanda.

En todo caso, y más allá del **doble privilegio** que LCon art.168.2 otorga al concursado en relación con el arrendatario común, privilegio que se concreta en la posibilidad de rehabilitación hasta el lanzamiento, y de dispensa de la limitación del último párrafo de LEC art.22, no se contempla en la Ley Concursal para el arrendatario otra especialidad distinta en la fase ejecutiva del proceso de desahucio, y, de hecho, resulta evidente que el propio sentido de ambos privilegios constituye un implícito -y desde luego elocuente- reconocimiento de que, no haciendo uso de ellos la administración concursal mediante la rehabilitación del contrato con cargo a la masa ante el órgano judicial que conozca del desahucio, la ejecución del lanzamiento debe seguir adelante por sus propios trámites y sin suspensión de clase alguna (JM Madrid 30-11-04).

En cuanto a la **competencia** para el conocimiento de la acción de desahucio, es claro que no ejerciendo la administración concursal la enervación que le permite la ley la competencia objetiva corresponderá al juez ordinario, y no al juez del concurso.

Precisiones Al pretenderse la ejecución de una sentencia firme que impone el lanzamiento de la concursada de la nave que tenía arrendada, no se plantea una ejecución frente a un derecho patrimonial de la concursada, pues precisamente la sentencia firme lo que hizo fue **resolver el contrato de arrendamiento** que la deudora tenía suscrito, extinguir jurídicamente aquel derecho de uso, inexistente por tanto tras la firmeza del título judicial y, por supuesto, en el momento de instar el lanzamiento. La extinción de este derecho es lo que justifica precisamente el despacho de la ejecución y aleja el caso de la competencia directa del juez del concurso y de su capacidad de dejarla en suspenso (JM Alicante auto 3-6-09, EDJ 128651).

2. Contratos administrativos y del sector público

(LCon art.190 y 191; L 9/2017 art.71 y 211 a 213)

5805 Al regular los efectos del concurso sobre los contratos del sector público y administrativos, se establece una **distinción** de principio entre:

MPCI nº 10987

a) Los contratos celebrados por el deudor con las Administraciones públicas y otras entidades del sector público que tienen **carácter privado** -no administrativos-, que se rigen por lo dispuesto en LCon en cuanto a sus efectos y extinción.

b) Los contratos celebrados por el deudor con las Administraciones públicas que tengan **carácter administrativo**, que se rigen por su legislación especial (L 9/2017):

• Entre las **prohibiciones de contratar**, se recoge haber solicitado la declaración de concurso voluntario, o haber sido declaradas insolventes en cualquier procedimiento o hallarse declaradas en concurso -salvo que en este haya adquirido eficacia un convenio o se haya iniciado un expediente de acuerdo extrajudicial de pagos-, así como estar sujetos a intervención judicial o haber sido inhabilitados conforme a la LCon, durante el periodo de inhabilitación fijado en la sentencia de calificación del concurso. Téngase en cuenta que bajo la L 16/2022 desaparecen los acuerdos de refinanciación, los extrajudiciales de pagos y las propuestas anticipadas de convenio.

• La declaración de concurso es **causa de resolución del contrato**, sin embargo, la Administración potestativamente continuará el contrato si razones de interés público así lo aconsejan, siempre y cuando el contratista preste las **garantías adicionales** suficientes para su ejecución, teniéndose por tales:

- una garantía complementaria de al menos un 5% del precio del contrato, prestada en cualquiera de las formas de L 9/2017 art.108;
- el depósito de una cantidad en concepto de fianza (L 9/2017 art.108.1.a), que quedará constituida como cláusula penal para el caso de incumplimiento por parte del contratista.

En la L 9/2017 no se menciona expresamente que la apertura de la fase de liquidación produzca, en todo caso y de forma automática, la resolución del contrato, aunque puede sostenerse que esta consecuencia se encuentra implícita en la propia liquidación.

• El **régimen de cesión** varía en caso de que el adjudicatario-cedente entre en concurso -o haya puesto en conocimiento del órgano judicial competente para la declaración del concurso que ha iniciado negociaciones para alcanzar un acuerdo de refinanciación, o para obtener adhesiones a una propuesta anticipada de convenio-, pues se permite aunque no haya ejecutado el 20% del contrato o no haya transcurrido una quinta parte del tiempo de vigencia en caso de gestión de servicio público (L 9/2017 art.214.2.b).

Precisiones Las afirmaciones hechas respecto del **régimen de los contratos**, exigen ciertas **matizaciones**, que pueden consultarse en nº 10987 Memento Procesal Civil 2026.

5808 Incidencia de la regulación de contratos públicos en el proceso concursal

Expuesto lo anterior, acerca de la incidencia de L 9/2017 y su regulación en la aplicación de la Ley Concursal, ha de indicarse lo siguiente:

a) La **ampliación del ámbito subjetivo** de la legislación de contratos a todo el sector público, podría permitir incorporar a determinados **sujetos contratantes**, sean o no poderes adjudicadores, que podrían ser declarados en concurso; esto es, que no quedarían excluidos de su aplicación por los efectos de LCon art.1.3 (conforme al cual no pueden ser declarados en concurso las entidades que integran la organización territorial del Estado, los organismos públicos y demás entes de Derecho público).

Dado el **concepto amplio de poder adjudicador** de la jurisprudencia europea, la posibilidad de considerar la aplicación a este tipo de entidades no es descartable en la medida en que se pudiera producir el presupuesto de insolvencia. Ahora bien, esta posibilidad debe apreciarse con cautela dado que el concepto de «poder adjudicador» viene vinculado a la nota de satisfacción de una actividad de interés general. Este principio es, precisamente, el que determina la causa de la exclusión de las Administraciones públicas, sus organismos públicos y demás entidades de derecho público (LCon art.1.3) del ámbito subjetivo de esta Ley. Y ello no tanto por un privilegio sino por la imposibilidad de dar en tal caso cumplimiento efectivo a la finalidad esencial del concurso, como es la satisfacción de los acreedores. La finalidad de dar satisfacción al interés general que se persigue a través de tales entidades no puede ser objeto de sustitución por la finalidad del concurso, lo que excluye su aplicación. Pues bien, en la medida en que en las entidades que sean poderes adjudicadores se cumpla también tal finalidad, no cabrá la extensión subjetiva del concurso.

En segundo término, las notas del poder adjudicador justifican (TJCE 16-10-03, asunto C-283/00) una **ausencia de riesgo empresarial**, por lo que resulta una clara finalidad de carácter público. Fin que debe tener su reflejo patrimonial en la garantía presupuestaria del

poder público del que depende; lo que excluiría la situación de insolvencia que es presupuesto del concurso.
Para tales supuestos, la aplicación LCon art.190 y 191 es dudosa en cuanto parte de un presupuesto en que el deudor insolvente es el contratista o licitador. Y en el caso analizado, sin embargo, se alteraría el presupuesto de la norma ya que el insolvente sería la entidad del sector público y no el operador económico. No obstante, su aplicación no resultaría descartable en la medida en que se puede considerar que, en una interpretación sistemática y lógica (LCon art.190, 191 y disp.final 13ª) la legislación de la contratación pública constituye una legislación especial para la Ley Concursal.
Resulte de aplicación el régimen de LCon art. 190 y 191 o el general aplicable a los contratos ante el concurso de acreedores (LCon art.156 a 159 y 160 a 164), en su interpretación e integración habrían de respetarse al menos los **criterios** siguientes:
1º **Con carácter general**, para los contratos que pudieran celebrar el concursado-entidad deberían seguir respetándose los principios de la contratación pública que resulten de su naturaleza, ya como poder adjudicador ya como entidad del sector público que no es poder adjudicador (L 9/2017 art.1, 316 y 322). Lo que significa que en la resolución de estos contratos habrán de valorarse los fines de carácter público que a través de los mismos se tratan de satisfacer.
2º **En especial**, esta ponderación deberá ser de mayor intensidad en los contratos sujetos a regulación armonizada, en la medida en que se encuentran sometidos a unas reglas especiales derivadas de la legislación europea.

b) En el **supuesto ordinario** -siendo concursado el contratista- las remisiones de LCon art.190 y 191 deben interpretarse conforme a la legislación posterior correspondiente -desde 10-3-2018, L 9/2017-. De esta manera, las menciones a «las Administraciones públicas» deben entenderse adaptadas al ámbito de entidades del sector público, con las variaciones que suponen las nociones de poder adjudicador, sector público y contratos sujetos a regulación armonizada. **5809**
En consecuencia, el régimen jurídico y determinación de jurisdicción competente definidos en la L 9/2017 sustituyen las referencias anteriores a la legislación específica en materia de contratos de LCon art.190 y 191. Lo que no tiene especial relevancia en materia de efectos y extinción, pero sí en lo relativo a la preparación y adjudicación, en especial respecto su revisión judicial.
c) Respecto de los **contratos subvencionados**, su régimen es el común de LCon art.156 s. No obstante, se complementa con las especialidades de la L 9/2017 en lo relativo a su preparación y ejecución. El orden jurisdiccional civil (instancia o mercantil) solo conocerá de las cuestiones litigiosas relativas a sus efectos y extinción (salvo prejudicialmente).
d) Por fin, en los casos en que la preparación y adjudicación se somete al conocimiento de la jurisdicción ordinaria, no cabrá acudir al arbitraje como forma de solución. En este sentido, se dispone que los entes, organismos y entidades del sector público que no tengan el carácter de Administraciones públicas podrán remitir a un arbitraje (L 60/2003), la solución de las diferencias que puedan surgir sobre los efectos, cumplimiento y extinción de los contratos que celebren.

Prohibiciones de contratar Se contemplan diversos **supuestos**: **5811**
1. Declaración de concurso voluntario. A solicitud del contratista. La prohibición surte efecto desde que se presenta ante el órgano judicial, sin necesidad de su admisión a trámite. Como excepción, habría de entenderse que no concurre cuando recae la firmeza del auto que declara no haber lugar admisión de solicitud de concurso (LCon art.12).
2. Declaración de concurso necesario. En este caso, la prohibición surte efecto desde que se dicta el auto de declaración de concurso, al ser inmediatamente ejecutivo, aunque sea recurrido conforme a LCon art.32.
3. Fin de la prohibición. Se excluye esta en caso de convenio aprobado y que haya adquirido eficacia. Por tanto, los efectos se extenderán desde la declaración del concurso hasta la aprobación y eficacia del convenio, si este es el caso. La presentación de una solicitud preconcursal de negociación de un plan de reestructuración debe considerarse no determinante de la prohibición.
4. Inhabilitación por sentencia de calificación, dentro del periodo fijado por ella (hasta 15 años de acuerdo con LConart.455.2.2º). No es una causa redundante con la anterior pues tras la conclusión del concurso, siguen vigentes los efectos declarados en la sentencia de calificación durante el período establecido en la sentencia. Por ello, y respecto del concursado persona física la causa de prohibición jugará de forma autónoma a partir de la conclusión del concurso.

Asimismo, tiene un ámbito subjetivo diferente, pues la sentencia de calificación no solo va referida al concursado, sino a «todas las personas afectadas por la calificación», lo que engloba a los representantes legales y, en caso de persona jurídica, de sus administradores o liquidadores, de derecho o de hecho, así como a los cómplices.

5. Intervención judicial. Situación que se habrá acordado en un proceso, ordinariamente, de carácter penal.

5812 **Resolución de los contratos** En relación con la resolución de los contratos, hay que puntualizar lo siguiente:

• La **mera declaración de concurso** no es causa de resolución automática del contrato. La razón estriba en que, tras su perfección por medio de la adjudicación, el interés público se centra en la adecuada consecución de la prestación contractual. Y para ello se persigue asegurar la conservación del contrato hasta donde sea posible. Por ello cabe continuar en la ejecución del contrato potestativamente para la Administración contratante, en tanto el interés público lo aconseje y se presten garantías adicionales por el contratista.

• La **declaración de insolvencia** en cualquier otro procedimiento que se emplea como causa automática de resolución no engloba el auto de declaración de concurso, pese a que se funde en la apreciación de la insolvencia del deudor concursado. En primer lugar, por lo recién indicado. Y, en segundo término, porque estos procedimientos son administrativos o judiciales (apremio, laborales, penales) en los que la falta de bienes realizables para la satisfacción de un crédito determina tal pronunciamiento. Es decir, una situación en que la existencia de una actividad recaudatoria fallida sobre el patrimonio del contratista impone la resolución del contrato ante la clara falta de viabilidad de la continuación de la actividad de aquel.

Por otra parte, no se indica expresamente en L 9/2017 art.212.2, que la apertura de la fase de liquidación determine necesaria y automáticamente la resolución del contrato, aunque puede considerarse una consecuencia implícita. Ver, sobre estas cuestiones, TCJ 15-12-16, EDJ 250228.

• El **momento temporal relevante** será la declaración de concurso o, teniendo en cuenta lo indicado en el punto anterior, la fecha del auto de apertura de la fase de liquidación. Este momento servirá de comparación respecto de la concurrencia de otras causas de resolución y, notoriamente, con los incumplimientos culpables. Por ello, es irrelevante la fecha de su solicitud o el auto de admisión a trámite de la declaración de concurso voluntario.

Genera más dudas el supuesto en que se dilate la publicación oficial del concurso. Sobre este particular, el Consejo de Estado consideró que el «ocultamiento malicioso o voluntario» de tal declaración a la Administración contratante y su posterior invocación para eludir la causa de incumplimiento culpable no podía beneficiar al contratista (CEst Dict 44834/1982, 9-12-82). Supuesto que se podrá producir por el retraso en el diligenciado de los anuncios oficiales o por la falta de provisión de fondos a tales efectos.

5813 • Declarado el concurso, la resolución es **potestativa para la Administración**. La decisión sobre la continuación o no del contrato corresponde de manera exclusiva a la Administración contratante. Y su voluntad no puede ser sustituida ni por la administración concursal ni por el juez del concurso. Ni siquiera la competencia prejudicial de LCon art.55 puede servir para sustituir a la Administración en tal decisión. La función de esta competencia prejudicial es instrumental respecto del ejercicio de una competencia propia, pero cuando esta instrumentalidad no existe, porque el objeto de la cuestión prejudicial se erige, a su vez, en objeto principal del proceso, no cabe ya entender que se trata de cuestión prejudicial. Y la imposición de la continuación del contrato a la Administración, no solo invadiría su competencia exclusiva, sino que determinaría la resolución de la cuestión principal en contra de la finalidad del precepto citado. Además, se alteraría incluso el régimen de revisión de tales actos administrativos, ya que la competencia propia para su revisión seguiría correspondiendo al orden contencioso-administrativo, pero el acto recurrible sería la decisión del juez concursal.

• En relación con la **prestación de garantías** que aseguren la ejecución, el juicio de suficiencia de las garantías por la Administración quedará limitado por la real efectividad del contratista para poder ofrecerlas. A tal efecto debe tenerse en cuenta, que no se trata de las garantías de LCon art. 242 y 243, sino de cualquiera de las admisibles en Derecho y que el cauce para su constitución será el propio de LCon art.111, 204 y 206, ya que en la mayor parte de los supuestos la continuidad del contrato supone el elemento necesario para la continuidad del ejercicio empresarial del concursado. Desde la entrada en vigor de L 9/2017 art.212.5 -10-3-2018-, estas garantías adicionales son las indicadas en este precepto -garantía complementaria del 5% del precio del contrato y depósito en concepto de fianza, ambas conforme a L 9/2017 art.108-.

• Por fin, en caso de acordarse la resolución del contrato por la declaración de concurso o la apertura de la fase de liquidación, el acuerdo de resolución ha de contener pronunciamiento expreso acerca de la procedencia o no de la pérdida, devolución o cancelación de la garantía que, en su caso, hubiese sido constituida (L 9/2017 art.213.5).

Concesiones administrativas Merece especial mención la figura de la concesión administrativa, que puede considerarse como **acto de intervención** o de **servicio público**. La concesión es un acto administrativo que amplía la esfera jurídica de los particulares, formalizada a través de un cauce contractual, lo que hace que surjan de la misma una serie de **derechos y obligaciones**, sometidos al régimen de estipulaciones de las partes (RBEL art.80; TS 22-7-97, EDJ 5158). Es un **título único y unitario** que habilita para uno o varios aprovechamientos privativos de bienes demaniales y/o para la gestión de un servicio público. **5814** MPCI nº 11003
Cabe diferenciar entre:
• Concesiones **demaniales**, que tienen por objeto la cesión de un uso privativo de bienes de dominio público. Y
• Concesiones **de servicios públicos**, a través de las que se gestiona indirectamente un servicio mediante la cesión de la gestión del mismo a un empresario, individual o colectivo, que asume aquella a su riesgo y ventura, convirtiéndose así en colaborador de la Administración titular del servicio (Consejo Consultivo La Rioja Dict 34/1999). La tradicional **diferencia** entre estas concesiones y las **demaniales** se ha venido empañando progresivamente mediante la sucesiva atracción de la disciplina jurídica de la concesión de dominio público por la de servicio público, bien mediante la imbricación de caracteres propios de una y otro en concesiones mixtas, bien mediante la acentuación del carácter personalista de la concesión de dominio público (CEst Dict 2578/1998).
No obstante, frecuentemente, ambas especies de concesión aparecen unidas (concesiones mixtas), pues el dominio público se cede para la prestación de un servicio igualmente público.

3. Contratos laborales

En el Derecho laboral se prevé que el contrato de trabajo puede extinguirse, entre otras causas, como consecuencia de la concurrencia de fuerza mayor, ya sea propia o impropia, incluyendo esta los cuatro tipos de causas, económicas, técnicas, organizativas o de producción que justifican los despidos colectivos mayores y los individuales y colectivos menores (ET art.8.2º, 57, 64 a 66). **5815**
En suma, la **fuerza mayor impropia** hace referencia a una situación de crisis, de problemas en mayor o menor medida en la empresa, de los que se intenta salir con reducciones de la plantilla de trabajadores, con suspensiones de contrato durante un período de tiempo o con modificaciones de las condiciones de esos contratos.
En atención al principio de unidad, la Ley Concursal ha atribuido al conocimiento de los órganos del concurso el planteamiento, resolución y recurso de determinadas acciones, expedientes o garantías que afectaban a los **contratos de trabajo suscritos por el concursado**, ante la situación de crisis que supone la insolvencia (ET art.8.2º, 57 bis, 64 a 66 y 149.2).
En concreto, y en relación con los contratos de trabajo se trata de:
- los expedientes de **modificación sustancial, suspensión y extinción colectiva** de las relaciones laborales (nº 5817); y
- los **contratos de alta dirección** (nº 5827).

Criterios generales de interpretación Con carácter previo al análisis de este singular efecto del concurso, debe llamarse la atención a dos elementos básicos en la interpretación de estas normas: **5816**
1) En primer lugar, la Dir 2001/23/CE, sobre **aproximación de las legislaciones de los Estados miembros** relativas al mantenimiento de los derechos de los trabajadores en caso de traspaso de empresas, de centros de actividad o de partes de empresas o de centros de actividad.
2) En el enjuiciamiento de estas materias, y sin perjuicio de la aplicación de las normas específicas de la Ley Concursal, deben tenerse en cuenta los **principios inspiradores** de la ordenación normativa estatutaria y del proceso laboral (LCon art.44.2 y 52).

Expedientes de modificación sustancial, suspensión, traslado, extinción o despido colectivo y reducción de jornada (LCon art.169 a 185) En primer lugar, hay que advertir que no existen **acciones sociales** en materia de extinciones y suspensiones colectivas (Ríos Salmerón). En el régimen general decide, primero, la autoridad laboral, y luego, al impugnarse sus resoluciones, conoce el juez de lo contencioso-administrativo. Por ello es más correcto hablar de **expedientes** de modificación sustancial de las condiciones de trabajo -incluida la reducción de jornada- y de suspensión, traslado o extinción colectiva de las relaciones laborales. **5817**

Precisiones 1) Así lo han reconocido los tribunales, afirmando que LCon art.169 a 185 viene a establecer un **expediente judicial** similar o paralelo al que se plantea en situaciones extraconcursales ante la autoridad laboral, para proceder a regular el empleo en el caso de extinciones colectivas o suspensiones, es decir, los llamados expedientes de regulación de empleo (ERE) (JM Cádiz auto 22-5-07). Por eso se dice que en esta competencia el juez del concurso no viene a sustituir al juez de lo social, sino que se le atribuyen funciones propias de la autoridad laboral. En este sentido se ha hablado de una **judicialización** de la materia, ya que se atribuyen al juez del concurso competencias que en situaciones extraconcursales corresponden a la Administración pública, y de una **laboralización**, pues del recurso contra la resolución del juez del concurso conoce la jurisdicción social (Salas de lo Social de los Tribunales Superiores de Justicia) a través del **recurso de suplicación**, sustituyendo a la jurisdicción contencioso-administrativa que conocerá del recurso contra las decisiones de la Administración pública a la que corresponda la condición de autoridad laboral.
2) Con carácter meramente orientativo, pero de evidente relevancia práctica, los **criterios procesales orientativos**, relativos a los efectos del concurso sobre los contratos de trabajo, recogidos en el Acuerdo de jueces de lo mercantil y secretarios judiciales de Cataluña 3-7-2014, se estudian en nº 11032 s. Memento Procesal Civil 2026.

5818 Como se deduce de lo anterior, la peculiaridad inicial de la normativa concursal radica en la atribución de **competencia** al juez del concurso, en vez de a la autoridad laboral competente para conocer de un expediente de regulación de empleo (Dirección General de Trabajo o equivalente en las distintas comunidades autónomas que hayan asumido competencias en la materia).
También constituye una especialidad el **efecto de la resolución del juez**, pues este no se limita a autorizar el expediente, sino que su decisión es la que produce el efecto de modificar, suspender o extinguir la relación laboral.
Y, finalmente, su **revisión** se encomienda, vía **recurso de suplicación**, a las Salas de lo Social del Tribunal Superior de Justicia correspondiente.
Precisamente, en esta mayor intervención del juez del concurso radica una de las principales dificultades (y críticas doctrinales) en la traslación de los anteriores principios rectores de tales expedientes. El enjuiciamiento efectuado por la **jurisdicción social o contencioso-administrativa** era de carácter formal (comprobación de que la medida adoptada ha cumplido con los trámites legales) y de causalidad (a fin de que la medida obedezca al fin establecido en la ley), pero no era pacífico si debía realizarse un juicio de proporcionalidad (valorando la finalidad de la medida). Sin embargo, el **juez del concurso** está llamado incluso a suplir la toma de la decisión empresarial, lo que supone traer al debate judicial intereses o elementos extra jurídicos.
Fuera de estas especialidades, para la aplicación de estos expedientes debe tenerse en cuenta la normativa laboral general, básicamente el RD 1483/2012 (LCon art.52 y 169.2).

5820 **Ámbito de aplicación** Se someten a la normativa concursal, y por ende a la competencia del juez del concurso, los expedientes de modificación sustancial, traslado, suspensión, extinción o despido colectivos, así como de reducción de jornada, en el seno de las relaciones laborales.
En orden a definir qué se considera como **medida colectiva**, no solo debe estarse al ET art.51, sino también a la propia Ley Concursal. Así, la mayor parte de los juzgados de lo mercantil aceptaron el carácter colectivo de tales medidas cuando afectasen a la totalidad de la plantilla -aun siendo menos de 5 los trabajadores de la plantilla-, siempre que se produjera como consecuencia de la cesación total de su actividad (JM Bilbao auto 3-3-05).
Por su parte, la determinación del concepto de **modificación sustancial** colectiva (ET art.40 y 41), **suspensión y reducción de jornada** colectivas (ET art.45 y 47) y **despido** o, en su caso, **extinción** colectivos (ET art.51) debe determinarse conforme a las normas laborales y a la jurisprudencia social, si bien teniendo en cuenta la anterior prevención.
Igualmente, debe recordarse que, para evitar el **fraude de ley** frente a tales expedientes, se consideran sin efecto las medidas individuales adoptadas en un lapso de 90 días.

5821 Las **acciones individuales** en materia laboral no son de competencia del juez del concurso, sino del juez de lo social que corresponda con arreglo al fuero aplicable, a salvo de lo previsto en LCon art.185, que dispone que las acciones resolutorias individuales interpuestas al amparo de lo establecido en ET art.50, motivadas por la situación económica o insolvencia del concursado, tienen consideración de extinciones de carácter colectivo desde que se acuerde la incoación del procedimiento regulado en LCon art.169 s., para la extinción de los contratos. Acordada la iniciación del procedimiento, los procesos individuales seguidos frente a la entidad concursada, posteriores a la solicitud de concurso y pendientes de resolución firme, quedan **en suspenso** hasta que adquiera firmeza el auto finalizador del procedimiento de extinción colectiva. La resolución que acuerde la suspensión se comunica a la administración concursal a los efectos de reconocer como contingente el crédito que pueda resultar de la sentencia que en su día se dicte, una vez alzada la suspensión. El auto que acuerde la extinción colectiva produce efectos de cosa juzgada en los procesos individuales suspendidos.

Precisiones 1) Las acciones de resolución del contrato de trabajo entabladas al amparo del ET art.50.1.b) por la **totalidad de la plantilla** de la empresa, han de ser tratadas como extinciones de carácter colectivo, a conocer por el juez de lo mercantil, y ello aunque las acciones no se hayan planteado de forma conjunta sino individualmente por cada uno de los trabajadores (TSJ Sta. Cruz de Tenerife, 16-9-10, EDJ 274958).

2) No pueden plantearse ante el juez del concurso las solicitudes de mediación y de arbitraje vinculante para la **modificación sustancial de condiciones de trabajo** previstas en ET art.41 y 82, pues el juez del concurso, por definición, ni es «mediador» (salvo que expresamente las normas procesales así lo establezcan), ni «árbitro», sino juez, encargado de juzgar y ejecutar lo juzgado (Const art.117), en los asuntos de su competencia, determinada, para este caso, en LCon art.44.2, 52 y 169 s. que no se refieren a esta materia (JM Bilbao auto 3-9-10).

Frente al régimen general previsto en la normativa laboral, se contemplan dos **especialidades**: 5822

1) En determinados supuestos de **modificación sustancial y movilidad geográfica**, el derecho a la rescisión se suspende en caso de concurso, por un plazo máximo de un año a contar desde la fecha del auto judicial que autorizó dicha modificación colectiva. No obstante, en el caso particular de la modificación que suponga movilidad geográfica, solo se suspende este derecho de rescisión cuando el nuevo centro de trabajo está en la misma provincia, a menos de 60 kilómetros del anterior y cuando el tiempo global de desplazamiento sea inferior al 25% de la jornada de trabajo.

2) En relación con la **extinción colectiva**, se matiza que las acciones resolutorias individuales interpuestas al amparo de lo establecido en ET art.50, motivadas por la situación económica o insolvencia del concursado, tienen consideración de extinciones de carácter colectivo desde que se acuerde la incoación del procedimiento regulado en LCon art. 169 s., para la extinción de los contratos, en los términos expuestos en nº 5821.

Causas que fundamentan la solicitud (LCon art. 169 y 173) Frente a la regulación laboral se simplifica notablemente la exigencia de motivación de las decisiones del juez del concurso en esta materia, ya que basta hacer mención a las **causas** motivadoras de las medidas colectivas pretendidas y los **objetivos** que se proponen alcanzar con estas para asegurar, en su caso, la **viabilidad futura** de la empresa y del empleo. 5823

La solicitud deberá exponer y justificar, en su caso, las causas motivadoras de las medidas colectivas pretendidas y los objetivos que se proponen alcanzar con estas, para asegurar, en su caso, la viabilidad futura de la empresa y del empleo, acompañando los documentos necesarios para su acreditación. La administración concursal podrá solicitar la colaboración del concursado o el auxilio del órgano judicial que estime necesario para su comprobación.

En esta interpretación hay que tener en cuenta la norma laboral supletoria aplicable, de acuerdo con lo previsto en LCon art.182, que dispone que de no alcanzarse acuerdo entre administración concursal y representantes de los trabajadores el juez determinará lo que proceda conforme a la legislación laboral. De ahí la necesaria aplicación de la **normativa laboral** en lo que se refiere a las causas de la modificación sustancia, suspensión o extinción colectiva de las relaciones laborales de las que sea parte el deudor concursado (JM Bilbao núm 1, auto 30-11-09, EDJ 306664).

Procedimiento El procedimiento comprende las **fases** siguientes: 5824

1) Se inicia con la **solicitud**, que solo pueden promover la administración concursal, el deudor o los trabajadores de la empresa concursada a través de sus representantes legales. Además, se impone como **limitación temporal** que debe haber emitido su informe la administración concursal, y, solo como excepción, se admite antes cuando el solicitante justifique y el juez estime que la demora puede comprometer la viabilidad futura de la empresa y del empleo o causar grave perjuicio a los trabajadores.

Si la empresa tiene **más de 50 trabajadores**, debe acompañarse con la solicitud un **plan** que contemple la incidencia de las medidas propuestas sobre la viabilidad de la empresa y del empleo.

2) A continuación se abre un **período de consultas**, con traslado de la documentación aportada a todas las partes, incluido el deudor (LCon art.174.1), durante el cual han de negociar de buena fe para la consecución de un acuerdo. La **duración** del período de consultas nunca es superior a 30 días naturales, como regla general, que serán 15 en caso de empresas con menos de 50 trabajadores.

Transcurrido este plazo, o en el momento en que se consiga un **acuerdo** -si es antes-, se cierra el período de consultas y se comunica al juez el resultado del mismo.

El acuerdo debe ser aprobado por la **administración concursal** y por los **representantes de los trabajadores**, lo que exige la conformidad de la mayoría de los miembros del comité o comités de empresa, de los delegados de personal o de las representaciones sindicales o de la comisión representativa designada judicialmente, según sea el caso, siempre que representen a la mayoría de los trabajadores del centro o centros de trabajo afectados.
3) A la terminación del período de consultas debe recabarse, por parte del letrado de la Administración de Justicia (LCon art.179), el **informe de la autoridad laboral** competente sobre las medidas propuestas y, en su caso, sobre el acuerdo alcanzado; esto es, la que fuera competente para resolver en caso de no existir concurso. Este informe debe ser emitido en el **plazo** de 15 días. La autoridad laboral puede dar audiencia a las partes antes de su emisión. Transcurrido este plazo, el juez ha de continuar con la tramitación.
4) La ley impone al juez del concurso un plazo máximo de 5 días para dictar **resolución** -auto- sobre las medidas solicitadas (LCon art.180). El **contenido del auto** es el siguiente:
- en caso de que el **período de consultas haya concluido con acuerdo**, el juez ha de aprobar el acuerdo alcanzado. Excepcionalmente, puede no hacerlo cuando aprecie fraude, dolo, coacción o abuso de derecho;
- a **falta de acuerdo**, el juez ha de resolver lo que proceda conforme a la normativa laboral. En general, esta prevé una indemnización de 20 días de salario por año trabajado (ET art.51 y 53).

5825 **Recursos** Caben dos tipos de recursos a partir de la resolución dictada por el juez:
1) Contra la resolución propiamente dicha del expediente puede interponerse **recurso de suplicación** (como recoge también expresamente L 36/2011 art.7.d), así como el resto de recursos previstos en la legislación laboral. La ley ha previsto que la impugnación de esta decisión del juez del concurso se deba sustanciar ante un órgano superior del orden jurisdiccional social con el fin de que este, en su condición de especialista en la rama social del Derecho, cuide de que no se produzcan desviaciones significativas respecto de la doctrina legal dominante en la jurisdicción especializada en materia laboral (AP Baleares auto 6-10-10, EDJ 280130).
2) En cuanto a los **efectos** del auto sobre las relaciones individuales, puede interponerse **incidente concursal** ante el juez del concurso. La sentencia que recaiga será susceptible de suplicación, medio impugnatorio previsto con el mismo fin tuitivo de la doctrina laboral al que se hace referencia en nº 5824.

5826 **Efectos de la resolución** (LCon art.183; RDLeg 8/2015 art.267.1) Pese a que la redacción de LCon art. 169 s. permite entender que la decisión extintiva o modificativa es adoptada por el juez, la **práctica procesal** recoge supuestos en que, al igual que en el régimen general, existe una mera autorización para proceder a una modificación, suspensión o extinción colectiva de las relaciones laborales, concretándose posteriormente por el empleador (concursado y/o administración concursal).
En su caso, la resolución sobre extinción permite al trabajador acceder a la **situación de desempleo** en virtud de expediente de regulación de empleo o de resolución judicial adoptada en el seno de un procedimiento concursal. E igualmente permite el abono de las **indemnizaciones por el FOGASA** (RDLeg 2/2015 art.33.2).

Precisiones Sobre estas cuestiones, se ha considerado, en supuestos de **empresa en concurso con ERE** y concurrencia de **despidos tácitos**, que tras el auto del juez del concurso que declara extinguidos los contratos laborales correspondientes, los trabajadores afectados carecen de acción individual. La resolución judicial es constitutiva y, posteriormente, no puede extinguirse lo ya extinto (TS 22-6-11, EDJ 155638; 11-7-11, EDJ 225561).

5827 **Contratos de alta dirección** (LCon art. 186 s.; RD 1382/1985) El concurso tiene importantes efectos sobre los contratos de alta dirección, en especial en cuanto al importe y destino de las **indemnizaciones** previstas en este tipo de contratos, así como por las facultades que se atribuyen al juez.
MPCI nº 11048

Frente al régimen general, que prevé la resolución de estos contratos por voluntad del directivo o del empleador, con derecho a indemnizaciones y preavisos, la legislación concursal establece lo siguiente:
1) La administración concursal, por propia iniciativa o a solicitud del deudor, puede decidir la **extinción** o la **suspensión** de los contratos de alta dirección.
La decisión de la administración concursal puede ser impugnada ante el juez del concurso a través del **incidente concursal** en materia laboral, y la sentencia que recaiga será recurrible en suplicación.
2) En caso de **extinción**, el juez del concurso puede **moderar** la indemnización que corresponda al alto directivo, dejando sin efecto lo pactado en su contrato. El **límite de la indemnización** es la que correspondería de acuerdo con la legislación laboral para el caso de despido colectivo.

3) En caso de **suspensión**, el directivo puede extinguir el contrato de trabajo, con un **preaviso** de un mes, en cuyo caso tiene derecho a la **indemnización** que se establece para el caso de extinción.
4) En ambos supuestos -extinción y suspensión-, la administración concursal puede acordar el **aplazamiento del pago** de ese crédito hasta que sea firme la sentencia de calificación, en previsión de que, si el concurso es declarado culpable, el directivo pueda ser declarado cómplice, o incluso pueda ser condenado a pagar los créditos del concursado, como afectado por la calificación.
En cualquier caso, la práctica procesal entiende que no procede la **acumulación de los procesos** de despido de los altos directivos al concurso (Primer Encuentro de Jueces de la Especialidad Mercantil, Valencia, diciembre 2004).

Precisiones No son muchos los supuestos en los que los tribunales han aplicado las normas precedentes. Existe, en todo caso, algún pronunciamiento que ofrece **pautas interpretativas** interesantes (JM Madrid 26-7-10).

Convenios colectivos (LCon art.189) Por último se contempla la posibilidad de **modificación de las condiciones** de los convenios colectivos estatutarios (ET Título III), afectando solo a aquellas materias en las que la modificación sea admisible con arreglo a la legislación laboral (ET art.84); e imponiendo, en todo caso, el **acuerdo** de los representantes legales de los trabajadores (de acuerdo con ET art.41, que el JM Málaga auto 29-3-05 declara aplicable a este supuesto). 5829
Los convenios a que se refiere esta modificación son los propios de la **empresa concursada** como unidad de negociación. Implica una traslación de la previsión de inaplicación en atención de la situación económica de la empresa (ET art.82.3).
Por el contrario, este precepto no rige en la determinación de las normas convencionales aplicables en los supuestos de **cesión de unidades productivas** (que se rige por LCon art. 215 s. y, en particular, por LCon art.220 y Dir 2001/23/CE art.3.3).

Precisiones **1)** De acuerdo con la jurisprudencia de la Sala Cuarta del Tribunal Supremo los **acuerdos alcanzados en el seno del procedimiento concursal** no constituyen convenio colectivo, y, por lo tanto, para su modificación no resultará de aplicación LCon art.189 (JM Cádiz auto 22-5-07).
2) Las denominadas **cláusulas de descuelgue** -mediante las cuales se excepciona la aplicación de un convenio a determinados trabajadores- entran en el ámbito de LCon art.189. Estas cláusulas se admiten sobre la base de que la capacidad de fijación del ámbito de aplicación de un convenio colectivo por las partes negociadoras, que reconoce el ET art 83.1 incluye la previsión potencial de que determinados colectivos puedan ser excluidos de la aplicación del convenio. Esta posibilidad no es absoluta y debe efectuarse, para ser válida, ponderadamente. Tal ponderación se ha de evaluar en función de las circunstancias concurrentes en el colectivo excluido en el convenio o que se excluya por contrato amparado en la previsión del convenio (TS 22-5-91, EDJ 5405; 9-10-03, EDJ 127766; 5-5-09, EDJ 112246; TSJ La Rioja 3-12-09, EDJ 356139).

E. Masa activa

Como consecuencia de la declaración de concurso, el patrimonio del concursado, entendido como el conjunto de derechos y obligaciones dotados de contenido económico de los que este es titular, se desdobla en dos masas o **subpatrimonios** que reciben tratamiento separado: la masa activa y la masa pasiva (nº 5861 s.). 5831
Constituyen la masa activa del concurso los **bienes** y **derechos** integrados en el patrimonio del deudor a la fecha de la declaración de concurso y los que se reintegren al mismo o este adquiera hasta la conclusión del procedimiento (LCon art. 192 s.). Una de las características esenciales de esta masa patrimonial reside en su naturaleza esencialmente **fluctuante** a lo largo del recorrido del proceso concursal (JM Oviedo núm 1, 6-7-06, EDJ 268775), estando sujeta su composición primeramente a la incorporación de bienes y derechos que salieron indebidamente del patrimonio del deudor, para lo cual se instrumenta la correspondiente **acción de reintegración** que podrá ser ejercitada en cualquier momento. Al inventario de la masa activa deberá añadir la administración concursal una relación de las acciones de reintegración que a su juicio debieran promoverse, incidentes que una vez iniciados pueden también concluir en cualquier momento, y, en tal sentido, LCon art.474 viene a prohibir que aquella solicite la conclusión del procedimiento concursal mientras estén pendientes demandas de reintegración de la masa activa o incidentes de rescisión de actos del deudor, ya en trámite.
La masa activa es **patrimonio autónomo** -no personificado-, propiedad del deudor, afecto a la satisfacción de los acreedores concursales (DGRN Resol 2-1-19). Se configura como un **patrimonio de destino**, que se regula para asegurar la satisfacción de las finalidades de la ley -la continuidad provisional de la actividad, el convenio o la liquidación-. Su falta motiva una de las causas de conclusión (LCon art.465.5º).

1. Régimen general y supuestos especiales
(LCon art.192)

5833 La delimitación de la masa activa se rige por el **principio de universalidad**, comprendiendo (CC art.1911):

1) Los bienes y derechos **presentes en el patrimonio** del concursado en el momento de producirse la declaración de concurso, bien a título de dominio o con derecho de uso, garantía o retención, pero siempre que tengan naturaleza patrimonial y sean realizables (LCon art. 239.1 y 2).

2) Los bienes y derechos que **pueden pasar a formar parte del patrimonio** del concursado después de iniciado el concurso, porque los adquiere después o porque le son restituidos, en virtud de las operaciones de reintegración.

5834 MPCI nº 11067 **Exclusiones** En atención a esta delimitación quedan excluidos de la masa activa (excepción al principio de universalidad de la masa activa):

1) Los bienes o derechos que **no tienen naturaleza patrimonial** -p.e. los derechos de la personalidad-.

2) Los que, aun teniendo naturaleza patrimonial, son **inembargables** (LCon art.192; LEC art.605 a 607).

3) Los bienes y derechos que sean **inalienables**, esto es, que no permitan su realización, bien porque han sido declarados como tales -p.e. alimentos entre parientes (CC art.151); uso y habitación (CC art.525); usufructo legal del viudo (CC art.834 y 837)-; bien porque, siendo accesorios, no pueden ser enajenados con independencia del principal, como, por ejemplo, servidumbres prediales (CC art.534).

4) Los bienes que encontrándose en poder del concursado sean de **dominio ajeno** y se reclamen por parte de sus dueños (*separatio ex iure dominio*, AP Madrid auto 20-9-07, EDJ 218827).

Precisiones 1) El **derecho a compensar las bases imponibles negativas** que hayan sido objeto de liquidación o autoliquidación en el impuesto sobre sociedades con las rentas positivas de los periodos impositivos futuros (LIS art.26.1), puede hacer surgir un crédito por pérdidas a compensar del ejercicio de que se trate. No obstante, dicho crédito no forma parte del patrimonio del concursado al objeto de incluirlo en el inventario ya que resulta ser un bien inembargable. No puede ser embargado para el pago de las deudas, ya que resulta de una norma fiscal que permite compensar bases negativas con bases positivas, para determinar la cuota del impuesto a satisfacer, pero no se puede incluir en el inventario (JM Barcelona núm 4, 26-4-10).

2) La **pensión de viudedad** es inembargable en la extensión que indica LEC art.607, no forma parte de la masa activa y podrá seguir bajo la disposición de persona física concursada, al escapar del principio de universalidad de la masa activa que establece LCon art.192 (JM Bilbao núm 1, auto 30-9-09, EDJ 228115).

5835 **Supuestos especiales** Reciben un tratamiento especial los supuestos de **comunidad de bienes** y los **bienes conyugales**.

5836 **Comunidad de bienes** (LCon art.197) Cuando un bien pertenezca al concursado y a otra u otras personas, en régimen de comunidad ordinaria, tan solo se integrará en la masa activa del concurso la **cuota** que corresponda al concursado, de acuerdo con lo previsto en las normas generales sobre determinación de la *universitas rerum* que constituye la masa activa.

No obstante, se contempla en la ley un supuesto frecuente como es el relativo a las **cuentas indistintas**. En este caso, se presume que el **saldo** pertenece al concursado en su **totalidad**, salvo prueba en contrario. La administración concursal, cualquiera que sea el régimen de limitación de las facultades de administración y de disposición de la masa activa, ha de ordenar a la entidad de crédito inmediatamente, bien la transferencia del saldo a la cuenta intervenida, o bien la modificación pertinente en el régimen.

Las controversias que se susciten al respecto de esta decisión se resuelven por medio del **incidente concursal**.

5837 **Bienes conyugales** (LCon art.193 y 194) Siguiendo el esquema de la legislación civil, se distingue entre los distintos **patrimonios separados** a que pueden dar lugar los distintos regímenes económico matrimoniales.

1) Los bienes y derechos propios o **privativos** del deudor concursado, que se incluyen en la masa activa.

Si el régimen económico matrimonial no implica la formación de una masa de bienes y derechos común constante el matrimonio, los bienes privativos del deudor se delimitarán conforme a las normas generales.

En los supuestos en los que exista una **sociedad de gananciales**, de acuerdo con el CC art.1346 serán **privativos**, esto es, **propios de cada uno de los cónyuges**: los bienes, animales y derechos que le pertenecieran al comenzar la sociedad; los que adquiera después por título gratuito; los bienes adquiridos a costa o en sustitución de bienes privativos (en virtud del

principio general de subrogación que rige en esta materia); los bienes adquiridos por derecho de retracto perteneciente a uno solo de los cónyuges; los bienes y derechos patrimoniales inherentes a la persona y los no transmisibles *inter vivos*; el resarcimiento por daños inferidos a la persona de uno de los cónyuges o a sus bienes privativos; las ropas y objetos de uso personal que no sean de extraordinario valor; y los instrumentos necesarios para el ejercicio de la profesión u oficio, salvo cuando estos sean parte integrante o pertenencias de un establecimiento o explotación de carácter común.
2) En cuanto a los bienes **gananciales** u otros propios de un régimen económico matrimonial de **comunidad de bienes**, se incluyen en la masa activa cuando deban responder de las obligaciones del concursado. No obstante, y en atención a la singular naturaleza de la sociedad de gananciales, se admite la posibilidad de instar la **disolución y liquidación** de la misma en forma similar a la que prevé el CC art.1373. Esta liquidación o división del patrimonio debe llevarse a efecto por el juez del concurso, a través de los cauces de LEC art.541 y 806 s. Si bien presenta la peculiaridad que debe hacerse de forma coordinada con lo que resulte del convenio o de la liquidación.

3) En caso de concurso de persona casada bajo el régimen de **separación de bienes**, salvo que 5838
estén separados judicialmente o de hecho, se establecen dos **presunciones** en beneficio de la masa activa:
- se presume en beneficio de la masa, salvo prueba en contrario, que el concursado donó a su cónyuge la **contraprestación** satisfecha por este para la **adquisición de bienes a título oneroso** cuando esta contraprestación proceda del patrimonio del concursado;
- de no poderse probar la procedencia de la contraprestación se presume, salvo prueba en contrario, que la **mitad de ella fue donada** por el concursado a su cónyuge, siempre que la adquisición de los bienes se haya realizado en el año anterior a la declaración de concurso.

El **efecto** de ambas presunciones es que las presuntas donaciones son atacables por medio de las acciones de reintegración, en beneficio de la masa activa.
Para el caso de **bienes adquiridos con pacto de sobrevivencia**, esto es, que en caso de fallecimiento de uno de los cónyuges la propiedad de un determinado bien ha de pasar al otro cónyuge, y viceversa, se presume, sin admitir prueba en contrario, que tales bienes pertenecen a los cónyuges por partes iguales, integrando la mitad de su valor en la masa activa del concurso. Y únicamente se reconoce al cónyuge del concursado un derecho de adquisición por la entrega a la masa de la mitad de su valor (que debe fijarse en los términos de LCon art.194 y 196).
Se interpreta este precepto afirmando que la norma establece que el cónyuge de la persona declarada en concurso tiene derecho a adquirir la totalidad de cada uno de los bienes en régimen de pacto de supervivencia, satisfaciendo a la masa la mitad de su valor, y que, tratándose de la vivienda habitual del matrimonio, el valor será el del precio de adquisición actualizado conforme al índice de precios en el consumo específico, sin que pueda superar el del mercado. Y para que el cónyuge del deudor pueda ejercitar este derecho tendrá que contar con intervención de los administradores concursales, pues, de acuerdo con LCon art.106, aunque el deudor concursado conserva las facultades de administración y disposición sobre su patrimonio, en su ejercicio está sometido a la intervención de los administradores concursales, que deben autorizar los actos o dar la conformidad que se configura como un complemento de capacidad imprescindible para la realización de actos y negocios jurídicos de naturaleza patrimonial, imprescindible para todo tipo de actos, incluso los relativos a la vivienda familiar adquirida con pacto de supervivencia (DG Derecho y Entidades Jurídicas Generalitat Cataluña Resol 16-7-09, núm 5475/09).
Por último, y para el caso de la **vivienda habitual del matrimonio**, en el supuesto de liquidación de la sociedad ganancial y disolución de este bien común, en sede concursal, se reconoce un derecho preferente a la inclusión en el haber del cónyuge del concursado, hasta donde alcance o abonando el exceso (LCon art.125.3). En el caso de que no opte por la disolución y liquidación, con base en LCon art.194.3, el cónyuge del concursado puede adquirir la vivienda habitual, abonando la mitad de su valor, que será el mayor entre el de tasación que tuviera señalado y el de mercado.

2. Determinación de la masa activa

Como indica la doctrina se puede diferenciar entre (Garrigues): 5840
- la **masa de hecho**, como conjunto de bienes que se hallan en poder del concursado («la que hay»); y
- la **masa de derecho**, que está constituida por los bienes que, por disposición de la ley, están destinados a satisfacer a los acreedores («la que debe haber»).

La masa de hecho pasa a constituir la masa de derecho a través de una serie de **operaciones de depuración**, que tienen por objeto:
• Extraer los bienes que, estando en poder del concursado, no deben quedar afectos al concurso: operaciones de **separación** (nº 5841).
• Incorporar aquellos bienes que no se encuentran en la masa, si bien deben formar parte de ella: operaciones de **reintegración** (nº 5848).
Corresponde impulsar estas operaciones a la administración concursal. Parten normalmente del **inventario** o relación de bienes que debe acompañarse a la solicitud del concurso (LCon art.7), y concluyen por el inventario de la masa activa que se incluye en el informe de la administración concursal (nº 5941 s.).

a. Operaciones de separación

5841 Esta separación alcanza a dos **tipos de bienes**:
- bienes de titularidad ajena (nº 5842); y
- bienes afectos en garantía de un crédito (nº 5847).

5842 MPCI nº 11095 **Bienes de titularidad ajena** (LCon art.239.1 y 2) Se regula el **derecho de separación** de los **bienes ajenos** que posea el deudor, como facultad que asiste al acreedor *ex iure dominii* para reivindicar los bienes que se encuentren en poder del concursado. Este derecho es consecuencia ineludible de lo previsto en LConart.192, según el cual constituyen la masa activa los bienes y derechos integrados en el patrimonio del deudor; es decir, solo los bienes y derechos propiedad del deudor pueden servir para pagar las deudas, de forma que los bienes que, aun estando en poder del deudor, pertenezcan a otras personas, pueden ser reintegrados a sus dueños. La acción de separación regulada en LCon art.239.1 y 2 guarda cierta analogía con la acción reivindicatoria, y exige, al igual que esta, la acreditación del dominio o la propiedad sobre el bien y la identificación de la cosa cuya entrega se solicita (JM Madrid núm 7, 8-11-07, EDJ 265862).
En cuanto al objeto de este derecho, dispone la ley que los bienes de **propiedad ajena** que se encuentran **en poder del concursado** habrán de ser entregados por la administración concursal a sus legítimos titulares, a solicitud de estos, y que quedarán **exceptuados** los bienes sobre los que el concursado ostente un **derecho** que le autorice a poseerlos, tales como un derecho de uso, garantía o retención.
Si la administración concursal no accede a la **solicitud del titular** del bien, este debe ejercitar una **acción reivindicatoria** concursal, que se tramita a través del **incidente concursal**.
Al ser los **bienes separables** de propiedad ajena, no existe un **plazo** límite para exigir la restitución del bien por parte de su titular, ni la ley establece limitación alguna al respecto, lo que obedece a que, a diferencia de la masa pasiva, que si debe ser fijada de modo definitivo, en el patrimonio del concursado pueden entrar y salir bienes durante todo el procedimiento concursal; se ha de interpretar el derecho de separación como una facultad que el acreedor podrá ejercitar en cualquier momento de la vida del concurso, idea que viene reforzada por la previsión de LCon art.508.3º al diseñar la sección tercera del procedimiento de concurso para albergar, entre otros, a las acciones de reducción de la masa activa que se puedan plantear durante su sustanciación, de tal manera que el plazo de 10 días para impugnar el inventario de la masa activa únicamente operará con carácter preclusivo en lo que atañe a la impugnación promovida por cualquier interesado distinto de aquel. El cauce procesal para reclamar los bienes (y derechos) que se incluyan en la masa activa del concurso es doble en nuestro Derecho concursal: por un lado, la impugnación del informe de la administración concursal en cuanto a su inventario (LCon art.298.1) y, por otro lado, el ejercicio del derecho de separación (LCon art.239.1 y 2).
No obstante, sí ha previsto la ley el supuesto de que, por demora de su titular o por cualquier otro motivo, la separación no pueda llevarse a cabo, por haber enajenado el concursado el bien o el derecho a un **tercero** cuya adquisición es irreivindicable conforme a Derecho. En tal caso, el titular perjudicado puede optar entre exigir la contraprestación por la venta -si el concursado aún no la hubiera percibido-, o pasar a ser titular de un crédito ordinario, por importe igual al valor que tuvieran los bienes -a su elección, referido al momento de la enajenación o a otro momento posterior-, más el interés legal (nº 4669).
Para su **reconocimiento**, debe remitir la correspondiente **comunicación** a la administración concursal, en el plazo del mes siguiente a la firmeza de la resolución judicial que reconozca su derecho.

Finalmente, se da respuesta indirecta al polémico supuesto del derecho de separación de las **cantidades retenidas en cumplimiento de una obligación legal** -retenciones tributarias y cuota obrera de Seguridad Social (CCom art.909.3º y 6º)-. Sobre estas cantidades no se reconoce un derecho de separación, sino una **preferencia general peculiar** (LCon art.280.2º).

Precisiones La cantidad de **dinero** prestada al concursado, dado su carácter fungible, se integra en el patrimonio del mismo, perdiendo el carácter individualizado que justificaría el derecho de separación (AP Burgos 15-9-10, EDJ 196929).

Requisitos Recapitulando la regulación de LCon art.239, se puede concluir que el **ejercicio del derecho de separación** ante el juez del concurso exige que se cumplan determinados requisitos (JM Málaga 4-10-07, EDJ 266035): **5844**

a) Que se hubiera reclamado a la administración concursal (requisito de procedibilidad) y que esta se hubiera negado a dicha separación, por lo que es contra dicha negativa contra la que se plantea el incidente de separación. En este sentido se señala que es contra la decisión denegatoria de la administración concursal, requiriendo, por tanto, **previa solicitud**. Existe algún pronunciamiento que matiza mucho el rigor con el que se exige este requisito procesal (JM Bilbao 8-3-10, núm 69/10: la ley pretende una previa intimación que ahorre o evite el planteamiento del incidente, pero si aquella no tiene lugar la propia demanda cumple la misma función de requerimiento, ante la cual la administración concursal se puede allanar si lo estima conveniente).

b) Que se proceda a la **determinación e identidad de los bienes** que se reclaman, como exigencia propia de la naturaleza de dicha pretensión, quedando por lo tanto excluidos del mismo los **bienes fungibles** (JM Alicante 20-10-09, Proc 548/09). Dicho requisito se exceptúa en la normativa especial en alguna ocasión, pero también en LCon art.197, respecto del supuesto de **cuentas conjuntas**. Las cosas fungibles (*genus*) se caracterizan o son apreciadas por sus cualidades genéricas y por su cantidad y son sustituibles unas por otras sin quebranto de su utilización para satisfacer necesidades humanas, siendo paradigmático ejemplo de ellas una suma de **dinero**. Las infungibles (*species* o *corpus*) son **individualidades concretas**, sin que resulte indiferente que llenen su finalidad económica sustituirlas por otras del mismo género, y se señalan por su nombre o datos precisos que las individualizan de modo inconfundible. Y el derecho de separación exige la más perfecta identificación de los bienes a separar, todo ello incompatible con un bien como el dinero habida cuenta de su **ultrafungibilidad** que le lleva, lógicamente, a confundirse con el patrimonio del tenedor (JM Oviedo 11-5-06).

c) Que los sean de **titularidad ajena**, esto es, que no se trate de bienes propios del deudor; se debe atender al derecho sustantivo a los efectos de su determinación.

d) Que se hubieran incluido en la **masa activa** del concurso, pues de otra forma será inviable la separación que se pretende.

e) Que quien pretenda la separación sea titular de los bienes reclamados, en virtud de **propiedad** o **titularidad** de un derecho real limitado que no sea de garantía, pues en este caso lo que se pretende es esencialmente un derecho de ejecución separada, o de derechos de restitución por bienes o derechos entregados en el marco de una relación negocial. En nuestro tradicional Derecho de quiebras el derecho de separación se reconocía en atención a ciertos derechos de dominio o derechos asimilados (*ex iure dominii*), o en atención a la existencia de garantías reales sobre los créditos (*separatio ex iure creditii*).

La doctrina criticó de forma severa la asimilación de ambos supuestos, y sostuvo que solo cabría hablar de un derecho de separación en sentido estricto en la hipótesis de la separatio *ex iure dominii*. En el caso de derechos de crédito que contasen con **garantía real**, cabría hablar, bien miradas las cosas y propiamente, de un derecho de **ejecución separada**.

f) Que no recaiga sobre los bienes que se reclaman un **derecho de uso**, **garantía** o **retención**, partiendo de que aquellos contratos con obligaciones recíprocas pendientes de cumplimiento tanto por el concursado como por la otra parte quedan sujetos a LCon art. 158 y 165, por el que se entienden vigentes, y sin que puedan establecerse, siendo nulas, cláusulas rescisorias basadas en la sola causa de la declaración del concurso o la apertura de su fase de liquidación (LCon art.156), debiendo acudirse al régimen de LCon art. 160 s. para el caso de incumplimiento.

Bienes afectos en garantía de un crédito (LCon art.241) La separación de la masa activa de los bienes afectos en garantía de un crédito queda limitada a la ejecución de las **afecciones sobre buques y aeronaves**, a los que la legislación especial reconoce un **privilegio absoluto**. **5847**

En concreto, hay que estar a la regulación contemplada en el Convenio Ginebra 6-5-1993, sobre los privilegios marítimos y la hipoteca naval, así como en la L 14/2014 art.126 a 144, reguladores de la hipoteca naval. Ejercitada la separación, la realización forzosa del **buque** se ejecuta en los términos de LEC art.681 para el apremio de inmuebles, y se procederá a la

satisfacción de los créditos garantizados en los términos previstos en la citada legislación. En caso de resultar sobrante, se reintegra en la masa activa.
Por el contrario, si no se ejercitó el derecho de separación para la realización de las garantías, la clasificación y graduación de los créditos se rige por el régimen general de Ley Concursal (L 14/2014 art.140.b).
En términos similares se contempla para el caso de la L 48/1960, de navegación aérea. Ejercitada la separación, la realización forzosa de la **aeronave** se realiza en los términos de LEC art.681 para el apremio de inmuebles y se procede a la satisfacción de los créditos garantizados en los términos previstos en la citada legislación. En caso de resultar sobrante, se reintegra en la masa activa.
Por el contrario, si **no se ejercitó el derecho de separación** para la realización de las garantías, la clasificación y graduación de los créditos se rige por el régimen general de Ley Concursal (L 14/2014 art.140.b).

Precisiones El acreedor con **hipoteca naval** puede ejercitar su derecho contra el buque o buques afectos cuando el deudor sea declarado en concurso (L 14/2014 art.140.b). Sin embargo, de conformidad con LCon, por norma general, la declaración de apertura del procedimiento no produce ese **vencimiento anticipado**, sino que este tiene lugar cuando el juez del concurso procede a la apertura de la fase de liquidación de la masa activa: la apertura de esa fase, cualquiera que sea el momento en que tenga lugar, produce *ministerio legis* el vencimiento anticipado de los créditos concursales aplazados (LCon/03 art.146) -actual LCon art.414-. A la vista de estos preceptos, se plantea si la interpretación correcta de la primera norma es aquella que integra la normativa especial marítima con la normativa concursal, de modo tal que la ejecución de la hipoteca naval puede iniciarse declarado el concurso del deudor, como ley especial, o si, por el contrario, la regla de la *lex posterior* constriñe a considerar que estamos en presencia de una singular excepción a aquella regla general según la cual el vencimiento anticipado de los créditos se produce y, por consiguiente, la ejecución de la hipoteca constituida sobre el buque puede iniciarse, cuando el juez del concurso, a solicitud del deudor (LCon/03 art.142) o de oficio (LCon/03 art.143) -actuales LCon art.406 a 409-, decreta la apertura de la fase de liquidación, con los demás efectos previstos por la Ley. Si se siguiera la primera interpretación, el *dies a quo* para el cómputo del plazo de prescripción para el ejercicio de la acción hipotecaria se iniciaría con la declaración de concurso, mientras que, si se siguiera la segunda interpretación, ese *dies a quo* coincidiría con la fecha de la resolución judicial de apertura de la fase de liquidación de la masa activa (DGRN Resol 16-1-17).

b. Operaciones de reintegración

5848 La delimitación de lo que constituye la masa activa del concurso se completa integrando en ella **bienes y derechos que no forman parte de la misma**, pero que deberían hacerlo.
Además de las **acciones generales** del Derecho civil (LCon art.238), la legislación concursal añade una **acción específica** del ámbito concursal, a la que se refiere como acción rescisoria concursal, que se ejercita normalmente por la administración concursal (nº 5849).

5849 MPCI nº 11107 **Acción rescisoria concursal** (LCon art.226 s.) Es tradicional en la normativa concursal española y, concretamente, en el anterior ámbito de la quiebra, que la insolvencia determine el nacimiento de **acciones especiales**, que tienen por objeto poner remedio a una eventual **alteración** de la masa activa anterior a la declaración judicial del procedimiento concursal.
La vigente legislación concursal contempla una **acción de reintegración** específica que trata de eliminar los graves problemas de inseguridad jurídica anteriores, sin merma de posibilidad de **revocación** de los actos anteriores que perjudican a los acreedores llamados al concurso.

5850 **Presupuestos** (LCon art.226) Los presupuestos de la acción de reintegración concursal presentan algunas **particularidades** que la convierten en una acción rescisoria especial:
1) Se declaran rescindibles los **actos perjudiciales** para la masa activa realizados por el deudor. Esto es, se parte del presupuesto genérico de las acciones rescisorias, que es la existencia de un **negocio válido** -el negocio no es nulo, ni siquiera anulable-, pero que se pretende hacer ineficaz como consecuencia de su carácter perjudicial.
En el caso de los actos perjudiciales en caso de comunicación de **inicio de negociaciones** o intención de iniciarlas respecto de un plan de reestructuración, se exige que concurran dos **condiciones**:
1.º Que no se hubiera aprobado un plan de reestructuración o que, aun aprobado, no hubiera sido homologado por el juez.
2.º Que el concurso se declare dentro del año siguiente a la finalización de los efectos de esa comunicación o de la prórroga o prórrogas que hubieran sido concedidas.
2) Esta revocación es **limitada en el tiempo**, no alcanza a los actos realizados por el deudor más de los **2 años anteriores** a la fecha de la declaración o a la fecha de la comunicación de la existencia de negociaciones con los acreedores, o la intención de iniciarlas, para alcanzar un

plan de reestructuración, incluyendo los realizados con posterioridad a la declaración del concurso y entre la comunicación de negociaciones y la declaración.
3) La acción rescisoria no exige un **elemento intencional** o **fraudulento**, sino la concurrencia de un **perjuicio patrimonial**, que debe acreditarse (LCon art.229). Ello no excluye la posible prueba de un elemento intencional, por las peculiares consecuencias que tiene al efecto de restitución (LCon art. 235.5).
En todo caso, este **perjuicio patrimonial** se delimita, de forma negativa (nº 5851) y positiva (nº 5854), en los términos siguientes:

A) **Delimitación negativa**. Se perfila el perjuicio estableciendo que **no pueden ser objeto de rescisión**: **5851** MPCI nº 11111, 11115
1. Los **actos ordinarios** de la actividad profesional o empresarial del deudor realizados en **condiciones normales**, los actos comprendidos en el ámbito de leyes especiales reguladoras de los sistemas de pagos y compensación y liquidación de valores e instrumentos derivados, ni las garantías constituidas a favor de créditos de Derecho público o del FOGASA en los acuerdos o convenios de recuperación previstos en su normativa específica, así como los actos de reconocimiento y pago de estos créditos tendentes a lograr la regularización o atenuación de la responsabilidad del concursado prevista en la legislación penal (LCon art.230).
Las **pautas interpretativas** que manejan nuestros tribunales a la hora de considerar que un acto no es rescindible por corresponderse con el **giro ordinario** del deudor y haberse llevado a cabo en condiciones de **normalidad**, pueden consultarse en nº 11111 s. Memento Procesal Civil 2026.

2. Los **actos derivados o relacionados con planes de reestructuración homologados.** En caso de concurso posterior a uno de estos: **5852** MPCI nº 11115
a) Si los créditos afectados por un plan de reestructuración anterior homologado representasen al menos el **51% del pasivo total**, no son rescindibles, salvo prueba de que se realizaron en fraude de acreedores:
• Los actos u operaciones razonables y necesarios inmediatamente para el éxito de la **negociación** con los acreedores, siempre que se hubieran identificado expresamente como tales en el propio plan. Al menos, los siguientes:
- el pago de tasas y costes en relación con la negociación, la adopción o la confirmación de un plan de reestructuración;
- el pago de honorarios y costes de asesoramiento profesional en estrecha relación con la reestructuración;
- el pago de los salarios de los trabajadores por trabajos ya realizados;
- cualquier otro pago y desembolso efectuados en el curso ordinario de la actividad empresarial o profesional del deudor.
• La **financiación** interina y la nueva financiación, incluida la concedida por personas especialmente relacionadas con el deudor, que solo goza de esta protección si los créditos afectados, excluidos los créditos de que fueran titulares esas personas, representasen más del 60% del pasivo total. En otro caso, se somete a las reglas generales sobre rescisión (LCon art.668).
• Los actos, operaciones o negocios que sean razonables e inmediatamente necesarios para la **ejecución** del plan.
b) Si los créditos afectados por un plan de reestructuración anterior homologado representasen una **proporción inferior** a la indicada, la financiación interina, la nueva financiación y los actos, operaciones o negocios mencionados serán rescindibles conforme a las reglas generales, sin que sean de aplicación las presunciones relativas de perjuicio para la masa activa (LCon art.228); sí las absolutas (LCon art.227).

B) **Delimitación positiva**. De forma positiva, el perjuicio patrimonial se delimita facilitando su prueba a través de una serie de **presunciones de perjuicio patrimonial**: **5854** MPCI nº 11119
• **Sin admitir prueba en contrario** (presunciones *iuris et de iure*), cuando:
- se trata de actos de disposición a título gratuito, salvo liberalidades de uso;
- el deudor haya pagado o extinguido obligaciones de vencimiento posterior a la declaración de concurso.
• **Salvo prueba en contrario** (presunciones *iuris tantum*), cuando se trate de:
- actos de disposición a título oneroso realizados a favor de las personas especialmente relacionadas con el concursado, concepto que desarrolla la propia ley (LCon art.282 s.);
- constitución de garantías reales en relación con obligaciones preexistentes o de obligaciones nuevas contraídas en sustitución de aquellas.

Precisiones 1) El fundamento de la rescisión, que supone la existencia de un acto válido, radica en la **existencia de perjuicio para la masa activa**, efecto que no es susceptible de definición en el sentido que no responde a una noción única aplicable en cualquier supuesto, sino que debe valorarse en **5855** MPCI nº 11121 s.

función de las circunstancias que en el caso acredite quien ejercita la acción rescisoria (AP Bizkaia 30-7-10, EDJ 256756).

2) Debe resaltarse que, aunque en los supuestos relacionados en LCon art.228 subyace la idea de ***consilium fraudis*** exigido para la rescisión de contratos (TS 17-7-06, EDJ 105549), es suficiente para que pueda prosperar la acción de reintegración con que se cause **perjuicio a los acreedores** (JM Logroño 1-4-09).

3) Puede adoptarse *inaudita parte* la medida cautelar de anotación preventiva de la demanda estudiada, teniendo en cuenta que la adopción de medidas cautelares en el seno del proceso concursal presenta **peculiaridades sobre el régimen general** -y supletorio- de la LEC. De modo que (JM Oviedo núm 1, 17-12-07):

- la **justificación documental** o por otros medios que impone LEC art.728.2 ve mitigado su rigor al verse favorecida la actuación por las **presunciones** antes citadas;
- no es precisa **caución**, pues si no se exige para el embargo preventivo (LCon art. 128 y 124), menos para la anotación preventiva, al ser una medida neutra, menos enérgica e invasiva que aquella.

4) Procede la acción de reintegración concursal (LCon/03 art.71 -actual LCon art. 226 s.-) respecto de un acto de disposición patrimonial de la concursada a favor de la Administración tributaria, consistente en la consignación judicial de la cuota de **responsabilidad civil derivada de delito contra la Hacienda Pública**, determinando la aplicación de la atenuante de reparación del daño (CP art.305.6), para el pago de la responsabilidad civil y la rebaja de la pena en uno o dos grados, pues el pago tiene por objeto conseguir financiación vía indemnización para liquidar la deuda tributaria con posposición del resto de los acreedores aplicando la atenuante respecto de los administradores sociales de la concursada (TS auto 30-1-19, EDJ 503451; AP Asturias 13-5-16, EDJ 139375).

5856 MPCI nº 11129 **Legitimación y procedimiento** (LCon art.231 s. y 695) La **legitimación activa** para el ejercicio de estas acciones se atribuye, en primer término, a la **administración concursal**.

No obstante, se reconoce a los **acreedores** una legitimación en sustitución de la administración concursal y en interés de la masa de acreedores. Para ello, deben haber instado por escrito el ejercicio de una acción específica y haber transcurrido 2 meses desde la fecha del requerimiento. Aunque, en todo caso, se impone la notificación de la demanda a la administración concursal.

En cuanto a la **legitimación pasiva**, debe dirigirse contra el deudor y contra quien ha sido parte en el acto impugnado. Asimismo, debe ser demandado el tercero adquirente del bien, siempre que se pretenda atacar su adquisición.

Todas estas acciones se tramitan por el cauce del **incidente concursal**, cuya sentencia resolutoria es susceptible de apelación por quien haya sido parte en él (LCon art.237).

Precisiones El hecho de que la **acción de reintegración ejercitada frente a una transmisión anterior al concurso** no se hubiera indicado en el inventario adjunto al informe de la administración concursal, ni se hubiera tenido en consideración cuando se informó más tarde, para justificar la conclusión del concurso por insuficiencia de masa, que no existían acciones viables de reintegración de la masa activa, no tiene un efecto preclusivo respecto de su eventual ejercicio en caso de reapertura del concurso. La manifestación contenida en la solicitud de conclusión del concurso de la inexistencia de acciones viables de reintegración, si bien constituye un presupuesto para que pueda acordarse la conclusión del concurso, no impide que pueda más tarde reabrirse el concurso para ejercitar las acciones que la administración concursal no entendió inicialmente procedentes (TS 17-1-24, EDJ 501340).

5857 MPCI nº 11131 **Efectos** (LCon art.235) Como sucede con las acciones rescisorias, el efecto de la **acción de reintegración** repercute siempre en el patrimonio del deudor concursado.

La sentencia que estima la acción de reintegración ha de declarar la **ineficacia** -no nulidad, ni anulabilidad- del acto impugnado, y condenar a la **restitución** de las recíprocas prestaciones, con sus frutos e intereses, de acuerdo con lo prevenido por el CC art.1303 que es la norma general aplicable en materia de ineficacia contractual.

Es jurisprudencia constante la que mantiene que este precepto tiene como finalidad conseguir que las partes afectadas vuelvan a tener la situación personal y patrimonial anterior al evento que determina la ineficacia del negocio jurídico invalidado (TS 26-7-00, EDJ 32586, por todas) evitando el **enriquecimiento injusto** de una de ellas a costa de la otra, es aplicable a los supuestos de nulidad radical o absoluta, no solo a los de anulabilidad o nulidad relativa, y opera sin necesidad de petición expresa, en la medida en que nace de la ley. Por consiguiente, cuando el contrato haya sido ejecutado en todo o en parte procederá la reposición de las cosas al estado que tenían al tiempo de la celebración, debiendo los implicados devolverse lo que hubieran recibido por razón del contrato (JM Alicante núm 1, 13-1-11, EDJ 4092).

Para el caso en que no sea factible esta **restitución** por la contraparte, bien porque los bienes pertenecen a tercero no demandado, bien porque la adquisición del tercero goce de protección, conforme a Derecho, se ha de condenar a quien haya sido parte en el contrato a restituir el valor que tenían los bienes cuando salieron del patrimonio del deudor, más el interés legal (nº 4669), esto es, a otorgar el **equivalente económico** de la prestación, con los frutos e intereses que se haya producido.

En caso de que quien contrató con el concursado haya actuado de **mala fe**, se le condenará también a indemnizar los daños y perjuicios que haya causado a la masa activa.
El **derecho a la prestación** que resulte a favor de cualquiera de los demandados como consecuencia de la rescisión tiene la consideración de **crédito contra la masa**, que ha de satisfacerse simultáneamente a la reintegración de los bienes y derechos objeto del acto rescindido, salvo que la sentencia aprecie mala fe en el acreedor, en cuyo caso se considerará **crédito concursal subordinado**.

Precisiones **1)** Los **efectos de la estimación** de acciones de reintegración se producen *ex tunc* (AP Jaén 19-1-11, EDJ 377498).
2) En los supuestos en que una **operación gravada con IVA** quede sin efecto como consecuencia del ejercicio de una acción de reintegración concursal u otras acciones de impugnación ejercitadas en el seno del concurso:
- El sujeto pasivo deberá proceder a la rectificación de cuotas repercutidas en la declaración-liquidación correspondiente al periodo en que se declaró la operación (LIVA art.89.Cinco).
- La minoración de deducciones por parte del adquirente, si estuviese también en situación de concurso, se realizará en la declaración-liquidación correspondiente al periodo en que se ejerció la deducción (LIVA art.114.Dos.2º).

Supuestos especiales El régimen expuesto viene matizado en caso de **concurso con elemento internacional** (Rgto UE/848/2015 art.16; LCon art.730). Como excepción al régimen general expuesto, no procede el ejercicio de acciones de reintegración, cuando el beneficiario por el acto perjudicial para la masa activa pruebe que dicho acto está sujeto a la ley de otro Estado que no permite en ningún caso su impugnación en caso de insolvencia. **5858** MPCI nº 11133

Restantes acciones civiles (LCon art.238) Se reconoce la **compatibilidad** del ejercicio de las restantes acciones de impugnación de los actos del deudor que procedan conforme a Derecho. **5859** MPCI nº 11135
Tales acciones deben ejercitarse ante el **juez del concurso** y por los trámites del **incidente concursal**.
De esta manera, se reconoce la aplicación no solo de las **acciones de nulidad y anulabilidad** (simulación), sino también de las **acciones revocatorias por fraude de acreedores** (CC art.1111 y 1291), así como los lapsos temporales propios de estas acciones (CC art.1299). Esto es fundamental ya que algunos de los supuestos fraudulentos más característicos -pagos anteriores al concurso que alteraban la igualdad entre los acreedores, por ejemplo- podrían quedar sin acción de rescisión (JM Barcelona 25-2-05).
Estas acciones se tienen que ejercer con arreglo a las normas en materia de **legitimación** y de **procedimiento** que impone LCon art.231 s.

F. Masa pasiva

(LCon art.251 s.)

5861 La declaración del concurso de acreedores motiva que el conjunto de **créditos** de los que responde o responderá el patrimonio del deudor concursado se desdoble en dos grupos, que reciben un tratamiento distinto:
- los **créditos contra la masa** (nº 5866 s.); y
- los **créditos concursales** (nº 5881 s.).

Estos últimos, por exclusión de los créditos contra la masa, constituyen la **masa pasiva** (LCon art.251.1).
Los créditos concursales se dividen, a su vez, en (LCon art.269):
- créditos **privilegiados**, que pueden ser créditos con **privilegio especial**, por afectar a determinados bienes o derechos, y créditos con **privilegio general**, que afectan a la totalidad del patrimonio del deudor excluidos los bienes y derechos afectos a la satisfacción de créditos con privilegio especial;
- créditos **ordinarios**, que son todos aquellos que no tienen privilegio reconocido ni son subordinados; y
- créditos **subordinados**, que son los que vienen enumerados en LCon art.281.

5861.1 Precisiones **1)** Esta clasificación legal debiera servir para erradicar cualquier referencia a los denominados en la práctica forense como **créditos postconcursales no prededucibles**. Esto es, créditos que, habiéndose devengado con posterioridad a la iniciación del proceso de ejecución universal, sin embargo, no son reconocidos como créditos contra la masa. Todos los créditos, o son contra la masa o constituyen la masa pasiva (concursales).
2) En expedientes de **expropiación forzosa** con presencia de beneficiario distinto de la Administración expropiante, se plantea el problema del concurso de acreedores del beneficiario de la expropiación. Efectivamente, en caso de que el beneficiario -siendo sujeto de Derecho privado susceptible de

concurso (LCon art.1)- entre en situación de concurso de acreedores, el crédito del expropiado debería ser abonado por la Administración expropiante, sin que el acreedor al justiprecio deba verse incluido en la masa pasiva del concurso, quedando privado, potencialmente, de parte o de todo su crédito a la indemnización expropiatoria, así como del bien o derecho objeto de ataque expropiatorio. Lo cual supondría una lesión directa de Const art.33 y CC art.347, con violación del principio de indemnidad patrimonial. Una vez abonado el justiprecio al expropiado por parte de la Administración, esta deberá personarse en el concurso del beneficiario que no ha soportado el peso de la indemnización justipreciaria, como titular de un crédito de Derecho público contra este por su importe.

3) En una expropiación en la que la **entidad beneficiaria es declarada en concurso** sin haber abonado la indemnización expropiatoria, el expropiado no tiene que verse obligado a comparecer como acreedor en el concurso de aquella, dado que la Administración titular de la potestad expropiatoria es garante de que el procedimiento termine con el pago del justiprecio fijado. Si bien es cierto que el REF art.5 impone la obligación de pago al beneficiario, ello no exime a la Administración de su responsabilidad. No se concilia ni con el principio de legalidad ni con el de responsabilidad jurídica, abocar al propietario de la finca expropiada y ocupada, pero cuyo precio justo no se ha satisfecho a someterse a la incertidumbre de un proceso concursal, eludiendo así la Administración expropiante su responsabilidad. Además, la sumisión a la posible quita, espera o ambas, o a las acciones de responsabilidad derivadas del concurso, es tanto como vincular el derecho reconocido en Const art.33 a la suerte mercantil de una empresa que ni es entidad expropiante, ni ha sido escogida por el expropiado para su relación jurídica -supuestos presentes en compraventas privadas, ajenos completamente al esquema de la expropiación y la potestad que la aplica-.

Por todo ello, el Tribunal Superior de Justicia de Madrid declara la **responsabilidad patrimonial de la Administración expropiante** por el importe del justiprecio y sus intereses. Esta solución, a pesar de lo acertado de sostener que la Administración es garante del pago del precio, y de la improcedencia de compeler al expropiado a personarse en el concurso de la entidad beneficiaria, plantea la dudosa cuestión de si cabe declarar tal responsabilidad en un incidente de ejecución de una sentencia sobre justiprecio (TSJ Madrid auto 21-1-13, EDJ 16396, dictado en incidente de ejecución de sentencia sobre justiprecio).

4) En relación con los supuestos de construcción, conservación y explotación de **autopistas en régimen de concesión**, se dispone actualmente que, en el procedimiento expropiatorio, el concesionario asume los derechos y obligaciones del beneficiario y, en consecuencia, ha de satisfacer las indemnizaciones de toda índole que procedan por razón de las expropiaciones y ocupaciones temporales necesarias para la ejecución del proyecto (L 8/1972 art.17.2). No obstante, si el concesionario no cumple dichas obligaciones y en virtud de resolución judicial, cualquiera que sea su fecha, el Estado tiene que hacerse cargo de abonar tales indemnizaciones a los expropiados, este queda subrogado en el crédito del expropiado. En todo caso, desde el momento en que se declare la obligación de pago a cargo del Estado, las cantidades que no le sean reembolsadas minorarán el importe global que corresponda en concepto de responsabilidad patrimonial de la Administración. En semejantes términos, L 9/2017 art.280.5. Todo ello, con aplicación a contratos de concesión, cualquiera que sea su fecha (RDL 1/2014 disp.trans.2ª).

5862 MPCI nº 11144 **Delimitación de los créditos** La delimitación de los créditos se realiza conforme a una serie de **criterios legales** expresos, que normalmente se configuran por el criterio del **devengo** o nacimiento del crédito anterior o posterior a la declaración del concurso. Ahora bien, en ocasiones el legislador prescinde de dicho criterio, con la finalidad de favorecer a determinados créditos (LCon art.242.1.2º).

En esta previa delimitación se contemplan normas expresas para el caso de **concurrencia** de otras personas en la posición deudora o de responsabilidad de la deuda. Así, en caso de **pluralidad de deudores** se establecen reglas especiales en relación con las obligaciones de las que el deudor concursado debe responder de forma subsidiaria y de forma solidaria.

5863 **Responsabilidad subsidiaria** En este caso, el concursado solo responde una vez hecha **excusión** de los bienes del deudor principal. Para tal supuesto, la obligación se reconoce, pero con naturaleza **contingente**, en tanto que el acreedor no justifique haber realizado la excusión de bienes del obligado principal. En tal caso, se reconocerá el crédito por el saldo que subsista (LCon art.263).

En definitiva, el acreedor del deudor principal tiene un crédito contingente frente al fiador concursado sin beneficio de excusión, que solo se convertirá en definitivo cuando se acredite haber hecho tal excusión de bienes del deudor principal. No obstante, el precepto citado, al referirse a los créditos que no puedan ser hechos efectivos, está aludiendo a **obligación vencida** y por lo tanto **exigible**. Solo si está vencida opera la excusión, pues de lo contrario no surtiría efecto según CC art.1830. Hasta el vencimiento de la obligación que avala, o hasta que conforme a LCon art.414 se declare el vencimiento de todas las obligaciones pendientes, el fiador no es deudor. No opera, *a sensu contrario*, LCon art.263 porque no hay obligación de este. Nos encontramos, así, ante un crédito sometido a **condición suspensiva**, que consiste en el eventual incumplimiento del deudor principal (AP Jaén 25-1-10, EDJ 38699).

El acreedor del deudor principal tiene, por lo tanto, un **crédito contingente**, considerando que el crédito contra el codeudor sin beneficio de excusión es puro y simple, de modo que el incumplimiento del deudor principal es la *condictio iuris* que determina la contingencia del crédito, considerando la contingencia en un sentido amplio (JM Córdoba 19-4-10, núm 61/10).
El **incumplimiento del deudor principal** no es una condición en sentido propio que haga el crédito condicional, sino que solo afecta a la legitimación para el pago, mas a esta *condictio iuris* le es aplicable, por analogía, la solución legal para el supuesto de existir una auténtica condición suspensiva (JM Las Palmas 9-4-10).
El crédito contingente comprende los créditos condicionales en sentido estricto y los **créditos sometidos a *condictio iuris*** (AP Pontevedra 4-12-08, EDJ 337630).

Responsabilidad solidaria Cuando varias personas deben responder de una misma obligación al mismo nivel, si alguno de los obligados se declara en concurso, la deuda se integra en su **masa pasiva**. En caso de que el crédito haya sido reconocido en distintos concursos de los diferentes deudores solidarios, el escrito presentado en cada concurso deberá expresar si se ha efectuado o se va a efectuar la comunicación en los demás, acompañándose, en su caso, copia del escrito o de los escritos presentados y de los que se hayan recibido (LCon art.258 y 264). En todo caso, el acreedor no puede cobrar a través de ellos más de lo que se le debe (LCon art.437 y 438). 5864
Para evitar ese riesgo, se establecen las siguientes medidas (LCon art.438):
- se impone, de oficio, un sistema de **comunicación entre concursos**: cuando se produce el pago, la administración concursal debe comunicar este hecho a los restantes concursos (LCon art.258);
- se autoriza a la administración concursal, cuando tenga constancia de la existencia de concursos que afecten a deudores solidarios, a **retener el pago** hasta que el acreedor presente certificación acreditativa de lo que ha percibido en los otros concursos.

Regla de coordinación Finalmente, como regla de coordinación, se autoriza a que, a solicitud del acreedor que haya cobrado parte de su crédito de un avalista, fiador o deudor solidario del concursado, puedan incluirse a su favor en la **lista de acreedores** tanto el resto de su crédito no satisfecho como la totalidad del que, por reembolso o por cuota de solidaridad, corresponda a quien haya hecho el pago parcial, aunque este no haya comunicado su crédito o haya hecho remisión de la deuda (LConart.264). 5865
Este precepto lo interpreta la AP Pontevedra 11-11-09, EDJ 306296 en conexión con LCon art.263.2, y el sentido de que impone un mandato dirigido a la administración concursal para que reconozca el crédito del acreedor que disfrute de fianza de tercero, aunque si el mismo viera cumplido su crédito por pago del fiador, podrá este subrogarse en la posición jurídica del acreedor como consecuencia del pago. Si el pago del fiador se produce con posterioridad a la declaración del concurso nace una **obligación nueva**.
El fiador que pretende el reembolso dispone del crédito desde el momento en que abona la deuda afianzada, y si el pago es ulterior a la declaración de concurso entrará en juego LCon art.263 y, si fuera un pago parcial, LCon art.264. En consecuencia, en los casos en que el fiador paga al acreedor en lugar del concursado se subroga en la posición del titular originario del crédito y la **subrogación** se produce en toda su extensión, transmitiéndose el crédito en su integridad, extensión y contenido, si bien la administración concursal debe reclasificar el crédito optando por la clasificación de inferior grado de entre las que correspondan al acreedor o al fiador.

1. Créditos contra la masa

(LCon art. 242)

Este tipo de créditos, sin regulación legal anterior, se configuraban como todos los **posteriores** al inicio del proceso que tenían un origen causal en actividades del sujeto o empresa por medio de sus representantes, o asistido de quienes debían completar su capacidad; se trataba de créditos posteriores a dicho momento y encuadrados en la gestión del proceso concursal o de la empresa para hacer posible la continuación de su actividad. 5866 MPCI nº 11155
Frente a ello, ahora se definen los créditos contra la masa **taxativamente** (LCon art.242; TS 2-3-21, EDJ 511003). Este criterio se ve reforzado por la limitación de LCon art.242.15º (nº 5873). Fuera de los supuestos mencionados en la ley, el resto de los créditos tendrán la clasificación de concursales, quedando reservada la calificación de créditos contra la masa a los estrictos supuestos mencionados (JM Palma de Mallorca núm 1, 7-2-07, EDJ 285007).
El **casuísmo** empleado por la ley en la determinación de los créditos contra la masa complica sobremanera la tarea de ofrecer un **concepto general**. No obstante, se ha señalado que el concepto de crédito contra la masa lo establece LCon art.242, que desgrana hasta once

supuestos que merecen tal calificación. Todos ellos tienen en común que se refieren a gastos u obligaciones que surgen con **posterioridad** a la **declaración de concurso** (1º, 3º, 4º, 5º, 6º, 7º, 8º, 9º y 10º) o que, siendo anteriores, se devenguen **con posterioridad** y sean **precisos** para que el propio concurso se trámite (2º). Es decir, los créditos concursales provocan el concurso, mientras que los créditos contra la masa son **provocados** por este (JM Bilbao núm 1, 24-2-06, EDJ 20157).

A la enumeración prevista en la anterior LCon/03 art.84.2 -actual LCon art.242- se añaden **nuevos créditos contra la masa** como es el caso de los créditos por la condena al pago de las costas como consecuencia de la desestimación de las demandas que se hubieran presentado o de los recursos que se hubieran interpuesto con autorización de la administración concursal o como consecuencia del allanamiento o del desistimiento realizados igualmente con autorización de la administración concursal y la retribución de la administración concursal.

Precisiones La enumeración de créditos contra la masa ha de ser objeto de **interpretación restrictiva** (TS 11-2-13, EDJ 30524).

5867 **Supuestos legales** (LCon art.242) Son créditos contra la masa los siguientes:

5867.1 **Créditos por responsabilidad civil e indemnizaciones laborales** (LCon art.242.1.1º) Tienen esta consideración los créditos anteriores a la declaración de concurso por responsabilidad civil extracontractual por **muerte o daños personales**, así como los créditos anteriores o posteriores a la declaración del concurso por indemnizaciones derivadas de **accidente de trabajo y enfermedad profesional**, cualquiera que sea la fecha de la resolución que los declare.

Si los daños estuvieran asegurados, el crédito del **asegurador** por subrogación, regreso o reembolso tiene consideración de crédito concursal ordinario.

5867.2 MPCI nº 11161 **Créditos por salarios** (LCon art.242.1.2º) Son créditos contra la masa los créditos por salarios por los últimos 30 días de **trabajo efectivo** anteriores a la declaración de concurso y en **cuantía** que no supere el doble del salario mínimo interprofesional.

La interpretación más razonable de esta norma conduce a entender que, si bien el límite temporal de los últimos 30 días ha de ser computado desde la fecha de la declaración del concurso hacia atrás, ello no ocurrirá así, en cambio, cuando por cualquier otro motivo -como puede ser el de una anticipada extinción de la relación laboral- la prestación laboral hubiera cesado con anterioridad a dicho límite, pues en tal caso la protección incluirá los últimos 30 días de **trabajo efectivo** (JM Oviedo núm 1, 24-11-06, EDJ 425707).

El precepto no contiene el vocablo **inmediatamente**, ni ninguno otro similar, sino que se refiere simplemente a los salarios de los últimos 30 días de trabajo anteriores a la declaración del concurso, por lo que no se puede entender que la naturaleza de crédito contra la masa solo sea predicable de los salarios debidos por los 30 días que anteceden a la declaración, pues así se estaría creando una odiosa discriminación entre los trabajadores contraria al principio de igualdad, ya que, si solo los que han trabajado y a los que se les adeudan los salarios de los 30 últimos días inmediatamente anteriores a la declaración del concurso van a merecer esta protección se discriminaría a los que, por cualquier motivo, se les adeudasen los salarios por los 30 últimos días que trabajaron para el concursado, pero no dentro de esa proximidad temporal. Unos y otros son los últimos días de trabajo de cada trabajador con el empresario, pero no todos están situados inmediatamente antes del día de la declaración del concurso, y todos deben beneficiarse del privilegio que supone esta norma (AP Araba 30-7-10, EDJ 254234).

5868 MPCI nº 11165 **Costas y gastos judiciales** (LCon art.242.1.4º a 8º) Son créditos contra la masa:

1) Los gastos por costas judiciales para la solicitud y la declaración de concurso a instancia de acreedor o cualquier legitimado distinto del deudor, la adopción de medidas cautelares y la publicación de la declaración de concurso y de las resoluciones judiciales previstas en la ley.

2) Los créditos por asistencia y representación del concursado y de la administración concursal durante toda la tramitación del procedimiento y sus incidentes y demás procedimientos judiciales en cualquier fase del concurso, cuando su intervención sea legalmente obligatoria o se realice en interés de la masa, hasta la eficacia del convenio o, en otro caso, hasta la conclusión del concurso, con excepción de los ocasionados por los recursos que interponga el concursado contra resoluciones del juez cuando fueran total o parcialmente desestimados con expresa condena en costas.

3) Los créditos por gastos y las costas judiciales ocasionados por la asistencia y representación del concursado, de la administración concursal o de acreedores legitimados en los juicios que, en interés de la masa, continúen o inicien conforme a lo dispuesto en esta ley, salvo lo previsto para los casos de desistimiento, allanamiento, transacción y defensa separada del deudor y, en su caso, hasta los límites cuantitativos en ella establecidos.

4) Los créditos por la condena al pago de las costas como consecuencia de la desestimación de las demandas que se hubieran presentado o de los recursos que se hubieran interpuesto por la administración concursal o por el concursado con autorización de la administración concursal o como consecuencia del allanamiento o del desistimiento realizados por la administración concursal o por el concursado con su autorización. En caso de transacción, se estará a lo pactado por las partes en materia de costas.

Retribución de la administración concursal y de expertos (LCon art.242.1.9º) La retribución de la administración concursal genera un crédito contra la masa. **5869**
El **crédito de referencia** son las retribuciones a las que tiene derecho la administración concursal en atención al ejercicio de sus funciones, que se establecen conforme a lo dispuesto en LCon/03 art.34 -vigente por mor de lo dispuesto en RDLeg 1/2020 disp.trans.única, en L 16/2022 disp.trans.5ª y en RD 1860/2004-.
En cuanto al **devengo**, a la fecha del crédito, el Tribunal Supremo ha señalado que el vencimiento de los honorarios de la administración concursal no es el momento de la aceptación del cargo, sino la prestación efectiva de los servicios y sujeta a los hitos temporales de vencimiento previstos en RD 1860/2004 (TS 8-6-16, EDJ 81968; 8-3-17, EDJ 15375; 6-4-17, EDJ 37052; 16-10-17, EDJ 215261; 20-2-19, EDJ 513223).
Los créditos por la retribución del **experto para recabar ofertas de adquisición de la unidad productiva** tienen la misma consideración.

Alimentos (LCon art.242.1.3º y 281.2.1º) Son créditos contra la masa los de alimentos del deudor y de las personas respecto de las cuales tuviera el deber legal de prestarlos, devengados antes o después de la declaración del concurso. **5869.1**

Actividad profesional o empresarial (LCon art.242.1.11º) Son créditos contra la masa los generados por el ejercicio de la actividad profesional o empresarial del deudor **tras la declaración del concurso**, o hasta la aprobación judicial del convenio o, en otro caso, hasta la conclusión del proceso concursal, incluyendo los créditos laborales devengados después de la declaración de concurso, las indemnizaciones por despido o extinción de los contratos de trabajo, así como los recargos sobre las prestaciones por incumplimiento de las obligaciones en materia de salud laboral, hasta que el juez acuerde el **cese** de la actividad profesional o empresarial, o declare la **conclusión** del concurso. **5870** MPCI nº 11171
En este punto, hay que destacar la discusión forense sobre la inclusión de los **salarios de tramitación**, en cuanto contenido indemnizatorio, en este apartado o en el correspondiente a los créditos salariales (LCon art. 242.1º.1.2º o 280.1º). La jurisprudencia ha analizado esta cuestión a fondo (AP Pontevedra 13-5-10, EDJ 189189), concluyendo que el **salario de trámite** se puede entender como salario propiamente dicho o como indemnización.

En cuanto a los **recargos por cuotas de la Seguridad Social** devengados después de la declaración del concurso, algunos tribunales mantienen que deben ser también reconocidos como créditos contra la masa de acuerdo con este precepto, sin que quepa invocar su carácter de subordinados, ya que tal clasificación resulta predicable únicamente respecto de los recargos que revistan la naturaleza de crédito concursal (AP La Rioja 6-10-08, EDJ 306821; AP Asturias 8-10-07, EDJ 249686), mientras que otros entienden que no cabe incluirlos en LCon art.242.1.11º (AP León 30-9-10, EDJ 220536: LCon art.242 identifica los créditos que han de ser considerados como créditos contra la masa, y la relación contenida en dicho precepto es exhaustiva, porque se somete a un estricto régimen de tipicidad legal, es decir, se excluyen las inferencias presuntivas no contempladas de modo expreso en las normas contenidas en la ley. Por lo tanto, aquellos créditos no identificados con arreglo a criterios de tipicidad legal como créditos contra la masa no se pueden considerar como tales, porque serían créditos concursales. **5870.1** MPCI nº 11173
Pues bien, en LCon art.242 no se contemplan los **recargos de apremio**, sin que tengan encaje legal en el apartado 5º porque los recargos no se generan por la actividad profesional o empresarial del deudor tras la declaración del concurso; de la actividad profesional o empresarial se pueden derivar diversos créditos, por cuotas u otros conceptos, pero no los recargos que solo son medidas compulsivas para el pago de aquellas; en realidad no es que los recargos de apremio sean créditos concursales, al no ser calificados como créditos contra la masa, sino que no se pueden integrar en la masa pasiva, pero el hecho de no ser incardinables en el ámbito de los créditos contra la masa ya nos da una referencia contraria a su calificación como tales).
La **indemnización por daños y perjuicios** que pueda imponerse al deudor como **complemento** a las **indemnizaciones laborales** que correspondan por la extinción del contrato de trabajo no puede catalogarse como crédito contra la masa; la indemnización por daños y perjuicios **complementaria** a la indemnización por extinción del contrato no forma parte de esta, ni puede hacerlo, constituyéndose como indemnización de carácter **estrictamente civil** que la jurisprudencia de la Sala Cuarta del Tribunal Supremo permite que sea reclamada conjuntamente con

la acción de extinción sin que medie precepto alguno que lo impida. Es por ello por lo que en modo alguno puede decirse que tal indemnización puede considerarse incluida en las referidas por LCon art.242 como indemnizaciones debidas en caso de extinción de un contrato de trabajo, ya que en ningún modo el legislador estaba pensando al incluir la palabra debidas en las indemnizaciones por daños y perjuicios sino, precisamente, y, como no podía ser de otra manera, solo las indemnizaciones de ET art.50 son, efectivamente, las únicas debidas *ex legis voluntate* en caso de extinción de contrato por incumplimiento grave del empresario (JM Oviedo núm 1, 28-1-08, EDJ 6387).

5870.2 Precisiones Se consideran también créditos contra la masa, los supuestos en los que el **recargo** se impone tras la apertura del concurso, pero el **incumplimiento de las medidas** de seguridad y salud del que deriva es anterior a la declaración del concurso contra la masa. Sin embargo, se ha considerado que no es crédito contra la masa un crédito correspondiente a las **sanciones impuestas por la ITSS** dimanantes de la omisión del deber de ingreso de las cuotas de la Seguridad Social y de la presentación de los documentos de cotización, ya que el crédito u obligación **no es posterior** a la declaración del concurso del deudor, aunque lo sea su **perfección** y cuantificación. No todos los créditos públicos devengados con posterioridad a la declaración del concurso forman parte de los créditos contra la masa, salvo cuando exista una vinculación directa con la actividad profesional o empresarial del concursado posterior a dicha declaración. Y, por tanto, **se excluyen** las sanciones por infracciones de la Seguridad Social vinculadas a las relaciones laborales que integran aquella actividad empresarial que sean anteriores a la declaración del concurso (AP Alicante 26-9-07, EDJ 234028). Se incluye, también, la **indemnización por despido improcedente** correspondiente a la extinción de la relación laboral, acordada con posterioridad a la declaración de concurso por la no readmisión del trabajador o derivada de la opción del empresario o de la administración concursal por la extinción con abono de aquella, aunque el despido fuera acordado antes de la declaración del concurso (TS 19-11-25, EDJ 765085).

5871 **Prestaciones a cargo del concursado pendientes de cumplimiento** (LCon art.242.1.12º) Son créditos contra la masa los que resulten de prestaciones a cargo del concursado en los contratos con **obligaciones recíprocas pendientes de cumplimiento** que continúen en vigor tras la declaración de concurso, y de obligaciones de **restitución** e **indemnización** en caso de incumplimiento del concursado.

Cuando se trata de un contrato celebrado por el deudor en el que, en el momento de la declaración del concurso de acreedores, una de las partes había cumplido íntegramente sus obligaciones, y la otra tenía pendiente el cumplimiento total o parcial de las recíprocas a su cargo, no puede ser de aplicación LCon art.242.1.12º, sino que nos encontramos ante el supuesto de LCon art.157, dedicado a los contratos celebrados por el deudor en los que al momento de la declaración del concurso una de las partes hubiera cumplido íntegramente sus obligaciones y la otra tuviese pendiente el cumplimiento total o parcial de las recíprocas a su cargo; el crédito no atendido antes de la declaración de concurso debe ser incluido en la masa pasiva como **ordinario** (JM Alicante 27-3-09, Proc 248/09).

5871.1 **Cantidades debidas y de vencimientos futuros a cargo del concursado** (LCon art.242.10º) Son créditos contra la masa los que, en los casos de pago de créditos con privilegio especial sin realización de los bienes o derechos afectos, en los de rehabilitación de contratos o de enervación de desahucio, y en los demás previstos en la propia Ley Concursal, correspondan por las **cantidades debidas** y las de **vencimiento futuro a cargo del concursado**.

5871.2 **Ciertos intereses y frutos** (LCon art.242.1.14º) Son contra la masa los créditos por intereses y frutos en caso de retraso de la obligación de entrega de los **bienes y derechos de propiedad ajena**.

5871.3 **Obligaciones válidamente contraídas por la administración concursal** (LCon art.242.1.13º) Son créditos contra la masa los que resulten de obligaciones válidamente contraídas durante el procedimiento por la administración concursal o, con la **autorización** o **conformidad** de esta, por el concursado sometido a intervención.

Este precepto se ha de poner en relación con el régimen de **limitaciones** impuestas por LCon art.106 s., de modo que los **gastos** derivados de esas obligaciones serán créditos contra la masa si el gasto correspondiente goza del beneplácito de la administración concursal (AP Madrid 16-7-10, EDJ 174580).

5872 **Obligaciones legales o de responsabilidad extracontractual del concursado** (LCon art.242.1.13º) Son créditos contra la masa los que resulten de obligaciones nacidas de la ley o de
MPCI nº 11185 responsabilidad extracontractual del concursado por **daños de cualquier tipo** causados con posterioridad a la declaración de concurso y hasta la conclusión del mismo, distintos a los expuestos en nº 5867.1.

El crédito derivado de las **sanciones administrativas** impuestas al deudor tras la declaración de concurso, pero correspondientes a una infracción cometida con anterioridad a aquel momento, ha de tener naturaleza de **crédito concursal**, y no de crédito contra la masa, pues lo contrario supondría tanto como dejar en manos del propio acreedor, y de su mayor o menor agilidad en tramitar el expediente sancionador, la determinación del momento en que se dicta el acto administrativo por el que se impone la sanción, y con ello el poder relegar dicha imposición a una fecha posterior a la declaración judicial de declaración de concurso para obtener de esta manera su reconocimiento como crédito contra la masa (AP Asturias 8-11-07, EDJ 295621). En el mismo sentido se recuerda que, como consecuencia del primordial **principio de legalidad** imperante en el ámbito sancionador los ilícitos generadores de responsabilidad, se consideran cometidos en el momento en que el sujeto lleva a cabo la acción típica constitutiva de infracción administrativa, aunque la declaración de probanza de su comisión haya de producirse en un procedimiento en el que se respeten, formal y materialmente, las constitucionales garantías de audiencia, defensa y presunción de inocencia (AP Cantabria 29-11-07, EDJ 306448).

La actuación u omisión **tipificada como ilícito** es, en definitiva, la que da lugar al nacimiento y a la exigibilidad de la responsabilidad que configura el crédito de la Administración, así como al correlativo inicio del cómputo del plazo de prescripción, por más que la efectividad de la sanción quede supeditada a la tramitación de un procedimiento contradictorio.

Es discutible si, respecto de las **sanciones administrativas pecuniarias** impuestas al concursado tras la declaración del concurso por infracciones cometidas con anterioridad a dicha declaración, ha de atenderse a la fecha de la infracción, momento en el que nace la obligación (siendo entonces el crédito concursal) o a la de la imposición de la sanción, momento en el que se devenga el crédito y cuantifica su importe (siéndolo contra la masa). Hay sentencias a favor de la primera tesis (AP Asturias 31-1-08, EDJ 33614; 8-10-07, EDJ 249686; 4-5-07; JM Madrid núm 5, 11-2-11 incidente 522/10) y en contra (JM Madrid núm 8, 31-1-11 conc 283/2010). El Tribunal Supremo ha sostenido que el crédito tributario en estos casos es **concursal, no contra la masa**, pues lo esencial para la calificación de los créditos es el momento en que se produce su nacimiento, Y este tiene lugar con el hecho normativo que, por constituir incumplimiento o infracción tributaria, crea la posibilidad de la sanción (TS 23-2-11, EDJ 11667; 6-4-11, EDJ 113799).

Financiación interina y nueva (LCon art.242.1.17º) Son créditos contra la masa, el 50% del importe de los créditos derivados de la financiación interina (LCon art.665) o de la nueva financiación (LCon art.666) concedidos en el marco de un **plan de reestructuración homologado** cuando los créditos afectados por ese plan representen al menos el 51% del pasivo total. En el caso de que esa financiación haya sido concedida o comprometida por **personas especialmente relacionadas con el deudor**, será necesario que los créditos afectados por el plan representen más del 60% del pasivo total, con deducción de los créditos de aquellas para calcular esa mayoría. **5872.2**

Financiación del convenio (LCon art.242.1.16º) Son créditos contra la masa, en caso de **liquidación**, los créditos concedidos al concursado antes de la apertura de la fase de liquidación, para financiar el cumplimiento del convenio aprobado por el juez, según el plan de viabilidad presentado, si así se hubiera previsto en el convenio. La misma regla se aplicará a los créditos prestados por personas especialmente relacionadas con el concursado si en el convenio consta la identidad del obligado y la cuantía máxima de la financiación a conceder. **5872.3**

Otros créditos (LCon art.242.1.18º) Son créditos contra la masa cualesquiera **otros créditos** a los que la Ley Concursal atribuya expresamente tal consideración. **5873** MPCI nº 11191

Precisiones 1) A los efectos de calificar un crédito como contra la masa, por devengarse tras la declaración del concurso, se debe considerar que el **día de la declaración** (fecha del auto declaratorio) es indivisible, de manera que los créditos devengados ese día tienen consideración contra la masa. En los concursos en que entren en juego diferentes husos horarios que puedan determinar disparidad en el calendario y fechas (el aplicable en la sede del órgano judicial y el del lugar de producción del negocio o de realización del acto que provoca el devengo del crédito), que serán ordinariamente con elemento internacional, habrá de estarse al que rija en la sede del órgano judicial.

2) Muy problemática e interesante es la consideración que haya de darse a los créditos derivados de acuerdos financieros denominados **swaps** (RDL 5/2005), especialmente en relación con los devengados en el seno de uno de estos acuerdos, pero con posterioridad a la fecha del auto de declaración del concurso; y en aquellos supuestos en que el *swap* se refiere a intereses. Atendiendo a las peculiaridades negociales de esta figura puede sostenerse que dichos créditos son concursales, subordinados o contra la masa. Esta última es la tesis seguida por JPI Logroño núm 6, 31-5-10.

En todo caso, el **swap no deviene nulo por razón de la declaración de concurso**, de acuerdo con LCon art.158 y 165 sobre la vigencia de los contratos sujetos a obligaciones recíprocas y RDL 5/2005 art.16.2, conforme al cual la declaración de concurso no limita o restringe las operaciones de liquidación realizadas en el marco del contrato de permuta financiera, sin perjuicio de que el contrato pueda resolverse por perjudicial a la masa activa, si bien que con fecha de efectos de interposición de la demanda (JM Vitoria núm 1, 15-4-11, conc 380/09).

5875 **Exclusiones** Se excluyen expresamente como créditos contra la masa los **gastos de actuación procesal del concursado** (LCon art.121.2).

5876 MPCI nº 11195 **Reglas de pago** (LCon art. 245) Se establecen las siguientes reglas en materia de pago de créditos contra la masa:
- los créditos de LCon art. 242.1.2º se pagarán **de forma inmediata**;
- los restantes créditos contra la masa, cualquiera que sea su naturaleza y el estado del concurso, se pagarán a sus respectivos **vencimientos** -sin tener en cuenta sus fechas de devengo (TS 21-5-18, EDJ 72498; 16-10-17, EDJ 215261)-, si bien la administración concursal podrá alterar esta regla cuando lo considere conveniente para el interés del concurso, y siempre que presuma que la masa activa resultará suficiente para la satisfacción de todos los créditos contra la masa; esta postergación no podrá afectar a los créditos de los trabajadores, alimenticios ni a los créditos tributarios y de la Seguridad Social;
- las acciones relativas a la **calificación** o al **pago** de los créditos contra la masa se ejercitarán ante el juez del concurso por los trámites del incidente concursal, pero no podrán iniciarse **ejecuciones** judiciales o administrativas para hacerlos efectivos hasta que se apruebe el **convenio**, se abra la **liquidación** o transcurra un año desde la declaración de concurso sin que se hubiera producido ninguno de estos actos; esta paralización no impedirá el devengo de los intereses, recargos y demás obligaciones vinculadas a la falta de pago del crédito a su vencimiento (LCon art.248);
- satisfechas las prestaciones conforme a su normativa específica, el Fondo de Garantía Salarial se subrogará en los créditos de los trabajadores con su misma clasificación (RDLeg 2/2015 art.33; LCon art.243).

5877 MPCI nº 11195, nº 11197 Precisiones **1)** Se atribuye al juez del concurso la competencia para la resolución de **controversias sobre el reconocimiento y pago** de los créditos contra la masa, no directamente para su reconocimiento y pago (LCon art.247). Esta corresponde a la administración concursal (LCon art.246), por lo que el primer requisito para promover un incidente en los términos de LCon art.247 es que la aquella haya adoptado una decisión relativa a reconocimiento y pago de tales créditos, respecto de la cual alguno de los interesados discrepe. No es posible, por tanto, plantear un incidente con el único objeto de discutir las interpretaciones teóricas que pueda hacer la Administración tributaria en torno a la calificación como «contra la masa» o no de un crédito, que lógicamente solo podrán ser efectivas si son acogidas por la Administración concursal. La competencia incidental del juez en los créditos contra la masa no puede instituir un trámite consultivo, para que el órgano judicial, adelantándose a una real controversia, exprese cuál sería su criterio en caso de surgir esta última. En todo caso, el hecho de que dicho precepto atribuya al juez del concurso la competencia para conocer de las acciones de reclamación del pago de los créditos contra la masa, mediante el **incidente concursal**, no significa que en todo caso para su satisfacción haya que instar un incidente concursal ante el juez del concurso (TS 17-7-19, EDJ 651208).

2) Aunque resulte de aplicación el orden de prelación de LCon/03 art.84.3 -actual LCon art.245- puede haber **gastos prededucibles** cuyo pago no tenga que respetar la preferencia de otros créditos de vencimiento anterior (TS 6-4-17, EDJ 37051; 23-10-17, EDJ 215269). El **crédito del abogado** que se encargó de las reclamaciones judiciales que permitieron ingresar un activo, con cargo al cual se pagaron estos honorarios, y que sirvió para pagar otros créditos contra la masa, debe considerarse gasto prededucible. No todos los **honorarios de la administración concursal** tienen esta consideración de gastos prededucibles. Pero la administración concursal ha podido realizar actuaciones «estrictamente imprescindibles para obtener numerario y gestionar la liquidación y el pago», que merezcan esta condición de gastos prededucible. Corresponde a la administración concursal indicar cuáles fueron y su cuantificación, para que pueda ser valorado por el juez la atribución de esta condición de gasto prededucible (TS 2-10-17, EDJ 201848).

3) La **postergación indebida de créditos tributarios contra la masa** es o puede ser causa de derivación de responsabilidad tributaria al administrador concursal conforme a LGT art.42.2.a (TEAC 17-3-22). Por otro lado, la calificación como **fortuito o culpable** del concurso no impide a la Administración tributaria declarar y derivar la responsabilidad tributaria solidaria, aunque se trate de personas relacionadas con el concursado a las que puedan extenderse los efectos de la calificación concursal (TS 27-6-17, EDJ 124650).

5878 **Supuesto complejo: Modificación de la base imponible del IVA** El IVA, si bien se devenga **operación por operación**, al ser un impuesto de cuota compleja, la deuda tributaria resultante se liquida al fin de cada uno de los períodos señalados en RIVA art.71, mensuales o trimestrales, refiriéndose el devengo de la cuota, a ingresar o devolver o a compensar, al fin de cada uno de ellos.

No obstante, se permite la posibilidad de que los **proveedores** puedan modificar la base imponible de este impuesto cuando el **destinatario de las operaciones** sujetas al mismo no haya hecho efectivo el pago de las cuotas repercutidas y siempre que, con posterioridad al devengo de la operación, se haya dictado providencia judicial de admisión a trámite de la suspensión de pagos o auto judicial de **declaración de concurso** (LIVA art.80).
Esta posibilidad **no procede** en los casos de:
- créditos que disfruten de garantía real, en la parte garantizada;
- créditos afianzados por entidades de crédito o sociedades de garantía recíproca o cubiertos por un contrato de seguro de crédito o de caución, en la parte afianzada o asegurada;
- créditos entre personas o entidades vinculadas definidas en LIVA art.79.cinco; y
- créditos adeudados o afianzados por entes públicos.

Tampoco procede la modificación de la base imponible cuando el destinatario de las operaciones no esté establecido en el territorio de aplicación del impuesto, ni en Canarias, Ceuta o Melilla.
Esta modificación que hay que instar antes de que finalice el plazo de insinuación de LCon art.28.1.5º, debe a su vez rectificarse por la emisión de una **nueva factura**, si el proceso concursal concluyó por alguna de las causas de LCon art.465.1º, 6º y 7º (nº 6154 s.).
El principal problema, a efectos de su **calificación concursal**, radica en la consecuencia de esta rectificación. Esta rectificación determina el nacimiento del correspondiente crédito a favor de la Hacienda Pública (LIVA art.80.cinco.4º), crédito tributario del que resulta deudor el destinatario de operaciones gravadas al rectificar de este modo sus deducciones; y que, en caso de ser el concursado, este crédito a favor de la Hacienda Pública, al surgir luego de la declaración de concurso y por ministerio de la Ley, tendrá la naturaleza de crédito contra la masa (LCon art.242.13º). En este sentido, y como crédito propio y nuevo, ajeno a una mera subrogación en posición de proveedor se ha pronunciado TEAC Resol 19-7-00. No obstante, este reconocimiento no es pacífico en la práctica forense mercantil.

Precisiones 1) Es discutible si tienen esta consideración los **créditos por cantidades correspondientes a rectificación de facturas** con ocasión de la declaración del concurso (LIVA art.80.Tres y 114): **5879** MPCI nº 11203
• **A favor**: TEAC 4-7-00; AN 13-1-00, EDJ 113369; AN 7-4-00, EDJ 113367, que sostienen que la obligación y el crédito correlativo nacen de la Ley, como consecuencia del ejercicio por el acreedor del concursado de la facultad de rectificar dada por los preceptos indicados.
• **En contra**: AP Barcelona 26-4-06 y 26-4-07, EDJ 130196; JM Oviedo 22-9-06; JM Castellón núm 1, 16-11-07, que consideran existente en tales supuestos una novación subjetiva modificativa por cambio en la posición de acreedor en la relación obligacional originaria. El Tribunal Supremo se ha decantado por esta segunda postura (TS 6-4-11, EDJ 113799; 3-3-11, EDJ 113799; 20-9-09, EDJ 225054).
En todo caso, la **calificación** que ha de darse a los **créditos resultantes**, a favor de la Hacienda pública, de una modificación de las bases imponibles del IVA practicada por un acreedor del concursado después de la declaración de concurso de acuerdo con LIVA art.80.3 y 144 y RIVA art.24 no es un pronunciamiento para el que resulte competente la jurisdicción contencioso-administrativa, sino que debe quedar reservado al orden civil. Además, la calificación que merezca el crédito no es motivo de anulación de la liquidación provisional impugnada (TSJ La Rioja 30-6-11, EDJ 155005).
2) Las **liquidaciones provisionales giradas por la AEAT**, una vez declarado el concurso, en el marco de un procedimiento de comprobación limitada sobre facturas rectificativas, no vulneran la jurisdicción del juez del concurso, puesto que (TCJ 14-11-11, Conflicto 38/11):
- corresponde a la Administración tributaria dictar las liquidaciones provisionales de IVA relativas a facturas rectificativas;
- las liquidaciones provisionales practicadas conforme a la normativa del IVA no suponen una compensación prohibida por la Ley Concursal ni el reconocimiento del carácter contra la masa de tales créditos;
- constituye una cuestión distinta si una vez practicadas las correspondientes liquidaciones corresponde al juez del concurso o a la jurisdicción contencioso-administrativa conocer de la impugnación de las mismas (cuestión en la que no se entra por exceder del ámbito del conflicto que se resuelve);
- sin perjuicio de las facultades liquidatorias de la Administración, entra en la jurisdicción del juez del concurso la calificación como concursal o contra la masa de los créditos dimanantes de las liquidaciones de referencia.

3) Ha sido problemática, igualmente, en relación con la consideración concursal o contra la masa del crédito correspondiente, el derivado de **liquidaciones periódicas de IVA**, correspondientes a trimestres -generalmente; según el régimen, a meses- iniciados antes de la providencia de admisión a trámite del concurso o del auto de declaración y finalizados con posterioridad a esa fecha. Frente a las tesis de atender a la fecha de vencimiento del periodo (crédito totalmente contra la masa), o del tiempo de inicio del mismo (crédito totalmente concursal), TS 1-9-09, EDJ 205331 considera que los créditos de IVA devengado por hechos imponibles anteriores a la fecha indicada, deben periodificarse o fragmentarse (parte concursal y parte postconcursal), sin atender exclusivamente a los momentos de inicio ni de conclusión del periodo de liquidación. Y ello a pesar de existir una laguna legal al respecto. En esta misma línea, en relación con declaraciones trimestrales del IRPF, TS 20-9-09, EDJ 225054; 31-1-11, Rec 44/06; AP Pontevedra 13-1-11, EDJ 20844; JM Madrid núm 10, 30-11-10 conc 231/10.

4) Respecto de los créditos tributarios por IVA, se aplica también el mismo **criterio cronológico** para determinar el **IVA soportado y repercutido**, atendiendo al momento en que tal IVA se devengó. De esta forma, se pretende evitar que por aplicar la técnica del «arrastre» del IVA soportado a un momento posterior a la declaración del concurso (conforme a LIVA art.99 que permite que las deducciones por IVA se apliquen en un período de 4 años) se minore el crédito por IVA contra la masa de pago prededucible y a vencimiento aumentando, sin embargo, la parte de crédito concursal cuyo cobro resulta mucho más dificultoso (AP Zaragoza 13-5-11, EDJ 126701).

5) Por su parte, no se acepta el **fraccionamiento del crédito** por retenciones de IRPF, considerando contra la masa todo el período por haberse liquidado después de auto de declaración del concurso (JM Barcelona núm 3, 11-4-11 incidente 699/2010, concurso 500/2010).

2. Determinación de la masa pasiva

5881 Al igual que sucede en relación con la masa activa, la determinación inicial de la masa pasiva, mediante el **reconocimiento** (nº 5882 s.) y la **clasificación** de los créditos (nº 5911 s.), es una de las tareas que se atribuyen a la administración concursal.

a. Reconocimiento de créditos

(LCon art.259 s.)

5882 Para el reconocimiento de los créditos se mantiene una obligación de comunicación por parte de los **acreedores** (nº 5882), si bien se complementa con un deber por la **administración concursal** de reconocimiento de los créditos que resulten de los libros y documentos del deudor o que, por cualquier otra razón, consten en el concurso (nº 5890).

5883 **Llamamiento a los acreedores** (LCon art.28.1.4º) El auto de declaración de concurso contiene un llamamiento a los acreedores para que comuniquen sus créditos en el **plazo** de un mes, a contar desde la última de las publicaciones obligatorias de la declaración del concurso (LCon art.35.1 y 552).

Se trata de asegurar, en la medida de lo posible, que los acreedores cuya identidad y domicilio consten en el concurso reciben una **comunicación individualizada** -con **libertad de forma**- de la declaración de concurso, en la que se les indica la forma en que han de proceder para comunicar sus créditos.

Sin embargo, esta comunicación no modifica la **fecha de cómputo inicial** del plazo para la insinuación del crédito.

Como **excepción**, en el caso de los acreedores extranjeros, se amplía el contenido de esta comunicación individualizada, que ha de ir acompañada generalmente de un formulario normalizado, cuya recepción debe considerarse fecha de inicio del plazo de un mes para la comunicación del crédito (Rgto UE/848/2015 art.54.1, 54.2 y 54.4; Rgto UE 2017/1105 art.1 y anexo I; LCon art.738).

5884 Precisiones **1)** Hay que tener en cuenta que la Ley Concursal diseña un doble mecanismo para la comunicación de los créditos en el concurso, pues además de la vía ordinaria que resulta de la comunicación expresa y en tiempo hábil realizada voluntariamente por el acreedor respecto de los créditos de su titularidad, que es la referida anteriormente, aparece denominada como **comunicación simplificada** o **comunicación de oficio**, y de la que se benefician aquellos créditos que resulten de los libros y documentos del deudor, o que por cualquier otra razón consten en el concurso (LCon art. 247 y 259); y la regla del reconocimiento forzoso o necesario contenida en LCon art.260 en ningún caso exime de la preceptiva comunicación del crédito, pues resulta acorde con la lógica el que no pueda exigirse a la administración concursal que reconozca lo que no conoce, sin que tampoco pueda obligarse al órgano concursal a llevar a cabo una suerte de labor investigadora a este respecto (JM Oviedo núm 1, 30-5-06, EDJ 93042).

2) La comunicación de créditos, como **acto procesal** que es, produce una serie de efectos procesales, de los que los más relevantes son (JM Córdoba auto 2-6-05) la delimitación de la concreta pretensión de parte que, juntamente con la del resto de acreedores concursales, conformará el objeto jurídico del concurso; y la prohibición de la *mutatio libellis* en los términos y con las matizaciones que se establecen en la LEC, aplicable supletoriamente; en su virtud, precluido el plazo de comunicación de créditos no cabe que los acreedores pretendan la modificación de los inicialmente comunicados. A su vez, tras las operaciones de reconocimiento de créditos, y una vez presentado el informe de la administración concursal, la única posibilidad de modificar un crédito respecto de su contenido en la lista de acreedores es la impugnación de esta (LCon art.285 y 298.2).

3) El **límite temporal para insinuación de créditos** se aplica a también los créditos públicos, sin perjuicio de lo establecido en LCon art.260 -nº 5891- en cuanto al reconocimiento forzoso de los créditos derivados de certificación administrativa-, en LCon art.265 -nº 5895- sobre créditos contingentes y en LCon art.281.1 sobre créditos derivados de la actuación inspectora de las Administraciones públicas.

4) También hay que tener en cuenta que los **créditos contra la masa** pueden -o tienen- que comunicarse posteriormente, incluso de manera directa a la administración concursal; abriéndose incidente concursal solo en caso de oposición de esta (JM Sevilla núm 1, 24-11-10).

5) Corresponde al juez del concurso, en el caso de proceso concursal de persona casada, determinar si los **acreedores del cónyuge** del concursado deben incluirse en la masa pasiva, por tratarse de créditos de responsabilidad o de la sociedad conyugal (DGRN Resol 13-10-16).

Comunicación de créditos de los acreedores (LCon art.255 s.) Dentro del plazo de un mes a contar desde el día siguiente a la publicación en el BOE del auto de declaración de concurso (LCon art.28.1.4º), los acreedores del concursado comunicarán a la administración concursal la existencia de sus créditos. **5885**

Se imponen los siguientes **requisitos formales** para llevar a cabo la comunicación:

1) La comunicación se formulará **por escrito** firmado por el acreedor, por cualquier otro interesado en el crédito o por quien acredite representación suficiente de ellos, y se dirigirá a la administración concursal. También podrá efectuarse la comunicación por medios electrónicos.

2) La comunicación podrá presentarse en el **domicilio designado** al efecto, el cual deberá estar en la localidad en la que tenga su sede el órgano judicial, o remitirse a dicho domicilio.

3) Tanto el domicilio como la **dirección electrónica** señalados a efectos de comunicaciones serán únicos, y deberán ser puestos en conocimiento del órgano judicial por el administrador concursal al tiempo de la aceptación del cargo o, en su caso, al tiempo de la aceptación del segundo de los administradores designados.

4) La comunicación expresará **nombre, domicilio y demás datos de identidad** del acreedor, así como los relativos al crédito, su concepto, cuantía, fechas de adquisición y vencimiento, características y calificación que se pretenda. Si se invoca en la comunicación un privilegio especial se indicarán, además, los bienes o derechos a que afecte y, en su caso, los datos registrales.

También se señalará un domicilio o una dirección electrónica para que la administración concursal practique cuantas comunicaciones resulten necesarias o convenientes, produciendo plenos efectos las que se remitan al domicilio o a la dirección indicados.

5) A la comunicación se acompañará **copia**, en forma electrónica en caso de que se haya optado por esta forma de comunicación, del título o de los documentos relativos al crédito.

Salvo que los títulos o documentos figuren inscritos en un registro público, la administración concursal podrá solicitar los originales o copias autorizadas de los títulos o documentos aportados, así como cualquier otra justificación que considere necesaria para el reconocimiento del crédito.

Este precepto es de **aplicación** a los concursos en tramitación a 1-1-2012, si a dicha fecha aún no se hubiese publicado en el BOE el anuncio de LCon art.35 y 552 (L 38/2011 disp.trans.4ª).

No se contempla la posibilidad de **subsanación**, pero nada impide al acreedor subsanar, por su propia iniciativa o a instancia de la administración concursal, los defectos que presente la documentación con la que trata de acreditar la existencia de su crédito, siempre que lo haga dentro del **plazo** establecido para la comunicación.

En todo caso, esta comunicación del crédito debe complementarse por la administración concursal con la que resulte de los **libros y documentos del deudor** o que por cualquier otra razón conste en el concurso (LCon art.247 y 259).

6) En caso de **concursos simultáneos de deudores solidarios**, el acreedor o el interesado pueden comunicar la existencia de los créditos a la administración concursal de cada uno de los concursos. El escrito presentado en cada concurso debe expresar si se ha efectuado o se va a efectuar la **comunicación** en los demás, acompañándose, en su caso, copia del escrito o de los escritos presentados y de los que se hayan recibido.

Falta de comunicación por el acreedor (LCon art.281.1º y 299 s.) En relación con las **consecuencias de la falta de comunicación** del acreedor, la práctica forense ha experimentado una evolución en cuanto a su reconocimiento, que puede sintetizarse en los elementos siguientes: **5887**

a) Pese a la falta de comunicación, pueden reconocerse los **créditos que resulten de los libros y documentos del deudor**, o que por cualquier otra razón consten en el concurso. Especialmente, deben reconocerse (LCon art.247, 259 y 260):

- los créditos que hayan sido reconocidos por **laudo** o por **sentencia**, aunque no sean firmes;
- los que consten en documento con fuerza ejecutiva;
- los reconocidos por certificación administrativa;
- los asegurados con garantía real inscrita en registro público; y
- los créditos de los trabajadores cuya existencia y cuantía resulten de los libros y documentos del deudor o por cualquier otra razón consten en el concurso.

Sin perjuicio de ello, la administración concursal podrá **impugnar en juicio ordinario** y dentro del plazo para emitir su informe, los convenios o procedimientos arbitrales en caso de fraude, conforme a lo previsto en LCon art.140.4 y 260.2, y la existencia y validez de los créditos consignados en título ejecutivo o asegurados con garantía real, así como, a través de los cauces admitidos al efecto por su legislación específica, los actos administrativos.

Cuando **no se hubiera presentado alguna declaración o autoliquidación** que sea precisa para la determinación de un crédito de Derecho público, o de los trabajadores, deberá cumplimentarse por el concursado en caso de intervención o, en su caso, por la administración concursal cuando no lo realice el concursado o en el supuesto de suspensión de facultades de administración y disposición. Para el caso que, por ausencia de datos, no fuera posible la determinación de su cuantía deberá reconocerse como crédito contingente (LCon art.260.3).

5888 **b)** En cuanto a la falta de comunicación de los créditos en el **plazo de un mes**, se distinguen dos fases:

1. Que el acreedor comunique su crédito **una vez transcurrido el plazo** del mes, pero con anterioridad a la expiración del plazo que la administración tiene para la entrega del informe -o el prorrogado- (LCon art.290 s. y 525 s.).

2. Que el acreedor comunique su crédito **transcurrido el plazo para que la administración concursal presente su informe**.

En un primer momento, la práctica forense entendió que el primer supuesto se correspondía con la **comunicación tardía** de créditos (LCon art.281.1º), con la consiguiente calificación de **subordinado**, salvo las especialidades de dicho precepto. Para el segundo supuesto, se entendía -con una clara influencia de la doctrina del Derecho anterior- que el crédito habría **desaparecido** y, por lo tanto, que el acreedor perdía el derecho a ser reintegrado con cargo a la masa activa y quedaba privado de todos los derechos que el reconocimiento del crédito le confería en el concurso (JM Madrid núm 5, auto 10-3-05).

Sin embargo, la falta de una norma expresa que atribuya una consecuencia jurídica tan radical como la extinción del crédito, la posibilidad del ejercicio de una acción declarativa de reconocimiento del crédito en sede concursal determina una **flexibilización** de esta interpretación. Conforme a esta posición, la única sanción que la ley prevé para la **insinuación tardía** de un crédito es la de su **subordinación** (LCon art.281.1º). Y en cuanto a los créditos que se pongan de manifiesto una vez que ya ha sido cerrada la lista de acreedores elaborada por la administración concursal, les será igualmente aplicable ese supuesto especial de subordinación.

5889 En LCon art.281.1º se contemplan dos tipos de hipótesis de **morosidad** que pueden dar lugar a la postergación de un crédito, con la subordinación asociada (JM Madrid núm 2, 20-11-09, EDJ 285793):

• Aquellos créditos que, habiendo sido **comunicados tardíamente**, sean incluidos por la administración concursal en la lista de acreedores. Se trata de acreedores que, pese a no haber respetado el plazo legal para hacerlo, sí han llevado a cabo el acto de comunicación de sus créditos regulado en LCon art.255 s.; acreedores que, además, lo han hecho con anterioridad a la emisión del informe de la administración concursal, pues mal se podría producir su inclusión en la lista de acreedores comprendida dentro de dicho documento si la comunicación se hubiera producido con posterioridad a la presentación del mismo.

• Aquellos créditos **no comunicados oportunamente** y que, a pesar de ello, sean incluidos por el juez o por comunicaciones posteriores en la lista de acreedores al resolver sobre la impugnación de esta. Desde luego, dentro de este apartado pueden gozar de perfecto acomodo desde el punto de vista conceptual los créditos del apartado anterior (es decir, los comunicados tardíamente, pero con anterioridad a la emisión del informe) que la administración concursal no haya considerado oportuno reconocer por cualquier circunstancia (ni siquiera como subordinados) y que, sin embargo, el juez decide incluir al resolver la demanda incidental entablada por al acreedor agraviado por la exclusión, así como todos los que se reconozcan como consecuencia de la impugnación de la lista de acreedores aunque su titular no hubiera ejercitado el deber de comunicación ni siquiera tardíamente.

En la doctrina se ha entendido que es **posible, por vía incidental**, reconocer el crédito cuando con anterioridad no se ha insinuado, de manera que la sentencia que resuelva el incidente clasifique el crédito como subordinado, e incluso se ha admitido que se clasifique según su propia naturaleza cuando concurra la excepción prevista en LCon art.281.1.

Esta es la postura mantenida, entre otros pronunciamientos, por la AP Madrid 26-9-08, EDJ 237814, según la cual, si por la razón que fuese, el crédito no hubiera sido incluido en la lista de acreedores que contempla LCon art.285 s., todavía dispondría el acreedor de la posibilidad de impugnarla, por medio de demanda incidental, en el plazo de 10 días a raíz de la publicación general de la misma. De ese modo **se cierra el sistema concursal** para que, contando

con la normal diligencia de los interesados, no escape del mismo ningún crédito contra el concursado.
Así, se considera que el incidente concursal es un medio apto para la insinuación de créditos, pero en estos casos el crédito debe clasificarse como subordinado por vía de LCon art.281.1 salvo que concurra alguna de las excepciones que menciona este mismo precepto (JM Madrid núm 5, 25-1-10, EDJ 18067).
Finalmente, esta **entrada de nuevos créditos**, bien subordinados o con el carácter que les corresponda según su naturaleza, encontraría su **límite** hasta la conclusión del concurso o agotamiento del activo (LCon art.281.1º y 465 s.).
En relación con lo anterior, **no quedarán subordinados** por falta de comunicación o comunicación tardía, y serán clasificados según corresponda, los créditos de LCon art.260, los créditos cuya existencia resulte de la documentación del deudor, los que consten en documento con fuerza ejecutiva, los créditos asegurados con garantía real inscrita en registro público, los que consten de otro modo en el concurso o en otro procedimiento judicial, y aquellos otros para cuya determinación sea precisa la actuación de comprobación de las Administraciones públicas (LCon art.281.1º).

Inclusión de los créditos en la lista de acreedores (LCon art.259 y 285 s.) Corresponde a la **administración concursal** determinar la inclusión o exclusión en la lista de acreedores de los créditos puestos de manifiesto en el seno del procedimiento. 5890
Esta **decisión** se adopta respecto de cada uno de los créditos, tanto de los que se hayan comunicado expresamente como de los que resulten de los libros y documentos del deudor o que por cualquier otra razón consten en el concurso. Y debe contenerse en la lista de acreedores, en que se recogen, por orden alfabético y atendiendo a su titular, los créditos reconocidos, los créditos que no obtienen tal reconocimiento y los créditos contra la masa.
La decisión de la administración concursal sobre el reconocimiento es susceptible de **impugnación** ante el juez del concurso.
A continuación se exponen los **criterios** de la administración concursal para determinar la inclusión o exclusión de un crédito de la lista de acreedores (LCon art.285 s.).

Reconocimiento necesario (LCon art.260) La administración concursal debe incluir necesariamente en la lista de acreedores: 5891
- los créditos que hayan sido **reconocidos por laudo o por resolución procesal**, aunque no sean firmes;
- los que consten en **documento con fuerza ejecutiva**;
- los reconocidos por **certificación administrativa**;
- los asegurados con **garantía real inscrita** en registro público; y
- los créditos de los **trabajadores**, cuya existencia y cuantía resulten de los libros y documentos del deudor o por cualquier otra razón consten en el concurso.

No obstante, la administración concursal puede **impugnar en juicio ordinario** y dentro del plazo para emitir su informe:
- los **convenios o procedimientos arbitrales**, en caso de fraude (LCon art.140.4 y 260.2);
- la existencia y validez de los créditos consignados en **título ejecutivo** o asegurados con **garantía real**;
- así como, a través de los cauces admitidos al efecto por su legislación específica, los **actos administrativos**.

Cuando **no se hubiera presentado alguna declaración o autoliquidación** que sea precisa para la determinación de un crédito de Derecho público, o de los trabajadores, deberá cumplimentarse por el concursado en caso de intervención o, en su caso, por la administración concursal cuando no lo realice el concursado o en el supuesto de suspensión de facultades de administración y disposición. Para el caso que, por ausencia de datos, no fuera posible la determinación de su cuantía deberá reconocerse como crédito contingente (LCon art.260.3).
Estos créditos **no se postergan** por falta de comunicación ni comunicación tardía.

Precisiones 1) La **potestad certificante** de la Administración impide examinar en sede concursal la existencia o cuantía de los créditos resultantes de certificación administrativa (para lo que habrá que acudir, en su caso, ante la jurisdicción competente) e impone el reconocimiento obligatorio de los mismos (TCJ 25-6-07; AP Barcelona 10-11-08, EDJ 293826; AP Madrid 8-5-09, EDJ 262084; AP Pontevedra 13-3-08, EDJ 116229; JM Alicante núm 1, 18-11-09; JM Madrid núm 5, 11-2-11 incidente 522/10).
2) En esta misma línea, los créditos que constan en certificación administrativa gozan de **presunción de legitimidad** y deben ser reconocidos obligatoriamente, sin perjuicio de su impugnación en vía económico administrativa o contenciosa sin que pueda cuestionarse su validez ante el juez del concurso (JPI Guadalajara núm 4, 28-2-11). El único margen de decisión posible para el órgano concursal queda limitado a la clasificación que merece dicha suma, sin perjuicio de la posibilidad

que le asiste de impugnar el acto administrativo de que se trate a través de los cauces admitidos al efecto por su legislación específica (TS 15-3-17, EDJ 21593; AP Cádiz 12-3-19, EDJ 588003).

3) La regla de LCon/03 art.86.2 -**reconocimiento necesario**: actual LCon art.260- releva a la administración concursal del juicio de hecho sobre la existencia del crédito. Pero si estos créditos no son incluidos en la lista de acreedores, bien inicialmente, bien mediante la oportuna impugnación de la lista o en ciertos supuestos de modificación legalmente previstos, no pueden ser satisfechos en el concurso. Serán **créditos concursales**, pero **no concurrentes** (TS 4-11-16, EDJ 196181).

5893 MPCI nº 11239 **Supuestos especiales de reconocimiento** (LCon art.261 a 266) Con carácter general se faculta al juez para adoptar, a instancia de parte, las **medidas cautelares** que considere convenientes para asegurar la efectividad de los créditos de existencia incierta.

Se distinguen dos **tipos** de créditos de esta naturaleza:

A) Créditos contingentes (LCon art.261.3 y 4 y 262). Son los créditos que no existen, pero que pueden llegar a existir en virtud del acaecimiento de una circunstancia determinada. Bajo dicha categoría se comprenden los siguientes:

• Créditos sujetos a **condición suspensiva**, que debe entenderse como un acontecimiento futuro e incierto -CC art.1113 a 1115- (JM Bilbao 21-9-09, Proc 12/09).

• Créditos **litigiosos**, como regla general, entendiendo por tales aquellos cuya existencia dependa del resultado de un procedimiento judicial en curso (TS 22-5-14, EDJ 85672; 20-9-16, EDJ 157696; AP Baleares 17-11-10, EDJ 298770). Los créditos litigiosos son aquellos sobre los que al tiempo de la declaración del concurso se hubiera planteado **contienda** que tenga que solucionarse durante la tramitación del procedimiento, y son créditos inciertos en cuanto no constará su existencia y su cuantía hasta que no sean reconocidos en el procedimiento que se plantea, y, en consecuencia, este carácter es el que justifica que tengan un tratamiento semejante al de los créditos sometidos a condición suspensiva; evidentemente, para que se reconozca un crédito como contingente por litigioso será necesario justificar que al declararse el concurso existe un procedimiento en el que se suscita la existencia del crédito reconocido. Tienen carácter esencialmente transitorio y no procede sean incluidos en la lista definitiva hasta que sean concretamente cuantificados y liquidados (TS 11-3-20, EDJ 550190).

• Créditos que **no puedan ser hechos efectivos** contra el concursado sin la previa excusión del patrimonio del deudor principal, que deben reconocerse como créditos contingentes mientras el acreedor no justifique cumplidamente a la administración concursal haber agotado la excusión (p.e. cuando el concursado es fiador). En el caso del fiador solidario sin beneficio de excusión, que se encuentre en situación de concurso, se dispone que los créditos que no puedan ser hechos efectivos contra el concursado sin la previa excusión del patrimonio del deudor principal se reconocerán como créditos contingentes, mientras el acreedor no justifique cumplidamente a la administración concursal haber agotado la excusión, confirmándose, en tal caso, el reconocimiento del crédito en el concurso por el saldo subsistente -LCon art.263-; el acreedor del deudor principal tiene, por lo tanto, un crédito contingente, considerando que el crédito contra el codeudor sin beneficio de excusión es puro y simple; el acreedor podrá comunicar su crédito con carácter de contingente, conforme a la solución legal para el supuesto análogo de existir una auténtica condición suspensiva (JPI Córdoba 19-4-10, núm 61/10).

• Mientras **no se cumple la condición**, los créditos contingentes no existen, por más que puedan llegar a existir. De ahí que se admita a sus titulares como simples interesados en el procedimiento, pero sin los derechos que corresponden a los restantes acreedores en caso de convenio (voto) o de liquidación (cobro) y sin señalamiento de **cuantía**. Esta regla tiene por finalidad facilitar la participación de los créditos en el procedimiento concursal, permitiendo determinar el volumen total del pasivo del concurso. Ahora bien, el hecho de que LCon art.261.3 y 4 y 262 establezca expresamente que los créditos contingentes se reconocerán sin cuantía, no puede sino significar que dichos créditos no pueden ser computados en el pasivo, a efectos de mayorías y quórum, entre otros. De ahí que expresamente se diga en LCon art.261.3 y 4 y 262 que sus titulares tienen suspendidos los derechos de adhesión, de voto y de cobro. Y, por ello, el mismo precepto establece que la confirmación del crédito contingente, o su reconocimiento en sentencia firme o susceptible de ejecución provisional, otorgará a su titular todos los derechos que correspondan a su cuantía y calificación (JM Sevilla 30-12-05). Distinto es que pueda hacerse constar la cuantía de estos créditos a efectos informativos, pero sin computar en el pasivo). A petición de parte, si el juez del concurso estima probable la confirmación del crédito contingente, puede adoptar medidas cautelares (constitución de provisiones en la masa activa o fianzas).

Una vez **cumplida la condición** y confirmado, por tanto, el crédito contingente, se reconocen a su titular la totalidad de los derechos que corresponden a su cuantía -en el último caso, solo por el saldo subsistente, luego de la excusión previa- y clasificación. A falta de disposición en contrario, se entiende que en tal caso no procede la anulación de actuaciones anteriores, con independencia de la trascendencia que haya podido tener la intervención del titular del crédito contingente.

B) Créditos condicionales (LCon art.261.1 y 2 y 265). Se consideran créditos condicionales a las obligaciones que en principio existen, si bien pueden dejar de existir en el momento en que se cumpla la condición. En concreto, se trata de los siguientes **supuestos**: 5895

- créditos sujetos a **condición resolutoria**.
- **créditos de Derecho público** de las Administraciones públicas y sus organismos públicos que hayan sido **recurridos** en vía administrativa o jurisdiccional, aunque su ejecutividad esté suspendida cautelarmente. Sin embargo, los créditos de Derecho público que resulten de procedimientos de comprobación o de inspección se reconocen como contingentes hasta su cuantificación, a partir de la cual tendrán el carácter que corresponda según su naturaleza, sin que puedan calificarse como subordinados por comunicación tardía. Asimismo, en caso de no existir liquidación administrativa, se califican como contingentes hasta su reconocimiento por sentencia las cantidades defraudadas a la hacienda pública y a la Tesorería de la Seguridad Social desde la admisión a trámite de la querella o denuncia (LCon art.265).

Pendiente la condición, el crédito existe, por lo que ha de ser reconocido como condicional y disfrutar, entretanto, de todos los derechos que le corresponden. Como tal, debe ser objeto de clasificación y su titular puede votar en relación con el convenio.

Si **se cumple la condición** resolutoria, el crédito deja de existir. En tal supuesto, la ley prevé, por razones de seguridad jurídica, el mantenimiento de todas las actuaciones, con dos excepciones:

- el acreedor deberá devolver a la masa lo que haya cobrado;
- solo a instancia de parte, se podrá acordar la anulación de las actuaciones y decisiones en las que la intervención del acreedor haya resultado decisiva.

Precisiones Se ha considerado que el **límite temporal** para comunicar créditos contingentes sujetos a comprobación administrativa es la finalización de la fase común, confiriendo efecto preclusivo para ello a la finalización del plazo para impugnar el informe provisional de la administración concursal, con los efectos derivados, en su caso, de lo establecido en LCon/03 art.97.1 -actual LCon art.299- (AP Cantabria 18-10-10, Rec 22/09; JM Palma de Mallorca núm 1, 15-12-10 conc voluntario 308/05; AP Madrid 14-1-11, EDJ 53411, esta sin condicionar el reconocimiento de los créditos contingentes a su comunicación temporánea). En esta línea, la regla del reconocimiento forzoso de los créditos resultantes de la documentación del deudor no exime a la AEAT del **deber de comunicación** de los mismos en el plazo previsto para ello y antes en todo caso, del informe definitivo (AP Toledo 8-2-11, EDJ 27560). Por su parte, se ha considerado que aquellos créditos pueden insinuarse no solo hasta el fin de la fase común, sino hasta el de la fase de liquidación, evitando así que un crédito con existencia real desde el punto de vista administrativo quede fuera del concurso por falta de comunicación temporánea, teniendo en cuenta, además, que los expedientes de comprobación e inspección tributarios no se acompasan necesariamente a las fases del proceso concursal (JM Barcelona núm 3, auto 8-9-10). 5896

El Tribunal Supremo ha afirmado que el **incidente de impugnación de la lista de acreedores** constituye un momento y trámite adecuado para la comunicación de créditos (una vez vencidos los plazos de comunicación de créditos de LCon/03 art.21.5º -actual LCon art.28.5º- y de elaboración del informe de la administración concursal -LCon/03 art.74: actual LCon art.290 s.-) Sin embargo, a efectos de calificación de los créditos, hay que atenerse expresamente a lo dispuesto en LCon/03 art.92 -actual LCon art.281-. De esta manera, si no concurren en los créditos comunicados ninguno de los supuestos que este precepto permite que se les califiquen con arreglo a su naturaleza (p.e. créditos resultantes de la documentación del deudor, que constaren de otro modo en el concurso o en otro procedimiento judicial o resultantes de actividad inspectora de la AEAT), habrán de calificarse como subordinados (TS 13-5-11, EDJ 86071).

En esta línea, asimismo, AP Madrid 28ª 6-9-08; JM Madrid núm 5, 25-1-10; JM Madrid núm 10, 7-9-10; JM Madrid núm 3, 2-2-11, conc 466/2009, aplicando con rigor las excepciones establecidas en LCon/03 art.92 -actual LCon art.281- para evitar la **clasificación de los créditos como subordinados** en caso de comunicación tardía.

Créditos garantizados con fianza (LCon art.263.2) El **reconocimiento** de los créditos en los que el acreedor disfrute de fianza de tercero se efectúa por su importe, sin limitación alguna y sin perjuicio de la sustitución del titular del crédito en caso de pago por el fiador. 5897 MPCI nº 11247

Sin embargo, en la **calificación** de estos créditos debe optarse, siempre que se haya producido la **subrogación**, por la que resulte menos gravosa para el concurso entre las que correspondan al acreedor y al fiador.

En LCon art.263.2 se plantea el problema de determinar la calificación que se debe dar a los **avales o fianzas** que garantizan los créditos concursales. Para ello es preciso tener en cuenta que a la hora de formar la masa pasiva del deudor se pretende conocer la realidad exacta de las deudas del concursado, tanto el importe, vencimiento, naturaleza, origen, litigios que les afecten y garantías existentes, para con ello acceder a conocer el montante final del volumen de deuda contraído, y a continuación tratar de negociar una salida al mismo, o bien repartir el patrimonio entre los acreedores, conforme a unas reglas de prelación previamente previstas.

De modo que no puede utilizarse el concurso como medio para obtener un beneficio más allá del crédito existente, y no puede tratar de atribuirle una condición o legitimidad que no se tiene. Así, y en cuanto a las **fianzas**, contratos por cuya virtud un tercero se obliga a cumplir por el deudor principal en caso de incumplimiento de este, resulta que dicha obligación tiene el carácter de **accesoria** y **subsidiaria** frente a la obligación del deudor principal; de esta forma, en tanto en cuanto el fiador no abone el crédito para el que se constituyó la garantía, no podrá subrogarse en la posición del deudor principal, dado que no tendrá la condición de acreedor, sino de **simple garante**. Ello, traducido al ámbito de los créditos, conduce a que únicamente se ha de reconocer la existencia, como no puede ser de otra forma, de **un solo crédito**, el que tiene el acreedor principal frente al deudor y su fiador, y únicamente en el caso en que ese crédito se ejecute frente al fiador, y este pague, le corresponderá la condición de acreedor en el lugar de aquel al que se pagó (JM Palma de Mallorca 13-7-07, núm 158/07).

5899 **Pago de un tercer responsable de la deuda** (LCon art.264) Se admite que, a solicitud del acreedor que haya cobrado parte de su crédito de un avalista, fiador o deudor solidario del concursado, pueda incluirse a su favor en la lista de acreedores tanto el resto de su crédito no satisfecho como la totalidad del que, por reembolso o por cuota de solidaridad, corresponda a quien haya hecho el **pago parcial**, aunque este no haya comunicado su crédito o haya hecho remisión de la deuda.

5900 **Cumplimiento de la contingencia, condición o supuesto especial** (LCon art.266) Si antes de la presentación de los textos definitivos se hubiera cumplido la **contingencia**, **condición** o **supuesto especial** recogido en el propio artículo, la administración concursal procederá, de oficio o a solicitud del interesado, a incluir las **modificaciones** que procedan conforme a los apartados anteriores.

5901 **Importe de los créditos** (LCon art.267) A los solos efectos de la cuantificación del importe de la masa pasiva, y sin que eso suponga la conversión a metálico de la obligación, la administración concursal debe calcular el importe de todas las obligaciones en moneda de curso legal, lo que debe llevarse a cabo conforme a las siguientes **reglas**:

a) Obligaciones **no dinerarias**: se computa el valor en la fecha de declaración del concurso.

b) Obligaciones **dinerarias expresadas en moneda extranjera** o referenciadas a un **bien distinto** del dinero: se computa por el tipo de cambio o precio del bien en la fecha de declaración del concurso.

c) Obligaciones **dinerarias no vencidas**, es decir, créditos que tienen por objeto prestaciones dinerarias futuras: se computan por su valor en la fecha de declaración del concurso, procediéndose a actualizar (descontar) su valor por aplicación del tipo de interés legal vigente en ese momento (nº 4669).

Por su parte, la **conversión obligatoria a metálico** solo se dispone para el caso de liquidación (LCon art.414).

5902 **Modificación de la lista de acreedores** (LCon art.266 y 308) Las **reglas sustantivas** aplicables son las siguientes:

A) El texto definitivo de la lista de acreedores, además de en los restantes **supuestos** legalmente previstos, puede modificarse en los siguientes (LCon art.308):

- cuando después de presentado el informe inicial o el texto definitivo de la lista de acreedores, se inicie un procedimiento administrativo de comprobación o inspección del que pueda resultar créditos de Derecho Público de las Administraciones públicas y sus organismos públicos;
- cuando después de presentado el informe inicial o el texto definitivo de la lista de acreedores, se inicie un proceso penal o laboral que pueda suponer el reconocimiento de un crédito concursal;
- cuando después de presentados los textos definitivos, se hubiera cumplido la condición o contingencia prevista o los créditos hubieran sido reconocidos o confirmados por acto administrativo, por laudo o por resolución procesal firme o susceptible de ejecución provisional con arreglo a su naturaleza o cuantía.

En caso de resultar reconocidos tendrán la **clasificación** que les corresponda con arreglo a su naturaleza, sin que sea posible su subordinación (LCon art.309).

B) Cuando proceda la **modificación o sustitución del acreedor inicial** en la lista de acreedores han de tenerse en cuenta las reglas siguientes para la **clasificación del crédito** (LCon art.310):

- respecto de los créditos salariales o por indemnización derivada de extinción laboral, únicamente se tendrá en cuenta la subrogación prevista en el RDLeg 2/2015 art.33 (LCon art.243 y 310.2.1º);
- respecto de los créditos previstos en LCon art.280.2º y 4º, únicamente mantendrán su carácter privilegiado cuando el acreedor posterior sea un organismo público;

- en caso de pago por pago por avalista, fiador o deudor solidario, se aplicará la clasificación de inferior grado de entre las que corresponda al acreedor, fiador, avalista o deudor solidario que pagó;
- en el supuesto en que el acreedor posterior sea una persona especialmente relacionada con el concursado, en la clasificación del crédito se optará por la que resulte menos gravosa para el concurso entre las que correspondan al acreedor inicial y al posterior; y
- fuera de los casos anteriores, se mantendrá la clasificación correspondiente al acreedor inicial.

Procedimiento (LCon art.311) Se establecen las reglas siguientes para la modificación de la lista de acreedores: **5903**

1. La modificación del texto definitivo de la lista de acreedores solo podrá solicitarse **antes de que recaiga la resolución** por la que se apruebe la propuesta de convenio, o se presenten en el órgano judicial los informes previstos en LCon art.468.1, 2, 3 y 5, 249, 250 y 473.

2. Los acreedores dirigirán a la administración concursal una **solicitud con justificación** de la modificación pretendida, así como de la concurrencia de las circunstancias previstas en este artículo. La administración concursal, en el plazo de 5 días, informará por escrito al juez sobre la solicitud.

3. Presentado el **informe**, si fuera contrario al reconocimiento, se rechazará la solicitud salvo que el solicitante promueva **incidente concursal** en el plazo de 10 días, en cuyo caso se estará a lo que se decida en el mismo. Si el informe es favorable a la modificación pretendida, se dará **traslado** a las partes personadas por el término de 10 días. Si no se efectúan alegaciones o no son contrarias a la pretensión formulada, el juez acordará la modificación por medio de **auto** sin ulterior recurso. En otro caso, el juez resolverá por medio de auto contra el que cabe interponer recurso de apelación.

Efectos (LCon art.312) Se dispone lo siguiente: **5904**

a. La tramitación de la solicitud no impedirá la **continuación** de la fase de convenio o liquidación. A petición del solicitante, el juez del concurso cuando estime probable el reconocimiento podrá adoptar las medidas cautelares que considere oportunas en cada caso para asegurar su efectividad.

b. La modificación acordada no afectará a la **validez del convenio** que se hubiera podido alcanzar o de las operaciones de liquidación o pago realizadas antes de la presentación de la solicitud o tras ella hasta su reconocimiento por resolución firme. No obstante, a petición de parte, el juez podrá acordar la **ejecución provisional** de la resolución a fin de que se admita provisionalmente la modificación pretendida en todo o en parte a los efectos del cálculo del voto de LCon art.314, y de que las operaciones de pago de la liquidación o convenio incluyan las modificaciones pretendidas. No obstante, estas cantidades se conservarán depositadas en la masa activa hasta que sea firme la resolución que decida sobre la modificación pretendida, salvo que garantice su devolución por aval o fianza suficiente.

b. Impugnación

(LCon art.297 s.)

La impugnación del **reconocimiento de los créditos** -o de la falta de reconocimiento de los mismos- debe efectuarse en los términos del nº 5958. **5905**

En todo caso, no existen dos cauces alternativos para discrepar de la decisión adoptada por la administración concursal respecto al reconocimiento y calificación de un crédito. Solo existe uno, el **incidente concursal de impugnación de la lista de acreedores** (LCon art. 297 s.; AP Madrid auto 19-11-10, EDJ 300614).

Las partes personadas pueden impugnar el **inventario** y la **lista de acreedores**, dentro del plazo de 10 días a contar desde la notificación procesal expuesta en nº 5954. Para los demás interesados el plazo de 10 días se computa desde la última publicación de las indicadas en dicho apartado -Registro Público Concursal, tablón de anuncios del órgano judicial-.

Precisiones La **legitimación** para impugnar la lista de acreedores corresponde a un acreedor, pero nunca al deudor concursado (JM Santander núm 1, auto 7-7-14, Proc 207/13).

c. Cesión del crédito y subrogación

Si bien es posible la cesión del crédito concursal antes o después de la declaración de concurso, se le atribuyen diferentes **efectos** en función del momento en que se realiza. **5907**

Cesión antes de la declaración de concurso Cumplidos los requisitos de la legislación civil (CC art.1526), se considera al **cesionario** como **acreedor**. **5908**

Ahora bien, con independencia de otros efectos, para su reconocimiento y calificación se presumen, salvo prueba en contrario, **personas especialmente relacionadas con el concursado** los cesionarios o adjudicatarios de créditos pertenecientes a cualquiera de las personas mencionadas en LCon art.282 a 284, siempre que la adquisición se haya producido dentro de los 2 años anteriores a la declaración de concurso (LCon art.3.2).

5909 **Cesión después de la declaración del concurso** No se prohíbe, ni se impide su reconocimiento y calificación según su naturaleza, aun cuando se contemple con cierta prevención.

Se establece una importante **medida disuasoria**, ya que priva del derecho de voto por el importe de estos créditos a los que hayan adquirido su crédito por actos entre vivos después de la declaración del concurso, salvo que la adquisición haya tenido lugar por un título universal o como consecuencia de una realización forzosa.

Se reconoce como **causa de oposición al convenio por infracción legal** aquellos supuestos en que la adhesión o adhesiones decisivas para la aprobación de una propuesta anticipada de convenio o, en su caso, el voto o votos decisivos para la aceptación del convenio por la junta, hayan sido emitidos por quien no fuera titular legítimo del crédito (LCon art.382.1 y 383.1).

5910 **Excepciones** Como excepción a este régimen -directa, por prueba de condiciones normales de mercado o ajena a una actuación fraudulenta- han de considerarse los supuestos en que la adquisición del crédito haya tenido lugar por un **título universal** o como consecuencia de una **realización forzosa**.

Es igualmente una excepción a este régimen el caso de la **subrogación por ministerio de la Ley por parte del FOGASA** (ET art.33.4). Conforme a los principios inspiradores de la ordenación normativa estatutaria y la jurisprudencia social, el FOGASA es responsable legal subsidiario ante los trabajadores respecto de determinadas deudas del empresario y, para su reembolso, la subrogación no solo se produce en el importe del crédito, sino también en las prelaciones o privilegios que se conceden a este tipo de créditos (LCon art.53; TS unificación doctrina 22-10-02, EDJ 61460). Esta subrogación plena se confirma por TS 12-3-93, EDJ 2499; 24-4-93.

En consecuencia, no se establece regla alguna sobre clasificación o prelación de un crédito, sino que, para el caso singular de su pago por el FOGASA, se mantiene inalterado el privilegio propio del crédito salarial. Tal subrogación en el crédito y privilegio es acorde con su función de garantizar el régimen de protección establecido en la normativa europea de aplicación, que los concibe como institución de garantía o instrumento de protección de los créditos laborales en caso de insolvencia del empresario, como los denomina el Convenio OIT art.173.

d. Clasificación de los créditos

5911 En cuanto a la **graduación** de los créditos hay que destacar los siguientes elementos básicos:

a) Respecto de la **igualdad de tratamiento de los acreedores** (*par condictio creditorum* que el concurso de acreedores ha de garantizar), hay que señalar que este principio supone el carácter limitado de las excepciones, positivas y negativas, que se establecen a la consideración de un crédito como **crédito ordinario**. En la propia Exposición de Motivos de la Ley se establece como una de las innovaciones más importantes de las que se introducen la drástica reducción de privilegios y preferencias a efectos del concurso, y se señalan como excepción los privilegios, especiales o generales que admite la ley, por razón de las garantías de que gocen los créditos o de la causa o naturaleza de estos. Los privilegios se contemplan pues como una **excepción** (AP Madrid auto 30-1-07, EDJ 53516).

b) Se rompe el principio de **unidad de la prelación de los créditos** en nuestro ordenamiento. De esta manera, en caso de concurso, debe atenderse a los criterios de graduación y pago que dispone la legislación concursal. Tales reglas de prelación son distintas a las previstas en el Código civil y las restantes normas de nuestro ordenamiento. No existen más privilegios que los legalmente reconocidos (LCon art.269.2). Sin embargo, este principio legal afronta varios **riesgos**:

• De un lado, la relación de la clasificación de los créditos exige la consideración de determinados **privilegios** o **garantías especiales** que se mantienen, como son los derivados de las legislaciones especiales contempladas, y constantemente actualizadas, en LCon art.578.

• Por este deseo de unidad se dio nueva redacción a las normas especiales que anteriormente regulaban los privilegios (ET, LGT, etc.). Unidad y principios rectores que el propio legislador no tuvo en cuenta posteriormente (p.e. LGT art.77.2 redacc anterior a L 38/2011), y que han generado serios problemas de **interpretación** (nº 5921).

• Finalmente, el esquema de clasificación de los créditos es optativo en el caso de los titulares de créditos con privilegios sobre los **buques y aeronaves** (LConart.241). Solo en caso de no ejercitarse el derecho de separación, su clasificación y graduación debe hacerse conforme a la Ley Concursal (LCon/03 disp.final 2ª, 7ª, 9ª y 30ª).

Entre los créditos concursales se distinguen entre las siguientes **categorías** en orden su clasificación (LCon art.269):
1) Créditos **con privilegio especial**, en los que existe un bien o derecho especialmente afecto al pago del crédito (nº 5913).
2) Créditos **con privilegio general**, que son aquellos que, sin tener un bien o derecho afecto, tienen una preferencia de cobro frente a los créditos ordinarios y subordinados (nº 5920).
3) Créditos **ordinarios**, que son todos los que no tienen otra clasificación (nº 5924).
4) Créditos **subordinados**, cuyo pago solo se efectúa después de haberse satisfecho los créditos ordinarios, y cuya postergación de cobro se funda en las relaciones de vinculación del acreedor con el concursado, en la especial naturaleza del crédito (multas, sanciones, intereses), o en un comportamiento poco diligente o fraudulento del acreedor (créditos en mora) (nº 5926).

Créditos con privilegio especial (LCon art.270 s.) Son créditos con privilegio especial, constituido sobre los bienes que se refieren en cada caso: **5913** MPCI nº 11284 s.
1) Los créditos garantizados con **hipoteca voluntaria o legal**, incluyendo la tácita (LGT art.78), inmobiliaria o mobiliaria, o con **prenda sin desplazamiento**, sobre los bienes o derechos hipotecados o pignorados. A ellos se asimilan los titulares de bonos garantizados -**cédulas o bonos hipotecarios**, **cédulas o bonos territoriales, bonos de internacionalización**- (LCon art.270.7ª y 578; RDL 24/2021 art.1 a 61).
En el marco de este precepto solo tiene sentido el privilegio si la garantía real recae sobre un bien del patrimonio del concursado (JM Bilbao 24-9-09, Proc 57/09).
El privilegio se extiende a los **intereses** que devengue el crédito hipotecario hasta donde alcance la **garantía**.
Es regla la subordinación del interés que devengue cualquier crédito contra el concursado, y la excepción a ese régimen es el interés garantizado con hipoteca, hasta donde alcance; es decir, el tratamiento que algunos han llamado antiprivilegiado del crédito subordinado no alcanza, por disposición legal, al importe al que se extiende la **garantía hipotecaria**. Ese crédito, en su totalidad, es decir, en su **principal**, **intereses moratorios** o **remuneratorios garantizados** y **costas**, no se rige por la regla que sea aplicable según la naturaleza de cada concepto, sino por la especial de LCon art.270.1º. La norma ha excluido, por lo tanto, la aplicación de las reglas de calificación de principal, intereses remuneratorios, moratorios o sancionatorios, y costas, hasta donde alcance, pues en ambos casos utiliza la misma expresión, la garantía hipotecaria (JM Bilbao núm 1, 13-3-07, EDJ 31913).
En cuanto a la **hipoteca legal tácita**, la LGT art.78 dispone que en los tributos que graven periódicamente los bienes o derechos inscribibles en un registro público o sus productos directos, ciertos o presuntos, el Estado, las comunidades autónomas y las entidades locales tendrán preferencia sobre cualquier otro acreedor o adquirente, aunque estos hayan inscrito sus derechos, para el cobro de las deudas devengadas y no satisfechas correspondientes al año natural en que se exija el pago y al inmediato anterior. Al amparo de esta norma se ha considerado como especialmente privilegiado el crédito correspondiente al Impuesto sobre Bienes Inmuebles (JM Oviedo núm 1, 30-5-07, EDJ 290515).

2) Los créditos garantizados con **anticresis** sobre los **frutos** del inmueble gravado. **5914**
3) Los **créditos refaccionarios** sobre los bienes refaccionados, incluidos los de los trabajadores sobre los objetos por ellos elaborados mientras sean propiedad o estén en posesión del deudor concursado. La doctrina aplica el privilegio especial únicamente a los casos de bienes muebles **elaborados y adquiridos** por el cliente, pero pendientes de pago, y que aún se encuentren en las instalaciones de la empresa; esto explica la habitual pugna entre el acreedor laboral y el derecho del cliente que ha contratado la adquisición del objeto, pero todavía no lo ha recogido ni pagado y la atribución legislativa de preferencia al trabajador frente al cliente.
4) Los créditos por **contratos de arrendamiento financiero o de compraventa** con precio aplazado de bienes muebles o inmuebles, a favor de los arrendadores o vendedores y, en su caso, de los financiadores, sobre los bienes arrendados o vendidos con reserva de dominio, con prohibición de disponer o con condición resolutoria en caso de falta de pago.
Hay que tener en cuenta, a estos efectos, que si nos encontramos en presencia de un contrato con obligaciones recíprocas en el que una de las partes hubiese cumplido íntegramente sus prestaciones, y la otra tuviese pendiente el cumplimiento total o parcial de las recíprocas a su cargo, y el concursado es la parte deudora, el crédito se calificará como concursal y, en particular, como crédito con privilegio especial previsto en este apartado (AP Alicante 21-12-06, EDJ 459905); mientras que si, por el contrario, nos encontramos en presencia de un contrato con obligaciones recíprocas pendientes de cumplimiento a cargo tanto del concursado como

de la otra parte, las prestaciones a que esté obligado el deudor concursado se realizarán con cargo a la masa, según LCon art. 242.

5) Los créditos con **garantía de valores** representados mediante **anotaciones en cuenta**, sobre los valores gravados.

5915 **6)** Los créditos garantizados con **prenda constituida en documento público**, sobre los bienes o derechos pignorados que estén en posesión del acreedor o de un tercero. Si se trata de **prenda de créditos**, basta con que conste en documento con fecha fehaciente para gozar de privilegio sobre los créditos pignorados.

MPCI nº 11294 s.

Los créditos garantizados con prenda constituida sobre **créditos futuros** solo gozan de privilegio especial cuando concurran los siguientes requisitos antes de la declaración de concurso (LCon art.270.6º):

a) Que los créditos futuros nazcan de contratos perfeccionados o relaciones jurídicas constituidas con anterioridad a dicha declaración.

b) Que la prenda esté constituida en documento público o, en el caso de prenda sin desplazamiento de la posesión, se haya inscrito en el registro público competente.

c) Que, en el caso de créditos derivados de la resolución de contratos de concesión de obras o de gestión de servicios públicos, cumplan, además, con lo exigido en L 9/2017 art.273.3: solo podrán pignorarse en garantía de deudas que guarden relación con la concesión o el contrato, previa autorización del órgano de contratación publicada en el BOE o periódico oficial correspondiente.

Basta la existencia de la **garantía prendaria** constituida con las formalidades exigidas en este precepto para que el crédito goce del referido privilegio, aunque -obviamente- limitado al importe del **crédito pignorado** (JM Madrid núm 1, 16-10-06, EDJ 386382). Cuando la cobertura de la garantía real no es completa la parte del crédito con garantía prendaria -constituida al amparo de LCon art.270.6ª- tiene la consideración de crédito con privilegio especial, y la **parte restante** se ha de clasificar como **crédito ordinario** (JM Barcelona 27-6-05).

7) Si se trata de **créditos futuros derivados de la resolución de contratos de concesión de obras o de contratos de concesión de servicios** es necesario que, antes de la declaración de concurso, la pignoración se hubiera constituido en garantía de créditos que guarden relación con la concesión o el contrato y hubiera sido autorizada por el órgano de contratación con arreglo a la normativa sobre contratos del sector público.

Precisiones **1)** Con anterioridad a la **reforma** operada por la LRJSP, este apartado fue modificado por la L 38/2011, incluyendo la siguiente regla: la prenda en garantía de créditos futuros solo atribuirá privilegio especial a los créditos nacidos antes de la declaración de concurso, así como a los créditos nacidos después de la misma, cuando en virtud de LCon/03 art.68 -actual LCon art.166- se proceda a su rehabilitación o cuando la prenda estuviera inscrita en un registro público con anterioridad a la declaración del concurso.

La reforma operada por la LRJSP debe tenerse presente para valorar adecuadamente buena parte de las afirmaciones jurisprudenciales que se recogen en los números siguientes sobre la prenda de derechos futuros.

2) En los supuestos de **hipoteca constituida a favor del acreedor hipotecario** por quien no es deudor (figura del hipotecante no deudor), en el concurso del deudor no hipotecante, el acreedor hipotecario no goza de privilegio, sino que su crédito es ordinario, al no formar parte de la masa activa los bienes gravados. En caso de que el acreedor hipotecario sea la Administración y el crédito garantizado tributario, este tendrá carácter de privilegiado general o, en su caso, contingente, si pende impugnación sobre él (JM Barcelona núm 5 19-5-11 incidente 136/2011, concurso 695/2010).

3) El crédito garantizado con **prenda de derechos futuros** se califica crédito ordinario con vocación de privilegio especial, condicionado este a que se materialicen los derechos pignorados, con un tratamiento semejante al establecido en LCon/03 art.87 -actual LCon art.261 s.- para los créditos contingentes, criterio extensible a los intereses que habrán de reconocerse como subordinados pero con vocación, igualmente, de ser reconocidos como crédito privilegiado especial en la parte a que alcance la garantía (JM Madrid núm 9 2-7-10, en relación con ciertas subvenciones).

5916 **8)** Los **acreedores por contrato de seguro** (L 20/2015 art.179 y 189). Se consideran créditos por contrato de seguro:

• Los de los tomadores, asegurados y beneficiarios de un contrato de seguro y los de los terceros perjudicados, incluyendo los créditos derivados de la prestación del servicio de reparación o reposición del bien siniestrado o de asistencia o prestación en especie a que se hubiese obligado la entidad aseguradora por contrato.

• Los que sean titularidad de quien haya celebrado con una entidad aseguradora contratos afectados por L 20/2015 art.24 para las operaciones realizadas sin autorización administrativa o bien realizados en incumplimiento de medidas de control especial de suspensión de la contratación de nuevos seguros o de aceptación de reaseguro y de prohibición de prórroga de contrato de seguro.

• Los créditos satisfechos por el Consorcio de Compensación de Seguros de acuerdo con el RDLeg 8/2004 art.11.e.
El privilegio se concreta sobre los activos asignados a las provisiones técnicas en el registro especial de activos a efectos de liquidación y los asignados a los requerimientos de capital obligatorio de la entidad aseguradora, así como sobre los activos de este tipo que, con incumplimiento de la normativa aplicable, no figuren en el registro debidamente asignados. Y también sobre los bienes respecto de los que se haya acordado la medida de control especial de prohibición de disponer, aunque no haya tenido reflejo registral.

Precisiones 1) Estos créditos pueden ser satisfechos en la **fase común**, si lo estima conveniente la administración concursal, con cargo a los bienes indicados en L 20/2015 art.186, tanto si el pago puede efectuarse sin enajenación como si esta fuera precisa; llevándose a efecto la venta por el Consorcio, si se procede a ella.
2) El Consorcio puede **subrogarse** en los créditos, por vía de adquisición de los mismos con cargo a sus recursos (L 20/2015 art.186).

Oponibilidad frente a terceros (LCon art.271) Con carácter general se dispone que, para que los créditos mencionados en LCon art.270.1º a 5º puedan ser clasificados como créditos con privilegio especial, la respectiva garantía deberá estar constituida con los **requisitos** y **formalidades** previstos en su legislación específica para su oponibilidad a terceros, salvo que se trate de **hipoteca legal tácita** o de los **créditos refaccionarios de los trabajadores**. **5917**
Lo que exige este precepto es, en términos generales, la **inscripción** en el correspondiente registro público (de la Propiedad o de Bienes Muebles) o bien la inscripción en el registro contable para las anotaciones en cuenta.
En aplicación de este requisito se exige que el crédito refaccionario no laboral sea objeto de la anotación preventiva en el Registro de la Propiedad que prevé la legislación hipotecaria (JM Pamplona núm 1, 25-10-07, EDJ 266078); en el mismo sentido se exige que la garantía pignoraticia conste en **documento público** (AP Pontevedra 21-1-10, EDJ 20698).
Solo quedan **exceptuados** el caso de la **hipoteca legal tácita** o de los **créditos refaccionarios de los trabajadores**, así como créditos garantizados con **prenda** -solo precisan constar en documento público y estar los bienes pignorados en posesión del acreedor o de un tercero-; o si se trata de **prenda de créditos**, basta con que conste en documento con fecha fehaciente.
Este régimen de oponibilidad es relevante, ya que, si un mismo bien o derecho se encuentra afecto a **más de un crédito con privilegio especial**, los pagos deben realizarse conforme a la **prioridad temporal** (*prior tempore, potior iure*) que para cada crédito resulte del cumplimiento de los requisitos y formalidades previstos en su legislación específica para su oponibilidad a terceros (LCon art.431).
Por su parte, la prioridad para el pago de los créditos con **hipoteca legal tácita** será la que resulte de la regulación de esta.
Y, adicionalmente, debe tenerse en cuenta que los presupuestos para el reconocimiento de privilegios especiales tienen que ser objeto de una **interpretación restrictiva**, so pena de contrariar el propósito expresado por el legislador en la Exposición de Motivos de la Ley en el sentido de reducir drásticamente los privilegios y preferencias (JM Oviedo núm 1, 1-10-07, EDJ 290623).
Una muy buena muestra de lo anterior la ofrece el JM Barcelona 12-2-07, Rec 608/06, que niega la posibilidad de considerar como especialmente privilegiado al crédito garantizado con el **derecho de retención** previsto en el Código Civil de Cataluña art.569-3 s., y ello porque, aun cuando el derecho de retención se reconoce en Cataluña como **derecho real de garantía**, el crédito garantizado con dicho derecho no está contemplado como privilegiado por la Ley Concursal, que dispone que no se admitirá en el concurso ningún privilegio o preferencia que no esté reconocido en esta Ley (LCon art.269.2); y, a diferencia de lo que acontece con la hipoteca, la anticresis o la prenda, el derecho de retención no está mencionado como crédito con privilegio especial en LCon art.270 s. ni como crédito con privilegio general en LCon art.280.

Alcance del privilegio (LCon art.270.3 y 272) El privilegio especial solo alcanza la parte de crédito que no exceda del valor de la respectiva garantía que conste en la lista de acreedores, calculado de acuerdo con lo establecido en LCon art.272 s. -es decir, por importe que no exceda del 90% del valor razonable de la garantía (nº 11374 Memento Procesal Civil 2026)-, calificándose el importe restante según su naturaleza. Ver nº 5945. **5918**

Pago (LCon art.430y 431) El pago de estos créditos con privilegio especial se hace con cargo a los **bienes y derechos afectos**. En la parte en que estos no hayan podido satisfacerse con cargo a tales bienes y derechos, se consideran **créditos ordinarios** y se pagan a prorrata con ellos. **5919**

Precisiones Es correcto establecer un **privilegio especial por la mitad del crédito**, puesto que la finca pertenece al concursado solo en un 50%; pero, dicho esto, el concursado es deudor por el crédito íntegro, y no por el 50%. Y es deudor solidario con su cónyuge. El 50% restante no tendrá privilegio alguno sobre el bien, por lo que tendrá el carácter de ordinario según LCon/03 art.89.3 -actual LCon art.269.3- (JM Pontevedra 2-6-10).

5920 **Créditos con privilegio general** (LCon art.280) Son créditos con privilegio general:

1) Los **créditos anteriores a la declaración del concurso por salarios** que no tengan consideración de créditos contra la masa ni reconocido privilegio especial, en la cuantía que resulte de multiplicar el triple del salario mínimo interprofesional por el número de días de salario pendientes de pago; por **indemnizaciones** derivadas de la extinción de los contratos, en la cuantía correspondiente al mínimo legal calculada sobre una base que no supere el triple del salario mínimo interprofesional; por los **capitales coste de Seguridad Social** de los que sea legalmente responsable el concursado, así como los **recargos** sobre las prestaciones por incumplimiento de las obligaciones en materia de salud laboral, siempre que sean devengadas con anterioridad a la declaración de concurso.

El pago de los créditos salariales por el **FOGASA** subroga al Fondo en la posición de los trabajadores por las cantidades satisfechas. Y el régimen jurídico de esta **subrogación**, así como sus efectos, se contemplan en el ET art.33.4, precepto que no crea un **privilegio** al margen de la regulación concursal, sino que regula los efectos jurídicos derivados de la subrogación en un crédito cuyo privilegio aparece previsto en la ley, **subrogación** que tiene lugar por disposición legal y con expreso reconocimiento de la **conservación** del **privilegio** reconocido al crédito. El crédito privilegiado sigue siendo el mismo: el crédito salarial. Lo que cambia es la **legitimación** de quien lo hace valer en el procedimiento concursal: el FOGASA, como subrogado. La subrogación de otra persona que no sea el Fondo de Garantía Salarial no transfiere el citado privilegio, pero al FOGASA sí se le transmite el privilegio por expresa previsión legal (AP León 17-12-08, EDJ 360813).

En cuanto a las **indemnizaciones** por extinción de los contratos de trabajo, recuérdese que las mismas solo serán con cargo a la masa (LCon art.242.8º) cuando el despido o la extinción se produzcan con posterioridad a la declaración del concurso, amparado en causas u orígenes posteriores a dicha declaración. Si la causa, demanda, petición de resolución, despido e incluso extinción tienen su origen antes de la declaración del concurso deben recogerse dentro de los créditos concursales amparados por el privilegio de LCon art.280.1º (JM Málaga 14-2-06).

Precisiones Las principales cuestiones controvertidas provienen de la **extensión del concepto de salario y cuantía del salario mínimo interprofesional** (JM Madrid núm 5, 21-3-05). Hay que destacar que no se han incluido ni las **mejoras voluntarias** al régimen de Seguridad Social, ni ciertos **créditos de Seguridad Social** a los que se atribuye el carácter privilegiados de ET art.32 (RDLeg 8/2015 art.121.2 y 3), con la excepción de los recargos sobre las prestaciones de RDLeg 8/2015 art.123.

5921 MPCI nº 11310 s.

2) Las cantidades correspondientes a **retenciones tributarias y de Seguridad Social** debidas por el concursado en cumplimiento de una obligación legal.

3) Los créditos de personas naturales derivados del **trabajo personal no dependiente** y los que correspondan al propio autor por la cesión de los derechos de explotación de la obra objeto de **propiedad intelectual**, devengados durante los 6 meses anteriores a la declaración del concurso.

4) Los **créditos tributarios y demás de Derecho público**, así como los créditos de la **Seguridad Social** que no gocen de privilegio especial (nº 5913), ni del privilegio general del número 2) anterior. Este privilegio puede ejercerse para el conjunto de los créditos de la Hacienda Pública y para el conjunto de los créditos de la Seguridad Social, respectivamente, hasta el **50%** de su importe. Se exceptúan los créditos derivados de la ejecución de **avales** otorgados al amparo de RDL 8/2020 y RDL 25/2020, en caso de concurso del deudor avalado. Tienen carácter de crédito ordinario (RDL 5/2021 art.16.4 y disp.trans.2ª.4).

Precisiones 1) Esta norma, que tuvo un complejo proceso de elaboración, constituye uno de los aspectos más polémicos de **interpretación**: ver nº 11310 Memento Procesal Civil 2026.

2) En el marco de la **asistencia mutua** (nº 861 Memento Administrativo 2026) los créditos de titularidad de otros Estados o entidades internacionales o supranacionales no gozan de prelación alguna cuando concurran con otros créditos de Derecho público, ni del resto de garantías propias de los créditos públicos, salvo que la normativa sobre asistencia mutua establezca otra cosa. Tampoco devengan **recargos en periodo ejecutivo**, con igual excepción. Se entiende por tal asistencia mutua el conjunto de acciones de asistencia, colaboración, cooperación y otras de naturaleza análoga que el Estado Español preste, reciba o desarrolle con la Unión Europea y otras entidades internacionales o supranacionales y con otros Estados en virtud de la normativa reguladora de la asistencia mutua en el seno de la Unión o en el marco de los convenios internacionales (LGT art.1, 28.6 y 80 bis).

Si bien la regla expuesta es de aplicación a los procedimientos tributarios, ha de tomarse en consideración en sede concursal. No obstante, dichos créditos tienen consideración de derechos de la Hacienda pública de naturaleza pública (LGT disp.adic.17ª).

3) Los **créditos tributarios** nacen cuando se devengan, lo que determina su tratamiento e identificación como concursales o contra la masa (TS 22-11-22, EDJ 745704).

5) Los **créditos por responsabilidad civil extracontractual** por daños causados antes de la declaración de concurso distintos a los expuestos en nº 5867.1 (LCon art.242.1.1º), las liquidaciones vinculadas a delito contra la Hacienda Pública (LGT art.250 s.) y los créditos por responsabilidad civil derivada del **delito contra la Hacienda Pública y contra la Tesorería General de la Seguridad Social**, cualquiera que sea la fecha de la resolución judicial que los declare. Si los daños estuvieran asegurados, el crédito del asegurador por subrogación, regreso o reembolso tendrá la consideración de crédito concursal ordinario. **5922**

6) El 50% del importe de los **créditos derivados de la financiación interina** (LCon art.665) o de la **nueva financiación** (LCon art.666) concedidos en el marco de un plan de reestructuración homologado cuando los créditos afectados por ese plan representen al menos el 51% del pasivo total. En el caso de que la financiación hubiera sido concedida o comprometida por personas especialmente relacionadas con el deudor, será necesario que los créditos afectados por el plan representen más del 60% del pasivo total, con deducción de los créditos de aquellas personas para calcular esa mayoría.

7) Los créditos de que fuera titular el acreedor a instancia del cual se hubiera declarado el concurso y que **no tuvieran el carácter de subordinados**, hasta el 50% de su importe.

De este modo, se premia al **acreedor instante** y, en definitiva, se fomenta la solicitud de la declaración de concurso frente a otras fórmulas de convenio o de liquidación extraconcursales. Este precepto se debe interpretar restrictivamente (AP Madrid 12-3-10, EDJ 98647), de acuerdo no solo con la utilización por el legislador del número singular al identificar al beneficiario del privilegio, pues de la mera lectura del precepto aplicable se infiere que, dado que usa el singular, el privilegio, en principio, solo puede reconocerse a un solo sujeto, sino con los resultados que lógicamente cabe inferir del espíritu y finalidad de la norma, que son razones de eficiencia y de justicia, y de la consideración de esta en conjunción con otros preceptos de la Ley -en concreto, LCon art.153 y 269-.

En el supuesto de que sean **varias solicitudes** promovidas para la declaración del concurso de acreedores: la finalidad del privilegio del acreedor instante es premiar a aquel que, asumiendo inicialmente un importante coste, y con el riesgo de padecer personalmente las graves consecuencias que la inadmisión del concurso pudiera llevar aparejadas, solicita la declaración del mismo en un acto que favorece a los acreedores y a la seguridad del tráfico mercantil. Este acto es **único**, y se produce en un momento temporal concreto e irrepetible. Los demás acreedores podrán ser solicitantes del concurso, pero no son primeros solicitantes y solo este primer solicitante puede ser titular del privilegio. Las demás solicitudes no son imprescindibles en orden a la declaración del concurso, por lo que reconocer el privilegio a quienes las promovieran implicaría desvirtuar su finalidad y dejarlo vacío de contenido. Cabe concluir, por tanto, que el privilegio del instante solo puede reconocerse al acreedor que sea el **primer solicitante** de la declaración de concurso (JM Madrid 26-10-07).

8) Los créditos de que sea titular el Fondo de Reestructuración Ordenada Bancaria (**FROB**) en virtud de operaciones de recapitalización de entidades con recursos del Fondo de Resolución Nacional (L 11/2015 art.53 y disp.adic.2ª), en el marco del ejercicio de las facultades propias de este organismo (L 11/2015 art.31.5). El FROB está facultado para realizar, dentro de los procesos de actuación temprana o de resolución de entidades financieras y de empresas de servicios de inversión, actuaciones de adquisición y enajenación de los activos o pasivos, en función del valor de la entidad correspondiente, y de acuerdo con la normativa de la Unión Europea en materia de competencia y ayudas de Estado.

Los **beneficiarios** de estas actuaciones pueden ser, tanto la entidad financiera o empresa de servicios de inversión objeto del procedimiento de actuación temprana o resolución, como otras entidades de su grupo, el adquirente al que hace referencia la L 11/2015 art.26, un banco o entidad puente o una sociedad de gestión de activos. Todos los créditos que correspondan al FROB en virtud de estas operaciones tendrán reconocido privilegio general en caso de concurso del deudor correspondiente.

Precisiones En el caso de concursos de entidades sometidas a la L 11/2015 -entidades de crédito y empresas de servicios de inversión, en general-, se consideran igualmente **créditos con privilegio general**, ubicados en el orden de prelación inmediatamente después de los recogidos en LCon art.280.5:

- los depósitos garantizados por el Fondo de Garantía de Depósitos y derechos en los que se haya subrogado dicho Fondo si la garantía se hubiera hecho efectiva;
- la parte de los depósitos de personas físicas y microempresas, pequeñas y medianas empresas que exceda del nivel garantizado previsto en RDL 16/2011 y la parte de los depósitos de estas personas y entidades que serían depósitos garantizados si no se hubieran constituido a través de sucursales situadas fuera de la Unión Europea de entidades establecidas dentro de ella (L 11/2015 disp.adic.14ª.1).

5923 **Prelación** (LCon art.432) La prelación entre estos créditos se hace siguiendo el orden establecido en nº 5920, y en caso de resultar insuficiente el activo, el pago se hace a prorrata dentro de cada supuesto. A tal efecto se dispone que, deducidos de la masa activa los bienes y derechos necesarios para satisfacer los créditos contra la masa y con cargo a los bienes no afectos a privilegio especial o al remanente que de ellos quedase una vez pagados estos créditos, se atenderá al pago de aquellos que gozan de **privilegio general**, por el orden establecido en LCon art.280 y, en su caso, a prorrata dentro de cada número.

El juez podrá autorizar el pago de estos créditos **sin esperar a la conclusión de las impugnaciones** promovidas, adoptando las medidas cautelares que considere oportunas en cada caso para asegurar su efectividad y la de los créditos contra la masa de previsible generación.

5924 **Créditos ordinarios** (LCon art.269.3) Constituye una **categoría residual**, a la que la ley se
MPCI refiere tan solo para indicar que se clasifican como créditos ordinarios los que, de acuerdo
nº 11318 con la ley, no gozan de ningún privilegio -porque no existe en absoluto o porque el privilegio no alcanza a toda la cuantía del crédito-, pero tampoco tienen la consideración de subordinados. No obstante, en ocasiones, se les atribuye expresamente dicho carácter, con independencia de su naturaleza (LCon art.240.2).

5925 **Pago** (LCon art.433) Estos créditos ordinarios se satisfacen **a prorrata**, conjuntamente con los créditos con privilegio especial en la parte en que estos no hayan sido satisfechos con cargo a los bienes y derechos afectos, y una vez satisfechos los créditos contra la masa y los privilegiados.

Frente a las restantes reglas de pago, en el caso de estos créditos se imponen dos **reglas** de liquidez y oportunidad:

1) Oportunidad (LCon art.433.1): El juez, a solicitud de la administración concursal, en casos excepcionales puede motivadamente autorizar la realización de **pagos de créditos ordinarios con antelación** cuando estime suficientemente cubierto el pago de los créditos contra la masa y de los privilegiados. Y, por otra parte, podrá también autorizar el pago de créditos ordinarios antes de que concluyan las impugnaciones promovidas, adoptando en cada caso las medidas cautelares que considere oportunas para asegurar su efectividad y la de los créditos contra la masa de previsible generación. Esta última regla se introduce por medio de la L 38/2011 y resulta de aplicación de acuerdo con L 38/2011 disp.trans.1ª.

2) Liquidez (LCon art.433.3): La administración concursal debe atender al pago de estos créditos en función de la liquidez de la masa activa y puede disponer de **entregas de cuotas** cuyo importe no sea inferior al 5% del nominal de cada crédito.

5926 **Créditos subordinados** (LCon art.281) El establecimiento de esta categoría obedece a razones de política legislativa. Son créditos subordinados, los que a continuación se indican.

5927 **No comunicados o comunicados de forma tardía** Son créditos subordinados aquellos que, habiendo sido comunicados tardíamente, sean **incluidos por la administración concursal** en la lista de acreedores, así como los que, no habiendo sido comunicados, o habiéndolo sido de forma tardía, sean **incluidos por comunicaciones posteriores o por el juez** al resolver sobre la impugnación de esta.

No quedarán subordinados por esta causa, y serán clasificados según corresponda, los créditos de LCon art.260.3, los créditos cuya existencia resulte de la documentación del deudor, los que consten en documento con fuerza ejecutiva, los créditos asegurados con garantía real inscrita en registro público, los que consten de otro modo en el concurso o en otro procedimiento judicial, y aquellos otros para cuya determinación sea precisa la actuación de comprobación de las Administraciones públicas.

De lo anterior se desprende que el legislador ha optado por derivar la consecuencia de la falta de comunicación oportuna de los créditos que no se vea suplida por las circunstancias establecidas en dicho precepto -esto es, que se extraiga de la documentación del deudor, que consten de otro modo y demás circunstancias- al propio deudor, que se ve perjudicado al pasar a calificarse su crédito como subordinado (JM Santander 29-6-07); si bien es cierto que el legislador ha establecido una serie de supuestos que vienen a mitigar el rigor de la sanción de subordinación, de manera que, aunque se hayan comunicado tardíamente, o no lo hayan sido, de todos modos se deberán **clasificar según su naturaleza** los siguientes créditos:

5928 **a.** Créditos que **constan en la documentación**: esta excepción obedece a la obligación que tiene la administración concursal de reconocer todos los créditos que resulten de los libros y documentos del deudor, que aparece recogida en LCon art.260. Lo cual supone que si la administración concursal, a la hora de realizar la función de reconocimiento que les es propia, comprueba que existe algún crédito, deberá incluirlo sin que le afecte la subordinación por este hecho.

No se precisa en la ley el contenido y alcance de la documentación, pero por aplicación de LCon art.260 y 281 los tribunales infieren que este término debe comprender los soportes documentales (contables, administrativos, financieros, etc.) de los que se desprenda la existencia de obligaciones del concursado. Esto supone que la administración concursal deberá examinar, además de la relación de acreedores presentada por el deudor según LCon art.6.2.4ª, también los **libros** de llevanza obligatoria, así como **cualesquiera otros documentos** de los que disponga el deudor.
b. Créditos que de otro modo **consten en el concurso**: no se refiere a los que se infieran de la documentación del concursado, sino a aquellos créditos que de otro modo consten en el concurso, es decir, el crédito del acreedor que insta el concurso necesario, o el derivado de alguna de las acciones que se tramitan de forma acumulada al concurso (LCon art.44), o de los juicios que se han acumulado (LCon art.137 y 138), o de acciones resolutorias ejercitadas ante el juez del concurso (LCon art.162).
c. Créditos que de otro modo **consten en otro procedimiento judicial**: ese supuesto se refiere a aquellos casos en los que se haya puesto de manifiesto en el concurso la existencia de un procedimiento judicial contra el concursado. Esta comunicación puede hacerla el propio concursado, en su solicitud, o bien la podrá conocer la administración concursal si se le ha puesto en conocimiento la existencia del procedimiento, o si ha sido citada o emplazada al juicio.
d. Créditos para cuya determinación sea precisa la **actuación inspectora de las Administraciones públicas**: se trata de la posibilidad de que surjan créditos a favor de la Administración pública debido a la actividad de inspección motivada por incumplimientos del concursado. Debe entenderse que este precepto ampara cualesquiera actuaciones administrativas de inspección (en el ámbito tributario, social, de seguros y fondos de pensiones, etc.).
Respecto de los **créditos comunicados de forma tardía**, debe entenderse que serán créditos tardíamente insinuados aquellos que se pongan de manifiesto una vez transcurrido el plazo de un mes previsto en LCon art.28.1.5, pero con anterioridad a la expiración del plazo que la administración concursal tiene para presentar el informe, o en su caso el plazo prorrogado que establece LCon art.291 (JM Madrid 7-9-10).
Y, respecto de los **créditos que resulten de la impugnación de la lista de acreedores**, hay que tener en cuenta que en la actualidad la postura dominante es la que sostiene que es posible, por vía incidental, reconocer el crédito cuando con anterioridad no se ha insinuado, de manera que la sentencia que resuelva el incidente deberá clasificar el crédito como subordinado, o, incluso, que lo clasifique según su propia naturaleza cuando concurra la excepción prevista en LCon art.280.1 (JM Madrid núm 5, 25-1-10, EDJ 18067). El incidente concursal es un medio apto para la insinuación de créditos, pero en estos casos el crédito debe clasificarse como subordinado por la vía de LCon art.280.1, salvo que concurra alguna de las excepciones que menciona el propio precepto.

Precisiones 1) Por tanto, los **créditos laborales**, que normalmente constan en la documentación o contabilidad del empresario, o los que resulten de procedimientos judiciales, son de reconocimiento obligado y quedan exceptuados de la clasificación de subordinados por falta de insinuación. Así como los **créditos derivados de la realización de una actuación inspectora** (créditos tributarios y de la Seguridad social), en los que es preciso el seguimiento de un procedimiento garantista, y en los que la prescripción del derecho a determinar o liquidar el crédito público no queda interrumpida por la declaración del concurso. En ambos casos, tendrán la clasificación que corresponda a su naturaleza (LCon art.280.1 y 396), siendo incorporados al procedimiento mientras exista activo en la masa concursada, es decir, antes de la conclusión del concurso (LCon art.465). **5928.1**
2) En relación con el **reconocimiento de créditos tributarios** resultantes de expedientes de **inspección** no comunicados en el plazo de LCon art.252, se ha sostenido que es preciso, para que tenga virtualidad la excepción de LCon art.281.1, comunicar dentro de aquel plazo, al órgano judicial, la existencia y la tramitación del procedimiento inspector (JM Zaragoza 19-10-05). Igualmente, se ha considerado que los procedimientos de verificación de datos no pueden considerarse de inspección o comprobación inspectora a estos efectos (AP Toledo 23-3-11, EDJ 83808).
Sobre esta cuestión se excluye tajantemente la posibilidad de que la **comunicación tardía de créditos tributarios** resultantes de actuaciones de comprobación o investigación determine la subordinación del crédito (AP Madrid 2-3-12, EDJ 47278).

Por pacto contractual Dentro de los créditos que por pacto contractual tengan el carácter de subordinados pueden entenderse incluidos los denominados **préstamos participativos**. Tales créditos desempeñaron un papel importante en la legislación paraconcursal, a partir de L 27/1984 art.11 -derogado-, de reconversión y reindustrialización. En la actualidad figuran en RDL 7/1996 art.20. **5929**

Por recargos e intereses Tienen el carácter de subordinados, los **créditos por recargos e intereses** de cualquier clase, incluidos los moratorios, salvo los correspondientes a créditos con garantía real hasta donde alcance la respectiva garantía. **5930**

La razón de ser de esta calificación es la **accesoriedad** de los intereses y de los recargos (JM Oviedo núm 1, 20-11-07, EDJ 290648).

La LCon concibe los créditos por intereses como **créditos independientes**, y no como **complementarios** o **supletorios** de los créditos principales, de modo que, salvo excepciones como los intereses del crédito hipotecario que formen parte de la garantía, no siguen el rango del crédito principal, sino que tienen necesariamente la condición de subordinados. En el momento en que se declara el concurso, por mor de esta regla, opera *ex lege* una **separación** entre el **principal** del crédito, que será clasificado como corresponda, y los **intereses** devengados hasta ese momento, que tendrán la consideración legal de subordinados (JM Palma de Mallorca núm 1, 7-2-07, EDJ 285007).

Los créditos por intereses subordinados son únicamente los anteriores a la declaración del concurso, de tal manera que los **intereses postconcursales** se sujetarán, en caso de liquidación, a las reglas de pago fijadas en LCon art.154.2 in fine (JM Oviedo núm 1, 14-6-05, EDJ 93958).

Este precepto se aplica con la finalidad de considerar que los créditos correspondientes a las **liquidaciones** del contrato de **permuta financiera** o *swap* anteriores a la declaración del concurso de acreedores han de calificarse como **subordinados**: debe entenderse que, desde el punto de vista concursal, los pagos que el concursado ha de hacer como consecuencia de la liquidación del *swap* son intereses, por lo que han de ser clasificados como subordinados (JM Valencia 15-11-10).

5931 **Por multas y otras sanciones pecuniarias** Tienen carácter subordinado los créditos por multas y demás sanciones pecuniarias. La ley relega, subordinándolos, a aquellos créditos que sean **accesorios de la obligación principal** por ser consecuencia de su falta de cumplimiento puntual, y de ahí que subordine los créditos por multas y demás sanciones pecuniarias del mismo modo que los créditos por intereses de cualquier clase, incluidos los moratorios.

Por **sanción pecuniaria** entiende el JM Madrid núm 2, 23-6-05, EDJ 93453, acertadamente, no solo las multas propiamente dichas, sino también las demás obligaciones pecuniarias de naturaleza jurídico-pública que, sin recibir legalmente tal denominación, reconozcan una naturaleza similar, tanto en cuanto a su origen como en lo relativo a su funcionalidad.

Para la calificación de un crédito derivado de la imposición de una **multa pecuniaria** ha de atenderse, generalmente, no a la fecha de la resolución judicial o administrativa que la impone, aun cuando esta sea de naturaleza constitutiva, sino a la fecha de la **acción** u **omisión** del deudor que determina la imposición de la multa, pues lo contrario implicaría hacer depender la calificación de un crédito no de un elemento objetivo, sino de criterios puramente subjetivos, como la mayor o menor agilidad de la administración de justicia o, incluso, el interés de la Administración que ejerce la potestad sancionadora, a quien bastaría con retrasar la imposición de la sanción para alterar la calificación del crédito y con ello las posibilidades de cobro (JM Oviedo núm 1, 16-10-07, EDJ 290483). La propia LCon art.280.1º -inciso final- refuerza este criterio al calificar como crédito con privilegio general y no contra la masa el correspondiente a los recargos por incumplimientos devengados con anterioridad a la declaración de concurso, cuya naturaleza sancionadora y no indemnizatoria ha sido reconocida por la Sala Cuarta del Tribunal Supremo.

LCon art.281.4 desplaza la aplicación de las normas de índole fiscal en cuanto al carácter privilegiado de los elementos accesorios de las deudas tributarias. Es criterio consolidado de los tribunales el que sostiene que LGT art.77.1 establece a la prelación general de los créditos tributarios en situación de concurrencia con otros créditos siempre que no exista un **procedimiento concursal**, pues en este caso resulta aplicable la Ley Concursal conforme a los principios de unidad legal, de disciplina y de sistema que consagra, en definitiva por imperio del principio de especialidad que regula la concurrencia de normas del mismo rango (*lex specialis derogat generalis*), regulándose en un solo texto legal los aspectos materiales y procesales del concurso.

Precisiones La **derivación de responsabilidad tributaria** no es una sanción, por lo que no cabe subordinar todo el crédito resultante de aquella, sino que ha de conservar la clasificación que correspondería al crédito del que provenga la derivación (TS 17-6-20, EDJ 597422; 17-6-20, EDJ 597444).

5932 MPCI nº 11336 Los créditos por **recargo tributario de demora** se consideran subordinados por aplicación de este precepto. Se trata de una **obligación accesoria** de naturaleza pecuniaria que sanciona el incumplimiento o cumplimiento irregular de la obligación principal, asimilable a una sanción, pues agrava el importe de la deuda, con independencia de que opere *ex lege*, directamente y sin necesidad de un procedimiento administrativo sancionador (AP Barcelona auto 21-5-07, EDJ 372980).

El mismo tratamiento se dispensa a los créditos por **recargo tributario de apremio**. En el ámbito del concurso el recargo, que supone la infracción por parte del contribuyente de sus deberes legales, deja de cumplir la función disuasoria, que le es esencialmente propia, para acabar soportando los acreedores la penalización económica que recae sobre el deudor, de manera que el fundamento de la postergación es el mismo que el que se establece para las multas y demás sanciones pecuniarias (AP Valladolid 26-12-07, EDJ 364353).
Y lo mismo cabe decir de los créditos por **recargos en materia de Seguridad Social**. El recargo no deja de ser, como la pena de la cláusula penal, una obligación accesoria, en este caso de carácter pecuniario, a cargo del deudor y a favor del acreedor, que sanciona el incumplimiento o cumplimiento irregular de una obligación. El recargo y la pena cumplen la misma finalidad, constituyen una garantía de la obligación principal porque su existencia sirve para asegurar al acreedor el cumplimiento y facilitar la exigibilidad del crédito. Del mismo modo que la pena no pierde esta consideración cuando no se pacta como prestación única, sino como prestaciones escalonadas de progresiva agravación (en función del grado de incumplimiento o de la duración del retraso), el recargo tampoco varía su naturaleza sancionadora por el hecho de modularse en atención al retraso en el cumplimiento de la obligación garantizada. Por lo tanto, el paralelismo con la cláusula penal muestra que la finalidad de la institución -garantizar el cumplimiento de la obligación- no contradice su **naturaleza sancionadora**, y de ahí el tratamiento de subordinación que le brinda la ley (AP Zaragoza 14-9-07, EDJ 348174; en el mismo sentido, JM Alicante núm 1, 31-7-07, EDJ 144278).

Correspondientes a personas especialmente relacionadas Tienen carácter subordinado, los créditos de que sea titular alguna de las **personas especialmente relacionadas** con el deudor a las que se refiere LCon art.282 s., excepto los comprendidos en LCon art.280.1º cuando el deudor sea persona natural y los créditos diferentes de los préstamos o actos con análoga finalidad de los que sean titulares los socios a los que se refiere LCon art.282.1.1º y 3º que reúnan las condiciones de participación en el capital que allí se indican. **5933** MPCI nº 11338 s.
Se exceptúan de esta regla los créditos por alimentos nacidos y vencidos antes de la declaración de concurso que tendrán la consideración de crédito ordinario.
La delimitación de la especial relación con el concursado -siempre referida al momento en que surge la situación de cuya relevancia concursal se trata, no a la posterior declaración de concurso (TS 2-2-21, EDJ 503632; 22-1-18, EDJ 646082)- distingue según el concursado sea persona natural o jurídica:
a) Son **personas naturales** especialmente relacionadas (LCon art.282):
- el cónyuge del concursado, o quien lo hubiera sido dentro de los 2 años anteriores a la declaración de concurso, su pareja de hecho inscrita o las personas que convivan con análoga relación de afectividad o hubieran convivido habitualmente con él dentro de los 2 años anteriores a la declaración de concurso;
- los **ascendientes, descendientes y hermanos** del concursado o de cualquiera de las personas antes mencionadas (AP Barcelona 19-6-09, EDJ 219783);
- los **cónyuges de ascendientes, descendientes y hermanos** del concursado;
- las **personas jurídicas controladas** por el concursado o por las personas citadas en los guiones anteriores o sus administradores de hecho o de derecho, presumiéndose que existe control cuando concurra alguna de las situaciones previstas en el CCom art.42.1;
- las personas jurídicas que formen parte del **mismo grupo de empresas** que las previstas en el apartado anterior; y
- las personas jurídicas de las que las personas físicas enumeradas en los guiones anteriores sean **administradores** de hecho o de derecho.

b) Son **personas jurídicas** especialmente relacionadas con el concursado (LCon art.283): **5934**
• Los **socios** -y, cuando sean personas naturales, las personas especialmente relacionadas con ellos de acuerdo con lo expuesto en nº 9336 (RDL 11/2014 y L 9/2015)- que conforme a la ley sean personal e ilimitadamente responsables de las deudas sociales, y aquellos otros que **en el momento del nacimiento del derecho de crédito** sean titulares de, al menos, un 5% del capital social, si la sociedad declarada en concurso tiene valores admitidos a negociación en mercado secundario oficial, o de un 10% si no los tiene.
• Los **administradores**, de derecho o de hecho, los **liquidadores** del concursado persona jurídica y los **apoderados** con poderes generales de la empresa, así como quienes lo hayan sido dentro de los **2 años** anteriores a la declaración de concurso. Todos estos supuestos revelan la desconfianza con que el legislador trata al ***insider***, o privilegiado conocedor de la situación financiera y patrimonial de la persona jurídica fallida, pues al disponer de una mejor información que el resto de los acreedores concursales externos viene la norma a establecer una presunción *iuris et de iure* de que la actuación de los primeros va en detrimento del derecho de estos últimos.

Se excluye del concepto de **persona especialmente relacionada** a los acreedores que hayan capitalizado directa o indirectamente todo o parte de sus créditos en cumplimiento de un acuerdo de refinanciación adoptado de conformidad con LCon art.598 s., un acuerdo extrajudicial de pagos o un convenio concursal y aunque hayan asumido cargos en la administración del deudor por razón de la capitalización, respecto de la calificación de los créditos que ostenten contra el deudor como consecuencia de la refinanciación que le hubiesen otorgado en virtud de dicho acuerdo o convenio. Y se excluye del concepto de **administradores de hecho** a los acreedores que hayan suscrito un acuerdo de refinanciación, convenio concursal o acuerdo extrajudicial de pagos por las obligaciones que asuma el deudor en relación con el plan de viabilidad salvo que se probase la existencia de alguna circunstancia que pudiera justificar esta condición (LCon art.283.2). A pesar de la redacción del precepto citado, que subsiste en estos términos tras la L 16/2022, por efecto de esta Ley han desaparecido los acuerdos de refinanciación y los acuerdos extrajudiciales de pagos.

• Las sociedades que formen **parte del mismo grupo** que la sociedad declarada en concurso y sus **socios comunes**, siempre que estos reúnan las mismas **condiciones** que en el número 1º de LCon art.282.2 (el concepto de grupo de sociedades a tener en cuenta es el establecido en las normas positivas, CCom art.42 y L 6/2023 art. 4, como recuerda la AP Bizkaia 22-1-10, EDJ 52100; la Ley Concursal ya incorpora una remisión al Código de Comercio en cuanto al concepto de grupo, precisamente por ministerio de la reforma llevada a cabo por la L 38/2011).

Por último, como norma para eludir el posible fraude a esta postergación por cesión, se establece que, salvo prueba en contrario, se presumen personas especialmente relacionadas con el concursado los **cesionarios o adjudicatarios de créditos** pertenecientes a cualquiera de las personas mencionadas en los apartados anteriores, siempre que la adquisición se haya producido dentro de los 2 años anteriores a la declaración de concurso.

5934.1 Precisiones 1) Salvo prueba en contrario, no tienen la consideración de **administradores de hecho** los acreedores que hayan suscrito el acuerdo de refinanciación previsto por LCon art.598 s., por las obligaciones que asuma el deudor en relación con el plan de viabilidad (RDL 4/2014).

2) En cuanto al concepto de administrador de hecho a considerar a los efectos de la aplicación de esta norma, el JM Oviedo núm 1, 15-12-06, EDJ 425704 recuerda que la doctrina vincula esta figura con el ejercicio positivo de una **labor de dirección**, **administración** o **gestión** de la persona jurídica de que se trate, intervención que, además, debe revestir una **importancia relativa** en el ámbito de los negocios sociales, pues no serían suficientes actuaciones de escasa importancia para la compañía. A ello se le añaden las exigencias de una **total autonomía** en la toma de decisiones, sustituyendo o colaborando con los administradores formalmente designados, pero nunca de forma subordinada a ellos, así como la necesidad de que la actuación como administrador sea **constante** y **continuada**, y no esporádica u ocasional. Por su parte, la jurisprudencia que se ha ocupado de la cuestión ha evolucionado hasta acoger bajo tal concepto una pluralidad de supuestos que tienen en común el tratarse de personas que, en la práctica, detentan el **poder de decisión** de la sociedad.

En el mismo sentido, JM Murcia 88/10 29-4-10 afirma que administrador de derecho lo será aquel que, habiendo sido debidamente nombrado en junta general, haya aceptado el cargo, surgiendo los deberes propios del ejercicio del cargo desde el mismo momento de la aceptación, con independencia de su obligatoria inscripción en el Registro Mercantil, que no tiene carácter constitutivo, y administrador de hecho será aquel que realmente gobierne y detente el poder de decisión en la sociedad, tanto quien realmente se representa al exterior como tal, sin serlo, como quien se oculta detrás de testaferros que aparecen formalmente nombrados como administradores de derecho, pero solo formalmente.

3) El RDL 1/2015 **reforma** LCon/03 art.93.2.2º -actual LCon art.282.1.2ª-, para excluir del elenco de personas especialmente relacionadas y del concepto de administrador de hecho a los acreedores indicados en el texto.

La L 25/2015 no incorpora la modificación de LCon/03 art.93.2.2º -actual LCon art.283.1.2º- efectuada por el RDL 1/2015, pero al **no derogarlo expresamente** y no ser este contrario a ella, debe entenderse subsistente la reforma de este precepto.

5935 **Otros supuestos** También tienen carácter subordinado:

MPCI nº 11346

• Los créditos que como consecuencia de **rescisión concursal** resulten a favor de quien en la sentencia haya sido declarado parte de mala fe en el acto impugnado.

• Los créditos derivados de **contratos con obligaciones recíprocas** expresados en LCon art.156 s., 160 s., 166 y 167, en caso de que el juez constate, previo informe de la administración concursal, que el acreedor obstaculiza reiteradamente el cumplimiento del respectivo contrato en perjuicio del interés del concurso (LCon art.281.7).

Como efecto de la subordinación, se establece una consecuencia o **penalización adicional**: el juez del concurso, vencido el plazo de impugnación y sin más trámites, debe dictar auto declarando extinguidas las garantías de cualquier clase constituidas a favor de los créditos de que aquel fuera titular, ordenando, en su caso, la restitución posesoria y la cancelación de los asientos en los registros correspondientes (LCon art.281.2). Quedan **exceptuados** de tal cancelación los créditos comprendidos en LCon art.280.1º cuando el concursado sea persona natural.

Pago (LCon art.435) El pago de los créditos subordinados solo se efectúa una vez sean íntegramente satisfechos los créditos ordinarios. Dicho pago se efectúa por el **orden** de nº 5926 s. y, en su caso, **a prorrata** dentro de cada supuesto (LCon art.258). **5936**

Siempre que no cause perjuicio a tercero y forme parte de él el deudor, el **pacto de subordinación** relativa entre acreedores se reconocerá en el concurso y será ejecutable dentro del mismo. La administración concursal realizará los pagos conforme a lo previsto en los pactos.

Precisiones Los **créditos subordinados** previstos en LCon art.281.2º tienen, en el caso de concurso de entidades sometidas a la L 11/2015 -entidades de crédito y empresas de servicios de inversión, en general- la siguiente **prelación**:
- el importe principal de la deuda subordinada que no sea capital adicional de nivel 1 o 2;
- el importe principal de los instrumentos de capital de nivel 2;
- el importe principal de los instrumentos de capital adicional de nivel 1.

Todos los créditos enumerados en los guiones segundo y tercero serán posteriores en el orden de prelación al resto de créditos de LCon art.281.1 (L 11/2015 disp.adic.14ª).

G. Informe de la administración concursal

Una de las principales obligaciones de la administración concursal es la elaboración de un informe, que incluye una serie de documentos **anexos**, de los cuales los fundamentales son el inventario de la masa activa y los listados de acreedores, que delimitan la masa pasiva. **5937** MPCI nº 11355

No todo el contenido del informe de la administración concursal tiene el mismo alcance y naturaleza, de tal modo que mientras las determinaciones de las masas activa y pasiva tienen un **contenido sustantivo**, en cuanto fijan de modo definitivo -sin perjuicio de su impugnación- tales masas, lo que permitirá la continuación del proceso concursal por cualquiera de sus cauces -convenio o liquidación-, resulta que el resto del informe y sus anexos tienen un **carácter informativo** para el juez del concurso, partes procesales y demás interesados, al contener opiniones, valoraciones, juicios, apreciaciones o estimaciones subjetivas de los administradores concursales (JM Madrid 10-1-11).

En todo caso, la importancia de este informe radica en que no solo constituye una **imagen fiel** de la situación patrimonial del deudor concursado en el estado conservativo que supone la fase común, sino que, además, debe facilitar los datos que permitan una **toma de posición** de los acreedores sobre la continuación del proceso concursal.

El informe concluye con la **exposición motivada** de los administradores concursales acerca de la situación patrimonial del deudor y de cuantos datos y circunstancias puedan ser relevantes para la ulterior tramitación del concurso (LCon art.292.4).

1. Contenido

(LCon art.292 s.)

El informe de la administración concursal, en sentido amplio, consta de tres **partes**: **5939**
- un **examen de la documentación del concursado**, fundamentalmente, desde el punto de vista contable (nº 5940);
- una serie de **documentación complementaria** relativa a la masa activa y masa pasiva del concurso: inventario de bienes y derechos y listado de acreedores (nº 5941); y
- una **exposición motivada** o **conclusión** (nº 5948).

Examen de la documentación del deudor. Estructura del informe (LCon art. 7 y 292) **5940**
La administración concursal debe emitir su parecer acerca de la documentación del deudor presentada por él mismo, así como sobre la **documentación contable** que obre en poder del concursado.

En particular, debe pronunciarse sobre:

1) La **memoria** presentada por el deudor, en la cual se relata la historia económica y jurídica del deudor, su actividad, las causas del estado de insolvencia en que se encuentra y sus expectativas de futuro.

2) El **estado de la contabilidad** del deudor y el juicio sobre la misma. Además de referirse a la documentación presentada por el deudor, el examen ha de tener en cuenta sus libros, si se han presentado, y su contabilidad. Si el deudor no presentó las **cuentas anuales** correspondientes al ejercicio anterior a la declaración de concurso, deben formularse por la administración concursal, con los datos que pueda obtener de los libros y documentos del deudor, de la información que este le facilite y de cuanta otra obtenga en un plazo no superior a 15 días.

3) La **memoria de las principales decisiones y actuaciones de la administración concursal**. Corresponde a los propios administradores decidir cuáles de sus actuaciones merecen por su

entidad ser incluidas en esta reseña, aunque como mínimo deben incluirse los actos de disposición que exceden de la simple gestión ordinaria, así como las autorizaciones o instrucciones que hayan dictado con carácter general en cuanto a la gestión ordinaria.
Es claro que este precepto solo se aplicará en el supuesto del que el deudor venga obligado a llevar **contabilidad** (AP Pontevedra 13-3-08, EDJ 116229).
El análisis de la contabilidad del deudor que se efectúa en el informe de la administración concursal no vincula jurídicamente al juez del concurso a la hora de determinar si las irregularidades contables que el deudor pudiera haber cometido deben dar lugar a la calificación del concurso como culpable (AP Madrid 17-4-09, EDJ 97575).

5940.1 Precisiones 1) En relación con los documentos que el **deudor** tiene que acompañar a su solicitud, ha de incluirse la relación de acreedores con expresión de la identidad, domicilio y dirección electrónica de cada uno de ellos, así como de la cuantía y el vencimiento de los respectivos créditos y las garantías personales o reales constituidas. Si algún acreedor hubiera reclamado judicialmente el pago, se identificará el procedimiento correspondiente y se indicará el estado de las actuaciones. Igualmente, ha de reflejarse el **número de trabajadores**, en su caso, con indicación del centro de trabajo de adscripción y la identidad del órgano de representación de los mismos si lo hubiera, con expresión de la dirección electrónica de cada uno de ellos (LCon art.7).
2) La ley establece un **contenido del informe** especialmente detallado, hasta con cuatro apartados diferenciados: análisis de los datos y circunstancias de la memoria presentada por el deudor, estado de su contabilidad, memoria de la actuación de la administración concursal y exposición acerca de la situación patrimonial del deudor. Además, al informe se unen ciertos **documentos económico-jurídicos**, a saber: inventario de la masa activa, lista de acreedores, en su caso, evaluación de las posibles propuestas de convenio (JM Valencia 13-7-05, Proc 296/05) y valoración de la empresa en su conjunto y de sus unidades productivas bajo las hipótesis de continuación de las operaciones y de liquidación.

5941 **Documentación complementaria** Constituye la parte más importante del informe, en la medida en que en ella se describen la masa activa y la masa pasiva del concurso. Se trata de:
- el **inventario** y sus **documentos anexos** (nº 5942); y
- el **listado de acreedores** (nº 5943).

5942 **Masa activa: inventario y documentos anexos** (LCon art.198) El inventario se ha de referir al **día anterior a la fecha de emisión del informe** de la administración, y debe contener una relación de bienes y derechos y un avalúo de los mismos.
MPCI nº 11368 s.
Los tribunales sostienen que LCon art.198 a 203 no reconoce la posibilidad de incluir **expectativas de derechos** en el inventario, a diferencia de lo que ocurre con el reconocimiento de créditos en la lista de acreedores a tenor de lo prevenido en LCon art.261, por lo que no deben incluirse en el inventario derechos que se hayan de concretar o regularizar con posterioridad a ese momento del cierre del informe (JM Murcia 16-7-09, Proc 101/09; AP Málaga 20-1-09, EDJ 53153 afirma que sí se podrán incluir los **créditos litigiosos** cuando exista un reconocimiento de los mismos en primera instancia, siempre que se indique en el informe su carácter contingente).
En cuanto al **contenido** del inventario, es preciso hacer referencia a los siguientes extremos:
1) Relación de bienes y derechos. Se habrán de incluir todos los que integren el patrimonio del deudor, siempre que sean **realizables**.
Hay que tener en cuenta que la inclusión de un bien o de un derecho de crédito a favor del deudor dentro del inventario no supone necesariamente, aunque luego este inventario sea aprobado judicialmente, un pronunciamiento declarativo de la **propiedad** o del derecho real del deudor concursado sobre tales bienes, o del derecho de crédito del deudor frente a un tercero, que legitime dentro del concurso su reclamación contra dichos terceros (AP Barcelona 11-6-07, EDJ 146344). El inventario no cumple la finalidad de determinar con exactitud la masa activa -como sí ocurre con la lista de acreedores-, sino de informar sobre ella a los acreedores afectados por un posible convenio, o de orientar la liquidación, en su caso. De ahí que sea compatible la inclusión de estos bienes y derechos dentro del inventario con el posible **litigio** sobre dichos derechos, en un juicio declarativo dentro del concurso o incluso fuera de él, de acuerdo con las reglas previstas en LCon art.118 a 122, 136 y 138, dado que la incorporación al inventario no constituye título alguno de dominio (TS 9-10-18, EDJ 598108).
En caso de concurso de **persona casada** en régimen de comunidad de bienes, cuando se han de incluir bienes comunes, se ha de expresar tal carácter.
De cada uno de los bienes se han de indicar las circunstancias relativas a:
- la **determinación** del bien (naturaleza, características, lugar en que se encuentran y, en su caso, datos de identificación registral); y
- su **estado** o **situación jurídica** (gravámenes, trabas y cargas, con expresión de su naturaleza y demás circunstancias que permitan su identificación).

La relación debe ir referida al **día de la solicitud** de declaración de concurso, expresando si algún bien o derecho hubiera dejado desde entonces de pertenecer al concursado o hubiera variado de valor desde aquella fecha hasta el día inmediatamente anterior al de presentación del informe.

2) Avalúo o valoración. Se ha de realizar atendiendo al **valor de mercado** de los bienes y derechos, deduciendo las **cargas y gravámenes** que afectan a su valor, incluyendo las que garantizan deudas no incluidas en la masa pasiva (por garantizar obligaciones a cargo de tercero).

3) Litigios. Al inventario deben unirse las siguientes relaciones de litigios, en los que ha de informarse sobre su viabilidad, riesgos, costes y posibilidades de financiación. Se han de relacionar todos los litigios pendientes que pueden afectar a la determinación de la masa activa.

Los **bienes de propiedad ajena** en poder del concursado sobre los que este tenga **derecho de uso** no serán incluidos en el inventario, ni será necesario su avalúo, debiendo figurar únicamente el derecho de uso sobre el mismo del arrendatario financiero concursado (LCon art.198.3).

Masa pasiva: Listado de acreedores (LCon art.285 a 288, 292 y 293) La ley ordena que se forme una lista de acreedores que comprenda una relación de los **incluidos** y otra de los **excluidos**, ambas ordenadas alfabéticamente. A través de este trámite se verifica o se comprueba la **legitimidad** de los créditos que han de ser satisfechos en el concurso, tanto en beneficio del deudor como de los acreedores, puesto que el primero tiene interés en no satisfacer más de lo que realmente debe, mientras que los segundos tienen un afán evidente en que no participen en el concurso más créditos que los legítimos, para no ver reducida injustificadamente su cuota de satisfacción y diluido su derecho de voto (AP Gipuzkoa 9-5-07, EDJ 196670). **5943**

Pese a la dicción literal de la norma, el listado debe tomar como **referencia** la fecha de declaración del concurso, no la de solicitud, que puede haberse presentado con cierta antelación. Máxime cuando los créditos contra la masa se determinan temporalmente por el momento de la declaración del concurso, y no por la fecha de solicitud (LCon art.242).

Se exige que los administradores adopten una decisión sobre el **reconocimiento** de cada uno de los créditos, incluyendo la clasificación de los mismos, que deberá ser motivada con fundamento en las reglas que establece la ley. En virtud de esta decisión, han de elaborar un listado de los acreedores reconocidos y otro listado de los créditos que no obtienen tal reconocimiento; y, por último, se añade un listado de los créditos contra la masa:

a) Relación de **acreedores incluidos**. En primer lugar, se ha de elaborar una relación de los créditos cuya existencia considera acreditada la administración concursal. **5944**

Si un mismo acreedor es **titular de varios créditos**, se han de consignar por separado.

Si el concursado está **casado en régimen de comunidad de bienes**, se han de relacionar separadamente los créditos que solo pueden hacerse efectivos sobre su patrimonio privativo y los que también pueden hacerse efectivos sobre el patrimonio común.

Por otra parte, para el caso en que **un mismo crédito tenga doble naturaleza**, debe recogerlo así, en la medida de lo posible, por ejemplo, créditos con privilegio especial cuyo bien no alcanza a cubrir su importe (LCon art.272.2).

En el listado se ha de hacer referencia a:
- la **identidad** de cada uno de ellos;
- la **causa**;
- la **cuantía por principal e intereses** -adviértase la admisión del proceso impugnatorio según LCon art.297 como cauce para reconocer sumas superiores a las inicialmente comunicadas y fijadas en la lista, posición asumida por algunos juzgados de lo mercantil en el caso de actualizaciones de las certificaciones de deuda emitidas por las Administraciones públicas, por ejemplo, JM Alicante núm 1, 18-11-09, EDJ 265971-;
- fechas de **origen** y **vencimiento** de los créditos reconocidos de que sea titular;
- sus **garantías** personales o reales; y
- su **calificación jurídica**, indicándose, en su caso, su carácter de litigiosos, condicionales o pendientes de la previa excusión del patrimonio del deudor principal.

Los **acreedores con privilegio general o especial**, respectivamente, deben estar incluidos -conforme a la L 9/2015, que acoge al previo RDL 11/2014- en las siguientes clases:
- **laborales** (acreedores de Derecho laboral, con exclusión de los vinculados por relación laboral de carácter especial del personal de alta dirección o que exceda de la cuantía prevista en LCon art.280.1º con inclusión de los trabajadores autónomos económicamente dependientes en cuantía que no exceda de la indicada);
- **públicos** (acreedores de Derecho público);
- **financieros** (titulares de cualquier endeudamiento financiero con independencia de que estén sometidos o no a supervisión financiera);

- **resto de acreedores**, incluidos aquellos que lo sean por operaciones comerciales y cualesquiera no agrupables en las categorías anteriores.
Se deben hacer constar expresamente, si las hay, las **diferencias** entre la comunicación y el reconocimiento y las consecuencias de la falta de comunicación oportuna.

Precisiones Solo los créditos concursales reconocidos en la lista de acreedores son **créditos concurrentes** en el concurso, que otorgan un derecho efectivo a participar en el procedimiento concursal y a verse satisfecho con la masa activa (TS 4-11-16, EDJ 196181).

5945 **b)** Relación de **acreedores excluidos**. Ha de expresar tan solo la identidad de cada uno de
MPCI ellos, y los motivos de la exclusión, a fin de permitir su control y eventuales impugnaciones.
nº 11376 **c)** Relación de **créditos contra la masa**. Por último, en un tercer listado, se han de recoger los créditos contra la masa que en ese momento se hallan devengados y pendientes de pago, con indicación de los vencimientos (LCon art.424). Se trata de créditos que no forman parte de la masa pasiva, pero que es importante cuantificar, en la medida en que detraerán la masa activa con que se pueda hacer el pago de los créditos con privilegio general y ordinario, y, en su caso, de los subordinados (LCon art.244 y 429). En todo caso, se trata de un **listado abierto**, pues después de su elaboración el concursado pagará algunos de estos créditos y contraerá otros nuevos.
d) Valoración de las garantías constituidas en aseguramiento de los créditos con privilegio especial (LCon art.272). A los efectos de lo establecido en la LCon art.684.1. Ver nº 5918. Para su determinación se deducen, de los 9/10 del valor razonable del bien o derecho sobre el que esté constituida la garantía, las deudas pendientes que gocen de garantía preferente sobre el mismo bien -sin que el valor de la garantía pueda ser inferior a cero, ni superior al valor del crédito privilegiado ni al valor de la responsabilidad máxima pignoraticia o hipotecaria que se hubiera pactado-. A estos exclusivos efectos se considera **valor razonable**:
• Para **valores mobiliarios cotizados** en mercado secundario oficial u otro mercado regulado o instrumentos del mercado monetario, el precio medio ponderado al que hubieran sido negociados en uno o varios mercados en el trimestre anterior a la fecha de declaración de concurso.
• Para **bienes inmuebles**, el resultante del informe emitido por sociedad de tasación homologada e inscrita en el registro especial del Banco de España.
• Para **otros bienes**, el resultante de informe emitido por experto independiente.
Respecto a los dos últimos casos, no es preciso el **informe** en caso de que dicho valor hubiera sido determinado, para bienes inmuebles por una sociedad de tasación homologada e inscrita en el Registro Especial del Banco de España dentro de los 12 meses anteriores a la fecha de declaración de concurso o, para bienes distintos de los inmuebles, por experto independiente, dentro de los 6 meses anteriores a la fecha de declaración del concurso. Tampoco serán necesarios cuando se trate de efectivo, cuentas corrientes, dinero electrónico o imposiciones a plazo fijo (LCon art.272).
En caso de alteración significativa de circunstancias debe aportarse nuevo informe de valoración.
Si la garantía a favor de un acreedor recae **sobre varios bienes**, se suma la resultante de aplicar a cada uno de ellos la regla expuesta, sin que el valor conjunto de las garantías pueda exceder del valor del crédito del acreedor correspondiente.
Si la garantía está constituida **en proindiviso a favor de varios acreedores**, el valor de la garantía de cada uno es el resultante de aplicar al valor total del privilegio especial la proporción que en el mismo corresponda a cada uno de ellos, según las normas y acuerdos que rijan el proindiviso (LCon art.277).

5946 **Evaluación de las propuestas de convenio** (LCon art.293.3) Se trata de un contenido limitado a las propuestas de convenio que se hayan podido presentar.
En caso de presentarse después, se le da **traslado a la administración concursal** con posterioridad, para que alegue lo que considere conveniente, uniéndose al informe las que se evalúen favorablemente.

5947 **Valoración de la empresa en su conjunto** (LCon art.200 y 293.2) Constituye documento exigible la valoración de la empresa en su conjunto y de las unidades productivas que la integran bajo las hipótesis de **continuidad** de las operaciones y de **liquidación**.

5948 **Conclusión** (LCon art.292.4º) El informe concluye con una exposición motivada de la **situación patrimonial del deudor** y de cuantos datos y circunstancias pueden ser relevantes para la tramitación del concurso.
A modo de **ejemplo**, los administradores pueden referirse a la posibilidad de obtener financiación de los accionistas, a la existencia de ofertas para la adquisición de activos o la compra de la unidad empresarial, y, en general, a las circunstancias que hayan de ser tenidas en cuenta en lo sucesivo.

2. Presentación

(LCon art.290)

El informe de la administración concursal se debe presentar en el **plazo** de 2 meses, contados desde la fecha en que se produce la aceptación del segundo de los administradores o, en su caso, del administrador concursal único. Este plazo debe entenderse como tasado, e interpretarse, pues, estrictamente (AP Zaragoza 15-7-08, EDJ 196234), de modo que LCon art.290.1 impone -en el ámbito del concurso ordinario- a la administración concursal el **deber** de presentar el informe en el plazo de 2 meses a contar desde la aceptación del cargo por al menos dos de sus miembros (JM Málaga 12-11-07, EDJ 266038). **5950**

A solicitud de la administración concursal, el juez puede acordar la **prórroga** de acuerdo con LCon art.290.2 y 3 (nº 5951).

Precisiones Teniendo en cuenta que el nombramiento del administrador es notificado de inmediato al designado y el plazo para aceptar es de 5 días a partir de la recepción de esa notificación, y que el plazo de insinuación es distinto (desde la última publicación obligatoria de LCon art. 35 a 37) y de un mes, la práctica forense ha demostrado que este **término** es **escaso**.

Más aún, dadas las notorias **dilaciones en las publicaciones obligatorias**, no es infrecuente que el plazo para la emisión del informe ya haya vencido antes de concluir el plazo de insinuación. En caso de producirse esta situación, la **opinión forense mayoritaria** opta por:

1) Que la administración concursal solicite **prórroga** para la presentación del informe y de la documentación complementaria, por entender que se encuentra ante una situación extraordinaria (LCon art.290).

2) Si la administración concursal ya ha presentado el informe, **tenerlo por presentado**, aunque manteniendo sin publicar tal presentación, esperar el transcurso del plazo del mes desde la última de las publicaciones del edicto declarando el concurso y, finalizado el mismo, acordar que la administración concursal presente una nueva lista, completando la anterior, verificado lo cual se procede a publicar según lo previsto en LCon art.289.

Conclusión. Ampliación del plazo (LCon art.291.2 y 3) El **plazo de presentación** puede ser ampliado por el juez del concurso en los dos supuestos siguientes: **5951** MPCI nº 11387

1) En caso de que concurran **circunstancias excepcionales**, a solicitud de la administración concursal presentada antes de que expire el plazo legal, por tiempo no superior a 2 meses más. No obstante, el administrador que haya sido nombrado en, al menos, tres concursos en tramitación, no podrá solicitar prórroga para la emisión de su informe salvo que justifique que existen causas ajenas a su ejercicio profesional.

2) En caso de que al vencimiento del plazo de 2 meses no hubiera concluido el plazo de **comunicación de créditos**, a solicitud de la administración concursal, hasta los 5 días siguientes a la conclusión del plazo.

Cuando el número de **acreedores sea superior a 2.000** los administradores concursales podrán solicitar una prórroga por tiempo no superior a 4 meses más.

Incumplimiento del plazo La falta de presentación del informe en el plazo establecido produce las siguientes **consecuencias**: **5952**

1) Los administradores concursales pierden el derecho a la **retribución** fijada por el juez, por lo que deben devolver lo que hayan percibido. Se trata de una sanción, que debe ser impuesta por el juez, sin margen discrecional alguno, por medio de una resolución judicial contra la que cabe recurso de apelación (LCon art.290.4).

2) Se produce una **causa de separación**, que puede ser acordada de plano por medio de auto, contra el que no se da recurso alguno (LCon art.100 a 104).

3) Constituye una infracción legal, que puede dar lugar a **responsabilidad de los administradores** por el daño causado (LCon art.94 a 99).

3. Publicidad

(LCon art.289 y 294)

Se disponen las siguientes **vías** de publicidad: **5954**

1) Con carácter previo, la administración concursal, con una antelación mínima de 10 días previos a la presentación del informe al juez, dirigirá **comunicación electrónica** a los acreedores sobre los que conste su dirección electrónica -siempre que hubieran comunicado sus créditos-, informándoles del **proyecto de inventario** y de la **lista de acreedores**. Los acreedores podrán solicitar a la administración concursal, igualmente por medios electrónicos, hasta 3 días anteriores a la presentación del informe al juez, que se rectifique cualquier **error** o que complementen los datos comunicados.

La administración concursal ha de dirigir igualmente por medios electrónicos una relación de las **solicitudes de rectificación o complemento** presentadas al deudor y a los acreedores.

2) La presentación al juez del informe de la administración concursal y de la documentación complementaria ha de publicarse en el **Registro Público Concursal**. Adicionalmente, la administración concursal los comunica electrónicamente -o, en su defecto, por medio del **procurador** que los represente- al deudor, a los acreedores de cuya **dirección electrónica** tenga conocimiento, que hubieran comunicado sus créditos, aunque no estén incluidos en la lista, y a quienes estén personados en el concurso, aun no siendo acreedores (LCon art. 294).

3) Además, el juez puede acordar, de oficio o a instancia de interesado, cualquier **publicidad complementaria** que considere imprescindible (no meramente oportuna), en medios oficiales o privados, de acuerdo con LCon art.294.3.

4. Impugnación del inventario y del listado de acreedores

(LCon art.297)

5958 MPCI nº 11400, 11402 Cabe impugnar el inventario y el listado de acreedores, ambos documentos o uno solo de ellos, por los cauces del **incidente concursal**.

El **inventario** puede ser impugnado por considerar que deben incluirse o excluirse en él bienes o derechos, así como para incrementar o disminuir su avalúo.

El **listado de acreedores** puede ser impugnado en solicitud de inclusión o exclusión de créditos, así como para modificar la cuantía o clasificación de los reconocidos, sean concursales o de la masa.

Por contra, la práctica forense entiende que no es impugnable por esta vía el **listado de créditos contra la masa**.

Precisiones No es trámite adecuado para la comunicación de créditos contra la masa el **incidente de impugnación** de la lista de acreedores, puesto que existe un trámite específico para ello (JM Barcelona núm 1, 9-3-11 conc 473/10). En otro supuesto se ha considerado que **no** cabe la **modificación de la lista provisional de acreedores** que acompaña el informe de la administración concursal puesto que la certificación aportada es de fecha posterior al citado informe; sin perjuicio de que dichos créditos se incorporen al informe definitivo (JM Málaga núm 2, 4-4-11). No obstante, el TS 1ª Pleno 13-5-11, EDJ 86071 considera que los **créditos pueden ser incluidos en la lista por el juez** al decidir sobre su impugnación, aunque no hubieran sido comunicados antes y no resultasen de los libros o documentos del deudor ni constasen en el concurso de otro modo (nº 5896). En esta línea, asimismo, AP Madrid 28ª 6-9-08; JM Madrid núm 5, 25-1-10; núm 10, 7-9-10; núm 3, 2-2-11, conc 466/09, aplicando con rigor las excepciones establecidas en LCon/03 art.92 -actual LCon art.281- para evitar la clasificación de los créditos como subordinados en caso de comunicación tardía.

5961 **Legitimación** La legitimación para la impugnación de estos documentos no se restringe en modo alguno, por lo que **cualquier interesado** puede impugnar la inclusión o exclusión, el avalúo o la clasificación de cualquiera de los créditos. En consecuencia, quienes no impugnan estos documentos en plazo no pueden pretender la modificación de su contenido, aunque sí pueden recurrir contra las modificaciones introducidas por el juez al resolver otras impugnaciones.

Si el acreedor calificado en la lista de acreedores como **especialmente relacionado con el deudor** no impugna en tiempo y forma esta calificación, el juez del concurso, vencido el plazo de impugnación y sin más trámites, dicta auto declarando extinguidas las garantías de cualquier clase constituidas a favor de los créditos de que aquel fuera titular, ordenando, en su caso, la restitución posesoria y la cancelación de los asientos en los registros correspondientes. Quedan **exceptuados** de este supuesto los créditos comprendidos en LCon art.280.1º cuando el concursado sea persona natural.

5962 **Plazo y tramitación** (LCon art. 297.2 y 300) Sin distingo de ninguna especie, se computa el plazo de 10 días desde la inserción de inventario y lista de acreedores en el Registro Público Concursal.

Las **impugnaciones** se sustanciarán por los trámites del incidente concursal, pudiendo el juez de oficio decidir su **acumulación** para resolverlas conjuntamente.

5965 **Comunicación de créditos posteriores a la impugnación** (LCon art. 268) Se fijan las siguientes **reglas**:

1) Concluido el plazo de impugnación, y hasta la presentación de la lista definitiva, se podrán presentar **comunicaciones de nuevos créditos**. Estos créditos serán reconocidos conforme a reglas generales, y en su clasificación se estará a lo dispuesto en LCon art.268.2 (esto es, se clasificarán como créditos subordinados), salvo que el acreedor justifique no haber tenido noticia antes de su existencia, en cuyo caso se clasificarán según su naturaleza.

2) La administración concursal resolverá sobre estas comunicaciones en la **lista de acreedores definitiva** a presentar.

5. Modificación de la lista de acreedores

(LCon art.308 s.)

Se regula expresamente el incidente de modificación de la lista de acreedores, en cuanto a procedimiento a seguir y efectos de la modificación. 5967

Procedimiento (LCon art.311) Se establecen las siguientes reglas en cuanto al procedimiento de modificación de la lista de acreedores: 5968

1) La modificación del texto definitivo de la lista de acreedores solo podrá solicitarse antes de que recaiga la resolución por la que se apruebe la **propuesta de convenio**, o de que se presenten en el órgano judicial el informe final de liquidación o el informe de insuficiencia de masa activa.

2) A tal efecto, los acreedores dirigirán a la administración concursal una **solicitud** con justificación de la modificación pretendida, así como de la concurrencia de las circunstancias previstas para ello. La administración concursal, en el plazo de 5 días, informará por escrito al juez sobre la solicitud.

3) Presentado el **informe de la administración concursal**, si este fuera contrario al reconocimiento el juez rechazará la solicitud salvo que el solicitante promueva incidente concursal en el plazo de 10 días, en cuyo caso se estará a lo que se decida en el mismo. Si el informe es favorable a la modificación pretendida, se dará traslado a las partes personadas por el término de 10 días, y, si no se efectúan alegaciones o no son contrarias a la pretensión formulada, el juez acordará la modificación por medio de auto sin ulterior recurso. En otro caso, el juez resolverá por medio de auto contra el que cabrá interponer recurso de apelación.

Efectos (LCon art.312 a 314) En esta materia se establece lo que sigue: 5969

1) La tramitación de la solicitud de modificación de la lista de acreedores no impedirá la continuación de la **fase de convenio o de liquidación**.

2) Sin perjuicio de ello, el juez del concurso, a petición del solicitante de la modificación y cuando estime probable el reconocimiento, podrá adoptar las **medidas cautelares** que considere oportunas, en cada caso, para asegurar su efectividad.

3) La modificación acordada no afectará a la **validez del convenio** que se hubiera podido alcanzar, ni a la validez de las operaciones de liquidación o pago realizadas antes de la presentación de la solicitud o tras ella hasta su reconocimiento por resolución firme.

4) No obstante lo anterior, a petición de parte, el juez del concurso podrá acordar la **ejecución provisional** de la resolución a fin de que:

- admita provisionalmente la modificación pretendida en todo o en parte a los efectos del cálculo del voto de LCon art.376.
- las operaciones de pago de la liquidación o convenio incluyan las modificaciones pretendidas. No obstante, estas cantidades se conservarán depositadas en la masa activa hasta que sea firme la resolución que decida sobre la modificación pretendida, salvo que garantice su devolución por aval o fianza suficiente.

6. Terminación de la fase común

(LCon art.296 bis)

La finalización de la fase común se produce tras la presentación del **informe de la administración concursal** con sus documentos anejos, dentro de los 15 días siguientes, mediante decreto del letrado de la Administración de Justicia, con apertura simultánea de la **fase de liquidación**, si no estuviera todavía abierta, salvo que se haya presentado propuesta de convenio, aunque no esté aún admitida a trámite. 5971 MPCI nº 11426

Las consecuencias de la **falta de impugnación** se recogen en LCon art.299. Al margen de los supuestos examinados a continuación, quienes no impugnen en tiempo y forma el inventario o la lista de acreedores no podrán plantear pretensiones de **modificación** del contenido de estos documentos, aunque sí podrán recurrir contra las modificaciones introducidas por el juez al resolver otras impugnaciones, y también podrán intervenir en el incidente de impugnación coadyuvando con la parte que lo hubiese promovido.

Las **excepciones** a la regla de inmodificabilidad en defecto de impugnación se exponen a continuación.

5972 En primer lugar, el **texto definitivo de la lista de acreedores**, que se remite conforme a LCon art.304, además de en los demás supuestos previstos en la Ley Concursal, **puede modificarse** en los casos siguientes (LCon art.308):
- cuando se resuelva la impugnación de las modificaciones derivadas de la modificación extemporánea de créditos;
- cuando, después de presentado el informe inicial o el texto definitivo de la lista de acreedores, se inicie un procedimiento administrativo de comprobación o de inspección del que puedan resultar créditos de derecho público de las Administraciones públicas y de sus organismos públicos;
- cuando, después de presentado el informe inicial o el texto definitivo de la lista de acreedores, se inicie un proceso penal o laboral que pueda suponer el reconocimiento de un crédito concursal;
- cuando, después de presentados los textos definitivos, se hubiera cumplido la condición o contingencia prevista, o los créditos hubieran sido reconocidos o confirmados por acto administrativo, por laudo o por resolución procesal firme o susceptible de ejecución provisional con arreglo a su naturaleza o cuantía; en caso de ser reconocidos estos créditos tendrán la clasificación que les corresponda con arreglo a su naturaleza, sin que sea posible su subordinación al amparo de LConart.281.1º.

5973 Por último, cuando proceda la modificación o sustitución del acreedor inicial en la lista de acreedores, la **clasificación de su crédito** se efectuará teniendo en cuenta las **reglas** siguientes (LCon art.310):
- respecto de los créditos salariales o por indemnización derivada de extinción laboral, únicamente se tendrá en cuenta la subrogación prevista en el RDLeg 2/2015 art.33 y LCon art.243;
- respecto de los créditos previstos en LCon art.280.2º y 4º, únicamente mantendrán su carácter privilegiado cuando el acreedor posterior sea un organismo público;
- en caso de pago por pago por avalista, fiador o deudor solidario, procederá reclasificar el crédito optando por la de inferior grado entre las que correspondan al acreedor, al fiador, al avalista o deudor solidario que hubiesen hecho el pago;
- en caso de que el acreedor posterior sea una persona especialmente relacionada con el concursado en los términos de LCon art.282 s., en la clasificación del crédito se optará por la que resulte menos gravosa para el concurso entre las que correspondan al acreedor inicial y al posterior; y
- más allá de los supuestos anteriores, se mantendrá la clasificación correspondiente al acreedor inicial.

La fase común finaliza mediante **auto** dictado por el juez del concurso, en el que se ordena la formación de la sección sexta (LCon art.446).

V. Convenio

5979 MPCI nº 11434 El convenio constituye la **solución «normal»** del proceso y la Ley trata de fomentarlo a través de distintas medidas. Pero, debido a los graves abusos que la escueta regulación anterior había permitido, tanto desde el punto de vista procesal como sustantivo, la plena autonomía de la voluntad presenta importantes limitaciones. La fase de convenio es objeto de una regulación larga e intervencionista del contenido de las propuestas de convenio, de la tramitación de la fase convenio, de la aprobación y del control posterior a la propuesta aprobada.

Esta solución convencional se configura como **alternativa a la de liquidación**, sometida también a un régimen propio. Precisamente por ello, se excluye como contenido del convenio los de carácter liquidatorio y la posibilidad de acudir a la liquidación se configura como una opción permanente del deudor, o ante el fracaso en alcanzar una solución convencional o ante el incumplimiento del convenio.

El convenio se define como **negocio jurídico**, en el que la autonomía de la voluntad de las partes goza de una gran amplitud. Esta definición que se puede completar, atendiendo a su regulación y efectos, diciendo que se trata de un negocio jurídico «de masa», de autoreglamentación de los intereses del deudor y sus acreedores, adoptado en el seno de un proceso judicial y sometido al control del juez del concurso.

En suma, un verdadero contrato, en cuanto negocio jurídico de **carácter bilateral**, integrado de un lado por la masa pasiva (los acreedores) y de otro por el concursado. Consentimiento del concursado cuya forma de expresión no se limita por el asentimiento o aceptación expresa previa de la propuesta de convenio, sino que también se puede producir en un momento posterior e incluso configurando la ley un **consentimiento tácito** del concursado a la propuesta de

los acreedores, al atribuirle plenos efectos en la medida en que no haya manifestado su oposición o haya solicitado la liquidación.
Con estas matizaciones, sigue vigente la **jurisprudencia** del Tribunal Supremo sobre tales convenios (TS 27-2-93, EDJ 1926).

1. Métodos de aprobación

Se regula un único procedimiento de tramitación del convenio, en el que se pueden distinguir tres **fases o etapas**: **5983**
- la de presentación y admisión de la propuesta de convenio;
- la aceptación o rechazo por los acreedores de la propuesta, mediante adhesión u oposición;
- el control y aprobación judicial.

La Ley define una serie de normas sobre el **contenido** del convenio, si bien, en ocasiones, estas normas pueden ser exceptuadas o modificadas.
Como especialidad y excepción, se admite la posibilidad de alcanzar **acuerdos singulares** de pago entre el concursado y la Administración pública (LCon/03 disp.final 10ª; L 58/2003 art.164.4; L 47/2003 art.10.2; LGSS art.27; LF Navarra 13/2000 art.199.4; NF Bizkaia 2/2005 art.168.4; NF Araba 6/2005 art.168.4; NF Gipuzkoa 2/2005 art.168.4; nº 6056 s.).
Por ello, analizaremos a continuación el contenido del convenio, para pasar, posteriormente, a examinar la regulación del procedimiento de tramitación.

Precisiones La Hacienda Pública puede pactar, en los procesos concursales y respecto de los créditos tributarios privilegiados, **condiciones singulares de pago** siempre que las mismas no sean más favorables o beneficiosas que las establecidas en el convenio que finaliza el proceso concursal.

2. Forma y contenido

(LCon art.315 s.)

Se regulan indirectamente al tratar, de forma minuciosa, el contenido y la forma de las **propuestas de convenio**, regulación que se traslada al contenido del convenio, en la medida en que las propuestas de convenio, una vez admitidas, no pueden modificarse, si bien el concursado puede dejarlas sin efecto, solicitando la liquidación (LCon art.346). **5985**

Forma (LCon art.316, 331 y 332) Toda propuesta de convenio debe formularse **por escrito** y ha de ser firmada por el **deudor** o, en su caso, por todos los **acreedores** proponentes, o por sus respectivos representantes con **poder suficiente**, con firmas legitimadas. **5986**
Además, las propuestas deben presentarse acompañadas de un **plan de pagos**, con detalle de los recursos previstos para su cumplimiento, incluidos, en su caso, los procedentes de la enajenación de determinados bienes o derechos del concursado, así como de un **plan de viabilidad**, cuando para atender al cumplimiento del convenio se prevea contar con los recursos que genere la continuación, total o parcial, en el ejercicio de la actividad profesional o empresarial, en el que se especifiquen los recursos necesarios, los medios y condiciones de su obtención y, en su caso, los compromisos de su prestación por terceros.
Cuando la propuesta contenga **compromisos de pago a cargo de terceros** (prestar garantías o financiación, realizar pagos o asumir cualquier otra obligación), tal propuesta también debe ir firmada, con la debida legitimación, por los compromitentes o por sus representantes con poder suficiente. Esto es, se impone un principio de prueba del compromiso de los terceros en la viabilidad de la propuesta.

Precisiones El plan de pagos exige una **propuesta real** existente -concreto ofrecimiento de pagos- y realista -bastada en la realidad de los recursos disponibles y los que presumiblemente puedan obtenerse en el plazo de 5 años marcado por la ley, así como de los créditos que deben ser satisfechos-; no es una mera formalidad sin virtualidad material (TS 6-4-22, EDJ 536488).

Contenido (LCon art.317 s.) El contenido natural y necesario de toda propuesta de convenio es una **quita** -propuesta remisoria- o una **espera** -propuesta dilatoria-, pudiéndose acumular ambas. A diferencia de las quitas, la ley limita la **duración** de la espera a un máximo de 10 años (LCon art.317.1; TS 30-3-21, EDJ 520950). No puede lesionar la regla limitativa de LCon art.318.3. **5987** MPCI nº 11449
No obstante, también se admite otro posible contenido como puede ser el de las ofertas de **conversión del crédito** en acciones, participaciones o cuotas sociales, en préstamos participativos, obligaciones convertibles, créditos subordinados, préstamos con intereses capitalizables o cualquier otro instrumento financiero de rango, vencimiento o caracteres distintos de la deuda original -sin necesidad de contemplar, necesariamente, quitas o esperas-.

Estas operaciones se llevarán a cabo de conformidad con las normas que resulten aplicables en función de la naturaleza del deudor (LCon art.327 y 328).
A dicho contenido debe añadirse el propio del **plan de pagos** y, en su caso, el **plan de viabilidad** y los **compromisos de terceros**.
El contenido de la propuesta tiene que ser interpretado de forma que se favorezca su efectividad, en la medida en que la regulación legal tiende al convenio como solución del concurso, y de la misma se debe extraer el correspondiente principio *favor convenii*, y así, sobre esta base, se deben rechazar las interpretaciones rigurosas (JM Castellón núm 1, auto 11-9-09, EDJ 405035).

5989 **Prohibiciones** (LCon art.318 s.) La Ley establece una serie de prohibiciones en cuanto al contenido del convenio impidiendo:
MPCI nº 11453
1) Los **convenios de liquidación** (LCon art.318.1.3º). Ahora bien, sí es posible que el convenio incluya proposiciones de cesión en pago, siempre y cuando cumplan con lo establecido en LCon art.329.
La razón de ser de esta prohibición es la siguiente: no se admite que, a través de cesiones de bienes y derechos en pago o para pago de créditos, u otras formas de liquidación global del patrimonio del concursado, el convenio se convierta en cobertura de solución distinta de aquella que le es propia (en otros términos, existe una sustancial **incompatibilidad** entre el convenio y la liquidación general como medios de terminación del concurso). Para asegurar esta solución, y la posibilidad de cumplimiento del convenio, la propuesta de convenio ha de ir acompañada de un **plan de pagos**.
Por liquidación global se ha de entender la **liquidación conjunta** de todo el activo empresarial (AP Pontevedra 20-1-10, EDJ 20702).
2) Las **propuestas condicionadas**. La regla general es que se tiene por no presentada la propuesta que somete la eficacia del convenio a cualquier clase de condición (LCon art.319).
En definitiva, el legislador ha querido que la obligación contraída en la propuesta de convenio sea una **obligación pura**, y por ello establece que la propuesta que someta la eficacia del convenio a cualquier clase de condición se tendrá por no presentada. No es necesario que esta condición sea expresa, sino que puede ser implícita.
Pese a que la ley no lo aclara expresamente, debe entenderse que tal condición se entenderá por no puesta no solo cuando afecte a la totalidad del convenio, sino también a alguno de sus aspectos fundamentales.
La única **excepción** a esta prohibición es la relativa a los **concursos conexos** (LCon art.38 s.), que se han declarado conjuntamente o cuya tramitación se ha acumulado, en cuyo caso la propuesta que presente uno de los concursados podrá condicionarse a la aprobación judicial del convenio de otro o de otros. En este sentido, se establece que, en caso de concursos conexos, la propuesta que presente uno de los concursados podrá condicionarse a la aprobación judicial del convenio de otro, u otros, en el sentido por él indicado (LCon art.319.2).
3) La **alteración de configuración de la masa pasiva**. Se prohíbe expresamente que se pacte la posibilidad de proceder a la alteración de la clasificación de créditos establecida por la ley, o de la cuantía de los mismos fijada en el procedimiento.

5991 **Limitaciones al contenido del convenio** (LCon art.317 y 318) Se contemplan dos tipos de limitaciones para:
a) Los **créditos de Derecho público y laborales** (LCon art.318.2). Se proscribe que por la propuesta de convenio se pretenda el cambio de la ley aplicable; el cambio de deudor, sin perjuicio de que un tercero asuma sin liberación de ese deudor la obligación de pago; la modificación o extinción de las garantías que tuvieran; o la conversión de los créditos en acciones o participaciones sociales, en créditos o préstamos participativos o en cualquier otro crédito de características o de rango distintos de aquellos que tuviera el crédito originario.
b) Los **créditos de Seguridad Social** (LCon art.318.3). La propuesta de convenio no podrá suponer quita ni espera respecto de los créditos correspondientes a los porcentajes de las cuotas de la Seguridad Social que haya de abonar el empresario por contingencias comunes y por contingencias profesionales, así como respecto de los créditos correspondientes a los porcentajes de la cuota obrera que se refieran a contingencias comunes o accidentes de trabajo y enfermedad profesional.
Además, en atención a la finalidad principal del concurso, la **satisfacción del interés de los acreedores**, se imponen otra serie de limitaciones:
• El contenido de la **espera** del convenio no puede ser superior a 10 años (TS 30-3-21, EDJ 520950).
• La **interdicción de las ayudas estatales** en la Unión Europea. Se considera que existe ayuda de Estado si, habida cuenta de la ventaja económica concedida discrecionalmente, la empresa no hubiera manifiestamente obtenido facilidades comparables de un acreedor privado que,

con respecto de ella, se encontrara en la misma situación que el organismo recaudador. Así, y para el caso de un convenio de reestructuración, el acuerdo o convenio de la Hacienda Pública, en cuanto inversor público, debe compararse con el comportamiento de un inversor privado que persigue una determinada política general, y se guía por perspectivas a medio o largo plazo (Linares Gil).

Los límites expuestos, aplicables según el régimen que proceda al correspondiente concurso, juegan igualmente para las posibles **quitas y esperas de las Administraciones públicas**, ya que el convenio que se adopte en el seno de un proceso concursal no podrá ser más favorable para el deudor que el acuerdo o convenio que ponga fin al proceso judicial (L 47/2003 art.10.2). Ello es traslación de la interdicción de las ayudas estatales en la Unión Europea.

Esto es, se considera que existe **ayuda de Estado** si, habida cuenta de la ventaja económica concedida discrecionalmente, la empresa no hubiera manifiestamente obtenido facilidades comparables de un acreedor privado que, con respecto de ella, se encontrara en la misma situación que el organismo recaudador. Así, y para el caso de un convenio de reestructuración, el acuerdo o convenio de la Hacienda Pública, en cuanto inversor público, debe compararse con el comportamiento de un inversor privado que persigue una determinada política general, y se guía por perspectivas a medio o largo plazo (Linares Gil).

En materia de ayudas de Estado, hay que tener presente que el convenio es válido para cumplir la obligación de **recuperación** de estas ayudas, únicamente cuando se asegure su íntegra restitución. En otro caso, habrá de procederse necesariamente a la liquidación (TJUE 21-10-14).

Proposiciones alternativas (LCon art.325 s.) La propuesta de convenio puede contener, además, proposiciones alternativas para **todos o algunos de los acreedores** -excluidos los acreedores públicos-, incluidas las ofertas de conversión del crédito en acciones, participaciones o cuotas sociales, en créditos participativos, obligaciones convertibles, créditos subordinados, préstamos con intereses capitalizables o cualquier otro instrumento financiero de rango, vencimiento o caracteres distintos de la deuda original. 5995 MPCI nº 11459

En caso de **conversión del crédito** en acciones o participaciones, el acuerdo de aumento de capital del deudor necesario para la capitalización de créditos no precisa mayoría reforzada ni conforme a la Ley ni conforme a los estatutos sociales y se considera, a efecto de LSC art.301, que los pasivos son líquidos, vencidos y exigibles (LCon art.328.1). La reforma de operada por L 9/2015 amplió, y ha sido acogida en la redacción del texto refundido (RDLeg 1/2020), la enumeración de productos financieros y se aplica a convenios propuestos en concursos cuyo informe de administrador concursal no haya sido evacuado a fecha 7-9-2014 (RDL 11/2014 disp.trans.1ª.1; L 9/2015 disp.trans.1ª).

Estas figuras no resultan directamente imponibles vía convenio a los **acreedores disidentes**, sino que se debe articular en forma de alternativa electiva para ellos respecto de las quitas y esperas estipuladas como contenido esencial (LCon art.326).

A los **acreedores públicos** nunca les será de aplicación ninguna de las medidas especiales previstas como alternativas a las quitas y esperas en el convenio (LCon art.325).

Elección En cuanto al ejercicio de la facultad de elección entre las alternativas propuestas, se dispone que si la propuesta de convenio ofreciese a todos o a algunos de los acreedores la facultad de elegir entre varias alternativas, deberá determinar la aplicable en caso de falta de ejercicio de la facultad de elección, y que el plazo para el ejercicio de la facultad de elección no podrá ser superior a un mes a contar desde la fecha de la firmeza de la resolución judicial que apruebe el convenio (LCon art.326). 5996 MPCI nº 11461

Precisiones **1)** El convenio con alternativas **no obliga a los acreedores a elegir**. Son muy libres de hacerlo o no, pero saben que, en caso de no hacerlo, les será aplicable una opción determinada. Se trata del régimen legal previsto para el caso de propuestas de convenio con contenidos alternativos (TS 18-3-16, EDJ 23785).

2) No es admisible la propuesta de convenio con **contenido alternativo**, de modo que, si se alcanza una mayoría superior al 50%, e inferior al 65%, las quitas o esperas sean de hasta el 50% y 5 años, respectivamente, y si se obtiene una mayoría del 65% o superior, las quitas o esperas sean superiores. En esta hipótesis no se contienen opciones alternativas por las que los acreedores, una vez aprobado el convenio, puedan luego optar por uno u otro contenido, sino que existen dos contenidos propuestos, de los que solo se aplicaría uno, en función de la mayoría obtenida, lo que no tiene cabida en la LConart.326.2 (Acuerdo jueces de lo mercantil de Madrid 21-11-2014).

Otros pactos de posible inclusión Pueden señalarse otros pactos de posible inclusión en el texto de la propuesta de convenio: 5997 MPCI nº 11467

1) Medidas prohibitivas o limitativas del ejercicio de las facultades de administración y disposición del deudor (LCon art.321), que pueden ser objeto de inscripción en los registros públicos correspondientes y, en particular, en los que figuran inscritos los bienes o derechos

afectados por tales medidas prohibitivas o limitativas. Para el caso de **incumplimiento** de dichos pactos, se establecen dos efectos:
- la infracción constituye, a su vez, motivo de **incumplimiento** del convenio; y
- los actos contrarios a los pactos limitativos o prohibitivos pueden ser **inscritos** en los registros públicos correspondientes, pero la **acción de reintegración** que puede ejercitarse perjudica a cualquier titular registral que hubiera adquirido el bien a sabiendas de la limitación, quien no estará protegido por lo previsto en la LH art.34.

2) Acuerdos que afectan al ejercicio de derechos relativos a garantías reales (LCon art.323). A solicitud de la administración concursal o del acreedor con privilegio especial dentro del convenio, el juez puede autorizar la venta directa o la cesión en pago o para el pago al acreedor privilegiado o a la persona que él designe, siempre que con ello quede completamente satisfecho el privilegio especial, o, en su caso, quede el resto del crédito reconocido dentro del concurso con la calificación que corresponda.

3) Pago de intereses (LCon art.320). Cuando en el concurso se llegue a una solución de convenio que no implique quita, podrá pactarse el cobro, total o parcial, de los intereses cuyo devengo haya resultado suspendido, calculados al tipo legal o al convencional si fuera menor.

5998 **4) Modificación estructural** (LCon art.317 bis). Puede incluirse la posibilidad de fusión, escisión o cesión global de activo y/o pasivo de la persona jurídica concursada. En ese caso, la propuesta deberá ser firmada, además, por los respectivos representantes, con poder suficiente, de la entidad o entidades que sean parte en cualquiera de esas modificaciones estructurales. La sociedad absorbente, la nueva sociedad, las sociedades beneficiarias de la escisión o la sociedad cesionaria no pueden tener, como consecuencia de la modificación estructural, patrimonio neto negativo.

5) Cesión en pago de bienes o derechos (LCon art.329), en los términos antes expuestos en nº 5989. Esta cesión (Acuerdo jueces de lo mercantil de Madrid 21-11-2014):

• Es **imponible** como parte del convenio a los acreedores disidentes, de modo forzoso. Y no solo a los acreedores que cuenten con garantías reales sobre dichos bienes -que se someten a la LCon/03 art.155.4, actual LCon art.209 y 210.3 y 4- sino a toda clase de ellos, siempre que los bienes a ceder en pago hubieran sido objeto de valoración conforme a LCon/03 art.94.5 -actual LCon art.273 s.-, en el momento procesal oportuno. De no haberse realizado dicha valoración y constar la misma en el informe de la administración concursal, no podría imponerse esta medida.

• Es *pro soluto*, de modo que se extingue directamente el crédito en la cuantía del valor de los bienes cedidos. Y si por razón de la indivisibilidad del bien atribuido -p.e. se adjudica una finca que vale 100 en pago de una deuda de 80-, o por razones de lógica, como unidades de distribución -p.e. se adjudica un cargamento de mercaderías-, existiese un sobrante, el acreedor que recibe los bienes deberá satisfacer a la masa en numerario líquido la diferencia, sin que ello pueda implicar situaciones abusivas, como la cesión fundada en el ánimo exclusivo de obtención de dicho derecho de compensación de la diferencia.

• Puede ser el **único medio de pago** previsto e impuesto si llega a aprobarse tal convenio, sin alternativa de pago en metálico, siempre que no se den situaciones de abuso.

3. Procedimiento

(LCon art.337 s.)

6010 Una vez que concluye la fase común por la aprobación definitiva del inventario y lista de acreedores, el juez debe decidir la **continuación del procedimiento**, bien por la vía de convenio, bien por la de la liquidación (nº 6057).

6013 **Presentación de propuestas de convenio** (LCon art. 337 a 341) La propuesta de convenio puede presentarse por:

• El **deudor**, acompañada en su caso de las adhesiones que considere conveniente, junto con la solicitud de declaración de concurso o en cualquier momento posterior, siempre que no hayan transcurrido 15 días a contar desde la presentación del informe de la administración concursal.

• El **acreedor** o acreedores personados, cuyos créditos individual o conjuntamente representen más de 1/5 del pasivo, desde la declaración de concurso hasta que finalice el plazo indicado en el punto anterior. Si la propuesta se presenta antes de que la administración concursal hubiera presentado la lista provisional de acreedores, ese porcentaje se calculará por la lista que el deudor hubiera acompañado a la solicitud o, en caso de concurso necesario, por la que hubiera presentado, una vez declarado el concurso, dentro del plazo establecido por la ley. Si

la propuesta de convenio se presenta después de la presentación de la lista provisional de acreedores, se estará lo que resulte de esta lista.
De las propuestas presentadas se da **traslado** por el letrado de la Administración de Justicia a las partes personadas, salvo a los acreedores ya adheridos a las mismas.

Admisión a trámite de la propuesta y tramitación (LCon art. 342 s.) Cuando la propuesta de convenio se hubiera presentado **con la solicitud de concurso voluntario**, el juez resuelve sobre su admisión a trámite en el mismo auto de declaración de concurso. Si se hubiera presentado **posteriormente**, el juez resolverá sobre su admisión a trámite mediante auto, dentro de los 3 días siguientes al de la presentación. 6015
En caso de concurrir algún **defecto** en la propuesta o propuestas presentadas, dentro del mismo plazo para la admisión a trámite, abre un plazo de 3 días para subsanación
Contra la resolución que resuelva sobre la admisión a trámite de cualquier propuesta de convenio solo podrá interponerse **recurso** de reposición. Contra el auto resolutorio de este, no se da recurso.
Las propuestas de convenio no podrán ser objeto de **modificación ni revocación** una vez hayan sido admitidas a trámite, pero el concursado podrá dejarlas **sin efecto** en cualquier momento mediante la solicitud de la liquidación de la masa activa
En caso de que el concursado solicite la **liquidación**, el letrado de la Administración de Justicia debe rechazar cualquier propuesta de convenio presentada.
No obstante, puede suceder que, dentro de los plazos hábiles para ello, no se haya presentado ninguna propuesta, o que hayan sido inadmitidas. En tal caso, el juez ha de ordenar la apertura de la fase de liquidación mediante auto.
De este modo, la fase de **liquidación se abre**:
- si la propuesta o propuestas presentadas no se hubieran admitido a trámite, el mismo día en que hubiera tenido lugar esa inadmisión;
- en caso de no haberse presentado propuesta de convenio dentro de los 3 días siguientes al de la finalización del plazo para la presentación.

Evaluación por la administración concursal (LCon art.347) Antes de que la **propuesta de convenio** sea sometida a aprobación, es necesario que los administradores concursales se pronuncien sobre la misma, así como sobre el contenido del **plan de pagos** y, en su caso, sobre el **plan de viabilidad**, puesto que tales documentos son elementos integrantes del contenido de toda propuesta de convenio (nº 5987). 6016 MPCI nº 11476
Para ello, en la misma providencia de admisión a trámite, se ha de acordar también dar **traslado de la propuesta** de convenio a la administración concursal para que, en el **plazo** improrrogable de 10 días, emita un **escrito de evaluación** sobre su contenido.
Una vez realizada la evaluación, el régimen de **publicidad** del mismo varía según el momento en que se produzca:
1) Si la propuesta ha sido presentada **antes de la elaboración del informe** de la administración concursal, el escrito de evaluación de la propuesta (LCon art.349.2) se ha de incorporar a este informe.
2) En **caso contrario**, se debe poner de manifiesto en la oficina judicial, siendo comunicados por la administración concursal de forma telemática a los acreedores de cuya dirección electrónica se tenga conocimiento (LCon art.349.1).
Una vez admitidas a trámite, no podrán revocarse ni modificarse las propuestas de convenio, lo que supone que el deudor carece de facultades de disposición sobre esa propuesta de convenio, razón por la cual no podría impedir que fuera objeto de debate y votación por los acreedores concurrentes, con el fin de salvaguardar el interés y el legítimo derecho de los acreedores a pronunciarse sobre la propuesta admitida a trámite (AP Barcelona 17-3-10, EDJ 125003).

Adhesión u oposición de los acreedores (LCon art.351 a 361) La aceptación o rechazo de cualquier propuesta de convenio por parte de los acreedores del concursado se efectúa mediante la adhesión u oposición a la misma dentro de los **plazos** y con los efectos establecidos en la ley, pudiendo cada acreedor, en caso de existir más de una propuesta, adherirse u oponerse a una sola, a varias o a todas las presentadas, expresando en esos casos el **orden** en el que debe computarse la adhesión y considerándose, de no indicar el orden que opta en el caso de adhesión, por el orden legal de verificación de las propuestas. 6017
La adhesión o la oposición a la propuesta de convenio se efectúan por **escrito** con firma ológrafa o electrónica basada en un certificado cualificado, entregada o remitida a la administración concursal con acreditación de la identidad del firmante y, en su caso, de las facultades representativas que tuviera (LCon art.355), durante los 2 meses siguientes a contar desde la fecha de la admisión a trámite de cada una de las propuestas. Si el término final venciera después del plazo legal para la presentación de la lista provisional de acreedores por

la administración concursal, el plazo para la adhesión o la oposición se prorrogará automáticamente hasta los 15 siguientes a la fecha de presentación de la lista provisional.
Si las adhesiones presentadas fueran suficientes para considerar aceptada la propuesta de convenio presentada por el concursado, podrá este dar por finalizado en cualquier momento el **periodo de adhesiones** mediante simple comunicación al órgano judicial, aunque no hubiera finalizado el plazo de adhesión de otra u otras que hubieran presentado los acreedores. El juez puede conceder a solicitud del deudor, siempre que exista causa justificada y acreditada, una **prórroga** del plazo para recoger adhesiones a la propuesta, que no podrá exceder del plazo de 2 meses a contar desde la finalización del plazo inicial de adhesiones.
Carecen de **derecho de adhesión** los titulares de créditos subordinados y las personas especialmente relacionadas con el concursado que hubiesen adquirido un crédito ordinario o privilegiado por actos entre vivos después de la declaración de concurso, pero podrán estos adherirse a la propuesta de convenio por los demás créditos de que fueran titulares.
En caso de créditos que, tras la declaración del concurso, continúen sujetos a un régimen o **pacto de sindicación**, se considera que los titulares de esos créditos se adhieren a la propuesta de convenio cuando la suma de las adhesiones represente, al menos, el 65% de los créditos sindicados, salvo que en el régimen o el pacto de sindicación se hubiera establecido una mayoría inferior.

Precisiones El **orden legal de verificación de las propuestas** para determinar la aceptación de las mismas es el siguiente:
- primero, la presentada por el concursado;
- en defecto de su aceptación, las presentadas por los acreedores que hubieran sido aceptadas por el concursado por el orden que resulte de la cuantía mayor o menor del total de los créditos titulados por quienes las hubieran presentado.

Aceptada una propuesta no procederá computar el resultado de las siguientes (LCon art.379).

6018 **Contenido y requisitos de la adhesión** (LCon art.354, 356 y 357) En ella, el acreedor ha de expresar el **importe** del crédito o de los créditos de su titularidad con los que se adhiere, así como su **clase**.
Si la adhesión es **anterior a la presentación de la lista de acreedores**, el importe y clase deben ser los que se hubieran comunicado a la administración concursal. Si es **posterior**, el importe y la clase tienen que ser los que figuren en esa lista.
Ha de ser **pura y simple**, sin introducir modificación ni condicionamiento alguno, so pena de tener al acreedor por no adherido.
En el caso de que un acreedor sea **simultáneamente titular de créditos privilegiados y ordinarios**, la adhesión se presumirá realizada, exclusivamente, respecto de los ordinarios, y solo afectará a los créditos privilegiados si así se hubiera manifestado expresamente en el acto de adhesión.
La adhesión de los **acreedores públicos** se realizará conforme a las normas legales y reglamentarlas especiales que resulten aplicables (nº 6025).

6019 **Aceptación y revocación de la adhesión por el concursado** (LCon art.359 y 360) El concursado puede aceptar la propuesta o propuestas de convenio presentadas por los acreedores dentro del plazo establecido para las adhesiones, sin que la aceptación suponga revocación de la que el concursado hubiera presentado.
En defecto de aceptación, el convenio al que la propuesta o propuestas de los acreedores se refieran no podrá ser aprobado por el juez.
Las adhesiones que hubieran tenido lugar **antes de la presentación de la lista provisional de acreedores** por la administración concursal pueden ser revocadas, en la misma forma que se haya efectuado la adhesión, dentro de los 15 días siguientes a la fecha de la presentación de esa lista si el importe o la clase del crédito o créditos expresados en la adhesión no coincidiera con los que figuren en ella.
Una vez **aprobado el convenio**, aunque la sentencia que recaiga en el incidente de impugnación modifique el importe o la clase del crédito, la adhesión efectuada en tiempo y forma deviene irrevocable.

6020 **Resultado de las adhesiones** (LCon art.361) Al siguiente día hábil al del vencimiento del plazo de revocación, la administración concursal presentará al órgano judicial escrito, haciendo constar el resultado de las adhesiones, acompañado de una **relación de los créditos ordinarios o privilegiados adheridos**, con expresión del importe total que representen, y de una **relación de los que se hubieran opuesto**, con expresión del importe total que representen, acompañadas de copia de los **escritos de adhesión y oposición**.
El escrito en el que conste el resultado y las dos relaciones adjuntas se remitirán por el administrador concursal al concursado y a los acreedores de cuya dirección electrónica tenga conocimiento. Estos documentos y las copias de los escritos de adhesión y de oposición

quedarán de manifiesto en la oficina judicial donde podrán ser examinados por quienes estén personados en el procedimiento.

Régimen de mayorías (LCon art.376 y 377) Como **regla general**, para que se considere aceptada una propuesta de convenio es necesario que el pasivo que representen los acreedores adheridos sea, al menos, de la mitad del pasivo ordinario del concurso. En tal caso, los **acreedores no privilegiados** quedan sometidos a las quitas iguales o inferiores al 50% del importe del crédito, a las esperas de cualquier componente de la deuda no superiores a 5 años y, en el caso de acreedores distintos de los públicos o laborales, a la conversión de deuda en préstamos participativos por igual plazo (LCon art.318.2). 6021

Como **excepción**, y por el menor sacrificio que implica, cuando la propuesta de convenio consista en el pago íntegro de los créditos ordinarios en plazo no superior a 3 años, o en el pago inmediato de los créditos ordinarios vencidos con quita inferior al 20% y el resto a su vencimiento, será suficiente que el pasivo que representen los acreedores adheridos sea superior al que haya manifestado su oposición a la propuesta.

Si **se adhiere al convenio el 65% del pasivo ordinario**, los acreedores no privilegiados quedan sometidos a la espera superior a 5 años -pero no superior a 10-, a las quitas superiores al 50% del importe de los créditos y, en el caso de acreedores distintos de los públicos o laborales, a la conversión de deuda en préstamos participativos por igual plazo y demás medidas previstas en LCon art. 317 s.

A efectos del **cómputo** de las mayorías expuestas, se consideran incluidos en el pasivo ordinario del concurso la suma de los créditos ordinarios y aquellos créditos privilegiados, especiales o generales, de los acreedores firmantes de la propuesta o que se hubieran adherido a ella.

La aprobación del convenio implicará la extensión de sus **efectos** a los acreedores ordinarios y subordinados, respecto de los créditos de cualquiera de estas clases que fuesen anteriores a la declaración de concurso, aunque no se hubieran adherido a la propuesta de convenio o, por cualquier causa, no hubiesen sido reconocidos (LCon art.396.1).

Todo ello, sin perjuicio de las mayorías cualificadas y adicionales exigibles para que los efectos del convenio se extiendan a los acreedores privilegiados (LCon art.397).

En todo caso, deben respetarse las reglas especiales de **dobles mayorías**, general y de acreedores no beneficiados (LCon art.378), cuando se atribuya un **trato singular** a ciertos acreedores o grupos de acreedores. Si bien se aclara que no se considera que existe un trato singular cuando la propuesta de convenio mantiene a favor de los acreedores privilegiados adheridos ventajas propias de su privilegio, siempre que tales acreedores privilegiados queden sujetos a quita, espera o a ambas, en la misma medida que para los ordinarios resulte del convenio sometido a deliberación (JM Oviedo núm 1, 7-2-07, EDJ 290561). Tampoco se entiende producido trato singular por aplicación de las prohibiciones contenidas en LCon art.318. 6022

Cuando **se aprueba** la propuesta con la mayoría exigida por LCon art.376 debe aprobarse el convenio, si no se ha articulado oposición al mismo por parte de los acreedores y tampoco concurren las circunstancias previstas en LCon art.392 para su rechazo de oficio (JM Barcelona núm 8, 31-7-09, EDJ 260259).

Cuando **no se aprueba** la propuesta, procede la apertura de oficio de la fase de liquidación, al concurrir la causa prevista en LConart.409.1.2º, es decir, no haberse aceptado por los acreedores propuesta alguna de convenio, ya que ordena dicho artículo que así ha de procederse, sin más trámite, de concurrir esa circunstancia (JM Bilbao núm 1, auto 7-6-07, EDJ 91918).

Precisiones El régimen vigente se caracteriza por la supresión del sistema de **doble mayoría** (de personas y de capital).

Adhesión de los acreedores públicos La legislación concursal, para tratar la adhesión y oposición de las Administraciones y demás acreedores públicos, solo dispone una remisión a sus normas especiales (LCon art.357). 6025

En el caso del **Estado**, para la suscripción y celebración de los acuerdos y convenios se requiere (LGP art.10.3):

• Cuando se trate de **créditos cuya gestión recaudatoria le corresponda a la AEAT**, de conformidad con la ley o en virtud de convenio, la autorización del órgano competente de dicha Agencia, con cumplimiento en su caso de lo dispuesto en el convenio respectivo. En todo caso, en defecto de convenio, la Agencia Estatal de la Administración Tributaria, previamente a la suscripción o adhesión a un convenio o acuerdo que pueda afectar a los créditos que no sean de titularidad de la Hacienda pública estatal dará traslado de su contenido al titular de aquellos, entendiéndose que presta su conformidad si en el plazo de 10 días contados a partir del día siguiente al de la notificación del requerimiento no manifestara lo contrario (RGR art.123.5).

• Cuando se trate de **créditos correspondientes al FOGASA**, la autorización del órgano competente de ese organismo autónomo.
• En los **restantes créditos de la Hacienda Pública estatal** la competencia corresponde al ministro del ramo de Hacienda. No obstante, este voto se ha delegado en la Agencia Estatal de la Administración Tributaria (OM HFP/1500/2021).
• Para los **créditos de la Seguridad Social**, se requiere autorización de la Tesorería General de la Seguridad Social (LGSS art.24; RD 1415/2004 art.50.6).

6026 **Ayudas de Estado** En principio, el efecto de las quitas o esperas sobre el crédito que integra los fondos estatales tendría cumplir **tres de los requisitos** exigidos por los tribunales europeos para estar en presencia de esa figura (TJUE 24-7-03, asunto C-280/01):
- afectación a fondos estatales;
- capacidad potencial de afectar al comercio entre Estados; y
- y suponer su efecto falsear o amenazar con falsear la competencia.
Junto a ellos, se exige que la medida sea selectiva, esto es, la singularidad respecto de una empresa en comparación con los restantes, lo que implica conferir una ventaja a la empresa beneficiaria. Singularidad fundada en la existencia de un margen de actuación discrecional por parte del Estado (TJUE 29-6-99, asunto C-256/97).
Por ello, debe analizarse en qué medida la decisión del voto puede responder a una **actuación discrecional** de los responsables públicos e integrar una supuesta ayuda de Estado.
La normativa de ayudas de Estado no contempla expresamente la figura del **procedimiento de insolvencia** como un instrumento que, per se, constituya una ayuda pública.
La declaración de concurso implica únicamente que, a los efectos de esa normativa, sea considerada como «empresa en crisis» (Rgto UE/651/2014).
Por el contrario, el procedimiento de insolvencia se configura como un marco legal general que permite dar salida a la situación de las empresas con problemas de insolvencia, logrando la reorganización de la deuda, la enajenación de activos, la obtención de capital privado, la venta a un competidor o la disolución.

6027 **«Test del acreedor privado»** En ese marco, el voto de una propuesta de convenio es un **acto discrecional** y que puede implicar una quita o espera que afecte a los fondos estatales. Sin embargo, no constituirá ayuda en cuanto responda al criterio de «actuación general» de los acreedores llamados a este tipo de procesos universales.
Surge así el llamado «test del acreedor privado». Esto es, si, habida cuenta de la importancia de la ventaja económica concedida con esa actuación discrecional, es manifiesto que la empresa beneficiaria no hubiera obtenido facilidades comparables de un acreedor privado que se hallara en una situación lo más semejante posible a la del acreedor público y que tratara de obtener el pago de las cantidades que le adeudase un deudor que se encontrara en dificultades económicas.
Este «test del acreedor privado» será especialmente necesario ante el ejercicio del voto cuando es un acreedor mayoritario y está en condiciones de imponer determinadas **condiciones** que quizá no serían aceptables por un acreedor privado que se hallara en una situación lo más semejante posible a la del acreedor público, especialmente por disponer de otros procedimientos que un acreedor privado habría empleado u otra información pertinente (TJUE 24-1-12, asunto C-73/11).
A estos efectos, los elementos que han sido considerados **elementos relevantes** o pertinentes por los tribunales europeos son los siguientes:
• Posición mayoritaria o relevante de la Administración en la masa pasiva, esto es, que está en condiciones de imponer determinados resultados que quizá no le interesen en su calidad de acreedor.
• Duración previsible de los procedimientos posibles (proceso concursal en liquidación, liquidación en procedimiento de apremio).
• Garantías que puedan existir para asegurar el crédito público que pueda resultar afectado por las quitas o esperas y su capacidad de realización.
• Distinto tratamiento que puede recibir en el convenio los créditos de las entidades públicas frente a los acreedores privados.
Por último, incluso en el supuesto en que el resultado final de la evaluación no superara el «test del acreedor privado», ello solo determinará que nos encontremos ante una posible ayuda de Estado que debe someterse a las normas procesales de **notificación y autorización de la Comisión Europea**, a fin de determinar si es o no compatible con el mercado interior (Tratado FUE art.107 y 108).

Efectos Dada la competencia exclusiva de la Comisión para esa declaración (Tratado FUE art.3 y 108) y la primacía del Derecho de la Unión Europea (TCo 145/2012), que la jurisprudencia ha aceptado en sede concursal (TS 7-7-08, EDJ 127986; 9-10-14), esta tramitación supondrá: 6028

• Respeto de la obligación que se asocia a la notificación y al principio de no poder ejecutar la ayuda hasta el momento en que se adopte la **decisión definitiva** por la Comisión o transcurra el plazo concedido (Tratado FUE art.108.3).

• Atribución exclusiva del **control** de esa apreciación de la Comisión al Tribunal de Justicia de la Unión y no a los tribunales nacionales.

• Deber de los órganos jurisdiccionales nacionales por la salvaguarda de los derechos de los justiciables, especialmente en caso de incumplimiento de la obligación de notificación previa de las ayudas de Estado a la Comisión (TJUE 5-10-06, asunto C-368/04; TG 16-10-14, asunto T-517/12).

A estos solos efectos, y si tiene dudas sobre la **calificación de ayuda**, puede solicitar aclaraciones a la Comisión o plantear una cuestión prejudicial Respecto de las aclaraciones que se pueden solicitar a la Comisión, es de destacar la vía del Rgto UE/1589/2015 art.29. Advirtiendo que los dictámenes y tomas de posición de la Comisión, aun no siendo normas jurídicas, deben tomarse en consideración por los órganos jurisdiccionales nacionales como elemento de apreciación en el marco del litigio del que conoce y motivar su decisión a la vista de la totalidad de los elementos del expediente que se le ha presentado (TJUE 13-2-14, asunto C-69/13).

• Tratándose de **empresas en crisis**, aplicación de los criterios y requisitos para su declaración de compatibilidad establecidos en las Directrices sobre ayudas estatales de salvamento y de reestructuración de empresas no financieras en crisis (2014/C 249/01).

Uno de los efectos más relevantes de estas Directrices es considerar si una empresa retoma los activos de otra en un proceso concursal el comprador no tendrá que cumplir el principio de ayuda única, siempre y cuando exista continuidad económica entre la antigua empresa y el comprador.

• En atención al **principio de primacía**, el efecto de suspensión de la ejecución de la ayuda deberá imponer que el plazo de eficacia del posible convenio se posponga hasta la decisión de la Comisión o la finalización del plazo (Tratado FUE art.108.3). Esto es, no se impide el voto, pero debe suspenderse la eficacia del acuerdo negocial afectado por esa suspensión. Como vía posible, puede plantearse a través de LCon art.393.2, demorando la eficacia del convenio a la ratificación por la Decisión de la Comisión.

Proclamación del resultado (LCon art.380) Aceptada una propuesta de convenio por los acreedores ordinarios, el letrado de la Administración de Justicia proclamará el resultado mediante **decreto**, que dictará dentro de los 3 días siguientes a aquel en que hubiera finalizado el plazo de adhesiones, con advertencia a los legitimados del derecho a oponerse a la aprobación judicial del convenio. 6029

4. Control posterior y aprobación

(LCon art.381 s.)

Tras la aceptación por los acreedores, se dispone un sistema de control judicial del contenido del convenio. Control que se plantea de oficio o a instancia de parte. 6033

Oposición al convenio (LCon art.385) Se puede formular oposición a la aprobación judicial del convenio dentro del **plazo** de 10 días a contar desde el siguiente a la fecha de proclamación del resultado por el letrado de la Administración de Justicia. 6034

Se trata de un **plazo procesal**, no de caducidad ni de prescripción, y por lo tanto no se computan en él los días inhábiles, y su transcurso supone la **preclusión** del trámite. Todo ello deriva del hecho de que la oposición a la aprobación del convenio constituye un trámite propio del cauce establecido en la ley para la aprobación del convenio, correlativo al deber que se impone al letrado de la Administración de Justicia de elevar el acta al juez, que se somete al cómputo procesal con expresa exclusión de los días inhábiles, sin que, por lo tanto, se trate de un derecho autónomo del que derive acción declarativa o constitutiva alguna de naturaleza prescriptible y, por ende, interrumpible, instituto que carecería de sentido en este trámite (AP Alicante 11-2-09, EDJ 43239).

Legitimación activa (LCon art.382) Tienen legitimación activa para formular oposición al convenio quienes no se hayan adherido a la propuesta -sea el deudor o los acreedores-, así como la administración concursal. 6035 MPCI nº 11504

En relación con la legitimación de los **acreedores**, se plantea la duda de si cabe entender comprendidos a los que no tienen **derecho de adhesión**. Pese a que para algunos motivos no concurriría esta legitimación -no pueden invocar haber sido privados ilegítimamente del citado derecho-, cabe reconocerles legitimación en cuanto integrantes teóricos de la masa pasiva y sometidos a los efectos del convenio, por lo que no tiene sentido que no puedan denunciar una infracción legal o posibles maniobras fraudulentas entre el deudor concursado y los acreedores ordinarios en perjuicio de sus derechos. Finalmente, estas dudas son mayores en el caso de los titulares de créditos privilegiados que no hubieran manifestado su adhesión, ya que con dificultad puede apreciarse un interés legítimo tutelable.

Se añade un **motivo especial de oposición**, por considerar que el cumplimiento del convenio es objetivamente inviable (LCon art.384). Para este supuesto, se dispone una legitimación activa limitada a la administración concursal y a los acreedores legitimados con carácter general, pero que, además, individualmente o agrupados, sean titulares, al menos, del 5% de los créditos ordinarios (como afirma el JM Oviedo núm 1, 7-2-07, EDJ 290561, es necesario ser titular de, al menos, el 5% de los créditos ordinarios como presupuesto indispensable). A los efectos de estimación de la causa de oposición no bastará que la parte que promueva el incidente se limite a exponer las razones por las que, a su juicio, el cumplimiento del convenio es inviable, sino que será necesario aportar **elementos de prueba** tendentes a poner de manifiesto aquella imposibilidad que se predica, incluso mediante la aportación de la correspondiente prueba pericial, cuando proceda (AP Valencia 20-2-07, EDJ 117738; en el mismo sentido, la AP Valencia 11-6-10, EDJ 176109 afirma que la **carga de la prueba** de la inviabilidad objetiva incumbe a la parte que la alega, debiendo quedar cumplidamente demostrada por el impugnante, lo cual -atendido lo que constituye el objeto de la prueba y el juicio de oportunidad que representa la apreciación de tal motivo de oposición- no resultará fácil en la generalidad de las ocasiones, máxime cuando por razón de la propia situación de que deriva el concurso siempre existirá una razonable incertidumbre en orden a si un convenio aceptado será finalmente cumplido).

6036 Este supuesto de oposición ha recibido duras críticas doctrinales, porque muchos autores consideran que constituye un **juicio de oportunidad** relativo a la aptitud y viabilidad misma del convenio más desde una perspectiva económica que jurídica, porque da lugar a serios problemas en materia de prueba y porque no existen criterios claros a aplicar para considerar que un convenio es objetivamente inviable; este concepto jurídico indeterminado se identifica mayoritariamente con situaciones cercanas a la imposibilidad fáctica de cumplir, y no solo a la mera dificultad en el cumplimiento, por cuanto que la expresión objetivamente inviable requiere una valoración rigurosa de la situación, una constatación muy fundada y no una mera impresión o probabilidad incierta de que no pueda llevarse a término lo convenido, ni tampoco la mera intuición o sospecha, afirmándose incluso que inviabilidad ni es dificultad, ni gran dificultad sino imposibilidad, y que además esta ha de ser objetiva y no referida exclusivamente a las circunstancias o capacidades subjetivas o personales del concursado, sino de cualquier deudor que se encontrara en la misma situación económica. Incluso la doctrina se cuestiona si la falta de viabilidad objetiva en cuanto al cumplimiento del convenio debe ser total o parcial, para concluir que una interpretación sensata conduce a la consideración de una inviabilidad parcial, pues de otro modo sorprendería que el legislador avalase que un convenio totalmente falto de viabilidad objetiva pudiera llegar al extremo de ser aceptado por los acreedores.

6037 **Motivos** (LCon art. 383 y 384) Como causas de oposición se recogen las siguientes:

1) Infracción de las normas de la ley sobre el **contenido del convenio**.

2) Infracción de las normas sobre la forma y el contenido de las **adhesiones** al convenio, cuando las viciadas hubieran sido decisivas para la aprobación de aquel.

3) **Inviabilidad objetiva** del convenio. Se puede formular oposición al convenio cuando su cumplimiento sea objetivamente inviable (nº 6035).

4) Emisión de las **adhesiones**, cuando sean decisivos para la aceptación del convenio, por quien no es titular legítimo del crédito, o la obtención de las adhesiones igualmente decisivas mediante maniobras que afectan a la paridad de trato entre los acreedores ordinarios. La interpretación de la paridad debe ponerse en relación con la regla especial de LCon art.378.

5) **Error** en la proclamación del resultado de las adhesiones.

6) En caso de propuesta de convenio presentada por acreedores, **falta de aceptación por el deudor**.

7) Posibilidad de obtener por el oponente en la liquidación de la masa activa una **cuota de satisfacción** en cualquiera de los créditos de que fuera titular superior a la que obtendría con el cumplimiento del convenio. A estos efectos, se comparará el valor de lo que habría de obtener conforme al convenio con el valor de lo que pueda razonablemente presumirse que recibiría en caso de que la liquidación de la masa activa se realizase dentro de los 2 años a partir de la fecha en que finalice el plazo para oponerse a la aprobación judicial del convenio.

Tramitación (LCon art.386 y 387) La oposición a la aprobación de un convenio se ventila por el cauce del **incidente concursal**. 6038

El juez, al admitir a trámite la oposición y emplazar a las demás partes para que contesten, puede tomar cuantas **medidas cautelares** procedan para evitar que la demora derivada de la tramitación de la oposición impida, por sí sola, el cumplimiento futuro del convenio aceptado, en caso de desestimarse la oposición. Se incluye como una de ellas que se inicie el cumplimiento del convenio aceptado, bajo las condiciones provisionales que determine.

Sentencia (LCon art. 388 a 391) El juez carece de capacidad para modificar el contenido del convenio sometido a su aprobación, aunque sí podrá subsanar **errores materiales o de cálculo**, fijando, cuando sea necesario, la correcta **interpretación** de las cláusulas del convenio. 6039

Dentro de los 5 días siguientes al del vencimiento del plazo para oponerse a la aprobación, sin que se hubiera formulado oposición, o dentro del plazo de 10 días una vez tramitado el incidente, si se hubiera formulado, el juez dictará sentencia aprobando o rechazando el convenio. En la resolución en que se apruebe debe incluir íntegramente el convenio aprobado.

A la sentencia por la que se apruebe el convenio se le dará la misma **publicidad** que a la del auto de declaración de concurso.

La sentencia que estime la **oposición** declarará rechazado el convenio. Contra la misma se da **recurso** de apelación.

Control de oficio del convenio (LCon art.392) Junto con el procedimiento contradictorio anterior, la ley faculta al juez para que, de plano, pueda **rechazar el convenio** a pesar de que no se haya formulado oposición (TS 31-10-18, EDJ 619923; 13-3-17, EDJ 15381). De este modo, ha de rechazar de oficio el convenio aceptado por los acreedores si aprecia la existencia de **motivo de oposición**, aunque esta no hubiera sido presentada o lo hubiera sido por motivo distinto a aquel en que se fundamente el rechazo. 6040 MPCI nº 11512

Aprobación judicial (LCon art.389 y 390) Transcurrido el plazo de oposición sin que se haya formulado ninguna, o cuando formulada haya sido desestimada, el juez, previo el control de oficio (nº 6040), debe dictar **sentencia** aprobando el convenio aceptado por los acreedores, a menos que de oficio lo rechace por concurrir motivo de oposición, en defecto de formulación de esta por sujeto legitimado. 6042 MPCI nº 11514

Contra la misma se ha de recurrir de acuerdo con LCon art.547 y 548.

La sentencia que aprueba el convenio debe ser objeto de una **publicidad** igual a la del auto de declaración de concurso (LCon art.390).

5. Efectos

(LCon art.393 a 399 bis y 399 ter)

Comienzo y alcance de la eficacia del convenio Se disponen las **reglas** siguientes: 6044 MPCI nº 11522, 11524

1) El convenio adquirirá eficacia desde la fecha de la **sentencia** que lo apruebe, salvo que el juez, por razón de su contenido, acuerde, de oficio o a instancia de parte, **retrasar** esa eficacia a la fecha en que la **aprobación** alcance **firmeza**. Al pronunciarse sobre el retraso de la eficacia del convenio, el juez podrá acordarlo con **carácter parcial**.

La **regla general** es que los plenos efectos del convenio comienzan en la fecha de la sentencia de aprobación (JM Palma de Mallorca núm 1, 16-4-07, EDJ 285247: el convenio que ahora se aprueba producirá efectos desde la fecha de esta sentencia, sin perjuicio de lo que en caso de recurrirse pudiera fijarse).

2) Desde la eficacia del convenio cesarán todos los efectos de la declaración de concurso, quedando sustituidos por los que, en su caso, se establezcan en el propio convenio, salvo los deberes de colaboración e información, que subsistirán hasta la conclusión del procedimiento.

3) Los administradores concursales cesarán y rendirán cuentas de su actuación ante el juez del concurso, dentro del plazo que este señale. El **informe de rendición de cuentas** ha de remitirse mediante comunicación telemática a los acreedores de cuya dirección electrónica se tenga conocimiento por la administración concursal.

4) No obstante su **cese**, los administradores concursales conservarán **plena legitimación** para continuar los **incidentes en curso**, pudiendo solicitar la ejecución de las sentencias y autos que se dicten en ellos, hasta que sean firmes, así como para actuar en la sección sexta hasta que recaiga sentencia firme.

5) Con el **previo consentimiento** de los interesados, en el convenio se podrá encomendar al administrador concursal o a alguno de ellos, si hubiera más de uno, el ejercicio de cualesquiera **funciones**, fijando la remuneración que se considere oportuna.

6) Si en el convenio se ha previsto la **conversión de créditos concursales en acciones o participaciones** de la sociedad deudora y resulta aprobado por el juez, los administradores de la sociedad están facultados para aumentar el capital social en la medida necesaria para la conversión de los créditos, sin necesidad de acuerdo de la junta general de socios. En la suscripción de las nuevas acciones o en la asunción de las nuevas participaciones los socios no tendrán derecho de **preferencia**.
Aunque los estatutos sociales contengan cláusulas limitativas de la **libre transmisibilidad** de las acciones y participaciones, las nuevas que se emitan o se creen en ejecución del convenio serán libremente transmisibles por actos *inter vivos* hasta que transcurran 10 años a contar desde la inscripción del aumento del capital en el Registro Mercantil.
7) En el caso de que el convenio previera una **modificación estructural**, los acreedores concursales no tendrán los derechos reconocidos en el RDL 5/2023. La inscripción de la operación de las indicadas que produzca la extinción de la sociedad declarada en concurso es causa de conclusión del concurso de acreedores.

Precisiones El establecimiento de distintas mayorías según el tipo de convenio y la clase de acreedor en relación con las mayorías exigibles para que se extienda a los privilegiados el efecto vinculante del convenio, así como la exclusión de sus efectos para ciertos acreedores, puede plantear notables **problemas de aplicación**, a este respecto ver nº 11526 s. Memento Procesal Civil 2026.

6047 MPCI nº 11528 **Efectos para el deudor** En lo que se refiere al deudor, desaparecen las limitaciones o la suspensión de sus facultades de **administración y disposición**.
No obstante:
1) El propio convenio puede disponer una **sustitución de estas limitaciones** por otro tipo de medidas. Estas medidas prohibitivas o limitativas son inscribibles en los registros públicos correspondientes. No obstante, esta inscripción no impide el acceso al registro de los actos contrarios, y solo se le reconoce una finalidad de eliminación de la buena fe del titular registral ante el ejercicio de una acción de reintegración (LCon art.321).
2) Se sigue manteniendo el deber general de **colaboración e información**, deber que se concreta en una obligación de **información semestral** (JM Córdoba núm 9, 13-6-05, EDJ 78257).
Además, el deudor queda **vinculado al contenido del convenio** respecto de la totalidad de los créditos ordinarios y subordinados que fueran anteriores a la declaración del concurso, aunque por cualquier causa no hayan sido reconocidos.

Precisiones Una vez aprobado el convenio, el deudor recupera la totalidad de **facultades dispositivas sobre los bienes no incluidos** en aquel y, por tanto, puede formalizar créditos o préstamos hipotecarios (DGRN Resol 2-12-19).

6048 **Efectos sobre la administración concursal** Cesan en su cargo los administradores concursales, debiendo **rendir cuentas** de su actuación ante el juez del concurso (LCon art.395.2). Como **excepción**:
1) Los administradores concursales conservarán plena legitimación para continuar los **incidentes en curso**, pudiendo solicitar la ejecución de las sentencias y autos que se dicten en ellos, hasta que sean firmes, así como para actuar en la sección sexta hasta que recaiga sentencia firme (LCon art.395.3).
2) Con el previo consentimiento de los interesados, en el convenio se podrá encomendar a todos o a alguno de los administradores concursales el ejercicio de cualesquiera **funciones**, fijando la remuneración que se considere oportuna (LCon art.322).

6049 MPCI nº 11534 **Efectos sobre los acreedores** El principio general es que el contenido del convenio vincula a los acreedores **ordinarios y subordinados** que fueran anteriores a la declaración del concurso, aunque por cualquier causa no hayan sido reconocidos (LCon art.396.1 y 2). Esta vinculación se produce en los términos convenidos, esto es, sus créditos quedan extinguidos en la parte a que alcance la quita, aplazados en su exigibilidad por el tiempo de espera y, en general, afectados por el contenido del convenio.
En relación con los acreedores **subordinados** se dispone una norma de prelación, al señalar que quedan afectados por las mismas quitas y esperas establecidas en el convenio para los ordinarios, pero cada uno de los plazos anuales de espera establecidos para los créditos ordinarios se computarán como plazos trimestrales de espera para los subordinados desde el íntegro cumplimiento del convenio respecto de los primeros sin que la totalidad de la espera desde el comienzo del cumplimiento del convenio pueda ser superior a 10 años para todos los acreedores. No obstante, esta regla de prelación **no se aplica** cuando se haya acogido al contenido alternativo de conversión de sus créditos en acciones, participaciones o cuotas sociales, o en créditos participativos.

Igual vinculación y efectos tiene el convenio sobre los acreedores **privilegiados** en dos supuestos (LCon art.397):
1) Inicialmente, si son autores de la propuesta o se han **adherido sin revocación** posterior.
2) Posteriormente, ya que se admite que pueden vincularse al convenio ya aceptado por los acreedores o aprobado por el juez, mediante **adhesión** prestada en forma, antes de la declaración judicial de su cumplimiento, en cuyo caso quedan afectados por el convenio.
Por último, el convenio no afecta a los créditos privilegiados que no se hayan votado expresamente a favor o adherido, así como a los créditos posteriores o créditos contra la masa. Sobre ellos, ha de recordarse que la aprobación del convenio determina la recuperación de la facultad de ejecución (LCon art.248).

Efectos sobre otros responsables solidarios o subsidiarios Se regula la posible **extensión del efecto novatorio** del convenio sobre los posibles responsables solidarios o subsidiarios (fiadores, avalistas) que concurran con los créditos afectados por la novación del convenio. 6050
Para ello, el criterio legal atiende a si los acreedores han votado, o no, a favor del convenio:
1) Cuando **no se hayan adherido** al convenio, ni hayan sido autores de la propuesta, no quedarán vinculados por este en cuanto a la subsistencia plena de sus derechos frente a los obligados solidariamente con el concursado, y frente a sus fiadores o avalistas, quienes no pueden invocar ni la aprobación ni los efectos del convenio en perjuicio de aquellos.
2) Por contra, cuando **se hayan adherido sin revocación posterior**, o hubieran sido autores de la propuesta, la responsabilidad de los obligados solidarios, fiadores o avalistas del concursado se regirá por las normas aplicables a la obligación que hayan contraído, o por los convenios que sobre el particular hayan establecido (CC art.1143, 1146, 1826, 1851 a 1853; L 19/1985 art.37).

Precisiones Desaparece la anterior **capacidad unilateral de «reserva»** que al votar el convenio podía invocar el acreedor, para atender un hecho objetivo como es la voluntad favorable a la novación expresada por el acreedor.

6. Cumplimiento y modificación

(LCon art.400, 401 y 401 bis)

El concurso no termina con la aprobación del convenio, sino por la **acreditación** de su cumplimiento o, en caso contrario, una vez constado su incumplimiento cierto o previsible, por el paso a la **liquidación**. 6052
Hasta la comprobación de uno de estos dos hechos jurídicos, en el deudor concurre una obligación de **colaboración e información**, que se concreta en la necesidad de presentar un **informe semestral** acerca del cumplimiento del convenio.

Declaración de cumplimiento (LCon art.401) El deudor, una vez que estime íntegramente cumplido el convenio, deberá presentar al juez del concurso el **informe** correspondiente con la justificación adecuada, y solicitar la declaración judicial de cumplimiento. 6053
El **letrado de la Administración de Justicia** acordará **poner de manifiesto** en la oficina judicial el informe y la solicitud.
Transcurridos 15 días desde la puesta de manifiesto, el juez, si estima cumplido el convenio, lo ha de declarar mediante **auto**, al que debe dar la misma publicidad que a su aprobación.

Modificación (LCon art.401 bis) Una vez hayan transcurrido 2 años de vigencia, se permite al concursado presentar una propuesta de modificación del convenio que se encuentre en **riesgo de incumplimiento** por causa que no le sea imputable a título de dolo, culpa o negligencia y siempre que se justifique debidamente que la modificación resulta imprescindible para asegurar la **viabilidad de la empresa**. 6053.1
A la **solicitud** se acompaña una relación de los créditos concursales satisfechos, de los que estuvieran pendientes de pago y de aquellos que, devengados o habiendo sido contraídos durante el periodo de cumplimiento del convenio, no hubieran sido satisfechos, junto con un inventario de sus bienes y derechos, un plan de viabilidad y un plan de pagos.
La **tramitación** de la propuesta de modificación se realizará conforme a reglas para la aprobación de una propuesta de convenio, si bien el cómputo de las mayorías necesarias para su aprobación se establecerá atendiendo a los importes de los créditos que quedan pendientes de pago conforme a lo que resulte del convenio que se propone modificar.
La alteración **no puede afectar** a los créditos devengados o contraídos durante el periodo de cumplimiento del convenio originario, ni a los acreedores privilegiados a los que se hubiera extendido la eficacia del convenio o se hubieran adherido a él una vez aprobado, a menos que se adhieran expresamente a la propuesta de modificación.

Mientras se encuentre en tramitación una propuesta de modificación de convenio no se admitirá a trámite solicitud de incumplimiento de convenio y de apertura de liquidación.
No se admiten segundas o ulteriores modificaciones de un convenio modificado.

6054 **Declaración de incumplimiento** (LCon art.402 a 405) En atención al principio de unidad, la ley establece una gran **flexibilidad** para permitir el paso de la situación de convenio a la de liquidación ante los supuestos de incumplimiento que puedan advertirse por el concursado o por sus acreedores.
Para ello, se ofrecen las siguientes **posibilidades**:
1) Los **acreedores** que estimen incumplido el convenio en lo que les afecte dispondrán de **acción**, a tramitar como **incidente concursal**, que deberá ejercitarse desde que se produzca el incumplimiento, y que caducará a los 2 meses -sin que sean de aplicación CC art.1964 ni LEC art.518 (AP Valencia 9-7-24, EDJ 743542)-, contados desde la última de las publicaciones del auto de cumplimiento (nº 6053). Contra la sentencia que resuelva este incidente cabrá **recurso de apelación**.
Esta declaración de incumplimiento del convenio supone la **resolución** de este y la desaparición de los efectos sobre los créditos (LCon art.404.1), así como la apertura de oficio de la fase de **liquidación** (LCon art.409.1.5º).
La **infracción de las medidas prohibitivas o limitativas** del ejercicio por el deudor de las facultades de administración y de disposición sobre bienes y derechos de la masa activa durante el periodo de cumplimiento del convenio constituye incumplimiento del mismo y su declaración puede ser solicitada del juez por cualquier acreedor (LCon art.402.2).
2) El **deudor**, cuando, durante la vigencia del convenio, conozca la imposibilidad de cumplir los pagos comprometidos y las obligaciones contraídas con posterioridad a la aprobación de aquel, viene compelido (bajo la advertencia de **culpabilidad** -LCon art.443.6-) a presentar solicitud, y el juez debe dictar auto abriendo la fase de liquidación, salvo que haya procedido a solicitar la modificación del convenio.
3) La administración concursal puede también solicitar la **apertura de la fase de liquidación** en caso de cese total o parcial de la actividad profesional o empresarial del deudor, dando traslado de la solicitud al concursado por plazo de 3 días y resolviendo el juez mediante auto dentro de los 5 días siguientes.
4) No obstante la regla de resolución del convenio en caso de declaración de incumplimiento, si este afectase a acreedores con privilegio especial que hubieran quedado vinculados por aplicación de la regla de LCon art.397.2 (nº 9562), o que se hubiesen adherido voluntariamente al mismo, podrán iniciar o continuar la **ejecución separada de la garantía** desde la declaración de incumplimiento y con independencia del eventual inicio de la fase de liquidación (LCon art.404.2). En tal caso, el acreedor ejecutante hará suyo el montante que resulte de la ejecución en cantidad que no exceda de la deuda originaria, correspondiendo el resto -si lo hay- a la masa del concurso.

6055 MPCI nº 11553 Precisiones 1) La Ley Concursal no se pronuncia sobre la **gravedad** del incumplimiento del convenio, a diferencia de lo que sucede en otros ordenamientos jurídicos como el alemán (la *Insolvenzordnung* alemana establece que la quita y espera queda sin efecto si hubiera retraso grave en el cumplimiento del plan de insolvencia) el portugués o el italiano (la *Legge fallimentare* italiana establece la imposibilidad de resolver el concordato preventivo si el incumplimiento del mismo fuera de escasa importancia). Ante el silencio de la norma, como recuerda la AP Las Palmas 11-3-09, EDJ 87775, unos autores consideran que el juez debe valorar el incumplimiento desestimando como verdaderos supuestos de incumplimiento los aspectos meramente accesorios, o los retrasos en el pago, mientras que otros entienden que la opción de nuestro legislador fue clara y que, de hecho, en los debates parlamentarios se rechazó una enmienda en el sentido de introducir un régimen menos severo del incumplimiento dirigida a la necesaria concesión de una moratoria al deudor que incumpliese una obligación asumida en el convenio, como requisito previo para la solicitud de declaración de incumplimiento de este, por lo que el retardo en el pago siempre deberá ser considerado incumplimiento.
2) No son de aplicación los efectos señalados en LCon art.402 s. al caso de incumplimiento de un convenio aprobado bajo la **vigencia de la Ley de Suspensión de Pagos**, y solo se rige por la vigente legislación la fase de liquidación (AP Huesca 23-1-09, EDJ 45985).

7. Acuerdos singulares de pago

(L 58/2003 art.164.4; L 47/2003 art.10.2; LGSS art.27; LF Navarra 13/2000 art.199.4; NF Bizkaia 2/2005 art.168.4; NF Araba 6/2005 art.168.4; NF Gipuzkoa 2/2005 art.168.4)

6056 En las disposiciones citadas se prevé, respecto del crédito privilegiado concursal, la posibilidad de acordar, de conformidad con el deudor y con las garantías que se estimen oportunas, unas condiciones singulares de pago, que no pueden ser más favorables para el deudor que las recogidas en el acuerdo o convenio que pongan fin al proceso judicial.

Estos convenios singulares parten de la base de la celebración de un **convenio general**, aunque, en el plano abstracto, podrían no tener que excluirse en defecto del mismo. Por otra parte, tienen elementos en común con la figura de LCon art.378, aunque no se identifican con ella.
Respecto de la **AEAT**, se somete su celebración a determinadas **reglas** que pueden consultarse en detalle en nº 11560 s. Memento Procesal Civil 2026 (AEAT Instr 3/2015, 16-7-15).

VI. Fase de liquidación

La liquidación se configura como **solución alternativa** y **supletoria** del proceso. **6057**
Alternativa a la de convenio, no solo por estimarlo así el concursado, sino también porque la propuesta de convenio ofertada alcance el número suficiente de adhesiones o, incluso, cuando desde su comienzo se pueda determinar que su cumplimiento es objetivamente inviable.
Subsidiaria, en la medida en que, además de los supuestos en que no se alcanza el convenio, se permite también pasar de forma rápida y simple del convenio aprobado a la fase de liquidación cuando no se cumple el convenio, original o modificado (LCon art.401 bis), o bien cuando se vuelve a reproducir el presupuesto objetivo del concurso (insolvencia actual o inminente).
Esta flexibilidad se aplica incluso con **carácter retroactivo** (LCon/03 disp.trans.1ª.2, vigente conforme a RDLeg 1/2020 disp.derog.única): el incumplimiento o imposibilidad del cumplimiento del convenio aprobado en algunos de los procedimientos a los que se refiere la disposición transitoria primera de la Ley Concursal, cual es la suspensión de pagos, no puede dar lugar a una nueva declaración del concurso, sino que, necesariamente, en este supuesto se debe abrir la fase de liquidación (AP La Rioja auto 18-2-07, Rec 201/07).

Junto a ello, varias notas son de destacar en lo que afecta a esta fase: **6058**
1) A ella se reservan los **efectos** más severos que se pueden derivar del proceso concursal. No solo por aplicación directa (LCon art.411), sino también por la expresa asimilación de LCon/03 disp.adic.1ª.3 -vigente conforme a RDLeg 1/2020 disp.derog.única- para la aplicación solo al concursado en fase de liquidación de todas las declaraciones de incapacidad de los quebrados o concursados, y las prohibiciones para el desempeño por estos de cargos o funciones o para el desarrollo de cualquier clase de actividades establecidas en preceptos legales no modificados expresamente por la Ley Concursal.
2) Las operaciones de liquidación se desarrollarán conforme a las denominadas **reglas especiales** de liquidación, que puede aprobar el juez, si lo considera oportuno; en defecto de las cuales la administración concursal realizará los bienes y derechos de la masa activa del modo más conveniente para el **interés del concurso**, sin más limitaciones que las establecidas específicamente por la Ley. Ello supone la desaparición, por efecto de la L 16/2022, de la remisión supletoria a las reglas de la LEC en defecto del plan de liquidación, que ahora desaparece igualmente, salvo en el procedimiento especial de microempresas (nº 6226 s.).
Finalmente, en esta fase puede distinguirse entre una expresa regulación de las operaciones de **liquidación** y otra distinta de **pago** de los distintos tipos de acreedores.

1. Apertura

(LCon art.406 a 410)

A solicitud del deudor (LCon art.406, 409 y 410) La Ley concede un amplio grado de **libertad** al deudor concursado para solicitar la liquidación durante la tramitación del proceso concursal. En particular, se dispone lo siguiente (LCon art.406): **6060** MPCI nº 11575
1) Que el deudor podrá pedir la liquidación **en cualquier momento**, en cuyo caso el juez dictará auto abriendo la fase de liquidación dentro de los 10 días siguientes a la solicitud.
2) Que el deudor deberá pedir la liquidación cuando, durante la vigencia del convenio, conozca la **imposibilidad de cumplir** los pagos comprometidos y las obligaciones contraídas con posterioridad a la aprobación de aquel. En este caso el juez dictará auto abriendo la fase de liquidación. Como afirma la AP Araba 7-6-10, EDJ 254240, LCon art.407.1 no solo obliga a la concursada a pedir la liquidación cuando conozca la imposibilidad de cumplir el convenio, sino que en tal caso obligará al juez a que, presentada la solicitud de liquidación, dicte **auto** abriendo la fase de liquidación.
Dentro de la solicitud a instancia del deudor, la ley viene, a su vez, a distinguir entre los supuestos en que se le atribuye la **facultad** de interesar o no la liquidación (LCon art.406) de aquel otro en que se le impone la **obligación** de hacerlo (LCon art.407), obligación que guarda correlación con la que, asimismo, impone LCon art.400 en orden al deber de informar con

periodicidad semestral acerca del cumplimiento del convenio. Doctrinalmente, ha sido discutida la consagración legal de la posibilidad atribuida al deudor de provocar la apertura de la fase liquidatoria con la sola constatación por su parte de la imposibilidad de cumplir con las obligaciones asumidas tras la aprobación del convenio, pues el tenor literal del precepto parece dar a entender que constriñe al órgano judicial a dictar auto por el que se abrirá la fase de liquidación, siendo mayoritaria la postura que sostiene la necesidad de que por parte del juez del concurso se proceda a la consideración y procedente valoración del comportamiento del deudor y su posible incidencia en una situación que, provocada por él mismo, supusiera un evidente fraude del interés de los acreedores, en detrimento de una mejor expectativa de cobro de sus créditos que pudiera propiciar la solución del concurso mediante convenio, pero sin dejar de tomar en consideración que el carácter esencial que en el convenio concursal tiene la espera (o la quita) impone que el incumplimiento total o parcial de los plazos pactados para el cumplimiento de la obligación afectada por la quita o la espera, o por el resto de los efectos del convenio, debe ser considerado, en todo caso, como **incumplimiento de gravedad** o **esencial** (AP Baleares auto 26-2-10, EDJ 45760).

6061 **A solicitud de la administración concursal** (LCon art.408) Se introduce la posibilidad de que la liquidación se abra como consecuencia de la solicitud de la administración concursal, quien podrá solicitarla en caso de **cese de la actividad profesional o empresarial** del deudor. De la solicitud presentada por la administración concursal se dará **traslado al deudor** por plazo de 3 días, y el juez resolverá sobre la solicitud mediante auto dentro de los 5 días siguientes.

6062 **De oficio** (LCon art.409) La ley contempla en realidad un conjunto de causas de apertura de la fase de liquidación que se derivan de una **previa actuación** del deudor concursado o de los acreedores (o, excepcionalmente, del juez).

Estos supuestos tienen en común la **frustración** de la fase de convenio:

1) No haberse presentado dentro de plazo legal ninguna de las **propuestas de convenio**, o no haber sido admitidas a trámite las que hayan sido presentadas.

2) No haberse aceptado por los **acreedores** ninguna propuesta de convenio.

3) Haberse rechazado, por resolución judicial firme, el convenio aceptado por los acreedores.

4) Haberse declarado, por resolución judicial firme, la **nulidad del convenio** aprobado por el juez.

5) Haberse declarado, por resolución judicial firme, el **incumplimiento** del convenio.

En los **supuestos 1 y 2**, la apertura de la fase de liquidación se acuerda por el juez sin más trámites, en el momento en que proceda, mediante auto que se ha de notificar al concursado, a la administración concursal y a todas las partes personadas en el procedimiento.

En los **restantes casos** la apertura de la fase de liquidación se deberá acordar en la propia resolución judicial que la motive.

Contra el auto o la sentencia de apertura de la fase de liquidación el concursado puede interponer **recurso** de apelación.

6063 **Entidades aseguradoras** (L 20/2015 art.189) A la vista del informe emitido por el órgano supervisor competente a requerimiento del juez del concurso, una vez solicitada la declaración de concurso por una entidad aseguradora o reaseguradora, puede acordar la apertura de la fase de liquidación sin más trámites, con los efectos de la LConart.411 y las especialidades establecidas en la L 20/2015 -supervisión y control de entidades aseguradoras y reaseguradoras-. En tal caso, la administración concursal ha de presentar, sin más, el informe de la LCon art.290 s.

6069 **Publicidad de la resolución judicial** (LCon art.410) A la resolución judicial que declare la apertura de la fase de liquidación, se dará la publicidad prevista para el auto de declaración de concurso.

6070 **Efectos de la apertura** (LCon art.411 s.) Como hemos señalado, a la apertura de la fase de liquidación se unen las mayores limitaciones previstas para el proceso concursal.

Manteniéndose los efectos generales de la fase común, estos se incrementan en los términos siguientes.

6071 **Sobre el deudor** (LCon art.413; LCon/03 disp.adic.1ª.3 -vigente conforme a RDLeg 1/2020 disp.derog.única-) El inicio de la fase de liquidación supone la **suspensión automática de las facultades de administración y disposición** sobre el patrimonio del deudor concursado **persona física**, para facilitar la pronta liquidación de los bienes.

A esta limitación se añade la aplicación de todas las declaraciones de **incapacidad** de los quebrados o concursados, y las prohibiciones para el desempeño por estos de **cargos o funciones**

o para el desarrollo de cualquier clase de actividades establecidas en preceptos legales no modificados expresamente por la legislación concursal vigente.
En el caso del deudor **persona jurídica**, se producen los siguientes efectos específicos:
1) Se declara la disolución y se procede a la **liquidación** de la persona jurídica, si no se hubiera declarado anteriormente. En este sentido, la resolución judicial que abra la fase de liquidación contendrá la declaración de **disolución**, si no estuviese acordada y, en todo caso, el **cese** de los **administradores** o **liquidadores**, que serán sustituidos por la administración concursal, sin perjuicio de continuar aquellos en la **representación** de la concursada en el procedimiento y en los incidentes en los que sea parte (LCon art.413.2; LSC art.361).
2) Los **administradores** o, en su caso, los **liquidadores** son cesados y sustituidos en sus funciones por la **administración concursal** (JM Bilbao núm 1, auto 26-9-07, EDJ 173996).
Además, queda alzada en todo supuesto la limitación a la **enajenación o gravamen de los bienes y derechos del concurso** sin autorización judicial (LCon art.205), si bien debe observarse en esta liquidación el necesario respeto a las reglas especiales aprobadas al efecto, en su caso.

En el caso del deudor **persona física**, tras la apertura de la liquidación se extingue el derecho **6072**
a **alimentos** con cargo a la masa La apertura de la liquidación producirá la extinción del derecho a alimentos con cargo a la masa activa, salvo cuando fuera imprescindible para atender las necesidades mínimas del concursado y las de su cónyuge, pareja de hecho inscrita y descendientes bajo su potestad o ascendientes a su cargo (LCon art. 413.1.2º.
Este precepto supone que **ninguno de los beneficiarios** con derecho a la percepción de alimentos, sean descendientes u otras personas conforme al CC art.142 s., podrán seguir percibiendo alimentos con cargo a la masa activa desde que se acuerde la apertura de la fase de liquidación de la deudora concursada, si bien es cierto que ello no significa que no se atiendan las necesidades propias de cualquier persona, que quedan garantizadas por lo dispuesto en LCon art.192.2, en cuanto que está excluido de la masa activa el conjunto de bienes inembargables según las normas de la LEC en materia de ejecución, que siguen a disposición de la deudora con el fin de garantizar un soporte vital elemental a sí misma y a quienes tengan derecho a percibir alimentos de ella.
Asimismo, el **concursado persona física**, por la apertura de la fase de liquidación, tiene derecho a solicitar la exoneración del pasivo insatisfecho, si concurren los presupuestos y requisitos establecidos en LCon art.486 s. (nº 6174 s.).
Durante la fase de liquidación se entiende que no queda interrumpida la continuación de la **actividad profesional o empresarial** que ejerciera el deudor (LCon art.111). No obstante, la constatación de la falta de viabilidad del proyecto, así como la necesaria limitación de los créditos posteriores, en interés de la satisfacción de los acreedores concursales, obliga a la administración concursal a replantearse dicha continuidad, limitando la continuidad a aquellas unidades productivas que pudieran ser más rentables en su realización como conjunto.
Ha de tenerse en cuenta que cuando las medidas adoptadas para la continuidad de la actividad empresarial del deudor supongan la extinción, suspensión o modificación colectivas de los **contratos de trabajo**, incluidos los traslados colectivos, el juez actuará conforme a lo establecido en LCon art. 52 y 53 y, simultáneamente, iniciará el expediente de LCon art.169 s. (LCon art.114).

Precisiones **1)** En cuanto a los efectos de la apertura de la fase de liquidación **sobre la representa-** **6073**
ción procesal del deudor persona jurídica, la Ley Concursal prevé, alcanzada esta fase, el cese de los administradores de la sociedad concursada y su sustitución por la administración concursal, ello no puede suponer que desaparezca la capacidad procesal que hasta entonces permitía a la concursada, cuya personalidad se conserva durante la fase de liquidación, mantener su propia voz en el proceso, que no debe ser suplida ni silenciada por un órgano concursal, pues lo contrario implicaría indefensión y vulneraría Const art.24, teniendo en cuenta que, entre otras cosas, todavía está en trámite la sección de calificación, donde está prevista, en caso de imputación de culpabilidad, la intervención separada del propio deudor (LCon art.450) y que quienes han venido siendo los responsables de la concursada pueden enfrentar, en ese y en otros aspectos, sus intereses con los de la administración concursal (que vela por los de la masa y no por los de la concursada), no puede sino concluirse que existe un derecho de la sociedad concursada a mantener durante la fase de liquidación la representación procesal que tenía al inicio del proceso a fin de garantizar su **defensa** en el marco del concurso, incluidos los incidentes que se susciten en él.
2) La apertura de la fase de liquidación no provoca *per se* la extinción de un **contrato laboral de alta dirección** que mantenía con la persona jurídica concursada el administrador de la misma, pues no cabe equiparar ambas relaciones jurídicas, siendo la segunda una relación orgánica de carácter mercantil y la primera una relación puramente laboral, y habiendo insistido la jurisprudencia en destacar que, aun cuando resultan perfectamente compatibles, debe diferenciarse entre lo que constituye una relación laboral, caracterizada por las notas de dependencia y ajenidad, de lo que

constituye una relación societaria, teniendo cada una de ellas un desenvolvimiento autónomo y un propio régimen retributivo (AP Asturias auto 8-7-09, EDJ 154142).

6074 **Sobre la administración concursal** En el momento en que se abre la fase de liquidación, los miembros de la administración concursal pasan a ejercer de auténticos **liquidadores**.
En caso en que, en virtud de la eficacia del convenio (LCon art.412), los administradores concursales hayan **cesado**, el juez los debe reponer en el ejercicio de su cargo o nombrar a otros. Nada se indica sobre el criterio a seguir por el juez para tal opción, aunque puede entenderse que deberían ser mantenidos los inicialmente designados, salvo que exista causa de incompatibilidad, prohibición o justa causa.

6075 **Sobre los créditos concursales** (LCon art.414 y 414 bis) La finalidad liquidatoria de la fase que se inicia impone determinar con precisión el **valor** de la totalidad de los créditos que pesan sobre la **masa pasiva**.
Para ello, sobre los créditos concursales quedan afectados por los dos efectos siguientes:
1) La **conversión en dinero** de los créditos que consisten en **obligaciones de dar o de hacer**, distintas de las pecuniarias, que no se hubieran convertido hasta entonces.
2) El **vencimiento anticipado** de los **créditos concursales a plazo**, en el momento de apertura de la fase de liquidación. En tal caso, el importe de los créditos se obtiene aplicando el correspondiente descuento, al tipo de interés legal (nº 4669).
A falta de referencia expresa, tal conversión debe apoyarse en las reglas de LCon art.267.

Precisiones Los **créditos contraídos por el deudor durante el periodo de cumplimiento del convenio** tendrán la consideración de créditos concursales.
Las mismas reglas serán de aplicación en los casos de **apertura de oficio de la declaración por nulidad del convenio** aprobado.

6076 **Sobre las acciones ejecutivas** Con carácter general, se mantiene la **suspensión** prevista en LCon art.142, con las siguientes **excepciones**:
1) Puede continuarse por los trámites de LCon art.149 la ejecución de las **garantías reales y demás créditos privilegiados especiales asimilados**, si antes de la apertura de la fase de liquidación había transcurrido más de un año y la ejecución se había reanudado.
2) Las **ejecuciones laborales y administrativas** que se hubiesen reanudado constante concurso, al concurrir los requisitos de LCon art.142, podrán proseguirse.

2. Tramitación

6078 Siguiendo el esquema tradicional de todo proceso liquidativo, se distinguen dos **etapas**:
- las operaciones de liquidación (nº 6079); y
- el reparto entre los acreedores del producto obtenido (nº 6091).

a. Operaciones de liquidación

6079 Las operaciones de liquidación son aquellos negocios jurídicos encaminados a **convertir en metálico** la masa activa del concurso.
La Ley encomienda las operaciones de liquidación a la **administración concursal**, a la que se somete a una obligación de diligencia (rapidez) en su tramitación.
En cuanto a los términos concretos de dicha liquidación, se acude en primer lugar a la definición de unas **reglas especiales de liquidación** (nº 6080) y, en segundo lugar, a la aplicación de una **regla general supletoria**, complementada por otras reglas específicas: la del conjunto y la de la subasta (nº 6081.1 y nº 6081.2).
Quedando, en todo caso, sometida a un **control judicial** la normal marcha de tales operaciones. Y así:
1) Es necesario atender a las **reglas especiales aprobadas por el juez**, si este fuera el caso.
2) La obligación de presentar un **informe trimestral** sobre la liquidación, durante todo el tiempo que dure la fase de liquidación, que se ha de poner de manifiesto a todas las partes (LCon art.424). El incumplimiento de esta obligación puede dar lugar a responsabilidad o a separación del cargo (LCon art.424.2).
3) La obligación de concluir la liquidación en el **plazo** de un año, a contar desde la fecha del auto de apertura de la fase de liquidación (LCon art.427). El incumplimiento de esta obligación puede implicar la separación del cargo de los administradores, previa audiencia de los mismos, así como la pérdida del derecho a su retribución, debiendo restituir la que hubieran percibido.
No obstante, la regla anterior se modula: el **informe trimestral que se presente transcurrido un año** desde la apertura de la fase de liquidación de la masa activa, debe contener como

anejo un **plan detallado**, meramente informativo, del modo y tiempo de liquidación de aquellos bienes y derechos de la masa activa que todavía no hubieran sido realizados por la administración concursal. En los **siguientes informes trimestrales**, la administración concursal detallará los actos realizados para el cumplimento de ese plan o las razones que hubieran impedido ese cumplimiento (LCon art.424.3).

4) La **prohibición de adquirir bienes y derechos** de la masa por parte de los administradores concursales, ni siquiera en subasta (LCon art.208). La prohibición se extiende tanto a la adquisición directa como a la que pueda llevarse a cabo mediante una persona interpuesta. La infracción de esta obligación es muy grave. Da lugar a la inhabilitación del administrador para el ejercicio de su cargo, quedando asimismo el administrador en cuestión obligado a devolver el bien adquirido a la masa, sin recibir a cambio contraprestación alguna.

Precisiones Existe una posición generalizada favorable al **levantamiento de los embargos administrativos**, en general de las cargas y gravámenes que afecten a la masa pasiva con excepción de los supuestos de LCon art.430 s. (JM Cádiz núm 1, auto 31-10-08; JPI Segovia núm 2, 19-5-08; JM Málaga núm 1, 16-11-07; JM Oviedo núm 1, 9-12-08).

Reglas especiales (LCon art. 415 -redacc LO 1/2025- y 415 bis) Estas reglas pueden ser adoptadas y posteriormente modificadas o revocadas por el juez del concurso, a su criterio, al acordar la apertura de la liquidación de la masa activa o en resolución posterior previa audiencia o informe del administrador concursal en **plazo máximo** de 10 días naturales. La **modificación** o la **revocación** puede acordarse de oficio o a petición de la administración concursal, en cualquier momento. Frente a todas estas resoluciones se da **recurso** de reposición. 6080

Se someten a dos **limitaciones**:

- no puede exigirse la previa autorización judicial para la realización de los bienes y derechos;
- no cabe establecer reglas cuya aplicación suponga dilatar la liquidación durante un periodo superior al año.

Las reglas especiales establecidas por el juez quedarán **sin efecto** si así lo solicitaran acreedores cuyos créditos representen más del 50% del pasivo ordinario o del total del pasivo.

Cuando se presente a **inscripción** en los registros de bienes, cualquier título relativo a un acto de enajenación de bienes y derechos de la masa activa realizado por la administración concursal durante la fase de liquidación, el registrador comprobará en el Registro público concursal si el juez ha fijado o no reglas especiales de la liquidación, y solo podrá exigir a la administración concursal que acredite la existencia de tales reglas si no consta referencia alguna a las mismas en la resolución judicial ni en el Registro Público concursal.

En el caso de **concursado persona jurídica**, la administración concursal, una vez establecidas las reglas especiales de liquidación o acordado que la liquidación se realice mediante las reglas legales supletorias, deberá remitir, para su publicación en el portal de liquidaciones concursales del Registro público concursal, cuanta información resulte necesaria para facilitar la enajenación de la masa activa en los términos que reglamentariamente se determinen.

Precisiones La ejecución de las reglas especiales de liquidación **no tiene carácter procesal**. Estas reglas constituyen un acto jurídico *sui generis* que regula las condiciones que regirán en la liquidación de la masa activa. Aprobadas o modificadas por el juez del concurso, constituyen el marco regulador de las actuaciones liquidatorias del administrador concursal y, como tal, un instrumento específico de cuyo cumplimiento asume aquel un papel rector, quedando en consecuencia **responsable** del cumplimiento de las mismas. No contienen derechos u obligaciones respecto de terceros distintos a los que resultan de los propios negocios jurídicos que se concluyan con base en dichas reglas, que tienen como destinatario abstracto, en lo que son negocios de interés, el mercado respecto de cuya agilidad y oportunidad ha de aprovechar el administrador para, respetando las reglas de actuación derivadas de las repetidas reglas, obtener los mayores beneficios que dicho mercado ofrezca en cada momento. Por ello, plantear la actividad negocial en el mercado como un hecho procesal resulta contrario a dicho interés.

Acceso al Registro de la Propiedad de las reglas especiales de liquidación: firmeza del auto La resolución por la que se procede por el juez del concurso a la aprobación de reglas especiales de liquidación, con o sin modificaciones, o por la que se decreta que las operaciones de liquidaciones se ajusten a las reglas legales supletorias produce los **efectos** de inmediato. 6080.1 MPCI nº 11616

El administrador concursal debe iniciar sin demora las operaciones de liquidación: no es que tenga la facultad de liquidar; es que tiene el **deber legal** de hacerlo, para lo cual dispone del **plazo** de un año (LCon art.427), si bien el juez, al aprobar las reglas, puede fijar un plazo menor o, transcurrido ese año, permitir que esas operaciones se prolonguen, si existiera justa causa que justifique la dilación.

Ese carácter inmediatamente ejecutivo del auto resulta, de un lado, del principio de **celeridad en la tramitación** del concurso de acreedores; y, de otro, del régimen de **recursos**: contra ese auto de aprobación de las reglas especiales de liquidación puede interponerse por legitimado

recurso de reposición (LCon art.415.3), pero la admisión del recurso no tiene efectos suspensivos.
En defecto de **suspensión**, el cumplimiento del deber legal de liquidar no admite demora.
En caso de **liquidación**, entre la tutela del interés de los acreedores a cobrar cuanto antes conforme a la clasificación de los respectivos créditos y el interés de la sociedad deudora o de cualquier otro legitimado que hubiera apelado el auto de aprobación de las reglas especiales, la Ley opta en favor del primero. Debe considerase abierta, sin embargo, la posibilidad de que el juez suspenda total o parcialmente la realización de las operaciones de liquidación, a la vista de los términos amplísimos de LCon art.415. En tal caso, si el juez suspende la totalidad o parte de las operaciones de liquidación, el administrador concursal incurre en responsabilidad si liquida aquello a lo que afecta la suspensión.
Si, por regla general, hay que liquidar, aunque el auto no sea firme, cabe dudar si el registrador que recibe el **mandamiento de cancelación** de embargos y de cualesquiera gravámenes debe proceder a esa cancelación o, si, por el contrario, puede exigir que se le acredite la firmeza de esa resolución. Si no cancela se reducen drásticamente las posibilidades de enajenación del bien de que se trate, o se reducen, también drásticamente, las posibilidades de conseguir un precio mínimamente aceptable, ya que serán pocos los que accedan a adquirir, con subsistencia temporal de esos embargos y de los demás gravámenes, a la espera de esa firmeza, y esos pocos ofrecerán un precio menor, no solo por la **inseguridad de la posición jurídica del adquirente**, sino por las dificultades que encontrarán para proceder, a su vez, a revender el bien adquirido respecto del cual el folio registral sigue proclamando la existencia de cargas.
En el mercado de bienes y derechos, los operadores económicos actúan con racionalidad, y la falta de seguridad del adquirente juega en contra del enajenante. Pero, si, por seguir contrario criterio, el registrador cancela embargos y gravámenes y, posteriormente, **se revoca el auto de aprobación** de las reglas especiales de liquidación -o cualquier otra resolución anterior que, de uno u otro modo, afecte a las reglas establecidas por el juez, como, por ejemplo, sucedería si se tratase de la revocación de la apertura de la fase de liquidación- se produciría una merma injustificada de la posición jurídica del embargante o del beneficiario del gravamen.
La solución al problema planteado no se encuentra en la Ley Concursal, sino en la legislación registral en relación con la normativa procesal, conforme a la cual solo es ejecutoria la resolución firme (LEC art.207.2; LOPJ art.245.4), por lo que la práctica de asientos definitivos en el Registro de la Propiedad, como son las inscripciones y las cancelaciones, ordenada en virtud de documento judicial, solo puede llevarse a cabo cuando del mismo resulta la **firmeza de la resolución judicial** (DGRN Resol 9-4-07; 4-10-12). Por ello, ha de exigirse la firmeza del auto de aprobación de las reglas especiales de liquidación a los efectos indicados (DGRN Resol 8-7-15; 6-7-15, relativas al plan de liquidación, pero extensibles en su criterio a las reglas especiales estudiadas, así como al plan de liquidación que subsiste en el procedimiento especial de microempresas: nº 6226 s.)

6081 **Regla general supletoria y reglas limitativas** (LCon art.421 a 423 bis) En defecto de la adopción de reglas especiales de liquidación, o en caso de su revocación, el administrador concursal realizará los bienes y derechos de la masa activa del modo más conveniente para el **interés del concurso**, sin más **limitaciones** que las reglas siguientes y las derivadas de las reglas rectoras de la conservación y enajenación de la masa activa (LCon art.204 s.).

6081.1 **Regla del conjunto** (LCon art.422) El conjunto de los establecimientos, explotaciones y cualesquiera otras unidades productivas de bienes o de servicios de la masa activa se enajenará
MPCI como un todo, salvo que el juez, al establecer las reglas especiales de liquidación, hubiera
nº 11622 autorizado la enajenación individualizada.
Para la enajenación de conjunto se impone el **procedimiento** establecido en LCon art.215 s., en particular, una previa audiencia de los **representantes de los trabajadores** y la posibilidad de que estos presenten observaciones o propuestas de modificación (LCon art.220).
Esta enajenación del conjunto o, en su caso, de cada unidad productiva, se debe realizar mediante **subasta** y, si esta queda desierta, o cuando, a la vista del informe de la administración concursal, considere que es la forma más idónea para salvaguardar los intereses del concurso, el juez puede acordar la **enajenación directa** o que se actúe a través de **persona o entidad especializada**, realizándose la transmisión, en este último caso, con cargo a las retribuciones de la administración concursal (LCon art.216).
No obstante, entre ofertas cuyo precio no difiera en más del 15% de la inferior, puede el juez acordar la adjudicación a esta cuando considere que garantiza en mayor medida la **continuidad de la empresa** o, en su caso, de las unidades productivas y de los puestos de trabajo, así como la mejor satisfacción de los créditos de los acreedores. Esta regla se aplicará también a las ofertas de trabajadores interesados en la **sucesión de la empresa** mediante la constitución de sociedad cooperativa o laboral (LCon art.219).

En el caso de que las operaciones de liquidación supongan la **modificación sustancial de las condiciones de trabajo** de carácter colectivo, incluidos los traslados colectivos y la suspensión o extinción colectivas de las relaciones laborales, se estará a lo dispuesto en LCon art.169 (LCon art.220.2).

La administración concursal, cuando lo estime conveniente para el interés del concurso, puede solicitar del juez la **autorización para la enajenación individualizada** de los establecimientos, explotaciones y cualesquiera otras unidades productivas o de algunas de ellas, o de los elementos de que se compongan. Contra el auto que la acuerde, no se da recurso.

Por fin, en caso de enajenación del conjunto de la empresa o de determinadas unidades productivas de la misma mediante **subasta**, se fija un plazo para la presentación de ofertas de compra de la empresa, que deben incluir una partida relativa a los gastos realizados por la empresa declarada en concurso para la conservación en funcionamiento de la actividad hasta la adjudicación definitiva (LCon art.217).

Regla de la subasta (LCon art.423 y 423 bis) La realización durante la fase de liquidación de la masa activa de cualquier bien o derecho o conjunto de bienes o derechos que, según el último inventario presentado por la administración concursal tuviera un **valor superior al 5%** del valor total de los bienes y derechos inventariados, se realizará mediante **subasta electrónica**, salvo que el juez, al establecer o modificar las reglas especiales de liquidación, hubiera decidido otra cosa. **6081.2** MPCI nº 11626

La subasta electrónica ha de realizarse mediante la inclusión de los bienes o derechos, o parte de ellos, en el portal de subastas de la Agencia Estatal Boletín Oficial del Estado o en cualquier otro portal electrónico especializado en la liquidación de activos.

Si en la subasta de **bienes o derechos hipotecados o pignorados** realizada a iniciativa del administrador concursal o del titular del derecho real de garantía no hubiera **ningún postor**, el beneficiario de la garantía tendrá derecho a adjudicarse el bien o el derecho en los términos y dentro de los plazos establecidos por la legislación procesal civil. En el caso de que no ejercitase ese derecho, si el valor de los bienes subastados, según el inventario de la masa activa, fuera inferior a la deuda garantizada, el juez, oídos el administrador concursal y el titular del derecho real de garantía, los adjudicará a este por ese valor, o a la persona natural o jurídica que el interesado hubiera señalado, ordenando la celebración nueva subasta sin postura mínima si el valor del bien o del derecho fuera superior.

Cuando se trate de bienes o derechos afectos a **créditos con privilegio especial**, se establece igualmente la aplicación preferente de las reglas contenidas en LCon art.209 s., que establecen como procedimiento de aplicación preferente la **subasta electrónica** por la administración concursal, de acuerdo con lo expuesto, salvo que el juez autorice otro modo de realización, como son los siguientes:

- **Realización directa** tras solicitud presentada por la administración concursal o el concursado (LCon art.210).
- **Dación** en pago o para pago a favor del concursado o de persona designada por este, sin subsistencia de garantía (LCon art.211). Si se transmiten sin subsistencia de la garantía, el juez autorizará, si la oferta supera el mínimo previsto al tiempo de la constitución de la garantía y se ofrece pago al contado. La autorización para adjudicar por precio inferior exige aceptación expresa por el concursado y por los acreedores afectados y que se efectúe a valor de mercado conforme a tasación oficial por entidad homologada y, en el caso de bienes muebles, por entidad especializada. Las condiciones deben anunciarse, posibilitando que, si aparece un **mejor postor en el plazo de 10 días**, el juez abra licitación entre todos ellos, previa constitución de fianza.
- **Enajenación con subsistencia de la garantía**, subrogándose el adquirente en la obligación del deudor. No es necesario el consentimiento del acreedor privilegiado, quedando excluido el crédito de la masa pasiva. El juez velará por que el adquirente tenga la solvencia económica y medios necesarios para asumir la obligación que se transmite (LCon art.212).

Otras reglas Adicionalmente a las normas ya expuestas, se dispone que: **6082**

- Necesariamente habrán de aplicarse las reglas para la **cesión de unidades productivas y empresas**, al igual que las relativas a la realización de bienes o derechos afectos a créditos con privilegio especial, que establece LCon art.209 s.
- El juez puede, incluso de oficio, acordar la **retención o consignación preventiva** de hasta el 15% del importe de las enajenaciones efectuadas de bienes o derechos que integran la masa activa o del importe de los pagos efectuados en efectivo en una cuenta del órgano judicial. Con dicho montante se cubren cantidades que resulten debidas a determinados acreedores, de acuerdo con las decisiones que recaigan en los recursos de apelación interpuestos contra actos de liquidación. Por ello, tal cantidad se libera una vez expirado el plazo de interposición de los citados recursos o una vez resueltos, en función del sentido de la resolución respectiva. El remanente que haya quedado liberado tras estas resoluciones se asigna de acuerdo con el

orden de prelación legalmente establecido, teniendo en cuenta la parte de créditos ya satisfecha (LCon art.425 y 426).

Precisiones Sobre estas cuestiones, se sostiene lo siguiente (Acuerdo jueces de lo mercantil Madrid 21-11-2014):
Se trata exclusivamente en esta retención de una **garantía del resultado** de las apelaciones que puedan admitirse, si proceden, contra actos de liquidación, y solo contra ellos, y no contra otras incidencias procesales, las cuales contarán, en su caso, con sus propias previsiones, cuando así se han querido dotar por voluntad legal.
No puede retenerse más que numerario, ninguna otra clase de bienes y derechos. Además, en ningún caso, dicha retención implica una reserva patrimonial de destino a favor exclusivamente del acreedor que apela contra el acto de liquidación. Finalmente, el reparto se hará conforme a las normas concursales de gradación y orden de pagos, aplicables en cada supuesto.

6083 **Normas especiales** Por último, se contemplan una serie de normas especiales a aplicar con **carácter general**.

6084 **Bienes y derechos litigiosos** (LCon art.207) Aquellos bienes y derechos sobre cuya **titularidad** se ha promovido un litigio pueden enajenarse con el carácter de litigiosos, con lo que el adquirente queda sujeto a lo que resulte del litigio.
La administración concursal ha de comunicar la venta al órgano judicial que está conociendo del litigio y produce de pleno derecho la **sucesión procesal**. Y ello, aunque se niegue la contraparte o el adquirente no se persone.

6085 **Prohibición de adquisición por los administradores concursales** (LCon art.208) Los administradores concursales no pueden adquirir, por sí o por persona interpuesta, ni aun en subasta, los **bienes y derechos** que integren la masa activa del concurso.
En caso contrario, se impone la sanción de **inhabilitación** para el ejercicio del cargo, así el reintegro a la masa, sin contraprestación alguna, del bien o derecho que hubieran adquirido y, para el acreedor administrador concursal, la pérdida del crédito de que fuera titular.
Fuera de este último supuesto, no se contempla similar prohibición para el resto de los acreedores.

6086 **Enajenación de activos de entidades aseguradoras** La enajenación de activos de entidades aseguradoras o reaseguradoras en concurso, que estén sometidos a la medida de prohibición de disposición, cualquiera que sea la fase del concurso en el que se produzca, requiere autorización del órgano supervisor competente (L 20/2015 art.168.4).

6088 **Informes sobre la liquidación** (LCon art.424) Se establecen las siguientes normas en lo que a los informes de la administración concursal sobre la liquidación se refiere:
1) Cada 3 meses, a contar de la apertura de la fase de liquidación, la administración concursal presentará al juez del concurso un informe sobre el estado de las operaciones, que detallará y cuantificará los **créditos contra la masa devengados y pendientes de pago**, con indicación de sus **vencimientos**. Este informe quedará de manifiesto en la oficina judicial, siendo comunicado por la administración concursal de forma telemática a los acreedores de cuya dirección electrónica se tenga conocimiento.
2) El incumplimiento de este deber podrá determinar la separación y **responsabilidad** si causa daño a los acreedores prevista en LCon art.94 s.
3) Dentro del mes siguiente a la conclusión de la liquidación de la masa activa y, si estuviera en tramitación la sección sexta, dentro del mes siguiente a la notificación de la sentencia de calificación, la administración concursal presentará al juez del concurso un **informe final justificativo** de las operaciones realizadas, y razonará inexcusablemente que no existen **acciones viables de reintegración** de la masa activa ni de **responsabilidad de terceros** pendientes de ser ejercitadas ni otros bienes o derechos del concursado. No impedirá la conclusión que el deudor mantenga la propiedad de bienes legalmente inembargables o desprovistos de valor de mercado, o cuyo coste de realización sería manifiestamente desproporcionado respecto de su previsible valor venal.
También incluirá este informe final una **completa rendición de cuentas**, conforme a lo dispuesto en la legislación concursal. La administración concursal adjuntará dicho informe mediante **comunicación telemática** a los acreedores de cuya dirección electrónica se tenga conocimiento.
4) Si en el plazo de **audiencia** concedido a las partes se formulase **oposición** a la conclusión del concurso, se le dará la tramitación del **incidente concursal**. En caso contrario, el juez dictará **auto** declarando la conclusión del concurso por fin de la fase de liquidación.
5) El informe trimestral que se presente **transcurrido un año desde la apertura de la fase de liquidación** de la masa activa deberá contener como anejo un plan detallado, meramente informativo, del modo y tiempo de liquidación de aquellos bienes y derechos de la masa activa

que todavía no hubieran sido realizados por la administración concursal. En los **siguientes informes trimestrales**, la administración concursal detallará los actos realizados para el cumplimento de ese plan o las razones que hubieran impedido ese cumplimiento.

Garantía laboral de sucesión empresarial (LCon art.221) Cuando, como consecuencia de la **enajenación de una unidad productiva**, una entidad económica mantenga su identidad, entendida como un conjunto de medios organizados a fin de llevar a cabo una actividad económica esencial o accesoria, se considera, a los efectos laborales, que existe sucesión de empresa. 6089 MPCI nº 11642

El juez del concurso es el único con **competencia** para declarar la sucesión y para delimitar los activos, pasivos y relaciones laborales que la componen, pudiendo recabar informe de la Inspección de Trabajo y Seguridad Social -por plazo improrrogable de 10 días- relativo a las **relaciones laborales afectas** a la enajenación de la unidad productiva y las posibles **deudas de Seguridad Social** relativas a estos trabajadores.

No obstante, se admiten dos **excepciones** a este principio:

1) El juez puede acordar que el adquirente **no se subrogue** en la parte de la cuantía de los salarios o indemnizaciones pendientes de pago anteriores a la enajenación que sea asumida por el Fondo de Garantía Salarial (RDLeg 2/2015 art.33; LCon art.224.1.3ª).

2) Igualmente, para asegurar la viabilidad futura de la actividad y el mantenimiento del empleo, el cesionario y los representantes de los trabajadores pueden suscribir **acuerdos** para la modificación de las condiciones colectivas de trabajo.

Precisiones Esta garantía constituye la transposición parcial del **Derecho europeo** sobre aproximación de las legislaciones de los Estados miembros relativas al mantenimiento de los derechos de los trabajadores en caso de traspaso de empresas, de centros de actividad o de partes de empresas o de centros de actividad (Dir 2001/23/CE), materia que ha sido objeto de una nutrida jurisprudencia del Tribunal de Justicia de las Comunidades Europeas (TJCE 12-3-98, C-319/94, caso Dethier).

b. Reparto del activo

Fuera del supuesto del ejercicio del derecho de separación de buques y aeronaves -con aplicación de sus propios privilegios- o de los regímenes especiales aplicables a entidades de crédito, empresas de servicios de inversión y entidades aseguradoras (nº 5486), el **orden de pago** se realiza en atención a la clasificación de los créditos concurrentes sobre la masa pasiva, esto es, créditos concursales y créditos contra la masa. 6091

Créditos contra la masa (LCon art.242 y 429) Antes de proceder al pago de los créditos concursales, la administración concursal debe **deducir de la masa activa** los bienes y derechos necesarios para satisfacer los créditos contra esta, y que las deducciones para atender al pago de los créditos contra la masa se harán con cargo a los bienes y derechos no afectos al pago de créditos con privilegio especial. 6092 MPCI nº 11647

Precisiones **1)** Para entablar la **acción relativa al vencimiento y pago de créditos contra la masa** basta con reclamar primero a la administración concursal para, ante su negativa, demandarla, sin que sea necesario hacerlo a la persona del deudor concursado (LCon art.247 y 248). Por lo que se refiere al plazo para el ejercicio de la acción no es preciso el transcurso del año (LCon art.248).

2) La LCon art.245 establece un **sistema de pago por vencimiento** en función del líquido disponible; ello supone que el pago deberá realizarse tras la constatación en el concurso del mismo, suponiendo una necesaria y legal demora en el pago tanto lo sea por la espera a que queda sometido para su reconocimiento como por la espera que deviene del orden en que deba ser pagado en función de la liquidez del concursado.

Por su parte, se autoriza a la administración concursal a **alterar del orden de pago** de créditos contra la masa por entender que resulta beneficioso para la viabilidad de la empresa, pues el criterio de pago a vencimiento puede modularse en interés del concurso siempre que se cuente con un escenario real de aprovechamiento para la entidad concursada y que se establezcan límites temporales para no convertir la situación coyuntural en estructural (JM Málaga núm 1, auto 19-4-11, Proc 31/08).

Créditos con privilegio especial (LCon art.430 s.) El pago de los créditos con privilegio especial se debe hacer **con cargo a los bienes y derechos afectos**, ya sean objeto de ejecución separada o colectiva, y sin que se puedan anteponer los créditos contra la masa. 6095

No obstante, en tanto se encuentren paralizadas o subsista la suspensión de la ejecución iniciada antes de la declaración de concurso, la administración concursal podrá comunicar a los titulares de estos créditos con privilegio especial que opta por atender su pago **con cargo a la masa** y sin realización de los bienes y derechos necesarios para continuar la actividad empresarial o profesional del deudor (LCon art.430.2). Comunicada esta opción, la administración concursal habrá de satisfacer de inmediato la totalidad de los plazos de amortización e intereses vencidos, y deberá asumir la obligación de atender los sucesivos como créditos contra la masa en cuantía que no exceda del valor de la garantía, calculado de conformidad con LCon art.273. En caso de incumplimiento, se realizarán los bienes y derechos afectos para satisfacer los créditos con privilegio especial.

Los **acreedores con garantía real** sobre bienes del concursado necesarios para continuar su actividad empresarial o profesional, no podrán iniciar la ejecución o realización forzosa de la garantía hasta que se apruebe un convenio cuyo contenido no afecte al ejercicio de este derecho o trascurra un año desde la declaración de concurso sin que se hubiera producido la apertura de la liquidación. Y que tampoco podrán ejercitarse durante ese tiempo las acciones tendentes a recuperar los bienes vendidos a plazos o financiados con reserva de dominio mediante contratos inscritos en el Registro de Bienes Muebles, las acciones resolutorias de ventas de inmuebles por falta de pago del precio aplazado, aunque deriven de condiciones explícitas inscritas en el Registro de la Propiedad, y las acciones tendentes a recuperar los bienes cedidos en arrendamiento financiero mediante contratos inscritos en los Registros de la Propiedad o de Bienes Muebles o formalizados en documento que lleve aparejada ejecución (LCon art.142).

El **inicio** o la **continuación** de las actuaciones en ejercicio de las acciones de ejecución de garantías reales exigirá que conste en el procedimiento testimonio de la resolución del juez del concurso que declare que los **bienes o derechos no son necesarios** para la continuidad de la actividad profesional o empresarial del deudor (LConart.146).

Con independencia del carácter del bien o derecho, tras la aprobación del convenio o transcurrido un año desde la declaración de concurso sin apertura de la fase de liquidación, se podrán iniciar o proseguir las **ejecuciones separadas** (LCon art.148).

6096 MPCI nº 11653

Así mismo, se establece que, a los efectos de lo dispuesto en LCon art.144 y 146, corresponderá al **juez del concurso** determinar si un bien del concursado resulta necesario para la continuidad de la actividad profesional o empresarial del deudor.

Respecto de la **facultad de rescate** de LCon art.430.2 los tribunales y los autores entienden que esta norma es complementaria de la establecida en LCon art.148, y que de la interpretación conjunta de ambos preceptos se infiere que, transcurrido el plazo de paralización de las acciones, el titular del crédito con garantía real recupera la libertad para iniciar la ejecución del bien afecto, sin que el hecho de que opte por un momento u otro para tal actividad procesal extienda el límite temporal de la facultad de rescate. Lo contrario implicaría interpretar de forma extensiva una facultad que constituye una verdadera excepción frente al principio general de que el pago de los créditos con privilegio especial se hará con cargo a los bienes y derechos afectos (LCon art.430.1), agravando aún más la situación de los acreedores con garantía real en el concurso, que ya ven suspendidas o paralizadas sus acciones durante un período prolongado sin que este sacrificio se compense de manera alguna en el concurso, pues si bien se siguen devengando intereses hasta donde alcance la garantía, el importe de la desvalorización de los activos garantizados no está cubierto por el concurso como deuda de la masa, ni da lugar a imputar responsabilidad a los administradores concursales (JM Oviedo núm 1, 30-4-07, EDJ 290608).

Cuando haya de procederse dentro del concurso, incluso antes de la fase de liquidación, a la **enajenación de bienes y derechos** afectos a créditos con privilegio especial, el juez, a solicitud de la administración concursal y previa audiencia de los interesados, puede autorizarla con subsistencia del gravamen y con subrogación del adquirente en la obligación del deudor, que queda excluida de la masa pasiva. De no autorizarla en estos términos, el precio obtenido en la enajenación se debe destinar al pago del crédito con privilegio especial y, de quedar remanente, al pago de los demás créditos.

Si un mismo bien o derecho se encuentra **afecto a más de un crédito con privilegio especial**, los pagos se han de realizar conforme a la prioridad temporal que para cada crédito resulte del cumplimiento de los requisitos y formalidades previstos en su legislación específica para su oponibilidad a terceros -*prior tempore, potior iure*- (LCon art.431). La prioridad para el pago de los créditos con **hipoteca legal tácita** es la que resulte de la regulación de esta (L 58/2003 art.78; RD 939/2005 art.65).

Precisiones Lo dispuesto en LCon art.430 se encuentra en plena armonía con lo establecido en LCon art.149, de forma que los acreedores contemplados en este pierden el **derecho a hacer efectiva su garantía en procedimiento separado**, debiendo incorporarse al de liquidación, aunque sigan gozando de una situación particular (DGRN Resol 11-9-17).

6097 MPCI nº 11657

En la parte en que no puedan ser satisfechos con cargo a estos bienes, se han de **pagar a prorrata** con los créditos ordinarios (LCon art.433.2).

Por remisión de LCon art.421, ha de aplicarse LCon art.209 s.:

1) Dación en pago (LCon art.211). Esta realización se hará en **subasta**, salvo que, a solicitud de la administración concursal o del acreedor con privilegio especial dentro del convenio, el juez

autorice la **venta directa** o la **cesión en pago** o para el pago al acreedor privilegiado, o a la persona que él designe, siempre que con ello quede completamente satisfecho el privilegio especial, o, en su caso, quede el resto del crédito reconocido dentro del concurso con la calificación que corresponda.
2) Realización directa (LCon art.210). Si la realización se efectúa fuera del convenio, el oferente deberá satisfacer un **precio superior al mínimo** que se hubiese pactado y con **pago al contado**, salvo que el concursado y el acreedor con privilegio especial manifestasen de forma expresa la aceptación por un precio inferior, siempre y cuando dichas realizaciones se efectúen a valor de mercado según tasación oficial actualizada por entidad homologada para el caso de bienes inmuebles y valoración por entidad especializada para bienes muebles.

Precisiones 1) En los supuestos de **realización de bienes y derechos afectos a créditos con privilegio especial** previstos en LCon art.230 s., el acreedor privilegiado hará suyo el montante resultante de la realización en cantidad que no exceda de la deuda originaria, correspondiendo el resto, si lo hubiera, a la masa activa del concurso (LCon art.430.3).
2) Mediante la dación en pago de bienes afectos a crédito con privilegio especial al acreedor privilegiado o a la persona que designe queda **completamente satisfecho** dicho crédito (TS 5-11-25, EDJ 757256).

Créditos con privilegio general (LCon art.432) Deducidos de la masa activa los bienes y derechos necesarios para satisfacer los créditos contra la masa, y con cargo a los bienes no afectos a privilegio especial o al remanente que de ellos quedase una vez pagados estos créditos, se atenderá al pago de aquellos que gozan de privilegio general, por el **orden** establecido en LConart.280 -esto es, por el orden establecido en la enumeración de los créditos con privilegio general (nº 5920 s.)- y, en su caso, a prorrata dentro de cada número. **6098**
El juez podrá autorizar el pago de estos créditos sin esperar a la conclusión de las impugnaciones promovidas, adoptando las medidas cautelares que considere oportunas en cada caso para asegurar su efectividad y la de los créditos contra la masa de previsible generación.

Créditos ordinarios (LCon art.433) El pago de estos créditos se ha de hacer con cargo a los bienes que integran la **masa activa**, una vez satisfechos los créditos contra la masa y los privilegiados. **6099**
El pago se efectúa **a prorrata** entre ellos, incluyendo, además, a los créditos con privilegio especial en la parte no satisfecha con cargo a los bienes inmediatamente afectos a su pago.
Únicamente se añaden tres reglas de **oportunidad de pago**:
1) El juez, a solicitud de la administración concursal, en casos excepcionales puede motivadamente autorizar la realización del pago de créditos ordinarios **con antelación**, cuando estime suficientemente cubierto el pago de los créditos contra la masa y de los privilegiados.
2) El juez podrá también autorizar el pago de créditos ordinarios antes de que concluyan las **impugnaciones** promovidas, adoptando en cada caso las medidas cautelares que considere oportunas para asegurar su efectividad y la de los créditos contra la masa de previsible generación.
3) La administración concursal puede atender al pago de estos créditos en función de la **liquidez de la masa activa** con las cautelas que establece LCon art.434.

Créditos subordinados (LCon art.435) En caso de **liquidación** los créditos subordinados solo son satisfechos después de los créditos de las anteriores categorías. **6100**
Su pago se efectúa por el **orden** establecido en su enumeración legal (nº 5926 s.) y, dentro de cada categoría, a **prorrata**.
Siempre que no cause perjuicio a tercero y que el deudor se integre en él, el **pacto de subordinación** relativa entre acreedores se ha de reconocer en el concurso, siendo ejecutable dentro del mismo. La administración concursal realizará los pagos conforme a los previsto en tal pacto.

Créditos por intereses durante el concurso (LCon art.440) En caso de liquidación, si resulta remanente después del pago de la totalidad de los créditos concursales, se han de satisfacer los referidos intereses, calculados al tipo convencional. **6101**

Reglas de coordinación Finalmente, se establecen una serie de reglas de coordinación de pagos o causas de modificación de los créditos que pueden producirse con posterioridad a la aprobación de la lista de acreedores: **6102**
1) Pago anticipado (LConart.436). Si el pago de un crédito se realiza antes del vencimiento que tenga a la fecha de apertura de la liquidación, se deberá hacer con el **descuento** correspondiente, calculado al tipo de interés legal (nº 4669).
2) Coordinación de pagos por otros responsables (LCon art.437).

Se impone que el acreedor que, antes de la declaración de concurso, haya cobrado parte del crédito de un **fiador o avalista** o de un **deudor solidario** tiene derecho a obtener en el concurso del deudor los pagos correspondientes a aquellos hasta que, sumados a los que perciba por su crédito, cubran el importe total de este.

3) Coordinación de concursos de deudores solidarios (LCon art.438). Un derecho similar se reconoce al acreedor en caso de que el crédito hubiera sido reconocido en dos o más concursos de **deudores solidarios**. No obstante, se permite a la administración concursal la adopción de la retención del pago hasta que el acreedor presente certificación acreditativa de lo percibido en los concursos de los demás deudores solidarios. Se impone a su vez la obligación de que, una vez efectuado el pago, lo ponga en conocimiento de los administradores de los demás concursos.

Dada la posible situación de insolvencia ante el concurso de varios deudores solidarios, se añade una regla especial de **postergación al deudor solidario concursado** que haya efectuado el pago parcial al acreedor, de suerte que no puede obtener el pago en los concursos de los codeudores mientras el acreedor no haya sido íntegramente satisfecho.

4) Coordinación con pagos anteriores en fase de convenio (LCon art.439). Estos pagos se presumen legítimos, salvo que se pruebe la existencia de fraude, contravención al convenio o alteración de la igualdad de trato a los acreedores. No obstante, quienes hayan recibido tales pagos no pueden participar en los cobros de las operaciones de liquidación hasta que el resto de los acreedores de su misma clasificación haya recibido pagos en un porcentaje equivalente.

3. Concurso de personas físicas

6103 La **extensión y ámbito** que han de alcanzar las operaciones de liquidación del patrimonio del concursado en los concursos de personas físicas es una cuestión compleja. En estos casos no se produce la extinción de la personalidad del deudor y este puede, durante la liquidación, continuar percibiendo ingresos derivados del ejercicio de su **actividad profesional o laboral**. Se plantea igualmente cuál deba ser el alcance de la suspensión de las **facultades de administración y disposición del patrimonio** del concursado, ya limitada a los bienes y derechos recogidos en los textos definitivos por la administración concursal o extendida a los activos generados con posterioridad por la citada actividad del deudor concursado.

En rigor, la liquidación del concurso tiene como única misión enajenar los bienes, activos y derechos que integran la masa activa, convertir en líquidos los derechos de crédito y pagar al conjunto de acreedores por su orden. Una vez liquidados los bienes de la masa activa, debe concluir el concurso de acreedores y la función de la administración concursal. Resultaría absurdo mantener indefinidamente un concurso de persona física simplemente porque esta va obteniendo nuevos ingresos.

En consecuencia, la administración concursal debe liquidar los bienes que forman parte de la **masa activa** concursada en los textos definitivos, los que se hayan adquirido hasta ese momento y los que, en su caso, se reintegren a dicha masa activa durante la tramitación del concurso, sin que tenga que administrar o intervenir también los **nuevos ingresos, rentas y bienes patrimoniales** que obtenga el concursado con posterioridad a la apertura de la fase de liquidación con el ejercicio de su nueva actividad. Todo ello sin perjuicio de la responsabilidad patrimonial universal del concursado persona física, de acuerdo con lo dispuesto en el CC art.1911 (JM Málaga núm 2, auto 4-10-12).

Puede darse este caso respecto a profesionales, titulares de establecimientos o trabajadores en general que hayan incurrido en sobrendeudamiento y que a pesar de ellos sigan generando recursos económicos por mantener su actividad profesional o laboral, o desarrollar una nueva.

VII. Calificación del concurso

6104 MPCI nº 11679, 11681 Siguiendo un principio tradicional de la legislación concursal, junto con el **interés privado** de los acreedores y del concursado en que descansa el procedimiento, también concurre un marcado **interés público** en el proceso concursal, especialmente manifestado en la calificación de la **conducta del concursado** (TS 9-11-50; 27-3-87, EDJ 2443). Y ello con la finalidad de garantizar una adecuada protección pública a elementos básicos del sistema económico, como el principio de la seguridad del tráfico económico, así como para limitar los efectos de estas insolvencias sobre los intereses sociales y la economía pública.

Por ello, se contempla la tramitación de una sección de calificación del concurso que permita realizar una **comprobación y calificación** de la conducta del concursado en la generación o agravación de la insolvencia, así como en la correcta y ordenada tramitación del proceso.

Precisiones A los efectos de la eventual **persecución penal de un concursado**, lo esencial es la efectiva calidad de esta, evaluada de manera autónoma en el marco de la causa penal que se hubiera abierto al respecto (TS 18-2-09, EDJ 19060). Esto no supone que el contenido de las actuaciones seguidas en aquella jurisdicción y su resultado sean inútiles o indiferentes; sino que pueden arrojar luz sobre las peculiaridades de la conducta examinada. Es decir, la mera calificación civil del concurso no supone automáticamente su aceptación en vía penal, ni siquiera suministra una presunción probatoria, gozando la jurisdicción penal de plena soberanía para evaluar el carácter delictivo o no del concurso previamente calificado en otro orden jurisdiccional (TS 21-2-23, EDJ 32197). Todo ello resulta actualmente de CP art.259.6 y LCon art.462. Al tiempo que tanto este delito como los singulares relacionados con él -falsedades, apropiaciones, alzamiento, etc.- podrán perseguirse sin esperar a la conclusión del proceso civil y sin perjuicio de la continuación de este (TS 30-4-24, EDJ 553868).

1. Apertura de la sección de calificación

(LCon art.446)

La apertura de la sección de calificación carece de incidencia en relación con el cese de los **efectos de la declaración del concurso**, sin perjuicio de la intervención que a la administración concursal da LCon art.448. **6112** MPCI nº 11685

2. Tipos de calificación

(LCon art.442)

El concurso se puede calificar, a los efectos concursales, como **fortuito** o **culpable**. **6114** MPCI nº 11690

Concurso fortuito El concurso fortuito se configura como una **categoría residual**, que es aplicable cuando no concurren las circunstancias que determinan la calificación del concurso como culpable. Por lo tanto, se incluyen tanto los supuestos de insolvencia por **circunstancias accidentales** o **no imputables** al concursado (de buena fe), como aquellos en que, apreciándose algún tipo de negligencia, no puede ser calificada como culpable. **6117**

El criterio del juez del concurso queda absolutamente vinculado por la ley en lo que a la calificación se refiere, pues esta no define ni fija los presupuestos del concurso fortuito, sino que tendrá tal consideración residual siempre que no concurran las circunstancias que imponen, forzosamente, la calificación como culpable, definiendo la culpabilidad de acuerdo con el supuesto general de que en la generación o agravación del estado de insolvencia hubiera mediado dolo o culpa grave del deudor, y con la tipificación de hasta seis supuestos o conductas distintas, cualquiera de las cuales, independientemente de la culpa concreta e individualizada en que haya podido incurrir el deudor, da lugar en todo caso a la existencia de un supuesto de concurso culpable (AP Granada 5-6-09, EDJ 180009; AP Jaén 10-3-08, EDJ 113787).

Concurso culpable (LCon art.442 s.) El concurso se calificará como culpable cuando en la **generación o agravación** del estado de insolvencia hubiera mediado dolo o culpa grave del deudor o, si los tuviera, de sus representantes legales y, en caso de persona jurídica, de sus administradores o liquidadores, de hecho y de Derecho, apoderados generales, y de quienes hubieran tenido cualquiera de estas condiciones dentro de los 2 años anteriores a la fecha de declaración del concurso, así como de sus socios (nº 6122). **6118** MPCI nº 11694

La **principal novedad** de este precepto estriba en la identificación nominativa a los apoderados generales del deudor persona jurídica y a quienes hubieran tenido cualquiera de las condiciones señaladas dentro de los 2 años anteriores a la fecha de declaración del concurso.

Son **requisitos esenciales** para la declaración del concurso culpable los siguientes (AP Pontevedra 21-7-10):

1) Comportamiento activo o pasivo del deudor o de sus representantes legales, y, en caso de persona jurídica, de sus administradores o liquidadores, de derecho o de hecho, de los apoderados generales o de quienes hubieran reunido alguna de estas condiciones en el plazo de 2 años antes de la declaración de concurso.

2) Que ese comportamiento tenga una carga de **antijuridicidad** elevada, ya que ha de ser a título de **dolo o culpa grave**, no bastando ningún otro tipo de negligencia.

3) Un resultado: la **generación** o **agravación** del estado de **insolvencia**.

4) La relación de causalidad entre el comportamiento del sujeto afectado por la calificación y el resultado, es decir, que la generación o agravación del estado de insolvencia se deba a la actuación del sujeto declarado como culpable.

La calificación del concurso como culpable se conecta con un **criterio subjetivo** de **imputación de responsabilidad**, de **culpabilidad cualificada** (dolo o culpa grave), voluntad en el ánimo de dañar y omisión de la **diligencia** debida según CC art.1104, no solo comparativamente con la diligencia media que se espera de una persona normal, sino con la diligencia específica de un ordenado comerciante o representante leal, y con un concreto **resultado**, cual es la generación o agravación del estado de insolvencia, actual o inminente, en **relación de causalidad**.

Para determinar o facilitar su prueba, se acude a un sistema de causas o **presunciones** de culpa o dolo a las que se hace referencia en nº 6119.

6119 **Presunciones de culpa** (LCon art.443) Constituyen presunciones legales de culpa, **sin admitir prueba en contrario** -esto es, presunciones *iuris et de iure*-, los siguientes supuestos:

1) Cuando el deudor legalmente obligado a la llevanza de **contabilidad** incumpla sustancialmente esta obligación, lleve **doble contabilidad** o haya cometido **irregularidad relevante** para la comprensión de su situación patrimonial o financiera. Son tres las hipótesis legales equiparadas a efectos de declarar culpable el concurso: no llevanza de contabilidad alguna; llevanza de doble contabilidad; y llevanza de contabilidad con irregularidades relevantes (JM Alicante núm 1, 13-1-11, EDJ 4093), supuesto que se identifica con la existencia de irregularidades contables claras, de acuerdo con las normas de contabilidad, y que además sean relevantes en cuanto impidan la comprensión cabal de la situación patrimonial o financiera de la sociedad (AP Barcelona 19-3-07, EDJ 130192). Por ello, el mero retardo en la formulación, aprobación o depósito de las cuentas no puede conllevar la calificación del concurso como culpable (JM Alicante 1-9-10).

2) Cuando el deudor haya cometido **inexactitud grave** en cualquiera de los documentos acompañados a la solicitud de declaración de concurso o presentados durante la tramitación del procedimiento, o haya acompañado o presentado documentos falsos. Téngase en cuenta lo previsto en el CP art.261 en relación con el delito de **falsedad documental contable**: el que en procedimiento concursal presentare, a sabiendas, datos falsos relativos al estado contable, con el fin de lograr indebidamente la declaración de aquel, será castigado con la pena de prisión de uno a 2 años y multa de seis a 12 meses.

3) Cuando la apertura de la liquidación haya sido acordada de oficio, por **incumplimiento del convenio** debido a causa imputable al concursado.

4) Cuando el deudor se haya **alzado con la totalidad o parte de sus bienes** en perjuicio de sus acreedores, o haya realizado cualquier acto que retrase, dificulte o impida la eficacia de un embargo en cualquier clase de ejecución iniciada o de previsible iniciación. El alzamiento de bienes tiene que ser anterior a la declaración de concurso para que este pueda ser calificado como culpable con fundamento en esta norma, habida cuenta de que declarado el concurso la administración concursal dispone, en todo caso, de facultades suficientes para impedir este tipo de actos perjudiciales para la masa activa (JM Pontevedra 9-7-10).

6120 MPCI nº 11700 **5)** Cuando, durante los 2 años anteriores a la fecha de la declaración de concurso, hayan **salido fraudulentamente** del patrimonio del deudor bienes o derechos. La intención de defraudar concurrirá siempre que el responsable se percate de que con la salida de bienes no quedará activo suficiente para saldar sus deudas; así como en el supuesto de que al realizarse las transmisiones la situación por la que atraviese el deudor permita colegir que las mismas supondrían vaciar patrimonialmente a la sociedad, y provocar el consecuente perjuicio a los acreedores, además del lapso temporal correspondiente (AP Jaén 28-9-10, EDJ 315884).

6) Cuando, antes de la fecha de la declaración de concurso, el deudor haya realizado cualquier acto jurídico dirigido a simular una **situación patrimonial ficticia**. Ha de tratarse de conductas que entrañen no meros errores o alteraciones, sino una importante e intencionada manipulación, con el fin de aparentar una situación de solvencia que no era real (AP Valladolid 21-10-10, EDJ 268713).

Precisiones **1)** La **práctica judicial** entiende que el carácter fraudulento de la salida de bienes del patrimonio del deudor puede derivarse de los criterios jurisprudenciales establecidos al interpretar el CC art.1111, 1291 y 1297, pero no la mera referencia a los presupuestos de la acción de reintegración a la masa, dada su desvinculación del carácter fraudulento, aunque frecuentemente este también concurrirá.

2) Se considera extremo determinante para la calificación como culpable de un concurso la **falta de presentación de cuentas anuales** de la entidad concursada, sin necesidad de ningún otro factor concurrente, cuando a la fecha de declaración del concurso ha vencido sobradamente el plazo para su presentación y no se aporta justificación por los administradores societarios (AP Barcelona 16-7-09, EDJ 253907; AP A Coruña 6-2-09, EDJ 45769; JPI Logroño núm 6, 27-6-2011).

3) La **inexactitud en la contabilidad** debe ser grave, y referirse a una información relevante para el concurso, para alguna de las operaciones de la masa activa o pasiva, aprobación del convenio o calificación (AP Barcelona 16-7-09, EDJ 253907; 30-12-08, EDJ 353200).

4) Un mismo hecho o conducta puede dar lugar al concurso de varias causas de culpabilidad del concurso, siempre que pueda atribuírsele un **desvalor diferenciado**. Por ejemplo, la desaparición de activos y su no inclusión en el inventario puede subsumirse conjuntamente en LCon art.433.1º y 2º (TS 16-12-19, EDJ 755510).

En cuanto a la naturaleza de los supuestos de LCon art.443, doctrina y jurisprudencia entienden que nos hallamos ante presunciones legales (*iuris et de iure*) o **presunciones absolutas** que no admiten prueba en contrario, esto es, ante **criterios de imputación objetivos** y blindados a cualquier prueba de exculpación, y como tal tipificados, cuya concurrencia o realización resulta suficiente para atribuir la calificación de culpable al concurso, con independencia de si dichas conductas han generado o agravado la insolvencia, y de si en su realización el deudor ha incurrido en dolo o en culpa grave (AP Barcelona 27-4-07, EDJ 153690; 10-3-08; AP Pontevedra 13-3-08, EDJ 95166). **6121**

Estos supuestos constituyen en la práctica las **causas más frecuentes** de calificación del concurso como culpable, dado que el legislador, aplicando determinadas máximas de experiencia y persiguiendo determinados objetivos de política legislativa que considera necesario garantizar (en especial, la observancia de unas mínimas exigencias de corrección y comportamiento ético en el tráfico económico), ha decidido que el concurso en el que se aprecie la concurrencia de ciertas conductas gravemente reprochables por parte del deudor o, si es una persona jurídica, de su administrador o liquidador, han de suponer, en todo caso, su calificación como culpable (AP Madrid 4-12-09, EDJ 362029).

Y por esa razón no es necesario que **en cada supuesto concreto** se valore la concurrencia de dolo o culpa grave, distintos de la propia conducta prevista en los diferentes apartados de LCon art.444, ni que se pruebe la relación de causalidad entre tal conducta y la insolvencia, puesto que se trata de supuestos que, en todo caso, determinan esa calificación, por su intrínseca naturaleza, y porque el Tribunal Supremo ha declarado que a estos efectos no se exige más que el enlace causal preestablecido en la propia norma (TS 7-2-07, EDJ 5375, por todas).

De modo que tales previsiones legales determinan la declaración de culpabilidad del concurso si concurren los supuestos previstos en las mismas, en muchos de los cuales la propia conducta ilícita del deudor o de su administrador provoca una situación de opacidad que dificulta, cuando no imposibilita, la prueba del dolo o la negligencia grave distinta de la propia conducta tipificada en LCon art.443 y de su relación de causalidad con la generación o provocación de la insolvencia, o provoca un daño difuso difícil de concretar a efectos de determinar tal relación de causalidad respecto de un daño concreto y cuantificable.

Presunciones de dolo o culpa grave (LCon art.444) Son presunciones de la existencia de dolo o culpa grave, en la conducta del deudor, salvo prueba en contrario -esto es, presunciones *iuris tantum*-, los siguientes supuestos: **6122**

1) El incumplimiento del deber de **solicitar la declaración del concurso**; para la ley el retraso en la solicitud del concurso constituye una grave transgresión del administrador que determina que el concurso sea culpable, sin perjuicio de que el demandado pueda demostrar que, a pesar de ello, no existió ni dolo ni culpa grave en su actuación (AP Lleida 4-1-10, EDJ 28529).

2) La violación del **deber de colaboración** con el juez del concurso y la administración concursal, por no haberles facilitado la información necesaria o conveniente para el interés del concurso, o -en el régimen precedente a la L 16/2022- por no haber asistido, por sí o por medio de apoderado, a la junta de acreedores.

3) Con respecto al deudor obligado legalmente a la llevanza de **contabilidad**, la ausencia de formulación de las cuentas anuales, la no sumisión de estas a auditoría, debiendo hacerlo, o, una vez aprobadas, el no haberlas depositado en el Registro Mercantil, en alguno de los tres últimos ejercicios anteriores a la declaración de concurso (la falta de depósito por falta de aprobación de las cuentas, ya sea por inexistencia de convocatoria o por desaprobación no subsanada, no libera de responsabilidad a los administradores, ni excluye la aplicación de la presunción de dolo o culpa grave: AP Gipuzkoa 15-9-09, EDJ 404454).

En todo caso, debe recordarse que cabe también la prueba de culpabilidad por la acreditación de **cualquier hecho** que, manifestando el dolo o la culpa grave del deudor o de sus representantes, haya generado o agrave el estado de insolvencia.

4) En el seno del **procedimiento especial para microempresas** (nº 6226 s.), la provisión de información o de documentación gravemente inexacta o falsa, en cualquiera de los formularios normalizados o en documentos acompañados a estos, sin admitir prueba en contrario. Se incurre en inexactitud grave cuando el importe total de un ejercicio, del pasivo o del activo o de los ingresos o de los gastos fuese realmente superior o inferior al 20% del consignado en el formulario, siempre que suponga un importe de al menos 10.000 euros.

Si el juez, las partes o, en su caso, la administración concursal, apreciaran la posible existencia de un hecho que ofrezca **apariencia de delito** no perseguible únicamente a instancia de persona agraviada, se acordará poner a disposición del Ministerio Fiscal el expediente judicial electrónico, por si hubiera lugar al ejercicio de la acción penal (LCon art.688 y 718.2).

6123 MPCI nº 11706 La naturaleza de los supuestos de LCon art.444 difiere notablemente de la de los supuestos de LCon art.443, en la medida en que este precepto fija presunciones legales absolutas e inatacables (*iuris et de iure*), mientras que aquel establece presunciones que la doctrina y la jurisprudencia califican como **relativas**, o *iuris tantum*, y que por lo tanto admiten **prueba en contrario** que incumbe al deudor; y, adicionalmente, estas presunciones solo se refieren al elemento subjetivo del comportamiento del sujeto pasivo, es decir, con fundamento en ellas se presume la existencia de dolo o culpa grave en el sujeto pasivo, pero no se presumen el resto de los requisitos exigidos para la calificación del concurso como culpable (la generación o agravamiento de la insolvencia y la relación causal con el comportamiento del sujeto pasivo), que deberán ser acreditados por la parte que inste la declaración.

Aquí la ley ya no dice que el concurso se calificará como culpable, sino que **se presume la existencia de dolo o culpa grave**, por lo que no abarca todos y cada uno de los elementos antes dichos necesarios para la calificación de culpabilidad. Aunque tienen la misma finalidad, sin embargo, no tienen la misma amplitud aplicativa las presunciones *iuris tantum* de LCon art.444 y las presunciones *iuris et iure* de LCon art.443, pues las presunciones de LCon art.444 solo cubren el elemento subjetivo del dolo o culpa grave y no el resto de los requisitos, que deberán ser cumplidamente acreditados (AP Córdoba 28-3-08).

Las conductas que se describen en el mencionado precepto no necesariamente pueden haber incidido en la **generación o agravación de la insolvencia** -especialmente, la segunda conducta de incumplimiento del deber de colaboración con el juez del concurso o la administración concursal, puesto que la misma se desarrolla siempre con posterioridad a que se haya declarado el concurso, y, por lo tanto, nunca habrá influido en la generación o agravación de la insolvencia- (AP Barcelona 30-1-09, EDJ 34623). En cualquier caso, la admisión de prueba en contrario supone que será el deudor o la persona afectada por la calificación a quien corresponda la carga de negar que haya existido dolo o culpa grave por su parte, correspondiéndole la **carga** de probarlo.

6124 **Incumplimiento culpable del convenio** (LCon art.445 bis) Se calificará como culpable el incumplimiento del convenio:

a) En caso de haber mediado **dolo o culpa grave del deudor** o, si los tuviera, de sus representantes legales y, en caso de persona jurídica, de sus administradores o liquidadores, de derecho o de hecho, de sus directores generales y de quienes, dentro del periodo de cumplimiento del convenio, hubieran reunido cualquiera de estas condiciones.

b) En todo caso, con independencia de lo anterior, en los siguientes supuestos:

1.º Si durante el periodo de cumplimiento del convenio hubieran **salido fraudulentamente del patrimonio** del deudor bienes o derechos.

2.º Si el deudor hubiera realizado cualquier acto jurídico dirigido a **simular una situación patrimonial ficticia**.

El incumplimiento **se presume culpable**, salvo prueba en contrario, cuando el deudor o, en su caso, sus representantes legales, administradores o liquidadores:

- Si durante el cumplimiento del convenio no hubiera reclamado el cumplimiento de las obligaciones exigibles.
- Si hubiera incumplido el deber de solicitar la liquidación de la masa activa.
- Si, estando obligado legalmente a la llevanza de contabilidad, no hubiera formulado en tiempo y forma las cuentas anuales en alguno de los tres últimos ejercicios anteriores a aquel en que hubiera incumplido el convenio; no hubiera sometido esas cuentas a auditoría, debiendo hacerlo, o, una vez aprobadas, no las hubiera depositado en el Registro Mercantil o en el registro correspondiente.

3. Sujetos afectados por la calificación

6125 MPCI nº 11717 s. En principio la calificación recae sobre el **concursado**, o sus representantes legales, y, en caso de persona jurídica, sobre sus **administradores o liquidadores**, de hecho o de derecho, así como sobre sus apoderados generales, sobre quienes hubieran reunido alguna de estas condiciones en el plazo de 2 años antes de la declaración de concurso de acreedores y, en su caso, sobre sus **socios** (LCon art.442 y 688).

No obstante, la calificación se podrá extender a aquellas otras personas que, a título de **cómplices**, y con dolo o culpa grave, hayan cooperado con el deudor o, si los tuviera, con sus

representantes legales y, en caso de persona jurídica, con sus administradores o liquidadores, tanto de derecho como de hecho, o con sus apoderados generales, a la realización de cualquier acto que haya fundado la calificación del concurso como culpable.
Por lo tanto, la actividad a desarrollar no se vincula a la generación o agravación del estado de insolvencia (conducta calificada del autor) sino a la mera producción de alguno de los **supuestos de hecho** que determinan la calificación del concurso como culpable.
Se exige la concurrencia de las siguientes circunstancias (LCon art.445; JM Palma de Mallorca 29-12-08, núm 827/08):
1) Que los cómplices hayan actuado con **dolo** o **culpa**.
2) Que hayan cooperado con el deudor o con sus representantes legales y, en caso de persona jurídica, con sus administradores o liquidadores.
La actuación que integra la complicidad es la **cooperación** a la realización de cualquier acto que haya fundado la calificación del concurso como culpable (AP Burgos 19-2-10, EDJ 47682), y cooperar significa obrar juntamente con otro y otros con una misma finalidad, que en este caso es la de generación o agravación del estado de insolvencia, o, en su caso, a la participación dolosa o con culpa grave en cualquiera de los actos a que se refiere LCon art.443.
3) Que se haya realizado cualquier acto que haya fundado la calificación del concurso como culpable.

4. Formación y tramitación de la sección

(LCon art.446 a 462)

Para la calificación del concurso de acreedores es precisa la formación de la sección sexta (LCon art.446). Se ordenará su formación en el mismo **auto** por el que se finalice la fase común. **6129** MPCI nº 11727
La sección se encabezará con **copia auténtica del auto**, y se incorporarán a ella copias auténticas de la solicitud de declaración de concurso, la documentación aportada por el deudor, el auto de declaración del concurso y el informe de la administración concursal.
En caso de **reapertura de la sección de calificación por incumplimiento de convenio** se procederá del siguiente modo, en la misma resolución que la acuerde, a los efectos de determinar las causas del incumplimiento y las responsabilidades a que hubiera lugar (LCon art.452):
- si se hubiera dictado **auto de archivo o sentencia de calificación**, en la misma resolución judicial que acuerde la apertura de la liquidación por razón del incumplimiento del convenio se ordenará la reapertura de la sección, con incorporación a ella de las actuaciones anteriores y de la propia resolución que ordene la reapertura;
- en otro caso, la referida resolución judicial ordenará la formación de una **pieza separada** dentro de la sección de calificación que se hallara abierta, para su tramitación de forma autónoma y conforme a las normas establecidas en este capítulo que le sean de aplicación.
Por otra parte, el plazo para la **presentación del informe o informes de calificación** se iniciará al siguiente día de la notificación de la apertura de la liquidación al administrador concursal y a los acreedores personados en el concurso.

Partes e intervención de interesados (LCon art.450 ter y conc) En principio, son o pueden ser **partes** de la sección o pieza separada: **6132** MPCI nº 11733
- el concursado (sus representantes o cómplices);
- la administración concursal; y
- cualquier acreedor o persona que acredite interés legítimo.
El **Ministerio Fiscal** no interviene en la sección, sin perjuicio de que se le trasladen por el juez los informes de calificación, si en ellos o en alguno de ellos se pusiera de manifiesto la posible existencia de un hecho constitutivo de delito no perseguible únicamente a instancia de persona agraviada, por si hubiera lugar al ejercicio de la acción penal (LCon art.450 bis).
Asimismo, en los casos de **incumplimiento de convenio** (LCon art.453), si el informe o informes de calificación solicitaran la calificación del concurso como culpable, cualquier acreedor o persona que acredite interés legítimo podrá personarse en la sección sexta o en la pieza separada, antes de la celebración de la vista, para defender esta calificación.
Ante el silencio legal, y por aplicación supletoria de la LEC, la intervención en la sección sexta de los acreedores u otras personas con interés legítimo debe hacerse **a sus expensas**, sin posible derecho a ser reintegrados por la masa de los gastos del juicio ni de las costas, cualquiera que fuesen los resultados de su actuación procesal (TS 16-2-88; 4-3-88; 13-4-88).
Su personación se realiza a los efectos de **alegar por escrito** cuanto consideren relevante para la calificación del concurso como culpable o sobre la existencia de causa imputable de incumplimiento del convenio por el concursado. En suma, no se admite la mera **personación exculpatoria** o que defienda el **carácter fortuito** del concurso.

El **carácter limitado** de la intervención de acreedores e interesados en la sección de calificación del concurso resulta de que su participación se restringe, en todo caso, a realizar alegaciones por escrito de cuanto considere relevante para la calificación del concurso como culpable, pero no le permite ejercitar **pretensiones concretas** sobre el particular, pues este ejercicio lo reserva la ley especialmente para la **administración concursal** a través de su informe, especificando las cuestiones que expresamente debe contener el informe de calificarse el concurso como culpable (personas a las que debe afectar la calificación, cómplices, determinación de daños y perjuicios que, en su caso, hayan causado las personas anteriores), pudiendo incluso disponer del objeto del incidente si el administrador concursal calificara el concurso como fortuito y los acreedores no hubieran presentado informe de calificación, supuesto en que el juez debe ordenar, sin más trámites, el archivo de las actuaciones sin que quepa recurso contra dicha resolución (LCon art.450.6).
En este sentido, los **acreedores** o los sujetos personados en el concurso pueden (LCon art.447 y 449):
- durante el **plazo de comunicación de créditos**, remitir por correo electrónico al administrador concursal los datos y documentos que consideren relevantes para fundar la calificación del concurso como culpable;
- dentro de los **10 días siguientes al de la remisión del informe de calificación** del administrador concursal, los que hubieran formulado alegaciones para la calificación del concurso como culpable, conforme a lo indicado en el guion precedente, podrán presentar también un informe razonado y documentado sobre los hechos relevantes para la calificación del concurso como culpable, en los términos expuestos en nº 6136.

Precisiones La referencia a «**cualquier acreedor**» -actualmente, en LCon art.447- supone una interpretación amplia del concepto de acreedores, pudiendo considerar legitimados para comparecer y ser parte en la sección de calificación a los acreedores contra la masa e incluso los acreedores no incluidos en la lista por no haber comunicado su crédito dentro del plazo legal, pero que pueden acreditar su condición de tales.

6135 **Informes** (LCon art.448 y 449) Concluido el plazo para que tengan lugar las personaciones, se establece un trámite de emisión de informes sucesivo, primero de la administración concursal y, en su caso, de los acreedores:
1) El informe de la **administración concursal**, a evacuar en los 15 días siguientes al de la presentación del inventario y la lista de acreedores provisionales, se impone que tenga la estructura de una demanda y que sea razonado y documentado sobre los hechos relevantes para la calificación del concurso -generación o agravación de la insolvencia o causas de incumplimiento del convenio-, con propuesta de resolución. Si los acreedores u otros personados en el concurso hubieran propuesto la calificación como culpable o formulado alegaciones en tal sentido, se unirán la propuesta o alegaciones como anexo.
Si propone la calificación del concurso como **culpable**, el informe debe expresar la identidad de las personas a las que deba afectar la calificación y la de las que hayan de ser consideradas cómplices, justificando la causa, así como la determinación de los daños y perjuicios causados.
Respecto a la naturaleza de este informe, la LCon art.448.2 ha aclarado las cuestiones suscitadas al señalar que ha de adoptar la **estructura** propia de una demanda. Posición confirmada por LCon art.450.5 y 451 que, coherentemente con ello, señalan que las alegaciones del deudor, salvo en caso de allanamiento, y la oposición del concursado y demás afectados por la calificación del informe, han de adoptar la forma de contestación a la demanda.
En consonancia con ello, se exige que el informe de la administración concursal sea razonado y documentado sobre los hechos relevantes para la calificación del concurso, en el sentido de que se habrán de aportar con el informe los **documentos** en que se funde la propuesta de resolución, pero ello no es necesario en cuanto a los documentos que obran en las restantes secciones del concurso, respecto de los que no se requiere la aportación física, bastando que en el informe se haga la oportuna **remisión** (TS 22-4-10, EDJ 61321).
El mismo día de la presentación, en administrador concursal debe remitir el informe a la dirección electrónica que quienes hubieran alegado sobre la calificación del concurso.

6136 **2)** Dentro de los 10 días siguientes al de la remisión del informe de calificación del administrador concursal, los que hubieran formulado alegaciones para la calificación del concurso como culpable (LCon art.447) pueden, potestativamente, presentar también un informe razonado y documentado sobre los **hechos relevantes para la calificación del concurso como culpable**, con propuesta de resolución del concurso como culpable conforme a lo establecido en el artículo anterior, siempre que representen, al menos, el 5% del pasivo o sean titulares de créditos por importe superior a un millón de euros, según la lista provisional presentada por la administración concursal.

3) Si el informe de la administración concursal solicitara la **calificación del concurso como fortuito** y los acreedores legitimados no hubieran presentado informe de calificación, el juez, sin más trámites, ordenará el archivo de las actuaciones, mediante auto que no admite recurso alguno.

Audiencia y emplazamiento (LCon art.450 a 450 ter y 451) Cuando, al menos, uno de los informes a los que se refiere el nº 9730 s. no califica el concurso como fortuito, solicitando por el contrario la calificación de culpabilidad, dentro del plazo de 5 días siguientes al del final del plazo establecido para el informe los acreedores -es decir, 10 días desde el siguiente a la remisión del informe de la administración concursal-, el juez debe dar audiencia al **deudor** por plazo de 10 días y ordenar emplazar a todas las personas que, según resulte de lo actuado, pudieran ser **afectadas por la calificación** del concurso o declaradas cómplices, a fin de que, en plazo de 5 días, comparezcan en la sección si no lo hubieran hecho con anterioridad. 6137 MPCI nº 9734

El mismo día de la providencia, el letrado de la Administración de Justicia ha de **señalar la vista**, en el término máximo de 2 meses.

A quienes comparezcan **en plazo** se les dará vista por el **letrado de la Administración de Justicia** del contenido de la sección para que, dentro de los 10 días siguientes, aleguen cuanto convenga a su derecho.

Si comparecen **con posterioridad al vencimiento del plazo**, se los tendrá por parte sin retrotraer el curso de las actuaciones.

Si **no comparecen**, serán declarados en rebeldía por el **letrado de la Administración de Justicia** y seguirán su curso las actuaciones sin volver a citarlos (LCon art.450.3).

Si la **prueba propuesta** en los informes emitidos en los que se hubiera solicitado la calificación del concurso como culpable y en las alegaciones presentadas por el deudor, las demás personas afectadas por la calificación y los cómplices, fuese únicamente documental, el juez podrá dejar sin efecto el señalamiento para la celebración de la vista.

Si el deudor o alguno de los comparecidos formulan **oposición a la calificación**, esta se deberá sustanciar por los trámites del **incidente concursal** (LCon art.451). De ser varias las oposiciones, se habrán de sustanciar juntas en el mismo incidente. La oposición manifestada en tiempo y forma obliga a seguir la tramitación incidental, e impide el dictado de sentencia sin más trámites (AP Murcia 29-4-08, EDJ 182421).

En el seno de este incidente la posición activa corresponde a quienes lo instan por medio de su oposición, mientras que la posición pasiva corresponde a quienes calificaron el concurso como culpable. El JM La Coruña 20-6-06 indica, a este respecto, que cuando la administración concursal y el Ministerio Fiscal sostienen que el concurso es culpable su informe y su dictamen operan como **demandas** dirigidas al tribunal para que resuelva sobre determinadas pretensiones, y no hay otro momento procesal posterior en el que las pretensiones declarativas o de condena puedan ser formuladas o ampliadas.

Por fin, si el informe de calificación de la administración concursal solicitara la **calificación del concurso como culpable**, cualquier acreedor o persona que acredite interés legítimo podrá personarse en la sección sexta para defender tal calificación.

Terminación anormal: transacción (LCon art.451 bis) La administración concursal, los acreedores que hubieran presentado informe de calificación y las personas que, según cualquiera de esos informes, pudieran quedar afectadas por la calificación o ser declaradas cómplices podrán alcanzar un acuerdo transaccional sobre el contenido económico de la calificación, condicionado en su eficacia a la **aprobación por el juez** del concurso, previa audiencia a los personados en la sección por plazo de 10 días. 6138

Contra el auto por el que se apruebe la transacción los personados en la sección que hubieran alegado en contra de que la transacción fuera aprobada podrán interponer **recurso** de apelación. Contra el auto por el que se deniegue la aprobación no cabrá interponer recurso alguno.

Reglas especiales en caso de incumplimiento de convenio (LCon art.452 a 454) En la misma resolución que acuerde la **apertura de la liquidación** por esta causa, el juez procede del siguiente modo: 6139

• Si en la sección sexta se hubiera dictado sentencia de calificación o auto de archivo de la sección, ordenará su **reapertura**, con incorporación de la resolución que la ordene.

• Si continuara en tramitación, ordenará la formación de una **pieza separada** dentro de la sección de calificación que se hallara abierta, para su tramitación autónoma y conforme a las normas generales expuestas que le sean de aplicación.

El **plazo para la presentación del informe** o informes de calificación se inicia al siguiente día de la notificación de la apertura de la liquidación al administrador concursal y a los acreedores personados en el concurso, limitándose su contenido a determinar si ha concurrido dolo o culpa grave en el incumplimiento del convenio, con propuesta de resolución.

Si el informe o informes de calificación solicitaran la **calificación de culpabilidad**, cualquier acreedor o persona que acredite interés legítimo puede personarse en la sección sexta o en la pieza separada, antes de la celebración de la vista, para defender esta calificación.

6141 MPCI nº 11749 **Sentencia** (LCon art.455) Si no se ha formulado oposición, o una vez resuelto el incidente concursal, el juez debe dictar **sentencia** que declare el concurso fortuito o culpable.
Si lo califica como **culpable**, se imponen los siguientes contenidos:

a) La **causa** o causas en que se fundamente la calificación.

b) La determinación de las **personas afectadas** por la calificación, así como, en su caso, la de las declaradas **cómplices**. En caso de **persona jurídica**, podrán ser considerados personas afectadas por la calificación los **administradores** o **liquidadores**, de hecho o de derecho, **apoderados generales**, y quienes hubieran tenido cualquiera de estas condiciones dentro de los 2 años anteriores a la fecha de la declaración de concurso. Si alguna de las personas afectadas lo fuera como administrador o liquidador de hecho, la sentencia deberá motivar la atribución de esa condición.

c) La **inhabilitación de las personas afectadas** por la calificación para administrar los bienes ajenos durante un período de 2 a 15 años, así como para representar a cualquier persona durante el mismo período, atendiendo, en todo caso, a la gravedad de los hechos y a la entidad del perjuicio, así como la declaración culpable en otros concursos. En caso de convenio, si así lo hubiera solicitado la administración concursal, excepcionalmente la sentencia de calificación podrá autorizar al inhabilitado a continuar al frente de la empresa o como administrador de la sociedad concursada. En el caso de que una misma persona sea inhabilitada en dos o más concursos, el período de inhabilitación será la suma de cada uno de ellos.

d) La **pérdida de cualquier derecho** que las personas afectadas por la calificación o declaradas cómplices tuvieran como acreedores concursales o de la masa, y la **condena a devolver los bienes o derechos** que hubieran obtenido indebidamente del patrimonio del deudor o hubiesen recibido de la masa activa, así como a indemnizar los daños y perjuicios causados.
La sentencia que califique el concurso como culpable condenará, además, a los cómplices que no tuvieran la condición de acreedores a la indemnización de los daños y perjuicios causados (LCon art.455.2.5º). Esta regla carece de carácter sancionador y establece simplemente un supuesto de responsabilidad por daño. Por ello es por lo que puede aplicarse retroactivamente (TS 23-2-11, EDJ 13870).
Contra la sentencia cabe **recurso de apelación** por quienes hayan sido parte en la sección.

Precisiones La **inhabilitación** se notifica al Registro de la Propiedad y al Registro Mercantil para su constancia en la hoja de la concursada y en las demás del Registro en que aparezca la persona inhabilitada, así como en el Índice único informatizado (LH art.242 bis).

6142 MPCI nº 11753 s. **Responsabilidad concursal. Cobertura del déficit** (LCon art.456) Se basa en las reglas siguientes:

1) Cuando la sección de calificación hubiera sido formada o reabierta como consecuencia de la **apertura de la fase de liquidación**, el juez podrá condenar a todos o a algunos de los administradores, liquidadores, de derecho o de hecho, o apoderados generales, de la persona jurídica concursada, que hubieran sido declarados personas afectadas por la calificación a la cobertura, total o parcial, del déficit, en la medida que la conducta que ha determinado la calificación culpable haya generado o agravado la insolvencia.
Si el concurso hubiera sido ya calificado como culpable, en caso de **reapertura de la sección sexta por incumplimiento del convenio**, el juez atenderá para fijar la condena al déficit del concurso tanto a los hechos declarados probados en la sentencia de calificación como a los determinantes de la reapertura (LCon art.456.4).
En caso de **pluralidad de condenados**, la sentencia deberá individualizar la cantidad a satisfacer por cada uno de ellos, de acuerdo con la **participación** en los hechos que hubieran determinado la calificación del concurso (LCon art.456.3).

2) La **legitimación para solicitar la ejecución** de la condena corresponderá a la administración concursal. Los acreedores que hayan instado por escrito de la administración concursal la solicitud de la ejecución estarán legitimados para solicitarla si la administración concursal no lo hiciera dentro del mes siguiente al requerimiento (LCon art.461.1).

3) Todas las cantidades que se obtengan en ejecución de la sentencia de calificación se integrarán en la **masa activa** del concurso (LCon art.461.2).

4) Quienes hubieran sido parte en la sección de calificación podrán interponer contra la sentencia **recurso de apelación** (LCon art.460).

Concurso culpable del emprendedor de responsabilidad limitada (L 14/2013 art.8 y disp.adic.1ª) Por excepción al principio de responsabilidad patrimonial universal (CC art.1911), el emprendedor de responsabilidad limitada puede conseguir que su responsabilidad y la acción del acreedor, que tengan origen en las deudas empresariales o profesionales, no alcancen: 6143 MPCI nº 11759

- a su **vivienda habitual**, siempre que dicha no vinculación se publique en la forma establecida en la Ley, de modo que: la vivienda no debe estar afecta a la actividad, con publicación en el Registro Mercantil de su no vinculación a las deudas derivadas de la actividad y de valor no superior a 300.000 euros calculado según las reglas del ITP y AJD (RDLeg 1/1993 art.10);
- a los **bienes de equipo productivo afectos a la explotación** y los que los reemplacen, debidamente identificados en el Registro de Bienes Muebles y con el límite del volumen de facturación agregado de los 2 últimos ejercicios.

En el caso de las **deudas de Derecho público** a cargo de emprendedores con responsabilidad limitada, la Administración pública competente podrá desarrollar las actuaciones de cobro correspondientes, con la especialidad de que, cuando entre los bienes embargados se encontrase la vivienda habitual del emprendedor (con los caracteres indicados), su ejecución será posible si no se conocen otros bienes del deudor con valoración conjunta suficiente susceptibles de realización inmediata en el procedimiento de apremio; y entre la notificación de la primera diligencia de embargo del bien y la realización material del procedimiento de enajenación del mismo medie un plazo mínimo de 2 años. Este plazo no se interrumpirá ni se suspenderá, en ningún caso, en los supuestos de ampliaciones del embargo originario o en los casos de prórroga de las anotaciones registrales.

Esta regla limitativa no se aplica, tanto para deudas privadas como públicas, en caso de **fraude o negligencia grave** del deudor en el cumplimiento de sus obligaciones con terceros o si hubiera sido declarado en concurso declarado culpable.

Precisiones 1) El **concepto de emprendedor** a estos efectos es la persona física, cualquiera que sea su actividad, que puede limitar su responsabilidad por las deudas que traigan causa del ejercicio de su actividad empresarial o profesional mediante la asunción de la condición de «emprendedor de responsabilidad limitada», una vez cumplidos los requisitos y en los términos establecidos en la Ley.
2) El **valor máximo de la vivienda** se multiplica por 1,5 en poblaciones superiores a 1.000.000 de habitantes.

5. Calificación del procedimiento administrativo de intervención

(LCon art.463 y 464)

Las especialidades en materia de **entidades de crédito** y **entidades aseguradoras** (LCon art.578) permiten la iniciación de procedimientos de intervención administrativa que pueden abocar a la **liquidación** y **disolución** de la entidad como consecuencia de la falta de cumplimiento de los requisitos de solvencia exigidos por la legislación especial. 6144

Entidades de crédito (L 6/2005) Se dispone lo siguiente: 6145

• A los efectos de la ley tendrá la consideración de **procedimiento de liquidación** en España la apertura de la fase de liquidación del concurso (LCon art.5.2).

• En relación con las **entidades autorizadas en España** que no tengan establecimiento permanente en otros Estados miembros de la Unión Europea, la ley dispone que el nombramiento de la administración concursal quedará acreditado mediante copia autenticada del original de la resolución por la que se le designe, o mediante certificado expedido por el juez del concurso, pudiendo exigirse la traducción de estas certificaciones a la lengua o lenguas oficiales del Estado miembro en cuyo territorio vaya a actuar la administración concursal; y que esta, a fin de desarrollar las facultades que le encomienda la ley española, podrá designar a personas que le asistan o, en su caso, le representen en el transcurso de una medida de saneamiento o del procedimiento de liquidación en los Estados de acogida, para facilitar la solución de las dificultades que pudieran encontrar los acreedores de tales Estados. La administración concursal deberá respetar, en todo caso, la **legislación de los Estados miembros** en cuyo territorio quiera actuar, en concreto, en lo referente a las modalidades de realización de los bienes y derechos, y todo lo relativo a la información de los trabajadores asalariados. Dichas facultades de la administración concursal no podrán incluir el uso de la fuerza, ni la facultad de pronunciarse sobre un litigio o una controversia.

Precisiones En materia de **entidades de crédito y financieras** ha de tenerse presente el régimen de la L 9/2012 -y su derivada, la L 11/2015, que la sustituye y deroga en parte-, expuesto en nº 6230 s.

6146 **Entidades aseguradoras** (L 20/2015 art.172 s.) Se contempla la disolución y liquidación.
Se dispone que, en caso de declaración judicial de concurso de entidades aseguradoras, el Consorcio de Compensación de Seguros, además de asumir las funciones que le atribuye el RDLeg 7/2004 art.14.2, procederá, en su caso, a **liquidar el importe de los bienes** a que se refiere la L 20/2015 art.179.2 al solo efecto de distribuirlo entre los asegurados, beneficiarios y terceros perjudicados; y ello sin perjuicio del derecho de aquellos en el procedimiento concursal (L 20/2015 art.189.3).
La L 20/2015 art.168 y 189 se refiere con más detalle a los procedimientos concursales de entidades aseguradoras. Este precepto establece las normas siguientes:
• El juez que dicte auto de **declaración de concurso** de una entidad aseguradora procederá de inmediato a su notificación al órgano supervisor competente (la Dirección General de Seguros y Fondos de Pensiones o el órgano autonómico con atribuciones, en su caso), la cual, en los 10 días siguientes, informará a las autoridades supervisoras de los restantes Estados miembros de la Unión Europea o del Espacio Económico Europeo (L 20/2015 disp.adic.1ª) sobre la existencia del procedimiento y sus efectos. Asimismo, la Dirección General de Seguros y Fondos de Pensiones procederá a la publicación en el Diario Oficial de la Unión Europea de un extracto de la resolución en el que se indicará, en todo caso, el órgano jurisdiccional competente y la aplicación al procedimiento de la legislación española.
• Los **acreedores conocidos** que tengan su domicilio en un Estado miembro del Espacio Económico Europeo distinto a España deberán ser informados sobre la forma en que han de solicitar el reconocimiento de sus créditos, y podrán presentar los escritos de reclamación de créditos o de observaciones a estos.
• La **Dirección General de Seguros y Fondos de Pensiones** podrá solicitar al juez del concurso información acerca del estado y evolución de los procedimientos concursales que afecten a entidades aseguradoras, así como gestoras o depositarias de fondos de pensiones.

6148 **Cuestión prejudicial devolutiva** Dado que en los casos a los que se refiere el nº 6146 puede quedar excluida la declaración de concurso, en el supuesto de que la disolución y liquidación se derive de la aplicación de las normas especiales correspondientes, se admite una cuestión prejudicial devolutiva a los efectos de permitir la calificación de la conducta del concursado o de sus cómplices.
Para ello, la autoridad supervisora deberá **comunicar la resolución administrativa** de liquidación y disolución de la entidad al juez que habría resultado competente para declarar el concurso a los efectos de tramitar exclusivamente la sección sexta, sin previa declaración del concurso (LCon art.463.2).
Las **especialidades procedimentales** de esta sección son las siguientes:
1) Recibida la comunicación -aunque la resolución administrativa no sea firme-, el juez habrá de dictar auto acordando la **formación de la sección sexta**, a la que se debe incorporar la resolución administrativa en cuestión.
2) A dicho auto se le debe dar la **publicidad** prevista en la ley para la resolución de apertura de la fase de liquidación.
3) El **plazo de personación** de los interesados es de 15 días -en lugar de 10-, a contar desde la publicación expuesta.
4) El **informe sobre la calificación** ha de ser emitido por la autoridad administrativa supervisora, pues no hay administración concursal.

VIII. Conclusión y reapertura del concurso

6150 El RDLeg 1/2020 aborda una **regulación sistemática** de las causas de terminación del proceso concursal, así como del posible supuesto de su reapertura. Dichas causas y reglas de procedimiento se aplicarán a los concursos en tramitación y a aquellos que se inicien a partir del 1-9-2020 (LCon disp.trans.única), con las modificaciones derivadas de la L 16/2022, aplicables desde 26-9-2022 (L 16/2022 disp.trans.1ª).

1. Supuestos de conclusión

(LCon art.465)

6154 Se parte de una mera **enumeración** de causas, sin clasificación por su naturaleza y efectos:
La conclusión del concurso con el **archivo de actuaciones** procederá en los siguientes casos:
a) Una vez firme el auto de la Audiencia Provincial que revoque en apelación el auto de declaración de concurso, por estimar el recurso interpuesto (nº 6158).

b) Cuando de la lista definitiva de acreedores resulte la existencia de un único acreedor (nº 6159).
c) Terminada la fase común, al alcanzar firmeza la resolución que acepte el desistimiento o la renuncia de los acreedores reconocidos, a menos que tras estos resulte la existencia de un único acreedor, estando entonces al apartado anterior (nº 6168).
d) Cuando se dicte auto de cumplimiento del convenio, una vez transcurrido el plazo de caducidad de las acciones de declaración de incumplimiento o, en su caso, rechazadas por resolución judicial firme las que se hubieran ejercitado (nº 6160).
e) Una vez liquidados los bienes y derechos de la masa activa y aplicado lo obtenido en la liquidación a la satisfacción de los créditos (nº 6167).
f) En cualquier estado del procedimiento cuando se compruebe la insuficiencia de la masa activa para satisfacer los créditos contra la masa y concurran las restantes condiciones exigidas por la Ley (nº 6161).
g) Cuando, en cualquier estado del procedimiento, se compruebe el pago o la consignación de la totalidad de los créditos reconocidos o la íntegra satisfacción de los acreedores por cualquier otro medio (nº 6167).
h) En los casos admitidos por la ley, cuando la sociedad declarada en concurso se hubiera fusionado con otra u otras o hubiera sido absorbida por otra, se hubiera escindido totalmente o hubiera cedido globalmente el activo y el pasivo que tuviera (nº 6170).
A dichas causas les resultará de aplicación lo dispuesto en LCon art.468.6 y 469, que establecen la necesidad común en todas ellas de que la administración concursal emita un **informe** sobre las operaciones de liquidación, cantidades obtenidas y pagos realizados, así como sobre los bienes y derechos que permanecerán en el patrimonio del concursado por resultar inembargables, ausencia de valor o coste excesivo de realización. Este informe se pondrá de manifiesto a los acreedores. En ausencia de **alegaciones**, el juez resolverá sobre la conclusión del procedimiento, al hacerlo sobre la rendición de cuentas. Si se formalizan en tiempo y forma, se resuelven por los trámites del **incidente concursal**.

A efectos doctrinales, cabe clasificar las **formas de conclusión** del concurso en las siguientes categorías: **6155**
1. Derivadas de las soluciones normales: cumplimiento del convenio y liquidación.
2. De carácter procesal: revocación del auto de declaración del concurso, desistimiento o renuncia, falta de pluralidad de acreedores.
3. Por satisfacción de los acreedores, esto es, por el pago o consignación de la totalidad de los créditos, causa algo utópica por lo demás.
4. Por falta o agotamiento del activo o inexistencia de bienes o derechos.
5. Como resultado de operaciones societarias FAEC.

No obstante, el principal problema radica en la posible admisión de **otras causas** de terminación. En principio, la enumeración expuesta parece excluir otras hipótesis de terminación. Sin embargo, la ausencia de una expresa declaración de su carácter cerrado permitiría plantearse la admisión de otras causas de terminación. **6156**
En particular, deben resaltarse los siguientes supuestos de terminación:
1) Es dudosa la posible terminación por **caducidad de la instancia**. Cabría considerar que el abandono de la instancia o recurso puede implicar la terminación del proceso concursal. Sin embargo, y en la medida en que se produce una atribución exclusiva de la competencia sobre todas las acciones ejecutivas contra el patrimonio del concursado, sería de aplicación la LEC art.239, que excluye esta forma de terminación de actuaciones para la ejecución forzosa.
2) La **transacción** no figura en la Ley Concursal como causa de conclusión. Esta exclusión pretende reforzar que el posible acuerdo entre las partes del concurso solo pueda alcanzarse por los cauces y formas previstos en la ley (convenio).
3) De forma expresa se dispone que la **muerte o declaración de fallecimiento** del deudor persona física no será causa de conclusión del concurso, que continúa su tramitación como **concurso de la herencia**, correspondiendo a la administración concursal el ejercicio de las facultades patrimoniales de administración y disposición del caudal relicto. En tal caso, se impone que la herencia se mantenga **indivisa** durante la tramitación del concurso. Y la representación de la herencia en el procedimiento corresponde a quien la deba tener conforme a Derecho, y, en su caso, a quien designen los herederos.

Revocación del auto de declaración de concurso (LCon art.465.1 y 466) Procede la conclusión del concurso y el archivo de las actuaciones, una vez firme el **auto de la Audiencia Provincial** que revoque en apelación el auto de declaración de concurso, estimando el recurso. **6158**
La conclusión del concurso se acuerda mediante **diligencia** del letrado de la Administración de Justicia, tan pronto conste en el órgano judicial la firmeza del auto de la Audiencia Provincial que revoque el auto de declaración (LCon art.466). Esta previsión hay que completarla con

la aplicación de lo dispuesto en LCon art.468.6 y 469, permitiendo la **rendición de cuentas** por lo actuado por la administración concursal hasta la fecha.

6159 **Existencia de un único acreedor** (LCon art.465.2º) La conclusión del concurso cuando de la lista definitiva resulte la existencia de un único acreedor es una causa introducida por RDLeg 1/2020, sin además proceder a su desarrollo a diferencia de las restantes enumeradas en LCon art.465, más allá de aplicar procedimentalmente lo dispuesto en LCon art.468.6 y 469.
La redacción y, en concreto, la referencia a la **lista definitiva** puede apuntar a la posibilidad de que el concurso se tramite en ese momento a pesar de que exista un único acreedor. A pesar de que la Ley Concursal nunca haya establecido expresamente el presupuesto de la pluralidad de acreedores para su tramitación, la lógica del sistema así lo requiere. Han de tenerse en cuenta las múltiples referencias que en toda la Ley se hacen a la pluralidad de acreedores y sobre todo a la posibilidad de que se instrumente el concurso, como una vía para inaplicar las reglas propias de las ejecuciones singulares.
Por todo ello, una interpretación sistemática y teleológica de la causa de extinción que nos ocupa, supone que el momento límite para concluir el concurso, cuando existiesen disputas sobre la pluralidad de acreedores es la lista definitiva. Hasta ese momento es posible tramitar el concurso, ante la existencia de contienda sobre si el resto de acreedores tienen un crédito real frente al concursado.

6160 **Cumplimiento del convenio** (LCon art.465.4º y 467) Como medio normal de conclusión del concurso se considera el caso del **auto firme** que declare el cumplimiento del convenio cuando, en su caso, hayan caducado o sido rechazadas por sentencia firme las acciones de declaración de incumplimiento o que declare finalizada la fase de liquidación.
Se trata de un supuesto que debe integrarse por las normas procesales sobre el auto de declaración de cumplimiento.
De esta manera, firme el auto de declaración de cumplimiento y **transcurrido el plazo de caducidad** de las acciones de declaración de incumplimiento o, en su caso, rechazadas por resolución judicial firme las que se hubieran ejercitado, el juez debe dictar auto de conclusión del concurso.

6161 **Insuficiencia sobrevenida de la masa activa** (LCon art.465.7º y 473 s.) Sobre la **inicial ausencia de bienes y derechos**, la jurisprudencia menor, con base en la L 22/2003, es prácticamente unánime al rechazar que se pueda denegar la incoación del procedimiento concursal por una inicial apariencia de inexistencia de bienes. Las primeras fases del concurso están precisamente habilitadas para localizar activos del concursado y para reintegrar a su patrimonio los que indebidamente salieron de él (AP Barcelona 17-6-07; AP Las Palmas 23-12-09, EDJ 376449). Existen, no obstante, algunos pronunciamientos en contra (AP Sta. Cruz de Tenerife auto 10-3-10, EDJ 277166) en los que se reconoce que, explícitamente, la Ley Concursal no prevé el estado de insolvencia o la falta de todo bien y derecho como causa de inadmisión de la solicitud, pero se exponen razones de economía procesal y de seguridad jurídica que permiten la acogida, por vía analógica, de la doctrina elaborada por el Tribunal Supremo en el marco de la anterior regulación legal del procedimiento de insolvencia, en la que se otorgaba carta de naturaleza a la posibilidad de la conclusión *ab initio* del concurso en los casos en que quedaba acreditada la inexistencia de bienes y derechos del deudor, aunque tampoco en aquel marco legal existía una previsión legal en tal sentido.
Por el contrario, si **no se encuentran bienes** (o estos son claramente insuficientes) para seguir adelante el proceso universal, procede acordar la conclusión del concurso, pues no hay fondos siquiera para sostener sus costes, o simplemente para la depuración de responsabilidad propia de la sección de calificación. Y ello porque el concurso tiene la finalidad eminentemente práctica de procurar la satisfacción ordenada, en la media de lo posible, de los derechos de los acreedores. Por lo tanto, es un principio general de nuestro sistema concursal el que el concurso ha de poder alimentarse a sí mismo, si no estaríamos abocados al concurso del concurso, al tener que entrar el propio concurso en concurso (AP A Coruña 9-4-10, EDJ 125872; AP Zaragoza 25-11-10, EDJ 302833).
En la actualidad, ha de tenerse presente el tratamiento del **concurso sin masa** (LCon art.37 bis a 37 quinquies; nº 5614.2).

6162 **Insuficiencia de masa activa posterior al auto de declaración del concurso** (LCon art.473 s.)
MPCI Se regulan las siguientes **especialidades**:
nº 11796 1) En el supuesto de insuficiencia sobrevenida de la masa activa para satisfacer todos los créditos contra la masa, la administración concursal, una vez **pagados o consignado el importe de aquellos ya devengados** conforme al orden establecido en la Ley, debe solicitar del juez la conclusión del concurso de acreedores, con rendición de cuentas, acompañando a la solicitud

de conclusión un informe con el contenido del **informe final de liquidación**, en el que, además, justificará inexcusablemente que:
- el deudor no ha realizado **actos perjudiciales** para la masa activa que sean rescindibles conforme a lo establecido en la ley;
- no existe fundamento para el ejercicio de la **acción social de responsabilidad** contra los administradores o liquidadores, de derecho o de hecho de la persona jurídica concursada, o contra la persona natural designada por la persona jurídica administradora para el ejercicio permanente de las funciones propias del cargo de administrador persona jurídica y contra la persona, cualquiera que sea su denominación, que tenga atribuidas facultades de más alta dirección de la sociedad, cuando no exista delegación permanente de facultades del consejo en uno o varios consejeros delegados;
- no procede calificar el concurso como **culpable**;
- el **rendimiento** que previsiblemente se pudiera obtener del ejercicio de las correspondientes acciones resultaría insuficiente para el pago de los créditos contra la masa pendientes de pago.

2) El mismo día de la presentación de la solicitud de conclusión del concurso, la administración concursal ha de remitir el **informe a los acreedores** de cuya dirección electrónica tenga constancia. Y, ese mismo día o, si no fuera posible, en el siguiente, el letrado de la Administración de Justicia lo pondrá de manifiesto en la oficina judicial a todas las partes personadas por el plazo de 10 días.

3) La administración concursal **no puede solicitar la conclusión** del concurso por insuficiencia sobrevenida de la masa activa mientras esté en tramitación incidente de rescisión de cualquier acto del deudor perjudicial para la masa activa o de exigencia de responsabilidad de terceros o se encuentre en tramitación la sección de calificación, salvo que las correspondientes acciones ya ejercitadas hubiesen sido objeto de cesión o fuese manifiesto que lo que se obtuviera de ellas no sería suficiente para la satisfacción de los créditos contra la masa

4) Dentro del plazo en que el informe estuviera de manifiesto en la oficina judicial, cualquier titular de interés legítimo acreditado puede formular **oposición a la conclusión** del concurso, justificando la existencia de indicios suficientes para considerar que pueden ejercitarse acciones de reintegración o de exigencia de responsabilidad o acreditando por escrito hechos relevantes que pudieran conducir a la calificación del concurso como culpable, acompañando al escrito de oposición documento acreditativo de la constitución de depósito o la consignación en el órgano judicial de una cantidad suficiente para la satisfacción de los previsibles créditos contra la masa. El **depósito o consignación** podrá hacerse también mediante aval solidario de duración indefinida, pagadero a primer requerimiento, emitido por entidad de crédito o sociedad de garantía recíproca, o por cualquier otro medio que, a juicio del tribunal, garantice la inmediata disponibilidad de la cantidad.

Si el juez considerase suficientes los indicios y los hechos acreditados por quien hubiera formulado oposición y suficiente la garantía, la admitirá a trámite conforme a lo establecido para el incidente concursal. Si considerase insuficiente la garantía, concederá a quien hubiera formulado oposición el plazo de 5 días para que pueda mejorarla.

5) Si dentro del plazo establecido por la ley ninguna persona con interés legítimo formulase oposición a la conclusión del concurso, el juez resolverá mediante **auto** sobre la conclusión solicitada.

Satisfacción de los acreedores (LCon art.465.5º y 477) Se produce la terminación del concurso, en cualquier estado del procedimiento, cuando se produzca o compruebe el **pago** o la **consignación** de la totalidad de los créditos reconocidos o la íntegra satisfacción de los acreedores por cualquier otro medio, o bien que ya no existe la situación de insolvencia. **6167**

Esta causa de terminación puede plantearse, teóricamente, en **cualquier estado del procedimiento**. Sin embargo, es prácticamente imposible acordarla antes de la confección de la lista de acreedores, ya que se habla de acreedores reconocidos o, al menos, antes del vencimiento del plazo de comunicación de los créditos. Y ello con el fin de poder comprobar la satisfacción de la totalidad de los acreedores (presupuesto de la causa de conclusión).

Ahora bien, por esta vía no pueden introducirse los posibles **pactos o convenios liquidatorios** (CC art.1175), en la medida que no acreditan el pago total de los acreedores, que tras la entrada en vigor de la Ley Concursal constituye una norma de orden público.

La conclusión se debe acordar por **auto** y previo **informe** de la administración concursal, que se ha de poner de manifiesto por 15 días a todas las partes personadas.

Si en el citado plazo se produce **oposición a la conclusión**, se debe tramitar un incidente concursal.

La conclusión del concurso conforme a esta causa no impedirá la tramitación de la sección de calificación ni la ejecución de sus pronunciamientos (LCon art.477.5).

6168 **Desistimiento o renuncia de la totalidad de los acreedores** (LCon art.465.3º y 477) Procede la conclusión del concurso y el archivo de las actuaciones, una vez terminada la fase común del concurso (esto es, cuando queda ya constancia de la lista de acreedores y por lo tanto de quiénes deben prestar su consentimiento unánime a la conclusión del concurso), cuando quede firme la **resolución** que acepte el desistimiento o la renuncia de la totalidad de los **acreedores** reconocidos. En caso de que, como consecuencia de estos actos, resulte la persistencia de un **único acreedor**, se aplica el régimen expuesto en nº 6159.

Para el presente caso sirven los mismos comentarios que en el caso anterior. Si bien es de destacar que en este supuesto su planteamiento solo será posible cuando haya **terminado la fase común** del concurso, esto es, cuando sean firmes o definitivos el inventario y el listado de acreedores.

En cuanto al **desistimiento del deudor** que insta el concurso hay que partir de la base de que no tiene el mismo tratamiento que el desistimiento del actor en un juicio declarativo, pues el instante del concurso, una vez declarado este, pierde la capacidad de disposición sobre el procedimiento, y de ahí que LCon art.465 no recoja entre las causas de terminación del concurso el desistimiento del deudor concursado cuando se trate de un concurso voluntario.

Precisiones 1) Cualquier acreedor **puede renunciar** tanto al crédito (tácitamente, mediante falta de comunicación del crédito, o expresamente), como a su privilegio -p.e. sometiéndose al convenio-, sin necesidad de autorización judicial, salvo en aquellos casos en que se produzca posposición en contra de la voluntad del acreedor privilegiado.

2) No obstante lo dicho en cuanto al desistimiento del concursado de su solicitud de concurso -voluntario-, procede aceptarlo, sin perjuicio de considerar que **no** está previsto específicamente entre las **causas de conclusión** reguladas en LCon art.465, en la medida en que concurran circunstancias específicas en el caso concreto que aconsejen. Entre otras, la **falta de oposición** de los acreedores personados, de la administración concursal y del acreedor principal y el acuerdo de refinanciación -bajo la L 16/2022 desaparecen- alcanzado con el mismo (JM Barcelona núm 10, auto 25-7-11, Proc 242/11).

6169 **Inexistencia de bienes y derechos** (LCon art.465.6º) La falta de activo constituye causa de conclusión.

Precisiones 1) Se trata de una de las causas que tiene más **aplicación**. De un lado, para permitir la terminación de los anteriores procesos concursales que se encontraban paralizados. Pero también por la falta de presentación temporánea del concurso, lo que determina que más del 90% de los presentados en los 2 primeros años de vigencia no solo concluyan en liquidación, sino que en muchos no existe ni actividad empresarial ni activos realizables desde su inicio.

2) Es de destacar que la importancia de esta causa se incrementa si consideramos que en derecho español no se ha incorporado una causa de inadmisión del concurso por insuficiencia de medios para atender a los **gastos de su tramitación**, por lo que en tales casos la posible paralización del proceso solo podrá tener como solución esta vía.

6170 **Operaciones societarias FAEC: modificaciones estructurales** (LCon art.465.8º) Se trata de una causa de conclusión incorporada por la reforma operada por L 16/2022. A través de estas operaciones se produce una modificación estructural, que puede permitir **fusión, escisión o cesión global del activo o pasivo** de la persona jurídica concursada. Pueden preverse en la propuesta de convenio (LCon art.317 bis) y determinar la conclusión del concurso.

6171 **Regla en materia de tramitación** (LCon art.468.6 y 469) La conclusión se acordará por auto y previo informe de la administración concursal, que se pondrá de manifiesto por 15 días a todas las partes personadas. Si en el plazo de audiencia concedido a las partes se formulase oposición a la conclusión del concurso, se le dará la tramitación del incidente concursal.

2. Efectos de la conclusión

(LCon art.483, 484 y 485)

6173 En todos los casos de conclusión del concurso cesarán las **limitaciones** de las **facultades de administración** y **disposición** sobre el **deudor** subsistentes, a salvo de las que se contengan en la sentencia firme de calificación o de lo previsto en los capítulos siguientes.

En caso de **cumplimiento de convenio**, se producen y mantienen los efectos novatorios pactados en el mismo. Si la conclusión se produce por **liquidación o insuficiencia de la masa activa** los efectos son los expuestos a continuación.

Igualmente, de forma común, se procede a la **rendición de cuentas** de la administración concursal (LCon art.478).

a. Deudor persona física: exoneración del pasivo insatisfecho

(LCon art.486 a 502 y disp.adic.1ª; L 16/2022 disp.trans.1ª.2.6º)

El deudor persona natural, sea o no empresario, de buena fe puede solicitar la exoneración 6174
del pasivo insatisfecho:
- con sujeción a un **plan de pagos sin previa liquidación** de la masa activa; o
- **con liquidación** de la masa activa, si la causa de conclusión del concurso fuera la finalización de la fase de liquidación de la masa activa o la insuficiencia de esa masa para satisfacer los créditos contra la masa.

Se exceptúa cuando se encuentre en alguna de las circunstancias siguientes:

Situación del deudor	Excepciones	Excepciones a las excepciones	Otros matices
10 años anteriores a la solicitud de exoneración	Haber sido condenado en sentencia firme a penas privativas de libertad, aun suspendidas o sustituidas, por delitos contra el patrimonio y contra el orden socioeconómico, de falsedad documental, contra la Hacienda Pública y la Seguridad Social o contra los derechos de los trabajadores, siempre que en todos los casos la pena máxima señalada al delito sea igual o superior a 3 años	En la fecha de presentación de la solicitud de exoneración se haya extinguido la responsabilidad criminal y satisfecho las responsabilidades pecuniarias derivadas del delito.	
	Haber sido sancionado por resolución administrativa firme por infracciones tributarias muy graves, de Seguridad Social o del orden social, o cuando en el mismo plazo se haya dictado acuerdo firme de derivación de responsabilidad	En la fecha de presentación de la solicitud de exoneración se haya satisfecho íntegramente su responsabilidad	
	Haber sido sancionado por infracciones tributarias graves: incluyendo a los deudores que hubieran sido sancionados por un importe que exceda del 50% de la cuantía susceptible de exoneración por la AEAT a la que se refiere el LCon art.489.1.5º		
	Haya sido declarado persona afectada en la sentencia de calificación del concurso de un tercero calificado como culpable		Si la calificación no es firme, el juez debe suspender la decisión sobre la exoneración del pasivo insatisfecho hasta la firmeza de la calificación
Concurso declarado culpable		Si la culpa es exclusivamente haber incumplido el deudor el deber de solicitar oportunamente la declaración de concurso, el juez puede atender a las circunstancias en que se hubiera producido el retraso	
Cuando haya incumplido los deberes de colaboración y de información respecto del juez del concurso y de la administración concursal			El juez del concurso debe apreciar las circunstancias concurrentes respecto de la aplicación o no de la excepción, sin perjuicio de la prejudicialidad civil o penal
Cuando haya proporcionado información falsa o engañosa o se haya comportado de forma temeraria o negligente al tiempo de contraer endeudamiento o de evacuar sus obligaciones, incluso sin que ello haya merecido sentencia de calificación del concurso como culpable. Para ello el juez debe valorar: a) La información patrimonial suministrada por el deudor al acreedor antes de la concesión del préstamo (para evaluar la solvencia patrimonial). b) El nivel social y profesional del deudor. c) Las circunstancias personales del sobreendeudamiento. d) En caso de empresarios, si el deudor utilizó herramientas de alerta temprana puestas a su disposición por las Administraciones públicas			

Queda prohibida la **reiteración de solicitudes**, salvo que hayan transcurrido:

• Al menos 2 años desde la exoneración definitiva tras una exoneración mediante plan de pagos.

• Al menos 5 años desde la resolución que hubiera concedido la exoneración tras una exoneración con liquidación de la masa activa.

En ningún caso las nuevas solicitudes pueden alcanzar al **crédito público**.

Precisiones **1)** Se ha considerado subsanable la **falta de pago** en caso de solicitante de exoneración del pasivo insatisfecho al que se ha derivado responsabilidad en los 10 años anteriores a la petición sin haberla satisfecho íntegramente, si el peticionario ofrece después de la solicitud su abono (AP Barcelona 23-2-24, EDJ 543093).

Se aprecia cierta relatividad en cuanto a la fecha del pago de la sanción impuesta, admitiendo en ciertos casos un **pago posterior** a la fecha límite, atendidas las circunstancias concurrentes (AP Barcelona 7-11-24, EDJ 768652).

2) El régimen que aquí se expone se aplica a las solicitudes de exoneración que se presenten **desde 26-9-2022**, aun en concursos abiertos con anterioridad (L 16/2022 disp.trans.1ª.2.6º). Las referencias hechas a la **AEAT** se entienden extensibles a las Haciendas Forales (LCon disp.adic.1ª), pero no a las comunidades autónomas de régimen común (AP Barcelona Secc 15ª 23-2-24, EDJ 682822).

3) El presupuesto subjetivo de la **buena fe** responde a un modelo mixto (TS 13-3-19, EDJ 536559; 2-7-19, EDJ 639018; 1-7-20, EDJ 592990). El juez verifica que se da la buena fe -falta de alguna de las circunstancias de LCon art.487- así como que algunas de ellas le imponen realizar valoraciones sobre la conducta personal pasada del deudor que han determinado su insolvencia inminente o actual -p.e. nivel social o profesional del deudor, circunstancias personales del sobreendeudamiento, cumplimiento de la obligación de colaboración o información, etc.- por lo que el endeudamiento puede ser considerado temerario o negligente.

A la vista de LCon art.487.1.5º y 6º, el sistema español es similar a los denominados «**de merecimiento**» en los que el deudor ha de acreditar que merece la exoneración por haber observado una conducta de buena fe, especialmente al tiempo de la concesión del crédito y en el cumplimiento del mismo (AP La Rioja 3-10-25, EDJ 771946).

6174.1 MPCI nº 11817 **Extensión** (LCon art.489) La exoneración del pasivo insatisfecho se extiende a la totalidad de las deudas insatisfechas.

Se excluyen las siguientes:

a) Por **responsabilidad civil extracontractual**, por muerte o daños personales, así como por **indemnizaciones** derivadas de accidente de trabajo y enfermedad profesional, cualquiera que sea la fecha de la resolución que los declare.

b) Por **responsabilidad civil derivada de delito**.

c) Por **alimentos**.

d) Por **salarios** correspondientes a los últimos 60 días de trabajo efectivo realizado antes de la declaración de concurso en cuantía que no supere el triple del salario mínimo interprofesional, así como los que se hubieran devengado durante el procedimiento, siempre que su pago no hubiera sido asumido por el Fondo de Garantía Salarial.

e) Por **créditos de Derecho público** con las siguientes particularidades:

• Las deudas para cuya gestión recaudatoria resulte competente la **AEAT** pueden exonerarse hasta un máximo de 10.000 euros por deudor. Para los primeros 5.000 euros de deuda la exoneración es íntegra y, a partir de esa cifra, la exoneración ha de alcanzar el 50% de la deuda hasta el máximo indicado.

• Las deudas por créditos en **Seguridad Social** pueden exonerarse por el mismo importe y en las mismas condiciones. El importe exonerado, hasta el citado límite, ha de aplicarse en orden inverso al de prelación legalmente establecido en la ley y, dentro de cada clase, en función de su antigüedad. Solo es exonerable el crédito en la primera exoneración del pasivo insatisfecho, pero no en las sucesivas exoneraciones que pueda obtener el mismo deudor.

f) Por **multas** a que hubiera sido condenado el deudor en procesos penales y por sanciones administrativas muy graves.

g) Por **costas y gastos judiciales** derivados de la tramitación de la solicitud de exoneración.

h) Las **deudas con garantía real**, sean por principal, intereses o cualquier otro concepto debido, dentro del límite del privilegio especial, calculado conforme a lo establecido en la ley.

Excepcionalmente, el juez puede declarar que no son total o parcialmente exonerables otras deudas no incluidas en la enumeración anterior cuando sea necesario para evitar la insolvencia del acreedor afectado por la extinción del derecho de crédito.

Precisiones **1)** Si el legislador comunitario hubiera querido incluir en la exoneración el **crédito público**, lo habría impuesto expresamente en la Directiva UE 2019/1023. Al contrario, la norma da libertad a los Estados miembros para excluir las categorías de deudas que estimen adecuadas en atención a sus circunstancias. La decisión del Estado español responde a una razón de política legislativa en la que ha dado preeminencia o valor al crédito público por su propia naturaleza (AP Valencia Secc 9ª auto 12-6-23, EDJ 678123). Por otra parte, la Directiva, al regular las **excepciones**

a la exoneración, efectúa un relación no taxativa y cerrada, sino extensible a otros supuestos justificados (AP La Rioja 9-11-23, rec apelación 213/23).

La norma es clara, no deja lugar a **dudas interpretativas**. Los créditos de derecho público quedan exceptuados del beneficio de exoneración del pasivo insatisfecho (AP Sevilla Secc 5ª auto 9-12-22). En igual sentido, sin apreciar **exceso normativo del Estado**: AP Baleares 14-11-24, EDJ 790096; AP Pontevedra 11-11-24, EDJ 791142; AP Sevilla 25-11-24, EDJ 816407; AP Alicante 18-7-25, EDJ 700820; AP Cantabria 10-4-25, EDJ 566028.

En contra, se sigue también manteniendo el mismo criterio respecto de la exoneración de créditos públicos derivado de TS 2-7-19, EDJ 639018 y TS 20-3-25, EDJ 524782, considerándose que el legislador habría incurrido en exceso *ultra vires* al redactar el texto refundido al incluir la totalidad del crédito público como no exonerable (AP Barcelona Secc 15ª 27-1-23, EDJ 594115).

Este criterio se ha **ratificado** por TJUE 11-4-24, asunto C-687/22; 7-11-24, asunto C-289/23; 10-4-25, asunto C-723/23.

2) El pronunciamiento relativo a la exoneración del pasivo insatisfecho debe dar lugar a un **trámite incidental finalizado por sentencia susceptible de apelación**. Sin embargo, cuando no se abre incidente, no cabe formalmente tal recurso (LCon art.546). En todo caso, lo relevante es la existencia material del incidente, de modo que, si se resuelve la oposición material sin tramitar formalmente el incidente y se dicta un auto -no una sentencia-, aunque en principio no resultaría susceptible de recurso de apelación, sí debe entenderse procedente este último, ya que materialmente la tramitación seguida no es adecuada, y ello no debe menoscabar el acceso a la apelación. Con ello se evita el problema generado cuando no se forma incidente concursal (AP Córdoba Secc 1ª 14-5-25, EDJ 685634; AP Alicante 18-7-25, EDJ 700820).

Efectos (LCon art.490 a 492 ter) Se producen los siguientes: **6174.2**

a) **Sobre los acreedores** (LCon art.490):

• Cuando los créditos de los acreedores se extingan por la exoneración no pueden ejercer ningún tipo de acción frente al deudor para su cobro, salvo la de solicitar la revocación de la exoneración.

• Los acreedores por créditos no exonerables mantienen sus acciones contra el deudor y pueden promover la ejecución judicial o extrajudicial de aquellos.

b) **Sobre bienes conyugales comunes** (LCon art.491). Si el concursado tiene un régimen económico matrimonial de gananciales u otro de comunidad y no se ha procedido a la liquidación de ese régimen, la exoneración del pasivo insatisfecho que afecte a **deudas gananciales** contraídas por el cónyuge del concursado o por ambos cónyuges no se extiende a aquel en tanto no haya obtenido él mismo el beneficio de la exoneración del pasivo insatisfecho.

c) **Sobre obligados solidarios, fiadores, avalistas, aseguradores**, etc. (LCon art.492). La exoneración no afecta a los derechos de los acreedores frente a los obligados solidariamente con el deudor y frente a sus fiadores, avalistas, aseguradores, hipotecante no deudor o quienes, por disposición legal o contractual, tengan obligación de satisfacer todo o parte de la deuda exonerada, sin que puedan invocar la exoneración del pasivo insatisfecho obtenido por el deudor. Debe destacarse que:

- los créditos por **acciones de repetición o regreso** quedan afectados por la exoneración en las mismas condiciones que el crédito principal;
- si el crédito de repetición o regreso goza de **garantía real** debe ser tratado como crédito garantizado.

d) **Sobre deudas con garantía real** (LCon art.492 bis):

• En el caso de ejecutarse la garantía real **antes** de la aprobación provisional del plan o antes de la exoneración en caso de liquidación, solo se exonera la deuda remanente.

• En el caso de deudas con garantía real cuya cuantía **pendiente de pago**, al presentarse el plan, exceda del valor de la garantía calculado conforme a lo previsto en LCon art.251 s., se aplica lo siguiente:

- Se mantienen las **fechas de vencimiento** pactadas, pero la cuantía de las cuotas del principal y, en su caso, intereses, se recalcula tomando solo la parte de deuda pendiente que no supere el valor de la garantía. En caso de intereses variables el cálculo toma como tipo de interés de referencia el que sea de aplicación conforme a lo pactado a la fecha de aprobación del plan, sin perjuicio de su revisión o actualización posterior prevista en el contrato.
- A la parte de **deuda que exceda del valor de la garantía** se le aplica lo dispuesto para el vencimiento e intereses de los créditos (LCon art.496 bis) y debe recibir en el plan de pagos el tratamiento que le corresponda según su clase. La parte no satisfecha queda exonerada.

Cualquier exoneración declarada respecto de una deuda con garantía real queda revocada por ministerio de la ley si, ejecutada la garantía, el producto de la ejecución es suficiente para satisfacer, en todo o en parte, deuda provisional o definitivamente exonerada.

e) **Sistemas de información crediticia** (LCon art.492 ter). La resolución judicial que apruebe la exoneración, en cualquier modalidad, ha de incorporar un mandamiento a los acreedores afectados para que comuniquen la exoneración a los sistemas de información crediticia a los

que previamente hubieran informado del impago o mora de deuda exonerada para la debida actualización de sus registros.
El deudor puede recabar testimonio de la resolución para requerir directamente a los sistemas de información crediticia la actualización de sus registros.

Precisiones Por las características del efecto general de la exoneración de créditos, no resulta razonable exigir al acreedor que realice las **comunicaciones necesarias para actualizar la información de sus créditos** que hayan resultado exonerados, mientras no conste que sea conocedor de la exoneración de su crédito ni razonablemente pudiera serlo. De tal forma que, mientras no se le haya comunicado directamente que su crédito se ha visto afectado por la exoneración del pasivo insatisfecho de su deudor, no incurre en **responsabilidad** la entidad bancaria por no haber comunicado la exoneración de dicho crédito a los sistemas de información crediticia -CIRBE, Central de Información de Riesgos del Banco de España- (TS 19-12-23, EDJ 780969).

6175 **Revocación** (LCon art.93, 493 bis y 493 ter) Puede solicitarse la revocación de la exoneración al juez del concurso por cualquier **acreedor afectado** en los siguientes casos:
- Si se acredita que el deudor ha **ocultado la existencia de bienes**, derechos o ingresos.
- Si, durante los 3 años siguientes a la exoneración con liquidación de la masa activa, o a la exoneración provisional, en caso de plan de pagos, **mejora sustancialmente la situación económica** del deudor por causa de herencia, legado o donación, o por juego de suerte, envite o azar, de manera que pudiera pagar la totalidad o al menos una parte de los créditos exonerados. En caso de que la posibilidad de pago fuera parcial, la revocación de la exoneración solo afecta a esa parte.
- Si en el momento de la solicitud estuviera en tramitación un **procedimiento penal o administrativo** y dentro de los 3 años siguientes a la exoneración, en caso de inexistencia o liquidación de la masa activa, o a la exoneración provisional, en caso de plan de pagos, recae sentencia condenatoria firme o resolución administrativa firme.

En ningún caso pueden haber transcurrido **más de 3 años contados desde la exoneración** con liquidación de la masa activa o desde la exoneración provisional en caso de plan de pagos.
La **solicitud** de revocación ha de tramitarse conforme a lo establecido para el juicio verbal. Sin embargo, hasta la celebración de la vista, cualquier acreedor puede personarse para defender la solicitud de revocación de la exoneración y obtener información de bienes.
La **resolución** de la revocación adopta las siguientes formas:
a) Supuestos de **ocultación de bienes o derechos o sentencia o resolución administrativa firmes**: en la misma resolución en que se revoque la exoneración debe acordarse la reapertura del concurso de acreedores con simultánea reapertura de la sección de calificación.
b) Supuestos de **mejora económica**: el juez debe dictar auto revocando total o parcialmente la exoneración concedida y los acreedores recuperan sus acciones frente al deudor para hacer efectivos los créditos no satisfechos a la conclusión del concurso.
Toda resolución de revocación, total o parcial, de la exoneración debe ser objeto de **notificación** a los acreedores personados en el concurso de acreedores del deudor a los que pueda beneficiar.

6176 **Efectos del pago por terceros de deuda no exonerable o no exonerada** (LCon art.494) Quienes, por disposición legal o contractual, tengan obligación de pago de la totalidad o parte de deuda no exonerable o no exonerada, o en caso de pago voluntario hecho por un tercero de una deuda no exonerable o no exonerada, han de adquirir por el pago los derechos de **repetición, regreso y subrogación** frente al deudor y frente a los obligados solidariamente con el deudor, sus fiadores, avalistas, aseguradores y demás obligados por causa legal o contractual respecto de la deuda.

6177 **Modalidades** (LCon art.495 a 502) Se diferencian las siguientes:
a) Exoneración con **plan de pagos**.
b) Exoneración con **liquidación** de la masa activa.

6177.1 **Exoneración con plan de pagos** (LCon art.495 a 500 bis) En la exoneración del pasivo con sujeción a un plan de pagos y sin liquidación de la masa activa solicitada por el deudor hay que tener en cuenta lo siguiente:
a) **Requisitos de la solicitud** (LCon art.495):
- El deudor tiene que aceptar que la concesión de la exoneración se haga constar en el **Registro público concursal** durante el plazo de 5 años o el plazo inferior que se establezca en el plan de pagos.
- Debe ir acompañada de las declaraciones presentadas o que deban presentarse del **IRPF** correspondiente a los 3 últimos ejercicios finalizados a la fecha de la solicitud y las de las restantes personas de su unidad familiar.

• Puede presentarse en cualquier momento **antes de que el juez acuerde la liquidación** de la masa activa.

b) **Contenido del plan de pagos** (LCon art.496):

• Contenido **obligatorio**:

- calendario de pagos de los créditos exonerables que, según esa propuesta, vayan a ser satisfechos dentro del plazo que haya establecido el plan;
- relación detallada de los recursos previstos para su cumplimiento, así como para la satisfacción de las deudas no exonerables y de las nuevas obligaciones por alimentos, las derivadas de su subsistencia o las que genere su actividad -renta y recursos disponibles futuros del deudor y su previsible variación durante el plazo del plan-; y, en su caso,
- el plan de continuidad de actividad empresarial o profesional del deudor o de la nueva que pretenda emprender junto con los bienes y derechos de su patrimonio que se consideren necesarios para ellas.

• Contenido **potestativo**:

- cesiones en pago de bienes o derechos, siempre que: no resulten necesarios para la actividad empresarial o profesional del deudor durante el plazo del plan de pagos, su valor razonable sea igual o inferior al crédito que se extingue o, en otro caso, el acreedor integre la diferencia en el patrimonio del deudor, y se cuente con el consentimiento o aceptación del acreedor;
- pagos de cuantía determinada, pagos de cuantía determinable en función de la evolución de la renta y recursos disponibles del deudor o combinaciones de unos y otros.

El plan de pagos **no puede** consistir en la liquidación total del patrimonio del deudor, ni alterar el orden de pago de los créditos legalmente establecidos, salvo con el expreso consentimiento de los acreedores preteridos o postergados.

c) **Créditos vencidos** (LCon art.496 bis). Se entienden vencidos los créditos afectados por la exoneración con la resolución judicial concediendo la exoneración provisional, descontándose su valor al tipo de interés legal.

d) **Devengo de intereses** (LCon art.496 bis.2 y 3). Los créditos exonerables y no exonerables no devengan intereses durante el plazo del plan de pagos, salvo los no exonerables que gocen de garantía real y hasta el valor de la misma.

e) **Duración del plan de pagos** (LCon art.497). El plan de pagos tiene la siguiente duración que comienza desde la fecha de la aprobación judicial:

3 años	En general
5 años	• Cuando no se realice la vivienda habitual del deudor y, cuando corresponda, de su familia. • Cuando el importe de los pagos dependa exclusiva o fundamentalmente de la evolución de la renta y recursos disponibles del deudor.

f) **Tramitación del plan de pagos** (LCon art.498). La aprobación del plan de pagos requiere que el letrado de la Administración de Justicia dé traslado de la propuesta del mismo a los acreedores personados, a fin de que, dentro del plazo de 10 días, puedan alegar cuanto estimen oportuno en relación con la concurrencia de los presupuestos y requisitos legales para la exoneración o con la propuesta de plan de pagos presentada. Los acreedores personados pueden proponer el establecimiento de medidas limitativas o prohibitivas de los derechos de disposición o administración del deudor durante el plan de pagos.

Una vez presentadas las alegaciones de los acreedores, o transcurrido el plazo anterior, el juez, previa verificación de todos los requisitos, debe denegar o conceder provisionalmente la exoneración del pasivo insatisfecho, con aprobación del plan de pagos o con las modificaciones que estime oportunas, consten o no en las alegaciones de los acreedores.

g) **Impugnación del plan de pagos** (LCon art.498 bis). El plan de pagos puede impugnarse por cualquier acreedor afectado por la exoneración dentro de los 10 días siguientes. El juez debe proceder a su **denegación** en cualquiera de los casos siguientes: **6177.2**

• El plan de pagos no garantiza, al menos, el pago de la parte de sus créditos que habría de satisfacerse en la liquidación concursal.

• El plan de pagos no incluye la realización y aplicación al pago de la deuda exonerable, no exonerable o las nuevas obligaciones del deudor de la totalidad de los activos que no resulten necesarios para la actividad empresarial o profesional del deudor o de su vivienda habitual, siempre que los acreedores impugnantes representen, al menos, el 40% del pasivo total de carácter exonerable.

• Se constata la oposición al plan de pagos por parte de acreedores que representen más del 80% de la deuda exonerable afectada por el plan de pagos, salvo que el juez, atendiendo a las particulares circunstancias del caso, lo imponga.

• El plan no destina a la satisfacción de la deuda exonerable la totalidad de las rentas y recursos previsibles del deudor que excedan del mínimo legalmente inembargable, de los preciso para el cumplimiento de las nuevas obligaciones del deudor durante el plazo del plan de pagos, siempre que se entiendan razonables a la vista de las circunstancias, y de lo requerido para el cumplimiento de los vencimientos de la deuda no exonerable durante el plazo del plan de pagos.

• No concurren los presupuestos y requisitos legales para la exoneración.

Todas las impugnaciones se tramitan conjuntamente por el cauce del **incidente concursal**. La sentencia debe dictarse dentro de los 30 días siguientes a aquel en que hubiera finalizado la tramitación del incidente y es susceptible de **recurso** de apelación, sin efectos suspensivos.

h) **Efectos de la exoneración provisional** (LCon art.498 ter). La resolución concediendo la exoneración provisional produce efectos desde el término del plazo para la impugnación, si no se ha deducido, o desde la fecha de la sentencia judicial que la rechace. Desde entonces cesan todos los efectos de la declaración de concurso, que quedan sustituidos por los que, en su caso, se establezcan en el propio plan de pagos. Sin embargo, subsisten los deberes de colaboración e información hasta la exoneración definitiva.

i) **Extensión de la exoneración** (LCon art.499 y 499 bis). La exoneración se extiende a la parte del pasivo exonerable que, conforme al plan, vaya a quedar insatisfecha. En el caso de que tras la eficacia de la exoneración provisional se produzca una **alteración significativa** de la situación económica del deudor, tanto este, como cualquiera de los acreedores afectados por la exoneración, pueden solicitar del juez la **modificación** del plan de pagos aprobado, lo cual puede hacerse una sola vez.

j) **Revocación** (LCon art.499 ter). La revocación de la exoneración puede solicitarse:

• Por cualquier acreedor afectado por la exoneración, si el deudor incumple el plan de pagos.

• A solicitud de cualquier acreedor si, dependiendo los pagos, exclusiva o fundamentalmente, de la evolución de la renta y recursos disponibles del deudor, se evidencia al término del plazo del plan de pagos que el deudor no ha destinado a la satisfacción de la deuda exonerable la totalidad de las rentas y recursos efectivos, que excedan del mínimo legalmente inembargable; de lo preciso para el cumplimiento de las nuevas obligaciones del deudor durante el plazo del plan de pagos, siempre que se entiendan razonables a la vista de las circunstancias; y de lo requerido para el cumplimiento de los vencimientos de la deuda no exonerable durante el plazo del plan de pagos.

Con la revocación se produce la resolución del plan de pagos y de sus efectos sobre los créditos y la apertura de la liquidación de la masa activa. No obstante, los **actos realizados en ejecución del plan de pagos** producen plenos efectos, salvo que se pruebe la existencia de fraude, contravención del propio plan, o alteración de la igualdad de trato a los acreedores.

k) **Exoneración definitiva** (LCon art.500). El auto concediendo la exoneración definitiva, **no recurrible**, se dicta:

• Transcurrido el plazo fijado para el cumplimiento del plan de pagos sin revocación de la exoneración.

• Cuando, aun no habiendo cumplido el deudor el plan de pagos en su integridad, ello resulte de accidente o enfermedad, u otros acontecimientos graves e imprevisibles que afecten al deudor o sus convivientes, siempre que el deudor haya cumplido las limitaciones o prohibiciones a las facultades de disposición o administración, así como las medidas de cesión en pago establecidas en el propio plan.

l) **Cambio de modalidad de exoneración** (LCon art.500 bis). Se puede solicitar el cambio de modalidad de exoneración a exoneración con liquidación de la masa activa:

- por el deudor que haya solicitado y obtenido la exoneración provisional;
- a solicitud del deudor, cuando se haya revocado la exoneración provisional o no proceda la exoneración definitiva con un plan de pagos.

6177.3 **Exoneración con liquidación de la masa activa** (LCon art.501 a 502) En los casos de **concurso sin masa** en los que no se haya acordado la liquidación de la masa activa, el concursado puede presentar ante el juez del concurso una solicitud de exoneración del pasivo insatisfecho dentro de los 10 días siguientes a contar, bien desde el vencimiento del plazo para que los acreedores legitimados soliciten el nombramiento de administrador concursal sin que lo hubieran hecho, bien desde la emisión del informe por el administrador concursal nombrado, si no aprecia indicios suficientes para la continuación del procedimiento.

Esto mismo se hace en los casos de **insuficiencia sobrevenida de la masa activa** para satisfacer todos los créditos contra la masa y en los que, liquidada la masa activa, el líquido obtenido sea insuficiente para el pago de la totalidad de los créditos concursales reconocidos. Esta solicitud ha de presentarse dentro del **plazo** de audiencia concedido a las partes para formular oposición a la solicitud de conclusión del concurso.

La **solicitud** en la que se manifieste no estar incurso en causas que puedan impedir la obtención de la exoneración, acompañada de las declaraciones del IRPF de los 3 últimos años anteriores a su fecha, debe trasladarse a la administración concursal y a los acreedores

personados para que, en un plazo de 10 días, aleguen lo que tengan por conveniente. En el caso de mostrar su **conformidad** o no oponerse, se concede la exoneración del pasivo insatisfecho y se concluye el concurso.
La **oposición** se sustancia por el trámite del incidente concursal.
No puede dictarse **auto de conclusión** del concurso hasta que gane firmeza la resolución que recaiga en el incidente concediendo o denegando la exoneración solicitada.

b. Deudor persona jurídica

(LCon art.485)

Si el deudor es una persona jurídica, la resolución judicial que acuerde la **conclusión** por la finalización de la liquidación o por insuficiencia de masa activa, debe disponer el **cierre provisional** de su hoja de inscripción en los registros públicos que corresponda. En cuanto la resolución gane firmeza, se expedirá mandamiento por el letrado de la Administración de Justicia, con expresión de la firmeza y remisión inmediata por medios electrónicos al registro correspondiente. **6178** MPCI nº 9830
Transcurrido un año a contar desde que se hubiera ordenado por el juez el cierre de la hoja registral sin que se haya producido la reapertura del concurso, el registrador procederá a la cancelación de la inscripción de la persona jurídica, con **cierre definitivo** de la hoja.
Adviértase que, en perjuicio del deudor persona natural, se produce una «relativa» **liberación de las deudas** no satisfechas, ya que la extinción de la persona jurídica implica (fuera de los supuestos de reapertura y de las posibles acciones de responsabilidad) la cancelación de las deudas no satisfechas.

Precisiones **1)** El mensaje del legislador es claro en orden a fomentar el desarrollo de las actividades empresariales o profesionales mediante la creación de sociedades con una **responsabilidad limitada**.
2) En el supuesto de que se declare la **conclusión del concurso por insuficiencia de la masa activa** -con el consiguiente cierre de la hoja registral-, la extinción de la personalidad jurídica no puede entenderse más que como una extinción a favor o en garantía del tráfico jurídico y en protección de terceros de buena fe, pues de esta forma se evita que la sociedad deudora insolvente pueda seguir operando en el tráfico jurídico (LCon art.485). En definitiva, incluso después de la cancelación persiste todavía la personalidad jurídica de la sociedad extinguida como centro residual de imputación de las relaciones jurídicas de que la sociedad es titular (TS 23-10-23, EDJ 721428).

3. Reapertura

(LCon art.503 a 507)

La conclusión por **liquidación** o por **insuficiencia de masa activa** implica una especie de «archivo provisional». La reapertura del concurso constituye la «reactivación» de aquel concurso anterior que finalizó por inexistencia de bienes o derechos. **6180**
Se contempla la reapertura del concurso en dos **supuestos**:
1) La declaración de concurso de deudor persona natural dentro de los 5 años siguientes a la conclusión de otro anterior por liquidación o insuficiencia de masa activa (LCon art.504). El juez competente, desde que se conozca esta circunstancia, acordará la incorporación al procedimiento en curso de todo lo actuado en el anterior.
2) Cuando se produzca la **aparición de bienes o derechos** con posterioridad, que fueran de propiedad o titularidad de la persona jurídica deudora. La reapertura del concurso de deudor persona jurídica concluido por liquidación o insuficiencia de masa será declarada por el mismo órgano judicial que conoció de este, se tramitará en el mismo procedimiento, y se limitará a la fase de liquidación de los bienes y derechos aparecidos con posterioridad (LCon art.505).
A esta reapertura se le dará la publicidad prevista para el auto de declaración de concurso (LCon art.506), procediendo también la reapertura de la hoja registral en la forma prevista en el Reglamento del Registro Mercantil.
En estos supuestos, el nuevo concurso se limita a la liquidación de los bienes y derechos aparecidos con posterioridad al concurso precedente (AP Navarra 29-6-07, EDJ 349225).
En el año siguiente a la fecha de la resolución de conclusión de concurso por insuficiencia de masa activa, los **acreedores** podrán solicitar la reapertura del concurso con la finalidad de que se ejerciten **acciones de reintegración**, indicando las concretas acciones que deben iniciarse o aportando por escrito hechos relevantes que pudieran conducir a la calificación de concurso como culpable, salvo que se hubiera dictado sentencia sobre calificación en el concurso concluido (LCon art.505.2).

6181 **Competencia** Se establece un sistema diferente de competencia, en atención a los distintos efectos de la conclusión del concurso sobre la persona natural y jurídica:

1) En caso de **persona natural**, es juez competente el que lo sea al momento de la nueva declaración de concurso dentro del término de 5 años. En el nuevo proceso concursal, se produce la reapertura del anterior mediante la incorporación al proceso en curso de todo lo actuado en el anterior.

2) En caso de **persona jurídica**, al haber quedado extinguida no cabe nuevo concurso alguno. Por ello, ante la aparición, posterior a la conclusión, de bienes o derechos, la reapertura se tramita ante el mismo juez y con los mismos administradores concursales que el concurso inicial, si bien se limita a la fase de liquidación de los bienes y derechos aparecidos con posterioridad.

6182 **Tramitación** Destacan las siguientes **reglas**:

1) La **publicidad** de la reapertura se limita al caso de la persona jurídica, ya que en el caso de la persona física su publicidad es la propia del auto de declaración del nuevo concurso.

2) El elemento esencial de la reapertura es la actualización del **inventario** y de la **lista de acreedores**, en plazo de 2 meses desde la reapertura o incorporación al nuevo concurso de lo actuado en el anterior.

En el inventario se han de suprimir de la relación los bienes y derechos que hubiesen salido del patrimonio del deudor, corregir la valoración de los subsistentes, e incorporar y valorar los que hayan aparecido con posterioridad.

En cuanto a la lista de acreedores, se debe indicar la cuantía actual y demás modificaciones acaecidas respecto de los créditos subsistentes e incorporar a la relación los acreedores posteriores.

Esta actualización se somete al régimen ordinario de **aprobación y publicidad** del informe de la administración concursal.

No obstante, el juez debe rechazar de oficio y sin ulterior recurso aquellas pretensiones que no se refieran estrictamente a las cuestiones objeto de actualización.

IX. Procesos concursales con elemento internacional

6186 MPCI nº 11852, 11854 La aparición de procesos concursales con un elemento extranjero es frecuente por la globalización de la economía e internacionalización de los mercados. Esta incidencia es especialmente relevante en el seno de la Unión Europea, en atención a la aplicación de las libertades de movimientos de capital, personas y prestaciones de servicios que configuran un verdadero espacio común europeo.

El **modelo normativo** en que se inspira nuestro Derecho tiene en cuenta dos elementos:

a) Se autoriza un **procedimiento principal** de insolvencia con validez universal, compatible con procedimientos nacionales (secundarios o territoriales) que abarquen exclusivamente los bienes situados en el país en que se incoa el procedimiento.

Su coordinación se trata de conseguir a través de la atribución de facultades especiales al administrador concursal del procedimiento principal, así como por el establecimiento de ciertas reglas que permitan el principio de igualdad de los acreedores en procedimientos de insolvencia que recaigan sobre bienes sitos en otros Estados miembros de la Unión Europea.

b) Se contemplan **reglas o vínculos especiales** para derechos de especial importancia (derechos reales o contratos de trabajo).

Sobre este esquema organizativo, los procesos concursales con elemento internacional se regulan por el Rgto UE/848/2015 y la LCon art.721 a 755. Esta regulación se estructura sobre un régimen común de normas de Derecho internacional privado aplicable a los procedimientos concursales abiertos en España, sea procedimiento principal o territorial, solo si se cumple el principio de reciprocidad o de cooperación de las autoridades del Estado extranjero (LCon art.721.2). Regula el reconocimiento de los procedimientos de insolvencia extranjeros, así como las reglas de coordinación de los procedimientos insolvencia paralelos (principal o territorial) que puedan abrirse.

Precisiones Los **formularios** previstos en el Rgto UE/848/2015 se implantan por Rgto UE/2017/1105. Por Decisión UE (Comisión) 2017/1518, se confirma la participación de **Irlanda** en el Rgto UE/2017/353.

1. Procedimientos principal y secundario

Sobre la base del esquema expuesto, tanto el Derecho de la Unión Europea como el interno distinguen dos tipos de procedimientos: principal y secundario. 6192

Procedimiento principal de insolvencia Puede abrirse solamente por los tribunales del Estado miembro en cuyo territorio se sitúe el **centro de intereses principales** del deudor. 6193

Derecho de la Unión Europea (Rgto UE/848/2015) Para abrir un procedimiento de insolvencia que, a efectos internacionales sea considerado principal, es preciso que en el territorio de los tribunales del Estado miembro se sitúe el **centro de los intereses principales** del deudor, considerando como tal el lugar en el que el deudor lleve a cabo de manera habitual y reconocible por terceros la administración de sus intereses. 6194 MPCI nº 11866

Se presume, salvo prueba en contrario, que:

• En cuanto a las sociedades y **personas jurídicas**, el centro de los intereses principales es el lugar de su domicilio social.

• Respecto de los **particulares que ejercen una actividad mercantil o profesional independiente**, el centro de sus intereses principales es su centro principal de actividad.

• Por lo que toca a **otros particulares**, el centro de sus intereses principales es el lugar de residencia habitual de dicho particular.

Estas **presunciones solo son aplicables** si el domicilio social, en el primer caso, o el centro principal de actividad de la persona, en el segundo, no ha sido trasladado a otro Estado miembro en los 3 meses anteriores a la solicitud de apertura de un procedimiento de insolvencia. Y si la residencia habitual del particular no ejerciente de actividad mercantil o profesional independiente, en el tercero, no ha sido trasladada a otro Estado miembro en los 6 meses anteriores a la solicitud de apertura indicada.

Derecho interno (LCon art.45) La competencia para declarar y tramitar el concurso corresponde al juez de lo mercantil en cuyo territorio tenga el deudor el **centro de sus intereses principales**. Si el deudor tiene además en España su **domicilio** y el lugar de este no coincide con el centro de sus intereses principales, es también competente, a elección del acreedor solicitante, el juez de lo mercantil en cuyo territorio radique aquel. 6195

Por centro de los intereses principales se debe entender el lugar donde el deudor ejerce de modo habitual y reconocible por terceros la administración de tales intereses. En caso de deudor **persona jurídica**, se presume que el centro de sus intereses principales se halla en el lugar del domicilio social, aun cuando se considera ineficaz a estos efectos el cambio de domicilio efectuado en los 6 meses anteriores a la solicitud del concurso.

Los efectos de este concurso «principal» tienen **alcance universal**, comprendiendo todos los bienes del deudor, estén situados dentro o fuera de España.

En el caso de que sobre los bienes situados en un Estado extranjero se abra un procedimiento de insolvencia, se deben tener en cuenta ciertas **reglas de coordinación** (LCon art.749 a 752).

Procedimiento de insolvencia territorial o secundario Este procedimiento puede ser **previo o posterior a la apertura del principal** y puede abrirse en los tribunales de los restantes Estados miembros en cuyo territorio no se sitúe el centro de los intereses principales del deudor, siempre que se cumplan ciertos **requisitos**, y como mínimo que el concursado posea un establecimiento en el territorio del Estado. 6196

Los **efectos** del procedimiento se limitan a los bienes situados en el territorio de ese Estado miembro.

La **especialidad** en ambos casos es que, en caso de existir ya abierto un procedimiento principal que haya sido reconocido en otro Estado miembro, no es preciso examinar y justificar de nuevo la situación de insolvencia (Rgto UE/848/2015 art.34; LCon art.733).

Derecho de la Unión Europea (Rgto UE/848/2015 art.3) Los tribunales de otro Estado miembro solo son competentes para abrir un procedimiento de insolvencia con respecto a ese deudor si este posee un **establecimiento** en el territorio de este último Estado. 6197

Los efectos de dicho procedimiento se limitan a los bienes del deudor situados en el territorio de dicho Estado miembro.

El procedimiento se denomina **territorial** cuando se abra antes que un procedimiento principal de insolvencia, lo que solo puede producirse en uno de los dos **casos** siguientes:

a) Si **no puede obtenerse la apertura de un procedimiento principal** de insolvencia a tenor de las condiciones establecidas por la Ley del Estado miembro en cuyo territorio esté situado el centro de intereses principales del deudor.

b) Si la **apertura del procedimiento se solicita** por:
- un acreedor cuyo crédito tenga su origen en la explotación de un establecimiento situado dentro del territorio del Estado miembro en el que se ha solicitado la apertura del procedimiento territorial o cuyo crédito esté relacionado con dicha explotación; o
- una autoridad pública que, de acuerdo con la legislación del Estado miembro en cuyo territorio esté situado el establecimiento, esté facultada para solicitar la apertura de un procedimiento de insolvencia.

La apertura de un **procedimiento de insolvencia principal** lleva a que los de insolvencia territorial pasen a ser procedimientos de insolvencia secundarios.

6198 **Derecho interno** (LCon art.49) Se admite el procedimiento territorial cuando el centro de los intereses principales no se halle en territorio español, pero el deudor tenga en este un **establecimiento**, entendido como todo lugar de operaciones en el que el deudor ejerza de forma no transitoria una actividad económica con medios humanos y bienes.

Los **efectos** de este concurso, que en el ámbito internacional se considerará concurso territorial, se limitan a los bienes del deudor, afectos o no a la actividad de ese establecimiento, que estén situados en España. En el caso de que sobre los bienes y derechos situados en el extranjero se abra un procedimiento de insolvencia, se tendrán en cuenta las **reglas de coordinación y reconocimiento** de procedimientos extranjeros (LCon art.749 a 752).

2. Reconocimiento de procedimientos de insolvencia

6200 Pieza clave de este esquema es el procedimiento y los requisitos a los que se somete el reconocimiento de un procedimiento de insolvencia en otros Estados, a fin de atribuirle los efectos propios de su naturaleza como procedimiento principal o secundario.

6201 MPCI nº 11882 **Derecho de la Unión Europea** (Rgto UE/848/2015 art.19) La principal especialidad del Derecho europeo es que el reconocimiento de resolución de apertura no necesita un procedimiento interno de exequátur. Toda **resolución de apertura** de un procedimiento de insolvencia, adoptada por el tribunal competente de un Estado miembro, debe ser reconocida en todos los demás Estados miembros desde el momento en que la resolución produzca efectos en el Estado de apertura (TJCE 2-5-06, C-341/04).

A estos efectos, se consideran **procedimientos de insolvencia** los de carácter colectivo, públicos, incluidos los procedimientos provisionales, regulados en la legislación en materia de insolvencia y en los que, a efectos de **rescate, reestructuración de la deuda, reorganización o liquidación**:
- se desapodere a un deudor total o parcialmente de sus bienes y se nombre a un **administrador concursal**;
- los bienes y negocios de un deudor se sometan a **control o supervisión judicial**; o
- un órgano jurisdiccional acuerde, o se establezca por ministerio de la ley, una **suspensión temporal de los procedimientos de ejecución individual** para facilitar las negociaciones entre el deudor y sus acreedores, siempre que los procedimientos en los que se acuerde la suspensión prevean medidas adecuadas para proteger al conjunto de los acreedores y, en caso de que no se alcance un acuerdo, sean previos a uno de los procedimientos señalados en los dos primeros puntos anteriores (Rgto UE/848/2015 art.1).

Estos procedimientos se especifican en los Anexos del Reglamento.

6202 **Efectos del reconocimiento** (Rgto UE/848/2015 art.20) La consecuencia es que la propia resolución de apertura de un procedimiento principal produce, sin ningún otro trámite, en cualquier otro Estado miembro, los efectos que le atribuya la **Ley del Estado en que se haya abierto** el procedimiento, salvo las reglas especiales del Reglamento y en tanto en cuanto ningún otro procedimiento secundario sea abierto en ese Estado miembro.

6203 **Reglas especiales** (Rgto UE/848/2015 art.21 a 23 y 28 a 32) El principio de pleno reconocimiento queda sometido a una serie de reglas especiales:

a) En relación con el **administrador concursal** del procedimiento de otro Estado, para la **prueba de su nombramiento** basta la presentación de una copia certificada conforme al original de la decisión por la que se le nombre o por cualquier otro certificado expedido por el tribunal competente. Y solo puede exigirse su traducción en la lengua o en una de las lenguas oficiales del Estado miembro en cuyo territorio pretenda actuar.

b) El **administrador concursal del procedimiento principal** puede ejercer en el territorio de otro Estado miembro todos los **poderes** que le hayan sido conferidos por la Ley del Estado de apertura, en la medida en que no haya sido abierto ningún otro procedimiento de insolvencia o adoptada ninguna medida cautelar contraria como consecuencia de una solicitud de apertura

de un procedimiento de insolvencia en dicho Estado. En especial, puede **trasladar los bienes del deudor** fuera del territorio del Estado miembro en que se encuentren.
Por su parte, el **administrador concursal de un procedimiento secundario** puede hacer valer, por vía judicial o extrajudicial, en cualquier otro Estado miembro, que un bien mueble ha sido trasladado del territorio del Estado de apertura al territorio de ese otro Estado miembro tras la apertura del procedimiento de insolvencia. Puede también ejercitar cualquier acción revocatoria conveniente para los intereses de los acreedores.
En ambos casos, se debe respetar, en el ejercicio de sus poderes, la Ley del Estado miembro en cuyo territorio quiera actuar, en particular, en lo que respecta a las **modalidades de realización de los bienes**. Los poderes del administrador concursal no incluyen el uso de medios de apremio, a menos que hayan sido ordenados o dictados por un órgano jurisdiccional de dicho Estado, ni la facultad de pronunciarse sobre litigios o controversias.

c) Respecto de la **publicidad del procedimiento e inscripciones registrales**, el administrador concursal -o el deudor no desapoderado- puede pedir las inscripciones o que se publique el contenido esencial de la decisión por la que se abra el procedimiento de insolvencia y, en su caso, la decisión de su nombramiento, en todo Estado miembro en el que exista un establecimiento del deudor. **6204**
Cabe igualmente solicitar que la información se publique **en cualquier otro Estado miembro** que el administrador concursal o el deudor no desapoderado consideren necesario, de acuerdo con los procedimientos de publicación previstos en tal Estado. Cuando la normativa del Estado miembro en el que esté situado un establecimiento del deudor, y este establecimiento esté inscrito en un registro público de dicho Estado miembro, o el Derecho del Estado miembro en el que esté situado un bien inmueble perteneciente al deudor, exija que la información sobre la apertura de un procedimiento se publique en el Registro de la Propiedad Inmobiliaria, en el Registro Mercantil o en cualquier otro registro público, el administrador concursal o el deudor no desapoderado han de tomar todas las medidas necesarias para asegurar que se practica tal inscripción. Asimismo, ambos sujetos mencionados pueden solicitar la inscripción en el registro de cualquier otro Estado miembro, siempre que el Derecho del Estado miembro en el que se lleve el registro autorice tal inscripción.
Tales **gastos** se consideran gastos del procedimiento.
Ha de tenerse en cuenta, igualmente, el régimen de **interconexión de registros de insolvencia** (nº 5611.5), a efectos de publicidad.
d) Cuando tras la apertura de un procedimiento principal, un acreedor obtenga, incluso por vía ejecutiva, un **pago total o parcial** de su crédito sobre los bienes del deudor situados en el territorio de otro Estado miembro, debe restituir lo que haya obtenido al administrador concursal. Como únicas excepciones se considera el supuesto de las reglas especiales sobre derechos reales y asimilados y la reserva de dominio (Rgto UE/848/2015 art.8 y 10).
e) Cuando el acreedor haya obtenido, en un procedimiento de insolvencia, un **dividendo sobre su crédito**, solo puede participar en el reparto abierto en otro procedimiento cuando los acreedores del mismo rango o de la misma categoría hayan obtenido, en ese otro procedimiento, un dividendo equivalente.

f) Quien **ejecute en un Estado miembro** una obligación a favor de un deudor sometido a un procedimiento de insolvencia abierto en otro Estado miembro, cuando debería haberlo hecho a favor del administrador concursal de este procedimiento, queda liberado si desconocía la apertura del procedimiento. **6205**
Salvo prueba en contrario, se presume que quien haya ejecutado dicha obligación antes de las medidas de publicación, ignoraba la apertura del procedimiento de insolvencia. De haberla ejecutado después de las medidas de publicación, se presume, salvo prueba en contrario, que tenía conocimiento de la apertura del procedimiento.
Finalmente, el reconocimiento del procedimiento supone el **reconocimiento** de:
- las resoluciones relativas al desarrollo y conclusión del procedimiento de insolvencia;
- el convenio aprobado;
- las resoluciones, incluso las dictadas por otro órgano jurisdiccional, que se deriven directamente del procedimiento de insolvencia y que guarden inmediata relación con este;
- las resoluciones relativas a las medidas cautelares adoptadas después de la solicitud de apertura de un procedimiento de insolvencia.

Como únicas matizaciones a dicho reconocimiento pleno, se establece que:
• La **ejecución** de las mismas se realizará en los términos del Rgto (UE) 1215/2012 art.39 a 44 y 47 a 57.
• Los Estados miembros no están obligados a reconocer ni a ejecutar resoluciones que tengan por efecto una **limitación de la libertad personal o del secreto postal**, o cuando su ejecución pueda producir efectos claramente contrarios al orden público de dicho Estado, en

especial a sus principios fundamentales o a los derechos y libertades garantizados por su Constitución.

• El **reconocimiento y ejecución de resoluciones distintas** de las antes indicadas se rigen por el Rgto (UE) 1215/2012, en cuanto sea aplicable.

En general, por aplicación del principio de confianza mutua, el reconocimiento y ejecución de sentencias y resoluciones en materia concursal procedentes de un Estado miembro de la Unión Europea debe ser automático, por lo que los motivos de no reconocimiento, únicamente pueden ser aplicados en casos excepcionales (TJCE 28-3-00, C-7/98; 21-1-10, C-444/07).

6206 **Derecho interno** (LCon art.742 s.) Sometido al principio de **reciprocidad**, el reconocimiento de una resolución extranjera de apertura de un procedimiento de insolvencia debe efectuarse a través del procedimiento de exequátur.

No obstante, se disponen una serie de **requisitos** para este reconocimiento:

1. Que la resolución se refiera a un **procedimiento** colectivo fundado en la insolvencia del deudor, en virtud del cual sus bienes y actividades queden sujetos al control o a la supervisión de un tribunal o una autoridad extranjera a los efectos de su reorganización o liquidación.

2. Que se trate de una **resolución definitiva** según la Ley del Estado de apertura, aunque podrá suspenderse si ha sido objeto de recurso o si el plazo para el mismo no hubiese expirado (LCon art.742.4).

3. Que la **competencia** del tribunal o de la autoridad que haya abierto el procedimiento de insolvencia esté basada en alguno de los criterios contenidos en LCon art.45 o en una conexión razonable de naturaleza equivalente.

4. Que la resolución no haya sido pronunciada en **rebeldía del deudor** o, en otro caso, que haya sido precedida de entrega o notificación de cédula de **emplazamiento** o documento equivalente, en forma y con tiempo suficiente para oponerse.

5. Que la resolución no sea contraria al **orden público** español.

Este reconocimiento debe, además, señalar si el procedimiento es de **carácter principal o territorial** (LCon art.742.2).

En todo caso, cabe la **modificación o revocación** del reconocimiento si se demuestra la alteración relevante o la desaparición de los motivos por los que se otorga (LCon art.742.5).

6207 **Efectos del reconocimiento** (LCon art.743 s.) Los efectos del reconocimiento son los siguientes:

a) Atribución al procedimiento extranjero de los efectos que les atribuye la **Ley del Estado de apertura**, salvo las reglas especiales.

b) Reconocimiento del **administrador o representante** del procedimiento extranjero, con las consecuencias siguientes:

• Debe dar al procedimiento una **publicidad** equivalente a la ordenada en el auto de declaración del concurso, cuando el deudor tenga un establecimiento en España (con cargo al procedimiento principal). Esta publicidad es esencial ya que el efecto liberatorio de los pagos hechos en España al deudor sometido a un procedimiento extranjero que impone que el pago debe hacerse al administrador concursal, solo se produce cuando se ignoraba la existencia del procedimiento y esta ignorancia, salvo prueba en contrario, se presume antes de haberse dado a la apertura del procedimiento de insolvencia extranjero esta publicidad.

• Debe solicitar de los registros públicos correspondientes las **inscripciones** que procedan (LCon art.743.3) -con cargo al procedimiento principal-.

• Puede ejercer las **facultades** que le correspondan conforme a la Ley del Estado de apertura, salvo que resulten incompatibles con los efectos de un concurso territorial declarado en España o con las medidas cautelares adoptadas en virtud de una solicitud de concurso y, en todo caso, cuando su contenido sea contrario al orden público. Debe respetar la Ley española, en particular en lo que respecta a las modalidades de realización de los bienes y derechos del deudor (LCon art.743.4).

• Reconocimiento automático de cualquier **otra resolución** dictada en ese procedimiento de insolvencia y que tenga su fundamento en la legislación concursal, siempre que reúna los requisitos exigidos para el reconocimiento de la resolución de apertura (LCon art.742). El requisito de la previa entrega o notificación de cédula de emplazamiento o documento equivalente es exigible, además, respecto de cualquier persona distinta del deudor que haya sido demandada en el procedimiento extranjero de insolvencia y en relación con las resoluciones que le afecten.

Sin embargo, las resoluciones extranjeras que tengan **carácter ejecutorio,** según la Ley del Estado de apertura del procedimiento en el que se hayan dictado, necesitan previo exequátur para su ejecución en España.

Precisiones En el caso de que se haya abierto un **concurso principal en el extranjero** y sus efectos sean reconocidos en España, con arreglo a Ley Concursal o cualquier otra norma de la Unión Europea o convencional aplicables, los efectos del concurso sobre los contratos de trabajo y las relaciones laborales sometidas al Derecho español se regirán exclusivamente por la Ley Concursal. Si, conforme a ella, la **competencia en materia laboral** hubiese correspondido al juez del concurso, el juez de lo mercantil que hubiera sido competente para abrir un procedimiento de insolvencia territorial será competente para aprobar la extinción o modificación de esos contratos, aunque no se haya incoado ningún procedimiento concursal en España (LCon art.745 bis).

3. Efectos de la apertura del procedimiento

Con la diferente extensión territorial vista (universal o sobre los bienes del territorio), tanto en Derecho de la Unión Europea como interno se regulan los efectos de la apertura del procedimiento de insolvencia, con una remisión de efectos propios y unas reglas especiales. **6209**

Precisiones Las disposiciones contenidas en LCon art.721 a 755, estudiadas a continuación tienen consideración de **ley especial** a los efectos de la legislación de cooperación jurídica internacional en materia civil y son de preferente aplicación (L 29/2015 art.2 y disp.adic.1ª.2.a). En todo caso, por parte de esta Ley se establece, en sede de **competencia**, que si la parte contra la que se insta el exequátur estuviera sometida a proceso concursal en España y la resolución extranjera tuviese por objeto algunas de las materias competencia del juez del concurso, la competencia para conocer de la solicitud de exequátur corresponderá al juez del concurso y se sustanciará por los trámites del incidente concursal (L 29/2015 art.44.4).

Derecho de la Unión Europea (Rgto UE/848/2015 art.4) Salvo lo dispuesto en reglas especiales (nº 6211), la Ley aplicable al procedimiento de insolvencia y a sus efectos es la del Estado miembro en cuyo territorio se abra dicho procedimiento, esto es, el Estado de apertura. En concreto, se remiten a la **Ley del Estado de apertura**: **6210**
- las condiciones de apertura, desarrollo y terminación del procedimiento de insolvencia;
- los deudores que puedan ser sometidos a un procedimiento de insolvencia en calidad de tales;
- los bienes que forman parte de la masa y el tratamiento de los bienes adquiridos por el deudor después de la apertura del procedimiento de insolvencia;
- las facultades respectivas del deudor y del administrador concursal;
- las condiciones de oponibilidad de una compensación;
- los efectos del procedimiento de insolvencia sobre los contratos en vigor en los que el deudor sea parte;
- los efectos de la apertura de un procedimiento de insolvencia sobre las ejecuciones individuales con excepción de los procesos en curso;
- los créditos que deban reconocerse al pasivo del deudor y el tratamiento de los créditos nacidos después de la apertura del procedimiento de insolvencia;
- las normas relativas a la presentación, examen y reconocimiento de los créditos;
- las normas del reparto del producto de la realización de los bienes, la prelación de los créditos y los derechos de los acreedores que hayan sido parcialmente indemnizados después de la apertura del procedimiento de insolvencia en virtud de un derecho real o por el efecto de una compensación;
- las condiciones y los efectos de la conclusión del procedimiento de insolvencia, en particular, mediante convenio;
- los derechos de los acreedores después de terminado el procedimiento de insolvencia;
- la imposición de las costas y gastos del procedimiento de insolvencia;
- las normas relativas a la nulidad, anulación o inoponibilidad de los actos perjudiciales al conjunto de los acreedores.

Reglas especiales (Rgto UE/848/2015 art.8 a 17) Se disponen una serie de reglas especiales sobre los siguientes supuestos: **6211**
- **Derechos reales** u otros derechos inscritos en un registro público y oponibles a tercero, de un acreedor o tercero sobre los bienes que pertenezcan al deudor y que, en el momento de apertura del procedimiento, se encuentren en el territorio de otro Estado miembro. La declaración de concurso no afectará a los derechos reales que el acreedor titular ostente sobre concretos bienes del deudor, de cualquier naturaleza, siempre que al tiempo de la **apertura del concurso** se encuentren en **territorio de otro Estado** diverso **de aquel en que se tramita el concurso**. De esta forma, el acreedor ostenta el **derecho de ejecución separada**, aunque, si existiese remanente o sobrante en tal ejecución, procederá su reintegración a la masa activa del procedimiento concursal tramitado en España.
- Derecho del acreedor a reclamar la **compensación de su crédito** con el crédito del deudor, cuando la Ley aplicable al crédito del deudor insolvente permita dicha compensación.

• Derecho del vendedor basado en una **reserva de dominio**, cuando dicho bien se encuentre, en el momento de apertura del procedimiento, en el territorio de un Estado miembro distinto del Estado de apertura.
• Aplicación de la Ley del lugar donde radiquen los bienes inmuebles para los efectos del procedimiento de insolvencia sobre un contrato que otorgue un **derecho de uso o de adquisición**.
• Competencia del órgano jurisdiccional que haya abierto el procedimiento principal para aprobar la **rescisión o modificación** de dichos contratos, siempre que el Derecho del Estado miembro aplicable a los contratos anteriores requiera que estos solo puedan ser rescindidos o modificados con la aprobación del órgano jurisdiccional que haya abierto el procedimiento de insolvencia y que no se haya abierto un procedimiento de insolvencia en dicho Estado miembro.
• Aplicación de la Ley del Estado correspondiente a los participantes en un sistema de pago o compensación o en un **mercado financiero**.
• Efectos sobre el **contrato de trabajo** y sobre la relación laboral, que se regulan exclusivamente por la Ley del Estado miembro aplicable al contrato de trabajo.
• Efectos sobre los derechos del deudor sobre un **bien inmueble, buque o aeronave** sometidos a registro, que se regulan de acuerdo con la Ley del Estado miembro bajo cuya autoridad se lleve el registro.
• Mantenimiento de la competencia de los órganos jurisdiccionales del Estado miembro en el que puedan abrirse procedimientos de insolvencia secundarios para aprobar la **rescisión o modificación** de los contratos anteriores, aunque no se haya incoado ningún procedimiento en dicho Estado miembro.
• Limitación a las **acciones de reintegración**, cuando el beneficiado pruebe:
- que el acto que se dice perjudicial está sujeto a la Ley de un Estado miembro distinto del Estado de apertura; y
- que, en ese caso concreto, dicha Ley no permite en ningún caso que se impugne dicho acto.
Protección de los terceros adquirentes sobre inmuebles, buques o aeronaves o valores negociables cuya existencia suponga una inscripción en un registro público, según la Ley del Estado en cuyo territorio se encuentre el bien inmueble, o bajo cuya autoridad se lleve el registro.

Precisiones Queda siempre a salvo el ejercicio de las **acciones de nulidad, anulación o inoponibilidad de los actos perjudiciales** para el conjunto de los acreedores previstas en Rgto UE/848/2015 art.7.2.m.

6212 MPCI nº 11908 **Reglas de coordinación** (Rgto UE/848/2015 art.36 a 52) Se disponen unas reglas especiales para los procedimientos secundarios, con la finalidad de permitir su adecuada coordinación:
1. Ampliación de la **legitimación** para su iniciación al administrador concursal del procedimiento principal.
2. Al administrador concursal del proceso principal o al deudor no desapoderado, en caso de solicitud de apertura de un proceso secundario.
3. Posibilidad del órgano jurisdiccional, cuando se haya autorizado la **suspensión temporal de los procedimientos de ejecución individual** para facilitar las negociaciones entre el deudor y sus acreedores, de suspender la apertura de un procedimiento durante un plazo no superior a 3 meses, con adopción de medidas adecuadas para proteger los intereses de los acreedores locales, así como, en su caso, medidas cautelares. Con capacidad de levantar la suspensión en cualquier momento.
4. **Control jurisdiccional** de la resolución de apertura del procedimiento de insolvencia secundario. A instancia del administrador concursal del procedimiento de insolvencia principal, que puede impugnar la resolución de apertura del secundario ante los órganos jurisdiccionales del Estado miembro en el que este se haya abierto por el motivo de las condiciones y los requisitos exigibles.
5. Procedencia de la **reclamación de anticipo de gastos y costas** del procedimiento o fianza, cuando exija la legislación del Estado miembro, en que se haya solicitado la apertura de un procedimiento secundario, que el activo del deudor sea suficiente para cubrir, total o parcialmente, los gastos y costas del procedimiento.
6. Obligaciones de **información y cooperación** recíproca del administrador concursal del procedimiento principal y los de los procedimientos secundarios, así como de los órganos jurisdiccionales actuantes entre sí.
7. Facilidades para el ejercicio del **derecho de los acreedores**, tanto en el procedimiento principal y en todo procedimiento secundario, por sí o representados por los administradores concursales de los restantes procedimientos.
8. Facultad de suspender en el procedimiento secundario las **operaciones de liquidación**, a petición del administrador concursal del procedimiento principal.

9. Coordinación del procedimiento principal en las distintas formas de **terminación del procedimiento secundario**:
• Legitimación del administrador concursal del procedimiento principal, en caso de que la legislación del Estado donde se tramite el procedimiento secundario permita convenio, plan de reestructuración o medida similar que evite la liquidación, para proponerlos o, en su caso, para ratificar el alcanzado si afecta a los intereses financieros de los acreedores del procedimiento principal.
• Extensión de las quitas y esperas del procedimiento secundario al principal, solo si hay conformidad de todos los acreedores interesados.
• Posibilidad de suspensión de las operaciones de liquidación. Solamente el administrador concursal del procedimiento principal, o el deudor con su consentimiento, puede proponer un convenio.
• En caso de liquidación y si se produce un excedente de activo en el procedimiento secundario, debe remitirse al procedimiento principal.
• Facultad del administrador concursal del procedimiento principal de instar la conversión del procedimiento en uno de liquidación, si ello resulta útil para los intereses de los acreedores del procedimiento principal.
10. Legitimación del administrador concursal o administrador concursal provisional para solicitar **medidas cautelares** de conservación o protección de los bienes hasta la declaración de apertura.

Precisiones Adicionalmente a lo expuesto, se regula el derecho del administrador concursal de contraer un **compromiso con el fin de evitar la apertura de procedimientos de insolvencia secundarios**, acerca del cual puede consultarse nº 11908 Memento Procesal Civil 2026.

Derecho interno (LCon art.722) La regla general es que la Ley española determina los presupuestos y efectos del **concurso declarado en España**, su desarrollo y su conclusión. No obstante, se disponen una serie de reglas especiales. **6213**

Reglas especiales para el procedimiento principal (LCon art.723 a 731) Se establecen unas reglas especiales, similares a las ya vistas a nivel europeo: **6214**
• Los **derechos reales** o derechos del vendedor con **reserva de dominio** sobre los bienes que pertenezcan al deudor y que, en el momento de apertura del procedimiento, se encuentren en el territorio de otro Estado, se rigen por la Ley de este.
• La declaración de concurso del vendedor de un bien con **reserva de dominio** que ya haya sido entregado y que al momento de la declaración se encuentre en el territorio de otro Estado no constituye, por sí sola, causa de resolución ni de rescisión de la venta y no impide al comprador la adquisición de su propiedad.
• Los efectos del concurso sobre derechos del deudor que recaigan en **bienes inmuebles, buques o aeronaves** sujetos a inscripción en registro público se acomodarán a lo dispuesto en la Ley del Estado bajo cuya autoridad se lleve el registro.
• Se somete la validez de los actos de disposición a título oneroso del deudor sobre bienes inmuebles o sobre buques o aeronaves que estén sujetos a **inscripción en registro público**, realizados con posterioridad a la declaración de concurso, a la Ley del Estado en cuyo territorio se encuentre el bien inmueble o por la de aquel bajo cuya autoridad se lleve el registro de buques o aeronaves.
• Los efectos del concurso sobre los derechos y obligaciones de los participantes en un **sistema de pago o compensación** o en un **mercado financiero** o sobre derechos que recaigan en valores negociables representados mediante anotaciones en cuenta, se rigen por la Ley del Estado de dicho sistema o mercado o del registro donde dichos valores estén anotados.
• Reconocimiento de que la declaración de concurso no afecta al derecho de un acreedor a **compensar su crédito** cuando la Ley que rija el crédito recíproco del concursado lo permita en situaciones de insolvencia.
Los efectos del concurso sobre los contratos que tengan por objeto la atribución de un derecho al **uso o adquisición de un bien inmueble** se rigen exclusivamente por la Ley del Estado donde se halle.
• Los efectos del concurso sobre el **contrato de trabajo** y sobre las relaciones laborales se rigen exclusivamente por la Ley del Estado aplicable al contrato.
• No procede el ejercicio de **acciones de reintegración** al amparo de esta Ley cuando el beneficiado por el acto perjudicial para la masa activa pruebe que dicho acto está sujeto a la Ley de otro Estado que no permite en ningún caso su impugnación.
• Los efectos del concurso sobre los **juicios declarativos pendientes** que se refieran a un bien o a un derecho de la masa se rigen exclusivamente por la Ley del Estado en el que estén en curso.

6215 **Reglas especiales para el procedimiento territorial** (LCon art.732 s.) Se establecen las siguientes reglas especiales sobre las propias del principal:

a) En cuanto a la **comprobación del presupuesto** del concurso, el mero reconocimiento de un procedimiento extranjero principal permite abrir en España un concurso territorial sin necesidad de examinar la insolvencia del deudor (LCon art.733).

b) Se reconoce **legitimación** para solicitar la declaración de concurso territorial al representante del procedimiento extranjero principal (LCon art.734).

c) Se impone que las limitaciones de los derechos de los acreedores derivadas de un **convenio** aprobado en el concurso territorial, tales como la quita y la espera, solo producen efectos con respecto a los bienes del deudor no comprendidos en este concurso si hay conformidad de todos los acreedores interesados (LCon art.735).

d) Respecto del compromiso con el fin de evitar **procedimientos secundarios**, para el procedimiento de aprobación se seguirá lo dispuesto en LCon art.583 s. -reguladores del Derecho preconcursal- y se requerirá el voto favorable de acreedores locales afectados que representen las mayorías previstas dichos preceptos (LCon art.735 bis).

6216 **Reglas de coordinación** (LCon art.749 a 752) Se disponen una serie de reglas de coordinación y cooperación entre los distintos procedimientos:

a) Deber de **cooperación recíproca** entre las distintas administraciones concursales en el ejercicio de sus funciones, si bien sometida al principio de reciprocidad.

En especial se impone que la administración concursal del concurso territorial debe permitir al administrador o representante del procedimiento principal la presentación, en tiempo oportuno, de propuestas de convenio, de planes de liquidación o de cualquier otra forma de realización de bienes y derechos de la masa activa o de pago de los créditos.

b) Si la Ley del procedimiento de insolvencia lo permite, se reconoce a su administrador la posibilidad de comunicar en el concurso declarado en España los **créditos reconocidos** en aquel, así como a participar en el concurso en nombre de los acreedores cuyos créditos haya comunicado. Ambas facultades se reconocen a los administradores concursales españoles.

c) Respeto de la **regla del pago**, de suerte que el acreedor que obtenga en un procedimiento extranjero de insolvencia pago parcial de su crédito no puede pretender en el concurso declarado en España ningún pago adicional hasta que los restantes acreedores de la misma clase y rango hayan obtenido en este una cantidad porcentualmente equivalente.

d) A condición de reciprocidad, el **activo remanente** a la conclusión de un concurso o procedimiento territorial se debe poner a disposición del administrador o representante del procedimiento extranjero principal reconocido en España. La administración concursal del concurso principal declarado en España debe reclamar igual medida en cualquier otro procedimiento abierto en el extranjero.

4. Información a los acreedores

6218 Tanto en el Derecho de la Unión Europea como en el interno se contiene una serie de reglas que tratan de garantizar la información y el válido y eficaz ejercicio de los derechos de los acreedores para los procedimientos tramitados en otro Estado.

6219 MPCI nº 11922 **Derecho de la Unión Europea** (Rgto UE/848/2015 art.53 a 55) Se atiende a dos momentos para garantizar tales derechos:

a) **Información a los acreedores no residentes**. Se impone la obligación del administrador concursal de informar sin demora a los acreedores conocidos que tengan su residencia habitual, su domicilio o su sede en los demás Estados miembros. Para ello, se exige el envío de una **nota individualizada o comunicación** con un contenido mínimo que puede consultarse en nº 11922 Memento Procesal Civil 2026.

A dicha comunicación se adjunta el **formulario normalizado** que ha de publicarse en el portal europeo de e-Justicia (Rgto UE 2017/1105 art.1 y anexo I), que **no es obligatorio** en los procedimientos que afecten a particulares que no ejerzan una actividad mercantil o profesional, si no se exige a los acreedores la presentación de sus créditos para que sean reconocidos en el procedimiento.

b) **Comunicación del crédito**. Todo acreedor extranjero puede presentar sus créditos utilizando el **formulario normalizado** encabezado como «Presentación de créditos» en todas las lenguas oficiales de las instituciones de la Unión, cuyo contenido mínimo puede consultarse en nº 11922 Memento Procesal Civil 2026.

La **presentación** ha de hacerse en el plazo señalado por el Derecho del Estado de apertura, que no puede ser inferior a 30 días desde la publicación de la apertura del procedimiento de insolvencia -o en el caso del art.24.4, contado desde el momento en que se haya informado al acreedor-.

Si el órgano jurisdiccional, el administrador concursal o el deudor no desapoderado tienen **dudas** con relación al crédito presentado, han de ofrecer al acreedor la oportunidad de aportar pruebas adicionales sobre la existencia y el importe del crédito.

Derecho interno (LCon art.735 s.) Para el caso de un concurso tramitado en España, se prevén los mismos derechos y en términos similares a los previstos en la norma europea, advirtiendo que tales normas no están sometidas al principio de reciprocidad. **6220** MPCI nº 11924
a) Información a los acreedores en el extranjero. Declarado el concurso, la administración concursal debe informar sin demora a los acreedores conocidos que tengan su residencia habitual, domicilio o sede en el extranjero, si así resulta de los libros y documentos del deudor o cuando, por cualquier otra razón, consta en el concurso
b) Comunicación de los créditos. Se debe efectuar en la forma general (nº 5885). Como única salvedad, se indica que los **créditos tributarios** y de la **Seguridad Social** de otros Estados son admitidos como ordinarios.
Esta comunicación se puede efectuar con independencia de que también la hayan efectuado en otro procedimiento de insolvencia.

5. Miembros de grupos de sociedades

Derecho de la Unión Europea (Rgto UE/848/2015 art.56 a 77) Si un procedimiento de insolvencia se refiere a dos o más miembros de un grupo de sociedades, el administrador concursal nombrado en el procedimiento relativo a un miembro del grupo ha de cooperar con cualquier administrador concursal nombrado en un procedimiento relativo a otro miembro del mismo grupo en la medida en que tal **cooperación** sea conveniente para facilitar la eficaz administración de esos procedimientos, no sea incompatible con las normas aplicables a los mismos y no suponga un conflicto de intereses. **6221** MPCI nº 11932
En este caso, el órgano jurisdiccional que haya abierto tal procedimiento debe cooperar con cualquier otro órgano jurisdiccional ante el que se haya presentado solicitud de apertura relativo a otro miembro del mismo grupo, si la cooperación es conveniente para la tramitación.
Asimismo, los administradores concursales han de cooperar y comunicarse con los órganos jurisdiccionales ante los que se haya presentado la solicitud de apertura.
Los **costes** que originen las medidas de **cooperación y comunicación** se consideran costas y gastos de los procedimientos respectivos.
El **administrador concursal** tiene las siguientes **facultades**:
- **ser oído** en cualquiera de los procedimientos;
- solicitar la **suspensión** de cualquier medida relacionada con la realización de los activos, si se dan las condiciones para ello -antes de acordarse la suspensión, el órgano jurisdiccional debe oír al administrador concursal del procedimiento para el que se haya pedido la suspensión y, a su vez, puede prorrogar la duración de la misma por el plazo que considere adecuado, siempre que no exceda de 6 meses-;
- solicitar el inicio de un **procedimiento de coordinación de grupo**, cuyos trámites pueden consultarse en nº 11932 Memento Procesal Civil 2026.

6. Derecho preconcursal

(LCon art.753 a 755)

6222 Las normas de Derecho internacional privado establecidas en la Ley Concursal se aplican, con las adaptaciones pertinentes, a la **comunicación de la apertura de negociaciones** con los acreedores y a los **planes de reestructuración** (LCon art.583 s.).
Sin perjuicio de las especialidades en materia de Ley aplicable, las normas reguladoras de los planes de reestructuración y de los expertos en reestructuración, se aplicarán a los **procedimientos de reestructuración preventiva extranjeros**, siempre que estos procedimientos sean funcionalmente equivalentes a los regulados en la Ley Concursal. Se presumirá que existe equivalencia funcional cuando se trate de procedimientos colectivos, basados en la legislación en materia de insolvencia, y cuyo fin sea la reestructuración del deudor o de su empresa, para garantizar su viabilidad y evitar la insolvencia.
Los **efectos** de la comunicación de apertura de negociaciones con los acreedores y de la homologación del plan de reestructuración reguladas (LCon art.583 s.) se someterán a lo dispuesto en tales preceptos y tendrán alcance universal. En particular, **no se aplicarán** las reglas especiales previstas en LCon art.723 a 731, salvo la prevista en LCon art.726 para los derechos sobre valores, sistemas de pagos y mercados financieros.
Cuando los tribunales españoles sean competentes para conocer de los procedimientos que se regulan en el libro segundo en relación con la sociedad matriz de un grupo de sociedades,

podrán extender su **competencia en relación con sociedades filiales** cuyo centro de intereses principales se localice fuera de España, si concurren los siguientes **requisitos**:
1.º Que la sociedad matriz haya instado la comunicación regulada en el libro segundo o vaya a quedar sometida al plan de reestructuración.
2.º Que la comunicación o la homologación del plan de reestructuración se hayan solicitado como reservada en relación con las filiales, en cuyo caso, ni la comunicación ni las resoluciones sobre la homologación del plan respecto de las filiales se publicarán en el Registro público concursal. Estas resoluciones se dictarán separadamente de las resoluciones relativas a la sociedad matriz.
3.º Que la extensión de la competencia sobre las filiales resulte necesaria para garantizar el buen fin de las negociaciones de un plan de reestructuración o la adopción y cumplimiento del plan. En cualquier caso, la competencia solo alcanzará a los acreedores contractuales comunes a la sociedad matriz y a las filiales.

X. Preconcurso

(LCon art.583 a 684)

6223

A. Apertura de negociaciones

(LCon art.583 a 613)

6223.1 **Presupuestos** (LCon art.583 y 584) La comunicación de apertura de negociaciones o la homologación de un plan de reestructuración proceden cuando el deudor se encuentre en alguna de las siguientes **situaciones**:
- probabilidad de insolvencia por ser objetivamente previsible que, de no alcanzarse un plan de reestructuración, el deudor no puede cumplir regularmente las obligaciones que han de vencer en los próximos 2 años;
- insolvencia inminente; o
- insolvencia actual.

Puede efectuar la comunicación de apertura de negociaciones con los acreedores o solicitar directamente la homologación de un plan de reestructuración cualquier persona natural o jurídica que lleve a cabo una **actividad empresarial o profesional**, con las siguientes **excepciones**:
a) Los **deudores** que constituyan:
- empresas de seguros o reaseguros (Dir 2009/138/CE incorporada por L 20/2015);
- entidades de crédito (Rgto (UE) 575/2013; LCon art.4.1.1);
- empresas de inversión u organismos de inversión colectiva (Rgto UE 575/2013);
- entidades de contrapartida central (Rgto (UE) 648/2012);
- depositarios centrales de valores (Rgto (UE) 909/2014);
- otras entidades y entes financieros (Dir 2014/59/UE incorporada por L 11/2015).

b) Las entidades que integran la organización territorial del Estado, los organismos públicos y demás **entes de Derecho público**.

Precisiones 1) Los deudores incluidos en el procedimiento especial para **microempresas** se sujetan, exclusivamente, a las disposiciones reguladoras del mismo (nº 6226 s.).
2) Las disposiciones reguladoras del Derecho preconcursal se entienden sin perjuicio de los requisitos de garantía para la protección de los **fondos recibidos de los usuarios de servicios de pago** o recibidos a través de otro proveedor de servicios de pago para la ejecución de operaciones de pago, y de los **fondos recibidos a cambio del dinero electrónico emitido** o en relación con la prestación de servicios de pago no vinculados a dicha emisión aplicables a las entidades de pago y a las entidades de dinero electrónico exigidas por RDL 19/2018 y L 21/2011.

6223.2 **Comunicación de apertura de negociaciones con los acreedores** (LCon art.585 a 593)
La comunicación de apertura de negociaciones para alcanzar un plan de reestructuración debe hacerse por el **deudor** -cuando se trate de persona jurídica, a través de su órgano de administración-. Se distinguen las siguientes **situaciones** (LCon art.585 a 587):

Situación del deudor	Comunicación
Probabilidad de insolvencia o insolvencia inminente	De la existencia de negociaciones con los acreedores o de la intención de iniciarlas de inmediato

Situación del deudor	Comunicación
Insolvencia actual	En tanto en cuanto no se haya admitido a trámite solicitud de declaración de concurso necesario

Pueden realizar una **comunicación conjunta** quienes puedan solicitar una declaración conjunta de los respectivos concursos de acreedores (LCon art.587).

Tramitación (LCon art.588 a 591 y 609) Una vez presentada la comunicación, el letrado de la Administración de Justicia dispone de un plazo máximo de 2 días para comprobar: 6223.3

Comprobación	Resultado	Efectos	Resultado	Efecto
Competencia del órgano judicial internacional o territorial	Competente	Se tiene por efectuada sin necesidad de que el deudor acredite el estado en que se encuentre que hubiera alegado	Incompetente	Se da cuenta al juez para que oiga al solicitante y al Ministerio Fiscal por plazo común de 5 días resolviendo al siguiente mediante auto contra el que cabe recurso de apelación
Contenido y formalidades	Completa		No completa	Se concede al deudor un plazo de 2 días para subsanación

Se aplican las siguientes **reglas**:
a) Si a la fecha de la comunicación se hubiera admitido a trámite la solicitud de declaración de concurso necesario del deudor, la comunicación no produce ningún **efecto** hasta que se resuelva la segunda.
b) Una vez formulada la comunicación no se puede **presentar otra por el mismo deudor** en el plazo de un año contado desde la presentación.

Resolución (LCon art.590 y 591) La resolución debe comprender el siguiente **contenido**: 6223.4 MPCI nº 11959
- la identidad del deudor o deudores que han realizado la comunicación;
- los motivos en que se funde la competencia internacional y territorial;
- la fecha de la comunicación y de la resolución;
- el importe del pasivo total expresado en la comunicación; y
- el nombre del experto en la reestructuración, en su caso.

En el caso de haberse expresado que se siguen ejecuciones contra bienes o derechos que el deudor considera necesarios para la **continuidad de su actividad** empresarial o profesional, o que determinadas **garantías otorgadas por terceros** han de quedar afectadas por la comunicación, ambas han de ser identificadas.
La resolución debe ser:
- **remitida**, el mismo día de su fecha, a cada una de las autoridades judiciales que estén conociendo de la ejecución para que procedan a su suspensión; y
- **publicada** en el Registro público concursal, salvo que el deudor haya solicitado en la propia comunicación que se mantenga reservada y siempre que no haya solicitado el levantamiento de este carácter.

Recursos (LCon art.590.3 y 592) Contra la resolución cabe interponer: 6223.5
a) **Recurso de revisión**. Cuando:
• El deudor haya presentado una comunicación dentro del año anterior.
• Los bienes o derechos contra los que se sigue la ejecución o frente a los que se pretende iniciarla no sean necesarios para la continuidad de la actividad empresarial o profesional del deudor.
• Los efectos de la comunicación no deban extenderse a determinadas garantías otorgadas por terceros.
Ha de presentarse en el plazo de 5 días contado desde la inscripción de la resolución en el Registro público concursal o, en el caso de ejecución en tramitación, desde la notificación de la resolución por la que la autoridad judicial que esté conociendo de la ejecución, la suspenda.

b) **Declinatoria**. Formulada por cualquier acreedor alegando falta de competencia internacional o territorial. Se presenta en un plazo de 10 días contado desde su publicación o desde que haya tenido conocimiento de la misma.

6223.6 MPCI nº 11963 s. **Efectos de la comunicación** (LCon art.594 a 606 y 610) La comunicación produce efectos sobre:

a) La **situación jurídica del deudor**. Ni la comunicación ni el nombramiento de un experto en la reestructuración, en su caso, afecta a las **facultades de administración y disposición** sobre los bienes y derechos que integran su patrimonio.

b) Los **créditos**. La comunicación, por sí sola, no produce el **vencimiento** anticipado de los créditos, ni impide que el acreedor que disponga de **garantía personal o real de un tercero** para la satisfacción de su crédito pueda hacerla efectiva si el crédito garantizado hubiese vencido.

c) Los **contratos**. La comunicación, por sí sola, no afecta a los **contratos con obligaciones recíprocas** pendientes de cumplimiento ni a la facultad de suspensión, modificación, resolución o terminación anticipada de los contratos con obligaciones recíprocas pendientes de cumplimiento por circunstancias distintas a las del punto anterior.

En el caso de los **contratos necesarios para la continuidad de la actividad** empresarial o profesional del deudor, las facultades de suspender el cumplimiento de las obligaciones de la contraparte o de modificar, resolver o terminar anticipadamente el contrato por incumplimientos anteriores a la comunicación, no pueden ejercitarse mientras se mantengan los efectos de la comunicación sobre las acciones y los procedimientos ejecutivos. La contraparte afectada puede interponer recurso de revisión si considera que su contrato no es necesario para la continuidad de la actividad empresarial o profesional del deudor.

La comunicación de apertura de negociaciones no afecta a la facultad de vencimiento anticipado, resolución o terminación de los **acuerdos de compensación contractual** previstos en RDL 5/2005. El saldo que resulte de la aplicación de una cláusula de vencimiento anticipado de estos acuerdos queda sujeto a lo dispuesto para las acciones y procedimientos ejecutivos.

En ningún caso pueden vencer anticipadamente, resolverse o terminarse los contratos de **suministro de bienes, servicios o energía necesarios** para la continuidad de la actividad empresarial o profesional del deudor, a menos que se hubieran negociado en mercados organizados, de modo que puedan ser sustituidos en cualquier momento por su valor de mercado.

6223.7 d) Las **acciones y procedimientos ejecutivos**. La comunicación conlleva sobre ellos los siguientes efectos:

• Hasta que transcurran 3 meses contados desde la presentación de la comunicación, los acreedores no pueden **iniciar ejecuciones** judiciales o extrajudiciales sobre bienes o derechos necesarios para la continuidad de la actividad empresarial o profesional del deudor.

• Desde que reciban la resolución judicial teniendo por efectuada la comunicación, las autoridades que estén conociendo de las ejecuciones judiciales o extrajudiciales sobre los bienes o derechos necesarios para la continuidad de la actividad empresarial o profesional, las deben **suspender automáticamente** hasta que transcurran 3 meses contados desde la comunicación efectuada por el deudor al órgano judicial competente, salvo que el deudor acredite haber solicitado la prórroga.

• A solicitud del deudor, presentada en cualquier momento, el juez puede extender la **prohibición de iniciación de ejecuciones**, judiciales o extrajudiciales o la **suspensión** de las ya iniciadas sobre todos o algunos de los demás bienes o derechos distintos de los del punto anterior, cuando resulte necesario para asegurar el buen fin de las negociaciones.

En el caso de haberse designado **experto** en la reestructuración, la solicitud para obtener la suspensión, general o individual, debe ir acompañada de informe favorable del experto.

Esta resolución se adopta por auto, separada de la resolución teniendo por efectuada la comunicación y, si es favorable a la solicitud, se publica en el Registro público concursal. Contra la resolución solo cabe recurso de reposición.

• Los **titulares de derechos reales de garantía**, incluso por deuda ajena, cuando el deudor de esta sea una sociedad del mismo grupo que la que ha hecho la comunicación, pueden iniciar ejecuciones judiciales o extrajudiciales sobre los bienes o derechos gravados. Se diferencia:

- garantía sobre bienes o derechos necesarios para la continuidad de la actividad empresarial o profesional del deudor: tras el inicio del procedimiento de ejecución se suspende por el juez competente hasta que transcurran 3 meses contados desde la comunicación;
- ejecución extrajudicial: la suspensión la ordena el juez ante el que se presente la comunicación.

La comunicación no impide la ejecución de la **garantía financiera** sujeta al RDL 5/2005, ni afecta a la facultad de vencimiento anticipado de las obligaciones garantizadas por la parte cubierta por esa garantía financiera.

• Las ejecuciones no iniciadas o suspendidas se pueden **iniciar o reanudar** si:
- el juez, por la estimación del recurso de revisión contra el decreto teniendo por efectuada la comunicación, resuelve que los **bienes o derechos no son necesarios** para la continuidad de la actividad empresarial o profesional del deudor, salvo que los efectos de la comunicación se hayan extendido a estos bienes;
- han **transcurrido 3 meses** desde la comunicación, salvo que se hayan prorrogado sus efectos.

• Quedan **excluidos** de estos efectos los acreedores públicos, ya que no se ven afectados por la suspensión de ejecuciones singulares. Debe diferenciarse:

Ejecución	Suspensión	Juez	Decaimiento de la suspensión
Sobre bienes o derechos necesarios para la continuidad de la actividad del deudor	Exclusivamente en la fase de realización o enajenación	El que conoce del procedimiento de ejecución	Transcurso de 3 meses desde el día de la comunicación, sin necesidad de resolución judicial o acto del letrado de la Administración de Justicia
Extrajudicial		El que haya recibido la comunicación	

• La prohibición del inicio de ejecuciones o la suspensión de las ya iniciadas en ningún caso son de aplicación a las reclamaciones de **créditos que legalmente no puedan quedar afectados** por el plan de reestructuración.

e) Las **solicitudes de concurso** (LCon art.610). La comunicación de la apertura de negociaciones afecta a las solicitudes de concurso del modo siguiente, siendo tales efectos extensibles durante la prórroga:

Presentadas **después de la comunicación** por otros legitimados distintos del deudor	Se reparten al órgano judicial que hubiera tenido por efectuada la comunicación, pero no se admiten a trámite mientras no transcurra el plazo de 3 meses a contar desde la fecha de esa comunicación
Presentadas **antes de la comunicación** y aún no admitidas a trámite	Quedan en suspenso

Las **suspendidas** y las que se presenten **después de los plazos anteriores** solo se proveen transcurrido un mes sin que el deudor haya solicitado la declaración de concurso, sin perjuicio de la adopción por el juez de las **medidas cautelares** que estime oportunas. Si el deudor solicita la declaración de concurso en este mes, la suya se tramita en primer lugar.

Una vez **declarado el concurso a instancia del deudor** las solicitudes presentadas antes y las que se presenten después de la del deudor han de unirse a los autos, teniendo por comparecidos a los solicitantes.

Prórroga (LCon art.607 y 608) Antes de que finalice el periodo de meses a contar desde la comunicación de apertura de negociaciones con los acreedores, el **deudor** o los acreedores que representen **más del 50% del pasivo** que, en el momento de la solicitud de la prórroga, pueda resultar afectado por el plan de reestructuración, deducido el importe de los créditos que, en caso de concurso tendrían la consideración de subordinados, pueden solicitar del juez la concesión de prórroga de los efectos de esa comunicación por un periodo de hasta otros 3 meses sucesivos a la ya concedida. En el caso de haberse nombrado un **experto en reestructuración** se precisa su informe favorable. **6223.8** MPCI nº 11977

No quedan afectados los **efectos iniciales** de la comunicación en tanto el juez no adopte una decisión sobre la prórroga.

La **resolución** -auto- de emitirse en los 5 días siguientes y remitirse al Registro público concursal y a cada una de las autoridades judiciales o administrativas que estén conociendo de las ejecuciones para que mantengan la suspensión hasta que finalice la prórroga.

No cabe **recurso** contra la resolución denegatoria, pero contra la estimatoria cabe recurso de reposición.

Cualquier acreedor puede **solicitar ser excluido** de los efectos de la prórroga, en cualquier momento de su vigencia, si:
- le pudiera causar un **perjuicio** injustificado, en particular, si puede provocar su insolvencia actual o una disminución significativa del valor de la garantía que tuviera el crédito de que sea titular;
- si la suspensión o paralización de las ejecuciones solo afectara a las que tengan por objeto **bienes o derechos necesarios** y, en el momento de solicitud de la exclusión, los bienes objeto de ejecución hubieran perdido ese carácter.

6223.9 **Solicitud del concurso** (LCon art.611 a 613) Transcurridos 3 meses desde la comunicación, el deudor que no haya alcanzado un **plan de reestructuración** debe solicitar la declaración de concurso dentro del mes siguiente, salvo que no se encuentre en estado de insolvencia actual. En caso de prórroga de los efectos de la comunicación, estos plazos se cuentan a partir de la finalización de aquella.

Cabe la **suspensión** de la solicitud por el juez, mientras estén en vigor los efectos de la comunicación, a instancia del experto en la reestructuración, si ha sido nombrado; o de los acreedores que representen, en el momento de la solicitud, más del 50% del pasivo que pueda quedar afectado por el plan de reestructuración.

La solicitud debe acreditar la presentación de un plan de reestructuración con probabilidad de ser aprobado.

La suspensión **se levanta** transcurrido un mes desde la presentación de la solicitud de concurso por el deudor si los acreedores no han presentado **solicitud de homologación** del plan de reestructuración.

Esto **no se aplica** al deudor persona natural ni a las sociedades cuyos socios, o algunos de ellos, sean legalmente responsables de las deudas sociales.

Como **regla excepcional**, en las sociedades de capital queda en suspenso el deber legal de acordar la disolución por existir pérdidas que dejen reducido el patrimonio neto a una cantidad inferior a la mitad del capital social.

Precisiones Ver lo expuesto en nº 5563, sobre la regla especial contenida en el RDL 8/2024, a consecuencia de la **DANA de Valencia**.

B. Plan de reestructuración

(LCon art.614 a 682)

6224
MPCI
nº 11990

Los planes de reestructuración tienen por **objeto** la modificación de la composición, condiciones o estructura del activo y pasivo del deudor, o de sus fondos propios, incluidas las transmisiones de activos, unidades productivas o de la totalidad de la empresa en funcionamiento, así como cualquier cambio operativo necesario, o una combinación de estos elementos (LCon art.614 y 615).

6224.1
MPCI
nº 11995 s.

Créditos y contratos afectados (LCon art.616 a 621) Son **créditos afectados** por el plan de reestructuración los siguientes LCon art.616 a 617):

a) Los que en virtud del plan de reestructuración sufran una **modificación de sus términos o condiciones**.

b) Cualquier clase de créditos, incluidos los **contingentes y sometidos a condición**, salvo los de alimentos entre parientes, los derivados de responsabilidad civil extracontractual, o los derivados de relaciones laborales distintas de las del personal de alta dirección. **Se excluyen** los créditos futuros que nazcan de contratos derivados.

c) Los **créditos de Derecho público** únicamente cuando concurran los requisitos previstos en LCon art.616 y 616 bis.

d) Los **créditos por repetición, subrogación o regreso** en las mismas condiciones que el crédito principal, si así lo establece el plan de reestructuración. Si el crédito de repetición o regreso goza de garantía real se trata como crédito garantizado.

Las **reglas de cómputo** de tales créditos son las previstas en LCon art.617 bis.

6224.2
MPCI
nº 11999 s.

Por lo que se refiere a la **afectación de los contratos** por el plan de reestructuración, hay que tener en cuenta lo siguiente (LCon art.618 a 621):

• La homologación de un plan de reestructuración, por sí sola, no afecta a los **contratos con obligaciones recíprocas pendientes** de cumplimiento.

• Los **contratos necesarios para la continuidad de la actividad** empresarial o profesional del deudor no pueden suspenderse, modificarse, resolverse o terminarse anticipadamente por el mero hecho de que el plan conlleve un cambio de control del deudor.

• Quedan excluidos los **acuerdos de compensación contractual** (RDL 5/2005) y tampoco quedará afectada la garantía financiera, ni la facultad de vencimiento anticipado de las obligaciones garantizadas, por la parte cubierta por la garantía.

• No pueden vencerse anticipadamente, resolverse o terminarse los contratos de **suministro de bienes, servicios o energía** necesarios para la continuidad de la actividad empresarial o profesional del deudor, a menos que estos contratos se hayan negociado en mercados organizados de modo que puedan ser sustituidos en cualquier momento por su valor de mercado.

• Durante la negociación de un plan de reestructuración, el deudor puede solicitar a la otra parte contratante la **modificación o resolución de los contratos con obligaciones recíprocas** pendientes de cumplimiento cuando esa modificación o resolución resulte necesaria para el

buen fin de la reestructuración y prevenir el concurso. Si las partes no llegan a un acuerdo, el plan de reestructuración puede prever la resolución de los contratos; pudiendo quedar afectado, también, el crédito indemnizatorio derivado de esta resolución.
Sin embargo, los **contratos de derivados** pueden terminarse o cancelarse, anticipadamente, cuando ello resulte necesario para el buen fin de la reestructuración y para prevenir el concurso. El saldo resultante de la liquidación también puede quedar afectado por el plan.
• El plan puede prever la suspensión o extinción de los **contratos con consejeros ejecutivos y con el personal de alta dirección**, cuando el fin de la reestructuración lo exija.

Formación de clases (LCon art.622 a 634) Los acreedores titulares de créditos afectados por el plan de reestructuración deben votar agrupados por clases de créditos cuya formación debe hacerse atendiendo a la existencia de un **interés común** a los integrantes de cada clase, siempre que se trate de créditos de **igual rango** determinado por el orden de pago en el concurso de acreedores. **6224.3** MPCI nº 12005 s.
Los créditos de un mismo rango concursal pueden separarse en distintas clases cuando haya razones suficientes que lo justifiquen: naturaleza financiera o no financiera del crédito (LCon art.623), conflicto de intereses entre acreedores que formen parte de distintas clases o créditos que vayan a quedar afectados por el plan de reestructuración.
Si los acreedores son **pequeñas o medianas empresas** y el plan de reestructuración supone para ellas un sacrificio superior al 50% del importe de su crédito, deben constituir una clase de acreedores separada.
Los **créditos con garantía real** sobre bienes del deudor constituyen una clase única, salvo que la heterogeneidad de los bienes o derechos gravados justifique su separación en dos o más clases.
Los **créditos de Derecho público** constituyen una clase separada entre las de su mismo rango concursal.
Una vez formada una clase, el deudor y los acreedores que representen más del 50% del pasivo que vaya a quedar afectado por el plan de reestructuración, están legitimados para solicitar su **confirmación judicial**, con carácter previo a la solicitud de homologación del plan de reestructuración. Si se confirman las clases propuestas por el solicitante, la formación de clases no puede ser invocada como motivo de **impugnación u oposición a la homologación** judicial del plan.

Aprobación (LCon art.627 a 634) La **propuesta** del plan de reestructuración debe ser comunicada a todos los acreedores. **6224.4** MPCI nº 12015 s.
Se reconoce el **derecho de voto** a todos aquellos cuyos créditos puedan quedar afectados por el plan. En el caso de créditos con garantía personal o real de tercero el voto corresponde al acreedor principal.
El plan de reestructuración se aprueba con el **voto favorable** de:
- más de 2/3 del importe del pasivo correspondiente a una clase de créditos afectados;
- 3/4 del importe del pasivo correspondiente a la clase formada por créditos con garantía real.
Cuando el plan de reestructuración afecte a **créditos vinculados por un pacto de sindicación** se han de respetar los pactos contractuales sobre procedimiento y ejercicio del derecho de voto y las mayorías expuestas, salvo que el pacto citado prevea una mayoría inferior.
Salvo que hayan quedado afectados por las cláusulas contractuales del propio pacto de sindicación, los **acreedores que no hayan votado a favor** del plan pueden oponerse o impugnarlo.
Cuando el plan requiera el **acuerdo de los socios de la sociedad deudora** para la aprobación de determinadas medidas se estará a lo dispuesto en LCon art.631.
Una vez determinado el contenido mínimo del plan de reestructuración, debe procederse a su **formalización** en instrumento público por quienes lo hayan suscrito. Debe incluirse la certificación del **experto en reestructuración**, si está nombrado, o del **auditor** sobre la suficiencia de las mayorías exigidas en la aprobación.

Homologación (LCon art.635 a 664) El **objeto** de la homologación judicial de los planes de reestructuración es (LCon art.635 a 640): **6224.5** MPCI nº 12030 s.
- la extensión de sus efectos a acreedores o clases de **acreedores que no hayan votado a favor** del plan o a los **socios** del deudor persona jurídica;
- la **resolución de contratos** en interés de la reestructuración;
- la **protección de la financiación** interina y de la nueva financiación que prevea el plan, así como los actos, operaciones o negocios realizados en el contexto de este frente a acciones rescisorias y reconocer a esa financiación las preferencias de cobro.

Los **requisitos** para la homologación de un plan de reestructuración son los siguientes:

Aprobación por todas las clases de acreedores	- El deudor debe estar en probabilidad de insolvencia, insolvencia inminente o actual y el plan ofrecer una perspectiva razonable de evitar el concurso y asegurar la viabilidad de la empresa en el corto y medio plazo - El plan ha de cumplir los requisitos de contenido y forma - El plan ha de ser aprobado por todas las clases de créditos, por el deudor o, en su caso, por los socios - Los créditos dentro de la misma clase han de ser tratados de forma paritaria - Ha de comunicarse a todos los acreedores afectados
Aprobación por no todas las clases de acreedores	- Una mayoría simple de las clases, siempre que al menos una de ellas sea una clase de créditos que en el concurso habrían sido calificados como créditos con privilegio especial o general; o, en su defecto, por al menos, una clase que, según la clasificación de créditos, pueda razonablemente presumirse que haya recibido algún pago tras una valoración de la deudora como empresa en funcionamiento Se requiere que la solicitud se acompañe de un informe del experto en reestructuración sobre el valor de la deudora como empresa en funcionamiento
Aprobación por el deudor persona natural	Aprobación del propio deudor
Aprobación por el deudor persona jurídica	Aprobación por los socios legalmente responsables de las deudas sociales. Si los socios no existen y el plan contiene medidas que requieran acuerdo de la junta de socios, el plan se puede homologar, aunque no haya sido aprobado por los socios, si la sociedad se encuentra en situación de insolvencia actual o inminente

El **procedimiento** de homologación se tramita conforme a lo dispuesto en LCon art.641 a 648.
Los **efectos** del auto de homologación se extienden, inmediatamente, a todos los créditos afectados, al propio deudor y, si fuera sociedad, a sus socios, aunque el auto no sea firme (LCon art.649 a 652).

6224.6 MPCI nº 9938 s. **Impugnación** (LCon art.653 a 661) Se regulan distintos **motivos** de impugnación del auto de homologación:

• Plan **aprobado por todas las clases de créditos** (LCon art.654).
• Plan **no aprobado por todas las clases de créditos** (LCon art.655).
• Plan **no aprobado por los socios** (LCon art.656).
• Auto de homologación que acuerde la **resolución de un contrato con obligaciones recíprocas** pendientes de cumplimiento (LCon art.657).

Todas las impugnaciones han de tramitarse conjuntamente a través del **incidente concursal** ante la Audiencia Provincial (LCon art.658 y 659).
La impugnación del auto de homologación del plan de reestructuración carece de **efectos suspensivos** (LCon art.660 y 661). La sentencia estimatoria debe declarar la **no extensión de los efectos del plan** únicamente frente a quien haya instado la impugnación, subsistiendo los efectos de la homologación frente a los demás acreedores y socios. En este caso, si los efectos no se pueden revertir, el impugnante tiene derecho a la indemnización de los daños y perjuicios por parte del deudor. Sin embargo, cuando la estimación de la impugnación se haya basado en la falta de concurrencia de las mayorías necesarias o en la formación defectuosa de las clases, la sentencia debe declarar la **ineficacia del plan**. La sentencia no perjudica los derechos adquiridos por **terceros de buena fe**.

6224.7 MPCI nº 12056 **Contradicción previa a la homologación judicial del plan** (LCon art.662) Es posible que el solicitante de homologación requiera que, con carácter previo a la homologación del plan, las partes afectadas puedan oponerse.
La **oposición** se tramita por los cauces del incidente concursal con las **especialidades** previstas en LCon art.663.

6224.8 **Prohibición de nuevas solicitudes** (LCon art.664) Una vez homologado un plan de reestructuración no puede plantearse otra solicitud de homologación respecto del mismo deudor hasta que transcurra un año a contar desde la fecha de solicitud de la homologación del plan anterior.

6224.9 MPCI nº 12069 **Protección en caso de concurso** (LCon art.665 a 670) Se prevé lo siguientes:
A) **Financiación interina y nueva financiación** (LCon art.665 y 666). La financiación **interina** se concede por quien no fuera acreedor o por acreedor preexistente si, en el momento de la concesión, fuera razonable y necesaria inmediatamente, bien para asegurar la continuidad total o parcial de la actividad empresarial o profesional del deudor durante las negociaciones con los acreedores hasta la homologación de ese plan, bien para preservar o mejorar el valor que

tuvieran a la fecha de inicio de esas negociaciones el conjunto de la empresa o una o varias unidades productivas.
La **nueva** financiación es la concedida por quien no fuera acreedor o por acreedor preexistente que, estando prevista en el plan de reestructuración, resulte necesaria para el cumplimiento de ese plan.
B) **Acciones rescisorias** (LCon art.667 a 669). En caso de concurso posterior se aplican las siguientes **reglas**:
• Si los créditos afectados por un plan de reestructuración anterior que haya sido homologado representan al menos el **51% del pasivo total**, no son rescindibles, salvo prueba de que se realizaron en **fraude de acreedores**:
- los actos u operaciones razonables y necesarios inmediatamente para el éxito de la **negociación** con los acreedores, siempre que se hubieran identificado expresamente como tales en el propio plan;
- la **financiación interina** y la **nueva financiación**, incluida la concedida por personas especialmente relacionadas;
- los actos, operaciones o negocios que sean razonables e inmediatamente necesarios para la **ejecución del plan**.
• Si los créditos afectados por un plan de reestructuración anterior que haya sido homologado representan una proporción **inferior al 51% del pasivo total**, la financiación interina, la nueva financiación y los actos, operaciones o negocios anteriores son rescindibles, sin que sean de aplicación las presunciones relativas de perjuicio para la masa activa.
• Si la financiación interina o la nueva financiación hubiera sido concedida por **personas especialmente relacionadas** con el deudor, solo gozan de la protección anterior si los créditos afectados, excluidos los créditos de que fueran titulares esas personas, representan **más del 60% del pasivo total**.
Si no concurre esa mayoría, la financiación interina o la nueva financiación otorgadas por personas especialmente relacionadas con el deudor quedan sometidas a las normas sobre acciones concursales de rescisión.
• En el trámite de homologación se requiere un **control judicial** que verifique que concurren los requisitos y las mayorías anteriores y que la nueva financiación no perjudica injustamente los intereses de los acreedores.
C) **Motivos de impugnación u oposición de efecto limitado** (LCon art.670). Cualquier **acreedor afectado que no haya votado a favor** del plan de reestructuración puede impugnar u oponerse a la homologación del plan por cualquiera de los siguientes motivos:
• Que no concurren las mayorías necesarias para proteger la financiación interina o la nueva financiación.
• Que la financiación interina, la nueva financiación o los actos, negocios y operaciones previstos para la ejecución del plan no cumplen los requisitos legales.
• Que la financiación interina, la nueva financiación o los actos, negocios y operaciones previstos para la ejecución del plan perjudican injustamente los intereses de los acreedores.
Cualquier **acreedor no afectado** puede impugnar u oponerse a la homologación por los motivos anteriores y, además, por el motivo de que el plan no resulte necesario para evitar el concurso y asegurar la viabilidad de la empresa en el corto y medio plazo.
En estos casos, la estimación de la impugnación o de la oposición tiene como único efecto que, en caso de concurso de acreedores, la financiación interina, la nueva financiación y los actos, operaciones o negocios realizados en ejecución del plan quedan sometidos a las normas sobre acciones concursales de rescisión.

Incumplimiento (LCon art.671) Una vez homologado, **no se puede pedir** la resolución del plan de reestructuración por incumplimiento, ni la desaparición de los efectos extintivos o novatorios de los créditos afectados, salvo que el propio plan prevea otra cosa. **6225**
Destacan dos **excepciones**:
a) Los **acreedores de Derecho público** afectados por el plan de reestructuración pueden, en todo caso, instar la resolución de dicho plan en cuanto a los créditos de Derecho público, en caso de incumplimiento.
b) El plan de reestructuración se entiende incumplido tanto por el impago de cualquiera de los plazos de amortización de la deuda por créditos de Derecho público como por la generación de **deuda por cuota corriente tributaria y de Seguridad Social** durante la vigencia del mismo.
Si el incumplimiento se causa por **insolvencia**, cualquier persona legitimada puede solicitar la declaración del concurso.

Experto en reestructuración (LCon art.672 a 681) Puede ser nombrado experto en la reestructuración cualquier persona natural o jurídica, española o extranjera, que tenga los **conocimientos** especializados, jurídicos, financieros y empresariales, la **experiencia** en materia de **6225.1** MPCI nº 12080 s.

reestructuraciones -o acredite cumplir los requisitos para ser administrador concursal- y las condiciones legalmente establecidas, además de no incurrir en **incompatibilidad o prohibición** para dicho cargo (LCon art.674 y 675).
El **nombramiento** de experto en la reestructuración solo procede:
- a solicitud del **deudor**;
- si lo solicitan acreedores que representan **más del 50% del pasivo** que, en el momento de la solicitud, pueda quedar afectado por el plan de reestructuración, debiendo asumir, expresamente, la obligación de satisfacer la retribución del experto; asunción que queda sin efecto si en el plan de reestructuración homologado por el juez se prevé expresamente que la retribución del experto sea a cargo del deudor;
- si, solicitada por el deudor la **suspensión** general de ejecuciones singulares o la prórroga de esa suspensión, el juez considera y razona que el nombramiento es necesario para salvaguardar el interés de los posibles afectados por la suspensión;
- si el deudor o cualquier legitimado solicita la **homologación judicial de un plan** de reestructuración cuyos efectos se extiendan a una clase de acreedores o a los socios que no hayan votado a favor del plan.
El nombramiento de un experto que no reúna las condiciones establecidas en la ley, incurra en alguna incompatibilidad o prohibición o no tenga cobertura o garantía adecuada puede ser objeto de **impugnación** en cualquier momento por quien acredite interés legítimo (LCon art.677).

Precisiones El **estatuto** del experto se regula en LCon art.679 a 681.

6225.2 MPCI nº 12097 **Régimen especial** (LCon art.682 a 684) Se establece un régimen especial aplicable a las personas naturales o jurídicas que lleven a cabo una actividad empresarial o profesional, siempre que, de acuerdo con el **balance del ejercicio anterior** al que se haga la comunicación o se presente la solicitud de homologación, reúnan las siguientes circunstancias:
• Que el **número medio de trabajadores** empleados durante el ejercicio anterior no sea superior a 49 personas.
• Que el **volumen de negocios** anual o balance general anual no supere los 10 millones de euros.
Quedan **excluidas** las sociedades que pertenezcan a un grupo obligado a consolidar y los deudores que tengan la condición de microempresa sujetos al procedimiento especial de microempresas (LCon art.685 s.; nº 6226 s.).

XI. Procedimiento especial para microempresas

(LCon art.685 a 720)

6226 MPCI nº 12104 s. Este procedimiento **se aplica** a los deudores que sean personas naturales o jurídicas que lleven a cabo una actividad empresarial o profesional y que reúnan las siguientes **características** de las microempresas, computadas en base consolidada si la entidad forma parte de un grupo (LCon art.685 y 686.1):
• Haber empleado durante el año anterior a la solicitud una media de **menos de 10 trabajadores**: en el caso de que el número de horas de trabajo realizadas por el conjunto de la plantilla sea igual o inferior al que hubiera correspondido a menos de 10 trabajadores a tiempo completo.
• Tener un **volumen de negocio anual** inferior a 700.000 euros o un **pasivo** inferior a 350.000 euros, según las últimas cuentas cerradas en el ejercicio anterior a la presentación de la solicitud.
Afecta a:
• La totalidad de los **bienes y derechos** integrados en el patrimonio del deudor en la fecha de apertura del procedimiento especial y los que se reintegren en el mismo o adquiera durante el procedimiento, con excepción, en su caso, de los bienes y derechos legalmente inembargables. Si el deudor está **casado** se aplica lo dispuesto en el régimen económico matrimonial.
• Todos los **acreedores** del deudor, con independencia del origen y naturaleza de la deuda.
La **tramitación** del procedimiento especial, aplicable a microempresas que se encuentren en probabilidad de insolvencia, estado de insolvencia inminente o insolvencia actual, puede llevarse a cabo como (LCon art.685.5, 686 y 688):
a) **Procedimiento de continuación**. El deudor tiene el deber legal de solicitar su apertura dentro de los 2 meses siguientes a la fecha en que hubiera conocido o debido conocer el estado de insolvencia actual, presumiéndose, salvo prueba en contrario, que el deudor ha conocido esto cuando hubiera acaecido alguno de los hechos que puedan servir de fundamento a una solicitud de cualquier otro legitimado (nº 6226.5).

b) **Procedimiento de liquidación** con o sin transmisión de la empresa en funcionamiento. Requiere la existencia de insolvencia actual o inminente, si lo solicita el deudor, o actual, si lo solicitan legitimados distintos del deudor. Es obligatorio si al menos el 85% de los créditos corresponden a acreedores públicos (nº 6227).
Se trata de un **procedimiento culpable**, en todo caso, cuando el deudor haya cometido inexactitud grave en cualquiera de los formularios normalizados remitidos o en los documentos acompañados a los mismos presentados durante la tramitación del procedimiento especial, o hubiera acompañado o presentado documentos falsos.

Precisiones 1) En cuanto a los **actos procesales**, se aplican las siguientes disposiciones generales (LCon art.687):
- Todas las **comparecencias, declaraciones, vistas** y, en general, todos los actos procesales se realizan por vía telemática.
- La participación del deudor requiere asistencia de **letrado y procurador**.
- Los actos de comunicación se practican por medios electrónicos con la cumplimentación de los **formularios normalizados**.
- La **resolución**, si adopta la forma de sentencia y salvo disposición legal expresa en contrario, se puede dictar por el juez al finalizar la vista de manera oral y documentarse en soporte audiovisual apto para la grabación y reproducción de la imagen y del sonido, sin perjuicio de la ulterior redacción del encabezamiento, la mera referencia a la motivación pronunciada oralmente y el fallo íntegro.
El **resto de resoluciones** se han de documentar con expresión del fallo y motivación sucinta de las resoluciones.
- Contra los autos y sentencias dictadas no cabe **recurso** alguno, salvo que se establezca legalmente lo contrario y contra los decretos del letrado de la Administración de Justicia solo cabe recurso directo de revisión.
- Los datos de los formularios normalizados deben trasladarse mediante servicios de **interconexión e intercambio de datos** desde la Administración de Justicia a la sede electrónica de la AEAT y de la Tesorería General de la Seguridad Social.

2) Ver lo expuesto en nº 5563, sobre la regla especial contenida en el RDL 8/2024, a consecuencia de la **DANA de Valencia**.

Apertura de negociaciones (LCon art.690 a 693) Cualquier microempresa puede, por medios electrónicos y en **formulario normalizado**, comunicar al órgano judicial competente para la declaración de concurso la apertura de negociaciones con los acreedores para acordar un **plan de continuación** o una **liquidación con transmisión de empresa en funcionamiento** en el marco de un procedimiento especial, siempre que se encuentre en probabilidad de insolvencia, insolvencia inminente o insolvencia actual. **6226.1**
Para su **tramitación** se aplica lo dispuesto para la comunicación de la apertura de negociaciones con los acreedores (nº 6223.1), con las siguientes **especialidades** (LCon art.585 a 610):
a) Las **referencias al concurso de acreedores** se entienden hechas al procedimiento especial para microempresas.
b) No es preceptivo el **nombramiento de experto** en el periodo de negociaciones abierto a solicitud del deudor.
c) Los **efectos de la comunicación** de apertura de negociaciones no pueden prorrogarse.
d) La **suspensión de ejecuciones** no puede afectar, en ningún caso, a los acreedores públicos, diferenciándose:
- Si la ejecución recae sobre **bienes o derechos necesarios** para la continuidad de la actividad empresarial o profesional del deudor, una vez iniciado el procedimiento de ejecución, se puede suspender exclusivamente en la fase de realización o enajenación por el juez que esté conociendo del mismo.
- Si la ejecución es **extrajudicial**, la puede ordenar el juez ante el que se haya presentado la comunicación, exclusivamente en la fase de realización o enajenación.
- En los dos casos, la suspensión acordada **decae** perdiendo toda su eficacia una vez transcurridos 3 meses desde el día de la comunicación, quedando sin efectos la suspensión, sin que sea preciso dictar resolución judicial alguna o, en su caso, acto alguno por el letrado de la Administración de Justicia.

e) Durante el **periodo de negociaciones**, y hasta que transcurran 3 meses desde la fecha de la comunicación, no se admiten a trámite las solicitudes del procedimiento especial presentadas por otros legitimados distintos del deudor. Las que presentadas no hubieran sido admitidas a trámite quedan en suspenso.
f) Las **solicitudes suspendidas** y las que se presenten una vez transcurridos 3 meses del periodo de negociaciones se proveen dentro de los 5 días hábiles siguientes a la expiración del plazo sin que el deudor haya solicitado la apertura del procedimiento especial.

g) Mientras estén en vigor los efectos de la comunicación, queda en suspenso el deber legal de acordar la **disolución por pérdidas** que dejen reducido el patrimonio neto a una cantidad inferior a la mitad del capital social.

6226.2 MPCI nº 12116 s. **Solicitud** (LCon art.691 a 691 ter) La **presentación** de la solicitud de apertura del procedimiento debe realizarse por:
a) El **deudor**, cuando se encuentre en probabilidad de insolvencia, insolvencia inminente o insolvencia actual. Debe solicitarse mediante formulario normalizado que se presente y tramite electrónicamente a través de la sede judicial electrónica, las notarías u oficinas del Registro Mercantil o cámaras de comercio que hayan asumido tales funciones. Si no dispone de estos medios, en las notarías, oficinas del registro mercantil o cámaras de comercio que hayan asumido tal función con carácter gratuito.
b) El **órgano de administración** si se trata de un deudor persona jurídica.
c) Los **acreedores o socios** personalmente responsables de las deudas del deudor que se encuentre en estado de insolvencia actual.

6226.3 MPCI nº 12128 s. **Elección y conversión del procedimiento especial** (LCon art.693) Tanto el deudor como los acreedores solicitantes pueden optar entre un procedimiento especial de **liquidación** o uno de **continuación**, con los efectos previstos en LCon art.694 a 694 ter.
A su vez los acreedores pueden solicitar la **conversión** de un procedimiento de continuación en uno de liquidación, en cualquier momento y en formulario normalizado, diferenciando:
• Los que representen **más de la mitad del pasivo**: sin necesidad de justificación adicional, siempre que el deudor esté en insolvencia actual.
• Los que representen un **25% del pasivo**: si, objetivamente, no existe la posibilidad de continuación de la actividad en el corto y medio plazo.
Tras la comprobación de los requisitos y documentación, el letrado de la Administración de Justicia debe notificarla al deudor y resto de los acreedores para que, en el plazo de 3 días siguientes, puedan **oponerse a la conversión** alegando:
a) Los **acreedores**: la insuficiencia de la cuantía del pasivo instante de la conversión para el primer caso o, la insuficiencia del pasivo o la posibilidad objetiva de continuación en el segundo supuesto, adjuntando en todo caso la documentación oportuna.
b) El **deudor**: en ambos casos, que no se encuentra en estado de insolvencia actual.
El juez resuelve la conversión mediante **auto**:
• Si no se ha producido oposición, transcurridos 3 días de la solicitud.
• Si ha habido oposición:
- celebrando una vista, excepcional, en el plazo de los 5 días hábiles siguientes a la recepción de la oposición, resolviendo en el acto de la vista o en los 3 días hábiles siguientes;
- dentro de los 5 días hábiles siguientes a la recepción de la oposición.
El juez debe **rechazar la conversión** si no se alcanzan las mayorías requeridas del pasivo o si se acredita objetivamente la posibilidad de continuación de la actividad a corto y medio plazo, y, en ambos casos, cuando quede acreditado que el deudor no se encuentra en estado de insolvencia actual.
En todo caso, la apertura del procedimiento especial de liquidación se realiza mediante auto.

6226.4 **Acciones para incrementar el patrimonio a disposición de los acreedores** (LCon art.695 y 696) Se prevén dos tipos de acciones:
1) **Acciones rescisorias** (LCon art.695). Desde la comunicación de la apertura del procedimiento especial y durante los 30 días hábiles siguientes, los acreedores y socios personalmente responsables de las deudas del deudor pueden comunicar, mediante formulario normalizado, cualquier **información relevante** a los efectos del posible ejercicio de estas acciones contra **actos realizados por el deudor**.
Se caracterizan por:
• No suspender el normal desarrollo procesal del procedimiento especial.
• Poder presentarse solo en caso de insolvencia actual del deudor.
• Poder ser objeto de cesión a un tercero y, en el procedimiento especial de continuación, ejercitarse dentro del propio plan.
Dentro de los 45 días siguientes a la comunicación de la apertura del procedimiento, los acreedores cuyos créditos representen, al menos, el **20% del pasivo total**, pueden solicitar el **nombramiento de un experto** en la reestructuración o un **administrador concursal**. Debe tenerse en cuenta que:
a) Los acreedores que representen un porcentaje superior a aquellos que lo han solicitado pueden **oponerse al nombramiento**, salvo que los solicitantes asuman íntegramente la retribución del experto en la reestructuración o del administrador concursal.
b) Si **ya existe experto**, los acreedores que representen al menos el 10% del pasivo total pueden solicitar del mismo el ejercicio de la acción rescisoria. En caso de **negativa** de este o de

falta de respuesta en los 15 días hábiles siguientes, los acreedores solicitantes tienen legitimación subsidiaria para entablar la acción, litigando a su costa en interés del procedimiento especial.
2) **Acciones de responsabilidad** (LCon art.696). Se sujetan a las mismas reglas del punto 1) para exigir responsabilidad contra los **administradores, liquidadores o auditores** de la sociedad deudora si se dirigen a exigir responsabilidad civil.

Procedimiento de continuación (LCon art.697 a 700) El **plan de continuación** puede ser presentado por el deudor o por los acreedores con la solicitud de apertura del procedimiento especial o en los 10 días hábiles siguientes a la declaración de apertura del procedimiento especial (LCon art.697, 697 bis, 697 ter, 697 quater). El transcurso de estos plazos sin presentación del plan supone la automática **conversión del procedimiento** en uno de liquidación, salvo que el deudor no se encuentre en situación de insolvencia actual, en cuyo caso puede plantear **oposición** que, de estimarse, supone la conclusión del procedimiento especial. **6226.5** MPCI nº 12145 s.
Si el letrado de la Administración de Justicia aprecia la existencia de **defectos en la propuesta** concede un plazo de 3 días hábiles para su subsanación. De no subsanarse, se entiende por no presentado y el juez, en auto, resuelve la conversión de la liquidación, salvo que el deudor se oponga, acreditando no encontrarse en estado de insolvencia actual.
Tras la **admisión a trámite**, se comunica electrónicamente por el deudor a los acreedores en un plazo de 3 días hábiles.
La **falta de comunicación** -o la realización extemporánea- constituye causa de conversión del procedimiento en uno de liquidación, que se declara por el juez de oficio o a instancia del deudor o de los acreedores.
En caso de presentación de **más de una propuesta**, se tramita en primer lugar la presentada por el deudor y, entre las presentadas por los acreedores, según el orden temporal de presentación.
Si el deudor es empleador, los **representantes legales de los trabajadores** tienen derecho, si así lo prevé la legislación laboral, a ser informados y consultados sobre el contenido del plan de continuación con carácter previo a su aprobación u homologación.
Se prevé un plazo de 15 días desde la presentación y comunicación del contenido del plan para efectuar **alegaciones** (LCon art.697 quinquies).

Aprobación del plan de continuación (LCon art.697 sexies y 698) La **aprobación provisional** del plan se realiza por el letrado de la Administración de Justicia transcurridos 15 días hábiles sin que se hayan resuelto las alegaciones o la insinuación de nuevos créditos, y habiéndose alcanzado la **mayoría suficiente**, en cuyo caso se continúan las actuaciones, excepto las que perjudiquen el derecho de los acreedores cuyas alegaciones estén pendientes de resolución. **6226.6** MPCI nº 12151
Si, transcurrido el plazo, se constata que **no es posible alcanzar la mayoría suficiente** se certifica el rechazo del plan de continuación, con independencia de que se resuelvan las alegaciones pendientes de resolución.
Para la válida aprobación del plan se necesita el **consentimiento** de:
a) El **deudor** y, en su caso, los socios de la sociedad deudora que sean legalmente responsables de las deudas sociales, respecto al plan propuesto por los acreedores.
b) Los **socios de la sociedad deudora** si el plan contiene medidas que afecten a sus derechos políticos o económicos.
Tras la **votación**, según la división por clases prevista en la propuesta de plan, y teniendo por **voto favorable** el del acreedor que no vote, el plan se entiende aprobado de acuerdo con lo siguiente:

<table>
<tr><td rowspan="2">Por una clase de créditos afectados</td><td colspan="2">Si vota a favor la mayoría del pasivo correspondiente a esa clase</td></tr>
<tr><td>Créditos con garantía real</td><td>Si votan a favor 2/3 del importe pasivo de esta clase</td></tr>
<tr><td rowspan="2">Por todas las clases de créditos o al menos por</td><td colspan="2">Una mayoría simple de las clases, siempre que al menos una de ellas sea una clase de créditos con privilegio especial o general</td></tr>
<tr><td colspan="2">En defecto de la anterior, una clase que, de acuerdo con la clasificación de créditos del concurso de acreedores, pueda razonablemente presumirse que hubiese recibido algún pago tras una valoración del deudor como empresa en funcionamiento</td></tr>
</table>

Precisiones Si el acreedor es la **Agencia Estatal de la Administración Tributaria** se entiende que vota a favor del plan de continuación que contenga una quita no superior al 15% del importe de sus créditos ordinarios, salvo que se indique lo contrario (LGP art.10.3).

6226.7 MPCI nº 12155 **Homologación** (LCon art.698 bis) Una vez aprobado el plan por los acreedores, el deudor o los acreedores titulares de créditos afectados por el mismo pueden solicitar que el juez se pronuncie sobre la homologación dentro de los 10 días hábiles siguientes a la notificación de la certificación de la aprobación. Es obligatoria la **homologación expresa** si se incluyen créditos de los acreedores públicos en el plan.

Se considera tácitamente homologado si, transcurrido este plazo, ni el deudor ni ningún acreedor solicitan un pronunciamiento judicial expreso sobre la homologación, pudiendo solicitarse declaración de **homologación tácita**. Se excluye de esta posibilidad el caso en que la aprobación del plan se haya conseguido con una mayoría del pasivo cuyo voto se ha considerado positivo por ausencia de voto.

La homologación solicitada procede, siempre que, cumulativamente:

a) El deudor se encuentre en probabilidad de **insolvencia**, insolvencia inminente o insolvencia actual y el plan ofrezca una perspectiva razonable de asegurar la **viabilidad** de la empresa en el corto y medio plazo.

b) Se hayan observado los **requisitos procesales** y se hayan alcanzado las mayorías necesarias previstas para el procedimiento especial de continuación.

c) Los **créditos dentro de la misma clase** sean tratados de forma paritaria.

d) El plan supere la prueba del **interés superior de los acreedores**.

e) En caso de que el plan no haya sido aprobado por una clase de acreedores sea, sin embargo, **justo y equitativo**, porque resulte que la clase de acreedores que ha votado en contra recibe un trato más favorable que cualquier clase de rango inferior, el plan sea imprescindible para asegurar la viabilidad de la empresa y los créditos de los acreedores afectados no se vean perjudicados injustificadamente.

f) Se haya concedido o se vaya a conceder **financiación al deudor** en virtud del plan de continuación y esta sea necesaria para asegurar la viabilidad de la empresa y no perjudique injustificadamente los intereses de los acreedores.

g) Se hayan observado los requisitos y efectos previstos legalmente respecto de los **acreedores públicos** y el deudor se encuentre al corriente en el pago de las deudas tributarias y de Seguridad Social devengadas, que hayan surgido con posterioridad a la solicitud de apertura del procedimiento especial de continuación.

El **auto de homologación** del plan de continuación debe publicarse, inmediatamente, en el Registro público concursal (LCon art.698 ter).

6226.8 MPCI nº 12163 **Impugnación y efectos** (LCon art.698 quater, 699, 699 bis a 699 quater y 700) Se puede impugnar el plan dentro de los 15 días siguientes a la publicación por los titulares de **créditos afectados que hayan votado en contra** del plan y por los **acreedores públicos**. Carece de efectos suspensivos.

El plan de continuación se considera cumplido si, pasados 30 días naturales del plazo del último pago previsto, ningún acreedor ha solicitado la **declaración de incumplimiento**.

La **frustración** del plan de continuación, dando lugar a la apertura del procedimiento especial de liquidación (nº 6227), siempre que el deudor se encuentre en insolvencia actual, se produce por:

a) **Falta de aprobación** por no haberse alcanzado las mayorías necesarias.

b) **Rechazo de la homologación**.

c) **Estimación de la impugnación** de la homologación.

d) **Incumplimiento** del plan de continuación. Debe solicitarse por cualquier acreedor que entienda este incumplimiento en el plazo de 2 meses desde que se produjo. La falta de pago en tiempo y forma o el incumplimiento de cualquier obligación establecida en el plan en favor del acreedor solicitante de la declaración de incumplimiento es prueba de este incumplimiento. El juez puede convocar al deudor y acreedores a una vista que se celebre dentro de los 10 días hábiles siguientes y resolver, oralmente, al final de la misma o dentro de los 5 días hábiles siguientes, declarando incumplido el plan y abierto el procedimiento especial de liquidación o, en otro caso, rechazando la solicitud.

Si en el procedimiento especial de continuación se nombra a un experto en la reestructuración, la **terminación del procedimiento de continuación** implica su cese.

En los casos anteriores, el deudor puede **impugnar el auto de apertura de la liquidación**, en un plazo de 5 días hábiles desde su publicación. Esta impugnación no tiene efectos suspensivos, sin perjuicio de las **medidas cautelares** que se consideren oportunas.

En todos los casos de frustración el plan de continuación, si el deudor es persona física, puede solicitar la **exoneración del pasivo insatisfecho** (nº 6174 s.).

6226.9 MPCI nº 12167 s. **Medidas especiales** (LCon art.701 a 704) Se regulan las siguientes:

a) **Suspensión de las ejecuciones** (LCon art.701). Con la solicitud de apertura del procedimiento especial de continuación, o en cualquier momento posterior, el deudor puede solicitar la suspensión de las ejecuciones judiciales o extrajudiciales sobre los bienes y derechos necesarios

para la actividad empresarial o profesional que deriven del incumplimiento de un crédito con garantía real o de un crédito público, con independencia de si la ejecución se ha iniciado o no, en el momento de la solicitud, y de la condición del crédito o del acreedor. Ha de mantenerse hasta el momento en que se compruebe, objetivamente, que no se aprueba un plan de continuación, y, en todo caso, por un **máximo** de 3 meses desde el decreto en que se tenga por efectuada la solicitud. Transcurrido ese plazo queda **sin efecto** la suspensión sin necesidad de acto alguno.
El acreedor puede manifestar su **oposición** a la suspensión. Este trámite no tiene efectos suspensivos, debiéndose resolver por auto sin posibilidad de recurso alguno. Se interpone en el plazo de 5 días hábiles desde la notificación, concediéndose al deudor un plazo de 3 días hábiles para formular **alegaciones**. Si se considera necesario el juez convoca a las partes a una **vista** que se celebrará dentro de los 10 siguientes a finalizar el plazo de alegaciones del deudor. Se resuelve por **auto**.
b) **Mediación** (LCon art.702). El deudor o acreedores cuyos créditos representen al menos un **20% del total del pasivo** pueden solicitar la designación de un mediador concursal en cualquier momento, desde la apertura del procedimiento especial hasta el final del plazo de votación, para que negocie el plan de continuación entre el deudor y los acreedores. Se realiza por **medios electrónicos**, videoconferencia u otro medio análogo y su **duración** máxima es de 10 días hábiles. Si el mediador entiende que no es posible alcanzar un acuerdo, debe cerrar formal y definitivamente la mediación, notificándolo al órgano judicial, pudiendo los solicitantes citados pedir la apertura del procedimiento especial de liquidación, siempre que el deudor se encuentre en estado de insolvencia actual.
c) **Limitación de las facultades de administración y disposición del deudor** (LCon art.703). El acreedor o acreedores, cuyos créditos representen al menos el **20% del pasivo total**, pueden solicitar al órgano judicial la limitación de las facultades de administración y disposición del deudor que se encuentre en situación de insolvencia actual.
d) **Nombramiento de un experto** (LCon art.704). En cualquier momento del procedimiento, pueden solicitar el nombramiento de un experto en la reestructuración con **funciones de intervención** de las facultades de administración y disposición del deudor:
• El **deudor** o acreedores con créditos que representen al menos el **20% del pasivo total**.
• Los acreedores con créditos que representen al menos el **40% del pasivo total**, si el deudor se encuentra en situación de insolvencia actual. En este caso, se pueden oponer al nombramiento, tanto el deudor como los acreedores que representen la mayoría del pasivo, en los 5 días hábiles siguientes a la notificación del nombramiento. El juez resuelve en los 5 días hábiles siguientes, bien nombrando el experto con sustitución, o bien haciéndolo con meras facultades de intervención.
Las **solicitudes deben ser rechazadas** si se oponen acreedores que representen la mayoría del pasivo, salvo que el nombramiento sea necesario para realizar las valoraciones previstas o para entablar acciones rescisorias o de responsabilidad.
El experto tiene **facultades** de propuesta del plan de continuación, puede emitir opiniones técnicas sobre cualquiera de los extremos susceptibles de afectar a la formación de la voluntad de los acreedores en relación con el plan, y puede mediar entre el deudor y sus acreedores.
La **retribución** del experto corre a cargo del solicitante y debe determinarse de mutuo acuerdo entre el deudor y los acreedores que representen la mayoría del pasivo, salvo que la solicitud provenga de los acreedores y estos asuman voluntariamente el coste de la retribución, en cuyo caso les corresponde la determinación de la cuantía. De no existir acuerdo o asunción voluntaria por los acreedores, la **cuantía** se fija aplicando los aranceles establecidos para la retribución de administradores concursales.

Procedimiento de liquidación (LCon art.705 a 711) El procedimiento especial de liquidación se abre en los siguientes **supuestos** (LCon art.705): **6227** MPCI nº 12182
• Cuando se haya solicitado por el propio deudor o por un acreedor.
• Cuando no se haya aprobado un plan de continuación, no se haya homologado el plan aprobado o, habiendo sido homologado, haya sido incumplido por el deudor, siempre y cuando, en todos los casos, el deudor se encuentre en insolvencia actual.
• En todo caso, cuando el deudor no se encuentre al corriente en el cumplimiento de las obligaciones tributarias o frente a la Seguridad Social, siempre que su devengo sea posterior al auto de apertura del procedimiento especial.
Corresponde al acreedor solicitante el **privilegio** concedido al acreedor instante del concurso de acreedores de acuerdo con lo establecido en LCon Libro Primero.
La apertura del procedimiento ha de comunicarse a los acreedores y someterse a **publicidad** registral.
La **determinación de los créditos** ha de realizarse en los 20 días hábiles siguientes a la apertura conforme a lo dispuesto en LCon art.706.

6227.1 **Tramitación** (LCon art.707) En la **solicitud** de apertura del procedimiento de liquidación, el deudor debe señalar su disposición para:
- liquidar el activo; o,
- solicitar el nombramiento de un administrador concursal.

En ambos casos, tanto el deudor como el administrador concursal, respectivamente, disponen de 20 días hábiles para presentar un **plan de liquidación** que ha de comunicarse, dentro del mismo día o el primer día hábil siguiente.

Dentro de los 10 días hábiles siguientes a la fecha de **comunicación**, el deudor, acreedores concursales y, en su caso, representantes de los trabajadores pueden presentar observaciones y **propuestas de modificación**, en su caso.

Tras la finalización de los plazos, el deudor o la administración concursal tienen 10 días hábiles para la determinación de los créditos y para la **modificación del plan** en función de las alegaciones formuladas, de la información recibida y, en su caso, de la lista de créditos modificada.

Si no se modifica el plan de liquidación o si el deudor o acreedores no están de acuerdo con las modificaciones propuestas, cabe la **impugnación** del plan en los 3 días hábiles siguientes. El juez convoca a las partes en los 5 días hábiles siguientes a una vista y resuelve, al final o en los 3 días hábiles siguientes, confirmando o modificando el plan. No se paralizan las actuaciones de liquidación, salvo que el juez establezca cautelarmente lo contrario.

De no impugnarse, el juez declarará automáticamente la **aprobación** del plan mediante auto inmediatamente ejecutable.

6227.2 **Modificación** (LCon art.707 bis) La aprobación del plan de liquidación no impide que el deudor o el administrador concursal puedan solicitar del juez, en cualquier momento, su modificación para una mayor y más rápida satisfacción de los acreedores.

La **propuesta** debe ser notificada al deudor, si procede, y a los acreedores para que, en el plazo de 10 días, puedan efectuar **alegaciones**.

El juez resuelve mediante **auto** contra el que no cabe recurso alguno, aprobando la modificación, introduciendo nuevas modificaciones o denegando la solicitud.

6227.3 **Ejecución** (LCon art.708 a 711) Dentro de los 10 días siguientes a la presentación de alegaciones al plan de liquidación, el deudor o, en su caso, la administración concursal, pueden dar **inicio** a las operaciones de liquidación:
- si no han sido impugnadas;
- si no han sido objeto de alegaciones;
- si han sido objeto de alegaciones, pero su contenido no implica la necesidad de suspender la ejecución.

La ejecución tiene un **plazo máximo** de 3 meses prorrogable por un mes adicional. Pero, si por circunstancias ajenas al procedimiento especial, un bien o derecho no puede ser objetivamente liquidado en este plazo, el deudor o, en su caso, su administrador concursal han de comunicarlo al juez, junto con un plan para la realización del activo y el resultado de la liquidación se ha de distribuir entre los acreedores del procedimiento especial, siguiendo el **orden de prelación** previsto en el informe final de liquidación.

Cada mes, contado desde la apertura de la liquidación, el deudor o administrador concursal deben presentar **informes de liquidación** acompañados de una relación de los créditos contra la masa.

6227.4 La **transmisión de la empresa o de sus unidades productivas** se sujeta a las siguientes **reglas**:

1) La transmisión se lleva a cabo por **venta directa** en favor del tercero que ofrezca como mínimo un 15% más del valor acordado y mantenga el resto de condiciones.

2) La venta directa se lleva a cabo de acuerdo con los principios de **concurrencia y transparencia**.

3) Si no es posible la venta directa, la transmisión se realiza por **subasta**.

4) El **precio de adjudicación** de la subasta no puede, en ningún caso, ser inferior a la suma del valor de los bienes y derechos del deudor incluidos en el inventario.

5) Cuando se reciba **más de una oferta** cuyos contenidos difieran, objetivamente, en el modo en que se garantiza la continuidad de la empresa o del establecimiento mercantil, el mantenimiento de los puestos de trabajo o la satisfacción de los créditos, el deudor o la administración concursal deben presentar informe al juez con la propuesta de resolución, para que resuelva.

Salvo que los créditos se transmitan como parte de la empresa en funcionamiento, el deudor o el administrador concursal del procedimiento especial disponen de un plazo máximo de 3 meses desde la apertura de la liquidación para obtener el **pago de los créditos frente a terceros de la masa activa**, teniendo en cuenta que:

• En la transmisión de los créditos a un tercero, si el **descuento** es mayor del 30% del valor nominal actualizado es necesario presentar al menos tres ofertas por el crédito, debiendo ser, al menos una de ellas, de entidades financieras o de entidades de reconocida trayectoria en el mercado secundario del crédito.

• El deudor o el administrador concursal del procedimiento pueden ceder el crédito o el conjunto de créditos que representen al menos el 20% del total del valor de la masa activa a un tercero, para la **gestión de su cobro**. La remuneración es un porcentaje de la cantidad recuperada. El pago lo realiza el cesionario, previa deducción de la comisión de cobro, informando cada mes a los acreedores del deudor con créditos aún insatisfechos del estado de la recuperación del crédito.

Medidas (LCon art.712 a 714) Durante el procedimiento de liquidación pueden solicitarse las siguientes: **6227.5**

a) **Suspensión de las ejecuciones** (LCon art.712). Desde la apertura del procedimiento, y en tanto exista una posibilidad objetiva razonable de **transmisión en funcionamiento** de la empresa o unidades productivas, el deudor puede solicitar la suspensión de las ejecuciones judiciales o extrajudiciales sobre los bienes y derechos necesarios para la actividad empresarial o profesional que deriven del incumplimiento de un crédito con garantía real, con independencia de si la ejecución se había ya iniciado o no en el momento de la solicitud y de la condición del crédito o del acreedor. En todo caso, se entiende que **no existe posibilidad de transmisión** de la empresa o de las unidades productivas, cuando así lo haya señalado el deudor en la solicitud de apertura de la liquidación o cuando así se desprenda del plan de liquidación.

La suspensión se mantiene hasta que se compruebe objetivamente que la empresa no se transmitirá en funcionamiento y, en todo caso, transcurridos 3 meses desde el decreto en que se tenga por efectuada la solicitud.

Cuando la apertura de la liquidación se produzca tras la **frustración de un plan de continuación** y se hubiera solicitado la suspensión durante la tramitación del plan, el plazo de 3 meses seguirá contando desde que comenzó a surtir efecto, aunque, a solicitud del deudor, este plazo puede prolongarse por un mes adicional, si el juez lo considera necesario.

b) **Nombramiento de administrador concursal** (LCon art.713 redacc LO 1/2025). En cualquier momento del procedimiento se puede solicitar el nombramiento de un administrador concursal que sustituya al deudor en sus facultades de administración y disposición por el deudor o por los acreedores cuyos créditos representen al menos el 20% del pasivo total -10% en caso de paralización de la actividad empresarial o profesional del deudor-.

Este administrador tiene **facultades** de propuesta del plan, emisión de opiniones técnicas relativas a la valoración de los activos y de las ofertas de adquisición de la empresa o de unidades productivas, facultades de administración conferidas en el procedimiento y facultades de disposición necesarias para proceder a la liquidación del activo, dentro del marco de la liquidación.

La **retribución** del administrador concursal debe determinarse conforme a la disposición que la regule y tendrá la consideración de crédito contra la masa. Si lo hubiera solicitado el deudor, el cobro se producirá tras la satisfacción de la totalidad de los créditos públicos calificados contra la masa.

El juez puede nombrar administrador concursal **a instancia de un único acreedor** cuando:

- el deudor haya provisto información insuficiente o inadecuada;
- el deudor haya observado un comportamiento que genere dudas razonables sobre la conveniencia de que el deudor realice directamente las operaciones de liquidación;
- concurran circunstancias objetivas que así lo aconsejen apreciadas por el juez en resolución motivada y no se haya solicitado su designación conforme a la regla general expuesta; en este supuesto, la retribución del administrador concursal correrá a cargo del deudor y la designación del administrador concursal y su retribución se efectuará de acuerdo con las reglas comunes de la Ley concursal.

c) **Nombramiento de experto** (LCon art.714). El deudor, los acreedores o, excepcionalmente, en casos de complejidad especial, el administrador concursal puede solicitar el nombramiento de un experto a los solos efectos de la **valoración de la empresa** o de una o más de sus unidades productivas.

El nombramiento y la retribución del experto deben acordarse por el deudor y los acreedores que representen la mayoría del pasivo. De no haber **acuerdo**, el nombramiento y, en su caso, la fijación de la retribución, corresponden al letrado de la Administración de Justicia conforme al sistema de nombramiento y retribución de peritos judiciales.

La **retribución** ha de ser satisfecha por el solicitante. Si existe un administrador concursal nombrado en el procedimiento, el experto no puede ser retribuido con cargo a la masa del procedimiento especial con independencia de quién solicite el nombramiento. Si lo solicita el deudor, el cobro se produce tras la satisfacción del crédito público privilegiado.

La **solicitud** se comunica por medio de formulario normalizado, y ha de incluir, en su caso, el nombre del experto y la retribución acordada entre el deudor y los acreedores, con identificación de estos.

XII. Resolución de entidades financieras y de empresas de servicios de inversión

(L 11/2015; RD 1012/2015; RD 1041/2021)

6230

6231 MPCI nº 12205 s. En el régimen de las situaciones de insolvencia empresarial, incorporado a nuestro ordenamiento por medio de la Ley Concursal y de la LO 8/2003, ha incidido notablemente la L 9/2012 y su derivada, la L 11/2015, que la sustituye y deroga en parte, al establecer un **procedimiento específico** para el tratamiento de la insolvencia -inviabilidad- de las entidades de crédito y de servicios de inversión: el procedimiento de resolución de este tipo de entidades, que opera como cauce especial y alternativo respecto del procedimiento de concurso de acreedores. Esta norma rompe así con la concepción del procedimiento concursal como único procedimiento aplicable en materia de insolvencia a cualesquiera personas físicas y jurídicas, con independencia de su naturaleza y de su actividad, concepción que estableció la legislación concursal, superando en ese momento la multiplicidad de procedimientos que existía anteriormente.

Si bien la insolvencia de las entidades financieras y de los servicios de inversión siempre ha estado sujeta a especialidades notables, la L 11/2015 va mucho más allá al establecer un **nuevo marco sustantivo y procesal** para la regulación de las situaciones de insolvencia, inviabilidad, en sentido estricto, de este tipo de empresas.

Ahora bien, la ruptura no es total pues el RDLeg 1/2020 incorpora en LCon art.572 s. las **especialidades del concurso por razón del deudor**, cuando este es una entidad de crédito, de seguros o de servicios de inversión. Dichas especialidades comienzan por acoger como legislación especial aplicable a dichos procedimientos las que se citan en LCon art.578.2º, entre las cuales se incluye precisamente la L 11/2015. Junto a ellas establecen reglas especiales aplicables para la comunicación del inicio del procedimiento y para el nombramiento, aceptación y remuneración de la administración concursal.

Precisiones 1) A las transmisiones del negocio o de activos o pasivos realizadas por entidades de crédito en cumplimiento de planes de reestructuración o planes de resolución de entidades de crédito a favor de otra entidad de crédito, al amparo de la normativa de reestructuración bancaria, les son de aplicación el **régimen especial de reestructuración empresarial** en el Impuesto sobre Sociedades incluidos sus efectos en los demás tributos, aun cuando no se correspondan con las operaciones mencionadas en LIS art.76 y 87 (LIS disp.adic.8ª).

2) Hay que tener en cuenta algunas normas específicas en caso de **concurso o resolución de entidades emisoras de bonos garantizados**, con remisión parcial al régimen de la L 11/2015 (RDL 24/2021 art.40 a 48, vigentes desde 8-7-2022).

1. Objeto

(L 11/2015 art.3 s.)

6234 MPCI nº 12220 Los **objetivos** del procedimiento de resolución de entidades de crédito, así como, en su caso, de las medidas de actuación temprana sobre ellas, son (L 11/2015 art.3):

- asegurar la continuidad de aquellas actividades, servicios y operaciones desarrolladas por la entidad de crédito cuya interrupción podría perturbar la economía o el sistema financiero, y, en particular, los servicios financieros de importancia sistémica y los sistemas de pago, compensación y liquidación;
- evitar efectos perjudiciales para la estabilidad del sistema financiero, previniendo el contagio de las dificultades de una entidad al conjunto del sistema y manteniendo la disciplina de mercado;
- asegurar la utilización más eficiente de los recursos públicos, minimizando los apoyos financieros públicos que, con carácter extraordinario, pueda ser necesario conceder;

- proteger a los depositantes cuyos fondos están garantizados por el Fondo de Garantía de Depósitos de Entidades de Crédito y a los inversores protegidos por el Fondo de Garantía de Inversiones; y
- proteger los fondos reembolsables y demás activos de los clientes de las entidades afectadas.

2. Requisitos

(L 11/2015 art.19 s.; RD 1012/2015 art.4; RD 1041/2021)

Procede la resolución de una entidad de crédito cuando concurran simultáneamente **dos circunstancias**: 6235
- la inviabilidad de la entidad, junto con la ausencia de perspectivas razonables de medidas procedentes del sector privado que impidan aquella (nº 6236); y
- la necesidad de cumplir los objetivos del nº 6234 (nº 6237).

Por otro lado, también es posible acudir a la resolución en determinados **supuestos específicos** (nº 6238).

Precisiones Con carácter previo a la adopción de cualquier medida de resolución se ha de realizar una **valoración** del activo y del pasivo de la entidad por experto independiente designado por el FROB (L 11/2015 art.5; RD 1012/2015 art.6 a 10).

Inviabilidad de la entidad (L 11/2015 art.19.1.a y b) Uno de los presupuestos que, con carácter cumulativo se requieren para la resolución de una entidad de crédito es que la entidad sea **inviable** en la actualidad, o que se razonablemente previsible que vaya a ser inviable en un futuro próximo. 6236

Este presupuesto no es ni más ni menos que el de la **insolvencia de la entidad de crédito o empresa de servicios de inversión**, que en este marco se denomina inviabilidad pero que es esencialmente coincidente con aquel concepto, es decir, con la incapacidad actual o inminente para hacer frente al cumplimiento de las obligaciones asumidas; si bien es cierto que se formula de un modo más amplio.

Así, se construye el **concepto de inviabilidad** de las entidades de crédito empleando dos elementos diferenciados (L 11/2015 art.20):

a) Uno más bien objetivo, de modo que es preciso que la entidad se encuentre en ciertas circunstancias determinantes de su incapacidad económica y financiera actual o inminente; y

b) Otro presuntivo, de modo que también es preciso que sea razonablemente previsible que la entidad afectada por estas circunstancias no pueda superarlas, por sus propios medios, en un plazo de tiempo razonable. Estas **circunstancias**, que no se exigen de forma cumulativa, son las siguientes:
- la entidad incumple de manera significativa, o es razonablemente previsible que incumpla de manera significativa en un futuro próximo, los **requerimientos de solvencia** exigibles por la regulación bancaria;
- los **pasivos exigibles** de la entidad son superiores a sus activos, o es razonablemente previsible que lo sean en un futuro próximo;
- la entidad no puede cumplir puntualmente sus **obligaciones exigibles**, o es razonablemente previsible que en futuro próximo no pueda hacerlo -este es el supuesto más parecido al de insolvencia que opera como presupuesto objetivo del concurso de acreedores-; o
- la entidad precisa **ayuda pública financiera extraordinaria**, a menos que esta se otorgue para evitar o solventar perturbaciones graves de la economía y preservar la estabilidad financiera y tenga forma de garantía estatal para respaldo de operaciones de liquidez, garantía de pasivos o de inyección de recursos propios o adquisición de instrumentos de capital en condiciones que no otorguen ventaja a la entidad.

Incumplimiento de objetivos (L 11/2015 art.19.1.c) En segundo lugar, además de la inviabilidad de la entidad simultáneamente se requiere que, por razones de interés público, resulte necesario o conveniente acudir a la resolución para poder cumplir alguno de los **objetivos** expuestos en nº 6234, siempre que sea razonablemente previsible que la disolución y la liquidación de la entidad afectada en el seno del procedimiento concursal no permitirían alcanzar estos objetivos en la misma medida. 6237

Reglas específicas (L 11/2015 art.19.2 a 6 y 19 bis) Adicionalmente a lo expuesto, procede la resolución en los casos siguientes: 6238

a) De las **entidades financieras** de L 11/2015 art.1.2.b -entidades establecidas en España distintas de las aseguradoras y reaseguradoras, que sean filiales de una entidad de crédito o empresa de servicios de inversión o de una sociedad financiera de cartera o financiera mixta de cartera o mixta de cartera, que estén reguladas por la supervisión consolidada de la

empresa matriz conforme al Rgto UE/575/2013-, cuando las condiciones de resolución se den tanto respecto de la entidad de referencia como respecto de la matriz sujeta a supervisión.
b) De las **sociedades** enumeradas en L 11/2015 art.1.2.c) y d) -**financieras de cartera, financieras mixtas de cartera o mixtas de cartera**-, cuando las condiciones de resolución enumeradas en nº 6236 y nº 6237 (L 11/2015 art.19.1) se den en ellas.
Asimismo, aunque una sociedad de las indicadas en este apartado **no reúna las condiciones de resolución**, el FROB puede aplicar el procedimiento de resolución -siempre que estos **requisitos** se cumplan conjuntamente-:
- cuando la entidad sea entidad de resolución;
- cuando una o varias de las filiales de la entidad que sean entidades, pero no entidades de resolución, cumplan las condiciones generales establecidas en L 11/2015 art.19.1;
- cuando por la naturaleza de los activos y pasivos de las entidades indicadas, la inviabilidad de las filiales suponga una amenaza para el grupo en su conjunto, siendo la medida de resolución respecto de la entidad necesaria para la resolución de dichas filiales que sean entidades o para la resolución del grupo de resolución en su conjunto.
Igualmente, el FROB puede adoptar una **medida de resolución en relación con un organismo central** y todas las entidades de crédito afiliadas de forma permanente que formen parte del mismo grupo de resolución cuando dicho grupo se ajuste a las condiciones expuestas en nº 6236 y nº 6237.

Precisiones Cuando se determine que una entidad o sociedad de las indicadas reúne las condiciones expuestas en nº 6236 (L 11/2015 art.19.1.a y b), pero no las del nº 6238 (L 11/2015 art.19.1.c), será liquidada en forma ordenada con arreglo a lo previsto en la legislación concursal.

3. Procedimiento

(L 11/2015 art.21 a 24; RD 1012/2015 art.25 a 33 y 56 s.; RD 1041/2021)

6240 **Apertura** (L 11/2015 art.21) El procedimiento se incoa por parte del Banco de España o la Comisión Nacional del Mercado de Valores -respecto de las empresas de servicios de inversión-, que, de oficio o a propuesta del FROB, debe acordar la iniciación inmediata. Esta es la única previsión que se establece en materia de plazos, del proceso de resolución en caso de que una entidad de crédito sea inviable y no proceda acudir a la disolución y liquidación concursal.
El **juicio de viabilidad** previo a la toma de esta decisión corresponde al propio Banco de España o la Comisión Nacional del Mercado de Valores.
De la decisión del FROB de incoar el procedimiento de resolución se ha de dar **cuenta motivada** al ministerio del ramo de Economía, al supervisor y a la autoridad de resolución preventiva competentes -Banco de España, Banco Central Europeo, Comisión Nacional del Mercado de Valores, según los casos-.

Precisiones Sobre la **impugnabilidad de los actos administrativos** adoptados en el seno de este proceso, ver nº 6249.

6241 MPCI nº 12237 **Sustitución de los administradores** (L 11/2015 art.22) La incoación del procedimiento de resolución va seguida indefectiblemente de la asunción por parte del FROB del **control de la administración** de la entidad afectada: tras la apertura del procedimiento, aquel ha de acordar y publicar la sustitución del órgano de administración de la entidad y la designación de la persona o personas que bajo su dependencia y control ejercerán las facultades del citado órgano, entendiéndose que les corresponden todas las propias, legal o estatutariamente, de la junta o asamblea general de la entidad y que resulten necesarias para la aplicación de los instrumentos previstos en la L 11/2015.
Puede, no obstante, **no acordarse la medida** de sustitución del órgano de administración cuando resulte necesario su mantenimiento para el desarrollo del proceso de resolución y, especialmente, cuando el FROB esté en disposición de controlar dicho órgano en virtud de los derechos políticos de que disponga.
El acuerdo de **designación del administrador especial** es inmediatamente ejecutivo, siendo eficaz frente a tercero desde su publicación en el BOE. Su **duración** no es superior a un año, salvo cuando sea preciso a criterio del FROB para completar adecuadamente el proceso de resolución.

6242 MPCI nº 12241 **Decisión del inicio del proceso de resolución** (L 11/2015 art.23 y 24) Una vez que ha adquirido la condición de instancia de control del administrador de la entidad de crédito inviable, el FROB tiene el cometido esencial de decidir la suerte de la misma. Así, debe comunicar sin demora a la entidad afectada y a las autoridades competentes -ministerio del ramo de Economía, autoridades de supervisión y de resolución preventiva- la decisión por la que se decide sobre la apertura del procedimiento de resolución, con indicación de la **fecha de efecto** de las medidas que se incluyen en ella.

El **contenido mínimo** de la decisión sobre el inicio o no inicio del proceso de resolución es el siguiente:
- razones que justifican la decisión, con mención específica a si la entidad cumple las condiciones de resolución establecidas en L 11/2015 art. 19 (nº 6235 s.);
- medidas que el FROB tiene intención de adoptar, ya sean de resolución o de otra especie de acuerdo con la legislación concursal;
- razones que, en su caso, justifican la solicitud de apertura de un proceso concursal ordinario.

Medidas de actuación temprana (L 11/2015 art.8 y 9; RD 1012/2015 art.20 a 24) Sin perjuicio de la posterior actuación según los parámetros expuestos, desde el momento en que el órgano supervisor competente -Banco de España, Banco Central Europeo, Comisión Nacional del Mercado de Valores-, tenga conocimiento de que una entidad o grupo o subgrupo consolidable se encuentre en situación conforme a que resulte previsible que en el futuro no sea capaz de cumplir con la normativa sobre solvencia, ordenación y disciplina, pero se encuentre en disposición de retornar al cumplimiento por sus propios medios, puede adoptar alguna o algunas de las siguientes medidas, con el fin indicado o, en su caso, de reducir o eliminar los obstáculos que pudieran surgir durante el proceso de resolución. **6244** MPCI nº 12243
Estas medidas son las siguientes:
- requerir al órgano de administración para que aplique una o varias medidas establecidas en su **plan de recuperación** (L 11/2015 art.6; RD 1012/2015 art.34 a 36) en plazo determinado, o para que actualice su plan y aplique una o varias de este;
- requerir a dicho órgano para efectuar **análisis de su situación**, determinando las medidas necesarias y elaborando en su caso un plan de actuación, con calendario específico de aplicación;
- requerir al órgano de administración de la entidad para que convoque la **junta o asamblea general** de la entidad para la adopción de determinados acuerdos o, en su defecto, convocarla directamente;
- designar un **delegado del supervisor con derecho de asistencia**, con voz, pero sin voto, a las reuniones del órgano de administración de la entidad o sus comisiones delegadas, con las mismas facultades de acceso que, legal o estatutariamente, corresponden a sus miembros;
- requerir al órgano de administración al **cese o sustitución de determinados cargos** societarios;
- requerir a este órgano para la elaboración de un **plan de reestructuración de la deuda** con la totalidad o parte de los acreedores, de acuerdo en su caso con el plan de recuperación;
- requerir **cambios en la estrategia** empresarial o en las **estructuras jurídicas** de la entidad o del grupo o subgrupo consolidable;
- recabar y facilitar a las autoridades competentes la información necesaria para preparar la **posible resolución** de la entidad;
- defectivamente de las anteriores, nombrar **interventores** del órgano de administración o acordar la **sustitución** provisional del mismo o de alguno de sus miembros (L 11/2015 art.10).

4. Instrumentos específicos

(L 11/2015 art.25 a 34)

Los instrumentos que puede aplicar el FROB con el fin de proceder a la resolución de las entidades sujetas a este proceso son: **6245**
- **venta del negocio** de la entidad (nº 6246);
- **transmisión de activos o pasivos** a una entidad puente (nº 6247) o a una sociedad de gestión de activos (nº 6248); y
- **recapitalización** interna.

El FROB puede acudir a uno solo de estos instrumentos o a varios en conjunto -salvo la transmisión de activos o pasivos, siempre aplicada conjuntamente con otras medidas-, y aplicarlos de manera plena, esto es, respecto de la **totalidad del negocio** o actividad de la entidad de crédito sujeta al procedimiento- o limitada. En caso de que opte por esto último, una vez realizada la **transmisión parcial** del negocio, o de los activos y pasivos, la entidad -cuyo acervo patrimonial quedará ya restringido a la parte del negocio no sujeta a resolución- se disolverá y se liquidará en el marco de un procedimiento concursal. Esta regla es una manifestación bien clara de la especialidad del procedimiento de resolución respecto del concurso de acreedores.

Venta del negocio de la entidad (L 11/2015 art.26; RD 1012/2015 art.34) La venta del negocio de la entidad se instrumenta por medio de la enajenación a favor de un tercero que no tenga la condición de entidad puente de los títulos representativos del capital de la entidad -acciones, **6246**

cuotas participativas o aportaciones de capital u otros instrumentos, así como los títulos convertibles en ellos- o de todo o parte de sus activos y pasivos. La transmisión de estos bienes la realiza el **FROB** en representación y por cuenta de los **accionistas de la entidad**, sin necesidad de obtener su consentimiento ni el de terceros diferentes del comprador y sin tener que cumplir los requisitos de procedimiento exigidos en materia de modificaciones estructurales de las sociedades mercantiles. Los **adquirentes** no quedan sujetos a las limitaciones y obligaciones derivadas del régimen especial de la suscripción o adquisición por parte del FROB de los instrumentos de recapitalización (L 11/2015 art.34.1.a, b y c).

La **transmisión de bienes** se ha de llevar a cabo en condiciones de mercado y teniendo en cuenta las circunstancias del caso concreto. En definitiva, el FROB debe ejecutar la **operación de venta** de modo que se obtenga el mayor precio posible y se incurra en el menor uso posible de recursos públicos. El **importe** obtenido por el FROB en la venta se destina a los accionistas, deducidos los **gastos** de cualquier naturaleza que el FROB haya soportado en el proceso, incluyendo el coste de los instrumentos de apoyo financiero que hayan podido brindarse a la entidad. El FROB cobrará todos estos gastos con cargo al precio de venta.

La selección del **adquirente** se llevará a cabo por el FROB en el marco de un procedimiento de **concurrencia competitiva**.

Excepcionalmente, se permite que la selección del comprador se lleve a cabo por medio de un **procedimiento que no reúna estas garantías** cuando, en los términos previstos en la L 11/2015 para las medidas de urgencia, el desarrollo del procedimiento normal pudiera dificultar la consecución de alguno de los objetivos del nº 6234 y, en particular, cuando se justifique adecuadamente que existe una seria amenaza para la estabilidad del sistema financiero como consecuencia de, o agravada por, la situación de la entidad o se constate que el desarrollo de dicho procedimiento puede dificultar la efectividad del instrumento de resolución. La justificación de este procedimiento singular de selección se comunicará a la Comisión Europea, a efectos de lo establecido en la normativa en materia de ayudas de Estado y defensa de la competencia, en caso de que resulte procedente.

Precisiones Desde el punto de vista del Derecho civil esto supone la **venta de cosa ajena** con plenos efectos jurídico-reales, esto es, no sujeta a la aprobación ni ratificación posterior del titular de los bienes.

6247 MPCI nº 12254 **Entidad puente** (L 11/2015 art.27; RD 1012/2015 art.35) Se define como una sociedad anónima, participada por el FROB, o por otra autoridad o mecanismo de financiación públicos, y plenamente sujeta a las normas sectoriales aplicables, que se dedica a desarrollar todas o parte de las actividades de la entidad en resolución y a gestionar sus acciones u otros instrumentos de capital, o todo o parte de su acervo patrimonial -esto es, sus activos y pasivos-.

El **FROB** puede enajenar activos de la entidad en resolución a favor de una o más entidades puente, que pueden recibir activos de manos de una o más entidades en resolución, así como ordenar la transmisión de activos en manos de la entidad puente de vuelta a la entidad en resolución o a favor de un tercero.

El margen de actuación del FROB en este punto es amplísimo. La entidad puente es por completo **instrumental**: será administrada y gestionada con el fin de venderse -como tal o sus activos y pasivos- cuando las condiciones sean apropiadas y, en todo caso, en un plazo máximo fijado reglamentariamente desde su constitución o adquisición por parte del FROB.

La **venta de la entidad** puente se ha de llevar a cabo en condiciones de mercado y por medio de un procedimiento de concurrencia competitiva que resulte transparente conforme a la normativa de ayudas del Estado y no discriminatorio -la regulación procedimental es mucho más escueta que la venta del negocio de la entidad (nº 6246), lo que no parece justificado-. El resultado de la venta, o cualquier ingreso derivado del cese de actividades, corresponderá a los accionistas del propio banco puente, previa deducción de los gastos correspondientes.

Cuando se ponga **fin a las actividades** de la entidad puente, se someterá a proceso concursal. En caso de que sea utilizada para transferir activos y pasivos de más de una entidad en resolución, la liquidación se ha de realizar de manera individualizada para los de cada una de estas entidades, a cuyo efecto han de ser previamente segregados de la entidad puente.

6248 **Sociedad de gestión de activos** (L 11/2015 art.28 a 30; RD 1012/2015 art.36) La sociedad de gestión de activos, que no es un instrumento privativo del procedimiento de resolución, dado que se puede utilizar en otros procedimientos de reordenación de entidades de crédito, se define como el vehículo societario instrumental, especialmente constituido para adquirir la titularidad de determinados activos, con un **doble fin**:

- sacarlos del balance de las entidades de crédito, mejorando así la solvencia y viabilidad de las mismas; y
- permitir la gestión independiente de la venta de los activos transmitidos.

La sociedad de gestión de activos tiene que ser, necesariamente, una sociedad anónima. Su **estatuto jurídico corporativo** está constituido por la propia L 11/2015 y por su normativa de desarrollo (pendiente de aprobación), aplicándose supletoriamente la LSC y el resto de las normas del Derecho privado.
Es el FROB el que decide la **transmisión de activos** de la entidad en resolución a favor de esta sociedad gestora, siendo dicha decisión obligatoria y teniendo «carácter de acto administrativo» (L 11/2015 art.28.1). No obstante, en el seno de un procedimiento de resolución esta regla no es aplicable dado que el FROB tiene la condición de administrador de la entidad de crédito y puede decidir, como tal, llevar a cabo estas operaciones.
Esta facultad es de **aplicación** por el FROB únicamente cuando:
- el mercado de los activos de la entidad objeto de resolución o de la entidad puente pueda verse afectado negativamente en caso de seguir los cauces de liquidación asociados a los procedimientos ordinarios de insolvencia;
- la transmisión es necesaria para garantizar el buen funcionamiento de la entidad objeto de resolución o de la entidad puente; o
- si es necesaria una transmisión para maximizar los ingresos procedentes de la liquidación.
La transmisión se ejecuta sin necesidad de obtener el **consentimiento de terceros**, mediante cualquier negocio jurídico -no se indica si a título oneroso o lucrativo, aunque parece presumible que en principio la transmisión será onerosa aunque el precio sea menor o incluso residual-, sin tener que cumplir los requisitos de procedimiento exigidos en materia de modificaciones estructurales de las sociedades mercantiles, y previa realización de los ajustes de valoración que correspondan sobre los activos transmitidos, aunque la determinación del valor de los mismos corresponde al Banco de España, en su caso, con base en los informes que emitan uno o varios expertos independientes, que equivalen a los informes exigidos por la LSC.

Condiciones especiales de la transmisión La transmisión se somete a las siguientes condiciones especiales: **6248.1**
- no es rescindible por aplicación de las acciones de reintegración de la Ley Concursal;
- si el objeto de la transmisión es un crédito litigioso no se aplicará la regla que otorga al deudor el derecho a extinguir el crédito reembolsando al adquirente el precio que pagó, las costas que se le hubiesen ocasionado y los intereses del precio desde el día en que este fue satisfecho (CC art.1535);
- la sociedad adquirente no queda obligada a formular una oferta pública de adquisición con arreglo a la normativa sobre el mercado de valores en caso de que el objeto de la transmisión sean acciones de una sociedad cotizada;
- la transmisión de activos no constituye sucesión o extensión de responsabilidad tributaria ni de Seguridad Social, a salvo lo dispuesto en relación con la sucesión de empresas a efectos laborales (ET art.44);
- la sociedad de gestión de activos no es responsable, en el caso de que se produzca la transmisión, de las obligaciones tributarias devengadas con anterioridad a dicha transmisión que deriven de la titularidad, explotación o gestión de los activos por parte de la entidad transmitente.

Precisiones Este **régimen de clasificación de créditos**, tanto transmitidos a la sociedad de gestión de activos antes del concurso como adquiridos por ella con posterioridad a su declaración, es también de aplicación -si procede por razón del régimen aplicable- a quienes, por cualquier título, adquieran los créditos de dicha sociedad, salvo que, con independencia de las circunstancias de la transmisión, ya concurra en el adquirente alguna de las causas de subordinación previstas en la LCon art.281.5º en relación con LCon art.282, en cuyo caso la calificación de los créditos ha de ser la que proceda conforme a las reglas generales (L 9/2012 art.36.4.h; L 11/2015 disp.trans.1ª). **6248.2**

5. Impugnación de actos y decisiones

(L 11/2015 art 71 a 74)

El procedimiento de resolución de entidades de crédito se sustancia en las decisiones que en el ejercicio de las competencias atribuidas por la L 11/2015 adoptan tanto el Banco de España como la Comisión Nacional del Mercado de Valores y el FROB (nº 6240 s.) que son entidades de naturaleza pública. **6249** MPCI nº 12267
En cuanto al control de estos actos por vía de impugnación hay que tener en cuenta lo siguiente:
- el acuerdo de **aprobación del plan de recuperación o del plan de resolución** pondrá fin a la vía administrativa y será impugnable por medio de recurso contencioso-administrativo ante la Sala de lo Contencioso-Administrativo de la Audiencia Nacional;
- los actos y decisiones del supervisor y demás autoridades de resolución competentes en el marco de procesos de **actuación temprana** y en las **fases preventiva y ejecutiva** de la

resolución, se someten al mismo régimen, sin que la valoración que acompañe a los actos y decisiones del supervisor pueda ser objeto de recurso separado -y siendo empleada por el tribunal, en caso de no ser impugnada, como base de su propia evaluación de los actos y decisiones recurridos-;
- la **tramitación** de los procedimientos de impugnación de resoluciones de autoridades de resolución tiene carácter preferente, salvo respecto del proceso de protección de derechos fundamentales y respecto del recurso directo contra disposiciones generales conforme a LJCA art.66;
- en el ejercicio de instrumentos y competencias de resolución, las autoridades de resolución competentes pueden solicitar del órgano jurisdiccional actuante, y este ha de acordarla, la **suspensión** de cualquier proceso judicial en que sea parte la entidad objeto de resolución, por el tiempo preciso para la efectividad de lo perseguido.

SECCIÓN 20

Tasas judiciales y depósito para recurrir

6255

6257 Las tasas judiciales -tasas por administración de justicia o tasas por el ejercicio de la potestad jurisdiccional- son un **tributo del Estado** exigible en todo el territorio nacional (nº 6258). Ello no impide la exigencia de tasas u otros tributos por las comunidades autónomas en ejercicio de sus respectivas competencias financieras, como ocurre en **Cataluña** (nº 6280) o, limitadamente, en la **Comunidad Valenciana** (nº 6285 s.).

Precisiones Ha de tenerse en cuenta que, con efecto 15-8-2016, se **declararon inconstitucionales** las normas que determinaban la cuota tributaria de estas tasas en el orden civil, en lo relativo al recurso de **apelación** y al **recurso de casación y extraordinario por infracción procesal** -L 10/2012 art.7.1 en el inciso: orden civil, apelación 800 euros; casación y extraordinario por infracción procesal 1200 euros; y L 10/2012 art.7.2 -cuota variable por aplicación de escala-, con efectos limitados a futuro- (TCo 140/2016).

Así, respecto de los efectos de TCo 140/2016, se diferencia entre (DGT CV 20-9-16):

• **Interposición de demandas anteriores a 15-8-2016**. Si no se hubiera liquidado la tasa o lo hubiera sido por importe inferior al exigible, no procede realizar su pago en los supuestos declarados nulos por el Tribunal Constitucional, con independencia de la fecha de requerimiento de presentación del modelo 696. Procede en cambio en los supuestos no afectados por la sentencia en el orden civil.

Producido el devengo de la tasa, en supuestos que continúen vigentes, las cuantías son las que procedan en el momento del devengo. Si hubiera debido satisfacerse una cantidad superior, procederá la práctica de liquidación complementaria a la inicial.

No procede devolución de tasas ya liquidadas, salvo en caso de impugnación expresa de la liquidación del tributo por los motivos establecidos en TCo 140/2016.

• **Interposición de demandas** -escritos de interposición de recursos de apelación contra sentencias o extraordinarios por infracción procesal o casación- **posteriores al 15-8-2016**, en las que no procede el pago de la tasa. Respecto de todos los hechos imponibles en los que se devenga y sigue siendo exigible la tasa, sin aplicación de la escala que se regulaba en L 10/2012 art.7.2. Es decir, devengándose simplemente cuota tributaria fija resultante de L 10/2012 art.7.1.

En definitiva, desde esta fecha solo se devenga y es exigible la tasa en el proceso civil por los actos enumerados en nº 6258 y nº 6263, excepto por la interposición de recursos de apelación contra sentencias y extraordinarios por infracción procesal y casación, y únicamente por la cuota fija aplicable a cada uno de los actos procesales gravados, conforme a lo expuesto en nº 6267.

El **recurso extraordinario por infracción procesal** ha sido eliminado por RDL 6/2023 con efecto 20-3-2024, sin perjuicio de situaciones transitorias.

1. Tasas estatales

(L 10/2012 art.1 a 11; OM HAP/2662/2012)

6258 **Hecho imponible** (L 10/2012 art.2) En el orden civil, constituye el hecho imponible de la tasa el
MPCI ejercicio de la potestad jurisdiccional en los siguientes **actos procesales**:
nº 12305 s. - la interposición de la demanda en toda clase de procesos declarativos y de ejecución de títulos ejecutivos extrajudiciales;

- la formulación de reconvención;
- la petición inicial del proceso monitorio y del proceso monitorio europeo;
- la solicitud de concurso necesario y la demanda incidental en procesos concursales;
- la interposición de recursos de apelación contra sentencias y de casación; y
- la oposición a la ejecución de títulos judiciales.

A estos efectos, se entiende que se realiza un único hecho imponible, cuando en el escrito ejercitando el acto procesal que constituye el hecho imponible se acumulen **varias acciones principales**, que no provengan de un mismo título. En este caso, para el cálculo del importe de la tasa se sumarán las cuantías de cada una de las acciones objeto de acumulación (L 10/2012 art.3).

Precisiones La **apelación contra autos** en el orden civil queda fuera del hecho imponible de la tasa (DGT CV 3-12-12).

Sujeto pasivo (L 10/2012 art.3) Lo es quien promueva el ejercicio de la potestad jurisdiccional y realice el **hecho imponible** de la tasa (nº 6258). **6259** MPCI nº 12313
Su **pago** puede efectuarse por el representante procesal o por el abogado del sujeto pasivo.

Exenciones (L 10/2012 art.4) Las exenciones de la tasa por el ejercicio de la potestad jurisdiccional pueden ser: **6261** MPCI nº 12317

a) De **carácter objetivo**:
- la solicitud de concurso voluntario por el deudor;
- la presentación de petición inicial del procedimiento monitorio y la demanda de juicio verbal en reclamación de cantidad cuando la cuantía de las mismas no supere los 2.000 euros, salvo que la pretensión se funde en un documento con carácter de título ejecutivo extrajudicial (LEC art.517);
- la interposición de la demanda de ejecución de laudos dictados por las juntas arbitrales de consumo;
- las acciones que, en interés de la masa del concurso y previa autorización del juez de lo mercantil, se interpongan por los administradores concursales;
- los procedimientos de división judicial de patrimonios, salvo en los supuestos en que se formule oposición o se suscite controversia sobre la inclusión o exclusión de bienes, devengando la tasa por el juicio verbal y por la cuantía que se discuta o la derivada de la impugnación del cuaderno particional a cargo del opositor, y si ambos se opusieran a cargo de cada uno por su respectiva cuantía.

b) De **carácter subjetivo**, quedando exentos del pago de la tasa:
- las personas físicas (RDL 1/2015 y L 25/2015);
- quienes disfruten del beneficio de justicia gratuita;
- el Ministerio Fiscal;
- la Administración General del Estado, las comunidades autónomas, entes locales y organismos públicos dependientes de todos ellos; y
- las Cortes Generales y asambleas legislativas de las comunidades autónomas.

Precisiones A partir de la introducción de la exención subjetiva de las personas físicas por RDL 1/2015, la DGT ha equiparado las **comunidades de propietarios** en régimen de propiedad horizontal a las personas físicas, a efectos del pago de la tasa (DGT CV 5-3-15).

Devengo (L 10/2012 art.5.1) En el orden civil, el devengo de la tasa por el ejercicio de la potestad jurisdiccional se produce en los siguientes **momentos procesales**: **6263**
- interposición del escrito de demanda;
- formulación del escrito de reconvención;
- presentación de la petición inicial del procedimiento monitorio y del proceso monitorio europeo;
- presentación de la solicitud de declaración del concurso por el acreedor y demás legitimados;
- presentación de demanda incidental en procesos concursales;
- interposición del recurso de apelación;
- interposición del recurso de casación; e
- interposición de la oposición a la ejecución de títulos judiciales.

Base imponible (L 10/2012 art.6) La base imponible de la tasa por el ejercicio de la potestad jurisdiccional se determina por la **cuantía** del proceso o del recurso, según las normas procesales de fijación de la cuantía aplicables. **6265** MPCI nº 12321

Los procedimientos de cuantía **indeterminada** o de imposible determinación, se valoran, a efectos solo de establecer la base imponible de la tasa en 18.000 euros.

En caso de **acumulación** de acciones o de varias pretensiones ejercitas en una misma demanda, reconvención o recurso, se suman las cuantías de las de dichas acciones o pretensiones. Si alguna no fuera cuantificable, se aplica la base de 18.000 euros para esta.

6267 **Cuota tributaria** (L 10/2012 art.7 -declarado parcialmente inconstitucional por TCo 140/2016, con efecto 15-8-2016-)
MPCI
nº 12323 s.
La cuota tributaria de la tasa por el ejercicio de la potestad jurisdiccional se determina por una **cantidad fija** que depende del tipo de proceso:

Procedimiento						
Verbal y cambiario	Ordinario	Monitorio, monitorio europeo y demanda incidental en el proceso concursal	Ejecución extrajudicial y oposición a la ejecución de títulos judiciales	Concurso necesario	Apelación	Casación
150 euros	300 euros	100 euros	200 euros	200 euros	800 euros (1)	1.200 euros (1)

(1) Declarado **inconstitucional** por TCo 140/2016, con efectos a futuro (ver Precisiones).

Adicionalmente, se había de satisfacer la cantidad que resultase de aplicar a la base imponible el tipo de gravamen que correspondiente conforme a la siguiente **escala (1)**:

Base imponible (1)	Tipo (1)	Máximo variable (1)
De 0 a 1.000.000 euros Resto	0,50% 0,25%	10.000 euros

(1) Declarado **inconstitucional** por TCo 140/2016, con efectos a futuro.

Precisiones 1) Las referencias a las personas jurídicas y físicas como elemento diferenciador del sujeto pasivo han operado hasta la aplicación del régimen derivado del RDL 1/2015 y L 25/2015, disposición que establece **exención subjetiva general para las personas físicas** con efecto 1-3-2015. En el régimen en vigor hasta 28-2-2015, se establecía que, en caso de que el sujeto pasivo fuera persona física, el componente adicional variable de la tasa se cuantificaba aplicando a la base imponible un tipo del 0,10%, con el límite de 2.000 euros.
2) Han sido declarados **inconstitucionales** L 10/2012 art.7.1 en el inciso: orden civil, apelación 800 euros; casación y extraordinario por infracción procesal 1200 euros; y L 10/2012 art.7.2, con efectos limitados a futuro, sin que proceda ordenar la **devolución** de cantidades pagadas por los justiciables en procedimientos ya finalizados por resolución firme, o pendientes en los que el obligado satisfizo el pago sin impugnar su exigencia por impedirle el acceso a la jurisdicción o al recurso, habiendo devenido firme la liquidación del tributo (TCo 140/2016; 227/2016).
3) El **recurso extraordinario por infracción procesal** se elimina por RDL 6/2023 con efecto 20-3-2024, sin perjuicio de situaciones transitorias.

6268 **Bonificación** (L 10/2012 art.10) Se establece una bonificación del 10% sobre la tasa por actividad judicial para los supuestos en que se utilicen **medios telemáticos** en la presentación de los escritos por los que se devenga la misma y en el resto de las comunicaciones con los tribunales de acuerdo con la regulación procesal vigente.
MPCI
nº 12327

6269 **Autoliquidación y pago** (L 10/2012 art.8; OM HAP/2662/2012 art.3) La autoliquidación de la tasa por el ejercicio de la potestad jurisdiccional ha de efectuarse en el **modelo 696**, debiendo acompañar el **justificante de pago** mediante modelo oficial debidamente validado a todo escrito procesal cuya presentación suponga la realización del hecho imponible. La presentación de la autoliquidación y el correspondiente pago de la tasa deben realizarse con carácter previo a la presentación del escrito procesal mediante el que se realiza el hecho imponible de este tributo.

En **defecto de aportación**, el letrado de la Administración de Justicia ha de requerir al sujeto pasivo para que subsane, en el plazo de 10 días, sin dar curso al escrito procesal correspondiente. La falta de presentación del justificante, en defecto de subsanación a instancia del letrado de la Administración de Justicia, produce la preclusión del acto procesal y la consiguiente continuación o finalización del procedimiento, según corresponda. Igual regla se aplica -conforme a L 42/2015- en caso de **falta de pago o de liquidación errónea.**

La **variación de la cuantía** del proceso a lo largo del mismo, por fijación de una superior a la inicialmente señalada por el sujeto pasivo, determina la necesaria presentación de una **declaración-liquidación complementaria** en el plazo de un mes desde la notificación de la resolución procesal que determine la cuantía.

Igualmente se procede en casos de **falta de determinación inicial** por el sujeto pasivo o en los casos de inadecuación de procedimiento.

Si la alteración supone **minoración**, el sujeto pasivo tiene derecho al reintegro parcial correspondiente, con aplicación del procedimiento de **devolución de ingresos indebidos** regulado en la normativa tributaria.

Asimismo, y a los efectos correspondientes, el letrado de la Administración de Justicia ha de **notificar por escrito a la AEAT**, en el plazo de 5 días desde la fijación definitiva de la cuantía del proceso, la modificación de la misma.

Precisiones 1) No tienen que presentar autoliquidación los **sujetos exentos subjetivamente** (RDL 1/2015; L 25/2015) (nº 12305 Memento Procesal Civil 2026)-.
2) Los **modelos de autoliquidación** se regulan por OM HAP/2662/2012 art.5 s. (nº 12329 Memento Procesal Civil 2026).

Devolución (L 10/2012 art.8.5 y 6) Procede la **devolución del 60%** de la cuantía de la tasa en supuestos de allanamiento total o acuerdo que ponga fin al litigio o reconocimiento pleno en vía administrativa de las pretensiones del demandante por parte de la Administración demandada, respecto de cualquier proceso cuyo inicio constituya el hecho imponible de aquella, mediante su solicitud en el modelo 695; asimismo, se establece un derecho a la **devolución del 20%** para los supuestos de acumulación de procesos, sin que en ninguno de los dos casos se devenguen intereses de demora. **6270** MPCI nº 12331
La **solicitud de devolución** en ambos supuestos se realiza mediante el modelo 695, que puede presentarse en el plazo de 4 años desde la fecha de la solución extrajudicial o desde el acuerdo de acumulación. Transcurridos 6 meses desde la presentación de la solicitud sin que la Administración haya ordenado su pago, esta devengará el interés de demora (OM HAP/2662/2012 art.4 y disp.final 2ª; LGT art.26 y 31.2).

Precisiones En sede procesal civil, el reconocimiento pleno en vía administrativa de las pretensiones del demandante por parte de la Administración demandada puede producirse en supuestos de presentación de **reclamación administrativa previa** no resuelta expresamente al tiempo de la demanda y posteriormente estimada en su totalidad (p.e. en materia de tercerías -aunque estas no están sujetas a la tasa (nº 12307 Memento Procesal Civil 2026).

Cuadro resumen En la siguiente tabla se sintetiza la situación actual de la tasa en estudio en el proceso civil. **6271**

<table>
<tr><th colspan="2">Acto procesal</th><th>Cuota (euros)</th><th colspan="2">Observaciones</th></tr>
<tr><td rowspan="2">Demanda</td><td>Verbal</td><td>150</td><td rowspan="2">Cuando después de la oposición del deudor en un monitorio se siga un proceso ordinario se descontará de la tasa la cantidad ya abonada en el proceso monitorio.</td><td rowspan="10">- No exigible cuota proporcional por efecto de TCo 140/2016
- Bonificación 10% por empleo de medios telemáticos.
- Devolución del 60% en caso de allanamiento total, transacción que ponga fin al litigio o reconocimiento extrajudicial por la Administración demandada, sin intereses.
- Devolución 20% en caso de acumulación, sin intereses.</td></tr>
<tr><td>Ordinario</td><td>300</td></tr>
<tr><td rowspan="2">Reconvención</td><td>Verbal</td><td>150</td><td></td></tr>
<tr><td>Ordinario</td><td>300</td><td></td></tr>
<tr><td colspan="2">Escrito inicial proceso monitorio y monitorio europeo</td><td>100</td><td></td></tr>
<tr><td colspan="2">Solicitud de declaración de concurso necesario por el acreedor y demás legitimados</td><td>200</td><td></td></tr>
<tr><td colspan="2">Demanda incidental en procesos concursales</td><td>100</td><td></td></tr>
<tr><td colspan="2">Recursos de apelación y casación</td><td>-</td><td>No exigible por efecto de TCo 140/2016</td></tr>
<tr><td colspan="2">Oposición a la ejecución de títulos judiciales</td><td rowspan="2">200</td><td></td></tr>
<tr><td colspan="2">Ejecución extrajudicial</td><td></td></tr>
</table>

Consecuencias de la falta de pago de la tasa Las normas por las que se rige la tasa por el ejercicio de la función jurisdiccional condicionan la **admisión a trámite de los escritos procesales** que suponen la realización del hecho imponible a la acreditación documental de que se ha llevado a cabo la autoliquidación y el pago, indicando que no se dará curso a aquellos escritos que no cumplan con este requisito. **6272**
De este modo, el abono de la tasa se convierte en un **requisito de procedibilidad** para los escritos sujetos a la misma, o, lo que es lo mismo, en un filtro de acceso a la justicia.
Ello plantea dos **problemas de constitucionalidad** por contradicción con las exigencias del derecho de tutela judicial efectiva garantizado por la Constitución (Const art.24) y por distintos

instrumentos internacionales en materia de derechos humanos que vinculan al Reino de España -en particular, CEDH art.6-:
- la **limitación de la asistencia jurídica gratuita**, que es objeto de análisis detallado en nº 12339 Memento Procesal Civil 2026; y
- la **limitación del acceso a la justicia**, que se estudia en detalle en nº 12341 Memento Procesal Civil 2026.

6277 MPCI nº 12345 **Consideración a efectos de costas** (LEC art.241.1.7º) **Se incluye** expresamente dentro del concepto de costas del proceso civil el importe de la tasa por el ejercicio de la potestad jurisdiccional, al considerar que se trata de un **gasto necesario** para demandar. Ahora bien, **no se incluye** en la tasación de costas el importe de la tasa abonada en los procesos de ejecución de las hipotecas constituidas para la adquisición de vivienda habitual y en los demás procesos de ejecución derivados de dichos préstamos o créditos hipotecarios, cuando se dirijan contra el propio ejecutado o contra los avalistas.

Precisiones Las divergentes **líneas interpretativas de los tribunales** en torno a esta cuestión pueden consultarse en nº 12345 s. Memento Procesal Civil 2026.

2. Tasas autonómicas

6280 MPCI nº 12350 Las comunidades autónomas pueden establecer y exigir tasas por los **servicios personales y materiales** prestados por la administración de la Administración de Justicia, en el ámbito de sus competencias. El **hecho imponible** no es en este caso la actividad jurisdiccional prestada, sino la administración medial necesaria para el desarrollo de la misma. Han establecido su propia regulación:
- **Cataluña** (DLeg Cataluña 3/2008 art.3 bis s.; L Cataluña 5/2012 disp.final 8ª).
- **Comunidad Valenciana** (L C.Valenciana 20/2017 art.24).

6281 MPCI nº 12352 s. **Cataluña** (DLeg Cataluña 3/2008 art.3 bis s.; L Cataluña 5/2012 disp.final 8ª; DL Cataluña 1/2014 disp.final 2ª; L Cataluña 5/2017 art.96) Constituye el hecho imponible de la tasa la prestación de servicios personales y materiales en el ámbito de la Administración de Justicia de competencia de la Generalidad, a instancia de parte, en los **órdenes jurisdiccionales** civil y contencioso-administrativo, en órganos judiciales con sede en Cataluña.
La producción del **hecho imponible** se manifiesta mediante la realización de los siguientes actos, en el orden jurisdiccional civil:
a) La presentación del escrito iniciador del procedimiento **en primera o en única instancia**.
b) La presentación del escrito iniciador del incidente en el **proceso concursal**.
c) La presentación del escrito iniciador en la **segunda o superior instancia** del proceso principal que deban resolver órganos con sede en Cataluña.
También constituye el hecho imponible de la tasa la emisión de **segunda certificación y testimonio** de sentencias y otros documentos que consten en los expedientes judiciales.
La tasa es exigible en el **ámbito territorial** de Cataluña por la producción o la realización de los hechos imponibles descritos que tengan lugar en los órganos de la Administración de Justicia con sede en Cataluña, sin perjuicio de las tasas y otros tributos de carácter estatal que puedan exigirse.
Un estudio detallado de esta tasa puede consultarse en nº 12352 s. Memento Procesal Civil 2026.

6285 **Comunidad Valenciana** (L C.Valenciana 20/2017 art.24) Se somete a tasa la obtención de testimonios, certificaciones y copias de documentos e instrumentos judiciales.
El **hecho imponible** se constituye por:
a) La expedición, en el orden jurisdiccional civil -también en el contencioso-administrativo-, a solicitud de parte, de **segunda certificación o testimonio** de resoluciones judiciales y de otros documentos que obren en los procedimientos judiciales.
b) La expedición de **duplicados de instrumentos de grabación** de la imagen y sonido que obren en procedimientos judiciales, en cualquier orden jurisdiccional.
Son **sujetos pasivos** de la tasa quienes tengan condición de parte en los procesos y soliciten los documentos y soportes referidos, quedando **exentos** el Ministerio Fiscal y aquellos a los que se reconoce el derecho a la asistencia jurídica gratuita.
El **devengo** se produce con la entrega de los documentos o copias, exigiéndose su pago anticipado, mediante autoliquidación, en el momento de la solicitud.

3. Depósito para recurrir

(LOPJ disp.adic.15ª redacc LO 1/2025)

La interposición de recursos ordinarios y extraordinarios, la revisión y la rescisión de sentencia firme a instancia del rebelde, en los órdenes jurisdiccionales civil, social y contencioso-administrativo, precisan de la constitución de un depósito a tal efecto. El depósito únicamente debe **consignarse** para la interposición de recursos que deban tramitarse **por escrito**. 6290 MPCI nº 12375 s.

En el **orden penal** este depósito es exigible únicamente a la acusación popular.

En el **orden social** y para el ejercicio de acciones para la efectividad de los derechos laborales en los procedimientos concursales, el depósito es exigible únicamente a quienes no tengan la condición de trabajador o beneficiario del régimen público de la Seguridad Social.

El depósito **no es aplicable** para la interposición de los recursos de suplicación o de casación en el orden jurisdiccional social, ni de revisión en el orden jurisdiccional civil.

El Ministerio Fiscal, el Estado, las comunidades autónomas, las entidades locales y los organismos autónomos dependientes de todos ellos, quedan **exentos** de constituir el depósito referido.

Precisiones **1)** Este depósito de **escasa cuantía** y **previo a la interposición del recurso** se introduce por la LO 1/2009 con la **finalidad** principal es disuadir a quienes recurran sin fundamento jurídico alguno, para que no prolonguen indebidamente el tiempo de resolución del proceso en perjuicio del derecho a la tutela judicial efectiva de las otras partes personadas en el proceso. 6291

2) Los **depósitos perdidos** y los **rendimientos de la cuenta** quedan afectados a las necesidades derivadas de la actividad del ministerio del ramo de justicia, destinándose específicamente a sufragar los gastos correspondientes al derecho a la asistencia jurídica gratuita, y a la modernización e informatización integral de la Administración de Justicia. A estos efectos, los **ingresos** procedentes de los depósitos perdidos y los rendimientos de la cuenta generarán crédito en los estados de gastos de la sección 13 «Ministerio de Justicia».

3) El **ministerio del ramo de justicia transfiere anualmente a cada comunidad autónoma** con competencias asumidas en la materia, para los fines anteriormente indicados, el 40% de lo ingresado en su territorio por este concepto, y destina un 20% de la cuantía global para la financiación del ente instrumental participado por dicho ministerio, las comunidades autónomas y el Consejo General del Poder Judicial, encargado de elaborar una plataforma informática que asegure la conectividad entre todos los órganos judiciales de España.

4) El Estado y sus organismos autónomos, así como las entidades públicas empresariales, los organismos públicos regulados por su normativa específica dependientes de ambos y los órganos constitucionales, están **exentos de la obligación de constituir los depósitos**, cauciones, consignaciones o cualquier otro tipo de garantía previsto en las leyes (L 52/1997 art.12).

La referencia en sede de exención a los **organismos autónomos** debe entenderse hecha a los organismos públicos, quedando fuera de la exención únicamente las sociedades mercantiles de capital público, total o parcialmente, así como las fundaciones públicas.

5) El tratamiento formal de este deber es diferente del de la **tasa por Administración de Justicia**. Al ser esta un tributo, la exención no exime del cumplimiento de la obligación formal de presentar junto con el escrito procesal correspondiente, el modelo 696 cumplimentado debidamente; aun sin ingreso alguno. En cambio, el depósito para recurrir no tiene condición de tributo, y no genera obligación formal, por lo que el sujeto exento no ha de presentar documento, modelo o resguardo alguno.

6) La Instr 8/2009, establece las **reglas** que han de seguirse por los letrados de la Administración de Justicia en relación con los depósitos indicados, especialmente en caso de **recursos desestimados**.

Cuantía Todo el que pretenda interponer recurso contra sentencias o autos que pongan fin al proceso o impidan su continuación, debe consignar como depósito: 6292

a) 30 euros, si se trata de recurso de queja.

b) 50 euros, si se trata de recurso de apelación o de rescisión de sentencia firme a instancia del rebelde.

c) 50 euros, si el recurso fuera el de casación, incluido el de casación para la unificación de doctrina.

d) 50 euros, si fuera revisión.

e) 25 euros para la interposición de recursos contra resoluciones dictadas por el juez o tribunal que no pongan fin al proceso ni impidan su continuación en cualquier instancia.

f) 25 euros para recurrir en reposición o revisión las resoluciones dictadas por el letrado de la Administración de Justicia.

Se **excluye de la consignación** de depósito la formulación del recurso de reposición que la ley exija con carácter previo al recurso de queja.

Al **notificarse la resolución a las partes**, se indica la necesidad de constitución de depósito para recurrir, así como la forma de efectuarlo.

Precisiones **1)** La **cuantía** del depósito para recurrir puede ser **actualizada** y **revisada** anualmente mediante Real Decreto.

2) La exigencia de este depósito es **compatible con el devengo de la tasa** exigida por el ejercicio de la potestad jurisdiccional.

Requisito de admisión del recurso La admisión del recurso precisa que, al interponerse el mismo si se trata de **resoluciones interlocutorias**, a la presentación del recurso de queja, al presentar la demanda de rescisión de sentencia firme en la rebeldía y revisión, o al 6293

anunciarse o prepararse el mismo en los demás casos, se haya **consignado** en la oportuna entidad de crédito y en la «**Cuenta de Depósitos y Consignaciones**» abierta a nombre del órgano judicial, la cantidad objeto de depósito, lo que debe ser acreditado.
El **letrado de la Administración de Justicia** verifica la constitución del depósito y deja constancia de ello en los autos.
No se admite a trámite ningún recurso cuyo depósito no esté constituido.

6294 **Subsanabilidad** Si el recurrente ha incurrido en **defecto, omisión o error** en la constitución del depósito, se concede a la parte el plazo de 2 días para la subsanación del defecto, con aportación en su caso de documentación acreditativa. De no efectuarlo, se dicta auto que ponga fin al trámite del recurso, o que inadmita la demanda, quedando firme la resolución impugnada. Si se tratara de un recurso de reposición contra una resolución del letrado de la Administración de Justicia, se dictará decreto poniendo fin al trámite del recurso contra el que cabrá interponer recurso de revisión.

Precisiones Su **falta de constitución** se ha considerado subsanable (TCo 129/2012; 130/2012; 154/2012).

6295 **Devolución y pérdida del depósito** Si se **estima total o parcialmente** el recurso, o la revisión o rescisión de sentencia, en la misma resolución se dispondrá la devolución de la totalidad del depósito.
Cuando el órgano jurisdiccional **inadmita** el recurso o la demanda, o **confirme** la resolución recurrida, el recurrente o demandante perderá el depósito. En caso de ser desestimado el recurso de reposición contra una resolución del letrado de la Administración de Justicia, el recurrente perderá el depósito cuando la resolución objeto de recurso sea firme.

SECCIÓN 21

Estudio de acciones características

6300

6302 Se pretende a continuación realizar un análisis de los **requisitos** positiva y jurisprudencialmente exigidos para la prosperabilidad de diversas acciones con fundamento material en distintos derechos e intereses legítimos reconocidos por nuestro ordenamiento jurídico.
Atendiendo a la pretensión soportada por el ejercicio de cada acción resulta un número prácticamente inabarcable de ellas, en cuanto inabarcables son las declaraciones o

manifestaciones de voluntad que pueden instarse de los órganos jurisdiccionales en base a derechos o intereses legítimos. Es por ello que únicamente abordaremos aquellas que vienen a gozar de una mínima **tipicidad** positiva, jurisprudencial o doctrinal, en orden a los requisitos y fundamentos que la soportan y a la finalidad a la que van dirigidas.
Dado el carácter eminentemente práctico de la presente obra no se pretende realizar un estudio exhaustivo de cada una de las acciones que se van a contemplar -ello conllevaría el análisis de las distintas instituciones jurídico materiales que soportan cada acción, lo cual no es el objeto propio de esta obra- sino, por el contrario, un epítome de los requisitos legal y jurisprudencialmente exigidos para su **viabilidad material y procesal**, con especial hincapié en reflejar la más moderna jurisprudencia existente en relación con cada una de ellas.
Del mismo modo, nuestro estudio se va a limitar a las acciones de mayor uso o predicamento, expresamente contempladas o, en su caso, inferidas del **Derecho común**, representado por el Código civil.
Se excluye de esta sección el análisis de aquellas acciones que se regulan en **leyes especiales**. Tampoco recogemos aquellas que tienen una expresa referencia en nuestras leyes procesales, bien por venir articuladas a través de los llamados procedimientos especiales en la LEC, bien por ejercitarse a través de los procedimientos declarativos ordinarios con determinadas especialidades.

Precisiones No se incluye el estudio en las siguientes páginas, en relación con las contenidas en el **ámbito del juicio ordinario**, de las acciones relativas a derechos honoríficos, derecho al honor, a la intimidad y a la propia imagen, impugnación de acuerdos societarios, competencia desleal, propiedad industrial, propiedad intelectual, publicidad, condiciones generales de la contratación, arrendamientos urbanos, arrendamientos rústicos, retracto y propiedad horizontal.
En el **ámbito del juicio verbal** no se tratan las acciones atinentes al precario, alimentos, desahucio por falta de pago o expiración del plazo, tutela posesoria y análoga, derechos reales inscritos, ventas a plazos de bienes muebles o arrendamientos financieros, derecho de rectificación y acción de cesación en defensa de los intereses colectivos y difusos de los consumidores y usuarios.

1. Acción resolutoria por incumplimiento

(CC art.1124)

Consiste en la **facultad de resolver el contrato** prevista para los de carácter bilateral y que ambas partes pueden ejercitar en caso de incumplimiento previo de la otra parte. Ante lo escueto de su configuración legal, su naturaleza, características, requisitos y efectos han sido perfectamente perfilados por la jurisprudencia. 6305 MPCI nº 12455 s.

Requisitos Para que la acción resolutoria pueda prosperar, es preciso que quien la alegue acredite en el proceso correspondiente, entre otros, los siguientes requisitos: 6306
- la existencia de un vínculo contractual vigente;
- la reciprocidad de las prestaciones;
- el incumplimiento grave por parte del demandado;
- el cumplimiento por parte de quien ejercita la acción.

Existencia de un vínculo contractual vigente El primer presupuesto para el ejercicio de la acción resolutoria es la vigencia de un contrato que vincule a las partes en conflicto (TS 10-12-47, EDJ 588; 9-12-48). 6307 MPCI nº 12459
La acción resolutoria dimana directamente de la Ley. Sin embargo, no procede su aplicación cuando en el contrato existe **pacto de *lex commissoria***, es decir, cuando hay cláusula establecida por las partes que regula y condiciona el ejercicio de la resolución (TS 4-4-90, EDJ 3761).
En estos casos hay que estar, en cuanto a los requisitos, alcance y efectos de la resolución, a lo **expresamente pactado** por las partes, sin perjuicio de que lo previsto en el Código civil opere como norma básica y residual para la interpretación y aplicación del pacto de *lex commissoria* (TS 15-3-01, EDJ 2305).

Precisiones Si contractualmente se dispone que el incumplimiento de la prestación funcione como **condición resolutoria**, entonces la resolución se produce automáticamente y no por la facultad de resolver prevista en la Ley (TS 24-2-66; 30-3-76).

Reciprocidad de las prestaciones La facultad resolutoria por incumplimiento solo se entiende implícita en los contratos bilaterales, es decir, en aquellos cuyo contenido consiste en prestaciones recíprocas (TS 1-2-66, EDJ 2635; 30-3-76). 6308
Para que pueda hablarse de obligaciones recíprocas, es preciso que las prestaciones estén causalmente relacionadas y que, además, sean queridas como equivalentes.

No es viable el ejercicio de la acción resolutoria por incumplimiento en los siguientes casos:
a) Contrato de **préstamo**, dada la ausencia de vínculo sinalagmático. El préstamo real se perfecciona con la entrega del dinero y no produce obligaciones más que para el prestatario. En consecuencia, es un contrato unilateral y, por ello, no puede aplicarse la acción resolutoria por incumplimiento que tiene como ámbito el de las obligaciones recíprocas (TS 22-12-97, EDJ 10459; 13-5-04, EDJ 31353).
b) Contrato de **sociedad**, al estar el mecanismo de la resolución contractual ventajosamente sustituido por el de la exclusión del socio incumplidor, que permite separar a este de la colectividad, manteniendo el vínculo jurídico entre los demás socios (TS 1-10-86, EDJ 15316; 20-6-91).
c) Contrato de **opción de compra**. La discusión acerca de la naturaleza de este contrato se extiende a la aplicabilidad al mismo del mecanismo resolutorio que tratamos. La jurisprudencia parece inclinarse por la imposibilidad de su invocación, atribuyendo a la opción de compra carácter unilateral, lo que excluiría la posibilidad de ejercicio de la acción resolutoria. En ese sentido, entiende que el precio de la opción no alcanza la dignidad de equivalente prestacional a la facultad otorgada al beneficiario de la opción, por lo que, no hallándonos ante obligaciones recíprocas no entraría en juego el precepto (TS 12-4-93, EDJ 3484).
Igualmente, bien caducada la opción, bien ejercida, el contrato queda extinguido, por lo que tampoco sería viable el ejercicio de la acción resolutoria, al faltar el primer requisito para su viabilidad, la vigencia del vínculo.

6309 MPCI nº 12467 **Incumplimiento grave del demandado** Se exige que el demandado haya incumplido de forma grave las obligaciones que le incumbían (TS 9-12-60; 18-11-70, EDJ 624).
La **apreciación** de este incumplimiento está encomendada al libre arbitrio de los tribunales de instancia (TS 17-12-76, EDJ 426; 17-2-77, EDJ 443) y en ella confluyen vertientes tanto fácticas como jurídicas. La apreciación del incumplimiento con virtualidad resolutoria corresponde al juzgador de instancia, en cuanto aspecto fáctico. Sin embargo, una vez determinadas las circunstancias del caso concreto debe realizarse una ponderación jurídica acerca de la entidad del incumplimiento.
El incumplimiento debe referirse a **prestaciones sustanciales** y no meramente accesorias. Así, se requiere no solo la concurrencia de una voluntad del infractor, obstativa al cumplimiento, o la aparición de un hecho que de manera definitiva lo impide, frustrando el fin del contrato, sino que la vulneración de lo pactado resulte grave o esencial, sin que baste aducir el incumplimiento de prestaciones accesorias o complementarias que, por su entidad no decisiva, no impiden que el acreedor obtenga el resultado económico que lo movió a actuar.
La jurisprudencia sobre las características que debe contar el incumplimiento del demandado en orden a posibilitar el éxito de la acción resolutoria no es uniforme. De su análisis deriva una propensión a **analizar el caso concreto** y el **grado de frustración** del negocio jurídico derivado del incumplimiento.
Tradicionalmente se exigía la existencia de una **voluntad deliberadamente rebelde** al cumplimiento por parte del incumplidor. Este requisito ha sido matizado en los últimos tiempos: ni en la letra ni en el espíritu del precepto aparece como requisito para el ejercicio de las facultades que el precepto concede al acreedor que el incumplimiento del deudor haya obedecido a una voluntad deliberadamente rebelde del mismo, bastando para la aplicación de sus normas que, realmente se haya frustrado el contrato para la otra parte (TS 11-11-03, EDJ 146412).

Precisiones El problema de incumplimiento o cumplimiento de contrato es una cuestión de hecho, pudiendo revelarse la voluntad de incumplir por una prolongada inactividad o pasividad del deudor, pero sin que pueda exigirse una aplicación literal de la expresión «**voluntad deliberadamente rebelde**», que sería tanto como exigir dolo, bastando con que el incumplimiento frustre las legítimas aspiraciones de los contratantes, sin que sea precisa una tenaz y persistente resistencia obstativa al cumplimiento (TS 10-3-01, EDJ 2290).

6310 MPCI nº 12469 **Cumplimiento por parte del demandante** Se exige que quien ejercite esta acción no haya incumplido las obligaciones que le concernían (TS 6-6-76; 29-3-77, EDJ 72); salvo si ello ocurre como consecuencia del incumplimiento anterior de la otra parte, pues la conducta de esta, es la que motiva el derecho de resolución de su adversario y le libera de su compromiso (TS 24-5-91, EDJ 5462; 3-6-93, EDJ 5323).

6311 **Forma de ejercicio** La resolución del contrato puede ejercitarse **por vía judicial o fuera de ella**, por declaración del acreedor, y solo si se impugna por la otra parte queda sometido a la sanción de los tribunales, que han de declarar bien hecha la resolución o, por el contrario, no ajustada a derecho. Es, por tanto, posible ejercer extrajudicialmente la facultad de resolución en caso de incumplimiento de obligaciones recíprocas. Sin embargo, para el caso de **falta de conformidad** de la contraparte, es preciso el ejercicio de la acción judicial para que la resolución tenga lugar (TS 11-10-95, EDJ 24235).

Es posible **acumular en un solo procedimiento** las acciones de resolución y cumplimiento derivadas de CC art.1124 siempre que las mismas se articulen de forma subsidiaria e incluso alternativa (TS 29-10-03, EDJ 146366).
Por otro lado, la acción resolutoria es acumulable a la de exigencia de los **daños y perjuicios** causados.
El **plazo de prescripción** de la acción resolutoria es el general de 5 años (CC art.1964) -desde 7-10-2015; anteriormente 15 años, con aplicación transitoria en los términos de CC art.1939- propio de las acciones personales, ya que esta acción carece de un plazo específico determinado por la Ley (TS 11-7-84, EDJ 7304).

Precisiones 1) En caso de controversia, la resolución únicamente produce efectos si se declara judicialmente previo el ejercicio de la acción o, en su caso, reconvención. En caso de que la misma no se ejercite, al órgano jurisdiccional le está vedado entrar siquiera a conocer de la misma, ya que es doctrina jurisprudencial la imposibilidad de alegarla por **vía de excepción** (TS 30-7-97, EDJ 6324; 24-10-98, EDJ 23081; 7-12-05, EDJ 213903).
2) Lo que no es posible jurídicamente es pretender a la vez las dos cosas, es decir, ejercitar conjunta o separadamente la acción resolutoria y la de cumplimiento del contrato, por ser **contradictorias o incompatibles** entre sí, aunque sí pueda hacerse alternativa o subsidiariamente, o bien ejercitar la resolutoria, después de haber optado por el cumplimiento, cuando este resulta imposible y debiéndose entender que a efectos de lo señalado el contrato es único y no puede escindirse en partes distintas, así en el de compraventa en que el pago del precio debe hacerse en varios plazos no es posible jurídicamente por el impago de unos reclamar su abono y por el de otro la resolución a la vez, por las mismas razones antedichas de ser contradictorias las acciones y no poderse acumular ni separada ni conjuntamente (TS 29-10-03, EDJ 146366).

Efectos La resolución contractual produce efectos no desde el momento de la extinción de la relación obligatoria, sino retroactivamente **desde su celebración**, lo que supone volver al estado jurídico preexistente, como si el negocio no se hubiera concluido. **6313** MPCI nº 12475
Ello implica que las consecuencias jurídicas de la acción de resolución comprenden, si así ha sido solicitado en la demanda, el **reintegro** de las cantidades indebidamente percibidas en el origen.
Como excepción a lo anterior, se contemplan los **contratos de tracto sucesivo** con prestaciones recíprocas (TS 16-5-94, EDJ 3441).
De igual modo puede conllevar la condena a indemnizar los **daños y perjuicios** sufridos. Sin embargo, estos deben ser probados y derivados del incumplimiento, siendo esta relación de causalidad, así como la determinación de la existencia y cuantía de los daños cuestión fáctica cuya apreciación corresponde al órgano jurisdiccional de instancia (TS 22-4-91, EDJ 4081).
En principio, los efectos retroactivos de la resolución no afectan a los **derechos de terceros**. Piénsese que la resolución es un supuesto de ineficacia sobrevenida de un contrato perfecto y válido, por lo que, durante el tiempo de su vigencia ha desplegado efectos. Así, si durante ese tiempo se han adquirido derechos por parte de terceros de buena fe, los mismos deben ser respetados. En ese sentido debe entenderse la remisión que el inciso final de CC art.1124 hace a CC art.1295 y 1298 y la Ley hipotecaria.
Únicamente si el incumplimiento se ha configurado como **condición resolutoria explícita**, y la misma ha accedido a los instrumentos de publicidad del tráfico jurídico, esencialmente al Registro de la Propiedad, los derechos que los terceros hayan podido adquirir a resultas del contrato resuelto quedan afectados por los efectos retroactivos de la resolución.
A estos efectos ha de tenerse en cuenta lo dispuesto en la **legislación hipotecaria** (LH art.11 y 37):
Las acciones rescisorias, revocatorias y resolutorias no se dan contra **tercero que haya inscrito** los títulos de sus respectivos derechos. Se exceptúan de esta regla, entre otras, las acciones rescisorias y resolutorias que deban su origen a causas que consten explícitamente en el Registro.
En el caso de que la acción resolutoria, revocatoria o rescisoria no se pueda dirigir contra tercero, se pueden ejercitar entre las partes las **acciones personales** que correspondan.
Como supuesto específico, en caso de **pago aplazado del precio**, se establece que la expresión del aplazamiento del pago no surte efectos en perjuicio de tercero, a menos que se garantice aquel con hipoteca o se dé a la falta de pago el carácter de condición resolutoria explícita.

Precisiones Lo anterior es igualmente predicable respecto de los posibles **embargos** efectuados sobre las cosas objeto de un contrato con trascendencia jurídico real, posteriormente resuelto. De esta forma, la traba efectuada al tiempo en que la cosa era de efectiva titularidad del deudor no queda afectada por los efectos retroactivos de la resolución del título de aquel, siempre que no que no hubiera constituido condición resolutoria expresa de forma que públicamente afecte al tercero embargante (TS 11-10-95, EDJ 24235).

6315 **Especialidades en la compraventa de inmuebles** (CC art.1504) En la venta de bienes inmuebles, aun cuando se haya estipulado que por falta de pago del precio en el tiempo convenido tendrá lugar de pleno derecho la resolución del contrato, el comprador puede pagar, aun después de expirado el término, mientras no haya sido **requerido judicialmente o por acta notarial**. Hecho el requerimiento, el juez no puede concederle nuevo término.

Debe entenderse que este precepto no configura una acción resolutoria de naturaleza diversa a la prevenida en CC art.1124, sino que, además de los requisitos exigidos por aquel precepto, para estos casos se exige la concurrencia de **requisitos adicionales**. Es doctrina jurisprudencial consolidada la que determina que CC art.1124 y 1504 no se excluyen, sino que incluso se complementan, y que la acción resolutoria contractual que establece el último precepto mencionado determina un «plus» -la existencia de un firme requerimiento- en relación a la acción contemplada en el primer artículo (TS 5-12-97, EDJ 9822).

La jurisprudencia resume del siguiente modo los **requisitos** para ejercitar la acción resolutoria en estos casos (TS 20-6-93, EDJ 6043):

- que se haya pactado el pago del precio aplazado;
- que se produzca el impago del precio;
- que se dé una actitud rebelde al cumplimiento;
- que el vendedor cumpla con sus obligaciones; y
- que, previamente al ejercicio de la acción, el vendedor requiera judicial o notarialmente el pago a la otra parte.

Precisiones La jurisprudencia ha sufrido un cambio evolutivo progresivo en el sentido de abandonar el requisito subjetivista de la **voluntad deliberadamente rebelde**, sustituyéndole por el impago en el sentido objetivo, con lo que ya no se viene exigiendo una actitud dolosa del comprador para que la resolución por incumplimiento de pago pueda tener lugar (TS 5-6-89, EDJ 5667; 11-3-91, EDJ 2607) que es a lo que apunta la frase «actitud deliberadamente rebelde», bastando con que se frustre el fin del contrato para la contraparte (TS 24-10-98, EDJ 23081; 22-2-99, EDJ 847; 9-3-05, EDJ 30348).

6316 MPCI nº 12485 Es requisito necesario el **previo requerimiento** resolutorio y no meramente una intimación al pago, aunque este requisito ha sido dulcificado por la jurisprudencia. El requerimiento es notificación al deudor obstativa al pago y declarativa de la voluntad del vendedor de tener por resuelto el contrato y no una intimación al pago del precio, pero es usual que a aquella notificación se incorpore este requerimiento, sin que desvirtúe su eficacia obstativa y resolutoria porque, siendo usual, no hay objeción jurídicamente atendible para considerar el requerimiento como acto jurídico complejo y porque el condicionamiento de su eficacia obstativa no choca tampoco contra ningún postulado de licitud de las condiciones ni del ejercicio de los derechos (TS 18-4-97, EDJ 2852).

Por último, destacar que en la práctica suele añadirse una cláusula al pacto comisorio en virtud de la cual el vendedor no estará obligado a devolver las **cantidades recibidas a cuenta** del precio total. La jurisprudencia considera que se trata de una cláusula penal que puede estar sujeta a moderación por la autoridad judicial (CC art.1154), correspondiendo tal facultad al juzgador de instancia, siempre que lo permitan los propios términos de la cláusula convencional. No cabe moderación cuando el incumplimiento parcial era el previsto expresamente en la cláusula penal (TS 14-12-98, EDJ 30764; 9-10-00, EDJ 30625; 5-12-03, EDJ 174024).

Precisiones 1) No es admisible la **renuncia del derecho a ser requerido** de manera previa a la resolución del contrato, por lo que, en este sentido, debe estimarse el carácter imperativo del precepto (Lete del Río).

2) La **reinscripción a favor del vendedor**, cuando es consecuencia del juego de la condición resolutoria expresa pactada, está sujeta a rigurosos controles que salvaguardan la posición jurídica de las partes (DGRN Resol 10-2-16).

2. Acción subrogatoria

(CC art.1111)

6320 MPCI nº 12490 s. Esta acción es la que permite a los **acreedores**, después de haber perseguido los bienes de que esté en posesión el deudor para realizar cuanto se les debe, ejercitar todos los derechos y acciones de este con el mismo fin, exceptuando los que sean inherentes a su persona.

La acción subrogatoria persigue el mantenimiento de la solvencia del deudor, consiguiendo que entren en su patrimonio bienes y derechos que, pese a estar destinados a integrarse en aquel, no lo han hecho por una actitud de omisión del deudor. Es por tanto una **acción subsidiaria e indirecta**, constituyendo un supuesto de legitimación procesal que la Ley concede al acreedor titular del crédito exigible contra el deudor como medio subsidiario de protección de su crédito.

Requisitos Para el ejercicio de la acción subrogatoria es precisa la concurrencia de los siguientes requisitos: 6321 MPCI nº 12498

a) Que exista un **crédito** del que sea titular quien intenta ejercitar la acción. La mayoría de la doctrina (Albaladejo, De Buen, Figa y Faura) considera necesario que dicho crédito sea exigible (en contra Puig Peña).

b) La acción debe ejercitarse con **carácter subsidiario** lo que, a su vez supone lo siguiente:

1. Previamente se han de haber perseguido por el acreedor los bienes del deudor.

2. Cuando resulte que el deudor carece de bienes o no los tiene en cantidad suficiente para satisfacer el crédito del acreedor, este puede ejercitar la acción subrogatoria. Es innecesario acreditar la **insolvencia del deudor** en procedimiento judicial previo, pudiendo justificarse este extremo en el que acoge la propia acción subrogatoria.

3. El acreedor debe carecer de **otros medios** para lograr la satisfacción del crédito (p.e. que la deuda esté afianzada por un tercero).

4. Los derechos y acciones que el deudor tiene contra terceros han de ser susceptibles de **ejercitarse sustitutivamente** por el acreedor. El acreedor no puede subrogarse en los derechos que sean inherentes a la persona del deudor.

Precisiones **1)** Según doctrina jurisprudencial consolidada, el ejercicio por el acreedor de la acción subrogatoria no implica la necesidad de probar la total **insolvencia** de su deudor, ni exige que se haya formulado reclamación judicial previamente contra el mismo, pues se admite que pueda acreditarse la inexistencia de otra clase de bienes en el mismo juicio entablado para deducir la acción subrogatoria (TS 26-2-02, EDJ 3081).

2) Por **derechos inherentes a la persona** deben entenderse los que no tengan carácter patrimonial y los que, aun teniendo valor pecuniario, requiera su ejercicio una apreciación personalísima, de orden ético y puramente subjetivo del deudor (Albaladejo, Castán).

Forma de ejercicio Se puede ejercitar la acción de cualquier forma, judicial o extrajudicial, siendo esta la más normal (Albaladejo). Aunque no es preciso, sí resulta aconsejable que intervenga el deudor en cuya sustitución se actúa (Castán). 6322

Efectos El efecto de esta acción es la de obtener un **incremento del patrimonio del deudor** a fin de conseguir la satisfacción del crédito; una vez producido ese incremento patrimonial, el acreedor puede y debe exigir de su deudor el pago, sin que en este procedimiento pueda hacerse entrega al actor de las cantidades que los demandados adeudan, ya que la acción subrogatoria no es una acción directa, sino oblicua, por lo que las cantidades así obtenidas pasan a engrosar el patrimonio del deudor sin que el acreedor que ejercita la acción subrogatoria ostente, por esa razón, preferencia alguna en la satisfacción de su crédito (TS 25-11-96, EDJ 9691). 6323 MPCI nº 12502

Precisiones Si prospera la acción, y pese a su nombre de subrogatoria, el acreedor no se subroga en lugar del deudor inactivo, sino que los bienes ingresan en el patrimonio de este y continúan perteneciéndole mientras el acreedor no los trabe y realice. La finalidad de la acción no es la de conseguir el cobro de forma directa de su crédito de la persona del deudor de su deudor, sino conseguir que lo debido a este ingrese en su patrimonio para así hacer efectiva la responsabilidad universal -CC art.1911- que sobre él pesa (TS 19-11-02, EDJ 51840).

Supuestos de acción directa La acción subrogatoria no ampara la posibilidad de que el acreedor, tras dirigirse contra el deudor del deudor, pueda satisfacer su crédito directamente con lo que haya obtenido del mismo. 6324

Esta finalidad puede lograrse a través de una acción directa, variante de la acción subrogatoria, que, aunque no se contempla en nuestro Derecho con carácter general, sí se prevé en algunos supuestos, que exponemos a continuación.

a) Tiene acción directa el **mandante** contra el sustituto del mandatario (CC art.1722).

b) Tiene acción directa el **arrendador** frente al subarrendatario por el importe del precio del subarriendo que se halle debiendo (CC art.1552), así como en el ámbito de la Ley de arrendamientos urbanos, por el abono de la renta y para la reparación de deterioros (LAU art.15 y 16).

c) Se concede acción directa a los que en un **contrato de obra** ponen su trabajo y materia, frente al dueño de la obra (CC art.1597).

d) Por último, la acción directa más utilizada en la práctica es la que compete al acreedor de la **obligación nacida de acto ilícito** (CC art.1902 y 1903), reconocida expresamente (entre otras) en la legislación sobre seguro (L 50/1980 art.76).

3. Acción de reembolso

(CC art.1158)

6330 Al tratar el pago de las obligaciones, el Código civil establece que puede hacer el pago cualquier persona, tenga o no interés en el cumplimiento de la obligación, tanto si lo conoce y apruebe el deudor como si no.

MPCI nº 12510 s.

En consecuencia, al que paga por cuenta de otro se le concede la acción de reembolso para reclamar del deudor lo que haya pagado, siempre que no haya realizado el pago contra la expresa voluntad del deudor.

Este nuevo derecho de crédito tiene su causa jurídica en la **gestión de negocios ajenos** sin mandato o, en último caso, en el principio de enriquecimiento injusto que obtendría el deudor si no reembolsara lo pagado por cuenta suya (TS 8-5-92, EDJ 4459).

Además, por ser un derecho independiente del que tenía el acreedor satisfecho, no pasan al tercero las **garantías o privilegios** que pudieran corresponder al crédito originario.

Precisiones 1) Aunque el efecto general del pago es la extinción de la obligación, en el caso de pago por tercero debe destacarse como efecto especial el **nacimiento de una acción de reembolso** en favor del tercero que cumple por cuenta del deudor, por convertirse en acreedor frente al mismo, aunque su crédito es nuevo y diferente del que ha quedado satisfecho, que, por esta misma razón, se extingue.

2) Se trata, en definitiva, de un tercero que interviene en la obligación pagándola, o lo que es lo mismo, realizando el cumplimiento que incumbía y pesaba sobre el deudor que era el únicamente obligado y al único al que el acreedor podía exigir tal cumplimiento. Por ello, el **pago realizado por el no obligado** ha sido contemplado como una obligación extracontractual y el tercero que paga deviene en oficioso gestor de negocios ajenos (TS 8-5-92, EDJ 4459).

6331 **Distinción con la subrogación legal** (CC art.1159, 1210 y 1212) Debe diferenciarse la acción de reembolso de la subrogación legal que en ciertos casos se produce en el pago de la obligación por tercero. Así en este último supuesto se da una novación subjetiva, permaneciendo única y viva la obligación y sin que nazca una nueva acción.

La subrogación tiene lugar en aquellos supuestos en que el tercero paga con **aprobación expresa o tácita del deudor** (prescindiéndose entonces del interés que pueda tener). En algunos casos en que no se cuenta con consentimiento expreso del deudor, el Código civil establece además ciertas **presunciones de subrogación**:

1. Cuando un acreedor pague a otro acreedor preferente.

2. Cuando un tercero, no interesado en la obligación, pague con aprobación expresa o tácita del deudor.

3. Cuando pague el que tenga interés en el cumplimiento de la obligación, salvo los efectos de la confusión en cuanto a la porción que le corresponda.

En estos casos, además del derecho de reembolso -que es general para todos los supuestos-, el tercero pasa a ocupar en la relación originaria -que no se extingue- el **puesto que correspondía al acreedor** que ha recibido la prestación. Al concurrir en el tercero la acción de reembolso y la subrogación en la relación obligatoria, queda a su voluntad utilizar una u otra posibilidad (TS 29-5-84, EDJ 3252).

El **efecto esencial** de la subrogación es que transfiere al subrogado el crédito con los derechos a él anexos, ya contra el deudor, ya contra los terceros, sean fiadores o poseedores de las hipotecas.

No obstante, ha de tenerse en cuenta que cuando **el deudor ignore el pago** realizado, quien haya pagado en su nombre no puede compeler al acreedor a subrogarle en sus derechos. En sentido contrario, la subrogación procede en todo caso en que un tercero paga con conocimiento del deudor, aunque este no lo consienta expresamente, y siempre que no manifieste (también expresamente) su voluntad en contrario (Hernández Gil).

Precisiones Tratándose de subrogación, el tercero que paga en lugar del deudor pasa a ocupar la posición del acreedor originario, con la posibilidad de que se le puedan oponer las **excepciones** eficaces contra este (TS 29-5-84, EDJ 3252).

6332 **Prescripción** A la acción de reembolso debe aplicársele el **plazo** de prescripción general de 5 años (CC art.1964) -desde 7-10-2015; anteriormente 15 años, con aplicación transitoria en los términos de CC art.1939- propio de las acciones personales, por lo que su ejercicio puede en ocasiones resultar más ventajoso que la subrogación, en la que el tercero estará sujeto al plazo de prescripción y a las excepciones propias de la obligación que subsiste (AP Granada 27-1-01, EDJ 13119; AP Jaén 20-4-05, EDJ 79169).

6333 **Alcance** (CC art.1158 y 1159) La acción de reembolso tiene distinto alcance, según que el pago se haya hecho sin oposición del deudor o contra su voluntad.

MPCI nº 12522

El que paga por cuenta de otro puede reclamar del deudor lo que haya pagado, a no haberlo hecho contra su expresa voluntad. En este caso solo puede repetir del deudor aquello en que le haya sido útil el pago.

En todo caso, únicamente puede ser reclamada aquella **cantidad efectivamente pagada** por el tercero, dado que el mismo no se subroga en el derecho de crédito del acreedor satisfecho, sino que es titular de un nuevo derecho -y, por ende, de una nueva acción- limitado a la cantidad pagada (TS 5-3-01, EDJ 1936).

En el caso de una **pluralidad de deudores** afectados por el pago del tercero, la Ley impone la solidaridad de todos ellos frente al titular de la acción de reembolso (TS 18-12-97, EDJ 8994).

Precisiones El tercero que paga no puede luego reclamar al deudor la **totalidad de la deuda**, si pagó una suma inferior a esa totalidad. Se confiere un derecho de reembolso sobre las cantidades que haya satisfecho por cuenta y nombre de otro y no en su propio beneficio (TS 5-3-01, EDJ 1936).

4. Acción de nulidad

(CC art.1300 a 1314)

Un negocio jurídico es nulo de pleno derecho cuando es contrario a una norma imperativa o prohibitiva. La doctrina y la jurisprudencia hablan de nulidad radical (o absoluta), cuyas **causas** serían las siguientes: 6340 MPCI nº 12532 s.

1. La infracción de lo dispuesto en una **norma imperativa o prohibitiva**, salvo que la misma establezca un efecto distinto para el caso de contravención y la quiebra de un principio moral o de orden público (CC art.6.3 y 1255).

2. La falta de alguno de los **elementos esenciales** para la validez de los contratos (CC art.1261), incluida la forma, en aquellos contratos en que se exige con carácter constitutivo.

El Código civil regula conjuntamente la **nulidad** de pleno derecho y la **anulabilidad** (CC art.1300 a 1314).

La nulidad radical, absoluta (o de pleno derecho) del contrato es definitiva e insubsanable, e implica la ineptitud del mismo para producir toda clase de efecto jurídico. Se denomina así por su **efecto general** o frente a todos, ya que puede oponerse frente a cualquiera y su efecto alcanza a todos, sean o no parte en el contrato nulo. Además, no cabe confirmación del contrato nulo (CC art.1310).

La nulidad de pleno derecho se produce automáticamente, por sí misma, **sin necesidad de declaración judicial**, y es apreciable de oficio.

Sin embargo, el negocio nulo puede tener una **apariencia de negocio válido**, en cuyo caso es preciso destruirlo por medio de la acción de nulidad, cuyas características básicas son las que procedemos a estudiar.

Legitimación activa Gozan de legitimación activa para ejercitar la acción, no solamente aquellos que fueron parte en el negocio jurídico denunciado, sino aquellos terceros que acrediten interés legítimo, dado el carácter declarativo de la acción. 6341 MPCI nº 12536, 12538

La declaración de nulidad de los contratos impone que quien la inste esté asistido del necesario interés jurídico en ello o, lo que es lo mismo, se hace preciso que el demandante se vea perjudicado o afectado en alguna manera por el contrato y la falta de todo interés evidentemente priva al tercero para el ejercicio de la acción (TS 15-12-93, EDJ 11487; 26-5-97, EDJ 2951; 21-11-97, EDJ 8573; 28-2-04, EDJ 6998).

Sin embargo, es reseñable la doctrina jurisprudencial en virtud de la cual los **socios** carecen de legitimación independiente como terceros perjudicados para ejercer la acción de nulidad de los contratos o negocios celebrados por la propia sociedad (TS 21-11-97, EDJ 8573).

La jurisprudencia reconoce la posibilidad de **apreciar de oficio** la existencia de nulidad radical, matizando, sin embargo, la necesidad de aplicar restrictivamente este aserto (TS 20-6-96, EDJ 3557).

Precisiones 1) La **legitimación de un tercero** -que no haya sido parte en el contrato- para ejercitar la acción de declaración de inexistencia de dicho contrato -por carencia de algunos de sus requisitos esenciales- o la de nulidad radical o de pleno derecho del mismo -por ser contrario a las normas imperativas o prohibitivas, salvo que en ellas se establezca un efecto distinto para el caso de contravención-, requiere que dicho tercero tenga un interés jurídico en ello o, lo que es lo mismo, se vea perjudicado o afectado en alguna manera por el referido contrato (TS 29-12-70; 14-12-93, EDJ 11419; 23-6-01, EDJ 11636).

2) Se ha decretado la posibilidad de la **aplicación de oficio** de la acción de nulidad, pero no de una forma totalmente abierta, sino condicionada y controlada a ciertos supuestos establecidos jurisprudencialmente. Como criterio común, los tribunales deben decretar la nulidad, aunque no se haya alegado o se haya efectuado con deficiencias de carácter formal, solo y cuando la sinalagmática contractual se refiere a pactos o cláusulas que manifiestamente sean ilegales, contrarios a la moral, al orden público o constitutivos de delito (TS 7-7-86; 20-6-96, EDJ 3557).

Cabe la apreciación de oficio para los actos nulos de pleno derecho, pero no ante negocios no infractores de un precepto claro y terminante, y mucho menos respecto a aquellos actos y contratos cuya **apariencia jurídica correcta** merece el debido respeto, mientras no se 6342 impugnen en forma eficaz y, consecuentemente, mediante el ejercicio de las oportunas acciones, respetándose los principios de contradicción procesal y tutela efectiva constitucional, para que la otra parte pueda defenderse y alegar sus razones opositoras (TS 15-12-93, EDJ 11488).

6343 **Legitimación pasiva** Para la válida constitución de la relación jurídico procesal es preciso que sean demandados todos aquellos que fueron parte en el negocio jurídico cuya declaración de nulidad se pretende.

Precisiones La figura del **litisconsorcio pasivo necesario** ha sido definida como la exigencia de traer al proceso a todos los interesados en la relación jurídica litigiosa, con el fin de evitar tanto que puedan resultar afectados por la resolución judicial quienes no fueron oídos ni vencidos en el juicio, como de impedir la posibilidad de sentencias contradictorias (TS 18-10-94, EDJ 8468; 7-7-95, EDJ 24238). Tal situación concurre, sin duda alguna, en los casos en que se interesa la nulidad de un negocio jurídico, en los que resulta indispensable, por ello, traer a los autos a todos los que han sido parte en el mismo (TS 26-7-01, EDJ 16175).

6344 **Forma de ejercicio** La nulidad puede ser denunciada tanto por vía de **acción**, inicial o
MPCI reconvencional, pero también puede alegarse por vía de **excepción**. Según reiterada y unifor-
nº 12544 me jurisprudencia, si bien la nulidad relativa o anulabilidad ha de ser pedida necesariamente por vía de acción (ejercitada en la demanda principal o en la demanda reconvencional), la nulidad radical o de pleno derecho se puede hacer valer por vía de acción o por vía de excepción (TS 26-11-01, EDJ 44704).

La acción de nulidad de pleno derecho es **imprescriptible**. Aunque el Código civil establezca un plazo de 4 años para el ejercicio de la que, indebidamente, llama acción de nulidad (CC art.1301), debe entenderse que la norma se refiere realmente a la acción de anulabilidad o nulidad relativa.

Precisiones Cuando se trata de una acción de nulidad absoluta o de inexistencia del título la acción de nulidad es **imprescriptible**, pues el contrato no ha existido nunca (TS 30-11-05, EDJ 207145).

6345 **Efectos** (CC art.1303 a 1308) Los contratos afectos de nulidad absoluta, radicalmente nulos, inexistentes en derecho, no pueden convalidarse por el transcurso del tiempo. La acción de nulidad es imprescriptible. Los efectos de la sentencia que la estima son **declarativos**, no constitutivos, *ex tunc*, no *ex nunc* (TS 29-4-97, EDJ 3480).

Sin embargo, es posible que la **apariencia de existencia jurídica del negocio** haya dado lugar a determinados efectos materiales. Así, la declaración judicial de nulidad de dicho contrato llevará consigo la necesidad de que todas las cosas objeto del mismo vuelvan al estado que tenían al tiempo de celebrarse. En este sentido, se establecen las siguientes reglas:

a) Declarada la nulidad de una obligación, los contratantes deben **restituirse recíprocamente** las cosas que hayan sido materia del contrato, con sus frutos, y el precio con los intereses.

b) Siempre que el obligado por la declaración de nulidad a la devolución de la cosa **no pueda devolverla** por haberse perdido, debe restituir los frutos percibidos y el valor que tenía la cosa cuando se perdió, con los intereses desde la misma fecha.

c) Mientras uno de los contratantes **no realice la devolución** de aquello a que en virtud de la declaración de nulidad esté obligado, no puede el otro ser compelido a cumplir por su parte lo que le incumba.

Sin embargo, esta regla general que impone la obligación de restitución de lo debido en virtud de un contrato nulo presenta las dos siguientes **excepciones**:

1. Para el caso de que la nulidad provenga de ser ilícita la causa objeto del contrato, si el hecho **constituye un delito o delito leve** común a ambos contratantes, carecen de toda acción entre sí, y se debe proceder contra ellos, dándose, además, a las cosas o precio que hayan sido materia del contrato, la aplicación prevenida en el Código penal respecto a los efectos o instrumentos del delito o delito leve.

Esta disposición es aplicable al caso en que solo haya delito o delito leve de parte de uno de los contratantes, pero el no culpado puede reclamar lo que haya dado, y no está obligado a cumplir lo que haya prometido.

2. Si el hecho en que consiste la causa torpe **no constituye delito ni falta**, se han de observar las reglas siguientes:

• Cuando la culpa esté de parte de **ambos contratantes**, ninguno de ellos puede repetir lo que haya dado en virtud del contrato, ni reclamar el cumplimiento de lo que el otro haya ofrecido.

• Cuando esté de parte de **un solo contratante**, no puede este repetir lo que haya dado en virtud del contrato, ni pedir el cumplimiento de lo que se le haya ofrecido. El otro, que sea extraño a la causa torpe, puede reclamar lo que haya dado, sin obligación de cumplir lo que haya ofrecido.

Finalmente, hay que recordar que los efectos de la declaración de nulidad no alcanzan a aquellos que legalmente se hallen **protegidos por la fe pública registral**, en base a los requisitos que exige LH art.34, o gocen de cualquier otro posición inatacable -p.e. derivada de la legitimación por el ordenamiento jurídico de una adquisición a *non domino* (CC art.464)-.

Precisiones 1) La nulidad propiamente dicha, absoluta o de pleno derecho, tiene lugar cuando el contrato es contrario a las normas imperativas y a las prohibitivas o cuando no tiene existencia por carecer de alguno de sus elementos esenciales, como sucede en el caso del contrato, que no existe si falta el consentimiento, el objeto o la causa (CC art.1261); y al faltar aquí esta última, la **consecuencia ineludible** es la nulidad (CC art.1265), estando al margen de posibilidad sanatoria y de todo plazo prescriptivo, justo por ser la expresión del nada jurídico, que siempre y en todo momento puede ser alegado (TS 13-2-85, EDJ 7160). 6346 MPCI nº 12548

2) La aplicación de la regla 1ª de CC art.1306 conduce a un **resultado injusto** cuando la culpa es de ambos contratantes y solo uno de ellos ha realizado su prestación, pues el otro contratante se enriquece sin causa a costa del primero. Por esta razón, la jurisprudencia ha declarado que en estos casos debe aplicarse la regla general de la restitución de las prestaciones realizadas -CC art.1303- (Lete del Río).

3) La jurisprudencia reconoce este efecto restitutorio anejo a la declaración de nulidad radical. Los efectos restitutorios derivados de la apreciación de nulidad nacen de la ley, por lo que pueden ser declarados por el juez **sin petición expresa de la parte** y sin por ello quebrar el principio de congruencia. Las restituciones solo proceden, incluso tratándose de contrato nulo o inexistente, cuando ha sido declarada la nulidad, obligación de devolver que no nace del contrato anulado, sino de la Ley, por lo cual no necesita de petición expresa de la parte (TS 22-9-89, EDJ 8233; 22-11-05, EDJ 225509).

4) En relación con la **nulidad de los acuerdos sociales** y su acceso al Registro de la Propiedad, ver nº 12550 s. Memento Procesal Civil 2026.

5. Acción de anulabilidad

(CC art.1300 a 1314)

El contrato anulable es aquel en el que concurren todos los requisitos necesarios para su validez y produce efectos, pero se encuentra afectado por algún **vicio o defecto** susceptible de producir su ineficacia si es impugnado (CC art.1300). 6350 MPCI nº 12562 s.

A diferencia del contrato nulo, que es ineficaz desde el principio, el contrato anulable produce efectos desde el momento de su celebración. La anulabilidad (o nulidad relativa) es una forma de **ineficacia sobrevenida** (no inmediata, como la nulidad absoluta). Además, el contrato anulable puede ser **convalidado**, bien mediante confirmación, bien por caducidad, dejando transcurrir el plazo de ejercicio de la acción de impugnación.

La anulabilidad no se produce de forma automática, ni puede ser apreciada de oficio, sino que debe determinarse mediante la acción de anulabilidad, a pesar de que el Código civil la denomina acción de nulidad (CC art.1301).

Causas Las causas de anulabilidad son las siguientes: 6351

1. Defecto de capacidad, siempre que no sea tan total y absoluta que llegue a producir la falta de consentimiento y, por tanto, la inexistencia del contrato.

2. Vicios del consentimiento. Es nulo el consentimiento prestado por error, violencia, intimidación o dolo (CC art.1265).

Aunque el Código civil hace referencia a la **falsedad de la causa**, como causa de anulabilidad (CC art.1301), la generalidad de la doctrina entiende que en tal caso no existe anulabilidad, sino inexistencia del contrato.

Legitimación (CC art.1302) En cuanto a la legitimación **activa** se establece que pueden ejercitar la acción de nulidad de los contratos los obligados principal o subsidiariamente en virtud de ellos. 6352 MPCI nº 12566

Se establecen además ciertas normas complementarias:

- Los contratantes no pueden, sin embargo, alegar la **menor edad o la falta de apoyo para ejercer la capacidad de aquellos** con quienes contrataron; ni los que causaron la intimidación o violencia, o emplearon el dolo o produjeron el error, pueden fundar su acción en estos vicios del contrato.
- Los contratos realizados por un **cónyuge** sin el consentimiento del otro, cuando la ley requiera tal consentimiento, solo pueden ser anulados a instancia del cónyuge cuyo consentimiento se haya omitido o de sus herederos (CC art.1322).
- El contratante **menor de edad** no puede ejercitar por sí mismo la acción hasta que haya alcanzado la capacidad de obrar plena; mientras tanto, el contrato puede ser impugnado por sus representantes legales.

• El **contratante con medidas de apoyo** para el ejercicio de su capacidad que ha celebrado el contrato prescindiendo de ellas, puede ejercer la acción por sí mismo, con el apoyo preciso. También sus herederos durante el tiempo que reste para completar el plazo, si la persona con discapacidad hubiera fallecido antes de transcurrir el plazo para el ejercicio de la acción. Y, asimismo, quien debió prestar el apoyo, en caso de que el otro contratante conociera la existencia de medidas de apoyo en el momento de la contratación o se hubiera aprovechado de otro modo de la situación obteniendo una ventaja injusta.
La legitimación **pasiva** corresponde a todas las personas que hubieran sido parte en el contrato o que del mismo deriven derechos u obligaciones.

6353 MPCI nº 12568 **Forma de ejercicio** Mientras, como hemos visto, la nulidad radical o absoluta puede hacerse valer por vía de acción o de excepción (nº 6344), la nulidad relativa o anulabilidad no puede hacerse valer por vía de excepción, sino exclusivamente a través del ejercicio de la correspondiente **acción** -inicial o reconvencional-.

Precisiones El error y el dolo, como vicios del consentimiento, tienen que hacerse valer por vía de acción, no de excepción. Por tanto, si los alega el demandado es preciso, para poder apreciarlos, que formule **reconvención** (TS 2-11-01, EDJ 39343; 30-9-02, EDJ 37153; 20-12-02, EDJ 55395; 5-4-06, EDJ 37236).

6354 MPCI nº 12572 **Prescripción** (CC art.1301) La acción de anulabilidad, a diferencia de la acción de nulidad (nº 6344), tiene un **plazo** de prescripción de 4 años.
Aunque el Código civil, al tratar del plazo de ejercicio de la acción, se refiera a la acción de nulidad, debe entenderse que la norma se refiere realmente a la acción de anulabilidad o nulidad relativa.
Este plazo se computa:
• En los casos de **intimidación o violencia**, desde el día en que estas hayan cesado.
• En los de **error, dolo o falsedad de la causa**, desde la consumación del contrato.
• Cuando la acción se refiera a los contratos celebrados por los **menores**, desde que salgan de la patria potestad o de la tutela; y por las **personas con discapacidad**, prescindiendo de las medidas de apoyo previstas cuando fueran precisas, desde la celebración del contrato.
• Si la acción se dirige a invalidar actos o contratos realizados por uno de los **cónyuges** sin el consentimiento del otro, cuando este consentimiento sea necesario, desde el día de la disolución de la sociedad conyugal o del matrimonio, salvo que antes haya tenido conocimiento suficiente de dicho acto o contrato.
La jurisprudencia entiende que el plazo citado es de **prescripción**, y no de caducidad, lo que conlleva, entre otras consecuencias, la imposibilidad de apreciar su existencia de oficio (TS 27-2-97, EDJ 994; 1-2-02, EDJ 762).

6355 MPCI nº 12576 **Otras formas de extinción** (CC art.1309 a 1314) La acción de anulabilidad también se extingue por **pérdida de la cosa**, motivada por dolo o culpa de quien esté legitimado para ejercitarla. No obstante:
- si la causa de la acción es la **minoría de edad** de alguno de los contratantes, la pérdida de la cosa no será obstáculo para que la acción prevalezca, a menos que haya ocurrido por dolo o por culpa del reclamante después de haber alcanzado la mayor edad;
- si la causa fuera haber prescindido el **contratante con discapacidad** de las medidas de apoyo precisas, la pérdida de la cosa tampoco es obstáculo para que la acción prevalezca, siempre que el otro contratante tuviera conocimiento de la existencia de medidas de apoyo en el momento de la contratación o se hubiera aprovechado de otro modo de la situación obteniendo una ventaja injusta.
Hay que citar también como forma de extinción la **confirmación del contrato**, definible como un medio de subsanar el contrato anulable mediante la renuncia a la acción de anulabilidad, hecha por quien podría invocar el vicio o defecto de aquel (Castán).
Solo son confirmables los contratos anulables. La confirmación puede ser **expresa o tácita**. Se entiende que hay confirmación tácita cuando, con conocimiento de la causa de nulidad y habiendo esta cesado, el que tenga derecho a invocarla ejecuta un acto que implique necesariamente la voluntad de renunciarlo.
La doctrina entiende que tanto la confirmación expresa como la tácita requiere que el confirmante tenga **conocimiento de la causa de nulidad** y que esta haya cesado.
La confirmación no necesita el concurso de aquel de los contratantes a quien no corresponda ejercitar la acción.
En cuanto a sus efectos, se dispone que la confirmación purifica al contrato de los vicios de que adoleciera desde el momento de su celebración. Por lo tanto, el contrato anulable queda plenamente válido y eficaz, y los efectos del mismo quedan como definitivos.

Precisiones No cabe confundir la figura de la **ratificación** (CC art.1259) con la de la confirmación.

Efectos Ejercitada la acción de anulabilidad y dictada sentencia constitutiva, se extinguen **retroactivamente** los efectos del contrato impugnado. Si el contrato no se había consumado, resultan nulas todas las obligaciones nacidas del mismo y, por tanto, las partes quedan libres. Pero en caso de haberse realizado las prestaciones, con la anulación surge el deber de **restituirse recíprocamente** las cosas que hayan sido objeto del contrato, según las normas de CC art.1303, 1307 y 1308 (nº 6345). La jurisprudencia ha entendido que estos preceptos son aplicables tanto a los supuestos de nulidad como de anulabilidad reconocida en sentencia (TS 28-9-96, EDJ 6436). 6356

No obstante, se establece la siguiente regla especial: cuando la nulidad proceda de la **menor edad de uno de los contratantes**, no está este obligado a restituir sino en cuanto se enriqueció con la cosa o precio que recibiera. Regla que se aplica asimismo en caso de que la nulidad se deba a haberse prescindido de las **medidas de apoyo para el ejercicio de la capacidad** de un contratante, en caso de que el otro conociera la existencia de medidas de apoyo en el momento de la contratación o se hubiera aprovechado de otro modo de la situación obteniendo una ventaja injusta (CC art.1304).

Precisiones Al establecerse las consecuencias de la nulidad declarada de la obligación (CC art.1300) no se establece distinción entre nulidad absoluta o relativa y sin que tampoco haya duda alguna en cuanto que el negocio jurídico inexistente o nulo con nulidad absoluta, si bien no produce efecto alguno como tal, no obstante, cuando a pesar de su ineficacia absoluta, hubiera sido ejecutado en todo o en parte, procede la **reposición de las cosas** al estado que tenían al tiempo de su celebración, a tenor de lo dispuesto en CC art.1303 y 1307, preceptos que deben ser extensivos también a los negocios jurídicos inexistentes o radicalmente nulos (TS 22-9-89, EDJ 8233; 28-9-96, EDJ 6436).

6. Acción de simulación

La acción de simulación es una especialidad de la **acción de nulidad** (nº 6340). Tiene por objeto obtener la declaración de inexistencia de un negocio o bien, declarar la nulidad de dicho negocio y la validez o existencia de otro que se ha tratado de ocultar. 6360 MPCI nº 12589 s.

Siendo realmente una especialidad de la acción de nulidad le resulta aplicable, con carácter general, lo expuesto con respecto a ella. Por esta razón, en el presente apartado, tras exponer brevemente la realidad que la origina: los negocios simulados, pasamos a enunciar las particularidades concretas que afectan a la acción de simulación.

Negocios simulados El negocio simulado puede definirse como aquel recurso intencionado de las partes para, por medio de un negocio jurídico no realmente querido por ellos, aparentar un negocio que no existe o que es distinto del verdaderamente realizado. 6361 MPCI nº 12593

Sus **elementos** estructurales son, pues:

- la existencia de un negocio jurídico aparente, creado intencionadamente por las partes, pero no realmente querido por ellas;
- el encubrimiento u ocultación mediante él de una realidad jurídica, que puede consistir tanto en un negocio inexistente como en un negocio distinto del realizado.

La doctrina acostumbra a distinguir fundamentalmente dos **clases** de simulación, cada una de las cuales engloba, a su vez, varios supuestos (Ferrara, citado por Castán):

a) La simulación **absoluta**, que tiene lugar cuando las partes realizan el negocio aparente con la intención de no celebrar ningún negocio. Dentro de ella se incluyen los negocios que tienden a una disminución del patrimonio y los que implican un aumento ficticio del pasivo (p.e. simulación de deudas para defraudar a los restantes acreedores o al fisco).

b) La simulación **relativa**, que tiene lugar cuando bajo el negocio aparente se oculta otro realmente querido (negocio disimulado). Dentro de ella pueden distinguirse a su vez tres categorías:

• La simulación que recae sobre la naturaleza del contrato (p.e. la donación disfrazada de venta con precio fingido).

• La simulación que recae sobre el contenido del contrato (sea sobre el precio, el objeto, la fecha, los pactos accesorios, etc.).

• La simulación que recae sobre los sujetos del contrato (el caso del «testaferro» o persona interpuesta por otra, que no quiere aparecer como comprador o vendedor).

Precisiones **1)** La simulación implica un vicio en la causa negocial (TS 18-7-89, EDJ 7417); el negocio con **falta de causa** es inexistente (TS 23-5-80, EDJ 875); la falsedad de la causa equivale a su no existencia y, por consiguiente, produce también la nulidad del negocio, en tanto no se pruebe la existencia de otra verdadera; la simulación absoluta da lugar a un negocio jurídico que carece de causa y este es el caso de la compraventa en que no ha habido precio (TS 7-2-94, EDJ 955; 26-3-97, EDJ 2097).

2) En los supuestos de simulación absoluta, si bien la apariencia de contrato exige una sentencia de nulidad o inexistencia, la misma será simplemente **declarativa**, no constitutiva, y sus efectos serán *ex tunc* y no *ex nunc*. La nulidad se produce *ipso iure* y por ello es insubsanable e imprescriptible, produciendo efectos *erga omnes*, siquiera haya de protegerse a los terceros de buena fe (TS 23-10-92, EDJ 10379).

6362 **Clases de acción** La acción de simulación presenta dos modalidades. La **acción de simulación absoluta** es una acción declarativa que tiene por objeto obtener la declaración judicial de inexistencia del negocio aparente. Esta inexistencia se fundamenta en la ausencia de causa (CC art.1275).

Por su parte, la **acción de simulación relativa** es también una acción declarativa que produce un doble efecto:
- por un lado, declarar la nulidad del negocio aparente;
- por otro, declarar la validez o nulidad del negocio disimulado, según que reúna o no los requisitos que le son propios a su especial naturaleza.

Estos efectos de la simulación relativa resultan de la aplicación de CC art.1276, según el cual la expresión de una causa falsa en los contratos da lugar a su nulidad, si no se prueba que estaban fundados en otra verdadera y lícita.

6363 MPCI nº 12597, 12599 **Especialidades de la acción** Pueden citarse las siguientes especialidades y características de la acción de simulación:

a) No es preciso para el éxito de la acción de simulación, la prueba una **finalidad defraudatoria** (TS 15-3-96, EDJ 2360).

b) Dada la dificultad que en esta materia presenta la **prueba**, la misma ha de basarse normalmente en la prueba indiciaria (TS 6-6-00, EDJ 11984; 13-2-06, EDJ 6317).

c) Es **facultad peculiar del juzgador de instancia** la estimación de los elementos de hecho sobre los que ha de basarse la declaración de existencia de la causa o de su falsedad o ilicitud. La simulación es una cuestión de hecho sometida a la libre apreciación del juzgador de instancia (TS 19-6-97, EDJ 4132; 21-7-98, EDJ 16387; 31-12-99, EDJ 43945; 6-6-00, EDJ 11984).

d) Se excluye el ejercicio simultáneo de las acciones de nulidad por simulación y de **rescisión por fraude** (TS 29-1-92, EDJ 726).

7. Acción rescisoria

(CC art.1290 a 1299)

6370 MPCI nº 12605 s. La acción rescisoria es un recurso extraordinario y subsidiario concedido por el Derecho para evitar las consecuencias injustas de **contratos válidamente celebrados** (Castán). Por lo tanto, la acción de rescisión presupone un contrato inicialmente válido, lo que la diferencia de la acción de nulidad o anulabilidad.

Los contratos válidamente celebrados pueden rescindirse en los casos establecidos por la ley (CC art.1290).

6371 MPCI nº 12607 **Supuestos** (CC art.1291, 1293 y 1296) La rescisión del contrato solo procede en dos casos en nuestro Derecho: en caso de lesión y en caso de fraude.

a) Rescisión por lesión. Son rescindibles:
- los contratos que pueden celebrar los **tutores y curadores con facultades de representación** sin autorización judicial, siempre que las personas a quienes representen hayan sufrido lesión en más de la cuarta parte del valor de las cosas que hubiesen sido objeto de aquellos;
- los celebrados en representación de los **ausentes**, siempre que estos hayan sufrido la lesión a que se refiere el punto anterior. En este caso, la rescisión no tendrá lugar respecto de los contratos celebrados con autorización judicial.

Ningún contrato se puede rescindir por lesión, fuera de estos dos casos mencionados.

b) Rescisión por fraude. Son rescindibles:

• Los contratos celebrados en **fraude de acreedores**, cuando estos no puedan de otro modo cobrar lo que se les deba.

• Los contratos que se refieran a **cosas litigiosas**, cuando hayan sido celebrados por el demandado sin conocimiento y aprobación de las partes litigantes o de la autoridad judicial competente.

• Los pagos hechos en estado de **insolvencia** por cuenta de obligaciones a cuyo cumplimiento no podía ser compelido el deudor al tiempo de hacerlos.

6372 **Requisitos** La acción rescisoria viene a consistir en un remedio de **carácter subsidiario**, solo puede ejercitarse cuando el perjudicado carezca de otro recurso legal para obtener la reparación del perjuicio (CC art.1294).

Junto a este presupuesto coexiste otro correlativo, el referente a que la **desaparición o minoración patrimonial** sea consecuencia de una operación transmisiva de bienes por el deudor a favor de terceros, presupuesto este al que se enlaza, por último, un determinado propósito que viene a configurar el llamado *consilium fraudis*, entendido, de manera amplia, como conciencia en el deudor del perjuicio que el empobrecimiento real o fingido causa al acreedor. Este requisito ha sido interpretado como actividad intencionada y directamente dolosa o bien como simple conciencia de causar el perjuicio, llegando a alcanzar cotas de cuasi-objetividad si el perjuicio se ocasiona por simple culpa civil o impremeditación (TS 6-4-92, EDJ 3340; 31-12-98, EDJ 33144).

Precisiones 1) La acción rescisoria se establece a favor de los acreedores para proteger y lograr la efectividad de sus créditos en bienes del deudor demandado. Exige, a modo de precedente fáctico-legal necesario, que se cumplan las previsiones del CC art.1111, es decir, que a los acreedores no les resulte por otro medio posible obtener el **reintegro de la deuda**, lo que supone la realidad de la existencia del crédito y la celebración por el deudor con posterioridad de actos de disposición patrimonial que atenten directa y frontalmente a dicho crédito, al que de este modo se le vacía de todo contenido en cuanto a su real percepción, en un actuar defraudatorio concebido y ejecutado con el indudable propósito de causar perjuicios y daños constatados al acreedor, debiendo darse también la concurrencia de que los bienes perseguidos no hayan pasado a tercero de buena fe (TS 28-11-94, EDJ 24073).

2) La jurisprudencia no exige una caracterización intensa del elemento subjetivo, rebajándolo hasta cotas de culpa consciente e incluso a supuestos de **cuasi objetividad** (TS 31-12-98, EDJ 33144).

Aspectos procesales Podemos sistematizar los aspectos procesales más relevantes de esta acción de la siguiente manera. **6373**

Presunción del fraude (CC art.1297) En materia probatoria, dada la dificultad que lleva apareja- **6374**
da la acreditación del fraude, se establecen ciertas presunciones: MPCI
• Se presumen celebrados en fraude de acreedores todos aquellos contratos por virtud de los nº 12613
cuales el deudor enajene bienes **a título gratuito**.
• También se presumen fraudulentas las enajenaciones **a título oneroso**, hechas por aquellas personas contra las cuales se haya pronunciado antes sentencia condenatoria en cualquier instancia o expedido mandamiento de embargo de bienes.

Calificación formal La viabilidad de esta acción no depende de su calificación formal como acción rescisoria, admitiéndose cuando se formula como acción de nulidad del acto atacado al ser también este su fin, pudiendo igualmente articularse de forma subsidiaria a la acción de nulidad. **6375**

Forma de ejercicio La acción rescisoria admite su ejercicio tanto como acción **directa** inicial como en forma **reconvencional**. **6376**

Tiene **carácter subsidiario**: no puede ejercitarse sino cuando el perjudicado carezca de todo otro recurso legal para obtener la reparación del perjuicio (CC art.1294). No obstante, el alcance de esta exigencia de subsidiariedad es matizado por la jurisprudencia, que no exige la persecución real de todos y cada uno de los bienes del deudor con resultado infructuoso, ni obtener en juicio previo la declaración de insolvencia, como tampoco que concurra una situación de insolvencia total, pues basta que los bienes disponibles no sean suficientes para satisfacer los derechos de los acreedores por haberse disminuido la posibilidad económica efectiva o haberse ocasionado una notable minoración patrimonial -debe entenderse voluntariamente provocada- que impida al acreedor percibir sus derechos, y lo mismo cuando el reintegro se presenta sumamente dificultoso (TS 30-1-04, EDJ 2096; 23-9-02, EDJ 34907; 12-12-02, EDJ 55376; 21-1-05, EDJ 6958).

Plazo de ejercicio (CC art.1299) La acción para pedir la rescisión dura 4 años. Para las personas **menores sujetas a tutela**, con **discapacidad** provistas de medidas de apoyo con facultades de representación y para los **ausentes**, este plazo no comenzará a correr hasta que se extinga la tutela, en el caso de los primeros, haya cesado la medida representativa de apoyo en el caso de los segundos, o hasta que cese la situación de ausencia legal, en el de los terceros. **6377**

El plazo es de **caducidad** y, por tanto, no susceptible de interrupción, ni siquiera por la incoación de un procedimiento penal.

El plazo comienza a computarse en el momento en que se tenga cabal y entero conocimiento del acto (TS 1-12-97, EDJ 9847):

Precisiones 1) El plazo de 4 años que se establece para pedir la rescisión de cualquier acto jurídico es un plazo de **caducidad**, por la simple razón de que la acción de rescisión que puede ejercitarse durante dicho plazo, trata de modificar la situación creada por un contrato torticero que puede producir efectos lesivos a terceros (TS 1-12-97, EDJ 9847).

2) No se establece la **forma de empezar el cómputo** de dicho período de caducidad, cuando la base de la acción rescisoria es un fraude de acreedores. Una parte de la doctrina (con base en LH art.37) establece como punto de partida para el referido plazo de 4 años, el instante mismo en que se produjo la enajenación fraudulenta. Pero puede ocurrir, de seguirse dicha teoría, que el plazo para ejercer tal acción de caducidad haya transcurrido en su totalidad cuando el actor-acreedor esté en condiciones o con posibilidad de acreditar la insolvencia del demandado-deudor y, por lo tanto, de constatar la insolvencia de dicho deudor y los efectos dañinos, que dicha situación le ocasiona. La jurisprudencia (con base en CC art.1969), ha conseguido soslayar dicha injusta situación de otra manera, estableciendo el inicio del cómputo a partir de la comprobación de falta de bienes con que satisfacer el crédito, o bien el día en que la víctima pueda tener cabal y entero conocimiento del acto subrepticio y fraudulento que le produce el daño patrimonial (TS 16-2-93, EDJ 1473)

3) Aunque la acción pueda ejercitarse desde el acto fraudulento, si se oculta, por no inscribirse en el Registro de la Propiedad, el *dies a quo* es el de la **inscripción** en el mismo, salvo que se acredite que la víctima del fraude conoció con anterioridad de modo cabal y completo el acto impugnable. Ciertamente que LH art.37 señala como *dies a quo*» el de la enajenación fraudulenta, pero el precepto es protector exclusivamente del tercero hipotecario, sin que pueda extenderse a supuestos en que no exista esta figura (TS 27-1-04, EDJ 1306; 16-2-93, EDJ 1473; 4-9-95, EDJ 3419; 8-3-03, EDJ 3631; 31-1-06, EDJ 3941).

6378 MPCI nº 12623 **Efectos** (CC art.1295 y 1298) La rescisión obliga a la **devolución de las cosas** que fueron objeto del contrato con sus frutos, y del precio con sus intereses. En consecuencia, la acción rescisoria solo puede llevarse a efecto cuando el que la haya pretendido pueda devolver aquello a que por su parte esté obligado. Tampoco puede tener lugar la rescisión cuando las cosas objeto del contrato se hallen legalmente en poder de terceras personas que no hayan procedido de mala fe. En este caso puede reclamarse la indemnización de perjuicios al causante de la lesión.

Quien hubiese **adquirido de mala fe** las cosas enajenadas en fraude de acreedores, debe indemnizar a estos de los daños y perjuicios que la enajenación les hubiese ocasionado, siempre que por cualquier causa le sea imposible devolverlas.

8. Acción revocatoria o pauliana

(CC art.1111)

6380 MPCI nº 12630 s. La acción revocatoria o pauliana es una acción personal de naturaleza rescisoria. Puede considerarse una **especialidad de la acción rescisoria** (nº 6370), en cuanto constituye uno de los supuestos de los referidos al hablar de la rescisión de los contratos por fraude (nº 6371).

Mediante esta acción, los acreedores, después de haber perseguido los bienes de que esté en posesión el deudor para realizar cuanto se les debe, pueden ejercitar todos los **derechos y acciones** de este con el mismo fin, exceptuando los que sean inherentes a su persona; pueden también **impugnar los actos** que el deudor haya realizado en fraude de su derecho. Así, son rescindibles los contratos celebrados en fraude de acreedores, cuando estos no puedan de otro modo cobrar lo que se les deba.

La acción revocatoria puede dirigirse a la rescisión de contratos o, en general, de **cualquier tipo de acto** fraudulento.

Si la acción prospera se producen los **efectos** examinados al tratar la rescisión (nº 6378).

6381 MPCI nº 12634 **Legitimación activa** Corresponde a cualquier acreedor, no precisando su ejercicio una acción colectiva.

No obstante, han de considerarse **excluidos** los acreedores cuyos créditos se encuentran garantizados suficientemente, pues los actos del deudor no les perjudican (Díez Picazo).

6382 MPCI nº 12636, 12638 **Requisitos** Para el ejercicio de la acción revocatoria ha de concurrir los siguientes requisitos:

1. Que se produzca un **daño en la persona del acreedor**. En efecto, el acto del deudor debe causar un perjuicio al acreedor, lo que supone:
- la prueba de la insolvencia del deudor;
- que no existan bienes libres del deudor en cualquier situación;
- que no tenga el acreedor otro medio legal de obtener satisfacción de su crédito.

2. El daño ha de provenir de un **acto fraudulento del deudor**. Esto supone:
- que el deudor tenga conciencia de que causa un daño, siendo opinión mayoritaria de la doctrina que basta con este conocimiento, sin necesidad de que haya, además, intención de perjudicar;
- que el adquirente participe en la maquinación o conozca el perjuicio que su adquisición originará.

En este punto hemos de recordar las **presunciones** establecidas para la acción rescisoria y referentes a las enajenaciones fraudulentas a título gratuito y a título oneroso (nº 6374).

9. Acción de saneamiento por evicción

(CC art.1474 a 1483)

En la compraventa, el vendedor está obligado al saneamiento de la cosa objeto de la venta. Esto implica la doble **obligación** de entregar el bien vendido libre de vicios o defectos ocultos -saneamiento por vicios ocultos- y de garantizar al comprador la posesión legal y pacífica de la cosa vendida -saneamiento por evicción- (CC art.1461 y 1474). **6390** MPCI nº 12647 s.

El vendedor responde de la evicción, aunque nada se haya expresado en el contrato, pero son admisibles los **pactos** que tengan por objeto el aumento, disminución o supresión de dicha obligación (CC art.1475). En todo caso, se considera nulo el pacto de **exención** de responsabilidad cuando existe mala fe de parte del vendedor (CC art.1476).

La **acción** de saneamiento por evicción es la que puede ejercitar el comprador contra el vendedor cuando este no cumple con su obligación de saneamiento por evicción, más concretamente cuando se le prive, por sentencia firme y en virtud de un derecho anterior a la compra, de todo o parte de la cosa comprada (CC art.1475).

Precisiones La acción de **saneamiento por vicios ocultos** se expone en nº 6400.

Requisitos (CC art.1475, 1480 a 1482) El ejercicio de la acción indemnizatoria está sujeto a los siguientes requisitos. **6391**

a) Requisitos **materiales**. Tiene lugar la evicción cuando se prive al comprador, por sentencia firme y en virtud de un derecho anterior a la compra, de todo o parte de la cosa comprada. Son requisitos materiales de la evicción, los siguientes:

- Que se produzca la **pérdida** total o parcial del derecho sobre la cosa (la evicción).
- Que la pérdida sea **efectiva**, no bastando la amenaza (de un tercero) de perturbar o demandar la propiedad de la cosa, pues en tal caso solo procede la suspensión del pago del precio (CC art.1502).
- Que la pérdida se produzca a virtud de **sentencia firme**. El saneamiento no puede exigirse hasta que haya recaído sentencia firme, por la que se condene al comprador a la pérdida de la cosa adquirida o de parte de la misma. No hay evicción por una perturbación de hecho, teniendo el comprador acción directa frente al perturbador.
- Es preciso que la privación tenga lugar en virtud de un **derecho del tercero** anterior a la compra (Castán entiende que basta con que sea anterior a la entrega).

Precisiones Se ha admitido la evicción, por analogía, cuando la desposesión tiene lugar en virtud de una **resolución administrativa** recaída para hacer efectivas las responsabilidades a que los bienes están afectos a favor de la Hacienda (TS 5-12-1925).

b) Requisitos **procesales**. Además de los materiales, son necesarios una serie de requisitos procesales cuyo cumplimiento por el comprador es inexcusable para que pueda ejercitarse la acción de saneamiento en un pleito posterior contra el vendedor por parte del comprador desposeído. Concretamente, se establece que el vendedor está obligado al saneamiento que corresponda, siempre que resulte probado que se le notificó la demanda de evicción a instancia del comprador. Faltando tal notificación, el vendedor no está obligado al saneamiento. **6392**

A los efectos indicados, el comprador demandado debe solicitar, dentro del término que se señala para contestar a la demanda, que esta **se notifique al vendedor** o vendedores en el plazo más breve posible. La notificación se hará como la Ley establece para emplazar a los demandados. El término de **contestación** para el comprador queda en suspenso ínterin no expiren los que para comparecer y contestar a la demanda se señalen al vendedor o vendedores, que serán los mismos que determina para todos los demandados la LEC, a contar desde la notificación antes aludida.

Precisiones **1)** Cualquiera que sea la postura que se adopte acerca de la posición en el proceso de los **vendedores** llamados, es evidente que la sentencia que se dicte en el juicio de evicción no puede contener ningún pronunciamiento absolutorio o condenatorio para ellos, aunque queden vinculados por las declaraciones que en ella se hagan, que no podrán ser discutidas en un posterior y eventual proceso que el comprador promueva para exigir la indemnización compensatoria de la privación sufrida frente al vendedor, dado que el vendedor llamado en garantía no es demandado en el juicio de evicción y la única consecuencia que para él tiene la sentencia estimatoria de la demanda de evicción, al haber quedado preparada la demanda de saneamiento con la notificación es la de venir obligado a sanear (TS 5-5-97, EDJ 3586).

En todo caso, en supuestos muy particulares, se ha reconocido la posibilidad de articular la acción de saneamiento en el mismo procedimiento de evicción, de forma subsidiaria:

2) El hecho de que **no haya recaído sentencia firme** que declara la pérdida del objeto comprado no es óbice para que prospere la acción de saneamiento por evicción. Los actores reivindican, dirigen su acción contra quienes les vendieron las fincas y además contra quien tiene título inscrito y posee la finca en virtud de sentencia; y como la demandada poseedora reconviene ejercitando la reconvención y triunfa, es evidente que debe entrarse a conocer de la acción subsidiaria ejercitada, esto es, la demanda de evicción, que tramitada también con los vendedores permite, una vez denegada la reivindicación, declarar que los compradores han sido despojados de todo derecho nacido de su compra, que el despojo ha sido por sentencia, hoy ya firme, y que no sería más que un formalismo estricto, contrario a lo razonable y a toda economía procesal, obligarles a acudir a un nuevo proceso, máxime cuando el derecho de defensa de los vendedores ha sido absolutamente respetado (TS 10-12-96, EDJ 9921).

6393 MPCI nº 12653 **Efectos** (CC art.1477 y 1478) Realizada la evicción, el comprador tiene derecho a exigir los siguientes reembolsos:
1. El **precio** que tenga la cosa al tiempo de la evicción, sea mayor o menor que el de la venta.
2. Los **frutos** o rendimientos si se le haya obligado a entregar en el juicio de evicción.
3. Las **costas** del pleito de evicción y, en su caso, las del de saneamiento.
4. Los **gastos** del contrato satisfechos por el comprador.
5. Si el vendedor actúo de **mala fe**, los daños e intereses y los gastos de recreo u ornato que el comprador haya hecho en la cosa.

La **renuncia al saneamiento** no evita que el vendedor haya de abonar el precio que la cosa tenía al ocurrir la evicción, a no ser que el comprador haya hecho la renuncia con conocimiento de los riesgos de la evicción y sometiéndose a sus consecuencias.

6394 **Evicción parcial** (CC art.1479) Si el comprador pierde, por efecto de la evicción, **una parte de la cosa** vendida de tal importancia con relación al todo que sin dicha parte no la hubiera comprado, puede exigir la rescisión del contrato, pero con la obligación de devolver la cosa sin más gravámenes que los que tuviese al adquirirla.

Se aplica la misma norma cuando se vendan **dos o más cosas conjuntamente**, por un precio alzado, o particular para cada una de ellas, si se pierde una de ellas y consta claramente que el comprador no habría comprado la una sin la otra.

Esta especial acción concedida al comprador, que en realidad es de anulación por error (Díez Picazo), no impide acudir a la **acción general de saneamiento**, adaptándola en lo posible al hecho de que la pérdida ha sido solo parcial.

6395 MPCI nº 12659 **Evicción por existencia de cargas ocultas** A pesar de que ontológicamente esta acción responde en mayor medida a la garantía por saneamiento por vicios ocultos, es preciso citarla, por su ubicación sistemática, en sede de evicción (CC art.1483).

Si la finca vendida estuviese gravada, sin mencionarlo la escritura, con alguna **carga o servidumbre no aparente**, de tal naturaleza que deba presumirse que no la habría adquirido el comprador si la hubiera conocido, este puede pedir la rescisión del contrato, a no ser que prefiera la indemnización correspondiente.

Se concede al comprador un **plazo** de un año, a contar desde el otorgamiento de la escritura, para ejercitar la acción rescisoria, o solicitar la indemnización. Transcurrido dicho plazo solo puede reclamar la indemnización dentro de un periodo igual, a contar desde el día en que haya descubierto la carga o servidumbre.

Precisiones 1) El precepto regula en realidad un caso de **error**, en el que durante un año se puede optar por la anulación del contrato o la indemnización, que ha de fijarse en función del menor valor de la finca como consecuencia del gravamen.

2) Hay que destacar la improcedencia de considerar como cargas ocultas a estos efectos las **limitaciones urbanísticas**, dado su carácter de limitaciones legales del dominio (TS 15-12-92, EDJ 12443; 3-3-00, EDJ 1631).

10. Acción de saneamiento por vicios ocultos

(CC art.1474 y 1484 a 1499)

6400 MPCI nº 12665 s. El vendedor está obligado al saneamiento por los defectos ocultos que tenga la cosa vendida, si la hacen **impropia para el uso** a que se la destina o si disminuyen de tal modo este uso que, de haberlos conocido el comprador, no la habría comprado o habría dado menos precio por ella.

Cuando se trate de la venta de un **animal**, el vendedor responde frente al comprador por el incumplimiento de sus deberes de asistencia veterinaria y cuidados necesarios para garantizar su salud y bienestar, si el animal sufre una lesión, enfermedad o alternación significativa de la conducta que tiene origen anterior a la venta (CC art.1484).

En caso de incumplimiento de esta obligación de saneamiento, se conceden al comprador diversas acciones contra el vendedor, que reciben la denominación de **acciones edilicias**.

Precisiones 1) No constituye un supuesto de vicios ocultos el incumplimiento consistente en la **entrega de cosa distinta** a la contractualmente pactada *-aliud pro alio-*, supuesto en el que no se aplican las normas de las acciones edilicias. El principal efecto de ello es que para la acción de

saneamiento por vicios ocultos rigen plazos más breves que para reclamar el incumplimiento contractual basado en la entrega de cosa diversa (TS 5-11-93, EDJ 9922; 14-11-94, EDJ 8965; 23-12-96, EDJ 9550; 15-12-05, EDJ 230426).
2) Es jurisprudencia reiterada la referida a la inaplicación del régimen del saneamiento de los vicios ocultos a los **vicios ruinógenos de las edificaciones** que, además, tienen en un régimen legal separado y especial.
Los defectos que hacen inhabitable un inmueble no son meras imperfecciones que frustran la finalidad perseguida por la compraventa. Tales vicios son cuantiosas humedades por capilaridad ascendente del suelo, que han aparecido varios años después de procederse a la venta del inmueble. Sería enormemente injusta la aplicación del régimen del saneamiento por vicios ocultos a unos vicios que está probado que se ponen de relieve con el tiempo, no dentro del reducido plazo de 6 meses que se concede para la acción de saneamiento por vicios ocultos, y que son causa de una **ruina potencial** del inmueble, que tiene su tratamiento legal propio y específico -CC art.1101 y 1591- (TS 19-5-03, EDJ 17172).
3) Se impone el saneamiento, no porque la cosa sea inútil para todo uso, sino para el **uso que motivó la adquisición**, y en el caso de que nada se haya pactado sobre su destino, ha de estarse al uso más conforme a su naturaleza y más en armonía con la actividad a que se dedica el adquirente (TS 31-1-70).

Requisitos Para hace efectiva la garantía por vicios o defectos ocultos es precisa la concurrencia de los siguientes requisitos: 6401 MPCI nº 12669 s.
a) Existencia de **vicios ocultos**. Para merecer tal consideración se requiere que el mismo no haya podido trascender y, por lo tanto, ser conocido o ser objeto de percepción por el comprador (TS 31-1-70, EDJ 2308; 8-7-94, EDJ 11911; 24-2-06, EDJ 11479).
Se excluye la garantía por vicios ocultos cuando estos sean **manifiestos** o estén a la vista, o si el comprador es un **perito** que por razón de su oficio o profesión debía fácilmente conocerlos (CC art.1484).
b) Que los vicios hagan **impropio el objeto** de la compraventa para el fin a que se destina.

Precisiones 1) La expresión **perito** hay que entenderla no en el sentido técnico de persona con título profesional en una determinada materia, sino el de persona que por su actividad profesional tenga cualidades para conocer las características de determinadas cosas o materiales, lo que indudablemente es de apreciar en quién explota una empresa para la realización de productos con determinados materiales, pues la normal lógica impone que quien fabrica deba conocer las adecuadas calidades del material a emplear en la fabricación (TS 6-7-84, EDJ 7291).
2) Es preciso que los vicios no puedan ser fácilmente apreciados por el comprador en razón a sus particulares conocimientos o singular notoriedad y anteriores relaciones mantenidas por los contratantes (TS 21-5-76, EDJ 190).

Acciones edilicias (CC art.1486) Se concede al comprador la opción entre: 6402 MPCI nº 12673, 12677
- desistir del contrato, abonándosele los gastos que pagó (**acción redhibitoria**); o
- rebajar una cantidad proporcional del precio, a juicio de peritos (**acción *quanti minoris***).

Además, si el vendedor obró de mala fe (por conocer los vicios y no manifestarlo), el comprador que opte por la rescisión puede exigir la **indemnización** de daños y perjuicios.

Precisiones 1) Se ha afirmado la imposibilidad de articular, subsidiariamente a las acciones edilicias, la **acción de anulabilidad** del contrato por error, al ser incompatible con la acción principal, por la imposibilidad de solicitar y declarar una nulidad cuando, con base al mismo defecto invalidante, prioritariamente se ha instado, a través de la acción *quanti minoris*, la efectiva realidad del contrato, la que, en su caso, supondría la convalidación del mismo (TS 18-3-04, EDJ 10572).
2) La acción de rebaja del precio no tiene finalidad indemnizatoria sino de **restablecimiento de la equidad contractual** (TS 25-9-03, EDJ 110406).

Plazo de ejercicio (CC art.1490) El plazo de ejercicio de las acciones es de 6 meses, contados desde la entrega de la cosa vendida. 6403 MPCI nº 12679
La jurisprudencia más reciente lo considera un plazo de caducidad, no de prescripción, siendo, además, un plazo civil y no procesal a los efectos de su cómputo (TS 28-9-00, EDJ 27790).

Precisiones Teniendo en cuenta que el referido plazo es un plazo civil, que no puede confundirse con un plazo procesal, no hay lugar a dudas de que, al tratarse de un plazo fijado por meses, el referido plazo debe computarse **de fecha a fecha** y sin excluirse los días inhábiles -CC art.5- (TS 28-9-00, EDJ 27790).

Reglas especiales Se establecen diversas reglas especiales en la exigencia de responsabilidad por vicios ocultos. 6404 MPCI nº 12683
a) Pérdida de la cosa (CC art.1487 y 1488). Si la cosa se pierde por **efecto de los vicios ocultos**, el vendedor ha de restituir el precio que pagó el comprador y los gastos del contrato, con indemnización de daños y perjuicios si actúo de mala fe.

Si, existiendo el vicio al tiempo de la venta, la cosa perece por **caso fortuito** o por **culpa del comprador**, puede este reclamar la diferencia entre el precio que pagó y el valor de la cosa al tiempo de perderse, más daños e intereses si el vendedor obró de mala fe.
b) Venta de dos o más cosas conjuntamente (CC art.1491 y 1492). Cuando se vendan dos o más cosas conjuntamente, sea por precio alzado, sea señalándolo separadamente, el vicio redhibitorio en una de ellas no da lugar a que se considere en todas las demás, a no ser que se estime que el comprador no habría comprado estas sin aquella.
c) Venta judicial (CC art.1489). En las ventas judiciales nunca hay lugar a la responsabilidad por daños y perjuicios, aunque sí a todas las demás consecuencias propias del saneamiento. Ello es debido a que la intervención judicial excluye la existencia de mala fe.
d) Venta de animales (CC art.1493 a 1499). El Código civil recoge determinadas normas especiales en relación con el saneamiento en caso de venta de animales.

11. Acción de revocación de donaciones

(CC art.644 a 653)

6405 MPCI nº 12690 s. Los negocios jurídicos, una vez perfeccionados no son, en general, susceptibles de **revocación unilateral** ya que ello implicaría dejar la eficacia de los mismos al arbitrio de una de las partes, lo cual está prohibido en nuestro Derecho (CC art.1256).
Como excepción a lo anterior, nuestro ordenamiento jurídico, en base a distintos fundamentos, permite tal revocación unilateral en los casos del **testamento**, el **mandato** y la **donación**.
Con respecto a la donación, se concede al donante, en **supuestos tasados** establecidos en la norma, la posibilidad de dejar sin efecto unilateralmente el negocio jurídico. Los supuestos son los siguientes:
- incumplimiento de cargas;
- supervivencia o superveniencia de hijos;
- ingratitud del donatario.

Precisiones Se trata de hechos que ponen de manifiesto que el donante, en presencia de los mismos, **no habría realizado el acto**, por lo que cabe dejar sin efecto una donación válidamente constituida, pero que para la ley queda viciada en cuanto a la causa y a la voluntad. Además, se trata de causas taxativas, no susceptibles de ampliación, que no operan de forma automática, sino que conceden al donante la facultad de, por su sola voluntad, producir su ineficacia (TS 22-6-89, EDJ 6366).

6406 **Por incumplimiento de cargas** (CC art.647) La donación puede ser revocada, a **instancia del donante**, cuando el donatario haya dejado de cumplir alguna de las condiciones que aquel le impuso.
El presupuesto para el ejercicio de la acción revocatoria, que se configura como una potestad del donante sin que tenga lugar automáticamente, es el incumplimiento de una **previa carga o modo**, impuesta por el donante al donatario, sin que deba entenderse el término condiciones en su sentido técnico jurídico sino como sinónimo de obligaciones (TS 23-11-04, EDJ 183457).
De esta forma la acción solo puede nacer derivada de una **donación modal u onerosa**.

Precisiones La correcta calificación como **donación modal** implica la imposición al beneficiario el cumplimiento de una obligación. El modo o carga puede consistir en cualquier tipo de conducta, incluso la no evaluable económicamente (TS 6-4-99, EDJ 5408; 23-11-04, EDJ 183457).

6407 Aunque no se señala un **plazo** para el ejercicio de esta acción revocatoria, la generalidad de la doctrina, por analogía con las acciones rescisorias, entiende aplicable el plazo de caducidad de 4 años, contados desde el momento en que el donatario tuviera que realizar la prestación impuesta como carga o, en su caso, desde el instante en que la persona a cuyo favor estuviese constituida solicite su cumplimiento.
Sin embargo, no existe una jurisprudencia asentada en este punto. El Tribunal Supremo ha entendido en algún caso que rige el mencionado plazo de 4 años, pero en alguna otra ocasión ha considerado aplicable el plazo de un año que rige para la revocación por ingratitud.

Precisiones 1) Ante el silencio legal sobre el plazo para ejercitar la acción, el Tribunal Supremo ha valorado la aplicación de diversos plazos, con distinta justificación (TS 11-3-88, EDJ 2051). La doctrina mayoritaria fija un **plazo de 4 años**, en base a las siguientes razones:
- la necesidad de un plazo breve que impida la prolongación innecesaria de una situación de pendencia;
- la similitud de la revocación con la rescisión o resolución (CC art.645, 1299, 1454, 1595 y 1818);
- el examen comparativo con la acción de nulidad (CC art.1301) prevista para unos actos invalidables por la existencia de vicios, de más gravedad que la revocabilidad;
- la naturaleza prescriptiva del plazo contemplado en CC art.1964, frente a la naturaleza del plazo de caducidad que concurre en el que estudiamos dado lo limitado de su función; y
- la breve duración de otras acciones de revocación de donaciones (CC art.646 y 652).

No obstante, este criterio mayoritario de los 4 años, está razonablemente superado por la doctrina más progresista, que lo reduce a solo **un año**, por la similitud de esta acción con la de revocación por ingratitud, que tiene establecido dicho plazo (CC art.652).
Recientemente, la jurisprudencia vuelve a inclinarse por la aplicación analógica del plazo de 4 años establecido para las acciones rescisorias (TS 23-11-04, EDJ 183457).
2) Desde 7-10-2015 el plazo del CC art.1964 pasa a 5 años -L 42/2015- -anteriormente 15 años-, con aplicación transitoria en los términos del CC art.1939.

Esta acción es **transmisible** *mortis causa* a los herederos del donante, aunque el Tribunal Supremo suele exigir que se demuestre que el donante, en vida, quiso la revocación. **6408** MPCI nº 12698
Por otra parte, la doctrina admite la **renuncia anticipada** de esta acción de revocación hecha por el donante (Albaladejo), aunque el Código civil no establece nada al respecto.
En cuanto a sus **efectos**, la revocación por incumplimiento de cargas tiene efectos retroactivos (reales o *ex tunc*): los bienes donados vuelven al donante, quedando nulas las enajenaciones que el donatario haya hecho y las hipotecas que sobre ellos haya impuesto, con la limitación establecida, en cuanto a terceros, por la Ley hipotecaria. Esta limitación es que no se pueden rescindir las donaciones en perjuicio de tercero que haya inscrito su derecho, excepto en el caso de que las cargas no cumplidas figurasen en el Registro de la Propiedad (LH art.37).

Por supervivencia o superveniencia de hijos (CC art.644 a 646 y 651) La donación hecha por persona que no tenga hijos ni descendientes es revocable por el mero hecho de ocurrir cualquiera de las circunstancias siguientes: **6409**
- que el donante tenga, después de la donación, hijos, aunque sean póstumos;
- que resulte vivo el hijo del donante que este reputaba muerto cuando hizo la donación.

Dentro de los **hijos** hay que entender comprendidos los adoptivos -CC art.108- (TS 6-2-97, EDJ 126).
Asimismo, hay que entender que la determinación legal de la **paternidad** del donante con posterioridad a la donación, del hijo que este ignoraba tener, permite esta revocación, lo que también sucederá en el caso de superveniencia o supervivencia de **descendientes**, aunque no sean hijos.
En cuanto al **plazo** para su ejercicio, se dispone que la acción de revocación por superveniencia o supervivencia de hijos prescribe por el transcurso de 5 años, contados desde que se tuvo noticia del nacimiento del último hijo o de la existencia del que se creía muerto.
Esta acción es **irrenunciable** y **transmisible**, por muerte del donante, a los hijos y sus descendientes.
Los **efectos** de la acción no son retroactivos:
a) En cuanto a los **bienes**: rescindida la donación por la supervivencia de los hijos, se restituirán al donante los bienes donados o su valor, si el donatario los hubiese vendido.
Si se hallan hipotecados, puede el donante liberar la hipoteca, pagando la cantidad que garantice, con derecho a reclamarla del donatario.
Cuando los bienes no puedan ser restituidos, se apreciarán por lo que valían al tiempo de hacer la donación.
b) En cuanto a los **frutos**, el donatario no estará obligado a devolverlos sino desde la interposición de la demanda.

Por ingratitud del donatario (CC art.648 a 653) También puede ser revocada la donación, a instancia del donante, por causa de ingratitud en los casos siguientes: **6411** MPCI nº 12704
- si el donatario comete algún **delito** contra la persona, el honor o los bienes del donante;
- si el donatario **imputa al donante** alguno de los delitos que dan lugar a procedimientos de oficio o acusación pública, aunque lo pruebe, a menos que el delito se haya cometido contra el mismo donatario, su cónyuge o los hijos constituidos bajo su autoridad;
- si le niega indebidamente **alimentos** al donante.

Precisiones **1)** La jurisprudencia sienta el **carácter tasado** de los motivos de ingratitud con virtualidad revocatoria, así como su interpretación restrictiva. No todo acto que implique ingratitud, es suficiente para que prospere la acción de revocación de la donación, sino solamente los contenidos en alguno de los tres supuestos de CC art.648 (TS 13-5-00, EDJ 8832).
2) Lo anterior, sin embargo, se cohonesta con una interpretación flexible del primer supuesto, al entenderse la palabra **delito** como conductas socialmente reprochables, pero con base en acciones que puedan ser declaradas delictivas, aun no formalmente declaradas como tales. De igual modo, comprende toda **infracción penal**, sea delito o falta, incluso cuando haya extinción de la responsabilidad penal antes de la condena (indulto anticipado, muerte del reo...). Además, el término **imputación** no puede identificarse con la denuncia, sino con la querella, pues toda persona está obligada a denunciar aquellos hechos delictivos de que tenga conocimiento -LECr art.259 y 264- (TS 27-2-95, EDJ 906).

6412 Esta acción de revocación por ingratitud es de **carácter personal**. No se transmite a los herederos del donante, si este, pudiendo, no la ha ejercitado. Tampoco se puede ejercitar contra el heredero del donatario, a no ser que a la muerte de este se halle interpuesta la demanda.
Por otro lado, no cabe la **renuncia** anticipada de la acción.
En cuanto al **plazo** para su ejercicio se establece que la acción prescribe en el término de un año, contado desde que el donante tuvo conocimiento del hecho y posibilidad de ejercitar la acción.
Los **efectos** de la revocación no son retroactivos:
a) En cuanto a los **bienes**: una vez revocada la donación por causa de ingratitud, quedan subsistentes las enajenaciones e hipotecas anteriores a la anotación de la demanda de revocación en el Registro de la Propiedad, pero tiene derecho el donante para exigir del donatario el valor de los bienes enajenados que no pueda reclamar de los terceros, o la cantidad en que hubiesen sido hipotecados. Se atenderá al tiempo de la donación para regular el valor de dichos bienes.
Las enajenaciones e hipotecas posteriores a la anotación de la demanda de revocación son nulas.
b) En cuanto a los **frutos**, el donatario los debe desde la interposición de la demanda.

12. Acción de reducción de donaciones

(CC art.654 a 656)

6420 MPCI nº 12710 s. Es aquella que tiene por objeto la **rescisión parcial** que la ley establece para rebajar, en cuanto al exceso, las donaciones que resulten inoficiosas, computado el valor líquido de los bienes del donante al tiempo de su muerte (CC art.654).

Precisiones La acción de reducción es asimilable como decíamos, a una acción rescisoria, dado que se trata de privar de efectos a una **donación válida y perfecta**. No puede confundirse, por tanto, con la acción de nulidad de donación realizada en perjuicio de los derechos de los legitimarios. Mientras la donación reducible es una donación válida, la hecha con la finalidad de defraudar los derechos legitimarios, en cambio, es una donación radicalmente nula por ilicitud de la causa. Para pedir la reducción de la donación, más próxima a la rescisión que a la nulidad, hay que esperar a la muerte del donante, pues solamente entonces puede saberse si es inoficiosa; la **nulidad radical** de la donación con causa ilícita, en cambio, puede pedirse tanto en vida del donante como después de su muerte (TS 23-10-02, EDJ 46492).

6421 MPCI nº 12712 **Calificación de inoficiosa** (CC art.636) Para la reducción de la donación es precisa la previa calificación de inoficiosa. Dicha calificación solo puede hacerse una vez **fallecido el donante**, determinado, en el momento de la partición, la valoración del patrimonio líquido (TS 11-10-05, EDJ 165828).
La donación es inoficiosa únicamente cuando **excede en su cuantía** de lo que el donante podía dar al donatario por testamento, pues no se puede dar ni recibir por donación más de lo que se puede dar o recibir por testamento.
Tal determinación hay que remitirla al momento de la **partición**, a la que ha de traerse el valor de los bienes donados al tiempo en que se evalúen los bienes hereditarios (CC art.1045), a fin de integrar la masa hereditaria con el *relictum* más lo donado, a efectos de poder calcular las legítimas de los restantes herederos forzosos y comprobar si la donación las ha perjudicado causando su minoración (TS 21-4-97, EDJ 2337).

6422 MPCI nº 12714 **Legitimación** (CC art.655) Solo pueden pedir la reducción de las donaciones aquellos que tengan **derecho a legítima** o a una parte alícuota de la herencia, y sus herederos o causahabientes. Estas personas no pueden **renunciar** a su derecho durante la vida del donante, ni por declaración expresa, ni prestando su consentimiento a la donación. En cambio, los donatarios, los legatarios que no lo sean de parte alícuota y los acreedores del difunto, no pueden pedir la reducción ni aprovecharse de ella.

Precisiones **1)** La reducción de las donaciones se establece en favor de los legitimarios y en protección de su legítima. Por ello, no puede extrañar que no se permita la **renuncia anticipada** a su acción, pues toda renuncia o transacción sobre la legítima futura entre el que la debe y sus herederos forzosos es nula (CC art.816).
2) Ha de advertirse el **error** en que incurre el Código civil al admitir que puedan pedir la reducción de las donaciones los herederos voluntarios y los legatarios de parte alícuota, criticado por toda la doctrina, y que fue causado por haber sido mal copiado el precepto de los códigos francés e italiano.

Forma de ejercicio (CC art.654.2) En cuanto al modo de practicar la reducción, se aplican las normas previstas para la reducción de las legítimas y los legados (CC art.820 y 821). **6423** MPCI nº 12716
En cuanto al **plazo** para el ejercicio de la acción, ante el silencio legal, hay que entender aplicable el de 4 años que se establece para las acciones rescisorias -CC art.1299- (Castán). No obstante, hay quien defiende el plazo general -actualmente, 5 años- y su carácter de plazo de prescripción (Albaladejo). La jurisprudencia no es unánime a este respecto.

Precisiones El Tribunal Supremo ha planteado varias **alternativas** en torno al plazo prescriptorio, sin decantarse por ninguna en concreto (TS 12-7-84, EDJ 7314): el plazo para la prescripción de la acción no es con seguridad el de 15 años que la Audiencia le reconoce apoyándose en la generalidad del mismo (CC art.1964 -5 años, desde 7-10-2015, por efecto de la L 42/2015; anteriormente 15 años, con aplicación transitoria en los términos de CC art.1939-), sino que cabe pensar en otro plazo menor, como el de un año (CC art.652) o acaso mejor el de 4 años (CC art.1929) y, más propiamente aún, el de 5 años (CC art.646). Se decanta por el plazo quinquenal la AP Baleares 30-7-02, EDJ 62403, señalando además que se trata de un plazo de caducidad y no de prescripción.

Efectos (CC art.651 y 654) La reducción no tiene efectos retroactivos, por lo cual durante la vida del donante el donatario disfruta de los bienes y hace suyos los frutos. Solo está obligado a devolver los frutos desde la interposición de la demanda. **6424** MPCI nº 12718

13. Acción de relevación de fianza

(CC art.1843)

De las distintas acciones que pueden nacer de las relaciones jurídicas triangulares derivadas de un **contrato de fianza** -acción de reembolso, de complemento de fianza, etc.- la acción de relevación de fianza es la que mayores dudas ha generado en relación a los requisitos para su ejercicio. **6430** MPCI nº 12725 s.
Se establece que el fiador, aun antes de haber pagado, puede proceder contra el deudor principal en los siguientes **supuestos**:
- cuando se ve demandado judicialmente para el pago;
- en caso de concurso o insolvencia;
- cuando el deudor se ha obligado a relevarle de la fianza en un plazo determinado, y este plazo ha vencido;
- cuando la deuda ha llegado a hacerse exigible, por haber cumplido el plazo en que debe satisfacerse;
- al cabo de 10 años cuando la obligación principal no tiene término fijo para su vencimiento, a menos que sea de tal naturaleza que no pueda extinguirse sino en un plazo mayor de los 10 años.

En todos estos casos la acción del fiador tiende a obtener **relevación de la fianza** o una **garantía** que lo ponga a cubierto de los procedimientos del acreedor y del peligro de insolvencia en el deudor.
La relevación de fianza a que se refieren los supuestos mencionados no se produce automáticamente, sino que se requiere ineludiblemente que el **fiador** ejercite contra el deudor la pertinente acción judicial para alcanzar dicha relevación de la fianza (TS 31-10-94, EDJ 24076).
Es una **acción cautelar**, no de condena, cuyo ejercicio no permite obtener el reembolso de cantidad alguna (TS 21-10-03, EDJ 130269).
Esta acción se dirige exclusivamente **contra el deudor**, y tiende a obligarle a proporcionar al garante la cobertura necesaria por si tiene que hacer frente a la deuda garantizada. En caso de que el acreedor no consienta en relevarle de la garantía, lo que depende exclusivamente de su voluntad, no hay precepto legal que a ello le obligue. La acción tiene como legitimado pasivo al deudor por imperativo del citado precepto.

Precisiones **1)** El referido precepto indica el otorgamiento de unos derechos para pedir la relevación de la fianza o una garantía que le ponga a cubierto de los procedimientos del acreedor y del peligro de insolvencia en el deudor, pero siempre que se den los requisitos señalados y, aun dándose las mismas, nunca fundamentarían el ejercicio de una **acción de reembolso** (TS 17-10-90; 6-10-95, EDJ 4903).
2) No permite esta norma, ni la declaración de una deuda ni la condena al reembolso (TS 7-5-97, EDJ 2336).

14. Acción de repetición del cobro de lo indebido

(CC art.1895 a 1901)

6440 MPCI nº 12732 s. Cuando se recibe alguna cosa que no había derecho a cobrar, y que por error ha sido indebidamente entregada, surge la obligación de restituirla.

De esta forma, se consagra positivamente en nuestro Ordenamiento una de las acciones para evitar el enriquecimiento injusto.

6441 MPCI nº 12734 **Requisitos** Son requisitos para que pueda ejercitarse la acción de repetición de lo indebido los siguientes (TS 21-11-57, EDJ 936; 30-1-86, EDJ 924; 26-12-95, EDJ 24234):

a) El **pago efectivo** hecho con la intención de extinguir la deuda o, en general, de cumplir un deber jurídico.

b) La **inexistencia de obligación** entre el que paga y el que recibe, y, por consiguiente, falta de causa en el pago. Dicho pago puede ser indebido por diversas causas:

• Por **causas subjetivas**, cuando existiendo el vínculo relacione a personas distintas de la que da y recibe el pago.

• Por **causas objetivas**, cuando falta la relación de obligaciones entre quien paga y quien recibe, bien porque jamás haya existido la obligación, porque aún no haya llegado a constituirse (obligación sujeta a una condición que todavía no se ha cumplido), porque habiendo existido la deuda, esté pagada o extinguida, o porque se haya entregado mayor cantidad que la debida.

c) El **error** por parte del que hizo el pago. A estos efectos no se distingue entre el error de derecho y el error de hecho.

Cuando se recibe alguna cosa que no había derecho a cobrar y que, por error, ha sido indebidamente entregada, surge la obligación de restituirla, y así es justo que sea, pues de otro modo vendría a sancionarse un enriquecimiento injusto en el erario ajeno.

La **prueba** del hecho positivo del pago corresponderá al que afirma haberlo hecho (CC art.1900). El error en el pago debe ser igualmente probado, excepto en aquellos casos en que lo presume la ley. En este sentido se dispone lo siguiente:

• Al que demanda la restitución corresponde la prueba del error con que realizó el pago, a menos que el demandado niegue haber recibido la cosa que se le reclame, en cuyo caso, justificada por el demandante la entrega, queda relevado de toda otra prueba, sin que ello limite el derecho del demandado a acreditar que le era debido lo que se supone que recibió (CC art.1900).

• Se presume que hubo error en el pago cuando se entregó una cosa que nunca se debió o que ya estaba pagada; pero aquel a quien se pida la devolución puede probar que la entrega se hizo a título de liberalidad o por otra causa justa (CC art.1901).

6443 MPCI nº 12738 **Plazo de prescripción** El plazo de prescripción de la acción es el genérico de 5 años -desde 7-10-2015, por efecto de la L 42/2015; anteriormente 15 años, con aplicación transitoria en los términos de CC art.1939-, previsto para las acciones personales -CC art.1964- (TS 20-4-93, EDJ 3710).

6444 **Efectos** (CC art.1896 a 1898) Han de distinguirse dos situaciones según que el pago indebido se acepte de buena o de mala fe:

a) Aceptación de **buena fe.** El que de buena fe haya aceptado un pago indebido de cosa cierta y determinada, solo responde de las desmejoras o pérdidas de esta y de sus accesiones, en cuanto por ellas se hubiese enriquecido. Si la ha enajenado, debe restituir el precio o ceder la acción para hacerlo efectivo.

En cuanto al abono de las **mejoras y gastos** hechos por el que indebidamente recibió la cosa, se aplican las normas de la posesión (CC art.453 y 454): el que cobró tiene derecho al abono de los gastos necesarios y útiles, y a retener la cosa hasta que se satisfagan; no son reintegrables las mejoras, pero quien las hizo las puede retirar, si la cosa no sufre deterioro y si quien reclama la cosa no prefiere abonar el aumento de valor.

b) Aceptación de **mala fe**. El que acepta un pago indebido, si ha procedido de mala fe, debe abonar el **interés** legal (nº 4669), cuando se trate de capitales, o los **frutos** percibidos o debidos percibir cuando la cosa recibida los produzca. Además, responde de los **menoscabos** que la cosa haya sufrido por cualquier causa, y de los perjuicios que se causen al que la entregó, hasta que la recobre. No se prestará el caso fortuito cuando hubiese podido afectar del mismo modo a las cosas hallándose en poder del que las entregó.

En cuanto a las **mejoras y gastos** realizados, se aplican las normas de la posesión (CC art.453.1 y 455): el que recibió la cosa tiene derecho al abono de los gastos necesarios hechos para la conservación de la misma, pero no puede retenerla hasta que se le satisfagan; no son reintegrables las mejoras, pero quien las hizo las puede retirar, si la cosa no sufre deterioro y si quien reclama la cosa no prefiere abonar el aumento de valor.

Precisiones En aquellos casos en que el pago indebido se haya hecho a **varios supuestos acreedores**, la obligación de restituir alcanza a todos ellos con carácter solidario (TS 20-5-59; 8-4-76).

Exclusión del derecho a repetir (CC art.1899) Queda exento de la obligación de restituir el que, creyendo de buena fe que se hacía el pago por cuenta de un crédito legítimo y subsistente, hubiese inutilizado el título, o dejado prescribir la acción, o abandonado las prendas, o cancelado las garantías de su derecho. El que pagó indebidamente solo puede **dirigirse contra el verdadero deudor** o los fiadores respecto de los cuales la acción estuviese viva. 6445 MPCI nº 12742

Para que tenga lugar la exclusión del derecho de repetición han de darse, por tanto, los siguientes **requisitos** (TS 28-12-99, EDJ 37877):

- La existencia de un **verdadero crédito**, entre quien recibe el pago y un tercero.
- La **creencia de buena fe**, por quien recibe el pago, de que el pretendido deudor pagaba un crédito legítimo existente.
- **Error** del que paga, que consiste en creerse deudor y sin que actúe con intención de pagar por otro (hay, por tanto, un verdadero deudor que no es el que paga, sino que lo hace, en su lugar, otra persona que por error se cree obligado a ello).
- Realización, por quien acepta el pago, de **actos que deterioran el crédito** cobrado.

En tal caso, no habiendo obrado con negligencia el que cobró, no debe ser perjudicado por las consecuencias del pago indebido desfavorables para su verdadero crédito y, de ahí que tal pago llegue a producir, aun siendo indebido, la satisfacción del que cobró igual que si hubiera pagado el verdadero deudor.

15. Acción de enriquecimiento sin causa

Nuestro ordenamiento jurídico exige que todo **desplazamiento patrimonial**, para ser lícito, se funde en una causa o razón que jurídicamente pueda reputarse como justa. Cuando una atribución patrimonial no aparece fundada en una justa causa nace una acción para que aquel que ha resultado empobrecido pueda reclamar la restitución del equilibrio patrimonial. 6450 MPCI nº 12752 s.

El **Código civil** recoge, esparcidas a lo largo de su articulado, diversas normas para evitar el enriquecimiento injusto o sin causa, pero no formula una teoría unitaria sobre él. Ha sido la **jurisprudencia** la que ha construido en nuestro Derecho la acción de enriquecimiento sin causa, estableciendo su naturaleza, caracteres, requisitos y efectos.

Precisiones Los hechos, no ilícitos, que provoquen un enriquecimiento sin causa de una persona y el empobrecimiento de otra, dan lugar a la obligación de reparar el perjuicio; la esencia es, pues, la **atribución patrimonial sin causa**, por lo que el enriquecido sin causa debe restituir al empobrecido aquello en que se enriqueció (TS 31-10-01, EDJ 37924; 8-7-03, EDJ 49246; 6-2-06, EDJ 8412).

Requisitos Son los siguientes: 6451 MPCI nº 12752 s.

a) El **enriquecimiento**, esto es, la producción de un aumento o evitación de una disminución del patrimonio del demandado.

b) El **empobrecimiento** del actor, al sufrir un daño positivo o ver frustrado un lucro esperado.

c) La **conexión causal** entre el empobrecimiento y el enriquecimiento.

d) La **falta de causa** que justifique el mencionado enriquecimiento.

e) La **inexistencia de precepto legal** que excluya el éxito de la acción (p.e. el caso del poseedor de mala fe a quien no se le abonan las mejoras de lujo o recreo, enriqueciéndose con ellas -CC art.455-).

Debe destacarse igualmente que el nacimiento de la acción de enriquecimiento injusto es independiente de la concurrencia de **buena o mala fe** en el favorecido por la atribución patrimonial.

Precisiones **1)** No es aplicable la técnica del enriquecimiento sin causa cuando existe una **normativa específica** que regula el supuesto concreto. Cuando el desplazamiento patrimonial encuentra su causa en una **relación jurídica previa**, la misma opera como causa, excluyendo por tanto la posibilidad de ejercitar la acción de enriquecimiento injusto. El restablecimiento de equilibrio patrimonial, de resultar el mismo ilícito, debe reclamarse en base a las acciones específicas que el ordenamiento jurídico prevea al disciplinar la relación jurídica en cuestión. Igualmente, la jurisprudencia ha entendido como causa justa que excluye la posibilidad de la acción la compensación de deudas o la existencia de sentencias previas declarativas de derechos (TS 6-10-05, EDJ 152977).

2) La causa deja de ser injusta y se torna en justa y suficiente cuando existe una clara **disposición legal** (TS 18-1-00, EDJ 105; 30-11-05, EDJ 213905) o cuando existen resoluciones judiciales que definen los derechos litigiosos (TS 5-5-97, EDJ 3256; 18-1-00, EDJ 105).

3) La teoría del enriquecimiento injusto no requiere para su aplicación que exista **mala fe**, negligencia o acción culpable de ningún género, ni conducta ilícita por parte del enriquecido, sino simplemente el hecho de haber obtenido una ganancia indebida, es decir, sin causa y sin derecho, lo cual es compatible con la **buena fe** (TS 23-10-03, EDJ 139449).

6452 **Efectos** El enriquecimiento injusto puede fundar tanto una **acción** de restitución directa o bien de reembolso, cuando el desplazamiento patrimonial se ha producido a través de un tercero. Igualmente puede invocarse por vía de **excepción**.
En todo caso, el **límite** de la pretensión restitutoria se halla en la medida del empobrecimiento del actor.

Precisiones 1) La acción de enriquecimiento tiene por ámbito el **beneficio efectivamente obtenido** por el deudor, sin que pueda excederlo, pero tiene también otro límite, infranqueable igualmente, que es el constituido por el correlativo **empobrecimiento del actor**, debiendo regirse por la cifra inferior, de suerte que, aun cuando el demandado se haya enriquecido sin causa no puede el actor reclamar sino hasta el límite de su propio empobrecimiento (TS 25-11-85, EDJ 6068).
2) Han de aplicarse las normas de la acción de repetición del cobro de lo indebido (CC art.1896 y 1897), en el sentido de que la **buena o mala fe** del enriquecido, aun cuando no se constituye como requisito del nacimiento de la acción, sí modula su responsabilidad, habida cuenta de que la interdicción del enriquecimiento injusto es precisamente el fundamento de la regulación del cobro de lo indebido (Díez Picazo).

6453 **Plazo de prescripción** En cuanto a la prescripción, debe estarse al plazo de 5 años -desde 7-10-2015, por efecto de la L 42/2015; anteriormente 15 años, con aplicación transitoria en los términos de CC art.1939- establecido con carácter general para las acciones personales (CC art.1964). El plazo se computa desde la consumación del perjuicio patrimonial.

6454 **Subsidiariedad** La acción de enriquecimiento sin causa debe resultar un remedio residual, dada su falta de reconocimiento legal, cuando el derecho positivo permita imputar la causa de ese quebranto a **otro sujeto** y, por tanto, conceda expresamente acción contra el mismo. En otro caso, la generalización de este recurso a la equidad podría desestabilizar el sistema legal -material y procesal- establecido, que regula las relaciones sociales en los términos contenidos por las normas que la comunidad se otorga a sí misma a través del sistema de fuentes jerárquicamente ordenadas en la Constitución.
Por ello, la jurisprudencia más reciente atribuye a la acción de enriquecimiento sin causa carácter subsidiario al ejercicio del **resto de remedios legales** que para conseguir la misma finalidad establezca el derecho positivo (TS 19-2-99, EDJ 845; 12-7-00, EDJ 21338; 6-10-05, EDJ 152977; 3-1-06, EDJ 1861).

Precisiones 1) La acción de enriquecimiento sin causa en modo alguno puede tener aplicación cuando la propia ley otorga las **acciones específicas** que crea oportunas para regular la situación, pues de otra manera se convertiría en un medio de destrucción de todo el sistema jurídico positivo. De ahí que la acción de enriquecimiento deba entenderse subsidiaria, en el sentido de que cuando la ley conceda acciones específicas en un supuesto regulado por ella para evitarlo, son tales acciones las que se deben ejercitar, y ni su fracaso ni su falta de ejercicio legitiman para el de la acción de enriquecimiento (TS 19-2-99, EDJ 845). Únicamente en algunas ocasiones se ha admitido la confluencia ante un mismo supuesto fáctico de la acción de enriquecimiento y la aquiliana -nº 6460- (p.e. TS 10-3-58, EDJ 1328; 22-12-62, EDJ 2314; 5-5-64).
2) A falta de una regulación general de la figura del enriquecimiento sin causa en nuestro ordenamiento jurídico, la jurisprudencia la sustenta en el principio general del Derecho de que nadie puede enriquecerse injustificadamente a costa de otro. Surge así la obligación de restituir o reparar el patrimonio empobrecido por quien, a costa de él, ha enriquecido el suyo, cuando no cabe **otro remedio reparador preferente**, por lo que la acción restauradora basada en la producción de aquel efecto sería subsidiaria de esta otra primaria (TS 12-7-00, EDJ 21338).
3) La acción de enriquecimiento sin causa no solamente exige con carácter material, que el desplazamiento patrimonial no traiga causa de una relación jurídica disciplinada por el Ordenamiento, ya que en ese caso habría que acudir a las acciones dimanantes de la misma, sino que **únicamente es viable**, dada su carácter subsidiario, cuando no existan -o hayan podido existir, aun cuando se hubieran perjudicado por inacción del empobrecido- otras acciones o remedios legales que permitan restablecer el equilibrio patrimonial, sean contra el propio beneficiario de la atribución patrimonial, sean contra terceros -p.e. acciones revocatoria, rescisoria, de responsabilidad de terceros fiadores, administradores de sociedades, etc.-. Todo ello sin perjuicio de poder articular la acción de enriquecimiento con carácter subsidiario a las acciones potencialmente remediadoras del desequilibrio patrimonial en el mismo proceso, **para el caso de desestimación** de estas acciones principales (TS 6-10-05, EDJ 152977; 3-1-06, EDJ 1861).

16. Acción de responsabilidad extracontractual

(CC art.1902)

6460 MPCI nº 12765 s. La acción de responsabilidad extracontractual o aquiliana es la dirigida a reclamar a otro la reparación del daño que ha causado, interviniendo culpa o negligencia y fuera del marco de una relación contractual.

Requisitos La jurisprudencia ha configurado un cuerpo de doctrina en el que se establecen los siguientes presupuestos para el ejercicio de la acción por responsabilidad extracontractual: 6461
- acción u omisión ilícita;
- daño;
- nexo causal; y
- culpabilidad.

Acción u omisión ilícita El primer requisito para que surja responsabilidad civil extracontractual es la existencia de una acción u omisión ilícita o antijurídica. 6462
No obstante, en las conductas que actúan dentro del campo del Derecho civil, no se puede hablar de tipicidad, sino que la ilicitud ha de entenderse como el quebrantamiento del principio general que exige no perjudicar a otro (TS 29-12-97, EDJ 10472).

Daño El daño es el perjuicio del derecho subjetivo que sufre su titular. Puede ser: 6463
- daño **personal**, cuando afecta a derechos subjetivos personales (vida e integridad física); MPCI
- daño **material**, cuando afecta a derechos subjetivos patrimoniales (comprenden el daño emergente y el lucro cesante); nº 12773
- daño **moral**, que es el infringido a la dignidad, a la estima moral.

En todo caso, la **producción y cuantía** de los daños es una cuestión de mero hecho, apreciada por el tribunal *a quo*, aunque el daño que efectivamente se ha producido debe ser probado en su realidad y en su cuantía.

Precisiones El daño moral no solamente es indemnizable respecto de personas físicas, sino también de **personas jurídicas**. A diferencia de los entes físicos en que el daño moral se traduce en sufrimiento, angustia, preocupación, en los entes jurídicos se manifiesta en el prestigio y estima moral (TS 20-2-02, EDJ 1693).

Nexo causal Es la relación de causa a efecto entre la acción y el daño. Dicho nexo puede romperse por la intervención de alguna de las siguientes causas externas: 6464 MPCI nº 12777, 12779
- caso fortuito y fuerza mayor;
- acción proveniente de un tercero, que rompe el nexo causal respecto al presunto causante;
- acción del propio perjudicado, caso poco frecuente, ya que lo normal es que el perjudicado contribuya con su acción a la acción del causante del daño, en cuyo caso se habla de concurrencia de culpas.

La jurisprudencia ha asentado la aplicación de la doctrina de la **causalidad adecuada**, que consiste en determinar si la conducta del autor del acto es generalmente apropiada para producir un resultado de la clase dada, de tal manera que, si la apreciación es afirmativa, cabe estimar la existencia de un nexo causal que da paso a la exigencia de responsabilidad (TS 31-1-92, EDJ 805; 5-4-06, EDJ 37242).

La **prueba** de la relación de causalidad le corresponde al demandante (TS 21-3-06, EDJ 29184).

Precisiones Para que pueda ser imputada la responsabilidad a las entidades demandadas, los demandantes deben probar la existencia de una **relación de causalidad** entre la conducta de los demandados, susceptible de crear un riesgo que originara el siniestro, y el daño producido. Esta **prueba** incumbe siempre a quien demanda, sea cual sea el criterio que se utilice para la imputación de la responsabilidad, el cual, ha de basarse en una certeza probatoria, que no puede quedar desvirtuada por una posible aplicación de la teoría del riesgo, la objetivación de la responsabilidad o la inversión de la carga de la prueba (TS 14-2-94, EDJ 1207; 2-4-98, EDJ 2115; 21-3-06, EDJ 29184).

Culpabilidad Es la atribución de la conducta dañosa al sujeto, por suponer una infracción de las reglas de diligencia, atención y precaución, lo cual puede producirse por **dolo** o por **culpa** -negligencia-, aunque no tiene trascendencia a los efectos de la culpabilidad (ni mucho menos a los efectos del nexo causal) que el causante del daño haya observado las normas reglamentarias. 6465 MPCI nº 12781

La progresiva objetivación de la responsabilidad extracontractual ha dado lugar a la consagración de la doctrina de la **inversión de la carga de la prueba**, según la cual la acción u omisión determinante del daño se presume siempre culposa, a no ser que su autor acredite en debida forma haber actuado con el cuidado y diligencia que requerían las circunstancias del lugar y tiempo concurrentes en el caso concreto de que se trate (TS 3-4-06, EDJ 42976).

Aun en el supuesto de no haber sido infringidas **disposiciones reglamentarias**, no se exonera de responsabilidad, si las garantías adoptadas para prever y evitar los daños previsibles y evitables no han surtido efecto positivo (TS 13-12-71, EDJ 2490; 10-5-72, EDJ 2512).

Precisiones La tendencia a la citada objetivación no ha dado lugar, a pesar de ciertos fallos del Tribunal Supremo que prácticamente suprimen el reproche culpabilístico, a una **teoría pura del riesgo**. Salvo en aquellos supuestos en que legalmente se imponga la responsabilidad por mera imputación (p.e. la responsabilidad objetiva de la Administración pública por funcionamiento de los servicios públicos) es precisa la **concurrencia del elemento subjetivo** culpabilístico, un comportamiento no conforme a los cánones o estándares establecidos, que ha de contener un elemento de imprevisión, de falta de diligencia o de impericia, pero que, en definitiva, se ha de deducir de la relación entre el comportamiento dañoso y el requerido por el ordenamiento, como una conducta llevada a cabo por quien no cumple los deberes que le incumplen, o como una infracción de la diligencia exigible (TS 13-3-02, EDJ 4005; 6-9-05, EDJ 144795; 10-5-06, EDJ 71169).

6466 **Relación con la acción de responsabilidad contractual** Es preciso hacer una referencia a las relaciones entre la acción de responsabilidad extracontractual y la acción de responsabilidad contractual, cuestión que ha sido tratada por la jurisprudencia (TS 18-2-97, EDJ 326).

La doctrina ha reconocido las dificultades de la **delimitación** del campo propio de la responsabilidad civil por culpa extracontractual y por culpa contractual, dificultades que, en muchas ocasiones tienen por causa que el mismo hecho dañoso configura tanto un supuesto normativo como otro, lo que determina, en términos procesales, un concurso de normas coincidentes en una misma pretensión, fijada en lo sustancial por la unidad de los acontecimientos históricos que justifican la petición indemnizatoria.

Con excepciones, la doctrina sostiene que sería erróneo considerar que, si el perjudicado ha fundamentado su demanda de indemnización solo en normas de responsabilidad contractual o solo en normas de responsabilidad extracontractual, el órgano jurisdiccional incurre en incongruencia por **cambio de la causa** de pedir si funda la decisión en normas de culpa distintas de las invocadas.

Precisiones La causa de pedir, que con la petición configura la pretensión procesal, se define por el **relato de hechos** y no por la fundamentación jurídica, que en casos de culpa no vincula al tribunal ni en la calificación de la relación jurídica controvertida, ni en las normas de aplicación, de manera que el órgano jurisdiccional actúa dentro de los límites de la congruencia, aunque cambie el punto de vista jurídico. La jurisprudencia se ha decantado en esta línea, conforme al concepto de **unidad de culpa** (TS 18-2-97, EDJ 326).

6467 MPCI nº 12787 **Legitimación activa** La ostenta el perjudicado, con independencia del título jurídico que ostente.

Una cuestión controvertida ha sido la legitimación activa de los **herederos** abintestato, en relación con la exigencia de responsabilidad extracontractual por muerte del causante. No obstante, la jurisprudencia más reciente reconoce a los **parientes y otros allegados** legitimación por sí mismos, como perjudicados y no por título hereditario (TS 4-11-99, EDJ 36757).

Precisiones Debe entenderse por perjudicado aquella persona ligada a la víctima por vínculos próximos de familia, afecto, relaciones de convivencia real, dependencia económica u otras situaciones de recíproca asistencia y amparo que determinen real y efectivamente perjuicios derivados directamente de la muerte (TS 4-11-99, EDJ 36757).

6468 MPCI nº 12789 **Legitimación pasiva** Se atribuye a todo aquel que concurra a la producción del daño.

Cuando son varios los intervinientes se da lugar a un supuesto de **solidaridad impropia**, sin que pueda hacerse valer la excepción de litisconsorcio pasivo necesario en aquellos casos en que no se pueda individualizar el concreto daño causado por cada uno de ellos (TS 18-4-06, EDJ 59551). La solidaridad impropia se produce cuando acciones plurales concurren a un resultado dañoso, con contribución causal eficiente, sin que sea posible discernir el concreto grado de incidencia de cada una de ellas.

Ha de tenerse en cuenta que, en las obligaciones solidarias, la **interrupción de la prescripción** aprovecha o perjudica por igual a todos los deudores solidarios -CC art.1974-, norma que resulta aplicable a este supuesto (TS 23-10-00, EDJ 37070; 17-3-06, EDJ 29182).

Precisiones En el caso de haberse producido un evento dañoso indemnizable por acción u omisión de varias personas, esto es, una **pluralidad de comportamientos** que pueden ser simultáneos o sucesivos e incluso independientes y autónomos, siempre que se genere una **concurrencia causal única** en la producción del resultado dañoso, se estará ante un caso de solidaridad, con tal que no pueda determinarse la parte del daño que es atribuible a cada uno de los sujetos. No juega en tales casos la excepción de litisconsorcio pasivo necesario y el perjudicado puede dirigirse a cada uno de los sujetos a que alcanza la responsabilidad como deudor por entero de la obligación de reparar el daño causado -CC art.1144- (TS 7-3-02, EDJ 3520; 12-4-02, EDJ 9469; 17-4-02, EDJ 9462; 18-7-02, EDJ 28312; 18-4-06, EDJ 59551).

6469 MPCI nº 12795 s. **Plazo de prescripción** (CC art.1968) Se prevé un plazo de prescripción de un año.

Dicho plazo comienza a computarse, con carácter general, en el momento en que se conoce y determina plenamente el alcance del daño.

Algunos supuestos presentan ciertas especialidades en cuanto al cómputo del plazo.

a) En caso de **daños continuados**, o de producción sucesiva e ininterrumpida, el cómputo del plazo de prescripción de la acción no se inicia hasta el momento de la producción del resultado dañoso definitivo, cuando no es posible fraccionar en etapas diferentes o hechos diferenciados la serie proseguida (TS 24-5-93, EDJ 4906; 7-4-97, EDJ 1486; 28-1-04, EDJ 1307).
b) En las **lesiones corporales**, el plazo comienza a computarse a partir del momento de la determinación de las secuelas. No puede entenderse como fecha inicial del cómputo la del alta en la enfermedad cuando quedan secuelas. La determinación del evento indemnizable no se configura hasta que no se establezcan, con carácter definitivo, las secuelas causadas por el suceso lesivo. El cómputo del plazo comienza a partir de la fecha en que se tiene constancia del alta médica definitiva o, en su caso, a partir del momento de fijación de la discapacidad o defectos permanentes originados por aquel (TS 22-1-03, EDJ 602; 22-7-03, EDJ 50796).

Acción de responsabilidad extracontractual frente a la Administración pública (LOPJ art.9.4; LJCA art.2.e) El orden jurisdiccional contencioso-administrativo es el único competente para conocer de las cuestiones que se susciten en relación con la **responsabilidad patrimonial** de las Administraciones públicas, cualquiera que sea la naturaleza de la actividad o el tipo de relación de que derive, no pudiendo ser demandadas aquellas por este motivo ante los órdenes jurisdiccionales civil o social, aun cuando en la producción del daño concurran con particulares o cuenten con un seguro de responsabilidad. **6470**
Si a la producción del daño han concurrido **sujetos privados**, el demandante debe deducir también frente a ellos su pretensión ante este orden jurisdiccional.
En caso de mediar contrato de **seguro de responsabilidad civil** suscrito por la Administración, corresponde igualmente al orden contencioso-administrativo conocer de las reclamaciones de responsabilidad cuando el interesado accione directamente contra la aseguradora de la Administración, junto a la Administración respectiva.
También es competente este orden jurisdiccional si las demandas de responsabilidad patrimonial se dirigen, además, contra las personas o entidades públicas o privadas **indirectamente responsables** de aquellas.

Precisiones Aun cuando se ejerza la acción de responsabilidad extracontractual acumuladamente contra una Administración pública y otros sujetos privados, es competente el orden contencioso-administrativo. De esta forma ha venido a zanjarse por vía de reforma legislativa la **antigua fuerza atractiva** que en estos casos invocaba la sala de lo civil del Tribunal Supremo para retener la competencia, en base a una pretendida evitación de lo que llamaba «peregrinaje de jurisdicciones».

Pueden sistematizarse del siguiente modo las **posibles acciones** que en estos casos pueda utilizar el perjudicado (Garberí Llobregat): **6471**
1. Si el interesado demanda a la **Administración** y al **sujeto privado**, ambas acciones debe ejercitarlas acumuladamente a través del recurso contencioso-administrativo sin que entonces el proceso civil y el orden jurisdiccional civil tengan intervención o competencia de ninguna clase.
2. Si el interesado quiere demandar únicamente a la **Administración**, debe entonces acudir igualmente a la jurisdicción contencioso-administrativa, pero en este caso, ni simultáneamente ni, lo que es más importante, con posterioridad, puede ya acudir al proceso civil para demandar al sujeto privado por la responsabilidad en que el mismo haya incurrido en el evento dañoso.
3. Si el interesado pretende demandar únicamente a los **sujetos privados**, renunciando así a dirigir acción alguna de reclamación patrimonial frente a la Administración que haya concurrido a la producción del daño, es evidente que la única vía procesal adecuada para deducir su pretensión será la del proceso civil.
Sin embargo, la interposición de la oportuna demanda civil en este caso no tiene por qué comportar la renuncia a la posible acción de responsabilidad patrimonial contra la Administración. Dicha acción puede ser ejercitada simultáneamente o posteriormente a la civil sin que al juez contencioso-administrativo le quepa rechazarla por ninguna causa.

Precisiones 1) El **ejercicio por separado** de ambas acciones, únicamente debe provocar el rechazo sobrevenido de la demanda civil, pero no el del recurso contencioso-administrativo, ya que es a los tribunales de este orden jurisdiccional a quienes se atribuye la competencia genérica en la materia. En cambio, el **juez civil** ante quien se interponga una acción de responsabilidad patrimonial frente a un sujeto privado debe rechazar de inmediato la pretensión del actor, inadmitiéndola por falta de jurisdicción, en cuanto le conste -lo que sucederá normalmente a instancias del demandado- que se encuentra pendiente un proceso administrativo fundado en el mismo evento dañoso y en donde se haya ejercitado la misma acción de responsabilidad patrimonial dirigida esta vez contra la Administración.
2) La **responsabilidad patrimonial de la Administración** se expone, desde el punto de vista procesal en nº 1400 s.

17. Acción por renuncia de la herencia en fraude de acreedores

(CC art.1001)

6475 Si el heredero repudia la herencia en perjuicio de sus propios acreedores, pueden estos pedir al juez que los autorice para aceptarla en nombre de aquel.
MPCI nº 12810 s.

Es preciso que exista un **perjuicio para los acreedores**, sin que sea exigible la intención de defraudar.

Los **créditos protegidos** son los anteriores a la repudiación, no los posteriores.

La aceptación solo aprovecha a los acreedores en cuanto baste a cubrir el **importe de sus créditos**. El exceso, si lo hay, no pertenecerá en ningún caso al renunciante, sino que se debe adjudicar a las personas a quienes corresponda según las reglas generales del Derecho de sucesiones.

La doctrina mayoritaria considera que esta acción prescribe a los 4 años, que es el plazo previsto para la acción de rescisión (CC art.1299).

Precisiones 1) No es pacífico en la doctrina el **carácter de la facultad** que reconoce el precepto transcrito. Así, se discute si implica la concesión de una acción subrogatoria o una revocatoria. Lacruz estima que se trata de una acción específica, distinta de las anteriores, dirigida a rectificar los efectos de un acto perjudicial a los acreedores.

2) No existe una verdadera **aceptación**, pues los acreedores ni representan al renunciante, ni se convierten en herederos, no asumiendo las obligaciones de estos. Tampoco el repudiante se convierte en heredero.

18. Acción de suplemento de legítima

(CC art.815)

6480 El **heredero forzoso** a quien el testador haya dejado, por cualquier título, menos de la legítima que le corresponda, puede pedir el complemento de la misma.
MPCI nº 12815 s.

Precisiones En cuanto a su **naturaleza**, aunque algunos autores han considerado que se trata, de una acción personal (Vallet), la mayoría de la doctrina estima que se está ante una acción de naturaleza real (Bonet, Valverde, Castán, Puig-Peña).

Lacruz distingue según los casos: respecto a las donaciones que hayan de reducirse para completar la legítima opina que es una acción de tipo rescisorio; en relación con el haber hereditario, mientras no se ha partido es una acción de distribución, pero si se han efectuado adjudicaciones existe una especie de derecho real de garantía sobre los bienes partidos.

6481 **Legitimación** Corresponde al **heredero forzoso** y a sus herederos, por vía de transmisión o derecho de representación, cuando haya lugar (Puig-Peña).

Ahora bien, esta legitimación existe cuando la **lesión** ha sido realizada por el testador.

Si quien lesionó fue el contador partidor solo cabe la acción de rescisión de la partición si la lesión excede de un cuarto de la cuota sucesoria (TS 30-3-68, EDJ 264).

6482 **Forma de ejercicio** La jurisprudencia se ha inclinado por la necesaria vía de la **acción de partición de herencia** como medio para pedir el suplemento de legítima.

No es posible pedir el complemento de legítima sin antes conocer el valor pecuniario que, por legítima estricta, corresponde a cada uno de los herederos forzosos en la herencia de que se trate, para cuyo conocimiento o fijación han de tenerse en cuenta todos los bienes que quedasen a la muerte del testador, con deducción de las deudas y cargas, salvo las impuestas en el testamento, lo que presupone la práctica de las pertinentes operaciones particionales (TS 4-6-91, EDJ 5860).

En cuanto al **plazo de prescripción**, existen diversas posturas:

- la opinión más extendida, avalada por la jurisprudencia, estima que la acción, por ser real, prescribe a los 30 años;
- si consideramos la acción como personal, procedería aplicar el plazo de prescripción de 15 años;
- si se sostiene su naturaleza de derecho de garantía, podría aplicarse por analogía el plazo de 20 años de la acción hipotecaria.

6483 **Efectos** En caso de prosperar la acción, debe percibir el legitimario la **parte de legítima** que le correspondía. Se plantea el problema de si esta parte se ha de detraer de los bienes percibidos por herederos y legatarios, a prorrata, o si bien ha de reducirse primero la institución de heredero, y solo si esta es insuficiente reducir los legados:

• En favor de la primera tesis cabe alegar lo dispuesto en CC art.817, que habla de reducción de disposiciones que mengüen la legítima, sin distinción.

• La segunda postura se ve más apoyada por CC art.814, 820.1º y 851 que, para casos similares, imponen reducir primero la institución, respetando las mandas en lo que sea posible.
Otro problema que se plantea es el del **título por el que se percibe** el suplemento. La generalidad de la doctrina considera que se percibe por el mismo título que la porción a la que complementa.

19. Acción de petición de herencia

(CC art.192, 1016 y 1021)

La acción de petición de herencia puede definirse como la acción para recobrar toda la herencia o parte de ella, que compete al **heredero contra el poseedor** que se niega a su entrega (Albaladejo). **6490** MPCI nº 12825 s.
La jurisprudencia ha ampliado el **objeto** de esta acción, considerando como tal la acción que ejercita la persona para que se le declare heredero y se le atribuya la cuota que le corresponde (TS 6-11-98, EDJ 22772; 9-7-02, EDJ 26085). Del propio modo, puede tener por objeto la restitución de bienes singulares de la herencia: bienes que estén en posesión de determinada persona (TS 21-5-99, EDJ 13266).
La **finalidad** de la acción es doble:
1º. Que se declare heredero al reclamante.
2º. Que, como consecuencia de lo anterior, se le entreguen los bienes.

Precisiones **1)** Su **naturaleza**, según la generalidad de la doctrina y la jurisprudencia, es de acción real, que puede ejercitarse *erga omnes* contra cualquier poseedor de los bienes hereditarios. Además de ser una acción real, la acción de petición de herencia es una acción universal.
2) Se trata de una acción de carácter universal cuyo contenido no solo se integra por el ejercicio de derechos personales sino también de **derechos reales**, y que persigue incorporar o pretender la conjunción de relaciones jurídicas que integran el concepto de la herencia de una persona. El objetivo de dicha acción comprende justamente todas estas clases de elementos patrimoniales incluidos en su concepto legal, en cuanto a **bienes, derechos y obligaciones**, en donde hay que admitir la concurrencia o complejidad tanto de derechos personales, como de derechos reales dentro del patrimonio relicto, todo lo cual conduce a descartar se trate, pues, sin más, de una acción personal (TS 27-11-92, EDJ 11755).

En cuanto a la **legitimación activa**, corresponde al heredero real, que debe ejercitarla contra quien posee los bienes hereditarios a título de heredero del mismo causante o sin tener título alguno para obtener su restitución, pero partiendo del supuesto de que el sujeto pasivo de la acción posea los bienes invocando un título excluyente del que asista al reclamante (TS 27-11-92, EDJ 11755). **6491**
La legitimación pasiva en la acción de petición de herencia de quienes no se arroguen la condición de poseedores de los bienes en concepto de herederos o a título universal, solo procede cuando sean meros poseedores sin título singular alguno (TS 27-11-92, EDJ 11755).
Debido a su carácter real, el **plazo de prescripción** de esta acción, según la doctrina y la jurisprudencia, es de 30 años, a contar desde que la herencia o la parte de ella que sea, haya comenzado a ser poseída por quien no tiene derecho a la misma, es decir, desde que el derecho del heredero ha sido violado o lesionado -CC art.1963- (TS 2-6-87, EDJ 4359; 10-4-90, EDJ 4007; 27-11-92, EDJ 11755).

20. Acción reivindicatoria

(CC art.348)

El **propietario** tiene acción contra el tenedor y el poseedor de la cosa o del animal para reivindicarla (CC art.348). **6495** MPCI nº 12830 s.
La acción reivindicatoria es aquella acción por la que el **propietario no poseedor** hace efectivo su derecho a exigir la **restitución de la cosa o del animal** del poseedor no propietario que la detenta (Sohm). Es uno de los remedios jurídicos característicos en lo que a la protección del derecho de dominio se refiere y se trata de una **acción declarativa de condena**, de **naturaleza real** y, por tanto, ejercitable *erga omnes*, que tiene por finalidad obtener la restitución de la cosa o del animal.

Requisitos Aunque la acción viene enunciada en el Código civil, ha sido la jurisprudencia la que ha consolidado un cuerpo de doctrina en el que se exige la concurrencia de tres requisitos para el ejercicio de la acción, teniendo en cuenta que la falta de cualquiera de ellos es motivo suficiente para desestimarla (TS 28-3-96, EDJ 1471; 15-2-00, EDJ 1053; 15-12-05, EDJ 230431): **6496**
- un **título** legítimo de dominio en el reclamante;

- la **identificación** plena de la cosa que se pretende reivindicar; y
- la **detentación injusta** de quien posee la cosa y a quien en definitiva se reclama.

Procede ahondar en cada uno de los requisitos enunciados.

6497 MPCI nº 12840 **Título de dominio del demandante** Si la adquisición fue originaria, el dominio debe estar fundado en un título adquisitivo (una compraventa, una permuta, etc.). Si la adquisición fue derivativa, el título adquisitivo debe estar completado por la tradición, y el demandante debe probar que la propiedad correspondía al transmitente, sin tener que remontarse más allá del tiempo necesario para adquirir por usucapión. En esta cuestión, tiene especial importancia la facilitación de dicha prueba por **presunciones de dominio** o situaciones equivalentes, pudiendo destacar las siguientes:

a) En materia de **bienes muebles**, su posesión adquirida de buena fe equivale al título, por lo que basta probar que se adquirió de buena fe para que se le presuma propietario (CC art.464).

b) En materia de **bienes inmuebles**, se establece una presunción a favor del titular inscrito, de tal forma que este puede reivindicar basado en dicha presunción, que le sirve de prueba bastante mientras no se demuestre lo contrario (LH art.38).

El actor no está obligado a probar que lo adquirido y que ahora reivindica **le sigue perteneciendo**, pues mientras que el demandado no pruebe que después se perdió el dominio, se presume que sigue perteneciendo al adquirente.

Precisiones Debe recordarse la doctrina jurisprudencial asentada sobre la necesaria **prueba del dominio** por parte de quien ejerce la acción reivindicatoria, ya que en caso de que ello no ocurra la pretensión debe ser desestimada, aun cuando el demandado no justifique la propiedad de la cosa reivindicada (TS 13-2-06, EDJ 15973).

6498 MPCI nº 12844 **Posesión del bien por el demandado** El demandado debe ser el poseedor actual cuando se entabla la acción reivindicatoria, y debe **carecer del derecho a poseer** (sin derecho obligacional ni real). Cuando el poseedor contra quien se dirige la acción tiene un título de su derecho, es preciso que previa o simultáneamente se pida la declaración de nulidad de dicho título, con intervención en el proceso de los que fueron parte en su creación.

Si se reivindica una cosa inmueble y el título del demandado está **inscrito en el Registro** de la Propiedad, el reivindicante ha de instar, previamente o en la misma demanda reivindicatoria, la **nulidad o cancelación** de la inscripción registral (LH art.38), aunque una orientación jurisprudencial más flexible entiende que la acción contradictoria de dominio inscrito lleva claramente implícita una petición de nulidad o cancelación del asiento contradictorio, que puede incluso actuarse por vía de ejecución de sentencia, cumpliéndose este requisito implícitamente por el hecho de demandar al titular registral (TS 20-12-93, EDJ 11683).

Precisiones No es obligatorio declarar previamente la nulidad del título del demandado cuando es **consecuencia necesaria e ineludible** del ejercicio de la acción reivindicatoria. Resulta innecesaria la declaración previa de nulidad ya que esta sería consecuencia obligada del éxito, en su caso, de la acción reivindicatoria (TS 30-7-99, EDJ 21403).

6499 MPCI nº 12846 A pesar de que, con carácter general, no resulta necesario instar previa o simultáneamente la nulidad del título, existen supuestos en que tal regla queda excepcionada, esencialmente en aquellos casos en que deba garantizarse el **derecho de contradicción de terceros** que conformaron el título. Y ello, en relación con toda acción real protectora del dominio, no solamente respecto de la acción reivindicatoria.

Es igualmente reseñable que la legitimación pasiva corresponde exclusivamente al **poseedor actual**, sin que deba traerse al proceso a aquellos respecto de los que este trae causa (TS 22-1-03, EDJ 592).

Precisiones **1)** Lo peticionado en la demanda no puede tener viabilidad jurídica sin que se haya pedido la **nulidad del título** que ostenta el demandado para imponer la servidumbre litigiosa sobre el edificio de la comunidad actora. La nulidad de los actos contra ley imperativa (CC art.6.3) no puede ser acordada de oficio cuando tengan una apariencia jurídica correcta, dando así a la otra parte oportunidad para su defensa (TS 17-1-00, EDJ 339).

2) No se puede gravar al reivindicante con la carga de pedir específicamente la nulidad de todos los **títulos precedentes**, con la consiguiente traída al proceso de personas distintas al poseedor de la cosa reivindicada, que es la única legitimada pasivamente. Solo ha de alegar y probar por qué el título que invoca esta es nulo (TS 22-1-03, EDJ 592).

3) La acción reivindicatoria solo puede dirigirse contra el tenedor de la cosa, con la consecuencia de que, si por el resultado probatorio alcanzado se acredita que el demandado **no es poseedor o detentador**, la acción no puede prosperar.

En todo caso, no basta la existencia de un mero interés en el resultado del litigio para que haya que demandar a todos los que acrediten el mismo, pues es un resultado reflejo que no ampara la doctrina del **litisconsorcio pasivo** necesario, únicamente en el caso de que los bienes reivindicados hubiesen estado poseídos de consuno por el demandado y la tercera persona no demandada, se daría esa falta de litisconsorcio pasivo.

La excepción de litisconsorcio pasivo necesario no es aplicable a los supuestos relacionados con acciones reales, ya que cada demandado goza de una **autonomía procesal** respecto a los distintos sujetos que ostentan una vinculación con la cosa (TS 16-5-94, EDJ 4364; 18-10-94, EDJ 8468; 28-3-96, EDJ 1471; 27-6-00, EDJ 15534).

Identificación del bien reivindicado Se exigen los siguientes requisitos: 6500 MPCI nº 12848

a) Identificación, en el sentido de que la **cosa objeto de reivindicación** debe ser corporal, concreta y determinada e identificada plenamente, de forma que pueda ser señalada y reconocida.

b) Identidad, en el sentido de que la **cosa cuya propiedad ha probado** el demandante es la misma que reivindica al demandado, que este posee.

La identificación de la cosa reivindicada es **cuestión de hecho** y corresponde al tribunal sentenciador, materia fáctica excluida por regla general del control casacional (TS 27-1-95, EDJ 24210; 13-6-97, EDJ 4133; 24-5-03, EDJ 130264).

Efectos La finalidad de la acción reivindicatoria alcanza, en primer lugar, a la **declaración del derecho de propiedad** del reivindicante sobre la cosa, y, en mérito a tal declaración, la condena del demandado a **restituir la cosa** al demandante, con sus accesiones y sus frutos y, en su caso, las indemnizaciones que procedan. 6501 MPCI nº 12850

La **restitución** debe ser íntegra, sin comportar limitación alguna que no derive de norma con rango legal (TS 24-10-05, EDJ 171671).

Los **frutos** se han de entregar según las reglas de la posesión, de buena o mala fe (CC art.451 s.).

Precisiones La acción reivindicatoria permite al propietario exigir del mero poseedor o detentador sin título, o con título que haya de decaer frente al del actor, la **restitución** de la cosa en condiciones tales que no comporten limitación alguna en el ejercicio del derecho de uso y goce característico de la propiedad, cuando tal limitación no está amparada en la Ley -p.e. haciendo desaparecer los elementos e instalaciones que indebidamente se han colocado sobre ella (TS 24-10-05, EDJ 171671).

21. Acción publiciana

Aunque la institución no está recogida en nuestro ordenamiento positivo, la acción publiciana, originaria del Derecho romano, se ha configurado por la jurisprudencia como una subespecie de la acción reivindicatoria, que permite al actor probar su **mejor título**, que puede derivarse de la mera posesión, reclamando la cosa de quien la posea con menos derecho. 6505 MPCI nº 12855 s.

La acción publicitaria es una **acción real** que compete al poseedor civil de una cosa contra la que la posea sin título o con otro, pero con menos derecho, para que le sea devuelta la cosa con sus frutos, accesiones y abono de menoscabo (TS 5-2-04, EDJ 500375).

La jurisprudencia del Tribunal Supremo ha tenido escasas ocasiones para pronunciarse sobre esta acción, si bien reconoce su **vigencia** en nuestro Derecho, refiriéndose a ella, unas veces como una acción autónoma y otras embebida en la acción reivindicatoria mediante el expediente de suavizar la exigencia de prueba del dominio reivindicado (TS 5-4-21, EDJ 528710; 30-10-18, EDJ 619954).

Precisiones **1)** La doctrina científica y la jurisprudencia han dado carta de naturaleza en nuestro Derecho a la acción publiciana, no con la fisonomía original y peculiar que ostentó el Derecho romano sino como una de las facetas de la propia acción reivindicatoria, que permite al actor probar su **mejor título**, reclamando la cosa de quien la posea con menor derecho (TS 7-10-82, EDJ 5808; 13-1-84, EDJ 6951)

2) Mientras la reivindicatoria es acción que compete al titular dominical no poseedor contra quien posee sin serlo, la publiciana, por ir dirigida a la tutela posesiva, corresponde al poseedor, contra el mero detentador, mas no contra quien sea propietario (TS 21-2-41).

3) En el ordenamiento jurídico español no opera la *editio actionis*, la **obligación de expresar nominalmente la acción ejercitada**, sino que las interpuestas se califican por los hechos alegados y las pretensiones formuladas. Por ello, incurre en incongruencia la sentencia que descarta el estudio y resolución de una acción publiciana realmente ejercida denominada indebidamente como **reivindicatoria**, ya que aquella está imbuida en la segunda como subespecie de ella (TS 5-4-21, EDJ 528710).

Los **requisitos** exigidos para el supuesto excepcional de la acción publiciana, en la tesis de la admisibilidad de la figura, son fundamentalmente, que se trate de una posesión exclusiva, de buena fe con justo título y en concepto de dueño, ejercitada frente a un poseedor de inferior derecho (TS 12-5-92, EDJ 4641; 5-4-21, EDJ 528710). 6506

En cuanto a los **efectos**, la acción publiciana lleva consigo no solo la restitución de la cosa, sino también sus frutos accesorios y abono de menoscabos (TS 30-3-1927).

22. Acción declarativa de dominio

6510 MPCI nº 12865 s. Su **objeto** es simplemente la declaración del derecho de propiedad. En términos procesales se puede decir que la acción reivindicatoria es una acción declarativa de condena y la acción declarativa es acción meramente declarativa.

En cuanto a sus **requisitos**, se exigen los mismos ya enunciados para el ejercicio de la acción reivindicatoria (nº 6496), con la única especialidad de no requerir la acreditación de la posesión de la cosa por el demandado, al no conllevar efectos restitutorios.

En algún caso, la jurisprudencia ha simplificado aún más estos requisitos, exigiendo para su viabilidad exclusivamente la **presentación de un título** que acredite la adquisición de la propiedad de la cosa y la perfecta identificación de la misma (TS 4-4-97, EDJ 2106).

Precisiones 1) La acción declarativa de dominio no es sino una forma de las llamadas **acciones mero declarativas**, caracterizada por el derecho a que se contrae, cuya finalidad es la de hacer cesar una situación de inseguridad jurídica (TS 18-7-97, EDJ 6097; 5-2-99, EDJ 941; 19-7-05, EDJ 113498).

2) La acción declarativa de dominio no requiere que el **demandado** sea poseedor, siendo suficiente que contravenga en forma efectiva el derecho de propiedad, pues dicha acción tiene como finalidad obtener la declaración de que el demandante es propietario de la cosa, acallando a la parte contraria que discute ese derecho o se lo atribuye (TS 14-3-89, EDJ 2898; 14-10-91, EDJ 9659).

3) Acerca de la **acción declarativa de dominio por usucapión**, ver nº 12873 Memento Procesal Civil 2026.

6511 MPCI nº 12867 s. La **legitimación activa** corresponde exclusivamente a quien pretende actualmente la titularidad dominical (TS 19-7-05, EDJ 113498). Está legitimado activamente para el ejercicio de la acción declarativa de dominio el propietario de la cosa que constituye su objeto; ha de tratarse del titular dominical actual (TS 24-4-95, EDJ 24221).

En cuanto a sus **efectos**, aun cuando de naturaleza declarativa, la jurisprudencia ha reconocido que puede conllevar limitados efectos ejecutivos siempre que no impliquen la restitución de la posesión (TS 5-4-94, EDJ 2961).

Precisiones No es contradictorio a la naturaleza y finalidad de la acción declarativa del dominio la adopción de alguna **medida de ejecución**, siempre que no se trate de medidas que impliquen la reintegración de una posesión detentada, tales como la cancelación del asiento registral (TS 5-4-94, EDJ 2961).

En algún caso se ha admitido incluso la posibilidad de condenar al demandado a la **retirada de determinados materiales** de la finca objeto de la acción declarativa de dominio (TS 18-11-92, EDJ 11381).

23. Acción negatoria

6515 MPCI nº 12880 s. El **objeto** de la acción negatoria es que se declare que la cosa cuya plena propiedad pretende ostentar el actor no está sometida a un derecho real del demandado y que, en su caso, se haga cesar el mismo. Es una acción declarativa de condena, aunque puede ejercitarse solamente como acción declarativa (TS 24-3-03, EDJ 6521).

En principio, corresponde al actor la carga de la **prueba** del derecho de propiedad y al demandado la del derecho al gravamen que se le atribuye. Si no se da el primer presupuesto, la acción negatoria no puede prosperar, aunque nada pruebe el demandado o lo haga insuficientemente (TS 10-3-92, EDJ 3550). No obstante, es pacífica y constante la jurisprudencia en el sentido de que al demandante le basta probar su derecho de propiedad y la perturbación causada por el demandado, siendo este último quien tenga que probar el derecho real limitativo, ya que la propiedad se presume libre (TS 27-3-95, EDJ 24217; 24-3-03, EDJ 6521).

La **legitimación** activa le corresponde a quien pretende la declaración de plena propiedad. Este ha de demandar a todos aquellos que puedan resultar titulares de la carga real cuya existencia se niega, dando lugar a un supuesto de litisconsorcio pasivo necesario (TS 10-7-00, EDJ 20633).

Precisiones Constituido el objeto litigioso por un derecho real de servidumbre siempre encadenado a la propiedad, no puede estimarse correctamente deducida la demanda tendente a negar aquel derecho real cuando se dirige contra el constructor del edificio que constituiría el predio dominante y, de forma genérica, **contra personas desconocidas e ignoradas** que tengan o puedan tener interés en el mantenimiento del gravamen. Estando establecido materialmente el gravamen desde pisos concretos de un inmueble cuyos diferentes propietarios tienen inscrito en el Registro de la Propiedad sus respectivos títulos de dominio, la facilidad que esto proporciona para la identificación y localización de esos titulares -que pese a ello no fueron demandados en su persona concreta y por sus determinados bienes- imposibilita tenerlos por incluidos en aquella generalidad de demandados, dando así lugar a la apreciación, de oficio, de falta de litisconsorcio pasivo necesario (TS 10-7-00, EDJ 20633).

24. Acción de deslinde y amojonamiento

(CC art.384)

Todo propietario tiene **derecho a deslindar** su propiedad, con citación de los dueños de los predios colindantes. La misma facultad corresponde a quienes tengan derechos reales. 6520 MPCI nº 12890

Las acciones de deslinde y amojonamiento se dirigen a obtener en vía contenciosa, la **delimitación de las fincas**, mediante la fijación de sus linderos, dejando constancia de los mismos por la colocación de mojones. El **amojonamiento** aparece en nuestro Código como una consecuencia del deslinde, por lo que, aunque se le mencione, no recibe un tratamiento legal específico.

La acción de deslinde es acumulable a la **acción reivindicatoria**. Se trata de dos acciones compatibles, que pueden ejercitarse de forma separada o conjuntamente (TS 18-12-90, EDJ 11617; 27-1-95, EDJ 24211; 10-2-97, EDJ 1301; 16-11-05, EDJ 197582).

Presupuesto La acción de deslinde exige, como primer presupuesto para su ejercicio, la **confusión de linderos**. Dicha confusión es indispensable para la práctica del deslinde, y por ello, la acción no es viable cuando los inmuebles se encuentren perfectamente identificados y delimitados, con la consiguiente eliminación de la incertidumbre respecto a la aparente extensión superficial del fundo y a la manifestación del estado posesorio, circunstancias que no son obstáculo al ejercicio de la acción reivindicatoria (TS 6-7-92, EDJ 7388; 26-6-03, EDJ 49258). 6521 MPCI nº 12896

Precisiones Esta acción es la procedente cuando los límites de los terrenos estén confundidos en forma tal que no se puede tener **conocimiento exacto** de la línea perimetral de cada propiedad, tendiendo a poner claridad en una linde incierta, es improcedente cuando, como en el caso presente, no existe tal confusión (TS 14-10-91, EDJ 9661; 16-11-05, EDJ 197582).

Legitimación (CC art.384) La legitimación **activa** le corresponde tanto a los propietarios como a los titulares de un derecho real de uso y disfrute. 6522 MPCI nº 12896

En cuanto a la legitimación **pasiva** la jurisprudencia ha interpretado la exigencia de citar a los propietarios colindantes en el sentido de limitar el litisconsorcio pasivo necesario a los afectados por el lindero objeto de confusión, sin que se extienda a aquellos respecto de los que no existe contienda (TS 16-11-05, EDJ 197582).

Precisiones La expresión **dueños de los predios colindantes** debe ser interpretada en función de la finalidad buscada por el propio precepto (CC art.384), porque sería absurdo obligar a traer a la litis a personas a quienes esta acción de deslinde no va a afectar. Por ello, esta acción solo interesa a los propietarios que estén en linde incierta y discutida y no a los demás que tengan perfectamente reconocidos sus límites (TS 27-1-95, EDJ 24210; 16-11-05, EDJ 197582).

Prescripción (CC art.1965) El Código civil establece expresamente que la acción de deslinde es imprescriptible. No prescribe entre propietarios de fincas colindantes la acción para pedir el deslinde de las propiedades contiguas. 6523

Efectos La acción de deslinde únicamente resuelve una cuestión de **límites**, sin que produzca cosa juzgada en relación con la titularidad dominical, ya que en su objeto no incluye contienda sobre la propiedad (TS 10-2-97, EDJ 1301). 6524 MPCI nº 12900

Todo ello sin perjuicio de que la acción de deslinde no suponga cierre alguno de **futuras acciones** que puedan interponerse sobre la propiedad de la finca deslindada (TS 20-9-97, EDJ 5766).

Precisiones No desvirtúa la naturaleza de la acción de deslinde, el hecho de que su práctica y consiguiente amojonamiento de las fincas en confrontación, represente **componer físicamente** las mismas, al delimitarlas material y externamente mediante el trazado de línea perimetral divisoria, precisándose de esta forma los derechos que corresponden a los titulares interesados, sin que ello suponga el ejercicio de acción reivindicatoria alguna, pues no se pretende la recuperación de un cuerpo cierto y perfectamente identificado (TS 10-2-97, EDJ 1301).

25. Acción de división de la cosa común

(CC art.400 a 406)

Ningún copropietario está obligado a permanecer en la **comunidad**. Cada uno de ellos puede pedir, en cualquier tiempo, que se divida la cosa común (CC art.400). 6525 MPCI nº 12905 s.

La acción de división *-actio communi dividundo-* representa un derecho indiscutible e incondicional para **cualquier copropietario**, de tal naturaleza que su ejercicio no está sometido a circunstancia obstativa alguna (TS 8-3-99, EDJ 2226).

Precisiones En los supuestos de proceso contencioso -no voluntario- de **liquidación del régimen económico matrimonial** (LEC art.806 s.), se suscita la cuestión si este cauce es el adecuado en supuestos en los que todos los bienes y deudas inventariados son privativos de los cónyuges -separación absoluta de bienes-, aunque en régimen de proindivisión, y no gananciales.
En principio, la división de los eventuales **bienes comunes** a los cónyuges en régimen de **separación de bienes**, a falta de acuerdo entre ellos, debería sustanciarse en el proceso declarativo que corresponda, tal y como se reconoce para la comunidad de bienes (AP Sta. Cruz de Tenerife 10-12-02, EDJ 8872; AP Madrid auto 13-7-14; 11-4-11, EDJ 81291; AP Barcelona 23-3-10). El cauce procesal de la LEC art.806 queda legalmente constreñido a aquellos regímenes, abstracción hecha del de participación al que se refiere la LEC art.811, como el de gananciales del Código Civil, en los que existe un consorcio sujeto a determinadas obligaciones.
La utilización de un **procedimiento inadecuado** para extinguir una comunidad de bienes puede generar una concurrencia de causas de nulidad de las actuaciones, la inadecuación supone alterar el derecho al juez natural predeterminado por la Ley al quebrar las reglas de competencia imperativas aplicables al caso, en tanto que la competencia objetiva para conocer de la acción de división de cosa común, corresponde al juez de la Sección Civil del Tribunal de Instancia -hasta su constitución, juez de primera instancia- que por turno corresponda, mientras que el procedimiento de la LEC art.806, corresponde al juez que haya conocido del proceso de separación o divorcio (LEC art.807), lo que puede determinar una calificación negativa del registrador a efectos de acceso al Registro de la Propiedad de la resolución procesal dictada (DGRN Resol 30-10-14).

6526 MPCI nº 12909 **Legitimación** (CC art.400, 403 y 405) La legitimación corresponde a los **copropietarios**. Debe, lógicamente, traerse al proceso a todos los comuneros.
En este sentido, la jurisprudencia ha negado legitimación a los **usufructuarios**, reconociéndosela exclusivamente a los nudos propietarios (TS 9-2-70, EDJ 2311).
Aparte de la legitimación para pedir la división de la cosa, el Código civil faculta para concurrir a la división, y oponerse a la que se verifique sin su concurso, a los **acreedores** y a los **cesionarios** de los partícipes. El precepto es un tanto anómalo respecto a los cesionarios, puesto que por efecto de la cesión se convierten en verdaderos copropietarios. En cualquier caso, no pueden impugnar la división consumada, excepto en caso de fraude o en el de haberse verificado a pesar de la oposición formalmente interpuesta para impedirla, y salvo siempre los derechos del deudor o del cedente para sostener su validez.
La acción debe resolverse únicamente entre los condueños de la cosa común, sin que sea preciso llamar al litigio a los **terceros** que puedan alegar derechos, tanto reales como de crédito, sobre la cosa común. Tanto unos como otros conservan sus derechos a pesar de la división, que pueden ser ejercitados, una vez producida la misma, contra los integrantes de la extinguida comunidad (TS 6-6-97, EDJ 4907).

Precisiones En el caso en que lo que sea objeto de división sea una **cuota ideal de una comunidad de bienes**, ostentada a su vez en pro indiviso, no es preciso traer al proceso a los comuneros de la comunidad principal (TS 23-9-98, EDJ 25074).

6527 **Excepciones a la división** (CC art.400, 401 y 404) Son supuestos que excepcionan la facultad de pedir la división de la cosa la existencia de **pacto temporal** de indivisión y la **inservibilidad** de la misma, amén de la indivisibilidad esencial, como límite a la división material (TS 10-11-95, EDJ 24232).
No obstante, únicamente el pacto de indivisión impide el ejercicio de la acción, ya que en los otros supuestos lo que no tiene lugar es la división física, pero ello no impide la posibilidad de ejercer la acción de división.
Respecto a los **animales de compañía**, la división no puede realizarse mediante su venta, salvo acuerdo unánime de todos los condueños. A falta de tal acuerdo, corresponde al juez decidir el destino final del animal, teniendo en cuenta el interés de los condueños y el bienestar del animal, pudiendo preverse el reparto de los tiempos de disfrute y cuidado del animal si fuese necesario, así como las cargas asociadas a su cuidado.
Adicionalmente, debe tenerse en cuenta que el CC art.1051 permite imponer la **indivisión temporal** sobre bienes del caudal relicto como consecuencia de la voluntad del testador.

6528 **Pacto de indivisión** (CC art.400) Es válido el pacto de conservar la cosa indivisa por tiempo determinado, siempre que no exceda de 10 años. Este plazo puede prorrogarse por nueva convención.
Para llevar a efecto el pacto de indivisión se precisa el **consentimiento unánime** de los copropietarios. Si fuese simplemente la mayoría la que acordase la indivisión, este convenio no obligaría a los que no hubiesen intervenido (Puig Peña).

6529 **Supuestos de indivisibilidad** (CC art.401 y 404) Los copropietarios no pueden exigir la división de la cosa común cuando de hacerla resulte **inservible** para el uso a que se destina, o bien cuando la división produciría su anormal desmerecimiento o la originación de un gasto considerable a

los partícipes (TS 30-7-99, EDJ 21404; 19-6-00, EDJ 15184; 13-7-96, EDJ 4140; 12-3-04, EDJ 10591).
La indivisibilidad puede ser **real o jurídica**.
En los casos de indivisión se dispone que, si los condueños no convienen en que se adjudique a uno de ellos indemnizando a los demás, se debe **vender la cosa y repartir su precio**. La misma solución se entiende aplicable al supuesto en que la división de la cosa la haga inservible.
La indivisibilidad no impide el ejercicio de la acción. Sin embargo, el resultado de la misma no es la división física, sino su venta en pública subasta, aun cuando no haya sido pedida por el actor y sin que entrañe incongruencia (TS 19-6-00, EDJ 15184; 11-3-04, EDJ 7457).

Precisiones 1) La determinación de la divisibilidad o indivisibilidad de la cosa común o su desmerecimiento por la división material, es **cuestión de hecho** de la exclusiva apreciación de la sala de instancia, solo impugnable como error de esa naturaleza (TS 21-3-88, EDJ 2319; 28-11-92, EDJ 11776; 22-3-99, EDJ 2237).
2) Respecto a los **animales de compañía**, ver nº 6527.

Forma de verificar la división (CC art.402 y 406) Existen tres procedimientos para llevar a cabo la división: **6530**
1. Por los propios **interesados**, obrando de común acuerdo.
2. Por **árbitros** o amigables componedores, hoy denominados árbitros de derecho o de equidad, nombrados a voluntad de los partícipes.
En este caso los árbitros deben formar partes proporcionales al derecho de cada uno, evitando en cuanto sea posible los suplementos a metálico.
3. Ejercitando una **acción judicial**, procedimiento que no menciona el Código, pero al que hay que acudir cuando no haya acuerdo entre los condóminos para aplicar alguno de los anteriores.
En cualquiera de estos supuestos, son aplicables a la división entre los partícipes en la comunidad las reglas concernientes a la división de la herencia. Esta remisión debe entenderse hecha a las normas materiales sobre la **partición hereditaria**, pero no significa que la acción de división, cuando se ejercita judicialmente, haya de tramitarse por el procedimiento del juicio de testamentaría (TS 8-3-99, EDJ 2226).
La acción de división es **imprescriptible** (CC art.1965), siempre que permanezca la situación de condominio, ya que lo imprescriptible no es el condominio mismo sino la acción para pedir su cesación (TS 8-6-45, EDJ 595).

Precisiones Tal acción es susceptible de ejercitarse por el cauce procesal del **juicio ordinario declarativo de menor cuantía**, que es lo que ha hecho correctamente la parte recurrente, ya que, dada su posición de comunera copropietaria, no necesita para nada el cauce del juicio universal de testamentaría para tal ejercicio, pues no se puede olvidar que lo que se ejercita es la ya mencionada *actio communi dividundo* y no la *actio familia erciscundae*, que solo puede ejercerse a través del mencionado juicio universal (TS 8-3-99, EDJ 2226).

Efectos de la división (CC art.405) El efecto esencial de la división es convertir a cada copropietario en **propietario exclusivo** de la parte que se le adjudique. **6531**
La división de una cosa común no debe perjudicar a los **terceros**, los cuales conservan los derechos de hipoteca, servidumbre u otros derechos reales que le pertenecieran antes de hacer la partición.
En caso de existir una **servidumbre** sobre la finca común, si esta se divide, la servidumbre no se modifica y surge para cada uno de los propietarios la obligación de tolerarla en la parte que le corresponda (CC art.535).
Con respecto a las **hipotecas**, si una finca hipotecada se divide en dos o más, no se distribuye entre ellas el crédito hipotecario, sino cuando voluntariamente lo acuerden el acreedor y el deudor. No verificándose esta distribución, puede repetir el acreedor por la totalidad de la suma asegurada contra cualquiera de las nuevas fincas en que se haya dividido la primera o contra todas a la vez (LH art.123).
Conservan igualmente su fuerza, después de la división, los **derechos personales** que pertenezcan a un tercero contra la comunidad.

Precisiones La doctrina ha discutido si este es un acto meramente **declarativo** o un acto **traslativo** de la propiedad, que constituye un derecho de dominio sobre la porción adjudicada que antes no existía. Algunos autores, han sostenido que no se trata de un acto declarativo ni traslativo del dominio, sino de un acto modificativo o especificativo, que cambia el derecho de copropiedad y lo concreta sobre bienes determinados (Martín López, entre otros).

26. Acción confesoria de servidumbres

6535 MPCI nº 12925 Es la acción característica del derecho real de servidumbre. Su objeto es hacer confesar la existencia de la servidumbre.
Corresponde al dueño del predio dominante o titular de la servidumbre **contra quien le perturbe** en el ejercicio de la misma o la desconozca -particularmente, el propietario o poseedor del fundo sirviente-, para que se reconozca o respete su existencia y se prevenga al demandado que se abstenga de lesionarla, condenándole, a la vez, a la indemnización de daños y perjuicios.
Es una acción principalmente **declarativa**, aunque a la declaración del derecho vaya unida la restitución o constitución efectiva del gravamen, como acción correspondiente al titular de la servidumbre que tiende a declarar el gravamen a cargo de fondo ajeno (TS 18-3-94, EDJ 7759).
Como requisito para el ejercicio de esta acción se exige que, tanto quien trate de mantener el derecho correspondiente ante el predio dominante como el que pretende negarlo, reúnan la condición indispensable de disfrutar a **título de dueño** el predio beneficiado o el gravado respectivamente.

27. Acción de rectificación de errores de concepto en el Registro de la Propiedad

6537 MPCI nº 12935 s. La legislación hipotecaria diferencia dos **procedimientos** para la rectificación de los errores de concepto sufridos en los asientos registrales (DGRN Resol 18-6-14):
- el que exige el **acuerdo** unánime de los interesados y del registrador o, en su defecto, **resolución judicial**; y
- el que permite la rectificación **de oficio** por parte del registrador cuando el error resulte claramente de los asientos practicados o, tratándose de asientos de presentación y notas, cuando la inscripción principal respectiva baste para darlo a conocer (LH art.217; DGRN Resol 9-11-09).

A ellos se añade, en su caso, el cauce de rectificación de la **resolución administrativa**, por la autoridad gubernativa competente, dictada en el procedimiento igualmente administrativo que haya generado el error, sin necesidad de vía judicial en estos casos.
Todo ello es objeto de un estudio más detallado en nº 12935 s. Memento Procesal Civil 2026.

28. Acción de reclamación por daños derivados de la infracción del Derecho de la competencia

(L 15/2007 art.71 a 81; LEC art.283 bis A a 283 bis K)

6540 MPCI nº 12950 s. Se reconoce el derecho a obtener el pleno resarcimiento por infracción del Derecho de la competencia a toda persona física o jurídica que haya sufrido un perjuicio ocasionado por una infracción de aquel. El **pleno resarcimiento** consiste en devolver a la persona que haya sufrido un perjuicio a la situación en la que habría estado de no haberse cometido la infracción del Derecho de la competencia, incluyéndose, además, la indemnización por **daño emergente** y **lucro cesante** más el pago de los **intereses**. Sin embargo, no implica una sobrecompensación por medio de indemnizaciones punitivas, múltiples o de otro tipo.

Precisiones 1) La regulación del ejercicio de esta acción de reclamación de daños exige la transposición de la Dir 2014/104/UE, que establece determinadas normas por las que se rigen, en virtud del Derecho nacional, las acciones de daños resultantes de las infracciones del Derecho de la competencia de los Estados miembros y de la Unión Europea, adaptando la L 15/2007. Ello conlleva la introducción de la normativa reguladora de la **compensación de los daños causados por las prácticas restrictivas** de la competencia que se expone con detalle en nº 12950 s. Memento Procesal Civil 2026, así como la **reforma de LEC**, introduciendo un conjunto de **reglas especiales en materia de prueba** (LEC art.283 bis A a 283 bis K).
2) Este régimen es de **aplicación** desde 28-5-2017, respecto de procesos incoados a partir de tal fecha y sin efecto retroactivo alguno (RDL 9/2017 disp.trans.1ª).

La responsabilidad y el pleno resarcimiento se reconocen de la forma siguiente: 6541

Infractor	Responsabilidad	Excepción/Reglas complementarias
Infracción individual (una sola empresa)	Responsabilidad individual	Los infractores beneficiarios de la exención del pago de multa en el marco de un **programa de clemencia** (*) son responsables solidarios: - ante sus compradores o proveedores directos o indirectos; y - ante otras partes perjudicadas, solo cuando no se pueda obtener el pleno resarcimiento de las demás empresas que estuvieron implicadas en la misma infracción del Derecho de la competencia. Su **importe** no puede exceder de la cuantía del perjuicio que se haya ocasionado a sus propios compradores o proveedores directos o indirectos. Pero si el perjuicio se ocasiona a personas o empresas distintas de los compradores o proveedores directos o indirectos del infractor, el importe se determina en función de su responsabilidad relativa.
Infracción conjunta (empresas y asociaciones, uniones o agrupaciones de empresas)	Responsabilidad solidaria, excepto si: - su cuota en el respectivo mercado es inferior al 5% en todo momento durante la infracción; y - la aplicación del régimen de responsabilidad solidaria merma irremediablemente su viabilidad económica y causa una pérdida de todo el valor de sus activos. Sin embargo, **no se aplica la excepción** anterior si la empresa dirige la infracción o ha coaccionado a otras empresas para que participen en la infracción o si la empresa ha sido anteriormente declarada culpable de una infracción del Derecho de la competencia.	El **importe** de indemnización puede ser repetido por el infractor que paga contra el resto de los infractores por una cuantía que se determine en función de su responsabilidad relativa por el perjuicio causado.

(*) Se entiende por **declaración de clemencia** toda declaración, verbal o escrita, efectuada voluntariamente por una empresa o una persona física, o en su nombre, a una autoridad de la competencia, o la documentación al respecto, en la que se describan los conocimientos que esa empresa o persona física posea sobre un cártel y su papel en el mismo, y que se haya elaborado específicamente para su presentación a la autoridad con el fin de obtener la exención o una reducción del pago de las multas en el marco de un programa de clemencia -el relativo a la aplicación de TFUE art.101 o disposición nacional análoga por la que un participante en un cártel secreto, independientemente de las otras empresas implicadas, coopera con la investigación de la autoridad de la competencia, facilitando voluntariamente declaraciones de lo que él mismo conozca del cártel y de su papel en el mismo, a cambio de lo cual recibe, mediante una decisión o un sobreseimiento del procedimiento, la exención del pago de cualquier multa por su participación en el cártel o una reducción de la misma-.

29. Acciones contra actos de violación de secretos empresariales

(L 1/2019 art.9 a 25 y disp.trans.única)

Con un plazo de **prescripción** de 3 años desde el momento en que el legitimado haya tenido conocimiento de la identidad del causante de la violación del secreto, estas acciones civiles de **competencia** objetiva de las Secciones de los Mercantil de los Tribunales de Instancia -hasta su constitución, de los juzgados de lo mercantil-, y territorial del correspondiente al domicilio del demandado o, a elección del demandante, el de la provincia donde se hubiera realizado la infracción o se hubieran producido sus efectos (L 1/2019 art.12 y 14), tienen alguno de los siguientes **objetos**: 6550 MPCI nº 12987

a) La **declaración** de la violación del secreto empresarial.

b) La **cesación** o, en su caso, la **prohibición** de los actos de violación.

c) La **prohibición** de fabricar, ofrecer, comercializar o utilizar mercancías infractoras o de su importación, exportación o almacenamiento con dichos fines.

d) La **aprehensión** de las mercancías infractoras, incluida la recuperación de las que se encuentren en el mercado, y de los medios destinados únicamente a su producción, siempre que no se menoscabe la protección del secreto comercial en cuestión, con una de las siguientes finalidades: su modificación para eliminar las características generadoras de la infracción, su destrucción o su entrega a entidades benéficas.

e) La **remoción**, con entrega al demandante de la totalidad o parte de los documentos, objetos, materiales, sustancias, ficheros electrónicos y cualesquiera otros soportes que contengan el secreto empresarial, y en su caso su destrucción total o parcial.

f) La **atribución en propiedad** de las mercancías infractoras al demandante, con imputación, en su caso, del valor de las mercancías entregadas al importe de la indemnización de daños y perjuicios debida, sin perjuicio de la subsistencia de la responsabilidad del infractor en lo que se refiere a la cuantía indemnizatoria que exceda del referido valor. Si el valor de las mercancías excede del importe de la indemnización, el demandante deberá compensarlo a la otra parte.

g) La **indemnización** de los daños y perjuicios, si ha intervenido dolo o culpa del infractor, adecuada a la lesión realmente sufrida como consecuencia de la violación del secreto, incluyendo lucro cesante, daño emergente, daño moral e incluso gastos de investigación en que se haya incurrido para obtener pruebas razonables de la comisión de la infracción objeto del procedimiento judicial.

Con carácter alternativo, una **cantidad a tanto alzado** que atienda, al menos, al importe que la parte demandada habría tenido que pagar al titular del secreto empresarial por la concesión de una licencia que le hubiera permitido utilizarlo durante el período en el que su utilización podría haberse prohibido.

Las diligencias para este fin han de llevarse a cabo a partir de las bases fijadas en la sentencia conforme al procedimiento previsto en LEC art.712 a 720, siendo de aplicación L 24/2015 art.73.

h) La **publicación o difusión** completa o parcial de la sentencia.

Precisiones El régimen expuesto en esta sección se aplica a la protección de cualesquiera secretos empresariales, **con independencia de la fecha** en que se hubiera adquirido legítimamente la titularidad sobre ellos. Las acciones entabladas **con anterioridad a 14-3-2019** se seguirán por el mismo procedimiento con arreglo al cual se hubieran incoado.

6552 **Legitimación activa** (L 1/2019 art.13) Se atribuye al **titular del secreto** empresarial y a quienes acrediten haber obtenido una **licencia** exclusiva o no exclusiva para su explotación que les autorice expresamente dicho ejercicio.

El **licenciatario no legitimado** puede requerir fehacientemente al titular para que entable la acción judicial correspondiente. En defecto de ejercicio dentro de un plazo de 3 meses, el licenciatario puede entablarla en su propio nombre, acompañando el requerimiento efectuado; con posibilidad de solicitar, anteriormente al vencimiento del plazo citado, la adopción de **medidas cautelares urgentes** cuando justifique la necesidad de las mismas para evitar un daño importante.

El licenciatario ha de notificar el ejercicio de la acción fehacientemente al titular del secreto empresarial, que puede personarse e intervenir en el procedimiento, como parte o coadyuvante.

6554 **Confidencialidad del secreto empresarial** (L 1/2019 art.15) Las partes, sus abogados o procuradores, el personal de la Administración de Justicia, los testigos, los peritos y cualesquiera otras personas que intervengan en un procedimiento relativo a la violación de un secreto empresarial, o que tengan acceso a documentos obrantes en dicho procedimiento por razón de su cargo o de la función que desempeñan, no pueden utilizar ni revelar aquella información que pueda constituir secreto empresarial y que los jueces o tribunales, de oficio o a petición debidamente motivada de cualquiera de las partes, hayan declarado confidencial y del que hayan tenido conocimiento a raíz de dicha intervención o de dicho acceso.

MPCI nº 12991, 12993

Esta **prohibición** estará en vigor incluso tras la conclusión del procedimiento, salvo que por sentencia firme se concluya que la información en cuestión no constituye secreto empresarial o, con el tiempo, pase a ser de conocimiento general o fácilmente accesible en los círculos en que normalmente se utilice.

Los órganos judiciales pueden, asimismo, de oficio o a petición de parte, adoptar las **medidas** concretas necesarias para preservar la confidencialidad del secreto empresarial que haya sido aportado a un procedimiento relativo a la violación de secretos empresariales o de otra clase en el que sea necesaria su consideración para resolver sobre el fondo.

Diligencias para la preparación del ejercicio de la acción (L 1/2019 art.17 a 20) Con solicitud del futuro demandante al órgano judicial que haya de conocer del proceso, comprenden: 6556
a) La **comprobación fáctica**. La práctica de diligencias de comprobación de aquellos hechos cuyo conocimiento resulte indispensable para preparar la correspondiente demanda -con aplicación de L 24/2015 art.123 a 126).
b) El **acceso a fuentes de prueba**. Adopción de medidas de acceso a fuentes de prueba por los cauces previstos en LEC art.283 bis.a a 283 bis.h y 283 bis.k.
c) El **aseguramiento de la prueba**, conforme a LEC art.297.
d) La adopción de las **medidas cautelares** tendentes a asegurar la eficacia de dicha acción, según LEC y L 24/2015 -patentes-.

Medidas cautelares (L 1/2019 art.21 a 25) En especial, pueden adoptarse las siguientes, valorando las circunstancias del caso y su proporcionalidad, atendido el valor y los caracteres del secreto empresarial, así como las medidas de protección adoptadas -con aportación de **caución** por el demandante (LEC art.728.3)-: 6558
- **cese** o, en su caso, **prohibición** de utilizar o revelar el secreto empresarial o de producir, ofrecer, comercializar o utilizar mercancías infractoras o de importar, exportar o almacenar mercancías infractoras con tales fines;
- **retención y depósito** de mercancías infractoras;
- **embargo preventivo** de bienes, para el aseguramiento de la eventual indemnización de daños y perjuicios.

El demandado puede solicitar la **sustitución** de la efectividad de las medidas cautelares acordadas por la prestación por su parte de una caución suficiente (LEC art.746 y 747; L 24/2015 art.129). Ahora bien, en ningún caso se admite que el demandado sustituya por caución las medidas cautelares dirigidas a evitar la revelación de secretos empresariales.
A instancia de la parte demandada se alzarán las medidas cautelares adoptadas si la información en relación con la cual se interpuso la demanda ha dejado de reunir los requisitos para ser considerada secreto empresarial, por motivos que no puedan imputarse a aquella.
La caución aportada por el demandante no puede cancelarse en tanto no haya transcurrido un año desde el **alzamiento** de las medidas cautelares.
Los **terceros afectados desfavorablemente** por las medidas cautelares adoptadas y que hayan sido alzadas debido a un acto u omisión del demandante, o por haberse constatado posteriormente que la obtención, utilización o revelación del secreto empresarial no fueron ilícitas o no existía riesgo de tal ilicitud, pueden reclamar la indemnización de los daños y perjuicios (LEC art.712 a 720), aun no habiendo sido parte en el proceso declarativo. En tal caso, pueden solicitar que la caución se mantenga, total o parcialmente, en tanto no se dicte resolución, siempre que la solicitud de indemnización se interponga dentro del plazo indicado de un año.

CAPÍTULO 3

Proceso penal

SECCIÓN 1

Rasgos esenciales del proceso penal

El concepto de proceso penal debe partir del principio de **exclusividad jurisdiccional** (Const art.117.3) y del de **legalidad** en su vertiente de garantía judicial (CP art.3.1), según el cual no puede ejecutarse pena ni medida de seguridad sino en virtud de sentencia firme dictada por el juez o tribunal competente, de acuerdo con las leyes procesales. A ello ha de añadirse la consideración del derecho a la **tutela judicial efectiva** (Const art.24.1), entre los múltiples aspectos que abarca (nº 6745 s.), de derecho de acceso a la jurisdicción. 6707

Precisiones Un estudio más detallado del **proceso penal** puede consultarse en el nº 50 s. Memento Procesal Penal 2026. Se recomienda asimismo la consulta de la obra Formularios Prácticos Proceso Penal.

Garantía de los derechos del investigado o encausado El proceso penal es el **único instrumento jurídico** para el ejercicio del *ius puniendi* del Estado en materia penal, a la vez que medio de garantía de derechos de las partes y esencialmente del investigado o encausado -nº 8000-) o sujeto pasivo del mismo. A través del mismo, el Estado ejerce de la forma más intensa posible su **derecho a castigar** mediante la imposición de la sanción más grave prevista en el ordenamiento jurídico, que a su vez puede comprometer el derecho a la **libertad personal del acusado** y, en su caso, los derechos fundamentales de otros intervinientes en el juicio penal, aunque su posición y los términos en los que disfrutan los derechos fundamentales dentro del proceso penal no sea la misma (TCo 70/1999; 19/2000; 130/2002). 6709

En la esfera del sujeto pasivo de la imputación penal, el proceso se convierte en una **garantía esencial** de libertad de la persona a quien se atribuya la comisión de una infracción criminal, pues solo en el seno del mismo podrá serle impuesta la pena correspondiente, lo que además solo será posible con escrupulosa observancia de una serie de reglas procesales constitucionalizadas con **rango de derecho fundamental**. Así se ha afirmado la incorporación del interés público en un juicio justo garantizado en el Convenio europeo para la protección de los derechos humanos y de las libertades fundamentales (Convenio Roma 4-11-1950 art.6), de modo que la función del derecho fundamental a un proceso judicial con todas las garantías es, precisamente, asegurar que ese interés resulte compatible con otro objetivo de relevancia constitucional, como es la persecución del delito (TCo 166/1999; 130/2002).

6710 MPP nº 59 **Principio de oficialidad** En el proceso penal, como rasgo esencial, impera el principio de oficialidad: el derecho del Estado a **castigar** es también un deber, lo que permite:
- que la averiguación del delito sea incumbencia del poder público (LECr art.282 y 769 a 773; LO 2/1989 art.134; LO 2/1986 art.11.1.g; LO 9/2021 art.4);
- que la incoación del proceso pueda hacerse de oficio por iniciativa del órgano judicial competente para la investigación -o de la Fiscalía Europea en el ámbito de sus funciones- (LECr art.262, 303 y 306; LO 2/1989 art.130; LO 9/2021 art.18); y
- que se atribuya a un órgano del Estado el ejercicio obligatorio de la acción penal, para lo que asume el papel formal de parte en el proceso (LECr art.105 y 773; LO 4/1987 art.87; LO 2/1989 art.122; L 50/1981 art.3.4; LO 9/2021 art.4 y 114).

Por ello no existen en esta materia, en relación con delitos públicos, instituciones procesales tales como la **caducidad** de la instancia, el **desistimiento** o el **allanamiento**.

En lo que se refiere al **contenido material del proceso**, en la fase de instrucción o investigación del proceso penal (averiguación de la infracción), el órgano judicial practica de oficio las diligencias tendentes a ello, cumpliendo así una función de aseguramiento de las fuentes de prueba del delito durante la fase de juicio oral.

6712 El principio de rogación en la **producción de la prueba** resulta así atenuado en la fase inicial del proceso, en la que, tanto el órgano judicial como las partes, comparten la posibilidad de aportar válidamente al mismo elementos que, en el momento oportuno, pueden constituir prueba del hecho delictivo, de la participación en él del encausado o de la ausencia de uno u otra.

Así se manifiesta el rasgo inquisitivo de la **instrucción criminal** (oficialidad y secreto) a que se refiere frecuentemente el Tribunal Constitucional, si bien, ha de tenerse en cuenta:

• Que el juez que investiga queda inhabilitado para sentenciar el asunto por **falta de imparcialidad** objetiva (LOPJ art.219.11ª; LECr art.54.12; LO 2/1989 art.53.11ª; TCo 189/1988; 32/1994; 41/1998; 87/2001; 38/2003).

• En la fase de instrucción, debe atenerse a las reglas de garantía de los **derechos del investigado** y de neutralidad. Todas las autoridades y funcionarios que intervengan en el procedimiento penal han de cuidar, dentro de los límites de su respectiva competencia, de consignar y apreciar las circunstancias así adversas como favorables al presunto reo, estando además obligados, a falta de disposición expresa, a instruir a este de sus derechos y de los recursos que pueda ejercitar, mientras no se halle asistido de defensor (LECr art.2).

6713 **Interdicción del carácter prospectivo** El objeto y la finalidad del proceso penal determina la proscripción de la *inquisitio generalis* (*fishing expedition*), **investigación** o causa general.

La investigación prospectiva no está admitida por la ley ni la jurisprudencia. No deben iniciarse unas diligencias de investigación sino en virtud de la **noticia de la comisión de un hecho** o hechos concretos que revistan los caracteres de infracción penal (LECr art.777). Los poderes públicos no pueden inmiscuirse en la intimidad de los sospechosos, investigando sus actos, su vida y sus comunicaciones, con el exclusivo propósito u objeto de indagar a ciegas su conducta, sino solo en el caso de estar relacionada con la investigación de un delito concreto, al menos en el plano indiciario (TS 18-4-17, EDJ 49674).

El **hecho** objeto de investigación, con independencia de su complejidad, debe estar delimitado. No es posible iniciar procesos penales para investigar en general a una persona, un entero ámbito profesional o empresarial o un fenómeno social, por atroces o lamentables que puedan parecer.

La *inquisitio generalis* no tiene **legitimidad** constitucional aun cuando se realice con metas de prevención delictiva. La reacción de la maquinaria del Estado frente a posibles hechos delictivos no debe ser pretexto para una actuación irreflexiva y desproporcionada, pues solo cabe seguir un proceso penal, incluso desde su fase inicial de investigación, cuando existan **indicios** de la comisión de una infracción penal, sin que quepa su utilización en ausencia de tales indicios. Un Estado constitucional repudia la instrucción prospectiva o la búsqueda a toda costa de algún **tipo de responsabilidad** de una persona, ya que genera persecuciones indeterminadas, pesquisas arbitrarias y no sujetas a control jurídico alguno (TCo 32/1994; 87/2001; 126/2001; TS 24-11-21, EDJ 760037; 22-12-22, EDJ 785992).

La **investigación directa** de los hechos con una función que es en parte inquisitiva y en parte acusatoria -dirigida frente a una determinada persona- es la que pueda considerarse integrante de una actividad instructora. Para ello, la simple *notitia criminis* es suficiente para que se ponga en marcha la investigación judicial del delito. Es un **presupuesto de procedibilidad** del proceso penal, en la medida en que se condiciona su inicio a la existencia de un hecho o conjunto de hechos concretos y de fisonomía delictiva. Sin *notitia criminis* no cabe iniciar un proceso penal, a menos que se defienda la posible existencia de un proceso que no se proyecte sobre hechos aparentemente delictivos, o lo que viene a ser lo mismo, de un proceso sin objeto. Algo no posible.

Pero no hay *inquisitio generalis* allí donde el proceso descansa en una sospecha inicial seria, basada en unos **hechos concretos** constitutivos de delito, y no en una pretendida búsqueda sin más, de posibles hechos que hubiera podido cometer el acusado (TS 22-3-13, EDJ 53906; 13-10-15, EDJ 188252).

Desde el arranque de la investigación tiene que existir una **conducta con apariencia delictiva**, objeto de aquella. Prospectiva es la investigación que se inicia de forma indeterminada en búsqueda de posibles conductas delictivas sin una mínima concreción y sospechas fundadas (AP Madrid auto 7-10-24, Rec 1055/24; TS 25-10-16, EDJ 186875; AN auto 22-12-23, EDJ 806375). Por el contrario, se considera prospectiva la instrucción que se apoya en meras sospechas infundadas (AP Murcia auto 10-5-22, EDJ 838114), siéndolo la basada en sospechas que no estén sustentadas en **indicios de una cierta intensidad** (AP Barcelona auto 4-7-22, EDJ 852726; AP Salamanca auto 10-3-23, EDJ 756067; AP Valencia auto 19-10-23, EDJ 803728).

Precisiones **1)** El **principio de especialidad** prohíbe la adopción prospectiva de una medida de investigación porque ello supondría conceder autorizaciones en blanco (TS 29-5-12, EDJ 109330). Debe delimitarse objetivamente la investigación a través de la precisión del hecho y la identificación suficiente del sospechoso (TS auto 28-1-10, EDJ 11802). La delimitación subjetiva no implica, necesariamente, la **filiación completa** de los sujetos afectados, pero sí -al menos- que se indiquen las señas o datos indiciarios que se puedan conocer en el momento de adopción de la medida (AP Salamanca auto 7-5-24, EDJ 641866). 6714

2) Cuando no hay ningún indicio real de la autoría de los hechos, no cabe mantener abierto el procedimiento penal con el fin de practicar **nuevas pruebas** (AP La Rioja 22-6-22, EDJ 848440).

3) Es la propia **parte que lo alega** la debe aportar algún indicio o dato evidenciario de que se está en presencia de una posible instrucción prospectiva y no verter una sospecha general acerca de una investigación, sea policial o judicial, nacional o en el extranjero (AN auto 7-3-24, EDJ 521233; AP Pontevedra 22-11-22, EDJ 878002).

4) El hecho de que el afectado no haya sido nunca objeto de una investigación penal, o **no haya sufrido detención policial** alguna, no convierte a la investigación en prospectiva (TS 7-2-11, EDJ 13879; AN auto 7-3-24, EDJ 521233).

Incurre en tal vicio la indebida extensión temporal en la investigación policial de la **intervención de terminales telefónicos** mediante la instalación de un software intrusivo (AN auto 2-10-23, EDJ 707360).

5) Una interpretación de la norma conforme al sentido común lleva a sostener lo injustificado de la apertura de un proceso penal para la investigación de unos hechos meramente sospechosos, **sin aportar un indicio objetivo** de su realidad (TS auto 15-10-2024, causa especial 20557/24).

6) La **consecuencia** del carácter prospectivo es la nulidad radical de la investigación o de la medida incursa en el vicio analizado (AP Barcelona auto 6-6-23, EDJ 752684).

Participación de los ciudadanos en la Administración de Justicia A través del proceso se tutelan los derechos de la víctima del delito y se articula una manifestación concreta del derecho de los ciudadanos a participar en la Administración de Justicia. 6716 MPP nº 65 s.

a) Junto al ejercicio oficial y obligatorio de la acción penal por el Estado, cabe en nuestro sistema procesal que la pretensión punitiva se actúe también por **particulares**, sean o no ofendidos por el delito, que se constituyen en parte dentro del proceso.

Por eso desconoce el proceso penal figuras como la **satisfacción extraprocesal** o mecanismos de evitación del proceso (conciliación judicial o extrajudicial), quedando la acción penal expresamente vedada a la operatividad de la transacción (CC art.1813) y siendo inmune la misma, en los delitos públicos, a la renuncia del sujeto activo del proceso (LECr art.106) y al perdón del ofendido (CP art.130.5º).

El contenido de los derechos fundamentales de la víctima del delito termina con el **acceso al proceso** y no incluye la necesaria **imposición de la pena**.

Además, la acción penal es pública (LECr art.101), por lo que todos los ciudadanos españoles pueden ejercitarla con arreglo a las prescripciones de la ley. Ello da lugar a la figura del **acusador popular**, reconocida constitucionalmente como manifestación del derecho de los ciudadanos a participar en la Administración de Justicia (nº 7890).

b) Por otra parte, los actos y omisiones ilícitos son fuente de obligaciones civiles de **reparación, restitución o indemnización** (CC art.1088; CP art.109), por lo que de todo delito o falta nace acción penal para el castigo del culpable, y puede nacer también acción civil para la restitución de la cosa, la reparación del daño y la indemnización de perjuicios causados por el hecho punible (LECr art.100). En consecuencia, el proceso puede presentar una doble faceta, pues a la acción penal se acumula la **acción civil derivada de delito** que incumbe a los perjudicados, material o moralmente, por el hecho delictivo (nº 8070).

6718 MPP nº 69 **Función rehabilitadora** Las penas privativas de libertad y las medidas de seguridad han de estar orientadas hacia la **reeducación y reinserción social** (Const art.25.2). El proceso de ejecución penal puede ser medio de efectividad de la función rehabilitadora de la pena privativa de libertad, pues en él se adoptan las medidas de sustitución penal inspiradas en esa finalidad.

Especial significación cobra, en este sentido, el régimen jurídico de la nueva pena de **prisión permanente revisable**, introducida en el Código Penal por LO 1/2015 y aplicable a hechos acaecidos **a partir del 1-7-2015** (LO 1/2015 disp.final 8ª).

La nueva regulación no supone renuncia a la **reinserción del penado**, pues una vez cumplida una parte mínima de la condena, un tribunal colegiado deberá valorar nuevamente las circunstancias del penado y del delito cometido y podrá revisar su situación personal. Esta **revisión judicial periódica** de la situación personal del penado ha de verificar el necesario pronóstico favorable de reinserción social y garantiza un posible horizonte de libertad para el condenado. Cumplida una primera parte mínima de la pena, que según los casos comprende un periodo de entre 25 y 35 años de prisión, si el tribunal considera que no concurren en el caso concreto los requisitos necesarios para que el penado pueda recuperar la libertad, determinará un plazo para llevar a cabo una nueva revisión de su situación; si por el contrario valora que los mismos se cumplen, establecerá un **plazo de libertad condicional**, con suspensión de la ejecución del resto de la pena, en el que se impondrán condiciones y medidas de control orientadas tanto a garantizar la seguridad de la sociedad, como a asistir al penado en esta fase final de su reinserción social (CP art.33.2.a, 35, 70.4, 76.1.e, 78 bis y 92).

6719 Precisiones 1) El Tribunal Europeo de Derechos Humanos ha considerado ajustados al Convenio Europeo para la Protección de los Derechos Humanos (Convenio Roma 4-11-1950) los sistemas en que la ley nacional ofrece la **posibilidad de revisión de la condena** de duración indeterminada con vistas a su conmutación, remisión, terminación o libertad condicional del penado, pues ello es suficiente para entender cumplido el Convenio Roma 4-11-1950 art.3 (TEDH 4-7-23, núm 13869/22; 12-2-08, núm 21906/04; 13-11-14, núm 40014/10; 3-2-15, núm 57592/08).

2) La pena se prevé para los siguientes **delitos** (CP art.140, 485.1, 605.1, 607.1 y 607 bis.2; CP art.573.1 y 573 bis):

• Asesinato cuando la víctima sea menor de 16 años o se persona especialmente vulnerable por razón de su edad, enfermedad o discapacidad; cuando sea subsiguiente a un delito contra la libertad sexual cometido por el autor sobre la víctima; o cuando el autor pertenezca a un grupo u organización criminal.

• Asesinato con más de dos víctimas.

• Homicidio del Rey, la Reina, el Príncipe o la Princesa de Asturias.

• Homicidio de Jefe de un Estado extranjero o de otra persona internacionalmente protegida por un Tratado, que se halle en España.

• Terrorismo, cuando se cause la muerte de alguna persona.

• Genocidio con causación de homicidio, agresión sexual o lesiones muy graves consistentes en pérdida o inutilidad de un órgano o miembro principal o de un sentido, impotencia o esterilidad, grave deformidad, grave enfermedad somática o psíquica o mutilación genital en cualquiera de sus manifestaciones.

• Delito de lesa humanidad (ataque generalizado o sistemático contra la población civil o contra una parte de ella) causante de la muerte de alguna persona.

3) Muy interesante es la aplicación de esta pena en caso de **asesinato con alevosía**. En general, la prisión permanente revisable es compatible con las agravaciones que dan lugar al asesinato sobre el homicidio (TS 18-7-19, EDJ 646207), sin vulneración del principio *non bis in idem* pues la alevosía que lo cualifica (CP art.139.1.1) tiene un distinto apoyo que la hiperagravación castigada con dicha pena (CP art.140.1.1), dando más protección a ciertas víctimas con mayor penalidad por el mayor desvalor de la acción (TS 5-5-20, EDJ 543762; 23-9-21, EDJ 703959). Existen, así, dos **hechos diferentes**, uno que convierte el homicidio en asesinato y otro que lo agrava. No se trata de una única circunstancia valorada dos veces para agravar la punición de la conducta:

- la comisión delictiva (alevosía proditoria, sorpresiva o por desvalimiento), sea cual sea la edad y condición de la víctima; y

- las circunstancias y situación de esta (TS 31-10-18, EDJ 621730; 20-6-24, EDJ 600583).

6720 MPP nº 75 s., 89 **Normativa aplicable** Las normas reguladoras del proceso penal responden al doble principio de **competencia exclusiva** del legislador estatal (Const art.149.1.6ª y 7ª) y de reserva de ley orgánica (Const art.81) para la mayoría de las instituciones centrales del proceso que afecten al contenido de los derechos fundamentales de cuantos en él intervienen.

No obstante, los aspectos puramente procedimentales son susceptibles de regulación por **ley ordinaria** (p.e. la regulación del procedimiento abreviado y del enjuiciamiento rápido operada por LO 8/2002 y L 38/2002).
Por otro lado, en la enumeración de fuentes aplicables al proceso penal han de tenerse en cuenta las propias normas contenidas en la Constitución, así como otras derivadas de tratados y convenios internacionales aplicables en nuestro país.

Precisiones 1) Con fecha de **entrada en vigor** el 17-6-2021, salvo las previsiones contenidas en el capítulo IV (obligaciones y responsabilidades de los responsables y encargados de protección de datos), que producirán efectos a los 6 meses de la entrada en vigor de la misma (17-12-2021), se publicó la LO 7/2021, de protección de datos personales para fines de **prevención, detección, investigación o enjuiciamiento** de infracciones penales, así como para la ejecución de sanciones penales y protección y prevención frente a amenazas contra la seguridad pública.
El **objetivo** de la Ley es que los datos sean tratados por las autoridades competentes de manera que se cumplan los fines prevenidos, a la par que establecer los mayores estándares de protección de los derechos fundamentales y las libertades de los ciudadanos.
Con la publicación de la Ley se consigue la finalidad de favorecer la ineludible **cooperación internacional** policial y judicial europea en este campo con la protección y defensa de los derechos de los ciudadanos, en especial del derecho a la intimidad reconocido constitucionalmente y se consolida el marco jurídico idóneo para la **transferencia de datos** en orden a una efectiva cooperación policial y judicial penal. Ello garantiza una mayor eficacia en el desempeño de sus funciones por las fuerzas y cuerpos de seguridad y de nuestro sistema judicial penal en su conjunto, incluido el penitenciario (nº 185 Memento Procesal Penal 2026).
2) Las Administraciones públicas y cualquier persona ha de proporcionar a las autoridades judiciales, Ministerio Fiscal o a la policía judicial los **datos, informes y antecedentes** que soliciten (LO 7/2021 art.7.1). Sin embargo, la **capacidad de adquisición de datos** por los agentes policiales no es ilimitada, ya que la autorización general de acceso a los funcionarios policiales no resulta de aplicación cuando legalmente sea exigible la autorización judicial para recabar los datos necesarios para la investigación y el enjuiciamiento de infracciones penales o para la ejecución de las penas (LO 7/2021 art.7.3). Se requiere **autorización judicial** expresa cuando se trata de recoger y tratar datos no automatizados que pertenezcan a la Administración que llevan a la condena de su titular (L 41/2002 art.16). En estos casos, la **prueba es nula**, pudiendo ello conducir a la absolución por insuficiencia de la prueba para enervar el derecho a la presunción de inocencia (TS 16-12-22, EDJ 781617).

Cooperación procesal internacional en el ámbito de la Unión Europea (LOPJ art.276 a 278; L 23/2014 art.1 a 33) 6722 MPP nº 105 s.

La regulación del **reconocimiento de resoluciones penales** se configura como un instrumento integrador que, además de dar cumplimiento a las normativas comunitarias, tienen por objeto dar efectividad al **compromiso de mejora de la cooperación judicial penal** en la Unión Europea y la lucha contra la criminalidad, garantizando la seguridad y los derechos de los ciudadanos como fin irrenunciable del Estado.
La Ley de referencia se presenta como un **texto conjunto** en el que se reúnen todas las decisiones marco y las directivas aprobadas hasta la actualidad en materia de reconocimiento mutuo de resoluciones judiciales.
Para ello prevé que las autoridades judiciales españolas que dicten una orden o resolución judicial puedan **transmitirla** a otro Estado miembro para su reconocimiento y ejecución. En virtud del reconocimiento mutuo de resoluciones penales, las autoridades judiciales españolas competentes deben **reconocer y ejecutar en España** las órdenes europeas y resoluciones penales cuando hayan sido transmitidas correctamente por la autoridad competente de otro Estado miembro y no concurra ningún motivo tasado de denegación del reconocimiento o la ejecución (L 23/2014 art.1).
Son **instrumentos de reconocimiento mutuo** las órdenes europeas o resoluciones emitidas por la autoridad competente de un Estado miembro de la Unión Europea transmitidas a otro Estado miembro para su reconocimiento y ejecución en el mismo.
En concreto deben citarse (L 23/2014 art.2):
- Orden europea de detención y entrega (nº 8973).
- Resolución por la que se impone una pena o medida privativa de libertad (nº 10339.7).
- Resolución de libertad vigilada (nº 10339.8).
- Resolución sobre medidas de vigilancia de la libertad provisional (nº 9035 s.).
- Orden europea de protección (nº 9136).
- Resolución de embargo preventivo de bienes o de aseguramiento de pruebas (nº 9150 s.).
- Resolución de decomiso (nº 10337).
- Resolución por la que se imponen sanciones pecuniarias (nº 10334).
- Orden europea de investigación (nº 8610 s.).

6724 **Transmisión por las autoridades judiciales españolas de instrumentos de reconocimiento mutuo** (L 23/2014 art.7 a 15) La autoridad judicial española competente debe documentar la transmisión en el **formulario o certificado obligatorio** para transmitirlo a la autoridad competente del otro Estado miembro para que proceda a su ejecución.
La autoridad judicial que emita el formulario o el certificado en el que se documenta la resolución judicial cuya ejecución se transmite a otro Estado miembro de la Unión Europea, debe especificar si el delito objeto de la resolución judicial se incardina o no en alguna de las categorías que eximen del **control de doble tipificación** de la conducta en el Estado de ejecución (nº 6730) y si la pena prevista para el delito es, en abstracto, al menos de 3 años de privación de libertad. Asimismo, debe informar inmediatamente a la autoridad encargada de la ejecución, de la adopción de cualquier resolución o medida que tenga por objeto **dejar sin efecto el carácter ejecutorio** de la orden o resolución (por pérdida sobrevenida del carácter ejecutorio de la resolución) cuya ejecución ha sido transmitida previamente, solicitando la devolución del formulario o del certificado.
En el caso de que la resolución judicial sea una **orden europea de detención y entrega** o se trate de una resolución por la que se imponen penas o medidas privativas de libertad y la autoridad judicial española de emisión tenga constancia de que resulta necesario el tránsito del reclamado por un estado miembro distinto del Estado de ejecución, la autoridad española debe instar al ministerio del ramo de justicia para que solicite la autorización, remitiendo copia de la resolución judicial y del certificado emitido, traducido a una de las lenguas que acepte el Estado de tránsito. En el caso de que el Ministerio tenga conocimiento de que el condenado puede ser perseguido, detenido o sometido a alguna restricción de su libertad individual en su territorio, por hechos o condenas anteriores, puede retirar la solicitud a petición de la autoridad judicial de emisión.
Cuando no se conozca la **autoridad judicial de ejecución competente** debe solicitarse la información correspondiente por todos los medios necesarios, incluidos los puntos de contacto españoles de la Red Judicial Europea (RJE) y demás redes de cooperación existentes.
Contra las resoluciones por las que se acuerde esta transmisión se pueden interponer los **recursos** previstos en el ordenamiento jurídico español, tramitándose y resolviéndose exclusivamente por la autoridad judicial y la legislación española. Sin embargo, no hay recurso alguno contra la decisión de transmisión acordada por el Ministerio Fiscal en sus diligencias de investigación, sin perjuicio de su valoración posteriormente en el correspondiente procedimiento penal.

Precisiones La **orden europea de detención y entrega** es una resolución judicial autónoma (en modo alguno una mera reiteración o comunicación de una sentencia firme que acuerda el cumplimiento de una pena privativa de libertad o de un auto de prisión provisional o de una orden de detención nacional que tengan carácter ejecutivo, aunque parta de su preexistencia), de forma que su emisión implica una activación del proceso, activa la persecución y refuerza la imputación del afectado. Por ello, su **emisión interrumpe la prescripción del delito** para cuya persecución se emite (TS 21-1-21, EDJ 501770).

6726 **Reconocimiento y ejecución por las autoridades judiciales españolas de instrumentos de reconocimiento mutuo** (L 23/2014 art.16 a 19) Las autoridades judiciales españolas competentes deben reconocer y ejecutar sin más trámites que los establecidos en esta ley, en el **plazo** estipulado en ella para cada caso, la orden o resolución cuya ejecución ha sido transmitida por una autoridad judicial de otro Estado miembro.
Si la **autoridad judicial** que ha recibido la orden o resolución **carece de competencia** para ejecutarla debe acordar su remisión inmediata a la autoridad que entienda competente, notificándolo al Ministerio Fiscal y a la autoridad judicial del Estado de emisión.
Si se declara la **denegación del reconocimiento o de la ejecución** de la orden o resolución judicial transmitida para su ejecución en España debe acordar también su devolución inmediata y directa a la autoridad judicial de emisión cuando el auto sea firme.
En los casos en que, siendo obligatoria su transmisión, falte la resolución judicial, la autoridad judicial debe acordar un plazo para su **remisión** por la autoridad judicial de emisión.
Las decisiones de denegación del reconocimiento o la ejecución de las medidas deberán adoptarse **sin dilación y de forma motivada** y se notificarán inmediatamente a las autoridades judiciales de emisión y al Ministerio Fiscal.

6727 **Motivos para la denegación del reconocimiento o la ejecución de las medidas o resoluciones** (L 23/2014 art.32 y 33 redacc LO 1/2025) Las autoridades judiciales españolas no reconocerán ni ejecutarán las órdenes o resoluciones transmitidas en los supuestos regulados para cada instrumento de reconocimiento mutuo y, con **carácter general**, en los siguientes casos:
a) Cuando se haya dictado en España o en otro Estado distinto al de emisión una resolución firme, condenatoria o absolutoria, contra la **misma persona** y respecto de los **mismos hechos**, y su ejecución vulnerase el principio *non bis in idem* en los términos previstos en las leyes y en

los convenios y tratados internacionales en que España sea parte y aun cuando el condenado hubiera sido posteriormente indultado; siempre que, en caso de condena, la sanción haya sido ejecutada o esté en curso de ejecución o ya no pueda ejecutarse en virtud del Derecho del Estado de condena.
b) Cuando el **formulario** o el **certificado** que ha de acompañar a la solicitud de adopción de las medidas esté **incompleto** o sea **manifiestamente incorrecto** o no responda a la medida, o cuando falte el certificado, sin perjuicio de lo dispuesto en la L 23/2014 art.19.
c) Cuando exista una **inmunidad** o privilegio procesal que impida la ejecución de la resolución o normas sobre la determinación y limitación de la responsabilidad penal en relación con la libertad de prensa y la libertad de expresión en otros medios de comunicación que imposibiliten a la autoridad competente española su ejecución.
d) Cuando se trate de la ejecución de las **resoluciones de embargo y decomiso**, en situaciones excepcionales, cuando existan motivos fundados para creer, sobre la base de pruebas concretas y objetivas, que la ejecución implicaría, en las circunstancias particulares del caso, la violación manifiesta de un derecho fundamental aplicable recogido en la Carta, en particular el derecho a la tutela judicial efectiva, a un juicio justo y a la defensa.
La autoridad judicial española también podrá **denegar** el reconocimiento y la ejecución de una resolución cuando:
- esta se haya impuesto por una **infracción distinta** de las reguladas en la L 23/2014 art.20.1 y 2 que no se encuentre tipificada en el Derecho español;
- tampoco esté tipificada en España y se trate de una resolución por la que se imponen sanciones pecuniarias; o
- la orden o resolución se refiera a hechos para cuyo enjuiciamiento sean competentes las autoridades españolas y, de haberse dictado la condena por un **órgano jurisdiccional español**, la sanción impuesta hubiese prescrito de conformidad con el Derecho español.
La autoridad judicial española podrá denegar el reconocimiento y la ejecución de una orden o resolución cuando se refiera a hechos que el Derecho español considere **cometidos en su totalidad o en una parte importante** o fundamental en territorio español, deduciendo en tal supuesto testimonio y remitiéndolo al órgano judicial competente.
Las decisiones de denegación del reconocimiento o la ejecución de las medidas deberán adoptarse **sin dilación y de forma motivada** y se notificarán inmediatamente a las autoridades judiciales de emisión y al Ministerio Fiscal.
Los motivos de no reconocimiento o no ejecución enumerados en la letra b), así como por hechos cuya competencia de enjuiciamiento corresponda a las autoridades españolas no serán de aplicación en relación con las medidas de **embargo preventivo** de bienes o de **aseguramiento de pruebas**.
La autoridad judicial española puede **denegar la ejecución** de la orden o resolución transmitida cuando el imputado no haya comparecido en el juicio del que derive la resolución, a menos que en ella conste (alternativamente) que:
- con **suficiente antelación**, fue citado en persona e informado del señalamiento del juicio o recibió tal información oficial por otros medios adecuados y fue informado de que podría dictarse una resolución en caso de incomparecencia;
- teniendo conocimiento de la fecha y el lugar previstos para el juicio, el imputado **designó abogado** para su defensa y fue efectivamente defendido por este;
- tras serle notificada la resolución y ser informado de su **derecho a un nuevo juicio o a interponer recurso**, declaró expresamente no impugnar la resolución, sin solicitar la apertura de un nuevo juicio ni recurrir dentro de plazo.
Esta regla **no se aplica** a las resoluciones que soliciten la realización de un embargo preventivo de bienes o un aseguramiento de pruebas, a la orden europea de investigación ni a las resoluciones por las que se imponen medidas alternativas a la prisión provisional.

Régimen jurídico de la ejecución (L 23/2014 art.21 a 28) El régimen jurídico de la ejecución es el siguiente: 6728
1) La **ejecución de la orden** se rige por el Derecho español y se lleva a cabo del mismo modo que si se hubiera dictado por una autoridad judicial española, quien debe observar las formalidades y procedimientos indicados por la autoridad judicial del Estado de emisión si no son contrarios a los principios fundamentales del ordenamiento jurídico español.
2) La ejecución se ajusta a los términos de la misma no pudiéndose extender a personas, bienes o **documentos** no comprendidos en ella, salvo lo dispuesto para la orden europea de detención y entrega o de investigación -L 3/2018- (anteriormente, un exhorto europeo de obtención de pruebas), con la participación de las autoridades centrales de los Estados miembros.

3) La orden o resolución judicial cuya ejecución se notifica al afectado si tiene su **domicilio o residencia en España**, salvo que el procedimiento extranjero se haya declarado secreto o si su notificación pueda frustrar la finalidad perseguida, para que pueda intervenir en el proceso si lo tiene por conveniente.
4) La autoridad judicial española debe **informar a la autoridad judicial competente** del Estado de emisión y al Ministerio Fiscal, sin dilación, de la resolución de reconocimiento o denegación de la orden o la resolución transmitida o de cualquier incidencia que pueda afectar a su ejecución, en especial en los casos de imposibilidad de la misma sin que se puedan ejecutar medidas alternativas no previstas en el Derecho español.
5) El ejercicio del derecho de **audiencia del investigado** se puede llevar a cabo por los instrumentos que permitan realizarlas mediante teléfono o videoconferencia.
6) La **ejecución se puede suspender** por cualquiera de las causas previstas legalmente y cuando la autoridad judicial de emisión comunique a la autoridad española de ejecución la pérdida sobrevenida del carácter ejecutorio de la orden o resolución judicial transmitida. Si bien, desaparecidos los motivos la autoridad judicial española debe tomar de inmediato las medidas oportunas para ejecutar la orden o resolución judicial, e informar de ello a la autoridad judicial competente del Estado de emisión. En el caso de no ser previsible que la suspensión se vaya a alzar se ha de devolver el formulario o certificado junto con lo actuado a la autoridad judicial de emisión.

6729 **7)** Contra las resoluciones dictadas por la autoridad judicial española se pueden interponer los **recursos** previstos en la Ley de Enjuiciamiento Criminal.
Sin embargo, contra las resoluciones del Ministerio Fiscal en ejecución de los instrumentos de reconocimiento mutuo no cabe recurso, sin perjuicio de las posibles **impugnaciones sobre el fondo** ante la autoridad de emisión y de su valoración posterior en el procedimiento penal que se siga en el Estado de emisión.
8) Los **gastos** ocasionados en territorio español por la ejecución de un instrumento de reconocimiento mutuo son a cargo del Estado español. Los demás, incluyendo los gastos de traslado de personas condenadas y los ocasionados exclusivamente en el territorio del Estado emisor, corren a cargo del mismo.
En ejecución de la **resolución judicial de decomiso** la autoridad judicial puede poner de manifiesto el caso en que España haya incurrido en gastos excepcionales.
Cuando se trate de ejecutar una **orden europea de investigación**, si la autoridad competente española considera que los gastos son excepcionalmente elevados, pondrá de manifiesto esta circunstancia al ministerio del ramo de justicia para que pueda este realizar una propuesta de reparto de costes al Estado de emisión o una modificación de la orden. Sin perjuicio de ello, si la emisión de la orden europea de investigación por la autoridad competente de otro Estado implica el **traslado temporal de detenidos** a España o al Estado de emisión, este financia los de traslado y retorno; y si implica la intervención de telecomunicaciones, financia los gastos de transcripción, descodificación y desencriptado de las comunicaciones intervenidas.
9) En el caso de abonarse **indemnizaciones de daños y perjuicios causados a terceros** el Estado español, a través del ministerio del ramo de justicia, debe reclamarlas al Estado de emisión, siempre y cuando no sean exclusivamente responsabilidad suya por el funcionamiento anormal de la Administración de Justicia o por error judicial.
10) El ministerio del ramo de justicia también es competente para autorizar el tránsito por territorio español de una persona que esté siendo trasladada al Estado de emisión desde el Estado de ejecución de una orden europea de detención y entrega o de una resolución que imponga una pena o medida privativa de libertad al Estado de emisión, siempre que aquel le remita la **solicitud de tránsito**. Si no puede garantizar su libertad individual en España por hechos o condenas anteriores a su salida del Estado de ejecución, debe informar al Estado de emisión en el plazo máximo de una semana, salvo que se haya pedido la **traducción del formulario o certificado**, en cuyo caso se puede aplazar la decisión hasta que reciba la traducción, pero no se puede prolongar la detención más allá del tiempo estrictamente necesario para la ejecución del tránsito.
No se requiere solicitud de tránsito en los casos de **tránsito aéreo sin escalas**, salvo en caso de aterrizaje forzoso, en cuyo caso debe darse la autorización en un plazo de 72 horas.
En el caso de que sea necesario el tránsito del reclamado en virtud de una orden europea de detención y entrega o de una resolución por la que se impone una pena o medida privativa de libertad por un tercer Estado miembro, la autoridad judicial de ejecución española debe ponerlo en conocimiento de la autoridad judicial de emisión extranjera, para que sea tal autoridad la que recabe la **pertinente autorización** a las autoridades del Estado de tránsito.

Control de la doble tipificación (L 23/2014 art.20) Los instrumentos de reconocimiento mutuo remitidos por los Estados miembros no están sujetos al control de la doble tipificación por juez o tribunal español si la orden o resolución se refiere a alguno de los siguientes **delitos** y se cumplen las **condiciones** exigidas por la ley para cada uno de los tipos: pertenencia a una organización delictiva; terrorismo; trata de seres humanos; explotación sexual de menores y pornografía infantil; tráfico ilícito de drogas y sustancias psicotrópicas; tráfico ilícito de armas, municiones y explosivos; corrupción; fraude, incluido el que afecte a los intereses financieros de las comunidades europeas; blanqueo de los productos del delito; falsificación de moneda; delitos informáticos; delitos contra el medio ambiente, incluido el tráfico ilícito de especies animales protegidas y de especies y variedades vegetales protegidas; ayuda a la entrada y residencia en situación ilegal; homicidio voluntario y agresión con lesiones graves; tráfico ilícito de órganos y tejidos humanos; secuestro, detención ilegal y toma de rehenes; racismo y xenofobia; robos organizados o a mano armada; tráfico ilícito de bienes culturales, incluidas las antigüedades y las obras de arte; estafa; chantaje y extorsión de fondos; violación de derechos de propiedad intelectual o industrial y falsificación de mercancías; falsificación de documentos administrativos y tráfico de documentos falsos; falsificación de medios de pago; tráfico ilícito de sustancias hormonales y otros factores de crecimiento; tráfico ilícito de materias nucleares o radiactivas; tráfico de vehículos robados; violación; incendio provocado; delitos incluidos en la jurisdicción de la Corte Penal Internacional; secuestro de aeronaves y buques; sabotaje. 6730

Tampoco se someten al control de la doble tipificación las resoluciones judiciales que impongan **sanciones** por alguno de los siguientes **delitos o infracciones**: conducta contraria a la legislación de tráfico, incluidas las infracciones a la legislación de conducción y de descanso y a las normas reguladoras de transporte de mercancías peligrosas; contrabando de mercancías; infracciones de los derechos de propiedad intelectual e industrial; amenazas y actos de violencia contra las personas, incluida la violencia durante los acontecimientos deportivos; vandalismo; robo; infracciones establecidas por el Estado de emisión en virtud de normas comunitarias.

El control de la doble tipificación sí que debe exigirse en el caso del **reconocimiento mutuo y la ejecución de las órdenes europeas de protección** o cuando la orden o resolución judicial transmitida castigue un hecho tipificado como un **delito distinto** de los arriba enumerados.

Ahora bien, si la orden o resolución se impone por una **infracción penal en materia tributaria, aduanera o de control de cambios**, no puede denegarse la ejecución de la resolución si el fundamento es que la legislación española no establece el mismo tributo o no contiene la misma regulación en materia tributaria, aduanera y de control de cambios que la legislación del Estado de emisión.

Configuración general normativa del derecho de defensa (LO 5/2024 art.1 a 12) 6732

MPP nº 220 s.

Se enuncian seguidamente los **parámetros básicos** del derecho de defensa, incorporados a la LO 5/2024, en general para todo tipo de proceso, aun con especial incidencia en el ámbito criminal. Su aplicación concreta al proceso penal se desarrolla detalladamente en los marginales nº 595 s. Memento Procesal Penal 2026.

El derecho a la defensa (Const art.24) se define como el **conjunto de facultades y garantías**, reconocidas en el ordenamiento jurídico, que permite a todas las personas, físicas y jurídicas, proteger y hacer valer, con arreglo a un procedimiento previamente establecido, sus derechos, libertades e intereses legítimos, en cualquier tipo de controversia ante los tribunales y Administraciones públicas, o en los medios adecuados de solución de controversias.

Su **contenido normativo** se integra por lo siguiente:

- Prestación y recepción de **asistencia letrada** o asesoramiento en derecho y defensa de los intereses legítimos de la persona.
- **Derecho** al libre acceso a los tribunales de justicia, a un proceso sin dilaciones indebidas, a que se dicte una resolución congruente y fundada en derecho por juez ordinario e imparcial predeterminado por la ley, a la invariabilidad de las resoluciones firmes, y a su ejecución en sus propios términos.
- Facultades necesarias para **conocer y oponerse** a las pretensiones que se formulen de contrario, para utilizar los **medios de prueba** pertinentes en apoyo de las propias y al acceso a **un proceso público** con todas las garantías, sin que, en ningún caso, pueda producirse situación alguna de indefensión.
- En las **causas penales**, incluyendo por asimilación material el procedimiento administrativo sancionador y al disciplinario, se reconoce el derecho de defensa íntegra, a ser informado de la imputación y de la acusación, a no declarar contra uno mismo, a no confesarse culpable, a la presunción de inocencia y a la doble instancia.

Las leyes procesales han de salvaguardar el **principio de igualdad procesal** y garantizar la seguridad jurídica y el buen funcionamiento del servicio público de justicia. Puede condicionarse el acceso a la jurisdicción, a los medios de impugnación y a otros remedios jurisdiccionales al cumplimiento de plazos o requisitos de procedibilidad inspirados por el **principio de necesidad** que, en ningún caso, pueden generar indefensión.
• Garantía de la utilización de **medios electrónicos** compatibles con el ejercicio del derecho de defensa.

6733 **Remisión de causas penales en la Unión Europea** (Rgto (UE) 2023/2011) La remisión de causas penales entre los Estados miembros tiene por **objeto** mejorar la eficiencia y adecuación de la Administración de Justicia dentro del espacio común de libertad, seguridad y justicia respetando los derechos fundamentales y los principios jurídicos básicos (TUE art.6).
Esta regulación es **aplicable** a partir de 1-2-2027 con la particularidad de la fecha de aplicación de la regulación de los medios de comunicación.

SECCIÓN 2

Bases constitucionales del proceso penal

6740

6742 Se tratan a continuación los aspectos del proceso penal de contenido puramente procesal.
El estudio de los **principios constitucionales sobre el proceso**, con referencia a todos los órdenes jurisdiccionales se realiza en el nº 52 s.

A. Derecho a la tutela judicial efectiva

(Const art.24)

6745 El derecho a la tutela judicial efectiva tiene su fuente próxima de inspiración en el Convenio Europeo para la protección de los derechos humanos (Convenio Roma 4-11-1950), según el cual toda persona tiene derecho a que su causa sea oída equitativa, públicamente y dentro de un plazo razonable, por un **tribunal independiente e imparcial**, establecido por la ley, que decidirá los litigios sobre sus derechos y obligaciones de carácter civil o sobre el fundamento de cualquier acusación en materia penal dirigida contra ella (Convenio Roma 4-11-1950 art.6.1; en términos similares el Pacto Internacional de Derechos Civiles y Políticos -Pacto Nueva York 16-12-1966 art.14.1-).

1. Utilización de los recursos legalmente establecidos

El sistema de recursos frente a las diferentes resoluciones judiciales se inserta en el derecho a la tutela judicial efectiva con la concreta **configuración** que reciba en cada una de las leyes procesales reguladoras de los distintos órdenes jurisdiccionales, con la excepción del orden penal, por lo que mientras que el derecho a una respuesta judicial sobre las pretensiones esgrimidas goza de naturaleza constitucional (en tanto que deriva directamente de Const art.24.1), el derecho a la revisión de una determinada respuesta judicial tiene **carácter legal** (TCo 119/1998; 214/2003). 6747

No existe, pues, un derecho constitucional a disponer de tales medios de impugnación, siendo imaginable, posible y real la eventualidad de que no existan, ya que no puede encontrarse en la Constitución ninguna norma o principio que imponga la necesidad de una **doble instancia** o de unos determinados **recursos**, siendo posible en abstracto su inexistencia o el condicionamiento de su admisibilidad al cumplimiento de ciertos requisitos, por lo que el principio *pro actione* no opera con igual intensidad en la fase inicial del proceso, para acceder al sistema judicial, que en las sucesivas, conseguida ya una primera respuesta judicial a la pretensión (TCo 214/2003).

Sin embargo, una vez establecida por el legislador la doble instancia en un ámbito determinado y configurado así el sistema legal de recursos dentro del mismo, el **derecho al recurso** se integra dentro del derecho a la tutela judicial efectiva con su **contenido** normal propio, consistente en obtener una decisión sobre el fondo del asunto, siendo entonces aplicables plenamente las consideraciones anteriores sobre su posible satisfacción mediante resoluciones judiciales de inadmisión y sobre interpretación judicial ordinaria de los requisitos y presupuestos procesales (TCo 131/2005; 217/2005; 225/2005).

Doble grado de jurisdicción Consiste en el derecho de toda persona declarada culpable de un delito a que el fallo condenatorio y la pena que se le haya impuesto sean sometidos a un tribunal superior, conforme a lo prescrito por la ley (Pacto Nueva York 16-12-1966 art.14.5). 6749

Las cuestiones que suscita el texto comentado sobre si reclama un concreto tipo de recurso y acerca de si su satisfacción es posible a través de los instrumentos de impugnación actualmente regulados en la legislación procesal penal española se exponen con detalle en el nº 9870 s. Conforme a doctrina constante del Tribunal Constitucional y del Tribunal Supremo, dicho mandato no es bastante para crear por sí mismo **recursos inexistentes** ni para modificar el sistema de recursos legalmente establecido, pues se concede en su texto libertad al Derecho interno para establecer cuál sea ese tribunal superior y cómo se someta a él el fallo condenatorio y la pena (TCo 37/1988; 113/1992; 70/2002; TS auto 14-12-01, EDJ 98914; TS 14-6-02, EDJ 23936; 19-2-03, EDJ 4283; TCo 48/2008; TS 18-12-07, EDJ 260308).

Ello permite que en nuestro ordenamiento procesal penal cumpla tal función en determinados supuestos el recurso de **apelación** y permite asimismo que, cuando lo haya previsto el legislador, sea la **casación** penal el recurso que abra al condenado en la instancia el acceso a un tribunal superior, siempre que al mismo puedan tener acceso efectivo todas las partes del proceso en condiciones de igualdad y a condición de que los rigurosos requisitos formales de admisibilidad, con que la Ley de enjuiciamiento criminal configura el recurso, se interpreten de conformidad con los criterios expuestos.

2. Principio de congruencia

El derecho a la tutela judicial efectiva se proyecta, en otra de sus manifestaciones, sobre el **contenido de la respuesta judicial** a las pretensiones de las partes y eleva a rango de derecho fundamental el principio de congruencia, regulado en la legislación procesal como requisito de la sentencia (p.e. LEC art.209.4ª y 218; LECr art.142 y 742; LOPJ art.85 y 88 redacc LO 1/2025). 6755

En el proceso penal, la exigencia de congruencia se manifiesta de modo particular en la exigencia de **correlación entre acusación y sentencia**, que se trata dentro del estudio del principio acusatorio (nº 6890), y en la configuración de la incongruencia como motivo de recurso contra la sentencia, en especial de casación (nº 10086).

3. Motivación de las resoluciones judiciales

La motivación se integra dentro del contenido constitucionalmente protegido del derecho a la tutela judicial efectiva (TCo 66/1996; 169/1996). Va dirigida, en último término, a excluir la arbitrariedad. 6760 MPP nº 280 s.

Supone la existencia de una argumentación ajustada al objeto del enjuiciamiento o a la decisión adoptada, para evaluar y comprobar que la solución dada al caso es consecuencia de una **exigencia racional** de la misma y no fruto de la arbitrariedad. No implica tener una determinada extensión, nivel de rigor lógico o de apoyo científico, ni siquiera que se singularicen todos y cada uno de los extremos de un relato que haya podido conducir a la persuasión (no siempre coincidente en los motivos) de los distintos integrantes del tribunal (TS 29-7-25, EDJ 645899).

Precisiones **1)** La motivación de una resolución siempre es **contextual** y alcanza su sentido en el correspondiente contexto procesal. La **extensión escueta** de una resolución no es signo de falta de motivación. Esta no es un problema de número de folios, sino de indicación clara de su fundamento (TS 9-12-25, EDJ 777801).

2) La motivación de la sentencia se expone con más detalle en el nº 9742 s.

6762 MPP nº 282 **Aspectos que deben motivarse** Los aspectos que deben motivarse necesariamente en la sentencia penal son tres (TS 19-4-02, EDJ 13154; 26-4-02, EDJ 16818; 10-9-03, EDJ 97965; 21-1-04, EDJ 3332):

- **fundamentación** del relato fáctico que se declara probado;
- subsunción de los hechos en el **tipo penal** procedente (elementos descriptivos y normativos, tipo objetivo y subjetivo, circunstancias modificativas); y
- **consecuencias** punitivas y civiles en el caso de condena.

Precisiones En determinados ámbitos decisorios se exige una **especial intensidad** en la justificación de la resolución judicial que, dada la relevancia del derecho afectado o lo delicado de la operativa de la figura afectada, debe estar especialmente motivada y satisfacer el canon reforzado de motivación. Por ejemplo, de las resoluciones de archivo de denuncias por torturas o malos tratos policiales (TCo 131/2012; 153/2013); o en materia de prescripción de condenas (TCo 97/2010; 152/2013).

6764 MPP nº 284 **Motivación fáctica** Tiene por **objeto** explicar sucintamente las razones por las que el órgano judicial ha declarado o rechazado declarar determinados **hechos** como **probados** y supone la parte esencial de la exigencia motivadora, en tanto que es aquella por la que se conoce el proceso de convicción del juzgador sobre la culpabilidad de una persona, en el sentido de participación en el hecho delictivo imputado, función que solo puede realizar el órgano jurisdiccional, que ha percibido la prueba con la inmediación derivada de la práctica de la misma.

Ante la existencia de prueba de cargo y de descargo se precisa una suficiente **identificación de las pruebas** tenidas en cuenta y una suficiente motivación del porqué de la superior credibilidad que se concede a la versión que se acepta en la sentencia, aspecto este último que resulta de la mayor importancia cuando la naturaleza de las pruebas sea documental.

Precisiones La **inmediación** no es un medio de convicción ni una coartada que pueda eximir al tribunal sentenciador de su deber de motivar (TS 20-11-24, EDJ 742843).

6765 MPP nº 286 **Motivación jurídica** Es la relativa a la traducción jurídico penal de los hechos declarados probados, tanto con relación a la **calificación jurídica** de los hechos y grado de desarrollo, como a la **participación** de las personas que en ellos hayan intervenido y circunstancias modificativas de la responsabilidad criminal que puedan concurrir.

Supone la aplicación de las normas al caso concreto, en la que debe emplearse un **doble parámetro de razonabilidad**:

- **metodológica**, de una parte, enjuiciando si la exégesis y subsunción de la norma no incurre en quiebras lógicas y es acorde a modelos de argumentación aceptados por la comunidad jurídica; y
- **axiológica**, de otra, enjuiciando la correspondencia de la aplicación del precepto con las pautas valorativas que informan la Constitución.

Precisiones Son **constitucionalmente rechazables** aquellas aplicaciones que, por su soporte metodológico -una argumentación ilógica o indiscutiblemente extravagante- o axiológico -una base valorativa ajena a los criterios que informan el ordenamiento constitucional-, conduzcan a soluciones esencialmente opuestas a la orientación material de la norma y, por ello, imprevisibles para sus destinatarios (TCo 93/2024).

6767 MPP nº 288 s. **Motivación decisional** Se refiere a la **participación de la persona acusada** en el hecho delictivo enjuiciado, lo que abarca singularmente:

- la individualización judicial de la pena (CP art.66 y 68; LO 14/2015 art.19 s.);
- los pronunciamientos sobre la responsabilidad civil que, en su caso, pueda declararse (CP art.115); y
- las costas procesales y consecuencias accesorias del delito (CP art.127 y 128).

La **aplicación de la pena** abarca a su vez tres fases diferentes, respecto de cada una de las cuales es exigible la motivación (TS 21-1-04, EDJ 3934; 7-4-05, EDJ 55149):

1. Presupone en primer término la búsqueda del marco penal abstracto correspondiente a la **subsunción en un delito** de una conducta probada, su participación y ejecución.

2. En segundo lugar, la búsqueda del marco penal concreto, tras la indagación y declaración, en su caso, de la concurrencia de las **circunstancias modificativas** de la responsabilidad criminal.
Admitida la responsabilidad penal de las personas jurídicas, la motivación decisional de la sentencia, a la hora de determinar el marco penal concreto que deba aplicarse, ha de tener en cuenta el CP art.66 bis.
3. Finalmente, el ejercicio del **arbitrio judicial**, analizando las circunstancias personales del delincuente y la gravedad del hecho y la capacidad de resocialización y de reeducación del mismo, atendiendo a la prevención especial y a la culpabilidad manifestada en el hecho, extremos que el legislador no puede prever y que delega en el juez penal mediante el ejercicio del arbitrio judicial, en ocasiones, entre unos límites mínimos y máximos muy distanciados.
El **margen de discrecionalidad** de que goza el juez no constituye por sí mismo justificación suficiente de la decision adoptada, sino que el ejercicio de esta facultad viene condicionado estrechamente por la exigencia de que la resolución esté motivada (TS 29-5-24, EDJ 570209).
La ausencia de motivación en la individualización de la pena puede, no obstante, **subsanarse** cuando en los hechos probados se describan circunstancias que por sí solas justifiquen la medición de la misma hecha por el tribunal (TS 11-5-05, EDJ 90203).

Precisiones 1) La motivación decisional es también denominada **individualización de las circunstancias accesorias**.
2) Sobre el régimen de **responsabilidad penal de las personas jurídicas** derivado de la LO 1/2015, es muy relevante la FGE Circ 1/2016. En ella se intenta clarificar cómo debe ser un **programa de prevención de delitos** para poder eximir de responsabilidad penal. El Código Penal exige que los programas sean claros, precisos y eficaces, conceptos que pueden generar incertidumbre a la hora realizar los mismos.

Particularidades de la motivación en el proceso de jurado Se plantean dos **cuestiones** específicas según se trate de: 6769 MPP nº 296 s.
- un supuesto de sentencia condenatoria, en el que se exige un mayor grado de motivación; o
- una sentencia absolutoria, para la que, en general, se exige menor rigor en el cumplimiento de este requisito.

Sentencias condenatorias En principio, se admite generalmente que, en la sentencia condenatoria, la motivación debe expresar las razones por las que se entiende que el derecho fundamental a la presunción de inocencia ha sido enervado por una actividad probatoria tenida por prueba de cargo (TS 19-4-01, EDJ 8322). 6770
No obstante, la ley reguladora del Tribunal del Jurado se limita a exigir una **sucinta explicación de las razones** por la que se han declarado o rechazado declarar determinados hechos como probados (LO 5/1995 art.61.1.d).
Esto ha llevado a la jurisprudencia a adoptar **dos posturas** al respecto (TS 20-4-05, EDJ 108789):
a) Según la primera, no puede exigirse a los ciudadanos que integran por sí solos el jurado de hechos y de culpabilidad, el mismo grado de **razonamiento intelectual y técnico** que puede exigirse a un juez profesional y experimentado (TS 20-10-14, EDJ 188256; 12-2-15, EDJ 9343; 2-10-17, EDJ 208838), pues extremar el rigor en las exigencias de motivación del veredicto del jurado puede constituir la expresión real de una animosidad antijuradista que puede hacer inviable el funcionamiento de la Institución tal y como ha sido diseñada por el legislador (TS 11-9-00, EDJ 24412; 9-4-01, EDJ 7911).
En consecuencia, las particularidades del tribunal imponen como inevitable la aceptación de un **estándar de motivación** de las resoluciones bastante menos exigente que el que rige para los demás órganos jurisdiccionales, por lo que dicho deber se considera cumplido mediante la simple enumeración de las fuentes de conocimiento tomadas en consideración (TS 13-12-01, EDJ 56053; 21-6-02, EDJ 26798; 12-2-03, EDJ 3247).
Pese a ello, se entiende que la falta de esa sucinta explicación constituye una **falta de motivación** y supone, en definitiva, la carencia de una de las garantías procesales que se integran en el derecho a la tutela judicial en su vertiente de derecho a obtener una resolución razonablemente razonada y fundada en Derecho (TCo 169/2004).

b) La segunda postura -trascendente en casos de **prueba de cargo indiciaria**-, no introduce distinciones sobre la base del carácter profesional o lego del juzgador y exige la motivación de la prueba que es de esencia a toda sentencia penal por exigencias del principio de **interdicción de la arbitrariedad** de los poderes públicos y del derecho a la presunción de inocencia. 6772
La norma contenida en LO 5/1995 art.61.1.d es tributaria del orden constitucional que conforma el derecho a un **proceso justo** y con todas las garantías y concretamente se revela inseparable de la tutela judicial efectiva exigida constitucionalmente para las sentencias (Const art.120.3) y, por extensión, para el resto de resoluciones judiciales.

La sucinta explicación prescrita por la LO 5/1995 es exactamente la **motivación fáctica** o de hecho y, aunque la exigencia de su contenido no puede ser equiparable a la de los jueces técnicos, su núcleo sustancial, por breve o esquemático que sea, debe alcanzar la satisfacción del derecho a obtener la tutela judicial efectiva de las partes implicadas en el proceso. La motivación **no** exige **explicaciones amplias** o de una determinada extensión; las razones aducidas pueden ser breves siempre que sean suficientemente expresivas para dejar de manifiesto el porqué de lo resuelto y para que quede claro que la decisión tomada no es arbitraria (TS 12-3-03, EDJ 4277; 21-4-03, EDJ 30175; 23-12-04, EDJ 234871; 16-11-05, EDJ 213948).

6774 Por otra parte, compete al magistrado presidente, con carácter exclusivo, la determinación de si existe o no **prueba válida de cargo** (LO 5/1995 art.49; TS 23-12-04, EDJ 234871; 10-6-14, EDJ 99588; 26-11-20, EDJ 721244). La **intervención del magistrado** es, además, esencial para subsanar la ausencia de motivación mediante la devolución del acta de veredicto al jurado, cosa que debe hacer cuando aprecie que el jurado no se ha pronunciado sobre la totalidad de los hechos o que los diversos pronunciamientos relativos a los hechos declarados probados son contradictorios, precisando en tal caso la forma en que se deben subsanar los defectos de procedimiento o los puntos sobre los que deben emitir nuevos pronunciamientos (LO 5/1995 art.63 y 64).

La motivación del veredicto contenida en el **acta de la votación** es independiente a la que debe contener la **sentencia** (LO 5/1995 art.70), a la que se exige el canon normal de motivación, debiendo basarse para la motivación de los hechos y de la prueba en el acta de la votación, por lo que esta ha de ser lo suficientemente completa para permitir dicha labor.

La motivación del jurado, especialmente en el caso de prueba indiciaria, debe ser **desarrollada por el magistrado presidente** al redactar la sentencia, expresando el contenido incriminatorio de los elementos de convicción señalados por el jurado y explicitando la inferencia cuando se trate de prueba indiciaria o de hechos subjetivos.

El magistrado presidente, por su participación en el proceso y en la vista oral, debe estar en condiciones de plasmar con el necesario detalle en cada caso, cuáles son las **pruebas tenidas en cuenta** por los jurados y cuál es su **contenido incriminatorio** (TS 4-2-04, EDJ 8310; 21-6-07, EDJ 70231; 4-2-04, EDJ 159542).

Precisiones La suficiencia de la **motivación del veredicto** ha de fiscalizarse teniendo en cuenta la integridad de la justificación dada, sin parcelarla para cada una de sus proposiciones, en la medida en que normalmente aparecerán interrelacionadas (TS 12-1-17, EDJ 949).

6775 MPP nº 306 **Sentencias absolutorias** La motivación de la sentencia absolutoria se satisface en cuanto expresa una **duda sobre los hechos** de la acusación, lo cual trae como consecuencia la falta de enervación de la presunción de inocencia y la absolución. Se admite, por tanto, sin reservas que la **motivación** del veredicto de inculpabilidad puede ser **mínima** (TS 22-4-02, EDJ 13156).

En consecuencia, no procede anular indiscriminadamente, por la vía de la **defectuosa motivación**, juicios celebrados con la intervención de jurado y no basta simplemente con no compartir el criterio, aunque se juzgue desacertado, del colegio popular sobre la valoración de los elementos de prueba que tuvo en consideración, sino que se ha de detectar un **auténtico vacío motivador del veredicto**, cuya sucinta explicación debe intentar comprenderse, por encima de las rituales formas en que pueda este expresarse por los integrantes del jurado, al levantar el correspondiente acta (TS 21-1-05, EDJ 3712; 28-11-05, EDJ 213917).

4. Eficacia de las resoluciones judiciales

6780 MPP nº 310 s. La tutela judicial efectiva comporta también el derecho a que las resoluciones judiciales alcancen la eficacia que les otorga el ordenamiento, lo que implica su **ejecución en sus propios términos** y la **inmutabilidad** de las mismas (LOPJ art.18).

Por otra parte, el principio de intangibilidad de las resoluciones judiciales firmes ha de entenderse sin perjuicio de las posibilidades que el propio ordenamiento reconoce para su **revisión y modificación** a través de los cauces extraordinarios legalmente establecidos, de los que, en materia específicamente penal, han de señalarse los siguientes:

- los medios de rescisión de la cosa juzgada;
- la aplicación de la ley penal más favorable;
- el incidente de nulidad.

6782 **Medios de rescisión de la cosa juzgada** En esta categoría se integran el recurso de revisión (LECr art.954) y el de nulidad del condenado en ausencia (LECr art.793). Ambos son objeto de estudio en el apartado dedicado a los recursos (nº 9870 s.).

Aplicación de la ley penal más favorable (CP art.2.2; LO 14/2015 art.1.2) Actúa a través de los procesos de revisión de sentencias firmes que normalmente incorporan las disposiciones transitorias de las leyes de reforma penal (p.e. CP disp.trans.1ª a disp.trans.11ª; LO 15/2003 disp.trans.1ª a disp.trans.5ª; LO 1/2015 disp.trans.1ª a 3ª; LO 5/2010 disp.trans.2ª; LO 1/2015 disp.trans.2ª; LO 14/2015 disp.trans.2ª). 6784 MPP nº 314

Incidente de nulidad (LOPJ art.241) A través del mismo, se permite a quienes sean parte legítima, o hubieran debido serlo, pedir por escrito que se declare la nulidad de actuaciones fundada en la **lesión de cualquier derecho fundamental** de los referidos en la Const art.53.2, siempre que haya sido posible denunciar los defectos antes de recaer sentencia o resolución que ponga fin al proceso y que, en uno u otro caso, la sentencia o resolución no sea susceptible de recurso en el que quepa reparar la indefensión sufrida. 6786

Precisiones Ver nº 10206 s., en lo que se refiere al incidente de nulidad de resoluciones firmes.

Complemento de resoluciones (TS 7-3-24, EDJ 513722) La posibilidad de complemento de la resolución respecto de sentencias o autos que hayan **omitido manifiestamente pronunciamientos** relativos a pretensions oportunamente deducidas y sustanciadas en el proceso, no altera la naturaleza del recurso de aclaración ni supone una flexibilización o atenuación del principio de inmodificabilidad de las sentencias. Se trata de evitar las consecuencias de incurrir en **vicio de incongruencia omisiva** por omisión de pronunciamientos respecto de cuestiones oportunamente deducidas, debatidas y cuestionadas, así como conjurar la necesidad de acudir a la vía de recurso o, en su caso, del incidente de nulidad, con evidente economía procesal sin mengua de garantías. 6787

B. Derecho al juez ordinario predeterminado por la Ley

La garantía del juez ordinario predeterminado por la Ley (Const art.24.2), se inspira en el Convenio Europeo de los Derechos Humanos y en el Pacto Internacional de Derechos Civiles y Políticos, que se refieren a un tribunal competente, independiente, imparcial y establecido por la Ley (Convenio Roma4 11-1950 art.6.1; Pacto Nueva York 16-12-1966 art.14.1). 6790 MPP nº 332

La Constitución establece asimismo que la **justicia** emana del pueblo y se administra en nombre del Rey por jueces y magistrados integrantes del Poder judicial, independientes, inamovibles, responsables y sometidos únicamente al imperio de la Ley, que además no pueden ser separados, suspendidos, trasladados ni jubilados, sino por alguna de las causas y con las garantías previstas en la ley (Const art.117).

El derecho fundamental al juez ordinario predeterminado por la Ley se fundamenta en las siguientes **exigencias** (TCo 102/2000; 170/2000; 69/2001; 70/2007; 34/2021; TS 5-11-25, EDJ 765253):

- que el órgano judicial haya sido creado previamente por norma jurídica con rango de ley en sentido estricto;
- que la ley le haya investido de jurisdicción y competencia con anterioridad al hecho motivador de cada actuación o proceso judicial concreto, de manera que contenga los criterios abstractos de determinación competencial cuya aplicación a cada supuesto litigioso permita determinar cuál es el juez o tribunal llamado a conocer de la causa; y
- que su régimen orgánico y procesal no permita calificarlo de órgano especial o excepcional.

Es doctrina reiterada que las cuestiones relativa a la interpretación de las normas sobre atribución de competencias a los órganos jurisdiccionales, en cuanto de legalidad ordinaria, son ajenas al derecho al juez ordinario predeterminado por la ley, salvo que ello suponga una **manipulación manifiestamente arbitraria** de las reglas legales sobre atribución de competencias (TCo 164/2008; 220/2009; 34/2010; TS 8-4-21, EDJ 527149; 1-6-23, EDJ 590111).

El nombramiento de un **juez de apoyo o refuerzo** no supone la designación de un juez *ad hoc* ni priva al titular del conocimiento o tramitación de los asuntos de su competencia (TS 13-9-22, EDJ 677079).

Precisiones La **reforma de la planta jurisdiccional** operada por LO 1/2025, con la desaparición de los juzgados unipersonales en el orden penal y su transformación en Secciones de Instrucción o de lo Penal integradas en los Tribunales de Instancia y Central de Instancia, impone que la proclamación del derecho en estudio se refiera a los jueces o magistrados integrantes de dichas secciones a los que se asigne la instrucción o conocimiento de las correspondientes causas en los mismos términos que los integrantes del resto de los órganos jurisdiccionales colegiados.

1. Órgano jurisdiccional de carácter ordinario

6795 Los aspectos más relevantes de la jurisprudencia del Tribunal Constitucional acerca de la predeterminación legal del juez se exponen en el nº 250 s.

6797 **Audiencia Nacional** Se ha discutido la constitucionalidad de la excepción que su **régimen competencial especializado** y extensivo a todo el territorio nacional (nº 7335) supone a la regla general de competencia del juez del lugar de perpetración del delito (nº 7375), sin reparar al hacerlo en que este precepto formula dicha regla para aplicarse fuera de los casos que, expresa y limitativamente, atribuyen la Constitución y las leyes a jueces y tribunales determinados.

La doctrina jurisprudencial sobre el particular se resume en los aspectos siguientes (TCo 199/1987; 153/1988; 56/1990; TS 11-10-01, EDJ 37180; 20-3-02, EDJ 7965):

a) La Constitución consagra el derecho al juez ordinario como garantía para el justiciable de la predeterminación del órgano judicial que ha de instruir, conocer y decidir sobre su posible responsabilidad criminal, pero también indica que dicho juez ordinario será el predeterminado por la Ley, el que se establezca en cada caso por el legislador, siempre que **orgánica y funcionalmente** merezca tal consideración, como ocurre con los Juzgados Centrales de Instrucción y la Audiencia Nacional (Comisión Europea de Derechos Humanos Inf 16-10-1986).

b) La prohibición constitucional de jueces excepcionales o no ordinarios no impide que en determinados supuestos, en atención a su naturaleza, a la materia sobre la que versan, a la amplitud del ámbito territorial en que se producen y a su trascendencia para el conjunto de la sociedad, el legislador pueda razonablemente disponer que la instrucción y enjuiciamiento de los mismos se lleve a cabo por un **órgano judicial centralizado** sin que ello contradiga la Const art.24.

El **carácter** de los delitos atribuidos a la Audiencia Nacional (Secciones de Instrucción y de lo Penal del Tribunal Central de Instancia -hasta su constitución, Juzgados Centrales de Instrucción y Centrales de lo Penal-), su **complejidad** y sus conexiones, y su **finalidad** encaminada a perturbar el orden constitucional, han determinado normas de atribución competencial que también han existido y existen para otros hechos delictivos de especial significación, que suponen una singularidad respecto de la norma de atribución de la competencia criminal por el lugar que se comete el delito.

6799 **Jurisdicción militar** (LOPJ art.1 y 3) La jurisdicción militar integrante del Poder judicial del Estado, administra justicia en nombre del Rey, con arreglo a los principios de la Constitución y a las leyes y todo órgano judicial militar, en el ámbito de su competencia, es **juez ordinario** predeterminado por la ley.

Se resumen a continuación los principales **criterios jurisprudenciales** al respecto (TCo 204/1994; 113/1995; 18/2000; TS 4-10-99, EDJ 30684; 17-12-01, EDJ 66312; 25-11-02, EDJ 51986):

a) La jurisdicción militar, más allá de todas sus peculiaridades reiteradamente reconocidas por el Tribunal Constitucional (TCo 97/1985; 180/1985; 60/1991; 115/2001; 202/2002; 179/2004), es jurisdicción, es decir, manifestación de la función constitucional a la que, como derecho fundamental, se confía la **tutela judicial efectiva**. Por tanto, en los procedimientos seguidos ante ella, son plenamente exigibles los derechos al juez ordinario predeterminado por la ley y a un proceso con todas las garantías (Const art.24.2).

6800 **b)** La jurisdicción castrense conoce de un **ámbito objetivo** diferente del que es propio de los demás órganos integrantes del Poder judicial y no puede extender su cognición más allá del ámbito estrictamente castrense, por lo que la trasgresión de las reglas definidoras de ese orden jurisdiccional, tanto en su formulación como en su debida aplicación o interpretación puede, en ocasiones, conducir a una vulneración del derecho al juez legal (Const art.24.2).

El «**ámbito estrictamente castrense**» es un concepto relativamente indeterminado que, en todo caso y en su dimensión penal en particular, se refiere a la protección de bienes jurídicos de naturaleza militar, cuya tutela es necesaria para que los ejércitos cumplan la misión que les atribuyen la Constitución y las leyes. En **tiempos de paz**, el concepto se delimita con base en tres criterios: objetivo, determinado por el carácter militar del delito-; funcional o instrumental -delimitado por los bienes, principios o valores militares protegidos por la norma-; y subjetivo -determinado por la condición de militar del sujeto activo del delito- (TS 7-12-23, EDJ 771508; 3-5-22, EDJ 557928; 14-6-16, EDJ 88833).

c) La no pertenencia de los **componentes de los órganos judiciales militares**, salvo los de la Sala de lo Militar del Tribunal Supremo, al cuerpo único de jueces y magistrados de carrera (Const art.122.1) y sí al Cuerpo Jurídico Militar (LO 4/1987 art.24, 36, 46, 54, 75 y 90; L 39/2007 art.37) no vulnera la tutela judicial efectiva, pues la Constitución no exige que toda función jurisdiccional sea atribuida en todo caso a magistrados y jueces de carrera integrados en un cuerpo único, máxime cuando la propia Constitución contempla supuestos de lo contrario (p.e. Const art.136.3 y 159).

Desde la perspectiva de la tutela judicial efectiva es, pues, válida la opción de atribuir el desempeño de la jurisdicción a oficiales del **cuerpo jurídico militar**, pues el principio de independencia judicial no viene determinado por el origen de los llamados a ejercer funciones jurisdiccionales, sino precisamente por el *status* que les otorgue la ley en el desempeño de las mismas.

d) La **responsabilidad disciplinaria** derivada del ejercicio de funciones jurisdiccionales solamente puede ser exigida por la Sala de Gobierno del Tribunal Militar Central, cuando se trate de imponer las sanciones de advertencia y pérdida de haberes, y por el Consejo General del Poder Judicial en los demás casos, estando reservada al Pleno la separación del servicio (LO 4/1987 art.138). Junto a ella, quienes ejercen la jurisdicción militar están sujetos, en cuanto militares, al régimen disciplinario general de las fuerzas armadas (LO 8/2014). No obstante, la aplicación de este régimen se caracteriza por una doble y esencial peculiaridad: **6802**

• En primer lugar, **no es de aplicación** cuando el interesado se encuentre en el ejercicio de funciones judiciales (LO 4/1987 art.122).

• Por otra parte, la **competencia sancionadora** no sale nunca del ámbito de la propia jurisdicción, pues corresponde en exclusiva a los auditores presidentes de los correspondientes tribunales militares y a la Sala de Gobierno del Tribunal Militar Central, ni siquiera en vía de recurso disciplinario de alzada o reposición, tras la que cabe recurso contencioso disciplinario militar ante la Sala Quinta del Tribunal Supremo (LO 8/2014 art.28; LO 2/1989 art.25, 30, 32 y 33).

e) En la jurisdicción militar, el **cese en los destinos o cargos judiciales** se produce por ascenso, si no corresponde al nuevo empleo el destino judicial que se ocupe (LO 4/1987 art.66), lo que en ocasiones se ha invocado como atentado contra la inamovilidad judicial.

Supuestos de extradición La extradición de personas en caso de jurisdicción concurrente puede plantear problemas en relación con el derecho al juez ordinario, pues los tribunales españoles gozan de título competencial para conocer de los **delitos que motivan la entrega** del investigado. Así sucede en concreto cuando se conjuga la regla de la jurisdicción universal (LOPJ art.23.4) con la prohibición de entrega de nacionales (LO 4/1985 art.3.1). **6805** MPP nº 354 s.

La extradición de nacionales a un Estado extranjero puede constituir, en el caso concreto, una **vía de elusión** de la prohibición de jueces *ad hoc* y de las garantías de independencia, imparcialidad, inamovilidad y sometimiento al imperio de la ley de los jueces, que constituyen el fundamento del derecho analizado (TCo 87/2000; 162/2000).

Aforamientos Suponen una alteración de la regla general de competencia objetiva por razón de la materia. No obstante, por su carácter específico, dirigido a determinar el órgano judicial competente para el conocimiento de las causas seguidas contra determinadas personas, entroncan directamente con el derecho al juez ordinario predeterminado por la Ley. **6808**

Desde esta perspectiva, el órgano que señale la norma en la que se produzca el aforamiento ha de considerarse **juez ordinario predeterminado** por la Ley (TCo 22/1997; 69/2001).

Precisiones Los aforamientos se exponen al tratar la **competencia** en el nº 7350 s.

2. Imparcialidad

El derecho a la imparcialidad del juzgador es un derecho reconocido en las normas internacionales (Declaración Universal de los derechos humanos art.10; Convenio Roma 4-11-1950 art.6.1; Pacto Nueva York 16-12-1966 art.14.1) y se configura por la jurisprudencia como la primera y **más importante garantía** del proceso justo, por cuanto integra parte del estatuto constitucional del juez (art.117.1 Const) y le impone la inquebrantable obligación de someterse de forma exclusiva y sin excepciones al ordenamiento jurídico, constituyendo una exigencia que condiciona la existencia misma de la función jurisdiccional (TCo 130/2002; 52/2001; 38/2003; 39/2004; TS 9-6-05, EDJ 108840; 18-5-05, EDJ 96765). En todo caso, se presume mientras no se pruebe lo contrario (TS sala militar 16-3-21, EDJ 517049). **6815** MPP nº 367 s.

La estricta sujeción del juez a la ley penal sustantiva y procesal que rige sus actos y decisiones asegura a las partes en el proceso que el juez penal es un tercero **ajeno a los intereses** en litigio y, por tanto, a sus titulares y a las funciones que desempeñen en el proceso.

6817 **Aspectos de la imparcialidad** Para definir el concepto concreto de imparcialidad, es preciso distinguir diversos aspectos dentro del mismo:

A) Integra tanto una **exigencia ineludible** de la actuación procesal de los órganos judiciales y de su actuación, como un **derecho** de las partes y, en especial, del investigado, en el proceso penal.

B) Atendiendo al origen de los posibles prejuicios o prevenciones que supondrían la inexistencia de imparcialidad en un caso concreto, se distingue entre **imparcialidad subjetiva y objetiva** (TEDH 1-10-82, núm 8692/79; 26-10-84, núm 9186/80; 24-5-89, núm 10486/86), tratando de determinar la convicción personal del juez a través de indicios y datos objetivos externos relativos a:

- las relaciones del juzgador con las partes (aspecto subjetivo); o
- su previo contacto con el objeto del proceso (aspecto objetivo).

No se pierde la imparcialidad por el hecho de juzgar a un mismo acusado en una segunda o ulterior ocasión, siempre que sea por **hechos diferentes**; ni por haber dictado sentencia previa recaída en la misma causa -o en otra conexa- en la que se haya condenado a los acusados (TS 2-2-21, EDJ 503846).

C) El **carácter mediático** de determinados procesos y su enjuiciamiento por el Tribunal del Jurado determina frecuentemente la sospecha de pérdida de imparcialidad por parte de los componentes del jurado. Al respecto se fijan las siguientes reglas básicas (TS 20-7-15, EDJ 136073; 26-11-20, EDJ 721244; 16-12-20, EDJ 742113):

- no existe presunción de parcialidad de un jurado por que el asunto enjuiciado tenga relevancia mediática;
- tampoco una presunción del carácter influenciable de los ciudadanos como máxima categórica cuando el proceso trasciende a los medios de comunicación;
- la publicidad procesal da paso a la publicación del proceso, pero ello es una conquista histórica irrenunciable;
- el derecho a la participación ciudadana en la administración de Justicia no puede cercenarse por el derecho de la sociedad a recibir información sobre el proceso judicial y de los medios de comunicación a transmitir tal información;
- la imparcialidad del jurado no se ve condicionada por los mensajes de los medios durante el proceso, pues las instrucciones del presidente del tribunal garantizan el mensaje de la alta función que los ciudadanos cumplen en estos casos;
- no se puede adelantar temporalmente el momento fijado por la Ley para la incomunicación del jurado por la relevancia mediática del proceso;
- la ausencia de tal relevancia no garantiza, por el contrario, la imparcialidad.

C. Garantías del investigado, encausado

6830 MPP nº 390 s. El proceso penal es el medio a través del que el Estado ejerce su derecho a castigar, pudiendo conducir a la imposición de la **sanción más grave** prevista en el ordenamiento jurídico y comprometer el derecho a la libertad personal del acusado (TCo 130/2002). Por ello, es indudable que el complejo sistema de garantías relacionadas entre sí se diseña en beneficio, fundamentalmente, del investigado o parte pasiva del proceso, en atención a la especial posición que ocupa en el seno del mismo (TCo 19/2000).

Al mismo tiempo, puesto que los **derechos fundamentales** son derechos subjetivos individuales, pero presentan un aspecto objetivo al representar un sistema de valores que se constituye en esencia del Estado (Const art.1), mediante dicho entramado se tiende a asegurar ese interés público en que la condena penal y el interés constitucional en la persecución del delito resulten de un **juicio justo** (TCo 166/1999).

1. Adquisición del status procesal de investigado

6835 Se denomina investigado o **parte pasiva del proceso** a la persona a la que, con más o menos fundamento, se atribuya la comisión de un hecho con apariencia de infracción penal (TCo 44/1985).

Esa atribución es, en el sistema del derecho a la tutela judicial efectiva, de índole puramente material porque puede deducirse tanto de actos formales de acusación como de cualquier actuación procesal (LECr art.118; LO 2/1989 art.125). Desde el mismo instante en que, por cualquier motivo, convergen la existencia del delito presunto y la identidad de su presunto responsable, existe **imputación** y debe aplicarse al destinatario de la misma el régimen constitucional de garantías que se concentran en torno al **derecho de defensa** entendido en sentido amplio, sin que sea necesario para ello que la atribución del delito se formalice en una determinada resolución judicial tipo procesamiento o inculpación, ni que exista ejercicio formal de la acción penal contra su persona, sin perjuicio de que en el posterior curso del proceso ambas cosas puedan y deban producirse.

Precisiones Por efecto de la L 41/2015, el término legal «**imputado**» se sustituye por investigado o encausado, en función de las circunstancias y fase en las que se encuentren las actuaciones (nº 8000).

Origen de la imputación Los orígenes de la imputación (apertura formal de la investigación) y el punto de arranque del sistema de garantías que de ella se derivan pueden ser, pues, de índole muy diversa, que puede sistematizarse por su **relación temporal con la incoación del proceso**: 6837

Antes del proceso La imputación penal material puede ser incluso anterior al nacimiento de un concreto proceso, en el que más tarde aparecerá su destinatario como formalmente investigado. Así ocurre en los casos de **detención no judicial** de una persona (LECr art.490.1º y 2º y 492.4º: nº 8865) y en los de **actuaciones investigadoras** del Ministerio Fiscal (LECr art.773.2; LO 2/1989 art.123; L 50/1981 art.5: nº 8186) o de la policía judicial (LECr art.282, 770, 771, 796, 962 y 964; LO 4/1987 art.86: nº 8214). 6839

Precisiones Prueba de ello es que se exige la **asistencia letrada** desde la detención o desde que de las actuaciones resulte la imputación de un delito contra persona determinada, debiendo recabarse de manera inmediata, por la policía judicial o el Ministerio Fiscal, del colegio de abogados la designación de un abogado de oficio, si no lo ha nombrado ya el interesado (LECr art.776 redacc LO 1/2025). También se dispone que la policía judicial debe **informar al investigado no detenido** de los derechos que integran el régimen de garantías (LECr art.771.2ª). Igualmente, incoadas ya las diligencias previas, en la **primera comparecencia**, el juez debe informar al investigado, en la forma más comprensible, de los hechos que se le imputan (LECr art.775). Es evidente que, en todos esos casos, la imputación penal material es **preexistente al nacimiento del proceso** y que la existencia de la misma constituye la medida de la legalidad de la detención (Const art.17; LECr art.489 y 492.4º; LO 2/1989 art.200; CP art.163 a 167).

En la admisión de la denuncia o querella Cuando la imputación surge de la admisión de denuncia o querella (nº 8270 s.) es simultánea al nacimiento del proceso penal y se precisa una **verificación judicial** de su verosimilitud, pues la Ley ordena la inadmisión o rechazo del acto de imputación cuando los hechos no revistan *prima facie* caracteres de delito (nº 8297 y nº 8308). 6840 MPP nº 416
Por otro lado, se establece que la persona a quien se impute un acto punible debe ser citada solo para ser oída (LECr art.486; LO 2/1989 art.199), lo cual responde igualmente a una previa valoración judicial de las características de la acusación.

En cualquier actuación procesal La imputación puede derivar de cualquier actuación procesal adoptada dentro de un **proceso en curso**, como por ejemplo la adopción de medidas cautelares, las declaraciones testifícales incriminatorias, los análisis periciales y otros actos de instrucción que permitan sospechar de la participación en el delito de persona concreta, el recurso de signo acusatorio contra una decisión judicial de archivo de las diligencias, etc. En tales casos, así como cuando se admita la denuncia o la querella, debe ponerse dicha circunstancia en el **inmediato conocimiento** de la persona afectada, a la que desde ese momento debe aplicarse el status procesal de parte pasiva del proceso (LECr art.118; LO 2/1989 art.125; LO 5/1995 art.24 y 25; LO 5/2000 art.22.2). 6842
Puede incluso producirse la **autoimputación** de quien comienza declarando en calidad de testigo, pese al derecho de toda persona a no declarar contra sí misma. En tal caso, lo procedente es dejar de aplicar inmediatamente el régimen de la declaración testifical para pasar al aplicable a las manifestaciones del investigado, con suspensión de la diligencia hasta que el declarante sea provisto de asistencia letrada (LO 2/1989 art.142).

Instrucción del proceso El objetivo esencial de la fase de instrucción del proceso no es otro que el de **concretar la imputación**, determinando al mismo tiempo la viabilidad de una futura acusación en el seno del juicio oral o la pertinencia de poner fin al proceso de forma anticipada mediante el archivo o el sobreseimiento (LECr art.299 y 777; LO 2/1989 art.146). 6844
El status procesal de investigado y los derechos a ser informado de la acusación, a la defensa y a un proceso con todas las garantías, que derivan automáticamente del mismo, proscriben todo matiz de actuación inquisitiva en la fase de instrucción. En concreto, dichos derechos imponen las siguientes **exigencias** (TCo 128/1993; 19/2000; 118/2001):
a) Que se garantice el **acceso al proceso** de toda persona a quien se le atribuya, más o menos fundadamente, un acto punible y que dicho acceso lo sea en condición de investigado, para garantizar la plena efectividad del derecho a la defensa y evitar que puedan producirse contra ella, aun en la fase de instrucción judicial, situaciones materiales de indefensión. El **traslado de la imputación** a su destinatario no ha de retrasarse más allá de lo estrictamente necesario,

pues establecida la verosimilitud de la imputación de un hecho punible contra persona determinada, el juez debe considerarla investigada para permitir su defensa y una equilibrada contradicción, sin que la investigación sumarial pueda efectuarse a sus espaldas, so pena de hacerse acreedora a la sanción procesal de la prueba prohibida -LOPJ art.11.1- (TCo 273/1993; 277/1994; 100/1996; 149/1997).

b) Una correlación subjetiva entre los actos de imputación judicial y **acusación** (TCo 128/1993; 134/1998), lo que significa que la primera es presupuesto inexcusable de la segunda.

6845 **c)** Nadie puede ser acusado sin haber sido **oído por el juez** de instrucción con anterioridad a la conclusión de la instrucción, que no puede clausurarse sin haber puesto el juez en conocimiento del investigado el hecho punible objeto de la misma, haberle ilustrado de sus derechos y, de modo especial, de la designación de abogado defensor, y haberle permitido su exculpación frente a la imputación contra él existente (TCo 149/1997).

Esta exigencia cobra especial significado en el **procedimiento abreviado** (LECr art.775 y 797.1.3ª).

En el procedimiento del **Tribunal del Jurado**, cumplen similares funciones la comparecencia (LO 5/1995 art.25.1) y el auto de apertura del juicio oral (LO 5/1995 art.33).

d) El investigado no debe **declarar como testigo** desde el momento en que resulte sospechoso de haber participado en el hecho punible, por cuanto el testigo está obligado penalmente a comparecer y a decir verdad, en tanto que el investigado no solo no tiene obligación de decir la verdad, sino que puede callar total o parcialmente, en virtud de los derechos a no declarar contra sí mismo y a no confesarse culpable (TCo 115/1998; TEDH 25-2-93, núm 10828/84; TS 13-12-04, EDJ 234864).

e) Las eventuales **imprecisiones** o vaivenes terminológicos de algunos autos, o la exploración de líneas de investigación que después se debilitan o archivan respecto de un concreto investigado, no bastan para apreciar una vulneración del derecho a ser informado de la acusación, en ausencia de toda indefensión material. Lo esencial es que el acusado haya gozado de **conocimiento suficiente**, claro en lo fundamental y oportuno de los hechos imputados y de la calificación jurídica de los mismos, desde una fase temprana del procedimiento y con plena posibilidad de organizar su defensa a lo largo de la instrucción y del juicio oral (TS 9-12-25, EDJ 777801).

6846 **Imputación de persona jurídica** (LECr art.119; FGE Circ 1/2011) La imputación de la persona jurídica (apertura formal de la investigación) se caracteriza por las siguientes **peculiaridades**:

• El **emplazamiento para la primera comparecencia** en la que haya de informarse a la persona jurídica de la imputación se realiza en la persona del representante legal de la entidad, con idénticas exigencias que las exigibles en el mismo caso respecto de las personas físicas. Dicha comunicación habrá de remitirse al domicilio social, que dependiendo si se trata de una sociedad civil o mercantil, es el previsto en el CC art.41 o RDLeg 1/2010 art.9 y 10.

• El **representante legal de la persona jurídica** que no haya sido investigado personalmente y actúe en el procedimiento penal en nombre de la misma, no tiene la condición de investigado, pero formalmente goza de las garantías propias del mismo en la medida en que actúe en nombre de la corporación y a los solos fines de garantizar el derecho de defensa de esta última.

• La persona jurídica es **informada**, por medio de su representante, de los hechos concretos en que se basa la imputación y del régimen de derechos que como investigada le asisten. El representante legal ha de poder prestar declaración en calidad de investigado en representación de la persona jurídica si así lo considera oportuno.

• En caso de ser **simultánea o sucesivamente investigados** en el mismo procedimiento tanto el legal representante de la persona jurídica a título individual, como la propia corporación, esta última puede designar un nuevo representante legal en el procedimiento si lo considera necesario para el ejercicio de su defensa. Asimismo, es posible que la representación y defensa letrada del legal representante y de la persona jurídica se materialicen en un solo procurador y un único abogado, salvo que exista conflicto de intereses.

Cuando haya de procederse a la imputación de una persona jurídica, se practica con esta la **comparecencia** prevista en LECr art.775 con las siguientes particularidades (LECr art.119):

a. La **citación** se hace en el domicilio social de la persona jurídica, requiriendo a la entidad que proceda a la designación de un representante, así como abogado y procurador para ese procedimiento, con la advertencia de que, en caso de no hacerlo, se procede a la designación de oficio de estos dos últimos. La falta de designación del representante no impide la sustanciación del procedimiento con el abogado y procurador designado.

b. La **comparecencia** se practica con el representante especialmente designado de la persona jurídica investigada acompañada del abogado de la misma. La **inasistencia al acto** de dicho representante determina la práctica del mismo con el abogado de la entidad.
c. El juez informa al representante de la persona jurídica investigada, o en su caso, al abogado, de los hechos que se imputan a esta. Esta **información** se facilita por escrito o mediante entrega de una copia de la denuncia o querella presentada.
d. La **designación del procurador** sustituye a la indicación del domicilio a efectos de notificaciones, practicándose con el procurador designado todos los actos de comunicación posteriores, incluidos aquellos a los que esta Ley asigna carácter personal. Si el procurador ha sido nombrado de oficio, se comunica su identidad a la persona jurídica investigada.

Recurso específico frente a la resolución de toma de declaración en calidad de investigado 6847 En el caso de que la resolución judicial por la que se acuerda tomar a una persona determinada, en el seno de las **diligencias previas de procedimiento abreviado**, pero con criterio extensible a otros procesos (en lo que sea compatible con su régimen), declaración en calidad de investigada, sea recurrida -en reforma/apelación- y **revocada en sede de recurso**, no puede ser investigada posteriormente en la causa por el instructor, a menos que aparezcan, posteriormente y en el seno de las diligencias de instrucción posteriores, **otros indicios racionales de criminalidad** diversos a los tomados en consideración en el momento de dictar el auto o resolución revocado o relativos a otras infracciones penales.
Frente a la resolución, de acuerdo de práctica de dicha declaración en tal calidad (que supone la imputación), cabe reaccionar por el sujeto afectado, por dos **vías**:
- prestando efectivamente **declaración en concepto de tal** y, alegando lo procedente o aportando los elementos de juicio o convicción, que se consideren oportunos, persiguiendo el sobreseimiento por medio de auto específico o mediante exclusión del ámbito subjetivo del auto por el que se acuerde la continuación de las actuaciones por los cauces del procedimiento abreviado;
- previamente, **impugnando el auto o resolución** por la que la Sección de Instrucción (o Única) del Tribunal de Instancia -hasta su constitución, el juzgado instructor- acuerda tomar declaración en concepto de investigado, con **suspensión de la declaración** acordada, de forma que estimado el recurso, quede el afectado al margen de la imputación, salvo la concurrencia de nuevos elementos incriminatorios; y en caso de desestimación, proceder en la forma indicada en el primer punto. Esta segunda alternativa de impugnación específica es posible en supuestos de imputación en los que esta no tiene lugar a raíz inmediata de la **admisión de querella o denuncia** contra persona o personas determinadas, sino más adelante, en el curso de la instrucción, como consecuencia de las investigaciones y diligencias practicadas en ella.

Precisiones 1) El cauce tradicionalmente seguido ha sido el primero, pues la **resolución** por la que se acordaba la **práctica de la declaración** con instrucción de derechos del imputado, venía considerándose de facto **no recurrible** o con recurso no estimable, pues en caso de **no existir indicios racionales de la comisión del delito** por parte del declarante, su salida del proceso se produciría por **auto de sobreseimiento** o por no inclusión en el auto de procedimiento abreviado; sin embargo, últimamente, se ha abierto el segundo de los cauces expuestos, a raíz del recurso contra JI Palma de Mallorca núm 3, auto 3-4-13, EDJ 34252 y su revocación parcial por AP Baleares auto 7-5-13, EDJ 53675.
2) En general, hay que tener en cuenta que la práctica ordinaria en los tribunales para convocar a una persona a **prestar declaración** en calidad de imputada se solventa con una «muy escasa literatura» (JI Palma de Mallorca núm 3, auto 22-12-14, EDJ 215598).

Control judicial y formalización 6848 En un determinado momento del proceso se exige el control judicial de su verosimilitud y la posterior formalización judicial de la misma, manifestada en una determinada resolución judicial que integrará, en lo sucesivo, el límite subjetivo del acto de acusación y, por tanto, de la sentencia.
a) El **control positivo o negativo de verosimilitud** puede producirse a través de diversas resoluciones judiciales, como el acuerdo de continuación del procedimiento recaído en el proceso de jurado tras la comparecencia (LO 5/1995 art.24) o las resoluciones de admisión o inadmisión de denuncias o querellas (LECr art.269, 312 y 313). La misma eficacia ha de atribuirse en sentido positivo al acto de citación para ser oído (LECr art.486 a 488; LO 2/1989 art.199) y, negativamente, al archivo de la denuncia decretado por el Ministerio Fiscal L 50/1981 art.5; LECr art.773.2; LO 2/1989 art.123).
b) La **formalización** judicial de la imputación verosímil es manifestación de una de las funciones que cumple la fase de instrucción del proceso. De este modo, la producción de actos judiciales de imputación delimita la legitimación pasiva y es presupuesto necesario de los actos de acusación formulados por las partes.

• En el **proceso ordinario** por delitos graves, esta función corresponde al auto de procesamiento, que debe dictarse en cuanto existan indicios racionales de criminalidad contra persona determinada (LECr art.384; LO 2/1989 art.164).
• En el **procedimiento abreviado**, no obstante carecer de auto de procesamiento, se exige también la formalización judicial de la imputación, pues se precisa que el acuerdo por el que se decide convertir las diligencias previas en procedimiento abreviado, cuando el hecho pudiera constituir delito comprendido en su ámbito de aplicación, debe contener la determinación de los hechos punibles y la identificación de la persona a la que se le imputan y no puede adoptarse sin haber tomado declaración a aquella -LECr art.779.1.4ª- (TCo 186/1990; TS 3-5-99, EDJ 9713; 13-5-03, EDJ 49532; 30-5-05).
• Parece que el mismo requisito y alcance deben predicarse de la resolución del **juez de guardia** ordenando seguir el procedimiento de enjuiciamiento rápido de determinados delitos (LECr art.798.2) y, en el **proceso penal militar**, del auto de conversión de procedimiento previo en diligencias preparatorias y del auto de conclusión de la fase instrucción de este procedimiento (LO 2/1989 art.141 párr 3º regla 5ª y 392).
• En el procedimiento de **jurado**, la imputación se concreta por las partes en la audiencia y recibe un cierto grado de formalización judicial en la decisión de continuación del procedimiento (LO 5/1995 art.25 y 26). La definitiva formalización judicial de la imputación se produce en el auto de **apertura del juicio oral**, que debe contener los hechos justiciables y la determinación de las personas que pueden ser juzgadas como acusados (LO 5/1995 art.33). No obstante, debe tenerse en cuenta que dicha resolución es posterior al acto de acusación (LO 5/1995 art.29), por lo que su cometido es más el de una depuración judicial de la imputación de parte, cuya expresa concreción debe hacerse en la **primera comparecencia** del investigado ante el juez instructor (LO 5/1995 art.25.3) y, más adelante, en el escrito de **conclusiones provisionales** que precede a la apertura del juicio oral.

6849 Precisiones **1)** La **citación** de una persona a prestar declaración como investigada es obligatoria (no meramente potestativa) para el juez instructor cuando aparecen indicios de delito sin que sea precisa la previa petición de parte, y solo tiene que estar **específicamente motivada** cuando pretenda interrumpir la prescripción, debiendo estarlo cuando refleje un cambio de criterio anterior del instructor o concurra alguna otra circunstancia procesal específica; por lo que resulta inadmisible que se pretenda un especial cuidado en el momento de valorar la solidez de posibles indicios que pueden producir la llamada al proceso como imputados de **personajes de relevancia pública** (JI Palma núm 3. auto 7-1-14, EDJ 1228).
2) El **auto de procesamiento** es una resolución que coloca al afectado en una situación procesal específica, como objeto de una imputación formalizada, que es una verdadera acusación judicial. Ello supone, por una parte, colocar al procesado en una posición que resulta dañosa y perjudicial, en sus consecuencias sobre su crédito y prestigio social; pero al mismo tiempo representa una garantía para el formalmente inculpado que extiende la capacidad de defensa al primer momento en que existe algún tipo de inculpación ya que permite un cierto conocimiento previo de la acusación en fase de instrucción, posibilita la primera declaración indagatoria (LECr art.386), y hace surgir la obligación judicial de proveer de abogado de oficio si el procesado estuviera desasistido de dirección letrada, además de conferir al procesado la condición de parte con las consecuencias a ello inherentes.
El procesamiento no implica, evidentemente, la imposición de una pena. Constituye solo una **resolución judicial de imputación formal y provisional** que ha de ser objeto del correspondiente debate contradictorio y de la ulterior decisión, sin implicar la culpabilidad del procesado, ni siquiera la vinculación del propio instructor, que puede revocar el procesamiento si desaparecen los indicios que determinaron su adopción. Atendida la naturaleza provisional de la imputación precisa y formal en que el procesamiento consiste, pues se dirige a delimitar objetiva y subjetivamente el **objeto de la investigación**, resulta evidente el carácter prematuro de un recurso de amparo contra este auto por motivos materiales, pues tanto hasta la conclusión de la fase de instrucción, como en la fase intermedia previa al enjuiciamiento, es posible obtener remedio procesal ante los tribunales ordinarios cuestionando la imputación formal no irreversible que se impugna (TCo 27/2019).
3) Sobre **imputación de aforados**, ver nº 1062 Memento Procesal Penal 2026.

2. Presunción de inocencia

(Const art.24.2)

6850 El **derecho fundamental** a la presunción de inocencia consiste en la verdad provisional de que el investigado de una infracción penal no ha tenido participación en ella en tanto no se acredite el hecho constitutivo de la misma y la propia circunstancia de su participación en él, por lo que la carga de probar los hechos constitutivos de la infracción incumbe al acusador, sin que pueda exigirse al inculpado la prueba de que no ha cometido los hechos que se le imputan.

Ello implica necesariamente que exista una mínima **actividad probatoria** realizada con las garantías necesarias, referida a todos los elementos esenciales del delito y que de la misma quepa inferir razonablemente los hechos y la participación del encausado en los mismos. Este **derecho** consiste que todo acusado en un proceso penal debe ser absuelto si no se ha practicado en legal forma prueba de cargo racionalmente acreditativa de los elementos del tipo delictivo objeto de acusación y de la intervención del acusado en los hechos delictivos.
La **función del enjuiciamiento penal** no consiste en una averiguación de cuál de las dos versiones de los hechos, la de la acusación y la de la defensa, situadas en el mismo plano, resulta más probada, sino en someter al contraste probatorio la hipótesis acusatoria, pues si esta no resulta debidamente acreditada, la consecuencia ineludible es la absolución, con independencia de que tampoco se haya podido acreditar la versión fáctica de la defensa. Es la **culpa** y no la inocencia la que debe ser demostrada y es la prueba de aquella -y no la de la inocencia, que se presume- la que constituye el objeto del juicio. En suma, lo que se exige al juzgador es determinar si la culpabilidad del acusado ha sido establecida por las pruebas presentadas en el grado exigido (AP Gipuzkoa 15-2-24, EDJ 513066).
Por ello, la **vulnerabilidad** de quien comparece en el proceso como víctima no permite rebajar el estándar de suficiencia de la prueba incriminatoria en relación con los hechos imputados, lo que no es óbice para acomodar su análisis a las particularidades que afectan a aquélla, propias de su estado, condición anímica o nivel evolutivo (TS 10-12-21, EDJ 780236).

Precisiones **1)** La construcción técnica del derecho a la presunción de inocencia, conforme a la doctrina del Tribunal Constitucional y del Tribunal Supremo, se asienta en varias ideas básicas, que se exponen en el nº 6852 s.
2) En materia exclusiva de responsabilidad civil no rige la presunción de inocencia ni estándar de certeza más allá de toda duda razonable (TS 20-1-22, EDJ 501047; 1-3-21, EDJ 509850).
3) No existe lo que se ha llamado «**presunción de inocencia invertida**», es decir, un hipotético derecho a que no se aplique errónea e injustamente de ese derecho fundamental de forma que se llegue a una sentencia absolutoria (TS 13-3-24, EDJ 518063; 30-11-23, EDJ 771628). Cuando se **aplica indebidamente una norma constitucional** otorgándole un alcance mayor del que se derivaría de su cabal entendimiento, no existe vulneración de un precepto constitucional. **Titular** de la presunción de inocencia es el sujeto pasivo del proceso penal. Las partes acusadoras no gozan de un derecho fundamental, basado en la misma norma, consistente en que no se confiera a la presunción de inocencia una amplitud desmesurada, o a que se condene siempre que exista prueba de cargo practicada con todas las garantías susceptible de ser considerada «suficiente» para lograr la convicción de culpabilidad (TS 14-7-00, EDJ 18350; 4-5-05, EDJ 131406; 5-12-07, EDJ 243093). Por definición, las **partes acusadoras** carecen de legitimación para invocar la presunción de inocencia. No existe un reverso de ese derecho fundamental (TS 30-11-23, EDJ 771628), lo que veda, en casación, la invocación de esta circunstancia. Desde esta perspectiva, la **casación** por vulneración de un derecho fundamental presenta cierta simetría con el recurso de amparo constitucional erigiéndose en la protección ante la jurisdicción ordinaria.
4) La presunción de inocencia se ve reforzada por la Dir (UE) 2016/343, aún no transpuesta por España al Derecho interno, pero ya con **efecto directo vertical**: su contenido puede ser invocado por los particulares frente a los poderes públicos, al haber transcurrido el plazo establecido para su transposición (AP Gipuzkoa 15-2-24, EDJ 513066).

Prueba de cargo Como **regla general** únicamente pueden considerarse auténticas pruebas que vinculen a los órganos de la justicia penal en el momento de dictar sentencia las practicadas en el **juicio oral**, pues el procedimiento probatorio ha de tener lugar precisamente en el debate contradictorio que, en forma oral, se desarrolla ante el mismo tribunal que ha de dictarla, de suerte que su convicción sobre los hechos enjuiciados se alcance en contacto directo con los medios aportados a tal fin por las partes. De ello se deduce que las **diligencias de instrucción** no constituyen en sí mismas pruebas de cargo, sino únicamente actos de investigación cuya finalidad específica es permitir la apertura del juicio oral, proporcionando a tal efecto los elementos necesarios para la acusación y la defensa y no la fijación definitiva de los hechos para que estos trasciendan a la sentencia (TCo 195/2002; 206/2003; 137/2005; TS 15-2-05, EDJ 23862; 22-4-05, EDJ 71546). **6852**
Dicha regla admite **excepciones**, que en cuanto tales han de ser interpretadas restrictivamente (TCo 36/1995), a través de las cuales resulta conforme a la Constitución integrar en la valoración probatoria el resultado de ciertas **diligencias sumariales** que, habiéndose practicado con las formalidades que la propia Constitución y el ordenamiento procesal establecen, sean reproducidas en el acto del juicio, de modo que quede suficientemente garantizada la contradicción. Es el caso de la **prueba anticipada y preconstituida** (nº 8577).

Ámbito operativo de la presunción El acusador debe aportar únicamente prueba relativa a la **existencia del hecho delictivo** y a la participación en él del acusado, sin que pueda pretenderse una especie de presunción general de concurrencia de eximentes y atenuantes cuya destrucción corresponda también a la acusación. Por el contrario, al tratarse de circunstancias **6854** MPP nº 446 de concurrencia excepcional, solo procede su estimación cuando los hechos que les sirven de base estén tan probados como el hecho delictivo mismo (TS militar 11-5-99, EDJ 17103; TS penal 11-10-01, EDJ 33649; TS 8-11-01).

La presunción de inocencia no alcanza a las **causas excluyentes** de la imputabilidad (TCo 87/2001; 335/2017), pues no existe ninguna presunción constitucional de que alguien ha podido actuar privado de sentido y careciendo de la capacidad de entender y querer lo que realiza. No obstante, esta regla debe aplicarse con **cierta flexibilidad** (TS 14-7-16, EDJ 110780; 11-5-17, EDJ 66209; 11-3-20, EDJ 522722), habiendo llegado a apreciarse la operatividad del principio *in dubio pro reo* cuando existen indicios fundados y estables de ausencia de antijuridicidad material de la conducta (TS 26-10-16, EDJ 190634), siempre que la alegación de descargo no haya sido sorpresiva y que se haya ofrecido a la acusación la oportunidad de rebatirla en debate contradictorio, además de concurrir una **base probatoria** de suficiente intensidad como para sustentar de manera fundada la probabilidad de la situación que se aborda (TS 24-4-23, EDJ 553461).

Precisiones 1) En el ámbito de las **consecuencias civiles del delito** no rige la presunción de inocencia, sino otros estándares probatorios enlazados con un alto grado de probabilidad, superior desde en todo caso a la hipótesis contraria, pero sin exigirse certeza más allá de toda duda razonable. Una pretensión civil no varía su naturaleza por ejercerse en un proceso penal. Los **criterios de ponderación de la prueba** no han de ser idénticos la hora de evaluar la actividad probatoria necesaria para avalar la condena penal - certeza más allá de toda duda razonable- que en el momento de fijar sus consecuencias civiles - lo más probable- Y en consecuencia, no pueden impugnarse en virtud de la presunción de inocencia cuestiones de naturaleza estrictamente civil, como la consideración de terceros como responsables civiles, la cuantificación de las indemnizaciones, etc. (AP La Rioja 28-2-25, EDJ 566740).

2) No existe lo que se ha llamado «**presunción de inocencia invertida**», es decir, un hipotético derecho a que no se aplique errónea e injustamente ese derecho fundamental, de forma que se llegue a una sentencia absolutoria (TS 30-11-23, EDJ 771628). Cuando se aplica indebidamente una norma constitucional, otorgándole un alcance mayor del que se derivaría de su lógico entendimiento, no existe vulneración de un precepto constitucional. **Titular** de la presunción de inocencia es el sujeto pasivo del proceso penal, no las partes acusadoras (TS 14-7-00, EDJ 18350; 4-5-05, EDJ 131406; 5-12-07, EDJ 243093), las cuales carecen de legitimación para invocarla. No existe un reverso de ese derecho fundamental, lo que veda, en **casación**, la invocación de esta circunstancia (TS 30-11-23, EDJ 1628).

6855 **Libre valoración de la prueba** El principio de la libre valoración de la prueba (nº 9760) exige la rigurosa **motivación fáctica de la sentencia** y es compatible con la exigencia de particulares requisitos para que determinados medios probatorios puedan desvirtuar el derecho constitucional: prueba de indicios y declaraciones testificales de la víctima como testigo único, del coinvestigado y del testigo de referencia (nº 6482 y nº 6484 Memento Procesal Penal 2026).

6857 MPP nº 450 s. **Prueba ilícita** (LOPJ art.11.1) Para que la prueba pueda ser valorada por el juez o tribunal sentenciador, se han de respetar en su obtención, génesis e incorporación al proceso las **normas procesales** y los cauces impuestos por la legalidad como garantía de defensa de los derechos fundamentales y libertades públicas y de los principios procesales básicos que informan el derecho a la prueba.

Así, se establece que no surten efecto las pruebas obtenidas, directa o indirectamente, violando los derechos y libertades fundamentales (nº 8410 s. y nº 3120 s.).

6858 MPP nº 464 **Decisiones de inadmisión de medios de prueba. Estándar «Murtazaliyeva»**

El control de las decisiones de rechazo de práctica de pruebas, en particular cuando **afectan a la defensa**, y su compatiblidad con las exigencias de CEDH art.6.3.d) ha de gravitar sobre tres cuestiones esenciales (TS 1-2-24, EDJ 503590):

a) Determinar si la parte agraviada ha fundamentado su **solicitud de práctica de prueba** especificando su importancia para la «manifestación de la verdad», su influencia potencial en el resultado del juicio.

b) Comprobar si la resolución o decisión ha expresado **razones suficientes** para fundar su criterio.

c) Precisar si la negativa a la práctica de la prueba ha menoscabado la **equidad del juicio**.

Cuando se trata de **evaluar los costes defensivos** que puedan justificar la declaración de nulidad de la sentencia recurrida y, con ella, del juicio que la precedió por indebida falta de actividad probatoria, el tribunal *ad quem* no puede prescindir de lo acontecido en la instancia. Debe despejar, primero, si la **potencial información** que se pretende aportar no ha accedido al cuadro de prueba por otros medios de prueba y, segundo, si puede, atendidas las circunstancias del caso, servir para debilitar o cuestionar la fuerza acreditativa de las informaciones aportadas por la acusación (TEDH 18-12-18, núm 36658/05; 6-3-03, núm 60660/00; TS 25-11-21, EDJ 760151; 9-9-21, EDJ 698411; 8-7-21, EDJ 634825).

3. Principio acusatorio

La Constitución no hace mención expresa al mismo, si bien, este trasciende al **derecho a conocer la acusación** y deriva de la consideración conjunta de los derechos de defensa, a la tutela judicial sin indefensión y a un proceso con todas las garantías (Const art.24). Ello obliga a incluir entre las **garantías**, con igual rango de derecho fundamental, los elementos estructurales del principio, como son la separación entre las funciones de instrucción, acusación y fallo y la vinculación del juzgador a los términos de la acusación (TCo 278/2000; 174/2003; 123/2005). 6865

Precisiones En el incidente de **revisión de condenas** no rige el principio acusatorio (TS 27-6-24, EDJ 600552).

a. Separación de funciones judiciales

El derecho a un proceso con todas las garantías impone un sistema penal acusatorio en el que el objeto procesal sea resuelto por un **órgano judicial independiente e imparcial** diferente del que ejerce la acusación y en el que el enjuiciamiento se desarrolle dialécticamente entre dos partes contrapuestas (TCo 302/2000; 35/2004; 179/2004; 123/2005). 6868 MPP nº 476

Se consagra así una distinción de las tres **funciones procesales fundamentales**:
- la acusación, propuesta y sostenida por persona distinta a la del juez;
- la defensa, con derechos y facultades iguales al acusador; y
- la decisión, que corresponde a un órgano judicial independiente e imparcial, que no actúa como parte frente al encausado en el proceso contradictorio.

Junto a ello, la exigencia de imparcialidad del juzgador impone la incompatibilidad de las funciones de instrucción y fallo (nº 6815).

Precisiones El **objeto del proceso** se constituye por los hechos delictivos pero no por su calificación jurídica, por lo que no corresponde al juez instructor conformar el contenido de la pretensión (TS 29-5-20, EDJ 569276; 19-6-20, EDJ 589348).

b. Requisitos de la acusación

La acusación ha de ser expresa, concreta y sostenida a lo largo de todo el proceso. Por otra parte, la acusación ha de ser tempestiva y formularse provisionalmente mediante el escrito de conclusiones en el plazo legalmente establecido. 6875

Exteriorización La pretensión punitiva ha de exteriorizarse, sin que sea posible admitir una acusación implícita (TCo 168/1990; 47/1991; 100/1992). La regla general es la de su **formulación escrita**, en la fase intermedia o como primer acto de la de juicio oral, a través de las conclusiones provisionales de la parte acusadora, que tras la celebración del juicio oral pueden ratificarse o modificarse, con ciertos límites, en la plasmación de las conclusiones definitivas (nº 9596). 6877

Sin embargo, al no existir en el **por delito leve** fase intermedia y ser posible la inasistencia del Ministerio Fiscal al acto del juicio cuando la infracción sea perseguible solo previa denuncia del ofendido, se precisa expresamente que en tales casos la declaración del denunciante en el juicio afirmando los hechos denunciados tiene valor de acusación, aunque no los califique ni señale pena (LECr art.969.2).

El actual procedimiento para el **juicio por delitos leves** es conciso y simple, ausente de solemnidades, y carente de fase sumaria o de instrucción y de fase intermedia, pues después de su iniciación de oficio o por denuncia o querella de parte, se abre inmediatamente el juicio oral, en el que se practican las pruebas, se formaliza la acusación por las pretensiones de las partes y se dicta la oportuna sentencia, que puede ser objeto de recurso de apelación, originando una segunda instancia ante la Audiencia Provincial (LECr art.962 a 977). Se caracteriza por manifestarse en él los **principios procesales** de concentración, inmediación, contradicción, oralidad y publicidad (TCo 29/2023).

Mantenimiento La acusación ha de mantenerse a lo largo de **todas las instancias** que integran el proceso, por lo que no basta con la acusación formulada en primera instancia si no vuelve a formularse en la segunda ni tampoco puede admitirse que una acusación introducida por primera vez en apelación pueda a sustituir a la no formulada oportunamente en la primera (TCo 100/1992), de manera que la información en segunda instancia de la acusación no subsana la lesión del derecho a ser informado de la misma producido en la anterior instancia, pues 6878 el resultado final en ese caso sería que el acusado habría tenido una ocasión única de informarse y defenderse de la acusación y, en consecuencia se habría visto privado de una primera instancia con todas las garantías (TCo 18/1989; 95/1995; 33/2003).

6880 **Concreción** Salvo que se quiera incurrir en indefensión del encausado, la acusación ha de tener el suficiente grado de concreción para permitir el ejercicio del derecho de defensa mediante la negación de los elementos que la integren en cada caso. No cabe admitir **acusaciones tan vagas y genéricas** que dejen al investigado en la duda sobre cómo defenderse de ellas (TCo 20/1982; 36/1996; 87/2001).

Sin embargo, no se vulnera este requisito cuando una narración de hechos referida exclusivamente durante su exposición a un acusado se hace extensiva de manera expresa al otro, aunque con una **breve fórmula** (TS 20-6-05, EDJ 108790).

6882 **Formulación tempestiva** La acusación ha de ser tempestiva y formularse provisionalmente mediante el **escrito de conclusiones** en el plazo legalmente establecido.

MPP nº 485 s.

Se plantea en este punto la cuestión de qué efectos puede producir la **infracción por la acusación** del citado plazo desde el punto de vista de los derechos fundamentales del encausado y, en concreto, a la luz de la exigencias básicas de que nadie puede ser condenado si no se ha formulado contra él una acusación de la que haya tenido oportunidad de defenderse en forma contradictoria y de separación entre las funciones de acusación y fallo, que impone, que la apertura del juicio oral se verifique a instancia de parte acusadora.

6884 **a)** En el **proceso ordinario**, una vez transcurrido el término para calificación, se debe recoger la causa de quien la tenga en su poder y dictar auto declarando hecha la calificación (LECr art.659). El procedimiento se recoge en el estado en que se halle y se continúa de oficio el curso de los procedimientos, debiendo señalarse por el juez o tribunal un segundo término prudencial cuando se entregue la causa sin despachar y quien la tenga en su poder esté obligado a formular algún dictamen o pretensión. En este caso, si se infringe también este, la persona a que se refiere el precepto será procesada como culpable de desobediencia (LECr art.215; en sentido análogo, LO 2/1989 art.284 y 106).

b) En el **procedimiento abreviado** tampoco se ofrece una solución para el caso de que no exista escrito de acusación. Si el Ministerio Fiscal no presenta su escrito en el plazo establecido, el juez de instrucción debe requerir al superior jerárquico del fiscal actuante para que, en el plazo de 10 días, presente el escrito que proceda, dando razón de los motivos de su falta de presentación en plazo y poniendo el requerimiento en conocimiento de la Inspección fiscal (LECr art.781.3; FGE Instr 1/2003).

6886 **c)** En el procedimiento para el **enjuiciamiento rápido** de determinados delitos flagrantes, si el Ministerio Fiscal no presenta su escrito de acusación en el plazo establecido (cuando no exista acusación particular, presentación inmediata o formulación oral; cuando exista acusación particular, en el plazo de 2 días), el juez debe requerir inmediatamente al superior jerárquico del fiscal para que en el plazo de 2 días presente el escrito que proceda, entendiéndose que el Ministerio Fiscal no pide la apertura de juicio oral y que considera procedente el sobreseimiento libre si dicho superior jerárquico tampoco presenta dicho escrito en plazo (LECr art.800.5). El fiscal requerido debe igualmente poner el hecho en conocimiento de la inspección fiscal (FGE Instr 1/2003).

d) La solución señalada en la letra c) anterior parece la única compatible con los derechos fundamentales del encausado, pues no cabe abrir el juicio oral de oficio y proseguir el procedimiento contra quien no se encuentra acusado en legal forma. Y debe aplicarse fuera del procedimiento de enjuiciamiento rápido por imperativo de Const art.24, debiendo el órgano de enjuiciamiento utilizar, previamente al sobreseimiento, el mecanismo previsto en LECr art.642 y 643 -redacc RDL 3/2023- y LO 2/1989 art.248 y 249. No obstante, fuera de ese caso se considera improcedente el sobreseimiento por retraso en la formulación de las conclusiones provisionales del Ministerio Fiscal (TS 30-3-99, EDJ 2993; 17-5-02, EDJ 16913; 22-9-03, EDJ 108134; 23-2-07, EDJ 13438).

e) En los delitos **perseguibles solo a instancia de parte**, se entiende abandonada la querella por el que la haya interpuesto cuando deje de instar el procedimiento dentro de los 10 días siguientes a la notificación del auto en que el juez o el tribunal así lo hubiesen acordado (LECr art.275).

Precisiones No se infringe el principio acusatorio por la **modificación de la acusación** de las conclusiones provisionales o del escrito de acusación antes del juicio oral ya que no se produce indefensión material (TS 8-5-20, EDJ 555439).

c. Deber de congruencia

La inclusión del deber de congruencia entre las exigencias del sistema acusatorio deriva de su estrecha relación con los **derechos de defensa y a conocer la acusación** (Const art.24), e implica que el encausado tenga posibilidad de rechazar la acusación formulada contra él tras la celebración del necesario debate contradictorio, en el que haya tenido oportunidad de conocer y rebatir los argumentos de la otra parte y presentar ante el juez los propios, tanto los de carácter fáctico como los de naturaleza jurídica (TCo 4/2000; 35/2004). **6890**

De este modo, nadie puede ser condenado sin que exista contra él una acusación expresa de la que haya tenido oportunidad de defenderse de manera contradictoria, lo que obliga al tribunal a pronunciarse sobre los términos del debate tal y como hayan sido formulados por la acusación y la defensa y significa, además, que ha de existir una **correlación entre la acusación y el fallo** (TCo 95/1995; 36/1996; 35/2004; TS 29-1-03, EDJ 2108; 28-10-04, EDJ 183503; 23-12-04, EDJ 234843).

A efectos prácticos, el deber de congruencia se concreta en los siguientes preceptos (LECr art.789.3 y 851.4ª; LO 2/1989 art.88 y 89):

- La sentencia no puede imponer **pena más grave** de la solicitada por las acusaciones, ni condenar por **delito distinto**, cuando este conlleve una diversidad de bien jurídico protegido o mutación sustancial del hecho enjuiciado.
- Es motivo de casación por **quebrantamiento de forma** el condenar por delito más grave que el que haya sido objeto de acusación.
- Solo puede condenarse o absolverse en el fallo a quienes hayan sido acusados y únicamente por los **hechos que hayan sido objeto de acusación** en el procedimiento.

Además, debe tenerse en cuenta que (por remisión a LECr art.733 y 788.3), se deja en manos del juzgador un instrumento para procurar, cuando sea procedente, la **alteración de los términos de la acusación** y, por tanto, el punto de referencia de la congruencia.

Correlación entre acusación y sentencia La debida correlación entre acusación y sentencia exigida por el principio acusatorio, en su formulación general, consiste en que nadie puede ser **condenado por cosa distinta** de la que se le ha acusado, entendiendo por «cosa», a estos efectos, tanto un concreto devenir de acontecimientos, un *factum*, como la perspectiva jurídica que delimita de un cierto modo ese hecho y selecciona algunos de sus rasgos, pues el debate contradictorio recae no solo sobre los hechos sino también sobre su calificación jurídica (TCo 35/2004; 40/2004; 123/2005). **6892** MPP nº 496 s.

Así, el deber de congruencia impone al juzgador, en su pronunciamiento, un **condicionamiento**, fáctico y jurídico, que queda concretado en la pretensión establecida en el escrito de calificaciones definitivas.

Elementos vinculantes El deber de congruencia no implica una sumisión total e incondicionada del juez a las pretensiones de la acusación, por lo que han de precisarse los elementos concretos en que el fallo se encuentra vinculado por la acusación (TCo 14/1999; 302/2002; TS 11-4-07, EDJ 36110; 9-5-07, EDJ 32804; 20-6-07, EDJ 70185): **6894**

a) La **persona del encausado**, como consecuencia de que la inquebrantable correlación subjetiva que ha de existir entre imputación y acusación se traslada ahora a la sentencia.

b) El hecho **objeto de acusación** constituye también un límite infranqueable para la sentencia, entendiendo por «hecho» el conjunto de elementos fácticos en los que se apoya la realidad o clase de delito, el grado de perfección del mismo, la participación concreta del inculpado, las circunstancias agravantes, sean genéricas o constitutivas del tipo, y, en definitiva, todos aquellos datos de hecho de los que ha de depender la específica responsabilidad penal que se imputa. **6895**

Es evidente que la **libre valoración de la prueba** incumbe al tribunal y no a las partes (nº 9760), por lo que puede configurar los detalles del relato fáctico de la sentencia según las pruebas practicadas en el juicio oral y puede, en consecuencia, introducir en el relato otros elementos, siempre que sean de carácter accesorio, que incrementen la claridad de lo que se narra y permitan una mejor comprensión de lo que el tribunal entiende que se ha probado, pero con el límite infranqueable que constituye el respeto al hecho nuclear de la acusación, que no puede ser variado de oficio por el tribunal en perjuicio del reo.

No puede, en cambio, el juez sentenciador traer a su relación de hechos probados nada extraño a la calificación de alguna de las partes acusadoras, que pudiera tener transcendencia en cuanto punto de apoyo fáctico para la **existencia o agravación de la responsabilidad penal**.

Lo anterior no significa que los hechos nuevos con transcendencia penal contraria al encausado que estén relacionados con el objeto del proceso y que se revelen durante el juicio oral hayan de ser ignorados, sino solo que no pueden pasar a integrarse directamente en la sentencia. En tal caso, se impone la suspensión del juicio oral y la sumaria **instrucción complementaria** para que dichos elementos fácticos puedan ser adecuadamente valorados por la acusación y al mismo tiempo objeto de defensa, debatiéndose luego en un nuevo juicio oral (nº 9516).

Precisiones El tribunal que introduce de oficio en la sentencia hechos desfavorables para el encausado, relevantes para la calificación jurídica, no solo infringe el **derecho de defensa**, en cuanto no ha permitido la contradicción respecto de los mismos, ya que aparecen sorpresivamente una vez finalizado el juicio oral, sino que al mismo tiempo invade las **funciones del acusador** construyendo un relato fáctico que, esencialmente, no tiene su antecedente en la acusación.
Sin embargo, el tribunal puede precisar aspectos fácticos del **escrito de acusación**, sin variación esencial alguna de su contenido (TS 8-2-16, EDJ 5979).

6897 c) La **calificación jurídica** de los hechos efectuada por la acusación es el tercer elemento vinculante para el órgano sentenciador, que abarca **aspectos** diversos:
- la clase de delito;
- si este fue o no consumado;
- el grado de participación del encausado; y
- las circunstancias agravantes.

Todos estos aspectos han de estar recogidos en la acusación, de modo que en la sentencia no puede condenarse más gravemente de lo que por Ley corresponda conforme a todos esos elementos concretados por los acusadores.
No obstante, la sujeción de la condena finalmente impuesta a la acusación formulada no es tan estricta que impida al órgano judicial **modificar la calificación** de los hechos enjuiciados en el ámbito de los elementos que han sido o han podido ser objeto de debate contradictorio, de manera que no se produce infracción constitucional alguna cuando el juez valora los hechos y los calibra de modo distinto a como venían siéndolo, siempre y cuando ello no suponga la introducción de un **elemento o dato nuevo** al que, dado su lógico desconocimiento, no hubiera podido referirse la parte para contradecirlo (TCo 225/1997; 4/2002; 35/2004). Ver nº 6910 s., referido a la homogeneidad de elementos esenciales o accidentales.

Precisiones **1)** No se lesiona el principio acusatorio en caso de **tipos homogéneos**, cuando se condena por un delito por el que no se ha acusado pero cuyo bien jurídico protegido es similar. Y especialmente en el caso de homogeneidad descendente, supuesto en el que el segundo es menos grave o más favorable que el primero -homogeneidad delictual descendente- (TS 17-9-15, EDJ 161458; 23-1-18, EDJ 2600).
2) Tampoco lo lesiona la imposición de una pena dentro de la pretensión acusatoria, pero apreciando una **circunstancia atenuante** no contemplada en el escrito de acusación o contemplando como muy cualificada la atenuante que la acusación pretendía simple. Se reconoce discrecionalidad del tribunal en la fijación de la **extensión de la pena**, dentro de los límites de duración fijados por la acusación (TS 10-11-21, EDJ 734610).
3) En todo caso, el ámbito del principio viene marcado por las **conclusiones definitivas**, no por las provisionales (TS 11-1-22, EDJ 506369).

6900 **Cuestiones de orden público** La vinculación del juzgador a la acusación solo tiene un alcance general en el procedimiento penal respecto de la pretensión punitiva sostenida por la acusación (TCo 153/1990; 228/2002; 123/2005), sin extenderse a las cuestiones de orden público implicadas en el ejercicio del *ius puniendi*, que se aprecian de oficio y **sin vinculación** alguna a una previa petición o acto de la parte acusadora.
Así sucede, singularmente, en relación con la determinación de la **competencia objetiva** de jueces y tribunales penales, cuestión que, como de orden público, puede y debe ser examinada de oficio, sin que la inexistencia de una adecuada petición fiscal implique vulneración alguna del principio acusatorio. Igual ocurre en el caso de ejercerse la iniciativa probatoria que se permite a los tribunales al objeto de comprobar la **certeza de elementos de hecho** que permitan al juzgador llegar a formar, con las debidas garantías, el criterio preciso para dictar sentencia (LECr art.729.2).

6901 **Determinación de la pena** En materia de determinación de la pena que debe imponerse al
MPP delito han de distinguirse los aspectos siguientes, esencialmente distintos entre sí:
nº 504 s. A) Como **regla general**, hasta fechas relativamente recientes se ha entendido que la vinculación del fallo a la concreta petición de la acusación se relajaba notablemente, hasta el punto de que se decía que no se vulneraba el principio acusatorio cuando el tribunal imponía una pena que **excede de la solicitada** por las acusaciones porque se respeta la congruencia con el delito y la clase de pena impuesta, en tanto que el exceso impuesto obedece al ejercicio de las facultades de individualización que compete, exclusivamente, al tribunal sentenciador (TCo 43/1997; 59/2000; 92/2000; 118/2001; TS 25-10-02, EDJ 44562; 11-5-05, EDJ 90203).
La jurisprudencia mayoritaria sostenía que el límite está en la pena abstracta señalada por la Ley al delito objeto de acusación y de condena (TS 13-12-04, EDJ 238773; 23-12-04, EDJ 234871; 24-2-05, EDJ 30363; en contra: TS 7-6-93, EDJ 8445). Aunque la pena también forma

parte de la calificación de las acusaciones (LECr art.650.5º), su concreción no sirve como elemento delimitador del objeto del proceso, que queda precisado por los elementos antes indicados, el hecho y su calificación jurídica, pues la pena es solo una **consecuencia establecida por la Ley**, sin que la petición de una mayor o menor suponga la introducción de hechos o elementos de juicio nuevos que deban ser conocidos de antemano por los acusados para que estos puedan defenderse.
Sin embargo, se consideraba ya entonces esta posibilidad como algo excepcional, solo aplicable cuando exista una **desproporción manifiesta** entre la pena solicitada y aquellas que se considera ha de imponerse, de tal manera que la aplicación de la pedida por la acusación pueda considerarse contraria al principio de igualdad (Const art.14), y en aquellos casos de **error en la petición**, de modo que el principio de legalidad obligue a rebasar la cuantía concreta solicitada (ver resumen de la evolución jurisprudencial en sentencia TS 4-12-09, EDJ 307286).

Los anteriores criterios han de entenderse absolutamente modificados por la tesis adoptada por el Pleno no Jurisdiccional del Tribunal Supremo, que interpreta la LECr art.789.3 en el sentido de que el tribunal sentenciador no puede imponer **pena superior a la más grave** de las pedidas en concreto por las acusaciones, cualquiera que sea el tipo de procedimiento por el que se sustancia la causa -Acuerdo TS Pleno no Jurisdiccional Sala 2ª 20-12-06, EDJ 353057- (TCo 347/2006; TS 22-1-07, EDJ 5398; 21-2-07, EDJ 15794; 27-4-07, EDJ 36092; 18-5-07, EDJ 40227; 28-5-07, EDJ 70164; 27-7-07, EDJ 175211; 19-11-07, EDJ 222987; 29-7-10, EDJ 213610). El criterio se aplica plenamente al caso de que la pena solicitada se corresponda con las previsiones legales al respecto, pero cuando la pena se omite o la solicitada no alcanza el mínimo previsto en la Ley, la sentencia debe imponer, en todo caso, la **pena mínima** establecida para el delito objeto de condena (Acuerdo TS Pleno no Jurisdiccional Sala 2ª 27-11-07, EDJ 314732; TS 11-1-08, EDJ 1756; 11-2-08, EDJ 31091; 4-12-09, EDJ 1756). En suma, no puede en la sentencia **rebasarse la pena más grave** pedida por las acusaciones conforme a la calificación procedente (TS 12-1-17, EDJ 936). **6902**
En el mismo sentido, reciente doctrina constitucional entiende que la protección de los **derechos de defensa del encausado** y la preservación de la garantía de la imparcialidad judicial en el proceso penal implican que, solicitada por las acusaciones la imposición de una pena dentro del marco legalmente previsto para el delito formalmente investigado, el órgano judicial, por exigencia del deber de congruencia entre acusación y fallo como manifestación del principio acusatorio, no puede imponer pena que exceda, por su gravedad, naturaleza o cuantía, de la pedida por las acusaciones, cualquiera que sea el tipo de procedimiento por el que se sustancia la causa, aunque la pena en cuestión no transgreda los márgenes de la legalmente prevista para el tipo penal que resulte de la calificación de los hechos formulada en la acusación y debatida en el proceso.
Ciertamente la garantía que deriva del principio acusatorio resulta mejor protegida si el órgano judicial no asume la iniciativa de imponer *ex officio* una **pena que exceda de la solicitada por la acusación**, asumiendo un protagonismo no muy propio de un sistema configurado de acuerdo con el principio acusatorio, como el que informa la fase de plenario en el proceso penal (TCo 155/2009; 70/2010; 126/2010).

Precisiones En suma, no puede en la sentencia rebasarse la **pena más grave** pedida por las acusaciones conforme a la calificación procedente (TS 12-1-17, EDJ 936).

B) En la imposición de las **penas accesorias** desaparece la vinculación, pues pese a la exigencia de expresa imposición en sentencia, son consecuencia automática de la pena principal. En consecuencia, la imposición de la pena accesoria procedente no vulnera el principio acusatorio aunque no haya sido solicitada expresamente. La configuración legal de estas penas las hace inherentes a la pena de prisión como una consecuencia necesaria de la misma, de manera que, en cada caso, por razones de proporcionalidad, el tribunal debe imponer la que mejor se adecue a las características del hecho sancionado y a la finalidad de la sanción penal (TS 20-3-03, EDJ 6602; 24-10-03, EDJ 158355). **6904**
Se **exceptúan** de lo anterior las denominadas penas accesorias impropias (CP art.57.1), que no van anudadas a otras penas ni pueden ser impuestas sin petición de parte. Su aplicación, salvo en casos singulares (CP art.57.2), facultativa del órgano jurisdiccional. Por ello es preciso que solicite su imposición por una parte acusadora con **legitimación** para ello: acusación popular o pública o particular respecto del delito que habilita su participación en el proceso y el tribunal no puede ir más allá de lo pedido (TS 22-7-25, EDJ 703346).

C) Por el contrario, la vinculación se intensifica y se refiere a la concreta petición acusatoria en los **supuestos de conformidad,** en los que esa concreta pena es aceptada por el encausado y su letrado defensor. La conformidad supone una excepción al principio de oficialidad y da eficacia a un acto de disposición de las partes que viene a plasmarse en un convenio que vincula al tribunal en un doble sentido:
- el de atenerse al título de imputación delictiva aceptado; y
- el de imponer la pena solicitada o, al menos, no rebasarla.

En este sentido, se dispone que no puede imponerse pena mayor que la solicitada por la más grave de las acusaciones siempre que la **calificación de los hechos** y la **petición de pena** resulten procedentes conforme a la Ley, pues en caso contrario debe procederse a la continuación del juicio, salvo que a sugerencia del órgano judicial se modifique la pretensión acusatoria incorrecta y el encausado preste nueva conformidad (nº 9380 s.).

Así pues, es evidente que la sentencia de conformidad encuentra su límite en la sujeción del juez a la Ley. Sin embargo, en el procedimiento para el **enjuiciamiento rápido** de determinados delitos se dispone, incluso en caso de conformidad, la aplicación de una pena reducida por Ley que puede no ser abstractamente aplicable al hecho. El juez de guardia de la Sección de Instrucción del Tribunal de Instancia -hasta su constitución, el juzgado de guardia- debe imponer la pena solicitada reducida en un tercio, aun cuando suponga la imposición de una pena inferior al límite mínimo previsto en el Código Penal (LECr art.801.2).

6905 Precisiones **1)** Lo dicho para las penas es aplicable a las **medidas de seguridad**, que solo pueden imponerse previa petición de parte acusadora, en sentencia firme y tras el correspondiente proceso con todas las garantías (TCo 78/1998; TS 27-10-00, EDJ 44196).

2) En lo tocante a **responsabilidad civil** no debe regir el principio acusatorio ya que la acción civil derivada de delito, aunque se ejercite conjuntamente con la pretensión punitiva por razones de economía procesal, no pierde su naturaleza civil y está regida por los principios de rogación y congruencia, que son los que limitan en tal caso el ejercicio de la función jurisdiccional. En consecuencia, el pronunciamiento de condena que en esta materia exceda de las pretensiones de las partes incurrirá en el vicio de incongruencia ultra o extra petita, pero no en vulneración del principio acusatorio (TS 1-9-99, EDJ 28067; 17-1-03, EDJ 973).

3) Las **consecuencias accesorias** del delito son consecuencias jurídicas desfavorables para el acusado que, por ello, han de aportarse al proceso por la acusación en condiciones que permitan su contradicción. (TS 15-9-03, EDJ 97979).

6907 **Condena por delito distinto** La vinculación de la sentencia a la acusación admite excepción, en cuanto a la **calificación jurídica** de los hechos, en el caso de que se condene por delito distinto al objeto de acusación, siempre que no sea más grave que este y guarde con él una patente **relación de homogeneidad** (TS 23-12-04, EDJ 234843; 29-10-07, EDJ 206053).

6909 MPP nº 511 **Condiciones** La aplicación de la regla enunciada requiere de tres condiciones básicas:

a) La condena ha de recaer en el ámbito de los elementos que han sido o han podido ser objeto de debate contradictorio, lo que quiere decir que el hecho por el que se acusa ha de permanecer inalterado. Es lo que se conoce como **identidad del hecho punible**, de suerte que el mismo hecho señalado por la acusación, que se debatió en el juicio contradictorio y que se declaró probado en la sentencia, constituya el supuesto fáctico de la nueva calificación (TCo 225/1997; 35/2004).

b) En estos casos no precisa el tribunal, antes de finalizar el juicio oral, introducir en el debate procesal la nueva calificación jurídica mediante el **planteamiento de la tesis**, cosa indispensable para condenar por delito distinto cuando no existe la comentada relación (nº 6916).

c) El requisito de la **homogeneidad delictiva**, que permite al juzgador desvincularse de la calificación jurídica de la acusación cuando existe una analogía tal entre los elementos esenciales de los tipos delictivos objeto de acusación y sentencia, que la acusación por uno de ellos posibilita por sí misma la defensa en relación con el otro.

Precisiones El Tribunal Constitucional ha entendido que son delitos homogéneos aquellos que constituyen **modalidades distintas pero cercanas** dentro de la tipicidad penal, de tal suerte que, estando contenidos todos los elementos del segundo tipo en el tipo delictivo objeto de la acusación, no haya en la condena ningún elemento nuevo del que el acusado no haya podido defenderse, en el entendimiento de que dichos elementos no comprenden solo el bien o interés protegido por la norma, sino también las formas de comportamiento respecto de las que se protegen, de manera que podría no bastar que un elemento esencial constitutivo del tipo por el que se condena esté contenido en el tipo por el que se acusa de una manera tan genérica y vaga que no posibilite un debate pleno y frontal acerca de su concurrencia (TCo 95/1995; 225/1997; 4/2002; 35/2004).

6910 MPP nº 513 **Homogeneidad de elementos esenciales o accidentales** La relación de homogeneidad y la exigencia de no mayor gravedad no han de darse solo, para que la condena pueda apartarse de la tesis acusatoria, entre los elementos de dos tipos penales concretos descritos en la parte

especial de la ley penal. Alcanza también a todos los elementos esenciales o accidentales del delito a los que se extiende la exigencia de correlación y fallo, así como a sus formas de aparición, a las modalidades de la participación criminal y grado de ejecución.
De este modo, existe homogeneidad entre la tentativa y el delito consumado (TS 14-11-03, EDJ 209265), entre las diversas modalidades de la autoría (TS 10-2-03, EDJ 2575) y entre la autoría y la complicidad (TS 7-5-03, EDJ 30182), entre el dolo directo y el eventual (TS 18-3-05, EDJ 139443) y entre las agravantes de alevosía y abuso de superioridad, cuando se condena por delito de homicidio en vez de por asesinato (TS 29-1-04, EDJ 3938; 10-12-04, EDJ 234868; 7-7-05, EDJ 116871).
En caso de concurrencia de **elementos subjetivos** del injusto o de exigencia de dolo específico, lo relevante es determinar si acerca de la concurrencia del referido ánimo específico se produjo el adecuado debate en el juicio que posibilitase la defensa de los acusados en relación con este elemento subjetivo del tipo (TS 23-1-98, EDJ 71; 2-7-99, EDJ 13852).
Se vulnera el principio acusatorio cuando:
- se condena por **imprudencia** al acusado de delito doloso y viceversa (TS 20-5-96, EDJ 2682; 12-4-99, EDJ 9973; 29-10-04, EDJ 174159; a favor de la homogeneidad: TS 10-11-03, EDJ 152590);
- frente a una acusación por **delito continuado** se pena por varios delitos separados y viceversa (TS 12-7-04, EDJ 116091; 12-5-05, EDJ 90217);
- se aprecia **concurso real** de delitos en vez del ideal de que se acusaba (TS 27-2-04, EDJ 8238).

Precisiones 1) La homogeneidad es un concepto eminentemente casuístico. El análisis de los supuestos en que la condena por un tipo delictivo distinto supone una infracción relevante del principio acusatorio no puede efectuarse en abstracto ni en términos genéricos o formales, que prescindan de la realidad del supuesto concreto que se enjuicia, sino que lo esencial es determinar si la modificación jurídica entre la calificación objeto de acusación y la más benévola objeto de condena ha podido determinar, de algún modo, **indefensión a los acusados** (TS 23-1-98, EDJ 71). 6911
2) La **casuística jurisprudencial** sobre el particular se detalla en la tabla expuesta en el nº 513 Memento Procesal Penal 2026.

Momento de determinación de la congruencia El punto de referencia para determinar la congruencia de la sentencia y su respeto al principio acusatorio está en las **conclusiones definitivas** de la acusación, que se formulan tras la práctica de la prueba en el juicio oral y pueden ratificar o modificar los escritos de conclusiones provisionales en función del resultado de la prueba (LECr art.732 y 788.3; LO 2/1989 art.313 y 396). 6913
Desde la perspectiva del derecho a ser informado de la acusación y de la exigencia constitucional de que el acusado tenga conocimiento de los hechos para poder defenderse adecuadamente, el contenido de dicha información ha de referirse al momento de la **calificación definitiva** de la acusación o acusaciones y no a momentos previos como el de las conclusiones provisionales (TCo 141/1986; 11/1992; 62/1998; 278/2000).
La **acusación** ha de ser precisa y clara respecto del hecho y del delito por el que se formula, y la **sentencia** ha de ser congruente con tal acusación, sin introducir ningún elemento nuevo del que no hubiera existido antes posibilidad de defenderse (TS 20-6-05, EDJ 113667).

El correcto entendimiento de estas afirmaciones nos lleva a considerar dos cuestiones: 6915
a) El límite de la **modificación de conclusiones provisionales** está en el respeto a los hechos objeto de acusación, que son intocables (TS 14-5-03, EDJ 30168; 21-7-03, EDJ 92801; 31-10-03, EDJ 209275; TS militar 15-9-03, EDJ 116384).
El objeto del proceso penal, constituido por el **hecho punible**, su **calificación jurídica** y la persona del investigado o, en su caso, encausado se delimita de forma sucesiva a través de los actos de acusación provisional y definitiva de las partes acusadoras y por las correlativas conclusiones de la defensa, de modo que dos de tales elementos (hecho e investigado) ya quedan definitivamente fijados en el primer acto de acusación provisional en tanto que el tercero (calificación jurídica) puede modificarse en las conclusiones definitivas.
Es en las conclusiones provisionales donde debe fijarse de modo definitivo el hecho típico completo mediante la descripción de cuantos elementos conforman el tipo, lo que no significa que esa determinación resulte ya inmutable. Quiere decirse que todos los datos fácticos que sirvan de base a los **elementos esenciales o agravatorios del tipo**, si resultan de la instrucción, deben afirmarse de modo expreso por la acusación en este momento procesal para luego poder someterlos a prueba y poder estimarlos como acreditados en las conclusiones definitivas o, en otro caso, modificar las conclusiones para hacerlos desaparecer de la pretensión acusatoria. Lo que no cabe es la actuación procesal inversa: introducir en las conclusiones definitivas hechos que, aunque consten en las actuaciones desde la fase de instrucción, fueron **omitidos o estimados irrelevantes** penalmente en las conclusiones provisionales, pues de

ese modo se vulnerarían derechos fundamentales del acusado, encausado y se ampliaría de manera ilegítima el *thema probandi*. Lo mismo cabe decir del supuesto en que la acusación se extienda en ese momento a **personas no acusadas** en las conclusiones provisionales (TS 14-10-05, EDJ 188370).

b) Frente a la modificación de la calificación jurídica ha de garantizarse el **derecho de defensa**. La única previsión normativa a este respecto se incluye en el marco del procedimiento abreviado (y por remisión en el proceso con jurado): cuando, en sus conclusiones definitivas, la acusación cambie la tipificación penal de los hechos o aprecie un mayor grado de participación o de ejecución o circunstancias de agravación de la pena, el juez o tribunal puede considerar un **aplazamiento de la sesión**, hasta el límite de 10 días, a petición de la defensa, a fin de que esta pueda preparar adecuadamente sus alegaciones y, en su caso, aportar los elementos probatorios y de descargo que estime convenientes, pudiendo las partes acusadoras modificar de nuevo sus conclusiones definitivas tras la práctica de la nueva prueba que pueda solicitar la defensa (LECr art.788.4; LO 5/1995 art.48.2). La falta de utilización de este mecanismo procesal impide, sin duda, la alegación futura de indefensión (TCo 278/2000).

Precisiones Es procedente el empleo de LECr art.788.4 en caso de que el Ministerio Fiscal -o la acusación, en general- añada a la tipificación del delito por el que se afirma la acción penal en el escrito de acusación o de conclusiones provisionales (prevaricación, por ejemplo) uno adicional (falsedad documental), o lo altere o sustituya, pues supone un **cambio en el tipo** que abre a la parte afectada el citado mecanismo para excluir su indefensión (TS 27-10-17, EDJ 227234).

6916 **Planteamiento de la tesis** (LECr art.733 y 788.3) Con este mecanismo se permite que el tribunal introduzca en el debate procesal, salvo en los delitos privados, la posibilidad de **calificar los hechos de modo diferente** a la acusación y de condenar por delito distinto y no homogéneo, siendo requisito inexcusable la aplicación del precepto para que la sentencia que se dicte no incurra en vicio *in indicando*, ni sea susceptible de casación por quebrantamiento de forma (LECr art.851.4º).

MPP nº 518, 519

En el **procedimiento ordinario**, la tesis ha de plantearse, de modo excepcional y con moderación en su uso, cuando, después de practicada la prueba y formuladas las conclusiones definitivas, entienda el tribunal que el hecho justiciable ha sido **calificado con manifiesto error**.

Esta facultad excepcional, que el tribunal debe usar con moderación, no se extiende a las causas por delitos que solo pueden perseguirse a **instancia de parte**, ni tampoco es aplicable a los errores que hayan podido cometerse en los escritos de calificación, así respecto de la apreciación de las **circunstancias atenuantes y agravantes**, como en cuanto a la **participación** de cada uno de los procesados en la ejecución del delito público, que sea materia de juicio.

En el **procedimiento abreviado**, el momento de plantear la tesis es anterior a la formulación de las conclusiones definitivas, que ya incorporan la respuesta de las partes a la tesis del juzgador. Una vez practicada la prueba, el juez o presidente del tribunal debe requerir a las partes para que ratifiquen o modifiquen sus conclusiones provisionales, pudiendo extenderse el requerimiento a solicitar del Ministerio Fiscal y de los letrados un mayor esclarecimiento de hechos concretos de la prueba y la valoración jurídica de los hechos, sometiéndoles a debate una o varias preguntas sobre puntos determinados. Esta misma norma se aplica, por remisión, en el proceso con jurado (LO 5/1995 art.48.3).

La condena de acuerdo con la tesis exige que esta sea asumida por alguna de las acusaciones. Esta exigencia no permite a la sentencia imponer **pena más grave de la solicitada por las acusaciones** ni **condenar por delito distinto** cuando este conlleve una diversidad de bien jurídico protegido o mutación sustancial del hecho enjuiciado, «salvo que alguna de las acusaciones haya asumido el planteamiento previamente expuesto por el juez o tribunal» (LECr art.789.3).

6918 **1)** Ha de plantearse igualmente la tesis para apreciar un **grado de participación o de ejecución** más grave que el contemplado por la acusación y para aplicar agravantes genéricas no alegadas por ella. Por el mismo motivo, cabe exigirla para dejar de aplicar atenuantes invocadas por el o los acusadores. La **excepción** acerca de las agravantes y a la participación de los procesados (LECr art.733) ha de reputarse inconstitucional por contraria a la Const art.24.

2) El planteamiento de la tesis, sobre todo cuando ha de ser asumida por la acusación para producir efecto práctico, ha de ser compatible con la respuesta de las partes y con el **derecho de defensa** del acusado (LECr art.733 y 788.4).

Ambos aspectos se resuelven de modo distinto en el proceso ordinario y en el abreviado.

• En el **procedimiento ordinario** se ordena suspender la sesión hasta el siguiente día si el fiscal o cualquiera de los defensores de las partes indican que no están suficientemente preparados para discutir la cuestión propuesta por el presidente.

• En el **procedimiento abreviado**, como la respuesta a la tesis se incorpora a la modificación de conclusiones, se permite un aplazamiento de la sesión de hasta 10 días, a petición de la defensa, a fin de que esta pueda preparar adecuadamente sus alegaciones y, en su caso, aportar los elementos probatorios y de descargo.

Precisiones Al margen de la figura del planteamiento de la tesis por el tribunal, en supuestos de acusación por delitos heterogéneos pero próximos, las partes acusadoras pueden formular **peticiones de condena alternativas** en sus conclusiones, con lo que se evita la lesión del principio acusatorio (TS 8-7-20, EDJ 601127), postulándose así la condena por uno u otro de los delitos semejantes, pero no homogéneos (TS 2-4-18, EDJ 42022).

d. Prohibición de la reforma peyorativa

(LECr art.902)

Tiene lugar cuando el recurrente, en virtud exclusiva de su propio recurso, ve empeorada o **agravada la situación** creada o declarada en la resolución impugnada (TCo 223/2015). Ello supondría, de admitirse, un elemento disuasorio para el ejercicio del derecho constitucional a los recursos, incompatible con la tutela judicial efectiva sin indefensión que vienen obligados a prestar los órganos judiciales (TCo 9/1998; 196/1999; 200/2000; 114/2001; 28/2003; 51/2007). **6924** MPP nº 526 s.

La prohibición de la reforma peyorativa se prevé con respecto a la estimación del **recurso de casación** por infracción de ley, en los siguientes términos: tras casar y anular la sentencia recurrida, la sala dicta a continuación, pero separadamente, la sentencia que proceda conforme a Derecho, sin más limitación que la de no imponer pena superior a la señalada en la sentencia casada o a la que correspondería conforme a las peticiones del recurrente, en el caso de que se solicitase pena mayor. Se trata de una norma que es, sin duda, trasladable a la apelación y a **cualquier otro recurso** (TCo 116/1988; 59/1999).

Precisiones Esta es una manifestación más de la exigencia de congruencia y de la prohibición de la indefensión (TCo 17/2000), anudada al principio acusatorio y al derecho a la tutela judicial efectiva en su aspecto de acceso a los recursos, pues la interdicción de la reforma peyorativa, si bien no está expresamente enunciada en la Constitución, representa un principio procesal que, a través del régimen de garantías legales de los recursos, integra el derecho a la **tutela judicial efectiva**, conectándose con las exigencias derivadas de la prohibición constitucional de indefensión (TCo 116/1988; 56/1999; 28/2003; 249/2005; 203/2007).

4. Prohibición de la doble sanción

Aunque la Constitución no hace referencia expresa a la prohibición de la doble sanción por un mismo hecho, conocida como principio ***non bis in ídem***, esta deriva de la consideración conjunta del derecho a un proceso con todas las garantías y del principio de legalidad -Const art.24.2 y 25.2- (TCo 2/1981; 204/1996; 221/1997; 249/2005; TS 16-3-04, EDJ 13195; 24-11-04, EDJ 184828). **6930** MPP nº 539 s., 551

Alcance de la prohibición El alcance material del principio no se limita al caso obvio del doble enjuiciamiento penal y alcanza a cualquier supuesto de ejercicio reiterado del *ius puniendi* del Estado, por lo que incluye las **sanciones administrativas** y proscribe la compatibilidad entre penas y sanciones administrativas en aquellos casos en los que adecuadamente se constate que concurre identidad de sujeto, hecho y fundamento jurídico. **6932**

En consecuencia, esta prohibición presenta una **doble faceta**:

• Una **material** o sustantiva, que impide sancionar al mismo sujeto en más de una ocasión por el mismo hecho con el mismo fundamento, con la finalidad evitar una reacción punitiva desproporcionada en cuanto dicho exceso hace quebrar la garantía del ciudadano de previsibilidad de las sanciones (TCo 177/1999; 229/2003).

• Otra **procesal**, que proscribe la duplicidad de procedimientos sancionadores en caso de que exista una triple identidad de sujeto, hecho y fundamento, y que tiene como primera concreción la regla de la preferencia o precedencia de la autoridad judicial penal sobre la Administración respecto de su actuación en materia sancionadora.

Precisiones La prohibición de la doble sanción protege al ciudadano no solo frente a la ulterior sanción administrativa o penal, sino frente a la **nueva persecución punitiva** por los mismos hechos una vez que ha recaído resolución firme en el primer procedimiento sancionador, con independencia del resultado -absolución o sanción- del mismo (TCo 2/2003; 188/2005).

Aplicación del principio en el ámbito estrictamente penal La doble sanción puede producirse a través de la reiteración del procedimiento penal, pero también en un **único proceso** si en él se valoran doblemente circunstancias relevantes en última instancia para la calificación del hecho y la agravación de la pena, pues en ambos casos existe el llamado ejercicio reiterado del *ius puniendi*. **6934**

6935 **Prohibición de doble enjuiciamiento** La prohibición positiva del doble enjuiciamiento en el ámbito penal se produce a través de instrumentos normativos y de técnicas diversas:

MPP nº 555 s.

A) La regulación de la **cosa juzgada penal** (TS 27-1-22, EDJ 502427) como artículo de previo pronunciamiento, cuya estimación impide la existencia de un segundo proceso contra la misma persona y por el mismo hecho cuando exista sentencia firme en otro procedimiento anterior, cuya estimación da lugar al sobreseimiento libre del proceso y a la inmediata puesta en libertad del acusado que se halle preso (LECr art.666.2º y 675; LO 2/1989 art.286.2º y 290). Se manifiesta así el efecto preclusivo o negativo de la cosa juzgada material, que se estudia en detalle al tratar de los efectos de la sentencia penal (nº 9840).

B) Cuando, a pesar de ello, se produce la doble sentencia, es evidente que procede la **anulación** de la segunda por infracción del derecho fundamental. Para ello se ofrecen dos caminos:
- la aplicación del **recurso de revisión** mediante una interpretación amplia y extensiva de sus causas -LECr art.954- (TS 26-1-06, EDJ 8460; 18-5-07, EDJ 104564; 26-6-07, EDJ 104566); o
- el acceso al **recurso de casación** por infracción de precepto constitucional, cuando ello sea posible por cuestiones de plazo -LOPJ art.5.4; LECr art.852; LO 2/1989 art.325- (TS 3-10-02, EDJ 44499; 13-10-03, EDJ 146610).

C) Sin embargo, la prohibición de la doble sanción cuando **la primera sentencia es extranjera** no es absoluta (TS 19-7-03, EDJ 80608; 22-12-03, EDJ 178607).

D) En la regulación de los **tribunales penales internacionales** se recoge el principio *non bis in idem* con un alcance igualmente relativo cuando la primera sentencia que evitaría el ulterior pronunciamiento sancionador haya sido dictada por una jurisdicción nacional con ánimo de eludir la acción de la justicia supranacional (nº 559 Memento Procesal Penal 2026).

E) No se puede conceder la **extradición** cuando la persona reclamada haya sido juzgada o lo esté siendo en España por los mismos hechos que sirvan de base a la solicitud de extradición, aunque puede, no obstante, accederse a esta cuando se haya decidido no entablar persecución o poner fin al procedimiento pendiente por los referidos hechos y no haya tenido lugar por sobreseimiento libre o cualquier otra resolución que deba producir el efecto de cosa juzgada (LO 4/1985 art.4.5º).

6940 **Prohibición de doble valoración de agravantes y atenuantes** La prohibición de la doble sanción en su **aspecto material** tiene lugar mediante la prohibición de valorar doblemente cualquier circunstancia que pueda influir en una agravación de la calificación jurídica del hecho y en la agravación de la pena, siempre que exista identidad fáctica y de bien jurídico protegido.

Por ello se **exceptúa** la aplicación de las reglas de determinación de la pena a las circunstancias agravantes o atenuantes que la Ley haya tenido en cuenta al describir o sancionar una infracción, y a las que sean de tal manera inherentes al delito que sin la concurrencia de ellas no podría cometerse (CP art.67), como por ejemplo la agravante de abuso de confianza en el delito de apropiación indebida (TS 5-11-03, EDJ 127626).

6942 En la casuística jurisprudencial se nos ofrecen **ejemplos** numerosos de esta vertiente del *non bis in ídem*, que podemos sistematizar como sigue:

• Existe infracción del principio cuando una misma circunstancia de hecho se utiliza para integrar el **tipo básico** del delito y al mismo tiempo se erige en fundamento de un **subtipo agravado**.

Precisiones No cabe apreciar como agravantes la **edad de la víctima** y su desvalimiento en los delitos contra la libertad sexual (TS 20-10-03, EDJ 127686; 9-2-04, EDJ 4483) ni la agravante genérica de alevosía (TS 2-3-04, EDJ 12759). Tampoco cabe apreciar conjuntamente la circunstancia específica de **especial gravedad** que se aplica a los delitos de hurto y estafa -CP art.235.3 y 250.1.6º- con la regla de agravación de la pena en el delito continuado -CP art.74.2-, que en las infracciones contra el patrimonio obliga a imponer la pena superior en uno o dos grados, en la extensión que se estime conveniente, si el hecho reviste notoria gravedad y ha perjudicado a una generalidad de personas (TS 7-2-03, EDJ 3248; 2-3-05, EDJ 37443; 19-4-05, EDJ 62578). Tampoco cabe, dentro del **delito continuado**, una vez que se ha acudido a la suma de los diferentes importes de las infracciones individualmente constitutivas de falta para calificar el conjunto como delito, volver a tener en cuenta la **pluralidad de actos defraudatorios** para la aplicación de los criterios penológicos previstos para la figura de la continuidad delictiva en CP art.74 (TS 22-9-00, EDJ 27878; 5-11-04, EDJ 219324).

Por igual motivo, no cabe aplicar al agravante de **actuación en grupo** a quien ha sido condenado como cooperador necesario de un delito (TS 2-6-05, EDJ 103470; 14-5-20, EDJ 553750), ni la condena por un delito de alzamiento de bienes y por otro de malversación impropia -CP art.435.3- (TS 4-1-05, EDJ 6987).

Igualmente, este principio es el fundamento de la aplicación de la absorción del delito de **colaboración con banda armada** por los delitos concretos de resultado cometidos por el colaborador, que constituyen actos de participación en un delito cometido por otros, que son los autores propiamente dichos, no siendo necesario aplicar las dos normas penales que contemplan el hecho para abarcar la total antijuridicidad del suceso (TS 15-7-04, EDJ 126880), criterio que no resulta aplicable al delito de mera **pertenencia a banda armada** cuando el miembro de la misma no participa en actos delictivos concretos (TS 9-5-03, EDJ 30190).

• Desde el punto de vista formal, el **delito continuado** no guarda relación con la excepción de cosa juzgada, pues esta y el principio *non bis in ídem* no siempre coinciden (siempre que hay cosa juzgada, una nueva sanción supondría un *bis in ídem*, pero puede haber casos de *bis in ídem*, sin cosa juzgada: TS 18-10-04, EDJ 159646), de manera que el enjuiciamiento previo de alguno de los episodios que podrían integrar el delito continuado impide en el proceso posterior tanto la aplicación del delito continuado como la de la excepción de cosa juzgada: se niega la posibilidad de delito continuado cuando no hay unidad de proceso y es imposible la acumulación por existir ya sentencia firme sobre uno de los hechos y se concluye que no cabe la excepción de cosa juzgada en la medida que no hay identidad fáctica (TS 11-5-99, EDJ 8574; 24-1-02, EDJ 1632; 20-4-04, EDJ 40402). **6944**

Sin embargo, desde un punto de vista material, el exceso punitivo que ello puede producir sí es contrario al *non bis in ídem* y a la **proporcionalidad de la pena**, pues se exceden las previsiones penales sustantivas, con quebrantamiento del principio de legalidad o tipicidad, si por el enjuiciamiento separado de los diversos delitos, que teóricamente integran una continuidad delictiva, se rebasan los límites punitivos que el legislador tiene previstos para estos supuestos. Por ello procede el **descuento en la segunda sentencia** de la parte concurrente de la pena impuesta en la primera, o bien la consideración de los hechos descubiertos posteriormente, y susceptibles de integrarse en el delito continuado ya sancionado, como irrelevantes penalmente (TS 20-4-04, EDJ 40402; 18-10-04, EDJ 159646).

• No existe infracción del principio cuando los **bienes jurídicos lesionados** por la conducta del doblemente acusado son **diversos**. **6945**

Precisiones Es el caso de los supuestos de **concurso real o ideal** de delitos (TS 1-10-02, EDJ 37180; 11-11-03, EDJ 127669; 16-3-04, EDJ 13195).
En este sentido, las penas señaladas para el delito de **violencia física o psíquica habitual en el ámbito familiar** se impondrán sin perjuicio de las que pudieran corresponder a los delitos o faltas en que se hubieran concretado los actos específicos de violencia, con lo que la habitualidad se configura como comportamiento reiterado del que deriva un único resultado específico y autónomo del concretamente producido por cada una de las acciones que se reiteran en el tiempo (CP art.173.2).
Tampoco se vulnera el derecho a no sufrir doble sanción, al no existir identidad de bien jurídico, cuando la **tenencia y uso de armas** se valora para calificar un subtipo agravado de atentado y se sanciona además como delito de tenencia ilícita (TS 5-5-05, EDJ 83583) o para apreciar el ánimo de matar y a la vez para la aplicación de un tipo agravado de robo (TS 24-3-05, EDJ 55161), ni cuando el arma con que se produce la intimidación en una agresión sexual se emplea luego para lesionar a la víctima (TS 7-5-04, EDJ 259958; 5-5-05, EDJ 83583).

• No hay tampoco vulneración alguna cuando en una sentencia se ordena la deducción de testimonio para el **esclarecimiento de un presunto delito** de cuya existencia se tiene noticia al enjuiciar otro, siempre que no se entre en consideraciones sobre los hechos que podrían constituirlo (TS 31-10-03, EDJ 209275). **6947**

• La previsión normativa de la agravante de **reincidencia** (CP art.22.8ª) no es contraria a la prohibición de la doble sanción, como se deduce del propio significado del principio, pues con su apreciación no se vuelve a castigar el hecho anterior ya ejecutoriamente juzgado con efectos de cosa juzgada (efectos que no se ven, pues, alterados), sino única y exclusivamente el hecho posterior. No quebranta este principio el hecho de que, en los supuestos de reincidencia, la pena a imponer por el delito cometido lo sea en una extensión diferente que para los supuestos de no reincidencia.

Tampoco es contraria al principio la sustitución de la pena por la **expulsión del territorio nacional** (CP art.89) a las personas en situación de ilegalidad (TS 1-2-11, EDJ 13888; TS cont-adm 19-12-19, EDJ 771431).

Precisiones **1)** Aunque la repetición de delitos propia de la reincidencia presupone, por necesidad lógica, una referencia al delito o **delitos repetidos**, ello no significa que los hechos anteriores vuelvan a castigarse, sino tan solo que han sido tenidos en cuenta por el legislador penal para el segundo o posteriores delitos, según los casos, bien para valorar el contenido del injusto y su consiguiente castigo, bien para fijar y determinar la extensión de la pena a imponer (TCo 150/1991; 152/1992). **6948**
2) Dentro del **ámbito puramente administrativo**, la tipificación de infracciones disciplinarias basadas en la reincidencia puede resultar sin duda afectada por la reciente doctrina del Tribunal Constitucional que declara contrario al principio *non bis in ídem* y por tanto inconstitucional la LO 2/1986 art.27.3.j (TCo 188/2005).

6949 **Concurrencia de sanciones penales y administrativas** La cuestión se trata en detalle en el nº 539 s. Memento Procesal Penal 2026.

5. Derecho a la defensa y a la asistencia de letrado

6955 La defensa de los derechos e intereses legítimos de los ciudadanos a través de su actuación como partes procesales es la principal función del sistema de garantías que se regulan en Const art.24, tendentes todas ellas a evitar el resultado prohibido de la indefensión o ausencia de defensa.

MPP nº 597

La base esencial del derecho de defensa descansa, en el caso del investigado, en la **presunción de inocencia**, que traslada la carga de la prueba del hecho delictivo y de la participación en él del investigado, encausado a la acusación, e impone reglas concretas sobre el momento y la validez de la prueba idónea para destruir la presunción.

El **derecho a la asistencia letrada**, como elemento esencial del derecho de defensa, presenta un doble aspecto, subjetivo y objetivo (LOPJ art.238.4º; TCo 29/1995; 233/1998; 162/1999; 38/2003).

• Tiene como finalidad asegurar la efectiva realización de los principios de **igualdad de las partes** y de **contradicción** que imponen a los órganos judiciales el deber positivo de evitar desequilibrios entre la respectiva posición procesal de las partes o limitaciones en la defensa que puedan inferir a alguna de ellas resultado de indefensión.

• En ciertas ocasiones constituye también una exigencia estructural del proceso y una garantía del correcto desenvolvimiento del mismo, convirtiéndose en un **presupuesto procesal** o requisito inexcusable para el desarrollo del proceso mismo, que no puede desarrollarse válidamente sin su observancia.

6957 **Configuración** El derecho de defensa se configura en un doble sentido:

a) De **contenido y alcance variables** en función de la posición que su titular ocupe en cada caso concreto en el proceso.

• Su **titularidad** corresponde a todas las partes del proceso para la defensa, dentro del mismo, de derechos subjetivos o intereses legítimos, por lo que algunas de las manifestaciones de la defensa son aplicables a todas ellas.

• Dada la especial **posición del investigado** en el proceso penal, por la transcendencia que para sus intereses y derechos fundamentales puede tener la condena, el derecho de defensa se intensifica y abarca aspectos exclusivamente aplicables a la parte pasiva del proceso.

• Cuando el investigado se encuentra cautelarmente **privado de libertad**, se produce una última extensión del contenido del derecho mediante la previsión legislativa de un régimen específico de garantías. Por ello, las consideraciones que siguen se centran especialmente en el derecho a la defensa del investigado y se incluyen sistemáticamente dentro del estudio de su régimen de garantías.

b) El contenido del derecho se construye, partiendo del dato esencial de la presunción de inocencia del investigado, a través de la agregación al principio básico de contradicción procesal de una serie de **garantías instrumentales y accesorias**, que también gozan de rango de derecho fundamental y giran en torno a ese mismo eje.

A ellas se agregan otros **derechos fundamentales de índole procesal** que contribuyen al logro del derecho evitando la indefensión, como se ha visto al estudiar el principio acusatorio y la tutela judicial efectiva en todas sus manifestaciones (nº 6745 s. y nº 6865 s.), pues la situación que todos ellos combaten es, en definitiva, la negación del derecho de defensa.

6959 **Principio de contradicción** El reconocimiento constitucional del derecho de defensa significa que en todo proceso judicial debe darse a las partes la oportunidad de alegar y probar procesalmente sus derechos e intereses, bien por sí mismos (**autodefensa**) o con la asistencia de letrado (**defensa técnica**), si optan por esta posibilidad o la misma es legalmente impuesta (TCo 143/2001).

La posibilidad de contradicción es una de las reglas esenciales del desarrollo del proceso y consiste en que ningún **pronunciamiento fáctico o jurídico** puede hacerse en el proceso penal si no ha venido precedido de la posibilidad de contradicción sobre su contenido (TCo 41/1997; 218/1997; 138/1999; 91/2000).

Se impone así al órgano jurisdiccional un **deber concreto** de garantizar la plena efectividad de los derechos de defensa de ambas partes, debiendo velar para que, en las distintas fases de todo proceso:

- se dé la necesaria contradicción entre ellas;
- posean idénticas posibilidades de alegación y prueba; y
- ejerciten su derecho de defensa en cada una de las instancias que lo componen.

Este deber se agudiza en el **proceso penal**, dada la trascendencia de los intereses en juego (TCo 41/1997; 102/1998; 91/2000), de forma que, aun en el caso de falta de previsión legal, no queda liberado el órgano judicial e incluso al propio ministerio público de velar por el respeto del derecho de defensa del investigado más allá del mero respeto formal de las reglas procesales (TCo 112/1989).

Por otra parte, la posibilidad de contradicción es exigencia de validez de la **actividad probatoria**, ya sea la sumarial preconstituida (TCo 200/1996; 40/1997) o la practicada en el juicio oral. **6960**
Aquí cabe incluir también la posibilidad de intervenir en la prueba ajena para controlar su correcta práctica y contradecirla (TCo 176/1988; 76/1999) y muy concretamente la de interrogar o hacer interrogar a los testigos que declaren contra el investigado, encausado (Convenio Roma 4-11-1950 art.6.3.d; Pacto Nueva York 16-12-1966 art.14.3.e).

Precisiones La **revocación en segunda instancia** de una sentencia penal absolutoria y su sustitución por otra condenatoria, tras realizar una nueva valoración y ponderación de los testimonios de acusados y testigos en la que se fundamenta la modificación del relato de hechos probados y la condena, requiere que esa nueva valoración de estos medios de prueba se efectúe con un examen directo y personal de los acusados y testigos, en un debate público en el que se respete la posibilidad de contradicción, so pena de vulneración de los derechos a un proceso con todas las garantías y, derivadamente, a la presunción de inocencia (TCo 167/2002; 189/2003; 10/2004; 65/2005; 229/2005).

Principio de igualdad de armas Las partes han de contar con **medios parejos de ataque y defensa** y disponer de las mismas posibilidades y cargas de alegación, prueba e impugnación, a efectos de evitar desequilibrios entre sus respectivas posiciones procesales (TCo 47/1987). **6962**

Esta exigencia puede admitir modulaciones o **excepciones** en la fase sumarial, por razón de la propia naturaleza de la actividad investigadora que en ella se desarrolla, que puede declararse secreta para todas a alguna de las partes, y cobra **singular relevancia** en el juicio oral y en la actividad probatoria, incluidos los supuestos de prueba anticipada, debiendo respetarse también en la denominada fase intermedia del procedimiento y en la ordenación de los recursos.

Precisiones En aplicación de este principio se han producido los siguientes **pronunciamientos concretos** del Tribunal Constitucional sobre aspectos diversos de la regulación del proceso penal: **6964**

- En la **fase intermedia del proceso** pueden las partes verificar si la instrucción se encuentra completa e interesar, en caso contrario, la práctica de nuevas diligencias y, al mismo tiempo, solicitar el sobreseimiento del proceso o la apertura de la fase de juicio oral.
- La significación de la queja como recurso ordinario en el procedimiento abreviado ha perdido actualidad desde la reforma de LECr por L 38/2002, pues en el **actual régimen de recursos** contra resoluciones instructorias se ha generalizado el recurso de apelación como único admisible junto al de reforma, más allá incluso de su ámbito de aplicación en el proceso ordinario (LECr art.766 y 217).

Principio de defensa eficaz. Estándar «Strickland» Solo una asistencia letrada que responda a **estándares aceptables de eficacia** puede satisfacer las exigencias constitucionales y convencionales de justicia y equidad a las que debe responder el modelo de justicia penal (TEDH 2-11-10, núm 21272/03). Las exigencias derivadas del **derecho de defensa letrada** obligan a establecer condiciones que garanticen su efectividad, que vinculan tanto a los poderes públicos como a los propios profesionales a los que se encomienda la asistencia. **6965**

Incumbe al legislador no limitar arbitrariamente los contenidos que, para la eficacia del derecho a la asistencia letrada, son propios del ejercicio de la defensa. Y obliga a los **órganos jurisdiccionales**, que deben interpretar las normas procesales que envuelven su ejercicio de la manera más favorable a su desarrollo y eficacia, evitando interferencias no justificadas suficientemente (LOPJ art.542).

No obstante, la autonomía y la libertad de defensa limitan la posibilidad de escrutinio sobre su nivel de adecuación a los fines constitucionales a los que debe servir; en particular, si el defensor, cualquiera que sea su fuente de designación, cumple con las obligaciones profesionales que le incumben a la luz de las circunstancias del caso.

Cabe, por tanto, apuntar un **doble nivel de control**: primero, el del cumplimiento de las obligaciones profesionales previstas en las normas procesales; segundo, el del grado de adecuación técnica de la actividad desarrollada a los fines de defensa.

La **ineficacia grave y manifiesta** de la asistencia letrada afecta a la base del proceso justo y equitativo y en sí constituye una fuente estructural de indefensión, de forma que se abre la vía de la denuncia apelativa o casacional de la defensa ineficaz. Si el desinterés, negligencia, error técnico o impericia de los profesionales (especialmente, designados de oficio) para asegurar la defensa adecuada, la vacían de todo contenido material, no puede excluirse el efecto indefensión constitucionalmente proscrito.

A estos efectos puede aplicarse el denominado estándar «strickland», que define la defensa eficaz como una **asistencia profesional razonable** a la luz de las normas y estándares profesionales vigentes. Para ello hay que:

a) Identificar un **estándar objetivo** de razonabilidad en la actuación.

b) Partir de una fuerte presunción de que la conducta del abogado se ajusta al estándar objetivo.

c) Determinar si el profesional designado ha desarrollado todas las actuaciones razonables o las razones por las que algunas resultan innecesarias. De tal modo, las **decisiones estratégicas** tomadas a consecuencia de una investigación razonable, atendidas las opciones situacionalmente posibles, no resultan cuestionables. Mientras que las decisiones estratégicas tomadas después de una investigación no exhaustiva o incompleta deberán calificarse de razonables solo en la medida que los estándares objetivos de actuación justifiquen dicha limitación defensiva.

d) Medir la **deficiencia defensiva** en el momento en que se presta la asistencia, debiéndose rechazar el análisis retrospectivo.

Un escrutinio *ex post* excesivamente severo, además de fomentar la proliferación de **reclamaciones por asistencia ineficaz**, provocaría un efecto indeseable como lo es que los abogados limitaran la misión primordial de defender enérgicamente la causa del acusado adoptando estrategias más convencionales y conservadoras. El abogado, por tanto, debe disponer de una amplia libertad para tomar decisiones tácticas razonables.

La **carga** de demostrar que la asistencia ha sido ineficaz pesa sobre el acusado, que debe acreditar que la actuación del letrado ha sido deficiente por incumplir estándares objetivos de razonabilidad, y que, de no ser por dicha actuación deficiente, habría existido una probabilidad razonable de que el resultado del proceso hubiera sido diferente y beneficioso para sus intereses. No se exige una probabilidad alta de un curso decisional distinto, pero sí razonable, lo que permite **objetivar la relevancia del error** si este pudo impedir, por ejemplo, que el jurado se formase una duda razonable sobre la culpabilidad del acusado.

No obstante, hay **supuestos especiales** en los que el estándar *strickland* se suaviza, al menos en lo que se refiere a la acreditación del perjuicio; señaladamente, si se identifica conflicto de intereses.

6966 Precisiones **1)** En todo caso, para pretender la **reparación en segunda instancia** -apelación o casación- se exige a la parte, tanto una razonable acreditación de las concretas condiciones en las que se desenvolvió la ineficaz asistencia letrada en la instancia, como la formulación de un pronóstico mínimamente consistente de su proyección en el fallo. En particular, de que los **déficits de defensa técnica** impidieron que el tribunal de instancia pudiera tomar en cuenta potenciales defensiones materiales o probatorias especialmente significativas. Y, acreditado todo ello, es posible la revocación de la sentencia condenatoria, declaración de nulidad del juicio oral y repetición del mismo, en su caso (TS 5-5-21, EDJ 548530).

2) No obstante lo anterior, se sostiene que aunque el **cambio en la dirección letrada de la defensa** puede poner de manifiesto distintos entendimientos o aproximaciones acerca de cuál pudiera haber sido, en cada caso y momento, la estrategia defensiva más adecuada, dicha modificación en el profesional que asume la defensa no puede comportar, por sí, la nulidad de lo previamente actuado, por más que el nuevo letrado, con mayor o menor fundamento, considere que la actuación llevada a cabo hasta entonces por su antecesor resultaba mejorable. Dicha modificación no comporta que lo hasta entonces acaecido deba ser revisado, ni permite reiniciar el procedimiento (TS 5-5-22, EDJ 566265).

3) En caso de apreciarse el **concurso invalidante por defensa inefectiva**, la nulidad de la sentencia recurrida lo ha de ser en sus pronunciamientos condenatorios, con retroacción en su caso de las actuaciones al momento anterior al juicio en la instancia, para su celebración por un tribunal distinto del que pronunció la sentencia que se anula. Estas **nulidad y retroacción** pueden afectar tanto al recurrente como a los demás condenados, si los hay, tomando en cuenta la relación existente en el actuar de todos ellos impeditiva de un análisis desligado de la actuación de cada uno. Estos pronunciamientos pueden incidir negativamente en el derecho a un proceso sin dilaciones indebidas, pero el carácter esencial del derecho de defensa determina que, en estos casos, la salvaguarda de este último revista carácter preeminente. La nulidad no debe alcanzar a los **pronunciamientos absolutorios** que la sentencia recurrida contiene (TS 5-9-23, EDJ 678892).

4) En caso de **conflicto de intereses**, la prueba del resultado hipotético alternativo se hace mucho menos exigente, hasta el punto de presumirse aquel. Son casos en que un abogado representa simultáneamente a varias personas con intereses potencialmente adversos; cuando representó anteriormente a clientes que compartieron información confidencial que siendo relevante para los intereses del cliente actual, no puede ser usada por la cláusula de confidencialidad derivada de la anterior relación asistencial; o cuando el abogado tiene un interés personal o financiero adverso con relación al cliente -estándar Cuyler - (TS 22-4-25, EDJ 562205).Se alivia igualmente la carga de demostrar por parte del acusado la ineficacia y el hipotético resultado favorable alternativo, en aquellos supuestos en los que el abogado tomó una **decisión clave sobre el caso en contra** de los deseos expresos del cliente. Por ejemplo, las decisiones de declarase culpable, renunciar al derecho a un juicio con jurado, renunciar a formular apelación o la de testificar en su propio juicio -estándar MacCoy - (AP Las Palmas 26-6-24, EDJ 740775).

5) El derecho a la **asistencia jurídica eficaz** se menciona en la LO 5/2024 art.4.1. Se vincula al deber del profesional de defender de manera diligente y competente al investigado o acusado, de modo que las deficiencias palmarias en la defensa puedan conducir a la nulidad del fallo por falta de defensa técnica (Marín Vásquez).

a. Contenido y caracteres esenciales

Para determinar el alcance del derecho de defensa, hemos de partir del dato de que en la jurisprudencia del Tribunal Constitucional y del Tribunal Europeo de los Derechos Humanos, se habla de tres **derechos autónomos**, aunque evidentemente relacionados entre sí (Convenio Roma 4-11-1950 art.6.3.c). Dentro de la defensa entendida en sentido amplio, se integran los derechos del acusado a: **6969**

- defenderse por sí mismo;
- hacerlo mediante asistencia letrada de su elección; y
- en determinadas condiciones, recibir asistencia letrada gratuita.

Precisiones La opción en favor de una de esas tres posibles formas de defensa no implica la **renuncia o imposibilidad** de ejercer alguna de las otras, siempre que sea necesario, para dar realidad efectiva en cada caso a la defensa en un juicio penal (TCo 37/1988; 181/1994; 29/1995; 165/2005; TEDH 25-4-83, núm 8398/1978).

Derecho a la autodefensa La tecnificación de los trámites del proceso penal y el necesario conocimiento de la legislación es un factor imprescindible para que el implicado en un proceso penal sea asistido, en todo momento, por un **experto en derecho** (TS 2-12-04, EDJ 234878), previéndose incluso el supuesto de la **autodefensa técnica** cuando el inculpado tenga la condición de jurista (LO 4/1987 art.104). **6970** MPP nº 618

El derecho a la defensa comprende no solo la asistencia de letrado, libremente elegido o nombrado de oficio, sino también la posibilidad de defenderse personalmente, en la medida en que lo regulen las leyes procesales (TCo 181/1994; 29/1995), de modo que este último derecho no se agota mediante la opción por la asistencia técnica, sino que posee siempre un **contenido propio y relativamente autónomo**, en cuanto expresión del carácter dual de la defensa penal, integrada normalmente por la concurrencia de dos sujetos procesales, el investigado, encausado (nº 8000) y su abogado defensor, con independencia del desigual protagonismo de ambos.

Defensa contradictoria La posibilidad de defensa contradictoria es una de las reglas esenciales del desarrollo del proceso, incluso en caso de autodefensa. Se trata de un derecho formal cuyo reconocimiento no depende de la calidad de la defensa que se pueda llegar a ejercer (TCo 93/2005; 12/2006; 61/2007). Esta exigencia, puede ocasionar ciertas «dificultades prácticas» o incomodidades en el desarrollo de la vista en relación con la práctica de los **interrogatorios**, y, por ello mismo, requerir del órgano jurisdiccional, especialmente en supuestos en que se ejerce la autodefensa, un indudable esfuerzo a fin de preservar los derechos de defensa en un proceso con todas las garantías, ofreciendo a las partes contendientes el derecho de defensa contradictoria, mediante la oportunidad de alegar y probar procesalmente sus derechos o intereses (TCo 266/2015; 41/2022). Y es exigible también en el **juicio por delitos leves**. **6971**

La obligación del órgano jurisdiccional de **garantizar la defensa contradictoria** es exigible, tanto cuando las partes comparezcan por sí mismas (autodefensa), como cuando lo hagan con la asistencia de letrado, si optan por esta posibilidad, o la misma es legal y constitucionalmente impuesta. Aun en el caso de falta de previsión legal, no queda liberado el órgano judicial, ni el Ministerio Fiscal, de velar por el **respeto del derecho de defensa** del investigado, más allá del mero respeto formal de las reglas procesales.

Precisiones Son **manifestaciones específicas** del derecho de defensa y autodefensa las facultades de alegar, probar e intervenir en la prueba ajena para controlar su correcta práctica y contradecirla, y, muy concretamente, la de interrogar o hacer interrogar a los testigos que declaren en contra (TCo 29/2023).

Manifestaciones de la defensa personal Hay diversas manifestaciones de la defensa personal o privada en nuestra legislación, tanto en el proceso penal ordinario como en el abreviado y, singularmente, en el juicio por delito leve: **6972**

a) En la **fase de instrucción** cabe citar:

- la proposición verbal de la recusación del juez instructor por parte del procesado privado de libertad en régimen de incomunicación (LECr art.58);
- la asistencia personal a las diligencias de investigación (LECr art.302);

- la posibilidad de formular observaciones en la diligencia de inspección ocular (LECr art.333) y en las diligencias sobre el cuerpo del delito (LECr art.336.2);
- la posibilidad de nombramiento de peritos (LECr art.350.2, 356 y 471.2);
- la solicitud de práctica de la diligencia de identificación (LECr art.368);
- la posibilidad de oponerse personalmente al auto de elevación de la detención a prisión provisional (LECr art.501); y
- la posibilidad de declarar cuantas veces quiera y cuanto estime pertinente para su defensa a lo largo del sumario (LECr art.396 y 400).

b) La misma caracterización cabe otorgar a la solicitud de incoación de **proceso de «habeas corpus»**, que permite al detenido en el proceso penal militar o a su cónyuge, ascendientes o descendientes comparecer verbalmente en cualquier momento, sin formalismos ni necesidad de abogado, ante el juez togado o tribunal militar a cuya disposición se encuentre el detenido para exponerle las consideraciones que estimen oportunas respecto a los motivos tiempo y condiciones de la detención, con objeto de que se resuelva inmediatamente sobre la legalidad y las condiciones de la detención (LO 6/1984 art.1; LO 2/1989 art.203).

c) En la **fase de juicio oral** cabe señalar cómo el acusado puede plantear, antes de la vista oral o al inicio de la misma, su conformidad con la pena solicitada por la acusación (LECr art.655 -redacc LO 1/2025-, 694, 697, 784.3 y 787 ter -redacc LO 1/2025-; LO 2/1989 art.283 y 305), así como ejercitar su derecho a la última palabra (LECr art.739; LO 2/1989 art.318).

6973 **Asistencia técnica preceptiva o potestativa** En lo que concierne específicamente al derecho de defensa y la falta de asistencia letrada, dicha asistencia técnica, de acuerdo con la configuración legal, puede ser preceptiva o potestativa.

a) En el supuesto en que la **intervención de letrado sea preceptiva**, esta garantía constitucional, además de un derecho, se convierte en una exigencia estructural del proceso tendente a asegurar su correcto desenvolvimiento, cuyo sentido es satisfacer el fin común a toda asistencia letrada, así como lograr el adecuado desarrollo del proceso, como mecanismo instrumental introducido por el legislador con miras a una dialéctica procesal efectiva, que facilite al órgano judicial la búsqueda de una sentencia ajustada a derecho. La conexión existente entre el derecho a la asistencia letrada y la institución misma del proceso, determina que la **pasividad del titular del derecho** deba ser suplida en todo caso por el órgano judicial para cuya propia actuación, y no solo para el mejor servicio de los derechos e intereses del defendido, es necesaria la asistencia del letrado (TCo 199/2003; 31/2017; 10/2022).

b) En los supuestos en que la **intervención de letrado no sea legalmente preceptiva**, la garantía de la asistencia letrada no decae como derecho fundamental de la parte procesal. El hecho de poder comparecer personalmente ante el juez o tribunal no obliga a las partes a actuar personalmente, sino que les **faculta** para elegir entre la autodefensa o la defensa técnica, dejándose a su libre disposición la opción por una u otra (TCo 65/2007). Sin embargo, la exigencia legal de postulación, no coincide siempre con la necesidad constitucional de asistencia letrada, que viene determinada por la finalidad que este derecho cumple (TCo 225/2007).

Precisiones 1) Será **constitucionalmente obligada la asistencia letrada** allí donde la capacidad del interesado, el objeto del proceso o su complejidad técnica hagan imposible la autodefensa que el mismo puede ejercer mediante su comparecencia personal, lo que se determinará, en cada caso concreto, atendiendo a la mayor o menor complejidad del debate procesal y a la cultura y conocimientos jurídicos del comparecido personalmente, deducidos de la forma y nivel técnico con que haya realizado su defensa, así como el hecho de que la contraparte cuente con una asistencia técnica de la que pueda deducirse una situación de desigualdad procesal (TCo 22/2001; 67/2007). Especialmente, en el **proceso penal**, por la complejidad técnica de las cuestiones jurídicas que en él se debaten y por la relevancia de los bienes jurídicos que pueden verse afectados (TCo 29/2023).

2) Por ello, la **denegación de la asistencia letrada** no conlleva sin más una vulneración de la Const art.24.2. Para que esto suceda, es necesario que la falta de letrado de oficio solicitado, en atención a las circunstancias concurrentes en el caso, haya producido al solicitante una **real y efectiva situación de indefensión material**, en el sentido de que su autodefensa se haya revelado insuficiente y perjudicial, impidiéndole articular una defensa adecuada de sus derechos e intereses legítimos en el proceso (TCo 262/200524; 20/2006). Sin olvidar la especial responsabilidad que incumbe a los órganos judiciales de velar por evitar la **indefensión del justiciable en el proceso penal**, porque en este ámbito la protección de los bienes en conflicto adquiere la mayor intensidad que puede dispensar el ordenamiento jurídico, existiendo el deber positivo de velar por la efectividad de la defensa del acusado o del condenado en el proceso penal por parte de profesionales designados de oficio (TCo 1/2007; 146/2007; 160/2009).

6974 **Libre elección de abogado y defensa de oficio** La defensa técnica gira en torno a la alternativa entre designación libre de defensor y defensa de oficio mediante el profesional nombrado al efecto por el correspondiente colegio de abogados, imponiéndose esta última cuando no se ejerza a tiempo el derecho a elegir y cuando se haya reconocido el derecho a la asistencia jurídica gratuita (LECr art.118, 520.2.c), 767, 771.1ª y 796.1; LO 4/1987 art.103; LO 2/1989 art.125; LO 5/1995 art.25.1; LO 5/2000 art.17 y 22.1; RD 135/2021 art.30 y 31).

Para actuar en el proceso, los investigados o encausados han ser **defendidos por abogado**, designándoseles de oficio cuando no lo hubiesen nombrado por sí mismos y lo solicitaran, y en todo caso, cuando no tuvieran aptitud legal para hacerlo. Si **no hubiesen designado abogado**, se les requerirá para que lo hagan o se les nombre de oficio, si, requeridos, no lo nombrasen, cuando la causa llegue a estado en que se necesite el consejo de aquel o haya de intentar algún recurso que hiciese indispensable su actuación (LECr art.118.3; lo mismo es extensible al procurador).

A) El derecho a la defensa y asistencia de letrado comporta que el interesado pueda encomendar su **representación y asesoramiento técnico** a quien merezca su confianza y considere más adecuado para instrumentar su propia defensa. Es preferente la opción del acusado, pues la confianza que le inspiren las condiciones profesionales y humanas de su letrado ocupa un lugar destacado en el ejercicio del derecho de asistencia letrada cuando se trata de la defensa de un acusado en un proceso penal, por lo que la libre designación de este viene integrada en el ámbito protector del derecho (TCo 130/2001; 165/2005). Es indudable, por tanto, el **carácter subsidiario** que la asistencia letrada de oficio tiene respecto a la de libre designación (TS 11-7-97, EDJ 6133; 18-11-04, EDJ 192476; 14-3-05, EDJ 37452).

B) La facultad de libre designación implica la de **cambiar de letrado** cuando lo estime oportuno el interesado en defensa de sus intereses. Se acoge dicha circunstancia como causa de **suspensión del juicio oral** cuando el tribunal aprecie que, de algún modo, la denegación de la suspensión pudiera originar indefensión o perjudicar materialmente del derecho de defensa del acusado (LECr art.745 y 746; LO 2/1989 art.297).

C) El derecho a la libre elección de abogado no permite al acusado disponer a su antojo el desarrollo del proceso ni elegir, sin restricción alguna, cuándo se retira o se mantiene la confianza en su defensor, pues el ejercicio del mismo entra en ocasiones en tensión o conflicto con el derecho a un **proceso sin dilaciones indebidas** (Const art.24.2). De esta forma, es posible imponer **limitaciones** en el ejercicio de la posibilidad de designar letrado de libre elección en protección de otros intereses constitucionalmente relevantes, siempre y cuando dichas limitaciones no produzcan una real y efectiva vulneración del derecho de asistencia letrada, de manera que queden a salvo los intereses jurídicamente protegibles que dan vida al mismo (TCo 162/1999). **6976**

Para el **proceso penal militar** se dispone que, si el inculpado ha designado defensor o solicitado su nombramiento en turno de oficio por dos veces en un mismo procedimiento, sumados ambos supuestos, cuando cese el último de aquellos, se interesará la designación de letrado de turno de oficio, siempre que se aprecie abuso de derecho, haciendo constar la circunstancia que lo motiva, sin que el letrado así designado pueda ser rechazado por el inculpado ni desistir de su función de defensa (LO 4/1987 art.105).

Duración del derecho a la defensa El nacimiento del derecho de defensa coincide exactamente con la **imputación penal** (nº 6837) y su necesidad se extiende a todas las fases del proceso. **6979** MPP nº 625

La asistencia de letrado es necesaria desde ese mismo momento y es obligación de la policía judicial, del Ministerio Fiscal y de la autoridad judicial proveer lo procedente para su efectividad (LECr art.767). Esta es necesaria legalmente y, por tanto, imprescindible **desde la detención** o desde que de las actuaciones resulte la imputación de un delito contra persona determinada. El investigado ha de estar provisto de defensa letrada desde el instante en que adquiere la condición de tal.

Sin embargo, esta exigencia no debe interpretarse de modo radical, pues de ella no se deriva la ineludible asistencia del defensor a todos y cada uno de los actos instructorios. El Tribunal Constitucional solo ha reclamado dicha asistencia en la **detención** y en la **prueba sumarial** anticipada, actos procesales en los que el ordenamiento procesal ha de garantizar la contradicción entre las partes. En consecuencia, en los **demás actos procesales**, con independencia de que se haya de proveer de abogado al investigado y de que este pueda libremente participar en las diligencias sumariales, con las únicas limitaciones derivadas del secreto instructorio, la intervención del defensor no deviene obligatoria hasta el punto de que hayan de estimarse nulas, por infracción del derecho de defensa, tales diligencias por la sola circunstancia de la inasistencia del defensor (TCo 229/1999; 38/2003; 208/2007; TS 24-1-05, EDJ 3706), aunque sí debe dársele oportunidad de intervención mediante la oportuna citación para la práctica de la diligencia de que se trate. Tales consideraciones no parecen aplicables, sin embargo, a la **primera comparecencia** ante el juez instructor del investigado en su condición de tal, dados los términos taxativos de su regulación legal (LECr art.775 y 797.1.3ª; LO 5/1995 art.25.1).

Es imprescindible la necesidad de la intervención del defensor en la **fase intermedia del proceso**, en la de **juicio oral** y en la eventual **impugnación** de la sentencia. Su participación y presencia en todos y cada uno de los actos procesales es necesaria para su validez, aunque en algunos de ellos pueda prescindirse de la asistencia del acusado, como en el caso del juicio en rebeldía (LECr art.786.1) o en el de la celebración de parte de la audiencia sin la presencia del menor investigado (LO 5/2000 art.37.4).
En las incidencias a que la **ejecución de la sentencia** dé lugar puede ser también necesaria la asistencia de letrado, como sucede en los supuestos de refundición de condenas (LECr art.988) o en los de aplicación retroactiva de la ley penal más favorable.

6980 Precisiones Si el investigado no hubiese designado procurador o letrado, se le debe requerir para que lo verifique o se le ha de nombrar de oficio cuando, requerido, no los nombrase, cuando la causa llegue a estado en que **se necesite el consejo de aquellos** o hayan de intentar algún recurso que haga indispensable su actuación (LECr art.118). El Tribunal Supremo ha entendido que este precepto contiene una **exigencia de mínimos** y es perfectamente compatible con la exigibilidad e irrenunciabilidad de la asistencia en el momento mismo de la iniciación de las diligencias y, por supuesto, cuando se presta declaración formal ante el verdadero investigador que es el juez de instrucción (TS 2-12-04, EDJ 234878).

6982 **Carácter irrenunciable** El derecho a la asistencia letrada es, como regla general, irrenunciable. Solo en tres supuestos puede el investigado, encausado renunciar al mismo:
- en caso de detención por hechos que solo puedan calificarse como **delito contra la seguridad del tráfico** siempre que se le haya facilitado información clara y suficiente en un lenguaje sencillo y comprensible sobre el contenido de dicho derecho y las consecuencias de la renuncia, en todo caso y en cualquier momento revocable (LECr art.520.8);
- cuando se le acuse exclusivamente de delito leve que no lleve aparejada pena de multa cuyo límite máximo sea de al menos 6 meses (LECr art.962.2 y 967);
- cuando exista una **necesidad urgente de evitar un riesgo grave** para la vida, libertad o integridad física de otra persona o de prevenir una situación que pueda comprometer de forma grave el resultado de la investigación, lo que permite la toma de declaración sin asistencia de letrado, con la debida constancia de ello en las actuaciones (LECr art.520.6);

El investigado debe ser expresamente instruido de su derecho a contar con dicha asistencia.
En los casos en que la imputación deriva de la **detención** han de hacerse dos precisiones:
a) La declaración del investigado voluntariamente prestada, así como su reconocimiento sin presencia de letrado **carecen de eficacia futura** como prueba preconstituida, en caso de que haya que acudir a su contraste en un futuro juicio oral (LECr art.714).
b) En caso de detención por hechos que solo puedan calificarse como **delito contra la seguridad del tráfico** la renuncia se ciñe, como es natural, exclusivamente a las diligencias policiales, sin que su eficacia pueda ir más allá en el curso del proceso.
Además, al ser este uno de los supuestos en que los datos objetivos contenidos en el atestado policial pueden alcanzar **valor probatorio** por sí mismos, ha de valorarse con especial rigor la espontaneidad de la renuncia a la hora de valorar dichos elementos como prueba de cargo. En todo caso, será preciso que los mismos se introduzcan en el juicio oral como **prueba documental** y garantizando de forma efectiva los principios de inmediación, oralidad y contradicción (TCo 33/2000; 188/2002).

Precisiones **1)** Las diligencias relativas a las **pruebas de alcoholemia** que consten en el atestado no pueden incorporarse al juicio oral mediante su lectura en los casos de ausencia de información al conductor del derecho a repetir la prueba y a contrastarla con un análisis de sangre, en aquellos otros en que se cuestione la fiabilidad del resultado de la prueba o el valor que al mismo quepa atribuir en orden a considerar acreditada la perpetración de la conducta punible (TCo 145/1987; 5/1989; 3/1990; 188/2002).
2) Para el **enjuiciamiento de delitos leves** que lleven aparejada pena de multa cuyo límite máximo sea de 6 meses o superior, rigen las reglas generales de defensa y representación (LECr art.967).

6984 **Efectividad del derecho** Es obligación de cuantos funcionarios y autoridades intervienen
MPP nº 628
por razón de su cargo en el proceso penal garantizar la efectividad de la asistencia letrada, pues se trata de un **requisito procesal esencial** por cuyo cumplimiento el propio órgano judicial debe velar cuando el encausado no lo hiciera mediante el ejercicio oportuno de aquel derecho.
La efectividad del derecho exige que se disponga del **tiempo** y las **facilidades necesarias** para la preparación de la defensa y que sea factible la **comunicación** del acusado con su defensor (Convenio Roma 4-11-1950 art.6.3.b; Pacto Nueva York 16-12-1966 art.14.3.b).
• Durante la **fase de instrucción**, se garantiza la entrevista reservada del letrado defensor con el investigado tanto antes como después de prestar declaración en la primera comparecencia ante el juez instructor (LECr art.775). Esta posibilidad es extensiva a la práctica de cualquier

diligencia de instrucción. Debe entenderse modificado en el mismo sentido lo dispuesto en el caso de la detención, que solo permite la entrevista al término de la diligencia en que haya intervenido el abogado (LECr art.520.6.c; LO 5/2000 art.17.2.II).
• También cabe la posibilidad de que el defensor pueda, junto con el acusado, **preparar la intervención** de este en el juicio oral (TS 4-6-04, EDJ 259913). El derecho a contar con asistencia letrada durante el proceso requiere que el abogado explique a su defendido la manera en la que debe encarar el desarrollo del juicio, poniendo el acento en las circunstancias que, de acuerdo con el plan de la defensa, deban ser resaltadas, así como que le instruya para que, a causa de su inexperiencia, no se disperse en consideraciones carentes de significación para el juicio.

Representación procesal La defensa del investigado comprende la asistencia técnica, pero también su representación procesal, que, como regla general, se ejerce a través de **procurador** de los tribunales cuya designación se rige por la misma regla que la del abogado -libre elección o nombramiento de oficio- (LECr art.118 y 784.1). 6987
Las **excepciones** a la regla enunciada son, además del juicio por delito leve, las tres siguientes:
a) En el **procedimiento abreviado**, el abogado designado para la defensa tiene también habilitación legal para la representación de su defendido, no siendo necesaria la intervención de procurador hasta el trámite de apertura del juicio oral, hasta cuyo momento cumple el abogado el deber de señalamiento de domicilio a efectos de notificaciones y traslados de documentos. Una vez abierto el juicio oral y antes de la formulación del escrito de defensa se debe requerir al acusado para que designe procurador o se nombrará de oficio dentro del término de emplazamiento (LECr art.768 y 784.1).
b) En el procedimiento para el **enjuiciamiento rápido de determinados delitos flagrantes**, el abogado designado para la defensa del investigado asume por Ley la representación del mismo durante todas las actuaciones ante el juez de guardia de la Sección de Instrucción del Tribunal de Instancia -hasta su constitución, el juzgado de guardia- (LECr art.797.3), lo que hace imposible la intervención del procurador antes de la sentencia.
c) En el **proceso penal militar**, la intervención de procurador es facultativa, pues la representación en juicio puede otorgarse a procurador o letrado y, en ambos casos, puede conferirse en todos los procedimientos mediante comparecencia ante el secretario relator del juzgado togado o tribunal militar que haya de conocer el asunto (LO 2/1989 art.50).

Precisiones Resulta de aplicación al orden penal lo dispuesto para el proceso civil sobre la comparecencia del **procurador sin necesidad de abogado** -nº 2609- (LEC art.23.3).

Derecho a ser informado de la imputación El investigado ha de tener conocimiento de los hechos concretos en que se basa la imputación y el régimen de derechos que como tal le asisten, así como las posibles consecuencias de su intervención voluntaria en determinadas diligencias. 6990
Se impone en particular a los funcionarios que efectúen la **detención policial** (LECr art.520.2), al Ministerio Fiscal en el curso de las diligencias de investigación preprocesal que practique (LECr art.773.2), a la **policía judicial**, aunque no exista detención (LECr art.771.2ª y 796), y al juez instructor y al letrado de la Administración de Justicia en la primera declaración del investigado (LECr art.775 y 797.1.3ª; LO 2/1989 art.167). Cuando conste que no se ha practicado antes, es inexcusable que se haga al comenzar las sesiones del juicio oral, que en caso contrario será nulo por indefensión del investigado (TS 4-4-00, EDJ 4675).
En el raro caso de efectuarse la **detención por un particular** (LECr art.490.1º y 2º), no cabe lógicamente exigirle el contenido de las anteriores reglas, pero sí debe justificar, si el detenido lo exige, haber obrado en virtud de motivos racionalmente suficientes para creer que este se hallaba comprendido en alguno de los casos previstos en el citado precepto (LECr art.491), pues puede incurrir en el delito de detención ilegal (CP art.163.4).

Contenido (LECr art.520.2 y 771.2ª) El contenido de la información, además de los hechos que se atribuyan al investigado, así como cualquier cambio relevante en la investigación y en aquellos, ha de referirse como mínimo a los siguientes **derechos** (LECr art.520.2 y 771.2ª): 6992 MPP nº 632
- guardar silencio;
- no declarar contra sí mismo o no prestar declaración o contestar únicamente a determinadas preguntas aisladas o a declarar solo ante el juez;
- no confesarse culpable;
- la asistencia inmediata de letrado (en su caso, mediante videoconferencia o por contacto telefónico -salvo imposibilidad- cuando la lejanía geográfica no permita la presencial);
- actuar en la causa en ejercicio del derecho de defensa conforme a la Ley de enjuiciamiento criminal;

- el examen de las actuaciones con suficiente antelación (en especial, lo relevante a efecto de impugnar la detención o privación de libertad);
- la comunicación telefónica con un tercero sin dilación injustificada, en presencia policial o del funcionario designado por el juez o el fiscal, sin perjuicio su restricción en ciertos supuestos conforme a lo establecido en LECr art.527;
- la visita de y comunicación con las autoridades consulares (en caso de extranjeros); y
- la asistencia gratuita de intérprete o traductor, cuando no comprenda o no hable el idioma castellano o la lengua oficial en la que se sigan las actuaciones o sufra limitaciones auditivas o de comprensión (nº 8016 s.).

La **información** ha de ser:
- inmediata al nacimiento de la imputación (LECr art.118 y 520.2; LO 2/1989 art.125);
- comprensible para su destinatario; y
- completa, pues ha de referirse a todos los elementos que la norma dispone en cada caso.

Si el investigado se halla **detenido**, el contenido de la información se extiende a los derechos a que se ponga en conocimiento el hecho de la detención y el lugar de custodia en que se halle en cada momento del familiar o persona que desee y de la oficina consular de su país, si se trata de un extranjero y a ser reconocido por el médico forense o su sustituto legal y, en su defecto, por el de la institución en que se encuentre, o por cualquier otro dependiente del Estado o de otras Administraciones públicas.

Si se trata de un **menor** o de **persona con capacidad judicialmente complementada**:
- en el primer caso, ha de ser puesto a disposición de las **secciones de menores de la fiscalía**, comunicando el hecho y el lugar de custodia a quienes ejerzan la patria potestad, la tutela o la guarda de hecho del mismo, tan pronto se tenga constancia de la minoría de edad (y en caso de conflicto de intereses con quienes ejerzan la patria potestad o los cargos tutelares del menor se le nombrará un defensor judicial, a quien se pondrá en conocimiento del hecho y del lugar de detención);
- en el segundo supuesto, la información expuesta anteriormente, se comunica a quienes ejerzan la **tutela o guarda** de hecho del mismo, dando cuenta al Ministerio Fiscal.

Si en uno u otro caso fuera **extranjero**, el hecho de la detención se notificará de oficio al cónsul de su país (LECr art.520.3; LO 5/2000 art.17).

El protocolo de **reconocimiento médico forense** de intervención y examen de detenidos se regula en RD 650/2023.

6994 MPP nº 634 s., 638 **Derecho a la asistencia gratuita de intérprete** Nadie puede defenderse ni ser informado de lo que no comprende, ni actuar en un proceso en el que se utiliza un idioma que le es desconocido. Se trata de una manifestación del derecho a un **proceso con todas las garantías**, como lo demuestra el hecho de su inclusión el contenido mínimo del proceso justo por las normas internacionales (Convenio Roma 4-11-1950 art.6.3.e; Pacto Nueva York 16-12-1966 art.14.3.f).

Las principales precisiones jurisprudenciales se resumen en las siguientes:

A) La mera condición de extranjero no conlleva la necesidad de intérprete si el acusado comprende y maneja con fluidez y soltura más que suficiente nuestro idioma, de suerte que no es el nombramiento formal de intérprete la cuestión que pueda suscitar y dar la medida de la indefensión, sino el de **conocimiento real por el interesado** de la lengua en que el proceso se siga, de tal modo que esté imposibilitado de conocer de lo que se le acusa, de comprender lo que se diga, y de expresarse él mismo en forma que pueda ser comprendido sin dudas. Es el propio tribunal el obligado a velar por los derechos del acusado proporcionándole el intérprete adecuado (TS 20-10-93, EDJ 9325; 28-2-94, EDJ 7702; 2-1-98, EDJ 49; 23-5-00, EDJ 14389; 17-1-08, EDJ 31039). Por ello, no existe infracción alguna cuando el acusado, a petición propia, **declara sin intérprete** en el juicio oral para manifestar la indefensión producida por la ausencia de traductor en la fase de instrucción (TS 22-2-02, EDJ 2890).

B) Las normas sobre la asistencia gratuita de un intérprete son aplicables de manera indistinta al investigado y a los **testigos**. Han de entenderse aplicables no solo a los extranjeros, sino también a las **personas sordomudas** (TCo 30/1989; TS 30-4-01, EDJ 8417).

6996 **C)** El derecho a intérprete en las causas o procesos penales ha de ser considerado desde una **perspectiva global** o totalizadora y en atención al fin para el que está previsto, es decir, el de una defensa adecuada para la obtención de un proceso o juicio justo. No cabe por ello limitarlo a las relaciones entre el acusado y el órgano y negarlo para las conversaciones privadas entre aquel y su **letrado defensor** (TCo 71/1988).

D) El tribunal puede habilitar como **intérprete** a cualquier persona que acredite conocer la lengua del investigado, sin necesidad de título oficial (LOPJ art.231.5; LECr art.762.8ª; LO 2/1989 art.71). El desconocimiento de la lengua usada en el tribunal o audiencia constituye un hecho natural que se preserva en la forma antedicha, por lo que no cabe exigir la designación a instancia del acusado de otro **intérprete coadyuvante** del habilitado por el órgano judicial (TS 30-4-01, EDJ 8417).

E) La necesidad de intérprete puede plantearse por el uso de **lenguas cooficiales** distintas del castellano, debiendo distinguirse diversas situaciones:

• Cuando el investigado, aun siendo español, **no entienda o hable el castellano** han de aplicarse las normas antes citadas. Aunque el deber de los españoles de conocer el castellano hace suponer que ese conocimiento existe en la realidad, tal presunción puede quedar desvirtuada cuando el investigado alega verosímilmente su ignorancia o su conocimiento insuficiente o esta circunstancia se pone de manifiesto.

El derecho a la asistencia de intérprete ha de entenderse aplicable a los **ciudadanos españoles** que no entiendan o hablen castellano, pues se trata de un derecho que deriva directamente de la Constitución (TCo 87/1987).

• El **uso de idiomas cooficiales** en las actuaciones orales o escritas así como la aportación de documentos escritos en dichas lenguas, es plenamente válido cuando el proceso se desarrolle en el territorio de la comunidad autónoma respectiva. No obstante, debe emplearse el castellano o, en el caso de actos orales de parte, habilitarse la intervención de intérprete, cuando cualquiera de las partes alegue desconocimiento de la lengua empleada que pueda provocar indefensión (LOPJ art.231; LO 2/1989 art.71).

Precisiones La Dir 2010/64/UE, del Parlamento Europeo y del Consejo, regula el **derecho a la interpretación y traducción** en los procesos penales y en los procedimientos correspondientes a la ejecución de una orden de detención europea. Su contenido ha sido incorporado al Derecho interno, por lo que a España se refiere, por LO 5/2015 (nº 8016 s.).

Derechos a no declarar contra sí mismo y a no confesarse culpable Estos derechos proporcionan al investigado una opción defensiva mediante el silencio, íntimamente vinculada, también, con la presunción de inocencia y los requisitos exigibles a la prueba de cargo. Ambos prestan cobertura a la **manifestación pasiva** de la defensa, que se ejerce precisamente con la inactividad del sujeto sobre el que recae o puede recaer una imputación, que puede optar por defenderse en el proceso en la forma que estime más conveniente para sus intereses, sin que, en ningún caso, pueda ser forzado o inducido, bajo constricción o compulsión alguna, a declarar contra sí mismo, a confesarse culpable o a aportar elementos de prueba con eficacia autoincriminatoria. **6998** MPP nº 639 s.

El derecho a guardar silencio y el privilegio contra la autoincriminación son **normas internacionales** que descansan en el núcleo de la noción de proceso justo y presuponen que las autoridades logren probar su caso sin recurrir a pruebas obtenidas mediante métodos coercitivos o de presión en contra de la voluntad del investigado, que no puede convertirse en fuente de prueba incriminatoria (TCo 7/2004; 18/2005; 165/2005; TEDH 21-12-00, núm 34720/1997; 8-4-04, núm 38544/1997).

Las principales orientaciones jurisprudenciales pueden sistematizarse así: **6999**

A) El reconocimiento del derecho al silencio no impide la previsión legislativa de efectos favorables para el **investigado que voluntariamente confiesa** su participación en el hecho punible, bien a través de normas sustantivas como la circunstancia atenuante de CP art.21.4ª o la previsión de la figura del narcotraficante o del terrorista arrepentido (CP art.376 y 579), bien mediante técnicas procesales como la conformidad incentivada (LECr art.801.2).

Precisiones En todos los casos, la confesión de las propias actividades delictivas de la que deriva o con la que se busca un beneficio otorgado por el ordenamiento mediante la disminución de la pena es estrictamente **voluntaria y espontánea**, pudiendo considerarse como un medio de defensa tan lícito como pueda ser el silencio. La admisión voluntaria de los hechos no puede ser considerada lesión de derecho alguno, ya que ligar un efecto beneficioso a la confesión voluntariamente prestada no equivale a privar del derecho fundamental a no confesar si no se quiere (TCo 76/1987; 161/1999; TS 30-12-02, EDJ 59919).

B) El **deber de información al investigado** incluye la expresa instrucción de que le asisten los derechos que ahora tratamos, por lo que la ausencia o el contenido inadecuado de la misma puede dar lugar a la vulneración de ambos derechos y, como consecuencia, a la eventual producción de prueba prohibida contraria a la presunción de inocencia. Para determinar si ha existido o no la infracción que comentamos hay que valorar las **circunstancias** concretas del caso y en especial las siguientes (TCo 127/2000): **7000**

• La **naturaleza policial o judicial de la declaración** y la presencia o no en ella de letrado defensor del investigado.

• El **contenido material** de la instrucción de derechos al investigado, a la que no se exige una forma determinada siempre que quede constancia de su contenido. En este sentido, la genérica advertencia del derecho a guardar silencio puede considerarse comprensiva de la información de que al declarante le asiste el derecho a no declarar contra sí mismo y no confesarse culpable, sobre todo cuando ya antes se le había informado expresamente de ambos derechos por la policía judicial.

• El **grado de coerción** inherente a la situación, a cuyo efecto ha de considerarse, por ejemplo, la presencia en la declaración del juez, del letrado de la Administración de Justicia, del representante del Ministerio Fiscal y del letrado defensor, o la grabación magnetofónica de la diligencia, para deducir el carácter voluntario o forzado de la declaración.

• La **legislación aplicable** concretamente al caso, en la que no se sanciona la falta de colaboración ni se extraen consecuencias negativas para el acusado de su silencio (TEDH 8-2-96, núm 18731/91; 17-12-96, núm 19187/91).

Precisiones La **grabación por un agente encubierto** de sus conversaciones con el investigado en las que este detalla su participación en el hecho delictivo en términos que implican una confesión, aunque no son contrarias al secreto de las comunicaciones -Const art.18-, posee un elevado grado de probabilidad de ser contraria a los derechos que nos ocupan, por lo que no deben ser valoradas como prueba de cargo (TS 9-11-01, EDJ 41201).

7002 **C)** El derecho al silencio es de uso actual y puede ejercitarse en cada momento procesal, pero no retroactúa sobre momentos ya pasados ni tiene, por tanto, incidencia en ellos: el acusado puede guardar silencio en el juicio, pero no pretender que este se proyecte hacia atrás, con la eficacia de **cancelar otras manifestaciones precedentes** (TS 4-1-02, EDJ 275).

D) La existencia del derecho a no autoincriminarse no priva de valor probatorio a las **declaraciones del coinvestigado**, pero impone especiales cautelas a su valoración como prueba de cargo, pues a diferencia del testigo el acusado no solo no tiene obligación de decir verdad, sino que puede callar total o parcialmente o incluso mentir (TCo 129/1996; TEDH 25-2-93, núm 10828/1984). A estas declaraciones se exige un plus al efecto de ser valoradas como **prueba de cargo** suficiente, pues han resultar mínimamente corroboradas por algún hecho, dato o circunstancia externa a ellas que avalen su credibilidad (TCo 233/2002; 190/2003; 30/2005; TS 13-12-02, EDJ 59292; 29-12-04, EDJ 234873; 14-7-05, EDJ 113622). Por el contrario, la admisión de la propia participación en el delito junto a los demás acusados es un dato esencial para que la declaración de quien la hace pueda enervar la presunción de inocencia de los demás codelincuentes.

Precisiones En el caso de **testigos que se niegan a declarar** al amparo del derecho que les confiere LECr art.416, se considera improcedente la lectura de su declaración sumarial y su incorporación al plenario por la vía de LECr art.730 (TS 28-4-00, EDJ 9946; 27-11-00, EDJ 43522; 12-6-01, EDJ 15501; 20-2-08, EDJ 25613).

7004 **E)** En el caso de **exploraciones practicadas sobre el cuerpo del investigado** (observación radiológica para detectar objetos o sustancias ocultos en las cavidades naturales, análisis periciales de diversa índole, toma de muestras) ha de distinguirse una doble situación:

1. Si el sujeto explorado **no se encuentra detenido**, la existencia de los indicios de la comisión de un hecho delictivo surge en el momento de la localización de cuerpos extraños en su intestino y es esa circunstancia la que determina la detención por razón de delito y, consiguientemente, la información de los derechos prevenidos en LECr art.520. En consecuencia, el sometimiento voluntario al examen radiológico antes de ese momento no vulnera el derecho fundamental que comentamos (TS 22-12-99, EDJ 40458; 15-11-00, EDJ 41129; Acuerdo TS Pleno no Jurisdiccional Sala 2ª 5-2-99, EDJ 73878).

2. Por el contrario, aun no existiendo una declaración formal de la detención, cuando haya **sospechas de la comisión de delito** por parte del explorado, este debe ser informado de manera inmediata de sus derechos y solo puede practicarse el reconocimiento, con consentimiento del imputado, una vez provisto este de asistencia letrada y después de transcurrir el plazo de 8 horas - LECr art.520.4 - (TS 9-10-98, EDJ 18367). Por el mismo motivo, la extracción de saliva sobre la que posteriormente se practicará un análisis de ADN realizada con el consentimiento del investigado, que en ese momento está asistido de letrado, no vulnera el derecho a no autoinculparse (TS 18-12-01, EDJ 56100), lo que es aplicable a cualesquiera otros fluidos corporales y a muestras tomadas del cuerpo del sospechoso, como pelos, uñas, etc.

F) Sobre la **prueba de alcoholemia** mediante aire espirado, el deber de someterse al control no puede considerarse contrario al derecho a no declarar contra sí mismo y a no confesarse culpable, exigiéndole una colaboración **no equiparable a la declaración**.

Precisiones La prueba de alcoholemia es, en definitiva, una pericia técnica de resultado incierto en que la participación del detenido con declaraciones autoinculpadoras está ausente, pues solo supone un sometimiento a las normas de policía al que, incluso, puede el afectado verse obligado sin la previa existencia de indicios de infracción, en el curso de **controles preventivos** (TCo 161/1997; 234/1997).

G) En relación con el **delito fiscal**, la prohibición de compulsión para la aportación de elementos de prueba que tengan o puedan tener en el futuro valor incriminatorio se limita a aquellos que puedan producir directamente ese efecto. El temor a que la declaración fiscal que incluya ganancias de difícil justificación o bienes adquiridos con fondos de ilícita procedencia pueda contribuir al afloramiento de actividades ilícitas no puede configurarse como una causa privilegiada de exención de la obligación de declarar. **7005**

La **procedencia ilícita de los ingresos** no excluye por sí misma la obligación de declarar fiscalmente los incrementos patrimoniales de ellos derivados y las dificultades que pueda tener el contribuyente para aflorar sus ingresos reales sin desvelar sus actividades ilícitas únicamente son imputables al mismo, sin que puedan determinar una posición de privilegio que le exima de la obligación genérica de declarar a Hacienda o le haga inmune frente a la responsabilidad penal por delito fiscal (TS 21-12-99, EDJ 35876; 23-3-01, EDJ 3331).

En esta misma línea, no se lesiona el principio del derecho a la no autoinculpación o a no declarar contra uno mismo, por la **exhibición de los datos tributarios** en sede administrativa, previa en su caso a la apertura del proceso penal, a requerimiento de la Administración. La **reserva de datos económicos** del contribuyente no es absoluta e incondicional, pues obliga a proporcionar a la Administración tributaria toda clase de datos, informes, antecedentes y justificantes con trascendencia tributaria (LGT art.93). El **requerimiento para exhibir la contabilidad** no es una instigación para la confesión o reconocimiento de culpas o responsabilidades; la contabilidad no es más que el reflejo en sí mismo neutro, de la actividad económica de un sujeto. La determinación de la comisión de infracciones a la vista de la contabilidad es siempre el resultado de una inferencia indirecta. La Administración tributaria no requiere la aportación de documentación falsa o torticera, sino de la verdadera factura o documentación justificativa de la realidad de la operación. La presentación de facturas o documentación falsa con el fin de eludir las consecuencias que la falta de justificación de la realidad de la operación puede acarrear es un riesgo que asume el sujeto requerido en el caso de que se cuestione la veracidad de la documentación exculpatoria presentada y acabe acreditándose su falsedad (AP Alicante 15-7-21, Rec 1223/21).

H) El **derecho a la no autoincriminación** se extiende también a aquellas declaraciones prestadas por el reo en otros procesos o procedimientos no penales que acaban teniendo relevancia condenatoria en un proceso penal. De forma que si el posteriormente inculpado y condenado en una causa penal lo ha sido por sus declaraciones en otro proceso (civil, contencioso-administrativo, como testigo) en el que tenía obligación legal de decir verdad, la condena penal basada sustancial o exclusivamente en lo declarado como testifical no penal, lesiona la garantía de no autoincriminación (TCo 21/2021).

Derecho a interrogar o hacer interrogar a los testigos que declaren contra él **7007**

Este derecho puede ser objeto de restricción, en los casos de aplicación del régimen de **protección de testigos y peritos** -nº 8544- (TS 24-6-97, EDJ 4566; 16-3-98, EDJ 1565; 3-3-99, EDJ 2044).

Precisiones Se reconoce al acusado el derecho a interrogar o hacer interrogar a los testigos que declaren contra él, por las **normas internacionales de protección de los derechos humanos** (Convenio Roma 4-11-1950 art.6.3.d; Pacto Nueva York 16-12-1966 art.14.3.e).

Derecho a reconocimiento forense (LECr art.520.2.i) Se reconoce la asistencia al encausado o detenido a ser reconocido por el médico forense o su **sustituto legal** y, en su defecto, por el de la **institución** en que se encuentre, o por cualquier otro dependiente del Estado o de otras Administraciones públicas. **7008**

Precisiones El **protocolo** de reconocimiento médico forense de intervención y examen de detenidos se regula en RD 650/2023.

b. Regímenes especiales del derecho a la asistencia de letrado

Asistencia letrada al detenido (Const art.17.3; LECr art.520.4 y 6) Cuando el investigado se encuentra detenido, el derecho a la asistencia de letrado adquiere singularidad frente al reconocido con carácter general. Es necesario distinguir, por tanto (TCo 196/1987; 188/1991; 7/2004; 165/2005): **7010**

- la asistencia letrada al detenido en las **diligencias policiales y judiciales** (Const art.17.3), como una de las garantías del derecho a la libertad personal; y
- la asistencia letrada al **investigado o encausado** (Const art.24.2), dentro del marco de la tutela judicial efectiva y del derecho a un proceso debido.

7012 Además de los aspectos y características examinados en el nº 6969 s., el contenido de la asistencia de letrado a la persona detenida se resume en los puntos siguientes:

a) La autoridad judicial y los funcionarios bajo cuya custodia se encuentre el detenido o preso, se han de abstener de hacerle recomendaciones sobre la **elección de abogado** y deben comunicar, en forma que permita su constancia al colegio de abogados, el nombre del abogado elegido por aquel para su asistencia o petición de que se le designe de oficio. El colegio de abogados debe **notificar al letrado designado** dicha elección, a fin de que manifieste su aceptación o renuncia, procediendo al nombramiento de un abogado de oficio en caso de que el designado no acepte el encargo, no sea hallado o no comparezca. El abogado designado debe **acudir al centro de detención** a la mayor brevedad y en todo caso, en el plazo máximo de 3 horas, contadas desde el momento de la comunicación al colegio. Si en tal plazo no comparece, se designará otro letrado por el colegio, para que comparezca a la mayor brevedad y siempre en el indicado lapso, sin perjuicio de la responsabilidad del primero.

b) Cuando exista una **necesidad urgente de evitar un riesgo grave** para la vida, libertad o integridad física de otra persona o de prevenir una situación que pueda comprometer de forma grave el resultado de la investigación, la policía tomará declaración al detenido con anterioridad a que este se entreviste con un abogado y dejará constancia en las actuaciones de las razones que motivaron la adopción de esta medida.

c) La **asistencia del abogado** consiste en (LECr art.520.6):

- solicitar que se informe al detenido de los **derechos** que le asisten y que se proceda a su **reconocimiento médico**;
- intervenir en las diligencias de declaración del detenido, en las de reconocimiento de que sea objeto, careos y en las de reconstrucción de los hechos en que participe el detenido;
- solicitar de la autoridad judicial o funcionario que hayan practicado la diligencia en que el abogado haya intervenido, una vez terminada esta, la **declaración o ampliación de los extremos** que considere convenientes, así como la consignación en el acta de cualquier incidencia que haya tenido lugar durante su práctica;
- informar al detenido de las consecuencias de la prestación o denegación de **consentimiento** a la práctica de diligencias que se le soliciten; y
- **entrevistarse reservadamente** con el detenido al término de la práctica de la diligencia en que haya intervenido o con anterioridad a la misma (sea ante la autoridad policial, judicial o ante el fiscal).

Asimismo, y de forma paralela, el investigado puede entrevistarse reservadamente con su abogado tanto antes como después de prestar declaración, siempre que no se encuentre en incomunicación, supuesto en el que este derecho puede ser restringido (LECr art.775; LO 5/2000 art.17.2.II).

7013 Precisiones **1)** Si el detenido se opusiera a la **recogida de las muestras mediante frotis bucal**, conforme a las previsiones de la LO 10/2007 -reguladora de la base de datos policial sobre identificadores obtenidos a partir de ADN-, el juez de instrucción, a instancia de la policía judicial o del Ministerio Fiscal podrá imponer la **ejecución forzosa** de tal diligencia mediante el recurso a las medidas coactivas mínimas indispensables, que deberán ser proporcionadas a las circunstancias del caso y respetuosas con su dignidad.

2) Todas las comunicaciones entre el investigado o encausado y su abogado tienen **carácter confidencial**. Si las conversaciones o comunicaciones hubieran sido captadas o intervenidas durante la ejecución de alguna de las diligencias reguladas en la ley, el juez ha de ordenar la **eliminación de la grabación** o la entrega al destinatario de la correspondencia detenida, dejando constancia de estas circunstancias en las actuaciones.

Se **exceptúa el carácter confidencial** para el caso de constatarse la existencia de indicios objetivos de la participación del abogado en el hecho delictivo investigado o de su implicación junto con el investigado o encausado en la comisión de otra infracción penal, sin perjuicio de lo dispuesto en la Ley general penitenciaria (LECr art.118.4 y 520.7).

3) La **intromisión en el derecho a la confidencialidad** en la relación abogado-cliente puede suponer una restricción del derecho de defensa aun sin aprovechamiento expreso y directamente relacionado con lo indebidamente sabido. El esclarecimiento de si el investigado ha participado o no en el hecho delictivo, de si una línea de investigación es acertada o innecesaria, o de cuáles son los elementos de descargo que el encausado piensa esgrimir, para potenciar las actuaciones de investigación que tiendan a debilitarlo, son manifestaciones de que la injerencia en la relación abogado-cliente durante la investigación pueden mermar claramente las posibilidades de defensa del encausado. La plena confianza entre uno y otro es elemento esencial para que la asistencia letrada alcance adecuada sustantividad. Pero no por ello cualquier **restricción contraria al derecho de defensa** ha de comportar una nulidad del procedimiento tan extensa e ineludible que desactive necesariamente el ejercicio del *ius puniendi* del Estado en un proceso, por lo demás, conforme con las exigencias constitucionales. Ha de aplicarse un juicio ponderativo (TS 28-7-21, EDJ 685143).

4) El derecho a la prestación de declaración asistido de abogado es personalísimo, por lo que en caso de **varios detenidos o coinvestigados**, la ausencia de los letrados de los restantes no puede invocarse por el letrado del declarante para suspender la declaración, pues esta petición incumbe exclusivamente al letrado ausente (JCI núm 3 auto 2-11-17, EDJ 273276).

Detención o prisión incomunicada (LECr art.509, 510, 520 bis y 527; LO 2/1989 art.224) Esta situación consiste, no en una restricción del derecho a la libertad, sino del de defensa. No puede considerarse como una privación de libertad, pues es solo una modificación del grado de intensidad de una previa detención legal, por lo que constituye una **limitación del derecho a la asistencia letrada** del detenido (TCo 196/1987; 165/2005). 7014

La restricción sobre el derecho de defensa se fundamenta, partiendo de la **especial naturaleza y gravedad de ciertos delitos**, en conjurar el peligro urgente de graves consecuencias que puedan poner en peligro la vida, la libertad o la integridad física de una persona, o en la necesidad perentoria de una actuación inmediata de los jueces de instrucción para evitar comprometer de modo grave el proceso penal (LECr art.509.1).

Por ello, se concreta en que el detenido o preso puede ser privado del derecho a la **comunicación de la detención** a la persona que desee, a efectuar y recibir comunicaciones (con matices), a **entrevistarse con su abogado**, siendo este, en su caso, designado de oficio, pudiendo asimismo restringirse el acceso de uno y/u otro a las actuaciones.

La incomunicación es de naturaleza eminentemente provisional y está sujeta a **límites temporales** estrictos, de modo que solo surte efectos mientras se encuentre en vigor.

Precisiones 1) Una vez **alzada** judicialmente **la incomunicación** del investigado, o después de transcurrido su plazo máximo de duración, se incurre en vulneración del derecho de defensa aunque la manifestación del detenido este haya sido absolutamente espontánea y libre (TCo 167/2002; 7/2004; 165/2005).

2) El **régimen** de la detención o prisión incomunicada se estudia en detalle al tratar de las medidas cautelares personales (nº 8988).

Detención en virtud de orden europea (L 23/2014 art.39.4 y 50) En los supuestos de personas detenidas como consecuencia de la emisión de uno de estos instrumentos de reconocimiento mutuo, puesto el detenido a disposición judicial, se le ha de **informar** de la existencia de la orden europea de detención y entrega, de su contenido, de su derecho a designar a un abogado en el Estado emisor de la orden europea cuya función consistirá en prestar asistencia al abogado en España facilitándole información y asesoramiento, de la posibilidad de consentir en el trámite de audiencia ante el juez y con carácter irrevocable su entrega al Estado emisor, así como del resto de los derechos que le asisten. En el caso de que solicite **designar a un abogado** en el Estado emisor, se pondrá en conocimiento de su autoridad competente con carácter inmediato. 7015

La persona detenida ha de ser **informada por escrito de manera clara y suficiente** de su derecho a la renuncia al abogado en el Estado de emisión, sobre el contenido de dicho derecho y sus consecuencias, así como de la posibilidad de su revocación posterior. Dicha **renuncia** debe ser voluntaria e inequívoca, por escrito, y haciendo constar las circunstancias de la misma.

La renuncia al abogado en el Estado de emisión es revocable posteriormente en cualquier momento del proceso penal, surtiendo efectos desde el momento en que se efectúe.

Precisiones Cuando la persona reclamada ejerza en el Estado de ejecución su **derecho a designar abogado en España** para asistir al abogado en el Estado de ejecución, se garantizará el ejercicio de este derecho y, en su caso, el de asistencia jurídica gratuita, en los términos que legalmente proceda conforme al Derecho español. La petición deberá tramitarse por la autoridad judicial española con carácter inmediato y la designación de profesionales por el colegio de abogados tendrá **carácter preferente y urgente**.

Proceso penal militar Las especialidades del proceso penal militar se manifiestan en circunstancias peculiares de lugar o de tiempo y pueden resumirse en las siguientes: 7016

a) En unidades militares fuera del suelo nacional y en buques navegando, cabe la defensa provisional por **persona no experta en Derecho**, pues cuando sea preciso instruir diligencias o procedimiento judicial se debe informar al interesado que, para su defensa y hasta llegar a suelo español, puede designar a cualquier oficial de la fuerza o buque. De no hacer designación alguna, se le debe nombrar de oficio, a cuyo fin se ha de establecer un turno de los oficiales destinados en la unidad o buque de que se trate.

b) En **tiempo de guerra**, en las actuaciones de los órganos jurisdiccionales militares en territorio español cuando no funcionen normalmente los colegios de abogados, o fuera del territorio nacional, los inculpados pueden nombrar defensor a un militar con categoría de oficial. De no designarlo en el plazo que determine la Ley procesal militar se les ha de nombrar de oficio en la forma que en esta se señale (LO 4/1987 art.167).

c. Asistencia jurídica gratuita

(Const art.119; LOPJ art.20 y 545.2)

7020 MPP nº 670 Permite el **acceso a la justicia**, para interponer pretensiones u oponerse a ellas, a quienes no tienen medios económicos suficientes para ello, tratando de asegurar que ninguna persona quede procesalmente indefensa por carecer de recursos para litigar (TCo 117/1998; 183/2001). La asistencia jurídica gratuita se encuentra regulada en la L 1/1996 y desarrollada reglamentariamente por RD 141/2021, así como en diversos reglamentos autonómicos. Las reglas de RD 141/2021 art.17, 21, 33.1, 3 y 4, 39 a 41 son de aplicación general en toda España.

Precisiones **1)** En las **normas internacionales** de protección de los derechos humanos, el derecho a la asistencia jurídica gratuita y el derecho a la libre elección de abogado se enuncian conjuntamente (Convenio Roma 4-11-1950 art.6.3.c; Pacto Nueva York 16-12-1966 art.14.3.d).

2) El derecho a la asistencia jurídica gratuita comprende el de **asistencia letrada y representación por procurador** (nº 1000 s.), que se prestan en el procedimiento judicial, cuando la intervención de estos profesionales sea legalmente preceptiva o, cuando no siéndolo, sea expresamente requerida por el tribunal mediante auto motivado para garantizar la igualdad de las partes en el proceso o bien, tratándose del proceso penal por delitos leves, cuando la persona frente a la que se dirige la acción haya ejercitado su derecho a estar asistido de abogado y así se acuerde por el tribunal, en atención a la entidad de la infracción de que se trate y las circunstancias personales del solicitante de asistencia jurídica (L 1/1996 art.6.3).

3) Los **abogados y procuradores designados de oficio** desempeñan sus funciones hasta la finalización del procedimiento en la instancia judicial de que se trate y, en su caso, la ejecución de las sentencias, si las actuaciones procesales en esta se produjeran dentro de los 2 años siguientes a la resolución judicial dictada en la instancia.

En el procedimiento especial para el **enjuiciamiento rápido de delitos**, la asistencia letrada se presta por el mismo abogado desde el momento de la detención, si la hay, o desde que se requiera dicha asistencia y hasta la finalización del proceso, incluido el juicio oral y, en su caso, la ejecución de la sentencia.

En el supuesto de asistencia a las **víctimas de violencia de género, de terrorismo y de trata de seres humanos**, así como a **menores de edad** y con discapacidad intelectual o enfermedad mental cuando sean víctimas de situaciones de abuso o maltrato, la orientación jurídica, defensa y asistencia se asumen por una misma dirección letrada desde el momento en que se requiera, y abarca todos los procesos y, en su caso, procedimientos administrativos que tengan causa directa o indirecta en alguno de los delitos a los que se refiere este apartado hasta su finalización, incluida la ejecución de sentencia. Este mismo derecho asiste también a los causahabientes en caso de **fallecimiento de la víctima**.

En estos supuestos, el abogado designado de oficio ha de informar a su defendido que el **beneficio de justicia gratuita se perderá** tras la firmeza de la sentencia absolutoria, o del sobreseimiento definitivo o provisional por no resultar acreditados los hechos delictivos, sin la obligación de abonar el coste de las prestaciones disfrutadas gratuitamente hasta ese momento.

Solo en el orden penal los **letrados designados podrán excusarse de la defensa**, siempre que concurra un motivo personal y justo, apreciado por los decanos de los colegios. En el supuesto de atención a las **víctimas de violencia de género**, la aceptación de la excusa en el orden penal implica el cese en los demás procedimientos y la designación de un nuevo letrado (RD 141/2021 art.33).

4) La condición de **beneficiario** del derecho a la asistencia jurídica gratuita implica un peculiar estatus que afecta a múltiples situaciones y relaciones del beneficiario del derecho tanto dentro como fuera del proceso. El entramado de intereses que configura este estatus puede verse afectado de manera directa o indirecta por la exigencia de que la parte actúe, aunque sea de manera coordinada, mediante profesionales de libre designación por terceras personas. Por ello, no se excluye la posible existencia de **medidas alternativas** que, sin detrimento de los fines que legitiman la aplicación de LECr art.113, conlleven un menor sacrificio de las garantías procesales de los beneficiarios del derecho como es la fórmula de actuación conjunta bajo una o varias representaciones y asistencias por profesionales del turno de oficio, todos ellos seleccionados, designados y sometidos en su actuación a idéntica normativa legal (TCo 29/2021; 178/2021).

5) Las **personas jurídicas** no son titulares del derecho a la asistencia jurídica gratuita, opción legislativa declarada válida por TCo 117/1998. Sin perjuicio de ello, el legislador ha atendido en cada caso a la naturaleza y fines de las personas jurídicas, otorgándoles en algunos supuestos el derecho a la justicia gratuita en la legislación especial. En la actualidad, así se prevé para las asociaciones de utilidad pública, previstas en la LO 1/2002 art.32, para las **fundaciones** inscritas en el Registro Público correspondiente, siempre que acrediten insuficiencia de recursos para litigar conforme a las previsiones del L 1/1996 art.2, para las asociaciones de consumidores y usuarios, para **Cruz Roja Española**, para las fundaciones benéfico-docentes y para las **asociaciones de utilidad pública** que tengan como fin la promoción y defensa de los derechos de las personas con discapacidad (en estos tres últimos casos, sin acreditar insuficiencia de recursos para litigar).

Con motivo de la publicación de la ley del derecho de defensa, en el orden penal se reconoce el derecho de asistencia jurídica gratuita a las personas jurídicas, cuando por **requerimiento judicial** haya de designarse defensa letrada y, en su caso, representación procesal, siempre que la sociedad haya sido declarada judicialmente en situación de insolvencia actual o inminente, se encuentre en concurso de acreedores o no conste actividad económica en el último ejercicio cuando, en este último caso, la sociedad se halle disuelta o en trámite de disolución por las causas y por el procedimiento legalmente previsto para ello (L 1/1996 art.2.l).

Asistencia jurídica gratuita europea (Dir 2016/1919/UE) La Directiva de referencia, relativa a la asistencia jurídica gratuita a los sospechosos y acusados en los procesos penales y a las personas buscadas en virtud de un procedimiento de orden europea de detención, con **plazo de transposición** hasta 25-5-2019. **7022**

Las **normas mínimas comunes** sobre el derecho a la asistencia jurídica gratuita establecidas por la Directiva se aplican a:

a) Sospechosos y acusados en los procesos penales, que estén **privados de libertad**, deban ser asistidos por letrado de acuerdo con el Derecho nacional o de la Unión o deban o puedan asistir a un acto de investigación o de obtención de pruebas, incluidos, como mínimo, las ruedas de reconocimiento, los careos o las reconstrucciones de los hechos.

b) Personas objeto de un procedimiento de **orden europea de detención** en virtud de la Decisión Marco 2002/584/JAI (personas buscadas) -nº 8973 y nº 10398 s.-.

c) Personas que, reuniendo los requisitos del apartado a), no han sido inicialmente sospechosos ni acusados pero pasan a serlo en el curso de un **interrogatorio** de la policía u otra autoridad con funciones policiales.

d) Sin perjuicio del derecho a un juicio justo con respecto a las **infracciones leves**:

- cuando el derecho de un Estado miembro contemple la imposición de una sanción por parte de una **autoridad distinta** de un órgano jurisdiccional con competencia en materia penal, y la imposición de tal sanción pueda ser objeto de **recurso** ante ese tipo de órgano jurisdiccional o ser remitida a él, o
- cuando no pueda imponerse una **sanción de privación de libertad**;

e) Siempre que se vaya a adoptar una **decisión sobre la detención**, y durante la decisión, en cualquier fase del proceso hasta fase del proceso hasta su conclusión.

Supuestos Se diferencian los siguientes supuestos: **7023**

Procesos penales	Los Estados miembros deben velar por que los sospechosos y acusados que no dispongan de recursos suficientes para sufragar la asistencia de un letrado, tengan derecho a la asistencia jurídica gratuita si el interés de la justicia lo requiere y **previa evaluación de los medios económicos** (ingresos, patrimonio y situación familiar, coste de la asistencia letrada y nivel de vida del Estado miembro) y de los **méritos** (gravedad de la infracción penal, complejidad de la causa, severidad de la sanción; resultando evaluación de méritos positiva si el sospechoso o acusado se pone a disposición del órgano jurisdiccional en cualquier fase del proceso y, en todo caso, durante la detención). La asistencia ha de concederse **sin demora injustificada** y, a más tardar, antes del interrogatorio policial o judicial o antes de llevarse a cabo los actos de investigación o de obtención de pruebas, y solo para los fines de los procesos penales en que el interesado sea sospechoso o esté acusado de haber cometido la infracción penal.
Proceso de orden europea de detención	Los Estados miembros de ejecución han de velar porque las personas buscadas tengan derecho a la asistencia jurídica gratuita **desde el momento de la detención** en virtud de una orden europea de detención y hasta su entrega, o hasta que la decisión de no proceder a la entrega sea firme. El **Estado emisor** debe garantizarles este derecho en el Estado miembro de ejecución, en la medida en que la asistencia jurídica gratuita sea necesaria para garantizar la tutela judicial efectiva. Este derecho puede supeditarse a la **evaluación de medios económicos**.

Todas las decisiones sobre la concesión o denegación de la asistencia jurídica gratuita y sobre la designación de los letrados han de adoptarse sin demora injustificada por una autoridad competente adoptando las medidas oportunas que garanticen que la autoridad competente adopte sus **decisiones de forma diligente** respetando los derechos de defensa y garantizando que los acusados y personas buscadas sean **informadas por escrito** en el caso de que su solicitud sea denegada total o parcialmente.

Precisiones Con relación a la orden europea de investigación, ver lo expuesto en el nº 7015.

Características En todo caso la asistencia jurídica gratuita ha de reunir las siguientes características: **7024**

a) Ha de ser **eficaz y de calidad** adecuada para garantizar la equidad de los procesos, con el debido respeto a la independencia de la profesión jurídica.

b) Debe alcanzar a los **recursos** de que puedan disponer los sospechosos, acusados y las personas buscadas conforme a la normativa nacional.

c) Ha de **garantizar las necesidades específicas** de los sospechosos, acusados y personas buscadas que sean vulnerables.
d) En ningún caso puede suponer una **limitación o excepción respecto de los derechos o garantías procesales** reconocidos en la Carta, el CEDH u otras disposiciones aplicables del Derecho internacional o de la legislación nacional de cualquier Estado miembro que garanticen un nivel de protección superior (principio de no regresión).

D. Derecho a la prueba

(Const art.24.2)

7035 No es un derecho absoluto e ilimitado a la práctica de todas y cada una de las diligencias de prueba propuestas por la defensa del acusado y del resto de las partes personadas, sino que tiene por objeto únicamente aquellas que sean **necesarias y pertinentes**, guarden justificada relación con el objeto del proceso y gocen además de relevancia para influir en la decisión final que ponga fin al mismo (Convenio Roma 4-11-1950 art.6.3.d; Pacto Nueva York 16-12-1966 art.14.3).

7037 **Vulneración del derecho a la prueba** Se vulnera este derecho cuando la prueba, o la suspensión del juicio ante la imposibilidad de su práctica, se haya denegado injustificadamente y cuando la falta de realización de la prueba propuesta haya podido tener una influencia decisiva en la resolución del pleito (TCo 94/2007; 185/2007; 22/2008).
Para ello es imprescindible la concurrencia de determinados **requisitos** formales y materiales (TS 18-6-07, EDJ 80225; 25-6-07, EDJ 92343; 11-1-08, EDJ 5030):
a) Que la diligencia probatoria que no haya podido celebrarse haya sido **solicitada por la parte** en tiempo y forma, de conformidad con las reglas específicas para cada clase de proceso, y haya sido declarada pertinente por el tribunal y, en consecuencia, programada procesalmente.
b) Que el recurrente haya argumentado consecuentemente en torno a la pertinencia de la prueba, ante la denegación de la suspensión por su no práctica y hecho constar formalmente la **protesta** en momento procesal oportuno con el adecuado reflejo en el acta, sin que, por contra el órgano judicial haya fundamentado el rechazo de un modo razonable o de un modo tardío tal que genera indefensión o riesgo de perjuicio o condicionamiento de su solución sobre la prueba o la decisión de fondo.
c) La prueba debe ser finalmente **posible**, porque si resulta de imposible practica -por causas materiales o jurídicas- la razón de su denegación resulta evidente (TS 23-6-03, EDJ 80471).
d) Se precisa que la prueba sea **necesaria** en el doble sentido de su relevancia y su falta de redundancia; es decir que tenga utilidad para los intereses de quien la propone, de modo que su omisión le cause indefensión. Además, es necesario que sea **relevante**, de forma que tenga potencialidad para modificar de alguna forma importante el sentido del fallo, a cuyo efecto el tribunal puede tener en cuenta el resto de las pruebas de que dispone y la incidencia que tenga la prueba denegada en la formación de la convicción del órgano decisor para configurar la resolución definitiva del proceso.

Precisiones Esta cuestión se trata con mayor amplitud en los nº 9460 s.

E. Derecho a un proceso público

7050 Se trata de un derecho fundamental de las partes y en especial del acusado que integra una garantía frente a una justicia secreta que escape a la fiscalización del público, al tiempo que fortalece la confianza colectiva en la labor de los tribunales. En esta dimensión, el principio de publicidad no es aplicable a todas las **fases del proceso** penal, sino tan solo al acto oral que lo culmina y al pronunciamiento de la subsiguiente sentencia, y no se trata de un derecho absoluto, pues admite excepciones derivadas de las circunstancias del caso concreto (TCo 174/2001; 100/2002; TEDH 26-9-95, núm 18160/91; 23-4-97, núm 14696/89; 20-5-98, núm 21257/93; 29-9-99, núm 29718/96).

Precisiones La publicidad del proceso se configura constitucionalmente (Const art.24.2 y 120.1) y en las normas internacionales (Convenio Roma 4-11-1950 art.6.1; Pacto Nueva York 16-12-1966 art.14.1) como nota característica del proceso justo, por lo que está fuera de duda su rango de **derecho fundamental** asociado al proceso con todas las garantías, teniendo por finalidad proteger a las partes frente a una justicia sustraída al conocimiento público, así como mantener la confianza de la comunidad en los tribunales (TCo 65/1992; 96/1997).

Fase de instrucción La fase de instrucción se caracteriza por su **carácter secreto**, que puede presentar un doble grado de intensidad según las circunstancias de la investigación. 7052

Regla general (LECr art.301, 301 bis y 302; LO 2/1989 art.147) Como regla general, rige la **reserva o el secreto relativo**, pues solo las partes pueden tomar conocimiento de lo actuado e intervenir en todas las diligencias del procedimiento. 7054

El contenido material de la investigación («diligencias del sumario») no está, por tanto, al alcance del público y existe incluso tutela penal del **carácter reservado** del mismo (CP art.466). Se impone, pues, un impedimento al conocimiento general o por cualquiera de las actuaciones seguidas en esta etapa del procedimiento penal, con la finalidad de alcanzar, de acuerdo con el principio inquisitivo que caracteriza la fase instructora, una segura represión del delito.

Precisiones **1)** El secreto relativo o externo no requiere ningún tipo de declaración, al ser consustancial a la fase de instrucción. Sin embargo, debe cohonestarse con la necesidad de proporcionar **información de los «hechos noticiables»** durante dicha fase, que en determinados casos alcanzan la máxima cota de notoriedad en este momento procesal. Pero en todo caso, el derecho a recibir y suministrar información sobre hechos noticiables sometidos a una causa penal cede cuando se transmiten informaciones relativas a la intimidad y al honor de las personas. En caso de que se transgreda lo anterior, puede ponerse por el afectado en conocimiento del juzgado instructor para que este remita lo sucedido a la Agencia de Protección de Datos (Juzgado Central Instr núm 5 auto 28-7-10).

2) La **vulneración** de este régimen de reserva supone que:

a) El **abogado o procurador** de cualquiera de las partes que revele indebidamente el contenido del sumario debe ser corregido con multa de 500 a 10.000 euros.

b) La misma multa y por la misma acción se impone a cualquier otra persona aunque no sea funcionario público; sin embargo, tratándose de **funcionario público** incurre, además, en la responsabilidad que prevea el Código Penal.

3) El juez puede acordar, de oficio o a instancia del Ministerio Fiscal o de la víctima, la adopción de cualquiera de las **medidas** previstas en CP art.681.2 cuando resulte necesario para proteger la intimidad de la víctima o el respeto debido a las misma o a su familia.

Secreto absoluto (LECr art.302) En ocasiones se impone el secreto absoluto, pues el juez instructor puede declarar total o parcialmente secreto el sumario para todas las partes personadas por tiempo no superior a un mes, debiendo alzarse la medida necesariamente con 10 días de antelación a la conclusión de la instrucción. Puede adoptarse esta medida, únicamente cuando resulte necesaria para **evitar un riesgo grave** para la vida, libertad o integridad física de otra persona; o para prevenir una situación que pueda comprometer de forma grave el resultado de la investigación o del proceso. 7055

El secreto supone una **excepción** al principio general de defensa e intervención en el sumario de toda persona desde el traslado de la imputación cuando su conocimiento pueda perjudicar la investigación. Por tal causa, la declaración de secreto ha de atender a criterios de proporcionalidad, necesidad y excepcionalidad (TS 29-11-18; AP Madrid auto 29-5-24, núm 445/24).

Como principales **cuestiones que plantea** el régimen de secreto absoluto del sumario pueden citarse las siguientes:

a) La declaración del secreto sumarial para todas las partes no alcanza, como es natural, al **Ministerio Fiscal** que, por su posición institucional en el proceso, tiene en todo caso y en cualquier momento acceso al contenido de las actuaciones (L 50/1981 art.4.1).

b) El **derecho de partes personadas a intervenir** en las actuaciones judiciales de instrucción no confiere al sumario el carácter de público en el sentido que corresponde al principio de publicidad, sino que es tan solo manifestación del derecho de defensa del investigado, por lo que el secreto del sumario en nada afecta al derecho a un proceso público garantizado por la Constitución (TCo 176/1988).

c) Los fines a los que legal y constitucionalmente sirve el secreto sumarial no pueden desvanecerse como consecuencia del ejercicio efectivo de los **derechos del justiciable**, pues en tal caso el secreto perdería su razón de ser. Supone una excepción al principio general de defensa e intervención (TCo 80/2021; TS 9-12-25, EDJ 777801).

d) Mediante la declaración del secreto sumarial se impide al investigado conocer e intervenir en la **práctica de las pruebas sumariales**, lo que puede entrañar vulneración del derecho de defensa en determinadas circunstancias. Para que no se produzca este resultado han de tenerse en cuenta las siguientes consideraciones: 7056

• El secreto sumarial tiene por objeto impedir que ese conocimiento e intervención puedan dar ocasión a interferencias o manipulaciones dirigidas a **obstaculizar la investigación** en su objetivo de averiguación de la verdad de los hechos, pero no implica indefensión, en cuanto que no impide a la parte ejercitarlo plenamente cuando se deja sin efecto el secreto por haber satisfecho su

finalidad (TS 19-5-20, EDJ 557015). En consecuencia, la medida ha de venir objetiva y razonablemente justificada en circunstancias evidenciadoras de que resulta imprescindible para asegurar la protección del valor constitucional de la justicia (TCo 176/1988; 174/2001).
• Su **coordinación con el derecho de defensa** de las partes exige que, una vez cumplido tal fin, se alce el secreto y se les ofrezca oportunidad de conocer y contradecir la prueba practicada durante su vigencia y de proponer y practicar la prueba pertinente en contrario, lo que tanto puede hacerse en fase de instrucción o en el juicio oral. Por ello se dice que la única virtualidad del secreto sumarial es posponer el momento en que las partes pueden tomar conocimiento de las actuaciones (TCo 100/2002) y se precisa inexcusablemente en la legislación procesal que el secreto termine, en el peor de los casos, 10 días antes de la conclusión de la instrucción.
• Como consecuencia del **requisito de contradicción** exigible a la prueba sumarial preconstituida, las diligencias sumariales efectuadas durante la vigencia del secreto no podrán aportarse al proceso como tales pruebas preconstituidas, pues incumplen la citada exigencia (TCo 297/2003; 174/2001; TS 29-12-05, EDJ 271890).
• No puede derivarse sin más de una indebida duración de esa situación excepcional que supone el secreto, un **efecto anulatorio**. Es necesario constatar que se han disminuido de manera relevante las posibilidades de defensa, no en abstracto sino en concreto. El **abuso del secreto del sumario o su prolongación** más allá de lo justificable constitucional y legalmente solo ocasiona una nulidad cuando efectivamente se haya causado indefensión (ausencia de preguntas a un testigo sin posibilidad de nuevo interrogatorio tras alzar el secreto; impedimento a proponer prueba cuya práctica luego deviene imposible (TS 22-7-25, EDJ 703346).
• Los **eventuales excesos** en el uso de esa institución -en la que siempre juega un cierto ámbito de valoración ajena a parámetros exactos- cuando no son relevantes no arrastran a la nulidad de todo el procedimiento, sino solo a algunas diligencias que pueden ser convalidables en el juicio oral. Solo se llegará a la **nulidad** si se ha provocado una indefensión insubsanable privando definitivamente y de forma irremediable al investigado de medios de prueba, de facultades de defensa, o de posibilidades de contradecir eficazmente unas diligencias practicadas a sus espaldas y de cuyo conocimiento se le priva (TS 9-12-25, EDJ 777801; 22-7-25, EDJ 703346).

Precisiones No obstante el secreto de las actuaciones, el investigado afectado por la **adopción de una medida cautelar** deber tener acceso a las mismas, por lo menos en los aspectos esenciales para poder impugnar la resolución que adopta la medida (señaladamente, prisión provisional). De esta forma, debe entenderse **lesionado el derecho fundamental** del afectado a recibir en tal momento conocimiento de lo esencial de las actuaciones en caso de falta de dicho acceso, que debe ser compatible con el secreto a los solos efectos de poder articular debidamente el derecho al recurso (TCo 83/2019).
La información y el acceso aparecen entrelazados como **garantías del derecho de defensa** frente a las privaciones cautelares de libertad y protegen contra privaciones de libertad arbitrarias (TCo 180/2020).
El derecho de acceso a los elementos de las actuaciones que resultan esenciales para impugnar la legalidad de la **detención o privación de libertad** (LECr art.520.2.d y 505.3) es el complemento imprescindible del derecho a la información, al que sirve como garantía instrumental.
Habida cuenta de su carácter, el **momento lógico del acceso** será posterior a su suministro o disponibilidad, para proporcionar aquello que documente las razones fácticas y jurídicas de la privación de libertad, sin perjuicio de que el investigado o encausado pueda instar su derecho con anterioridad o al margen de esa información. En todo caso es inexcusable que el efectivo acceso sea previo a los momentos decisivos para ese derecho (TCo 180/2020). En el caso de la **detención**, ese momento se sitúa antes de ser interrogado el afectado policialmente por primera vez (TCo 21/2018); en el de la **convocatoria de la comparecencia** -LECr art.505- para decidir sobre la situación personal del detenido puesto a disposición judicial (aunque sea por el órgano judicial de guardia), antes del turno para alegar en dicha audiencia (TCo 83/2019; 80/2021).
A diferencia del derecho de información, la garantía de acceso no opera de oficio, sino que requiere la **rogación por el interesado**. Una vez mostrada la voluntad de hacer uso del derecho, el acceso debe producirse de la forma más efectiva e inmediata posible (TCo 30/2023; 68/2023).
En particular en los incidentes relativos a la **privación cautelar de libertad** en un proceso penal, es fundamental la celebración de una audiencia contradictoria y la igualdad de armas entre la parte acusadora y el privado de libertad, lo que implica la previa información sobre los motivos de la privación de libertad y, el acceso a las actuaciones esenciales para valorar la legalidad de la privación de libertad. No hay **igualdad de armas** cuando a un abogado se le niega el acceso a los documentos del expediente de la investigación cuyo examen es indispensable para impugnar eficazmente la legalidad de la detención de su cliente (TEDH 23-5-17, núm 39322/12).

7057 **d)** Aunque no se prevé la posibilidad de **prórroga del plazo** de secreto de un mes (LECr art.302; LO 2/1989 art.147), el Tribunal Constitucional entiende que resulta inaceptable una interpretación estricta de dicho precepto conduzca irremisiblemente a la conclusión

automática de que la prórroga del plazo máximo de secreto sumarial ocasione, por sí sola y sin más condicionamiento, un resultado de indefensión (TCo 176/1988).
e) Cuando, mediante resolución judicial, se adopta una **medida que debe mantenerse reservada**, como es el caso de la suspensión del derecho al secreto de las comunicaciones (intervención telefónica), resulta lógico estimar que dicha resolución lleva implícito el secreto sumarial, lo que, por otra parte, viene exigido por la necesidad de no frustrar la efectividad de la medida de intervención.
El Tribunal Supremo ha mantenido tradicionalmente una postura contraria, aunque suele considerar que la infracción procesal en que se incurre por no efectuar de inmediato la declaración formal de secreto no determina, por sí misma, la nulidad de las intervenciones telefónicas, pues no conlleva necesariamente indefensión material para los investigados, siempre que estos, puedan conocer posteriormente el alcance y resultados de la medida y dispongan de la oportunidad de solicitar al respecto lo que consideren conveniente en defensa de sus intereses (TS 5-5-97, EDJ 57433; 25-9-99, EDJ 28290; en contra TS 8-6-01, EDJ 11848; 30-1-03, EDJ 2101).

Precisiones **1)** El tiempo de duración del secreto del sumario no es dato relevante en orden a apreciar **resultado de indefensión**, ya que este depende no del plazo en que se mantenga el secreto, sino de la ausencia de justificación razonable del mismo y de que no se conceda oportunidad posterior para defenderse frente a las pruebas que en él hayan sido practicadas. Por ello, si el secreto se convierte en imposibilidad absoluta de conocimiento de lo actuado hasta el juicio oral, se ocasiona una lesión del derecho de defensa pues el acusado no habría estado en disposición de preparar su defensa de manera adecuada (TCo 174/2001; TEDH 18-3-97, núm 22209/93). **7058**
2) En todo caso, la medida de secreto de sumario es compatible con el acceso por el abogado del encausado a los elementos necesarios de la causa para poder articular su **derecho al recurso** contra la decisión de privación de libertad de aquel (LECr art.302 y 505.3).

Procedimiento abreviado En este procedimiento rigen las mismas normas que en el sumario ordinario sobre secreto de la instrucción (LECr art.774). Por el contrario, la necesidad de decretar el secreto de las actuaciones excluye por sí sola el enjuiciamiento de los hechos a través del procedimiento de **enjuiciamiento rápido** (LECr art.795.3). **7059**

Procedimiento de investigación de la Fiscalía Europea (LO 9/2021 art.64 a 68) En este (nº 8630; nº 10489 s.) Puede acordarse, total o parcialmente, por el fiscal europeo delegado encargado de la investigación cuando sea imprescindible para alcanzar el fin da la investigación, dando traslado inmediato al juez de garantías del decreto en el que se declaren **secretas las diligencias**, acompañando los documentos y elementos en los que se base su decisión y concretando razonadamente el plazo por el que entienda que ha de mantenerse. **7060**
En el **plazo** de 48 horas, el juez de garantías confirmará o alzará la declaración de secreto, fijando, en el primer caso, su duración en atención al efectivo cumplimiento de los fines para los que ha sido acordado.
Cabe su **prórroga** por circunstancias excepcionales y sobrevenidas, solicitada por el fiscal citado antes del vencimiento del plazo inicial y acordada por el juez de garantías sin recurso alguno.
Son **nulas** las actuaciones y actos procesales realizados una vez transcurrido el plazo máximo del secreto, si este no se hubiera alzado.

Fase de juicio oral (LECr art.680; LO 2/1989 art.274 y 295)

En la fase de juicio oral el **proceso es público** bajo pena de nulidad, debiendo pronunciarse las sentencias en audiencia pública. Se trata de un derecho fundamental del encausado a la publicidad del proceso, cuya excepción compete al tribunal de enjuiciamiento, cuando concurran determinadas circunstancias. **7061**

Exclusión de la publicidad Las **causas** que permiten privar de publicidad al juicio están taxativamente enumeradas en la Ley. El presidente del tribunal puede mandar que las sesiones se celebren a puerta cerrada cuando así lo exijan razones de moralidad o de orden público, o el respeto debido a la persona ofendida por el delito o a su familia (LECr art.680; LO 2/1989 art.295), así como de protección de los derechos y libertades fundamentales (LOPJ art.232.2). **7064** MPP nº 710
La exclusión de la publicidad puede ser, además, **absoluta o relativa**. Puede ser también **inicial o sobrevenida**, según se acuerde antes de comenzar el juicio o en cualquier estado del mismo (LECr art.682).

Precisiones **1)** Se trata de encontrar un razonable equilibrio, de acuerdo con el **principio de proporcionalidad**, entre los derechos fundamentales en conflicto, como son, de una parte, el del acusado a un proceso con todas las garantías, y, por otra, los que tiene la víctima a la intimidad personal y a la seguridad e incluso a la integridad física y moral, conflicto que alcanza su máxima tensión precisamente cuando esta es menor de edad (TS 5-4-00, EDJ 5992; 10-12-04, EDJ 197316; 9-11-05, EDJ 207177; 25-5-07, EDJ 68139).

2) El **secreto absoluto** y sin paliativos no parece justificado como regla general y que lo más adecuado es adoptar una decisión parcial declarando secretos algunos de los pasajes del proceso que, por su contenido, puedan afectar a derechos de terceros (TS 16-7-04, EDJ 159667).

7065 La exclusión de la publicidad del juicio puede hacerse de oficio o a instancia de parte, pero mediante **resolución motivada**, que ha de revestir forma de auto (LECr art.680; LOPJ art.247).
En el juicio con **jurado** se exige además audiencia de las partes y consulta previa al jurado por el magistrado presidente (LO 5/1995 art.43).
En el **proceso penal militar**, sin embargo, parece permitirse el acuerdo verbal cuando se adopte el secreto una vez iniciadas las sesiones del juicio, exigiendo que aquel se haga constar en acta (LO 2/1989 art.295). Ello no puede privar a la decisión de su inexcusable motivación.

Precisiones La forma de **auto** es la más coherente con el contenido material de la medida, pues supone una restricción de un derecho fundamental (LECr art.141; LO 2/1989 art.82). No obstante, la omisión de esta y la **adopción verbal** de la decisión de celebrar el juicio a puerta cerrada, sobre todo cuando se adopta una vez iniciadas las sesiones, solo supone una irregularidad procesal, siempre que se exprese la motivación de la media y se recoja la misma en acta (TS 26-9-00, EDJ 27884; 1-2-02, EDJ 1843; 20-3-03, EDJ 11886).

7067 **Publicidad de la sentencia** La sentencia ha de pronunciarse en **audiencia pública** (LECr art.147; LO 2/1989 art.46; LOPJ art.205), sin que se prevea posibilidad de restricción similar a la establecida para los debates del juicio oral.

Precisiones No obstante, el **Pacto internacional de Derechos Civiles y Políticos**, del que se extrae la conclusión clara de que las limitaciones a la publicidad del juicio oral no son trasladables a la sentencia, permite imponerlas en los casos en que el interés de menores de edad exija lo contrario (Pacto Nueva York 16-12-1966 art.14.1).

7069 **Derecho a emitir y recibir información veraz** (Const art.20) La publicidad del proceso trasciende del plano meramente subjetivo y guarda estrecha relación con el derecho fundamental a emitir y recibir información veraz.
El **carácter secreto del sumario** es desde este punto de vista constitucionalmente legítimo, pues se contiene en norma con rango de Ley formal (LECr art.302; LO 2/1989 art.147) y pretende la protección de otros bienes constitucionalmente relevantes. Por ello, al ser el proceso penal un instrumento con el que se trata de hacer efectiva la protección del ordenamiento a los derechos fundamentales (Const art.20.4), puede tener una fase sumaria amparada por el secreto y en cuanto tal, limitativa de la publicidad y de la libertad de información.
El secreto sumarial protege el contenido sumarial únicamente frente a **revelaciones indebidas**, lo que presupone que aquello que se quiera difundir o comunicar haya sido obtenido ilegítimamente con quebrantamiento del secreto del sumario.
Por otra parte, el hecho de que una determinada información haya sido obtenida con vulneración del secreto sumarial no priva a la misma de su **relevancia pública** y de **carácter veraz**, cuando cumpla efectivamente estos requisitos, cuando lo que se discute es la confrontación del derecho al honor y la libertad de información (TCo 158/2003; 54/2004).

7070 **Derecho de acceso a la celebración de la vista** El principio de publicidad del juicio oral implica el derecho del público a acceder al lugar de celebración de la vista oral y que esta sea conocida más allá del círculo de los presentes en ella, pudiendo tener una proyección general, que no puede hacerse efectiva más que con la asistencia de los **medios de comunicación social**, en cuanto tal presencia les permite adquirir la información en su misma fuente y transmitirla a terceros, teniendo en cuenta que normalmente el hecho debatido en el juicio es o puede ser de relevancia o transcendencia públicas.
• Ha de reconocerse a los profesionales que desempeñen **labores informativas** un derecho preferente de acceso a la sala, atribuido en virtud de la función que cumplen y en aras a garantizar el deber de información constitucionalmente garantizado.
• Las **atribuciones de policía de vistas**, que legalmente corresponden al juzgador (LECr art.684; LO 2/1989 art.299) no pueden extender sus efectos más allá de la circunstancia concreta y de urgencia que motive su aplicación, ni son medio adecuado para restringir la publicidad del juicio, por lo que a su amparo no puede procederse a excluir de forma permanente de la sala a determinado informador (TCo 30/1982).

7073 **Derecho de difusión de imágenes** (TCo 57/2004) Las audiencias públicas judiciales son
MPP una **fuente pública de información** y forma parte del contenido del derecho a comunicar infor-
nº 720 s. mación la obtención de la noticia en la vista pública en que esta se produce. Rige la misma norma para los periodistas que cumplen su función mediante el escrito que para los que se valen de otros medios técnicos para obtener y transmitir la noticia, como los de grabación óptica, a través de cámaras fotográficas o de radiodifusión visual.

• Mientras el legislador no limite con carácter general esta forma de ejercicio de la libertad de información, su **prohibición o limitación en cada caso** forman parte de la competencia que se atribuye a los jueces y tribunales para decidir sobre la limitación o exclusión de la publicidad de los juicios.
• Dicha competencia ha de ser ejercida conforme al **principio de proporcionalidad** y teniendo en cuenta que la utilización de tales medios forma parte del ámbito constitucionalmente protegido por el derecho a la libertad de información que no ha sido limitado con carácter general por el legislador, por lo que la eventual limitación o prohibición de tal utilización, inicialmente permitida, ha de realizarse de forma expresa en cada caso por el órgano judicial.
• El tribunal competente ha de tener en cuenta los siguientes aspectos:
- el **derecho a la propia imagen** de quienes, de una u otra forma, intervienen en los procesos, que, sin duda, no tienen por qué ser personajes de relevancia pública;
- los **derechos al honor y a la intimidad** personal y familiar que pueden verse comprometidos por la toma y difusión de imágenes de quienes actúan en audiencias públicas judiciales de forma más grave que por la información que se produce a través del reportaje escrito o la grabación sonora;
- en determinadas circunstancias extremas, el **derecho a la vida y a la integridad** física y moral;
- los posibles **efectos intimidatorios** que puede producir la instalación de cámaras sobre los procesados, sus defensores y los testigos, lo que podría ser suficiente para excluir la presencia de aquellas;
- la evitación de los denominados «**juicios paralelos**»; y
- la protección del **ordenado desarrollo del proceso**, que puede verse perjudicado por la instalación de los normalmente complejos medios técnicos necesarios para captar y difundir estos mensajes.

Procesos de menores (LO 5/2000 art.35.2) En el proceso de menores, para la adecuada protección de los derechos del menor, el aspecto informativo de la **publicidad** del juicio está restringido legalmente. 7075
El juez puede acordar, en interés de la persona investigada o de la víctima, que las sesiones no sean públicas y, en ningún caso, se permite que los medios de comunicación social obtengan o difundan imágenes del menor, ni datos que permitan su identificación.
Quienes ejerciten la acción penal en el procedimiento regulado en la citada Ley, han de respetar rigurosamente el derecho del menor a la **confidencialidad** y a la no difusión de sus datos personales o de los datos que obren en el expediente instruido, en los términos que establezca el juez de menores, haciéndose los infractores de esta regla acreedores a las responsabilidades civiles y penales a que haya lugar.

Precisiones Sobre la **restricción de la publicidad** en este proceso puede consultarse la FGE Instr 3/2005.

F. Derecho a un proceso sin dilaciones indebidas

(Const art.24.2)

Toda persona tiene derecho a un proceso sin dilaciones indebidas (sin **retrasos injustificados** -TS 12-12-19, EDJ 760883-) y a que el asunto en que tenga interés se resuelva judicialmente dentro de un plazo razonable (Convenio Roma 4-11-1950 art.6.1; Pacto Nueva York 16-12-1966 art.14.1). 7100 MPP nº 732 s.
Presenta una **doble faceta**:
• Consiste en el derecho a que los órganos judiciales **resuelvan y hagan ejecutar lo resuelto** en un plazo razonable y supone que los jueces y tribunales deben cumplir su función jurisdiccional de garantizar la libertad, la justicia y la seguridad con la rapidez que permita la duración normal de los procesos, evitando dilaciones judiciales que quebranten la efectividad de la tutela (TCo 35/1994; 180/1996; 10/1997; 153/2005; TS 12-12-19, EDJ 760883; 1-3-17, EDJ 11808).
• Se traduce en el derecho a que se ordene la **inmediata conclusión** de todo aquel proceso en el que se incurra en dilaciones indebidas (TCo 303/2000).
El derecho a no sufrir dilaciones indebidas es invocable en **toda clase de procesos**, si bien en el penal debe incrementarse el celo del juzgador a la hora de evitar su consumación, pues en este orden jurisdiccional las demoras tienen mayor incidencia que en otros al estar en cuestión valores o derechos que reclaman tratamientos preferentes, especialmente el derecho a la libertad personal, ni permite entender que cualquier incumplimiento de los mismos integra infracción automática de aquel (TS 17-12-20, EDJ 747583; 28-1-21, EDJ 502855).

El derecho se extiende a las **sucesivas fases** e instancias por las que discurre el proceso, incluida la **ejecución** de sentencias (TCo 177/2004; TEDH 23-9-97, núm 22410/93; 21-4-98, núm 24550/94). Pero únicamente al proceso judicial, siendo improcedente tomar en consideración un **lapso temporal** previo a la incoación de aquel, pues en tal caso no concurre el único y exclusivo presupuesto de hecho que permite apreciar la atenuante de CP art.21.6 (TCo 48/2024).

7103 Precisiones 1) Se trata de un derecho autónomo respecto del derecho a la **tutela judicial efectiva**, aunque relacionado con él, pues mientras este comprende esencialmente el acceso a la jurisdicción y la obtención de una decisión judicial motivada en Derecho y, por ende, no arbitraria, el primero requiere para su satisfacción un adecuado equilibrio entre, de un lado, la realización de toda la actividad judicial indispensable para la resolución del caso del que se conoce y para la garantía de los derechos de las partes y, de otro, el tiempo que dicha realización precisa, que habrá de ser el más breve posible (TCo 58/1999; 237/2001).

2) El posible acceso a la casación de la dilación indebida integra una excepción a la imposibilidad de plantear **cuestiones no alegadas en la instancia**, pues dicha regla no es aplicable en los casos de infracción de derechos fundamentales, que deberían considerarse de oficio por el tribunal, y aquellos otros en los que el planteamiento de la cuestión no planteada en la instancia se construya sobre el propio contenido fáctico de la sentencia. En consecuencia, aun cuando la dilación pudiera haber sido alegada en la instancia y no lo fuese, el tribunal, conocedor de las particularidades del procedimiento, debió considerar su procedencia, lo que hace posible su examen en casación (TS 22-1-04, EDJ 8220; 19-7-05, EDJ 119238).

3) La **desatención de los plazos** regulatorios de la investigación establecidos en cada momento por el legislador (LECr art.324) no compromete por sí misma el derecho a un proceso sin dilaciones indebidas (TCo 83/2022).

4) El hecho de que el Ministerio Fiscal formule la **denuncia en el límite de la prescripción del delito** por el que se ha condenado no puede tomarse en cuenta para la aplicación de la atenuante estudiada, aunque sí en sede de imposición de la pena (AP Barcelona 19-10-15, Rec 196/15).

5) En los denominados «**macroprocesos**», si la complejidad se debe a la acumulación, a la que son ajenos los acusados, la atenuante de dilaciones indebidas ha de aplicarse por igual a todos (TS 2-6-15, EDJ 101581).

7104 **6)** La **titularidad** de este derecho no es exclusiva del investigado-acusado-condenado sino de todas las partes en el proceso, lo que permite rechazar peticiones o estrategias dilatorias por parte de aquel (TS 11-12-20, EDJ 761272).

Es discutible si la atenuante de CP art.21.6ª es aplicable a las **personas jurídicas**; sin duda lo es a las físicas. El CP art.31 quater establece un **listado cerrado de atenuantes**, configurado como un sistema de *numerus clausus*. Como regla, se sostiene que la de dilaciones indebidas no se incluye en la lista, por lo que no ha lugar a expandir sus efectos a las **entidades corporativas**, ya que conforme a aquel solo podrán considerarse atenuantes de la responsabilidad penal de las personas jurídicas haber realizado, con posterioridad a la comisión del delito y a través de sus representantes legales, las siguientes actividades: haber procedido, antes de conocer que el procedimiento judicial se dirige contra ella, a confesar la infracción a las autoridades; colaborado en la investigación del hecho aportando pruebas, en cualquier momento del proceso, que fueran nuevas y decisivas para esclarecer las responsabilidades penales dimanantes de los hechos; procedido en cualquier momento del procedimiento y con anterioridad al juicio oral a reparar o disminuir el daño causado por el delito; y establecido, **antes del comienzo del juicio oral**, medidas eficaces para prevenir y descubrir los delitos que en el futuro pudieran cometerse con los medios o bajo la cobertura de la persona jurídica (AN 8-7-24, EDJ 630563). Sin embargo, no se aprecia una razón de fondo que justifique un trato diverso al condenado persona física y persona jurídica.Al amparo del principio de igualdad no hay razón legal para **excluir** a las personas jurídicas del derecho a beneficiarse de atenuantes generales, ya que el CP art.21no limita su aplicación exclusivamente a personas físicas, de forma que tratar de manera diferente a personas jurídicas frente a personas físicas en este contexto podría vulnerar el **principio de igualdad** ante la ley. Las atenuantes, incluidas las dilaciones indebidas, tienen como objetivo compensar. En suma, la aplicación de la atenuante de dilaciones indebidas a personas jurídicas es jurídicamente defendible, aunque no esté consolidada jurisprudencialmente (AN 21-1-25, EDJ 504713; AP Zaragoza 20-5-19, EDJ 579054).

7) No supone una constitucionalización de los **plazos procesales**, de forma que cualquier lesión de estos suponga aplicación de la atenuación (TS 17-12-20, EDJ 747583; 28-1-21, EDJ 502855), ni permite entender que cualquier incumplimiento de los mismos integra infracción automática de aquel (TS 17-12-20, EDJ 747583; 28-1-21, EDJ 502855). En ocasiones, require la acreditación de la **generación de un perjuicio** para el condenado como consecuencia de la demora, más allá del genérico de la larga duración del procedimiento (TSJ Madrid 28-2-24, Rec 13/24).

8) La dilación solamente es indebida por la **falta de justificación** de las paralizaciones sufridas por el proceso y no por el mero dato de que la duración de todo el procedimiento o de alguna de sus fases sea excesiva (TS 14-4-16, EDJ 38929). De acuerdo con ello, **no tiene tal carácter** la dilación derivada de la tramitación y resolución de recursos contra las resoluciones dictadas por el instructor (TS 23-6-21, EDJ 611347), de la práctica de las diligencias sumariales pertinentes a petición de parte o de la renuncia y nueva designación de letrado de la defensa, aun no atribuible al acusado (TS 27-1-22, EDJ 503699).

9) No hay **dilación** mientras no haya proceso en trámite (TS 16-3-23, EDJ 545443), ni en caso de paralizaciones debidas a **circunstancias extraordinarias**, como la pandemia por COVID 19, con suspensión normativa de plazos procesales por RD 463/2020, cuyas consecuencias afectan a todos los ciudadanos, no solo al acusado (TS 7-2-24, EDJ 507067; 10-11-23, EDJ 752238).

Mecanismos de prevención y corrección Existen en la legislación procesal diversos mecanismos de prevención y corrección de las dilaciones indebidas. A modo de mero ejemplo, pueden citarse: **7105**

- la obligación de dar **parte semanal** al fiscal de la respectiva audiencia y al presidente de la misma del estado de tramitación de los sumarios no conclusos dentro del mes siguiente a su incoación (LECr art.324 y 308);
- la adopción de mecanismos de duración máxima y de prórrogas de la instrucción (LECr art.324);
- la inspección directa e **intervención del Ministerio Fiscal** en la fase de instrucción de los procesos, que en el abreviado se traduce en un mandato legal de impulsar y simplificar su tramitación sin merma del derecho de defensa de las partes y del carácter contradictorio del mismo (LECr art.306 y 773);
- la imposición a las partes de un deber general de **diligencia y celeridad** evitando las diligencias inútiles e innecesarias (LO 2/1989 art.132);
- la previsión de **consecuencias disciplinarias o penales** cuando se incurra en retraso injustificado en el ejercicio de la función jurisdiccional (LOPJ art.417.9, 418.11 y 419.3; LO 4/1987 131.8, 132.10 y 133.3; CP art.449).

Las reglas de LECr art.324 (nº 1322 s.) pueden servir de pauta interpretativa para determinar cuándo la dilación de un proceso puede ser extraordinaria, pero siempre con carácter relativo, dado que, además, la dilación debe ser indebida con independencia del lapso entre trámites (TS 11-7-22, EDJ 636530; 1-6-17, EDJ 157667).

Ejercicio del derecho En ocasiones se exige para la alegación con éxito de este derecho que se haya procedido a **denunciar las dilaciones previamente,** en el momento oportuno, pues la vulneración del derecho no puede ser apreciada si previamente no se ha dado oportunidad al órgano jurisdiccional de reparar la lesión o evitar que se produzca (TCo 100/1996; 175/2001; TS 19-6-02, EDJ 28410). Este requisito no es aplicable, sin embargo, al proceso penal, al menos en lo que a la parte acusada respecta, por las siguientes razones: **7107** MPP nº 744

• En primer lugar, porque en este el **impulso procesal** es un deber procesal del órgano judicial, por lo que no es preciso recordar a los órganos jurisdiccionales su obligación legal de no retrasar la tramitación de los asuntos.

• Además, porque el encausado no puede ser obligado sin más a renunciar a la **eventual prescripción** del delito que podría operar como consecuencia de la inactividad judicial.

Precisiones **1)** La **obligación de colaborar** con el órgano jurisdiccional, denunciando las dilaciones con el fin de evitar o paliar la lesión del derecho fundamental, no alcanza al acusado en el proceso penal hasta el extremo de obligarle a poner de manifiesto la posibilidad de que pueda prescribir el delito cuya comisión se le atribuye, negándole en caso contrario el reconocimiento de los efectos atentatorios de los retrasos no justificables (TS 23-9-02, EDJ 35937; 18-10-04, EDJ 159646; 19-7-05, EDJ 119238).

2) Dado que la concurrencia de dilaciones indebidas en el desarrollo de una causa es un vicio que afecta negativamente a un derecho fundamental, el de todo investigado a un **juicio público** sin que estas se produzcan, garantizado por Const art.242 (TS 19-11-09, EDJ 271331; 7-2-05, EDJ 6930), no es su concurso una cuestión de mera legalidad ordinaria, por lo que puede plantearse en cualquier momento (TS 8-2-17, EDJ 6941).

3) La **denuncia de las dilaciones** a lo largo del proceso, sin ser exigible para la atenuación, puede ser un factor demostrativo del perjuicio padecido por el condenado si se acreditan ser desmesurados y/o reiterados o intensos en el perjuicio ocasionado que se quiere compensar (TS 4-3-20, EDJ 514708).

Efectos El efecto material de la dilación reconocida como indebida puede traducirse en tres aspectos: **7110**

a) Como regla general, su apreciación por los tribunales ordinarios daba lugar antes de la entrada en vigor de LO 5/2010 a la aplicación de una **atenuante analógica** (CP art.21.7ª) con la finalidad de reparar las dilaciones indebidas dentro del proceso y compensarlas en el juicio de culpabilidad del acusado (Acuerdo TS Pleno no Jurisdiccional Sala 2ª 21-5-99).

En todo caso, estos **plazos de duración** no son absolutos, sino que deben valorarse según que la extensión temporal esté más o menos justificada por los elementos concurrentes: la complejidad, las suspensiones de vista efectuadas por el reo, la pluralidad de acusados y conductas o la dispersión territorial inicial de la causa (TS 18-7-24, EDJ 627575; AP Zaragoza 3-9-24, PA 865/23).

b) En caso de mediar **petición de indulto**, determinará la suspensión de la ejecución de la pena cuando el tribunal hubiera apreciado en resolución fundada que por el cumplimiento de la misma puede resultar vulnerado el derecho a un proceso sin dilaciones indebidas, suspendiendo la ejecución de la misma en tanto no se resuelva sobre la petición formulada (CP art.4.4). La norma no puede interpretarse como un derecho al indulto, sino que constituye una **simple autorización** para la suspensión de la ejecución de la sentencia (TS 14-2-07, EDJ 8558).

c) En sede constitucional, la denuncia de la vulneración del derecho a un proceso sin dilaciones indebidas carece de sentido cuando el procedimiento ya ha finalizado en ambas instancias, pues la apreciación en **vía de amparo** no podría conducir a que se adoptase por el tribunal medida alguna para hacerla cesar.

Por ello, no siendo posible la restitución integra del derecho fundamental, dado que el proceso ha fenecido, el restablecimiento del recurrente en la integridad de su derecho con la adopción de las medidas apropiadas solo puede venir por la vía indemnizatoria (TCo 180/1996; 237/2001; 167/2002; 167/2005). Cabe por tanto acudir, una vez terminado el proceso, a la reclamación de **responsabilidad patrimonial** del Estado (Const art.121; LOPJ art.292 s.).

7112 Precisiones **1)** El examen de los **efectos de la dilación** parte de la base de que la inexistencia de dilaciones indebidas no es presupuesto de la validez del proceso y por ello de la sentencia condenatoria; su existencia no es causa de justificación o de inculpabilidad que imponga la absolutoria (TS 10-6-20, EDJ 576506).

2) Tras la reforma del Código Penal por LO 5/2010, la atenuante analógica pasa a ser CP art.21.7ª. En la vigente regla 6ª del precepto se prevé como atenuante específica la **dilación extraordinaria e indebida** en la tramitación del procedimiento, siempre que no sea atribuible al propio inculpado y que no guarde proporción con la complejidad de la causa.

3) Las dilaciones indebidas no pueden abarcar en ningún caso el tiempo comprendido entre la realización del hecho y la incoación de la causa pues este lapso solo podría operar a favor del acusado, en su caso, a través del instituto de la **prescripción** (TS 17-5-17, EDJ 72663; AP Sevilla 30-1-18, EDJ 774963).

4) La superación del **plazo máximo** de duración de la instrucción fijado en 12 meses desde la incoación de la causa (antes 6 meses desde la fecha del auto de incoación del sumario o de las diligencias previas), ni implica nulidad ni es equiparable a los retrasos extraordinarios que reclama la atenuante de dilaciones indebidas (TS 18-7-18, EDJ 528581). Sin embargo, las diligencias de investigación acordadas antes del transcurso de este plazo o de sus prórrogas, son válidas aunque se reciban tras la expiración de aquel plazo; por otro lado si, antes de la finalización del plazo o de alguna de sus prórrogas, el instructor no haya dictado la resolución de prórroga, o si esta es revocada por vía de recurso, no son válidas las diligencias acordadas a partir de esa fecha (LECr art.324).

5) El planteamiento de la cuestión de la **duración del proceso por primera vez en casación** no es un obstáculo procesal insalvable, pero puede ser un proceder contrario a la buena fe, siendo una cuestión que requiere un cribado de las actuaciones impropio de la fase procesal casacional en que se alega (TS 10-9-20, EDJ 660954).

6) Se ha estimado como regla en las causas que se celebran en un periodo que supera como cifra aproximada los **8 años de demora** entre la imputación del acusado y la vista oral del juicio o entre la incoación y la sentencia de primera instancia (TS 3-3-03, EDJ 25326; 8-5-03, EDJ 273500; 21-3-02, EDJ 6123; 15-1-07, EDJ 4030; 12-12-08, EDJ 262358; 12-2-08, EDJ 35283; 25-5-12, EDJ 118105; 30-1-13, EDJ 4139; 30-3-23, EDJ 545230). También se ha apreciado en causas de menor duración si se comprueba que concurrieron **varias paralizaciones** de la causa o alguna de una duración bastante notable hasta el punto de que el proceso haya estado más tiempo parado que en marcha (TS 20-5-05, EDJ 90219); cuando la paralización de la fase de juicio oral admite la **atenuante como muy cualificada** a pesar de que la duración total del procedimiento no haya sido especialmente extraordinaria (TS 12-6-12, EDJ 135355); si no ha habido **responsabilidad** del recurrente en la paralización (TS 26-4-13, EDJ 63075); o por la tramitación previa de un **procedimiento administrativo de inspección** «con vocación sancionadora» o por tardanza en informar por la Administración a petición del juzgado instructor (TS 11-2-21, EDJ 506199).

Se ha aplicado la atenuante como simple, en un caso de 9 años de duración, que califica de **dilación extraordinaria** en todo caso (TS 19-5-20, EDJ 557015) o si no existe una paralización extraordinaria sin causación al acusado de un perjuicio (TS 31-5-19, EDJ 600344).

Sin embargo, no se considera dilación extraordinaria que justifique la cualificación de la atenuante, que se aplica como simple, la dilación en la resolución de un recurso de apelación frente a sentencia, en causa no excesivamente voluminosa ni compleja (TS 2-12-20, EDJ 733389).

Se admite el criterio general, concretado según las circunstancias del caso, apreciar la atenuante de dilaciones indebidas como **ordinaria** en supuestos de procesos que se extienden entre 3 y 6 años (TS 4-12-20, EDJ 748631; 14-12-23, EDJ 778604).

7) Se admite la **apreciación de oficio**, en sentencia, del concurso de dilaciones indebidas (AP Palma de Mallorca 5-2-21, EDJ 528279).

8) Con carácter general, no procede tomar en consideración para apreciar la dilación indebida las posibles demoras extraordinarias e injustificadas que puedan producirse con posterioridad a la celebración del juicio oral (TS 5-5-22, EDJ 586550). Por eso se ha sostenido que el **momento hábil**

final de la atenuante, su tope cronológico, es la fase de alegaciones en sede de recurso. En todo caso, es precisa la acreditación de una especial aflictividad para incorporar estas demoras *post iudicium* (TS 7-7-22, EDJ 627751).

9) Compendia los **requisitos y criterios** para la apreciación de la atenuante, TS 9-7-25, EDJ 632568.

Diferencia con la «cuasiprescripción» La **dilación indebida** no es identificable con esta figura. La cuasiprescripción es «extraprocesal», *ex ante* y anterior al procedimiento, mientras la que las dilaciones indebidas son esencialmente «intraprocesales». El derecho a no sufrir dilaciones indebidas se refiere al proceso sin dilaciones no a un hipotético y exótico derecho del autor de un delito a un **descubrimiento rápido** tanto de la infracción penal como de su implicación en ella (TS 14-3-14, EDJ 48140). **7115**

Tiene su razón de ser en supuestos de inactividad manifiesta («clamorosa») de las autoridades, con el consiguiente efecto de que, muchos años después de acaecidos los hechos, la ejecución de una grave pena de privación de libertad, se halle pendiente. Se fundamenta en la necesidad de prevenir la **inactividad de las autoridades**, evitando así la desidia institucional, que provoca serios perjuicios a la víctima -en este caso, limitada en su capacidad de determinación-, pero que también menoscaba el derecho del imputado a que el cumplimiento de la pena no desborde, por extemporáneo, los fines que le son propios. No se trata de premiar penalmente aquellos supuestos en los que, sin más, transcurre un dilatado período de tiempo entre la comisión de los hechos y su enjuiciamiento. Por ejemplo, casos en los que la actividad judicial se inicia y se ve necesariamente **interrumpida** como consecuencia de la desatención del imputado al llamamiento judicial; o supuestos en los que las autoridades a las que se encomienda la persecución del delito no tienen conocimiento de su comisión y, por tanto, carecen de los elementos de juicio indispensables para la incoación del proceso penal (TS 10-9-09, EDJ 225086). Su aplicación debe llevarse a cabo con un criterio altamente restrictivo y enfocado, siempre, a los supuestos en donde se aprecie un **uso de presión de la acción penal**, más que una aproximación temporal al plazo preclusivo al ejercicio de la acción, de ahí que se le llamara cuasiprescripción, aunque no relacionado con el concepto preclusivo citado, sino, más bien, con un uso torticero de la presión a un posible denunciado con la «amenaza» de la acción penal para conseguir un fin en concreto (TS 19-12-19, EDJ 770071). Supuestos de acto estratégico que dilata de forma interesada el inicio del proceso.

El paso del tiempo diluye la verdad material, dificulta la memoria, y hace menos fiables los testimonios lo que debiera ser tomado en consideración determinando un **atenuante analógica** (CP art.21.7), incluso cualificada (TS 21-3-14, EDJ 52439), a partir de dos justificaciones esenciales (TS 24-11-16, EDJ 218747; 24-5-17, EDJ 77542; 11-2-19, EDJ 508603): **7116**

- próxima culminación del periodo de prescripción, de manera que el olvido social del delito, que termina por fundamentar la extinción de la responsabilidad criminal, se percibe ya de manera marcada e intensa; y
- recurso por el perjudicado a una «dosificada estrategia» para servirse del sistema estatal de depuración de la responsabilidad criminal como instrumento que potencie la incertidumbre del autor del hecho delictivo, bien como instrumento de presión para una negociación extrajudicial o como mecanismo con el que potenciar la vindicación del perjuicio sufrido; supuestos en los que el sistema penal está en condiciones de reequilibrar, en términos de proporcionalidad, unas estratagemas dilatorias que el ordenamiento jurídico no consiente, particularmente para los delitos públicos, respecto de los que expresamente impone su denuncia inmediata (LECr art.259 s.). Así, en aquellos casos en los que el **tiempo de interposición de una denuncia** se ralentiza por el perjudicado, como estrategia de presión en la búsqueda de una solución negociada que evite la interposición de una querella. A la misma conclusión de la disminución punitiva se llegaría por la vía de las exigencias derivadas del **principio de proporcionalidad**, pues no sería admisible que la individualización de la pena no tuviera en cuenta la denuncia de los hechos cuando faltaba muy poco para la prescripción del delito (TS 17-5-16, EDJ 61360; AP Baleares 21-12-16, EDJ 183215).

En todo caso, no cabe premiar penalmente los supuestos en los que, sin más, transcurre un dilatado espacio de tiempo entre la comisión de los hechos y su enjuiciamiento o en los que las autoridades a las que se encomienda la persecución del delito **no tienen conocimiento** de su comisión y, por ello, carecen de los elementos de juicio indispensables para incoar el proceso penal (TS 11-12-09, EDJ 299983; AP Palma de Mallorca 5-2-21, EDJ 528279).

Pese a la diversidad de presupuestos entre esta atenuante y la de dilaciones indebidas no es menos cierto que el fundamento de una son tan próximos que no cabe apreciar ambas sin incurrir en *bis in ídem* (TS 17-5-16, EDJ 61360; AP Las Palmas 27-4-20, EDJ 588092), lo que se ha traducido en ocasiones en la supresión de la atenuante de cuasiprescripción y acogimiento de la circunstancia de dilaciones indebidas (TS 7-4-16, EDJ 34082), afirmándose en general la **incompatibilidad** de ambas (TS 24-5-17, EDJ 77542; 14-6-18, EDJ 105754; AN 12-6-18, EDJ 539637).

Precisiones No es alegable como **cuestión previa o artículo de previo pronunciamiento** la cuasi-prescripción -como tampoco las dilaciones indebidas-.

SECCIÓN 3

Jurisdicción y competencia

7130

7132 La **jurisdicción** es la facultad o potestad de juzgar a través de determinados órganos con esa exclusiva función, integrados en el Poder judicial, aplicando imperativamente el ordenamiento jurídico para dilucidar situaciones de conflicto entre intereses particulares o para restablecer el orden alterado por infracciones del mismo, juzgando y haciendo ejecutar lo juzgado (Const art.117; TS 25-2-03, EDJ 6578).

La **competencia** consiste en la proyección de las reglas de atribución de jurisdicción sobre el caso concreto mediante la aplicación de sucesivos criterios de concreción que darán como resultado la determinación del **órgano judicial específico** que deberá entender de cada singular proceso, de cada fase o instancia del mismo o de determinadas incidencias que se planteen en su desarrollo. Así, la determinación de la competencia supone atribuir a unos determinados órganos jurisdiccionales el conocimiento de una determinada clase de asuntos de forma prevalente sobre otros órganos jurisdiccionales, a todos los cuales les ha sido reconocida previamente la jurisdicción (TS 25-2-03, EDJ 6578).

A. Caracteres

7142 **Legalidad** (Const art.117.3; LOPJ art.9.1; LO 4/1987 art.4) Los tribunales deben ejercer su jurisdicción exclusivamente en aquellos casos en que les venga atribuida por la Ley y ajustándose a las reglas de competencia y procedimiento legalmente establecidas.

7144 **Universalidad** (LOPJ art.4) La jurisdicción engloba el **conjunto de materias** de las que, por ley, han de entender los órganos judiciales españoles, sin descender a la determinación de a qué concreto órgano se atribuye el conocimiento del asunto, función que cumplen las normas reguladoras de la atribución de competencia.

La jurisdicción es universal porque se extiende a todas las personas, a todas las materias y a todo el territorio español. Se predica de la **jurisdicción en abstracto** y como función soberana del Estado, pero no de cada uno de los órdenes que integran el Poder judicial, que deben atenerse a los límites que respectivamente les señala la Ley (LOPJ art.9).

En el **orden penal**, los órganos jurisdiccionales españoles tienen atribuido el conocimiento de las causas y juicios criminales (LOPJ art.9.3), por lo que no pueden entender válidamente de cuestiones de otra índole, salvo con carácter prejudicial (LOPJ art.10; LECr art.3 s.) y para la declaración de obligaciones civiles derivadas de la infracción criminal, cuando por voluntad del perjudicado por el delito se ejerza la acción civil conjuntamente de la penal (LECr art.100 s.).

Carácter único (Const art.117.5; LO 4/1987 art.1 y 3; LO 5/2005 art.14) La jurisdicción es única, pues incluso los órganos de la jurisdicción militar se integran en el Poder judicial del Estado. 7145

Carácter exclusivo y excluyente (Const art.117.3; LO 4/1987 art.2) La función jurisdiccional de juzgar y hacer ejecutar lo juzgado es exclusiva y excluyente. Solo puede ser **ejercida** por los órganos creados para ello por la Ley y dichos órganos no pueden ejercer más funciones que las de juzgar y hacer ejecutar lo juzgado y las que expresamente les sean atribuidas por ley en garantía de cualquier derecho (Const art.117.4; LO 4/1987 art.119). 7147

Carácter improrrogable (LOPJ art.9.6; LECr art.8; LO 2/1989 art.9) La jurisdicción y la competencia en el orden penal son improrrogables, lo que trae consigo estas consecuencias: 7148

a) Los actos procesales son nulos de pleno derecho cuando se produzcan por o ante un tribunal con **falta de jurisdicción o de competencia** objetiva o funcional (LOPJ art.238.1º).

b) Los órganos jurisdiccionales penales deben **apreciar de oficio** su jurisdicción y su competencia en cualquier momento del proceso anterior a la sentencia (LOPJ art.9.6; LO 2/1989 art.13) y deben resolver sobre ella cuando se debata su concurrencia en el caso concreto.

Cuando la existencia de jurisdicción o de competencia no sea cuestión pacífica, cualquier órgano judicial penal puede plantear, en sentido positivo (para afirmar su jurisdicción o competencia y reclamar el conocimiento de un asunto determinado) o negativo (para rechazar el conocimiento por negar una u otra), **conflictos de jurisdicción** frente a la Administración (LO 2/1987 art.2 y 30) y **conflictos de competencia** frente a órganos de otros órdenes jurisdiccionales ordinarios (LOPJ art.42 s.), así como **cuestiones de competencia** frente a órganos del propio orden jurisdiccional con los que no le vincule relación de dependencia jerárquica (LOPJ art.51 y 52; LECr art.19 a 45; LO 4/1987 art.20 y 21; LO 2/1989 art.12 a 24). Igualmente, cualquier órgano judicial ordinario puede plantear conflicto de jurisdicción frente a otro de la jurisdicción militar y viceversa (LO 2/1987 art.22 s.).

Por otra parte, la jurisdicción penal es **preferente**, por lo que a los órganos de dicho orden no se les pueden plantear conflictos de competencia (LOPJ art.44), sin perjuicio de la regulación de las cuestiones prejudiciales devolutivas (nº 7264).

Precisiones En relación con la **preferencia de la jurisdicción penal respecto de la contable**, el ejercicio de aquella es compatible respecto de unos mismos hechos con esta. De modo que, cuando los hechos sean constitutivos de delito, la responsabilidad civil se determina por la jurisdicción contable en el ámbito de su competencia (LO 2/1982 art.18).

Se rechaza la alegación de **existencia de cosa juzgada en sede penal** con base en una sentencia anterior del Tribunal de Cuentas (TS 19-11-94, EDJ 9465; 10-2-95, EDJ 801) aplicando la siguiente doctrina:

• La **acción** que se ejercita **ante el Tribunal de Cuentas** no es en modo alguno igual o equiparable a la penal. Ante la jurisdicción penal se pretende una condena por la comisión de un delito previsto y penado en el Código Penal; y ante el Tribunal de Cuentas se ejercita una pretensión de enjuiciamiento contable de cuentas a rendir por la administración de caudales públicos.

• La **potestad de enjuiciamiento contable**, no tiene una finalidad sancionadora o punitiva, sino que, recayendo sobre la responsabilidad contable de quien, por acción u omisión contraria a la Ley, origina menoscabo de caudales o efectos públicos, le somete a la obligación de indemnizar los daños y perjuicios causados. Por tanto no existe identidad de acción ni, en consecuencia, cosa juzgada.

• El **orden jurisdiccional penal** es siempre preferente.

• Si en el comportamiento de una determinada persona concurren las **exigencias de tipicidad** que lo elevan a la categoría de infracción penal, es la jurisdicción penal quien haya de resolver y decidir, sin que pueda alegarse la excepción de cosa juzgada.

• La jurisdicción contable se limita a enjuiciar, a instancia de parte legitimada para hacerlo, las **responsabilidades contables** derivadas de alcances y otros perjuicios pecuniarios evaluables, sufridos por el Tesoro y los demás órganos del sector público.

• Hay, por consiguiente, una perfecta **compatibilidad** entre las decisiones que toma en el ejercicio de su actividad el Tribunal de Cuentas y lo actuado por la jurisdicción penal.

• Únicamente se encomienda al Tribunal de Cuentas la determinación de la **responsabilidad civil**, lo que, si es discutible desde el campo doctrinal, no cabe duda que es una norma de obligado cumplimiento.

• Ni las decisiones del Tribunal de Cuentas, ni las de cualquier otro órgano no jurisdiccional penal, puede vincular a la jurisdicción penal; por lo que la sentencia de aquel **no** produce **cosa juzgada**.

c) Al tratarse de una cuestión de **orden público**, el Ministerio Fiscal debe mantener la integridad de la jurisdicción y competencia de los jueces y tribunales, promoviendo los conflictos de jurisdicción y las cuestiones de competencia que resulten procedentes, e intervenir en las promovidas por otros (L 50/1981 art.3.8). 7149

Igualmente, la legislación procesal regula mecanismos procesales para discutir la jurisdicción y/o la competencia del órgano jurisdiccional (nº 7530 s.).

d) La **voluntad de las partes** no es relevante para la determinación de la jurisdicción ni de la competencia territorial de los órganos jurisdiccionales del orden penal, a diferencia de lo que sucede en el orden civil, en el que se otorga una relativa eficacia a la sumisión de las partes (LOPJ art.22.2º; LEC art.54), o en el contencioso-administrativo y en el contencioso disciplinario militar, donde se establecen criterios alternativos de determinación de la competencia territorial a elección del demandante (LJCA art.14.1.2ª; LO 2/1989 451.1ª).

B. Naturaleza, extensión y límites de la jurisdicción

7150 Son objeto de estudio en este apartado:
- aplicación territorial y extraterritorial de la ley penal (nº 7155);
- ámbito de la jurisdicción militar en materia penal (nº 7200);
- concurrencia de jurisdicciones (nº 7220);
- supuestos de inviolabilidad o inmunidad (nº 7240);
- cuestiones prejudiciales (nº 7255).

1. Aplicación territorial y extraterritorial de la ley penal

7155 Al ser la jurisdicción una manifestación de la soberanía del Estado, la atribución de la misma parte de la regla básica consistente en que a cada Estado le corresponde, en virtud del **principio de territorialidad**, conocer de todos los hechos punibles cometidos en su territorio, cualquiera que sea la nacionalidad del sujeto activo del delito y del bien jurídico protegido, sin otro condicionamiento que el derivado de las inmunidades establecidas por la Ley interna o por el Derecho internacional (LOPJ art.21).
Puede suceder, no obstante, que, ocurrido el hecho en un espacio físico sometido a la soberanía española, el delito solo afecte a intereses de un Estado extranjero, en cuyo caso pude plantearse en virtud de tratado internacional la **cesión de jurisdicción** para conocer del mismo.

a. Principio de territorialidad

(LOPJ art.23.1)

7160 La regla general de territorialidad se concreta para el orden penal del siguiente modo: se atribuye a la jurisdicción española el conocimiento de las causas por delitos cometidos en **territorio español** o a bordo de **buques o aeronaves** españoles, sin perjuicio de lo previsto en los tratados internacionales en los que España sea parte.
La soberanía del Estado se ejerce, además de sobre el territorio en sentido estricto y sobre buques y aeronaves de pabellón o matrícula españoles, sobre determinados **espacios de agua marítima adyacentes** al territorio nacional y sobre el **espacio aéreo** situado sobre uno y otras. Ello nos obliga a tener en cuenta algunas precisiones complementarias.

7162 **Aeronaves** (L 48/1960 art.6, 7, 13 a 15) En el caso de las aeronaves, ha de distinguirse entre las de Estado (militares o no) y las comerciales:
• Las aeronaves **estatales** se consideran territorio español cualquiera que sea el lugar o espacio donde se encuentren.
• Las **demás** aeronaves españolas están sometidas a las leyes españolas fuera de territorio español cuando vuelen por espacio libre o se hallen en territorio extranjero, o lo sobrevuelen, si a ello no se oponen las leyes de policía y seguridad del país subyacente.
Por su parte, a las aeronaves **extranjeras** que se encuentren en territorio de soberanía española o en espacio aéreo sujeto a ella les son de aplicación las leyes penales, de policía y seguridad pública vigentes en España.

Precisiones: Son **aeronaves de Estado no militares** las destinadas exclusivamente a servicio públicos (estatales o no) no comerciales (L 48/1960 art.14 redacc L 8/2025).

7165 MPP nº 842 **Buques** En caso de delitos cometidos a bordo de buques y otras instalaciones flotantes, la soberanía del Estado alcanza plenamente a su **mar territorial** y se extiende, a efectos de sanción de infracciones contra leyes y reglamentos sanitarios, fiscales y aduaneros y de inmigración cometidas en el territorio o mar territorial, a la llamada **zona contigua**.

b. Aplicación extraterritorial de la ley penal

(LOPJ art.23)

Junto al principio de territorialidad (nº 7160), se establecen otros tres que permiten la aplicación de la ley penal española por los órganos jurisdiccionales españoles a delitos cometidos fuera del territorio nacional, con el único límite del principio *non bis in ídem* (nº 6930). **7170**

Principio de personalidad activa (LOPJ art.23.2) En virtud de este principio se entiende que cada ciudadano se halla siempre sometido a la jurisdicción de su país. De este modo, la **jurisdicción española** debe conocer de los hechos previstos en las leyes penales españolas como delitos, aunque hayan sido cometidos fuera del territorio nacional, siempre que los criminalmente responsables sean españoles, o extranjeros que hayan adquirido la nacionalidad española con posterioridad a la comisión del hecho, y concurran los siguientes **requisitos**: **7172**
- que el hecho sea punible en el lugar de ejecución; salvo que, en virtud de un tratado internacional o de un acto normativo de una organización internacional de la que España sea parte, no resulte necesario dicho requisito;
- que el agraviado o el Ministerio Fiscal interpongan querella ante los tribunales españoles (sin considerarse cumplido este requisito en relación con los delitos competencia de la Fiscalía Europea cuando esta ejercite efectivamente su competencia);
- que el delincuente no haya sido absuelto, indultado o penado en el extranjero, sin que en este último caso haya cumplido la condena; si solo la ha cumplido en parte, se le tiene en cuenta para rebajarle proporcionalmente la que le corresponda.

Por el contrario, la **pérdida de la nacionalidad** española posterior a la comisión del delito excluye la jurisdicción de los tribunales nacionales para conocer del hecho.

Precisiones 1) La interpretación del precepto requiere del indispensable complemento de las normas de **adquisición y pérdida de la nacionalidad** española (CC art.17 s. y tratados internacionales sobre nacionalidad).

2) En los casos de **doble nacionalidad** se exige una estricta interpretación de los correspondientes convenios, que constituyen instrumentos eficaces para evitar la alegación de una u otra nacionalidad a conveniencia del interesado y la consiguiente apertura de improcedentes espacios de impunidad (TS 17-12-04, EDJ 234856).

3) En relación con la **Fiscalía Europea**, ver nº 8630 y nº 10489 s.

Principio real o de protección (LOPJ art.23.3) Este principio permite al Estado aplicar su Ley penal a conductas cometidas en el extranjero **contra sus intereses esenciales**. **7174**

Debe conocer la jurisdicción española de los hechos cometidos por españoles o extranjeros fuera del territorio nacional cuando sean susceptibles de tipificarse, según la ley penal española, como alguno de los siguientes **delitos**:

a) El delito de **traición y contra la paz o la independencia** del Estado (CP art.581 a 597).

b) El delito contra el titular de la **Corona**, su consorte, su sucesor o el regente (CP art.485 a 491).

c) Los delitos de **rebelión** (CP art.472 a 484).

d) La falsificación de la firma o estampilla reales, del sello del Estado, de las firmas de los ministros y de los sellos públicos u oficiales. Actualmente han de considerarse todos ellos como **falsedad en documento oficial** (CP art.390 y 392), habida cuenta que se define el documento a efectos penales como todo soporte material que exprese o incorpore datos, hechos o narraciones con eficacia probatoria o cualquier otro tipo de relevancia jurídica (CP art.26). Ello no significa que toda falsedad dolosa en documento oficial deba entenderse incluida en el ámbito de este principio, sino solo aquellas cuyo objeto material sea alguno de los citados por el precepto.

e) La falsificación de **moneda española** y su expedición (CP art.386), y falsificación de tarjetas de crédito o débito -CP art.387- (TS 8-7-02, EDJ 29088; 26-1-05, EDJ 11854; 25-1-07, EDJ 2705).

f) Cualquier **otra falsificación** que perjudique directamente al crédito o intereses del Estado, así como la introducción o expedición de lo falsificado. **7175**

La jurisprudencia incluye en el precepto la falsificación de **pasaportes** y de todo tipo de **documentos de identidad** y permisos de conducir (TS 10-11-04, EDJ 183486; 14-9-05, EDJ 144801).

g) El atentado **contra autoridades o funcionarios públicos** españoles (CP art.550 a 554).

h) Los delitos perpetrados en el ejercicio de sus funciones **por funcionarios públicos españoles** residentes en el extranjero y los delitos contra la Administración pública española (CP art.404 a 445).

i) Los delitos relativos al **control de cambios** (L 10/1979).

Precisiones 1) Los delitos enumerados (LOPJ art.23.3) solamente son perseguibles en España previa interposición de **querella** por el agraviado o por el Ministerio Fiscal (LOPJ art.23.6). Las causas que se encuentren **en tramitación a 15-3-2014**, por los delitos a los que se hace referencia en la LO 1/2014 quedan sobreseídas hasta que no se acredite el cumplimiento de los requisitos establecidos en ella (LO 1/2014 disp.trans.única).

2) Si bien un inicial criterio estimó que en casos de **falsedad de documentos públicos u oficiales** había de acreditarse que su alteración había tenido lugar en España, pues en caso contrario carecían de competencia los tribunales para su enjuiciamiento (TS 7-12-01, EDJ 56463; 19-9-02, EDJ 35943), dicha jurisprudencia ha sido superada por otra que estima que la falsificación de documentos de identidad siempre afecta a los intereses del Estado (TS 25-1-07, EDJ 2705; 12-9-07, EDJ 159301).

3) Parece deseable que en una futura reforma, se incluyan en el precepto los delitos de descubrimiento y revelación de **secretos relativos a la defensa nacional** (CP art.598 a 603), inexistentes en el momento de la entrada en vigor de la LOPJ.

7177 MPP nº 855 s. **Principio de jurisdicción universal** (LOPJ art.23.4) El Estado instituye, en virtud de este principio, su propia jurisdicción para conocer de determinados delitos en atención tanto con su **gravedad** como a su **proyección internacional**, lo que hace que su persecución y enjuiciamiento sea de interés para todos los Estados (TCo 21/1997; 87/2000; TS 4-3-20, EDJ 551122; 6-5-15, EDJ 77110). Es un mecanismo que permite a los Estados otorgar **competencias** a sus órganos jurisdiccionales para enjuiciar los delitos que tienen una conmoción en el plano internacional, los crímenes internacionales y la lucha contra la impunidad que se genera sobre sus autores (TS 21-4-22, EDJ 544354).

En su virtud, es competente la jurisdicción española para conocer de los hechos cometidos por españoles o extranjeros fuera del territorio nacional susceptibles de tipificarse, según la ley penal española, como alguno de los siguientes **delitos**:

- genocidio, lesa humanidad o contra las personas y bienes protegidos en caso de conflicto armado;
- tortura y contra la integridad moral;
- desaparición forzada incluidos en la Convención internacional para la protección de todas las personas contra las desapariciones forzadas;
- piratería, terrorismo, tráfico ilegal de drogas tóxicas, estupefacientes o sustancias psicotrópicas, trata de seres humanos, contra los derechos de los ciudadanos extranjeros y contra la seguridad de la navegación marítima que se cometan en los espacios marinos;
- terrorismo;
- apoderamiento ilícito de aeronaves;
- actos ilícitos contra la seguridad de la aviación civil;
- protección física de materiales nucleares;
- constitución, financiación o integración en grupo u organización criminal o cometidos en el seno de los mismos;
- libertad e indemnidad sexual sobre víctimas menores de edad;
- prevención y lucha contra la violencia contra las mujeres y la violencia doméstica;
- corrupción entre particulares o en las transacciones económicas internacionales;
- falsificación de productos médicos y delitos que supongan una amenaza para la salud pública; y
- cualquier otro cuya persecución se imponga con carácter obligatorio por un tratado vigente para España o por otros actos normativos de una organización internacional de la que España sea miembro.

Precisiones 1) Sin perjuicio de lo que pudieran disponer los tratados y convenios internacionales, para que puedan **conocer los tribunales españoles de anteriores delitos** debe quedar acreditado que sus presuntos responsables se encuentran en España, que existen víctimas de nacionalidad española o constatarse algún vínculo de conexión relevante con España y, en todo caso, que en otro país competente o en el seno de un tribunal internacional no se ha iniciado procedimiento que suponga una investigación y una persecución efectiva de tales hechos, debiendo en tal caso sobreseerse provisionalmente el proceso iniciado en España (LOPJ art.23).

2) La reforma de la LOPJ por la LO 1/2014, en materia de jurisdicción universal, ha sido considerada conforme a la Constitución (TCo 140/2018; 23/2019; 80/2019).

7179 MPP nº 860 s. **Cumplimiento de convenios internacionales** La norma responde al cumplimiento de compromisos internacionales asumidos por España en virtud de instrumentos internacionales multilaterales, cuya misión es la de facilitar la represión de determinados delitos. Contiene, además, una **cláusula abierta de remisión** a dichas normas para ampliar el ámbito material de su aplicación. Dichas normas internacionales (expuestas en el cuadro del nº 861 Memento Procesal Penal 2026) suelen contener varios tipos de obligaciones para los Estados parte.

Precisiones En relación con la Convención de las Naciones Unidas contra la **delincuencia organizada transnacional** (Convención Nueva York 15-11-2000) ver: TS 25-6-07, EDJ 70184; 27-12-07, EDJ 260288; 3-1-08, EDJ 3267.

Recursos La resolución que definitivamente declare la carencia de jurisdicción de un tribunal español para conocer de determinados hechos acaecidos en el extranjero, por los que se formula querella o denuncia ante él, es susceptible de **recurso de casación**. 7188
Se trata de un **supuesto excepcional**, no regulado expresamente por el legislador, que trasciende de una cuestión de competencia entre órganos jurisdiccionales internos y que se diferencia de los conflictos de jurisdicción por cuanto consiste en la determinación del alcance de un poder del Estado español, el Poder judicial, sobre hechos cometidos en territorios sometidos a la soberanía de otro Estado, teniendo la decisión carácter definitivo al no ser posible el planteamiento de un conflicto negativo de jurisdicción. Por ello, aplicando analógicamente el criterio atributivo de la competencia funcional para resolver los conflictos de jurisdicción y de competencia -LOPJ art.39 y 42-, se admite el citado recurso (TS 25-2-03, EDJ 6578; 20-5-03, EDJ 263059).

2. Ámbito de la jurisdicción militar en materia penal

La jurisdicción militar ha de restringirse al denominado **ámbito estrictamente castrense** (Const art.117.5), de manera que conoce de un ámbito objetivo diferente del que es propio de los demás órganos integrantes del Poder judicial (TCo 60/1991; 113/1995; 177/1996; 18/2000). 7200 MPP nº 870 s.
Por el contrario, todo órgano judicial militar se considera, en el ámbito de su competencia, único juez ordinario predeterminado por la Ley (LO 4/1987 art.3).
La Constitución impide al legislador atribuir arbitrariamente a los órganos de la jurisdicción militar el conocimiento de delitos ajenos a dicho ámbito por no poderse poner en conexión con los objetivos, fines y medios propios de las fuerzas armadas.
Lo estrictamente castrense solo puede ser aplicado a los delitos exclusiva y estrictamente militares, tanto por su **directa conexión** con los objetivos, tareas y fines propios de las fuerzas armadas (los que hacen referencia a la organización bélica del Estado), como por la necesidad de una **vía judicial específica** para su conocimiento y eventual represión, habiendo de quedar fuera del ámbito de la justicia militar todas las restantes conductas delictuales.

Criterios de atribución de la jurisdicción (LO 4/1987 art.4; LOPJ art.3.2; LO 14/2015 art.1.6 y disp.derog.) 7202

La jurisdicción militar se extiende a **materia penal**, tutela jurisdiccional en **vía disciplinaria** y demás materias que, en garantía de algún derecho y dentro del ámbito estrictamente castrense, vengan determinadas por las leyes, así como las que establezca la declaración de estado de sitio.
La competencia de la jurisdicción militar queda limitada al **ámbito estrictamente castrense** respecto de los hechos tipificados como delitos militares por el Código Penal Militar y a los supuestos de estado de sitio, de acuerdo con la declaración de dicho estado y la ley orgánica que lo regula. De forma que, **fuera del estado de sitio**, cuando no resulte posible la subsunción de los hechos investigados en ninguna de las figuras que integran la tipología del citado Código, no es posible la atribución competencial alguna a favor de la jurisdicción militar y, al contrario, cuando los hechos encuentren acomodo en dicha tipología, la jurisdicción para su enjuiciamiento ha de atribuirse a la castrense, a excepción de las reglas específicas establecidas para los delitos conexos (TS 14-7-21, EDJ 634691).
Para la atribución de competencia hay que descartar cualquier **criterio distinto** al de la naturaleza del delito.
Para la aplicación de la ley penal militar no es esencial el **principio de territorialidad**, dados los bienes jurídicos que fundamentalmente se tutelan. Por ello el Código Penal Militar adopta el denominado **criterio funcional de aplicación**, consistente en que sus preceptos son aplicables a todos los hechos previstos en el mismo con independencia del lugar de comisión, salvo lo establecido por tratados y convenios internacionales.

Precisiones 1) La delimitación del concepto de lo **«estrictamente castrense»** se ha de hacer a través de tres criterios:
-el **objetivo** -determinado por el carácter militar del delito-;
- el **funcional o instrumental** -delimitado por los bienes, principios o valores militares protegidos por la norma-; y
- el **subjetivo** -configurado por la condición de militar del sujeto activo del delito-, aunque no todos los tipos delictivos contemplados en el Código Penal Militar son tipos penales determinados por la condición militar de su autor.
En conclusion este ámbito debe identificarse con la **protección de los bienes jurídicos militares** (TS Sala conflictos de jurisdicción, 5-10-23, EDJ 700018).

2) En la jurisprudencia de la Sala de Conflictos de Jurisdicción del Tribunal Supremo es el **criterio del bien jurídico** el que, al conducir a una calificación provisional de los hechos como posible delito militar, lleva a la resolución del problema. Incluso cuando la conducta investigada pudiera tener cabida formal en el Código Penal Militar, se atiende a dicho criterio sustancial y se atribuye la competencia a la jurisdicción ordinaria o a la militar según aparezcan o no lesionados en las circunstancias del caso bienes jurídicos de índole militar, como la disciplina o la eficacia del servicio (TS Sala Conflictos de Jurisdicción 27-2-00, EDJ 58253; 12-7-02, EDJ 49481; 12-7-02, EDJ 30114; 16-10-02, EDJ 49503; 29-9-03, EDJ 80621; 27-10-04, EDJ 184190).

3) La tutela judicial en **vía disciplinaria** se extiende al control jurisdiccional de los actos de aplicación de la legislación disciplinaria de las Fuerzas Armadas y de la Guardia Civil, mediante el recurso contencioso disciplinario militar -LO 4/1987 art.17, 23, 34 y 45; LO 2/1989 art.448 a 518; LO 12/2007 art.78; LO 8/2014 art.73. Se extiende también a la **potestad disciplinaria judicial**- (LO 4/1987 art.140, 141, 145 y 148).

7204 **Delitos incluidos en el ámbito de aplicación** (LO 4/1987 art.12 a 14) El ámbito de la jurisdicción castrense se extiende a delitos diferentes en tiempo de paz y de guerra.

Como regla general y en **tiempo de paz** -ausencia de conflicto armado- (LO 4/1987 art.12), la jurisdicción militar debe conocer de los delitos siguientes:

• Los comprendidos en el **Código Penal Militar** (LO 14/2015, vigente desde 16-1-2016), incluso en aquellos supuestos en que sean susceptibles de ser calificados también con arreglo al Código Penal común y les corresponda pena más grave con arreglo a este último, en cuyo caso se aplicará este.

Lo determinante de la competencia de la jurisdicción militar es que el presunto delito cometido esté definido en el Código Penal Militar; es decir, que los hechos que se investiguen puedan ser constitutivos de un delito militar en sentido estricto, aunque también estén contemplados en el Código Penal común incluso con pena más grave, todo ello en aplicación del criterio que concede **preferencia a la ley especial** sobre la general (TS Sala Conflictos de Jurisdicción 31-12-90, EDJ 12165; 11-11-91, EDJ 2666; 4-12-92; 11-7-94, EDJ 6903; 18-10-02, EDJ 48213).

• Los cometidos durante la vigencia del **estado de sitio** que se determinen en su declaración. A tal efecto, en la declaración del estado de sitio, el Congreso de los Diputados puede determinar los delitos que, durante su vigencia, quedan sometidos a la jurisdicción militar, debiendo tenerse presente además que finalizada la vigencia de los estados de alarma, excepción y sitio decaerán en su eficacia cuantas competencias en materia sancionadora y en orden a actuaciones preventivas correspondan a las autoridades competentes, así como las concretas medidas adoptadas en base a estas, salvo las que consistiesen en sanciones firmes (LO 4/1981 art.1 y 35).

• En los casos de presencia permanente o temporal fuera del territorio nacional de **fuerzas o unidades españolas de cualquier ejército**, los que señalen los tratados, acuerdos o convenios internacionales en que España sea parte o, en ausencia de norma internacional, todos los tipificados en la legislación española siempre que el inculpado sea español y se cometan en acto de servicio o en los lugares o sitios que ocupan fuerzas o unidades militares españolas. En este último supuesto, si el inculpado regresa a territorio nacional y no ha recaído sentencia, los órganos de la jurisdicción militar se han de inhibir en favor de la ordinaria, salvo que el hecho constituya delito militar (TS Sala Conflictos de Jurisdicción 9-4-03, EDJ 11702).

En situación de conflicto armado (LO 14/2015), además de los antes citados, la jurisdicción militar se extiende a otros delitos -LO 4/1987 art.13- (nº 874 Memento Procesal Penal 2026).

7209 **Delitos comunes conexos** (LO 4/1987 art.14) La jurisdicción militar conoce de los delitos comunes conexos con un delito militar principal, entendiéndose por tal el que tenga señalada pena más grave. La técnica de la conexión no puede determinar, sin embargo, la extensión del ámbito de la jurisdicción castrense en materia penal fuera de sus **límites constitucionales** (TS Sala Conflictos de Jurisdicción 19-12-90, EDJ 11716).

En el proceso penal militar se utiliza un **concepto más restringido** de delito conexo que el empleado en el proceso penal común, del que se elimina el criterio de la llamada conexión analógica, que incluye en él los diversos delitos que se imputen a una persona al incoarse contra la misma causa por cualquiera de ellos, si tuviesen analogía o relación entre sí, a juicio del tribunal, y no hubiesen sido hasta entonces sentenciados (LO 4/1987 art.15; LECr art.17). La diferencia es enteramente lógica si se tiene en cuenta que la conexidad determina en este caso la **alteración de las reglas de distribución de la jurisdicción penal** y no solo las de la competencia objetiva y territorial, como sucede en el ámbito de los LECr art.16 a 18 y que las normas delimitadoras del ámbito de la jurisdicción militar han de ser interpretadas restrictivamente. Por razón análoga si duda se adopta igual solución en el tratamiento de la competencia por conexión del Tribunal del Jurado (LOTJ art.5.2), pues su ámbito material de actuación se encuentra limitado objetivamente, lo mismo que el de los tribunales militares, a delitos concretos.

En caso de **sobreseimiento** del procedimiento en relación con el delito conexo más grave, la jurisdicción militar deja de conocer de los conexos para los que no sea competente (TS Sala conflictos de jurisdicción 16-2-21, EDJ 507957; 16-12-09, EDJ 327344).

Precisiones 1) Frente al criterio general de la especialidad para la atribución de la jurisdicción,solo se contempla una **excepción**, para los casos de conexidad delictiva, supuestos en que la competencia corresponde a la jurisdicción a la que esté atribuido el conocimiento del delito que tenga señalada legalmente pena más grave (TS Sala conflictos de jurisdicción 5-10-23, EDJ 700018).
2) No se exceptúan los supuestos en los que el delito común conexo a otro militar haya sido cometido por un civil cuando su conducta comprometa bienes, valores y principios militares que la norma castrense protege (TS Sala conflictos de jurisdicción 19-10-23, EDJ 714499; 12-7-21, EDJ 634796).

3. Concurrencia de jurisdicciones

La jurisdicción de los tribunales españoles para conocer de un determinado hecho delictivo puede concurrir con la atribuida a otros órganos judiciales de carácter internacional o con la de los tribunales de otros Estados. **7220**

Concurrencia con tribunales penales internacionales Los tres supuestos que cabe citar de jurisdicción concurrente con tribunales penales internacionales reciben, pese a su escaso número, dos soluciones diversas. **7222**

Tribunales internacionales para la antigua Yugoslavia y para Ruanda La jurisdicción de estos tribunales es preferente a las jurisdicciones nacionales, de manera que, pese a afirmarse expresamente la concurrencia, el tribunal internacional puede, en cualquier estado del procedimiento, pedir oficialmente a los tribunales nacionales que convengan en la competencia del tribunal internacional (Consejo de Seguridad Naciones Unidas Resol 827/1993 art.9) o presentar una inhibitoria de jurisdicción (Consejo de Seguridad Naciones Unidas Resol 955/1994 art.8). **7224**
El sistema se complementa con algunas reglas adicionales -LO 15/1994 art.4; LO 4/1998 art.4- (nº 884 Memento Procesal Penal 2026).

Corte Penal Internacional Es una institución permanente, facultada para ejercer su **jurisdicción** sobre personas respecto de los crímenes más graves de trascendencia internacional y tiene carácter complementario de las jurisdicciones penales nacionales (Estatuto Roma 17-7-1998 art.1). **7225** MPP nº 886 s.
La **competencia** de la Corte Penal Internacional se configura como subsidiaria de las jurisdicciones nacionales, aunque es el propio tribunal internacional el que decide sobre si ejercer o no su jurisdicción en caso de ser requerido de inhibición por un Estado parte con jurisdicción concurrente sobre un determinado hecho.

Precisiones Por LO 5/2014 se autoriza la ratificación de las enmiendas al Estatuto de Roma de la Corte Penal Internacional, relativas a los **crímenes de guerra y al crimen de agresión**, hechas en Kampala el 10 y 11-6-2010.

En nuestro Derecho interno rigen estas reglas (LO 18/2003 art.8 a 10): **7227**
1. Recibida en el ministerio del ramo de justicia notificación del fiscal de la Corte de inicio de una investigación sobre hechos cuyo conocimiento podría corresponder a la jurisdicción española por haber acaecido en territorio español u ostentar sus presuntos responsables la nacionalidad española, ha de solicitar del fiscal general del Estado **información urgente sobre la existencia de actuaciones penales** que se sigan en relación con los hechos objeto de la investigación, así como sobre si tienen competencia los tribunales españoles.
2. Cuando resulte de la información suministrada que se ha ejercido o se está ejerciendo jurisdicción en España o, se ha iniciado una investigación por las autoridades españolas, los ministros de Justicia y de Asuntos Exteriores, deben elevar propuesta conjunta al Consejo de Ministros para que resuelva sobre **sostener la competencia** de las autoridades españolas y, en su caso, pedir la inhibición al fiscal de la Corte.
3. Corresponde exclusivamente al Gobierno, mediante Acuerdo del Consejo de Ministros, acordar la **impugnación de la competencia de la Corte o de la admisibilidad** de la causa, cuando los tribunales españoles hayan conocido del asunto y haya recaído sentencia, o se haya decretado el sobreseimiento libre de la causa o estén conociendo del asunto. Dicho acuerdo habilita, en su caso, al ministerio del ramo de justicia para llevar a cabo la impugnación, que se debe formalizar a la mayor brevedad posible, antes del inicio del juicio en la Corte y, excepcionalmente, en el momento de su iniciación o en un momento posterior, fundándose en este último caso en el solo motivo de haberse producido ya cosa juzgada en España.

4. Cuando a pesar de la solicitud de inhibición al fiscal de la Corte o de la impugnación de la competencia o la admisibilidad de la causa, la sala competente de la Corte autorice al fiscal a proceder a la investigación o mantenga su competencia, el órgano jurisdiccional español se ha de **inhibir a favor de la Corte** y a su solicitud le remitirá lo actuado.

7229 MPP nº 904 s. **Concurrencia con tribunales extranjeros** Como **regla general**, el tratamiento del problema debe hacerse aplicando coordinadamente las normas del instrumento internacional que dé lugar a la concurrencia, las normas procedentes sobre extradición y las disposiciones sobre extensión de la jurisdicción española (L 29/2022 art.24 a 26, desde su entrada en vigor, con fecha 11-1-2023), suponiendo que el acusado esté a disposición de los tribunales españoles.

En cualquier caso, la **cesión de la jurisdicción** en favor de tribunales extranjeros (LECr art.666) ha de rechazarse por exceder del ámbito normativamente previsto para ese precepto, que en ningún caso puede referirse a un supuesto conflicto de jurisdicción de carácter internacional (TS 18-7-07, EDJ 100810).

En otras ocasiones se regula expresamente la concurrencia de jurisdicciones nacionales sobre la base de criterios de preferencia o de exclusividad, como sucede esencialmente en dos tipos de **instrumentos internacionales**:

- los relativos al estacionamiento de tropas españolas en territorio extranjero o de tropas extranjeras en territorio español; y
- los instrumentos bilaterales para la represión del tráfico ilícito de drogas en el mar.

7229.2 **Regulación legal española** (L 29/2022 art.24 a 26) Con vigencia desde 11-1-2023, los elementos fundamentales de la misma son los siguientes:

a) **Solicitud de contacto de la autoridad española**. Cuando el órgano judicial que conozca de la instrucción o del enjuiciamiento de un proceso penal en España aprecie indicios suficientes de que, **en otro Estado miembro**, se está **tramitando un proceso penal**, ya sea en fase de instrucción o de enjuiciamiento, contra la misma persona y respecto de los mismos hechos, enviará una solicitud de contacto a la autoridad competente del otro Estado miembro (aprobada por auto motivado previa audiencia al Ministerio Fiscal y, en su caso, a las demás partes personadas, para **alegaciones por escrito** en el plazo de 10 días sobre los términos en los que debe formularse).

La **competencia** radica en el Ministerio Fiscal si se tratara de diligencias de investigación sustanciadas ante la fiscalía o de la instrucción de un procedimiento de responsabilidad penal de menores. En tal caso, se acuerda mediante decreto.

Sin embargo, no es necesario cursar dicha solicitud en caso de que ya se hubiera **informado por otros medios** de la existencia de un eventual conflicto de jurisdicción a la autoridad competente que lo estuviera tramitando.

La solicitud de contacto, comprensiva de los **extremos relevantes** a los efectos del eventual conflicto (descripción detallada del objeto del proceso español, tipificación, identidad del investigado o acusado-encausado-, medidas cautelares, víctimas, medidas de protección, fase alcanzada en el proceso, datos de contacto de la autoridad española responsable de la instrucción y enjuiciamiento, información adicional relativa a prueba o diligencia de investigación, salvo respecto de esta que perjudique los intereses fundamentales de seguridad nacional o ponga en peligro la seguridad de las personas -L 29/2022 art.24.5-) se enviará sin demora desde que conste en el procedimiento español la existencia de un eventual conflicto de jurisdicción.

El **contacto con la autoridad competente** del otro Estado miembro es directo, sin perjuicio de la posibilidad de recabar la asistencia de los puntos de contacto de la Red Judicial Europea o del miembro nacional de España en **Eurojust** si resulta necesario, bien para facilitar el contacto directo entre las autoridades judiciales implicadas o bien para conocer la identidad de la autoridad judicial con la que resulta obligatorio entablar el contacto.

Precisiones Resulta obvio que, bien se opte por el contacto que expresamente prevé la L 29/2022 art.24 o por otro, lo relevante es que se haya producido efectivamente un contacto entre las autoridades de ambos Estados que haya permitido el intercambio de cumplida información respecto de lo que constituye en cada caso el objeto del proceso y su estado, como elementos de ineludible conocimiento para ponderar tanto el riesgo que la tramitación separada implica para el **principio** ***non bis in ídem*** como cuál sea la autoridad que se encuentra en mejores condiciones para asumir la instrucción y el enjuiciamiento de la causa (TS 20-9-21, EDJ 698483).

Con respecto de lo que constituye en cada caso el objeto del proceso y su estado (TS 20-9-21, EDJ 698483).

7229.4 b) **Respuesta a la solicitud de contacto de órgano extranjero**. La autoridad española competente ha de responder, por cualquier medio que deje **constancia escrita**, a la solicitud de contacto que le envíe la autoridad de otro Estado miembro ante la eventual existencia de un conflicto de

jurisdicción. Dicha contestación se efectuará en el **plazo** indicado por dicha autoridad remisora y, en todo caso, sin demora desde la recepción de la solicitud; informando, en otro supuesto, de inmediato a la autoridad solicitante de los **motivos de la demora**, debiendo indicar el plazo previsible en el que podrá facilitar la información, plazo que en todo caso no podrá exceder de un mes, y si se trata de una **petición urgente**, de 15 días.
La autoridad competente tiene **obligación de responder**, en todo caso, a la solicitud de información cursada y su respuesta contendrá, cuando proceda, la información antes expuesta, con iguales excepciones. El secreto de las actuaciones no afecta a la obligación de contestar.
Si la **autoridad receptora de la consulta no es la competente** para responderla, la transmitirá sin demora a la autoridad que sí lo sea, informando de esta remisión al Miembro Nacional de España en Eurojust y a la autoridad solicitante, facilitándole los datos de contacto de la autoridad competente.
En caso de que sea **competente para su contestación un órgano judicial**, este dará traslado de la solicitud al Ministerio Fiscal, y en su caso, a las demás partes personadas, para alegaciones por escrito en el plazo de 10 días sobre los términos en los que debe responderse la solicitud. El órgano judicial resuelve por auto, en los 5 días siguientes.
Si la solicitud de información tiene **carácter urgente** por estar el investigado o encausado, privado de libertad, la autoridad judicial española dará audiencia al Ministerio Fiscal y a las demás partes personadas y resolverá en el plazo máximo de 5 días desde la recepción de la consulta.
En caso de tratarse de **diligencias de investigación** sustanciadas ante la fiscalía o de la instrucción de un procedimiento de responsabilidad penal de menores, el Ministerio Fiscal es el responsable de contestar la consulta.

c) **Decisión en relación con el conflicto de jurisdicción**. Confirmada la tramitación paralela de dos procesos penales con **identidad de objeto y sujetos** investigados o encausados, el órgano judicial da audiencia al Ministerio Fiscal y, salvo que se haya acordado el secreto de las actuaciones, demás partes personadas, por plazo común de 10 días, sobre si procede la sustanciación de ambos procedimientos penales en un mismo Estado miembro y sobre los criterios que concurren para que la autoridad judicial española ceda o no la jurisdicción a otro Estado miembro. **7229.6**
Tras esta audiencia, el juez o tribunal ha de promover el **consenso** con la autoridad competente del otro Estado miembro y, en caso de no lograrse, podrá trasladar el asunto a Eurojust, siempre que se trate de una materia incluida en su ámbito de competencias, a través del Miembro Nacional de España. Si **no hubiera acuerdo** tampoco entre los miembros nacionales de Eurojust, podrá solicitar al miembro nacional español que inste un dictamen escrito no vinculante del Colegio de Eurojust (Rgto UE 2018/1727 art.4.4).
La autoridad judicial española informará a la autoridad competente del otro Estado miembro y al miembro nacional de España en Eurojust de cualquier **medida procesal** importante que se adopte en el procedimiento penal en el que se ha planteado el eventual conflicto.
Recibido el dictamen, de los miembros nacionales o del Colegio de Eurojust, se abre **nueva audiencia** al Ministerio Fiscal y, en su caso, a las demás partes personadas, en un plazo de 5 días. Tras ello el juez o tribunal resolverá, por auto motivado, dictado en el plazo de 5 días, sobre la **continuación o no del procedimiento** ante la jurisdicción española; notificado a la autoridad competente del otro Estado miembro y puesto en conocimiento de Eurojust. Contra el mismo pueden interponerse los **recursos** ordinarios previstos en la LECr, con carácter preferente y sin efectos suspensivos.
Para la **resolución del conflicto de jurisdicción**, el órgano judicial ha de tener en cuenta los siguientes criterios:
a) Residencia habitual y nacionalidad del investigado.
b) Lugar en el que se ha cometido la mayor parte de la infracción penal o su parte más sustancial.
c) Jurisdicción conforme a cuyas reglas se han obtenido las pruebas o lugar donde es más probable que estas se obtengan.
d) Interés de la víctima.
e) Lugar donde se encuentren los productos o efectos del delito y jurisdicción a instancia de la cual han sido asegurados para el proceso penal.
f) Fase en la que se encuentran los procesos penales sustanciados en cada Estado miembro.

Precisiones **1)** Si se trata de **diligencias de investigación** sustanciadas ante la fiscalía o de la instrucción de un **expediente de responsabilidad penal de menores**, se resolverá por decreto, que deberá estar motivado y se comunicará a las personas investigadas, al denunciante y a quienes hubieran alegado ser perjudicados u ofendidos, quienes, en caso de disconformidad, podrán reproducir sus pretensiones ante el juez de Instrucción o ante el de menores, respectivamente.
2) La **cesión de jurisdicción** no supone renunciar a la persecución penal de unos hechos, sino declinar la misma a favor de las autoridades judiciales de otro Estado, por estar en mejores condiciones

para investigar y depurar las respectivas responsabilidades (TS 20-9-21, EDJ 698483). A tal fin, la L 29/2022 establece una serie de criterios que deben complementarse con los contenidos en otros instrumentos internacionales (TS 20-9-21, EDJ 698483).

7230 **Convenios sobre el estacionamiento de tropas** Los instrumentos relativos al estacionamiento de tropas españolas en territorio extranjero o de tropas extranjeras en territorio español siguen un doble modelo sobre el régimen de ejercicio de la jurisdicción penal sobre los componentes de los contingentes de tropas («fuerza») y/o las personas civiles empleadas permanentemente por los Ejércitos que acompañen a las mismas («elemento civil»).

a) En unos casos, atribuyen jurisdicción exclusiva al **Estado de origen** de las fuerzas y al **Estado receptor** de las misas para conocer de los hechos castigados como delito únicamente por su respectiva legislación. Al mismo tiempo establecen el derecho del Estado receptor para ejercer su jurisdicción sobre los miembros de la fuerza y del elemento civil por infracciones cometidas en su territorio y punibles según su legislación, al tiempo que reconocen la preferencia de la jurisdicción del Estado de origen de la fuerza únicamente cuando las conductas atenten contra su seguridad o sus bienes o se cometan en acto de servicio.

Ello se completa en ocasiones con el compromiso del Estado con derecho de jurisdicción preferente de considerar las **peticiones de renuncia** al mismo en los casos en que el otro Estado considere que semejante renuncia tiene particular importancia.

b) En otros supuestos, por el contrario, se establece sobre dichas personas la **jurisdicción exclusiva del Estado de origen** en relación con cualesquiera infracciones penales o disciplinarias que puedan haberse cometido en el territorio del Estado en que se encuentren las tropas, salvo que, habida cuenta de la naturaleza de las infracciones penales, aquel decida no ejercitarla.

Precisiones Se presentan **ejemplos** de lo expuesto en el nº 7230.

7232 **Litispendencia y conexidad internacionales** (L 29/2015 art.37 a 40; LOPJ art.22 nonies) Una y otra se alegarán y tramitarán con arreglo a las normas generales que regulen las leyes procesales.

Las reglas relativas a la litispendencia se formulan principalmente para **procesos civiles**, pero pueden ser de aplicación a otros órdenes (salvo el contencioso-administrativo, por razones obvias); y así, en sede penal, podría darse el caso respecto de la **investigación y enjuiciamiento de delitos** cuyo conocimiento no se atribuya a los órganos españoles en función del lugar de comisión (nº 6512 Memento Procesal Civil 2026).

4. Supuestos de inviolabilidad o inmunidad

7240 La **jurisdicción** se extiende a todas las personas en la forma establecida por la Constitución y las leyes (LOPJ art.4), que en ocasiones prevén que determinadas personas no puedan ser sometidas a enjuiciamiento por determinados hechos. También actúan como límites a la jurisdicción los supuestos de inmunidad de jurisdicción o ejecución establecidos por la legislación española o las **normas de Derecho internacional público** (LOPJ art.21.2).

Los límites subjetivos de la jurisdicción pueden, pues, derivar de normas de Derecho interno o internacional y pueden presentar, en ambos casos, carácter absoluto o circunscrito a hechos relacionados con el ejercicio de una determinada función.

Además, a la inviolabilidad relativa suele asociarse, para los supuestos que excedan de su ámbito, una **norma especial de atribución de competencia** por razón de la persona, de modo que cuando la inmunidad no entra en juego la persona en cuestión se convierte en aforada.

7242 **Supuestos de inviolabilidad o inmunidad del Derecho interno** Se establecen los siguientes:

a) Con carácter absoluto, la de la persona de su Majestad **el Rey**, que no está sujeta a responsabilidad (Const art.56.3).

b) De forma limitada a los posibles **delitos cometidos en el ejercicio de sus funciones**, derivados de votos emitidos, opiniones manifestadas o actos realizados durante el mismo o con ocasión de él, no pueden ser objeto de persecución penal:

• Los **diputados y senadores** y los miembros de los parlamentos o asambleas legislativas de las comunidades autónomas (Const art.71; estatutos de autonomía). En ocasiones se extiende la inviolabilidad a las opiniones manifestadas en actos parlamentarios por el presidente de algún gobierno autonómico, lo que solo tiene sentido cuando no ostente a la vez la condición de parlamentario (L La Rioja 8/2003). La diferencia esencial radica, en todo caso, en que para proceder criminalmente contra los parlamentarios autonómicos no se exige autorización de la cámara respectiva, como ocurre con los miembros de las Cortes Generales.

• El **defensor del pueblo** y sus adjuntos (LO 3/1981 art.6), así como instituciones y figuras similares de las comunidades autónomas (L 36/1985 art.1; leyes autonómicas reguladoras de la correspondiente institución).
• Los magistrados del **Tribunal Constitucional** (LOTC art.22).

Precisiones La inviolabilidad del Rey no opera respecto de **conductas anteriores o posteriores** a la proclamación o abdicación, respectivamente, una vez producida esta.

Supuestos de inviolabilidad o inmunidad del Derecho internacional público 7244

MPP nº 943

Se contemplan los casos siguientes:
a) Gozan de inmunidad de jurisdicción penal en el Estado receptor los **agentes diplomáticos**, salvo expresa renuncia del Estado acreditante, los miembros de su familia que formen parte de su casa y el personal administrativo y técnico de la misión diplomática, salvo que sean nacionales del Estado receptor o, en el segundo caso, residan habitualmente en él. La inmunidad se reduce a los actos realizados en el ejercicio de sus funciones para el personal de servicio que no sea nacional del Estado receptor ni resida en él de forma habitual (Convenio Viena 18-4-1961 art.31, 32 y 37).
El régimen de inmunidad diplomática se aplica a los miembros del **Tribunal Internacional de Justicia** en el ejercicio de su cargo (Estatuto del Tribunal Internacional de Justicia art.19) y a las misiones de terceros Estados acreditadas ante la Unión Europea (Protocolo 8-4-1965 art.17).
b) Normas muy similares se aplican a las denominadas **misiones especiales** (Convención Nueva York 8-12-1969 art.36, 37 y 39).
c) En el campo de las relaciones consulares, la inmunidad se reduce a los actos realizados por los **funcionarios y empleados consulares**, aunque sean honorarios, en el ejercicio de la función consular, y alcanza a los miembros de su familia que vivan en su casa y a los miembros de su personal privado. La inmunidad no es, como en el caso del agente diplomático, absoluta y en caso de delito grave podrá acordarse incluso la detención o prisión preventiva del funcionario consular, que también podrá ver limitada su libertad personal en caso de sentencia condenatoria firme (Convenio Viena 24-4-1963 art.41, 43, 45, 53 y 58).

d) Por su parte, los representantes de la Asamblea Consultiva del **Consejo de Europa** no pueden ser perseguidos en el territorio de ninguno de los Estados miembros por opiniones o votos emitidos en el curso de los debates de la asamblea o de sus comités o comisiones (Estatuto del Consejo de Europa art.40). 7245
e) En el marco de la Unión Europea, los jueces del **Tribunal de Justicia de las Comunidades Europeas** gozan de inmunidad de jurisdicción, que puede, no obstante, ser levantada por el propio tribunal en pleno (Estatuto TJCE art.3).
Por otro lado, los miembros del **Parlamento Europeo** no pueden ser perseguidos por las opiniones o votos emitidos en el ejercicio de sus funciones y, en el caso de los miembros de la **Comisión** y de los **funcionarios y otros agentes** de las Comunidades Europeas, por los actos realizados con carácter oficial, incluidas las manifestaciones orales y escritas. La misma norma se aplica a los **abogados generales, secretario y ponentes adjuntos** (Protocolo 8-4-1965 art.9, 12 y 20).
f) En el seno de la **OTAN**, se aplican las normas sobre inmunidad diplomática a las personas designadas como representantes de un Estado miembro ante la organización, que residan en territorio de otro Estado miembro, aunque la inmunidad solo es completa en el caso del representante principal permanente y de las personas que integren su personal oficial, limitándose en los restantes casos a los actos realizados con carácter oficial. La misma inmunidad limitada se aplica a los funcionarios de la organización y a los expertos en misión (Convenio Ottawa 20-9-1951 art.12, 13, 18 y 20).
La prerrogativa de inmunidad parlamentaria es una **excepción al régimen ordinario** de procedibilidad de presuntos delitos y su enjuiciamiento, por lo que debe evaluarse restrictivamente en los supuestos en los que no existe una conexión clara entre los hechos perseguidos y la actividad parlamentaria (TEDH 30-1-03, núm 40877/98; 20-4-06, núm 10180/04). Además, no puede ser empleada por los **representantes políticos** como instrumento para eludir la acción de la justicia (TEDH 20-12-16, núm 14737/08).

Inviolabilidad o inmunidad de determinados sujetos extranjeros (LO 16/2015) 7246

Sin perjuicio de la exposición completa en el nº 3055 s. Memento Procesal Civil 2026, del régimen de la inmunidad de jurisdicción y ejecución de Estados extranjeros, autoridades, organizaciones internacionales, personal de las mismas y sus reglas comunes procedimentales, se expone seguidamente el tratamiento relevante a efectos procesales penales de la inviolabilidad y de los **privilegios e inmunidades** de determinados sujetos extranjeros conforme a la legislación española.

7247 **Inviolabilidad** (LO 16/2015 art.21, 34, 44) Se formulan las siguientes reglas:

a) Las personas del **Jefe de Estado**, el **Jefe de Gobierno** y el **ministro de Asuntos Exteriores** del Estado extranjero son inviolables cuando se hallen en territorio español, durante todo el periodo de duración de su mandato, con independencia de que se encuentren en misión oficial o en visita privada. No podrán ser objeto de ninguna forma de **detención**, se les tratará con el **debido respeto** y se adoptarán todas las medidas adecuadas para impedir cualquier **atentado** contra su persona, su libertad o su dignidad.

La inviolabilidad se extiende a su **lugar de residencia en España**, a su correspondencia y a sus propiedades y, en su caso, a los medios de transporte que utilicen.

b) Los **locales de las organizaciones internacionales**, cualquiera que sea su propietario, sus archivos, su correspondencia oficial y, en general, todos los documentos que le pertenezcan u obren en su poder y estén destinados a su uso oficial serán inviolables dondequiera que se encuentren. Dichos locales, así como todos sus medios de transporte, bienes y haberes en España no podrán ser objeto de registro, requisa, confiscación, expropiación o de cualquier otra medida coercitiva de carácter ejecutivo, administrativo, judicial o legislativo.

c) Igual tratamiento se da a los **locales asignados a conferencias o reuniones internacionales**, en los que ningún agente de las autoridades españolas podrá entrar sin consentimiento expreso de la máxima autoridad de la organización o representante autorizado, si bien el consentimiento se presumirá en caso de incendio o emergencia equiparable.

También se regula estatuto de inmunidad del **personal propio** de las citadas organizaciones, de los **representantes permanentes** u observadores ante ellas y de las **delegaciones** de Estados invitados a conferencias y reuniones internacionales.

7248 **Inmunidades del Jefe del Estado, el Jefe de Gobierno y el Ministro de Asuntos Exteriores del Estado extranjero** (LO 16/2015 art.21 a 29) El tratamiento normativo es diverso según la autoridad se halle en el ejercicio del cargo o mandato o haya concluido el mismo. En todo caso, son reglas comunes las siguientes:

- aplicación del **principio de reciprocidad** para denegar o limitar la inmunidad o privilegio, salvo que lo impida el Derecho Internacional;
- renunciabilidad expresa por el Estado extranjero de la aplicación de este **estatuto** a sus autoridades, no revocable una vez iniciado el proceso;
- inoponibilidad de la inmunidad respecto de cualquier **reconvención** directamente ligada a la demanda principal deducida por el beneficiario del estatuto;
- disociación de la renuncia a la inmunidad de jurisdicción y ejecución, que requerirá una **nueva renuncia expresa**;
- no incidencia en las **obligaciones internacionales** asumidas por España respecto del enjuiciamiento de crímenes internacionales, ni a sus compromisos con la Corte Penal Internacional.

a) **Durante el mandato**. Al margen de la inviolabilidad, las personas referidas gozan de inmunidad de jurisdicción y ejecución ante los órganos jurisdiccionales españoles de todos los órdenes durante **toda la duración** de su mandato, ya se encuentren en España o en el extranjero. Si **estuvieran en España**, la inmunidad se extiende tanto a los viajes oficiales como a las visitas privadas, ya se trate de acciones judiciales en relación con actos oficiales o privados, ya sean relativas a actos realizados con anterioridad a su mandato o durante el ejercicio de este.

No están obligados a comparecer como **testigos** en procesos de los que conozcan los órganos jurisdiccionales españoles.

b) **Concluido el mandato**. Una vez finalizado su mandato, los antiguos Jefes de Estado y de Gobierno y los antiguos Ministros de Asuntos Exteriores continuarán disfrutando de inmunidad penal únicamente en relación con los actos realizados durante su mandato en el **ejercicio de sus funciones oficiales**, con el alcance que determina el Derecho Internacional. En todo caso, quedan **excluidos de la inmunidad** los crímenes de genocidio, desaparición forzada, guerra y lesa humanidad.

También continuarán disfrutando de **inmunidad civil, laboral, administrativa, mercantil y fiscal** únicamente en relación con los actos realizados durante su mandato en el ejercicio de sus funciones oficiales, con las excepciones expuestas a la inmunidad de jurisdicción al examinar el estatuto de los Estados extranjeros (LO 16/2015 art.9 a 16).

Una vez finalizado su mandato, las personas referidas no podrán hacer valer:

- la inmunidad ante los órganos jurisdiccionales españoles cuando se trate de acciones relacionadas con **actos no realizados durante su mandato** en el ejercicio de sus funciones oficiales;
- la inmunidad de jurisdicción y ejecución penal ante los órganos jurisdiccionales españoles por **actos realizados con anterioridad** al comienzo de aquel.

Estatuto de las fuerzas armadas visitantes (LO 16/2015 art.33) A las Fuerzas Armadas visitantes de un **Estado miembro de la OTAN** o de la Asociación para la Paz, a su personal militar y civil y a sus bienes, cuando se encuentren en territorio español **a invitación o con consentimiento de España**, se les aplicarán las disposiciones del Convenio entre los Estados Partes del Tratado del Atlántico Norte 19-6-1951, relativo al estatuto de sus fuerzas. 7249

A las Fuerzas Armadas visitantes de **cualquier otro Estado extranjero**, a su personal militar y civil y a sus bienes, cuando se encuentren en territorio español a invitación o con consentimiento de España, se le aplicará, de forma total o parcial, las disposiciones del Convenio citado, atendiendo al principio de reciprocidad y en virtud del acuerdo que sea suscrito a tal efecto por el Ministerio de Defensa de España con el homólogo del Estado extranjero.

Estas disposiciones se aplican a **cualquier parte del territorio bajo soberanía española** donde estén situadas las Fuerzas Armadas visitantes, su personal militar y civil y sus bienes, ya se encuentren estacionadas o en tránsito, así como a los buques y aeronaves de España.

5. Cuestiones prejudiciales

(LECr art.3)

Aunque el ámbito objetivo de la jurisdicción penal se limita a las causas y juicios criminales (LOPJ art.9.3), la competencia de los tribunales encargados de la justicia penal se extiende también a resolver, para solo el efecto de la represión, las cuestiones civiles y administrativas prejudiciales propuestas con motivo de los hechos perseguidos, cuando las mismas aparezcan tan **íntimamente ligadas al hecho punible** que sea racionalmente imposible su separación. 7255

Las cuestiones prejudiciales pueden definirse como elementos del tipo penal de **influencia decisiva** para la integración del mismo, para lo cual han de ser objeto de una previa valoración jurídica, por el tribunal penal o por el del correspondiente orden jurisdiccional, con arreglo a las normas de Derecho material aplicable en cada caso.

Precisiones 1) Esta regla es aplicación de una más amplia que determina que, a los solos efectos prejudiciales, **cada orden jurisdiccional** puede conocer de asuntos que no le estén atribuidos privativamente (LOPJ art.10.1).

2) Pueden señalarse múltiples **ejemplos** de cuestiones prejudiciales:
- cuando nos planteamos la condición de funcionario público o autoridad del sujeto activo en los delitos contra la Administración pública;
- la posesión de título oficial en el intrusismo (CP art.403);
- la ajenidad de la cosa en el hurto o en el robo;
- el título que obliga a entregar o restituir la cosa en la apropiación indebida (CP art.252);
- la subsistencia del anterior matrimonio o la concurrencia de causa de nulidad en los matrimonios ilegales (CP art.218 y 219); o
- la determinación de la deuda tributaria en el delito fiscal (CP art.305).

Caracteres Las características esenciales de las cuestiones perjudícales son las siguientes: 7257

a) Se trata de **elementos de hecho** que han de valorarse con criterios jurídicos, para lo cual es aplicable el sector del ordenamiento que en cada caso reclame la naturaleza de la cuestión planteada. El tribunal penal se ha de atemperar a las reglas del Derecho civil o administrativo, en las cuestiones prejudiciales que deba resolver (LECr art.7).

b) Aunque en la legislación procesal se regulan por lo general las **cuestiones prejudiciales no penales** (civiles, administrativas o sociales) en el proceso penal y las **cuestiones prejudiciales penales** en procesos no penales, nada impide que se planteen estas últimas dentro del proceso penal, como ocurre en la receptación, que requiere como elemento del tipo la procedencia delictiva de los objetos adquiridos por el culpable. En el proceso penal, el tratamiento de estos supuestos se realiza, como regla general, a través de las reglas tocantes a la **conexión delictiva**, pero cuando ello no sea posible, se permite la suspensión del curso de las actuaciones en el estado en que se hallen hasta que finalice el proceso que tenga por objeto la cuestión prejudicial (LEC art.43).

c) Las cuestiones han de tener influencia decisiva para la **adecuada valoración del objeto procesal** principal, de manera que su consideración previa resulte imprescindible para ello. Deben aparecer tan íntimamente ligadas al hecho punible que sea racionalmente imposible su separación, siendo determinantes de la culpabilidad o de la inocencia (LECr art.3 y 4).

d) El **problema jurídico subyacente** en la cuestión prejudicial ha de carecer de solución formalizada en una **previa resolución judicial** recaída en otro proceso, pues en tal caso estaríamos ante un supuesto de eficacia positiva o prejudicial de la cosa juzgada.

e) Aunque la cuestión haya de resolverse antes que el objeto procesal penal principal, su valoración corresponde por lo común al tribunal penal y la solución se produce, como regla general, **en el mismo proceso y en la misma resolución** penal de fondo. En ciertas ocasiones, no obstante, se defiere la solución a los órganos del orden jurisdiccional competente por razón de la índole material de la cuestión. Aparece así la diferencia entre cuestiones incidentales (nº 7260) y cuestiones devolutivas (nº 7264).

7259 **Competencia** En lo que se refiere a la competencia para su conocimiento debe distinguirse entre cuestiones prejudiciales incidentales y devolutivas.

7260 **Cuestiones prejudiciales incidentales** (LECr art.3; LOPJ art.10.1) La regla general consiste en la resolución de las cuestiones prejudiciales por el **tribunal penal**.

MPP nº 963

No se afectan por ello los derechos al juez ordinario predeterminado por la Ley ni a la tutela judicial efectiva pues, no existiendo norma legal alguna que establezca la necesidad de deferir a un concreto orden jurisdiccional el conocimiento de una cuestión prejudicial, corresponde a cada uno de ellos decidir si se han cumplido o no los **presupuestos de las pretensiones** que ante ellos se ejercitan.

En consecuencia carecen de relevancia constitucional los posibles **resultados contradictorios** entre resoluciones de órganos judiciales de distintos órdenes, cuando la contradicción derive de haber abordado unos mismos hechos sometidos al conocimiento judicial, pues los resultados contradictorios son consecuencia de los criterios informadores del reparto de competencias llevado a cabo por el legislador entre los diversos órdenes jurisdiccionales (TCo 190/1999; 278/2000; 170/2002).

Precisiones: Caso especial de prejudicialidad administrativa incidental es el que se produce en la determinación de la cuota defraudada para la aplicación del delito fiscal y en concreto, en relación con las ganancias patrimoniales no justificadas. Aunque en lo relativo a los **aspectos jurídicos** el tribunal penal se debe atener a las reglas del Derecho administrativo, y específicamente fiscal, en lo que se refiere a las **cuestiones de hecho o probatorias** debe atenerse al sistema probatorio propio del proceso penal, pues el principio constitucional de presunción de inocencia determina condicionamientos específicos que, por su rango constitucional, no pueden ser derogados por el legislador ordinario (TS 20-5-96, EDJ 2682; 17-11-99, EDJ 35553; 6-11-00, EDJ 32433; 21-12-01, EDJ 53369).

7264 **Cuestiones prejudiciales devolutivas** (LECr art.4 y 5) Si la cuestión prejudicial es **determinante de la culpabilidad o de la inocencia**, el tribunal penal debe suspender el procedimiento hasta la resolución de aquella por quien corresponda; pero puede fijar un plazo, que no exceda de 2 meses, para que las partes acudan al juez o tribunal civil o contencioso-administrativo competente, pasado el cual sin que el interesado acredite haberlo utilizado, el **letrado de la Administración de Justicia** mediante diligencia, debe alzar la suspensión y continuar el procedimiento.

Las **cuestiones civiles prejudiciales**, referentes a la validez de un matrimonio o a la supresión de estado civil se han de diferir siempre al juez o tribunal que deba entender de las mismas, y su decisión ha de servir de base a la del tribunal penal.

Precisiones: Se expone **jurisprudencia** detallada de esta cuestión en el nº 967 Memento Procesal Penal 2026.

7267 **Enjuiciamiento de la validez de la norma jurídica aplicable** (LOPJ art.5 y 6; LO 4/1987 art.5) El enjuiciamiento de la validez de las normas jurídicas aplicables en el seno de un determinado proceso presenta evidentes analogías con las cuestiones prejudiciales, pues la respuesta que se dé al problema puede evidentemente condicionar la solución final del proceso.

A) El juicio sobre la **constitucionalidad de las normas jurídicas** con rango de Ley promulgadas después de la Constitución tiene un tratamiento análogo al de las cuestiones prejudiciales obligatoriamente devolutivas: corresponde en exclusiva al Tribunal Constitucional. Por ello, cuando un órgano judicial considere que una norma con rango de ley aplicable al caso y de cuya validez dependa el fallo, pueda ser contraria a la Constitución y no sea posible por vía interpretativa su acomodación al ordenamiento constitucional, debe suspender el curso del proceso y plantear cuestión de inconstitucionalidad.

B) No ocurre lo mismo en el caso de **leyes preconstitucionales**, cuya contradicción con la Constitución y su consiguiente derogación por esta es cuestión que puede ser declarada por cualquier órgano judicial, no obstante lo cual este puede plantear la cuestión de inconstitucionalidad si el problema es de solución dudosa. La diferencia que existe entre el pronunciamiento del Tribunal Constitucional y el que puedan adoptar en casos de derogación los jueces ordinarios consiste obviamente en que, una vez que el primero se ha pronunciado sobre el tema, todos los poderes del Estado deben acatamiento a su decisión, mientras que las resoluciones de los órganos jurisdiccionales surten solamente sus efectos en el caso concreto y entre las partes implicadas en el mismo (TCo 11/1981).

C) Tampoco se regula con carácter devolutivo la cuestión referente a la legalidad de las **normas de rango inferior** a la ley, que pueden ser simplemente inaplicadas por los órganos jurisdiccionales.

Tratamiento procesal Las cuestiones **incidentales** no requieren un tratamiento procesal diferenciado del aplicable a los restantes elementos del tipo penal, por lo que deben ser resueltas en sentencia de fondo y siguen, en cuanto a la impugnación, la misma suerte que esta (TS 14-3-03, EDJ 4267). 7269

En cuanto a las **devolutivas**, suponiendo que puedan admitirse, han de tenerse en cuenta los aspectos siguientes: 7270

a) El planteamiento de la cuestión ha de permitir su **debate contradictorio** en el proceso, por lo que el momento adecuado para ello ha de ser anterior al trámite de calificación. En consecuencia, han de proponerse y sustanciarse como artículos de previo y especial pronunciamiento, bien conforme a lo dispuesto en LECr art.666 s. o, en el procedimiento abreviado, en el trámite previsto en LECr art.786.2 al iniciarse el acto del juicio oral (TS 30-4-90, EDJ 19304; 23-11-98, EDJ 27002; 3-5-02, EDJ 19800; 28-2-05, EDJ 23874). En el proceso penal militar, en idéntico sentido: LO 2/1989 art.286 s. y 395.

b) La **resolución** de la cuestión prejudicial por el tribunal penal ha de hacerse en la sentencia de fondo, de la que formará parte integrante, pudiendo consistir en un simple acuerdo recogido en el acta. La decisión que se adopte no puede desgajarse de la sentencia que definitivamente se dicte, con la que está estructuralmente ensamblada, integrándose en esta como resolución final del proceso que ha de contener una motivación completa (TS 24-2-95, EDJ 2445; 11-11-97, EDJ 7857; 24-3-00, EDJ 3735; 11-4-02, EDJ 12168).

c) En caso de que la cuestión sea **deferida al orden jurisdiccional correspondiente** a su naturaleza material, la decisión de este vincula al tribunal penal (LECr art.5; LEC art.42.3).

d) El estado procesal generado por el planteamiento de una cuestión prejudicial de las indicadas no es equiparable al **sobreseimiento**, aun provisional. La suspensión producida por aquella (LECr art.4) genera pendencia, con las inherentes consecuencias en sede de prescripción, incluso intraprocesal, dado que la suspensión no es paralización (TS 14-3-06, EDJ 31798; en contra TS 29-5-20, EDJ 569272).

Prejudicialidad penal en procesos no penales (LOPJ art.10.2) La existencia de una cuestión prejudicial penal de la que no pueda prescindirse para la debida decisión o que condicione directamente el contenido de esta, determina la **suspensión del procedimiento** mientras aquella no sea resuelta por los órganos penales a quienes corresponda, salvo las excepciones que la ley establezca. 7272

La materia se trata con mayor detalle en los apartados correspondientes del proceso **civil** (nº 1894), del **contencioso-administrativo** (nº 11109) y del **laboral** (nº 14587).

C. Competencia

Una vez determinada la existencia de jurisdicción, debe precisarse acto seguido qué **concreto órgano judicial** ha de conocer de un proceso penal a lo largo de todas sus fases (Const art.117.3 y 5; LOPJ art.26 redacc LO 1/2025; LO 4/1987 art.2). 7290

Para ello, el ordenamiento jurídico articula sucesivamente tres tipos de **reglas** para llegar a la solución absolutamente concreta del problema planteado:

a) Las normas sobre **competencia objetiva** determinan el grado de jurisdicción o nivel jerárquico del órgano judicial competente, lo que puede necesitar o no de una ulterior concreción cuando dentro de ese grado exista una pluralidad de órganos. Se atiende en esta fase de determinación de la competencia a diversos criterios:

- a la gravedad o naturaleza de la infracción penal;
- a la condición de la persona investigada.

Otra cuestión asociada a la competencia objetiva es la regulación de los **diversos tipos de proceso penal** (nº 7302 s.).

b) Cuando la aplicación de las reglas anteriores no conduzca a la total concreción del órgano judicial competente, han de entrar en juego las normas sobre **competencia territorial**, que la distribuyen entre los diversos órganos con la misma competencia objetiva y con idéntico rango jerárquico. No cabe aplicar dichas normas, en consecuencia, cuando el órgano con competencia objetiva sea único en su clase y tenga jurisdicción en todo el territorio nacional, como sucede en los casos del Tribunal Supremo, de la Audiencia Nacional y del Tribunal Militar Central (LOPJ art.53 y 62; LO 4/1987 art.23).

c) Finalmente, se atribuye el conocimiento de las diversas fases del proceso y de los diversos incidentes o impugnaciones que pueden plantearse dentro del mismo a órganos determinados con arreglo a los dos grupos de normas anteriores o, partiendo de ellas, por aplicación de criterios de jerarquía o de especialización. Es el caso de la denominada **competencia funcional**.
d) La competencia objetiva y territorial de un órgano judicial para conocer de un determinado delito determina, como regla, el conocimiento por el mismo de las **infracciones conexas** con aquel, aunque el alcance del concepto de conexión delictiva y el efecto extensivo de la competencia se restringe, como veremos, cuando de ella pueda resultar la atribución de delitos comunes a la jurisdicción militar o de delitos ajenos a la competencia del Tribunal del Jurado al conocimiento de este.

7292 Precisiones **1)** El Consejo General del Poder Judicial puede acordar, previo informe de la respectiva sala de gobierno, que en aquellas **circunscripciones** donde exista **más de un órgano juridiccional de la misma clase**, uno o varios de ellos asuman con exclusividad, el conocimiento de determinadas clases de asuntos propias del orden jurisdiccional de que se trate, sin perjuicio de las labores de apoyo que puedan prestar los servicios comunes que se constituyan. Tal acuerdo se publica en el BOE y surte efecto desde el inicio del año siguiente al de adopción. Los órganos jurisdiccionales -hasta su constitución, juzgados- afectados siguen conociendo de todos los procesos pendientes ante ellos, hasta su conclusión (LOPJ art.96 redacc LO 1/2025).
2) Igualmente, el CGPJ puede acordar, con informe favorable del ministerio del ramo de justicia, oída la sala de gobierno respectiva y, en su caso, la comunidad autónoma con competencias en materia de Justicia, que **uno o varios tribunales de la misma provincia** y del **mismo orden jurisdiccional** asuman el conocimiento de determinadas clases o materias de asuntos y, en su caso, de las **ejecuciones** que de los mismos dimanen, sin perjuicio de las labores de apoyo que puedan prestar los servicios comunes constituidos o que se constituyan. En estos casos, el órgano u **órganos especializados** asumirán la competencia para conocer de todos aquellos asuntos que sean objeto de tal especialización, aun cuando su conocimiento inicial estuviese atribuido a órganos radicados en distinto partido judicial.
No cabe adoptar este acuerdo de especialización transitoria para atribuir a los órganos así especializados asuntos que por disposición legal estuviesen atribuidos a otros de diferente clase. Tampoco podrán ser objeto de especialización por esta vía la Sección de Instrucción (o Única) del Tribunal de Instancia -hasta su constitución, los **juzgados de instrucción**-, sin perjuicio de cualesquiera otras medidas de exención de reparto o de **refuerzo** que fuese necesario adoptar por necesidades del servicio (LOPJ art.98.2). Hasta la reforma de esta regla, esta medida ha tenido carácter excepcional y temporal, rasgos que desaparecen desde 19-1-2019.
3) Dentro de las excepcionales medidas de apoyo judicial, el CGPJ puede acordar, para la mejor instrucción de causas complejas y previa propuesta de su titular, la adscripción a un órgano determinado de otro u otros jueces o magistrados que sin funciones jurisdiccionales y bajo la dirección del titular de aquel, realicen exclusivamente **labores de colaboración, asistencia o asesoramiento**. Para idéntico fin e iguales condiciones, cabe la adscripción de uno o varios **letrados de la Administración de Justicia** (LOPJ disp.adic.21ª).
4) Además, opera la figura del **juez de adscripción territorial** (L 38/1988 art.2 bis y anexo IV). Estos jueces se crean en cada Tribunal Superior de Justicia, y para el ámbito territorial de la provincia, con modificación y desarrollo posterior por real decreto (LOPJ art.347 bis). Conforme a este, por designación del presidente del Tribunal Superior de Justicia, los jueces de adscripción territorial ejercen sus **funciones jurisdiccionales**:
- en las plazas que se encuentren vacantes;
- como refuerzo de órganos judiciales; o
- en aquellas plazas cuyo titular esté ausente por cualquier circunstancia.

En las **comunidades autónomas pluriprovinciales** y cuando las razones del servicio lo requieran, el presidente del Tribunal Superior de Justicia puede realizar llamamientos para órganos judiciales de otra provincia perteneciente al ámbito territorial de dicho Tribunal.
5) Cuando las circunstancias de volumen de trabajo y las necesidades del servicio lo aconsejen, el ministerio del ramo de justicia, previo informe del CGPJ y oídas las comunidades autónomas con competencias en la materia, puede establecer que un órgano jurisdiccional sea servido por dos o más jueces o magistrados titulares en idénticas condiciones, así como la **integración de dos o más órganos del mismo orden jurisdiccional** en una misma sección que recibirá la denominación del orden jurisdiccional, pudiendo en el seno de cada una disponerse la constitución de subsecciones para atender a materias específicas (LOPJ disp.adic.42ª).

1. Reglas básicas de atribución de competencia

7295 **Determinación del procedimiento aplicable** (LECr art.303, 308, 309 bis, 780 y 797; LO 2/1989 art.130, 141 y 389; LO 5/1995 art.24 y 25; LO 5/2000 art.16.4) Es función del órgano instructor, que debe comprobar la concurrencia de los presupuestos aplicables en cada caso y efectuar una primera **calificación provisional** de los hechos, cuando ello sea necesario a tal efecto. Por ello, la **adecuación**

del procedimiento no tiene en la legislación procesal penal la transcendencia que presenta en otros sectores del Derecho procesal y presenta carácter contingente a lo largo de la vida del proceso, salvo que con ella se plantee la posible incompetencia objetiva del órgano judicial.

Precisiones En todo caso, sin perjuicio de lo establecido para los procesos especiales, los delitos que alternativa o conjuntamente estén castigados con una **pena leve** y con una **pena menos grave** se han de sustanciar por el procedimiento abreviado, por el de enjuiciamiento rápido de determinados delitos o por el proceso de aceptación de decreto (LECr disp.adic.6ª).

A) Una vez recibida la *notitia criminis*, el **juez instructor** debe incoar el tipo de proceso que demanden en ese momento los datos que la misma le aporte, siendo absolutamente irregular la práctica de incoar las llamadas diligencias indeterminadas hasta que el progreso de la investigación permita determinar con más seguridad el procedimiento aplicable, sobre todo si lo que se acuerda en ellas es una actuación con incidencia sobre los derechos fundamentales. **7296**
Únicamente en el **proceso militar penal** se prevé un procedimiento preliminar que solo cabe aplicar cuando desde un principio sea imposible determinar la modalidad procesal a seguir y que tiende a esa exclusiva finalidad. Son las denominadas diligencias previas (LO 2/1989 art.129 y 141 a 143).

Precisiones La incoación de las **diligencias indeterminadas** es una práctica que carece de toda base legal y para la que el Tribunal Supremo reclama el destierro definitivo, sin dilaciones ni excusas, bajo la personal responsabilidad de los jueces instructores (TS 25-9-99, EDJ 28290; 28-6-00, EDJ 14606). Sin embargo, las actuaciones en ellas practicadas no devienen nulas por esa sola razón cuando concurran los requisitos materiales para su validez y se incoe sin dilación el procedimiento correspondiente (TS 18-10-95, EDJ 6498; 6-5-97, EDJ 3872; 22-1-98, EDJ 150).

B) Como regla general, en la fase de instrucción se debe determinar definitivamente la **modalidad procesal aplicable** (nº 7302 s.), operando para ello las reglas sobre conversión de procedimientos (LECr art.760; LO 2/1989 art.385). Conforme a ellas, en cuanto de lo actuado aparezca que la modalidad procesal que se esté aplicando en un momento dado no es adecuada, se ha de continuar la tramitación del proceso por las reglas que correspondan, sin retroceder en ella salvo que sea imprescindible practicar alguna diligencia peculiar del nuevo proceso, lo que ocurre con la producción del procesamiento en el sumario ordinario. En todo caso, el cambio de procedimiento no afecta a la competencia del instructor y la decisión que se adopte debe revestir la forma de auto (LOPJ art.245.1.b; LO 2/1989 art.82) y notificarse inmediatamente al Ministerio Fiscal, al investigado y a las partes personadas. **7297**

C) Cuando la aplicación de una modalidad procesal esté objetivamente limitada por razón de la naturaleza del delito o de la gravedad de la pena, la calificación de los hechos por la acusación puede producir como efecto, fuera ya de la fase instructoria, la **inadecuación del procedimiento** hasta entonces seguido, a lo que puede unirse en ciertos casos la incompetencia del órgano judicial para seguir conociendo de los hechos. **7299**
1. En el **proceso de jurado** se produce la inadecuación del procedimiento cuando las partes entiendan que todos los hechos delictivos objeto de acusación no son de los que tienen atribuido su enjuiciamiento al Tribunal del Jurado, en cuyo caso deben instar en sus respectivos escritos de solicitud de apertura de juicio oral la pertinente adecuación de procedimiento. Si estiman que la falta de competencia ocurre solo respecto de alguno de los delitos objeto de la acusación, la solicitud se ha de limitar a la correspondiente deducción de testimonio suficiente, en relación con el que deba excluirse del procedimiento seguido ante el Tribunal del Jurado, y a la remisión al órgano jurisdiccional competente para el seguimiento de la causa que corresponda (LO 5/1995 art.29.5). Tras la celebración de la audiencia preliminar (LO 5/1995 art.30 y 31), el juez de instrucción puede ordenar la acomodación al procedimiento que corresponda cuando no sea aplicable el de jurado y, si estima aplicable el procedimiento abreviado, debe acordar la apertura del juicio oral, y remitir la causa a la Audiencia Provincial o al juez de lo penal competente para que prosigan el conocimiento de la causa (LO 5/1995 art.32.4).
2. En el **procedimiento abreviado**, por su parte, puede suceder que, en las conclusiones definitivas, todas las acusaciones califiquen los hechos como delitos castigados con pena superior a la que delimita la competencia objetiva del juez de lo penal, en cuyo caso este se debe declarar incompetente para juzgar, dando por terminado el juicio y remitiendo las actuaciones a la audiencia competente. Fuera de ese caso, el juez de lo penal debe resolver lo que estime pertinente acerca de la continuación o finalización del juicio, pero en ningún caso puede imponer una pena superior a la correspondiente a su competencia (LECr art.788.5).
Ambas reglas no son de aplicación cuando del procedimiento abreviado ya conozca la Audiencia Provincial, cuya competencia objetiva por razón de la materia no se encuentra limitada por la extensión de la pena de prisión que pueda imponerse (TS 11-11-04, EDJ 183488; 7-11-05, EDJ 207187). La Ley del Tribunal del Jurado opta, en la misma situación, por la solución contraria y

dispone que aun cuando en sus conclusiones definitivas las partes califiquen los hechos como constitutivos de un delito de los no atribuidos al enjuiciamiento del Tribunal del Jurado, este debe continuar conociendo (LO 5/1995 art.48.3). (Ver TS 28-9-05, EDJ 157497).

Precisiones Cuando se ha procedido a la **apertura del juicio oral** no cabe modificación de la competencia objetiva declarada y hay que estar necesariamente a la doctrina de la *perpetuatio iurisdictionis*, en cuanto ello supone el mantenimiento de una competencia declarada una vez abierto el juicio oral, incluso en los casos en los que la acusación desistiera de la calificación más grave que dio lugar a la atribución de la competencia (TS 6-4-16, EDJ 34079; 9-1-18, EDJ 756). Abierto el juicio oral ante un órgano judicial, el proceso solo puede terminar por sentencia o por similar resolución (TS 17-3-16, EDJ 23238).

7300 D) En relación con el delito de **prevaricación judicial** del que ha conocido en única instancia la Sala 2ª del Tribunal Supremo, ha aplicado, no obstante, las normas del procedimiento ordinario cuando la pena legal señalada al delito reclamaba la vigencia del abreviado, basándose en que, una vez derogado el antejuicio, el trámite del proceso ha de tener en cuenta tanto la especial posición institucional del juez como la seriedad de un procedimiento que tiene la misión de reforzar el Estado de Derecho (TS auto 23-2-98, EDJ 61276; TS 15-10-99, EDJ 25736; 11-12-01, EDJ 56021).

7302 **Procesos penales ordinarios** El ordenamiento establece diversas **modalidades** de proceso atendiendo a la gravedad de la infracción penal que en ellos se persigue, a la calificación jurídica de la misma o a la minoría de edad del investigado.

7303 **Juicio sobre delitos leves** (LECr art.962 y 964) De este proceso se prevén dos modalidades diferenciadas únicamente por su forma de iniciación:

a) Una se aplica exclusivamente a los delitos leves de lesiones o maltrato de obra, de hurto flagrante, de amenazas, de coacciones o de injurias.

b) La otra se aplica a los restantes delitos leves tipificados en el Código Penal.

Precisiones Se establecen las siguientes **normas transitorias** sobre los juicios de faltas en tramitación a fecha 1-7-2015 (LO 1/2015 disp.trans.4ª):

a) Los **procesos por falta** iniciados antes de dicha fecha por hechos que resultan tipificados como delitos leves continuarán sustanciándose conforme al procedimiento previsto para el juicio de faltas.

b) Cuando se trate de **hechos despenalizados** o sometidos al **régimen de denuncia previa**, si llevan aparejada una posible responsabilidad civil, continuará el proceso hasta su normal terminación, salvo que el legitimado para ello manifieste expresamente no querer ejercitar las acciones civiles que le asistan, en cuyo caso se procederá al archivo de lo actuado, con el visto del Ministerio Fiscal. Si continúa la tramitación, el juez limitará el contenido del fallo al pronunciamiento sobre **responsabilidades civiles y costas**, ordenando la ejecución.

7305 **Enjuiciamiento rápido de determinados delitos flagrantes** (LECr art.795 redacc LO 1/2025) El procedimiento para el enjuiciamiento rápido de determinados delitos flagrantes se aplica al enjuiciamiento de los siguientes delitos, siempre que el proceso se incoe en virtud de **atestado policial**, cuando sean flagrantes y de instrucción presumiblemente clara y sencilla y además exista un investigado detenido o citado ante el órgano jurisdiccional:

- Delitos de lesiones, coacciones, amenazas o violencia física o psíquica habitual, cometidos contra el cónyuge, la pareja, un familiar o alguna de las personas a que se refiere CP art.173.2.
- Delito de hurto.
- Delito de robo.
- Delito de hurto y robo de uso de vehículos.
- Delitos contra la seguridad del tráfico.
- Delitos de daños (CP art.263).
- Delitos contra la salud pública (CP art.368 inciso segundo).
- Delitos relativos a la propiedad intelectual e industrial (CP art.270, 273, 274 y 275).
- Delitos de allanamiento de morada (CP art.202).
- Delitos de usurpación (CP art.245).

A tal efecto, se considera **delito flagrante** el que se esté cometiendo o se acabe de cometer cuando el delincuente sea sorprendido en el acto, entendiéndose que se produce esta situación no solo cuando el delincuente sea detenido en el momento de estar cometiendo el delito, sino también cuando es detenido o perseguido inmediatamente después de cometerlo, si la persecución dura o no se suspende, mientras el delincuente no se ponga fuera del inmediato alcance de quienes le persiguen. También se considera delincuente *in fraganti* aquel a quien se sorprenda inmediatamente después de cometido un delito con efectos, instrumentos o vestigios que permitan presumir su participación en él.

No es aplicable el procedimiento rápido cuando deba decretarse el **secreto de la instrucción** ni al enjuiciamiento de los **delitos conexos** con los citados, siempre que en este último caso se trate de infracciones no comprendidas en la enumeración legal señalada.

Precisiones En relación con este procedimiento puede consultarse la FGE Circ 1/2003, 7-4-2003.

Procedimiento del Tribunal del Jurado (LO 5/1995 art.1 y 5) Se prevé su aplicación genérica dentro de un ámbito abstracto definido por los delitos contra las personas, contra el honor, contra la libertad y seguridad y, por los cometidos por los funcionarios públicos en el ejercicio de sus cargos, que se concreta a los siguientes delitos: **7307** MPP nº 1012
- homicidio (CP art.138 a 140);
- amenazas (CP art.169.1);
- omisión del deber de socorro (CP art.195 y 196);
- allanamiento de morada (CP art.202 y 204);
- infidelidad en la custodia de documentos (CP art.413 a 415);
- cohecho (CP art.419 a 426);
- tráfico de influencias (CP art.428 a 430);
- malversación de caudales públicos (CP art.432 a 434);
- fraudes y exacciones ilegales (CP art.436 a 438);
- negociaciones prohibidas a funcionarios (CP art.439 y 440); e
- infidelidad en la custodia de presos (CP art.471).

Las **reglas específicas** para la aplicación de este procedimiento pueden resumirse como sigue: **7309**

a) El procedimiento es aplicable al enjuiciamiento de los **delitos conexos** con los anteriores, aunque sean distintos de los enumerados en la relación que precede, salvo que se trate del delito de prevaricación o cuando las infracciones puedan enjuiciarse separadamente sin romper la continencia de la causa.

b) En todo caso, quedan **excluidos** de la competencia del jurado los delitos cuyo enjuiciamiento venga atribuido a la Audiencia Nacional y aquellos cuya competencia haya sido asumida por la Fiscalía Europea (LO 5/1995 art.1).

c) Salvo en el caso del homicidio, que debe ser consumado, es competente el Tribunal del Jurado para conocer en los casos de **ejecución imperfecta** de los delitos citados y cualquiera que sea el grado de participación atribuido al acusado.

d) Cuando un solo hecho pueda constituir **dos o más delitos** es competente el Tribunal del Jurado para su enjuiciamiento si alguno de ellos es de los atribuidos a su conocimiento. Asimismo, cuando diversas acciones y omisiones constituyan un **delito continuado** es competente el Tribunal del Jurado si este es de los atribuidos a su conocimiento.

e) Ha de tenerse en cuenta, además, que en vía de casación el Tribunal Supremo solo examinará de oficio su propia competencia, de modo que las alegaciones sobre la falta de competencia objetiva o la inadecuación de procedimiento, basadas en la vulneración del LOTJ art.5 habrán de hacerse valer por los medios establecidos, con carácter general, en dicha Ley y en la LECr (Acuerdo TS Pleno no Jurisdiccional Sala 2ª 26-2-08).

Precisiones **1)** En relación con este procedimiento pueden consultarse: FGE Circ 3/1995, 27-12-1995; 4/1995, 19-12-1995; FGE Instr 1/1997, 6-10-1997.

2) El lo que se refiere al **régimen de sorteo de los jurados** (LO 5/1995 art.13; RD 1398/1995; RD 1271/2012), hay que destacar que los **candidatos** han de contar con la aptitud suficiente para el desempeño de su función, sin que las **personas con discapacidad** puedan ser excluidas por tal circunstancia, aunque se les deben proporcionar los apoyos precisos y efectuarse los ajustes que sean razonables. Ahora bien, se autoriza para **excusarse** en el proceso de sorteo, no solo a los mayores de 65 años sino también a las personas con discapacidad (LO 5/1995 art.8.5, 12.1).

Se modifica así la calificación de los candidatos a jurados dado que la LO 5/1995 **limitaba y restringía el derecho de participación** de las personas con discapacidad sin reconocimiento de su igualdad jurídica.

Procedimiento abreviado (LECr art.757) Es aplicable al enjuiciamiento de los delitos castigados con pena privativa de libertad no superior a 9 años o con cualesquiera otras penas de distinta naturaleza, ya sean estas únicas, conjuntas o alternativas, cualquiera que sea su cuantía o duración (FGE Circ 1/1989). **7310**

Proceso común o sumario ordinario por delitos graves Por exclusión es de aplicación al enjuiciamiento de conductas castigadas con pena abstracta privativa de libertad superior a 9 años de duración y distintas de las atribuidas al conocimiento del Tribunal del Jurado. **7313**

Proceso de menores (LO 5/2000 art.1 y 4-redacc LO 1/2025-) Aplicable para exigir la responsabilidad de las personas **mayores de 14 años y menores de 18** por la comisión de hechos tipificados como delitos. **7315**

Precisiones En relación con este procedimiento pueden consultarse: FGE Circ 1/2000; 2/2001; FGE Instr 1/20000; 2/2000).

7317 **Proceso penal militar** (LO 2/1989 art.129, 141, 146 y 384) Dentro del ámbito del proceso penal militar, se regulan los procedimientos siguientes:

a) Un procedimiento preliminar (**diligencias previas**), aplicable solo en el caso en que no sea posible determinar el procedimiento a seguir, cuyo objeto consiste en determinar la naturaleza y circunstancias del hecho, las personas que en él han participado y el procedimiento penal aplicable.

b) Un procedimiento muy similar al abreviado, denominado como **diligencias preparatorias**, aplicable al enjuiciamiento de los delitos de abandono de destino o residencia (LO 14/2015 art.56), de deserción y de quebrantamiento especial del deber de presencia (LO 14/2015 art.57 y 58) y delitos contra la hacienda en el ámbito militar (LO 14/2015 art.82 y conc), siempre que se cometan como medio para perpetrar cualquiera de los antes señalados o para procurar su impunidad.

c) Un **sumario ordinario** por delito, aplicable en los restantes casos.

7318 **Procedimiento de investigación de la Fiscalía Europea** (LO 9/2021 art.85 y 89) En el procedimiento indicado se dibujan reglas específicas en caso de que se solicite la medida de **prisión provisional** por el fiscal europeo delegado encargado de la investigación cuando en la causa haya recaído declaración de **secreto de las actuaciones**, de forma que ha de aportar, junto con la solicitud relativa a la adopción de la medida, los elementos de las actuaciones que sean esenciales para resolver sobre la privación de libertad y para impugnar, en su caso, la legalidad de la misma. El investigado tendrá derecho a acceder a dichos elementos desde el momento en el que haya sido convocado a la comparecencia preceptiva en estos casos.

Igualmente, en materia de **recurso de apelación** frente a la resolución del juez de garantías por la que se adopte la medida, con trámite preferente, vista necesaria en caso de adopción o agravamiento de la misma con ocasión del recurso y plazo de resolución de 10 días.

Se estudian estas cuestiones de manera unitaria en el nº 8630 y nº 10489 s.

7319 **Procesos penales especiales** Existen también ciertos procesos especiales, cuya especialidad viene motivada por causas muy diversas.

a) Mediante el **proceso de «habeas corpus»** (Const art.17.4; LO 6/1984) se instaura un sistema específico de tutela judicial de la libertad personal frente a detenciones arbitrarias.

b) En ocasiones se pretende garantizar el cumplimiento de determinados **requisitos de procedibilidad**, como sucede en los supuestos siguientes:

• Procedimiento contra **senadores o diputados** a Cortes (LECr art.750 a 756), cuya finalidad en la de obtener la autorización de la cámara para proceder.

• Antejuicio necesario para exigir responsabilidad a **jueces togados militares**, auditores presidentes y vocales de tribunales militares (LO 2/1989 art.432 a 447).

c) En el procedimiento por delitos de **injuria y calumnia contra particulares** (LECr art.804 a 815) a la anterior finalidad se unen las de asegurar las fuentes de prueba del delito y la de facilitar la *exceptio veritatis* por parte del investigado o encausado.

d) En el procedimiento por **delitos cometidos por medio de la imprenta**, el grabado u otro medio mecánico de publicación (LECr art.816 a 923), la especialidad radica en asegurar mediante el secuestro el cuerpo del delito y facilitar la aplicación del sistema de responsabilidad criminal en cascada prescrito en estos casos por CP art.30. El procedimiento se extiende al enjuiciamiento de los delitos cometidos a través de medios sonoros o fotográficos, difundidos por escrito, radio, televisión, cinematógrafo u otros similares (LECr art.823 bis).

Precisiones El antejuicio en el ámbito de la **jurisdicción militar** es un procedimiento en vigor a pesar de la eliminación de las normas paralelas a la Ley de enjuiciamiento criminal por la LO 5/1995, como lo demuestra el hecho de que algunos de los citados preceptos ha sido objeto de modificación por LO 9/2003, en momento muy posterior a la entrada en vigor de la citada LO 5/1995.

7320 **e)** En la legislación procesal militar se regula el **procedimiento sumarísimo** (LO 2/1989 art.397 y 398, 399 a 406), aplicable en situación de conflicto armado al enjuiciamiento de determinados delitos militares flagrantes de especial gravedad o a los que afecten gravemente a la moral o a la disciplina de las Fuerzas Armadas o a la seguridad de las unidades, plazas, buques, aeronaves o bases militares, cuando así se declare por el Gobierno.

f) Se contiene también en la legislación procesal militar un procedimiento para el fallo de procedimientos por **falta penal** cuyo conocimiento está atribuido a la jurisdicción militar (LO 2/1989 art.415 a 431). Teniendo en cuenta que en el Derecho penal militar no existen las faltas, su aplicación solo es posible durante el estado de sitio o en situación de conflicto armado dentro del ámbito definido por LO 4/1987 art.13.

Tras la desaparición de las faltas del texto del Código Penal por virtud de LO 1/2015, la regla ha de entenderse referida a los **delitos leves**.

g) Existen, por último, **procedimientos puramente instrumentales**, mediante los cuales se pretende como regla general la puesta del investigado a disposición del órgano jurisdiccional. Así ocurre:

- en los casos de **extradición** activa (LECr art.824 a 833) o pasiva (L 4/1985);
- en el procedimiento contra **reos ausentes**, cuando no quepa legalmente sentencia en rebeldía (LECr art.834 a 846; LO 2/1989 art.407 a 414); o
- en el procedimiento sobre la **orden europea de detención y entrega** (LO 2/2003; L 23/2014).

Precisiones El estudio detallado de los procesos penales especiales se realiza en el nº 10340 s.

2. Competencia objetiva

Consiste en el grado de jurisdicción o nivel jerárquico del órgano judicial competente. 7330

Para la determinación de la competencia objetiva se atiende a diversos criterios:

• Como regla general, a la **naturaleza y gravedad del delito**, en función de la pena típica que la Ley les asigne, y al carácter flagrante del mismo. En consecuencia, existen órganos judiciales que solo pueden conocer de infracciones de determinada gravedad o de hechos que merezcan cierta calificación jurídico penal (nº 7333).

• Excepcionalmente, la **condición de la persona investigada** produce una alteración de las reglas generales de competencia objetiva y determina el conocimiento del asunto por un tribunal de rango superior al que correspondería en otro caso. Es el supuesto de aforamiento personal (nº 7350).

a. Competencia por razón de la gravedad o de la naturaleza de la infracción penal

Atiende a la distinción entre delitos leves y no leves y a la pena típica señalada por la Ley al delito, sin otorgar transcendencia a estos efectos, salvo en el caso de las faltas, a la calificación de la conducta. 7333

Reglas generales sobre determinación de competencia Pueden resumirse en la tabla que se inserta a continuación. 7335

MPP nº 1041

Órgano judicial	Ámbito de competencia objetiva
Sección de Violencia sobre la Mujer del Tribunal de Instancia -hasta su constitución, juez de violencia sobre la mujer- (LECr art.14.5 -redacc LO 1/2025-; (2) LOPJ art.89.5.e)	1. Conocimiento y fallo de los juicios sobre delito leve, cuando se trate de los tipificados en CP art.171.7, párr 2º; 172.3, párr 2º y 173.4 cuando la víctima sea o haya sido, respecto del investigado, cuando la víctima sea o haya sido, respecto del investigado: - su esposa o mujer que esté o haya estado ligada a él por análoga relación de afectividad, aun sin convivencia; - descendiente propio o de la esposa o conviviente; - menor o persona con discapacidad con necesidad de apoyo que con él convivan o que se hallen sujetos a la potestad, tutela, curatela, acogimiento o guarda de hecho de la esposa o conviviente, cuando también se haya producido un acto de violencia de género. 2. Dictado de sentencia de conformidad, dentro del procedimiento para enjuiciamiento rápido de delitos flagrantes (ver Precisiones).
Sección de Instrucción del Tribunal de Instancia -hasta su constitución, juez de instrucción- (LECr art.14.1 y 3 -redacc LO 1/2025- (2); LOPJ art.88.1.b y h redacc LO 1/2025)	1. Conocimiento de los restantes delitos leves. 2. Dictado de sentencia de conformidad, dentro del procedimiento para enjuiciamiento rápido de delitos flagrantes (ver Precisiones). 3. Trámite y resolución de los procedimientos de decomiso autónomo por los delitos para cuyo conocimiento sea competente. 4. Dictado de sentencia en procesos por aceptación de decreto.

7335 (sigue)

Órgano judicial	Ámbito de competencia objetiva
Sección de lo Penal del Tribunal de Instancia -hasta su constitución, juez de lo penal- (LECr art.14.3-redacc LO 1/2025- (2); LOPJ art.90.2 redacc LO 1/2025)	1. (Salvo que corresponda al Tribunal del Jurado) Conocimiento y fallo de las causas por: - delitos a los que la Ley señale pena privativa de libertad de duración no superior a 5 años o pena de multa cualquiera que sea su cuantía, o cualesquiera otras de distinta naturaleza, bien sean únicas, conjuntas o alternativas, siempre que la duración de estas no exceda de 10 años; - delitos leves, sean o no incidentales, imputables a los autores de estos delitos o a otras personas, cuando la comisión de la infracción o su prueba estén relacionadas con aquellos. 2. Trámite y resolución de los procedimientos de decomiso autónomo por los delitos para cuyo conocimiento sea competente.
Sección de Violencia contra la Infancia y la Adolescencia del Tribunal de Instancia -desde su constitución- (3) (LECr art.14.6 redacc LO 1/2025); LOPJ art.89 bis.5 redacc LO 1/2025)	1. Conocimiento y fallo de los delitos leves que les atribuya la ley cuando la víctima sea niño, niña o adolescente. 2. Dictado de sentencia de conformidad con la acusación en los casos establecidos por la ley
Sección de Menores del Tribunal de Instancia -hasta su constitución, juez de menores- (LO 5/2000 art.1; LOPJ art.91 redacc LO 1/2025; LO 9/2002 disp.trans.única).	Delitos cometidos por menores en el extranjero cuando corresponda su conocimiento a la jurisdicción española (LOPJ art.23).
Sección de lo Penal del Tribunal Central de Instancia -hasta su constitución, juez central de lo penal- (LECr art.14.3 redacc LO 1/2025; LOPJ art.95.b redacc LO 1/2025)	Dentro del ámbito de competencia de la Audiencia Nacional, conoce en los mismos términos que la Sección de lo Penal de los Tribunales de Instancia (hasta su constitución, juez de lo penal).
Sección de Menores del Tribunal Central de Instancia -hasta su constitución, juez central de menores- (LOPJ art.95.c redacc LO 1/2025)	Delitos de terrorismo cometidos por personas menores de 18 años.
Audiencia Provincial (LECr art.14.4 redacc LO 1/2025; LOPJ art.82.1.1º redacc LO 1/2025)	Restantes procedimientos por delito, salvo los atribuidos a las Secciones de lo Penal de los Tribunales de Instancia y Central de Instancia, a la Audiencia Nacional y al Tribunal del Jurado. Trámite y resolución de los procedimientos de decomiso autónomo por los delitos para cuyo conocimiento sea competente.
Sala de lo Penal de la Audiencia Nacional (LOPJ art.65.1º -redacc LO 1/2025- y 7º)	1. (Salvo que corresponda en primera instancia a la Sección de lo Penal del Tribunal de Instancia-hasta su constitución, Juzgados Centrales de lo Penal), causas por los siguientes delitos: • Delitos contra el titular de la Corona, su consorte, su sucesor, altos organismos de la nación y forma de Gobierno. • Falsificación de moneda, fabricación tarjetas de crédito/débito y cheques de viaje falsos cometidas por organizaciones o grupos criminales (LO 5/2010 disp.final 3ª). • Defraudaciones y maquinaciones para alterar el precio de las cosas que produzcan o puedan producir grave repercusión en la economía nacional o perjuicio patrimonial en una generalidad de personas en el territorio de más de una audiencia. • Tráfico de drogas o estupefacientes, fraudes alimentarios y de sustancias farmacéuticas o medicinales, siempre que sean cometidos por bandas o grupos organizados y produzcan efectos en lugares pertenecientes a distintas Audiencias. • Delitos atribuidos a la Fiscalía Europea en el Rgto (UE) 2017/1939, cuando aquella hubiera decidido ejercer su competencia. 2. Cualquier otro asunto que le atribuyan las leyes, entre los que se encuentran los delitos de terrorismo (LO 4/1988 disp.trans.única). 3. Trámite y resolución de los procedimientos de decomiso autónomo por los delitos para cuyo conocimiento sea competente.

Órgano judicial	Ámbito de competencia objetiva
Tribunal del Jurado (LO 5/1995 art.2; LOPJ art.83.1)	Causas por delito que definen el ámbito del Proceso de Jurado (LO 5/1995 art.1). El juicio de jurado se celebra en el ámbito de la Audiencia Provincial o de otros tribunales, cuando así corresponda por el fuero personal del investigado. En todo caso, quedan excluidos de la competencia del Jurado los delitos cuyo enjuiciamiento venga atribuido a la Audiencia Nacional y aquellos cuya competencia haya sido asumida por la Fiscalía Europea.
Tribunal Supremo (LOPJ art.57.1.5º)	Trámite y resolución de los procedimientos de decomiso autónomo por los delitos para cuyo conocimiento sea competente (1).

(1) Su competencia se determina por razón de aforamiento (nº 1068), a salvo de precepto legal atributivo específico.
(2) No obstante, en los delitos comprendidos en CP Título VIII del Libro II -contra la libertad sexual-, a los solos efectos de determinar la competencia para el enjuiciamiento, se tendrán en cuenta únicamente las penas de prisión o de multa, correspondiendo a la Sección de lo Penal de los Tribunales de Instancia -hasta su constitución, al juez de lo penal de la circunscripción donde el delito fue cometido, o al juez correspondiente a la circunscripción de la Sección de Violencia sobre la Mujer del Tribunal de Instancia -hasta su constitución, al juzgado de violencia sobre la mujer-, en su caso, el conocimiento y fallo de los delitos para los que la ley señale **pena privativa de libertad** de duración no superior a 5 años o pena de multa cualquiera que sea su cuantía.
(3) La atribución de estas competencias se produce **con efecto** 3-9-2025 (a los 9 meses de la publicación de LO 1/2025).

Precisiones **A.** Con arreglo a la LO 1/2025 se prevé la la **transformación de los órganos jurisdiccionales unipersonales en Secciones de Tribunales de Instancia** o del Central de Instancia, de modo que, al margen de la Jurisdicción militar, del Tribunal Constitucional y del Tribunal de Cuentas, la planta judicial queda integrada por (LOPJ art.26 redacc LO 1/2025): **7336**

a) Tribunales de Instancia.
b) Audiencias Provinciales.
c) Tribunales Superiores de Justicia.
d) Tribunal Central de Instancia.
e) Audiencia Nacional.
f) Tribunal Supremo.

Las **Secciones** Civiles, de Instrucción y las Secciones Únicas (Civiles y de Instrucción), las de Familia y las de Violencia sobre la Mujer y de Violencia contra la Infancia y la Adolescencia de los Tribunales de Instancia, ejercerán sus funciones en el partido judicial (en uno o en varios del ámbito territorial del mismo Tribunal Superior de Justicia).
Las Secciones de lo Penal, de lo Contencioso-Administrativo, de lo Social, de lo Mercantil, de Vigilancia Penitenciaria y de Menores, tendrán -como regla- ámbito provincial.
Se prevé la **desaparición de los juzgados de paz** en el momento en que se constituyan las Oficinas de Justicia, pasando sus asuntos a la Sección Civil o única de los Tribunales de Instancia, que se implantarán de manera simultánea a aquellas.
La **constitución de los Tribunales de Instancia** se realizará de manera escalonada conforme al siguiente orden (LO 1/2025 disp.trans.1ª y 2ª):
1.º El día **1-7-2025**, los juzgados de primera instancia e instrucción y los de violencia sobre la mujer, en aquellos partidos judiciales donde no exista otro tipo de juzgados, se transformarán, respectivamente, en Secciones Civiles y de Instrucción Únicas y de Violencia sobre la Mujer.
2.º El día **1-10-2025**, los juzgados de primera instancia, los de instrucción y los de violencia sobre la mujer, en los partidos judiciales donde no exista otro tipo de juzgados, se transformarán, respectivamente, en Secciones Civiles, de Instrucción y de Violencia sobre la Mujer.
3.º El día **31-12-2025**, los restantes juzgados, no comprendidos en los supuestos anteriores, se transformarán en las respectivas Secciones.
4º El día **31-12-2025**, el Tribunal Central de Instancia se constituirá a través de la trasformación de los actuales juzgados centrales en las Secciones del Tribunal Central de Instancia que se correspondan con las materias de las que aquellos estén conociendo.
B. En los Tribunales de Instancia, el **reparto de asuntos** se distribuirá entre los jueces, por razón de las plazas en que se integren conforme a normas de reparto predeterminadas y públicas, aprobadas por la Sala de Gobierno del Tribunal Superior de Justicia, a propuesta de la Junta de Jueces de la respectiva Sección del Tribunal de Instancia. En el caso del Tribunal Central de Instancia, las normas de reparto se aprobarán por la Sala de Gobierno de la Audiencia Nacional, a propuesta de la Junta de Jueces de la respectiva Sección.
Es posible **liberar, total o parcialmente, a un juez o magistrado** del reparto de asuntos, por tiempo limitado, cuando la buena Administración de Justicia lo haga necesario, por acuerdo de la presidencia del Tribunal de Instancia a propuesta de la Junta de Jueces de la Sección, trasladado a la Sala de Gobierno para que esta, si lo entiende pertinente, proceda a su aprobación y publicación. En el caso del Tribunal Central de Instancia, la propuesta de liberación deberá hacerse por la Junta de Jueces de la respectiva Sección. Las modificaciones que se adopten en las normas de reparto no podrán afectar a los procedimientos en trámite.

La Sala de Gobierno podrá acordar las **modificaciones** precisas en las normas de reparto de jueces y magistrados de las Secciones de lo Penal, de Menores de Vigilancia Penitenciaria de los Tribunales de Instancia, para equilibrar la distribución de asuntos que por materia les corresponde a cada uno de ellos según su clase, aun cuando alguno tuviese atribuido, por disposición legal o por acuerdo del pleno del propio Consejo General del Poder Judicial, el despacho de asuntos de su competencia a una circunscripción de ámbito inferior a la provincia (LOPJ art.167 redacc LO 1/2025).

b. Competencia por razón de la persona. Aforamientos

7350 Las reglas generales sobre determinación de competencia objetiva pueden sufrir alteración en función de la **condición personal del investigado, encausado** que este ostente en el momento de cometer el delito o en el de ser enjuiciado. Ello supone a su vez la derogación de las normas sobre competencia territorial y funcional y puede determinar la modificación del régimen de recursos contra la sentencia que recaiga.

Precisiones El aforamiento se define como una **garantía parlamentaria** (Const art.23.2), tal y como son también la inmunidad y la inviolabilidad -Const art.71- (TCo 161/1988; 76/1989; 22/1997). Apela a una cuestión puramente procesal, relacionada con la **competencia objetiva** para conocer de un determinado proceso, en este caso penal (Const art.24.1) y también con las **garantías parlamentarias**, porque lleva asociada la necesidad de que el órgano competente para conocer del proceso solicite el levantamiento de la inmunidad, de modo que se pueda proceder contra esa persona que tiene un determinado estatuto en tanto que representante de la ciudadanía (TCo 149/2022).

7351 **Miembros de la familia real** (LOPJ art.55 bis) Es **competencia** de la Sala de lo Penal del Tribunal Supremo, la instrucción y enjuiciamiento de las causas por acciones penales dirigidas contra la Reina consorte, el consorte la Reina, la Princesa o el Príncipe de Asturias y su consorte, así como contra el Rey o la Reina que hubiera abdicado o su consorte.

7352 **Prerrogativas parlamentarias** Las líneas esenciales de la **doctrina constitucional** sobre las prerrogativas parlamentarias se exponen con detalle en los nº 1061 s. Memento Procesal Penal 2026.

MPP nº 1057 s.

7353 **Diputados y senadores** (Const art.71; LECr art.750 a 756; L 9-2-1912; Rgto Congreso art.10 a 14; Rgto Senado art.21 y 22) En el ámbito de las **Cortes Generales**, se establece, aparte de la inviolabilidad de diputados y senadores por opiniones manifestadas o votos emitidos en el ejercicio de sus funciones, que durante el período de su mandato unos y otros gozan asimismo de inmunidad, solo pueden ser detenidos en caso de flagrante delito y no pueden ser inculpados ni procesados sin la previa autorización de la cámara respectiva, siendo la Sala de lo Penal del Tribunal Supremo la competente en las causas que se sigan contra ellos.

Las prerrogativas de los miembros de los parlamentos o **asambleas legislativas de las comunidades autónomas** se establecen en los estatutos de autonomía.

La **solicitud de suplicatorio**, por sí misma, no tiene efecto alguno en el estatuto personal de los parlamentarios, ni en el alcance de su inmunidad, en tanto que esta no es impeditiva de dicha solicitud. Es la concesión de la suspensión de inmunidad la resolución que tiene, en su caso, efecto sobre el derecho a disfrutar la prerrogativa de inmunidad (Const art.23.2; TCo 149/2022).

7355 **Miembros del Parlamento Europeo** (Protocolo 8-4-1965 art.10) Se les aplica un régimen idéntico al de los miembros de las Cortes Generales: mientras el Parlamento Europeo esté en período de sesiones, sus miembros gozan:

- en su propio **territorio nacional** de las inmunidades reconocidas a los miembros del parlamento de su país; y
- en el **territorio de otro Estado miembro**, de inmunidad frente a toda medida de detención y a toda actuación judicial.

Precisiones Solo pueden ser **nombrados** como parlamentarios europeos los designados en la lista de electos remitida oficialmente por la autoridad nacional. El Parlamento Europeo -ni su presidente- no puede apartarse de la lista de diputados electos ni controlar su exactitud. Dicho **control** corresponde exclusivamente a los órganos jurisdiccionales nacionales, en su caso previa remisión prejudicial ante el Tribunal de Justicia, o a este último en respuesta a un recurso por incumplimiento (TJUE C-600/22 P).

7357 **Miembros de los parlamentos autonómicos** Las prerrogativas de los miembros de los parlamentos o asambleas legislativas de las comunidades autónomas se establecen en los estatutos de autonomía.

Precisiones 1) A estos efectos es relevante la siguiente **normativa**: LO 2/2007 art.101.3; LO 5/2007 art.38.2; LO 7/1981 art.26.2; LO 14/2007 art.22.2; LO 9/1982 art.10.3; LO 1/1983 art.18; LO 1/1981 art.11.3; LO 6/2006 art.57.2; LO 3/1983 art.11.6; LO 5/1982 art.23.3; LO 3/1979 art.26.6; LO 13/1982 art.14; LO 3/1982 art.17.7.

2) De los Estatutos de Autonomía de **Aragón, Murcia, Cantabria y Baleares** se ha eliminado el aforamiento de los parlamentarios autonómicos (LO 5/2007 art.38.2; LO 1/2007 art.44). El de **Canarias** (LO 1/2018), así como los de **Ceuta y Melilla** (LO 1/1995; LO 2/1995) no lo establecen.

3. Competencia territorial

Cuando la aplicación de las reglas de la competencia objetiva no conduzca a la total concreción del órgano judicial competente, han de entrar en juego las normas sobre competencia territorial, que la distribuyen entre los diversos **órganos con la misma competencia objetiva** y con idéntico rango jerárquico. 7375

Las reglas generales de atribución de competencia objetiva a órganos judiciales con ámbito territorial limitado a una parte del territorio nacional necesitan de una ulterior concreción, para la **determinación precisa** del concreto órgano que deba conocer de un determinado asunto. Para ello se atiende preferentemente al lugar de comisión del delito y se establecen diversos criterios o fueros subsidiarios.

Precisiones 1) No hay lugar a plantearse problemas de competencia territorial cuando los órganos objetivamente competentes tengan **jurisdicción en todo en territorio nacional**, como ocurre con el Tribunal Supremo, la Audiencia Nacional, Secciones de Instrucción y de lo Penal del Tribunal Central de Instancia -hasta su constitución, Juzgados Centrales de Instrucción y Centrales de lo Penal- y el Tribunal Militar Central (LOPJ art.53, 62, 88 y 89 bis.3; LO 4/1987 art.32), pues en tal caso la competencia objetiva y la territorial son idénticas y simultáneas, de manera que esta viene determinada automáticamente por la existencia de la primera.

2) La presencia de una **discrepancia**, aun razonable, sobre la aplicación de las normas de la competencia territorial no constituye, por sí misma, vulneración del derecho al juez ordinario predeterminado por la ley (TS 5-5-22, EDJ 566265).

3) No cabe plantear **queja** sobre la falta de competencia territorial en el recurso frente a la sentencia de primera instancia ni en casación. No cabe más allá del juicio oral (TS 26-5-20, EDJ 569295; 23-6-22, EDJ 613945).

Fuero preferente (LECr art.14 redacc LO 1/2025; LOPJ art.34 y 71) Se atribuye la competencia para la **instrucción o para el fallo** a la Sección de Instrucción o Única del Tribunal de Instancia (hasta su constitución efectiva, al juez) de Instrucción, de lo Penal, de Violencia sobre la Mujer o a la Audiencia Provincial del lugar, partido o circunscripción donde se haya cometido la infracción criminal. Lo mismo ocurre cuando la competencia objetiva corresponda en virtud de **aforamiento** a la Sala de lo Civil y Penal de un Tribunal Superior de Justicia. Aunque la determinación del **lugar de comisión del delito** sea una cuestión de hecho que en muchos casos no presenta dificultad alguna, en otros la solución del problema no resulta tan sencilla y requiere el manejo de los criterios jurisprudenciales que se resumen a continuación, o bien la aplicación de alguna norma especial. Obsérvese que la mayoría de las resoluciones que se citan se refieren a la **competencia para la instrucción** del proceso, lo que es enteramente lógico, pues la duda sobre la competencia se planteará por lo general en la fase inicial del mismo. En todo caso, la competencia territorial para la instrucción determina automáticamente la del enjuiciamiento. 7377

• La doctrina del Tribunal Supremo se ha decantado mayoritariamente a favor de la **teoría de la ubicuidad**, según la cual el delito se comete tanto en el lugar donde se desarrolla la acción como en aquel otro en el que se produce el resultado, lo que permite atender con mayor flexibilidad a las características de cada caso concreto. De esta suerte, cuando ambos lugares sean distintos, la competencia corresponde al juez de cualquiera de ellos, pues en todos y cada uno se debe entender cometido el delito y por lo tanto el que haya iniciado las diligencias debe continuar conociendo de las mismas (TS auto 9-5-01, EDJ 98912; 16-6-01, EDJ 98913; 23-11-02, EDJ 126257; 11-12-03, EDJ 209381; 29-1-04, EDJ 12783). 7379

• Los delitos cometidos **fuera de territorio nacional**, cuando corresponda su conocimiento a los tribunales españoles y no esté el mismo atribuido a la jurisdicción militar, deben ser enjuiciados por la Sala de lo Penal de la Audiencia Nacional o la Sección de lo Penal del Tribunal Central de Instancia -hasta su constitución, los juzgados centrales de lo penal- (LOPJ art.65.1.e y 89 bis.3).

• Para conocer de los delitos cometidos **a bordo de aeronaves**, la competencia se determina atendiendo al lugar del primer aterrizaje en territorio español (LO 1/1986 art.1).

• Los **delitos de omisión** se entienden cometidos en el lugar donde el sujeto se abstiene de la acción debida (TS auto 15-7-98, EDJ 61279), como sucede, por ejemplo, en la elusión de declaraciones fiscales (TS auto 25-10-04, EDJ 187807).
• En el caso de los **delitos continuados**, la competencia se determina en función del lugar de comisión de la última acción de las que integran el complejo delictivo (TS auto 8-5-01, EDJ 98916).

7380 • En los delitos de **injuria y calumnia** cometidos a través de **medios de comunicación**, es competente para su instrucción el juez (integrado en la Sección de Instrucción o Única del Tribunal de Instancia) del lugar en el que se hayan vertido a través de los medios de comunicación los contenidos presuntamente delictivos, criterio extensible a los delitos cometidos a través de internet, en el sentido de que es competente el órgano jurisdiccional del lugar en el que se hayan introducido en la red de internet los contenidos delictivos (TS auto 19-9-01, EDJ 98915; 19-1-04, EDJ 304610; 23-11-04, EDJ 193539).
• Cuando exista **entrega controlada de drogas** (LECr art.263 bis), la competencia puede corresponder al juez del lugar de destino final de la droga o bien determinarse en función del sitio en que se intercepte el paquete bajo control y se sustituya su contenido. Tras diversas vacilaciones (TS auto 6-2-98, EDJ 61274; 17-9-99, EDJ 80967; 8-11-00, EDJ 113306), se impone el criterio de la competencia del juez del lugar de destino último de la droga controlada (TS auto 23-6-00, EDJ 113304; 8-11-00, EDJ 113306; 26-10-04, EDJ 193529; 15-11-04, EDJ 227391).

7381 • En el caso de las **amenazas**, se entiende competente el juez del lugar en que el sujeto pasivo toma conocimiento de las mismas (TS auto 16-10-03, EDJ 263099).
• Los **delitos de estafa** han de entenderse consumados, a efectos de determinar la competencia territorial, no en el lugar donde se produjo el engaño, sino en aquel en el que se originó el desplazamiento patrimonial y consiguiente perjuicio para la víctima, pues ese perjuicio equivale a la ejecución del delito y por tanto a su consumación (TS 12-2-03; 10-9-04, EDJ 154692). En otras ocasiones se ha declarado que el delito de estafa se comete en todos los lugares que se han desarrollado las acciones del sujeto activo (engaño) o del sujeto pasivo (disposición patrimonial) y en el que se ha producido el perjuicio patrimonial. Por tanto, aplicando la teoría de la ubicuidad, el primer juez de instrucción que comenzó a entender en la investigación de los hechos es competente por aplicación del principio territorial, aunque algún elemento del tipo pudiera considerarse cometido fuera de su demarcación (TS auto 1-4-04, EDJ 17506).
• Para conocer de la **apropiación indebida**, por su parte, es determinante el lugar en que la posesión inicialmente legítima del sujeto activo se convierta en ilícita (TS auto 31-10-02, EDJ 126256).
• En los **delitos contra la propiedad industrial**, ha de atenderse al lugar de recepción de las mercancías (TS auto 20-5-03, EDJ 263098) o al de su interceptación, si no coincide con el primero (TS auto 22-6-02).
• Para conocer de los **delitos de falsedad documental**, la competencia viene determinada por el lugar de introducción en el tráfico jurídico del documento falso, que es donde se procura que surta efectos antijurídicos (TS auto 28-11-03, EDJ 263100) o, a falta de otros elementos más precisos, por el sitio en que se produzca la intervención de los mismos por la autoridad (TS auto 19-1-04, EDJ 883), salvo que esta se produzca en el extranjero (TS auto 16-1-04, EDJ 864).

7383 **Competencia de la Sección de Violencia sobre la Mujer del Tribunal de Instancia -hasta su constitución, juzgados de violencia sobre la mujer-** (LECr art.15 bis) En el caso de que se trate de alguno de los delitos cuya instrucción o conocimiento corresponda al juez de violencia sobre la mujer, la competencia territorial viene determinada por el lugar del **domicilio de la víctima**.
Ello debe entenderse sin perjuicio de la adopción de la **orden de protección** o de **medidas urgentes** (LECr art.13), que puede adoptar el juez del lugar de comisión de los hechos.
El domicilio ha de entenderse como el que tenga la víctima en el momento de ocurrir los hechos (Acuerdo TS Pleno no Jurisdiccional Sala 2ª 31-1-06, EDJ 3725).

7385 **Fueros subsidiarios** (LECr art.15) Se establecen diversos criterios subsidiarios de atribución de competencia territorial, aplicables cuando no conste el lugar en que se haya cometido una falta o delito o cuando el mismo solo pueda determinarse mediante las declaraciones del acusado (TS auto 19-1-04, EDJ 883).
En tal caso, son competentes para conocer de la causa o juicio los siguientes jueces y tribunales:
1º. El del término municipal, partido o circunscripción en que se hayan descubierto **pruebas materiales** del delito.

2º. El del término municipal, partido o circunscripción, en que el presunto reo **haya sido aprehendido**.
3º. El de la **residencia del reo** presunto.
4º. Cualquiera que haya tenido **noticia del delito**.
Las **características esenciales** de los fueros subsidiarios son las siguientes:
• Son **subsidiarios entre sí**, pues el orden de su enumeración legal entraña preferencia. Por ello, si se suscitase competencia entre estos jueces o tribunales, se ha de decidir dando la preferencia por el orden con que están expresados en los números que preceden.
• Son de **aplicación puramente provisional**, pues tan pronto como conste el lugar en que se haya cometido el delito, el juez o tribunal que conozca de la causa acordará la inhibición en favor del competente, poniendo en a su disposición a los detenidos y remitiéndole las diligencias y efectos ocupados.

Relativización de la competencia territorial La doctrina jurisprudencial minora o modera la relevancia de la competencia por razón del territorio y del planteamiento de cuestiones de competencia relativas a ella, por cuanto todos los órganos jurisdiccionales de una clase determinada son **competentes material y funcionalmente**; respondiendo en ocasiones dichas cuestiones de competencia a planteamientos meramente dilatorios y sin incidencia en el juez ordinario determinado por la ley (TCo 134/2010), a lo que se añade la imposibilidad de suscitar aquellas una vez **abierto el juicio oral**, por aplicación del principio de *perpetuatio iurisdictionis* (TS 20-9-11, EDJ 224339; 10-5-13, EDJ 80042). Dicha relativización se acrecienta en conexión con la conducta procesal descrita por las partes a lo largo de la **instrucción**, en caso de suscitarse la cuestión en **fase intermedia** -en recurso frente al auto de transformación de actuaciones en el procedimiento abreviado o como artículo de previo pronunciamiento-, sin previa alegación al respecto a lo largo de la instrucción, lo que puede o debe interpretarse como un aquietamiento o **anuencia tácita**, en conexión con el principio de buena fe procesal y con la doctrina de los actos propios, sin que por ello resulte admisible el planteamiento de la cuestión *in extremis*, de manera más o menos inmediata a la apertura del juicio oral (AP Barcelona 15-9-14, EDJ 227564; AP La Rioja 24-11-16, rollo apelación 122/2016). 7386
Las decisiones sobre competencia territorial tomadas en **fase de instrucción** son meramente provisionales (TS auto 7-10-16, EDJ 190718; 19-11-14, EDJ 239058). Por ello la instrucción llevada a efecto por un órgano jurisdiccional que luego resulta incompetente territorialmente es válida, no viciada por esta causa y no supone lesión del derecho al juez ordinario predeterminado por la Ley (AP La Rioja auto 8-7-20, EDJ 678148).
En todo caso, es preciso haber hecho acopio de elementos que varíen, de forma ostensible y patente, la base de la decisión previa sobre competencia para **sostener otro fuero competencial preferente**. Solo así puede entenderse justificado cuestionarse la competencia (TS auto 26-9-24, EDJ 688541).

Competencia territorial en el proceso penal militar (LO 2/1989 art.10 y 11; LO 4/1987 art.63, 64 y 71) La atribución de competencia a los juzgados togados militares territoriales (instrucción) y tribunales militares territoriales (fallo) por razón del lugar de comisión del delito se regula del siguiente modo: 7387
a) Como **regla general**, es competente para conocer y fallar los procedimientos por delito, el órgano judicial militar en cuya demarcación o territorio se hayan cometido.
b) Si la infracción se ha perpetrado **fuera de territorio nacional** o en buque o aeronave en territorio extranjero, la competencia corresponde a los juzgados togados centrales militares y al Tribunal Militar Central así como a los juzgados togados militares territoriales y Tribunal Militar Territorial, con sede en Madrid, según sus respectivas atribuciones.
c) Para conocer de **delitos colectivos** cometidos en distintos lugares pertenecientes a diferentes demarcaciones o territorios, corresponde la competencia al órgano judicial militar del lugar donde se haya desarrollado la actuación principal, o en su defecto, al llamado a juzgar al más caracterizado de los investigados, encausados.
d) La competencia para conocer de los **delitos continuados**, cuando los hechos se hayan producido en lugares correspondientes a distintos territorios o demarcaciones, viene determinada por el lugar en que se hayan cometido el mayor número de hechos o, siendo este igual, por aquel en que se haya desarrollado la actuación principal.
e) Los delitos cometidos a bordo de **buque militar** o en **aeronave militar** serán conocidos por el órgano judicial militar de la demarcación o territorio a que pertenezca el ejército o unidad orgánica de la que dependa el buque o aeronave. Si los buques o aeronaves militares cambiaran de unidad orgánica o esta desapareciera o cambiara de lugar, los procedimientos en trámite se continuarán por el órgano judicial militar del lugar en el que se radicarán las unidades o, en su defecto, donde fueran destinados los inculpados.

f) En caso de **desplazamiento temporal** de una unidad para la realización de ejercicios militares dentro del suelo nacional, la competencia para conocer de los delitos cometidos entre el personal de dicha unidad corresponde al órgano judicial militar de la demarcación o territorio donde dicha unidad tenga su acuartelamiento permanente, sin perjuicio de que el juez togado del territorio donde ocurrieron los hechos inicie el procedimiento correspondiente, que debe remitir al juzgado togado competente en cuanto la unidad regrese a su acuartelamiento.
g) Se establecen **fueros subsidiarios** con criterios idénticos a los expuestos en nº 7385.

4. Competencia por conexión

7400 La conexión constituye la **excepción** a la regla procesal penal que predica la inexistencia de acumulación en el proceso penal y se produce cuando, entre una pluralidad de infracciones penales, existen determinados vínculos objetivos o subjetivos que determinan su **enjuiciamiento conjunto**, con ampliación del objeto del proceso y posible alteración de las normas generales sobre competencia.

Precisiones **1)** La conexión de delitos es, en el orden procesal, un reflejo del **concurso de delitos** y uno de los instrumentos para aplicar las reglas de determinación de la pena establecidas en el Código Penal. Por otra parte, con ella se evitan sentencias contradictorias y se preserva la aplicación del principio *non bis in ídem* y la efectividad de la cosa juzgada.
2) Tras la reforma operada por L 41/2015, la LECr mantiene la **conexión como regla excepcional**, siendo la general que cada delito de lugar a la formación de una única causa. De forma que en los casos de delitos conexos solo hay lugar a una **única causa** si la investigación y prueba en conjunto de los hechos resulta conveniente para su esclarecimiento y la determinación de las responsabilidades procedentes salvo que suponga excesiva complejidad o dilación para el proceso.

a. Presupuestos

7405 MPP nº 1100 Es esencial para la existencia de conexión la presencia de al menos **dos infracciones penales** vinculadas entre sí por determinados nexos legalmente establecidos. A la hora de tipificar dichos **vínculos**, la legislación procesal adopta un doble criterio. Cuando la conexión no suponga alteración de los límites de la jurisdicción militar ni permita subvertir la competencia objetivamente limitada del Tribunal del Jurado, se incluye en los textos un vínculo de conexión analógica que permite un uso más amplio de la institución; posibilidad que desaparece en la regulación de la conexión en el ámbito de la jurisdicción militar y del Tribunal del Jurado:
a) Con **carácter general**, se consideran delitos conexos (LECr art.17):
• Los cometidos simultáneamente por dos o más personas reunidas (en el régimen anterior a la L 41/2015, siempre que estas vengan sujetas a diversos jueces o Tribunales ordinarios o especiales o que puedan estarlo por la índole del delito).
• Los cometidos por dos o más personas en distintos lugares o tiempos, si ha precedido concierto para ello.
• Los cometidos como medio para perpetrar otros o facilitar su ejecución.
• Los cometidos para procurar la impunidad de otros delitos.
• Los de favorecimiento real y personal y el blanqueo de capitales respecto al delito antecedente.
• Los cometidos por diversas personas cuando se ocasionen lesiones o daños recíprocos.
• Los diversos delitos que no sean conexos pero que se imputen a la misma persona y tengan analogía y relación entre sí (conexión analógica), pudiendo enjuiciarse en la misma causa, siempre (L 41/2015) a instancia del Ministerio Fiscal y en tanto sean **competencia del mismo órgano jurisdiccional**, y si la investigación y prueba en conjunto de los hechos resulta conveniente para su esclarecimiento y la determinación de las responsabilidades procedentes, salvo que suponga excesiva complejidad o dilación para el proceso.
b) En el ámbito de la **jurisdicción militar** y del **Tribunal del Jurado** se aplican, en términos muy similares, los mismos criterios de conexión subjetiva y objetiva, pero desaparece toda referencia al último de ellos (LO 4/1987 art.15; LO 5/1995 art.5.2).

b. Efectos de la conexión

7410 Los efectos de la conexión delictiva pueden agruparse en torno a tres grandes cuestiones:
- desde el punto de vista material, debe aplicarse la limitación de **penas**;
- en el aspecto procesal, los delitos conexos deben ser objeto de **acumulación** y se han de resolver en un solo procedimiento;
- puede dar lugar a una alteración de la **atribución de la jurisdicción o de la competencia**.

Limitación de penas (CP art.76) Debe aplicarse la limitación de penas, incluso aunque los hechos se hayan enjuiciado en distintos procesos, cuando, por su **conexión**, pudieran haberlo sido en uno solo. En esta última hipótesis, se debe aplicar el incidente de acumulación de condenas (LECr art.988; LO 2/1989 art.345). 7411 MPP nº 1107

Aunque la conexión procesal es uno de los supuestos en que evidentemente se aplica la regla sustantiva de la limitación de penas, la jurisprudencia ha ampliado el juego de la misma: son acumulables todas las condenas por **delitos que no estuvieran ya sentenciados** en el momento de la comisión de los hechos delictivos que se trate de acumular, estando también excluidos de la misma los posteriores a la última sentencia que determina la acumulación.

Precisiones 1) Se trata de un **límite absolutamente insalvable**, pues en caso contrario las reglas de CP art.76 actuarían en beneficio del culpable, a modo de patrimonio penológico que dejaría impune cualquier hecho delictivo posterior, si el sujeto activo que lo comete sabe que los ya sentenciados cubren ese tope legal (TS 7-2-03, EDJ 2587; 17-9-03, EDJ 97987; 27-5-05, EDJ 90228).

2) En el Código Penal la regla se positiviza: la limitación se aplicará aunque las penas se hayan impuesto en distintos procesos cuando lo hayan sido por **hechos cometidos antes de la fecha** en que fueron enjuiciados los que, siendo objeto de acumulación, lo hubieran sido en primer lugar (CP art.76.2).

3) El incidente de **acumulación de condenas** goza de la naturaleza de un proceso contradictorio, sometido al principio de igualdad e interdicción de toda indefensión. Cuando se desarrolla **sin estar asistido el interno de dirección letrada** que pueda argumentar eficazmente en favor de su pretensión, encontrándose en una situación equiparada a la otra parte procesal necesaria en este incidente (el Ministerio Fiscal), se causa indefensión. Por ello, es insuficiente la mera **petición personal del condenado** para iniciar el procedimiento sin que con posterioridad, asistido técnicamente por letrado, se le dé audiencia a la vista de la documentación unida (hoja histórico penal y testimonio de las sentencias condenatorias) y del dictamen del Ministerio Fiscal (TS 7-7-16, EDJ 105604; 12-1-17, EDJ 948).

Acumulación de delitos (LECr art.17; LO 2/1989 art.75 y 76) La aplicación de las reglas de conexión tiene como consecuencia que los delitos conexos sean objeto de acumulación y se resuelvan en un solo procedimiento. 7414 MPP nº 1108 s.

El concreto **tipo de proceso** aplicable viene determinado por la competencia para conocer de los delitos en conexión, que a su vez se atribuye atendiendo a un criterio preferente de gravedad.

Los dos aspectos de la regla anterior, no obstante, sufren excepción en determinados casos:

a) En el **procedimiento abreviado**, se establece que, para enjuiciar los delitos conexos comprendidos en el ámbito objetivo del mismo, cuando existan elementos para hacerlo con independencia, y para juzgar a cada uno de los investigados, encausados, cuando sean varios, el juez de instrucción puede acordar la formación de las piezas separadas que resulten convenientes para simplificar y activar el procedimiento (LECr art.762.6ª).

b) El **procedimiento de enjuiciamiento rápido** no admite delitos diferentes de los que taxativamente definen su ámbito objetivo de aplicación. Expresamente se dispone que este procedimiento no es de aplicación a la investigación y enjuiciamiento de aquellos delitos que sean conexos con otro u otros delitos no comprendidos en su ámbito objetivo (LECr art.795.2).

Precisiones La infracción de las normas sobre **conexidad** no es razón por sí sola para anular una sentencia (TS 19-10-17, EDJ 215360).

Alteración de la atribución de la jurisdicción o de la competencia Las reglas de atribución de jurisdicción o competencia aplicables a los diversos hechos criminales relacionados mediante conexión delictiva pueden no ser las mismas para todos ellos, de modo que una de las infracciones conectadas sea competencia de la jurisdicción militar o del Tribunal del Jurado, que exista un aforado entre los investigados, encausados o que la diversa gravedad de cada una de las infracciones determine su conocimiento, en principio, por diversos órganos judiciales. 7417

Por otra parte, la **exigencia de enjuiciamiento conjunto** determina una posible alteración de las citadas normas generales sobre atribución para que todos los hechos puedan ser enjuiciados por el mismo tribunal, lo que a su vez determina una excepción a las reglas que dibujan el ámbito objetivo de los distintos procesos penales.

Cuando la conexión se produzca exclusivamente **entre delitos comunes** ajenos a la competencia del Tribunal del Jurado, de la Sección de Menores o de Violencia sobre la Mujer del Tribunal de Instancia -hasta su constitución, los juzgados de menores o los de violencia sobre la mujer-, o solo entre delitos militares, puede producirse una **alteración de la atribución de competencia** objetiva por razón de la gravedad o de la naturaleza del hecho o de la persona o una modificación de la competencia territorial, aunque puede que no suceda ninguna de las dos cosas. 7419

a) La **competencia objetiva por razón de la gravedad** de la infracción se ve alterada desde el momento en que son competentes para conocer de las causas por delitos conexos, en primer lugar, los jueces y tribunales del territorio en que se haya cometido el delito a que esté señalada pena mayor (LECr art.18.1.1º; LO 2/1989 art.76). Por ese motivo, se atribuye a los jueces de lo penal el conocimiento de los delitos leves cuya comisión o prueba estuviera relacionada con los delitos que integran su competencia objetiva (LECr art.14.3º redacc LO 4/2023).
b) Cuando los delitos sean de **igual gravedad**, han de aplicarse los criterios subsidiarios (LECr art.18.1), que determinan la competencia, por este orden:
El primer criterio se reitera, para el proceso penal militar (LO 2/1989 art.76):
- del juez o tribunal que primero comience la instrucción de la causa; o
- cuando las causas hayan empezado al mismo tiempo o no conste cual comenzó primero, del que la Audiencia de lo criminal o el Tribunal Supremo, en sus casos respectivos, designen.
c) No obstante las dos reglas anteriores, cuando la conexión derive de haberse cometido los delitos por **dos o más personas** en distintos lugares, previo concierto para ello, es competente el juez o tribunal del partido judicial sede de la correspondiente Audiencia Provincial, siempre que los distintos delitos se hayan cometido en el territorio de una misma provincia y al menos uno de ellos se hubiera perpetrado dentro del partido judicial sede de la correspondiente Audiencia Provincial (LECr art.18.2).
d) Si entre los investigados existe algún **aforado**, el tribunal competente para enjuiciar la conducta de este lo será también para el conocimiento de los delitos que se imputen a los coacusados (LECr art.272; LO 4/1987 art.34.1; LO 2/1989 art.76).
e) Cuando sea competente la **Audiencia Nacional**, pese a tratarse de un tribunal especializado, las reglas sobre conexión delictiva surten todos sus efectos, pues extiende su competencia, en todo caso, al conocimiento de los delitos conexos con los que forman parte de su ámbito objetivo de competencia (LOPJ art.65.1º).

7420 La posible conexión de delitos puede determinar, en principio, una extensión más allá de sus límites constitucionales del ámbito de la **jurisdicción militar** o la competencia de **órganos jurisdiccionales especializados**, como la Sección de Menores o de Violencia sobre la Mujer del Tribunal de Instancias -hasta su constitución, los juzgados de violencia sobre la mujer o de menores-, o peculiares por su composición, como el Tribunal del Jurado. En tales casos, o bien se excluye la aplicación de competencia por conexión, o bien se utiliza por el legislador un concepto estricto de conexión.

7422 **Jurisdicción militar** (LO 4/1987 art.14 y 15; LO 2/1989 art.76) La conexión entre un **delito militar y otro común** pude deferir el conocimiento de ambos a la jurisdicción militar cuando el primero esté castigado con mayor pena (TS 29-9-03, EDJ 120436; 27-10-04, EDJ 184190). Así, se establece que la jurisdicción a que esté atribuido el conocimiento del delito que tenga señalada legalmente pena más grave, debe conocer de los delitos conexos. Por otro lado, si sobreseyese el procedimiento en relación con el delito de pena más grave, dejará de conocer de los conexos de los que no sea competente.
En la jurisdicción militar no se aplica como criterio para determinar la conexión la analogía entre los delitos, que sí resulta aplicable en el proceso penal (nº 7405). Con ello se trata de evitar que mediante la aplicación de regla tan amplia se desborde el ámbito estrictamente castrense.
Otra posibilidad de conexión es la que puede producirse entre **delitos puramente militares**, sin que esté en juego en tal caso la atribución de jurisdicción. Al tratarse de un problema de simple competencia, no debería existir inconveniente para aplicar el concepto de conexión en toda la extensión con que se recoge en el ámbito penal e incluyendo el criterio analógico (LECr art.17), aunque parece excluirse dicha posibilidad con la remisión expresa al régimen restrictivo de LO 4/1987.

7424 **Tribunal del Jurado** Su competencia se extiende al conocimiento de los delitos conexos, dentro de un concepto idéntico al aplicable en la jurisdicción militar.
MPP nº 1116 s.
Respecto del criterio que haya de aplicarse en los supuestos de **conexión analógica** en los que concurran delitos que son competencia del Tribunal del Jurado con otros cuyo conocimiento no le venga legalmente atribuido, cuando no sea posible el enjuiciamiento separado para no romper la continencia de la causa, se ha sostenido tradicionalmente que la competencia corresponde al Tribunal que resulte competente conforme a las reglas generales del proceso penal (TS 18-2-99, EDJ 611; 19-4-00, EDJ 6031; 6-2-01, EDJ 47678; TCo 156/2007; Acuerdo TS Pleno no Jurisdiccional Sala 2ª 5-2-99, EDJ 73878).
En los **restantes supuestos de conexión** sí funciona la fuerza atractiva de la competencia del Tribunal del Jurado, que se extiende a todos los delitos conexos cuando consten de modo claro datos reveladores de la **imposibilidad del enjuiciamiento separado** sin romper la continencia de la causa.

Precisiones 1) Se excluyen los supuestos de conexión analógica de la competencia del Tribunal del Jurado, pues la excesiva amplitud de la causa de conexión (LECr art.17.5) podría determinar la atribución al jurado del conocimiento de **supuestos muy complejos** y de tipos delictivos muy diversos.
2) Puede encontrarse un análisis de **jurisprudencia** en el nº 1116 s. Memento Procesal Penal 2026.

Secciones de Menores de los Tribunales de Instancia (juzgados de menores) (LO 5/2000 art.16.5, 20.3 y 20.4) Cuando sean varios los delitos que se imputen a un menor y hayan sido cometidos en **diferentes territorios**, la determinación del órgano judicial competente para el enjuiciamiento de todos ellos en unidad de expediente, así como de las entidades públicas competentes para la ejecución de las medidas que se apliquen, se hará teniendo en cuenta el lugar del **domicilio del menor** y, subsidiariamente, los criterios establecidos con carácter general (LECr art.18): 7425
- el del territorio en que se haya cometido el delito a que esté señalada pena mayor;
- en el caso de que a los delitos esté señalada igual pena, el que primero comience la causa;
- cuando las causas hayan empezado al mismo tiempo o no conste cuál comenzó primero, el que la audiencia de lo criminal o el Tribunal Supremo en sus casos respectivos designen.

De esta regla se exceptúan los **delitos de terrorismo**, pues los procedimientos competencia de la Audiencia Nacional (CP art.571 a 580) no pueden ser objeto de acumulación con otros procedimientos instruidos en el ámbito de la jurisdicción de menores, sean o no los mismos los sujetos investigados.

Por otra parte, la conexión subjetiva queda excluida cuando los delitos afectados por ella se imputen **conjuntamente a menores y a mayores de edad**, pues en tal caso el juez de instrucción competente para el conocimiento de la causa, tan pronto como compruebe la edad de los investigados, debe adoptar las medidas necesarias para asegurar el éxito de la actividad investigadora respecto de los mayores de edad y ordenará remitir testimonio de los particulares precisos al Ministerio Fiscal, a efectos de posible incoación del proceso de menores.

Secciones de Violencia sobre la Mujer de los Tribunales de Instancia (juzgados de violencia sobre la mujer) (LECr art.17 bis) En este ámbito, la competencia se extiende a la instrucción y conocimiento de los delitos conexos, siempre que la conexión tenga su origen en alguno de los siguientes supuestos (LECr art.17.3 y 4): 7427
- delitos cometidos como medio para perpetrar otros o facilitar su ejecución;
- delitos cometidos para procurar la impunidad de otros delitos.

Ello supone la exclusión de los criterios de vinculación subjetiva y analógica.

Precisiones No se formula regla semejante respecto de las Secciones de Violencia contra la Infancia y la Adolescencia de los Tribunales de Instancia.

5. Competencia funcional

El ordenamiento asigna a **diversos órganos jurisdiccionales** el conocimiento de las distintas fases del proceso (nº 7442) o bien encomienda a algunos de ellos, en atención a razones diversas de tipo jerárquico u orgánico la decisión sobre cuestiones que pueden aparecer en el proceso penal, la realización de determinadas funciones procesales relacionadas con la represión internacional del delito o el conocimiento de ciertos procesos especiales (nº 7470). 7440

Precisiones La adopción de **medidas provisionales o cautelares** durante la fase instructora se atribuye igualmente a la Sección de Instrucción o Única del Tribunal de Instancia -hasta su constitución, los juzgados de instrucción-. Los procedimientos de revisión de las mismas pueden ser tramitados por el juez inicialmente competente (LOPJ art.87.3).

a. Competencia en las distintas fases del proceso

Se atribuye competencia a distintos órganos jurisdiccionales para conocer de las diversas fases del proceso: 7442
- fase de instrucción;
- fase intermedia del proceso;
- fase de juicio oral.

Fase de instrucción o investigación En el **proceso penal común**, la competencia corresponde, como regla general, a las Secciones de Instrucción de los Tribunales de Instancia -hasta su constitución efectiva, a los juzgados de instrucción- (LECr art.14.2 redacc LO 1/2025; LOPJ art.88.1.a redacc LO 1/2025). 7444

En el **proceso penal militar**, la competencia corresponde a los juzgados togados militares territoriales o centrales, según sean competentes para el fallo los tribunales territoriales o el central (LO 4/1987 art.57.1 y 61.1).

Precisiones La adopción de **medidas provisionales o cautelares** durante la fase instructora se atribuye igualmente a las Secciones de Instrucción -hasta su constitución, a los juzgados de esta clase. Los procedimientos de revisión de las mismas pueden ser tramitados por el juez inicialmente competente (LOPJ art.88.3 redacc LO 1/2025).

7445 **Supuestos especiales de competencia funcional** Se establecen diversos supuestos especiales de competencia funcional para instruir procesos penales. Son los siguientes:

a) En el ámbito de competencia objetiva de la **Audiencia Nacional**, la instrucción corresponde a la Sección de Instrucción del Tribunal Central de Instancia (LECr art.14.2 88.1.a; LOPJ art.95.a redacc LO 1/2025).

b) Las Secciones de Violencia sobre la Mujer de los Tribunales de Instancia -hasta su constitución, los juzgados de violencia sobre la mujer- (LECr art.14.5 redacc LO 1/2025; LOPJ art.89.5 a, b, g y h), son competentes para instruir los procesos para exigir responsabilidad penal por los **delitos** recogidos en los títulos del Código Penal relativos al homicidio, aborto, lesiones, lesiones al feto, delitos contra la libertad, delitos contra la integridad moral, contra la libertad e indemnidad sexuales, contra la intimidad y el derecho a la propia imagen, contra el honor o cualquier otro delito cometido con violencia o intimidación, siempre que se hayan cometido contra:

- quien sea o haya sido su esposa;
- la mujer que esté o haya estado ligada al autor por análoga relación de afectividad, aun sin convivencia;
- los descendientes, propios o de la esposa o conviviente; o
- los menores o personas con capacidad judicialmente modificada que con él convivan o que se hallen sujetos a la potestad, tutela, curatela, acogimiento o guarda de hecho de la esposa o conviviente, cuando también se haya producido un acto de violencia de género.

Corresponde también a estos órganos jurisdiccionales a instruir los procesos para exigir responsabilidad penal por cualquier **delito contra los derechos y deberes familiares**, o por cualquier delito leve cuyo conocimiento les atribuya la ley, cuando la víctima sea alguna de las personas señaladas como tales anteriormente.

Se les atribuye la instrucción de procesos para exigir **responsabilidad penal por el delito de quebrantamiento** del CP art.468, cuando la ofendida fuera persona que hubiera estado ligada al autor en los términos indicados en el texto.

También son competentes para la **instrucción** de los procesos para exigir responsabilidad penal por los delitos contra la libertad sexual, mutilación genital femenina, matrimonio forzado, acoso con connotación sexual y trata con fines de explotación sexual cuando la persona ofendida por el delito sea mujer.

c) Las **Secciones de Violencia Contra la infancia y la Adolescencia** ostentan competencia para la instrucción de causas por delitos:

- de homicidio, aborto, lesiones, lesiones al feto, cometidos contra niños, niñas, adolescentes;
- contra la libertad, delito de torturas y contra la integridad moral, delitos contra la intimidad, el derecho a la propia imagen y la inviolabilidad del domicilio, delitos contra la libertad, delitos contra el honor, delitos contra las relaciones familiares, o cualquier otro delito cometido con violencia o intimidación, cuando la víctima sea niño, niña o adolescente;
- de trata de seres humanos del CP art.177 bis cuando al menos una de las víctimas sea niño, niña o adolescente.

Asimismo, conocen de los procesos para exigir **responsabilidad penal por el delito de quebrantamiento** previsto y penado en el CP art.468, cuando la persona ofendida por el delito cuya condena, medida cautelar o medida de seguridad se haya quebrantado sea niño, niña o adolescente (LOPJ art.89 bis.5 redacc LO 1/2025; LECr art.14.6 redacc LO 1/2025).

Precisiones La atribución de la competencia a las Secciones de Violencia contra la Infancia y la Adolescencia y, en materia de violencia sexual, a las de Violencia sobre la Mujer, surte **efecto** desde el 3-9-2025 -9 meses desde la publicación de LO 1/2025- (LO 1/2025 disp.final 38ª).

7447 **d)** En los casos de **aforamiento**, en el seno del tribunal competente para el enjuiciamiento, se debe designar un **magistrado instructor**, que posteriormente no formará sala para el fallo del proceso (LECr art.303; LOPJ art.57.2, 61.2 y 73.4; LO 4/1987 art.23.8).

Sin embargo, el **juez de instrucción natural**, que sería competente objetiva, territorial y funcionalmente, de no concurrir la circunstancia determinante del aforamiento, puede actuar limitadamente en estos casos siempre que concurran determinadas circunstancias (LECr art.303).

En las causas por delitos atribuidos a la Fiscalía Europea, se designará de entre los miembros de la Sala de lo Penal o de la Especial del Tribunal Supremo o de la respectiva Sala de lo Civil y Penal de Tribunal Superior de Justicia, conforme a un turno preestablecido, un **juez de garantías** que no formará parte de la misma para enjuiciarlas -LOPJ art.57.1, 61.2 y 73.4-.
e) En el ámbito del **proceso penal militar**, para el desempeño de la función jurisdiccional militar en los casos de LO 4/1987 art.12.3 y 4, las fuerzas españolas, cuando salgan de suelo nacional en cumplimiento de una misión que se prevea duradera, deben ser acompañadas por los órganos judiciales militares que se estimen necesarios, en atención al número de tropas y a la previsible duración de la estancia fuera de España.

Actuación preventiva (LECr art.307 y 308) Se regula la actuación a prevención de órganos judiciales incompetentes, con referencia a los desaparecidos jueces municipales. La norma puede entenderse referida actualmente a las Oficinas de Justicia (hasta su constitución, los jueces de paz) y a los de instrucción sin competencia objetiva o territorial en el caso concreto. **7449**
Estos jueces pueden comenzar a **instruir las primeras diligencias** del sumario. Una vez practicadas las que sean más urgentes y todas las que el juez competente le haya prevenido, han de le remitir a este la causa, sin que puedan retenerla más de 3 días.
Inmediatamente que los jueces de Instrucción u Oficinas de Justicia (hasta su constitución, los jueces de paz), en su caso, tengan noticia de la perpetración de un delito, lo han de **poner en conocimiento del fiscal** de la respectiva audiencia, y los jueces de instrucción han de dar, además, parte al presidente de esta de la formación del sumario, en relación sucinta, suficientemente expresiva del hecho, de sus circunstancias y de su autor, dentro de los 2 días siguientes al día en que hayan comenzado a instruirle.
Las Oficinas de Justicia (hasta su constitución, los jueces de paz) deben **dar cuenta inmediata** de la prevención de las diligencias al juez de instrucción competente.
Se consideran como **primeras diligencias** (LECr art.13):
- la de consignar las pruebas del delito que puedan desaparecer;
- la de recoger y poner en custodia cuanto conduzca a su comprobación y a la identificación del delincuente;
- la de detener, en su caso, a los presuntos responsables del delito;
- la de proteger a los ofendidos o perjudicados por el mismo, a sus familiares o a otras personas pudiendo acordarse a tal efecto medidas cautelares (LECr art.544 bis) o una orden de protección (LECr art.544 ter); y
- la retirada provisional de contenidos ilícitos, la interrupción provisional de los servicios que ofrezcan dichos contenidos o el bloqueo provisional de unos y otros cuando radiquen en el extranjero, en la instrucción de delitos cometidos a través de internet, del teléfono o de cualquier otra tecnología de la información o de la comunicación.

Precisiones Los jueces de paz se verán sustituidos por las **Oficinas de Justicia** de los municipios en los que no haya Tribunal de Instancia cuando se constituyan aquellas (LOPJ disp.adic.24ª redacc LO 1/2025).

Juez delegado (LECr art.310) La figura del juez comisionado o delegado permite a los jueces de instrucción delegar en los jueces de paz la práctica de todos los **actos y diligencias** que la Ley no reserve exclusivamente a los primeros, cuando alguna causa justificada les impida practicarlos por sí, procurando hacer uso moderado de esta facultad y debiendo el tribunal inmediato superior impedir y corregir la frecuencia injustificada de estas actuaciones. **7450**
Aparte de las diligencias que privativamente atribuye la legislación procesal al juez de instrucción, son **indelegables** las actuaciones que puedan afectar a derechos fundamentales del investigado, como las resoluciones sobre iniciación y terminación del procedimiento (tutela judicial), la adopción de medidas cautelares personales (libertad personal), las diligencias restrictivas de la intimidad personal o familiar (entrada en lugar cerrado, intervención de comunicaciones, detención y apertura de correspondencia, inspecciones corporales) y las que afecten a la presunción de inocencia, como la prueba sumarial anticipada (Gimeno Sendra).
Por el contrario, cabe la delegación para la práctica de la inspección ocular, para la realización material del registro, para la toma de declaraciones testificales y para los actos periciales (LECr art.326.1, 572, 421 a 423 y 477).

Juez instructor especial (LECr art.304) El nombramiento un juez instructor especial se permite a las salas de Gobierno de los Tribunales Superiores de Justicia (la norma se refiere a las audiencias territoriales), cuando las causas versen sobre delitos cuyas **extraordinarias circunstancias**, o las de lugar y tiempo de su ejecución o de las personas que en ellos hayan intervenido como ofensores u ofendidos, motiven fundadamente el nombramiento para la más acertada investigación o para la más segura comprobación de los hechos. **7452**

Precisiones Descartada la **constitucionalidad** de la designación en atención a circunstancias personales, parece dudosa la del resto del precepto. En primer lugar, porque en gran parte de los casos que contempla será competente como Juez ordinario alguno de los Jueces de la Sección de Instrucción del Tribunal Central de Instancia -hasta su constitución efectiva, alguno de los Juzgados Centrales de Instrucción de la Audiencia Nacional- (p.e. LOPJ art.65.1º y 95.a redacc LO 1/2025). Y además porque, en caso contrario, la misma finalidad puede conseguirse sin violentar el derecho al Juez ordinario, acudiendo a las **medidas extraordinarias** que se prevén en LOPJ, como el refuerzo en la titularidad de los órganos jurisdiccionales (LOPJ art.216 bis.1 a 3 redacc LO 1/2025) y la liberación total o parcial del reparto a un determinado juez (LOPJ art.167; Rgto 1/2005 de aspectos accesorios de las actuaciones judiciales art.29 a 33).

7454 **Cooperación jurisdiccional y prórroga de jurisdicción** (LOPJ art.274; LECr art.322 y 323; LO 2/1989 art.118 a 121 y 133) Debe contemplarse la posible actuación del juez instructor fuera de la demarcación en que ostente competencia territorial mediante cooperación jurisdiccional o prórroga de jurisdicción para la práctica de actuaciones urgentes.

7455 **Proceso de menores** (LO 5/2000 art.16.1, 23.2, 24 y 28) Durante la fase de instrucción, la **competencia funcional** de la Sección de Menores del Tribunal de Instancia o Central de Instancia (hasta su constitución, del juez o juez central de menores) se reduce a la declaración a instancia de parte del secreto de la instrucción y a la adopción, a petición del Ministerio Fiscal, de diligencias restrictivas de derechos fundamentales del menor investigado y de las medidas cautelares de custodia y defensa del mismo.

7457 **Fase intermedia** La competencia para conocer de la fase intermedia del proceso, en la que se decide sobre el eventual complemento de la instrucción a instancia de parte, sobre la extinción anticipada del proceso a través del sobreseimiento y sobre la procedencia de que este continúe hasta finalizar mediante sentencia (apertura de juicio oral), varía esencialmente en función del tipo de proceso, coincidiendo en un mismo órgano judicial con la competencia funcional de instrucción o con la de enjuiciamiento.

a) En el proceso **ordinario** por delitos graves es el órgano competente para el fallo el llamado de resolver sobre los aspectos citados (LECr art.622 s. y 634 s.).

b) Por el contrario, en los procedimientos **abreviado** y de **enjuiciamiento rápido** de delitos flagrantes y en el proceso de **jurado**, la competencia funcional para la resolución de la fase intermedia recae en el órgano instructor, con lo que se evita el contacto previo del tribunal de enjuiciamiento con el objeto del proceso (LECr art.780 a 784 y 798 a 800; LO 5/1995 26 a 33).

c) El proceso **penal militar**, en todas sus modalidades, sigue casi en todo el ejemplo del proceso ordinario de la LECr (LO 2/1989 art.240 s., 245 s., 392 y 393). Solo la decisión sobre la eventual práctica de diligencias complementarias se defiere, en las diligencias preparatorias, al órgano judicial instructor (LO 2/1989 art.391).

7459 MPP nº 1140 **Fase de juicio oral** El conocimiento de la fase de juicio oral coincide exactamente con la competencia objetiva para el fallo (nº 7330 s.). Se añaden dos aspectos desde el punto de vista de la competencia funcional:

A) Al **órgano de enjuiciamiento** corresponde (LECr art.659 a 679, 744 a 749, 785, 786.2, 800.6 y 802; LO 5/1995 art.36 y 37; LO 2/1989 art.284 a 292, 297, 298 y 394):

- la decisión sobre la pertinencia de las **pruebas** propuestas por las partes;
- la resolución de las **recusaciones de peritos** y de los artículos de previo pronunciamiento y de las cuestiones previas que pudieran plantarse;
- valorar la concurrencia de causas de **suspensión del juicio oral**; y
- acordar lo procedente para la **preparación** de su celebración;
- señalar la fecha para el **inicio de las sesiones** del juicio oral.

No obstante, en el procedimiento de enjuiciamiento rápido de delitos flagrantes, se atribuyen al juez de instrucción en servicio de guardia la realización de algunas diligencias de citación para la preparación del juicio oral y el señalamiento de este (LECr art.800.2, 3 y 7).

B) La **ejecución de sentencia** se atribuye igualmente al órgano que la dicte por primera vez, aunque en el caso concreto haya existido recurso y la primera sentencia haya sido modificada por la resolución del mismo (LECr art.984 a 986; LO 2/1989 art.339 s.).

b. Atribución de funciones procesales específicas

7470 En virtud de las reglas de atribución de competencia funcional, se atribuyen a determinados órganos judiciales funciones procesales específicas, atendiendo fundamentalmente a criterios de jerarquía o de orgánica judicial.

7472 **Resolución de recursos** La competencia para la resolución de recursos depende esencialmente del carácter devolutivo o no devolutivo del medio de impugnación de que se trate.

Recursos sin efecto devolutivo Carecen de efecto devolutivo y son por tanto **resueltos por el propio órgano** judicial autor de la resolución recurrida: 7474
- el recurso de **reforma** contra resoluciones de los jueces de instrucción -inexistente en el proceso penal militar- (LECr art.217 y 766; LO 2/1989 art.253); y
- el recurso de **súplica** frente a autos de los tribunales de lo criminal (LECr art.236; LO 2/1989 art.272).

Recursos con efecto devolutivo El efecto devolutivo del recurso determina la competencia para resolver el mismo a un **órgano judicial de superior jerarquía** del que produjo la resolución impugnada, combinándose en el caso de los Tribunales Superiores de Justicia y de las Audiencias Provinciales el criterio funcional con el territorial. 7475

Los distintos **supuestos** recogidos en nuestra legislación se enuncian con carácter abstracto en diversos preceptos de la LOPJ, que han de ser complementados con las normas de la LECr que regulan el régimen concreto y el ámbito de cada recurso. Para evitar reiteraciones innecesarias, en la tabla que sigue nos limitamos al aspecto competencial de la cuestión, reservando el detallado examen de los recursos en particular para el apartado correspondiente de esta obra (nº 9870 s.). Se hace en cada caso, no obstante, mención de los preceptos complementarios de la norma reguladora de la competencia.

Órgano resolutorio	Ámbito de su competencia funcional
Tribunal Supremo (4)	Recursos de casación, revisión y otros extraordinarios en materia penal que establezca la ley (LOPJ art.57.1.1º; LO 4/1987 art.23.1): • Recurso de **revisión** (LECr art.954 s.; LO 2/1989 art.328 s.). • Recurso de **casación**: - contra sentencias (LECr art.847); - contra autos (LECr art.848); - otros supuestos (LECr art.31, 32, 35, 37, 40, 43 y 988). • Recurso de **casación** para unificación de doctrina en el proceso de menores (LO 5/2000 art.42). • Recurso de **casación** para la unificación de doctrina en materia penitenciaria (LOPJ disp.adic.5ª.7). • Recurso de **casación** en el proceso penal militar: - contra sentencias y autos de sobreseimiento (LO 2/1989 art.324). - contra autos resolutorios de artículos de previo pronunciamiento (LO 2/1989 art.290). - otros supuestos (LO 2/1989 art.345 y 367).
Audiencia Nacional. Sala de Apelación	Recursos de **apelación** que establezca la ley contra las resoluciones de la Sala de lo Penal de la Audiencia Nacional (LOPJ art.64 bis). La norma ha precisado de complemento mediante una reforma procesal para la plena eficacia de la doble instancia. Esta ha tenido lugar por la L 41/2015.
Audiencia Nacional. Sala de lo Penal	**1.** Recursos contra las sentencias y otras resoluciones de las Secciones de lo Penal y de Instrucción (incluidas sus funciones como órganos de garantías en los delitos de los que conozca la Fiscalía Europea) y de Menores del Tribunal Central de Instancia -hasta su constitución, de los Juzgados Centrales de lo Penal, de los Juzgados Centrales de Instrucción, y del Juzgado Central de Menores- (LOPJ art.65.5º redacc LO 1/2025). • Recurso de **apelación** contra sentencia en procedimiento abreviado (LECr art.790). • Recurso de **anulación** de sentencia en rebeldía (LECr art.793). • Recurso de **apelación** contra otras resoluciones: - en proceso ordinario (LECr art.217); - en procedimiento abreviado (LECr art.766); - en el proceso de menores (LO 5/2000 art.41.3 y 52.3). • Recurso de queja en proceso ordinario (LECr art.218). **2.** Recursos contra las resoluciones dictadas por **Sección de Vigilancia Penitenciaria** del Tribunal Central de Instancia -hasta su constitución, los Juzgados Centrales de Vigilancia Penitenciaria- (LOPJ art.65.6º redacc LO 1/025 y disp.adic.5ª). **3.** Recursos que la ley establezca frente a resoluciones relativas a instrumentos de reconocimiento mutuo de resoluciones penales en la Unión Europea (LOPJ art.65.4º).
Tribunales Superiores de Justicia. Sala de lo Civil y Penal (1)	Recursos de **apelación** contra las resoluciones dictadas en primera instancia por las Audiencias Provinciales (L 41/2015), así como otros recursos previstos por las leyes (LOPJ art.73.3.c): • Recurso de apelación contra sentencias del Tribunal del Jurado (LECr art.846 bis.a). • Recurso de apelación contra autos resolutorios de cuestiones previas y artículos de previo pronunciamiento: - del magistrado presidente del Tribunal del Jurado (LECr art.846 bis.a). - de la Audiencia Provincial (LECr art.676 y 846 bis.a).

Órgano resolutorio	Ámbito de su competencia funcional
Audiencias Provinciales	**1.** Recursos que establezca la ley contra las resoluciones dictadas por las **Secciones de Instrucción y de lo Penal del Tribunal de Instancia** de la provincia -hasta su constitución, de los juzgados de instrucción y de lo penal de la provincia- (LOPJ art.82.1.2º (3)). **2.** Recursos que establezca la ley contra las resoluciones en materia penal dictadas por las **Secciones de Violencia sobre la Mujer y de Violencia contra la Infancia y la Adolescencia** del Tribunal de Instancia de la provincia -hasta su constitución, por los juzgados de violencia sobre la mujer de la provincia- (LOPJ art.82.1.3º redacc LO 1/2025) (2). **3.** Recursos contra las resoluciones de las **Secciones de Menores del Tribunal de Instancia** de la provincia -hasta su constitución, los jueces de menores con sede en la provincia- (LOPJ art.82.4 redacc LO 1/2025). En los tres supuestos anteriores han de tenerse en cuenta los preceptos siguientes: • Recurso de apelación contra sentencia en **procedimiento abreviado** (LECr art.790). • Recurso de apelación contra sentencia en **procedimiento de enjuiciamiento rápido** (LECr art.803). • Recurso de apelación contra sentencia de la **Sección de Menores del Tribunal de Instancia** -hasta su constitución, del juez de menores- (LO 5/2000 art.41.1). • Recurso de anulación de sentencia dictada **en rebeldía** en procedimiento abreviado o de enjuiciamiento rápido (LECr art.793, 802 y 803.2). • Recurso de apelación contra **otras resoluciones**: - en proceso ordinario (LECr art.217); - en procedimiento abreviado (LECr art.766); - en el proceso de jurado (LO 5/1995 art.26.2 y 32.2); - en el proceso de menores (LO 5/2000 art.41.3 y 52.3). • Recurso de queja en proceso ordinario (LECr art.218). **4.** Recursos que establezca la ley contra las resoluciones de la **Sección de Vigilancia Penitenciaria del Tribunal de Instancia** -hasta su constitución, los juzgados de vigilancia penitenciaria-, cuando la competencia no corresponda a la Sala de lo Penal de la Audiencia Nacional (LOPJ art.82.1.5º redacc LO 1/2025 y disp.adic.5ª): • Recurso de apelación contra resoluciones en materia de **ejecución de penas**. - ante el Tribunal sentenciador (debe entenderse Audiencia Provincial territorialmente competente, aunque no haya dictado la sentencia en ejecución -LOPJ art.82.1.3º-); - en el caso de que el penado se halle cumpliendo varias penas, la competencia para resolver el recurso corresponde al juez o Tribunal que haya impuesto la pena privativa de libertad más grave y, en el supuesto de que coincida que varios tribunales han impuesto pena de igual gravedad, la competencia corresponde al que de ellos la haya impuesto en último lugar. • Recurso de apelación en **materia distinta a la ejecución** de penas: Audiencia Provincial que corresponda por razón de la localización del establecimiento penitenciario. • Recurso de **queja**: en caso de inadmisión de la apelación.
Secciones de Instrucción de los Tribunales de Instancia -hasta su constitución, juzgados de instrucción-	Recursos que establezca la ley contra las resoluciones dictadas por las Oficinas de Justicia -hasta su constitución, los juzgados de paz del partido- (LOPJ art.88.1.e redacc LO 1/2025): • Recurso de apelación contra sentencia (LECr art.976).
Tribunales Militares Central y Territoriales	Recursos que procedan contra las resoluciones de los juzgados togados militares: • En fase de instrucción (LO 4/1987 art.34.2 y 45.3). • Recurso de apelación en procedimiento por falta común (LO 4/1987 art.34.4 y 45.4).

(1) En el caso de que el número de asuntos lo aconseje, pueden crearse una o más secciones e incluso sala de lo penal, con su propia circunscripción territorial, en aquellas capitales que ya sean sedes de otras Salas del del Tribunal Superior, a los solos efectos de conocer los recursos de apelación y aquellas otras apelaciones atribuidas por las leyes al Tribunal Superior (LOPJ art.73.6).
(2) A fin de facilitar el conocimiento de los mismos y atendiendo al número de asuntos existentes, deben especializarse una o varias de sus Secciones (LOPJ art.96 redacc LO 1/2025).
(3) Para el conocimiento de los recursos contra resoluciones de las Secciones de Instrucción del Tribunal de Instancia -hasta su constitución, de los juzgados de instrucción- en juicios por delitos leves, la Audiencia se constituirá con un solo magistrado, mediante un turno de reparto.

7477 **Resolución de incidentes de abstención** (LOPJ art.221) La resolución de los incidentes de abstención se atribuye con diverso criterio según que el abstenido forme parte o no de un **tribunal colegiado**:

• En el primer caso la competencia se atribuye a la sección o sala de la que aquel forme parte.

• En el segundo, es competente el órgano judicial al que corresponda la competencia funcional para conocer de los recursos contra las sentencias que el juez dicte.

Instrucción y decisión de incidentes de recusación (LECr art.63 a 68; LOPJ art.224 y 227 redacc LO 1/2025) La competencia para la instrucción y decisión de los incidentes de recusación depende del rango jerárquico del recusado y, en los tribunales colegiados, del número de sus miembros a los que afecte la recusación. 7480

Proceso penal ordinario Podemos resumir las normas aplicables mediante la siguiente tabla: 7482

Órgano recusado y alcance de la recusación	Competencia para la instrucción del incidente	Competencia para la resolución del incidente
• Presidente del Tribunal Supremo. • Presidente de la Sala de lo Penal del Tribunal Supremo. • Dos o más magistrados de la Sala de lo Penal del Tribunal Supremo.	Un magistrado de la sala a la que pertenezca el recusado, designado en virtud de un turno establecido por orden de antigüedad (LECr art.63.a; LOPJ art.217.1º).	Tribunal Supremo. Sala Especial LOPJ art.61 (LECr art.68.a; LOPJ art.227.1º).
Uno de los magistrados de la Sala de lo Penal del Tribunal Supremo.	Un magistrado de la sala a la que pertenezca el recusado, designado en virtud de un turno establecido por orden de antigüedad (LECr art.63.a; LOPJ art.217.1º).	Tribunal Supremo. Sala de lo Penal -el recusado no formará parte de la sala para resolver la recusación- (LECr art.68.b; LOPJ art.227.2º).
• Presidente de la Audiencia Nacional. • Presidente de la Sala de lo Penal de la Audiencia Nacional. • Más de dos magistrados de una sección de la Sala de lo Penal de la Audiencia Nacional.	Un magistrado de la sala a la que pertenezca el recusado, designado en virtud de un turno establecido por orden de antigüedad (LECr art.63.a; LOPJ art.217.1º).	Audiencia Nacional. Sala Especial LOPJ art.69 (LECr art.68.d y 69; LOPJ art.217.3º).
Uno o más magistrados de la Sala de lo Penal de la Audiencia Nacional.	Un magistrado de la sala a la que pertenezca el recusado, designado en virtud de un turno establecido por orden de antigüedad (LECr art.63.a; LOPJ art.217.1º).	Audiencia Nacional. Sala de lo Penal (LECr art.68.e; LOPJ art.68 y 217.4º).
• Presidente del Tribunal Superior de Justicia. • Presidente de la Sala de lo Civil y Penal del Tribunal Superior de Justicia. • Presidente de Audiencia Provincial con sede en la comunidad autónoma. • Dos o más magistrados de una Sala o Sección o de una Audiencia Provincial.	Un magistrado de la sala a la que pertenezca el recusado, designado en virtud de un turno establecido por orden de antigüedad (LECr art.63.a; LOPJ art.217.1º).	Tribunal Superior de Justicia. Sala Especial LOPJ art.77 -el recusado no formará parte de la sala para resolver la recusación, procediéndose a su sustitución legal- (LECr art.68.c; LOPJ art.227.5º).
Uno de los magistrados de la Sala de lo Civil y Penal de Tribunal Superior de Justicia.	Un magistrado de la sala a la que pertenezca el recusado, designado en virtud de un turno establecido por orden de antigüedad (LECr art.63.a; LOPJ art.217.1º).	Tribunal Superior de Justicia. Sala de lo Civil y Penal (LECr art.68.f; LOPJ art.228.6º).
Presidente de Audiencia Provincial	Un magistrado de la Sala de lo Civil y Penal del Tribunal Superior de Justicia correspondiente, designado en virtud de un turno establecido por orden de antigüedad (LOPJ art.224.2º).	Tribunal Superior de Justicia. Sala Especial LOPJ art.77 -cuando se recuse al Presidente de la Audiencia Provincial con sede en la comunidad autónoma- (LECr art.68.c; LOPJ art.227.5º)

7482 (sigue)

Órgano recusado y alcance de la recusación	Competencia para la instrucción del incidente	Competencia para la resolución del incidente
Uno o más magistrados de una Audiencia Provincial	Un magistrado de una Sección distinta a la que pertenezca el recusado, designado en virtud de un turno establecido por orden de antigüedad. Si solo existe una sección, se debe proceder del modo que se establece en LEC art.107.2 (LECr art.63.b; LOPJ art.224.3º)	Ttibunal Superior de Justicia. Sala Especial LOPJ art.77 -cuando se recuse a dos o más magistrados de una Sala o Sección o de una Audiencia Provincial- (LECr art.68.c; LOPJ art.227.5º). Audiencia Provincial en pleno o, si esta se compone de dos o más Secciones, la Sección en la que no se encuentre integrado el recusado o la sección que siga en orden numérico a aquella de la que el recusado forme parte (LECr art.68.g; LOPJ art.82.5.b y 227.7º).
Todos los magistrados de una Sala de Justicia o todos los que integran la Sala del Tribunal correspondiente (LECr art.63.c)	• En el primer caso, un magistrado que corresponda por turno de antigüedad de los que integren el tribunal correspondiente, siempre que no esté afectado por la recusación. • En el segundo, un magistrado designado por sorteo entre todos los integrantes de Tribunales del mismo ámbito territorial pertenecientes al resto de órdenes jurisdiccionales.	Se aplica, de entre las anteriores, la regla que corresponda en función de la categoría del Tribunal.
Juez de la Sección de lo Penal o de Instrucción del Tribunal Central de Instancia -hasta su constitución, juez central de lo penal o juez central de instrucción-.	Un magistrado de la Sala de lo Penal de la Audiencia Nacional, designado en virtud de un turno establecido por orden de antigüedad (LECr art.63.d; LOPJ art.224.1.5º redacc LO 1/2025).	Sección de la Audiencia Nacional que conozca de los recursos contra sus resoluciones. Si son varias, se debe establecer un turno comenzando por la Sección o Sala de número más bajo (LOPJ art.227.8º redacc LO 1/2025) (1)
Juez de la Sección de Instrucción o de lo Penal del Tribunal de Instancia- hasta su constitución, juez de instrucción o juez de lo penal-.	Un magistrado de la Audiencia Provincial correspondiente, designado en virtud de un turno establecido por orden de antigüedad (LECr art.63.e; LOPJ art.224.1.5º redacc LO 1/2025)	Sección de la Audiencia Provincial que conozca de los recursos contra sus resoluciones. Si son varias, se debe establecer un turno comenzando por la Sección o Sala de número más bajo (LOPJ art.227.8º redacc LO 1/2025) (2)
Oficina de Justicia -hasta su constitución, juzgado de paz-	Sección de Instrucción del Tribunal de Instancia -hasta su constitución, juzgado de instrucción del partido correspondiente-. Si hay en él varios jueces en la Sección de Instrucción -varios juzgados de instrucción hasta su transformación-, el juez titular designado en virtud de un turno establecido por orden de antigüedad (LECr art.63.f) (3)	El mismo juez instructor del incidente (LECr art.68.j; LOPJ art.227.9º redacc LO 1/2025)
Letrados de la Administración de Justicia	La competencia para instruir y resolver el incidente corresponde al juez titular o al presidente de órgano en que se encuentre destinado el recusado, o al Juez decano, si está destinado en un servicio común (LOPJ art.446).	
Funcionarios de cuerpos al servicio de la Administración de Justicia	El incidente gubernativo se instruye por el letrado de la Administración de Justicia del que dependan funcionalmente y se decide por el órgano judicial competente para resolver el pleito en la instancia respectiva (LOPJ art.499 redacc LO 1/2025).	
Médicos forenses	Se rige por las normas aplicables a la recusación de peritos	

(1) La norma de LECr art.68.h debe considerarse derogada por LO 1/2025.
(2) Igual solución debe adoptarse en el caso de LECr art.68.i, que ordenaba decidir la Audiencia Provincial o, si esta se compone de dos o más Secciones, la Sección segunda.
(3) La norma posterior de LOPJ art.224.6º redacc LO 1/2025 se refiere solo a los Jueces de Instancia, por lo que en el orden penal se estima ley especial la norma de LECr art.63.f.

Proceso penal militar (LO 4/1987 art.23, 34 y 45; LO 2/1989 art.62) En el proceso penal militar, la competencia se distribuye con arreglo a iguales criterios, que se resumen en la tabla siguiente: 7484

Órgano recusado y alcance de la recusación	Competencia para la instrucción del incidente (LO 2/1989 art.62)	Competencia para la resolución del incidente
Más de dos miembros del Tribunal Militar Central.	Vocal togado que se designe por turno.	Tribunal Supremo. Sala de lo Militar (LO 4/1987 art.23.3).
• Uno o dos miembros del Tribunal Militar Central. • Todos o la mayoría de los miembros de tribunales militares territoriales.	Vocal togado que se designe por turno.	Tribunal Militar Central. Sala de justicia (LO 4/1987 art.34.2) (*).
Jueces togados centrales.	Juez togado que deba sustituir al recusado.	Tribunal Militar Central. Sala de justicia (LO 4/1987 art.34.2) (*).
Uno o dos miembros de tribunal militar territorial.	Vocal togado que se designe por turno.	Tribunal militar territorial (LO 4/1987 art.45.2) (*).
Jueces togados militares.	Juez togado que deba sustituir al recusado.	Tribunal militar territorial (LO 4/1987 art.45.2) (*).

(*) La composición de la sala por tres de los miembros del tribunal (LO 4/1987 art.41 y 51) hace posible que el recusado o recusados no formen parte de la misma a la hora de decidir el incidente, siempre que su plantilla se encuentre totalmente cubierta, si son dos los jueces afectados por la recusación.

Precisiones Las normas de LO 4/1987 art.23.3 han de entenderse **derogadas** por LOPJ art.224 y 227, tras la reforma de LO 19/2003.

Funciones de juez de garantías (LOPJ art.57.1, 61.2, 73.4 y 95 -redacc LO 1/2025-) En las causas por delitos asignados a la **Fiscalía Europea** (nº 2945 s., nº 5825 s.), se atribuyen funciones de **control judicial de garantías** en el marco de las especialidades procesales y procedimentales de aquellas, a la Sección de Instrucción del Tribunal Central de Instancia (hasta su constitución, a los juzgados centrales de instrucción) y a los miembros de las Sala de lo Penal o Sala Especial del Tribunal Supremo o de las Salas de lo Penal y Civil de los Tribunales Superiores de Justicia designados conforme a un turno preestablecido y sin integrar las Salas para enjuiciamiento. 7485

Respecto de la **Sección de Instrucción del Tribunal Central de Instancia** (hasta su constitución, los juzgados centrales de instrucción) se precisa que conoce de:
- las peticiones de la Fiscalía Europea relativas a la adopción de medidas cautelares personales;
- la autorización de los actos que supongan limitación de los derechos fundamentales cuya adopción esté reservada a la autoridad judicial; y
- demás supuestos que expresamente determine la ley.

Igualmente, conocen de las **impugnaciones** que establezca la ley contra los decretos de los fiscales europeos delegados.

Resolución de conflictos de jurisdicción y de competencia y de cuestiones de competencia La resolución de los conflictos de jurisdicción y de competencia y de las cuestiones de competencia se atribuye a órganos *ad hoc* o a Salas Especiales del Tribunal Supremo (nº 7530 s.). En el caso de las cuestiones de competencia, se distribuye dentro del propio orden jurisdiccional atendiendo al criterio jerárquico. Ver, respectivamente nº 500 s. y nº 550 s. 7486

Ejecución de medidas de embargo y aseguramiento de pruebas (LOPJ art.88.1.g, 89.5.f, 89 bis.5.d, 90.5, 91.2, 92.3 y 95 redacc LO 1/2025) Se atribuye a las Secciones de Instrucción, de lo Penal, de Violencia contra la Mujer, de Violencia contra la Infancia y la Adolescencia, de Vigilancia Penitenciaria y de Menores de los Tribunales de Instancia y Central de Instancia (en su caso) -hasta su constitución, a los juzgados y juzgados centrales de esta clase- la **emisión**, el **reconocimiento** y la **ejecución** de los instrumentos de reconocimiento mutuo de resoluciones penales en el ámbito de la Unión Europea que les atribuyan las leyes acordadas en el marco de un proceso penal (o en algún supuesto, administrativo sancionador extranjero). 7494

La regulación del procedimiento de ejecución y transmisión se contiene en la L 23/2014 (nº 9156 s.).

Otras competencias (LO 4/2000 art.62 y 62 sexies; LOPJ art.87.2 redacc LO 1/2025; RD 1155/2024 art.234 y 236) Hay que tener en cuenta la competencia para acordar el **internamiento de extranjeros** en procedimientos sancionadores preferentes -u ordinarios por infracción consistente en estancia irregular en territorio español-. 7495

El instructor del expediente administrativo puede proponer al juez de instrucción (integrado en la Sección de Instrucción o Única del Tribunal de Instancia) del lugar donde se practique la detención el internamiento del extranjero por el **tiempo imprescindible** (máximo 60 días -naturales-), que se adoptará previa audiencia del interesado y del Ministerio Fiscal de acuerdo con el principio de proporcionalidad; salvo que fuera **menor**, supuesto en el que se pondrá disposición de una de las entidades públicas de protección de menores.

La medida de internamiento de extranjeros en un centro de internamiento de extranjeros (**CIE**) tiene, con carácter de cautela, la **finalidad** de asegurar la ejecución de un acto administrativo: la resolución de expulsión del territorio nacional que en su caso se adopte. Dado su carácter de privación de libertad se adopta por el juez de instrucción, no por la autoridad administrativa competente para resolver el expediente, ni por el órgano judicial contencioso-administrativo llamado a revisar en sede judicial el acto que en su momento se dicte.

El juez, previa audiencia del interesado y del Ministerio Fiscal, resuelve mediante **auto motivado**, en el que, de acuerdo con el principio de proporcionalidad, ha de tomar en consideración las circunstancias concurrentes y, en especial, el riesgo de incomparecencia por carecer de domicilio o de documentación identificativa, las actuaciones del extranjero tendentes a dificultar o evitar la expulsión, así como la existencia de condena o sanciones administrativas previas y de otros procesos penales o procedimientos administrativos sancionadores pendientes; valorando, en caso de enfermedad grave del extranjero, el riesgo del internamiento para la salud pública o la del propio extranjero (TCo 41/1982).

No puede acordarse un **nuevo internamiento** por cualquiera de las causas previstas en un mismo expediente.

La medida es esencialmente revisable. Cuando hayan dejado de cumplirse las condiciones descritas, el extranjero será puesto inmediatamente en libertad por la autoridad administrativa que lo tenga a su cargo, poniéndolo en conocimiento del juez que autorizó su internamiento. Del mismo modo y por las mismas causas, podrá ser ordenado el fin del internamiento y la puesta en libertad inmediata del extranjero por el juez, de oficio o a iniciativa de parte o del Ministerio Fiscal.

El juez competente para el control de la estancia de los extranjeros en los CIE y en las salas de inadmisión de fronteras, es el de instrucción del lugar donde estén ubicados, debiendo designarse un órgano jurisdiccional concreto en aquellos partidos judiciales en los que existan varios. Este conocerá, sin posibilidad de recurso, de las peticiones y quejas que planteen los internos en cuanto afecten a sus derechos fundamentales.

Esta medida cautelar no es identificable con la **prisión provisional** (nº 8910 s.) aunque su paralelismo es manifiesto. En este sentido, los afectados por estas medidas gozan de los derechos reconocidos en Const art.17.2 y 17.3, pues las garantías establecidas en ellos no han de ser respetadas únicamente en los supuestos de privación de libertad por prisión preventiva (TCo 179/2000). Asimismo, las garantías que para la libertad personal se derivan del régimen de control judicial de la medida cautelar de internamiento equivalen, desde el punto de vista material y de eficacia, a las que pueden alcanzarse por medio del *habeas corpus* (TCo 303/2005; 260/2007). Sin embargo, el fin último que se persigue con una y otra figura es contrario: en la prisión provisional se trata de evitar la fuga del presunto autor de un delito y, asimismo, el riesgo de comisión de otros nuevos; en el internamiento se pretende asegurar la expulsión del extranjero presunto autor de una infracción administrativa, sin que la evitación de comisión de infracciones esté presente en este caso.

7496 Precisiones **1)** El juez de instrucción ha de adoptar su decisión libremente, teniendo en cuenta las **circunstancias concurrentes**, pero no las relativas a la decisión de expulsión en sí misma, sobre la que no puede pronunciarse en este procedimiento, sino las concernientes entre otros aspectos a la causa de expulsión invocada, a la situación legal y personal del afectado, al riesgo de huida y a cualesquier otros que considere oportunos (TCo 169/2008).

2) No es **motivación suficiente** del auto la que se limita a indicar que «concurre la causa de expulsión invocada en el expediente administrativo y atendidas las circunstancias concurrentes», sin indicar cuáles son estas (TCo 169/2008).

3) Debe considerarse aplicable el **régimen de prejudicialidad** (LOPJ art.10), de forma que el juez de instrucción, a los solos efectos de tomar su decisión relativa a la libertad deambulatoria del extranjero, pueda conocer de los presupuestos de la expulsión, así como los aspectos del expediente relativos a notificaciones, audiencia, caducidad, determinantes en su caso, de la denegación del internamiento.

4) La medida ha de ser idónea para asegurar la **ejecutabilidad de la expulsión**. Si el acuerdo expulsor no es ejecutable no puede adoptarse. Teniendo en cuenta, además, su excepcionalidad (TCo 182/1996), subdiariedad y el juego del principio *favor libertatis* (TCo 96/1995; 144/1990).

5) El auto no se excluye de **recurso**, por lo que es impugnable conforme al sistema de recursos de la Ley de enjuiciamiento criminal. No obstante, en caso de interposición de apelación, este es probable que pierda su objeto en tanto antes de ser resuelto, la medida se haya extinguido.

6) La doctrina sostiene que el internamiento no es aplicable a los ciudadanos extranjeros **nacionales de la Unión Europea o del Espacio Económico Europeo** (García-Galán); estos se rigen por su normativa propia, siendo de aplicación dicha Ley en lo que les resulte más favorable (LO 4/2000). No se prevé el internamiento en caso de expediente de expulsión que solo es posible en los términos del RD 240/2007 art.15, por lo que puede considerarse que esta medida no resulta de aplicación a dicho colectivo.

7) Se han declarado **nulos** algunos preceptos del RD 162/2014 -reglamento de CIEs- por TS 10-2-15, EDJ 24005, atendiendo fundamentalmente al carácter cautelar y no penitenciario del internamiento.

c. Procesos especiales

La competencia funcional puede conferir a un órgano jurisdiccional el conocimiento íntegro de determinados procesos especiales o en los que concurran **especiales circunstancias de iniciación**. En estos casos se mezclan además criterios de competencia objetiva y territorial. 7500

Proceso de «habeas corpus» (LOPJ art.88.1.d redacc LO 1/2025; LO 5/2000 art.17.6; LO 6/1984 art.2) De este proceso conoce: 7502

a) Como **regla general**:

- la Sección de Instrucción (o Única) del Tribunal de Instancia -hasta su constitución, el juez de instrucción- del lugar en que se encuentre la persona privada de libertad;
- si no consta, el del lugar en que se produzca la detención; y
- en defecto de los anteriores, el del lugar donde se hayan tenido las últimas noticias sobre el paradero del detenido.

b) Si la detención obedece a la aplicación de la LO 4/1988 (en desarrollo de los supuestos previstos en Const art.55.2: suspensión del derecho de libertad y a la intimidad en investigaciones relativas a la **actuación de bandas armadas o grupos terroristas**), el procedimiento debe seguirse ante la Sección de Instrucción del Tribunal Central de Instancia -hasta su constitución, el juez central de instrucción correspondiente-.

c) En el ámbito de la **jurisdicción militar** es competente para conocer de la solicitud de *habeas corpus* el juez togado militar de instrucción constituido en la cabecera de la circunscripción jurisdiccional en la que se efectuó la detención.

Particular importancia ofrece en este ámbito la utilización del proceso de *habeas corpus* frente a las **sanciones disciplinarias** privativas de libertad previstas en la legislación disciplinaria militar (LO 4/1987 art.61.3 y LO 8/2014 art.60.1).

Otros procesos especiales competencia de la Audiencia Nacional (LOPJ art.65.2º, 3º y 4º) La Sala de lo Penal de la Audiencia Nacional conoce de las siguientes materias: 7505

a) De los **procedimientos penales iniciados en el extranjero** cuando, en virtud de un tratado internacional, corresponda a España la continuación de los mismos.

b) De las cuestiones de **cesión de jurisdicción** en materia penal derivadas del cumplimiento de tratados internacionales en los que España sea parte.

c) Del procedimiento para la ejecución de las **órdenes europeas de detención y entrega** y de los procedimientos judiciales de **extradición pasiva**, sea cual sea el lugar de residencia o en que haya tenido lugar la detención del afectado por el procedimiento.

La tramitación de los oportunos expedientes corresponde, en ambos casos, a la Sección de Instrucción del Tribunal Central de Instancia -hasta su constitución, los juzgados centrales de instrucción-. También tramitan las **solicitudes de información** entre servicios de seguridad de los Estados miembros de la UE cuando requieran autorización judicial de acuerdo con la Ley, salvo que se refieran a información que forme parte de una causa penal abierta, supuesto en que corresponde autorizar o denegar el acceso al órgano judicial que instruya o ante el que se siga aquella (LOPJ art.88 redacc LO 1/2025; L 31/2010 art.9 y disp.adic.2ª).

Precisiones La L 31/2010 regula la **simplificación del intercambio de información e inteligencia** entre los servicios de seguridad de los Estados de la Unión Europea.

Antejuicio en casos de responsabilidad penal de órganos judiciales militares (LO 2/1989 art.434) La competencia para conocer del antejuicio necesario para exigir la responsabilidad criminal a los componentes de los órganos judiciales de la jurisdicción militar, por delitos cometidos en el **ejercicio de las funciones de su cargo**, corresponde a: 7507

- la Sala de lo Militar del Tribunal Supremo, si se trata de miembros del Tribunal Militar Central; o
- la sala de justicia del Tribunal Militar Central, cuando los investigados sean miembros de tribunales militares o jueces togados militares.

Precisiones Pese a la desaparición de las normas paralelas de la LECr, derogadas por LO 5/1995, se conserva en el ámbito de la jurisdicción militar en la LO 2/1989 art.432 a 447, como lo demuestra el hecho de que algunos de los citados preceptos hayan sido objeto de **modificación** por LO 9/2003 en momento muy posterior a la entrada en vigor de la antes citada LO 5/1995.

7510 **Concurso de circunstancias determinantes de la jurisdicción universal de tribunales españoles** (LOPJ art.57.1.4º en relación con art.23) Se atribuye **competencia** a la Sala Segunda del Tribunal Supremo, para determinar si concurren o no los requisitos que, en ciertos supuestos, atribuyen jurisdicción a los órganos judiciales españoles en supuestos de aplicación del principio de justicia universal (nº 854 Memento Procesal Penal 2026).

D. Cuestiones de competencia

7530 El carácter improrrogable de la **jurisdicción** y de la **competencia** en materia penal (LOPJ art.9.6; LO 2/1989 art.9) hace que cualquier órgano jurisdiccional pueda, de oficio o a instancia de parte, examinar en cada caso concreto la concurrencia de ambos presupuestos procesales y reclamar para sí el conocimiento de un asunto del que se encuentre entendiendo un órgano administrativo u otro órgano judicial, declinar en favor de uno u otro el examen del asunto o rehusar el conocimiento de una pretensión que se formule ante él.

Cuando la existencia de jurisdicción o de competencia en el caso concreto sea cuestión discutida, ha de dársele una **solución inequívoca** con preferencia a la ulterior tramitación del proceso, aplicando las normas que el ordenamiento jurídico dedica a la fijación de ambas cuestiones, toda vez que los actos procesales realizados con manifiesta **falta de jurisdicción o de competencia** objetiva o funcional son nulos de pleno derecho (LOPJ art.238.1º.1).

7532 Las piezas básicas del **sistema legal de conflictos** son las siguientes:

• Se produce **conflicto de jurisdicción** cuando el conocimiento de un asunto se debata entre un órgano jurisdiccional y una Administración pública o entre órganos jurisdiccionales ordinarios y militares.

• El **conflicto de competencia** surge cuando se discuta la atribución de un determinado asunto entre órganos judiciales pertenecientes a los diversos órdenes jurisdiccionales, pero integrados en la jurisdicción ordinaria.

• La **cuestión de competencia**, por el contrario, tiene carácter interno y horizontal, pues se plantea entre órganos del mismo orden jurisdiccional o de la jurisdicción militar, que no se encuentren vinculados por relación de jerarquía.

Las cuestiones de competencia afectan a órganos con igual competencia objetiva y territorial y no vinculados por vínculos de dependencia jerárquica, criterio este no obstante, que informa la competencia para su resolución en el ámbito interno del orden jurisdiccional en el que se plantean.

Los **conflictos de jurisdicción y de competencia**, por afectar a distintos órganos jurisdiccionales o a uno de ellos y la Administración pública, se exponen en un capítulo separado (nº 500 s.).

1. Caracteres

7535 El **planteamiento** de la cuestión de competencia puede producirse de oficio (nº 7537) o a instancia de parte (nº 7539) y solo produce la suspensión del proceso en la fase de juicio oral (nº 7545).

Las cuestiones de competencia se plantean únicamente con respecto a la competencia territorial (TS 11-2-02, EDJ 1644), pues la Ley excluye el planteamiento de cuestiones de competencia entre **órganos judiciales vinculados jerárquicamente** entre sí (nº 7547).

La **solución** de la cuestión puede llegar por acuerdo entre los órganos afectados, cuando uno de ellos acceda al requerimiento que le plantee el otro, o, en caso contrario, mediante la decisión del órgano competente para resolverla.

7537 **Examen de oficio** (LECr art.19; LO 2/1989 art.13) El examen de oficio de la propia competencia es consecuencia del carácter improrrogable de la misma y puede hacerse por el órgano judicial en **cualquier estado del procedimiento**.

(TS 23-3-21, EDJ 518285), siempre que este se encuentre en una fase para cuyo conocimiento cuente aquel con competencia funcional. El juez o tribunal que se considere competente debe promover la competencia, debiendo también acordar la inhibición a favor del juez o tribunal competente cuando considere que el conocimiento de las causas no le corresponde, aunque sobre ello no haya precedido reclamación de los interesados, ni del Ministerio Fiscal (LECr art.19 y 25; LO 2/1989 art.12 a 14).

La anterior regla no es aplicable cuando el proceso haya llegado a **estado de dictar sentencia**, en cuyo caso no puede el juzgador abstenerse de fallar a pretexto de incompetencia, silencio, insuficiencia u oscuridad de la Ley (CC art.1.7; CP art.458; LO 2/1989 art.88).
En el **procedimiento abreviado**, no obstante, puede el juez de lo penal poner fin a la vista oral mediante declaración de incompetencia cuando en conclusiones definitivas todas las acusaciones califiquen los hechos como delito excluido de su competencia objetiva (LECr art.788.5), cosa que no ocurre en el **proceso de jurado**, pues el Tribunal del Jurado debe continuar conociendo aun cuando en dicho trámite la calificación de las partes aleje los hechos de su ámbito competencial (LO 5/1995 art.48.3).
La determinación de la jurisdicción o de la competencia es cuestión que reclama la **intervención y audiencia** de las todas las partes procesales, que pueden alegar sobre ella antes de la resolución del problema.

Planteamiento por las partes o por el Ministerio Fiscal (LECr art.19; LO 2/1989 art.12) El debate sobre la competencia puede suscitarse por el Ministerio Fiscal y por las partes en diferentes momentos y a través de instrumentos procesales diversos. **7539**

Momento procesal El momento procesal de planteamiento de las cuestiones de competencia difiere en función de la parte proponente y del tipo de proceso en que se susciten las mismas: **7540**
• El **Ministerio Fiscal** puede promover cuestiones de competencia en cualquier estado del procedimiento (TS 23-3-21, EDJ 518285), incluso tras dictarse sentencia, cuando el conflicto afecte a la ejecución del fallo.
Por otro lado, el Ministerio Fiscal debe intervenir necesariamente en la sustanciación de la cuestión de competencia cuando se promueva de oficio o por alguna de las demás partes.
• El planteamiento por las **demás partes** se sujeta a límites estrictos, pues el acusador particular, debe hacerlo antes de formular su primera petición, después de personado en la causa, y el procesado y la parte civil, ya figure como actora, ya aparezca como responsable, dentro de los 3 días siguientes a aquel en que se les comunique la causa para calificación.
• En el **procedimiento abreviado**, a los momentos antes citados se suma la posibilidad de plantear la declinatoria de jurisdicción al comienzo de las sesiones del juicio oral, en el turno de cuestiones previas (LECr art.786.2 redacc LO 1/2025; LO 2/1989 art.395).

Precisiones 1) La amplia posibilidad atribuida al **Ministerio Fiscal** es consecuencia de su papel institucional (Const art.124; L 50/1981 art.3.8).
2) En lo que respecta al **procedimiento abreviado**, es perfectamente posible que se plantee en el trámite de las **cuestiones preliminares** la discrepancia sobre la competencia territorial del órgano judicial que va a conocer del enjuiciamiento, ya que, suprimido en este procedimiento los artículos de previo pronunciamiento, la parte no ha dispuesto de otro momento procesal específico para plantear la declinatoria de jurisdicción. Sin embargo, esta únicamente puede aspirar con éxito a que sea otro órgano judicial el que juzgara los hechos, por lo que conservan validez los **actos de instrucción practicados** por el juez incompetente y el auto de apertura del juicio oral por él dictado (TS 7-12-96, EDJ 8623; 6-7-98, EDJ 7850; 26-3-01, EDJ 16011; 27-2-02, EDJ 3904).
3) En el procedimiento abreviado se puede debatir sobre la competencia como **cuestión previa** en la audiencia preliminar incrustada al comienzo del plenario (LECr art.786). Si bien el momento procesal adecuado es el inicio de las sesiones del juicio oral, razones de operatividad conforme a las cuales las **declinatorias** se sustancian como artículos de previo pronunciamiento (LECr art.45), pueden aconsejar anticipar el momento de planteamiento y resolución sin esperar al inicio del juicio y dotándolo autonomía, especialmente cuando presenta una cierta complejidad que exige estudio y que, en su caso, puede abortar la continuación del juicio, sin que las limitaciones temporales de LECr art.19.6º parezcan proyectables al procedimiento abreviado (TS 23-3-21, EDJ 518285).

Medios de planteamiento (LECr art.26; LO 2/1989 art.17) La **inhibitoria** se ha de proponer ante el órgano al que el proponente repute competente para conocer y que no esté conociendo, para que requiera de inhibición al órgano incompetente que sí lo hace en ese momento. **7543**
La **declinatoria**, ante el juez o tribunal que conozca de un asunto y al que se repute incompetente para ello, a fin de que deje de hacerlo y se inhiba a favor de aquel al que se estima competente.
Sobre ellos han de tenerse en cuenta las precisiones siguientes:
• La pretensión de que un órgano judicial **aprecie de oficio su competencia** objetiva, aunque formalmente se asimile a la inhibitoria o a la declinatoria, no da lugar a cuestión de competencia alguna, por lo que el régimen de recursos propio de estas es inaplicable en tales casos (TS 11-2-02, EDJ 1644).
• Las **partes inculpadas** solo pueden plantear cuestión de competencia en los 3 primeros días del plazo concedido para calificar (LECr art.19.6º), por lo que ha de entenderse que las únicas partes que pueden plantear inhibitorias o declinatorias ante el juez instructor son el Ministerio Fiscal y el acusador particular, sin perjuicio de la posibilidad de plantear la cuestión de competencia ante

el tribunal superior cuando entiendan que el juez instructor no tiene competencia para actuar en la causa (LECr art.23 y 26), lo cual es obligatorio para el investigado y potestativo para el Ministerio Fiscal y el acusador particular (TS 31-10-03, EDJ 186719).

7545 **Efectos suspensivos** (LECr art.24 y 25; LO 2/1989 art.16) A diferencia del carácter absoluto con que se manifiesta en los conflictos de jurisdicción y competencia, el efecto suspensivo sobre el curso del proceso se limita en el caso de las cuestiones de competencia a la **fase de juicio oral**, pues mientras no recaiga decisión judicial firme resolviendo definitivamente la cuestión promovida o aceptando la competencia, el juez de instrucción (integrado en la Sección de Instrucción (o Única) del Tribunal de Instancia) que acuerde la inhibición a favor de otro de la misma clase debe seguir practicando todas las diligencias necesarias para comprobar el delito, averiguar e identificar a los posibles culpables y proteger a los ofendidos o perjudicados por el mismo.

A tal efecto, la **resolución** que inicialmente acuerde la inhibición ha de expresar esta circunstancia, y a ella se debe acompañar únicamente testimonio de las actuaciones. Dirimida la cuestión o aceptada la competencia por resolución firme, se han de remitir los autos originales y las piezas de convicción al juez que resulte competente.

7547 **Cuestiones de competencia entre órganos vinculados jerárquicamente** (LOPJ art.52; LECr art.21 y 759; LO 2/1989 art.23 y 24) No cabe el planteamiento de cuestiones de competencia entre órganos judiciales vinculados jerárquicamente entre sí, pues en tal caso corresponde al **juez o tribunal superior** fijar, sin ulterior recurso, su propia competencia, oídas las partes y el Ministerio Fiscal, por plazo común de 10 días, recabando las actuaciones del órgano subordinado o remitiéndole las que esté conociendo. Cabe extraer las siguientes conclusiones:

MPP nº 1199

a) La decisión del tribunal superior ha de adoptarse en todo caso **previa audiencia** de las partes y del Ministerio Fiscal y debe **comunicarse al órgano inferior** para su cumplimiento, por lo que no tiene este posibilidad alguna de sostener su competencia o incompetencia.

b) No obstante, la **discrepancia del órgano subordinado** puede manifestarse por medio de la exposición razonada al superior de sus razones para entender que le corresponde conocer del asunto cuya competencia se le ordena declinar o para no conocer de las actuaciones que se le remiten por el superior jerárquico. Aunque esta posibilidad solo se regula en el caso de que el juez subordinado estime que le corresponde conocer de un asunto en el que está entendiendo el superior jerárquico (LECr art.759.2ª), parece aplicable la misma al caso de que este ordene al primero abstenerse de actuar, con criterio análogo al aplicable en el proceso penal militar (LO 2/1989 art.23).

c) La resolución del órgano superior no admite **recurso** (LOPJ art.52; LO 2/1989 art.23 y 24). Se confirma la irrecurribilidad de estas resoluciones, sin perjuicio de que, en su momento la cuestión sobre la competencia pueda ser suscitada nuevamente por la vía de la vulneración del derecho fundamental al juez ordinario predeterminado por la ley ante el órgano al que corresponda el enjuiciamiento (TS 8-5-00, EDJ 13155; 11-2-02, EDJ 1644).

2. Régimen jurídico

7560 El detalle de la regulación de las cuestiones de competencia varía en función de la **modalidad de procedimiento** aplicable.

7562 **Juicio sobre delitos leves** (LECr art.27 a 32) La **cuestión de competencia** puede plantearse a través de inhibitoria o de declinatoria.

Precisiones La Ley se refiere a los **jueces municipales**, referencia que ha de entenderse hecha a los jueces de instrucción o de violencia sobre la mujer, según los casos.

7565 **Inhibitoria** El procedimiento para su planteamiento se compone de las siguientes **fases**:

1. El **juez ante el que se proponga** inhibitoria, oyendo al fiscal, cuando este no la haya propuesto, debe resolver en término de segundo día, si procede o no el requerimiento de inhibición.

2. Si **estima procedente** el requerimiento de inhibición, lo mandará practicar por medio de oficio, en el cual consignará los fundamentos de su auto.

3. El **órgano requerido**, oyendo al fiscal, debe resolver en término de segundo día si desiste de conocer o mantiene su competencia:

• En el primer caso ha de remitir al juez requirente, dentro de las 24 horas siguientes, las diligencias practicadas.

• Si decide en cambio mantener su competencia, se lo debe comunicar, dentro del mismo plazo, exponiendo los fundamentos de su resolución.

Los autos que los jueces requeridos dicten accediendo a la inhibición son apelables ante el juez de instrucción o la Audiencia respectivos.

4. Una vez **recibidos los autos** por el juez requirente, ha de declarar, sin más trámites y dentro de 24 horas, si insiste en la competencia o se aparta de ella:

• En el primer caso, lo participará en el mismo día al juez requerido para que remita las diligencias al juez o Tribunal que deba resolver la competencia, haciendo él la remisión de las suyas dentro de las 24 horas siguientes.

• En el segundo, lo participará en el mismo plazo al juez requerido para que este pueda continuar conociendo, siendo apelable el auto ante el juez de instrucción o la Audiencia Provincial.

5. Recibidas las actuaciones en el **órgano llamado a resolver** la competencia y oído el fiscal por término de segundo día, la decidirá dentro de los 3 siguientes a aquel en que el Ministerio Fiscal evacue el traslado.

Declinatoria Cuando se proponga ante el juez de paz o juez integrado en la Sección de Instrucción del Tribunal de Instancia -hasta su constitución, juez de instrucción-, ha de **resolver** este en término de segundo día, oyendo previamente al fiscal, sobre si procede o no acordar la inhibición. **7567**

Recursos El régimen de recursos es, en ambos casos, el siguiente: **7569**

• En la **inhibitoria**, son apelables en ambos efectos ante el juez de instrucción o la Audiencia Provincial el auto denegatorio del requerimiento de inhibición, el que dicte el juez requerido accediendo al requerimiento y aquel por el que el requirente desista de la inhibición planteada.

• El mismo recurso procede, en la **declinatoria**, contra el auto denegatorio de la inhibición.

• Contra la **resolución final** de la cuestión de competencia procede recurso de casación.

Proceso ordinario Dentro del proceso ordinario hemos de distinguir, a su vez, según que la cuestión de competencia se plantee en su fase de instrucción o de juicio oral. **7570**

Fase de instrucción (LECr art.22 y 23) Cuando **dos o más jueces** integrados en la respectiva Sección de Instrucción de distintos Tribunales de Instancia- hasta su constitución, jueces de instrucción- se reputen competentes para actuar en un asunto, si a la primera comunicación no se ponen de acuerdo sobre la competencia, han de dar cuenta con remisión de testimonio al superior competente y este debe decidir de plano y sin ulterior recurso cuál de los jueces instructores debe actuar. Dirimido el conflicto, el **letrado de la Administración de Justicia** de la respectiva Sección de Instrucción (o Única) del Tribunal de Instancia- hasta su constitución, juzgado de instrucción- que deje de actuar, debe remitir las diligencias practicadas y los objetos recogidos al declarado competente, dentro del segundo día, a contar desde aquel en que reciba la orden del superior para que deje de conocer. **7573**

Las partes pueden también suscitar la resolución jerárquica sobre la competencia. Si durante el sumario o en cualquier fase de instrucción de un proceso penal el **Ministerio Fiscal** o **cualquiera de las partes** entienden que el juez instructor no tiene competencia para actuar en la causa, pueden reclamar ante el Tribunal Superior a quien corresponda, el cual, previos los informes que estime necesarios, ha de resolver de plano y sin ulterior recurso.

Fase de juicio oral (LECr art.33 a 45, 676 y 846 bis a) En esta fase son plenamente utilizables por todas las partes tanto la inhibitoria como la declinatoria. **7575**

a) La **inhibitoria** debe proponerse mediante escrito con firma de letrado, manifestando expresamente no haber utilizado la declinatoria, que da lugar a los siguientes trámites, caracterizados por el doble cruce de comunicaciones entre los órganos contendientes:

1. El letrado de la Administración de Justicia del tribunal ante quien se proponga la inhibitoria dará **traslado** por término de 1 o 2 días, según el volumen de la causa, al **Ministerio Fiscal**, cuando este no lo haya propuesto, así como a las **demás partes** que figuren en la causa de que pudiera a la vez estar conociendo el tribunal a quien se haya instado para que haga el requerimiento y, en su vista, el tribunal mandará, dentro de los 2 días siguientes, librar oficio inhibitorio, o declarará no haber lugar a ello (LECr art.34).

2. En el primer caso, con el **oficio de inhibición** se debe acompañar testimonio del escrito en que se haya pedido, de lo expuesto por el Ministerio Fiscal y por las partes, en su caso, del auto que se haya dictado y de lo demás que el tribunal estime conducente para fundar su competencia.

3. El tribunal requerido debe acusar recibo inmediatamente y oír al **Ministerio Fiscal**, al **acusador particular**, si lo hay, a las personas que se encuentren en la situación de LECr art.118 y 520 (básicamente el inculpado) que se hayan personado y a los que figuren como parte civil, por un plazo que no puede exceder de 24 horas a cada uno. Una vez oídos, debe dictar auto inhibiéndose o declarando que no ha lugar a hacerlo.

4. En la primera hipótesis, una vez firme la **resolución de inhibición**, se debe remitir la causa -por el letrado de la Administración de Justicia-, dentro del plazo de 3 días, al tribunal que

haya propuesto la inhibitoria, con emplazamiento de las partes y poniendo a disposición de aquel los procesados, las pruebas materiales del delito y los bienes embargados (LECr art.38). Por el contrario, si **se deniega la inhibición** se debe comunicar el auto al tribunal requirente con testimonio de lo expuesto por el Ministerio Fiscal y por las partes y de todo lo demás que se crea conducente, exigiéndole que conteste inmediatamente, para seguir actuando, si no insiste en la inhibición, o que remita la causa a quien corresponda para que decida la competencia.

5. El tribunal requirente ha de dictar, sin más trámites y en término de segundo día, auto desistiendo de la inhibitoria planteada o manteniendo su competencia. En caso de **desistimiento**, una vez firme la resolución, lo ha de comunicar, en el término de 24 horas, al requerido de inhibición, remitiéndole al propio tiempo todo lo actuado para su unión a la causa.
Si, por el contrario, **mantiene su competencia**, lo debe comunicar en el término de 24 horas al requerido de inhibición para que remita la causa al tribunal a quien corresponda la resolución, haciéndolo él de lo actuado ante el mismo.

7577 **b)** La **declinatoria** se tramita como artículo de previo pronunciamiento (nº 9313).
c) El régimen de **recursos** es el siguiente:
• En el caso de la **inhibitoria**, procede recurso de casación contra los autos que denieguen el requerimiento, acuerden la inhibición, desistan de la inhibición planteada o decidan la cuestión de competencia, salvo que en este caso procedan del Tribunal Supremo.
• Por su parte, el auto resolutorio de la **declinatoria** es apelable ante el Tribunal Superior de Justicia (LECr art.676 y 846 bis a).
Por el contrario, contra los **autos de las audiencias** en que acuerden inhibirse en favor de otra, el recurso procedente es el de casación, porque no tendría sentido que el auto de una audiencia resolviendo la declinatoria fuese recurrible en apelación y, en cambio, lo fuese en casación la resolución en que se acuerda, de oficio o a instancia de parte, inhibirse en favor de otra audiencia o denegar el requerimiento de inhibición -LECr art.25, 35 y 37- (TS auto 6-7-98, EDJ 7850).

7579 **Procedimiento abreviado** (LECr art.759) Cuando un tribunal o órgano jurisdiccional **rehúse** el conocimiento de una causa o **reclame** el conocimiento de la que otro tenga y haya duda acerca de cuál de ellos es el competente, el superior jerárquico, tras dar vista el letrado de la Administración de Justicia de la exposición y antecedentes al Ministerio Fiscal y a las partes personadas por plazo de 2 días, resuelve sin más trámites dentro del tercer día lo procedente, comunicando esta resolución al juez que la haya expuesto para su cumplimiento.
Cuando la cuestión surja en la **fase de instrucción**, cada uno de los órganos jurisdiccionales debe continuar practicando, en todo caso, hasta tanto se dirima definitivamente la controversia, las diligencias conducentes a la comprobación del delito, a la averiguación e identificación de los posibles culpables y a la protección de los ofendidos o perjudicados por el mismo, debiendo remitirse recíprocamente ambos órganos jurisdiccionales testimonio de lo actuado y comunicarse cuantas diligencias practiquen.

7580 **Proceso penal militar** (LO 2/1989 art.18 a 22) Se regulan las cuestiones de competencia positivas y negativas, promovidas de oficio o a instancia de parte, sobre el modelo del **doble cruce de comunicaciones** entre los órganos afectados.

7582 **Cuestiones positivas de competencia** (LO 2/1989 art.20) La tramitación de las mismas se debe ajustar a las reglas siguientes:
a) El juez o tribunal que se considere competente, previo informe del fiscal jurídico militar, debe **requerir de inhibición** al juez o tribunal que esté conociendo del asunto, por medio de oficio con el que se remitirá testimonio comprensivo del auto dictado y del informe del fiscal.
b) El **órgano requerido** debe acusar recibo inmediatamente y resolver, previo informe del fiscal jurídico militar, en término de 5 días, si se inhibe del conocimiento o mantiene la competencia. Si acuerda la inhibición, ha de remitir las actuaciones al requirente y las piezas de convicción, poniendo a su disposición a los inculpados. En caso contrario, debe contestar exponiendo las razones en que la funda.
c) El requirente, si **no se accede a su petición**, debe resolver dentro del término de 5 días si se aparta de la competencia o insiste en ella. En el primer caso debe comunicar su desistimiento al requerido y en el segundo elevar las actuaciones al tribunal a que corresponda decidir la cuestión, comunicando al requerido para que a su vez eleve las actuaciones tramitadas por él.

7585 **Cuestiones negativas de competencia** (LO 2/1989 art.21) Se sigue la siguiente tramitación:
1. El juez o tribunal que **se considere incompetente** se debe inhibir, remitiendo las actuaciones originales al órgano judicial que repute competente quien, en término de 5 días, debe decidir si acepta o no su conocimiento. En ambas resoluciones es preceptivo el informe del fiscal jurídico militar.

2. En el caso de que **acepte la competencia**, lo ha de comunicar al remitente para que de inmediato ponga a su disposición a los inculpados y piezas de convicción.
Si **rechaza el conocimiento**, debe devolver los autos al remitente, que resolverá en término de 5 días si desiste de la inhibición planteada o la sostiene. En este último supuesto debe elevar las actuaciones al tribunal al que corresponda decidir la cuestión, comunicándolo al otro juez o tribunal para que eleve las actuaciones que radiquen en su jurisdicción.

Recursos Son apelables los autos en que los jueces togados declaren su **incompetencia para conocer** de un asunto o resuelvan la inhibitoria o la declinatoria (LO 2/1989 art.13 y 18). Debe entenderse que este último precepto no se refiere a la decisión final de la cuestión de competencia que incumbe al tribunal superior, sino a la **denegación del requerimiento** de inhibición en la inhibitoria o en la declinatoria, en supuestos análogos a los regulados por LECr art.27 y 32 (nº 7562 s.). **7588**
Cuando la declinatoria se plantee ante un tribunal militar, es procedente el recurso de **casación** (LO 2/1989 art.290). Por el contrario, nada se dispone sobre el recurso procedente cuando dicho órgano colegiado resuelva de oficio inhibirse del conocimiento de un asunto o deniegue el requerimiento de inhibición cuando se le plantee una inhibitoria, aunque estimamos que debe admitirse el recurso de casación (por analogía con LECr art.35 s. y LO 2/1989 art.290).
En las **diligencias preparatorias**, por el contrario, se adopta el mismo sistema que el aplicable en el procedimiento abreviado (nº 7579), con la peculiaridad de que la audiencia del Ministerio Fiscal por el órgano decisor de la cuestión se practica *in voce* (LO 2/1989 art.386).

SECCIÓN 4

Abstención y recusación

7620

Se regula como una **garantía del derecho al juez imparcial** y gira en torno a las siguientes cuestiones: **7622** MPP nº 373, 1304
• Ante la concurrencia de una de las causas que legalmente suponen apariencia objetiva de **pérdida de imparcialidad**, no se impone al juzgador la obligación de superar el prejuicio personal que pueda tener sobre un asunto determinado, ni a las partes el asumir el riesgo de que el juez dicte, pese a ello, resolución en el mismo. Simplemente, el ordenamiento procura, una vez justificada la sospecha de parcialidad, el apartamiento del juez del conocimiento del asunto.
• Es deber del juez apartarse **por iniciativa propia** del conocimiento de un determinado asunto en cuanto compruebe que concurre causa legal para ello y sin esperar a que se le recuse, si bien la procedencia de la abstención ha de ser confirmada por el órgano judicial superior con competencia funcional para ello (LOPJ art.217 y 221; LECr art.55; LO 2/1989 art.51). Tanto el incumplimiento del deber de abstención como la injustificada abstención dan lugar, por otra parte, a la **responsabilidad disciplinaria** del juez -muy grave en el primer caso y grave en el segundo- (LOPJ art.417.8 y 418.15; LO 4/1987 art.131.7 y 132.13).
• Este planteamiento se hace extensivo, con idéntico alcance objetivo, a los miembros del **Ministerio Fiscal** (L 50/1981 art.28; LECr art.96 s.; LO 2/1989 art.67), a los **letrados de la Administración de Justicia** (LOPJ art.446; LECr art.84 s.; LO 2/1989 art.51) y a los **funcionarios** de los cuerpos al servicio de la Administración de Justicia (LOPJ art.499), con la peculiaridad de que los primeros no pueden ser recusados. Con un número más limitado de causas, alcanza incluso a los **peritos** intervinientes en el proceso (LECr art.468; LEC art.105 y 124 s.).
• En defecto de abstención, pueden las partes lograr el apartamiento del juzgador de un determinado proceso mediante la **recusación**, previo procedimiento incidental que finaliza por resolución de un órgano judicial superior, cuya determinación depende del nivel jerárquico del recusado y del número de miembros del órgano judicial afectados en cada caso por la recusación (nº 7480). Así, la recusación se configura como el único cauce previsto por el ordenamiento procesal para obtener el restablecimiento por los tribunales ordinarios de este derecho fundamental o evitar la consumación de su lesión (TCo 137/1994; 64/1997).

A. Causas

7640 Las causas de abstención y recusación se recogen, con **carácter general**, en el nº 2710 s. En este apartado son objeto de estudio algunos aspectos del régimen de la abstención y la recusación, que afectan de forma especial al proceso penal.

1. Aspectos básicos

7642 MPP nº 1315 s. La jurisprudencia ha destacado los siguientes aspectos básicos del régimen de la abstención y recusación (TS 11-7-03, EDJ 80849; 29-3-05, EDJ 40643; TS militar 23-11-99, EDJ 38009; 30-11-04, EDJ 229567):

a) El **carácter tasado** de las causas que permiten ejercitarla (nº 2732).

b) Ese carácter taxativo ha de conjugarse con una **interpretación amplia** de las causas legales, con la necesidad de que las disposiciones legales que las concretan y regulan sean interpretadas y aplicadas de conformidad con los criterios y pautas establecidos por la doctrina del Tribunal Constitucional y del Tribunal Europeo de los Derechos Humanos, aunque sin que ello suponga la creación de causas inexistentes (TS 22-11-01, EDJ 43634; 29-3-02, EDJ 12288).

2. Ausencia de imparcialidad objetiva

7650 MPP nº 1327 La jurisprudencia realiza un tratamiento casuístico de la ausencia de imparcialidad objetiva, a través de dos **causas** de abstención y recusación, previstas cada una de ellas para el proceso penal ordinario y para el militar:

- haber actuado como **instructor** de la causa penal o haber resuelto el pleito o causa en anterior instancia (LOPJ art.219.11ª);

- haber intervenido en **otro concepto**, en el mismo procedimiento (LO 2/1989 art.53.11ª).

Todos los supuestos que se examinan a continuación tienen en común, como regla general, que el juez sospechoso de parcialidad es llamado a dictar resolución de fondo en asuntos de los que ha conocido en **anteriores fases** por haber cambiado de destino profesional en su carrera o, en virtud de las reglas competencia funcional, cuando las mismas tengan efecto devolutivo.

Aunque la **legitimación para recusar** se confiere por la legalidad ordinaria a todas las partes del proceso (LOPJ art.218.2º; LECr art.53; LO 2/1989 art.52), desde la perspectiva constitucional se entiende que la exigencia constitucional de que no se acumulen en un mismo órgano judicial las funciones de instrucción y enjuiciamiento se refiere únicamente respecto al **acusado**, por ser la misma exigencia una derivación del principio acusatorio. Por ello se afirma que, mientras la imparcialidad subjetiva es predicable de todas las partes, las exigencias derivadas del derecho al juez imparcial no son extensibles sin más, en su vertiente objetiva, a la **parte acusadora**, pues por la propia naturaleza y finalidad de la instrucción preparatoria, ningún prejuicio o prevención puede nacer en el ánimo del juez sentenciador en relación con la acusación por el solo hecho de haber instruido la causa (TCo 136/1992). Sin embargo, ello no excluye que el **Ministerio Fiscal**, que desarrolla en el proceso funciones ajenas a los intereses particulares, pueda plantear una recusación basada en la pérdida de la imparcialidad objetiva, a pesar de la pasividad del acusado, si entiende que objetivamente concurren razones para ello (TS 5-3-03, EDJ 6590).

7652 Precisiones No toda actuación procesal ha de producir necesariamente el resultado de inhabilitarle para la posterior decisión del asunto. La determinación de las **circunstancias concretas** que permitan en cada caso considerar como objetivamente justificadas las dudas sobre la imparcialidad judicial no está vinculada tanto con una relación nominal de actuaciones o decisiones previas del juzgador cuanto con la comprobación, en cada supuesto en particular, de si en la intervención previa en la que el recusante residencia sus dudas el órgano judicial ha adoptado o tenido que adoptar una decisión en la que se hayan valorado cuestiones sustancialmente idénticas o muy cercanas a aquellas que deben ser objeto de pronunciamiento o resolución en el enjuiciamiento sobre el fondo (TCo 310/2000; 39/2004), por lo que el único método aplicable para resolver la cuestión es el **examen caso por caso** de la intensidad y contenido del contacto del juez con el material instructorio.

7654 MPP nº 1329 s. **Actos de instrucción** Se consideran tales los que implican haber reunido el material necesario para que se celebre el juicio oral (LECr art.299; LO 2/1989 art.146).

7660 MPP nº 1333 s. **Resolución de recursos devolutivos** Puede afectar a la **imparcialidad objetiva** la resolución de recursos devolutivos contra resoluciones del juez de instrucción del órgano competente cuando este es el llamado al posterior enjuiciamiento de fondo del mismo asunto. Ello sucede siempre que se aprecie en las circunstancias específicas del caso concreto que los integrantes del tribunal, al resolver un recurso o dictar alguna otra resolución de su competencia previa al enjuiciamiento, han expresado un prejuicio sobre el fondo de la cuestión o sobre la culpabilidad del investigado (TS 9-7-02, EDJ 33105; 21-1-03, EDJ 1009).

En general se debe distinguir, en vía de recurso devolutivo, entre dos especies de resoluciones (TS 24-10-12, EDJ 256836):

a) **Confirmatorias de lo decidido por el instructor**. En la medida que el control efectuado se limita a validar las razones expuestas en la resolución judicial impugnada, en general el sentido de que su intervención en tales resoluciones no habrá visto comprometida su **imparcialidad**, siempre que no se tome postura en relación a la culpabilidad y por tanto no se valoren cuestiones fácticas de las personas afectadas. En todo caso se debe ser **aséptico en la argumentación**, porque cabe la posibilidad de pérdida de imparcialidad.

b) **Revocatorias**. Cuando la decisión sea contraria a lo decidido por el instructor -por ejemplo acordando la continuación de la investigación y revocando el archivo-, tal contacto con el objeto del proceso, asumiendo una decisión de esa naturaleza, implica un **compromiso** demasiado intenso con el mismo que impedirá ya, que a la hora de su enjuiciamiento, pueda el magistrado entrar a realizarlo **sin un prejuicio previo**, o, por lo menos, que no se satisfagan las **exigencias de apariencia** que se requieren en el ejercicio de la actividad jurisdiccional.

En todo caso, deben analizarse con cautela y detalle las **concretas circunstancias** de cada asunto y los términos y argumentaciones empleados en las resoluciones afectadas, para, desde una perspectiva externa, puedan estimarse fundadas las razones del impugnante que considera que se perdió la **imparcialidad objetiva** de los magistrados concernidos, o por el contrario, si las razones esgrimidas no ofrecen dada esta perspectiva externa, razones serias de tal pérdida, pues lo que carece de todo apoyo ni es garantía alguna, es el pretendido derecho de todo investigado a lo que podría llamarse «un tribunal a la carta» (TS 4-5-16, EDJ 58232).

Precisiones La tesis de la **ausencia de imparcialidad** por la mera resolución es estos recursos (en concreto, el de apelación contra el auto de procesamiento) parece abrirse paso en TS 9-10-14, EDJ 197483.

Fase intermedia del proceso En esta fase, cuando funcionalmente compete su conocimiento al tribunal que ha de fallar sobre el fondo (LECr art.622 s.; LO 2/1989 art.240 s. y 393) son diversas las actuaciones que pueden suponer contacto con material instructorio o juicio de inculpación anticipado, dando lugar a la pérdida de la imparcialidad de sus autores, que quedan inhabilitados para dictar la sentencia de fondo. Esto ocurre: **7667** MPP nº 1343

a) Cuando el órgano judicial devuelva el proceso a la fase instructora y ordene al instructor la práctica de **diligencias complementarias** (LECr art.631 y 780; LO 2/1989 art.242).

b) Cuando el órgano judicial **se opone al sobreseimiento** libre interesado por el Ministerio Fiscal por conceptuarlo improcedente, pues un examen en sentido contrario de las causas que rigen dicho pronunciamiento (LECr art.637; LO 2/1989 art.246) revela que la conceptuación del mismo como improcedente equivale, sin duda, a un juicio anticipado de culpabilidad. Por ello, el tribunal que propicie la personación del ofendido como acusador particular (LECr art.642, 643 y 782.2.a; LO 2/1989 art.248) o que eleve los autos al superior jerárquico del fiscal actuante para que decida si ejercer o no la acción penal (LECr art.644 y 782.2.b; LO 2/1989 art.249), debe acto seguido abstenerse de seguir conociendo del asunto por falta de imparcialidad objetiva (TS 24-6-03, EDJ 49525; 19-1-06, EDJ 315).

Apertura de juicio oral La resolución por la que se abre la fase de juicio oral puede, en determinados casos, ser equivalente a un **juicio anticipado de inculpación** cuando la competencia corresponde al juez instructor y no al órgano competente para el fallo, como sucede concretamente en el proceso penal abreviado y en el de jurado (LECr art.783; LO 5/1995 art.33), de manera que determina la inhabilitación procesal del primero cuando sea llamado a dictar sentencia de fondo, especialmente si en el mismo existe, como es obligado, pronunciamiento sobre **medidas cautelares** (LECr art.783.2), aunque se trate de la mera libertad provisional con la obligación *apud acta* (LECr art.530). **7669** MPP nº 1341

Ello es así porque la apertura del juicio oral puede denegarse cuando el juez instructor estime que los hechos no son constitutivos de delito o que no concurren indicios racionales de criminalidad en el acusado (LECr art.783.1), lo que a contrario convierte al auto de apertura en un claro supuesto de inculpación provisional y de quiebra de la imparcialidad (TCo 170/1993; 310/2000).

Fase de juicio oral Durante esta fase e incluso en el propio acto de la vista pueden también producirse actuaciones judiciales del órgano de enjuiciamiento susceptibles de afectar a su imparcialidad. **7670** MPP nº 1345

A) No produce dicho efecto la **admisión o denegación de la prueba** de que las partes intenten valerse en el juicio oral, aunque la misma se produzca subsanando defectos evidentes en su proposición -como cuando en proceso ordinario se ordena la comparecencia de dos peritos y no de uno solo, como proponía la parte- (TS 20-7-01, EDJ 16168; 24-9-04, EDJ 159648)

B) El tribunal tiene reconocida **iniciativa probatoria** durante el juicio oral: puede practicar en el acto de la vista oral, además de las pruebas admitidas, de entre las propuestas por las partes en conclusiones provisionales, las que no han sido propuestas por ninguna de las partes, que el tribunal considere necesarias para la comprobación de cualquiera de los hechos que hayan sido objeto de los escritos de calificación (LECr art.729).

7672 MPP nº 1347 **C)** El caso de las llamadas **sentencias de reenvío** se produce cuando, estimado un recurso por quebrantamiento de forma, anula una sentencia y devuelve el procedimiento al tribunal que la dictó para que lo haga de nuevo una vez reparado el vicio procesal (LECr art.792.2 y 901 bis.a). Sobre si la segunda sentencia puede dictarse por los mismos jueces que la sentencia anulada, la opinión del Tribunal Constitucional y del Tribunal Supremo no es unánime:

1. El Tribunal Constitucional estima que la determinación de la **composición del tribunal** que debe conocer de nuevo el asunto queda sujeta a las reglas ordinarias sobre reparto, funcionamiento y composición de los tribunales, sin que sea una exigencia legal ni constitucional derivada del derecho al juez imparcial ni del principio de imparcialidad objetiva que, cuando se decrete la nulidad de actuaciones fundada en un vicio esencial de procedimiento, el órgano que deba conocer de nuevo el proceso o recurso tenga que ser otro distinto del que conoció anteriormente el asunto (TCo 157/1993; 316/1993).

2. Por el contrario, es criterio consolidado del Tribunal Supremo, al estimar recursos de casación por quebrantamiento de forma, que el nuevo juicio oral y la nueva sentencia han de celebrase y dictarse por un **tribunal distinto** del autor de la sentencia anulada (TS 9-10-95, EDJ 4788; TS militar 30-11-04, EDJ 229567). Respetándose este criterio sobre la composición del tribunal, nada impide que en la segunda sentencia, tras el juicio oral correspondiente, se declaren probados los mismos hechos que en la sentencia anulada, pues ello obedece a la normal apreciación de la prueba por parte de los órganos judiciales (TS 6-2-03, EDJ 3237).

La anterior exigencia sobre composición del órgano que dicta segunda sentencia parece solo aplicable cuando para ello sea preciso un nuevo enjuiciamiento con **repetición del juicio oral** y no cuando la producción de la nueva sentencia solo implique una labor de índole técnico, como sucede en los casos de incongruencia omisiva, en que el reenvío tiene por objeto el pronunciamiento sobre las cuestiones omitidas en la primera resolución.

7676 **D)** Las **preguntas dirigidas al acusado** por el juez durante la vista oral pueden llegar a afectar a la imparcialidad de quien las formula. La doctrina más autorizada las admite como una práctica judicial de la que se debe hacer un uso muy moderado y solo para solicitar aclaraciones.

Cuando el acusado se niega a responder en el juicio oral a las preguntas de la acusación, no puede el tribunal **reproducir o efectuar un interrogatorio** de naturaleza claramente acusatoria sin pérdida de la necesaria imparcialidad que debe guardar, pues ello supone una posición o rol que no corresponde al juzgador, que en tal caso aparentemente tiende a cooperar al éxito de la pretensión condenatoria de la parte acusadora. Así ocurre cuando el presidente acuerda la **lectura de unas declaraciones** efectuadas en sede policial que no habían sido introducidas en el plenario ni solicitadas por la acusación, supliendo las deficiencias de planteamiento de una prueba cuya carga le corresponde, o cuando dirige al acusado una serie de preguntas claramente incriminatorias que exceden de las meras matizaciones a que se refiere LECr art.708, vulnerando el espíritu de su exposición de motivos, en la que se ordena a los magistrados permanecer durante la discusión pasivos, retraídos, neutrales, a semejanza de los jueces de los antiguos torneos, limitándose a dirigir con ánimo sereno los debates (TS 9-3-99, EDJ 2260; 2-3-05, EDJ 30366).

E) Pierde igualmente su imparcialidad objetiva el magistrado-presidente de un **Tribunal de Jurado** que al observar que en el acta del veredicto el jurado había declarado por unanimidad culpable al acusado de homicidio, estimando que ello era contradictorio con los hechos que habían declarado probados y no probados, devuelve el acta al jurado e indica a sus miembros que debían corregir y modificar dicho extremo y, en su lugar, declarar al acusado no culpable de dicho hecho, por considerar que la muerte se había producido de forma involuntaria (TS 10-10-01, EDJ 35417).

7677 **Adopción de resoluciones por tribunales colegiados** (LOPJ art.262) Cuando en la votación de una sentencia o auto no resulte mayoría de votos sobre cualquiera de los pronunciamientos de hecho o de derecho que deban hacerse, deben volver a discutirse y a votarse los puntos en que hayan disentido los votantes. Si no se obtiene acuerdo, la discordia se debe resolver mediante **celebración de nueva vista**, concurriendo los magistrados que hayan asistido a la primera, aumentándose dos más, si ha sido impar el número de los discordantes, y tres en el caso de haber sido par.

Este precepto, al ordenar la celebración de nueva vista ante los mismos magistrados que celebraron la primera y no obtuvieron la necesaria mayoría de votos para dictar sentencia, puede arrojar serias sombras sobre la **imparcialidad objetiva** de quienes participan en ambas vistas orales.
Similar problema puede plantearse en los casos de **imposibilitarse algún magistrado** tras el acto de la vista y antes de votarse la sentencia, así como cuando haya perdido la condición de magistrado, haya sido suspendido en sus funciones o haya accedido a cargo público o profesión incompatible con el ejercicio de la función jurisdiccional (LOPJ art.257 y 258; LEC art.194.2 y 199).

Otras actuaciones procesales En la casuística jurisprudencial pueden encontrase casos en los que se cuestiona la imparcialidad del juzgador a raíz de determinadas actuaciones procesales distintas de las comentadas hasta ahora, todos ellos resueltos en **sentido negativo**. **7679** MPP nº 1355 s.

3. Causas de abstención y recusación del Tribunal del Jurado

La posibilidad de recusación es aplicable a los jurados que integran el Tribunal del Jurado. **7700** MPP nº 1370 s.
Nadie puede formar parte como jurado del Tribunal cuando (LO 5/1995 art.11):
- conozca de una **causa** en la que sea acusador particular o privado, actor civil, acusado o tercero responsable civil;
- mantenga con quien sea parte alguna de las **relaciones** a que se refiere LOPJ art.219.1ª a 8ª, que determinan el deber de abstención de los jueces y magistrados;
- tenga con el magistrado-presidente del tribunal, miembro del Ministerio Fiscal o letrado de la Administración de Justicia que intervenga en la causa o con los abogados o procuradores, el **vínculo de parentesco** o relación a que se refiere LOPJ art.219.1ª a 4ª, 7ª, 8ª y 11ª;
- haya intervenido en la causa como **testigo, perito, fiador o intérprete**; o
- tenga **interés**, directo o indirecto, en la causa.

Además, de las prohibiciones citadas, se regulan **causas de incapacidad y de incompatibilidad** para ser jurado (LO 5/1995 art.9 y 10). Su tratamiento procesal es idéntico al de las prohibiciones.

Precisiones Es exigible la **imparcialidad objetiva** en la constitución y composición de este tribunal, como en la de cualquier órgano jurisdiccional (TS 24-2-05, EDJ 37431; 27-4-05, EDJ 71564).
La jurisprudencia del Tribunal Europeo de los Derechos Humanos identifica los**motivos concretos de recusación**. Cabe señalar los siguientes:
- **Vinculación política** entre los jurados y una de las partes (TEDH 25-11-93, núm 14191/88).
- **Ideología racista** conocida o confesada de algún jurado (TEDH 23-4-96, núm 16839/90; 25-2-97, núm 22299/93).
- **Dependencia laboral** entre el jurado y uno de los testigos (TEDH 10-6-96, núm 22399/93).

B. Procedimiento

(LOPJ art.221 y 222; LO 2/1989 art.54 s.)

Abstención Debe comunicarse por el magistrado o juez en escrito razonado, tan pronto como sea advertida la causa que la motive, a la sección o sala de la que forme parte o al órgano judicial al que corresponda la **competencia funcional** para conocer de los recursos contra las sentencias que el juez dicte, suspendiéndose el curso del proceso hasta que se resuelva sobre ella o transcurra el plazo previsto para su resolución. **7720**
El órgano competente para resolver (nº 7477) lo hará en el **plazo** de 10 días. Si no estima justificada la abstención, debe ordenar al juez o magistrado que continúe el conocimiento del asunto, alzándose la suspensión del curso del proceso y sin perjuicio del derecho de las partes a hacer valer la recusación. Por el contrario, si se estima justificada la abstención, el abstenido o la sala a la que pertenezca ha de dictar auto, no susceptible de recurso alguno, apartándose definitivamente del asunto y ordenando remitir las actuaciones al que deba sustituirle.
La **falta de resolución** en plazo alza la suspensión del curso del proceso, lo que entendemos no impide en absoluto una posterior resolución estimatoria.
La abstención y la sustitución del juez o magistrado que se ha abstenido deben ser **comunicadas a las partes**, incluyendo el nombre del sustituto.
En el **proceso penal militar** se prevé un procedimiento similar, si bien transcurridos 5 días desde que el interesado remitió su escrito de abstención sin recibir la orden de que continúe en el conocimiento del procedimiento, se apartará definitivamente del mismo, nombrándose quien le sustituya.

7724 **Recusación** El estudio de la **competencia** para la instrucción y resolución de incidentes de recusación se expone en el nº 7480.

Para la efectividad del derecho a recusar es evidente que las partes han de **conocer la identidad** de las personas que componen el tribunal, lo que en los órganos del orden jurisdiccional penal no plantea problema alguno, pues su plantilla es pública y conocida de antemano. Por ello se dispone que se comunique a las partes cualquier alteración de la misma, sea por la vía de la suplencia (LOPJ art.202) o de la recusación y que se notifique a las partes la providencia de designación de ponente (LOPJ art.203). La consecuencia de la infracción de estas normas, no es automática, pues el derecho a ser juzgado por un tribunal predeterminado por la Ley no se ve afectado por el **cambio del ponente**, ya que este expresa en la sentencia el punto de vista común de todos los componentes del tribunal. La modificación de la composición de una sala por sustitución de uno de sus miembros sin hacerlo saber a las partes alcanza relevancia de infracción constitucional cuando se constate una **incidencia material** concreta además de la mera irregularidad puramente formal, lo que debe apreciarse cuando a la ausencia de comunicación respecto a la composición del tribunal se acompañe manifestación expresa de la parte interesada sobre la concurrencia de una causa de recusación concreta, que no pudo aducirse por desconocimiento de la composición del tribunal (TCo 137/1994; 64/1997; TS 18-2-00; 22-3-01, EDJ 6002; 15-9-05, EDJ 144807).

A la misma finalidad tienden en el procedimiento del **Tribunal del Jurado** las normas que aseguran la remisión del cuestionario a las partes y la presencia de estas en el acto de sorteo de jurados (nº 7727).

Por otra parte y como regla general, la mera **omisión de la obligada notificación a las partes** de los cambios en la composición del tribunal y el consiguiente desconocimiento de estas de la formación exacta del órgano judicial no entraña vulneración constitucional, salvo cuando se demuestre que impidió acreditar que quien juzgó la causa incurría en una concreta causa legal de recusación que no resulte *prima facie* descartable y que no pudo ser puesta de manifiesto por omisión imputable al órgano judicial (TS 27-2-07, EDJ 13432).

Precisiones En el **proceso penal militar**, la plantilla de los tribunales militares no coincide con la composición de la sala que conoce de un asunto determinado, pues la primera se compone de cinco jueces técnicos en Derecho (vocales togados) y la segunda se integra por tres o dos, a los que se añade, para dictar sentencia penal, un juez lego en Derecho y un suplente del mismo (vocales militares, pertenecientes, según la condición del inculpado, al Cuerpo General de las Armas en el Ejército de Tierra, al Cuerpo General o al de Infantería de Marina en la Armada, al Cuerpo General en el Ejército del Aire o al Cuerpo de la Guardia Civil, designados por insaculación (LO 4/1987 art.36, 39, 41, 46, 49 y 51). Para asegurar la posibilidad de recusación, se precisa la citación de las partes para el acto de **sorteo de vocales militares** (LO 4/1987 art.39 y 49) y la designación en la providencia de nombramiento de ponente, que debe notificarse a las partes, de los vocales togados del tribunal, que han de conocer de un asunto determinado, pues la Ley exige que sean designados según el turno establecido por el tribunal al principio del año judicial, entre el auditor presidente y los vocales togados con base en criterios objetivos (LO 4/1987 art.41 y 51).

7725 **Propuesta** (LOPJ art.223.1; LO 2/1989 art.56) La recusación debe proponerse tan pronto como se tenga **conocimiento de la causa** en que se funde; en otro caso no se admitirá a trámite.

MPP nº 1384

- Se han de inadmitir las recusaciones cuando no se propongan en el plazo de 10 días desde la notificación de la primera resolución por la que se conozca la identidad del juez o magistrado a recusar, si el conocimiento de la concurrencia de la causa de recusación fuese anterior a aquel.
- Cuando se proponga pendiente ya un proceso, se ha de inadmitir si la causa de recusación se conocía con anterioridad al momento procesal en que la recusación se proponga.

Además, el propio recusado puede rechazar *a limine* su propia recusación, cuando es patente que la misma responde a fines espurios y es contraria a la buena fe, por entrañar **abuso de derecho y fraude legal** (LOPJ art.11.2). Así, cuando se propone por quien no es parte en el proceso o falta alguno de los presupuestos de admisibilidad, incumplimiento de requisitos formales que afectan a la esencia del procedimiento, cuando no se alega la causa en que legítimamente puede fundarse o cuando no se establecen los hechos que le sirven de fundamento (TCo 47/1982; TS 5-11-97; 10-12-04, EDJ 197316).

La **admisión de la interposición tempestiva** del incidente de recusación pretende evitar estrategias procesales fraudulentas (AP Granada 24-6-20, EDJ 733010). Se persigue **evitar los efectos** de una tardía declaración de nulidad lesiva del derecho a un proceso sin dilaciones indebidas; se condiciona *ex lege* la viabilidad de la recusación a que se formule en el tiempo procesalmente oportuno (TS 17-1-24, EDJ 502316), tan pronto como se conozca su causa y que pueda ser resuelta antes de avanzar en la tramitación del proceso (TS 6-7-17, EDJ 133403).

De la regulación legal se deduce que la **posibilidad de inadmisión preliminar** de una recusación está contemplada expresamente en la LOPJ en tres momentos:
- la que se puede acordar cuando se basa en la extemporaneidad (LOPJ art.223.1);
- la que corresponde decidir al instructor, por los motivos contemplados en LOPJ art.225.2; y
- la que resulta de aplicar LOPJ art.11.2, cuando las peticiones, incidentes y excepciones se formulen con manifiesto abuso del derecho o entrañen fraude de ley o procesal (TCo 229/2003; TS auto 15-2-23, EDJ 516875).

En el proceso del **Tribunal del Jurado**, se distingue un doble momento para plantear la recusación de los jurados, que se resuelve en ambos casos por el magistrado presidente sin ulterior recurso: **7727**

a) Uno, en el trámite de **designación de los candidatos** a jurados para cada causa, tras la cumplimentación por estos del cuestionario regulado en LO 5/1995 art.19.2, cuyo trámite es común al de las excusas y advertencias (LO 5/1995 art.21 a 23). El Ministerio Fiscal y las demás partes, a quienes se ha debido entregar previamente el cuestionario cumplimentado por los candidatos, pueden formular recusación, dentro de los 5 días siguientes al de dicha entrega, por concurrir falta de requisitos o cualquiera de las causas de incapacidad, incompatibilidad o prohibición, proponiendo la prueba de que intenten valerse. El magistrado presidente señalará día para la vista de la recusación presentada, citando a las partes y a quienes hayan expresado advertencia o excusa y resolverá dentro de los 3 días siguientes. Si a causa de ello la lista de candidatos a jurados designados para una causa queda reducida a menos de veinte, el magistrado presidente debe disponer que el letrado de la Administración de Justicia proceda al inmediato sorteo, en igual forma que el inicial, de los candidatos necesarios para completar dicho número, siendo de nuevo aplicable el régimen de cuestionario expuesto.
Cualquier causa de recusación de la que se tenga conocimiento en ese tiempo, que no sea formulada, no puede alegarse posteriormente.

b) Otro, en el momento de la **constitución** del Tribunal del Jurado, en el que las partes pueden recusar en dos ocasiones:

• **Antes del sorteo** para designar jurados, cuando estimen que concurre causa de incapacidad, incompatibilidad o prohibición en los candidatos que hayan comparecido al acto de constitución del tribunal (LO 5/1995 art.38.3 y 4), cosa que deben hacer individualmente tras el interrogatorio de cada uno de ellos (TS 17-3-05, EDJ 37448).

• Una vez **celebrado el sorteo** y designados los nueve jurados y sus dos suplentes, las partes acusadoras y acusadas, salvo el actor civil y el tercero responsable civil, tras formular al designado las preguntas que el magistrado presidente declare pertinentes, pueden recusar sin alegación de causa hasta a ocho de los designados, cuatro por la acusación y cuatro por la defensa. Si hay varios acusadores y acusados, deben actuar de mutuo acuerdo para indicar los candidatos a jurados que recusan sin alegación de causa, decidiéndose por sorteo, a falta de acuerdo, el orden en que las partes acusadoras o acusadas pueden formular la recusación, hasta que se agote el cupo de recusables (LO 5/1995 art.40).

Incidente de recusación (LOPJ art.223, 225, 226 y 228; LO 2/1989 art.58 a 65) La recusación se ha de proponer por **escrito** firmado por el abogado y por procurador, si intervienen en el pleito, y por el recusante, o por alguien a su ruego si no sabe firmar, expresando concreta y claramente la causa legal y los motivos en que se funde y acompañando un principio de prueba sobre los mismos. El **procurador** debe acompañar poder especial para la recusación y, si no intervienen procurador y abogado, el recusante ha de ratificar la recusación ante el letrado de la Administración de Justicia del tribunal. **7729**

Del escrito de recusación se ha de dar **traslado a las demás partes** del proceso para que, en el plazo común de 3 días, manifiesten si se adhieren o se oponen a la causa de recusación propuesta o si, en aquel momento, conocen alguna otra causa de recusación, de modo que la parte que no proponga recusación en dicho plazo, no puede hacerlo con posterioridad, salvo que acredite cumplidamente que, en aquel momento, no conocía la nueva causa de recusación.

El día hábil siguiente a la finalización de dicho plazo, el **recusado** ha de pronunciarse sobre si admite o no la causa o causas de recusación formuladas, pasando acto seguido, en el mismo día, al conocimiento del asunto al sustituto y remitiéndose el escrito y los documentos de la recusación al tribunal al que corresponda instruir el incidente.

El **efecto inicial** de la recusación consiste en que el recusado queda inhabilitado para intervenir tanto en el incidente como en el proceso principal (LOPJ art.225.1; LECr art.61; LO 2/1989 art.60) y en la suspensión del curso de este, si bien limitado a la fase de juicio oral, pues el juez de instrucción que legalmente sustituya al recusado debe continuar con la tramitación de la causa (LOPJ art.223.4; LO 2/1989 art.59).

7730 Si el recusado **acepta la causa de recusación**, se resuelve el incidente sin más trámites. Si **no acepta la recusación**, el instructor debe decidir sobre la admisión a trámite de la recusación propuesta y, en su caso, ordenar la práctica de la prueba solicitada que sea pertinente y la que estime necesaria, en el plazo de 10 días, remitiendo acto seguido lo actuado al órgano competente para decidir el incidente. Recibidas por este las actuaciones, se debe dar traslado de las mismas al Ministerio Fiscal para que informe por plazo de 3 días, tras cuyo transcurso, con o sin informe del Ministerio Fiscal, se ha de decidir el incidente dentro de los 5 días siguientes.
El **auto** que desestime la recusación acordará devolver al recusado el conocimiento del pleito o causa, en el estado en que se halle y condenará en las costas al recusante, salvo que concurran circunstancias excepcionales que justifiquen otro pronunciamiento. Cuando la resolución que decida el incidente declare expresamente la existencia de mala fe en el recusante, se puede imponer a este una multa de 180 a 6.000 euros. Por el contrario, si la resolución es estimatoria, apartará definitivamente al recusado del conocimiento del pleito o causa, del que continuará conociendo, hasta su terminación, aquel a quien corresponda sustituirle.
Contra la decisión del incidente no cabe **recurso** alguno, sin perjuicio de hacer valer, al recurrir contra la resolución que decida el pleito o causa, la posible nulidad de esta por concurrir en el juez o magistrado recusado la causa alegada al efecto.

SECCIÓN 5

Partes

7800

7802 Los titulares de los bienes jurídicos vulnerados por el delito no ostentan un derecho fundamental a la condena del culpable (TCo 157/1990; 218/1997; 67/1998; 138/1999; 16/2001), sino solo el **derecho de acción penal** o de acceso a la jurisdicción. El derecho de acción penal que asiste a la víctima de un delito supone para esta el derecho a poner en marcha un proceso, sustanciado de conformidad con las reglas del proceso justo, en el que pueda obtener una respuesta razonable y fundada en Derecho (TCo 215/1999; 120/2000; 178/2001; 174/2004).

MPP nº 1054

A diferencia de lo que ocurre en otros procesos, en el penal existe una fase procesal -la instrucción- que tiene por finalidad, entre otras, la de **determinar la parte pasiva** del proceso, en el que no se fija la legitimación activa hasta el momento de apertura del juicio oral (LECr art.299, 384, 641.2º, 650 y 783; LO 5/1995 art.33). A ello ha de unirse la consideración de que, aunque desde un punto de vista material tal vez el **investigado** pudiera considerarse como parte al ser titular de derechos subjetivos que pueden resultar limitados por la pena (Gimeno Sendra), esta conclusión solo es posible, por imperativo del derecho a la presunción de inocencia, tras la firmeza de la sentencia, con lo que solo existiría una parte material y solo en la fase de ejecución de sentencia.
La **incoación** del proceso y la existencia del mismo son independientes de la realización de acto alguno de postulación por el titular de los bienes jurídicos vulnerados y de su presencia en el mismo como parte procesal, pues en la mayor parte de los casos (delitos públicos) el procedimiento se incoa de oficio y la acción penal se ejerce por un órgano del Estado, el Ministerio Fiscal, con abstracción de la condición formal de parte del ofendido o incluso de terceros (LECr art.105, 271, 306 y 308; LO 4/1987 art.89; LO 2/1989 art.130; L 50/1981 art.3.4).
Además, el ofendido no tiene **poder de disposición** alguno sobre el objeto del proceso, pues la acción penal no se extingue como regla general por renuncia (LECr art.106) ni la responsabilidad criminal por perdón (CP art.130.4º).

7805 Precisiones La regla anterior sufre **excepciones** de diverso grado que, en general, consisten en la exigencia de una manifestación de voluntad del ofendido para el nacimiento del proceso, unida en algunos casos a la relevancia del perdón como causa extintiva de la responsabilidad criminal. Pero la exigencia de **denuncia** como condición de procedibilidad no convierte en parte a quien la formula (LECr art.264) ni priva de protagonismo al ejercicio oficial de la acción penal, sin que por otra parte en todos los supuestos en que se exige denuncia se otorgue eficacia al perdón. Solo en los delitos de **injuria y calumnia** el ejercicio de la acción penal corresponde en exclusiva al ofendido, que dispone además plenamente de la subsistencia de la misma y puede extinguirla mediante renuncia (LECr art.104, 105 y 275; CP art.215).

Las anteriores conclusiones han de limitarse a la parte estrictamente penal del proceso y no son trasladables sin más a la **acción civil derivada del delito** que puede ejercerse en el seno del mismo (CC art.1092; CP art.109; LECr art.100 s.), en relación con la cual sí son aplicables los conceptos propios del proceso civil. Sin perjuicio de una detallada exposición posterior, ha de tenerse en cuenta, en la extinción de la acción civil por renuncia, la posibilidad de ejercicio separado de la misma y su no extinción por muerte del investigado, encausado y por extinción de la acción penal, salvo en caso de inexistencia del hecho (LECr art.106.2, 112, 115 y 116).

La Ley propicia el **ejercicio simultáneo** de ambas acciones, pues se asigna al Ministerio Fiscal el papel de sustituto procesal del acreedor y, salvo renuncia o reserva, se le impone el ejercicio conjunto de la acción civil y de la penal, incluso cuando el ofendido ejercite ambas en el mismo proceso como acusador particular, estableciéndose además la presunción de que ambas acciones se ejercitan conjuntamente (LECr art.108 y 112).

A. Clasificación

Las partes procesales pueden clasificarse desde dos puntos de vista: **7820**
- por la posición o función procesal; y
- por la necesidad de su presencia para la existencia del proceso.

Cuando alguna de las partes en el proceso penal sea **menor de edad**, ha de tenerse presente el tratamiento procesal del principio del interés superior del menor, que puede resultar extensible en algunos de sus extremos a las causas penales que afecten a menores (LO 1/1996 art.2).

1. Por la posición o función procesal

De acuerdo con la función procesal que desempeña cada una de las partes, puede distinguirse entre partes activas y pasivas. Las partes activas ejercen pretensiones de condena penal y eventualmente civil frente a otra u otras, que son las denominadas partes pasivas. **7825**

Precisiones 1) Cabe plantearse la cuestión de si una misma persona puede ocupar simultáneamente, en un mismo proceso, **posiciones procesales características de partes activas y pasivas**, cuestión que parece permitir la LECr, cuando dispone que la acusación se extenderá a lasdelitos leves imputables al acusado del delito o a otras personas, cuando la comisión del delito leve o su prueba estuviera relacionada con el delito (LECr art.781.1). Los criterios jurisprudenciales sobre el particular son esencialmente dos:

• Un **único suceso natural** que da lugar a un único delito o infracción criminal no permite que pueda un acusado asumir simultáneamente la condición de parte acusadora (TS 27-5-98, EDJ 4863).

• Con carácter excepcional, cuando se trate de **acciones distintas derivadas de un mismo suceso**, puede aparecer una persona en la doble condición de víctima e investigado, acusado y acusador, siendo para ello necesario que el enjuiciamiento separado de cada una de las acciones produzca división de la continencia de la causa, con riesgo de sentencias contradictorias y que así lo exija la salvaguarda del derecho de defensa y de la tutela judicial efectiva (TS 19-1-94, EDJ 247; 10-12-98, EDJ 27847; 29-6-01, EDJ 15457; 29-10-04, EDJ 183493; Acuerdo TS Pleno no Jurisdiccional Sala 2ª 27-11-98).

2) Tras la desaparición de las faltas del texto del Código Penal por la LO 1/2015, las referencias anteriores han de entenderse hechas a los **delitos leves**.

Partes activas Son aquellas que ejercen las pretensiones de condena penal y civil. Por esta razón, pueden clasificarse a su vez en partes penales y civiles, según la naturaleza de la pretensión ejercida. **7826**

Partes penales Pueden ser las siguientes: **7828**

• **Acusación pública**, ejercitada por el **Ministerio Fiscal** en los delitos públicos y semipúblicos (LECr art.105, 271 y 773). En virtud de los principios de legalidad, imparcialidad, objetividad e independencia que caracterizan a la institución (L 50/1981 art.6 y 7), la actuación del Ministerio Fiscal en el proceso se sustenta en las funciones que le son propias de promover la acción de la justicia en defensa de la legalidad, de los derechos de los ciudadanos y del interés público tutelado por la Ley (Const art.124; LOPJ art.541 y 541 bis; LO 4/1987 art.88; L 50/1981 art.1) y no pretende la satisfacción de interés privado alguno, por lo que su función acusadora está condicionada a la objetiva procedencia en Derecho de la asunción de ese papel en cada caso concreto, pudiendo representar el contrario si así lo impone la recta aplicación del ordenamiento (LECr art.627 y 782; LO 6/1984 art.3; L 50/1981 art.3.4; LO 2/1989 art.240 y 393).

En los **delitos semipúblicos**, puede denunciar el Ministerio Fiscal si la persona agraviada es menor de edad, persona con discapacidad necesitada de especial protección o desvalida (LECr art.105).
El ejercicio oficial de la acción penal resulta **compatible**, pero independiente de ella, con la actuación de la misma en el caso concreto por el ofendido o por terceros, por lo que puede, en su caso, concurrir el Ministerio Fiscal con los acusadores particular y popular.
• **Acusación particular**, ejercida por la persona ofendida por el delito con independencia de su capacidad de obrar general (LECr art.102, 103 y 110; LO 4/1987 art.108; LO 2/1989 art.127). Igual carácter ha de otorgarse a la acción empeñada por las corporaciones, grupos y asociaciones representativos de derechos e intereses legítimos de carácter individual o colectivo (LOPJ art.7.3).
• **Acusación popular**, que, como consecuencia del carácter público de la acción penal, puede ejercitar cualquier persona física o jurídica no ofendida por el delito en caso de delito público o semipúblico, siempre que cumpla los requisitos de capacidad y afianzamiento exigidos al efecto (Const art.125; LOPJ art.19.1 y 20.3; LECr art.101 a 103, 270, 280 y 281).
• **Acusación privada**, que compete en exclusiva al ofendido por los delitos de injuria y calumnia (LECr art.104 a 106; CP art.215).

Precisiones El principio de legalidad permite que el **Ministerio Fiscal** deba promover, en todo caso, las correspondientes acciones penales, tan pronto como conste la existencia de un eventual delito, menos aquellas cuya persecución se reserva exclusivamente a la querella privada -delitos de naturaleza privada- (TS 14-1-22, EDJ 501465). El **ejercicio de oficio** de la Ley penal se fundamenta en LECr art.100, 105 y 271 por lo que no se extingue por la renuncia del ofendido.
En el ámbito de los **delitos públicos**, el proceso penal puede iniciarse, incluso sin la voluntad del perjudicado, a impulso del Ministerio Fiscal que viene obligado al ejercicio de la acción penal. En los **semipúblicos o semiprivados**, en cambio, el proceso penal depende de la presentación de la correspondiente denuncia por parte del agraviado.

7830 **Partes civiles** Cuando se acumula a la acción penal el ejercicio de una acción civil para ejercer el derecho de crédito civil nacido del acto u omisión ilícitos en que el mismo consiste, existen en el proceso penal partes civiles, cuyos papeles procesales pueden coincidir con los de las partes penales o ser independientes de ellas. Desde este punto de vista, la parte que asume una actitud activa es el **actor civil**. Es la persona perjudicada por el delito, que pretende en el proceso penal la satisfacción del derecho de crédito reparatorio que ostenta frente al responsable de la infracción penal o, eventualmente, frente a un tercero civilmente responsable.

Precisiones Cualquiera que sea la naturaleza del delito del que procedan las acciones civiles, la **renuncia del ofendido** las extingue por lo que, desde ese momento, no podrán ser ya ejercidas en su nombre por el Ministerio Fiscal (TS 20-1-09, EDJ 11753). La renuncia ha de ser **formal y expresa** (TS 20-9-12, EDJ 205555) expresa y terminante, sin lugar a duda por su claridad y contundencia, acerca de cuál fue la voluntad del renunciante; y en su caso de interpretarse a la luz del **interés superior del menor** (TS 3-4-24, EDJ 534617).

7832 **Partes pasivas** Son las personas frente a las que se ejercitan las pretensiones de condena.
a) La parte pasiva penal del proceso es el **investigado** o, sucesivamente como investigado y encausado, presunto responsable de la infracción criminal y posible destinatario del ejercicio del *ius puniendi* que se actúa en el proceso, con independencia de la gravedad de la infracción y del título jurídico de su participación en ella.
b) Partes **civiles**. Son las siguientes:
• **Responsable civil**. Es el deudor de la obligación de resarcimiento nacida del delito (CP art.109; CC art.1088 y 1092), papel que corresponde interpretar siempre al investigado, aunque, en determinados supuestos, puede exigirse en el proceso penal la responsabilidad civil directa de personas que no son criminalmente responsables del hecho que genera la obligación de resarcimiento.
• **Responsable civil subsidiario**. Es la persona física o jurídica a la que el partícipe criminal está ligado por relación de dependencia familiar o laboral, o que ostenta la titularidad de ciertos medios de comisión del delito, a la que se le atribuye el cumplimiento subsidiario de la obligación resarcitoria.

Precisiones **1)** El Tribunal Supremo ha venido admitiendo con carácter excepcional la posibilidad de que una misma persona asuma la **doble condición de acusador y acusado**, en un proceso en el que se enjuician acciones distintas, enmarcadas en un mismo suceso, cuando, por su relación entre sí, el enjuiciamiento por separado, de cada una de las acciones que ostentan como acusados y perjudicados, produjese la división de la continencia de la causa, con riesgo de sentencias contradictorias, y siempre que así lo exija la salvaguarda del derecho de defensa y de la tutela judicial efectiva (TS 10-12-98, EDJ 27847; AP Lleida 24-5-11, EDJ 166525).

2) En nuestro sistema procesal no se reconoce la figura de la **imputación paralela**, solo encaminada a lograr presencia en un proceso en el que no se es parte, por si algo de lo que allí se discute -cuyo contenido no se conoce- pudiera servir de base como elemento de descargo. Como consecuencia de ello, no procede incorporar a una causa el testimonio íntegro de otra con una delimitación objetiva y subjetiva distinta (TS 14-10-19, EDJ 700409).

2. Por la necesidad de su presencia para la existencia del proceso

Puede distinguirse entre partes necesarias y contingentes. 7840

Partes necesarias Son aquellas sin las cuales no puede existir el proceso ni, por supuesto, una eventual condena, por exigencias de los principios acusatorio y de contradicción y del derecho de defensa. 7842 MPP nº 1484

a) Son partes necesarias **activas**, el Ministerio Fiscal y el acusador privado:

• El **Ministerio Fiscal** debe ejercer la acción penal en los delitos públicos y semipúblicos siempre que en estos medie, como requisito previo, denuncia de la persona agraviada, aunque si esta es menor de edad, persona con discapacidad necesitada de especial protección o desvalida puede denunciar el propio Ministerio Fiscal (LECr art.105 y 271).

• El **acusador privado** es el exclusivo titular del ejercicio de la acción penal en los delitos de calumnia e injuria contra particulares, que no son perseguidos si no existe una previa querella de la persona ofendida (LECr art.104 y 105; CP art.215.1).

b) Parte necesaria **pasiva** es el investigado o encausado. Su consideración como tal desde el momento mismo en que se atribuya a una persona la comisión de un delito o falta determina la aplicación del complejo sistema de garantías y derechos fundamentales, y es condición de validez de los actos procesales de los que pueda derivar una futura condena.

Puede ocurrir que, conocida la **identidad del investigado**, en determinados procesos pueda celebrarse el juicio oral sin su presencia y dictarse sentencia en rebeldía (nº 8004), lo que no le priva de su carácter de parte necesaria, pues sigue siéndolo aunque esté ausente de determinados actos procesales.

Partes contingentes Las **restantes partes** penales y todas las civiles se califican como contingentes, pues pueden existir o no en cada concreto proceso, a voluntad de los legitimados y en función de las circunstancias del mismo o de las características de la infracción penal. 7846

B. Ministerio Fiscal

Es un **órgano estatal** que colabora con los órganos jurisdiccionales en el ejercicio de la jurisdicción, cuya misión es promover la acción de la justicia en defensa de la legalidad, de los derechos de los ciudadanos y del interés público tutelado por la ley, de oficio o a petición de los interesados, así como velar por la independencia de los tribunales, y procurar ante estos la satisfacción del interés social (Const art.124.1; LOPJ art.541.1; L 50/1981 art.1; LO 4/1987 art.88). Es único para todo el Estado y le corresponde con carácter exclusivo su denominación (L 50/1981 art.2.2 y 22.1). 7860

Precisiones Se establece una cooperación reforzada para la creación de la **Fiscalía Europea**, como órgano de la Unión con personalidad jurídica, indivisible y de estructura descentralizada, regida por su reglamento interno (Rgto UE/2017/1939).

El **inicio de sus funciones** tiene lugar el 1-6-2021 (Decisión de Ejecución 2021/856, de la Comisión, de 25-5-21).

Su **competencia** material se ciñe a los delitos que perjudiquen los intereses financieros de la Unión (Dir UE/2017/1371, tal como se haya transpuesto a las legislaciones internas), con independencia de que el mismo comportamiento pueda calificarse como otro tipo delictivo conforme al Derecho nacional. Nunca será competente respecto de delitos referentes a impuestos directos nacionales y los indisolublemente vinculados a ellos.

El modelo que implanta el reglamento, en sintonía con la mayoría de los Estados de la Unión, atribuye la **dirección de la investigación penal** a la Fiscalía Europea, siendo también la autoridad que decidirá sobre su terminación, postulando o no a continuación el ejercicio de la acción penal. Ante tal circunstancia, se hacía necesaria una regulación que inserte en la legislación española las figuras previstas en el reglamento, anudando nuestro sistema procesal a la nueva institución europea.

La LO 9/2021 contiene las normas de aplicación al ordenamiento español del citado reglamento, completando sus disposiciones y regulando un **procedimiento especial** para la investigación por parte de los fiscales europeos delegados de aquellos delitos cuyo conocimiento les corresponde en virtud de la norma europea (nº 8630).

1. Principios de actuación

(Const art.124.2; L 50/1981 art.2.1)

7865 MPP nº 1495, 1497 **Principio de legalidad** (L 50/1981 art.3.4 y 6) El Ministerio Fiscal debe actuar con sujeción a la Constitución, a las leyes y demás normas que integran el ordenamiento jurídico vigente, dictaminando, informando y ejercitando, en su caso, las acciones procedentes u oponiéndose a las indebidamente actuadas en la medida y forma en que las leyes lo establezcan.

Dos son las principales cuestiones que plantea la actuación del Ministerio Fiscal bajo el imperio del principio de legalidad:

a) Para compatibilizar este principio con el de dependencia jerárquica (nº 7870), se permite a los miembros de la institución **examinar la legalidad de las órdenes e instrucciones** que reciban.

b) En virtud del principio de legalidad, el fiscal está obligado a **ejercer la acción penal**, cuando lo estime procedente, en caso de delito público o semipúblico, cuando en este último preceda denuncia de la persona agraviada (LECr art.105 y 270; L 50/1981 art.3.3). Puede también **denunciar el Ministerio Fiscal** si la persona agraviada es menor de edad, persona con discapacidad necesitada de especial protección o desvalida.

Cuando la medida sea consecuencia de la comisión de alguno de los delitos de **agresiones o abusos sexuales**, o estén relacionados con la **violencia de género**, no tendrá efecto de conciliación, a menos que la víctima lo solicite expresamente y que el menor, además, haya realizado la medida accesoria de educación sexual y de educación para la igualdad (LO 5/2000 art.19).

7868 **Principio de imparcialidad** (L 50/1981 art.7) El Ministerio Fiscal debe actuar con plena objetividad e independencia en defensa de los intereses que le estén encomendados.

7870 **Principios de unidad de actuación y dependencia jerárquica** (L 50/1981 art.22.2 y 3, 24 a 26) Suponen que el Ministerio Fiscal es único y que en su seno, a diferencia de lo que es característico de los órganos jurisdiccionales, la jerarquía se traduce al campo de la aplicación del Derecho mediante **órdenes e instrucciones** emitidas por el Fiscal General del Estado, o por el jefe de cada fiscalía, dentro del ámbito de la misma.

Precisiones Su **independencia** (L 50/1981 art.7) no se refiere a cada uno de sus miembros sino a la institución como tal y no es comparable a la independencia judicial.

7871 **Principio de oportunidad** (LECr art.963 y 964) En el **juicio sobre delitos leves**, cuando el juez estime procedente la apertura del juicio, deberá, no obstante, acordar el **sobreseimiento** de las actuaciones cuando lo solicite el Ministerio Fiscal en casos en que el delito denunciado resulte de muy escasa gravedad a la vista de la naturaleza del hecho, sus circunstancias, y las personales del autor. Ello exige que no exista un **interés público** relevante en la persecución del hecho, lo que se presumirá en los delitos leves patrimoniales cuando se hubiera procedido a la reparación del daño y no exista denuncia del perjudicado.

Precisiones Las pautas para el ejercicio de la acción penal en relación con los **delitos leves** tras la reforma penal operada por LO 1/2015 se recogen en la FGE Circ 1/2015.

7872 MPP nº 1505 **Relaciones con los poderes públicos** (L 50/1981 art.8 a 11; LO 4/1987 art.91 y 92) El **Gobierno** puede interesar del Fiscal General del Estado que promueva ante los tribunales las actuaciones pertinentes en orden a la defensa del interés público, debiendo este, oída la junta de fiscales de Sala del Tribunal Supremo, resolver sobre la viabilidad o procedencia de las actuaciones interesadas y exponer su resolución al Gobierno de forma razonada.

7873 **Protección de datos de carácter personal** (FGE Instr 2/2019; Const art.18.4; TFUE art.6.1; Carta de los Derechos Fundamentales UE art.8) En relación con este derecho fundamental, la actuación del Ministerio Fiscal se somete a los **criterios** siguientes:

a) Su actuación cotidiana implica el **tratamiento de datos personales**, que se efectúa en el contexto de la actividad jurisdiccional o cuasijurisdiccional (Const art.124; L 50/1981 art.2) y en la tramitación de los expedientes de naturaleza administrativa o gubernativa.

b) Toda la actuación del Ministerio Fiscal se encuentra sujeta a la **normativa de protección de datos** al igual que todos los poderes públicos (Const art.53).

c) El **responsable del tratamiento** es un concepto esencial en dicha normativa que identifica quién debe asumir la responsabilidad del cumplimiento de las normas sobre protección de datos y cómo se debe facilitar a los interesados el ejercicio de sus derechos. La definición del responsable permite además en ocasiones determinar el alcance del tratamiento.

d) En el ordenamiento español, no hay una asignación explícita de la responsabilidad del tratamiento al Ministerio Fiscal; sin embargo, puede deducirse que corresponde a este, como órgano con relevancia constitucional, la **organización del tratamiento** que se efectúa dentro de su ámbito de actuación y competencias, y sin perjuicio de que otros agentes intervengan en algunos aspectos.

e) El **principio de responsabilidad proactiva** supone que se deben aplicar las medidas técnicas y organizativas apropiadas a fin de garantizar y poder demostrar que el tratamiento es conforme con la regulación de la materia.
La determinación del Ministerio Fiscal como responsable del tratamiento implica que las obligaciones que le incumben deben ser asumidas necesariamente por las fiscalías, las unidades y los órganos a través de los cuales ejerce su misión (L 50/1981 art.2.1). En todas las fiscalías y unidades organizativas fiscales debe adecuarse el trabajo aplicando la normativa de protección de datos.
Además, corresponde a todos los fiscales, de acuerdo con sus respectivas competencias, el cumplimiento de determinadas obligaciones en materia de protección de datos en las concretas operaciones de tratamiento que efectúan en nombre del Ministerio Público. Entre estas obligaciones destacan el deber de **respetar la confidencialidad** de los datos personales tratados y el cumplimiento de las instrucciones sobre protección de datos recibidas.
f) El Ministerio Fiscal, como órgano responsable del tratamiento de datos personales, está sujeto al **régimen sancionador** especial previsto en la LO 3/2018 art.77, aplicable a los órganos constitucionales o con relevancia constitucional. Ello sin perjuicio de la aplicación de la normativa general de responsabilidad civil, penal y disciplinaria, prevista en L 50/1981 art.60 a 70.
g) El **delegado de protección de datos** del Ministerio Fiscal es el órgano dentro de la fiscalía llamado a desempeñar específicas funciones en este sector. Estará asistido en sus funciones por una red de adjuntos que, bajo el principio de jerarquía, colaborarán con las funciones asignadas al delegado en su correspondiente ámbito. Con el fin de facilitar el cumplimiento de sus funciones, se designará un adjunto del delegado en el ámbito de cada comunidad autónoma.

2. Intervención en el proceso penal

Su intervención presenta dos aspectos claramente diferenciados. 7878

Condición de parte En su condición de parte del proceso, el Ministerio Fiscal tiene, en cada una de las fases del mismo, la misma **participación** que las demás (p.e. LECr art.311, 505, 627, 650 s., 734 s., 780 a 782 y 854). 7880
No obstante su papel de parte, no actúa siempre en pie de absoluta igualdad con los demás actuantes en el proceso a causa de su **función institucional** y así, por ejemplo, no le alcanza la declaración del secreto sumarial y puede interponer recursos en beneficio del reo (LECr art.961).
En el **proceso de menores**, la función del Ministerio Fiscal se desdobla:
• Se le encomienda, en primer lugar, la **instrucción** del procedimiento, salvo la adopción de medidas cautelares (LO 5/2000 art.16 a 29), lo que constituye un aspecto novedoso de esta modalidad procesal.
• Posteriormente interviene en términos similares a como lo hace en los restantes procesos, mediante el denominado **escrito de alegaciones** cuyo contenido es idéntico, según los casos, al de un escrito de acusación o de petición de sobreseimiento (LO 5/2000 art.30) y a través de la fase de **audiencia** (LO 5/2000 art.31 a 37), de contenido análogo al de la fase de juicio oral del proceso de adultos.

Intervención cualificada Aparte de la anterior, puede destacarse una intervención cualificada del Ministerio Fiscal en el proceso, que deriva de su misión constitucional de defensa del ordenamiento jurídico y le constituye en **garante de la legalidad del proceso** y de la sumisión del juez a la Ley. 7882 MPP nº 1519

C. Acusación popular

La existencia de acusación popular en nuestro sistema procesal se debe al **carácter público de la acción penal** y a la participación ciudadana en la Administración de Justicia (LECr art.101; Const art.125; LOPJ art.19.1). 7890
Puede definirse, por tanto, el acusador popular como la persona que, sin ser ofendida ni perjudicada por un delito público o semipúblico, ejerce la acción penal contra el investigado como manifestación de su derecho a participar en la Administración de Justicia.
El estudio de esta singular figura procesal, ausente de otros ordenamientos de nuestro círculo de cultura jurídica, suscita diversas cuestiones que se exponen a continuación.

1. Caracteres

7895 El encaje de la acción popular en el sistema de los **derechos fundamentales** es doble, pues tiene relación evidente con el derecho cívico y activo de los ciudadanos a participar en la Administración de Justicia (Const art.125; LOPJ art.19), al tiempo que no ofrece duda su inserción en el derecho a la tutela judicial efectiva en su aspecto de acceso a la jurisdicción (TCo 34/1994; 90/1998).

7896 MPP nº 1532 s. **Distinción con la acusación particular** No cabe equiparar sin más al acusador popular con la parte que defiende en el proceso un derecho subjetivo o un interés legítimo propio. La diferencia con el acusador particular es evidente, pues mientras el primero tiene una **legitimación** derivada del derecho a participar en la Administración de Justicia y no precisa afirmar que es el ofendido por el delito, para que se le reconozca el derecho a ejercitar la acción penal, la del acusador particular deriva directamente del derecho a la tutela judicial efectiva, en cuanto perjudicado por la infracción penal.

7898 **Ejercicio por partidos políticos** No existe regulación legal vigente en esta materia, aunque se ha llamado por la jurisprudencia la atención sobre la necesidad de abordar normativamente la cuestión, para evitar el traslado al proceso penal de la contienda política (TS auto 6-10-16, EDJ 186915). Se hace necesario **limitar el acceso a la acción penal** a las formaciones políticas, restricción que debe ser general, con independencia de la propuesta ideológica que suscriba cada una de las fuerzas políticas que intente la personación. Sin embargo, en la norma vigente no hay exclusión alguna, lo que lleva a tener que admitir el ejercicio de la acción como **acusación particular** al partido político que se persona en tiempo y forma y que cumple con los requisitos legales y jurisprudenciales del acusador popular (TS 14-10-19, EDJ 700409).

7900 **Carácter autónomo** Se trata de una acción autónoma, pues el ejercicio de la acción penal, tanto por los perjudicados por el delito como por quienes no lo son, es autónomo y con plenitud de facultades, independientemente de la actuación por parte del Ministerio Fiscal, si bien, por lo que se refiere a la **acción popular**, su condición en parte procesal queda supeditada al cumplimiento de determinados requisitos (TS 30-5-05).

7901 MPP nº 1544 **Configuración legal** El derecho al ejercicio de la acción popular es de configuración legal, pues la Constitución señala, como elemento esencial de su régimen, la remisión a la ley para determinar los procesos penales en los que deba existir (Const art.125), por lo que es perfectamente adecuado a la Constitución que en determinados procesos **no exista** tal acción (TCo 90/1998; 280/2000; 140/2018; TCo auto 86/2009).

• En el **proceso penal militar**, el silencio sobre la acción popular ha sido interpretado como prohibición tácita de la misma, pues la acción popular solo existe cuando la ley la establece, sin que su existencia venga inexorablemente ligada a un imperativo del derecho de tutela judicial efectiva.

• En el **proceso de menores** tampoco se hace mención alguna a la acción popular. Es evidente su inadmisibilidad.

Precisiones 1) Dada su configuración legal, no existe impedimento constitucional para excluir la legitimación de las **personas jurídico públicas** para el ejercicio de la acción popular (Const art.125) cuando el legislador, sea autonómico o estatal, no haya previsto legalmente la **habilitación** correspondiente, ya sea expresa o genérica (TS 25-7-15, EDJ 146107).

2) La acusación popular podrá ser **representada** en el acto de juicio por procurador de los tribunales, salvo en el caso de que proceda practicar la declaración del acusador (LECr art.787.1 redacc LO 1/2025).

2. Régimen jurídico

7905 MPP nº 1550 **Capacidad** (LECr art.102 y 103) No pueden ejercitar la acción penal:

1º. El que no goce de la plenitud de los **derechos civiles**.

2º. El que haya sido condenado dos veces por sentencia firme como reo del delito de **denuncia o querella calumniosas**.

3º. El **juez o magistrado**.

4º. Los **cónyuges** entre sí, a no ser por delito o falta cometidos por el uno contra la persona del otro o la de sus hijos y por el delito de bigamia.

5º. Entre sí, los **ascendientes, descendientes y hermanos** por naturaleza, adopción o afinidad, a no ser por delito o delito leve cometidos por los unos contra las personas de los otros.

Precisiones La **interpretación** de LECr art.103 ha de ser restrictiva, pues limita el ejercicio de la acción penal, que es pública (LECr art.101). Lo que se pretende es que el proceso penal no sea el espacio donde puedan dilucidarse, además de las reclamaciones propias de un hecho delictivo, otros aspectos relacionados con la relación parental, y en tanto subsisten, se impone la limitación de su ejercicio.
La **determinación de su alcance** no es fácil, sobre todo a la vista de su falta de correspondencia con CP art.268 (TS 22-10-10, EDJ 12430). La LECr art.103 no se ha acomodado a las situaciones de crisis matrimoniales, por lo que ha de interpretarse que cualquier delito cometido entre cónyuges, en ausencia de los presupuestos que justifican la aplicación de la excusa absolutoria, puede ser perseguido por la víctima. Además de interpretarse como norma procesal de acuerdo a la realidad existente al tiempo de la constitución de la relación jurídica procesal (TS 29-2-24, EDJ 515006).

Forma de ejercicio y límites La Ley se refiere a la **querella** como forma única de ejercicio de la acción popular (LECr art.270), contemplando la intervención adhesiva del ofendido o perjudicado por el delito, únicamente como acusador particular (LECr art.110). Sin embargo, entiende la jurisprudencia que ello es solo exigible cuando la acción popular pretende la incoación del proceso, por lo que debe permitirse la **intervención adhesiva** en los procedimientos iniciados antes de la entrada en escena del acusador popular. Esta intervención, no obstante, no puede suponer un retroceso en la tramitación del procedimiento y tiene como límite el de la **calificación de la causa**, por lo que debe ajustarse al ámbito del objeto procesal que haya sido determinado, en cuanto a legitimación pasiva y hechos, antes de producirse la misma (TS 12-3-92, EDJ 2411; 3-6-95, EDJ 3083; 4-6-97, EDJ 5559). **7907** MPP nº 1552, 1554
Del propio concepto de acusador popular resulta sin dificultad su carencia de legitimación para ejercitar la **acción civil derivada** del delito. Solo están legitimados para ejercer la acción civil el Ministerio Fiscal y el acusador particular (LECr art.108).

Precisiones Se ha afirmado que la acusación popular no puede **sostener en solitario la acción penal** contra la petición de sobreseimiento del Ministerio Fiscal y de la acusación particular (TS 17-12-07, EDJ 222865), siempre que se trate de delitos en los que exista un **perjudicado concreto** (TS 9-4-08, EDJ 20027). Sin embargo, esta postura («doctrina Botín») no ofrece respuesta a los supuestos en los que la acusación particular solicita un **sobreseimiento parcial** sosteniendo un criterio discrepante al manifestado por el **acusador popular** que pretende acusar a todos los encausados en un proceso. Por otra parte, no halla sustento en la ley procesal penal vigente y ha de cohonestarse con la jurisprudencia del constitucional que sostiene que la existencia de la acusación popular en el proceso penal se integra en el contenido del **derecho a la tutela judicial efectiva** -TCo 64/1999- (AP Palma auto 29-1-16, EDJ 4228).

Prestación de fianza (LECr art.280 y 281) La formulación de **querella** por el acusador popular está condicionada a la prestación de fianza que fije el juez de instrucción. **7909**
Se trata de una exigencia que no es, en sí misma, contraria al contenido esencial del derecho de acceso a la jurisdicción (TCo 62/1983; 113/1984; 147/1985), siempre que su **cuantía**, puesta en relación con los medios de quienes pretenden ejercitar la acción penal, no impida ni obstaculice gravemente su ejercicio, pues ello conduciría, en la práctica, a la indefensión que prohíbe Const art.24.1 y LOPJ art.20.3.
Solo es exigible en el caso de ejercicio inicial de la acción por querella, pero no en el de **intervención adhesiva** del acusador popular, conforme a la jurisprudencia que admite para el acusador popular dicha forma de intervención (nº 7907).

Postulación (LECr art.113) Siempre que sean dos o más personas quienes utilicen las acciones derivadas de un delito o falta, lo han de verificar en un solo proceso y, si es posible, bajo **una misma dirección y representación**, a juicio del tribunal. **7910** MPP nº 1564

Costas procesales La regla general de la condena en costas (nº 7942) no alcanza a las causadas por la acusación popular, a la que no es aplicable el fundamento de dichos preceptos, que pretenden **resarcir económicamente** al perjudicado de los gastos derivados del ejercicio de la acción penal. Ello es así porque, en la medida en que el ejercicio de la acción popular se ha visto facilitado con la prohibición de exigir una fianza excesiva (LOPJ art.20.3), en compensación parece equitativo que el coste de ese ejercicio no agrave las responsabilidades de los condenados. **7911**
Por análogo motivo, el ejercicio de la acción popular queda fuera del derecho a la **asistencia jurídica gratuita**, que se limita a quienes litiguen en defensa de derechos o intereses propios (L 1/1996 art.3.4).

Precisiones 1) El ejercicio de la acción popular por un ente no imbricado en la dinámica delictiva nunca puede, cuando exista una **acusación pública oficial** ejercitada por el Ministerio Fiscal, dar origen a tal forma de resarcimiento y repercutirla aditivamente sobre el acusado condenado (TS 2-2-96, EDJ 52215; 5-4-02, EDJ 6946; 31-10-02, EDJ 51347).

2) El órgano judicial no está facultado para reprobar las motivaciones de una **acusación popular** siempre que no sean contrarias a la ley; pero sí para tomarlas en consideración al decidir sobre aspectos como las costas (TS 8-6-18, EDJ 93970).

D. Acusación particular

7920 El acusador particular es la persona ofendida o perjudicada por el delito que ejerce la acción penal, y eventualmente la civil, contra el investigado en los procesos por delitos públicos o semipúblicos (LECr art.110).

1. Régimen jurídico

7925 A diferencia de la acción popular, la acusación particular no supone la actuación de un derecho cívico activo a participar en la Administración de Justicia, sino de defender **derechos o intereses legítimos**, propios o de las personas a quienes legalmente represente el acusador particular. Ello impone notables diferencias en su régimen jurídico, que nos lleva a compararlo con la **acusación popular** (nº 7905 s.).

7927 **Capacidad y legitimación** (LECr art.101 a 103) La legitimación del acusador particular deriva de ser el ofendido o perjudicado por el delito, por lo que las **restricciones** de capacidad para el ejercicio de la acción que se imponen al acusador popular no se le aplican. Sí se restringe, en cambio, a los delitos contra las personas el ejercicio entre parientes de la acción penal particular.

7929 **Condición de ofendido o perjudicado** El accionante debe acreditar la circunstancia de que derive su condición de ofendido o perjudicado, cuestión simple cuando se trate del **sujeto pasivo** del delito o cuando este se cometa contra bienes jurídicos de las **personas allegadas** al acusador -cónyuge, ascendientes, descendientes, hermanos consanguíneos o uterinos, y afines- (LECr art.102). En **otros supuestos**, la consideración de la acción ejercitada depende de las circunstancias concretas del caso.

No procede, en consecuencia, la acusación particular cuando, sin afectar simultáneamente a otros intereses de carácter personal, se atente exclusivamente contra **bienes jurídicos de carácter institucional**, cuya defensa adecuada se ejerce exclusivamente a través de la acusación pública del Ministerio Fiscal. Así ocurre por ejemplo en los delitos contra la Administración, en los que la acción ejercitada ha de calificarse como acusación popular (TS 5-4-02, EDJ 6946), o en los delitos militares que no sean pluriofensivos y atenten solo contra la disciplina o el servicio (TS militar 3-6-05, EDJ 103662).

Para admitir la legitimación en **vía casacional**, se exige que el recurso combata aspectos de la sentencia de instancia que afecten al ofendido por el delito y que la acusación particular esté personada en nombre de este, pues a efectos de casación carece de legitimación para recurrir y conseguir una modificación de la sentencia en un particular que no afecta especialmente a algunas de las personas que representa (TS 28-11-97, EDJ 10507).

Precisiones **1)** Se ha apreciado legitimación al **legatario** y al **albacea** ante un delito de apropiación indebida de bienes hereditarios (TS 4-10-04, EDJ 159650) y negado la misma al **asegurador** que pretende personarse en una causa en la que no lo había hecho el asegurado perjudicado por el delito, pues solo asiste al primero el derecho de repetición, que debe ejercitar en el proceso civil correspondiente (TS 18-2-03, EDJ 4293), aunque este último criterio parece rectificarse por Acuerdo de la Sala General de la Sala Segunda, conforme al cual el asegurador que en virtud de contrato satisfaga cantidades de dinero al perjudicado por el delito puede reclamar frente al responsable penal como actor civil, en el proceso penal, subrogándose en la posición del primero (Acuerdo TS Sala General 30-1-07, EDJ 5088).

2) La condición de perjudicado no se pierde en una **persona jurídica** por el hecho de su disolución y por encontrarse en fase de liquidación. Pues la capacidad para ser parte de una sociedad en un proceso desaparece con su extinción, si bien, con la salvedad que implica el **proceso de liquidación**, durante el que mantiene su personalidad (TS 15-12-16, EDJ 232479). De acuerdo con ello, no procede negar **legitimación** para el ejercicio de acciones penales o para el sostenimiento de las ya emprendidas a una sociedad disuelta, e incluso liquidada, con asiento de extinción en el Registro Mercantil, ya que se mantiene personalidad residual para los créditos existentes y omitidos en la liquidación (TS 17-2-22, EDJ 514757).

3) El régimen conforme al cual, cuando se haya transmitido lo que sea objeto de un juicio, el adquirente podrá solicitar, acreditando la transmisión, que se le tenga por **parte en la posición que ocupaba el transmitente** (LEC art.17), no tiene encaje en el proceso penal ya que no se puede transmitir la condición de ofendido. Solo en caso de fallecimiento está prevista la sucesión procesal en el orden penal (LECr art.276; TS 11-3-20, EDJ 585576).

Administraciones públicas Pueden ejercer la acusación popular cuando la infracción penal atente contra **bienes jurídicos colectivos de tipo social** cuya defensa sea competencia de aquellas, como ocurre en los delitos contra el medio ambiente o el patrimonio histórico, con independencia de la distribución de competencias administrativas entre el Estado y la comunidad autónoma, que resulta irrelevante a la hora de determinar la legitimación (TS 12-2-03, EDJ 2579). 7930

Asociaciones y otras organizaciones En el caso de la **defensa de intereses difusos** por entes y asociaciones creadas con esa concreta finalidad, ha de partirse del concepto constitucional de legitimación (Const art.162.1.b), de donde se deduce que no solo se otorga legitimación activa a la víctima o titular del derecho fundamental infringido, sino a toda persona que invoque un **interés legítimo**, por lo que aunque el bien jurídico lesionado sea un derecho personalísimo, la legitimación originaria también atañe a cualquier miembro de un grupo étnico o social determinado cuando la ofensa se dirige contra todo ese colectivo (TCo 214/1991; 241/1992). 7933
En consecuencia, las acciones o pretensiones que tienen un anclaje directo con unos intereses inicialmente difusos pero que a larga se traducen en intereses perfectamente individualizables, como las ejercitadas por asociaciones y organizaciones de **consumidores**, han de reputarse como acusación particular, con las consecuencias que ello conlleva en cuanto a posibilidad de ejercer simultáneamente la acción civil derivada del delito (TS 26-9-97, EDJ 8668).

Ámbito objetivo

Actualmente no existe prácticamente límite legal alguno al ejercicio de la acusación particular en los procesos. 7935 MPP nº 1585
En el **proceso de menores**, la prohibición expresa ha sido eliminada por el propio legislador (LO 5/2000 art.25).

Forma de ejercicio (LECr art.110, 270 y 761; LO 2/1989 art.127 y 130.5)

La forma de ejercicio de la acción es doble, pues se permite la inicial mediante **querella** y la **intervención adhesiva**, siempre que esta se produzca antes del trámite de calificación del delito, o con cierta limitación material, antes del inicio del juicio oral. 7937 MPP nº 1589 s.
En todo caso, el ofendido y el perjudicado por la infracción penal han de ser expresamente instruidos de su derecho a ejercer la acción penal mostrándose parte en la causa a través del **ofrecimiento de acciones** (nº 7962).

Exigencia de fianza (LECr art.280 y 281)

La exigencia de fianza para la formulación de querella se limita a los **extranjeros**, cuando el Derecho internacional o el principio de reciprocidad no impongan la solución contraria. 7940

Precisiones Se declaran también **exentas** de fianza a las asociaciones de víctimas y las personas jurídicas a las que la ley reconoce legitimación para defender los derechos de las víctimas siempre que el ejercicio de la acción penal haya sido expresamente autorizado por la víctima.

Costas (CP art.123 y 124)

Las costas han de imponerse al condenado y, en el caso de los **delitos perseguibles a instancia de parte**, deben incluir las costas derivadas de la acusación particular. 7942 MPP nº 1603
En los **demás casos**, según reiterada jurisprudencia, la condena en costas también suele incluir las de la acusación particular, no como sanción sino como forma de resarcir los gastos determinados por su ejercicio, a no ser que las peticiones formuladas mediante ella sean absolutamente exageradas y sin relación alguna con las sostenidas por el Ministerio Fiscal, o patentemente superfluas o innecesarias. En este último caso, debe soportar esas costas la parte acusadora, que con tan poca razonabilidad y éxito las formuló.
La anterior doctrina es trasladable, salvo en lo relativo a los delitos privados, al **proceso penal militar** cuando en el mismo se ejerza la acusación particular (TS militar 18-11-05, EDJ 230470).

Precisiones **1)** Fuera de los casos de delitos perseguibles a instancia de parte, la imposición de costas al condenado precisa que la actuación de la acusación particular haya sido **relevante** y, en cierto modo, haya coadyuvado eficazmente a la consecución de la condena solicitada (TS 16-11-98, EDJ 22781; 5-7-02, EDJ 28421). Por otra parte, han de rechazarse las pretensiones de condena en **costas notoriamente abusivas**, como sucede cuando se ejercen formalmente separadas varias acusaciones particulares que pudieron haberse planteado de manera única (TS 5-7-02, EDJ 28421).
2) La acusación popular entra de lleno en el ámbito objetivo del derecho a la **asistencia jurídica gratuita**. Una vez señalada la fecha de la vista oral de un proceso en el que concurre acusación particular, el abogado que la ejerce desista de su función por carencia de medios económicos de su mandante, en que debe prevalecer la presunción de inocencia. En consecuencia, es correcta la resolución judicial que tiene por desistido al letrado y ordena instruir al ofendido sobre el contenido de la L 1/1996, sin detener el curso del proceso y celebrando la vista oral y dictando sentencia sin acusación particular (TS 15-2-05, EDJ 71482).

2. Tutela procesal de los derechos de la víctima del delito

7960 Aunque el sujeto pasivo del delito no ostente un derecho subjetivo a la condena del culpable, la efectividad del derecho al procedimiento (Const art.24.1) exige la **instrucción oficial** sobre la propia existencia del mismo y se complementa con otros aspectos como el deber de información que se impone a determinados intervinientes en el proceso penal y la adopción por el órgano judicial de medidas de protección de la víctima.

7962 **Ofrecimiento de acciones** (LECr art.109 y 109 bis) Para que la víctima pueda ejercer su derecho de acceso al proceso es preciso que conozca la existencia del mismo, cuando su intervención en él no haya tenido lugar a través de la querella. Por ello, en el acto de recibirse **declaración al ofendido**, por el letrado de la Administración de Justicia se le debe instruir del derecho que le asiste para mostrarse parte en el proceso y renunciar o no a la restitución de la cosa, reparación del daño e indemnización del perjuicio causado por el hecho punible, practicándose igual diligencia con su representante legal, en caso de ser menor, debiendo el letrado de la Administración de Justicia igualmente informarle sobre los derechos que le asisten de acuerdo con la legislación vigente, lo que puede ser encomendado a **personal especializado** (LECr art.109.1 y 2).

En los procesos en los que participen **personas con discapacidad**, se realizarán las adaptaciones y los ajustes que sean necesarios, referidas a la comunicación, la comprensión y la interacción con el entorno

En el procedimiento abreviado, en el de enjuiciamiento rápido y en el juicio sobre delitos leves, la obligación que se impone al letrado de la Administración de Justicia se atribuye a la **policía judicial**, que debe practicar el ofrecimiento por escrito dentro del plazo de duración de la detención y hacerlo constar en el correspondiente **atestado** de modo que el **letrado de la Administración de Justicia** solo la hará en la primera comparecencia de la víctima cuando antes no se haya practicado y sin que la imposibilidad de verificar la diligencia impida la continuación del procedimiento, aunque en tal caso debe cumplimentarse por el medio más rápido posible, incluidos los medios de LEC art.162, cuando se trate de personas obligadas a su utilización o que hubieran optado por estos. De haberse **practicado ya por la policía judicial**, comunicará al perjudicado u ofendido el número del procedimiento a que hubiera dado lugar y el órgano jurisdiccional que lo tramita y las posibles vías de contacto con el mismo, sin que sea precisa su comparecencia en la Sección de Instrucción o única del Tribunal de Instancia (hasta su constitución, el juzgado de instrucción) para realizar un nuevo ofrecimiento de acciones (LECr art.771.1ª, 776.1 y 2 redacc LO 1/2025 y 964.1).

En el **proceso de menores**, el Ministerio Fiscal y el juez de menores velarán en todo momento por la protección de los derechos de las víctimas y de los perjudicados por las infracciones cometidas por los menores, teniendo derecho a personarse y ser parte en el expediente que se incoe al efecto, para lo cual el letrado de la Administración de Justicia les informará en los términos previstos en LECr art.109 y 110, instruyéndoles de su derecho a nombrar abogado o instar el nombramiento de abogado de oficio en caso de ser titulares del derecho a la asistencia jurídica gratuita. Asimismo, les informará de que, de no personarse en el expediente y no hacer renuncia ni reserva de acciones civiles, el Ministerio Fiscal las ejercitará si correspondiera (LO 5/2000 art.4 redacc LO 1/2025).

La obligación de ofrecimiento de acciones es aplicable, por remisión, en el **proceso de jurado** (LO 5/1995 art.25.2) y en el **proceso penal militar** (LO 4/1987 art.108; LO 2/1989 art.127).

7963 Las **víctimas del delito** (como igualmente los perjudicados por el mismo) que no hayan renunciado a su derecho pueden ejercer la acción penal en cualquier momento antes del trámite de calificación del delito, si bien ello no permite retrotraer ni reiterar las actuaciones ya practicadas antes de su personación. Si **se personan una vez transcurrido el plazo** para formular el escrito de acusación, pueden ejercer la acción penal hasta el inicio del juicio oral mediante adhesión a la acusación del Ministerio Fiscal o del resto de acusaciones personadas.

En el caso de **muerte o desaparición de la víctima a consecuencia del delito**, la acción penal puede ser ejercida por su cónyuge no separado legalmente o de hecho y por los hijos de esta o del cónyuge no separado legalmente o de hecho que en el momento de la muerte o desaparición de la víctima convivieran con ellos; por la persona que hasta el momento de la muerte o desaparición hubiera estado unida a ella por una análoga relación de afectividad y por los hijos de esta que en el momento de la muerte o desaparición convivieran con la víctima; por sus progenitores y parientes en línea recta o colateral dentro del tercer grado que se encuentren bajo su guarda, personas sujetas a su tutela o curatela o que se encuentren bajo su acogimiento familiar.

En defecto de los anteriores, la acción puede ejercerse por los demás parientes en línea recta y por sus hermanos, con preferencia del que ostente la **representación legal** de la víctima.

El **ejercicio de la acción penal** por los anteriores no impide su ejercicio posterior por cualquier otro legitimado.
Cuando exista una **pluralidad de víctimas**, todas ellas pueden personarse independientemente con su propia representación. Sin embargo, en estos casos, cuando pueda verse afectado el buen orden del proceso o el derecho a un proceso sin dilaciones indebidas, el juez o tribunal puede imponer que se agrupen en una o varias representaciones y que sean dirigidos por la misma o varias defensas, en razón de sus respectivos intereses.

Otros instrumentos de protección de la víctima Se articulan diversos instrumentos de tutela de los derechos de la víctima. **7966**

Deber de información (LECr art.771.1.1ª y 776 redacc LO 1/2025) Existe un deber de información a la víctima sobre sus derechos, no limitado al escueto ejercicio de las acciones derivadas del delito. Así, se impone a la policía judicial y al letrado de la Administración de Justicia la obligación de informar al ofendido y al perjudicado de sus **derechos** a: **7969**
- mostrarse parte en la causa sin necesidad de formular querella;
- nombrar abogado o instar el nombramiento de abogado de oficio, en caso de ser titulares del derecho a la asistencia jurídica gratuita;
- tomar conocimiento de lo actuado;
- participar en la instrucción del procedimiento instando las diligencias y actuaciones que a su derecho convengan;
- optar por relacionarse con la Administración de Justicia por los medios de LEC art.162, recabando y consignando sucintamente su respuesta.

Deben ser particularmente instruidos por el letrado de la Administración de Justicia de las medidas de **asistencia a las víctimas** legalmente previstas.
Cuando la policía judicial haya efectuado esta información, el letrado de la Administración de Justicia notificará al ofendido o al perjudicado el número del procedimiento a que hubiera dado lugar y el órgano jurisdiccional que lo tramita y las **posibles vías de contacto** con el mismo, sin que sea precisa su comparecencia en la Sección de Instrucción (o Única) del Tribunal de Instancia (hasta su constitución, el Juzgado de Instrucción) para realizar un nuevo ofrecimiento de acciones, sin perjuicio del derecho de la víctima a la información actualizada del estado en el que se encuentra el proceso. La **imposibilidad de practicar esta información** no impedirá la continuación del procedimiento, sin perjuicio de que se proceda a realizarla por el medio más rápido posible, incluidos los medios de LEC art.162, cuando se trate de personas obligadas a su utilización o que hayan optado por estos.

La **información a la que la víctima tiene derecho**, aunque no haya ejercido la acción penal, comprende el conocimiento del lugar y fecha de celebración del juicio oral (LECr art.659, 785.3, 962 y 966) y la notificación de las sentencias de instancia y apelación (LOPJ art.270; LECr art.742, 789.4, 792.2, 973.2 y 976.3), lo que permite subsanar supuestos en que el preceptivo ofrecimiento de acciones no se haya realizado en el momento oportuno. El deber de **notificación de la sentencia** no desaparece en el caso en que, habiéndose ofrecido las acciones, el perjudicado no se haya mostrado parte en el proceso penal, pues, salvo renuncia expresa, la acción civil subsiste y su plazo prescriptivo comienza a correr al finalizar el proceso penal, por lo que la ausencia de notificación es susceptible de afectar negativamente a la efectividad del derecho constitucional de la parte perjudicada de acceder al proceso en el orden civil y hacer valer allí sus pretensiones (TCo 220/1993; 89/1999; TS 23-5-05, EDJ 157539). **7970**
Los preceptos anteriores, aunque formalmente enunciados en la regulación del **procedimiento abreviado**, extienden su vigencia fuera de ese círculo:
- en el procedimiento de **enjuiciamiento rápido** de delitos flagrantes, en virtud de remisión expresa (LECr art.795.4, 796.1 y 797.1.1ª);
- en el **proceso ordinario**, su aplicación viene impuesta por normas ajenas a la LECr (LOPJ art.270; L 35/1995 art.15) y por el hecho de ser los preceptos comentados reflejo de derechos fundamentales de la víctima;
- en el **proceso de jurado**, el **proceso de menores** y en el **proceso penal militar**, se aplican por la supletoriedad de la LECr con respecto a su regulación propia (LO 5/1995 art.24.2; LO 5/2000 disp.final 1ª; LO 2/1989 disp.adic.1ª);
- en el **proceso de menores**, sin perjuicio del ofrecimiento de acciones, el letrado de la Administración de Justicia deberá informar a las víctimas y perjudicados en los términos de LECr art.109, 109 bis y 110 (LO 5/2000 art.4 redacc LO 1/2025).

De modo especial, cuando el Ministerio Fiscal desista de la incoación del expediente, debe inmediatamente ponerlo en conocimiento de las víctimas y perjudicados haciéndoles saber su derecho a ejercitar las acciones civiles que les asisten ante la jurisdicción civil. Del mismo modo, el letrado de la Administración de Justicia notifica por escrito la sentencia que se dicte a las víctimas y perjudicados por la infracción penal, aunque no se hayan mostrado parte en el expediente (LO 5/2000 art.4 redacc LO 1/2025).

7972 **Deber de protección de la víctima** (LECr art.109, 506.3, 544 bis a 554 quáter) La víctima debe conocer los autos sobre **situación personal del investigado** que puedan afectar a su seguridad. Además, en los procesos que se sigan por los delitos de homicidio, aborto, lesiones, contra la libertad, de torturas y contra la integridad moral, la libertad e indemnidad sexuales, la intimidad, el derecho a la propia imagen y la inviolabilidad del domicilio, el honor, el patrimonio y el orden socioeconómico (CP art.57), el juez debe asegurar la comunicación a la víctima de cualesquiera **actos procesales** que puedan afectar a su seguridad.
La protección de la víctima se extiende, en el ámbito de los delitos señalados, a la previsión de específicas **medidas cautelares** cuyo quebrantamiento puede originar la prisión provisional del investigado o encausado, en su caso.
Para las infracciones comprendidas en el ámbito de la llamada **violencia doméstica** (delito o falta contra la vida, integridad física o moral, libertad sexual, libertad o seguridad de alguna de las personas mencionadas en CP art.173.2), la **orden de protección**, que consiste en un procedimiento especial para la adopción de medidas cautelares penales y civiles. Junto a las medidas cautelares personales (nº 9030 s.), se incorpora una obligación cualificada de información a la víctima, pues implica el deber de informarle permanentemente sobre la situación procesal del investigado, así como sobre el alcance y vigencia de las medidas cautelares adoptadas y acerca de la situación penitenciaria del agresor, a cuyo efecto se dará cuenta de la orden de protección a la Administración penitenciaria.

Precisiones El **estatuto de la víctima del delito** se regula en la L 4/2015 y en el RD 1109/2015. Se expone detalladamente en los nº 8030 s.

E. Acusador privado

(CP art.215 y 131.1; LECr art.104 a 106)

7985 En los delitos de **calumnia e injuria** contra particulares, el ofendido tiene el monopolio de la acción penal, que puede ejercitar mediante querella dentro del año siguiente a la consumación del delito, así como plena capacidad de disposición sobre la acción penal ejercitada, que se extingue por su renuncia, como manifestación procesal del perdón del ofendido que pone fin a la responsabilidad criminal.
Salvo que la injuria o calumnia se dirijan contra funcionarios públicos por hechos relativos al ejercicio de sus funciones, en cuyo caso el delito es público, el **Ministerio Fiscal** no interviene en el proceso.

7987 **Presunciones de extinción en el ejerccio de la acción penal** El ejercicio de las acciones penal y civil derivadas de los delitos privados se sujeta, salvo lo dicho, al régimen normal de ejercicio de una y otra, pero sobre la acción penal inciden presunciones de extinción:
• El **ejercicio separado de la acción civil** supone la automática extinción de la penal (LECr art.112).
• Se entiende abandonada la querella por el que la haya interpuesto cuando **deje de instar el procedimiento** dentro de los 10 días siguientes a la notificación del auto en que el juez o el tribunal así lo hubiese acordado, a cuyo efecto, a los 10 días de haberse practicado las últimas diligencias pedidas por el querellante, o de estar paralizada la causa por falta de instancia del mismo, debe mandar de oficio el juez o tribunal que conozca de los autos que aquel pida lo que convenga a su derecho en el término citado.
Nada se prevé sobre la legitimación de los ascendientes, descendientes, cónyuge, hermanos y herederos del **ofendido difunto** para la interposición o el sostenimiento de querellas. La admisibilidad de la querella familiar no plantea mayor problema en el caso de que el delito trascienda a los parientes.

Precisiones Más dudoso es el caso de la legitimación del **heredero no ofendido personalmente** por el delito. En este supuesto podría sostenerse la existencia de legitimación con apoyo en LECr art.276, que establece que se tiene por abandonada la querella cuando por muerte o por haberse incapacitado el querellante para continuar la acción, no comparezca ninguno de sus herederos o representantes legales a sostenerla. Cabe, no obstante, la opinión contraria con base en el silencio de CP art.215 y en que la legitimación del heredero se limita a la protección civil del honor (LO 1/1982 art.4).

F. Investigado o encausado

Es la **parte pasiva** necesaria del proceso penal, contra quien se ejerce la pretensión punitiva y eventualmente la acción civil, en cuyo caso se acumula a dicha condición la de responsable civil directo (nº 8024). 8000

La figura del investigado se erige en centro de referencia del régimen de **derechos y garantías procesales** que integran el concepto del proceso justo (Const art.24 y 25; Convenio Roma 4-11-1950 art.6; Pacto Nueva York 16-12-1966 art.14), dada la especial posición que ocupa en el proceso penal quien puede verse privado al final del mismo de los más transcendentes derechos, como es el de la libertad -nº 6830 s.- (TCo 19/2000; 130/2002).

La determinación de la **identidad y circunstancias personales** con relevancia penal del investigado es una de las finalidades de la fase de instrucción (LECr art.299 y 777). Ello da lugar a específicas diligencias cuyo régimen se estudia en los nº 8375 s.

La **presencia del investigado** en el acto del juicio oral es a la vez un derecho de este (Pacto Nueva York 16-12-1966 art.14.1.3.d) y una finalidad esencial de las normas que regulan el proceso penal en las fases anteriores a dicho momento esencial, pues su voluntaria ausencia puede frustrar la finalidad del proceso.

A diferencia de lo que ocurre con los testigos y otros intervinientes en el proceso (LECr art.420; CP art.463), el investigado no tiene **obligación de comparecer** ante el órgano judicial y no puede ser sancionado por no hacerlo, aunque es función de dicho órgano judicial asegurar coactivamente su presencia en el proceso.

La situación que plantea la **ausencia del investigado** es objeto de diverso tratamiento en función de la entidad de la pena que en cada caso pueda imponerse en el proceso.

Precisiones **1)** La LO 13/2015 introdujo una **modificación terminológica** en relación con la denominación legal esta parte procesal. Así, el tradicionalmente denominado **imputado** pasa a ser investigado o encausado, pasando el procesado a ser igualmente encausado (LO 13/2015 art.único.21). No obstante la sustitución legal de dicho término, los conceptos utilizados en la Ley no son excluyentes ni impiden el uso de otro u otros de sentido semejante (frecuentemente empleados en otras disposiciones legales y en la jurisprudencia): imputado, sospechoso, inculpado, acusado, encausado, reo, etc. Fundamentalmente, porque el destinatario de la imputación es el imputado. Al tiempo que en algunos preceptos de la LECr no se sustituyen los términos imputado/a o procesado/a y siguen empleándose (LECr art.199, 554, 627 u 839 bis, por ejemplo). Y aparecen y se mantienen igualmente en otras Leyes procesales (LOPJ art.87; LO 5/2000 art.2, 16.5, 20.4, disp.trans.única.5; LO 7/2014 art.15 redacc LO 4/2024; LO 2/1989 art.10, 11, 53, 162 s. -que utilizan igualmente el concepto «procesado»-; LO 10/2007 art.3; L 23/2014 art.22, 33, 49, 109 s.). 8001

2) La **correlación** de términos legales es la siguiente:

Precepto LECr/materia o trámite o actuación judicial	Término anterior (sustantivo o adjetivo)	Término resultante de LO 13/2015 (sustantivo o adjetivo)
art.120 (práctica de diligencias de investigación o prueba anticipada), art.309 bis (incoación de procedimiento especial de jurado a partir de denuncia o querella), art.760 (determinación del tipo de proceso), art.771 (actuaciones de la policía judicial en el procedimiento abreviado), art.775 (primera comparecencia ante el juez en el procedimiento abreviado), art.779 (reconocimiento de hechos anterior al auto de transformación de actuaciones, remisión, inhibición o sobreseimiento en dicho cauce), art.797 y 798 (diligencias urgentes en el proceso para enjuiciamiento rápido de determinados delitos)	Imputado	Investigado
art.325 (comparecencia ante el juez), art.502, 503, 504, 505, 506, 507, 508, 511, 529, 530, 539 (prisión provisional y detención, libertad provisional), art. 544 ter (orden de protección a la víctima), art.764, 765 (medidas cautelares pecuniarias en el procedimiento abreviado), art.766 (recursos contra autos del juez de instrucción o de lo penal en dicho proceso) y art.773 (actuación del Ministerio Fiscal en el procedimiento abreviado)	Imputado	Investigado o encausado
art.141 (resoluciones judiciales)	Imputado, procesado	Investigado o encausado
art.762 (enjuiciamiento de delitos conexos), art.780 y 784 (preparación y apertura del juicio oral)	Imputado	Encausado
art.503 (prisión provisional) y art.797 diligencias urgentes en el proceso para enjuiciamiento rápido de determinados delitos)	Imputada	Investigada

3) Del cuadro anterior resulta que aquel contra el que se dirige la imputación tiene carácter de investigado hasta que no se haya concluido la instrucción o investigación, y de encausado, a partir de la fase intermedia, con la dirección contra él de la acción penal.

4) El investigado (imputado) y el acusado gozan de unas **garantías constitucionales, procesales y sustantivas**, diferentes y mayores que las de otros participantes en el proceso, asimetría plenamente justificada por la trascendencia de sus intereses en juego, pues al proceso penal se acude postulando la actuación del poder del Estado en su forma más extrema -la pena criminal- que implica una profunda injerencia en la libertad del imputado y en el núcleo más sagrado de sus derechos fundamentales y que encuentra plasmación, entre otros, en el derecho a la revisión de la condena, por lo que la obligación de que el debate procesal se desarrolle en **condiciones de igualdad**, y de que se asegure tanto al acusador como al acusado plena capacidad de alegación y prueba, no comporta que sean iguales en garantías, pues ni son iguales los intereses que arriesgan en el proceso penal ni el mismo es prioritariamente un mecanismo de solución de un conflicto entre ambos, sino un mecanismo para la administración del *ius puniendi* del Estado, en el que el ejercicio de la potestad punitiva constituye el objeto mismo del proceso (TCo 80/2024). Entre otras consecuencias, lo anterior se plasma en la restricción imperante en la **revocabilidad** en vía de recurso de sentencias absolutorias, muy limitada (TS 18-11-24, EDJ 744318).

8002 **Adquisición de la condición de investigado del previo testigo** La **transformación** de la condición de testigo en investigado es válida y admitida según constante jurisprudencia, porque la decisión judicial inicialmente adoptada de conceder, o no, tal condición es lógicamente alterable en fase de instrucción, en la que se va conformando el objeto de enjuiciamiento. No cabe por ello alegar la intangibilidad de una resolución judicial previa en la que se denegaba la consideración como investigada de una determinada persona, que intervino en las actuaciones como testigo.La mutación procesal de testigo a investigado ha suscitado numerosos **debates** en el ámbito del Derecho penal. Puede deberse a sospechas sobre un falso testimonio, ocultación de información, contradicciones o indicios de participación en el delito. La retención de datos relevantes o contradicciones en las declaraciones pueden generar sospechas sobre la veracidad del testimonio prestado. Precisamente, si se descubre que el testigo tenía **conocimiento relevante** y no lo compartió, puede ser interpretado como falso testimonio. A este respecto, resulta esencial la sinceridad y colaboración del testigo para mantener su condición inicial. La posición de imputado permite iniciar el ejercicio del derecho de defensa y es fundamental **informar adecuadamente al investigado** sobre sus derechos (TS 24-10-13, EDJ 721145; 2-12-14, EDJ 223336). Sin embargo, la **declaración prestada como testigo** no se ha de utilizar como prueba de cargo, y las pruebas obtenidas de manera autónoma y diversa deben corroborar los hechos declarados probados en el proceso. Es fundamental entender que la declaración inicial como testigo es una fase preliminar en la investigación penal y que el cambio a la condición de investigado permite al afectado ejercer plenamente su derecho de defensa.Las **manifestaciones incriminatorias prestadas como testigo** -con obligación de contestar bajo juramento o promesa de decir la verdad y bajo la advertencia de incurrir en falso testimonio- no ratificadas posteriormente en su condición de investigado no podrán ser valoradas como elemento incriminatorio. Pero sí los datos resultantes de dicha declaración que pueden obtenerse por otros medios ajenos a la misma.Este cambio de estatus no constituye una irregularidad y las **pruebas obtenidas de manera autónoma** y diversa pueden ser válidamente valoradas en el proceso. Es preciso que el instructor ponga en conocimiento del imputado -desde que lo es- el hecho objeto de las diligencias previas y la propia existencia de una imputación, que le ilustre de sus derechos, especialmente el de designar abogado. Imponiéndose asimismo la exigencia que desde el momento en que resulte **sospechoso** de haber participado en el hecho punible el investigado no declare como testigo porque, a diferencia de este último, el encausado no solo no tiene obligación de decir la verdad, sino que puede callar total o parcialmente, en virtud de los derechos a no declarar contra sí mismo y a no confesarse culpable -Const art.24.1- (AP Madrid auto 12-6-25 Rec 382/025; auto 12-6-25 Rec 386/25).

8003 **Medidas privativas de libertad** La **incomparecencia voluntaria** del encausado puede integrar el presupuesto de hecho de medidas cautelares restrictivas o privativas de libertad, cuando de las circunstancias del caso se deduzca que existe intención de eludir su sumisión al proceso (LECr art.487 y 503.1; LO 2/1989 art.217 y 301).

Precisiones En relación con las medidas cautelares personales restrictivas de libertad o de otros derechos, ver nº 9030 s.

8004 **Rebeldía** Como regla general, la celebración del juicio oral exige la presencia del acusado. Por ello, cuando este deje de comparecer injustificadamente al llamamiento judicial o se fugue del lugar en que esté detenido o preso y se ignore su paradero, se ha de proceder al llamamiento del mismo mediante **requisitoria** y, si no se presenta en el plazo que en la misma

se señale, se debe declarar por auto su rebeldía y acordarse la correspondiente medida cautelar, en aplicación del procedimiento contra reos ausentes (LECr art.834 s. y 762.4ª; LO 2/1989 art.407 s.).
Los **efectos principales** de la rebeldía se resumen en los siguientes:
a) Continúa la tramitación del proceso hasta la conclusión de la fase de instrucción, momento en que se produce su **suspensión**, con archivo de las actuaciones y reanudación de la eficacia del plazo de prescripción del delito (LECr art.840 y 841; LO 2/1989 art.409; CP art.132). En consecuencia, la incomparecencia del **acusado único** o de todos los coacusados al acto del juicio oral es causa de necesaria suspensión del mismo, sin perjuicio de las medidas cautelares que procedan (LO 2/1989 art.746.5º y 297.7º).
Por el contrario, la rebeldía no tiene efecto suspensivo cuando la ausencia del acusado sea **posterior a la notificación de la sentencia** y la causa se encuentre solo pendiente de recurso de casación (LECr art.845; LO 2/1989 art.413).

b) Cuando exista **pluralidad de investigados** y alguno de ellos haya sido declarado rebelde, el proceso sigue su curso, en todo caso, contra los presentes (LECr art.842; LO 2/1989 art.412). **8006**
Por el contrario, cuando existan coacusados y alguno de ellos no comparezca al acto del juicio **sin estar declarado rebelde**, este puede celebrarse contra los presentes cuando existan motivos para juzgarles con independencia. Para ello han de concurrir las siguientes circunstancias (LECr art.746 y 850.5; LO 2/1989 art.297.7º; TS 7-7-03, EDJ 80559; 12-7-04, EDJ 82819):
- que el ausente haya sido citado en forma personal;
- que el tribunal, antes de pronunciarse sobre el particular, haya oído a las partes sobre esta cuestión;
- que el acuerdo del mismo se haga constar en el acta del juicio con expresión de las razones que lo motiven; y
- que tal decisión no cause indefensión al procesado o procesados presentes.
c) En la resolución declaratoria de rebeldía se debe hacer expresa **reserva de las acciones civiles** correspondientes a los perjudicados, manteniéndose las medidas cautelares reales adoptadas en el proceso penal para facilitar el ejercicio de dichas acciones ante el órgano judicial competente del orden civil (LECr art.843; LO 2/1989 art.414).
Igualmente, cuando no esté presente ningún acusado se ha de devolver a sus legítimos dueños los **efectos del delito y piezas de convicción**, siempre que estas sean de lícito comercio y aquellos no aparezcan como responsables criminales o civiles del delito. Se debe practicar su retención, no obstante, cuando sean absolutamente indispensables como medios de prueba, o cuando un tercero interesado en ejercer la acción civil así lo solicite, extendiéndose la retención hasta la prescripción del delito en el primer caso o, en el segundo, durante el plazo que el tribunal conceda al interesado para que acredite el ejercicio de la acción civil (LECr art.844 y 635; LO 2/1989 art.410 y 246).

Precisiones: En el régimen del **proceso penal militar** se observa un mayor grado de limitación de las previsiones tendentes a facilitar el ejercicio de la acción civil, pues tanto el mantenimiento de embargos como la retención de efectos del delito y piezas de convicción se condiciona al ejercicio de la acción civil en plazo máximo de 2 meses y a que, acreditado su ejercicio, el órgano judicial competente reclame los bienes en el término de un año desde la entrega al interesado del testimonio de particulares preciso para ejercer separadamente la acción civil (LO 2/1989 art.246.3º).

El régimen descrito es aplicable de manera absoluta en **todos los procesos penales** salvo, en determinados casos, en el abreviado y en el de enjuiciamiento rápido de delitos flagrantes. **8008**
Solo el juicio sobre delito leve permite de manera incondicionada la celebración del juicio en ausencia del acusado, siempre que conste habérsele citado con las formalidades legales y salvo que el juez, de oficio o a instancia de parte, crea necesaria la declaración de aquel.
La necesaria presencia del acusado en el juicio oral es compatible con su **ausencia ocasional**, siempre que haya sido autorizada por el juez en interés del propio acusado (LO 5/2000 art.37.4; LO 2/1989 art.301) o acordada en ejercicio de la potestad de policía de vistas (LECr art.687; LO 2/1989 art.299.3º), aunque dicha circunstancia nunca puede suponer privación del derecho del acusado a la última palabra, so pena de nulidad del juicio oral y de la sentencia (TS 10-5-01, EDJ 7173).
En el caso de ser investigada una **persona jurídica**, la incomparecencia de la persona especialmente designada por la persona jurídica para su representación no impedirá en ningún caso la celebración de la vista, que se llevará a cabo con la presencia del abogado y el procurador de esta (LECr art.787 bis redacc LO 1/2025).
Por otra parte, se proyecta el siguiente régimen de la **rebeldía** de la persona jurídica investigada (LECr art.839 bis):
• Solo será llamada mediante **requisitoria** cuando no haya sido posible su citación para el acto de primera comparecencia por falta de un domicilio social conocido. En la requisitoria se

harán constar los datos identificativos de la entidad, el delito que se le imputa y su obligación de comparecer en el plazo que se haya fijado, con abogado y procurador, ante el juez que conoce de la causa.
• La **requisitoria de la persona jurídica** se publicará en el Boletín Oficial del Estado y, en su caso, en el Boletín Oficial del Registro Mercantil o en cualquier otro periódico o diario oficial relacionado con la naturaleza, el objeto social o las actividades del ente investigado.
• Transcurrido el **plazo fijado sin haber comparecido** la persona jurídica, se la declarará rebelde, continuando los trámites procesales hasta su conclusión.

8010 **Juicio en ausencia** (LECr art.787.1 redacc LO 1/2025) El **ámbito objetivo** del juicio en ausencia se reduce al procedimiento abreviado, al de enjuiciamiento rápido de delitos flagrantes y al juicio sobre delitos leves.
La ausencia injustificada del acusado no es causa de suspensión del juicio oral cuando concurran las siguientes **circunstancias**:
- que haya sido citado personalmente, en su domicilio o en la persona designada por él;
- que el juez o tribunal, a solicitud del Ministerio Fiscal o de parte acusadora, y oída la defensa, estime que existen elementos suficientes para el enjuiciamiento;
- que la pena solicitada no exceda de 2 años de privación de libertad o, si es de distinta naturaleza, cuando su duración no exceda de 6 años o que se trate de pena de multa cualquiera que sea su cuantía o duración;
- que, en todo caso, tratándose de penas privativas de libertad, la suma total de las penas solicitadas no exceda de 5 años.
- que la pena solicitada no exceda de 2 años de privación de libertad o, si es de distinta naturaleza, cuando su duración no exceda de 6 años.

A tal efecto, en la **primera comparecencia** y junto a la instrucción de sus derechos, debe ser requerido para que designe un domicilio en España en el que se harán las notificaciones o una persona que las reciba en su nombre, con la advertencia de que la citación realizada en dicho domicilio o a la persona designada permite la celebración del juicio en su ausencia en los supuestos citados (LECr art.775).
Fuera de ese límite infranqueable, procede la aplicación de las reglas generales sobre rebeldía antes expuestas (nº 8004).

Precisiones 1) El **límite de la pena** ha de entenderse referido a la petición contenida en las conclusiones provisionales, sin que sea admisible atender a una eventual modificación de las mismas para, sin conocimiento del ausente, hacer posible el juicio en ausencia, pues ello implica un evidente fraude de ley (Acuerdo TS Pleno no Jurisdiccional Sala 2ª 25-2-00, EDJ 40303; TS 8-3-00, EDJ 113303; 11-10-00, EDJ 32653; 20-4-01, EDJ 15369; 3-7-07, EDJ 100795).
2) El **previo apercibimiento** no es un mero formalismo y constituye requisito esencial del juicio en ausencia, pues ante la infracción de la exigencia legal debe prevalecer la confianza del acusado en la imposibilidad de celebración del mismo (TS 3-2-01, EDJ 2893). En todo caso, no procede la celebración del juicio en ausencia **contra la voluntad del acusado**, pues la presencia en dicho acto constituye un derecho al que solamente él puede renunciar, negándose a comparecer en los supuestos prevenidos en LECr art.786.1, en los que se le libera de la carga de acudir ante el tribunal, decidiendo voluntariamente si comparece o no (TS 25-2-02, EDJ 4070).

8012 El mismo sistema es aplicable al **procedimiento de enjuiciamiento rápido** para el enjuiciamiento de delitos flagrantes, que no precisa como inexcusable requisito para su aplicación la detención del investigado (LECr art.797.1.3ª y 803.2). Aunque lo normal en este procedimiento es que el acusado se encuentre presente o en paradero conocido, pueden aplicarse las reglas anteriores cuando el mismo deje de comparecer injustificadamente al acto del juicio oral.
Lo mismo sucede, dentro del **proceso penal militar**, en las denominadas diligencias preparatorias, pese a su notorio paralelismo con el procedimiento abreviado. Como resulta difícil pensar que se trate de un olvido del legislador, estimamos que el juicio en ausencia no puede aplicarse por vía de supletoriedad de la Ley de enjuiciamiento criminal.
En el **juicio sobre delitos leves** se aplica sin límite objetivo alguno el juicio en ausencia (LECr art.970 y 971), exceptuándose el caso de que el juez estime necesaria, de oficio o a instancia de parte, la declaración del acusado.
Se desconoce absolutamente el juicio en ausencia en el **proceso de jurado** (LO 5/1995 art.44).
En el **proceso de menores** es preceptiva la presencia del expedientado (LO 5/2000 art.35) y no se contempla expresamente la posibilidad de celebrar la audiencia en ausencia del menor investigado, pues esta es acorde con la propia filosofía de la Ley, en la que en función del interés del menor, se persigue no solo una intervención sancionadora, sino mixta con un tinte marcadamente educativo, donde el proceso con la intervención activa del menor puede considerarse que constituye una experiencia educativa para el mismo. Por ello, la celebración en

ausencia es causa de nulidad de actuaciones (AP Madrid 11-5-04, EDJ 105609; 18-5-04, EDJ 111057), sin que a ella pueda oponerse el que por razones educativas pueda disponerse que el investigado abandone transitoriamente la sala en los casos previstos en LO 5/2000 art.37.4.

Aunque el juicio en ausencia requiere la preceptiva **participación del letrado defensor** del encausado, no cabe en el mismo la **conformidad** con las pretensiones de la acusación, que exige en todo caso manifestación expresa y libre del inculpado, lo que presupone su presencia en el proceso (LECr art.779.1.5ª, 784.3 y 787). El estudio de la conformidad se realiza en los nº 9370 s. 8014

La **sentencia** en ausencia, además de su impugnación conforme a las reglas generales de la Ley, es objeto de un régimen especial de rescisión de la cosa juzgada, mediante el llamado **recurso de anulación** (nº 10155 s.).

Traducción e interpretación (LECr art.123 a 127; LO 5/2015 disp.adic.única) Los investigados o encausados que **no hablen o entiendan el castellano o la lengua oficial** en la que se desarrolle la actuación gozan de los siguientes derechos: 8016

a) A ser **asistidos** por un intérprete que hable una lengua que comprenda durante todas las actuaciones en que sea necesaria su presencia, incluyendo el interrogatorio policial o por el Ministerio Fiscal y todas las vistas judiciales.

b) A servirse de intérprete en las **conversaciones** que mantenga **con su abogado** y que tengan relación directa con su posterior interrogatorio o toma de declaración, o que resulten necesarias para la presentación de un recurso o para otras solicitudes procesales.

c) A la interpretación de todas las **actuaciones del juicio oral**.

d) A la **traducción escrita** de los documentos que resulten esenciales para garantizar el ejercicio del derecho a la defensa. En todo caso, en las resoluciones que acuerden la prisión del investigado, el escrito de acusación y la sentencia, así como en las resoluciones judiciales que acuerden medidas cautelares y ponen fin a las distintas fases del proceso. El investigado puede solicitar la traducción de las actuaciones que, sin ser calificadas como esenciales por el juez o tribunal, lo sean por la defensa al afectar materialmente a su derecho de defensa (TCo 41/2022).

e) A presentar una **solicitud motivada** para que se considere esencial un documento.

Los **gastos** de traducción e interpretación derivados del ejercicio de estos derechos serán sufragados por la Administración, con independencia del resultado del proceso.

En el caso de que no pueda disponerse del **servicio de interpretación simultánea**, la interpretación de las actuaciones del juicio oral a que se refiere la letra c) anterior se realizará mediante una interpretación consecutiva de un modo que se garantice suficientemente la defensa del investigado o encausado.

En el caso de la letra d), puede prescindirse de la traducción de los **pasajes de los documentos esenciales** que no resulten necesarios para que el investigado o encausado conozca los hechos que se le imputan.

Excepcionalmente, la traducción escrita de documentos podrá ser sustituida por un **resumen oral** de su contenido en una lengua que comprenda, cuando de este modo también se garantice suficientemente la defensa del investigado o encausado.

La traducción se debe llevar a cabo en un **plazo razonable** y desde que se acuerde por parte del órgano judicial o del Ministerio Fiscal, quedarán en suspenso los plazos procesales que sean de aplicación.

La asistencia del intérprete se puede prestar por medio de **videoconferencia** o **cualquier medio de telecomunicación**, salvo que el tribunal, juez o el fiscal, de oficio o a instancia del interesado o de su defensa, acuerde la presencia física del intérprete para salvaguardar los derechos del investigado o encausado.

Las **interpretaciones orales**, con excepción de las previstas en la letra b anterior, pueden ser documentadas mediante la grabación audiovisual de la manifestación original y de la interpretación.

En los casos de traducción oral del contenido de un documento, se unirá al acta **copia** del documento traducido y la grabación audiovisual de la traducción.

Si no se dispusiera de **equipos de grabación**, o no se estimase conveniente ni necesario, la traducción o interpretación y, en su caso, la declaración original, se documentarán por escrito.

Precisiones **1)** El traductor o intérprete judicial será **designado** de entre aquellos que hallen incluidos en los listados elaborados por la Administración competente. Excepcionalmente, en aquellos supuestos que requieran la **presencia urgente** de un traductor o de un intérprete, y no sea posible la intervención de un traductor o de un intérprete judicial inscrito en las listas elaboradas por la Administración, en su caso, se podrá habilitar como intérprete o traductor judicial eventual a otra persona conocedora del idioma empleado que se estime capacitado para el desempeño de dicha tarea. El servicio prestado tiene carácter confidencial. 8017

Cuando el órgano judicial o el Ministerio Fiscal, de oficio o a instancia de parte, aprecie que la traducción o interpretación no ofrecen **garantías suficientes de exactitud**, podrá ordenar la realización de las comprobaciones necesarias y, en su caso, ordenar la designación de un nuevo traductor o intérprete.

2) Cuando se pongan de manifiesto **circunstancias** de las que pueda derivarse la necesidad de la asistencia de un traductor o intérprete, el juez o tribunal, de oficio o a instancia del abogado del investigado o encausado, comprobará si este conoce y comprende suficientemente la **lengua oficial** en la que se desarrolle la actuación y, en su caso, ordenará que se nombre un traductor o intérprete conforme a lo dispuesto en el artículo anterior y determinará qué documentos deben ser traducidos.

La decisión judicial por la que se **deniegue el derecho a la traducción o interpretación** de algún documento o pasaje del mismo que la defensa considere esencial, o por la que se rechacen las quejas de la defensa con relación a la falta de calidad de la traducción o interpretación, será documentada por escrito. Si la decisión hubiera sido adoptada durante el juicio oral, la defensa del investigado o encausado podrá hacer constar en el acta su protesta. Cabe interponer recurso contra estas decisiones judiciales en los términos comúnmente establecidos en la Ley de enjuiciamiento criminal.

3) La **renuncia** a los derechos enunciados debe ser expresa y libre, y solamente es válida si se produce después de que el investigado o encausado haya recibido un asesoramiento jurídico suficiente que le permita tener conocimiento de las consecuencias de su renuncia. En todo caso, son irrenunciables los derechos a los que se refieren los apartados a) y c).

4) El régimen expuesto es igualmente aplicable a las **personas con discapacidad sensorial**, que pueden contar con medios de apoyo a la comunicación oral.

5) Ver lo expuesto en los nº 6994 s., en relación con el perfil jurisprudencial del derecho a la **asistencia de intérprete**.

6) La **omisión de traducción** puede suponer vulneración del derecho a un proceso con todas las garantías si supone indefensión material. No se da indefensión si el investigado conoce el idioma de las actuaciones cuya traducción se pretende (TEDH 18-10-06, núm 18114/02), ha sido asistido de intérprete (TEDH 19-12-89, núm 9783/82), o la traducción no se considera esencial para el derecho de defensa (TCo 41/2022).

7) La **doctrina jurisprudencial** europea, constitucional y ordinaria sobre el derecho en estudio se expone ampliamente en TS 2-4-25, EDJ 543996.

8018 **Menores de edad** (Dir 2016/800/UE) El régimen relativo a las **garantías procesales de los menores sospechosos o acusados** en los procesos penales, en ningún caso puede suponer minoración de derechos ya reconocidos, ni incorporar limitaciones o excepciones a los derechos o garantías procesales reconocidos por la Carta, el CEDH u otras disposiciones aplicables de Derecho internacional, en particular la Convención de las Naciones Unidas sobre los Derechos del Niño, o a la normativa de cualquier Estado miembro que garantice un nivel de protección superior.

8018.1 **Cuestiones generales** (Dir 2016/800/UE art.1 a 3) El régimen de la Directiva se aplica, como norma mínima, a:

• Los **menores sospechosos o acusados en procesos penales**, hasta la decisión definitiva que determine si el sospechoso o acusado ha cometido una infracción penal, incluidas, cuando proceda, la imposición de la condena y la resolución de cualquier recurso.

• Los menores que sean **personas buscadas**, a partir del momento de su detención en el Estado miembro de ejecución. En este caso, las reglas que se exponen se aplican *mutatis mutandis*.

Las reglas específicas de aplicación son las siguientes:

a) Con carácter general, salvo las reglas relativas al titular de la patria potestad, la regulación mínima se aplica a quienes fueran menores en el momento en que quedaron sujetas a dichos procesos, pero hayan **alcanzado posteriormente la edad de 18 años**, siempre que la aplicación de la Directiva, o de ciertas disposiciones de ella, resulte adecuada a las circunstancias del caso, incluidas la madurez y vulnerabilidad de la persona de que se trate. Los Estados miembros podrán decidir que la Directiva no se aplique cuando la persona de que se trate haya cumplido los **21 años de edad**.

b) Se aplica a los menores que inicialmente no sean sospechosos ni acusados pero que pasen a serlo en el curso de un **interrogatorio policial** o de otras autoridades policiales.

c) No afecta a las normas nacionales por las que se establece la **edad de responsabilidad penal**.

d) Rige únicamente respecto los procedimientos ante un **órgano jurisdiccional con competencia en materia penal**, siendo de plena aplicación, en todo caso, cuando se haya privado de libertad al menor, independientemente de la fase en que se encuentre el proceso penal.

e) Es **menor** quien no ha cumplido 18 años. Cuando no se sepa si una persona ha alcanzado dicha edad, se presumirá que es menor.

Derecho a la información (Dir 2016/800/UE art.4) Cuando se ponga en conocimiento de los menores su condición de sospechosos o acusados en un proceso penal, han de ser informados con prontitud acerca de sus **derechos** con arreglo a la Dir 2012/13/UE y de los aspectos generales del desarrollo del proceso. 8018.2

Los Estados miembros han de garantizar asimismo que los menores sean informados sobre los derechos establecidos en la Directiva. Esta información se facilitará **por escrito o verbalmente**, o de ambos modos, en un **lenguaje sencillo y accesible**, y que quede constancia de la información facilitada de acuerdo con el procedimiento que prevea para ello el Derecho nacional, de la siguiente manera:

Momento de información	Derecho o aspecto al que se refiere la información	Precepto de la Directiva
Con prontitud	Información al titular de la patria potestad	art.5
	Asistencia letrada	art.6
	Protección de la vida privada	art.14
	Compañía del titular de la patria potestad durante determinadas fases del proceso que no sean vistas	art.15.4
	Asistencia jurídica gratuita	art.18
Fase más temprana en la que resulte adecuada	Evaluación individual	art.7
	Reconocimiento y asistencia médicos	art.8
	Limitación de privación de libertad y uso de medidas alternativas, así como revisión periódica de la detención	art.9 y 10
	Compañía del titular de la patria potestad durante las vistas	art.15.1
	Presencia en el juicio	art.16
	Vías de recurso efectivas	art.19
Privación de libertad	Trato específico durante ella	art.12

Cuando se facilite a los menores la **declaración de derechos** de conformidad con la Dir 2012/13/UE, dicha declaración ha de incluir una referencia a los derechos que les reconoce la Directiva.

Derecho del menor a que el titular de la patria potestad sea informado (Dir 2016/800/UE art.6) 8018.3

Como regla, el titular de la patria potestad recibirá la información que el menor tiene derecho a recibir.

Por excepción, esta se ha de **facilitar a otro adulto** adecuado designado por el menor y aceptado como tal por la autoridad competente:

- en caso de que el hecho de facilitar esa información al titular de la patria potestad sea **contrario al interés superior del menor**, o no sea posible tras haberse realizado esfuerzos razonables;
- cuando **no se pueda localizar** a ningún titular de la patria potestad o se desconozca su identidad; o
- cuando, habida cuenta de circunstancias objetivas y fácticas, pueda **comprometer seriamente el proceso penal**.

Cuando el **menor no haya designado a otro adulto** adecuado o el adulto designado por el menor no resulte aceptable para la autoridad competente, esta última, teniendo en cuenta el interés superior del menor, designará e informará a otra persona. Dicha persona también podrá ser una persona dependiente de una autoridad o de alguna institución responsable de la protección o del bienestar de los menores.

Cuando **dejen de existir las circunstancias** que hayan llevado a la aplicación de las reglas anteriores, se proporcionará al titular de la patria potestad cualquier información que el menor reciba y que siga siendo pertinente para el desarrollo del proceso.

Asistencia letrada (Dir 2016/800/UE art.6 y 18) Los menores que sean sospechosos o acusados en procesos penales tienen derecho a la asistencia de letrado de conformidad con la Dir 2013/48/UE. 8018.4

Los Estados miembros velarán por que los menores reciban **asistencia letrada sin demora indebida** en cuanto se ponga en conocimiento de dichos menores su condición de sospechosos o acusados. En cualquier caso, los menores recibirán asistencia letrada a partir del **momento que antes se produzca** de entre los que se indican a continuación:
- antes de que sean interrogados por la policía u otras autoridades policiales o judiciales;
- en el momento en que las autoridades de investigación u otras autoridades competentes realicen una actuación de investigación o de obtención de pruebas;
- sin demora indebida tras la privación de libertad;
- habiendo sido citados a personarse ante un órgano jurisdiccional competente en materia penal, con la suficiente antelación antes de que se presenten ante dicho órgano jurisdiccional.

La asistencia letrada comprende lo siguiente:
a) **Entrevista en privado y comunicación con el letrado defensor**, incluso con anterioridad al interrogatorio policial o judicial.
b) Asistencia durante el **interrogatorio**, con intervención efectiva del letrado durante su desarrollo, de acuerdo con los procedimientos previstos por el Derecho nacional, a condición de que tales procedimientos no menoscaben el ejercicio efectivo ni el contenido esencial del derecho de que se trate. Cuando un letrado intervenga durante el interrogatorio, se dejará constancia de este extremo de acuerdo con el procedimiento que prevea para ello el Derecho nacional.
c) Asistencia, como mínimo, en los siguientes **actos de investigación** o de **obtención de pruebas**, si dichos actos están previstos en el Derecho nacional y si se requiere o permite que el **sospechoso asista al acto**: ruedas de reconocimiento, careos y reconstrucciones de hechos.
d) **Confidencialidad de las comunicaciones** entre los menores y sus letrados, incluyendo las reuniones, la correspondencia, las conversaciones telefónicas y otras formas de comunicación permitidas en el Derecho nacional.

Siempre que se respete el derecho a un juicio justo, los Estados miembros podrán establecer **excepciones al régimen de la asistencia letrada**, cuando no sea proporcionada en las circunstancias del caso, habida cuenta de la gravedad de la presunta infracción penal, la complejidad del caso o las medidas que podrían tomarse respecto de dicha infracción, sin perjuicio de que el interés superior del menor siempre debe constituir una consideración primordial.

En cualquier caso, los menores han de recibir asistencia letrada cuando se les ponga **a disposición del órgano jurisdiccional** competente para decidir sobre su detención en cualquier fase del proceso y durante la detención.

Cuando el menor deba recibir asistencia letrada, pero **no haya presente ningún letrado**, las autoridades competentes aplazarán el interrogatorio del menor, u otros actos de investigación o de obtención de pruebas, durante un período razonable, para dar tiempo a que llegue el letrado o a organizar la asistencia letrada del menor, cuando este no haya designado a un letrado.

En **circunstancias excepcionales** y únicamente **antes de llegar a juicio**, pueden dejar de aplicarse temporalmente los derechos enumerados anteriormente, en la medida en que esté justificado en las circunstancias específicas del caso, sobre la base de una necesidad urgente de evitar graves consecuencias adversas para la vida, la libertad o la integridad física de una persona; o de una necesidad urgente de una actuación inmediata de las autoridades de investigación para evitar comprometer seriamente el proceso penal en relación con una infracción penal grave.

La decisión de proceder al **interrogatorio en ausencia del letrado** solo podrá adoptarse caso por caso bien por una autoridad judicial o bien por otra autoridad competente cuyas decisiones puedan ser objeto de control jurisdiccional.

Precisiones 1) Los Estados miembros velarán asimismo por que no se imponga una **pena de privación de libertad**, a menos que el menor haya contado con asistencia letrada, de modo que haya podido ejercer el derecho de defensa de modo efectivo y, en cualquier caso, durante la vista oral del juicio ante el órgano jurisdiccional.
2) Las reglas y derechos expuestos se han de hacer efectivos, en su caso, mediante **asistencia jurídica gratuita**.

8018.5 **Derecho a una evaluación individual** (Dir 2016/800/UE art.7 y 22) Para asegurar el respeto a sus necesidades específicas en materia de protección, educación, formación e inserción social, los menores sospechosos o acusados en procesos penales deberán ser objeto de una evaluación individual, evacuada en la **fase más temprana posible**, en la que se tengan en cuenta, particularmente, su personalidad y madurez, su contexto económico, social y familiar, así como cualquier vulnerabilidad específica que pueda concurrir.

El **alcance y el grado de detalle** de la evaluación individual puede variar en función de las circunstancias del caso, de las medidas que se puedan adoptar si el menor es declarado culpable de la presunta infracción penal, y de si el menor ha sido sometido recientemente a una previa evaluación individual.

Ha de servir para determinar y hacer constar, de acuerdo con el procedimiento que prevea para ello el Derecho nacional, la información relativa a las **características individuales y a las circunstancias del menor** que puedan ser de utilidad a las autoridades competentes para determinar si procede adoptar alguna medida específica en favor del menor, evaluar la adecuación y efectividad de las medidas cautelares en relación con el menor, adoptar decisiones o medidas en el proceso penal, incluida la imposición de la condena.
Se podrá **formular la acusación** aun no existiendo una evaluación individual, siempre que ello sirva al interés superior del menor y que la evaluación individual esté disponible en cualquier caso cuando comience la vista oral del juicio ante el órgano jurisdiccional.
Las evaluaciones individuales se han de efectuar con la **estrecha participación del menor**, llevadas a cabo por personas cualificadas que apliquen, en la medida de lo posible, un enfoque multidisciplinario con la participación, en su caso, del titular de la patria potestad o de otro adulto adecuado, o de profesionales especializados.

Precisiones 1) Los Estados miembros podrán establecer **excepciones** a la obligación de realizar una evaluación individual, si la excepción está justificada en las circunstancias del caso y siempre que sea compatible con el interés superior del menor.
2) El **coste** de la evaluación se asume por el Estado.

Derecho a un reconocimiento médico (Dir 2016/800/UE art.8 y 22) Los menores que estén privados de libertad han de ser objeto de un reconocimiento médico sin dilación indebida, con objeto de evaluar, en particular, su **estado físico y mental general**, lo menos invasivo posible y efectuado por un médico u otro profesional cualificado. Ha de consignarse su **resultado por escrito**, siendo repetido en caso de las circunstancias lo exijan. **8018.6**
Los resultados del reconocimiento médico se tendrán en cuenta al determinar la **capacidad del menor** para someterlo a un interrogatorio, a otras medidas de investigación o de obtención de pruebas, o a cualquier medida adoptada o prevista contra él.
Se ha de realizar por **iniciativa de las autoridades competentes**, en particular cuando esté motivado por condiciones específicas de salud, o en respuesta a una solicitud del menor, su letrado, el titular de la patria potestad o el adulto adecuado que le sustituya.

Precisiones El **coste** del reconocimiento se asume por el Estado, a menos que el menor cuente con seguro médico.

Grabación audiovisual de los interrogatorios (Dir 2016/800/UE art.9) El interrogatorio a que se someta a un menor por parte de la policía u otras autoridades policiales durante el proceso penal ha de ser grabado por medios audiovisuales, cuando ello sea **proporcionado en las circunstancias del caso**, habida cuenta, entre otras, de si está presente o no un letrado y de si el menor está privado de libertad o no, a condición de que el interés superior del menor siempre constituya la consideración primordial. **8018.7**
A falta de grabación por medios audiovisuales, se ha de dejar constancia del interrogatorio por **otros medios adecuados**, por ejemplo levantando acta debidamente verificada.
Ello sin perjuicio de la posibilidad de hacer **preguntas** al único efecto de identificar al menor sin grabación audiovisual.

Limitación de la privación de libertad (Dir 2016/800/UE art.10 a 12) En cualquier fase del proceso, ha de ser por el **menor tiempo posible**, tomando debidamente en cuenta la edad y situación individual del menor, así como las circunstancias particulares del caso. Tiene carácter subsidiario de último grado, de modo que cuando sea posible, las autoridades competentes han de recurrir a **medidas alternativas** a la detención y, en su caso, subsiguiente privación de libertad. **8018.8**
Esta medida, y en particular la detención, se ha de imponer a los menores solamente como **último recurso**, con base en una decisión motivada que pueda ser objeto de control jurisdiccional, y sometida a revisión periódica, a intervalos razonables, realizada por un órgano jurisdiccional bien de oficio o a solicitud del menor, del letrado del menor o de una autoridad judicial que no sea un órgano jurisdiccional.
Las **decisiones** que se adopten en relación con este aspecto, lo serán sin dilación indebida.
Se formulan las siguientes reglas de tratamiento específico:
• Los menores detenidos estarán **separados de los adultos**, salvo si se considera que no hacerlo sirve mejor al interés superior del menor. Igualmente se hará respecto de los menores bajo custodia policial, con la misma excepción o cuando en circunstancias excepcionales no resulte posible tal separación, siempre de manera compatible con el interés superior indicado.
• Cuando los **menores detenidos cumplan 18 años**, los Estados miembros regularán la posibilidad de que esas personas sigan separadas de otros adultos detenidos, cuando ello esté justificado habida cuenta de las circunstancias de la persona de que se trate, siempre que ello sea compatible con el interés superior de los menores que estén detenidos junto con esa persona.

• No obstante las reglas anteriores, los menores podrán estar **detenidos junto con adultos jóvenes**, a menos que ello sea contrario al interés superior del menor.
• Se han de determinar **medidas adecuadas** (proporcionadas y temporalmente compatibles con el tiempo de la privación) para garantizar la salud y desarrollo físico y mental del menor; derecho a la educación y formación, incluso respecto de las personas con discapacidad; derecho a la vida familiar; acceso a programas de desarrollo y reinserción; libertad de religión o creencia.
• Garantía de que los menores privados de libertad puedan **reunirse con el titular de la patria potestad** lo antes posible, cuando tal encuentro sea compatible con las exigencias operativas y de investigación.

Precisiones Todo lo expuesto se ha de entender sin perjuicio de la **designación de otro adulto**.

8018.9 **Tramitación rápida y diligente de los asuntos** (Dir 2016/800/UE art.13) Los procesos penales relacionados con menores se tramitan con carácter urgente y con la debida diligencia, tomándose las medidas adecuadas para velar por que aquellos sean tratados siempre de manera que se proteja su **dignidad** y de un modo que sea adecuado a su **edad, madurez y nivel de comprensión**, y tomando en consideración cualesquiera necesidades especiales que puedan tener, incluidas las posibles dificultades de comunicación.

8019 **Derecho a la protección de la vida privada** (Dir 2016/800/UE art.14) Para hacer efectivo este derecho durante la tramitación de los procesos penales, las vistas en que participen menores se celebrarán, por regla general, **sin presencia de público** bien por disposición normativa o a decisión de los órganos jurisdiccionales. Asimismo, las grabaciones de las vistas no se harán públicas.

8019.1 **Derecho del menor a estar acompañado por el titular de la patria potestad durante el proceso** (Dir 2016/800/UE art.15) Se reconoce el derecho del menor a estar acompañado por el titular de la patria potestad en las vistas en las que participe.
El menor tendrá derecho a estar **acompañado por otro adulto** adecuado designado por el menor y aceptado como tal por la autoridad competente, cuando la presencia del titular de la patria potestad acompañando al menor durante las vistas sea contraria al interés superior del menor; no sea posible porque, tras haberse realizado esfuerzos razonables, no se pueda localizar a ningún titular de la patria potestad o se desconozca su identidad; o habida cuenta de circunstancias objetivas y fácticas, comprometa seriamente el proceso penal.
Si el **menor no ha designado a otro adulto** adecuado, o si el adulto designado por el menor no resulta aceptable para la autoridad competente, esta designará a otra persona para acompañar al menor, teniendo en cuenta su interés superior. Dicha persona también podrá ser alguien dependiente de una autoridad o de alguna institución responsable de la protección o del bienestar de los menores.
Cuando **dejen de existir las circunstancias** que hayan llevado a la designación de otro adulto adecuado, el menor tendrá derecho a estar acompañado del titular de la patria potestad durante las vistas restantes.

Precisiones Adicionalmente, los Estados miembros velarán por que los menores tengan derecho a estar acompañados por el titular de la patria potestad u otro adulto adecuado durante fases del proceso en que esté presente el menor y que **no sean las vistas**, cuando la autoridad competente considere que redunde en su interés superior y la presencia del indicado sujeto no perjudica el curso normal del proceso.

8019.2 **Presencia y participación en el propio juicio** (Dir 2016/800/UE art.16) Se reconoce el derecho de los menores tengan derecho a estar presentes en su propio juicio y tomarán todas las medidas necesarias para permitirles una participación efectiva en el juicio, incluida la posibilidad de **ser oídos y de expresar su opinión**.
Los Estados miembros velarán por que los menores que no estuvieran presentes en su propio juicio, tengan derecho a un **nuevo juicio** o a otro tipo de recurso judicial, con arreglo a las condiciones establecidas en la Dir 2016/343/UE.

8019.4 **Vías de recurso** (Dir 2016/800/UE art.19) Los Estados miembros velarán por que los menores sospechosos o acusados en procesos penales y los menores que sean personas buscadas dispongan de alguna vía de recurso efectiva en el Derecho nacional en caso de que se **vulneren los derechos** que les confiere la Directiva.

G. Partes civiles

De todo delito o delito leve nace **acción penal** para el castigo del culpable, y puede nacer también **acción civil** para la restitución de la cosa, la reparación del daño y la indemnización de perjuicios causados por el hecho punible (LECr art.100). Cabe, pues, acumular a la acción penal que tiende a la persecución del delito el ejercicio de una acción civil para ejercer el derecho de crédito civil nacido del acto u omisión ilícitos en que el mismo consiste. Por ello, en caso de que la infracción criminal origine daños y perjuicios materiales o morales y de que se acumule el ejercicio de la acción civil al de la penal dentro de un único proceso penal (LECr art.111 y 112; CP art.109; CC art.1092), existen en el proceso penal **partes civiles**, cuyos papeles procesales civiles existentes en el proceso penal pueden coincidir con los de las **partes penales** o ser independientes de ellas. **8020** MPP nº 1695

Precisiones 1) En el esquema de la responsabilidad civil del Código Penal existen diferentes **legitimaciones pasivas**. Están pasivamente legitimados, el autor, partícipe o cómplice; el responsable civil subsidiario; el responsable civil directo -CP art.117- e incluso los terceros partícipes a título lucrativo (CP art.122). Son **compatibles** todas esas responsabilidades (TS 24-3-15, EDJ 59654).
2) Las **acciones civiles** no pierden su configuración como tales por el hecho de que se ejerciten en el seno del proceso penal (TS 10-12-19, EDJ 811705).
3) La **renuncia a la herencia del causante** (que fue parte procesal) supone que los llamados a la herencia no pueden suceder procesalmente al fallecido en cuanto a acciones civiles se refiere (TS auto 14-1-21, EDJ 501240).

Actor civil Es la **persona perjudicada** por el delito que pretende en el proceso penal la satisfacción del derecho de crédito reparatorio que ostenta frente al responsable de la infracción penal o, eventualmente, frente a un tercero civilmente responsable. **8022** MPP nº 1700 s.
Este papel procesal suele coincidir con el de **acusador particular** cuando el ofendido por el delito ejercita ambas acciones simultáneamente en el proceso penal, pero la condición de sujeto pasivo del delito no es indispensable para ejercitar la acción civil derivada del delito.

Precisiones 1) Se admite la **renuncia a la indemnización** que proceda de responsabilidad civil si se hace de forma expresa y terminante, no tácita (TS 26-3-19, EDJ 536793; 6-4-17, EDJ 61718). La **no personación del perjudicado** no supone renuncia, pero para que el tribunal pueda pronunciarse ha de formularse pretensión indemnizatoria, sea por el fiscal sea por el perjudicado personado (TS 15-11-06, EDJ 311703).
2) En todo caso, la acción civil es contingente en el proceso penal, sustantiva y procesalmente (TS 11-3-20, EDJ 585576; 2-11-11, EDJ 262993).
3) No obstante, aun cuando se hubiera previamente renunciado a la acción civil, si las consecuencias del delito son más graves de las que se preveían en el momento de la renuncia, o si la renuncia pudo estar condicionada por la relación de la víctima con alguna de las personas responsables del delito, se podrá **revocar la renuncia al ejercicio de la acción civil** por resolución judicial, a solicitud de la persona dañada o perjudicada y oídas las partes, siempre y cuando se formule antes del trámite de calificación del delito (LECr art.112).

Responsable civil Es el **deudor de la obligación de resarcimiento** nacida del delito, papel que corresponde interpretar siempre al investigado (CP art.109 y 116; CC art.1088 y 1092). En determinados supuestos puede exigirse en el proceso penal la responsabilidad civil directa de personas que no son criminalmente responsables del hecho que genera la obligación de resarcimiento, a las que se refiere la legislación procesal como responsables civiles o terceros responsables civiles (LECr art.615 a 621, 623, 652, 736, 764 y 765.1; LO 2/1989 art.194, 195, 179 y 316). **8024**
El responsable civil ha de hacer frente, durante la fase de instrucción, al cumplimiento de las **medidas cautelares** reales que adopte el juez (LECr art.615 a 621, 764 y 765).

Precisiones 1) Sobre el régimen de **responsabilidad penal de la persona jurídica** a raíz de la reforma del Código Penal operada por LO 1/2015, es muy relevante la FGE Circ 1/2016. En ella se intenta clarificar cómo debe ser un **programa de prevención de delitos** para poder eximir de responsabilidad penal. El Código Penal exige que los programas sean claros, precisos y eficaces, conceptos que pueden generar incertidumbre a la hora realizar los mismos.
2) No es necesario recibir **declaración del responsable civil** (no penal) en fase de instrucción, ya que no se imputa la comisión de delito alguno. Es suficiente respecto del tercero responsable civil el traslado de los escritos de acusación para que pueda ejercitar su defensa frente a una pretensión civil que aparece incorporada a la causa penal (TS 9-4-21, EDJ 533250). Esto se aplica al partícipe a título lucrativo.
3) El ejercicio de una **acción civil derivada del delito** frente a un tercero es posible si la pretensión viene recogida en los escritos de acusación y se ha refrendado en el auto de apertura del juicio oral. No es imprescindible, pero conveniente y aconsejable, una previa declaración judicial atribuyéndole esa condición (TS 19-7-21, EDJ 654657).

4) Asumen la condición de responsables civiles, como **litisconsortes pasivos necesarios**, aquellos sujetos que han intervenido en el o en los negocios jurídicos que pueden ser declarados nulos en el proceso penal (p.e. en caso de insolvencias punibles), sin haber tenido vinculación con los delitos presuntamente cometidos, y que se verían afectados en caso de prosperar la nulidad pretendida y por tanto, que pueden tener interés en defender la validez del contrato o negocio afectado. Se da en estos casos el litisconsorcio necesario, pues la relación jurídica les liga de manera tan próxima e indisoluble que cualquier resolución que se dicte les ha de afectar de forzosamente (TS 14-7-21, EDJ 634668; 9-6-21, EDJ 602384; 2-3-21, EDJ 517041).

8025 MPP nº 1710 s., 1720 **Supuestos** El Código Penal declara responsables civiles directos del delito a las siguientes personas:

a) Los **aseguradores** que hayan asumido el riesgo de las responsabilidades pecuniarias derivadas del uso o explotación de cualquier bien, empresa, industria o actividad, cuando, como consecuencia de un hecho tipificado como delito, se produzca el evento que determine el riesgo asegurado, hasta el límite de la indemnización legalmente establecida o convencionalmente pactada, sin perjuicio del **derecho de repetición** (CP art.117; LO 5/2000 art.63).

En el contrato de seguro se confiere **acción directa** al perjudicado o sus herederos contra el asegurador para exigirle el cumplimiento de la obligación de indemnizar, sin perjuicio del derecho de este a repetir contra el asegurado que haya acusado el daño dolosamente (L 50/1980 art.76).

b) Cuando concurran las **circunstancias eximentes o atenuantes** previstas en CP art.20.1ª o 3ª y 21.1ª, son responsables civiles quienes ejerzan su apoyo legal o de hecho a los declarados exentos de responsabilidad penal. Es preciso que además haya mediado culpa o negligencia por parte de estas personas. En caso de eximente incompleta, esta responsabilidad concurre con la exigible a los sujetos semi-imputables, debiendo el juzgador graduar de forma equitativa la medida en que deba responder con sus bienes cada uno de dichos sujetos (CP art.118.1.1ª).

c) Cuando el hecho se impute a un **menor de 18 años** responden civilmente los padres, tutores o guardadores legales o de hecho (por este orden). La responsabilidad es solidaria con el menor y puede ser moderada por el juez cuando estos no hayan favorecido la conducta delictiva del mismo por dolo o negligencia grave (LO 5/2000 art.61.3).

d) Cuando se apliquen las circunstancias eximentes de **estado de necesidad o miedo insuperable**, responden civilmente, en el primer caso, las personas en cuyo favor se haya precavido el mal, en proporción al perjuicio que se les haya evitado o, si no fuera estimable, en la que el juez o tribunal establezca, según su prudente arbitrio. En el segundo, es responsable el causante del miedo, con preferencia al ejecutor del hecho (CP art.118.1.3ª y 4ª).

e) Quienes, sin incurrir en delito de receptación, **participen por título lucrativo** de los efectos de un delito o falta están también obligados a la restitución de la cosa o al resarcimiento del daño hasta la cuantía de su participación (CP art.122; AP Pontevedra 13-4-98, EDJ 9664; TS 25-5-16, EDJ 79338).

f) Los terceros de buena fe **que hayan adquirido el objeto del delito** sin cumplir los requisitos establecidos por la Ley para hacerla irreivindicable, lo que nos conduce a los delitos de hurto o robo (CP art.111; CC art.464 y 1955).

Precisiones **1)** Se considera que no puede apreciarse **participación a título lucrativo** en el delito contra la Hacienda pública, al menos en la modalidad de elusión del pago de tributos, abarcando solamente a los delitos de enriquecimiento, que producen beneficios económicos directamente, pero no delitos que consisten en un impago, en no abonar una deuda previa. En el régimen vigente (derivado de LO 7/2012; L 34/2015) las indemnizaciones en favor de la Hacienda Pública que pueden fijarse en un proceso penal seguido por alguno de los delitos de CP art.305 no constituyen en rigor responsabilidad civil nacida de delito (CP art.110 a 122); sino una deuda tributaria. Además, la deuda tributaria es el presupuesto del delito; no su consecuencia (TS 8-6-18, EDJ 93970; AP La Rioja 28-2-25, EDJ 566740).

En contra de este criterio, se considera que procede apreciar esta condición cuando concurre un **tercero que obtiene un beneficio económico** directamente ligado a la comisión del delito, generándose un enriquecimiento a costa del erario público (AP Córdoba 14-1-21).

2) No hay ningún obstáculo para que quien es inicialmente investigado penalmente sea el condenado como **partícipe lucrativo**, siempre observado el principio acusatorio (TS 9-7-21, EDJ 653349).

3) La **ajenidad del responsable a título lucrativo** a toda forma de participación en el delito del que procede el bien o la exigencia de desconocimiento de su origen ilícito, no significa que no deba reclamarse, al menos, que desarrolle una conducta significativa de aprovechamiento lucrativo de lo recibido, de consciente incorporación a su patrimonio con ánimo de lucro (TS 6-4-15, EDJ 69487).

Es precisamente dicho **beneficio** lo que constituye la fuente de imputación específicamente civil de la responsabilidad contraída, que se concreta en la restitución de los bienes -efectos del delito- recibidos o en la indemnización al perjudicado, limitada al «valor de su participación» (TS 18-5-23, EDJ 577118).

8026 **Responsable civil subsidiario** Es la persona física o jurídica a la que el partícipe criminal está ligado por relación de dependencia familiar o laboral, o que ostenta la titularidad de ciertos medios de comisión del delito, a la que se le atribuye el cumplimiento subsidiario de la

obligación resarcitoria. Como se trata de una responsabilidad subsidiaria o de segundo grado, para que sea exigible **es preciso**, en todo caso:
- que el delito se cometa dentro del ámbito de dicha relación; y
- que el encausado, resulte insolvente.

Además, pueden exigirse en determinados casos otros requisitos variables.

Precisiones El responsable subsidiario tiene constreñida su **legitimación** a la impugnación de los daños y perjuicios derivados del delito y a su cualidad de sujeto pasivo de la responsabilidad, negando el nexo causal en que se funda su responsabilidad civil. No la ostenta, en principio, para impugnar la responsabilidad penal del autor directo, ya que en tal caso asumiría la defensa de derechos ajenos. No obstante, se matiza este criterio para evitar la posible **indefensión de intereses legítimos**, como el de demostrar la inexistencia de tipicidad, pues si la responsabilidad que se le reclama dimana de un hecho calificado de delito, es claro que si tal desaparece también lo hace aquella, como sucede igualmente cuando se reconoce el concurso de una causa de justificación (TS 20-11-20, EDJ 731881). En todo caso, se ha excluido su legitimación en relación con cuestiones de hecho (TS 18-12-19, EDJ 813190; 21-7-22, EDJ 668680).

Supuestos (CP art.120 y 121; LO 14/2015 art.1.2) Para la sistematización de los diversos supuestos de responsabilidad civil subsidiaria regulados en la legislación penal podemos atender a la confi- **8027** MPP nº 1734
guración objetiva o culpabilística de la imputación de responsabilidad:

A) Con **carácter objetivo**, pues basta la presencia de las dos condiciones básicas antes citadas, son responsables civiles subsidiarios:

1. Por razón de la **titularidad de los medios de comisión del delito**, las siguientes personas:

• Las titulares de **editoriales, periódicos, revistas**, estaciones de radio o televisión o de cualquier otro medio de difusión escrita, hablada o visual, por los delitos cometidos utilizando los medios de los que sean titulares. En los delitos de calumnia e injuria la responsabilidad se convierte en solidaria, a tenor del CP art.212.

• Las titulares de **vehículos** susceptibles de crear riesgos para terceros, por los delitos cometidos en la utilización de aquellos por sus dependientes o representantes o personas autorizadas.

2. A causa de un **preexistente vínculo jurídico** de servicio o dependencia que impone al acusado obligaciones en cuyo cumplimiento se comete el delito:

• Las personas naturales o jurídicas dedicadas a cualquier género de **industria o comercio**, por los delitos o faltas que hayan cometido sus empleados o dependientes, representantes o gestores en el desempeño de sus obligaciones o servicios.

• El Estado, la comunidad autónoma, la provincia, la isla, el municipio y demás **entes públicos**, en caso de delitos dolosos o culposos cometidos por autoridades, agentes y contratados de la misma o funcionarios públicos en el ejercicio de sus cargos o funciones, siempre que la lesión sea consecuencia directa del funcionamiento de los servicios públicos que les estén confiados (nº 1400 s.).

• En el ámbito penal militar, el Estado, cuando el **delito militar** se cometa con ocasión de la ejecución de un acto de servicio.

La interpretación del CP art.120.4º no es estricta o restrictiva, de forma que se considere que cualquier desobediencia o extralimitación del empleado rompe su conexión con el empresario (TS 30-6-15, EDJ 127718). Ha de examinarse si la **organización personal y material** del empresario tiene alguna influencia en el delito (TS 3-3-21, EDJ 511662). Esta interpretación extensiva no se ve limitada por el principio *in dubio pro reo* ni por la presunción de inocencia propios de las normas sancionadoras y se ampara en la teoría del riesgo, interés o beneficio (TS 10-6-14, EDJ 99600).

B) Con **criterios de culpabilidad**, se exige para imputar al responsable civil subsidiario la infracción de deberes jurídicos cuya correcta observancia hubiera impedido o dificultado al menos la comisión del delito. Así ocurre en el caso de: **8028**

• Los **padres o tutores**, respecto de los daños y perjuicios causados por los delitos cometidos por los mayores de 18 años sujetos a su patria potestad o tutela y que vivan en su compañía, siempre que haya por su parte culpa o negligencia. En el caso de menores de dicha edad ya se ha visto que la responsabilidad es directa y solidaria (LO 5/2000 art.61.3).

• Las personas naturales o jurídicas, en caso de delitos cometidos en los **establecimientos** de los que sean titulares, cuando por parte de los que los dirijan o administren, o de sus dependientes o empleados, se hayan infringido los reglamentos de policía o las disposiciones de la autoridad que estén relacionados con el hecho punible cometido, de modo que este no se hubiera producido sin dicha infracción (TS 6-11-23, EDJ 746539; 23-11-23, EDJ 749635; 11-12-19, EDJ 755518). No es necesario precisar qué **persona física** fue la infractora del deber legal o reglamentario bastando con determinar que existió la infracción y que se puede imputar al titular de la empresa o a sus dependientes, aunque no sea posible probar su concreción individual; basta probar que entre el infractor y el responsable existe un **vínculo** y que el delito que genera la responsabilidad se halla inscrito dentro del ejercicio, normal o anormal, de las funciones desarrolladas por el infractor aunque se extralimite en las mismas (TS 29-4-13, EDJ 72360; 11-2-14, EDJ 12324; 3-7-20, EDJ 599980).

8028.5 **Emplazamiento específico** Cuando la acusación pretende que se declare la responsabilidad civil de un **tercero distinto del que es acusado** como responsable penal, sea aquel responsable civil directo o sea subsidiario, es necesario emplazarle también para su personación, y darle **traslado de la acusación** para calificación, procurándole así la posibilidad de ser parte y defenderse de lo postulado contra el (LECr art.784.1º y 652). En defecto del emplazamiento individualizado se produce una omisión que supone una formal infracción de procedimiento. Sin embargo, lo re relevante es si de la misma resulta o no indefensión material para la persona o entidad eventualmente responsable civil. En especial, en el caso de que esta sea una **persona jurídica no responsable penalmente** a cuyos administradores se ha citado y respecto de los que se ejercen las acciones penal y civil en la causa. Y así cuando el conocimiento de la pretensión formulada contra la responsable civil, presupuesto de su efectiva posibilidad de articular la defensa de sus intereses, resulta indudable a través del emplazamiento y traslado de la acusación actuada con sus representantes legales, no puede considerarse que exista indefensión material alguna. El hecho de que con relación a los mismos no se practiquen, sucesiva o simultáneamente, **dos diligencias**, una en su condición de acusados responsables penalmente y otra en su condición de representantes legales de una entidad a la que se atribuía responsabilidad civil, es una infracción de las normas procesales, pero carece de trascendencia desde la perspectiva de una supuesta material indefensión. El conocimiento total y directo que los administradores tienen del escrito de acusación, y que les permite formular el **escrito de defensa** de su personal responsabilidad, les permitiría igualmente articular el correspondiente a la defensa de la entidad mercantil que representaban. No se necesita para ello un **segundo emplazamiento**.

En definitiva, en tales supuestos no hay indefensión material de la sociedad condenada como responsable civil, al quedar garantizada su tutela judicial efectiva a través del **emplazamiento hecho a sus representantes legales**, con traslado del escrito de acusación que se extiende tanto a su personal responsabilidad penal como a la responsabilidad civil de la sociedad de la que son administradores (TS 27-10-10, EDJ 290369; 23-3-09, EDJ 50771). En otro caso, cuando el responsable civil sea un tercero persona jurídica o física **ajeno al pretendido responsable penal**, la falta de emplazamiento específico puede dar lugar a indefensión material; pero únicamente de la persona no emplazada y con los efectos limitados, en su caso, de anulación de la declaración de responsabilidad civil directa o subsidiaria contenida en la sentencia dictada tras el plenario o de las previas actuaciones procesales interlocutorias que le afecten.

8029 Terceros afectados por medidas de decomiso (LECr art.803 ter a) a 803 ter d); CP art.127 quater)

El juez o tribunal debe acordar, de oficio o a instancia de parte, la intervención en el proceso penal de las personas que puedan resultar afectadas por el decomiso cuando consten **hechos** de los que pueda derivarse razonablemente:

a) Que el **bien** cuyo decomiso se solicita pertenece a un tercero distinto del investigado o encausado.

b) Que existen **terceros titulares de derechos** sobre el bien cuyo decomiso se solicita que puedan verse afectados por el mismo.

Se puede **prescindir de la intervención** de los terceros afectados en los siguientes casos:

a) No se puede **identificar o localizar al posible titular** de los derechos sobre el bien cuyo decomiso se solicita.

b) Existen hechos de los que puede derivarse que la **información** en que se funda la pretensión de intervención en el procedimiento **no es cierta**, que los supuestos titulares de los bienes cuyo decomiso se solicita son personas interpuestas vinculadas al investigado o encausado o que actúan en convivencia con él.Contra la resolución por la que el juez declara la improcedencia de la intervención del tercero en el procedimiento puede interponerse **recurso de apelación**.

La persona que resulta afectada por el decomiso puede participar en el proceso penal desde que se acuerda su intervención, aunque esta **participación** viene limitada a los aspectos que afecten directamente a sus bienes, derechos o situación jurídica y no se puede extender a las cuestiones relacionadas con la **responsabilidad penal** del encausado. Sin embargo, la **incomparecencia del afectado** no impide la continuación del juicio.

Precisiones Los jueces y tribunales pueden acordar el decomiso de bienes, efectos y ganancias transferidos a terceros, o de un valor equivalente a los mismos, en los **supuestos** siguientes (CP art.127 quater):

- en el caso de **efectos y ganancias**, cuando los hayan adquirido con conocimiento de que proceden de una actividad ilícita o cuando una persona diligente debería haber tenido motivos para sospechar, en las circunstancias del caso, su origen ilícito;
- en el caso de **otros bienes**, cuando los hayan adquirido con conocimiento de que de este modo se dificultaba el comiso o cuando una persona diligente debería haber tenido motivos para sospechar, en las circunstancias del caso, se dificultaba su decomiso.

Se presume, salvo prueba en contra, que el tercero ha conocido o tenido motivos para sospechar lo anterior en caso de **transmisión gratuita** o por **precio inferior** al real de mercado.

La **sentencia** en la que se acuerde el decomiso debe ser **notificada** a la persona afectada por el mismo, aunque no haya comparecido en el proceso y esta puede interponer contra la sentencia los **recursos** previstos en la ley, aunque debe circunscribir su recurso a los pronunciamientos que afecten directamente a sus bienes, derechos o situación jurídica y no se puede extender a las cuestiones relacionadas con la **responsabilidad penal** del encausado. **8029.2**

La **incomparecencia del tercero afectado** tiene como efecto su declaración en rebeldía con la única particularidad sobre la regulación del demandado rebelde en la LEC de que en caso de rescisión de sentencia esta debe limitarse a los pronunciamientos que afecten directamente al tercero en sus bienes, derechos o situación jurídica. En este caso se siguen las reglas siguientes:

a) Se otorga al tercero un plazo de 10 días para presentar **escrito de contestación a la demanda** de decomiso, con proposición de prueba, en relación con los hechos relevantes para el pronunciamiento que le afecte.

b) Presentado el escrito en plazo, el órgano jurisdiccional debe resolver sobre la **admisibilidad de prueba** mediante auto y señalar fecha para la vista, cuyo objeto ha de ceñirse al enjuiciamiento de la acción civil planteada contra el tercero o de la afección de sus bienes, derechos o situación jurídica por la acción penal.

c) Frente a la sentencia se pueden interponer los **recursos** previstos en la ley.

Precisiones Estos mismos derechos se reconocen al tercero **afectado que no haya podido oponerse al decomiso** por haber desconocido su existencia o práctica.

H. Víctima del delito

(L 4/2015; RD 1109/2015)

El **sujeto pasivo** de una conducta delictiva o presuntamente delictiva es una figura que suele identificarse procesalmente con el acusador particular y, en el plano civil, con el actor civil o con el perjudicado por delito, generalmente coincidentes. Sin embargo, puede **no asumir condición de parte** en el proceso. **8030**

Precisiones Es igualmente relevante la L 1/2021, en materia de medidas urgentes para la protección y asistencia integral de las **víctimas de violencia de género**. Asimismo, ha de atenderse a lo establecido valoración forense integral, protección, acompañamiento y seguridad de las víctimas de delitos de **violencia sexual** (LO 10/2022 art.47 s.).

1. Sujetos

(L 4/2015 art.1 y 2; RD 1109/2015 art.1.2)

La regulación del estatuto de la víctima del delito se **aplica** a todas aquellas que se consideren como tales en España o que sean víctimas de delitos que puedan ser perseguidos en España, con independencia de su **nacionalidad**, de su mayor o menor edad o de si disfrutan o no de residencia legal. **8031**

Las víctimas pueden ser directas o indirectas.

Víctima directa		Toda persona física que haya sufrido un daño o perjuicio, sobre su propia persona o patrimonio, en especial lesiones físicas o psíquicas, daños emocionales o perjuicios económicos directamente causados por la comisión de un delito
Víctima indirecta	Casos de muerte o desaparición de una persona que haya sido causada directamente por un delito, salvo que se trate de los responsables de los hechos	Cónyuge no separado legalmente o de hecho e hijos de la víctima o del cónyuge no separado legalmente o de hecho que en el momento de la muerte o desaparición de la víctima convivan con ellos
		Persona que hasta el momento de la muerte o desaparición hayan estado unida a ella por una análoga relación de afectividad y a los hijos de esta que en el momento de la muerte o desaparición de la víctima convivan con ella
		Los progenitores y parientes en línea recta o colateral dentro del tercer grado que se encuentren bajo su guarda, personas sujetas a su tutela o curatela o que se encuentren bajo su acogimiento familiar
		En defecto de los anteriores, los demás parientes en línea recta y sus hermanos, con preferencia entre ellos, del que ostente la representación legal de la víctima

Quedan **excluidos** los terceros que hayan sufrido perjuicios derivados del delito.

2. Derechos de las víctimas

(L 4/2015 art.3 a 10; RD 1109/2015 art.2 s.)

8032 Todas las víctimas tienen derecho a la **protección, información, apoyo**, asistencia y atención, así como a la **participación activa** en el proceso penal.
Se reconoce el derecho también a recibir un **trato** respetuoso, profesional, individualizado y no discriminatorio desde su primer contacto con la autoridad, durante la actuación de los servicios de asistencia y apoyo a las víctimas y de justicia restaurativa, a lo largo de todo el proceso penal y por un período de tiempo adecuado después de su conclusión, con independencia de que se conozca o no la identidad del infractor y del resultado del proceso.
En concreto se reconocen los derechos que se exponen en el nº 8033 s., para cuya efectividad se impone a las Administraciones públicas implicadas la aprobación y desarrollo de **protocolos de actuación** y procedimientos de coordinación y colaboración, en los que tendrán participación las asociaciones y colectivos de protección a las víctimas.

8033 **Entendimiento de cualquier actuación** Se trata del derecho a entender y ser entendida cualquier actuación que deba llevarse a cabo **desde la interposición de la denuncia** y durante el proceso penal.
Se incluyen las siguientes actuaciones:
a) Las **comunicaciones** con las víctimas, orales o escritas, deben ser claras, sencillas y accesibles teniendo en cuenta las circunstancias personales de las víctimas, especialmente cuando se trate de personas con discapacidad sensorial, intelectual o mental o su minoría de edad. Si la víctima es menor o discapacitado y tiene señaladas medidas de apoyo para el ejercicio de la capacidad, las comunicaciones deben hacerse con el representante legal o la persona que le asista.
b) Debe facilitarse a la víctima la **asistencia o apoyo** necesario para que pueda hacerse entender ante ellas, lo que incluye interpretación en lenguas de signos y los medios de apoyo a la comunicación de personas sordas, ciegas o sordociegas.
c) La víctima puede estar **acompañada de una persona de su elección** desde el primer contacto con las autoridades y funcionarios.

8034 **Información desde el primer contacto con las autoridades competentes** Debe llevarse a cabo **sin retrasos innecesarios**, acerca de los siguientes extremos:
a) Medidas de **asistencia y apoyo** disponibles así como el procedimiento para obtenerlas, ya sean de carácter médico, psicológico o material.
b) Derecho a denunciar y, en su caso, el procedimiento para interponer la **denuncia** y el derecho a facilitar **elementos de prueba** a las autoridades encargadas de la investigación.
c) Procedimiento para obtener **asesoramiento y defensa jurídica** y, en su caso, condiciones en las que pueda obtenerse gratuitamente.
d) Posibilidad de solicitar **medidas de protección** y, en su caso, procedimiento para hacerlo.
e) **Indemnizaciones** a las que pueda tener derecho y, en su caso, procedimiento para reclamarlas.
f) Servicios de **interpretación y traducción** disponibles.
g) Ayudas y **servicios auxiliares** para la comunicación disponibles.
h) Procedimiento por medio del que la víctima pueda ejercer sus derechos en el caso de que **resida fuera de España**.
i) **Recursos** que pueda interponer contra las resoluciones que considere contrarias a sus derechos.
j) **Datos de contacto** de la autoridad encargada de la tramitación del procedimiento y cauces para comunicarse con ella.
k) Servicios de **justicia restaurativa** disponibles, en los casos en que sea legalmente posible.
l) Supuestos en los que pueda obtener el **reembolso de los gastos judiciales** y, en su caso, procedimiento para reclamarlo.
m) Derecho a efectuar una solicitud para ser notificada de las resoluciones judiciales, si lo solicita la víctima, mediante **correo electrónico** y, en su defecto, a una dirección postal/domicilio.

8035 **Derechos propios de la víctima como denunciante** Entre ellos se incluyen:
a) Obtener un **resguardo**, que puede estar validado mediante un certificado digital, de la presentación de la denuncia en el que consten, al menos, sus elementos esenciales.

b) **Asistencia lingüística gratuita y traducción escrita** del resguardo de presentación de la denuncia, cuando no hable ninguna de las lenguas que tengan carácter oficial en el lugar en el que se presenta la denuncia.
c) Se reconoce a **niños y adolescentes** el derecho a la **asistencia jurídica gratuita** en todo proceso que traiga causa de una situación de violencia. Los colegios de abogados deben asegurar formación específica en el caso de que exijan para el ejercicio del turno de oficio **cursos de especialización**, adoptar cuantas medidas sean necesarias para la designación urgente de procurador, teniendo el abogado designado **habilitación legal** para la representación procesal de la víctima hasta la designación del procurador en tanto la víctima no se haya personado en el caso de optar por la personación como acusación particular en cualquier momento del procedimiento (LO 8/2021 art.14).

Información sobre el proceso Si la víctima denunciante solicita que se le notifiquen las resoluciones judiciales tiene derecho a ser informada de la **fecha, hora y lugar del juicio**, así como del **contenido de la acusación** dirigida contra el infractor, y a que se le notifiquen las siguientes resoluciones: 8036
a) Resolución por la que se acuerde **no iniciar el procedimiento** penal.
b) **Sentencia** que ponga fin al procedimiento.
c) Resoluciones que acuerden la **prisión** o la **posterior puesta en libertad** del infractor, así como la posible fuga del mismo.
d) Resoluciones que acuerden la adopción de **medidas cautelares** personales o que se modifiquen las ya acordadas, cuando hubieran tenido por objeto garantizar la seguridad de la víctima.
e) Las resoluciones o decisiones de cualquier autoridad judicial o penitenciaria que afecten a sujetos condenados por delitos cometidos con **violencia o intimidación** y que supongan un riesgo para la seguridad de la víctima.
f) Las resoluciones (con forma de auto) dictadas por el órgano judicial en las que se incluyan la **parte dispositiva** de la resolución y un breve resumen del fundamento de la misma.
En el **caso excepcional** en que la víctima no disponga de correo electrónico se remitirán al ordinario a la dirección facilitada; si reside fuera de la Unión Europea y no se dispone de correo electrónico u ordinario, se remite a la oficina diplomática o consular española en aquel para que la publique.
Cuando la **víctima se persone formalmente en el procedimiento**, las resoluciones deben notificarse a su procurador y comunicarse a la víctima en la dirección de correo electrónico que haya facilitado, sin embargo, en cualquier momento puede manifestar su deseo de no ser informadas de las resoluciones en cuyo caso queda sin efecto la primera de las solicitudes.

Derecho a la traducción o interpretación Puede ejercitar este derecho cuando no hable o entienda el castellano o la lengua oficial mediante: 8037
a) **Asistencia gratuita de un intérprete** tanto en la fase de investigación como en el caso de su intervención en el juicio o en cualquier otra vista oral; también se reconoce a quienes tengan **limitaciones auditivas o de expresión oral**.
Esta asistencia puede realizarse por medio de **videoconferencia** o por cualquier medio de telecomunicación, salvo que el tribunal, juez o fiscal, de oficio o a instancia del interesado o de su defensa, acuerde la presencia física del intérprete.
b) **Traducción gratuita de las resoluciones judiciales** incluyendo un breve resumen del fundamento de la resolución adoptada, si la víctima así lo ha solicitado.
c) Traducción gratuita de la información que resulte esencial para el ejercicio de los derechos a que permiten la **participación activa de la víctima** en el proceso penal.
d) Información, en la lengua que comprenda, de la **fecha, hora y lugar** de celebración del juicio.
Con carácter excepcional, la traducción escrita de documentos puede ser sustituida por un **resumen oral** de su contenido en una lengua que comprenda, cuando de este modo también se garantice suficientemente la equidad del proceso.
En el caso de **actuaciones policiales**, la decisión de no facilitar interpretación o traducción a la víctima puede ser recurrida ante el juez de instrucción; también caben **recursos de apelación** contra la decisión judicial de no facilitar interpretación o traducción a la víctima -en todo caso excepcional y motivada- puede ser recurrida ante el juez de instrucción. También caben recursos de apelación contra la decisión judicial de no facilitar interpretación o traducción a la víctima.

8038 **Otros derechos** Además de los expuestos (nº 8032 s.), corresponden a las víctimas del delito los siguientes:

a) Las víctimas de **delitos de violencia de género** tienen derecho a que le sean notificadas las resoluciones que acuerden, tanto la prisión o la posterior puesta en libertad del infractor, así como la posible fuga del mismo, como las que acuerden la adopción de medidas cautelares personales o que se modifiquen las ya acordadas, cuando hubieran tenido por objeto garantizar la seguridad de la víctima, sin necesidad de que la víctima lo solicite, salvo en aquellos casos en los que manifieste su deseo de no recibir dichas notificaciones. Y, en este caso, también se le debe notificar la información relativa a la situación en que se encuentra el procedimiento, salvo que ello pueda perjudicar el correcto desarrollo de la causa.

Ver igualmente lo expuesto, sobre **efectos de la sentencia** y, en su caso, de la mera incoación del proceso o de la adopción de medidas cautelares en el nº 9860.

b) Se les otorga el derecho a que, en caso de **catástrofe, calamidad pública** u otro suceso que haya producido un **número elevado de víctimas**, los abogados y procuradores no puedan dirigirse a ellas para ofrecerles sus servicios profesionales hasta transcurridos 45 días desde el hecho, so pena de responsabilidad disciplinaria por infracción muy grave; salvo que sea la propia víctima la que acuda a ellos.

c) Las víctimas tienen derecho de acceso, gratuito y confidencial, a los **servicios de asistencia y apoyo** facilitados por las Administraciones públicas o por las oficinas de asistencia a las víctimas. Este derecho puede extenderse a los familiares de las víctimas cuando se trate de delitos que hayan causado perjuicios de especial gravedad.

Los **hijos menores** y los menores sujetos a **tutela, guarda y custodia de las mujeres víctimas de violencia de género** o de personas víctimas de violencia doméstica tienen derecho a las medidas de asistencia y protección expuestas.

d) Derecho a la **tramitación preferente**. Los procesos penales en los que esté involucrado como víctima una persona menor de edad, gozan de preferencia en el trámite (LECr disp.adic.8ª redacc LO 1/2025).

Precisiones 1) Indirectamente, se reconoce el derecho de la víctima a la prestación de **asistencia jurídica gratuita** por profesional no incompatible por razón de los hechos causantes de la postulación y de la conducta previa de aquel. De esta forma, en caso de que proceda tal asistencia gratuita, el abogado y/o procurador designado de oficio, respecto de víctimas de delitos de violencia de género, no podrá contar con antecedentes penales por atentar contra la vida, la integridad física, la libertad, la integridad moral, la libertad e indemnidad sexual o la intimidad en el ámbito de la violencia sobre la mujer, salvo que se encuentren cancelados. Y respecto de víctimas de delitos de **terrorismo y de trata de seres humanos**, o de víctimas de cualquier delito cuando sean menores de edad o discapacitados necesitados de especial protección, no podrá tener antecedentes penales por delitos cometidos, respectivamente, sobre cada una de las clases de víctimas enumeradas, salvo que se encuentren cancelados con anterioridad (RD 141/2021 art.32).

2) Las víctimas del delito ostentan la **condición de interesado** en el procedimiento de indulto y disponen del derecho de acceso al expediente administrativo. Sin embargo, atendido el derecho a la protección de datos de carácter personal y la confidencialidad de los datos que figuren en los sistemas y aplicaciones de las Administraciones públicas (L 19/2013 art.14.1), el **derecho puede ser limitado** por la garantía de confidencialidad o el secreto requerido en procesos de toma de decisión (TS cont-adm 20-12-23, EDJ 786768; 10-10-19, EDJ 711081).

8039 **Personación como acusación particular** Las víctimas de violencia de género pueden personarse como acusación particular en cualquier momento del proceso, sin que ello permita retrotraer actuaciones ni repetir las ya practicadas antes de su personación y sin que ello suponga merma de garantías para el derecho de defensa del acusado. Hasta tanto no se produzca dicha personación, el abogado designado para la víctima tiene igualmente **habilitación legal** para la representación procesal de aquella hasta la designación de procurador, cumpliendo hasta entonces el deber de señalamiento de domicilio a efecto de notificaciones y traslado de documentos.

Los colegios de abogados y procuradores han de proveer la **designación urgente** de unos y otros en procesos por violencia de género, para asegurar la inmediata asistencia de los primeros y la intervención de los segundos en caso de voluntad de personación como acusación particular (LO 1/2004 art.20; RDL 9/2018 disp.trans.2ª).

3. Participación en el proceso penal

(L 4/2015 art.11 a 18)

Junto a los derechos de los nº 8032 s. se reconoce a toda víctima el derecho a ejercer la **acción penal y civil** y a comparecer ante las autoridades encargadas de la investigación para aportarles las **fuentes de prueba** y la información que estime relevante para el esclarecimiento de los hechos. 8040

En el caso de **sobreseimiento**, su resolución le ha de ser comunicada tanto a las víctimas directas que hayan denunciado los hechos, como al resto de víctimas directas cuya identidad y domicilio fuera conocido.

En los casos de **muerte o desaparición** de una persona que haya sido causada directamente por un delito, se debe comunicar a las personas enumeradas en el cuadro anterior como víctimas indirectas.

En estos casos el juez o tribunal puede acordar, motivadamente, **prescindir de la comunicación** a todos los familiares cuando hayan resultado infructuosas cuantas gestiones se hubieran practicado para su localización.

La víctima puede recurrir la resolución de sobreseimiento o incluso la sentencia sin que sea necesario para ello que se haya **personado** anteriormente en el proceso.

Todo ello sin perjuicio de los límites que puedan derivarse de su **personación tardía** en orden a la práctica de nuevas pruebas, planteamiento de cuestiones nuevas, etc, pues no cabe que una intervención procesal tardía tenga como efecto la retroacción de actuaciones o el planteamiento de pretensiones o de excepciones que puedan menoscabar los derechos de la defensa (TS 17-3-21, EDJ 521749; 17-1-18, EDJ 1600; 20-7-16, EDJ 114366).

La participación de la víctima en la ejecución prevé que las víctimas que hubieran solicitado que se les **notificaran las resoluciones de los autos** pueden recurrirlas aunque no hayan sido parte en la causa. Se trata de los siguientes autos:

a) Auto del juez de vigilancia penitenciaria autorizando la posible **clasificación del penado en tercer grado** antes de que se extinga la mitad de la condena, cuando la víctima lo sea por alguno de los siguientes **delitos**: homicidio; delitos de aborto (CP art.144); delitos de lesiones; delitos contra la libertad; delitos de tortura y contra la integridad moral; delitos contra la libertad e indemnidad sexual; delitos de robo cometidos con violencia o intimidación; delitos de terrorismo; delitos de trata de seres humanos.

b) Auto por el que el juez de vigilancia penitenciaria acuerda que los **beneficios penitenciarios**, los **permisos de salida**, la clasificación en tercer grado y el cómputo de tiempo para la **libertad condicional** se refieran al límite de cumplimiento de condena, y no a la suma de las penas impuestas, cuando la víctima lo fuera de alguno de los delitos anteriores o de un delito cometido en el seno de un **grupo u organización criminal**.

c) El auto por el que se conceda al penado la **libertad condicional**, cuando se trate de alguno de los delitos anteriores o de los previstos en CP art.36.2, siempre que se haya impuesto una pena de más de 5 años de prisión.

La víctima debe anunciar al letrado de la Administración de Justicia competente su **voluntad de recurrir** dentro del plazo máximo de 5 días, contados a partir del momento en el que se haya notificado e interponer el recurso dentro del plazo de 15 días desde dicha notificación.

Legitimación de las víctimas en el proceso Asimismo, las víctimas están legitimadas para: 8041

a) Interesar que se imponga al **liberado condicional** las medidas o reglas de conducta previstas por la ley que consideren necesarias para garantizar su seguridad, cuando aquel hubiera sido condenado por hechos de los que pueda derivarse razonablemente una **situación de peligro** para la víctima.

b) Facilitar al juez o tribunal cualquier información que resulte relevante para resolver sobre la **ejecución de la pena** impuesta, las responsabilidades civiles derivadas del delito, o el comiso que hubiera sido acordado.

c) La víctima que haya participado en el proceso tiene derecho a obtener el **reembolso de los gastos necesarios** para el ejercicio de sus derechos y las costas procesales que se hubieran causado con preferencia respecto del pago de los gastos que se hubieran causado al Estado, cuando:

- se imponga en la sentencia de condena su **pago**, y,
- se hubiera condenado al acusado, a instancia de la víctima, por los delitos por los el Ministerio Fiscal no hubiera formulado acusación, o tras haberse **revocado la resolución de archivo** por recurso interpuesto por la víctima.

d) Las víctimas pueden acceder a servicios de **justicia restaurativa** con la finalidad de obtener una adecuada reparación y moral de los perjuicios derivados del delito, si se dan los siguientes **requisitos**:
- el infractor haya **reconocido los hechos esenciales** de los que deriva su responsabilidad;
- la víctima haya prestado su **consentimiento**, después de haber recibido información exhaustiva e imparcial sobre su contenido, sus posibles resultados y los procedimientos existentes para hacer efectivo su cumplimiento;
- el infractor haya prestado su consentimiento;
- el **procedimiento de mediación** no entrañe un riesgo para la seguridad de la víctima, ni exista el peligro de que su desarrollo pueda causar nuevos perjuicios materiales o morales para la víctima; y
- no esté **prohibida por la ley** para el delito cometido.

e) Los **menores** están legitimados para defender sus derechos e intereses en todos los procedimientos judiciales que traigan causa de una situación de violencia, de la que ordinariamente serán víctimas directas o indirectas. La **defensa** se realiza a través de sus representantes legales -CC art.162-, del defensor judicial designado por el órgano jurisdiccional o tribunal de oficio o a instancia del Ministerio Fiscal (L 4/2015 art.26.2). Y, en el caso de estar bajo la **guarda y/o tutela** de una entidad pública de protección que es denunciada (o su personal), se entiende que existe un conflicto de intereses entre el niño y su tutor o guardador (LO 8/2021 art.10).

8042 Junto a lo anterior, se permite que las víctimas puedan presentar sus solicitudes de reconocimiento del derecho a la **asistencia jurídica gratuita**.
Cuando se trate de **víctimas residentes en España** por delitos cometidos en otros Estados miembros de la Unión Europea se pueden presentar ante las autoridades españolas denuncias correspondientes a hechos delictivos que hubieran sido cometidos en el **territorio de otros países de la Unión Europea**.
Si las autoridades españolas no resuelven dar curso a la investigación por **falta de jurisdicción**, debe remitirse inmediatamente la denuncia a las autoridades competentes del Estado en cuyo territorio se hayan cometido los hechos y se lo comuniquen al denunciante. Las víctimas tienen derecho a obtener la **devolución** sin demora de los bienes restituibles de su propiedad que hubieran sido incautados en el proceso.
La **devolución se puede denegar** cuando la conservación de los efectos por la autoridad resulte imprescindible para el correcto desarrollo del proceso penal y no sea suficiente con la imposición al propietario de una obligación de conservación de los efectos a disposición del juez o tribunal. También pueden tener lugar la denegación de la devolución cuando su conservación sea necesaria en un procedimiento de **investigación técnica de un accidente**.

4. Derecho a la protección

(L 4/2015 art.19 a 23)

8043 Las víctimas, y sus familiares, tienen derecho a la protección que garantice su derecho a la vida, integridad física y psíquica, libertad, seguridad, libertad e indemnidad sexuales, así como la protección de su intimidad y dignidad, particularmente al prestar declaración o testificar en juicio, y para evitar el **riesgo de su victimización secundaria** o reiterada.
La protección se garantiza mediante las siguientes medidas:
1.- Las **dependencias** en las que se desarrollen los actos del procedimiento penal, incluidas la fase de investigación, deben estar dispuestas de modo que se evite el contacto directo entre las víctimas y sus familiares, de una parte, y el sospechoso de la infracción o acusado, de otra.
2.- Durante la investigación penal ha de recibirse **declaración a las víctimas**, sin dilaciones injustificadas, el menor número de veces posibles y solo si es estrictamente necesario, permitir el acompañamiento de persona de su elección además de por el representante procesal y, en su caso, el legal y, por último, los **reconocimientos médicos** han de llevarse a cabo solo cuando resulten imprescindibles para los fines del proceso penal, reduciéndose al mínimo su número.
3.- La protección de la intimidad exige adoptar medidas que impidan la **difusión de cualquier información** que pueda facilitar la identificación de las **víctimas menores de edad** o de **víctimas con discapacidad** necesitadas de especial protección

Precisiones El Consejo General del Poder Judicial ha de estudiar, en el ámbito de sus competencias, la necesidad o carencia de **dependencias** que impidan la confrontación de la víctima y el agresor durante el proceso, así como impulsar, en su caso, su creación, en colaboración con el ministerio del ramo de justicia y las comunidades autónomas competentes. Se procurará que estas mismas dependencias sean utilizadas en los casos de agresiones sexuales y de trata de personas con fines de explotación sexual. En todo caso, deben ser **plenamente accesibles**, condición de obligado cumplimiento de los entornos, productos y servicios con el fin de que sean comprensibles, utilizables y practicables por todas las mujeres y menores víctimas sin excepción (LOPJ art.89.10 redacc LO 1/2025).

Evaluación individual de las víctimas Para determinar qué medidas de protección han de adoptarse, debe realizarse una evaluación individual de las víctimas que determine sus **necesidades especiales** de protección teniendo en cuenta: 8044

Características personales de la víctima	- Persona con discapacidad o si existe una relación de dependencia entre la víctima y el supuesto autor del delito
	- Víctima menor de edad o víctima necesitada de especial protección o con factores concurrentes de especial vulnerabilidad
Naturaleza del delito y gravedad de los perjuicios causados así como el riesgo de reiteración del delito	- Terrorismo
	- Delitos cometidos por una organización criminal
	- Delitos cometidos sobre el cónyuge o sobre persona que esté o haya estado ligada al autor por una análoga relación de afectividad, aun sin convivencia, o sobre los descendientes, ascendientes o hermanos por naturaleza, adopción o afinidad, propios o del cónyuge o conviviente
	- Delitos contra la libertad o indemnidad sexual
	- Delitos de trata de seres humanos
	- Delitos de desaparición forzosa
	- Delitos cometidos por motivos racistas, antisemitas u otros referentes a la ideología, religión o creencias, situación familiar, pertenencia de sus miembros a una etnia, raza o nación, su origen nacional, su sexo, orientación o identidad sexual, enfermedad o discapacidad
Circunstancias del delito	Especial relevancia a los delitos violentos

A lo largo del proceso, la adopción de medidas de protección para víctimas menores ha de tener en cuenta su **situación personal**, necesidades inmediatas, edad, sexo, discapacidad y nivel de madurez, respetando plenamente su integridad.

En el caso de los **menores de edad**, víctimas de algún **delito contra la libertad o indemnidad sexual** se debe tener en cuenta que presten declaración en dependencias especialmente concebidas o adaptadas a tal fin; que en la declaración les asistan profesionales formados especialmente y que todas las formas de declaración a una misma víctima le sean realizadas por la misma persona.

5. Competencia

[L 4/2015 art.24]

Se atribuye la competencia para determinar la **valoración de las necesidades de la víctima** y de las medidas de protección a: 8045

Fase de investigación del delito	Juez de instrucción o al de violencia sobre la mujer, sin perjuicio de la evaluación y resolución provisional que debe realizar y adoptar el fiscal, en el caso de concurrir menores, o los funcionarios de policía que actúen en la fase inicial de las investigaciones
Fase de enjuiciamiento	Juez o tribunal a los que corresponda el conocimiento de la causa

6. Medidas de protección

(L 4/2015 art.25 y 26)

8046 Se pueden adoptar las siguientes medidas de protección:

<table>
<tr><td rowspan="4">Fase de investigación</td><td colspan="2">Prestar declaración en dependencias especialmente concebidas o adaptadas a tal fin</td></tr>
<tr><td>Todas las formas de declaración a una misma víctima han de ser realizadas por la misma persona</td><td>Se exceptúa el caso en que esto pueda perjudicar de forma relevante el desarrollo del proceso o deba tomarse declaración directamente por un juez o fiscal</td></tr>
<tr><td rowspan="2">La toma de declaración ha de llevarse a cabo por una persona del mismo sexo que la víctima cuando esta así lo solicite, salvo que ello pueda perjudicar de forma relevante el desarrollo del proceso o deba tomarse declaración directamente por un juez o fiscal</td><td>Delitos cometidos sobre el cónyuge o persona que esté o haya estado ligada al autor por una análoga relación de afectividad, o sobre los descendientes, ascendientes o hermanos por naturaleza, adopción o afinidad, propios o del cónyuge o conviviente</td></tr>
<tr><td>Delitos contra la libertad o indemnidad sexual</td></tr>
<tr><td rowspan="4">Fase de enjuiciamiento</td><td>Medidas que eviten el contacto visual entre la víctima y el supuesto autor de los hechos,</td><td rowspan="2">Se pueden utilizar tecnologías de la comunicación</td></tr>
<tr><td>Medidas que garanticen que la víctima pueda ser oída sin estar presente en la sala de vistas</td></tr>
<tr><td>Medidas que eviten que se formulen preguntas relativas a la vida privada de la víctima que no tengan relevancia con el hecho delictivo enjuiciado</td><td>Se exceptúa el caso en que el juez o tribunal considere, excepcionalmente, que deben ser contestadas para valorar adecuadamente los hechos o la credibilidad de la declaración de la víctima</td></tr>
<tr><td>Celebración de la vista oral sin presencia de público</td><td>El juez o tribunal puede autorizar la presencia de personas que acrediten un especial interés en la causa</td></tr>
</table>

En cualquier caso, pueden adoptarse medidas de protección a **testigos** y **peritos** en causas criminales (LO 19/1994).

En relación con los **menores** y las **personas con discapacidad** necesitadas de especial protección se pueden adoptar, además de las medidas anteriores, las que resulten necesarias para evitar o limitar, en cuanto sea posible, que el desarrollo de la investigación o la celebración del juicio se conviertan en una nueva fuente de perjuicios para la víctima del delito.

En particular:

a) Las **declaraciones recibidas durante la fase de investigación** han de ser grabadas por medios audiovisuales y pueden ser reproducidas en el juicio en los casos y condiciones determinadas por la LECr.

b) La declaración puede recibirse por medio de **expertos**.

En el caso de haber **duda sobre la edad de la víctima** y esta no se pueda determinar con certeza, se ha de presumir que se trata de una persona menor de edad.

Precisiones Las medidas expuestas pretenden evitar o limitar los **riesgos de la victimización secundaria**, especialmente importantes en menores (TS 21-12-16, EDJ 232480).

7. Oficina de asistencia a las víctimas

(L 4/2015 art.27 a 29; RD 1109/2015 art.12 s.)

8047 El Gobierno y las comunidades autónomas con competencias en materia de justicia deben organizar estas oficinas de asistencia a las víctimas, cuyas **funciones** son, al menos:

a) Prestación de información general sobre sus **derechos** y sobre la posibilidad de acceder a un sistema público de indemnización.

b) Aportación de información sobre los **servicios especializados** disponibles que puedan prestar asistencia a la víctima, a la vista de sus circunstancias personales y la naturaleza del delito de que pueda haber sido objeto.

c) **Apoyo emocional** a la víctima.
d) Asesoramiento sobre el riesgo y la **forma de prevenir la victimización secundaria o reiterada**, o la intimidación o represalias.
e) Asesoramiento sobre los **derechos económicos** relacionados con el proceso, en particular, el procedimiento para reclamar la indemnización de los daños y perjuicios sufridos y el derecho a acceder a la justicia gratuita.
f) **Coordinación** de los diferentes órganos, instituciones y entidades competentes para la prestación de servicios de apoyo a la víctima.
g) Coordinación con jueces, tribunales y Ministerio Fiscal para la prestación de los **servicios de apoyo** a las víctimas.
h) Realizar valoraciones de las **circunstancias particulares** de las víctimas para determinar las medidas de asistencia y apoyo que deban ser prestadas a la víctima.
i) Prestación de funciones de apoyo a los servicios de **justicia restaurativa** y demás procedimientos de solución extraprocesal que legalmente se establezcan.
j) Realización de estudios e **informes** independientes, tareas de difusión y sensibilización y semejantes.
k) Prestación del servicio de **ventanilla única** en relación con la víctima.
l) Prestación de información sobre **soluciones alternativas** para la resolución de conflictos.
m) Una vez incoado un proceso penal como consecuencia de una situación de **violencia sobre un menor**, los niños y adolescentes víctimas de violencia serán derivados a la oficina de asistencia a las víctimas correspondiente, donde recibirán la información, el asesoramiento y el apoyo que sea necesario en cada caso, de conformidad con lo previsto en la L 4/2015 (LO 8/2021 art.10.2).

Precisiones **1)** La asistencia a las víctimas se realiza en cuatro **fases**: acogida-orientación, información, intervención y seguimiento. Se detallan en RD 1109/2015 art.25 s.
2) Las oficinas de asistencia a las víctimas tienen condición de **beneficiarios** de las cantidades y atribuciones patrimoniales repartidas por la Oficina de Recuperación y Gestión de Activos -nº 2419 s. Memento Procesal Penal 2026- (RD 948/2015 art.16).
3) Se regula como figura específica la **Oficina de Información y Asistencia a las Víctimas de Terrorismo** de la Audiencia Nacional (RD 1109/2015 art.33).
4) En materia de asistencia a las víctimas de delitos de terrorismo ha de tenerse presente la Dir UE/2017/541 art.24 a 26, del Parlamento Europeo y del Consejo, con **plazo de transposición** hasta 8-9-2018.
5) Las **comunidades autónomas** con competencia en la materia van creando paulatinamente estas oficinas. P. e. Canarias (D Canarias 46/2021).

8. Formación y cooperación

(L 4/2015 art.30 a 34)

El ministerio del ramo de justicia, Consejo General del Poder Judicial, Fiscalía General del Estado y comunidades autónomas, en el ámbito de sus competencias, deben asegurar una formación general y específica, relativa a la protección de las víctimas en el proceso penal, en los **cursos de formación** de jueces y magistrados, fiscales, letrados de la Administración de Justicia, fuerzas y cuerpos de seguridad, médicos forenses, personal al servicio de la Administración de Justicia, personal de las oficinas de asistencia a las víctimas y, en su caso, funcionarios de la Administración general del Estado o de las comunidades autónomas que desempeñen funciones en esta materia. **8048**
Los poderes públicos han de fomentar la **cooperación con los colectivos profesionales** especializados en el trato, atención y protección a las víctimas y en los procedimientos y sistemas de evaluación del funcionamiento de las normas, medidas y demás instrumentos que se adopten. Las funciones de cooperación han de extenderse, también, a otros Estados y especialmente a los de la Unión Europea.

9. Reembolso

(L 4/2015 art.35; RD 1109/2015 art.5)

La persona **beneficiaria de subvenciones o ayudas** percibidas por su condición de víctima y que haya sido objeto de alguna de las medidas de protección viene obligada a reembolsar las cantidades recibidas en dicho concepto y al **abono de los gastos** causados a la Administración por sus actuaciones de reconocimiento, información, protección y apoyo, así como por los servicios prestados, con un **incremento del interés legal** del dinero aumentado en un 50% si fuera condenada por denuncia falsa o simulación del delito. **8049**

El derecho de la Administración a reconocer o liquidar el reintegro o abono de los gastos causados **prescribe** a los 4 años, computados desde la firmeza de la sentencia condenatoria o denuncia falsa o simulación de delito, siendo de aplicación las causas de interrupción de la prescripción establecidas en la L 38/2003 -general de subvenciones-.

SECCIÓN 6

Objeto del proceso

8050

8052 La determinación del objeto del proceso ha de partir de las consideraciones realizadas sobre las partes y las diversas acciones que pueden ejercitar (nº 7800 s.). Guardan también relación con esta materia las cuestiones relativas a la conexión y las cuestiones prejudiciales (nº 7400 s. y nº 7255 s.).

A. Pretensión punitiva

8055 El objeto principal del proceso penal está constituido por la **pretensión de condena** ejercitada a través de la acción penal, para que al sujeto activo del delito se le imponga una pena determinada.

La pretensión punitiva está configurada por tres **elementos fundamentales** que se van delimitando a lo largo de las diversas fases del proceso: el hecho típico, la persona del investigado, encausado -nº 8000- y su calificación jurídica.

8057 **Fase de instrucción** Durante esta fase se acumula material fáctico de toda índole bajo el principio de neutralidad (LECr art.2). De él deben servirse las partes activas a la hora de plantear su acto de acusación provisional en el escrito de conclusiones provisionales que cierra la fase intermedia. La posibilidad de introducción, de oficio o a instancia de parte, de **nuevos hechos** en el proceso termina, pues, cuando se dicta la resolución judicial que la declare conclusa. Después de ese momento solo cabe añadir nuevos materiales al proceso, si procede una **rehabilitación o reapertura** de la fase de instrucción, que puede producirse en dos casos:

• Por **revocación** de la resolución de conclusión por el tribunal de enjuiciamiento -en el proceso ordinario- (LECr art.627 y 631; LO 2/1989 art.240 y 242) o por el juez de instrucción -en el procedimiento abreviado- (LECr art.780.2).

• Por la sumaria **instrucción complementaria**, cuando revelaciones o retractaciones inesperadas producidas en el juicio oral obliguen a la suspensión del mismo, con la consiguiente necesidad de nuevas conclusiones provisionales de acusación y defensa y nueva práctica de prueba sobre el nuevo hecho (LECr art.746.6º; LO 2/1989 art.297.8º).

8059 **Calificación provisional** El principio acusatorio impide que en la modificación de conclusiones se traspasen los límites de la acción penal ejercitada, que queda acotada en la calificación provisional por los hechos que en ella se comprenden y por las personas a quienes se imputan, que tienen derecho a conocerlos en el momento procesalmente oportuno para poder rebatirlos proponiendo los elementos probatorios pertinentes a tal fin (TS 7-6-85; 18-11-98).

• La persona del **investigado** comienza a fijarse en la resolución de formalización judicial de la imputación -como investigado, con la apertura formal de la investigación entendida con un sujeto determinado- y se determina definitivamente en el escrito de conclusiones provisionales de la acusación -como encausado o acusado-, que solo puede referirse a quien haya sido declarado previamente investigado por el juez de instrucción (TCo 128/1993; 118/2001).

La delimitación a través de la imputación es meramente negativa y obedece a la evitación de acusaciones sorpresivas, de modo que aunque la imputación sea presupuesto de la acusación, aquella no impone necesariamente la formulación de esta ni todo investigado debe ser necesariamente posteriormente acusado (LECr art.637.1º y 3º y 638).

• El **hecho típico** de que se acusa se determina definitivamente, también, en las conclusiones provisionales de la acusación, por lo que en el trámite de conclusiones definitivas resulta intocable y ha de permanecer invariado, pues la modificación afecta a las conclusiones jurídicas y no a los hechos investigados (TS 14-5-03, EDJ 30168; 21-7-03, EDJ 92801; 31-10-03, EDJ 209275; 15-3-07, EDJ 19828). En consecuencia, en el escrito de conclusiones provisionales de la acusación se delimita también el *thema probandi* del juicio oral, de forma que la **prueba practicada** en este solo puede referirse válidamente a puntos de hecho contenidos en él. De este modo, para pretender probar válidamente en el juicio oral los elementos constitutivos del tipo penal objeto de acusación o de circunstancias agravantes de la responsabilidad criminal, si los mismos resultan del material instuctorio, han de recogerse de modo expreso en el escrito de conclusiones provisionales. Posteriormente pueden pasar a las **conclusiones definitivas**, si a juicio de quien las formule han resultado acreditados en juicio, o desaparecer de la acusación, en caso contrario. Pero jamás pueden desplazarse *per saltum* desde la instrucción a las conclusiones definitivas de la acusación, so pena de causar indefensión al investigado y de producir una prueba que sin duda debe reputarse prohibida (LOPJ art.11).

Conclusiones definitivas La relevancia de las conclusiones definitivas se limita, pues, a la posible **alteración de la calificación jurídica** de los hechos objeto de acusación tras la práctica de la prueba en el juicio oral. En ese sentido han de entenderse las reiteradas afirmaciones jurisprudenciales de que el verdadero instrumento procesal de la acusación es el escrito de conclusiones definitivas y de que la pretendida fijación de la acusación en el escrito de calificaciones provisionales privaría de sentido a LECr art.732 y por otro lado haría inútil la actividad probatoria practicada en el juicio oral y de que es en esa definitiva calificación donde queda fijado el objeto del proceso y se establece la exigencia de correlato entre acusación y fallo (TS 28-9-05, EDJ 157497), pues la **modificación de conclusiones** no pude extenderse sobre hechos ni personas no comprendidos en la calificación provisional (TS 10-11-93, EDJ 10073) y debe respetar la identidad esencial de los hechos que han constituido el objeto del proceso, pues el investigado tiene derecho a un completo conocimiento de los hechos que se le imputan (TS 6-4-95, EDJ 1532; 12-1-98, EDJ 46; 25-4-05, EDJ 131407; 20-3-07, EDJ 16967). Todo ello sin perjuicio de la posibilidad de aplazamiento y alegación y prueba complementaria que se otorga a la defensa, en caso de modificación de conclusiones ajustada a los anteriores requisitos (LECr art.788.4). **8060**

Otros instrumentos procesales Fuera de los instrumentos procesales antes citados, son **irrelevantes** para la determinación del objeto del proceso los autos de procesamiento o de transformación de diligencias previas en procedimiento abreviado y el auto de apertura del juicio oral. A ninguno de ellos está vinculado el acusador a la hora de formular conclusiones provisionales, ni menos el juzgador en la de dictar sentencia, pues el canon de la congruencia de esta está integrado exclusivamente por la acusación entendida en el sentido expuesto. **8062**

• No obstante, el **auto de procesamiento** y el de **transformación de diligencias previas en procedimiento abreviado**, sí tienen relevancia para delimitar negativamente la legitimación pasiva. Ambos exteriorizan un juicio de probabilidad de naturaleza incriminatoria que realiza el juez instructor contra acusaciones sorpresivas o infundadas, pues solo contra quienes aparezcan previamente investigados por los hechos recogidos en dichos auto se puede dirigir la acusación (TCo 186/1990; TS 3-5-99, EDJ 9713; 23-2-04, EDJ 17454; 30-5-05).

• La misma función de control previo de racionalidad de la acusación ha de atribuirse sin duda, pese a su irrelevancia a los expresados efectos de correlación y congruencia (TS 21-1-03, EDJ 997; 25-4-05, EDJ 131407), al auto de **apertura del juicio oral**, sobre todo cuando se dicta por el órgano judicial instructor tras formularse el acto de acusación provisional, pues en él cabe denegar la petición de apertura efectuada por la acusación y decretar el sobreseimiento de la clase que proceda (LECr art.781 a 783; LO 2/1989 art.392 a 394; LO 5/1995 art.29 a 33; TS 14-1-03, EDJ 613). Por ello es evidente que cumple una función de delimitación negativa del objeto de proceso, pues la acusación nunca puede extenderse a hechos excluidos del mismo por dicha resolución (TS 22-2-99, EDJ 3552; 27-2-04, EDJ 12821; 19-6-07, EDJ 70172).

B. Acción civil derivada de delito

La infracción criminal es fuente de una **obligación de resarcimiento** y de una acción procesal de naturaleza civil para exigir su cumplimiento que, por razones de economía procesal, puede acumularse a voluntad del acreedor al ejercicio de la acción penal (nº 8020). **8070**

Esta acción conserva su **naturaleza civil** y esta preside los aspectos esenciales de su régimen jurídico, pues no por el hecho de ejercitarse ante la jurisdicción criminal pierde la acción civil su auténtica naturaleza y deja de regirse por los **principios dispositivo y de rogación**, aunque en algunas ocasiones se ve este afectado por la influencia del principio de oficialidad propio del proceso penal en el que se ejerce aquella.

1. Ámbito de cognición

(CP art.110 a 113)

8072 El ámbito de cognición del tribunal penal en materia civil se limita estrictamente a:
- la **restitución** de la cosa;
- la **reparación** del daño; y
- la **indemnización** de daños y perjuicios materiales y morales derivados de la infracción criminal.

Puede para ello resolver **concretas cuestiones civiles** como las relativas a la irreivindicabilidad de la cosa objeto del delito (CP art.111), las tocantes a filiación y fijación de alimentos en los delitos contra la libertad sexual (CP art.193) o, en caso de alzamiento de bienes y como medio para lograr la restitución o la reparación del daño, declarar la nulidad de los negocios jurídicos simulados o fraudulentos por medio de los cuales se cometió el delito, siempre que todos los intervinientes los mismos hayan sido traídos al proceso penal como simples responsables civiles o como partícipes del delito (TS 22-12-89, EDJ 11652; 27-6-90, EDJ 6862).

Asimismo, puede adoptar las especiales medidas para la **reparación de la situación física alterada** por el delito o para la reparación del daño (CP art.319.3, 321, 323 y 339), o incluso acordar las prohibiciones de recalificación de suelo en caso de incendio forestal (CP art.355).

Sin embargo, le está vedado ir más allá y efectuar otro tipo de pronunciamientos civiles, por mucha relación que guarden con el objeto penal del proceso, pues sin duda serán nulos por **defecto de jurisdicción**. Así ocurre con la privación de la patria potestad, salvo en los casos en que así lo previa expresamente el Código Penal (TS 11-9-00, EDJ 25623), o con la declaración de nulidad del matrimonio al conocer de un delito de coacciones en que la conducta consistió en obligar a una persona a contraerlo (TS 17-1-05, EDJ 6984).

2. Ejercicio y extinción de la acción civil

8075 **Requisitos formales** Los requisitos procesales de forma exigibles para el ejercicio de la acción civil son los propios del escrito de conclusiones provisionales o de acusación cuando abordan las cuestiones civiles, limitados en este punto a expresar la cantidad en que se aprecian los **daños y perjuicios** causados por el delito o la cosa que haya de ser restituida y la persona o personas que aparecen como **responsables** de los daños y perjuicios o de la restitución de la cosa y el hecho en virtud del cual hayan contraído esta responsabilidad (LECr art.650; LO 5/1995 art.29), o bien a determinar las responsabilidades civiles procedentes (LO 2/1989 art.275) o a manifestar esencialmente la cuantía de las indemnizaciones o las **bases para su posterior determinación** (LECr art.781.1).

MPP nº 1885 s.

Por ello, aunque sea cierta la afirmación de que la acción ejercitada en un proceso penal frente a un responsable civil participa de los principios y naturaleza de la acción civil, ya que el simultáneo pronunciamiento sobre una y otra (acción penal y acción civil) por parte del tribunal penal, obedece a razones prácticas o de economía procesal, no lo es menos que las **especialidades legislativas** previstas en el proceso penal para la acción civil son de preferente aplicación sobre las normas del proceso civil, por lo que no cabe exigir al escrito de conclusiones provisionales, en este aspecto, el contenido propio de una demanda civil (TS 9-10-03, EDJ 110653).

Por otra parte, cuando se dirige la acción civil **contra personas distintas del acusado**, la jurisprudencia mayoritaria estima suficiente que la exigencia de responsabilidad civil se formule en el correspondiente escrito de acusación o de conclusiones provisionales, sin que se requiera una previa declaración formal de responsabilidad civil subsidiaria que tenga naturaleza de una condición de procedibilidad civil (TS 3-12-96, EDJ 10199; 31-1-01, EDJ 543). No puede compartirse este criterio y cabe sostener de contrario que ello supone olvidar la colocación sistemática de LECr art.615 s., la competencia funcional para la adopción de medidas cautelares en la mayoría de los casos y el derecho de defensa del responsable civil, al que se le hace partícipe de la pretensión dirigida contra él una vez finalizada la instrucción y se le priva de oponerse, en fase de instrucción, a la misma, como precisamente le permiten LECr art.616 a 619 y, en el procedimiento abreviado, LECr art.764 y 783.2.

En consecuencia, la pretensión de **responsabilidad civil** ha de dirigirse contra el tercero en fase sumarial tan pronto como aparezca indicada su procedencia conforme a los preceptos correspondientes del Código Penal, pues en caso contrario el obligado no es parte emplazable dentro del juicio oral.

Relaciones entre la acción penal y la civil Las relaciones entre la acción penal y la civil dan lugar a diversas posibilidades de ejercicio de la segunda entre las que, en algún caso, puede optar el actor y que, en otros, imponen la separación de ambas acciones. 8076

Para el **ejercicio conjunto** de ambas acciones se precisa, como condiciones inexcusables, que en el actor civil no concurra ninguna de causas que impliquen falta de aptitud plena para el ejercicio de la capacidad jurídica necesaria para ejercitar de la acción penal, que la presunta responsabilidad criminal del investigado no se haya extinguido de modo manifiesto antes de la sentencia y que se declare la misma en dicho momento, así como la improcedencia de la rebeldía del acusado.

a) No cabe entre las **personas con discapacidad** el ejercicio meramente hipotético de la acción penal a los solos efectos de declarar la existencia de una obligación civil de indemnizar, que debe canalizarse a través del proceso civil correspondiente (TS 28-1-05, EDJ 13294).

b) En casos de **sobreseimiento o rebeldía** debe hacerse en la correspondiente resolución expresa reserva de acciones civiles a favor del perjudicado, desapareciendo desde entonces la regla de prejudicialidad que impone la preferencia de la acción penal (LECr art.114). La única vinculación que en estos casos queda entre el proceso penal que se extingue o se paraliza y un futuro proceso civil es la subsistencia de los embargos y de la retención de los efectos del delito o piezas de convicción, en los términos ya estudiados (LECr art.116, 635, 843 y 844; LO 2/1989 art.246.3º, 410 y 411).

La **muerte del acusado** no extingue la acción civil, que debe en ese caso ejercerse en el proceso correspondiente (LECr art.115).

c) La misma regla puede aplicarse, sin retención de efectos ni pervivencia de embargos, en el caso de **sentencia absolutoria firme** sobre la pretensión penal, que no extingue la acción civil salvo que declare la inexistencia del hecho que pudo dar lugar al nacimiento de la acción civil (LECr art.116).

d) Solo en el caso de que concurran en el encausado **circunstancias eximentes** de la responsabilidad criminal que no excluyan la antijuridicidad del hecho (causas de inimputabilidad, estado de necesidad y miedo insuperable) puede recaer en el proceso penal pronunciamiento sobre responsabilidades civiles, si bien este debe hacerse siempre mediante sentencia y tras celebración de juicio oral, por lo que en dichos supuestos es improcedente el sobreseimiento al amparo de LECr art.637.3º (CP art.118.1; LECr art.782.1).

e) De la **responsabilidad penal de las personas jurídicas** en ciertos delitos, deriva responsabilidad civil con arreglo a las normas generales, que será solidaria con la imputable a las personas físicas condenadas por los mismos hechos (CP art.116.3).

Precisiones Sobre el régimen de **responsabilidad penal de las personas jurídicas** derivado de la LO 1/2015, es muy relevante la FGE Circ 1/2016. En ella se intenta clarificar cómo debe ser un **programa de prevención de delitos** para poder eximir de responsabilidad penal. El Código Penal exige que los programas sean claros, precisos y eficaces, conceptos que pueden generar incertidumbre a la hora realizar los mismos.

Sobre la base anterior, el ordenamiento favorece claramente el ejercicio conjunto de ambas acciones, pues: 8077

- se otorga al **Ministerio Fiscal** el papel de sustituto procesal del perjudicado y se le asigna el ejercicio de ambas acciones en concurrencia con el acusador particular (LECr art.108; L 50/1981 art.3.4);
- se establece la **presunción de ejercicio simultáneo** de la acción civil con la penal (LECr art.112); y
- se confiere, en caso de ejercicio separado, **preferencia a la acción penal** sobre la civil, que solo podrá actuarse tras la finalización por sentencia firme del proceso penal (LECr art.111 y 114).

Prescripción civil y prejudicialidad penal (CC art.1969) En relación esta cuestión, y sobre la base de que la acción no puede ejercitarse hasta que no se dispongan de todos los elementos fácticos y jurídicos idóneos para fundar una situación de aptitud plena para litigar, se sostiene que: 8078

a) La tramitación de un proceso penal, sobre los **mismos hechos**, retrasa el inicio del cómputo del plazo de la prescripción extintiva de la acción civil, al constituir un impedimento u obstáculo legal a su ejercicio (LECr art.111 y 114).

b) La **denuncia en vía penal** -con sus posibles efectos en el orden civil- supone una forma de ejercicio de la acción civil ante los tribunales e interrumpe la prescripción (CC art.1973).

c) Cuando las **partes están personadas en el proceso penal**, el día inicial del cómputo del plazo de prescripción comenzará a contar desde el momento en que la sentencia recaída o el auto de sobreseimiento o archivo, notificados correctamente, hayan adquirido firmeza; puesto que, en ese instante, se conoce el punto final de la paralización operada por la tramitación de la vía penal preferente, con la correlativa posibilidad entonces de actuar en vía civil, por aplicación de LECr art.114.

Precisiones La denuncia en vía penal -con sus posibles efectos en el orden civil- supone una forma de ejercicio de la acción civil ante los tribunales e **interrumpe la prescripción** desde que se formula, sin que dependa del resultado que la denuncia llegue a tener (el efecto se produce aunque la denuncia termine archivada), ni tampoco del número y la entidad de las actuaciones que integren el proceso penal (TS civil 3-3-14, EDJ 21541; 18-3-16, EDJ 23216; 13-7-17, EDJ 143018; 20-11-23, EDJ 755380).

8079 MPP nº 1895 **Extinción de la acción civil** (LECr art.106, 108, 110 y 112) En la extinción de la acción civil derivada del delito se manifiesta su naturaleza civil, pues la misma se produce por **renuncia** de la persona legitimada para ejercitarla. Para el estudio del régimen de la renuncia han de tenerse presentes las siguientes consideraciones:

a) Aun cuando los perjudicados no se muestren parte en la causa, no por esto se entiende que renuncian al derecho de restitución, reparación o indemnización que a su favor puede acordarse en sentencia firme, siendo menester que la renuncia de este derecho se haga en su caso de **forma expresa y terminante**.

Esta decisión, una vez adoptada y documentada en autos es **irrevocable** y no puede el renunciante desdecirse de ella, por lo que es improcedente la manifestación efectuada en juicio oral reclamando un derecho a indemnización al que había renunciado en la fase de instrucción (TS 28-2-05, EDJ 33617).

b) Cuando el perjudicado por el delito sea un **menor de edad**, la renuncia de su representante legal a la acción civil debe cumplir los requisitos que exigen CC art.166, 1810, 1813 y conc., esto es, causa justificada de utilidad o necesidad y previa autorización del juez del domicilio, con audiencia del Ministerio Fiscal, o consentimiento del mayor de 16 años (TS 22-4-98, EDJ 4317). La misma regla es aplicable al **curador** (CC art.287 y 1811) y al **representante del ausente** (CC art.186).

c) Cabe la **reserva de acciones** contra uno de los deudores y el ejercicio de la acción civil contra el responsable criminal (TS 28-1-98) y es igualmente compatible la renuncia a la acción frente al responsable civil subsidiario mediante **transacción extrajudicial** y su ejercicio en el proceso penal frente al responsable civil directo (TS 14-2-03, EDJ 2086).

3. Regímenes especiales de ejercicio de la acción civil

8080 Se exponen a continuación diversas normas que imponen especialidades al contenido sustantivo de la responsabilidad civil o limitan la cuantía de la misma en determinados casos, o bien suponen especialidades procesales en su forma de ejercicio.

8082 MPP nº 1909 **Proceso de menores** En este proceso se dan las siguientes especialidades:

a) En el ejercicio de la acción civil, el **Ministerio Fiscal** no concurre con el perjudicado, pues el primero no debe ejercerla cuando este lo haga por sí mismo dentro del mes siguiente a la notificación de la apertura de la pieza de responsabilidad civil (LO 5/2000 art.61.1).

b) Cuando el responsable de los hechos cometidos sea un menor de 18 años, se establece la **responsabilidad solidaria**, por los daños y perjuicios causados, de sus padres, tutores, acogedores y guardadores legales o de hecho, por este orden, responsabilidad que puede ser moderada por el juez cuando los citados no hayan favorecido la conducta del menor con dolo o negligencia grave (LO 5/2000 art.61.3).

c) La instrucción encomendada al Ministerio Fiscal se limita al aspecto penal del hecho, pues tras recibir parte del fiscal instructor sobre la incoación del expediente, el juez debe a su vez proceder a la apertura de **pieza separada de responsabilidad civil**, notificándolo a los perjudicados e instruyendo a estos sobre su derecho a ser parte en ella. En ella pueden personarse los perjudicados a los que se haya hecho ofrecimiento de acciones y también, espontáneamente, quienes se consideren como tales, así como las compañías aseguradoras que se tengan por partes interesadas, dentro del plazo para el ejercicio de la acción de responsabilidad civil.

En la pieza de responsabilidad civil no se precisa letrado ni procurador, pero, si el presunto responsable lo solicita, se le debe designar letrado de oficio. Los representantes legales del menor pueden ser defendidos por el letrado designado al menor en el procedimiento principal, si así se acepta por aquel.

d) Las **cuestiones civiles derivadas del delito** se resuelven por el juez de menores en la misma sentencia sobre la responsabilidad civil derivada del delito, con el contenido indicado en el CP art.115.

8083 **Pieza de responsabilidad civil** (LO 5/2000 art.64) Se caracteriza por las notas siguientes:

1. Tan pronto como el juez de menores reciba el parte de la **incoación del expediente** por el Ministerio Fiscal, ordena abrir de forma simultánea con el proceso principal una pieza separada de responsabilidad civil, notificando el letrado de la Administración de Justicia a quienes

aparezcan como perjudicados su derecho a ser parte en la misma y estableciendo el plazo límite para el ejercicio de la acción.
2. La pieza se tramita de forma **simultánea** con el proceso principal y en ella podrán **personarse** los perjudicados que hayan recibido notificación al efecto del juez de menores o del Ministerio Fiscal (LO 5/2000 art.22), y también espontáneamente quienes se consideren como tales. Asimismo, pueden personarse las compañías aseguradoras que se tengan por partes interesadas, dentro del plazo para el ejercicio de la acción de responsabilidad civil. En el escrito de personación, indican las personas que consideren responsables de los hechos cometidos y contra las cuales pretendan reclamar, bastando con la indicación genérica de su identidad.
3. El letrado de la Administración de Justicia **notifica** al menor y a sus representantes legales, su condición de posibles responsables civiles.
4. Una vez personados los **presuntos perjudicados y responsables** civiles, el juez resuelve sobre su condición de partes, continuándose el procedimiento conforme a las reglas generales.
5. La intervención en el proceso a los efectos de exigencia de **responsabilidad civil** se realiza en las condiciones que el juez de menores señale con el fin de preservar la intimidad del menor y que el conocimiento de los documentos obrantes en los autos se refiera exclusivamente a aquellos que tengan una conexión directa con la acción ejercitada por los mismos.

Procesos por hechos derivados del uso y circulación de vehículos a motor 8084

(RDLeg 8/2004 art.1.2, 4-redacc L 5/2025-) En estos procesos, la determinación de la **cuantía de las indemnizaciones** presenta una doble especialidad: MPP nº 1913

a) Las que sean exigibles con cargo al **seguro obligatorio de responsabilidad civil** están limitadas a una cantidad máxima determinada reglamentariamente por víctima (daños a las personas, aun terceros) o por siniestro (daños a los bienes). Así, cuando la cuantía señalada judicialmente exceda de ese límite, el exceso debe ser satisfecho por el asegurador voluntario, si existe, o en caso contrario directamente por el causante del daño.
b) Salvo que deriven de delito doloso, las **indemnizaciones por muerte o lesiones** y las secuelas derivadas de las mismas, incluyendo el daño moral, han de cuantificarse aplicando el baremo que se incorpora como anexo al texto de la Ley, denominado «sistema para la valoración de los daños y perjuicios causados a las personas en accidentes de circulación», teniendo en cuenta que las cuantías se actualizan de la forma siguiente (haciéndose públicas por resolución de la Dirección General de Seguros y Fondos de Pensiones):
- a partir de 1-1-2017, quedan **automáticamente actualizadas** con efecto a 1 de enero de cada año en el porcentaje del índice de revalorización de las pensiones previsto en la Ley de Presupuestos Generales del Estado;
- no obstante, las **tablas de lucro cesante** y de **ayuda de tercera persona**, por su naturaleza, se actualizan conforme a las bases técnicas actuariales, y la **tabla de gasto de asistencia sanitaria futura** se actualiza, en su caso, de acuerdo con lo que se establezca en los convenios sanitarios que se suscriban con los servicios públicos de salud, y teniendo en cuenta la variación de los costes soportados por los servicios sanitarios.
c) Cuando en un proceso penal, incoado por hecho cubierto por el **seguro de responsabilidad civil de suscripción obligatoria** en la circulación de vehículos de motor, recayera sentencia absolutoria, si el perjudicado no hubiera renunciado a la acción civil ni la hubiera reservado para ejercitarla separadamente, el órgano jurisdiccional que hubiera conocido de la causa ha de dictar auto, a instancia de parte, en el que se determine la **cantidad líquida máxima** que puede reclamarse como indemnización de los daños y perjuicios sufridos por cada perjudicado, amparados por dicho seguro de suscripción obligatoria y según la valoración que corresponda con arreglo al baremo.
Igualmente se ha de proceder en los casos de **fallecimiento en accidente de circulación** y se dictará auto que determine la cantidad máxima a reclamar por cada perjudicado, a solicitud de este, cuando recaiga resolución que ponga fin, provisional o definitivamente, al proceso penal incoado, sin declaración de responsabilidad.
El auto referido se dicta a la vista de la **oferta motivada o de la respuesta motivada del asegurador** o del Consorcio de Compensación de Seguros, y ha de contener la descripción del hecho, la indicación de las personas y vehículos que intervinieron y de los aseguradores de cada uno de estos.
En todo caso, antes de dictarse el auto, si en las actuaciones **no consta oferta motivada o respuesta motivada** (RDL 8/2004), el juez convocará a los perjudicados y posibles responsables y sus aseguradores, incluido, en su caso, el Consorcio de Compensación de Seguros, a una **comparecencia** en el plazo de 5 días, a fin de que pueda aportarse la oferta o la respuesta motivada, o hacerse las **alegaciones** que consideren convenientes.

Si en la comparecencia se produjera **acuerdo entre las partes**, el mismo será homologado por el juez con los efectos de una transacción judicial. De **no alcanzarse el acuerdo**, se dictará auto de cuantía máxima en el plazo de 3 días desde la terminación de la comparecencia y contra el mismo no podrá interponerse recurso alguno.
La resolución en estudio tiene carácter de **título ejecutivo** (LEC art.517.2.8º).

8085 **Proceso de jurado** (LO 5/1995 art.29, 42 s. y 68) En este proceso no existe especialidad alguna en cuanto a los actos de alegación y prueba de las partes sobre responsabilidad civil, que se rigen por las normas generales de LECr art.650 s. Sin embargo, todo lo relativo a la **acción civil** es ajeno al veredicto del jurado y se plantea en el juicio oral, solo tras emitirse un veredicto de culpabilidad.

8087 **Proceso penal militar** Tras la declaración de inconstitucionalidad de LO 4/1987 art.108 y LO 2/1989 art.127 (TCo 174/2004), ha desaparecido la especialidad que contenía el primero de los preceptos al remitir el ejercicio necesariamente separado de la acción civil fuera del proceso penal cuando entre los sujetos del delito existiera relación de **jerarquía castrense**.

4. Ejecución de la responsabilidad civil

8088 **Especialidades** La ejecución de los pronunciamientos civiles de la sentencia penal presenta las siguientes especialidades:
MPP nº 1925 s.
a) Los medios de ejecución a disposición del juez penal han de permitirle la **investigación patrimonial** del condenado (LECr art.989.2 redacc LO 1/2025). Deben aplicarse, además, las normas pertinentes de la Ley de enjuiciamiento civil, en defecto de lo establecido en el Código Penal o en otra norma penal, sustantiva o procesal.
b) La **cuantificación exacta** de la responsabilidad civil puede no contenerse en la sentencia cuando no sea posible llevarla a cabo en el momento de dictarse esta, en cuyo caso debe contener las **bases para su posterior determinación**. En tal caso, en período de ejecución de sentencia debe instruirse, a instancia de parte, **incidente liquidatorio**, que se regula por una doble vía:
• Mediante la remisión al procedimiento de liquidación de daños y perjuicios regulado en LEC art.712 s. (LECr art.984).
• En los preceptos contenidos para el procedimiento abreviado y para el de enjuiciamiento rápido (nº 10290), y para los procesos penales militares (nº 10292).
c) Los pronunciamientos sobre responsabilidad civil son susceptibles de **ejecución provisional** de acuerdo con las normas de LEC art.524 s. (LECr art.989.1).
d) Salvo imposibilidad apreciada judicialmente, la satisfacción de las responsabilidades civiles declaradas es requisito inexcusable para la **suspensión de la ejecución de la pena privativa de libertad** impuesta (CP art.81).

8090 **Devengo de intereses** Sobre el devengo de intereses por las indemnizaciones que integren la responsabilidad civil han de precisarse las siguientes cuestiones:
• La condena al pago de indemnización puede incluir la del pago de intereses desde la fecha de **comisión del delito**, pues la obligación de restituir e indemnizar surge desde la comisión de hechos causantes de los perjuicios (CC art.1108; TS 10-7-92, EDJ 7589).
• Los anteriores son independientes de los **intereses procesales**: la condena en concepto de indemnización al pago de una cantidad líquida determina a favor del acreedor el devengo del interés legal del dinero incrementado en dos puntos desde que fue dictada la sentencia de instancia, salvo las especialidades legalmente previstas para las haciendas públicas (LEC art.576). Dichas especialidades se contienen actualmente en LGP art.17.2 y 24.

C. Justicia restaurativa

(LECr disp.adic.9ª redacc LO 1/2025)

8092 Sometida a los principios de voluntariedad, gratuidad, oficialidad y confidencialidad, su régimen es el siguiente:
a) Las **partes** que se sometan a ella, antes de prestar su consentimiento, han de ser informadas de sus derechos, de la naturaleza de este procedimiento y de las consecuencias posibles de la decisión de someterse al mismo.
b) La justicia restaurativa es **voluntaria**. Ninguna parte podrá ser obligada a someterse a un procedimiento de justicia restaurativa, pudiendo, en cualquier momento, revocar el consentimiento y apartarse del mismo. La negativa de las partes a someterse a dicho procedimiento, o el abandono del ya iniciado, no implica consecuencia alguna en el proceso penal.

c) Se garantiza la **confidencialidad** de la información que se obtenga del procedimiento de justicia restaurativa. Las informaciones vertidas en él no podrán utilizarse posteriormente, salvo que expresamente lo acuerden las partes afectadas. El juez o tribunal no tendrán conocimiento del desarrollo del procedimiento de justicia restaurativa hasta que este haya finalizado, en su caso, mediante la remisión del acta de reparación.
d) El órgano judicial, valorando las circunstancias del hecho, del investigado, acusado o condenado y de la víctima, podrá, de oficio o a instancia de parte, remitir a las partes a un procedimiento restaurativo, **salvo** en los casos excluidos por ley. El inicio del procedimiento restaurativo en fase de instrucción no eximirá de la práctica de las **diligencias** indispensables para la comprobación de delito. El sometimiento a justicia restaurativa en el proceso por delitos leves interrumpirá el plazo de prescripción de la correspondiente infracción penal.
e) La **resolución** que acuerde la remisión a los servicios de justicia restaurativa fijará un **plazo** máximo para su desarrollo, que no podrá exceder de 3 meses prorrogables por un plazo igual. Acordada la remisión, el órgano judicial facilitará el **acceso al contenido** del procedimiento por parte del equipo de justicia restaurativa. De no consentir las partes en someterse a un procedimiento restaurativo, los servicios restaurativos pondrán inmediatamente esta circunstancia en conocimiento del órgano judicial, que continuará la tramitación del procedimiento penal.
f) Concluido el procedimiento restaurativo, los servicios emitirán un **informe** sobre el resultado positivo o negativo de la actividad realizada, acompañando, en caso positivo, el acta de reparación con los acuerdos a los que las partes hayan llegado, que estará firmado por las partes personalmente y por sus letrados, si los hubiera. El informe, del que se entregará copia a las partes, no debe revelar el contenido de las comunicaciones mantenidas entre las partes ni expresar opinión, valoración o juicio sobre el comportamiento de las mismas durante el desarrollo del procedimiento.

Posibilidades tras el acuerdo En caso de existir acuerdo, el **órgano judicial**, previa audiencia del Ministerio Fiscal, de las partes personadas y de la víctima del delito, por término de 3 días, valorando los acuerdos a los que las partes hayan llegado, las circunstancias concurrentes y el estado del procedimiento, puede: **8094**
a) **Decretar el archivo**, a la vista del cumplimiento de los acuerdos alcanzados, si el cometido fuera un delito leve (LECr art.963).
b) Acordar el **sobreseimiento del procedimiento y su archivo**, si la causa se siguiera por un delito privado o en el que el perdón extingue la responsabilidad criminal, dejando sin efecto las medidas cautelares que se hubieren acordado en su caso.
c) Si la **causa está en el órgano de instrucción**, acordar la conclusión de la misma y la remisión de la causa al órgano competente para la celebración del juicio de conformidad en los términos de LECr art.655 y 787 ter.
d) Si la **causa está en el órgano de enjuiciamiento**, seguir los trámites del juicio de conformidad, incorporando la sentencia los acuerdos alcanzados por las partes.
e) Resolver sobre la **suspensión de la ejecución de la pena privativa de libertad**, valorando el resultado del procedimiento restaurativo para el establecimiento de las condiciones, medidas u obligaciones de la suspensión; o, en su caso, sobre el contenido de los trabajos en beneficio de la comunidad.

SECCIÓN 7

Instrucción

8100

I. Aspectos generales relativos a la iniciación del proceso

Son objeto de estudio en este apartado: **8102**
- concepto y modalidades de instrucción criminal (nº 8103);
- funciones de la fase de instrucción (nº 8125);
- aspectos formales de la instrucción (nº 8140);
- principios básicos (nº 8145).

A. Concepto y modalidades legales de instrucción criminal

8103 La fase del proceso conocida como **instrucción o investigación criminal** se integra por un conjunto diverso de actuaciones que tienen por objeto averiguar y hacer constar indiciariamente la existencia del **hecho delictivo** (nº 8126) y la identidad de los **partícipes** en el mismo (nº 8131), así como la adopción de las **medidas cautelares** (nº 8825 s.) precisas para hacer posible el juicio oral y proteger, en su caso, a la víctima del delito (LECr art.299 y 777.1; LO 2/1989 art.146).

Precisiones 1) Es una fase preliminar, compleja, en la que se practican todas las diligencias necesarias para poder esclarecer los hechos y conocer si existen **indicios racionales de criminalidad**, que permitan sostener que el denunciado o querellado efectivamente ha cometido el hecho imputado y que el mismo reviste caracteres de delito (AP auto Madrid 5-6-24, EDJ 650435).

2) La **instrucción** es un procedimiento vivo que no queda anclado a los hechos inicialmente denunciados como cometidos. No es la fase de fijar el objeto del proceso penal sino la fase anterior; por lo que la fijación absoluta del hecho resulta impropia de ella (AP Madrid auto 7-10-24, Rec 1055/24).

8104 **Sumario ordinario** (LECr art.299 s.) La gran parte del tratamiento de la fase de instrucción remite a las siguientes normas (**diligencias previas**: LECr art.774):
- las reguladoras del procedimiento abreviado en la LECr (LECr art.758 y 777.1); y
- las reguladoras del sumario ordinario en el proceso penal militar (LO 2/1989 art.153).

Tanto las normas reguladoras del procedimiento abreviado, como las que regulan el proceso penal militar, contienen además determinadas **especialidades**:

1) En el **procedimiento abreviado**, tales especialidades consisten en:
- excepciones o modulaciones de concretas **normas generales** (LECr art.762 y 778); y
- una más detallada regulación de las **actuaciones de la policía judicial** (LECr art.770 y 771), llamada a complementar las normas de LECr art.282 s.

2) En el **proceso penal militar**:
- unas especialidades se limitan a algunos detalles de ciertas **diligencias** de instrucción, como las periciales, la entrada y registro en lugar militar o el careo (p.e LO 2/1989 art.172, 181 y 185);
- las relativas a las **medidas cautelares personales**, por su parte, presentan un doble aspecto, pues unas se ciñen exclusivamente al proceso penal militar, como las especialidades de la prisión preventiva (LO 2/1989 art.225 s. y 239), mientras que otras tienen alcance general y se aplican a cualquier proceso penal ordinario o militar contra militares en activo, como ocurre con la ejecución de la detención y prisión provisional de los mismos (LO 2/1989 art.205 a 214 y 219 a 223).

8106 **Diligencias urgentes** (LECr art.795 a 799) Es en el procedimiento de **enjuiciamiento rápido de delitos flagrantes** donde se regula con mayor detalle las actuaciones de la policía judicial como antecedente necesario de las denominadas diligencias urgentes del juez de guardia, con remisión a las normas del procedimiento abreviado como supletorias.

Se encomienda a la **policía judicial** la práctica de actos de citación de partes y testigos ante el juez de guardia de la Sección de Instrucción del Tribunal de Instancia -hasta su constitución, el juzgado de guardia-, y se señala plazo perentorio para la práctica de determinadas diligencias periciales y para la realización de la total actuación tanto de la policía judicial como del juez instructor de guardia. De este modo, la primera ha de practicarse, como regla general, dentro del tiempo de **duración** de la detención y nunca puede durar más de 5 días cuando haya de averiguarse la identidad del investigado. La instrucción judicial, por su parte, debe llevarse a cabo durante el servicio de guardia.

Por ese mismo motivo, cuando las diligencias urgentes practicadas **no resulten suficientes** para decidir sobre la apertura del juicio oral, el procedimiento se transforma *ex lege* en abreviado, debiendo el juez señalar motivadamente cuáles son las diligencias cuya práctica resulta necesaria para concluir la instrucción de la causa o las circunstancias que lo hacen imposible.

8108 **Diligencias preparatorias** (LO 2/1989 art.387) En la legislación procesal militar se regula un procedimiento muy similar al abreviado de la LECr para el enjuiciamiento de determinados **delitos de ausencia injustificada y contra la Hacienda en el ámbito militar** (diligencias preparatorias). Dada la sencillez del hecho delictivo, se limita la **duración** de la tramitación del procedimiento a 2 meses en una norma que se ha calificado como mera expresión de un deseo legislativo de imposible observancia práctica, por lo que su incumplimiento carece de efectos más allá de los generales de las dilaciones indebidas.

8110 **Juicio sobre delitos leves** (LECr art.962 y 964) En el juicio sobre delitos leves no existe fase de instrucción judicial, pero tienen naturaleza instructoria los atestados policiales y las actuaciones de citación y ofrecimiento de acciones que debe practicar la **policía judicial**.
Esta debe remitir inmediatamente, al margen de los supuestos de LECr art.962, el **atestado** al órgano jurisdiccional de guardia, excepto en los casos previstos en LECr art.284 (nº 613). En el atestado han de recogerse, además de las diligencias practicadas y el ofrecimiento de acciones al ofendido o perjudicado, una dirección de correo electrónico y un número de teléfono para **remisión de las comunicaciones y notificaciones** que hayan de practicarse, remitiéndose estas en su defecto al domicilio que designe aquel.

8112 **Proceso de menores** (LO 5/2000 art.16 a 30) La fase de instrucción del proceso de menores se encomienda legalmente al **Ministerio Fiscal**, salvo la reserva al **juez de menores** de todo lo relativo a declaración del secreto instructorio, práctica de diligencias de investigación restrictivas de derechos fundamentales y aplicación de medidas cautelares personales distintas de la detención (LO 5/2000 art.23.2, 24, 28 y 29).
Aunque no se hace remisión expresa de la regulación material de la instrucción a la LECr, no puede olvidarse que, en el ámbito procesal, son de **aplicación supletoria** las normas de LECr y, en particular, las reguladoras del procedimiento abreviado (LO 5/2000 disp.final 1ª).

8114 **Proceso de jurado** (LO 5/1995 art.34.1.b y 46.5) En el proceso de jurado se disciplina la instrucción con el nombre de **instrucción complementaria**, con remisión de su contenido a la LECr en todo lo que no se oponga a la LO 5/1995 art.24 s.
Sus **peculiaridades** esenciales consisten en que las diligencias de instrucción practicadas de oficio se califican legalmente como complemento de las propuestas por las partes y se limitan a las imprescindibles para decidir sobre la pertinencia de la apertura del juicio oral o del sobreseimiento. Además, se limita el acceso del material instructorio al juicio oral, pues:
- solo se remiten al órgano de enjuiciamiento las diligencias que contengan prueba anticipada o preconstituida;
- se prohíbe la lectura de declaraciones sumariales contradichas en el acto del juicio y se niega a estas todo valor probatorio, salvo que integren prueba anticipada.

Precisiones El **atestado policial**, salvo en cuanto recoja diligencias no reproducibles que hayan de ser ratificadas en el plenario, no debe aportarse junto al testimonio emitido. Esta irregularidad sólo tiene efecto invalidante si incide en el sentido del fallo (TS 19-5-20, EDJ 560668).

8116 **Instrucción preprocesal del Ministerio Fiscal** (LECr art.773.2 y 795.4) La regulación de la investigación criminal se completa con las normas referentes a la instrucción preprocesal del Ministerio Fiscal que, ante la **noticia de un delito público o semipúblico**, debe practicar actuaciones encaminadas a su esclarecimiento siempre que no concurran con actuaciones judiciales de igual objeto y que, salvo en el caso de la detención, no impliquen la afección de derechos fundamentales.
Aunque la LECr se ciñe al procedimiento abreviado y al de enjuiciamiento rápido, esta figura es de **aplicación general** a todo tipo de procesos, salvo el de menores, pues en L 50/1981 art.5 y LO 2/1989 art.123 se regula sin restricción alguna.

8118 **Actuación instructora de la policía judicial** La regulación de la actuación instructora de la policía judicial ya citada ha de completarse, partiendo de Const art.126, con las normas contenidas en los LOPJ art.547 a 550; LO 2/1986 art.11 y 29 s.; LO 9/2021 art.10.2 y 17.3 y RD 769/1987, así como con determinadas normas autonómicas, en los términos que se detallan en nº 8200 s.

8120 **Actos judiciales realizados en el extranjero** (LOPJ art.276 a 278; LECr art.193; Rgto CGPJ 1/2005 art.74 s. y 78 a 80) Los actos judiciales realizados en el extranjero en virtud de **cooperación judicial internacional** se rigen por la ley del país donde se lleven a cabo o Estado requerido, como puede verse por ejemplo en el Convenio europeo sobre asistencia judicial en materia penal art.3.
Rige en este ámbito el **principio de no indagación**, a tenor del cual los distintos Estados y sus autoridades judiciales o gubernativas no pueden entrometerse en la legitimidad de la normativa de otros países ni fiscalizar sus investigaciones aplicando como parámetro la regulación interna propia, siempre que se adapten a ciertos **estándares mínimos compartidos**, aunque en su desarrollo o ejecución difieran las medidas o soluciones específicas. No puede imponerse que dichas actuaciones se ajusten a la legislación del Estado requirente. Lo que no implica aceptar la validez de actuaciones claramente lesivas de derechos fundamentales por el simple hecho de aparentar conformidad con una determinada legalidad, que en tal caso carecen de toda eficacia transfronteriza (TS 4-3-21, EDJ 511704).

Ha de recordarse a este respecto que la ausencia de garantías en relación con actos practicados en el extranjero debe ser probada por quien la alega (TCo auto 395/2003). Dentro de la Unión Europea rige el principio de validez y **libre circulación de las pruebas**, fruto de la estandarización de las garantías del proceso debido y del generalizado respeto a los derechos de los investigados reconocido en todos los Estados de la Unión (TS 14-10-05, EDJ 207237; 2-11-07, EDJ 222970). Por ello no cabe efectuar controles sobre el valor de los actos realizados ante las autoridades judiciales de los diversos países, ni menos de su adecuación a la legislación española cuando aquellos se hayan efectuado en el marco de una **comisión rogatoria** y, por tanto, de acuerdo con el citado Convenio Europeo (TS 19-1-95, EDJ 137; 9-12-96, EDJ 10974; 3-3-00, EDJ 2676; 5-5-03, EDJ 263094).
Por el mismo motivo, se rigen por la legislación española los actos procesales derivados de la **ejecución en España** de una solicitud de cooperación.

B. Funciones de la fase de instrucción

8125 Las diversas actuaciones que la integran tienen como **finalidad**, en lo esencial, hacer posible o evitar la celebración de un futuro juicio oral que termine mediante sentencia y la eficacia de los pronunciamientos que esta pueda contener. Al mismo tiempo, constituye una **garantía** del ciudadano frente a la apertura y la formulación de acusaciones infundadas y sorpresivas, delimitando la legitimación pasiva en el proceso penal.
Por eso constituyen el sumario las actuaciones encaminadas a **preparar el juicio** y practicadas para averiguar y hacer constar la perpetración de los delitos con todas las circunstancias que puedan influir en su calificación y la culpabilidad de los delincuentes, asegurando sus personas y las responsabilidades pecuniarias de los mismos (LECr art.299). Esta idea se repite en todos los preceptos que regulan la fase de instrucción en los diversos procesos penales que conoce nuestra legislación (por ejemplo, LECr art.777.1; LO 2/1989 art.146; LO 5/2000 art.16.2; LO 5/1995 art.27).

8126 **Aportación de hechos** Tanto para preparación del futuro juicio oral como para la evitación del mismo cuando sea improcedente, durante la fase de instrucción se acumula el material fáctico del que las partes han de valerse para alegar, probar y formular sus pretensiones en sucesivas fases del proceso. Por ese motivo, tras la conclusión de la instrucción, **todas las partes** -en el sumario ordinario, en el procedimiento de enjuiciamiento rápido y en el de jurado (LECr art.627 s. y 800.1; LO 2/1989 art.242; LO 5/1995 art.25.3)- o al menos las acusaciones -en el abreviado (LECr art.780.1; LO 2/1989 art.392)- han de **manifestar su posición** sobre la procedencia de la continuación del proceso mediante la apertura del juicio oral o de su terminación por medio del sobreseimiento.
En la instrucción ha de dejarse constancia de cuantas circunstancias fácticas puedan servir de base para la íntegra **calificación jurídico penal** por todas las partes, en sus escritos de conclusiones provisionales, de un determinado suceso típico, incluyendo los elementos esenciales positivos y negativos del delito, las circunstancias modificativas de la responsabilidad criminal, la participación criminal y el grado de ejecución, así como los elementos que puedan influir en la concreción de la pretensión punitiva y en la individualización de otras consecuencias jurídicas del delito, si resulta procedente la apertura del juicio oral. En caso contrario, ha de permitir fundamentar la pretensión de **sobreseimiento**. Por tanto, en la aportación de hechos es esencial el principio de neutralidad y no debe discriminarse entre acusación y defensa, pues la instrucción está llamada a servir por igual de soporte a las pretensiones procesales de todas las partes (LECr art.2 y 445).

8127 A su vez, la función de aportación de hechos guarda evidente relación con la **actividad probatoria** que sobre los mismos se desarrollará en el ulterior curso del proceso y, como regla general, en el seno del juicio oral bajo los principios de inmediación, contradicción y publicidad. En concreto, la fase de instrucción puede tener un triple significado en su relación con la prueba:
a) Como **regla general**, se limitará a identificar las fuentes probatorias cuando la naturaleza del medio de prueba permita su práctica en el acto del juicio oral, ofreciendo a las partes el material necesario para efectuar en el trámite de conclusiones provisionales la proposición de la prueba de que intenten valerse en el acto del juicio oral. De este modo, actuaciones que en la fase de instrucción son simples instrumentos de investigación, se convierten en el juicio oral en medios de prueba, como las declaraciones de testigos o los informes periciales (LECr art.446, 447 y 770.5º).

b) Cuando el **hecho objeto de prueba sea fugaz e irrepetible** y el medio empleado para su comprobación no pueda practicarse en el juicio oral (reconocimiento judicial, análisis químicos, intervenciones telefónicas), en la fase de instrucción han de asegurarse las fuentes de prueba que luego accederán al juicio oral y serán sometidas en él a contradicción en calidad de prueba documental mediante su efectiva lectura (LECr art.730).
c) Finalmente, la práctica de la **prueba se anticipa** a la fase de instrucción y se practica directamente en ella cuando, tratándose de un medio de prueba cuya naturaleza permita su normal práctica en el juicio oral -testifical o pericial-, esta no resulte posible en las concretas circunstancias del caso (LECr art.448 y 777.2).

Función cautelar La vocación de la fase de instrucción a preparar el juicio oral se manifiesta también en la función cautelar que cumple, pues en ella se adoptan las **medidas provisionales** tendentes a garantizar la celebración del mismo y la efectividad de una eventual sentencia de condena, asegurando tanto la presencia del investigado en el proceso como el cumplimiento de la obligación de resarcimiento derivada del mismo. Por otra parte, la función cautelar pretende evitar la alteración o destrucción por el acusado de las fuentes de prueba y proporcionar protección a la víctima del delito. **8129**

Delimitación de la legitimación pasiva En la fase de instrucción se producen los **actos judiciales de imputación** que delimitan la legitimación pasiva en el proceso y que constituyen condición básica de la acusación. Es aquí donde se manifiesta uno de los aspectos en que la instrucción se convierte en garantía del investigado, como se expone en nº 6868 s. **8131**
Una de las funciones esenciales de dicha fase es la de determinar la legitimación pasiva en el proceso que debe llevarse a cabo mediante la **previa imputación judicial** (LECr art.118 y 775). Desde la perspectiva del derecho fundamental de defensa, la jurisprudencia del Tribunal Constitucional ha puesto de manifiesto la necesidad de que, para que pueda acusarse a una persona en el proceso penal abreviado, es preciso que previamente, en la fase de instrucción, haya sido declarada judicialmente imputada, otorgándosele la posibilidad de **participar en la fase instructora**, consecuencia de lo cual es que nadie puede ser acusado por unos determinados hechos, sin haber sido oído previamente sobre ellos por el juez de instrucción con anterioridad a la conclusión de las denominadas diligencias previas (AP Madrid 9-4-19, núm 683/219; AP La Rioja 11-7-19, EDJ 644388).

Protección de la víctima Se lleva a cabo, tanto mediante la imposición a quienes por razón de su cargo intervienen en ella de concretos deberes de **información** (nº 7962 s.), como mediante la previsión legal de esta finalidad como fundamento de la privación cautelar de la libertad del investigado o de la imposición de otras **medidas cautelares personales o reales** (LECr art.503, 544 bis, 544 ter y 765.1). **8132**
La protección puede propiciar, en casos de **violencia doméstica** la adopción provisional por el juez de instrucción de pronunciamientos propios del Derecho de familia (LECr art.544 ter.7).

Determinación de jurisdicción y competencia La aportación de hechos que tiene lugar durante la fase instructora contribuye a determinar la jurisdicción y la competencia para el conocimiento del hecho en concreto, sin perjuicio de que ambos presupuestos procesales puedan ser objeto de fijación en cualquier momento anterior a la celebración del juicio oral e incluso en el turno de intervenciones que en el procedimiento abreviado constituye el pórtico del mismo. Por ello se habilita a los jueces de instrucción para promover **conflictos de jurisdicción y cuestiones de competencia** (LO 2/1987 art.2, 9 y 23; LECr art.19 y 759; LO 2/1989 art.14 y 386) y se prevé la terminación de la instrucción con la declaración del hecho como falta o con la **inhibición** a favor de la jurisdicción militar o del correspondiente juez de menores (LECr art.624, 625, 779.2ª y 3ª y 798.2.1º; LO 2/1989 art.141 párrafo 3º, medidas 3ª y 6ª). **8134**

C. Aspectos formales de la instrucción

Durante la fase sumarial es predominante el **principio de la escritura** frente al de **oralidad**, concretamente en los siguientes: **8140**
a) Con **carácter general**, en las comparecencias para la adopción de medidas cautelares y en la audiencia sobre conclusión de la instrucción del procedimiento de enjuiciamiento rápido que, además, puede cumplir la función cautelar de la anterior (LECr art.505, 539, 544 ter y 798; LO 5/2000 art.28.2).
b) En el **proceso de jurado**, en la comparecencia para traslado y concreción de la imputación, tras la que el juez decide sobre la continuación del procedimiento y sobre la pertinencia de las diligencias de instrucción propuestas por las partes, sin perjuicio de las que acuerde realizar de oficio (LO 5/1995 art.25 y 26).

Cuando así lo acuerde el juez o tribunal, las declaraciones, interrogatorios, testimonios, careos, exploraciones, informes, ratificación de los periciales y vistas puedan realizarse a través de **videoconferencia** u otro sistema similar que permita la comunicación bidireccional y simultánea de la **imagen y el sonido** y la interacción visual, auditiva y verbal entre dos personas o grupos de personas geográficamente distantes, asegurando en todo caso la posibilidad de contradicción de las partes y la salvaguarda del derecho de defensa. En tales casos, el letrado de la Administración de Justicia debe acreditar desde la propia sede judicial la **identidad de las personas** que intervengan mediante la previa remisión o la exhibición directa de documentación, por conocimiento personal o por cualquier otro medio procesal idóneo (LOPJ art.229.3 redacc LO 1/2025; LECr art.258 bis -nº 4026 s. Memento Procesal Penal 2026-).
Se permite la intervención del **Ministerio Fiscal** en todo tipo de actuaciones a través de este medio y se condiciona la aplicación del mismo a la comparecencia de otros sujetos -testigos, peritos, investigados- a razones de seguridad, orden público, utilidad o a que la presencia personal resulte particularmente gravosa o perjudicial (LECr art.306 y 325).
Para la práctica de otras **actuaciones distintas** de las propiamente judiciales, como particularmente la remisión y producción de documentos, se aplica lo dispuesto en LOPJ art.230 y LEC art.135.

8141 **Actuaciones por videoconferencia** Cuando así lo acuerde el juez o tribunal, las declaraciones, interrogatorios, testimonios, careos, exploraciones, informes, ratificación de los periciales y vistas puedan realizarse a través de videoconferencia u otro sistema similar que permita la comunicación bidireccional y simultánea de la **imagen y el sonido** y la interacción visual, auditiva y verbal entre dos personas o grupos de personas geográficamente distantes, asegurando en todo caso la posibilidad de contradicción de las partes y la salvaguarda del derecho de defensa. En tales casos, la identidad los intervinientes a través de la videoconferencia puede acreditarse por los medios de identificación y firma electrónica que se determinen por la ley que regule el uso de las tecnologías en la Administración de Justicia (LOPJ art.229.3; LECr art.258 bis -nº 4026 s. Memento Procesal Penal 2026-).
Se permite la intervención del **Ministerio Fiscal** en todo tipo de actuaciones a través de este medio y se condiciona la aplicación del mismo a la comparecencia de otros sujetos -testigos, peritos, investigados- a razones de seguridad, orden público, utilidad o a que la presencia personal resulte particularmente gravosa o perjudicial (LECr art.306 y 325).
Para la práctica de otras **actuaciones distintas** de las propiamente judiciales, como particularmente la remisión y producción de documentos, se aplica lo dispuesto en LOPJ art.230 y LEC art.135.

8142 **Comparecencia del abogado del Estado** En los procesos penales en los que sean parte el Estado, los organismos públicos, los órganos constitucionales o cualquier entidad del sector público institucional cuya representación y defensa venga atribuida normativa o convencionalmente al abogado del Estado, este podrá intervenir en las actuaciones a través de videoconferencia u otro sistema similar que permita la **comunicación bidireccional y simultánea** de la imagen y el sonido y la interacción visual, auditiva y verbal entre dos personas o grupos de personas geográficamente distantes.
Cuando se disponga la **presencia física del investigado o acusado**, será también necesaria la presencia física del abogado del Estado encargado de su representación y defensa. Si se permite la declaración telemática del investigado o acusado, el abogado del Estado encargado de su representación y defensa comparecerá junto con aquel o en la sede del órgano judicial.
La **comparecencia por videoconferencia** por parte de la Abogacía del Estado se comunicará al órgano judicial con al menos 10 días hábiles de antelación, sin ser de aplicación este plazo cuando el señalamiento de la actuación se haya notificado con una antelación inferior a la indicada.
En los procesos en los que el abogado del Estado intervenga por **medios electrónicos**, las demás partes procesales podrán comparecer del mismo modo en los términos expuestos, si así lo solicitan.
Esta regla se aplica igualmente a la **Seguridad Social y a las comunidades autónomas** y sus respectivos letrados (L 52/1997 art.16 y disp.adic.4ª).

8143 **Piezas del sumario** La ordenación material de las actuaciones requiere, para facilitar su manejo y utilización, la agrupación física de las mismas en **legajos o tomos** formalmente separados pese a formar parte todos ellos de un solo procedimiento. En la legislación procesal se denomina a dichas divisiones piezas del sumario y se distinguen las siguientes:
a) Pieza **principal**, en la que se recogen todas las actuaciones que no deban incorporarse a otra pieza específica. Está formada por tantos rollos o tomos como demande la extensión de las actuaciones, que se foliarán sin interrupción (LO 2/1989 art.75).

b) Pieza de **situación personal**, en la que deben practicarse y unirse todas las actuaciones a que dé lugar la adopción de medidas cautelares personales (LECr art.519, 544 y 763; LO 2/1989 art.388.a).
c) Pieza de **responsabilidad civil**, para la práctica de medidas cautelares reales que afecten al investigado, en primera fase y, posteriormente, en su caso, desde la fase intermedia, como encausado (LECr art.590 y 764.1; LO 2/1989 art.192 y 388.b; LO 5/2000 art.16.4).
d) Pieza de **responsabilidad civil de tercero**, en la que se practican las actuaciones relativas a determinar indiciariamente la procedencia de dicha responsabilidad y al aseguramiento cautelar de la misma (LECr art.615 s.). Sobre su trascendencia y necesidad para una futura acusación y ulterior condena del tercero responsable civil, TS 3-12-96, EDJ 10199; 31-1-01, EDJ 543.
e) Pieza de **pensión provisional a favor de la víctima** de hechos relativos a la circulación de vehículos a motor (LECr art.765.1).
f) Pieza para el **enjuiciamiento separado** de cada uno de los investigados por delitos conexos en el procedimiento abreviado (LECr art.762.1.6ª).
g) Pieza de **recurso**, para la tramitación de los devolutivos que deban presentarse ante el juez de instrucción y sean admisibles en un solo efecto (LECr art.225; LO 2/1989 art.263).
h) Finalmente, al estar la instrucción del **proceso de menores** encomendada al Ministerio Fiscal, debe incoarse pieza separada de carácter judicial para la adopción de las resoluciones que la Ley reserva al juez de menores. Concretamente, la práctica de actuaciones limitativas de derechos fundamentales, la declaración del secreto de la instrucción y la adopción de medidas cautelares (LO 5/2000 art.23.3, 24 y 28).

Precisiones La opción de **apertura de piezas separadas** (LEC art.762.1.6ª) es puramente instrumental y se encuentra legalmente condicionada a que pueda resultar efectivamente funcional a su objetivo de simplificar y activar el procedimiento. Resulta imprescindible para la **instrucción de procesos complejos**. La norma permite la tramitación procesal de la causa compleja mediante piezas procesales. La incoación de cada pieza puede venir determinada por la **investigación** de uno de los concretos hechos justiciables que integran el objeto procesal complejo o para la investigación de la participación y responsabilidad presunta de cada uno de los investigados. Además, las piezas separadas pueden ser objeto, no solo de instrucción, sino también de un **enjuiciamiento diferenciado**, y no necesariamente por el mismo tribunal. Por lo demás, la incoación de la pieza hace preciso incorporar por testimonio las **resoluciones matrices** de la pieza principal y aquellas otras de las que se hayan obtenido fuentes de pruebas relevantes para la tramitación de la pieza separada (TS 15-3-23, EDJ 539478). Por más que una pieza se desgaje de la causa principal, una vez separada tiene **plena sustantividad** como proceso independiente, a todos los efectos (TS 22-3-24, EDJ 530049).

D. Principios básicos de la fase de instrucción

A diferencia de lo que es característico en las fases intermedia y de juicio oral, el **principio de oficialidad** rige en el proceso penal desde su inicio hasta la conclusión de la fase de instrucción, de manera que, tanto la incoación del procedimiento como la realización dentro del mismo de concretas diligencias de investigación se deciden unilateralmente por el órgano judicial sin necesidad de previa petición de parte. Ello no excluye, sin embargo, el derecho de las partes a intervenir en el procedimiento y a contribuir a conformar su contenido fáctico y la vigencia casi exclusiva del **principio acusatorio** en la adopción de determinadas medidas cautelares (nº 8149). **8145**
Por otra parte, la realización de las actuaciones que integran la instrucción no se rige por la regla de la exclusividad jurisdiccional, desde el punto en que la Ley encomienda su práctica a órganos no judiciales, concretamente al Ministerio Fiscal y a la policía judicial, como se expone en nº 8185 s. y nº 8200 s. Ello obliga a plantearse si la fase de instrucción del proceso tiene **naturaleza** jurisdiccional o administrativa (nº 8151).

Actuación de oficio e intervención de las partes El principio de actuación de oficio ha de combinarse necesariamente con la intervención de las partes en la instrucción que, en el caso del investigado y demás partes pasivas, es exigencia del **derecho de defensa**. De la conjugación de ambos principios resultan los siguientes aspectos esenciales: **8146**
1) La mera **noticia de la existencia de delito público** es suficiente base para el inicio de actuaciones instructorias por:
- el juez competente (LECr art.308 y 318; LO 2/1989 art.130.1º);
- la policía judicial (LECr art.284); o
- el Ministerio Fiscal (LECr art.773.2; LO 2/1989 art.123; L 50/1981 art.5).
En el supuesto de un **delito semipúblico**, la noticia ha de proceder, necesariamente, a través de denuncia de la persona ofendida o de su representante legal si fuera menor de edad o persona con discapacidad necesitada de apoyo, o del Ministerio Fiscal en ciertos casos.

8147 2) El órgano judicial instructor debe practicar por propia iniciativa y sin necesidad de previa petición de parte cuantas diligencias estime necesarias para el buen fin de la instrucción (LECr art.315, 777.1 y 797.1). La **iniciativa del instructor**, sin embargo, no excluye que las partes puedan proponer la práctica de **diligencias de investigación** útiles al objeto de la misma, que deben practicarse previa declaración de pertinencia por aquel (LECr art.311, 320 y 773.1). En caso de **denegación** de la práctica de alguna diligencia, puede ser propuesta de nuevo para el acto del juicio oral (LECr art.314; LO 2/1989 art.148).

MPP nº 2019

En consecuencia, una vez que la investigación haya cumplido su función básica de aportación de hechos, han de considerarse **improcedentes** todas las diligencias que se propongan, pues es el juicio oral el ámbito adecuado para su práctica. Esto es aun más evidente cuando incluso se impide el acceso de las diligencias de investigación al acto del plenario, como sucede en el proceso de jurado (LO 2/1989 art.149, 310 y 311; LECr art.786.2; LO 5/1995 art.34 y 46.5).

Precisiones 1) Las disposiciones de la LECr que requieran o autoricen la **presencia del investigado** en la práctica de diligencias de investigación o de prueba anticipada se entenderán siempre referidas al representante especialmente designado por la entidad, que podrá asistir acompañado del letrado encargado de la defensa de esta. Además, la **incomparecencia** de la persona especialmente designada no impedirá la celebración del acto de investigación o de prueba anticipada, que se sustanciará con el abogado defensor (LECr art.120).

2) La **falta de contradicción en una diligencia sumarial** no puede tener el efecto de viciar todo el proceso si se subsana en el plenario. El remedio frente a ese tipo de irregularidad consiste en subsanar la deficiencia introduciendo la posibilidad de contradicción y, en su caso, dando primacía a la declaración o prueba practicada con contradicción o, razonando de forma coherente, por qué se llega a otra conclusión. Si el déficit inicial ha sido plenamente suplido en el plenario, que es el lugar apto para desenvolver toda la prueba, es absurdo pensar que la práctica de una diligencia sin contradicción abocará ya a la absolución, aunque luego se subsane esa deficiencia. La eventual invalidez de un testimonio o de una diligencia de otro tipo no puede proyectarse hacia el futuro determinando ya la inutilizabilidad de las sucesivas declaraciones o pruebas, aunque se practiquen con total fidelidad a la legalidad y rodeadas de todas las garantías (TS 18-12-23, EDJ 780945).

8149 **Medidas cautelares** En el ámbito de las medidas cautelares (nº 8825 s.), se ha relativizado la vigencia del **principio de oficialidad** desde la entrada en vigor de la LO 5/1995 y la reforma del procedimiento abreviado por L 38/2002:

1) El principio de oficialidad resulta inaplicable para la adopción de **medidas cautelares personales** distintas a la de libertad provisional sin fianza y para cualquier modificación de las mismas en perjuicio del investigado, resoluciones que solo son posibles a instancia de parte acusadora (LECr art.505 y 539; LO 5/2000 art.28.2). Parece, por el contrario, que la orden de alejamiento sí puede ser acordada de oficio, pues su incumplimiento provoca precisamente la convocatoria de comparecencia para la posible adopción de otras medidas cautelares más gravosas para el investigado (LECr art.544 bis).

2) En el ámbito de las **medidas cautelares reales o patrimoniales**, hay que aplicar las normas de la LEC sobre contenido, presupuestos y caución sustitutoria de las medidas cautelares (LECr art.764.2), siendo evidente que la «necesaria instancia de parte» es el primer presupuesto regulado por la norma remitida (LEC art.721). Ello obliga a plantearse la vigencia en el proceso ordinario del principio de actuación de oficio en esta materia (nº 9094 s.).

8151 **Naturaleza** Partiendo de que la práctica de las actuaciones instructorias se encomienda legalmente, además de al juez de instrucción, al Ministerio Fiscal y a la policía judicial, se ha debatido por la doctrina la naturaleza **jurisdiccional, administrativa o mixta** de la fase de instrucción. La **tesis dominante** se inclina por afirmar la naturaleza jurisdiccional de la misma.

MPP nº 2023

8153 **Secreto del sumario** (TCo 135/1989; 41/1998) El examen de las cuestiones que plantea el secreto del sumario y su relación con el **derecho a la publicidad del proceso** se realiza en detalle en nº 7050 s.

MPP nº 2025

8155 **Valor probatorio de las actuaciones instructorias** Como **doctrina general**, únicamente pueden considerarse auténticas **pruebas de cargo** aptas para enervar la presunción de inocencia las practicadas en el juicio oral bajo la vigencia de los principios de igualdad, contradicción, inmediación y publicidad, pues el procedimiento probatorio ha de tener lugar necesariamente en el debate contradictorio que, en forma oral, se desarrolle ante el mismo juez o tribunal que ha de dictar sentencia, de suerte que la convicción de este sobre los hechos enjuiciados se alcance en contacto directo con los medios aportados a tal fin por las partes (TCo 31/1981).

Por el contrario, las **diligencias sumariales** son actos de investigación encaminados a la averiguación del delito e identificación del delincuente que no constituyen por sí mismos pruebas de cargo, pues su finalidad específica no es la fijación definitiva de los hechos para que estos transciendan a la resolución judicial, sino la de preparar el juicio oral, proporcionando a tal efecto los elementos necesarios para la acusación y defensa y para la dirección del debate contradictorio atribuido al juzgador (TCo 94/2002; 195/2002; 206/2003; 148/2005; y las citadas en ellas).

Precisiones 1) Es criterio jurisprudencial consolidado que, en la fase de instrucción, es extemporáneo y no resulta procedente entrar a examinar en profundidad las alegaciones de vulneración de derechos o garantías fundamentales o infracción de legalidad que pretenden la **nulidad de las actuaciones** practicadas durante la instrucción en virtud de ellas. Por ello, durante la fase del sumario el pretendido examen previo de legalidad del material probatorio recopilado y de las actuaciones practicadas debe de restringirse a un simple **control externo de licitud**, de mera apariencia y correlativa comprobación que este no se ha obtenido con infracción clara y terminante de la normativa que regula los derechos fundamentales invocados (AP Las Palmas auto 15-2-13 rollo 82/2012; 26-11-13, rollo 101/2012).
2) La **práctica transnacional de pruebas** en el ámbito de la Unión Europea es objeto de estudio en el nº 6910 Memento Procesal Penal 2026.

Excepciones Esta doctrina general tiene como excepciones los actos de instrucción constitutivos de **prueba sumarial anticipada o preconstituida**, siempre y cuando se hayan obtenido con la estricta observancia de los siguientes **requisitos** (TCo 141/2001; 209/2001; 94/2002): **8156**
a) **Material**: Que versen sobre hechos que, por su fugacidad, no puedan ser reproducidos el día de la celebración del juicio oral. En el caso de la prueba preconstituida la fugacidad deriva de la propia naturaleza de la diligencia, mientras que en el de la anticipada es consecuencia de las circunstancias del caso concreto (LECr art.448, 777.2 y 797.2).
b) **Subjetivo**: Que sean practicadas por la única autoridad dotada de la suficiente independencia para generar actos de prueba, como es el **juez de instrucción**, sin perjuicio de que, por especiales razones de urgencia, también esté habilitada la **policía judicial** para recoger y custodiar los elementos del cuerpo del delito. Sobre este particular conviene hacer dos precisiones adicionales:
• Sobre las **actuaciones policiales** de investigación, ha de tenerse en cuenta que los cauces establecidos por LECr art.714 y 730 se refieren exclusivamente a la reproducción de diligencias practicadas en la fase instructora propiamente dicha, es decir, en el período procesal que transcurre desde el auto de incoación del sumario o de las diligencias previas hasta el que declara conclusa la instrucción, y no en la fase preprocesal, que tiene por objeto la formación del atestado, en la que no interviene la autoridad judicial, sino la policía.
Por tanto, dichas diligencias solo pueden considerarse auténtica prueba de cargo válida para destruir la presunción de inocencia cuando concurran circunstancias excepcionales que hagan imposible la práctica de prueba en la fase instructora o en el juicio oral con todas las garantías, lo que hace admisible la introducción en el juicio del resultado de las mismas a través de auténticos medios de prueba practicados, estos sí, con arreglo a las exigencias que estudiamos. Fuera de ese caso, estas diligencias no pasan de constituir un mero medio de investigación que permite iniciar las averiguaciones del hecho perseguido, pero no constituyen por sí mismas prueba válida acreditativa de la comisión y autoría del hecho delictivo. En concreto, las declaraciones prestadas ante la policía no se convierten sin más en prueba de cargo por el hecho de someterlas a contradicción en el acto del juicio oral, siendo preciso que la declaración sea reiterada y ratificada ante el órgano judicial (TCo 36/1995; 7/1999; 206/2003 -y las citadas en ellas-; TS 13-11-03, EDJ 209378).
• En el **proceso de menores** se encomienda al Ministerio Fiscal la misma función instructora que en otras modalidades procesales corresponde al juez de instrucción, con las salvedades indicadas en nº 8112. Si a ello se une que la posición institucional del Ministerio Fiscal es diferente a la de la policía, ha de admitirse la posibilidad de que las declaraciones prestadas ante el fiscal instructor puedan acceder al juicio oral por la vía de LECr art.714 para fundar una sentencia de condena (TCo 60/1995; 209/2003). Sin embargo, la jurisprudencia citada se ciñe al proceso de menores y nada dice sobre el valor probatorio de las actuaciones preprocesales del Ministerio Fiscal (L 50/1981 art.5; LECr art.773.2; LO 2/1989 art.123), cuestión que se trata en nº 8186 s.

c) **Objetivo**: Que se garantice la **contradicción**, para lo cual, siempre que sea factible, se ha de permitir a la defensa la posibilidad de comparecer en la ejecución de dicha prueba sumarial (LECr art.777.2 y 797.2). **8157** MPP nº 2031
d) **Formal**: Que el **régimen de ejecución** de la prueba sumarial sea el mismo que el del juicio oral -diferenciándose de este modo los correlativos actos de investigación en los que las preguntas a las partes han de formularse a través del juez de instrucción-, así como que su objeto

sea introducido en dicho juicio público mediante la lectura de documentos, que ha de posibilitar someter su contenido a la confrontación de las demás declaraciones de los intervinientes en el juicio oral. Por ello, se exige que la diligencia de prueba anticipada se documente en soporte apto para la grabación y reproducción del sonido y de la imagen o por medio de acta autorizada por el letrado de la Administración de Justicia, con expresión de los intervinientes, y que para su valoración como prueba en sentencia, la parte a quien interese deba instar en el juicio oral la reproducción de la grabación o la lectura literal de la diligencia (LECr art.730, 777.2 y 797.2).

8158 MPP nº 2033 **Supuestos** Las actuaciones instructorias con eficacia probatoria, variable según los casos y precisada del cumplimiento de los requisitos cuyo concreto régimen se expone en nº 8156, son las siguientes:

a) Los diferentes supuestos de **prueba preconstituida**. Se incluyen aquí:
- el reconocimiento judicial y las actuaciones judiciales de recogida de efectos, instrumentos y vestigios materiales del delito englobadas bajo el nombre genérico de cuerpo del delito (nº 8350);
- los informes de gabinetes y laboratorios oficiales de policía científica no impugnados por el investigado;
- las diligencias judiciales de intervención e inspección corporal;
- las diligencias de entrada y registro; y
- las diligencias de intervención de comunicaciones postales, telegráficas y telefónicas.

b) Los casos de **prueba testifical y pericial anticipada** (LECr art.448, 449 bis y ter, 467, 471, 476, 773.2 y 796.2).

c) Las **declaraciones testificales y del investigado** prestadas ante el juez de instrucción cuando, contradichas en el juicio oral, tienen acceso al plenario a través de la vía prevista en LECr art.714 o de cualquier otra manera.

d) Las **partes del atestado** que contengan datos objetivos y verificables, como croquis, planos, fotografías que pueden ser utilizados como elementos de juicio siempre que se introduzcan en el juicio oral como prueba documental y garantizando de forma efectiva su contradicción, y aquellas otras que incorporan determinadas pericias técnicas realizadas por los agentes de policía, como las pruebas de alcoholemia, que pueden alcanzar valor probatorio por sí mismas siempre que se incorporen al proceso respetando los principios de inmediación, oralidad y contradicción.

e) En relación con los denominados «**procesos de ruptura**» -en los que los acusados mantienen una contundente y rotunda actitud de obstrucción y falta de colaboración con el juez o tribunal, negándose a declarar en el acto del juicio, no reconociendo la jurisdicción o autoridad del órgano judicial, alterando el orden y teniendo incluso que ser desalojados de la sala de vistas-, en tanto en cuanto, en estos casos, las pruebas no se pueden llevar a cabo, ha de prevalecer con pleno valor probatorio lo practicado con las pertinentes garantías en la fase de instrucción.

8159 **Investigación judicial** (LECr art.324) La investigación judicial se ha de desarrollar durante un **plazo máximo** de 12 meses, contado desde la incoación de la causa.

Si antes de finalizar este plazo se constata que no es posible finalizar la investigación, el juez, de oficio o a instancia de parte, oídas las partes puede acordar **prórrogas sucesivas** por periodos iguales o inferiores a 6 meses; la prórroga, o su denegación, se adopta mediante **auto razonado y motivado** en el que se expongan las causas que han impedido finalizar la investigación en plazo, así como las concretas diligencias que han de practicarse dada su relevancia.

Todas las diligencias de investigación acordadas **con anterioridad al transcurso del plazo** o de sus prórrogas son válidas, aunque se reciban tras la expiración del mismo. Sin embargo, si antes de la finalización del plazo o de alguna de sus prórrogas, el instructor no ha dictado la resolución de prórroga, o si esta se ha revocado por vía de recurso, no son **válidas** las diligencias acordadas a partir de esta fecha.

El juez instructor ha de **concluir la instrucción** cuando entienda que ha cumplido su finalidad. Una vez transcurrido el plazo máximo o sus prórrogas dicta auto de conclusión del sumario o, en el procedimiento abreviado, la resolución que proceda.

8159.2 Precisiones **1)** Este régimen se aplica a las causas en tramitación a 29-7-2020.

2) En relación con el régimen expuesto se sostiene lo siguiente (TS 27-5-21, EDJ 595896):

a) El **plazo** fijado en el LECr art.324 es de obligado cumplimiento. No cabe que se interprete de forma flexible.

b) Dicho plazo es una **opción legislativa** que debe ser observada en el desarrollo del proceso y que condiciona la validez de las diligencias practicadas siendo inválidas aquellas que sean ejecutadas fuera de él, salvo las denominadas diligencias rezagadas (LECr art.324.2), que son las acordadas pero no practicadas antes del vencimiento del plazo.

c) No cabe la posibilidad de que fuera del plazo legal en virtud de un recurso de apelación frente a un auto de archivo se declare la **causa compleja**.
d) Todas las **actuaciones no practicadas** en los plazos legales son nulas por causar evidente indefensión material y con una clara infracción del derecho de defensa. La **vulneración de los plazos** de LECr art.324supone una lesión del derecho constitucional a un proceso con todas las garantías y a la tutela judicial efectiva.
e) La **consecuencia procesal** de la práctica de diligencias acordadas fuera del plazo fijado *ex lege* es que no serán válidas, arrastrando todas las consecuencias que dimanan de esa nulidad acordada, como es la nulidad de todo lo actuado y la consiguiente absolución en el caso de que se llegue a juicio oral con esta quiebra procesal en el procedimiento. Tampoco existe una subsanación posible a una diligencia no válida en origen. Esto daría lugar a una merma del derecho de defensa al permitir practicar diligencias que no debían haberse aportado por haberse cumplido el plazo máximo sin instarse la prórroga.
f) La **ausencia de diligencias válidas** hace devenir correcta una sentencia absolutoria, ante la inviabilidad de acordar la transformación de un procedimiento carente de diligencias de carácter incriminatorio.
g) La Audiencia Provincial en un recurso de apelación contra un auto de archivo del órgano instructor no tiene **competencia ni capacidad** para estimar por sí misma la instrucción compleja, ni acordar o estimar nuevas diligencias, actuando fuera del régimen legal que le permite el precepto citado. El exceso de sus competencias determina la indefensión al investigado, por suponer y permitir la práctica de diligencias cuando no se había llevado a cabo ninguna relevante en plazo, ni instado o acordado una prórroga dentro del plazo que hubiera permitido subsanar las deficiencias existentes.
h) El régimen de LECr art.324 no crea una nueva causa de **extinción de la responsabilidad penal**. Su infracción solo supone que el instructor ha de dictar alguna de las resoluciones a las que se refiere el mismo artículo.
3) La LECr no dispone de forma expresa que las **diligencias practicadas fuera de plazo** sean inválidas (LECr art.324) pero, por razones de lógica elemental, si se fija un plazo para instruir y si precisa que son válidas las diligencias acordadas dentro de ese plazo, la conclusión obligada es que **carecen de validez** las diligencias acordadas fuera de plazo ya que, de lo contrario, el propio plazo carecería de finalidad alguna (TS 13-3-23, EDJ 560018). Pero dicha invalidez no supone **nulidad absoluta** de la diligencia de prueba o información sumarial intempestiva, de modo que, aun neutralizando su capacidad para fundar la inculpación, si esta se basa en otros elementos probatorios, puede incorporarse al plenario como dato de prueba al hilo de otras pruebas propuestas por las partes (TS 17-5-23, EDJ 577310).
Tal invalidez implica que el juez instructor no podrá fundar la decisión de **continuar el procedimiento** contra el investigado basándose en las mencionadas diligencias; en caso de hacerlo la información derivada de las que fueron acordadas fuera de él podrá aportarse al juicio, porque estas últimas no suponen, vulneración de derechos fundamentales (AN auto 8-7-24, núm 365/24).

4) La **finalización del plazo máximo** no produce el archivo de las actuaciones como una suerte de caducidad automática de la acción penal, sino que impone al instructor la obligación de dictar la resolución que proceda a partir de la valoración del material incorporado hasta ese momento (TS 17-5-23, EDJ 577310). **8159.3**
5) No obstante, se admite la existencia de la siguiente **excepción**: pueden practicarse fuera de plazo las diligencias de instrucción que se deriven inescindiblemente de otras diligencias ya admitidas dentro de plazo. Es preciso que no se trate de una sucesión de diligencias de investigación funcionalmente diferenciadas sino de **diligencias con una incuestionable conexión funcional**, en la medida en que, para conocer lo que evidencia la ulterior de las diligencias, la diligencia anterior opere como indefectible presupuesto. Así sucede cuando se ha solicitado a un operador de internet los datos de registro de una cuenta de correo, así como las IP de las conexiones registradas por esa cuenta y, a raíz de la contestación ofrecida por el operador, se acuerda, ya rebasado el plazo de instrucción, la remisión de la dirección de IP asociada a uno de los correos para proceder a la identificación de su titular (TS 23-11-23, EDJ 758412; 16-6-22, EDJ 613942).
6) Aunque los derechos constitucionales a la tutela judicial efectiva y a un proceso con todas las garantías no se ven sustantivamente desatendidos cuando se practican **diligencias de investigación extemporáneas**, sí se proclama la nulidad de la inculpación que se realice sobrepasados los tiempos de duración de la instrucción, pues genera efectiva indefensión ya que el encausado se enfrentaría a un proceso de instrucción ya terminado, sin posibilidad de proponer la investigación o contraprueba que a su derecho convenga (TS 8-2-24, EDJ 506305).
7) La declaración del investigado no es exclusivamente una mera diligencia de instrucción. Es una «**garantía de audiencia previa**» coherente con los principios inspiradores del proceso penal en un Estado de Derecho. Por ello, la practicada fuera de plazo puede no ser considerada inválida, al margen de que pueda estar funcionalmente conectada con otras diligencias de investigación anteriores temporáneas (TS 11-7-24, EDJ 632432).
Aunque la jurisprudencia ha rechazado que nadie pueda **incorporarse como sujeto pasivo** del procedimiento o ser inculpado una vez terminada la fase de investigación (TS 27-5-21, EDJ 595896; 6-11-24, EDJ 736624), sí se admite, en cambio, la simple declaración extemporánea del investigado (fuera de los límites de LECr art.324). En estos casos, si el investigado no resulta sometido a una

situación procesal de indefensión durante la fase investigativa, la jurisprudencia ha proclamado que la actuación retrasada únicamente comporta el incumplimiento de una norma de legalidad ordinaria funcionalmente dispuesta para la agilidad del procedimiento en su fase de comprobación e investigación del delito, de modo que la inobservancia de las previsiones normativas es una **irregularidad procesal** con nula relevancia constitucional (TS 3-4-25, EDJ 544011).

8159.4 8) En caso de **estimación de recurso de amparo** con retroacción de actuaciones en la fase de instrucción, los plazos de LECr art.324 se computan en la forma que determina la sentencia de amparo; generalmente, desde la fecha de su notificación al órgano de instrucción (TCo 126/2025).

9) La consideración de **«causa compleja»** debe mantener una relación estrecha con las finalidades propias del proceso, por lo que cuando es previsible una demora justificada del mismo, se asuma en virtud de una resolución judicial que declare lícita la dilación, tanto desde el prisma constitucional como desde la perspectiva del proceso; lo que permitirá, por el contrario, conjurar y afrontar las demoras injustificadas (AP La Rioja 31-10-24, EDJ 821749).

10) En caso de **inhibición por parte del juez de instrucción** al que se turna la causa, el momento inicial del cómputo del plazo de LECr art.324 es el de la incoación de diligencias previas por el juez de instrucción, aunque posteriormente se inhiba, siempre que se inicie materialmente la instrucción. Es decir, se inhiba o no el órgano jurisdiccional, si inicia diligencias previas y actúa materialmente, ya se empieza a computar el plazo de instrucción (AP Araba auto 29-3-21, EDJ 616338). Pero en el supuesto de **querella**, el plazo no arranca directamente con la incoación formal de diligencias previas sino desde la admisión a trámite de la querella tras la subsanación -en su caso- de la falta de poder especial, aunque el órgano judicial posteriormente se inhiba (AP Araba auto 8-10-24, EDJ 80413). Igualmente, si el auto de incoación no ordena materialmente instrucción, sino que **abre diligencias** como mero instrumento para acordar posteriormente la inhibición, no puede considerarse como determinante del inicio del plazo (AP Araba auto 18-3-25, núm 174/25).

Por fin, en el caso de ser la querella la forma de inicio de la causa e **inadmitirse** directamente por la falta de competencia (LECr art.313), si el órgano jurisdiccional no la admite no puede iniciar la investigación (no es aplicable lo dispuesto en LECr art.25.3), por lo que el plazo comienza cuando el órgano jurisdiccional al que se inhibió admite a trámite la querella y ordena la práctica de diligencias (AP Barcelona 18-12-24, EDJ 833887; AP Araba auto 8-7-25, EDJ 675866).

8159.5 **Criterios de aplicación** (FGE Circ 1/2021) **1.-** Sin perjuicio del derecho fundamental a un proceso sin dilaciones indebidas y dado que existen procesos complejos, actitudes del investigado o de la propia diligencia del órgano judicial, es necesario garantizar que el proceso tenga una **duración razonable** en función de las circunstancias del caso particular.

Se admite la **prórroga** de plazos durante la fase sumarial atendiendo a las circunstancias del caso concreto y a la diligencia y celeridad de la actividad instructora, sin que ello suponga vulneración del derecho fundamental

2.- Se regulan los **plazos procesales o judiciales** que se caracterizan por lo siguiente (LECr art.324):

- su **vencimiento** no provoca la caducidad de la instancia o de la acción penal ni produce efecto material alguno;
- su **ampliación** no aparece condicionada a la actuación y previa petición de las partes del procedimiento, sino que es competencia exclusiva del director de la investigación judicial;
- se aplican, exclusivamente, a los procedimientos tramitados como **procedimientos ordinarios** y como diligencias previas del procedimiento abreviado, ya que su mero dictado produce el inicio del cómputo de los plazos de instrucción, sin necesidad para ello siquiera de su notificación al Ministerio Fiscal;
- quedan **excluidos** los procedimientos ante el Tribunal del Jurado, el enjuiciamiento rápido de determinados delitos, por aceptación de decreto y para el juicio por delitos leves;
- la resolución acordando la prórroga de los plazos de investigación ha de adoptar la forma de **auto** motivado, justificando la imposibilidad de finalizar la investigación por ser necesario practicar nuevas diligencia, y ha de dictarse en plazo.

8159.6 3.- El **cómputo de los plazos** (*dies a quo*) se ajusta a los siguientes criterios:

a) Comienza **desde la fecha de incoación** del procedimiento ordinario o de diligencias previas.

b) Sólo cabe **interrupción** del cómputo de plazos:

• En caso de **sobreseimiento provisional** del procedimiento. Se puede acordar la **reapertura** del procedimiento judicial provisionalmente sobreseído para obtener fuentes de prueba idóneas por haberse llegado a conocimiento de revelaciones y/o nuevo material probatorio suficientes a tal fin y que no obren previamente en la causa. Los fiscales han de documentar la actividad desarrollada y el resultado de las concretas actuaciones practicadas den el marco de las diligencias de investigación y proceder a su íntegra aportación ante el órgano judicial cuando lo practicado resulte relevante para la investigación o la persona investigada, sea favorable o adverso.

Al aportar el resultado de aquellas diligencias, los fiscales han de solicitar del órgano judicial la adopción de la **resolución** que a su juicio proceda:
- la reapertura del procedimiento y el auto de acomodación a los trámites del procedimiento abreviado o la petición de revocación del auto de conclusión del sumario; se reanuda el plazo que reste de la investigación judicial y se computa el tiempo transcurrido entre el auto de incoación y el de sobreseimiento provisional; o
- el auto de sobreseimiento libre o el mantenimiento de la situación de sobreseimiento provisional.

• **Actuaciones declaradas secretas**: puede acordarse la interrupción de los plazos procesales mientras dure el secreto de las actuaciones dando audiencia, exclusivamente, al Ministerio Fiscal.

c) Las **reglas para el cómputo** del *dies a quo* son:

Conversión de un procedimiento ante el Tribunal del Jurado en procedimiento ordinario o de diligencias previas	Desde la fecha de incoación de los últimos	
Inhibiciones	Desde la fecha del primer auto de incoación que se dicte	Se ha de procurar que la actuación judicial instructora no quede suspendida de modo indefinido a la espera de que se resuelvan los posibles conflictos de competencia que puedan suscitarse, promoviendo ante el órgano judicial que plantea la inhibición el diligente desarrollo de la investigación e incluso, para el caso de estimarse oportuno, la prórroga de la fase de investigación
Acumulaciones	Desde la fecha del auto de incoación de las últimas diligencias	

4.- Se regulan las siguientes **diligencias realizadas extemporáneamente**: 8159.7

4.1.- Decretadas por el juez:

a) con **anterioridad** al vencimiento del plazo: son válidas todas (testifical, pericial o documental), sin perjuicio de que se practiquen o reciban una vez agotado el mismo.

b) con **posterioridad** al agotamiento del plazo o sus prórrogas: con arreglo a la interpretación literal de LECr art.324.3 **no** si:
- son acordadas extemporáneamente;
- si se revoca la resolución que acordó la prórroga.

Se consideran **diligencias irregulares** pero no ilícitas, ya que el incumplimiento del plazo procesal no implica per se vulneración de derechos y libertades fundamentales, pero no han de ser admitidas en el acervo probatorio. Estas diligencias no pueden valorarse al objeto de resolver la transición a la fase intermedia del procedimiento ni introducirse en el acto del juicio oral. Ahora bien, nada impide que los fiscales puedan proponer que en el acto del juicio oral sean practicadas las pruebas que se estimen pertinentes y útiles, aun cuando las mismas guarden conexión con las diligencias reputadas no válidas por haber sido practicadas con infracción de LECr art.324.

4.2.- La **declaración del investigado**: ha de ser admitida y válida, aun cuando sea deseado que se practique antes de la expiración de los plazos procesales.

4.3.- **No están previstas** en LECr art.324:
- las **diligencias complementarias**: el juez de instrucción ha de practicarlas cuando quien las solicite sea el Ministerio Fiscal al concluir la fase de instrucción para que sean ulteriormente aportadas a las diligencias judiciales (LECr art.780.2);
- las diligencias cuya práctica haya sido decretada por el órgano de enjuiciamiento durante la fase de **juicio oral** (LECr art.746.6º), al objeto de desarrollar una sumaria instrucción suplementaria;
- la **ampliación de la investigación judicial** cuando surjan revelaciones o retractaciones inesperadas que produzcan alteraciones sustanciales en los juicios: los fiscales han de velar porque la resolución decretándola se dicte antes de la expiración del plazo previsto en LECr art.324 previa audiencia a las distintas partes personadas en el procedimiento. Contra la resolución, acordando o denegando la ampliación, el Ministerio Fiscal puede interponer los recursos que sean procedentes.

8159.8 5.- **Régimen transitorio aplicable a las causas incoadas antes de 29-7-2020**. El régimen de plazos de LECr art.324 se aplica a los procesos en tramitación a 29-7-20. Por ello el cómputo de los plazos de la fase de investigación judicial ha de entenderse **reiniciado**, respecto de todas las causas en tramitación, configurándose como *dies a quo* el 29-7-20 de todos los procedimientos en curso y, como **nuevo plazo a computar**, el de los 12 meses previstos con carácter general por LECr art.324.1.
Entre los **procesos en tramitación** se incluyen:
- procedimientos que estén en fase de instrucción;
- supuestos en que tenga lugar la revocación del auto de procedimiento abreviado o del auto de conclusión de sumario; y
- la posibilidad de practicar diligencias complementarias en los procedimientos que se hallen en fase intermedia.

El **régimen anterior** a 29-7-2020 se rige por lo dispuesto en el nº 2047 s. Memento Procesal Penal 2026.

8162 Precisiones **1)** Todas las diligencias de investigación acordadas **antes del transcurso de los plazos legales** son válidas, sin perjuicio de su recepción tras la expiración de los mismos.
2) El régimen expuesto es de aplicación a los **procedimientos que se hallen en tramitación** a la entrada en vigor de la L 41/2015. A tales efectos, se considera el **día de entrada en vigor** (7-12-2015) como día inicial para el cómputo de los plazos máximos de instrucción que se fijan en la LECr art.324.
3) En relación con la **actuación del Ministerio Fiscal**, respecto de las causas ordinarias y complejas y su trámite, la Fiscalía General del Estado impone **controles y límites temporales a la instrucción**, con el objetivo de circunscribirla exclusivamente a la práctica de las diligencias necesarias para la preparación del juicio, dejando para el plenario el desarrollo de la auténtica actividad probatoria.
El modelo que se introduce fija un **plazo general** de 6 meses que se eleva a 18 cuando la instrucción sea declarada compleja. Además, en ambos tipos de causas (ordinarias y complejas) es posible fijar un **nuevo plazo máximo** para la finalización de la instrucción, cuya duración no se especifica (FGE Circ 5/2015).
4) La práctica de acordar **sobreseimientos** de una causa antes del vencimiento del plazo máximo y **reaperturas posteriores** para reiniciar el plazo de duración máxima ha de considerarse fraudulenta al LECr art.324 e inadmisible.
5) No procede la práctica de una diligencia de instrucción que ha sido interesada una vez transcurridos los plazos máximos de duración de la misma (por razones formales), máxime cuando no está argumentada ni justificada por el Ministerio Fiscal (o la parte solicitante) la **esencialidad de la diligencia** en orden a definir la oportunidad de prosecución o el archivo de la causa (razones materiales), y ello sin perjuicio de la posibilidad de reiterar su práctica de cara al juicio oral (AP Cantabria auto 2-1-19, Rec 397/18).
6) En relación con el régimen expuesto se sostiene lo siguiente (TS 27-5-21, EDJ 595896):
a) El **plazo** fijado en LECr art.324 es de obligado cumplimiento. No cabe interpretación flexible.
b) Dicho plazo es una opción legislativa que debe ser observada en el desarrollo del proceso y que condiciona la validez de las diligencias practicadas siendo **inválidas** aquellas que sean ejecutadas fuera de él, salvo las denominadas **diligencias rezagadas** (LECr art.324.2), que son las acordadas pero no practicadas antes del vencimiento del plazo.
c) No cabe la posibilidad de que, fuera del plazo legal, en virtud de un recurso de apelación frente a un auto de archivo, se declare la **causa compleja**.
d) Todas las actuaciones no practicadas en los plazos legales son **nulas** por causar evidente indefensión material y con una clara infracción del derecho de defensa.
e) La consecuencia procesal de la práctica de **diligencias acordadas fuera del plazo** fijado *ex lege* es que no serán válidas, arrastrando todas las consecuencias que dimanan de esa nulidad acordada, como es la nulidad de todo lo actuado y la consiguiente absolución en el caso de que se llegue a juicio oral con esta quiebra procesal en el procedimiento. Tampoco existe una subsanación posible a una diligencia no válida en origen.
f) La **ausencia de diligencias válidas** hace devenir correcta una sentencia absolutoria, ante la inviabilidad de acordar la transformación de un procedimiento carente de diligencias de carácter incriminatorio.
g) La Audiencia Provincial, en un recurso de apelación contra un auto de archivo del órgano instructor, no tiene **competencia ni capacidad** para estimar por sí misma la instrucción compleja, ni acordar o estimar nuevas diligencias, actuando fuera del régimen legal que le permite el precepto citado.
h) El régimen de LECr art.324 no crea una nueva causa de **extinción de la responsabilidad penal**. Su infracción solo supone que el instructor ha de dictar alguna de las resoluciones a las que se refiere el mismo artículo.

II. Sujetos de la instrucción

Los intervinientes en la fase de instrucción son los siguientes: 8170
- juez de instrucción (nº 8172);
- letrado de la Administración de Justicia (nº 8175);
- Ministerio Fiscal (nº 8185);
- policía judicial (nº 8200); e
- intervención de otras partes (nº 8195).

A. Juez de instrucción

La instrucción de los procesos penales es como **regla general** una manifestación de la competencia funcional de los órganos jurisdiccionales, que se distribuye en la forma estudiada en nº 7440 s., donde también se expone la intervención en esta función judicial de jueces incompetentes, sea para la práctica a prevención de actuaciones urgentes o por comisión. 8172

Por otro lado, en el **proceso de menores** la función instructora se encomienda legalmente al Ministerio Fiscal, lo que reduce la competencia funcional del juez de menores a la declaración a instancia de parte del secreto de la instrucción y a la adopción, a petición de Ministerio Fiscal, de diligencias restrictivas de derechos fundamentales del menor investigado y de las medidas cautelares de custodia y defensa del mismo (LO 5/2000 art.23.2, 24 y 28).

Precisiones La posibilidad de **delegación funcional** de facultades instructoras (LECr art.303 y 310, actualmente inaplicables en cuanto se refiere a los desparecidos jueces de distrito) no puede confundirse con la incorporación a la causa de documentos y su reclamación por el instructor a otro órgano jurisdiccional (TS 14-10-19, EDJ 700409), ni con el empleo de figuras como el exhorto o el auxilio jurisdiccional.

B. Letrado de la Administración de Justicia

(LOPJ art.229.2; LECr art.321)

Para la válida práctica de la instrucción es precisa la intervención del letrado de la Administración de Justicia -secretario relator en la legislación procesal militar-, a quien corresponden **funciones** imprescindibles para la regularidad de las actuaciones, como la fe pública judicial, el impulso judicial, la documentación y formación de los autos, la dación de cuenta, el depósito de las piezas de convicción y de los bienes afectos al proceso y la gestión de las cuentas de consignaciones judiciales (LOPJ art.453 a 459; LO 4/1987 art.74 a 80; LO 2/1989 art.48 a 50). Le compete igualmente la labor de información a las partes y, en particular, a la víctima del delito (LOPJ art.234 redacc LO 1/2025; LECr art.775 y 776). 8175

El letrado de la Administración de Justicia ha de llevar a cabo los **actos** en que se manifieste el ejercicio de la mayoría de dichas funciones, como los de comunicación o documentación, salvo las funciones que a los cuerpos generales de funcionarios al servicio de la Administración de Justicia se asignan en LOPJ art.476, 477 y 478 redacc LO 1/2025.

Precisiones Para el ejercicio de sus funciones procesales, los letrados de la Administración de Justicia dictan resoluciones, denominadas **diligencias** (de constancia, comunicación, ordenación o ejecución) o decretos, que son susceptibles de los recursos de reposición y revisión estudiados en el nº 9929 (LECr art.144 bis y 238 bis s.).

Función de fe pública El ejercicio exclusivo y pleno de la función de fe pública que la Ley atribuye al letrado de la Administración de Justicia suscita la cuestión de su participación en actuaciones propiamente judiciales, pues garantiza la autenticidad de los actos procesales y la producción de hechos con trascendencia procesal, pudiendo la **ausencia de intervención** del letrado de la Administración de Justicia en determinados casos dar lugar a la nulidad de los primeros. Sobre la necesaria intervención del letrado de la Administración de Justicia en los actos judiciales de instrucción han de efectuarse las concretas consideraciones recogidas a continuación. 8176

Intervención necesaria (LOPJ art.229.2) Las declaraciones, confesiones en juicio, testimonios, careos, exploraciones, informes, ratificación de los periciales y vistas, han de llevarse a efecto ante juez o tribunal con presencia o intervención, en su caso, de las partes y en audiencia pública, lo que unido a la exclusividad de la función de **fe pública** parece demandar la intervención del letrado de la Administración de Justicia en todos los actos de instrucción que no constituyan adopción de resoluciones judiciales, algunas de las cuales debe, sin embargo, autentificar con su firma. En concreto, se exige la intervención del letrado de la Administración de Justicia en: 8177
- la indagatoria del investigado (LECr art.404);

- las declaraciones testificales y careos (LECr art.435, 444, 452 y 453); y
- la diligencia pericial (LECr art.477 y 480).

También ha de intervenir en los **actos de prueba preconstituida**, como:
- la inspección ocular y la recogida del cuerpo del delito (LECr art.332);
- el registro (LECr art.569 y 574);
- la apertura de correspondencia (LECr art.588); y
- la adveración del contenido e integridad de grabaciones de la imagen o el sonido y de la autenticidad de su reproducción (LOPJ art.453.1).

Del mismo modo, es imprescindible su presencia en los **actos de prueba anticipada** (LECr art.773.2 y 796.2).

Debe también, en las actuaciones que se practiquen mediante **videoconferencia**, acreditar desde la propia sede judicial la identidad de las personas que intervengan en ellas por los medios de identificación y firma electrónica determinados por la normativa reguladora del uso de las tecnologías en la Administración de Justicia (LOPJ art.229.3 redacc LO 1/2025).

Precisiones Es aplicable a las actuaciones por **videoconferencia** el tratamiento establecido por LEC art.137 bis.

8178 **Delegación y habilitación** (LOPJ art.451.3 y 452.1) Las funciones de los letrados de la Administración de Justicia no son susceptibles de delegación ni habilitación, sin perjuicio de que **excepcionalmente**, y cuando no haya suficiente número de letrado de la Administración de Justicia, en los supuestos de entradas y registros en lugares cerrados acordados por un único órgano judicial de la Audiencia Nacional y que deban ser realizados de forma simultánea, puedan intervenir en calidad de fedatarios y levantar la correspondiente acta, sustituyendo al letrado de la Administración de Justicia, los funcionarios del cuerpo de gestión procesal y administrativa.

La **legislación procesal militar** no ha sido expresamente afectada por dicha reforma y mantiene la posibilidad de habilitación en LO 2/1989 art.49.4º, cuya vigencia puede suscitar dudas.

8179 **Proceso de menores** Las diligencias de procedimientos de menores, necesariamente han de ser practicadas siempre ante el fiscal instructor y no requieren para su validez de la intervención de ningún otro funcionario, debiendo observarse en la forma de esos actos todas las garantías legales. El **fiscal instructor** puede practicar incluso diligencias de reconocimiento e inspección ocular sin necesidad de auxilio de letrado de la Administración de Justicia, bajo el principio de autenticidad que ampara sus actos, pero si por las circunstancias concurrentes lo que procede es preconstituir la prueba ha de solicitarse la intervención no del letrado de la Administración de Justicia, sino de la **Sección de Menores del Tribunal de Instancia** -hasta su constitución, del juzgado de menores- integrado por el titular del órgano jurisdiccional y por el letrado de la Administración de Justicia.

C. Ministerio Fiscal

8185 La intervención del Ministerio Fiscal en la instrucción del proceso penal reviste una **triple faceta**, ya que puede actuar en el mismo como:
- parte formal;
- garante de la legalidad del proceso y de los derechos fundamentales del investigado (nº 8000) y de las demás partes, desempeñando en este concepto la clásica función de inspector de la instrucción y de agilización y simplificación de la misma;
- instructor del proceso de menores y de actuaciones preprocesales o extraprocesales en los demás procesos (diligencias informativas o auxiliares);
- instructor del procedimiento especial de la Fiscalía Europea, en su ámbito de aplicación.

La mayoría de las cuestiones relativas a la actuación del ministerio público han sido detalladas en nº 7860 s.

1. Diligencias de investigación preprocesal

(L 50/1981 art.5; LECr art.773.2; LO 2/1989 art.123; FGE Circ 2/2022; FGE Circ 1/1989; TCo 145/1988)

8186 MPP nº 2095 s., 2103 Cuando el Ministerio Fiscal tenga **noticia de un hecho aparentemente delictivo**, bien directamente o por serle presentada una denuncia o atestado, ha de practicar él mismo u ordenar a la policía judicial que practique las diligencias que estime pertinentes para la comprobación del hecho o de la responsabilidad de los partícipes en el mismo.

Los aspectos más relevantes de estas diligencias de investigación del Ministerio Fiscal se pueden resumir en los siguientes:
1) La **incoación** puede tener lugar por denuncia presentada ante el fiscal, de oficio o por remisión de atestado por parte de la policía judicial, actuando bajo su dirección funcional y sujeta a las instrucciones generales o particulares emanadas de aquel (LECr art.773.1; L 50/1981 art.4.4; LO 2/1986 art.31; LOPJ art.550).
2) El **contenido de las actuaciones** está integrado por cuantas diligencias puede llevar a cabo u ordenar el fiscal según la LECr, sin que pueda adoptar **medidas cautelares o limitativas de derechos**, salvo la detención preventiva.

3) La práctica de las actuaciones debe estar presidida por los principios de **contradicción, proporcionalidad y defensa**. El investigado «sospechoso», debe estar asistido de letrado y puede tomar conocimiento del contenido de las diligencias practicadas, lo que excluye que el fiscal pueda decretar el secreto de las actuaciones, dada la limitación del derecho de defensa que el mismo produce (L 50/1981 art.5; LO 5/2000 art.24). **8187** MPP nº 2130
4) La **competencia** para realizar la investigación viene dada al fiscal por la competencia de los órganos jurisdiccionales ante los que está legitimado para actuar, respecto al conocimiento del hecho objeto de aquella.

5) Las diligencias de investigación tienen como **finalidad** determinar si existen elementos para formular una acusación. Por ello, carecen de **valor probatorio** y deben reproducirse con las garantías de la prueba en el juicio oral para que puedan ser alegadas y estimadas como tal prueba, equiparándose solo a las actuaciones judiciales en cuanto a garantías, sin decir nada de formalidades ni efectos. **8189**
6) En cuanto a la **terminación de las diligencias** existen tres posibilidades:
• El fiscal debe acordar el **archivo de la denuncia o de las actuaciones** cuando *ab initio* no encuentre fundamento para el ejercicio de acción alguna o cuando de ellas resulte que el hecho no constituye delito, comunicándolo al denunciante a fin de que pueda reiterar su denuncia en vía judicial.
• En caso contrario, debe instar del juez de instrucción la **incoación del procedimiento** que corresponda con remisión de lo actuado, poniendo a su disposición al detenido, si lo hay, y los efectos del delito. A tal efecto, debe tenerse en cuenta que la **duración de las diligencias** ha de ser proporcionada a la naturaleza del hecho investigado, sin que pueda exceder de 6 meses o 12 meses en el caso de las de la fiscalía especial contra la corrupción y la criminalidad organizada, salvo prórroga acordada mediante decreto motivado del Fiscal General del Estado. Transcurrido el oportuno plazo, si la investigación evidenció hechos de significación penal y sea cual sea el estado de las diligencias, el fiscal debe proceder a su judicialización, formulando al efecto la oportuna denuncia o querella, a menos que resulte procedente su archivo.
• Debe cesar la investigación, por último, tan pronto tenga conocimiento de la **existencia de procedimiento judicial** sobre los mismos hechos.
La cesación de la investigación y la existencia de proceso judicial no inhabilita al fiscal para la práctica, por sí mismo o a través de la policía judicial, de actuaciones concretas de investigación o de **aportación de fuentes de prueba**, siempre que no impliquen una inquisición general sobre el hecho. Se permite al fiscal incoar diligencias preprocesales encaminadas a facilitar el ejercicio de las demás funciones que el ordenamiento jurídico le atribuye (L 50/1981 art.3.5 y 5; LECr art.773.1).
7) El fiscal ha de informar, al recibir la *notitia criminis*, a la víctima de los **derechos** que le asisten (nº 8032 s.) y efectuar la **evaluación y resolución provisionales** de las necesidades de esta.

Régimen de acceso (FGE Circ 2/2022 ordinal 16.3 y conclusión K) Sobre acceso por **interesados titulares de un interés legítimo** a las diligencias de investigación, se sostiene lo siguiente: **8190**
• Las **solicitudes** de acceso a las diligencias de investigación se rigen por LOPJ art.234 redacc LO 1/2025; Rgto 1/2005 art.5; LECr art.301 y LEC art.140 y 141 bis, si se trata de diligencias en trámite, y por LOPJ art.235; Rgto 1/2005 art.2 y 4 y LEC 141 y 141 bis, si se trata de diligencias archivadas, sin resultar de aplicación el régimen establecido en la legislación de régimen jurídico y procedimiento administrativo (L 39/2015 art.13.d) ni en la L 19/2013 -transparencia-).
• Las **peticiones de acceso** a unas diligencias de investigación en trámite han de partir del principio general del carácter reservado de lo actuado en dichas diligencias, denegándose el acceso a las mismas a sujetos distintos al sospechoso de la víctima.
• Durante la tramitación de las diligencias de investigación, los fiscales podrán **informar a la opinión pública** sobre el contenido de las mismas, siempre respetando los deberes de reserva y velando porque tal información no perjudique los fines de la investigación, la intimidad, la seguridad de las personas o los derechos del investigado o de terceros (L 50/1981 art.4).

• Se **denegarán las peticiones de acceso** a las diligencias de investigación archivadas que hayan sido judicializadas, remitiendo al interesado al órgano jurisdiccional que conozca del correspondiente procedimiento.
• En el caso de que la petición de acceso se refiera a unas **diligencias archivadas que no hayan sido judicializadas**, con carácter general ha de ser rechazada. Nada impide, no obstante, que quien invoca un interés legítimo para acceder a los datos que se contienen en las diligencias de investigación, a fin de ejercitar los derechos que el ordenamiento jurídico reconoce, pueda solicitar a los órganos judiciales o administrativos -encargados de conocer de las respectivas demandas o reclamaciones- que recaben del Ministerio Fiscal los oportunos testimonios de sus diligencias de investigación.
Se ha de resolver sobre la **procedencia del acceso** analizando la concurrencia de interés legítimo en el solicitante, el tipo de documentación a la que solicita acceder, y los derechos fundamentales en juego, debiendo proceder a la disociación de datos de carácter personal con carácter previo al acceso, siempre que esto no perjudique el derecho a la tutela judicial efectiva del interesado.
• Los fiscales **rechazarán**, como regla general, las solicitudes de acceso a las diligencias de investigación a quienes no ostenten la condición de sospechoso o de víctima, con independencia de que aquellas se encuentren en tramitación o hayan sido archivadas sin remisión al órgano judicial. Todo ello sin perjuicio de permitir el acceso a quien demuestre un **interés académico, científico u otro análogo** cuando la legislación sectorial así lo permita.
• El **decreto -motivado-** dictado por el fiscal resolviendo la petición de acceso a unas diligencias en trámite es irrecurrible.
El decreto -igualmente motivado- dictado por el fiscal jefe resolviendo la petición de acceso a unas diligencias archivadas será susceptible de **recurso** de alzada ante su superior jerárquico y posterior fiscalización jurisdiccional a través del correspondiente recurso contencioso-administrativo.

8191 **Ausencia de valor probatorio** Las diligencias de investigación de la fiscalía no son susceptibles de generar **actos de prueba**, pero esa limitación funcional no puede ser utilizada como excusa para prescindir de la asistencia letrada a la persona objeto de la preinvestigación ni diluir la vigencia de los principios de contradicción y proporcionalidad. Por ello, la **ausencia de letrado** durante el desarrollo de todas y cada una de esas diligencias (si se produce) y, sobre todo, su naturaleza ajena al genuino concepto de acto procesal, impiden ver en ellas una fuente de prueba susceptible de integrarse en el material valorable por el órgano decisorio (TS 11-1-17, EDJ 535).

2. Diligencias de investigación auxiliar y postprocesal

(L 50/1981 art.5; FGE Circ 2/2022)

8191.5 Constituyen estas otras dos manifestaciones de la actividad extraprocesal del Ministerio Fiscal, junto con las diligencias de investigación preprocesal (nº 8186).
Se someten a los **mismos criterios** en cuanto a su forma, plazos, acceso, caracteres, irrecurribilidad y protección de datos.

8191.6 **Diligencias de investigación auxiliar** Se **practican** durante la tramitación del proceso.
1.- Pueden ser **acordadas** si los fiscales las consideran necesarias para completar la investigación judicial en curso, cualquiera que sea la fase procesal en que esta se encuentre. Su **uso** ha de ser ponderado, priorizando la práctica de las diligencias por el órgano judicial.
No son necesarias para ordenar la citación de uno o varios testigos o peritos al acto del juicio oral, ni para recabar la hoja histórico-penal del encausado o a acceder al punto neutro judicial para la ulterior aportación de documentación ante el órgano judicial.
2.- Son **competencia** del fiscal que tenga atribuido el conocimiento del procedimiento judicial, sin perjuicio de las facultades de las respectivas jefaturas. En el caso de la fiscalía de la Audiencia Nacional y de las fiscalías especiales, la competencia corresponde, en todo caso, a las respectivas jefaturas, sin perjuicio de que su tramitación se atribuya como regla general al fiscal que conozca del proceso judicial.
3.- La **conclusión**, mediante decreto, exige dar traslado al órgano judicial y al abogado del encausado, en su caso, con independencia del resultado de las pesquisas practicadas.

8191.7 **Diligencias de investigación postprocesal** Son las practicadas tras el auto de sobreseimiento provisional.
1.- El **acuerdo de incoación**, mediante decreto, debe ser notificado a la respectiva jefatura para su visado.

El investigado o acusado debe ser notificado acerca de la diligencia de investigación auxiliar y/o postprocesal para permitirle el ejercicio de su derecho de defensa.
2.- La **competencia** se atribuye al fiscal a quien previamente haya correspondido el conocimiento del procedimiento judicial sobreseído, sin perjuicio que las jefaturas puedan asumir su incoación y posterior asignación al fiscal correspondiente. En el caso de la fiscalía de la Audiencia Nacional y de las fiscalías especiales la competencia corresponde, en todo caso, a las respectivas jefaturas, aunque la tramitación la lleve, como regla general, el fiscal que haya conocido del proceso judicial.
3.- Las diligencias **concluyen** mediante decreto motivado, dándose traslado al órgano judicial sólo cuando lo practicado resulte relevante, ya sea favorable o adverso, para la investigación o para la persona investigada, solicitando al órgano judicial la reapertura del procedimiento y la adopción de la resolución que a su juicio proceda. Si el resultado no resulta relevante basta con la comunicación al letrado del sospechoso de la conclusión de la diligencia.

3. Intervención en el proceso de jurado

(LECr art.309 bis, 760 y 773.1)

Para la **incoación** del proceso, se exige que de los términos de la denuncia o de la relación circunstanciada del hecho en la querella, o de cualquier actuación procesal, resulte contra persona o personas determinadas la imputación de un delito cuyo enjuiciamiento esté atribuido al Tribunal del Jurado o que el juez de instrucción valore su verosimilitud. Ello se interpreta como exclusión legal de la incoación de oficio *ab initio* del proceso de jurado, que siempre debe derivar de la transformación de un sumario o de unas **diligencias previas** (LO 5/1995 art.24; FGE Circ 3/1995; 4/1995). 8192
Tan pronto como se ordene la incoación del procedimiento para las causas ante el Tribunal del Jurado, ha de ponerse en conocimiento del Ministerio Fiscal quien debe comparecer e intervenir en cuantas actuaciones se lleven a cabo ante aquel. La norma tiende al **control de la legalidad** de la incoación del proceso de jurado por el Ministerio Fiscal, a la que debe oponerse mediante los recursos procedentes cuando no concurran todos los requisitos detallados por LO 5/1995 art.24.

D. Intervención de otras partes

Han de tenerse en cuenta los aspectos siguientes: 8195
1) El derecho de defensa confiere la posibilidad a las partes y en especial al investigado de conocer el contenido de la instrucción y de proponer la práctica de actos de **aportación de hechos**, sujetos a la apreciación judicial de pertinencia. La intervención del actor civil y del responsable civil se ciñe al ámbito de su respectiva legitimación, con el único límite del secreto del sumario, (LECr art.118, 302, 311, 312 y 320; LO 2/1989 art.125 y 148).
2) La posibilidad de participación de la defensa del investigado en la práctica de las diligencias de **prueba preconstituida y anticipada** es condición básica para la eficacia probatoria de las mismas mediante su reproducción como pruebas documentadas en el juicio oral y para que, en definitiva, puedan valorarse como pruebas de cargo.
3) La adopción de **medidas cautelares personales**, salvo la libertad provisional sin fianza y excepto su aplicación provisionalísima durante 72 horas, se produce de modo contradictorio y con sujeción al principio acusatorio. Las mismas reglas se aplican a la modificación en sentido no favorable de las medidas cautelares previamente adoptadas y a la regulación de la orden de protección (LECr art.505, 539 y 544 ter; LO 5/2000 art.28.2).
4) Las partes en el proceso ordinario pueden oponerse a la conclusión de la instrucción y solicitar dentro de ella la práctica de **diligencias complementarias** (LECr art.627 s.; LO 2/1989 art.240; TCo 66/1989).
En el **procedimiento abreviado** y en el de **enjuiciamiento rápido** solo existe tal posibilidad para las acusaciones, lo que no excluye la activa intervención de la defensa antes de la conclusión de las diligencias previas (LECr art.780.1; LO 2/1989 art.392; TCo 186/1990).

E. Policía judicial

La policía judicial se concibe como una **función** que se define como de averiguación del delito y descubrimiento y aseguramiento del delincuente, que viene legalmente atribuida a determinados órganos o estructuras orgánicas (Const art.126). Ello permite distinguir una **doble faceta**: 8200
1) En sentido amplio, la **función general** de policía judicial corresponde a todos los miembros de las fuerzas y cuerpos de seguridad, tanto si dependen del Gobierno central como de las

comunidades autónomas o de los entes locales, dentro del ámbito de sus respectivas competencias. Ello incluye tanto el caso de que sean requeridos para prestar auxilio a los órganos jurisdiccionales o al Ministerio Fiscal como el de la práctica de las primeras diligencias de prevención ante la simple noticia de la existencia del hecho criminal (LOPJ art.547; LECr art.284; RD 769/1987 art.1, 2 y 4).

2) En sentido estricto u orgánico, las **misiones específicas** de investigación criminal se asignan a unidades especializadas de los cuerpos de seguridad, denominadas unidades orgánicas de policía judicial, que se integran de forma permanente y con unas funciones propias y específicas, junto a los órganos judiciales y al Ministerio Fiscal de los que dependen, en el sistema de represión del delito (LOPJ art.548 s.; LO 2/1986 art.29 s.; RD 769/1987 art.7). En este sentido estricto, la policía judicial está integrada por las unidades orgánicas dependientes funcionalmente de jueces y tribunales y del Ministerio Fiscal, pudiendo incluso adscribirse alguna de ellas a determinados órganos jurisdiccionales o fiscalías (nº 8204).

Precisiones La intervención de los **actuarios de la AEAT** (inspectores y, en su caso, técnicos de Hacienda) es equiparable en algunos aspectos a la función de la policía judicial, a los efectos de someterse a peticiones del Ministerio Fiscal (L 50/1981 art.5; LECr art.773.2; FGE Instr 1/2008 y 2/2008 (TS 8-4-21, EDJ 527149).

8204 **Composición** (LECr art.283) En concreto, integran la policía judicial en sentido orgánico:

a) Las **unidades de la Guardia Civil y del Cuerpo Nacional de Policía** organizadas sobre la base de criterios territoriales o de especialización funcional (LO 2/1986 art.29.1 y 30; RD 769/1987 art.9).

b) Existen unidades orgánicas de policía judicial reguladas por la **legislación autonómica** en desarrollo de la Const art.126 y de ciertos Estatutos de Autonomía.

c) Los cuerpos de **policía local** son colaboradores en el ejercicio de las funciones de policía judicial y participan en el ejercicio de las mismas, aunque en materia de hechos relativos a la circulación de vehículos se les encomienda la instrucción de atestados (LO 2/1986 art.29.2 y 53.1).

Precisiones Los **agentes forestales**, como funcionarios que ostentan la condición de agentes de la autoridad perteneciente a las Administraciones públicas y que, de acuerdo con su propia normativa y con independencia de su denominación corporativa específica, tienen encomendadas, entre otras funciones, las de vigilancia, policía y custodia de los bienes jurídicos de naturaleza forestal, desempeñan igualmente **funciones de policía judicial** (LECr art.283.6), actuando de forma auxiliar de los jueces, tribunales y del Ministerio Fiscal, y de manera coordinada con las Fuerzas y Cuerpos de Seguridad, con respeto a las facultades de su legislación orgánica reguladora. En su carácter de policía judicial genérica, han de limitarse a la realización de las **primeras diligencias de prevención**, conforme a LECr art.284 (L 4/2024 art.1.2.b, 3.2, 4.c.2º).

8205 **Servicio de vigilancia aduanera** (LO 12/1995 disp.adic.1ª) Se define como **colaborador** de las fuerzas y cuerpos de seguridad del Estado en la investigación, persecución y represión de los delitos de **contrabando**.

MPP nº 2146

Se le otorga la condición de policía judicial en los casos de **tráfico de drogas** en el marco del trasporte internacional de mercaderías -LECr art.283; LO 12/1995 disp.adic.1ª- (TS auto 31-7-98, EDJ 61278; TS 14-10-99, EDJ 29563; 10-4-02, EDJ 13399; 30-6-05, EDJ 116883; 12-7-05, EDJ 119225).

Precisiones No existe derecho constitucional al «policía determinado por la Ley» que sea **oponible** a la validez de las actuaciones del servicio de vigilancia aduanera (TS 3-5-23, EDJ 565611).

8206 **Policía militar** (LO 4/1987 art.85 y 86; LO 2/1989 art.388.c; L 39/2007 disp.adic.4ª) Se remite la actuación de la policía judicial a la legislación general (nº 8200 s.). Sin embargo, pueden efectuar **ciertas funciones** que materialmente son de policía judicial, pues se prevé su actuación general en auxilio de jueces y tribunales militares y para la práctica de detenciones y traslado de presos.

8207 **Policía local** Sobre esta y su condición de policía judicial, ver nº 6322 Memento Procesal Penal 2026.

8207.2 **Órgano competente en materia de recuperación de activos** (LECr art.367 septies y disp.adic.5ª) El régimen de este órgano es objeto de amplio desarrollo en el nº 8366, al tratar del cuerpo del delito en la fase de instrucción.

8208 **Principios de actuación** Se enumeran los siguientes:

MPP nº 2156 s.

a) **Especialización técnica**, que puede incluso ceñirse a determinadas formas de delincuencia (LO 2/1986 art.30 y 32; RD 769/1987 art.18).

b) **Dependencia funcional** de los jueces y tribunales y del Ministerio Fiscal que estén conociendo de los hechos objeto de investigación policial o a los que se encuentren los funcionarios adscritos de forma permanente (LOPJ art.550.1; LO 2/1986 art.31.1 y 35).

c) **Exclusividad**, pues en ningún caso pueden encomendarse a los miembros de dichas unidades la práctica de actuaciones que no sean las propias de la policía judicial o las derivadas de las mismas (LOPJ art.549.2).
d) **Inamovilidad de los funcionarios** respecto de la investigación concreta que se les haya encomendado, de la que no pueden ser removidos o apartados sin previa autorización del juez o fiscal competente hasta que finalice la misma o la fase del procedimiento en que esta se originó (LO 2/1986 art.34.1; RD 769/1987 art.16).

Actuaciones de la policía judicial Cualquier actuación de la policía judicial está encaminada primordialmente a la investigación y comprobación del delito y al descubrimiento y detención de los delincuentes, poniéndolos a disposición judicial junto con los efectos, instrumentos y vestigios materiales de la infracción, misión a la que se une la práctica de cuantas diligencias la Ley le encomiende con carácter general a título de auxilio a los órganos judiciales y al Ministerio Fiscal y de las que unos y otros le ordenen realizar en cada caso concreto (LECr art.282; LO 2/1986 art.11.1.g). 8211
Así, pueden distinguirse los siguientes **tipos** de actuaciones de la policía judicial:
- diligencias de prevención (nº 8214);
- actuaciones por comisión judicial o fiscal (nº 8252);
- actuaciones con regulación especial (nº 8255).

Precisiones Corresponde igualmente a la policía judicial cumplir con los **deberes de información** que prevé la legislación vigente, cuando entre en contacto con las víctimas del delito (nº 8030 s.). Asimismo, deben llevar a cabo una valoración de las **circunstancias particulares** de las víctimas para determinar provisionalmente qué medidas de protección deben ser adoptadas para garantizarles una protección adecuada, sin perjuicio de la decisión final que corresponderá adoptar al juez o tribunal.

1. Diligencias de prevención

Con la **mera noticia del hecho delictivo**, nace para la policía judicial la obligación de proceder a la práctica de las primeras diligencias tendentes a la averiguación del delito, identificación y detención del presunto culpable y aseguramiento e identificación de las fuentes de investigación o prueba, incluso aunque la noticia se transmita por meras confidencias procedentes de persona identificada o no, o en una determinada situación de hecho, como el acusado nerviosismo de una persona durante un control rutinario (TS 14-9-00, EDJ 27858; 1-12-00, EDJ 43525). Esa es la finalidad de las llamadas diligencias policiales de prevención (LECr art.282 s., 770 a 772 y 796). 8214
Es obligación de los funcionarios de la policía judicial no dejar de transcurrir más de 24 horas sin dar **conocimiento a la autoridad judicial** o al Ministerio Fiscal de las diligencias que hubieran practicado, salvo en los casos de **fuerza mayor** y en los casos de inexistencia de autor conocido del delito (LECr art.295).
Cuando **no exista autor conocido del delito**, la policía judicial debe conservar el atestado a disposición del Ministerio Fiscal y de la autoridad judicial, sin enviárselo, salvo que concurra alguna de las siguientes circunstancias:
a) Que se trate de **delitos** contra la vida, la integridad física, la libertad o indemnidad sexuales.
b) Que se practique cualquier diligencia después de **transcurridas 72 horas** desde la apertura del atestado y estas hayan tenido algún resultado.
c) Que el Ministerio Fiscal o la autoridad judicial soliciten la **remisión**.
A continuación se hace referencia a su:
- contenido (nº 8220);
- plazo de duración (nº 8240); y
- documentación en el atestado policial (nº 8245).

a. Contenido

El contenido de las diligencias de prevención se sistematiza en los siguientes **grupos de actuaciones**: 8220

Recogida y custodia de los efectos e instrumentos del delito, de las huellas y de vestigios materiales de su perpetración (LECr art.282 y 770; LO 2/1986 art.11.1.g) Todos estos elementos integran el denominado cuerpo del delito. Estas actuaciones se llevan a cabo por la policía judicial cuando exista **riesgo de desaparición** de los mismos, para ponerlos a disposición judicial. Ello que puede incluir, cuando resulte procedente, la intervención del 8221 MPP nº 6365

vehículo y la de los permisos de circulación del mismo y de conducción del investigado (LECr art.770.6º).
Se trata de una **actuación de aseguramiento** que los agentes de policía pueden desarrollar de manera directa, por propia autoridad y sin previo mandato judicial, pues están obligados legalmente a acudir de inmediato al lugar de los hechos (TS 26-1-00, EDJ 298; 30-5-05, EDJ 116883).
Sobre su **valor probatorio**, como **regla general**, se trata de actos de investigación que carecen de la eficacia de la prueba preconstituida. Por tanto, tienen el mismo valor que el atestado en que se documentan y han de introducirse válidamente en el plenario para transformarse en auténticas pruebas. Solo la recogida del cuerpo del delito por el juez de instrucción con arreglo a LECr art.326 s. goza, en todo caso, de la consideración de prueba preconstituida (TS 20-12-00, EDJ 49900; 18-5-01, EDJ 9197; 21-3-02, EDJ 7619; 17-10-03, EDJ 127642; 10-10-05, EDJ 162014).
En casos de **urgencia o necesidad**, los actos de constancia llevados a cabo para acreditar la preexistencia del cuerpo del delito tienen la consideración de prueba preconstituida, siempre que efectivamente ingresen en el juicio oral por la vía del art.730 LECr (TCo 303/1993; TCo auto 108/1995; TS 19-4-05, EDJ 68321; 17-10-05, EDJ 171688).

8222 MPP nº 6403 **Recogida de huellas dactilares** Por la especialización técnica que requiere, ha de realizarse en todo caso por **especialistas**, para su posterior análisis e informe por los gabinetes de identificación de la policía científica. Debe hacerse constar en el **atestado** remitido a la autoridad judicial, la existencia de huellas dactilares y el lugar en que se ha detectado o, en todo caso, informar al juez que se ha avisado a los especialistas para que revelen las posibles huellas que hayan podido dejar los autores del hecho investigado.

8223 MPP nº 7050 s. **Ocupación de armas y establecimiento de controles policiales** (LO 4/2015 art.17 a 19; LECr art.284)
La ocupación de armas portadas ilegalmente en la vía pública es, por definición, una actuación simultánea a la noticia del posible delito si se trata de armas prohibidas o de fuego y es muy frecuente (CP art.563 s.).
Si se hubieran recogido armas, instrumentos o efectos de cualquier clase que puedan tener relación con el delito y se hallen en el lugar en que este se cometió, o en sus inmediaciones, o en poder del reo, o en otra parte conocida, los miembros de la policía judicial han de extender **diligencia expresiva del lugar, tiempo y ocasión** en que se encuentren, e incluir una **descripción minuciosa** para que se pueda formar idea cabal de los mismos y de las circunstancias de su hallazgo, que pueda ser sustituida por un reportaje gráfico. La **persona afectada por la incautación** puede recurrir en cualquier momento la medida ante el juez de instrucción (LECr art.334.3).
En el establecimiento de **controles policiales en lugares públicos** para el descubrimiento y detención de los partícipes en un hecho delictivo causante de **grave alarma social** y para la recogida de los instrumentos, efectos o pruebas del mismo y en el curso de los cuales puedan hacerse registros de vehículos y controles superficiales de los efectos personales, cabe se produzca el conocimiento por los agentes de delitos distintos del que motiva las actuaciones.
En ambos casos debe procederse conforme a las reglas generales que arrancan de la noticia del hecho delictivo producida por cualquier medio, siendo de aplicación las reglas generales sobre **valor probatorio del atestado**.

8225 MPP nº 6379 s. **Actas de constancia con descripción y toma de imágenes del lugar de autos en cualquier soporte magnético, fotográfico o de otra índole** (LECr art.770.2º y 4º)
Esta actuación se lleva a cabo cuando exista **riesgo de desaparición** de las fuentes de prueba. Sobre su **eficacia** probatoria es aplicable lo dicho en nº 8223.

8227 MPP nº 2175, 6430 s. **Detención y declaración del investigado** (LOPJ art.549.1; LO 2/1986 art.11.1.g); LECr art.492, 520, 767, 771.2ª, 796.1.2ª y 962.2) Deben llevarse a cabo instruyéndole de sus derechos y proveyéndole de asistencia letrada de oficio en caso necesario.
Además de lo dicho sobre el **derecho de defensa** en nº 6955 s., remitimos a nº 8865 s. para el estudio de la detención policial y del valor probatorio de las declaraciones del investigado ante la policía.

Precisiones 1) Las **declaraciones ante los funcionarios policiales** -no efectuadas en presencia de letrado y no ratificadas judicialmente- no tienen valor probatorio, no pueden corroborar otros medios de prueba ni ser incorporadas al acervo probatorio llamando como testigos a los agentes policiales que las recogieron. Sin embargo, si los datos objetivos contenidos en la autoinculpación son acreditados como **veraces** por verdaderos medios de prueba, el conocimiento de estos datos por el declarante evidenciado en la autoinculpación puede constituir un hecho base para legitimar lógicas inferencias. Es necesario, en este caso, que los agentes policiales que las presenciaron presten testimonio en el juicio (TS 3-6-15, EDJ 298380; 25-3-22, EDJ 527932).

2) Las **manifestaciones realizadas por el detenido espontáneas y libres** y llevadas a cabo tras haber sido informado de sus derechos, sin manifestar y acreditar intimidación o coacción por las fuerzas actuante y posteriormente, en su caso, ratificadas a presencia de su letrado, tienen validez y no suponen vulneración de derecho alguno. Son manifestaciones amparadas por la jurisprudencia, pues nada impide al detenido reconocer espontáneamente los hechos o su participación en los mismos iniciadas las pesquisas policiales, hasta el punto de que ello pueda dar lugar a la apreciación de una atenuante (TS 7-6-19, EDJ 611925; 7-2-06, EDJ 11981). Se diferencian las manifestaciones espontáneas de un sospechoso a terceros o ante los agentes policiales y la **declaración oficial en sede policial** admitiéndose las primeras si no son inducidas, aunque sólo como testimonio de referencia (TS 24-7-17, EDJ 169515; 30-1-14, EDJ 5995; 3-12-13, EDJ 245564).
El **derecho a no declarar del imputado** no impide las manifestaciones libres y espontáneas. Sólo se prohíbe la indagación antes de la información de derechos o tras ejercer el derecho a guardar silencio, pero no la audición de las manifestaciones del detenido (TS 21-7-20, EDJ 606564).
3) Con relación a **suspensión de plazos procesales**, supuesto excepcional supone el determinado por el Consejo de Ministros como consecuencia de la situación de emergencia sanitaria provocada por el **coronavirus COVID-19**, vigente desde 14-3-2020. En el proceso penal, la suspensión e interrupción no se aplica a los procedimientos de actuaciones con detenido (RD 463/2020 disp.adic.2ª.2).

Asistencia a la víctima del delito (LECr art.770.1ª, 771 -redacc LO 1/2025-, 796.1.1ª, 962.1 y 964.1) A la víctima del delito se le debe efectuar el **ofrecimiento de acciones** e informarla de sus derechos en los términos estudiados en nº 7962 s. Para la asistencia a la víctima puede requerirse la presencia de cualquier facultativo o personal sanitario para prestar, si fuera necesario, los oportunos **auxilios**, solicitando copia de su informe para unirlo al atestado policial. **8229**

Precisiones En relación con la **víctima del delito**, además (LECr art.284.2 y 4):
- se ha de comunicar por la policía judicial al denunciante ante esta, que en caso de **no ser identificado el autor del delito** en el plazo de 72 horas, las actuaciones no se remitirán a la autoridad judicial, sin perjuicio del derecho del mismo de reiterar la denuncia ante la Sección de Instrucción o Única del Tribunal de Instancia -hasta su constitución, el juzgado de instrucción- o la fiscalía;
- si se **incautaran efectos** que pudieran pertenecer a la víctima, se ha de poner en su conocimiento, pudiendo el afectado por la incautación recurrir en cualquier momento la medida ante el juez instructor, de acuerdo con LECr art.334.

Identificación y toma de declaración a testigos (LECr art.293 y 770.5ª) Se realiza con vistas a asegurar su intervención en ulteriores fases del procedimiento. Su **valor probatorio** se examina conjuntamente con el de las declaraciones de los testigos durante la instrucción. **8231** MPP nº 6460 s.

Citación del investigado no detenido, del tercero responsable civil y de los testigos (LECr art.796.1.3ª a 5ª y 962.1) Esta actuación persigue la **comparecencia** ante el juez de guardia de la Sección de Instrucción (o Única) del Tribunal de Instancia -hasta su constitución, el juzgado de guardia- de los sujetos indicados: **8233**
- a efectos de la práctica de diligencias de instrucción en el procedimiento de enjuiciamiento rápido de delitos, que puede terminar en el propio órgano jurisdiccional con la conformidad «subvencionada» (LECr art.801); o
- para la inmediata celebración de juicio, cuando el hecho pueda ser calificado como delito leve de lesiones o maltrato de obra, amenazas, coacciones o injurias leves, contra alguna de las personas referidas en CP art.173.2, o de hurto flagrante, si el juez la considera posible (CP art.147.2 y 3, 171.7, 172.3 y 173.4).
No es necesaria la citación de los **miembros de los cuerpos y fuerzas de seguridad** que hayan intervenido en el atestado cuando su declaración conste en el mismo. Se trata de una aplicación de la regla general contenida en LECr art.297, conforme a la cual el atestado tiene valor de diligencia testifical instructoria sobre los hechos de conocimiento propio de los agentes de policía, pero en nada afecta a la necesidad de intervención como testigos o peritos en el juicio oral de los funcionarios que lo hayan confeccionado (LECr art.717).

Requerimiento o práctica directa de informes periciales (LECr art.796.1.1ª y 8ª) La policía judicial debe solicitar del facultativo o del **personal sanitario** que atienda al ofendido, copia del informe relativo a la asistencia prestada para su unión al atestado policial. Asimismo, debe solicitar la presencia del médico forense cuando la persona que tenga que ser reconocida no pueda desplazarse ante el juez de guardia de la Sección de Instrucción del Tribunal de Instancia -hasta su constitución, el juzgado de guardia- dentro de plazo (LECr art.799). **8235** MPP nº 6510 s.
Igualmente, si no es posible la remisión al juez de guardia de algún objeto que deba ser objeto de **tasación**, se solicita inmediatamente la presencia del perito o servicio que lo examine y emita informe pericial. Este informe puede emitirse oralmente ante el dicho juez.

8237 **Preconstitución de prueba** Aparte de las actuaciones relativas al cuerpo del delito en casos de urgencia, la policía judicial puede realizar diligencias que como, regla general, ostentan carácter de prueba preconstituida.
MPP
nº 6852 s.

En tal caso se encuentran las pruebas de:
- medición de **alcoholemia** (LECr art.796.1.7ª);
- análisis de **tóxicos** (LECr art.796.1.6ª);
- determinadas **inspecciones corporales** superficiales (LO 4/2015 art.20);
- los **informes técnicos** de los laboratorios y gabinetes de la policía científica, que se estudian con detenimiento en nº 8565 s., dedicados al contenido investigador de la fase de instrucción; y
- en las causas de **menores de edad** víctimas del delito.

8238 **Informaciones previas no probatorias** En la fase preliminar de las investigaciones, la policía utiliza múltiples **fuentes de información**: la colaboración ciudadana, sus propias investigaciones e, incluso, datos suministrados por colaboradores o confidentes policiales. La doctrina jurisprudencial del TEDH ha admitido la **legalidad** de la utilización de estas fuentes confidenciales de información, siempre que se utilicen exclusivamente como medios de investigación y no tengan acceso al proceso como prueba de cargo (TEDH 20-11-89, núm 11454/85; 27-9-90, núm 12489/86). Esto es, la fase previa a la investigación que no se vierte sobre el proceso carece de virtualidad como fuente de prueba, por lo que no integra el «expediente» preciso para el efectivo ejercicio de defensa (TS 20-11-14, EDJ 210630). Por ello, la no incorporación a la causa de las **notas y minutas internas** que los funcionarios hubieran aportado a sus superiores para confeccionar las diligencias policiales, así como la identidad de los confidentes no implica, *per se*, la vulneración de ningún derecho fundamental (TS 23-12-16, EDJ 241379).

b. Plazo de duración

8240 **Regla general** (LECr art.771 y 796.1) Las actuaciones han de llevarse a cabo en el **tiempo imprescindible** y, en todo caso, durante el tiempo de la detención, que nunca puede rebasar, salvo en el caso especial de LECr art.520 bis, la barrera máxima de 72 horas y debe atenerse, dentro de ella, a la extensión temporal que reclamen las concretas circunstancias del caso en atención a un criterio cualitativo (Const art.17; TCo 224/1998).

8242 **Excepciones** La regla anterior admite dos excepciones o matizaciones:
a) Los **informes periciales** dentro del procedimiento de enjuiciamiento rápido pueden ser emitidos directamente ante el juez de guardia de la Sección de Instrucción del Tribunal de Instancia -hasta su constitución, el juzgado de guardia-, y no deben formar parte del atestado, limitándose la actuación de prevención a requerir la realización de los mismos (LECr art.796.1.1ª, 6ª y 8ª).
b) Se establece un plazo especial para los casos en que el hecho esté incluido en el ámbito objetivo del procedimiento de enjuiciamiento rápido y no resulte flagrante por **no** haber sido **detenido ni localizado el presunto responsable**, aunque sea, no obstante, previsible su rápida identificación y localización. En ellos, la policía judicial, dando cuenta al juez de guardia y al Ministerio Fiscal, debe continuar las investigaciones iniciadas y hacerlas constar en un único atestado, el cual se remitirá al juez de guardia tan pronto como el presunto responsable sea detenido o citado de acuerdo con lo previsto en los apartados anteriores, y en cualquier caso, dentro de los 5 días siguientes (LECr art.796.4 y 795.1).
Una vez transcurrido el plazo sin ser habido, se remite en todo caso el atestado al órgano jurisdiccional y este debe acordar la continuación del proceso como procedimiento abreviado, señalando motivadamente que la causa de la insuficiencia de las diligencias practicadas radica en la **ausencia de investigado** conocido en el momento de dictarse dicha resolución (LECr art.798.1.2ª).
Por otra parte, el propio concepto de las diligencias de prevención impone su **cese** desde el momento en que comience la actuación del juez de instrucción o del Ministerio Fiscal, pues desde ese momento toda actuación de la policía judicial debe practicarse por comisión del juez o de fiscal (LECr art.286).

c. Atestado policial

8245 El contenido y resultado de las diligencias de prevención ha de documentarse en el atestado policial, cuya **redacción** corresponde al funcionario que haya practicado las mismas (LECr art.292 s. y 772.2):
MPP
nº 6872 s., 7992

- haciendo constar con la mayor exactitud los hechos por él averiguados;
- insertando las declaraciones e informes recibidos; y
- anotando las circunstancias que haya observado y puedan ser prueba o indicio del delito.

Dos son las **cuestiones procesales** fundamentales que plantea el atestado:
1) Su valor probatorio (nº 8247).
2) En su incoación presenta el procedimiento de enjuiciamiento rápido (nº 8318).

Precisiones 1) Si la policía judicial hubiera recogido **instrumentos, efectos o armas** de cualquier clase que pudieran tener lugar con el delito y se hallaran en el lugar en que se perpetró o sus inmediaciones o en poder del reo o en otra parte conocida, se ha de extender diligencia expresiva del lugar y circunstancias de su encuentro, con descripción minuciosa que puede ser sustituida por reportaje gráfico, siendo la diligencia firmada por la persona en cuyo poder los efectos fueron hallados (LECr art.284.3).
2) Sobre el **contenido del atestado**, ver también nº 8318.

Valor probatorio (LECr art.297) Los atestados que redacten y las manifestaciones que hagan los funcionarios de policía judicial, a consecuencia de las averiguaciones que hayan practicado, se consideran **denuncias** para los efectos legales. 8247
Por tanto, como regla general, el atestado policial considerado en sí mismo es **objeto de prueba** y no medio de prueba, de modo que los hechos que en él se afirman por funcionarios, testigos o investigados han de ser introducidos en el juicio oral a través de auténticos medios probatorios, como es, la declaración testifical de los agentes firmantes del mismo, posibilidad de la queda excluida la confesión del investigado efectuada en su declaración policial (LECr art.297 y 717; TCo 188/2002; TS 5-5-00, EDJ 7360; 14-2-01, EDJ 3074; 3-4-02, EDJ 918; 21-11-02, EDJ 54130).
Como consecuencia de ello, y por su carácter preprocesal, lo actuado en el **atestado policial** no tiene efectos contaminantes de la prueba llevada a juicio, que es la que sirve para tener por enervada, en su caso, la presunción de inocencia (TS 10-6-21, EDJ 595893).
Sin embargo, la anterior doctrina no significa negar al atestado toda **eficacia probatoria** en cualquier circunstancia, pues la tiene en dos casos al menos:
• Como **documento oficial** respecto de los datos objetivos y verificables que contenga, tales como croquis, planos o fotografías, que pueden ser utilizados como elementos de juicio siempre que se introduzcan en el juicio oral como prueba documental y garantizando de forma efectiva su contradicción (TCo 173/1997; 33/2000).
• Cuando el atestado incorpora determinadas pericias técnicas realizadas por los agentes de policía, como las pruebas de alcoholemia o los análisis de drogas, estas adquieren especial relevancia y pueden alcanzar valor probatorio derivado del hecho de constituir **pericias técnicas realizadas con instrumental técnico** que tienen carácter objetivo y de referirse a una situación o estado que no persiste hasta la celebración de la vista oral, por lo que participan de la naturaleza de la **prueba preconstituida** siempre que se incorporen al proceso respetando los principios de inmediación, oralidad y contradicción en la forma que se detalla en nº 8577 s. (TCo 111/1999; 188/2002; TS 23-2-00, EDJ 2185; 12-6-02, EDJ 24897; 20-12-02, EDJ 58583).

Proceso penal militar (LO 4/1987 art.115 y 116; LO 2/1989 art.144 y 145) Una particular regulación del atestado se contiene en los preceptos de referencia, relativos a la prevención no judicial del proceso penal militar por autoridades y mandos militares, mediante la designación de un oficial para la práctica de las primeras diligencias de averiguación del delito, detención del investigado y aseguramiento del cuerpo del delito hasta que comience a actuar el juez togado militar territorial. Acerca de su **valor probatorio**, entendemos de plena aplicación las normas expuestas sobre la actuación de la policía judicial y sobre el atestado policial (nº 8247). 8249

2. Actuaciones por comisión judicial o fiscal

(LECr art.772.1 y 773; LO 2/1989 art.123; RD 769/1987 art.11 a 13, 20 y 21)

El juez de instrucción puede practicar **por sí mismo** las diligencias de instrucción u **ordenar su realización** a la policía judicial, dirigiendo a los agentes instrucciones concretas sobre el contenido y circunstancias de las actuaciones que se le encomiendan, que no pueden ser contradichas por las órdenes técnicas de ámbito policial interno (LECr art.287, 288 y 777.1; LO 2/1986 art.35). 8252
Los **funcionarios actuantes** tienen la consideración de comisionados del juez de instrucción y pueden requerir el auxilio de otros miembros de las fuerzas y cuerpos de seguridad, autoridades y particulares y deben informar del desarrollo de las diligencias a la autoridad judicial, así como darle cuenta de su resultado a la finalización de las mismas.
Idénticas consideraciones son aplicables al **Ministerio Fiscal**.

3. Actuaciones con regulación especial

8255 **Circulación y entrega controlada del cuerpo del delito** (LECr art.262 y 263 bis; CP art.408; LO 9/2021 art.50) La **finalidad** de la diligencia de investigación conocida como entrega vigilada o controlada, se define legalmente como la técnica consistente en permitir que remesas ilícitas o sospechosas de determinados objetos o sustancias, efectos o instrumentos del delito circulen por territorio español o salgan o entren en él sin interferencia obstativa de la autoridad o sus agentes y bajo su vigilancia, con el fin de descubrir o identificar a las personas involucradas en la comisión de algún delito relativo a dichos instrumentos u objetos o de prestar auxilio a autoridades extranjeras en esos mismos fines.

8256 **Efectos que pueden ser objeto de entrega y circulación controlada** (LECr art.263 bis) Los delitos a que cabe aplicar la diligencia de investigación examinada están definidos por el ámbito objetivo de efectos del delito.
a) Drogas tóxicas, estupefacientes o sustancias psicotrópicas y otras **sustancias prohibidas**.
b) Equipos, materiales y sustancias a que se hace referencia en CP art.371.
c) Bienes y ganancias a que se hace referencia en CP art.301 en todos los supuestos previstos en el mismo, especificación que permite aplicar la entrega y circulación controlada a cualquier caso de **blanqueo de bienes** o de **encubrimiento patrimonial**, cualquiera que sea el delito de que procedan los bienes.
d) Bienes, materiales, **objetos y especies animales y vegetales** a que se hace referencia en CP art.332, 334, 386, 399 bis, 566, 568 y 569, remisión que se concreta en:
- especies de flora o fauna amenazadas o restos de estas últimas;
- tarjetas de crédito o débito o cheques de viaje (CP art.399 bis);
- moneda falsa; y
- armas, municiones y sustancias o aparatos explosivos, inflamables, incendiarios o asfixiantes o sus componentes.

8257 **Autorización** (LECr art.263 bis.1 y 3) La entrega y circulación controlada es un acto de investigación que puede practicarse tanto a prevención y con carácter preprocesal como en el seno de un proceso ya incoado. En todo caso, debe autorizarse caso por caso en **resolución fundada** del juez de instrucción, del Ministerio Fiscal o de los jefes de las unidades orgánicas de policía judicial o sus mandos superiores, adoptada en función de la necesidad de la medida en relación con la importancia del delito y con las posibilidades de vigilancia y en la que debe concretarse el **objeto** de autorización o entrega vigilada, así como el **tipo y cantidad** de la sustancia de que se trate.
Los mandos policiales deben dar cuenta inmediata al Ministerio Fiscal sobre las autorizaciones otorgadas y, si existiese procedimiento judicial abierto, al juez de instrucción competente.

Precisiones Pese a calificarse de importante defecto procesal la falta de auto judicial motivado, se rechaza la vulneración del derecho al secreto de las comunicaciones en el caso de una entrega controlada hecha con **autorización verbal** del juez, siempre que la misma se haya hecho de la misma manera que en caso de haberse dictado la resolución judicial adecuada (TS 6-4-05, EDJ 46999).

8258 **Interceptación y apertura de envíos postales** La interceptación y apertura de envíos posta-
MPP les **sospechosos de contener estupefacientes** y, en su caso, la posterior sustitución de la dro-
nº 2211, ga, deben llevarse a cabo respetando, en todo momento, las garantías judiciales establecidas
2213 en el ordenamiento jurídico, con excepción de lo previsto en LECr art.584, en el que deben entenderse incluidos todos los objetos cuya entrega controlada se permite en LECr art.263 bis.1 (nº 8256).

8260 **Videovigilancia** (LO 4/1997) La norma de referencia regula la utilización de videocámaras
MPP fijas o móviles en **lugares públicos** por las fuerzas y cuerpos de seguridad como medio para
nº 4098 contribuir a la erradicación de la violencia y a la prevención del delito, bajo el régimen de autorización administrativa previa y singular -caso por caso-.
a) No se pueden utilizar videocámaras para tomar imágenes ni sonidos del **interior de viviendas**, ni de sus vestíbulos, salvo consentimiento del titular o autorización judicial, ni para grabar **conversaciones de naturaleza estrictamente privada**. Las imágenes y sonidos obtenidos accidentalmente en estos casos deben destruirse inmediatamente (LO 4/1997 art.6.5 y disp.adic.7ª).
b) Si la grabación capta la comisión de hechos que puedan ser constitutivos de **ilícitos penales**, las fuerzas y cuerpos de seguridad deben poner la cinta o soporte original de las imágenes y sonidos en su integridad **a disposición judicial** con la mayor inmediatez posible y, en todo caso, en el plazo máximo de 72 horas desde su grabación. De no poder redactarse el atestado en tal plazo, se relatarán verbalmente los hechos a la autoridad judicial, o al Ministerio Fiscal, junto con la entrega de la grabación (LO 4/1997 art.7.1).

Filmación rutinaria o preventiva de espacios públicos La Ley se refiere a la filmación rutinaria o preventiva de espacios públicos en la que pueden aparecer indicios de la comisión de un delito. En ella se pueden utilizar toda clase de medios que permitan constatar la realidad sospechada y que sean aptos para perfilar o construir un material probatorio que después pueda ser utilizado para concretar una denuncia ante la autoridad judicial, sin que estén descartados los sistemas mecánicos de grabación de imágenes. No existe obstáculo legal alguno para que las labores de investigación se extiendan a la captación de la imagen de las **personas sospechosas** de manera **velada y subrepticia** en los momentos en que se supone fundadamente que está cometiendo un hecho delictivo, mediante la percepción visual y directa de las acciones que realiza en la vía pública o en cualquier otro espacio abierto, siempre que la utilización de dichos medios se realice dentro de los márgenes marcados por el respeto a la intimidad y a la inviolabilidad del domicilio -LO 2/1989 art.159, 188, 189 y 311- (TS 14-10-02, EDJ 44042). **8261**

Filmación como medio de investigación Han de tenerse presentes algunos **criterios** que pueden ser aplicables también al valor probatorio de las grabaciones ocasionales: **8262**

a) Es legítima y no vulnera derechos fundamentales la actividad de filmación de escenas presuntamente delictivas que suceden en **vías o espacios públicos** y solo se necesita autorización judicial para la captación clandestina de imágenes o de sonidos en **domicilios o lugares privados**, aun cuando los adelantos técnicos de los aparatos grabadores permitan su emplazamiento en un lugar alejado de aquel en que se desarrolla la escena o el sonido grabados (TS 23-7-99, EDJ 18489; 28-6-01, EDJ 15449; 27-9-02, EDJ 44040; 13-3-03, EDJ 6575).

b) La filmación de **ventanas de edificios** desde los que sus moradores desarrollaban actividades delictivas debe hacerse con autorización judicial previa cuando sea imprescindible vencer un obstáculo que haya sido predispuesto para salvaguardar la intimidad, no siendo aquella precisa para ver lo que el titular de la vivienda no quiere ocultar a los demás (TS 14-10-02, EDJ 44042, que cita TS 25-11-96, EDJ 8199 y 15-4-97, EDJ 3073).

c) La identificación del delincuente, efectuada por funcionarios especializados en **atracos** que no participaron en la filmación de las imágenes ni en la confección del atestado, siempre que se ratifique en juicio oral, puede considerarse como una especial forma de pericia para cuya validez no existe obstáculo (LECr art.717; TS 28-9-01, EDJ 33627).

III. Formas de incoación del proceso

El principio de **actuación de oficio** impone que para la incoación del proceso penal solo se requiera el conocimiento de la existencia del hecho aparentemente delictivo, sin que sea necesario como regla general el ejercicio de la acción penal por la víctima del delito ni la existencia de condicionamiento legal alguno derivado del modo de obtención de dicha noticia. El juez instructor puede actuar por propio conocimiento del hecho, al tiempo que se impone a quien presencie o conozca la existencia de un delito público la obligación legal de trasmitir esa noticia mediante la correspondiente **denuncia** a la autoridad competente (nº 8275). Ello no excluye que cualquier persona ofendida o no por el delito ejerza *ab initio* la acción penal mediante la **querella**, de imprescindible utilización para la víctima en los delitos privados de injuria y calumnia contra particulares (nº 8300). **8270** MPP nº 2235

Aunque denuncia y querella son junto con el **atestado policial** (nº 8318) las formas más frecuentes de inicio del proceso penal, existen junto a ellas **otras formas especiales** de incoación que no son sino meras manifestaciones del principio de actuación de oficio (nº 8316).

La **incoación formal del proceso** tiene lugar por medio de auto del juez de instrucción.

Precisiones 1) Los efectos de la presentación y la admisión de la denuncia y la querella sobre el curso del plazo de **prescripción del delito** han sido precisados por CP art.132 (nº 9325).

2) El auto de incoación tiene carácter de «actuación procesal» a los efectos del tipo de **simulación de delito** (CP art.457), incluso en caso de que acuerde simultáneamente el sobreseimineto al no resultar identificada persona alguna como presunto autor del delito falsamente denunciado (TS 2-3-22, EDJ 518324; 22-5-08, EDJ 103354).

3) La presentación de una denuncia o querella no conduce de manera forzosa e ineludible a la incoación de un proceso penal, sino que precisa la realización de una **inicial valoración jurídica** de la misma que puede conducir a su no admisión a trámite sin más. Los meros **juicios de valor** de quien pretende ejercer la acción no convierten los hechos en delito (TS 29-11-18, EDJ 650117; AP Madrid auto 29-5-24, núm 445/24; TSJ auto Madrid 15-10-24).

4) Se entiende que no son **constitutivos de delito** (TS auto 15-4-23, EDJ 516869):

- Los hechos contenidos en el **relato fáctico de la querella**, tal y como esta viene redactada, no son subsumibles en ningún tipo penal, según el criterio razonado del órgano jurisdiccional competente.

- A pesar de la apariencia inicialmente delictiva de los hechos que se imputan en la querella, no se ofrezca en ella ningún elemento o principio de prueba que avale razonablemente su realidad, limitándose el querellante a afirmar su existencia, sin **ningún apoyo objetivo** (AP Madrid auto 29-5-24, núm 445/24).

A. Denuncia

8275 MPP nº 2245 s. Consiste en la declaración de conocimiento de la noticia del hecho en los **delitos públicos**, dirigida a determinadas autoridades sobre la posible existencia de la infracción penal (nº 8277).
En otros casos -**delitos semipúblicos**-, se convierte en requisito previo para el nacimiento del proceso, incorporando una manifestación de voluntad de la víctima del delito que puede ser suplida en ciertos casos por el Ministerio Fiscal y que puede o no ir unida a la capacidad de disposición sobre el objeto del proceso mediante la eficacia extintiva del perdón del ofendido (nº 8285).

8277 **Delitos públicos** (LECr art.259, 262 y 264; LO 2/1989 art.134) En los delitos públicos, la ineficacia condicionante de la denuncia se complementa con la **obligación general de denunciar** que alcanza a todos los testigos presenciales del delito y a las personas que conozcan por cualquier otro medio su existencia y se particulariza en los que adquieran el conocimiento de su perpetración por razón de su profesión, oficio o cargo.
Las multas con que se sanciona el **incumplimiento** de este deber ha de completarse con la responsabilidad criminal en que puede incurrir el omitente en los casos recogidos en CP art.407, 408 y 450.

8277.2 **Régimen específico del deber de denuncia** (LO 8/2021 art.15 a 17) Se establece la obligación de **comunicación inmediata** de situaciones de violencia ejercida sobre menores en los siguientes casos y con plenas garantías de confidencialidad, protección y seguridad, por parte de:
• Quien advierta **indicios** de la misma:
- a la autoridad competente;
- si los hechos puedan ser constitutivos de delito, a las fuerzas y cuerpos de seguridad, al Ministerio Fiscal o a la autoridad judicial, sin perjuicio de prestar la atención inmediata que la víctima precise; y
- si se advierte una posible infracción de la normativa sobre protección de datos personales de un menor, a la Agencia Española de Protección de Datos.
• Quien, por razón de su **cargo, profesión, oficio o actividad**, y en el ejercicio de los mismos hayan tenido conocimiento de la situación, tengan encomendada la asistencia, cuidado, enseñanza o protección de los menores. Se incluye el **personal cualificado** de los centros sanitarios, escolares, de acogida de asilo y atención humanitaria de los establecimientos en los que residan habitualmente o temporalmente los menores. Si la salud o seguridad del menor se encuentra amenazada:
- a las fuerzas y cuerpos de seguridad; y/o
- al Ministerio Fiscal.
Todos se califican como obligados cualificados.
• Los propios **menores víctimas de violencia** o que presencien alguna situación de violencia sobre otro menor:
- a los servicios sociales, fuerzas y cuerpos de seguridad, Ministerio Fiscal o autoridad judicial y, en su caso,
- a la Agencia Española de Protección de Datos.
Han de garantizárseles la existencia y apoyo de **medios electrónicos** de comunicación.
• Quien advierta la existencia de **contenidos disponibles en internet** que constituyan una forma de violencia contra cualquier menor:
- a la autoridad competente, y
- si los hechos pueden ser constitutivos de delito, por las fuerzas y cuerpos de seguridad, al Ministerio Fiscal o la autoridad judicial.

8278 **Denuncia por el Ministerio Fiscal** (L 50/1981 art.5; LECr art.773.2; LO 2/1989 art.123 y 130.3º) El Ministerio Fiscal puede denunciar los hechos a la autoridad judicial en lugar de formalizar querella en todo caso.

8279 **Exención de la obligación de denunciar** (LECr art.260, 261 y 263; LO 2/1989 art.135) Están exentas:
a) Las personas sin plena **capacidad civil**.
b) El **cónyuge** o persona unida por **análoga relación de afectividad** y determinados parientes del presunto delincuente (ascendientes, descendientes y colaterales hasta el segundo grado, sean consanguíneos o afines).

Esta regla **no se aplica** en caso de delitos contra la vida, de homicidio, de lesiones causantes de pérdida o inutilidad de miembros, deformidad o esterilidad, impotencia o enfermedad (CP art.149 y 150), maltrato habitual (CP art.173.2), contra la libertad, la libertad e indemnidad sexual y de trata de seres humanos, cometidos contra **menores o personas con discapacidad** necesitados de especial protección.
c) Exclusivamente respecto de ese concreto hecho, las personas que hayan adquirido noticia del mismo en el ejercicio de una función en la que sea exigible el deber de **secreto profesional**, como los abogados, procuradores y ministros de culto.

Respecto de la exención por razón de **parentesco**: **8280**
• Todos los descendientes se incluyen con independencia del carácter de la filiación en LECr art.261.2º.
• A la exención del LECr art.261 acompaña la del **deber de declarar como testigo** tanto en la instrucción como en el juicio oral, pero si se formula denuncia contra un pariente, no puede el denunciante ampararse luego en la relación familiar para no declarar en el curso del proceso, pues la armonía doméstica que la norma pretende amparar ya resultó quebrantada por la presentación de la denuncia (LECr art.416.1 y 707; TS 9-10-99, EDJ 33699; 30-10-01, EDJ 52845).
• No se hace referencia a **situaciones de hecho de afectividad análoga a la del matrimonio**. La jurisprudencia entiende que cuando la Ley ha querido asimilar al matrimonio otras situaciones de convivencia estable lo ha hecho de modo expreso, por lo que no existe vulneración alguna del derecho a un proceso con todas las garantías por el hecho de que un tribunal no las incluya entre los supuestos en que debe informar al testigo de la exención de su obligación de declarar (TS 21-11-03, EDJ 209357).

Excusas absolutorias En determinados delitos públicos, aun siendo la denuncia ineficaz en el sentido visto para la incoación del proceso, su presentación o la falta de ella sí puede tener trascendencia para la construcción de excusas absolutorias. Así, la presentación de la denuncia tiene **eficacia exonerante** de la responsabilidad criminal respecto de los particulares en el delito de cohecho (CP art.427) y produce **efectos enervantes** de la trascendencia absolutoria de la regularización voluntaria en los delitos contra la Hacienda pública y la Seguridad Social (CP art.305.4, 307.3 y 308.4). **8281**

Precisiones La ley no prevé la necesidad de **informar al denunciante-pariente** de las posibilidad de acogerse a su facultad de no denunciar, si bien queda excusado de la obligación general de denunciar delitos públicos. No puede confundirse la situación de quien es convocado para declarar como **testigo** (obligación de comparecer, información del delito de falso testimonio) del pariente que acude a denunciar, espontáneamente, sin conocer probablemente con claridad que la ley sienta esa obligación. No parece que en este segundo caso deba ponerse en su conocimiento la excepción para salvaguardar la voluntariedad de su denuncia. No se vulnera ningún derecho fundamental (TCo 94/2010). Las diligencias que se practiquen con posterioridad, quedan a salvo en todo caso (TS 3-5-22, EDJ 559942).

Delitos semipúblicos (LECr art.282) La incoación del proceso penal requiere en estos casos, que medie denuncia de la persona agraviada por el delito o de su representante legal, por lo que la misma se convierte en **requisito de procedibilidad** con eficacia plenamente condicionante sobre el inicio del proceso, salvo para las diligencias de prevención. Así ocurre, concretamente, en los **delitos** de: **8283**
- homicidio y lesiones por imprudencia menos grave (CP art.142.2 y 152.2);
- acoso, salvo que la víctima sea o haya sido cónyuge del culpable; persona que esté o haya estado ligada a él por una análoga relación de afectividad aun sin convivencia; descendiente, ascendiente o hermano por naturaleza, adopción o afinidad, propio o del cónyuge o conviviente; menores o personas con discapacidad necesitadas de especial protección que con él convivan o que se hallen sujetos a la potestad, tutela, curatela, acogimiento o guarda de hecho del cónyuge o conviviente; persona amparada en cualquier otra relación por la que se encuentre integrada en el núcleo de su convivencia familiar, así como persona que por su especial vulnerabilidad se encuentre sometida a custodia o guarda en centros públicos o privados (CP art.172 ter);
- reproducción asistida no consentida (CP art.161.2);
- agresión, abuso y acoso sexuales -aunque cabe también querella del Ministerio Fiscal- (CP art.191);
- descubrimiento y revelación de secretos, salvo que el culpable sea autoridad o funcionario público que actúe con prevalimiento, en cuyo caso el delito es público (CP art.201);
- abandono de familia e impago de prestaciones económicas familiares (CP art.228);
- daños culposos (CP art.267);
- delitos relativos al mercado y a los consumidores (CP art.287); y
- delitos societarios (CP art.296).

8284 La categoría de **delitos leves** exige por lo general la previa denuncia del agraviado, salvo en las infracciones relacionadas con la violencia de género y doméstica y en el nuevo delito de acoso. Así sucede en los siguientes casos:
- **lesiones** leves y **maltrato de obra** sin lesión (CP art.147.2 a 4);
- **amenazas y coacciones** leves, salvo que la víctima sea o haya sido cónyuge del culpable; persona que esté o haya estado ligada a él por una análoga relación de afectividad aun sin convivencia; descendiente, ascendiente o hermano por naturaleza, adopción o afinidad, propio o del cónyuge o conviviente; menores o personas con discapacidad necesitadas de especial protección que con él convivan o que se hallen sujetos a la potestad, tutela, curatela, acogimiento o guarda de hecho del cónyuge o conviviente; persona amparada en cualquier otra relación por la que se encuentre integrada en el núcleo de su convivencia familiar, así como persona que por su especial vulnerabilidad se encuentre sometida a custodia o guarda en centros públicos o privados (CP art.171.7 y 172.3);
- **injuria o vejación injusta** de carácter leve (CP art.172.4).

8285 **Intervención del Ministerio Fiscal** (CP art.130.4º y 191, 228, 287, 296; LECr art.105.2) El Ministerio Fiscal puede, en todos los casos de delitos semipúblicos, denunciar el hecho cuando la víctima sea **menor de edad**, persona con **discapacidad** necesitada de especial protección o **desvalida**.
La eficacia condicionante de la denuncia no siempre va acompañada del poder de disposición sobre el objeto del proceso, pues no en todos ellos el **perdón del ofendido** extingue la responsabilidad criminal. Aparte de ello, en todas las infracciones contra menores o personas con discapacidad necesitadas de especial protección, los jueces o tribunales pueden, oído el Ministerio Fiscal, rechazar la eficacia del perdón otorgado por los representantes de aquellos, ordenando la continuación del procedimiento con intervención del Ministerio Fiscal o el cumplimiento de la condena.
Por otra parte, el **carácter semipúblico** de los delitos de agresión, abuso y acoso sexuales, del descubrimiento y revelación de secretos cometido por particular, de los delitos relativos al mercado y a los consumidores y de los delitos societarios es **relativo** en el Código Penal. En el primer caso, junto a la denuncia del agraviado se admite la querella del Ministerio Fiscal, que debe actuar en ausencia de la primera ponderando los intereses en presencia en cada caso concreto (CP art.191). En los otros tres, el delito se convierte en público y desaparece el requisito de la denuncia condicionante cuando la infracción afecte a los intereses generales o a una pluralidad de personas o si la víctima es un menor de edad, persona con discapacidad o necesitado de especial protección (CP art.201, 287 y 296).

8286 **Ausencia de denuncia** La ausencia de la denuncia es un vicio de simple **anulabilidad** susceptible de **convalidación** mediante la posterior actuación de la parte o partes perjudicadas (TS 25-10-94, EDJ 9401; 20-11-00, EDJ 38951; 18-12-03, EDJ 209442; 13-12-04).

8288 **Requisitos** (LECr art.259, 262 y 264 y 773.2; L 50/1981 art.5; LO 2/1989 art.123, 134, 139 y 140; LO 4/1987 art.115 y 116)
El **destinatario** de la denuncia no ha de ser exclusivamente el juez de instrucción competente, como en el caso de la querella (nº 8300 s.). La denuncia puede dirigirse a:
- cualquier dependencia de las fuerzas y cuerpos de seguridad;
- funcionarios de policía judicial;
- el Ministerio Fiscal; ú
- órganos judiciales incompetentes.
Todos ellos pueden realizar actuaciones de prevención o de investigación del hecho.
A los citados destinatarios de la denuncia se añade en el caso de **delito militar** la autoridad militar más inmediata al denunciante, que también cuenta con capacidad legal para ordenar la práctica de diligencias de prevención.
Por su parte, el **denunciante** no está obligado a mostrarse parte en la causa ni a probar el hecho denunciado. Ello no le dispensa, no obstante, del requisito de veracidad de la denuncia (CP art.456 y 457).

8290 **Modalidades** (LECr art.265, 266 redacc LO 1/2025 y 267; LO 2/1989 art.136 a 138) La denuncia puede ser verbal o escrita y no está sujeta a especiales **requisitos formales**, más allá de contener la **identificación de la persona** denunciante y la narración circunstanciada del hecho. En caso de **persona jurídica o ente sin personalidad jurídica**, ha de identificarse también la persona física que formula la denuncia en su nombre, indicando su relación con aquélla o el ente sin personalidad denunciante. Igualmente, si fueran conocidas, debe expresar la identificación de las personas que lo hayan cometido y de quienes lo hayan presenciado o tengan información sobre él. También ha de indicar la existencia de cualquier **fuente de conocimiento** de la que el denunciante tenga noticia, que pueda servir para esclarecer el hecho denunciado.

En el caso de **denuncia verbal**, ha de extenderse un acta por la autoridad o funcionario que la reciba, en la que, en forma de declaración, se expresen cuantas noticias tenga el denunciante relativas al hecho denunciado y a sus circunstancias, firmándola ambos a continuación.

En el caso de **denuncia escrita**, debe estar **firmada** por el denunciante de forma autógrafa o manuscrita, si es presencial, y si no pudiera hacerlo, por otra persona a su ruego; o si se interpone por **vía telemática**, con firma electrónica (L 39/2015 art.10 y Rgto (UE) 910/2014). En el caso de las **personas jurídicas**, se firmará con certificado electrónico cualificado con atributo de representante, o los medios previstos en la regulación de firma digital que permitan identificar la persona jurídica, así como la persona física que formula la denuncia.

Por otra parte, puede hacerse la denuncia **en persona o mediante mandatario con poder especial**. La infracción de la exigencia de que el mandatario actúe con poder especial es un vicio subsanable (TS 6-2-90, EDJ 19305, en relación con el requisito análogo en el caso de querella -LECr art.277.7º-).

No es posible denunciar por **vía telemática** aquellos hechos que en los que concurra alguna de las circunstancias siguientes:
- se hayan producido con violencia o intimidación;
- tienen autor conocido;
- si existen testigos;
- si el denunciante es menor de edad;
- si se ha cometido delito flagrante;
- tengan naturaleza violenta o sexual.

Denuncia anónima (LECr art.268) No puede rechazarse por principio y constituye una **base lícita para el inicio de la investigación** (TS 11-3-24 EDJ 519976; 23-3-23, EDJ 539535), máxime teniendo en cuenta la multitud de hechos delictivos de que las autoridades policiales y judiciales son informadas de esta forma por quienes prefieren preservar su identidad y mantenerse en el anonimato. Sin embargo, es nula su **eficacia probatoria** en el juicio oral (TS 7-12-00, EDJ 43529; 19-7-01, EDJ 30390). **8291** MPP nº 2271

Autodenuncia Aunque el investigado está amparado por el **derecho a no confesarse culpable** y a no desvelar la existencia del delito, es válida la autodenuncia espontánea, como lo demuestra la regulación como circunstancia atenuante de la responsabilidad criminal (CP art.21.4ª). **8292**

Denuncia o informe-denuncia de la inspección tributaria En aquellos supuestos en los que, en el seno de o con ocasión de la tramitación de un **expediente administrativo de comprobación e inspección**, se llegue a la conclusión de que el obligado tributario interesado en el procedimiento o este en unión de otros, puede haber cometido uno o varios delitos contra la Hacienda pública, ha de emitirse por parte del actuario correspondiente, ratificado en su caso por el inspector jefe que corresponda, un **informe de delito** y han de levantarse una o varias actas de inspección (en función del número de ilícitos presuntamente cometidos) o bien un informe único para todos ellos, paralizando las actuaciones administrativas (LGT art.180; RD 2063/2004 art.32 y 33) y remitiendo a la fiscalía competente el informe acompañado del que emita en su caso el abogado del Estado (en el supuesto de la AEAT o el órgano con competencias de asesoramiento jurídico de la Administración tributaria de que se trate) y del expediente administrativo de inspección, junto con la denuncia firmada por el delegado o delegado especial de la AEAT o la autoridad que corresponda respecto de otras Administraciones tributarias. **8293** MPP nº 2275, 2277

En caso de que esta presente posteriormente **denuncia** y se abran diligencias penales, se personará el representante procesal de la Adminsitración tributaria, previo ofrecimiento de acciones al mismo (LECr art.109).

Cabe igualmente, la presentación de **querella** directamente ante el órgano jurisdiccional.

El expediente tiene carácter de **documento público** a todos los efectos.

Precisiones 1) La emisión de una **liquidación ordinaria** en un procedimiento de aplicación de los tributos no impide que posteriormente se gire una liquidación vinculada a delito. Una actuación inspectora no presupone sospecha penal, aunque pueda suceder que la preceda (TSJ La Rioja 8-6-21, EDJ 679795).

2) Los **informes de delito de la Administración tributaria** no gozan de presunción de veracidad en cuanto a sus conclusiones, pero sí constituyen un medio de prueba susceptible de valoración dentro del contexto de la apreciación conjunta de todo el material probatorio (TS 15-7-21, EDJ 633253).

3) Los informes remitidos por las autoridades fiscales de **países comunitarios** e incorporados al informe o informe-denuncia de la inspección se consideran documentos públicos si, en virtud de tratados, convenios internacionales o leyes especiales, tengan fuerza probatoria de acuerdo con LEC art.319 (supletoria a este respecto). Ésta **documentación remitida por las autoridades fiscales** de otro Estado en virtud de convenios y tratados de la Unión Europea son documentos públicos *per se* (JCP núm 2, 23-1-12).

4) La **liquidación vinculada a delito** no es un acto administrativo propiamente dicho -en el sentido de la L 39/2015 art.1 y de la L 29/1998- y, en tal condición, no establece una deuda tributaria amparada en la presunción de legalidad de que gozan los actos de la Administración sujetos al Derecho administrativo. No es un acto normal investido de las **prerrogativas** atribuidas a la Administración con carácter general, al servicio del interés público (ejecutividad, ejecutoriedad, presunción de validez, necesidad de impugnación ante una jurisdicción especializada como la contencioso-administrativa para enervar tales presunciones, etc ...).
El régimen legal de LGT art.250 s. estatuye un **sistema de compatibilidad** entre la sospecha de delito y la fijación de una deuda tributaria -y su cobro, bajo control judicial- en la medida en que su impago pudiera determinar, en un juicio provisional efectuado por la Administración, la comisión de un delito, a efectos de su denuncia ante el juez penal de los hechos. Y esos hechos se comunican a través de la liquidación vinculada a delito, pero es el juez penal quien debe determinar la deuda, entre otros elementos normativos, en trance de enjuiciar si se ha cometido o no el delito contra la Hacienda Pública y restablecer el orden jurídico causado como consecuencia del incumplimiento de los deberes fiscales.
Como consecuencia de todo ello, se **excluye** la liquidación vinculada a delito del ámbito objetivo de la LGT art.95 bis -publicidad de mora tributaria-, pues ni dan lugar a deudas fiscales en un sentido propio, ni están investidas de la presunción de legalidad -incompatible con la presunción de inocencia- pues es el proceso penal el que debe dilucidar la cuestión (TS 2-2-23, EDJ 505754; 2-2-23, EDJ 505827).
El derecho fundamental a la tutela judicial efectiva en su vertiente de acceso a la jurisdicción, no se vulnera por el régimen de las liquidaciones vinculadas a delito respecto de la **prohibición de ser revisadas** en vía administrativa, económico-administrativa y por la jurisdicción contencioso-administrativa, por razón de su posición instrumental respecto de una causa penal, en el curso de la cual se podrá controlar su **conformidad** a derecho (TS 10-3-25, EDJ 525848; 17-3-25, EDJ 525846).

8294 **Investigación de delitos contra la Hacienda Pública con deuda tributaria prescrita** La **diferencia entre la prescripción administrativa y la penal** es constante en la jurisprudencia. El juicio de tipicidad del delito de CP art.305 toma como referencia el momento en que se omitió el pago. Y una vez constatado el impago y concurrente la deuda tributaria, el delito se **consuma** sin que pueda incidir en la tipicidad una eventual extinción posterior de la deuda tributaria. La **responsabilidad penal** solo puede quedar extinguida por la prescripción del delito.
Cuestión distinta es que la no prescripción del delito fiscal -5 o 10 años-, pese a la extinción de la capacidad de la Hacienda Pública para exigir el pago de la cuota debida -por prescripción de 4 años-, permita a la Inspección investigar deudas administrativamente prescritas y no fiscalizables por la Administración tributaria. La LGT **impide** la investigación de una deuda tributaria ya prescrita (LGT art.66 y 66 bis 2, 115.1. 2º). El ejercicio de las potestades de la Inspección tributaria para la reclamación de cuotas devengadas y debidas está sujeta al límite impuesto por esos preceptos. Lo que **autoriza** es únicamente una actividad funcionalmente subordinada a la indagación de deudas no prescritas o pendientes de compensación o deducción.El derecho de la Administración a **comprobar e investigar** no renace en los casos en los que, ya prescrita la deuda tributaria, no ha transcurrido aún el plazo de 5 o 10 años de prescripción del delito, que no puede perseguirse a partir de un expediente de investigación/inspección administrativo, sino por otras vías: denuncia o querella de tercero, investigación penal «directa» (TS 7-1-25, EDJ 501157; 5-11-20, EDJ 711574).

8296 **Efectos** (LECr art.269) El efecto propio de la denuncia es el de dar lugar al **inicio de la investigación** del hecho denunciado de forma inmediata, por el juez o funcionario ante el que se presente, mediante:
- la **incoación directa** del proceso penal correspondiente (LECr art.306 y 308; LO 5/1995 art.24; LO 2/1989 art.130.6º);
- la realización de **actuaciones policiales o judiciales de prevención** (LECr art.282, 284 y 307); o
- las **diligencias preprocesales del Ministerio Fiscal** (L 50/1981 art.5; LECr art.773.2; LO 2/1989 art.123 y 140).

Precisiones La **admisión de la denuncia**, así como cualquier actuación procesal de la que resulte la imputación de un delito contra persona o personas determinadas, debe notificarse inmediatamente al afectado (denunciado) como presunto responsable (LECr art.118.5).

8297 MPP nº 2281 **Inadmisión** La denuncia puede rechazarse y no dar lugar a actuación procesal alguna cuando sea manifiestamente **falsa** o cuando el hecho denunciado **no** revista caracteres de **delito**.
• La **atipicidad** del hecho ha de ser manifiesta e indubitada desde el principio.
• En todo caso, el simple **denunciante no ofendido** por el delito no puede recurrir en **súplica** el auto de inadmisión de la denuncia, pues para ello debería haber ejercitado la acción popular mediante la oportuna querella (Acuerdo TS Pleno no Jurisdiccional Sala 2ª 25-5-05, EDJ 90023).

Denuncia -o querella- tardía El ejercicio de la acción penal de forma retardada o tardía, una vez que ha transcurrido un **amplio lapso temporal** desde la producción de los hechos o del desarrollo de las conductas eventualmente constitutivas de delito, no implica situar bajo sospecha al denunciante o querellante que reivindica justicia, siempre dentro del plazo de prescripción que, en su caso, resulte aplicable. Y sin perjuicio de que proceda aplicar la «**cuasiprescripción**» como atenuante analógica. Pero sí impone al órgano jurisdiccional extremar el grado de exigencia de los elementos de significación incriminatoria. Esta situación se da, especialmente, en supuestos de hechos constitutivos de agresiones o abusos sexuales a menores. 8298

Operan dos ideas básicas (TS 23-11-23, EDJ 759192; 1-2-12, EDJ 19877):

- la solidez de un **medio probatorio** no siempre va a quedar condicionada por la fecha en la que el hecho delictivo se denuncia;
- tratándose de **menores de edad que son objeto de agresiones o abusos sexuales**, la decisión acerca de poner en marcha la investigación de los hechos no depende de ellos, sino de las personas de su entorno que ejercen su patria potestad o tutela. Es precisamente por eso por lo que la denuncia se somete a un régimen específico, pudiendo promover la acción penal el Ministerio Fiscal (CP art.191) y por lo que el régimen jurídico de la prescripción se singulariza, hasta el punto de que el cómputo del plazo extintivo se sitúa en el momento en el que el menor ha alcanzado ya la mayoría de edad (CP art.132.1.2º).

En el proceso penal, es difícil para el **testigo** rememorar, con el detalle exigido para la valoración de la prueba, los hechos que resultan indispensables para atribuir a un denunciado la autoría de un delito; y para el **presunto autor** que, muchos años después de los hechos, puede no recordar con precisión o no tener a su alcance los argumentos exculpatorios que puedan debilitar la acusación.

Con carácter general, la denuncia de unos hechos acaecidos muchos años después del momento en que se narran ante la policía judicial ha de alertar al órgano jurisdiccional de enjuiciamiento. Sin embargo, exigir una **inmediatez cronológica** entre el momento de la comisión del hecho delictivo y el de su revelación ante la autoridad llamada a perseguirlo no es razonable. El legislador es consciente de los efectos que el paso del tiempo proyecta sobre las relaciones jurídicas y fija unos **plazos de prescripción**, susceptibles de interrupción, que limitan la vida de la acción penal y de la capacidad del Estado para indagar y enjuiciar los hechos denunciados. Por consiguiente, mientras no transcurran esos plazos y opere el **efecto extintivo**, la víctima puede instar su derecho a la tutela judicial efectiva y reivindicar la investigación. De ahí que el transcurso del tiempo desde el momento de los hechos hasta su denuncia -por ejemplo, mediando un lapso de 20 años-, no puede erigirse en un **obstáculo** para la adecuada investigación de los hechos. Como regla general, en estos supuestos se impone un ejercicio ponderativo de la presunción de inocencia y de la credibilidad de la víctima mucho más estricto y escrupuloso. Especialmente, cuando se trata de **abusos sexuales a menores de edad**, pues son muchas las razones por las que un menor puede optar por guardar silencio frente a estas conductas (TS 26-9-24, EDJ 701749).

B. Querella

La querella es la **declaración de voluntad** dirigida al órgano judicial competente para la instrucción del proceso en que una persona, con capacidad y legitimación, insta la incoación del mismo ejerciendo la acción penal como **parte acusadora**. 8300 MPP nº 2290

La **eficacia condicionante** sobre la incoación del proceso de la querella está en directa relación con el tipo de delito de que se trate. Si se trata de un **delito privado**, la eficacia es plena y solo mediante querella del agraviado o de su representante legal puede incoarse el proceso. Por el contrario, en caso de **delito público o semipúblico**, la querella no es más que una de las formas de mostrarse parte la persona legitimada para hacerlo como acusador popular o particular, pues cabe también la intervención adhesiva de ambos y la posibilidad de mostrarse parte sin formalizar querella en el proceso ya iniciado (LECr art.104, 110 y 761.2; CP art.215).

Precisiones La exigencia por particulares de la **responsabilidad penal de jueces y magistrados** exige la formulación de querella (LOPJ art.406), sin que de la supresión del antejuicio quepa deducir que sea suficiente la mera denuncia (TS auto 15-5-02; TSJ Granada auto 5-5-98, EDJ 15053; TSJ Madrid auto 15-10-24, núm 71/24).

Requisitos Son los siguientes: 8302

1) **Legitimación**. Se aplica lo expuesto en nº 7800 s., al estudiar las partes acusadoras.
2) **Competencia**. La querella debe presentarse ante el juez competente, teniendo en cuenta para los casos de **aforamiento** lo dispuesto en LECr art.272 y L 9-2-1912 art.4, si bien se permite la práctica de diligencias urgentes de prevención por juez incompetente previas incluso a la formalización de la querella (nº 600 s.).

3) **Postulación**. Debe presentarse por medio de **procurador** con poder bastante y suscrita por **letrado** y firmada por el querellante cuando el primero no tenga poder especial para formularla.
Este poder se califica de **«especialísimo»**, conferido para una actuación determinada (CC art.1712), ya que es el otorgado después del acaecimiento del hecho delictivo en el que se faculta de forma expresa al procurador para presentar la querella precisamente por tal hecho (TS 14-3-03, EDJ 4267; TSJ Madrid auto 22-10-24, núm 72/24). Tal exigencia persigue asegurar que el poderdante ha prestado su **consentimiento** expreso, concreto e inequívoco al ejercicio de la acción penal, delimitando el objeto del proceso y la persona o personas contra las que se dirige (TS 24-9-25, EDJ 702190).

8303 4) **Forma** (LECr art.277). El escrito de querella debe contener, además de la indicación del juez o tribunal ante quien se presente:
• **Identificación de querellante y querellado**, si esta última se conoce. En caso contrario, solo deben aportarse los datos que permitan descubrir su identidad. Ello constituye una de las finalidades esenciales de la fase de instrucción cuya apertura se pretende por el querellante.
• Relación circunstanciada del **hecho**, con expresión de las **circunstancias** que se conozcan sobre su perpetración. Han de ser lo suficientemente detalladas para dotar al relato de apariencia delictiva y constituir una *notitia criminis* con relevancia procesal, justificando la incoación del procedimiento. En caso contrario se impone la desestimación de la querella por irrelevancia penal del hecho (LECr art.313). No se precisa la concreción técnica o **calificación** de los tipos penales imputados, pues las circunstancias referidas son de carácter esencialmente fáctico.
• **Solicitud de diligencias de investigación**, que serán practicadas por el juez previa declaración de pertinencia (LECr art.312).
• Declaración de voluntad y **solicitud de medidas cautelares** personales y reales, pues debe hacerse la expresa petición de que se admita la querella, se practiquen las diligencias indicadas, se proceda a la detención y prisión del presunto culpable o a exigirle la fianza de libertad provisional, y se acuerde el embargo de sus bienes en la cantidad necesaria en los casos que proceda.

8304 5) **Fianza**. Se aplica lo expuesto en nº 7909 y nº 7940.
6) En el caso especial de que alguna de las partes en un proceso, o persona que tenga interés en él, formulen **querella contra el juez o magistrado** que deba resolver en dicho proceso, con carácter previo a la admisión de esta el órgano competente para su instrucción puede recabar los antecedentes que considere oportunos a fin de determinar su propia competencia, así como la relevancia penal de los hechos objeto de la misma o la verosimilitud de la imputación.
7) En los **delitos de injuria y calumnia** contra particulares, debe acompañarse de certificación de haberse celebrado o intentado acto de conciliación y, si se han vertido en juicio, la licencia del juez o tribunal que haya conocido del mismo (LECr art.278, 279, 804 y 805; CP art.215).

8306 **Resolución judicial** Presentada la querella, el juez de instrucción debe adoptar en su vista alguna de las tres resoluciones que siguen, tras la **valoración** de la concurrencia de los requisitos formales y presupuestos procesales exigidos por la Ley y la apariencia delictiva o posible relevancia penal de los hechos descritos por el querellante (TS 13-5-93, EDJ 4496):
- admisión a trámite (nº 8307);
- inadmisión (nº 8308);
- desestimación (nº 8309).

8307 **Admisión a trámite** (LECr art.118; LO 2/1989 art.125) Con la resolución de admisión a trámite de la querella, con incoación del proceso penal que corresponda, querellante y querellado adquieren la **condición de parte** y el segundo el status de **investigado**; posteriormente, en su caso, como encausado -nº 8000-), siéndole desde entonces aplicables todas las garantías propias del mismo, ya estudiadas en nº 6830 s.
Igualmente, se produce la interrupción de la **prescripción del delito** objeto de la querella desde la fecha de interposición de la misma (TS 16-7-99, EDJ 17047).

Precisiones La **admisión de la querella**, así como cualquier actuación procesal de la que resulte la imputación de un delito contra persona o personas determinadas, debe notificarse inmediatamente al afectado (denunciado) como presunto responsable (LECr art.118.5).

8308 **Inadmisión o desestimación** (LECr art.277, 312 y 313) La **inadmisión** procede cuando el escrito de querella no reúna los requisitos formales legalmente exigidos o por ausencia de los restantes presupuestos procesales. Igualmente, cuando el juez no se considere competente para instruir el procedimiento.

La adecuada tutela del **derecho de acceso a la jurisdicción** impone ofrecer al querellante la posibilidad de subsanar los **defectos** que se aprecien (Const art.24.1; LOPJ art.11.3; TS 6-2-90, EDJ 19305; 10-6-99, EDJ 13513; 24-9-25, EDJ 702190 -en relación con el requisito del poder especial, perfectamente subsanable mediante la presentación posterior del documento o por la ratificación judicial del querellante-).

Finalmente, en caso de **incompetencia** debe señalarse en la resolución el órgano que se estime competente para conocer del asunto (LOPJ art.9.6).

Precisiones 1) No cabe, sin previo **plazo de subsanación**, acordar la inadmisión en casos de:
- imposibilidad de ratificación por encontrarse el querellante fuera de España (AP Valladolid auto 7-5-04, EDJ 51380);
- falta de firma por el querellante o el procurador (TSJ Granada auto 7-7-03, EDJ 115089; AP Zaragoza auto 3-4-01, EDJ 99085);
- ausencia sobrevenida de asistencia letrada al querellante (AP Cáceres auto 16-5-05, EDJ 63378); o
- falta de constitución de la fianza (TS 20-5-05).

2) Es **insubsanable**, por el contrario, mediante providencia judicial posterior la falta de firma del juez y del letrado de la Administración de Justicia en la diligencia de comparecencia en que se ratifica la querella (TS 4-6-97, EDJ 5559).

3) Nada impide que si el delito es público o semipúblico el escrito defectuoso e inadmisible como querella surta **efectos como denuncia**, siempre que contenga suficiente noticia de la infracción penal, en cuyo caso los defectos del primero no relevan al juez de hacer al ofendido el oportuno ofrecimiento de acciones, ni impiden su posterior intervención adhesiva en el proceso (TS auto 12-4-91, EDJ 3740).

La **desestimación** debe producirse cuando los hechos sean, de modo manifiesto, inocuos des- **8309**
de el punto de vista penal y no ofrezcan una mínima posibilidad delictiva desde el punto de vista indiciario característico de la fase inicial del proceso (LECr art.313).

Se considera que los **hechos no son constitutivos de delito** en aquellos casos en que (TS auto 15-10-24, causa especial 20557/24):

a) Los hechos contenidos en el relato fáctico de la querella, tal y como esta viene redactada, no sean susceptibles de ser **subsumidos en ningún precepto penal**, según el criterio razonado del órgano jurisdiccional competente.

b) A pesar de la posible apariencia delictiva inicial de los hechos que se imputan en la querella, no se ofrezca en esta **ningún elemento o principio de prueba** que avale razonablemente su realidad, lo que conduciría a una investigación prospectiva (nº 63).

La **valoración** de la significación penal de los hechos ha de hacerse en función de la forma en que aparecen relatados y no en la medida en que resulten acreditados. Se desarrolla en un momento posterior, permitiendo el rechazo *a limine* cuando concurre alguno de los supuestos indicados en los apartados a) y b) precedentes (TSJ Madrid auto 15-10-24, núm 71/24).

Precisiones Ninguna de las dos resoluciones -inadmisión o desestimación- es comparable al **sobreseimiento libre**, por lo que el único **recurso** procedente contra ellas es, en función del órgano que las dicte:
- el de **apelación** en ambos efectos (LECr art.313); o
- el de **súplica** (LECr art.236; TS auto 16-3-98, EDJ 61273).

No cabe en ningún caso el de **casación** (TS 22-1-92, EDJ 491; TS auto 16-7-92, EDJ 7983; 2-10-96).

Incompetencia (LECr art.272 y 313, 759) Estos preceptos exigen que la querella se presente ante el **8310**
órgano jurisdiccional competente. Aunque no es cuestión clara, puede sostenerse que aluden a la **competencia funcional** (que es la propia de la fase de instrucción, determinándose indirectamente a partir de la objetiva, que resulta de qué tipo de órgano es el llamado por la Ley para conocer -es decir, resolver sobre el fondo- de un proceso), puesto que la competencia para instruir causas criminales puede corresponder a órganos de distinta naturaleza (juzgado de instrucción, central de instrucción, de violencia sobre la mujer o incluso otros tribunales en caso de concurso de personas aforadas -TSJ Navarra auto 28-4-09, EDJ 158188-). No se hace referencia a la **competencia territorial**.

Prueba de ello es que una **eventual incompetencia territorial** es subsanable o puede quedar purgada, según reiterada jurisprudencia Tribunal Supremo, ya que, cuando se produce una alteración de la competencia por revelarse que el juzgado que está tramitando una instrucción no es competente territorialmente, las actuaciones y diligencias de investigación que ha venido practicando el juzgado que ha resultado ser incompetente son plenamente válidas y tienen efectos probatorios en el juicio oral, incluso cuando se trata de diligencias como la toma de declaración a los investigados, o la realización de registros (es decir, actuaciones invasivas que afectan o pueden afectar a derechos fundamentales). Del mismo modo, ha de tenerse presente la doctrina jurisprudencial sobre las **inhibiciones tardías** (nº 2372).

Por tanto, si las actuaciones instruidas y desarrolladas por un órgano jurisdiccional territorialmente incompetente son válidas a todos los efectos y tienen pleno valor para preparar el juicio

oral y completa fuerza probatoria en él los indicios acopiados en fase instructora, hay que concluir que la **propia incoación del procedimiento** por ese mismo órgano instructor tiene que ser válida también y producir plenos efectos jurídicos, pues carecería de todo sentido que fueran válidas las diligencias de investigación practicadas por un órgano jurisdiccional incompetente territorialmente y que, sin embargo, no lo fuera el auto de incoación del procedimiento con admisión de querella, que es lo que permite al juez instructor practicar tales actuaciones. En consecuencia, los preceptos citados se están refiriendo a una **incompetencia funcional**, la cual sí determinaría la nulidad de las actuaciones.
Adicionalmente, en el **procedimiento abreviado**, puede considerarse que la regla de LECr art.759 es preferente, al disponer que en relación con las cuestiones de competencia que si éstas se plantean en fase de instrucción, cada uno de los órganos jurisdiccionales implicados continuará practicando las diligencias conducentes a la comprobación del delito hasta tanto se dirima la controversia.

Precisiones Una interpretación sistemática de LECr art.313 adaptada al día de hoy supone que solo es aplicable, en el caso de la **competencia territorial**, en los delitos denominados privados, calumnias e injurias entre particulares (CP art.205, 208 y 215). En el caso de **delitos públicos o semipúblicos**, el órgano instructor ha de actuar e incluso practicar diligencias cuando se plantea una cuestión de competencia entre órganos judiciales (LECr art.15, 22, 25, 759).
En los casos de **falta de competencia objetiva o funcional** (p.e aforados), puede aplicarse la LECr art.313, aunque con las limitaciones establecidas en TS auto 25-1-00 (AP Bizkaia auto 26-4-24, núm 224/24).

8312 **Querella abusiva** Se entiende por tal aquella que ha sido interpuesta con fines espúreos, con mala fe y al margen de las mínimas exigencias derivadas de la verdad de los hechos, de la realidad, con carácter más que temerario. En ella, la **acción ejercitada** carece de la menor posibilidad de prosperar, implica un comportamiento procesal irreflexivo y el querellante es consciente de esta circunstancia. Se incurre en estos casos, en manifiesto abuso de derecho.
La querella incursa en **abuso** es la que no solo carece del más mínimo rigor fáctico y jurídico, sino que sobrepasa de forma manifiesta los límites del prudente ejercicio de las acciones penales, siendo **manifiestamente infundadas**, no solo porque no se aprecie la existencia del más mínimo indicio de los delitos atribuidos por el querellante al querellado, sino porque pretende de forma totalmente indebida la utilización de la querella sin fundamento alguno. Su insostenibilidad es patente.
En tales circunstancias, puede imponerse **mula** al querellante -LEC art.247, de aplicación a todos procesos y por tanto al penal- (TS auto 5-10-22, EDJ 702633). Existe cierta correlación entre la querella abusiva y las características de la conducta procesal de la acusación particular determinante de su **condena en costas**.
La **imposición de multa** deberá producirse a raíz del auto de rechazo inicial de la querella, previa apertura de pieza separada y con audiencia de las partes. En el auto que se dicte al efecto, en caso de imponer efectivamente aquella, se determinará la cuantía: entre 180 y 6.000 euros (TSJ Cataluña auto 15-1-24, EDJ 513076; TSJ Aragón auto 20-4-22, EDJ 596526; TSJ País Vasco 16-11-17, EDJ 273657).

C. Otras formas de iniciación del proceso

8315 Además de a través de denuncia y de querella, es posible iniciar el proceso penal mediante:
MPP - incoación de oficio;
nº 2315 - atestado policial;
- deducción de testimonio;
- tanto de culpa; y
- parte militar.

8316 **Incoación de oficio** El principio de oficialidad permite su incoación por propio conocimiento del juez instructor de la *notitia criminis*, salvo cuando el delito le afecte de forma tan directa que aparezca el **deber de abstención** (LO 2/1989 art.130.1º; LOPJ art.219).
Del mismo modo, cuando la noticia del delito se manifieste en el curso de una actuación judicial de un **órgano judicial incompetente** para incoar e instruir el proceso, debe darse traslado de la misma, mediante remisión de testimonio de dicha actuación al juez competente, que en su vista valorará si procede o no la incoación del proceso (LECr art.638 y 684; LO 2/1989 art.89, 130.4º, 141.4ª, 150 y 152).
Sobre la **ausencia de mención** de la incoación de oficio en LO 5/1995 art.24, ver nº 8192.

Atestado policial La práctica por la policía judicial de **diligencias de prevención** ha de documentarse en el oportuno atestado que los funcionarios actuantes han de remitir al órgano jurisdiccional competente (nº 8214 s.). 8318 MPP nº 6872 s., 7992

El atestado se configura como presupuesto de la **incoación del procedimiento de enjuiciamiento rápido**, pues además de que el delito esté incluido en la enumeración legalmente prevista, de la existencia de investigado identificado y detenido o al menos citado para comparecer ante el juez de guardia de la Sección de Instrucción del Tribunal de Instancia -hasta su constitución, el juzgado de guardia- y de la sencillez de la instrucción, se precisa que el proceso penal se incoe en virtud de un atestado policial para la aplicación del mismo. No procede por ello la aplicación de este procedimiento cuando el proceso comience mediante querella o denuncia, se inicie de oficio o arranque de una investigación preprocesal del Ministerio Fiscal (LECr art.795.1 redacc LO 1/2025).

En última instancia, es al **juez de guardia** a quien corresponde determinar la procedencia de aplicar o no un determinado procedimiento penal, por lo que el de enjuiciamiento rápido puede serlo aun cuando el atestado no se ajuste a las exigencias de LECr art.796, siempre que las diligencias puedan practicarse en la forma concentrada que dispone LECr art.797 (FGE Circ 1/2003).

Testimonio proveniente de otro órgano jurisdiccional La **deducción de testimonio** es una práctica o uso forense generalizada que se emplea por parte de un órgano jurisdiccional cuando en un procedimiento del que esté conociendo pudieren derivarse hechos con trascendencia jurídica, ordinariamente penal. 8319

Todo **tribunal** tiene la potestad de informar a los órganos competentes jurisdiccionales cuando considere que se ha podido cometer un delito, trasladando de esta manera la *notitia criminis*, lo que alcanza a cualquier dato relevante que pueda tener significado penal, siendo en todo caso el órgano competente quien valora tal relevancia y ordena o no efectuar las consiguientes averiguaciones.

La **justificación** por tanto de la deducción de particulares o de testimonio no es la conexidad entre los hechos objeto de investigación o la identidad del órgano competente, sino que en un procedimiento surjan elementos reveladores de otros hechos sometidos a su propio enjuiciamiento (AP Tarragona auto 22-2-18, EDJ 78352). Por ello, la deducción de testimonio se instrumenta en una **resolución judicial** en virtud de la cual el juez ordena que otro juez, o la fiscalía, proceda a la investigación de unos hechos que presentan presuntamente caracteres de delito. La decisión tiene una indudable trascendencia, pues con independencia de cuál sea posteriormente el resultado de la investigación que se inicie, la persona afectada por la decisión resulta perjudicada por la misma, por lo que genera un gravamen que legitima al afectado para fundar en él la **interposición del correspondiente recurso**.

En cuanto al estándar acreditativo para fundar la resolución, la decisión de deducir testimonio es una de las formas en las que una presunta *notitia criminis* puede comenzar a ser investigada y por tanto los estándares de valoración de su **pertinencia** son los contenidos en LECr art.269, y por tanto, analógicamente, solo cabrá declarar manifiestamente improcedente la deducción de testimonio si los hechos no revisten indubitadamente la consideración de infracción penal o son manifiestamente falsos (AP Tarragona auto 20-6-18, EDJ 599261).

Quienes por razón de sus cargos, profesiones u oficios tuvieran **noticia de algún delito público**, estarán obligados a denunciarlo inmediatamente al Ministerio Fiscal, al Tribunal competente o a la Sección de Instrucción (o Única) del Tribunal de Instancia -hasta su constitución, al juez de instrucción- (LECr art.262). En consecuencia, cuando un juez en el ejercicio de su cargo advierte la existencia de un posible delito no es solo que esté facultado para denunciarlo sino que viene obligado a hacerlo. Y la posibilidad de **revisar dicha decisión** resulta excepcional en la medida en que la competencia para decidir el destino de dicha denuncia se atribuye en exclusiva a la Sección de Instrucción (o Única) del Tribunal de Instancia -hasta su constitución, juez de instrucción- que debe conocer de la misma (LECr art.14 redacc LO 1/2025). Lo que significa que el órgano que ha deducido testimonio no debe pronunciarse de lleno sobre la **procedencia o improcedencia de la decisión** pues en tal caso estaría sustrayendo dicha competencia legal. Si una noticia es o no delito ha de ser investigada en el seno de un proceso penal y por el juez competente (JP Logroño núm 1, auto 14-8-18).

Tanto de culpa Cuando de la instrucción de un **procedimiento administrativo sancionador** resulte la existencia de indicios de infracción penal, el órgano competente para resolver debe, de modo inmediato, poner los mismos en conocimiento del Ministerio Fiscal (L 40/2015 art.31.1). 8320

Lo mismo cabe decir de otras **actuaciones administrativas no sancionadoras** en las que tiene reflejo el deber cualificado de denunciar que se impone con carácter general en LECr art.262 (p.e. para la investigación de accidentes e incidentes de aviación civil -L 21/2003 art.18-).

Sobre las relaciones entre el proceso penal y el procedimiento administrativo sancionador y su vinculación con la proscripción de la doble sanción, ver nº 6932. El estudio de este tema se trata con detalle en nº 539 s. Memento Procesal Penal 2026.

8322 **Parte militar** (LO 2/1989 art.130 y 134) El parte militar que la legislación procesal militar contempla como forma de incoación del proceso penal es el instrumento **verbal o escrito** mediante el que el militar está obligado a dar cuenta a sus superiores de cualquier acontecimiento o novedad de que tenga conocimiento en el desempeño de sus cometidos, sucesos entre los que sin duda alguna se encuentra la comisión de delitos tipificados en LO 14/2015.
Procesalmente, el **valor del parte** es el propio de la denuncia y los hechos que en él se reflejan están sujetos a investigación en la fase de instrucción y a prueba en el juicio oral mediante la declaración testifical de la persona que lo firma, sin que sea procedente su tratamiento como prueba documental. En consecuencia, la condena no puede basarse solo en el parte no ratificado cuando el investigado niegue su participación en el hecho y no exista otra prueba que permita acreditar la misma (TS Sala militar 7-11-02, EDJ 51551; 15-11-04, EDJ 183612).

D. Aspectos complementarios de la incoación del proceso

8323 Las cuestiones colaterales al inicio del proceso penal relacionadas con el régimen de **protección de denunciantes** que informen sobre infracciones del Derecho de la Unión Europea (Dir UE 2019/1937) son objeto de estudio detallado en el nº 2335 s. Memento Procesal Penal 2026.
Los denunciantes tienen derecho a protección si se dan los siguientes **requisitos**:
- tienen motivos razonables para pensar que la **información sobre infracciones denunciadas es veraz** en el momento de la denuncia y que la información debe ser protegida;
- han denunciado por **canales internos, externos** o hecho una revelación pública.
Sin perjuicio de la obligación de disponer de mecanismos de denuncia anónima, la directiva no afecta a la facultad de los Estados miembros de decidir si exige o no a las entidades jurídicas de los sectores privado o público y a las autoridades competentes aceptar y seguir las **denuncias anónimas** de infracciones. En caso de identificación posterior de los denunciantes anónimos y, subsiguientes represalias, se mantiene el derecho de protección.

IV. Investigación criminal

8330 La función de **aportación de hechos** al proceso (nº 8126) se define como la averiguación y constancia de la perpetración de los delitos y la culpabilidad de los delincuentes (LECr art.299). La Ley se refiere a ella como el esclarecimiento y la comprobación del delito y la determinación de las responsabilidades exigibles (LO 2/1989 art.146) o también, como la determinación de la naturaleza y circunstancias del hecho y de las personas que en él han participado (LECr art.777.1). Esa **averiguación o determinación** no son otra cosa que la concreción de la existencia o inexistencia del **hecho con apariencia delictiva** y de la posible participación en él de **personas identificadas**, lo que exige reunir los elementos fácticos que permitan:
- atribuir a la imputación la consistencia necesaria para abrir el juicio oral y formular acusación;
- asegurar al investigado los elementos necesarios de defensa; y
- someter a prueba en su día las pretensiones de las partes.

8332 El **contenido de la fase de instrucción** está constituido por una serie de actos de investigación:
a) En unos casos el **acto de investigación** es **directo**, pues proporciona por sí mismo la fuente de conocimiento de lo que se pretende descubrir (declaración de testigo, informe pericial) y, en otros, constituye un simple **instrumento** para buscar y determinar si existe esa fuente y someterla después a investigación directa (entrada y registro, intervención telefónica).
b) Algunos medios de investigación suponen **afección directa a los derechos fundamentales del investigado**, en particular, la integridad física y prohibición de tratos degradantes (Const art.15) e intimidad personal y familiar, inviolabilidad del domicilio y secreto de las comunicaciones postales, telegráficas y telefónicas (Const art.18), lo que no se produce en otros casos.
La diferencia es esencial en un doble aspecto:
• Los medios de investigación que afecten a derechos fundamentales del investigado quedan reservados en cualquier tipo de proceso a la **exclusiva competencia del juez de instrucción** y solo pueden practicarse previa autorización singular por resolución motivada, aunque la ejecución material de algunos de ellos se lleve a cabo por la policía judicial. Además, están

rodeados de una serie de requisitos en gran parte comunes (reserva de ley, proporcionalidad, necesidad y control judicial de su ejecución; nº 8410 s.) cuya infracción nos sitúa de lleno en el ámbito de la prueba ilícita y no meramente irregular, con las consecuencias derivadas de LOPJ art.11.1, que alcanzan a otros medios de prueba no ilícitos en sí mismos que tengan determinada conexión con el acto vulnerador de los derechos fundamentales.

• Por el contrario, las actuaciones que no tengan esa eficacia negativa sobre derechos fundamentales pueden practicarse tanto por el **juez de instrucción** como por el **Ministerio Fiscal** o la **policía judicial**, en cuyo caso la diferencia radica en la diversa eficacia que a efectos de preconstitución probatoria se atribuye a un mismo medio de investigación, como puede ser la declaración de un testigo cuando es contradicha en el juicio oral, el reconocimiento del lugar del hecho o la recogida de vestigios materiales del delito. Por otra parte, la irregularidad en la práctica del acto de investigación produce solo su ineficacia probatoria en el juicio oral, sin eficacia refleja sobre otros medios de prueba.

c) La **eficacia a efectos probatorios** de los actos de investigación es también diversa, y va desde el simple aseguramiento de las fuentes de prueba como regla general a la anticipación probatoria excepcional, pasando por el punto intermedio de la preconstitución probatoria, como se expuso en nº 8155 s.

A. Reconocimiento judicial

(LECr art.326 s.)

El reconocimiento judicial o **inspección ocular**, es el acto de investigación judicial que consiste en la determinación, con eficacia de prueba preconstituida, de las condiciones y características de un determinado lugar o espacio físico relacionado con la perpetración del delito, al tiempo que se aseguran o identifican las fuentes de prueba que pudieran existir en él. **8340** MPP nº 6359 s.

Características y requisitos 1) El **objeto de reconocimiento** no se limita al lugar de comisión del delito, sino que abarca cualquier espacio relacionado con él o en que se encuentren vestigios materiales, huellas, instrumentos o efectos de su perpetración, a cuyo efecto el juez debe proceder a la inspección y descripción de todo aquello que tenga relación con la existencia y naturaleza del hecho. Para ello pueden utilizarse los **medios** precisos, tales como planos, croquis, fotografías, filmaciones o procedimientos de grabación de la imagen (LECr art.326, 327 y 334; LO 2/1989 art.159 a 161). **8341**

2) Se trata de una **diligencia** eminentemente **instrumental** encaminada, además de a la descripción citada, a la recogida del cuerpo del delito y a la identificación de otras fuentes de prueba, como la testifical y cualesquiera otras que resulten pertinentes, así como a la custodia y protección del lugar de autos para evitar la desaparición de las muestras, vestigios o efectos de su perpetración. Por ello, se le confiere junto con la recogida y conservación del cuerpo del delito, el **carácter preferente** sobre las restantes actuaciones instructoras, salvo las medidas cautelares personales y la asistencia a las víctimas (LECr art.326, 329 a 331, 334 y 366).

3) Es una actuación que puede practicar la policía judicial dentro de su labor de investigación del delito, pero sin **eficacia de prueba preconstituida**, salvo en casos excepcionales de urgencia o necesidad (LECr art.282 y 770.2º y 4º; TCo 303/1993; TS 19-4-05, EDJ 68321; 17-10-05, EDJ 171688).

Por regla general, dicha consideración solo corresponde a la diligencia realizada por el juez de instrucción bajo al fe del letrado de la Administración de Justicia, pues la inspección ocular que puede realizar la **policía judicial** es un acto de investigación que carece en sí mismo de valor probatorio aun cuando se refleje documentalmente en el atestado policial, por lo que los elementos fácticos que del mismo puedan derivarse deben incorporarse al juicio oral a través de un medio probatorio, como, por ejemplo, la declaración testifical de los agentes intervinientes debidamente practicada en el juicio con las garantías de la contradicción y la inmediación (LECr art.282; RD 769/1987 art.28).

Por el contrario, el reconocimiento judicial efectuado por el **juez de instrucción** constituye un acto de prueba preconstituida que es susceptible de ser introducida en el juicio oral a través de la lectura sanadora de LECr art.730, sin que alcance dicha naturaleza a las declaraciones de testigos y actuaciones análogas que se practiquen con ocasión del mismo (LECr art.329 y 331; TS 1-10-01, EDJ 31974; 15-10-01, EDJ 34774; 10-10-05, EDJ 162014).

4) Como presupuesto necesario de dicha eficacia probatoria, es esencial la **posibilidad de contradicción** (LECr art.333) al exigir que, cuando sea conocido el investigado en el momento de practicarse la diligencia, se le cite con la necesaria antelación y se le permita presenciar su práctica y participar en ella, para lo que puede gozar de asistencia letrada, precepto esencial **8342**

en el régimen de la prueba preconstruida que se declara expresamente aplicable al reconocimiento pericial del cuerpo del delito y que lo es, por analogía, a la diligencia de entrada y registro (LECr art.336 y 569; TS 6-4-05, EDJ 46999).
Igualmente, es esencial a los efectos de la lectura en el juicio oral (LECr art.730), la **documentación escrita** del resultado de la diligencia, mediante acta que se extiende en el momento mismo de practicarse y se firma por el juez, el letrado de la Administración de Justicia, el fiscal si asiste al acto y las personas presentes en el mismo (LECr art.332).
5) La eficacia de prueba preconstituida del reconocimiento judicial no excluye su **práctica durante el juicio oral** ante el tribunal sentenciador, en cuyo caso la prueba no presenta especialidad alguna salvo la del lugar de su realización (LECr art.727; LO 2/1989 art.311.4º).

8344 MPP nº 6359 **Reconstrucción de hechos** Consiste en **escenificar**, partiendo de los datos que se deriven de declaraciones testificales o del propio investigado y con la participación de este, la posible forma de comisión del delito.
Se caracteriza como una **diligencia compleja** que se puede beneficiar de los modernos instrumentos de reproducción audiovisual. No puede constituir, por sí sola, una prueba de cargo, ya que su verdadero sentido es el de permitir durante el juicio oral la fijación de los hechos en función de los datos aportados y se trata de una **diligencia excepcional y complementaria** que solo procede como prueba anticipada, en aquellos casos en los que los elementos probatorios son de muy difícil o imposible reproducción, habiéndose estimado pertinente para valorar la credibilidad de la declaración de la víctima o de otros testigos (TS 3-2-05, EDJ 71496; 13-12-04, EDJ 238774). A ella se refiere también, para su práctica en el juicio oral, la LO 2/1989 art.311.4º.

B. Cuerpo del delito

(LECr art.334 a 367)

8350 MPP nº 6365 s., 6853 Se engloban bajo esta denominación diversas realidades que tienen en común el constituir **elementos materiales o tangibles** relacionados con la comisión del delito y que, por tanto, pueden contribuir a su investigación y prueba. Se hace referencia a:
- los vestigios o huellas materiales de todo tipo, incluidas las biológicas, de la perpetración del delito (LECr art.326, 328 y 778.3);
- los medios o instrumentos de su perpetración y los productos o efectos de la infracción (LECr art.334);
- el objeto material de la misma (LECr art.335, 364 y 365); e, incluso,
- el sujeto pasivo del delito, haya o no fallecido como consecuencia del mismo (LECr art.335).

Se regulan en relación con este último las diligencias de:
- levantamiento e identificación del cadáver (LECr art.340 a 342, 354 y 778.6º);
- autopsia (LECr art.343 s. y 353);
- asistencia a lesionados (LECr art.350 a 352); y
- vigilancia de lesiones (LECr art.355).

Precisiones En relación con la incautación de armas, instrumentos o efectos de cualquiera clase que puedan tener relación con el delito y se hallen en el lugar en que este se cometió, o en sus inmediaciones, o en poder del reo, o en otra parte conocida, la **persona afectada por la incautación** puede recurrir en cualquier momento la medida ante el juez de instrucción, sin necesidad de la intervención de abogado en el caso de que sea presentado por **terceras personas** diferentes del investigado.
Se entiende **recurrida la incautación** desde que la persona afectada por la medida o un familiar suyo mayor de edad hayan expresado su disconformidad en el momento de la misma.
Todos los **efectos incautados** deben ser restituidos tan pronto como sea posible salvo que excepcionalmente deban ser conservados como medio de prueba o para la práctica de otras diligencias.
Los efectos también han de ser **restituidos inmediatamente** cuando deban ser conservados como medio de prueba o para la práctica de otras diligencias, pero su **conservación** puede garantizarse imponiendo al propietario el deber de mantenerlos a disposición del juez o tribunal. Cabe **recurso** contra esta decisión (LECr art.334).

8351 En el **procedimiento abreviado**, se establecen determinadas especialidades que permiten prescindir de (LECr art.778):
- la autopsia, cuando consten de otro modo la causa y circunstancias de la muerte;
- la certificación de la sanidad del lesionado, cuando pueda formularse sin ese dato escrito de acusación y prestar a las víctimas la asistencia precisa sin necesidad de intervención del médico forense, actuación para la que la policía judicial puede requerir, a prevención, la intervención de cualquier facultativo (LECr art.770.1ª y 796.1.1ª).

Precisiones Con el concepto de **efecto judicial** se hace referencia a todos los bienes puestos a disposición judicial, embargados, incautados o aprehendidos en el curso de un procedimiento penal. Aunque presenta una amplitud tal vez mayor, engloba indudablemente la clásica noción de cuerpo del delito (LECr art.367 bis).

Recogida y descripción Es una actuación investigadora estrechamente vinculada a otras diligencias instructorias e, incluso, a actos de prueba del juicio oral. 8353
Su práctica es el objeto de otras **actuaciones instrumentales**, como son:
- el reconocimiento judicial y la entrada y registro en lugar cerrado, que se llevan a cabo para buscar, precisamente, los elementos que integran el cuerpo del delito (LECr art.326 y 574);
- la detención y apertura de correspondencia, cuando los efectos del delito se encuentren en el interior de cartas o paquetes postales (LECr art.586); y
- las inspecciones o intervenciones corporales, en el caso de que aquellos se oculten en cavidades naturales del cuerpo del investigado, o cuando las muestras o vestigios sean fluidos corporales o elementos anatómicos que hayan de obtenerse a partir de la persona de este (LECr art.326, 363 y 778.3; TCo 23/2014 -nº 6393 Memento Procesal Penal 2026-).

En consecuencia, cuando la diligencia instrumental en la que se descubre u obtiene el cuerpo del delito afecte a **derechos fundamentales del investigado**, como es el caso de las tres últimas, el cumplimiento de los requisitos exigibles a la primera es determinante de la eficacia de la segunda (LOPJ art.11.1).

A su vez, la recogida y custodia del cuerpo del delito es el antecedente o **presupuesto necesario de otras diligencias** de investigación y de actos de prueba. En la fase de instrucción, se regulan asociada a ella:
- la **declaración testifical de las personas presentes** en el lugar de comisión del delito, que se practica inmediatamente después de la descripción del «cuerpo» (LECr art.337 y 364); y
- diversas **actuaciones de índole pericial**, aparte de las antes citadas de autopsia, asistencia a lesionados y vigilancia de lesiones, como la que recoge con carácter general LECr art.336 y 339, las operaciones de análisis químico y la tasación pericial del objeto material del delito (LECr art.365 s., 796.1.8ª y 797.2ª.c).

Precisiones 1) La **certificación de sanidad y secuelas** solo será necesaria en los delitos tipificados en CP art.149.1 y 150 que no consistan en mutilación o pérdida de órganos o miembros, pues, en otro caso, una vez acreditada la necesidad de tratamiento médico o quirúrgico o el hecho mismo de la mutilación, la duración de la asistencia solo puede ser relevante para cuantificar la responsabilidad civil, cosa perfectamente posible en ejecución de sentencia. 8354

2) Han de tenerse presentes las funciones del cuerpo de **médicos forenses**, de los **institutos de medicina legal** y del **Instituto Nacional de Toxicología y Ciencias Forenses** (LOPJ art.479 y 480).

3) Las **piezas de convicción** han de estar preceptivamente a disposición de las partes durante la celebración del juicio oral, aunque no hayan solicitado su presencia (LECr art.688 redacc LO 1/2025). La omisión de esta norma no integra quebrantamiento de forma con relevancia casacional, salvo cuando la parte haya solicitado expresamente el examen de la pieza y su omisión genere indefensión material por tratarse de una diligencia necesaria, siempre que, además, se formule la oportuna protesta (TS 26-6-00, EDJ 22088; 9-5-05, EDJ 83585; 8-7-05, EDJ 113619).

Conservación y custodia (LECr art.338 y 367 ter) Es este un aspecto imprescindible, tanto para su utilización en juicio oral como pieza de convicción, como para posibilitar la práctica de actos periciales de investigación. 8356
A tal efecto, los **instrumentos, armas y efectos** (LECr art.334) deben sellarse, si es posible, y acordarse su retención, conservación o envío al organismo adecuado para su depósito.

Reglas particulares Se establecen diversas reglas particulares aplicables a determinadas categorías de objetos: 8357

1) La **destrucción** puede decretarse cuando se trate de objetos cuya naturaleza la demande o cuando su almacenamiento represente peligro real o potencial, y se impone, en todo caso, cuando se trate de drogas tóxicas o estupefacientes o sustancias psicotrópicas, en este supuesto, previos los informes analíticos pertinentes. En todo caso, debe oírse previamente a las partes y ha de conservarse a disposición judicial **muestra suficiente** para la práctica de posteriores análisis contradictorios, bajo la custodia de la autoridad administrativa competente (LECr 367 ter), debiendo quedar en autos constancia de la naturaleza, calidad, cantidad, peso y medida de los efectos destruidos, así como de su valor si no hay tasación anterior y su fijación es imposible después de la destrucción.

La destrucción se lleva a efecto por la autoridad administrativa, en caso de que el juez instructor no ordene motivadamente la conservación íntegra de las sustancias, dentro el plazo de un mes desde la comunicación hecha por aquella a tal efecto.

2) En cuanto a la **remisión directa a centros y laboratorios oficiales** competentes de los objetos recogidos para su análisis y custodia, en el caso de las **drogas** tóxicas o estupefacientes y

sustancias psicotrópicas, su ocupación y envío directo por la policía judicial no contraviene lo dispuesto en LECr art.336 y 338, pues deriva de obligaciones asumidas por el Estado que pretenden impedir que las referidas sustancias puedan encontrarse en dependencias públicas distintas de las previstas específicamente para tal fin (LECr art.338 y 796.1.6ª; TS 19-3-01, EDJ 7272; 30-6-04, EDJ 82723; 6-10-04, EDJ 159800; 3-4-07, EDJ 21025; 6-7-07, EDJ 104558).

Precisiones 1) El régimen de destrucción de drogas tóxicas o estupefacientes o sustancias psicotrópicas es apicable a las que, a fecha **24-2-2013**, se hallen en poder o bajo custodia de las correspondientes autoridades administrativas (RDL 3/2013 disp.final 1ª).

2) El régimen de **destrucción anticipada** es aplicable a los efectos intervenidos en caso de delitos contra la propiedad intelectual e industrial, salvo que la autoridad judicial acuerde mediante resolución motivada su conservación íntegra en el plazo de un mes desde la solicitud de destrucción (LECr art.367).

8359 **Realización anticipada y utilización provisional** (LECr art.367 quater, 367 quinquies y sexies)
La normativa sobre realización anticipada de los efectos judiciales es común a los **efectos del delito**, en sentido estricto, y a los **bienes objeto de medidas cautelares reales**, pues ambos tipos de cosas caben en el amplio y novedoso concepto de efecto judicial (LECr art.367 bis).
La realización solo puede afectar a **elementos de lícito comercio** que no sean piezas de convicción ni deban quedar a expensas del procedimiento y puede consistir en:
- la entrega a las Administraciones públicas o a entidades sin ánimo de lucro;
- la realización por persona o entidad especializada; o
- la subasta pública, pudiendo acudirse a la primera modalidad cuando los efectos sean económicamente irrelevantes.

La **realización mediante persona o entidad especializada o por subasta** ha de realizarse en la forma prevista en LEC, previo informe del Ministerio Fiscal y de los interesados, quedando afecto el producto de la venta a la satisfacción de las responsabilidades civiles y costas que se declaren, una vez deducidos los gastos de cualquier naturaleza que se hayan producido. A tal efecto, se ingresa en la cuenta de consignaciones del tribunal correspondiente.
Cuando el bien de que se trate esté embargado en ejecución de un acuerdo adoptado por una **autoridad judicial extranjera** en aplicación de L 23/2014, su realización no podrá llevarse a cabo sin obtener previamente la autorización de la citada autoridad.
Puede también autorizarse la **utilización provisional de los efectos** que no sean perecederos, cuando concurra alguna de las restantes circunstancias expuestas en el nº 8360, siempre que además se trate de efectos especialmente idóneos para la **prestación de un servicio público**, o cuando su utilización permita a la Administración un aprovechamiento de su valor mayor que la realización anticipada, o no se considere procedente la realización anticipada de los mismos.

Precisiones 1) La enajenación por entidad o persona especializada es meramente **potestativa** y tiene un carácter puramente consensual.

2) Puede entregarse el efecto judicial a entidades sin ánimo de lucro o a las Administraciones públicas cuando sea de **ínfimo valor** o se prevea que la realización por medio de persona o entidad especializada o por medio de subasta pública será **antieconómica** (LECr art.367 quinquies.2). A tal efecto, han de calcularse con carácter previo a la subasta, el **IVA** y los **aranceles** aplicables en el caso de enajenación de bienes intervenidos en aduana. Cuando no sea posible su cálculo previo, y la subasta haya de celebrarse por la **aduana** (AEAT) como entidad especializada, basta comunicar al órgano jurisdiccional la normativa aplicable así como las variables que determinen a posteriori los impuestos resultantes, de manera que conocido el importe de realización sea determinable el importe de aranceles e IVA, sin que ello sea obstativo a la celebración de la subasta.

8360 **Supuestos** La realización anticipada **sin esperar a la firmeza del fallo** puede llevarse a cabo cuando los efectos, no siendo piezas de convicción ni debiendo quedar a expensas del procedimiento, se encuentren en alguno de los casos siguientes:
- ser perecederos;
- haber sido expresamente abandonados por su propietario;
- generar gastos de depósito o conservación superiores a su valor;
- conservación peligrosa para la salud o seguridad públicas o que provoque una depreciación o deterioro importantes de la cosa; y
- cuando el propietario no haga manifestación alguna a raíz del requerimiento que se le haga sobre el destino de la cosa.

El juez puede acordar en cualquiera de estos casos, de oficio o a instancia de parte y previa audiencia del interesado, la realización de los efectos y debe aplicarla, salvo que la petición sea infundada o pueda causar **perjuicios irreparables**, cuando así lo soliciten el Ministerio Fiscal o el abogado del Estado.

No procede la realización anticipada ni la utilización provisional cuando esté pendiente de resolución el recurso interpuesto por el interesado contra el **embargo o decomiso de los bienes o efectos**, o cuando la medida pueda resultar desproporcionada, a la vista de los efectos que pudiera suponer para el interesado y, especialmente, de la mayor o menor relevancia de los indicios en que se hubiera fundado la resolución cautelar de decomiso.

Circulación controlada Ver entregas vigiladas en nº 8255 s. **8363**

Efectos del delito pertenecientes a tercero Cuando los efectos o instrumentos del delito pertenezcan lícitamente a tercera persona, el acto de su recogida y custodia supone una afectación al derecho de propiedad o a otros **derechos o intereses patrimoniales legítimos**. **8365** MPP nº 2417
Es característica del proceso penal la **subordinación** de dichos derechos al fin superior de represión del delito, que es absoluta en la fase de instrucción.
En ningún caso se admiten durante el **sumario** reclamaciones ni tercerías que tengan por objeto la devolución de los efectos que constituyen el cuerpo del delito, cualquiera que sea su clase y la persona que los reclame (LECr art.367).
Conclusa la instrucción, las piezas de convicción de lícito comercio se devuelven a sus legítimos dueños o poseedores en caso de **sobreseimiento o rebeldía del acusado**, salvo que se interese por parte legítima su retención para facilitar el ejercicio de la acción civil (LECr art.620, 635 y 844).
La **sentencia** debe decidir sobre el destino de los instrumentos y efectos del delito, que no puede ser otro que su devolución en el caso indicado (LECr art.620 y 742; LO 2/1989 art.85.5º).

Precisiones Puede implantarse por Ley una prestación patrimonial de carácter público no tributaria asociada a la compensación de los costes de la custodia o depósito de bienes, artículos o efectos de tercero -en su caso-, en el seno de una causa penal. Sucede así en **Andalucía** (L Andalucía 6/2019 disp.adic.8ª).

Órgano competente en materia de recuperación y gestión de activos (LECr art.367 septies y disp.adic.5ª; RD 948/2015) Con la consideración de **policía judicial** y regulación reglamentaria en cuando a su organización, funcionamiento y facultades, la instancia indicada es un órgano administrativo al que el órgano judicial, de oficio o a instancia del Ministerio Fiscal, puede encomendar la localización, conservación, administración y realización de los efectos, instrumentos, bienes o ganancias procedentes de actividades delictivas cometidas en el marco de una organización criminal así como el desarrollo de cualquier otra actuación que le atribuya la legislación procesal o penal. Puede actuar igualmente de oficio. **8366**
Asimismo, ha de proceder a la **localización de activos** a instancia del Ministerio Fiscal en el ejercicio de sus competencias en el ámbito de las diligencias de investigación, de la cooperación jurídica internacional (nº 8630 s.), del procedimiento de **decomiso autónomo** (nº 10488 s.) o en cualesquiera otras actuaciones.
El **producto de la realización de los efectos**, bienes, instrumentos y ganancias se aplicará a los **gastos** que se hubieran causado en la conservación de los bienes y en el procedimiento de realización de los mismos, y la **parte sobrante** se ingresará en la cuenta de consignaciones del tribunal, quedando afecta al pago de las responsabilidades civiles y costas que se declaren, en su caso, en el procedimiento. También podrá asignarse total o parcialmente de manera definitiva, en los términos y por el procedimiento que reglamentariamente se establezcan, a la Oficina de Recuperación y Gestión de Activos y a los órganos del Ministerio Fiscal encargados de la represión de las actividades de las organizaciones criminales. Todo ello sin perjuicio de lo dispuesto para el fondo de bienes decomisados por tráfico ilícito de drogas y otros delitos relacionados.
Los recursos que se encomienden a la oficina con anterioridad al dictado de la resolución firme de decomiso se gestionan a través de la **cuenta de depósitos** y **consignaciones judiciales**, en caso de ser dinero procedente de embargos o realización anticipada de efectos. El **resto de bienes o activos** pueden gestionarse de cualquier forma prevista en la legislación aplicable a las Administraciones públicas. Una vez firme la resolución de decomiso, los **recursos** se realizan y aplican en la forma establecida por LECr art.367 quinquies.
En la actualidad este **órgano** es la Dirección General de Seguridad Jurídica y Fe Pública del ministerio del ramo de justicia.
Por medio de **encomienda de gestión**, la Agencia Estatal de Administración Tributaria realizará las investigaciones patrimoniales necesarias para el mejor desarrollo de las competencias de dicho centro directivo respecto de la localización de bienes, efectos, instrumentos y ganancias procedentes de actividades delictivas cometidas en el marco de una organización criminal y de cualesquiera que les atribuyan, en los términos previstos en la legislación penal y procesal (Resol 13-11-20).

8366.1 Precisiones 1) El **Plan Nacional sobre Drogas** actuará de manera semejante a este centro directivo en el ámbito de su competencia, sometiéndose a su legislación específica. No obstante, el ministerio del ramo de justicia, a través del mismo, puede firmar un **convenio de colaboración** con la Delegación del Gobierno para el Plan Nacional sobre Drogas a fin de articular las relaciones entre ambos, incluyendo en su caso fórmulas de cooperación en las funciones de asesoramiento, gestión y realización de efectos procedentes de actividades delictivas; intercambio de información y coordinación de acciones (RD 948/2015 disp.adic.1ª).

2) El **objeto** de la dirección general citada es triple: en primer lugar, ha de ser un instrumento para la localización de patrimonios relacionados con la actividad criminal; en segundo lugar, tiene que contar con los medios técnicos y jurídicos precisos para la gestión y realización de los bienes incautados; y en tercero y principalmente, debe constituir el cauce adecuado para el fluido intercambio de información con las oficinas similares de cada Estado, de forma que se facilite la localización e incautación de activos de forma inmediata cualquiera que sea el lugar donde los infractores los hayan situado.

A ello se añade la satisfacción de determinados fines relacionados con la **prevención de la delincuencia**, por medio de los recursos que le correspondan, en cuantía de hasta el 50% de las cantidades remanentes de su gestión ingresadas en el Tesoro, mediante la afectación del concreto porcentaje establecido anualmente por la LPGE y de acuerdo con los criterios establecidos por el Consejo de Ministros.

3) Corresponde a esta dirección general igualmente, resolver, conforme a lo previsto legal y reglamentariamente, sobre la **adjudicación del uso de los efectos embargados cautelarmente** y sobre las **medidas de conservación** que deban ser adoptadas. Y constituye, además, función esencial de la misma el **asesoramiento técnico** a los órganos jurisdiccionales, tribunales y fiscalías, que lo soliciten en materia de ejecución de embargos y decomisos, a los efectos de evitar actuaciones antieconómicas y garantizar, dentro del respeto a la ley y con el cumplimiento de todas las garantías procesales, el máximo beneficio económico.

4) Como pone de manifiesto la FGE Circ 4/2010, en el **ámbito internacional** existen **diferentes modelos** de Oficina de Recuperación de Activos, también denominadas AROs (del inglés Asset Recovery Offices), cuyas estructuras varían, unas tienen carácter exclusivamente policial, otras están integradas por diversos organismos administrativos e incluso algunas tienen el carácter de «agencia interdisciplinaria» u «organismo multiagencia» con intervención incluso de entidades de carácter privado.

8366.2 5) La creación de estas oficinas deriva de la Decisión 2007/845/JAI, del Consejo.

6) La **cesión de información tributaria** se permite en supuestos de colaboración con la con la dirección general repetida mediante la cesión de datos, informes o antecedentes necesarios para la recuperación de bienes embargados o decomisados en un proceso penal (LGT art.95.1.m). En general, la Oficina puede recabar la **colaboración** de cualesquiera entidades públicas y privadas, que deben imperativamente prestarla.

7) Las funciones de **distribución de los recursos económicos** obtenidos por la dirección general se atribuyen a la Comisión de Adjudicación de bienes producto del delito, como órgano colegiado integrado en el ministerio del ramo de justicia. Pueden ser **beneficiarios** de los mismos los organismos, instituciones, Administraciones públicas y personas jurídicas enumeradas en RD 948/2015 art.16 (fundamentalmente, la Administración del Estado, a través de la propia oficina o de cualquier órgano con competencias propias de los fines perseguidos, incluidas las oficinas de asistencia a las víctimas; las comunidades autónomas y entidades locales en ciertos supuestos, la AEAT, la Fiscalía General del Estado, las Fuerzas y Cuerpos de Seguridad del Estado, el Instituto Nacional de Toxicología y Ciencias Forenses y los institutos de medicina legal, las organizaciones no gubernamentales relacionadas con los fines antes mencionados, y las organizaciones internacionales, entidades supranacionales y gobiernos de Estados extranjeros, para el desarrollo de programas destinados a satisfacer los fines aludidos.

8) Se **suprime** la Oficina de Recuperación y Gestión de Activos y se sustituye por la actual Dirección General de Seguridad Jurídica y Fe Pública del Ministerio de Justicia (RD 1009/2023 art.2 redacc RD 945/2025 y RD 204/2024 art.7).

Todas las **referencias** hechas en la normativa vigente a la oficina suprimida se entienden efectuadas a la Dirección General mencionada.

La **entrada en funcionamiento** operativo de la Oficina se determina mediante Orden del ministerio del ramo de justicia (OM JUS/188/2016). El RD 948/2015 es aplicable únicamente a bienes cuya **localización, embargo o decomiso** se acuerde a partir de su entrada en vigor (24-10-2015) y que se pongan a disposición de la Oficina tras la entrada en funcionamiento de la misma, de conformidad con lo previsto en la citada Orden Ministerial. No obstante, la Oficina podrá, a iniciativa propia y previa autorización del juez o tribunal competente, asumir la **gestión y realización de bienes embargados y decomisados** con anterioridad a esa fecha cuando así resulte conveniente en atención a la naturaleza o especiales circunstancias de los bienes (RD 948/2015 disp.trans.1ª y 2ª).

9) Quedan **excluidos** del ámbito de aplicación del presente RD 948/2015 los bienes decomisados por delito de contrabando, que se regularán por lo dispuesto en la LO 12/1995 -represión del contrabando- (RD 948/2015 disp.adic.2ª).

Procedimiento de actuación (RD 948/2015 art.9 s.) Es el siguiente: **8366.3**
1. Iniciación. Tiene lugar con la recepción del testimonio de la resolución judicial o del decreto del fiscal que solicite la intervención al ministerio del ramo de justicia por conducto de la dirección general en estudio. En el supuesto de que la propia Dirección General inste al órgano judicial o a la fiscalía, en su caso, la remisión de un procedimiento, se incoará el expediente con dicha solicitud. En caso de **estimación de la propuesta** del centro directivo, el procedimiento continuará por los trámites ordinarios. En caso de **desestimación**, se archivará el procedimiento con la recepción de la resolución judicial o del decreto del fiscal en que así se haga constar.
2. Inventario. Todos los bienes que sean objeto de un expediente de la Dirección General serán incluidos en un inventario de bienes embargados y decomisados, en el que se hará constar su **naturaleza y valor**, y donde se anotarán cualesquiera actuaciones relacionadas con ellos. Esta información estará a disposición de la autoridad judicial y fiscal, así como, en su caso, de la policía judicial.
3. Trámite. Tan pronto reciba testimonio de la resolución judicial o del decreto del fiscal que inste su intervención, la Dirección General puede llevar a cabo, en los términos allí señalados, las **actuaciones de investigación patrimonial** que procedan en cada caso para la localización y recuperación de bienes del investigado o encausado. Una vez localizados y recuperados los bienes, o cuando la habilitación judicial así lo estipule, se encargará de la **conservación y administración** de dichos bienes. Para ello, podrá celebrar los **contratos** o encomiendas necesarios para la gestión o realización de los bienes que se le encomienden. Asimismo, en el marco de su gestión, puede proceder, previa autorización del juez o tribunal competente, a la **realización anticipada o utilización provisional** de los bienes y efectos intervenidos. En estos casos, también previa autorización de dicho órgano judicial, resolverá sobre la **adjudicación del uso** de los efectos embargados y sobre las medidas de conservación que deban ser adoptadas, de acuerdo con lo previsto a tal efecto en la LECr, informando de lo acordado al juez o tribunal y a la fiscalía.
4. Cooperación internacional. En el caso de que los bienes objeto de localización o recuperación se hallen **fuera del territorio nacional**, se tendrán en cuenta el Derecho de la Unión Europea y los tratados internacionales suscritos y ratificados por España en la materia. Se ha de actuar de acuerdo con la L 23/2014 -reconocimiento mutuo de resoluciones penales en la Unión Europea-, o con los convenios aplicables, en su caso, cuando el auto del juez competente o el decreto del fiscal hagan constar que las actuaciones que se solicitan a la oficina tienen su origen en una **solicitud de una autoridad judicial extranjera**, sin perjuicio de lo dispuesto en la LECr en cuanto al destino de la parte del producto obtenido que corresponda a las autoridades españolas.
La Dirección General puede igualmente **intercambiar información** con los organismos de terceros Estados que tengan entre sus competencias la recuperación de activos, cuando resulte conveniente, en el ejercicio de sus funciones.

Valor probatorio

8367

Sobre el **valor probatorio general** de las diligencias de recogida del cuerpo del delito, a lo dicho al estudiar las diligencias policiales de prevención (nº 8214 s.) y el reconocimiento judicial (nº 8341), hay que añadir las siguientes consideraciones:
a) La recogida del cuerpo del delito solo tiene **eficacia de prueba preconstituida**, salvo en casos de necesidad o urgencia, cuando se lleva a cabo por el juez de instrucción, pues las normas antes referidas imponen al juez la obligación de actuar personalmente en la recogida de esta clase de muestras, cuando se quiere que el acto tenga valor probatorio (LOPJ art.452, 453 y 473; TS 1-10-01, EDJ 31974; 19-4-05, EDJ 68321). Ello no implica que la recogida encierre una actuación corporal del juez, de manera que quede excluida la ayuda manual de la policía (TS 27-4-00, EDJ 10370; 18-5-01, EDJ 9197; 24-2-05, EDJ 40639).
b) Los requisitos de **constancia documental y contradicción** que impone la eficacia preconstituida se encuentran reflejados en LECr art.336 -que remite expresamente a LECr art.333-, y en la exigencia de diligencia expresiva de las circunstancias de la actuación, que debe tener la minuciosidad suficiente para que se pueda formar idea cabal de los efectos recogidos y de las circunstancias de su hallazgo (LECr art.334 y 338). En el mismo sentido, la aplicación analógica de LECr art.333 a la entrada y registro y la exigencia de presencia del investigado durante el registro y en la diligencia de apertura de correspondencia (LECr art.569 y 584).
c) La eficacia de prueba preconstituida se limita a la **autenticidad de las muestras y vestigios materiales** recogidos y a su genuina relación con el delito, sin que se extienda a los posteriores actos de investigación pericial que sobre ellas se realicen, que se rigen por las normas generales de la prueba pericial, ni a las declaraciones testificales que con ocasión de la recogida del cuerpo del delito estime necesario recibir el juez (LECr art.336, 337, 339, 353 y 356 s.).

8368 MPP nº 6510 **Informes periciales oficiales** No obstante lo anterior, determinados informes periciales oficiales gozan de **valor probatorio privilegiado**, como los procedentes de los gabinetes e institutos oficiales colaboradores de la jurisdicción y de los laboratorios de policía científica (identificación, balística, grafística, documentoscopia, etc.).
Se trata de actuaciones de indudable índole pericial que, por la imparcialidad, objetividad y competencia técnica de quienes las practican, ofrecen toda clase de **garantías técnicas y de imparcialidad** para merecer *prima facie* validez plena (TS 30-6-04, EDJ 82723; 30-11-05, EDJ 213950; 26-1-07, EDJ 5391; Acuerdo TS Pleno no Jurisdiccional Sala 2ª 21-5-99). Se trata de periciales documentadas con privilegio jurisdiccional consolidado o, en su caso, privilegio legal (TS 20-5-21, EDJ 568648).
En consecuencia, cuando la parte acusada no expresa en su escrito de calificación provisional su **oposición o discrepancia** con el dictamen pericial practicado, ni solicita **ampliación o aclaración** alguna de esta, proponiendo la oportuna prueba pericial mediante la citación de los peritos autores del informe oficial o de otros distintos, se entiende que este adquiere el carácter de prueba preconstituida aceptada y consentida como tal de forma implícita (TS 23-10-00, EDJ 31899; 31-10-02, EDJ 49720).

8369 Precisiones 1) Se atribuye **carácter de prueba documental** a los informes emitidos por laboratorios oficiales sobre la naturaleza, cantidad y pureza de **sustancias estupefacientes,** cuando en ellos conste que se han realizado siguiendo los protocolos científicos aprobados por las correspondientes normas (LECr art.788.2). En consecuencia, la mera impugnación de los análisis sobre drogas elaborados por centros oficiales no impide la valoración del resultado de aquellos como prueba de cargo, cuando haya sido introducido en el juicio oral como prueba documental, siempre que se cumplan las condiciones previstas en LECr art.788.2 (TS 27-1-04, EDJ 3943; 10-10-07, EDJ 188958; 3-12-07, EDJ 222984; Acuerdo TS Pleno no Jurisdiccional Sala 2ª 25-5-05, EDJ 90018).
2) Para los **análisis de muestras de ADN**, se prevé la constitución de una Comisión Nacional sobre el Uso Forense del ADN, a la que corresponde la acreditación de los laboratorios facultados para contrastar perfiles genéticos en la investigación y persecución de delitos y la identificación de cadáveres (LECr disp.adic.3ª). Su composición y funciones se detallan en RD 1977/2008
Se crea y regula la **base de datos policial de identificadores** obtenidos a partir del ADN, que integrará los ficheros de esta naturaleza de titularidad de las Fuerzas y Cuerpos de Seguridad del Estado tanto para la investigación y averiguación de delitos, como para los procedimientos de identificación de restos cadavéricos o de averiguación de personas desaparecidas (LO 10/2007).

C. Determinación de la identidad y circunstancias personales del investigado

8375 Una de las funciones esenciales de la fase de instrucción es la determinación de la identidad del investigado, cuyo conocimiento es imprescindible para la formalización judicial de la imputación (dirección formal de la investigación contra persona o personas determinadas) y para el curso ulterior del proceso, que, en caso contrario, se suspende mientras ese dato permanezca ignorado (LECr art.384 y 641; LO 2/1989 art.164 y 247).
La determinación de quién sea el investigado es objeto de una específica diligencia típicamente sumarial, el **reconocimiento en rueda**, junto a la que se aplican con ese mismo fin las reglas generales reguladoras de otros medios de investigación y prueba adecuados para ello, como la testifical, la recogida de muestras o vestigios del lugar de autos o la obtención del cuerpo del futuro investigado, unidas ambas a una posterior pericial (nº 8388).
A ella han de añadirse, una vez determinada la persona del investigado o concretada la imputación en persona determinada, la **constancia de la identidad** de la misma mediante la traída al proceso de su nombre, apellidos, estado, profesión y circunstancias similares.
Junto a su identidad, han de determinarse sus **circunstancias personales** relevantes para la calificación jurídico penal del hecho, como la edad, la sanidad mental o los antecedentes penales y de conducta, así como cuantos datos puedan evidenciar la base necesaria para la adopción de medidas cautelares personales (nº 8393 s.).
Igualmente, su **situación patrimonial** puede ser relevante para la aplicación de medidas cautelares reales y para la llamada al proceso, de ser procedente, del responsable civil subsidiario.

Precisiones El **inicio del cómputo** del plazo para la cancelación de antecedentes penales en caso de condena a varias penas arranca desde la extinción de la más duradera, aunque no sea la de prisión (TS 18-12-23, EDJ 778536).

1. Determinación de la identidad del investigado

La identidad del investigado puede determinarse a través de los siguientes medios: 8378
- reconocimiento en rueda (nº 8380);
- identificación formal o documental (nº 8390);
- otros medios de determinación del investigado (nº 8388).

a. Reconocimiento en rueda

(LECr art.368)

Quienes dirijan cargo a determinada persona deben reconocerla judicialmente, si el juez instructor, los acusadores o el mismo inculpado conceptúan fundadamente precisa la diligencia para la identificación de este último, con relación a los designantes, a fin de que no ofrezca duda quién es la persona a que aquellos se refieren. La Ley regula un **procedimiento** de identificación que consiste en hacer comparecer al investigado, en unión de otras personas de aspecto exterior y complexión física semejantes, ante la vista del investigado o del testigo, para que este señale a cuál de ellas identifica como el partícipe en el delito. 8380 MPP nº 6375 s.

Características y requisitos Son los siguientes: 8381
a) **Necesidad**. El reconocimiento ha de practicarse cuando la identidad del investigado ofrece dudas y no resulta indubitada desde un principio, sin que pueda alegarse con éxito en vía de recurso la omisión de aquel cuando el investigado ha sido inequívocamente reconocido en el acto de la vista por la víctima, que relata además algunos signos físicos característicos o por testigos (TS 16-10-02, EDJ 49783; 30-4-03, EDJ 263060; 28-11-03, EDJ 209448; 28-1-05, EDJ 71495).
No puede descartarse la práctica de la diligencia como medio de **defensa**, pues permite al propio inculpado apreciarla fundadamente precisa (LECr art.368). En todo caso, su práctica a instancia de parte requiere la apreciación judicial de **pertinencia** (LECr art.311; LO 2/1989 art.148).
b) **Presencia judicial y documentación bajo fe del letrado de la Administración de Justicia**, como se deduce de LECr art.368 y 369 y de la eficacia de prueba preconstituida.
c) Por el mismo motivo, debe exigirse la posibilidad de contradicción mediante la **presencia del letrado defensor** del investigado. Sería absurdo precisar la misma en el reconocimiento policial, sin valor probatorio alguno, y eximirla en el acto judicial con posible eficacia de prueba preconstituida (LECr art.118, 520.2.c) y 767; TS 10-5-99, EDJ 9992; 4-7-01, EDJ 31065; 8-3-05, EDJ 40641).
d) La **práctica material** de la diligencia se concreta poniendo a la vista de quien haya de verificar el reconocimiento a la persona que haya de ser reconocida, haciéndola comparecer en unión con otras de circunstancias exteriores semejantes, para que, a presencia de todas ellas, o desde un punto en que no pueda ser visto, manifieste si se encuentra en la rueda o grupo la persona a quien ha hecho referencia en sus declaraciones, designándola en caso afirmativo.
La diligencia se documenta mediante **acta**, en la que se hacen constar todas las circunstancias del acto, así como los nombres de todos los que hayan formado la rueda o grupo (LECr art.369; LO 2/1989 art.155).

Precisiones 1) El requisito de la **semejanza** entre quienes formen la rueda ha de extenderse a la vestimenta del inculpado en el momento de cometer el hecho y se interpreta jurisprudencialmente como un *desideratum* (LECr art.371 y 372; LO 2/1989 art.155). La **ausencia de semejanza** ha de ser extrema para que no cumpla la exigencia de LECr art.369, como ocurriría en caso de diferencias de sexo o de color de piel, pero no cuando las personas mostradas vistan en forma semejante y tengan estaturas y condiciones físicas no extremadamente diferentes (TS 7-12-00, EDJ 49864; 22-9-03, EDJ 108139). Es suficiente con que entre el investigado y uno de los integrantes de la rueda exista notable similitud sin haber grandes diferencias de aspecto con los restantes (TS 7-2-01, EDJ 2970). En todo caso, la exigencia se concreta en la imposibilidad de formar la rueda con un investigado que presente una nota peculiar de su semblante, fisonomía o de estructura personal, sin que la misma característica de raza, tramo de edad, etc., concurra en los demás integrantes de la misma (TS 8-2-02, EDJ 1569; 23-10-02, EDJ 46545). 8382
2) Sobre el **número de integrantes** de la rueda, la LECr no concreta la exigencia de que sean varios, entendiéndose que es suficiente con la presencia de cuatro personas (TS 18-9-02, EDJ 35957), número que en LO 2/1989 art.155 se eleva a cinco, sin contar las que deban ser reconocidas.
3) Cuando sean **varios los que hayan de reconocer** a una persona, la diligencia anterior debe practicarse separadamente con cada uno de ellos, sin que puedan comunicarse entre sí hasta que se haya efectuado el último reconocimiento (LECr art.370). La **separación** debe producirse en el momento de la realización material de la misma, que debe practicarse reconociendo los varios intervinientes uno a uno (TS 18-9-02, EDJ 35957).

4) En el proceso de **menores** se aplican las siguientes particularidades (RD 1774/2004 art.2.10):
a) La diligencia solo podrá llevarse a cabo con orden o autorización del Ministerio Fiscal o del juez de menores. Para su práctica se utilizarán los medios menos dañinos a la integridad del menor.
b) La rueda deberá estar compuesta por otras personas. Cuando lo esté por otros menores, se deberá contar con su autorización y con la de sus representantes legales o guardadores de hecho o de derecho, a salvo el supuesto de los mayores de 16 años no emancipados y de los menores emancipados en que sea de aplicación lo dispuesto para las limitaciones a la declaración de voluntad de los menores en la LO 1/1996 art.2.
5) La jurisprudencia ha hecho de esta una **diligencia no obligatoria**, no necesariamente judicial y cuyos requisitos deben entenderse con laxitud, resultando de práctica subsidiaria y sustituible por otras diligencias igualmente eficaces (TS 29-5-13, EDJ 78317).

8384 **Valor probatorio** El reconocimiento en rueda es una diligencia típicamente sumarial sobre cuya eficacia como prueba preconstituida ha de tenerse en cuenta:
a) La existencia de un **previo reconocimiento fotográfico en sede policial** no prejuzga el resultado del reconocimiento judicial, ni este se ve contaminado por posibles irregularidades del mismo (TS 25-3-03, EDJ 25316; 29-6-04, EDJ 82784; 24-2-05, EDJ 23856). Esta posibilidad de llevar el resultado de la identificación fotográfica al juicio a través de otros medios de prueba es **excepcional** y no puede ser incondicionada, pues desde el momento en que la prueba practicada en el juicio oral no tiene un contenido incriminatorio propio, sino por remisión al reconocimiento fotográfico, se hace imprescindible que este se haya realizado en condiciones tales que descarten por completo la eventual influencia de los funcionarios policiales sobre la persona que ha de realizar la identificación (TCo 36/1995).
b) Es **prueba suficiente para enervar la presunción de inocencia** el reconocimiento efectuado en el juicio oral, sin ningún género de dudas, por parte del testigo o de la víctima, a pesar de las irregularidades de los reconocimientos fotográficos o incluso de reconocimientos en rueda anteriores, pues cuando el testigo señala inequívocamente a una persona durante el plenario, su fuerza probatoria radica en la credibilidad o fiabilidad del testimonio de quien realiza la identificación (TCo 232/1993; TS 5-2-03, EDJ 58591; 22-9-03, EDJ 108139).
c) El reconocimiento practicado en la fase de instrucción ha de ser **ratificado en el juicio oral**, pues aun cuando se practique a presencia del juez de instrucción, del letrado de la Administración de Justicia y del letrado de la defensa no pasa de ser una diligencia sumarial, por lo que para que la identificación efectuada en la misma adquiera la condición de prueba de cargo es necesario que, comparecido al juicio oral el reconociente, y a presencia del tribunal, pueda ser sometido al **interrogatorio de las partes** sobre dicha identificación (TCo 10/1992; TS 19-7-99, EDJ 17990; 28-11-03, EDJ 209448).

8385 **d)** A partir de ahí, han de distinguirse las **diversas situaciones**:
• Ningún problema se plantea cuando se dé **coincidencia entre el reconocimiento en rueda y el realizado en el juicio oral**, exista o no reconocimiento fotográfico anterior de carácter policial (TS 17-4-03, EDJ 25280; 24-2-05, EDJ 23856).
• La naturaleza sumarial del reconocimiento en rueda no impide que el testigo pueda **reconocer al acusado directamente en el plenario e inmediatamente a presencia del tribunal**, de forma que incluso un reconocimiento dudoso puede ser subsanado mediante uno inequívoco en el plenario; o viceversa (TS 20-10-99, EDJ 33584; 28-11-03, EDJ 209448). No debe olvidarse el carácter endeble de la prueba de cargo mediante el reconocimiento del acusado en el juicio oral cuando este desmiente las dudas manifestadas durante la diligencia sumarial de rueda, sobre todo cuando el previo reconocimiento fotográfico policial reúne discordancias no aclaradas y circunstancias irregulares que pudieran dar a entender que su resultado fue inducido (TS 19-1-01, EDJ 2856).
• Cuando el **paradero del testigo** que haya efectuado el reconocimiento en fase de instrucción sea desconocido o concurra alguna circunstancia que justifica la prueba sumarial anticipada, puede traerse al acto del plenario el resultado de aquella a través de su lectura (LECr art.730).

b. Otros medios de determinación del investigado

(LECr art.373; LO 2/1989 art.155)

8388 Se puede acreditar la identidad del investigado por cualquier **medio idóneo** para ello:
MPP **1)** El **reconocimiento fotográfico** no prejuzga ni contamina ulteriores actuaciones judiciales.
nº 6379 s. Se encuentra carente de regulación legal y de eficacia probatoria, por lo que su realización no exige la presencia de letrado, no debiendo acudirse a su utilización cuando ya ha sido identificado el sospechoso y, por tanto, se puede utilizar directamente la identificación mediante el procedimiento de la rueda judicial (TS 12-4-02, EDJ 9887; 8-3-05, EDJ 40641).

2) En la base de datos policial se harán constar datos identificativos extraídos a partir del **ADN de muestras o fluidos** que hubieran sido hallados u obtenidos a partir del análisis de las muestras biológicas del sospechoso, detenido o investigado, cuando se trate de delitos graves y, en todo caso, los que afecten a la vida, la libertad, la indemnidad o la libertad sexual, la integridad de las personas, el patrimonio siempre que fuesen realizados con fuerza en las cosas, o violencia o intimidación en las personas, así como en los casos de la delincuencia organizada, debiendo entenderse incluida en este término los delitos enumerados en la LECr art.282 bis apdo.4.

La inscripción en la base de datos no precisa el **consentimiento** del afectado, que sí deberá ser informado por escrito de todos los derechos que le asisten.

Son aplicables en tal caso las normas estudiadas al tratar del cuerpo del delito y las referentes a las intervenciones corporales (LO 10/2007 disp.adic.3ª). Cuando se trate de **muestras y fluidos** cuya obtención requiera un acto de intervención corporal y, por tanto, la colaboración del investigado, el consentimiento de este actuará como verdadera fuente de legitimación de la injerencia estatal que representa la toma de tales muestras. En estos casos, si el investigado o encausado se halla detenido, ese consentimiento precisará la asistencia letrada (TS 19-4-23, EDJ 554426). Esta garantía no será exigible, aun detenido, cuando la toma de muestras se obtenga, no a partir de un acto de intervención que reclame el consentimiento del afectado, sino valiéndose de **restos o excrecencias abandonadas** por el propio sujeto.

Asimismo, es válido el **contraste de muestras** obtenidas en la causa objeto de enjuiciamiento con los datos obrantes en la base de datos policial procedentes de causa distinta, aunque en la prestación del consentimiento no conste presencia o asistencia de letrado, cuando el acusado no ha cuestionado la ilicitud o validez de estos datos -en la instrucción- (TS 23-10-20, EDJ 691942).

3) La **identificación a través de la voz** es una diligencia complementaria a la utilización de su grabación como medio de investigación, debiendo la asociación de un sonido a determinada persona, cuando sea discutida por el hablante, ser producto de prueba pericial, testifical o reconocimiento directo por el órgano judicial (TS 17-4-89, EDJ 4089; 23-12-94, EDJ 9840; 9-10-04, EDJ 152675).

c. Identificación formal o documental

(LECr art.375, 376 y 762.7ª; LO 2/1989 art.166)

8390 MPP nº 6411

Una vez reconocida la persona del investigado, la **constancia en autos** de los datos que revelen su identidad es de carácter puramente documental, mediante la unión al procedimiento de certificación de la inscripción de nacimiento en el Registro Civil y de la ficha dactiloscópica correspondiente, a menos que la cuestión no ofrezca duda alguna mediante la simple reseña del documento nacional de identidad o por cualquier otra circunstancia.

Además, la identificación ha de comprobarse en la **declaración indagatoria** (LECr art.388).

2. Circunstancias personales del investigado

8393 MPP nº 6415 s.

Al mismo tiempo o de manera derivada de la identificación del investigado han de fijarse durante la instrucción determinadas circunstancias personales del mismo que pueden tener **relevancia** sobre la calificación jurídica del hecho, sobre la competencia para conocer del mismo o sobre las concretas medidas cautelares procedentes en cada caso. Entre ellas cabe destacar:

- la edad;
- la sanidad mental;
- además de otras circunstancias.

8394

Edad (CP art.19; LECr art.375) La edad ha de acreditarse documentalmente de la misma manera y por los medios señalados para la identificación formal (nº 8390). Solo cuando existan **dudas** acerca de si el investigado tiene la edad de 18 años, pudiendo acudirse, en el improbable caso de que aquellos no sean suficientes, al examen médico del mismo.

Si de las diligencias practicadas resulta que se trata de un **menor** de dicha edad, el juez de instrucción debe dar traslado al Ministerio Fiscal a efectos de aplicación de la LO 5/2000.

8396

Sanidad mental Es trascendente para la determinación de su **imputabilidad penal** y su existencia condiciona la tramitación del proceso más allá de la fase de instrucción. En concreto, la enfermedad mental puede tener una triple **influencia sobre el proceso penal**, según sea:

- anterior a la comisión del delito;
- posterior a la comisión del delito;
- posterior a la sentencia firme.

8397 **Enfermedad mental anterior a la comisión del delito** Si la enfermedad mental es anterior a la perpetración del hecho delictivo, es evidente su trascendencia a efectos de aplicación de lo dispuesto en CP art.20.1ª y 3ª y 21.1ª, debiendo determinarse pericialmente su presencia a partir de los **indicios de insania** apreciados por el juez de instrucción o aportados por las partes.
En este caso, el proceso debe finalizar por juicio oral y sentencia para la determinación de las **medidas de seguridad** privativas o restrictivas de libertad que correspondan, que no pueden imponerse en el auto de sobreseimiento libre dictado al amparo de LECr art.637.3, salvo que aquellas no sean necesarias para el tratamiento de la dolencia que sufra el inimputable (LECr art.782.1; TS 16-4-79, EDJ 7835; 20-10-82, EDJ 11504; 4-12-97, EDJ 10559).

8398 **Enfermedad mental posterior a la comisión del delito** (LECr art.383; LO 2/1989 art.156 párr 3º) Si sobreviene **durante la fase de instrucción**, se concluye la misma y se manda después archivar provisionalmente las actuaciones hasta que el inculpado recupere la salud, en cuyo momento se procederá a su reapertura y continuación si el delito no ha prescrito.
Cuando se sospeche la falta de aptitud plena para el ejercicio de la capacidad jurídica de un imputado (bastando la suficiente -TS 28-5-20, EDJ 569309-), el juez debe garantizar su tutela judicial efectiva, a pesar de contar con defensa técnica propia (TEDH 20-1-09, núm 70337/01).
Si llega a la conclusión de la **reversibilidad** de la situación, se procede al archivo provisional; si la situación es **irreversible**, al archivo definitivo y hasta que la causa se reabra, dentro del plazo de prescripción, ha de cesar toda intervención penal sobre el sujeto, sin perjuicio de las medidas protectoras que pueda instar el Ministerio Fiscal (TS 20-7-20, EDJ 618432).
Si el acusado **carece de facultades mentales** para tomar conciencia de su situación, está inerme al poder sancionador del Estado (TS 21-12-17, EDJ 266555; 24-11-10, EDJ 279205).

8399 **Internamiento no voluntario del investigado** El principal problema procesal que se plantea
MPP en los casos anteriores es el de si el internamiento no voluntario del investigado puede ser
nº 2478 acordado por el juez de instrucción con carácter instrumental para la práctica del necesario **examen pericial** o como **medida cautelar** en el proceso civil de provisión de medidas judiciales de apoyo al ejercicio de la capacidad jurídica (LEC art.763).
La solución ha de partir de la consideración básica de que el internamiento es una privación de libertad a todos los efectos legales y de que no constituye una medida cautelar personal, por lo que solo las **características de la enfermedad** y la necesidad de su tratamiento médico justifica la adopción de la misma (Const art.17.1; Convenio Roma 4-11-1950 art.5.1.e; TCo 112/1988; 104/1990; 129/1999).
La LECr permite al juez de instrucción someter al inculpado a **observación médica**, con vistas a un futuro informe pericial, en el establecimiento en que esté preso «o en otro público si es más a propósito o está en libertad». Igualmente, se ordena que además del archivo de la causa por demencia sobrevenida se observe respecto del procesado lo que el Código Penal prescribe para los que ejecutan el hecho en estado de demencia (LECr art.381 y 383).
En caso de **presunta enfermedad mental anterior al hecho delictivo** y si resulta procedente la prisión provisional del investigado, la determinación pericial de la dolencia y de su alcance puede efectuarse en establecimiento penitenciario donde se ejecute la medida cautelar. Por el contrario, cuando no existan motivos para acordar la prisión cautelar, la LECr art.381 ha de complementarse con la regulación del internamiento cautelar en el proceso civil de provisión de medidas judiciales de apoyo al ejercicio de la capacidad jurídica y el juez de instrucción debe atenerse a lo dispuesto por LEC art.763 para el ingreso del presunto culpable en el establecimiento sanitario adecuado a efectos de practicar el informe pericial, dando traslado al mismo tiempo de los antecedentes necesarios al órgano competente para la incoación del proceso civil de provisión de medidas judiciales de apoyo al ejercicio de la capacidad jurídica (RD 190/1996 art.184.a).
Si la **demencia es sobrevenida**, es evidente que la remisión de LECr art.383 carece hoy de todo valor, pues la aplicación del Código Penal a que se refiere el precepto requiere inexcusablemente de una sentencia penal. En consecuencia, el internamiento solo será posible en el curso de un proceso civil de provisión de medidas judiciales de apoyo al ejercicio de la capacidad jurídica y de acuerdo con LECr art.763, a cuyo efecto deben remitirse al órgano competente del orden civil los antecedentes necesarios (LEC art.757.3).

8401 En el **proceso penal militar** se prevé expresamente el internamiento provisional que puede acordar el juez togado instructor para someter al investigado a observación facultativa de dos médicos psiquiatras por un período máximo de 3 meses, debiendo pronunciarse el dictamen pericial que han de emitir aquellos sobre la necesidad de mantener el internamiento. En caso de resultar este indicado, solo puede mantenerse por decisión del juez penal instructor cuando, al mismo tiempo, proceda la prisión provisional, pues en otro caso el internamiento solo puede continuar hasta que se adopte por el juez competente la decisión que proceda (LEC art.763; LO 2/1989 art.156).

Precisiones 1) Las anteriores consideraciones solo pueden aplicarse en caso de **enfermedad mental no incompatible con la prisión provisional**, pues la responsabilidad criminal implica necesariamente cierto grado de imputabilidad, salvo que los preceptos se refieran a ella, con notable imprecisión, como sinónima de participación en el hecho (Gimeno Sendra). 8402
2) En contra, no se excluye la prisión nada más que en caso de posible causa de justificación (LECr art.502.4); igualmente, se permite el mantenimiento del enfermo mental en establecimientos psiquiátricos penitenciarios más allá del período de observación necesario para emitir informe pericial (RD 190/1996 art.184.a).

Enfermedad mental posterior a la sentencia firme Si consiste en un **trastorno grave y duradero** que impida al condenado comprender el sentido de la pena, determina la suspensión de la ejecución de la misma y la sustitución de la pena por la medida de seguridad que demande la adecuada asistencia médica al enfermo, mediante resolución del juez de vigilancia penitenciaria. 8403
Restablecida la salud mental del penado, este ha de cumplir la sentencia si la pena no ha prescrito, sin perjuicio de que el juez o tribunal pueda dar por extinguida la condena o reducir su duración, en la medida en que el cumplimiento de la pena resulte innecesario o contraproducente.

Precisiones La atribución de competencia al **tribunal sentenciador** (LECr art.991 a 994 y LO 2/1989 art.364 a 367), ha de entenderse modificada en favor de la intervención del **juez de vigilancia penitenciaria** (CP art.60), de manera que el primero solo debe decidir, una vez restablecida la sanidad del penado, sobre la prescripción de la pena y la eventual continuación de la ejecución de la misma.

Otras circunstancias Otras circunstancias personales del investigado que han de precisarse durante la instrucción son las siguientes: 8405 MPP nº 6417
• **Antecedentes penales**, cuya certificación oficial por el Registro Central de Penados es imprescindible para apreciar la circunstancia de reincidencia y puede resultar relevante a la hora de acordar la prisión provisional del investigado. En período de ejecución de sentencia, es igualmente imprescindible para acordar la suspensión de la ejecución de la pena privativa de libertad (LECr art.379 y 503.1.1º; LO 2/1989 art.166; CP art.22.8ª y 81). Entre ellos se pueden incluir las actuaciones en sede policial que no desembocan en un proceso penal en el que se dicta resolución condenatoria, sin embargo tienen un valor muy escaso, tanto en sede criminal como administrativa, por ejemplo para denegar determinadas autorizaciones administrativas ya que no desvirtúan el principio constitucional de presunción de inocencia (TS 17-12-20, EDJ 770579; 23-7-20, EDJ 618796; TSJ Burgos cont-adm 22-10-04, EDJ 159244).
• **Informes de conducta de autoridades o particulares**, que solo deben emitirse cuando el juez instructor lo estime conveniente o imprescindible (LECr art.377, 378 y 762.10ª -procedimiento abreviado-).

Intercambio de información sobre antecedentes penales y notas de condena 8406
(LO 7/2014; LO 4/2024) El régimen de intercambio de información sobre antecedentes penales y notas de condena de las personas físicas entre el Registro Central de Penados y los registros nacionales de los Estados de la Unión Europea es el siguiente:
1. La **autoridad central española** es el Registro Central de Penados.
2. El **procedimiento** se tramita electrónicamente utilizando el Sistema Europeo de Información de Antecedentes Penales (ECRIS) y un formato normalizado y, cuando no sea posible, a través del **formulario** que se incorpora a la LO 7/2014, anexo, por cualquier medio que deje constancia escrita (que posibilite generar un registro escrito) y no permita dudar de su autenticidad. Se ha de emplear una de las **lenguas oficiales** del Estado destinatario o una oficial aceptada por este.
Si el **modo de transmisión** indicado no estuviera disponible durante un periodo prolongado, la autoridad central informará de ello a los demás Estados miembros y a la Comisión.
3. La **información** de antecedentes penales incluye toda la obrante en el Registro, salvo las notas canceladas.
4. El **Registro Central de Penados** puede consultar a la autoridad central de otro Estado miembro cuando sean precisos en el marco de un proceso penal o con cualquier otro fin válido en el ordenamiento español.
Tratándose de **nacionales de terceros países**, la autoridad central podrá consultar al sistema centralizado con objeto de identificar al Estado o Estados miembros que posean información sobre antecedentes penales de aquel, con el fin de obtener información sobre condenas anteriores a través del ECRIS, cuando se solicite información sobre antecedentes penales de esa

persona a efectos de un proceso penal contra la misma o con cualquier otro fin válido en el ordenamiento jurídico español. El Registro también podrá consultar el **sistema centralizado** para comprobar si, respecto de un ciudadano de la Unión Europea, algún Estado miembro posee información de antecedentes penales relativa a dicha persona como nacional de un tercer país. Cuando la finalidad de dicha consulta sea utilizar la información para fines distintos de un proceso penal, se precisa contar con el consentimiento expreso de la persona sobre la que se realiza la consulta, salvo que una norma estatal con rango de ley lo exceptúe.
A su vez, ha de responder a las **consultas** efectuadas por autoridades centrales de otros Estados, incluyendo las notas de condena no canceladas relativas a condenas dictadas por tribunales españoles y a las dictadas por tribunales extranjeros respecto de las que no se haya comunicado cancelación.
5. Cuando un Estado miembro realice una petición de **información penal acerca de un ciudadano español** para su utilización en un proceso penal, el Registro transmitirá a la autoridad central del Estado requirente la información sobre las condenas dictadas en España que no estén reservadas a las autoridades judiciales españolas. Si la petición se refiere un **nacional de otro Estado miembro**, el Registro transmitirá la información sobre las condenas que figuren inscritas, con la misma salvedad. Si la solicitud se refiriese a un **ciudadano de un tercer país**, se transmitirá en iguales términos y con la misma salvedad la información sobre las condenas inscritas así como sobre las condenas pronunciadas en terceros países y transmitidas e inscritas en el Registro.
Si la **información se solicita fuera de un proceso penal**, se ha de remitir toda la disponible en la medida en que pueda obtenerla la autoridad española, expresando la extranjera que cuenta con el consentimiento del interesado, salvo que la remisión del certificado de antecedentes venga impuesta por disposición legal. La remisión no se extiende a la información recibida de otro Estado miembro con carácter de no transferible, supuesto en el que se informará al Estado requirente acerca del Estado en que se dictó la condena.

8406.2 **6.** Los **plazos de comunicación** de la información por parte del Registro a la autoridad competente de otro Estado son de 10 días hábiles respecto de información para uso en procesos penales y de 20 días hábiles cuando, a partir de la solicitud de un particular sobre sus antecedentes penales, un Estado miembro solicite del Registro información sobre los antecedentes de un condenado que sea o haya sido español o residente en España.
7. El Registro Central de Penados ha de inscribir **todas las notas de condena** derivadas de sentencias firmes que, por considerar que se refieren a una persona física de nacionalidad española, le hayan sido remitidas por la autoridad central del Estado de condena. En caso de que el Registro tuviera constancia cierta de **no ser la española la nacionalidad del penado**, la debe rechazar, salvo que el reo hubiera sido condenado en España con anterioridad, fuera o hubiera sido residente en España o hubiera tenido nacionalidad española previamente. Si la **notificación se refiere a menores** de edad penal, solo se tiene en cuenta a efectos de su transmisión a otros Estados miembros, con la **excepción** de las condenas impuestas por delitos contra la libertad e indemnidad sexuales o por trata de seres humanos con fines de explotación sexual, incluyendo la pornografía, que se remitirán de forma automática al Registro Central de Delincuentes Sexuales y Trata de Seres Humanos.
Las notificaciones relativas a **condenas impuestas por hechos no punibles en España**, solo se conservarán a efectos de su transmisión a otros Estados miembros.
8. La **modificación o cancelación** -que supone, en su caso, eliminación física- de la información remitida se produce a solicitud de la autoridad central del Estado miembro de condena.
9. El Registro Central de Penados ha de informar sobre las condenas recaídas en España a la autoridad central del Estado de nacionalidad del condenado, con indicación sobre la **imposibilidad de su uso fuera de un proceso penal**, así como las posteriores modificaciones o cancelaciones.
Cuando el condenado tenga la **nacionalidad de varios Estados miembros**, la información habrá de transmitirse a cada uno de ellos. Si fuera nacional de tercer país, apátrida o con nacionalidad desconocida, el Registro comunicará sus datos personales al sistema centralizado previsto en el Rgto (UE) 2019/816.

Precisiones Como autoridad central del Estado de condena, el Registro debe crear un **registro de datos** en el sistema central para cada nacional de un tercer país condenado, incluyendo los datos alfanuméricos, dactiloscópicos y, cuando el Derecho español permita la recogida y conservación, la imagen facial del condenado, y demás previstos en el Rgto (UE) 2019/816 art.5.1.
Los **datos dactiloscópicos** del condenado se remitirán siempre que se hayan recogido durante el proceso penal y, en todo caso, cuando el nacional de un tercer país haya sido condenado a una pena de privación de libertad de una duración mínima de 6 meses. Esta previsión es de aplicación cuando el nacional de un tercer país condenado ostente también la nacionalidad de algún país de la Unión Europea.

10. Salvo desconocimiento, la **información** que el Registro citado, como Estado de condena, ha de remitir a la autoridad competente del Estado miembro es la siguiente: 8407

Sobre el condenado	• Nombre y apellidos, nombres anteriores y alias.
	• Fecha y lugar de nacimiento (ciudad y Estado).
	• Nombre de los progenitores.
	• Sexo.
	• Nacionalidad.
	• Documento de identidad
Sobre la condena	• Fecha de la sentencia y de su firmeza.
	• Órgano judicial sentenciador.
	• Órgano de ejecución, en su caso.
Sobre el delito	• Delito o delitos por los que se ha condenado.
	• Preceptos de tipificación aplicados.
	• Fecha y lugar de comisión.
Sobre la pena	• Pena o penas principales y accesorias.
	• Medidas de seguridad.
	• Resoluciones posteriores que afecten a su ejecución
Otras	• Impresiones dactilares.
	• Imagen facial.
	• Cualquier otra relativa a la condena.

11. Las **comunicaciones de condenas**, recaídas en España, a Estados miembros de nacionalidad del condenado han de efectuarse en **plazo** que no supere 2 meses desde la remisión de las mismas al Registro.

12. Las condenas firmes dictadas por órganos jurisdiccionales de otros Estados miembros por **hechos anteriores distintos contra un mismo condenado**, surten con motivo de un nuevo proceso penal los mismos efectos que las dictadas en España, aplicándose esta equivalencia de efectos a la fase previa al proceso penal, durante el proceso y con ocasión de la ejecución de la condena impuesta.

13. Las resoluciones condenatorias recaídas en **procesos judiciales en otros Estados miembros** no tendrán efecto alguno sobre las sentencias firmes recaídas en España con anterioridad, ni sobre las resoluciones que se dicten para su ejecución y no pueden provocar su revocación o revisión.

14. No pueden ser tomadas en consideración en un proceso penal seguido en España aquellas **resoluciones** condenatorias recaídas en otros Estados miembros **que no sean firmes**.

15. Los **antecedentes penales** que figuren en el Registro Central de Penados, aunque provengan de condenas recaídas en otros Estados miembros, se tendrán por **cancelados** de acuerdo con el Derecho español, salvo que con anterioridad se remita nota de cancelación.

16. Los órganos jurisdiccionales españoles o el Ministerio Fiscal obtienen la información relativa a las resoluciones condenatorias dictadas en otros Estados miembros mediante el intercambio de información de antecedentes penales o a través de los **instrumentos de asistencia judicial** vigentes. A estos efectos, cuando se trate de nacionales de otros Estados miembros de la Unión Europea o de ciudadanos que hayan tenido nacionalidad o residencia en otro Estado o de nacionales de otros Estados con los que se haya suscrito **convenio de cooperación,** se han de recabar de oficio los antecedentes de los investigados.

Precisiones **1)** Por medio de la LO 7/2014 se incorporan al **ordenamiento interno** la Decisión Marco 2008/675/JAI y la Decisión Marco 2008/315/JAI. 8408

2) En ningún caso se puede tener en cuenta a los efectos de aplicar este régimen, las condenas dictadas por un tribunal de un Estado miembro de la Unión Europea **con anterioridad a 15-8-2010** (LO 7/2014 disp.adic.única; TS 10-2-16, EDJ 5994).

3) Es de destacar el pronunciamiento del Tribunal Supremo sobre la LO 7/2014, sus efectos, la **relevancia de las Decisiones Marco** antes de su incorporación al Derecho interno por aquella y sus relaciones con el principio de retroactividad de la ley penal favorable (TS 11-2-16, EDJ 6000).

4) El Derecho europeo -y en concreto tal Decisión Marco 2008/675/JAI- no impone como consecuencia insoslayable para los Estados la toma en consideración de sentencias dictadas y ejecutadas en otro Estado miembro para fijar los **límites máximos de cumplimiento** de CP art.76 (TS 10-2-16, EDJ 5999; 26-1-16, EDJ 4098).

5) El **régimen transitorio** de los intercambios de información entre España y el Reino Unido (RDL 5/2019 art.18), es objeto de estudio en el nº 2496 Memento Procesal Penal 2026. Estas disposiciones quedan **derogadas** con efecto 1-1-2021 (RDL 38/2020).

6) Por medio del Rgto (UE) 2019/816 -Parlamento Europeo y Consejo- se establece un sistema centralizado para la identificación de los Estados miembros que poseen información sobre **condenas de nacionales de terceros países y apátridas** (ECRIS-TCN), a fin de completar el sistema europeo de información sobre antecedentes penales. Ha de tenerse igualmente en cuenta la Dir (UE) 2019/884, por la que se modifica la Decisión Marco 2009/315/JAI del Consejo en lo que respecta al ECRIS. Esta Directiva ha sido **incorporada al Derecho interno** mediante LO 4/2024, de modificación de la LO 7/2014.

D. Diligencias restrictivas de derechos fundamentales

8410 Determinadas actuaciones instructorias pueden suponer una injerencia del poder público en el ámbito de protección de determinados derechos fundamentales, cuando dentro del mismo se encuentren elementos cuyo conocimiento pueda permitir cumplir el fin de la instrucción criminal, ayudando a determinar indiciariamente la existencia del hecho delictivo y la concreción de quienes participen en él. Fundamentalmente, son los **derechos del investigado** a la integridad física y moral mediante la prohibición de los tratos degradantes, a la intimidad personal y familiar, a la inviolabilidad del domicilio y al secreto de las comunicaciones, en especial las postales, telegráficas y telefónicas (Const art.15 y 18.1, 2 y 3) los que van a resultar afectados por **medios de investigación** consistentes en la entrada y registro en domicilio, la detención y apertura de la correspondencia postal y telegráfica, la intervención de las comunicaciones telefónicas y la intervención o inspección sobre su propio cuerpo para obtener a partir de él muestras de la comisión del delito o buscar dentro del mismo el objeto de este.

Las actuaciones englobadas en el presente apartado responden a unos **requisitos y principios comunes** a todas o a la mayor parte de ellas, que derivan de su incidencia sobre los derechos fundamentales y que se exponen en primer término (nº 8413 s.), para después dedicar atención específica a los **aspectos singulares** de cada una de las diligencias (nº 8480 s.).

1. Requisitos y principios comunes

8413 Los principios que rigen las diligencias restrictivas de derechos fundamentales son los siguientes:
- legalidad (nº 8415);
- consentimiento del titular del derecho y monopolio jurisdiccional relativo (nº 8430);
- proporcionalidad (nº 8450);
- contradicción y derecho de defensa (nº 8467).

a. Legalidad

(Const art.53.1 y 81.1; Convenio Roma 4-11-1950 art.5 y 8 a 10)

8415 Toda injerencia estatal en el ámbito de los derechos fundamentales que admitan limitación ha de estar amparada en una **previa habilitación legal**, por ser este el único modo de garantizar las exigencias de seguridad jurídica en el ámbito de los derechos fundamentales (TCo 96/1996; 207/1996; 49/1999; 184/2003).

La previsión de posibles **limitaciones o injerencias mediante resolución judicial**, por sí sola, no satisface la exigencia derivada de legalidad, por cuanto la norma habilitante ha de ajustarse en su contenido a especiales requisitos de precisión, cuya única función es la de autorizar el hecho de la regulación posterior de la injerencia, que resulta así emanada de los representantes de los ciudadanos (Const art.18.2 y 3; Convenio Roma 4-11-1950 art.8.2; TCo 49/1999; TEDH 9-3-21, núm 36537/15; 16-11-23, núm 3041/19). En contra, la sentencia TEDH 11-1-24, núm 42541/18 estima que no se produce la vulneración del Convenio Roma 4-11-1950 art.8.2.

En consecuencia, procede:
- analizar los requisitos exigibles a la norma de cobertura de cualquier medida limitativa de derechos fundamentales (nº 8417);
- determinar cuáles son las normas de cobertura vigentes en nuestro ordenamiento (nº 8419); y
- preguntarse si tales normas cumplen los requisitos de contenido constitucionalmente exigibles para habilitar injerencias limitativas de derechos fundamentales (nº 8423).

Requisitos exigibles a la norma de cobertura Además de tener **rango de Ley** en sentido estricto y ser **previa** al momento en que la medida limitativa se adopte, la norma habilitante ha de observar estrictas **exigencias de contenido** (TCo 169/2001; 184/2003; TEDH 18-2-03,núm 58496/00). 8417

La **previsibilidad** implica que el Derecho interno debe usar términos suficientemente claros para indicar a todos de manera suficiente en qué **circunstancias** y bajo qué **condiciones** se habilita a los poderes públicos a tomar tales medidas (TEDH 24-4-90,núm 1801/85 y 24-4-90, núm 11105/84; 25-3-98, núm 23224/94; 25-6-98, núm 20605/92; 30-7-98, núm 27671/95; TCo 62/1982; 49/1996; 123/1997; 49/1999).

Precisiones 1) Con referencia a las **intervenciones telefónicas**, la jurisprudencia del TEDH exige que la ley que autorice las mismas se refiera, al menos, a (TEDH 30-7-98,núm 27671/95; 18-2-03, núm 58496/00 -ambas relativas a LECr art.579-):
- la definición de las categorías de personas susceptibles de ser sometidas a escucha judicial;
- la naturaleza de las infracciones susceptibles de dar lugar a ella;
- la fijación de un límite a la duración de la ejecución de la medida;
- el procedimiento de transcripción de las conversaciones interceptadas;
- las precauciones a observar para comunicar, intactas y completas, las grabaciones realizadas a los fines de control por el juez y por la defensa; y
- las circunstancias en las cuales puede o debe procederse a borrar o destruir las cintas, especialmente en caso de sobreseimiento o puesta en libertad.

2) Semejante concreción ha de exigirse a la norma reguladora de las **restantes diligencias de instrucción** limitativas de los derechos fundamentales.

Cobertura legal de las diligencias procesales limitativas de derechos fundamentales En la legislación española, está contenida en los siguientes preceptos: 8419 MPP nº 2636

a) **Entrada y registro en lugar cerrado** (LECr art.545 a 578; LO 2/1989 art.187). A ella se hace referencia también como diligencia preliminar civil (LEC art.261) y también se regula la entrada en domicilio como medio de ejecución forzosa de actos administrativos (LPAC art.96.3; L 39/2015 art.100.3; LJCA art.8.6; LOPJ art.91.2).

b) **Detención y apertura de la correspondencia privada, postal o telegráfica** (LECr art.579.1 y 580 a 588; LO 2/1989 art.187).

c) **Intervención de las comunicaciones telefónicas** (LECr art.579.2 a 4; LO 2/1989 art.188 y 189).

Precisiones 1) La **autorización judicial previa** de los tres tipos de actuaciones anteriores se encuentra regulada, cuando alguna de ellas sea necesaria para el desarrollo de las actividades del **Centro Nacional de Inteligencia**, en L 11/2002 art.12 y LO 6/2002.

2) La Sección de lo Mercantil del Tribunal de Instancia -hasta su constitución, los juzgados de lo mercantil- pueden adoptar en **procedimiento concursal** alguna de las tres medidas limitativas antes citadas, a las que cabe acompañar la restricción del derecho a la libre circulación y a la libertad de residencia de la persona física deudora e, incluso, del arresto domiciliario de esta (LO 8/2003 art.1).

d) **Inspecciones e intervenciones corporales** (LECr art.326.3º y 363.2º; LO 10/2007). Se regula la **obtención de muestras biológicas** cuyo análisis pueda contribuir al esclarecimiento de los hechos. 8420

Por su parte, la obtención de aire espirado y de muestras sanguíneas para la realización de controles de alcoholemia y los reconocimientos médicos necesarios para detectar el consumo de drogas tóxicas o estupefacientes en el **ámbito de la circulación de vehículos** se contemplan en RDLeg 6/2015 art.14; RD 1428/2003 art.20 a 28; LECr art.796.1.7ª.

El juez puede acordar que por el médico forense u otro perito se proceda a la **obtención de muestras o vestigios** cuyo análisis pueda facilitar la mejor calificación del hecho (LECr art.778.3).

También, como medidas de prevención o investigación del delito, los agentes de la autoridad pueden realizar las comprobaciones necesarias para impedir que en las vías, lugares y establecimientos públicos se porten o utilicen ilegalmente **armas**. Del mismo modo, para el descubrimiento y detención de los partícipes en un hecho delictivo causante de grave alarma social y para la recogida de los instrumentos, efectos o pruebas del mismo, se pueden establecer **controles en vías, lugares o establecimientos públicos** al objeto de proceder a la identificación de las personas que transiten o se encuentren en ellos, al registro de los vehículos y al control superficial de los efectos personales con el fin de comprobar que no se portan sustancias o instrumentos prohibidos o peligrosos (LO 4/2015 art.17 a 19).

Como normas de cobertura de los **cacheos o controles superficiales** practicados por las fuerzas de seguridad: LO 2/1986 art.11.1.f) y g); LECr art.282 (TS 31-3-00, EDJ 5283; 9-5-01, EDJ 11723).

8421 La regulación se cierra con la **tutela penal de los derechos fundamentales afectados**, tipificándose como delito la realización de la injerencia sin la concurrencia de los presupuestos legales habilitantes, que integran el elemento normativo esencial de los diferentes tipos de delito contra la integridad moral, la intimidad y el secreto de las comunicaciones y la inviolabilidad del domicilio (CP art.173 a 177, 198, 204 y 534 a 537).

8423 **Nivel de cumplimiento de la exigencia de certeza legal** Se referencia a los **supuestos** de:
- intervención de comunicaciones telefónicas;
- inspecciones e intervenciones corporales;
- entrada y registro en lugar cerrado y detención y apertura de correspondencia postal y telegráfica.

Precisiones Con relación a las **diligencias restrictivas de derechos fundamentales**, ver nº 8410.

8424 MPP nº 2518 s., 2636, 6615 **Intervención de comunicaciones telefónicas** El Tribunal Europeo de Derechos Humanos ha declarado que existe vulneración del Convenio Roma 4-11-1950 art.8, porque la LECr art.579 no responde a todas las condiciones exigidas por el Convenio y por la jurisprudencia del Tribunal. El Tribunal Constitucional ha puesto de manifiesto que la insuficiencia legislativa constituye por sí misma una infracción autónoma de la Const art.18 (TCo 49/1999; 84/2003). El Tribunal Supremo se ha referido al número de espacios en blanco que contiene LECr art.579 (TS 19-7-01, EDJ 30390; 29-5-07, EDJ 70156; 18-1-08, EDJ 20543), que adolece de **vaguedad e indeterminación en aspectos esenciales** y no es norma de cobertura adecuada para la restricción de un derecho fundamental (en este sentido, TEDH 30-7-98, núm 27671/95; 9-3-21, núm 36537/15; 16-11-23, núm 3041/19. En contra, la sentencia TEDH 11-1-24, núm 42541/18, que estima que no se produce la vulneración del Convenio Roma 4-11-1950 art.8.2).
Concretamente, se echa en falta (TEDH 16-2-00, núm 27798/95):
- un límite de las **prórrogas** que se pueden acordar;
- la delimitación de la **naturaleza y gravedad** de los hechos en virtud de cuya investigación pueden acordarse;
- el control del **resultado** de las intervenciones telefónicas y de los soportes en los que conste dicho resultado, es decir, las condiciones de grabación, custodia, utilización y borrado de las grabaciones, y las condiciones de incorporación a los atestados y al proceso de las conversaciones intervenidas; así como,
- la regulación de los **efectos** como prueba de la grabación frente a personas cuyo derecho al secreto no se encuentre limitado por la correspondiente resolución judicial, como es el interlocutor del investigado, que resulta partícipe necesario de la conversación intervenida.

8425 No obstante, han de tenerse en cuenta tres importantes precisiones:
a) La **infracción** de la Const art.18 que se produce por ese motivo es **autónoma e independiente** de cualquier otra. La existencia de la primera no implica por sí misma, necesariamente, la ilegitimidad constitucional de la actuación de los órganos jurisdiccionales que autorizaron la intervención: si, pese a la inexistencia declarada de una ley que satisfaga las genéricas exigencias constitucionales de seguridad jurídica, los órganos judiciales actúan en el marco de la investigación de una infracción grave, para la que de modo patente sea necesaria, adecuada y proporcionada la intervención telefónica y la acuerdan respecto de personas presuntamente implicadas en aquella, respetando las exigencias constitucionales dimanantes del principio de proporcionalidad, no cabría entender que el juez hubiese vulnerado, por la sola ausencia de dicha ley, el derecho al secreto de las comunicaciones telefónicas (TCo 67/1998; 49/1999; 184/2003).
b) La situación **solo puede solucionarla el legislador**, pues la LECr art.579 resulta inconstitucional no por lo que dice, sino por lo que silencia o deja de decir, por lo que el planteamiento de una cuestión de inconstitucionalidad no es solución al problema, lo mismo que tampoco lo es la autocuestión de inconstitucionalidad ni una sentencia constitucional interpretativa.
c) La **actuación de los órganos judiciales** ha de atenerse, en todo caso, a los criterios contenidos en la jurisprudencia constitucional. La situación de práctica anomia legislativa ha sido suficientemente colmada por la doctrina jurisprudencial, estableciéndose un cuerpo de doctrina que debe considerarse, como complemento de la LECr art.579 (LOPJ art.5; CC art.1; TS 19-7-01, EDJ 30390).

8426 MPP nº 6575 **Inspecciones e intervenciones corporales** (LECr art.326, 363 y 778.3) Gozan de habilitación legal más precisa para la **obtención de muestras biológicas** de la persona del investigado (Acuerdo TS Pleno no Jurisdiccional Sala 2ª 13-7-05).
Dada la naturaleza evidentemente pericial del **análisis de las muestras** procedentes del cuerpo del investigado, su obtención podría ampararse en LECr art.399 y 478.1º, donde se permite

que el objeto de la pericia sea una persona y el estado en que la misma se halle. Sin embargo, no cabe buscar apoyo alguno en LECr art.311, 334 y 339 ni en LO 1/1982 art.8.1, preceptos que no facilitan el respaldo legal necesario para ordenar la extracción coactiva de elementos del cuerpo del investigado, pero no impiden que la autoridad judicial acuerde el análisis pericial de cualesquiera elementos del cuerpo humano (sangre, semen, uñas, etc.) previamente aprehendidos de otra manera en alguno de los lugares previstos en la norma (TCo 37/1989; 207/1996; 25/2005).

Entrada y registro en lugar cerrado y detención y apertura de correspondencia Para el estudio de esta cuestión, remitimos al tratamiento expuesto en el nº 8501 s. **8427** MPP nº 6535, 6570

b. Consentimiento del titular del derecho y monopolio jurisdiccional relativo

La aplicación de medios de investigación que impliquen afección o limitación de derechos fundamentales se reserva casi en exclusiva a la **decisión del juez de instrucción**, que por la independencia que caracteriza su actuación cumple así un papel de garante de los derechos afectados. **8430**

Como **regla general**, todas las actuaciones que supongan injerencia en el ámbito de los derechos fundamentales requieren como presupuesto previo, a falta del consentimiento del titular del derecho afectado, que en algunos casos puede convertir la diligencia en absolutamente inútil, la **autorización judicial mediante resolución motivada**.

Precisiones La **motivación judicial** consiste esencialmente en la plasmación expresa de las exigencias de proporcionalidad (nº 8450), de la que integra el aspecto formal y es esencial para el ulterior control de la legalidad de la medida y para la determinación, a partir de ahí, de su eficacia probatoria. Se trata de un mecanismo de orden preventivo destinado a proteger el derecho fundamental afectado, pues permite decidir si en el conflicto entre este y determinados intereses públicos, ante la ausencia de consentimiento del titular del primero, han de prevalecer estos o no y si el sacrificio del derecho es adecuado en el caso concreto para la protección o servicio de los segundos (TCo 126/1995; 207/1996; 136/2000).

Consentimiento del titular del derecho

Legitima la intromisión del poder público en el ámbito de protección del mismo, siempre que se preste de manera **espontánea y no viciada** (TS 17-1-97, EDJ 238; 18-2-05, EDJ 68308). **8432** MPP nº 2527

Los **requisitos** que ha de reunir el consentimiento se perfilan en relación con el registro domiciliario, aunque su aplicación puede extenderse a otras modalidades de injerencia (TS 4-11-02, EDJ 49763):

• **Capacidad** de quien consiente, lo que implica mayoría de edad y ausencia de toda restricción en su capacidad de obrar, aunque esta no esté declarada judicialmente, pues a efectos penales ha de considerarse no plenamente capaz a toda persona que padezca enfermedad persistente que le impida gobernar por sí misma su persona o bienes (TS 9-11-94, EDJ 9992).

• **Consentimiento consciente y libre**. Ello implica (TS 2-4-04, EDJ 26050; 27-10-05, EDJ 207232):

- ausencia de todo tipo de error, violencia o intimidación;
- que no se condicione a circunstancia alguna periférica, como promesas de cualquier actuación policial del signo que sean; y
- que si quien consiente se encuentra detenido, no puede válidamente hacerlo sin asistencia de letrado.

• **Especialidad**. El consentimiento debe ser otorgado para un asunto concreto, del que tenga conocimiento quien lo presta, sin que pueda aprovecharse o utilizarse para otros fines distintos (TS 6-6-01, EDJ 11833). Con relación a los hallazgos casuales producidos durante la entrada y registro, ver nº 8463.

• **Constancia inequívoca** en la diligencia correspondiente, aunque el acto de prestación del consentimiento puede ser tanto verbal como escrito.

Particularidades en su aplicación La anterior doctrina general ofrece particularidades en su aplicación concreta a las distintas **modalidades** de injerencia: **8433** MPP nº 2528, 2636

a) Tratándose de **inspecciones corporales**, se considera válida la intervención policial del cuerpo del delito oculto en partes íntimas del cuerpo del investigado cuando este lo entrega voluntariamente a simple requerimiento de los agentes de policía (TS 14-4-05, EDJ 62569).

b) En relación con la **entrada y registro en domicilio**, se admite por excepción un caso de consentimiento tácito, pues se entiende que lo presta aquel que, requerido por quien haya de efectuar la entrada y el registro para que los permita, ejecuta por su parte los actos necesarios que de él dependen para que puedan tener efecto, sin invocar la inviolabilidad reconocida constitucionalmente al domicilio (LECr art.551).

c) Si de **intervención de las comunicaciones** se trata, ha de tenerse en cuenta que el secreto garantizado por Const art.18.3 no alcanza a aquel con quien se conversa y a quien libremente el interlocutor ha decidido manifestarle lo que ha considerado oportuno, sino que se refiere solo al tercero ajeno a la conversación que la intercepta de cualquier modo, por lo que quien entrega a otro la carta recibida, quien emplea durante su conversación telefónica un aparato amplificador de la voz para permitir escuchar la misma a otras personas presentes y quien graba el contenido de sus propias conversaciones con otros, no está violando el secreto de las comunicaciones, sin perjuicio de que estas mismas conductas, en el caso de que lo transmitido entre en la esfera íntima del interlocutor, puedan constituir atentados al derecho contemplado por Const art.18.1 (TS 18-10-98, EDJ 21890; 16-11-05, EDJ 207192; TEDH 25-9-01, núm 44787/98).

Queda **exceptuado** el caso de que conversación grabada no haya surgido espontáneamente, de modo que la confesión contenida en ella se haga de manera provocada y con la exclusiva intención de presentar la grabación como prueba en las diligencias en curso (TS 1-3-96, EDJ 1131).

8435 **Excepciones al monopolio jurisdiccional** El monopolio jurisdiccional para autorizar diligencias de investigación que afecten a derechos fundamentales no es absoluto y admite excepción en los supuestos en que los agentes de las fuerzas y cuerpos de seguridad pueden proceder **sin autorización judicial previa ni consentimiento del titular** del derecho afectado.

En todos los casos que se relacionan, la excepción permite la práctica de las actuaciones estudiadas por agentes las fuerzas de seguridad; pero, en ningún caso pueden acordarse por órganos del **Ministerio Fiscal** de modo directo o a través de la policía judicial, pues en relación con ellos sí es absoluta la reserva jurisdiccional (LO 5/2000 art.23.3; L 50/1981 art.5).

8436 **Inspecciones o reconocimientos e intervenciones corporales leves** Pueden realizarse por agentes de la autoridad administrativa competente por razón de la materia (policía judicial, policía de tráfico, resguardo fiscal) cuando, existiendo **habilitación legal expresa** y observándose en su práctica los requisitos de proporcionalidad y razonabilidad, existan razones de **urgencia o necesidad** (TCo 207/1996; 237/1997). Así ocurre en los supuestos (nº 8491 s.) de control de alcoholemia y de consumo de drogas tóxicas en la conducción de vehículos, cacheos y registros personales superficiales y control radiológico de las cavidades del cuerpo humano en determinados casos.

Precisiones **1)** Por el contrario, la **obtención coactiva de muestras biológicas** a partir del cuerpo del investigado requiere inexcusablemente resolución judicial previa, en la que puede conminarse con la posible comisión de delito de desobediencia en caso de negativa a someterse a la extracción de la muestra correspondiente (LECr art.326 y 363; TS 18-11-02, EDJ 54102 -muestra de sangre-; 4-6-03, EDJ 49567 -muestra de saliva-).

Cuando la muestra objeto de análisis **no se adquiera directamente del cuerpo del investigado** y sí de un lugar en el que este se halle o de un objeto relacionado con él, la intervención judicial es también precisa, pues en caso contrario puede ponerse en duda el carácter indubitado de la misma (TS 19-4-05, EDJ 68321).

No obstante, en un supuesto muy similar, el Tribunal Supremo ha admitido la ausencia de intervención judicial cuando la toma de la muestra para el **control de ADN** se lleva a cabo por razones de puro azar y a la vista de un suceso totalmente imprevisible, como el hecho de que el sospechoso detenido escupa en la celda en la que se halla ingresado, pues los restos de saliva escupidos se convierten así en un objeto procedente del cuerpo del sospechoso, pero **obtenido de forma totalmente inesperada**, que permite su comparación con los existentes en una camiseta, en cuyo caso el único problema que puede suscitarse es el relativo a la demostración de que la muestra había sido producida por el acusado, circunstancia que no se discute por el propio recurrente (TS 14-10-05, EDJ 187654).

El Tribunal Supremo ha estimado que la policía judicial puede recoger **restos genéticos o muestras biológicas abandonadas** por el sospechoso sin necesidad de autorización judicial (TS Acuerdo no jurisdiccional 31-1-06, EDJ 3718).

2) La obtención de la muestra biológica (saliva) del condenado que este arroja **voluntariamente**, la obtención del perfil de ADN a partir de la misma y su comparación con el obtenido a partir de los vestigios hallados en el lugar de los hechos enjuiciados, no vulneran derechos fundamentales que puedan convertir en ilícita la prueba sobre la que se sustente la condena (TCo 199/2013; 13/2014; 14/2014).

8437 MPP nº 6547 **Entrada y registro en domicilio** (LECr art.553) Los agentes de la autoridad pueden proceder por propia autoridad a la **detención** de los presuntos responsables cualquiera que sea el lugar o domicilio en que se oculten o refugien, así como al **registro** que, con ocasión aquella, se efectúe de dichos lugares y a la **ocupación de los efectos** e instrumentos que se hallen en ellos y que puedan guardar relación con el delito perseguido, dando cuenta inmediata a la autoridad judicial del registro efectuado y del resultado del mismo.

Estas actuaciones pueden llevarse a cabo en los **supuestos** en que:
- exista mandamiento de prisión contra el presunto responsable;
- sea sorprendido en delito flagrante; o
- sea inmediatamente perseguido por los agentes de la autoridad.

Precisiones 1) Constitucionalmente, se exceptúa el caso del delito flagrante de los requisitos comunes de la entrada en domicilio (consentimiento del morador o autorización judicial), pero no ofrece un **concepto de flagrancia** (Const art.18.2). En consecuencia, son perfectamente válidas para interpretar el primero las orientaciones jurisprudenciales que caracterizan la flagrancia como la situación fáctica en la que el delincuente es sorprendido en el momento de delinquir o en circunstancias inmediatas a la perpetración del ilícito, en que la entrada y registro policial en un domicilio sin previa autorización judicial o sin consentimiento expreso de su titular únicamente es admisible cuando dicha injerencia se produzca ante el conocimiento o percepción evidente de que en dicho domicilio se está cometiendo un delito y siempre que la intervención policial resulte urgente para impedir su consumación, detener a la persona supuestamente responsable del mismo, proteger a la víctima o evitar la desaparición de los efectos o instrumentos del delito (TCo 94/1996). Con ello, se cumplen los cuatro **presupuestos básicos de inmediatez**, es decir, que la acción delictiva se esté desarrollando o se acabe de realizar; relación directa del delincuente con el objeto, instrumentos o efectos del delito; percepción directa y no meramente presuntiva de la situación delictiva y necesidad urgente de la intervención para evitar la consumación o agotamiento del delito, o la desaparición de los efectos del mismo (TS 16-5-05, EDJ 96631; 6-6-05, EDJ 103480; 8-6-07, EDJ 92344). 8438

2) La flagrancia delictiva que habilita a los agentes de la autoridad para invadir el espacio de exclusión amparado por la **inviolabilidad domiciliaria** accediendo a una vivienda en contra de la voluntad del morador sin previa autorización judicial ha de responder necesariamente a un hecho de apariencia delictiva, previo al acto mismo de injerencia (TS 27-12-23, EDJ 792457).

Entrada en domicilio en estado de necesidad (LO 4/2015 art.15.2) Es causa legítima suficiente para la entrada en domicilio la necesidad de evitar **daños inminentes y graves** a las personas y a las cosas, en supuestos de catástrofe, calamidad, ruina inminente u otros semejantes de extrema y urgente necesidad. 8439

Delitos relacionados con la actuación de bandas armadas o elementos terroristas o rebeldes (Const art.55.2; LECr art.553 y 579.4) No se requiere autorización judicial ni consentimiento del titular de los derechos fundamentales afectados para la entrada y registro en domicilio y la intervención de las comunicaciones en caso de delitos relacionados con la actuación de bandas armadas o elementos terroristas o rebeldes. 8440

La **entrada y registro** puede realizarse por propia autoridad de los agentes de las fuerzas policiales.

Ahora bien, la **injerencia en las comunicaciones** requiere urgencia y debe ser acordada por el ministro del Interior o por el director de la seguridad del Estado, debiendo el juez competente, al que se debe dar cuenta en escrito motivado, confirmar o revocar la medida en resolución también motivada y dentro del plazo de 72 horas desde que fue ordenada la práctica de la misma.

Estados de excepción y de sitio (Const art.55.1; LO 4/1981 art.13.2. 17, 18 y 32) No requieren autorización judicial ni consentimiento del titular de los derechos fundamentales afectados, las actuaciones gubernativas consistentes en registros domiciliarios o intervención de comunicaciones postales, telegráficas y telefónicas que resulten necesarias para el esclarecimiento de hechos delictivos, cuando resulten comprendidas en la **autorización del Congreso de los Diputados** para declarar el estado de excepción o en la propia declaración del estado de sitio. 8441

Captación de imágenes en espacios públicos (LECr art.588 quinquies a) a 588 quinquies c) Se permite a la policía judicial **obtener y grabar por cualquier medio técnico** imágenes de la persona investigada cuando se encuentre en un lugar o espacio público, si ello fuera necesario para facilitar su identificación, para localizar los instrumentos o efectos del delito u obtener datos relevantes para el esclarecimiento de los hechos. La medida podrá ser llevada a cabo aun cuando afecte a **personas diferentes del investigado**, siempre que de otro modo se reduzca de forma relevante la utilidad de la vigilancia o existan indicios fundados de la relación de dichas personas con el investigado y los hechos objeto de la investigación. 8442

Preexistencia de proceso penal Las medidas limitativas de derechos fundamentales han de acordarse en el seno de un proceso penal preexistente, pues este es el único cauce que hace controlable y, por tanto, jurídicamente eficaz la propia actuación judicial. Solo dentro del proceso la ausencia de consentimiento del investigado o incluso el desconocimiento de la práctica de la diligencia, como ocurre en el caso de la intervención telefónica o de la detención de la correspondencia, pueden ser suplidas por la **garantía** que supone la intervención del Ministerio Fiscal; y solo dentro de él puede tener el afectado, en su caso, **posibilidad de impugnar** la medida. 8443

Precisiones 1) Se entiende por la jurisprudencia que la garantía judicial se cumple cuando, concurriendo los requisitos materiales para acordar la medida limitativa, inmediatamente después de autorizarla en dichas diligencias y sin solución de continuidad se incoa el correspondiente proceso (TS 18-10-95, EDJ 6498; 6-5-97, EDJ 3872; 22-1-98, EDJ 150) o cuando el resultado de su práctica se une inmediatamente al proceso preexistente, con lo que se asegura la posibilidad de que sea conocida y sometida a contradicción por el investigado (TCo 49/1999).

2) Es válido a efectos penales, y no se incurre en vicio de nulidad de actuaciones por razón del registro practicado en la sede de la sociedad, bajo autorización del juez de lo contencioso-administrativo en un **momento inicial de las actuaciones administrativas** que luego condujeron a la apertura de diligencias penales. Se descarta la incompetencia de tal jurisdicción, porque no existían *ab initio*, indicios de delito que hubiesen debido llevar a que la Administración tributaria recabase **autorización del juez penal**. Para la **fijación de la cuota** eludida, no basta la simple operación aritmética de aplicar el tipo impositivo al volumen de ventas al resultar preciso evaluar la realidad y sujeción al impuesto de las operaciones, determinar el IVA devengado y el soportado y concretar el obligado tributario real, lo que puede verse dificultado por el empleo de tramas societarias instrumentales que ocultan la actividad real de las sociedades, entidades o personas que operan en el tráfico jurídico. Una vez determinadas estas cuestiones, se procede a denunciar, y, a partir de entonces, las actuaciones de registro deberán ser autorizadas u ordenadas en sede penal, lo que no resta validez a las actuadas con anterioridad bajo la autorización del órgano jurisdiccional entonces competente (TSJ Cantabria 3-2-23, EDJ 575681).

8445 **Extensión y control de la intervención judicial** La intervención judicial no se limita a
MPP la adopción o **autorización previa** de la injerencia, sino que alcanza en la mayoría de los casos
nº 2539, 2540 a la **realización material** de la correspondiente actuación o, al menos, al **control judicial** de su práctica por personas distintas del juez.

El requisito se articula de diversa forma en función de la concreta diligencia de que se trate:

1) En la **entrada y registro en domicilio**, ver, con mayor amplitud, en nº 8501 s.

2) En caso de **intervención de las comunicaciones postales y telegráficas**, aunque la detención de la correspondencia puede encomendarse por el juez de instrucción a diversas personas, la apertura de la misma, la toma de conocimiento de su contenido mediante la lectura y la selección de los pasajes relevantes a los fines de la instrucción es atribución exclusiva del primero (LECr art.580 a 582, 586 y 587). Sin embargo, la falta de la preceptiva presencia del juez se considera mera irregularidad cuando la diligencia de apertura se practique en presencia del interesado y del letrado de la Administración de Justicia, por lo que en tal caso no puede caber duda alguna sobre el contenido del paquete postal o carta y no se causa indefensión al investigado (TS 3-12-02, EDJ 59250).

3) El control judicial de la ejecución de la **intervención telefónica** requiere que se fijen en los autos de autorización los períodos en que deba darse cuenta al juez del resultado de la ejecución de la medida, así como que este conozca las vicisitudes y el resultado final de la intervención. La intervención judicial es inexcusable para que, del conjunto de datos averiguados mediante la intervención, solo los útiles accedan a las actuaciones lo que implica la exigencia de que deba darse conocimiento al juez de instrucción de la totalidad de las comunicaciones intervenidas para que sea él quien seleccione, con intervención de las partes, los fragmentos relevantes que pretendan utilizarse como prueba en el juicio oral (TCo 121/1998; 49/1999; 167/2002).

c. Proporcionalidad

8450 Tanto su regulación legal como su práctica concreta, han de tener como base la consecución de un **fin constitucionalmente legítimo** y solo pueden suponer, además, limitación del derecho en la medida imprescindible y estrictamente necesaria para conseguirlo, pues la Constitución no ampara sacrificios excesivos o innecesarios de los derechos fundamentales (TCo 166/1999; 299/2000; 138/2001).

Esa exigencia básica de proporcionalidad comprende los siguientes **elementos**:

8452 **Consecución de un fin constitucionalmente legítimo** Uno de los presupuestos que legalmente habilitan la injerencia en los derechos fundamentales es la existencia de una investigación en curso por un hecho constitutivo de **infracción punible grave**, en atención al bien jurídico protegido y a la relevancia social del mismo (TCo 166/1999; 202/2001; 167/2002).

La **conducta investigada** ha de ser presuntamente constitutiva de delito de determinada gravedad.

Frente al sistema de lista cerrada de otros ordenamientos, el silencio de nuestra legislación sobre el particular se interpreta en el sentido de que:

- son **delitos graves** los castigados con penas graves (TCo 14/2001; 167/2002; CP art.13.1 y 33); y

- la gravedad de la infracción no puede estar determinada únicamente por la **calificación de la pena** legalmente prevista, aunque indudablemente es un factor que debe de ser considerado, sino que también deben de tenerse en cuenta **otros factores**, como los bienes jurídicos protegidos y la relevancia social de aquella (TCo 299/2000; 202/2001; TS 13-1-04, EDJ 8227; 27-4-05, EDJ 71526).

Precisiones No faltan resoluciones que sugieren la **aplicación analógica** de LECr art.282 bis (TS 8-7-00, EDJ 21770; 8-3-04, EDJ 12779; 19-9-04, EDJ 143919).

Motivación judicial La **resolución judicial** que autorice la injerencia en los derechos fundamentales ha de ser fundada o estar motivada (LECr art.363 -inspección, reconocimiento e intervención corporal-, 550 y 558 -entrada y registro-, 579.1 y 583 -detención y apertura de correspondencia- y 579.2 -intervención de comunicaciones telefónicas-). Ello supone que el correspondiente auto ha de explicitar los elementos indispensables para hacer posible el control de proporcionalidad, de manera que las **razones fácticas y jurídicas de la limitación** puedan ser conocidas por el afectado, aunque sea *a posteriori* en algunos casos, el necesario **juicio de proporcionalidad** entre el sacrificio del derecho fundamental y la causa a la que obedece (TCo 37/1989; 207/1996; 177/1998; 136/2000; 49/1999). **8454**

Precisiones No resulta admisible pretender convalidar la **ausencia o deficiencia** de motivación con el posterior éxito de la investigación policial (TCo 138/2001; 167/2002; TS 6-6-05, EDJ 108770; 6-6-07, EDJ 70178; 9-7-07, EDJ 92337).

Elementos El presupuesto habilitante de la injerencia que ha de expresarse en la resolución judicial autorizante se compone de diversos elementos (TCo 49/1999; 136/2000; 138/2001; TS 27-6-07, EDJ 80237; 7-11-07, EDJ 222984): **8455**

a) **Naturaleza y gravedad del hecho punible investigado** y conexión con el mismo del sujeto afectado por la injerencia. Solo es lícita la injerencia que afecte a las personas que provisionalmente puedan ser tenidas como responsables del delito o estén relacionadas con ellos.

b) La **imputación** que late en esa relación entre la persona y el hecho ha de fundamentarse en algo más que en circunstancias meramente anímicas y puras sospechas o en valoraciones acerca de la persona y basarse en **indicios o datos objetivos** que constituyan una base real o sospecha objetivada de que se va a cometer, se está cometiendo o se ha cometido el delito.

Precisiones **1)** Son las «acreditadas razones» (LECr art.363) y los «indicios» (LECr art.546 y 579), a todos los cuales el TEDH se refiere como «fuertes presunciones», «datos fácticos» o «buenas razones» para presumir la existencia del delito. En definitiva, se trata de una **línea de investigación** que constituye algo más que la mera sospecha y algo menos que los indicios racionales que se precisan para la formalización judicial de la imputación (TCo 299/2000; TS 14-12-04, EDJ 225050; 28-2-07, EDJ 17157). En consecuencia, la solicitud policial de adopción de la medida limitativa ha de ir más allá de las meras conjeturas, aportando **datos concretos y precisos** que permitan percibir la conexión antes citada (TEDH 6-9-78, núm 5029/71; 15-6-92, núm 12433/86; TCo 166/1999; 8/2000; 202/2001; TS 4-3-99, EDJ 2257; 17-6-03, EDJ 80563; 12-11-07, EDJ 206078), siendo suficiente con una *notitia criminis* alentada por la sospecha fundada en circunstancias objetivas de la existencia pasada, presente o futura de un delito (TCo 136/2000).

2) La **mera confidencia como indicio único** no es suficiente para la adopción de medidas restrictivas de derechos fundamentales, salvo excepcionales supuestos de estado de necesidad (TS 4-3-99, EDJ 2257; 10-4-01, EDJ 8252; 19-2-03, EDJ 4283; 1-6-05, EDJ 113618).

c) Aportados por la policía judicial **indicios del delito**, el juez no está obligado a comprobar la realidad de los datos que le proporciona la autoridad policial, sino a ponderar su **verosimilitud**. **8456**

Precisiones La **veracidad del indicio** no puede confundirse con su posible **comprobación judicial** porque a la comprobación tiende precisamente la intervención solicitada sobre la base de una noticia de contenido razonable; además, porque cuando, siendo posible, no se comprueba el indicio o noticia disponible, el auto habilitante no se sustentará en indicios auténticos de ser falsos estos, pero no que el indicio razonable del delito deje de ser verdadero, cuando lo sea, por el solo hecho de no haberse comprobado (TS 28-7-00, EDJ 23056; 19-2-03, EDJ 4283).

d) Concreción de los **términos de la injerencia**, lo que supone un primer elemento de control judicial de su ejecución, que ha de atenerse estrictamente a los mismos para no incurrir en ilegitimidad constitucional (TCo 49/1996; 121/1998; 166/1999). **8457**

En el caso de las **inspecciones o intervenciones corporales**, el juez puede acordar la obtención de las muestras biológicas del sospechoso que resulten imprescindibles para determinar su perfil de ADN, siendo los actos de injerencia los adecuados a los principios de proporcionalidad y razonabilidad (LECr art.363).

Para la investigación de los delitos, la policía judicial procede a la toma de muestras y fluidos del sospechoso, detenido o investigado, así como del lugar del delito, añadiendo que las tomas que requieran inspecciones, reconocimientos o intervenciones corporales **sin consentimiento**

del afectado, requieren en todo caso autorización judicial mediante auto motivado (LO 10/2007 disp.adic.3ª).
Para la **detención de correspondencia**, el auto motivado acordando dicha medida o la entrega de copias de telegramas transmitidos ha de determinar la correspondencia que haya de ser detenida o registrada, o los telegramas cuyas copias hayan de ser entregadas, por medio de la designación de las personas a cuyo nombre se hayan expedido. El requisito deja de ser exigible cuando se interviene la correspondencia en el interior de un domicilio registrado al amparo de un auto de entrada y registro (LECr art.576 y 583; TS 19-10-05, EDJ 165906).
Similar grado de concreción se exige para la **entrada y registro** y para las **intervenciones telefónicas**. En el primer caso deben expresarse en el auto autorizante las circunstancias espaciales (localización del domicilio), temporales (momento y plazo), objetivas (efectos cuya búsqueda se pretende y delito relacionado) y, de ser posible, también personales (titular u ocupantes del domicilio) de la diligencia que se autoriza (TCo 290/1994; 181/1995; 30/1998; 136/2000; TS 10-1-05, EDJ 4960). En el segundo, debe hacerse referencia concreta al número de teléfono intervenidos y personas cuyas conversaciones han de ser controladas, tiempo de duración de la injerencia, quiénes han de llevarla a cabo y cómo han de hacerlo, así como los períodos en que ha de darse cuenta al juez del resultado de su ejecución (TCo 167/2002; 184/2003).

Precisiones En el **ámbito militar**, se formulan, pero no se detallan las exigencias de concreción de la autorización judicial (LO 2/1989 art.187 y 188).

8458 **Forma** La exigencia de motivación no puede identificarse con la **extensión** o incluso la **brillantez** de la resolución judicial, pues la misma no es incompatible con unos económicos razonamientos ni con una motivación concisa, ya que la suficiencia del razonamiento no conlleva una determinada extensión o un determinado rigor lógico (TS 4-3-99, EDJ 2257; 10-1-05, EDJ 4960).
Si bien se declara expresamente preferible y deseable la **motivación directa**, se admite la llamada **motivación por remisión** y se estima que cumple el requisito toda resolución judicial que contenga los elementos necesarios para poder llevar a cabo con posterioridad el juicio de proporcionalidad sobre la medida, aunque sea integrándola con la solicitud policial, a la que se le permite remitirse, siempre que lo haga de modo expreso y aquella obre en autos (TCo 184/2003; TS 1-6-07, EDJ 159290; 8-1-08, EDJ 5032; 11-1-08, EDJ 3269).
Aunque es deseable que la resolución judicial contenga en sí misma todos los datos precisos, la jurisprudencia ha admitido la motivación por remisión si, integrada con la solicitud policial a la que puede remitirse, contiene todos los elementos necesarios para llevar a cabo el **juicio de proporcionalidad** relativo a la medida injerente de intervención de comunicaciones telefónicas (TCo 689/2014; TS 11-7-24, EDJ 632432).

8460 **Limitación temporal** En las medidas de realización prolongada en el tiempo, como es típicamente la **intervención de comunicaciones** telefónicas y también la de las postales y telegráficas, la limitación temporal es elemento esencial de la proporcionalidad y en el caso de las primeras se limita a 3 meses, aunque no se establezca un tope a la posibilidad de **prórroga**.

Precisiones La **prórroga indefinida o excesiva** convertiría la medida en desproporcionada e ilegal (TS 9-5-94, EDJ 4120; 3-12-04, EDJ 225046). En cada ocasión en que la prórroga se produzca ha de motivarse específicamente la necesidad de la misma sobre la base de las circunstancias concretamente concurrentes en ese momento, aun cuando solo sea para poner de manifiesto la persistencia de las mismas razones que, en su día, determinaron la decisión, sin que sea suficiente una remisión tácita o presunta integración de la **motivación** de la prórroga con la que se ofreció en el momento inicial (TCo 181/1995; 49/1999).

8462 **Especialidad** La medida limitativa de los derechos fundamentales ha de acordarse para la investigación de un **delito concreto**, como ponen de manifiesto todos los preceptos que las regulan cuando:
- se refieren al «sospechoso» como sujeto de la intervención corporal (LECr art.363);
- exigen para acordar el registro indicios de que el procesado se encuentre en el lugar objeto del mismo o posibilidad de hallar en él efectos o instrumentos del delito (LECr art.546); o, por último,
- condicionan la intervención de las comunicaciones a que pueda descubrirse mediante ella alguna circunstancia o hecho importante de la causa (LECr art.579.1 y 2; LO 2/1989 art.187 y 188).

En definitiva, **no** caben las **medidas puramente prospectivas**, pues no pueden limitarse los derechos fundamentales al servicio de la genérica necesidad de prevenir o descubrir de manera general e indiscriminada delitos indefinidos, lo que sería propio de un sistema de inquisición general incompatible con el Derecho penal moderno (TCo 171/1999; 167/2002; TS 18-7-00, EDJ 24264; 14-5-02; 3-12-04, EDJ 225046; 7-9-05, EDJ 149449).

Precisiones 1) En el caso de la entrada y registro pueden producirse hallazgos casuales de efectos o instrumentos de delito distinto al investigado, como ocurre con frecuencia con **armas, facturas o dinero falso**. En dicha situación se admite la validez de la diligencia cuando el delito con el que se relacione el hallazgo pueda entenderse como **delito flagrante** (LECr art.795.1.1ª, para la posesión de efectos) o conexo con aquel para cuya investigación se autorizó el registro, teniendo en cuenta que en este caso no hay novación del objeto de la investigación, sino simplemente adición (TS 4-10-96, EDJ 7555; 4-3-03, EDJ 25329). **8463**

2) De forma análoga, cuando la intervención de las comunicaciones suponga el **conocimiento casual de indicios de delito distinto** del investigado, el mismo debe tratarse como una *notitia criminis* distinta sobre la cual ha de incoarse un nuevo proceso (TS 2-7-93, EDJ 6584; 5-5-00, EDJ 11040; 24-5-02, EDJ 20050).

Idoneidad y necesidad estricta Los datos desvelados mediante la restricción del derecho fundamental han de ser relevantes para la investigación del delito y la injerencia debe ser, además, un **medio adecuado** para obtener ese conocimiento y el **único posible** para lograrlo y, con él, satisfacer la finalidad que con la medida limitativa se pretende. **8464**

Sobre esa base, la limitación de los derechos fundamentales nunca debe ir más allá de **lo estrictamente necesario** para la consecución del objetivo que legitima la injerencia. A este principio responden: las normas que prohíben en los registros las inspecciones inútiles y la lesión gratuita de la reputación del investigado y que obligan a adoptar toda clase de precauciones para evitarla; así como a la devolución al mismo de la correspondencia postal y telegráfica no relacionada con la causa; y la destrucción de las grabaciones irrelevantes a los efectos de la investigación criminal. Idéntico principio es perfectamente aplicable a las inspecciones corporales como derivación directa de los principios de proporcionalidad y razonabilidad (LECr art.363, 552 y 587).

Precisiones Las **injerencias** son **constitucionalmente ilegítimas** cuando tengan carácter prescindible (TCo 54/1996; 207/1996; 166/1999; TS 3-12-04, EDJ 225046; AP Navarra 26-7-24, PA 663/21).

d. Valor probatorio. Contradicción y derecho de defensa

Las actuaciones estudiadas tienen en común su carácter de **prueba preconstituida**, lo que impone que su práctica en fase de instrucción se realice con contradicción procesal y respeto del derecho de defensa y que su resultado se incorpore al juicio oral para ser valorado en él como elemento probatorio, acceso que a su vez es posible a través de cauces diversos. **8467**

Inspecciones e intervenciones corporales Constituyen una modalidad específica de la **recogida de muestras y vestigios materiales** de la comisión del delito con la finalidad de identificar al investigado. Por tanto, son plenamente aplicables las consideraciones hechas en nº 8341 s. y nº 8367, sobre el valor probatorio y la contradicción procesal en relación con el reconocimiento judicial y el cuerpo del delito. En cuanto al valor probatorio de las **pruebas de alcoholemia**, ver nº 8496. **8468** MPP nº 6575 s.

Entrada y registro en lugar cerrado (LECr art.573 y 574) Su finalidad esencial es la de recoger efectos, instrumentos o vestigios del delito que se encuentren en el lugar registrado, incluyendo los libros y papeles de contabilidad. **8470** MPP nº 6535

En este caso, además de la aplicación analógica que hace la jurisprudencia de LECr art.333, se recogen previsiones específicas para la garantía de la contradicción, como son esencialmente las que exigen la **notificación** del auto autorizante al morador del domicilio registrado y la práctica del registro a **presencia del interesado**, directamente relacionadas con la eficacia probatoria del registro (LECr art.566 y 569; TS 6-4-05, EDJ 46999).

a) El **interesado** es el titular del domicilio registrado, que es quien debe estar presente en el registro y quien puede consentir en su caso la entrada, aunque no sea investigado, independientemente del derecho del investigado, de ser persona distinta, de estar presente e intervenir en la práctica de la diligencia (LECr art.550, 566, 569 y 570). Cuando el interesado **no sea habido o rehúse presenciar la diligencia** se practicará esta a presencia de un individuo mayor de edad de su familia o de dos testigos, vecinos del mismo pueblo (LECr art.569 párrafos 2º y 3º). La cadena de **sustitutos** que prevé la norma ante la ausencia del interesado integra un requisito de validez de la diligencia y está destinada a preservar la intimidad del titular del domicilio a través de personas pertenecientes a su ámbito familiar o vecinal, reafirmándose la importancia de su presencia al preverse la responsabilidad penal de quienes se nieguen a la asistencia como testigos (TS 20-3-03, EDJ 6648).

Precisiones Cuando en el domicilio registrado moren **varias personas**, es suficiente la presencia de cualquiera de ellas (TS 12-3-96, EDJ 1501; 19-1-99, EDJ 128; 22-12-03, EDJ 209362).

8471 **b)** Caso de no ser la misma persona el interesado y el **investigado**, la presencia de este en el registro es también exigible aunque el primero rehúse su asistencia. La exigencia no es un mero requisito procesal y tiene clara conexión con el principio de contradicción, siendo tan necesaria como la intervención del juez y del letrado de la Administración de Justicia para la eficacia probatoria preconstituida de la diligencia (TS 23-12-94, EDJ 9840; 14-11-01, EDJ 46576; 16-7-04, EDJ 86815), salvo en caso de imposibilidad de la asistencia personal por haberse acordado su incomunicación (TS 4-7-97, EDJ 6128).

Sin embargo, no se precisa la **asistencia de letrado** en el acto de practicarse el registro, aunque el investigado que debe presenciarlo se encuentre detenido (TS 2-4-04, EDJ 26050). Respecto de esta afirmación, la falta de presencia del investigado en un registro autorizado judicialmente de forma correcta solo produce el efecto de privar de valor probatorio con vistas al juicio oral a la diligencia correspondiente, pues es inocua desde el punto de vista del derecho constitucional a la inviolabilidad del domicilio por lo que su resultado puede acreditarse por otros medios de prueba válidos (TCo 171/1999).

Precisiones Caso de ser **varios** los **investigados**, la pérdida de eficacia probatoria solo afectará a quienes efectivamente no se encontraron presentes en el acto del registro (TS 5-5-04, EDJ 31373).

8472 **c)** En ocasiones la **terminología** empleada varía, de modo que se considera interesado al investigado o a la persona contra la que se dirige la pesquisa policial, aun cuando no sea titular del domicilio registrado (TS 10-4-25, EDJ 553497).

d) A efectos de utilización del resultado del registro como prueba preconstituida, es esencial la adecuada **constancia documental** del mismo (LECr art.572 y 574).

Precisiones No ha de confundirse la diligencia sumarial de entrada domiciliar con la **autorización judicial de entrada para la ejecución de actos administrativos**, al margen del proceso penal, cuya concesión o denegación corresponde a los órganos competentes de la jurisdicción contencioso administrativa (nº 1080 s. Memento Procesal Contencioso-Administrativo 2026). En principio, abierta causa penal por la investigación de un presunto delito, las entradas domiciliares se ventilarán en sede penal, no contenciosa. La cuestión presenta relevancia en materias en las que pueden concurrir actuaciones administrativas y penales, aplicándose siempre el principio de supremacía del orden penal (p.e. LGT art.180).

8474 **Intervención de las comunicaciones** En las actuaciones que suponen intervención de las comunicaciones emitidas o recibidas por el investigado se da la **peculiaridad** de que la participación de este es posterior a la realización material de la diligencia y solo afecta a la incorporación al proceso del resultado de la misma, que se produce en un doble momento y reclama, en todo caso, el respeto al principio de contradicción. A lo ya dicho en nº 8445 s., sobre el control judicial en la ejecución de la medida, han añadirse ahora algunas breves consideraciones.

MPP nº 6615

Precisiones Con relación a las **diligencias restrictivas de derechos fundamentales**, ver nº 8410.

8475 **Correspondencia** (LECr art.584) En caso de **detención y apertura** de correspondencia, el **interesado** que ha de ser citado para la diligencia de apertura es el titular del derecho fundamental afectado, lo que se concreta en el remitente o destinatario de la carta o paquete intervenido en función del lugar en que se produzca la interceptación del envío, salvo que exista ocultación o falsedad en los datos que sobre su identidad proporcione el objeto intervenido y se desconozca su identidad real (TS 20-3-00, EDJ 3979; 5-5-03, EDJ 263094). Igualmente, es exigible la presencia del **investigado** cuya personalidad no coincida con la del interesado (LECr art.118).

La **incorporación al juicio oral** del contenido de la correspondencia intervenida tiene lugar como:

- **prueba documental**, mediante la lectura del contenido de la correspondencia intervenida y conservada en la forma prescrita por LECr art.586 y de la diligencia redactada en cumplimiento de LECr art.588; o
- **pieza de convicción**, cuando el objeto material del delito sea hallado en el interior del envío detenido judicialmente (LECr art.725).

8476 **Comunicaciones telefónicas** La intervención de comunicaciones telefónicas requiere la observancia de requisitos similares a los aplicables a la intervención de otras comunicaciones, por lo que elementales exigencias del derecho de defensa y del principio de contradicción imponen que, con intervención de los afectados, se incorporen a las actuaciones como elementos de debate y, eventualmente, de prueba todos aquellos pasajes que se consideren precisos para sustentar las diversas hipótesis acusatorias o de defensa que se contraponen en la investigación, para así posibilitar equitativamente el debate previo a la apertura del juicio oral y, finalmente, el desarrollo del propio juicio (TCo 85/1994; 49/1999).

MPP nº 6635

La posterior **incorporación al juicio oral** del resultado de la intervención, partiendo de lo dicho en nº 8445 s., sobre el alcance del control judicial de la medida en fase de instrucción, que exige a efectos probatorios la disponibilidad por las partes de la totalidad de los soportes originales de grabación, y de la consideración procesal como documento de los soportes técnicos donde se registran las conversaciones, puede producirse a través de tres **procedimientos**:

• **Audición completa** de las grabaciones por el tribunal sentenciador, acompañada en caso necesario de la prueba pericial o testifical correspondiente para la identificación de las voces (TCo 190/1992; TCo auto 302/2000; TCo 184/2003; TS 17-4-89, EDJ 4089; 9-10-04, EDJ 152675).

• **Trascripción mecanográfica** del contenido de las cintas con audición en la vista oral de pasajes seleccionados. Ello presupone que la defensa del investigado haya tenido previamente conocimiento completo del contenido íntegro de las grabaciones desechadas y oportunidad de participar en la selección de los fragmentos relevantes (TCo 171/1999; 205/2002).

• **Lectura de la trascripción** de las conversaciones, siempre que su correspondencia con el contenido de los soportes magnéticos se haya comprobado en fase de instrucción bajo la fe del letrado de la Administración de Justicia con intervención de las partes y que estas no impugnen el documento resultante. Se trata de un medio contingente y prescindible para facilitar la consulta de las cintas o soportes magnéticos, por lo que lo esencial es que estos y no las transcripciones accedan en su versión original e íntegra al proceso (TCo 128/1988; 236/1999; 299/2000; TS 30-3-01, EDJ 2174; 27-4-05, EDJ 71526).

Doctrina del pantallazo (AP Alicante 11-12-19, EDJ 836198) Se admite como prueba de comunica- **8478**
ción bidireccional cualquiera de los múltiples sistemas de **mensajería instantánea**, sin perjuicio de que deba ser abordada con cautela dada la posibilidad de la manipulación de los archivos digitales, el anonimato de los mismos y la libre creación de cuentas con identidad fingida. Por ello la **impugnación de la autenticidad** de cualquiera de las conversaciones, aportada mediante archivos de impresión, desplaza la carga de la prueba hacia quien pretende aprovechar su idoneidad probatoria. Por lo tanto, y por sí solo, el volcado de pantallazos de mensajería en la causa no sería suficiente para destruir la presunción de inocencia, en **ausencia de dictamen pericial**, salvo reconocimiento del investigado, o bien la existencia de signos o modos de expresión de los que indudablemente cupiera entender que no tienen más procedencia que la del acusado, y aún así, debería obrarse con total cautela (TS 25-11-15, EDJ 242644). No es posible entender que esta doctrina establezca una presunción *iuris tantum* de falsedad de estas modalidades de mensajería, que debe ser destruida mediante prueba pericial que ratifique su autenticidad y que se debe practicar en todo caso; sino que, ante una **impugnación fundada de su autenticidad** (no meramente genérica y formularia, por medio de una cláusula de estilo -TS 13-2-25, EDJ 508373-) por la existencia de sospechas o indicios de manipulación, se debe realizar tal pericia acerca del verdadero emisor de los mensajes y su contenido. Pero no será precisa cuando no exista duda al respecto mediante la **valoración de otros elementos** de la causa o la práctica de otros medios de prueba (TS 19-7-18, EDJ 528562). Impugnada la validez de los mensajes (para lo que es idóneo el escrito de defensa), la acusación ha de proponer, incluso tras la formulación de su escrito de acusación o conclusiones provisionales, **prueba** apta y suficiente para sostener la validez de la misma (TS 27-6-1,9 EDJ 633873), que no tiene que ser necesariamente pericial informática ni de cotejo del letrado de la Administración de Justicia. De manera que cuando se impugna la autenticidad de los mensajes, la **falta de una prueba pericial** no implica necesariamente que su contenido no pueda ser objeto de valoración, cuando a través de otras vías se puede descartar una manipulación que cuestione su autenticidad (TS 3-7-25, EDJ 632622; 22-9-22, EDJ 687817).Son **requisitos** para que se acepte la validez de las comunicaciones de mensajería o mensajes intercambiados a través de sistemas y/o aplicación de mensajería instantánea: licitud de su obtención, autenticidad del mensaje y exactitud o integridad (AP Málaga 4-3-20, EDJ 850790).

2. Supuestos de injerencias en particular

Se exponen a continuación los siguientes supuestos de injerencias: **8480**
- inspecciones e intervenciones corporales (nº 8482);
- entrada y registro en lugar cerrado (nº 8501);
- intervención de las comunicaciones (nº 8515);
- aportación de correspondencia postal o electrónica (nº 8518).

a. Inspecciones e intervenciones corporales

8482 MPP nº 6575 La utilización del cuerpo humano de una persona viva, sea el del investigado o el de un tercero, como fuente de prueba en el proceso penal es posible, esencialmente, cuando en el interior del mismo se oculte el cuerpo o los efectos del delito o para obtener a partir del mismo muestras biológicas o de otro tipo que permitan identificar al investigado y determinar su participación presunta en el hecho delictivo. Ello puede afectar a los **derechos fundamentales** a la dignidad, a la integridad física, a la libertad deambulatoria, a la intimidad personal y a no declarar contra sí misma de la persona que se ve sometida a alguna de las diligencias que con este fin pueden practicarse.

Precisiones El protocolo de **reconocimiento médico forense** de intervención y examen de detenidos se regula en RD 650/2023.

8484 **Clases de actuaciones** En la jurisprudencia constitucional se distinguen dos clases de medidas afectantes al cuerpo humano, según el derecho fundamental predominantemente afectado por su práctica (TCo 207/1996):

a) Las **inspecciones** corporales, que consisten en cualquier género de reconocimiento del cuerpo humano, sea para:
- la determinación del investigado (diligencias de reconocimiento en rueda, exámenes dactiloscópicos o antropomórficos, etc.); o
- la determinación de circunstancias relativas a la comisión del hecho punible (electrocardiogramas, exámenes ginecológicos, etc.); o
- el descubrimiento del objeto del delito (inspecciones anales o vaginales, etc.).

En ellas no resulta afectado el derecho a la integridad física, al no producirse, por lo general, lesión o menoscabo del cuerpo, pero sí puede verse afectado el derecho fundamental a la intimidad corporal si recaen sobre partes íntimas del cuerpo o inciden en la privacidad.

b) Las **intervenciones** corporales, en las que se produce la extracción del cuerpo de determinados elementos externos o internos para ser sometidos a informe pericial (análisis de sangre, orina, pelos, uñas, biopsias, etc.) o la exposición del mismo a radiaciones (rayos X, TAC, resonancias magnéticas, etc.), con objeto también de averiguar determinadas circunstancias relativas a la comisión del hecho punible o a la participación en él del investigado. En ellas se ve por regla general afectado el derecho a la integridad física, en tanto implican una lesión o menoscabo del cuerpo, siquiera sea de su apariencia externa.

Atendiendo al grado de sacrificio que impongan de este derecho, las intervenciones corporales pueden calificarse como leves o graves. Serán **leves** cuando no sean objetivamente susceptibles de poner en peligro el derecho a la salud ni de ocasionar sufrimientos a la persona afectada, como ocurre en el caso de la extracción de elementos externos del cuerpo (pelo o uñas) o incluso de algunos internos (análisis de sangre). En otro caso, han de calificarse como **graves** (punciones lumbares o la extracción de líquido cefalorraquídeo).

8486 **Requisitos** (Const art.15; TCo 7/1994; 207/1996) Además de los comunes ya examinados, para la legitimidad constitucional de las injerencias procesales sobre el cuerpo humano, se resumen en los siguientes:

a) En ningún caso puede acordarse la práctica de una intervención corporal cuando pueda suponer, objetiva o subjetivamente, para quien tenga la obligación de soportarla un **riesgo o quebranto para la salud**.

b) La ejecución de la medida ha de efectuarse por **personal sanitario**, que debe ser personal médico especializado en el supuesto de intervenciones graves que lo requieran por sus características.

c) La práctica de la intervención se ha de llevar a cabo con **respeto a la dignidad de la persona**, sin que pueda en ningún caso constituir un trato inhumano o degradante, aspectos estos sobre los que pesa una prohibición absoluta y cuya existencia es constitutiva de delito en determinadas circunstancias (Convenio Roma 4-11-1950 art.3; TEDH 4-7-23, núm 13869/22; CP art.173 s.).

Precisiones Los **tratos inhumanos o degradantes** se consideran como manifestaciones menores de la tortura y se definen como los procedimientos que entrañan padecimientos físicos o psíquicos ilícitos inflingidos de modo vejatorio para quien los sufre y con intención de vejar y doblegar la voluntad del sujeto paciente, en el que provocan sensación humillación o envilecimiento (TCo 120/1990; 119/1996; TS 17-3-03, EDJ 7236; 5-5-04, EDJ 31881). Su existencia determina la **nulidad de la prueba** obtenida de semejante modo, como sucede en el caso de someter al investigado a desnudo integral (TS 11-5-96, EDJ 4883; 26-6-98, EDJ 9885; 17-2-99, EDJ 804), o cuando se induce a un testigo a provocarse el vómito en dependencias policiales para que expulse la droga que acababa de comprarle al investigado (TS 1-6-01, EDJ 9314). Para el cacheo con desnudo en el ámbito penitenciario, ver TCo 57/1994; 204/2000; 218/2002.

d) La **falta de sometimiento voluntario** a la medida de injerencia no puede suplirse mediante la fuerza física, pero sí puede el sujeto pasivo de la misma ser compelido a su realización mediante la **advertencia** de las consecuencias sancionadoras que pueden seguirse de su negativa o de la valoración que de esta quepa hacer en relación con los indicios ya existentes (TCo 37/1989) o, sencillamente, mediante la tipificación como delito de la negativa, como se hace en relación con los controles de alcoholemia (CP art.380; TCo 161/1997). Puede hablarse, en consecuencia, de un derecho del ciudadano a rehusar la sujeción a la prueba a cambio de soportar las consecuencias jurídicas que del rechazo se puedan derivar (TCo auto 61/1983). **8487**

Ámbito de actuación de la policía judicial El monopolio jurisdiccional en el ámbito de las inspecciones e intervenciones corporales no es absoluto, por lo que, partiendo de la habilitación legal ya expuesta, la policía judicial puede practicar determinadas **injerencias leves** como medio de investigación o de prevención del delito y de garantía de la seguridad y de la convivencia ciudadanas. **8489**

Inspecciones corporales: cacheos (LO 4/2015 art.20) Sobre los reconocimientos superficiales han de tenerse en cuenta las siguientes orientaciones jurisprudenciales: **8491** MPP nº 6603

a) Se proscribe, en primer lugar, la presencia de toda arbitrariedad en su realización, por lo que la medida ha de apoyarse en **fundadas sospechas** o en **indicios racionales y suficientes** que fundamenten su adopción (TS 31-3-00, EDJ 5283; 9-5-01, EDJ 11723).

b) El cacheo no vulnera los derechos a la libertad personal ni a la libre circulación, porque la **inmovilización momentánea** del ciudadano durante el tiempo imprescindible para su práctica, aunque inevitablemente suponga una molestia, constituye un sometimiento legítimo desde la perspectiva constitucional a las normas de policía cuando concurran los requisitos de **proporcionalidad y razonabilidad** (TS 11-11-97, EDJ 8599; 20-2-98, EDJ 656; 6-10-99, EDJ 28082).

c) Tampoco el derecho del cacheado a **no confesarse culpable** y a **no declarar contra sí mismo** se ven afectados por la práctica de la medida, pues esta trata de esclarecer un hecho objetivo y el sujeto pasivo de la misma, al igual que en el control de alcoholemia, no ha de hacer manifestación alguna de conocimiento (TS 9-5-01, EDJ 11723).

d) El derecho a la **integridad física** no está afectado por el cacheo, pues la mínima intervención corporal que supone excluye toda idea de riesgo para la integridad física del interesado. El derecho a la **intimidad**, queda preservado si se cumplen tres condiciones (TS 23-2-94, EDJ 1623; 24-7-02, EDJ 29101):
- que el cacheo se realice por alguien del mismo sexo;
- que, según la intensidad y alcance corporal del cacheo, se haga en sitio reservado; y
- que se eviten posturas o situaciones degradantes o humillantes.

Precisiones **1)** Se estima adecuada la **inspección de la boca** del detenido, al que se agarra del cuello para evitar que se trague la droga que ocultaba en ella (TS 17-6-03, EDJ 80476). **8492**

2) No puede equipararse a una **detención**, por lo que no cabe reclamar la aplicación del régimen de garantías propias de la misma, en particular la asistencia de letrado (TS 29-9-97, EDJ 7551; 14-2-00, EDJ 3551; 16-3-01, EDJ 3148).

Intervenciones corporales A continuación, se hace referencia a: **8493**
- exámenes radiológicos;
- controles de alcoholemia y de consumo de otras sustancias prohibidas en la conducción de vehículos.

Exámenes radiológicos En el **tratamiento jurisprudencial** de la aplicación de procedimientos radiológicos para la observación de las cavidades naturales del cuerpo, en las que es fácil la ocultación de determinados objetos de pequeño tamaño y, especialmente, de drogas y sustancias análogas, pueden destacarse diversas **tendencias**: **8494** MPP nº 6599

a) Una primera estima que la situación jurídica de la persona sometida a este control es en todo **equivalente a la de detención**, con la consecuencia de serle aplicable el estándar de garantías consistente en la información de sus derechos como investigado y presencia de letrado en el examen radiológico (LECr art.520; TS 9-10-98, EDJ 18367).

b) Quien **se somete voluntariamente** a una exploración radiológica con el fin de comprobar si es portador de cuerpos extraños en su organismo no está realizando una declaración de culpabilidad, ni su situación es equivalente a la de detención, ni por tanto es precisa la presencia de letrado ni instrucción de derechos -TS 10-6-98, EDJ 5173; 22-12-05, EDJ 237422; 5-7-06, EDJ 103004; 8-2-07, EDJ 18021- (Acuerdo TS Pleno no Jurisdiccional Sala 2ª 5-2-99, EDJ 73878).

Cuando el sospechoso **se niega a someterse a la exploración**, puede la fuerza actuante acordar su detención basada en las sospechas de ser portador de drogas y proceder de conformidad con lo previsto en LECr art.520, garantizando la instrucción de sus derechos y la presencia

de letrado en el examen radiológico, que requerirá además autorización judicial (TS 11-2-02, EDJ 1505; 17-11-03, EDJ 186727).
Para el **control judicial posterior** de la validez de la diligencia resulta imprescindible la constancia inequívoca en la documentación de las actuaciones policiales de la invitación a someterse al control y de la voluntaria aceptación del mismo o de la negativa, en su caso, pues cuando se alega en el curso del proceso engaño o forzamiento de la voluntad para restar validez probatoria al resultado del control han de ofrecerse datos concretos en que apoyar dicha afirmación (TS 26-1-00, EDJ 482; 24-7-00, EDJ 24215).
c) Más recientemente reaparece la tesis según la cual la información de derechos y asistencia de letrado debe ser inmediata a la **detención material del sospechoso** y no dilatarse hasta que, tras el examen radiológico con resultado positivo, se formaliza la detención. Dicha forma de proceder se califica de indeseable anomalía, pero se le niega toda eficacia casacional cuando la exploración radiológica se encuentra amparada en un auto judicial previo que autoriza motivadamente la misma, que releva de la necesidad de obtener el consentimiento del sujeto pasivo de la misma, en la que, por otra parte, no es preceptiva la asistencia de letrado al no tratarse de una diligencia de declaración o reconocimiento (TS 25-4-05, EDJ 71548).

8495 MPP nº 6595 **Controles de alcoholemia y de consumo de otras sustancias prohibidas en la conducción de vehículos** (RDLeg 6/2015 art.14; RD 1428/2003 art.22 y 28; CP art.379) La prohibición legal de conducir vehículos de motor o bicicletas con determinadas tasas de alcohol en sangre o tras el consumo de determinadas sustancias psicotrópicas o estimulantes y la tipificación como delito de ciertos incumplimientos de la misma obligan al legislador a regular ciertas formas de **intervención corporal leve** para garantizar la seguridad vial y prevenir y perseguir las conductas ilícitas atentatorias contra la misma.
La intervención corporal puede suponer:
- la **verificación cuantitativa** del grado de concentración alcohólica en el aire espirado mediante etilómetros oficialmente autorizados o la realización de análisis de sangre, orina u otros análogos en el caso del consumo de bebidas alcohólicas; o,
- en el caso de las sustancias estupefacientes, psicotrópicas o estimulantes, el **reconocimiento médico** unido a la práctica de los análisis que el facultativo estime adecuados. No obstante, las pruebas para detectar estas circunstancias se realizarán por agentes de la policía judicial con formación específica y sujeción a la normativa sobre seguridad vial. Cuando el test indiciario salival arroje un resultado positivo o el conductor presente signos de haber consumido dichas sustancias, está obligado a facilitar saliva en cantidad suficiente, para su análisis en laboratorios homologados y con garantía de la cadena de custodia (LECr art.796.7ª).
La **cadena de custodia** sirve para acreditar la «mismidad» del objeto analizado, la correspondencia entre el efecto y el análisis o informe, su autenticidad. No es presupuesto de validez, sino de fiabilidad. Cuando se rompe la cadena de custodia, no nos adentramos en el campo de la ilicitud o inutilizabilidad probatoria, sino en el de la menor fiabilidad (menoscabada o incluso aniquilada) por no haberse respetado algunas garantías. Son dos planos distintos. La **ruptura** no compromete la validez de la prueba, sino su capacidad demostrativa cuando esa ruptura permite cuestionar razonablemente que exista una identidad entre los efectos incautados a los acusados y aquellos que se analizaron en los informes periciales o se presentaron ante el tribunal (TS 18-1-24, EDJ 501917; 8-2-24, EDJ 506715; 13-10-13, EDJ 234057; 9-1-23, EDJ 500481).

8496 Las **principales cuestiones** que plantean estas modalidades de intervención corporal son:
a) No rigen en relación con ellas los **principios de especialidad y de proporcionalidad**, al menos de forma plena. La obligación legal de someterse a las pruebas de detección, nace del hecho de conducir un vehículo por una vía pública, por lo que no se exige la preexistencia de indicios de infracción para que los agentes de la policía de tráfico procedan a su práctica que, además, puede producirse de forma totalmente aleatoria y en el ámbito de **controles preventivos**. La obligación de someterse a ellas nace no solo de la evidente legitimidad genérica de este tipo de actuaciones, sino también de la función de supervisión de la Administración para que las actividades peligrosas lícitas se desarrollen en el marco de riesgo permitido por el ordenamiento (TCo 22/1988; 252/1994; 161/1997).
b) La práctica de las pruebas no es contraria, por las mismas razones que las diligencias de cacheo, a los **derechos a la libertad y a la libre circulación**, sin que pueda equiparse la situación de momentánea sujeción que supone la detención en sentido estricto (TCo 174/1999; TS 28-2-01, EDJ 3271; 16-3-01, EDJ 3148; 28-10-02, EDJ 51885).
c) Por análogas razones, tampoco se vulnera el **derecho a no declarar y a no confesarse culpable** ni el derecho de defensa, que ampara la prohibición de compulsión para la aportación de elementos de prueba que tengan o puedan tener en el futuro valor incriminatorio contra el compelido.

En primer término, el deber de someterse al control de alcoholemia no puede considerarse contrario al derecho a no declarar, a no declarar contra sí mismo y a no confesarse culpable, pues no se obliga al detectado a emitir una declaración que exteriorice un contenido, admitiendo su culpabilidad, sino a tolerar que se le haga objeto de una especial modalidad de pericia de resultado incierto, exigiéndole una colaboración no equiparable a la declaración comprendida en el ámbito de los derechos proclamados en Const art.17.3 y 24.22 (TCo 103/1985; 195/1987; 197/1995; 161/1997).
Por otra parte, ni la **presunción de inocencia** ni el **derecho de defensa** suponen la facultad de sustraerse a las diligencias de prevención, de indagación o de prueba que proponga la acusación o que puedan disponer las autoridades judiciales o administrativas. El grado de compulsión aplicable es el descrito en nº 8486.
d) La consideración del **valor probatorio** de las actuaciones de detección ha de partir de la base de que el resultado positivo de las mismas no permite afirmar, de manera automática, la existencia de delito, pues junto al consumo de determinadas sustancias el tipo descrito en CP art.379 exige la presencia de otros elementos. En consecuencia, no basta comprobar el grado de impregnación alcohólica en el conductor, sino que es necesario que se acredite que el consumo de las sustancias detectadas ha afectado a la capacidad psicofísica del conductor y, como consecuencia, a la seguridad en el tráfico, comprobación que naturalmente ha de realizar el juzgador ponderando todos los medios de prueba obrantes en autos que reúnan dichas garantías (TCo 68/2004; 137/2005).

Sobre esa base y la de exigencia de respeto absoluto a todas las garantías concretas reflejadas en RD 1428/2003 art.23 a 28, impuesto por LECr art.796.1.7ª, han de tenerse en cuenta las siguientes **precisiones** (TCo 145/1985; 145/1987; 111/1999; 188/2002; 134/2007): **8497**
1) Las actuaciones incorporadas al atestado policial adquieren especial relevancia por constituir **pericias técnicas de carácter objetivo**, pues se realizan con instrumental técnico adecuado, y por referirse a una situación o estado que no persiste hasta la celebración de la vista. Por ello son difícilmente practicables en la misma y pueden alcanzar valor probatorio por sí mismas siempre que se incorporen al proceso respetando los principios de inmediación, oralidad y contradicción.
Ello requiere que esté documentalmente acreditada, mediante la correspondiente **certificación oficial**, la fiabilidad técnica del aparato de medición y que este sea de un modelo oficialmente autorizado. La homologación se produce mediante resolución administrativa, en la que, además, se indican los controles periódicos que ha de superar el aparato, circunstancias todas ellas que han de constar en el correspondiente atestado (RD 1428/2003 art.24).
2) El **acceso al juicio oral** del resultado de las pruebas no puede efectuarse a través de la lectura del atestado cuando se cuestione la fiabilidad del resultado del test de alcoholemia o se ponga en duda el valor del mismo en relación con el elemento determinante del delito, que es, como se ha dicho, la conducción bajo la influencia del alcohol u otras sustancias de efectos similares, en cuyo caso es necesaria la **declaración testifical de los agentes** que redactaron el atestado.
3) Tampoco es suficiente la lectura del atestado cuando en la práctica de la prueba no se haya informado al conductor del derecho que le asiste a un **segundo examen alcoholimétrico** y a contrastar los resultados mediante la práctica de un **análisis de sangre** u otro, requisitos estos exigidos en orden a garantizar la contradicción y evitar la indefensión del sometido a la misma.

Precisiones La utilización de las descritas modalidades de intervención corporal para la investigación de **delitos distintos de los relativos a la seguridad del tráfico** es legalmente posible siempre que se tengan en cuenta las siguientes precisiones: **8498**
1) No existe **previsión legal** de una genérica obligación de someterse a pruebas de detección preventiva. En consecuencia, debe reaparecer el principio de especialidad y solo la autorización judicial emitida en el curso de un proceso penal abierto puede amparar, junto al consentimiento del interesado, la realización de análisis o pruebas de detección del consumo de bebidas alcohólicas o de otras sustancias.
2) Ello no implica que, a falta del correspondiente análisis, las conductas citadas no puedan ser objeto de investigación y posterior prueba por otros medios, pues la embriaguez puede conocerse, aun sin ser perito, por la conducta, manera de comportarse y movimientos del sujeto y acreditarse mediante prueba testifical directa (TS militar 2-3-01, EDJ 16009; 31-5-05, EDJ 40748) o por indicios (TS militar 7-2-05, EDJ 7117).

b. Entrada y registro en lugar cerrado. Registro domiciliario

8501 La inviolabilidad del domicilio es una manifestación instrumental del más amplio derecho a la **intimidad personal y familiar** (Const art.18.1 y 2), que otorga protección frente a injerencias no deseadas al concreto espacio físico en el que se proyecta la intimidad, entendida como ámbito reservado de la vida de las personas excluido del conocimiento de terceros, sean poderes públicos o particulares, en contra de su voluntad (TS 9-2-99, EDJ 385; 3-2-01, EDJ 2871).

MPP nº 6535, 6547

El **domicilio** es, por tanto, el ámbito espacial de privacidad de la persona, elegido por ella, o el lugar en el que los individuos, libres de toda sujeción a los usos y convenciones sociales, ejercen su libertad más íntima. Para ello, la protección que le brinda su inviolabilidad se concreta en que resulta inmune a cualquier tipo de invasión o agresión exterior de otras personas o de la autoridad pública, incluidas las que puedan realizarse sin penetración física en el mismo, sino por medio de aparatos mecánicos, electrónicos u otros análogos y en la cita constitucional de posibles excepciones a una de esas injerencias, la entrada y registro, tiene carácter taxativo (TCo 136/2000; 10/2002; 209/2007).

De todo lo anterior se infiere un **concepto constitucional** de domicilio, definido como el espacio en el cual el individuo vive sin estar sujeto necesariamente a los usos y convenciones sociales y ejerce su libertad más íntima, alcanzando la protección no solo al espacio físico en sí mismo considerado, sino a lo que en él hay de emanación de la persona y de su esfera privada, realidad más amplia que la noción jurídico privada o administrativa (TCo 64/1999; 94/1999; 10/2002; TS 24-11-20, EDJ 729375).

Precisiones 1) Con relación a las **diligencias restrictivas de derechos fundamentales**, ver nº 8410.

2) No es posible que un órgano jurisdiccional del orden penal pueda revocar o dejar sin efecto una resolución judicial firme de autorización de entrada en domicilio, dictada por el órgano judicial competente del orden contencioso-administrativo, debido a la **falta de jurisdicción y competencia** objetiva y funcional de aquel (AP Barcelona 1-9-22, EDJ 863815; 19-4-22, EDJ 606454). Sin perjuicio de lo cual, al órgano judicial penal, al incorporar al procedimiento y valorar las pruebas de cargo obtenidas a partir de la diligencia de entrada y registro acordada por los tribunales del orden contencioso-administrativo, le corresponde razonar a efectos de la causa penal, sobre el concurso de los requisitos exigibles en la **entrada domiciliar** como garantía de la acusada en el proceso penal, de acuerdo con las normas que lo rigen (TCo 31/2025).

8502 **Consentimiento** Alternativamente a la autorización judicial, la conferida por el **titular del inmueble** que tiene condición de domicilio permite válidamente la entrada, sin necesidad de resolución jurisdiccional autorizatoria. Para dar validez a la prestación del consentimiento autorizante del registro domiciliario se precisa que (TS 4-10-18, EDJ 586515; 9-10-13, EDJ 197218; 14-4-06, EDJ 288737):

a) Esté **otorgado** por persona capaz: mayor de edad y sin restricción alguna en su capacidad de obrar.

b) Sea dado **consciente y libremente**: no invalidado por error, violencia o intimidación de cualquier clase; no condicionado a circunstancia alguna periférica, como promesas de cualquier actuación policial, del signo que sean; con asistencia de letrado, si el que va a conceder el consentimiento se encuentra detenido, haciendo constar esta circunstancia por diligencia policial.

c) Se refleje **por escrito** para su constancia indeleble, ya se preste el consentimiento oralmente o por escrito.

d) Se otorgue **expresamente**. La autorización puede ser expresa cuando se explicita verbalmente y puede ser tácita cuando se manifiesta al exterior por comportamientos o actitudes que inequívocamente denoten un consentimiento prestado, de modo claro e indudable. Aunque se autoriza el **consentimiento presunto** (LECr art.551), este precepto ha de interpretarse restrictivamente pues el consentimiento tácito ha de constar de modo inequívoco mediante actos propios, tanto de no oposición, cuanto y sobre todo, de colaboración, pues la duda sobre el consentimiento presunto hay que resolverla en favor de la no autorización, en virtud del principio *in dubio libertas* y el criterio declarado por el Tribunal Constitucional de interpretar siempre las normas en el sentido más favorable a los derechos fundamentales de la persona, en este caso del titular de la morada.

e) Se otorgue en las condiciones de **serenidad y libertad ambiental** necesarias. De lo contrario carece de valor.

f) Se confiera por el **titular del domicilio** (no necesariamente dominical, sino por cualquier título legítimo civilmente). Si moran **varias personas**, es suficiente la presencia de cualquiera de ellas (TS 12-3-96, EDJ 1501; 11-2-14, EDJ 13780; 17-7-20, EDJ 605324).

g) Sea otorgado para un **asunto concreto** del que tenga conocimiento quien lo presta, sin que se pueda aprovechar para otros fines distintos (TS 6-6-01). No requiere en ese caso las formalidades recogidas en LECr art.569 respecto de la presencia del letrado de la Administración de Justicia.

Precisiones 1) La anuencia del titular cuando se halla **detenido** precisa, para su validez, la presencia de su abogado (TS 13-1-21, EDJ 500800). En caso de prestación de **consentimiento** por el detenido previa a la presencia de letrado, lo que legitima la intromisión no es la autorización inicial, sino la posterior dada a presencia de letrado, debidamente recogida en acta y firmada por uno y otro, en su caso (TS 9-9-20, EDJ 658999).

2) La presencia del letrado en la práctica de la diligencia no es requisito imprescindible para la validez de aquella (TS 12-9-19, EDJ 702204), pero sí lo es para la prestación del **consentimiento** para la práctica del registro sin mandamiento judicial (TS 3-5-23, EDJ 565611).

Reglas jurisprudenciales La consideración de un determinado espacio como domicilio depende esencialmente de su **vinculación con el efectivo desarrollo de la vida privada** y no depende exclusivamente de su carácter cerrado, ni del poder de disposición que sobre él mismo tenga su titular ni de la frecuencia con que se produzca su uso o disfrute. Las reglas siguientes, además, han de aplicarse extendiendo la inviolabilidad domiciliaria en casos de duda: **8503**

a) No todo **recinto o espacio cerrado** merece la consideración de domicilio a efectos constitucionales, no siendo la garantía de inviolabilidad extensible a aquellos lugares cerrados que, por su afectación, tengan un destino o sirvan a cometidos **incompatibles con la idea de privacidad** (TCo 228/1997). Así ocurre con:

- los almacenes, naves industriales, fábricas, oficinas y locales comerciales (TS 18-2-05, EDJ 68308;
5-5-21, EDJ 548493);
- los garajes y trasteros sin comunicación directa con una vivienda (TS 1-3-04, EDJ 26055; 19-1-05, EDJ 4956; 12-5-05, EDJ 90218; 29-5-07, EDJ 40228);
- los automóviles utilizados exclusivamente como medio de transporte (TS 4-7-02, EDJ 29093; 17-10-03, EDJ 127642; 18-2-05, EDJ 68308; 18-5-07, EDJ 40243);
- las instalaciones de cría de ganado porcino (TS 9-12-98, EDJ 30949); y
- los reservados o habitaciones que en un club de alterne se dedican a la práctica de actos sexuales de prostitutas con sus clientes (TS 16-4-04, EDJ 40393).

Tampoco cabe aplicar las garantías de la inviolabilidad domiciliaria a: **8504**

- los dormitorios comunes existentes dentro de **acuartelamientos militares** y a las taquillas o armarios -si bien la norma habilitante contenida en LO 13/1991 ha sido derogada por LO 5/2005-;
- las celdas de los **establecimientos penitenciarios**, pues la realización de revistas y registros está legalmente autorizada para garantizar el buen orden y la seguridad de los respectivos centros y el derecho a la intimidad personal está legalmente restringido por la pena privativa de libertad (TS 11-10-94, EDJ 9044; 26-1-95, EDJ 391; 8-10-99, EDJ 33574; 9-6-00, EDJ 14118).

Por el contrario, han de considerarse **domicilio por su finalidad**: **8505**

- los vehículos en cuyo interior se desarrolle, en el caso concreto, la vida privada de una persona, como son las autocaravanas y rulotes (TS 29-1-01, EDJ 2816; 19-1-05, EDJ 4956);
- las edificaciones ruinosas o semiderruidas que sirvan de alojamiento o de cobijo a personas sin residencia fija (TS 15-12-94, EDJ 9740; 19-5-98, EDJ 16616; 14-6-04, EDJ 259960);
- el jardín o terraza de un bar en el que existe una vivienda con unidad estructural, siempre que el negocio se encuentre cerrado al público en el momento del registro (TS 4-11-02, EDJ 49763);
- la rebotica de una farmacia, que se encuentra protegida por dedicarse al descanso del encargado del negocio (TS 3-9-02, EDJ 35947); así como,
- una habitación cerrada con llave incluida dentro de una edificación más amplia dedicada a domicilio familiar (AP Madrid 29-3-04, EDJ 104897).

Por último, en los **buques y otras embarcaciones**, las partes de los mismos donde pueda desarrollarse la vida privada de la persona han de considerarse domicilio a efectos constitucionales, sin que (Const art.18.2; LECr art.554.3º y 561): **8506**

- esa naturaleza jurídica alcance a la totalidad de la embarcación (TS 9-10-98, EDJ 23100; 10-4-02, EDJ 13399; 12-7-04, EDJ 82819; 26-9-05, EDJ 157514; 31-10-07, EDJ 206076).
- los derechos de visita y de abordaje impliquen por sí mismos vulneración alguna de citado precepto constitucional (TS 10-12-01, EDJ 55671; 27-10-05, EDJ 207228). Cuando el buque se emplea exclusivamente como **almacén**, la presencia de pasajeros es cobertura, por lo que no se considera domicilio protegido (TS 22-7-20, EDJ 618787).

b) No todo local sobre cuyo acceso posee poder de disposición su titular debe ser considerado como domicilio a los fines indicados, pues el derecho fundamental ahora considerado no puede confundirse con la **protección de la propiedad de los inmuebles** ni de otras titularidades reales u obligacionales que puedan otorgar una **facultad de exclusión** de los terceros (TCo 69/1999). **8507**

Precisiones 1) No son domicilio los **bares** (con la salvedad vista en nº 8505), ni **otros locales abiertos al público** y los restantes edificios o lugares con acceso dependiente del consentimiento de sus titulares (TCo 76/1992; 283/2000; TS 15-4-98, EDJ 2367).

2) En el caso particular de los **despachos de abogados**, no se precisa autorización judicial cuando concurra ese carácter de apertura al público (TS 22-3-04, EDJ 17474) ni existe norma alguna que impida su registro cuando exista la posibilidad de encontrar datos relevantes para la investigación de delitos cometidos por alguno de los clientes o, cuando sea él mismo el sospechoso de haberlos cometido, siempre que se resguarde el secreto profesional del letrado respecto de aquellos clientes no implicados en la investigación (TS 25-2-04, EDJ 10766). La presencia en el registro del decano del colegio profesional o de quien estatutariamente le sustituya o a tal fin fuera designado (RD 135/2021 art.24), no es relevante para la validez de la diligencia (TS 1-10-99, EDJ 36404).

8508 c) Son irrelevantes la **intensidad, periodicidad o habitualidad del uso privado** del espacio si, a partir de otros datos como su situación, destino natural, configuración física u objetos en él hallados, puede inferirse el efectivo desarrollo de vida privada en el mismo, así como el hecho de que la vivienda se encuentre accidental u ocasionalmente abierta (TCo 94/1999; 10/2002).

Precisiones 1) Son domicilio de quienes se alojan en ellas las habitaciones de los **hoteles, pensiones y casas de huéspedes** (TCo 10/2002 -que declara la inconstitucionalidad de LECr art.557-; TS 10-7-92, EDJ 7915; 2-10-95, EDJ 5400; 24-1-98, EDJ 637; 16-5-05, EDJ 96631), **tiendas de campaña** y **chabolas** (TS 26-6-93, EDJ 6307; 15-10-94, EDJ 12093).

2) En **situaciones de convivencia**, el cotitular del domicilio del investigado puede consentir la entrada domiciliar sin necesidad de recabar el consentimiento del otro incluso en caso de existir diferencias entre los convivientes o crisis matrimonial, si no hay intención de perjudicar al otro (TS 4-11-10, EDJ 246604; 17-7-20, EDJ 605324). Igualmente, si no están unidos por matrimonio o relación análoga (TS 26-4-12, EDJ 88263).

Sí es **necesaria la presencia del afectado** y la invalidez del registro ejecutado sin ella, resultando de él prueba de cargo y siempre que fuera posible dicha presencia; pero si siendo posible no está presente el interesado, el registro es nulo. Aunque no es precisa la presencia de todos los moradores, en caso de ser varios si no existen intereses contrapuestos (TS 11-2-14, EDJ 13780; 27-11-12, EDJ 268548).

3) No es válido el **consentimiento** del imputado no morador del domicilio (TS 8-4-08, EDJ 48928).

8509 d) A efectos de la **diligencia de entrada y registro**, un despacho de un fiscal no es equiparable al registro del despacho de un letrado. En ambos se hallan seguramente documentos que han de permanecer en la más absoluta reserva, pero en un caso esta se anuda a otro derecho de rango máximo: el de defensa, lo que impone una ponderación especial que evalúe esa circunstancia. La **información reservada** que se encontrará en una oficina fiscal no enlaza con ese tipo de derechos, sin perjuicio de que ese carácter haya de ser tomado en consideración adoptándose las cautelas necesarias para que no llegue a divulgarse. Y en ese trance -decidir sobre el registro de un despacho oficial de la fiscalía- ha de ponderarse especialmente que se topará con datos muy sensibles de particulares cuya intimidad se sitúa así en peligro. Desde esta perspectiva, es relevante en la ponderación sopesar que en dispositivos de titularidad de esos cargos fiscales y en sus oficinas el volumen de **datos sensibles** y personas cuya intimidad puede verse afectada es necesariamente mayor que el resultante del examen de un dispositivo de un particular sin esas funciones. No se introduce, propiamente, un derecho fundamental distinto afectado (derecho de defensa), pero sí una potencialidad invasiva mayor no desdeñable y que requiere reforzadas cautelas, como la exclusión del proceso de cualquier información ajena a su objeto y la destrucción posterior de los soportes que la contienen (TS 9-12-25, EDJ 777801).

e) La realización del análisis técnico policial del sistema informático que se localice durante el registro, y, una vez incautado el **material informático**, debe autorizarse su intervención y examen al objeto de identificar aquello que pudiera ser de interés de cara a la actividad delictiva que se está investigando (TS 9-12-25, EDJ 777801; 22-12-22, EDJ 793869).

8511 **Observación desde el exterior con ingenios tecnológicos** La protección del domicilio debe extenderse frente al uso de ingenios tecnológicos. La observación del interior de un domicilio por agentes de policía mediante **prismáticos**, presenta implicaciones jurídicas desde la perspectiva de su potencial incidencia en el derecho a la inviolabilidad domiciliaria. La protección constitucional de este, cuando los **agentes utilizan instrumentos ópticos** que convierten la lejanía en proximidad, no puede ser neutralizada con el argumento de que el propio morador no ha colocado obstáculos que impidan la visión exterior.

El domicilio como recinto constitucionalmente protegido no deja de serlo cuando las **cortinas o persianas** no se hallan debidamente cerradas. No es aceptable considerar que la **observación del interior de la morada** se produce a través de aquello que los moradores han permitido ver a través de la ventana. La expectativa de intimidad no desaparece por el hecho de que el titular o usuario de la vivienda no refuerce los elementos de exclusión asociados a cualquier

inmueble. Interpretar que unas persianas no bajadas o unas cortinas no corridas por el morador transmiten una autorización implícita para la observación del interior del inmueble, encierra el riesgo de debilitar de forma irreparable el contenido material del derecho a la inviolabilidad domiciliaria.
La protección frente a la incursión en un domicilio debe abarcar tanto la entrada física del intruso como la **intromisión virtual**. Ha de efectuarse una interpretación funcional de la protección constitucional ante la revolución tecnológica, que ofrece sofisticados instrumentos de intrusión. La existencia de **drones**, cuya tripulación a distancia permite una ilimitada capacidad de intromisión en recintos domiciliarios abiertos es solo uno de los múltiples ejemplos imaginables. Aunque se entendiera que los supuestos de falta de presencia física por parte de los agentes en el domicilio investigado deben ser protegidos conforme al concepto general de intimidad (Const art.18.1), debería acreditarse la presencia de un fin constitucionalmente legítimo que, por **razones de urgencia**, permitiera sacrificar la intimidad del sospechoso. Y se vulnera esa prohibición cuando sin autorización judicial y para sortear los obstáculos propios de la tarea de fiscalización, se recurre a un **utensilio óptico** que permite ampliar las imágenes y salvar la distancia entre el observante y lo observado (TS 20-4-16, EDJ 44941).

Precisiones Se rectifica así el criterio precedente que en lo concerniente a si la observación realizada a través de una ventana requiere **autorización judicial**, sostenía el parecer negativo, limitando la necesidad de autorización judicial al supuesto en que fuera imprescindible vencer un obstáculo que hubiera sido predispuesto para salvaguardar la intimidad; no cuando, por el contrario, tal obstáculo no existe, como en el caso de una **ventana** que permite ver la vida que se desarrolla en el interior de un domicilio, no siendo necesaria una autorización judicial para ver lo que el titular de la vivienda no quiere ocultar a los demás (TS 15-4-97, EDJ 3073).

Personas jurídicas El texto constitucional no circunscribe el derecho a la inviolabilidad **8512**
del domicilio a las **personas naturales o físicas**. La protección constitucional se extiende a la **sede** de las personas jurídicas, sin que el derecho a la inviolabilidad domiciliaria deje de cumplir su sentido y su fin en el caso de que se incluya en el círculo de sus titulares a personas jurídicas (TCo 137/1985). El mismo criterio se adopta al equiparar al delito de **allanamiento de morada** el de entrada en el domicilio de persona jurídica (CP art.202 y 203).
La **jurisprudencia** ha matizado el alcance de la protección, basándose en si el lugar donde se ejerce una profesión o donde radica la sede de una persona jurídica está **abierto o no al público**. Así, se impone la necesidad de diferenciar entre las oficinas en las que se ubica la sede de una persona jurídica, a las que procede atribuir la protección del reconocido derecho a la intimidad que a la misma llega a amparar, y aquellos otros despachos o dependencias, que por su disposición a la entrada de público deben considerarse, a diferencia del domicilio de la persona física, desposeídas de semejante protección (TS 14-4-94, EDJ 3252; 30-4-02, EDJ 16864; 22-3-04, EDJ 17474). Ver nº 8507, despacho de abogados.
Tratándose de personas jurídicas investigadas, se reputa **domicilio** a efectos de entrada y registro en el mismo, el espacio físico que constituya el centro de dirección de las mismas, ya se trate de su domicilio social o de un establecimiento dependiente, o aquellos otros lugares en que se custodien documentos u otros soportes de su vida diaria que quedan reservados al conocimiento de terceros (LECr art.554.4).

Práctica de la diligencia Aunque los aspectos esenciales de la diligencia de entrada y **8513**
registro son los relativos a la protección constitucional del domicilio, la exposición completa de su régimen requiere una breve mención a determinadas **reglas complementarias o especiales**:
1) Cabe la adopción de **medidas de vigilancia previas o simultáneas** a la entrada y registro, tendentes a asegurar el éxito de la diligencia, que debe practicarse, en el caso del domicilio, y salvo casos de urgencia o de consentimiento de su titular, únicamente en horas diurnas (LECr art.546, 550, 567 y 570). La entrada de los agentes de policía en la vivienda hasta la llegada de la Administración de Justicia para comenzar el registro está amparada en la LECr art.567, pues la Ley diferencia claramente entre **entrada y registro** (TS 26-2-07, EDJ 13424), una vez obtenida la autorización judicial. Sin embargo, con anterioridad al mandamiento del órgano jurisdiccional pueden adoptarse medidas periféricas de seguridad (cerco de aseguramiento) pero no cabe la entrada previa de la policía, que es nula aunque su objeto único sea asegurar que no hay nadie en el inmueble (TS 24-3-21, EDJ 520102).
2) Las residencias de la **Casa Real** y los **Reales Sitios** gozan en principio de la misma protección constitucional que el domicilio de cualquier otro ciudadano.
3) Puede acordarse la entrada y registro en **edificios y lugares cerrados que no son domicilio** en el sentido expresado. Suele ser suficiente el simple oficio previo al funcionario de quien dependa el lugar objeto de la diligencia seguido, de no ser contestado en el plazo que señale el juez instructor, por la notificación del auto de entrada y registro (LECr art.564; LO 2/1989 art.185).

No obstante, se exige autorización previa del Presidente de la Cámara en el caso de las **sedes parlamentarias** (LECr art.548; LO 2/1989 art.186).

8514 4) Existen otros casos de **entradas y registros especiales** en los que los preceptos de LECr han de complementarse por otras normas de Derecho interno o internacional.

• Para el registro de la **sede de representaciones diplomáticas o consulares**, ha de atenderse a las disposiciones de las Convenciones sobre:
- relaciones diplomáticas (Convenio Viena 18-4-1961 art.22, 24, 27 y 30);
- relaciones consulares (Convenio Viena 24-4-1963 art.31, 33 y 35); y
- misiones especiales (Convención Nueva York 8-12-1969 art.25, 26, 28 y 30).

• En el caso de los **buques extranjeros**, la autoridad judicial española puede ordenar a bordo todas las diligencias que sean procedentes y la entrada y registro en el buque, incluidos sus camarotes, sin otro requisito que la comunicación al cónsul del Estado del pabellón a la mayor brevedad posible (L 14/2014 art.12.2). Para las **aeronaves extranjeras**, el Convenio Montreal 28-5-1999 y el Chicago art.16.

• Finalmente, las normas remitidas por LECr art.578 para el registro de **protocolos notariales** y de **libros del Registro Civil o del de la Propiedad** se recogen en Ley del Notariado art.32; Reglamento del Registro Civil art.101; LH art.241.

c. Intervención de las comunicaciones

8515 MPP nº 2631, 2636, 2660, 6625 s. **Comunicaciones postales, escritas y telegráficas** El tratamiento de la cuestión diferencia entre intervención y observación.

Puede acordarse judicialmente la **detención de la correspondencia** privada, postal y telegráfica que el investigado remita o reciba, así como su apertura y examen, si hubiera indicios de obtener por estos medios el descubrimiento o la comprobación de algún hecho o circunstancia relevante para la causa, siempre que la investigación tenga por objeto (alternativamente) **delitos dolosos** castigados con pena con límite máximo de, al menos, 3 años de prisión; cometidos en el seno de un **grupo u organización criminal**; o **delitos de terrorismo**.

Puede acordarse por **resolución judicial motivada**, por un plazo de hasta 3 meses, prorrogable por iguales o inferiores períodos hasta un máximo de 18 meses, la observación de las comunicaciones postales y telegráficas del investigado, así como de las comunicaciones de las que se sirva para la realización de sus fines delictivos.

En caso de **urgencia**, cuando las investigaciones se realicen para la averiguación de delitos relacionados con la actuación de bandas armadas o elementos terroristas y existan razones fundadas que hagan imprescindible la medida prevista en los apartados anteriores de este artículo, podrá ordenarla el Ministro del Interior o, en su defecto, el Secretario de Estado de Seguridad. Esta medida se comunicará inmediatamente al juez competente y, en todo caso, dentro del plazo máximo de 24 horas, haciendo constar las razones que justificaron la **adopción de la medida**, la actuación realizada, la forma en que se ha efectuado y su resultado. El juez competente, también de forma motivada, **revocará o confirmará** tal actuación en un plazo máximo de 72 horas desde que fue ordenada la medida.

Sin embargo, **no se requiere autorización judicial** en los casos siguientes:

a) **Envíos postales** que, por sus propias características externas, no sean usualmente utilizados para contener correspondencia individual sino para servir al transporte y tráfico de mercancías o en cuyo exterior se haga constar su contenido.

b) **Otras formas de envío** de la correspondencia bajo el formato legal de comunicación abierta, en las que resulte obligatoria una declaración externa de contenido o que incorporen la indicación expresa de que se autoriza su inspección.

c) Cuando la inspección se lleve a cabo de acuerdo con la **normativa aduanera** o proceda con arreglo a las normas postales que regulan una determinada clase de envío.

Precisiones Con relación a las **diligencias restrictivas de derechos fundamentales**, ver nº 8410.

8516 MPP nº 2632 s., 6635 s. **Comunicaciones telefónicas y telemáticas** (LECr art.588 ter a) s.) Se distingue entre **medidas de intervención y de observación** según su contenido suponga desvelar el contenido de la comunicación o se limite al conocimiento del hecho de haberse establecido y de su destinatario o remitente.

La vulneración del derecho al secreto de las comunicaciones telefónicas implica la **interferencia directa** en el proceso de comunicación mediante el empleo de cualquier artificio técnico de captación, sintonización o desvío y recepción de la señal telefónica como forma de acceso a los datos confidenciales de la comunicación. Por ello, requiere resolución judicial la entrega a la policía, sin consentimiento del titular del teléfono, de **listados de llamadas**, pues supone una interferencia en el proceso de comunicación, aunque de menor entidad que en el

caso de las **escuchas** (TCo 70/2002; 123/2002; 56/2003; TS 25-7-03, EDJ 80636; 10-12-04, EDJ 197316). Por ello, las **informaciones confidenciales** consideradas aisladamente no justifican una intervención telefónica, pero combinadas con otras corroboraciones o indicios obtenidos a través de investigaciones sí legitiman la injerencia (TS 25-2-21, EDJ 508100).
El mismo tratamiento merece la **indagación en la memoria del aparato móvil** de telefonía, que, indudablemente, pertenece al ámbito de la intimidad constitucionalmente protegida (TS 3-3-00, EDJ 3728; 27-6-02, EDJ 26367; 30-11-05, EDJ 213914).
La corrección de la **medida de escucha** es autónoma: ni el éxito de la investigación convalida una escucha acordada sobre una base insuficiente por frágil, ni la evaporación o disolución del valor incriminatorio de los indicios anula la intervención telefónica que ex ante debía considerarse fundada (TS 25-9-24, EDJ 688487; 3-10-19, EDJ 705629).

Precisiones En lo referente a la legislación administrativa complementaria, hay que resaltar: **8517**
1) Los **operadores** deben garantizar el derecho al secreto de las comunicaciones y adoptar, a su costa, las medidas técnicas que precise la ejecución de las resoluciones judiciales de interceptación (L 11/2022 art.58).
2) Por su parte, la L 25/2007 impone a los operadores que presten servicios de comunicaciones electrónicas disponibles al público o exploten redes públicas de comunicaciones (L 11/2022 art.58), la obligación de **conservar durante 12 meses** los datos generados o tratados en el marco de la prestación de servicios de comunicaciones electrónicas o de redes públicas de comunicación, así como el deber de cesión de dichos datos a los agentes facultados siempre que les sean requeridos a través de la correspondiente autorización judicial con fines de detección, investigación y enjuiciamiento de delitos graves contemplados en el Código Penal o en las leyes penales especiales, incluyendo un registro de adquisiciones de **tarjetas prepago** de telefonía móvil.
Se ha declarado inválida la Dir 2006/24/CE, incorporada al Derecho interno mediante la L 25/2007, sobre la conservación de datos generados o tratados en relación con la **prestación de servicios de comunicaciones electrónicas** de acceso público o de redes públicas de comunicaciones. La obligación impuesta a los proveedores de dichos servicios de **conservar** durante un cierto período **datos relativos a la vida privada** de una persona y sus comunicaciones, para garantizar la disponibilidad de los mismos para fines de investigación, detección y enjuiciamiento de delitos graves, constituye una injerencia de gran magnitud, desproporcionada y especial gravedad en los derechos reconocidos en la Carta de derechos fundamentales UE 7-2-2000 art.7 y 8. La Directiva no establece reglas claras y precisas que regulen el alcance de dicha injerencia por lo que no puede garantizarse que esta se limite a lo estrictamente necesario, sobrepasando así los límites que exige el respeto al **principio de proporcionalidad** (TJUE Gran Sala 8-4-14). Por ello, una **información anónima** puede servir de base a una intervención como la estudiada, sin que sea imprescindible que conste la identidad de la fuente, pero ha de haberse corroborado por indagaciones posteriores, debiendo diferenciarse entre rumores, informaciones confidenciales inconcretas o sospechas (insuficientes) e indicios, que pueden habilitar este tipo de medida (TS 4-2-20, EDJ 507506; 3-6-16, EDJ 82999).
3) Ver lo expuesto en el nº 8610 s. respecto de la Dir 2014/41/CE, del Parlamento Europeo y del Consejo relativa a la **orden europea de investigación en materia penal**.
4) Con relación a las **diligencias restrictivas de derechos fundamentales**, ver nº 8410.
5) La **intervención telefónica** exige para su validez constitucional (TS 18-2-20, EDJ 510021):
- resolución judicial;
- motivación suficiente (incluso por remisión a los antecedentes obrantes en las actuaciones o en la solicitud policial o del Ministerio Fiscal -TS 2-10-12, EDJ 227045-) basada en indicios objetivos (TS 17-7-12, EDJ 164381);
- competencia del órgano jurisdiccional;
- proceso penal incoado;
- finalidad específica que justifique su excepcionalidad, temporalidad y proporcionalidad;
- control judicial en su desarrollo y práctica.
6) La **justificación de la injerencia** ha de darse, tanto en el auto inicial como en los de prórrogas, explicando las razones que justifican la prolongación de la intervención, sin que sea suficiente una remisión tácita a la inicialmente ofrecida, teniendo en cuenta que la extensión de la medida a un nuevo teléfono del mismo titular o la prolongación de la acordada sobre un mismo terminal, solo tienen de novedoso la extensión en caso de que esta no se apoye en un cúmulo de indicios nuevos sino en el mantenimiento de los ya existentes, por lo que no es preciso ponderar de nuevo lo ya ponderado antes (TS 1-12-22, EDJ 764272; 8-1-14, EDJ 3184).
7) No es lo mismo un **proceso de comunicación en marcha** que un proceso de comunicación cerrado. Solo el primero está indiscutiblemente vinculado al derecho al secreto de las comunicaciones. En el segundo caso se detectan profundas diferencias. Se sitúa más en el campo de la intimidad, la privacidad o, en su caso, la autodeterminación informativa (TS 9-12-25, EDJ 777801).

Criterios de la Fiscalía General del Estado (FGE Instr 2/2017) Como instrucción para el Ministerio Fiscal En los supuestos de iniciación de un proceso penal partiendo de **informaciones o datos procedentes de otra causa**, sobre la base de unos indicios de delito obtenidos en el curso de una intervención de comunicaciones previa, si el juez instructor no lo hace de oficio, el fiscal instará que **se unan al segundo proceso** los correspondientes testimonios del procedimiento de **8517.1**

origen. Tal diligencia habrá de interesarse desde el primer momento, especialmente cuando las defensas de los acusados hayan impugnado la diligencia de intervención de las comunicaciones. En todo caso, al formular escrito de acusación, el fiscal comprobará si efectivamente constan los **testimonios de la causa matriz**. En caso contrario interesará su práctica.

Se han de incorporar en cada supuesto concreto todos los **testimonios de los particulares** necesarios para acreditar la legitimidad de la injerencia. Como mínimo la resolución judicial que la acuerda y todas las peticiones y resoluciones judiciales de prórroga recaídas en el procedimiento de origen, así como el resultado concreto de las diligencias practicadas en la causa matriz que fundamente la apertura de la causa derivada.

8517.3 **Motivación** La resolución judicial que autorice la injerencia de intervención de comunicaciones debe motivar su adopción, comprobando que los hechos para cuya investigación se solicita revisten caracteres de hecho delictivo y que la solicitud y la adopción guardan la debida **proporcionalidad** entre el contenido del derecho fundamental afectado y la gravedad del hecho delictivo investigado. Una exigencia mayor sobre el contenido de la motivación podría hacer innecesaria la medida, pues cuando se solicita y expide el mandamiento se trata de acreditar un hecho delictivo, y su autoría, sobre la base de unos indicios de su existencia. La exigencia de motivación de la medida que autoriza una intervención telefónica, sin renunciar a ella, debe ser matizada pues la medida no es posterior al descubrimiento del delito sino dirigida a su **averiguación y descubrimiento** (en los términos de Const art.126). Aunque lo deseable es que la expresión de los indicios objetivos que justifiquen la intervención quede exteriorizada directamente en la resolución judicial, esta puede considerarse suficientemente motivada, si integrada incluso con la **solicitud policial** a la que puede remitirse, contiene los elementos necesarios para considerar satisfechas las exigencias constitucionales y legales, de tal suerte que se pueda llevar a cabo con posterioridad la ponderación de la **restricción de los derechos fundamentales** que la proporcionalidad de la medida conlleva (TS auto 12-12-24, EDJ 792098).

Los **indicios necesarios** para justificar la intervención telefónica no son los correspondientes a una sentencia condenatoria, ni siquiera a un auto de inculpación o procesamiento (TS 23-3-15, EDJ 58440; 11-6-15, EDJ 111148). Los primeros han de representar algo más que **simples conjeturas o suposiciones** y no tanto como la solidez de una «provisional cuasi certeza». Existen formas de delincuencia que hacen imprescindibles técnicas policiales de investigación que implican restricciones de derechos fundamentales. Además, hay que recordar que no es precisa una investigación exhaustiva, ni la comprobación previa de los datos ofrecidos por la policía. No hay por qué dudar sistemáticamente de los **datos «objetivables»** ofrecidos por la policía (el resultado de una vigilancia, la confidencia hecha por un informador, etc.). Eso es compatible con que tampoco haya que asumir acríticamente las deducciones policiales. Es el Juez el llamado a, manejando esos datos objetivables, realizar sus propias deducciones que podrán coincidir o no con las policiales. En principio, el instructor ha de fiarse lógicamente de los datos objetivos que le transmite la policía (TS auto 12-12-24, EDJ 792098).

8517.5 **Testimonios de causa principal** (Acuerdo TS Pleno no Jurisdiccional Sala 2ª 26-5-09; TS 11-4-16, EDJ 38925)
En los procesos que se incoan a raíz de la deducción de testimonios de una causa anterior y principal, la simple alegación de que el acto jurisdiccional limitativo del **derecho al secreto de las comunicaciones** es nulo, debido a que no hay en la nueva causa constancia legítima de las resoluciones anteriores o antecedentes, no debe implicar sin más la nulidad. En tales casos, cuando la **validez de un medio de prueba** dependa de la legitimidad de la obtención de fuentes de prueba en otro proceso, si el interesado impugna en la instancia la legitimidad de aquel medio de prueba, la parte que lo propuso deberá justificar de forma contradictoria la validez de la prueba cuestionada. Pero, si conocido el origen de una prueba propuesta en el proceso, no se promueve dicho debate, no podrá suscitarse en **ulteriores instancias** la cuestión de la falta de constancia en ese procedimiento de las circunstancias concurrentes en otro relativas al modo de obtención de las fuentes de aquella prueba.

Precisiones Debe afirmarse al respecto (TS 20-2-20, EDJ 511638):
- que no existen **nulidades presuntas**;
- que la prueba de la **legitimidad de los medios de prueba** con los que pretenda avalarse la condena corresponde a la actora;
- que, pese a ello, la ley no ampara el **silencio** estratégico de la parte imputada, de forma que, si en instancia no se promueve el debate sobre la legalidad de determinadas pruebas, tal impugnación no puede hacerse valer en ulteriores instancias.

8517.6 **Valoración de lenguajes encriptados** (TS 13-11-20, EDJ 715338) Especialmente compleja es la valoración de la prueba obtenida en intervenciones telefónicas o, en general, de comunicaciones en las que se emplea lenguaje encriptado (aquel que se disfraza bajo la apariencia de un lenguaje inocuo), en general en **delitos asociados al tráfico de drogas**. En estos casos hay que conectar el contenido de la intervención con algún otro medio probatorio para conseguir

una **prueba de cargo válida**, apta para desvirtuar la presunción de inocencia: las declaraciones de los coimputados, testifical u ocupación de instrumentos de elaboración de droga en una diligencia de entrada y registro).
Son **datos relevantes** para la valoración de la prueba:
1.- Deben conectarse las **palabras o expresiones** proferidas en la intervención con el resultado de la aprehensión de droga para utilizarlo en el proceso valorativo.
2.- Las conversaciones se intervienen por la **declaración judicial de testigos o inculpados** que dan cuenta de operaciones de tráfico de drogas, incluso testigos protegidos.
3.- Los **teléfonos intervenidos** pertenecen a quienes están sometidos a seguimiento.
4.- Los **resultados del lenguaje** encriptado se conectan con aprehensiones de droga en algunos casos que justifican que la jerga utilizada estaba relacionada con la droga.
5.- El lenguaje encriptado viene a ser descriptivo de cuál es el **trasfondo real de la conversación**. El «sin sentido» del contenido de la conversación permite construir el proceso de inferencia con el total de la prueba practicada.
6.- No por el hecho de utilizar un lenguaje críptico se **enmascara** un delito contra la salud pública, sino que ese lenguaje, interpretado racionalmente, permite deducir otro contenido de la conversación, con análisis circunstanciado y a la vista de las conversaciones en las que se utilizan términos para ocultar la verdad y evitan el sujeto de la oración, con modismos, palabras confusas y simbólicas bien conocidas.
7.- Es un hecho notorio que, en los delitos de tráfico de drogas, resulta frecuente la utilización de lenguaje encriptado como técnica para **entorpecer la investigación** en el supuesto en el que se intervengan las comunicaciones.
8.- Con el uso del lenguaje encriptado se permite llegar a la deducción de su fin por el empleo de **frases incoherentes** en sí mismas consideradas.
9.- Es el proceso de inferencia del tribunal el que, sobre las **máximas de experiencia**, permite concluir que tras esta conversación existe un flujo de información que se están dando entre los intervinientes. Se trata de un «juicio deductivo» y válido en el proceso de valoración de la prueba en virtud del cual el tribunal puede llegar a su convicción y utilizar el lenguaje encriptado como un dato más que se une al material probatorio para concluir el destino al tráfico de drogas de las operaciones que llevan a cabo los intervinientes en la conversación.
10.- Es preciso llevar a cabo la **motivación suficiente** en la conectividad de esas conversaciones que se producen entre personas directamente relacionadas con los hechos probados y que se coligen con alguna intervención de droga.
11.- El uso de este lenguaje encriptado, al final, coadyuva como un **elemento indiciario** más a tener en cuenta en el proceso de inferencia.

d. Aportación de correspondencia postal o electrónica

La aportación de **correos electrónicos** o de otro tipo de correspondencia a la causa en fase de instrucción o, menos frecuentemente, de plenario, se somete tratamiento general de la prueba en el proceso penal, por lo que cuando su contenido pudiese constituir una transgresión del derecho a la intimidad (Const art.18.1) o una **violación del secreto de las comunicaciones** (Const art.18.3), ello conduciría necesariamente a la nulidad de dicha prueba por infracción de tales derechos fundamentales (LOPJ art.11.1). En general, cuando se aporten por el receptor o destinatario de ellos, o por su representante en el proceso penal, no se incurrirá en lesión de tales derechos. Pero en caso de que afecten a **terceros**, la conclusión puede ser otra. 8518
En general, es lícita la aportación a la causa de los mensajes de correo electrónico dirigidos al investigado que efectúa este con el fin de articular su defensa o de poner de manifiesto la existencia de indicios de criminalidad en contra del remitente; lo que supone afirmar la fuerza probatoria en el marco del proceso penal de la información derivada de dichos mensajes (constituida por lo que el titular del derecho al secreto de las comunicaciones permitió que su interlocutor conociera), siempre que se descarte la existencia de coerción o **intimidación en la transmisión de la información**. No obstante, cabe pensar en algunos supuestos concretos en los que la divulgación de la información por parte de uno de los interlocutores (destinatario de los mensajes de correo electrónico) puede suponer una infracción de deberes jurídicos vinculados al derecho a la intimidad personal o familiar, susceptible de ser constitutiva de delito. Así sucedería, por ejemplo, si el destinarlo del mensaje de correo electrónico tiene un **deber de reserva** respecto de lo que pueda revelarle el emisor de los mensajes.
Incluso en estos supuestos, al no resultar vulnerado el derecho de secreto de las comunicaciones (por la no intervención de un tercero ajeno al círculo en el que se produce la transmisión de la información) no se puede considerar ilícita la aportación al proceso penal de los mensajes de correo electrónico y no ha de excluirse del proceso la información así conocida, al margen de la posible responsabilidad penal, incluso como autor de un delito de revelación

de secretos, del sujeto que divulga el contenido de los mensajes de correo electrónico a él dirigidos, siempre que el Estado no haya intervenido ni directa ni indirectamente en la **interceptación o divulgación de los mensajes de correo electrónico**. Esta regla se **excepciona** en los supuestos de aportación por parte del abogado defensor de los mensajes electrónicos recibidos de su cliente, con vulneración del deber de reserva profesional derivado de la relación abogado-cliente, vinculada al secreto profesional (García Moreno).

Precisiones Con relación a las **diligencias restrictivas de derechos fundamentales**, ver nº 8410.

e. Prueba tecnológica

(LECr art.588 bis a) a 588 octies)

8518.5 MPP nº 2655 s. Engloba todo medio de prueba que pueda practicarse a través de **medios o ingenios** creados por el ser humano, denominados «de investigación tecnológica»: telecomunicaciones, drones, huellas digitales, informática, captaciones automáticas de matrículas, GPS, etc.

Novedad fundamental de la LO 13/2015 es la incorporación a la LECr de un conjunto de preceptos relativos a los siguientes aspectos:

- **Disposiciones comunes** a los llamados medios de investigación tecnológica (LECr art.588 bis.a) a 588 bis.k) (nº 2656 s. Memento Procesal Penal 2026).
- **Interceptación** de las comunicaciones telefónicas y telemáticas (LECr art.588 ter.a) a 588 ter.m) (nº 2660 s. Memento Procesal Penal 2026).
- Captación y grabación de **comunicaciones orales** mediante la utilización de dispositivos electrónicos (LECr art.588 quater.a) a 588 quater.e) (nº 2666 s. Memento Procesal Penal 2026). No debe confundirse con la grabación videográfica de imágenes en espacios públicos mediante dispositivos allí ubicados sin aquella finalidad, siendo auténtica y no manipulada, que constituye un medio de prueba sin necesidad de previa autorización judicial de la captación (TS 20-12-19, EDJ 784052; 24-11-21, EDJ 753918).
- Utilización de **dispositivos técnicos** de seguimiento, localización y captación de la imagen (LECr art.588 quinquies.a) a 588 quinquies.c) (nº 2670 s. Memento Procesal Penal 2026). La autorización de implantación de sistemas de **geolocalización** no precisa consideración de la proporcionalidad con la gravedad de los delitos investigados por suponer menor intensidad en la injerencia en la intimidad (TS 3-3-22, EDJ 520720).
- Registro de dispositivos de **almacenamiento masivo de información** (LECr art.588 sexies.a) a 588 sexies.c) (nº 2674 s. Memento Procesal Penal 2026).
- **Registros remotos** sobre equipos informáticos (LECr art.588 septies.a) a 588 septies.c) (nº 2675 s. Memento Procesal Penal 2026).

8518.6 - Obligaciones de **custodia** de información previas a la obtención de la autorización judicial (LECr art.588 octies) (nº 2679 Memento Procesal Penal 2026).

Los principales rasgos que definen este medio probatorio, son los siguientes:

a) Durante la instrucción de las causas puede acordarse alguna de las **medidas de investigación** procedentes (estando prohibidas las medidas de investigación tecnológica cuyo objeto sea prevenir o descubrir delitos o despejar sospechas sin base objetiva), siempre mediante **autorización judicial** debidamente firmada y en tanto que la medida esté relacionada con la investigación de un **delito concreto** (principio de especialidad) y sirva para definir el ámbito objeto y subjetivo y la duración de la medida (principio de idoneidad). Sin embargo, la **ausencia de firmas** no debe tener efecto invalidante de la resolución (TS 30-6-08, EDJ 118964; 15-5-13, EDJ 120877; 5-3-14, EDJ 38791; 11-6-20, EDJ 575418).

b) Como consecuencia de la aplicación de los principios de excepcionalidad y necesidad solo puede acordarse la medida:

- cuando no estén a disposición de la investigación **otras medidas menos gravosas** para los derechos fundamentales del investigado o encausado, o
- cuando el descubrimiento o la comprobación del hecho investigado, la determinación de su autor o autores, la averiguación de su paradero, o la localización de los efectos del delito se vea **gravemente dificultada** sin el recurso a esta medida.

c) El juez puede **acordar las medidas**, de oficio o a instancia del Ministerio fiscal o de la policía judicial, en resolución que ha de dictarse en un plazo máximo de 24 horas desde que se presente la solicitud.

d) Todas las **actuaciones posteriores a la medida solicitada** han de sustanciarse en una pieza separada y secreta, sin necesidad de que se acuerde expresamente el secreto de la causa.

e) La **resolución judicial** que autorice la medida ha de expresar el hecho punible objeto de investigación y su calificación jurídica, con expresión de los indicios racionales en los que funde la adopción de aquella, la identidad de los investigados y de cualquier otro afectado por la medida, de ser conocido, la extensión de injerencia, especificando su alcance así como la

motivación relativa al cumplimiento de los principios rectores (LECr art.588 bis a), la unidad de policía judicial que a la que se encarga la intervención, la duración y finalidad, la forma y la periodicidad con la que el solicitante ha de informar al juez sobre los resultados obtenidos y el sujeto obligado que llevará a cabo la medida, en caso de conocerse.
f) Las medidas tienen la **duración** que se especifique para cada una de ellas y no pueden exceder del tiempo imprescindible para el esclarecimiento de los hechos. Sin embargo, pueden ser **prorrogadas** siempre que subsistan las causas que las motivaron. Transcurrido el plazo por el que resultó concedida la medida, sin prórroga, o, en su caso, finalizada esta, cesa a todos los efectos.
g) Estas medidas pueden afectar a **terceras personas** en los casos y con las condiciones que se regulan en las disposiciones específicas de cada una de ellas.
h) Se ha de acordar, por el juez instructor, el **cese de la medida** cuando desaparezcan las circunstancias que justificaron su adopción o resulte evidente que, a través de la misma no se están obteniendo los resultados pretendidos, y, en todo caso, cuando haya transcurrido el plazo para el que hubiera sido solicitada.
i) Una vez que se ponga término al procedimiento mediante resolución firme, se ha de ordenar el **borrado y eliminación de los registros originales** que puedan constar en los sistemas electrónicos e informáticos utilizados en la ejecución de la medida, conservando una copia bajo custodia del letrado de la Administración de Justicia, cuya a eliminación se procede por la policía judicial a través de orden judicial cuando hayan transcurrido 5 años desde que la pena se haya ejecutado o cuando el delito o la pena hayan prescrito.

Precisiones **1)** El **empleo de dispositivos** para conocer el lugar exacto- presente, pasado o futuro- en el que se halla una persona para esclarecer los hechos ha de ser autorizado judicialmente (TS 5-11-13, EDJ 214599; 11-7-08, EDJ 166727), así como la desconexión del uso de **balizas de geolocalización** del derecho a la libertad deambulatoria o a la intimidad (TS 23-1-07, EDJ 5415; 19-12-08, EDJ 272898). Admitiéndose en ocasiones la dispensa a posteriori de la autorización judicial (TS 17-10-18, EDJ 606876). **8518.7**

2) Se considera proporcionada y conforme a la Constitución la fijación de una **intervención** de 3 meses que, si bien se considera excesivamente prolongada, se avala excepcionalmente en tanto ue la medida estuvo operativa poco más de un mes y, al tiempo, se toman en consideración las circunstancias concurrentes de menor intensidad de la injerencia, relativas al lugar (un vehículo) y afectados (TCo 99/2021).

3) En la interceptación de comunicaciones telefónicas, la resolución judicial que autorice la injerencia debe **motivar su adopción**, comprobando que los hechos para cuya investigación se solicita revisten caracteres de hecho delictivo y que la solicitud y la adopción guardan la debida **proporcionalidad** entre el contenido del derecho fundamental afectado y la gravedad del hecho delictivo investigado. Esta exigencia, sin embargo, debe ser matizada, pues la medida no es posterior al descubrimiento del delito sino dirigida a su averiguación y descubrimiento -Const art.126- (TS 10-2-21, EDJ 504542).

4) La utilización de dispositivos electrónicos para la captación y grabación de las **comunicaciones orales** y, en su caso, para la obtención de **imágenes en el domicilio del investigado** (LECr art.588 quater a) no es una prueba más y no puede ser acordada con los mismos presupuestos de legitimidad con los que se adoptan otras medidas de investigación tecnológica en el proceso penal, pues el grado de injerencia que esa medida representa en el espacio que cada ciudadano define para excluir a los poderes públicos y a terceros de su propia privacidad, es extremo.
Mediante un mecanismo que permita la grabación de conversaciones e imágenes en el domicilio del investigado, el Estado se adentra en el núcleo duro de la **intimidad** de cualquier persona incluso en el de su familia, residentes habituales y los que, excepcional o esporádicamente, pueden llegar a compartir la vivienda del sospechoso.
El **grado de motivación de la resolución** que autoriza la injerencia, el respeto a los estándares impuestos por los principios de proporcionalidad y necesidad y, sobre todo, la duración de la medida han de ser objeto de una escrupulosa valoración judicial. La **falta de un plazo** acotado de duración de la medida no puede ser interpretada como una invitación a decisiones jurisdiccionales con términos temporales abiertos y susceptibles de sucesivas prórrogas, al tiempo que en la determinación de su plazo de vigencia no cabe una integración analógica con lo dispuesto para otras diligencias invasivas del derecho de intimidad, respecto de las cuales el legislador sí ha fiado un límite temporal expreso.
El precepto no autoriza a los jueces de instrucción a alzar la protección constitucional de los derechos afectados durante un plazo, más o menos abierto, con la esperanza de que algo podrá oírse o captarse durante el **tiempo de vigencia de la medida**. De esta forma no puede autorizarse por un plazo de 30 días naturales, pasados los cuales cesará la misma, de no comprobarse o descubrirse los hechos que se investigan, salvo que sea necesaria su prórroga (TS 28-12-20, EDJ 758440).

5) Para la **adopción del auto habilitante**, en virtud de oficio policial o de solicitud del Ministerio Fiscal derivada de la investigación de la policía judicial como regla, se precisa lo siguiente (TS 25-9-24, EDJ 688487; 16-2-23, EDJ 513032; 8-5-18, EDJ 84006):
- suficiencia de la descripción de las actividades operativas;

- no exigencia de que el oficio reúna auténtica prueba de cargo;
- presencia de datos fácticos determinados y concretos sobre los que el juez puede formar criterio acerca de la probable comisión de un delito cuya investigación exige la injerencia: ausencia de actos de fe en la investigación que da lugar al oficio policial.

A partir de ahí, el oficio policial debe contener los **datos precisos** que permitan comprobar la corrección de la injerencia y que la apariencia de conducta típica se refiere a un delito grave en el que aparecen implicadas las personas cuyo derecho al secreto de las comunicaciones se lesiona; proporcionado y justificada la necesidad de injerencia.

6) Se aplican los **principios** de especialidad (medida vinculada a la investigación de un delito concreto), idoneidad, excepcionalidad, proporcionalidad y necesidad (AP Huesca auto 25-1-24, EDJ 537730). Así, la información y **facilitación por las operadoras o prestadoras de servicios** de comunicación, de los datos electrónicos que permitan geolocalizar terminales y datos de tráfico y asociados, tales como listado de llamadas, conexiones de datos y SMS, identificación de titularidades, de terminales o dispositivos de conectividad (AP Madrid auto 12-6-25, Rec 386/25).

7) La **errónea cita de preceptos** contenida en la resolución autorizatoria de la injerencia (LECr art.588 sexies en vez de LEC art.588 bis y 588 ter) no invalida la autorización judicial tras ser aclarada y corregida (AP Madrid auto 12-6-25, Rec 386/25).

3. Seguridad ciudadana

(LO 4/2015 art.16 s.)

8519 Junto con lo expuesto en los nº 8410 s., ha de tenerse en cuenta la regulación que, de ciertas **diligencias invasivas**, se efectúa en la normativa de referencia, especialmente en tanto que puede tener repercusiones directas en un posterior proceso penal o, en su caso, sancionador administrativo.

Destacan las siguientes:

8520 **Comprobaciones y registros en lugares públicos** Los agentes de la autoridad podrán practicar las comprobaciones en las **personas, bienes y vehículos** que sean necesarias para impedir que en las vías, lugares y establecimientos públicos se porten o utilicen ilegalmente armas, explosivos, sustancias peligrosas u otros objetos, instrumentos o medios que generen un **riesgo potencialmente grave** para las personas, susceptibles de ser utilizados para la comisión de un delito o alterar la seguridad ciudadana, cuando tengan indicios de su eventual presencia en dichos lugares, procediendo, en su caso, a su **intervención**. A tal fin, los ciudadanos tienen el **deber de colaborar** y no obstaculizar la labor de los agentes de la autoridad en el ejercicio de sus funciones.

Igualmente podrán proceder a la **ocupación temporal** de cualesquiera objetos, instrumentos o medios de agresión, incluso de las armas que se porten con licencia, permiso o autorización si se estima necesario, con objeto de prevenir la comisión de cualquier delito, o cuando exista peligro para la seguridad de las personas o de los bienes.

8521 **Diligencias de identificación, registro y comprobación** Las practicadas por los agentes de las fuerzas y cuerpos de seguridad con ocasión de actuaciones realizadas conforme a lo dispuesto en LO 4/2015 no están sujetas a las mismas formalidades que la **detención**. La **aprehensión** durante las diligencias de identificación, registro y comprobación de armas, drogas tóxicas, estupefacientes, sustancias psicotrópicas u otros efectos procedentes de un delito o infracción administrativa se hará constar en el **acta** correspondiente, que habrá de ser **firmada** por el interesado; si este se **negara a firmarla**, se dejará constancia expresa de su negativa. El acta que se extienda gozará de presunción de veracidad de los hechos en ella consignados, salvo prueba en contrario.

8522 **Registros corporales externos** Podrá practicarse el registro corporal externo y superficial de la persona cuando existan indicios racionales para suponer que puede conducir al **hallazgo de instrumentos, efectos u otros objetos** relevantes para el ejercicio de las funciones de indagación y prevención que encomiendan las leyes a las fuerzas y cuerpos de seguridad.

El registro se realizará por un **agente del mismo sexo** que la persona sobre la que se practique esta diligencia. Si exigiera dejar a la vista partes del cuerpo normalmente cubiertas por ropa, se efectuará en un **lugar reservado** y fuera de la vista de terceros, salvo que exista una situación de urgencia por riesgo grave e inminente para los agentes.

Los registros corporales externos respetarán los principios de proporcionalidad, igualdad de trato y no discriminación por razón de nacimiento, nacionalidad, origen racial o étnico, sexo, religión o creencias, edad, discapacidad, orientación o identidad sexual, opinión o cualquier otra condición o circunstancia personal o social, así como el de injerencia mínima, y se realizarán del modo que cause el **menor perjuicio a la intimidad y dignidad** de la persona afectada, que será informada de modo inmediato y comprensible de las razones de su realización.

Estos registros podrán llevarse a cabo **contra la voluntad del afectado**, adoptando las medidas de compulsión indispensables, conforme a los principios de idoneidad, necesidad y proporcionalidad.

Uso de videocámaras La autoridad gubernativa y, en su caso, las fuerzas y cuerpos de seguridad podrán proceder a la **grabación** de personas, lugares u objetos mediante cámaras de videovigilancia fijas o móviles legalmente autorizadas, de acuerdo con la legislación vigente en la materia. **8523**

E. Declaración de testigos

En lo que a la declaración de testigos se refiere, han de tenerse en cuenta las siguientes consideraciones: **8525** MPP nº 6460 s.

- Régimen general de las declaraciones testificales (nº 8527).
- Supuestos especiales (nº 8538).
- Valor probatorio (nº 8549).
- Careos (nº 8556).

1. Régimen general de las declaraciones testificales

Se considera **testigo** a toda persona física distinta del investigado -en el plenario como encausado- que posea determinado conocimiento sobre el hecho objeto del proceso penal, sobre el que está obligado a manifestar la verdad de lo que sepa a requerimiento de los órganos judiciales competentes. El concepto comprende a la víctima del delito. **8527**

Precisiones 1) La doctrina estima que cabe calificar a los **coinvestigados** como testigos impropios, pues declaran como investigados en cuanto a su participación en el hecho y como testigos sobre la intervención de los demás acusados, pero, en todo caso, sin obligación de ser veraces en sus manifestaciones.

2) No obstante lo anterior, no cabe proponer como testigo en una causa a quien ha sido **encausado** en ella. La LECr no avala esta «esquizofrenia procesal» conforme a la cual se daría un desdoblamiento en el concepto en que alguien es llamado al proceso. Puede aceptarse la declaración de quienes se hallan imputados en otras causas, pero no en la misma (TS 14-10-19, EDJ 700409).

Obligaciones del testigo La triple obligación del testigo consiste en comparecer al llamamiento judicial, en declarar y en hacerlo con verdad, so pena de incurrir en **responsabilidad criminal** por delito de obstrucción a la justicia, desobediencia grave o falso testimonio, según los casos (LECr art.420; LO 2/1989 art.175 y 176; CP art.458 a 461, 463 y 556). **8529**

La responsabilidad **se agrava** si los deberes se incumplen en el juicio oral, pues incluso la primera incomparecencia constituye delito en ciertos casos y la mendacidad no está amparada por la excusa absolutoria de CP art.462 y LECr art.715 (LECr art.702, 703, 707 y 716; CP art.463.1).

Aparte de la falta de aptitud plena para el ejercicio de la capacidad jurídica y la imposibilidad física de acudir al llamamiento judicial y del peligro para la vida del testigo (LECr art.419), las únicas **excepciones al deber de declarar y/o de comparecer**, fundamentadas según los casos en la pertenencia a la Familia Real, en el cargo que ocupe el testigo, en el parentesco o en el deber de secreto profesional, son las establecidas en LECr art.411, 412 y 416 a 418 y LO 2/1989 art.170 a 172, que se extienden a las **parejas de hecho** basadas en relación análoga a la matrimonial (LECr art.416).

Estas dispensas constituyen una **excepción al régimen general** que impone la obligación de declarar, y por ello deben ser interpretadas de forma restrictiva, sin desbordar los límites normativamente establecidos. Respecto de la contenida en LECr art.416, es evidente que existen otras muchas relaciones, no solo derivadas de las estrictamente familiares (fuerte y prolongada amistad, comunidad de intereses económicos relevantes, relación parental distinta a las legalmente contempladas generadora de vínculos intensos, etc.) que pueden situar al testigo ante el dilema de declarar con verdad o incurrir en la posible comisión de un delito de falso testimonio. Sin embargo, es al legislador únicamente a quien compete determinar en qué casos resulta justificado exceptuar al testigo de la obligación de declarar (TS 24-5-23, EDJ 585729; TSJ Madrid auto 15-10-24, núm 71/24).

Precisiones 1) La **falta de advertencia expresa** al testigo por la policía judicial o por el juez, de que no tiene obligación de declarar en los casos de la LECr art.261, 416 y 707 vicia de nulidad de la prueba así obtenida, por aplicación de la LOPJ art.11 (TS 20-2-08, EDJ 25613). **8530**

2) La **exención de la obligación de declarar** (LECr art.416.1) alcanza a las personas que están o han estado unidas por alguno de los vínculos de parentesco a que se refiere el precepto. Se exceptúan (Acuerdo TS Pleno no Jurisdiccional Sala 2ª 24-4-13, EDJ 71761):

a. La declaración por hechos acaecidos con posterioridad a la disolución del matrimonio o cese definitivo de la situación análoga de afecto.

b. Los supuestos en que el testigo esté personado como acusación en el proceso.

3) La exención de deber de declarar se aplica a los traductores e intérpretes de las **conversaciones y comunicaciones** entre el investigado, procesado o acusado y las personas a que se refiere el apartado anterior, con relación a los hechos a que estuviera referida su **traducción o interpretación** (LECr art.416.3).

4) La propuesta de un **testigo por sustitución**, para el caso de que opere la exención legal prevista en LECr art.411, no tiene cobertura en el ordenamiento procesal (TS 14-10-19, EDJ 700409, en relación con el Rey y, alternativamente, el jefe de la Casa Real).

5) La exención a la obligación de declarar **no se aplica** cuando el testigo tenga atribuida la representación legal o la guarda de hechos de la víctima menor de edad o con discapacidad con necesidad de especial protección ni cuando se trate de investigaciones por delitos graves, siendo en este caso el testigo mayor de edad y la víctima menor o con discapacidad necesitada de protección especial (LECr art.416.1).

6) La obligación de advertencia al testigo de que se encuentra en **situación de parentesco** (LECr art.416.1) incumbe no solo al órgano judicial (tanto en instrucción como en plenario) sino a la policía, en las diligencias que desarrolle esta (TS 10-5-07, EDJ 32808). Y ha de hacerse con los **menores** en tal situación, una vez alcancen suficiente grado de madurez (TS 22-4-21, EDJ 538440). Esto no consagra el derecho del testigo a no declarar, sino a no hacerlo en contra del procesado o investigado al que le une un vínculo familiar; pero si decide declarar ha de ajustarse a la verdad, pues no está autorizado a mentir a favor del investigado (TS 20-1-09, EDJ 11753).

7) La falta de advertencia previa de la **dispensa** al testigo que puede acogerse a ella, subsanada posteriormente con indicación de que la prueba puede ser excluida en caso de hacerlo, no invalida la declaración prestada en caso de el testigo no se ampare en la dispensa. Se trata de una deficiencia formal (TS 25-2-21, EDJ 513229).

8) En caso de que un testigo no dispensado del deber de declarar, en un momento dado y en fase de instrucción, se niegue a contestar o a seguir contestando las preguntas formuladas por una parte procesal, consintiéndolo el juez instructor, no existe obligación legal de que el representante procesal o abogado de esta parte formule expresamente las preguntas no contestadas o deje copia escrita de las mismas. Sin embargo, sin constancia de **qué preguntas quedaron sin responder** no puede apreciarse su necesariedad o indispensabilidad, y por tanto en sede casacional no puede resolverse sobre la relevancia de la prueba no practicada o denegada, no obstante la correspondiente protesta (TS 29-3-23, EDJ 546359; 11-6-20, EDJ 575418; 3-2-16, EDJ 3702).

9) Se **excluyen** del derecho de dispensa aquellos testigos-parientes que hayan estado personados en la causa como acusación particular en cualquier momento, aun cuando no ejerciten ya la acción penal (TS 24-5-23, EDJ 585729; 10-7-20, EDJ 613263; en contra, reconociendo el derecho a la dispensa en tal caso, TS Acuerdo Pleno no jurisdiccional 28-1-18; 25-4-18, EDJ 64728).

8531 **Citación** (LECr art.175 s., 412.3 y 5, 413, 419, 428 a 432 y 796.1.4ª; LO 2/1989 art.110 a 117 y 173) La citación de los testigos se hace como regla general mediante **cédula por el letrado de la Administración de Justicia**, aunque pueden también practicarse citaciones a través de:

- la **policía judicial**; o
- de los **jefes de cuerpo de los militares** en servicio activo.

Incluso, puede practicarse, de manera **verbal** en caso de urgencia.

Puede también el **juez de instrucción** desplazarse al lugar en que se halle el testigo, lo que es obligado cuando este esté dispensado de la obligación de comparecer; así como acordar lo procedente para la averiguación policial del paradero del testigo.

8533 **Práctica de la declaración** Debe atenerse a las siguientes **reglas esenciales**:

a) La declaración se presta, previos **juramento -o promesa de decir verdad- e identificación** del testigo e ilustración del mismo sobre sus obligaciones, de forma secreta y separada, a presencia del juez de instrucción y del letrado de la Administración de Justicia (LECr art.434 a 436):

• La regla del **secreto** ha de ponerse en relación con lo dispuesto sobre el secreto de la instrucción y el derecho del investigado y de las demás partes a intervenir en la misma, de manera que el secreto impera como regla general para quienes no sean parte en la causa (LECr art.118, 301 y 302 y LO 2/1989 art.125 y 148). En todo caso, el **derecho a estar presente en las declaraciones** de los testigos debe ser exteriorizado de forma expresa y de manera concreta para cada una de las diligencias de declaración de testigos que se lleven a efecto, no existiendo ningún imperativo legal que obligue, bajo pena de nulidad, a que el letrado del investigado esté presente en las manifestaciones que hagan los denunciantes y testigos. Por tanto, es necesario que la parte afectada solicite estar presente para que el juez instructor acuerde su citación y le permita formular preguntas (TS 10-1-05, EDJ 4960).

• El mandato de **separación o incomunicación** es esencial para evitar que las declaraciones de los diversos testigos se contaminen por la comunicación previa que con o sin confabulación puedan tener entre ellos. Por ello se insiste en ella en relación con el juicio oral (LECr art.704).
• La **identificación del testigo** es esencial para el ejercicio del derecho de defensa y no admite más excepción que las amparadas por el estatuto de protección (LO 19/1994) y la relativa especialidad que supone la identificación de los miembros de seguridad mediante el número de registro personal (LECr art.436). La **confidencia anónima**, aunque pueda ser válida como *notitia criminis* y como medio de investigación, nunca puede considerarse como testimonio directo ni como base del testimonio referencial de quienes la recibieron, pues, quien oculta su rostro para acusar, también puede ocultar la verdad de lo que acusa (Gimeno Sendra; TS 26-9-97, EDJ 7543; TEDH 20-11-89, núm 11454/85; 27-9-90, núm 12489/86).

b) La **declaración** del testigo ha de ser **libre y espontánea**, debiendo el juez permitirle narrar sin interrupción cuanto sepa sobre los hechos y dirigiéndole, solo después, las preguntas concretas que estime pertinentes. Se prohíbe el empleo de todo género de coacción, artificio o promesa y la formulación de preguntas capciosas, sugestivas o impertinentes. Por ello, puede el testigo dictar su propia declaración y leerla al término de la misma, derecho del que debe ser advertido expresamente (LECr art.436, 437, 439, 443 y 709 -para el juicio oral-). 8534
c) La declaración ha de ser **oral**, sin que pueda el deponente leer respuesta alguna que lleve escrita, aunque sí consultar algún apunte o nota sobre datos de difícil recuerdo. También es posible la declaración mediante **videoconferencia** (LECr art.325 y 731 bis; LOPJ art.229.3 redacc LO 1/2025; LEC art.137 bis).
d) La declaración en su conjunto y sus diversos contenidos han de ser **pertinentes**. Solo accede a la causa en cuanto guarde relación con el objeto de la misma (LECr art.445).

e) Sobre el **régimen de formulación de preguntas**, el sistema de interrogatorio cruzado y directo solo se regula expresamente en para el acto de la vista oral (LECr art.708). Nada parece impedir, en vista del derecho de las partes a intervenir en las actuaciones instructorias y en el interrogatorio de los testigos, aplicarlo a las declaraciones de testigos en fase sumarial, sin perjuicio de la apreciación judicial de la pertinencia las preguntas (LECr art.118 y 302). Así parece permitirlo en el caso de la prueba anticipada laLECr art.448, 449 bis y ter, aunque otros preceptos piensan en el juez como único origen de las preguntas. 8535
f) Los testigos pueden reclamar una **indemnización** que, en su caso, se fija por el tribunal. No puede la falta de pago anticipado condicionar la práctica de la diligencia declarada pertinente, ni exculpar al testigo de la responsabilidad penal o disciplinaria procedente en caso de incomparecencia, salvo imposibilidad manifiesta (LECr art.722; LO 2/1989 art.169; TS 28-4-03, EDJ 263093).
g) Finalmente, el letrado de la Administración de Justicia debe recordar al testigo su **deber de comparecencia en el juicio oral** y controlar sus **cambios de domicilio** (LECr art.446 y 447).

Precisiones **1)** El juez ha de ordenar la **grabación de la declaración** por medios audiovisuales (LECr art.433).
2) La **grabación de la declaración del testigo** es una práctica generalizada que, en sí misma, no lesiona los derechos del declarante sino que se configura como una garantía más. Es obligatorio dar traslado del soporte de la grabación, de cualquier documento o actuación documentada a las partes personadas so pena de causar indefensión (TSJ Madrid auto 15-10-24, núm 71/24).

2. Supuestos especiales

Presenta especialidades en la legislación y en el tratamiento jurisprudencial, el régimen de las declaraciones de determinadas personas, por su menor edad, por su especial relación con los hechos objeto del procedimiento, por la fuente de su cocimiento de los mismos o por el peligro de represalias que puedan derivarse de su testimonio. 8538
En algunos casos, como ocurre con los testimonios de referencia y la declaración del testigo-víctima, la peculiaridad consiste en la exigencia de especiales requisitos para su **valoración como prueba de cargo en el juicio oral** (nº 9576 s.).
En otras ocasiones, la especialidad puede afectar tanto a la fase de **instrucción** como a la de **juicio oral** (nº 8540 y nº 8543).
Finalmente, en el caso de la **prueba testifical anticipada** se trata de prevenir en el sumario la previsible imposibilidad de practicar la prueba en el futuro juicio oral (nº 8577).

Menores de edad (LO 1/1996 art.11.2, 12.3 y 17; LO 8/2021) Los poderes públicos tienen la obligación de prevenir todas aquellas situaciones que puedan perjudicar su desarrollo personal y evitar toda interferencia innecesaria en la vida del menor. En las **situaciones de riesgo** de cualquier índole que perjudiquen el **desarrollo personal o social** del menor, la actuación de los poderes 8540 públicos debe garantizar en todo caso los derechos que le asisten y orientarse a disminuir los factores de riesgo y dificultad social que incidan en la situación personal y social en que se encuentre.

El proceso penal no conoce un **tope biológico** que defina una frontera para determinar la idoneidad del testigo para declarar. Sin embargo, el examen del testigo menor de edad se adapta a algunas singularidades que vienen impuestas por la necesidad de **preservar su formación integral**. Se trata de impedir que su colaboración con la justicia tenga como contrapartida un **daño irreversible** para su futuro (TS 6-7-23, EDJ 617981).

Como la declaración como testigo en un proceso penal -especialmente si es el menor la víctima del delito cometido contra bienes jurídicos tan personales como la libertad sexual-, es una de dichas situaciones, se aplican a la misma determinadas **reglas especiales**:

a) No se exige **juramento** a los menores de 14 años ni se les somete a **careos** ni en fase de instrucción ni en el juicio oral, salvo que sea imprescindible y previa acreditación pericial del carácter no lesivo de la diligencia (LECr art.449 ter, 455, 706 y 713; LO 2/1989 art.178).

b) La práctica de la declaración se lleva a cabo evitando la **confrontación visual** de los mismos con el inculpado (LECr art.449 ter, 707 y 709), lo que hace especialmente indicada en este caso la **videoconferencia** (LECr art.325 y 731 bis; LEC art.137 bis).

Precisiones Las circunstancias del caso serán las que aconsejen o no la **ausencia** del menor en el juicio, valorando las concurrentes para, en caso de estimarse procedente su ausencia, evitar así los riesgos de la victimización secundaria, especialmente importantes en **menores de muy corta edad** (TS 21-12-16, EDJ 232480).

8541 **c)** La **exploración** del menor en la fase de instrucción puede valorarse como prueba de cargo si se le ha aplicando el régimen de LECr art.449 ter y ha estado presente en la declaración el letrado defensor del acusado aunque no esté, siempre que se proceda a su lectura en el juicio oral, pues con ello existe garantía suficiente del principio de contradicción y, con ella, del derecho de defensa (TS 19-10-05, EDJ 188349).

d) En sentido análogo, la protección del menor es uno de los casos en que podría admitirse la **sustitución en el juicio oral de su testimonio directo** por el referencial de sus padres y de los facultativos que le asistieron como víctima del delito y que escucharon la narración de los hechos enjuiciados (TS 1-7-02, EDJ 28378; 6-4-04, EDJ 31412). En otras ocasiones y para idéntico supuesto, se sustenta la **opinión contraria** y se recuerda que la evitación de los perjuicios que a un niño pueda ocasionarle la rememoración de los hechos, aunque es argumento de extraordinario peso para justificar su ausencia del juicio, no puede implicar una exoneración del cumplimiento de los principios de inmediación, contradicción y defensa en la práctica de la prueba.

La necesidad de garantizar la **indemnidad sexual** de los menores y de minimizar al mismo tiempo los negativos efectos de su ineludible intervención en el proceso no puede alcanzarse a través de la creación de un modelo procesal excepcional, por lo que en **ausencia de pruebas directas** del hecho se impone la absolución, toda vez que el hecho de que a una persona se la declare culpable de un delito sobre la base de las declaraciones inculpatorias de testigos de referencia y no presenciales da lugar a una de las situaciones más delicadas que pueden ser imaginadas en el proceso penal (TS 8-3-02, EDJ 4281; 1-7-02, EDJ 28378; 29-9-05, EDJ 165885; 14-3-06, EDJ 29234).

Por el contrario, cuando sí **existan otras pruebas directas** del hecho, la declaración testifical del menor es rechazable por falta de pertinencia y utilidad, en garantía de sus derechos.

e) Cuando los testigos sean **menores de edad o personas con capacidad judicialmente complementada**, el juez de instrucción puede acordar, a la vista de estas circunstancias y para evitar causarles graves perjuicios, que se les tome declaración mediante la intervención de expertos y con intervención del Ministerio Fiscal. Igualmente puede acordarse que las preguntas se trasladen a la víctima directamente por los expertos o, incluso, excluir o limitar la presencia de las partes en el lugar de la exploración de la víctima. En estos casos, el juez ha de disponer lo necesario para facilitar a las partes la posibilidad de trasladar preguntas o de pedir aclaraciones a la víctima, si ello resulta posible. El juez igualmente ordenará la grabación de la declaración por medios audiovisuales en este caso (TS 16-6-20, EDJ 582077).

Precisiones Sobre el empleo de la **prueba pericial psicológica** como medio de verificación de la certeza o verosimilitud de la declaración de menores, ver nº 9583.

8542 **Testigos víctimas del delito** (LECr art.433) Los testigos que tengan la condición de víctimas del delito (nº 8030) pueden ir acompañadas por su **representante legal** y por una **persona de su elección** durante la práctica de estas diligencias, salvo que el juez de instrucción resuelva, motivadamente, lo contrario.

En la declaración de las víctimas, se ha de **evitar la confrontación visual** con el encausado en la medida en que de la evaluación inicial o posterior de aquellas se derive su necesidad, empleando los medios técnicos precisos para ello (LECr art.707).

Precisiones Pueden adoptarse medidas que eviten que se formulen a la víctima **preguntas innecesarias** relativas a la vida privada que no tengan relevancia para el hecho delictivo enjuiciado, salvo que el juez o tribunal consideren excepcionalmente que deben ser contestadas para valorar adecuadamente los hechos o la credibilidad de la declaración de la víctima.
Si las preguntas, aun así, se formulan, el juez instructor, o el juzgador o presidente del tribunal no permitirá que sean contestadas (LECr art.709 -para el juicio oral, pero aplicable igualmente en sede de declaración sumarial-).

Testifical preconstituida (LECr art.449 bis y ter, 703 bis, 730) Cuando, en los casos legalmente previstos, la autoridad judicial acuerde la práctica de la declaración del testigo como prueba preconstituida, la misma debe desarrollarse de acuerdo con lo siguiente: **8542.2**
a) Garantía del **principio de contradicción** en la práctica de la declaración. De este modo, la ausencia del investigado debidamente citado no impide la práctica de la prueba, si bien su defensa letrada, en todo caso, debe estar presente. En caso de **incomparecencia injustificada** del defensor del investigado o cuando haya razones de urgencia para proceder inmediatamente, el acto se sustancia con el abogado de oficio expresamente designado al efecto.
b) Garantía **documental**. La documentación de la declaración ha de recogerse en **soporte apto para la grabación** del sonido y la imagen, debiendo el letrado de la Administración de Justicia, de forma inmediata, comprobar la calidad de la grabación audiovisual. Se acompañará **acta** sucinta autorizada por aquel, con **identificación y firma** de todos los intervinientes.
c) **Valoración** conforme a LECr art.730.2 (nº 9573).
d) Testifical de **menores de 14 años o personas con discapacidad necesitados de especial protección**. Cuando uno de estos deba intervenir como testigo en un procedimiento judicial que tenga por objeto la **instrucción de un delito** de homicidio, lesiones, contra la libertad, contra la integridad moral, trata de seres humanos, contra la libertad e indemnidad sexuales, contra la intimidad, contra las relaciones familiares, relativos al ejercicio de derechos fundamentales y libertades públicas, de organizaciones y grupos criminales y terroristas y de terrorismo, la audiencia se practica como prueba preconstituida, con todas las garantías de la práctica de prueba en el juicio oral y de conformidad con lo expuesto. Estas medidas se aplican potestativamente en caso de procesos por **delitos leves**.
La autoridad judicial podrá acordar que la audiencia se practique a través de **equipos psicosociales** que apoyarán al tribunal de manera interdisciplinar e interinstitucional, recogiendo el trabajo de los profesionales que hayan intervenido anteriormente y estudiando las circunstancias personales, familiares y sociales de la persona menor o con discapacidad, para mejorar el tratamiento de los mismos y el rendimiento de la prueba. En este caso, las partes trasladarán a la autoridad judicial las **preguntas** que estimen oportunas quien, previo control de su pertinencia y utilidad, se las facilitará a los expertos. Una vez realizada la audiencia del menor, las partes podrán interesar, en los mismos términos, **aclaraciones al testigo**. La declaración siempre será grabada y el juez, previa audiencia de las partes, podrá recabar del perito un informe dando cuenta del desarrollo y resultado de la audiencia del menor.
e) Evitación de la **confrontación visual** con la víctima.
f) **Reproducción de la grabación** en la vista del juicio oral, sin necesidad de presencia del testigo, salvo excepción o generación de indefensión a alguna de las partes (nº 9573).

Precisiones De acuerdo con ello, para poder erigirse en prueba de cargo, la declaración del testigo anónimo debe reunir tres **requisitos**:
- el **anonimato** ha de ser acordado por resolución judicial motivada, con ponderación adecuada de los intereses en conflicto;
- los déficits de defensa que genera el anonimato han de compensarse con **medidas alternativas** que permitan al acusado evaluar y, en su caso, combatir la fiabilidad del testigo y de su testimonio;
- existencia concurrente de **otros elementos probatorios**, de manera que por sí sola o con peso probatorio decisivo no puede enervar la presunción de inocencia (TS 3-2-21, EDJ 503737).

Testigos protegidos La intervención de una persona como **testigo o perito** en un proceso penal puede implicar, la existencia de un riesgo cierto para quien la lleva a cabo, pues la relevancia y el contenido incriminador del testimonio o de la pericia convierten a aquella en potencial objetivo de conductas ilícitas de **amenaza, coacción o represalia** (CP art.464). El derecho del acusado en causa penal a defenderse, que lleva consigo la posibilidad de interrogar o hacer interrogar a los testigos que declaren contra él ha de hacerse compatible con la tutela de los bienes jurídicos de testigos y peritos, sin que pueda convertirse en un acto de heroísmo su intervención en el proceso (Convenio Roma 4-11-1950 art.6.3.d). Han de ponderarse estas necesidades de protección y las **garantías** inherentes a un proceso equitativo (TS 27-3-17, EDJ 25958). **8543** MPP nº 7588, 2727

Cuando se trate de declaraciones de testigos que depongan **ocultos o semiocultos**, pero con identidad conocida, el déficit de garantías procesales no atañe a la fiabilidad o credibilidad del testimonio sino a su eficacia probatoria en relación con los principios de inmediación y contradicción. En estos casos, el cuestionamiento del testimonio ha de afectar solo al grado de convicción alcanzado y a su eficacia probatoria en el caso concreto (TS 9-6-22, EDJ 599943).

8543.2 Precisiones 1) Los problemas que surgen en la práctica procesal por las declaraciones de testigos protegidos se focalizan en dos fundamentales: el **descubrimiento** de la identidad del testigo y la forma más o menos opaca o encubierta en la que este presta su **declaración**, especialmente en la vista oral. La primera limita notablemente la contradicción y por tanto el derecho de defensa. La segunda, adicionalmente, la inmediación (TS 10-12-25, EDJ 787496; 23-7-20, EDJ 618617; 16-1-19, EDJ 501103). En todo caso, el empleo de esta figura no lesiona *per se* el principio de publicidad del proceso.

La **identificación nominal** del testigo protegido suele entrar en colisión con el derecho de las defensas a cuestionar la imparcialidad, credibilidad y la fiabilidad del testimonio de cargo, que pudiera fácilmente devaluarse en el caso de que se constatara cualquier clase de hostilidad, enemistad o animadversión entre el testigo y el acusado. Sin olvidar tampoco que también es relevante conocer las razones de conocimiento del testigo y posibles **patologías personales** que pudieran repercutir en la veracidad y fiabilidad de sus manifestaciones. La contradicción queda, pues, limitada y con ella el derecho de defensa.

En lo que respecta a la **forma de deponer** (en el plenario, en principio), también es habitual que el testigo protegido muestre su deseo de no ser visto u observado al menos por los acusados y por el público, y en algunas ocasiones incluso por las defensas de las partes. En estos casos, la tutela de sus derechos personales entra en conflicto con la aplicación de los principios de inmediación y de contradicción.

2) Los testigos protegidos pueden ser (TCo 16/1994):

- **anónimos**, de los que no se dan a conocer los datos personales, bien porque se ignoran bien porque el tribunal decide mantenerlos reservados;
- ocultos o semiocultos, identificados personalmente, pero con diferente grado de opacidad en su declaración (en dependencia aparte sin ser vistos por el tribunal ni las partes ni el público, sino sólo oídos; o sólo vistos por el tribunal y los letrados, pero no por las partes ni el público, mediante mamparas o biombos; o con ocultamiento únicamente del rostro del testigo -mediante capuchas, cascos, verdugos o postizos-; y en ocasiones, complementariamente, con distorsión de la voz), limitando el control de las partes procesales.

De acuerdo con ello, para poder erigirse en prueba de cargo, la declaración del testigo anónimo debe reunir tres **requisitos**:

- el anonimato ha de ser acordado por resolución judicial motivada, con ponderación adecuada de los intereses en conflicto;
- los déficits de defensa que genera el anonimato han de compensarse con medida alternativas que permitan al acusado evaluar y, en su caso, combatir la fiabilidad del testigo y de su testimonio;
- existencia concurrente de otros elementos probatorios, de manera que por sí sola o con peso probatorio decisivo no puede enervar la presunción de inocencia (TS 3-2-21, EDJ 503737).

3) El supuesto radical de **testigo anónimo** es la categoría que mayor tensión genera con el derecho de defensa y exige mayores cautelas dado que su identidad ha de ser secreta para las partes, sin que se aprecie un riesgo defensivo equivalente cuando los acusados conocen qué persona les incrimina y pueden contradecir su testimonio, sin otra limitación que la que pueda derivarse de no haberse desvelado (o recordado) los concretos datos de filiación de las testigos. Esto ocurre cuando los testigos no son personas desconocidas ni encubiertas por el anonimato «absolute» -documentación videográfica- debiendo **preservarse** únicamente los datos formales de filiación como el nombre y apellidos, sin que su revelación fuera necesaria para que la defensa supiera quién declaraba contra los acusados, ni para que articulara objeciones de credibilidad subjetiva de las testigos (TS 10-12-25, EDJ 787496).

8544 **Estatuto especial de protección** (LO 19/1994) Para prevenir las situaciones anteriores, se permite al juez de instrucción y al tribunal sentenciador aplicar a testigos y peritos un estatuto especial de protección caracterizado por los siguientes aspectos fundamentales:

a) La aplicación del sistema requiere **decisión judicial motivada** del juez de instrucción o del tribunal sentenciador que, de oficio o a instancia de parte, aprecie la existencia un **peligro grave** para la persona, libertad o bienes de quien pretenda ampararse en él, o para su cónyuge o persona a quien se halle ligado por análoga relación o sus ascendientes, descendientes o hermanos. Dicha resolución es susceptible de recurso de reforma o súplica (LO 19/1994 art.1 y 4.2).

La motivación ha de constar en forma de **auto** cuando las medidas se adoptan antes del acto de la vista oral. Por el contrario, si se decide aplicar el régimen de protección en el curso de la misma es bastante con que se refleje en la propio **acta del juicio oral**, con la amplitud que requiera la situación de peligro (TS 16-5-00, EDJ 7370; 18-12-01, EDJ 56100; Acuerdo TS Pleno no Jurisdiccional Sala 2ª 6-10-00, EDJ 40306).

b) El **contenido de la protección**, consiste en:
- preservar la identidad de las personas protegidas, evitando la constancia en las actuaciones de dichos datos y de cualquier otro que pueda servir para la identificación de los mismos, pudiéndose utilizar para esta un número o cualquier otra clave;
- impedir, asimismo, su identificación visual y la toma de imágenes de dichas personas; y
- dispensar a aquellas de protección policial durante todo el proceso o incluso después de su finalización.

Igualmente, los testigos y peritos pueden solicitar ser conducidos a las dependencias judiciales, al lugar donde haya de practicarse alguna diligencia o a su domicilio en vehículos oficiales y durante el tiempo que permanezcan en dichas dependencias se les facilita un local reservado para su exclusivo uso, convenientemente custodiado.

En **casos excepcionales**, pueden facilitárseles documentos de una nueva identidad y medios económicos para cambiar su residencia o lugar de trabajo.

c) El tribunal competente para el enjuiciamiento puede **mantener, modificar o suprimir todas o algunas de las medidas de protección** de los testigos y peritos adoptadas por el juez de instrucción, así como, si procede, adoptar otras nuevas. **8545**

d) Cualquiera de las partes puede solicitar motivadamente en su escrito de calificación provisional, acusación o defensa el **conocimiento de la identidad de los testigos o peritos protegidos**. Si la declaración o informe en juicio oral se estiman pertinentes como medio de prueba, el juez o tribunal sentenciador, en el mismo auto en el que declare la pertinencia de la prueba, debe facilitar el nombre y los apellidos de los testigos y peritos, respetando las restantes medidas de garantía.

En tal caso, el plazo para la **recusación de peritos** se computa a partir del momento en que se notifique a las partes la identidad de los mismos y pueden, dentro de los 5 días siguientes a la misma, proponer nueva prueba tendente a acreditar alguna circunstancia que pueda influir en el valor probatorio de su testimonio.

Precisiones Respecto de la obligación del tribunal de **desvelar la identidad de los testigos protegidos** a solicitud motivada de la defensa (LO 19/94 art.4.3º), se ha sostenido que, aunque aparentemente el tenor literal del precepto impone al tribunal («deberá») desvelar la identidad de los testigos protegidos, siempre que lo solicite motivadamente la defensa, aunque con ello pueda comprometer la seguridad o la vida de quien racionalmente se encuentre en situación de peligro grave por el conocimiento de su identidad, esta interpretación no resulta razonable. **8545.5**

En primer lugar, la norma exige que la **solicitud sea motivada**, por lo que obviamente el órgano judicial tiene que valorar la petición y deberá denegarla cuando carezca de motivación. Y, en segundo lugar, la valoración del tribunal no puede limitarse a la mera existencia de motivación, sino que debe necesariamente extenderse a la **suficiencia y razonabilidad** de la misma, pues la exigencia que se establece en la norma no puede constituir un requisito puramente formal, y una motivación insuficiente o arbitraria no es válida. El tribunal debe realizar una **ponderación entre los intereses contrapuestos** (seguridad del testigo-derecho de defensa del acusado) que exige valorar la razonabilidad y suficiencia de la motivación expuesta en la solicitud, atendiendo por un lado a las razones alegadas para sostener que en el caso concreto el anonimato afecta negativamente al derecho de defensa, y por otro a la **gravedad del riesgo** apreciable para el testigo y su entorno, en atención a las circunstancias del caso enjuiciado.

El **anonimato del testigo** debe limitarse a supuestos muy excepcionales, por las razones expuestas en la doctrina del TEDH citada. Una simple alegación genérica de indefensión, sin precisar en qué se ha perjudicado en concreto el derecho de defensa, no constituye motivación suficiente.- Es cierto que no se pueden establecer criterios rigurosos en las razones motivadoras de la solicitud, pues el desconocimiento de la identidad del testigo impide a la defensa conocer, y en consecuencia expresar al tribunal, las razones concretas por las que el testigo anónimo puede ser parcial o carecer de credibilidad, por lo que no se pueden imponer exigencias que originen una **indefensión** que sería responsabilidad del tribunal. Pero en la práctica ha de tenerse en cuenta que el conocimiento del contenido de la declaración realizada durante la instrucción permite ordinariamente al afectado inferir ciertos **datos sobre la personalidad del testigo**, que pueden servir de base para la alegación de indefensión.

Deben distinguirse los supuestos en que se trata de **agentes policiales** o personas que carecían de la menor relación extraprocesal previa con el recurrente, es decir que intervienen desinteresadamente en el proceso, de aquellos otros en los que el testigo tuvo una **relación previa con el afectado por su testimonio**. En el primer caso la identidad es irrelevante para la defensa, pero en el segundo ha de tenerse en cuenta que esas relaciones previas pudieron generar hostilidad o enemistad, de manera que el testimonio puede estar afectado en su credibilidad subjetiva por motivos espurios, y el derecho de defensa exige que el acusado pueda cuestionar la credibilidad del testigo con conocimiento de su identidad, por lo que en estos casos no se puede desestimar la pretensión simplemente por falta de precisión (TS 5-5-16, EDJ 58242).

8546 e) Las declaraciones o informes de los testigos y peritos objeto de protección durante la fase de instrucción solamente pueden tener **valor de prueba**, a efectos de sentencia, si se ratifican en el acto del juicio oral por quien los prestó (LO 19/1994 art.4.5). Si se consideran de imposible reproducción, a efectos de LECr art.730, han de ratificarse mediante lectura literal a fin de que puedan someterse a contradicción por las partes.
Los testigos protegidos comparecen al juicio, como cualquier otro sin que su condición de tales determine una modificación del régimen ordinario de prueba, liberándoles de la declaración personal en el juicio oral. Ello no afecta, sin embargo, al **sistema general de valoración de la prueba**, ni obsta a la aplicación a las declaraciones sumariales de los testigos protegidos, una vez desvelada a la defensa su identidad y prestada declaración en el juicio oral, de la regla expuesta en el nº 8549 (TS 26-4-02, EDJ 12303).

8547 **Víctimas del terrorismo** (L 29/2011 art.49) Los tribunales han de velar por que toda declaración o intervención de las víctimas de delitos de terrorismo o sus causahabientes, se realice de forma que les suponga las mínimas incomodidades y perjuicios. En particular, se ha de procurar por todos los medios previstos en las leyes que estas personas en sus actuaciones procesales **no tengan relación directa visual o sonora** con los investigados o acusados por la comisión de acciones terroristas.
En todo caso se ha de **proteger la dignidad y la seguridad personal** de las víctimas en la tramitación del proceso, evitando la utilización de signos e inscripciones que puedan ofenderlas o denigrarlas.

3. Valor probatorio

(LECr art.714; LO 5/1995 art.46.5)

8549 Partiendo de la doctrina general (nº 6850 s.), sobre la presunción de inocencia y las pruebas aptas para enervarla, así como de la regla básica de libre valoración de la prueba, las declaraciones del testigo en la fase de instrucción pueden alcanzar valor probatorio en el juicio oral, además de en el caso de la **prueba anticipada**, cuando son **contradichas por el declarante** durante su testimonio en dicho juicio oral (LECr art.741; LO 2/1989 art.322).

8551 **Requisitos** Cuando un acusado o un testigo declara en el juicio oral y antes lo ha hecho en otra fase del procedimiento, bien ante la policía o ante la autoridad judicial, el tribunal sentenciador tiene la facultad de conceder **credibilidad** a unas u otras de tales declaraciones, como una manifestación más de los principios de inmediación y de apreciación conjunta de la prueba, de modo que puede redactar en su sentencia los hechos probados tomando datos de unas o de otras de tales declaraciones, conforme a la verosimilitud que le merezcan según su propio criterio (TS 12-9-03, EDJ 110621; 15-2-05, EDJ 23862). Son requisitos:
a) Que la declaración del testigo en la instrucción se haya producido con estricta observancia de las **exigencias constitucionales y legales**, singularmente las derivadas del **derecho de defensa**. No cabe valorar, pues, aquellas actuaciones que, por haberse practicado a espaldas del investigado entren en el concepto de prueba prohibida por contrarias a dicho derecho (TCo 128/1993; 273/1993). En consecuencia, el testimonio emitido sin garantizar la **posibilidad de contradicción** por quien es ya investigado en el momento de prestarse no puede integrar el material probatorio a la hora de dictar sentencia, por lo que resulta irrelevante el hecho de su lectura en el acto del juicio oral pues ese vicio de origen en el sumario daña cualquier intento de reproducción válida y eficaz en el juicio oral (TCo 40/1997; 2/2002; 12/2002).
b) Que su contenido, genéricamente considerado, no pase de modo sorpresivo del sumario a la sentencia. Por el contrario, debe de haber sido incorporado al plenario de algún modo, normalmente mediante su **lectura en el acto de la vista oral** e invitando al interrogado a que explique las diferencias o contradicciones existentes, de forma que las partes puedan someter a contradicción ambas versiones testificales. A falta de aplicación del citado precepto, basta con que, de cualquier modo, las declaraciones sumariales hayan sido tenidas en cuenta en el acto solemne del plenario, lo que puede aparecer acreditado por el contenido de las preguntas o respuestas dirigidas por las partes al testigo.
c) Las manifestaciones realizadas ante la policía e incorporadas al atestado tienen solo valor de **denuncia** (TCo 51/1995; 12/2002). Por ello se requiere, para que dichas manifestaciones puedan integrarse en el hecho probado en caso de contradicción con la versión ofrecida en el juicio oral por el declarante, que hayan sido **ratificadas a presencia judicial en fase de instrucción**, que sean corroboradas por otras pruebas, o bien que los funcionarios de policía ante quienes se prestó el testimonio declaren como testigos en el juicio oral (TCo 152/1987; TS 28-1-02, EDJ 719; 22-4-05, EDJ 71702; 29-2-24, EDJ 513714).

El anterior criterio parece sufrir rectificación merced al Acuerdo del Pleno Sala Segunda 28-11-2006, EDJ 418187, conforme la cual las declaraciones válidamente prestadas ante la policía pueden ser objeto de valoración por el Tribunal, previa su incorporación al juicio oral en alguna de las formas admitidas por la jurisprudencia (TS 10-5-07, EDJ 36077 y 17-1-08, EDJ 20544).

d) Que la contradicción se produzca entre la declaración en sumario y la prestada en el juicio oral, por lo que la confrontación no es aplicable cuando las **declaraciones exculpatorias** prestadas en la instrucción y en el juicio coinciden entre sí y divergen de las manifestaciones efectuadas en el atestado policial (TS 23-11-07, EDJ 222990).

e) Que la declaración sumarial esté **corroborada** por otras circunstancias periféricas u otros medios probatorios que la doten de objetividad bastante para hacer razonable su valoración frente a la declaración que, con inmediación, se prestó en el plenario. Y que el Tribunal exprese las razones por las que se inclina por versión distinta de la del juicio oral, pues no habiendo presenciado la declaración sumarial se hace especialmente necesario razonar la causa de concederle mayor credibilidad, rectificando sus manifestaciones anteriores, y de las explicaciones dadas al respecto por el declarante (TS 27-6-07, EDJ 80237).

Precisiones Las **contradicciones** que afectan seriamente a la calidad reconstructiva de la información aportada por un testigo son las sustanciales -como exige LECr art.714 para activar el incidente de introducción de manifestaciones testificales previas-. Y estas son las que se producen cuando el testigo incluye en su relato hechos fenomenológicamente **incompatibles entre sí** que obligue a concluir que alguno de aquellos, en relación de mutua exclusión, no se ajusta a la realidad (TS 6-11-25, EDJ 758819).

Excepción La anterior regla general parece a primera vista exceptuarse por LO 5/1995 art.46.5, a cuyo tenor las partes pueden interrogar al acusado, testigos y peritos sobre las **contradicciones** que estimen existentes entre lo que manifiesten en el juicio oral y lo dicho en la fase de instrucción. No puede darse lectura a dichas declaraciones previas, aunque se unirá al acta el testimonio que quien interroga debe presentar en el acto. Las mismas no tienen valor probatorio de los hechos en ellas afirmados, salvo cuando integren prueba anticipada. **8553**

Precisiones La jurisprudencia acoge, sin embargo, una interpretación teleológica y sistemática del precepto para ceñir su alcance a sus justos límites, pues no debe asumirse, sin razón o fundamento alguno, que existan dos **regulaciones sobre la valoración de la prueba sumarial**, una derivada de la normativa general (LECr art.714, 730 y 741) y otra basada en una hermenéutica jurídica aislada y rígidamente autónoma de LO 5/1995 art.46.5. El **valor probatorio** que tan tajantemente se niega a las declaraciones sumariales es solo el **directo**, del que carecen todas ellas por imperativo de Const art.24.2, sin que la LO 5/1995 esté pensando en el caso contemplado por LECr art.714, que es aplicable al proceso de jurado (TS 11-9-00, EDJ 24412; 8-5-02, EDJ 16830; 15-7-02, EDJ 59245; 17-1-03, EDJ 2577; 7-7-05, EDJ 113607). En consecuencia, la LO 5/1995 no excluye el **procedimiento de confrontación** que prevé LECr art.714, pues si las partes pueden señalar a los testigos, peritos y acusados sus contradicciones y estas pueden ser objeto del debate, es evidente que el jurado tomará conocimiento de las contradicciones, aunque las actas del sumario no se puedan leer durante el juicio (TS 30-10-01, EDJ 40673; TS auto 20-10-05, EDJ 217261).

En definitiva, no pueden coexistir en nuestro sistema de enjuiciamiento penal **distintos regímenes probatorios** a razón del tipo de procedimiento de que se trate, bien Tribunal del Jurado, bien procedimiento ordinario o abreviado. Por ello, si bien la LOTJ art.46.5 impide que se tengan como prueba las declaraciones sumariales con carácter general, no rige esta norma en aquellos casos excepcionales en los que la jurisprudencia ha admitido la posibilidad de **rescatar las mismas**, una vez incorporadas adecuadamente al juicio oral en condiciones que salvaguarden la contradicción, siempre que se hayan practicado en su momento de forma inobjetable. En concreto en los casos de rectificación o retractación del testimonio operada en el acto del juicio oral -LECr art.714-, o ante la imposibilidad material de su reproducción -LECr art.730- (TS 13-11-24, EDJ 734940).

Credibilidad «versus» fiabilidad La atribución de **valor probatorio reconstructivo** a la información testifical no viene determinada solo por lo creíble que resulte el testigo sino por lo fiable que resulte aquella. Es más consecuente con las exigencias cognitivo-materiales derivadas del principio de presunción de inocencia poner el acento en la fiabilidad de la información transmitida más que en la credibilidad del testigo, como juicio de valor personal (TCo 75/2013). Lo fiable de la información hace referencia a las **condiciones fenomenológicas** de producción probable de lo relatado, mientras que lo creíble atiende más a un **plano subjetivo**, a que el testigo no ha mentido, por lo tanto, más abierto a valoraciones y prejuicios. Lo primero exige mayores cargas de justificación al juez que atribuye valor a la información. Lo segundo favorece la utilización de fórmulas de justificación con menores cargas cognitivo-materiales. La fiabilidad, se nutre del **grado de compatibilidad** de dicha información con el resultado que arrojan el resto de las pruebas que integran el cuadro probatorio plenario y las demás circunstancias contextuales acreditadas. Entre estas también aparece la credibilidad personal del testigo, que no puede ser un elemento ajeno a la valoración de la información suministrada, **8554**

pero no la agota. De ahí que no quepa aplicar **soluciones de tipo estandarizado** que obliguen a excluir la información testifical por la simple identificación de impersistencias o incoherencias o tachas de credibilidad subjetiva en el testigo. Algunas de estas tachas pueden ser de tanta entidad que neutralicen todo atisbo de credibilidad comprometiendo la fiabilidad de la información trasmitida. Otras no neutralizan los rendimientos reconstructivos si al tiempo puede justificarse un grado de compatibilidad corroborativa razonable con los resultados del cuadro de prueba valorado en su conjunto. Toda reconstrucción probatoria arroja sombras de dudas, espacios fácticos que resultan de imposible reproducción. Pero la cuestión esencial reside en determinar sus **efectos** sobre la convicción judicial (TS 6-11-25, EDJ 745256).

8555 **Incidencia de la eventual ausencia de transcripción** La constancia en la causa únicamente de las **copias en DVDs de las grabaciones audiovisuales** de las declaraciones de testigos (y en su caso, de investigados), sin las correlativas transcripciones escritas de las mismas, supone a los efectos de LECr art.714:

• Que el día del **juicio oral**, las partes acusadoras, Ministerio Fiscal, defensas y el propio tribunal no van a poder detectar y apreciar las contradicciones entre lo que están declarando testigos e investigados en ese momento y lo que declararon en fase de instrucción, salvo que hayan extractado con anterioridad la totalidad de lo declarado (pues la contradicción puede producirse en cualquier parte de lo declarado) o recuerden memorística y específicamente lo declarado por haber estado presentes en la declaración de instrucción (lo que no siempre sucede).

• Que aun advertida la contradicción, para posibilitar la aplicación de LECr art.714 mediante la lectura de lo declarado y posterior invitación a explicar la contradicción, sería necesario la reproducción audiovisual de lo **declarado en instrucción para cada contradicción** (no se podrían utilizar a estos efectos, las notas o transcripciones que realicen las partes por su cuenta, no solo por no estar adveradas por el fedatario judicial, sino porque incluso podrían no llegar a ser coincidentes); reproducción que además de poder resultar en ocasiones técnicamente inviable, (pues no es infrecuente que el CD no se pueda reproducir por problemas técnicos, o que la calidad de su audio sea ínfima), dada su duración (la reproducción es a tiempo real) y dado el número de partes intervinientes, haría prácticamente inviable la vista del juicio oral.

Todo ello aconseja la **transcripción escrita** de las declaraciones grabadas.

Sin embargo, las actuaciones orales y vistas grabadas y documentadas en **soporte digital** no pueden transcribirse (LOPJ art.230.3). Este precepto ha generalizado el mandato de utilizar los medios técnicos puestos a disposición de la Administración de Justicia, por lo que se ha de estimar que en su ámbito de aplicación han quedado comprendidos los **actos de instrucción penal de naturaleza personal** (declaraciones de procesados, investigados, testigos y peritos). Las **grabaciones videográficas** que reúnan los requisitos técnicos de integridad y autenticidad exigidos por la Ley son documentos originales, por lo que pueden suplir eficazmente al acta escrita prevista en la LECr para la documentación de las diligencias sumariales. Pero la **prohibición de transcribir en soporte escrito** las grabaciones videográficas (LOPJ art.230.3) no alcanza, sin embargo, a las diligencias sumariales, por no estar comprendidas en su supuesto de hecho (FGE Instr 3/2017).

4. Careos

(LECr art.451 a 455, 713 y 729.1º; LO 2/1989 art.179, 180 y 312.1º)

8556 MPP nº 6500 s. La diligencia de careo consiste en poner de manifiesto ante dos **testigos discordantes** las contradicciones en que incurran en sus respectivas declaraciones, para que, tras ser preguntados sobre si ratifican o no las mismas, debatan sobre ellas y se dirijan **observaciones y reconvenciones en presencia del juez** de instrucción o del tribunal sentenciador.

8558 **Características** Las características esenciales de esta diligencia son:

a) Es de **carácter subsidiario** y solo se practica cuando no existe otro medio de averiguar lo que con ella se pretende. No es realmente una prueba, sino un medio de contrastar la fiabilidad de otras, de utilización y utilidad muy discutibles, pues generalmente se desarrolla bajo los efectos de la pasión o el engaño que cada careado pone durante su desarrollo (TS 8-4-94, EDJ 3072; 30-9-15, EDJ 168059).

b) Es aplicable también a los **investigados** (en el sumario, como investigados y en fase de plenario, en su caso, como encausados), que pueden ser careados entre sí o con algún **testigo**, quedando excluidos de la misma los menores de edad, salvo en caso imprescindible y previa acreditación pericial del carácter inocuo de su práctica.

El **careo del investigado con el testigo** suele ser de nula utilidad, pues a las manifestaciones de cada uno han de aplicarse las reglas propias de la respectiva declaración y solo el segundo está obligado a decir verdad. Entre **coinvestigados** la utilidad no aumenta, pues el tribunal puede valorar como prueba de cargo, sin necesidad de careo, aquella versión que reúna los requisitos establecidos jurisprudencialmente para ello.
c) Puede practicarse tanto en el **juicio oral** como en **fase de instrucción**, pudiendo acordarse de oficio en el primer caso por el tribunal sentenciador. Se trata de uno de los supuestos de prueba sobre la prueba que no comprometen la imparcialidad objetiva del juzgador.
d) Debe evitarse todo tipo de **insulto o amenaza** entre los careados, así como, en el proceso militar, preservarse tanto la disciplina como la libertad de manifestación del subordinado.
e) Su **denegación en el plenario** por parte del tribunal no puede ser objeto de revisión casacional al amparo de LECr art.850.1°, al constituir un medio auxiliar de prueba excepcional y extraordinario, puramente potestativo (TS 24-1-02, EDJ 1567; 13-11-02, EDJ 55411; 6-2-03, EDJ 3237; 12-11-12, EDJ 279325; 28-12-15, EDJ 273037).
f) Es un instrumento de verificación y contraste de la **fiabilidad de otras pruebas**, por lo que su denegación no supone lesión de derecho a la prueba (TS 6-5-10, EDJ 102580; AP Murcia 7-3-16, EDJ 27011). No es un medio de prueba autónomo, sino **complementario** de otros, como son las declaraciones de acusados y testigos, y sirve para contrastar y medir la credibilidad de estos, depurando contradicciones o discordancias. Por ello, la decisión de si procede o no su práctica se deja a criterio del juez o tribunal por aplicación del principio de inmediación, como factor fundamental de las valoraciones de las pruebas de carácter personal, lo que implica que su **denegación** no es susceptible de casación y no constituye vulneración de Const art.24.2, pues es una facultad discrecional del juez o tribunal a quien se solicita (TS 17-7-25, EDJ 648852; 5-3-25, EDJ 524834; 28-1-15, EDJ 59655).
g) El careo resulta manifiestamente improcedente en **apelación** (AP Madrid 8-2-17, EDJ 26328).

F. Informe pericial

(LECr art.456 a 458; LO 2/1989 art.181)

La pericia es el medio de investigación o prueba consistente en la **aplicación de especiales conocimientos técnicos, científicos o artísticos,** de los que el juez carece, para la averiguación o apreciación de alguna circunstancia relevante relacionada con el hecho punible o el investigado. La diligencia puede practicarse tanto en fase de **instrucción** (medio de investigación) como en el **juicio oral** (medio de prueba). **8565** MPP nº 2770; 6510 s.

Precisiones 1) La Ley de enjuiciamiento civil, de aplicación supletoria al proceso penal, exige al perito, además del correspondiente título oficial, la condición de ser **acreditado experto** en la materia a la que se refiere la pericia (LEC art.340 redacc LO 1/025).
2) No es pericial de derecho la de los **inspectores y técnicos de Hacienda**, ya que el perito no se limita a interpretar la norma, sino que, a partir de una predeterminada realidad fáctica que precisa, concluye sobre la norma que debe ser aplicada o no. El análisis viene orientado por el marco normativo donde consideran que encajan, a efectos tributarios, los hechos. No se trata de interpretar el ordenamiento, sino de determinar si es aplicable a un supuesto dado (TS 16-2-23, EDJ 524302).

Características El informe pericial se caracteriza por las notas siguientes: **8567**
1) La posesión por el perito de los **conocimientos** que le hacen idóneo para ejercer su función viene normalmente avalada por la titulación oficial del mismo, aunque esta no constituye requisito esencial. De ahí la distinción legal entre **peritos titulares y no titulares** y la lógica preferencia que se otorga a los primeros, para cuya designación se impone a los colegios profesionales y a las Administraciones públicas la obligación de facilitar periódicamente una relación de los servicios de intérpretes, peritos y técnicos a disposición de los servicios de guardia.
2) En la fase de instrucción, la **designación** de los peritos actuantes puede realizarla el juez o ser propuestos por las partes, al menos cuando la diligencia tenga el carácter de prueba anticipada (LECr art.462, 463 y 471 a 473). En el juicio oral, la proposición y práctica de la prueba pericial se rige por las reglas generales de LECr art.656, 724 y 725 y LO 2/1989 art.282, 310 y 311.
3) Los **deberes del perito** son idénticos a los del testigo, agravándose su responsabilidad criminal en caso de informe mendaz (LECr art.462 y 463; CP art.459).
4) Para garantizar la **imparcialidad** de los peritos, se les aplican las causas que eximen del deber de declarar como testigo. Además, se permite a cada parte la **recusación**, fundada en parentesco, amistad íntima o manifiesta enemistad o interés directo o indirecto en la causa, de los peritos designados judicialmente o por la contraparte, salvo cuando la diligencia sea un mero medio de investigación (LECr art.464, 466 a 470 y 723).

Queda **exceptuado de la recusación** de peritos el supuesto de que el reconocimiento e informe pericial puedan tener lugar de nuevo en el juicio oral (LECr art.467). Salvo en caso imprescindible, se estima escasamente útil la designación durante la instrucción de peritos en los que pueda concurrir fundadamente una causa de recusación.

8569 **Práctica de la diligencia** Hay que hacer referencia a dos aspectos:
a) En **fase de instrucción**, la misma se desenvuelve en un doble momento, pues al informe prestado al juez o tribunal ha de preceder el reconocimiento pericial y las operaciones necesarias para alcanzar las conclusiones recogidas en el primero, debiendo conservarse muestras de los objetos cuya destrucción sea necesaria. Tras la exposición de estas, el juez y las partes pueden hacer al perito las observaciones y preguntas que estimen pertinentes, recogiéndose las respuestas de este como parte del informe (LECr art.478 a 483).
La **intervención de las partes** en el acto pericial se reserva al caso de que la prueba pericial se practique como anticipada (LECr art.467). Actualmente, esa posibilidad deriva con carácter general del derecho de defensa y de LECr art.118 y 302, que imponen una relativización importante del concepto de la prueba anticipada.
b) En el **acto del juicio oral**, la prueba pericial suele limitarse a ratificar y ampliar el informe prestado en fase de instrucción o el reconocimiento practicado con anterioridad al inicio de la vista oral, aunque nada impide la admisión de la pericia propuesta en el propio acto por alguna de las partes, pudiendo suspenderse la vista para la práctica del reconocimiento (LECr art.657 y 725; LO 2/1989 art.282, 310 y 311).
Sin embargo, en el **procedimiento abreviado** solo se permite la incorporación a la causa de documentos e informes hasta el inicio de las sesiones del juicio oral y la proposición de nuevas pruebas en el turno preliminar de intervenciones con que el mismo se inicia se limita a las que puedan practicarse en el acto (LECr art.785.1 párrafo 3º y 786.2; LO 2/1989 art.395 párrafo 3º).

8570 **Doble perito** (LECr art.459, 484, 778.1 y 795.4; LO 2/1989 art.182) Esta regla se establece en el **proceso ordinario**, con posibilidad de designación de perito dirimente en caso de discordancia.
En el **procedimiento abreviado**, de **enjuiciamiento rápido** y en todos los regulados en la **legislación procesal militar** la norma es la contraria, salvo que las especiales circunstancias del caso impongan la duplicidad.

Precisiones 1) La exigencia no puede calificarse como esencial desde el momento en que la LECr art.459 permite exceptuarla (TS 8-4-22, EDJ 538208; 25-1-21, EDJ 502954; 12-7-07, EDJ 104569), pues la dualidad de peritos no es condición inexcusable de la necesaria garantía de acierto, debiendo entenderse cumplida la exigencia en el caso de **dictámenes periciales emitidos por órganos oficiales**. El mero dato formal de estar suscrito el informe por uno solo de ellos, no puede ocultar el hecho de que el dictamen no es obra de un solo individuo, sino del trabajo de equipo, normalmente ejecutado según procedimientos científicos protocolizados en los que intervienen varios expertos (TS 29-12-97, EDJ 10562; 17-10-03, EDJ 127642; Acuerdo TS Pleno no Jurisdiccional Sala 2ª 21-5-99).
2) La regla de LECr art.459 no se puede interpretar como cláusula de habilitación general para atribuir la condición de perito genuino a quien no ha intervenido en el examen del objeto pericial y en la elaboración de las conclusiones. El **segundo perito** emite su opinión pericial sobre la atendibilidad de las conclusiones alcanzadas por el primero de los peritos. Es una pericia sobre la pericia que refuerza la atendibilidad científica del dictamen corroborado.La cláusula de **confrontación plenaria** solo puede ceder en supuestos excepcionales:
- cuando por la simplicidad del objeto pericial y la protocolización general y objetiva de los métodos empleados para elaborar las conclusiones, el legislador establece una **regla de producción documentada** de la prueba pericial (LECr art.788);
- cuando concurre una **causa seria y difícilmente superable** que impida la presencia del perito en el juicio (TS 25-11-21, EDJ 760151).

8572 **Valor probatorio** El valor probatorio del informe pericial **emitido en fase de instrucción** se rige por las reglas generales sobre el momento de la prueba apta para destruir la presunción de inocencia, que admite la excepción de la prueba anticipada. Sin embargo:
a) Cuando el objeto material de la pericia sea alguna de las **muestras o vestigios que integran el concepto de cuerpo del delito**, el reconocimiento judicial y la recogida de las muestras por el juez de instrucción tienen valor de prueba preconstituida en cuanto al carácter genuino o indubitado de las mismas y de su origen, lo que no sucede, salvo casos de necesidad o urgencia, cuando ambos menesteres se realizan por la policía.
b) Los **informes de laboratorios y gabinetes oficiales** emitidos durante la fase de instrucción gozan de valor probatorio en el juicio oral cuando no sean expresamente impugnados en el momento procesal oportuno.
c) Las **afirmaciones fácticas** que los peritos expresan en sus informes no afectan a la parte técnica de la pericia, que es la que constituye el verdadero acto de prueba. No pueden equipararse a las declaraciones prestadas en el proceso (TS 10-9-20, EDJ 656938).

Precisiones 1) Sobre la denominada «**prueba pericial de inteligencia**», elaborada generalmente por funcionarios policiales en procesos complejos, su valor probatorio y caracteres, ver TS 5-12-12, EDJ 298612; 7-3-12, EDJ 52449 (nº 2780 y nº 6525 s. Memento Procesal Penal 2026). Es una prueba personal que auxilia al tribunal proporcionando **conocimientos técnicos** para valorar los hechos controvertidos y no un conocimiento directo sobre cómo ocurrieron los hechos (TS 8-3-24, EDJ 516066). Esta singularidad no se acomoda a los patrones ordinarios de la Ley de enjuiciamiento criminal aunque nada impide su empleo (TS 1-10-07, EDJ 213194). La **UCO** (Unidad Central Operativa de la Guardia Civil) es un órgano oficial del Estado, integrado por funcionarios públicos a los que no cabe presumir interés alguno en el caso o asunto de que se trate sino que actúan conforme a las notas de objetividad e imparcialidad, de forma que el Ministerio Fiscal se apoya habitualmente en sus informes para mantener sus tesis acusatorias, habida cuenta de que está integrada por especialistas sobre cuya **cualificación, profesionalidad y conocimientos** no procede arrojar duda alguna ni poner en tela de juicio la pericia realizada por ellos con reconocida solvencia y sujeción a los principios esenciales de su actuación: respecto absoluto al ordenamiento jurídico y colaboración con y auxilio a la Administración de Justicia -LO 2/1986 art.5- (TS auto 13-1-24, causa especial 20557/24).
2) Sobre el informe pericial de los **inspectores de Hacienda** (nº 2786 Memento Procesal Penal 2026).

G. Prueba anticipada

La integran aquellas diligencias de instrucción que, no siendo por naturaleza fugaces e irrepetibles en el acto del juicio oral, sí presentan esa característica en el caso concreto por las peculiares circunstancias concurrentes, como puede ser el desconocimiento del paradero futuro de un testigo o la probabilidad de que fallezca o enferme antes de celebrarse el juicio oral. **8577** MPP nº 2795 s.
Dicha situación puede plantearse esencialmente en relación con las diligencias sumariales de tipo **testifical** (LECr art.448, 449 bis y ter, 777.2.3 y 797.2) y, en menor medida, **pericial** (LECr art.467, 471 y 476). En dichos casos, se otorga, con **carácter excepcional**, valor probatorio a actuaciones practicadas fuera del juicio oral y durante la fase de instrucción para fundar una sentencia condenatoria, por lo que han de concurrir los **requisitos** expuestos al estudiar el valor probatorio de las actuaciones sumariales en nº 8155 s., a los que hay que añadir algunas precisiones complementarias.

Precisiones Se trata de **anticipar** a un acto procesal de la fase de investigación, el cuadro de **garantías de las verdaderas pruebas del juicio oral** para que el testimonio o la pericia de quien previsiblemente no esté presente en el acto del juicio oral, proyecte su eficacia más allá de la finalidad puramente preparatoria que define a las diligencias realizadas en la fase sumarial (TS 16-1-08, EDJ 25594).

Régimen de contradicción La aplicación a la práctica de la diligencia del especial régimen de contradicción de la prueba anticipada requiere **apreciación judicial** de las circunstancias que justifican el mismo, siendo preciso que, en el caso concreto, sea razonable temer que una prueba no podrá practicarse en el juicio oral o que pudiera motivarse su suspensión. **8579**
El fundamento de las reglas sobre prueba anticipada está, pues, en **prevenir en el futuro posibles suspensiones**, haciendo compatible el derecho de las partes a la práctica de las pruebas propuestas y el de realizar la justicia en un tiempo razonable, sin que la ausencia de un testigo conlleve, sin más, la impunidad, pues lo contrario supondría hacer depender el ejercicio del *ius puniendi* del Estado del azar o de la malquerencia de las partes (TCo 91/1991; TS 5-12-03, EDJ 209436; 22-9-05, EDJ 152989).
En consecuencia, aunque lo normal sea su práctica en fase de instrucción, puede acudir a ella el tribunal sentenciador, cuando deba suspender la vista por **ausencia del acusado**, para prevenir nuevas y futuras suspensiones, recibiendo declaración con presencia de las partes a los testigos que se hallen a su disposición en ese momento (TS 23-10-01, EDJ 38468; 15-3-04, EDJ 13220).

Precisiones 1) El requisito de la contradicción se cumple por la **presencia** en la práctica de la diligencia del **letrado defensor del investigado**, aunque este se encuentre ausente. La falta de su citación personal es, en esas condiciones, una mera irregularidad procesal que no origina indefensión alguna ni puede provocar la nulidad de la prueba (TS 8-11-04, EDJ 184855; 19-10-05, EDJ 188349; 16-1-08, EDJ 25594). **8580**
Cuando la declaración sumarial se ha practicado **sin presencia del letrado defensor** del investigado y, por tanto, sin contradicción, bien porque se ha tomado declaración al denunciante antes que al investigado (TS 4-3-02, EDJ 6315) o por ocultación o desaparición sobrevenida del testigo, la contradicción en el juicio oral se colma, a través de la lectura de las diligencias instructorias practicadas en presencia judicial, pues la garantía y certeza del testimonio, no su credibilidad, proviene de

haberse realizado a presencia judicial y bajo fe de letrado de la Administración de Justicia. Es el tribunal el que debe valorar, una vez leída y sometida a contradicción, su capacidad persuasiva, atendiendo a la limitación contradictoria que, por razones de fuerza mayor, no pudo ser salvada, lo que en ningún caso hace que deba prescindirse de tal prueba (TS 12-5-05, EDJ 90192).

2) Es indiferente el momento en que, dentro de juicio oral, se proceda a la **lectura de las declaraciones**, que puede ser sustituida por la visión de la grabación de la diligencia (LECr art.777.2; TS 15-1-04, EDJ 6335; 21-1-05, EDJ 13301).

3) Rigiendo actualmente el principio de contradicción desde la existencia misma de la imputación material (LECr art.118 y 302; LO 2/1989 art.125), con **derecho de las partes a participar en las diligencias de la instrucción**, salvo que esta se declare secreta, cualquier prueba puede alcanzar sin dificultad los requisitos de LECr art.448 y valorarse como anticipada, pues la posibilidad de contradicción que se exige es consustancial a toda actuación sumarial no secreta (LECr art.777.2.3 y 797.2). Con ello no quiere decirse que la lectura del sumario pueda sustituir a la práctica de la prueba ante la inmediación del tribunal, sino simplemente que, cumpliéndose las exigencias del recurso a la lectura, la aplicación del sistema de prueba anticipada no supone la observancia en la instrucción de unas reglas diferentes a las que rigen en ella con carácter general.

8582 **Supuestos** Aparte de los casos de **imposibilidad absoluta** por fallecimiento o enfermedad mental del testigo, es típica la aplicación del sistema de prueba anticipada cuando los testigos:
- carecen de domicilio conocido y se hallan en **ignorado paradero** (TS 15-1-04, EDJ 6335; 22-6-04, EDJ 159655; 15-2-05, EDJ 33607);
- son dispensados de la obligación de declarar en el juicio oral por el **miedo** aducido consecuencia de amenazas denunciadas, pudiendo rescatarse su declaración sumarial con el carácter de prueba preconstituida siempre que haya existido contradicción mediante la intervención de la dirección letrada de los investigados (TS 26-7-16, EDJ 118020);
- son **personas que residen ilegalmente en España** en el momento de declarar en la instrucción (TS 17-9-03, EDJ 110613; 28-9-05, EDJ 152980; 17-1-07, EDJ 5392; 19-9-07, EDJ 100968); o
- su **citación es imposible**, pese a conocerse su localización, por carecer el tribunal español de medios coercitivos para lograr su comparecencia pese a la vigencia de instrumentos internacionales (TS 14-3-03, EDJ 4267; 22-9-05, EDJ 152989).

Puede acudirse a las normas que comentamos en situaciones distintas, como la derivada de:
- la necesidad de **protección de los menores** de edad (TS 19-10-05, EDJ 188349); o
- el estado de **nerviosismo** que provoca la imposibilidad, certificada por el forense, de declarar normalmente en el juicio oral, pues la prueba anticipada constituye una alternativa apreciable frente a la prueba referencial (TS 20-10-01, EDJ 40512; 8-5-02, EDJ 16830; 8-3-05, EDJ 40666).

Precisiones Se precisa una previa actividad jurisdiccional para **intentar la localización y comparecencia** del testigo, pues es improcedente acudir a la prueba anticipada sin siquiera haber citado al testigo o perito (TS 14-5-04, EDJ 51855; 20-12-04, EDJ 229447).

8584 **Exclusión de la suspensión del juicio oral** Las normas sobre prueba anticipada excluyen la aplicación de las relativas a la suspensión del juicio oral (LECr art.745; LO 2/1989 art.297.1º) y, por tanto, la del motivo de casación por quebrantamiento de forma *in procedendo* (LECr art.850.1º), aplicable a la **denegación improcedente** de la suspensión.

El motivo exige que sea posible la práctica con la prueba propuesta, debiendo el tribunal agotar las posibilidades para su realización, sin incidir en la violación del derecho constitucional a un **juicio sin dilaciones indebidas**, como sucede cuando se da lugar a reiteradas suspensiones para la realización de una prueba que, razonablemente, ha de considerarse no factible, por lo que en estos casos y, por tanto, la decisión del tribunal correcta, al no suspender, se corresponden con aquellos casos extremos en que resulta lícito reemplazar la prueba testifical que no puede practicarse en el juicio, por la lectura de las diligencias (LECr art.730; TS 22-6-04, EDJ 82811; 10-1-05, EDJ 4960).

H. Investigación mediante agente encubierto

(LECr art.282 bis)

8590 La técnica de investigación mediante **infiltración** de un agente de policía judicial en las redes
MPP de **delincuencia organizada** consiste en la actuación del funcionario bajo identidad falsa en el
nº 6740 s., seno de las actividades delictivas organizadas para, desde dentro, combatir eficazmente las
6758 mismas.

El juez de instrucción competente o el Ministerio Fiscal, dando cuenta inmediata al juez, pueden autorizar a funcionarios de la policía judicial, mediante **resolución fundada** y teniendo en cuenta su necesidad a los fines de la investigación, a actuar bajo identidad supuesta y a adquirir y transportar los objetos, efectos e instrumentos del delito y diferir la incautación de los mismos.

La **información** que vaya obteniendo el agente debe ser puesta, con la mayor brevedad posible, en conocimiento de quien autorizó la investigación y debe aportarse al proceso en su integridad para su valoración por el órgano judicial competente.

Características Son las siguientes: 8592
a) La norma se aplica exclusivamente a **actuaciones judiciales o diligencias de investigación del Ministerio Fiscal**. No cabe su aplicación a las diligencias policiales de prevención por propia iniciativa de los mandos policiales, a diferencia de las entregas vigiladas (LECr art.263 bis).
b) Solo pueden actuar como **agente encubierto** funcionarios de policía judicial en sentido estricto (nº 8200 s.) y únicamente pueden hacerlo con **carácter voluntario.**
c) El **ámbito objetivo** de su aplicación se regula en forma de lista tasada de infracciones y se limita a actividades propias de la **delincuencia organizada**, o asociación de tres o más personas para realizar, de forma permanente o reiterada, conductas que tengan como fin cometer uno o varios delitos:
- obtención, tráfico ilícito de órganos humanos y su trasplante (CP art.156 bis);
- trata de seres humanos (CP art.177 bis);
- contra los derechos de los ciudadanos extranjeros (CP art.318 bis);
- de secuestro de personas (CP art.164 a 166);
- relativos a la prostitución (CP art.187 a 189);
- contra el patrimonio y contra el orden socioeconómico (CP art.237, 243, 244, 248 y 301);
- relativos a la propiedad intelectual e industrial (CP art.270 a 277);
- contra los derechos de los trabajadores (CP art.312 y 313);
- de tráfico de especies de flora o fauna amenazada (CP art.332 y 334);
- de tráfico de material nuclear y radiactivo (CP art.345);
- contra la salud pública (CP art.368 a 373);
- de falsificación de moneda (CP art.386);
- falsificación de tarjetas de crédito o débito o de cheques de viaje (CP art.399 bis);
- de tráfico y depósito de armas, municiones o explosivos (CP art.566 a 568);
- de terrorismo (CP art.571 a 578); y
- contra el patrimonio histórico, consistente en sacar de forma no autorizada de territorio nacional bienes pertenecientes al mismo (LO 12/1995 art.2.1.e).

d) La **identidad supuesta** se otorga por el Ministerio del Interior por plazo de 6 meses prorrogable por períodos de igual duración, quedando legítimamente habilitado el agente para actuar en todo lo relacionado con la investigación concreta y a participar en el tráfico jurídico y social bajo tal identidad. La resolución por la que se acuerde debe consignar el nombre verdadero del agente y la identidad supuesta con la que actuará en el caso concreto es reservada. 8593
e) La **actuación investigadora** del agente se rige por las normas procesales generales, de modo que cuando pueda afectar a los derechos fundamentales, el agente encubierto debe solicitar del órgano judicial competente las **autorizaciones** que, al respecto, establezca la Constitución y la Ley, así como cumplir las demás previsiones legales aplicables. Se prevé que el juez competente pueda **autorizar la obtención de imágenes** y la **grabación de las conversaciones** que puedan mantenerse en los encuentros previstos entre el agente y el investigado, aun cuando se desarrollen en el interior de un domicilio.
Por su parte, el **agente encubierto informático** podrá intercambiar o enviar por sí mismo archivos ilícitos por razón de su contenido y analizar los algoritmos asociados a dichos archivos ilícitos.
Por el contrario, su **participación como testigo en el juicio oral** supone una modificación importante a lo dispuesto en LO 19/1994 art.4, pues la identidad ficticia no debe ser desvelada en el plenario y puede mantenerse cuando los funcionarios que hayan actuado amparados en ella testifiquen en el proceso que pueda derivarse de los hechos en que han intervenido, siempre que así se acuerde mediante resolución judicial motivada.

f) Los funcionarios de la policía judicial pueden actuar bajo **identidad supuesta** con autorización del juez instructor, en comunicaciones mantenidas en **canales cerrados de comunicación** con el fin de esclarecer alguno de los delitos previstos en LECr art.282 bis.4): delitos cometidos a través de instrumentos informáticos o de cualquier otra tecnología de la información o la comunicación o servicio de comunicación; delitos dolosos castigados con pena cuyo límite máximo sea al menos de 3 años de prisión; delitos de terrorismo o cometidos en el seno de una organización criminal. 8594
g) Durante las actuaciones llevadas a cabo por agente encubierto, el juez competente puede autorizar la **obtención de imágenes** y la **grabación de las conversaciones** que puedan mantenerse en los encuentros previstos entre el **agente y el investigado**, aun cuando se desarrollen

en el interior de un domicilio. En este caso el agente encubierto informático puede intercambiar o enviar por sí mismo **archivos ilícitos** por razón de su contenido y analizar los algoritmos asociados a dichos archivos ilícitos.

h) El empleo de esta figura se somete a las exigencias, principios y **criterios** siguientes (TS 10-6-21, EDJ 595805; 18-12-24, EDJ 780260):

• **Necesidad** respecto de los fines de investigación, en relación con la gravedad del delito y las posibilidades de vigilancia, siempre en el marco de un proceso penal.

• **Proporcionalidad**, en relación con el presunto delito objeto de investigación, necesariamente incluido en la lista del apartado c), que ha de ser grave no sólo en términos penológicos sino por su relevancia social y entidad del bien jurídico protegido.

• **Adecuación a la finalidad** de la investigación, sin posibilidad de aplicar otras medidas menos gravosas para los derechos fundamentales del investigado.

• **Especialidad**, de forma que la intervención se justifica en la investigación de un delito concreto, sin autorización de la medida mecánicamente ante cualquier solicitud policial.

• Existencia de **indicios suficientes**, no meras sospechas.

• **Preexistencia**. El delito, en su caso, se comete por el autor, de forma que arranca de su determinación libre, voluntaria y anterior a la intervención del agente policial, desarrollándose conforme a aquélla, sin que el agente pueda crear el dolo en el autor, que ya está obrando dolosamente.

• **Control judicial**. Efectivo, con informe periódico y a la mayor brevedad en términos posibilísticos.

i) La documentación de las actuaciones del agente encubierto se suele integrar en una **pieza separada**, a la que la defensa puede tener acceso reservado previamente al juicio oral, con el compromiso de mantener el secreto acerca de la identidad del o de los intervinientes en tal concepto, lo que es suficiente para garantizar el derecho de defensa (TS 21-7-22, EDJ 641896).

j) Por último, el agente encubierto está **exento de responsabilidad criminal** por aquellas actuaciones que sean consecuencia necesaria del desarrollo de la investigación, siempre que guarden la debida **proporcionalidad** con la finalidad de la misma y no constituyan una **provocación al delito**.

8595 **Diferencias con el agente provocador** De acuerdo con lo expuesto, son datos y elementos diferenciales de la figura del agente encubierto y, en su caso, del agente provocador frente al delito provocado los siguientes:1.- Existencia de **ánimo delictivo** propio en los autores.2.- **Carácter meramente investigador** de la actividad policial. No hay delito provocado cuando la actividad policial tiene un *animus tendencial* dirigido a realizar una investigación de la actividad de las personas que son sometidas a investigación, y se llevan a cabo operaciones con apoyo en la interacción con los implicados que son los que tienen el *animus* inicial delictivo.3.- **Carácter consecuencial** de la conducta del agente respecto de la conducta de los investigados.4.- **Intención delictiva preexistente** a la investigación del agente encubierto. Diferencia entre el delito provocado y la forma de averiguación de un verdadero delito. Actuación espontánea del autor, sin estar previamente estimulado por un agente provocador o encubierto.5.- **Ausencia de incitación** por actos manifiestos y claros. Existencia de delito provocado cuando se incita a cometerlo con actos de tal clase.6.- Labor del **agente infiltrado** ajena a la pretensión de la comisión del delito, limitada a comprobar la actuación del sujeto, a recoger pruebas de delitos ya cometidos o en curso de comisión e incluso a realizar algunas actividades de colaboración con el investigado que previamente habrá esperado o buscado terceros para la coejecución o agotamiento del delito, habiéndose ofrecido el agente infiltrado, adoptando para ello una apariencia de persona normal o simulando ser delincuente.7.- Preexistencia del **dolo** en el autor o autores a la designación del agente encubierto. El delito arranca de la determinación del sujeto activo, libre, voluntaria y anterior a la intervención del agente policial.8.- **Carácter lícito de la actuación policial** mientras permita la evolución libre de la voluntad del sujeto y no suponga una inducción a cometer el delito.9.- Existencia de **provocación de la prueba en el delito provocado**, realizándose en este generalmente por un agente policial o un colaborador de este -el agente provocador- antes de que los posibles autores hayan comenzado la preparación del hecho punible en virtud de la inducción engañosa que, con la finalidad de constituir pruebas de un hecho criminal, convence al presunto delincuente para que lleve a cabo la conducta delictiva que se espera, incitándole a perpetrar una acción, que previamente no tenía propósito de cometer.10.- Presencia de los siguientes **elementos del delito provocado** (y su ausencia en el agente encubierto):- **objetivo/teleológico**: patentizado en la iniciativa del agente provocador, efectuada sobre el provocado, de manera que éste actúa a consecuencia de la incitación de que es objeto, y que tiene por intención obtener del provocado la respuesta esperada, con la finalidad última de detenerle;- **subjetivo**: constituido por la creación que realiza un agente policial de un dolo de delinquir en un tercero, mediante la incitación a la comisión de un delito, si bien esta inducción es engañosa.- **material**: integrado

por la ausencia de riesgo o puesta en peligro para el bien jurídico protegido, porque la operación, desde su ideación, está bajo el control policial. Por tanto, la acción es atípica, no cabiendo acción punible, ni sanción.
11.- Diferencias entre el agente encubierto y el agente provocador:- el primero no se infiltra en la organización criminal, sino que tiene un contacto limitado con la misma o con algún delincuente;- el primero no usa una identidad ficticia, sino que se limita a ocultar su condición de agente de policía, engañando así a los delincuentes;- al ser el engaño menor y la relación con los delincuentes más corta, el **riesgo de vulneración de derechos fundamentales** es mucho menor en la actuación del agente provocador que en la del agente encubierto;- la **finalidad de la actuación** del agente provocador es detener al delincuente en el instante, impidiendo el agotamiento del delito, mientras que el agente encubierto recaba información, ya que por encima de la incautación de efectos del delito o detenciones concretas se persigue la desarticulación de una organización criminal (TS 27-2-19, EDJ 516361; 18-12-24, EDJ 780260).

Precisiones La referencia a la **provocación** ha de entenderse hecha a los conceptos de delito provocado y de agente provocador y no a la provocación criminal en sentido estricto, que integra para algunos autores un **acto preparatorio punible** y para otros una forma de resolución manifestada, cuyo concepto es radicalmente incompatible con la sola idea del agente provocador por la publicidad que entraña (CP art.16). El texto se refiere al supuesto en que el agente encubierto determina en el sujeto del delito el nacimiento de una resolución criminal hasta entonces inexistente, lo que nos lleva al ámbito de la **inducción**. La iniciativa del agente provocador es por ello la verdadera causa de toda la actividad criminal, que nace viciada y no podrá llegar nunca a perfeccionarse, por la ya prevista *ab initio* intervención policial. Esta clase de delito provocado, debe considerarse como penalmente irrelevante, procesalmente inexistente y, por todo ello, impune y la única responsabilidad relevante es la del agente inductor. Para ello se impone una especial condición de procedibilidad, consistente en que el juez competente debe requerir informe relativo a tal circunstancia de quien haya autorizado la identidad supuesta (TS 15-9-93, EDJ 7912; 13-6-03, EDJ 49571). **8598**
Por el contrario, no hay inducción ni delito provocado cuando los agentes de la autoridad sospechan o conocen la existencia de una actividad delictiva y se infiltran entre quienes la llevan a cabo. En estas ocasiones, la **decisión de delinquir** ya ha surgido en el sujeto con independencia de la actuación del agente policial, que se limita a comprobar la actuación del delincuente e incluso a realizar algunas actividades de colaboración con el mismo para combatir una actuación delictiva persistente a su intervención (TS 12-6-02, EDJ 26724; 1-6-07, EDJ 68128; 3-10-07, EDJ 188960).

I. Interrogatorio del investigado y autoincriminación

Los derechos del investigado a **no declarar contra sí mismo** y a **no confesarse culpable**, a no contribuir a su propia incriminación, no obstan a que, de manera absolutamente **libre y voluntaria**, y tras ser expresamente instruido de sus derechos, el titular de los mismos reconozca la realidad de la atribución que se le hace respecto de su participación en los hechos.La declaración del investigado presenta, por otra parte, la doble naturaleza de medio de **investigación** y de medio de **defensa**. Por un lado, se dirige a la averiguación del hecho y de la participación en él del interrogado y, por otro, permite a este manifestar cuanto estime pertinente para su exculpación o la explicación de los hechos y proponer diligencias en ese sentido, por lo que la Ley ordena la citación para ser oída por el juez de instrucción de toda persona a quien se impute un hecho punible (LECr art.389, 396 y 486; LO 2/1989 art.199). **8600** MPP nº 2825 s.
De igual modo, el investigado debe declarar cuantas veces el juez lo considere necesario, pero también puede hacerlo cuantas veces quiera, debiendo recibírsele inmediatamente la declaración cuando tenga relación con la causa (LECr art.385 y 400).

Precisiones 1) Las normas de LECr art.385 s. han de interpretarse a la luz de la Constitución y de lo dispuesto por LECr art.118 y 302, lo que obliga a desvincular la **declaración del investigado** del dato formal del **procesamiento** y a restar relevancia a la declaración indagatoria, que pasa a ser una más de las que el investigado puede prestar a lo largo de la instrucción (LECr art.386 y 388; LO 2/1989 art.168). Ello es consecuencia de que la evitación de la imputación tardía y de la aplicación al investigado del régimen de las declaraciones testificales son dos de las **garantías básicas** del status de parte pasiva del proceso y del derecho de defensa (nº 6830 s.). **8601**
2) La prueba de confesión goza además de **autonomía jurídica** y de **legitimidad constitucional**, pues los citados derechos son garantías constitucionales que constituyen medio eficaz de protección frente a cualquier tipo de coerción o compulsión ilegítima. Por otra parte, cuando exista en el origen de la confesión una prueba ilícita, la libre decisión del acusado de declarar sobre los hechos que se le imputan permite dar por rota, jurídicamente, cualquier conexión causal con el inicial acto ilícito y, a su vez, desde una perspectiva externa, la separación entre el acto ilícito y la voluntaria declaración por efecto de la libre decisión del acusado atenúa, hasta su desaparición, las necesidades de tutela del derecho fundamental material que justificarían su exclusión probatoria, ya que la

admisión voluntaria de los hechos no puede ser considerada un aprovechamiento de la lesión del derecho fundamental (TCo 161/1999; 136/2000; 14/2001; 148/2003; TS 29-11-02, EDJ 54114; 16-12-04, EDJ 219297).

3) La **confesión espontánea** queda fuera del ámbito de aplicación de la prueba prohibida, cuando haya sido prestada voluntaria y libremente y en presencia de letrado. No así cuando la vulneración de derechos fundamentales afecte a la forma o los medios de obtención de la declaración y esta se vea privada de su carácter libre, como ocurre cuando se emplea cualquier género de **violencia, intimidación o coacción, engaño** o métodos tales como la **hipnosis** o el **narcoanálisis** mediante suero de la verdad, aunque sea a instancia del acusado y para permitir su exculpación (CP art.174; TS 26-11-91, EDJ 11204; 23-6-97, EDJ 6145).

4) Ver lo expuesto en el nº 8016 en relación con el derecho a intérprete y traducción por parte del investigado.

8602 **Efectos de la confesión** Admitida la validez de la confesión y producida esta con todos los requisitos legales, aparecen los efectos sustantivos y procesales que aquí se detallan:

• En el **procedimiento abreviado**, el reconocimiento de los hechos por el investigado puede dar lugar a la transformación de las diligencias previas en diligencias urgentes de enjuiciamiento rápido y a sentencia de conformidad «subvencionada» en los términos de LECr art.801, cuando el delito esté castigado con pena de hasta 3 años de prisión, multa de cualquier cuantía o pena de otra naturaleza de duración no superior a 10 años (LECr art.779.1.5ª).

Por el contrario, cuando la pena señalada al delito imputado exceda de esos límites, la instrucción del procedimiento abreviado y la del sumario ordinario no se interrumpe por el hecho de la confesión, pues esta no dispensa al juez de practicar cuantas actuaciones sean procedentes para confirmar la realidad de la confesión y la existencia del delito (LECr art.406).

La confesión **en fase de instrucción** puede ser la base de una conformidad posterior, pero esta no se beneficia del premio penológico establecido en LECr art.801 y ha de producirse conforme a las reglas generales (LECr art.784.3 y 787).

• La confesión puede dar lugar, por otra parte, a la aplicación de normas sustantivas de **atenuación de la pena** o a las relativas a los **delincuentes arrepentidos**, si bien en estos dos casos no basta la mera confesión de la propia responsabilidad para que entren en juego los efectos atenuatorios (CP art.21.4º, 376 y 579.3).

Precisiones 1) La atenuante de confesión se **justifica** por la utilidad que efectivamente reporte a la justicia, ahorrando esfuerzos de investigación y facilitando la instrucción de la causa y su enjuiciamiento y no en razones subjetivas de premio a una conducta moral de arrepentimiento del sujeto (TS 12-9-03, EDJ 110621). Esta atenuante ha de apreciarse cuando el hecho delictivo sea conocido por consecuencia de la misma, de forma que la **primera noticia del hecho** tenga como fuente de conocimiento el testimonio del culpable (TS 26-11-19, EDJ 744681).

Los **requisitos** para aplicar la atenuación son (TS 28-1-21, EDJ 503083):
- existencia de un **acto de confesión** del culpable, que es el sujeto activo de la declaración;
- **veracidad** sustancial de lo confesado;
- **mantenimiento** también en lo sustancial de la confesión a lo largo de las diferentes manifestaciones efectuadas a lo largo del proceso (TS 30-1-23, EDJ 505706);
- **deposición** efectuada ante la autoridad, agente de ella o funcionario cualificado para recibirla;
- evacuación anterior al conocimiento por el confesante de que el procedimiento se dirige contra él, considerándose la **iniciación de diligencias policiales** como procedimiento a estos efectos (TS 10-12-21, EDJ 769953; 2-6-16, EDJ 83004).

El Código Penal **no exige**, como elemento negativo para su aplicación, que la primera información que el responsable del hecho facilite a las autoridades sea veraz, de forma que no se puede **excluir** la atenuante porque el responsable fue en sus primeras manifestaciones mendaz si en las posteriores fue veraz y se cumplen los otros presupuestos materiales y finalidades pretendidas con la norma (TS 19-12-24, EDJ 779008).

Sin embargo, se reconoce como circunstancia **atenuante analógica** a la de confesión, la realización de actos de colaboración con la justicia cuando ya se ha iniciado la investigación de los hechos (TS 10-3-04, EDJ 12809), que es aplicable en supuestos en los que aparezca una actuación colaboradora tardía del investigado que favorezca de forma eficaz el esclarecimiento de los hechos y de los responsables, denegándose cuando los datos aportados sean conocidos o evidentes para la investigación (TS 28-7-16, EDJ 121076). En esa misma dirección, cuando la confesión se produce una vez que **la investigación ya se ha iniciado**, será necesario que suponga un acto de colaboración de gran relevancia (TS 22-5-20, EDJ 569273; 7-6-02, EDJ 28365).

En todo caso, **no tiene fuerza atenuatoria** ni siquiera por analogía:
- la confestión parcial o no relevante (TS 10-12-21, EDJ 769953);
- la conducta consistente en entregarse el presunto culpable a las autoridades, sin confesar o declarar (TS 7-4-04, EDJ 17452; 12-3-04, EDJ 13236);
- la colaboración inocua de simple aceptación de unos hechos que van a ser descubiertos inevitablementne (TS 10-3-04, EDJ 12784);
- la mera inculpación de terceros sin reconocimiento propio (TS 26-9-24, EDJ 688494);

- la declaración tendenciosa, equívoca y falsa generando una versión irreal demostrativa de la intención del acusado (TS 20-9-06, EDJ 273674).

2) Se niega cualquier **significación atenuatoria a la confesión o asunción de responsabilidad** que se produzca cuando el sujeto activo ya ha sido descubierto, pues, aunque la confesión no necesita estar alentada por el arrepentimiento, ello no significa que no deba estar dotada del elemento de la voluntariedad. Una confesión en cuya génesis solo se encuentra la resignación ante lo que se percibe ya como irremediable y que meramente busca un tratamiento penal más favorable, no puede dar vida a una atenuación, por no existir fundamento para un menor reproche penal (TS 19-10-00, EDJ 31897; 23-5-13 EDJ 78315). Se exige, además, una declaración sincera y ajustada a la realidad, sin desfiguraciones o falacias que perturben la realización de la justicia ante los hechos verdaderamente acontecidos (TS 6-11-25, EDJ 758817).

Práctica de la diligencia La **declaración policial** del investigado exige la presencia de letrado, aunque no exista detención, y previa ilustración expresa de sus derechos, debiendo la policía judicial proveer a aquel, de asistencia letrada de oficio (LECr art.767 y 771.2ª). 8604

Si el investigado se encuentra **detenido**, se aplica el régimen especial de LECr art.520 (nº 6955 s.).

Por su parte, la **declaración judicial** del investigado está presidida por el derecho de defensa y la necesaria asistencia de letrado, que se impone desde el momento mismo de la imputación material, pudiendo el declarante entrevistarse reservadamente con su abogado tanto antes como después de prestar declaración, salvo en caso de incomunicación (LECr art.118, 767 y 775). Sobre esa base ha de interpretarse lo dispuesto por LECr art.385 s., donde destaca la protección de la libertad y espontaneidad de la declaración, mediante la prohibición de preguntas sugestivas o capciosas, del empleo de coacción o amenaza o de dirigir al investigado cargos o reconvenciones. Además, se impone la concesión al declarante del **descanso** necesario (LECr art.389, 391, 393 y 396).

Por otra parte, la LECr pretende preservar la **fidelidad de la declaración**, que pese a producirse oralmente ha de documentarse por escrito. Para ello, el procesado puede dictarla por sí mismo y se emplean, en caso contrario, las mismas palabras por él utilizadas, consignando de modo íntegro las preguntas y contestaciones, debiendo el investigado ser advertido de su derecho a leer lo escrito una vez finalizada la declaración (LECr art.390, 397, 401 y 402).

En caso de imputación de una **persona jurídica**, se tomará declaración al representante especialmente designado por ella, asistido de su abogado, yendo la declaración dirigida a la averiguación de los hechos y a la participación en ellos de la entidad investigada y de las demás personas que hubieran también podido intervenir en su realización. A dicha declaración le será de **aplicación** lo dispuesto en los **preceptos aplicables al investigado persona física** en lo que no sea incompatible con su especial naturaleza, incluidos los derechos a guardar silencio, a no declarar contra sí misma y a no confesarse culpable. No obstante, la **incomparecencia** de la persona especialmente designada por la persona jurídica para su representación determinará que se tenga por celebrado este acto, entendiéndose que se acoge a su derecho a no declarar (LECr art.409 bis).

Sobre el régimen de **responsabilidad penal de la persona jurídica** a raíz de la reforma del Código Penal operada por LO 1/2015, es muy relevante la FGE Circ 1/2016. En ella se intenta clarificar cómo debe ser un **programa de prevención de delitos** para poder eximir de responsabilidad penal. El Código Penal exige que los programas sean claros, precisos y eficaces, conceptos que pueden generar incertidumbre a la hora realizar los mismos.

Valor probatorio Para determinar el valor probatorio de la declaración autoincriminatoria han de establecerse las siguientes distinciones: 8606

a) La aplicación a la confesión del régimen de **garantías del investigado** requiere la previa existencia de imputación en sentido material y no es aplicable a las manifestaciones realizadas antes de producirse la misma. Por ello, la declaración autoinculpatoria que se hace durante un registro de forma libre y espontánea antes de haber sido detenida e investigada la persona que la efectúa, dando fe el letrado de la Administración de Justicia en el acta de registro de la veracidad de lo manifestado, es perfectamente válida, no encierra vulneración alguna de sus derechos fundamentales y puede ser valorada como prueba en sentencia. Así sucede cuando se reconoce por el declarante investigado que la propiedad de determinados efectos del delito hallados en su poder durante un registro regularmente practicado corresponde a la víctima (TS 7-2-00, EDJ 899; 6-3-01, EDJ 6682).

b) A las **declaraciones judiciales del investigado durante la instrucción**, cuando sean contradichas en el juicio oral, se aplica la regla que para los testigos establece LECr art.714 y su interpretación jurisprudencial, expuesta en nº 8549 s.

8607 c) No ocurre lo mismo con las **declaraciones prestadas ante la policía y no ratificadas en presencia judicial**, que por sí solas no pueden ser valoradas en orden a fundar una sentencia condenatoria ni aún con su lectura en el plenario (LECr art.714; TS 16-7-04, EDJ 86815; 30-9-05, EDJ 165873).

Sobre la **validez como prueba de cargo** de dichas declaraciones policiales, completadas por la declaración como testigos en el juicio oral de los funcionarios que redactaron el atestado, pueden destacarse dos **tendencias jurisprudenciales**:

• Una admite la **validez de la prueba**, siempre que la declaración se haya prestado previa información al investigado de sus derechos constitucionales y a presencia de letrado (TS 4-3-21, EDJ 511704; 21-7-20, EDJ 606564), pues la indagación previa a la información de derechos o cuando se ha ejercido el derecho a no declarar no es válida (TS auto 13-3-14, EDJ 71746). Las declaraciones vertidas en el atestado policial carecen de valor probatorio si no son posteriormente ratificadas en presencia judicial por los particulares declarantes, o bien, en ausencia de lo anterior, confirmadas por los funcionarios de policía mediante su testimonio en el acto del juicio oral (TCo 51/1995; TS 19-7-00, EDJ 24267; 22-2-02, EDJ 3448; 16-7-04, EDJ 86815; 30-9-05, EDJ 165873).

• Otra línea interpretativa limita la participación como testigos de los redactores del atestado a la **corroboración de datos** de carácter objetivo e irrepetible que aquel contenga. Aun admitiendo que el agente de policía puede declarar como testigo de lo que vea y oiga en el desarrollo de su función, en el caso de la declaración policial de un investigado, este es el único declarante que cuenta legalmente como tal, por lo que el instructor y el secretario del atestado agotan su cometido legal en el acto de recoger fielmente por escrito lo expresado por aquel, sin que la circunstancia de haber sido receptores de la declaración del acusado les habilite para subrogarse en la particularísima e intransferible posición procesal de este ni para confesar por él (TCo 51/1995; TS 3-4-02, EDJ 918; 21-11-02, EDJ 54130).

En todo caso, la **declaración policial autoincriminatoria** es un elemento esencial de investigación, pues puede proporcionar datos objetivos reveladores de su veracidad intrínseca, en cuyo caso la prueba de cargo se obtiene a través de esos otros elementos probatorios, que conformarán la convicción judicial, y no estrictamente de la declaración policial (TS 17-6-02, EDJ 29104).

Incluso las declaraciones prestadas en sede policial **sin intervención judicial**, cuando no han sido ratificadas durante la fase de instrucción, ni siquiera pueden acceder al juicio a través de los testimonios de referencia de los agentes policiales que las tomaron o presenciaron (TS 5-11-19, EDJ 731655).

8608 d) Aunque el **silencio** e incluso la **mentira** son derechos del investigado en su declaración sumarial, tanto una como otra pueden valorarse en el juicio oral para integrar la convicción del tribunal. Así, los **contraindicios** pueden cobrar singular relieve si se demuestran falsos o inexistentes, debiendo ser examinada con especial atención la versión de los hechos que proporciona el acusado cuando se enfrenta con determinados indicios suficientemente acreditativos y significativos, pues las explicaciones no convincentes o contradictorias, aunque por sí solas no son suficientes para declarar culpable a quien las profesa, sí pueden ser un dato más a tener en cuenta para formar la convicción del juzgador (TS 5-6-92, EDJ 5826; 9-10-04, EDJ 152675). Por ello, la valoración de la **manifiesta inverosimilitud de las manifestaciones exculpatorias** del acusado no implica invertir la carga de la prueba ni vulnera el principio *nemo tenetur*, cuando existan otros indicios relevantes de cargo que, permitan deducir su intervención en los hechos (TS 9-6-99, EDJ 10318; 17-11-00, EDJ 37125).

Por su parte, el **silencio en el juicio oral** no impide la valoración de la confesión realizada durante la instrucción y puede servir, al igual que los contraindicios, para confirmar la valoración incriminatoria derivada de otras pruebas indiciarias (TCo 2/2002; 30-12-04, EDJ 229445). El silencio del acusado, desde el punto de vista probatorio, es igual a cero y no es un signo de culpabilidad (TS 2-6-16, EDJ 76681; 11-6-20, EDJ 575418); y la **prueba de cargo** tiene que formarse a expensas de otras fuentes y a tenor de la calidad convictiva de lo que aporten (TS 21-2-13, EDJ 18635).

En todo caso, este derecho ampara exclusivamente la **negativa a declarar o a contestar preguntas directamente incriminatorias**, no la negativa a la aportación de documentación, especialmente cuando existe un deber legal de colaborar con la actuación de un poder público o Administración, como en el caso de las actuaciones de inspección tributaria de las que deriva una causa por delito contra la Hacienda pública (TS 8-6-18, EDJ 93970; AP Las Palmas 27-4-20, EDJ 588092).

e) La declaración autoincriminatoria del investigado puede servir de base para probar la **participación de otras personas** en el hecho delictivo, además de la propia. Ver nº 9574 s., en los que se estudia la valoración como prueba en juicio oral de las declaraciones del coinvestigado.

Precisiones La actitud del investigado de **declarar con evasivas**, o **no declarar en absoluto**, o hacerlo **dubitativamente**, no puede generar reproche o represalia procesal alguno, pues tal conducta o estrategia forma parte del derecho de defensa, pero ello no excusa de que tanto las respuestas así dadas como los silencios en los que se incurra, hayan de ser valorados por el juez instructor en orden a determinar si los indicios de criminalidad que pesan sobre su autor y que determinaron su convocatoria a la causa en calidad de investigado, han quedado desvanecidos o siguen conservando virtualidad incriminatoria. Y es que las respuestas basadas en la **alegación al olvido**, a la **ignorancia** o en la derivación de la **responsabilidad hacia terceras personas** no tienen necesariamente que ser desatendidas, pero en cuanto se refieran a hechos del entorno personal del investigado que este estaba llamado a conocer pierden fuerza exculpatoria. Especialmente es poco aceptable a **efectos exculpatorios** la apelación a la ignorancia o la contestación en términos absolutamente dubitativos, en supuestos en los que las cuestiones planteadas son claramente previsibles, por lo que una mínima preparación previa de la declaración podría haber permitido al investigado absolverlas de manera razonable (JI Palma de Mallorca núm 3, 25-6-14, EDJ 93241). **8609**

J. Orden europea de investigación

(L 23/2014 art.186 a 223 y disp.adic.6ª)

Se configura como una **resolución penal emitida o validada** por la autoridad competente de un Estado miembro de la Unión Europea, dictada con vistas a la realización de una o varias medidas de investigación en otro Estado miembro, cuyo **objetivo** es la obtención de pruebas para su uso en un proceso penal. O bien, para la remisión de pruebas o de diligencias de investigación que ya obren en poder de las autoridades competentes del Estado miembro de ejecución. **8610** MPP nº 2865 s.

En todo caso, son **válidos en España** los actos de investigación realizados por el Estado de ejecución, siempre que no contradigan los principios fundamentales del ordenamiento jurídico español ni resulten contrarios a las garantías procesales reconocidas en este.

La orden europea de investigación **comprende** todas las medidas de investigación (incluyendo las precisas para obtener información sobre cuentas bancarias, cuentas financieras, operaciones bancarias y otro tipo de operaciones financieras), quedando **excluidas**:

a) La creación de un **equipo conjunto de investigación** y la obtención de pruebas en dicho equipo. Sin embargo si este equipo necesita que las diligencias se practiquen en el territorio de un Estado miembro que no haya participado en el equipo, puede emitirse una orden dirigida a las autoridades competentes de ese Estado.

b) El régimen de transmisión de los **antecedentes penales**.

Precisiones **1)** La regulación contenida en L 23/2014 relativa al exhorto europeo de obtención de pruebas se **elimina** por L 3/2018, que se ve sustituido por la orden europea de investigación.

2) En todo caso, no puede presumirse que las **actuaciones judiciales y policiales extranjeras** son ilegítimas e irregulares, y como tales, vulneradoras de derechos fundamentales, mientras no conste lo contrario (TS 12-3-18, EDJ 24862). La actividad descrita por dichas autoridades se apoya en el principio de reciprocidad y cooperación internacional entre instituciones, también las policiales, que necesariamente lleva a que el funcionamiento de esta **colaboración** se desenvuelva inspirada por el principio de confianza, tanto en los medios y en las formas utilizadas en la investigación como en los resultados obtenidos y en la fiabilidad de las informaciones facilitadas (TS 10-5-23, EDJ 564349; 15-4-15, EDJ 71804; 29-5-14, EDJ 100718).

3) Cuando servicios de información extranjeros proporcionan datos a las fuerzas y cuerpos de seguridad españoles, la exigencia de que la fuente de conocimiento precise también sus **propias fuentes de conocimiento**, no se integra en el contenido del derecho a un proceso con todas las garantías. Basta que el intercambio de datos sirva para desencadenar una investigación llamada a proporcionar a los tribunales españoles los medios de prueba precisos para el enjuiciamiento de los hechos (TS 11-7-24, EDJ 632432; 21-9-23, EDJ 687958). No existe un derecho a que el encausado pueda conocer y desvelar el contenido y el alcance de las colaboraciones policiales internacionales (TS 8-11-24, EDJ 282429).

1. Autoridades competentes

(L 23/2014 art.187; L 23/2014 disp.adic.7ª)

Son autoridades competentes para la **emisión** de una orden europea de investigación para la ejecución de medidas que puedan ordenar o ejecutar (según LECr y LO 5/2000): **8611**

a) Los **jueces o tribunales** que conozcan del proceso penal en el que se debe adoptar la medida de investigación o que hayan admitido la prueba si el procedimiento se encuentra en fase de enjuiciamiento.

b) Los **fiscales** en los procedimientos que dirijan siempre que la medida que contenga la orden europea de investigación no sea limitativa de derechos fundamentales.

La autoridad competente en España para **recibir las órdenes europeas de investigación** emitidas por las autoridades competentes de otros Estados miembros es el **Ministerio Fiscal**, quien tras su registro y acuse de recibo ha de remitirla al juez competente de acuerdo con lo siguiente:

Contenido orden	Órgano competente para reconocimiento y ejecución
No hay medidas limitativas de derechos fundamentales	Ministerio Fiscal
Hay medidas limitativas de derechos fundamentales y no puede ser sustituido por otra orden que no restrinja aquellos	Ha de ser remitida por el Ministerio Fiscal al juez o tribunal para su reconocimiento y ejecución. También al juez o tribunal, para su reconocimiento y ejecución, la orden europea de investigación en la que se indique expresamente por la autoridad de emisión que la medida de investigación debe ser ejecutada por un órgano judicial. En ambos casos es preciso el informe preceptivo sobre la concurrencia o no de causa de denegación

En el segundo de los casos (**medidas limitativas de derechos fundamentales** sin posibilidad de sustitución de la orden europea de investigación), la competencia se atribuye a:

Jueces de instrucción o de menores	Del lugar donde deban practicarse las medidas de investigación o, subsidiariamente, donde exista alguna otra conexión territorial con el delito, con el investigado o con la víctima
Jueces centrales de instrucción	Si no existe elemento de conexión territorial con el delito, con el investigado o con la víctima que permita concretar la competencia
Jueces centrales de instrucción	Si la orden europea de investigación se emite por delito de terrorismo u otro de los delitos cuyo enjuiciamiento competa a la Audiencia Nacional o si se trata de la notificación prevista para el caso de intervención de telecomunicaciones con interceptación de la dirección de comunicaciones de una persona investigada o encausada que se encuentre en España y cuya asistencia técnica no sea necesaria (L 3/2018 art.222)
Jueces centrales de lo penal o central de menores	Si se produce el traslado al Estado de emisión de personas privadas de libertad en España

Como **disposiciones generales**, hay que tener en cuenta las siguientes reglas:
a) El **cambio sobrevenido del lugar** donde deba practicarse la medida de investigación ello no implica una pérdida sobrevenida de competencia del juez que haya acordado el reconocimiento y ejecución de la orden.
b) Si la orden se emite en relación con **varias diligencias** de investigación que tengan que practicarse en **lugares distintos**, el competente es el juez o tribunal a quien el Ministerio Fiscal remita tal orden, de entre los competentes según el cuadro expuesto y, en lo no previsto de acuerdo con la LECr.
c) El juez o tribunal competente para la ejecución debe **notificar al Ministerio Fiscal** el reconocimiento y ejecución de las medidas de investigación y su remisión a la autoridad de emisión.

2. Emisión y transmisión

(L 23/2014 art.188 a 194)

8612 La orden europea ha de contener una mención expresa a la **información relativa** a:
• Los datos de la autoridad de emisión.
• El objeto y motivos de la orden.
• La información necesaria sobre la persona o personas afectadas.
• La descripción de la conducta delictiva que es objeto de la investigación o proceso.
• La descripción de la medida de investigación que se solicita y de las pruebas a obtener.
• Las formalidades, procedimientos y garantías cuya observancia solicita que sean respetadas por el Estado de ejecución.

También puede expedirse una **orden complementaria** a otra ya cursada cuando sea necesario para obtener nuevas pruebas para el mismo proceso penal.

La orden europea de investigación puede ser emitida **de oficio o a instancia de parte** si concurren los siguientes requisitos:
a) Es **necesaria y proporcionada a los fines** del procedimiento para el que se solicita, teniendo en cuenta los derechos del investigado o encausado.
b) Se acuerda la medida de investigación en el proceso penal en el que se emite la orden y es previsible que se hubiera acordado la misma medida en un **caso interno similar** con las mismas condiciones.

Si se pretende requerir un **plazo más corto** que el previsto con carácter general para la ejecución de la medida, se exige una fundamentación expresa en los plazos procesales de la gravedad del delito o de otras circunstancias urgentes.

El **procedimiento de emisión** se ajusta a los siguientes puntos:

1.- La autoridad española competente puede solicitar a la autoridad de ejecución:

a) Un **informe**, sin dilación, de si considera que en la ejecución de la orden pudieran llevarse a cabo otras medidas de investigación no previstas en la orden o si no puede cumplir con las formalidades, procedimientos y garantías expresamente indicados.

b) Una **consulta** relativa a facilitar la ejecución de la orden.

2.- La autoridad española competente, justificadamente, puede solicitar la **participación** en la ejecución de la orden de una o varias autoridades o funcionarios españoles, en la misma forma en que pudieran haber estado presentes en su ejecución en territorio nacional, pudiendo recibir directamente las pruebas obtenidas por ellas.

3.- La autoridad española competente debe comunicar a la autoridad de ejecución en un plazo de 10 días si decide retirar, **modificar o completar la orden europea**. Cuando la autoridad de ejecución comunique el resultado perseguido por la orden se puede obtener mediante una **medida de investigación** menos restrictiva que la solicitada o, en su caso, si la medida de investigación solicitada no existe en su Derecho o no está prevista para un caso interno similar, pero existe otra medida que puede ser idónea para los fines de la orden solicitada.

4.- Una vez ejecutada la orden europea de investigación, los **datos personales** requeridos y obtenidos solo pueden ser empleados en los procesos en los que se haya acordado esa resolución y en los que estén relacionados de manera directa con aquel o excepcionalmente para prevenir una amenaza inmediata y grave para la seguridad pública. Su utilización con otros fines exige el consentimiento de la autoridad del Estado de ejecución o del titular de los datos.

Cabe que en un caso concreto, la autoridad competente del Estado de ejecución requiera a la autoridad española para que le informe del **uso hecho de los datos personales** remitidos, supuesto en que la segunda queda obligado. Sin embargo, no es obligatorio informar de los datos personales obtenidos durante la ejecución de la orden europea de investigación en España.

La autoridad competente española, a menos que la autoridad de ejecución indique otra cosa, no puede **desvelar prueba o información** alguna facilitada por la autoridad de ejecución para ser utilizada en el procedimiento español, excepto si su revelación es necesaria para las investigaciones o procedimientos descritos en la orden europea de investigación.

3. Reconocimiento y ejecución

(L 23/2014 art.205 a 207)

El reconocimiento y ejecución de una orden europea de investigación diferencia entre: el régimen general y el aplicable a las órdenes europeas de investigación con medidas específicas de investigación. **8614**

- el régimen general (nº 8615); y
- el aplicable a las órdenes europeas de investigación con medidas específicas de investigación (nº 8620).

a. Régimen general

El régimen general prevé que cuando una autoridad competente española reciba la orden ha de dictar **auto o decreto de reconocimiento y ejecución** de la misma, salvo que concurra alguno de los motivos de denegación o suspensión legalmente previstos o que no haya sido emitida por la autoridad de emisión competente o validada, en cuyo caso se procede a su devolución. **8615**

A continuación, ha de **ejecutarse lo solicitado** en el caso de que la medida de investigación exista en Derecho español y esté prevista para un caso interno similar; y, en todo caso, siempre que se trate de:

a) La obtención de **información o de pruebas** que obren ya en poder de la autoridad competente española y la información se hubiera podido obtener en el contexto de un procedimiento penal o a los fines de la orden europea de investigación.

b) La obtención de información contenida en **bases de datos** que obren en poder de las autoridades policiales o judiciales y que sean directamente accesibles en el marco de un procedimiento penal.

c) La **declaración** de un testigo, perito, víctima, investigado o encausado o un tercero en territorio español.

d) Cualquier **medida de investigación** no restrictiva de los derechos fundamentales y garantías procesales prevista en el Derecho español.

e) La **identificación de personas** que sean titulares de un número de teléfono o una dirección IP determinados.

8616 Sin embargo, se pueden dar los siguientes **casos**:

<table>
<tr><td>El resultado perseguido puede conseguirse mediante una medida de investigación menos restrictiva de los derechos fundamentales que la solicitada en la orden europea de investigación</td><td>Ha de ordenarse la medida menos restrictiva</td><td rowspan="2">Antes de la adopción de la resolución ha de informarse a la autoridad de emisión. Si esta última no comunica su decisión de retirar o completar la orden europea de investigación en el plazo de 10 días, la autoridad de ejecución debe ordenar la ejecución de la medida de investigación alternativa</td></tr>
<tr><td rowspan="2">La medida solicitada en la orden europea de investigación no existe en el Derecho español o no está prevista para un caso interno similar</td><td>Ha de ordenarse una medida de investigación distinta a la solicitada que sea idónea para los fines perseguidos</td></tr>
<tr><td>No existe ninguna otra medida de investigación análoga</td><td>La autoridad española competente ha de notificar a la del Estado de emisión que no ha sido posible proporcionar la asistencia requerida</td></tr>
</table>

8617 La **denegación del reconocimiento y ejecución** de la orden europea de investigación puede tener lugar en los siguientes casos (L 23/2014 art.32 -redacc LO 1/2025- y 207):

Causas de no reconocimiento o ejecución de las órdenes o resoluciones transmitidas en los supuestos regulados para cada instrumento de reconocimiento mutuo	• Haberse dictado en España o en otro Estado distinto al de emisión una resolución firme, condenatoria o absolutoria, contra la **misma persona** y respecto de los **mismos hechos**, y su ejecución vulnere el principio *non bis in ídem* en los términos previstos en las leyes y en los convenios y tratados internacionales en que España sea parte y aun cuando el condenado haya sido posteriormente indultado siempre que en caso de condena, la sanción haya sido ejecutada o esté en esos momentos en curso de ejecución o ya no pueda ejecutarse en virtud del derecho del Estado de condena. • Si la orden o resolución se refiere a hechos para cuyo enjuiciamiento sean competentes las autoridades españolas y, de haberse dictado la condena por un órgano jurisdiccional español, el delito o la sanción impuesta haya **prescrito** de acuerdo con el Derecho español. • Si el **formulario o el certificado** que ha de acompañar a la solicitud de adopción de las medidas esté incompleto o sea manifiestamente incorrecto o no responda a la medida, o cuando falte el certificado. • Si existe una **inmunidad** que impide la ejecución de la resolución. • Cuando se refiera a hechos que el Derecho español considere cometidos en su totalidad o en una parte importante o fundamental en **territorio español**
Causas específicas de denegación del reconocimiento y ejecución de la orden europea de investigación	• Existe un **privilegio procesal** que hace imposible ejecutar la orden europea de investigación o normas sobre determinación y limitación de la responsabilidad penal en relación con la libertad de prensa y la libertad de expresión en otros medios de comunicación. • La ejecución puede lesionar intereses esenciales de **seguridad nacional**, comprometer a la fuente de información o implicar la utilización de información clasificada relacionada con determinadas actividades de inteligencia. • La resolución se refiere a hechos que se hayan cometido fuera del Estado emisor y total o parcialmente en territorio español, y la conducta en relación con la cual se emite la orden europea de investigación **no es constitutiva de delito** en España. • Existen motivos fundados para creer que la ejecución de la **medida de investigación** indicada en la orden es incompatible con las obligaciones del Estado español. • La **conducta** que da origen a la emisión de la orden europea de investigación **no es constitutiva de delito** con arreglo al Derecho español y no está recogida en las categorías de delitos previstas en L 23/2014 art.20.1, siempre que la pena o medida de seguridad privativas de libertad previstas en el Estado de emisión para el delito a que se refiere la orden europea de investigación es de un máximo de al menos 3 años. Para comprobar si la conducta está o no incluida en los delitos correspondientes ha de estarse a lo indicado por la autoridad del Estado de emisión en el formulario de emisión remitido. • El uso de la medida de investigación indicada en la orden europea de investigación está limitado, con arreglo al Derecho español, a una **lista o categoría de delitos**, o a delitos castigados con penas de a partir de un determinado umbral que no alcance el delito a que se refiere la orden europea de investigación. • La orden europea de investigación se refiere a procedimientos incoados por las autoridades competentes de otros Estados miembros de la Unión Europea por la comisión de hechos tipificados como **infracciones administrativas** en su ordenamiento cuando la decisión pueda dar lugar a un proceso ante un órgano jurisdiccional en el orden penal, y la medida no esté autorizada, con arreglo al Derecho del Estado de ejecución, para un caso interno similar.

Precisiones 1) La concurrencia de motivos de denegación del reconocimiento y la ejecución previstos en L 23/2014 art.32.1.a) o d) y las causas previstas en las letras a) a d) (nº 6727), exige que antes de denegar parcial o totalmente el reconocimiento y la ejecución de la orden europea de investigación, la autoridad española competente ha de solicitar a la autoridad de emisión la **información complementaria** necesaria y, en su caso, la **subsanación del defecto** en que se haya incurrido. **8618**
2) Lo dispuesto en L 23/2014 art.32.1.e) y f) no se aplica a las **medidas de investigación** previstas en L 23/2014 art.206.1.
3) Sobre el concepto **«mismos hechos»**, ver lo expuesto en el nº 10408.

Procedimiento para el reconocimiento y ejecución de la orden europea de investigación (L 23/2014 art.208 a 213 y disp.adic.6ª) El procedimiento para el reconocimiento y ejecución de la orden europea de investigación exige que la autoridad competente española que la reciba, si no aprecia causa de denegación o suspensión, dicte sin dilación **auto o decreto**, respectivamente, reconociendo la concurrencia de los requisitos exigidos y conteniendo las instrucciones necesarias para la práctica de las medidas solicitadas. **8619**

Son **causas de suspensión** del reconocimiento y ejecución de una orden europea de investigación:

a) Que su ejecución pueda perjudicar una investigación penal o actuaciones judiciales penales en curso, hasta el momento que se considere necesario.

b) Que los objetos, documentos o datos de que se trate estén siendo utilizados en otros procedimientos, hasta que ya no se requieran con este fin.

La **decisión de reconocer y ejecutar** la orden o de **denegar su ejecución** ha de tomarse cuanto antes y, a más tardar, en el plazo de 30 días desde su recepción por la autoridad competente.

Si la autoridad competente española aprecia que **no puede cumplirse el plazo previsto** para dictar el auto o decreto citados, ha de informar sin demora a la autoridad de emisión explicando las razones y comunicando el plazo estimado necesario para adoptar la resolución. En este caso, el plazo establecido para dictar la resolución de reconocimiento y ejecución puede prorrogarse hasta un máximo de 30 días.

Cuando el Estado de emisión participe en la ejecución de la orden europea de investigación y si la autoridad de emisión emite una **orden complementaria** a la anterior, la autoridad competente española puede recibir directamente la orden complementaria que la autoridad de emisión dicte mientras está en España.

La ejecución ha de llevarse a cabo **sin demora** y, a más tardar, en el plazo de 90 días después de que se adopte la resolución de reconocimiento y ejecución, a menos que exista algún **motivo para la suspensión** del procedimiento o que la prueba mencionada en la medida de investigación ya se encuentre en posesión del Estado español. Si es necesario un **plazo más corto**, por razón de los plazos procesales, la gravedad del delito, otras circunstancias particularmente urgentes o si la medida de investigación tiene que llevarse a cabo en una fecha concreta, la autoridad competente española ha de ajustarse a lo dispuesto en la orden en relación con tales plazos y si no es posible, comunicarlo a la autoridad de emisión sin demora. Si, en todo caso, no puede llevarse a cabo la ejecución de la medida en los plazos fijados, la autoridad española debe informar sin demora a la autoridad del Estado de emisión explicando las razones de la demora y consultando sobre otro plazo o fecha adecuados.

Si en la ejecución de la orden está prevista una **declaración de testigos o peritos por conferencia telefónica** (y este medio se introduce en la legislación procesal penal española), hay que tener en cuenta las siguientes reglas: **8619.2**

a) Si la autoridad española competente que esté conociendo de un proceso penal en España considera necesario oír, como testigo o perito, a una persona que se encuentre en el **territorio de otro Estado miembro**, debe emitir una orden europea de investigación para que la declaración del testigo o perito se realice por conferencia telefónica, siempre que no considere más conveniente que la persona comparezca personalmente en su territorio y no hubiera sido posible utilizar otro medio más adecuado.

b) Salvo acuerdo en sentido contrario, el **procedimiento** para declaración de testigos o peritos por conferencia telefónica, tanto para la emisión como para la ejecución de una orden europea de investigación que incluya dicha declaración, se rige por lo dispuesto en L 3/2018 art.216.

En la ejecución de la orden europea de investigación la autoridad competente española puede acceder a la **participación** de alguna autoridad del Estado de emisión durante la ejecución, siempre que estén facultadas para participar en la ejecución de las medidas de investigación requeridas, no se trate de una participación contraria a los principios jurídicos fundamentales ni perjudique los intereses esenciales de la seguridad nacional. Estas autoridades tienen la consideración de **funcionario público español** a efectos penales durante su participación y, en todo caso, se someten al Derecho español pudiendo ejercer competencia coercitiva en territorio español si el ejercicio de su competencia es conforme con el Derecho español y únicamente en la medida en que ambas autoridades así lo hubieran acordado.

8619.4 Todas las **pruebas obtenidas** deben trasladarse de manera inmediata a la autoridad del Estado de emisión indicándose si deben ser devueltas tan pronto como dejen de ser necesarias.
Sin embargo puede acordarse la **suspensión del traslado** de las pruebas obtenidas si se interpone un recurso contra el reconocimiento y ejecución de la orden, salvo que en ella se indiquen razones suficientes que justifiquen que es indispensable el traslado inmediato para el adecuado desarrollo de la investigación o para preservar derechos individuales.
Asimismo, si las pruebas obtenidas son **relevantes para otros procesos penales**, la autoridad competente española, previa petición expresa, puede trasladas temporalmente las pruebas con la condición de que se devuelvan a las autoridades competentes españolas tan pronto como el Estado de emisión deje de necesitarlas o bien en cualquier otro momento u ocasión que ha de acordarse entre las autoridades competentes.
El Ministerio Fiscal, tras recibir la orden europea de investigación, debe **acusar recibo** en el plazo máximo de una semana desde la recepción.
En todos los casos, la autoridad competente española tiene la obligación de guardar **confidencialidad** de los hechos y el fondo de la ejecución de una orden europea de investigación, excepto en el grado en que sea necesario para ejecutar la medida de investigación.
Cualquier **publicidad** es siempre objeto de previa consulta con la autoridad del Estado de emisión.

b. Órdenes europeas de investigación con medidas específicas

(L 23/2014 art.195 a 204 y 214 a 223)

8620 Se establecen las siguientes órdenes con medidas específicas de investigación:

8621 **Traslado temporal a España de personas privadas de libertad en el Estado de emisión** Esta orden se puede emitir cuando la investigación requiera su **presencia en España**, siempre que no tenga por finalidad su enjuiciamiento, en cuyo caso se precisa orden europea de detención y entrega.
Deben acordarse los detalles de las condiciones de privación de libertad, las fechas de salida y regreso, garantizar las condiciones físicas y mentales de la persona de que se trate y el nivel de seguridad requerido en España.
En todo caso la persona trasladada permanece **privada de libertad** en relación con los hechos o condenas por los que lo haya estado en el Estado de ejecución, a menos que pida su puesta en libertad y no puede ser perseguida, detenida o sometida a cualquier otra restricción de su libertad personal en España por actos o condenas anteriores a su salida del territorio del Estado de ejecución que no estuvieran especificados en la orden europea de investigación (esta inmunidad desaparece si la persona trasladada, habiendo tenido oportunidad de regresar, permanece en territorio español durante los 15 días siguientes desde la fecha en que su presencia ya no sea exigida por la autoridad española competente o si regresa en caso de haberlo abandonado).
En la ejecución de esta orden, la autoridad española competente puede **denegar el reconocimiento y ejecución** en los casos previstos en L 3/2018 art.32 y 207 (nº 8617), si la persona privada de libertad no da su consentimiento, salvo que la preste su representante legal por razón de su edad o estado físico o psíquico. En todo lo demás se ejecuta de acuerdo con lo previsto para el **traslado temporal** al Estado de emisión de personas privadas de libertad en España (nº 8622).

8622 **Traslado temporal al Estado de emisión de personas privadas de libertad en España** Tiene lugar en los casos en que se pretenda llevar a cabo una **medida de investigación** que requiera su presencia en el territorio del Estado de ejecución, siempre que la persona privada de libertad dé su consentimiento.
En la ejecución de esta orden, la autoridad española puede **denegar el reconocimiento y ejecución** de una orden europea de investigación no solo si concurren las causas previstas en L 3/2018 art.32.1 y 208, sino también:
- si la persona privada de libertad no da su **consentimiento**, salvo que pueda ser suplido por su representante legal en caso de edad avanzada o estado físico o psíquico;
- si el traslado puede causar la **prolongación de la privación de libertad** de la persona.

En este caso han de acordarse las disposiciones prácticas relativas al traslado temporal del privado de libertad y los detalles de sus condiciones de privación de libertad, garantizándose la **condición física y mental** de la persona y el nivel de seguridad requerido en el Estado de emisión.
El tiempo en que el reclamado se vea privado de libertad en el territorio del Estado de emisión se ha de **deducir del período máximo** de prisión al que ya esté sometido o se vaya a someter.

Comparecencia por videoconferencia u otros medios de transmisión audiovisual Tiene lugar si la autoridad competente española que conozca de un proceso penal en España considera necesario **oír al investigado o encausado o a un testigo o perito** que se encuentre en el territorio de otro Estado miembro. 8623

En el caso concreto en que la autoridad de ejecución no disponga de los **medios técnicos necesarios** para celebrar la comparecencia por videoconferencia u otros medios de transmisión audiovisual, la autoridad competente española que solicita la prueba puede ponerlos a su disposición previo acuerdo.

La autoridad española competente puede **denegar el reconocimiento y ejecución** para esta orden además de en los casos previstos en L 3/2018 art.32 y 207 (nº 8617), cuando la ejecución de la medida en un caso concreto sea contraria a los principios jurídicos fundamentales del derecho español o, si el investigado o acusado no da su consentimiento.

La **ejecución** ha de realizarse en la forma que hubiera acordado con la autoridad de emisión, debiendo, en todo caso: notificar la medida al testigo o perito correspondiente (indicando momento y lugar de la comparecencia), citar a los investigados o encausados para que asistan a la comparecencia (con tiempo suficiente para que puedan acogerse efectivamente a las garantías procesales) y asegurarse de la identidad de la persona que deba prestar declaración.

La autoridad española competente ha de ponerse de acuerdo con la autoridad de emisión sobre la **práctica de la ejecución de la medida** que exige:

a) Que durante la declaración esté presente la autoridad española competente, asistida por un **intérprete** cuando sea necesario, para identificar a la persona que deba prestar declaración y velar por el respeto del ordenamiento jurídico español.

b) Que la autoridad española adopte las **medidas de protección** de la persona que debe declarar.

c) Que la **declaración** se haga ante la autoridad competente del Estado de emisión o bajo su dirección.

d) Que la autoridad española facilite un **intérprete** para que le asista.

e) Que, con carácter previo a la declaración, se informe a los **testigos o peritos** de los derechos procesales que les asisten, incluido el de no declarar cuando así se disponga.

Finalizada la declaración, la autoridad española en cuyo territorio se ejecute la medida levanta **acta** de la misma y se transmite a la autoridad competente del Estado de emisión.

Si la persona que debe ser oída en España no presta testimonio, estando sometida a la obligación de testificar o no presta testimonio veraz, se le aplica el ordenamiento jurídico español del mismo modo que si la comparecencia se hubiera celebrado dentro de un proceso nacional.

> **Precisiones** Es aplicable a las actuaciones por **videoconferencia** el tratamiento establecido por LEC art.137 bis.

Obtención de información sobre cuentas bancarias y otro tipo de cuentas financieras Puede emitirse orden europea de investigación en los casos en que se precise obtener información relativa a si la personas física o jurídica objeto de un proceso penal en curso es titular o posee el control de una o más **cuentas o depósitos en un banco** u otra entidad financiera que se localice en el territorio de otro Estado miembro y, en caso afirmativo, obtener los datos de las cuentas y depósitos identificadas que obren todavía en su poder; se incluyen también las cuentas respecto de las que la persona que sea objeto de los procesos penales tenga poderes de representación. 8624

Debe justificarse que la **información solicitada es necesaria** para el proceso penal de que se trate y porqué se supone que la cuenta se encuentra en algún banco u otra entidad financiera del Estado de ejecución, siempre que se cuente con la información, de qué banco o entidad financiera se trata y, en todo caso, cualquier información de la que se disponga para facilitar su ejecución.

La ejecución de esta orden exige que en el momento en que la autoridad española competente la reciba requiriéndole información, debe proporcionarla, salvo que no disponga de la misma. La información incluye las cuentas respecto de las que la persona que sea objeto de los procesos penales de que se trate tenga **poderes de representación**.

Se puede **denegar la ejecución** por los motivos previstos en L 3/2018 art.32 y 207 (nº 8617) y en los casos en que no se autorizaría la medida de investigación en un caso interno similar.

La autoridad española debe adoptar cuantas **medidas** sean necesarias para garantizar que los bancos o entidades financieras no revelen al cliente bancario interesado ni a otros terceros el hecho de que se ha transmitido información al Estado de emisión o de que se está llevando a cabo una investigación, para ello puede utilizar la información obrante en el fichero de titularidades financieras, si se trata de investigaciones de delitos de blanqueo de capitales o financiación del terrorismo.

8625 **Obtención de información sobre operaciones bancarias otro tipo de operaciones financieras** Se puede emitir, previa justificación, la **orden europea de investigación** para obtener los datos que obren todavía en poder del banco u otra entidad financiera correspondiente a:

a) Cuentas bancarias específicas.

b) Operaciones bancarias que se hayan efectuado o vayan a efectuarse dentro de un plazo concreto por medio de una o más cuentas indicadas en la orden, con inclusión de los datos de toda cuenta remitente o receptora.

c) Operaciones financieras efectuadas por entidades financieras no bancarias.

La autoridad española debe proporcionar la **información** de que se dispone en la entidad financiera, a menos que no disponga de la misma.

Se puede **denegar la ejecución** por las causas previstas en L 3/2018 art.199 y en los casos en que no se autorizaría la medida de investigación en un caso interno similar.

8626 **Obtención de pruebas en tiempo real, de manera continua y durante un determinado período de tiempo** En estos casos han de indicarse las razones por las que se estima que la información solicitada es pertinente para el proceso penal en curso.

Se puede **denegar su ejecución** en los casos previstos en L 3/2018 art.32 y 207 (nº 8617) y en aquellos casos en que no se autorizaría la medida de investigación en un caso interno similar.

La **autoridad competente** que reciba la orden europea de investigación es también la competente para actuar, dirigir y controlar las operaciones relacionadas con su ejecución, si bien las disposiciones prácticas las ha de acordar con la autoridad competente del Estado de emisión.

8627 **Realización de investigaciones encubiertas** Puede emitirse la orden europea de investigación si se considera conveniente que las autoridades competentes de otro Estado miembro colaboren en la investigación encubierta de una o varias actividades delictivas, a través de agentes que actúen **infiltrados o con una identidad falsa**.

Se puede **denegar la ejecución** de esta orden en los casos previstos en L 3/2018 art.32 y 207 (nº 8617) y cuando:

a) La realización de investigaciones encubiertas no se autorizaría en **casos internos similares**; o

b) No se llega a un **acuerdo con la autoridad de emisión** respecto a las condiciones para llevar a cabo la investigación correspondiente.

En todo caso la orden se ejecuta de acuerdo con el ordenamiento jurídico español asumiendo la **dirección y el control** de las operaciones relacionadas con la medida, pero la duración, condiciones concretas y el régimen jurídico de los agentes intervinientes han de acordarse con la autoridad competente del Estado de emisión.

8628 **Intervención de telecomunicaciones** Se emite la orden cuando, una vez acordado por auto, proceda la intervención de las comunicaciones en otro Estado miembro y se requiera su **asistencia técnica**; también para la obtención de datos de tráfico y localización correspondientes a tales comunicaciones.

En el caso de que la asistencia técnica pueda ser prestada por **más de un Estado miembro**, la orden ha de enviarse a solo uno de ellos dándose prioridad al Estado miembro en el que se encuentre o vaya a encontrarse el investigado o encausado.

La intervención puede **ejecutarse** transmitiendo directamente la telecomunicación al Estado de emisión o interviniendo y registrando en el Estado de ejecución la telecomunicación para proceder una vez registrada al traslado del resultado al Estado de emisión.

Esta orden debe especificar las **razones** por las que la intervención es necesaria para los fines del proceso penal, la información necesaria para la identificación de la persona afectada por la intervención, la duración de la intervención y los datos técnicos necesarios, en particular el identificador de la persona, para garantizar que pueda ejecutarse la solicitud.

Al finalizar la intervención o durante su práctica se puede pedir una **transcripción, descodificación o desencriptado** del registro.

La autoridad española competente que acuerde la intervención de telecomunicaciones de una persona que se encuentra en el territorio de otro Estado miembro sin su asistencia técnica, debe notificar a la autoridad competente de ese Estado tal intervención. La **notificación** ha de llevarse a cabo:

- **antes de la intervención** si se tiene conocimiento de que esa persona se encuentra o se encontrará en el territorio de otro Estado miembro; o

- **durante la intervención o después de ella**, inmediatamente después de tener conocimiento de que esa persona se encuentra, o se ha encontrado durante la intervención, en el territorio de otro Estado miembro.
En esta intervención la autoridad española que la acuerde no puede llevarla a cabo o ponerla fin si la autoridad competente del Estado notificado así lo indica. Asimismo, la autoridad española competente solo puede utilizar el **material intervenido** en las condiciones que el Estado notificado especifique. Y, si la autoridad competente del Estado notificado informa de que el material obtenido no puede ser utilizado, la autoridad española competente puede ordenar su **destrucción**.
Se puede **denegar la ejecución** si concurren los motivos previstos en L 3/2018 art.32 y 207 (nº 8617) y si no se autorizaría la medida de investigación en un caso interno similar.
La **ejecución** puede adoptar cualquiera de las siguientes formas, acordada con la autoridad de emisión:
a) La transmisión inmediata de las telecomunicaciones a la autoridad de emisión.
b) La intervención, registro y ulterior transmisión del resultado de la intervención de las telecomunicaciones a la autoridad de emisión.
En los casos en que se notifique a España la intervención de telecomunicaciones con **interceptación de la dirección de comunicaciones** de una persona investigada o encausada que se encuentre en España, en el caso de que dicha intervención no sea objeto de autorización en un caso interno similar, la autoridad española competente debe comunicar al estado que se encuentre ejecutando la intervención, sin dilación y a más tardar en un plazo de 96 horas desde la recepción de la notificación:
- que no podrá efectuarse la **intervención** o que se pondrá fin a la misma; y, en su caso;
- que no podrá utilizarse el posible **material ya intervenido** mientras la persona objeto de la intervención se encontraba en España, o que solo podrá utilizarse en las condiciones que se especifiquen.

Adopción de medidas de aseguramiento de prueba o de diligencias de investigación en relación con los medios de prueba La emisión de la orden europea de investigación puede tener por finalidad impedir, de **forma cautelar**, la destrucción, transformación, desplazamiento, transferencia o enajenación de un objeto que pueda emplearse como medio de prueba; además debe indicarse si el medio de prueba ha de transferirse a España o conservarse en el Estado de ejecución en cuyo caso ha de indicarse la fecha en que ha de levantarse la medida cautelar instada o la fecha estimada en la que se ha de formular la solicitud para que la prueba sea trasladada a España. 8629
Una vez recibida la orden, la autoridad española competente ha de **comunicar su decisión** a la autoridad de emisión dentro de las 24 horas siguientes a la recepción.
Previa consulta a la autoridad de emisión, la autoridad española competente puede imponer condiciones, adecuadas a las circunstancias del caso, para limitar la duración del plazo de aplicación de la **medida cautelar** requerida.
Si se propone dejar sin efecto tal medida ha de informarse a la autoridad de emisión ofreciéndole la posibilidad de formular **alegaciones**.
Asimismo, la autoridad española puede recabar la asistencia de la **Oficina de Recuperación y Gestión de Activos** si la orden se refiere a elementos probatorios susceptibles de ulterior decomiso.

K. Órdenes europeas de producción y de conservación

(Rgto UE/2023/1543; Dir (UE) 2023/1544)

Con **entrada en vigor** a 17-8-23 y **efectividad** desde 18-8-26, las disposiciones referenciadas tienen por objeto establecer las normas conforme a las que una autoridad de un Estado miembro puede emitir una orden europea de producción o una orden europea de conservación para ordenar a un prestador que ofrezca servicios en la Unión y esté establecido en otro Estado miembro o, en su defecto representado en él, que **entregue** (orden de producción) o **conserve pruebas electrónicas** (orden de conservación), con independencia de la ubicación de los datos para su utilización en: 8629.5 MPP nº 2905 s.
a) El marco de procesos penales y de ejecución de penas privativas de libertad o de medidas de seguridad privativas de libertad de, al menos, 4 meses, tras un proceso penal, impuestas por una resolución que no se haya dictado en rebeldía, en los casos en que la **persona condenada haya huido de la justicia**.
b) Procesos relativos a infracciones penales por las que una **persona jurídica** pueda ser considerada responsable o castigada en el Estado emisor.

L. Fiscalía Europea

(Rgto UE/2017/1939; LO 9/2021; Parlamento Europeo Resol 5-10-2016; Rgto interno de la Fiscalía Europea 12-10-20)

8630 Por medio de este reglamento se establece una **cooperación reforzada** para la creación de la Fiscalía Europea, como órgano de la Unión con personalidad jurídica, indivisible y de estructura descentralizada, regida por su reglamento interno.
El **inicio de sus funciones** tiene lugar el 1-6-2021 (Decisión de Ejecución (UE) 2021/856, de la Comisión, de 25-5-21).

Precisiones La incorporación al Derecho interno de las disposiciones estudiadas en esta sección se efectúa por la LO 9/2021. Su régimen se analiza detalladamente, por razones sistemáticas, en tanto reguladora de un **procedimiento penal especial**, en los nº 10489 s.

1. Régimen competencial

8631 La competencia de la Fiscalía se atribuye de acuerdo con el siguiente cuadro, partiendo de la regla de que sus atribuciones materiales se ciñen a los delitos que perjudiquen los **intereses financieros de la Unión** (Dir UE/2017/1371, tal como se haya transpuesto a las legislaciones internas), con independencia de que el mismo comportamiento pueda calificarse como otro tipo delictivo conforme al Derecho nacional.

Competencia (*)	Material	Territorial
Delitos	**a)** Contra los intereses financieros de la Unión (Dir UE/2017/1371, tal como se haya transpuesto a las legislaciones internas), con independencia de que el mismo comportamiento pueda calificarse como otro tipo delictivo conforme al Derecho nacional.	**a)** Cometidos total o parcialmente en el territorio de uno o varios Estados miembros.
	Respecto de los delitos mencionados en la Dir UE/2017/1371 art.3.2.d (acciones u omisiones de tramas fraudulentas transfronterizas sobre ingresos procedentes de recursos propios de IVA en relación con falsedades documentales, incumplimientos de obligaciones formales de comunicación o ciertas simulaciones fraudulentas), solo en caso de que las acciones u omisiones intencionadas definidas en él tengan relación con el territorio de dos o más estados miembros y causen un perjuicio total no inferior a 10.000.000 de euros.	**b)** Cometidos por un nacional de un Estado miembro, siempre que un Estado miembro sea competente respecto de ese tipo de delito cuando se haya cometido fuera de su territorio.
	b) Relativos a la participación en una organización delictiva definida en Decisión Marco 2008/841/JAI, tal como se haya transpuesto a Derecho interno, si actividad de la organización se centra en cometer alguno de los delitos anteriores.	**c)** Cometidos fuera de los territorios expuestos en el apartado a) por persona sujeta al estatuto de los funcionarios o al régimen aplicable a otros agentes en el momento de la perpetración, siempre que un Estado miembro sea competente respecto de ese tipo de delito cuando se haya cometido fuera de su territorio.
Por conexidad	Cualquier otro delito indisolublemente ligado a los expuestos en a) y b).	

(*) Se ejerce mediante **inicio de investigación o por avocación** de la iniciada. Cuando la Fiscalía Europea decida ejercer su competencia, las autoridades nacionales competentes no ejercerán la suya respecto de los mismos comportamientos constitutivos de delito.

8632 La Fiscalía Europea **no es competente** para conocer de los delitos referentes a los impuestos directos nacionales, los indisolublemente vinculados a ellos, ni para los delitos indicados en la tabla debiendo remitir el caso, sin dilación indebida y previa consulta con las autoridades nacionales competentes, si:
a) La **sanción máxima** establecida por la legislación nacional para estos delitos es igual a o menos severa que la sanción máxima establecida para un delito indisociablemente vinculado a un comportamiento constitutivo de los delitos indicados, salvo que este último delito haya sido un instrumental para cometer aquellos.

b) Existe algún motivo para suponer que el **perjuicio causado** o que puede causar a los intereses financieros de la Unión no es mayor que el perjuicio causado o que puede causarse a otra víctima. Sin embargo esto no se aplica a los delitos previstos en Dir (UE) 2017/1371 art.3.2.a), b) y d) (fraudes a los intereses financieros de la Unión).
Sin embargo, cabe admitir la competencia, con el **consentimiento de las autoridades nacionales** competentes, si la Fiscalía Europea está en mejores condiciones para investigar o ejercer la acción penal.
Pero si hubiera **discrepancia** entre la Fiscalía Europea y las autoridades nacionales que ejercen la acción penal sobre la cuestión para determinar la competencia, las autoridades nacionales competentes para atribuir la competencia para el ejercicio de la acción penal a escala nacional han de decidir quién es competente para la investigación del caso. Los Estados miembros han de designar a la **autoridad nacional** que decida en materia de atribución de competencia. En cualquier caso, la Fiscalía Europea debe **informar** a las autoridades nacionales competentes, sin dilación, de toda decisión de ejercer o no su competencia.

Cualquier **comportamiento constitutivo de delito** debe ser puesto, sin dilación alguna, en conocimiento de la Fiscalía Europea, por las instituciones, órganos u organismos de la Unión y por las autoridades de los Estados miembros que sean competentes. **8633**
Por otra parte, cuando una autoridad judicial o policial de un Estado miembro inicie una investigación de un delito o, en otro caso, si durante la investigación la autoridad judicial o policial competente de un Estado miembro considera que una investigación se refiere a un delito competencia de la Fiscalía Europea, ha de informarle sin dilación alguna para que pueda decidir ella misma si ejerce o no su **derecho de avocación**.
En el caso de que la Fiscalía Europea decida ejercer su competencia, las autoridades nacionales competentes no pueden ejercer la suya respecto del mismo comportamiento delictivo y, en el caso de que se trate de un delito contra los intereses financieros que cause o pueda causar un **perjuicio de cuantía inferior a 10.000 euros**, la competencia solo se puede ejercer:
a) Si el asunto tiene **repercusiones a escala de la Unión** que requieran que la Fiscalía Europea lleve a cabo una investigación.
b) Si los **funcionarios o agentes** de la Unión o miembros de sus instituciones son sospechosos de haber cometido el delito.
La Fiscalía Europea debe ser **informada** (al menos, de los hechos, tipificación jurídica y víctimas potenciales) en los casos siguientes:
a) Cuando una **autoridad judicial o policial de un Estado miembro** inicie una investigación respecto de un delito que pueda perjudicar a los intereses financieros de la Unión y considere que la Fiscalía Europea no va a ejercer su competencia.
b) Cuando habiéndose iniciado una investigación de un delito, no sea posible efectuar una **evaluación** de si cumplen o no los criterios previstos en Rgto 2017/1939 art.25.2.
Toda la **información** ha de ser **registrada y verificada** y, en el caso de que la verificación entienda que no existen motivos para iniciar una investigación han de anotarse las razones en el sistema de gestión de casos. Puede requerirse, en su caso, información adicional.
Pero si se pone en conocimiento de la Fiscalía haberse cometido un **delito no comprendido en el ámbito de competencia** de la Fiscalía Europea, ha de informar ella a las autoridades nacionales competentes, sin dilación indebida, remitiéndoles todas las pruebas pertinentes.

2. Estructura de la Fiscalía Europea

8634 Se expone en la tabla siguiente:

Órgano o unidad	Función	Nombramiento, composición y mandato
Fiscal General Europeo (FGEu)	Dirección de la Fiscalía	Nombrado por el Parlamento Europeo y el Consejo entre fiscales y jueces nacionales de los Estados miembros. 7 años
Fiscales adjuntos al FGEu (FaGEu), en número de 2	Asistencia al FGEu y sustitución en caso necesario	Nombrados por el Colegio, por 3 años renovables entre fiscales europeos en ejercicio de su cargo.
Colegio de la Fiscalía Europea	Seguimiento general de las actividades de la Fiscalía Europea. Decisiones sobre asuntos estratégicos y cuestiones generales que surjan de casos particulares, para garantizar la coherencia, eficiencia y sistematicidad de la estrategia de acción penal de la Fiscalía Europea en los Estados miembros.	Compuesto por e FGEu + 1 fiscal europeo -FEu- por cada Estado miembro
	Ausencia de decisiones operativas en casos concretos	
Salas permanentes	Supervisión y dirección de las investigaciones y acusaciones realizadas por los FEuDs.	Compuestas por el FGEu o un FaGEu o un FEu + 2 miembros
	Coordinación de las investigaciones y acciones penales en los asuntos transfronterizos.	
	Garantía la ejecución de las decisiones tomadas por el Colegio	
Fiscales europeos -FEus-	Supervisión de las investigaciones y acciones penales de las que sean responsables los FEuDs encargados del caso en su Estado miembro de origen.	Nombrados por el Consejo por periodo no renovable de 6 años, entre los propuestos en una terna de fiscales y jueces nacionales por cada Estado miembro. Con posible prórroga única de 3 años.
Fiscales europeos delegados -FEuDs-	Actuación en nombre de la Fiscalía Europea en sus respectivos Estados miembros con las mismas potestades que los fiscales nacionales en materia de investigación, ejercicio de la acción penal y apertura de juicios, además y con sujeción a los poderes y al estatuto específicos que confiere el Reglamento	Nombrados por el Colegio a designación de cada Estado miembro, por periodo renovable de 5 años, entre fiscales y jueces nacionales (**)

(**) En España, conforme al procedimiento regulado por RD 882/2022.

3. Procedimiento sobre investigaciones

8635 Se estudian seguidamente las cuestiones relativas al inicio de la investigación, la avocación de competencia, las medidas de investigación, su conclusión, los procedimientos abreviados, el régimen de garantías y control judicial, así como la comunicación de información.

8635.2 **Inicio de la investigación** Corresponde a un **fiscal europeo delegado** en un Estado miembro iniciar la investigación, si existen motivos razonables para creer, de acuerdo con el derecho nacional aplicable, que se está cometiendo o que se ha cometido un delito competencia de la Fiscalía Europea.

En el caso de que ningún fiscal europeo delegado haya iniciado una investigación, la Sala permanente a la que se haya asignado el caso, debe encomendar a un fiscal europeo delegado que lo haga.
El inicio de la investigación corresponde al fiscal europeo delegado del Estado miembro en el que se sitúe el **centro de la actividad delictiva** o, si se han cometido **varios delitos conexos**, el del Estado miembro en el que se haya cometido la mayor parte de los delitos.
Un fiscal europeo delegado de un Estado miembro **distinto del que deba ser competente** solo podrá iniciar la investigación si la Sala permanente así se lo ordena, teniendo en cuenta los siguientes **criterios** (en el orden indicado):
• Lugar de residencia habitual del sospechoso o acusado.
• Nacionalidad del sospechoso o acusado.
• Lugar donde se haya producido el principal perjuicio financiero.
Hasta que se adopte la decisión de formular **escrito de acusación**, la Sala permanente en los casos de competencia de varios Estados miembros y previa consulta a los fiscales europeos y/o a los fiscales europeos delegados afectados debe:
a) Reasignar el caso a un fiscal europeo delegado en otro Estado miembro.
b) Acumular o escindir casos y, respecto de cada uno de ambos casos, elegir al fiscal europeo delegado encargado.

Derecho de avocación Este derecho, que puede ser ejercido por un fiscal europeo delegado de cualquier Estado miembro cuyas autoridades competentes hayan iniciado una investigación respecto de uno de los delitos competencia de la Fiscalía Europea, ha de ejercitarse en el **plazo máximo** de 5 días (salvo prórroga motivada) contado desde que se haya recibido la información pertinente. En este plazo las autoridades nacionales han de abstenerse de adoptar cualquier decisión que pueda impedir el ejercicio de este derecho pero, por el contrario, han de facilitar cuantas sean necesarias para garantizar la investigación y ejercicio de la acción penal efectivos. **8635.3**
Si se **acuerda la avocación**, las autoridades competentes de los Estados miembros han de transferir el expediente y abstenerse de realizar nuevos actos de investigación sobre el mismo delito. Si **no se acuerda**, debe informarse a la sala permanente por medio del fiscal europeo de su Estado miembro con miras a posibilitar que esta adopte una decisión; pero, en todo caso, durante el transcurso del proceso las autoridades nacionales pueden informar a la Fiscalía Europea de cualquier hecho nuevo que pueda motivar una reconsideración de la decisión de no ejercer su competencia.
En los casos de delitos que causen o puedan causar un **perjuicio para los intereses financieros de la Unión** cuya cuantía sea inferior a 100.000 euros, si el colegio considera que no es necesario investigar un caso o ejercer la acción penal a nivel de la Unión, debe formular unas orientaciones generales que permitan a los fiscales europeos delegados decidir, de manera independiente y sin dilación indebida, no avocar el caso.

Medidas de investigación Las medidas de investigación u otras medidas pueden ser realizadas por el fiscal europeo delegado encargado de un caso, bien **a iniciativa propia o encomendadas por las autoridades** competentes de su Estado miembro. Asimismo, puede adoptar las de **carácter urgente** que sean necesarias para garantizar que las investigaciones sean efectivas, aun cuando no actúen específicamente en virtud de una instrucción. **8635.4**
En el caso de no llevarse a cabo la investigación o ejercitarse la acción penal o, si se dejan de seguir las instrucciones oportunas, puede **reasignarse el caso**. En **supuestos excepcionales**, el fiscal europeo supervisor puede tomar la decisión, motivada, de dirigir personalmente la investigación por resultar indispensable atendiendo a la gravedad del delito, a los sujetos implicados (funcionarios, agentes o miembros de las instituciones de la Unión) o, a la posible ineficacia del mecanismo de reasignación.
Cuando en el ejercicio de las investigaciones, el **privilegio o inmunidad** de una persona pueda obstaculizar la correcta investigación, se puede presentar una solicitud de suspensión de los mismos por el fiscal general europeo. Esta solicitud ha de tramitarse de acuerdo con los procedimientos establecidos por el derecho nacional o por el derecho de la Unión, en función del sistema jurídico en que se ampara el privilegio.
Los **fiscales europeos delegados** han de actuar en estrecha cooperación en los casos transfronterizos.

8635.5 **Principales medidas de investigación** Son las siguientes:

Delitos	Medidas de investigación
Delitos punibles con pena máxima de al menos 4 años de prisión **(*)**	- Inspección de cualquier local, territorio, medio de transporte, domicilio privado, ropa y pertenencias personales o sistemas informáticos y adopción de medidas cautelares necesarias para preservar su integridad o evitar la pérdida o contaminación de pruebas
	- Requerimiento de presentación de cualquier objeto o documento pertinente
	- Requerimiento de la presentación de datos informáticos almacenados, en su formato original o en otro determinado, excepto los conservados específicamente de acuerdo con el Derecho nacional (Dir 2002/58/CE art.15.1.2ª) **(**)**
	- Inmovilización de los instrumentos o productos del delito si se prevé que el órgano jurisdiccional los decomise y existan motivos que hagan sospechar que el propietario, poseedor o gestor de ellos intente frustrar el decomiso
	- Intercepción de las comunicaciones electrónicas enviadas y recibidas por el sospechoso o el acusado
	- Seguimiento y localización de objetos por medios técnicos, incluidas las entregas controladas de mercancías

(*) En estos casos se puede solicitar u ordenar la **detención o prisión preventiva** del sospechoso o acusado, con arreglo a la legislación nacional aplicable en casos nacionales similares.
(**) Incorporada a Derecho interno por L 11/2022.

8635.6 **Remisión a las autoridades nacionales para el ejercicio de la acción penal** Procede la remisión, sin dilación, a las autoridades nacionales competentes para el ejercicio de la acción penal en los siguientes casos:

a) La investigación revela que los hechos objeto de investigación **no constituyen un delito** perteneciente al ámbito de competencias de la Fiscalía Europea.

b) En la investigación **no se han cumplido las condiciones específicas** legalmente previstas. Se ha de remitir el caso a las autoridades nacionales competentes sin dilación y antes de iniciar el ejercicio de la acción penal ante los tribunales nacionales.

c) Se trata de delitos que causen o puedan causar un **perjuicio para los intereses financieros** de la Unión de cuantía inferior a 100.000 euros.

d) Se trata de un delito cuya gravedad no aconseja investigar un caso o ejercer la acción penal al respecto, o si se trata de delitos de **fraude en materia de gastos** no relacionados con los contratos públicos por el uso o presentación de declaraciones o documentos falsos o inexactos, por incumplimiento de una obligación expresa de comunicar una información o por el uso indebido de esos fondos o activos; o si se trata de fraudes en materia de gastos relacionados con los contratos públicos y, al menos, se cometan con **ánimo de lucro ilegítimo** para el autor u otra persona causando pérdida para los intereses financieros y se produzca en los mismos casos indicados (Dir (UE) 2017/1371).

e) El perjuicio causado o que se puede causar a los **intereses financieros de la Unión** no es mayor que el perjuicio causado o que se pueda causar a otra víctima.

En el caso de que las **autoridades nacionales competentes no acepten asumir el caso** en un plazo de 30 días, la Fiscalía Europea sigue siendo competente para enjuiciar o archivar el caso y en este último supuesto, si la autoridad nacional lo requiere, la Sala Permanente ha de remitir la causa sin dilación a tal autoridad.

En este caso si la autoridad nacional abre una investigación la Fiscalía Europea debe **transferir el expediente** y abstenerse de adoptar nuevas medidas de investigación o ejercicio de la acción penal, cerrando el caso.

4. Conclusión de la investigación

La conclusión de la investigación exige la presentación de un **informe** al fiscal europeo supervisor, con un resumen del caso y propuesta de decisión sobre si se debe acusar ante un órgano judicial nacional o considerar la remisión del caso, su archivo o un procedimiento simplificado de ejercicio de la acción penal. 8636

El supervisor ha de **transmitir los documentos** a la sala permanente la cual puede:

a) Tomar la decisión propuesta por el fiscal europeo delegado en cuyo caso este prosigue el asunto.

b) No tomar la decisión propuesta en cuyo caso procede, cuando sea necesario, a su propio análisis de los autos antes de tomar la decisión final o de dictar nuevas instrucciones al fiscal europeo delegado.

Cuando el fiscal europeo delegado presente una **propuesta de decisión** proponiendo llevar un caso a juicio, la sala permanente debe decidir sobre dicha propuesta en un plazo de 21 días (en ningún caso puede decidir su archivo si la propuesta de decisión propone llevar un caso a juicio) y, en caso de no hacerlo, se entiende aceptada la decisión propuesta.

En el caso de que **más de un Estado miembro tenga jurisdicción** sobre el caso, la sala permanente debe decidir llevar el caso a juicio en el Estado miembro del fiscal europeo delegado encargado, salvo que existan razones que justifican que la acción penal la ejercite un Estado miembro diferente.

En la tramitación se admiten las **pruebas** presentadas a un órgano jurisdiccional por los fiscales de la Fiscalía Europea o por el acusado aun cuando se hayan obtenido en otro Estado miembro o de acuerdo con el Derecho de otro Estado miembro.

Archivo del caso En el caso de que el ejercicio de la acción penal haya llegado a ser imposible, con arreglo a la legislación del Estado miembro del fiscal europeo delegado encargado, la sala permanente puede archivar el caso contra una persona, previa consulta con las autoridades nacionales del Estado miembro, y por uno de los **motivos** siguientes: 8636.2

a) Fallecimiento del sospechoso o acusado o liquidación de una persona jurídica sospechosa o acusada.

b) Enajenación mental del sospechoso o acusado.

c) Amnistía concedida al sospechoso o acusado.

d) Inmunidad concedida al sospechoso o acusado, a menos que haya sido retirada.

e) Expiración del plazo de prescripción nacional para ejercer la acción penal.

f) El caso de un sospechoso o acusado ya ha sido juzgado en sentencia firme en relación con los mismos hechos.

g) Ausencia de pruebas pertinentes.

Ninguna decisión adoptada impide **nuevas investigaciones** basadas en hechos nuevos desconocidos para la Fiscalía Europea en el momento de tomar la decisión y que se hayan conocido después de tomar la decisión.

El archivo de un caso exige que la Fiscalía Europea lo **comunique oficialmente** a las autoridades nacionales competentes e informe del mismo a las instituciones, órganos y organismos de la Unión pertinentes, así como, cuando así proceda, a los sospechosos o acusados y a las víctimas.

5. Procedimientos simplificados

Si el Derecho nacional aplicable contempla un procedimiento simplificado de ejercicio de la acción penal encaminado a la **resolución definitiva** de un caso, el fiscal europeo delegado puede proponer a la sala permanente competente que se aplique tal procedimiento de acuerdo con las condiciones establecidas por el Derecho nacional. Sin embargo, si se trata de **delitos de fraude** de los previstos en Dir UE/2017/1371 art.3.2 a y b (fraudes contra los intereses financieros de la Unión) y si el **perjuicio** causado o que se pueda causar no es mayor que el causado o que se pueda causar a otra víctima, el fiscal europeo delegado encargado debe **consultar con las autoridades competentes** de la fiscalía nacional antes de proponer la aplicación de un proceso penal simplificado. 8638

Para **admitirlo** hay que tener en cuenta:

a) La gravedad de la infracción a tenor del perjuicio causado.

b) La voluntad del infractor de reparar los daños y perjuicios provocados por la conducta ilegal.

c) La utilización del procedimiento estaría en consonancia con los objetivos generales y principios básicos de la Fiscalía Europea.

Si la sala permanente está **de acuerdo con la propuesta**, el fiscal europeo delegado debe aplicar el procedimiento simplificado de ejercicio de la acción penal y cuando concluya este procedimiento y una vez cumplidas las condiciones convenidas con el sospechoso, la sala permanente ha de ordenar al fiscal europeo delegado que adopte las actuaciones oportunas para poner fin al caso.

6. Garantías procesales

8640 Se establecen las siguientes:

Derechos de los sospechosos y acusados	**Todos los reconocidos en la Carta, incluidos el derecho a un proceso imparcial y los derechos de defensa**
	Derechos procesales previstos en la legislación de la Unión:
	- derecho a interpretación y traducción;
	- derecho a la información y a acceder a los documentos del caso;
	- derecho de acceso a un abogado y a comunicarse con terceras personas e informarlas en caso de detención;
	- derecho a permanecer en silencio y a la presunción de inocencia;
	- derecho a la asistencia jurídica gratuita
	Derechos procesales de la legislación nacional
	Tribunales nacionales: actos procesales destinados a surtir efectos jurídicos frente a terceros, así como los que debiéndose adoptar no lo sean
	TJUE: es competente para pronunciarse, con carácter prejudicial, sobre:
	- Validez actos procesales de la Fiscalía Europea en cuanto esa cuestión se plantee ante cualquier órgano jurisdiccional de un Estado miembro directamente sobre la base del Derecho de la Unión
Control jurisdiccional de los actos de la Fiscalía Europea	- La interpretación o validez de las disposiciones del Derecho de la Unión y del Rgto UE/2017/1939, en general
	- La interpretación del Rgto UE/2017/1939 art.22 y 25 en relación con cualquier conflicto de competencia entre la Fiscalía Europea y las autoridades nacionales competentes
	TJUE (TFUE art.263): decisiones de archivo de un asunto, si son impugnadas directamente con arreglo al derecho de la Unión
	TJUE (TFUE art.268): litigios relativos a la indemnización por daños causados por la Fiscalía Europea
	TJUE (TFUE art.272): litigios relativos a cláusulas compromisorias contenidas en contratos celebrados por la Fiscalía Europea
	TJUE (TFUE art.270): litigios relacionados con asuntos de personal
	TJUE: destitución del Fiscal general europeo o de los fiscales europeos
	TJUE: decisiones de la Fiscalía Europea que afecten a los derechos sobre los datos de los interesados (Rgto UE/2017/1939 art.47 s.), de las decisiones que no son actos procesales (acceso público a documentos o decisiones de destitución de fiscales europeos delegados) y demás decisiones administrativas

7. Información

8642 Todos los fiscales europeos delegados deben poder obtener cualquier información pertinente conservada en las **bases de datos nacionales** de investigaciones penales y de las autoridades policiales, así como en otros registros pertinentes de las autoridades públicas.

Igualmente, la Fiscalía Europea puede obtener cualquier información pertinente de su competencia que esté conservada en las bases de datos y **registros de las instituciones, órganos u organismos de la Unión**.

Con la finalidad de respaldar la gestión de las investigaciones, garantizar un acceso seguro a las mismas, permitir las comprobaciones cruzadas de información y facilitar la supervisión que garantice que el tratamiento de datos personales operativos sea lícito, ha de crearse un **sistema de gestión de casos**.

A este sistema tiene **acceso** el fiscal general europeo, los fiscales adjuntos al fiscal general europeo, los otros fiscales europeos y los fiscales europeos delegados.

Si la Fiscalía Europea decide abrir una investigación o ejercer su **derecho de avocación**, el fiscal europeo delegado debe abrir un expediente.

Precisiones Con fecha 16-2-22 ha iniciado su aplicación el acuerdo internacional administrativo entre el Consejo General del Poder Judicial y la Fiscalía Europea, hecho en Madrid y Luxemburgo en 2-2-22, para la utilización de la plataforma de información **punto neutro judicial**, en principio con vigencia cuatrienal.

M. Agencia de la Unión Europea para la Cooperación Judicial Penal (Eurojust)

(Rgto (UE) 2018/1727; L 29/2022)

8643 MPP nº 130 s. La Agencia de la Unión Europea para la cooperación judicial penal (Eurojust) tiene por **objeto** apoyar y reforzar la coordinación y cooperación entre autoridades nacionales encargadas de investigar y perseguir las formas de delincuencia grave respecto de las que sea competente y siempre que afecten a dos o más Estados miembros o deban perseguirse según criterios comunes, basándose en las **operaciones** efectuadas y en la **información** proporcionada por las autoridades de los Estados miembros, por Europol, por la Fiscalía Europea y por la Oficina europea de lucha contra el fraude (OLAF).

Para ello debe:

a) Tener en cuenta cualquier **solicitud procedente de una autoridad competente** de un Estado miembro y cualquier información facilitada por autoridades, instituciones, órganos, organismos y agencias de la Unión o recopilada por el propio Eurojust.

b) Facilitar la **ejecución de las solicitudes y decisiones** en materia de cooperación judicial en virtud del principio de reconocimiento mutuo.

Las **funciones** se desempeñan:

- de oficio, por propia iniciativa;
- a petición de autoridades competentes de Estados miembros o de la Fiscalía Europea.

Precisiones Es relevante el Rgto (UE) 2024/982, relativo a la búsqueda e intercambio automatizados de datos para la **cooperación policial** (DOUE 5-4-24).

N. Remisión de causas penales en la Unión Europea

(Rgto UE 2023/2011)

8644 MPP nº 182 s. La remisión de causas penales entre los Estados miembros tiene por **objeto** mejorar la eficiencia y adecuación de la Administración de Justicia dentro del espacio común de libertad, seguridad y justicia respetando los derechos fundamentales y los principios jurídicos básicos (TUE art.6).

Esta regulación es **aplicable a** partir de 1-2-2027 con la particularidad de la fecha de aplicación de la regulación de los medios de comunicación (nº 182.6).

La remisión diferencia según que el Estado requerido tenga jurisdicción en todo caso o la asuma en virtud de una solicitud de remisión.

a) Se considera que el Estado requerido tiene **jurisdicción sobre cualquier infracción penal** a la que sea aplicable el derecho nacional del Estado requirente cuando:

- el requerido deniegue la entrega del sospechoso o acusado que se encuentre en su **territorio y sea nacional o residente** del Estado requerido;

- el requerido deniegue la entrega del sospechoso o acusado contra el que se haya **dictado una orden de detención europea** y que se encuentre en su territorio y sea nacional o residente de dicho Estado si, en situaciones excepcionales, comprueba que existen motivos fundados para creer que la entrega supondría una vulneración manifiesta de algún derecho fundamental pertinente o de la Carta de los Derechos Fundamentales de la Unión Europea;
- la mayoría de los **efectos de la infracción penal o una parte sustancial del daño** -según los elementos constitutivos de la infracción penal- se producen en el territorio del Estado requerido;
- se estén sustanciando uno o varios procedimientos penales en el Estado requerido **contra el sospechoso o acusado por otros hechos** y el sospechoso o acusado sea nacional o residente del Estado requerido.
- se estén sustanciando uno o varios procedimientos penales en el Estado requerido contra **otras personas por los mismos hechos**, parte de los mismos hechos o hechos relacionados y el sospechoso o acusado en la causa penal objeto de remisión sea nacional o residente del Estado requerido.

b) El Estado requerido determina su jurisdicción en virtud de una **solicitud de remisión de la causa penal** por lo que se puede asumir la misma o inhibirse de conocer, suspender o archivar la causa penal.

Ñ. Reglas de coordinación con investigaciones técnico-administrativas de carácter especial

8646 La autoridad administrativa independiente para la investigación técnica de **accidentes e incidentes ferroviarios, marítimos y de aviación civil** (en adelante, autoridad) tiene como objetivo mejorar la seguridad previniendo futuros accidentes e incidentes mediante la realización de oportunas investigaciones técnicas y la adopción de las medidas correctivas que resulten pertinentes sin que persiga la determinación de responsabilidad ni la atribución de culpabilidad.

El **objeto** de la investigación está constituido por los accidentes e incidentes:

a) **Ferroviarios graves** (L 2/2024 art.4; Rgto (UE) 2020/572), que se produzcan sobre la Red Ferroviaria de Interés General y, en su caso, decidir investigar el resto de casos que, con condiciones ligeramente distintas, podrían haber provocado accidentes graves (Rgto (UE) 2020/572).

Pueden investigarse **otros** accidentes e incidentes que, en condiciones ligeramente distintas, podrían haber provocado accidentes graves teniendo en cuenta su gravedad, formar parte de una serie de accidentes o incidentes con repercusión en el sistema en su conjunto, sus repercusiones sobre la seguridad ferroviaria y las peticiones de los administradores de infraestructuras, de las empresas ferroviarias y de la Agencia Estatal de Seguridad Ferroviaria.

b) **Marítimos muy graves** que (L 2/2024 art.5; Rgto (UE) 1286/2011 -derogado parcialmente con efecto a partir del 27-6-27-):
- afecten a buques que enarbolen pabellón español;
- se produzcan en mar territorial o aguas interiores españolas;
- afecten a intereses de consideración en España, con independencia de la localización del siniestro y del pabellón que enarbolen los buques implicados.

Se pueden **investigar**:
• Los que no sean muy graves y los incidentes cuando la Autoridad considere que pueden obtenerse enseñanzas para la mejora de la seguridad.
• Los accidentes o incidentes marítimos que impliquen a buques de pasaje de transbordo rodado o una nave de pasaje de gran velocidad que ocurran en mar territorial o aguas interiores españolas o en otras aguas si España es el último Estado visitado por el buque.
• Los accidentes graves que afecten a instalaciones o infraestructuras utilizadas para operaciones relacionadas con la investigación y explotación de hidrocarburos en el medio marino.

No pueden ser investigados los accidentes e incidentes que:
• Solo afecten a buques del Estado que presenten exclusivamente servicios de carácter no comercial.
• Ocurran en aguas interiores no marítimas;
• Se determinen reglamentariamente en relación con los buques carentes de propulsión mecánica, buques de madera y construcción primitiva, yates y naves de recreo que no se utilicen para el comercio.

c) **Aviación civil graves** (L 2/2024 art.6; Rgto (UE) 996/2010). Pueden ser investigados los demás incidentes y accidentes graves en otro tipo de aeronaves producidos en el territorio sobre el que España ejerce soberanía, derechos soberanos o jurisdicción si una persona de nacionalidad española sufre daños relevantes.

Procedimiento de investigación técnica (L 2/2024 art.7 a 18) La investigación técnica de los accidentes e incidentes ha de llevarse a cabo con criterios de **máxima transparencia**, **participación** de todas las partes interesadas, salvo que la autoridad resuelva motivadamente limitar o denegar el acceso a la información, y respeto al **principio de «cultura justa»**, entendida como aquella que favorece la protección de la información reservada y el respeto a los derechos de quienes participen en el procedimiento de investigación pero sin tolerar negligencia grave, infracción intencionada o actos destructivos. 8647
Producido el accidente o incidente se **notifica** a la autoridad y, en su caso, a las autoridades judiciales o administrativas, iniciándose **de oficio** tan pronto se tenga conocimiento de ello sin que pueda demorarse más de 2 meses desde tal fecha. La investigación **concluye** con la aprobación de un informe técnico que analice las causas y que incluya, cuando proceda, recomendaciones de seguridad.
Durante la investigación han de realizarse **pruebas** y solicitarse **informes** pertinentes que configuren la denominada información de la investigación respecto de la cual rige el deber de reserva de su divulgación, con vigencia indefinida, salvo en los casos legalmente previstos (nº 8525).

Relaciones entre la autoridad y el Poder Judicial y el Ministerio Fiscal (L 2/2024 art.20 a 27) Dado el principio de colaboración mutua entre Administraciones públicas para llevar a cabo investigaciones técnicas, se prevé la colaboración con ambas instituciones, teniendo en cuenta que en ningún modo la investigación técnica puede interferir en la investigación judicial. 8648
a) La **colaboración** se produce cuando:
- durante el transcurso de una investigación técnica, se conoce o se sospecha que la comisión de un acto enmarcado en el accidente o incidente, con víctimas mortales, pueda constituir un **ilícito penal**;
- se abran **investigaciones técnicas y judiciales** respecto de un mismo accidente o incidente; y
- en todos los casos en que la autoridad judicial solicite a la autoridad que informe sobre el **progreso** de la investigación técnica.
1. Estas actuaciones han de versar sobre los siguientes puntos:
• El **acceso al lugar** del accidente o incidente obliga a que, en tanto lleguen los investigadores técnicos, ninguna persona puede modificar su estado, retirar muestras o restos materiales o desplazar su contenido, salvo que las autoridades competentes aprecien que resulta imprescindible por motivos de seguridad o que es una medida necesaria para socorrer a los heridos.
• La **protección de las pruebas** que implica la incautación y custodia de los restos materiales corresponde a la autoridad judicial.
2. Como colaboración con la policía judicial, el investigador puede **acceder**, inmediatamente y sin restricciones o trabas, al lugar del accidente, al bien siniestrado o sus restos; efectuar la **anotación inmediata** de las pruebas y la recogida controlada de restos del bien siniestrado y al acceso inmediato a los registradores de datos.
3. Si la autoridad considera necesario para la seguridad de la investigación la **recuperación** del lugar del accidente o incidente de los registradores de datos, de algún componente o la totalidad del bien siniestrado, se precisa la **previa autorización** de:
- la autoridad judicial, si se ha abierto investigación judicial, o
- de las fuerzas y cuerpos de seguridad, en caso contrario.
4. La autoridad judicial debe pronunciarse en el plazo de 15 días desde la solicitud de la Autoridad sobre la pertinencia de cualquier **uso de las pruebas** que requiera su modificación, alteración o destrucción.
En el caso de **incautación** de pruebas materiales por la autoridad judicial la Autoridad puede solicitar la adopción de medidas de protección que garanticen su custodia y seguridad.
5. Cuando la **conservación de los restos recabados deje de ser necesaria** y, salvo que proceda su custodia judicial, han de ponerse a disposición de los propietarios para que se hagan cargo de ellos en el plazo de un mes contado desde el día siguiente al de su puesta a disposición, con advertencia de que la autoridad decidirá su destino caso de no hacerse cargo de ellos y a su costa.
6. Cuando la investigación técnica lo requiera, se pueden **solicitar los resultados** de las autopsias, de los exámenes médicos de los implicados y de muestras tomadas a dichas personas.
En el caso de accidentes o incidentes de **aviación civil** se puede ofrecer la colaboración de médicos aeronáuticos para la realización de autopsias o pruebas médicas.

b) Los **interrogatorios**, iniciales y en curso, obligan a que las personas que presten **declaración o testimonio** sean informadas de: 8648.2
- la naturaleza y bases de la investigación técnica;

- del posible riesgo que su declaración o testimonio pueda servir para su inculpación en un procedimiento subsiguiente a la investigación;
- de todas las garantías que se les pueden ofrecer para evitar que su declaración o testimonio pueda usarse en su contra.
Cuando un órgano judicial cite a una **persona adscrita a la autoridad para actuar como testigo** en el proceso judicial se aplica el siguiente régimen:
1. Quedan sujetos al **deber de reserva de información**, indefinidamente, mientras se mantenga este carácter, salvo que:
- sea requerida por los órganos judiciales o el Ministerio Fiscal;
- lo soliciten las Comisiones parlamentarias de investigación;
- las actuaciones de colaboración desarrolladas por la Autoridad con otros organismos de investigación técnica;
- en los supuestos en que el Consejo de la Autoridad considere que la comunicación de datos sea el modo más eficaz para prevenir un futuro accidente o incidente grave;
- cuando el Consejo de la Autoridad o un órgano judicial consideren motivadamente que los beneficios de la divulgación de los registros compensan el posible efecto adverso de la divulgación.
2. En los dos primeros casos, el órgano que requiera la información reservada debe realizar una **comunicación previa** a la Autoridad sobre el requerimiento que tiene previsto realizar para que esta manifieste, en un plazo de 24 horas, lo que tenga por conveniente sobre:
- la oportunidad de preservar el carácter reservado;
- la conveniencia de diferir la aportación de documentación, diligencias de investigación o declaración;
- la oportunidad de dar audiencia a terceros que puedan verse afectados;
- la idoneidad de la persona citada en caso de ser personas adscritas a la autoridad.
El **órgano judicial** adopta la decisión definitiva.
3. El **intercambio de información** se rige por lo dispuesto en Ley de enjuiciamiento criminal para las garantías del proceso penal previéndose la posibilidad de solicitar el **acceso a la información** obtenida en el proceso judicial si, a juicio del investigador técnico, puede resultar útil para la prevención de futuros accidentes e incidentes (fotografías, grabaciones en vídeo, declaraciones de personas involucradas y testigos, informes de peritos, etc.). Este acceso se reconoce a la información relacionada con la investigación técnica por la autoridad judicial.
En el caso de que la autoridad tenga **información de terceros** elaborada, proporcionada o recopilada con el único fin de profundizar en las hipótesis sobre las causas del accidente o incidente investigado y la formulación de posibles recomendaciones, la autoridad judicial debe valorar si procede requerirla directamente a su propietario en lugar de solicitarla a la misma.
4. Las autoridades judiciales pueden constituir, si lo estiman necesario, un equipo independiente de expertos y profesionales del transporte para que emitan un dictamen técnico que pueda asistir al juez en la valoración de las **responsabilidades penales** del accidente.

8648.5 **Resolución de conflictos** (L 2/2024 art.26) Los conflictos y controversias que puedan surgir durante el desarrollo de la investigación de un accidente o incidente deben resolverse por la **autoridad judicial** encargada de la investigación judicial y el **Ministerio Fiscal** velar por la coordinación entre la investigación judicial y técnica, pudiendo recurrir aquellas resoluciones judiciales que perjudiquen la investigación técnica o sean contrarias a la normativa sobre seguridad de los respectivos modos de transporte.
La interpretación y cumplimiento de los **convenios** que suscriban entre autoridades para las investigaciones se resuelven de acuerdo con los mecanismos que ellos establezcan.

8649 **Otras colaboraciones** (L 2/2024 art.28 y 29) La Autoridad puede **participar o aceptar la invitación a participar** en la investigación de un accidente o incidente fuera del territorio español e invitar a las autoridades de investigación de otros Estados a participar en la investigación técnica que realice sobre los producidos en territorio español.
a) **Accidentes o incidentes ferroviarios**. Se diferencian los siguientes casos:
• Se producen en una **instalación fronteriza** de otro Estado miembro de la Unión Europea o cerca de la misma o respecto a los que no sea posible determinar en qué Estado miembro se han producido: la autoridad debe acordar con el organismo correspondiente del otro Estado cuál de ellos ha de encargarse y participar de la investigación o llevarla a cabo en colaboración.
• Está **implicada una empresa ferroviaria** establecida, o un vehículo registrado o mantenido en otro Estado miembro de la Unión Europea: se ha de invitar a participar en la investigación al organismo de investigación de accidentes ferroviarios de tal Estado.

• Está implicado en el accidente en otro Estado miembro de la Unión Europea un **vehículo registrado o mantenido en España**: la autoridad debe colaborar con el organismo competente en la investigación del suceso.
En todo caso, la autoridad debe **compartir información** con los organismos competentes de otro país cuando se produzcan sucesos en las estaciones fronterizas y en las secciones internacionales.
b) **Accidentes o incidentes marítimos**. La autoridad debe **colaborar y prestar la asistencia** que le sea requerida en las investigaciones técnicas que lleven a cabo otros Estados miembros de la Unión Europea así como en la determinación del investigador principal. La realización de **investigaciones paralelas**, respecto del mismo accidente o incidente marítimo, se debe limitar estrictamente a casos excepcionales debidamente notificados a la Comisión Europea.
Si en la investigación se viera implicado un **buque de pasaje de transbordo rodado** o una nave de pasaje de gran velocidad, la autoridad es responsable de la investigación de seguridad y la coordinación con otros Estados miembros hasta que se disponga de mutuo acuerdo cuál es el Estado investigador principal.
Los deberes de colaboración se extienden a **terceros países** que no sean Estados miembros de la Unión Europea en los términos previstos por los tratados y convenios firmados por España.
c) Cuando se trate de **accidentes o incidentes de aviación civil**, la autoridad puede solicitar la asistencia de las autoridades correspondientes de otro Estado. En el caso de ser **graves**, ha de notificar al país que tenga la condición de Estado de matrícula, Estado del explotador de la aeronave, Estado de diseño y/o el Estado de fabricación para que le comuniquen inmediatamente si tienen o no la intención de nombrar a un representante acreditado.

SECCIÓN 8

Conclusión de la instrucción y fase intermedia

A. Aspectos generales

La finalización de la fase de investigación da lugar a un período procesal de transición, conocido como **fase intermedia** por la posición que ocupa entre la instrucción y el juicio oral. **8655**
Su **finalidad** es la de determinar, con intervención de las partes, si la instrucción está completa y si resulta procedente, a la vista del resultado de la misma, la formulación de la acusación.
La **competencia funcional** para conocer de ella y su propia configuración formal en las leyes procesales varía según el tipo que se considere.

1. Declaración formal de finalización de la instrucción

(LECr art.622, 779.1 y 798.2; LO 2/1989 art.242 y 392)

Salvo en el procedimiento de jurado (nº 8660), la finalización de la fase de instrucción ha de ser declarada formalmente mediante **auto del juez de instrucción** y, a partir de ese momento, pueden producirse, diversas **vicisitudes procesales**, dependiendo de la suerte que haya corrido durante la investigación la imputación penal necesaria para incoar el proceso: **8658**
1) El **complemento de la investigación a instancia de parte**, cuando alguna de ellas la considere incompleta (LECr art.631 y 780.2; LO 2/1989 art.242). En el procedimiento de enjuiciamiento rápido, el carácter incompleto de la instrucción practicada en las diligencias urgentes da lugar a la transformación *ex lege* de aquel en abreviado, dada la característica sencillez de la fase de instrucción que integra uno de sus presupuestos legales (LECr art.795.1.3ª y 798.2.2º).
2) La conclusión de la instrucción y la posterior finalización definitiva del proceso con fuerza de cosa juzgada, mediante el **sobreseimiento definitivo**, cuando la imputación haya desaparecido (LECr art.632, 637, 779.1.1ª, 782.1, 783.1 y 798.2.1ª; LO 2/1989 art.242, 246 y 393) (nº 8700 s.).

3) La paralización temporal del procedimiento hasta el límite que represente el plazo de prescripción del delito, a través del **sobreseimiento provisional**, en los casos en que la imputación no presente la necesaria concreción para formular acusación (LECr art.632, 641, 779.1.1ª, 782.1, 783.1 y 798.2.1ª; LO 2/1989 art.242, 247 y 251) (nº 8712 s.).
4) La continuación del procedimiento mediante la **apertura de la fase de juicio oral** cuando, según el criterio concorde del órgano judicial de instrucción o de enjuiciamiento y de las partes acusadoras, en vista del contenido de la instrucción sea procedente la formulación provisional de la acusación para someter la misma a prueba en juicio oral (LECr art.632, 649, 780.1, 783.1 y 800.1 y 2; LO 2/1989 art.242 y 275).
5) La **transformación del procedimiento en juicio por delito leve**, con enjuiciamiento por el propio juez de instrucción o remisión al órgano competente para ello (LECr art.624, 625, 779.1.2ª y 798.2.1º). Cabría también en este momento procesal la transformación del procedimiento **en otra modalidad procesal por delito**, pero salvo en el supuesto antes citado de conversión del de enjuiciamiento rápido en abreviado, lo frecuente es que la adecuación del procedimiento no se dilate hasta la conclusión de la instrucción (LECr art.309 bis y 760; LO 2/1989 art.385; LO 5/1995 art.28).
6) La **inhibición a favor de la jurisdicción militar o de la de menores**, sin perjuicio de adoptar la decisión en cualquier momento anterior, durante la instrucción, desde que resulten méritos para ello (LECr art.779.1.3ª y 798.2.1º).

8660 **Procedimiento del Tribunal del Jurado** (LO 5/1995 art.24, 25 y 29.2) En el mismo no existe declaración formal de finalización de la instrucción por el juez de instrucción, por lo que las indicaciones sobre el posible curso del proceso han de adaptarse al carácter oral con que se sustancian las fases de instrucción e intermedia y referirse a la **comparecencia previa** para la concreción de la imputación, que se produce tras la incoación del proceso y el traslado de la imputación. Además, las **conclusiones provisionales de la defensa** se evacuan también antes de la apertura del juicio oral y dentro, por tanto, de la fase intermedia.
El derecho a la tutela judicial efectiva no es óbice para la **terminación anticipada** del proceso penal en fase de instrucción cuando se le ponga término conforme a las previsiones legales de LECr art.779.1.1ª y con la motivación suficiente (AP Valencia auto 3-9-18, EDJ 573995; AP A Coruña auto 31-1-18, EDJ 16197; AP La Rioja auto 24-7-20, EDJ 679118).

8661 **Comparecencia previa** (LO 5/1995 art.26, 27 y 29) De la comparecencia previa puede nacer el **sobreseimiento** definitivo o provisional del proceso o la **continuación** del mismo, con la eventual práctica de oficio o a instancia de parte de las diligencias imprescindibles para decidir acerca de la procedencia de la apertura de juicio oral que no puedan practicarse en el acto de la audiencia preliminar (nº 8662).
Finalizada la comparecencia y, en su caso, la práctica de las diligencias declaradas pertinentes por el juez de instrucción, las partes han de solicitar lo que estimen procedente acerca de apertura del juicio oral o sobreseimiento y **calificar provisionalmente** los hechos (nº 8745 s.).

8662 **Audiencia preliminar** (LO 5/1995 art.30, 31, 32.1 y 4) Solicitada la apertura de juicio oral con formulación simultánea de la acusación provisional y tras la presentación del escrito de conclusiones provisionales de la defensa, salvo que esta renuncie a ella, se celebra la audiencia preliminar sobre la **procedencia de abrir el juicio oral**.
Tras practicar las pruebas pertinentes y oír a las partes acerca de su procedencia, el juez puede acordar la **apertura del juicio oral** o el **sobreseimiento**.
Cabe también la **transformación del procedimiento** que, en caso de convertirse en abreviado, se acompaña de la apertura del juicio oral con posterior remisión al órgano de enjuiciamiento para su continuación (nº 9348 s.).

8664 **Proceso de menores** (LO 5/1995 art.33) En el proceso de menores, es el fiscal instructor el competente para declarar la **conclusión del expediente**, que debe remitir al juez de menores junto con las piezas de convicción y efectos del delito y acompañado del escrito de alegaciones en que se contiene la acusación o la petición de sobreseimiento. En su vista, el juez procede a la apertura de la fase de **audiencia** y, tras la formulación de las alegaciones de la defensa, adopta alguna de las decisiones anteriormente citadas sobre el destino procesal de la causa.

2. Principios básicos

8667 Las decisiones anteriores sobre la suerte del proceso obedecen, desde el punto de vista de la **intervención de las partes** y de la **vinculación del órgano judicial** a sus pretensiones, a diversa concepción.

Conclusión de la instrucción (LECr art.622 párrafo 2º y 773.1 párrafo 2º; LO 2/1989 art.243) La conclusión de la instrucción puede adoptarse tanto **de oficio** como **a instancia de parte**, en especial del Ministerio Fiscal, y da lugar a la intervención de las partes en la **formulación de pretensiones** sobre complemento de la instrucción, apertura de juicio oral o sobreseimiento que se configura de diversa manera en los distintos tipos de proceso. 8668

Procedimiento ordinario (LECr art.627) A raíz de las pretensiones de parte, se abren **varias posibilidades** al tribunal penal y no solo la obligatoria apertura del juicio oral, pues la petición de parte en tal sentido no vincula al juzgador y cabe que se complete el material instructorio o que se decrete el sobreseimiento del proceso por inexistencia de los presupuestos precisos para abrir el juicio oral. Como es evidente el interés en ambos aspectos del **investigado**, no cabe prescindir de su intervención, por lo que el procesado tiene derecho a que se le dé idéntico traslado al previsto en él para las partes acusadoras (TCo 66/1989). Es por ello por lo que se confiere expresamente **igual intervención a todas las partes** en este momento procesal (LECr art.627). 8669

El mismo criterio aparece expresamente reflejado para el **proceso penal militar** y para el procedimiento de **jurado** (LO 2/1989 art.240; LO 5/1995 art.26.1 y 31.3).

Procedimiento abreviado (LECr art.780.1) La fase de instrucción se acuerda por medio del **auto de transformación**, como filtro que se pone en manos del juez de instrucción para depurar el objeto procesal expulsando del proceso mediante el sobreseimiento aquellos hechos investigados no respaldados por indicios fundados de comisión. La **continuación del proceso** solo se referirá a aquellos otros que cuentan con una base indiciaria sólida (TS 2-2-21, EDJ 503846; TS auto 29-7-25, EDJ 645899).En esa resolución, el instructor debe evaluar el resultado de la investigación confirmando provisionalmente que los hechos son típicos penalmente y tienen un **fundamento indiciario sólido**; siendo a la vez un principio estructural básico del sistema procesal, dotar a las partes pasivas del proceso penal por delito de un medio de impugnación eficaz frente a la estimación de la razonabilidad de la pretensión de condena (juicio de acusación), medio que en el procedimiento ordinario se articula a través de los recursos contra el auto de procesamiento y en el abreviado mediante el recurso contra el auto de transformación, que permite a las partes cuestionar la conclusión de la instrucción y también la solidez y suficiencia de los indicios valorados por el juez de instrucción (TS 11-7-22, EDJ 634532). Para acordar el **sobreseimiento** se precisa de un pronóstico, cercano a la certeza, de que la base indiciaria es tan frágil que no se podrá demostrar la comisión del delito. En cambio, si hay un **fundamento indiciario** suficiente que hace no ya muy probable sino racionalmente posible una condena, aunque no segura, es prematuro abortar el procedimiento (*in dubio pro juicio*). Se impone entrar en el plenario para permitir a la acusación que luche por disipar todo atisbo de duda y hacer triunfar su pretensión acusatoria si consigue provocar en el tribunal esa **certeza** más allá de toda duda razonable que abre el paso a una condena (TS auto 29-7-25, EDJ 645899). 8670 MPP nº 3081 s.

En la resolución de conclusión de la instrucción que acuerde continuar el proceso debe el instructor ordenar el traslado de las actuaciones al **Ministerio Fiscal** y a las **acusaciones** personadas para que, en el plazo común de 10 días, soliciten:

- la apertura del juicio oral, formulando escrito de acusación;
- el sobreseimiento de la causa; o
- excepcionalmente, la práctica de diligencias complementarias.

Precisiones La resolución por la que se ordena **seguir la tramitación del procedimiento** abreviado supone rechazar implícitamente las otras resoluciones que alternativamente prevé la LECr art.789.5 -relativas a la práctica de nuevas diligencias o al sobreseimiento-. Debe contener una **motivación** suficiente de los indicios conducentes a la decisión adoptada, pues solo así los que se sientan perjudicados podrán rebatir en vía recurso los argumentos del instructor (AP Madrid secc 17ª 17-9-97).

El **auto** debe tener un **contenido mínimo** más extenso que la decisión de continuar las diligencias previas como procedimiento abreviado (AP Madrid auto secc 17ª 14-3-06, EDJ 68643). Debe reflejar una síntesis de los hechos atribuidos al encausado en el curso de la fase de instrucción, pues la **determinación de los hechos punibles** por el juez instructor constituye el primer filtro para concretar porqué tales hechos han de ser objeto de enjuiciamiento plenario, que deberá ser completado y depurado en el auto de apertura de juicio oral, mediante el que el juez permitirá o impedirá el acceso al juicio de las imputaciones fácticas formuladas por las acusaciones en sus escritos de acusación (TS 7-3-07, EDJ 19757).

Respecto de estas cuestiones hay que tener en cuenta: 8671

a) Si el juez de instrucción en el auto de transformación de actuaciones (o en el posterior de apertura del juicio oral, **omite recoger un delito** respecto de un investigado por el que una parte acusadora formula acusación, ello no vincula al órgano de enjuiciamiento, que ha de celebrar el

8671 (sigue) juicio oral respecto de todos los hechos con sus calificaciones contenidos en los escritos de acusación, pero si, en cambio, **incluye expresamente ciertos delitos** y sobresee respecto de otros, esta exclusión, una vez firme, impide a la parte sostener la acusación por estos en el juicio oral. Lo que supone que, respecto de esta parte del auto, pueda interponerse recurso con tratamiento de auto de sobreseimiento (TS 12-5-21, EDJ 564170; 1-12-21, EDJ 767941).

Más discutible es el efecto de la **omisión** en estas resoluciones (especialmente, en el auto de apertura de juicio oral) **de uno de los varios investigados** en el proceso, respecto del que, no obstante, no se acuerda expresamente el sobreseimiento, pues parece en el primer caso y es indudable en el segundo, que lleva aparejado el cierre del mismo respecto de los omitidos. No se trata de que se haga una imputación formal con un relato de hechos pormenorizada, sino que se haga una determinación de hechos punibles que, aunque somera, sea suficiente para justificar la razonabilidad de la decisión (AP La Rioja auto 11-7-19, EDJ 671711; AP La Rioja auto 5-7-21, EDJ 855109).

b) La decisión de LECr art.779.1.4ª es mucho más que un acto de trámite, dado que la fase preliminar del proceso penal sirve, no solo para preparar el proceso penal, sino para evitar la **apertura de juicios innecesarios**. Solo un determinado nivel indiciario de cierta calidad justifica la apertura del plenario que, indudablemente, encierra cierto contenido aflictivo para el acusado, aunque sea difuso.

No pueden extremarse las exigencias en esta fase anticipando valoraciones que solo procederían tras examinar la prueba practicada en el juicio oral, pero sí ha de **cancelarse el proceso** cuando racionalmente quepa hacer un pronóstico fundado de inviabilidad de la condena por insuficiencia de material probatorio: si el bagaje se revela como manifiestamente insuficiente para derrotar a la presunción de inocencia y no puede imaginarse la introducción de nuevos materiales ni variaciones significativas, procede abortar ya el proceso para evitar la celebración de juicios innecesarios (TS auto 28-4-16, EDJ 68704; AP Navarra auto 10-6-21, EDJ 618874).

c) La **naturaleza y finalidad del auto** de transformación del procedimiento en abreviado es conferir el oportuno traslado procesal para que la calificación acusatoria pueda verificarse, así como expresar el doble pronunciamiento de conclusión de la instrucción y de prosecución del procedimiento abreviado en la fas intermedia (TS 9-10-00, EDJ 30252). Por ello, cabe apreciar **insuficiencia de motivación del auto** de referencia en aquellos supuestos en que el instructor, prudentemente, se abstiene de prefigurar o anticipar la calificación jurídica precisa que han de realizar las partes acusadoras, consideraciones que avalan una idea de concisión para el auto en cuestión, en la medida que está indicando que el juez de instrucción no debe adoptar una posición en el proceso que no le corresponde, como formular acusaciones, por cuanto que ello de alguna manera estaría condicionando lo que más adelante hubiera que decidir, cuando dictase el auto de apertura de juicio oral, que es en la fase del procedimiento en que sí ha de realizar una función de control sobre la acusación formulada por otro (TS 30-11-23, EDJ 763907).

d) Para acordar en fase intermedia **diligencias complementarias** a instancia de las acusaciones es preciso que se manifieste la imposibilidad de formular acusación si no se practican, que la diligencia o diligencias sean esenciales para la tipificación de los hechos y que sean indispensables para acusar en el caso concreto. Es decir, han de ser imprescindibles (AP La Rioja auto 5-7-21, EDJ 855109).

e) En todo caso, los **defectos del auto** en estudio han de valorarse siempre de acuerdo con el criterio de que una discutible cuestión formal. No pueden imponerse a una de fondo, cuando no concurre vulneración real, material y efectiva del derecho de defensa (TS 30-11-23, EDJ 763907).

Esta resolución **clausura** la fase de instrucción (TS 18-12-19, EDJ 763067). Son **requisitos de contenido** que han de concurrir en ella los siguientes (AP Badajoz auto 9-1-25; auto 23-9-25; JI Badajoz núm 3, auto 28-4-25, PA 43/2025):

• Una relación de los hechos punibles imputados.

• Valoración como punibles de los hechos relatados en el atestado policial o denuncia o querella, de modo que respecto de ellos se haya efectuado un primer filtro o control judicial de la imputación, necesario para evitar denuncias infundadas, y para abrir, con fundamento, esta nueva fase del procedimiento.

• Subsunción jurídica y provisional de los hechos como un delito cuya pena se incluye en la previsión de LECr art.757.

• Identificación de la/s persona/s investigada/s.

• Toma previa a su dictado de declaración al o los investigados en los términos de la LECr art.775.

• Orden de prosecución de las actuaciones por el cauce del procedimiento abreviado, con conclusión de la instrucción, y traslado a las partes acusadoras a los efectos LECr art.780.

No es preciso que el auto de transformación contenga una relación singularizada y precisa de los indicios tomados en consideración. La explicación de las razones de la decisión así como la relación de los indicios valorados a fin de acordar la continuación debe extraerse de una **lectura comprensiva** de la totalidad del auto (TS auto 29-7-25, EDJ 645899).

f) La **finalidad del auto** en estudio no es la de anticipar el contenido fáctico y jurídico de la calificación acusatoria, sino conferir el oportuno traslado procesal para que esta pueda verificarse. Por lo tanto, la calificación jurídica contenida en este auto no vincula a las acusaciones, debiendo ser en los respectos escritos de acusación donde se precise la misma, frente a la que deberá defenderse el investigado una vez concretada. Es una decisión de carácter provisional en la que basta la determinación de los hechos punibles (AP Badajoz auto 9-1-25; auto 645/2025, 23-9-25; JI Badajoz núm 3, auto 28-4-25, PA 43/25). **8672**
Es un **acto de imputación formal** efectuado por el juez instructor exteriorizador de un juicio de probabilidad de naturaleza incriminatoria delimitador del ámbito objetivo y subjetivo del proceso (AP Asturias auto 18-2-25). No es función primordial del auto de acomodación procedimental la de ofrecer a las partes imputadas la ocasión de impugnar, por la vía de los recursos -singularmente, de apelación-, el juicio de suficiencia indiciaria realizado por el juez de instrucción, pues, este juicio compete primariamente al instructor, y su revisión a fondo en este momento procesal supondría la introducción de prejuicios que podrían perturbar la labor del órgano de enjuiciamiento, si finalmente se abriera el juicio oral. De modo que no se justifica el **archivo del procedimiento** por el juez de instrucción por la existencia de una duda razonable, que sí puede, sin embargo, determinar que se dicte una sentencia absolutoria. Sino que tal sobreseimiento y archivo solo se justifica por la constatación de una carencia tal en relación con la entidad y consistencia de los indicios de los que se dispone que convierte en irracional la continuación del procedimiento penal (AP Badajoz auto 15-7-24).
g) Estas diligencias solo resultan admisibles si se limitan a aclarar un elemento preciso para la calificación acusatoria y sin el cual esta no podría abordarse. Se configuran como un **mecanismo de desbloqueo procesal** y no pueden operar como instrumento para completar una instrucción que finalizó cuando devino firme el auto de prosecución por los trámites del procedimiento abreviado (LECr art.779.1.4), bien porque todas las partes estuvieron conformes con la terminación de la fase de investigación, bien porque su objeción fue finalmente rechazada. No pueden solicitarse por la defensa (TS 3-4-25, EDJ 544011; 21-2-24, EDJ 511344; AP Badajoz auto 9-1-25, EDJ 530223).
h) La jurisprudencia ha rechazado que nadie pueda incorporarse como **sujeto pasivo** del procedimiento o ser inculpado una vez terminada la fase de investigación, por lo que al auto estudiado cierra esta posibilidad (TS 3-4-25, EDJ 544011).

Procedimiento de enjuiciamiento rápido Pese a la evidente relación que el procedimiento abreviado guarda con el de enjuiciamiento rápido, el legislador parece rectificar en la regulación de este el anterior criterio, pues las sucesivas audiencias que regula sobre la procedencia de la apertura del juicio oral o del sobreseimiento (LECr art.798.1 y 800.1) se refieren a **todas las partes** y no solo a las acusaciones. **8674**
Ese procedimiento presenta una r**eferencia temporal** específica. Además de que ha de **incoarse** en virtud de un atestado policial y que la policía judicial haya detenido a una persona y la haya puesto a disposición del juez de guardia de la Sección de Instrucción del Tribunal de Instancia -hasta su constitución, el juzgado de guardia- o que, aun sin detenerla, la haya citado para comparecer ante este por tener la calidad de denunciado en el atestado policial (LECr art.795 redacc LO 1/2025), todas las **diligencias y resoluciones** que le son propias, se han de practicar y adoptar durante el servicio de guardia del juzgado de instrucción o, en su caso, durante las 72 horas siguientes a la finalización de este servicio (TS 28-1-20, EDJ 505948).

Vinculación del órgano judicial a las pretensiones de las partes El grado de iniciativa y de vinculación del órgano judicial a las pretensiones de las **partes acusadoras**, depende del contenido de la resolución que se adopte en esta fase: **8675**
1) No cabe actuación de oficio en la apertura de juicio oral, que solo puede decretarse a petición de alguna parte acusadora. Por el contrario, la **petición de apertura** no vincula al juez y este pude denegarla y acordar en su lugar el sobreseimiento provisional o definitivo (LECr art.645, 782.1, 783.1 y 800.1; LO 2/1989 art.242 y 393).
2) Como consecuencia de lo anterior, el órgano judicial resulta vinculado a la **petición de sobreseimiento** de la acusación o, habiendo varias, de todas ellas. Por ello, y al estar vinculado también al principio de legalidad, cuando no haya en el proceso acusación particular y estime improcedente la petición de sobreseimiento del Ministerio Fiscal, no puede abrir el juicio oral y solo cabe el fomento de la personación del perjudicado como parte o deferir la decisión sobre la procedencia de la acusación al superior jerárquico del fiscal actuante (LECr art.642 a 644 y 782.2; LO 2/1989 art.248 a 250; LO 5/1995 art.26.2). Los efectos de dicha resolución sobre la imparcialidad objetiva del tribunal de enjuiciamiento se estudian en nº 6815.

3) La **petición de complemento de la instrucción** vincula igualmente al juez de instrucción, pero solo cuando la promueva el Ministerio Fiscal en el procedimiento abreviado (LECr art.780.2).

4) Cuando el juez de instrucción decrete la **apertura del juicio oral**, solo a instancia del Ministerio Fiscal o de la acusación particular, el letrado de la Administración de Justicia ha de dar nuevo traslado a quien haya solicitado el sobreseimiento por plazo de 3 días para que formule escrito de acusación, salvo que haya renunciado a ello (LECr art.783.1.II). Y en caso de haber solicitado el fiscal el sobreseimiento y se haya acordado la apertura a instancia únicamente de la acusación particular, ha de darse traslado de este al Ministerio Fiscal (TS auto 9-9-25, EDJ 681508).

3. Estructuración formal y competencia funcional

8678 La competencia funcional para decidir el curso del proceso en la fase intermedia y el ensamblaje formal en su estructura de formulación de la acusación se conciben de diversa forma, dependiendo del tipo de proceso.

8679 **Conclusión de la instrucción** Existen diversas posibilidades:

1) En el **proceso ordinario**, la resolución dictada por el juez instructor ha de ser confirmada o revocada por el tribunal de enjuiciamiento, en un trámite necesario en el que resuelve al mismo tiempo las pretensiones de parte sobre complemento de la instrucción, sobreseimiento o apertura del juicio oral, debiendo ser consultado igualmente el auto que declare el hecho constitutivo de falta (LECr art.622 a 627).

El mismo sistema se sigue, salvo en la consideración como falta de los hechos, en el **sumario ordinario militar** (LO 2/1989 art.240 a 242).

2) En los **procedimientos abreviado, de enjuiciamiento rápido y de jurado**, desaparece esa intervención del órgano de enjuiciamiento y es el juez de instrucción quien decide sobre el curso procedente de los autos, por lo que la posible intervención del tribunal de enjuiciamiento en dichas cuestiones queda reservada a la vía de recurso (LECr art.779, 780, 782, 783 y 800; LO 5/1995 art.26 y 32).

En el **procedimiento abreviado**, no obstante, queda vinculado el juez de instrucción por la petición de diligencias complementarias del **Ministerio Fiscal** y debe consultar al fiscal de la audiencia respectiva a efectos de recurso, cuando las partes no lo hayan interpuesto antes, ni exista representante del ministerio público constituido en el órgano jurisdiccional, la resolución de conclusión de las diligencias previas mediante sobreseimiento, archivo, declaración como falta o inhibición. Esta última posibilidad no es aplicable al procedimiento de enjuiciamiento rápido, pues dichas resoluciones requieren la previa audiencia de las partes (LECr art.780.2, 779.2 y 798).

3) En las diligencias preparatorias del **proceso penal militar** reguladas en LO 2/1989, desaparece la intervención del tribunal de enjuiciamiento en la conclusión de la instrucción, pero es este el competente para acordar el sobreseimiento o la apertura del juicio oral (LO 2/1989 art.392).

8681 **Sustanciación de la fase intermedia** La distribución de la **competencia funcional** para la sustanciación de la fase intermedia, con las consecuencias que ello produce en el régimen de los recursos procedentes contra el auto de sobreseimiento, no es uniforme y corresponde:

1) Al **órgano de enjuiciamiento** en el proceso ordinario por delitos graves y en todas las modalidades del proceso penal militar. En este último, se confiere a los jueces de instrucción la posibilidad de formular al tribunal superior propuestas de sobreseimiento en forma de auto, que no excluyen ni limitan la competencia para decretarlo (LO 2/1989 art.244).

2) Al **juez de instrucción** en los procedimientos abreviado y de enjuiciamiento rápido y en el proceso de jurado.

8683 **Apertura del juicio oral** (LECr art.780.2) La decisión se fundamenta en la procedencia de formular **acusación** a la vista del resultado de la instrucción y cumple la función de control previo de racionalidad de esta y de delimitación negativa del objeto de proceso, pues la acusación nunca puede extenderse a hechos excluidos de él por dicha resolución (TS 22-2-99, EDJ 3552; 27-2-04, EDJ 12821), aunque sí a los no mencionados concretamente que están incluidos y calificados en los escritos de acusación (TS 12-5-21, EDJ 564170). Aunque de ello parece deducirse la necesidad de que los términos concretos de la acusación se expliciten antes de recaer la correspondiente resolución judicial, la solución no es unívoca:

1) En el **procedimiento abreviado**, en el de **jurado** y en las **diligencias preparatorias militares**, las conclusiones provisionales de la acusación son simultáneas a la petición de apertura de

juicio oral y preceden, por tanto, a la correspondiente resolución judicial. En el proceso de jurado, incluso las conclusiones de defensa son anteriores a la apertura del juicio (LECr art.780.1 y 781.1; LO 5/1995 art.29; LO 2/1989 art.394).

2) En el **proceso ordinario**, tanto común como militar, la apertura del juicio requiere inexcusablemente petición de parte, pero se produce sin que las acusaciones hayan expresado los hechos que concretamente van a fundamentar su pretensión de condena, pues solo tras el auto de apertura se abre el trámite de conclusiones provisionales, y debe ser resuelta por un órgano judicial que en ese momento no haya tenido contacto alguno con el objeto del proceso, salvo el que parece conferir al ponente el LECr art.626 (LECr art.632, 633 y 649; LO 2/1989 art.242 y 275).

Se trata de un sistema que impide al auto de apertura del juicio oral cumplir adecuadamente su función, pues hace imposible, salvo que el tribunal de enjuiciamiento asuma funciones cuasi instructoras que le son ajenas, adoptar resoluciones como la prevista en LO 5/1995 art.33.a (Gómez Colomer). Tampoco es fácil en estas condiciones denegar la apertura del juicio y acordar el sobreseimiento libre por no ser los hechos constitutivos de delito, pues no se han concretado aun esos hechos por el único sujeto procesal que, en este momento, puede hacerlo (LECr art.645; LO 2/1989 art.242).

3) La anterior conclusión no puede trasladarse al **procedimiento de enjuiciamiento rápido**, aunque la apertura de juicio oral precede también en él a la formulación de la acusación, ya que el control de la racionalidad de la acusación se encomienda al juez de guardia, que conoce los hechos y puede valorar las pretensiones correspondientes. Además, la ausencia de formulación de la acusación dentro de los plazos legales impone el sobreseimiento libre de la causa (LECr art.800).

4) El auto de apertura del juicio oral es **irrecurrible**, salvo en lo relativo a medidas cautelares personales en el procedimiento abreviado (LECr art.783.3 y 800.1; LO 5/1995 art.32.2). No obstante, en el proceso de jurado puede pretenderse la modificación del auto mediante la exclusión o introducción de **nuevos hechos** a través de las cuestiones previas y que, en el proceso ordinario y en el militar, debe admitirse el recurso de **súplica** ante el silencio de la Ley (LO 5/1995 art.36.1.c y d).

Precisiones El **auto que acuerda la apertura del juicio oral** solo sirve para permitir que el procedimiento siga adelante. Su finalidad es valorar la consistencia de la acusación con el fin de impedir imputaciones infundadas y la llamada «pena de banquillo», actuando en este caso el juez en funciones de garantía jurisdiccional, pero no de acusación. Es un juicio de racionalidad sobre la existencia de motivos bastantes para el enjuiciamiento. Es precisamente en los casos en que se deniega la apertura del juicio oral cuando esa resolución alcanza su verdadero significado. **8685**

Si el juez de instrucción **omite**, sin acordar expresamente el sobreseimiento, un **delito por el que una de las partes acusadoras formularon acusación**, ello no vincula al órgano de enjuiciamiento que deberá celebrar el juicio oral respecto de todos los hechos, con sus calificaciones, contenidos en los escritos de acusación. En lo demás, la resolución solo sirve para posibilitar que el procedimiento siga adelante, después de valorar la consistencia de la acusación, y para señalar el órgano competente para el conocimiento y fallo de la causa, pero no fija los términos del debate ni en los hechos ni en su calificación jurídica.

Por tanto, el tribunal sentenciador puede **condenar por delito diferente** al que se recogió en el auto de apertura del juicio oral, bien porque ha modificado la acusación la tipificación en conclusiones definitivas o porque alguno de los delitos objeto de acusación provisional no se incluyeron en el auto referido, siempre que no se modifiquen substancialmente los hechos recogidos en las conclusiones provisionales y que los que forman el sustento fáctico del nuevo delito recogido en conclusiones definitivas hayan sido debatidos en el plenario (TS auto 9-9-25, EDJ 681508).

El auto supone un **juicio del instructor** en el que decide si en la imputación de hechos existe materia delictiva para abrir el juicio o por el contrario es procedente acordar el sobreseimiento y en el primer caso ha de concretar los hechos que se atribuyen a determinados sujetos, previamente imputados, los cuales han de estar igualmente designados y contra los que pueden acordarse medidas cautelares (TS 4-2-25, EDJ 511938).

B. Sobreseimiento

Con este término se designa la finalización del proceso penal por **resolución anterior a la sentencia** y fundamentada en la improcedencia de formular acusación, bien de modo definitivo y con eficacia de cosa juzgada por inexistencia cierta de la imputación penal que motivó la incoación de la instrucción, bien con carácter provisional por la falta de concreción objetiva o subjetiva de la misma. **8690** MPP nº 3112 s.

Precisiones El **derecho a la tutela judicial efectiva** no comporta un derecho incondicionado a la apertura y plena sustanciación del proceso penal, sino solo a obtener un pronunciamiento judicial motivado en la fase instructora sobre la calificación jurídica que merecen los hechos, con expresión de las razones por las que se inadmite su tramitación o acuerda el sobreseimiento o archivo de las actuaciones (TS militar 12-4-23, EDJ 545337; 28-11-23, EDJ 758353). También ampara a quien se le imputa un hecho delictivo en el sentido de que **no debe continuar sometido a un proceso penal** cuando se desvanece cualquier indicio de su participación ilícita en los hechos investigados o estos carecen de la entidad precisa para llevar adelante una imputación por delito. Por ello nada impide que en la fase procesal intermedia se realice una valoración de la existencia de un fundamento razonable para sostener una acusación sobre la apreciación indiciaria de elementos objetivos y subjetivos que justifiquen enjuiciar al acusado y que puedan permitir la continuación del procedimiento (TS militar 17-12-24, EDJ 817989).

8692 **Modalidades** El concepto amplio de sobreseimiento comprende dos modalidades.

a) El **sobreseimiento definitivo o libre**. Se fundamenta en la inexistencia probada del hecho o de la responsabilidad criminal y equivale a una sentencia absolutoria anticipada con fuerza de cosa juzgada, como se deduce de su expresiva denominación de «libre», que coincide con el calificativo que a la absolución en sentencia aplica «en todos los casos» la LECr art.144 (nº 8700).

b) El **sobreseimiento provisional**. Supone una mera interrupción del curso del proceso, hasta el límite que representa la prescripción del delito, por ausencia momentánea de elementos para concretar la acusación en sus términos objetivos o subjetivos, asimilable en sus efectos al archivo provisional de actuaciones en caso de rebeldía del investigado cuando no es posible el juicio en ausencia (nº 8712).

Por otro lado, en caso de existir **pluralidad de investigados**, el sobreseimiento se califica de **total**, si afecta por igual a todos ellos, y se considera **parcial** en caso contrario, siendo compatible con la apertura del juicio oral respecto de algunas de las personas inicialmente investigadas (LECr art.634 y 640; LO 2/1989 art.245; LO 9/2021 art.124.2).

Precisiones El **sobreseimiento libre** se pronuncia ante la falta absoluta de tipicidad del hecho o de la responsabilidad penal de su presunto autor, mientras que el **provisional** no deja de ser un supuesto de impotencia investigadora (TS 16-12-91, EDJ 11884; 19-12-04).

El auto de sobreseimiento, ya sea definitivo, libre o provisional, significa que el órgano judicial entiende que no se dan las circunstancias necesarias para enjuiciar o juzgar a alguien como acusado, por lo que el **proceso termina** sin entrar en la fase del juicio oral (TS militar 24-9-19, EDJ 693861; 23-10-19, EDJ 736765). Es ajeno a dicho auto y momento el problema de la procedencia de la **absolución o de la condena**, objeto exclusivo del juicio oral y de la sentencia (TS militar 4-2-20, EDJ 506055).

8693 **Momento procesal** Aunque el sobreseimiento es una resolución característica de la **fase intermedia** del proceso, no tiene que adoptarse necesariamente dentro de ella y puede tener acomodo en **otros momentos** procesales:

1) En el **sumario ordinario**, la estructura de la competencia funcional (nº 7440 s.) determina que la conclusión de la instrucción sea presupuesto inexcusable del sobreseimiento, que no puede acordarse simultáneamente con la estimación de un recurso de apelación contra el auto de procesamiento. En tales casos, las audiencias han de limitarse a estimar el recurso de apelación y a dejar sin efecto el procesamiento para remitir las actuaciones al instructor con objeto de que este las concluya conforme a Derecho y las remita nuevamente a la sala de instancia a sus efectos (TS 19-12-04).

La misma regla se aplica al **proceso penal militar** (LO 2/1989 art.240 a 242 y 393).

2) En el **procedimiento abreviado** y en el de **enjuiciamiento rápido**, el sobreseimiento puede aparecer:

- como posible contenido del auto de conclusión de la instrucción (LECr art.779.1.1ª -diligencias previas- y 798.2.1º -diligencias urgentes-); o
- dentro de la fase intermedia (LECr art.782.1, 783.2 y 800.1).

3) Dentro de la **fase de juicio oral**, debe finalizar el proceso por sobreseimiento libre:

- cuando se estimen artículos de previo pronunciamiento que supongan extinción de la responsabilidad criminal y hagan improcedente la continuación del juicio oral (LECr art.675; LO 5/1995 art.36.1.a; LO 2/1989 art.290 párrafo 2º; TS auto 9-3-98, EDJ 61275); y
- cuando dicha circunstancia resulte de otras tales como el fallecimiento del investigado o esté plenamente acreditada la extinción de la acción penal por otras causas o por la concurrencia de una excusa absolutoria (LO 2/1989 art.246.3º y 5º).

Precisiones **1)** En el **procedimiento abreviado** y en el de **enjuiciamiento rápido**, las **cuestiones previas** planteadas por las partes dentro del turno de intervenciones con que se abre la vista oral, han de resolverse en el mismo acto (LECr art.786.2).

2) La jurisprudencia resalta la imposibilidad de que, en todo caso, se pueda posponer al momento de la sentencia la resolución de todo el bloque de cuestiones previas, por lo que cuando se estime alguna cuya naturaleza haga manifiesta la **improcedencia de continuar la celebración íntegra del juicio**, el instrumento adecuado para ello será un auto de sobreseimiento (TS 31-3-05).

Obligación de investigación y carencias de procedimiento La doctrina del TEDH es especialmente relevante para apreciar la adecuación a derecho de la decisión de sobreseimiento de una causa penal. A este respecto, es la siguiente. 8694

a) La **valoración** de la suficiencia del procedimiento tramitado y de las pesquisas realizadas ha de efectuarse, tomando como referencia la situación existente al momento de invocarse la comisión del delito o la violación del derecho fundamental afectado (al tiempo de la denuncia), o cuando las pruebas fundamentales del mismo se aportaron a la autoridad nacional, y no en el momento de alcanzarse conclusiones subsiguientes a la finalización de la investigación o del procedimiento (TEDH 10-10-24, EDJ 693784).b) El **deber de tramitación del procedimiento** adecuado es de actividad y no de resultado (TEDH 10-10-24, EDJ 693784).c) La exigencia de **celeridad razonable** y disposición positiva está implícita en todo caso (TEDH 7-1-10, EDJ 543).d) La **autoridad competente** ha de tomar cuantas medidas sean razonables para acopiar pruebas y aclarar las circunstancias de la denuncia presentada de violación de un derecho protegido por la CEDH. Dado que las autoridades llamadas a investigar están en mejor posición que el denunciante, no puede justificarse la pasividad de las primeras por una falta de acción de la segunda (TEDH 25-6-20, EDJ 583073).e) Se **lesiona el derecho al procedimiento** cuando la autoridad competente deja de adoptar medidas o actuaciones que parecen obvias para la averiguación de los elementos relevantes del asunto.f) Se considera **insuficiente la investigación** cuando ante contradicciones manifiestas entre declaraciones o testigos, no se adoptan las medidas adecuadas para aclarar aquellas (TEDH 22-3-22, EDJ 522558) -por ejemplo, mediante un careo en instrucción-; o cuando el instructor no formula o plantea preguntas que se antojan evidentes al investigado o a los testigos; o cuando deja de practicarse alguna prueba que parece imprescindible; o de seguir líneas obvias de investigación.g) Adicionalmente a la obligación de tramitar un procedimiento suficiente en sede interna, las autoridades competentes tienen asimismo el deber de **colaborar efectivamente con las autoridades** de otros Estados implicados en la investigación de los hechos que pudieron ocurrir fuera de su territorio, en caso de asuntos con implicaciones transfronterizas (TEDH 7-1-10, EDJ 543).h) Se ha de valorar si las **conclusiones de la investigación** se han basado en un análisis completo, objetivo e imparcial de los elementos relevantes del caso. Una decisión de archivo o sobreseimiento no fundada en lo anterior, o apoyada en inexplicables o no suficientemente fundadas razones, no es bastante para satisfacer el derecho en estudio; especialmente si se apoya en una fundamentación sorprendentemente breve o superficial.i) Es indiferente a efecto de apreciar **violación del deber de investigar un derecho protegido** por la CEDH, el hecho de que el sobreseimiento o archivo sea provisional o definitivo.

Suficiencia de la investigación en causas por violencia de género La adecuada satisfacción del derecho fundamental a la tutela judicial requiere que el **órgano encargado de la investigación**, tras sopesar la notitia criminis y evaluar positivamente la concurrencia de indicios de delito, reaccione practicando cuantas resulten idóneas en relación con los hechos concretos del caso. 8696

En ocasiones, el marco de privacidad o clandestinidad en el que aparecen contextualizados los hechos objeto de una denuncia de maltrato o violencia de género, o bien sus propias características fácticas, determinan que se **carezca de evidencias físicas** que apoyen la versión del suceso que puedan proporcionar quienes aparecen en el proceso como denunciante o como denunciado. Con frecuencia, sus respectivos testimonios entran en **abierta contradicción** entre sí. La **simultánea condición de testigo y presunta víctima** que, de ordinario, acompaña a quien denuncia una situación de maltrato requiere del juez un examen particularmente atento a las circunstancias circundantes a su declaración. Quien es parte en el proceso como víctima de maltrato se encuentra a priori en una posición privilegiada como testigo directo de aquellos hechos que le afectan, y que se desenvuelven ordinariamente en un entorno de privacidad, sin que aquella declaración goce de prevalencia alguna en la convicción judicial, pero sin olvidar, tampoco, que el examen de su testimonio sí permite combinar los parámetros de **ausencia de incredibilidad subjetiva**, verosimilitud del testimonio y persistencia en la incriminación (nº 5715), que no resultan necesariamente confluyentes o sumatorios para que esta testifical pueda adquirir un significado incriminatorio.

Por otro lado, el **conflicto emocional** que subyace a este tipo de denuncias ha de ser igualmente ponderado por el juez, sopesando cuantos detalles puedan evidenciar animadversión hacia la persona denunciada con el fin de diferenciar los supuestos en los que este sesgo denote posibles móviles espurios en la denuncia de aquellos otros en los que es la propia victimización la

que genera sentimientos de odio, recelo, resentimiento, inseguridad o incluso miedo hacia el presunto agresor, sin empañar por ello la idoneidad del testimonio. No basta con una indagación que, en relación con los hechos denunciados, sea superficial.
A la hora de ponderar si, en función del contenido de estas diligencias de naturaleza personal, debe **proseguirse o no con la indagación penal**, procediendo en su caso al sobreseimiento de las actuaciones, tiene singular relevancia la percepción que de aquellos testimonios opuestos obtenga el instructor. Sobre esa percepción, basada en la inmediación, puede fundamentarse una **convicción judicial de archivo de las actuaciones**, si procede. Ahora bien, el canon reforzado constitucionalmente exigible (deber de investigación suficiente y eficaz), en los casos en que las víctimas sean personas especialmente vulnerables en supuestos de violencia de género obliga al juez instructor a que su investigación no quede constreñida al mero contraste superficial de los testimonios enfrentados entre sí, por compensación o contrapeso entre ambos. Además, la resolución judicial que, en su caso, acuerde el archivo de las actuaciones deberá evidenciar que los testimonios han quedado sometidos a un **filtro especialmente minucioso o de detalle**, que preste singular atención, tanto a los particulares del caso, como a la diferente posición que, en relación con los hechos, ostentan las partes.
Este canon reforzado del **deber de investigación suficiente y eficaz** se entenderá debidamente colmado en tanto en cuanto, subsistiendo la sospecha fundada de delito, se practiquen otras diligencias de investigación que, complementando esos testimonios enfrentados de las partes unidas por una relación de afectividad, presente o pasada, permitan ahondar en los hechos descartando o confirmando aquella sospecha inicial. El **deber de diligencia** requerirá abundar en la investigación allí donde no se hayan agotado las posibilidades razonables de indagación sobre los hechos de apariencia delictiva, vulnerándose el derecho a la tutela judicial efectiva si el órgano judicial clausura precipitada o inmotivadamente la investigación penal.
En resumen, la **investigación penal** requiere en estos casos que la intervención judicial colme dos necesidades muy concretas:
- emplear cuantas herramientas de investigación se presenten como racionalmente necesarias, suficientes y adecuadas ante toda sospecha fundada de delito; y
- evitar demoras injustificadas que puedan perjudicar el curso o el resultado de la investigación, además de la adecuada protección de quien figure como víctima, allí donde dicha protección se revele necesaria (TCo 87/2020).

8697 **Suficiencia de la investigación en causas por torturas y tratos inhumanos o degradantes** En supuestos de denuncias por presuntas conductas constitutivas de tales delitos, sufridos bajo **custodia policial o en el ámbito penitenciario** (en el contexto de la actuación de agentes estatales), ha de atenderse especialmente:
- a las circunstancias concretas de la denuncia y de lo denunciado, desde el prisma de su gravedad y de su previa y posible opacidad, así como a la probable escasez de pruebas existente en este tipo de delitos;
- a la dificultad de la víctima para aportar medios de prueba de su posible comisión;
- a que la cualificación oficial de los denunciados debe compensarse con la firmeza judicial frente a la posible resistencia o demora en la aportación de medios de prueba; y
- a que la valoración del testimonio judicial del denunciante es un medio idóneo para la averiguación de estos delitos (TCo 12/2013; 12/2022).
Es imprescindible, en caso de que el **denunciante esté incomunicado**, que el instructor oiga al menos a los agentes a cargo de la vigilancia del denunciante durante la incomunicación (TCo 130/2016; 166/2021).
Existe un especial mandato de desarrollar una **investigación exhaustiva** al encontrarse el ciudadano bajo custodia física del Estado.
Esta doctrina no es plenamente aplicable en caso de que los actos de violencia presunta se desarrollen en la **vía pública**, con ocasión de una concentración o manifestación ya que la única diligencia de investigación que sustente el sobreseimiento sea la practicada por los agentes denunciados, sin diligencias ajenas y, en ocasiones, sin toma de declaración al lesionado, lo cual no es aceptable (TCo 53/2022). En supuestos de **enfrentamientos a gran escala** entre manifestantes y miembros de los cuerpos de policía, con acciones violentas cruzadas, se requiere un examen especialmente riguroso de las actuaciones de ambos colectivos para poder examinar la proporcionalidad en el uso de la fuerza y para poder depurar las responsabilidades de los manifestantes.
La doctrina expuesta es aplicable en lo sustancial a las causas en las que se investiga la **muerte de un detenido o preso** (TCo 1/2024).

8699 **Práctica de comisiones rogatorias solicitadas** No procede acordar el **sobreseimiento provisional** en tanto se haya solicitado que se libre una comisión rogatoria sin haberse librado efectivamente, salvo que el órgano jurisdiccional justifique suficientemente que dicha diligencia de investigación es improcedente, impertinente o innecesaria (AP Bizkaia auto 7-7-20, EDJ 801134; AP Castellón auto 18-1-17, EDJ 57702; AP Valencia auto 24-11-17, EDJ 335419).

1. Sobreseimiento definitivo o libre

El sobreseimiento definitivo se basa en la falta absoluta de tipicidad del hecho o de la responsabilidad penal de su presunto autor, o en la extinción de la posible responsabilidad criminal que pueda haber existido en momentos anteriores, constatadas una u otra sin duda alguna como resultado de la fase de instrucción del proceso. **8700**

Causas Las causas de sobreseimiento libre pueden clasificarse en dos grandes grupos: **8701**
A) Falta de imputación por **inexistencia o irrelevancia penal del hecho** o **exención** *ab initio* de responsabilidad criminal (LECr art.637; LO 2/1989 art.246.1º a 3º). Procede cuando:
- no existan indicios racionales de haberse perpetrado el hecho que ha dado motivo a la formación de la causa;
- el hecho no sea constitutivo de delito;
- aparezcan exentos de responsabilidad criminal los procesados como autores, cómplices o encubridores.

Para la **aplicación** de estas tres causas de sobreseimiento han de tenerse presentes ciertas consideraciones que definen sus **límites y requisitos**: **8702**
1) El sobreseimiento libre equivale a una **sentencia absolutoria anticipada** y produce efectos de **cosa juzgada**, impidiendo un ulterior proceso con el mismo objeto que aquel al que pone fin, con la consiguiente afección del derecho a la tutela judicial efectiva del acusador particular o privado. Por ello precisa una detallada motivación en sus aspectos fáctico y jurídico que permitan el control en vía de recurso (TCo 63/2002; 223/2003; TS 20-3-00, EDJ 2216; 23-5-05, EDJ 157539).
2) En el **auto de apertura del juicio oral** puede el juez de instrucción, cuando se dicte después de evacuarse las conclusiones provisionales de la acusación, excluir del enjuiciamiento determinados hechos contenidos en la acusación, ejerciendo así el control sobre la racionalidad de la misma que integra la esencia de dicha resolución. La **exclusión** debe ser siempre expresa, clara y terminante, sin que pueda deducirse de las expresiones empleadas en el referido auto ni de la falta de cita expresa en su texto de alguno de los delitos objeto de acusación (LECr art.783.1; LO 2/1989 art.393; LO 5/1995 art.33; TS 22-9-05, EDJ 165890).
3) La **inexistencia del hecho** que integra la causa primera de LECr art.637 ha de entenderse como desvanecimiento indubitado de los indicios racionales de criminalidad que motivaron la imputación, pues su **subsistencia** impone la apertura del juicio oral y la **duda** acerca de los mismos el sobreseimiento provisional. Por ello, el juicio de **revisión casacional** debe extenderse en estos casos a comprobar si los hechos investigados pueden ser o no constitutivos de infracción penal teniendo en cuenta el fundamento de la imputación a la vista de los indicios racionales de criminalidad existentes en la instrucción (TS 29-12-04, EDJ 234835)
4) La **irrelevancia penal del hecho** ha de ser igualmente manifiesta (LECr art.637.2). Para la adecuada comprensión del precepto se impone el deslinde de las funciones del instructor y las del tribunal de enjuiciamiento, de forma que el primero, siempre que exista una acusación, no puede rebasar las funciones propias de la instrucción y adentrarse en cuestiones que afectan a la culpabilidad, como es el dolo, o a otros elementos del tipo, salvo casos de diafanidad manifiesta. De lo contrario se está vulnerando el derecho a la tutela judicial efectiva con indefensión de la acusación que se ve privada, además, de su derecho a sostener la misma y a utilizar los medios de prueba pertinentes (TS 29-12-04, EDJ 234835).

5) Sobre la **apreciación de circunstancias eximentes de responsabilidad** como causa de sobreseimiento se impone una doble precisión: **8703**
• El Tribunal Supremo admite que pueda sobreseerse libremente un proceso cuando exista una **manifiesta exención de responsabilidad criminal** acreditada por la presencia nítida, rotunda y diáfana en el material instructorio de una causa de inimputabilidad o de justificación. Si el querellante o acusador particular sostiene una pretensión que cuestione la concurrencia de la exención, el tribunal debe verificar la razonabilidad de la misma y la procedencia y utilidad de las pruebas propuestas para ello, debiendo acordar el sobreseimiento libre cuando de ellas no sea previsible deducir una alteración del resultado de la instrucción, pues el derecho fundamental a la presunción de inocencia impone no prorrogar indebidamente la situación de investigado del sujeto pasivo del proceso cuando la exención de su responsabilidad se deduce con toda claridad de las actuaciones (TCo 40/1998; TS 7-7-00, EDJ 24540).

• Cuando concurra una causa de inimputabilidad y sea preciso aplicar alguna **medida de seguridad privativa o restrictiva de libertad** o la eximente aplicable no excluya la responsabilidad civil del autor del hecho o de un tercero, el sobreseimiento es improcedente, pues ambas consecuencias jurídicas del delito han de producirse en sentencia y tras la prueba en el acto del juicio oral (LECr art.782.1). En los supuestos del CP art.20.1º a 3º, 5º y 6º, el juez de instrucción no acordará el sobreseimiento solicitado por las acusaciones y les devolverá las actuaciones para calificación, continuando el juicio hasta sentencia a los efectos de la imposición de medidas de seguridad y del enjuiciamiento de la acción civil. Solo cuando el estado mental del investigado haga imposible la celebración del juicio oral, se permite prescindir válidamente del mismo (TS 4-12-97, EDJ 10559).

Precisiones El Tribunal tiene facultad para acordar el **sobreseimiento libre** (LECr art.637.2) pese a la existencia de pretensión acusatoria, pues al tratarse de una cuestión de derecho que no puede variar a lo largo del acto del juicio oral, la economía procesal y la protección de los derechos fundamentales del procesado así lo exigen. En cambio, la vigencia del principio acusatorio obliga en el supuesto del LECr art.637.1, a tenor de lo previsto en LECr art.645.II, a proseguir el procedimiento abriendo el **juicio oral** si se mantiene la acusación pública o particular, resultando conculcador del derecho a la tutela judicial efectiva, al no existir recurso de casación (LECr art.848), cualquier resolución contraria a tal precepto legal (TS 24-4-07, EDJ 25376).

8704 **B)** Son también causa de sobreseimiento libre todas aquellas que determinan la **extinción de la responsabilidad penal** que pueda haber existido antes de dictarse el correspondiente auto y que, por tanto, imponen la extinción del proceso. Así ocurre en los casos de:
- cosa juzgada, prescripción del delito, amnistía o indulto (LECr art.675; LO 2/1989 art.290.2º; LO 1/2024 art.3);
- fallecimiento del investigado (LO 2/1989 art.246.3º); y
- perdón del ofendido en los casos en que sea relevante conforme al Código Penal y cuando recaiga en un momento en que sea posible el sobreseimiento (CP art.130.5º; LECr art.106).

Precisiones Con la **muerte del encausado** se extingue la responsabilidad penal y también la acción para hacerla efectiva (TS 7-7-25, EDJ 640019). No es posible una actividad jurisdiccional de mera indagación sin una finalidad de imposición de una pena (juicio de la verdad), aunque se ha admitido la posibilidad de que los **herederos** sucedan al difunto en un recurso de casación para impugnar una sentencia condenatoria (TS 4-6-00, EDJ 615008; auto 30-3-23, EDJ 539510). Pero la extinción de la acción y de la responsabilidad penales en relación con un **coinvestigado** solo pueden dar lugar al cierre de la causa en lo que a él se refiere. No impide que los hechos en que intervino, si existen otros posibles responsables, puedan ser objeto de investigación respecto de quienes no hayan fallecido. La causa de extinción prevista en CP art.131.1.1 es **personal** y no puede extenderse a terceros (TS 5-5-09, EDJ 92354).

8705 **C)** También pueden dar lugar al sobreseimiento:
- la ausencia de **condiciones objetivas de procedibilidad**, como la autorización de la respectiva cámara legislativa para proceder contra parlamentarios (LECr art.754; L 9-2-1912 art.7); o
- la concurrencia de **excusas absolutorias** (LO 2/1989 art.246.5º; TS 27-1-06, EDJ 6367; 24-4-07, EDJ 28984).

8706 **Sobreseimiento libre «de facto» o encubierto** Se produce una situación equiparable a la del sobreseimiento libre en aquellos supuestos en los que se dicta por parte del juez de instrucción una resolución (o se ordena a este que la dicte por una Audiencia Provincial en apelación) deniega la transformación de las diligencias previas de procedimiento abreviado en sumario ordinario, en la medida en que ello supone cerrar la posibilidad a las acusaciones pública, particular y, en su caso, popular, de formular acusación por delitos que solo pueden ser objeto de enjuiciamiento a través del **procedimiento ordinario**. Sucede así, por ejemplo, en el caso de hechos que pueden ser constitutivos de **agresión sexual o de abusos sexuales**. En tal caso, se puede producir un cierre procesal respecto de la primera calificación si se deniega la transformación en sumario. Tal resolución debe considerarse materialmente como de sobreseimiento libre a todos los efectos, incluido el recurso de casación. No se está, en tal caso, ante una resolución interlocutoria que preordena el procedimiento, sino ante un **cierre** del mismo respecto al delito excluido procesalmente, pues aunque los hechos investigados sigan siendo los mismos, el proceso no puede continuar frente a ellos por tales ilícitos penales (TS 12-5-21, EDJ 564170; 1-12-21, EDJ 767941).

8707 **Efectos** (Const art.24.2 y 25.1; Pacto internacional de derechos civiles y políticos Nueva York 16-12-1966 art.14.7) El efecto fundamental del sobreseimiento libre es el de cosa juzgada material, pues junto con la sentencia absolutoria es presupuesto para la aplicación del derecho a no sufrir doble enjuiciamiento por el mismo hecho.

Además, tiene en otros aspectos **eficacia común con el sobreseimiento provisional**, ya que:
- puede declararse que la incoación del proceso no perjudica la reputación del investigado (LECr art.638); y
- es condición de procedibilidad para proceder por delito de acusación y denuncia falsas (CP art.456.2).

En ambos casos se equipara el sobreseimiento provisional al definitivo:
- en el primero, por ser el plenamente compatible con la presunción de inocencia (TCo 40/1998); y
- en el segundo para amparar la tutela judicial del perjudicado por la falsa acusación (TCo 34/1983; TS 17-11-92, EDJ 11359; 21-5-97, EDJ 5458; 27-12-04, EDJ 255241).

Comparte también con este el efecto relativo a:
- el mantenimiento de las **medidas cautelares reales** para facilitar el ejercicio separado de la acción civil; y
- el destino de las **piezas de convicción** (LECr art.635).

El eventual efecto de cosa juzgada material de una resolución de sobreseimiento no depende tanto de su calificación definitiva o provisional -y por tanto, de la imposibilidad absoluta de reapertura del proceso- sino de las **concretas circunstancias** concurrentes en el caso y relativas a que:
- la decisión haya sido adoptada **previa la tramitación de un proceso penal** al que el investigado haya quedado sometido, con la gravosidad que ello implica;
- se hayan desarrollado por el instructor todas las **diligencias necesarias y razonables** para determinar el carácter delictivo del hecho y la concreta participación del interesado en el mismo; y
- como consecuencia de la firmeza de la decisión de archivo, la reapertura quede condicionada a la **aparición de nuevos indicios** relevantes sobre el carácter delictivo del hecho o la participación del afectado (TS 8-4-21, EDJ 527149).

2. Sobreseimiento provisional

El sobreseimiento provisional supone la falta de éxito momentáneo de la instrucción criminal. **8712**

Causas (LECr art.641; LO 2/1989 art.247) Procede el sobreseimiento provisional cuando: **8713**
- **no** resulte debidamente **justificada la perpetración** del delito que haya dado motivo a la formación de la causa; o
- **no** haya **motivos suficientes para imputar** a determinada persona el delito que resulte del sumario.

La causa primera ha de distinguirse de la **inexistencia del hecho** que motiva el sobreseimiento libre, pues no se trata aquí de la demostrada ausencia del hecho procesal, sino de la falta de **corroboración de los indicios** que dieron lugar a la incoación del proceso.

Por ello parece necesaria, cuando se aplique la causa segunda, la expresa **revocación del procesamiento o imputación formal** existente antes de sobreseerse el procedimiento (TCo 40/1988; TS 23-1-08, EDJ 25604).

Efectos (CP art.132.2; LO 2/1989 art.251) El efecto característico del sobreseimiento provisional consiste en la paralización del proceso mientras subsista la indefinición de la imputación que dio lugar al mismo. A partir de él comienza a correr de nuevo el **plazo de prescripción** del delito y mientras esta no se consume puede reabrirse el procedimiento. **8715**

En consecuencia, siempre que no se produzcan los abusos antes aludidos, el sobreseimiento provisional goza de plena legitimidad constitucional con abstracción de que haya existido o no, una previa imputación formal contra determinada persona (TCo 40/1988; TS 23-1-08, EDJ 25604).

Precisiones 1) Sobre la cuestión de si es viable y cómo ha de producirse, en su caso, la **reapertura de las actuaciones** cuando existe previamente un auto de sobreseimiento provisional y archivo de la causa que ha ganado firmeza, es muy relevante AP Madrid auto 19-6-13, EDJ 102002.

La reapertura del procedimiento una vez firme el auto de sobreseimiento provisional depende de que se aporten **nuevos elementos de prueba** no obrantes en las actuaciones. De esta forma, el provisional sobreseimiento se caracteriza por dos aspectos:
• Que no resulta modificable sin más cuando ha adquirido firmeza el auto.
• Que puede procederse a su modificación cuando se aporten nuevos elementos de comprobación.

De acuerdo con ello, se considera **improcedente la reapertura** de una causa cuando:

a) Desde el inicio de las actuaciones resultó claro para el instructor que no mediaba soporte acreditativo de los hechos denunciados objeto de la investigación criminal y no se aportan elementos nuevos.

b) Determinados elementos probatorios que se toman en consideración en el auto de reapertura ya obraban en las actuaciones antes del archivo provisional.
c) La razón que sustenta la reapertura de las actuaciones es la interposición de otra querella, generadora de otro proceso penal, cuyo testimonio no se aporta o reclama y de cuya conexidad con el proceso reabierto no obran datos ciertos, pues no cabe derivar o presuponer tal conexidad con base en «noticias de prensa, de pasillo, conocimientos extrajudiciales o sospechas».
d) La argumentación relativa al nuevo soporte indiciario que justificaría la reapertura y el hecho denunciado son extraños, de modo que la desconexión y desproporción entre lo argumentado por el instructor y el objeto del proceso es patente.
En consecuencia, la reapertura de una causa cuyo objeto fue la **concesión de un crédito por elevado importe** por una entidad bancaria a un consejero de la misma, con base en la crisis económica sufrida en los Estados Unidos de América y la Eurozona, y en la consideración como «nefasta» de la **gestión de la entidad prestamista**, es manifiestamente improcedente y puede convertir el proceso, en una investigación en busca de los responsables de la crisis económica actual (TS 21-3-12, núm 189/12).
2) La reactivación de la instrucción con posterioridad a un auto de sobreseimiento provisional por medio de un auto de **autorización de entrada en domicilio** sin previamente dejar sin efecto formalmente el anterior de sobreseimiento, constituye una omisión *de facto* no invalidante que no tiene porqué producir indefensión material, siempre que la motivación del auto de entrada exprese las razones justificativas de la medida y consiguiente reapertura de la instrucción (TS 14-7-22, EDJ 640464).

3. Auto de archivo de diligencias previas

8718 MPP nº 3160 La fase de **instrucción del procedimiento abreviado** puede finalizar mediante este auto.
La referencia al archivo solo se cita, como **efecto material del sobreseimiento provisional** en caso de falta de autor conocido (LECr art.779.1.1ª). Por tanto, el juez de instrucción debe acordar el sobreseimiento que corresponda si estima que el hecho no es constitutivo de infracción penal o que no aparece suficientemente justificada su perpetración, con lo que la resolución que ponga fin a las diligencias previas por ese motivo pasa a regirse por las reglas generales de la cosa juzgada (TS 23-5-05, EDJ 157539; 23-11-05, EDJ 225561).

Precisiones Las consideraciones anteriores son plenamente aplicables a las **diligencias urgentes**, por remisión expresa de LECr art.798.2.1º.

8721 MPP nº 3164 **Proceso militar** (LO 2/1989 art.129 s. y 141 a 143) Las diligencias previas no pueden identificarse en esta legislación con las contempladas en la LECr, pues no integran la fase instructora de un tipo concreto de procedimiento y se limitan legalmente a los casos en que *ab initio* el **procedimiento a seguir no sea determinable**.
Sobre el **efecto de cosa juzgada** que quepa atribuir a la resolución del juez togado de instrucción acordando el archivo cuando los hechos no sean constitutivos de infracción penal, depende la posibilidad de reapertura del procedimiento.

8723 **Proceso de menores** En este tipo de procesos, se alude al sobreseimiento o al archivo de las actuaciones en un triple sentido:
1) Por motivos de **legalidad**, cuando concurra alguna de las causas previstas para ello en Ley de Enjuiciamiento Criminal. El juez de menores acuerda el sobreseimiento o archivo en el seno de la fase de audiencia que sigue a la conclusión de la instrucción por el Ministerio Fiscal, a petición de parte o de oficio y en contra de las pretensiones acusatorias (LO 5/2000 art.30.4 y 33.b).
2) Por motivos de **oportunidad** y en **interés del menor investigado**, el «archivo por sobreseimiento» se acuerda en idéntico momento cuando lo solicite el Ministerio Fiscal, que previamente ha de desistir de la instrucción del expediente, en los casos de delito menos grave cometido sin violencia ni intimidación. Tal ocurre cuando el informe del equipo técnico proponga la conveniencia de no continuar la tramitación del expediente por haber sido expresado suficientemente el reproche al mismo a través de los trámites ya practicados o por considerar inadecuada para el interés del menor cualquier intervención, dado el tiempo transcurrido desde la comisión de los hechos, y en caso de conciliación con la víctima o cumplimiento de los compromisos de reparación de los efectos del delito (LO 5/2000 art.18, 19, 27.4 y 33.c).
3) Aunque la atribución al Ministerio Fiscal de la labor instructora en el proceso de menores impide hablar de sobreseimiento en sentido propio al término de la fase de instrucción, la resolución de **archivo del expediente** por no constituir el hecho delito o por falta de autor conocido equivale en sentido material, a un sobreseimiento libre o provisional (LO 5/2000 art.16.2). Sin embargo, al no ser el decreto de archivo del instructor equiparable a una resolución judicial y no implicar un juicio definitivo sobre el fondo de la cuestión, nada impide su **revisión** si aparecen nuevos datos que aconsejen la reapertura del expediente (FGE Circ 1/2000).

4. Recursos

El recurso adecuado contra los autos de sobreseimiento debe determinarse a la vista de la **clase de resolución** que se adopte y del **tipo de procedimiento** en que la misma recaiga. 8730

Casación por infracción de Ley Este recurso procede en los siguientes **supuestos**: 8731

a) Contra los autos de sobreseimiento libre dictados en única instancia por las audiencias en el **proceso ordinario**, cuando se amparen en no ser el hecho constitutivo de delito y alguna persona se encuentre procesada como presunto responsable del mismo (LECr art.636 y 848).
Aunque la norma alude expresamente solo a la aplicación de las causas primera y segunda de LECr art.637, se admite el recurso cuando el sobreseimiento se deba a la apreciación de **exención de responsabilidad criminal**, pues en tal caso se cumplen también los condicionamientos que impone LECr art.848 que, en definitiva, se refiere a inexistencia de delito y presencia de imputación (TS 11-3-89, EDJ 2764; 4-12-91, EDJ 11515).
Es invocable la indebida apreciación de la **prescripción** como motivo de casación frente al auto de sobreseimiento libre, pero circunscrito al análisis de sus presupuestos normativos (CP art.131 y 132), sin extenderse a los posibles gravámenes relativos al momento procesal en que se dicta ni a la ausencia de debate contradictorio previo al auto (TS 8-6-22, EDJ 600013).
b) En los **procesos penales militares**, contra los autos de sobreseimiento libre, sin que sea necesario el previo procesamiento o formalización análoga de la imputación (LO 2/1989 art.324 y 326.a).
c) Contra los autos de sobreseimiento libre dictados por las audiencias en **procedimiento abreviado en vía de apelación** contra el auto de transformación de las diligencias previas.
Para la procedencia del recurso han de cumplirse aquí también los **requisitos** de LECr art.848, para lo que se requiere que el sobreseimiento acordado sea definitivo y que exista una imputación judicial o situación de vinculación al proceso análoga al procesamiento, función que puede cumplir el propio auto de transformación o el de adopción de alguna medida cautelar, así como la formulación de la acusación, no siendo suficiente con la imputación que nace de la denuncia o de querella o con el hecho de haber prestado declaración en calidad de investigado durante la instrucción preliminar.
Tras la modificación operada por la L 41/2015, el requisito de que el auto haya sido dictado en procedimiento cuya sentencia sea recurrible en casación desaparece. Es decir, actualmente los **requisitos del sobreseimiento libre recurrible en casación** por infracción de ley, son los siguientes: haberse dictado un auto definitivo (es decir, no impugnable mediante recurso ordinario), dictado por una Audiencia Provincial o por la Sala de lo Penal de la Audiencia Nacional, que suponga la finalización del proceso por falta de jurisdicción o por sobreseimiento libre basado en la atipicidad de los hechos justiciables (con análogos efectos a los de una sentencia absolutoria), y contra una persona encausada mediante una resolución judicial que suponga una imputación fundada (TS 5-6-19, EDJ 611949; 12-3-20, EDJ 550189; 6-5-21, EDJ 561671; 6-4-22, EDJ 535874). En el **proceso ordinario**, esta se considera efectuada en el auto de procesamiento y en el **procedimiento abreviado** en el auto de transformación de actuaciones, resoluciones equivalentes que contienen un juicio sobre la existencia de indicios bastantes para sostener la acusación (TS 16-6-20, EDJ 579752; 20-2-19, EDJ 512333; 7-12-17, EDJ 259388).
Lo mismo cabe decir cuando en vía de recurso, cumpliéndose los requisitos expuestos, se declara la **prescripción del delito** (TS 16-12-98, EDJ 30959).
Las mismas consideraciones son aplicables al **archivo de diligencias previas** en vía de recurso.

Notificación del auto de sobreseimiento La forma de practicar la notificación del auto de sobreseimiento se regula de acuerdo con las siguientes normas: 8732

1.- El auto ha de **comunicarse a las víctimas del delito**, en la dirección de correo electrónico y, en su defecto, por correo ordinario a la dirección postal/domicilio que hubieran designado en la solicitud prevista en la L 4/2015 art.5.1.m. Ver nº 8030 s.
2.- El recurso de casación contra los **autos de sobreseimiento libre** en los términis expuestos, solo lo es por infracción de ley, siendo inherente al tipo de resolución fiscalizada (auto) la exclusión de la vía del error de hecho (LECr art.849.2), pues, sin celebración de juicio oral, no se ha practicado en rigor prueba alguna. Por ello, se excluye indirectamente de la casación el auto de sobreseimiento libre, por no concurrir indicios racionales de haberse perpetrado el hecho que dio origen a la causa (LECr art.837.1º), en tanto que reclamaría una valoración probatoria (TS 10-11-23, EDJ 743813).
3.- En los casos de **muerte o desaparición** ocasionada por un delito el auto de sobreseimiento ha de comunicarse de igual forma, a las personas previstas en LECr art.109 bis.1.2, de cuya identidad y dirección de correo electrónico o postal se tuviera conocimiento. En esto caso el

juez o tribunal puede acordar, motivadamente, **prescindir de la comunicación** a todos los familiares cuando ya se haya dirigido con éxito a varios de ellos o cuando hayan resultado infructuosas cuantas gestiones se hubieran realizado para su localización.
Con carácter excepcional, en el caso de **ciudadanos residentes fuera de la Unión Europea**, si no se dispone de una dirección de correo electrónico o postal en la que realizar la comunicación ha de remitirse a la oficina diplomática o consular española en aquel para que la publique. Transcurridos 5 días desde la comunicación se entiende que ha sido efectuada válidamente y despliega todos sus efectos, iniciándose el cómputo del plazo de **interposición del recurso**. Se **exceptúan** de este régimen los casos en los que la víctima acredita justa causa de la imposibilidad de acceso al contenido de la comunicación.
El **plazo de interposición del recurso** es de 20 días y las víctimas lo pueden interponer incluso aunque no hubieran sido parte en la causa.

8733 **Exclusiones del recurso de casación** De lo expuesto en el nº 8731, no cabe este recurso:
a) Cuando **no existe imputación penal previa** al sobreseimiento acordado en vía de apelación, como sucede cuando se confirma el dictado en primera instancia por el juez de instrucción o cuando se estima la apelación para sustituir el sobreseimiento provisional recaído en primera instancia por el definitivo (TS 5-10-05, EDJ 157688; 23-11-05, EDJ 225561). Lo mismo cabe decir de los autos de las audiencias que desestimen recursos contra los acuerdos de archivo de diligencias previas dictados antes de existir imputación judicial o acusación y de las resoluciones de inadmisión de querella (TS 8-5-02, EDJ 16831; 8-4-05, EDJ 46995).
b) Contra los autos de **sobreseimiento provisional** (LECr art.848; TS 7-7-05, EDJ 116859).

Precisiones Con anterioridad a la reforma operada por L 41/2015, se excluía la casación cuando por la pena abstractamente imponible la **competencia para el enjuiciamiento** correspondiera al juez de lo penal, ya que en tales casos regía el sistema de doble instancia y si no cabía casación contra la sentencia tampoco podía admitirse contra el auto de sobreseimiento. Pero este planteamiento ha cambiado con dicha reforma, y la simetría del sistema impone que los **autos de sobreseimiento libre** dictados por los juzgados de lo penal han de someterse al mismo escrutinio por el Tribunal Supremo que resultaría aplicable a las sentencias dictadas por estos (TS 27-1-22, EDJ 502372).

8734 **Apelación** (LECr art.766; LO 5/1995 art.32.2) Procede recurso de apelación contra los autos de
MPP sobreseimiento definitivo o provisional dictados por el juez de instrucción en los **procedimien-**
nº 3180 **tos abreviado, de enjuiciamiento rápido y de jurado**.
En el proceso de **menores**, procede el recurso de apelación ante la Audiencia Provincial (o Audiencia Nacional: LOPJ art.65.5º y 96.2) (LO 5/2000 art.33 párr 2º y 41.3; LOPJ art.82.3).

Precisiones **1)** Con carácter previo al recurso de apelación puede interponerse **reforma**, pero con carácter potestativo. La interposición de la **apelación** puede ser subsidiaria del de reforma o posterior o directa (sin previa reforma).
2) Se aplica el mismo régimen de **notificación del auto de sobreseimiento** que el expuesto en el nº 8731, con arreglo a LECr art.779.1.1ª.

8736 **Súplica** (LECr art.236; LO 2/1989 art.272) Cabe súplica contra los **sobreseimientos provisionales** recaídos en el proceso ordinario y en los procesos militares.

C. Conclusiones provisionales: acusación y defensa

8745 Los **actos de postulación** por los que se introducen en el proceso, con carácter provisional, las pretensiones penales y eventualmente las civiles de las partes activas y por los que se formula frente a ellas la oposición de las partes pasivas son denominados por la legislación procesal como:
- acta de acusación (LECr Exp. de Motivos);
- escrito de calificación (LECr art.649 s.);
- escrito de conclusiones provisionales (LO 2/1989 art.275 s. y 394);
- escrito de solicitud de juicio oral y calificación (LO 5/1995 art.29);
- escritos de acusación y defensa (LECr art.780, 784 y 800); o
- escrito de alegaciones (LO 5/2000 art.30.1 y 31).

En todo caso, se trata de efectuar una **primera valoración**, coincidente con la petición de apertura de juicio oral o derivada de ella en algunos casos, del material instructorio en orden a la **formulación de las pretensiones** de las diversas partes que pretenden someterse a prueba en el juicio oral.
En caso de **proceso por delito leve**, el fiscal asistirá a los juicios siempre que sea citado. Sin embargo, el Fiscal General del Estado impartirá instrucciones sobre los supuestos en los que, en atención al interés público, los **fiscales podrían dejar de asistir al juicio** cuando la persecución del delito leve exija la denuncia del ofendido o perjudicado. En estos casos, la declaración del denunciante en el juicio afirmando los hechos denunciados tendrá valor de acusación, aunque no los califique ni señale pena (LECr art.969.2).

Características esenciales Pueden resumirse en las siguientes: **8747**

a) Las **conclusiones provisionales de la acusación** tienen una relevancia constitucional de la que carecen las de la defensa. Ello se debe a que son elemento esencial para la **delimitación del objeto del proceso** y para la garantía del derecho a conocer la acusación que integra una de las características del proceso debido. Al mismo tiempo, en cuanto la posibilidad de **modificación** de las conclusiones no es absoluta, contribuyen a formar el canon de referencia para la **congruencia** de la sentencia. Ver lo dicho sobre los requisitos de la acusación y la vinculación de la sentencia a la acusación en nº 6875 s. Sobre la delimitación del objeto del proceso, ver nº 8050 s.

No se impide por ello que el **contenido** de los respectivos escritos y la estructura formal del **trámite** sea común para las conclusiones de acusación y defensa, por lo que, desde ese punto de vista, se exponen ahora de manera conjunta.

b) Las conclusiones son **provisionales**, por lo que cabe su modificación en el acto del juicio oral como resultado de la prueba practicada en el mismo (LECr art.732 y 788.3; LO 2/1989 art.313).

En el **proceso de jurado**, además de la que puede producirse en ese momento procesal existen antes otras dos posibilidades de mutación, una en la audiencia previa a la apertura del juicio oral por el juez de instrucción y otra en el trámite de cuestiones previas ante el magistrado presidente, tendente a modificar los hechos incluidos en el auto de apertura (LO 5/1995 art.31.3, 36.1.c y d y 48).

Los **límites de la modificación** y los **efectos** que de ella pueden derivarse sobre el desarrollo de la vista oral por exigencia del derecho de defensa se detallan en el estudio del principio acusatorio y del objeto del proceso, en nº 6875 s.

c) El presupuesto básico de la **legitimación pasiva** viene determinado por la imputación formalizada judicialmente durante la fase de instrucción, sin la que no cabe formular acusación contra persona alguna. Para mayor detalle sobre la necesaria correlación subjetiva entre **imputación judicial y acusación**, el control judicial de la verosimilitud de la imputación y las resoluciones que producen formalización de la misma, ver lo expuesto en nº 6830 s. **8748**

d) Aunque las **conclusiones de la defensa** tienen como fin esencial la oposición a las pretensiones acusatorias, son uno de los medios adecuados para mostrar la conformidad con las mismas, dándose lugar así a la finalización inmediata del proceso mediante sentencia anticipada, que en algunos casos se dicta por el juez de instrucción de guardia y no por el órgano judicial competente para celebrar el juicio oral (LECr art.655, 784.3, 800.1 y 801; LO 2/1989 art.283 y 394 párr 5º).

e) Por último, el detalle de las conclusiones provisionales puede determinar la **competencia para el enjuiciamiento** de los hechos o el **procedimiento aplicable** al caso, cuando una u otra circunstancia dependa en la Ley de la pena correspondiente al delito o de la naturaleza del mismo. Por ello se dispone que el auto de apertura de juicio oral, en determinados casos, precise el órgano competente para el enjuiciamiento y que las partes formulen en sus escritos de conclusiones la oportuna petición de adecuación del procedimiento (LECr art.783.2; LO 5/1995 art.29.5).

En sentido análogo, en el **procedimiento abreviado** y en el de **enjuiciamiento rápido**, las conclusiones definitivas de la acusación pueden dar lugar a la declaración de incompetencia del juez de lo penal (LECr art.788.5 y 802.1)

Requisitos Los requisitos que han de reunir las conclusiones provisionales afectan a: **8750**

- la forma que, con carácter general, ha de ser escrita;
- el contenido;
- el orden;
- el plazo de presentación; y
- el órgano receptor.

Forma escrita (LECr art.649, 780, 969.2; LO 2/1989 art.275 y 392; LO 5/2000 art.30 y 31) En la mayor parte de los procesos rige la regla de la escritura en la formulación de las conclusiones provisionales, exigencia que responde a la transcendencia que el conocimiento preciso de los términos exactos de la acusación tiene sobre los derechos fundamentales del investigado, sobre la delimitación del objeto del proceso y sobre el contenido y congruencia de la sentencia. **8751**

Este requisito se extiende a la **modificación de las conclusiones** provisionales en el acto del juicio oral (LECr art.732).

En el **proceso penal militar** se limita su aplicación al caso de que lo ordene el auditor presidente del tribunal cuando a la modificación haya precedido a instancia de parte la interrupción del acto por el tiempo imprescindible para ordenar sus notas, consignándose en acta en los demás casos las modificaciones introducidas (LO 2/1989 art.313).

En el **procedimiento de enjuiciamiento rápido**, las conclusiones provisionales del Ministerio Fiscal pueden formularse tanto por escrito como de forma verbal, en ambos casos de manera inmediata al auto de apertura del juicio oral, aplicándose igual regla a las de la defensa, que solo se producen en caso de no existir conformidad con la acusación. La formulación oral se limita al caso de que no esté personada acusación particular y, pese al silencio legal, debe documentarse en acta bajo la fe del letrado de la Administración de Justicia. Su contenido y función han de ser idénticos a los de la acusación escrita (LECr art.650, 781 y 800; FGE Circ 1/2003).

La escritura rige para todas las **acusaciones** en los casos en que se haya constituido acusación particular y para la **defensa** cuando el acusado solicite plazo para formular el correspondiente escrito (LECr art.800.2 párr 2º y 4).

En caso de **proceso por delito leve**, cuando el fiscal no asista a los juicios de acuerdo con las instrucciones impartidas al efecto por la Fiscalía General del Estado, la **declaración del denunciante** en el juicio afirmando los hechos denunciados tendrá valor de acusación, aunque no los califique ni señale pena (LECr art.969.2).

8752 **Contenido** (LECr art.650 y 652; LO 5/1995 art.781.1 y 29; LO 2/1989 art.276 y 279) El contenido de los escritos de conclusiones provisionales se refiere, principalmente, a la formulación de las **pretensiones** penal y civil y a la **oposición** a las mismas. Además de delimitar las pretensiones respectivas, en dichos escritos deben contenerse **otras peticiones de parte**:

A) Las acusaciones han de formular conclusiones precisas y numeradas sobre los **elementos básicos de las pretensiones** penal y/o civil que ejerciten en cada caso, debiendo posteriormente las partes pasivas del proceso manifestar por conclusiones numeradas y correlativas a las de la calificación que a ellas se refiera, si están o no conformes con cada una, o en otro caso consignar los puntos de divergencia. Para ello pueden, en caso necesario, examinar con las cautelas precisas las piezas de convicción (LECr art.649 a 652 y 654; LO 2/1989 art.275 a 279 y 281).

8753 **B)** Las pretensiones se configuran a través de los siguientes aspectos, que a su vez forman parte de las correspondientes conclusiones:

1) **Calificación jurídico penal** del hecho, que comprende (LECr art.650; LO 2/1989 art.276.1º a 5º):

• Los hechos punibles que resulten del sumario.

• La calificación legal de los mismos hechos, determinando el delito que constituyan.

• La participación que en ellos hayan tenido el procesado o procesados, si fueran varios. Se entiende que la calificación de la participación criminal incorpora la identificación de la persona del investigado (LECr art.781.1).

• Los hechos que resulten del sumario y que constituyan circunstancias atenuantes o agravantes del delito o eximentes de responsabilidad criminal.

• Las penas en que hayan incurrido el procesado o procesados, si fueran varios, por razón de su respectiva participación en el delito.

Han de incluirse también las peticiones referentes a otras consecuencias jurídicas del delito que no pueden apreciarse de oficio por el juzgador, como las **consecuencias accesorias** (CP art.127 s.; TS 15-9-03, EDJ 97979), y el **destino de los efectos o instrumentos intervenidos** (LECr art.781.1).

Este último precepto menciona también la **petición de condena en costas**, pese al criterio legal del vencimiento que establece el CP art.123.

2) **Concreción de la pretensión civil y oposición** a la misma, que deben hacer el Ministerio Fiscal y las demás acusaciones cuando ejerciten la acción civil, así como el investigado. Las partes civiles han de limitar sus escritos a los particulares siguientes (LECr art.650 a 652):

• La **persona** o personas que aparezcan **responsables** de los daños y perjuicios o de la restitución de la cosa, y el hecho en virtud del cual hayan contraído esta responsabilidad.

• La **cantidad** en que aprecien los daños y perjuicios causados por el delito, o la cosa que haya de ser restituida.

Ha de entenderse, como en el procedimiento abreviado, que cabe señalar únicamente las bases para la liquidación de las responsabilidades civiles en período de ejecución de sentencia (LECr art.781.1).

Precisiones Aun cuando se hubiera previamente renunciado a la acción civil, si las consecuencias del delito son más graves de las que se preveían en el momento de la renuncia, o si la renuncia pudo estar condicionada por la relación de la víctima con alguna de las personas responsables del delito, se podrá **revocar la renuncia al ejercicio de la acción civil** por resolución judicial, a solicitud de la persona dañada o perjudicada y oídas las partes, siempre y cuando se formule antes del trámite de calificación del delito (LECr art.112).

C) Sobre cada uno de los anteriores aspectos permite la Ley que las partes puedan formular **conclusiones alternativas** para que, si no resultara del juicio la procedencia de la primera, pueda estimarse cualquiera de las demás en la sentencia (LECr art.653; LO 2/1989 art.280). Esta posibilidad, que se ha estimado respetuosa con el principio acusatorio y con la vinculación de la sentencia a la acusación, ha de quedar **limitada** esencialmente a cuestiones de calificación jurídica de elementos esenciales o accidentales del delito y a su correspondiente reflejo en la petición de pena. No parece posible pretender a su amparo la introducción de **hechos alternativos** a los afirmados como objeto principal de acusación, pues salvo que se trate de meros **detalles accesorios del hecho principal** ello sería claramente contrario al requisito de concreción exigible a toda acusación (LO 2/1989 art.276.1º; TS 15-9-03, EDJ 97989; 11-3-04, EDJ 13196). **8754**

Otros contenidos Los escritos de conclusiones provisionales deben referirse, además de a la concreción de las pretensiones de las partes, a otros aspectos relevantes del proceso: **8755**
a) Las acusaciones han de formular en ellos la **petición de apertura del juicio oral**, en los procesos en que esta es posterior a la formulación de la acusación (LECr art.780.1 y 781.1; LO 5/1995 art.29; LO 2/1989 art.392).
b) Las partes deben igualmente proponer en este momento las **pruebas** de que intenten valerse en el acto del juicio oral, dando así inicio al procedimiento probatorio, con expresa indicación de las que han de practicarse con carácter anticipado y presentando las correspondientes **listas de testigos y peritos** (LECr art.656, 657, 781.1 párr 2º y 3º, 784.2 y 800.7; LO 2/1989 art.282).

Dada la trascendencia del escrito de conclusiones provisionales sobre la **prueba** es necesario hacer algunas matizaciones adicionales: **8756** MPP nº 3208
• Es el momento oportuno para la **impugnación** por la defensa, sin incurrir en mala fe procesal, de los **dictámenes periciales oficiales** practicados durante la instrucción, a fin de enervar la eficacia de prueba preconstituida que adquirirán en caso contrario (LECr art.788.2; nº 8368).
• Aunque en el **proceso ordinario** el escrito de conclusiones provisionales limita absolutamente el contenido de la futura prueba en el juicio oral, la rigidez de LECr art.728 se atenúa en el **procedimiento abreviado**, en el que al inicio de las sesiones del juicio oral se admite la proposición de las pruebas que puedan practicarse en el acto y la incorporación hasta ese momento de documentos a las actuaciones (LECr art.785.1 y 786.2 redacc LO 1/2025).
La misma línea se sigue en el **proceso penal militar** y en el **proceso de jurado** (LO 2/1989 art.310, 311 y 395 párr 3º; LO 5/1995 art.36.1.e).
• La reducción de las posibilidades de prueba defensiva que se produce en caso de **preclusión del plazo** de formulación del escrito de defensa se analiza en nº 8759.

Precisiones **1)** La jurisprudencia ha modulado la visión preclusiva derivada de una interpretación literal de LECr art.656, 728 y 786.2, cuyo tenor permitiría afirmar que el único **momento hábil para proponer pruebas** es el correspondiente a la presentación del escrito de conclusiones provisionales. Sin embargo, las sucesivas regulaciones procesales han admitido la proposición de nuevas pruebas al inicio de las sesiones del juicio oral, en el curso de la audiencia preliminar contemplada en el actual LECr art.786.2 para practicarse en el acto. De la misma forma, se permite la proposición de nuevas pruebas al inicio del juicio oral (LO 5/1995 art.45), siempre que puedan practicarse en el acto.
Estas previsiones se han ampliado jurisprudencialmente admitiendo la propuesta de nuevas pruebas con anterioridad a la audiencia preliminar; en el procedimiento ordinario admitiendo, por excepción, la petición adicional de prueba después del escrito de calificación provisional si existen razones justificadas y no hay fraude procesal (TS 17-12-21, EDJ 780336).
Se admite la **propuesta de nuevas pruebas** con anterioridad a la audiencia preliminar, en tanto que ello supone facilitar el conocimiento de las otras partes y de la tramitación, con respeto de los principios de contradicción, igualdad de armas e interdicción de la indefensión. Igualmente, la jurisprudencia ha extendido esa posibilidad al procedimiento ordinario, admitiendo por excepción la **petición adicional de prueba** después del escrito de calificación provisional, en tanto existan razones justificadas, no se trate de un fraude procesal y se respeten los principios citados, con arreglo a una interpretación flexible de las normas procesales que, garantizando el respeto a los principios y las reglas esenciales del proceso y a los derechos de las partes, contribuya a un mayor esclarecimiento de los hechos (TS 17-12-21, EDJ 780336).
2) La exigencia de que la proposición de la prueba sea tempestiva y procesalmente ajustada a sus previsiones normativas se ha rebajado respecto de las exigencias formales que puedan condicionar el derecho de defensa contradictoria en el proceso penal, particularmente en la fase de enjuiciamiento, admitiendo que en el procedimiento ordinario puedan reclamarse **nuevos instrumentos probatorios** después de la presentación de los escritos de conclusiones provisionales y para su práctica en el plenario, igual que se posibilita su propuesta para el abreviado o ante el Tribunal del Jurado (LECr art.786.2; LOTJ art.45); además de la posibilidad de propuesta en momentos anteriores a la fase de cuestiones previas del juicio oral cuando, por lógica, sea más adecuado y facilite el

conocimiento de su alcance por el resto de las partes. Se aplica una **interpretación flexible** de las normas procesales que contribuya a un mayor esclarecimiento de los hechos, superando un entendimiento rígido de los formalismos. En todo caso, la **petición extemporánea** de cualquier prueba adicional con posterioridad al escrito de calificación provisional exige que: esté justificada de forma razonada; no suponga un fraude procesal; y no constituya un obstáculo a los principios de contradicción e igualdad. Lo que es viable, tanto para aportar instrumentos probatorios desconocidos al momento de proponer la prueba, como cuando la oportunidad de la petición descansa en **actuaciones procesales erróneas u omisivas** (TS 27-11-08, EDJ 239992). Corresponde al **órgano de enjuiciamiento** modular la repercusión que su práctica puede tener con respecto a las previsiones de enjuiciamiento inicialmente definidas, considerando para ello que los principios de preclusión procesal y la LECr art.746, operan como límites funcionales que impulsan la eficacia del proceso (TS 11-7-25, EDJ 652076).

8756.2 MPP nº 3210 **Vinculación relativa con el auto de procesamiento** El auto de procesamiento, aun provisional, no limita su funcionalidad a la definición de quién haya de soportar la acusación. Esta resolución es algo más, pues la garantía jurisdiccional que implica ha de precisar también el qué y el porqué, cobrando así sentido el sistema de la **fase de investigación** jurisdiccional en el procedimiento ordinario.

La vinculación entre el auto de procesamiento y el escrito de acusación o **calificación provisional** del fiscal ha de entenderse en sus justos términos.

El hecho por el que se acusa y los acusados no han de coincidir con el relato fáctico y con el **juicio de inculpación** expresado en el auto de procesamiento, pues el fiscal puede:

- no incorporar a su acusación alguno de los hechos acogidos en el auto;
- apartarse de la subsunción del instructor y calificar alternativamente;
- no acusar a todos los investigados que fueron procesados por el juez; o
- instar la **revocación del auto de conclusión del sumario** para incluir aquellos presupuestos fácticos que hayan sido erróneamente omitidos por el instructor (LECr art.627).

Pero si **descarta el sobreseimiento** (LECr art.637, 641 y 642) y formula acusación, no puede desbordar el relato fáctico dibujado por el juez de instrucción ni acusar a quien previamente no haya sido declarado procesado.

La **vinculación objetiva** no es identidad objetiva e incondicional. Pero sí lo es sobre los hechos nucleares que definen el tipo objetivo por el que se decretó el procesamiento; aunque la correlación entre ese enunciado fáctico del instructor y el que luego asume el **escrito de acusación del fiscal** ha de interpretarse con la flexibilidad que permite el progreso de las investigaciones y el desarrollo de la prueba en el juicio oral (TS 10-2-16, EDJ 5987).

La delimitación del objeto inculpatorio contenida en el **auto de transformación o prosecución** de actuaciones (LECr art.779.1.4º) permite la prosecución del proceso por los trámites preparatorios del juicio oral. Pero dicha delimitación fáctica y normativa no servirá para ordenar la **apertura del juicio oral** si las partes que ejercitan la acción penal, mediante los correspondientes escritos de calificación, no precisan cada uno de los hechos justiciables que consideran deben ser objeto de acusación, concretando su relevancia normativa.

De esta forma, las partes pueden apartarse relativamente o, si se quiere, están vinculadas relativamente al contenido del auto y tienen que precisar los **hechos por los que se acusa**, calificándolos y dirigiendo la acción contra persona o personas concretas, previamente señaladas en el auto de referencia (TS 4-11-22, EDJ 733418).

Precisiones 1) En el ámbito del **procedimiento abreviado**, esta cuestión se plantea con relación al auto de transformación de actuaciones o de acomodación, respecto del que es exigible cierta congruencia en los escritos de acusación, pero no un mimetismo absoluto. Con ello se pretende dar paso a la fase de enjuiciamiento de un material fáctico que, en lo sustancial, debe respetarse por las acusaciones, pero permitiendo matizaciones que no supongan cambio esencial en el objeto del proceso (TS 10-2-22, EDJ 506382).

El **auto de transformación** vincula a las partes en cuanto a los hechos imputados y personas responsables, pero no en la calificación jurídica formulada por el juez instructor. Por ello, la ausencia de delimitación expresa de un delito en dicho auto no impide que pueda ser objeto de acusación, siempre que el acusado estuviera imputado del hecho al prestar declaración y pudiera solicitar las oportunas diligencias al respecto (TS 4-2-25, EDJ 51938; TS auto 9-9-25, EDJ 681508).

2) El **objeto del proceso penal** es de configuración progresiva; no es inmutable, fijo y predeterminado desde el inicio mismo de la instrucción, sino flexible, cambiante y aproximado hasta alcanzar la fase de juicio oral (AP Madrid auto 7-10-24, Rec 1055/24). Y en él, son las conclusiones definitivas de las partes las que lo configuran de manera definitiva. En el ámbito del **procedimiento abreviado**, una delimitación anterior de dicho objeto se realiza ya en el auto judicial que acuerda cerrar la fase de instrucción y continuar el proceso con la fase intermedia de dicho procedimiento. Los **escritos de acusación** que presenten las partes han de respetar los aspectos subjetivos y objetivos de los hechos que el juez de instrucción ha de imputar en dicho auto al investigado contra el que acuerde la continuación de la causa (AP Gipuzkoa 15-2-24, EDJ 513066).

Una **ampliación** en el relato histórico del escrito de acusación en relación con la descripción de hechos contenida en el auto de transformación a procedimiento abreviado (siempre que no haya habido sobreseimiento parcial firme incompatible) no implica siempre una mutación sustancial a los efectos del principio acusatorio y del correlativo derecho de defensa. La parte acusada no podrá alegar **indefensión ni vulneración del derecho a ser informado** de la acusación pues, abierto el juicio oral, se emplazará al imputado con entrega de copia de los escritos de acusación (LECr art.784), lo que le aporta un pleno conocimiento de la imputación contra él formulada, tanto en su contenido fáctico como jurídico. Y si el instructor abre el juicio oral respecto de unos delitos y sobresee expresamente respecto de otros, las partes acusadoras podrán interponer los pertinentes **recursos** contra la parte del auto que acordó el sobreseimiento (AP Guipúzcoa auto 13-1-25, PA 785/2023).

Ver lo expuesto en el nº 8683, respecto del **auto de apertura del juicio oral**.

Orden (LECr art.649, 651, 652 y 734 a 736; LO 2/1989 275, 277, 279 y 314 a 316; LO 5/1995 art.29) La formulación de las conclusiones ha de comenzar por las de la **acusación**. 8757 MPP nº 3214

Por ello, en el **procedimiento abreviado** el emplazamiento del encausado ha de acompañarse de traslado de copia de los escritos de acusación, sin perjuicio del ulterior traslado de los autos para conclusiones provisionales o escrito de defensa (LECr art.784.1).

Sobre esa base, el **orden concreto de evacuación de la calificación**, que se mantiene luego para los informes en el acto del juicio oral, es el siguiente:
- Ministerio Fiscal;
- acusación particular;
- actor civil;
- encausado;
- tercero civilmente responsable.

En los **delitos privados**, la referencia a las partes activas ha de entenderse hecha exclusivamente al ofendido (LECr art.649).

Plazo y órgano receptor Dependiendo de los diferentes **tipos de procedimiento**, el requisito temporal del trámite de conclusiones provisionales varía y son diversos tanto los plazos para formular los correspondientes escritos como el órgano judicial que ha de hacerse cargo de los mismos. Las diferentes posibilidades legales se contienen en el siguiente cuadro: 8758

Procedimiento	Extensión y carácter del plazo (1). Prórroga	Órgano judicial
Ordinario (LECr art.649, 651 y 652)	• 5 días • Sucesivo • No se regula expresamente posibilidad de prórroga (2)	Tribunal de enjuiciamiento
Abreviado (LECr art.780.1, 781.2 y 784.1)	• 10 días • Dos plazos comunes para las acusaciones y las partes pasivas • Cabe prórroga a instancia del Ministerio Fiscal y las acusaciones personadas, graduada por el juez con un máximo de 10 días (3)	Juez de instrucción Una vez presentados los escritos de defensa o precluido el plazo para ello, el letrado de la Administración de Justicia remite las actuaciones al órgano competente para el enjuiciamiento (LECr art.784.5)
Enjuiciamiento rápido (LECr art.800)	A) Escritos de acusación (4): • Inexistencia de acusación particular: formulación inmediata por el Ministerio Fiscal, de manera oral o escrita (LECr art.800.2). • En caso contrario: plazo improrrogable no superior a 2 días (LECr art.800.4) (5).	Juez de instrucción
	B) Escritos de defensa (LECr art.800.2): • Formulación inmediata oral o escrita, una vez conocidos los términos de la acusación y cuando no exista la conformidad. • Solicitud de plazo para formulación de escrito de defensa: Se señala prudencialmente por el juez dentro de los 5 días siguientes.	Los escritos de defensa y el de los terceros civilmente responsables se presentan ante el órgano competente para el enjuiciamiento
Proceso de jurados (LO 5/1995 art.27.4)	• 5 días • Plazo sucesivo por aplicación supletoria de las normas de LECr sobre el proceso ordinario (LO 5/1995 art.24.2)	Juez de instrucción

Procedimiento	Extensión y carácter del plazo (1). Prórroga	Órgano judicial
Proceso militar ordinario (LO 2/1989 art.275, 277 y 279)	A) Regla general: • 5 días • Sucesivo • Prorrogable hasta 10 días según el volumen y la complejidad del proceso B) Plazo común de 15 días en caso de existir pluralidad de acusadores particulares, defensores, actores civiles o terceros responsables.	Tribunal de enjuiciamiento
Diligencias preparatorias de LO 2/1989 (LO 2/1989 art.392 y 394)	Acusación: 3 días	Juez togado militar instructor
	Defensa: 5 días	Tribunal de enjuiciamiento

(1) Los plazos se refieren a días hábiles y se computan desde el siguiente a la diligencia de entrega o puesta de manifiesto de las actuaciones (LOPJ art.182 a 185).
(2) Ver, no obstante, LECr art.202.
(3) En virtud del principio de igualdad de armas, debe entenderse que la prórroga alcanza también a la defensa, pese al silencio de LECr art.784.1. Cuando la solicite el Ministerio Fiscal ha de hacerlo previa información a su superior jerárquico (LECr art.781.2).
(4) La FGE Circ 1/2003 recuerda la vigencia del LECr art.200 para los casos en que la presentación de escritos no pueda hacerse con la inmediatez reclamada por la Ley, que presupone la presencia física y la intervención activa del fiscal en la instrucción de las diligencias urgentes (LECr art.797.1).
(5) De los términos de LECr art.800.4 parece deducirse que el plazo es común para todas las acusaciones.

8759 MPP nº 3218 **Infracción del plazo** Si la infracción afecta al plazo de **acusación**, las consecuencias dependen del tipo de acusación a que la demora afecte y del tipo de procedimiento en que nos encontremos. Al respecto, nos remitimos a lo dicho sobre la acusación tempestiva en nº 6882 s.

8760 Si la infracción se refiere al plazo para formular el **escrito de defensa**, la regulación es diversa:
a) En el **procedimiento abreviado** y en el de **enjuiciamiento rápido** se prevé expresamente la preclusión del trámite, con merma importante de las posibilidades probatorias de defensa (LECr art.784.1 y 5, 795.3 y 800.6). Se introduce así una **defensa ficticia**, pues se entiende que la defensa se opone a las acusaciones y el procedimiento sigue su curso, pero, una vez precluido el trámite para presentar su escrito solo puede proponer la prueba que aporte en el acto del juicio oral para su práctica en el mismo. Ello sin perjuicio de que, además, pueda interesar previamente que se libren las comunicaciones necesarias, siempre que lo haga con antelación suficiente respecto de la fecha señalada para el juicio, de la aportación documental prevista en LECr art.785.1 y de la posibilidad de que los afectados aleguen la posible indefensión causada en el turno de cuestiones previas con que se inicia la vista oral.

8761 **b)** En el **proceso ordinario**, en el de **jurado** y en los **procedimientos penales militares** solo se prevé la recogida de la causa de la parte que la tenga en su poder y el nuevo señalamiento de plazo. La solución a la que ambos preceptos parecen aludir al referirse a que continuará el curso de las actuaciones parece semejante a la del procedimiento abreviado (LECr art.215 y 658).

8763 **Proceso de menores** (LO 5/2000 art.30 y 31) En el proceso de menores, los **escritos de alegaciones del Ministerio Fiscal y de la defensa** cumplen la misma función y tienen un contenido y significado paralelos a los de conclusiones provisionales.
El escrito de alegaciones del Ministerio Fiscal se formula tras acordar el fiscal instructor la conclusión de la instrucción y acompaña al expediente remitido por él al juez de menores, por lo que no aparece sujeto a plazo, mientras que el escrito de la defensa debe producirse tras la apertura de la fase de audiencia y dentro de los 5 días siguientes al traslado de testimonio del expediente y de las alegaciones del fiscal.

8764 Ante el silencio legal al respecto, conviene precisar dos cuestiones:
a) Si existe **acusación particular personada**, el orden de formulación de las alegaciones debe ser el que deriva del LECr art.651, aplicable como norma supletoria (LO 5/2000 art.25 y disp.final 1ª).
b) Con apoyo en la misma disposición, la **modificación de conclusiones** se rige por lo dispuesto para el procedimiento abreviado (LECr art.788.3).
Por otra parte, aunque los escritos de alegaciones constituyen el vehículo ordinario para la proposición de prueba, el proceso de menores se caracteriza por la **flexibilidad** en este aspecto, pues permite al juez practicar por sí, antes de la celebración de la audiencia, las pruebas denegadas durante la instrucción por el fiscal y a las partes proponer nuevas pruebas en el debate preliminar, siempre que puedan practicarse en el acto (LO 5/2000 art.33.e y 37.1; FGE Circ 1/2000).

SECCIÓN 9

Medidas cautelares

I. Aspectos generales

En el proceso penal, consisten en la privación o restricción de la libertad personal del investigado o en la limitación de la libre disposición de sus bienes con la **finalidad** de impedir la frustración por obra suya del normal desarrollo del proceso, de otorgar protección a la víctima frente a posibles reiteraciones delictivas procedentes del mismo y de garantizar, en definitiva, la efectividad del futuro contenido penal y civil de la sentencia. 8830 MPP nº 3255

Clases (LECr art.100, 299, 763 y 764.1; LO 2/1989 art.146; LO 9/2021 art.52 a 63 y 77 a 89) Responden a la dualidad de objetos del mismo: 8832

• **Personales**. Son las tendentes a asegurar la presencia del investigado (investigado, encausado -nº 8000-) en el proceso y a evitar la adulteración de este mediante la manipulación o destrucción de fuentes de prueba, así como a otorgar en ciertos casos protección a bienes jurídicos de la víctima.

• **Reales o patrimoniales**. Son las destinadas a asegurar la satisfacción de las responsabilidades pecuniarias de todo tipo que puedan derivarse de la comisión de la infracción penal. Ello incluye tanto las de tipo penal, como el pago de las costas o de la pena de multa o la efectividad del comiso, como el cumplimiento de las obligaciones derivadas de la responsabilidad civil.

• Junto a las anteriores aparecen en la legislación procesal penal otras medidas **secundarias de finalidad no enteramente cautelar**, como la suspensión en el ejercicio de cargos públicos o la retención del permiso de conducir vehículos a motor que llegan a confundirse con previsiones de similar contenido establecidas en la legislación administrativa (LECr art.384 bis y 529 bis).

Presupuestos Son los mismos que en cualquier otro tipo de proceso: 8834

a) La **apariencia de buen derecho** (*fumus boni iuris*), que en otros procesos se refiere al juicio provisional e indiciario favorable al fundamento de la pretensión de quien interese la adopción de la cautela (LEC art.728.2), se traduce en la existencia de imputación penal o atribución indiciaria, pero fundada, a una persona de la participación en un hecho punible. El *fumus* está en los motivos racionalmente bastantes como requisitos de la detención o de la prisión provisional (LECr art.492 y 503.1; LO 2/1989 art.216.3ª) o en los indicios racionales de criminalidad de los que se hacen depender las medidas patrimoniales (LECr art.589; LO 2/1989 art.190).

b) El **riesgo para el buen fin del proceso** derivado del transcurso del tiempo que comprenda su tramitación, durante el cual aquella puede frustrarse por obra del investigado mediante su ocultación personal o patrimonial o la adulteración de las fuentes de prueba (*periculum in mora*). La medida cautelar tiende a prevenir durante la pendencia del proceso situaciones que podrían impedir o dificultar la efectividad de la tutela que pudiera otorgarse en una eventual sentencia estimatoria (LEC art.728.1).

La medida cautelar supone, en este sentido, la restricción de aquellos derechos del investigado cuyo normal ejercicio pueda suponer la frustración de la finalidad del proceso y la burla de la eficacia real de las consecuencias jurídicas del delito. Para ello, su efectividad se refuerza en la vía penal mediante la tipificación de las conductas tendentes a eludirla, como el quebrantamiento de condena o ciertas modalidades del alzamiento de bienes (CP art.257.1.2º, 258 y 468 a 471).

Rasgos comunes Las **medidas cautelares personales** suponen la privación o restricción de derechos fundamentales de quien todavía no ha sido objeto de condena y se encuentra amparado por la presunción de inocencia, presentando por ello notables analogías con las 8836 diligencias sumariales de investigación limitativas de dichos derechos, mientras que las **cautelas patrimoniales** únicamente afectan al derecho no fundamental de propiedad mediante la limitación de la libre disposición sobre bienes concretos. Pese a tan esencial diferencia, ambos tipos de medidas tienen en común su carácter cautelar, del que derivan algunos rasgos compartidos.

8837 **Legalidad** Las **exigencias de rango y concreción** de la Ley reguladora de las medidas cautelares personales son las mismas que las predicables en el caso de las diligencias de instrucción con incidencia en los derechos fundamentales (nº 8410 s.). Por ello, el requisito de **predeterminación normativa** no se cumple por las disposiciones de los convenios internacionales que remiten la regulación de las medidas restrictivas a la legislación estatal interna, ni en virtud de normas extraprocesales de naturaleza administrativa que responden a presupuestos y sectores jurídicos ajenos al proceso penal, como la seguridad ciudadana, la extranjería o la extradición, ni merced a aplicaciones analógicas de la regulación de otras medidas cautelares distintas, aunque sean de mayor intensidad que la considerada en el caso concreto (Convenio Roma 4-11-1950 art.5; Pacto internacional de derechos civiles y políticos Nueva York 16-12-1966 art.9; TCo 194/2001).

MPP nº 3263

Por ese motivo, en el ámbito de la **responsabilidad criminal de las personas jurídicas**, a falta de habilitación legal expresa por medio de Ley Orgánica, no es posible adoptar medida alguna de aseguramiento de carácter personal respecto del legal representante de la persona investigada, por cuanto si bien el mismo ostenta por subrogación los derechos inculpatorios, en muchos casos no estará personalmente investigado, y por tanto, no puede ser sometido a detención, prisión provisional ni búsqueda. Todo lo más su **incomparecencia** podrá motivar la declaración de rebeldía de la persona jurídica (Circ FGE 1/2011).

Cuando se haya procedido a la imputación de una persona jurídica, las **medidas cautelares** que podrán imponérsele serán las expresamente previstas en el Código Penal, que se acordará previa petición de parte y celebración de vista, a la que se citará a todas las partes personadas (LECr art.544 quater).

Precisiones Las **fuentes** reguladoras de las medidas cautelares personales se encuentran, en LECr art.490 a 544 ter y 793 y en LO 2/1989 art.200 a 239.

En relación con el proceso de **extradición pasiva**, a L 4/1985 art.8 a 10 hay que añadir, las normas de los convenios correspondientes (TCo 222/1997; 305/2000; TCo auto 277/1997).

8838 Por el contrario, en el campo de las **medidas cautelares reales** rige el principio de la **atipicidad**, pues a las clásicas cautelas de fianza y embargo (LECr art.589 a 614), se añade desde la reforma de LECr art.764 por L 38/2002, la genérica previsión de que el juez puede adoptar mediante auto, y en pieza separada, medidas cautelares para asegurar las responsabilidades y la remisión a LEC de todo lo relativo a sus presupuestos y contenido. Ello lleva al sistema de LEC art.726 y 727, donde se define la medida cautelar como cualquier actuación, directa o indirecta, exclusivamente conducente a evitar que la efectividad de la tutela judicial que pueda otorgarse en una eventual sentencia estimatoria no resulte impedida por situaciones que puedan presentarse en el curso del proceso y se establece una enumeración abierta de las mismas.

8839 **Jurisdiccionalidad** (LECr art.504.1, 763 y 764; LO 2/1989 art.191 y 215) Salvo la detención, **todas las medidas** cautelares personales y patrimoniales han de ser adoptadas, según los casos, por el juez de instrucción o por el tribunal de enjuiciamiento.

La detención, única **excepción** posible, puede ser practicada por particulares y debe serlo por la autoridad o los agentes de policía judicial, pero en ambos casos la medida está preordenada a la puesta de quien la sufre a disposición de la autoridad judicial de forma inmediata o, en caso de detención policial, dentro de un plazo breve de tiempo que nunca puede superar, por lo general, el tope máximo de 72 horas (CP art.163.4). La Constitución revela claramente que un aspecto esencial del **derecho a la libertad** estriba en la garantía de que la situación de libertad o pérdida transitoria de la misma por parte de cualquier persona, con la exclusiva excepción del supuesto de la detención preventiva durante el exiguo plazo de duración de esta, se encuentra en las manos del juez, de modo que el mandato constitucional es que, más allá de las 72 horas, corresponda a un órgano judicial la decisión sobre el mantenimiento o no de la limitación de la libertad (Const art.17.2 y 4; TCo 115/1987; 71/1994).

Por otra parte, en los casos en que el **Ministerio Fiscal** practique actuaciones de instrucción o diligencias preprocesales, puede decretar únicamente la detención y debe interesar de la autoridad judicial la adopción de otras medidas cautelares, solicitud que en el caso de las diligencias preprocesales supone la incoación de procedimiento judicial y la automática finalización de la investigación del fiscal (L 50/1981 art.5; LECr art.773.2; LO 5/2000 art.17 y 28).

En el **procedimiento de investigación de la Fiscalía Europea**, la adopción de las medidas cautelares reales corresponde al fiscal europeo delegado encargado de la investigación y al juez de garantías en el caso de las medidas cautelares personales (LO 9/2021 art.52 a 63 y 77 a 89).

Ver nº 8630 y nº 10489 s.

Sentada la base de que toda resolución judicial que adopte medidas cautelares ha de contenerse en **auto motivado**, en el caso de las medidas personales dicha decisión judicial supone restricción de derechos fundamentales. Por ello se le exige **motivación reforzada**, pues esta no solo ha de colmar el deber general inherente a la tutela judicial efectiva, sino que ha de extenderse a la justificación de la legitimidad constitucional de la restricción, ponderando las circunstancias concretas que, de acuerdo con el presupuesto legal y la finalidad constitucionalmente legítima, permitan la adopción de la decisión (TCo 64/2001; 138/2002; 179/2005). **8840** MPP nº 3269 s.

Precisiones 1) Aunque la **motivación reforzada** del auto es predicable de la prisión provisional, como medida cautelar más intensa y gravosa, no deja de ser aplicable a las diversas alternativas de la misma, como la fianza carcelaria, la libertad provisional o la orden de alejamiento, pues en todas ellas se imponen condiciones para el disfrute de su derecho a la libertad personal cuyo incumplimiento puede conducir a la prisión provisional. El menoscabo del derecho a la libertad que ello supone justifica plenamente la exigencia de motivación reforzada e impide que puedan adoptarse de manera mecánica como sustitutivas de la prisión provisional (TCo 56/1997; 14/2000; 169/2001).
2) Aunque en LECr y LO 2/1989, la regulación de esta materia se encuentra en su mayor parte en la fase de instrucción, cabe la **adopción de las medidas cautelares** fuera de la misma, como lo demuestra el hecho de que su solicitud integre parte del contenido de los escritos de acusación y de que el auto de apertura del juicio oral deba pronunciarse acerca de su mantenimiento, modificación o revocación (LECr art.781.1 párrafo 3º; LO 2/1989 art.394 párrafo 2º). De igual modo, pueden adoptarse a prevención por el juez que conozca de las primeras diligencias o acordarse o modificarse por el tribunal de enjuiciamiento durante las fases del proceso atribuidas a su competencia (LECr art.502.1 y 861 bis a; LO 2/1989 art.215 y 301).

Instrumentalidad y proporcionalidad Las medidas cautelares tienen como **finalidad**, en sentido amplio, asegurar la eficacia de la sentencia firme que recaiga en el proceso, evitando el riesgo de que el objetivo de este pueda resultar frustrado por acción del investigado, encausado (nº 8000). Ello les dota de un carácter exclusivamente instrumental que se aprecia a través de los siguientes aspectos: **8841**

a) Han de adoptarse en el marco de un **proceso penal preexistente**, aunque la detención puede constituir un presupuesto previo de la incoación del mismo (LECr art.497, 771, 772 y 797; L 50/1981 art.5). En cualquier caso y con independencia del momento en que se produzca, la adopción de cualquier medida cautelar -en particular, la detención- es origen del nacimiento del status de investigado para el sujeto pasivo de la misma y de aplicación de las garantías inherentes al mismo (LECr art.118, 520, 767 y 773.2).

b) Las **finalidades** que legitiman las medidas son exclusivamente de tipo cautelar y se encuentran **tasadas legalmente**, con mayor rigor en el caso de las personales que afectan a la libertad (LECr art.503.1.3º, 509, 530 y 531). No cabe adoptar medidas cautelares con fines punitivos o de anticipación de la pena como medio de impulso de la instrucción sumarial o de la investigación del delito, ni confundir las primeras con los medios de ejecución de la sentencia. Por ello dispone el CP art.34.1 que no se reputan penas la detención y prisión preventiva y las demás medidas cautelares de naturaleza penal (TCo 28/2001; 98/2002; 191/2004).

c) Las medidas han de adoptarse y mantenerse bajo el principio de **necesidad estricta**, de manera que han de integrar el único medio posible para alcanzar el fin que las justifica. La legitimidad de las cautelas solo puede ser valorada en el caso concreto. El carácter prescindible y la existencia de alternativas menos gravosas convierten en ilegítima una determinada medida que, en abstracto, puede no serlo al convertirla en punitiva en cuanto al exceso (LECr art.502.2, 520.1, 528 y 531; LO 2/1989 art.238; LEC art.726.2; TCo 108/1984; 178/1985; 191/2004).

d) Por el mismo motivo, tiene lugar su **desaparición** necesariamente desde la sentencia firme, pues o se extinguen pura y simplemente si aquella es absolutoria, o se transforman en medidas de ejecución en caso contrario, sea mediante su abono para el cumplimiento de la pena o a través de su aplicación a la satisfacción de las responsabilidades pecuniarias declaradas (LECr art.613 y 983; LO 2/1989 art.381; CP art.58 y 59). Igualmente, tiene lugar su **extinción** cuando no se formula acusación contra la persona sometida a ellas y cuando el proceso termina de forma anticipada mediante sobreseimiento (LECr art.781.1 párr 3º).

Temporalidad y mutabilidad (LECr art.528, 611 y 612) Las medidas cautelares son por esencia **provisionales y circunstanciales**, por lo que han de modificarse en función de las circunstancias concurrentes valoradas de nuevo siempre que las mismas se alteren, sin que sea posible una mecánica remisión a los presupuestos que inicialmente sirvieron de base para la adopción de la cautela. **8842**

Además, la **detención preventiva** y la **prisión provisional** son temporales en sentido estricto. No solo se limita su duración al tiempo imprescindible para alcanzar su fin en cada caso concreto, sino que esta nunca puede exceder de un máximo infranqueable señalado directamente por la Constitución o, por mandato suyo, por la legislación procesal.

8843 **Homogeneidad** Las medidas cautelares afectan por lo general a los **mismos bienes jurídicos** que pueden verse restringidos por efecto de la sentencia cuya eficacia tratan de asegurar. Ello hace posible, en unos casos (patrimoniales), su **transformación** en medidas de ejecución y, en otros (detención y prisión y privaciones de otros derechos), su abono para el cumplimiento de la pena definitivamente impuesta. Cuando entre esta y la medida cautelar no exista homogeneidad, el juez o tribunal debe ordenar que se tenga por ejecutada la pena impuesta en aquella parte que estime compensada (CP art.59).

8845 **Tutela jurídico penal en caso de medidas cautelares personales** El derecho a la **libertad** afectado por las medidas cautelares personales goza de una tutela jurídico penal especialmente intensa que se manifiesta a través de la tipificación como delito de las conductas consistentes en su adopción o mantenimiento sin la concurrencia de los presupuestos legales o vulnerando el régimen de plazos y garantías específicamente aplicable.
La detención o prisión de una persona sin mediar causa por delito integra el tipo agravado de **detención ilegal** (CP art.167). La causa cuya ausencia se contempla no equivale a la existencia de proceso abierto, sino que se refiere a la simple existencia de imputación penal por aparente delito como presupuesto básico de la privación cautelar de libertad, integrada por los motivos bastantes a que se refiere LECr art.492 y 503.
En caso de que la privación de libertad inmotivada consista en la adopción de prisión provisional, el delito de detención ilegal entra en concurso medial con el de **prevaricación judicial** (CP art.446; TS 4-7-96, EDJ 5241).

Precisiones 1) Es subsumible en el tipo de la **detención ilegal** la detención policial practicada sin la existencia de motivos racionalmente bastantes (TS 14-4-05, EDJ 71543; 5-5-05, EDJ 90186; 12-7-05, EDJ 119233). Igualmente lo es la detención que se practica con motivo de hechos que de manera clara e inequívoca son constitutivos de falta contra la propiedad (TS 29-6-04, EDJ 13208; 21-1-05, EDJ 6997).
2) Se comete **prevaricación** cuando se imponen al investigado en situación de libertad provisional condicionamientos y reglas de conducta no previstas legalmente, como lo era en su momento la prohibición de abandonar el territorio español aplicando el argumento *a maiore ad minus* o cuando se decreta una fianza apartándose de los criterios de LECr art.531 y 532 (TS 15-10-99, EDJ 25736).

8846 **Plazos y garantías constitucionales** Aun existiendo el presupuesto básico de la imputación, la infracción del régimen de plazos y de garantías constitucionales y legales de la medida cautelar que afecta a la libertad personal puede encuadrarse penalmente entre los **delitos contra las garantías constitucionales**, que entran en juego en los casos siguientes (CP art.530 a 532 y 537):
a) Detenciones policiales inicialmente lícitas que devienen delictivas por **incumplimiento de los plazos legales**, por exceder dentro de ellos del tiempo estrictamente necesario o por inobservancia de las restantes garantías de LECr art.520 (TS 21-7-01, EDJ 29152; 22-11-04, EDJ 219343).
b) Infracción del **deber de información** de derechos al detenido y obstaculización o impedimento del derecho a la asistencia letrada, procurar o favorecer la renuncia al mismo, que son objeto de tipificación autónoma y agravada (CP art.537; TS 10-3-00, EDJ 4394; 11-7-01, EDJ 27594).
c) Aplicación de la **prisión provisional** con omisión del trámite de comparecencia previa (LECr art.505), que en unas ocasiones se incardina en el tipo doloso del CP art.530 ante lo inconcebible de que el error de prohibición pueda afectar al juez, y en otras se subsume en el tipo imprudente del CP art.532 por error en las circunstancias fácticas (TS 12-11-98, EDJ 24844; 12-11-04, EDJ 197336).

8847 **Recursos** (LECr art.501, 506.1 y 507; LO 5/2000 art.41.3) En materia de medidas cautelares personales existe, salvo en el proceso penal militar, un **régimen específico** de recursos, que se resume en la aplicación de las normas reguladoras de la apelación en el procedimiento abreviado (LECr art.766). Su exposición detallada se remite al estudio del sistema de recursos en nº 9105 s.

Precisiones También existe un régimen específico de **recursos** en materia de cautelares en el procedimiento de investigación de la Fiscalía Europea -nº 8630 y nº 10489 s.- (LO 9/2021 art.63, 89, 91).

II. Detención

8855 En la legislación procesal se utiliza el término detención como equivalente a **ausencia de libertad** con al menos con tres significados diferentes:
1) En **sentido amplio**, como cualquier situación de privación de libertad no derivada de resolución judicial, que existe siempre que la persona se ve privada de la posibilidad de autodeterminar por obra de su voluntad una conducta lícita, sin que entre la libertad y la ausencia de ella

sean admisibles zonas intermedias (LO 6/1984 art.1; TCo 96/1986). Así, pueden considerarse detención **situaciones lícitas o ilícitas** que nada tienen que ver con la medida cautelar personal que estudiamos, como:
- algunas sanciones disciplinarias militares (LO 8/2014 art.15 y 16);
- el arresto domiciliario del deudor sometido a procedimiento concursal (LO 8/2003 art.1);
- el internamiento de extranjeros durante el expediente de expulsión (LO 4/2000 art.62);
- el internamiento de personas con discapacidad necesitadas de especial protección (LEC art.763); o
- la diligencia de identificación en dependencias policiales (LO 4/2015 art.16.2; TCo 341/1993).

Dichas situaciones comparten algunos aspectos de su régimen jurídico con la detención preventiva o detención en sentido estricto. En primer lugar, en ellas son aplicables en mayor o menor medida las garantías de **legalidad y limitación temporal** (Const art.17): unas veces de manera indirecta mediante la vigencia en el control constitucional de los principios que las inspiran (TCo 371/1993; 179/2000); y otras de manera estricta, como cuando la prohibición de entrada en territorio español no obedece a la existencia previa de una resolución firme de expulsión (TCo 179/1999). Además, en todos los supuestos referidos se aplica el **procedimiento de «habeas corpus»** siempre que la situación de privación de libertad no obedezca a una resolución judicial (TCo 178/1985; 233/2000; 263/2000; 278/2000).

2) Dentro ya de la regulación del proceso penal, se habla de detención como **medida de ejecución de penas** privativas de libertad (LECr art.490.3º a 5º y 7º y 500). En tal caso, la detención es puramente instrumental con respecto a la privación de libertad que significa la pena y el régimen jurídico de la privación de libertad es el establecido en la legislación penal y penitenciaria y no el aplicable a la detención cautelar.

3) En **sentido estricto**, la detención preventiva es la medida cautelar personal aplicable en caso de imputación de delito a una persona determinada, consistente en la breve privación de su libertad para ponerla acto seguido a disposición judicial, previa práctica, en su caso, de determinadas diligencias policiales urgentes de prevención, a efectos de la adopción de otra medida cautelar o del restablecimiento del derecho a la libertad en el proceso ya incoado o que con tal motivo se incoe.

Modalidades En el concepto estricto de detención cautelar caben tres modalidades: **8857**

a) **Detención por particular** es la que puede practicar cualquier persona en caso de flagrante delito para presentar inmediatamente al detenido a la autoridad judicial (LECr art.490.1º y 2º y 491; CP art.163.4) (nº 8880).

b) **Detención policial** es la que deben realizar los agentes de policía judicial ante la existencia de una imputación de delito, siempre que concurran los restantes presupuestos legales (LO 2/1986 art.11.1.g; LECr art.492; LO 5/2000 art.17.1 a 4). Su concepto es aplicable a la detención por **autoridad no judicial**, en concreto por el Ministerio Fiscal (L 50/1981 art.5; LO 9/2021 art.78). También pueden practicarla en el ámbito definido por LO 12/1995 disp.adic.1ª los miembros del servicio de **vigilancia aduanera** (TS 10-5-99, EDJ 8572) (nº 8865).

c) La **detención judicial** es la acordada directamente por el juez instructor del proceso, así como la situación, conocida como **detención confirmatoria**, en la que permanece el detenido desde su puesta a disposición judicial hasta que recae resolución acordando su libertad o la aplicación de otra medida cautelar (LECr art.487, 497, 499 y 505; LO 2/1989 art.201 y 204). Caso similar a la detención judicial confirmatoria es, en el proceso de **menores**, la del investigado desde que es puesto a disposición del Ministerio Fiscal hasta que este resuelve sobre su puesta en libertad o a disposición del juez de menores con solicitud de medidas cautelares (LO 5/2000 art.17.5 y 28.2) (nº 8885).

Precisiones: Quedan **excluidas** del concepto de detención, las inmovilizaciones momentáneas que inevitablemente lleva consigo la práctica de diligencias de cacheo (TS 6-10-99, EDJ 28082) y examen radiológico voluntario (TS 31-10-01, EDJ 46809), así como la identificación en la vía pública o la realización de controles meramente preventivos de alcoholemia (TCo 174/1999; TS 28-10-02, EDJ 51885).

A. Detención policial o por autoridad no judicial

La autoridad y los agentes de la policía judicial tienen la **obligación de privar de libertad** a todo presunto autor de delito en caso de riesgo de fuga, dando lugar el hecho de la detención al simultáneo nacimiento del status legal de investigado (nº 8000) y del derecho fundamental del detenido a ser puesto en libertad o a disposición judicial dentro de un plazo preestablecido. **8865**

En consecuencia, los **presupuestos esenciales** de este tipo de detención son (Const art.17.2; LECr art.490.1º, 2º y 7º, 492, 520.1 y 520 bis; LO 5/2000 art.17.4; LO 4/1981 art.16 y 32.3):
- la imputación (nº 8867);
- el riesgo de fuga (nº 8869); y
- el plazo legal (nº 8871).

8867 MPP nº 3302 **Imputación** (LECr art.490 y 492) Consiste en la razonable atribución a persona determinada de la participación en un hecho con caracteres de delito, que puede derivar de tres circunstancias:

a) La **flagrancia del delito**, cuya consumación puede incluso evitarse por la detención de quien intente cometerlo en ese preciso momento. En otro caso, para la aplicación de LECr art.490.2º, que se refiere sin más al delincuente *in fraganti*, ha de tenerse en cuenta que el precepto se refiere a la percepción directa de la consumación del delito por el sujeto activo de la detención, lo que releva a este de la apreciación racional a que se hace referencia más adelante. Para ello resulta útil el concepto legal de flagrancia que contiene LECr art.795.1.1ª, salvo en su último inciso (LECr art.490.1º y 2º y 492.1º).

b) Una **previa resolución judicial** que formalice la imputación, como el auto de procesamiento, lo que exime también a los agentes que practiquen la detención del deber de examen racional de los presupuestos legales que habilitan la misma (LECr art.490.7º y 492.2º y 3º).

c) La **apreciación lógica y racional de la imputación realizada en el acto de la detención**, para lo cual se precisa que la autoridad o agente tenga motivos racionalmente bastantes para creer en la existencia de un hecho que presente los caracteres de delito y que los tenga también bastantes para creer que la persona a quien intente detener tuvo participación en él (LECr art.492.4º).

d) La referencia legal al delito ha de entenderse en sentido estricto, pues no se puede detener por **delitos leves**, a no ser que el presunto reo no tenga domicilio conocido ni de fianza bastante, a juicio de la autoridad o agente que intente detenerle (LECr art.495). En consecuencia, es ilegal la detención cuando el hecho que la motiva constituye sin ningún género de duda delito leve y no delito (TS 29-6-04, EDJ 159701; 21-1-05, EDJ 6997).

8869 **Riesgo de fuga** (LECr art.492 y 495) Para que proceda la detención deben existir indicios para suponer que el investigado no comparecerá ante la autoridad judicial cuando sea llamado, dato que puede derivar tanto de la **gravedad de la pena** señalada por la Ley al delito de que se trate o cuando la pena sea inferior, de los **antecedentes** del investigado y **circunstancias** del hecho, unidos a la falta de prestación en el acto de **fianza bastante** ante la autoridad que intente la detención.

Los **condicionamientos de la detención** se establecen solo para el caso de que el detenido se encuentre procesado y en rebeldía, pues en otro caso no se comprende la necesidad de su detención. Sin embargo, parecen perfectamente aplicables al caso más frecuente de que la detención por causa de delito sea anterior al inicio del proceso y no exista previa imputación judicial, en que la privación de libertad no debe concebirse como automática aun cuando concurran las citadas circunstancias que permitan evitarla. Así resulta de LECr art.493, que obliga a los agentes a la **identificación** del procesado o delincuente a quienes no detenga por no estar comprendidos en ninguno de los números de LECr art.492, conclusión que se confirma por LECr art.771.2º y 796.1.2ª y 3ª, al regular la información de derechos y la citación del investigado (nº 8000) no detenido.

8871 MPP nº 3308 s. **Plazo** (Const art.17.2 y 55; LECr art.520.1) Como **regla general**, la detención no puede durar más tiempo del estrictamente necesario para la práctica de las averiguaciones tendentes al esclarecimiento de los hechos y nunca más de 72 horas, plazo máximo en el cual el detenido debe ser puesto en libertad o a disposición de la autoridad judicial.

Se trata de un **plazo único**. Ello supone que cuando a la detención policial siga otra acordada en virtud del mismo hecho por el Ministerio Fiscal, para el cómputo de aquel han de sumarse ambos períodos de privación de libertad (FGE Circ 1/1989).

Precisiones **1)** La confusa referencia de LECr art.520.1 a los «plazos señalados en la presente Ley» antes de referirse al máximo de 72 horas, reproduciendo literalmente el texto constitucional, ha dado pie a algunos autores para sostener que el **plazo ordinario** de la detención es el de 24 horas que todavía se señala en LECr art.496, y que viene así a reducir el máximo constitucional de 72 horas (Gimeno Sendra).

2) Por el contrario, otros autores estiman, con la **jurisprudencia del Tribunal Supremo**, que lo dispuesto en LECr art.496 ha resultado modificado por la Constitución y por la reforma de LECr art.520 por LO 14/1983 (TS 11-10-88, EDJ 16824; 19-6-99, EDJ 16865).

3) En el mismo sentido, es **doctrina consolidada del Tribunal Constitucional** sobre los límites temporales de la detención preventiva la de que sobre ella operan **dos plazos**, uno relativo y otro máximo absoluto, aplicándose el que resulte más beneficioso para el detenido en la hipótesis nada infrecuente de que ambos no coincidan (TCo 224/2002; 23/2004). El primero abarca el tiempo estrictamente necesario para la realización de las averiguaciones tendentes al esclarecimiento de los hechos y puede tener una extensión variable (TCo 31/1996; 224/1998). El segundo presenta una plena determinación temporal y está fijado en las 72 horas computadas desde el inicio de la detención, momento que no tiene que coincidir necesariamente con aquel en el cual el afectado se encuentre ya en dependencias policiales o se formalice la detención y debe comenzar a computarse en el mismo momento de la aprehensión física del detenido (TCo 86/1996). Su previsión legal no impide que puedan calificarse como privaciones de libertad ilegales, las que, aun sin rebasar ese límite máximo, sobrepasen el plazo relativo necesario para realizar las oportunas pesquisas en esclarecimiento del hecho delictivo que se imputa al detenido (TCo 224/1998).

4) En supuestos de **detención de menores de edad** mayores de 14 años como consecuencia de una orden europea de detención y entrega, el plazo de 72 horas se reduce a 24, tiempo en el que el menor ha de ser puesto a disposición de las Sección de Menores del Tribunal Central de Instancia -hasta su constitución juzgado central de menores-, con comunicación a la autoridad judicial de emisión (L 23/2014 art.50).

Reglas especiales Existen determinadas reglas especiales que afectan al plazo máximo absoluto de la detención en los siguientes **casos**: **8872**

a) En el **proceso de menores**, no puede extenderse en la detención policial más allá de 24 horas, pasadas las cuales el menor detenido debe ser puesto en libertad o a disposición de Ministerio Fiscal que, a su vez, dentro del término de 48 horas desde la detención inicial, debe poner al menor a disposición judicial o acordar su libertad (LO 5/2000 art.17.4 y 5; RD 1774/2004 art.3).

b) En el caso de delitos relacionados con la **actuación de bandas armadas o elementos terroristas o rebeldes**, se permite la prolongación del plazo general de 72 horas durante el tiempo necesario para la investigación y hasta un máximo de otras 48 horas más. Para ello es necesario que se autorice la prórroga en resolución motivada del juez competente y previa solicitud razonada de la autoridad que haya practicado la detención, realizada dentro de las primeras 48 horas del plazo ordinario. La norma es aplicable en el proceso de **menores** (LECr art.520 bis.1; LO 5/2000 art.17.4).

c) En caso de vigencia de los **estados de excepción y de sitio**, se permite la detención por un período máximo de 10 días cuando sea necesaria para la conservación del orden, por existir, cuando menos, fundadas sospechas de que la persona del detenido va a provocar alteraciones del orden público. La norma resulta literalmente ininteligible salvo que se aplique con criterios propios del Derecho penal de autor, incompatibles con nuestro sistema jurídico. Parece que la fundada sospecha ha de basarse inexcusablemente, en coherencia con el sistema de la LECr, en el riesgo de reiteración delictiva de hechos ya perpetrados cuando se decreta la detención (LO 4/1981 art.16 y 32.3).

Régimen jurídico y derechos del detenido La detención policial es uno de los posibles orígenes de la condición de parte pasiva del proceso penal y determina la automática aplicación del régimen de **garantías del investigado** y en particular del **derecho de defensa**, que solo pueden ser exceptuados en la declaración de estado de sitio (Const art.55.1; LO 4/1981 art.32.3). Su exposición detallada puede verse en nº 6955 s. **8874**

Para el régimen jurídico de las diligencias policiales de **declaración y reconocimiento del investigado**, nos remitimos a lo dicho en nº 8600 s.

Finalmente, el proceso de «**habeas corpus**» se expone en nº 10450 s.

Precisiones **1)** Adicionalmente, al detenido se le ha de informar del **plazo máximo legal de duración de la detención** hasta la puesta a disposición de la autoridad judicial y del procedimiento por medio del cual puede impugnar la legalidad de su detención.

Cuando no se disponga de una declaración de derechos en una **lengua** que comprenda el detenido, se le informará de sus derechos por medio de un **intérprete** tan pronto resulte posible. En este caso, deberá entregársele posteriormente y sin demora indebida, la **declaración escrita** de derechos en una lengua que comprenda.

En todos los casos se permitirá al detenido **conservar en su poder la declaración escrita** de derechos durante todo el tiempo de la detención.

Esta información se facilitará en un **lenguaje comprensible** y que resulte accesible al investigado. A estos efectos se adaptará la información a su edad, grado de madurez, discapacidad y cualquier otra circunstancia personal de la que pueda derivar una limitación de la capacidad para entender el alcance de la información que se le facilita (LECr art.520.2 y 2 bis).

2) En ningún caso pueden ser objeto de **detención incomunicada** los menores de 16 años (LO 13/2015).

3) A los **detenidos en espacios marinos**, por la presunta comisión de los delitos contemplados en LOPJ art.23.4.d, les son aplicables los derechos arriba expuestos en la medida en que resulten compatibles con los medios personales y materiales existentes a bordo del buque o aeronave que practique la detención, debiendo ser puestos en **libertad o a disposición de la autoridad judicial** competente tan pronto como sea posible, sin que pueda exceder del plazo máximo de 72 horas. La puesta a disposición judicial puede realizarse por los **medios telemáticos** de los que disponga el buque o aeronave, cuando por razón de la distancia o su situación de aislamiento no sea posible llevar a los detenidos a presencia física de la autoridad judicial dentro del plazo indicado (LECr art.520 ter).

B. Detención por particulares

(LECr art.490)

8880 La detención que puede practicar cualquier persona en caso de **delito flagrante** se caracteriza por una doble **especialidad**:

1) Se trata de una **facultad**, pues la obligación ciudadana de quien presencia la comisión de un delito termina en la formulación de la denuncia (LECr art.259).

2) La existencia de imputación por **flagrancia** y la **rebeldía o fuga del investigado** son los supuestos de aplicación de la medida cautelar que, por otra parte, exige la inmediata puesta a disposición judicial del detenido, sin práctica de actuación alguna por el sujeto activo de la detención (LECr art.490.1, 2, 6 y 7).

Ambas características son elementos negativos del tipo de detención ilegal recogido en CP art.163.4, debiendo quien la practique justificar que ha obrado por motivos racionalmente suficientes para creer que el detenido se encontraba en alguno de los casos citados en LECr art.490.

Precisiones Los anteriores preceptos son aplicables en el ámbito de la L 5/2014, de **seguridad privada**, en la que se encomienda a las personas que ejerzan tales funciones la obligación de poner inmediatamente a disposición de los miembros de las fuerzas y cuerpos de seguridad a los delincuentes en relación con el objeto de su protección, no pudiendo proceder a su interrogatorio (TS 7-7-98, EDJ 9897; 12-6-01, EDJ 15090).

Igualmente se aplican cuando la detención se practica por **agentes de la autoridad fuera de servicio** (TS 23-6-00, EDJ 16052).

C. Detención judicial

8885 La **detención judicial confirmatoria** es la situación en la que se encuentra la persona detenida por particular, autoridad no judicial o sus agentes, una vez puesta a disposición judicial, debiendo el juez, sea o no competente para la instrucción del proceso, en el plazo máximo de 72 horas ponerla en libertad o sustituir por otra la medida cautelar de detención (LECr art.497 y 499).

El juez de instrucción a quien se entregue el detenido debe, dentro del plazo de 72 horas, acordar la libertad completa del detenido, su libertad provisional sin fianza o convocar y celebrar la audiencia para la adopción de medidas cautelares.

En caso de **falta de competencia del juez** para conocer del asunto que motive la detención, la práctica de las anteriores actuaciones solo debe producirse si dentro del plazo citado no puede ponerse al detenido a disposición del juez competente, debiendo interpretarse de forma coordinada con lo dispuesto por LECr art.499 y 505.6.

La **vulneración del plazo** coloca al investigado en una anómala situación de privación de libertad, pues no está técnicamente detenido ni en prisión provisional y no puede subsanarse con la celebración tardía de la audiencia -LECr art.505 y 539-. En tales casos, el juez debe restablecer el derecho a la libertad, sin perjuicio de acordar acto seguido, aplicando la medida cautelar que proceda conforme a los presupuestos materiales existentes, pues la posibilidad de reforma establecida en el citado precepto tiene como presupuesto la preexistencia de una situación acordada de conformidad a la Ley y no puede aplicarse para subsanar una situación ilegal de partida, al ser evidente que reformar una situación legal en modo alguno puede equivaler a la subsanación de una situación ilegal (TCo 82/2003).

8887 **Menor detenido por agentes de policía** (LO 5/2000 art.17.4 y 5, 28) Similar a la detención judicial confirmatoria es la del menor detenido por agentes de policía desde que es puesto **a disposición del Ministerio Fiscal**, que debe, en el plazo de 48 horas a partir de la detención poner en libertad al detenido o incoar expediente y poner a aquel a disposición del juez de menores con simultánea solicitud de medidas cautelares.

Una vez puesto el detenido **a disposición del juez**, debe celebrarse la comparecencia legalmente prevista, en la que cabe acordar las medidas cautelares vistas en nº 8975. El régimen de **plazos**, ante la ausencia de norma específica en LO 5/2000, es el establecido en LECr art.497 y 505.

Precisiones Puede sostenerse que se suceden **dos detenciones confirmatorias**, ya que a la puesta a disposición del Ministerio Fiscal por los agentes policiales sigue la entrega al juez del detenido por el ministerio público. La Ley parece englobar la primera en el marco de la detención policial, pues el plazo con que cuenta el fiscal para adoptar la decisión pertinente no es autónomo (como el otorgado al juez en LECr art.497 y 505), sino que se computa desde el momento de la detención inicial (FGE Circ 1/2000).

Decisión judicial sobre la situación del detenido (LECr art.501 y 506.1; LO 2/1989 art.204) La decisión judicial sobre la situación del detenido se adopta mediante **auto**, que puede acordar cualquier **otra medida cautelar** distinta de la detención o **dejarla sin efecto**. 8889

Este último caso no está incluido entre los que cita LECr art.507.1, por lo que se plantea si comparte el régimen de **recurso de apelación** que dicho precepto establece. La decisión de dejar sin efecto la detención equivale a restablecer la plena libertad por haberse desvanecido los indicios que motivaron aquella, pues en caso contrario lo procedente es la aplicación de alguna medida de las referidas en la norma comentada. No parece en consecuencia que nos hallemos ante una resolución sobre la situación personal del investigado a las que se alude en LECr art.506.1, pues la expresión implica la vigencia de alguna medida cautelar, por lo que el recurso procedente contra el auto referido será el de **queja** (LECr art.218).

En los casos de adopción de **medida cautelar de prisión**, además del recurso de **apelación**, se confiere al investigado, encausado (nº 8000) un medio de autodefensa consistente en la posibilidad de pedir de palabra o por escrito la **reforma del auto** (LECr art.501 y 507).

D. Supuestos especiales

Las especialidades existentes en la regulación de la detención pueden obedecer a razones materiales o ser reflejo de un determinado estatuto personal que impone restricciones a la misma o incluso elimina totalmente cualquier posibilidad de acordarla. 8895

Razones jurídico materiales Existen especialidades en la regulación de la detención en **supuestos** como los siguientes: 8896 MPP nº 3339

a) **Detención incomunicada** (LECr art.509, 510 y 527). Como **regla general**, se aplica el régimen de la incomunicación común a la prisión provisional (nº 8988). En relación con la detención, debe resaltarse el carácter exclusivamente jurisdiccional de la medida, con la salvedad siguiente.

En caso de delito relacionado con la actuación de **bandas armadas o elementos terroristas o rebeldes**, se regula una especial incomunicación provisionalísima, pues tras la detención de una persona por dicho motivo y solicitado del juez que decrete su incomunicación, el detenido queda incomunicado *ope legis* hasta que el juez adopte la resolución pertinente, cosa que debe hacer motivadamente en el término de 24 horas (LECr art.520 bis.2).

b) **Detención de menores** (LO 5/2000 art.17.2 y 3). Aparte de las especialidades ya citadas sobre plazos, la peculiaridad se limita a la presencia en el acto de la declaración policial de las personas que de hecho o de derecho ejerzan la patria potestad o guarda del detenido o, en su defecto, de un representante del Ministerio Fiscal distinto del instructor del procedimiento, así como a las condiciones especiales de custodia y atención al menor mientras dure su estancia en dependencias policiales.

c) **Detención de militares en servicio activo** (LO 2/1989 art.205 a 214). Sus especialidades, en procesos penales militares o comunes, se refieren a la forma de practicarse la detención y al lugar de su ejecución. Así, se ejecuta a través de los jefes del detenido cuando sea posible y ello no retrase la efectividad de la medida y siempre que este se encuentre, en el momento la aprehensión, desempeñando un servicio de armas o dentro de un recinto militar. Durante la estancia en dependencias policiales el militar debe permanecer separado de los restantes detenidos.

Las restantes normas relativas al lugar de la detención y a la limitación del tiempo de permanencia en dependencias gubernativas no militares, así como a la imposibilidad de detener por faltas, no representan especialidad alguna, pues son mero reflejo de la concepción constitucional del plazo de la detención o de la norma general de LECr art.495 (LO 2/1989 art.208, 210 y 214). Tras la **desaparición de las faltas** por la reforma del Código Penal por LO 1/2015, las anteriores reflexiones han de entenderse referidas a los delitos leves.

d) **Detención en procedimientos de extradición** (L 4/1985 art.8; L 23/2014 art.50). Se estudia en nº 8970 s., conjuntamente con la medida de prisión provisional que en ellos puede acordarse.

El menor detenido tendrá derecho a la entrevista reservada con su abogado con anterioridad y al término de la práctica de la diligencia de toma de declaración (LO 5/2000 art.17.2).

Estatuto personal La imposibilidad de ser detenidos o la limitación de los casos en que cabe la detención forma parte del estatuto personal de quienes ejercen determinadas **funciones públicas**. Aparte de los supuestos de inviolabilidad o inmunidad estudiados al tratar sobre los límites subjetivos de la jurisdicción penal, a los que es inherente la imposibilidad de detención (nº 7350 s.), han de citarse ahora los siguientes: 8898

a) Solo pueden ser detenidos en caso de flagrante delito los **diputados** y **senadores** y miembros de los **parlamentos o asambleas legislativas** de las comunidades autónomas (Const art.71.2; Rgto Congreso art.11; Rgto Senado art.22.1).

En algunas comunidades autónomas la regla se extiende al **presidente y consejeros del Gobierno autonómico**, aunque en otras se limita al presidente del ejecutivo.
b) La misma regla se aplica al **Defensor del Pueblo** y a sus adjuntos, así como instituciones y figuras similares de las comunidades autónomas.
c) A la detención por delito flagrante se añade alternativamente en otros casos la acordada por orden de juez competente, como se contempla en el estatuto personal de inmunidad de **jueces y magistrados** y miembros de la **carrera fiscal** en servicio activo y de quienes ejercen funciones judiciales o fiscales en el ámbito de la **jurisdicción militar**, debiendo darse cuenta inmediata de la detención por el medio más rápido posible al presidente del tribunal de quien dependa el juez o magistrado o al superior jerárquico del fiscal (LOPJ art.398; L 50/1981 art.56; LO 4/1987 art.117).
d) En las normas internacionales existen preceptos que excluyen absolutamente la posibilidad de detención de determinados **representantes de los Estados o de ciertas organizaciones internacionales** (agentes diplomáticos, representantes en misión especial) o limitan la misma a la detención judicial en casos de delito grave (funcionarios consulares).

III. Prisión provisional

8910 La prisión provisional es una **medida cautelar personal** consistente en la privación de libertad del investigado ya encausado (nº 8000) durante el tiempo estrictamente imprescindible para alcanzar alguno de los fines constitucionalmente legítimos taxativamente establecidos en la Ley. Dado que el sujeto a ella ha de presumirse inocente y que la medida es homogénea con la pena privativa de libertad, ha de concebirse tanto en su adopción como en su mantenimiento como un instrumento de aplicación **excepcional, subsidiaria, provisional y proporcionada** a los fines que constitucionalmente la justifican y delimitan (TCo 47/2000; 29/2001; 128/2002).
Además de los expuestos con carácter general en nº 8830 s., los **presupuestos legales y caracteres** de la prisión provisional son los que se detallan a continuación, debiendo advertirse que la excepcionalidad de la medida impone la vigencia del principio *favor libertatis* o *in dubio pro libertate*, en cuya virtud la interpretación y aplicación de las normas reguladoras de la prisión provisional debe hacerse con carácter restrictivo y a favor del derecho fundamental a la libertad que tales normas restringen (TCo 128/2002).
La prisión provisional constituye una medida cautelar de **carácter excepcional** que únicamente halla justificación cuando concurre alguno de los elementos contemplados en LECr art.503. Esta medida concierne al núcleo mismo del derecho a la libertad persona, lo que obliga a administrarla, siempre sin perder de vista el marco que resulta del derecho fundamental a la **presunción de inocencia**, con particular cautela (TS auto 30-6-25, EDJ 614991).

Precisiones **1)** El **régimen jurídico** de la prisión provisional se encuentra disperso:
• La vigente regulación básica y principal de la prisión provisional es consecuencia directa del planteamiento por TCo 47/2000 de **autocuestión de inconstitucionalidad** de LECr art.503 y 504 en su anterior redacción, y se produce merced a la LO 13/2003, por la que se da nueva redacción a LECr art.502 a 511, 529, 530 y 530, algunos de ellos luego modificados por LO 15/2003. El texto de LECr responde, por tanto, fielmente, a las líneas básicas de la jurisprudencia constitucional sobre la materia.
• No transmiten la misma impresión de certeza las normas sobre **prisión preventiva** contenidas en LO 2/1989 art.215 s., inspiradas precisamente en la versión de la Ley de enjuiciamiento criminal, cuya bondad constitucional se puso en duda por el máximo intérprete de la Constitución.
• Una tercera regulación de se contiene en LO 5/2000 art.28, dedicado a la medida cautelar de **internamiento de menores**, de naturaleza privativa de libertad análoga a la de prisión provisional.
• Por último, se disciplina la aplicación de la medida cautelar en los procedimientos de **extradición**, junto con la detención preventiva (L 4/1985 art.8, 10 y 12).
2) A la aplicación de las normas reguladoras de la prisión provisional es de aplicación, en caso de sucesión de normas, el principio de **retroactividad** de la Ley penal más favorable (TCo 32/1987).

A. Presupuestos y requisitos

8920 Los presupuestos y requisitos de la medida de prisión provisional, con **carácter general**, son:
- imputación (nº 8925);
- carácter imprescindible y finalidad constitucionalmente legítima (nº 8935);
- plazo máximo (nº 8950); y
- petición de parte (nº 8965).

Además, es necesario hacer referencia en los **supuestos particulares** de (nº 8970 s.):
- extradición;
- proceso de menores; y
- proceso penal militar.

1. Imputación

La prisión preventiva requiere que en el procedimiento conste un **hecho con apariencia de delito** castigado con pena cuyo máximo sea igual o superior a los 2 años de prisión y que aparezcan motivos bastantes para creer responsable criminalmente del mismo a quien haya de sufrirla. Por ese motivo, el detenido o preso debe ser puesto en libertad en cualquier estado de la causa en que resulte su inocencia (LECr art.503.1.1º y 2º y 528). **8925**

Motivos El Tribunal Constitucional se refiere a estos como requisito básico de la prisión preventiva (TCo 207/2000; 94/2001; 146/2001)-, parece claro que dichos motivos representan un **plus** sobre los que constituyen base de la detención (LECr art.492). **8927**
• Porque han de ser **valorados exclusivamente por el juez**, mediante un examen necesariamente más detallado de los elementos de hecho existentes para poder apreciar la concurrencia de los restantes condicionamientos legales (LECr art.502.1).
• Porque los motivos no se refieren a la **participación en el hecho** del investigado, sino a la posible **responsabilidad criminal** de este, lo que puede obligar a integrar en el espíritu de la medida la valoración de elementos negativos del tipo penal o tocantes a la culpabilidad, en sentido técnico penal, del investigado. Así, no cabe adoptar en ningún caso la prisión provisional, cuando de las investigaciones practicadas se infiera racionalmente que el hecho no es constitutivo de delito o que se cometió concurriendo una causa de justificación (LECr art.492 y 502.4).

Pena igual o superior a dos años de prisión El requisito penológico es punto de partida para apreciar el riesgo de fuga y excluye la aplicación de la prisión cautelar cuando la pena señalada por la Ley al delito imputado no sea privativa de libertad o cuando, en caso contrario, su límite máximo sea igual o superior a 2 años de prisión. En casos de **pluralidad de delitos** han de aplicarse las reglas del concurso y del delito continuado para calcular este límite penal, solución más técnica que la mera suma (LO 2/1989 art.218). **8929**

a) Mientras la **naturaleza de la pena** no admite condicionamiento alguno y ha de ser siempre privativa de libertad, el **límite mínimo** de su extensión es objeto, sin embargo, de diversas **excepciones** y no limita la aplicación de la prisión en caso de pena privativa de libertad de duración inferior cuando concurra alguno de los siguientes supuestos:
- cuando el investigado, o ya encausado (nº 8000) tenga **antecedentes** penales no cancelados ni susceptibles de cancelación, derivados de condena por delito doloso (LECr art.503.1.1º);
- en caso de **riesgo de fuga** cuando, a la vista de los antecedentes que resulten de las actuaciones, hayan sido dictadas al menos dos requisitorias para su llamamiento (nº 6423 Memento Procesal Penal 2026) y busca por cualquier órgano judicial en los 2 años anteriores (LECr art.503.1.3º.a);
- cuando la prisión se acuerde para evitar que el investigado (nº 8000) pueda actuar contra **bienes jurídicos de la víctima**, especialmente si esta es alguna de las personas citadas por el CP art.173.2 (LECr art.503.1.3º.c);
- en caso de **riesgo de reiteración** delictiva, cuando de los antecedentes del investigado y demás datos o circunstancias que aporte la policía judicial o que resulten de las actuaciones, pueda racionalmente inferirse que aquel viene actuando concertadamente con otra u otras personas de forma organizada para la comisión de hechos delictivos o realiza sus actividades delictivas con habitualidad.

b) El **fundamento del límite** de 2 años está en que esa es la llave que permite celebrar el juicio oral en ausencia del investigado (LECr art.786.1 párr 2º) o aplicar la sustitución de la pena privativa de libertad (CP art.80 y 81). El artífice de la LO 13/2003, sin embargo, no es coherente con LECr art.786 ni con CP art.80 y 81, pues todos ellos se refieren a penas privativas de libertad no superiores a 2 años (Código Penal) o que no excedan de ese límite (LECr). No se comprende por ello la referencia de LECr art.503 a la pena de prisión con máximo igual a 2 años, pues en ese caso parece que el riesgo de fuga del investigado sin antecedentes penales por delito doloso no tiene porqué existir. La cuestión no es puramente teórica y especulativa, pues en el Código Penal se señala la pena de prisión con ese preciso límite máximo en numerosas ocasiones.

2. Carácter imprescindible y finalidad constitucionalmente legítima

(LECr art.502.2 y 503.1.3º; Convenio Roma 4-11-1950 art.5.1.c))

8935 Solo cabe adoptar la medida de prisión provisional cuando sea **objetivamente necesaria** y cuando **no existan otras medidas menos gravosas** para el derecho a la libertad a través de las cuales puedan alcanzarse los mismos fines que pueden justificarla, que se resumen en la necesidad de conjurar ciertos riesgos relevantes para el proceso o para la ejecución del fallo que pudieran partir del investigado -en concreto, su sustracción de la acción de la justicia o riesgo de fuga, la obstrucción de la instrucción penal y, en un plano distinto aunque íntimamente relacionado, la reiteración delictiva- (TCo 47/2000; 142/2002; 191/2004).

Por otra parte, las **exigencias de concreción** en la adopción y motivación de la medida que se desprenden de la doctrina jurisprudencial tienen adecuado encaje en el mandato de LECr art.502.3, conforme al cual han de tenerse en cuenta para ello no solo la entidad de la pena que pudiera imponerse, sino las circunstancias personales del investigado y las del hecho objeto de las actuaciones, debiendo expresarse en el auto que acuerde o mantenga la prisión los motivos por los que la medida se considera necesaria y proporcionada respecto de los fines que justifican su adopción (LECr art.506.1).

Se justifica la adopción de la medida de prisión provisional en los **supuestos** de:
- riesgo de fuga (nº 8937);
- peligro de colusión o entorpecimiento del proceso (nº 8942); y
- riesgo de reiteración delictiva (nº 8944).

Precisiones Supuesta la existencia de **motivos bastantes** para creer responsable criminalmente de un delito (para el que se asocien penas privativas de libertad superiores a los 2 años) a la persona contra quien se haya de dictar el auto de prisión, esta solo podrá acordarse cuando con ella se persiga alguno de los fines constitucionalmente legítimos previstos en dicho precepto precepto, a saber:
- asegurar la presencia del investigado o encausado en el proceso cuando pueda inferirse racionalmente un **riesgo de fuga**;
- evitar la **ocultación, alteración o destrucción de las fuentes** de prueba relevantes para el enjuiciamiento en los casos en que exista un peligro fundado y concreto, sin que pueda acordarse la medida por esta causa cuando pretenda inferirse dicho peligro únicamente del ejercicio del derecho de defensa o de falta de colaboración del investigado o encausado en el curso de la investigación; y
- evitar el riesgo de que el investigado o encausado cometa **otros hechos delictivos** (TS auto 30-6-25, EDJ 614991).

8937 **Riesgo de fuga** (LECr art.503.1.3º.a) La primera finalidad que puede justificar la medida cautelar de prisión provisional es la de asegurar la **presencia** del investigado en el proceso cuando pueda inferirse racionalmente un riesgo de fuga.

8938 MPP nº 3378 **Valoración** (LECr art.502.3 y 503) Para valorar la existencia del peligro de fuga debe atenderse conjuntamente a:
- la **naturaleza** del hecho;
- la **gravedad** de la pena que pueda imponerse al investigado o ya encausado); y
- su **situación** familiar, laboral y económica.

A la hora de valorar el riesgo de fuga han de distinguirse nítidamente el momento inicial de adopción de la medida y aquel otro en que se trata de decidir el mantenimiento de la misma pasado cierto tiempo, de modo que si cabe admitir su adopción inicial atendiendo solamente al tipo de delito y a la gravedad de la pena, el transcurso del tiempo modifica estas circunstancias y por ello en la decisión de mantenimiento de la medida deben ponderarse inexcusablemente los datos personales del preso preventivo (TCo 128/1995; 66/1997).

Precisiones **1)** Entre las **circunstancias concretas** que han de valorarse cabe citar (TCo 14/1996; 60/2001; 94/2001; 23/2002):
- el arraigo personal y familiar del investigado;
- su situación económica, laboral y familiar;
- su edad y estado de salud;
- los medios económicos con que cuente para la presunta fuga, lo que puede por ejemplo valorarse atendiendo a la recuperación o no de los caudales o fondos sustraídos.

2) En la **jurisprudencia del TEDH** se alude, en este sentido, a (TEDH 27-6-68, núm 1936/63; 26-6-91, núm 12369/86; 26-1-93, núm 14379/88):
- el carácter del interesado;
- su moralidad;
- sus recursos económicos;
- sus vínculos con el Estado que le persigue; y
- sus contactos internacionales y relaciones con el extranjero (TS auto 27-11-25, causa especial 20775/20).

3) El hecho de que tras la libertad decretada no se produzca la huida, no significa necesariamente que la prisión acordada por **riesgo de fuga** fuese improcedente si había indicios que sustentaban esa valoración y la hacían razonable (TS 9-12-25, EDJ 777801).

Por otro lado, son dos las **circunstancias de naturaleza procesal** que han de sopesarse a efectos de determinar el riesgo de fuga: **8939**

a) El **estado de tramitación** de la causa y la inminente celebración del juicio oral, al que la Ley atiende especialmente en los casos en que proceda la incoación de procedimiento de enjuiciamiento rápido. La norma ha de entenderse aplicable exclusivamente cuando, por razón de la pena aplicable, no quepa celebrar el juicio en ausencia del acusado y, desde luego, en ausencia de la conformidad ante el juez de guardia de la Sección de Instrucción del Tribunal de Instancia -hasta su constitución, el juzgado de guardia- (LECr art.795.4, 801 y 802.1; TCo 42/2002).

b) La **existencia de sentencia condenatoria no firme** constituye una apreciación cualificada de la imputación precisa para acordar o mantener la prisión, que puede ser acordada incluso en la misma resolución (TCo 62/1996; TS 25-2-97, EDJ 1381). No obstante, deben valorarse en ese preciso momento todas las circunstancias concurrentes y no atenderse solo a la gravedad de la pena concretamente impuesta, pues no es admisible entender que el pronunciamiento de la sentencia autoriza implícitamente y en cualquier caso la adopción o la prórroga de la cautela (TCo 144/2002; 22/2004; 99/2005). Por el mismo motivo, se ordena que el investigado sea puesto en libertad en caso de recurso de casación contra sentencia absolutoria (LECr art.861 bis.a).

Sin embargo, se estima que la **inminencia del pronunciamiento** de sentencia condenatoria en la que se impone graves penas de prisión y multa es circunstancia que evidencia un peligro objetivamente previsible de fuga, por lo que el tribunal sentenciador puede acordar la prisión provisional durante el proceso de deliberación de la misma (TCo auto 251/2003).

Presunción de riesgo (LECr art.503) Se establece una presunción de riesgo cuando hayan sido dictadas al menos **dos requisitorias para el llamamiento y busca** del investigado por cualquier órgano judicial en los 2 años anteriores, sin que en tal caso se aplique el límite penológico antes estudiado (nº 8929), y parece relevar al juez de cualquier otra consideración al afirmar que, en tal caso, procede acordar por dicha causa la prisión provisional. Sin duda los antecedentes de **anteriores fugas** que cita el precepto obligan a primar, sobre el derecho a la libertad del investigado, el bien jurídico de la realización de la Justicia penal cuya preservación exige la sumisión del investigado al proceso; pese a ello, el automatismo con que se concibe la medida cautelar se pone en duda doctrinalmente, pues aunque la doble requisitoria sea sin duda un indicio poderoso de riesgo de fuga, su mera existencia no debe imponer la prisión en todo caso cuando esa presunción resulte contrapesada por otras circunstancias concretas, ya que la regla de la necesidad estricta no deja de ser aplicable en cualquier caso (LECr art.502.2 y 3). **8940**

Por el mismo motivo, el riesgo de fuga justifica la prisión provisional incluso cuando se han **agotado los plazos máximos** legalmente establecidos y el investigado o encausado deja de comparecer sin motivo legítimo a cualquier llamamiento judicial (LECr art.504.4).

Peligro de colusión o entorpecimiento del proceso (LECr art.503.1.3º.b) **8942**

Cabe también que la medida de prisión provisional pretenda evitar el llamado peligro de colusión o entorpecimiento del proceso, consistente en la **ocultación, alteración o destrucción de las fuentes de prueba** relevantes para el enjuiciamiento.

Es necesario, en primer término, que el **peligro** sea **fundado y concreto** y se excluyen de la consideración como tal el ejercicio del derecho de defensa o la falta de colaboración del investigado en el curso de la investigación, lo que supone la expresa proscripción del uso de la medida cautelar como medio de investigación o de obtención de fuentes de prueba, finalidad de ilegitimidad manifiesta reiteradamente declarada por el Tribunal Constitucional (TCo 98/2002; 179/2005)

Por otro lado, para apreciar el riesgo de colusión debe valorarse especialmente la **capacidad del investigado** para acceder por sí o a través de terceros a las fuentes de prueba o para influir sobre otros investigados, testigos o peritos o quienes puedan serlo. Ha de tenerse en cuenta, como dato objetivo, que el peligro será mayor cuanto mayor sea la complejidad de la investigación y menos avanzada se encuentre la misma, pues a medida que esta avance y vaya asegurando las fuentes de prueba será más difícil la adulteración de las mismas. Por ello se exige que cuando se decrete la prisión incomunicada o el secreto del sumario, si se levanta la primera o se alza el segundo antes de concluir el plazo máximo de duración de la prisión, el juez o tribunal motive la subsistencia del presupuesto de la misma (LECr art.504.3).

Además, han de considerarse también los **antecedentes del acusado**, su conducta falsaria en el seno del procedimiento antes y después de la detención y su situación de jerarquía laboral en relación con posibles testigos (TEDH 12-12-91, núm 12718/87; 27-8-92, núm 12850/87).

8944 **Riesgo de reiteración delictiva** (LECr art.503.1.3º.c y 2) Prevenir el riesgo de reiteración delictiva es el tercer **fin legítimo de la prisión provisional**, que puede acordarse para evitar que el investigado o encausado pueda actuar contra bienes jurídicos de la víctima, especialmente cuando esta sea alguna de las personas a las que se refiere el CP art.173.2 o, más ampliamente, para evitar el riesgo de que aquel cometa otros hechos delictivos.

MPP nº 3384

8945 **Violencia doméstica** (LECr art.544 bis y 544 ter) En el caso particular de la violencia doméstica, la aplicación de la prisión provisional es por lo general resultado del **incumplimiento** de una previa orden de alejamiento o de la adopción de una orden de protección a la víctima, o, en su caso, de las personas sometidas a su patria potestad, tutela, curatela, guarda o acogimiento.
Respecto a la **orden de alejamiento**, se contempla expresamente la aplicación de la prisión provisional ante el incumplimiento de la prohibición de acudir a determinados lugares o de residir en ellos o de aproximarse a la víctima de alguno de los delitos enumerados en CP art.57. Se exige la valoración de la incidencia del incumplimiento, sus motivos, gravedad y circunstancias, sin perjuicio de las responsabilidades que del incumplimiento puedan resultar.
Aunque no cabe dudar de la proporcionalidad en abstracto de la medida cautelar dada la importancia que revisten los indicados bienes jurídicos de la víctima y la posibilidad hipotética de que pudieran ser puestos en peligro por acción del investigado, hay que recordar que la prisión provisional tiene carácter **excepcional** también en estos supuestos. Los requisitos exigidos para que la imposición de la misma resulte constitucionalmente inatacable no varían por el hecho de que se adopte ante un suceso de violencias habituales en el ámbito doméstico. Ello supone que se requiere inexcusablemente un **peligro cierto y real** para los mencionados bienes jurídicos, cuya existencia no cabe presuponer de manera automática cada vez que se produzca el quebrantamiento de una orden de alejamiento (TCo auto 233/2004; 65/2005).
La certeza del peligro es también el presupuesto de la medida cautelar cuando forme parte del contenido de una **orden de protección**, que puede dictarse por el juez de guardia cuando existan indicios fundados de la comisión de un delito o falta contra la vida, integridad física o moral, libertad sexual, libertad o seguridad de alguna de las personas mencionadas en CP art.173.2 y resulte una situación objetiva de riesgo para la víctima que requiera la adopción de la medida.
En el caso de que se investigue alguno de los delitos recogidos en la ley de garantía integral de la **libertad sexual e indemnidad sexuales**: homicidio o asesinato de mujeres o niñas vinculado a conductas de violencia sexual (LO 10/2022 art.3), de acordarse alguna de las medidas de protección de la víctima previstas en este precepto, podrá acordarse mediante resolución motivada la utilización de **dispositivos telemáticos** para el control de su cumplimiento.

8946 **Delitos imprudentes** Con carácter general, no cabe la prisión para evitar el riesgo de reiteración en delitos imprudentes y deben valorarse las circunstancias del hecho y la gravedad de los delitos que se pudieran cometer.
Se exige que entre el delito cometido y el que se trata de evitar exista una cierta **homogeneidad** y que el segundo tenga al menos la **gravedad** necesaria para justificar la prisión provisional (TEDH 12-12-91, núm 12718/87). Ambos requisitos pueden entenderse recogidos en la LECr mediante la mención a las circunstancias y gravedad del delito, exigencia que además se deduce a *sensu contrario* de la doble excepción al límite penológico que la norma hace en estos casos. En todo caso, la gravedad del delito por sí sola no justifica la adopción y prolongación de la prisión provisional y es uno más de los datos concretos que hay que manejar en cada caso.

MPP nº 3388

3. Plazo máximo

8950 El mandato de limitación temporal de la prisión provisional se fundamenta a la vez en exigencias de seguridad jurídica y de evitación de dilaciones en la tramitación del proceso y tiene por sí solo alcance sustantivo, pues el plazo señalado por el legislador se integra en la **garantía constitucional de la libertad** y confiere derecho a ser puesto en libertad una vez agotado el mismo (Const art.17.4; TCo 56/1997; 231/2000; 305/2000; 28/2001; 98/2002).
La limitación temporal de la prisión cautelar se compone de un **doble mecanismo**:
a) Durará el **tiempo imprescindible** para alcanzar cualquiera de los fines legalmente previstos y solo mientras subsistan los motivos que justificaron su adopción (LECr art.504.1 y 528).
Aunque en Const art.17.4 solo se exige la determinación del plazo máximo de duración, en el Convenio Roma 4-11-1950 art.5.3 y en el Pacto internacional de derechos civiles y políticos Nueva York 16-12-1966 art.9.3 se establece el derecho del preso preventivo a ser juzgado en un **plazo razonable** o a ser puesto en libertad, del que se hace eco la LECr. La extensión de ese plazo razonable o imprescindible ha de ser valorada atendiendo, por un lado, a la duración efectiva de la prisión provisional y, por otro, a la naturaleza y complejidad de la causa, la actividad

desplegada por el órgano judicial y el comportamiento del investigado, de suerte que la necesidad de prolongar la prisión a los efectos de asegurar la presencia del investigado en el juicio oral no obedezca a una conducta meramente inactiva del juez de instrucción, ni sea provocada por una actividad obstruccionista de la defensa (TCo 206/1991; 98/2002).

b) Sobre esa base, se establecen unos **plazos máximos infranqueables** cuya extensión depende del motivo que justifique la prisión y de la medida de la pena señalada por la Ley al delito investigado (LECr art.504). Se resumen en el siguiente cuadro explicativo: 8951

Motivo de la medida	Pena señalada al delito	Duración máxima (4)	Prórroga (1) (4)
Riesgo de fuga Reiteración delictiva	Igual o inferior a 3 años	1 año	6 meses
	Superior a 3 años	2 años	2 años
	Condena por sentencia no firme		Mitad de la pena efectivamente impuesta (2)
Entorpecimiento del proceso		6 meses	No se contempla (3)

(1) La prórroga requiere que concurran circunstancias que hagan prever que la causa no podrá ser juzgada dentro de los plazos iniciales. A tal efecto, cuando la medida de prisión exceda de las dos terceras partes de su duración máxima, el juez o tribunal que conozca de la causa y el Ministerio Fiscal comunicarán respectivamente esta circunstancia al presidente de la sala de gobierno y al fiscal jefe del tribunal correspondiente, con la finalidad de que se adopten las medidas precisas para imprimir a las actuaciones la máxima celeridad, gozando la tramitación del procedimiento de preferencia respecto de todos los demás (LECr art.504.2 y 6).
Además, ha de adoptarse en los términos previstos en LECr art.505, lo parece remitir a la previa petición de parte acusadora y a la adopción contradictoria de la prórroga.
(2) No es constitucionalmente razonable entender que el dictado de una sentencia condenatoria lleva consigo, implícitamente, la prolongación automática del plazo máximo de la prisión provisional hasta el límite de la mitad de la condena impuesta, pues el tenor literal de LECr art.504 y las generales exigencias de motivación de esta medida cautelar exigen rechazar esta tesis (TCo 272/2000; 121/2003; 99/2005).
(3) Sin embargo, si antes de expirar el plazo máximo se levantan la incomunicación o el secreto del sumario acordados, debe motivarse específicamente la subsistencia del presupuesto de la prisión provisional, lo que es enteramente lógico desde el punto en que ambas instituciones comparten con ella, en este caso, la misma finalidad (LECr art.504.3).
(4) La LO 15/2003 incorporó a la LECr una disposición adicional segunda conforme a la cual las medidas cautelares de prisión provisional, su duración máxima y su cesación, así como las demás medidas cautelares adoptadas en el curso de los procedimientos penales, deben anotarse en un registro central, de ámbito nacional, que existirá en el ministerio del ramo de justicia. Su organización y funcionamiento se remite a normas reglamentarias que se dictarán a propuesta del ministerio del ramo de justicia, oídos el Consejo General del Poder Judicial y la Agencia de Protección de Datos, y que deberán asegurar en todo caso la confidencialidad del contenido de los asientos.

Reglas de aplicación Se extractan a continuación las principales disposiciones legales y orientaciones jurisprudenciales sobre el régimen de plazos de la prisión provisional. 8953

Momento de adopción de la medida Además del requisito de duración máxima de la medida, su adopción está sujeta a otro condicionamiento temporal, pues el auto que la acuerde ha de dictarse observando la exigencia temporal contenida en LECr art.497 y 499 y dentro, por tanto, del término de duración de la **detención judicial confirmatoria**. La exigencia de ratificación del auto en las 72 horas siguientes a su producción desaparece tras quedar sin contenido la LECr art.516 por LO 13/2003. 8954

Penas que condicionan la extensión de los plazos (CP art.61 a 63) Salvo en el caso de que la prisión se acuerde o subsista tras sentencia condenatoria no firme, son las señaladas en abstracto por la ley penal, pero para su **determinación** no basta con acudir mecánicamente a la pena típica establecida para el autor de la infracción consumada, sino que deben tenerse en cuenta todas las circunstancias objetivamente determinables que influyan de manera automática en el marco penal del hecho, como son el grado de ejecución imperfecta del delito o la participación como cómplice del investigado (TCo 9/1994). 8955

Pluralidad de delitos imputados Salvo cuando ya se haya dictado una sentencia condenatoria, cuando sean varios los delitos imputados no cabe la **determinación del plazo máximo** de la medida cautelar teniendo en cuenta cada uno de ellos, ya que este criterio haría depender el límite temporal de un elemento incierto y conduciría a un resultado superior a todo plazo razonable (TCo 127/1984; 28/1995). Esta doctrina se contradice expresamente por LO 2/1989 art.218 cuando ordena la suma de la duración de las penas para aplicar sus plazos máximos. En la LECr, por contra, ha de aplicarse la misma regla que para determinar el límite penológico de la prisión provisional y acudir a las normas sobre concurso y delito continuado (CP art.73 s.). 8956

8958 **Cómputo** (LECr art.504.5) Para el cómputo de los plazos hay que tener en cuenta el tiempo que el investigado o encausado (nº 8000) haya estado detenido o sometido a prisión provisional por la misma causa. Ello implica que los **períodos sucesivos** de prisión provisional no pueden computarse de manera autónoma, pues equivaldría a privar al plazo legal del carácter de máximo impuesto por Const art.17.4, pues para ser verdaderamente tal ha de ser absoluto o, lo que es lo mismo, improrrogable.

En consecuencia, la **reinstauración de la prisión** decidida por el juez o tribunal ante la concurrencia de determinadas circunstancias objetivas y predecibles es absolutamente legítima, pero no puede impedir el derecho a disponer de un plazo máximo de prisión ni consecuentemente a ser puesto en libertad una vez transcurrido el mismo (LECr art.539 párr 2º; TCo 146/1997; 33/1999; 147/2000; 16/2005).

La **acumulación de procedimientos** por conexión de delitos determina, por tanto, la integración en uno solo de los diversos períodos de prisión consumidos en cada uno de los procesos acumulados (TCo 81/2004).

Por otro lado, es irrelevante que en cada uno de los sucesivos períodos la prisión se haya adoptado en una modalidad diversa, por lo que el **tiempo de prisión atenuada o domiciliaria** es computable para integrar el plazo máximo. Aunque a veces se ha definido como una situación intermedia entre la prisión ordinaria y la libertad es, sin duda, prisión provisional a efectos constitucionales (Const art.17.4; TCo 14/1996; 56/1997).

8959 **Exclusiones** Queda excluido del cómputo el tiempo en que la causa sufra **dilaciones no imputables a la Administración de Justicia**, lo que supone que el cómputo de los plazos máximos de la prisión provisional no tenga un carácter plenamente automático, dado que sin dejar de ser efectivos y determinados no se consumen por el transcurso natural del tiempo.

Precisiones 1) Se admite que no pueden merecer el calificativo de indebidas aquellas dilaciones que obedezcan única y exclusivamente a la **intencionada conducta** de la parte que la sufra, como la interposición de un dilatorio recurso dirigida exclusivamente a obtener su indebida puesta en libertad por el mero transcurso de los plazos legales de la prisión provisional (TCo 206/1991). Por el contrario, ha de rechazarse por injustificadamente restrictiva la interpretación de la expresión «Administración de Justicia» como equivalente al concreto órgano judicial que decreta la prisión en un procedimiento determinado, lo que impide excluir de su cómputo los períodos de tiempo aludidos en el anterior apartado (TCo 98/2002; 305/2000).

2) El período de tiempo que ha de excluirse del cómputo ha de corresponderse exactamente con la **duración de la dilación** (TCo 127/1984; 28/1985).

8960 **Coincidencia de la prisión provisional con otra privación de libertad** Cuando se produzca
MPP la coincidencia de la prisión provisional con la ejecución de una pena privativa de libertad
nº 3411 s. impuesta en **otra causa** o con la de otra prisión cautelar acordada en **otro procedimiento**, el curso del plazo no resulta alterado por ello. No cabe descontar del plazo máximo de la primera el período de cumplimiento de condena, ni suspender el cómputo de dicho plazo por entender que comienza a correr el que afecta a la segunda medida, pues la condición de preso preventivo incide negativamente en el régimen de cumplimiento de la pena y además ello supondría que el límite temporal de la prisión dependería de un elemento relativamente incierto, como es el de si el preso se encuentra en la misma situación de privación provisional de libertad impuesta en otro procedimiento distinto (TCo 305/2000; 168/2013).

La anterior doctrina es aplicable con independencia del **origen de la medida cautelar** cuya duración máxima se considera, que puede derivar tanto de un proceso penal sustanciado en España como de un procedimiento de extradición (TCo 16/1999; 71/2000; 72/2000).

8962 **Prórroga** La prórroga requiere una **decisión judicial específica** que se fundamente en la
MPP persistencia de alguno de los supuestos que legalmente habilitan para acordar la medida y
nº 3421 que se adopte antes de que el plazo inicial haya expirado, pues la lesión en que consiste el incumplimiento del mismo no se subsana por el intempestivo acuerdo de prórroga adoptado una vez superado este (TCo 56/1997; 234/1998; 305/2000).

La exigencia de una **valoración autónoma de los presupuestos** de la prórroga no excluye la motivación por remisión a anteriores resoluciones, pues la resolución del órgano judicial por la que se mantiene la prisión antes decretada puede partir de la fundamentación expresada anteriormente y analizar desde ella si las razones alegadas en la petición para decretar la libertad justifican o no un cambio en la apreciación anteriormente expresada o si el mero transcurso del tiempo obliga a revisar el fundamento o la propia decisión de mantener la privación de libertad (TCo 62/1996; 66/1997; 304/2000).

Precisiones En caso de que la **sentencia condenatoria que habilita la prórroga** del plazo máximo hasta la mitad de la pena impuesta sea anulada por quebrantamiento de forma, deja de ser aplicable dicho límite y renace el plazo originario, de manera que la nueva sentencia debe dictarse dentro del mismo si persisten los motivos legales o de fondo el investigado continúe sujeto a la medida cautelar (TCo 206/2000).

4. Petición de parte

En relación con esta cuestión nos remitimos a lo expuesto en nº 9085 s. **8965**

5. Supuestos particulares

Extradición (L 4/1985) La legislación sobre extradición permite la detención preventiva y la prisión provisional del futuro extraditado, cautela cuya peculiaridad consiste en que responde solo a la finalidad de evitar el **riesgo de fuga**, que ha de valorarse además en relación con quien no está dispuesto a comparecer ante los tribunales que le reclaman y para ello ha huido de su territorio o se niega a regresar a él, hurtándose a la acción de la Justicia. En el procedimiento de extradición no se ventila la existencia de **responsabilidad penal** y, por ello, no se valora la implicación del detenido en los hechos que motivan la petición de extradición, ni se exige la acreditación de indicios racionales de criminalidad, ni son aplicables en bloque las normas materiales y procesales sobre la prisión provisional previstas en la LECr (TCo 71/2000; 16/2005). **8970**

Precisiones La prisión provisional tiene un **carácter excepcional** y debe aplicarse únicamente para la consecución de determinados fines y siempre que no existan otras medidas menos gravosas para obtener el mismo fin. En procedimientos como el de **extradición pasiva**,de sencillos trámites y duración legalmente tasada de no más de 60 días desde la fecha de la detención, se justifica a la hora de valorar el riesgo de fuga de quien ya se ha sustraído previamente de la acción de la justicia en el país que le reclama, pues al verse la rápida resolución de una hipotética entrega, el riesgo de fuga aumenta (AN auto 27-6-24, núm 405/24).

Procedimiento (L 4/1985 art.8 y 9) La adopción de la medida de prisión provisional en el marco de la extradición debe realizarse del modo siguiente: **8971**
a) La **detención preventiva** puede solicitarse por el Estado requirente cuando responda a sentencia condenatoria o mandamiento de detención firmes, en cuyo caso su solicitud inicia el procedimiento de extradición, o acordarse por el Ministerio del Interior a instancia del de Justicia tras la presentación por vía diplomática de la demanda extradicional.
b) Puesto el **detenido a disposición** de la Sección de Instrucción del Tribunal Central de Instancia, este puede decretar si procede la prisión provisional o acordar la libertad provisional acompañada de alguna de las medidas alternativas que la Ley contempla para evitar la fuga (vigilancia a domicilio, orden de no ausentarse de un lugar determinado sin la autorización del juez, orden de presentarse periódicamente ante la autoridad designada por el juez, retirada de pasaporte o prestación de una fianza).
c) Sobre **plazos** máximos de la prisión, la ley remite a los establecidos en LECr (L 4/1985 art.10 párr 3º), no sin antes establecer dos **límites temporales** peculiares:
• La prisión provisional queda sin efecto si en el plazo de 40 días el Estado que haya solicitado la detención preventiva no formula demanda de extradición. En caso contrario, se prorroga la prisión por otros 40 días más.
• Queda sin efecto, exista o no la prórroga, cuando dentro del plazo de 40 días no recaiga acuerdo gubernativo sobre la continuación del procedimiento de extradición en vía judicial.

Abierta la **vía judicial**, se aplican los plazos máximos de la LECr (nº 10390 s.), para cuyo cómputo hay que considerar los períodos de prisión provisional anteriores a la decisión gubernativa, pues todos ellos responden a la misma causa extradicional (TCo 147/2000; 16/2005). **8972**
Además, la **entrega del extraditado** debe consumarse antes de agotarse el plazo máximo, sin que pueda sostenerse que solo abarca hasta la decisión judicial de extradición y que después es meramente instrumental para la entrega del reclamado, pues la medida cautelar sigue teniendo la naturaleza material de prisión provisional incluso después de que los órganos judiciales hayan declarado procedente la extradición y no queda exenta por ello de la exigencia constitucional de plazo máximo (TCo 147/2000).

Ejecución de una orden europea de detención y entrega (L 23/2014 art.50, 51 y 53) La normativa reguladora de la **detención** y la **prisión provisional** para la ejecución de una orden europea de detención y entrega remite expresamente a la LECr en cuanto a: **8973**
- la duración de la detención policial y judicial (nº 8871 y nº 8885);

- la celebración de la audiencia del detenido en la que simultáneamente se adoptan medidas cautelares (nº 8885 y nº 9085); y
- las medidas sustitutivas de la prisión provisional (nº 9035 y nº 9045).

Sobre el **plazo máximo** de duración de la prisión provisional, no se establece un límite expreso, ni se remite a la LECr, a diferencia de la L 4/1985. Sin embargo, no pueden olvidarse los estrechos márgenes que a la tramitación y ejecución de la orden europea se imponen, conforme a los cuales, debe adoptarse la decisión en el plazo máximo de 60 días desde la detención, prorrogable por otros 30 días más por razones justificadas, y ejecutarse dentro de los 10 días siguientes a su adopción (L 23/2014 art.53 y 54).

En supuestos de **detención de menores de edad** mayores de 14 años como consecuencia de una orden europea de detención y entrega, el plazo de 72 horas se reduce a 24, tiempo en el que el menor ha de ser puesto a disposición de la Sección del Menores del Tribunal Central de Instancia -hasta su constitución, del juzgado central de menores-, con comunicación a la autoridad judicial de emisión (L 23/2014 art.50).

8974 **Inmunidad europea sobrevenida** (TJUE 19-12-19, asunto C-502/19; TS auto 9-1-20, EDJ 500417; EDJ 500371) Respecto de la situación de inmunidad sobrevenida por haber sido elegido miembro del Parlamento Europeo quien está **sometido a situación de prisión preventiva** como investigado en un proceso por delito, se sostiene que -con arreglo al Protocolo de Privilegios e Inmunidades de la Unión Europea art.9-:

MPP nº 3438

- goza de inmunidad quien en tal situación cautelar ha sido elegido pero no ha podido, a causa de su situación procesal, cumplir con las formalidades precisas según el Derecho interno ni **desplazarse al Parlamento** para tomar parte en la primera sesión tras las elecciones;
- la inmunidad implica el **levantamiento de la medida cautelar** de prisión preventiva para permitir al afectado el desplazamiento al Parlamento Europeo y cumplir las formalidades precisas;
- si el tribunal interno considera, no obstante, que ha de **mantenerse la situación de privación cautelar de libertad** del elegido eurodiputado, debe ponerlo de manifiesto a la mayor brevedad a la Cámara, con solicitud de que suspenda la inmunidad;
- dicho protocolo rige **antes del «período de sesiones»**;
- la inmunidad lo es de **desplazamiento**, no de jurisdicción;
- la causa de **inelegibilidad sobrevenida** derivada de condena penal que posteriormente recaiga ha de surtir efectos pues supone obstáculo legal para el ejercicio del derecho de representación que proyecta sobre el afectado una causa de incompatibilidad que le excluye del Parlamento Europeo (LO 5/1985 art.6), de modo que la elección deviene nula, una vez declarada por el órgano competente (la Junta Electoral Central);
- la **petición de suplicatorio** para su enjuiciamiento no es procedente una vez ha sido dictada sentencia condenatoria que tiene carácter constitutivo en cuanto al efecto de anulación del mandato que el afectado recibido del electorado (TCo 144/1999) y que además supone extinguir la situación de prisión preventiva si es firme.

8975 **Proceso de menores** (LO 5/2000 art.28) En el proceso de menores no existe la prisión provisional, pero se contempla la medida privativa de libertad consistente en el internamiento del investigado en centro adecuado.

Para la adopción de la **medida cautelar de internamiento** se atenderá a la gravedad de los hechos, valorando también las circunstancias personales y sociales del menor, la existencia de un peligro cierto de fuga, y, especialmente, el que el menor hubiera cometido o no con anterioridad otros hechos graves de la misma naturaleza.

La **duración máxima** de la cautela es de 6 meses, prorrogable a instancia del Ministerio Fiscal, previa audiencia del letrado del menor y mediante auto motivado, por otros 3 meses como máximo (LO 5/2000 art.28.3).

8977 **Proceso penal militar** (LO 2/1989 art.215 a 229) La regulación de la prisión preventiva en el proceso penal militar presenta las siguientes **peculiaridades**:

a) Se concibe la prisión como **necesaria** cuando la pena señalada por la Ley al presunto delito sea superior a 6 años y en el procedimiento sumarísimo (LO 2/1989 art.216 y 400). Estas normas parecen contradecir la naturaleza excepcional y de estricta necesidad de la medida reiteradamente proclamada por el Tribunal Constitucional, según el cual la situación ordinaria del investigado en espera de juicio no es la de hallarse sometido a una medida cautelar, por así deducirse de la efectiva vigencia en nuestro ordenamiento jurídico de los derechos fundamentales a la libertad personal y a la presunción de inocencia (TCo 14/2000; 128/2002).

b) Aunque el **riesgo de fuga** se recoge como fundamento de la medida cautelar o de su prórroga en LO 2/1989 art.217, 218 párr 2º y 233, no se recogen los demás fines que legitiman desde el punto de vista constitucional la medida cautelar, por lo que la sospecha de inconstitucionalidad que mereció en su día la antigua versión de LECr puede afectar a LO 2/1989 art.216.2ª.

c) El precepto recién citado se refiere también al caso de **delito castigado con pena inferior a 6 años**, en cuyo caso la prisión preventiva se aplica cuando se considera conveniente atendidas las circunstancias del delito y las personales y antecedentes del inculpado o cuando se trate de hechos que revistan gravedad o peligro en relación con la disciplina o el servicio. La norma presenta dos aspectos claramente diferenciados. El primero no debe plantear problema de constitucionalidad, pues la referencia a los **antecedentes** del investigado parece homologable con LECr art.503.1.1º, al tiempo que la valoración de las **circunstancias personales** del mismo y de las del hecho delictivo (LECr art.502.3) permite apreciar la necesidad de la prisión para el cumplimiento de los fines de la misma compartibles con Const art.17. Por el contrario, la referencia a la **gravedad o peligro** del hecho para la disciplina y el servicio introduce en la aplicación de la medida cautelar unos matices de retribución y prevención general muy similares a los derivados de la antigua referencia a la alarma social, cuya valoración por el Tribunal Constitucional ya se ha indicado en nº 8975.

d) Las normas sobre **plazos** son, por el contrario, más estrictas que las de la LECr. Los tiempos máximos iniciales son de un año o de 6 meses, dependiendo de que la duración de la pena legalmente señalada al delito sea o no superior a un año, pudiendo prorrogarse hasta 4 y 2 años, respectivamente. La aplicación de los plazos ha de basarse, pese a la ausencia en LO 2/1989 de una norma similar a LECr art.504.1, en el principio de necesidad estricta y en la doctrina constitucional sobre el plazo razonable (LO 2/1989 art.218). **8978**
Contrariamente a LECr art.503, en la ley no se indica, al establecer la pena de referencia para los plazos máximos, el **límite mínimo** de la misma, sino que simplemente se refiere a «la pena señalada por la Ley» (LO 2/1989 art.218). Cuando se comprueba que en el Libro II del Código Penal Militar nunca se fija un límite mínimo de 2 años y que este sí constituye su límite máximo en numerosas ocasiones, parece evidente que el legislador está pensando en este caso en la duración máxima legal de la pena abstracta.

Simultaneidad con suspensión administrativa de funciones En aquellas causas en las que se investigan y se imputan **conductas a un funcionario público** constitutivas de delito que, por estar relacionadas con sus funciones, pueden integrar también una infracción administrativa disciplinaria, la Administración ha de adoptar la medida cautelar gubernativa de suspensión durante la extensión de la medida cautelar procesal de prisión provisional u otra que impida el ejercicio de sus funciones por el afectado sometido al proceso penal. Esta medida administrativa no queda sometida a los **límites temporales** de la prisión preventiva o de otras cautelas adoptadas en la causa criminal, por lo que puede prolongarse durante todo el proceso penal, siempre que se encuentre debidamente motivada y sea proporcional para la salvaguarda de los intereses públicos (TS cont-adm 2-12-20, EDJ 744541). **8979**

B. Modalidades

En función del **lugar y circunstancias de la ejecución** de la medida de prisión provisional pueden distinguirse hasta tres modalidades de la misma: **8985**
- prisión ordinaria;
- prisión incomunicada; y
- prisión atenuada.

Prisión ordinaria (LECr art.511; LO 2/1989 art.223) Es la que se ejecuta mediante el ingreso del encausado o aún meramente investigado (nº 8000) en un **establecimiento penitenciario** por mandamiento judicial, donde queda aquel sujeto al especial régimen penitenciario que para los presos preventivos establece la legislación penitenciaria. **8986**
En caso de ser el preso **militar en servicio activo o reserva**, al igual que para la detención y con abstracción de la naturaleza militar u ordinaria del proceso en que se adopte la medida cautelar, esta ha de ejecutarse en establecimiento penitenciario militar o, en su defecto, en el acuartelamiento, base o buque que designe la autoridad militar, a la que debe dirigirse el juez o tribunal que la haya acordado (LO 2/1989 art.219 a 222).

Prisión incomunicada (LECr art.509, 510, 527; LO 2/1989 art.224) La incomunicación consiste en el aislamiento del preso preventivo para evitar que a causa de su contacto con otras personas relacionadas con él y con el delito imputado puedan frustrarse las finalidades de la prisión provisional. Su regulación es común a la detención y a la prisión y se caracteriza por: **8988**
1) Los **fines** que justifican la incomunicación son los mismos que los de la prisión provisional, con la única diferencia de que en este caso no proceden directamente del investigado y sí de terceras personas con las que este pueda estar en relación. Así, puede acordarse para evitar peligro para la vida, la libertad o la integridad física de una o más personas, o por la necesidad

perentoria de una actuación inmediata de los jueces de instrucción para evitar comprometer de modo grave el proceso penal (esto es, principalmente, para evitar que se sustraigan a la acción de la justicia personas supuestamente implicadas en los hechos investigados, que se oculten, alteren o destruyan pruebas relacionadas con su comisión o que se cometan nuevos hechos delictivos).

2) La **motivación** de la incomunicación, dada la excepcionalidad de esta dentro de una situación también excepcional como la prisión provisional, ha de ser específica y distinta de la que ampara la prisión provisional y concretar los motivos de la misma.

3) El **contenido** de la medida se centra en el aislamiento del investigado o encausado, que puede ser privado del derecho a realizar o recibir comunicación alguna (excepto con la autoridad judicial, el fiscal o el médico forense), que no puede realizar ni recibir comunicación alguna, salvo las concretamente autorizadas por el juez o tribunal por ser compatibles con la finalidad de la medida (LECr art.510.2 y 3 y 527.c; LO 1/1979 art.51; RD 190/1996 art.19). Ello impone la limitación del **derecho de defensa** que constituye la esencia de la modalidad de prisión estudiada, y se concreta (TCo 196/1987; 165/2005):

• La **asistencia letrada** puede ser de oficio o, al menos, no de la libre elección del investigado, y, en caso de detención, cabe excluir la entrevista reservada a que se refiere LECr art.520.6. Sobre este particular ver lo dicho en nº 6955 s.

• Puede **limitarse o eliminarse el acceso** del incomunicado o/y de su abogado a las actuaciones, salvo a los elementos esenciales que permitan impugnar la detención.

• La intervención del investigado en la práctica de las **diligencias sumariales** en que la Ley así lo prevea está condicionada a que no pueda desvirtuar la finalidad perseguida con la misma (LECr art.333, 336, 448, 569 y 584; TS 4-7-97, EDJ 6128).

8989 **4)** Puede excluirse o restringirse el régimen de **entrevista reservada** con el abogado.

5) El aislamiento es estrictamente **provisional** y como regla general **único e improrrogable**, pues su duración se limita al tiempo estrictamente necesario para practicar con urgencia diligencias tendentes a evitar los peligros a que se refiere el apartado anterior y nunca más allá de 5 días. Sin embargo, en los casos de delito relativo a la actividad de **bandas armadas** o de **elementos terroristas o rebeldes** y en los de delito cometido organizadamente por dos o más personas, cabe prórroga de la incomunicación por otro plazo no superior a 5 días. Desaparece por efecto de la LO 13/2015, la posible aplicación de una segunda incomunicación por plazo no superior a 3 días.

En todo caso, la **cesación de los efectos** de la incomunicación es automática y recupera su plenitud el derecho de defensa, sin que quepa aplicar las restricciones propias de dicha situación a las declaraciones del investigado prestadas fuera de su límite temporal, que son nulas por contrarias al citado derecho por muy espontáneas que puedan resultar (TCo 167/2002; 7/2004).

6) En ningún caso pueden ser objeto de **detención incomunicada** los menores de 16 años (LO 13/2015).

7) La incomunicación es acordada por auto. Cuando la **restricción** de derechos o la incomunicación sea solicitada por la policía judicial o por el Ministerio Fiscal se entenderán acordadas las medidas previstas por LECr art.527.1 que hayan sido instadas por un plazo máximo de 24 horas, dentro del cual el juez habrá de pronunciarse sobre la solicitud, así como sobre la pertinencia de acordar el **secreto de las actuaciones**. Se exige **motivación específica** por cada una de las medidas adoptadas como excepciones al régimen general, debiendo asimismo el juez constatar las condiciones en que se desarrolla la incomunicación así como el estado del detenido o preso y el respeto de sus derechos. Los **reconocimientos médicos** de la persona a la que se restrinja el derecho a comunicarse con todos o algunos de los sujetos con quien tiene derecho a hacerlo, han de tener frecuencia de al menos 2 cada 24 horas, según criterio facultativo.

8990 **Prisión atenuada** (LECr art.508; LO 2/1989 art.225 a 229) Su característica esencial consiste en que no supone el internamiento penitenciario del preso, al que se permite **cierto grado de libertad**. No obstante ello, y aunque se ha calificado en ocasiones como situación intermedia entre la libertad y la prisión, la prisión atenuada es privación de libertad a todos los efectos y, en particular, para su cómputo dentro de los plazos máximos de duración de la medida y para aplicarle los requisitos de duración de la misma, pues lo relevante no es su diferencia con la prisión ordinaria, sino con la situación de libertad (TCo 14/1996; 56/1997). Lo mismo cabe decir del abono para el cumplimiento de la condena (TS 19-10-89, EDJ 18544)

Su regulación permite adoptar dos **variantes** de atenuación de la prisión:

a) La **domiciliaria**, cuando por razón de enfermedad el internamiento entrañe grave peligro para la salud del investigado, en cuyo caso el juez o tribunal puede autorizar que este salga de su domicilio durante las horas necesarias para el tratamiento de su enfermedad, siempre con vigilancia.

b) La **hospitalaria**, consistente en el ingreso en un centro oficial para prestar tratamiento de desintoxicación o deshabituación de sustancias estupefacientes. Se aplica cuando el investigado esté sometido previamente a tratamiento y el ingreso en prisión pueda frustrar su resultado, siempre que los hechos objeto del procedimiento sean anteriores a su inicio. En este caso el investigado no puede salir del centro sin la autorización del juez o tribunal que haya acordado la medida.

Proceso penal militar Se regula la prisión atenuada con mayor flexibilidad, pues aunque se exige que concurran **circunstancias excepcionales** no se tasan los supuestos en que procede aplicarla y se permite la **salida del lugar** donde se ejecute la medida por motivos profesionales, religiosos o cualesquiera otros justificados a juicio del juez o tribunal que haya acordado la medida. 8991

C. Abono de la privación cautelar de libertad

(CP art.58 y 59; LO 2/1989 art.85 y 349; LO 5/2000 art.27.5)

La homogeneidad existente entre las medidas cautelares privativas de libertad y las penas de igual carácter imponen que, una vez impuesta esta, el tiempo de duración de las primeras sea de abono para el cumplimiento de la pena. 9000

Regla general La regla general es que la medida cautelar y la pena se hayan producido en el **mismo procedimiento**, aunque cabe abono en **causa distinta** siempre que la medida cautelar sea posterior a los hechos determinantes de la pena a la que pretenda abonarse y siempre que la causa en la que se haya adoptado la prisión preventiva o medida cautelar haya concluido definitivamente (TS 12-11-19, EDJ 732997). 9002

No cabe abono de la prisión preventiva en la causa en que se haya acordado en lo que coincida con **cualquier otra privación** de libertad impuesta al penado en otra causa y que le haya sido abonada o le sea abonable en la primera, pues en ningún caso un mismo período de privación de libertad podrá ser abonado en más de una causa (CP art.58).

En supuestos de prisión provisional **sufrida simultáneamente por varios delitos**, la simultánea privación de libertad responde exclusivamente a una función cautelar (TS 8-2-24, EDJ 506304; 15-10-20, EDJ 708658). De esta forma, la condición de preventivo por varias causas se compensa en la primera de las condenas impuestas, no en las sucesivas (TCo 148/2013).

El abono sustituye así ventajosamente a las reglas sobre responsabilidad patrimonial del Estado y se regula con el **límite temporal** inexcusable para evitar que el reo se crea acreedor a un saldo positivo o crédito de tiempo abonable para futuros delitos, con el correspondiente efecto criminógeno inherente a esa sensación de impunidad.

Precisiones Cabe interpretar *pro reo* más allá de sus términos literales y entender que ha de permitirse el abono en caso de **hechos delictivos cometidos con posterioridad** al ingreso cautelar en prisión, siempre que en ese momento el reo no tuviera conocimiento de la sentencia que le absolvió o impuso pena menor a la prisión preventiva sufrida en la causa en la que la prisión provisional fue acordada, pues solo desde que tal sentencia fue conocida por el interesado cabe decir que este pudo actuar con el mencionado sentimiento de impunidad que constituye el fundamento de la limitación establecida en el CP art.58.3 (TS 11-5-00, EDJ 9031; 18-12-01, EDJ 55074; 21-7-03, EDJ 80598; 20-9-05, EDJ 149448).

Reglas particulares El abono para el cumplimiento de la **pena principal** reduce también a la extensión temporal de las penas accesorias, que han de cumplirse necesariamente durante el tiempo de duración de la pena privativa de libertad de tal manera que extinguida esta, no pueden extenderse los **efectos accesorios** más allá de la terminación de la pena principal (TS 19-12-94, EDJ 24077). 9004

Cuando las medidas cautelares sufridas y la pena impuesta sean de **distinta naturaleza**, el juez o tribunal debe ordenar que se tenga por ejecutada esta en aquella parte que estime compensada (CP art.59).

La norma ha de interpretarse teniendo en cuenta que no se pueden excluir del abono las penas privativas de libertad objeto de **suspensión condicional** para aplicar la prisión preventiva a la compensación de penas privativas de derechos impuestas conjuntamente con la pena suspendida (TS 14-7-99, EDJ 17037).

Por otra parte, **no son medidas cautelares** las resoluciones administrativas sobre situaciones de los funcionarios derivadas de su imputación penal o de la adopción de medidas cautelares penales (L 17/1999 art.143; L 29/2014 art.92; RDLeg 5/2015 art.90.4 y 98.3).

Para el cumplimiento de la pena impuesta son también de abono las privaciones de libertad sufridas por los mismos hechos que determinan la pena, aunque no tengan naturaleza cautelar penal, como sucede en el caso del **arresto domiciliario del deudor** sometido a procedimiento

concursal luego condenado por insolvencia punible (TS 20-7-92, EDJ 8189) o de las **sanciones disciplinarias militares** privativas de libertad (LO 14/2015 art.14; LO 2/1989 art.85 y 349).
Lo mismo cabe decir de las **penas impuestas en la sentencia anulada** por efecto de la estimación de recurso de revisión, en los casos en que haya de dictarse segunda sentencia (LECr art.960; LO 2/1989 art.335).
En supuestos de **acumulación de condenas**, el tiempo de prisión preventiva se abonará para cumplir la pena de prisión más grave de las impuestas en la causa en que se adoptó la medida cautelar, así como para cumplir las sucesivas acumuladas cuando el tiempo de prisión preventiva no se agote con su abono en la primera. Pero no puede ser descontado del máximo del cumplimiento fijado para las penas acumuladas (TS 8-2-24, EDJ 506304).

Precisiones El reo que se encuentra extinguiendo condena de **privación de libertad** impuesta por sentencia y, simultáneamente, en **prisión provisional** como medida cautelar personal acordada en otra causa, el tiempo de privación se abona a ambos conceptos: extinción de condena y prisión provisional, con lo que surte efectos y computa a los efectos de tiempo de cumplimiento y periodo máximo de prisión preventiva (TCo 102/2008).

9006 **Recursos** Contra las resoluciones sobre **abono de prisión provisional** cabe recurso de casación (L 17-1-1901; TS 11-5-00, EDJ 9031; 22-11-00, EDJ 52676; 28-3-01, EDJ 3167).

D. Responsabilidad patrimonial del Estado

(LOPJ art.294)

9015 La **absolución** o el **sobreseimiento libre** de la causa por inexistencia del hecho imputado confieren a quien haya sufrido prisión preventiva por dicho motivo derecho a indemnización, en aplicación del especial régimen de responsabilidad patrimonial del Estado.

Precisiones La LOPJ art.294.1, ha sido parcialmente invalidado en la expresión referida a la «**inexistencia del hecho imputado**» como determinante de la absolución o del sobreseimiento libre, por lo que a partir de la fecha de publicación en el BOE de TCo 85/2019, -seguida por TCo 125/2019 y 131/2019, entre otras-, la doctrina jurisprudencial y administrativa existente tiene que matizarse y actualizarse en cuanto a que no se exigirá que la **absolución o el sobreseimiento libre** se funden en la inexistencia objetiva (ni tampoco subjetiva) del hecho. No obstante, la exponemos seguidamente, recalcando el efecto que sobre ella tiene la sentencia citada y la nulidad parcial del citado precepto, que se consideran aplicables a los expedientes en trámite al tiempo de su publicación oficial (CEst Dict 884/19).

9017 **Criterios jurisprudenciales** La responsabilidad patrimonial del Estado en la **doctrina de**
MPP **la Sala Tercera del Tribunal Supremo** se analiza en las consideraciones siguientes:
nº 3482 s. **1)** Se conceptúa como un **supuesto específico de error judicial** y similar al derivado de la resolución del recurso de revisión, por cuanto en ambos casos no es necesaria la previa declaración *ad hoc* del error por resolución del Tribunal Supremo, pues puede suceder y no es infrecuente que los motivos bastantes o indicios racionales de delito que justifican la prisión provisional en un primer momento se desvanezcan posteriormente durante el curso del proceso, lo que no significa que en ese momento inicial la decisión judicial fuera errónea a la vista de la información entonces existente (TS 27-1-89, EDJ 635; 30-6-89, EDJ 18560; 14-12-89, EDJ 18562).
2) La **inexistencia del hecho imputado** que integra el presupuesto básico de este tipo de responsabilidad puede interpretarse, de manera que comprende no solo la **ausencia material** del hecho delictivo, sino también la probada **ausencia de participación** del investigado en un hecho existente, pero cometido por otras personas. La inexistencia objetiva concurre, por otra parte, no solo cuando los indicios que motivaron la incoación del proceso y la prisión preventiva hayan sido imaginarios o irreales, sino también desde el momento en que se declare la ausencia de cualquiera de los elementos objetivos o subjetivos, entre ellos el dolo, exigidos por el tipo penal (TCo 98/1992; TS 30-6-89; 27-6-00, EDJ 22185; 27-4-05, EDJ 76819).

9018 **3)** A dichos supuestos no resulta en absoluto equiparable el de absolución por aplicación del derecho a la presunción de inocencia ante la **falta de prueba válida de cargo** o por aplicación del principio «**in dubio pro reo**», pues lo que se exige en LOPJ art.294 es la certeza de la inexistencia del hecho o la participación en él del reclamante, no que esta no haya podido acreditarse en el caso concreto (TS 12-6-99, EDJ 19686; 1-7-00, EDJ 22225). El derecho al resarcimiento no deriva automáticamente de la anulación de una sentencia penal en vía de recurso de amparo, casación o apelación por vulneración en ella de la presunción de inocencia (TS 28-9-99, EDJ 28096).

4) Aunque la norma exija **sentencia absolutoria** o **auto de sobreseimiento libre**, es irrelevante a efectos de su aplicación el dictado incorrecto de una resolución de sobreseimiento provisional (TS 29-5-99, EDJ 18973; 30-6-99, EDJ 18493).
Igualmente puede aplicarse en caso de revocación en vía de recurso del auto de procesamiento o de la resolución que acuerde la prisión cautelar (TS 30-4-90, EDJ 4551; 19-6-90, EDJ 19331; 4-12-90, EDJ 11098).
5) El régimen especial de LOPJ art.294 no abarca todos los **supuestos** de responsabilidad patrimonial del Estado relacionados con la prisión preventiva, por lo que su aplicación es **compatible** con la del sistema general de LOPJ art.292 y 293, debiendo formularse independientemente ambas reclamaciones (TS 29-3-99, EDJ 10322; 12-6-99, EDJ 19686).

6) La **cuantía de la indemnización** depende del tiempo de privación de libertad y de las consecuencias personales y familiares que se hayan producido: **9020**
• Debe indemnizarse el perjuicio económico por **daño emergente o lucro cesante** efectivamente sufrido que se acredite en cada caso por el reclamante, al tratarse de un daño individualizado y económicamente evaluable (LOPJ art.292.2).
• Para la evaluación del **daño moral** ha de partirse de la base de que la prisión supone para cualquiera un grave perjuicio moral y han de considerarse las circunstancias de edad, salud, conducta cívica, hechos imputados y existencia o no de antecedentes penales o carcelarios para determinar la cuantía de la compensación económica adecuada, para lo que también son trascendentes la posibilidad o no de rehabilitar la honorabilidad perdida y la mayor o menor probabilidad de alcanzar el olvido social del hecho, secuelas que, evidentemente, no son idénticas en cualquier caso (TS 20-2-99, EDJ 7546; 30-6-99, EDJ 18493; 20-1-03, EDJ 61418). En consecuencia, la duración de la prisión es uno más de esos factores y no cabe establecer una correspondencia mecánica entre su duración y la cuantía de la indemnización (TS 26-10-93, EDJ 9575; 16-10-95, EDJ 5935).
Se debe incrementar la indemnización progresivamente en lugar de proporcionalmente.
Como **criterio orientativo**, debe partirse de una cifra inicial razonable, atendiendo a los eventuales ingresos dejados de percibir (salario mensual medio correspondiente al oficio del reclamante, a falta de otros datos acreditados) y a la ruptura del entorno personal y familiar y de un factor de corrección consistente en incrementar la cuantía inicial en determinado porcentaje cada vez que el tiempo de prisión supere un determinado número de días. Por ejemplo, la determinación de módulos temporales de 15 o de 30 días y de porcentajes de incremento del 10%, del 25% o incluso del 50% (TS 20-2-99, EDJ 7546; 20-1-03, EDJ 61418).
• La cantidad así señalada devenga **intereses** en aplicación de las reglas generales de LGP art.24 (TCo 206/1993; 69/1996; 113/1996), si bien es inexcusable la reclamación expresa y escrita del acreedor (TS 13-3-99, EDJ 9723; 29-3-99, EDJ 9861). Ello no significa que no hayan de respectarse los márgenes de configuración legislativa o de interpretación judicial en lo que afecta al **quantum indemnizatorio** y no supone rechazar que exista en el caso concreto derecho a la indemnización conforme a las reglas generales del Derecho de daños -compensatio lucri cum damno o relevancia causal de la conducta de la propia víctima- (TS 20-12-19, EDJ 771432).
7) Todas estas afirmaciones han de revisarse a la luz de TCo 19-6-19, de forma que la **inexistencia del hecho imputado** ya no se considera determinante de la procedencia de la indemnización, sino la absolución o el sobreseimiento libre, aun no fundados en tal inexistencia.
8) El **derecho a la indemnización** de quien ha sufrido prisión preventiva tras ser absuelto por sentencia, se puede condicionar o denegar atendiendo a la propia conducta procesal del reclamante (TS 6-11-25, EDJ 758804).

IV. Medidas cautelares personales restrictivas de libertad o de otros derechos

El carácter excepcional y de necesidad estricta de la prisión provisional impone la existencia de **alternativas menos gravosas**, que constituyen la regla general en el ámbito de las medidas cautelares personales y que pueden suponer restricciones a las libertades de circulación y/o de residencia o a la libre circulación de los bienes con el objeto primordial de garantizar la presencia del inculpado en el proceso (LECr art.502.2). **9030**

Precisiones La jurisprudencia ha reconocido efectos a las medidas cautelares personales de cara a **compensar días de privación de libertad** a descontar de la extensión de la pena de prisión, cuya naturaleza punitiva parece que no ofrece dudas. Deben preverse en la legislación penal. No cabe, por vía de analogía o supletoriedad, introducir en el proceso penal una medida restrictiva de derechos fundamentales no prevista por el legislador penal (TS auto 9-9-25, EDJ 681508).

A. Libertad provisional

9035 Es la medida cautelar personal consistente en la restricción de la plena **libertad de movimiento** del encausado o aún meramente investigado (nº 8000) mediante la imposición de obligaciones y condiciones tendentes a asegurar su presencia en el proceso.

Tiene en común con la prisión provisional la exigencia de **imputación** (motivos bastantes para creer al investigado responsable de un hecho con caracteres de delito) y se diferencia de ella en la escasa probabilidad de **riesgo de fuga** y en la inexistencia de cualquiera de los demás peligros para el proceso o para la víctima susceptibles de justificar la privación de libertad cautelar.

Para prevenir, no obstante, el escaso riesgo de fuga en principio existente, se pueden imponer al investigado condiciones y obligaciones cuyo incumplimiento permite, al suponer una intensificación de ese peligro, la consiguiente adopción de la prisión provisional. Para ello se puede imponer al investigado la prestación de una **fianza** (nº 9037), la obligación de **comparecencia periódica** o la **prohibición de salida** de territorio español (nº 9040).

9037 **Fianza carcelaria** (LECr art.533) La fianza que puede imponerse al investigado en libertad provisional como condición para eludir la prisión provisional consiste en la constitución a disposición del órgano judicial de una **garantía económica** de que el investigado no se sustraerá a la acción de la Justicia en cualquiera de las formas admitidas para las medidas cautelares reales.

Desde esta perspectiva, la fianza representa una condición para acceder a la libertad, ya que el hecho de no presentarla determina que el sujeto continúe en prisión o sea sometido a ella, por lo que, en definitiva, afecta al derecho fundamental a la libertad personal (TCo 127/1994; 158/2000; 169/2001). Por ello, solo puede aplicarse en los casos y en la forma previstos por la Ley, compartiendo con la prisión provisional el presupuesto de la **imputación penal** y el requisito de la **motivación** de su necesidad, de manera que no puede aplicarse de modo automático en defecto de prisión preventiva (Const art.17.1; TCo auto 158/2000).

La exigencia de fianza requiere por tanto la existencia de un cierto **riesgo de fuga** cuya intensidad, sin ser suficiente para justificar la prisión provisional, dota de sentido a la adopción de la medida e influye en la concreción de la misma.

Por tanto, la fijación de su **calidad y cantidad** ha de estar basada en un juicio concreto de razonabilidad acerca de la finalidad perseguida y de las circunstancias concurrentes, teniendo en cuenta la naturaleza del delito, el estado social y antecedentes del investigado y las demás circunstancias que pudieran influir en el mayor o menor interés del mismo para ponerse fuera del alcance de la autoridad judicial, pues una medida desproporcionada o irrazonable no sería propiamente cautelar y adquiriría carácter punitivo en cuanto al exceso (LECr art.531; TCo 108/1984; 178/1985; TS 15-10-99, EDJ 25736).

La fianza se destina, por tanto, a responder de la comparecencia del investigado al llamamiento judicial, por lo que su falta de constitución en el **plazo** señalado para ello determina la adopción de la prisión cautelar (LECr art.540).

De igual modo, en caso de que no se justifique la **incomparecencia** y cuando esta no cese en el término de 10 días se adjudicarán los bienes al Estado y puede acordarse la prisión provisional del investigado en aplicación de LECr art.503 y 504 (LECr art.534 a 538, 541.1º y 542).

Precisiones 1) La **desaparición del riesgo** que en cada supuesto concreto haya determinado la prisión cautelar no puede conducir a la mutación de esta mediante la exigencia de fianza, sino simplemente a la puesta en libertad provisional del investigado (TCo 14/2000).

2) La fianza puede constituirse en forma de **hipoteca**, entre otras modalidades. Y en tal caso, puede ser hipoteca unilateral. En estos casos, no opera el régimen general de esta figura, caracterizada por lo esencial de la aceptación del beneficiado por el gravamen, de forma que si no se acepta expresamente en plazo de 2 meses desde el requerimiento a tal efecto, la garantía puede ser **cancelada** por la mera voluntad del hipotecante, sin necesidad del consentimiento del acreedor. Por el contrario, en sede de un proceso penal ha de atenderse primariamente a la LECr, a la que debe amoldarse la legislación hipotecaria siempre que se respeten sus principios básicos. Por ello, la **cancelación de hipotecas unilaterales** constituidas como fianza de libertad provisional no puede llevarse a efecto conforme a LH art.141 y RH art.237, sino que debe ser el juez o tribunal penal el que ordene expresamente su cancelación (DGSJFP Resol 15-7-21).

3) La fianza se prevé de forma expresa en materia de **extradición** (L 4/1985 art.8.3), no estando contemplada en el proceso de **menores** (LO 5/2000).

9038 **Proceso penal militar** (LO 2/1989 art.234) En el proceso penal militar la libertad bajo fianza está expresamente **excluida**, peculiaridad que se fundamenta en la doctrina del Tribunal Constitucional, al igual que otras especialidades del Derecho penal y procesal militar, en la organización profundamente jerarquizada del ejército. La norma está encaminada a preservar y reforzar, mediante una mayor severidad para el preso, dichas exigencias específicas de unidad y disciplina, respondiendo su diferencia con el régimen común de la libertad provisional a la diferente incidencia y daño que la comisión del ilícito ha de causar en la integridad de la institución según quien lo haya perpetrado esté o no integrado en ella. El fin así procurado por la norma no está desprovisto de razón, por lo que la misma no es contraria al derecho a la igualdad, máxime si se tiene en cuenta que la legislación procesal militar cuenta, como figura intermedia entre la libertad y la prisión ordinaria, con la **prisión atenuada** (TCo 14/1996).

Otras obligaciones Además de la fianza, o en vez de ella, pueden adoptarse otras cautelas para asegurar la presencia del investigado o encausado (nº 8000) en el proceso que constituyen restricciones de diverso tipo a la libertad personal y que están sujetas, por tanto, en su adopción y mantenimiento a las exigencias generales de necesidad y proporcionalidad (TCo 56/1997; 164/2001). **9040**

a) Obligación de **comparecencia periódica** y cuantas veces sea llamado el investigado por el juez o tribunal. Su incumplimiento da lugar al llamamiento mediante requisitoria y a la declaración de rebeldía, con posibilidad de detención, o a la prisión preventiva (LECr art.490.7º, 492.1º, 504.4 y 835.3º; LO 2/1989 art.233 y 407.4º).

b) La **prohibición de abandonar el territorio nacional**, con retención del pasaporte. Esta posibilidad ha sido expresamente introducida en la LECr art.530 por LO 13/2003, poniendo fin a la situación de anterior insuficiencia legislativa (TCo 169/2001). Se contempla también para el proceso de **extradición** (L 4/1985 art.8.3).

En el procedimiento abreviado seguido por hechos derivados de la **circulación de vehículos a motor**, se exige autorización judicial para que el investigado en libertad provisional que resida habitualmente en el extranjero pueda abandonar el territorio español, condicionándola a una doble cautela real y personal. Se precisa que estén suficientemente garantizadas las responsabilidades pecuniarias de todo orden derivadas del hecho punible y que se preste caución no personal, cuando no esté acordada fianza de la misma clase, para garantizar la libertad provisional y su presentación en la fecha o plazo que se le señale. Se exige además la designación de persona con domicilio fijo en España para la práctica de actos de comunicación y no parece imprescindible, pese a la mención legal de la prevención contenida en LECr art.775, la posibilidad de celebrar el juicio en ausencia, pues si la misma no concurre y el investigado no comparece, se adjudica al Estado el importe de la caución y se le declara en rebeldía (LECr art.765.2 y 843).

c) En el **proceso penal militar**, el investigado tiene obligación legal de residencia en el lugar donde se tramite el proceso, aunque puede ser autorizado judicialmente a residir en otro lugar cuando concurran razones atendibles y con la obligación de comparecencia periódica que se le señale (LO 2/1989 art.235).

Precisiones La medida cautelar de **comparecencia periódica ante el juez instructor** para garantizar la libertad provisional debe abonarse para el cumplimiento de pena de prisión. Al margen de la incidencia que las sucesivas obligaciones de comparecer pudieran llegar a tener en el derecho a la **libre elección de residencia del afectado** supone una la limitación provisional de la libertad del investigado de la que se deriva aquella carga. Y esta se produce por el solo hecho de la adopción de la medida cautelar, con independencia de que las circunstancias personales del investigado incrementen o debiliten el grado de aflicción derivado de su cumplimiento. Y por ello existe un **deber legal de compensación** de toda restricción anticipada de derechos sufrida con carácter cautelar (TS 7-1-14, EDJ 16235).

B. Otras medidas

Orden de alejamiento (LECr art.544 bis) Con la finalidad preferente de protección a la víctima de cualquiera de los delitos enumerados en CP art.57 (homicidio, aborto, lesiones, contra la libertad, torturas y contra la integridad moral, la libertad e indemnidad sexuales, la intimidad, el derecho a la propia imagen y la inviolabilidad del domicilio, el honor, el patrimonio y el orden socioeconómico), se permite la imposición cautelar al encartado de la **prohibición de residir** en determinados lugares o **de acudir** a ellos o de aproximarse a la víctima o **comunicarse** con ella mediante la llamada orden de alejamiento. **9045**

Precisiones 1) Las Administraciones públicas competentes han de adoptar las **medidas necesarias** para garantizar el normal funcionamiento y prestación del servicio de puesta a disposición, instalación y mantenimiento de equipos de dispositivos telemáticos y del sistema de seguimiento por medios telemáticos del cumplimiento de las medidas cautelares -y en su caso, penas- de prohibición de aproximación en materia de violencia de género, dictando al efecto, en su caso, las instrucciones necesarias. Han de garantizar especialmente las medidas que permitan el uso de estos medios en caso de **mujeres discapacitadas** (L 1/2021 art.4).

2) Este criterio se ha extendido a la medida de **retención de pasaporte y prohibición de salida del territorio nacional** por lo que, para su abono o compensación, no ha de acreditarse la producción de un perjuicio concreto, siendo independiente de la intensidad que la medida implique para el afectado (TS 2-10-19, EDJ 701105; 17-3-15, EDJ 50082), pues implica por sí misma un componente incuestionable de gravosidad (TS 23-7-19, EDJ 662389); salvo que la retirada del pasaporte sea meramente accesoria a una obligación de comparecer tal u otra medida que implique por sí la imposibilidad de salida del territorio nacional (TS 27-11-19, EDJ 755490) o que la prohibición de salir de España se imponga a quien jamás ha tenido pasaporte y no insinúa qué perjuicio se le ha podido causar (TS auto 5-2-18, EDJ 663423; 23-3-21, EDJ 519449). Pero en caso de **concurrencia de medidas** que impliquen restricciones diferentes a la libertad deambulatoria conicidentes temporalmente, la compensación diferenciada no supone doble cómputo de una misma restricción (TS 1-10-20, EDJ 676232).

La **competencia para fijar el módulo de equivalencia** corresponde al tribunal de instancia mediante un reducto de discrecionalidad no revisable en casación, pues no se trata de una operación matemática (TS 17-3-15, EDJ 50082; 16-11-20, EDJ 717322; 18-3-21, EDJ 514905).

9046 **Características** La orden de alejamiento se caracteriza principalmente por lo siguiente:

a) El **contenido** de las medidas cautelares es, en principio, el determinado para las correspondientes penas privativas de derechos en CP art.48. No obstante, los términos concretos de la prohibición de residencia o estancia -dada la laxitud de LECr art.544 bis, que se refiere a lugares, barrios, municipios, provincias u otras entidades locales y comunidades autónomas-, y de la de aproximarse a la víctima y comunicarse con ella han de graduarse por el juez en atención a la situación económica del inculpado y los requerimientos de su salud, situación familiar y actividad laboral, atendiendo especialmente a la posibilidad de continuidad de esta última.

b) Cabe la **adopción** de las medidas de alejamiento de oficio, ya que su incumplimiento por el investigado determina la convocatoria de la comparecencia para la adopción de la prisión provisional o de otra medida cautelar que implique una mayor limitación de su libertad personal, para lo cual han de tenerse en cuenta la incidencia del incumplimiento, sus motivos, gravedad y circunstancias (LECr art.505).

c) La **eficacia** de la medida requiere de la voluntad de la víctima del presunto delito, por lo que cuando la víctima decide reanudar libremente la convivencia con el investigado (nº 8000), ha de entenderse que desaparecen las circunstancias que justificaron la medida de alejamiento, por lo que esta debe cesar y quedar extinguida, sin perjuicio de que ante una nueva secuencia de violencia se pueda solicitar y obtener una nueva medida de alejamiento (TS 26-9-05, EDJ 187655).

9047 **Suspensión de cargos públicos** (LECr art.384 bis) Se impone la suspensión automática de la función o cargo público que ostente la persona procesada por delito relacionado con la actividad de **bandas armadas o elementos terroristas o rebeldes**, siempre que el auto de procesamiento sea firme y se haya acordado la prisión provisional.

Esta medida se refiere a funciones o cargos públicos con independencia de que sean o no representativos y supone una restricción del derecho fundamental de acceder a los mismos (Const art.23.2). Al ser este de configuración legal, la norma comentada puede verse por el legislador como inconciliable con la permanencia del procesado por estos delitos en el desempeño de funciones o cargos públicos o como incompatible con la concesión de cualquier permiso de salida de prisión para la realización de actos concretos que supongan ejercicio de tal función o cargo. En definitiva, viene a prescribir, en negativo, uno de los requisitos legales para el ejercicio de una función o cargo público, el de no encontrarse en situación de prisión provisional como consecuencia del **procesamiento** por alguno de los delitos citados (TCo 71/1994).

La referencia al procesamiento ha de entenderse que referida, en el **procedimiento abreviado** cuando pueda resultar aplicable a esta clase de delitos, al auto de transformación de las diligencias previas (LECr art.779.1.4ª; TS 3-5-99, EDJ 9713; 30-5-03, EDJ 49532).

La regla de LECr art.384 bis no es norma punitiva sino establecedora de una **medida provisional** vinculada, de manera mediata y necesaria, a otras previas (procesamiento firme y prisión provisional) adoptadas por la autoridad judicial. Es de **aplicación inmediata y necesaria** cuando concurren los presupuestos en ella fijados y que son conformes con la Constitución y, por tanto, respetan la presunción de inocencia del procesado para el que se dicta auto de prisión provisional (TCo 97/2020; 97/2020; 193/2020; 194/2020). Se consideran no lesivos del derecho fundamental a la **participación política** (Const art.23) los acuerdos de los órganos parlamentarios de aplicación de dicho precepto y regla (TCo 105/2021; 69/2021).

9048 **Suspensión de miembros del Ministerio Fiscal** El **procedimiento** para acordar la suspensión cautelar de cualquier miembro del Ministerio Fiscal es administrativo. Corresponde al Fiscal General del Estado acordarla -en su caso- cuando se dicte auto de apertura de juicio oral o de prisión por delito cometido en el ejercicio de sus funciones o con ocasión de ellas (RD 305/2022 art.145.1). No se prevé respecto del propio **Fiscal General del Estado**, sin perjuicio de que sea un contrasentido que sea él mismo quien resuelva su propia suspensión cautelar. Pero no por ello cabe transmutar la naturaleza administrativa del acto y régimen jurídico, y derivar la competencia para adoptar tal decisión al juez instructor.Hay un vacío legal sobre este particular, que no permite sacar la suspensión del único procedimiento contemplado para cualquier miembro de la carrera fiscal, que se ha de sustanciar por su propio régimen jurídico (TS auto 9-9-25, EDJ 681508).

Suspensión disciplinaria (RDLeg 5/2015 art.98) La suspensión provisional de funciones del empleado público puede acordarse como cautela en un **procedimiento disciplinario administrativo** o como consecuencia de una **causa penal** (caso de medidas cautelares personales como prisión provisional del funcionario que impiden el desempeño del puesto de trabajo). En el primer caso, rige **limitación** de 6 meses, no en el segundo en el que se puede extender a la duración de las medidas cautelares judiciales impeditivas del desempeño del puesto (TS 27-1-22, EDJ 507343). En contra parcialmente, se considera extensible la suspensión disciplinaria a la **duración del proceso penal** -independientemente de cualquier otra circunstancia-, siempre que ello se motive adecuadamente y sea proporcionado a la salvaguarda del interés público (TS 2-12-20, EDJ 744541). **9049**

Privación provisional del derecho a conducir vehículos de motor (LECr art.529 bis y 764.4) Su carácter cautelar resulta discutible en la generalidad de los casos, salvo que la **imputación** obedezca a imprudencias graves o a delitos dolosos de peligro concreto. **9050**

Medidas reguladas en los procedimientos de extradición y de menores (L 4/1985 art.8.3; LO 5/2000 art.28.1) Como alternativas menos gravosas a la prisión provisional o al internamiento se hace referencia en la legislación sobre extradición y sobre el proceso de menores a diversas medidas cautelares hasta ahora no estudiadas, que nos limitamos a enumerar. **9052**

En materia de **extradición** se cita la vigilancia a domicilio y la autorización judicial para abandonar un determinado lugar.

Por otra parte, en el ámbito del **proceso de menores** se contempla la libertad vigilada, la convivencia con otra persona, familia o grupo educativo y, la prohibición de aproximarse o comunicarse con la víctima o con aquellos de sus familiares u otras personas que determine el juez (LO 5/2000 art.28.1).

Retirada o bloqueo de contenidos (LECr art.13.2) En la instrucción de causas por delitos cometidos a través de internet, del teléfono o de cualquier otra **tecnología de la información o de la comunicación**, el instructor podrá acordar, como primeras diligencias, de oficio o a instancia de parte, las medidas cautelares consistentes en la retirada provisional de contenidos ilícitos, en la interrupción provisional de los servicios que ofrezcan dichos contenidos o en el bloqueo provisional de unos y otros cuando radiquen en el extranjero. **9053**

V. Medidas cautelares patrimoniales

(LECr art.589 y 764.1)

El ámbito objetivo de aplicación de las medidas cautelares reales está definido por las futuras **responsabilidades pecuniarias** que puedan resultar del proceso, lo que incluye diversas consecuencias jurídicas del delito de naturaleza tanto penal como civil. Las primeras son la pena de multa, el comiso de los efectos e instrumentos del delito y de las ganancias derivadas de él y las costas procesales; la segunda está constituida por la responsabilidad civil, lo que obliga a distinguir en este campo entre **medidas penales y civiles**. **9060**

En sentido amplio, también son cautelas reales, pues recaen sobre las cosas, la ocupación y custodia de los instrumentos y efectos del delito, que tanto pueden pertenecer al investigado como a tercero. En tal caso, la finalidad de la medida es el **aseguramiento de la prueba** y no la de responsabilidad alguna, salvo la de su posible comiso cuando pertenezcan al investigado dichos efectos, por lo que su estudio se remite a lo dicho al tratar sobre el cuerpo del delito (nº 8350 s.). Si los citados efectos o instrumentos pertenecen legítimamente a tercero, esta medida pierde su carácter cautelar en sentido económico y se reduce al probatorio, pues la propiedad sobre los mismos no desaparece por efecto del proceso y han de ser devueltos a su titular (LECr art.620, 635 y 844).

Precisiones El **sistema de compensación** de medidas cautelares (CP art.59) con pena impuestas en sentencia, conecta dichas medidas con penas, por lo que al no tener tal naturaleza la parte civil del proceso penal, no cabe compensar una medida cautelar propia de este ámbito, pues su finalidad es asegurar la responsabilidad civil, no la penal, derivada del delito (TS 10-2-22, EDJ 511862).

9062 **Aplicación de la Ley de enjuiciamiento civil** A efectos de garantizar las responsabilidades pecuniarias que puedan resultar del proceso, se aplican las normas sobre **contenido, presupuestos y caución sustitutoria de las medidas cautelares** establecidas en la LEC. Ello conduce a la **aplicación directa** de LEC art.721, 726 a 728 y 746 y 747 (nº 9440 s.).
MPP nº 3556

No obstante, la **apariencia de buen derecho y el peligro por mora procesal** (LEC art.728), están constituidos en este caso, respectivamente, por:
- la imputación penal referida a un delito del que pueda derivarse responsabilidad económica (LECr art.589; AP Castellón 27-3-02, EDJ 101802; AP Barcelona 29-1-01, EDJ 98850); y
- el riesgo de falta de realización de las eventuales responsabilidades económicas de todo orden que puedan resultar del proceso (AP Granada 9-2-05, EDJ 84573).

Si a ello se une la **supletoriedad general** en esta materia de la LEC (LECr art.614), es comprensible que el clásico eje fianza-embargo esté superado en la actualidad en, al menos, los siguientes aspectos:

a) La **actuación de oficio** en la adopción de medidas cautelares reales de tipo penal (LEC art.721).

b) La adopción de las medidas sin **contracautela** alguna. En la LEC se exige al solicitante de la medida cautelar la prestación de caución suficiente (LEC art.728.3) para responder, de manera rápida y efectiva, de los daños y perjuicios que la adopción de la medida cautelar pueda causar al patrimonio del demandado.

c) La **limitación** con que se conciben las medidas, ceñidas a la exigencia de fianza con embargo subsidiario. Se permite la adopción de cualquier actuación que reúna las características citadas (LEC art.726 y 727) y se enumeran hasta 11 modalidades de cautela patrimonial.

9063 Precisiones 1) No basta la **mera interposición de querella**, debiendo el juez practicar las actuaciones precisas para confirmar de modo siquiera indiciario los datos aportados por ella (AP Tarragona 20-3-01, EDJ 99050).

2) La mención a la **caución sustitutoria** (LECr art.764.2) ha de entenderse referida solo a medidas cautelares distintas de la fianza personal, pues si la caución puede constituirse en dinero efectivo, mediante aval solidario de duración indefinida y pagadero a primer requerimiento emitido por entidad de crédito o sociedad de garantía recíproca o por cualquier otro medio que, a juicio del tribunal, garantice la inmediata disponibilidad, en su caso, de la cantidad de que se trate (LEC art.529.3 párr 2º), es fácil comprobar que su contenido es idéntico al de la clásica fianza (LECr art.591 y 592).

9066 **Responsabilidad de tercero** (LECr art.615 s., 764.2 y 3 y 765.1; LO 2/1989 art.195; LO 5/2000 art.63) El estudio de las medidas cautelares se hace pensando en el investigado o encausado como sujeto pasivo de las mismas en cuanto obligado a afrontar la responsabilidad civil derivada del delito, pero no debe olvidarse que esta puede imputarse en determinados casos a tercera persona, de forma **directa o subsidiaria** (CP art.117 a 121).

En tales supuestos, todo lo que se dice para el investigado es aplicable al tercero responsable civil. Si bien, es **requisito** imprescindible de la adopción de las medidas correspondientes la previa audiencia del tercero presuntamente responsable (AP Castellón 13-1-01, EDJ 98872).

9068 **Fianza y embargo** (LECr art.589 s.) El sistema clásico de aseguramiento de las responsabilidades civiles en la LECr y en la LO 2/1989, gira sobre el eje fianza-embargo con arreglo a las siguientes **características básicas**:
MPP nº 3562

1) La **cuantía** de la cautela ha de calcularse por exceso sobre el monto estimado de las posibles responsabilidades pecuniarias derivadas del proceso, debiendo exceder la cuantía de la fianza, como mínimo, en un tercio al posible importe total de las mismas. En caso de fianza hipotecaria o pignoraticia, el valor según tasación pericial de los bienes que la integren ha de ser el doble que el del metálico señalado para la fianza (LECr art.589, 593 y 594). La cuantía ha de ser declarada **suficiente** por el juez o tribunal y puede experimentar variaciones al alza o a la baja en función de las circunstancias concurrentes en cada momento de la instrucción (LECr art.197, 596, 611 y 612). No ha de incluirse el **importe de la pena de multa**, pues ponderar la posible condena del acusado para fijar el alcance de la fianza, cuantificando esta en atención a la pena de multa interesada por la acusación particular, cuyo pago obligaría a adelantar al acusado causando una restricción temporal de poder de disposición de ese último sobre sus bienes, anticiparía una pena que no ha sido declarada en sentencia y vulneraría, de este modo, la presunción de inocencia del investigado (TCo 69/2023).

2) La fianza puede adoptar **forma** personal, pignoraticia o hipotecaria y prestarse por el investigado o por tercero (LECr art.591, 592 y 595; LO 2/1989 art.193).

3) El **embargo** es **subsidiario** de la fianza y solo procede cuando esta no se preste en el día siguiente al de notificación del auto exigiéndola (LECr art.597; LO 2/1989 art.191). Para determinar el **régimen** del mismo ha de integrarse lo dispuesto en LECr art.597 s. con las disposiciones de LEC art.584 s. (LECr art.614). Dicha lectura conjunta se resume en los siguientes aspectos:
• Previa determinación de la cuantía de las posibles responsabilidades en el auto de exigencia de fianza, han de concretarse los **bienes objeto de embargo**, bien por señalamiento del investigado o persona vinculada al mismo, bien por decisión de quien practique materialmente la traba. Puede aplicarse la investigación patrimonial (LECr art.589 y 597 a 599; LEC art.588 a 590).
• Han de tenerse en cuenta las normas sobre **inembargabilidad** de determinados bienes y el orden de embargos (LECr art.598 y 610; LO 2/1989 art.196; LEC art.592 y 605 a 609).
• Las normas aplicables al **depósito, administración o destino de los bienes trabados** dependen de la naturaleza de los mismos. Se detallan en LECr art.600 a 609, que deben integrarse con la regulación sobre garantía del embargo y administración judicial contenida en LEC art.621 a 633.
• Han de aplicarse igualmente las normas sobre **evitación del embargo mediante consignación** y la regulación de la **tercería de dominio**, en caso de traba de bienes no pertenecientes al presunto responsable civil (LEC art.585, 586 y 593 a 604). Lo mismo cabe decir sobre el **reembargo y embargo de sobrante** (LEC art.610 y 611).
No ha de incluirse el **importe de la pena de multa**, pues ponderar la posible condena del acusado para fijar el alcance de la fianza, cuantificando esta en atención a la pena de multa interesada por la acusación particular, cuyo pago obligaría a adelantar al acusado causando una restricción temporal de poder de disposición de ese último sobre sus bienes, anticiparía una pena que no ha sido declarada en sentencia y vulneraría, de este modo, la presunción de inocencia del investigado (TCo 69/2023).

4) Todo lo relativo a las medidas cautelares reales se tramitará en **pieza separada** (LECr art.590; LO 2/1989 art.192). De este modo, cuando la resolución sobre la cuestión penal haya sido recurrida, la pieza separada de responsabilidad civil ha de permanecer en el órgano *a quo* para la decisión de cuantas cuestiones puedan plantearse al respecto durante la sustanciación del recurso. En consecuencia, la decisión sobre la modificación de medidas suscitada mientras se encuentra la causa en casación compete al tribunal inferior (TS 12-4-04, EDJ 31453). **9069**
5) Las medidas cautelares no pueden, como regla general, sobrevivir a los indicios de responsabilidad criminal que les sirven de fundamento, por lo que han de cesar en caso de **absolución o sobreseimiento** del proceso por resolución firme. Sin embargo, aun en dichos casos puede tener cierta eficacia en algunos **supuestos concretos**:
• En casos de sobreseimiento o archivo de la causa por **rebeldía**, la retención de las piezas de convicción que pertenezcan legítimamente a tercero se mantiene hasta que se resuelva la acción civil que pretenda entablarse separadamente, para lo cual ha de acreditarse el ejercicio de la misma dentro del plazo que señale el tribunal penal (LECr art.635 y 844). En el **proceso militar**, se extiende la regla al mantenimiento de los embargos decretados en la causa penal (LO 2/1989 art.246.3º y 411).
• Pese a recaer sentencia absolutoria, debe hacerse la **restitución a su legítimo propietario** de los bienes que, estando retenidos como piezas de convicción, posea el investigado en virtud de cualquier título jurídico. Así sucede en los casos de apropiación indebida con el dinero poseído por el administrador investigado y luego absuelto (TS 28-10-05, EDJ 171722).
6) Ha de tenerse en cuenta finalmente la regulación de la **realización anticipada** de efectos judiciales (nº 8359 s.).

Otras medidas Hay que hacer referencia a: **9072**
- la intervención de vehículo;
- pensión provisional;
- anotación preventiva de querella;
- decomiso.

Intervención del vehículo (LECr art.764.4) La intervención del vehículo puede tener finalidad tanto de medio de investigación como cuerpo del delito como de cautela real, en cuyo caso se extiende hasta la **acreditación de la solvencia** del investigado. **9073**
Ello no obsta a que pueda decretarse la traba del automóvil conforme a las reglas generales, para garantizar posibles responsabilidades civiles o el comiso que en la futura sentencia pueda recaer sobre el mismo como instrumento del delito (CP art.385).

9074 **Pensión provisional** (LECr art.765.1) En los procesos relativos a hechos derivados del uso y circulación de vehículos de motor o cuando la responsabilidad civil derivada del hecho esté garantizada con cualquier **seguro obligatorio**, cabe el señalamiento de pensión provisional en la cuantía y duración que resulten necesarias para atender a la víctima y a las personas a su cargo.

El **pago** de la pensión se hace por anticipado en las fechas que señale el juez o tribunal, a cargo del asegurador y hasta el límite del seguro obligatorio, o bien con cargo a la fianza o al Consorcio de Compensación de Seguros, en los supuestos de responsabilidad civil del mismo.

Precisiones La vinculación de la medida con el seguro no debe hacernos olvidar su naturaleza cautelar, que reclama para su adopción la existencia de **imputación penal** e impone su **devolución** en caso de sentencia absolutoria (AP Zaragoza 1-9-04; AP Granada 22-9-04, EDJ 244517).

9075 **Anotación preventiva de querella** (CP art.110 y 111) Cuando el delito se cometa mediante la realización de negocios jurídicos que hayan producido un **desplazamiento patrimonial** contemplado como elemento del tipo (p.e. estafa o alzamiento de bienes), la responsabilidad civil mediante restitución requiere la declaración de **nulidad** de dichos negocios en la sentencia penal.

Cuando estos afecten a bienes inmuebles, la anotación preventiva de querella o de la incoación del proceso es necesaria para evitar que los bienes objeto de los negocios jurídicos delictivos puedan pasar inatacablemente a poder de **tercero** (LH art.34).

La **doctrina de la DGRN** al respecto puede resumirse en las siguientes líneas esenciales:

1) Cuando LH art.42.1 permite pedir anotación preventiva de su derecho a quien demande en juicio la propiedad de bienes inmuebles o la constitución, declaración, modificación o extinción de cualquier derecho real se refiere al ejercicio de la **acción de trascendencia real inmobiliaria**, siendo indiferente el procedimiento a través del cual se hace valer aquella y, consiguientemente, el vehículo formal que para ello se emplee, que puede ser una demanda civil o una querella criminal cuando en esta se ejercite la acción civil conjuntamente con la penal y ello pueda conducir a que el tribunal penal declare la nulidad de un título inscrito en el Registro con todas las consecuencias que lleve aparejada (DGRN Resol 13-11-00; 14-11-00).

No existe, por tanto, ningún obstáculo para hacer constar por vía de anotación preventiva el ejercicio en la querella criminal de la acción civil derivada del delito si esta acción tiene efectiva trascendencia real. Para ello se requiere que del ejercicio de la acción pueda resultar la **nulidad del título** en virtud del cual se haya practicado la inscripción; y que del mandamiento resulte el contenido de la acción civil ejercitada, o bien que se adjunte al mismo el texto de la querella y que del suplico de la misma resulte la solicitud que, de estimarse, produciría eficacia real (DGRN Resol 25-3-04; 27-12-04).

2) Cuando se trate de **bienes inscritos a nombre de persona distinta del investigado**, solo se permite la anotación preventiva de querella o embargo cuando, a juicio del juez o tribunal, existan indicios racionales de que el verdadero titular de los mismos es el investigado, haciéndolo constar así en el mandamiento (LH art.20; LECr art.604). Con ello se pretende coordinar la seguridad jurídica y la tutela judicial efectiva, ya que, a todos los efectos legales se presume que los derechos reales inscritos en el Registro existen y pertenecen a su titular (LH art.38; DGRN Resol 6-10-05; 29-12-05).

La L 41/2015 incluye los **procedimientos de decomiso** en el ámbito de la regla expuesta de LH art.20.

3) Los mismos requisitos se aplican en caso de que la anotación pretenda practicarse en el **Registro Mercantil** (DGRN Resol 15-11-04). No procede, en cualquier caso, la anotación preventiva en relación con acciones de sociedades anónimas y participaciones sociales de las de responsabilidad limitada (DGRN Resol 5-10-02; 7-10-02).

4) Practicada una anotación preventiva de querella por mandamiento judicial no procede su **prórroga** por instancia privada del interesado.

Las anotaciones preventivas pueden prorrogarse a instancia de los interesados o por mandato de las autoridades que las decretaron, siempre que la prórroga sea **anotada** antes de que caduque el asiento (LH art.86; RH art.199). Es indudable que esta alternativa no tiene un carácter indiscriminado o indistinto, sino que debe utilizarse el medio adecuado a la anotación que se desea prorrogar, por lo que siempre que se trate de una **anotación ordenada por la autoridad judicial** es a ella a quien corresponde ordenar igualmente la prórroga (DGRN Resol 22-10-80). La misma conclusión se desprende al preveerse la posibilidad de adoptar de medidas cautelares (LECr art.764), con remisión, en cuanto a su contenido y presupuestos a la regulación de LEC art.721 s. De ellos resulta, en primer lugar, la **competencia judicial exclusiva** para acordar las medidas cautelares y para determinar su duración, modificación, sustitución o levantamiento; y, en segundo término, que no cabe la **pervivencia** de la medida cautelar si el procedimiento se ha archivado. Y ninguna de estas dos reglas básicas estaría garantizada si el favorecido por la medida cautelar pudiera disponer de ella libremente y sin que

conste cuál es la voluntad del órgano jurisdiccional respecto de la actuación que se pretenda realizar acerca de la medida cautelar en cuestión.
La **eficacia** de las medidas cautelares no puede quedar al arbitrio de una de las partes litigantes, sino que corresponde al tribunal ante el que se esté sustanciando el procedimiento en cuestión (LEC art.5.1, 723, 726.2). No puede prorrogarse una anotación si no se tiene la certeza de que el procedimiento judicial no ha terminado o suspendido por más de 6 meses (LEC art.731), o sin la certeza de que dichas medidas cautelares no se hayan **alzado o modificado** (LEC art.743 s.). Dichas certezas solo se alcanzan si los actos que afectan a la medida judicial se dictan por el mismo órgano ante el que se esté tramitando el procedimiento. Por ello, toda actuación relativa a las medidas cautelares ya dictadas, corresponde al tribunal que las haya decretado y así, por ello, respecto de la anotación preventiva de querella (DGRN Resol 17-10-18).
5) En caso de que el **testimonio del auto** por el cual se acuerda la medida cautelar se libre una vez remitidas las actuaciones al órgano competente para el enjuiciamiento, es al letrado de la Administración de Justicia de este a quien corresponde librarlo, incluso respecto de las resoluciones o documentos expedidos por el juzgado de instrucción (DGSJFP 22-12-20).

Medidas cautelares administrativas en delitos contra la Hacienda pública (LGT art.81.4 y 8; LECr art.614 bis) Cuando, con motivo de un procedimiento de comprobación e investigación inspectora, se haya formalizado **denuncia o querella** por delito contra la Hacienda Pública o se haya dirigido **proceso judicial** por dicho delito sin que se haya practicado la liquidación prevista en LGT art.250.2), pueden adoptarse, por el órgano competente de la Administración tributaria, las siguientes medidas cautelares: 9076
a) La **retención del pago de devoluciones tributarias** o de otros pagos que deba realizar la Administración tributaria.
b) El **embargo preventivo** de bienes y derechos, del que se ha de practicar, en su caso, anotación preventiva.
c) La **prohibición de enajenar, gravar o disponer** de bienes o derechos.
d) La **retención** de un porcentaje de los pagos que las empresas que contraten o subcontraten la ejecución de obras o prestación de servicios correspondientes a su actividad principal realicen a los contratistas o subcontratistas, en garantía de las obligaciones tributarias relativas a tributos que deban repercutirse o cantidades que deban retenerse a trabajadores, profesionales u otros empresarios, en la parte que corresponda a las obras o servicios objeto de la contratación o subcontratación.
e) Cualquier otra legalmente prevista.
Si la investigación del presunto delito no tiene origen en un procedimiento de comprobación e investigación inspectora, las medidas cautelares pueden adoptarse por la Administración tributaria con posterioridad a la incoación de las correspondientes **diligencias de investigación** desarrolladas por el Ministerio Fiscal o, en su caso, con posterioridad a la incoación de las correspondientes diligencias penales.
En ambos supuestos, las medidas cautelares pueden dirigirse **contra cualquiera de los sujetos** identificados en la denuncia o querella como posibles responsables, directos o subsidiarios, del pago de las cuantías (CP art.126).
Adoptada, en su caso, la medida cautelar por el órgano competente de la Administración tributaria, se debe notificar al interesado, al Ministerio Fiscal y al órgano judicial competente y mantenerse hasta que este último adopte la decisión procedente sobre su conversión en medida jurisdiccional o levantamiento.

Decomiso (CP art.127 octies) A fin de garantizar la efectividad del comiso, los bienes, medios, instrumentos y ganancias pueden ser **aprehendidos o embargados** y puestos a dispuestos a disposición de la autoridad judicial desde el momento de las primeras diligencias. 9078
Corresponde al órgano judicial resolver acerca de la **realización anticipada** de los indicados bienes o efectos, así como sobre su utilización provisional.
Los **elementos patrimoniales** indicados, una vez decomisados por resolución firmes, salvo que deban ser destinados al pago de indemnizaciones a las víctimas, serán adjudicados al Estado, aplicándose al destino establecido legal o reglamentariamente.

Precisiones **1)** Ver nº 8366, respecto del régimen de la **Oficina de Recuperación y Gestión de Activos**.
2) Sobre **reconocimiento mutuo** de resoluciones de embargo y decomiso, ver lo expuesto, por razón sistemática en el Rgto (UE) 2018/1805 (nº 10339.15 s.).

VI. Petición de parte

9085 **Audiencia previa** (LECr art.505 y 539) Para la adopción de cualesquiera **medidas cautelares personales distintas de la libertad provisional sin fianza**, se aplica el sistema contradictorio, debiendo acordarse aquellas previa celebración ante el juez o tribunal de la correspondiente audiencia.

a) Es **presupuesto inexcusable** para la adopción de dichas medidas cautelares personales, sea de forma inicial o sucesiva a lo largo del proceso, por lo que se aplica igualmente para la reforma de la libertad provisional. Su celebración es independiente de la situación de detención del investigado y debe tener lugar en el plazo más breve posible dentro de las 72 horas siguientes a la puesta aquel, caso de estar detenido, a disposición judicial o bien en el momento en que se considere necesario por el órgano judicial competente la modificación peyorativa de las medidas cautelares preexistentes.

Cabe, sin embargo, la **adopción provisional de oficio** de las medidas que resulten procedentes cuando por cualquier causa no pueda celebrarse la audiencia inicialmente convocada o en caso de que el investigado se encuentre en libertad provisional y proceda agravar sus condiciones o reformar la situación. En ambos casos, debe convocarse la audiencia para dentro de las siguientes 72 horas a la correspondiente resolución judicial.

b) Por el contrario, **no es necesaria la petición de parte** para acordar la libertad provisional sin fianza o para aliviar las condiciones de la libertad provisional, así como para la prohibición de residencia o de estancia en determinados lugares acordada en el seno de una orden de protección (LECr art.505.1, 539 párr 5º y 544 bis).

Precisiones 1) Resulta dudosa la **exigibilidad de la audiencia** para agravar las condiciones de la libertad provisional sin imposición de fianza o para reducir la fianza previamente impuesta. Así, mientras LECr art.539 párr 3º se exige la audiencia para agravar las condiciones de la libertad provisional ya acordada sustituyéndola por la prisión o libertad provisional con fianza, el último párrafo del propio precepto, permite al juez acordar en cualquier momento de oficio y sin someterse a petición de parte la modificación de la libertad provisional en términos más favorables al sometido a la medida.

2) Es igualmente discutida su aplicación en los casos de **prórroga o mantenimiento de la situación de prisión provisional** tras dictarse la sentencia, cuando esta es objeto de **recurso**, habiéndose negado la relevancia constitucional de su omisión en dichos supuestos (TCo 108/1997; 22/2004).

3) Cuando la medida de que se trate sea la **prisión provisional**, el secreto de sumario acordado no puede suponer un impedimento al abogado del encausado para acceder a los elementos de la causa precisos para la impugnación de la decisión por la que se acuerde (LECr art.505.3 y 520.2.d).

9086 **c)** Al acto ha de convocarse al investigado (nº 8000), asistido de letrado, al Ministerio Fiscal y a las partes acusadoras. Si alguna de estas o el ministerio público solicita la prisión provisional del investigado o su libertad provisional con fianza, pueden quienes concurran realizar **alegaciones** y proponer los **medios de prueba** que puedan practicarse en el acto o dentro de las 72 horas de duración de la detención judicial. Se entiende que las partes civiles carecen de legitimación para actuar en el trámite que nos ocupa (LECr art.320 y 615).

d) El juez o tribunal decide sobre la **procedencia** o no de la prisión o de la imposición de la fianza y si ninguna de las partes insta dichas medidas, debe acordar necesariamente la inmediata puesta en libertad del investigado que esté detenido.

e) Cuando el detenido sea puesto **a disposición de juez distinto** al que conozca o haya de conocer de la causa y no pueda ser puesto a disposición de este último en el plazo de 72 horas, el primero debe proceder a la celebración de la comparecencia. Una vez que el juez o tribunal de la causa reciba las diligencias, oirá al investigado, asistido de su abogado, tan pronto como le sea posible y dictará la resolución que proceda.

f) La audiencia previa que aquí se estudia puede **celebrarse simultáneamente** con la que precede a la conclusión de las diligencias urgentes en el procedimiento de enjuiciamiento rápido y con el procedimiento de adopción por el juez de guardia de la Sección de Instrucción del Tribunal de Instancia -hasta su constitución, el juzgado de guardia- de la orden de protección y debe convocarse ante el incumplimiento por el investigado de la orden de alejamiento (LECr art.505.1, 544 bis, 544 ter y 798). Por el mismo motivo, no parece existir obstáculo para hacerla coincidir, si concurren los requisitos temporales y objetivos para ello, con la comparecencia para la concreción de la imputación o con la audiencia preliminar (LO 5/1995 art.25, 30 y 31).

9087 **Proceso de menores** (LO 5/2000 art.28) En el proceso de menores, la comparecencia para la aplicación de medidas cautelares tiene como **especialidades**:

- han de asistir a ella los **representantes del equipo técnico** y de la entidad pública de protección de menores para ser oídos sobre la conveniencia de la medida desde la perspectiva del interés del menor; y
- el **plazo** para la práctica de prueba se reduce a 24 horas.

Proceso penal militar (LO 2/1989 art.216 s. y 388.3º) La adopción contradictoria de las medidas cautelares personales es desconocida en el proceso penal militar, lo que plantea la duda de si cabe la **aplicación supletoria** de la LECr por imperativo de LO 2/1989 art.153 y disp.adic.1ª. 9088
El Tribunal Supremo se pronuncia **afirmativamente** para todos aquellos casos en que los preceptos de LO 2/1989 tengan paralelo en LECr, como ocurre en la regulación general de la prisión preventiva durante la fase de instrucción, criterio que deja fuera de la contradicción en todo caso la peculiar norma de LO 2/1989 art.301 (TS militar 22-5-96, EDJ 3349).
Por el **contrario**, en la sentencia de referencia se entiende que en Const art.24.2 no se incluye entre las garantías que consagra el que la prisión no pueda ser decretada sino a instancia de una parte acusadora ni que tenga que preceder un trámite procesal contradictorio, por lo que no es necesario proyectar sobre las normas que regulan la prisión preventiva en LO 2/1989 lo dispuesto por LECr art.505 y 539, teniendo los preceptos contenidos en la primera plena vigencia con independencia de los segundos, pues la extensión del principio acusatorio al momento de la prisión provisional, siendo sin duda legítima, no viene impuesta por lo que es esencial a dicho principio y no supone una derogación de LO 2/1989 art.215 a 217, 220, 221, 223 y 388.a (TS militar 10-11-97, EDJ 7936).

Orden de protección (LECr art.544 ter y 544 quater) Se denomina como orden de protección a las víctimas de la **violencia doméstica**, un procedimiento judicial que unifica los instrumentos existentes con ese fin en el ordenamiento jurídico y permite adoptar **simultáneamente medidas de índole penal, civil y de asistencia y protección social**. 9090 MPP nº 3603
1) Su **ámbito de aplicación** abarca los delitos contra la vida, integridad física o moral, libertad sexual o libertad o seguridad de las personas mencionadas en CP art.173.2, siendo preciso que junto a la existencia de indicios fundados de la infracción penal exista una situación objetiva de riesgo para la víctima que haga necesaria la aplicación de alguna de las medidas previstas en el precepto. No se exige la habitualidad (AP Guadalajara 10-10-03, EDJ 206139).
2) La orden de protección puede aplicarse tanto de manera simultánea a la incoación del **proceso penal principal**, como una vez incoado este y a modo de **incidencia** del mismo. Así resulta tanto de su inclusión dentro del concepto de primeras diligencias como de la atribución de competencia objetiva, según los casos, al juez de instrucción en servicio de guardia o al juez o tribunal que conozca de la causa (LECr art.13 y 544 ter.1, 4 y 11).
En caso de suscitarse duda sobre la **competencia territorial** del juez, debe iniciar y resolver el procedimiento aquel ante el que se haya solicitado la protección, sin perjuicio de remitir con posterioridad las actuaciones al que resulte competente (LECr art.544 ter.3).

3) La aplicación del procedimiento puede acordarse **de oficio, a instancia del Ministerio Fiscal o a petición de la propia víctima** o de persona que tenga con ella alguna de las relaciones citadas en CP art.173.2, que puede formularse ante la autoridad judicial, Ministerio Fiscal, cuerpos de seguridad o servicios administrativos de atención a la víctima o de carácter social o asistencial. 9091
La **sustanciación** consiste esencialmente en la convocatoria de una audiencia urgente que por regla general debe celebrarse durante el servicio de guardia y siempre dentro de las 72 horas, a la que han de asistir la víctima o su representante legal, el solicitante, el Ministerio Fiscal y el agresor, asistido, en su caso, de abogado. La audiencia puede hacer las veces de las previstas en LECr art.505 y 798 o ser simultánea con el acto del juicio por delito leve, por lo que en este último caso no es preceptiva la asistencia de letrado (AP Burgos 9-1-04, EDJ 202000).
4) Cautelarmente pueden aplicarse las **medidas de alejamiento** contempladas en LECr art.544 bis (LECr art.544 ter.4).

5) El **contenido de la resolución** puede ser múltiple y de índole cautelar o asistencial: 9092
a) Pueden adoptarse **medidas cautelares de tipo penal o civil**, siempre a petición de parte (AP Madrid 27-6-05, EDJ 176591).
Las primeras, pueden ser cualesquiera de las previstas con carácter general en la LECr, aplicándose las normas generales en cuanto a su contenido y vigencia.
Las medidas civiles pueden consistir en:
- determinar la forma en que se ejerza la patria potestad, tutela, guarda de hecho, curatela o acogimiento;
- la atribución del uso y disfrute de la vivienda familiar;
- determinar el régimen de custodia, visitas, comunicación y estancia con los hijos;
- determinar el régimen de prestación de alimentos;
- así como cualquier disposición que se considere oportuna a fin de apartar al menor de un peligro o de evitarle perjuicios.
Tienen una **vigencia temporal** de 30 días y si dentro de este plazo se incoa a instancia de la víctima o de su representante legal un proceso de familia ante la jurisdicción civil las medidas

adoptadas permanecerán en vigor durante los 30 días siguientes a la presentación de la demanda, en cuyo término deben ser ratificadas, modificadas o dejadas sin efecto por el juez de primera instancia competente.
Cuando existan **menores** o **personas con capacidad judicialmente complementada** que convivan con la víctima y dependan de ella, el juez debe pronunciarse en todo caso, incluso de oficio, sobre la pertinencia de la adopción de estas medidas.
Si procede, el juez puede adoptar las **medidas complementarias** a las solicitadas o establecidas que fueran precisas siempre que no hayan sido previamente acordadas por un órgano del orden jurisdiccional civil y sin perjuicio de lo dispuesto en CC art.158.
b) La orden de protección puede hacerse valer ante cualquier autoridad y Administración pública y comprende las **medidas de asistencia y protección social** establecidas en el ordenamiento jurídico. A tal efecto, se comunica a las Administraciones públicas competentes para la adopción de medidas de protección, sean estas de seguridad o de asistencia social, jurídica, sanitaria, psicológica o de cualquier otra índole.
c) En caso de que dicte una orden de protección con medidas de contenido penal y existieran indicios fundados de que los hijos menores de edad hubieran **presenciado, sufrido o convivido con violencia**, la autoridad judicial suspenderá el régimen de visitas, estancia, relación o comunicación del inculpado respecto de los menores que dependan de él, salvo que, a instancia de parte, no se acuerde así motivadamente en el interés superior del menor y previa evaluación de la situación de la relación paternofilial.
6) Si la víctima es mujer que sea o haya sido **cónyuge del investigado** o haya mantenido relación análoga de afectividad, aun sin convivencia, podrán aplicarse además las medidas de protección reguladas en los LO 1/2004 art.64 a 67. Estas medidas tienen vigencia durante todo el proceso y pueden mantenerse tras la sentencia definitiva y durante la tramitación de los posibles recursos contra ella (LO 1/2004 art.69).

9094 **Medidas cautelares patrimoniales** (LECr art.589 s.) Pese a que se mantiene el sistema de **adopción de oficio** de las medidas cautelares reales, la remisión que LECr art.764.2 hace a la aplicación de los presupuestos de las medidas cautelares establecidas en la LEC obliga a reinterpretar la Ley de enjuiciamiento criminal a la luz de LEC art.721, conforme al cual las medidas cautelares no pueden, en ningún caso, ser acordadas de oficio por el tribunal, sin perjuicio de lo que se disponga para los procesos especiales, o para lo previsto en el apartado 3, sin que tampoco puedan acordarse **medidas más gravosas** que las solicitadas.
Si el tribunal acordase la suspensión del proceso en que se ejercita la acción individual de un consumidor dirigida a obtener que se declare el **carácter abusivo de una cláusula contractual**, podrá acordar de oficio, sin necesidad de prestar caución, las medidas cautelares que considere necesarias para asegurar la eficacia de un eventual pronunciamiento estimatorio.

Precisiones La actuación de oficio es posible solo para garantizar **responsabilidades pecuniarias de naturaleza penal**, pero no cuando se trata de asegurar la efectividad de una futura y posible **responsabilidad civil** (Gimeno Sendra). En tal caso, ha de mediar el presupuesto procesal de la petición de la parte perjudicada o del Ministerio Fiscal, como por otra parte siempre se ha exigido en LECr art.615 cuando el presunto responsable civil era un tercero no investigado penalmente (LECr art.108 y 764.2).

9095 **Proceso de menores** (LO 5/2000 disp.final 1ª) Nada se dice sobre medidas cautelares patrimoniales en el proceso de menores, por lo que se aplican supletoriamente las normas de LECr (nº 9060 s.).

9096 **Proceso penal militar** (LO 2/1989 art.190, 194 y 195) El sistema indicado en nº 9094 es desconocido en este ámbito, inspirado en el principio clásico de actuación de oficio que dominaba el texto de LECr en la época de promulgarse la primera y que parece extenderse incluso a los supuestos de responsabilidad civil de tercero.

VII. Recursos

9105 Es necesario distinguir entre las medidas cautelares personales y reales o patrimoniales.

Precisiones Las siguientes consideraciones son aplicables solo al caso de que las medidas cautelares se acuerden por un **juez unipersonal**. En caso de adoptarse por el **tribunal colegiado** competente para el fallo del proceso, el recurso adecuado es el de súplica (LECr art.236; LO 2/1989 art.272).

Medidas personales Como consecuencia de las exigencias de provisionalidad y necesidad estricta de las medidas cautelares personales, los **autos de prisión, libertad y fianza** son reformables de oficio durante el curso del procedimiento para adaptarse a las circunstancias existentes en cada momento (LECr art.539). **9107** MPP nº 3621

Los encausados o aún meramente investigados (nº 8000) son susceptibles de **recurso de apelación** en un solo efecto, que debe tramitarse por las normas aplicables al procedimiento abreviado (LECr art.766). Ello **incluye** los autos que decreten, denieguen o prorroguen la prisión, acuerden la libertad provisional o impongan fianza y fijen su cantidad y calidad (LECr art.507.1, 518 y 529). Parece **excluido**, por el contrario, el auto dejando sin efecto la detención, por las razones antes explicadas (nº 8889).

En caso de que la resolución impugnada sea un **auto de prisión** el recurso debe resolverse en el **plazo** máximo de 30 días y mediante celebración de vista si el apelante lo pide. La vista debe tener lugar dentro de los 10 días siguientes a la recepción de la causa por la audiencia respectiva (LECr art.507.1 y 766.5).

En caso de **secreto del sumario**, no cabe notificar a la parte afectada por tal declaración los extremos del auto afectados por la misma, pues en caso contrario el secreto perdería su utilidad. Ante la restricción indudable del derecho de defensa que ello supone, se dispone que se expresen en el auto los particulares del mismo que, para preservar la finalidad del secreto, hayan de ser omitidos de la copia que haya de notificarse y que, en ningún caso, se omitirá en la notificación una sucinta descripción del hecho imputado y de cuál o cuáles de los fines previstos en LECr art.503 se pretende conseguir con la prisión. Cuando se alce el secreto del sumario ha de notificarse de inmediato el auto íntegro al investigado o encausado (LECr art.506.2).

Proceso de menores (LO 5/2000 art.41.3) El régimen expuesto en nº 9107 s. es aplicable en lo preciso en el proceso de menores. **9110**

Extradición (L 23/2014 art.53) Se produce una disparidad de criterios en esta materia: **9111**

Mientras la L 4/1985 solo admite recurso de **reforma** contra las resoluciones que adopten medidas cautelares personales, en la regulación de la orden europea de detención y entrega se acude, en el mismo caso, al de **apelación**.

Proceso penal militar (LO 2/1989 art.215 a 223) En el proceso penal militar se omite toda referencia al recurso procedente al regular la prisión preventiva ordinaria cuando esta no derive de una previa detención, lo que podría inducir a pensar en el de **queja** en vista de lo dispuesto por LO 2/1989 art.261 y 268. Sin embargo, parece tratarse de un olvido manifiesto del legislador, pues se admite la **apelación** contra los autos que eleven la detención a prisión, que acuerden o levanten la incomunicación, que concedan o revoquen la prisión atenuada y que decidan la libertad provisional (LO 2/1989 art.204, 224, 229 y 232). **9112**

Medidas patrimoniales El recurso procedente en materia de medidas cautelares reales es el de **apelación**, si bien su régimen de **tramitación** puede variar según el tipo de proceso: **9114**

a) En el **procedimiento abreviado** y en el de **enjuiciamiento rápido** proceden los recursos de reforma y apelación regulados con carácter general en LECr art.766, que caben contra todos los autos de los jueces de instrucción o de lo penal no exceptuados de recurso (LECr art.795.4). Contra las resoluciones de tribunales colegiados debe interponerse el recurso de súplica (LECr art.236).

b) En el **proceso ordinario por delito** y en los **procesos penales militares**, se concede específicamente recurso de apelación contra los autos de calificación de la suficiencia de fianza dictados por el juez de instrucción (LECr art.596; LO 2/1989 art.197). Además, se aplica el mismo recurso contra el auto en que se acuerde el aseguramiento de la responsabilidad civil y se fije provisionalmente su cuantía, pero solo en el proceso militar (LO 2/1989 art.190).

En idéntico supuesto, en LECr art.589 no cita el recurso procedente, lo que obliga a determinar el recurso procedente contra el auto de cuantificación de las posibles responsabilidades pecuniarias en función del momento y de la forma en que se adopte dicha resolución:

- Si se enmarca en el **auto de procesamiento**, el régimen de recursos es el establecido en LECr art.384.
- En caso de adoptarse **resolución separada** exigiendo cautelas reales al investigado o a tercero o denegando las solicitadas por alguna de las partes, el silencio de la Ley conduce al recurso de queja (LECr art.218; AP Barcelona 27-6-00, EDJ 39679; AP Tarragona 20-3-01, EDJ 99050). Este último criterio puede también aplicarse a los autos de ampliación o reducción de la fianza o de embargo (LECr art.611 y 612).

En caso de dictarse las resoluciones correspondientes por **tribunales colegiados**, el recurso procedente será el de súplica (LECr art.236; LO 2/1989 art.272).

VIII. Reconocimiento de resoluciones sobre medidas cautelares en el ámbito de la Unión Europea

(L 23/2014 art.109 a 142)

9120 Ha de diferenciarse entre el tratamiento de las resoluciones de medidas alternativas a la prisión provisional (nº 9122) y de las órdenes de protección (nº 9136) así como de las relativas al embargo preventivo de bienes y aseguramiento de pruebas (nº 9150 s.).

9122 **Medidas alternativas a la prisión provisional** (L 23/2014 art.109 a 120) Las resoluciones cuyo régimen de reconocimiento y ejecución se regula por la Ley referenciada son aquellas adoptadas en un proceso penal por la autoridad competente de un Estado miembro por las que se imponen a una **persona física** una o más medidas de vigilancia en sustitución de la prisión provisional. Tienen por **finalidad** mejorar la protección de las víctimas, la seguridad ciudadana y promover la adopción de resoluciones de libertad provisional en relación con **investigados que no sean residentes en el Estado miembro** donde se sigue el proceso penal en su contra.

Se incluyen (L 23/2014 art.110):

a) La obligación de la persona de comunicar a la autoridad competente del Estado de ejecución cualquier **cambio de domicilio**, en particular para poder recibir citaciones a comparecer en las diligencias de prueba o vistas en el transcurso de las actuaciones penales.

b) La prohibición de **entrar en determinadas localidades, lugares o zonas** definidas del Estado de emisión o del Estado de ejecución.

c) La obligación de **permanecer en un lugar** determinado durante el período de tiempo señalado.

d) La obligación de **respetar las limitaciones** impuestas en relación con la salida del territorio del Estado de ejecución.

e) La obligación de **presentarse en determinadas fechas** ante una autoridad específica.

f) La prohibición de **aproximarse a determinadas personas** relacionadas con los delitos presuntamente cometidos.

g) La **inhabilitación** para ejercer determinadas profesiones o actividades ligadas con el delito presuntamente cometido.

h) La obligación de no conducir **vehículos de motor**.

i) La obligación de depositar una **fianza** o prestar otra garantía, ya sea en determinados plazos o en un pago único.

j) La obligación de someterse a un **tratamiento de desintoxicación** o deshabituación de adicciones.

k) La prohibición de **tenencia y porte de armas** o de otros objetos específicos relacionados con el delito enjuiciado.

Las **autoridades competentes** para emitir estas medidas son los jueces o tribunales que hayan dictado la resolución de libertad provisional del investigado en el procedimiento penal; por otro lado las competentes para reconocer y ejecutarlas son los jueces de instrucción o los de vigilancia sobre la mujer del lugar donde el investigado tenga su residencia, respecto a los delitos que sean de su competencia.

9124 **Transmisión** (L 23/2014 art.112 s.) El juez o tribunal competente debe transmitir la resolución a la autoridad competente del Estado miembro en que concurra alguna de las siguientes **circunstancias**:

a) Que el investigado tenga su **residencia legal y habitual** en el Estado de ejecución y consienta en regresar a dicho Estado.

b) Que el investigado solicite **trasladarse a un Estado distinto** del de su residencia y la autoridad competente de este Estado así lo consienta.

La resolución se debe transmitir a un **único Estado** de ejecución cada vez.

El juez español ha de mantener la necesaria comunicación, mediante **consultas**, con la autoridad competente del otro Estado miembro de la Unión Europea para verificar la identidad y el lugar de residencia del interesado, así como cualquier dato que conste en el registro de antecedentes penales.

La **emisión de la resolución** debe acordarse de oficio o a solicitud del Ministerio Fiscal o del investigado, sin que estas solicitudes tengan carácter vinculante.

En el caso de que previamente se hubieran acordado **otras medidas alternativas** en relación con el mismo investigado en otras causas debe seguirse el presente procedimiento en cada autoridad judicial que conozca de cada una de ellas, así como si estuviera decretada la busca y captura del investigado a fin de acordar su ingreso en prisión preventiva.

Sin embargo, si alguno de los jueces o tribunales decide no emitir la resolución sobre medidas alternativas a la prisión provisional y **mantener las medidas de vigilancia** acordadas para que se ejecuten en España o mantener la medida interesada de prisión preventiva, lo comunicará a la mayor brevedad posible al resto de autoridades judiciales que estén tramitando la emisión de esta resolución para que suspendan la tramitación o dejen sin efecto la resolución ya emitida, sin perjuicio de su posible reanudación o transmisión posterior.

La autoridad judicial, a continuación, debe **preguntar al investigado si desea regresar o permanecer** en su Estado de residencia, concediéndole a tal efecto un plazo máximo de 30 días. **9126**
En caso de optar por cumplir la medida en otro Estado distinto se solicitará de la autoridad competente de ese Estado el **consentimiento** para la transmisión de la resolución. Si el trámite se sigue en **varios órganos judiciales**, el consentimiento prestado en una causa se hace extensivo a las demás.
Cuando la tramitación se lleve a cabo con ocasión de la **detención y puesta a disposición del detenido**, el traslado al Ministerio Fiscal y a las partes personadas se ha de hacer de modo simultáneo a la celebración de la comparecencia, recabándose entonces el consentimiento del investigado para regresar al Estado de ejecución. El juez o tribunal debe **resolver** en el plazo previsto para la regularización de la situación personal del detenido.
La prestación del **consentimiento** del investigado también puede hacerse simultáneamente a cualquier otra audiencia o vista que se celebre durante el procedimiento.
La **resolución** debe especificar el plazo por el que debe supervisarse las medidas, cuya duración máxima viene determinada por la prescripción del delito que motiva la resolución de libertad provisional, y si es posible su renovación.
Si al tiempo de **caducar el plazo de supervisión de las medidas** de vigilancia siguieran siendo necesarias el juez o tribunal emisor debe proceder a informarle al respecto en el plazo de 5 días desde la recepción de la solicitud de confirmación.

Mientras no haya comenzado la ejecución de la resolución el juez o tribunal puede **retirar el certificado** una vez conozca toda la información facilitada por la autoridad de ejecución sobre el plazo máximo previsto en su Derecho para la supervisión de las medidas, la necesidad de adaptarlas o sobre la imposibilidad de entregar al investigado a través de la orden europea de detención y entrega. En el auto de retirada debe solicitarse al Estado de ejecución que no adopte o supervise medida alguna. **9128**
En tanto en cuanto la autoridad competente del Estado de ejecución no notifique el reconocimiento de la resolución sobre **medidas alternativas a la prisión provisional** que le haya sido transmitida, la autoridad judicial española sigue siendo competente para la supervisión de las medidas de vigilancia impuestas.
Sin embargo, la **competencia para la supervisión** revierte en el juez o tribunal competente cuando se (L 23/2014 art.119):
a) Retire el certificado y así lo notifique a la autoridad competente del Estado de ejecución.
b) El investigado traslade su residencia legal y habitual a un Estado distinto al Estado de ejecución.
c) El juez o tribunal haya modificado las medidas de vigilancia y la autoridad competente del Estado de ejecución se haya negado a supervisar dichas medidas.
d) Haya transcurrido el plazo máximo señalado por el Estado de ejecución para la supervisión de las medidas de vigilancia.
e) La autoridad competente del Estado de ejecución decida dejar de supervisar las medidas de vigilancia y así lo comunique al órgano judicial competente.
El juez o tribunal emisor español es competente para **adoptar decisiones ulteriores** en relación con estas resoluciones cuando, de oficio o por notificación de la autoridad de ejecución, advierta de cualquier incumplimiento por el investigado de una medida de vigilancia u otra información que pueda dar lugar a la adopción de una decisión ulterior a la libertad provisional.
En particular en los casos siguientes:
a) La **renovación, revisión o revocación** de la resolución sobre medidas alternativas a la prisión provisional.
b) La **modificación** de las medidas de vigilancia acordadas.
c) La **emisión de una orden europea de detención y entrega** o de cualquier otra resolución judicial ejecutiva que surta los mismos efectos (L 23/2014 art.120).

Ejecución de la resolución (L 23/2014art.121 s.) El reconocimiento de las resoluciones sobre medidas alternativas a la prisión provisional no está sujeto al **control de la doble tipificación** cuando se refiera a hechos tipificados como algunos de los delitos contenidos en L 23/2014 art.20.1 (nº 6730), siempre que estén castigados en el Estado de emisión con penas o **medidas privativas de libertad** cuya duración máxima sea de al menos 3 años. **9130**

Solo se puede reconocer esta resolución cuando se de alguna de las siguientes **circunstancias**:
a) El investigado tenga su **residencia legal y habitual** en España, siempre que consienta en regresar, después de haberle informado de las medidas de que se trata.
b) Las autoridades competentes españolas **consientan el traslado** de la resolución sobre medidas alternativas a la prisión provisional para su ejecución en España cuando el investigado así lo hubiera solicitado en el Estado de emisión.

9132 **Procedimiento** (L 23/2014 art.122 s.) El procedimiento sigue los trámites que se señalan a continuación:
1) El juez competente debe decidir y comunicar a la mayor brevedad posible a la autoridad del Estado de emisión si reconoce la resolución y si asume la **responsabilidad de la supervisión** de las medidas de vigilancia. Esta decisión debe emitirse en el plazo de 20 días hábiles desde la recepción de la resolución, salvo que sea necesario un **nuevo plazo** en cuyo caso lo comunicará junto con los motivos de la demora y la fijación del nuevo plazo.
En el caso de interponerse un **recurso** contra la resolución por la que se imponen medidas de vigilancia, el plazo se amplía otros 20 días hábiles.
2) Si las **medidas de vigilancia** impuestas son **incompatibles** con el ordenamiento jurídico español, el juez debe adaptarlas a las que se apliquen y se han de corresponder en la medida de lo posible con las dictadas en el Estado de emisión, pero en ningún caso pueden ser más severas que las inicialmente impuestas.
3) Se puede **denegar** el reconocimiento y la ejecución de las resoluciones en los siguientes casos:
a) Cuando en virtud de su **edad**, el investigado no pueda ser considerado penalmente responsable de los hechos en que se basa la resolución, de acuerdo con la legislación penal española.
b) Cuando no se cumplan las **condiciones** para la transmisión de una resolución sobre medidas alternativas a la prisión provisional.
c) Cuando, en el supuesto de que el **investigado incumpliera las medidas de vigilancia**, el juez de instrucción o de violencia sobre la mujer se viera obligado a negarse a entregarlo de acuerdo con lo dispuesto en esta ley sobre la orden europea de detención y entrega.
4) Si la autoridad competente del Estado de emisión decide **renovar, revisar o retirar la resolución** o emitir una orden europea de detención y entrega, el juez competente debe reconocer esas medidas ulteriores para hacerlas efectivas en España. En caso de emisión de la orden europea de detención el juez competente debe comunicar las medidas que estuviera ejecutando al juez central de instrucción de la Audiencia Nacional.

9134 **5)** Se puede **ampliar el plazo máximo de supervisión** de las medidas de vigilancia previamente fijado por el juez competente atendiendo a las circunstancias del caso y a lo dispuesto en la ley española, indicando, en su caso, el nuevo plazo máximo de supervisión.
6) El juez de instrucción o de violencia sobre la mujer debe notificar a la autoridad competente del Estado de emisión cualquier **incumplimiento de una medida de vigilancia** y cualquier otra información que pueda dar lugar a la adopción de una decisión ulterior.
En los casos de **retirada del certificado**, el juez competente debe poner fin a la supervisión de las medidas de vigilancia en cuanto reciba la correspondiente notificación.
Igualmente, ha de informar sin dilación de cualquier **cambio de residencia** del investigado o de la imposibilidad de ejecutar las medidas por no encontrarlo en España. Así como también del período máximo durante el que se pueden supervisar las medidas de vigilancia impuestas.
Cuando el Estado de emisión emita una **orden europea de detención y entrega**, el investigado debe ser entregado conforme a lo dispuesto en la L 23/2014.
Siempre que el juez competente haya transmitido **varias notificaciones sobre la misma persona** a la autoridad competente del Estado de emisión que requieran la adopción de una decisión ulterior, y esta no la hubiera adoptado, se ha de requerir a dicha autoridad para que adopte tal decisión, en un plazo máximo de 60 días.

9136 **Órdenes europeas de protección** (L 23/2014 art.130 a 142) La orden europea de protección es una **resolución en materia penal** dictada por una autoridad judicial o equivalente de un Estado miembro en relación con una **medida de protección** que faculta a la autoridad competente de otro Estado miembro para adoptar las medidas oportunas a favor de las víctimas o posibles **víctimas de delitos** que puedan poner en peligro su vida, su integridad física o psicológica, su dignidad, su libertad individual o su integridad sexual, cuando se encuentren en su territorio.
Puede emitirse tanto en relación con **medidas impuestas cautelarmente** en un proceso penal como respecto de las **penas privativas de derechos**, siempre que consistan en:
a) La prohibición de entrar o aproximarse a determinadas **localidades, lugares o zonas** definidas en las que la persona protegida reside o que frecuenta.

b) La prohibición o reglamentación de cualquier tipo de **contacto** con la persona protegida, incluidos los contactos telefónicos, por correo electrónico o postal, por fax o por cualquier otro medio.
c) La prohibición o reglamentación del **acercamiento a la persona** protegida a una distancia menor de la indicada en la medida.
Las **autoridades competentes** para emitirlas y transmitirlas son los jueces o tribunales que conozcan del procedimiento penal en el que se ha emitido la resolución adoptando la medida de protección.
La **competencia para reconocerla y ejecutarla** son los jueces de instrucción y los de violencia sobre la mujer del lugar donde la víctima resida o tenga intención de hacerlo, sin perjuicio de lo dispuesto en el artículo siguiente. En los casos de **resoluciones de libertad vigilada** o medidas alternativas a la prisión provisional la competencia corresponde al mismo juez o tribunal que ya haya reconocido y ejecutado aquellas resoluciones.

Requisitos para la emisión de la orden (L 24/2013 art.133) Los requisitos para la emisión de la orden son: **9138**
a) Que se haya dictado una resolución judicial penal adoptando la **medida de protección**, tanto si se trata de medidas cautelares impuestas como de penas privativas de derechos que, por su contenido análogo, persigan idéntica finalidad de protección de la víctima.
b) Que la víctima **resida**, permanezca o tenga intención de hacerlo en otro Estado miembro de la Unión Europea.
c) Que la víctima **solicite la adopción de la orden de protección**, por sí misma o a través de su tutor o representante legal. Se diferencian los procedimientos o trámites de emisión, transmisión y ejecución.

Emisión (L 23/2014 art.134) El **procedimiento** para la emisión se ajusta a los siguientes trámites: **9140**
1.- La autoridad judicial española debe **informar** a la persona protegida o a su representante legal de la posibilidad de solicitar que se dicte esta orden a otro Estado miembro, así como de las condiciones básicas para presentar dicha solicitud. La autoridad debe aconsejar a la persona protegida que presente su **solicitud** antes de salir del territorio del Estado de emisión. La víctima puede formular su solicitud en el Estado de ejecución.
2.- Previamente debe darse **audiencia a la persona causante del peligro**, sin comunicarle en ningún caso la dirección ni otros datos de contacto de la persona protegida, a menos que ello sea necesario para la ejecución de la medida adoptada.
Si el investigado o **condenado no hubiera sido oído** en el proceso previamente en relación con la adopción de la resolución que decretaba medidas de protección, ha de convocarse a este, al Ministerio Fiscal y a las demás partes personadas, a una comparecencia, que debe celebrarse en el plazo de 72 horas desde la recepción de la solicitud. El juez o tribunal debe resolverse por auto motivado.

Transmisión (L 23/2014 art.137) La orden se puede transmitir, de **manera simultánea**, a varios Estados de ejecución si la víctima manifiesta su intención de permanecer en varios de ellos. **9142**
La autoridad judicial española que haya emitido la orden tiene **competencia exclusiva** para adoptar las resoluciones relativas a:
a) La **prórroga, revisión, modificación, revocación** y anulación de la medida de protección y de la orden europea de protección.
b) La imposición de una **medida privativa de libertad** como consecuencia de la revocación de la medida de protección, siempre que la medida de protección se haya adoptado con motivo de una resolución de adopción de medidas de libertad provisional o de libertad vigilada (L 23/2014).
La autoridad judicial española debe informar sin demora a la autoridad competente del Estado de ejecución de cualquier **resolución de modificación** de la orden europea de protección y responder a la solicitud de información que esta pueda realizar en cuanto a la necesidad de mantener la protección otorgada por la orden europea de protección en las circunstancias del caso concreto de que se trate. Si en la medida de protección se incluye en una sentencia o **resolución de libertad vigilada** y esta se modifica, la autoridad de emisión procederá sin dilación a prorrogar, revisar, modificar, revocar o anular en consecuencia la orden europea de protección, informando a la autoridad competente para su ejecución.

Ejecución (L 23/2014 art.138 s.) El órgano jurisdiccional competente que reciba una orden europea de protección para su ejecución, debe dar **audiencia** al Ministerio Fiscal por plazo de 3 días y reconocerla sin más dilación adoptando una resolución en la que imponga cualquiera de las medidas previstas en el Derecho español para un **caso análogo** a fin de garantizar la protección de la persona protegida. **9144**

Esta orden debe reconocerse con la misma **prioridad** que corresponda a estas medidas en el Derecho español.
La medida de protección que adopte la autoridad competente de ejecución, así como la que se adopte posteriormente en caso de incumplimiento, deben **ajustarse** en la mayor medida posible a la medida de protección ordenada por el Estado de emisión.
El juez debe **informar** a la persona causante del peligro, a la autoridad competente del Estado de emisión y a la persona protegida de las medidas que haya adoptado y de las consecuencias jurídicas de la infracción de tales medidas.
En el **auto de reconocimiento** deben darse las instrucciones oportunas a las Fuerzas y Cuerpos de Seguridad del Estado para velar por el cumplimiento de las medidas recogidas en la orden de protección.
En caso de **incumplimiento** de alguna de las medidas de protección adoptadas la autoridad judicial española es competente para:
a) Imponer **sanciones penales** y adoptar cualquier otra medida como consecuencia del incumplimiento de esa medida, cuando tal incumplimiento constituya una infracción penal con arreglo al Derecho español.
b) Adoptar **cualesquiera otras resoluciones** relacionadas con el incumplimiento.
c) Adoptar las **medidas provisionales urgentes** para poner fin al incumplimiento, a la espera, en su caso, de una ulterior resolución del Estado de emisión.

9146 **Denegación de reconocimiento de la orden** (L 23/2014 art.140) La autoridad judicial española denegará el reconocimiento de una orden europea de protección cuando concurra, además de alguno de los **motivos** previstos en la L 23/2014 art.32 (nº 6727), alguna de las siguientes circunstancias:
a) Que la **resolución** no se refiera a alguna de las medidas previstas en este título.
b) Que la **medida de protección** se refiera a un hecho que no constituye infracción penal en España.
c) Que la protección derive de la ejecución de una pena o medida que, conforme al Derecho español, haya sido objeto de **indulto** y corresponda a un hecho o conducta sobre el que tenga competencia.
d) Que, conforme al Derecho español, la **persona causante del peligro** no pueda considerarse penalmente responsable del hecho o conducta que haya dado lugar a la adopción de la medida de protección, por razón de su edad.
Cuando la autoridad competente del Estado de emisión **modifique la orden europea de protección**, la autoridad judicial española, previa audiencia al Ministerio Fiscal, modificará las medidas adoptadas, salvo los casos en que aquella modificación no se ajuste a los tipos de prohibiciones o restricciones previstos en este capítulo o en caso de que la información transmitida con la orden europea de protección sea incompleta y no se haya completado dentro del plazo fijado.

9148 **Finalización de las medidas adoptadas en ejecución de la orden** (L 23/2014 art.142) La autoridad judicial española, **previa audiencia al Ministerio Fiscal**, puede poner fin a las medidas adoptadas en ejecución de una orden europea de protección:
a) En caso de que la autoridad competente del Estado de emisión haya **revocado o anulado** la orden europea de protección, tan pronto como haya recibido la correspondiente notificación.
b) Cuando existan indicios claros de que la **persona protegida no reside** ni permanece en España o ha abandonado definitivamente el territorio español.
c) Cuando haya **expirado**, con arreglo al ordenamiento jurídico español, el **plazo máximo de vigencia** de las medidas adoptadas.
d) En el caso de que **no se modifique la medida de protección** por las causas previstas en el artículo anterior.
e) Cuando, tras el reconocimiento de la orden europea de protección, se haya transmitido al Estado de ejecución una resolución sobre **medidas alternativas a la prisión provisional** o de libertad vigilada.

9150 Embargo preventivo de bienes y aseguramiento de pruebas (L 23/2014 art.143 a 156)

Se denominan **resoluciones de embargo** aquellas que se dirigen a impedir provisionalmente la destrucción, transformación, desplazamiento, transferencia o enajenación de bienes que pudieran ser sometidos a decomiso o utilizarse como medios de prueba.
Pueden **adoptarse** en relación con cualquier tipo de bien, sea material o inmaterial, mueble o inmueble, así como con los documentos acreditativos de un título o derecho sobre ese bien, de los que la autoridad judicial del Estado de emisión considere que constituyen el producto de una infracción o los instrumentos u objetos de dicha infracción. También caben en relación con los objetos, documentos o datos que posteriormente se puedan utilizar como medio de prueba en un procedimiento penal.

Son **autoridades competentes** los jueces o tribunales que conozcan del proceso en el que se deba adoptar la medida, así como los fiscales que dirijan las diligencias de investigación en las que se deba adoptar una medida de aseguramiento de pruebas que no sea limitativa de derechos fundamentales. La **competencia para emitirlas** se atribuye a los jueces o tribunales que conozcan del proceso en el que se deba adoptar la medida, así como los fiscales que dirijan las diligencias de investigación en las que se deba adoptar una medida de aseguramiento de pruebas que no sea limitativa de derechos fundamentales.
Son **competentes para ejecutarlas** los jueces de instrucción del lugar donde se encuentren los bienes o documentos objeto de aseguramiento o las pruebas que deban ser aseguradas, así como los fiscales para la ejecución de aquellas medidas de aseguramiento de pruebas que pueden realizar dentro de sus competencias sin adoptar medidas limitativas de derechos fundamentales. Sin embargo cualquier cambio sobrevenido de la ubicación del objeto no implica pérdida sobrevenida de la competencia del órgano que haya acordado el reconocimiento y ejecución de la resolución transmitida a España.

Emisión y transmisión (L 23/2014 art.145) Cuando una autoridad judicial española considere necesaria una medida de embargo preventivo de bienes o de aseguramiento de pruebas que se encuentren en el **territorio de otro Estado miembro** de la Unión Europea, enviará su resolución a la autoridad judicial competente para que proceda a su ejecución. **9152**
Los **requisitos** de la orden han de ser:
a) Que la misma se haya dictado en un proceso penal por el órgano judicial con la finalidad de proceder al posterior **decomiso de los bienes** o para que surtan efectos como elemento probatorio, o que el Ministerio Fiscal haya adoptado una medida de aseguramiento de pruebas no limitativa de derechos fundamentales en unas diligencias de investigación.
b) Que conste indiciariamente en el proceso penal o en las diligencias de investigación que los **efectos** cuyo embargo preventivo o aseguramiento se persigue se encuentran en otro Estado miembro.

Procedimiento (L 23/2014 art.146) El procedimiento es el siguiente: **9154**
1) Con carácter previo a la emisión puede recabarse de la autoridad competente del estado de ejecución **información suficiente** sobre si efectivamente el bien se encuentra en dicho Estado.
2) La **resolución** puede acordarse de oficio o a instancia de parte. En el caso de que durante el proceso penal las partes insten la emisión de la resolución se les debe solicitar que aporten justificación documental u otro tipo de indicio fehaciente que evidencie que el bien existe y que se encuentra en el territorio del Estado de ejecución.
3) Esta resolución se puede **transmitir simultáneamente a más de un Estado de ejecución** cuando la autoridad judicial española competente tenga motivos fundados para creer que los distintos bienes objeto de la resolución se encuentran en distintos Estados de ejecución.
4) Una vez transmitida la resolución, si la autoridad hubiera limitado la **duración del aseguramiento** y recabase **alegaciones sobre el levantamiento de la medida**, se dirigirá comunicación a la autoridad de ejecución explicando los motivos para el mantenimiento de la medida o si ha dejado de ser necesaria. Esta misma comunicación debe realizarla el Ministerio Fiscal que, en el seno de unas diligencias de investigación, recibiera el traslado para alegaciones solicitadas por la autoridad de ejecución. Si esta solicita alegaciones de la autoridad emisora española durante la tramitación de un recurso interpuesto frente a la resolución en el seno de unas diligencias de investigación.
5) Cuando en la resolución se haya hecho constar que la **cooperación judicial** requerida es la permanencia de los mismos en el Estado de ejecución a la espera de que se decrete el decomiso de los bienes o la transferencia de los elementos de prueba a España, la autoridad española de emisión puede remitir al Estado de ejecución la solicitud de decomiso o transferencia.

Ejecución de la resolución (L 23/2014 art.150 s.) Con carácter general, si la resolución se emite por un delito que pertenece a una de las **categorías de delito** enumeradas en la L 23/2014 art.20.1 (nº 6730) y el mismo estuviera castigado en el Estado de emisión con una **pena privativa de libertad** cuya duración máxima sea, al menos, de 3 años, la autoridad judicial española competente debe acordar la realización de la medida sin control de la doble tipificación de los hechos. **9156**

El **procedimiento** se ajusta a los siguientes trámites (L 23/2014 art.151 s.): **9158**
1) La **decisión de ejecución** debe adoptarse inmediatamente y comunicarse sin dilación a la autoridad judicial de emisión y al Ministerio Fiscal, por cualquier medio que deje constancia escrita. Las autoridades judiciales españolas deben **resolver y comunicarlo** en las 24 horas siguientes a la recepción de la resolución.

2) La autoridad competente que reciba la resolución debe adoptar en un plazo de 5 días las medidas necesarias tendentes a averiguar la **localización del bien** objeto de embargo preventivo y dirigir comunicación a la autoridad emisora para que amplíe cualquier circunstancia relevante para la ejecución de la medida del aseguramiento.

3) La resolución también debe determinar las **medidas cautelares** que deban adoptarse para llevar a cabo su ejecución (depósito del bien, su embargo preventivo, el bloqueo de cuentas bancarias, depósitos, valores u otros títulos valor o activos financieros, así como la prohibición de disponer del bien o cualquier otra medida cautelar que pueda acordarse en el proceso penal).

Tres meses antes de que la medida alcance la duración determinada en el auto se ha de dar **traslado a la autoridad competente** para que alegue sobre la procedencia de mantener o levantar aquella.

En el caso de que el objeto del aseguramiento sea un **elemento probatorio** o un instrumento o efecto del delito, el juez o fiscal competente deben respetar las formalidades y procedimientos indicados por la autoridad de emisión siempre que no sean contrarias al ordenamiento jurídico español.

Estas medidas han de mantenerse hasta que se resuelva definitivamente la **solicitud de transferencia o decomiso** cursada por la autoridad judicial de emisión, sin perjuicio de la adopción de medidas coercitivas complementarias. Sin embargo, previa consulta a la autoridad de emisión, la española puede imponer **condiciones que limiten la duración** o modifiquen la medida (incluyendo destrucción y realización anticipada de los efectos judiciales); en el caso de proponer dejar sin efecto o modificar la medida debe comunicarse inmediatamente a la autoridad de emisión para que alegue lo que estime oportuno.

Si la autoridad de emisión comunica que la medida solicitada ha quedado sin efecto, esta ha de **alzarse** sin dilación.

9160 **4)** La autoridad española puede **denegar el reconocimiento** de una resolución cuando concurra alguno de los motivos previstos en L 23/2014 art.32 (nº 6727).

5) En el supuesto de **imposibilidad de ejecución de una resolución** debe comunicarse inmediatamente a la autoridad de emisión alegando los motivos que lo ocasionaron: desaparición de los bienes o pruebas, destrucción de aquellos, o no haberse encontrado en el lugar indicado en el certificado o no indicarse con suficiente precisión el lugar en qué habrían de encontrarse.

6) Se puede **suspender la ejecución** de una resolución transmitida por la autoridad judicial de otro Estado miembro de la UE en los casos siguientes:

a) Cuando la ejecución pueda impedir el **buen desarrollo de una investigación penal** en curso en España, durante el tiempo necesario.

b) Cuando sobre los bienes o pruebas de que se trate se haya dictado una **medida anterior en un procedimiento judicial o administrativo**, hasta que se deje sin efecto esta, siempre que dicha medida tenga prioridad sobre posteriores resoluciones de intervención de efectos e instrumentos dictadas en causas penales con arreglo al derecho nacional.

SECCIÓN 10

Juicio oral

9300

El significado del juicio oral en la legislación procesal es doble. La norma utiliza la expresión para referirse: 9302 MPP nº 3704 s.
- tanto a la fase de juicio oral (denominada a veces plenario);
- como al acto solemne del juicio o celebración de la vista oral que se enmarca dentro de la primera.

En todo caso, desde el auto de apertura de la fase de juicio oral rige plenamente el **principio de publicidad** (LECr art.649 y LO 2/1989 art.274) al que se unen, en el acto del juicio propiamente dicho, los de inmediación, concentración y oralidad.

En la fase del juicio oral o en el propio acto del juicio, según la modalidad de procedimiento, se producen actuaciones esenciales para la válida producción de la resolución final del proceso:

a) **Depuración del proceso** mediante las cuestiones previas o artículos de previo pronunciamiento (nº 9312 s.) para concretar antes de la sentencia, a instancia de parte o incluso de oficio, la concurrencia de ciertos presupuestos procesales o la extinción de la presunta responsabilidad criminal achacable al encausado (nº 8000).

b) Apreciación por el tribunal de enjuiciamiento de la **pertinencia de la prueba** propuesta por las parte así como la posterior práctica de la misma en el acto del juicio oral o antes del mismo, en caso de tratarse de prueba anticipada.

c) Posible **conformidad** del acusado con el contenido de la acusación, que evita el acto del juicio oral y pone fin al proceso mediante sentencia anticipada (nº 9370 s.).

d) Actuaciones procesales de **preparación del acto del juicio oral** (nº 9450 s.).

En el **proceso ordinario** y en el **militar**, debe admitirse el recurso de súplica ante el silencio legal. 9306

Sin embargo, en el **proceso de jurado** puede pretenderse la modificación del auto de apertura a través de las cuestiones previas, mediante la petición de exclusión o introducción de nuevos hechos contemplada en el LO 5/1995 art.36.1.c) y d).

Sobre el alcance de la posibilidad de **ampliación del juicio** a algún hecho respecto del cual haya inadmitido la apertura el juez de instrucción (LO 5/1995 art.36.1.c), puede entenderse que ampara la incorporación de hechos que hayan aparecido en la causa con posterioridad a los escritos de calificación o bien que el precepto citado identifica los hechos con aspectos meramente accidentales o complementarios de aquellos por los que se haya abierto el juicio oral. En cualquier caso, ha de tratarse de **hechos sobre los que se haya formulado acusación**, pues en la audiencia preliminar está expresamente vedada la alteración del hecho justiciable o de la persona acusada por la vía de la modificación de la petición de apertura de juicio que pueden las acusaciones formular en dicho trámite.

9307 **Responsabilidad civil** El auto de apertura de juicio oral, no obstante lo expuesto, se considera **recurrible** en cuanto a su pronunciamiento sobre responsabilidad civil, aunque de la literalidad de LECr art.781 y 783.3 parece resultar lo contrario por lo que deben ser interpretados para que, garantizándose la finalidad del auto de apertura del juicio oral, no se limite el derecho de acceso a los de recursos (AP Sevilla auto 30-6-17, EDJ 191164; AP Mallorca auto 27-5-15).

• La fijación de **fianza** es un pronunciamiento que no integra el contenido del auto de apertura de juicio oral, y por lo tanto lo correcto es que pueda resolverse sobre la fianza con la formación de la correspondiente pieza separada sobre responsabilidades civiles (AP La Rioja 3-5-23, EDJ 675109; auto 2-5-24 núm 167/24).

• Debe considerarse como recurrible el auto de apertura de juicio oral en aquellos procedimientos en los que se haya omitido, en toda la tramitación de la causa, la **apertura de la pieza de responsabilidad civil**, deduciéndose su irrecurribilidad cuando conste incoada la correspondiente pieza de responsabilidad civil (AP Madrid 27-4-18, EDJ 515319; AP Valencia 15-5-17, EDJ 160044).

• Son recurribles los autos que contengan, junto a la apertura del juicio oral, la **fijación de fianzas** para asegurar las responsabilidades civiles *ex delito* (AP Barcelona 13-7-12, EDJ 180523; 20-9-18, EDJ 575334).

I. Cuestiones previas

9310 Con esta denominación se designan:

- los artículos de previo pronunciamiento regulados en las normas dedicadas al proceso ordinario (nº 9312); y
- otro tipo de pretensiones de diversa índole (nº 9338);
- debate preliminar en el proceso de menores (nº 9340);
- procedimiento para el planteamiento y resolución de cuestiones previas (nº 9345); y
- recursos (nº 9360).

Precisiones El plenario comienza con la **lectura de los escritos de acusación y de defensa**. Una vez iniciado, la regulación procesal permite que, antes de la práctica de la prueba, puedan quedar ventiladas determinadas cuestiones que planteen las partes, resolviendo juez o tribunal en el mismo acto lo procedente sobre las cuestiones planteadas, sin que quepa recurso contra tal decisión, sin perjuicio de la pertinente **protesta** y de que la cuestión pueda ser reproducida, en su caso, en el recurso frente a la sentencia. De este modo, las llamadas **cuestiones previas** -o los artículos de previo pronunciamiento y el debate preliminar en el proceso de menores- forman parte inseparable del enjuiciamiento y han de ser resueltas por el mismo órgano jurisdiccional que aborda el resto de las cuestiones pertenecientes al juicio oral, sin que la atención de la **primera secuencia del plenario** pueda considerarse un contacto anticipado con el proceso que resienta la imparcialidad con la que se aborda el pronunciamiento de fondo (TS 20-12-23, EDJ 785309).

1. Artículos de previo pronunciamiento

(LECr art.666 s.; LO 2/1989 art.286 s.)

9312 Tienen como nota común la de constituir **obstáculos procesales** de diversa índole para una posterior sentencia de fondo a cuya validez podrían afectar. Se pretende con ellas sanear el proceso de cualquier incidencia que pudiera evitar la entrada en el fondo de la cuestión o que obligase a dictar una sentencia absolutoria improcedente (TS 19-9-00, EDJ 24218).

Su **naturaleza** no es homogénea (TS 15-5-02, EDJ 22308), pues entre ellos existen cuestiones relativas a la competencia del órgano de enjuiciamiento o a la adecuación del procedimiento, a la extinción de la responsabilidad criminal que pudiera haber existido por causa de prescripción del delito o ciertas formas de ejercicio del derecho de gracia o a la ausencia de autorización previa para proceder cuando sea exigible. Los efectos que produce su estimación son diversos y pueden ir, desde la inhibición del conocimiento del proceso, hasta el sobreseimiento libre del mismo.

Declinatoria de jurisdicción (LECr art.666.1; LO 2/1989 art.286.1) No se refiere únicamente a la falta de competencia territorial del órgano de enjuiciamiento, como puede deducirse de su denominación. Caben aquí además las **cuestiones** relativas a: 9313
- la jurisdicción como presupuesto procesal (conocimiento del hecho por la jurisdicción ordinaria o a la militar, ausencia de jurisdicción de los tribunales españoles);
- la incompetencia objetiva por razón de la persona si el encausado (nº 8000) es aforado, o
- la incompetencia objetiva por razón de la materia, con la correlativa cuestión de inadecuación del procedimiento (nº 9315), cuando se discuta la competencia del Tribunal del Jurado para conocer del delito (TS 26-11-01, EDJ 45803).

Precisiones 1) En el ámbito del **procedimiento abreviado**, las partes puede proponer como cuestión previa lo que estimen oportuno acerca de la competencia objetiva del tribunal (LECr art.786.2). Respecto a la **competencia territorial**, por regla general debe llegar resuelta al juicio oral, debiendo considerarse precluida la posibilidad de impugnarla competencia.
No obstante, en este procedimiento se puede plantear la cuestión, aunque sea claramente recomendable que se haya decidido antes; y, en todo caso, sin afectar en absoluto la preclusión al tribunal o al Ministerio Fiscal -LECr art.19.3º y 4º- (TS 20-1-22, EDJ 501104; 23-3-21, EDJ 518285).
2) El criterio general en relación con las denominadas **inhibiciones tardías** viene siendo considerar improcedente la inhibición por falta de competencia territorial de una investigación ya concluida, pues se ha mantenido la competencia por un tiempo prolongado, desde su inicio, por lo que sin una variación de los hechos no se justifica una resolución de inhibición; de forma que, abierto el juicio oral opera la *perpetuatio iurisdiccionis*, con mantenimiento de la **competencia** declarada al abrir aquel. Tienen que concurrir razones muy poderosas para plantear una **modificación** de la competencia territorial después del desarrollo prolongado de la jurisdicción en investigación de un hecho presuntamente delictivo, evitando una discusión permanente especialmente cuando no se ha discutido aquella durante un largo periodo (TS 20-3-24, EDJ 519978). No obstante, es difícil negar la posibilidad al tribunal de rehusar su propia competencia, en un momento procesal que, necesariamente, ha de ser concluida la instrucción y abierto el juicio oral, una vez presentados los escritos de acusación y defensa o, incluso, en el turno de cuestiones previas (TS auto 20-7-23, EDJ 636307). Quizá hayan de valorarse especialmente las **circunstancias del caso**. Por ello, en las cuestiones sobre competencia territorial es preciso hacer acopio de **otros elementos** que varían la base de la decisión de forma ostensible y patente para que pueda justificarse el cuestionar la competencia en estas fases posteriores (TS auto 26-9-24, EDJ 688541).

Inadecuación del procedimiento Convienen algunas precisiones que revelan su escasa trascendencia como artículo de previo pronunciamiento, además de remitir al nº 7295. 9315
a) Desde el punto de vista de una posible **nulidad de actuaciones** que pudiera derivar de la inadecuación, debe tenerse en cuenta que se exige la causación de indefensión material (LOPJ art.238.3º). A tal efecto, no puede sostenerse que la determinación de uno u otro procedimiento a la hora de investigar un delito sea causa de vulneración de derechos tan relevantes como el de tutela judicial efectiva, defensa, seguridad y legalidad, que resultan amparados por todos los procesos regulados en la legislación procesal (TS 11-12-01, EDJ 56021).
b) En el ámbito de los **procedimientos abreviado y ordinario**, la **competencia objetiva** está determinada por la medida de la pena abstracta y no por el tipo de delito y, cuando la misma exceda de 5 años de prisión, el tipo de proceso no va asociado a una posible incompetencia objetiva por razón de la materia, pues el enjuiciamiento corresponderá en todo caso a la Audiencia Provincial con abstracción del procedimiento aplicable. Por eso, de la cuestión de la adecuación del procedimiento debe conocer el juez de instrucción tan pronto del contenido de las actuaciones pueda deducir el concreto tipo aplicable (LECr art.624, 779.1.2ª y 4ª; LO 2/1989 art.385), siendo improbable que se llegue al trámite de calificación provisional (nº 9347) o incluso al inicio de las sesiones del juicio oral (nº 9525 s.) sin que la cuestión se haya esclarecido y a reserva de las conclusiones definitivas de la acusación (nº 9596 s.). Ver no obstante, TS 29-1-86, EDJ 909.
c) La regulación expresa de la cuestión como artículo de previo pronunciamiento se limita al ámbito del **proceso de jurado**, en el que la competencia objetiva del tribunal y la adecuación del procedimiento dependen de la calificación del delito y no de la pena señalada por la Ley al mismo. En todo caso, solo se contempla como tal en los casos en que el juez de instrucción no haya acordado antes la transformación del procedimiento (LO 5/1995 art.28, 29.5, 31.3, 32.4, 36.1.a).
d) La inadecuación puede surgir en un momento procesal posterior, como efecto de los términos concretos de las **conclusiones definitivas de la acusación**. En tal caso, la solución es una (declaración de incompetencia) si está conociendo del juicio oral el juez de lo penal y otra distinta (continuación del proceso hasta sentencia) si lo hacen la Audiencia Provincial o el Tribunal del Jurado (LECr art.788.6; LO 5/1995 art.48.5).

9316 **Cosa juzgada** (LECr art.666.2ª; LO 2/1989 art.286.2º) Se hace referencia al efecto preclusivo de la sentencia penal y, con ello, al aspecto procesal del principio *non bis in ídem* y, en consecuencia, a la proscripción del **doble enjuiciamiento por iguales hechos**. Se estudia en detalle en el nº 9820 s., al tratar de los efectos de la sentencia.

9318 **Prescripción del delito** (LECr art.666.3ª; LO 2/1989 art.286.3º) Con ella se extingue la responsabilidad criminal (salvo en los delitos de lesa humanidad y de genocidio y los delitos contra las personas y bienes protegidos en caso de conflicto armado, que son imprescriptibles) y se produce por el **transcurso íntegro de los plazos** señalados en el CP art.131.

MPP nº 3728, 3756 s.

La prescripción tiene **naturaleza sustantiva**, ajena a las exigencias procesales de la acción persecutoria (TS 17-7-09, EDJ 165949), de legalidad ordinaria y próxima al instituto de la caducidad y, por responder a principios de orden público y de interés general, puede ser proclamada **de oficio** en cualquier estado del proceso en que se manifieste con claridad la concurrencia de los requisitos que la definen y condicionan (TS 19-9-13, EDJ 187295) sin que resulte imprescindible la práctica de prueba para adoptar una decisión al respecto, siendo incluso factible en algunos supuestos, su aplicación después de celebrado el juicio oral y dictada sentencia, dentro del trámite del recurso de apelación o casación. En definitiva la prescripción debe estimarse siempre que concurren los **presupuestos** sobre los que asienta -lapso de tiempo correspondiente o paralización del procedimiento- aunque la solicitud no se inserte en el cauce procesal adecuado y dejen de observarse las exigencias procesales formales concebidas al efecto, -como artículo de previo pronunciamiento en el proceso ordinario (LECr art.666.3) y como cuestión previa al inicio del juicio en el abreviado (LECr art.786.2)-, en aras de evitar que resulte una persona que, por especial previsión exprese voluntad de la Ley, tiene extinguida la posible **responsabilidad penal** (TS 14-7-21, EDJ 651168).

Precisiones Se produce vulneración del derecho a la tutela judicial efectiva en relación con los derechos a la libertad personal y a la legalidad penal cuando la resolución judicial contiene una apreciación sobre prescripción de la pena que introduce **causas interruptoras del cómputo del plazo** de prescripción no previstas legalmente (TCo 187/2013; 97/2010).

9320 **Cómputo de la prescripción** Han de tenerse en cuenta las siguientes orientaciones:

1. Para que la prescripción del delito pueda acordarse por la vía de los artículos de previo pronunciamiento es necesario que aparezca tan clara que, **de modo evidente** y **sin duda alguna**, pueda afirmarse sin necesidad de celebrar el juicio oral que ha transcurrido el plazo designado al efecto por la Ley. Cuando la petición de alguna de las partes acusadoras permitan ampliar el marco penal de referencia (subtipos agravados o continuidad delictiva), lo procedente es diferir la cuestión al tribunal sentenciador después de la celebración de la vista oral y se impone la casación del auto de sobreseimiento, pues es improcedente adelantar una cuestión tan compleja sobre la base de hipótesis de decisiones que, en buena lógica, solo deben tomarse tras la práctica del plenario (TS auto 9-3-98, EDJ 61275 y TS15-5-02, EDJ 22308).

2. La **pena** de referencia para determinar el plazo de prescripción es la máxima señalada abstractamente al delito y no la que en concreto pueda corresponder a la persona enjuiciada.

Aunque en ocasiones se ha postulado la irrelevancia de los **grados de ejecución o participación**, entendiendo como pena máxima la señalada por la Ley al autor del delito consumado (TS 12-4-97, EDJ 4152; 4-3-99, EDJ 2255), una línea interpretativa posterior aboga por su consideración, pues al tratarse de degradaciones imperativas de la pena típica no pueden entenderse señaladas por la Ley al delito intentado o al caso de complicidad. Así se impide la equiparación del autor con el cómplice y del delito consumado con el frustrado a los efectos de la prescripción y se evita, además, el posible efecto perverso de un tratamiento igual o más severo de la prescripción del delito que el de la prescripción de la pena, a pesar del mayor plazo prescriptivo que esta tiene (TS 15-5-02, EDJ 22308; 27-12-04, EDJ 255241). En la misma línea, ha de tenerse en cuenta la exasperación penal derivada de la posible aplicación de subtipos agravados o de la continuidad delictiva, siempre que no sea puramente potestativa del tribunal (TS 27-9-05, EDJ 180415).

3. Para determinar la pena aplicable a efectos de prescripción hemos de estar al **título de imputación** aplicable en cada momento procesal, por lo que solo podrá tenerse en cuenta la calificación vigente en el momento en que vaya a dilucidarse la concurrencia de aquella. De esta forma, si es en la propia sentencia donde se califican los hechos como constitutivos de un delito más leve que el que fue objeto de acusación hasta ese momento, solo a partir de entonces podrá entenderse aplicable el plazo de prescripción correspondiente a dicho delito, pues durante el procedimiento solo puede considerarse como catalogación correcta en cada momento la del título de imputación más grave hasta entonces vigente. Procede por ello la condena por el delito más leve, que no debe entenderse prescrito (asesinato frente a encubrimiento, en TS 29-12-05, EDJ 271890).

Asimismo, esta afirmación debe precisarse en tanto que los **plazos de prescripción tomados en consideración** en sentencia han de ser los correspondientes a los hechos definitivamente declarados en ella, no a los que provocaron el inicio de la instrucción (TS Acuerdo Pleno no Jurisdiccional 26-10-10, EDJ 269495; 12-2-21, EDJ 506507).

4. En el caso de **infracciones vinculadas enjuiciadas conjuntamente por conexidad**, es aplicable el plazo correspondiente a la más grave y no cabe apreciar la prescripción autónoma de alguna de las infracciones enjuiciadas aplicando plazos diferenciados en caso de paralización del procedimiento. Lo contrario puede conducir al resultado absurdo del enjuiciamiento aislado de una parcela de la realidad delictiva prescindiendo de aquella que se estimase previamente prescrita y que resulta imprescindible para la comprensión, enjuiciamiento y sanción de un comportamiento delictivo unitario. De este modo, debe estimarse que la unidad delictiva prescribe de modo conjunto, sin que quepa apreciar la prescripción aislada del delito instrumental mientras no prescriba el delito más grave o principal (TS 12-9-05, EDJ 157512 y 24-10-05, EDJ 171733; 14-5-09, EDJ 128075; 10-7-13, EDJ 142785; 11-10-18, EDJ 650062). La conexidad ha de ser siempre sustantiva, no meramente procesal (AP La Rioja 11-7-2019, EDJ 644388). Para el caso de concurso medial, TS 16-4-02, EDJ 10896; 6-5-04, EDJ 82682; 18-7-05, EDJ 139935. **9322**

Lo mismo que en el supuesto de conexidad delictiva ocurre en el caso de hechos que se califican como delito leve cuando el **procedimiento** se haya **incoado por delito de mayor gravedad** antes de transcurrir el período de prescripción del primero, pues en ese caso no actúan en el ámbito de su tramitación los reducidos plazos de prescripción de los delitos leves, aun cuando la sentencia definitiva sancione el hecho como tal (TS 3-3-95, EDJ 1353; 21-5-96, EDJ 4979; 6-11-03, EDJ 127640). Por el contrario, es aplicable el plazo de **prescripción del delito leve** y no procede condena cuando, en el momento de interponerse la querella por delito grave o menos grave o de deducirse testimonio por un hecho que a la larga resulta ser delito leve, hubiera ya transcurrido en su integridad el plazo prescriptivo de un año propio de los mismos -CP art.131.4- (TS 3-10-97, EDJ 10546; 17-5-02, EDJ 19978).

5. En la construcción de los correspondientes tipos penales el legislador a veces utiliza **conceptos globales**, expresiones que abarcan tanto una sola acción prohibida como varias del mismo tenor sin que su repetición implique otro delito a añadir. Se trata de hechos plurales incluidos en una única figura delictiva, no un concurso real de delitos ni un delito continuado (TS 22-3-02, EDJ 9766; 13-9-04, EDJ 147786; 20-6-08, EDJ 118986).

En estos casos de **comportamiento ilícito complejo y unitario**, no cabe apreciar la prescripción aislada de ciertos hechos (TS 5-12-12, EDJ 298612). Por ejemplo, en determinados supuestos de insolvencia punible o alzamiento de bienes (AP Bizkaia 17-7-24, núm 217/24).

6. El **comienzo del curso del plazo** se produce en alguno de los momentos señalados en el CP art.132.1 (nº 8298), que dependiendo del tipo de delito y de la minoría de edad de la víctima, atiende: **9324**

- a la fecha de comisión del delito como regla general;
- al día en que se realizó la última infracción, se eliminó la situación ilícita o en que cesó la conducta, respectivamente, en los delitos continuados, permanentes o de hábito;
- a la fecha en que la víctima alcance la mayor edad (o a la de su fallecimiento si es anterior) y en los delitos de aborto no consentido, lesiones, contra la libertad, de torturas y contra la integridad moral, la intimidad, el derecho a la propia imagen y la inviolabilidad del domicilio, así como contra las relaciones familiares no incluidos en el siguiente guión, todos ellos cometidos contra menores; y
- a la fecha en que la **víctima cumpla 35 años de edad** (o a la de su deceso, si es anterior) en los delitos de tentativa de homicidio, de lesiones causantes de pérdida o inutilidad de miembros, deformidad o esterilidad, impotencia o enfermedad (CP art.149 y 150), maltrato habitual (CP art.173.2), contra la libertad, la libertad sexual y de trata de seres humanos, todos cometidos contra menores.

7. Las disposiciones que supongan directa (reducción de los plazos) o indirectamente (reducción de las penas de referencia) un **acortamiento de los plazos** de prescripción en curso en el momento de su entrada en vigor, han de aplicarse retroactivamente a estos en concepto de ley penal más favorable (TS 5-4-05, EDJ 46998).

8. Son **imprescriptibles** los delitos de lesa humanidad y de genocidio y los delitos contra las personas y bienes protegidos en caso de conflicto armado, salvo los castigados en CP art.614. Tampoco prescriben los delitos de terrorismo, si hubieren causado la muerte de una persona (CP art.131.4).

9. Nada importa que la investigación se haya remontado a hechos anteriores, puesto que lo relevante es que los mismos se mantengan y continúen produciendo **efectos en ejercicios no prescritos**. Lo contrario conllevaría la absurda consecuencia de que no se pudiera actuar frente a la ilegalidad porque en un ejercicio prescrito no se hubiera actuado contra la misma, sería como reconocer una especie de ultraactividad de la prescripción a ejercicios a los que no se extiende (AP Gipuzkoa 15-2-24, EDJ 513066).

9325 MPP nº 3742 s. **Interrupción y reanudación del cómputo** (CP art.132.1.2) El cómputo se interrumpe cuando el procedimiento se dirija contra el culpable, comenzando a correr de nuevo el término desde que aquel se paralice el procedimiento o se termine sin condena.

a) La reanudación da lugar a un **nuevo plazo íntegro**, pues la previa interrupción del plazo anterior dejó sin efecto en tiempo transcurrido.

b) Solo el proceso penal tiene la posibilidad de interrumpir la prescripción del delito, que es inmune a actuaciones procesales de otra índole (civil, administrativo sancionador o disciplinario, social), aunque se refieran a los mismos hechos. Ello es particularmente relevante en supuestos de **insolvencia punible** (TS 9-7-99, EDJ 17023 y 22-6-05, EDJ 108783; en contra, TS 20-12-00, EDJ 41950).

c) Para determinar el **momento de la interrupción** no basta con la mera incoación de un procedimiento destinado a la investigación del delito cuando el mismo se dirige contra personas indeterminadas o inconcretas o contra sujetos diferentes de quien interesa la prescripción, pero tampoco es exigible que se dicte un auto de procesamiento o se formalice judicialmente la imputación -se dirija formalmente la investigación- mediante, por ejemplo, la citación a declarar en concepto de investigado, siendo suficiente para entender interrumpida la prescripción que en la querella, denuncia o investigación aparezcan nominadas unas determinadas personas como supuestos responsables del delito que es objeto del procedimiento (TS 31-12-97, EDJ 20973; 15-10-01, EDJ 34774; 23-12-04, EDJ 229462). Una vez admitida la querella o denuncia e incoada la causa contra el querellado, por medio auto motivado, no se requiere a estos efectos un **auto adicional** de imputación formal (TS 11-7-24, EDJ 631195).

En las infracciones cometidas por **bandas armadas**, **grupos organizados** o por miembros de una colectividad u organización más o menos jerarquizada, tal interrupción debe entenderse cuando la querella o denuncia se dirija contra esa colectividad, aunque no exista designación nominal de los responsables (TS 29-7-98, EDJ 9430; 27-12-04, EDJ 255241).

9326 Precisiones 1) Tras la **reforma del Código Penal**, se establecen las siguientes reglas (CP art.132):

a) El procedimiento se entiende **dirigido** contra persona determinada desde que se dicte resolución judicial motivada en la que se le atribuya su presunta participación en un hecho constitutivo de delito o falta. Queda suficientemente determinada mediante su identificación directa o mediante datos que permitan concretar posteriormente dicha identificación.

b) La **presentación de querella o la denuncia** formulada ante un órgano judicial, suspende el cómputo de la prescripción por un plazo máximo de 6 meses para el caso de delito y de 2 meses para el caso de falta, a contar desde la fecha de su presentación o formulación.

c) Si dentro de dicho plazo se dicta resolución judicial de imputación contra el querellado o denunciado o contra cualquier otra persona implicada en los hechos, la **interrupción de la prescripción** se entiende retroactivamente producida en la fecha de presentación de la querella o denuncia.

d) Por el contrario, el **cómputo del término de prescripción** continuará desde la citada fecha si, dentro del plazo de 6 meses en el caso de delito o de dos en el de falta, recae resolución judicial firme de inadmisión a trámite de la querella o denuncia o se acuerde no dirigir el procedimiento contra la persona querellada o denunciada. La continuación del cómputo se produce también si, dentro de dichos plazos, el juez de Instrucción no adopta ninguna de las resoluciones antes citadas.

2) El nuevo **régimen de interrupción de la prescripción** se aplica a los procesos incoados tras su entrada en vigor, aunque los hechos enjuiciados en ellos se hayan producido con anterioridad. No es discutible el carácter material (no procesal) de la institución de la prescripción en el ámbito penal que hace que la misma no pueda ser interpretada retroactivamente, pero ha de diferenciarse entre las **normas materiales** que determinan plazos prescripción, y las **procesales** que no afectan a los plazos ni a la esencia de la institución, sino que establecen las consecuencias de ciertos actos procesales. De esta forma, la regla según la cual la prescripción se interrumpe por «**dirigirse el procedimiento contra el culpable**» debe interpretarse a la vista de las normas procesales que regulen cuándo el procedimiento se dirige, efectivamente, contra el culpable.

Como regla de **cómputo de plazos** es aplicable desde su entrada en vigor a todos los procedimientos que se incoen a partir de entonces (AP Santander auto 21-4-14, Rec 266/14).

9327 MPP nº 3752, 3754 **d)** La voz procedimiento es sinónima a **persecución penal** de los hechos investigados (TS 1-7-05, EDJ 113553), por lo que no todas las actuaciones procesales tienen eficacia interruptora de la prescripción en curso, sino solo las que presenten un contenido sustancial en ese sentido. Así, se consideran inocuas las actuaciones consistentes, por ejemplo, en el ofrecimiento de acciones, todas las relativas al reconocimiento del beneficio de la justicia gratuita; los partes de estado del sumario que han de enviarse a la Audiencia Provincial; las providencias de recordatorio de despachos pendientes; las resoluciones de acuerdo de cumplimiento de lo ordenado por el tribunal superior cuando quedan vacías de contenido porque no se pone a trámite lo ordenado (TS 17-5-02, EDJ 16866; 27-3-03, EDJ 6646; 1-3-05, EDJ 23881).

Por el contrario, una vez dirigido el procedimiento contra el culpable, las **actuaciones procesales** a través de las cuales el procedimiento va avanzando y se va desarrollando a través de sus trámites correspondientes, estén o no personados en el proceso tales investigados, forzosamente han de considerarse **relevantes** para interrumpir la prescripción. Así ocurre con todas las actuaciones de prueba o de preparación de pruebas (testificales, aportación de documentos, periciales, declaraciones de los investigados, encausados o procesados o no), con aquellas diligencias por las que se dan a las partes los traslados ordenados por la Ley o con las resoluciones por las que se van ordenando los trámites (TS 1-3-05, EDJ 23881). Por otra parte, la mera presentación de la denuncia o querella -no su admisión judicial- (TS 5-2-03, EDJ 1591; 14-3-03, EDJ 4267) y la deducción de testimonio (TS 17-5-02, EDJ 16866) tienen también eficacia interruptora.
La interrupción de la prescripción no exige un auto formal de imputación con relato pormenorizado de hechos. Lo decisivo es que un observador externo pueda advertir que esa causa penal se encamina a la **averiguación de posibles responsabilidades penales** de una persona determinada por virtud de unos hechos, más o menos acotados. La forma de la resolución -providencia que no auto- tampoco es trascendente a estos efectos. Una providencia, si en su materialidad supone conferir al procedimiento una determinada línea investigadora, es relevante a efectos de prescripción. Es un problema de sustancia y no de forma (TS 14-11-24, EDJ 736603).Lo que ha de entenderse por **«dirección del procedimiento»** no es un acto judicial estricto de imputación o la atribución de la condición de sujeto pasivo de una pretensión punitiva que aún no se ha ejercitado formalmente, sino que basta con la atribución indiciaria de su presunta participación en un hecho que se está investigando o que se comienza a investigar en ese momento (TS 18-4-22, EDJ 549548).La emisión de una **orden de detención y entrega europea** interrumpe la prescripción del delito, siendo de aplicación el criterio jurisprudencial conforme al cual la solicitud de extradición tiene efecto interruptor (TS 21-1-21, EDJ 501770), aun cuando el sujeto no esté localizado. Constituye una resolución judicial autónoma tender a privar de libertad a una persona o al menos a someterle a medidas cautelares que determinen su puesta a disposición de un órgano jurisdiccional de la Unión Europea (TS 26-3-25, EDJ 531243).
e) La eficacia interruptora es inmune a la **nulidad de actuaciones**. Su declaración y la consiguiente retroacción del procedimiento al momento en que se cometió el vicio de nulidad no sirven para privar de eficacia a las actuaciones de contenido sustancial o relevante, a estos efectos de la interrupción de la prescripción, practicadas durante ese período anulado, porque tal nulidad no puede determinar la inexistencia de algo que realmente existió y no puede alcanzar a transmutar la realidad de las cosas (TS 20-12-00, EDJ 67052; 27-3-03, EDJ 263092; 1-3-05, EDJ 23881).
f) Finalmente, no ofrece dudas la posibilidad de estimar la prescripción del delito después de pronunciarse sentencia definitiva y antes de declarar su firmeza, pues el concepto de procedimiento que menciona el CP art.132 apunta como límite final a la firmeza de la sentencia, así que resultará plenamente posible estimar la prescripción del delito en caso de que la paralización del procedimiento acontezca entre el dictado de la sentencia definitiva y el pronunciamiento.

g) Cuando se produce la suspensión del curso del proceso por existir una **cuestión prejudicial** **9328**
no existe paralización con influencia en el instituto de la prescripción.
En tal sentido, la TS 20-12-00, EDJ 67052, en un supuesto de **quiebra delictiva** estimó que esta exigencia **no** permite considerar el tiempo de sustanciación del procedimiento concursal como de **paralización del proceso penal a los efectos prescriptivos**. La situación es idéntica en el caso de las cuestiones prejudiciales suspensivas, en la medida que para la existencia del delito de que se trate sea determinante el **previo pronunciamiento del orden jurisdiccional civil o del contencioso-administrativo**, por lo que el proceso penal queda suspendido, que no paralizado, hasta la resolución de la cuestión prejudicial por el orden jurisdiccional correspondiente (TS 14-3-06, EDJ 31798). Para determinar el **plazo de referencia** ha de atenderse a la pena fijada en abstracto para el tipo penal aplicado y no a la impuesta en concreto como consecuencia de atenuante o atenuantes (TS 25-7-23, EDJ 636046; 21-2-17, EDJ 11806).
h) En los procedimientos cuya **investigación haya sido asumida por la Fiscalía Europea** (nº 8630, nº 10489 s.), la prescripción se interrumpirá:
- cuando se dirija la investigación contra una persona determinada, suficientemente identificada, en los términos del apartado anterior, y así quede reflejado en un decreto motivado;
- cuando se interponga querella o denuncia ante la Fiscalía Europea en la que se atribuya a una persona determinada su presunta participación en un hecho que pueda ser constitutivo de delito, resultando de aplicación la regla de CP art.132.2.2.ª (CP art.132.4).

9329 **Prescripción penal y civil** El juego de la prescripción penal y de la civil, en el proceso penal, no es claro y depende de la consideración que se dé a la **acción civil** en relación con la penal, ya se considere como algo accesorio a esta o bien dotada de autonomía propia. Conforme a la primera tesis, mientras no prescriba el delito, no prescribe la acción civil dimanante del mismo (TS 28-9-17, EDJ 196437) y lógica y consecuentemente la **querella o denuncia** interrumpe la prescripción. De esta forma, la acción civil se considera como nacida del delito y, por lo tanto, una derivación de la penal, que quedaría condicionada por el delito del que surge, y tendría apoyo en que, de todo delito o falta nace acción penal para el castigo del culpable, y puede nacer también acción civil para la restitución de la cosa, la reparación del daño y la indemnización de perjuicios causados por el hecho punible (LECr art.100), y en que las obligaciones civiles que nazcan de los delitos o faltas se regirán por las disposiciones del Código Penal (CC art.1092).

De acuerdo con el segundo criterio, de donde surge la responsabilidad no es de un delito, sino del hecho ilícito que lo soporta, de manera que cada responsabilidad -la penal y la civil- ha de quedar sujeta a sus propias reglas (TS 14-10-20, EDJ 685531; 21-11-17, EDJ 239171). De esta forma, la prescripción civil y la penal son **instituciones distintas y disciplinadas por regímenes diferenciados** (p.e. la prescripción civil solo es apreciable a instancia de parte, y la penal debe decretarse de oficio) aunque tengan en último término una raíz común. Desde ese planteamiento la responsabilidad civil dimanante de delito (sea cual sea el delito y su plazo prescriptivo) prescribía generalmente a los 5 años, plazo general de prescripción de las acciones personales que no tengan señalado uno especial -CC art.1964- (TS 3-3-23, EDJ 524153).

En este segundo enfoque, se diferencia también entre el tratamiento de la responsabilidad civil dimanante del delito, con la de otro origen, aunque el legislador haya concebido que esta segunda se exija o pueda exigir en el proceso penal. En este caso, se está en presencia de **obligaciones legales** que, aunque puedan reclamarse en el proceso penal, se generaron con anterioridad a su comisión, con lo cual no ha de regir para ella el régimen de prescripción relativos a la responsabilidad civil *ex delicto*, sino el que sea propio de la obligación, que jugará cualquiera que sea el proceso en que se ventile. Por ejemplo, la obligación que deriva del **impago de pensiones**, o los resarcimientos debidos a daños no típicos, pero causados a raíz de un delito de riesgo (TS 30-5-17, EDJ 90602); o la **deuda tributaria** en los delitos de CP art.305 s. (antes de su reforma por LO 7/2012 y L 34/2015; o, tras ella, cuando no se dicte liquidación vinculada a delito). Se pueden reclamar en el proceso penal, pero su régimen sustantivo será el que deriva del Código Civil o de la Ley especial aplicable. Su **plazo de prescripción** será, entonces, el previsto en la legislación correspondiente y no el de 5 años -CC art.1964- (TS 8-6-18, EDJ 93970; 15-1-19, EDJ 500601).

En todo caso, no es alegable en este momento procesal la **prescripción civil**, sino solo la del delito. La responsabilidad civil una vez declarada en sentencia penal, es imprescriptible.

9330 **Amnistía e indulto** (LECr art.666.4º; Const art.62) Si bien se contemplan como artículos de previo pronunciamiento, se han considerado de muy dudosa aplicación en vista de la prohibición constitucional de los indultos generales, que parece desterrar el ejercicio generalizado y anticipado del derecho de gracia, único caso en que este podría actuar como forma de terminación anticipada del proceso mediante sobreseimiento libre (nº 8700 s.), pues el **indulto particular** solo es aplicable a las penas impuestas por sentencia firme y resulta incompatible con el concepto mismo de los artículos previos (LO 2/1989 disp.final 8ª).

No obstante, se prevé expresamente la invocación de la amnistía como **artículo de previo pronunciamiento** en su ámbito (LO 1/2024 art.11.3.a).

Precisiones El Código Penal solo se refiere al indulto y a la amnistía como **causa de extinción** de la responsabilidad criminal (CP art.130.4). La amnistía y el indulto desaparecen de la regulación de los artículos de previo pronunciamiento en la LO 2/1989 art.286 s.

9332 **Falta de autorización administrativa para procesar** (LECr art.666.5º) Debe entenderse limitada exclusivamente a los casos de **aforamiento de parlamentarios**, en que es necesaria la autorización previa de la cámara legislativa respectiva como condición de procedibilidad.

9334 **Nulidad de actuaciones por indefensión debida e infracción de garantías**
MPP **procesales** (LOPJ art.238.3) Es admisible también como artículo de previo pronunciamiento si
nº 3768 se hace valer mediante los **medios legalmente establecidos** contra la resolución de que se trate o a través del incidente especial contra resoluciones firmes (TS 7-12-84, EDJ 6345).

Ello requiere, sin embargo, que mediante la cuestión de nulidad no se pretenda plantear la ilegalidad de la prueba sumarial o de un conjunto de actuaciones instructoras, pues ello sería contrario al principio de libre valoración. Dicho problema no puede plantearse ni siquiera en el más flexible **turno de intervenciones** del procedimiento abreviado (LECr art.786.2), pues es difícil pueda someterse a discusión previa a la celebración del juicio oral y a la decisión última del tribunal al referirse a cuestiones que quedan incorporadas a la valoración de dichas pruebas en la sentencia (TS 24-9-96, EDJ 5616; 15-4-00, EDJ 10365). Es en el examen del conjunto de la prueba practicada cuando el juzgador puede apreciar si efectivamente el denunciante de la nulidad ha visto sustancialmente menoscabado su derecho de defensa, ha sido realmente limitada su capacidad de alegar o replicar, o sea, la posibilidad de contradecir, que es en lo que se cifra la indefensión verdadera y propia (TS 12-4-99, EDJ 9973 y 19-9-02, EDJ 34950; TS auto 19-2-98, EDJ 61277).

Cuestiones prejudiciales no incidentales Su tratamiento como artículo de previo pronunciamiento se expone en el nº 9312 s. **9336**

2. Otras cuestiones

Junto a los artículos de previo pronunciamiento, en el trámite de cuestiones previas del proceso de jurado (LO 5/1995 art.36) o en el turno de intervenciones o alegaciones previas con que se inicia el acto del juicio oral en dicho procedimiento y en el abreviado y en el de enjuiciamiento rápido (LO 5/1995 art.45; LECr art.786.2, 802.1) la Ley permite plantear otras cuestiones tendentes, en gran parte, al **saneamiento del proceso** del debate final. Además de las causas de suspensión del juicio oral (nº 9502), y de las ya tratadas en el nº 9332 s. (competencia del órgano judicial, nulidad de actuaciones y artículos de previo pronunciamiento) se citan las siguientes: **9338** MPP nº 3777 s.

a) Proposición de **nuevos medios de prueba**. Debe distinguirse entre los distintos procedimientos:

1. En el **procedimiento abreviado**, el Juez o Tribunal examinará en la **audiencia preliminar** las pruebas propuestas en los escritos acusación y defensa y resolverá admitiendo las que considere pertinentes y rechazando las demás, previniendo lo necesario para la práctica de la **prueba anticipada**, así como sobre las que pueden proponer las partes, de las no hubieran tenido conocimiento en el momento de formular sus escritos de acusación o defensa, pudiendo igualmente -sin este límite- proponer la incorporación de informes, certificaciones y otros documentos. La **resolución** se produce de forma oral, salvo que, por la complejidad de las cuestiones planteadas, lo tenga que hacer en forma de auto, en plazo de 10 días y no susceptible de **recurso** si se limita a este contenido (no si pone fin al procedimiento, lo que no sucederá en materia de prueba), sin perjuicio de la pertinente protesta y de que la cuestión pueda ser reproducida, en su caso, en el recurso frente a la sentencia.

En el **procedimiento de enjuiciamiento rápido**, se habrá dictado una resolución judicial sobre la admisión y en su caso de prueba ya se ha producido en momentos procesales anteriores (LECr art.785.1, 800.6), por lo que las pruebas que en este momento se propongan han de ser susceptibles de practicarse en el acto y sobre cuya admisión ha de decidir en el propio momento el juzgador, sin que por ello entren en las previsiones legales aquellas pruebas que no sean susceptibles de practicarse al momento de ser solicitadas (TS 18-9-02, EDJ 35941).

2. Por el contrario, en el **proceso de jurado** las cuestiones previas de naturaleza probatoria (LO 5/1995 art.36.1.e) son anteriores a la admisión de prueba por el magistrado presidente. Ha de tratarse de nuevos medios de prueba, por lo que no cabe reiterar en este momento lo dicho en el escrito de conclusiones provisionales y la resolución sobre su admisión no ha de escindirse del auto de hechos justiciables, sin que por ello se prive al proponente del recurso de apelación que solo procede contra el auto resolutorio de las cuestiones previas (TS 21-2-01, EDJ 6671).

Sin embargo, se permite un **nuevo momento de proposición de prueba**, en un trámite similar al del turno de intervenciones, en el trámite de alegaciones previas que abre el acto del juicio oral (LO 5/1995 art.45). En tal caso, las pruebas han de poder practicarse en el acto, pues en otro caso el momento oportuno para proponerlas es el de evacuación de las conclusiones provisionales o, en su caso, el de planteamiento de las cuestiones previas (TS 5-4-05, EDJ 68324).

b) **Impugnación de la prueba** de las demás partes y vulneración de algún derecho fundamental. Debe tenerse en cuenta lo dicho antes sobre todo lo tocante a la legitimidad de la prueba.

c) Explicación del **contenido** y **finalidad de la propia prueba**. Ello adquiere auténtica relevancia en el proceso de jurado, en que la misma ha de ser valorada por jueces legos.

Precisiones **1)** En el **proceso de jurado** se prevé el planteamiento de cuestiones previas que se deben resolver por el magistrado presidente antes de dictar, en su caso, el auto de hechos justiciables, pero puede ocurrir que, de forma razonada, se acuerde, provisionalmente, su licitud y posponga la decisión definitiva a la sentencia (TS 19-5-20, EDJ 560668).

2) Sobre el **auto** de hechos justiciables en el proceso de jurado, que ha de recoger los hechos centrales objeto de enjuiciamiento, los relativos al grado de ejecución y a la posible exención, atenuación o agravación de la responsabilidad penal (TS 20-9-21, EDJ 698375), ha de resaltarse que va dirigido a conformar el marco de lo que será el **objeto del proceso y el juicio oral**, con la característica de que tal límite no puede ser excedido por las acusaciones. Sin embargo, no produce la misma vinculación respecto de la **defensa**, que siempre puede ensanchar los límites de su planteamiento a las cuestiones que le sean favorables con respecto al hecho nuclear que resulte de la acusación, consignándolas en sus escritos de defensa o conclusiones, provisionales o definitivas, y que se entregan al jurado para su decisión (TS 30-4-21, EDJ 580661). Esta resolución limita su trascendencia a la **ordenación del juicio oral**, circunscribiéndolo a las cuestiones que jurado ha de decidir y evitando así actuaciones inútiles, de modo que no cabe vincular la suerte que la imputación y la defensa corran en la sentencia al contenido del auto de hechos justiciables (TS 29-1-13, EDJ 19386).

La **vinculación** entre este auto y el objeto del veredicto es relativa (TS 20-9-21, EDJ 698375).

3) Improcedencia de proseguir el cauce de **procedimiento abreviado** al formular alguna de las acusaciones una pretensión penológica que exija la tramitación por sumario. En este caso, debe acordarse la retroacción de las actuaciones al momento de la transformación, para hacerlo por el cauce adecuado a las pretensiones de la acusación o de una de ellas (TS 1-12-21, EDJ 767997).

4) No es el trámite de cuestiones previas (en el seno de la audiencia preliminar en el procedimiento abreviado) el momento procesal adecuado para plantear -ni acordar- el sobreseimiento basado en la **atipicidad de los hechos** que son objeto del escrito o de los escritos de acusación. La incorrección de la calificación jurídica de la conducta o la deficiente o insuficiente descripción fáctica de la acusación están sometidas a la fiscalización del juez de instrucción, que puede determinar el **sobreseimiento** como alternativa a la apertura del juicio oral. En caso de no haberse acordado aquel y sí esta, la cuestión debe ventilarse, necesariamente, en sentencia tras el plenario (TS 11-1-22, EDJ 506369).

3. Debate preliminar en el proceso de menores

(LO 5/2000 art.30.2, 31, 37.1.2; FGE Circ 1/2000)

9340 MPP nº 3787 Se regula un trámite similar al turno de intervenciones del procedimiento abreviado (nº 9352) en el que el juez invita al Ministerio Fiscal, a quienes hayan ejercitado, en su caso, la acción penal y al letrado del menor a que manifiesten lo que tengan por conveniente sobre la **práctica de nuevas pruebas** o sobre la **vulneración de algún derecho fundamental** en la tramitación del procedimiento, o, en su caso, les pone de manifiesto la posibilidad de aplicar una distinta calificación o una distinta medida de las que hayan solicitado. Seguidamente, el juez acuerda la continuación de la audiencia o la subsanación del derecho vulnerado, si así procede, resolviendo en el primer caso en la sentencia sobre los extremos planteados.

a) Al igual que en otros procesos, la posibilidad de proponer **prueba** en este momento procesal ha de limitarse a las **que puedan practicarse en el acto**. Ha de tenerse en cuenta que escrito de alegaciones representa el vehículo ordinario para la deducción de las respectivas peticiones de prueba. No pueden además olvidarse, desde el punto de vista de la defensa, las posibilidades de aportación en fase de instrucción, dando al juez la posibilidad de practicar por sí las pruebas propuestas por el letrado del menor que hayan sido denegadas por el fiscal durante la instrucción y que no puedan celebrarse en el transcurso de la audiencia, siempre que considere que son relevantes a los efectos del proceso.

b) Al hablar de la **subsanación del derecho vulnerado**, parece referirse la norma más a simples irregularidades procesales que a vulneración de derechos en la obtención de las fuentes de prueba, cuya presencia en el proceso hasta el momento de la sentencia es perturbadora para el buen orden del mismo y que ha de ser depurada de modo inmediato.

c) La sugerencia sobre la posibilidad de aplicar una **distinta calificación** o una distinta medida de las que hayan solicitado el fiscal y el letrado del menor podría identificarse, a primera vista, con el planteamiento de la tesis.

Sin embargo, este no se concibe en el momento inicial de la audiencia, antes de practicarse las pruebas y con anterioridad al examen del menor investigado y sin haber oído al equipo técnico, por lo que ha de entenderse referida a la modificación de errores puramente materiales que pudieran haberse deslizado en la redacción de los respectivos escritos de alegaciones del fiscal y de la defensa del menor y no parece que pueda identificarse con un expediente de desvinculación similar al contemplado por la LECr para otros procedimientos ordinarios. La aplicación de una **calificación jurídica alternativa** por parte del juez habrá de acomodarse, pues, a los criterios jurisprudenciales que definen las facultades del órgano jurisdiccional a la hora de desvincularse de la calificación jurídica suministrada por las partes y la necesaria homogeneidad entre el tipo invocado por la acusación y el fundamento jurídico de la sentencia.

4. Procedimiento

9345 El procedimiento para el planteamiento y resolución de las cuestiones previas no es uniforme en los diversos tipos de proceso. También varían los efectos de la resolución estimatoria en función de la cuestión cuya existencia se aprecie.

Las cuestiones consistentes en artículos de previo pronunciamiento (nº 9312 s.) o en vulneración de derechos fundamentales pueden apreciarse **de oficio** por el juzgador en cualquier estado del proceso (LECr art.19.3º, LOPJ art.240.2; TS auto 19-2-98, EDJ 61277 para la nulidad de actuaciones; TS 18-3-04, EDJ 13230, para la cosa juzgada; TS 15-4-05, EDJ 62583 para la prescripción).
El planteamiento de cuestiones previas **a instancia de parte** es objeto de diversas regulaciones.

Proceso ordinario (LECr art.667 a 679) Los artículos de previo pronunciamiento se resuelven en un procedimiento incidental que ha de instarse por escrito dentro de los 3 primeros días del plazo de calificación, con proposición de la prueba de que intente valerse la parte. **9347** MPP nº 3799

a) De las preceptivas **copias del escrito y de la documentación** adjunta se da traslado a las partes no proponentes, para alegaciones y proposición de prueba por término de 3 días. No se admite la prueba testifical y resulta básica la prueba documental, que ha de ser aportada por las partes, con designación, en caso de no obrar en su poder los documentos del archivo u organismo en que radiquen, para su reclamación por el tribunal si la estima procedente.
b) Recibido a prueba el incidente, si procede, para la reclamación de documentos, se señala **día para la vista** y se resuelve. Señalado acto seguido día para la vista y celebrada esta, se resolverá el artículo por auto en el día siguiente.
c) El **alcance de la resolución** depende de la cuestión planteada.
• Si la resolución es **estimatoria** y se juzga procedente la declinatoria, se remiten las actuaciones al órgano que se repute competente para conocer del hecho. Por el contrario, se dicta auto de sobreseimiento libre cuando se declare haber lugar a la cosa juzgada, prescripción, amnistía o indulto y se suspende el curso del proceso mientras la cámara legislativa correspondiente decide sobre la autorización para proceder, que inmediatamente debe solicitarse por el tribunal, sobreseyéndose libremente si la misma fuera denegada.
• Si se **desestima** la cuestión, continúa su curso el procedimiento y se da nuevo traslado al proponente para calificación.

Precisiones La posibilidad de plantear **cuestiones previas** busca, en definitiva, evitar cualquier indefensión (AP Navarra 25-3-24, núm 79/24).

Proceso de jurado (LO 5/1995 art.35.1, 36.1.2, 37.1) La norma de referencia remite expresamente a las citadas normas del nº 9347, con la única especialidad de que la **proposición** ha de hacerse dentro del plazo de personación, pues el planteamiento de las cuestiones previas podrán hacerlo las partes al tiempo de personarse. **9348**

Por otra parte, estas no se limitan a los artículos de previo pronunciamiento, por lo que en ocasiones no podrá reclamarse **resolución autónoma** de las mismas, que solo procede cuando por su naturaleza puedan impedir el juicio oral. Así ocurre cuando se proponen nuevas pruebas y se resuelve sobre ellas en el auto de hechos justiciables.

Procedimientos abreviado y de enjuiciamiento rápido (LECr art.785 redacc LO 1/2025 y 969) **9350**

Los artículos de previo pronunciamiento y cuestiones previas se plantean **oralmente** en el turno de intervenciones que tiene lugar en la audiencia preliminar, a la que son convocadas las partes y el Ministerio Fiscal, previa al acto del juicio oral. Son **resueltas** en el mismo acto por el Juez o Tribunal, salvo que la complejidad de las cuestiones planteadas exija resolución específica en forma de auto dentro del plazo de 10 días, sin que quepa **recurso** alguno frente a su decisión, no obstante la pertinente protesta y de la reproducción de la cuestión en el recurso frente a la sentencia.

Sobre el **turno de intervenciones** en que recae la resolución de las cuestiones previas han de hacerse algunas precisiones jurisprudenciales (extensibles a la audiencia preliminar del procedimiento abreviado derivada de la LO 1/2025): **9352**

a) La decisión que debe adoptarse en el mismo acto no debe revestir necesariamente la forma de auto, pudiendo consistir en un **simple acuerdo** recogido en el acta, pero en ninguno de los dos casos la decisión que se adopte puede separarse de la sentencia que definitivamente se dicte y están estructuralmente ensambladas con ella (TS 24-3-00, EDJ 3735; 11-4-02, EDJ 10517; 15-7-02, EDJ 33096). Alcanzado el acuerdo previo, incluso en el supuesto de que la estimación de alguna cuestión lleve aparejada la absolución de alguno o de la totalidad de los acusados, se debe proceder a completar los ritos y formalidades previstas para el juicio oral, sin descartar la **última palabra de los acusados** y dictar una sentencia acorde con lo anteriormente resuelto, motivando en ella el contenido de dicho acuerdo anterior (TS 11-11-97, EDJ 7857; 27-10-03, EDJ 174276). En cualquier caso, la **ausencia de motivación** en sentencia de la previa decisión de las cuestiones previas la vicia de incongruencia (TS 10-11-03, EDJ 158339; 19-10-04, EDJ 159792).

b) Aunque se justifica la anterior postura por la improcedencia de dar lugar contra la resolución de la cuestión a recursos diferenciados de los que procedan contra la sentencia, entendemos que en ciertos casos es obligada la **resolución anticipada** por auto, previa suspensión del juicio oral para su deliberación y elaboración. Así, en los casos de estimación de la declinatoria o en que resulte manifiesta la procedencia de la absolución de todos los investigados, pues en tal caso el juicio oral resulta absurdo. Lo mismo cuando se alegue **vulneración de derechos fundamentales** en la obtención de determinadas pruebas de cargo o descargo: la decisión del órgano juzgador debe ser previa para que dicho elemento probatorio sea expulsado del procedimiento y no pueda manejarse, ni directa ni indirectamente, en el curso del debate contradictorio del juicio oral, ya que el sistema no puede soportar el efecto negativo de una prueba que vulnera derechos fundamentales, pues quedaría viciado a lo largo del debate contradictorio del juicio oral el derecho al debido proceso o a un juicio justo y con las debidas garantías (TS 31-3-05).
c) El trámite del **turno de intervenciones** no es preclusivo, por lo que las vulneraciones de derechos fundamentales no han de plantearse necesariamente en ese momento del procedimiento y cabe, pues, dejar su alegación para las conclusiones definitivas (TS 20-6-03, EDJ 49557).
d) Pese a que en el proceso ordinario no está previsto en el acto del juicio oral el trámite de **cuestiones previas**, se admite en la práctica su utilización en cuanto permite aplicar el principio del saneamiento del juicio oral, pues entre el proceso ordinario y el abreviado, existe una interrelación que permite extender y complementar las omisiones legislativas que se observen en uno u otro procedimiento en pro de salvaguardar más eficazmente los derechos y garantías de los justiciables (TS 19-9-00, EDJ 24218, relativa a un supuesto de recusación).

9355 **Proceso penal militar ordinario** (LO 2/1989 art.287 a 292) El trámite del procedimiento es objeto de studio en el nº 9347.
En las diligencias preparatorias, se regula expresamente el **trámite de defensa** (LO 2/1989 art.394.I) y las **cuestiones previas** como anticipo de la vista oral (nº 9310 s.).

Precisiones Con ello plantea la duda de si la acusación puede formular **artículos de previo pronunciamiento** al amparo de dichos preceptos y peca de un excesivo eclecticismo contrario a la esencia de un procedimiento que se autoproclama sencillo y rápido.

5. Recursos

9360 **Proceso ordinario** (LECr art.676 párr 3, 677 párr 3 y 678 párr 1) El auto resolutorio de la declinatoria y el que estime las cuestiones de cosa juzgada, prescripción, amnistía o indulto, dando así lugar al sobreseimiento libre de la causa, es susceptible de recurso de **casación por infracción de Ley**.
La mención literal al recurso de apelación ante el Tribunal Superior de Justicia, ha de considerarse como un error técnico del legislador y entenderse limitada al proceso ante el Tribunal del Jurado, fuera de cuyo ámbito procesal el recurso procedente es el de casación ante la Sala Segunda del Tribunal Supremo. La solución es coherente con una interpretación conjunta de la LECr art.25, 636, 846 bis.a y 848 (TS 6-7-98, EDJ 7850; 26-11-01, EDJ 45803).
Contra la **resolución desestimatoria** de todos los artículos previos, salvo la declinatoria, no procede recurso alguno salvo el que pueda interponerse contra la sentencia y sin perjuicio de la reproducción en el acto del juicio, como medios de defensa, de las cuestiones desestimadas.

9362 **Proceso de jurado** (LECr art.676 párr 3 y 846 bis.a) El recurso indicado contra el auto resolutorio de cuestiones previas (en cualquier sentido) por el magistrado presidente es el de **apelación** ante la Sala de lo Civil y Penal del Tribunal Superior de Justicia, cuya resolución es a su vez susceptible de recurso de **casación**.

Precisiones La existencia de apelación contra la resolución desestimatoria justifica plenamente que no quepa reproducir la cuestión rechazada en el acto de la vista oral, aunque sí se admite su utilización en el recurso que se interponga contra la sentencia (LECr art.678 párr 2). Esta posibilidad, sin embargo, está condicionada por la **previa apelación contra el primer auto desestimatorio**, pues si este no se ha impugnado, y ha sido tácitamente consentido por el proponente de las cuestiones, principios tan elementales para el buen orden del proceso como los de buena fe y preclusión impiden que, al amparo del recurso contra la sentencia, se cuestione una anterior resolución que fue recibida con pacífico aquietamiento (TS 4-2-00, EDJ 438).

9364 **Procedimiento abreviado y de enjuiciamiento rápido** (LECr art.785 redacc LO 1/2025 y 969) La resolución que se dicta en el acto de audiencia preliminar (o al inicio del acto del juicio en el procedimiento de enjuiciamiento rápido), resolutoria de las cuestiones previas, se **motiva** como regla general en la posterior sentencia, por lo que la discrepancia con aquella ha de expresarse mediante los recursos procedentes contra esta.

Cuando proceda la **resolución previa y separada**, parece han de aplicarse las reglas generales sobre recursos, dependiendo de si la resolución procede de un Juez de lo Penal o de un Tribunal colegiado. Cuando dicha resolución ponga fin al procedimiento, será susceptible de recurso de apelación.

Proceso penal militar (LO 2/1989 art.290) Se aplica el régimen de recursos clásico del proceso ordinario (nº 9870 s.), que deberá extenderse al supuesto de que se haga uso, en las **diligencias preparatorias**, de la posibilidad que se expone en la LECr art.394.I. 9365
Sobre la resolución en el mismo acto de las **cuestiones previas** nada dice la Ley, por lo que entendemos aplicables los criterios antes expuestos en el nº 9364 sobre el procedimiento abreviado.

II. Conformidad

Es un acto unilateral por el que el encausado (nº 8000), con la expresa aquiescencia de su letrado defensor y previo control judicial de legalidad (nº 9378), **admite** ciertos los **hechos** objeto del proceso y la más grave de las **penas** a ellos asociada que solicite la acusación, dando así lugar a que se dicte sentencia anticipada sin ulterior tramitación del proceso y sin celebración del juicio oral. 9370

1. Consideraciones generales

En lo que a su **naturaleza jurídica** se refiere, existe, tanto la concepción clásica de la conformidad como allanamiento a la pena solicitada por la acusación, como la idea que ve en ella el reflejo de una transacción penal y el fruto de un consenso entre las partes. En todo caso, la conformidad con la pena presupone la aceptación como ciertos de los hechos en que la acusación se basa (TS 26-10-98, EDJ 23115; 27-11-00, EDJ 41136). y que supone una renuncia a los derechos a la presunción de inocencia, a la prueba, a la defensa y al recurso (TS 14-5-03, EDJ 30183; 16-12-05, EDJ 237503; 12-2-07, EDJ 10637), aunque encierra también una forma de defensa por lo que en la práctica e incluso en la última legislación, que regula la llamada conformidad beneficiada (LECr art.801), supone de reducción de la pena. Por ello se ha definido como una manifestación del derecho de defensa plasmado en la **renuncia al normal desarrollo del proceso**, al impedir con su acto la dialéctica del juicio oral y la práctica de la prueba, una forma en definitiva de defensa personal o privada cuyo objetivo fundamental reside en despejar la incertidumbre que para él supone la realización del juicio oral (TCo 29/1995; TS 17-11-00, EDJ 36546 y 16-12-05, EDJ 237503). Supone, pues, una declaración de voluntad que cierra la posibilidad de que la acusación produzca prueba de signo incriminatorio o de cargo y por ello produce en la instancia una preclusión para el acusado de poder alegar en otro grado jurisdiccional la ausencia de aquella, que no ha podido producirse por imperativo legal (TS 9-3-06, EDJ 24808). 9372
La conformidad puede afectar a la **pretensión penal** y a la **civil** *ex delicto* o solo a la primera, sea el propio encausado o un tercero el presunto responsable civil. En el último caso, la discrepancia sobre la cuestión civil no impide la eficacia de la conformidad en el aspecto penal, limitándose la ulterior tramitación del proceso y la celebración del juicio a las cuestiones tocantes a la primera (LECr art.655, 695 y 700; LO 2/1989 art.283, 307.2º y 5º y 309).

Precisiones 1) La **conformidad a una sentencia de condena** debe ser (TS 30-11-23, EDJ 772366; 21-6-23, EDJ 610664; TSJ Asturias civil y penal 24-7-18, EDJ 594918):
- absoluta, pura y simple, sin someterla a condición, pazo o limitación alguna;
- personalísima, por el propio acusado o ratificada por él, no mediante intermediario o representante;
- voluntaria, consciente y libre de cualquier coacción;
- formal, con estricta observancia de las formalidades establecidas en la Ley, cuya ausencia es insubsanable;
- vinculante, tanto para el acusado como para el acusador, en cuanto a la índole de la infracción y a la pena impuesta y mutuamente aceptada;
- de doble garantía, al exigirse de manera imprescindible conformidad de la defensa y ratificación del procesado y posterior declaración del defensor de considerar innecesaria la celebración de juicio oral;
- verificada en el plano de la legalidad por el órgano jurisdiccional.

2) No obstante lo expuesto, se considera que la celebración de la comparecencia para la ratificación de conformidad ante el letrado de la Administración de Justicia en vez de ante el juez o tribunal, es una irregularidad procesal sin fuera **anulatoria** siempre que no haya habido un efecto de

indefensión material, especialmente en caso de que no se haya formulado protesta en el acto ni se alegue que la sentencia no respeta el contenido del acuerdo de conformidad. Tampoco se atribuye **efecto invalidante** a la no anticipación oral de la sentencia de conformidad escrita (TS 26-11-25, EDJ 779619).

3) La gestación de la conformidad debe ser estrictamente reservada. La **revelación de información** propia de aquella, supone un atentado al sistema de conformidad tal como está concebido y entraña un fracaso de cara al juicio programado en esos términos, hasta el punto de que una línea de defensa tan favorable como es la que proporciona un juicio de conformidad, es difícil concebir que se pueda volver a presentar, en la medida que ese fracaso puede condicionar en el futuro la tramitación y desenlace del proceso, con las repercusiones que ello conlleva para un juicio justo, pues, al derivar a contencioso un juicio de conformidad no logrado, es difícil poder obviar, en caso de confrontación, los elementos esenciales que han salido a la luz producto de la pretendida y no alcanzada conformidad, y su eventual interferencia negativa para el derecho de defensa del afectado (TS auto 9-9-25, EDJ 681508).

9374 **Normativa aplicable** A las normas originales del **proceso ordinario** (nº 9370 s.) han de añadirse las propias del **procedimiento abreviado** (nº 9400) y, posteriormente las aplicables al de **enjuiciamiento rápido** (nº 9402), que dejan a las primeras reducidas a una función meramente supletoria (LECr art.757 y 795).

Se regula también la conformidad dentro del **proceso penal militar** (nº 9382). Ello obligará a una frecuente aplicación supletoria de la LECr art.787 ter.2, 3 y 4 redacc LO 1/2025 dedicados, dentro del procedimiento abreviado, al control judicial de la libertad y de la legalidad de la conformidad.

En el **proceso de jurado**, la norma solo se refiere a la conformidad como causa de disolución anticipada del jurado, tras la formulación de las conclusiones definitivas de la acusación. En consecuencia, aparece de nuevo la supletoriedad de LECr cuando la conformidad sea prestada en anteriores momentos procesales (LO 5/1995 art.24.2 y 42.1).

En el **proceso de menores** se regula en los términos que se exponen en el nº 9435 s.

9376 **Modalidades** En los textos legales pueden distinguirse diversas clases de conformidad:

a) Por razón del **momento procesal** en que se produce y dependiendo del tipo de proceso de que se trate, la conformidad puede aparecer tanto en la fase de instrucción como en la de juicio oral y, dentro de esta, en el trámite de conclusiones provisionales o en el mismo acto de la vista oral, al inicio de la misma o tras las conclusiones definitivas de la acusación (nº 9390 s.).

Se puede consultar a este respecto el Protocolo de actuación para juicios de conformidad suscrito entre la Fiscalía General del Estado y el Consejo General de la Abogacía Española (FGE Instr 2/2009) en buena parte incorporado a LECr art.655 redacc LO 1/2025.

b) Atendiendo a su **alcance objetivo**, puede ser absoluta o relativa según se extienda o no a los términos de la pretensión civil (LECr art.655.4 y 8 redacc LO 1/2025 y 695; LO 2/1989 art.307.2º). Sobre los caracteres de la conformidad, ver nº 9378 s.

c) En función de sus **efectos sobre la pena**, cabe diferenciar entre la conformidad común y la beneficiada (FGE Circ 1/2003). Esta última tiene límites y caracteres específicos que se estudian más adelante y obliga a reducir en un tercio la pena de referencia, incluso prescindiendo del principio de tipicidad de la pena (LECr art.801.2).

9378 **Previo control judicial de legalidad** (LECr art.655.1 y 5 redacc LO 1/2025; LO 2/1989 art.283.d) La conformidad solo puede dar lugar a **sentencias anticipadas** conformes al ordenamiento jurídico, sin que quepa convertir al órgano judicial en una suerte de autómata limitado a dar forma de sentencia a lo acordado previamente por las partes. La vinculación judicial a la calificación jurídica y a la pena objeto de conformidad solo existe cuando una y otra resulten procedentes en el caso concreto a criterio juicio del juez o tribunal sentenciador, que ordenará la continuación del proceso en caso contrario (TS 1-6-07, EDJ 100823).

Se precisa en tal supuesto un **requerimiento previo del órgano judicial** a la parte que formule la acusación de referencia a fin de que modifique o ratifique la calificación o la pena reputadas incorrectas. Solo será posible sentencia anticipada cuando la misma se modifique en el sentido sugerido por el juzgador y el encausado preste nueva conformidad y deberá ordenase en caso contrario la celebración del juicio. Aunque la norma se refiere solo a la conformidad prestada en el acto de la vista oral dentro del procedimiento abreviado, su **aplicación analógica** o supletoria en otros ámbitos no ofrece dudas.

Para casos análogos, se permite al tribunal, con la sola audiencia en el acto de las partes y prescindiendo del juicio oral, **desvincularse de la conformidad** y dictar la sentencia procedente cuando a partir de la descripción del hecho aceptado por todas las partes estimara el tribunal que el mismo carece de tipicidad penal o resulta manifiesta la concurrencia de cualquier circunstancia determinante de la exención de pena o de su atenuación (LO 2/1989 art.395 párr 5).

En el **proceso de jurado** se establece también el control de legalidad por el magistrado presidente, que no disolverá el jurado y mandará continuar el juicio, pese a la conformidad alcanzada cuando, dados los hechos admitidos por las partes, entendiese que existen motivos bastantes para estimar que el hecho justiciable no ha sido perpetrado o que no lo fue por el acusado, o que aquellos pudieran no ser constitutivos de delito o que pueda resultar la concurrencia de una causa de exención o de preceptiva atenuación de la responsabilidad criminal (LO 5/1995 art.50.2 y 3).

Precisiones 1) La norma que ordena celebrar el **juicio oral** cuando el tribunal entienda que **procede imponer pena distinta superior a la conformada** (LECr art.655.1 redacc LO 1/2025), ha de interpretarse de acuerdo con las exigencias del principio acusatorio, pues su alcance no puede ir más allá, a lo sumo, del que actualmente presenta el planteamiento de la tesis. La continuación del juicio obedece a una primera impresión de incorrección jurídica de los términos de la conformidad y no autoriza por sí misma a imponer tras el juicio oral pena mayor que la solicitada por la acusación, pues la que en su momento recaiga será reflejo de las conclusiones definitivas derivadas del juicio oral y deberá atenerse a las exigencias generales de correlación entre acusación y sentencia (LECr art.655.5 in fine redacc LO 1/2025).

2) Se transgrede la regla de LECr art.787.3 -actual LECr art.787 ter.3-, con relevancia de quebranto de norma procesal, en caso de que la sentencia derivada del acuerdo de conformidad no incluya, en beneficio del acusado, una de la **penas accesorias mutuamente aceptadas** prescindiendo del trámite de alegaciones establecido en aquel precepto, causando indefensión a las acusaciones que no pueden argumentar sobre la procedencia de no incluir la pena accesoria indicada. En tal caso, procede revocar la sentencia de conformidad y retrotraer las actuaciones para celebración de nuevo juicio oral (TSJ Asturias 9-3-21, EDJ 571054).

Tratamiento de la limitación objetiva (LECr art.655.1, 688 párr 2, 785.4 y 787 ter.1 a 3 redacc LO 1/2025; LO 5/1995 art.50.1) La conformidad **no puede referirse** a hecho distinto del que se recoge en la calificación inicial ni contener una calificación más grave (LECr art.655.1, 785.4 y 787 ter.1 redacc LO 1/2025). **9380**

La conformidad es compatible como regla con **penas de cualquier extensión**, incluso en los supuestos de privación de libertad, a diferencia del régimen precedente a la LO 1/2025, en el que era incompatible con penas que superasen **determinada extensión legalmente definida**.

Precisiones Como regla general, en el régimen precedente a la LO 1/2025, solo procede cuando la pena concreta solicitada por la **más grave de las acusaciones** no exceda, como regla general, de seis años de privación de libertad, debiendo atenderse a la suma de las penas pedidas cuando sean varias.

a) Ha sido discutida la aplicación del límite penológico al **procedimiento abreviado**. Actualmente, se admite que el indicado tope de seis años rige con carácter general en todo tipo de procesos como presupuesto de la sentencia de conformidad (FGE Circ 1/20037-4-03; TS 30-1-06, EDJ 6371).

b) La aplicación de la conformidad en el **proceso ordinario** es, en cualquier caso, excepcional, pues se reduce a los delitos con pena abstracta superior a los 9 años de prisión (LECr art.757). Sin embargo, al estar determinada la posibilidad de conformidad por la concreta petición de pena, parece posible utilizarla cuando por las circunstancias concurrentes pueda rebajarse la pena solicitada por debajo de ese límite.

Nada dice la Ley sobre límites aplicables **otro tipo de penas**, por lo que se estima que cabe la conformidad sin límite alguno cuando la pena sea distinta de la de prisión (FGE Circ 1/20037-4-03). En caso de pena cumulativa de prisión y multa, podría aplicarse el criterio que se expone en el apartado d) para la conformidad beneficiada.

Sin embargo, existe limitación objetiva al objeto de la conformidad en dos supuestos. **9382**

c) En el **proceso penal militar**, el límite alcanza a las penas superiores a tres años de privación de libertad y a todas aquellas que, siendo inferiores, lleven aparejada como accesoria la pérdida de empleo (LO 2/1989 art.283.a y 305), aunque es obvio que la limitación relativa a la pérdida de empleo debe aplicarse cuando esta se solicite como pena principal (CPM art.36, 38 a 42, 47, 48, 53 a 55, 57, 61, 64 y 83).

d) En la **conformidad beneficiada**, aplicable sin perjuicio de la vigencia de otras formas de conformidad en el proceso de enjuiciamiento rápido y durante la fase de instrucción del abreviado (LECr art.801) se precisa que, con referencia a la más grave de las acusaciones existentes, los hechos hayan sido calificados como delito castigado con pena de hasta tres años de prisión, con pena de multa cualquiera que sea su cuantía o con otra pena de distinta naturaleza cuya duración no exceda de diez años y que, tratándose de pena privativa de libertad, la pena solicitada o la suma de las penas solicitadas no supere, reducida en un tercio, los dos años de prisión.

En este tipo de conformidad existe un primer límite objetivo constituido por la **pena abstracta**, que resulta aplicable aunque la pena concretamente pretendida por la acusación esté por debajo del mismo a causa de las circunstancias concurrentes. Sobre él se aplica un límite concreto que tiene especialmente en cuenta la posibilidad legal de suspensión o sustitución de la privación de libertad, sin que la pena de multa resulte afectada por ningún tope cuantitativo.

Para el cálculo del **límite concreto de la privación de libertad**, en caso de pena cumulativa de prisión y multa, no ha de tenerse en cuenta la responsabilidad personal subsidiaria derivada del impago de esta, por la misma razón que no se computa a efectos de suspensión de la ejecución (FGE Circ 1/2003).

Por otra parte, al margen de la duración de las penas, **tampoco cabe la conformidad** en los casos en que en el sumario no haya sido posible hacer constar la existencia del cuerpo del delito cuando, de haberse este cometido, no pueda menos de existir aquel (LECr art.699), norma tendente a evitar que el encausado se beneficie de un oscurecimiento de las fuentes de prueba posiblemente provocado por él.

9384 MPP nº 3844 **Prestación de la conformidad de forma libre y consciente** (LECr art.693 y 698; LO 2/1989 art.307 y 308) La conformidad ha de prestarse de manera consciente y libre y una vez informado expresamente el encausado de las consecuencias de la misma, por lo que el juzgador debe ordenar la **continuación del juicio** cuando albergue dudas al respecto (LECr art.655.7, 785.7 y 787 ter.4 redacc LO 1/2025). Por ello se exige que la pregunta clave dirigida por el juez al acusado sobre si presta su conformidad haya de formularse con absoluta claridad y precisión, exigiéndose una **respuesta categórica** y disponiéndose la continuación del juicio cuando no conteste a la misma.

La **información** que se dé al acusado antes de conformarse ha de ser **completa**, por lo que es improcedente dictar sentencia de conformidad sin instruirle de las penas accesorias y efectos legales de la pena aceptada (TS 31-5-05, EDJ 108835; 1-3-07, EDJ 15903), debiendo extremarse la cautela cuando se hayan alegado circunstancias que pudieran afectar a la capacidad para expresar una voluntad libre (TS 9-3-05, EDJ 24028 y 28-4-05, EDJ 83788). Por el mismo motivo, la concurrencia de **vicios del consentimiento** invalida la conformidad y permite recurrir la sentencia derivada de ella (TS 15-4-03, EDJ 7138; 14-5-03, EDJ 30183).

9386 **Sujetos del proceso** La conformidad presenta estos aspectos:

a) En caso de **pluralidad de acusaciones**, ha de referirse a la que más gravemente califique el hecho imputado y contenga mayor petición de pena (LECr art.655 -redacc LO 1/2025-; 689; 785.4, 787 ter.1 -redacc LO 1/2025- y 801.4; LO 5/1995 art.50.1; LO 2/1989 art.283.1.c y 305).

b) En caso de **pluralidad de acusados**, la conformidad ha de ser unánime, pues si alguno no la presta procede celebrar el juicio oral contra todos ellos, pues que un hecho se considere al mismo tiempo cierto por conformidad e incierto por el resultado de las pruebas es un contrasentido (LECr art.655 in fine redacc LO 1/2025 y 697; LO 2/1989 art.283 párr 2 y 307.4º). Una conformidad expresada por solo parte de los acusados resulta irrelevante para determinar el sentido de la sentencia, que en tal caso ha de ser para todos los acusados -incluso para los que expresaron la conformidad- el resultado del juicio contradictorio exactamente igual que si la conformidad no se hubiese manifestado por ninguno, de modo que las conformidades expresadas solo por algunos devienen intranscendentes si faltan las de los demás, diluyéndose en el ámbito de la actividad probatoria total (TS 9-3-06, EDJ 24808).

No obstante la necesidad de celebrar el juicio oral contra todos los acusados (TS 9-9-05, EDJ 144808), la respuesta afirmativa de alguno de ellos no resulta irrelevante, pues podría valorarse como elemento de confesión de los hechos que concretamente se le atribuyan. Igualmente puede apreciarse como **declaración de coinvestigado**, la manifestación del acusado conforme sobre la participación en los hechos de otros investigados disconformes, pues no cabe duda que la previa conformidad del primero elimina el móvil autoexculpatorio de su declaración, y con ello un obstáculo para su consideración como prueba de cargo.

Por otra parte, la **conformidad parcial** de un encausado impide al tribunal asumir respecto de él las conclusiones definitivas de la acusación cuando supongan la apreciación de subtipos agravados o circunstancias de agravación respecto de las provisionales con las que se había conformado, siempre que la base fáctica de las mismas no se encontrase previamente recogida en estas últimas (TS 23-1-87, EDJ 15969; 19-7-89).

9387 c) Cuando existan **partes civiles**, la conformidad ha de prestarse también por el responsable civil directo o subsidiario respecto de la pretensión más cuantiosa que de contrario se formule, debiendo en caso contrario celebrarse el juicio en lo tocante a responsabilidad civil aunque exista conformidad del encausado con la pretensión penal (FGE Circ 1/1989). Así, para la conformidad en el acto del juicio oral, se permite previo apercibimiento tener por confesa a la persona que no conteste a las preguntas del juzgador sobre su conformidad con la pretensión civil (LECr art.700 y LO 2/1989 art.309).

La conformidad es un punto de partida inmodificable para determinar la r**esponsabilidad civil** (TS 13-2-19, EDJ 508661; 30-11-16, EDJ 218748; 7-7-11, EDJ 155232; 29-5-20, EDJ 569337).

d) En el caso de las **personas jurídicas**, el representante legal ha de prestar su consentimiento, junto con el de su letrado, de acuerdo con lo previsto en los LECr art.655 -redacc LO 1/2025-, 694, 697, 784.3 y 787 -redacc LO 1/2025-, firmando el acta en que el mismo se formalice. El

Ministerio Fiscal debe velar expresamente de que la instrucción judicial no se cierre en falso o en su fase embrionaria como consecuencia de la formalización de acuerdos de conformidad que constituyan mecanismos de **deslizamiento de la responsabilidad** desde la persona jurídica a la individual y viceversa. En ese contexto, la FGE Circ 1/2011 ordena evitar los **acuerdos de conformidad** que supongan la asunción de la responsabilidad penal por parte de la persona jurídica conforme a las previsiones del CP art.31 bis.1. 2, respecto de delitos en los que puedan haber incurrido en esa misma responsabilidad también las personas físicas, y particularmente los **representantes legales** y **administradores** de hecho y de derecho de la entidad.
Cuando el **acusado sea una persona jurídica**, la conformidad deberá prestarla su representante especialmente designado, siempre que cuente con poder especial. La conformidad se sujetará a los requisitos generales de la LECr art.787, podrá realizarse con independencia de la posición que adopten los demás acusados y su contenido no vinculará en el juicio que se celebre en relación con estos (LECr art.655.8, 785.11 y 787 ter.8 redacc LO 1/2025).

Garantía de la conformidad La conformidad es un **acto procesal unilateral** del encausado (o responsable civil) que encierra una doble garantía. Ello significa: 9388
a) La **iniciativa** corresponde en todo caso, en la conformidad **por allanamiento**, al encausado asistido necesariamente de letrado defensor, que además ha de considerar innecesaria la continuación del procedimiento y la celebración del juicio, de modo que sin la voluntad concorde del investigado y de su letrado no cabe prescindir de ulteriores fases del proceso ni del acto del juicio oral y dictar sentencia anticipada (LECr art.655.1 redacc LO 1/2025, 694, 784.3, 785.4 -redacc LO 1/2025- y 787 ter.1 y 4 redacc LO 1/2025; LO 2/1989 art.283 párr 1, 307.1º y 394 párr 5).
Caben sin embargo supuestos de **negociación** de los términos de la acusación antes de formalizarse la conformidad con ella, como las soluciones consensuadas del proceso (FGE Circ 1/2003). Es obvio que la posibilidad de que la conformidad vaya referida a un **único escrito de conclusiones** formulado conjuntamente por todas las partes (LO 5/1995 art.784.3 y 50.1) presupone una previa negociación de su contenido, lo mismo que cuando la modificación de las conclusiones de la acusación se produce en el juicio oral antes de iniciarse la práctica de la prueba (LECr art.787.1; LO 2/1989 art.395 parr 4), admitiéndose que se haga incluso verbalmente al comienzo del acto del juicio y se documente en el acta (TS 27-12-01, EDJ 98910).
También lo es que la conformidad producida en el **proceso de enjuiciamiento rápido** a la vista de la acusación formulada en el acto, con renuncia a formular conclusiones de defensa y a proponer prueba de descargo (LECr art.800.2) implica unos términos de dicha acusación beneficiosos para el investigado.
b) Cuando la conformidad se produce en el seno del **acto del juicio oral**, o en la previa audiencia preliminar, es inexcusable la presencia del encausado o del responsable civil, por más que su incomparecencia pueda no ser causa de suspensión de aquel. Puede celebrarse el juicio en ausencia, pero no cabe en tales condiciones entender cumplido el requisito de la doble garantía (LECr art.700, 785 y 787 ter.1 -redacc LO 1/2025-; LO 2/1989 art.309).

Conformidad impropia y parcial La conformidad como institución procesal con un régimen legal específico (LECr art.655 s., 688 s. redacc LO 1/2025, 755) se produce ante la confluencia de unos **estrictos requisitos**. Sin ellos, no hay conformidad en sentido técnico y por ello no son de aplicación las normas que la disciplinan. Otra cosa es que en la praxis se hayan abierto paso **fórmulas que alivian la carga probatoria** del juicio oral basadas en compromisos previos entre las partes que se concretan en aceptación de los hechos, renuncia a pruebas, y modificación de conclusiones para rebajar las penas que, sin constituir conformidad en sentido legal, permiten un desarrollo más ágil del plenario. 9389 MPP nº 3856
Solo opera el régimen especial de conformidad si todos los acusados se allanan, aunque en ocasiones, ante prácticas no totalmente ajustadas a esas pautas legales, se **convalida la decisión** al no observarse, ni indefensión, ni quiebra de alguna garantía (TS 19-2-19, EDJ 513137).
En todo caso, un juicio de estricta conformidad parcial impondría la **división de la causa** formando una pieza separada para los acusados conformes, finalizada con una sentencia de conformidad; con una sentencia posterior para los no conformes tras el desarrollo del juicio oral, sin presencia de los acusados ya conformados y sentenciados como tales, aunque sí con posibilidad de declarar si alguna parte lo hubiera pedido (TS 14-3-24, EDJ 520658; 13-1-23, EDJ 501417).

Precisiones En caso de un pacto de conformidad impropia y parcial del que **posteriormente se aparta uno de los acusados** en el acto de la vista, es lógico y plenamente admisible que el Ministerio Fiscal o la acusación particular no modifique sus conclusiones en el sentido en el que se comprometió, modificándolas para los otros acusados que pactaron y se atuvieron a su compromiso (TS 18-12-23, EDJ 782125).

2. Momentos procesales y aspectos procedimentales de la conformidad

9390 Para el estudio de este apartado distinguimos entre:
- la conformidad común (nº 9392); y
- la beneficiada (nº 9398).

a. Conformidad común

9392 La conformidad clásica u ordinaria puede producirse, dentro de la fase de juicio oral (en instrucción lo impide el LECr art.406), en diversos momentos:

a) En el **escrito de conclusiones provisionales de la defensa** (LECr art.655 -redacc LO 1/2025- y 784.3, 283; LO 2/1989 art.394 párr 5), según la disciplina clásica de la institución.

En el **procedimiento abreviado**, esta posibilidad de conformidad no excluye la que pueda luego darse en el juicio oral en cualquier momento anterior a la celebración de las sesiones del juicio oral, en cuyo caso deberá referirse al nuevo escrito de calificación que conjuntamente firmen las partes acusadoras y el acusado junto con su letrado.

b) En la **audiencia preliminar** del procedimiento abreviado, a la que el órgano judicial ha de convocar a las partes tan pronto como las actuaciones se encuentren a su disposición (LECr art.785.1 redacc LO 1/2025).

c) Al **iniciarse las sesiones del juicio oral** y antes de procederse a la práctica de la prueba (LECr art.694 s., 787 ter.1 y 802.1 redacc LO 1/2025; LO 2/1989 art.305 s., 395 párr 4).

d) En el **proceso de jurado**, en el momento de formularse las conclusiones definitivas (LO 5/1995 art.50), sin perjuicio de que haya podido recaer anteriormente por aplicación supletoria de la LECr art.655 y 694 s.

9393 **Aspectos procedimentales** (LECr art.655, 785 y 787 ter redacc LO 1/2025) Destacan los siguientes:

a) El letrado facilitará **por escrito** a la persona a quien defiende la información sobre el acuerdo alcanzado, cuando se fragüe en el momento inicial del traslado para calificación.

b) El tribunal ha de oir en todo caso al acusado acerca de si su **conformidad ha sido prestada libremente** y con conocimiento de sus consecuencias.

c) En caso de que el órgano judicial considere **incorrecta la calificación formulada** o entienda que la pena solicitada no procede legalmente, requerirá a la parte que presentó el escrito de acusación más grave para que manifieste si se ratifica o no en él. Solo cuando la parte requerida modificare su escrito de acusación en términos tales que la calificación sea correcta y la **pena solicitada sea procedente** y el acusado preste de nuevo su conformidad, podrá el tribunal dictar sentencia de conformidad, ordenando en otro caso la celebración de juicio.

d) El Ministerio Fiscal **oirá previamente a la víctima o perjudicado**, aunque no estén personados en la causa, siempre que hubiera sido posible y se estime necesario para ponderar correctamente los efectos y el alcance de tal conformidad, y en todo caso cuando la gravedad o trascendencia del hecho o la intensidad o la cuantía sean especialmente significativos, así como en todos los supuestos en que víctimas o perjudicados se encuentren en situación de especial vulnerabilidad.

9394 Precisiones Respecto de la **audiencia a la víctima por parte del Ministerio Fiscal** (FGE Circ 2/2025), ha de tenerse en cuenta lo siguiente:

a) Constituye un **requisito previo** para alcanzar una conformidad en aquellos supuestos en los que resulte preceptiva, con independencia del tipo de procedimiento aplicable, con la salvedad del procedimiento por aceptación de decreto.

b) Se realizará con la **persona física víctima del ilícito penal**, quedando excluidas las personas jurídicas, y con los perjudicados en aquellos supuestos en los que el delito no tenga una víctima. Cuando **esta no fuera localizada** o, debidamente citada, no compareciera en función de las circunstancias concurrentes, el fiscal puede interesar la suspensión de la audiencia preliminar y efectuar una nueva citación de la víctima para garantizar su audiencia de manera efectiva.

c) Si la víctima está personada en el procedimiento como **acusación particular**, su audiencia se entenderá cumplimentada con la participación de su representación letrada en el acto.

d) La audiencia a la víctima es **preceptiva** cuando la gravedad o trascendencia del hecho o la intensidad o la cuantía sean especialmente significativos:
- cuando la **pena** interesada exceda significativamente del límite de la prisión que determina la calificación como grave del delito objeto de acusación;
- en aquellos supuestos en los que, por las consecuencias que el delito hubiera provocado en la víctima, se generasen **secuelas o daños morales** más allá de los propios de padecer ese ilícito penal;
- cuando el **impacto** que el hecho delictivo haya tenido sobre la víctima sea relevante, sin que ello implique necesariamente la existencia de secuelas en sentido estricto;
- en caso de que la **repercusión económica** que el hecho delictivo ocasiona en la víctima tenga especial significación (lo que se objetiva en 50.000 euros);

- cuando por razón de su **edad, enfermedad o discapacidad**, situación inherente a la misma o creada por la persona acusada, se aprecie que la víctima se encuentre en situación de especial vulnerabilidad. En el supuesto de **menores de 14 años**, la audiencia se realizará a las víctimas indirectas y/o representantes legales de los menores, salvo conflicto de intereses. Si se tratase de **personas con discapacidad**, la audiencia se realizará en las condiciones de accesibilidad y con los ajustes y adaptaciones de procedimiento que sean necesarios.
e) La audiencia tendrá **carácter reservado**, por lo que únicamente estarán presentes la víctima y el Ministerio Fiscal, así como, en su caso, la persona que acompañe a aquella y/o le asista.

e) Una vez que la **defensa del acusado manifieste su conformidad**, el Presidente del Tribunal informará a la persona acusada de sus consecuencias y a continuación la requerirá a fin de que manifieste si presta su conformidad. Previa ratificación del procesado, dictará sin más trámites la sentencia que proceda según la calificación mutuamente aceptada, sin que pueda imponer pena mayor que la solicitada. **9395**
f) En caso de deferirse el proceso a los mecanismos de **justicia restaurativa** (LECr disp.adic.8ª redacc LO 1/2025), esta puede tener incidencia directa en sede de conformidad (nº 8092).
g) Sobre la **sentencia**, ver nº 9420 s.

Modalidades Existen dos tipos de conformidad: **9396**
a) La tradicional por **allanamiento**, en el que el punto de referencia es la calificación acusatoria más grave de las existentes.
b) La **consensuada**, que aparece por vez primera en la regulación original del procedimiento abreviado por LO 7/1988 y se caracteriza por la participación del investigado (nº 8000) y de su defensa, en alguna medida, en la definición de la acusación con la que se conforma y que exige un previo período de contacto o negociación con los acusadores para llegar a tal fin.
Ello es indudable cuando la conformidad se presta **antes del juicio oral** y referida a un escrito conjunto de conclusiones provisionales o, en el proceso de jurado, definitivas. Incluso en el **procedimiento abreviado**, se obliga a facilitar los contactos con la defensa en la fase de calificación para poder llegar a un acuerdo de conformidad (FGE Circ 1/1989).

Precisiones **1)** Aunque dicha posibilidad no existe una vez dentro del acto del juicio oral del procedimiento abreviado (LECr art.787 ter.1 redacc LO 1/2025), de enjuiciamiento rápido (nº 9402) o de las diligencias preparatorias (LO 2/1989 art.395.V), los citados preceptos permiten en cambio que la conformidad se refiera al escrito que se presente en ese acto, que no podrá referirse a hecho distinto ni contener calificación más grave que la del escrito de acusación anterior. Se trata de una **modificación de las conclusiones provisionales de la acusación**, pero en ella se refleja un previo acuerdo entre esta y la defensa en el sentido de suavizar las peticiones de la primera para hacerlas aceptables para el acusado (FGE Circ 1/1989).
2) La modificación de conclusiones puede incluso ser **verbal** y documentarse en el acta del juicio oral (TS 27-12-01, EDJ 98910).

b. Conformidad beneficiada

Está sujeta a estrictos **requisitos temporales** que suponen un contrapeso o contrapartida de la importante reducción de pena que necesariamente comporta, uno de cuyos fundamentos radica precisamente en la temprana manifestación por el investigado (nº 8000) de su voluntad de conformarse y de su colaboración a la simplificación del proceso. De esta forma, se concibe con **carácter preclusivo** y solo puede recaer en concretos momentos del proceso, fuera de los cuales siempre es posible llegar a la conformidad común (nº 9392), pues la conformidad minorativa de la pena convive con el régimen clásico de conformidad y solo pretende beneficiar el consenso alcanzado en momentos muy precisos (FGE Circ 1/2003). **9398**

Procedimiento abreviado (LECr art.779.1.5ª) Puede prestarse ante el juez de instrucción en cualquier momento anterior al auto de transformación de las diligencias previas y dentro, por tanto, de la fase instructora. **9400**
En tal caso, si el investigado asistido de su abogado ha **reconocido los hechos** a presencia judicial y estos son constitutivos de delito castigado con pena incluida dentro de los límites previstos en el nº 9398, el juez de instrucción mandará convocar inmediatamente al Ministerio Fiscal y a las partes personadas a fin de que manifiesten si formulan **escrito de acusación** con la conformidad del acusado e incoará en caso afirmativo **diligencias urgentes**, ordenando la continuación de las actuaciones por los trámites previstos en el nº 9398.
La conformidad produce, pues, la transformación del procedimiento abreviado en proceso de **enjuiciamiento rápido** aunque el hecho no revista los caracteres de flagrancia ni se encuentre dentro del ámbito objetivo definido en el nº 9392 y defiere al juez de instrucción la competencia

funcional para dictar sentencia de conformidad, por lo que supone además una notable excepción del régimen general de abstención y recusación y una renuncia del investigado a su derecho a la imparcialidad del juez, que necesariamente carece de imparcialidad objetiva.
La **preclusión** se produce en el momento de abrirse la fase intermedia, con el auto de transformación de las diligencias previas, lo que no impide la aplicación de la modalidad ordinaria de conformidad prevista en el nº 9392 si la solución consensuada se logra con posterioridad (LECr art.801.1), aunque ya sin la degradación preceptiva de la pena.

9402 **Procedimiento de enjuiciamiento rápido** (LECr art.800 a 802; FGE Circ 1/2003) La conformidad ante el juez de guardia ha de recaer en un momento más preciso y limitado en el tiempo. Tras la conclusión de la fase intermedia y una vez abierto el juicio oral, dependiendo la forma de prestarse aquella de la articulación de las acusaciones en el caso concreto.
a) Si **no** existe **acusación particular**, el Ministerio Fiscal ha de formular acusación oral o escrita de modo inmediato a la apertura del juicio oral y el encausado puede manifestar en el mismo acto su conformidad en el momento en que recibe conocimiento de la calificación del fiscal.
La conformidad sustituye a la presentación de escrito de calificación provisional de la defensa y se evita el señalamiento de juicio, la citación de las partes y el propio acto de la vista oral, de modo que, si la defensa formula una **calificación contradictoria** o solicita del juez de instrucción plazo para evacuar sus conclusiones, pierde el derecho a beneficiarse de la reducción de condena, aun cuando pueda articularse después una solución consensuada por el trámite ordinario del nº 9392.
Aunque la *ratio* de la **acusación oral** tal vez no pueda vincularse exclusivamente a los casos de conformidad anunciada, es indudable que en aquellas ocasiones en que la representación del Ministerio Fiscal tome conocimiento de la predisposición del investigado a aceptar una determinada propuesta de acusación, la formulación oral de esta puede servir para agilizar de modo especialmente útil esta concreta fase del procedimiento.
b) Si se ha personado **acusación particular**, todas las acusaciones ha de ser escritas y presentarse en un plazo improrrogable no superior a 2 días, en cuyo caso el encausado puede, en su escrito de defensa, prestar su conformidad con la más grave de las acusaciones, produciéndose en caso contrario la preclusión de la conformidad beneficiada, sin perjuicio de que pueda alcanzarse la ordinaria o común en el juicio oral. La misma regla se aplica cuando la acusación se formula por el superior jerárquico del fiscal actuante.
Aunque en este caso la defensa sí presenta escrito de calificación, los efectos de eliminación de citaciones, señalamiento y vista oral son idénticos a los expuestos en el nº 9392.

3. Efectos

9405 Además de los puramente procesales, que pueden afectar a la competencia para dictar sentencia y a la transformación del proceso o a la eliminación de los actos procesales posteriores a la producción de la conformidad (fase intermedia, preparación del juicio oral y celebración del mismo), la conformidad produce efectos de **alcance sustantivo** sobre el contenido de la sentencia y sobre su posible impugnación (nº 9870 s.).

a. Vinculación del órgano judicial y degradación preceptiva de la pena

9408 La conformidad, al dar eficacia a un acto parcial dispositivo, tiene su plasmación en un convenio sobre la calificación acusatoria y crea por mandato legal un **estado** de hecho y de derecho **vinculante para las partes** intervinientes y para el propio tribunal respecto a los hechos, del título de imputación aceptado y de la pena solicitada, aunque en este caso con matices (TS 9-6-78, EDJ 1079; 16-12-05, EDJ 237503).

9410 **Reconocimiento de los hechos** Para el **encausado** supone el reconocimiento de los hechos objeto de la acusación aceptada, con renuncia a su derecho a la celebración del juicio, a la prueba y a la presunción de inocencia, que solo podrá alegarse excepcionalmente.
Por razones de economía procesal **quedan sin practicar las pruebas** admitidas y se consideran acreditados los hechos punibles precisamente por el asentimiento prestado por su autor, por lo que la falta de práctica de prueba en estos casos, prevista en la ley para este trámite especial, no constituye vulneración alguna de ninguno de los derechos fundamentales a la tutela judicial efectiva o a la presunción de inocencia (TS 14-5-03, EDJ 30183; 26-3-04, EDJ 14605 y 30-4-04, EDJ 40611; TS auto 9-2-05, EDJ 8978).

Vinculación del tribunal (LECr 655.2, 785.8 y 787 ter.2 redacc LO 1/2025) El tribunal se encuentra vinculado por la calificación jurídica y por la pena objeto de conformidad, si estima que ambas son procedentes en Derecho. 9412

La conformidad no priva al tribunal de sus facultades de **individualizar la pena a la baja** y puede imponer pena inferior a la aceptada por las partes o incluso absolver, por lo que su auténtico límite está en no señalar pena superior a la pedida y conformada (TS 4-6-02, EDJ 24312; 15-4-03, EDJ 25258), si bien el juzgador viene obligado a celebrar el juicio oral cuando estime que la pena no es procedente según la calificación aceptada o que esta no es la correcta (LECr art.787.3).

En la **conformidad beneficiada** este efecto adquiere especial relevancia, pues es preceptiva la imposición de la pena aceptada reducida en un tercio, aun cuando ello suponga franquear el límite mínimo legal de la pena señalado en el Código Penal. A la degradación de la pena se une la relativización de los requisitos para acordar su suspensión, pues basta para ello con el compromiso del acusado de satisfacer las responsabilidades civiles o de obtener la certificación en el plazo prudencial que el juez de guardia de la Sección de Instrucción del Tribunal de Instancia -hasta su constitución, el juzgado de guardia- fije (CP art.81.3 y 87.1.1ª).

Por otra parte, la **falta de aceptación** por el responsable civil de la **calificación acusatoria** en lo tocante a la **responsabilidad civil**, aunque impida al juez de instrucción dictar sentencia, no debe impedir que en la sentencia que dicte el juez de lo penal tras celebrar el juicio oral limitado a dilucidar la cuestión civil se imponga, por aplicación analógica *pro reo* la pena reducida característica de esta especial modalidad de conformidad (FGE Circ 1/2003).

Precisiones Deben, por otra parte, respetarse las **circunstancias atenuantes** pactadas, aunque no repercutan sobre la pena, al menos cuando puedan tener transcendencia a los efectos de aplicación del CP art.87 (TS 12-2-07, EDJ 8545).

Responsabilidad civil En esta materia, el juzgador puede **revisar las peticiones** sobre responsabilidades civiles, cuando de los hechos declarados probados en virtud de la conformidad, por aplicación de las normas del Código Penal, no quepa deducir las consecuencias indemnizatorias interesadas por la acusación (TS 4-6-02, EDJ 24312; 3-12-04, EDJ 219294). 9414

Adopción de medidas protectoras (LECr art.655.5, 785.8 y 787 ter.5 redacc LO 1/2025; LO 2/1989 art.395 párr 6) No vinculan al juez o tribunal las conformidades sobre la adopción de medidas protectoras en los casos de limitación de la responsabilidad penal. 9416

a) En primer lugar, se plantea la duda de si cabe conformidad en caso de **exención de responsabilidad por inimputabilidad del acusado**, pues los citados preceptos se refieren solo a los casos de limitación de responsabilidad penal. Ello no es posible cuando la circunstancia eximente que concurra en el caso concreto prive al acusado de capacidad para prestar el consentimiento libre inherente a la conformidad, problema que se resuelve cuando se obliga al juez que albergue dudas sobre la libertad de la conformidad prestada a continuar el juicio (LECr art.787.4). Además, resulta contradictorio que se destierre el sobreseimiento como forma de terminación del proceso en estos casos (LECr art.782.1) y se admita la sentencia de conformidad, cuando, entre uno y otra, poca diferencia sustancial existe.

b) En segundo término, la posible conformidad debe depender de la existencia de prueba en el proceso sobre los **presupuestos de aplicación de la medida de seguridad** y sobre cuál sea indicada a las particulares condiciones del investigado. En caso contrario, parece que el marco idóneo para practicarla con contradicción e inmediación es el juicio oral, aunque nada se opone, en principio, a que los previos informes que el juez o tribunal estimen convenientes como presupuesto previo a la aplicación de la medida se produzcan en fase de ejecución de sentencia, lo que no se juzga posible, sin embargo, cuando la ejecución de la sentencia de conformidad no corresponda al juez o tribunal sentenciador, que es el competente para la aplicación y seguimiento de las medidas de seguridad. Así ocurre, en particular, en todos los supuestos de **conformidad beneficiada** (nº 9398).

c) Por otra parte, la ausencia de vinculación es más aparente que real, pues parece contradecir el requisito básico de **correlación entre acusación y sentencia**, aplicable también a las medidas de seguridad en tanto no pueden ser impuestas sin petición de parte que concrete el tipo de medida adecuada a las condiciones del sujeto y su extensión temporal.

En caso de **absolución**, suponiendo que resulte posible la conformidad, la fijación que el tribunal debe hacer en sentencia de su límite máximo presupone petición de parte, pues la medida no puede ser más gravosa que la pena y no puede exceder de del tiempo que habría durado la pena privativa de libertad si ha sido declarado responsable el sujeto (CP art.6, 101 a 103).

Si concurre **eximente incompleta**, la aplicación de la medida de internamiento está condicionada, en caso de delitos con penalidad alternativa, a la petición de pena privativa de libertad y la duración de la misma dependerá también de la petición acusatoria.

b. Peculiaridades de la sentencia de conformidad

9420 La sentencia dictada de conformidad presenta, cuando esta se produce en el acto de la vista en algunos tipos de proceso, ciertas características derivadas del principio economía procesal.
En el **procedimiento abreviado** y en el de **enjuiciamiento rápido**, la sentencia se dicta oralmente y se documenta el fallo y una sucinta motivación bajo la fe del letrado de la Administración de Justicia o en anexo al acta del juicio, declarándose acto seguido la firmeza si las partes expresan su decisión de no recurrir y decidiéndose en el mismo acto la cuestión tocante a la suspensión de la ejecución de la pena. También resuelve el Tribunal sobre los **aplazamientos de las responsabilidades pecuniarias** y se realizan, si es posible, los requerimientos y liquidaciones de condena de las penas impuestas en la sentencia (LECr art.655.6, 785.9, 787.ter 6 redacc LO 1/2025; art.789.2 y 801.2). Ello no releva al juez de la ulterior redacción de la sentencia en forma ordinaria ni priva a las partes, pese a la firmeza declarada, de la posibilidad de recurso cuando concurran los especiales requisitos exigibles para ello, que se examinan inmediatamente.
Igual sistema se sigue para las **diligencias preparatorias** (LO 2/1989 art.396 párr 4).

Precisiones 1) Fuera de los casos expuestos, la sentencia **no** tiene **especialidad formal** ninguna en su forma de producción, aunque su elaboración es notablemente más sencilla al dispensar al juzgador de la motivación fáctica, pues los hechos imputados se estiman como probados precisamente por la conformidad del acusado (TS 14-5-03, EDJ 30183).
2) La reforma de LECr art.785.9 y 787 ter.6 en cuanto al régimen de la sentencia de conformidad se aplica a procesos cuyo **juicio oral no se haya celebrado** a 3-4-2025, fecha de entrada en vigor de LO 1/2025 (LO 1/2025 disp.trans.9ª.3).

c. Impugnación de la sentencia

9422 Del carácter vinculante se deriva el efecto de que, como regla general, contra las sentencias de conformidad es **inadmisible el recurso**, pues esta produce en el proceso el efecto propio de una confesión, determina la inimpugnabilidad de las sentencias dictadas y comporta una renuncia implícita a replantear ante el tribunal superior las cuestiones fácticas y jurídicas aceptadas libremente y sin oposición, según criterio uniforme basado en los principios de seguridad jurídica y buena fe procesal y en la doctrina de los actos propios (TS 7-12-04, EDJ 197512; TS auto 25-1-06, EDJ 26991 y auto 28-2-03, EDJ 7768) que recoge el tras su reforma por la tan citada Ley 38/2002. Son **recurribles** las sentencias de conformidad cuando no hayan respetado los requisitos o términos de la conformidad (denominadas conformidades aparente o alterada), si bien el acusado no puede impugnar por razones de fondo su conformidad libremente prestada (LECr art.655.7, 785.10, 787 ter.7 redacc LO 1/2025; TS 11-12-17, EDJ 292420).
El **recurso** procedente será el indicado con carácter general contra cualquier sentencia.

Precisiones El **régimen de limitación del recurso**, en cuanto a la buena fe procesal se refiere, se funda en cercenar las posibilidades de fraude, derivadas de una negociación dirigida a conseguir una acusación y sentencia más benévolas para posteriormente impugnar lo previamente aceptado, sin posibilidades para la acusación de reintroducir otros eventuales cargos más severos, renunciados para alcanzar la conformidad (TS 30-10-17, EDJ 264759).

9424 **Requisitos para la admisibilidad del recurso** El control de la sentencia de conformidad en vía de recurso se limita, pues, a la legalidad de la conformidad alcanzada y a la fidelidad de su reflejo en la sentencia y no al examen de fondo de esta salvo en lo relativo a la tipicidad del hecho y de la pena (TS 1-12-05, EDJ 230468; 16-12-05, EDJ 237503; 18-6-20, EDJ 590644; 12-11-10, EDJ 246614; 6-3-00, EDJ 1097). Así, para que resulte admisible el recurso, ha de alegarse alguna de las siguientes circunstancias (TS 15-4-03, EDJ 25258):
a) Que **no** se han **respetado los requisitos formales, materiales y subjetivos** legalmente necesarios para la validez de la sentencia de conformidad, como sucede en los casos en que la sentencia se haya dictado en un supuesto no admitido por la Ley vulnerando el límite legalmente establecido (TS 30-1-06, EDJ 6371); cuando no se respeten las exigencias procesales, como por ejemplo la doble garantía o inexcusable anuencia tanto del acusado como de su letrado; o cuando se alegue un vicio de consentimiento que haga ineficaz la conformidad (TS 23-10-75).

9426 b) Que la **sentencia se aparte de los términos de la conformidad** de las partes en el relato fáctico, en la calificación jurídica o en la penalidad impuesta.
En el primer caso, siempre que las discrepancias entre la narración histórica de la sentencia y la de la acusación aceptada por las partes tengan relevancia o **trascendencia jurídico penal**, las conclusiones fácticas de la primera han de atacarse por la vía de la presunción de inocencia, pues por no ajustarse a los términos de la acusación con los que se conformaron la defensa y el acusado carecen de sustento probatorio (TS 27-11-00, EDJ 41136).

Puede cuestionarse la tipificación penal de las sentencias de conformidad si se apartan de lo convenido estableciendo **calificaciones y penas más graves** que las aceptadas por las partes (TS 3-12-04, EDJ 219294). Igualmente, si se desvían de la conformidad llegando a **conclusiones absolutorias** (TS 1-3-88, EDJ 16819) o estimando atípicos los hechos o apreciando una eximente o una atenuante de manera improcedente. Debe tenerse en cuenta, sin embargo, que el juzgador no puede omitir el juicio oral para apartarse luego de los términos de la conformidad, sino no admitir los mismos y celebrar el juicio (LECr art.787.3; LO 5/1995 art.50).
c) Que exista **vulneración del principio de legalidad**, por resultar incorrecta la calificación aceptada por las partes en perjuicio del condenado (la calificación procedente puede establecerse en vía de recurso en beneficio del reo: TS 15-4-03, EDJ 30183). De forma que si los hechos con los que todas las partes se han conformado carecen de tipicidad penal y, pese a ello, el tribunal dicta sentencia condenatoria de acuerdo con lo admitido por todos, cabe recurrir en apelación o casación para que por la vía del recurso correspondiente, sea corregida tal infracción legal (TS auto 8-5-96 y auto 14-5-03, EDJ 30183). Del mismo modo, pueden criticarse en vía de recurso las conclusiones conformadas sobre responsabilidades civiles cuando de los hechos aceptados por las partes no quepa deducir las consecuencias civiles convenidas y decretadas en la sentencia a no ser infringiendo las normas penales aplicables (TS 27-11-00, EDJ 41136).

Competencia para decidir sobre la admisión del recurso En cualquier caso, la anterior doctrina no supone alteración de la competencia para decidir sobre la admisión del recurso, por lo que, cuando la misma corresponda legalmente al juez *ad quem*, el **tribunal de instancia** no debe denegar la preparación de casación basándose en la irrecurribilidad de las sentencias de conformidad (TS auto 20-6-03, EDJ 50470). 9428

d. Conformidad en el proceso de menores

(LO 5/2000 art.32 y 36)

Se parte de que la consideración de que la **celebración de la audiencia** constituye un acto procesal que, normalmente, se traducirá en una experiencia que influirá en la etapa formativa del menor de edad. Por ello, la evitación de la misma puede contribuir de modo decisivo al proceso de formación del menor (FGE Circ 1/2000). 9435

Momentos en que puede prestarse (LO 5/2000 art.32, 33 y 36; FGE Circ 1/2000) Pese a que la prestación de la audiencia en comparecencia ante el juez de menores pueda inducir a pensar que se está hablando del inicio de la celebración de la audiencia, parece claro que se permite la prestación de la conformidad del menor en dos momentos: 9437
1. En **comparecencia ante el juez de menores**, tras anunciarse la conformidad en el escrito de alegaciones de la defensa. En este punto, el contenido de la comparecencia y el de la audiencia ha de ser idéntico, aunque la primera se separe cronológicamente del inicio formal de la segunda. Ello resulta indispensable para que la garantía jurisdiccional para la aceptación de la conformidad quede salvaguardada, debiendo esa comparecencia servir al juez para concluir la procedencia de la conformidad. Por ello, el Ministerio Fiscal debe impedir que ese control judicial se convierta en pura rutina burocrática y oponerse a soluciones que pretendan sustituir la inmediación del juez por fórmulas alternativas carentes de toda cobertura legal.
A favor de la **separación temporal** de la comparecencia respecto de la audiencia puede alegarse que el juez de menores puede dictar sentencia sin más trámites (se entiende que si tras la comparecencia estima procedente la conformidad prestada), así como tomar otras decisiones (distintas de la sentencia de conformidad) pudiendo acordar, entre otras cosas, la celebración de la audiencia.
2. En el **inicio de la audiencia**, previa información del letrado de la Administración de Justicia al menor expedientado, en un lenguaje comprensible y adaptado a su edad de las medidas y responsabilidad civil solicitadas por el Ministerio Fiscal y, en su caso, la acusación particular y el actor civil, en sus escritos de alegaciones, así como de los hechos y de la causa en que se funden.
Se trata de una posibilidad desvinculada de la anterior, pues el hecho de que el escrito de alegaciones formulado en su día por el letrado del menor no anticipara ninguna propuesta de conformidad, no debe ser obstáculo para su formulación en ese momento ulterior.

Peculiaridades del proceso Se resumen en las siguientes: 9438
- es de ámbito objetivo (nº 9440);
- el consenso no tiene que referirse a la vez a hechos y consecuencia jurídica (nº 9442);
- la exigencia de doble garantía se relativiza (nº 9444);
- la conformidad afecta a los hechos y a la consecuencia jurídica de los mismos (nº 9446); y

- desde la reforma de la LO 5/2000 por LO 8/2006, desaparece la especialidad de que las pretensiones civiles quedan fuera de la conformidad penal, sometiéndose al régimen general.

9440 MPP nº 3918 **Ámbito objetivo** (LO 5/2000 art.32 y 36) Es de ámbito objetivo más **limitado** que la prestada por mayores de edad en los procesos ordinarios y no puede alcanzar a medidas de internamiento privativas de libertad, pues es presupuesto de la misma que la acusación solicite la imposición de alguna o algunas de las medidas previstas en las letras e) a ñ) del apartado 1 del art.7 (LO 5/2000 art.32).

9442 **Consenso** (LO 5/2000 art.36.3; LO 8/2006) El consenso no tiene que referirse a la vez a **hechos** y **consecuencia jurídica**, pues si el menor está conforme con los hechos pero no con la medida solicitada se sustanciará el trámite de la audiencia solo en lo relativo a este último extremo, practicándose la prueba propuesta a fin de determinar la aplicación de dicha medida o su sustitución por otra más adecuada al interés del menor y que haya sido propuesta por alguna de las partes.

Del mismo modo (LO 5/2000 art.32 y 36), cuando el menor o la persona o personas contra quienes se dirija la acción civil no estén **conformes con la responsabilidad civil** solicitada, se sustanciará el trámite de la audiencia solo en lo relativo a este último extremo, practicándose la prueba propuesta a fin de determinar el alcance de aquella.

9444 **Doble garantía** La exigencia de doble garantía se relativiza, ya que si el letrado no está de acuerdo con la **conformidad** prestada por el menor, el juez resolverá sobre la continuación o no de la audiencia, razonando esta decisión en la sentencia. Ello se debe al aspecto educativo de la audiencia, del que no cabe prescindir a la hora de decidir sobre la celebración o no de la misma.

9446 **Calificación jurídica de los hechos** La conformidad afecta a los hechos y a la consecuencia jurídica de los mismos, sin que la calificación jurídica esté comprendida en el ámbito de la aquiescencia del menor y de su letrado.

La discusión sobre la calificación jurídica de los hechos solo es posible en los supuestos en los que **no** ha habido **conformidad con los hechos**, procediendo la celebración plena de audiencia para acreditación de la existencia de participación que en los mismos haya tenido el menor investigado así como sobre las medidas procedentes, pero no en aquellos casos en los que la disconformidad versa exclusivamente respecto a las medidas propuestas y a ellas se limita el contenido de aquella (AP Bizkaia 6-2-02, EDJ 49666).

La razón de esta especialidad puede estar en que la calificación jurídica del hecho no despliega un efecto idéntico respecto del proceso penal del mayor de edad, pues la **pena** señalada en el tipo no resulta aplicable al menor, que está sujeto a un régimen de medidas de naturaleza totalmente distinta a la de la pura sanción penal (FGE Circ 1/2000). Sin embargo, no puede decirse que la **calificación jurídica** del hecho sea irrelevante en este proceso, pues la garantía constitucional asociada al principio de legalidad se opone a cualquier intento de relativizar la importancia y el significado del tipo para todo proceso penal, con independencia de la edad del infractor. Ello supondría, además, desconocer la **prohibición** de imponer una **medida privativa de libertad** cuya duración exceda de la pena que hubiera podido imponerse si el autor hubiera sido mayor de edad (LO 5/2000 art.8.2).

Tampoco cabe olvidar la importancia que la calificación jurídica del hecho imputado despliega como garantía del derecho de defensa, descartando cualquier **calificación sorpresiva** que, por su falta de homogeneidad con el hecho inicialmente calificado pueda menoscabar el derecho del menor a un proceso con todas las garantías.

III. Preparación

9450 Antes de entrar en el estudio del desarrollo del acto del juicio oral (nº 9525 s.) se impone considerar brevemente las actuaciones judiciales tendentes, dentro de la fase procesal de juicio oral, a hacer posible la celebración del mismo.

1. Admisión o denegación de prueba

(LECr art.658 y 659, 785.3 -redacc LO 1/2025- y 800.6; LO 5/1995 art.37; LO 2/1989 art.284 y 394; LO 5/2000 art.34)

9452 La práctica en el acto del juicio oral de las pruebas propuestas por las partes en sus escritos de conclusiones provisionales requiere la **previa declaración de pertinencia** de las mismas por parte del órgano de enjuiciamiento, manifestada oralmente en el acto de la **audiencia**

preliminar del procedimiento abreviado o, a resultas de la misma, en el auto de admisión o denegación de prueba, debiendo resolverse asimismo sobre la anticipación de la práctica de aquellas que por su naturaleza no puedan tener lugar en el acto del juicio oral.

En el **juicio sobre delitos leves**, dada su sencillez, la Ley prescinde de la admisión de prueba como trámite diferenciado del proceso y previo al propio acto del juicio oral, por lo que debe advertirse de modo expreso a las partes, en las citaciones para la celebración del juicio, de que deben acudir con los medios de prueba de que intenten valerse, que se practicarán si el juez las considera admisibles y son pertinentes (LECr art.967 y 969.1).

Además de dictar la resolución autónoma sobre **admisión de la prueba** propuesta en el trámite de conclusiones, el juzgador habrá de pronunciarse sobre la pertinencia de las pruebas que se propongan en el momento inicial del acto del juicio oral, aunque esta decisión recae ya dentro del propio juicio oral y en el marco del debate preliminar característico de algunos tipos de proceso, una de cuyas finalidades es la **proposición de nuevas pruebas** que puedan practicarse en el acto (LECr art.786.2 y 802.1; LO 5/1995 art.36.1.e; LO 5/2000 art.37.1; LO 2/1989 art.310, 311 y 395).

Las anteriores normas han de interpretarse de acuerdo con reiterada doctrina jurisprudencial sobre el derecho constitucional a la prueba, de la que conviene destacar ahora algunos aspectos referentes a la pertinencia de la prueba como presupuesto de su admisión.

Precisiones Respecto de la aportación de medios de prueba en el momento inicial del acto del plenario, en todo tipo de proceso se admite la **complementación del material probatorio** como incidente previo al inicio del juicio, sin perjuicio de la necesidad de asegurar que la aportación novedosa no comporte un efecto indefensión para la parte que pueda verse afectada. La «sorpresa probatoria» activada por una parte puede afectar, en algunos casos, a la **preparación contradictoria** de la estrategia de las otras partes del proceso (TEDH 16-2-00, núm 28901/95). En estos supuestos, el tribunal debe garantizar el **equilibrio entre las partes**, posibilitando que aquella que pueda verse afectada por la aportación probatoria novedosa, disponga del tiempo necesario para reajustar su estrategia de defensa o de acusación (TS 5-5-21, EDJ 548530).

Juicio de pertinencia El derecho constitucional a la prueba no ampara la pretensión de **9454**
llevar a cabo una actividad probatoria ilimitada en virtud de la cual las partes estén facultadas para exigir cualesquiera pruebas que tengan a bien proponer, sino que atribuye solo el derecho a la recepción y práctica de las que sean pertinentes, entendida la pertinencia como la relación entre los hechos probados y el *thema decidendi*, siempre además que se trate de **medios de prueba admitidos** por el ordenamiento jurídico y que hayan sido propuestos en la **forma y momento adecuados**, con respeto del procedimiento probatorio legalmente establecido (TCo 129/2005; 263/2005 y 13/2006).

El juicio de pertinencia es, pues, un primer **límite legal** al ejercicio del derecho y resulta de la exclusiva competencia de los tribunales ordinarios, los cuales vienen obligados a explicitar y motivar las resoluciones en que rechacen las pruebas propuestas, un órgano judicial puede inadmitir un medio probatorio propuesto sin que ello lesione el derecho a la tutela judicial efectiva, que no obliga al juez a admitir todos los medios probatorios que la parte estime pertinentes, sino únicamente aquellos que el juzgador valore libre y razonablemente como tales (Const art.24.2).

La posibilidad de la **vía de amparo** se reduce, en consecuencia, al control de las citadas decisiones judiciales cuando se hayan inadmitido pruebas relevantes para la decisión final sin motivación alguna, con una explicación carente de razón o mediante una interpretación y aplicación de la legalidad arbitraria o irrazonable, o cuando la falta de práctica de la prueba sea imputable al órgano judicial (TCo 263/2005 y 13/2006).

Valoración de la prueba en el trámite de admisión La pertinencia es un requisito **9456**
abstracto de la prueba que se valora en el trámite de admisión y se mueve en el ámbito de la facultad del juzgador para fijar inicialmente el acervo probatorio admisible (TS 17-1-91, EDJ 343; 30-9-05, EDJ 157529), pero no es la única condición que debe reunir la misma, que además ha de resultar relevante y necesaria en el caso concreto.

Es preciso distinguir entre pertinencia y necesidad de un determinado medio de prueba, de modo que si **pertinente** es lo oportuno y adecuado, **necesario** es lo indispensable y forzoso y cuya práctica resulta obligada para evitar que pueda ocasionarse indefensión (TS 16-2-02; 9-10-03, EDJ 110653; 24-3-05, EDJ 68335).

Significado del juicio positivo de pertinencia Un juicio positivo de pertinencia no sig- **9458**
nifica en modo alguno que la prueba deba de ser forzosa e inexcusablemente admitida, ni que su falta de práctica pueda tener relevancia en vía de recurso por quebrantamiento de forma o de amparo contra la sentencia.

a) En el primer sentido, ha de tenerse en cuenta que pues los derechos a la tutela judicial efectiva, a un proceso sin dilaciones indebidas y los principios de economía procesal, pueden mover al órgano jurisdiccional a **inadmitir diligencias de prueba** que ostenten la cualidad de pertinentes por diferentes razones, fundamentalmente por considerarlas superfluas, redundantes o desproporcionadas con relación a la infracción objeto de enjuiciamiento. No se produce vulneración del derecho fundamental a la prueba, cuando esta es rechazada, aun siendo pertinente, porque su contenido carece de capacidad para alterar el resultado de la resolución final (TS 24-10-00, EDJ 35474; 6-6-02, EDJ 27806; 24-3-05, EDJ 68335; 30-9-05, EDJ 157529).

b) La prueba considerada pertinente en el auto de admisión puede devenir **innecesaria en la práctica**, a consecuencia del desarrollo del juicio oral, de manera que medios probatorios inicialmente estimados pertinentes pueden lícitamente no practicarse por muy diversas circunstancias (TS 21-3-95, EDJ 1130; 21-1-04, EDJ 857 y 24-3-05, EDJ 68335). Solo cuando la sentencia se produzca en ausencia de prueba necesaria, originándose con ello **indefensión** a la parte proponente, ha de entenderse vulnerado el derecho fundamental a la prueba. La necesidad de la prueba ha de valorarse, pues, en un momento posterior a la admisión de prueba, en trance de decidir sobre la suspensión del juicio oral ante la imposibilidad de practicar en él alguna prueba admitida.

9460 MPP nº 3938 **Rechazo irregular de la prueba** Se considera que el rechazo irregular de la prueba por el órgano jurisdiccional no determina necesariamente la **vulneración del derecho fundamental** a utilizar los medios de prueba pertinentes para la defensa, pues la relación de instrumentalidad existente entre el derecho a la prueba y la prohibición de indefensión hace que la constatación de una irregularidad procesal en materia probatoria no sea por sí sola suficiente para que la pretensión de amparo adquiera relevancia constitucional, pues para que así sea el **defecto procesal** ha de tener una dimensión material concreta, por lo que si esta no se ha producido, tampoco cabe apreciar la existencia de indefensión desde la perspectiva constitucional (TCo 198/1997).

9462 MPP nº 3940 **Recursos contra el auto de admisión o denegación de prueba** (LECr art.659 párr 3 y 4, 785.3 -redacc LO 1/2025- y 800.6; LO 5/1995 art.37.d; LO 2/1989 art.284 párr 3 y 4 y 394 párr 3) La diferencia entre pertinencia y necesidad de la prueba determina el régimen de recursos contra el auto de admisión o denegación de prueba, pues la necesidad solo puede apreciarse en el acto del juicio y no valorarse, como la pertinencia, abstractamente por anticipado.

Solo la **falta de prueba necesaria** abre una vía de recurso contra la sentencia que se dicte en su ausencia. Así, no cabe recurso alguno contra la resolución que admita o disponga la anticipación de pruebas propuestas por las partes, mientras que la denegación puede ser controlada mediante el recurso que en su día proceda contra la sentencia, siempre que la parte proponente no se aquiete con la resolución y formule en el acto de la denegación la pertinente protesta u oposición, sin perjuicio de la posibilidad de, en algunos procedimientos, reproducir la proposición de la prueba rechazada al iniciarse el acto del juicio oral.

2. Otras actuaciones preparatorias

9465 A continuación se exponen las cuestiones que suscita la necesidad de prueba.

a. Señalamiento y citación

9468 Para el señalamiento de la **fecha, hora y lugar** en que deben comenzar las sesiones del juicio oral y la citación de partes, testigos y peritos existen diversos sistemas:

9470 **Procedimientos ordinario y abreviado** (LOPJ art.249 y 250; LECr art.659.5, 784.5 y 786 redacc LO 1/2025; L 13/2009; LO 2/1989 art.284 y 294) Las reglas generales que rigen esta materia son (LECr art.659, 785, 786 redacc LO 1/2025 y 788.1):

a) En el seno del **procedimiento abreviado**, cuanto las actuaciones se encuentren a disposición del órgano competente para el enjuiciamiento, el juez o tribunal convoca al fiscal y a las partes a una **audiencia preliminar** en la que podrán exponer lo que estimen oportuno acerca de diversas cuestiones: conformidad del acusado o acusados, competencia del órgano judicial, vulneración de algún derecho fundamental, artículos de previo pronunciamiento, causas de la suspensión de juicio oral, nulidad de actuaciones, así como sobre el contenido, finalidad o nulidad de las pruebas propuestas, pudiendo proponer la incorporación de informes, certificaciones y otros documentos y la práctica de pruebas de las que las partes no hubieran tenido conocimiento en el momento de formular sus escritos de acusación o defensa.

Se requiere la **asistencia** del acusado y del abogado defensor, pero la celebración de la audiencia preliminar no se suspende por la inasistencia injustificada de aquel si ha sido debidamente citado ni tampoco por la incomparecencia injustificada de las demás partes citadas en forma, celebrándose a los efectos de sustanciar las cuestiones que puedan resolverse en ausencia. De ello se ha de **informar expresamente** en la citación.
El tribunal ha de examinar las **pruebas propuestas y resolver** admitiendo las que considere pertinentes y rechazando las demás, previniendo lo necesario para la práctica de la prueba anticipada y decidiendo el resto de cuestiones planteadas de forma oral, salvo que, por su complejidad, haya de hacerse mediante auto, en plazo de 10 días (no recurrible, sin perjuicio de protesta y reproducción de la cuestión, en su caso, en el recurso frente a la sentencia, salvo que dicha resolución ponga fin al procedimiento, en cuyo caso será susceptible de recurso de apelación).
La **comparecencia** se graba conforme a LECr art.743 (nº 9608).

Precisiones Sobre la **audiencia preliminar** ha de tenerse presentes los siguientes criterios (FGE Circ 2/2025): 9471

a) Su **celebración** es preceptiva para el órgano de enjuiciamiento, de manera que, una vez que las actuaciones se encuentren a su disposición, ha de ser el primer trámite procesal, procediendo a su convocatoria en el plazo más breve posible.

b) A ella deber ser **citados**, además del Ministerio Fiscal, las partes personadas, el acusado y las víctimas o perjudicados personados. Si no estuvieran personados, su audiencia será preceptiva para alcanzar una conformidad.

c) La **incomparecencia** de alguna de las partes a la audiencia preliminar, salvo la de la defensa, no implica su suspensión con carácter general, aunque no podrá celebrarse en relación con aquellos aspectos que requieran su presencia, como la conformidad. La consecuencia de la falta de asistencia es la imposibilidad de alegación de las cuestiones que son objeto de la audiencia en estudio. Por ello, al inicio de las sesiones del juicio oral no será posible **efectuar alegaciones** sobre competencia del órgano judicial, vulneración de derechos fundamentales, artículos de previo pronunciamiento, causas de suspensión del juicio oral o nulidad de actuaciones. **Excepcionalmente**, cuando con posterioridad a la celebración de la audiencia preliminar se tuviera conocimiento de alguna de las cuestiones que conforman su objeto -y se trate de **cuestiones de orden público**, como puede ser la cosa juzgada-, podrán efectuarse al inicio de las sesiones de juicio oral determinadas alegaciones para que el órgano judicial pueda valorarlas.
Cabe que el **órgano judicial** pueda apreciar de oficio en sentencia ciertas alegaciones propias de la audiencia preliminar, por tratarse de cuestiones de orden público (p.e. la prescripción) o de cuestiones que requieran la práctica de prueba.

d) El Ministerio Fiscal y las partes pueden **exponer** en este trámite lo que estimen oportuno acerca de las cuestiones indicadas en el texto.

e) Tanto respecto de la **prueba** propuesta en los escritos de acusación y defensa como de la que se proponga en la audiencia preliminar, el órgano de enjuiciamiento abrirá un turno de intervenciones para que el Ministerio Fiscal y las partes personadas se pronuncien sobre su contenido, finalidad, pertinencia o utilidad y, en su caso, sobre su eventual nulidad.

f) El **carácter preclusivo** de la audiencia preliminar se traduce en vedar al inicio del juicio oral la proposición de aquella prueba que se hubiera podido conocer en el momento de celebrarse aquella. En supuestos en los que la prueba aportada de contrario sea de cierto volumen o complejidad y que requiera de un análisis exhaustivo e, incluso, determine una valoración sobre su impugnación o sobre la necesidad de proponer nueva prueba, puede interesarse la suspensión de la audiencia preliminar a los efectos señalados.

g) La **resolución** del órgano de enjuiciamiento sobre las cuestiones planteadas en la audiencia preliminar se adopta, como regla, en el acto y de forma oral. No obstante, puede resolverse por medio de auto en el plazo de 10 días. Si la cuestión requiriese la **práctica de prueba**, la resolución quedará postergada al momento de dictarse sentencia. La resolución judicial que resuelva las cuestiones formuladas en la audiencia preliminar no es susceptible de impugnación, sin perjuicio de la posibilidad de efectuar **protesta** a fin de reproducir la cuestión, en su caso, en el recurso frente a la sentencia. Quedan **a salvo** aquellos supuestos en los que la resolución ponga fin al procedimiento (p.e cosa juzgada o prescripción), en cuyo caso podrá ser recurrida en apelación (LECr art.790 s.). En caso de **disconformidad** con la decisión oral del órgano de enjuiciamiento, cabe formular protesta en la propia audiencia preliminar a efectos de ulterior recurso. De resolverse por medio de auto, la protesta se formula al inicio de las sesiones de juicio oral.

h) La audiencia a la víctima o del perjudicado por parte del Ministerio Fiscal constituye un **requisito previo** para alcanzar una conformidad en aquellos supuestos en los que resulte preceptiva, con independencia del tipo de procedimiento aplicable, con la salvedad del procedimiento por **aceptación de decreto**.

b) El **señalamiento**, en defecto de conformidad en la audiencia previa del procedimiento abreviado, se hace por el letrado de la Administración de Justicia. Este, a la vista del auto o decisión de admisión de pruebas, establecerá el día y hora en que deban comenzar las sesiones 9473

del juicio oral, con sujeción a lo establecido en la LEC art.182 y ateniéndose a los **criterios generales** y a las **concretas instrucciones** que fijen los presidentes de sala o sección, que tendrán especialmente en cuenta:
- la prisión del acusado;
- el aseguramiento de su presencia a disposición judicial;
- las demás medidas cautelares personales adoptadas;
- la prioridad de otras causas; y
- la complejidad de la prueba propuesta o cualquier circunstancia modificativa que resulte del estudio del asunto.

Cuando lo haya solicitado, aunque no sea parte en el proceso ni deba intervenir, el letrado de la Administración de Justicia debe **informar a la víctima por escrito** y sin retraso de la fecha y lugar de celebración del juicio, así como del inicio de las sesiones de la vista y del contenido de la acusación.

c) En los casos de **aplazamiento de las sesiones** de un juicio oral ya comenzado, el señalamiento de la fecha de su reanudación corresponde al juez o presidente del tribunal cuando pueda hacerse en el mismo acto, que tendrá en cuenta las necesidades de la agenda programada de señalamientos y las demás circunstancias contenidas en la LEC art.182.4 y LECr art.786.2 redacc LO 1/2025. En los restantes casos, el señalamiento de fecha para el nuevo juicio oral se hará por el letrado de la Administración de Justicia, para la fecha más inmediata posible.

d) La realización de las **actuaciones de comunicación o conducción** necesarias para que las partes, testigos y peritos se encuentren a disposición del juzgador en el día señalado corresponde también al letrado de la Administración de Justicia del órgano de enjuiciamiento (LECr art.660, 661 y 664), debiendo informarse por escrito a la víctima del delito de la fecha de celebración del juicio aunque no sea parte en el proceso ni deba intervenir en él.

e) En la **resolución de señalamiento** puede alterarse al lugar ordinario de celebración del juicio oral, cuando el tribunal decida constituirse fuera de su sede por razones justificadas (LECr art.665; LO 4/1987 art.52) o se desplace periódicamente para dicho fin a la sede de la Sección de Instrucción o Única del Tribunal de Instancia -hasta su constitución, los juzgados de instrucción- de su demarcación (LOPJ art.269).

9474 **Procedimiento de enjuiciamiento rápido** (LECr art.800) El señalamiento se hace, en defecto de conformidad, por el juez de guardia de la Sección de Instrucción del Tribunal de Instancia (hasta su constitución, el juzgado de guardia)-esta función se encomienda al letrado de la Administración de Justicia-, debiendo celebrarse el juicio dentro de los 15 siguientes y en los días y horas predeterminados a tal fin por los órganos enjuiciadores. Al mismo tiempo, emplazará al acusado y al responsable civil para que presenten su **escrito de defensa** ante el órgano de enjuiciamiento.

La citación de las partes se efectúa también por el juez de guardia y, al ser anterior al auto de admisión de prueba, se extiende a los **testigos** y **peritos** que aquellas pretendan proponer para el acto del juicio, sin perjuicio de la resolución de pertinencia que en definitiva recaiga.

Precisiones No se aplica a este procedimiento el **régimen de la audiencia preliminar** propia del procedimiento abreviado (LECr art.802.1 redacc LO 1/2025).

9475 **Juicio sobre delitos leves** Caben diversas posibilidades en función de la posible calificación de los hechos y de las concretas circunstancias concurrentes:

a) Cuando el hecho pueda ser constitutivo de delito leve, delito de lesiones o maltrato de obra, de hurto flagrante, de amenazas, de coacciones o de injurias y su enjuiciamiento corresponda a la Sección de Instrucción (o Única) del Tribunal de Instancia -hasta su constitución, al juzgado de instrucción- al que se debe entregar el atestado o a otro del mismo partido judicial, la **citación policial** puede hacer las veces de señalamiento, que no existe como tal, conforme a las siguientes reglas (LECr art.962.1 y 963)

1. La policía judicial procede de forma inmediata a **citar** ante el juez de guardia de la Sección de Instrucción del Tribunal de Instancia -hasta su constitución, el juzgado de guardia- a los ofendidos y perjudicados, al denunciante, al denunciado y a los testigos que puedan dar razón de los hechos. Al hacer dicha citación se apercibirá a las personas citadas de que podrá celebrarse el juicio de delitos leves de forma inmediata en el juez de guardia, incluso aunque no comparezcan, y de que han de comparecer con los **medios de prueba** de que intenten valerse.

2. Recibido el atestado, si el juez de guardia estima procedente la incoación de juicio y le corresponde su enjuiciamiento en función de las normas de competencia y reparto, decidirá la **inmediata celebración del juicio** en el caso de que hayan comparecido las personas citadas o de que, aun no habiendo comparecido alguna de ellas, repute innecesaria su presencia, siempre que no resulte imposible la práctica de algún medio de prueba que se considere imprescindible.

Alternativamente, en el mismo caso de ser procedente la incoación de juicio, se acordará sin embargo el **sobreseimiento** del procedimiento y el **archivo de las diligencias** cuando lo solicite el Ministerio Fiscal por ser el delito denunciado de muy escasa gravedad a la vista de la naturaleza del hecho, sus circunstancias, y las personales del autor, y no existir un interés público relevante en la persecución del hecho. En los **delitos leves patrimoniales**, se entenderá que no existe dicho interés cuando se hubiera procedido a la reparación del daño y no exista denuncia del perjudicado (LECr art.963.1.1ª).

3. Cuando la **competencia** para conocer corresponda a la Sección de Violencia sobre la Mujer del Tribunal de Instancia -hasta su constitución, juzgado de violencia sobre la mujer-, la policía judicial habrá de realizar las citaciones ante dicho órgano jurisdiccional en el día hábil más próximo.

b) Fuera de los supuestos citados y en todos en los que el juicio se inicie en virtud de denuncia, la citación también sustituye al **señalamiento** en los casos en que, recibido el atestado en el juez de guardia, sea posible citar a todas las personas que deban ser convocadas a juicio dentro de la duración del servicio de guardia, en cuyo caso se celebrará juicio inmediato siempre que concurran los restantes requisitos expuestos en el supuesto anterior (LECr art.964).

Cabe también en estos casos el **sobreseimiento** en los mismos supuestos antes expuestos (LECr art.964.2).

c) Si no es posible la celebración del juicio durante el **servicio de guardia** (LECr art.965), cuando la competencia para el enjuiciamiento corresponda a la Sección de Instrucción del Tribunal de Instancia -hasta su constitución, al propio juzgado de instrucción-, el letrado de la Administración de Justicia procederá en todo caso al señalamiento para la celebración del juicio y a las citaciones procedentes para el día hábil más próximo posible dentro de los predeterminados a tal fin, en cualquier caso, en un plazo no superior a 7 días. En caso contrario, si estima que la **competencia** para el enjuiciamiento **corresponde a otro órgano jurisdiccional**, le remitirá lo actuado para que este proceda a realizar el señalamiento del juicio y las citaciones con arreglo a lo dispuesto en la regla anterior.

Otros procesos (LO 5/1995 art.37.e; LO 2/1989 art.284; LO 5/2000 art.34) En el proceso **de jurado** este se efectúa por el magistrado presidente en el auto de hechos justiciables. **9476**

En el **proceso penal militar**, a fin de garantizar el derecho de defensa, se exige que medie un mínimo de 15 días entre la resolución que señala el juicio y la fecha de celebración de este.

Por el contrario, la celeridad se impone en el **proceso de menores**, que exige que el señalamiento se haga para dentro de los 10 días siguientes al auto de apertura de la audiencia.

Precisiones **1)** Ninguno de estos procesos ha sido afectado por L 13/2009, por lo que sigue aplicándose el sistema de **señalamiento** por el juzgador.

2) Las **normas de coordinación** entre juzgados de guardia y órganos de enjuiciamiento, entre los primeros y la policía judicial y entre Secciones de Instrucción del Tribunal de Instancia -hasta su constitución, juzgados de instrucción- para el señalamiento de juicios por delito leve, citadas por los LECr art.800.3, 962.4 y 965.2, se encuentran recogidas en el Reglamento CGPJ 1/2005, de aspectos accesorios de las actuaciones judiciales.

b. Incidente de recusación de peritos

(LECr art.657, 662, 663 y 723)

En el tiempo que medie entre la notificación del auto de admisión de prueba y el inicio de las sesiones del juicio oral ha de sustanciarse el incidente de recusación de peritos, que ha de proponerse, salvo que la causa de recusación sobrevenga con posterioridad, en los 3 días siguientes a la entrega a cada parte de la **copia de la lista** que las demás han de adjuntar las demás al escrito de conclusiones provisionales. El incidente es resuelto sin ulterior recurso por el órgano enjuiciador, que celebrará para ello vista oral tras sendas fases de alegaciones y prueba por término de 3 y 6 días respectivamente. **9482**

c. Designación de jueces legos

En determinados procesos, ha de procederse a la designación **por sorteo** de los jueces legos que forman parte del tribunal sentenciador. **9485**

Proceso de jurado (LO 5/1995 art.18, 19 y 23; LOPJ art.185) Una vez dictado el auto de hechos justiciable, se procede a la **constitución** del Tribunal del Jurado, a cuyo efecto han de ser citados los candidatos a jurado designados para que comparezcan el mismo día señalado para el inicio de las sesiones del juicio oral. **9487**

Entre el sorteo de los candidatos a jurado y el día señalado para la primera vista de juicio oral han mediar al menos 30 días hábiles, requisito cuya finalidad es la de facilitar tiempo para la realización de los trámites conducentes a la **efectiva** constitución del jurado, incluido el nuevo sorteo prevenido para el supuesto de que, como consecuencia de recusaciones o excusas, la lista de candidatos para jurados quedase reducida a menos de 20 miembros (TS 31-5-99, EDJ 10800).

9488 **Constitución del Tribunal del Jurado** (LO 5/1995 art.38 a 41) Antes de comenzar la celebración de la vista se procede a la misma, cuyos aspectos más relevantes son:
a) En el día fijado para el inicio de las sesiones del juicio oral, si concurren al menos 20 de los candidatos citados, o el día del nuevo señalamiento que ha de efectuarse dentro de los 15 siguientes si no concurren a la citación inicial al menos 20 de los candidatos citados, una vez completado este número, el magistrado-presidente **interroga a los candidatos a jurados** por si en ellos concurre falta de requisitos o alguna causa de incapacidad, incompatibilidad, prohibición o excusa, cosa que asimismo podrán hacer las partes por sí o a través del magistrado-presidente.
b) También las partes pueden recusar en este momento a aquellos en quienes afirmen concurre causa de incapacidad, incompatibilidad o prohibición, debiendo las **recusaciones** oírse y resolverse en el propio acto por el magistrado-presidente, ante la presencia de las partes y oído el candidato a jurado afectado.
El **control de la idoneidad de los posibles jurados** es independiente del que deriva del cuestionario que ha debido de remitírseles previamente y que se resuelve en la vista, cuya omisión solo es relevante como motivo de recurso cuando produzca indefensión a la parte (TS 11-11-04, EDJ 183504).
c) Comparecido el número suficiente de candidatos, se procede al **sorteo** de los jurados y de los suplentes uno por uno, pudiendo ser recusados los designados, después de ser interrogados, en número de hasta cuatro por las acusaciones y otros cuatro por las defensas. Del resultado del sorteo se levanta acta y se procede acto seguido al juramento o promesa de los designados, prestado el cual dará comienzo la audiencia pública.

9490 **Proceso penal militar** (LO 2/1989 art.293) El **juez lego** que integra el tribunal militar y un **suplente** se designan antes del inicio de las sesiones del juicio oral, en un acto celebrado ante el auditor presidente y el letrado de la Administración de Justicia inmediatamente después de señalarse el día de la vista oral.

Precisiones El acto es trascendente para la efectividad del derecho de las partes a **recusar** a los jueces legos, por lo que han de ser citadas al mismo, so pena de nulidad (TS 30-11-04, EDJ 229567).

IV. Suspensión

9495 La celebración del acto del juicio oral se rige por los principios de concentración y unidad de acto, de manera que una vez comenzado ha de desarrollarse, en caso necesario, a lo largo de todas las **sesiones consecutivas** que sean necesarias para su total terminación (LECr art.744 y 788.1 y LO 2/1989 art.296).
La anterior regla sufre **excepción** relativa en los procesos en que por su sencillez el legislador presume que la duración ordinaria del juicio oral no debe abarcar por regla general más de un día, como el de enjuiciamiento rápido y el juicio por delito leve, que pueden celebrarse en sesiones no consecutivas cuando así lo imponga la agenda de señalamientos del órgano judicial. En ellos, cuando que por motivo justo no pueda celebrarse el juicio oral en el día señalado o no pueda concluirse en **un solo acto**, el juez señalará para su celebración o continuación, haciéndolo saber a los interesados, la fecha más inmediata posible, que deberá estar comprendida en todo caso dentro de los 15 días siguientes (enjuiciamiento rápido por delito: LECr art.802.2 redacc LO 1/2025) o 7 días siguientes (juicio por delito leve: LECr art.968).
La concentración cede ante la concurrencia de determinadas **causas legales de suspensión** del juicio (nº 9502 s.), cuya constatación por el órgano judicial obliga a interrumpir la unidad del acto. Si además relacionamos la concurrencia de causa de suspensión con la exigencia de inmediación, básica en materia de valoración de la prueba, se concluye que en función de su entidad temporal la suspensión puede suponer una **simple interrupción en el curso del acto del juicio**, que se reanudará posteriormente una vez desaparecida la causa que la motivó, o la invalidez de las actuaciones producidas en el juicio antes de ser suspendido, de manera que ha de comenzar desde el principio un nuevo acto.

1. Consideraciones generales

(LECr art.746.6º, 748 y 749; LO 2/1989 art.297.8º, 298)

Al acordarse la suspensión de la vista se fija como regla general el tiempo de duración de la misma, si es posible, y se determina lo que corresponda para la continuación del juicio. 9497

No obstante, cuando haya de prolongarse indefinidamente la suspensión del juicio o por un tiempo demasiado largo, se declarará sin efecto la parte del juicio celebrada y se citará a **nuevo juicio** para cuando desaparezca la causa de la suspensión o puedan ser reemplazadas las personas reemplazables. El límite temporal de validez del juicio oral suspendido se concreta a 30 días (LECr art.788.1), más allá del cual habrá de celebrarse necesariamente nuevo juicio, lo que ni impide la concurrencia de sucesivos aplazamientos del mismo juicio siempre que cada uno de ellos no supere, individualmente considerado, dicho límite (TS 6-6-02, EDJ 20183).

En el procedimiento de **enjuiciamiento rápido** y en el **juicio por delito leve**, dicho límite se estrecha, respectivamente a 15 y 7 días (LECr art.802.2 -redacc LO 1/2025- y 967).

La celebración íntegra de nuevo juicio se impone, además, cuando se practique la **sumaria instrucción complementaria**, pues en tal caso se produce una retroacción del proceso a la fase de instrucción, y cuando la composición del tribunal de enjuiciamiento se modifique por cualquier causa tras la primera suspensión, cualquiera que sea la duración de esta, pues no le resulta posible al nuevo tribunal valorar la prueba practicada antes de la suspensión, que no se ha practicado ante él, como exige el principio de inmediación (TS 4-6-04, EDJ 259927). La anterior consideración cobra especial interés en los casos en que el sorteo influye en la composición del tribunal.

La suspensión puede acordarse **de oficio** o **a instancia de parte**, según la causa que la motive. De oficio solo podrán apreciarse las causas expuestas en LECr art.746 núm 1, 2, 4 y 5 (nº 9502 s.) y sus equivalentes, en el proceso militar (LO 2/1989 art.297 núm 2, 4, 5, 6 y 7).

El **control de las decisiones sobre suspensión**, contra las que no cabe recurso autónomo se produce a través de la impugnación de la sentencia.

La suspensión procedente es un presupuesto necesario del derecho de defensa, que no puede ejercerse debidamente en un juicio oral que se celebra en contra de las previsiones legales. Por ello, la **denegación indebida de la suspensión** aparece en la base del motivo de recurso contra la sentencia, sea por quebrantamiento de forma *in procedendo* (LECr art.850.1º, 2º y 5º) o por infracción de precepto constitucional (LECr art.852; LO 2/1989 art.325; LOPJ art.5.4).

Precisiones 1) En el **proceso de jurado**, se reduce el plazo de validez a 5 días, debiendo el magistrado presidente ordenar la disolución del jurado siempre que la suspensión haya de prolongarse durante 5 días o más (LO 5/1995 art.47). En caso contrario, la Ley le permite acordar la disolución. 9499

2) En el **proceso militar** se otorga cierta validez al acto del primer juicio, pues las pruebas que se hayan practicado en la vista antes de su suspensión y que no puedan reproducirse serán valoradas libremente por el tribunal (LO 2/1989 art.298 párr 3).

El mero aplazamiento del juicio con validez de los actos previos presupone que el **juez lego** que integra el tribunal militar, así como su **suplente**, no sea sorteado de nuevo para la reanudación de la vista aplazada.

2. Causas de suspensión

La tutela de alguna de las manifestaciones del derecho de defensa es el fundamento de la procedencia de la suspensión del juicio oral cuando concurra alguna de las circunstancias que se enumeran en los nº 9507 s. 9502

En todas ellas aparece de manera expresa o implícita el requisito de la **necesidad de la prueba**, que viene a complementar la exigencia de pertinencia valorada en la fase de admisión, para que la falta de la prueba imponga la suspensión del juicio y suponga, en caso contrario, infracción del derecho constitucional a valerse de ella, causando indefensión material al proponente de la prueba omitida.

Precisiones 1) Denegación de prueba y denegación de suspensión del juicio por ausencia de prueba son, pues, conceptos sinónimos y en ambos casos solo la **denegación indebida de la prueba necesaria**, puede dar lugar a una indefensión con relevancia constitucional (TS 12-12-96, EDJ 8995; 20-6-05, EDJ 108963; 30-9-05, EDJ 157529). 9505

2) La falta de práctica de la prueba denegada (o la suspensión del juicio ante la imposibilidad de su practica) haya podido tener una influencia decisiva en la resolución del pleito (TCo 37/2000 y 70/2002). La **prueba omitida** ha de ser **decisiva en términos de defensa** (TCo 45/2000 y 23/2006), lo que impone al demandante de amparo la carga procesal de razonar la relación entre los hechos que se quisieron y no se pudieron probar y las pruebas inadmitidas y de argumentar, además, de modo convincente que la resolución final del proceso a quo podía haberle sido favorable de haberse

aceptado y practicado la prueba controvertida, ya que solo en caso de comprobarse que el fallo pudo, acaso, haber sido otro si la prueba se hubiera admitido y practicado podrá apreciarse también el menoscabo efectivo del derecho (TCo 263/2005 y 13/2006).

3) El derecho a la libre elección de letrado implica la de **cambio de defensor**, por lo que debe acogerse como causa de suspensión del juicio oral cuando el tribunal aprecie que la denegación de la misma pudiera originar indefensión o perjudicar materialmente del derecho de defensa del acusado. No obstante, para ello el tribunal debe contar, al menos, con una **mínima base razonable** que explique los motivos por los cuales el acusado ha demorado su decisión de cambiar de letrado, pudiendo haberlo hecho con anterioridad, pues está en la obligación legal del tribunal a rechazar aquellas solicitudes que entrañen abuso de derecho o fraude de Ley procesal (TS 5-6-03, EDJ 80472; 22-9-04, EDJ 159936; 18-11-04, EDJ 192476).

La alegación de **diferencias irreconciliables** entre el defensor y el defendido puede ser suficiente para la sustitución de letrado, sin necesidad de profundizar el tribunal en ella si se realiza con tiempo bastante, pero no en caso de efectuarse en el momento mismo de inicio del juicio oral o con una inmediatez tal que frustre la planificación o las citaciones cursadas, supuesto en el que no ha de ser atendida sin la citada base razonable (TS 11-12-20, EDJ 761272; 30-5-19, EDJ 600131).

En el **proceso militar**, las posibles sustituciones se limitan a dos, de manera que el tercer letrado designado de oficio no pueda rechazar la defensa ni ser rechazado por el investigado (LO 4/1987 art.105).

9507 **Falta de preparación de la prueba ofrecida** (LECr art.745; LO 2/1989 art.297.1º) Es causa de suspensión del juicio oral que las partes, por motivos independientes de su voluntad, no tengan preparadas las pruebas ofrecidas en sus respectivos escritos.

Ha de entenderse que las **pruebas** citadas en el precepto son las **precisas para la defensa** de pretensiones penales y de la existencia o no de responsabilidad civil, no las que puedan afectar a la cuantía de esta. Así se dispone expresamente para los **procedimientos abreviado** y de **enjuiciamiento rápido** cuando la sanidad de las lesiones, la tasación de los daños o circunstancias análogas no sean imprescindibles para calificar los hechos, y de la regulación dentro de la fase de ejecución de sentencia del incidente liquidatorio de la responsabilidad civil al que también alude el propio precepto (LECr art.788.1 y 794; LO 2/1989 art.377 s.).

9509 **Incomparecencia de testigos y peritos** (LECr art.718 y 746.3º; LO 2/1989 art.297.3º) Se establece como causa de suspensión que no comparezcan los testigos **de cargo y descargo** ofrecidos por las partes y el tribunal considere necesaria la declaración de los mismos.

Aunque la LECr guarda silencio al respecto (no así LO 2/1989), la regla es obviamente extensiva a los peritos (TS 26-10-01, EDJ 43299; 15-3-02, EDJ 6117).

En caso de imposibilidad física y prolongada de práctica de la prueba en **lugar ordinario de celebración del juicio** oral, se permite que, el tribunal, en pleno o designando a uno de sus miembros, se desplace al lugar donde se encuentren los testigos y peritos imposibilitados de concurrir a la vista, practicándose en su presencia y la de las partes la pertinente prueba.

9510 Precisiones **1)** En el caso de incomparecencia de testigos o peritos, junto a la necesidad de la prueba ha de valorarse la **posibilidad de practicarla en un plazo razonable**, pues las resoluciones de suspensión han de valorar el conflicto de intereses que se plantea entre el derecho a la prueba y la necesidad de enjuiciamiento en tiempo oportuno. Debe valorarse especialmente la situación gravosa que para el acusado supone la pendencia del proceso durante un dilatado período de tiempo (TS 12-11-03, EDJ 152601; 21-1-04, EDJ 2142). Ha de apreciarse, cuando el **testigo no es citado de oficio**, la facilidad con que la parte proponente puede lograr su comparecencia en el juicio, pues en la falta de presencia puede esconderse una táctica dilatoria (TS 14-6-02, EDJ 23935).

2) No procede suspender cuando un **tribunal no pueda establecer la fecha** en la que un testigo podrá comparecer, sea por falta de información sobre su paradero tras una razonable actividad de localización, sea porque su estado de salud no permite hacer un pronóstico al respecto o porque se ignoran las razones de su incomparecencia, máxime si se cuenta con su declaración sumarial prestada conforme a las reglas de la prueba instructoria anticipada (TS 21-1-04, EDJ 2142; 8-10-04, EDJ 159768).

3) La necesidad de la prueba implica dos exigencias complementarias:

• Que el tribunal no haya alcanzado antes de decidir sobre la suspensión una convicción sobre algún **aspecto que la declaración del testigo ausente podría modificar**. Para ello es aconsejable deferir la decisión al momento final de la práctica de la prueba, pues a lo largo del juicio las declaraciones pertinentes pueden devenir innecesarias cuando resulten irrelevantes, a la vista del resto de la prueba, para alterar la convicción ya formada por el juzgador (TS 25-4-05, EDJ 62563). Se impone, en consecuencia, la suspensión y la práctica de actuaciones tendentes a lograr la presencia de los ausentes cuando no comparezca la víctima que es **testigo único del delito** cometido contra ella (TS 9-5-03, EDJ 263095) o cuando, en caso de faltar el testigo directo, el resto de la prueba sea solo referencial o indiciaria (TS 16-6-03, EDJ 49581).

En todo caso, es imprescindible que esa **convicción que hace innecesaria la prueba** y convierte a la suspensión en improcedente se haya alcanzado merced a las restantes pruebas practicadas en el juicio oral o, en su caso, conforme a las reglas de la prueba anticipada y preconstituida, pues por esta vía no cabe entrar a valorar en su conjunto las actuaciones sumariales (TCo 57/1986 y 51/1990).

• Además, quien interese la suspensión ha de ofrecer al tribunal **elementos para valorar la necesidad de la prueba** de imposible práctica, por lo que debe explicitar los hechos que pretendía esclarecer mediante el testimonio o la pericia del ausente (TS 30-10-02, EDJ 49778).

Enfermedad repentina o incomparecencia de los defensores, magistrados, fiscal o de las partes (LECr art.746.4º redacc RDL 5/2023; LO 2/1989 art.297) Ello cuando no puedan ser reemplazados sin grave inconveniente para la defensa de los interesados. En el caso del defensor de cualquiera de las partes, en supuestos de **fallecimiento, hospitalización o intervención quirúrgica** por causa grave de un familiar hasta el segundo grado de consanguinidad o afinidad. **9512**

Iguales circunstancias, cuando afecten al **encausado** e imposibiliten su presencia en el juicio, previo reconocimiento facultativo del enfermo realizado en el acto, salvo en aquellos procesos en que se admite el juicio en ausencia (abreviado, enjuiciamiento rápido y juicio por delito leve).

Cuando no comparezca el **letrado defensor del inculpado**, parece irrelevante que la causa de la ausencia sea imputable al órgano judicial (omisión de citación: LECr art.850.2º) o a la propia conducta de la parte, pues lo cierto es que sobre ese dato se impone la imposibilidad absoluta, salvo en juicio por delito leve que no lleve aparejada pena de multa cuyo límite máximo sea de al menos 6 meses (LECr art.967), de celebrar el juicio sin defensa técnica de la parte pasiva del proceso, ello al margen de las consecuencias disciplinarias o incluso penales (CP art.463.2) que puedan derivar de la incomparecencia. Por el contrario, cuando el ausente es el **letrado de la acusación particular** (TS 28-2-02, EDJ 3473 y 17-5-02, EDJ 16867) o el **tercero responsable civil** (LECr art.787.1 redacc LO 1/2025), es determinante la existencia o no de citación en forma, pues solo la ausencia de la primera obliga a la suspensión del juicio oral.

En todo caso, si se trata de un proceso en el que el abogado ha sido designado por el **turno de oficio**, solo se suspenderá el procedimiento por el tiempo que demore el colegio profesional correspondiente en proveer la designación de nuevo profesional para evitar causar indefensión a la parte. Si la suspensión se solicita por haberse producido o iniciado un **parto de manera repentina**, o sin tiempo suficiente como para que otro abogado pueda hacerse cargo del asunto y prepararlo, se suspenderá el señalamiento por el tiempo mínimo imprescindible en atención a su complejidad.

Precisiones Para el **enjuiciamiento de delitos leves** que lleven aparejada pena de multa cuyo límite máximo sea de al menos 6 meses, se aplicarán las reglas generales de defensa y representación (LECr art.967).

Incomparecencia de algún acusado en caso de pluralidad (LECr art.746 párr 2, 787.1 redacc LO 1/2025) En caso de pluralidad de acusados, la incomparecencia de alguno de ellos solo motiva la suspensión del juicio cuando ninguno de ellos se encuentre en **rebeldía** y además **no** puedan ser **enjuiciados con independencia**, lo que debe apreciarse previa audiencia de las partes y motivando en el acta la decisión adoptada, que depende esencialmente de la configuración del hecho objeto de acusación y de la participación en él de cada encausado y del sentido de las declaraciones de cada uno sobre la propia participación en el hecho y sobre la de los demás coencausados. **9514**

Para evitar el enjuiciamiento subjetivamente fraccionado se procura el **enjuiciamiento conjunto** de todos los acusados por los mismos hechos. Pero se admite otra solución, si no se considera absolutamente necesario o conveniente o si no queda más remedio por imposibilidad absoluta.

No puede sustentarse, como regla general, que un mismo tribunal no pueda asumir de forma sucesiva el enjuiciamiento de los **supuestos partícipes en unos mismos hechos**, particularmente cuando su actuación se limita a analizar cuestiones estrictamente jurídicas o cuando el pronunciamiento resolutorio de cada juicio oral se proyecta exclusivamente sobre la participación de alguno de los involucrados (TS 14-7-23, EDJ 632396; 9-4-15, EDJ 86775).

Precisiones 1) En caso de incomparecencia de algún coacusado, además de valorar la posibilidad de **enjuiciamiento independiente**, ha de atenderse a la posibilidad real de contar con la **presencia simultánea** de todos los investigados en un momento razonablemente próximo y dotado de algún grado de certeza, resolviendo en cada caso el conflicto planteado entre el derecho de defensa y la prohibición de las dilaciones indebidas (TS 16-10-00, EDJ 29870; 11-12-02, EDJ 55557; 23-12-03, EDJ 201855). Por ello, si una vez iniciado el juicio sin la presencia de un causado este comparece, **9515** ha de declararse la nulidad de lo actuado y celebrar nuevo juicio desde el principio, sin que sea posible recibir declaración como testigo al coinvestigado y someterle luego a enjuiciamiento separado (TS 14-11-02, EDJ 51374).

2) La **citación personal** requerida desaparece para el procedimiento abreviado. Sin ella cabe enjuiciar a los demás acusados y prescindir de momento del no citado (TS 12-11-02, EDJ 32094), pues el precepto solo exige dicha citación para el juicio en ausencia. Sin embargo, no debe olvidarse que se exige que el ausente deje de comparecer «sin motivo legítimo», que concurrirá sin duda si no ha podido tener conocimiento de su obligación de acudir el juicio oral. También en el procedimiento abreviado, la citación personal del acusado solo es sustituible por la **declaración de rebeldía** que fije procesalmente la imposibilidad de practicarla (TS 14-11-02, EDJ 51374. Respecto del procedimiento abreviado, p.e. TS 1-2-00, EDJ 375; 6-10-00, EDJ 35451; 8-11-00, EDJ 38939).

3) En todo caso, la condena penal impuesta **sin comparecencia del acusado** no vulnera el contenido absoluto del derecho a un proceso con todas las garantías cuando la incomparecencia sea decidida voluntaria e inequívocamente por un acusado debidamente emplazado y que haya sido efectivamente defendido por letrado designado (TJUE 26-2-13, asunto C-399/11; TCo 26/2014).

4) Ante la **incomparecencia de uno de los acusados**, el órgano que conoce del plenario está facultado para acordar la continuación del juicio para los comparecidos (LECr art.793.1). El control casacional de esta decisión (LECr art.850.5º) se limita a la comprobación de que existieran **elementos suficientes para juzgarles con independencia** (LECr art.746.6º párr segundo en el ámbito del proceso ordinario, aplicable al abreviado).

La única violación de esta regla apreciable en casación es la **falta de concurrencia de elementos de juicio** suficientes para poder juzgar a los procesados presentes, con independencia de los ausentes porque, por las circunstancias del caso concreto, no fuera necesaria la declaración del coinvestigado ausente para formar criterio suficientemente fundado sobre aquello de que se acusa a quien está presente (TS 17-2-16, EDJ 10242).

9516 **Revelaciones o retractaciones inesperadas** (LECr art.746.6º; LO 2/1989 art.297.8º) El juicio se suspende cuando revelaciones o retractaciones inesperadas produzcan **alteraciones sustanciales** en los juicios, haciendo necesarios nuevos elementos de prueba o alguna sumaria instrucción suplementaria.

Precisiones **1)** La **sumaria instrucción suplementaria** supone una clara excepción al principio de preclusión en cuanto puede exigir un retroceso a la fase de instrucción (TS 4-4-97, EDJ 2363; 14-3-01, EDJ 3137), con nueva tramitación del procedimiento en sus fases posteriores hasta llegar de nuevo al juicio, siempre que la prueba complementaria no pueda practicarse en el propio trámite del juicio oral.

Se precisa, en primer lugar, que existan revelaciones o retractaciones inesperadas, lo que equivale a conocimiento de **algo hasta entonces ignorado** o a **rectificación** de lo antes declarado, producidos uno u otra de forma sorpresiva o imprevista, de modo que no hubiera sido posible tenerlas en cuenta cuando se realizaron las calificaciones provisionales y se propusieron las pruebas. No deben, pues, confundirse con las manifestaciones procedentes del acusado que, aunque parezcan revelación o retractación, respondan a una simple estrategia procesal por referirse a hechos ya conocidos por la defensa (TS 22-1-02, EDJ 703).

2) Deben producir **alteraciones en los juicios**, es decir, introducción de nuevos hechos al lado de los que constituyen el objeto del proceso con capacidad para influir en la pena o en la existencia misma de la responsabilidad civil. Por el contrario, cuando el nuevo material fáctico solo influya en la **cuantía de la responsabilidad civil**, la economía procesal impone no suspender el juicio oral y hacer uso de las facultades que se conceden al juzgador para determinar en la sentencia las bases correspondientes y diferir la cuantificación a la fase de ejecución de sentencia (TS 17-10-02, EDJ 42751).

3) La norma procesal reconoce el derecho de las partes a producir **nueva prueba**. Sin embargo, no toda aparición de nueva información abre la posibilidad de una indagación complementaria y la demora de la celebración o conclusión del juicio oral previsto o iniciado, sin solo cuando la insuficiencia del material probatorio inicialmente propuesto no deriva de un cambio de estrategia o de la inactividad o descuido de la parte, sino de una modificación de los elementos estructurales de los que debe defenderse (TS 4-7-22, EDJ 629965).

4) Una vez acordada la práctica de la **sumaria instrucción**, no cabe celebrar el nuevo juicio sin esperar a la conclusión de la misma, so pena de incurrir en el vicio casacional del LECr art.850.1º (TS 30-6-04, EDJ 82759).

5) Aunque tradicionalmente se ha considerado la decisión del tribunal de instancia inmune a la **casación** por tratarse de una cuestión que tiene relación con los temas de hecho y con la prueba practicada o que sea necesario practicar (TS 23-5-96, EDJ 5225 y 5-6-00, EDJ 14598) modernamente se admite el recurso por infracción de precepto constitucional, dada la estrecha relación de la materia con el derecho a utilizar los medios de prueba pertinentes y a la tutela judicial efectiva sin indefensión (TS 17-10-02, EDJ 42751).

Alteración de la tipificación penal de los hechos (LECr art.788.5) Dentro de la regulación del procedimiento abreviado, se establece una especial causa de aplazamiento cuando las **conclusiones definitivas de la acusación** alteren la tipificación penal de los hechos o aprecien un mayor grado de participación o de ejecución o circunstancias de agravación de la pena. En tal caso, el juez o tribunal puede considerar un **aplazamiento de la sesión**, hasta el límite de diez, a petición de la defensa, a fin de que esta pueda preparar adecuadamente sus alegaciones y, en su caso, aportar los elementos probatorios y de descargo que estime convenientes, tras cuya práctica las partes acusadoras pueden, a su vez, modificar sus conclusiones definitivas. 9518

El ámbito de la norma se extiende expresamente al proceso de **enjuiciamiento rápido** (LECr art.802.1 redacc LO 1/2025) y puede y debe aplicarse por analogía o supletoriedad en todo tipo de procesos, así como en otros momentos procesales distintos del específicamente previsto en ella, por lo que supone de garantía del derecho de defensa frente a acusaciones sorpresivas o asunción por la acusación de la tesis de desvinculación del tribunal (TS 18-2-05, EDJ 23861).

3. Otros motivos de suspensión

(LECr art.746.1º, 2º y 4º; LO 2/1989 art.297.2º y 5º)

Aunque las causas esenciales de suspensión son las expuestas en el nº 9502 s., la suspensión definitiva o la mera interrupción del juicio oral puede resultar de otras causas no relacionadas con la adecuada defensa de las pretensiones de las partes. Ello sucede: 9520

a) Cuando el tribunal tiene que resolver durante los debates alguna **cuestión incidental** que no pueda decidirse en el acto.

b) Cuando tenga que practicarse alguna **diligencia fuera del lugar de las sesiones** y ello no pueda verificarse en el tiempo intermedio entre una y otra sesión.

c) En caso de **enfermedad repentina** o **incomparecencia** del juzgador o del representante del Ministerio Fiscal, aunque este puede resultar sustituible a diferencia del primero.

d) En el supuesto de **pendencia de recurso** contra el auto de transformación de actuaciones. No es una cuestión clara, sino que ha de apreciarse conforme a las circunstancias.

Precisiones Respecto de lo indicado en el apartado d), en el procedimiento abreviado no se regula expresamente esta situación, a diferencia del procedimiento ordinario (LECr art.622). Sin embargo, la ley de enjuiciamiento criminal también atribuye un **solo efecto al recurso de apelación**, sin asociarle carácter suspensivo (LECr art.766). Se adopte una u otra solución, contaría con sustento interpretativo plausible en nuestro ordenamiento (TS 11-7-22, EDJ 634532). No cabe una solución unívoca, al deber ponderarse cuál es el contenido y objeto de la apelación, para quién implicaría consecuencias la resolución pendiente y, fuera cual fuese la resolución que resultase de la apelación, cómo afectaría una suspensión de la vista y consiguiente dilación al resto de las partes. Pero aun cuando se entendiera que resultase preferible en un caso concreto, la **suspensión de la vista** mientras se resolvía la apelación, no por haberse celebrado la vista sin esperar al resultado de la apelación se produciría quebranto del derecho a la tutela judicial efectiva (TS 29-5-24, EDJ 576755).

V. Desarrollo del acto de la vista

Las normas reguladoras del acto de la vista oral plantean numerosas cuestiones en relación directa con las bases constitucionales del proceso, han sido tratadas en el nº 6740 s. A ellas nos remitirnos, a la vez que se exponen otros aspectos relativos al desenvolvimiento del juicio. 9525

Resulta aplicable al proceso penal y, especialmente al acto del juicio oral, el régimen de adaptación a las condiciones de las partes de la **celebración de los actos procesales** establecido en LEC art.7 bis (TS 29-2-24, EDJ 511347) (nº 5000 s. Memento Procesal Civil 2026).

Se prevé expresamente que el juicio oral **comience** con la lectura de los escritos de acusación y de defensa. En el ámbito del procedimiento abreviado y por remisión en el de enjuiciamiento rápido, al inicio de las sesiones del juicio, únicamente podrá solicitarse la incorporación de informes, certificaciones y otros documentos y podrá proponerse la práctica de pruebas de las que las partes no hubieran tenido conocimiento al momento de celebrar la comparecencia de la audiencia preliminar -lo que se aplicará al de enjuiciamiento rápido si se considera que este trámite tiene cabida en el mismo- (LECr art.701, 787.2 y 3 redacc LO 1/2025).

1. Publicidad de las sesiones

(LECr art.680; LO 2/1989 art.295)

9528 La exigencia de publicidad de las sesiones del juicio oral, así como la posibilidad de excluir la misma de manera inicial o sobrevenida, o de forma total o parcial, está en la base del derecho fundamental a un proceso público, que alcanza su máxima expresión en materia penal y en el acto del juicio oral.

Su tratamiento detallado, desde esta perspectiva, puede verse en el nº 7050 s.

9530 **Celebración del juicio a puerta cerrada o con restricciones de acceso o divulgación** (LECr art.680 a 682; LO 2/1989 art.295 párr 4) El juez o tribunal puede acordar, de oficio o a instancia de cualquiera de las partes, previa audiencia a las mismas, que **todos o alguno de los actos o sesiones del juicio**, se celebren a puerta cerrada para la adecuada protección de los derechos fundamentales de los intervinientes; en particular, el derecho a la intimidad de la víctima, el respecto debido a la misma o a su familia, o cuando resulte necesario para evitar a las víctimas perjuicios relevantes que, de otro modo, pueden derivar del desarrollo ordinario del proceso.

Sin embargo, el juez o el presidente del tribunal pueden autorizar, la **presencia de personas** que acrediten un especial interés en la causa. Esta restricción **no se aplica** al Ministerio Fiscal, a las personas lesionadas por el delito, a los procesados, al acusador privado, al actor civil y a los respectivos defensores.

Asimismo, puede acordar la adopción de las siguientes **medidas** para la protección de la intimidad de la víctima y de sus familiares:

a) Prohibir la divulgación o **publicación de información relativa a la identidad de la víctima**, de datos que puedan facilitar su identificación de forma directa o indirecta, o de aquellas circunstancias personales que hubieran sido valoradas para resolver sobre sus necesidades de protección.

b) Prohibir la obtención, divulgación o **publicación de imágenes de la víctima o de sus familiares**.

Queda **prohibida**, en todo caso, la divulgación o publicación de información relativa a la identidad de víctimas menores de edad o víctimas con discapacidad necesitadas de especial protección y de víctimas de delitos de violencia sexual recogidos en la ley de garantía integral de la libertad sexual: contra la libertad e indemnidad sexuales, homicidio o asesinato de mujeres o niñas vinculado a conductas de violencia sexual (LO 10/2022 art.3), así como de datos que puedan facilitar su identificación de forma directa o indirecta, o de aquellas circunstancias personales que hubieran sido valoradas para resolver sobre sus necesidades de protección, así como la obtención, divulgación o publicación de imágenes suyas o de sus familiares (LECr art.681.3 redacc LO 2/2024).

Asimismo, el órgano jurisdiccional, previa audiencia de las partes, puede restringir la **presencia de los medios de comunicación audiovisuales** en las sesiones del juicio y prohibir que se graben todas o alguna de las audiencias cuando resulte imprescindible para preservar el orden de las sesiones y los derechos fundamentales de las partes y de los demás intervinientes, especialmente el derecho a la intimidad de las víctimas, el respeto debido a la misma o a su familia, o la necesidad de evitar a las víctimas perjuicios relevantes que podrían derivar del desarrollo ordinario del proceso.

Para ello se puede:

a) Prohibir que se grabe el **sonido y/o la imagen** en la práctica de determinadas pruebas, o determinar qué diligencias o actuaciones puedan ser grabadas y difundidas.

b) Prohibir que se tomen y difundan imágenes de alguna o algunas de las **personas** que intervienen en él.

c) Prohibir que se facilite la **identidad** de las víctimas, de los testigos o peritos o de cualquier otra persona que intervenga en el juicio.

9531 Precisiones La restricción de la publicidad del juicio y su celebración a puerta cerrada, que es un elemento importante para la protección de los derechos de la **víctima menor de edad**, plantea la cuestión de si la obligación de **abandonar la sala** afecta a los padres. El **carácter irrecurrible** de la decisión de celebrar a puerta cerrada ha de entenderse circunscrito al momento de adoptarse la resolución, lo que no impide que la ausencia de publicidad pueda esgrimirse como fundamento de posibles recursos contra la sentencia.

Como regla general, su presencia puede justificarse para proteger los intereses del menor exceptuándose de la **obligación de abandonar el local**, entre otros a las personas lesionadas por el delito, expresión que en una interpretación amplia podría comprender a los padres de la víctima menor de edad (TS 9-11-05, EDJ 207177). No será ello posible cuando la presencia de los **progenitores de la víctima**, o sobre todo la de uno de ellos cuando el acusado sea el otro, pueda mermar las posibilidades de defensa de este y condicionar de alguna manera el sentido de la declaración del menor (TS 16-7-04, EDJ 159667).

Ámbito objetivo de la exigencia de publicidad (LECr art.688 s., 701, 740 y 786.2; LO 2/1989 art.302 s. y 395 párr 3) Se circunscribe a las **sesiones de la vista oral** propiamente dicha, que comienza con la dación de cuenta y el trámite de posible conformidad del acusado y termina con la declaración de concluso para sentencia. No cabe, pues, pretender que se produzcan a la vista del público asistente las actuaciones inmediatamente anteriores de ordenación material de la sala y acomodo de los letrados y del acusado (TS 23-12-02, EDJ 54259) o de recusación y juramento de jurados, pues solo después de producirse el mismo comienza la audiencia pública (LO 5/1995 art.41.3) 9532

En el **proceso de jurado**, la exigencia de publicidad se extiende sin embargo a momentos posteriores a la conclusión del acto del juicio oral, pues la entrega del escrito de determinación del objeto del veredicto a los jurados, junto con las instrucciones que en ese momento ha de dirigirles el magistrado presidente, ha de hacerse en audiencia pública, con asistencia del letrado de la Administración de Justicia y en presencia de las partes.

Celebración mediante videoconferencia o presencia telemática (LOPJ art.229.3 redacc LO 1/2025; LECr art.258 bis y 731 bis) La celebración del juicio oral mediante videoconferencia permite la realización de diversas actuaciones judiciales, y entre ellas las vistas, a través de sistemas que permitan la **comunicación bidireccional y simultánea de la imagen** y el sonido y la interacción visual, auditiva y verbal entre dos personas o grupos de personas geográficamente distantes, siempre que resulten aseguradas la posibilidad de contradicción de las partes y la salvaguarda del derecho de defensa. De acuerdo con ello, se permite al tribunal, por razones de utilidad, seguridad o de orden público, así como cuando la **comparecencia** de quien haya de intervenir en cualquier tipo de procedimiento penal como encausado, testigo, perito o en otra condición **resulte gravosa o perjudicial**, especialmente si se trata de un **menor de edad**, acordar que su actuación se realice a través de videoconferencia u otro sistema similar que reúna las características descritas. 9534 MPP nº 4026 s., 6488

Precisiones La proyección de los principios básicos del procedimiento es diferente según que nos hallemos ante la **declaración distante de un testigo** o la práctica del informe de un perito, que tan solo requieren garantizar la exactitud y fiabilidad de la información recibida por el juzgador así como el sometimiento de su generación a la contradicción de las partes, que cuando estamos ante la **participación de los propios acusados**, especialmente en el momento del juicio oral, a los que ha de permitírseles intervenir activamente en el ejercicio de su propio derecho de defensa. Mientras otros elementos probatorios, como los **testimonios** y las **pericias**, tan solo ofrecen una posición pasiva que permite la posibilidad de su correcta percepción a pesar de la distancia, el acusado no solo puede ser objeto de prueba, a través del contenido de sus manifestaciones, sino que también representa un papel de sujeto activo en la práctica de las actuaciones que se desarrollan en el acto de su propio juicio, para lo que adquiere gran relevancia tanto su presencia física en él como la posibilidad constante de comunicación directa con su letrado que, de otro modo, podría ver seriamente limitadas sus funciones de asesoramiento y asistencia. Por ello, la decisión de la **celebración de un juicio con la presencia mediante** videoconferencia de los acusados requiere prestar inexcusable atención a criterios de proporcionalidad que relacionen el sacrificio de tales derechos con la relevancia de las causas que aconsejan semejante medida (TS 16-5-05, EDJ 108825 y AP Barcelona 10-11-04, EDJ 220062; 21-9-20, EDJ 661473). 9536

2. Facultades del juzgador

Se exponen en este apartado las atribuciones a los jueces o magistrados competentes de las siguientes actuaciones: 9540
- dirección del acto del juicio oral y el mantenimiento del orden dentro del mismo (nº 9542);
- adopción de resoluciones relacionadas con los trámites de alegaciones previas (nº 9550); y
- disolución anticipada del jurado (nº 9552).

a. Dirección del acto del juicio oral y mantenimiento del orden en el mismo

Al juez unipersonal o al presidente del tribunal ante el que se celebre la vista oral corresponden las atribuciones necesarias para la dirección del acto del juicio oral y el mantenimiento del orden dentro del mismo. 9542

Policía de vistas (LOPJ art.190 a 195, art.552 a 557) Comprende las facultades necesarias para **conservar o restablecer el orden** durante las sesiones del juicio y mantener el respeto debido al tribunal, al Ministerio Fiscal, al letrado de la Administración de Justicia y a las partes, incluso con el auxilio de la fuerza pública cuando sea preciso. 9544 MPP nº 4041

9546 **Proceso penal militar** (LO 2/1989 art.299; LO 4/1987 art.149 a 156) Como peculiaridades del proceso se mencionan las siguientes:

a) Las **medidas de corrección** son:

- el apercibimiento o amonestación y la multa en cuantía máxima igual a la prevista para las faltas en el Código Penal, referencia que ha de entenderse hecha a los **delitos leves** tras la vigencia de LO 1/2015;
- la expulsión de la sala cuando resulte compatible con el desarrollo del acto (no se prevé para testigos, peritos y abogados);
- la detención y entrega al juez competente en caso de cometerse delito en el acto de la vista.

El sistema legal de **fijación de la cuantía de la multa** (LOPJ art.192, 193 y 554; LO 4/1987 art.150 y 155) obliga a entender que la aplicación de la potestad disciplinaria excluye la posibilidad de una posterior condena por falta penal (TCo 92/1995; 157/1996; TS 23-12-02, EDJ 62252).

b) La **sanción** se impone en el propio acto, sin más requisito que hacer constar el hecho que la motiva y las alegaciones del sancionado, aunque en el caso de abogados y procuradores puede recaer en procedimiento separado (LOPJ art.194.1; LO 4/1987 art.555 y 151). Contra el acuerdo de imposición cabe recurso potestativo de audiencia en justicia ante el propio juez o tribunal o de alzada ante la sala de gobierno correspondiente, que puede utilizarse también contra el acuerdo resolutorio del primero (LOPJ art.194.2 y 556; LO 4/1987 art.152 y 156).

c) La **expulsión de la sala** puede imponerse, previas al menos dos advertencias y un apercibimiento formal, al acusado que de forma persistente altere el orden con una conducta inconveniente (LECr art.687). Sin embargo, ello no puede suponer privación automática de su derecho a la última palabra, por lo que llegado el acto al momento en que finalice la exposición de la acusación y la defensa, deberá reingresar en el local donde se celebre el juicio. Ello sin perjuicio de que, si al usar la palabra ofende la moral o falta al respeto debido al tribunal o a las consideraciones correspondientes a todas las personas, o deja de ceñirse a lo que sea pertinente, le será retirado el uso de la misma (LECr art.739).

d) Las disposiciones citadas no rigen para los **letrados de la Administración de Justicia** ni para los miembros del **Ministerio Fiscal** o de los cuerpos de **funcionarios** al servicio de la Administración de justicia, debiendo en caso necesario el juez o tribunal dar cuenta del hecho al órgano competente para aplicar el respectivo régimen disciplinario.

9548 **Dirección del juicio** (LECr art.683, 688 s., 705 a 709, 732 a 740; LO 2/1989 art.300, 301, 310 s.; LO 5/2000 art.37.4)

Comprende, en primer lugar, el **impulso formal** del mismo. Es el juez o presidente quien da paso a las sucesivas partes de que se compone el acto y dirige formalmente cada una de ellas y concede ordenadamente el uso de la palabra al acusado y a las partes, testigos o peritos cada vez que deban intervenir, quien recibe juramento a los testigos y peritos y quien declara el proceso concluso para sentencia. A él corresponde igualmente **dispensar de la presencia en sala al acusado**, y acordar las interrupciones momentáneas de la sesión que resulten necesarias.

Los **debates** han de concretarse al objeto del proceso, debiendo el juez o presidente evitar discusiones o informes impertinentes o inútiles sin coartar el derecho de defensa y pudiendo incluso retirar el uso de la palabra a quien persista en ellos tras dos advertencias.

La facultad alcanza también a la **dirección y control material de la prueba**, pues el juez o presidente puede alterar el orden normal de práctica de la prueba, formular al acusado, testigos o peritos las preguntas que, sin afectar a su imparcialidad (TS 4-6-20, EDJ 571047; 2-3-05, EDJ 30366), estime pertinentes para el esclarecimiento de los hechos y rechazar las preguntas sugestivas, capciosas o impertinentes. Le compete acordar y dirigir las **diligencias de careo** que resulten oportunas (LECr art.713 y 729.1º) y debe igualmente autorizar, cuando sea procedente, la **lectura** a instancia de parte **de actuaciones sumariales** (LECr art.714 y 730; LO 5/1995 art.46.5) y declarar la **pertinencia de las preguntas escritas** que los jurados pretendan dirigir a acusados, testigos o peritos (LO 5/1995 art.46.1).

Las **facultades de dirección** (LECr art.683) permiten igualmente ordenar los informes de las partes, conforme a los principios de claridad, concisión y brevedad. La imposición de brevedad razonable no debe suponer lesión del derecho a la defensa por lo que para hacer valer esta en casación se precisa formular protesta y concretar en qué medida tales requerimientos han limitado este derecho (TS 11-2-21, EDJ 505089).

Precisiones 1) El presidente podrá adoptar medidas para evitar que se formulen a la víctima **preguntas innecesarias** relativas a la vida privada, en particular a la intimidad sexual, que no tengan relevancia para el hecho delictivo enjuiciado, salvo que, excepcionalmente y teniendo en cuenta las circunstancias particulares del caso, considere que sean pertinentes y necesarias. Si esas preguntas fueran formuladas, no permitirá que sean contestadas (LECr art.709).

2) Las **preguntas sugestivas** han de ser rechazadas, pero no invalidan el interrogatorio (LECr art.709). Tratándose de **testimonios de menores**, adquiere especial importancia el llamado

«recuerdo libre» y no la respuesta sugerida, aunque en las edades más bajas el recuerdo libre tienda a ser menos expresivo. Se trata de una garantía (TS 8-11-12, EDJ 270035) que condicionan la valoración global pero no constituyen causa de nulidad, sino una irregularidad a sopesar en el momento de ponderar una declaración (TS 25-1-24, EDJ 503390).
3) Ver lo expuesto en el nº 8030 s., en relación con la **declaración** de las víctimas del delito.

b. Adopción de resoluciones relacionadas con cuestiones previas

(LECr art.788.3; LO 5/1995 art.45; LO 2/1989 art.395)

Las anteriores facultades (nº 9542 s.) son independientes de la competencia del juez o tribunal (no ya su presidente) para adoptar dentro del marco formal de la vista oral determinadas resoluciones relacionadas con los trámites de alegaciones previas con que se abre el acto en determinados procesos. Así ocurre con la declaración de **pertinencia de las pruebas** que se propongan en ese momento o la resolución de las **cuestiones previas** que puedan formularse en el mismo, para lo cual puede ser necesaria la previa deliberación del órgano colegiado. 9550
Del mismo modo, corresponde al juez o tribunal el **control de la conformidad** prestada por el acusado el momento inicial del juicio oral, en los términos expuestos en el nº 9408 s.

c. Disolución anticipada del jurado

(LO 5/1995 art.49 a 51)

En el proceso de jurado, corresponde al magistrado presidente la disolución anticipada del jurado en los casos de **ausencia de prueba de cargo, conformidad o desistimiento** de la petición de condena. 9552
El supuesto más relevante consiste en que, una vez concluidos los informes de la acusación, el magistrado-presidente puede decidir de oficio o a petición de la defensa la disolución del jurado si estima que del juicio no resulta la existencia de **prueba de cargo** que pueda fundar una condena del acusado, debiendo en tal caso dictar dentro del tercer día sentencia absolutoria motivada.

Alcance de la facultad de disolución (LECr art.846 bis c) Esta facultad es controlable en vía de **apelación** contra la sentencia. 9554
Se plantea el problema de si la inexistencia de que habla la norma se limita a la ausencia total de prueba o comprende los casos de **prueba de cargo insuficiente** a juicio del magistrado-presidente para fundar una sentencia condenatoria, lo que le permitiría entrar en la valoración y alcance de la prueba practicada antes de que lo haga el jurado. Para su solución han de tenerse presente las siguientes pautas interpretativas:

Prueba de cargo hábil para desvirtuar la presunción de inocencia (LO 5/1995 art.49) La constatación inicial de la concurrencia de prueba de cargo hábil para desvirtuar la presunción constitucional de inocencia incumbe al magistrado-presidente, que es quien adopta la decisión (tácita) de no suspender el juicio. No así su valoración, que es una actividad posterior competencia del jurado. En consecuencia, solo es aplicable en caso de **inexistencia de prueba de cargo en absoluto**, debiéndose de cuidar, por el contrario, que el proceso continúe cuando se hayan aportado elementos de juicio susceptibles, al menos en principio, de valoración como de cargo que sean suficientes para que los jurados deliberen acerca de la culpabilidad o inculpabilidad del acusado (TS 11-9-00, EDJ 24412; 13-11-02, EDJ 55422; 17-1-03, EDJ 2577). 9556

Precisiones El precepto mencionado se refiere al examen de la dimensión objetiva de la presunción de inocencia en el sentido de existencia de **verdadera prueba de cargo** o «apreciación objetiva de la existencia de elementos incriminadores», cuyo control se atribuye al magistrado presidente como cuestión jurídica.

Aspecto subjetivo de la valoración de la prueba Corresponde al jurado, por lo que esta facultad debe ejercerse con la ponderación y moderación que exige el respeto que este merece como **órgano de enjuiciamiento** y por consiguiente, de valoración sobre la suficiencia o no de la prueba de cargo practicada. 9558
Ello significa que la facultad del magistrado-presidente no puede cercenar la facultad de valoración probatoria que corresponde al verdadero órgano de enjuiciamiento que es el jurado, por lo que la finalidad del precepto comentado es evitar que este pueda pronunciarse sobre pruebas que se han obtenido con **vulneración de derechos o libertades fundamentales** o que deba pronunciarse cuando existe una ausencia de la más mínima actividad probatoria (TS 23-12-04, EDJ 234871 y 28-2-05, EDJ 68334).

Precisiones 1) La idea expuesta es la misma que permite al TS atribuirse el **control casacional** de la existencia o no de prueba de cargo, como presupuesto para destruir la presunción de inocencia, sin que ello suponga revisar la función de valoración de las pruebas que corresponde le manera exclusiva y excluyente al tribunal sentenciador (TSJ Granada 13-3-00).
2) Lo anterior no implica en modo alguno que deba entenderse la falta de disolución del jurado como premonitoria de un **veredicto de culpabilidad**, pues el jurado ha de valorar subjetivamente la prueba practicada para llegar al convencimiento de la veracidad de las imputaciones.

3. Prueba

9560 El sistema de estudio conjunto adoptado al exponer el contenido de la fase de instrucción (nº 8100 s.), hace que la mayor parte de las cuestiones que suscita la prueba en juicio oral se hayan tratado al detallar cada uno de los **medios de investigación sumarial** (nº 8330 s.). En consecuencia, nos limitamos aquí al estudio, con las necesarias remisiones, de algunas cuestiones complementarias.

a. Consideraciones generales

9562 El contenido esencial del **derecho a la presunción de inocencia** impone (nº 6850), además de una determinada distribución de la carga probatoria, que el juicio oral sea el único momento procesal en que los indicios racionales en que se basa la imputación y que permiten sostener la acusación se conviertan en la certeza absoluta del juzgador que requiere la sentencia condenatoria.
a) Dentro del mismo han de practicarse, como regla general, las pruebas tendentes a **destruir la presunción de inocencia**: únicamente pueden considerarse auténticas pruebas que vinculan a los tribunales en el momento de dictar sentencia las practicadas en el acto del juicio oral, que constituye la fase estelar y fundamental del proceso penal donde culminan las garantías de oralidad, publicidad, concentración, inmediación, igualdad y dualidad de partes, de forma que la convicción del juzgador se logre en contacto directo con los medios probatorios aportados a tal fin por las partes (TCo 111/1999; TS 15-2-05, EDJ 23862).
b) En él han de someterse a contradicción las diligencias sumariales de **prueba anticipada o preconstituida** o las **declaraciones testificales contradictorias**. Para el detalle de las diligencias de instrucción con eficacia de prueba preconstituida, ver nº 8237, nº 8577 s., nº 8542.2.
c) Por otra parte, a través de la actividad probatoria desarrollada en juicio oral se convierten en medios de prueba actuaciones que hasta ese momento solo eran simples **diligencias de investigación**, como los informes periciales emitidos durante la instrucción (nº 8565 s.) o los atestados policiales (nº 8245 s.), cuyos autores han de declarar como peritos o testigos en el juicio para dotar de eficacia probatoria a las correspondientes actuaciones, salvo en los casos en que estas tengan valor de prueba preconstituida. No debe olvidarse que las diligencias practicadas en la instrucción no constituyen pruebas de cargo, sino únicamente actos de investigación cuya finalidad específica no es la fijación definitiva de los hechos, sino la de preparar el juicio proporcionando a tal efecto los elementos necesarios para la acusación y para la defensa.

9564 **Iniciativa probatoria del juzgador** (LECr art.701 -redacc LO 1/2025-, 708, 729.1º y 2º; LO 2/1989 art.311,
MPP 312.1º) Las pruebas que se practican en el juicio oral son las oportunamente propuestas por
nº 4073 s. las partes, pese a lo cual el juzgador goza de cierta iniciativa probatoria derivada de los principios de oficialidad y de búsqueda de la verdad material.
a) Puede el juez o presidente **alterar**, a instancia de parte o de oficio, el **orden de práctica de las pruebas** cuando así lo considera conveniente para el mayor esclarecimiento de los hechos o para el más seguro descubrimiento de la verdad. Para la alteración se precisa **previa audiencia** a las partes y a los demás miembros del tribunal y se permite variar el orden de cualesquiera pruebas (TS 16-2-06, EDJ 7970).
En cualquier caso, para ello se precisa un **motivo justo**, como puede ser la necesidad de algún testigo de ausentarse perentoriamente del lugar donde se celebre el juicio, la conveniencia de examinar conjuntamente las pericias contradictorias de acusación y defensa para lograr mayor ilustración sobre su alcance, la incomparecencia de algún testigo cuando se decida continuar la celebración del juicio y otros similares que la práctica ofrece a diario. Por consiguiente, se permite -e incluso se impone- **alterar el orden de la prueba** a instancia de parte, y en ningún caso exige que la declaración del acusado deba producirse en primer lugar, reconociéndose expresamente su **derecho a declarar el último** (LECr art.701 redacc LO 1/2025).

La Ley de enjuiciamiento criminal no impide que la **declaración del acusado** tenga lugar tras la práctica del resto de la prueba (LECr art.701), sino que puede ser muy conveniente (TS 28-6-23, EDJ 611753).

b) Puede igualmente dirigir **preguntas al acusado, testigos y peritos**, acordar **careos** o disponer la práctica de diligencias no propuestas por las partes que considere necesarias para la comprobación de cualquiera de los hechos objeto de calificación.

Estas facultades de actuación de oficio se encuentran, sin embargo, limitadas por el derecho de las partes al juez imparcial y por el principio acusatorio, pues nunca pueden suponer una absoluta suplantación de la función acusadora y deben quedar reducidas a la búsqueda de **aclaraciones o complementos** respecto de pruebas ya producidas a instancia de aquel sobre quien pesa la carga de la acreditación de los hechos de que se trate (TS 1-12-93, EDJ 10937; 20-1-06, EDJ 6369). Sin perjuicio de la neutralidad del tribunal y de su pasividad en la aportación de elementos probatorio, puede **intervenir** para garantizar el adecuado desarrollo de esta fase formulando preguntas, ordenando los debates o corrigiendo excesos o disfunciones de las partes (TS 4-6-20, EDJ 571047; 27-5-16, EDJ 79349; 22-10-15, EDJ 211457).

La observancia de una **actitud neutral del órgano judicial** respecto de las posiciones de las partes, exige que el juzgador no emprenda con iniciativas probatorias de oficio una actividad inquisitiva encubierta, pero no supone que tenga constitucionalmente vedada toda **actividad procesal de impulso probatorio** respecto de los hechos objeto de los escritos de calificación, o como complemento para contrastar o verificar la fiabilidad de las pruebas de los hechos propuestos por las partes, siempre que sirva para comprobar la certeza de elementos de hecho que permitan al juzgador dictar sentencia en el ejercicio de la función jurisdiccional que le es propia (TCo 334/2005), atendiendo siempre, para determinar si en el ejercicio de esa facultad el juez ha comprometido su posición de neutralidad, a las **circunstancias particulares** de cada caso concreto (TCo 143/2006). En general, no cabe apreciar **vulneración del derecho al juez imparcial** cuando las preguntas versen sobre los hechos objeto de acusación y pueda entenderse razonablemente que han sido llevadas a cabo para alcanzar un grado preciso de convicción del juzgador para la adopción de su decisión, sin ser manifestación de una actividad inquisitiva en la que se sustituya a la acusación, ni una toma de partido a favor de las tesis de esta, y, de ellas no se derive ninguna indefensión para el acusado (TCo 59/2023).

Precisiones **Neutralidad** no es pasividad total. El método adversarial sirve ordinariamente de forma suficiente para depurar el medio y la información probatoria de elementos de ambivalencia u oscuridad, pero no impone la pasividad del juez (TS 14-10-19, EDJ 711038). La indagación informativa del tribunal, sobre todo en relación con la prueba científica o técnica y la indagación clarificatoria, respecto de testigos y acusados, en tanto no comprometa significativamente las cargas que incumben a las partes es una exigencia que deja incólume el principio-deber de neutralidad (TS 27-3-21, EDJ 521740). Asimismo, el Tribunal Constitucional admite la **iniciativa probatoria del juez penal** siempre que las preguntas puedan entenderse razonablemente llevadas a cabo al efecto de alcanzar el grado preciso de convicción para la adopción de una decisión, sin sustituir a la acusación ni constituir una toma de partido a favor de las tesis de esta (TCo 229/2003) y siempre que tenga por objeto comprobar la certeza de los hechos discutidos en el proceso (TCo 334/2005). Se acude a la figura del **canon o estándar de autorrestricción** para apreciar el uso moderado por el tribunal de tal iniciativa, compatible con la imparcialidad, atendiendo a las circunstancias del caso concreto (TS 27-3-21, EDJ 521740). 9565

c) Se permite al tribunal **examinar** por sí mismo los **libros, documentos, papeles** y demás piezas de convicción que puedan contribuir al esclarecimiento de los hechos o a la más segura investigación de la verdad. 9566

• El precepto se refiere a **pruebas documentales en sentido estricto** y no a pruebas sumariales documentadas, pues en caso contrario a través del mismo el tribunal podría convertir, de oficio, en prueba cualquier elemento de la instrucción, desvirtuando el sentido del juicio oral. A dichas actuaciones resulta aplicable, por el contrario, la lectura a instancia de parte contemplada en los LECr art.714 y 730.

• Dentro de la prueba documental, el examen de oficio implica que el documento en cuestión se introduzca en el juicio oral mediante su **lectura** y sea así sometido a contradicción de las partes.

Práctica de pruebas fuera del lugar de celebración del juicio (LECr art.718, 727 y 746.3º; LO 2/1989 art.297.3º) Se permite la interrupción del juicio oral para la práctica de actuaciones probatorias fuera del lugar donde se esté celebrando. 9568

Tratándose de **tribunales colegiados**, el desarrollo de aquellas se practica ante un miembro de la sala designado por el presidente (el ponente, LECr art.147.3º; LO 2/1989 art.46.3ª; LOPJ art.205.3) y las partes.

Precisiones El sistema puede plantear problemas a la hora de valorar esa prueba, pues aunque la misma goce de contradicción, puede adolecer de un déficit de inmediación, ya que esta ha de exigirse respecto del **tribunal en pleno** y no solo del juez que asiste a dicha prueba.
Para la prueba de **inspección ocular** se exige que se constituya el tribunal en pleno en el lugar del suceso (LO 5/1995 art.46.3).

9570 **Reproducción de prueba en el plenario** Las partes suelen dar por reproducidas las actuaciones sumariales a la hora de proponer la actividad probatoria, pretendiendo de esta manera convertir en «**documentos**» todas las **actuaciones anteriores**, posibilitando así que el órgano jurisdiccional, pueda emplearlas para formar su convicción, lo cual es poco respetuoso con el derecho de defensa.
Pero la invalidación de tal formula se refiere propiamente a un **indebido tratamiento como documento de lo que no lo es**; por ejemplo, una declaración de investigado o testifical (TEDH 6-12-88, núm 10588/83 y núm 10590/1983). Al respecto, es doctrina del Tribunal Constitucional que la **lectura de las declaraciones**, que no es prueba documental sino documentada o con «reflejo documental» (TCo 303/1993) debe hacerse no como una fórmula retórica y de estilo, sino en condiciones que permitan a las partes someterlas a contradicción (TCo 137/1988; 10/1992), aunque no es infrecuente que se dé por reproducida en el juicio oral (TCo 80/1991; 51/1995 y 49/1998). Por ello cuando se trate de **verdadera prueba documental** -propuesta y admitida como prueba- la fórmula habitual de «**dar por reproducida**», no puede entenderse, por sí misma, causante de indefensión alguna (TCo 233/2005 y 258/2007), siempre que el material probatorio haya sido plenamente accesible para la parte, argumento de mayor importancia que el hecho de que se consintiera omitir la lectura con esa fórmula.
En este sentido, el hecho de dar por reproducida en el acto del juicio oral la prueba documental sin darse lectura de cada uno de los documentos que la integran tampoco vulnera el derecho constitucional alegado, no solo porque la propia representación procesal del recurrente no se opuso a ello, sino, además, porque, dado que tuvo **acceso a todos y a cada uno de los documentos** y la oportunidad de impugnarlos no se aprecia qué indefensión material ha podido provocar que no se diera lectura a los distintos documentos aportados en la causa (TCo 233/2005; 12/2004).
El tribunal está facultado y obligado a examinar los documentos invocados como prueba en los escritos de conclusiones, si ha sido admitida (LECr art.726). Para **valorar una grabación** no es imprescindible su audición en el plenario (TS 18-12-13, EDJ 283229). La **omisión de la lectura** de un documento o de la audición de unas grabaciones en el acto del juicio oral puede no tener relevancia.
La clave está en la necesidad de preservar los **principios de inmediación, contradicción y publicidad**. Si se trata de **auténtica prueba documental** y ha sido propuesta, al darse por reproducida y conocida por todas las partes, no se causa indefensión si el tribunal examina directamente ese documento. Las **grabaciones de sonido** constituyen prueba documental, por lo que su reproducción en el acto de juicio oral no es, por tanto, inexcusable, sino sustituible por la fórmula de LECr art.726 (TS 13-4-23, EDJ 550603).

b. Medios de prueba

9572 Aparte de lo que se expone seguidamente, ver lo expuesto sobre los correlativos **medios de investigación sumarial** en los nº 8330 s.

9573 **Lectura o reproducción de las diligencias sumariales** (LECr art.730) La regla contenida en este precepto permite proceder, a instancia de cualquiera de las partes, a la lectura, proyección o audición de las diligencias sumariales que no puedan ser reproducidas en el plenario por causa ajena a la voluntad de las partes. Cuando se trata de **declaraciones testificales**, se aplica a las de testigos que hayan fallecido, que se encuentren en ignorado paradero o fuera de España sin que pueda imponérseles la comparecencia ante el tribunal.
A instancia de parte, igualmente puede reproducirse la **grabación audiovisual** de la declaración de la víctima o testigo practicada como preconstituida -LECr art.449 bis-.
Para que estas pruebas puedan ser valoradas como **de cargo** es preciso que se hayan practicado de forma inobjetable, lo que exige la presencia del juez de instrucción y la oportunidad a las defensas de haber intervenido en ellas (respeto del principio de contradicción).
En tales casos, la imposibilidad de practicar **prueba en el juicio oral** no supone ausencia de prueba (TS 28-11-07, EDJ 243109; 3-6-14, EDJ 99598), sino que se produce su incorporación al mismo mediante lectura (TS 14-7-10, EDJ 153016), sin que la aplicación de tal precepto y con tales garantías suponga indefensión (TS 13-3-18, EDJ 22175).
La peculiaridad de esta prueba es que la **imposibilidad de práctica** ordinaria obedece a factores sobrevenidos e imprevisibles.

Como regla general, la **preconstitución de la prueba** ya realizada no puede ser la única razón para no reproducir la prueba en el plenario cuando una de las partes la reclama la prueba (TS 21-3-24, EDJ 524074).

Precisiones Las declaraciones leías deben prestarse, de manera inobjetable, en sede de instrucción, aunque la LECr art.730 no obliga a la presencia del acusado y/o de su letrado defensor, en caso de estar ya identificado y localizado (TS 5-5-22, EDJ 557945). Además, la **válida lectura** exige que, en la práctica de la declaración sumarial, la contradicción sea factible o que la ausencia sea imputable al propio acusado o a su defensa (TS 12-5-22, EDJ 580007). Este criterio debe matizarse cuando la víctima sea menor y, especialmente, en caso de **delitos sexuales**.

Interrogatorio del encausado (acusado) (LO 2/1989 art.311.1º) Cuando no proceda dictar sentencia de conformidad en juicio oral, este se inicia con el interrogatorio del encausado por las partes, que se desarrolla en el mismo **orden** que en el **de los testigos**. 9574

Es esencial recordar aquí lo dicho al estudiar el derecho a no declarar contra uno mismo y a no confesarse culpable como garantía instrumental del derecho de defensa (nº 6955 s.), que debe serle recordado al acusado por quien presida el juicio, así como lo referente a la autonomía y validez de la prueba de confesión y a la valoración probatoria de los contraindicios, de los silencios y de las exculpaciones inverosímiles del acusado (nº 8600 s.).

Cuando el **acusado sea una persona jurídica**, esta podrá estar **representada** para un mejor ejercicio del derecho de defensa **por una persona que especialmente designe**, debiendo ocupar en la sala el lugar reservado a los acusados. Dicha persona podrá declarar en nombre de la persona jurídica si se hubiera propuesto y admitido esa prueba, sin perjuicio del derecho a guardar silencio, a no declarar contra sí mismo y a no confesarse culpable, así como ejercer el derecho a la última palabra al finalizar el acto del juicio.

No se podrá designar a estos efectos a quien haya de declarar en el juicio como **testigo**.

No obstante, la **incomparecencia** de la persona especialmente designada por la persona jurídica para su representación no impedirá en ningún caso la celebración de la vista, que se llevará a cabo con la presencia del abogado y el procurador de esta (LECr art.787 bis redacc LO 1/2025).

Precisiones Ver lo expuesto en el nº 8016 respecto del **derecho a la traducción e interpretación** por parte del acusado, también en sede de juicio oral.

Prueba testifical (LECr art.701, 704, 705, 708 y 710) Además de lo dicho en el nº 8525 s., en la medida en que allí se tratan cuestiones propias del juicio oral, han de tenerse en cuenta las siguientes consideraciones adicionales: 9576

a) La publicidad del juicio es compatible con la prohibición de que los **testigos** estén **presentes en la sala** antes de prestar declaración, y es aplicable incluso aunque el testigo sea parte en el proceso en calidad de víctima del delito (TS 12-7-01, EDJ 29147).

Los testigos que hayan de declarar en el juicio oral permanecerán, hasta que sean llamados a prestar sus declaraciones, en un **local a propósito**, sin comunicación con los que ya hayan declarado, ni con otra persona. Se pretende garantizar así la autenticidad de la prueba y evitar la contaminación de testigo, que evidentemente podría producirse si este conoce el sentido de las declaraciones anteriores. Se trata de una norma puramente instrumental que no es condición absoluta de validez de la prueba testifical ni inhabilita con carácter general para declarar como testigos a quienes la hayan infringido, por lo que sobre los efectos de su inobservancia, que han de apreciarse en cada caso concreto al valorar el crédito del testigo en cuestión, no cabe sentar reglas generales (TS auto 15-10-97; TS 5-4-89, EDJ 3622 y 19-1-95, EDJ 479; AP Ávila 5-6-99, Proc 10/98, AP Murcia 1-6-00, EDJ 113393). No obstante, sí impide la declaración como testigo de los **letrados defensores de las partes**, salvo que en ese momento declinen su función de defensa y sean sustituidos por otro profesional, pues necesariamente han de permanecer en sala durante la declaración de los restantes testigos (TS 21-12-05, EDJ 250603).

El precepto resulta de imposible aplicación cuando el **juicio oral dura más de un día**, salvo que se proceda a una especie de detención de los testigos, contraria a Derecho (TS 25-6-90, EDJ 19265).

b) Tras ser llamados a declarar uno a uno por el juez o tribunal, que les toma **juramento** y les pregunta por las generales de la Ley. 9578

La **declaración** se presta, en primer lugar, por los testigos ofrecidos por el Ministerio Fiscal, seguidos por los aportados por los demás actores y por último los propuestos por la defensa, por el orden en que hayan sido propuestos.

A cada testigo se le **interroga de forma cruzada**, preguntando en primer término la parte que le haya propuesto y dirigiéndole luego las demás las cuestiones que estimen oportunas, dentro de la pertinencia, en vista de sus contestaciones. En rigor, al testigo propuesto por una parte, las restantes solo podrán preguntarle en relación con el objeto de las preguntas formuladas por la proponente y respecto de las respuestas dadas por el testigo, con limitación por

tanto del ámbito de sus **repreguntas**. Sin embargo, en la práctica, esta restricción se relaja frecuentemente a criterio del tribunal.
Si alguna parte precisa **intervenir de nuevo** después de finalizado su turno de preguntas, la práctica forense le permite hacerlo a través de la presidencia, en cuyo caso el principio de igualdad aconseja habilitar a las demás partes una nueva posibilidad de repreguntar.
c) Los testigos han de ser preguntados por la **fuente de su conocimiento** acerca del hecho sobre el que declaran, pues han expresar la razón de su dicho y, si son de referencia, precisar el origen de la noticia, designando con su nombre y apellido o con las señas con que sea conocida a la persona que se la haya comunicado. Ello es de singular relevancia en los casos de **declaraciones sumariales contradichas en el juicio oral**, junto con la forma de reaccionar el declarante, tras la lectura de su anterior manifestación, durante su testimonio (titubeos, nerviosismo, sorpresa, inquietud, falta de memoria sobre determinados aspectos de la declaración y no sobre otros que se recuerdan perfectamente, contradicciones sobre el origen del conocimiento, etc.) a la hora de apreciar el crédito que merece la declaración. Dado que no es infrecuente que los testigos modifiquen sus iniciales manifestaciones, el tribunal puede **apreciar libremente su credibilidad** valorando, entre otros factores, las explicaciones ofrecidas para justificar el cambio de versión, las circunstancias que rodeen a las distintas declaraciones y la relación de estas con el resto del acervo probatorio (TS 11-5-23, EDJ 575977).

9580 MPP nº 4091 d) A través de la prueba testifical o pericial ha de traerse al juicio oral el conocimiento sobre los hechos de los miembros de la **policía judicial** que hayan intervenido en la investigación del delito y de cuantas **autoridades y funcionarios** distintos de los miembros del Ministerio Fiscal y del letrado de la Administración de Justicia hayan tenido relación con la fase sumarial o intervención en ella por razón de su cargo, siempre que sus respectivas actuaciones no tengan valor de prueba preconstituida (nº 8542.2).
e) Ninguna regla o uso forense aconseja el **orden en el que debe declarar el instructor** de las diligencias policiales. Depende de cada caso, sin que el riesgo de que exista comunicación entre otros testigos policías y el instructor a lo largo de un juicio con varias sesiones sea necesariamente determinante de una opción u otra, siendo además bidireccional (TS 25-9-24, EDJ 688487).
f) Entre los límites fundamentales a las preguntas en el interrogatorio -y, en general, a la admisión de prueba-, destacan los que se derivan del **derecho a la intimidad de terceros**. Su intensa relación de contingencia con el valor de la dignidad personal -TCo 207/96, 123/2002, 196/2004, 25/2005, 143/2006, 70/2009- implica la obligación de reconocer y proteger un ámbito propio y reservado frente a la acción y el conocimiento de los demás, referido preferentemente a la esfera de la vida privada o de lo íntimo. Y si bien dicho espacio puede ceder o limitarse ante intereses constitucionalmente relevantes, la **decisión limitativa** ha de presentar siempre patente proporcionalidad. Ni el interés público en la investigación de un delito ni el derecho a la prueba de las partes del proceso penal, incluso del acusado, justifican sin ninguna otra consideración ponderativa una intervención que recaiga sobre la esfera íntima de un tercero. Ninguna persona puede verse despojada a la ligera de sus derechos por la sola razón de que sea llamada al proceso ya sea como testigo o en cualquier otra condición. Si bien es legítimo y conforme a las exigencias del proceso justo que el acusado en un proceso -en particular, por delitos contra la libertad sexual- busque desacreditar el testimonio de la afirmada víctima, preguntándole sobre cuestiones personales íntimas, es preciso identificar una **clara y directa necesidad defensiva** en atención a los hechos justiciables y las concretas circunstancias en las que se afirman producidos por la acusación (TEDH 27-5-21, EDJ 567299). En **caso de conflicto**, han de ponderarse los intereses concurrentes a la luz de los fines de protección que, en el supuesto concreto, han de prevalecer; pues los derechos a la intimidad y a la confidencialidad no quedan, con alcance general, suspendidos, reducidos o desplazados por la existencia de un proceso penal (TS 13-3-25, EDJ 527027). En función de estas consideraciones, las preguntas a testigos podrán o deberán ser inadmitidas.

Precisiones **1)** Sobre los requisitos generales de la **prueba preconstituida** en general, ver nº 8577. Para el valor como tal prueba de diversas **actuaciones policiales de prevención**, de ciertas diligencias practicadas por el Ministerio Fiscal y de diferentes actos de instrucción, ver nº 8214 s.
2) Será de aplicación lo establecido en LECr art.703 bisen cuanto a la **no intervención del testigo** en el acto del juicio oral cuando se haya practicado prueba preconstituida (LECr art.449 bis y ter, 788.2).

9581 **Menores víctimas de abusos sexuales** (TS 15-9-21, EDJ 698351) El principio de contradicción supone que, **salvo renuncia expresa**, la defensa puede interrogar a quien alegue ser víctima de un hecho delictivo. Sin embargo, en caso de víctimas de abusos sexuales menores de edad se permite integrar en la valoración probatoria el resultado de las diligencias sumariales de

investigación si se someten a determinadas exigencias, aunque siempre configurada como **prueba subsidiaria** por acreditar un conocimiento indirecto de los hechos.
Los **requisitos** son:
• **Materiales**: que exista una causa legítima y excepcional que impida reproducir la declaración en el juicio oral para evitar su victimización secundaria (causar nuevos daños psicológicos durante la práctica de la prueba).
• **Subjetivos**: que intervenga el juez de instrucción;
• **Objetivos**: que se garantice la posibilidad de contradicción ya que los testigos de referencia (en este caso los peritos que asisten a los menores) han de aportar la misma información que la que se obtendría, directamente, del propio testimonio referenciado; por ello han de adoptarse medidas precautorias que protejan al menor (p.e. la grabación audiovisual), posibilitar la petición de aclaración o ampliación. Por ello el interrogatorio de los menores ha de ser dirigido o supervisado por un profesional que disponga de las habilidades suficientes para obtener la veracidad de tal declaración (psicólogo o personal investigador con formación específica), realizarse en un ambiente amable que facilite la espontaneidad, su expresividad y memoria, y garantizar la intimidad y protección de la imagen del menor.
• **Formales**: debe introducir el contenido de la declaración sumarial a través de la lectura del acta en que se documenta o a través de los interrogatorios.

Prueba pericial (LECr art.724 y 725) A lo expuesto en el nº 8565 s. debe añadirse que la **prestación del informe** en el juicio oral se hace de manera conjunta por los peritos que declaren sobre unos mismos hechos y previo el reconocimiento que sea preciso, a cuyo fin se suspenderá la sesión por el tiempo necesario a menos que durante el mismo puedan practicarse otras pruebas. A su vez, la parte proponente tiene derecho a que el perito comparezca al acto del juicio a **ratificar** sus conclusiones y a **responder** a todas las aclaraciones que, pertinentes y necesarias, se le puedan formular (TS 16-2-23, EDJ 524302). 9582
Es de aplicación en este tipo de prueba lo expuesto en el nº 9580.

Precisiones 1) Es principio general que la **falta de impugnación por la defensa** hace que no sea necesaria la ratificación en el juicio oral por los autores de los informes periciales, conforme a las reglas de la buena fe procesal (TS 16-1-04, EDJ 12767). El significado probatorio de los informes periciales cuando han sido impugnados en la **fase de calificación provisional** por la defensa reclama que la prueba sea llevada al juicio oral siempre que se trate de una verdadera impugnación (TS 24-9-08, EDJ 190116). Es relevante que esta no sea meramente retórica o abusiva (TS 29-1-04, EDJ 12807). En este sentido, el **informe pericial** puede ser valorado sin la presencia del experto siempre que su fiabilidad sea elevada. Si se prevé que ni el interrogatorio cruzado ni la declaración del perito van a alterar el contenido y alcance del informe, se puede prescindir de la contradicción efectiva (TS 18-4-24, EDJ 542950; 18-2-13, EDJ 40941).
2) El perito suministra al juzgador una concreta información sobre determinados aspectos trascendentes para el enjuiciamiento que, a partir de ciertas premisas, pueden extraerse siguiendo las **reglas de un proceso técnico** que el juez y las partes desconocen o a partir de unas reglas de experiencia especializada de las que también carecen. Por ello, solo quien los tiene puede definir qué datos materiales precisa para emitir su dictamen y cuál es el método que debe seguir para obtenerlos (TS 12-12-24, EDJ 764520).

Pericial psicológica para verificación de declaraciones de menores Si bien la apreciación de los medios de prueba que se practican en el plenario ante el tribunal sentenciador han de apreciarse directamente por este, sin posibilidad de declinar la responsabilidad (LECr art.741), en caso de declaraciones testificales de menores -sean o no víctimas del delito, aunque frecuentemente lo sean-, con desarrollo aún inmaduro de su personalidad y resortes mentales todavía en formación que pueden incidir de manera relevante en la forma de narrar lo que han presenciado, incurriendo en **fabulaciones o inexactitudes**, la prueba pericial psicológica se reconoce como una fuente probatoria de gran valor para apreciar adecuadamente el testimonio de un menor (ordinariamente, víctima de una posible agresión sexual), siempre que aquélla se practique con todas las **garantías de imparcialidad y fiabilidad**, de forma contradictoria y ante el tribunal sentenciador, aplicando conocimientos científicos para valorar la verosimilitud de la declaración del menor conforme a métodos profesionales (TS 20-1-19). 9583
Estos dictámenes periciales inciden ordinariamente en los siguientes **aspectos de la declaración contrastada** (TS 18-12-20, EDJ 747608; 15-1-19, EDJ 500601):
- estructura lógica de lo relatado por el menor, así como coherencia interna y sentido global;
- grado de detalle sobre el contexto y las personas involucradas;
- incardinación contextual, con descripción detallada o su ausencia del contexto física y temporal de los hechos;
- detalles superfluos, asociaciones externas relacionadas y detalles característicos.

Los **criterios de validez** aplicados son:
- lenguaje (y, en su caso, conocimientos sobre sexualidad) apropiados a la edad del declarante y a su desarrollo cognitivo;
- adecuación entre el relato y la expresión emocional;
- ausencia de susceptibilidad a la sugestión;
- aplicación a la entrevista de la técnica del relato libre, sin preguntas coercitivas, siendo estas siempre posteriores y adecuadas a la edad del menor;
- ausencia de motivos que justifiquen información falsa o presiones para ello;
- coherencia y consistencia con otras declaraciones del menor declarante.

Precisiones El **informe pericial sobre la credibilidad de la víctima** es un elemento de contraste cuya utilidad es más que apreciable en aquellos casos en los que la víctima es menor de edad; la cual deja de serlo cuando lo que se pide del perito es que informe sobre si un mayor de edad, en pleno uso de sus facultades mentales y sin alteraciones cognitivas, dice o no la verdad. Esa pretendida labor de auxilio jurisdiccional está abriendo una falsa puerta a algo similar a los **dispositivos técnicos** capaces de detectar la veracidad o la falsedad de un testimonio (TS 19-9-24, EDJ 681487; 18-1-24, EDJ 502928; 25-1-21, EDJ 502954).

9584 **Informes de valoración de droga** Los informes elaborados por **agentes de la autoridad** relativos al valor de la droga intervenida no tienen carácter de periciales. Aquellos no actúan en el proceso como peritos, dado que para la obtención de estos datos puede acudirse a **fuentes públicas de acceso general** e incluso carácter oficial, en las que se difunden estos datos (como el Observatorio Español sobre Drogas, el Plan Nacional sobre la Droga, Ministerio de Sanidad, etc). En consecuencia (TS 7-5-25, EDJ 571826):- no se exige estar en posesión de **especiales conocimientos** científicos o técnicos (LECr art.456);
- el contenido de estos informes se limita en ocasiones a una **simple operación aritmética** en aplicación de los criterios de cálculo establecidos en dichas fuentes;
- no se lesiona el **principio de contradicción** por la no presencia de los agentes en el acto del juicio oral, pues la genuina fuente de conocimiento no es la opinión pericial de aquellos sobre el hecho justiciable, sino la información general y pública que ofrece un organismo o instancia oficial;
- concurre una **manifiesta fungibilidad probatoria** sobre los que elaboran el informe de valoración, que podría incluso sustituirse por una mera operación de cálculo efectuada por el tribunal, siempre que las tablas de cálculo obren en las actuaciones y sean accesibles a todas las partes;
- aunque el valor de la droga no puede considerarse un **hecho notorio** (TS 5-4-17, EDJ 36421), es suficiente para satisfacer la carga de la prueba y el derecho de defensa que dicho dato se incluya en el cuadro probatorio mediante un informe documentado como el indicado que permita conocer la fuente sobre la que se ha elaborado, desplazando al acusado la carga de aportar datos incompatibles con los de la acusación (TS 22-12-14, EDJ 227101).

9586 MPP nº 4098 **Otros medios de prueba** Pueden citarse la **documental**, sobre la que han de tenerse presentes las precisiones anteriores (nº 9572 s.), y el **reconocimiento judicial** (nº 8340). Igualmente han de llevarse a cabo en el juicio oral la **reproducción de las grabaciones** de la imagen y/o el sonido realizadas durante la fase de instrucción.

Precisiones 1) Las conclusiones de las **comisiones parlamentarias de investigación** no vinculan a los órganos judiciales, pero pueden ser valoradas y contribuir a la convicción judicial, en el supuesto de ser coincidentes con otras pruebas practicadas en la causa (AP Gipuzkoa 15-2-24, EDJ 513066).
2) Sobre la **videovigilancia** y el valor probatorio de las filiaciones de la imagen, ver lo expuesto en el nº 8260 s. y sobre la audición de grabación de **conversaciones telefónicas** y su valor probatorio, el nº 8424.

c. Especialidades probatorias en el proceso de jurado

(LO 5/1995 art.34.3, 46.5, 53.3)

9590 No puede darse **lectura a las previas declaraciones** prestadas por acusados, testigos o peritos en fase de instrucción.
Las mismas no tienen valor probatorio de los hechos en ellas afirmados, salvo cuando integren **prueba anticipada**, aunque las partes pueden interrogarles sobre las contradicciones que estimen existentes entre lo que manifiesten en el juicio oral y lo dicho en la fase de instrucción uniéndose al acta el testimonio que quien interroga debe presentar en el acto.
La **deducción de los testimonios** se hace a instancia de parte.
El **acta del juicio**, a la que se deben agregar los testimonios de las declaraciones rectificadas, ha de entregarse al jurado antes de que este pronuncie el veredicto.

Valor probatorio de las declaraciones sumariales contradichas en el juicio oral (LO 5/1995 art.46.5, 53.3) Si han existido contradicciones y retractaciones entre lo dicho en el juicio oral y lo declarado en la instrucción por el acusado, testigo o perito y si la parte que formula el interrogatorio pregunta sobre ellas y aporta además el **testimonio de la declaración sumarial**, esta se incorpora al acta del juicio y los jurados conocen la existencia de la contradicción y los términos de la declaración sumarial, lo que les pone en condiciones de constatar, comprobar e interpretar los términos y alcance de la misma y de valorarla a efectos probatorios conforme a su recta conciencia, por lo que no debe asumirse sin razón o fundamento alguno que exista una sustancial diferencia sobre la valoración de la prueba sumaria entre el enjuiciamiento por tribunal profesional y el derivado del Tribunal del Jurado. 9592

Se añaden las siguientes precisiones complementarias: 9594
a) La referencia las declaraciones sumariales incluye a las prestadas en el **atestado policial** (TS 15-1-04, EDJ 6335) y el **silencio del acusado** puede considerarse a estos efectos como contradicción, pues dentro de su concepto cabe incluir toda conducta que jurídicamente pueda ser considerada contraria a su referente sumarial (TS 7-7-05, EDJ 113607; 21-9-05, EDJ 157526).
b) Cuando una parte ha dejado de interesar la deducción de los testimonios oportunos, ha de tenerse presente que el hecho de no haber previsto la **necesidad futura de utilización del testimonio** y, por ello, la anterior solicitud del mismo, no debe impedir el pleno ejercicio del derecho de defensa para la parte que lo precise, siendo posible la aportación del documento que le sea voluntariamente facilitado por otra de las partes personadas, máxime teniendo en cuenta que no debe existir límite temporal preclusivo alguno para que quien disponga del testimonio lo presente, aun fuera de su turno de interrogatorio, pues las contradicciones entre las declaraciones en juicio y aquellas a las que los testimonios se refieren pueden producirse o alcanzar la trascendencia necesaria para aconsejar esa práctica, en un momento posterior al turno de la parte (TS 16-11-05, EDJ 207182).
c) La **prohibición de lectura** de actuaciones sumariales que contiene el precepto afecta solo al juicio oral en esta clase de procedimiento y no puede proyectarse fuera de él (TS 17-11-05, EDJ 207201).

4. Conclusiones definitivas

(LECr art.788.4 y 5; LO 2/1989 art.313 y 396 párr 3)

Finalizada la práctica de la prueba, el juez o presidente requerirá a las partes para que, **por su orden** y previa interrupción momentánea de la sesión si es necesaria, ratifiquen o modifiquen sus conclusiones provisionales. 9596
Seguidamente, si no se plantea la tesis, les **concederá la palabra** para que por el mismo orden procedan a informar (nº 9600), finalizando así el turno de palabra de las partes, que solo podrán intervenir para rectificar algún hecho o concepto.
La relevancia sustantiva de las conclusiones definitivas de la acusación ha sido examinada en otros lugares de esta obra y se resume en las siguientes cuestiones fundamentales:
a) Dichas conclusiones son el punto de referencia para medir la **congruencia de la sentencia** y su debida **correlación con la acusación**, así como la homogeneidad entre los títulos de condena y acusación cuando puedan ser constitucionalmente distintos (nº 6890).
b) El **límite** a la formulación de las conclusiones definitivas está determinado por la configuración del derecho del proceso, que impide extender la acusación a hechos y a personas no contemplados en las provisionales (nº 6913).
c) La **modificación de conclusiones** ha de ser compatible con el derecho de defensa, para cuya garantía resulta esencial la posibilidad del aplazamiento de la sesión y práctica de nueva prueba en las circunstancias del nº 6916.
Tras la formulación de las conclusiones definitivas, puede el juzgador plantear la **tesis de desvinculación**.

Precisiones 1) En principio, todas las partes gozan de libertad para realizar en sus conclusiones definitivas las alteraciones que estimen conveniente respetando los límites que garanticen el derecho de defensa (p.e. no caben mutaciones de los elementos básicos y esenciales que identifican la pretensión penal), pero **no hay límite** para reformatear o perfilar su significación jurídico penal (TS 18-12-19, EDJ 763067; 24-11-20, EDJ 729375).
2) Las partes o el Ministerio Fiscal pueden interesar, en conclusiones definitivas, así como en cualquier momento anterior del juicio oral, la aplicación de la **amnistía** decretada por LO 1/2024; pudiendo aplicarla el juez o tribunal de oficio, en su defecto, previa audiencia a aquellos (LO 1/2024 art.11.3).

5. Informes

(LECr art.734 a 738; LO 2/1989 art.314 a 317)

9600 El presidente concede, llegado el momento de informar, la palabra al **fiscal**, si es parte en la causa, y después al **defensor del acusador particular**, si lo hay.

En sus informes exponen:

- los hechos que consideren probados en el juicio;
- su calificación legal;
- la participación que en ellos hayan tenido los procesados; y
- la responsabilidad civil que hayan contraído los mismos u otras personas, así como las cosas que sean su objeto o la cantidad en que deban ser reguladas cuando los informantes o sus representados ejerciten también la acción civil.

Finaliza así el turno de palabra de las partes que, tras informar, solo pueden intervenir para **rectificar** algún hecho o concepto.

Precisiones 1) Los trámites de conclusiones y de informe no pueden confundirse ni son fungibles o comunicables entre sí, por ello, no puede pretenderse alegar ex novo una **atenuante** por vía de informe, directamente, sin previa modificación de las conclusiones provisionales en las definitivas (TS 14-5-20, EDJ 553750).

2) Por ello, no puede solicitarse o plantearse *ex novo* la **condena en costas** de la acusación particular o la aplicación de una atenuante o agravante en este trámite. El informe oral **emitido al final del juicio** es momento inadecuado dado que:

- las **conclusiones** provisionales y luego las definitivas son el lugar y momento oportunos para plantear pretensiones;
- los informes de las partes se han de acomodar al **contenido de sus conclusiones definitivas**, por lo que no es posible introducir en ellos nuevas conclusiones (LECr art.737);
- el planteamiento de una pretensión en los informes finales implica que las partes que ya han intervenido carecen, no solo de la oportunidad de proponer prueba sobre el particular, sino incluso de la posibilidad de **contra argumentar y defenderse** frente a la pretensión de la otra parte- esto es, cuestionar la concurrencia de temeridad o mala fe, en el caso de las costas de la acusación particular; o la procedencia de la circunstancia modificativa- (TS 21-3-23, EDJ 539483; 15-3-23, EDJ 540574; 6-7-17, EDJ 133402).

6. Última palabra

(LECr art.739 y 741; LO 2/1989 art.318; LO 5/2000 art.37.2; LO 2/1989 art.322)

9602 MPP nº 4127 s., 4133 Finalizados los informes (nº 9600), debe otorgarse al acusado el derecho a la última palabra.

Se trata de una manifestación del **derecho de autodefensa** que abre para el acusado la posibilidad de expresar, directamente y sin mediación alguna, las alegaciones que estime pueden contribuir al más eficaz ejercicio del derecho de defensa, matizando, completando o rectificando, en su caso, los hechos y los argumentos expuestos por su letrado, al mismo tiempo que permite eventualmente que el tribunal incorporar a los elementos que debe apreciar en conciencia para valorar la prueba, algunos que, siendo dignos de advertencia y reflexión, hayan sido omitidos en la actuación del letrado.

En consecuencia, este derecho reconocido al acusado se inscribe plenamente en el de defensa, por lo que este último trámite del plenario no puede ser suprimido sin vulnerar gravemente el contenido del Const art.24.2 (TS 9-12-97, EDJ 9989; 5-4-00, EDJ 3420; 16-5-02, EDJ 19816 y 28-1-05, EDJ 23848; 4-6-20, EDJ 571047; 6-9-21, EDJ 684125), incluso cuando aquel haya sido expulsado de la sala en aplicación de la potestad de policía de vistas del juez o presidente del tribunal (TS 10-5-01, EDJ 7173).

La **omisión de la última palabra** no da lugar, por otra parte, a la simple reposición de actuaciones al momento final del juicio, sino que provoca la nulidad del completo acto habida cuenta la importancia que revisten en el proceso penal los principios de concentración y unidad de acto, debiendo celebrarse el nuevo juicio ante un tribunal integrado por magistrados distintos de los que dictaron la sentencia recurrida para eliminar, frente a las partes, toda sombra o sospecha de prejuicio (TS 9-6-03, EDJ 49542), siendo para ello imprescindible que del acta del juicio oral se deduzca sin lugar a dudas la referida omisión (TS 4-4-02, EDJ 9877).

9604 MPP nº 4131 **Límites** No concretado cuál pueda ser el contenido del derecho a la última palabra, las únicas limitaciones que se ponen al mismo son las consistentes en que **no se ofenda la moral** ni se falte al **respeto debido al tribunal** ni a las consideraciones correspondientes a todas las personas, y en que se ciñan a lo que sea pertinente, por lo que del hecho de que el acusado se negara a declarar al inicio del juicio no puede obtenerse la conclusión de que al amparo del citado precepto no pudiera ya declarar cuanto tuviera por conveniente, aunque como regla general se estime que la oportunidad procesal final o última sirve solo para corregir cualquier olvido o error o matizar hechos o afirmaciones barajadas en el curso del juicio. Además, si de las manifestaciones efectuadas existe mérito para ello, nada impide que por la parte interesada se pida en este momento procesal la **suspensión** para instrucción complementaria (TS 26-12-96, EDJ 10001; TSJ Granada 6-3-99).

Precisiones La omisión del trámite formal de concesión del derecho a la última palabra de **personas jurídicas** acusadas en el acto de juicio cuando en la causa lo están también sus titulares o administradores y han tenido la oportunidad de ejercerlo, es una omisión puramente formal (TS 19-7-17, EDJ 175657), sin mayor consecuencia a menos que puedan apreciarse **intereses contradictorios** entre los administradores personas físicas y la persona jurídica en sí misma considerada (TS 29-2-16, EDJ 10795) o que se alegue y concurra efectivamente acreditada **indefensión material** (TS 17-6-14, EDJ 96720).

7. Conclusión para sentencia

(LECr art.149, 150 y 740; LO 2/1989 art.319 y 321; LOPJ art.253; LO 5/1995 art.55 y 56)

Tras la última palabra (nº 9602), se declara el proceso concluso para sentencia y se procede inmediatamente o en todo caso dentro del término legal para dictarla a la **deliberación y votación** de la misma, en caso de ser colegiado el tribunal. **9606**
En ese momento, se instaura en el proceso el **principio del secreto absoluto**, no reapareciendo la publicidad hasta el momento de pronunciarse la sentencia en audiencia pública.
En el **proceso de jurado**, se produce además la incomunicación del jurado, que debe persistir hasta la emisión del veredicto.

8. Acta de la sesión

(LECr art.743, 788.7 y 972; LO 5/1995 art.69; LO 2/1989 art.320)

Rigen las normas siguientes: **9608** MPP nº 4149 s.
1) El **desarrollo de las sesiones del juicio oral** y resto de actuaciones orales se documentan conforme a lo dispuesto en LEC art.146 y 147, debiendo la oficina judicial asegurar la correcta incorporación de la grabación al expediente judicial electrónico. Si los **sistemas no proveen de dicho expediente**, el letrado de la Administración de Justicia custodiará el documento electrónico que sirva de soporte a la grabación. Las pueden podrán pedir a su costa copia o, en su caso, acceso electrónico de las grabaciones originales.
a) Siempre que se cuente con los medios tecnológicos necesarios, estos han de garantizar la **autenticidad e integridad de lo grabado o reproducido**, empleando a tal efecto el letrado de la Administración de Justicia la firma electrónica u otro sistema de seguridad que, conforme a la ley, ofrezca tales garantías, sin que sea en este caso precisa su **presencia en la celebración del acto**, salvo que lo hubieran solicitado las partes al menos 2 días antes de la celebración de la vista, o que excepcionalmente lo considere necesario el propio letrado de la Administración de Justicia atendiendo a la complejidad del asunto, al número y naturaleza de las pruebas a practicar, al número de intervinientes, a la posibilidad de que se produzcan incidencias que no pudieran registrarse, o a la concurrencia de otras circunstancias igualmente excepcionales que lo justifiquen, extendiendo en estos casos, acta sucinta en los términos expuestos en el apartado siguiente.
b) Si los citados **mecanismos de garantía no pueden utilizarse**, el letrado de la Administración de Justicia deberá consignar en el acta, al menos: número y clase de procedimiento; lugar y fecha de celebración; tiempo de duración, asistentes al acto; peticiones y propuestas de las partes; en caso de proposición de pruebas, declaración de pertinencia y orden en la práctica de las mismas; resoluciones que adopte el juez o tribunal; así como las circunstancias e incidencias que no puedan constar en aquel soporte.
2) Cuando los **medios de registro no se puedan utilizar** por cualquier causa, el letrado de la Administración de Justicia extenderá acta de cada sesión, recogiendo en ella, con la extensión y detalle necesarios, el contenido esencial de la prueba practicada, las incidencias y reclamaciones producidas y las resoluciones adoptadas.

3) El acta con presencia del letrado de la Administración de Justicia en sala se extiende por **procedimientos informáticos**, sin que pueda ser manuscrita más que en las ocasiones en que la sala en que se esté celebrando la actuación **carezca de medios informáticos**. En estos casos, al terminar la sesión el letrado de la Administración de Justicia leerá el acta, haciendo en ella las rectificaciones que las partes reclamen, si las estima procedentes, firmándose el documento por el presidente y miembros del tribunal, por el fiscal y por los defensores de las partes. **9609**

La reforma no alcanza, sin embargo, al **proceso penal militar** ni al del **Tribunal del Jurado**, en los que el acta escrita puede, evidentemente complementarse o sustituirse por cualquier medio de reproducción mecánica, oral o escrita, de cuya autenticidad da fe el letrado de la Administración de Justicia (LO 2/1989 art.320, LOTJ art.69 y LOPJ art.230 y 453).
4) En caso de extenderse por escrito, la **legibilidad** de la misma está en relación directa con la presunción de inocencia y su examen en vía de recurso, debiendo por tanto cuidar los órganos jurisdiccionales por que el acta se expida en condiciones de legibilidad para facilitar la labor de defensa y la posterior impugnación de la resolución dictada en la instancia (TS 31-1-92, EDJ 828 y 19-6-00, EDJ 14673; TS auto 20-3-97, EDJ 57434). Por ello su **extravío** ocasiona indefensión causante de nulidad (TS 9-6-89, EDJ 5871) y no es obligada la transcripción de la misma que reúna dicho requisito (TS 10-11-99, EDJ 34247). Las actas redactadas en **idiomas cooficiales de las comunidades autónomas** que los posean han de traducirse al castellano cuando deban de surtir efectos fuera de dichos territorios y particularmente en casación (TS 1-4-04, EDJ 12731; TS auto 14-5-04, EDJ 56603).
La **documentación** de las vistas debe efectuarse de una forma u otra dependiendo de los medios técnicos de que disponga el órgano judicial, «en cascada» o con carácter subsidiario. La **regla general** es la grabación del juicio oral que constituye el acta; en segundo lugar, grabación con acta si no existen mecanismos que garanticen la autenticidad e integridad; en tercer lugar si no hay posibilidad de usar medios técnicos de grabación basta el acta extendida por el letrado de la Administración de Justicia elaborada por medios informáticos (LECr art.743.4); por último, la redacción manuscrita (TS 24-2-22, EDJ 517913).

9610 Precisiones 1) La **valoración de las pruebas** de cuya práctica y contenido da fe el acta, sin embargo, corresponden en exclusiva al tribunal después de haberlas percibido directa e inmediatamente, por lo que en línea de principio debe darse prevalencia a la valoración de las pruebas hecha por el juzgador en la sentencia y solo en aquellos casos en que en el acta se revelen hechos absolutamente incompatibles con lo expresado por los magistrados podrá suscitarse en rigor cuestión acerca de su veracidad. Constituye el acta únicamente un sucinto resumen que da cuenta de lo más relevante ocurrido durante el acto del juicio, por lo que una discrepancia entre lo que expresa el acta y lo que afirma la sentencia sobre la interpretación de lo declarado por los testigos en el acto del juicio oral no puede ser decidida sino dando validez a lo que consta en la sentencia (TS 27-11-98, EDJ 25327; 5-12-00, EDJ 49844; 21-12-01, EDJ 53478).
2) Las actuaciones orales y vistas grabadas y documentadas en **soporte digital** no pueden ser transcritas salvo en aquellos casos en que una ley lo determine (LOPJ art.230.3; LEC art.147).

VI. Especialidades del proceso de jurado

9615 En el proceso de jurado, la finalización de la vista oral no da paso inmediato a la deliberación y producción de la sentencia, pues antes de dictarse esta por el magistrado presidente ha de producirse el **juicio de hecho** del jurado y desarrollarse otras actuaciones.

a. Objeto del veredicto

9618 La especial composición del tribunal y el reparto de papeles entre el magistrado presidente y el jurado popular impone que en este proceso deban producirse tras la finalización del acto del juicio y **antes del inicio de la deliberación**, dos actuaciones esenciales para evitar veredictos que conduzcan a conclusiones ilógicas, absurdas o jurídicamente inaceptables (TS 29-9-03, EDJ 146630).
La **determinación** del objeto de veredicto se hace por el magistrado presidente por escrito, en el que de manera secuencial se exponen al jurado cada uno de los hechos sobre los que ha de pronunciarse en su posterior deliberación y votación a efectos de declararlos probados o no probados (LO 5/1995 art.59; TS 20-9-21, EDJ 698375; 8-9-21, EDJ 688065; 31-5-13, EDJ 113279).
Los jurados emiten veredicto declarando **probado o no probado** el hecho justiciable que el magistrado-presidente haya determinado como tal y proclaman la **culpabilidad o inculpabilidad** de cada acusado por su participación en el hecho o hechos delictivos respecto de los cuales el magistrado-presidente haya admitido acusación (LO 5/1995 art.3).
Precisiones La ley parte de una **articulación secuencial del objeto del veredicto**, estructurando las diversas cuestiones que han de someterse a la consideración del tribunal de jurado -LOTJ art.52- (TS 21-3-24, EDJ 530047).

Descripción ordenada de los hechos (LO 5/1995 art.52) Han de describirse ordenadamente los hechos objeto del proceso, la base fáctica de posibles **causas de exención** de la responsabilidad y los hechos determinantes del **grado de participación** o de ejecución y de la modificación de la responsabilidad, señalándose finalmente el hecho delictivo por el que el acusado ha de ser declarado culpable o inocente. Cuando sea necesario, entre estas proposiciones fácticas deben introducirse las relativas a **elementos subjetivos del tipo** como e. *animus necandi*, que en todo caso deben deducirse de datos objetivos (TS 26-7-00, EDJ 27670). 9620

Es fundamental incorporar la propuesta fáctica de la defensa sobre la que se construye una **alternativa jurídica** que ha de ser ponderada por el colegio decisorio (TS 8-9-21, EDJ 688065).

El escrito de determinación del veredicto es **individual** para cada delito imputado y para cada acusado, en caso de ser varios unos u otros, y se redacta de manera secuencial, diferenciando en párrafos separados y numerados entre los hechos alegados por la acusación y por la defensa y entre los que sean contrarios al acusado y los que le resulten contrarios. Sin embargo, la **errónea consideración de** unos determinados **hechos** como favorables o desfavorables en contra de su verdadera esencia, no son determinantes de indefensión cuando no hayan influido en el ánimo del jurado (TS 14-12-01, EDJ 58708).

La **delimitación del objeto del veredicto** ha de abarcar todos los elementos fácticos con cuya presencia quepa tener por cometido el tipo, sin que sea supérfluo. No se puede exigir del jurado decisión sobre enunciados que, aislados, carecen de significado penalmente relevante (TS 8-9-21, EDJ 688065). Carece de sentido reivindicar la inclusión en el veredicto de enunciados absolutamente prescindibles, que nada tienen que ver con el hecho principal subsumible en un precepto penal y que integra el objeto del proceso (TS 15-12-22, EDJ 784600).

Evitación de contradicciones Ha de evitarse en todo caso la posibilidad de que el jurado incurra en contradicción, por lo que no pueden incluirse en un mismo párrafo **hechos favorables y desfavorables** o hechos de los que unos sean susceptibles de tenerse por probados y otros no. Igualmente, cuando la **consideración simultánea** como probados de los hechos alegados por la acusación y de los aducidos por la defensa no sea posible sin contradicción, solo se incluye en el escrito de objeto del veredicto una proposición. 9622

El **escrito** ha de ser necesariamente **inequívoco** y en él ha de desmenuzarse la narración de lo acontecido en los puntos que puedan tener relevancia jurídica y su naturaleza no permite fácilmente considerar incluidos en el mismo los hechos que no lo están de **forma clara y expresa**, al tiempo que resulta incompatible con una técnica de formulación prolija en que hechos muy diversos se yuxtaponen y confunden de forma que se dificulte al jurado ponderar el alcance que puede tener cada uno de ellos (TS 19-5-20, EDJ 560668; 22-9-03, EDJ 110599; TSJ Galicia 19-1-05, EDJ 113468).

En la confección del objeto del veredicto debe obrarse, pues, de modo que los miembros del jurado tengan **facilidad para llegar a un resultado**, positivo o negativo, en cuanto a la constatación fáctica de los hechos sometidos a su enjuiciamiento, sin que deban elaborarse cuestionarios excesivamente complejos o altamente técnicos que puedan frustrar el éxito de la institución. La labor del magistrado-presidente es, de este modo, esencial en esta materia, redactando los términos de las preguntas de manera comprensible y tratando de realizar solo aquellas que sean necesarias: únicamente los **hechos esenciales** propuestos por las partes y que sean objeto de sus respectivas posiciones procesales pueden dar lugar a ser incluidas en el objeto del veredicto, para ser sometidas a la deliberación del jurado (TS 10-2-03, EDJ 3241).

Redacción del escrito en base a las conclusiones definitivas Ha de atenerse a las conclusiones definitivas de las partes como trasunto de sus alegaciones fácticas (TS 28-11-05, EDJ 213917), pero el magistrado-presidente, a la vista del resultado de la prueba, puede añadir **hechos o calificaciones jurídicas favorables** al acusado siempre que no impliquen una variación sustancial del hecho justiciable ni ocasionen indefensión. 9624

Precisiones Las **cuestiones de índole jurídica** son ajenas al objeto del veredicto y deben quedar fuera del mismo, pues los jurados se pronuncian sobre los hechos enjuiciados y declaran si el acusado ha participado o no en su comisión y, en consecuencia, si ha de considerarse culpable o no culpable en función de su participación en ellos, incumbiendo luego al magistrado el formular el juicio de derecho o calificación jurídica (TS 6-5-99, EDJ 13694; 26-7-00, EDJ 27670; 19-10-00, EDJ 37099; 26-4-02, EDJ 14719; 5-10-04, EDJ 159704).

Deliberación y votación sobre proposiciones del ponente Sobre las proposiciones formuladas por el magistrado presidente ha de versar la deliberación y votación del jurado, en la forma regulada en el nº 9722. 9626 MPP nº 4169

Por ello, la articulación secuencial de las mismas sirve, tras la votación del jurado y el pronunciamiento del veredicto, para que el magistrado-presidente pueda redactar los hechos probados de la sentencia que haya de dictarse incorporando al *factum* todos los elementos que el jurado entienda como probados y que construyan el **propio hecho probado**, desde su comienzo hasta su consumación, con todos los avatares que las partes hayan planteado como acontecidos, incluidos también todos los **elementos del** llamado **juicio de culpabilidad** y de sus circunstancias en relación con la capacidad mental del acusado.

En segundo lugar, sirve también para que la motivación por el jurado de su decisión (LO 5/1995 art.61.1.d) se refiera a cada una de las proposiciones que se le sometan, pues aunque no sea necesario naturalmente que la misma sea exactamente incardinable en cada una de las preguntas o proposiciones, sino que bastará una motivación general, la estructuración secuencial facilita la **labor intelectual de motivación**, pues supone detenerse mentalmente en cada uno de los grados o estructuras de los hechos en su configuración secuencial para determinar en qué elementos probatorios se apoyó el jurado, dejando nota sucinta de tal explicación (TS 12-3-01, EDJ 3125; 28-11-05, EDJ 213917).

9628 **Recursos de apelación y casación** La infracción de las normas contenidas en el nº 9620 habilita los recursos de apelación y casación contra la sentencia, por vulneración de los **derechos al proceso debido y a la tutela judicial sin indefensión**, al amparo respectivo de LECr art.846 bis c.a y 852. Pero antes de hacer entrega al jurado del escrito de determinación del objeto del veredicto, las partes pueden solicitar la modificación del mismo mediante las **inclusiones o exclusiones** que estimen pertinentes, sobre lo que el magistrado decidirá de plano, pudiendo formular aquellas la protesta oportuna a efectos del recurso que contra la sentencia proceda (LO 5/1995 art.53).

La **audiencia** prevista en el precepto tiene como finalidad que el objeto del veredicto aparezca vinculado a las alegaciones de las partes, a los intereses de la defensa y de la acusación y, también, al derecho de estas a participar en la definitiva redacción de tan esencial instrumento procesal. En consecuencia, es imprescindible para la alegación posterior de indefensión en vía de recurso que se haya planteado por la parte la **inclusión o exclusión de hechos** que considera relevantes a la calificación que presenta ante el jurado y no es admisible sin ese previo planteamiento la formulación directa de la protesta, pues esta no es sino la expresión de un desacuerdo frente a un acto procesal denegatorio de una pretensión previamente deducida (TS 27-10-04, EDJ 183498).

b. Instrucciones al jurado

(LO 5/1995 art.54)

9632 Una vez elaborado y, en su caso, modificado el escrito con el objeto del veredicto, el magistrado presidente en **audiencia pública**, con asistencia del letrado de la Administración de Justicia y en presencia de las partes, procede a hacer entrega a los jurados del mismo y a dirigirles instrucciones a tenor de las reglas que se exponen a continuación instruyéndoles sobre el contenido de la función que tienen conferida, reglas que rigen su deliberación y votación y la forma en que deben reflejar su veredicto.

Precisiones 1) El **contenido de las instrucciones** no es un catálogo cerrado y excluyente; busca, únicamente, sintetizar, ordenar y eslabonar la forma en que el jurado toma contacto con el hecho justiciable. Las advertencias pueden tener carácter de recomendaciones funcionales, formales, didácticas o destinadas al refuerzo valorativo del jurado o a recordar la fuerza del principio indubio por reo (TS 13-11-20, EDJ 717317).

2) Las alegaciones de **deficiencia de las instrucciones** han de ser concretas y acreditadas ausencias o contenidos que puedan haber distorsionado la deliberación del tribunal, efectuadas temporáneamente (TS 17-6-10, EDJ 132901).

9634 **Explicación oral del escrito** El magistrado presidente ofrece una explicación oral del escrito que les entrega, para lo cual les expone detenidamente, en forma que puedan entender, la **naturaleza de los hechos** sobre los que haya versado la discusión, determinando las circunstancias constitutivas del delito imputado a los acusados y las que se refieran a supuestos de exención o modificación de la responsabilidad.

Precisiones El propósito fundamental de las instrucciones es que puedan ser **entendidas eficazmente por la gente común**, por las personas jurídicamente profanas y por jueces legos. El magistrado presidente tiene la obligación de evitar en el curso de su exposición la jerga jurídica y el empleo de frases y vocablos estrambóticos o inusuales que dejen perplejos a algunos de los jurados (TS 11-3-98, EDJ 1831).

9636 **Imposibilidad de valoración de pruebas prohibidas** En materia de valoración de la prueba, las instrucciones se limitan a la imposibilidad de valorar la prueba prohibida y al principio in dubio pro reo.

Debe insistir el magistrado sobre la necesidad de que no atiendan a aquellos medios probatorios cuya ilicitud o nulidad haya sido declarada por él y asimismo informa al jurado de que, si tras la deliberación no les ha sido posible resolver las dudas que tengan sobre la prueba, deben decidir en el **sentido más favorable al acusado**. Pero cuidará de no hacer alusión alguna a su opinión sobre el resultado probatorio, pues las instrucciones solo pretenden suplir las deficiencias que puedan derivarse del desconocimiento técnico de la ley por los jurados y no que estos dejen de actuar con espontaneidad en la función que les corresponde dentro del proceso.

Instrucciones imparciales (LECr art.846 bis c) Las instrucciones al jurado han de ser impar- **9638**
ciales, pues en caso contrario existe motivo de **recurso** contra la sentencia. Sin embargo, la exigencia de imparcialidad no ha de limitarse a este concreto momento procesal, pues de la propia naturaleza y función de la institución cabe extraer un principio general de imparcialidad que debe inspirar toda la actuación del magistrado presidente. Han de entenderse por tanto incluidos entre los supuestos de **quebrantamiento de las normas y garantías procesales** prevenidos como motivo de recurso no solamente los casos de parcialidad en las instrucciones sino también los que se produzcan en otros momentos procesales, siempre que la parcialidad resulte manifiesta y tenga la trascendencia suficiente para estimar que puede haber influido de modo indebido y relevante en el criterio del jurado, ocasionando indefensión (TS 31-5-99, EDJ 10800).

Innecesariedad de instrucciones al jurado por escrito (LO 5/1995 art.54) No es nece- **9640**
sario que las instrucciones a los jurados deban ser por escrito, con independencia de la **constancia en el acta** por el letrado de la Administración de Justicia del cumplimiento de este trámite relevante y esencial, en el que la presencia de la defensa técnica de las partes constituye salvaguarda y garantía de su corrección. En consecuencia, si no se constata en el acta correspondiente la existencia **omisión o defecto** en la impartición de las instrucciones y tampoco consta denuncia alguna de parte presente, no es posible apreciar el quebrantamiento de forma esencial del juicio ni la vulneración subsiguiente del derecho a la tutela judicial efectiva (TS 18-3-05, EDJ 139443; TSJ Granada 9-11-01, EDJ 64265).

Posibilidad de ampliación de instrucciones (LO 5/1995 art.57.1 y 64) Las instrucciones son **9642**
susceptibles de ampliación en dos **momentos posteriores**:
- durante la deliberación del jurado; y
- en el acto de la devolución del acta al jurado.

c. Deliberación y veredicto

El estudio de este apartado conlleva el tratamiento de las siguientes cuestiones: **9645**

Régimen de incomunicación (LO 5/1995 art.55) Recibidas las instrucciones del magistrado **9647**
presidente, los miembros del jurado se constituyen en **sesión secreta** para deliberar y votar el veredicto a puerta cerrada y en régimen de incomunicación, pues no les es permitida comunicación con persona alguna hasta que hayan emitido aquel, adoptándose por el magistrado presidente las medidas oportunas al efecto.
La regla de incomunicación tiende a garantizar el derecho el investigado al juez ordinario y la independencia e imparcialidad de los jurados, por lo que el efecto de su incumplimiento deberá valorarse en cada caso atendiendo a su posible influencia en el resultado de la deliberación y votación, sin que sea relevante el mero **abandono momentáneo** por un jurado de la sala de deliberación ni las protestas formuladas por las deficientes condiciones del lugar de reunión (TS 4-4-01, EDJ 7869; TSJ C.Valenciana 7-11-01, EDJ 53795).

Régimen de la votación (LO 5/1995 art.55.2, 58 a 61) La votación del veredicto se desarrolla, **9650**
bajo la dirección del **portavoz** elegido por el jurado entre sus miembros conforme a las reglas siguientes:

Nominal y en alta voz La votación es nominal y se efectúa en alta voz, sin que sea admisible **9652**
la **abstención**, que en caso de producirse puede dar lugar a responsabilidad disciplinaria o penal de quien se niegue a votar y se valora en todo caso como voto favorable al acusado. Ello no significa que en el acta de la votación se deba hacer constar el **sentido del voto** emitido por cada uno de los jurados identificándoles nominalmente, pues la finalidad del precepto no es otra que la de asegurar el responsable ejercicio de la función que les ha sido encomendada a los jurados, destacando el compromiso individual que se impone a todos y cada uno de ellos

frente a los demás a fin de evitar posibles conductas abstencionistas que podrían producirse en el caso de que el voto pudiera emitirse por escrito y secretamente entre ellos (TSJ C.Valenciana 17-12-01, EDJ 63467).

9654 **Materia sobre la que recae la votación** (LO 5/1995 art.59) La votación sobre los hechos recae sobre cada uno de los párrafos en que se describan los hechos, tal y como fueron propuestos por el magistrado presidente. Los jurados votan si estiman probados o no dichos hechos, para lo que se requiere al menos siete votos cuando sean contrarios al acusado y cinco cuando sean favorables.

En caso de **discordia**, puede someterse a votación el correspondiente hecho con las precisiones que se estimen pertinentes por quien proponga la alternativa y, nuevamente redactado así el párrafo, será sometido a votación hasta obtener la indicada mayoría. La **modificación** no puede suponer dejar de someter a votación la parte del hecho propuesta por el magistrado presidente, pero puede incluirse un párrafo nuevo, o no propuesto, siempre que no suponga una alteración sustancial ni determine una agravación de la responsabilidad imputada por la acusación (TS 9-6-99, EDJ 13752). Por el contrario, cuando se declare probado de un hecho que, no siendo de los propuestos por el magistrado, implique una **alteración sustancial** de estos o determine una responsabilidad más grave que la persona investigada, se tendrá por no puesta la correspondiente declaración en el acta (LO 5/1995 art.63.2).

La **infracción del régimen de mayorías** integra motivo de recurso de apelación o casación, a cuyo efecto ha de tenerse presente que el quórum de siete votos es exigible solo para tener por probado un determinado hecho desfavorable al acusado y no para declararlo como no probado, por lo que la ausencia del citado número de votos determina automáticamente esta última consecuencia, que no ha de votarse específicamente como podría deducirse de otras posibles interpretaciones (TS 18-2-02, EDJ 2886; 11-11-04, EDJ 184844). Ello es claro si se considera que en caso contrario se estarían exigiendo siete votos para poder considerar no probados hechos desfavorables, mientras que bastarían cinco votos para que hubiese que estimar no probados hechos favorables, resultando así necesaria una mayoría **mayor para lo beneficioso** para el acusado **que para lo desfavorable**, lo que es contrario no solo al texto de la Ley, sino incluso a los principios informadores del proceso penal (TSJ Madrid 7-12-00, EDJ 58808).

9656 **Culpabilidad o inculpabilidad de cada acusado** Si se ha obtenido la mayoría necesaria en la votación sobre los hechos, se pasa a decidir la culpabilidad o inculpabilidad de cada acusado por cada delito imputado.

Son necesarios 7 votos para establecer la culpabilidad y 5 para declarar la inculpabilidad, mismo número exigible para adoptar el criterio del jurado sobre la aplicación al declarado culpable de los beneficios de **remisión condicional de la pena** y sobre la petición de **indulto** en la sentencia.

9658 **Reflejo del resultado en el acta** (LO 5/1995 art.61.1.a, b y c) El **resultado unánime o mayoritario** de la votación ha de reflejarse en el acta de la misma.

La norma ha de interpretarse en el sentido de que requiere expresión del **número concreto de votos favorables** (7 al menos) a la declaración como probado de un hecho desfavorable para el acusado y al veredicto de culpabilidad (TS 11-3-98, EDJ 1831; TSJ C.Valenciana 30-6-99, EDJ 16961), mientras que en el caso de ausencia de mayoría es bastante con dejar reflejo de la insuficiencia de votos para dar por probado un determinado hecho (TS 28-1-02, EDJ 641).

La **ausencia de las mayorías** necesarias determina la devolución del acta al jurado, con los efectos que se exponen en su momento.

9660 **Acta de la votación** (LO 5/1995 art.61.1.d) Concluida la votación, se extiende un acta redactada
MPP por el portavoz o por el miembro del jurado designado al efecto cuando aquel disienta del
nº 4192 parecer mayoritario, pudiendo solicitarse para la confección o **escrituración** de la misma el auxilio del letrado de la Administración de Justicia o de un oficial.

El acta de la votación es el antecedente imprescindible de la sentencia que ha dictar el magistrado presidente y ha de contener una **sucinta explicación** del motivo por el que se han declarado probados o no probados determinados hechos, lo que plantea la cuestión del grado de motivación exigible en ese al veredicto popular (nº 6769).

Precisiones **1)** Es suficiente a efecto de motivación que el jurado **individualice inequívocamente las pruebas y elementos de convicción**, enumerándolos, de los que se ha servido para alcanzar su conclusión (TS 5-10-17, EDJ 208853; 2-10-17, EDJ 208838).

2) El deber de motivación que la LOTJ impone al jurado no es equiparable al que se exige de los tribunales profesionales. Para el tribunal del jurado no es que sea suficiente una **sucinta explicación** (LOTJ art.61.1.d); es que es justamente eso lo que le exige la Ley, siendo incluso «alegal» una exhaustiva motivación. El colegio de legos ha de fundar sus decisiones sucintamente, lo que supone señalar no necesariamente todos los medios de prueba tomados en consideración ni detallar ineludiblemente todo el itinerario mental recorrido para llegar a la decisión. Ese método expositivo, por otra parte, muchas veces no sería conciliable con las características de una decisión colegiada. Basta con que expresen de forma sintética las pruebas que han determinado su convicción, de manera que posteriormente pueda controlarse la **razonabilidad de esas conclusiones** y la suficiencia de las pruebas tomadas en consideración para fundar la responsabilidad penal. La imposibilidad real y la inexigibilidad legal de reflejar todos y cada uno de los pasos y componentes del proceso mental discursivo valorativo se acentúa en los supuestos de **prueba extremadamente técnica** como son las periciales (TS 2-7-25, EDJ 633865; 29-1-14 EDJ 16322).

Devolución del acta (LO 5/1995 art.63 a 65) El magistrado presidente, tras serle entregada una copia del acta de la votación, acuerda, con la intervención de las partes, su devolución al jurado cuando aprecie alguna de las siguientes **circunstancias**: 9662

a) Que no se ha pronunciado sobre la totalidad de los hechos o sobre la culpabilidad o inculpabilidad de todos los acusados y respecto de la totalidad de los hechos delictivos imputados.

b) Que no se ha obtenido en alguna de las votaciones sobre dichos puntos la mayoría necesaria.

c) Que los diversos pronunciamientos son contradictorios, bien los relativos a los hechos declarados probados entre sí, bien el pronunciamiento de culpabilidad respecto de dicha declaración de hechos probados.

d) Que se ha incurrido en algún defecto relevante en la deliberación y votación.

Al tiempo de devolver el acta, constituido el tribunal asistido del letrado de la Administración de Justicia y en presencia de las partes, el magistrado presidente explica detenidamente las **causas que justifican la devolución** y precisa la forma en que se deben **subsanar los defectos** de procedimiento o los puntos sobre los que deberán emitir nuevos pronunciamientos.

Si después de una **tercera devolución** permanecen sin subsanar los defectos denunciados o no se han obtenido las necesarias mayorías, el jurado será disuelto y se convocará juicio oral con un nuevo jurado. Si en este tampoco se obtiene un **veredicto por parte del segundo jurado**, por cualquiera de las causas previstas anteriormente, el magistrado presidente procede a disolver el jurado y dicta sentencia absolutoria (LO 5/1995 art.65).

Precisiones **1)** El magistrado presidente solo puede incidir sobre el contenido del veredicto en los aludidos términos críticos cuando el mismo presente alguna **incorrección**, pues este es el único supuesto en el que la Ley le habilita para hacerlo, de manera que, fuera de él, toda intervención que implique algún grado de censura tendrá carácter extralegal (TS 17-10-01, EDJ 40247).

2) Se trata de un **mecanismo único de acción sobre el veredicto** por parte del magistrado, cuya correcta interpretación de la figura procesal que nos ocupa requiere de precisiones jurisprudenciales.

El cumplimiento del mandato legal que exige la convocatoria de una audiencia para oír a las partes acerca de la procedencia de la **devolución del acta** y, especialmente, la necesidad de que se incorpore a las actuaciones y no sea destruida, no puede depender de que los propios afectados lo soliciten. El derecho a conocer el acta objeto de devolución y a formular alegaciones queda cercenado en otro caso, al tiempo de su **destrucción** no es una mera irregularidad subsanable. Lo que sucede en el plenario queda sometido al principio de publicidad (TS 19-5-22, EDJ 574656).

Omisión referida a elementos esenciales del veredicto (LO 5/1995 art.63.1) La omisión ha de referirse a los elementos esenciales del veredicto, carácter que no concurre en la consulta al jurado sobre la **proposición de indulto**, que es potestativa para el magistrado presidente y no le vincula pese a reflejarse en el acta de la votación. Por el mismo motivo, la omisión por el jurado de la opinión solicitada por el magistrado presidente no es causa de devolución de acta (TS 27-11-98, EDJ 27024; 15-11-01, EDJ 46414). 9664

Audiencia a las partes previa a la devolución del acta Las partes han de ser oídas antes de procederse a devolver el acta (TS 7-5-03, EDJ 30182). Nada impide que en dicha audiencia las partes puedan exponer al magistrado presidente la concurrencia de alguna de causa de devolución del acta, colaborando así en la adopción de la decisión, pero esta es un acto de la competencia exclusiva del magistrado presidente, que es quien debe determinar la **existencia de causa legal** pero naturalmente será este el que decidirá sobre la propia concurrencia, y también será dicho aspecto el que puede ser controlado mediante los recursos oportunos (TS 21-2-00, EDJ 2181; 10-2-03, EDJ 3241). 9666

Contradicción entre dos repuestas del jurado La contradicción entre dos repuestas del jurado a proposiciones sobre los hechos no es motivo por sí sola de **devolución del acta** cuando aquella se deshace poco después en el posterior veredicto de culpabilidad, sin hacer imposible la redacción de una declaración de hechos probados no contradictorios ni el pronunciamiento de un fallo congruente (TS 25-6-01, EDJ 15093). 9668 MPP nº 4197

La contradicción exige, por otra parte, que las dos **realidades afirmadas se excluyan recíproca y necesariamente** entre sí, por lo que no concurre cuando una se refiere a un hecho físico y material y otra a una circunstancia anímica o intelectiva sobre la convicción de los autores acerca del primero: ambas realidades del veredicto son perfectamente compatibles entre sí, pues, en definitiva, lo que está describiéndose es un hecho objetivo por un lado y la errónea percepción por los agentes de esa realidad física por otro, que es lo que configura la figura jurídico-penal del error (TS 10-10-01, EDJ 35417).

9670 **Posibilidad de recursos por concurrencia de vicios** Una vez aceptados los términos del acta por el magistrado presidente y leído el veredicto, es dudoso que sea posible que las partes interesen la devolución de la misma al jurado, sin perjuicio de la posibilidad de recurso posterior basado en la concurrencia de alguno de los **vicios** expuestos en el nº 9662 s.

9672 **Subsanación de defectos denunciados y emisión de nuevos pronunciamientos** (LO 5/1995 art.64 y 65.1) Sin embargo, ha de tenerse en cuenta que el jurado tiene su ámbito de decisión circunscrito por los términos de la **definición del objeto del veredicto** que el magistrado presidente haya realizado y que la atribución de jurisdicción a los jueces populares no precluye hasta que el veredicto es definitivamente aceptado. Afirmar otra cosa sería como sostener que la competencia del jurado para decidir en la materia atribuida a su jurisdicción desaparecería respecto de aquellas partes sobre las que ya se hubiera resuelto a satisfacción del magistrado presidente, cuando este, no obstante, hubiera **devuelto el veredicto** para la reconsideración de determinados aspectos, por lo que es admisible el reexamen realizado en este supuesto por el jurado sobre aspectos del **veredicto original no afectados por la devolución**. En tales casos, el magistrado presidente ha de atenerse al veredicto rectificado, sin que pueda acoger en la sentencia aspectos del veredicto original que hayan sido reconsiderados por el jurado tras la devolución, pues con ello invadió el área decisional del juez natural de los hechos, que es el jurado, y vulnera el derecho al juez ordinario reconocido en la Const art.24.2 (TS 17-10-01, EDJ 40247).

9674 **Repetición del juicio con nuevo jurado** La repetición del juicio con nuevo jurado por la causa que dispone el nº 9972, así como la que deba producirse por estimarse un recurso por quebrantamiento de forma (LECr art.846 bis f y 901 bis a), pues en este caso es posterior al cese del primer jurado en sus funciones, debe realizarse ante un **nuevo magistrado presidente**, en garantía de la imparcialidad objetiva del mismo (TSJ Granada 6-3-99, EDJ 10968).

d. Audiencia posterior a la emisión del veredicto

(LO 5/1995 art.62, 66, 67 y 68)

9680 Si no existe causa de devolución del acta, se convoca inmediatamente a las partes a audiencia pública y en ella se procede a la **lectura del veredicto** por el portavoz del jurado, tras lo cual cesa este en sus funciones.

a) De ser el **veredicto de inculpabilidad**, el magistrado presidente dicta en el acto sentencia absolutoria del acusado a que se refiera, ordenando en su caso su inmediata puesta en libertad. Ello no es posible en los que el veredicto declare la inculpabilidad respecto de unos delitos y la culpabilidad en cuanto a otros, aunque evidentemente sí será forzoso el pronunciamiento absolutorio del delito sobre el que el jurado haya proclamado la inculpabilidad del acusado, único posible de la sentencia en cuanto a dicha infracción aunque luego sea condenatoria en relación con aquellos otros delitos sobre los cuales exista veredicto de culpabilidad (TSJ Granada 14-1-00, EDJ 3481).

b) En caso de pronunciarse **veredicto de culpabilidad**, quien presida concede la palabra al fiscal y demás partes para que, por su orden, informen sobre la pena o medidas que debe imponerse al declarado culpable y sobre la responsabilidad civil, además de sobre la concurrencia de los presupuestos legales de la aplicación de los beneficios de remisión condicional, si el jurado hubiera emitido un criterio favorable a esta.

SECCIÓN 11

Sentencia penal

Puede definirse como la resolución judicial que pone **fin al proceso penal** al decidir definitivamente sobre el fondo de la cuestión criminal y de las restantes pretensiones ejercitadas en el mismo, condenando o absolviendo al acusado de la imputación formulada contra él. **9702**
Lo característico de la sentencia en este proceso es que en todo caso ha de decidir la cuestión criminal mediante **condena o absolución** con la eficacia preclusiva de la cosa juzgada material, dada la prohibición total de absolución en la instancia (LECr art.144; LO 2/1989 art.86).
Por eso en la sentencia se resuelven todas las cuestiones que hayan sido objeto del juicio, condenando o absolviendo a los procesados, sin que pueda el tribunal emplear en este estado la fórmula del **sobreseimiento** respecto de los acusados a quienes crea que no debe condenar (LECr art.742).
En ningún caso puede el juez o tribunal, en este momento, **abstenerse de fallar** a pretexto de incompetencia, silencio, insuficiencia u oscuridad de la ley (CC art.1.7; LO 2/1989 art.88.1).
El proceso penal, una vez que ha llegado al momento de celebrar el juicio oral sin haber finalizado ni haberse depurado mediante los mecanismos legales oportunos (sobreseimiento y cuestiones previas, esencialmente) solo puede terminar por **sentencia de fondo**, salvo que en el caso previsto para el procedimiento abreviado (LECr art.788.5) lo haga mediante declaración de incompetencia del juez de lo penal (para el mismo caso, la solución contraria en LO 5/1995 art.48.3).

1. Requisitos

Debe diferenciarse entre requisitos externos (nº 9709) e internos (nº 9740) de la sentencia. **9705**

a. Requisitos externos

Estructura formal de la sentencia (LOPJ art.248.3; LECr art.142; LO 2/1989 art.85) Cada una de las distintas partes en que se estructura formalmente una sentencia (nº 9710 s.) puede estar sujeta a **requisitos materiales de confección o redacción** cuyo incumplimiento determina el correspondiente motivo de casación por quebrantamiento de forma (nº 10062). **9709** MPP nº 4265

Encabezamiento (LECr art.142.1) Tras la mención de que la sentencia se dicta en nombre de S.M. El Rey (Const art.117.1; LOPJ art.1 y 245.4; LECr art.143; LO 2/1989 art.85), debe contener: **9710**
- los datos necesarios para identificar al **juez o tribunal** que la dicta, con expresión de sus nombres y apellidos, al ponente cuando sea colegiado, así como el **procedimiento** en que recae con mención del delito perseguido;
- la **identificación del encausado**, con cita de su sobrenombre o apodo si lo tiene, así como de su edad, estado, naturaleza, domicilio, oficio o profesión y, en su defecto, todas las demás circunstancias con que hayan figurado en la causa; y
- la identificación de las **demás partes** y de los **letrados** intervinientes.

9712 **Antecedentes de hecho** (LECr art.142.3) Se reflejará mención sucinta de las **conclusiones definitivas** de acusación y defensa y demás partes personadas y, en su caso, se dejará constancia del planteamiento de la tesis y del resultado del mismo.

9714 **Declaración de hechos probados** (LECr art.142.2) Ha de ser **clara y terminante**, precisa y carente de vacíos descriptivos (TS 29-9-21, EDJ 705639), sin contradicción interna y expresada sin el empleo de conceptos jurídicos que impliquen predeterminación del fallo, so pena de incurrir la sentencia en el vicio *in iudicando* que recoge como motivo de casación la LECr art.851.1º.
Ha de contenerse en toda sentencia penal como requisito imprescindible que permita su **comprensión** por el justiciable al que afectan directamente, por el tribunal que conoce la sentencia en vía de recurso y, además, por la sociedad en su conjunto, en cuanto pueda tener interés legítimo en acceder a una resolución pública dictada por sus tribunales (TS 12-2-03, EDJ 3258).
Los hechos probados ocupan un papel central en la construcción de la sentencia penal. Constituyen el fundamental **elemento previo** para la identificación e interpretación de la norma aplicable al caso, el juicio de tipicidad y la fijación de las consecuencias que se derivan del mismo. La subsunción penal no puede recaer sobre cualquier hecho o afirmación contenida en la sentencia con apariencia de facticidad. Solo con el **hecho preciso e histórico** claramente determinado, porque únicamente desde este puede el tribunal construir su inferencia normativa. Además, actúa como garantía del **derecho a conocer la acusación**, que no se extingue con la concreción por parte de las acusaciones de los hechos sobre los que fundan sus pretensiones de condena sino que alcanza a la propia sentencia, permitiendo el ejercicio del derecho a los recursos (TEDH 13-3-13, Varela Geis c. España; TS 5-2-26, EDJ 510450).
Con los hechos declarados probados han de relacionarse los **fundamentos jurídicos**, lo que exige que la descripción de lo que la sentencia considera probado sea lo suficientemente contundente y desprovisto de dudas, en aquellos aspectos centrales a los que se aplica el derecho, como para permitir la adecuada subsunción de la conducta en el correspondiente precepto sustantivo, de forma que la relación de hechos, su calificación jurídica y el fallo formen un todo congruente. Por ello, la sentencia debe anularse cuando se aprecie en el relato fáctico una **insuficiencia descriptiva** que lo haga incomprensible o difícilmente inteligible, bien por una omisión total de versión fáctica, bien por omisiones parciales que impidan su comprensión, bien por el empleo de frases ininteligibles o dubitativas que impidan saber lo que el tribunal declara efectivamente probado o bien por contener la sentencia un relato construido de tal forma que conduzcan a la duda acerca de si el tribunal los está declarando probados o no, siendo necesario además que los apuntados defectos supongan la imposibilidad de calificar jurídicamente los hechos (TS 31-7-01, EDJ 29158; 17-9-01, EDJ 31929; 27-3-02, EDJ 9582).

Precisiones **1)** Vulnera el derecho a la tutela judicial efectiva en su faceta de obtención de una resolución fundada, la judicial carente de una **estimación expresa o tácita de las pruebas** practicadas que permita conocer las razones que condujeron al órgano judicial a descartar su valoración (TCo 9/2015).
2) El respeto del principio acusatorio exige que el **relato fáctico de la calificación acusatoria** sea completo, neutro y pormenorizado (TS 13-4-16, EDJ 38930).
3) La posibilidad de integrar los déficits del factum con datos incorporados en la fundamentación jurídica de la sentencia penal, se admite excepcionalmente (TS 29-6-15, EDJ 136446). Los **fundamentos de derecho** no son el lugar adecuado para completar o integrar el hecho probado y mucho menos para ampliarlo en perjuicio del acusado (TS 22-5-20, EDJ 559662; 11-2-22, EDJ 509903). En todo caso, se permite la integración de los hechos probados con las consideraciones de naturaleza fáctica (TS 20-1-22, EDJ 501047).
4) La circunstancia de que el relato de los hechos probados consista sustancialmente en una **copia** de los redactados por las acusaciones en sus respectivos escritos, aunque supone una metodología poco recomendable, no entraña ningún defecto de relevancia legal o constitucional siempre que se cumplan adecuadamente los demás elementos exigibles a la sentencia condenatoria (TS 30-9-20, EDJ 727292; 4-3-21, EDJ 513837).
5) Los hechos declarados probados en una sentencia no producen **efecto vinculante de cosa juzgada** que obligue a otro tribunal a aceptarlos como base fáctica en el enjuiciamiento de otros delitos distintos, respecto de los que, practicadas las pruebas pertinentes, se valorarán con libertad de criterio (TS 9-4-21, EDJ 533250).
6) El principio acusatorio obliga al tribunal a valorar exclusivamente los hechos sobre los que las acusaciones formulan su pretensión. El tribunal puede, a la luz del resultado de la prueba «formatear» el relato incluso precisando aspectos fácticos no incluidos expresamente en los **escritos de acusación** (unidades mínimas de observación), siempre que ello no suponga una neta adición de presupuestos fácticos de los que pueda derivarse mayor responsabilidad (TS 14-12-20, EDJ 746903; 21-5-20, EDJ 575535). Todo ello teniendo en cuenta la **carga** de precisión fáctica que pesa sobre el escrito de acusación.
No se da **vulneración del acusatorio**, siempre que exista acusación formal frente a los acusados por los delitos que son objeto de condena, aunque se articule la sentencia sobre teoría del levantamiento del velo como metodología operativa doctrinal que ensambla con CP art.31. Tal figura no es

más que una «expresión jurídica» del *modus operandi* constructivo de la forma en la que se perpetra la actuación delictiva, generalmente en supuestos de **insolvencia punible y vaciamientos patrimoniales** (TS 21-1-21, EDJ 502792).

Fundamentos de derecho (LECr art.142.5 a 8) Se consignan en **párrafos separados y numerados**, con cita expresa de las disposiciones aplicables: 9716
- los fundamentos legales de la calificación de los hechos que se declaren probados;
- de la participación que en ellos haya tenido cada uno de los procesados;
- de las circunstancias eximentes y modificativas de la responsabilidad criminal;
- las razones en que se base la individualización de la pena; y
- las responsabilidades civiles exigibles.

Precisiones 1) Se incluyen los razonamientos relativos a los **artículos de previo pronunciamiento** cuya resolución se haya deferido, en el acto de la vista del procedimiento abreviado, a este momento (TS 8-7-11, EDJ 155227; AP Barcelona 18-10-19, EDJ 749775).
2) El **rechazo del concurso de la prescripción** invocada, por causa interruptora no establecida en precepto legal aplicable, exige una motivación reforzada (TCo 64/2023; 33/2022).

Fallo (LECr art.142.9) Contiene: 9718 MPP nº 4271

a) La **condena o absolución** respecto del delito principal, de los conexos y de los delitos leves, sean o no incidentales, imputables a los procesados y que hayan sido objeto de investigación y acusación.

b) Las **penas** principales y accesorias que se impongan.

c) La parte de condena que haya de cumplirse en caso de concurrencia de penas, el **abono de prisión preventiva** y de otras privaciones de libertad que se haya sufrido a resultas del hecho de autos.

d) La condena a las **responsabilidades civiles** exigibles, incluido en su caso el daño moral, identificando las personas y concretando las cuantías que correspondan o, en su caso, fijarán las bases para su determinación en fase de ejecución (no en caso de sentencia absolutoria, excepto por eximente conforme a CP art.20.1, 2, 3, 5 y 6; 118 -TS 18-12-19, EDJ 761634-).

e) La **condena en costas** (siempre con criterio restrictivo, especialmente en cuanto a la acusación particular -TS 2-3-16, EDJ 15677; 28-11-19, EDJ 749072; 17-12-19, EDJ 760838- y siempre a petición de parte o del Ministerio Fiscal -TS 18-12-19, EDJ 761634; 27-5-20, EDJ 567302-. No es preciso interesar la condena en costas para que el tribunal las conceda, en supuestos del condenado porque las impone la Ley (CP art.123), ni tampoco las de la acusación particular en los delitos solo perseguibles a instancia de parte, por igual razón (CP art.124). Sin embargo, si debe **mediar previa petición** cuando se trate de incluir dentro de las costas del acusado o acusados las de la acusación particular en los demás delitos, y también las que pudieran imponerse a los querellantes por haber sostenido pretensiones temerarias frente al acusado, pues de lo contrario el tribunal incurriría en un exceso sobre lo solicitado o *extra petita* (TS 20-12-00, EDJ 67052; 27-3-02, EDJ 9576).

En cuanto a la **justificación de su imposición**, en las costas impuestas al condenado ha de entenderse que rige la «procedencia intrínseca» de incluir en ellas las costas de la acusación particular, salvo cuando esta haya formulado peticiones no aceptadas y absolutamente heterogéneas con las del Ministerio Fiscal y con las acogidas por el Tribunal, de las que se separa cualitativamente, evidenciándose además como inviables, extrañas o perturbadoras (TS 12-2-09, EDJ 38186), de modo que solo es exigible una motivación expresa en este punto cuando el juzgador encuentre **razones para apartarse del criterio general** que es precisamente el de la imposición al condenado de las costas de la acusación particular (TS 2-6-16, EDJ 76681). El criterio de la homogeneidad y de la coherencia con las tesis admitidas en la sentencia es el prioritario, pero ha de atenderse en un segundo plano también al **criterio de la relevancia**, denegándose la imposición de las costas correspondientes a la acusación particular cuando la intervención de esta parte resulte superflua o inútil (TS 2-4-25, EDJ 537702).

Las costas no tienen el carácter de sanción o penalización, sino de **compensación indemnizatoria** por los gastos que se ha visto obligada a soportar la parte, a quien el derecho ampara. Y **deben pedirse** en conclusiones provisionales o definitivas, no en trámite de informe (TS 21-3-23, EDJ 539483).

f) El destino que deba darse a los **efectos e instrumentos del delito** y demás piezas de convicción de conformidad con las leyes. Debe ser siempre pedida por alguna de las partes o el Ministerio Fiscal (TS 18-12-19, EDJ 761634).

Adicionalmente, si es posible, el fallo debe resolver sobre la **suspensión de la ejecución** de la pena (TS 8-6-22, EDJ 601323).

Precisiones 1) El tribunal ha de **individualizar la pena** para ofrecer una respuesta punitiva propocionada teniendo en cuenta las circunstancias fácticas que el juzgador deba valorar (TS 30-6-15, EDJ 127718; 4-3-20, EDJ 516691; 11-4-18, EDJ 42031; 17-3-21, EDJ 514243). 9719

Se admite la **desproporción de la pena** como criterio de corrección casacional cuando la pena impuesta en el caso concreto no se ajusta a criterios legales de modo que ante situaciones idénticas se imponga una pena diferente (TS 19-12-19, EDJ 785654). También en caso de falta de motivación (TS 4-3-20, EDJ 516691; 29-5-24, EDJ 570209).
En la concreta **fijación de las penas** el órgano judicial goza de cierto margen de discrecionalidad, pero con motivación reforzada especialmente en casos de exacerbación de la pena impuesta (TS 29-4-20, EDJ 542260; 7-12-16, EDJ 240122; AP La Rioja 8-4-20, EDJ 575630; TS 28-5-20, EDJ 569323). Queda rechazada cualquier tipo de justificación más o menos formularia o estereotipada que desacredite una real individualización judicial (TS 17-3-21, EDJ 514243). Las exigencias motivatorias se atenúan cuando se trata de justificar una pena impuesta en su mínima extensión legal, sin desvanecerse nunca (TS 22-6-21, EDJ 612834; 6-4-22, EDJ 536500).
2) El **control en casación** de la corrección de la pena aplicada se limita a la comprobación de la existencia de un razonamiento en el sentido antedicho, pero no alcanza la traducción numérica de los respectivos juicios, salvo si la determinación resulta manifiestamente arbitraria (TS 14-6-22, EDJ 608358).
3) En los casos en que se impone, como principal o accesoria, la pena de **multa**, esta puede ser fijada en días multa, a razón de un tanto determinado por día, o ser proporcional (el tanto, duplo, séxtuplo de la cantidad defraudada, por ejemplo, en el caso del delito contra la Hacienda pública -CP art.305 s.-), el órgano sentenciador ha de establecer (imperativa, no potestativamente -TSJ Madrid 13-11-19, EDJ 790599-) a su prudente arbitrio la responsabilidad subsidiaria que proceda con el máximo de un año de duración o acordar que se cumpla mediante trabajos en beneficio de la comunidad, de acuerdo con el penado. Incluso en defecto de petición del Ministerio Fiscal o las partes, pues se ha de aplicar *ex lege* (TS 5-11-18, EDJ 637525). La **responsabilidad penal subsidiaria** no se impone en caso de condena a pena privativa de libertad superior a 5 años (Acuerdo TS Pleno no Jurisdiccional Sala 2ª 1-3-05, EDJ 13136); en el caso de **varios delitos** en que se condena en una misma sentencia se atiende a cada uno de ellos, no a la suma de las penas impuestas en el mismo fallo (TS 22-5-08, EDJ 103354; 22-3-05, EDJ 40650).
4) En supuestos en los que se impone **multa a la persona física** autora del delito por el que se condena y, simultáneamente, a una **persona jurídica** ha de modularse la pena impuesta, para evitar un total desproporcionado en relación a la gravedad del único hecho castigado, sin que modular signifique suprimir y sin que la modulación no llegue al punto de rebasar el mínimo legal (TS 19-7-17, EDJ 175657; 29-2-16, EDJ 15669; 12-3-20, EDJ 554419). Sin embargo, la cuestión no es clara (TS 13-3-19, EDJ 508473).
5) Solo la sentencia condenatoria puede pronunciarse sobre la **responsabilidad civil** que pesa sobre el condenado, con las excepciones legales oportunas. La **sentencia absolutoria** obligatoriamente tiene que dejar imprejuzgadas las cuestiones civiles, dado que en el proceso penal solo se ventilan las responsabilidades civiles dimanantes de delito. No existiendo delito es imposible condenar civilmente.
La absolución debe efectuarse habiendo dado a la entidad o persona absuelta la **audiencia** necesaria. Sin embargo, su ausencia no genera indefensión. Lo que está vedado es condenar a alguien sin darle posibilidades de defenderse y sin conferirle audiencia. Absolver sin previa audiencia puede ser una incorrección pero no genera indefensión alguna (TS 18-12-19, EDJ 761634).
6) En caso de que se pretenda que la sentencia se pronuncie sobre la **suspensión de la ejecución de la pena** (CP art.82.1), al finalizar el juicio y antes de dictarse, debe haberse abierto un turno de intervenciones de las partes para dar audiencia previa a las mismas (AP Barcelona 1-9-20, EDJ 703764).
7) Ante una **ausencia de motivación** de la individualización de la pena impuesta cabe, en sede de recurso (TS 8-4-21, EDJ 529899):
- **devolver la sentencia** al órgano judicial de instancia para que dicte otra razonando debidamente lo que en la primera no se razonó, con nulidad parcial de la sentencia y con el límite de LOPJ art.240.2 -no apreciación de oficio-;
- **subsanar el defecto** en caso de que el órgano de apelación o casación tenga los elementos de juicio necesarios para individualizar la pena, bien en la misma extensión o en otra que se considere adecuada;
- **imponer la pena** legalmente establecida en el mínimo, subsidiaria y excepcionalmente, en caso de no sea posible la subsanación.

9719.5 MPP nº 4275 s. **Individualización de las penas** El tribunal ha de individualizar la pena de acuerdo con el **principio de proporcionalidad**, incorporando la debida y reforzada motivación. Para la individualización judicial de las penas, una vez aplicadas las reglas generales sobre participación, ejecución, concursos y circunstancias modificativas de la responsabilidad criminal, deben ponderarse las **circunstancias personales** del delincuente y la **mayor o menor gravedad** del hecho conforme a CP art.66, que pretenden ofrecer una respuesta punitiva proporcionada (TS 17-3-21, EDJ 514243).
La gravedad del hecho no es la del delito, que habrá sido ya contemplada por el legislador para fijar la banda cuantitativa penal que atribuye a tal infracción. Se refiere a las **circunstancias fácticas** que el juzgador ha de valorar para determinar la pena y que sean concomitantes del supuesto concreto que está juzgando; elementos de todo orden, marcando el concreto reproche penal que se estima adecuado imponer (TS 30-6-15, EDJ 127718).

La **ausencia de justificación** convierte el proceso de individualización en un acto jurisdiccional inspirado en un inaceptable voluntarismo, como igualmente el basado en argumentos incoherentes o contrarios a la elemental idea del merecimiento de la pena, con lesión del principio de proporcionalidad (AP Navarra 26-7-24, PA 663/21).

a) Motivación en caso de hiper agravación. Especialmente intensa ha de ser la motivación para **individualizar la pena** en caso de aplicación de este supuesto (CP art.66.1.5), que permite al tribunal imponer la pena superior en grado cuando el culpable, al cometer el delito, hubiera sido **condenado por, al menos, tres delitos** comprendidos en el mismo título del Código Penal y de la misma naturaleza, teniendo en cuenta las condenas precedentes y la gravedad del nuevo delito. **9719.6**

La motivación debe orientarse a comprobar el fracaso de las **finalidades retributivas y preventivas especiales** que se pretendían obtener con las previas penas impuestas, atendiendo, entre otros criterios, a la progresión en términos de gravedad entre la conducta típica que funda la condena actual y las que sirvieron de base a las condenas anteriores, al tipo y alcance de las penas impuestas, al modo en que se desarrolló la ejecución, al tiempo transcurrido, a factores motivacionales concurrentes, a la concreta imputabilidad presente al tiempo de comisión, tanto de los delitos anteriores como del delito actual, o a cualquier otra circunstancia de producción del hecho o personal del responsable que pueda interferir en la valoración del «efecto advertencia» que se derive de las **condenas previas** (TS 17-6-21, EDJ 611271; 20-1-23, EDJ 503358).

Si se impone la pena de **inhabilitación especial**, ha de especificarse en la sentencia el cargo a que se refiere y sobre el que recae, a diferencia de la absoluta, en la que la inhabilitación lo es para todo cargo, honor o distinción (TS 18-5-23, EDJ 569607; 30-11-09, EDJ 271263).

Impone **especiales exigencias** de motivación y de evaluación de las circunstancias personales y familiares concurrentes para determinar el concreto alcance de la pena, la de inhabilitación para el ejercicio de la patria potestad (CP art.192.3), por aplicación del principio de **interés superior del menor** (TCo 64/2019), debiendo cohonestarse este con los fines retributivos y preventivos de la pena ya que los derechos del menor y los deberes del progenitor subsisten y son modulables (TS 22-5-24, EDJ 571545; 10-1-24, EDJ 501558).

b) Aplicación de la ley penal más favorable en casos de sucesión normativa. Forma parte del contenido de la sentencia, en su faceta de individualización de la pena, la determinación de la aplicación de la ley penal más favorable en casos de sucesión normativa cuando resulten afectados **tipos penales en los que se subsumen las conductas** por las que, en su caso, haya de condenarse. **9719.7**

El **cotejo de normas** debe hacerse comparando en bloque ambos esquemas normativos (TS 21-4-23, EDJ 554319; 13-4-23, EDJ 551533), sin que sea posible una fragmentación que permita escoger aspectos concretos de una y otra versión (TS 5-3-18, EDJ 18445). Los **elementos de comparación** no se limitan a la consideración de hecho delictivo en una y otra norma, sino a todos los presupuestos de aplicación de la Ley penal (TS 29-6-10, EDJ 140063).

Cuando la sucesión sobrevenga **una vez dictada la sentencia de primera instancia**, ha de diferenciarse:

• Si **pende recurso de apelación**, en cuyo caso la sentencia de apelación deberá aplicar la norma más favorable con la capacidad revisora que ofrece este recurso.

• Si **pende casación**, al Tribunal Supremo no corresponde efectuar una nueva determinación de la pena emitiendo un juicio de proporcionalidad desde nuestra ponderación de las circunstancias que permitan detectar una mayor o menor reprochabilidad de los hechos y en atención a la gravedad de la culpabilidad del sujeto, sino que ha de limitarse a analizar la corrección de la pena aplicada, comprobando que la impuesta respeta las previsiones legales y que la individualización fijada en la instancia no resulta arbitraria.

• Si la **sentencia es firme**, ha de aplicarse la revisión en sede de ejecución.

La **responsabilidad civil** declarada en sentencia penal no pierde su naturaleza propia del Derecho privado, aunque se ventile ante un órgano de la jurisdicción penal y en un proceso penal. Ello supone que no son de aplicación todas las instituciones características del proceso criminal con la misma intensidad que la responsabilidad penal derivada de un hecho delictivo. Desde el principio acusatorio, sustituido por el principio de rogación, hasta la presunción de inocencia y la necesaria conformación de los hechos declarados probados en un apartado expreso de la sentencia, hace que la declaración de condena sea distinta.

• Cuando se trata de **cuestiones de pura responsabilidad civil**, las aseveraciones con carácter fáctico contenidas en la fundamentación jurídica pueden integrar el hecho probado (TS 27-5-22, EDJ 599974).

• Las **pretensiones no penales** no pierden sus características y perfiles esenciales por ejercitarse en el proceso penal, ni quedan informadas por principios que les son ajenos, pues son propios en exclusiva de las pretensiones penales. Así, en materia civil no rige el principio acusatorio, sino el de rogación, que tiene fundamento, consecuencias y sentido diferente. Tampoco la presunción de inocencia se proyecta sobre las consecuencias civiles del delito (TS 27-4-17, EDJ 57031; 28-9-17, EDJ 196437).

• El proceso puede seguir hasta su conclusión respecto del **enajenado sobrevenido** en cuanto a los temas civiles (LECr art.383).

• Se admite la posibilidad, mediante un **recurso devolutivo**, de revisar contra reo pronunciamientos no estrictamente penales (TS 29-3-22, EDJ 532140), al no estar supeditada a la invariabilidad «in peius» del hecho y de la subsunción respecto de las sentencias condenatorias.

Precisiones Lo anterior lleva a la conclusión de que la **responsabilidad civil declarada en la sentencia penal** respecto a quien ha sido absuelto por la concurrencia de una causa de exclusión de la responsabilidad o de la penalidad, no pierde su naturaleza de consecuencia jurídica de naturaleza civil y no participa plenamente de las exigencias de un pronunciamiento penal de condena en lo atinente a los principios que rigen en la jurisdicción penal (TS 19-12-23, EDJ 785323).

9719.8 c) **Excusa absolutoria** (CP art.268). La jurisprudencia ha abierto la posibilidad de ventilar las **responsabilidades civiles** dentro del proceso penal cuando se aprecia la excusa absolutoria del **parentesco o matrimonio** en los delitos contra el patrimonio y el orden socioeconómico, que puede producir sus efectos ya en la fase de instrucción o en la fase intermedia, mediante la oportuna resolución de sobreseimiento -LECr art.637.3-, siempre que estén acreditados suficientemente los **presupuestos básicos** que requiere la aplicación de aquella (TS 30-1-06, EDJ 11975); afirmando asimismo que una vez acordada la **absolución** por el delito contenido en la acusación, no es posible un pronunciamiento respecto de la responsabilidad civil que se haya derivado del mismo, debiendo acudir a la jurisdicción civil para obtener el resarcimiento que sea procedente (TS 14-2-05, EDJ 37501; 25-6-08, EDJ 97512). No obstante, numerosas sentencias admiten la declaración de responsabilidad civil una vez que el tribunal ha procedido a establecer unos hechos determinados y aplica luego la **excusa para absolver al acusado**, lo que encuentra inspiración en consideraciones legales sobre la adecuada protección de la víctima y en argumentos de economía procesal, pues, en algunos supuestos, se presenta la necesidad de **practicar la prueba en el juicio oral** para establecer de forma terminante la concurrencia de los presupuestos fácticos de la excusa absolutoria -e incluso la existencia del delito, la autoría y la extensión de la propia responsabilidad civil- y, además, la conveniencia de no repetir un proceso que, en sus extremos más trascendentales, entre los que se encuentran los aspectos civiles, ya se había desarrollado en su integridad, con respeto a los derechos de todos los afectados (TS 23-6-10, EDJ 153038).

Para **poder aplicar esta excusa absolutoria**, puede ser preciso el seguimiento del proceso debido en todas sus fases, el desarrollo de una prueba que justifique la existencia del delito imputado y, a pesar de ello, la extinción de la derivada y correspondiente responsabilidad penal, con declaración e inclusión en el fallo de la subsistente responsabilidad civil (TS 11-11-16, EDJ 201751). Y es que la excusa absolutoria no interfiere en lo relativo a la responsabilidad civil, porque que queden sin punición los hechos comprendidos, no los transmuta, entre los sujetos relacionados por alguna de las clases de parentesco descritas, en lícitos; las notas de antijuridicidad, tipicidad y culpabilidad por esa mera circunstancia parental no desaparecen, aunque se exima de responsabilidad penal (TS 15-10-14, EDJ 188257).

Por tanto, en estos supuestos no concurre razón alguna para **suprimir el pronunciamiento civil**, aunque esté perfilado solo parcialmente. Han sido practicadas pruebas, con contradicción de las partes, para declarar acreditados los hechos de que dimana. Los aspectos controvertidos y aún no definidos, en su caso, podrán determinarse en un incidente contradictorio. Se evita así el reenvío a un costoso y lento proceso civil ulterior. Razones de **economía procesal** aconsejan aprovechar la prueba practicada sobre el hecho y la presencia en el proceso de los sujetos implicados (TS 15-6-22, EDJ 606865; 14-2-23, EDJ 513074).

9719.9 d) **Daño moral**. La fijación de una indemnización por daños morales es impermeable a criterios reglados o aritméticos, incompatibles con la propia naturaleza del **daño no patrimonial causado**, que, por esa razón, solo puede ser compensado, nunca reintegrado. En esos casos, solo cabe el arbitrio judicial, y el control casacional solo puede situarse en la corrección de la **indemnización** fijada cuando esta sea **desproporcionada**, entiendo por tal, aquella que se aparta de estándares habituales.

Precisiones 1) La traducción económica de una reparación por daños morales es tarea reservada a la discrecionalidad del tribunal de instancia y, por tanto, inatacable en casación. Se podrán discutir las bases pero no el **monto concreto**, que no solo no está sujeto a reglas aritméticas, sino que resulta de precisión exacta imposible cuando hablamos de daños morales (TS 28-11-07, EDJ 222945; 28-6-23, EDJ 611781).

2) Cuando la **cuantificación** se ajusta a estándares habituales y parámetros que, sin ser exactos, se mueven en torno a pautas comúnmente compartidas y reconocibles, no será preciso un razonamiento, imposible, que justifique por qué se dan «x» euros y no una cantidad ligeramente superior, o ligeramente inferior. Solo cuando la cantidad fijada está huérfana de la más mínima fundamentación, y, además, **se aparta de estándares habituales** o comprensibles, de manera que se presente como el fruto de un puro voluntarismo o capricho, es posible la revisión (TS 11-5-23, EDJ 575977; 14-12-23, EDJ 778604).

3) La exigencia de identificar las **bases indemnizatorias** del daño moral puede resultar insuperable. Los **daños morales** no tienen que concretarse con alteraciones patológicas o psicológicas sufridas por las víctimas, sino que pueden surgir de la mera significación espiritual que tiene el delito para la víctima y de la necesidad de integrarlo en su experiencia vital (TS 18-4-24, EDJ 542954). Por ello, no es precisa prueba de que la víctima haya quedado afectada psicológicamente.

En los casos de daños morales **derivados de agresiones sexuales**, el daño moral resulta de la importancia del bien jurídico protegido - libertad e indemnidad sexual- y de la gravedad de la acción que lo ha lesionado criminalmente (TS 29-1-05, EDJ 11852; 26-1-07, EDJ 8535).

El daño moral **no necesita estar especificado** en los hechos probados cuando fluye de manera directa y natural del relato histórico.

Las únicas exigencias que podrían deducirse de una **pretensión indemnizatoria** por daño moral son:

- necesidad de hacer explícita la causa de la indemnización;
- imposibilidad de imponer una indemnización superior a la pedida por la acusación;
- adaptación de las facultades discrecionales del tribunal en esta materia al principio de razonabilidad.

La traducción de estos criterios en una suma de dinero solo puede ser objeto de **control en casación** cuando resulta manifiestamente arbitraria y objetivamente desproporcionada (TS 18-4-24, EDJ 557680).

Otros contenidos (LECr art.142 párr último; LO 2/1989 art.89) Se pronuncia igualmente la sentencia, en caso necesario, sobre el carácter calumnioso de la **querella** y sobre la remisión a quien corresponda del tanto de culpa por posibles **responsabilidades penales o administrativas** manifestadas durante la celebración del juicio oral. **9720**

Precisiones Debe pronunciarse la sentencia y aplicar, en su caso, **amnistía** decretada por LO 1/2024; pudiendo aplicarla el juez o tribunal incluso de oficio, en su defecto de petición de parte o del Ministerio Fiscal, previa audiencia a estos (LO 1/2024 art.11.3).

Proceso de jurado (LO 2/1989 art.70; LOPJ art.248.3) Se produce una remisión a la norma general del sobre la forma de la sentencia (nº 9709 s.) estableciéndose dos importantes precisiones. **9722**

a) El magistrado presidente debe redactar la sentencia incluyendo como hechos probados y delito objeto de condena o absolución el **contenido correspondiente del veredicto**. Quiere ello decir que una vez leído el veredicto sin que se acuerde su devolución, no se permite al magistrado presidente **disentir de** lo que han declarado probado los **jueces populares**, tanto en lo que se refiere a los hechos objetivos directamente susceptibles de prueba como en lo que se refiere a los hechos subjetivos solo cognoscibles mediante inferencias (TS 29-9-03, EDJ 146630). Lo procedente en este momento es **transcribir los hechos** tal como fueron declarados probados por los jurados al responder a las proposiciones que les fueron formuladas sobre el objeto del veredicto, pues las alteraciones introducidas por el magistrado presidente en esa redacción, si superan una simple corrección de estilo e implican una interpretación personal del suceso, puede llegar a **alterar el verdadero sentido de la declaración** efectuada por el jurado. No es, pues, admisible que se depure nada si esa depuración conduce a incluir algún hecho no declarado probado o a eliminar algo esencial de lo dicho expresamente por los jurados, pues el veredicto emitido por los jueces legos como expresión de su voluntad es lo que constituye la base intangible sobre la que los jueces profesionales deben realizar la calificación jurídica de los hechos enjuiciados (TSJ C.Valenciana 12-11-01, Rec 21/02).

b) Además, la sentencia concreta la **existencia de prueba de cargo** exigida por la garantía constitucional de presunción de inocencia. No se permite, por consiguiente, al magistrado una suerte de avocación de la exclusiva competencia del jurado para valorar la prueba, sino solo determinar técnicamente la **idoneidad de la prueba** valorada por el colegio popular (TS 23-12-04, EDJ 234871).

Escritura u oralidad (LOPJ art.245.2) Como regla general, la sentencia ha de ser **escrita**, firmada por juez o magistrado. Sin embargo, la ley permite dictarla oralmente en el acto del propio juicio oral e incluso declarar en ocasiones de la misma forma su firmeza: **9724**

- en el procedimiento abreviado (LECr art.789.2);
- en el de enjuiciamiento rápido (LECr art.801.2);
- en las diligencias preparatorias (LO 2/1989 art.396 párr 4); y
- en el proceso de jurado, si es absolutoria (LO 5/1995 art.67).

La **sentencia oral** se concibe por lo común como un anticipo del fallo con una sucinta motivación, documentada en el acta del juicio oral o en anexo a la misma, que posteriormente ha de producirse por escrito conforme a las normas generales que regulan la sentencia.
Sin embargo, en el procedimiento **de enjuiciamiento rápido**, la Ley no se refiere para las sentencias de conformidad a la posterior redacción de las mismas, exigiendo solo que se documenten en la forma establecida en el nº 10052. Ello plantea la duda de si la documentación de este tipo de sentencias se limita a la constancia en acta del fallo y de la sucinta motivación a que se refiere el precepto o incluye también la posterior redacción que a continuación se cita en el mismo. Estimamos que la sentencia ha de constar en todo caso por escrito, pues dictada sentencia de conformidad, el juez de guardia acordará lo procedente sobre la puesta en libertad o el ingreso en prisión del condenado y realizará los requerimientos que de ella se deriven, remitiendo seguidamente las actuaciones junto con la **sentencia redactada** a la Sección de lo Penal del Tribunal de Instancia -hasta su constitución, al juzgado de lo penal que corresponda-, que continuará su ejecución (LECr art.801.4).

Precisiones La **firma** es un mecanismo idóneo para prestar autenticidad a las resoluciones judiciales, pero nada impide que en supuestos en los que falte pueda reconocerse también la autenticidad de una resolución si cabe despejar las dudas que pudieran cuestionarla (TS 14-12-23, EDJ 771506).

9725 **Responsabilidad civil declarada en sentencia penal** Dicha responsabilidad no pierde su **naturaleza** propia del Derecho privado, aunque se ventile ante un órgano de la jurisdicción penal y en un proceso penal. Ello supone que no son de aplicación todas las instituciones características del proceso criminal con la **misma intensidad** que la responsabilidad penal derivada de un hecho delictivo.
Desde el **principio acusatorio**, sustituido por el principio de rogación, hasta la **presunción de inocencia** y la necesaria conformación de los hechos declarados probados en un apartado expreso de la sentencia, hacen que la declaración de condena sea distinta. En este sentido:
a) Cuando se trata de cuestiones de pura responsabilidad civil, las **aseveraciones con carácter fáctico** contenidas en la fundamentación jurídica pueden integrar el hecho probado (TS 27-5-22, EDJ 599974).
b) Las **pretensiones no penales** no pierden sus características y perfiles esenciales por ejercitarse en el proceso penal, ni quedan informadas por principios que les son ajenos pues son propios en exclusiva de las pretensiones penales. Así, en materia civil no rige el principio acusatorio, sino el de **rogación** que tiene fundamento, consecuencias y sentido diferente. Tampoco la **presunción de inocencia** se proyecta sobre las consecuencias civiles del delito (TS 27-4-17, EDJ 57031; 28-9-17, EDJ 196437).
c) El proceso puede seguir hasta su conclusión respecto del **enajenado sobrevenido** en cuanto a los temas civiles (LECr art.383).
d) Se admite la posibilidad, mediante un **recurso devolutivo**, de revisar contra reo pronunciamientos no estrictamente penales (TS 29-3-22, EDJ 532140), al no estar supeditada a la invariabilidad *in peius* del hecho y de la subsunción respecto de las sentencias condenatorias.

Precisiones Lo anterior lleva a la conclusión de que la responsabilidad civil declarada en la sentencia penal respecto a quien ha sido **absuelto** por la concurrencia de una causa de exclusión de la responsabilidad o de la penalidad, no pierde su naturaleza de consecuencia jurídica de naturaleza civil y no participa plenamente de las exigencias de un pronunciamiento penal de condena en lo atinente a los principios que rigen en la jurisdicción penal (TS 19-12-23, EDJ 771506).

9726 **Mayoría absoluta o cualificada** (LOPJ art.251 a 263; LECr art.146 a 158; LO 2/1989 art.92) Cuando la sentencia se dicte por un **órgano jurisdiccional colegiado** ha de adoptarse inexcusablemente por mayoría absoluta de votos, salvo que la Ley señale expresamente una mayor proporción y sin que pueda exigirse un número determinado de votos conformes que altere la regla de la mayoría. Para ello se precisa un **previo un proceso de deliberación y votación** cuya regulación establece con absoluto detalle el orden de la votación, la dirección de la misma y el modo de dirimir las discordias cuando tras la primera votación no resultare la mayoría necesaria.
Con carácter general, la disciplina de esta materia regulada en la LOPJ debe prevalecer sobre los preceptos de la LECr, complementados en la medida necesaria con la LEC art.195, 196, 197 a 202, dada la supletoriedad general de este texto.

9728 Precisiones **1)** La derogación tácita de LECr por LOPJ presenta un punto de duda en la regulación de la **discordia** cuando esta no se resuelva **en segunda votación**.
En este caso, debe celebrarse **vista de discordia** incrementando el número de componentes de sala y someter luego a votación, si tampoco resulta mayoría tras su celebración, los dos pareceres más votados (LOPJ art.262 y 263; LEC art.202).
Por el contrario, conforme a la LECr, si en la segunda votación no resulta mayoría sobre los aspectos discordantes se someterán a **nueva deliberación** tan solo los **dos votos más favorables al procesado**, y entre estos optarán precisamente todos los votantes, de modo que resulte aprobado

cualquiera de ambos, en cuyo caso se indicará esta circunstancia mediante una fórmula ritual en la sentencia -«visto el resultado de la votación, la Ley decide:...»- (LECr art.163 y 164).

Aunque es indudable que los textos LOPJ y LECr aspiran a aplicarse a cualquier tipo de proceso y así se deduce de la **composición de la sala de discordia** (en la que se integran magistrados de otras salas con preferencia de los del mismo orden jurisdiccional), no parece descabellado sostener la especialidad de LECr en este aspecto, dada la singular afección del proceso penal sobre los derechos fundamentales del investigado. Además, a la vista de discordia han de concurrir, entre otros, los **mismos magistrados** que celebraron la primera y no alcanzaron la mayoría necesaria para dictar sentencia, por lo que su imparcialidad objetiva podría verse seriamente comprometida, ya que la nueva vista se celebra íntegramente y en ella han de practicarse y valorarse de nuevo las pruebas con las que mantuvieron contacto durante la vista originaria.

2) Lo mismo cabe decir de la forma de proceder en caso de **imposibilitarse para votar** algún miembro del tribunal o de verse afectado después de la vista y antes de la votación por alguna de las circunstancias previstas en la LEC art.194.2, problema que la LOPJ soluciona mediante celebración de nueva vista cuando entre los magistrados hábiles no pueda lograrse la mayoría necesaria (LOPJ art.257 y 258) y que el LECr art.154, por el contrario, enfoca mediante la aplicación de las normas sobre la discordia.

Proceso penal militar (LO 2/1989 art.92) Se adopta el clásico sistema de la Ley de enjuiciamiento criminal que establece que cuando la mayoría absoluta no resulte sobre cualquiera de los pronunciamientos de hecho y de derecho que deban hacerse, volverán a discutirse y a votarse los puntos en que se haya disentido; y si no se obtiene tampoco acuerdo, se someterán a **deliberación los dos votos distintos** entre sí que fueran más favorables al acusado (LECr art.149). 9730

Proceso de jurado El veredicto del jurado se adopta conforme a lo expuesto en nº 9645 s. 9732

Término para dictar sentencia (LOPJ art.182 a 185, 253; LECr art.149; LO 2/1989 art.90) La **deliberación** de la sentencia por el tribunal colegiado debe hacerse de manera inmediata a la finalización del juicio oral o, en otro caso, dentro del término para dictar sentencia. 9734

Alcanzada la decisión, el plazo para la redacción y firma de la sentencia, expresado en días hábiles es variable según el **tipo de proceso**:

• Ordinario por delito grave y en el proceso penal militar: 3 días, ampliable este último a 10 por decisión del auditor presidente (LECr art.203; LO 2/1989 art.102).

• Abreviado: 5 días (LECr art.789.1).

• Enjuiciamiento rápido y juicio por delitos leves, siempre que en este no pueda dictarse en el acto de finalizar el juicio: 3 días (LECr art.802.3 y 973.1).

• Proceso de menores: 5 días (LO 5/2000 art.38).

La **sentencia de apelación o casación**, resolutoria de los respectivos recursos, también está sujeta a plazo y ha de dictarse dentro del término de:

• Procedimiento abreviado y en el proceso de jurado: 5 días (LECr art.792.1 y 846 bis f).

• Procedimiento de enjuiciamiento rápido y juicio por delito leve: 3 días (LECr art.803.1.3ª y 973).

• Recurso de casación: 10 días (LECr art.899).

Proceso de jurado (LO 5/1995 art.55.1, 57.1 y 2) La **deliberación** es siempre inmediata a la entrega del escrito de objeto del veredicto y a la instrucción de los jurados, debiendo adoptarse el veredicto, salvo dudas en el jurado, en el plazo de 2 días. Transcurrido ese tiempo desde el inicio de la deliberación sin que los jurados hagan entrega del acta de la votación, el magistrado presidente puede convocarles a la **comparecencia** prevista para la ampliación de instrucciones. Y si en ella ninguno de los jurados expresa duda sobre cualquiera de los aspectos del objeto del veredicto, el magistrado presidente emite las **instrucciones** previstas en el nº 9662 s. con los efectos atribuidos en la misma a la devolución del acta. 9736

b. Requisitos internos

La sentencia ha de ser siempre motivada (nº 9742) y congruente (nº 9750), así como existir correlación entre la acusación y el fallo (nº 9758). 9740

Motivación (Const art.120.3) El requisito de motivación exigible siempre a la sentencia es una manifestación del derecho a la **tutela judicial efectiva** y consiste en que puedan conocerse las razones de la decisión que toda resolución judicial contiene para posibilitar su **control** mediante el sistema de recursos, pues las resoluciones judiciales no son meras expresiones de voluntad, sino aplicación razonable y razonada de las normas jurídicas, por lo deben proporcionar una respuesta adecuada en Derecho a la cuestión planteada y resuelta, aunque sea de manera sucinta (TCo 223/2005; TS 10-9-03, EDJ 97965). 9742

La motivación de la sentencia penal presenta perfiles específicos en lo tocante al triple **contenido** que abarca (motivación fáctica, jurídica y decisional) y al nivel de la exigencia en veredicto del jurado popular, ambos tratados con detalle en el nº 9618 s.

9744 **Resolución fundada en Derecho** El derecho a obtener una resolución fundada en Derecho, favorable o adversa, como garantía frente a la arbitrariedad e irrazonabilidad de los poderes públicos (TCo 112/1996 y 87/2000) implica, en primer lugar, que la resolución ha contener los elementos y razones de juicio que permitan conocer cuáles han sido los **criterios jurídicos** que fundamentan la decisión y, a renglón seguido, que la motivación debe contener una fundamentación en Derecho.

Este último aspecto no incluye un pretendido derecho al acierto judicial en la selección, interpretación y aplicación de las disposiciones legales, salvo que con ellas se afecte al contenido de otros derechos fundamentales distintos al de tutela judicial efectiva (TCo 256/2000 y 82/2001), pero la fundamentación en Derecho sí conlleva la garantía de que la decisión no sea consecuencia de una **aplicación arbitraria de la legalidad**, no resulte manifiestamente irrazonada o irrazonable o incurra en un error patente ya que, en tal caso, la aplicación de la legalidad sería tan solo una mera apariencia (TCo 55/2003 y 223/2005).

9746 **Motivación suficiente** El requisito de la motivación no autoriza a exigir un razonamiento judicial prolijo, exhaustivo y pormenorizado de todos los aspectos y perspectivas que las partes puedan tener de la cuestión que se decide, sino que deben considerarse suficientemente motivadas aquellas resoluciones judiciales que vengan apoyadas en razones que permitan conocer cuáles han sido los **criterios jurídicos esenciales fundamentadores** de la decisión, es decir la *ratio decidenci* que ha determinado aquella (TCo 154/1995 y 32/1996).

El **deber de motivación** no se mide por parámetros de excelencia en la respuesta, sino de suficiencia explicativa de las razones ofrecidas que permita, entre otros objetivos, que la parte que se ve afectada por lo decidido pueda combatirlo mediante el oportuno ejercicio de los recursos (TS 18-5-23, EDJ 577118).

La exigencia motivatoria no excluye una economía de razonamientos, lo importante es que **guarden relación y sean proporcionados y congruentes** con el problema o cuestión que se resuelve y que, a través de los mismos, puedan las partes conocer los motivos de la decisión, a efecto su posible impugnación, permitiendo a los órganos jurisdiccionales superiores ejercer su función de revisión (AP La Rioja 20-7-23, EDJ 762114).

La Ley no exige que las penas por un solo delito deban guardar entre sí la **debida proporcionalidad** pero, cuando no la guarden, ha de motivarse el porqué de la falta de relación proporcional. Parece evidente que, si se impone la pena mínima de prisión -conforme a CP art.72-, resulta necesario justificar por qué se impone una pena de multa que es bastante superior a la mínima prevista por la Ley (AP Barcelona 24-5-23, EDJ 671015). La **ponderación de la prueba de descargo** representa un presupuesto *sine qua non* para la racionalidad del desenlace valorativo, aunque no se trata de abordar todas y cada una de las afirmaciones de descargo ofrecidas por la parte pasiva del proceso, sino solamente que se ofrezca una explicación para su rechazo (TCo 85/2025; 88/2013; 104/2011; TS 8-10-25, EDJ 726410).

9748 **Resoluciones modelo** El uso de resoluciones estereotipadas o «de minutario» no implica necesariamente una falta o insuficiencia de la motivación, pues peticiones idénticas pueden recibir respuestas idénticas sin que la reiteración en la fundamentación suponga ausencia de esta (TCo auto 73/1996). Sin embargo, esta técnica puede resultar potencialmente contraria al derecho a la tutela judicial efectiva, más que por insuficiencia de la motivación, por **incongruencia omisiva**, esto es, por dejar sin respuesta alguna de las cuestiones planteadas por el recurrente (TCo 91/1995). En consecuencia, habrá de analizarse siempre el caso concreto para ver si la **respuesta** genérica es **congruente** con las cuestiones planteadas en el caso concreto y si expresa el criterio del juzgador sobre las pretensiones realmente ejercitadas (nº 185).

9749 **Motivación en caso de separación del criterio unificado** (LOPJ art.264) Se impone una exigencia específica de **justificación en la sentencia** (o, en general, resolución judicial), en caso de que el órgano (generalmente, sección) que la dicte se aparte del criterio establecido por un pleno jurisdiccional del tribunal en su conjunto. Ver nº 5386 Memento Procesal Civil 2026.

9750 **Congruencia** (LEC art.218.1) El derecho a la tutela judicial efectiva se proyecta, en otra de sus manifestaciones, sobre el **contenido de la respuesta judicial** a las pretensiones de las partes y eleva a rango de derecho fundamental el clásico principio de congruencia.

La congruencia de las sentencias se mide por el **ajuste o adecuación** entre su parte dispositiva y los términos en que las partes han formulado sus pretensiones y peticiones, de manera que la resolución judicial no puede otorgar más de lo pedido por el actor ni menos de lo admitido por el demandado (incongruencia *ultra petita*) ni cosa diferente de la pretendida (incongruencia extra petita»).

No obstante, ello no comporta que el juez deba quedar vinculado rígidamente al tenor literal de los **concretos pedimentos** articulados por las partes en sus respectivos escritos forenses o a los razonamientos o alegaciones jurídicas esgrimidas en su apoyo.

a) Por un lado, el principio *iura novit curia* permite fundar el fallo en los **preceptos legales** o normas jurídicas que sean **de pertinente aplicación** al caso, aunque no hayan sido invocados por los litigantes.

b) Por otro, el órgano judicial solo está vinculado por la **esencia de lo pedido y discutido en el pleito**, y no por la literalidad de las concretas pretensiones ejercitadas, tal y como hayan sido formalmente solicitadas por los litigantes, de forma que no existe la incongruencia cuando el juez se pronuncie sobre una pretensión que, aunque no fue formal o expresamente ejercitada, estaba implícita o era consecuencia inescindible o necesaria de los pedimentos articulados o de la cuestión principal debatida en el proceso.

La congruencia de la sentencia se conecta íntimamente, pues, con el **principio de contradicción** (nº 6959) y su ausencia se erige en motivo de impugnación de la misma a través de las dos modalidades que puede presentar el vicio de incongruencia: por exceso o por defecto.

Precisiones El deber de congruencia no implica un deber incondicionado para el órgano judicial de estricta vinculación a las pretensiones de la acusación, ya que, lo decisivo es la efectiva constancia de que hubo elementos esenciales de la calificación final que de hecho no fueron ni pudieron ser plena y frontalmente debatidos; lo determinante es verificar que no se introduzca un **elemento o dato nuevo** al que la parte o partes, por su lógico desconocimiento, no hubieran podido referirse para contradecirlo (TS auto 12-12-24, EDJ 792098).

Incongruencia por exceso También denominada extra o *ultra petita*. 9752

Adquiere relevancia constitucional cuando la desviación o desajuste entre el fallo judicial y las pretensiones de las partes suponga una **modificación sustancial del objeto procesal**, con la consiguiente indefensión y sustracción a las partes del verdadero debate contradictorio, de forma que la decisión judicial se haya pronunciado sobre temas o materias no debatidas oportunamente en el proceso y respecto de las cuales, por consiguiente, las partes no tuvieron oportunidad de ejercitar adecuadamente su derecho de defensa, formulando o exponiendo las alegaciones y argumentos que tuvieran por conveniente en apoyo de sus respectivas posiciones procesales (TCo 191/1995; 60/1996 y 9/1998). La situación que se produce en estos casos es similar a la de la resolución *inaudita parte*, en la medida en que la parte, aunque haya podido personarse y efectuar alegaciones, nada habrá podido alegar sobre un tema que quedaba fuera de los pedimentos y que consideraba con razón ajeno al debate procesal (TCo 142/1987; 220/1997).

Incongruencia omisiva o por defecto Se produce cuando el fallo de la sentencia omite pronunciarse sobre alguna pretensión de parte oportunamente deducida en el proceso. 9754 MPP nº 4304

Puede suponer una **denegación de justicia** y, con ella, una vulneración del derecho a la tutela judicial efectiva que, sin embargo, a la luz de la jurisprudencia constitucional, no cabe apreciar cuando el **silencio judicial** pueda razonablemente interpretarse como una desestimación implícita aunque no se haya pronunciado sobre todas las alegaciones concretas o no se haya dado una respuesta pormenorizada, siempre que se resuelvan las pretensiones formuladas (TCo 94/1997; 74/1999; 253/2000). En consecuencia, lo esencial consiste en determinar si el silencio parcial de una resolución respecto de un tema debatido sitúa a la parte en **indefensión**, lo que ocurrirá siempre que, al omitir un pronunciamiento judicial sobre alguna petición o *causa petendi*, resulte imposible o especialmente dificultoso descubrir las razones en que la desestimación se basa (TCo 195/1995). Por eso precisamente (TCo 26/1997 y 16/1998) no todos los supuestos son susceptibles de una solución unívoca, debiendo ponderarse las **circunstancias concurrentes** en cada caso para determinar si el silencio de la resolución judicial constituye una auténtica lesión de la Const art.24.1, doctrina igualmente acogida por el Tribunal Europeo de Derechos Humanos (TEDH 9-12-94, núm 18390/91).

En todo caso, la **omisión** debe tener relevancia para el sentido del fallo, causando indefensión a la parte, pues en otro caso adolece de falta de efecto invalidante (TS 19-5-20, EDJ 560668).

Correlación entre acusación y fallo

Esta materia es tratada en el nº 6865 s. dentro del estudio del **principio acusatorio**. 9758

2. Libre valoración de la prueba

9760 La sentencia ha de dictarse tras una valoración de la prueba practicada en el juicio. Con ello se
MPP establece el sistema de libre valoración de la prueba, que implica que los distintos medios de
nº 4310 prueba han de ser apreciados básicamente por los **órganos judiciales**, a quienes compete la misión exclusiva de valorar su significado y trascendencia en orden a la fundamentación de los fallos contenidos en sus sentencias (TCo 25/2003).

La prueba debe valorarse **de manera integrada o conjunta** (TS 21-1-21, EDJ 501436). Ni cada medio de prueba debe aportar por sí mismo la totalidad de los perfiles del hecho sometido a enjuiciamiento, ni todos ellos han de tener necesariamente el mismo objeto. La valoración conjunta no es una adición aritmética de información sino la ponderación racional del conjunto de informaciones obtenidas por las diferentes pruebas interrelacionadas (TS 23-6-21, EDJ 628002).

a. Presunción de inocencia y valoración de la prueba en vía de recurso

9762 No existe en nuestro Derecho **sistema de prueba tasada**, por lo que los únicos requisitos exigibles al juzgador a la hora de valorar el material probatorio en el que ha de fundar su decisión son la existencia de prueba de cargo, la licitud de la misma y la racionalidad de la operación mental en que todo proceso valorativo consiste, así como la explicitación en la sentencia, mediante la motivación fáctica, del *iter* mental seguido para llegar a declarar probado o no probado un determinado hecho. Ello incide directamente sobre el alcance en vía de recurso del **control** de la aplicación de la presunción de inocencia y de la valoración de la prueba.

Precisiones Se diferencia entre el análisis de la **prueba practicada en instancia de la hecha en apelación**, en la que ha de examinarse la suficiencia practicada y tenida en cuenta por el tribunal de enjuiciamiento, y en casación, en la que se examina la legalidad y constitucionalidad de la prueba practicada y la razonabilidad de la valorada por el tribunal de apelación (TS 16-6-21, EDJ 602301).

9764 **Recurso de casación** En este tipo de recurso y en relación con la presunción de inocencia, únicamente el vacío probatorio o la **falta de racionalidad** en dicho proceso valorativo pueden tener trascendencia, a diferencia de las personales discrepancias del recurrente con la valoración efectuada por el juzgador (TS 26-9-03, EDJ 110605; 6-4-15, EDJ 99202; 10-3-20, EDJ 553014; 18-6-20, EDJ 580813).

El **control** debe limitarse (TS 15-2-05, EDJ 23862; 23-5-05, EDJ 157539; 21-9-07, EDJ 175224):
- a comprobar si existe prueba en sentido material (prueba personal o real) y si la misma es de contenido incriminatorio;
- si ha sido constitucionalmente obtenida y por tanto accedió lícitamente al juicio oral;
- si se ha practicado con regularidad procesal;
- si es suficiente para enervar la presunción de inocencia; y,
- si ha sido racionalmente valorada por el tribunal sancionador.

La valoración de la prueba es controlable en casación por la vía que ofrece el **error de hecho** contemplado como motivo de casación por infracción de Ley en el nº 10048.

9766 **Apelación contra sentencias del Tribunal del Jurado** (LECr art.846 bis c) Las anteriores consideraciones sobre el recurso de casación son aplicables también al de apelación, uno de cuyos motivos legales es precisamente es la **vulneración de la presunción de inocencia**.

Igualmente son aplicables dentro del mismo las normas sobre el **error de hecho** en la apreciación de la prueba como motivo de recurso, al menos en los mismos términos que para el recurso de casación, por la vía de la interdicción constitucional de la arbitrariedad y por la necesidad de que no haya una casación *per saltum* (TS 23-2-05, EDJ 33593; 10-6-05, EDJ 108836).

9768 **Amparo constitucional** En vía de amparo constitucional, la función del Tribunal Constitucional no consiste en enjuiciar el resultado alcanzado, sino el **control externo del razonamiento lógico** seguido para llegar a él y del discurso que une la actividad probatoria y el relato fáctico resultante pues carece de competencia para valorar la actividad probatoria practicada en el proceso penal y para enjuiciar el resultado de dicha valoración con criterios de calidad u oportunidad, ni siquiera desde la perspectiva de la razonabilidad (TCo 189/1998; 249/2000; 195/2002).

9770 **Recurso ordinario de apelación contra sentencias** (LECr art.790) El tratamiento de la valoración de la prueba dentro de este tipo de recurso es muy diverso del expuesto, pues el recurso de apelación en el **procedimiento penal abreviado** otorga plena jurisdicción al tribunal *ad quem* para resolver cuantas cuestiones se planteen, sean de hecho o de Derecho.

El juzgador *ad quem* asume sobre el caso, por el **efecto devolutivo**, idéntica situación que el juez *a quo*, no solo por lo que respecta a la subsunción de los hechos en la norma, sino también para la determinación de tales hechos a través de la valoración de la prueba, pudiendo revisar y corregir la ponderación llevada a cabo por el juez *a quo* (TCo 172/1997, 120/1999, 41/2003).

Precisiones Alegada la vulneración de la presunción de inocencia en fase de recurso contra la sentencia condenatoria, al órgano revisor le corresponde efectuar una comprobación triple:- si la sentencia se apoya en un relato fáctico con pruebas suficientes relativas a la **existencia del hecho** y a la participación en él del acusado;- si la prueba ha sido obtenida conforme a las **exigencias constitucionales** y practicada en legal forma;- si la conclusión probatoria se **motiva expresamente** en la sentencia impugnada, conforme a la lógica y a los criterios de la experiencia (AP Madrid 21-3-23 Rec 192/23).

Alcance del principio de libre valoración en el recurso de apelación (LECr art.790.3 y 791) **9772**
Aparte de esta caracterización general del recurso de apelación y de la posibilidad de **proponer y practicar prueba** dentro de su sustanciación, han de tenerse en cuenta dos cuestiones para calibrar el alcance en este ámbito del principio de libre valoración: MPP nº 4328 s.
a) Como regla general, en la valoración de la prueba directa y fundamentalmente en la apreciación de testimonios cabe distinguir:
- un primer nivel dependiente de forma inmediata de la **percepción sensorial**, condicionado a la inmediación y por tanto ajeno al control en vía de recurso por un tribunal superior que no ha contemplado la práctica de la prueba, y
- un segundo nivel en que la opción por una u otra versión de los hechos no se fundamenta directamente en la percepción sensorial derivada de la inmediación, sino en una **elaboración racional** o argumentativa posterior que descarta o prima determinadas pruebas aplicando las reglas de la lógica, los principios de la experiencia o los conocimientos científicos (TS 10-12-04, EDJ 197446). Es en este segundo nivel donde el control de la valoración de la prueba tiene su campo natural de acción dentro de la apelación.
b) Cuando la **sentencia de primera instancia** es **absolutoria**, cuando el tribunal de apelación ha de conocer tanto de cuestiones de hecho como de Derecho, y en especial cuando ha de estudiar en su conjunto la culpabilidad o inocencia del acusado, la apelación no se puede resolver en un proceso justo sin un **examen directo y personal del acusado** que niegue haber cometido la infracción considerada punible, de modo que en tales casos el nuevo examen por el tribunal de apelación de la declaración de culpabilidad del acusado exige una nueva y total audiencia en presencia del acusado y los demás interesados o partes adversas (TEDH 29-10-91, núm 11826/85; 29-10-91, núm 11274/84; 29-10-91, núm 12631/1987; 25-7-00, núm 24954/1994 y 27-6-00, núm 28871/95, citadas todas por TCo 41/03).

b. Principio «in dubio pro reo»

A diferencia de la presunción de inocencia, que se refiere a la existencia de prueba, este principio es una regla auxiliar de valoración relacionada con la **suficiencia de la prueba de cargo** practicada ante el juzgador, de modo que procede siempre la absolución cuando la práctica de la prueba no desemboque en un estado de certeza moral absoluta sobre la realidad del hecho imputado, de plena convicción sobre los hechos y sobre la autoría (TS 22-1-97, EDJ 17; 3-6-97, EDJ 5363). Puede, pues, definirse como una condición o exigencia subjetiva del consentimiento del órgano judicial en la valoración de la prueba inculpatoria aportada al proceso, de forma que, si no es plena la convicción judicial, se impone el **fallo absolutorio** (TCo 44/1989). **9778**

Diferencia con la presunción de inocencia Para que se dé un **fallo condenatorio que destruya la presunción** de inocencia es preciso deslindar como fases perfectamente diferenciadas dentro del proceso de análisis de las diligencias probatorias que ha de hacer el juzgador, las dos siguientes: **9782** MPP nº 4341 s.
a) Una de carácter objetivo, que se podría calificar de **constatación de existencia o no de verdaderas pruebas**, fase en la que a su vez habría que diferenciar dos operaciones distintas:
- precisar si en la realización de las diligencias probatorias se han adoptado y observado las garantías procesales básicas; y
- precisar además si dichas actuaciones acreditativas aportan objetivamente elementos incriminatorios de cargo.
b) Otra de carácter predominantemente subjetivo, para la que habría que reservar la denominación usual de valoración del resultado o **contenido integral de la prueba**, ponderando en conciencia los diversos elementos probatorios, sobre la base de los cuales se forma libremente la conciencia del tribunal (TS 11-11-05, EDJ 207212; 27-9-07, EDJ 194949).

En la primera fase opera la presunción de inocencia y en la segunda el principio *in dubio pro reo*. La presunción de inocencia se desenvuelve en el marco de la carga probatoria y supone que no es el acusado a quien corresponde demostrar que es inocente frente a la acusación que contra el se formula, sino que es **a quien la mantiene** a quien **compete acreditar la imputación** mediante las correspondientes pruebas, practicadas con validez jurídica y que puedan objetivamente reputarse como pruebas de cargo.
Por su parte, el principio *in dubio pro reo*, presuponiendo la previa existencia de la presunción de inocencia, se desenvuelve en el campo de la **estricta valoración de las pruebas**, es decir, de la apreciación de la eficacia demostrativa por el tribunal a quien compete su valoración en conciencia para formar su convicción sobre la verdad de los hechos (LECr art.741).
c) Su **acceso a casación**, en lo que también se diferencia del derecho a la presunción de inocencia, es limitado y precisa que el tribunal de instancia exprese en su sentencia la duda manifiesta y luego la resuelva de un modo que no es el más favorable para el acusado (TS 31-1-06, EDJ 8449; 3-2-06, EDJ 6355). Es decir, el principio *in dubio pro reo*, solo es invocable en casación en su faceta normativa, si hubiera condena a pesar de las dudas expresadas por el tribunal en su sentencia, pues lo que el principio integra es una regla de valoración probatoria que conduce a adoptar la **alternativa más favorable al acusado** cuando el órgano de enjuiciamiento no ha alcanzado una certeza exenta de dudas razonables; no obliga a dudar sino a absolver cuando se duda (TS 13-4-23, EDJ 551533).

Precisiones Frente a la inicial doctrina que considera que, si bien los elementos constitutivos del delito deben ser probados por la acusación, las **eximentes y atenuantes** han de estar tan probadas como el hecho mismo y la **carga de su prueba** corresponde a quien opone su concurrencia (TS 19-4-04, EDJ 31465), se ha considerado en diversas ocasiones (TS 19-7-16, EDJ 110780; 11-5-17, EDJ 66209) la conveniencia de revisar la inflexibilidad del presupuesto.
Si en tales circunstancias surge una duda creíble sobre la **veracidad de la afirmación de un hecho** del que depende la antijuridicidad material del comportamiento, y con ello la condena u absolución del acusado, si el tribunal expresa directa o indirectamente su duda, es decir, no puede descartar con seguridad que los hechos hayan tenido lugar de una manera diferente y más favorable al acusado, y no obstante ello adoptara la versión más perjudicial al mismo, vulneraría el principio in dubio pro reo, elemento judicial de ponderación auxiliar, pero de singular valor como regla de enjuiciamiento por su proximidad a la regla constitucional de la presunción de inocencia (TS 11-3-20, EDJ 522722). En este sentido, se afirma tajantemente en la actualidad la aplicación del principio *in dubio* en materia de **atenuantes y eximentes** (TS 21-3-24, EDJ 538436; 11-4-25, EDJ 553491).

c. Supuestos particulares

9785 Se estudian en este apartado los siguientes supuestos:
- testimonio de la víctima (nº 9788);
- testimonio del testigo único (nº 9789);
- testimonio del coencausado (nº 9792);
- testimonio de referencia (nº 9794);
- prueba indiciaria (nº 9796); y
- imputación objetiva: teorías de la evitabilidad y del incremento del riesgo en delitos imprudentes (nº 9816).

Precisiones Ver también lo expuesto en el nº 8554, respecto de la **fiabilidad y credibilidad** de la declaración del testigo.

9788 MPP nº 4352, 7153 **Testimonio de la víctima** La **declaración** de la víctima puede aceptarse como medio hábil para enervar la presunción de inocencia, como prueba testifical, aun cuando constituya la única prueba de cargo existente, pues como los delitos (sobre todo algunos: piénsese en las infracciones contra la libertad sexual como caso más característico) tienden naturalmente a perpetrase con escasa publicidad, nadie ha de sufrir el perjuicio de que el suceso que motivó el procedimiento penal se desarrolle en la intimidad de la víctima y del inculpado, ya que lo contrario supondría en muchos casos la impunidad absoluta de graves infracciones (TS 21-5-03, EDJ 35166).
Sin embargo, que la declaración de la víctima o denunciante pueda ser una **prueba hábil para desvirtuar la presunción de inocencia** no significa, en absoluto, que con ella quede automáticamente desvirtuada la presunción de inocencia, en el sentido de que se invierta la carga de la prueba, dándose ya por probada la acusación e incumbiendo al acusado desvirtuar una supuesta presunción de certeza de la acusación formulada, sino únicamente que dicha prueba no es inhábil a los efectos de su valoración, como una prueba más (TS 8-2-06, EDJ 11985).

Para ello se precisa que no existan **razones objetivas que invaliden las afirmaciones del testigo** o provoquen dudas en el juzgador impidiéndole formar su convicción, debiendo concurrir en el testimonio único de la víctima los siguientes parámetros:
a) Ausencia de incredibilidad subjetiva derivada de las relaciones entre procesado y víctima que pudiera conducir a deducir la existencia de **móviles de resentimiento o enemistad** en la víctima a la hora de manifestar su versión de los hechos.
b) La verosimilitud del testimonio debe estar rodeada de ciertas **corroboraciones periféricas** de carácter objetivo
c) La **persistencia en la incriminación** que ha de ser prolongada en el tiempo, plural y sin ambigüedades ni contradicciones, de manera que la víctima ha de sostener una versión invariada de los hechos a lo largo del desarrollo del proceso (TCo 16/2000, 195/2002; TS 23-12-02, EDJ 59902; 12-12-03, EDJ 187597; 10-6-04, EDJ 60769).

Testimonio del testigo único Semejante problemática plantea el supuesto de que el único medio de prueba incriminatorio o de cargo sea la declaración testifical del único testigo existente, **aunque no sea la víctima** del delito cometido. En estos casos, con el importante matiz de que el testigo no sea el ofendido por el delito, pueden plantearse en cierta medida las cuestiones suscitadas en el caso del testimonio de la víctima como prueba única de cargo (nº 7153 Memento Procesal Penal 2026). La declaración testifical única puede ser **suficiente** en abstracto para el tribunal alcance la convicción subjetiva acerca de los hechos acaecidos, pero ello no exonera de la exigencia de una **fundamentación objetivamente racional** que impida fundar una condena sobre la base de la mera creencia en la palabra del testigo, a modo de acto ciego de fe (TS 24-2-20, EDJ 513225; 26-2-20, EDJ 513254). 9789
En estos supuestos de testigo único, la intensificación de la racionalización de la **valoración de la prueba** es necesaria (TS 19-9-18, EDJ 567804).
Con las limitaciones indicadas, una prueba testifical, aunque sea única, e incluso si la declaración es la propia víctima puede ser suficiente para **desactivar la presunción de inocencia** (TS 25-5-20, EDJ 580857; 15-7-20, EDJ 113587).

Estándar de desconfianza Se afirma la existencia de un estándar de desconfianza en el caso del **testigo único** (que además suele ser presunta víctima) que ha de verse superado, en función de las circunstancias, por otros elementos de prueba o datos de valor corroborativo. Estos elementos, cuando se trata de hechos cometidos al abrigo de la **percepción de terceros**, tienen siempre naturaleza indirecta. No sirven por sí mismos para considerar acreditado el hecho narrado por quien afirma haber sido víctima de un delito. 9790
Su **calidad corroborativa**, por tanto, ha de medirse analizando en qué medida permiten superar el estándar de desconfianza desde el que debe abordarse la información que aporta el único testigo directo, que afirma ser víctima del hecho enjuiciado. Su funcionalidad corroborativa suele ser diversa, pudiéndose proyectar sobre muy **distintas circunstancias** - contextuales, fácticas y personales- de producción de los hechos. Y su fuerza también puede variar significativamente en función de cómo interaccionan entre sí dentro del cuadro de prueba.
Algunos de estos datos probatorios corroboran **hechos periféricos**, pero cercanos al hecho nuclear. Entre estos, los relativos a las circunstancias espacio-temporales de producción del hecho en los términos narrados por el testigo directo o a las secuelas o efectos compatibles con dicho relato. Otros, sirven para acreditar **hechos indirectos**, alejados de dicho núcleo fáctico, pero contextualmente vinculados. Así, por ejemplo, los que hacen referencia a las circunstancias y al modo en que el testigo directo narró lo acontecido. Algunos datos cumplen también una función corroborativa de segundo grado, acreditando, por ejemplo, la inconsistencia de los óbices de producción introducidos por la defensa o la no presencia de motivaciones espurias en el testigo directo. Y otros datos sirven para apuntalar probatoriamente la **capacidad** de la afirmada víctima para testificar y la coherencia y consistencia narrativa del relato.
La **corroboración significativa** es aquella que presta a la información testifical (directa y única) consistencia bastante, medida en términos de fiabilidad y compatibilidad fenomenológica. Las escalas de corroboración son siempre móviles, marcadas por el caso concreto. El **valor de los datos indirectos** corroborativos no se mide por su simple acumulación cuantitativa o porque se proyecten sobre un aspecto concreto de la información aportada por el único testigo directo, sino por su lógica y racional interacción con los otros datos que conformen el cuadro de prueba, que es la que debe permitir justificar racionalmente que la información transmitida por el testigo es, en términos cognitivos, fiable y compatible. La **convicción del tribunal** sobre la credibilidad de lo que el testigo afirma que aconteció no se puede basar, por tanto, en una simple corazonada (TS 24-10-24, EDJ 721855; 13-3-25, EDJ 524841).

9792 MPP nº 4354 **Testimonio del coencausado** Aunque su valoración probatoria es legítima desde la perspectiva constitucional dado su carácter testimonial, carecen de suficiencia y consistencia plena como prueba de cargo cuando, siendo únicas, no resultan **mínimamente corroboradas** por otras pruebas (TCo 30/2005). Por ello se precisa que la veracidad de la declaración resulte mínimamente avalada por **elementos externos y objetivos**, de manera que antes de ese mínimo, o sin él, no puede hablarse de base probatoria suficiente o de inferencia suficientemente sólida o consistente desde la perspectiva constitucional de la presunción de inocencia (TS 21-1-03, EDJ 1009; 20-2-06, EDJ 21325; TCo 312/2005; 277/2006; TS 4-6-07, EDJ 70202; 2-7-07, EDJ 152414; 26-10-07, EDJ 206056; 26-12-07, EDJ 260298).

Precisiones 1) La declaración del coinvestigado como **única prueba de cargo** se caracteriza jurisprudencialmente como **prueba sospechosa** que debe tratarse con extremada cautela cuando se trata de la única prueba de cargo, pues a diferencia del testigo, el acusado no solo no tiene obligación de decir la verdad, sino que puede callar parcial o totalmente o incluso mentir (TCo 153/1997; 68/2001; 118/2004).

2) Se asimila, relativamente, en cuanto a estándares valorativos a la figura del coinvestigado la del **testigo** que vierte manifestaciones en otro proceso en el que tuvo condición de imputado (investigado) y en el que, en su caso, fue condenado, a raíz de las que comparece en el proceso de referencia como testigo (TS 3-2-21, EDJ 503410).

9793 MPP nº 4355, 4356 **Corroboración mínima** El concepto de corroboración mínima no puede ser definido con carácter general, por lo que ha de dejarse en manos de la casuística la determinación de los supuestos en que ha existido esa mínima corroboración, tomando en cuenta las **circunstancias concurrentes** en cada caso (TCo 181/2002; 65/2003; 190/2003). Sin embargo, ha de tratarse de **factores objetivos y externos**, por lo que los diferentes elementos de credibilidad objetiva de la declaración, como pueden ser la inexistencia de animadversión, el mantenimiento o no de la declaración o su coherencia interna, carecen de relevancia como factores externos de corroboración. Incluso en caso de verificarse la **ausencia de móviles autoexculpatorios** en la declaración prestada por el coinvestigado, no por ello queda dicha declaración exenta del sometimiento a la ulterior comprobación de la existencia en el plano objetivo de datos externos que la corroboren (TCo 233/2002; 340/2005).

El elemento de corroboración mínimo ha de estar en relación no con cualquier afirmación contenida en las declaraciones en cuestión, sino precisamente con la **concreta participación del acusado** en los hechos que se le imputen (TCo 207/2002; 55/2005; 165/2005). No constituye corroboración, la **coincidencia** de dos o más coinvestigados en la misma versión inculpatoria (TCo 65/2003; 152/2002; TS 14-7-05, EDJ 113622; 30-1-06, EDJ 8440; 31-5-07, EDJ 104530). Su declaración ha de someterse al requisito de **mínima corroboración** (TS 28-9-12, EDJ 239188), aunque formalmente no se trate en el caso del declarante de un coinvestigado o coacusado en el mismo proceso en el que declara, sino en otro anterior (TS 21-7-20, EDJ 619954). Tampoco la mera coincidencia de ciertos extremos de las declaraciones, sin que la inexistencia de móviles espurios exima del deber de corroborar (TS 31-5-21, EDJ 591519).

El **control** respecto de la existencia de corroboración ha de ser especialmente intenso en aquellos supuestos en que concurran **circunstancias excepcionales**, como sucede cuando las declaraciones incriminatorias del coinvestigado no se incorporan regularmente a la vista oral con todas las garantías (TCo 17/2004), si bien los únicos elementos corroboradores que pueden ser tenidos en cuenta al revisar en vía de recurso la decisión del tribunal de instancia son los que aparezcan expresados en las resoluciones judiciales impugnadas como fundamentos probatorios de la condena (TCo 181/2002; 65/2003).

9794 MPP nº 4358 **Testimonio de referencia** Aunque el testimonio de quien conoce los hechos de forma indirecta **a través del relato de terceros** puede ser uno de los actos de prueba en los que fundar una decisión condenatoria, la jurisprudencia estima reiteradamente que se trata de un medio probatorio que puede despertar importantes recelos o reservas para su aceptación sin más como medio apto para desvirtuar por sí solo la presunción de inocencia (TCo 209/2001; 146/2003).

La tacha que se hace al testimonio referencial estriba en que en la medida en que impida el **examen contradictorio del testigo directo**, resultaría constitucionalmente inadmisible, por eludir el oportuno debate sobre la realidad misma de los hechos y conllevar una limitación obvia de las garantías de inmediación y contradicción en la práctica de la prueba (TCo 209/2001; 155/2002; 219/2002, así como TEDH 19-12-90, núm 11444/85; 19-2-91, núm 11339/85 y 26-4-91, núm 12398/86). Al incorporar al proceso declaraciones testificales a través de testimonios de referencia se impide que el juez que ha de dictar sentencia presencie la declaración del testigo directo, privándole de la percepción y captación directa de elementos que pueden ser relevantes en orden a la valoración de su credibilidad, al tiempo que se soslaya

el derecho que asiste al acusado de interrogar o hacer **interrogar al testigo de cargo directo** y de someter a contradicción su testimonio (TCo 131/1997; 155/2002; TS 14-3-06, EDJ 29234; 27-2-07, EDJ 13422; 6-2-08, EDJ 31083).
En consecuencia, el recurso a testigos referenciales solo resulta admisible en **situaciones excepcionales** de imposibilidad real y efectiva de obtener la declaración del testigo directo y principal: cuando este se encuentra en ignorado paradero y es imposible su citación (TCo 35/1995) o en los casos en los que esta resulte extraordinariamente dificultosa (TCo 209/2001).
Además, para la idoneidad de esta prueba como incriminatoria es necesario que la declaración de los testigos de referencia se preste en el **juicio oral** con las debidas garantías de inmediación y contradicción (TCo 219/2002; 4/2003).

Precisiones **1)** La anterior doctrina es inaplicable cuando junto con el testimonio referencial concurre **prueba directa mediante declaración de la víctima**, en cuyo caso aquel es instrumento idóneo para la corroboración de esta, como sucede en el caso del menor deficiente mental que declara como testigo en el juicio oral y había contado al testigo de referencia los abusos sexuales de los que el investigado le hacía objeto (TS 13-7-05, EDJ 139447).
2) El testimonio referencial plantea el problema específico de si resulta admisible acudir al mismo, prescindiendo del testimonio directo de la víctima, como **medio de protección del menor de edad** víctima de delitos contra la libertad sexual. Al respecto, ver lo dicho en el nº 8541.
3) El testimonio de referencia no versa de manera directa sobre el hecho principal (el de la imputación) y ni siquiera sobre un hecho secundario de esta, sino sobre otro ajeno a los de la causa, que, además, es un **hecho declarativo**. Por ello, no puede sustituir al testimonio directo; y se trata de una prueba que carece por sí sola de aptitud para destruir la presunción de inocencia; por lo que su empleo ha de reservarse para supuestos en los que no sea posible contar con la **testifical** genuina. La declaración del testigo de referencia por sí sola únicamente puede aportar algún tipo de conocimiento en cuanto a lo que **ellos hubieran observado personalmente**, pero carece de aptitud para acreditar que lo que dijera haber oído al que pudo ser testigo directo, sea realmente veraz (TS 10-6-14, EDJ 96129). De ahí que, con el solo **testimonio referencial**, no podría reconstruirse válidamente el hecho apto para fundar una imputación, si es que fuera la única prueba de cargo de la conducta criminal (TS 12-1-17, EDJ 946).

Prueba indiciaria La prueba circunstancial o indirecta puede sustentar una condena penal a falta de prueba de cargo directa siempre que parta de datos fácticos plenamente probados y que los hechos constitutivos del delito se deduzcan de los indicios a través de un **proceso mental razonado**, acorde con las reglas del criterio humano y de la lógica y detallado expresamente en la sentencia condenatoria (TCo 61/2005; 137/2005; TS 18-9-20, EDJ 661616). **9796**
Supone un **proceso intelectual complejo** que reconstruye un hecho concreto a partir de una recolección de indicios (TS 17-4-15, EDJ 63292; 10-3-20, EDJ 553014), e implica una argumentación basada en las **reglas de la lógica** y en las máximas de la experiencia, utilizando inferencias que suponen el paso lógico de una proposición a otra y mediante ellas, de una premisa a una conclusión, de forma que esta ha de implicar aquella (TS militar 3-3-21, EDJ 511152).
Se trata de una técnica de prueba que en principio es de aplicación general a cualquier tipo de delito, aunque resulta especialmente útil para la acreditación de determinadas clases de infracciones como el **blanqueo de capitales** y los **delitos contra la salud pública**. Esta vía probatoria indirecta no puede confundirse con la yuxtaposición de pruebas directas insuficientes, que por su **acumulación** meramente cuantitativa no alcanzan mayor valor (TS 21-1-21, EDJ 501436).
El empleo de **indicios** supone un sistema o mecanismo intelectual de fijación de los hechos, ciertamente relacionado con la prueba, pero que no se configura técnicamente como un medio de prueba pero sin que por ello tenga menor valor que la prueba directa (TS 8-7-08, EDJ 124074; AP Navarra 26-7-24, EDJ 686795). Es muchas veces fuente de certezas muy superiores a las que brindaría una pluralidad de pruebas directas unidireccionales y concordantes (TS 4-7-14, EDJ 607379; 12-3-24, EDJ 518072).
Los **requisitos** que conforme al mismo se exigen para que la prueba indiciaria pueda enervar la presunción de inocencia se resumen en los aspectos siguientes (TCo 170/2005; 66/2006; 117/2007; TS 9-10-04, EDJ 152675; 9-3-06, EDJ 24808; 4-5-07, EDJ 36109; 28-5-07, EDJ 68151):

Hechos o indicios plurales Los hechos base o indicios han de ser plurales (TS 23-3-23, EDJ 539530), pues su propia naturaleza periférica les priva de idoneidad para fundar por sí mismos la convicción judicial. La **fuerza probatoria** de la prueba indiciaria reside en su interrelación y combinación, pues concurren y se refuerzan respectivamente cuando apuntan en la misma dirección (TS 17-9-19, EDJ 689167; 2-7-21, EDJ 626279), valorados todos los concurrentes de forma conjunta y entrelazada, no disgregada ni atomizada (TS 24-11-21, EDJ 748379). Excepcionalmente se admite el **indicio único** cuando tenga singular potencia acreditativa o un significado especialmente relevante, como sucede por ejemplo cuando se arroja por la ventanilla **9798** MPP nº 4362

de un automóvil una cantidad de droga cuyo peso y elevada pureza contradicen el destino de autoconsumo alegado por el acusado (TS 17-6-02, EDJ 26550).
Como ejemplo típico en el que es frecuente la utilización de la prueba indiciaria, el delito de **blanqueo de capitales**, en el que los indicios de más común utilización son el afloramiento de cantidades de dinero de cierta importancia, respecto del que no se ofrece suficiente justificación; la utilización del mismo en operaciones que ofrecen ciertas irregularidades, tales como manejo de grandes cantidades de efectivo, utilización de testaferros, aperturas de cuentas o depósitos en entidades bancarias ubicadas en país distinto del de residencia de un titular, etc., y la existencia de algún dato objetivo que relacione a quien dispone de ese dinero con el tráfico de sustancias prohibidas, de modo que permita afianzar la imprescindible vinculación entre sendos delitos (TS 6-6-02, EDJ 24321; 9-10-04, EDJ 152675; 14-4-05, EDJ 62576).
En los **delitos contra la propiedad**, se estima que el simple dato de que los efectos sustraídos hubieran estado en posesión del acusado no constituye un indicio autónomamente suficiente para acreditar, por sí solo, la participación del acusado en su sustracción (TS 19-9-02, EDJ 37204; 28-6-03, EDJ 92810), debiendo ser completado con otros datos relativos fundamentalmente a las circunstancias de la detención, inmediatez espacial y temporal, aspecto del detenido, etc.).

9800 El **control de la calidad** concluyente de la inferencia debe ser especialmente prudente en sede de recurso, especialmente en casación, así como en recurso de amparo, en su caso, puesto que son los **órganos judiciales de instancia** quienes, en virtud del principio de inmediación, tienen un conocimiento cabal, completo, y obtenido con todas las garantías, del acervo probatorio; de modo que solo puede considerarse insuficiente la conclusión probatoria a la que hayan llegado los órganos judiciales desde las exigencias del **derecho a la presunción de inocencia** si, a la vista de la motivación judicial de la valoración del conjunto de la prueba, cabe apreciar de un modo indubitado, desde una perspectiva objetiva y externa, que la versión judicial de los hechos es más improbable que probable (TCo 300/2005; 123/2006; TS 24-4-23, EDJ 553461).
Por su parte, la doctrina del Tribunal Constitucional ha considerado como **inferencias no concluyentes** contrarias al derecho a la presunción de inocencia: la deducción de la participación en un robo de sola tenencia de instrumentos idóneos para ejecutarlo (TCo 105/1988), la que concluye la intervención de una persona en un hecho punible a partir únicamente de la apreciación de que tuvo la ocasión de cometerlo o de que estaba en posesión de medios aptos para su comisión o por simples sospechas o conjeturas (TCo 283/1994); la sola titularidad de una embarcación utilizada para una conducta ilegal de pesca con la autoría de dicha conducta (TCo 45/1997), la que concluye la participación del acusado en una operación de tráfico de drogas a partir del único dato del acompañamiento al aeropuerto de quien iba allí a recoger la droga (TCo 157/1998) o la que afirma la participación del acusado en un robo a partir de la mera utilización, realizada una semana antes, del vehículo luego utilizado por personas no identificadas para cometer el delito (TCo 61/2005).

9802 **Acreditación por prueba de carácter directo** Tales hechos-base han de estar acreditados por prueba de carácter directo, para evitar los riesgos que resultarían de admitirse una concatenación de indicios, con la suma de deducciones resultantes que aumentaría los riesgos en la valoración. No se admite, pues, la **inferencia de segundo grado** (TS 17-2-22, EDJ 514558).

9804 **Valoración de contraindicios ofrecidos por el acusado** En su versión exculpatoria pueden valorarse como indicios cuando se revelan absolutamente falsos o carentes de sentido, debiendo ser examinada con especial atención la versión de los hechos que proporciona el acusado cuando se enfrenta con determinados indicios suficientemente acreditativos y significativos, pues las **explicaciones no convincentes o contradictorias**, aunque por sí solas no son suficientes para declarar culpable a quien las profesa, sí pueden ser un dato más a tener en cuenta para formar la convicción del juzgador (TS 5-6-92, EDJ 5826; 9-10-04, EDJ 152675). Por ello, la valoración de la **manifiesta inverosimilitud** de las manifestaciones exculpatorias del acusado no implica invertir la carga de la prueba cuando existan otros indicios relevantes de cargo que, por sí mismos, permitan deducir racionalmente su intervención en los hechos (TS 9-6-99, EDJ 10318; 17-11-00, EDJ 37125), pues aunque la escasa importancia del relato no puede sustituir la ausencia de prueba de cargo, sí es hábil para servir como elemento de corroboración de los indicios a partir de los cuales se infiere la culpabilidad (TCo 135/2003; 170/2005).
Por su parte, el **silencio en el juicio oral** puede servir, al igual que los contraindicios, para confirmar la valoración incriminatoria derivada de otras pruebas indiciarias (TCo 202/2000; TS 20-9-00, EDJ 30304; 30-12-04, EDJ 229445; TEDH 8-2-96, núm 18731/91 y 2-5-00, núm 35718/97).

Necesidad de indicios periféricos o concomitantes Es necesario que los diversos indicios sean periféricos o concomitantes respecto del dato fáctico que se pretende probar. Por ello, esta prueba indirecta ha sido tradicionalmente denominada como **circunstancial**, pues el propio sentido semántico implica «estar alrededor» y esto supone no ser la cosa misma, pero si estar relacionado con proximidad a ella. 9806

Interrelación Esa misma naturaleza periférica exige que los datos estén no solo relacionados con el hecho nuclear precisado de prueba, sino también interrelacionados entre sí como notas de un mismo sistema, pues la fuerza de convicción de la prueba circunstancial deriva no solo de la mera adición o suma de datos indiciarios, sino también de la imbricación de unos con otros. Por tanto, en cuanto a la forma de analizar los indicios debe alertarse frente al error de pretender valorarlos aisladamente, ya que la fuerza probatoria de la prueba indiciaria procede precisamente de la interrelación y **combinación** de los indicios, que concurren y se refuerzan mutuamente cuando todos ellos señalan racionalmente **en una misma dirección** (TS 14-2-00, EDJ 522; 23-5-01, EDJ 9239). Por el contrario, el análisis desagregado o aislado de cada indicio fuera del contexto integrado por la dinámica de los hechos y el resto de los elementos indiciarios interrelacionados, resulta manifiestamente contrario a las máximas de la experiencia y a los conocimientos científicos sobre la teoría de las probabilidades (TS 24-10-00, EDJ 31902; 21-1-01, EDJ 37125). 9808

Racionalidad de la inferencia y carácter inequívoco de los indicios La prueba indiciaria consiste en una forma de valoración de los hechos indirectos plenamente acreditados para probar otro hecho ignorado, por lo que entre los primeros y el dato precisado de prueba ha de existir un enlace preciso y directo según las reglas del criterio humano: la inferencia no solamente no debe ser arbitraria, absurda e infundada, sino que debe responder plenamente a las **reglas de la lógica y de la experiencia**, de manera que de los hechos base acreditados fluya como conclusión natural el dato precisado de acreditar (TS 16-11-04, EDJ 192479). El razonamiento ha de estar asentado en las reglas del criterio humano y en las reglas de la experiencia común o, en otras palabras, en una **comprensión razonable de la realidad** normalmente vivida y apreciada conforme a los criterios colectivos vigentes (TCo 169/1989; 124/2001; 300/2005). Desde este punto de vista, pude decirse que existe la conexión lógica con la seguridad exigible para las pruebas de cargo en materia penal cuando, dados los hechos directamente probados, ha de entenderse que realmente se ha producido el hecho necesitado de justificación porque no hay ninguna otra posibilidad alternativa que pudiera reputarse razonablemente compatible con esos indicios, a cuyo efecto han de valorarse los contraindicios aportados por el acusado (TS 19-4-00, EDJ 5730; 28-9-05, EDJ 152983 y 25-1-06, EDJ 8444). Por ello se vulnera la presunción de inocencia cuando la inferencia sea ilógica o tan abierta que en su seno quepa tal **pluralidad de conclusiones alternativas** que ninguna de ellas pueda darse por probada (TCo 229/2003). 9810

Por otra parte, el **control** en vía de recurso **de la racionalidad y solidez** de la inferencia en que se sustenta la prueba indiciaria puede efectuarse tanto desde del canon de su lógica o cohesión, de modo que será irrazonable si los indicios acreditados descartan el hecho que se hace desprender de ellos o no lleva naturalmente a él, como desde su suficiencia o calidad concluyente, no siendo razonable cuando la inferencia sea excesivamente abierta, débil o imprecisa, si bien en este último caso el tribunal superior ha de ser especialmente prudente, puesto que son los órganos judiciales quienes, en virtud del principio de inmediación, tienen un conocimiento cabal, completo y obtenido con todas las garantías del acervo probatorio (TCo 135/2003; 137/2005).

Plus de motivación La prueba indiciaria exige un plus de motivación por el riesgo que entraña (TS 26-7-04, EDJ 126884; 30-6-05, EDJ 116883). Es necesario por tanto que la sentencia haga **explícito el razonamiento** a través del cual, partiendo de los indicios, se ha llegado a la convicción del hecho-consecuencia consistente en el acaecimiento del delito y en la participación del acusado, explicitación que aun cuando ser sucinta o escueta se hace imprescindible para posibilitar el control casacional de la inferencia. Es necesario que el **órgano judicial** precise cuales son los indicios y como se deduce de ellos la **autoría del acusado**, de tal modo que cualquier otro tribunal que intervenga con posterioridad pueda comprobar y comprender el juicio formulado a partir de tales indicios, siendo preciso, pues, que el órgano judicial explique no solo las conclusiones obtenidas, sino también los elementos de prueba que conducen a dichas conclusiones y el iter mental que le ha llevado a entender probados los hechos (TS 16-11-04, EDJ 192479; 19-10-05, EDJ 165906). 9812

Control en vía de recurso El control de la prueba indiciaria en vía de recurso está sujeto a un **doble límite** derivado del principio de inmediación (TS 9-10-04, EDJ 152675; 9-10-05, EDJ 165906). 9814

a) Por un lado, la acreditación de los **indicios** o hechos base que la **sala de instancia ha declarados probados** no es controlable por el tribunal superior, pues al haberlo sido mediante prueba directa dicho control se ve impedido por el principio citado (TS 25-9-92, EDJ 9198).

b) Por otra parte, queda fuera del **ámbito casacional** la valoración por el juzgador del peso de los indicios incriminatorios en relación con las pruebas de descargo practicadas, pues el control de la racionalidad de la inferencia no implica la sustitución del criterio valorativo del tribunal sentenciador por el del tribunal casacional y mucho menos por el del recurrente: es evidente que el juicio relativo a si los indicios deben pesar más en la convicción del tribunal sentenciador que la prueba testifical de descargo o la propia declaración exculpatoria del acusado, es una cuestión íntimamente vinculada a la inmediación que tuvo el tribunal de los hechos, que no puede ser objeto de revisión por otro que no gozó de aquella inmediación, juicio que podría únicamente ser impugnado por contrario a las reglas de la lógica o a las máximas de experiencia (TS 23-2-95, EDJ 1736; 12-7-96, EDJ 6308).

9816 **Imputación objetiva: teorías de la evitabilidad y del incremento del riesgo en delitos imprudentes** Estas dos teorías de imputación objetiva pretenden criterios para determinar la relación normativamente adecuada entre **conducta imprudente** (especialmente en el ámbito de imprudencias médicas) y **resultado** que permite atribuir este a la actuación del sujeto, singularmente cuando no resulta claro que el comportamiento diligente hubiera podido evitar el resultado. En ninguno de los dos supuestos puede hablarse de una inversión de la carga de la prueba o de la lesión del principio *in dubio pro reo*. Son ambas compatibles, también, con la **presunción de inocencia**.

La teoría de la **evitabilidad** exige como elemento típico para imputar un resultado que se acredite que la conducta correcta hubiera impedido el resultado con práctica certeza o de forma muy probable. Opera con criterios de causalidad hipotética, de modo que es relevante con carácter principal la posible eficacia de la conducta diligente.

Por el contrario, la teoría del **aumento del riesgo**, desde la premisa de que el sistema penal pretende evitar acciones que supongan un mayor riesgo para el bien jurídico que el permitido por el legislador, no atiende de principio a esa hipotética conducta correcta, sino que se fija en si la conducta imprudente ha incrementado el riesgo por encima del permitido, lo que, en el caso de la omisión, supone que ha disminuido las posibilidades de salvación respecto a las que incorpora la acción debida.

El cambio de opción entre una y otra tesis es posible en casación sin alteración de los hechos probados, revocando una sentencia absolutoria y condenando en esta sede (TCo 18/2021).

3. Efectos de la sentencia

9820 Se distingue entre cosa juzgada formal (nº 9825) y material (nº 9840).

Si por **cosa juzgada** en sentido **material** entendemos el conjunto de efectos de la sentencia firme, es evidente que su estudio ha de partir de la consideración de la firmeza como presupuesto de la cuestión, que integra por sí solo el aspecto formal de la cosa juzgada (nº 9825 s.).

Por otra parte, algunos de los efectos de la sentencia presentan indudable **dimensión constitucional** y están imbricados en el derecho a la tutela judicial efectiva, en el principio de legalidad y en el derecho a un proceso con todas las garantías. Así sucede, en concreto, con el derecho a la eficacia de las resoluciones judiciales (nº 6780) y con la proscripción de la doble sanción a través del principio *non bis in ídem* (nº 6930).

Aunque la cuestión de la cosa juzgada se estudie habitualmente dentro de los efectos de la sentencia, el mismo efecto producen otras resoluciones judiciales. En concreto, la identidad de efectos se predica de los **autos de sobreseimiento libre**, a los que tras la reforma del procedimiento abreviado por L 38/2002 hay que añadir los de terminación de diligencias previas equiparados a ellos por el LECr art.779.1.1ª.

No tienen **eficacia de cosa juzgada**, por el contrario, los autos de sobreseimiento provisional y los de inadmisión o desestimación de la denuncia y de la querella, que en ningún caso pueden pretender equipararse al sobreseimiento libre (TS 20-3-00, EDJ 2216; 23-5-05, EDJ 157539).

La cosa juzgada puede ser objeto de **revisión** a través de los procedimientos legalmente establecidos al efecto:

- los llamados recursos de anulación de la sentencia en ausencia (LECr art.793 y 803.2);
- los de revisión penal (LECr art.954 s.; LO 2/1989 art.328 s.); y
- el incidente de nulidad de resoluciones firmes (LOPJ art.241).

Todos ellos se estudian en el nº 10150 s.

a. Cosa juzgada formal

9825 El **efecto formal** de la cosa juzgada se produce cuando la sentencia no es susceptible de recurso alguno y solo está expuesta a la operatividad de alguno de los medios legales de rescisión de la cosa juzgada o del recurso de amparo constitucional, ya sea por preclusión del plazo para impugnarla o por su propia naturaleza.

Declarada la firmeza de la sentencia, se procede a ejecutar la misma (nº 9836).

Firmeza (LEC art.207; LECr art.141 párr 5; LO 2/1989 art.84 párr 2; LOPJ art.245.3) Son resoluciones firmes aquellas contra las que **no cabe recurso alguno** por no preverlo la ley, o porque, estando previsto, ha transcurrido el plazo legalmente fijado sin que ninguna de las partes lo haya presentado. 9828
La firmeza constituye el antecedente esencial de la eficacia de la cosa juzgada material (nº 9840), pues las resoluciones firmes pasan en autoridad de cosa juzgada y el tribunal del proceso en que hayan recaído debe estar en todo caso a lo dispuesto en ellas y debe ser **declarada expresamente**, antes de la ejecución, por el tribunal sentenciador cuando se produzca por falta de recurso en plazo (LECr art.988; LO 2/1989 art.323), aunque los efectos de la cosa juzgada se producen en la fecha de la firmeza y no en la de su declaración.

Control por el tribunal de los plazos procesales de recurso (LECr art.214; LOPJ art.185.2; LEC art.133 a 135) La firmeza presupone en una de sus modalidades el control por la secretaría del tribunal sentenciador de los plazos procesales de recurso, mediante la aplicación de las **normas generales sobre tiempo hábil** para las actuaciones procesales y sobre cómputo de los plazos. 9830
A tal efecto debe tenerse en cuenta la posibilidad de **prolongación legal del plazo**, de forma que, cuando la presentación de un escrito esté sujeta a plazo -sustantivo o procesal-, puede efectuarse la misma hasta las 15 horas del día hábil siguiente al del vencimiento del plazo (Acuerdo TS Sala 2ª 24-1-03, EDJ 2346).
Por otra parte, pese a la regla de improrrogabilidad de los plazos, puede no producirse la firmeza por el mero transcurso del tiempo cuando concurra **causa legal para la suspensión** del correspondiente plazo de recurso, apreciada como tal por el tribunal o cuando el derecho de defensa de alguna de las partes exija la **rehabilitación del plazo de recurso**, como sucede en los casos de renuncia por el letrado al ejercicio de la defensa antes de expirar el plazo correspondiente.

Firmeza por disposición legal (LO 2/1989 art.324) Se produce por el mero hecho de dictarse la resolución correspondiente, cuando no cabe contra ella recurso alguno. 9832
Dado que el derecho al recurso se integra en el derecho a la tutela judicial efectiva con especial intensidad en materia penal, en este ámbito solo las **sentencias dictadas en única instancia** por las Salas 2ª y 5ª del Tribunal Supremo o por la especial contra aforados (LOPJ art.61) gozan de eficacia de cosa juzgada.

Sentencias resolutorias de recursos de apelación o casación (LECr art.792.3, 803.1, 847.a, 904 y 977) Por la misma razón, las sentencias resolutorias de recursos de apelación o casación no son susceptibles de recurso alguno, salvo en el **proceso de jurado**, en el que sí cabe casación contra las sentencias de los Tribunales Superiores de Justicia resolutorias de recursos de apelación. 9834

Ejecutoriedad (LECr art.794, 988, 989.1, 2 y 990; LO 2/1989 art.338 s., 377 s.) Después de imperar en la fase de instrucción y atenuarse notablemente en la de juicio oral, el **principio de oficialidad** informa plenamente la ejecución de los pronunciamientos penales de la sentencia, tras cuya declaración de firmeza (TCo 91/2018; 92/2018) se procede a ejecutar la sentencia aunque el reo esté sometido a otra causa, en cuyo caso se le conducirá, cuando sea necesario, desde el establecimiento penal en que se halle cumpliendo la condena al lugar donde se esté instruyendo la causa pendiente. 9836
Aunque la oficialidad alcance también, en principio, a la **ejecución civil de la sentencia penal**, esta se rige por los principios propios del proceso civil en aspectos destacados:
a) Los pronunciamientos civiles son susceptibles de **ejecución provisional** a instancia de parte de conformidad con las normas del nº 4550 s., debiendo aplicarse los de la misma.
b) Cuando la sentencia penal se haya dictado con **reserva de liquidación**, el incidente correspondiente ha de instarse por cualquiera de las partes o por el Ministerio Fiscal.

b. Cosa juzgada material

(LEC art.222)

Es el efecto material de la sentencia. En ella es básica la distinción entre preclusión (nº 9844) y prejudicialidad (nº 9842), por cuanto la sentencia firme en ocasiones excluye otro **proceso posterior idéntico** y en otras vincula el contenido de la resolución que en este pueda producirse. 9840
La cosa juzgada de las sentencias firmes:
- excluye, conforme a la ley, un ulterior proceso cuyo objeto sea idéntico al del proceso en que aquella se produjo (**efecto preclusivo** o negativo); y
- lo resuelto con fuerza de cosa juzgada en la sentencia firme que haya puesto fin a un proceso vincula al tribunal de un proceso posterior cuando en este aparezca como antecedente lógico de lo que sea su objeto, siempre que los litigantes de ambos procesos sean los mismos o la cosa juzgada se extienda a ellos por disposición legal (**efecto** positivo o **prejudicial**).

Precisiones Los **elementos identificadores** de la cosa juzgada material son, en sede penal:
- la identidad del hecho -elato histórico- y de la persona inculpada -absuelta o condenada en la primera causa-; y
- la resolución firme y definitiva con pronunciamiento condenatorio o excluyente de la condena (sentencias y autos de sobreseimiento libre firmes) constituyendo, a su vez, los límites de su aplicación (TS 10-11-23, EDJ 743820).

9842 MPP nº 4401 **Prejudicialidad** Aunque en materia penal es tradicional la afirmación de que el efecto de la cosa juzgada se reduce a la preclusión, pues el tribunal penal resuelve sin ninguna vinculación posible a otro proceso distinto (TS 19-7-04, EDJ 159669; 3-6-05, EDJ 90204; 10-3-20, EDJ 553014), con ello se quiere decir que el proceso penal no admite la vinculación positiva a los términos de otro proceso anterior, salvo lo dispuesto por la Ley en materia de **cuestiones prejudiciales devolutivas** (LECr art.5). Pero ello no implica que deba descartarse la referencia a los efectos prejudiciales que la sentencia penal puede producir en otros procesos no penales relacionados con el objeto del proceso en que aquella se dictó. Estas situaciones son básicamente dos.
a) La **vinculación** entre el proceso penal y el **procedimiento administrativo sancionador**. Se rige por la regla de preferencia del primero, que vincula al segundo en la declaración de hechos probados de la resolución penal, sin que por lo demás la concurrencia formal de la pena y la sanción administrativa por iguales hechos esté absolutamente excluida, en todo caso (TCo 2/2003; 188/2005).
b) Los efectos que en caso de **reserva y ejercicio separado de la acción civil** (LECr art.111, 112 y 116) cabe atribuir a la sentencia penal en un posterior proceso civil sobre a los mismos hechos, se resumen en la regla de que la extinción de la acción penal no lleva consigo la de la civil, a no ser que la misma proceda de haberse declarado por sentencia firme que no existió el hecho de que la civil hubiese podido nacer. Por el mismo motivo, si la **sentencia** es **condenatoria**, el juez civil del posterior proceso estará vinculado por la declaración de hechos probados de la sentencia penal (TS 28-11-92, EDJ 11779; 10-12-92, EDJ 12199; 12-9-03, EDJ 105029; 29-9-05, EDJ 157489).

9844 **Preclusión** El efecto negativo de la cosa juzgada consiste en que en que, una vez resuelta por sentencia firme o resolución asimilada una causa criminal, no cabe después otro procedimiento del mismo orden penal sobre el **mismo hecho contra la misma persona**, pues aparece reconocido como una de las garantías del acusado el derecho a no ser enjuiciado penalmente más de una vez por unos mismos hechos. Tal derecho es una manifestación del principio *non bis in ídem* (nº 6930) en el ámbito del Derecho procesal y constituye una de las formas en que se concreta el derecho a un proceso con todas las garantías, por lo que debe ser reputado con indudable rango constitucional (TS 19-7-04, EDJ 159669; 3-6-05, EDJ 207161; AP La Rioja 11-7-19, EDJ 644388).

9846 **Límites de la cosa juzgada material** Los elementos definidores de la cosa juzgada penal, que al mismo tiempo definen los límites de la misma, son la identidad de hecho y la identidad de persona inculpada (TS 19-7-04, EDJ 159669; 30-6-05, EDJ 200213).

9848 a) **Identidad de hecho**. El hecho viene fijado por el relato histórico por el que se acusó y condenó o absolvió en el proceso anterior, comparándolo con el hecho por el que se acusa o se va a acusar en el proceso siguiente, sin que tenga eficacia alguna para impedir la producción de la cosa juzgada material la norma penal en que se funda la acusación. Como quiera que el objeto de proceso es un *factum* y no un «crimen», por los mismos hechos ya enjuiciados e imputados a una persona no cabe acusar a esta después en otra causa distinta con la intención de pretender que se trata del ejercicio de distinta acción penal porque se le acusa por delito tipificado en una disposición diferente.
Para ello será de especial relevancia la **comparación de los hechos** del relato fáctico acusatorio **en ambos procesos**, siendo necesario que los hechos coincidentes se afirmen en ellos con carácter principal y no como meros indicios o referencias secundarias dentro de un hecho básico diferente (TS 11-2-05, EDJ 23851; 27-5-05, EDJ 90191). Por razones análogas, no produce efecto de cosa juzgada la sentencia condenatoria por un delito respecto del proceso posterior en que se enjuicia a otra persona por **encubrimiento del primer delito**, aunque la expansión de tal decisión resulte inevitable, en cuanto constituye un elemento externo y objetivo que es presupuesto típico para el segundo delito (TS 22-2-05, EDJ 23829).

9850 b) **Identidad de la persona**. Persona inculpada es la persona física contra la que se dirigió la acusación en la primera causa y ya quedó definitivamente absuelta o condenada, que ha de coincidir con el investigado del segundo proceso. Es del todo irrelevante la identidad de quienes ejercitan la acción penal en el caso concreto, pues si hubo o no antes **acusación particular o popular** y luego en el proceso posterior existe otra distinta, o no existe ninguna, ello no puede ser obstáculo para la operatividad de la eficacia preclusiva de la cosa juzgada, pues el derecho fundamental del acusado a no verse envuelto en un nuevo proceso penal por el mismo hecho ya enjuiciado no puede quedar sujeto a la circunstancia de que alguien que no actuó en el proceso anterior quiera hacerlo, máxime cuando nuestro derecho positivo es tan abierto en esta materia permitiendo la acusación por cualquier persona, incluso aunque no sea perjudicada por el delito.

c) **Ejercicio de la acción civil** (LEC art.222.3). Cuando se ha ejercitado la acción civil en el proceso penal, la sentencia recaída en este excluye cualquier **proceso civil posterior sobre el mismo objeto**, aplicándose en este caso la regla de identidad subjetiva propia del proceso civil, conforme a la cual la cosa juzgada afectará a las partes del proceso en que se dicte y a sus herederos y causahabientes, así como a los sujetos, no litigantes, titulares de los derechos que fundamenten la legitimación de las partes. **9852**
En las sentencias sobre **estado civil, matrimonio, filiación, paternida**d, maternidad y de medidas de apoyo para el ejercicio de la capacidad jurídica, la cosa juzgada tendrá efectos frente a terceros a partir de su inscripción o anotación en el Registro Civil.
Las sentencias que se dicten sobre **impugnación de acuerdos societarios** afectarán a todos los socios, aunque no hayan litigado.

Precisiones 1) No es admisible el ejercicio sucesivo de la acción civil ante **órdenes jurisdiccionales distintos**, pues la sentencia penal agota y consume la acción civil ejercitada conjuntamente con la penal y produce excepción de cosa juzgada en el posterior proceso civil, sin que corresponda a los tribunales del orden civil subsanar los errores ni suplir las omisiones y deficiencias que hayan podido cometerse en procedimientos sometidos a tribunales de otro orden jurisdiccional (TS 21-1-00, EDJ 331; 25-9-00, EDJ 29715; 24-2-01, EDJ 2027; 12-2-03, EDJ 105029).
2) Por el contrario, la cosa juzgada no impide que en caso de **sentencia absolutoria penal por delito imprudente** pueda entablarse posterior acción civil por culpa extracontractual, pues esta tiene un radio de aplicación más amplio que la penal, de modo un mismo hecho puede ofrecer aspectos y valoraciones jurídicas distintas, unos de orden penal otros de orden civil, que determinan la falta de identidad de causa de pedir en las respectivas jurisdicciones (TS 16-10-00, EDJ 32600).

c. Tratamiento procesal de la cosa juzgada penal

La articulación procesal de la cosa juzgada es cuestión ya estudiada en su mayor parte en la exposición del **sobreseimiento** (nº 8690 s.) y de los **artículos de previo pronunciamiento** (nº 9312). **9855**
La cosa juzgada puede hacerse valer incluso **de oficio** en cualquier estado del procedimiento, debiendo servirse de los vehículos adecuados en cada caso.

Precisiones 1) Cuando la existencia de la **doble identidad** característica de la casa juzgada penal se constate en un momento posterior a la firmeza de la sentencia recaída en el segundo proceso, una consolidada corriente jurisprudencial estima aplicable como remedio procesal el **recurso de revisión penal**. Aunque la **duplicidad de fallos o condenas** penales por unos mismos hechos a una misma persona por el mismo o distintos órganos judiciales no se halla prevista expresamente en la LECr art.954.1º, debe estimarse la posibilidad de revisar tales sentencias mediante una interpretación amplia y extensiva del precepto tendente a tutelar un principio, como el non bis in ídem, pues el derecho a no ser enjuiciado penalmente más de una vez por unos mismos hechos constituye una de las garantías del acusado. Se impone, por ello, la anulación de la segunda y la declaración de validez de la primera (TS 10-10-05, EDJ 180401; 18-5-07, EDJ 104564; 26-6-07, EDJ 104566).
2) El mismo razonamiento es trasladable, en el **proceso penal militar**, al ámbito del recurso de revisión (LO 2/1989 art.328 a 337).

d. Publicación de determinadas sentencias

(LOPJ art.235 bis y 235 ter)

Tiene **carácter público** el acceso a los datos personales contenidos en las sentencias firmes condenatorias, cuando se hayan dictado en procesos por delitos tipificados en: **9858**
• **Delito contra la Hacienda Pública** o fraude a los presupuestos de la Unión Europea (CP art.305, 305 bis y 306).
• **Insolvencia punible**, obstrucción a la ejecución judicial o administrativa), en caso de que el acreedor defraudado sea la Hacienda Pública (CP art.257 y 258).
• **Contrabando**, en caso de que exista perjuicio para la Hacienda Pública o para la Unión Europea (LO 2/1995 art.2).
En tales supuestos el letrado de la Administración de Justicia, ha de emitir un **certificado**, firme la sentencia, para su publicación en el BOE -lo que se ordena mediante diligencia- expresivo de los **datos** que permitan la identificación del proceso judicial, el nombre y apellidos o denominación social del responsable civil, el delito por el que se haya dicta condena, las penas impuestas y la cuantía correspondiente al perjuicio causado a la Hacienda Pública, por todos los conceptos, de acuerdo con el fallo de la sentencia. Se **exceptúa** el caso de que el condenado o el responsable civil hubiera satisfecho o consignado en la cuenta de consignaciones y

depósitos del órgano judicial competente la totalidad del importe correspondiente al perjuicio a la Hacienda Pública, por todos los conceptos, con anterioridad a la firmeza de la sentencia.

Precisiones 1) Este régimen se aplica a todas las sentencias dictadas desde la entrada en vigor de la LO 10/2015 (LO 10/2015 disp.trans.única). Es paralelo al tratamiento de la **publicidad de los datos tributarios** en situaciones de incumplimiento relevante de obligaciones tributarias establecido en LGT art.95 bis.

2) En general, el régimen de publicidad de las sentencias y demás resoluciones se somete a LOPJ art.266, sobre el que es norma especial la regla de LOPJ art.235 bis (nº 4950 s. Memento Procesal Civil 2026).

La **difusión del contenido de las sentencias** puede colisionar en ciertos casos con el derecho al honor e intimidad de alguna de las partes del proceso, cuyos datos aparecen reflejados en ellas. La existencia de **colisión** ha de resolverse por medio de un proceso de ponderación, considerándose que no concurre en caso de que la publicación de la resolución derive del ejercicio de un derecho reconocido -LO 1/1982 art.2.2- (TS civil 25-1-21, EDJ 501174), ni de una norma legal específica. En el caso concreto de sentencias penales, el **derecho a la información** prevalece respecto de los implicados en asuntos de relevancia pública (TS civil 24-10-08, EDJ 190094), en caso de **delitos de trascendencia social** (TCo 158/2003), o con especial sensibilización de la **opinión pública** (TS civil 20-7-11, EDJ 223119), de **especial gravedad** (TS civil 2-11-17, EDJ 227192), con gran **repercusión mediática** (TS civil 23-10-18, EDJ 613525) o de una persistencia o reproducción tal que se consideren **lacra social** (TS civil 25-1-21, EDJ 501174), lo que justifica la expresión de la identidad de los condenados. Así, por ejemplo, en casos de tráfico de drogas, asesinato o violencia doméstica.

3) No existe precepto que autorice expresamente la **publicación anticipada del fallo** de una sentencia. Sin embargo, la ausencia de previsión (aunque medie irregularidad procesal) no significa que los derechos a la tutela judicial efectiva y a un proceso con todas las garantías se lesionen en caso de dicha anticipación. Y ello porque no existe una infracción de la normativa procesal en sentido estricto, que en ningún caso contempla una prohibición, explícita o implícita, de anticipar el fallo, sino normas sobre la estructura, contenido, notificación y acceso a las sentencias -LOPJ art.248 -redacc LO 1/2025-, 266 y 270; LECr art.160 y 789- (TCo 101/2024).

4) El derecho a la protección de datos personales puede colisionar con la exigencia de **publicidad de las sentencias**, ambos limitados, lo que impone realizar una ponderación de las circunstancias concurrentes en cada caso, que debe efectuar la sentencia correspondiente, que pone fin al proceso (TS 6-11-24, EDJ 729650).

e. Asistencia a menores y título para reconocimiento de derechos

(CC art.156.2; LO 1/2004 art.23; RDL 9/2018 disp.trans.1ª)

9860 Recaída sentencia condenatoria en proceso penal contra uno de los progenitores por delito de atentado contra la vida, integridad física o moral o la libertad sexual de los hijos comunes menores de edad o por atentar contra el otro progenitor y mientras no se extinga la responsabilidad penal del condenado, basta el **consentimiento del progenitor no condenado** para prestar atención y asistencia psicológica a los hijos menores, debiendo el otro ser informado previamente. Esta regla se aplica igualmente, aunque no se haya interpuesto denuncia previa, cuando la mujer esté recibiendo asistencia en un servicio especializado de **violencia de género**, siempre que obre informe emitido por tal servicio acreditativo de tal situación. Si lo **menores fueran mayores de 16 años**, se precisa su expreso consentimiento.

El mismo efecto produce la mera incoación del proceso, aun sin adopción de medidas cautelares específicas.

Asimismo, la **sentencia condenatoria por violencia de género** es medio de acreditación de situación causante del reconocimiento de los derechos previstos en la LO 1/2004, a la que se equipara una orden de protección o cualquier resolución judicial que acuerde medida cautelar a favor de la víctima o un informe del Ministerio Fiscal que indique la existencia de indicios de que la demandante de tales derechos es víctima de tal violencia.

9861 **Régimen de visita o estancia** (CC art.94) De modo paralelo a la reforma de CC art.156.2, no procederá el establecimiento de un régimen de visita o estancia, y si existiera se suspenderá, respecto del **progenitor que esté incurso en un proceso penal** iniciado por atentar contra la vida, la integridad física, la libertad, la integridad moral o la libertad e indemnidad sexual del otro cónyuge o sus hijos. Tampoco procederá cuando la autoridad judicial advierta, de las alegaciones de las partes y las pruebas practicadas, la existencia de **indicios fundados de violencia doméstica o de género**. No obstante, la autoridad judicial podrá establecer un régimen de visita, comunicación o estancia en resolución motivada en el **interés superior del menor** o en la voluntad, deseos y preferencias del mayor con discapacidad necesitado de apoyos y previa evaluación de la situación de la relación paternofilial.

No procederá en ningún caso el establecimiento de un régimen de visitas respecto del progenitor en situación de **prisión, provisional o por sentencia firme**, acordada en procedimiento penal por los delitos expuestos.

f. Comunicación a las entidades gestoras de la Seguridad Social

(LECr disp.adic.5ª)

9862 Dictada sentencia y una vez gane **firmeza**, el letrado de la Administración de Justicia del órgano judicial sentenciador ha de comunicarla al Instituto Nacional de la Seguridad Social y al Instituto Social de la Marina (igualmente, la resolución firme que ponga término al proceso penal así como cualesquiera resoluciones de las que deriven indicios racionales de criminalidad respecto del investigado) en caso de **causas por delito doloso de homicidio** en cualquiera de sus formas en las que la víctima fuera ascendiente, descendiente, hermano, cónyuge o excónyuge del condenado o estuviera unido a él por relación análoga de afectividad. Todo ello a los efectos previstos en RDLeg 8/2015 art.231 a 234; RDLeg 670/1987 art.37 bis y 37 ter -clases pasivas del Estado- y RDL 20/2020 art.4 a 7 y 10 -ingreso mínimo vital-.

g. Incorporación de datos al sistema de registros centrales

(RD 95/2009 art.8 a 10 -redacc RD 607/2025-, 11 y 13)

9865 Se expone el tratamiento de la cuestión en la siguiente tabla:

Resolución	Datos de necesaria incorporación	Observaciones
Sentencias firmes que impongan penas o medidas de seguridad a personas físicas mayores de edad, penas a personas jurídicas o consecuencias accesorias a entes sin personalidad	- Fecha de la sentencia que imponga la pena o medida de seguridad. - Fecha de firmeza de la sentencia y fecha de efectos del requerimiento del cumplimiento. - Órgano judicial sentenciador. - Órgano judicial de ejecución de la sentencia, en su caso. - Condición de reincidente y/o reo habitual del condenado en su caso. - Número y año de la ejecutoria. - Delito y precepto penal aplicado. - Pena principal y accesorias, medida de seguridad y su duración y cuantía de la multa con referencia a su duración y cuota diaria o multa proporcional. - Fecha de comisión del delito. - Participación como autor o cómplice y grado de ejecución. - Sustitución de las penas o medidas de seguridad, en su caso. - Suspensión de la ejecución de las penas o medidas de seguridad, en su caso, fecha de notificación, así como plazo por el que se concede la suspensión; prohibiciones, deberes y condiciones derivadas de la suspensión, -especialmente, las que deban ser comunicadas a las Fuerzas y Cuerpos de Seguridad-. - Prórroga del auto de suspensión de las penas. - Fecha de la revocación del auto de suspensión de las penas o medidas de seguridad. - Fecha de la remisión definitiva de la pena, cumplimiento efectivo de la misma o prescripción. - Fecha del cese de la medida de seguridad. - Expulsión y fecha de la misma, cuando se acuerde como sustitución de la pena o medida de seguridad. - Cumplimiento. - Acumulación de penas. - Responsabilidad civil derivada de la infracción penal. - Resoluciones judiciales que se pronuncien sobre el traslado de la pena (CP art.130.2). - La profesión u oficio, si consta en la sentencia, de la persona condenada a penas de inhabilitación absoluta, suspensión de empleo y cargo público, e inhabilitación especial para profesión, oficio o actividad, sean o no retribuidos. Cuando la actividad se desarrolle en el ámbito docente será exigible, única y exclusivamente, cuando ello conlleve contacto con personas menores de edad. - Cuantía de lo sustraído en delitos de hurto, cuando conste en la sentencia.	La inclusión del órgano judicial de ejecución de la sentencia, si procede, por virtud del RD 913/2024.

Resolución	Datos de necesaria incorporación	Observaciones
Inclusión de datos en el sistema	La transmisión de los datos a los Registros Centrales ha de hacerse por el letrado de la Administración de Justicia mediante procedimientos electrónicos en los siguientes **plazos**: - De forma inmediata y, en cualquier caso, en el plazo máximo de 3 días desde: la firmeza de la sentencia o auto de rebeldía; la adopción de la medida cautelar o sentencia no firme, o; la comunicación edictal si se trata de inscripciones en los Registros Centrales de penados, medidas cautelares, requisitorias y sentencias no firmes, rebeldes civiles y sentencias de responsabilidad penal de los menores. - De forma inmediata y, en cualquier caso, en el plazo máximo de 24 horas desde la firmeza de la sentencia o desde que se adopte la medida cautelar o sentencia no firme cuando se trate de inscripciones en el Registro Central para la Protección de las Víctimas de Violencia Doméstica y de Género.	Se elimina la posibilidad de realizar directamente la transmisión de la información desde las aplicaciones de gestión procesal, sustituyendo las firmas de los documentos por firmas electrónicas reconocidas cuando las condiciones técnicas lo permitían (RD 913/2024

h. Incidencia en expedientes de adquisición de nacionalidad española

(CC art.22.4 y 25.2)

9868 Los efectos de la sentencia condenatoria penal pueden desplegarse también en el plano de la nacionalidad del condenado, en caso de que ostente la **española no de origen** y haya sido condenado en firme por delitos que impliquen falsedad, ocultación o fraude cometidos por el interesado en la adquisición de la nacionalidad, pues en tal caso la condena determina la **nulidad** de la adquisición, aunque no se derivarán efectos perjudiciales para terceros de buena fe (CC art.25.2). En tal caso, la sentencia puede declarar igualmente dicha nulidad. En caso de no hacerlo, el efecto es el mismo, ya que se anuda directamente por la Ley a la **firmeza** de la sentencia condenatoria, bien que pueda ser necesario un incidente de ejecución en caso de ausencia de declaración expresa de la nulidad.

Por otra parte, la condena penal puede incidir en la posibilidad de adquisición de nacionalidad por el condenado, **por residencia en España**, en cuanto los antecedentes penales y la condena misma podrían afectar a la necesidad de guardar y acreditar «buena conducta cívica» (CC art.22.4). A este respecto, al ser la nacionalidad española el sustrato y fundamento necesario para el ejercicio pleno de los derechos políticos, es dable exigir al sujeto solicitante, a consecuencia del «plus» que contiene el acto de su otorgamiento enmarcable dentro de los «actos favorables al administrado», un **comportamiento o conducta** que ni siquiera por vía indiciaria pudiera cuestionar el concepto de bondad que el precepto salvaguarda, como exigencia específica determinante de la concesión de la nacionalidad española (TS 22-11-01, EDJ 49034).

9869 **Conducta cívica** Para determinar si existe o no buena conducta cívica no basta con constatar que no existe constancia en los registros públicos de actividades merecedoras de consecuencias sancionadoras penales o administrativas que por sí mismas impliquen mala conducta, sino que se exige que el solicitante **justifique positivamente** que su conducta, durante el tiempo de residencia en España y aun antes, ha sido conforme a las normas de convivencia cívica (CC art.22.4), no solo no infringiendo las prohibiciones impuestas por el ordenamiento jurídico penal o administrativo, sino cumpliendo los deberes cívicos razonablemente exigibles.

En este sentido, nada tiene que ver, el concepto jurídico indeterminado «buena conducta cívica», con la carencia de **antecedentes penales** (TS 11-10-05, EDJ 180461; TCo 114/1987).

El hecho de haber sido condenado penalmente el interesado no es, por sí solo, suficiente para tener por no acreditada aquella, de la misma forma que la carencia de antecedentes penales no es bastante para tener por acreditado este requisito. No es un dato decisivo. Aun **ya cancelados**, un hecho ilícito puede ser elocuente acerca de la **falta de civismo** del solicitante; y, a la inversa, vigentes los antecedentes, pueden ser insuficientes para formular juicio negativo acerca de la «buena conducta cívica» del interesado (TS 5-3-24, EDJ 518816).

Precisiones 1) La justificación de aquella constituye un **requisito adicional** sobre la mera observancia de una conducta de no transgresión de las normas penales o administrativas sancionadoras, impuesto por el ordenamiento jurídico en razón del carácter excepcional que supone el reconocimiento de la nacionalidad por residencia y, por ende envuelve aspectos que trascienden los de orden penal y ha de ser valorada atendiendo a la conducta del solicitante durante un largo período de tiempo y permanencia en España y no puede identificarse sin más con la ausencia de antecedentes penales o policiales (TS 16-3-99, EDJ 10802).

2) Al contrario, estos antecedentes, con independencia de su cancelación, son meramente un **indicador cualificado** de la conducta de un ciudadano, sin que puedan ser, por sí solos, un obstáculo para la concesión de la nacionalidad española (TS 22-11-01, EDJ 49034), de modo que la simple existencia o inexistencia de los mismos no es suficiente para estimar la concurrencia o ausencia de este requisito, salvo que se refiera a infracciones que por sí mismas revelen la existencia de mala conducta. Se habrá de valorar el **alejamiento o cercanía temporal** de tales antecedentes en función del razonable proceso de integración en la sociedad española, así como el carácter y circunstancias de la conducta que haya podido dar lugar a la condena penal, como reveladores no solo del incumplimiento de las normas sino también de la falta en mayor o menor grado de la integración en la sociedad española.

SECCIÓN 12

Recursos

La posibilidad de las partes del proceso de **impugnar las resoluciones judiciales** es una de las manifestaciones del derecho a la tutela judicial efectiva, en el que se incluye el derecho de acceso al recurso con el alcance ya examinado en el nº 6747 al estudiar las bases constitucionales del proceso penal. **9872**

La interpretación y aplicación de todo el régimen de recursos en materia penal debe estar presidida por el **principio «pro actione»** (TS 8-6-22, EDJ 601323).

Precisiones **1)** Se impone como requisito la **constitución de depósito** para la interposición de recursos escritos en los órdenes jurisdiccionales civil, social, contencioso-administrativo y penal, aunque en este limitado, exclusivamente, a la acusación popular. Sin aquel, no se admite a trámite recurso alguno. Por razones sistemáticas se analiza de manera unificada en los nº 6280 s.

2) En relación con la normativa invocable en los **recursos pendientes** contra sentencias dictadas conforme a la regulación anterior y no firmes en la fecha indicada se dispone (LO 5/2010 disp.trans.3ª):

• Si el recurso es de **apelación**, las partes pueden invocar y el órgano judicial aplicará de oficio, los preceptos de la Ley vigente, si son favorables al reo.

• En caso de recurso de **casación** aún no formalizado, el recurrente puede señalar las infracciones legales basándose en la regulación vigente.

• Si, interpuesto recurso de casación, estuviera sustanciándose, se pasará de nuevo al recurrente, de oficio o a instancia de parte, por plazo de 8 días para que adapte, si lo considera procedente, los motivos de casación alegados a la Ley vigente, instruyéndose del recurso así modificado las partes interesadas, el fiscal y el magistrado ponente, y continuando la tramitación conforme a Derecho.

3) Con relación al **incidente de nulidad**, nº 10206 s. Asimismo, los mecanismos de **aclaración y complemento** (LEC art.214 y 215) y de **rectificación de errores** materiales, aritméticos o de hecho (LOPJ art.267). Concretamente, en relación con este último, se considera preferente frente a los medios de impugnación, especialmente los **devolutivos**, en aquellos casos en los que se sostiene la

existencia de un error, que puede así rectificarse sin alterar la competencia del órgano resolutorio; de modo que no cabe plantear como motivo de apelación aquello que puede corregirse por rectificación de error, sin llevar la cuestión a una decisión heterónoma (TS 23-4-21, EDJ 341/2021).
4) En el caso de sentencias que no **hayan adquirido firmeza**, se observarán las siguientes reglas a efecto de aplicar la **amnistía** decretada por la LO 1/2024:
a) Si el recurso contra la sentencia **aún no se ha sustanciado**, las partes y el Ministerio Fiscal podrán invocar al interponerlo la LO 1/2024, e interesar que los delitos atribuidos a la persona encausada se declaren amnistiados.
b) Si el recurso contra la sentencia se **está sustanciando**, el tribunal, de oficio o a instancia de parte o del Ministerio Fiscal, les dará audiencia por un plazo de 5 días para que se pronuncien sobre si consideran amnistiados todos o alguno de los delitos que constituyen objeto del procedimiento con arreglo a la LO 1/2024.
c) En todo caso, al resolver el recurso contra la sentencia, el **tribunal declarará de oficio** que los actos tipificados como delitos cometidos por la persona encausada quedan amnistiados cuando concurran los presupuestos para ello en aplicación de la LO 1/2024 (LO 1/2024 art.11.4).

9874 MPP nº 4454 s. **Derecho a la doble instancia penal** Se trata de un derecho de configuración legal en la que el legislador tiene limitada su libertad (Pacto Internacional de Derechos Civiles y Políticos art.14.5), que forma parte del Derecho interno español y dispone que toda persona declarada culpable de un delito tiene derecho a que el **fallo condenatorio y la pena** que se le haya impuesto sean sometidos a un **tribunal superior**, conforme a lo prescrito por la ley (TCo 124/2019; 3/2021; 4/2021).
En sentido análogo se pronuncia el Convenio de Roma, que no deja lugar a dudas sobre que los Estados parte conservan la facultad de decidir las modalidades del **ejercicio del reexamen** y pueden restringir su extensión (Convenio Roma 4-11-1950 art.13).
a) En los supuestos de **aforamiento**, el privilegio del fuero equilibra la inexistencia de una doble instancia (TCo 166/1993). La garantía que implica la instrucción y el enjuiciamiento de la causa por el tribunal más alto en el orden penal integra en parte y sustituye en lo demás la garantía de la doble instancia, pues supone indudablemente el acceso a una instancia judicial superior a la que de ordinario enjuicia y no elimina en cambio la posibilidad de una segunda decisión, ya que esta presupone necesariamente que la primera instancia no sea la instancia suprema en el orden jurisdiccional penal (TCo 51/1985; 136/1999).
Para la particular situación de los no aforados que por razón de la **conexión delictiva** son enjuiciados por el Tribunal Supremo, ver lo dicho en el nº 7400 s.
b) Cuando la **condena** recae **en la resolución de la apelación**, la falta de un instrumento de revisión de la sentencia condenatoria no supone la ausencia de una garantía procesal de rango constitucional (TCo 296/2005).
Finalmente, la aplicación de la LOPJ art.64 bis, 73.3.c y 73.6 ha precisado para su aplicación la **reforma procesal** reguladora de los recursos de apelación de los que conocen actualmente la Sala de Apelación de la Audiencia Nacional y la Sala de lo Civil y Penal de los Tribunales Superiores de Justicia. La sola existencia de dichos preceptos no ha permitido aplicar unos mecanismos procesales inexistentes hasta la L 41/2015 (TS 8-3-05, EDJ 40672; TSJ Murcia 12-5-04, EDJ 283665).

9876 **Sistemas de recurso** La actual configuración positiva del recurso contra la sentencia en el proceso penal español es la que se resume en los tres siguientes sistemas:
a) Sistema **puro de doble instancia**: en el régimen precedente a la L 41/2015, cabe recurso de apelación contra las sentencias dictadas por órganos judiciales unipersonales en los procedimientos abreviado y de enjuiciamiento rápido y en juicio por delito leve, sin que la sentencia de apelación sea susceptible de ulterior recurso (LECr art.790.1, 792.3, 803.1 y 976.1).
b) Sistema de **doble instancia con posibilidad de posterior casación**:
1. Las sentencias dictadas **en primera instancia** por las Audiencias Provinciales y la Sala de lo Penal de la Audiencia Nacional, son apelables ante la Sala de lo Civil y Penal del respectivo Tribunal Superior de Justicia y ante la Sala de Apelación de la Audiencia Nacional, respectivamente (LECr art.846 ter). Contra ellas se da el recurso de casación ante el Tribunal Supremo (LECr art.847.1.a).
2. Las sentencias dictadas **en apelación** por las Audiencias Provinciales y la Sala de lo Penal de la Audiencia Nacional, son susceptibles de recurso de casación ante el Tribunal Supremo, únicamente por infracción de Ley al amparo del motivo establecido en LECr art.849.1º (LECr art.847.1.b).
3. Las sentencias dictadas **en primera instancia por el Tribunal del Jurado** son recurribles en apelación ante la Sala de lo Civil y Penal del Tribunal Superior de Justicia de la correspondiente comunidad autónoma (LECr art.846 bis a), contra cuya resolución puede interponerse recurso de casación (LECr art.847.a). Si por razón de aforamiento del acusado el

juicio de jurado debe celebrarse en el ámbito del Tribunal Supremo o de un Tribunal Superior de Justicia (LO 5/1995 art.2.1), no cabe en el primer caso recurso alguno contra la sentencia, siendo utilizable en el segundo solo el de casación (LECr art.847.a).
4. La sentencia que se dicte en vía de recurso, cuando se hubiera impuesto alguna de las medidas de duración agravada previstas LO 5/2000 art.10, es susceptible de recurso de casación para la unificación de doctrina (LO 5/2000 art.41.1 y 42; LO 9/2000 disp.adic.2ª).
c) **Sistema de única instancia**: contra las sentencias dictadas en única instancia por los órganos judiciales colegiados cabe únicamente el recurso de casación (LECr art.847 redacc anterior a L 41/2015; LO 2/1989 art.324), salvo cuando el Tribunal Supremo conoce en instancia por razón de aforamiento.

Precisiones 1) En los supuestos de los números 1 a 3, se excluyen las sentencias dictadas en apelación que se limiten a declarar la **nulidad** de las recaídas en primera instancia (LECr art.847.2).
2) En 2015 se generaliza la **doble instancia** en sede penal, así como la posibilidad matizada de **casación** posterior (L 41/2015).
3) Se aplica, en **términos transitorios**, a los procesos penales incoados con posterior a esta fecha (L 41/2015 disp.trans.única.1).

I. Consideraciones generales

La teoría general del recurso puede resumirse en el estudio de las cuestiones referentes a sus efectos (nº 9882), las clases de impugnación (nº 9890), la legitimación (nº 9893) y la intervención del no recurrente así como su adhesión al recurso (nº 9910). **9880**

a. Efectos del recurso

Es tradicional en la doctrina procesal atribuir al recurso, considerado en abstracto, los efectos devolutivo, suspensivo y extensivo, aunque solo el último es predicable con carácter general de cualquier medio de impugnación. **9882**

Efecto devolutivo Atribuye **competencia funcional** para resolver el recurso a un tribunal superior al que dictó la resolución impugnada. **9884**
Se produce siempre que el recurso se dirige contra una sentencia y en los recursos de apelación y queja contra resoluciones interlocutorias.
Carecen del mismo los recursos de reforma y de súplica.
La competencia funcional para la resolución de recursos es objeto de examen en el nº 7472.

Efecto suspensivo Como consecuencia del mismo no puede ejecutarse la resolución recurrida hasta la resolución del recurso contra ella interpuesto, momento en que la misma adquiere firmeza y se producen los efectos de la cosa juzgada formal si aquella es una sentencia. **9886**
a) Cuando el recurso se dirige contra **resoluciones interlocutorias**, el efecto suspensivo es excepcional y solo se produce cuando la Ley lo dispone expresamente, como se observa al estudiar el recurso de apelación (nº 9992).
b) Por el contrario, cuando se recurre la sentencia, se contempla la **firmeza** como presupuesto inexcusable de la ejecución, lo que conlleva la generalización del efecto suspensivo (CP art.3; LECr art.792.3, 794, 861 bis a y b, 977 y 988).

Precisiones Señala la doctrina que la Ley parece que no extiende el mismo a las **sentencias absolutorias**, pues dispone que el acusado será puesto en inmediata libertad (LECr art.861 bis a y 983), lo que es también predicable de los pronunciamientos de la sentencia sobre **responsabilidad civil**, susceptibles de ejecución provisional conforme a las normas de la Ley de Enjuiciamiento Civil (LECr art.989.1).

Efecto extensivo Consiste en que la resolución del recurso puede afectar en lo favorable a los investigados que, sin haber recurrido una resolución ni haberse adherido al recurso de otro, se encuentren en la **misma situación que el recurrente**. **9888**
Aunque se regula solo para el recurso de casación (LECr art.903), nada impide su aplicación a cualquier tipo de recurso.

b. Clases de impugnación

En directa relación con lo expuesto en el nº 9882 s., los medios de impugnación se clasifican atendiendo a: **9890**
- la presencia del efecto devolutivo; y

- el carácter tasado o no de los motivos de recurso.

a) El recurso es **devolutivo** cuando la competencia para resolverlo se atribuye a un tribunal jerárquicamente superior al autor de la resolución recurrida, como sucede en los recursos de apelación (nº 9985 s.), queja (nº 9943) y casación (nº 10040). En caso contrario (recursos de reforma, nº 9932 y súplica, nº 9934) la impugnación se resuelve por el mismo órgano que dictó la resolución objeto de la misma.

b) Es **extraordinario** el recurso que solo puede fundamentarse en motivos tasados, como sucede en los recursos de casación y de apelación contra sentencias del Tribunal del Jurado.

c. Legitimación

9893 Se define como la relación de una determinada persona con el objeto del proceso que habilita la **intervención** de aquella como parte en el mismo. Además de lo indicado con carácter general en el estudio de las partes (nº 7800 s.) han de tenerse en cuanta sobre la legitimación en vía de recurso las siguientes indicaciones:

9895 **Ministerio Fiscal** (Const art.124; L 50/1981 art.3 y 4) Ostenta legitimación institucional para recurrir, no solo en los casos en que sus tesis procesales sean rechazadas por la sentencia, sino en defensa de **derechos fundamentales del investigado** (sea como investigado o como encausado -nº 8000-) o de la víctima, incluso cuando postuló en la instancia una sentencia idéntica a la que luego impugna.

Los intereses que le incumbe defender no son en modo alguno intereses parciales, por lo que las normas que imponen la debida congruencia a la actuación de las partes en el proceso deben ser interpretadas con la debida flexibilidad cuando deban serle aplicadas, siempre que con ello no se ponga en peligro el principio de igualdad de armas ni la prohibición de la indefensión (TS 25-9-98, EDJ 17488). A tal efecto está legitimado para alegar en vía de recurso la **vulneración de derechos fundamentales** (TCo 188/1992; 220/1993; 256/1994; TS 31-10-03, EDJ 209444).

9898 MPP nº 4509 **Titulares de derechos o intereses legítimos** Deben interpretarse con amplitud las fórmulas que las leyes procesales utilizan para la atribución de legitimación activa, en tanto la tutela judicial efectiva afecta a todas las personas que sean titulares de derechos o intereses legítimos, y que la legitimación activa no se otorga exclusivamente a la víctima o al titular del derecho infringido, sino también a quien ostente aquel interés legítimo, categoría más amplia que la de derecho subjetivo o interés directo, de suerte que es suficiente que el recurrente se encuentre en una determinada situación jurídico-material identificable no con un interés genérico en la preservación de derechos, sino con un **interés en sentido propio, cualificado y específico** que debe ser valorado en cada caso concreto (TS 8-7-98, EDJ 9899; 15-6-00, EDJ 17538).

La concreción que se reclama se refiere no solo a cada proceso en particular, sino a las **específicas pretensiones** articuladas por el recurrente, de las que unas pueden ser admisibles y otras no. Así, por ejemplo, se niega legitimación a un coinvestigado para combatir la condena de otro por un delito por el que el recurrente no fue acusado (TS 15-6-00, EDJ 17538) o para cuestionar aspecto de la sentencia que solo afectan a otro investigado y precisamente en un aspecto favorable, como la aplicación de una circunstancia atenuante (TS 29-12-04, EDJ 234873).

9900 **Perjudicado por el rechazo de sus pretensiones** La legitimación presupone un **gravamen o perjuicio para el recurrente** originado por la parte dispositiva de la resolución que se recurre, por lo que solo se confiere a quien aparece como perjudicado por la falta de acogida de sus pretensiones en el fallo. No cabe, pues, impugnar autónomamente la corrección jurídica de los fundamentos de la resolución ni la declaración de hechos (TS 2-4-02, EDJ 9588; 29-12-04, EDJ 234873).

a) El **acusado absuelto**, sin embargo, ostenta legitimación en ciertos casos excepcionales, como cuando lo es por aplicación de un indulto (TCo 76/1987) o por apreciación de la prescripción (TS 19-5-20, EDJ 557018; 8-7-98, EDJ 9899), pues en ambos casos la sentencia declara la existencia de un hecho delictivo y de la autoría del recurrente, a lo que ha de añadirse el evidente interés del investigado absuelto en defenderse ante la hipótesis de que prosperase el recurso interpuesto por la acusación. Por el mismo motivo, tiene legitimación para recurrir la sentencia el declarado exento de responsabilidad criminal si se le impone una medida de seguridad o se declara su responsabilidad civil conforme a lo dispuesto en CP (LECr art.846 bis b).

b) El perjuicio y la legitimación que de él deriva, **no** presuponen necesariamente la **condición de parte del proceso**, por lo quienes sin haberlo sido resulten perjudicados por la resolución pueden impugnarla (LECr art.854). Así sucede particularmente en caso de comiso de bienes no pertenecientes al investigado (TS 19-7-02, EDJ 31416) o con las compañías aseguradoras o el Consorcio de Compensación de Seguros dentro del ámbito de cobertura del seguro obligatorio de vehículos a motor, en el que su función es la de mero fiador (LECr art.764.3).

Responsable civil Sobre la intervención procesal del **asegurador** para combatir la condena penal del asegurado, la jurisprudencia tradicional entendía que la legitimación del responsable civil ha de quedar constreñida a la impugnación de los daños y perjuicios surgidos de la infracción penal (quantum indemnizatorio) o a los aspectos relativos a su propia cualidad de sujeto pasivo de la responsabilidad civil (vigencia del contrato o negación del nexo causal), sin que pueda extenderse a cuestiones que atañan a la responsabilidad penal (LECr art.615 s. y 652). Su interés en el proceso es ajeno al enjuiciamiento y calificación jurídico-penal de la **conducta del autor del delito**, salvo la conexión indirecta dimanante de la vinculación de su responsabilidad a la declaración de la existencia del hecho (TS 19-5-20, EDJ 557018; 11-7-11, EDJ 155232; 24-11-95, EDJ 7428; 16-3-96, EDJ 1136; AP Madrid 25-6-03, EDJ 131316; AP Burgos 30-9-03, EDJ 263137; AP Bizkaia 8-2-05, EDJ 33318). 9902

A raíz de tratarse la **legitimación del Estado** para discutir como responsable civil subsidiario cuestiones de índole penal, la anterior doctrina se ha relativizado por exigencias de la fuerza expansiva del derecho fundamental a la tutela judicial efectiva, que impone admitir que las partes puedan alegar y probar cuanto afecte a sus intereses legítimos, sin más excepciones que aquellas que deriven de una norma expresa, interpretada de modo razonable y no innecesariamente restrictivo (AP Sevilla 24-4-04; 2-10-01, EDJ 57455). En concreto, se afirma la legitimación del Estado como responsable civil en la defensa contra lo que se denomina «fallo penal estricto», al cual no es ajeno el responsable civil, ya que es obvio que si prospera la postulación de una circunstancia de justificación se disipará con la responsabilidad penal la civil de ella derivada y con la directa la subsidiaria (TS 7-5-93, EDJ 4311). La misma argumentación puede ser aplicable a los supuestos en que la **aseguradora cuestione la calificación penal** de la conducta de su asegurado, pues su propia responsabilidad civil estaría ligada a la de este, careciendo además de todo apoyo jurídico el admitir la legitimación del responsable civil cuando se trata del Estado y negarla en los demás casos (AP Córdoba 9-4-99, EDJ 12412).

La **legitimación del responsable civil** en fase de recurso se limita al área puramente indemnizatoria, con alguna ampliación a los aspectos jurídico-penales para cercenar cualquier indefensión: impugnación de los daños y perjuicios derivados del delito, cualidad de sujeto pasivo de tal responsabilidad, nexo causal en que se funda, antijuridicidad del hecho que es fuente causante de la responsabilidad o concurso de causas de justificación, excluyendo generalmente las cuestiones de hecho (TS 29-5-20, EDJ 569337; 18-12-19, EDJ 813190; 6-7-17, EDJ 133402). Respecto a las reglas especiales sobre la carga de la prueba, nº 2990.

Herederos de las partes La legitimación de los herederos de las partes es indiscutible, dentro de la vía de recurso, en relación con la cuestión civil. 9904

Respecto de la **responsabilidad criminal**, admite la de los herederos del condenado en la instancia para interponer el recurso que proceda contra la sentencia a fin de reparar el buen nombre del difunto (LECr art.854 y 955, siempre que su muerte se haya producido después de pronunciada la misma, pues en caso contrario sería obligado el sobreseimiento de la causa (CP art.130.1º; LECr art.115; LO 2/1989 art.246.3º y 5º).

Afectados por medidas de comiso (LECr art.803 bis.a) s.) Se reconoce legitimación para interponer recurso contra las resoluciones judiciales dictadas en el proceso penal (concretamente, la sentencia) al **tercero afectado** por medidas de decomiso, haya intervenido o no en el proceso (nº 8029 s.). También en el procedimiento de **decomiso autónomo** (nº 10488 s.). 9905

d. Intervención del no recurrente y adhesión al recurso

(LECr art.222, 229, 790.5, 846 bis d y 892; LO 2/1989 art.259 y 263)

El principio de **contradicción** impone que las partes no recurrentes tengan intervención en su sustanciación antes de la decisión del recurso, que no puede dictarse inaudita parte. 9910

El contenido sustantivo de dicha intervención, que admite diversas estructuras formales según las peculiaridades del recurso de que se trate (escrito de alegaciones, simple instrucción y celebración posterior de vista, etc.) puede presentar diversas **modalidades**:

- la **impugnación** del recurso, con oposición a su estimación; y
- la **adhesión** al mismo, que constituye una impugnación subordinada y sin autonomía propia a la del recurso principal, cuya suerte debe seguir inexorablemente.

9912 **Adhesión en el recurso de apelación ordinario** La adhesión integra una modalidad de coadyuvantía a favor de la apelación principal con el matiz que se expone seguidamente: es discutible si permite también afirmar una pretensión distinta a la de aquella y con qué grado de autonomía.

Precisiones 1) Es doctrina mayoritaria la de que quien utilice la vía adhesiva solo podrá actuar en el **mismo sentido que el apelante principal** y en colaboración con el mismo, pues si lo que se quiere es formular pretensiones autónomas debe de hacerse uso del recurso de apelación propiamente dicho dentro del plazo legalmente establecido. La parte que no apeló la sentencia en el plazo que tenía para hacerlo, no puede aprovechar el trámite de la adhesión para formular un recurso completamente nuevo, ni puede ampliar las cuestiones planteadas por el apelante principal con otras distintas (AP Madrid 25-4-02, EDJ 25868; 16-6-04, EDJ 113588; AP León 5-2-04, EDJ 7725). Por ello se ha entendido que, si se formula la adhesión, se presente **dentro del plazo para recurrir**, por lo que cabrá su admisión como impugnación independiente y no estará sujeta a las limitaciones citadas (AP Ourense 4-3-05, EDJ 53222).

De acuerdo con este criterio la adhesión a un recurso de apelación solo puede prosperar si lo hace el **recurso principal** y siempre en sus mismos y precisos términos: si se desestima este nunca ha de estimarse el adhesivo, ni siquiera parcialmente, pues no tiene carácter autónomo (AP Murcia 13-2-18, EDJ 36551).

2) Sin embargo, un criterio minoritario ha venido admitiendo la utilización de los esquemas propios de la **adhesión civil** y la **aplicación supletoria** de la misma, estimado posible que el apelado pueda impugnar cualquier declaración de la sentencia que le resulte perjudicial aprovechando el traslado que se le da de la apelación formulada de adverso, aunque inicialmente no haya manifestado su deseo de impugnarla (AP Alicante 4-11-02, EDJ 126158).

Y esta línea parece que se impone últimamente, afirmándose que la viabilidad del **recurso adhesivo** en la actualidad no ofrece dudas a la vista de la evolución de la jurisprudencia y legislación en este punto. De forma que se sostiene que nada impide a la defensa, pese a la absolución, y pese a que no interpuso en su momento recurso, introducir como petición propia autónoma una **pretensión de absolución basada en razón distinta** (p.e. no ya en la atipicidad según sostiene la sentencia sino en la presunción de inocencia). Aunque sea una pretensión en abierta contradicción con el recurso principal, es admisible. Las reticencias que mantuvo la jurisprudencia para aceptar esa fórmula han ido cayendo progresivamente hasta imponerse un criterio de total apertura y laxitud, en armonía con lo que desde siempre se admitió en la jurisdicción civil (TS 25-7-18, EDJ 529768). No obstante, mantiene su carácter supeditado al devenir del recurso principal, pues se condiciona a que el **apelante principal mantenga su recurso** (AP Ourense 15-2-18, EDJ 41385).

9914 **Adhesión clásica a la casación** Se rige por idénticos criterios a la anterior (nº 9912). De esta manera, conforme a la doctrina tradicional se consideraba que no consistía en un nuevo recurso sin relación con el preparado, sino que debía referirse a este, aun cuando se apoye en motivos diferentes, pues adherirse significa asociarse o unirse en el recurso complementando los esfuerzos en pos de un mismo objetivo, dando **nuevas razones que apoyen la tesis mantenida**, dentro de los mismos fundamentos, pues de no ser así y ejercitar contradictorias pretensiones no se produciría adhesión, sino que se habría formalizado un nuevo recurso cuando el derecho para ejercitarlo habría caducado (TS 17-12-97, EDJ 10523; 10-3-00, EDJ 2240; 28-1-02, EDJ 1190; 6-3-02, EDJ 4280). Y, sin embargo, ha de tomarse en cuenta en la actualidad la evolución doctrinal expuesta en el nº 9912, con eventual admisión de las pretensiones contrarias o diversas a las del recurso principal.

Por otra parte, en el recurso de casación se admite la **adhesión supeditada** en los mismos términos previstos para la apelación en el proceso de jurado -LECr art.846 bis b, 846 bis d y 846 bis e- (Acuerdo TS Pleno no Jurisdiccional Sala 2ª 27-4-05, EDJ 90006; TS 18-11-20, EDJ 728700; 3-3-16, EDJ 15680; 4-5-05, EDJ 131406).

9916 **Recurso supeditado de apelación en el proceso de jurado** (LECr art.846 bis b y 846 bis d)

MPP nº 4531

En el citado proceso de jurado, quienes no hayan interpuesto en plazo apelación contra la sentencia pueden formular recurso supeditado de apelación en el **trámite de intervención**, que solo se resolverá si se persona el apelante principal ante el tribunal *ad quem*.

La LO 5/1995 prescinde de la tradicional denominación de adhesión, pues su **contenido** pueda ir más allá del de la mera adhesión, aunque al calificarla como de supeditada se patentiza que no ha querido darle una vida independiente y distinta de la principal, decayendo cuando esta decaiga por alguno de los motivos fijados en la Ley.

II. Recursos contra resoluciones judiciales distintas de la sentencia

Los recursos que se exponen en este apartado son los siguientes: 9920
• En el proceso **ordinario** y en el proceso **penal militar**:
- reforma (nº 9932);
- súplica (nº 9934);
- apelación (nº 9936); y
- queja (nº 9943).
• En **otros procesos penales**:
- procedimiento abreviado (nº 9948);
- de enjuiciamiento rápido (nº 9958);
- proceso de jurado (nº 9965);
- proceso de menores (nº 9974);
- procesos de extradición (nº 9976).

1. En el proceso ordinario y en el penal militar

Se exponen, en primer lugar, posibles resoluciones impugnables, así como los efectos de los distintos tipos de recursos (nº 9924), para detallar a continuación el procedimiento de cada uno de ellos (nº 9930). 9922

a. Objeto y efectos de los distintos recursos

El régimen de los recursos procedentes contra resoluciones distintas de la sentencia emanadas del órgano judicial o del tribunal de enjuiciamiento en el proceso penal ordinario y en los procesos penales militares puede extractarse en el cuadro explicativo que se expone a continuación. 9924
Están expresamente **exceptuados de recurso**:
- los autos de admisión de prueba (LECr art.659; LO 2/1989 art.284); y
- los acuerdos de celebración del juicio oral a puerta cerrada y de suspensión del mismo (LECr art.680 párr 3 y 748 párr 2; LO 2/1989 art.295 párr 4).
A diferencia del régimen de los procedimientos abreviado (LECr art.783.3) y de enjuiciamiento rápido (LECr art.800.1), nada se dice sobre el **recurso** procedente **contra el auto de apertura de juicio oral**. Como en estos procesos es dictado por el tribunal de enjuiciamiento, debe entenderse indicado el de súplica, nº 9934 (TS auto 19-2-99, EDJ 80968).
El mismo silencio guarda la Ley sobre la **impugnación del auto de conclusión del sumario** dictado por el juez instructor. Como quiera que debe ser confirmado por el tribunal de enjuiciamiento, el trámite de alegaciones equivale en la práctica a un recurso devolutivo.
Los recursos que pueden interponerse son los siguientes:

Tipo de recurso	Resoluciones impugnables	Plazo	Efecto devolutivo
Reforma (1) (2)	Todas las resoluciones del juez de instrucción, incluyendo providencias que no sean de mera tramitación (LECr art.216 y 217; TCo 349/1993)	3 días **(3)** (LECr art.211)	No
Apelación	Autos del juez de instrucción expresamente determinados por la Ley y sin efecto suspensivo como regla general **(4)** (LECr art.217; LO 2/1989 art.261)	5 días **(3)** (LECr art.212; LO 2/1989 art.105 y 261)	Sí
Queja	Autos no apelables del juez de instrucción y resoluciones de inadmisión del recurso de apelación (LECr art.218; LO 2/1989 art.268)	• Puede interponerse en cualquier tiempo mientras esté la causa pendiente: (LECr art.213) **(5)** • 5 días (LO 2/1989 art.105 y 268)	Sí
Súplica	Autos de tribunales colegiados contra los que la Ley no otorgue otro recurso **(5)** (LECr art.236 y 237; LO 2/1989 art.272)	3 días **(3)** (LECr art.211; LO 2/1989 art.105 y 272)	No
Apelación	Autos de tribunales colegiados cuando la Ley otorgue expresamente este recurso (LECr art.236)		

(1) En el **proceso penal ordinario**, es requisito previo al recurso de apelación de apelación, que no puede interponerse sin haber intentado antes el de reforma y que en realidad ataca el auto desestimatorio de este. Cabe la interposición de apelación subsidiaria en el mismo escrito de recurso de reforma (LECr art.222 párr 1).
(2) Es desconocido en el **proceso penal militar**, en el que todas las resoluciones sumariales son reformables de oficio (LO 2/1989 art.253 y 258)
(3) El **cómputo del plazo**, en lo que respecta al **recurso de apelación**, se realiza desde el día siguiente al de la última notificación a las partes. Cuando se trate de **recursos de reforma y súplica**, el plazo se computa para cada parte desde su notificación respectiva (LECr art.211 y 212; LO 2/1989 art.105 y LOPJ art.185).
En caso de dirigirse el recurso contra **resoluciones instructorias**, ha de tenerse en cuenta que todos los días y horas del año, incluso los festivos, son hábiles para la instrucción de las causas criminales (LOPJ art.184.1; LECr art.201; LO 2/1989 art.5), lo que ha de interpretarse en referencia a todos los actos procesales que realicen tanto los órganos jurisdiccionales como las partes dentro de lo que la Ley llama instrucción de las causas, período en el cual se encuentra englobada la instrucción del sumario y los recursos interpuestos dentro de ella contra las resoluciones judiciales (TCo 1/1989).

9926 **(4)** Las **resoluciones susceptibles de apelación** en los procesos que nos ocupan pueden resumirse en el siguiente esquema:

	Recurso en ambos efectos Procede contra los autos siguientes del juez instructor:	**Recurso en un solo efecto Procede contra los autos siguientes: (4.1)**
Proceso penal ordinario	• Denegatorio de requerimiento de inhibición en inhibitoria (LECr art.27 párr 2) • Denegatorio de inhibición en declinatoria (LECr art.32 párr 2) • Desestimación de querella (LECr art.313)	• De inhibición o accediendo a inhibición (LECr art.12 párr 4, 25 párr 4 y 30 párr 4) • Denegatorio de diligencias de instrucción (LECr art.311 párr 2 y 384 párr 2 y 3) • Procesamiento (LECr art.384 párr 5) **(4.2)** • Situación personal del investigado (LECr art.507, 518 y 529) **(4.3)** • Declaración de suficiencia de fianza (LECr art.596) • Petición de extradición o denegación de la misma (LECr art.830)
Procesos penales militares	• Resolutorio de inhibitoria o declinatoria (LO 2/1989 art.18) • Auto de terminación de diligencias previas (LO 2/1989 art.143) **(4.4)** • Resoluciones del juez togado de vigilancia penitenciaria acerca de libertad condicional: (LO 2/1989 art.358 párr 3)	• Procesamiento (LO 2/1989 art.165 párr 2) • Medidas cautelares reales (LO 2/1989 art.190) • Suficiencia de fianza (LO 2/1989 art.197) • Solvencia (LO 2/1989 art.198) • Medidas cautelares personales (LO 2/1989 art.204, 224, 229, 232 y 388)
Procedimiento por delito de injuria o calumnia mediante medios mecánicos de producción		Secuestro de la publicación o prohibición de difusión de medio comisivo (LECr art.823 bis)

(4.1) Deben entenderse derogadas las referencias al recurso en materia de **recusación de jueces municipales** que se contienen en la LECr art.72 a 83.
(4.2) Solo cabe el recurso de reforma y no el de apelación contra el **auto denegatorio del procesamiento**, pero el mismo efecto se consigue mediante la reproducción de la solicitud en el trámite de alegaciones sobre la conclusión del sumario que regula la LECr art.627.
El procesado como consecuencia del mismo puede ejercitar el recurso de **apelación sin necesidad de previa reforma**. Quien lo sea como consecuencia de la denegación de la reforma interpuesta contra la denegación de su procesamiento podrá a su vez recurrir en reforma y apelación conforma a las reglas generales (LECr art.384 párr 4 y 7).
(4.3) El recurso procedente es el regulado para el **procedimiento abreviado** en el nº 9948 s. Ha de tenerse en cuenta que los **autos sobre situación personal** son reformables de oficio (LECr art.539). La **situación personal** del investigado puede serlo, tanto si es investigado, como si ya es encausado -nº 8000-.
(4.4) Pese al silencio legal, se estima aplicable el **efecto suspensivo** por las mismas razones que expone la FGE Circ 1/2003 en relación con las resoluciones citadas en la LECr art.779.1.

9928 **(5)** No procede recurso alguno contra **autos resolutorios del** propio **recurso de súplica** o **resolutorios de recursos devolutivos**, pues la posibilidad de recurrir sería ilimitada y se daría pie a una cadena sin fin de recursos (TCo auto 1113/1987; auto 181/1989; TCo 203/1989; 212/1991; 3/1992 y 24/1994; TSJ Granada auto 24-9-02, EDJ 46812; AP Barcelona auto 11-5-02, EDJ 35131).

9929 Recursos contra las resoluciones del letrado de la Administración de Justicia

(LECr art.238 bis y 238 ter) Se regulan los siguientes recursos contra resoluciones del letrado de la Administración de Justicia:
a) **Reposición** ante el propio letrado de la Administración de Justicia: contra todas las diligencias de ordenación y contra los decretos, excepto en aquellos supuestos en que proceda la interposición directa de recurso de revisión por así preverlo expresamente la Ley.

b) **Revisión** ante el juez o tribunal con competencia funcional en la fase del proceso en la que haya recaído el decreto que se impugne: en aquellos supuestos en que proceda la interposición directa de recurso de revisión por así preverlo expresamente la Ley. Así ocurre en los casos de LECr art.228, 866, 873 y 878.
c) El régimen de recursos frente a las resoluciones de los letrados de la Administración de Justicia dictadas para la ejecución de los pronunciamientos civiles de la sentencia y para la realización de la **medida cautelar real de embargo** (LECr art.589 y 615), es el previsto en LEC (nº 4465).

Precisiones Ha sido declarada **inconstitucional** la LECr art.238 ter último párr, en lo relativo al régimen de recursos frente a las resoluciones de los letrados de la Administración de Justicia dictadas para la ejecución de los pronunciamientos civiles de la sentencia y para la realización de la medida cautelar real de embargo. Los decretos dictados en su aplicación causan **indefensión a la parte**, debiendo dar la posibilidad de interponer recurso de revisión, previa retroacción de actuaciones en su caso (TCo 57/2021).

b. Procedimiento

Se exponen a continuación las reglas procedimentales específicas de los recursos siguientes: **9930**
• Reforma (nº 9932).
• Súplica (nº 9934).
• Apelación (nº 9936).
• Queja (nº 9943).

Reforma (LECr art.217, 222) El recurso se interpone **por escrito** ante el juez que haya dictado la resolución recurrida, con presentación de tantas **copias** del mismo cuantas sean las demás partes, a las cuáles habrán de ser entregadas las mismas. El juez **resuelve** el recurso al segundo día de entregadas las copias, hayan o no presentado escrito las demás partes. **9932**

Súplica (LO 2/1989 art.273) La tramitación del recurso de súplica se rige por las normas aplicables al de **reforma** (nº 9932), estableciéndose como norma, un tanto imprecisa, que el tribunal resuelve el recurso en el término de tercer día desde su interposición. **9934**

Precisiones Súplica y casación son **recursos incompatibles**: si cabe casación no cabe súplica previa. Pero en caso de indicación errónea de los recursos procedentes o de supuestos en los que la normativa sobre la recurribilidad no es clara, el previo intento de la súplica no puede cerrar la casación (TS 9-9-20, EDJ 660959).

Apelación Se distinguen en este tipo de recurso las fases de que consta el proceso penal ordinario (nº 9938) de las del proceso penal militar (nº 9942). **9936**

Proceso penal ordinario El recurso de interpone: **9938**
a) **Ante el juez «a quo»** (LECr art.217, 222 a 227). Las fases del procedimiento son las siguientes:
- interposición y admisión;
- remisión de actuaciones; y
- emplazamiento.
1. El recurso se interpone **por escrito** autónomo o como subsidiario del de reforma ante el juez autor de la resolución recurrida, que en caso procedente dicta auto admitiéndolo en uno o en ambos efectos, según corresponda.
2. En el primer supuesto, se produce la **remisión de los autos** originales al tribunal que haya de conocer de la apelación -por el letrado de la Administración de Justicia- y el **emplazamiento a las partes** para que se personen ante este en el término de 15 días si el tribunal es el Supremo o 10 días, si es el Tribunal Superior de Justicia o la Audiencia (LECr art.224). En el segundo, en el mismo auto de admisión manda el juez deducir **testimonio del auto** recurrido en reforma y de los escritos referentes al este recurso, del auto apelado y de cuantos otros particulares considere necesario incluir, fijando el término dentro del cual ha de quedar expedido el testimonio, al que pueden incorporarse a instancia de las partes cuantos particulares el juez estime, sin ulterior recurso, pertinentes. Seguidamente, se procede al **emplazamiento de las partes** en los términos antes descritos.

b) **Ante el tribunal «ad quem»** (LECr art.228 a 232). Se desarrollan las fases de: **9940**
- instrucción;
- vista; y
- decisión.
1. Recibidos los autos en el Tribunal Superior, su letrado de la Administración de Justicia **acusa recibo** al juez instructor. Si en el término del emplazamiento no se ha personado el apelante, se declara de oficio, **desierto el recurso** -lo hace el letrado de la Administración de Justicia

mediante decreto-, comunicándolo inmediatamente por certificación al juez y devolviendo los autos originales si el recurso se ha admitido en ambos efectos.

2. Si el apelante se ha personado, se le da **vista de los autos** -por el letrado de la Administración de Justicia por término de 3 días para instrucción. Después de él, sigue la vista por igual término, a las demás partes personadas y al fiscal, si la causa es por delito de los que dan lugar a procedimiento de oficio, o de aquellos que pueden perseguirse previa denuncia de los interesados.

Las partes pueden presentar, antes del día de la vista, los **documentos** que tengan por conveniente en justificación de sus pretensiones, sin que resulte admisible otro medio de prueba.

3. Acto seguido se señala **día para la vista** -función que corresponde al letrado de la Administración de Justicia-, en la que el fiscal y los defensores de las demás partes pueden informar lo que tengan por conveniente a su derecho. La vista se celebra el día señalado, asistan o no las partes, sin que entre el día en que se haga el señalamiento y el de la vista medien más de 10 días. Es obligatoria la **asistencia del Ministerio Fiscal** en todas las causas en que este interviene y no puede acordarse la suspensión por motivo alguno, siendo rechazadas de plano, sin ulterior recurso, cuantas pretensiones de suspensión se formulen.

El letrado de la Administración de Justicia de la audiencia o sección que conozca de la apelación cuida, bajo su responsabilidad, de que la **sustanciación del recurso** se haga en el término más breve posible, sin que en caso alguno transcurran más de 2 meses entre el día de ingreso en la audiencia del testimonio para la apelación, o del sumario en su caso, y el día de la vista.

4. Cuando se produzca la **firma del auto** dictado, se comunica al letrado de la Administración de Justicia para su cumplimiento y se le devuelve lo actuado si la apelación ha sido en ambos efectos.

9942 **Procesos penales militares** Las fases del procedimiento se realizan:

a) **Ante el juez «a quo»** (LO 2/1989 art.262 a 265). Se practican las siguientes actuaciones:
- interposición;
- alegaciones;
- remisión de actuaciones; y
- emplazamiento.

1. Interpuesto el recurso, el juez declara su inadmisbilidad o lo admite con el efecto que proceda y ordena la **entrega de las copias** al fiscal jurídico militar y demás partes personadas, poniéndoles de manifiesto las actuaciones por un plazo de 6 días comunes a todas ellas, salvo que se haya decretado el secreto sumarial. Si el recurso ha sido admitido en un solo efecto, se ordena la formación de **pieza separada**, mandándose expedir testimonio comprensivo del auto recurrido, y de cuantos particulares considere necesarios incluir o hayan sido designados en el escrito de interposición.

2. Dentro del plazo indicado, tanto el fiscal jurídico militar como las demás partes personadas no recurrentes pueden formular por escrito las **alegaciones** que estimen procedentes en relación con la pretensión del recurrente, pudiendo acompañar los documentos que tengan por conveniente y designar cuantos particulares consideren hayan de ser tenidos en cuenta al resolverse la apelación. Las partes no recurrentes pueden adherirse a la apelación al formular alegaciones, deduciendo en tal caso las oportunas pretensiones.

3. Concluido el citado plazo anteriormente indicado, el juez togado manda unir a los autos o a la pieza separada, según corresponda, los escritos de alegaciones que se hayan presentado y ordena **deducir los testimonios** de los particulares interesados y estimados procedentes, remitiendo seguidamente los autos o aquellas piezas al tribunal que haya de conocer del recurso.

b) **Ante el tribunal «ad quem»** (LO 2/1989 art.266 y 267). Se produce la **decisión**.

Recibidos las actuaciones por el tribunal que haya de conocer de la apelación acusa inmediatamente recibo, nombra ponente y resuelve el recurso en los 5 días siguientes mediante auto que comunica, para su cumplimiento, al juez que haya dictado la resolución recurrida, al que se remite en el plazo de 3 días siguientes los autos o la pieza separada en que se haya tramitado el recurso. Este acusa inmediatamente, notifica el auto que resuelva la apelación y continúa la tramitación del procedimiento conforme a derecho.

9943 **Queja** (LECr art.233 a 235; LO 2/1989 art.268 a 271). La tramitación del recurso de queja se desarrolla
MPP sobre la base de dos únicas **actuaciones previas a la resolución**:
nº 4562
- informe del juez; y
- dictamen del Ministerio Fiscal.

La **intervención impugnativa o adhesiva de las partes** no recurrentes no está prevista, aunque en el proceso penal militar se contempla la misma con carácter general en la LO 2/1989 art.259.

En el **proceso ordinario por delitos graves**, pese al silencio de Ley de Enjuiciamiento Criminal, la misma solución se impone por la vigencia de los principios de contradicción y bilateralidad emanados del derecho al proceso justo (TCo 93/2000; 101/2001; 178/2001; AP Valencia 17-3-03, EDJ 168517).
Tampoco se regula en la Ley de Enjuiciamiento Criminal el efecto con que debe admitirse el recurso cuando se interponga contra el **auto de inadmisión del de apelación**, aunque la solución lógica es la de otorgarle los mismos efectos que tenga le recurso contra cuya inadmisión se alza la queja (LO 2/1989 art.269).

Precisiones La resolución de recursos de queja no es el instrumento idóneo para que las audiencias se pronuncien sobre **cuestiones de fondo**, en cuyo caso cabe recurso de casación contra el auto resolutorio de la queja (TS 22-1-99, EDJ 6; 3-5-99, EDJ 9713; 5-2-01, EDJ 60196).

2. En otros procesos penales

El resto de procedimientos frente a los que pueden interponerse recursos son: 9945
- abreviado (nº 9948);
- de enjuiciamiento rápido (nº 9958);
- de jurado (nº 9965);
- de menores (nº 9974); y
- de extradición (nº 9976).

Precisiones En el procedimiento de **investigación de la Fiscalía Europea** (LO 9/2021 art.90 a 95) se dibuja un régimen específico de recursos contra los decretos del fiscal europeo delegado encargado de la investigación ante el juez de garantías y de apelación frente a las decisiones de este. Se estudia por razones sistemáticas en nº 10489 s.

a. Procedimiento abreviado

(LECr art.766)

El régimen de recursos depende en parte de la **distribución de la competencia** para el enjuiciamiento, que puede corresponder al juez de lo penal o a la Audiencia Provincial en función de la pena abstracta correspondiente al delito objeto de acusación (LECr art.14 -redacc LO 1/2025- y 759), conforme a los criterios expuestos en el nº 7472. 9948
Este régimen rige en cualquier proceso para la impugnación de la adopción de **medidas cautelares personales** (LECr art.507).
Igualmente, es citado como específico **Derecho supletorio**, con preferencia sobre las normas generales de la Ley de Enjuiciamiento Criminal, por las normas reguladoras del proceso de menores (LO 5/2000 disp.final 1ª) y de los recursos contra las resoluciones del juez de vigilancia penitenciaria (LOPJ disp.adic.5ª.9).
En concreto, este recurso puede interponerse:
- contra los autos del juez de instrucción y del juez de lo penal que no estén exceptuados de recurso; y
- contra los autos de las audiencias dictados en la fase de juicio oral, en cuyo caso es aplicable el recurso regulado en la LECr art.236 a 238.

Contra autos del juez de instrucción y de lo penal no exceptuados de recurso 9950

(LECr art.766.1 a 5) Pueden ejercitarse los de reforma y apelación, sin que en ningún caso la utilización del primero sea requisito necesario para la del segundo.
Los **trámites esenciales** del recurso pueden esquematizarse como sigue:
a) La **presentación** del mismo se hace, ante el órgano autor de la resolución, dentro de los 5 días siguientes a la notificación del auto recurrido o del resolutorio del recurso de reforma, mediante escrito en el que se exponen los motivos del recurso, se señalan los particulares que hayan de testimoniarse y al que se acompañan, en su caso, los documentos justificativos de las peticiones formuladas.
Si se ha **interpuesto como subsidiario del de reforma** y este resulta total o parcialmente desestimado, antes de dar traslado a las demás partes personadas, se le da al recurrente por plazo de 5 días para que formule alegaciones y pueda presentar los documentos justificativos de sus peticiones.

Precisiones Se aprecia cómo la **diferencia fundamental con la apelación** del proceso ordinario está en que los motivos de recurso en que el recurrente fundamente sus pretensiones han de manifestarse desde el momento inicial de interposición del recurso, sin que sea suficiente la mera petición de que se tenga por interpuesto (AP Murcia auto 1-4-04, EDJ 48626).

9952 b) Admitido el recurso de apelación, se confiere **traslado a las demás partes personadas** por un plazo común de 5 días -esta función corresponde al letrado de la Administración de Justicia-, para que puedan alegar por escrito lo que estimen conveniente, señalar otros particulares que deban ser testimoniados y presentar los documentos justificativos de sus pretensiones.

c) En los 2 días siguientes a la finalización del plazo, se **remite testimonio** de los particulares señalados a la audiencia respectiva que, sin más trámites, resuelve dentro de los 5 días siguientes. Excepcionalmente, puede reclamar las actuaciones para su consulta siempre que con ello no se obstaculice la tramitación de aquellas, debiendo en estos casos devolverse las mismas al juez en el plazo máximo de 3 días.

d) El recurso se resuelve como regla general **sin celebración de vista**, que resulta sin embargo necesaria, previa instancia del apelante, cuando el auto recurrido acuerde su prisión provisional. En caso de acordarse **otras medidas cautelares**, la audiencia puede acordar la celebración de vista si lo estima conveniente.

9954 **Excepciones al recurso** (LECr art.759.1.º, 783.3, 785.3 redacc LO 1/2025) Están expresamente exceptuadas de recurso:
- la resolución de cuestiones de competencia;
- el auto de apertura de juicio oral salvo en lo relativo a medidas cautelares;
- el auto de admisión de prueba; y
- la resolución de cuestiones previas, sin perjuicio en los dos últimos casos del recurso procedente contra la sentencia.

9956 **Efecto suspensivo** (LECr art.766.1) El recurso carece de efectos suspensivos salvo disposición legal expresa, si bien la Ley no regula el citado efecto. Debe entenderse sin embargo que la **previsión de efecto suspensivo** se contiene implícitamente en la Ley para determinadas resoluciones al afirmarse que el Ministerio Fiscal devolverá al órgano jurisdiccional las actuaciones con el escrito de interposición del recurso o con la fórmula «visto», procediéndose inmediatamente «en este caso» a la ejecución de lo resuelto, de lo que se infiere que hasta que figure el «visto» o hasta la resolución del recurso interpuesto no se procede a la ejecución.

Esta interpretación es conforme con la naturaleza de las resoluciones mencionadas en la LECr art.779.1.1ª a 3ª, que ponen **fin al procedimiento**, por lo que su ejecución, en tanto no sean firmes, traería consecuencias perturbadoras en caso de posterior admisión del recurso y continuación del procedimiento (FGE Circ 1/2003).

b. Procedimiento de enjuiciamiento rápido
(LECr art.766, 798.3 y 800.1)

9958 El régimen es el aplicable a la impugnación de las resoluciones del juez de guardia y del juez de lo penal expuesto en el nº 9950.

Dentro de la **específica regulación** de este procedimiento, los únicos preceptos referentes al recurso contienen normas confusas y de escasa claridad sobre impugnación de determinadas **resoluciones del juez de guardia**, que deben interpretarse en el siguiente sentido (FGE Circ 1/2003):

a) El auto del juez de guardia acordando alguna de las **decisiones previas** de sobreseimiento, consideración del hecho como falta o inhibición, es recurrible en su integridad y no solo en lo relativo a medidas cautelares, que además resultan incompatibles con alguna de dichas decisiones (por ejemplo, la prisión provisional en caso de sobreseimiento libre o declaración de falta o cualquier medida en caso de sobreseimiento provisional).

b) El **auto en forma verbal de apertura de juicio oral** es impugnable en los términos dispuestos por la LECr art.783.3. La exclusión de recurso solo es aplicable a la decisión de conclusión de las diligencias urgentes mediante la continuación de los trámites del enjuiciamiento rápido.

9960 **Excepciones al recurso** (LECr art.797.1, 798.2.1º y 800.1) Están expresamente exceptuadas de recurso:
- el de incoación de diligencias urgentes;
- el que declara la suficiencia de las actuaciones instructoras en caso de seguirse el proceso que nos ocupa; y
- el de apertura del juicio oral.

c. Proceso de jurado

(LO 5/1995 art.24.2)

Ha de partirse de la **supletoriedad** de la Ley de Enjuiciamiento Criminal para todo lo no expresamente regulado en la norma de referencia. 9965

La cuestión de si las normas de la Ley de Enjuiciamiento Criminal a las que remite la Ley del jurado son las del proceso ordinario o las del abreviado, procedimiento de evidente carácter común pese a su denominación positiva de especial, se resuelve por la en el sentido de que existe una supletoriedad **de primer grado** de las normas del procedimiento ordinario y solo **de segundo grado** de la regulación del abreviado (FGE Circ 4/1995).

Como ejemplo de la utilización de los **recursos de reforma y queja** contra el auto de incoación del proceso de jurado, ver TS 20-1-04, EDJ 17467.

Recurso ante la Audiencia Provincial (LO 5/1995 art.26.2, 30 párr 2 y 32.2) Cabe recurso ante la Audiencia Provincial respectiva: 9968

a) **De apelación**, contra los autos de sobreseimiento dictados por el juez de instrucción tras la comparecencia de concreción de la imputación o como resultado de la audiencia preliminar.

Ninguno de ellos está condicionado por la previa utilización del recurso de reforma, pues la supletoriedad de Ley de Enjuiciamiento Criminal no autoriza a aplicar su art.222 en cuestiones expresamente reguladas por LO 5/1995 (TS 19-1-04, EDJ 2141). Pese al silencio legal, puede entenderse que debe suspenderse el curso del proceso hasta la resolución del recurso, por lo que este ha de admitirse con efecto suspensivo (FGE Circ 4/1995).

b) Las partes pueden acudir en **queja** ante la misma audiencia cuando, tras la presentación de los escritos de conclusiones provisionales y la práctica, en su caso, de las diligencias de investigación solicitadas por la defensa del acusado que estén pendientes de ultimarse, el juez no efectúe señalamiento de la audiencia preliminar.

Recurso extraordinario de apelación ante el Tribunal Superior de Justicia 9970
(LECr art.676 párr 3, 846 bis a y 848) El **auto resolutorio de cuestiones previas** que dicte el magistrado presidente es susceptible de recurso extraordinario de apelación ante el Tribunal Superior de Justicia, cuya resolución es impugnable en casación.

Precisiones La apelación aquí prevista es únicamente admisible en el ámbito competencial del **Tribunal del Jurado**, con resolución por el Tribunal Superior de Justicia correspondiente. Fuera del mismo, el recurso procedente es el de **casación** ante el Tribunal Supremo -LECr art.848- (TS 18-10-17, EDJ 215357; 22-1-04, EDJ 3333; Acuerdo TS Pleno no Jurisdiccional Sala 2ª 8-5-98).

Excepciones al recurso (LO 5/1995 art.15, 32.2, 37.d y 38.4) Están exceptuados de recurso autónomo: 9972

- la resolución del juez decano resolviendo reclamaciones sobre las listas de candidatos;
- el auto de apertura de juicio oral;
- la admisión o denegación de diligencias de prueba en el auto de hechos justiciables, y
- la resolución de recusaciones por el magistrado presidente en el acto de constitución del tribunal.

d. Proceso de menores

(LO 5/2000 art.41)

Partiendo de la supletoriedad de las normas del procedimiento abreviado (nº 9948 s.), se establece el siguiente régimen de impugnación: 9974

a) Cabe **reforma** contra los autos y providencias de los jueces de menores, debiendo interponerse en el plazo de 3 días a partir de la notificación. El auto que resuelva la impugnación de la providencia es susceptible de recurso de apelación.

b) Contra los autos que pongan fin al procedimiento o resuelvan sobre medidas cautelares cabe recurso de **apelación** ante la Audiencia Provincial por los trámites establecidos para procedimiento abreviado.

c) Las **providencias** y los **restantes autos** del juez de menores no expresamente citados son susceptibles de reforma y solo cabe apelación contra el auto resolutorio de la misma en el caso de las providencias.

En este supuesto debe admitirse supletoriamente la aplicación del recurso de queja para dotar de coherencia a LO 5/2000, pues resultaría inexplicable que contra los autos excluidos de la apelación únicamente cupiera reforma y, sin embargo, contra las providencias pudiera interponerse en todo caso reforma y apelación (FGE Circ 1/2000).

d) Contra los autos y sentencias dictados por la Sección de Menores del Tribunal Central de Instancia cabe **recurso de apelación** ante la Sala de lo Penal de la Audiencia Nacional.

e) Contra las resoluciones dictadas por los letrados de la Administración de justicia caben los mismos **recursos** que los expresados en la Ley de Enjuiciamiento Criminal, que se sustanciarán en la forma que en ella se determina. La norma se refiere una proyectada reforma procesal, por lo que el lector no debe buscar todavía el texto de la Ley dichos recursos.

e. Procesos de extradición

(LO 4/1985 art.12.3, 15)

9976 Dentro de la fase estrictamente judicial del procedimiento de extradición pasiva, contra el auto de la Sección de Instrucción del Tribunal Central de Instancia que acuerde la libertad del detenido o la aplicación al mismo de medidas cautelares solo cabe recurso de **reforma**, que se tramita conforme a la Ley de Enjuiciamiento Criminal.

La resolución sobre procedencia de la extradición es susceptible de recurso de **súplica**, que debe ser resuelto por el pleno de la Sala de lo Penal de la Audiencia Nacional sin que pueda ser designado ponente ninguno de los magistrados que dictaron el auto suplicado.

Precisiones Tras declararse judicialmente la procedencia de la **entrega del reclamado**, la decisión del Gobierno de realizar la misma sin hacer uso de la facultad denegatoria que se le otorga es susceptible de recurso contencioso-administrativo de tutela de derechos fundamentales (TS 26-11-99, EDJ 41923).

9978 **Ejecución de órdenes europeas de detención y entrega** (LO 2/2003 art.17.4 y 18; L 23/2014 art.51, 53 y 54) En el procedimiento de ejecución de órdenes europeas de detención y entrega, cabe recurso de **apelación** directo y preferente contra el auto de adopción de medidas cautelares.

La **resolución sobre procedencia de la entrega** que dicten los jueces centrales de instrucción -caso de consentir en ella el reclamado es irrecurrible. En otro caso, la decisión mediante auto del juez indicado es **apelable con carácter directo y preferente** ante la Sala de lo Penal de la Audiencia Nacional.

En caso de ejecución de órdenes de detención y entrega dictadas por la **Corte Penal Internacional** han de distinguirse dos tipos de apelaciones:

a) Contra las resoluciones del juez central de instrucción relativas a la **situación personal del reclamado** cabe recurso de apelación ante la Sala de lo Penal de la Audiencia Nacional, que se sustancia conforme a lo previsto en el nº 9948 s. y se resuelve por auto en el plazo de 5 días.

b) El **auto del juez central de instrucción** que resuelva sobre la entrega es igualmente apelable ante la citada sala y se sustancia conforme a lo prevenido en el nº 9770, si bien en el escrito de formalización del recurso no se pueden formular otras alegaciones que las relativas a quebrantamiento de las normas y garantías procesales en el expediente y las relativas a la concurrencia de los requisitos establecidos en el Estatuto Roma 17-7-1998 art.89.2 y 91.2 o 3, según los casos.

c) Los autos de la **Sala de lo Penal de la Audiencia Nacional** resolviendo los recursos de los apartados anteriores no son susceptibles de recurso alguno.

III. Recursos contra la sentencia

9980 Frente a la sentencia interpuesta caben los siguientes recursos:

- Apelación ordinaria (nº 9985).
- Recurso extraordinario de apelación (nº 10015).
- Recurso de casación (nº 10040).

A. Apelación ordinaria

9985 En este apartado se estudian las distintas fases el recurso distinguiendo entre el proceso ordinario (nº 9988) y la apelación en el proceso de menores (nº 10012).

1. En procesos ordinarios

(LECr art.792.1, 803 y 976)

9988 Contra las sentencias de **órganos judiciales unipersonales del juez de lo penal** en el procedimiento abreviado cabe recurso de apelación ante la Audiencia Provincial, cuya aplicación se extiende al procedimiento de enjuiciamiento rápido y al juicio sobre delito leve.

Por efecto de la L 41/2015, las sentencias dictadas por las Audiencias Provinciales o la Sala de lo Penal de la Audiencia Nacional en primera instancia (además de los autos que supongan la finalización del proceso por falta de jurisdicción o sobreseimiento libre) son **recurribles en apelación** ante las Salas de los Civil y Penal de los Tribunales Superiores de Justicia de su territorio y ante la sala de apelación de la Audiencia Nacional, respectivamente. Estos recursos de apelación se rigen por lo dispuesto en LECr art.790 a 792 (nº 9990 s.), si bien las referencias efectuadas a la Secciones de lo Penal del Tribunal de Instancia -hasta su constitución, los juzgados de lo penal- se entienden realizadas al órgano que haya dictado la resolución recurrida y las relativas a las audiencias al que sea competente para el conocimiento del recurso.

Precisiones En el recurso de apelación penal opera plenamente el **principio de contradicción**, sin que sea posible suplir los razonamientos del recurrente ni reconstruir su argumentación (TEDH 5-9-13, núm 9815/101; TCo 77/2024; 72/2024).

a. Interposición

(LECr art.790.1 a 3, 803.1.1ª y 976.1)

El recurso puede ser interpuesto por cualquiera de las partes dentro de los 10 días (5 en el procedimiento de enjuiciamiento rápido y en el juicio por delito leve) siguientes al de notificación de la sentencia, período durante el cual se hallan las actuaciones en la oficina judicial a su disposición. **9990**

Dentro de los 3 primeros días de ese plazo, las partes pueden solicitar copia de los soportes en los que se hayan grabado las sesiones, produciéndose la suspensión del plazo hasta que se hayan entregado las mismas (LECr art.790.1).

El **escrito de formalización** se presenta ante el órgano judicial *a quo* y en él se exponen ordenadamente las alegaciones sobre quebrantamiento de las normas y garantías procesales, error en la apreciación de las pruebas o infracción de normas del ordenamiento jurídico en las que se base la impugnación.

En el mismo escrito debe hacerse la **proposición de prueba** en los términos del nº 10006 y ha de fijarse un domicilio para notificaciones en el lugar donde radique la audiencia.

Plazo (LECr art.212) El plazo de recurso ha de computarse, no desde la concreta notificación al recurrente, sino desde la última practicada a cualquiera de las partes, como impone el principio *pro actione* ante el silencio del primero de los citados preceptos (AP Murcia 3-1-05, EDJ 9312; AP Sevilla 1-2-05, EDJ 75436). **9992**

La **notificación** relevante es la practicada personalmente al encausado y no la referida a su representación procesal (AP Valladolid 16-6-03, EDJ 75283; AP auto Madrid 7-5-04, EDJ 113893).

Al igual que sucede en el recurso contra resoluciones interlocutorias, los motivos de impugnación (nº 9994) han de manifestarse desde el **momento inicial de la interposición**, con abstracción de que pueda resolver el recurso sin celebración de vista. La exigencia es relevante a efectos de contradicción, pues las partes no recurrentes, en su intervención en el recurso, pueden así conocer los concretos términos de la impugnación para poder combatirla o adherirse a ella.

Motivos de recurso (LECr art.790.2) Pese a que el precepto de referencia detalla como motivos de recurso el quebrantamiento de las normas y garantías procesales (nº 9996), el error en la apreciación de las pruebas (nº 10000) o la infracción de normas del ordenamiento jurídico (nº 10002), la **conjunción de los tres** ofrece a la parte una amplitud tal que permite achacar a la sentencia de instancia cualquier quebrantamiento de hecho o de derecho (Gimeno Sendra y Garberí), por lo que no cabe discutir el carácter ordinario del recurso. **9994**

Precisiones El recurso ha de entablar un **debate directo** con la sentencia que impugna, tratando de rebatir o contradecir sus argumentos (TS 5-11-20, EDJ 715781; 28-6-23, EDJ 611753; AP Gipuzkoa 15-2-24, EDJ 513066).

Quebrantamiento de normas y garantías procesales (LECr art.790.2) El quebrantamiento debe originar indefensión al recurrente en términos tales que no pueda ser subsanada en la segunda instancia, debiendo haberse pedido la **subsanación** de la falta o infracción en la primera instancia, salvo en el caso de que se hayan cometido en momento en el que sea ya imposible la reclamación. Acoge el precepto el concepto de **indefensión jurídicamente relevante** o constitucionalmente prohibida, que no es identificable sin más con la mera infracción o irregularidad procesal inocua y ha de reunir dos características esenciales: **9996**

- producir un efecto real en la esfera jurídica de la parte que la sufre; y
- no ser imputable a la actitud procesal de esta.

La indefensión no nace de la simple infracción por los órganos judiciales de las reglas procesales, sino que es necesario que tenga una significación material y que produzca un **efectivo y real menoscabo** o limitación del derecho de defensa como consecuencia directa de la acción u omisión de los citados órganos, pues no toda infracción o irregularidad procesal cometida por ellos ha de provocar necesariamente la eliminación o disminución material de los derechos que corresponden a las partes en el proceso (TCo 186/1998; 41/2000; 162/2002). Ha de tratarse, pues, de algo real y efectivo, nunca potencial o abstracto, por colocar a su víctima en una situación concreta que le produzca un **perjuicio actual**, sin que sea equiparable cualquier expectativa de un peligro o riesgo (TCo 137/1996). Por ello, esta exigencia supone e implica una carga para la parte que la alega, consistente en la necesidad de proporcionar un razonamiento adecuado sobre tal extremo, argumentando como se habría alterado el resultado del proceso de haberse practicado la prueba solicitada o evitado la infracción denunciada (TS 22-3-05, EDJ 40659).

9998 Es preciso que la **limitación indebida** de las posibilidades de defensa de una de las partes sea **imputable exclusivamente al órgano judicial**.

Cuando la indefensión que se invoque sea **imputable al propio interesado** por no haber actuado con la diligencia exigible en el proceso, no cabe apreciar la vulneración del derecho a la tutela judicial, ya que no es admisible constitucionalmente una queja de indefensión de quien con su conducta propició o coadyuvó al resultado denunciado (TCo 72/1999; 74/2001; 59/2002). En consecuencia, la ausencia de contradicción y defensa de alguna de las partes en el proceso que resulta de su actuación negligente no puede encontrar protección en la Const art.24.1, como ocurre cuando la parte que pudo defender sus derechos e intereses legítimos no usó con la pericia técnica suficiente de los medios que el ordenamiento jurídico le ofrece o cuando la parte que invoca la indefensión coopere con su conducta a la producción de su indefensión.

10000 **Error en la apreciación de la prueba** La alegación de error en la apreciación de la prueba y el carácter de *novum iudicium* que la apelación ostenta, permiten al tribunal *ad quem* efectuar una **nueva valoración de las pruebas** en los términos expuestos en el nº 9772.

Cuando la acusación alegue error en la valoración de la prueba para anular la sentencia absolutoria o agravar la condenatoria, es preciso que se **justifique la insuficiencia o la falta de racionalidad** en la motivación fáctica, apartamiento manifiesto de las máximas de experiencia u omisión de todo razonamiento sobre alguna o algunas de las pruebas practicadas que puedan tener relevancia o cuya nulidad haya sido improcedentemente declarada (L 41/2015).

En el caso de **indebida denegación de preguntas defensivas** puede pretenderse ante el tribunal de segunda instancia la práctica de la prueba indebidamente denegada o limitada en su alcance. Excepcionalmente puede ordenarse la **nulidad del juicio** como solución cuando mediante la inadmisión o la no práctica de medios pertinentes, adecuados y necesarios se produce, además, una intensa afectación de los derechos del acusado a una defensa eficaz y a participar en el proceso en condiciones igualitarias y contradictorias. Cuando se deniega en términos graves la práctica de la **prueba de descargo** sin fundamento sólido, se pueden reducir también los estrictos estándares de prueba propios del enjuiciamiento penal, lo que minora la calidad cognitiva de la información obtenida y estimula la aplicación de estándares de valoración deferente -de autoevidencia- de la prueba de cargo, con lesión del derecho a interferir, mediante el desarrollo de una defensa eficaz, que constituye el núcleo del proceso justo y equitativo -TEDH 18-10-18, nº 80018/2012-. Pero es preciso para ello solicitar la nulidad en apelación; y de no hacerlo, no cabe plantear la cuestión en casación (TS 25-9-25, EDJ 710324).

10002 **Infracción del ordenamiento jurídico** (LECr art.790.2) Ha de entenderse referida a **preceptos sustantivos**, pues la vulneración de normas procesales ha de encauzarse a través del motivo estudiado en el nº 9996, y ha de cometerse precisamente en la sentencia. Por ello el alcance de la resolución del recurso no se limita a una sentencia de reenvío, sino que el órgano *ad quem* dicta nueva sentencia, que puede ser revocatoria de una de absolución o de una de condena, agravatoria o atenuatoria.

b. Admisión. Intervención de las partes no recurrentes

(LECr art.790.4 a 6)

10004 Recibido el escrito de formalización del recurso, el juez lo admite si reúne los requisitos exigidos y en caso de apreciar la concurrencia de algún **defecto subsanable**, concede al recurrente un plazo no superior a 3 días para la subsanación.

Admitido el recurso, se da **traslado del escrito de formalización** -esta función corresponde al letrado de la Administración de Justicia- a las demás partes por un plazo común de 10 días -5 en el enjuiciamiento rápido (LECr art.803.1.2ª)-, dentro del cual pueden presentar escritos de

alegaciones, en los que cabe solicitar la práctica de prueba en los términos establecidos en el nº 10006 art.790.3 LECr y en los que se fija un **domicilio** para notificaciones.
La intervención de las partes puede consistir:
- en la impugnación del recurso; o
- en la adhesión ordinaria al mismo.

Presentados los escritos de alegaciones o precluido el plazo para hacerlo, el letrado de la Administración de Justicia, en los 2 días siguientes, da traslado de cada uno de ellos a las demás partes y **eleva a la audiencia los autos originales** con todos los escritos presentados.

Precisiones 1) La L 13/2009 amplía el **ámbito de la adhesión** a la apelación de forma que la parte que se adhiere puede formular alegaciones y pretensiones autónomas a las del recurso, independizándose materialmente del mismo. Solo depende de este en cuanto a su subsistencia. Si desiste el apelante del recurso, este se extingue a todos los efectos (TCo 46/2005; 214/2007). En suma, cabe recurso adhesivo de apelación formulado por el Ministerio Fiscal y por las restantes partes, de signo contrario al formulado por el condenado, apelante inicial. Se admite expresamente en LECr art.790 (TS 9-4-21, EDJ 533191).

2) En el caso de **petición de vista sin prueba o por reproducción de la prueba grabada**, la solicitud de parte no es vinculante sino facultativa para el tribunal -especialmente si no lo piden todas las partes o al menos todas las defensas- que ha de valorar si la celebración de la vista le ayudaría a una mejor formación de la causa (TS 14-5-20, EDJ 553750).

c. Prueba en segunda instancia

(LECr art.785.3, 787.2 y 3 redacc LO 1/2025; 790.3 a 5, 791.1)

En el escrito de interposición puede el recurrente articular **proposición de prueba**, limitada a las diligencias de prueba que no pudo proponer en la primera instancia, de las propuestas que le fueron indebidamente denegadas, siempre que haya formulado en su momento la oportuna protesta, y de las admitidas que no fueron practicadas por causas que no le sean imputables. **10006** MPP nº 4645 s.
Las **partes no recurrentes** pueden realizar igual proposición en los escritos de alegaciones al recurso, tras la admisión del mismo.
En el primer supuesto, ha de pretenderse probar hechos acaecidos o conocidos tras la preclusión del trámite procesal de proposición de prueba en primera instancia, lo que incluye a nuestro juicio no solo la formulación de los **escritos de acusación y defensa**, sino el propio **acto del juicio oral**, en cuyo inicio cabe proponer prueba que pueda practicarse en el acto y cuya suspensión es posible en caso de revelaciones o retractaciones inesperadas.
La protesta debe formularse tan pronto como se produzca la **denegación en la instancia**, pues dicha resolución ha de atacarse mediante la impugnación de la sentencia y contra ella no cabe recurso autónomo.
La **admisión de prueba** compete a la audiencia *ad quem*, que se pronunciará al respecto conforme a las reglas generales en los 3 días siguientes a la recepción de las actuaciones.

Precisiones 1) El tribunal que condena tiene la obligación de conceder el **derecho a la última palabra al acusado** (TCo 142/2011; 45/2011; 184/2009) y, en orden a decidir sobre la culpabilidad del acusado, presenciar directamente, en cumplimiento del principio de inmediación, las pruebas de naturaleza personal. Sin embargo, la legislación procesal criminal no permite la repetición de la prueba en la segunda instancia, sino que esta únicamente puede servir para practicar aquella prueba que por diversas razones no se pudo practicar en la primera instancia -en el recurso de apelación, nunca en el de casación, con lo que la **apreciación directa e inmediata de la prueba personal** por parte del órgano jurisdiccional «ad quem» es procesalmente imposible (TS 11-10-12, EDJ 282432, referida al recurso de casación pero con argumentos aplicables también a la apelación).

2) No se cumple con el principio de inmediación porque en el escrito de recurso se inste al órgano *ad quem* a presenciar «en diferido» el juicio en la primera instancia mediante la **reproducción del soporte óptico** en el que se grabó (TCo 120/2009).

3) La vulneración del derecho a un proceso con todas las garantías determina también la del derecho a la **presunción de inocencia** (Const art.24.2), si al eliminar las pruebas valoradas en fase de recurso sin la debida inmediación, el relato de hechos probados no tiene contenido suficiente que permita sustentar la declaración de culpabilidad del acusado, bien cuando la prueba personal eliminada sea la única tenida en cuenta por la resolución impugnada, o cuando dicha prueba fue esencial para llegar a la conclusión fáctica incriminatoria, de modo que con su exclusión la inferencia en dicha conclusión devenga ilógica o no concluyente a partir de los presupuestos de la propia sentencia (TCo 195/2013; 126/2012).

4) El respeto a los principios de publicidad, inmediación y contradicción impone inexorablemente que toda condena se funde en una **actividad probatoria** examinada directa y personalmente por el tribunal que dicta la sentencia, respetando la posibilidad de contradicción sobre la totalidad del acervo probatorio (TS 5-10-15, EDJ 188261).

5) Estas restricciones no rigen en sede de responsabilidad y acción civil. Las **limitaciones para agravar la condena** en fase de recurso no operan sobre las acciones civiles que dimanan del delito, pues la acción civil no pierde su naturaleza y régimen por el hecho de ejercitarse en el seno de un procedimiento penal, sin que proceda aplicar la doctrina conforme a la cual, en **instancias de revisión**, no cabe agravar la condena impuesta en la sentencia recurrida sin la presencia del acusado-condenado, que así no ha podido participar en su defensa (TS 19-4-23, EDJ 553463; 23-3-17, EDJ 25953).

6) Se considera que el tribunal de apelación sobrepasa su función de control cuando realiza una **nueva valoración**, legalmente inadmisible, de una actividad probatoria que no ha percibido directamente (TS 20-1-21, EDJ 501134; 31-1-08, EDJ 31064; AP Gipuzkoa 15-2-24, EDJ 513066).

10007 **Dualidad de amplitud devolutiva** El contenido devolutivo del recurso de apelación varía en atención al **tipo de sentencia**, absolutoria o condenatoria, contra la que se interpone; lo que va unido a su capacidad de revisión de la prueba practicada. Realmente coexisten dos **submodelos de apelación** con notables diferencias:

a) Cuando el recurso se interpone **contra una sentencia absolutoria**, se veda que el tribunal de segunda instancia reconstruya el hecho probado a partir de una nueva valoración de la prueba practicada en la instancia, cualquiera que sea su naturaleza. El control, en estos casos, se desplaza del juicio de adecuación de la valoración probatoria al juicio de validez del razonamiento probatorio empleado por el tribunal de instancia. Lo que estrecha notablemente el espacio de intervención del tribunal de apelación, que solo puede declarar la nulidad de la sentencia por falta de validez de las razones probatorias ofrecidas por el tribunal de primera instancia en dos supuestos: si no se ha valorado de manera completa toda la información probatoria significativa producida en el plenario, privando, por ello, de la consistencia interna exigible a la decisión adoptada; y si los estándares utilizados para la valoración de la información probatoria son irracionales.

De ahí que el **control de racionalidad** de las decisiones absolutorias por parte de los tribunales superiores deba hacerse mediante la aplicación de un estándar de racionalidad sustancial mínima.

b) Cuando la apelación se interpone **contra una sentencia de condena**, el tribunal *ad quem* dispone de plenas facultades revisoras. El **efecto devolutivo** transfiere también la potestad de revisar todas las informaciones probatorias resultantes del juicio plenario celebrado en la instancia, determinando su suficiencia, o no, para enervar la presunción de inocencia; algo que solo se modula cuando se trata del recurso de apelación contra sentencias del Tribunal del Jurado.

La **apelación plenamente devolutiva** es garantía de la protección eficaz de la presunción de inocencia del condenado. Y en tal caso, la función revisora de la casación debe contraerse al examen de la racionalidad de la decisión a partir de la motivación de la sentencia de apelación. Pero «casacionalizar» la apelación plenamente devolutiva supone un riesgo constitucionalmente inasumible de privar a la persona condenada en primera instancia del derecho efectivo a que un tribunal superior constate, no solo que la decisión de instancia no sea irracional, sino que la información probatoria producida permite fundar la condena más allá de toda duda razonable (TS 13-2-25, EDJ 509183).

Estas afirmaciones pueden matizar la doctrina tradicional sobre **revisión de la prueba en segunda instancia**, en caso de sentencia condenatoria.

d. Celebración de la vista

10008 MPP nº 4651 Es **preceptiva** la celebración de vista cuando las partes hayan propuesto prueba y esta haya sido admitida y puede acordarse su celebración cuando, de oficio o a petición de parte, la estime el tribunal necesaria para la correcta formación de una convicción fundada.

Cuando la **sentencia** recurrida es **absolutoria**, la vigencia plena en la segunda instancia de los principios de publicidad, contradicción e inmediación exigen la repetición íntegra de la vista o, al menos, de las pruebas directas celebradas en la primera instancia.

El **señalamiento** de la vista se realiza por el **letrado de la Administración de Justicia** para celebrarse dentro de los 15 días siguientes a la fecha de la admisión de prueba.

Es obligada la **información a la víctima**, aunque no se haya mostrado parte ni sea necesaria su intervención.

La vista comienza, en su caso, por la **práctica de la prueba**. A continuación, las partes resumen oralmente el resultado de la misma y el fundamento de sus pretensiones.

Precisiones **1)** Sobre estas cuestiones, en relación con la **revocación de sentencias absolutorias**: TCo 272/2005; 120/2009; 167/2002; 184/2009; 215/2009; 2/2010.

2) En caso de **petición de vista sin prueba o por reproducción de la prueba grabada**, la solicitud de parte no es vinculante sino facultativa para el tribunal -especialmente si no lo piden todas las partes o al menos todas las defensas- y solo si es necesaria para la correcta formación de una convicción fundada (TS 14-5-20, EDJ 553750; 27-5-23, EDJ 573456; 15-1-22, EDJ 501465).

e. Sentencia

(LECr art.792.1 a 5, 803.1.3ª, 846 bis f y 902)

Debe dictarse dentro de los 5 días siguientes a la vista oral o de los 10 siguientes a la recepción de las actuaciones por la audiencia, cuando no haya resultado procedente su celebración (plazos de 3 y 5 días en el enjuiciamiento rápido) y contra ella solo se da **recurso de casación**, en los supuestos de LECr art.847 (nº 10044), sin perjuicio de lo que proceda en sede de revisión de sentencias firmes y de su impugnación en caso de rebeldía del acusado. **10010**

Su alcance, caso de ser estimatoria, depende del **motivo de recurso** que en ella se estime.

a) Cuando la sentencia apelada sea anulada por **quebrantamiento de una forma esencial del procedimiento**, se produce la denominada sentencia de reenvío, pues el tribunal, sin entrar en el fondo del fallo, ordena que se reponga el procedimiento al estado en que se encontraba en el momento de cometerse la falta, sin perjuicio de que conserven su validez todos aquellos actos cuyo contenido sería idéntico de no haberse cometido la misma.

b) En caso de **error en la apreciación de la prueba** o de **infracción del ordenamiento jurídico**, el tribunal dicta la sentencia que proceda conforme a derecho, ateniéndose a las reglas generales y dentro de los términos en que se haya planteado el debate procesal, debiendo esta notificarse a los ofendidos y perjudicados por el delito, aunque no se hayan mostrado parte en la causa.

c) La sentencia de apelación no puede condenar al encausado que resultó absuelto en primera instancia ni agravar la sentencia condenatoria que le haya sido impuesta por **error en la apreciación de las pruebas**, lo que supone la modificación de los hechos probados (TS 11-1-22, EDJ 501745). No obstante, la sentencia, absolutoria o condenatoria, puede ser **anulada** y, en tal caso, devolverse las actuaciones al órgano que dictó la resolución recurrida. Esta sentencia debe concretar si la nulidad ha de extenderse al juicio oral y si el principio de imparcialidad exige una nueva composición del órgano de primera instancia en orden al nuevo enjuiciamiento de la causa.

Precisiones **1)** En caso de estimación de un recurso de apelación con retroacción de actuaciones para celebración de nuevo juicio con práctica de ciertas **pruebas indebidamente declaradas ilícitas**, la sentencia recurrida conserva su validez respecto de la acusada que fue absuelta por aplicación del principio acusatorio, al haber retirado la acusación el abogado del Estado en conclusiones definitivas y no formularse acusación por el Ministerio Fiscal, dado que dicho pronunciamiento no se ve afectado por el recurso interpuesto, de acuerdo con LECr art.792 (AP Barcelona 1-9-22, EDJ 863815).

2) El **efecto devolutivo** coloca al tribunal de apelación en idéntica situación que el juez *a quo* tanto para la subsunción de los hechos en la norma, como para la determinación de tales hechos a través de la valoración de la prueba, pudiendo revisar y corregir la ponderación llevada a cabo por el juez de instancia (TCo 172/1997; 120/1999; 41/2003; TS 29-9-14, EDJ 176237). Con carácter ilimitado en el caso de recursos frente a sentencias condenatorias y con las restricciones derivadas de la L 41/2015 y de la jurisprudencia constitucional y ordinaria, en el caso de recursos frente a sentencias absolutorias.

3) El Tribunal Constitucional ha destacado la singularidad que plantea la **anulación de una sentencia penal absolutoria** con orden de retroacción de actuaciones, dada la diferencia que existe entre la acusación y los acusados desde la perspectiva de los derechos fundamentales en juego dentro del proceso penal. En principio no cabe **retroacción de actuaciones** ante la vulneración de algún derecho fundamental de carácter sustancial que asista a las acusaciones, ya que ello impone al acusado absuelto la carga de un nuevo enjuiciamiento no destinado a corregir una vulneración en su contra de normas procesales con relevancia constitucional. Pero el reconocimiento de esa limitación no puede comportar la negación a las acusaciones de la protección constitucional dispensada por Const art.24. Por tal motivo, en un decidido equilibrio entre el estatuto constitucional reforzado del acusado y la necesidad de no excluir a las acusaciones de las garantías del citado precepto, se admite constitucionalmente la posibilidad de anular una resolución judicial penal materialmente absolutoria, con orden de retroacción de actuaciones, en aquellos casos en los que se constate la **quiebra de una regla esencial del proceso** en perjuicio de la acusación, ya que en ese escenario la ausencia de garantías no permite hablar de «proceso» en sentido propio, ni puede permitir tampoco que la sentencia absolutoria adquiera el carácter de inatacable (TCo 23/2008; 220/2007; 189/2004). En suma, la excepción afecta a aquellas resoluciones absolutorias dictadas en el seno de un proceso penal sustanciado sobre un proceder lesivo de las más elementales **garantías procesales** de las partes (TCo 112/2015; 12/2006).

4) Es temeraria la pretensión que contraría una disposición legal clara e ineludible como es la imposibilidad de revocar en apelación una sentencia absolutoria dictada en la instancia, si el recurso exclusivamente se asienta en la **errónea valoración de la prueba** por parte del órgano de enjuiciamiento (TS 30-5-19, EDJ 600199).

5) En materia exclusiva de **responsabilidad civil** no rige la imposibilidad de condenar *ex novo* en vía de recurso, como tampoco la presunción de inocencia ni estándar de certeza más allá de toda duda razonable (TS 20-1-22, EDJ 501047; 11-3-21, EDJ 531071).

6) No existen preceptos específicos para las **costas procesales** en el recurso de apelación, salvo LECr art.240, por lo que rige el sistema de vencimiento subjetivo o de la temeridad procesal, y es habitual que los tribunales de apelación no impongan las costas al recurrente, aunque pueden hacerlo si consideran temerario el recurso (AP La Rioja auto 155/2022, 9-5-22; auto 156/2023, 9-5-22). No es posible condenar en costas a quien se le ha dado la razón, en todo o en parte, de sus pretensiones. En cualquiera caso la determinación de las costas procesales de la apelación exige motivación suficiente (TS 29-2-24, EDJ 511346; 24-2-22, EDJ 527922; 6-10-21, EDJ 717636; 12-11-20, EDJ 722647).

10011 **Estimación con nulidad parcial del juicio** La sentencia dictada en fase de recurso puede declarar la **nulidad meramente parcial** del juicio, lo que es una decisión delicada (TS 27-1-14, EDJ 11723). No está específicamente prevista, pero tampoco excluida por la legislación procesal. Cuenta con soporte legal como vehículo del principio procesal de conservación de los actos procesales (LOPJ art.243.1). Sin embargo, entraña algunos riesgos, lo que reclama especial cautela en su aplicación.

Puede romper el **principio de unidad de acto** (LECr art.744), pero se trata de un principio instrumental. No le faltan excepciones en la propia ley (formación de piezas separadas en el procedimiento abreviado o, singularmente, posibilidad de que en apelación se practique prueba). Tampoco puede entenderse que quiebre el **principio de inmediación**. Tanto la prueba que perdura, como la de nueva, se llevan a cabo a presencia del mismo tribunal, y los modernos medios de reproducción videográfica del juicio oral facilitan poder rememorar la misma.

Lo relevante es que la nulidad parcial no viole ningún **principio esencial del procedimiento** y no exista el menor riesgo de indefensión o merma de alguna garantía (TS 29-6-23, EDJ 618201). En esta línea, se ha admitido también la nulidad parcial para completar el cuadro probatorio, cuando la **nueva prueba a practicar** solo podría repercutir en el grado de culpabilidad del condenado, pero no en el enjuiciamiento de los hechos y determinación de su participación (TS 27-1-14, EDJ 11723; 13-9-21, EDJ 707173; 31-3-22, EDJ 536019).

La nulidad parcial entraña especial dificultad cuando incide sobre un **elemento probatorio estrechamente vinculado a otros**, de forma que la anulación parcial rompe el marco unitario de valoración probatoria. Así, se ha descartado con carácter genérico cuando se trate de prueba que afecte a los mismos hechos. Cuando se trata de juzgar los mismos hechos, el **principio de concentración** impediría que se celebrase un nuevo juicio para repetir solo una parte de la prueba cuando ya se practicó otra referida a esos mismos hechos. Si la nulidad afecta a una infracción y deja sin juzgar unos hechos toda la prueba relativa a esos hechos, tanto la indebidamente denegada como la practicada, debe volver a desplegarse en **unidad de acto**. No cabe anular solo para repetir parte de la prueba excluyendo otra sobre el mismo *thema decidendi* (TS 8-6-18, EDJ 93970).

La nulidad parcial es equiparable a la **continuidad** de un mismo enjuiciamiento, sin que la devolución de los autos al tribunal que ha conocido de la vista inicial suponga lesión de la garantía de imparcialidad. Por ello, el reenvío al mismo órgano jurisdiccional para la nueva vista es admisible, generalmente cuando se declara, en apelación o en casación, la **valorabilidad de una prueba** que el tribunal de instancia indebidamente excluyó (TS 22-1-13, EDJ 3114; 20-7-22, EDJ 642860; 30-3-23, EDJ 545404; 14-12-23, EDJ 769991).

2. Proceso de menores

(LO 5/2000 art.41.1)

10012 Contra la sentencia del juez de menores cabe recurso de apelación ante la Audiencia Provincial, debiendo aquel interponerse ante el juez que dictó aquella en el plazo de 5 días a contar desde su notificación y resolverse **previa celebración de vista pública**, salvo que en interés de la persona investigada o de la víctima, el juez acuerde que se celebre a puerta cerrada.

La **asistencia a la vista** es obligada para las partes y, si el Tribunal lo considera oportuno, el representante del equipo técnico y el representante de la entidad pública de protección o reforma de menores que hayan intervenido en el caso concreto.

Son supletorias para su tramitación las normas que la Ley de Enjuiciamiento Criminal dedica al procedimiento abreviado, en especial las relativas a la **proposición de prueba en segunda instancia** (nº 10006).

B. Recurso extraordinario de apelación

10015 MPP nº 4670 Es **competencia** de la Sala de lo Civil y Penal de los Tribunales Superiores de Justicia dictar resolución:

- contra las sentencias del Tribunal del Jurado; y
- contra los autos del magistrado presidente resolutorios de cuestiones previas cabe el recurso de apelación.

Aunque dicho recurso parece extenderse también a la resolución de **artículos de previo pronunciamiento** en el proceso ordinario, ello se califica por la jurisprudencia como error técnico del

legislador y se entiende circunscrito al proceso de jurado, fuera del cual sigue siendo procedente en estos casos el recurso de casación (TS 6-7-98, EDJ 7850; 26-11-01, EDJ 45803; 8-5-98).
Pese a su *nomen iuris*, esta apelación es claramente un **recurso extraordinario** (TS 18-6-21, EDJ 602135) como resulta de la tasación de los motivos de impugnación contenidos en LECr art.846 bis c).

Precisiones El **auto desestimatorio** de las cuestiones previas (LOTJ art.36) ha de apelarse, pues la pasividad del acusado que acepta la resolución denegatoria le priva de legitimación para apelar luego, por los mismos motivos, la sentencia del Tribunal del Jurado (TS 26-9-07, EDJ 188972). Del mismo modo, la **no utilización del trámite** del LOTJ art.36 hace precluir la posibilidad de plantear las cuestiones previas al comienzo de las sesiones del juicio oral y la posibilidad de apelar la sentencia que las rechaza por su carácter extemporáneo (TS 10-4-07, EDJ 21905).

Recurso de casación contra sentencia de apelación dictada por el Tribunal Superior de Justicia La procedencia de recurso de casación contra la sentencia de apelación dictada por el Tribunal Superior de Justicia ha de entenderse siempre dentro de la **imposibilidad** de plantear la **casación «per saltum»**, pues la casación se interpone contra la sentencia de apelación y no contra la de primera instancia: las partes no poseen el derecho a distribuir los motivos impugnatorios entre el tribunal de apelación y el de casación, ya que la función de este último va dirigida al examen de la sentencia del tribunal superior y su acomodación a Derecho. 10018
No cabe plantear en casación temas que, al apelar, no se incluyeron en el bloque de los **desacuerdos con la sentencia del jurado**, pues además de privar a las demás partes del derecho de contradicción en apelación se podía dar el absurdo de estimar algún motivo no examinado por el tribunal superior y a pesar de considerar plenamente ajustada a derecho la sentencia dictada por aquel, anularla o dictar otra en términos diferentes (TS 31-5-99, EDJ 10800; 15-9-04, EDJ 159736 y 27-10-05, EDJ 180413). Este criterio se fundamenta en dos razones, una referida a los principios del proceso penal y otra a la naturaleza del recurso de casación: la **aceptación de cuestiones nuevas en la casación** obligaría al Tribunal Supremo a decidir, por primera vez y no en vía de recurso, sobre temas que no fueron discutidos en el plenario ni, por tanto, aparecen expresamente razonados y resueltos en la sentencia de instancia, no habiéndose sometido a la debida contradicción; además, es consustancial al recurso de casación que se circunscriba al examen de los **errores legales** que pudo cometer el **tribunal de instancia** al enjuiciar los temas que las partes le plantearon, sin que quepa *ex novo* formular alegaciones relativas a la aplicación o interpretación de preceptos sustantivos no invocados, es decir, sobre cuestiones jurídicas no formalmente planteadas ni debatidas por las partes, pues en tal caso el tribunal de casación estaría resolviendo por primera vez sin posibilidad de ulterior recurso sobre lo resuelto en relación con estas cuestiones (TS 15-4-03, EDJ 25258; 22-3-05, EDJ 40659 y 13-4-05, EDJ 68316; 20-4-05, EDJ 108789).

1. Motivos del recurso

(LECr art.846 bis c)

Los motivos de recurso que recoge el precepto mencionado son los que se exponen seguidamente. 10020

Precisiones Sea cual sea el motivo en el que se funde la casación, no cabe que sea alegado «per saltum». No pueden introducirse en casación **razones de impugnación no hechas valer en apelación**. Solo es viable una queja contra la sentencia de instancia si antes se ha defendido en la apelación (TS 25-11-19, EDJ 744830).

a. Quebrantamiento de normas y garantías procesales

(LECr art.846 bis c.a)

El quebrantamiento de las normas y garantías procesales causante de indefensión, cometido en el procedimiento o en la sentencia es causa de impugnación de la sentencia. 10022
Además de la cuestión de la **indefensión** relevante a efectos de recurso, han de tenerse en cuenta las siguientes peculiaridades:
a) Pueden alegarse como casos de quebrantamiento, sin perjuicio de otros, los supuestos relacionados en el nº 10062 s., entendiéndose las referencias a los **magistrados** de los núms. 5 y 6 de este último como hechas a los jurados.
Asimismo, la existencia de **defectos en el veredicto**, por parcialidad en las instrucciones dadas al jurado, por defecto en la proposición del objeto de aquel, siempre que de ello se derive indefensión, o por omisión de la debida devolución del mismo al jurado. Sobre la determinación del objeto del veredicto, las instrucciones al jurado y la devolución del acta, ver nº 9615 s.

b) Se precisa, además, cuando el vicio se haya cometido en el procedimiento, la oportuna reclamación de su **subsanación**, que no es necesaria si la infracción denunciada implica vulneración de un derecho fundamental constitucionalmente garantizado.

10023 **Reclamación previa** La Ley, en relación con la necesidad de reclamación es abiertamente contradictoria. Por un lado, la Ley de Enjuiciamiento Criminal, sin matización alguna exige, para la **admisibilidad**, que el motivo de apelación contemplado en LECr art.846 bis c).a, al que se acoge el recurso, haya venido precedido de una protesta tempestiva (LECr art.846 bis c, párr final). Pero, al mismo tiempo, en la letra a), que sirve de cauce al motivo que se hace valer (**quebrantamiento de garantías procesales** que cause indefensión), se apostilla que puede prescindirse de la previa reclamación si la infracción supone vulneración de un derecho fundamental garantizado constitucionalmente. Son afirmaciones incompatibles. Desde el momento en que se exige para la prosperabilidad del motivo que la afectación de garantías procesales suponga **indefensión**, se está pensando necesariamente en la vulneración de una norma constitucional (Const art.24.1). No es imaginable un supuesto que pueda acogerse a esa causa de apelación y que, a la vez, no suponga **infracción de un derecho fundamental** constitucional. Quedaría así vacía de contenido la exigencia de una protesta previa.
En una **casación**, por otra parte, es exigible sin matización alguna esa protesta (LECr art.884.6º).
La jurisprudencia no ha sido unívoca al respecto. Se decanta, en unas ocasiones por exigir la **protesta** (TS 3-6-15, EDJ 104387; 9-5-14, EDJ 96122; 22-3-13, EDJ 42064), y, en otras, por lo contario (TS 23-4-13, EDJ 53679; 25-3-14, EDJ 53423; 10-6-14, EDJ 99588).
Por su parte, se ha sostenido que el magistrado-presidente del Tribunal del Jurado, si alberga alguna duda sobre la concurrencia de motivos para **devolver el acta del veredicto**, debe proceder a la apertura del trámite de audiencia, tomando seguidamente la decisión adecuada sobre la procedencia o no de devolución. Si **no se abre dicho trámite**, no es exigible a las partes la reclamación de subsanación o protesta como requisitos para la interposición del recurso de apelación, cuando este se base en defectos del veredicto o en el procedimiento de deliberación y votación (Acuerdo TS Pleno no Jurisdiccional 27-5-15, EDJ 298383; 26-7-23, EDJ 636222).

b. Infracción de precepto constitucional o legal, o de las medidas de seguridad o de la responsabilidad civil

(LECr art.846 bis c.b)

10024 Otro de los motivos **tasados** es la infracción por la sentencia de precepto constitucional o legal en la calificación jurídica de los hechos o en la determinación de la pena, o de las medidas de seguridad o de la responsabilidad civil.
La **alegación** ha de partir del respeto absoluto al hecho probado, cuya configuración solo puede atacarse cuando medie vulneración de la presunción de inocencia.

Precisiones Dentro de este motivo, por la vía de la interdicción constitucional de la arbitrariedad y por la necesidad de que no haya una casación *per saltum*, cabe alegar ante la Sala de lo Civil y Penal del Tribunal Superior de Justicia como motivo de apelación la existencia de un posible **error en la apreciación de la prueba**, al menos en los mismos términos en que luego cabe casación ante el Tribunal Supremo (TS 4-6-99, EDJ 10801; 15-10-04, EDJ 159716; 23-2-05, EDJ 33593 y 10-6-05, EDJ 108836).

c. Disolución indebida del jurado o desestimación improcedente de la petición de su disolución

(LECr art.846 bis c.c y d; LO 5/1995 art.49 a 51 y 65)

10026 Puede interponerse el recurso cuando se haya producido la disolución indebida del jurado o la desestimación improcedente de la petición de disolución del mismo en caso de **ausencia de prueba de cargo**.
El magistrado presidente debe **disolver anticipadamente** el jurado cuando no exista a su juicio prueba apta para enervar la presunción de inocencia y en los casos de conformidad y de desistimiento de la petición de condena. Igualmente, tras la fase de veredicto y deliberación, cuando después de la tercera devolución del acta al jurado permanezcan sin **subsanar los defectos denunciados** o no se hayan obtenido las necesarias mayorías, en cuyo caso se convoca juicio oral con un nuevo jurado. Si celebrado este no se obtiene un **veredicto** por parte del segundo jurado, el magistrado presidente procede tras tres devoluciones del acta a disolver el jurado y a dictar sentencia absolutoria.
Sobre los requisitos y límites de la facultad de disolución anticipada por **falta de prueba de cargo**, remitimos a lo expuesto en el nº 9552 s.

d. Vulneración del derecho a la presunción de inocencia

(LECr art.846 bis c.e)

Puede interponerse el recurso por vulneración del derecho a la presunción de inocencia porque, atendida la prueba practicada en el juicio, **carece de** toda **base razonable la condena** impuesta. 10028
Sobre el alcance de la presunción de inocencia en vía de recurso y sobre **valoración de la prueba** dentro de la misma, nº 9762 s.

2. Procedimiento

Este recurso de desarrolla ante dos órganos jurisdiccionales: 10030
- ante la audiencia, que conoce de las fases de interposición, intervención y emplazamiento (nº 10032); y
- ante el Tribunal Superior de Justicia, que es quien toma la decisión (nº 10034).

a. Ante la audiencia

(LECr art.846 bis.b y d)

La **interposición del recurso** corresponde, tanto al Ministerio Fiscal como al condenado y las demás partes, dentro de los 10 días siguientes a la última notificación de la sentencia. 10032
En el **escrito de interposición** han de hacerse constar íntegramente los motivos de oposición a la sentencia (nº 10020 s.).
Del escrito de interposición se da **traslado**, una vez concluido el término para recurrir, a las demás partes, que en término de 5 días pueden formular recurso supeditado de apelación. Si lo interponen, se da traslado a las demás partes.
Concluido dicho término sin que se formule dicha apelación supeditada o, si se formuló, efectuado el traslado a las demás partes, se procede al **emplazamiento** a todas ante la Sala de lo Civil y Penal del Tribunal Superior de Justicia para que se personen en plazo de 10 días.

b. Ante el Tribunal Superior de Justicia

(LECr art.846 bis d, 846 bis e y 846 bis f)

Si el **apelante principal no se persona** o manifiesta su renuncia al recurso, se devuelven los autos a la Audiencia Provincial, declarándose firme la sentencia y procediendo a su ejecución. 10034
Personado el apelante, se señala día para la vista del recurso citando a las partes personadas y, en todo caso, al condenado y tercero responsable civil -es función del letrado de la Administración de Justicia-. La vista se celebra en **audiencia pública**, comenzando por el uso de la palabra la parte apelante seguido del Ministerio Fiscal, si este no es el que apeló, y demás partes apeladas.
En lo relativo a la **presencia del condenado en la vista** de la apelación, no se impone que -aunque pueda hacerlo si lo desea- necesariamente tenga que asistir el propio condenado en persona, pues bastará que lo hagan su procurador y su defensor técnico (TS 2-11-04, EDJ 184819).
A tal efecto, conviene distinguir las diversas situaciones que pueden plantearse:
a) Si el recurrente es el acusado y se ha **personado en forma con procurador de su designación** y en la instancia actuó con abogado de su confianza, se le tendrá por personado y continuará la tramitación, realizando la citación para la vista a su procurador sin más.
b) Cuando el recurrente sea el acusado, **defendido y representado** en la instancia **por abogado y procurador de oficio**, hay que distinguir dos posibilidades. Si el juicio de instancia se realizó en el mismo lugar en que tienen su sede la sala de lo civil y penal, el abogado y el procurador de la interposición del recurso deben seguir actuando ante la sala, de modo que el procurador realizará la personación y por medio de él se hará la citación para la vista. Por el contrario, si se desarrolló en lugar distinto, dado que el procurador de oficio no puede personarse ante ella y al abogado tampoco puede exigírsele que actúe fuera de su lugar de ejercicio, la sala de lo civil y penal tiene que proceder a designar procurador y abogado de oficio; con el primero se entenderá la citación para la vista y el segundo actuará en ella.
c) Si el **condenado** tiene la **condición de apelado** y no se ha personado en forma ante la sala, lo procedente es no citarle personalmente, sino nombrarle abogado y procurador del turno de oficio.
La **sentencia** se dicta dentro de los 5 días siguientes a conclusión la vista y es de reenvío si estima el recurso por alguno de los motivos previstos en el nº 10022 y nº 10028.

C. Recurso de casación

(LECr art.847 y 848)

10040 La amplitud con que se concibe el recurso de casación depende, en su extensión y en sus motivos, de si la resolución recurrida es una sentencia o un auto.

1. Objeto de impugnación

10042 Puede resumirse en el siguiente cuadro:

Resolución impugnada	Alcance del recurso
Sentencias (1)	Cabe por infracción de Ley, por quebrantamiento de forma o por vulneración de precepto constitucional contra las dictadas (LECr art.847.1.a y 852; LOPJ art.5.4; LO 2/1989 art.324 y 325): • En única instancia o en apelación por los Tribunales Superiores de Justicia **(9)** • Por la Sala de Apelación de la Audiencia Nacional • En única instancia por el Tribunal Militar Central o por los Tribunales Militares Territoriales **(10)** • En segunda instancia por los Tribunales Superiores de justicia, en el proceso de jurado • Cabe por infracción de Ley, únicamente al amparo de LECr art.849.1º contra las sentencias dictadas (LECr art.847.1.b): • En apelación por las Audiencias Provinciales • En apelación por la Sala de lo Penal de la Audiencia Nacional Se exceptúan en todos los casos, las sentencias de segunda instancia que se limiten a declarar la nulidad de las dictadas en primera (LECr art.847.2). **(7 bis)** No previsto expresamente este supuesto, se admite la casación en la medida en que el auto suponga un endurecimiento del régimen general del cumplimiento de la pena (TS 22-4-21, EDJ 538424). Si como consecuencia de las limitaciones establecidas en CP art.76, la pena a cumplir resultase inferior a la mitad de la suma total de las impuestas, el órgano sentenciador puede acordar que los beneficios penitenciarios, los permisos de salida, la clasificación del tercer grado y el cómputo del tiempo para la libertad condicional se refieran a la totalidad de las penas impuestas en las sentencias (CP art.78.1) **(1 bis)**
Autos (11)	Solo cabe por vulneración de precepto constitucional o por infracción de Ley cuando esta lo conceda de modo expreso (LECr art.848). **A)** Es admisible contra los **autos dictados por tribunales colegiados** en los casos siguientes: **(2) (3) (3 bis)** • Autos en materia de competencia: LECr art.25 párr 4, 31 párr 2, 32 párr 3, 35, 40 párr 2) y 43. • Auto declaratorio del hecho como delito leve, en proceso ordinario: LECr art.625. • Autos de sobreseimiento libre: LECr art.636 y 848; LO 2/1989 art.324 y 325 **(4)** • Auto resolutorio de declinatoria de jurisdicción o estimatorio de la cosa juzgada, prescripción, amnistía o indulto: LECr art.676 **(5)** • Auto resolutorio de recurso de apelación contra la decisión de cuestiones previas en el proceso de jurado: LECr art.846 bis a) • Autos en materia de responsabilidad civil dictados en aplicación LOPJ art.18.2 (TS 4-12-07). • Autos definitivos dictados en primera instancia y en apelación por las Audiencias Provinciales o por la Sala de lo Penal de la Audiencia Nacional cuando supongan la finalización del proceso por falta de jurisdicción o sobreseimiento libre y la causa se haya dirigido contra el encausado mediante una resolución judicial que suponga una imputación fundada. **B)** En materia de **ejecución de sentencia**, cabe contra: • Auto de aplicación del CP art.76 a penas impuestas a delitos conexos en diferentes procesos: LECr art.988 párr 3; LO 2/1989 art.345. • Autos de aplicación de CP art.78.1 en los que se endurezcan las condiciones de ejecución de la pena, con el resultado de agravar la penalidad o las condiciones de cumplimiento **(7 bis)** • Autos determinado el límite máximo de cumplimiento o denegando su fijación: LOPJ disp.adic.5ª.7 **(7 ter)** • Autos sobre abono de prisión preventiva -L 17-1-1901 art.4- (TS 27-11-98, EDJ 24853). • Autos en materia de responsabilidad civil dictados en aplicación de LOPJ art.18.2 **(6)** • Autos de finalización del incidente liquidatorio de responsabilidades civiles, si la sentencia que las declara es susceptible de casación **(7)** • En el **proceso penal militar**, auto resolutorio del incidente de demencia sobrevenida: LO 2/1989 art.367. • Autos sobre suspensión de la ejecución de la pena y sobre sustitución de penas en el proceso penal militar **(8)** **C)** También en ejecución de sentencia, cabe **casación para la unificación de doctrina** contra los autos de las Audiencias Provinciales o de la Audiencia Nacional que resuelvan recursos de apelación y no sean susceptibles de casación ordinaria: LOPJ disp.adic.5ª.8.

(1) Los preceptos sobre recurso de casación contra **sentencias de muerte** (LECr art.947 a 953) están derogados por la Const art.15 y por LO 11/1995, que a su vez reforma en el mismo sentido la LO 2/1989 art.406. **10042** (sigue)

(1 bis) Este precepto es de **aplicación general**, tanto a la casación ordinaria como por infracción de ley con interés casacional, de forma que estas sentencias no son recurribles en casación en ningún caso (TS 10-3-20, EDJ 551121; 30-9-21, EDJ 705623; 21-3-25, EDJ 531252).
En estas situaciones la **casación** sería un trámite superfluo y dilatorio, sin que suponga este régimen sustraer el conocimiento de la causa al Tribunal Supremo, pues esta vía impugnativa permanecerá abierta una vez resueltas las causas de nulidad. La posibilidad de recurso se pospone al momento en que los déficits determinantes de la nulidad resulten subsanados. También en caso de sentencias que declaren la nulidad parcial (TS auto 5-5-23, EDJ 743786; 29-6-23, EDJ 635099).No obstante, este criterio admite **excepciones**, especialmente en supuestos de nulidad parcial de fallos que contienen pronunciamientos de fondo escindibles del pronunciamiento de fondo que se anula (TS 21-3-25, EDJ 531252).
(2) La LECr art.69, que concedía recurso de casación contra el **auto resolutorio del incidente de resolución** ha de entenderse derogado por la LOPJ art.228.3. Ello sin perjuicio del recurso de casación contra la sentencia que se dicte tras el rechazo indebido de la recusación, a tenor de la LECr art.851.6º.
(3) Las referencias a la casación por **denegación de prueba** piensan en el recurso contra la sentencia fundado en ese motivo: LECr art.659 párr.4, 709 y 721; LO 2/1989 art.284 párr.4.
(3 bis) Son recurribles las decisiones de las Audiencias Provinciales sobre los **límites de su competencia** frente a los órganos judiciales de primera instancia de lo penal; la decisión de la audiencia trasciende la mera decisión de competencia para entrar a decidir indirectamente sobre el fondo del asunto, al suponer una suerte de sobreseimiento parcial, relativo a un segmento de la imputación (TS 20-1-22, EDJ 501104; 11-12-19, EDJ 755503).
Son recurribles los **autos de inhibición** de las audiencias, no los dictados por estas decidiendo un recurso de apelación frente a resoluciones dictadas por órganos judiciales de primera instancia (TS 9-3-22, EDJ 520679). Tampoco los dictados respecto de la competencia territorial de varios instructores discrepantes, pues las decisiones sobre esta cuando se suscitan en fase instructora o preparatoria tienen carácter provisional (TS 30-6-22, EDJ 500674).
(4) El régimen de recurso contra los **autos de sobreseimiento** en los diversos procesos penales se expone detalladamente en el nº 8730 s.
(5) Sobre interpretación como error técnico del legislador de la referencia a la apelación que tras su reforma por LO 5/1995 hace la LECr art.676, véase sentencias (TS 6-7-98, EDJ 7850; 26-11-01, EDJ 45803).
Los autos que resuelven una declinatoria de jurisdicción planteada como artículo de previo pronunciamiento son recurribles en casación siempre cualquiera que sea su sentido; es decir, tanto si estiman como si desestiman la cuestión (Acuerdo TS Pleno no Jurisdiccional Sala 2ª 19-12-13, EDJ 281328).
(6) Han de estimarse como un **complemento de la sentencia** y, por tanto, como susceptibles de casación en los mismos términos que si de una sentencia se tratara, salvo que la cuestión suscitada pudiera resolverse por la vía recurso de aclaración (TS 22-6-96; 4-12-07, EDJ 230025; 27-6-12).
(7) La admisión del recurso no puede ser puesta en duda, toda vez que la decisión contenida en el auto no es sino una **concreción relativa a un punto** que forma parte necesariamente del fallo de la sentencia, según lo establece la LECr art.142. En la medida en la que dicho fallo es recurrible, toda decisión que, en buena técnica, hubiera debido ser motivo de este, debe ser susceptible de los recursos que la ley prevé contra el fallo, en particular, en el presente caso, el recurso de casación. De lo contrario, la postergación de una decisión propia de la sentencia quedaría arbitrariamente privada del recurso, con vulneración del derecho a la tutela judicial efectiva (TS 22-7-96, EDJ 6301; 26-5-10, EDJ 152981).
Si un auto, aun recaído en fase de ejecución de sentencia, tiene **naturaleza decisoria** por incidir en su fallo o en la ejecución de la pena a cumplir, debe entenderse sujeto a los mismos recursos que la propia sentencia y, por ello, también al de casación (TS 13-7-10, EDJ 144028; 18-5-11, EDJ 131017; 29-1-18, EDJ 2603).
También se da casación cuando el auto contiene un pronunciamiento de fondo sobre el alcance de la **obligación de indemnizar** que pudo resolverse en sentencia, si las partes lo hubieran planteado en sus calificaciones, así como en caso de autos resolutorios de incidentes que atañen a la ejecución de un decomiso acordado en el fallo penal de una sentencia, dadas las connotaciones cuasi-punitivas que tiene dicha consecuencia accesoria del delito (TS 8-7-21, EDJ 625543).
(7 bis) No previsto expresamente este supuesto, se admite la casación en la medida en que el auto suponga un **endurecimiento del régimen general del cumplimiento de la pena** (TS 22-4-21, EDJ 538424). Si como consecuencia de las limitaciones establecidas en CP art.76, la pena a cumplir resultase inferior a la mitad de la suma total de las impuestas, el órgano sentenciador puede acordar que los beneficios penitenciarios, los permisos de salida, la clasificación del tercer grado y el cómputo del tiempo para la libertad condicional se refieran a la totalidad de las penas impuestas en las sentencias (CP art.78.1).
(7 ter) En el caso de **autos de juzgado** cabe casación directa, sin necesidad de apelación previa, sin invocación de interés casacional y sin posibilidad de acordarse la inadmisión mediante providencia (TS 12-1-22, EDJ 500674).
(8) Aún reconociendo la inadmisibilidad del recurso, la sala de lo militar se ha pronunciado excepcionalmente para fijar el **límite mínimo de interpretación** del CPM art.22 en cuanto al requisito de no pertenencia a los ejércitos del penado (TS 12-11-90, EDJ 19362; 11-12-90, EDJ 19361; 14-11-91, EDJ 10818) y para declarar su aplicación estricta al Cuerpo de la Guardia Civil (TS 11-3-97, EDJ 1371; 26-1-98, EDJ 35131).
(9) La L 41/2015 ha generalizado la **doble instancia** en sede penal (con posible casación posterior, en su caso), y ha supuesto la desaparición del proceso en única instancia enjuiciado por las Audiencias Provinciales o por la Sala de lo Penal de la Audiencia Nacional.
Procede **recurso de casación** contra las sentencias dictadas en única instancia o en apelación por la Sala de lo civil y Penal de los Tribunales Superiores de Justicia y contra las dictadas en apelación por las Audiencias Provinciales (LECr art.847), pero no las sentencias dictadas en primera instancia por estas (TS 17-4-18, EDJ 51330). Este régimen se aplica a procedimientos incoados desde 6-12-2015 (TS 24-5-18, EDJ 81122).
(10) Lo dispuesto por la L 41/2015, en sede de **doble instancia penal**, no resulta trasladable al ámbito de la jurisdicción militar (LO 2/1989 art.324 s.), en la que el recurso de casación contra sentencias y autos de sobreseimiento definitivo dictados por tribunales militares sigue tramitándose y resolviéndose en la misma forma y por los mismos motivos que en el régimen precedente a la L 41/2015 para garantizar el otorgamiento del derecho a la tutela judicial efectiva sin indefensión (TS 11-5-15, EDJ 81592; militar 18-7-24, EDJ 626416).
(11) El **régimen de recurso** de una resolución viene determinado no tanto por su forma como por su contenido. De esta manera, frente a la regla general de irrecurribilidad de providencias en casación, se da esta cuando se resuelve por providencia lo que debió por su contenido resolverse por auto y este habría sido susceptible de casación (TS 3-12-20, EDJ 741055).

10043 Precisiones 1) En general, no cabe recurso de casación contra los autos dictados en materia de **ejecución de la responsabilidad civil** (TS 14-3-11, EDJ 25844), salvo cuando el auto:
- es **complemento de la sentencia** y es por ello susceptible del recurso que cabe contra ella (TS 4-12-07, EDJ 230025);
- es concreción relativa a un punto que **forma parte necesariamente del fallo** -LECr art.142- (TS 22-7-96, EDJ 6301);
- ha **recaído en fase de ejecución** y tiene verdadera naturaleza decisoria al incidir en el fallo modificándolo, por lo cual debe estar sujeto a los recursos admitidos contra la sentencia, como el de casación (TS 16-10-00, EDJ 41116);
- contiene un pronunciamiento de fondo sobre el alcance de la **obligación de indemnizar** que pudo resolverse en sentencia, si las partes lo hubieran planteado en sus calificaciones, como es el auto que resuelve la liquidación de intereses (TS 14-3-95, EDJ 1116) y el que fija en ejecución las **bases del cálculo de la indemnización** (TS 30-4-08, EDJ 97484);
- se ha dictado en un incidente que atañe a cuestiones que corresponden a la **ejecución de un decomiso** acordado en el fallo penal de una sentencia -inadmisión de una tercería de dominio-, dadas las connotaciones cuasi-punitivas que tiene esa consecuencia accesoria del delito (TS 25-7-17, EDJ 150656).

No es recurrible por esta vía el auto relativo a la **disolución en vía penal de la sociedad conyugal de gananciales** del penado y la formación de inventario (LEC art.541.3), previa incoación de incidente al efecto y para la liquidación de aquella, pues en estos casos no se está en presencia de una resolución dictada en incidente para la cuantificación del importe de la responsabilidad civil que ha sido deferida a la fase de ejecución de sentencia, sino ante algo completamente ajeno a aquella (TS 13-3-24, EDJ 518835; 17-11-22, EDJ 747025).

2) Se ha afirmado que este sistema de impugnación casacional (LECr art.847.1.b) inaugura una **nueva modalidad de casación** (TS 20-12-19, EDJ 784041; 19-5-20, EDJ 554451).

La L 41/2015, al tiempo que generaliza la **doble instancia**, ha abierto la casación, solo por infracción de ley -LECr art.849.1º- (*error iuris*), a los delitos cuyo enjuiciamiento viene atribuido a los juzgados de lo penal. De esa forma se implanta una herramienta procesal idónea para homogeneizar la interpretación del derecho penal sustantivo (TCo 134/1991) lo que repercute en una más efectiva satisfacción del **principio de igualdad** (Const art.14).

Se trata de una modalidad de recurso que enlaza más con la **seguridad jurídica** (Const art.9.3) que con la tutela judicial efectiva (Const art.24.1). El horizonte esencial de esta modalidad de casación es, por tanto, homogeneizar la interpretación de la ley penal, buscando la **generalización** (TS 28-3-17, EDJ 27076).Una vez superada la necesidad de atender la revisión de las sentencias condenatorias exigidas por los **tratados internacionales**, la casación ha de ir dirigida a satisfacer las exigencias necesarias de seguridad jurídica y del principio de igualdad de los ciudadanos ante la ley, a través de la función nomofilactica, esto es, fijar la interpretación de la ley para asegurar la **observancia de ambos principios**, propiciando que la ley se aplique por igual a todos los ciudadanos y que la aplicación de la norma penal sea previsible (TS 7-6-19, EDJ 611925).

Los **perfiles básicos** de este recurso son (Acuerdo TS Pleno no Jurisdiccional 9-6-16, EDJ 256932; 13-9-17, EDJ 183859; 18-6-19, EDJ 627462).

• Las sentencias dictadas en apelación por las Audiencias Provinciales y la Sala de lo Penal de la Audiencia Nacional solo podrán ser recurridas en casación por el motivo de **infracción de ley**, debiendo ser inadmitidos los recursos de casación que se formulen por LECr art.849 2º, 850, 851 y 852 -LECr art.847.1º.b- (TS 20-6-19, EDJ 633366; 7-5-25, EDJ 571821).

• Estos recursos deben fundarse necesariamente en la infracción de un **precepto penal de carácter sustantivo** u otra norma jurídica del mismo carácter (sustantivo) que deba ser observada en la aplicación de la Ley penal (normas determinantes de la subsunción), debiendo ser inadmitidos los recursos de casación que aleguen infracciones procesales o constitucionales. Sin perjuicio de ello, podrán invocarse normas constitucionales para reforzar la alegación de infracción de una norma penal sustantiva.

• Los recursos deben respetar los **hechos probados**, debiendo ser inadmitidos los que no los respeten, o efectúen alegaciones en notoria contradicción con ellos pretendiendo reproducir el debate probatorio (LECr art.884).

• Los recursos deben tener **interés casacional**. Han de ser inadmitidos los que carezcan de dicho interés (LECr art.889.2º), entendiéndose que el recurso tiene interés:
- si la sentencia recurrida se **opone abiertamente a la doctrina jurisprudencial** emanada del Tribunal Supremo;
- si resuelve cuestiones sobre las que exista **jurisprudencia contradictoria** de las Audiencias Provinciales;
- si aplica **normas que no lleven más de 5 años en vigor**, siempre que, en este último caso, no existiese una doctrina jurisprudencial del Tribunal Supremo ya consolidada relativa a normas anteriores de igual o similar contenido, o
- si la Sala se plantea un **giro interpretativo** que modifique la jurisprudencia consolidada sobre una determinada cuestión normativa o considere necesario insistir sobre cuestiones con especial significado nomofiláctico, al hilo del concreto gravamen que sufra la parte recurrente (TS 27-4-23, EDJ 559089).

• El **interés casacional** como criterio *a certiorari* de admisión del recurso de casación no debe equipararse con el de especial relevancia constitucional previsto para la admisión del recurso de amparo (TCo 155/2009), por lo que siempre debe tomarse en cuenta el interés subjetivo lesionado que sustenta el recurso y las consecuencias reparadoras que pueden derivarse de su estimación (TS 24-1-22, EDJ 502406; 27-4-23, EDJ 559089).
• La **providencia de inadmisión** es irrecurrible (LECr art.892).
• La LECr art.847.b debe ser interpretado en relación con LECr art.792 4º y 977, que establecen respectivamente los recursos prevenidos para las sentencias dictadas en apelación respecto de **delitos menos graves** y respecto de los **delitos leves**. Mientras que contra la sentencia de **apelación** corresponde el recurso de casación previsto en LECr art.847 (LECr art.792), contra la sentencia de **segunda instancia** no procede recurso alguno (LECr art.977). En consecuencia, el recurso de casación no se extiende a las sentencias de apelación dictadas en el procedimiento por delitos leves (TS 29-11-23, EDJ 758489). La viabilidad de la impugnación casacional no viene determinada por la tipicidad de los hechos conforme a la sentencia impugnada, sino por la naturaleza del procedimiento (TS 20-11-24, EDJ 745408).
• Esta modalidad de recurso debe ser objeto de **interpretación restrictiva** para que el Tribunal Supremo cumpla su función primordial de unificar doctrina. La sobrecarga de recursos cercenaría esta finalidad, al tiempo que la propia ley, al limitar el recurso al motivo de LECr art.849.1 y al abrir la inadmisibilidad por falta de interés casacional, expresa de forma patente la exigencia de dichos límites (TS 16-6-21, EDJ 602301).
• No procede o es innecesario entrar a **valorar sobre el fondo** de motivos del recurso que carezcan de interés casacional, pues su naturaleza no varía por añadirse a otros en los que sí está presente dicho interés (TS 23-6-21, EDJ 612870).
3) En el **proceso ante el Tribunal del Jurado**, el recurso de casación se da contra la sentencia de segunda instancia, dictada por el Tribunal Superior de Justicia correspondiente, no contra la del Tribunal del Jurado, con las inherentes consecuencias en sede de técnica casacional (TS 31-10-17, EDJ 227246; 5-5-20, EDJ 543762).
4) La L 41/2015 no contiene previsión alguna respecto del **orden penal castrense**, sin haberse modificado la legislación procesal militar al respecto de la doble instancia. Existe un vacío legal que representa incumplimiento de las obligaciones contraídas por España en el plano internacional (Pacto Internacional de Derechos Civiles y Políticos art.14.5). Sin embargo, esta imprevisión no es causa de indefensión para quien resulta condenado en la instancia, porque el recurso de casación en la jurisdicción militar se entiende ampliamente y permite el examen no solo de las cuestiones de Derecho, sino de la **prueba practicada en la instancia**, esto es, su misma existencia y suficiencia, la obtención y práctica conforme a derecho y su valoración razonable; de manera que a través del recurso de casación penal militar en que se invoque vulneración del derecho a la presunción de inocencia y a obtener la tutela judicial efectiva, es posible la **revisión íntegra de la sentencia condenatoria** también en cuanto a la culpabilidad y participación en los hechos del recurrente (TCo 192/2019; 346/2018; TS militar 24-1-19, EDJ 501740; 26-11-20, EDJ 731836).
5) La **revocación en casación de la sentencia absolutoria** solo es posible:
- Si el gravamen en que se basa tiene una **sustancial dimensión normativa**: de los hechos probados, sin aditivo fáctico alguno ni revalorización de las informaciones probatorias, se han de identificar todos los elementos normativos y descriptivos fácticos que permitan el juicio de subsunción en el tipo que ha sido objeto de acusación, lo que es presupuesto de admisión del recurso (TS 14-12-20, EDJ 746903).
- Si la sentencia absolutoria dimana de la **revocación en apelación de una condenatoria** previa de un juez de lo penal o tribunal de enjuiciamiento, manteniendo el relato de los hechos probados y la valoración de la prueba de este (TS 25-4-19, EDJ 567183; 12-5-21, EDJ 567305; 18-9-25, EDJ 697111).

2. Motivos de recurso

(LECr art.847)

Procede interponer recurso de casación: **10044**
- por infracción del precepto constitucional (nº 10046);
- por infracción de Ley (nº 10048);
- por quebrantamiento de forma (nº 10062).

Precisiones **1)** Sea cual sea el motivo en el que se funde la casación, no cabe que sea alegado *per saltum*. **No pueden introducirse en casación** razones de impugnación no hechas valer en apelación, cuando el recurrente pudo hacerlo, pues no caben elementos novatorios incompatibles con los límites objetivos de la casación: los gravámenes provocados por la sentencia de apelación (TS 30-6-22, EDJ 622924). Es viable admitiéndose solo una queja contra la sentencia de instancia si antes se ha defendido en la apelación (TS 25-11-19, EDJ 744830; 1-12-21, EDJ 767944), con la salvedad de que la infracción contra la que se recurre se haya cometido en la misma sentencia recurrida (TS 20-1-22, EDJ 501430; 19-4-22, EDJ 544224). En otro caso, el recurso ha de rechazarse sin entrar a resolverlo (TS 21-1-21, EDJ 501162; 25-6-20, EDJ 600059). La **prohibición de casación *per saltum*** no impide que una misma pretensión impugnativa sea sostenida con argumentos novedosos y diferentes de los articulados en apelación (TS 6-7-21, EDJ 626277). Únicamente podría, de modo muy restrictivo, excepcionarse de este tratamiento la prescripción o las cuestiones que deban ser apreciadas de oficio (TS 17-3-22, EDJ 523725), así como los **errores materiales** de que adolezca la sentencia de instancia, aunque no se hayan detectado con anterioridad y se pongan de manifiesto por primera vez en esta sede (TS 24-2-22, EDJ 517687).

2) Tampoco se habilita la revisión generalizada de la **corrección de la instrucción**; ni, menos aún para supervisar si la misma debiera haber conducido a otras imputaciones (TS 18-12-19, EDJ 763067).

3) La L 41/2015 no ha creado una especie de apelación encadenada que autorice la **repetición** de aquello que no ha sido estimado en lo que erróneamente se interpreta como una primera apelación (TS 12-11-20, EDJ 718630). Cuando es **desestimatoria la sentencia recurrida**, la casación no puede convertirse en una apelación bis o una segunda vuelta del previo recurso, como un nuevo intento en paralelo y al margen de la previa impugnación fracasada. El recurso ha de tratar de **rebatir los argumentos** de la sentencia de apelación, lo que indirectamente supone también cuestionar otra vez la sentencia dictada en primera instancia. Pero no es correcto limitar la casación a una reproducción mimética del recurso contra la sentencia de instancia, ignorando la de apelación, como si se tratase del primer recurso y los argumentos aducidos no hubiesen sido ya objeto de un primer examen. El recurso de casación ha de proponerse como **objetivo** rebatir las argumentaciones vertidas en esa primera fiscalización realizada en la apelación; no combatir de nuevo la sentencia de instancia como si no se hubiese resuelto ya una impugnación por un órgano judicial. Cuando este ha dado respuesta de forma cumplida y la **casación es un clon de la previa apelación**, se deforma el sistema de recursos y, en la medida en que no se introduce argumentación novedosa, tampoco es exigible una respuesta diferenciada, en tanto estén ya satisfactoriamente refutados esos argumentos que se presentan de nuevo (TS 8-10-20, EDJ 685511; 8-2-23, EDJ 508222).

Sin embargo, ello no impide que el recurso de casación **reproduzca pasajes sustancialmente idénticos** a los de la apelación, debidamente adaptados, cuando no hay mucho que añadir a unos argumentos exhaustivos y bien trabados. En tal caso, la motivación de la sentencia de casación no exigirá elementos novedosos significativos si la de apelación razona cumplidamente (TS 27-2-24, EDJ 511831).

10045 **Técnica casacional. Orden de planteamiento -y resolución- de los motivos** La disciplina legal del recurso de casación impone plantear los **motivos** en los que se funda aquel:

- los que denuncien quebrantamiento de forma; y
- aquellos otros que, amparados en un precepto constitucional, podrían abocar en caso de ser estimados a la nulidad de la resolución recurrida.

En estos grupos, es norma elemental examinar primero los motivos cuyo éxito harían **retrotraer el procedimiento** a un momento anterior, de forma que los que pueden acarrear la repetición del juicio han de plantearse antes que los que imponen únicamente la nulidad de la sentencia. Solo entonces han de abordarse los motivos de fondo. Entre ellos ha de darse preferencia, como regla, a los que cuestionan la **suficiencia o legalidad de la base probatoria** (presunción de inocencia, denuncia de transgresión de derechos fundamentales que acarrean la inutilizabilidad de algunas pruebas -LECr art.852-), para entrar luego los que siguen el cauce de LECr art.849 (nº 10048 s.). Esta sistemática, sin embargo, no es rígida, pues la lógica y el derecho a un proceso sin dilaciones indebidas pueden imponer su alteración (TS 2-2-21, EDJ 503846; 3-2-21, EDJ 503737). Asimismo, los motivos han de estar **separados y numerados** y no cabe amparar varias impugnaciones en un solo motivo. Sin embargo, por aplicación del principio *pro actione* los defectos de forma no conducen irremisiblemente a la inadmisión o desestimación del recurso (TS 28-1-21, EDJ 504252). Frecuentemente, la sentencia de casación **reordena los motivos desordenados** para su análisis sistemáticamente adecuado (TS 17-2-21, EDJ 513832; 16-9-21, EDJ 697108). O altera el orden de examen por razones que aconsejan o imponen una secuencia distinta, como el concurso claro de prosperabilidad en un motivo de fondo (TS 3-6-21, EDJ 595615; 6-9-21, EDJ 684125).

Precisiones Puede ampliarse el estudio de la exposición de los distintos **grupos de motivos** sin seguir estrictamente este orden, analizando primero la infracción de precepto constitucional por razón del rango de la norma de amparo, y posteriormente los restantes, de acuerdo con el orden de los preceptos reguladores de la Ley de Enjuiciamiento Criminal (nº 4745 Memento Procesal Penal 2026).

10045.1 **Principio de unidad de alegaciones** La preparación del recurso de casación y la formalización del mismo, de acuerdo con lo expuesto, debe respetar cierta **uniformidad**, de manera que no se pueden minusvalorar esas exigencias formales (consignación de un breve extracto que compendie la petición; congruencia entre la preparación y la formalización; debida separación de motivos...), que obedecen a razones fundadas (p.e. facilitar la efectividad del principio de contradicción), sin que cierta **flexibilidad** pueda llevar a desvirtuar los rasgos esenciales del recurso de casación; de forma que pueden configurarse en causa de inadmisión el desorden y la confusión temática de los alegatos (LEC art.884.4º). No obstante, se aplica cierta

benevolencia (TS 4-7-25 EDJ 638484; 3-5-16 EDJ 58230), tomando en consideración especialmente el hecho de que el recurso se haya interpuesto por una parte pasiva, lo que obliga a administrar con mayor indulgencia la inobservancia de esos requisitos formales (TS 13-11-12, EDJ 310483). El Tribunal ha de suplir en la medida de lo posible los déficits formales detectados en esos casos (TEDH 14-1-03, nº 26891/1995; TS 27-9-12, EDJ 214123).
Las exigencias formales no pueden degenerar en meros obstáculos o trabas a sortear carentes de sentido, pero en un recurso extraordinario como es la casación pueden tener más espacio, especialmente en la configuración actual del recurso tras la doble instancia penal, aunque siempre vinculadas a fines materiales. Por ello, se tiende a **aminorar el rigor formal** de la casación; y aunque la anarquía formal del recurso puede llevar a la inadmisión, estos criterios deben atemperarse por el principio *pro actione*.

a. Por infracción de precepto constitucional

La vulneración de los preceptos constitucionales es considerada como motivo autónomo de casación (TS 14-12-23, EDJ 778677). **10046** MPP nº 4745
La casación actúa como una **tercera instancia** de revisión muy limitada que, si bien ha de proteger el núcleo esencial constitucionalmente garantizado de la presunción de inocencia, no puede hacerlo subrogándose en la valoración primaria de las informaciones probatorias producidas en el juicio, función que corresponde los tribunales de primera instancia y segunda instancia (TCo 184/2013). El control en casación es más normativo que conformador del hecho al revisar que los **procesos de validación de los medios de prueba** y de valoración de sus resultados informativos se ajustan a reglas de producción y metodológicas basadas en la racionalidad (TS 14-12-23, EDJ 778677).

No invocabilidad de «presunción de inocencia invertida» No es admisible la **10047** invocación en sede casacional de dicha presunción, es decir, un control en casación de una injustamente errónea aplicación de ese derecho fundamental que conduce a una **sentencia absolutoria** (TS 30-11-23, EDJ 771628). El recurso de casación por **infracción de derechos fundamentales** no es reversible (TS 21-11-12, EDJ 297498).
El legislador solo abre las puertas del recurso a la vulneración de un precepto constitucional cuando **se aplica indebidamente una norma constitucional** otorgándole un alcance mayor del que se derivaría de su cabal entendimiento no existe vulneración de un precepto constitucional. La decisión solo será fiscalizable si ese exceso es controlable por otra vía casacional (o, por la misma -LECr art.852- si el exceso implica vulneración de otra norma constitucional). Desde esta perspectiva la casación por vulneración de un derecho fundamental presenta cierta simetría con el **recurso de amparo** constitucional, erigiéndose en la protección ante la jurisdicción ordinaria.
Titular de la presunción de inocencia es el sujeto pasivo del proceso penal. Las **partes acusadoras** no gozan de un derecho fundamental, basado en la misma norma, consistente en que no se confiera a la presunción de inocencia una amplitud desmesurada, o a que se condene siempre que exista prueba de cargo practicada con todas las garantías susceptible de ser considerada «suficiente» para lograr la convicción de culpabilidad (TS 14-7-00, EDJ 18350; 4-5-05, EDJ 131406; 5-12-07, EDJ 243093). Por definición las partes acusadoras carecen de legitimación para invocar la presunción de inocencia. No existe un reverso de ese derecho fundamental (TS 30-11-23, EDJ 771628).

Ausencia de igualdad en la absolución improcedente El derecho constitucional a **10047.1** la igualdad, en el ámbito del proceso penal, no puede interpretarse como el derecho a un desenlace compartido y solidario entre todos los imputados que soportan la acusación provisional del Ministerio Fiscal. Esa **visión litisconsorcial de la imputación**, que arrastraría a la misma suerte a todos los acusados, es contraria al significado mismo del proceso y se opone a la idea elemental de la **responsabilidad por el hecho propio** (TS 7-4-25 EDJ 546841; 12-5-22 EDJ 584392; 30-9-14 EDJ 173263). Tampoco puede pretender el acusado su impunidad por el hecho de que otros hayan resultado impunes, pues, la impunidad de algunos no supone que en virtud del principio de igualdad deba declararse la impunidad de otros que hayan participado en los mismos hechos (TS 10-12-25 EDJ 794505).
Todo ello es manifestación de la **doctrina constitucional** conforme a la cual no existe un derecho a la igualdad en la legalidad (TCo 21/1992). Cada cual responde de su propia conducta penalmente ilícita con independencia de lo que ocurra con otros (TCo 27/2001).
No es invocable en casación por el condenado en instancia la **absolución o no imputación de terceros** como infracción de precepto constitucional. La no imposición de sanciones en otros casos en nada afecta a la corrección de las sanciones efectivamente impuestas, pues, a estos efectos, solo importa si la conducta sancionada es o no merecedora de dicha sanción (TCo 157/1996).

b. Por infracción de Ley

(LECr art.849)

10048 Este motivo engloba dos posibilidades:
- vulneración del precepto penal sustantivo (nº 10050); y
- error de hecho en la apreciación de la prueba (nº 10052).

10050 MPP nº 4752 **Vulneración de precepto penal sustantivo** (LECr art.849.1º) Se entiende que ha sido infringida la Ley para el efecto de que pueda interponerse el recurso de casación cuando, dados los **hechos** que se declaren **probados en las resoluciones** comprendidas en los dos artículos anteriores, se haya infringido un precepto penal de carácter sustantivo u otra norma jurídica del mismo carácter que deba ser observada en la aplicación de Ley penal.

a) El objeto de este motivo (TS 17-3-21, EDJ 514243) consiste exclusivamente en comprobar si, partiendo de los hechos que se declaran probados, que han de ser respetados en su integridad, orden y significación, se aplicaron correctamente los preceptos penales sustantivos en que aquellos se subsumieron, de suerte cualquier **modificación, alteración, supresión** o cuestionamiento de los mismos desencadena inexcusablemente la inadmisión del recurso (LECr art.884.3º), lo que se convierte en causa de desestimación (TS 25-6-99, EDJ 13839; 23-5-05, EDJ 157539). Por ello, este cauce casacional impone inexcusablemente el más absoluto y riguroso respeto a los hechos declarados probados, no siendo posible omitir los que aparecen en el relato histórico de la resolución ni incorporar otros que no se encuentren en él aquel, por lo que resulta inoperante cualquier **alegación sobre errores** de calificación basados en el *factum* (TS 30-11-98, EDJ 27025; 3-6-00, EDJ 14597; 13-10-03, EDJ 146610). Por ello, cualquier intento de alteración, modificación, supresión o cuestionamiento de la narración fáctica de la sentencia recurrida implica la **inadmisión de motivo** y, en trámite de sentencia, su **desestimación** (TS 11-2-09, EDJ 16840; 4-5-12, EDJ 105468; 19-10-17, EDJ 215367; 27-5-20, EDJ 567302).

El **presupuesto** irrenunciable de esta vía casacional, en definitiva, el respeto absoluto al hecho probado (TS 2-4-25, EDJ 539001).

Es frecuente la incorrección técnica de encauzar como infracción de ley de LECr art.849.1 lo que es una **discrepancia con las conclusiones fácticas** alcanzadas por el tribunal (TS 21-1-21, EDJ 500942). Así como que al hacer uso del recurso de casación basado en LECr art.849.1, se manifieste la corruptela de no respetar el recurrente los hechos probados alterando su contenido parcialmente o desviando su recto sentido, debiendo ser respetados los consignados como probados en la sentencia recurrida (TS 10-12-21, EDJ 769953).

El precepto contenido en CP art.72 no es propiamente una norma penal sustantiva, a pesar de su inclusión en el Código Penal, sino más bien procesal, pues no disciplina un aspecto relacionado con la estructura de aplicación de las penas sino una **cuestión adjetiva**, que es la explicación de por qué se llega a una determinada conclusión legal (TS 14-5-25, EDJ 579630).

b) El precepto cuya vulneración alegue como base del recurso ha de ser una **norma penal** o una disposición de otra índole que cumpla la función de integración de la **ley penal en blanco**, pero ha de tener en todo caso carácter sustantivo, pues la infracción de normas adjetivas o procesales encuentra su cauce adecuado en el quebrantamiento de forma (TS 13-3-00, EDJ 2250; 14-4-03, EDJ 25307; 23-12-03, EDJ 201855). Tampoco la **infracción de jurisprudencia** encuentra cabida en el ámbito de la casación penal por infracción de Ley (TS 20-6-03, EDJ 49583; auto 26-1-04, EDJ 2110).

El **carácter sustantivo de la norma** invocada como infringida debe ser interpretada en un sentido amplio lo que exige un esfuerzo de adaptación, no siempre sencillo, admitiéndose un recurso que invoque como norma infringida la que no es penal sustantiva (TS 17-3-22, EDJ 523745; 9-2-22, EDJ 506436). Los preceptos reguladores del régimen de **imposición de costas** no tienen carácter sustantivo. Aunque aquellas puedan ser consecuencia de la comisión de un delito, no conciernen a ningún aspecto sustantivo vinculado a una concreta figura delictiva y son ajenas al régimen de penas u otras medidas derivadas. Se vinculan a la existencia misma del proceso y presentan **naturaleza procesal**. Por ello, el recurso de casación basado en su infracción debe ser inadmitido (TS 29-11-23, EDJ 758414; 27-1-22, EDJ 503851).

c) Ostentando dicho carácter sustantivo penal o asimilado el precepto que se cite como vulnerado por la resolución impugnada, nada impide que por esta vía se discuta la inferencia del juzgador sobre **presencia en los hechos de elementos subjetivos del tipo**, como el *animus necandi* o los elementos subjetivos del injusto (TS 6-5-04, EDJ 40387; 29-11-04, EDJ 219339). Por ello, dichos componentes subjetivos del delito son ajenos al ámbito de la presunción de inocencia y su debate casacional ha de realizarse por el cauce de la infracción de Ley, pues lo que se discute es la concurrencia de uno de los elementos que integran el tipo penal, de suerte que la tarea de la sala de casación consiste en verificar la racionalidad de la inferencia obtenida por los jueces de instancia a partir del análisis crítico de los datos de hecho circundantes que figuran en la sentencia (TS 28-4-04, EDJ 54974).

Precisiones 1) La invocación de la lesión del principio *in dubio pro reo* no puede fundar un **recurso de casación**, salvo en caso de alegación de la garantía constitucional (TS 14-4-16, EDJ 38929).
2) La **individualización de la pena** impuesta, realizada por el tribunal de instancia y necesariamente motivada (TS 26-11-08, núm 809/08), es revisable en casación no solo en cuanto se refiere a la determinación de los grados o mitades (CP art.66), sino también en cuanto afecta al empleo de criterios inadmisibles jurídico-constitucionalmente en la precisa determinación de la pena dentro de cada grado o de la mitad superior o inferior que proceda (TS 30-5-19, EDJ 611926).
3) Esta discrepancia nada tiene que ver con el significado y la suficiencia incriminatoria de la prueba sobre la que se asientan los hechos, sino con la **calificación jurídica** de estos. Solo cabe cuestionar el juicio de tipicidad, por lo que las alegaciones que se apartan de la descripción fáctica que ha sustentado la condena deban decaer de plano (TS 27-12-23, EDJ 792457).

Error de hecho en la apreciación de la prueba (LECr art.849.2º) Existe también infracción de ley a efectos casacionales cuando haya existido error en la apreciación de la prueba, basado en documentos que obren en autos, que demuestren la **equivocación del juzgador** sin resultar contradichos por otros elementos probatorios. 10052 MPP nº 4754 s.
La finalidad del motivo es la de modificar, suprimir o adicionar el relato histórico de la sentencia de instancia mediante la designación de **verdaderas pruebas documentales**, normalmente de procedencia extrínseca a la causa que acrediten directamente y sin necesidad de referencia a otros medios probatorios o complejas deducciones el error que se denuncia, que debe afectar a extremos jurídicamente relevantes, siempre que en la causa no existan otros elementos probatorios de signo contradictorio. En consecuencia, la utilización del motivo exige al recurrente proponer una redacción nueva de los hechos probados, en el que queden subsanados los errores denunciados y acreditados con la prueba documental, por lo que debe formalizar necesariamente un nuevo motivo por infracción de Ley (nº 10048) al amparo de LECr art.849.1 para demostrar que en el nuevo hecho probado no se contienen ni describen todos los elementos del tipo por el que fue condenado en la instancia (TS 19-4-02, EDJ 13154; 23-5-05, EDJ 157539).
Sin embargo, a través de LECr art.849.2, con respeto de todas las exigencias que se exponen seguidamente, cabe **alterar un hecho probado** en contra del reo, aunque la cuestión empeñada sea puramente civil, sin afectar a la subsunción jurídico-penal (TS 11-3-21, EDJ 531071).

Precisiones El abuso de LECr art.849.2 es tan frecuente, como infrecuente su manejo correcto (TS 13-4-23, EDJ 550603), desconociendo la rígida disciplina procesal que rodea la **configuración legal** de este motivo (TS 9-6-22, EDJ 608339).

Requisitos a) Los **elementos demostrativos del error** han de ser documentos en sentido estricto casacional, entendiéndose por tales las representaciones gráficas del pensamiento, generalmente por escrito, creadas con fines de reproducción probatoria y destinadas a surtir efectos en el tráfico jurídico, originados o producidos fuera de la causa e incorporadas a la misma (TS 10-11-95, EDJ 6389; 23-5-05, EDJ 157539). 10054
No son documentos las **declaraciones** prestadas **por el acusado o los testigos** durante la instrucción o en el juicio oral, pues no garantizan la certeza ni la veracidad de lo dicho por el manifestante, siendo simplemente pruebas personales documentadas en las actuaciones bajo la fe del letrado de la Administración de Justicia y sometidas como el resto de las probanzas a la libre valoración del juzgador de instancia. En consecuencia, el contenido de lo declarado por los testigos, peritos y acusados, así como la credibilidad de sus manifestaciones son completamente ajenas, como cuestiones de hecho, al recurso de casación (TS 3-12-01, EDJ 55036; 22-5-03, EDJ 30203; 15-2-05, EDJ 23866). Lo mismo cabe decir del **acta del juicio oral** en que se resumen las actuaciones probatorias realizadas durante el mismo, pues su única función a estos efectos es la de dar fe de la existencia de la prueba y no del sentido en que la misma debe valorarse por el juzgador, función esta que no corresponde ni a las partes ni al letrado de la Administración de Justicia (TS 23-3-98, EDJ 1572; 5-12-00, EDJ 49844).
No son **documentos** las diligencias policiales, la diligencia de inspección ocular, las sentencias sean o no del orden penal (TS 8-6-16, EDJ 78895), ni los atestados policiales (TS 11-11-20, EDJ 723666).
Tampoco tiene dicho carácter de documento el **soporte auditivo o audiovisual** en el que se ha grabado el juicio (TS 24-2-03, EDJ 3262 y 14-2-06, EDJ 11488).
Excepcionalmente se admite, sin embargo, la virtualidad de la **prueba pericial** como fundamento de la pretensión de modificación del apartado fáctico de una sentencia cuando el tribunal haya estimado el dictamen o dictámenes coincidentes como base única de los hechos declarados probados, pero incorporándolos a dicha declaración de un modo incompleto, fragmentario,

mutilado o contradictorio, de modo que se altere relevantemente su sentido originario, o bien cuando haya llegado a conclusiones divergentes con las de los citados informes sin expresar razones que lo justifiquen (TS 11-11-96, EDJ 8645; 9-6-05, EDJ 131394).

10056 **b)** El error ha de fluir directamente y sin dificultad de la prueba documental. No es suficiente, sobre la base del particular del documento designado, realizar una valoración de la prueba que a través de un razonamiento distinto conduzca a conclusiones diferentes de las alcanzadas por el tribunal. Es preciso, por el contrario, que el documento revele de **forma clara** un **error del tribunal**, bien porque se haya consignado como probado algo contrario a lo que el documento acredita, bien porque lo haya omitido cuando sea relevante para el fallo, siempre que, en ambos supuestos, el documento sea la única prueba sobre dicho extremo (TS 9-4-03, EDJ 25294; 20-9-04, EDJ 147782; 30-9-11, EDJ 240922; 15-11-11, EDJ 286994; 28-11-19, EDJ 749072). Este motivo casacional no puede, pues, servir de amparo a las personales discrepancias de las partes con la valoración probatoria alcanzada por el tribunal (TS 27-9-04, EDJ 135060).

c) De ello deriva la exigencia de **autosuficiencia del documento** para evidenciar por sí mismo el error, pues lo propio del motivo es suscitar la oposición existente entre un dato objetivo incorporado u omitido en el relato fáctico de la sentencia y aquel que un verdadero documento casacional prueba por sí solo, directamente y por su propia y literosuficiente capacidad demostrativa como único medio de prueba sobre dicho extremo (TS 26-11-02, EDJ 54119; 2-2-05, EDJ 11843; 19-7-19, EDJ 515069; TS militar 3-3-20, EDJ 520501).

d) Ha de tratarse de una **equivocación de importancia**, en el sentido de tener virtualidad para modificar alguno de los pronunciamientos del fallo, pues si afecta a elementos fácticos carentes de tal eficacia el motivo no puede prosperar ya que el recurso se da contra el fallo y no contra los argumentos de hecho o de derecho que no tienen aptitud para modificarlo (TS 5-4-99, EDJ 5997; 20-11-00, EDJ 38951; 9-6-05, EDJ 131394; 19-5-20, EDJ 557018).

e) El elemento documental demostrativo del error **no** ha de resultar **contradicho por otros elementos de prueba**, pues la Ley no concede preferencia a ninguna prueba documental sobre otra igual o diferente. Cuando existen varias sobre el mismo punto de hecho, el tribunal que conoció en la instancia y presidió la práctica de todas ellas con inmediación tiene facultades para sopesar unas y otras y apreciar su resultado con libertad de criterio, de forma puede estimar que la verdad del hecho no es la que aparece en el documento, sino la que ofrecen los otros medios probatorios (TS 14-10-99, EDJ 35048; 30-9-05, EDJ 157529).

10058 **f)** La vía casacional de la LECr art.849.2º (nº 10052) no es la adecuada para remediar la **omisión de datos** que debieron ser incluidos en el relato según el recurrente, porque las omisiones tan solo caben como motivo de casación por quebrantamiento de forma por falta de claridad en los hechos probados cuando ocasionan la imposibilidad de su comprensión por hacer ininteligible el relato de lo ocurrido, pero no como aquí que no producen oscuridad alguna para la comprensión de lo narrado en la sentencia. Cosa distinta es que el recurrente pretenda ensanchar el *factum* con **complementos descriptivos o narrativos** que considere esenciales por repercutir en el fallo y que resultaron probados, por medio de documentos que no fueron debidamente valorados por el tribunal (TS 21-11-18, EDJ 646247; 18-1-17, EDJ 1066; 17-6-16, EDJ 88667; 21-11-18, EDJ 646247; 18-1-17, EDJ 1066; 17-6-16, EDJ 88667; 23-3-04, EDJ 13235; 2-11-04, EDJ 184819).

g) La admisión del motivo precisa que no pueda acudirse a la **integración del hecho probado** con los elementos fácticos contenidos en la fundamentación jurídica de la sentencia. Aun cuando en las sentencias deben constar los hechos descritos con todos los elementos que resulten relevantes para la subsunción, sin que sea correcto añadir otros hechos relevantes en la fundamentación jurídica, aun cuando, se ha aceptado en ocasiones, siempre de modo excepcional y nunca en perjuicio del acusado, que los fundamentos jurídicos puedan contener afirmaciones fácticas que complementen el hecho probado (TS 12-2-03, EDJ 3258; 27-2-03, EDJ 4268).

h) La naturaleza incontrovertible del documento y de la información que en él se incorpora no puede apreciarse en unas simples fotocopias, que no tienen el carácter de documentos a efectos casacionales, salvo la **fotocopia autenticada** de un documento original o aquellas que hayan sido admitidas de contrario, pues los **documentos fotorreproducidos** no gozan de garantía de inmutabilidad del contenido respecto del original y no son por ello demostrativos de autenticidad. Las fotocopias, pudiendo operar como meros documentos privados cuya capacidad demostrativa deberá evaluarse por el tribunal de instancia en conjunción con el resto del material probatorio, por su carencia de autenticidad en sí mismas, no pueden ser demostrativas de que el tribunal haya incurrido en un error valorativo de la prueba practicada (TS 20-6-19, núm 326/19).

i) Incumbe finalmente al recurrente, desde un punto de vista estrictamente procesal, **citar expresamente el documento** de manera clara, en el escrito de anuncio del motivo o en el de formalización del recurso, precisando además los concretos extremos del mismo que acrediten claramente el error que se achaca al tribunal *a quo*, no siendo competencia de la sala de casación adivinar o buscar tales extremos como un zahorí (TS 14-10-05, EDJ 207237; 30-6-06, EDJ 98732; 2-10-07, EDJ 188973).
j) En todo caso, ha de partirse de **documentos en sentido estricto**, no de pruebas personales documentadas (TS 5-2-18, EDJ 3708).
k) Cuando el objeto del recurso es una **sentencia absolutoria**, la vía de LECr art.849.2º no puede emplearse para corregir errores valorativos. Solo cabe acudir a ella para salvar la simple **omisión en el hecho probado** del dato documentado cuyo valor probatorio puede considerarse validado por el tribunal de instancia a la luz de la fundamentación jurídica. Fuera de este excepcional supuesto, esta vía no permite reajustar o reelaborar el hecho probado de la sentencia absolutoria. La no declaración como probados de elementos fácticos, objeto de acusación, a consecuencia de una **irracional o incompleta valoración probatoria** o de una arbitraria selección de los datos de prueba que se toman en cuenta solo puede hacerse valer como gravamen de motivos con alcance rescindente (TS 14-11-24, EDJ 742827).

c. Casación por quebrantamiento de forma

Son objeto de estudio en este apartado: **10062**
- los vicios del procedimiento (nº 10064); y
- los defectos de la sentencia (nº 10074);

Vicios de procedimiento (LECr art.850) Se enumeran los siguientes: **10064**
- denegación de prueba (nº 10066);
- omisión de citación de las partes (nº 10070); e
- indebida celebración del juicio en caso de ausencia de algún coacusado (nº 10072).

Denegación de prueba (LECr art.850.1.3.4) El recurso puede interponerse por quebrantamiento de forma cuando: **10066**
- se haya denegado alguna **diligencia de prueba** que, propuesta en tiempo y forma por las partes, se considere pertinente;
- el presidente del tribunal se niegue a que un **testigo** conteste a la pregunta o preguntas que se le dirijan siendo pertinentes y de manifiesta influencia en la causa; y
- se desestime cualquier **pregunta** por capciosa, sugestiva o impertinente, no siéndolo en realidad, siempre que tenga verdadera importancia para el resultado del juicio.
Los tres motivos entroncan directamente con la configuración del **derecho constitucional a la prueba** y con la **suspensión del juicio oral** como garantía del derecho de defensa, por lo que nos remitimos, al nº 9495 s. sobre el derecho a la prueba en general; al nº 9454 s. sobre la pertinencia y necesidad de la prueba.

Sobre esa base, se mencionan otros requisitos jurisprudenciales del motivo de casación que nos ocupa, cuya más frecuente aplicación se produce en casos de denegación de suspensión del juicio oral por **incomparecencia de testigos o peritos** (p.e. TS 10-1-05, EDJ 4960; 11-10-05, EDJ 165857; 1-2-12, EDJ 12035; 25-11-19, EDJ 744736; 11-6-20, EDJ 575418): **10068** MPP nº 4767 s.
a) **Materiales**: los relacionados con la pertinencia y necesidad de la prueba denegada. De ellos se deduce que solo la **caprichosa e indebida denegación de la prueba** pertinente cuando la proposición, o de la prueba necesaria cuando la práctica de la misma, puede propiciar el quebrantamiento de forma (TS 22-3-95, EDJ 1127; 2-6-99, EDJ 13731; 2-2-21, EDJ 503846; 19-12-22, EDJ 769841);
b) **Formales**: se enuncian los siguientes supuestos:
• Que la diligencia probatoria frustrada por la denegación de la suspensión haya sido solicitada por la parte en tiempo y forma de conformidad con las reglas específicas para cada clase de proceso, lo que en el caso de tratarse de **testigos** debe concretarse en su proposición nominal en el escrito de calificación provisional, con designación de los apellidos y circunstancias personales.
• Que la misma haya sido declarada pertinente por el tribunal y en consecuencia **programada** procesalmente.
• Que sea «posible» la **práctica de la prueba** propuesta sin violación del derecho constitucional a un juicio sin dilaciones indebidas (TS 25-11-19, EDJ 744736).
• Que, ante la decisión de no suspender, que debe ser fundada ante la imposibilidad de practicar en ese momento las pruebas previamente admitidas, se deje **constancia formal de la protesta** con el adecuado reflejo en el acta.

• En caso de prueba testifical, han de hacerse constar las **preguntas**, siquiera sea de modo sucinto, que quien la propone pretendía dirigir al testigo, consignando los extremos de dicho interrogatorio, con la finalidad de que primero el tribunal de enjuiciamiento y después la sala de casación puedan valorar la trascendencia de la prueba propuesta. Esta exigencia se ha relativizado en buena medida por la fuerza expansiva de los principios de contradicción, publicidad y la oralidad, de modo que la **omisión del requisito** no impedirá el análisis del motivo cuando la pertinencia y necesidad de la prueba se desprenda fácilmente de su propia naturaleza y características (TS 21-4-89, EDJ 18545; 20-12-91, EDJ 12141; 9-7-20, EDJ 605378).

10069 Se pueden distinguir tres momentos que se corresponden con otros tantos estándares diferenciados de decisión en relación con la denegación de prueba:

• **Admisión**. En la que el criterio ha de ser el más amplio posible. Si la prueba es posible, pertinente y no aparece como inútil, la regla ha de ser la admisión.

• **Suspensión** por incomparecencia de un testigo o por imposibilidad coyuntural de práctica de la prueba. El criterio se restringe. El canon de decisión es la necesidad para formular un juicio completo, no solo la pertinencia, a la vista del resto de las pruebas.

• **Casación**. Al revisar la sentencia combatida al amparo de LECr art.850.1.3º y 4º, el criterio es aún más restrictivo. La sentencia solo debe ser anulada si se puede hacer un pronóstico fundado de influencia en la decisión: el resultado de la prueba omitida podría fundadamente haber alterado su sentido, con posible repercusión en el fallo (TS 2-2-21, EDJ 503846).

Precisiones En todo caso, desde que se implantó una apelación como **paso previo a la casación** en los procedimientos competencia de la Audiencia Provincial, se hace obligado reiterar la práctica de la prueba en la segunda instancia -LECr art.790.3- (TS 27-2-24, EDJ 511831).

10070 **Omisión de citación de las partes** (LECr art.850.2º) Cabe también casación por este motivo:
MPP - cuando se haya omitido la citación del procesado;
nº 4770 s. - la del responsable civil subsidiario;
- la de la parte acusadora, o
- la del actor civil para su comparecencia en el acto del juicio oral, a no ser que estas partes hayan comparecido en tiempo, dándose por citadas.

10072 **Indebida celebración del juicio en caso de ausencia de algún coacusado** (LECr art.850.5º)
MPP Puede intentarse el recurso por vicio *in procedendo* cuando el tribunal haya decidido no sus-
nº 4772 s. pender el juicio para los procesados comparecidos, en el caso de no haber concurrido algún acusado, siempre que haya **causa fundada** que se oponga a juzgarles con independencia y no haya recaído **declaración de rebeldía**.

Cabe el **enjuiciamiento separado de los acusados** siempre que concurran los siguientes requisitos:
- que el incomparecido haya sido citado personalmente;
- que el tribunal, antes de pronunciarse sobre el particular, haya oído a las partes sobre esta cuestión;
- que el acuerdo del mismo se haga constar en el acta del juicio con expresión de las razones que lo motiven;
- que realmente existan elementos suficientes para juzgar separadamente a los procesados; y
- que tal decisión no cause indefensión al procesado o procesados comparecidos (TS 7-7-03, EDJ 80559; 12-7-04, EDJ 82819).

10074 **Defectos de la sentencia** (LECr art.851) Pueden producirse:
- en la declaración de hechos probados (nº 10076);
- en la composición del tribunal o en la valoración de la sentencia (nº 10084);
- como consecuencia de la incongruencia omisiva (nº 10086); y
- por la falta de correlación entre acusación y sentencia (nº 10090).

10076 **En la declaración de hechos probados** (LECr art.851.1.2) Puede también interponerse el recurso de casación por la misma causa (quebrantamiento de forma) cuando en la sentencia:
- no se exprese clara y terminantemente cuáles son los **hechos** que se consideren **probados**, o resulte **manifiesta contradicción** entre ellos, o se consignen como hechos probados conceptos que, por su carácter jurídico, impliquen la **predeterminación del fallo**; y
- cuando en la sentencia solo se exprese que los **hechos alegados por las acusaciones** no se han probado, sin hacer expresa relación de los que resulten probados.

10078 **A) Omisión o falta de claridad**. La falta de claridad se produce cuando en el relato fáctico o en
MPP los elementos fácticos comprendidos en los fundamentos jurídicos se provoca incomprensión
nº 4776 s. por la **ininteligibilidad** de las expresiones utilizadas o por la omisión de datos fundamentales para la construcción jurídica elaborada posteriormente sobre el sustrato fáctico (TS 21-5-03,

EDJ 30170; 14-4-05, EDJ 71543). Ha de darse una **absoluta incomprensión** de lo que se quiere decir y proclamar como probado, de manera que ese vacío impida la adecuada interpretación y calificación jurídico penal de lo narrado (TS 12-11-19, EDJ 742720).
La **omisión** equivale a una especie de vacío fáctico en el sentido de que la relación de hechos tenga un **carácter puramente negativo y sintético**, limitándose a declarar que los hechos alegados por las acusaciones no se han probado (TS 16-11-98, EDJ 22781).
Partiendo de la base de que el autor del *factum* es el tribunal que, tras la valoración crítica de la prueba de cargo y de descargo, motivadamente alcanza un concreto juicio de certeza que es el objetivado en los hechos probados, por lo que es claro que la parte no puede intentar la adición o supresión de determinados acaecimientos ocurridos en ejercicio de un pretendido e inexistente derecho a un *factum a la carta* (TS 2-10-07, EDJ 188973), los **requisitos** que conforme a reiterada doctrina jurisprudencial hacen viable la casación por falta de claridad se resumen en los siguientes (TS 5-6-00, EDJ 11798; 22-3-01, EDJ 7340; 21-5-03, EDJ 30170; 13-4-04, EDJ 31409; 11-11-05, EDJ 207212; 11-12-06, EDJ 325645; 14-6-07, EDJ 70216; 6-7-16, EDJ 105600):
1. Que en el contexto del resultado fáctico se produzca la existencia de cierta incomprensión de lo que realmente se pretendió manifestar, bien por la utilización de frases ininteligibles, bien por **omisiones sustanciales** o bien por el empleo de **juicios dubitativos**, por absoluta carencia de supuestos fácticos o por la mera descripción de la resultancia probatoria huérfana de toda afirmación por parte del juzgador: esto es, sin expresión por el juzgador de lo que considera probado. Este requisito comporta, a su vez, la exigencia de que el vicio procesal de la **falta de claridad** debe ubicarse **en el hecho probado**, de ser interna y no puede oponerse frente a otros apartados de la sentencia, y debe ser gramatical, sin que quepa su alegación frente a una falta de comprensión lógica o argumental, cuya impugnación debe articularse por otras vías, como el error de derecho.
2. La inconcreción, incomprensión, la ambigüedad, etc. del relato fáctico debe estar causalmente relacionada con la **calificación jurídica** de la sentencia. La falta de claridad impide la comprensión del hecho probado e impide una correcta subsunción.
3. Que la falta de claridad, entendimiento o incomprensión del relato produzca una **laguna o vacío** en la descripción histórica del hecho probado (TS 13-10-09, EDJ 265831; 21-7-16, EDJ 114369).
4. Que el recurrente designe **expresa y concretamente las frases** o expresiones que, a su juicio, resultan **incomprensibles** por falta de claridad o, en su caso, la omisión o laguna que tal ausencia de claridad provoca.

Precisiones 1) El vicio debe deducirse directamente del **apartado fáctico** y se desenvuelve en el ámbito de lo gramatical e inteligible desde esta perspectiva, de forma que no cabe enfrentarlo a la propia valoración de la parte sobre los hechos que debieron declararse probados (TS 12-11-19, EDJ 742720). Sin embargo, las afirmaciones contenidas en los **fundamentos jurídicos** con contenido y valor fáctico pueden tomarse en consideración para detallar y completar los hechos y excluir la apreciación del vicio (TS 3-12-19, EDJ 759459).
2) En determinados supuestos en los que resulta de la prueba practicada un hecho que ha sido omitido del relato fáctico y que, no obstante, ha tenido su concreto **reflejo en la parte dispositiva**, la omisión es subsanable por la vía de LECr art.161, antes de acudir al mecanismo de recurso de apelación o casación. En estos casos, aun sin ser exigible aquel remedio de **subsanación de defectos** como presupuesto del recurso (a diferencia del supuesto de incongruencia omisiva, en que sí lo es), es aconsejable y más eficiente desde la perspectiva del buen orden procesal (TS 20-11-20, EDJ 728690; 30-11-15, EDJ 237620).

B) Contradicción manifiesta. Para que pueda prosperar este motivo de casación han de concurrir los requisitos siguientes (TS 27-11-00, EDJ 40720; 12-12-01, EDJ 54067; 21-5-03, EDJ 30170; 4-3-04, EDJ 12780; 11-11-05, EDJ 207212; 23-5-07, EDJ 68136; 27-6-07, EDJ 80237; 31-10-07, EDJ 199770; 16-10-17, EDJ 215363): **10080** MPP nº 4778 s.
a. La contradicción ha de ser **absoluta** en el sentido gramatical de la palabra. Por ello, debe ser **ostensible** y debe producir una incompatibilidad entre los términos cuya contradicción se denuncia; ha de tratarse, en otras palabras, de una contradicción en sentido propio, de modo que la afirmación de un hecho implique necesariamente la negación del otro, de modo irreconciliable y antitético, y no de una mera contradicción ideológica o conceptual.
b. Debe ser **insubsanable**, pues aun a pesar de la contradicción gramatical, la misma puede subsumirse en el contexto de la sentencia; es decir, no ha de existir posibilidad de superar la contradicción armonizando los términos antagónicos a través de otros pasajes del relato.
c. Que sea **interna en el hecho probado**, pues no cabe esa contradicción entre el hecho y la fundamentación jurídica. A su vez, de este requisito se excepcionan aquellos apartados del fundamento jurídico que tengan un indudable contenido fáctico. Es decir, la **contradicción** ha de darse **entre fundamentos fácticos**, tanto si se han incluido correctamente entre los hechos probados como si se trata de complementos fácticos integrados en los fundamentos jurídicos.

d. Que sea **completa**, es decir que afecta a los hechos y a sus circunstancias.
e. La contradicción ha de producirse con respecto a algún apartado del fallo, siendo **relevante para la calificación jurídica**, de tal forma que si la contradicción no es esencial ni imprescindible a la resolución no existirá el quebrantamiento de forma. Es decir, ha de ser causal (TS 14-5-20, EDJ 553750; 29-1-13, EDJ 3774).
f. Que sea **esencial** en el sentido de que afecte a pasajes fácticos necesarios para la subsunción jurídica, de modo que la mutua exclusión de los elementos contradictorios origine un vacío fáctico que determine la falta de idoneidad del relato para servir de soporte a la calificación jurídica debatida.
g. El **vicio** tiene que deducirse directamente del apartado fáctico, de forma que no cabe enfrentarlo a la propia valoración de la parte sobre los hechos que debieron declararse probados (TS 14-5-20, EDJ 553750; 3-2-16, EDJ 3702).

Precisiones La **contradicción fáctica** ha de darse en la misma sentencia, no por el contraste entre los hechos declarados probados en dos diferentes (TS 14-7-23, EDJ 632396).

10082 MPP nº 4779 s. **C) Predeterminación del fallo.** El fundamento del motivo radica en que la proscripción del uso de categorías normativas en la construcción de los hechos probados responde a una exigencia de método impuesta por la naturaleza misma de la jurisdicción penal, que consiste en aplicar el Derecho punitivo (únicamente) a **comportamientos previstos en la Ley** como incriminables en razón de su lesividad para ciertos bienes jurídicos. Para que sea posible operar de este modo con la necesaria certeza, es preciso, primero, identificar con rigor las conductas a las que debe atribuirse la calidad de delictivas, previamente descritas abstractamente por la Ley penal y solo en un momento ulterior en el orden lógico tendrá que razonarse la pertinencia de la subsunción de aquella en un supuesto típico de los del Código Penal. De modo que si esta segunda operación, en lugar de partir del resultado de la precedente la suplanta en alguna medida, cuando la valoración jurídica ocupase el lugar de la descripción, el proceso decisional sería tautológico o circular, al carecer de un referente objetivo, y por ello arbitrario (TS 15-10-04, EDJ 152684; 2-2-11, EDJ 8463).
La predeterminación del fallo, como vicio impugnable de cualquier sentencia penal, tiende a evitar que la estructura lógica del razonamiento decisorio, sustituya lo descriptivo por lo valorativo. Con su articulación se impone al órgano judicial la necesidad de una nítida **separación** entre el juicio histórico y el juicio jurídico (TS 24-5-19, EDJ 600140; 10-11-23, EDJ 743820).
Dicho lo anterior, ha de considerarse que en cierto sentido los **hechos probados** tienen por esencia que predeterminar el fallo, pues si en ellos se describe el aspecto material una conducta subsumible en un tipo penal, la consecuencia lógica se infiere aunque se describa en la parte dispositiva o fallo de la sentencia: el *factum* es la base de la calificación jurídica de los hechos enjuiciados y en ese sentido es lógicamente predeterminante de esta, salvo **manifiesta incongruencia** (TS 10-9-03, EDJ 92828; 26-2-04, EDJ 12798; 24-3-04, EDJ 17466; 21-7-05, EDJ 139936).
En consecuencia, la predeterminación del fallo como vicio casacional se produce por la utilización de expresiones técnicamente jurídicas y con virtualidad causal respecto del fallo; es decir, cuando la **descripción del hecho se reemplaza por su significación**. Ello implica los **requisitos** siguientes (TS 17-7-02, EDJ 29087; 28-12-03, EDJ 209432; 29-3-04, EDJ 26048; 23-5-05, EDJ 157539):
a. Que se trate de expresiones técnico-jurídicas que definan o den nombre a la esencia del tipo aplicado y que sean por lo general asequibles tan solo para los juristas o técnicos y no compartidas en el uso del lenguaje común (TS 12-4-18, EDJ 42040).
b. Que tengan un valor causal apreciable respecto del fallo.
c. Que, suprimidos tales conceptos jurídicos, dejen el hecho histórico sin base alguna (TS 12-2-19, EDJ 508622).

Precisiones **1)** No exige la ley que los **hechos relatados hayan de ser penalmente «neutros»**, lo que sería incompatible con el enjuiciamiento penal. No debe anticiparse en los hechos probados la subsunción jurídico- penal con el *nomen iuris* de la infracción (robo) o con otros conceptos técnicos (alevosía, reincidencia) cuya concurrencia ha de analizarse en el plano de la argumentación penal -contrastando la categoría jurídica con el hecho probado (juicio jurídico)-; y no en el nivel previo de la valoración probatoria (juicio histórico). Pero el relato necesariamente ha de elaborarse con el definido y claro objetivo de **valorar penalmente la acción**. En ese sentido, lo que dicen los hechos probados ha de condicionar fatalmente el fallo al reflejar lo que el tribunal ha estimado acreditado. Lo que se **prohíbe** es el uso de conceptos estrictamente jurídicos, con un significado técnico no homologable al vulgar, lo que permitiría escamotear la argumentación jurídica sostén de la subsunción penal y, al mismo tiempo, burlaría las posibilidades de fiscalización casacional (TS 22-3-23, EDJ 540561; 13-7-23, EDJ 625914).
2) Obviamente, cualquier **relato de los hechos probados**, correctamente redactado, predetermina el fallo, en el sentido de que solo a partir de un antecedente histórico sólidamente asentado es posible realizar el juicio de subsunción. No es este el defecto referente a los supuestos en los que

el hecho o relato histórico es sustituido por una **expresión de contenido jurídico** que impide conocer a la parte cuáles son los hechos que se le imputan y la intervención en ellos que se le atribuye -LECr art.851.1- (TS 30-6-21, EDJ 618894).

Defectos en la composición de tribunal o en la votación de la sentencia (LECr art.851.5.6) Procede el recurso de casación por quebrantamiento de forma: **10084** MPP nº 4783

a) Cuando la sentencia haya sido dictada por **menor número de magistrados** que el señalado en la Ley o **sin la concurrencia de votos** conformes que por la misma se exigen.

1. El **quórum de tres magistrados** es imprescindible para la válida formación o constitución de la sala, debiendo participar en la deliberación y votación los mismos magistrados que intervinieron en la vista, incluidos los trasladados o jubilados (LOPJ art.196, 254 a 256; LECr art.145).

Se establecen remedios extraordinarios para el caso de que un **miembro de la sala se imposibilite** después de la vista y antes de la votación y se permite que, si a pesar de todo el imposibilitado no puede votar, dicten sentencia los no impedidos si hay los necesarios para formar mayoría, que no pueda ser otra, en una interpretación lógica y sistemática, que la mínimamente necesaria para constituir sala (LOPJ art.257; LECr art.154). En consecuencia, la norma citada no puede nunca amparar la producción de la sentencia por **menor número de magistrados** que el establecido legalmente, pues no es lo mismo el caso de quien «votó en Sala y no pudo firmar» del que no ha tomado parte en el acto de la deliberación (TS 5-5-93, EDJ 4197 y 19-10-04, EDJ 159792).

2. El motivo es aplicable y adquiere especial relevancia en el caso de tribunales de composición no exclusivamente profesional, como el del **jurado** y los **tribunales militares**. Las reglas sobre su correcta composición se encuentran en los LO 5/1995 art.18 a 23, 38 y 39; LO 4/1987 art.36 a 41 y 46 a 51; LECr art.846 bis.c.a); LO 2/1989 art.321.b).

b) Cuando haya concurrido a dictar sentencia algún magistrado cuya **recusación, intentada en tiempo y forma**, y fundada en causa legal, se haya rechazado.

Sobre el régimen de la recusación, ver lo expuesto respecto al derecho a la imparcialidad del juzgador en el nº 6815.

Incongruencia omisiva (LECr art.851.3º) Hay motivo de casación por vicio *in iudicando* cuando no se resuelva en la sentencia sobre todos los puntos que hayan sido objeto de la acusación y defensa. **10086**

La incongruencia omisiva o **por defecto**, llamada a veces hiperincongruencia, se produce cuando el fallo de la sentencia **omite pronunciarse sobre alguna pretensión** de parte oportunamente deducida en el proceso, lo que puede suponer una denegación de justicia y, por ello, una vulneración del derecho a la tutela judicial efectiva que, sin embargo, no cabe apreciar cuando el silencio judicial pueda razonablemente interpretarse como una desestimación implícita aunque no se haya pronunciado sobre todas las alegaciones concretas o no se haya dado una respuesta pormenorizada, siempre que se resuelvan las pretensiones formuladas (TCo 94/1997; 74/1999; 253/2000). En consecuencia, lo esencial consiste en determinar si el **silencio parcial** de una resolución respecto de un tema debatido sitúa a la parte en indefensión, lo que ocurrirá siempre que, al omitir un pronunciamiento judicial sobre alguna petición o *causa petendi*, resulte imposible o especialmente dificultoso descubrir las razones en que la desestimación se basa (TCo 195/1995). Por eso precisamente (TCo 26/1997 y 16/1998) no todos los supuestos son susceptibles de una solución unívoca, debiendo ponderarse las **circunstancias concurrentes** en cada caso para determinar si el silencio de la resolución judicial constituye una auténtica lesión de la Const art.24.1 (TEDH 9-12-94, núm 18390/91; 9-12-94, núm 18064/91).

La jurisprudencia exige para que el vicio de incongruencia omisiva pueda estimarse en vía casacional, con el reenvío del asunto al tribunal de instancia, las siguientes condiciones (TS 9-10-00, EDJ 30252; 11-12-02, EDJ 2888; 10-11-03, EDJ 158339; 12-5-04, EDJ 40408; 8-11-07, EDJ 206059): **10088** MPP nº 4785 s.

a) Que la omisión o silencio verse sobre **cuestiones jurídicas** y no sobre extremos de hecho y que las pretensiones ignoradas se hayan formulado claramente y en el momento procesal oportuno. Debe tratarse de **efectivas pretensiones** y no de meros argumentos o alegaciones que apoyen una pretensión.

La **falta de prueba** de un hecho nada tiene que ver con la incongruencia omisiva (TS 4-12-20, EDJ 748631).

b) Que **no consten resueltas en la sentencia**, sea de modo directo o expreso, sea indirecta o implícitamente, siendo admisible este último cuando la decisión se deduzca manifiestamente de la resolución adoptada respecto de una pretensión incompatible, siempre que el conjunto de la resolución permita conocer sin dificultad la **motivación de la decisión implícita**, pues siempre ha de mantenerse el imperativo de racionalidad de la resolución. Aunque debe aplicarse con absoluta cautela la antigua doctrina jurisprudencial acerca de la denominada **desestimación**

implícita, lo cierto es que la misma aparece como posible (TS 18-2-02, EDJ 2888) en todos aquellos supuestos en que exista un específico pronunciamiento, resolutorio de cuestiones contrarias y absolutamente incompatibles con la cuestión omitida o excluyente de esta.
La incongruencia omisiva implica que la sentencia no dé respuesta a las pretensiones deducidas en juicio, lo que no pasa necesariamente por **responder a todas y cada una de las alegaciones**, cuando estas quedan descartadas implícitamente y por exclusión en el discurso desplegado por el tribunal (TS 19-9-24, EDJ 682781; 30-11-23, EDJ 763685).
c) Que el **vicio no pueda ser subsanado** en la casación a través de la resolución de otros planteamientos de fondo aducidos en el recurso, lo que solo resulta posible en caso de razonamientos incompletos y no cuando el problema debatido ha sido marginado totalmente, porque la posibilidad de subsanar en esta vía la falta de respuesta del tribunal de instancia únicamente cabe a través de la resolución de otros motivos de fondo aducidos en el recurso en los que se plantee la cuestión silenciada y permita a la sala de casación pronunciarse sobre la misma (TS 6-10-97, EDJ 8206; 21-12-01, EDJ 55127). Lo dicho sucede cuando exista en el recurso un **motivo de fondo** que permita **subsanar la omisión denunciada**, analizando razonadamente y resolviendo motivadamente la cuestión planteada, ofreciéndose así al Tribunal Supremo la oportunidad de examinar la cuestión de fondo cuyo tratamiento se ha omitido en la instancia y satisfaciendo a la vez el derecho a la tutela judicial efectiva y a un proceso sin dilaciones indebidas, evitando las que sin duda se producirían si la causa hubiese de volver al tribunal de instancia y posteriormente, de nuevo, al tribunal de casación (TS 20-6-97, EDJ 5505; 5-7-99, EDJ 17013; 18-2-02, EDJ 2888).

10090 MPP nº 4787 s. **Falta de correlación entre acusación y sentencia** (LECr art.733 y 851.4º) Sobre la interpretación de estos preceptos, ver lo dicho a propósito de la correlación entre acusación y sentencia y sobre el planteamiento de la tesis en el nº 6890 s.

3. Procedimiento

10095 Se desarrolla en dos fases:
- ante el tribunal *a quo*, que conoce de la fase de preparación (nº 10100); y
- ante el Tribunal Supremo (nº 10110).

a. Ante el tribunal «a quo»

(LECr art.855, 856, 857, 858, 861 bis.c, 890 y 901)

10100 Se practican las siguientes actuaciones:

10102 **Escrito de preparación** Quien se proponga interponer recurso de casación ha de pedir ante el tribunal que haya dictado la resolución definitiva, un **testimonio** de la misma y manifestar la clase o clases de recurso que trate de utilizar. La petición se formula mediante **escrito autorizado por abogado y procurador**, dentro de los 5 días siguientes al de la última notificación de la sentencia o auto contra el que se intente entablar el recurso.
a) Cuando se pretenda interponer recurso contra sentencia dictada en apelación por una **Audiencia Provincial o la Sala de lo Penal de la Audiencia Nacional** por infracción de ley, ha de presentarse escrito consignando, en párrafos separados, con la mayor claridad y concisión, la concurrencia de los requisitos exigidos, identificando el precepto o preceptos sustantivos que se consideran infringidos y explicando de modo sucinto las razones que fundan tal infracción.
b) Cuando el recurrente se proponga fundar el recurso en **error de hecho** en la apreciación de la prueba, debe designar, sin razonamiento alguno, los particulares del documento que muestre el error en la apreciación de la prueba.
La exigencia responde a ideas muy firmes, pues solo señalando cuáles son las **partes concretas del documento** o documentos de los que fluye claro el error pueden las demás partes oponerse a la pretensión y se posibilita a la sala resolver sin hacer conjeturas sobre las posibles zonas documentales que hubieron de tener incidencias en el error, lo que podrá situarle incluso en una posición de desequilibrio y de cierta parcialidad objetiva (TS 15-3-01, EDJ 7245; 17-12-01, EDJ 58709).
c) Si se propone utilizar el de **quebrantamiento de forma** designa también, sin razonamiento alguno, la falta o faltas que supongan cometidas y, en su caso, la reclamación practicada para subsanarla y su fecha (TS 25-10-17, EDJ 228508).
d) En el escrito de preparación se consigna la promesa solemne de constituir un **depósito** (LECr art.875), inaplicable en el **proceso penal militar** (LO 2/1989 art.326.c). Si la parte que prepare el recurso está declarada **insolvente**, ya en todo, ya en parte, o pobre por sentencia

ejecutoria, debe pedir al tribunal que se haga constar expresamente esta circunstancia en la certificación de la sentencia que debe librarse, y se obliga además a responder, si llega a mejor fortuna, del importe del depósito que, según los casos, deba constituir.
El **depósito** pretende garantizar la seriedad de las pretensiones casacionales del recurrente y su **pérdida** se produce, en todo o en parte, en los casos de desistimiento, inadmisión y desestimación del recurso.

Decisión sobre la preparación y emplazamiento El tribunal, dentro de los 3 días siguientes, sin oír a las partes, tendrá por preparado el recurso si la **resolución** reclamada es **recurrible** en casación y se han cumplido todos los requisitos exigibles al escrito de preparación. **10104**
Cuando se trate de recurso de casación contra sentencia dictada en apelación por una Audiencia Provincial o la Sala de lo Penal de la Audiencia Nacional, es preciso **alegar el motivo** previsto en LECr art.849.1, identificar un precepto sustantivo supuestamente infringido, consignar el breve extracto exigido, y no apartarse su contenido del ámbito de LECr art.849.1.
En caso contrario, lo denegará por auto motivado, del que se dará **copia certificada** en el acto de la notificación a la parte recurrente.
Resulta obligado el previo señalamiento de un **término** prudencial **de subsanación** cuando los defectos que presente el escrito de preparación tengan tal carácter (LOPJ art.11.3) y parece claro que, salvo cuando el recurso se intente contra resolución insusceptible del mismo o se prepare fuera de plazo o por motivos distintos de los legalmente admisibles, todos los requisitos contenidos en la LECr art.855 y 857 son subsanables. Así, la **falta de designación de los particulares** del documento demostrativos del error no ha de dar lugar inexorablemente a la denegación de la preparación, pues es un fácilmente reparable en la propia fase de preparación del recurso o en el de su formalización o interposición ante el Tribunal Supremo (TS 3-4-02, EDJ 13397).
En la propia resolución en que se tenga por preparado el recurso se manda expedir, dentro del plazo de 3 días, el **testimonio** de la sentencia o del auto recurrido -función del letrado de la Administración de Justicia-, y una vez librado se emplaza a las partes -función que corresponde igualmente al letrado de la Administración de Justicia-, para que comparezcan ante la Sala Segunda del Tribunal Supremo.
Con el RDL 5/2023, el restrictivo criterio que, desde la fase de preparación, ha de ser observado en la tramitación del recurso de casación, se ha pasado a residenciar en el tribunal *a quo*. La **preparación del recurso** se efectuará ante el tribunal que haya dictado la resolución definitiva (LECr art.855) aunque si estamos ante un recurso exclusivamente por **infracción de precepto penal de carácter sustantivo** debe exigirse al recurrente la carga de identificar dicho precepto y un mínimo fundamento en el propio escrito de preparación; puesto que esa carga ha de quedar satisfecha en fase de preparación del recurso, ante el tribunal *a quo*, es coherente que corresponda a este el control a tal efecto (LECr art.858 y Preámbulo del referido real decreto-ley (TS 18-10-23, EDJ 721145; 26-10-23, EDJ 735607; TS auto 27-9-24, EDJ 688539).
Debe tenerse en cuenta que la comparecencia se efectúa dentro del **término improrrogable** de 15 días, si se refiere a resoluciones dictadas por tribunales con sede en la Península; de 20 días, si tienen sede en la Comunidad Autónoma de las Illes Balears y de 30, si tienen sede en la Comunidad Autónoma de Canarias o en las ciudades autónomas de Ceuta o Melilla (LECr art.859).
En el mismo día, el letrado de la Administración de Justicia del tribunal envía a la Sala Segunda del Tribunal Supremo dos **certificaciones**: una de los votos reservados que haya o de la inexistencia de los mismos y otra expedida por su letrado de la Administración de Justicia en la que se exprese sucintamente la causa, los nombres de las partes, el delito y la fecha de entrega del testimonio al recurrente, así como la del emplazamiento a las partes. También remite la **causa** o el ramo de ella en que se suponga cometida la falta o que contenga el documento demostrativo del error, cuando el recurso se haya preparado por quebrantamiento de forma o al amparo del LECr art.849.2º (nº 10052).
También acordará en la misma resolución lo procedente sobre **medidas cautelares** y dispondrá que continúe o se modifique la situación del reo o reos y lo pertinente en cuanto a **responsabilidades pecuniarias**, así como adoptará en las mismas piezas los acuerdos procedentes durante la tramitación del recurso para asegurar en todo caso la ejecución de la sentencia que recaiga.
El recurrente a quien se haya reconocido el derecho a la **asistencia jurídica gratuita** o haya sido declarado **insolvente**, total o parcial, puede solicitar del tribunal sentenciador que remita directamente a la Sala Segunda del Supremo el testimonio necesario para la interposición del recurso, o, en su caso, la certificación del auto denegatorio del mismo. La Sala acordará que el letrado de la Administración de Justicia interese el **nombramiento de abogado y procurador** que puedan interponer el recurso que corresponda, si el recurrente no les hubiera designado, señalando en uno y otro caso el plazo dentro del cual haya de interponerse el recurso (LECr art.860).

10106 **Recurso de queja** (LECr art.863 a 871) Contra la denegación de la preparación cabe recurso de queja ante el Tribunal Supremo, dentro de los 2 días siguientes al de la notificación del auto denegatorio.
Su **tramitación** ha de ajustarse a lo siguiente:
a) Anunciada la queja, el tribunal a quo dispondrá que se remita **copia certificada del auto denegatorio** a la Sala correspondiente Tribunal Supremo y mandará emplazar a las partes para que comparezcan ante la misma.
b) Si el **recurrente no comparece** ante el Tribunal Supremo en el término indicado, el letrado de la Administración de Justicia dictará decreto declarando desierto el recurso y, quedando firme y consentido el auto denegatorio, con las costas, y lo comunica al tribunal sentenciador para los efectos que correspondan.
c) Si **comparece en tiempo**, al verificarlo formula en escrito firmado por abogado y procurador, con la mayor concisión y claridad, los fundamentos de la queja. De dicho escrito y del auto denegatorio acompaña copias autorizadas para las demás partes personadas en la causa, una de las cuales se entrega al Ministerio Fiscal, y transcurridos 3 días, durante los cuales debe este exponer a la sala lo que estime conveniente sobre la procedencia o improcedencia de la queja, se pasa el rollo al magistrado ponente.
d) La sala, previo informe del magistrado ponente y sin más trámites, dicta, en vista de los escritos presentados, la **resolución** que proceda. Cuando estime fundada la queja, revoca el auto denegatorio y manda al tribunal sentenciador que expida la certificación de la resolución reclamada.
Cuando la **queja no** sea **procedente**, la desestima con las costas y lo comunica al tribunal sentenciador para los efectos correspondientes.
Cuando resulten **falsos los hechos alegados** como fundamento de la queja, la sala puede imponer de forma motivada al recurrente una **multa** de 180 a 6.000 euros, respetando el principio de proporcionalidad y teniendo en cuenta las circunstancias del hecho de que se trate, así como los perjuicios que se hayan podido causar al procedimiento o al resto de partes, sin perjuicio de dar traslado de la actuación realizada contra las normas de la buena fe procesal a los colegios profesionales competentes a efectos disciplinarios (LECr art.870).

b. Ante el Tribunal Supremo

10110 Ante él que se realizan las fases de:
- interposición del recurso (nº 10111);
- sustanciación del mismo (nº 10126); y
- decisión (nº 10134).

10111 **Escrito de interposición o formalización** (LECr art.859 y 860) Emplazadas las partes, el recurrente debe interponer el recurso en **escrito** firmado por abogado y autorizado por procurador con poder bastante, sin que en ningún caso pueda admitirse la promesa de presentarlo. En caso contrario, el letrado de la Administración de Justicia dictará decreto declarando **desierto el recurso**, y quedará firme y consentida dicha resolución (LECr art.873).
No basta con que la parte se persone dentro de dicho término sin interponer el recurso como es preceptivo, pretendiendo por el contrario la habilitación de un nuevo término para la interposición del recurso que habría de serle fijado por la sala en aplicación de una supuesta práctica habitual, pues no existe razón efectiva que justifique, fuera de los casos específicamente contemplados por la LECr art.860 y del de interposición del recurso por el Ministerio Fiscal, que no ha de **personarse para formalizar el recurso** preparado por el fiscal inferior, la concesión de ese nuevo plazo para la interposición del recurso de casación (TS auto 23-9-05, EDJ 167132; 25-10-05, EDJ 172645; 26-12-05, EDJ 250640).

10113 **Requisitos legales del escrito de interposición** (LECr art.874) Son de dos clases:
a) En cuanto a su estructura formal, han de consignarse en **párrafos numerados** con la mayor concisión el fundamento o los fundamentos doctrinales y legales aducidos como motivos de casación por quebrantamiento de la forma, por infracción de ley, o por ambas causas, encabezados con un breve extracto de su contenido; el artículo de la Ley de Enjuiciamiento Criminal que autorice cada motivo de casación; y la reclamación o reclamaciones practicadas para subsanar el quebrantamiento de forma que se suponga cometido y su fecha, si la falta fuese de las que exigen este requisito.
b) Al escrito ha de acompañarse el **testimonio** a que se refiere el nº 10111, si ha sido entregado al recurrente, y copia literal del mismo y del recurso, autorizada por su representación, para cada una de las demás partes emplazadas.
c) Por último, se acompañará el **resguardo** de haberse efectuado el **depósito** señalado en el nº 10102.

Precisiones 1) La rigurosa consideración de los requisitos expuestos como causa de inadmisión del recurso ha de matizarse en gran medida desde la vigencia de la Constitución y del derecho a la tutela judicial efectiva, sin que el **criterio antiformalista** conduzca a prescindir de los requisitos establecidos por las leyes que ordenan el proceso y los recursos en garantía de los derechos de todas las partes (TCo 145/1998; 108/2000; 228/2005). Sin duda por ello el **control constitucional** en vía de amparo de las decisiones de no pronunciamiento sobre el fondo ha de verificarse de forma especialmente intensa, a fin de evitar que dichas interpretaciones y aplicaciones de los requisitos establecidos legalmente para acceder al proceso obstaculicen injustificadamente el derecho a la tutela judicial efectiva (TCo 35/1995; 168/2003; 133/2005; 237/2005). 10115

2) En aplicación de dicha doctrina, han de estimarse como **subsanables** los **defectos** que afecten al poder del procurador, la falta de separación entre los motivos, la omisión del breve extracto de su contenido o de la cita del precepto que ampara el recurso o la falta de constitución del depósito, salvo contumacia del recurrente. Concretamente, sobre la numeración y separación de los motivos se estima que la finalidad de la exigencia es la de dar al escrito la claridad debida (TCo 60/1985; 110/1985). Igual criterio se aplica a la **omisión del breve extracto del motivo**, cuyo objeto radica en facilitar al órgano judicial la comprensión de las razones en que se funda el motivo del recurso (TCo 123/1986). Similares argumentos han de regir la exigencia de cita del artículo de la Ley de Enjuiciamiento Criminal que autorice cada motivo de recurso cuando del escrito de interposición se deduzca sin dificultad cuál sea **la voluntad impugnatoria del recurrente** (TS auto 28-6-00, EDJ 43650).

3) En aplicación del mismo criterio flexibilizador de la casación, la propia sala reconduce los **motivos incorrectamente formulados** por la parte y conoce de los mismos a tenor de su auténtica naturaleza, como por ejemplo sucede cuando se alega error de hecho en la apreciación de la prueba y se discute en realidad la vulneración de la presunción de inocencia (TS auto 23-2-06, EDJ 27023; 16-3-06, EDJ 26982), cuando se alega una atenuante simple cuando todo indica que quería aducirse con carácter cualificado (TS 1-3-06, EDJ 21340), cuando se alegan dilaciones indebidas sin pretender un efecto atenuante de la pena (TS 22-12-05, EDJ 250618) o cuando en la denuncia de incongruencia omisiva se introducen argumentaciones que pretenden patentizar la falta de motivación de la sentencia (TS 14-12-05, EDJ 225622).

4) En la misma línea, se considera defectuosamente formulado el recurso cuyos **motivos se entremezclan** y superponen unos con otros, solapando o reiterando contenidos; con leyendas que encabezan cada uno no siempre ajustadas a su desarrollo; con aglomeración en un mismo motivo de quejas plurales con olvido del principio de **debida separación de motivos**; y con **omisión del breve extracto** que según la disciplina legal ha de preceder cada desarrollo argumental. Pero, aunque el desorden y la confusión temática del alegato podrían encajar en la causa de inadmisión prevista en LECr art.884.4º, no obstante, el hecho de que se trate del **recurso interpuesto por una parte pasiva** obliga a administrar con mayor indulgencia la inobservancia de esos requisitos formales (TS 13-11-12, EDJ 310483). El Tribunal ha de suplir en la medida de lo posible los **déficits formales** detectados en esos casos (TEDH 14-1-03, núm 26891/95; TS 27-9-12, EDJ 214123). A esa flexibilización estimula también la consideración de que la **casación** hasta diciembre 2015, en los procesos sometidos a dicho régimen, es el único recurso del que dispone quien es condenado por una Audiencia Provincial y el principio *pro actione* (TS 3-5-16, EDJ 58230).

5) La Ley impone la carga de argumentar de manera clara, concisa y técnicamente orientada los fundamentos, las razones por las que considera que la sentencia recurrida ha generado el **gravamen** cuya reparación se pretende (LECr art.874.1º). La función de la casación es, precisamente, la revisión de dicha decisión a la luz de las razones ofrecidas por el tribunal y de las que se haga valer el recurrente para combatirlas (TS 27-2-25, EDJ 515509).

Limitaciones al contenido del recurso

El sentido actual de las mismas se traduce en las siguientes matizaciones: 10118

Unidad de alegaciones Entre los escritos de preparación e interposición del recurso ha de existir la debida **congruencia**, de modo que incurre en el motivo de inadmisión establecido en el LECr art.884.4º el recurrente que plantee en el segundo motivos no anunciados en el primero. 10120

Sin embargo, el derecho a la tutela judicial efectiva y el efectivo acceso al recurso demandan una notable flexibilización de su rígida exigencia (TS auto 16-9-04, EDJ 149727). Ha de tenerse en cuenta que, conforme a reiterada jurisprudencia del Tribunal Constitucional, la exigencia se orienta exclusivamente a que el tribunal de instancia pueda **controlar los requisitos legales** para tener por preparado el recurso, que son distintos en el caso de la infracción de Ley y en el del quebrantamiento de forma. Por ello, su operatividad se reduce a las dos citadas modalidades de casación, por lo que la inadmisión basada en no haberse hecho en el **escrito de preparación del recurso** mención alguna a la vulneración de derecho constitucional no se acomoda a las exigencias interpretativas de los requisitos procesales del recurso de casación penal y representa un obstáculo adicional e innecesario para el efectivo acceso al recurso (TCo 98/1991; 139/1991; 181/1993). No es extraño por ello, aunque existen también ejemplos de lo contrario (TS auto 7-4-05, EDJ 59874) que el Tribunal Supremo achaque al recurrente la infracción del principio y entre acto seguido a conocer en el fondo el motivo de recurso al que imputa la vulneración dejando a un lado dicha objeción al objeto de extremar la tutela judicial que pide el recurrente (TS 9-5-05, EDJ 83789; 28-11-05, EDJ 250689; 20-12-05, EDJ 237497).

10122 **Cuestiones nuevas** No pueden plantearse en vía de recurso cuestiones ausentes del debate producido en la instancia. Es consustancial al recurso de casación el ceñirse al examen de **errores legales** que pudo cometer el **tribunal de instancia** al enjuiciar los temas que las partes le plantearon, sin que quepa *ex novo* y *per saltum* formular alegaciones relativas a la aplicación o interceptación de preceptos sustantivos no invocados o a cuestiones jurídicas no formalmente propuestas ni debatidas por las partes. Es obvio que en tal caso el tribunal de casación estaría abordando **asuntos no sometidos a contradicción** en el juicio oral y resolviendo por primera vez, como si actuase en instancia y no en vía de recurso, sin posibilidad de ulterior recurso sobre lo resuelto (TS 15-4-03, EDJ 25258; 23-5-05, EDJ 157539; 5-6-07, EDJ 70158; 17-7-07, EDJ 104567).

La misma doctrina es aplicable a las **vulneraciones de derechos constitucionales**, salvo cuando se hubiesen producido en la misma sentencia (TS 1-7-02, EDJ 28378).

El anterior criterio se exceptúa, sin embargo, en dos casos:

- cuando se trate de **infracciones constitucionales** que puedan ocasionar materialmente indefensión; y
- en el caso de **vulneración de preceptos penales sustantivos** cuya subsanación beneficie al reo (p.e. la apreciación de una circunstancia atenuante) y que puedan ser apreciadas sin dificultad en el trámite casacional porque la concurrencia de todos los requisitos exigibles para la estimación de las mismas conste claramente en el propio relato fáctico de la sentencia impugnada (TS 26-4-02, EDJ 12303).

Precisiones La concepción clásica de la casación como recurso extraordinario y estrictamente tasado ha sufrido una alteración, no solo por la fuerza expansiva de los principios constitucionales, sino también por los **textos internacionales** suscritos por España que obligan a establecer una segunda instancia, pues aunque la casación, en principio, satisface el requisito de que la sentencia condenatoria sea revisada por un tribunal superior, no puede olvidarse que para que se cumpla esta previsión es necesario que los formalismos se flexibilicen y se dé entrada amplia a planteamientos que pueden influir, de manera decisiva, en la disminución de la pena impuesta en la instancia (TS 21-7-03, EDJ 97983).

10123 **Reiteración alegatoria de la apelación**En los supuestos de casación frente a sentencia de apelación, la resolución recurrida es esta, por lo que la **disidencia o discrepancia** se ha de plantear frente a ella. Por esto, como **principio general** y especialmente en relación con el contenido fáctico, el recurso de casación no puede limitarse a reproducir simplemente el contenido de la impugnación desarrollada en la apelación, pues estas alegaciones han sido ya respondidas desestimatoriamente en la sentencia recurrida. Tampoco puede plantear **cuestiones no suscitadas en fase de apelación**, dado que han sido tácitamente consentidas por la parte recurrente en casación (TS 1-10-20, EDJ 672267).

10124 **Segunda casación** Cuando la sentencia recurrida se ha producido tras estimarse un **previo recurso de casación** por quebrantamiento de forma o reenviarse la causa al tribunal de instancia (LECr art.901 bis.a), el dictado de aquella no abre un nuevo cauce para interponer un recurso de casación carente de límites. Por el contrario, el nuevo recurso solamente puede referirse a motivos relacionados con las **cuestiones ya planteadas** en su día y no abordadas por el Tribunal Supremo al resolver el primer recurso, o bien a las que se deriven de los **nuevos elementos** incorporados a la nueva redacción de la sentencia y que no pudieron ser impugnados anteriormente en cuanto que no aparecían en ella. Pero las cuestiones que ya aparecían en la primera sentencia y que en su día no fueron objeto de ningún motivo de casación no pueden ser planteadas en este segundo momento (TS 24-6-04, EDJ 82706).

10126 **Sustanciación** (LECr art.880 a 893) La sustanciación del recurso conlleva las siguientes fases:

10128 **Nombramiento de ponente y formación de la nota** Interpuesto el recurso y transcurrido el término del emplazamiento, el letrado de la Administración de Justicia debe designar al magistrado ponente que por turno corresponda y forma **nota autorizada** del recurso en término de 10 días, al tiempo que manda entregar a las respectivas partes las **copias** del recurso.

La nota ha de contener:

- copia literal de la parte dispositiva de la resolución recurrida,
- del fundamento de hecho de la misma,
- del extracto de los motivos de casación, y
- relación de los antecedentes de la causa y de cualquier otro particular que se considere necesario para la resolución del recurso.

Al mismo tiempo, interesa el letrado de la Administración de Justicia el nombramiento de **abogado y procurador** para la defensa del procesado, condenado o absuelto por la sentencia, cuando no sea el recurrente ni haya comparecido. El abogado así nombrado no puede excusarse de **aceptar la defensa del procesado**, como no sea por razón de alguna incompatibilidad, en cuyo caso se procede al nombramiento de otro letrado.

Intervención de los no recurrentes Dentro del término señalado para formación de la nota (10 días), el **fiscal** y las **partes** se instruirán y podrán impugnar la admisión de recurso o la adhesión al mismo. Si la impugnan, acompañarán con el **escrito de impugnación** tantas copias del mismo cuantas sean las demás partes a quienes el letrado de la Administración de Justicia hará inmediatamente entrega para que, dentro del término de 3 días, expongan lo que se estime pertinente. **10130**
Sobre la **doble modalidad de adhesión al recurso** de casación, nº 9914.

Admisión Formada la nota, se unirá al **rollo**, y pasarán los autos al magistrado ponente para **instrucción**, por término de 10 días, transcurridos los cuales y previo informe del ponente, la sala dictará sin ulterior recurso la **resolución** que proceda sobre la admisión o inadmisión, total o parcial, de los motivos de casación alegados por el recurrente. **10132**
a) La **inadmisión** del recurso ha de ser **fundada y unánime** (LECr art.888 y 889) y fundarse en alguno de los siguientes motivos:
• Cuando se interponga por **causas distintas** de las expresadas en el nº 10044 s. o contra resoluciones distintas de las comprendidas en el nº 10040 s.
• Cuando no se respeten los hechos que la sentencia declare probados o se hagan **alegaciones jurídicas en notoria contradicción** o incongruencia con aquellos, salvo que se utilice la vía del nº 10052.
• Cuando no se hayan observado los **requisitos** que la Ley exige **para su preparación o interposición**. Sobre el alcance actual de esta causa de inadmisión, que ha de interpretarse con el sentido antiformalista que impone el principio *pro actione* y el derecho a la tutela judicial efectiva.
• Cuando la parte que intente interponerlo no haya reclamado la **subsanación de la falta** mediante los recursos procedentes o la oportuna protesta.
• Cuando el documento o documentos no hayan figurado en el proceso o no se designen concretamente las **declaraciones** de aquellos que se opongan a las de la resolución recurrida.
• Cuando carezca manifiestamente de fundamento y cuando el Tribunal Supremo haya ya desestimado en el fondo otros recursos sustancialmente iguales.
b) Si se estima **admisible le recurso**, se declara concluso para vista o fallo por providencia, en la que hará el oportuno señalamiento para el fallo y se dispondrá que, por el letrado de la Administración de Justicia, se proceda al señalamiento para la vista, en su caso.

Precisiones **1)** La inadmisión a trámite del recurso de casación puede acordarse por providencia sucintamente motivada:
- en el supuesto de LECr art.847.1.b, siempre que haya **unanimidad por carencia de interés casacional**;
- en el caso de LECr 847.1.a, siempre que además de unanimidad por carencia de relevancia casacional, la **pena privativa de libertad** impuesta, o la suma de las impuestas de esta clase, **no sea superior a cinco años**, o bien se hayan impuesto cualesquiera otras penas de distinta naturaleza bien sean únicas, conjuntas o alternativas, cualquiera que sea su cuantía o duración (LECr art.889; TS Acuerdo 18-7-23).
2) La providencia de inadmisión es **irrecurrible** (LECr art.892; TS 13-9-17, EDJ 183859).

Decisión (LECr art.893 bis A) a 906) Constituye la sala tres magistrados, salvo cuando la **duración de la pena** impuesta o la que pueda imponerse, caso de que prosperasen los motivos articulados por las partes acusadoras, sea superior a 12 años, en cuyo caso se forma por cinco. **10134**
La sentencia puede dictarse **con celebración de vista o sin ella**, siendo preceptiva la primera cuando la duración de la pena impuesta o que pueda imponerse sea superior a 6 años y las partes soliciten su celebración o cuando, cualquiera que sea la pena, se trate de **delitos** de traición, contra la paz o la independencia del Estado, relativos a la defensa nacional y contra la Comunidad Internacional, contra la Constitución, contra el orden público, contra la Administración de justicia y contra la Administración pública.
Igualmente puede el tribunal acordar la celebración de vista cuando, de oficio o a instancia de parte, la estime necesaria o cuando las circunstancias concurrentes o la trascendencia del asunto hagan aconsejable la **publicidad de los debates**. Las partes han de solicitar su celebración en los escritos de interposición del recurso o el de impugnación o adhesión al mismo

La vista se celebra según el **orden de admisión de los recursos**. El acto tiene lugar en **audiencia pública** con asistencia con asistencia del Ministerio Fiscal y de los defensores de las partes, aunque la incomparecencia injustificada de estos últimos no es motivo de suspensión de la vista si la sala así lo estima.

La sala puede imponer a los **letrados que no concurran**, las correcciones disciplinarias que estime necesarias, acordando que el letrado de la Administración de Justicia comunique la no asistencia al colegio de abogados correspondiente a efectos disciplinarios (LECr art.894).

La vista comienza dando cuenta el letrado de la Administración de Justicia del asunto de que se trate. Acto seguido, **informa** primero el abogado del recurrente; después, el de la parte que se haya adherido al recurso, y, por último, el de la parte recurrida que lo impugna. Si el **Ministerio Fiscal** es el **recurrente**, habla el primero, y si apoya el recurso, informa a continuación de quien lo haya interpuesto. El Ministerio Fiscal y los letrados pueden **rectificar brevemente**, por el orden mismo en que hayan usado de la palabra.

El presidente, por propia iniciativa o a requerimiento de cualquier magistrado, puede solicitar del Ministerio Fiscal y de los letrados un **mayor esclarecimiento** de la cuestión debatida, formulando concretamente la tesis que ofrezca duda al tribunal y no permitirá discusión alguna, llamando al orden al que intente discutirlos y pudiendo llegar a retirarle la palabra, sobre la existencia de los hechos consignados en la resolución recurrida, a no ser que el recurso se haya interpuesto al amparo de la LECr art.849.2º (nº 10052).

Para determinar la conveniencia o **necesidad de la vista**, puede atenderse al detalle y exposición de los escritos de recurso o al debate del plenario. De forma que, si nada queda oscuro, confuso ni necesitado de aclaración o ampliación, la vista se convierte en un trámite prescindible (TS 1-7-22, EDJ 627753; 10-2-23, EDJ 512947).

10136 **Estimación o desestimación de los motivos** La sentencia se dicta dentro de los 10 días siguientes a la conclusión de la audiencia pública, pudiendo la sala, con suspensión del término para dictarla y si lo estima necesario para la mejor comprensión de los hechos relatados en la resolución recurrida, reclamar del tribunal sentenciador la **remisión de los autos**.

Si se han interpuesto **varios recursos de casación**, todos ellos se resuelven en la misma sentencia, que puede agrupar el análisis de los motivos de forma racional, sin necesidad de examinar cada uno de los recursos y sus motivos separadamente, para evitar reiteraciones y para dar mayor comprensibilidad a la resolución, sin perjuicio de las **necesarias adaptaciones,** en su caso, para cada recurrente. El hecho de que, con frecuencia, cada uno de los recurrentes se adhiera a los recursos interpuestos por los demás, ampara también la aplicación de esta técnica (TS 23-3-23, EDJ 539535).

a) Si se **desestima el recurso**, se declara no haber lugar al recurso y se condena al recurrente en costas y a la pérdida del depósito o satisfacer la cantidad equivalente, si tiene reconocido el derecho de asistencia jurídica gratuita, para cuando mejore de fortuna.

b) Cuando la **sentencia estime cualquiera de los motivos** de casación alegados, declara haber lugar al recurso y casa y anula la resolución sobre que verse, mandando devolver el depósito al que lo haya constituido y declarando de oficio las costas.

• En tal caso, la sentencia decide, en primer lugar, los motivos por **quebrantamiento de forma**, pues de estimarse alguno de ellos la sentencia de casación es de reenvío y ordena la devolución de la causa al tribunal de que proceda para que, reponiéndola al estado que tenía cuando se cometió la falta, la sustancie y termine con arreglo a derecho.

• Si se desestima o no existe recurso por quebrantamiento de forma y la sala casa la resolución objeto del recurso por algún motivo fundado en la infracción de la ley, dicta a continuación, pero separadamente, la sentencia que proceda conforme a derecho (denominada segunda sentencia), sin más limitación que la de **no imponer pena superior a la señalada** en la sentencia casada o a la que correspondería conforme a las peticiones del recurrente, en el caso de que se solicitase pena mayor.

En el recurso de casación (LECr art.847.1.b) frente a sentencias dictadas por Audiencias Provinciales (o la Sala de lo Penal de la Audiencia Nacional) estimatorias de apelación contra sentencias condenatorias de los órganos judiciales de lo penal de primera instancia (o centrales de lo penal -en la actualidad Sección de lo Penal del Tribunal Central de Instancia-), cabe dictar sentencia de estimación del recurso y, por tanto, condenatoria, **sin audiencia del condenado**, pues no es la de casación la primera sentencia condenatoria que se dicta contra el reo en el proceso, revisando y dejando sin efecto el juicio de subsunción efectuado por la sentencia de apelación y con aceptación plena de su relato fáctico (TS 3-3-21, EDJ 509197).

También cabe, en general, revocación en casación de la **sentencia absolutoria recurrida** por cambio de la tesis de imputación objetiva.

c) Las sentencias en que se declare haber o no lugar al recurso de casación son objeto de **publicación en la colección legislativa**. Si recaen en causas seguidas por cualquiera de los delitos contra la contra la libertad e indemnidad sexuales o contra el honor o concurren circunstancias especiales a juicio de la sala, se publican suprimiendo los nombres propios de las personas, los de los lugares y las circunstancias que puedan dar a conocer a los acusadores y a los acusados y a los tribunales que hayan fallado el proceso. Si estima la sala que la publicación de la sentencia ofende a la decencia o a la seguridad pública, puede ordenar en la propia sentencia que no se publique total o parcialmente.

Precisiones 1) El **control casacional** que corresponde a la casación respecto de las sentencias dictadas en apelación de la dictada por el Tribunal del Jurado ha de realizarse a través del análisis que haya efectuado y valorado el tribunal de apelación en el caso de que una determinada cuestión haya dado lugar a un motivo sustentador del **previo recurso de apelación**, de suerte que, en definitiva el ámbito del control casacional en este punto se debe efectuar sobre la ponderación y argumentación que sobre esta cuestión haya llegado el tribunal de apelación en respuesta a las alegaciones del apelante para coincidir o no con tales argumentaciones y con la conclusión a que se llega. El tribunal de casación **no es una tercera instancia revisora**, sino una instancia de control del derecho objeto de la casación para comprobar, desde la argumentación vertida en la sentencia objeto del recurso, la correcta función jurisdiccional realizada (TS 17-6-16, EDJ 89755). 10137

2) En el recurso de casación (LECr art.847.1.b) frente a sentencias dictadas por Audiencias Provinciales (o la Sala de lo Penal de la Audiencia Nacional) estimatorias de apelación contra sentencias condenatorias de los órganos judiciales de primera instancia de lo penal (o centrales de lo penal -en la actualidad Sección de lo Penal del Tribunal Central de Instancia-), cabe dictar sentencia de estimación del recurso y, por tanto, condenatoria, **sin audiencia del condenado**, pues no es la de casación la primera sentencia condenatoria que se dicta contra el reo en el proceso, revisando y dejando sin efecto el juicio de subsunción efectuado por la sentencia de apelación y con aceptación plena de su relato fáctico (TS 3-3-21, EDJ 509197).

3) También cabe, en general, **revocación en casación de la sentencia absolutoria** recurrida por cambio de la tesis de imputación objetiva.

4) Procede declarar la **nulidad del juicio**, en segunda sentencia, con retroacción para nuevo enjuiciamiento por otro tribunal, en caso de que la sentencia impugnada se haya fundado en un previo auto de declaración de nulidad de unas escuchas telefónicas que, sin motivación suficiente, extiende la nulidad a otra serie de pruebas practicadas regularmente, por decisión oral tomada en el acto de la vista del juicio (TS 21-5-25, EDJ 585255).

4. Recurso de casación para unificación de doctrina en el proceso de menores

(LO 5/2000 art.42)

Puede interponerse contra las sentencias de apelación de las Audiencias Provinciales cuando, habiéndose impuesto alguna de las **medidas de especial gravedad** contempladas en la LO 5/2000 art.10, la sentencia sea contradictoria con otras de los referidos tribunales o con sentencias del Tribunal Supremo respecto de hechos y valoraciones de las circunstancias del menor que, siendo sustancialmente iguales, hayan dado lugar, sin embargo, a pronunciamientos distintos. 10140

Características Se resumen en las siguientes: 10142

a) Se somete a su **propio tratamiento normativo**, distinto al recurso de casación «ordinario». Concebido para unificar doctrina contradictoria, no tiene entrada en él plantear cuestiones por infracción de Ley -LECr art.849- o relativas a la valoración de la prueba. Han de ser **cuestiones doctrinales** las que lo ocupen, exclusivamente (TS 11-5-23, EDJ 570817; 24-9-12, EDJ 217983; 3-2-03, EDJ 1569).

b) La unificación que pretende conseguirse con el recurso afecta a las discrepancias que se concretan en medidas impuestas a un determinado menor que, en su contenido, duración y objetivos, se apartan sensiblemente de otras que tomaron en consideración datos idénticos o muy parecidos sobre la gravedad objetiva del hecho, la personalidad y situación del menor, su entorno familiar o social, su edad, sus necesidades, etc., porque lo que se persigue a través de este remedio es alcanzar, en el tratamiento de la **responsabilidad penal** de los menores y en su **orientación educativa**, siempre inspirada por el principio del superior interés del menor, el grado de coherencia y previsibilidad, dentro de la propia jurisdicción, que exigen los principios de igualdad y seguridad jurídica. Por ello, son completamente ajenas a esta problemática son las diferencias que puedan advertirse entre los criterios que hayan seguido los distintos jueces de menores y las salas de apelación en la apreciación de la prueba practicada en los respectivos procedimientos (TS 6-6-24, EDJ 586997; 3-11-23, EDJ 743887; 5-10-23, EDJ 714483; 7-11-02, EDJ 49781).

c) El recurso podrá **prepararlo** el Ministerio Fiscal o cualquiera de las partes que pretenda la unificación de doctrina dentro de los 10 días siguientes a la notificación de la sentencia de la Audiencia Nacional o provincial, en escrito dirigido a la misma, que deberá contener una relación precisa

y circunstanciada de la contradicción alegada, con designación de las sentencias aludidas y de los informes en que se funde el interés del menor valorado en sentencia.
Si la audiencia *a quo* estima **acreditados los requisitos** citados, el letrado de la Administración de Justicia requerirá testimonio de las sentencias citadas a los tribunales que las dictaron, y en un plazo de 10 días remitirá la documentación a la Sala Segunda del Tribunal Supremo, emplazando al recurrente y al Ministerio Fiscal, si no lo fuera, ante dicha Sala.
d) El recurso de casación se **interpondrá** ante la Sala Segunda del Tribunal Supremo, siendo de aplicación en la interposición, sustanciación y resolución del mismo las normas de la Ley de Enjuiciamiento Criminal, en cuanto resulten aplicables.

10144 **Efectos de la sentencia y naturaleza del recurso** Ambas cuestiones, insuficientemente reguladas en el nº 10140, son objeto de examen en la jurisprudencia:
a) La naturaleza extraordinaria de este recurso no solo se manifiesta en su **carácter tasado**, sino en su carencia de efecto suspensivo, por lo que las sentencias dictadas en apelación en el proceso de menores alcanzan **firmeza** desde el mismo momento de su pronunciamiento. Es ajustado a derecho declarar la firmeza de la sentencia de la sala de menores una vez pronunciada, acordar el cese de la medida cautelar que pudiese haber sido adoptada durante la tramitación del expediente y ordenar, en su caso, la ejecución de la medida de reforma impuesta en dicha resolución.
b) Ello no significa, sin embargo, que este recurso pueda ser equiparado al desaparecido (RDL 5/2023) **recurso en interés de ley** a los meros efectos de conseguir la deseable unidad jurisprudencial, sin asignarle caso de ser estimado efectos revocatorios de clase alguna, como parece sostener FGE Circ 1/2000. En consecuencia, una **sentencia estimatoria** del recurso para unificación de doctrina interpuesto al amparo de la LO 5/2000 art.42 contra la sentencia de una sala de menores tendrá necesariamente **efectos revocatorios materiales** si, con ocasión del examen de las contradicciones que son objeto del recurso, se llega a la conclusión de que debe prevalecer, en favor del menor en cuyo nombre se ha interpuesto la alzada, la doctrina mantenida en la sentencia o sentencias de contraste que se declara más conforme a derecho. Ello será así solo en el caso de que la doctrina asumida favorezca al menor, por ineludible exigencia de la firmeza de la sentencia recurrida, circunstancia esta que aproxima la naturaleza del recurso de casación por unificación de doctrina a la del llamado recurso de revisión.
c) En ningún caso los pronunciamientos de la sentencia de casación alcanzarán a las situaciones jurídicas creadas por **resoluciones precedentes** a la recurrida (TS 3-2-03, EDJ 1569).

Precisiones Sin perjuicio del valor de la doctrina plasmada para supuestos futuros, la estimación de un recurso de casación para unificación de doctrina en materia de **menores** solo incidirá en la situación concreta decidida por la sentencia recurrida si es favorable al menor (Acuerdo TS Pleno no Jurisdiccional Sala 2ª 13-3-13).

SECCIÓN 13

Medios de impugnación de la cosa juzgada

10150

10152 MPP nº 4902 Los medios de rescisión o impugnación de la cosa juzgada son:
- recurso de anulación (nº 10155);
- recurso de revisión (nº 10162); e
- incidente de nulidad de resoluciones firmes (nº 10206).

Precisiones Dictada una **sentencia estimatoria** por el Tribunal Europeo de Derechos Humanos, una vez firme, en caso de que admita recurso ante la Gran Sala, o una sentencia estimatoria de recurso de amparo por el Tribunal Constitucional, respecto de situación idéntica o similar a la del demandante, su **ejecución** respecto de este se lleva a efecto directamente (nº 4985 Memento Procesal Penal 2026).

1. Recurso de anulación

En el **procedimiento abreviado** y en el de **enjuiciamiento rápido** (LECr art.793 y 803.2), al condenado en ausencia que en cualquier momento comparezca o sea habido le será notificada la sentencia dictada en primera instancia o en apelación a efectos de cumplimiento de la pena aún no prescrita, haciéndole saber su derecho a interponer el llamado recurso de anulación con indicación del plazo para ello y del órgano competente. El recurso ha de interponerse en el mismo plazo y con iguales **requisitos y efectos** que los establecidos para la apelación (nº 9985 s.), computándose el plazo desde el momento en que se acredite que el condenado tuvo conocimiento de la sentencia. 10155

• El recurso tiene **naturaleza rescindente** y su contenido se limita a controlar si el tribunal sentenciador ha respetado escrupulosamente los requisitos legales que exige el juicio en ausencia, dado que cualquier otra cuestión ha podido plantearse por la representación legal del condenado a través de los recursos de apelación o casación dentro del plazo ordinario prevenido para recurrir contra la sentencia. En caso de incumplimiento de dichos requisitos se declara la nulidad del juicio respecto del ausente, que debe repetirse ante el tribunal competente.

• Únicamente puede acordarse la **práctica de pruebas** referidas específicamente a la concurrencia o no de los requisitos legalmente prevenidos para la celebración del juicio en ausencia. La prueba puede practicarse, por auxilio jurisdiccional, en la sede del órgano jurisdiccional de instancia.

• Corresponde a la Sala Segunda del Tribunal Supremo la **competencia** para el conocimiento de los recursos de anulación cuando se interpongan contra sentencias que, excepcionalmente, hayan dictado en ausencia las Audiencias Provinciales o, en su caso, la Audiencia Nacional o los Tribunales Superiores de Justicia, en los supuestos legalmente prevenidos en la LECr art.787 (TS 8-3-00, EDJ 2232; 12-5-00, EDJ 8652; 19-7-02, EDJ 32998).

2. Recurso de revisión

Pese a su denominación legal tradicional de recurso, es una acción de impugnación de sentencias condenatorias firmes dictadas en su momento por **error**, derivado de la influencia de alguna conducta delictiva relacionada con su producción o de la **ignorancia de elementos de hecho** que, de haberse conocido entonces, hubieran podido alterar el sentido del fallo. 10162 MPP nº 4927

Precisiones La reforma del régimen del recurso, operada por L 41/2015, se aplica a las **sentencias que adquieran firmeza** tras esta fecha, incluidas las del Tribunal Europeo de Derechos Humanos (L 41/2015 disp.trans.única.2).

a. Consideraciones generales

La **finalidad del recurso** es la rescisión o renovación de la cosa juzgada en favor de la verdad y la prevalencia del valor superior del ordenamiento constituido por la justicia material y efectiva (Const art.1 y 24.1) sobre la formal que representa la cosa juzgada. 10167 MPP nº 4925 s.

Supone una **derogación singular para el caso** concreto, del principio preclusivo de la cosa juzgada, y persigue fundamentalmente mantener, en la medida de lo posible, el necesario equilibrio entre las exigencias de la justicia y las de la seguridad jurídica (TCo 124/1984; TS 21-12-16, EDJ 240126). No obstante ello, en el **caso de ser absolutoria la sentencia errónea**, prevalece de forma absoluta la cosa juzgada, pues solo cabe la revisión de sentencias condenatorias (LECr art.954 y 955).

Precisiones En el proceso penal, la Ley de Enjuiciamiento Criminal sigue empleando la **denominación tradicional** de recurso, a diferencia de lo que ha sucedido en otros órdenes jurisdiccionales, en los que el nombre legal del recurso de revisión ha pasado a ser «revisión de sentencias» por efecto de la L 13/2009.

Legitimación La legitimación para promover e interponer el recurso es de dos tipos: 10170

a) Directa. La tienen para promover e interponer, en su caso, el recurso de revisión, el **penado** y, cuando este haya fallecido, su cónyuge, o quien haya mantenido convivencia como tal, ascendientes y descendientes. Por su parte, el **Fiscal General del Estado** puede interponer el recurso siempre que tenga conocimiento de algún caso en el que proceda y que, a su juicio, haya fundamento bastante para ello, de acuerdo con la información que haya practicado (LECr art.955 y 961).

La legitimación conferida solo al Fiscal General del Estado alcanza a la **Fiscalía del Tribunal Supremo**, que puede este promover e interponer sin instrucción u orden concreta del primero (TS 3-7-97). La noticia de la existencia de una situación que pudiera merecer la interposición

del recurso puede adquirirla el fiscal por cualquier medio, incluida la **comunicación** que le dirija el Tribunal Supremo durante la sustanciación o decisión de un recurso de casación (TS 19-2-01, EDJ 56204).
El **acusador particular** y las demás partes distintas del penado carecen de legitimación para promover e interponer el recurso (TS auto 4-3-98, EDJ 61272).

Precisiones 1) Las referencias a que alguna **persona «esté sufriendo» condena** y al condenado no excluyen la legitimación del penado que haya extinguido la condena (TS 10-7-1926, en el caso «crimen de Cuenca»).
2) Ninguna duda existe acerca de la **legitimación activa del Ministerio Fiscal** para interponer la demanda de revisión, pues la tiene atribuida directamente sin necesidad de autorización previa para su interposición (TS 11-10-17, EDJ 208851).
3) En el **proceso militar** se corrige en tiempo verbal de forma que no queda lugar a duda, pues en vez de «estar sufriendo» condena se exige «haber sido condenado» (LOPM art.328). Además, la **legitimación familiar** ser extiende a los hermanos y no se limita al caso de fallecimiento previo del penado y la del Ministerio Fiscal alcanza también al fiscal togado (LO 2/1989 art.329 y 331).

10172 b) **Institucional**. El **ministerio** del ramo de justicia, previa formación del expediente, puede ordenar al fiscal del Tribunal Supremo que interponga el recurso, cuando a su juicio haya fundamento bastante para ello (LECr art.956), cosa que en el proceso militar puede hacer también el de Defensa (LO 2/1989 art.330). No es preceptiva, sin embargo, la orden ministerial para que el **fiscal** pueda interponer directamente el recurso (TS auto 3-1-91, EDJ 52).

10174 **Competencia** (LOPJ art.57.1.1º; LO 4/1987 art.23) La competencia para conocer del recurso en su fase de **juicio rescindente** corresponde exclusivamente a las Salas de lo Penal o de lo Militar del Tribunal Supremo.
En el **proceso penal militar**, cuando la sentencia impugnada proceda en única instancia de dicha sala quinta o en caso de existir duplicidad de sentencias dispares y contradictorias dictadas una por un órgano judicial ordinario y otra por un tribunal militar, se atribuye el conocimiento de la revisión a la sala especial regulada en el LOPJ art.61, solución que estimamos aplicable a la revisión de sentencias dictadas en única instancia por la Sala Segunda del Tribunal Supremo.

b. Motivos de revisión

(LECr art.954; LO 2/1989 art.328)

10176 El error de la sentencia que está en la esencia del recurso de revisión ha de deducirse de motivos **tasados** legalmente.

10178 **Duplicidad de condenas por el mismo hecho y sobre el mismo encausado** (LECr art.954.1º.c; LO 2/1989 art.328.1.1º) Puede interponerse el recurso cuando se hayan dictado dos o más
MPP nº 4936 **sentencias con identidad** objetiva y subjetiva o, de acuerdo con la fórmula tradicional y subsistente en la LO 2/1989 art.328.1º, cuando estén sufriendo condena dos o más personas, en virtud de sentencias **contradictorias**, por un mismo delito que no haya podido ser cometido más que por una sola.
Este motivo de revisión se ha interpretado más allá de sus términos literales para salvaguardar el derecho que encierra el **principio «non bis in ídem»**, cuando por los mismos hechos exista duplicidad de sentencias contra una misma persona (nº 6930), como expresa actualmente LECr art.954.1º.c.
La misma idea se recoge al autorizarse la revisión cuando sobre los propios hechos hayan recaído dos **sentencias firmes y dispares** dictadas por la misma o por distintas jurisdicciones (LO 2/1989 art.328.5º).

10180 **Condena por homicidio de persona cuya existencia se acredite después** (LO 2/1989 art.328.1.2º) Actualmente solo **previsto expresamente** en el ámbito de la jurisdicción militar. **Implícitamente**, está incluido en el tenor de la LECr art.954.1.d), procediendo en la jurisdicción penal la revisión cuando esté sufriendo condena alguno como responsable **autor, cómplice o encubridor** del homicidio de una persona cuya existencia se acredite después de la condena.
La referencia al **encubrimiento** ha de entenderse hecha al actual delito autónomo contra la Administración de Justicia (CP art.451 a 454).
Por su parte, la cita del «homicidio» no excluye la aplicación del precepto a cualquier delito consumado, doloso o imprudente, que contemple como elemento del tipo la **causación de la muerte**.

Documento o testimonio declarado falso, confesión del reo con violencia o hecho punible ejecutado por tercero (LECr art.954.1º.a; LO 2/1989 art.328.1.3º y 4º) Es motivo de recurso el estar sufriendo condena alguna persona en virtud de sentencia, cuyo fundamento haya sido un documento o testimonio declarados después falsos por **sentencia firme** en causa criminal, la confesión del reo arrancada por violencia o exacción, o cualquier hecho punible ejecutado por un tercero, siempre que los tales extremos resulten también declarados por sentencia firme en causa seguida al efecto. 10182

Pueden practicarse todas cuantas **pruebas** se consideren necesarias para el esclarecimiento de los hechos controvertidos en la causa, anticipándose aquellas que por circunstancias especiales pudieran luego dificultar y hasta hacer imposible la sentencia firme, base de la revisión (regla esta que ha desaparecido de la previsión expresa de LECr art.954, pero que debe entenderse subsistente, aun de manera implícita; subsiste expresamente en LO 2/1989 art.328).

La base o «fundamento» de la sentencia condenatoria revisada ha de estar, pues, en un delito con **relación causal** determinante de la misma, por lo que la expresión legal ha de interpretarse como equivalente a antecedente necesario de la sentencia errada y extenderse a los casos en que un juicio razonable de probabilidad revele que, eliminado el delito anterior, la condena no se hubiera producido. Además, el precepto se refiere a cualquier hecho punible ejecutado por tercero, lo que incluye en principio tanto los **delitos de acción como los de omisión**, y, dentro de estos últimos, tanto los de omisión propia como los de omisión impropia o comisión por omisión (TS 23-7-03, EDJ 110593).

Precisiones Por efecto de la L 41/2015, no es exigible la sentencia condenatoria cuando el proceso penal iniciado a tal fin sea **archivado por prescripción, rebeldía, fallecimiento** del encausado u otra causa que no suponga una valoración de fondo.

Nuevos hechos o elementos de prueba que evidencien la inocencia del condenado (LECr art.954.1º.d; LO 2/1989 art.328.6º) Puede interponerse la revisión cuando después de la sentencia sobrevenga el conocimiento de nuevos hechos o de nuevos elementos de prueba, de tal naturaleza que evidencien la inocencia del condenado o justifiquen la imposición de una **pena menos grave o más beneficiosa** para este (TS 9-9-21, EDJ 668011). 10184

Práctica de nuevas pruebas No es posible como regla general revisar nuevamente la actividad probatoria llevada a cabo para poner de manifiesto que la condena supuso un **error judicial**. Solamente es posible plantear en un recurso de revisión la práctica de nuevas pruebas cuando sean de posterior aparición a la fecha de la firmeza de la sentencia que se pretende revisar o conocidas entonces por el recurrente y se trate además de **pruebas inequívocamente concluyentes** a los efectos de evidenciar la inocencia del condenado que no hayan podido proponerse con anterioridad a la celebración del juicio oral, por causas que resulten de razonable apreciación (TS auto 5-2-01, EDJ 98917; 30-9-04, EDJ 147784). 10186

Precisiones 1) Cuando la nueva prueba consista en **documentos**, estos han de reunir las debidas garantías de autenticidad, rechazándose las apariciones «milagrosas» de los mismos sin razones convincentes de su afloramiento tras varios años de proceso penal y solo después de que haya ganado firmeza la sentencia condenatoria, y tras un periodo en el que las garantías de certeza y fehaciencia de los documentos se han desvanecido (TS auto 7-2-19, EDJ 513395, respecto de certificaciones bancarias relativas a préstamos constituidos con antelación superior a 10 años).

2) Es admisible como causa de revisión la **prueba sobrevenida** que desvirtúa una agravante o subtipo agravado apreciados; o acredita una atenuante o eximente no contempladas en la sentencia objeto de revisión. Pero una doctrina jurisprudencial sobrevenida o más o menos novedosa no es causa de revisión (TS 27-7-21, EDJ 647666).

Inocencia del condenado La norma se extiende a supuestos en que lo evidenciado posteriormente no es la ausencia de participación del condenado en el hecho (inocencia en sentido estricto), sino la concurrencia indubitada del presupuesto fáctico de una **circunstancia eximente o atenuante** de la responsabilidad criminal, pues existe una identidad de fundamento con la evidencia de la inocencia y tan injusto sería mantener una condena frente a quien no ha sido autor del hecho como en el caso de que haya obrado en **legítima defensa** o sea **menor de edad penal** (TS auto 20-2-03, EDJ 263097; TS 11-3-94, EDJ 7821; 7-4-94, EDJ 10800; 28-11-03, EDJ 186758). Lo mismo cabe decir de la acreditada improcedencia de la aplicación de una circunstancia agravante por ausencia demostrada de su sustrato fáctico (TS 7-3-02, EDJ 10504; 10-3-04, EDJ 12837). En el **proceso penal militar**, se autoriza la revisión cuando después de dictada sentencia condenatoria se conozcan pruebas indubitadas suficientes a evidenciar el error del fallo por ignorancia de las mismas. 10188

Hecho nuevo El concepto de hecho nuevo abarca supuestos diversos y se aplica a los casos en que el condenado es el auténtico partícipe en el hecho y ha utilizado falsamente durante el proceso la **identidad de otra persona** (TS 4-2-02, EDJ 3141; auto 28-10-05, EDJ 277268) y a los 10190 MPP nº 4943 s.

supuestos en que un **tercero se autoinculpa** del hecho por el que otra persona está sufriendo o ha sufrido la condena (TS 28-10-02, EDJ 51878). También, en caso de que el autor real de los hechos delictivos asuma la identidad de un tercero, que es formalmente condenado (TS 25-2-20, EDJ 513252; 14-1-09, EDJ 9000).
Por otra parte, no solo los hechos materiales tienen cabida en el precepto, sino también los **hechos jurídicos**. Así, en caso de condena por delito contra la propiedad industrial, se reputa como tal la posterior declaración de nulidad de la marca o patente por una sentencia civil (TS auto 11-5-05, EDJ 277262). Y en caso de prevaricación de funcionario público, la sentencia del orden contencioso-administrativo que declara ajustada a Derecho la actuación del condenado (TS auto 12-4-04, EDJ 304611).
No cabe por el contrario considerar como nuevo hecho el **cambio de criterio jurisprudencial** que determine la absolución en casos por los que anteriormente se condenaba (TS 2-10-01, EDJ 33635; TS auto 17-5-99, EDJ 80966; 4-10-01, EDJ 35604. En contra, TCo 150/1997; TS 13-2-99, EDJ 386). Tampoco cabe atribuir dicho carácter a los **dictámenes** del Comité de Derechos Humanos de las Naciones Unidas (TS auto 25-7-02, EDJ 32124).

10194 **Declaración de testigos** La norma no limita los nuevos elementos de prueba que evidencien el error de la condena a los de carácter documental, sino que incluye a todos aquellos que admitan dicha calificación y especialmente los testigos (TS 28-11-03, EDJ 186758).
En estos casos han de extremarse las precauciones y el rigor a la hora de anular una sentencia firme sobre la base de lo declarado por los nuevos testigos, que está incuestionablemente sujeto al principio de inmediación y libre valoración del tribunal de instancia, debiendo las cautelas alcanzar a la **verificación** de otros elementos o **circunstancias externas** que no sean incompatibles con las nuevas declaraciones, como la cita en las actuaciones policiales y judiciales, aunque no se identifiquen y por ello no fueran aportados en su momento, de la existencia de testigos distintos de la víctima.
En cualquier caso, la cuestión que ha de resolverse en vía de revisión es determinar el **grado de consistencia de dichas declaraciones**, lo que equivale a explorar si estos elementos de prueba son de naturaleza sólida y consistente para evidenciar la exención o disminución de la responsabilidad del condenado. Ello sin perjuicio de que en tales supuestos la causa debe ser reenviada al órgano judicial competente para el desarrollo de un nuevo juicio con la presencia de los testigos desconocidos en el primero, lo que está sujeto a una nueva valoración por parte del tribunal de instancia (TS 28-11-03, EDJ 186758).

10195 **Otros motivos** (LECr art.954.1º.b y e) Tras la L 41/2015, se incorporan dos motivos de revisión adicionales a los ya expuestos:
• Cuando haya recaído sentencia penal firme condenando por el delito de **prevaricación a alguno de los magistrados intervinientes** en virtud de alguna resolución recaída en el proceso en el que recayera la sentencia cuya revisión se pretende, sin la que el fallo hubiera sido distinto. De acuerdo con la legislación anterior la prevaricación estaba incluida en el motivo de revisión de estarse sufriendo condena en virtud de sentencia, cuyo fundamento hubiera sido un documento o testimonio declarados después falsos por sentencia firme en causa criminal, la confesión del reo arrancada con violencia o exacción, o cualquier hecho punible ejecutado por un tercero, siempre que tales extremos hubieran resultado también declarados por sentencia firme en causa seguida al efecto.
En la **legislación procesal militar**, ya se preveía con anterioridad, específicamente, la prevaricación cometida en la sentencia objeto de revisión o en el proceso en que esta se hubiera dictado, siempre que en este caso afecte a resolución o trámite de **influencia notoria** a efectos del fallo (LO 2/1989 art.328).
• Cuando, resuelta una **cuestión prejudicial** por un tribunal penal, se dicte con posterioridad sentencia firme por el tribunal no penal competente para la resolución de la cuestión que resulte contradictoria con la sentencia penal.

10196 **Revisión derivada de sentencias del Tribunal Europeo de Derechos Humanos** (LOPJ art.5 bis; LECr art.954.3; LO 2/1989 art.328.2, 329 s.) Se puede solicitar la revisión de una resolución judicial firme cuando el Tribunal Europeo de Derechos Humanos haya declarado que dicha resolución ha sido dictada en **violación** de alguno de los derechos reconocidos en el Convenio Europeo para la Protección de los Derechos Humanos y Libertades Fundamentales y sus Protocolos, siempre que la violación, por su naturaleza y gravedad, entrañe **efectos que persistan** y no puedan cesar de ningún otro modo que no sea mediante esta revisión.
En este caso, la revisión solo puede **ser solicitada** por quien hubiera sido demandante ante el Tribunal Europeo de Derechos Humanos. La solicitud debe formularse en el **plazo** de 1 año desde que adquiera firmeza la sentencia del referido tribunal.
En estos supuestos, salvo en procedimientos en que alguna de las partes esté **representada y defendida por el abogado del Estado**, el letrado de la Administración de Justicia dará traslado

a la Abogacía General del Estado de la presentación de la demanda de revisión y de la decisión sobre su admisión. La Abogacía del Estado puede **intervenir**, sin condición de parte, por propia iniciativa o a instancia del órgano judicial, mediante la aportación de información o presentación de observaciones escritas sobre cuestiones relativas a la ejecución de la sentencia del Tribunal Europeo de Derechos Humanos.
El letrado de la Administración de Justicia notificará igualmente la decisión de la revisión a la Abogacía General del Estado. Del mismo modo, en caso **de estimarse la revisión**, los letrados de la Administración de Justicia de los tribunales correspondientes informarán a la Abogacía General del Estado de las principales actuaciones que se lleven a cabo como consecuencia de la revisión.

Precisiones 1) El Tribunal Supremo, con anterioridad a esta reforma, ha sostenido ya la viabilidad del recurso de revisión como vía procesal para dar cumplimiento a las resoluciones del Tribunal Europeo de Derechos Humanos en el que se hubiera declarado una **vulneración de derechos fundamentales** que afecten a la inocencia de la persona concernida, condenada por un tribunal español (Acuerdo TS Pleno no Jurisdiccional Sala 2ª 21-10-14). Tras la vigencia del CEDH Protocolo num 14, la **naturaleza vinculante** de las sentencias del Tribunal Europeos de Derechos Humanos en el ordenamiento interno es indudable (TS 27-7 20, EDJ 617242).
2) En el ámbito de la **jurisdicción militar** se aplican las reglas procesales de la Ley de Enjuiciamiento Criminal, salvo LECr art.329 a 336, con citación de penados y solicitantes. Se aplicarán asimismo las reglas sobre **legitimación** previstas en dicha ley para ese tipo de procesos.
3) No procede equiparar a efectos de este medio de revisión las sentencias del Tribunal Europeo de Derechos Humanos con las **recomendaciones o dictámenes** de los distintos comités de las variadas organizaciones internacionales que se pronuncian sobre el cumplimiento de las obligaciones asumidas por España en materia de derechos humanos, pues la Ley española solo atribuye la condición de **título habilitante** a efectos de revisión a las sentencias de dicho tribunal, y ello en determinadas condiciones (TS Sala Especial 12-2-20, EDJ 510040).

Aplicación integrada de la revisión penal al proceso contencioso-administrativo disciplinario militar En supuestos excepcionales puede integrarse la relación de supuestos que abren el recurso de revisión frente a sentencias firmes dictadas en sede contencioso-disciplinaria (nº 3637 Memento Procesal Contencioso-Administrativo 2026) con la relación prevista en laLO 2/1989 art.328, complementada con las reglas aplicables de la LECr art.954, con la finalidad de **corregir situaciones injusticia material** manifiesta (p.e. la confirmación por sentencia firme de una sanción de suspensión del empleo de Guardia Civil de 9 meses de duración cuyo presupuesto es la imposición y anotación previa de otra sanción disciplinaria posteriormente anulada). 10197
Cabría oponer que dicha operación extensiva supondría eludir los **principios de excepcionalidad y especialidad** que caracterizan a los mecanismos de revisión de las sentencias firmes. La limitación de las causales de revisión de las sentencias que resuelven recursos contencioso-disciplinarios respecto a las que se regulan en la revisión de las sentencias penales puede explicarse, precisamente, por la ontológica diferencia entre las sanciones disciplinarias y las penales; lo que posibilita que la ley pueda restringir, por su menor carga aflictiva, las posibilidades de revisión de las primeras, primando la protección de la cosa juzgada. Por tanto, de la expresa regulación del recurso de revisión específico cabría decantar una **regla implícita de prohibición de la revisión** de una sentencia firme dictada en un recurso contencioso-disciplinario por una causa no expresa. Ampliar, por vía interpretativa, los causales de revisión de este tipo de sentencias sería en rigor un acto de creación normativa.
Sin embargo, diversas razones permiten en este peculiar supuesto (u otros semejantes) **integrar causales de revisión previstas para las sentencias penales**:
• Constatado un **estado de injusticia material significativa** no puede presumirse una voluntad legislativa de no reparación cuando, precisamente, ese es el objetivo específico de la revisión, a pesar de su marcada naturaleza excepcional.
• Si bien las causales de revisión, atendida la tipología contencioso-disciplinaria de la sentencia objeto de revisión, no contemplan el supuesto estudiado, ello no permite prescindir de la naturaleza de lo decidido; y en supuestos de **sanciones administrativas de alta intensidad**, debe garantizarse una plena o intensa transferencia de las garantías pensadas para el proceso penal tanto al procedimiento administrativo sancionador como al proceso contencioso-disciplinario.
• La aplicación del denominado «**Test Engel**» (TFUE art.4; Carta de Derechos Fundamentales de la UE art.53) y de los principios de la «**doctrina Saquetti**» (nº 4580 Memento Procesal Contencioso-Administrativo 2026), que permiten calificar la sanción formalmente administrativa como materialmente penal en ciertos casos, como el estudiado.

• Acudir a la regulación de la revisión prevista en la misma ley (LO 2/1989) pero, para otro tipo de procesos, para cubrir una especie de **laguna regulativa y axiológica**, debe considerarse un mecanismo autointegrativo razonable y ajustado a la idea de sistema que no compromete el principio de excepcionalidad.
El sumatorio de las distintas regulaciones que disciplinan el proceso militar -también por supletoriedad la Ley de Enjuiciamiento Criminal-, constituye un verdadero subsistema normativo que permite extraer **soluciones autointegrativas** para actualizarlo y dotarle de coherencia sistemática, eficacia y operatividad, siempre que dichas soluciones respeten los principios constitucionales y convencionales del proceso justo y equitativo y no supongan *desnudas* derogaciones de las reglas expresamente establecidas.
De acuerdo con todo ello, la sentencia anulatoria de la sanción previa que sirvió de fundamento a la confirmada por la sentencia objeto de revisión, debe ser tenida -a los efectos de la LECr art.954.1.d) que, por la cláusula de subsidiariedad prevista en la LO 2/1989 disp. adic.4ª, integra la causal 6ª LO art.328.1- como un **hecho nuevo** que, de haberse conocido al tiempo en que se dictó la sentencia objeto de revisión, hubiera determinado, con toda seguridad, un pronunciamiento menos grave para el demandante de revisión (TS 16-12-24 EDJ 842185).

Precisiones El denominado «**Test Engel**» (TEDH 8-6-76, nº 5100/1971, 5102/1971, 5354/1972, 5101/1971, 5370/1972), genera un concepto autónomo de sanción penal para determinar el ámbito objetivo del CEDH Protocolo num 7 art.2.2, 6 y 7.

c. Procedimiento

10198 Las **fases** del recurso son:
- promoción e interposición (nº 10200);
- juicio rescindente (nº 10202); y
- juicio rescisorio (nº 10204).

10200 **Promoción e interposición** (LECr art.957) La interposición del recurso por el penado o sus
MPP familiares ha de ser **autorizada por la Sala** competente del Tribunal Supremo en un trámite
nº 4956 equivalente a una admisión anticipada en la que el recurrente promueve la impugnación. A tal efecto, puede ordenar, si lo entiende oportuno y dadas las dudas razonables que suscite el caso, la **práctica de las diligencias** que estime pertinentes, solicitando para ello la cooperación judicial necesaria, tras lo cual autoriza o deniega sin ulterior recurso y previa audiencia del Ministerio Fiscal, la interposición de la revisión.
La promoción no es exigible al recurso **interpuesto por el Ministerio Fiscal**.
Autorizado el recurso, el promovente dispone de 15 días para su interposición.
La **decisión desestimando la solicitud** de autorización para la interposición de un recurso de revisión, debe tener en cuenta el texto de la norma aplicable y la ponderación de los principios en juego, ni rigorista que derogue el principio de justicia, ni flexible que quebrante el de seguridad jurídica (TCo 62/2022).

10202 **Juicio rescindente** (LECr art.959) La sustanciación del recurso se produce oyendo por escrito una sola vez al fiscal y otra a los penados, que deben ser citados, si antes no comparecen.
Cuando pidan la **unión de antecedentes a los autos**, la Sala acuerda sobre este particular lo que estime más oportuno. Después sigue el recurso los trámites establecidos para el de casación por infracción de ley, y la sala, con informe oral o sin él, según acuerde en vista de las circunstancias del caso, dicta sentencia, que es irrevocable.

10204 **Juicio rescisorio** (LECr art.958) Los efectos de la sentencia estimatoria pueden resumirse en los siguientes:
• Cuando se estime el motivo de revisión del nº 10180, comprobada que sea la **identidad de la persona** cuya muerte haya sido penada, se anula la sentencia firme.
En los demás casos, se anulan la o las sentencias antecedentes y se manda instruir de nuevo la causa al tribunal a quien corresponda el conocimiento del delito.
• Cuando por consecuencia de la sentencia firme anulada haya **sufrido el condenado alguna pena corporal**, si en la nueva sentencia se le impone alguna otra, se tiene en cuenta para el cumplimiento de esta todo el tiempo de la anteriormente sufrida y su importancia.
• La sentencia de revisión es uno de los antecedentes necesarios para la reclamación de **indemnización por error judicial**, excluyendo el procedimiento ad hoc para declarar el mismo que regula el LOPJ art.293.

3. Incidente de nulidad de resoluciones firmes

(LOPJ art.241)

Este cauce permite a quienes sean parte legítima, o hubieran debido serlo, pedir por escrito que se declare la nulidad de actuaciones fundada en la **lesión de cualquier derecho fundamental** de los referidos en la Const art.53.2, siempre que la sentencia o resolución no sea susceptible de recurso en el que quepa reparar la indefensión sufrida. 10206

Esta posibilidad tiene un ámbito limitado, pues requiere que el vicio procesal causante de la lesión del derecho fundamental **no se haya podido denunciar antes** de la resolución que ponga fin al proceso, lo que significa que la resolución judicial cuya nulidad se pretende no haya podido resolver sobre la existencia y efectos de ese vicio porque las partes no pudieron plantear la cuestión ante el tribunal. Ello equivale a exigir que la sentencia no haya juzgado materialmente sobre esa cuestión, porque si así hubiera sido y el fallo hubiese devenido firme no puede la jurisdicción ordinaria quebrantar el efecto de la cosa juzgada en ese caso y sacrificar la seguridad jurídica aplicando este remedio procesal (TS auto 9-12-02, EDJ 63681).

En consecuencia, cuando **no concurran los requisitos** señalados, el recurso de amparo constitucional será el único medio viable para remediar las vulneraciones de derechos fundamentales constatadas después de ganar firmeza la sentencia o resolución final del proceso, pues las limitaciones que a la declaración de nulidad impone la Ley Orgánica del Poder Judicial solo afectan a los órganos judiciales ordinarios y no al Tribunal Constitucional, que actúa sometido únicamente a la Constitución y a su Ley orgánica reguladora (LOTC art.1.1; TCo 168/1994; 108/1999).

Precisiones 1) Ha de tenerse en cuenta, no obstante, que tras la reforma operada por LO 6/2007, la admisión a trámite, en todo o en parte, del **recurso de amparo** solamente es posible cuando, entre otros requisitos, su contenido justifique una decisión sobre el fondo por parte del Tribunal Constitucional, en razón de su especial trascendencia constitucional, que se aprecia atendiendo a su importancia para la interpretación de la Constitución, para su aplicación o para su general eficacia, y para la determinación del contenido y alcance de los derechos fundamentales (LOTC art.50). Ello dota de singular transcendencia al **incidente de nulidad de actuaciones**, cuyo ámbito material se amplía (TCo 107/2011): 10207 MPP nº 4969, 4971

a) Se realiza una nueva configuración del recurso de amparo, toda vez que tras la reforma llevada a cabo por LO 6/2007 la mera lesión de un derecho fundamental o libertad pública tutelable en amparo ya no es por sí sola suficiente para admitir el recurso, pues es imprescindible, además, su **especial trascendencia constitucional**, frente a la configuración por la que se caracterizaba en su anterior regulación, en tanto que recurso orientado primordialmente a reparar las lesiones causadas en los derechos fundamentales y libertades públicas del demandante susceptibles de amparo.

b) Ese protagonismo, que pretende lograr que la tutela y defensa de los derechos fundamentales por el Tribunal Constitucional sea realmente subsidiaria, debe tener presente que el incidente de nulidad de actuaciones es un **instrumento idóneo para la tutela del derecho fundamental** en cuestión, y su resolución debe reparar en que, de no tener el caso trascendencia constitucional, se trata de la última vía que permite la reparación de la vulneración denunciada, lo que impone especiales exigencias de motivación a las resoluciones de inadmisión del mismo (TCo 43/2010).

2) Sobre el incidente de nulidad se realiza un **análisis más detallado** en el capítulo dedicado al Proceso Civil (nº 3033 s.).

SECCIÓN 14

Ejecución de sentencia

10210

A. Consideraciones generales

10212 La ejecución de la sentencia penal presenta diversos aspectos.

MPP nº 5050 s.

a) La **faceta administrativa**, pues la ejecución de penas privativas de libertad requiere el internamiento de un ciudadano en un centro penitenciario y determina el nacimiento de una relación de especial sujeción que vincula al interno con la Administración (TCo 120/1990; 129/1995) que le somete a un poder administrativo autónomo y más intenso que el que se proyecta sobre el común de los ciudadanos, de manera que sobre el interno convergen dos **tipos de relaciones jurídicas**: las derivadas del título por el que se ha producido el ingreso (auto de prisión preventiva, sentencia condenatoria) y las que se derivan del régimen de vida y funcionamiento del centro.

Es la Administración penitenciaria la que, con control judicial, determina en el caso concreto el régimen de cumplimiento de la pena privativa de libertad mediante la clasificación de los internos y la progresión o regresión de grado, impone un determinado régimen interno de vida en el **establecimiento penitenciario** y mantiene la disciplina dentro del mismo.

El aspecto administrativo se relaciona también con la ejecución de la pena de localización permanente y de las penas privativas de derechos, principales o accesorias, en lo que se refiere a la materialización en la realidad del contenido típico de la pena.

10214 **b)** El **componente puramente penal** de la ejecución de las sentencias, especialmente de las que imponen penas privativas de libertad, se reduce en consecuencia a los siguientes aspectos:

• **Distribución de la competencia** funcional para la ejecución de la sentencia.
• **Actos preparatorios** de la ejecución de la pena de prisión e incidentes relativos a la suspensión de la ejecución y a la sustitución de la misma.
• Incidente liquidatorio de la **responsabilidad civil** conforme las bases declaradas en sentencia.
• Aplicación de la **libertad condicional** y de los beneficios penitenciarios.
• La ejecución de las **medidas de seguridad**, bien aisladamente o en concurrencia con penas.

c) Aspecto civil de la ejecución penal, en todo lo relativo a los pronunciamientos civiles de la sentencia penal, el aspecto civil de la ejecución, pues las normas de LEC son las aplicables a la ejecución provisional (LECr art.989.1) o definitiva de las mismas (LEC art.4).

Trámite contradictorio inicial (LECr art.988 bis redacc LO 1/2025) El juez o Tribunal debe dar **traslado del auto de incoación de la ejecutoria** a la representación de cada uno de los condenados para que, en el plazo de 10 días, se pronuncien en un mismo escrito sobre las siguientes cuestiones: 10216

Pena impuesta	Pronunciamiento de las partes
Privativa de libertad susceptibles de suspensión según el Código Penal sin que la sentencia se haya pronunciado sobre la misma	Modalidad de suspensión de la ejecución de las penas privativas de libertad que solicite
Responsabilidades pecuniarias	Forma de cumplimiento y, si solicitud de aplazamiento y plazo máximo para su cumplimiento
Pronunciamientos en general	Cualquier solicitud relativa a su ejecución incluyendo la sustitución de la pena en los casos en que proceda

Presentado el escrito, acompañado de informes y documentación precisos, el juez o Tribunal ha de realizar las comprobaciones sobre la concurrencia de los **requisitos de la suspensión** y del resto de peticiones realizadas, tras lo cual da **traslado de la solicitud** y de lo practicado al Ministerio Fiscal, a las partes acusadoras personadas y víctimas, directamente afectadas por la decisión, para que, en el plazo de 10 días, formulen alegaciones. Transcurrido el plazo, en el término de 5 días, se **resuelve** mediante auto sobre todas las peticiones.
Los trámites anteriores se pueden sustituir, a criterio del juez o tribunal, por una **vista** que se celebre en el plazo de 10 días y en la que se cite el acusado, su defensa, el Ministerio Fiscal, acusadores y víctimas directamente afectadas por la decisión.
Tras la celebración de la vista, el juez o Tribunal ha de **resolver en el acto** y, si no es posible, en los 3 días siguientes sobre todas las cuestiones planteadas.
El letrado de la Administración de justicia debe:
• **Citar al condenado a una comparecencia** requiriéndole de cumplimiento de las penas, decomiso y responsabilidades civiles que le hubieran sido impuestas e informándole de las responsabilidades en que pueda incurrir por incumplimiento.
• Practicar las **liquidaciones de condena**: fecha de inicio del cumplimiento; tiempo abonable por haber estado privado de libertad provisionalmente o por la aplicación de cualquier otra medida cautelar; tiempo de duración de la condena y tiempo de cumplimiento.
Estas liquidaciones han de **notificarse** al condenado y trasladarse al Ministerio Fiscal y a las partes para que las impugnen en el plazo de 2 días. Si no se hace, el letrado de la Administración de Justicia ha de aprobarlas mediante decreto; pero si **se impugnan**, se da traslado al resto de partes para alegaciones por plazo de 2 días y el juez o Tribunal resuelve mediante auto que ha de dictarse en el plazo de 2 días. Una vez firme, si **corrige la liquidación** de condena, se notifica personalmente al condenado.

B. Distribución de la competencia funcional

Como se expuso al tratar en general de la competencia funcional de los órganos jurisdiccionales penales (nº 7440 s.), en materia de **ejecución de sentencia** existe el siguiente reparto competencial: 10220

Jueces de vigilancia penitenciaria Les corresponden las atribuciones que en materia de ejecución de penas privativas de libertad se enumeran en la LO 1/1979 art.76. 10222
Deben en tal concepto:
- adoptar todas las decisiones necesarias para que los pronunciamientos de las resoluciones en orden a las **penas privativas de libertad** se lleven a cabo, asumiendo las funciones que corresponderían a los jueces y tribunales sentenciadores;
- resolver sobre las propuestas de **libertad condicional** de los penados y acordar las revocaciones que procedan, salvo en caso de prisión permanente revisable; y
- aprobar las propuestas que formulen los establecimientos sobre **beneficios penitenciarios** que puedan suponer acortamiento de la condena;
- adoptar la resolución que corresponda sobre suspensión de la ejecución por **demencia sobrevenida** y la propuesta pertinente en caso de ejecución de medidas de seguridad privativas de libertad.

Proceso penal militar (LO 4/1987 art.61.4; LO 2/1989 art.356; RD 112/2017) La competencia de vigilancia judicial penitenciaria en relación con los establecimientos penitenciarios militares y sus internos corresponde a los **jueces togados militares territoriales**, de modo que para cada establecimiento penitenciario militar hay un juez de vigilancia penitenciaria, cargo que se ejerce por 10224

el juez togado militar que designe la Sala de Gobierno del Tribunal Militar Central y cuyas **funciones** son compatibles con el desempeño de un órgano del orden jurisdiccional.
El incidente sobre suspensión de la ejecución por **demencia sobrevenida** compete al tribunal sentenciador, de conformidad con la LO 2/1989 art.364 s.
La anterior norma no plantea especialidad alguna cuando se trate de penas impuestas por la jurisdicción militar. Pero en dichos establecimientos pueden cumplirse también las **penas** de privación de libertad **impuestas a militares por delito común** y por órganos judiciales ordinarios, pues solo se ejecutan fuera de ellos cuando lleven aparejada la baja del condenado en las Fuerzas Armadas o en la Guardia Civil, que deberá producirse en procedimiento disciplinario posterior a la firmeza de la sentencia penal (LO 8/2014 art.48.2; CPM art.12.2; LO 12/2007 art.7.13). Mientras no recaiga por resolución firme dicha sanción disciplinaria, el carácter común del delito no altera la competencia de vigilancia penitenciaria del juez togado militar, que alcanza a la ejecución de penas impuestas por órganos del orden penal ordinario y cuyas resoluciones son conocidas en vía de recurso por los **tribunales sentenciadores ordinarios**, por lo que la LO 2/1989 art.358 ha de entenderse limitado a la ejecución de penas impuestas por delito militar (TS auto 8-2-00, EDJ 113305).

10226 **Proceso de menores** (LO 5/2000 art.44) Se reproduce la doble atribución de competencia de ejecución penal y de control de la Administración penitenciaria que es característica del régimen jurídico del juez de vigilancia penitenciaria.
Corresponde al **juez de menores** que haya dictado la correspondiente sentencia el control de la ejecución de las medidas previstas en LO 5/2000 y la resolución por auto motivado de las incidencias que se puedan producir durante su transcurso. Para ello, sus facultades de estricta ejecución alcanzan a adoptar todas las decisiones que sean necesarias para proceder a la **ejecución efectiva de las medidas impuestas**:
- resolver las propuestas de revisión de las medidas a que se refiere la LO 5/2000 art.14;
- aprobar los programas de ejecución de las medidas; y
- conocer de la evolución de los menores durante el cumplimiento de las medidas a través de los informes de seguimiento de las mismas.

10228 **Juez o tribunal sentenciador** Le corresponde **resolver** los aspectos de la ejecución distintos del cumplimiento efectivo de la pena de privación de libertad:
- suspensión o sustitución de la pena;
- ejecución civil;
- liquidación de responsabilidades civiles;
- tramitación de solicitudes de indulto;
- etc.
Ha de acordar la **suspensión** del resto de la pena de prisión permanente revisable en ejecución, con libertad condicional del reo, a diferencia de los restantes casos de resoluciones sobre libertad condicional, que competen al juez de vigilancia penitenciaria. Asimismo, debe proceder a la **revisión periódica bienal** de la ejecución de dicha pena (nº 10277.1).

10230 **Audiencia Nacional** (LOPJ art.65.2º) Es competente para la ejecución de sentencias dictadas por tribunales extranjeros y para conocer del cumplimiento de penas de prisión impuestas por **tribunales extranjeros**, cuando en virtud de un tratado internacional corresponda a España la ejecución de una sentencia penal extranjera o el cumplimiento de una pena o medida de seguridad privativa de libertad.

Precisiones La **ejecución de sanciones pecuniarias** en España impuestas en el seno de un proceso penal por órganos judiciales de otros Estados de la Unión Europea corresponde a la Sección de lo Penal del Tribunal de Instancia o del Tribunal Central de Instancia, respectivamente (LOPJ art.89 bis). Respecto a la regulación del procedimiento de ejecución y transmisión, L 23/2014 (nº 5400 s. y nº 5420 s. Memento Procesal Penal 2026).

C. Actos preparatorios de la ejecución de la pena de prisión

(LECr art.990; LO 2/1989 art.348 párr 3)

10235 La ejecución de la pena de prisión requiere, como antecedentes necesarios de la constitución
MPP de la **relación de especial sujeción** que se desarrolla mientras el penado se encuentra privado
nº 5082 de libertad, las siguientes actuaciones del tribunal sentenciador:
a) La constitución material del condenado en situación de prisión, a cuyo efecto el tribunal sentenciador ha de adoptar sin dilación las **medidas necesarias** para que el condenado ingrese en el establecimiento penal destinado al efecto, lo que incluye el mandamiento de detención e

ingreso en prisión a las autoridades gubernativas. Debe remitirse previamente al establecimiento penitenciario, salvo ingreso voluntario y a modo de mandamiento, testimonio de la sentencia firme y liquidación de condena del penado (LO 1/1979 art.15; RD 190/1996 art.22 y 23).
Corresponde al letrado de la Administración de Justicia **impulsar el proceso** de ejecución de la sentencia dictando al efecto las diligencias necesarias, sin perjuicio de la competencia del juez o tribunal para hacer cumplir la pena, debiendo comunicar a los directamente ofendidos y perjudicados por el delito y, en su caso a los testigos, todas aquellas resoluciones relativas al penado que puedan afectar a su seguridad (LECr art.990).
b) En la **liquidación de condena** se practica esencialmente el abono del tiempo de detención, prisión provisional u otras privaciones de libertad sufridas por el penado en razón del hecho de autos o por hechos anteriores, en las condiciones estudiadas en el nº 9000.
La **detención del penado** no constituye en este caso una medida cautelar, sino un medio de ejecución de sentencia.

Precisiones Ver lo expuesto en el nº 10216 sobre el **trámite contradictorio al inicio** de la ejecución.

D. Suspensión de la ejecución de la pena de prisión

Hay que distinguir: 10238
- la suspensión condicional (nº 10240), de
- otros supuestos concretos (nº 10262).

1. Suspensión condicional

Se expone en este apartado, en primer lugar, el régimen general aplicable a la suspensión condicional de la ejecución de la pena (nº 10242 s.), resaltando a continuación las particularidades del régimen de suspensión excepcional (nº 10257) y del aplicable a los delincuentes toxicómanos (nº 10258 s.). 10240
En cualquiera de los casos, cuando el delito solo pueda ser perseguido **previa denuncia o querella del ofendido**, los jueces y tribunales oirán a este y, en su caso, a quien le represente, antes de conceder los beneficios de la suspensión de la ejecución de la pena (CP art.80.6).

a. Régimen general
(CP art.80 a 85)

Este régimen abarca la suspensión condicional de la ejecución de las penas privativas de libertad de **duración no superior a 2 años** impuesta a los penados que hayan delinquido por primera vez y hayan satisfecho las responsabilidades civiles derivadas del delito. 10242
Se aplica cuando resulta razonable esperar que **la ejecución no es necesaria** para evitar la comisión futura por el penado de nuevos delitos. Para ello, el juez o tribunal va a **valorar:**
- las circunstancias del delito cometido;
- las circunstancias personales del penado, sus antecedentes, su conducta posterior al hecho, en particular su esfuerzo para reparar el daño causado, sus circunstancias familiares y sociales; y
- los efectos que quepa esperar de la propia suspensión de la ejecución y del cumplimiento de las medidas que fueran impuestas.

Precisiones Las resoluciones que conceden, deniegan o revocan la suspensión de la ejecución de penas privativas de libertad, afectan al valor **libertad**, en tanto que modalizan su forma de ejecución (TCo 32/2022; 184/2023).

Ámbito objetivo El ámbito objetivo de aplicación de la suspensión está constituido por penas privativas de libertad, lo que equivale a decir prisión o responsabilidad personal subsidiaria por impago de multa. En este último caso, solo cabe suspensión cuando el impago se deba a insolvencia acreditada del penado, so pena de convertir en ilusoria la pena de multa. 10244 MPP nº 5101
En caso de **pluralidad de penas**, se requiere que la suma de las impuestas no sea superior a dos años, sin incluir en el cómputo la derivada del impago de la multa, salvo en el supuesto excepcional examinado en el nº 10257 (suspensión de las penas de prisión que individualmente no excedan de 2 años cuando las circunstancias personales del reo, la naturaleza del hecho, su conducta y, en particular, el esfuerzo para reparar el daño causado, así lo aconsejen).

Precisiones El plazo establecido a efecto de **suspensión condicional de condena** (pena o suma de penas no superior a 2 años, sin computar la pena derivada del impago de la multa) ha de partir de la duración total de las penas impuestas en sentencia y no del límite máximo de cumplimiento efectivo (CP art.76; LECr art.988), pues el **auto de acumulación** no puede considerarse una nueva condena (AP Asturias auto 31-1-24, Rec 97/24).

10246 **Delincuencia primaria** (CP art.81.2º) El requisito de la delincuencia primaria ha de enten-
MPP derse en el sentido de **no haber sido condenado por delito doloso** en el momento de cometer
nº 5102 el hecho que da lugar a la imposición de pena de cuya suspensión se trata.

No se tienen en cuenta las **anteriores condenas** por delitos imprudentes o por delitos leves, ni los **antecedentes penales** que hayan sido cancelados o debieran serlo. Tampoco los correspondientes a delitos que, por su naturaleza o circunstancias, carezcan de relevancia para valorar la **probabilidad de comisión de delitos futuros**.

Precisiones Cabe suspender todas las **penas impuestas por hechos cometidos después** de consumarse el primer delito, siempre que sean juzgados antes de ganar firmeza la sentencia que condene por aquella primera infracción, o en caso de concurso real o ideal de delitos (TS 7-12-94, EDJ 9791).

10248 **Responsabilidades civiles y decomiso** (CP art.80.2) Es requisito de la **suspensión de la**
MPP **ejecución** que se hayan satisfecho las responsabilidades civiles y se haya hecho efectivo el
nº 5103 s. decomiso acordado en sentencia.

El requisito se entiende cumplido cuando el penado asuma el **compromiso** de satisfacer las responsabilidades civiles de acuerdo a su capacidad económica y de facilitar el decomiso acordado, y sea razonable esperar que el mismo será cumplido en el **plazo prudencial** que el juez o tribunal determine, que además podrá, en atención al alcance de la responsabilidad civil y al impacto social del delito, solicitar las **garantías** que considere convenientes para asegurar su cumplimiento.

10250 **Conformidad ante el juez de guardia** (LECr art.801.1. 2º y 3º) En dicho procedimiento parece configurarse la suspensión de la ejecución como incentivo de la conformidad ante el juez de guardia, pues se exige para poder aplicarla que los hechos objeto de acusación hayan sido calificados como delito castigado con **pena de hasta 3 años** de prisión y que la pena solicitada por la acusación, o la suma de ellas si son varias, no supere, reducida en un tercio, los 2 años de prisión.

10252 **Condiciones para su aplicación** (CP art.83 a 87) Se determinan las siguientes:

a) La suspensión queda condicionada a que a **que el reo no delinca en el plazo fijado** por el juez o tribunal y al cumplimiento de las obligaciones o deberes y condiciones adicionales que puede fijar aquel de entre las señaladas en el CP art.83.1, 84 y 85.

El **plazo de suspensión** es de 2 a 5 años para las penas privativas de libertad no superiores a 2 años y de 3 meses a un año para las penas leves, fijándose por los jueces o tribunales, previa audiencia de las partes, atendidas las circunstancias del delito cometido y las personales del penado, sus antecedentes, su conducta posterior al hecho, en particular su esfuerzo para reparar el daño causado, sus circunstancias familiares y sociales y los efectos que quepa esperar de la propia suspensión de la ejecución y del cumplimiento de las medidas que fueran impuestas (CP art.81).

b) El juez o tribunal **revoca la suspensión** y ordena la ejecución de la pena en cualquiera de los siguientes casos:

• Cuando el penado sea condenado por un **delito cometido durante el período de suspensión** y ello ponga de manifiesto que la expectativa en la que se fundaba la decisión de suspensión adoptada ya no puede ser mantenida.

• Cuando **incumpla las prohibiciones, deberes o condiciones** que le hubieran sido impuestos conforme al CP art.83 y 84 de forma grave o reiterada o **se sustraiga al control** de los servicios de gestión de penas y medidas alternativas de la Administración penitenciaria.

• Cuando **facilite información inexacta o insuficiente** sobre el paradero de bienes u objetos cuyo decomiso hubiera sido acordado; no dé cumplimiento al compromiso de pago de las responsabilidades civiles a que hubiera sido condenado, salvo que careciera de capacidad económica para ello; o facilite información inexacta o insuficiente sobre su patrimonio, incumpliendo la obligación impuesta en la LEC art.589.

Precisiones **1)** Los **incumplimientos no graves o no reiterados** de las referidas obligaciones, deberes o condiciones pueden dar lugar a la imposición de nuevas reglas de conducta, a la modificación de las existentes o a la prórroga del plazo de suspensión de le ejecución, sin que pueda exceder la misma de la mitad del tiempo inicialmente fijado.

2) En todos los casos anteriores, el juez o tribunal resolverá después de haber oído al fiscal y a las demás partes. Sin embargo, podrá **revocar la suspensión de la ejecución** de la pena y ordenar el

ingreso inmediato del penado en prisión cuando resulte imprescindible para evitar el riesgo de reiteración delictiva, el riesgo de huida del penado o asegurar la protección de la víctima. En todo caso, podrá acordar la realización de las **diligencias de comprobación** que fueran necesarias y acordar la celebración de una vista oral cuando lo considere preciso para resolver
3) Mientras que en CP art.80 sí se hace mención a los **delitos leves**, sin embargo, en CP art.86 no se citan, lo que lleva a deducir que el legislador permite **revocar una suspensión de condena** por delito por la comisión de otro leve, lo que no está vetado en la regulación del Código Penal tras la LO 1/2015. Cuestión distinta es la valoración que deba hacerse en cada caso si por el delito leve cometido se le puede dar otra oportunidad al penado y advertirle de que, en caso de **volver a delinquir**, sea por delito grave, menos grave, o leve se revocará la suspensión de la ejecución de la pena. Por ello, es preciso analizar cada caso, valorar el bien jurídico que queda afectado por el delito leve cometido y que afecta a la decisión de revocación, o no (AP Madrid auto 6-4-17).

c) Por el contrario, el juez o tribunal acuerda la **remisión de la pena**, una vez transcurrido el plazo de suspensión fijado sin haber cometido el sujeto un delito que ponga de manifiesto que la expectativa en la que se fundaba la decisión de suspensión ya no puede ser mantenida y cumplidas de forma suficiente las reglas de conducta fijadas. **10253**
d) En los delitos **contra la Hacienda pública, contrabando y contra la Seguridad Social**, los órganos de recaudación de la Administración tributaria o de la Seguridad Social tendrán competencia para poner en conocimiento del juez o tribunal las posibles modificaciones de las circunstancias de que puedan llegar a tener conocimiento y que sean relevantes para que el juez o tribunal resuelvan sobre la ejecución de la pena, su suspensión o la revocación de la misma (LECr art.990).

Precisiones No procede **suspender la pena subsidiaria** cuando ha sido denegada previamente la suspensión solicitada de la pena principal y el reo se encuentra ingresado en centro penitenciario; tampoco sustituir la pena de prisión por la de **trabajos en beneficio de la comunidad**, al ser una condición que el juez impone cuando concede la suspensión de la pena (AP Cantabria auto 30-10-23, EDJ 872274; 10-11-23, EDJ 872448).

Denegación de la suspensión La concesión de la suspensión es absolutamente imposible por encima de los **umbrales máximos de duración** de la pena o penas impuestas. **10254** MPP nº 5111
Por el contrario, tras la reforma del Código Penal por LO 1/2015, la denegación de la suspensión deja de ser preceptiva de forma automática cuando no concurra el requisito legal de **delincuencia primaria**, pues la condición básica para la suspensión es que sea razonable esperar que la ejecución de la pena no sea necesaria para evitar la comisión futura por el penado de nuevos delitos, atendidas las circunstancias que particulariza el CP art.80.
En todo caso, se exige una **específica motivación** de la resolución denegatoria, pues la facultad legalmente atribuida a un órgano judicial para que adopte con carácter discrecional una decisión en un sentido o en otro no constituye por sí misma justificación suficiente de la decisión finalmente adoptada, sino que, por el contrario, el ejercicio de dicha facultad viene condicionado estrechamente a la exigencia de que tal resolución esté motivada, pues solo así puede procederse a un control posterior de la misma en evitación de toda posible arbitrariedad (TCo 202/2004; 320/2006; 57/2007).

Proceso penal militar (CPM art.22; LO 2/1989 art.374) En este proceso cabe, actualmente, aplicar la **suspensión de las penas** impuestas a militares por delito militar, dado que CPM art.22 reenvía al Código Penal en cuanto a formas sustitutivas de ejecución, con referencia expresa a la suspensión de pena privativa de libertad. **10256**
Bajo vigencia del **régimen precedente** al vigente CPM, no era posible aplicar dicha suspensión en tal caso. Para ello, la interpretación del requisito de que el reo no perteneciera a los ejércitos había de hacerse en el sentido más favorable a la suspensión, por lo que esta procedía cuando el penado no ostentase la condición administrativa de militar en la fecha de ganar firmeza la sentencia penado (TS 12-11-90, EDJ 19362; 11-12-90, EDJ 19361; 14-11-91, EDJ 10818) e incluso a quienes la perdieran en momentos posteriores, pues en tal caso no existían las razones de ejemplaridad directamente vinculadas al mantenimiento de la disciplina que servían de fundamento a los citados preceptos (TCo 180/1985).
También se aplicaba en la práctica a quienes se encontraban sujetos con carácter irreversible al **expediente de insuficiencia psíquica o física** regulado en la L 39/2007 art.121, aunque formalmente, y a efectos exclusivamente de protección social, permanecieran en servicio activo hasta la culminación del citado procedimiento administrativo, sin que por ello cupiese achacar a la resolución judicial que interpretaba la legislación de personal exceso de jurisdicción alguno (TS auto 4-10-10, EDJ 255123; 1-12-10, EDJ 265918).

No cabía tampoco aplicar la suspensión de la ejecución de la pena a **miembros del Cuerpo de la Guardia Civil** condenados por delito militar acogiéndose al argumento de que el mismo no pertenece a las Fuerzas Armadas pese a su naturaleza militar (TS 11-3-97, EDJ 1371; 26-1-98, EDJ 35131).

b. Suspensión excepcional

(CP art.80.3)

10257 Aunque no concurran los requisitos antes examinados de delincuencia primaria (nº 10246) y duración no superior a dos años de la suma de las penas impuestas (nº 10252), se permite la suspensión de las penas de prisión que individualmente no excedan de dos años cuando así lo aconsejen:
- las **circunstancias personales** del reo;
- la **naturaleza del hecho**;
- su **conducta** y, en particular;
- el **esfuerzo para reparar** el daño causado.

Para ello se requiere que **no se trate de reos habituales**, entendiendo por tales los que hayan cometido tres o más delitos de los comprendidos en un mismo capítulo del Código Penal en un plazo no superior a 5 años y hayan sido condenados por ello.
Por otra parte, la suspensión **se condiciona** siempre a la reparación efectiva del daño o la indemnización del perjuicio causado conforme a las posibilidades físicas y económicas del reo, o al cumplimiento del acuerdo alcanzado en vía de mediación (AP Palma 3-2-20, rollo 723/2019). Asimismo, se impondrá siempre una de las **medidas** a que se refiere el CP art.84.2ª o 3ª, con una extensión no inferior a la que resulte de aplicar los criterios de conversión fijados en el mismo sobre 1/5 de la pena impuesta.

c. Delincuentes toxicómanos

(CP art.80.5 y 87.2)

10258 La Ley regula una especial modalidad terapéutica de suspensión de la ejecución de penas privativas de libertad impuestas a personas que hayan cometido el hecho a causa de su **dependencia** de bebidas alcohólicas, drogas tóxicas, estupefacientes, sustancias psicotrópicas u otras que produzcan efectos análogos y que se encuentren acreditadamente deshabituadas o sometidas a tratamiento para tal fin en el momento de decidir sobre la suspensión.
Las **peculiaridades** principales de este régimen son las siguientes:
• La **duración de la pena** susceptible de suspensión puede abarcar hasta 5 años y no se precisa que el reo sea delincuente primario.
• Se exige que se certifique suficientemente, por centro o servicio público o privado debidamente acreditado u homologado, que el **condenado se encuentra deshabituado** o sometido a tratamiento para tal fin en el momento de decidir sobre la suspensión.
• Además de la condición general de que el reo no delinca en el período que se señale, que será de 3 a 5 años, se establece la de que no abandone el **tratamiento de deshabituación** hasta su finalización, a cuyo efecto no se entenderán como abandono las **recaídas** en el tratamiento si estas no evidencian un abandono definitivo del tratamiento de deshabituación. En todo caso, juez o tribunal podrá ordenar la realización de las comprobaciones necesarias para verificar el cumplimiento de los anteriores requisitos.
• De este modo, la **remisión definitiva de la pena** solo se producirá si se ha acreditado la deshabituación o la continuidad del tratamiento del reo, para lo cual podrá concederse razonadamente una prórroga del plazo de suspensión por tiempo no superior a 2 años.

10259 MPP nº 5126 **Régimen de ejecución** (RD 840/2011 art.14 a 18) Tras recibir la resolución o mandamiento judicial que determine las **condiciones de cumplimiento de la suspensión** de la ejecución de una pena privativa de libertad, así como los particulares necesarios cuando se imponga algunos de los deberes u obligaciones previstos en CP art.83 a 85, o la **condición de tratamiento** y demás requisitos previstos en CP art.80.5, los servicios gestores de las penas y medidas alternativas del lugar de residencia del penado realizan las actuaciones necesarias para hacer efectivo su cumplimiento.
En particular, han de aplicarse las reglas siguientes:
• Los servicios citados procederán al **estudio y valoración de la situación del condenado** y, en atención a la misma, elaboran el plan individual de intervención y seguimiento, que se comunica para conocimiento, sin perjuicio de su inmediata ejecutividad, al órgano jurisdiccional competente para la ejecución. Si las circunstancias del condenado hacen necesario modificar

alguna de las obligaciones inicialmente impuestas, se propondrá en el **plan de intervención** y se está a la espera de lo que resuelva el órgano jurisdiccional competente para la ejecución.
• En caso de que el penado acredite fehacientemente su **oposición a cumplir el plan de intervención**, se informa al órgano jurisdiccional competente para la ejecución de tal hecho a los efectos que considere oportunos.
• Durante el período de suspensión, los servicios gestores efectuan el control de las condiciones fijadas en el plan de intervención y seguimiento, informando sobre la **observancia de las reglas de conducta** impuestas al órgano jurisdiccional competente cuando así lo solicite o con la frecuencia que este determine y, en todo caso, cada 3 meses conforme al Código Penal. Informan, asimismo, cuando las circunstancias personales del condenado se modifiquen, cuando se produzca cualquier incumplimiento de las reglas de conducta impuestas y cuando haya finalizado el cumplimiento de las obligaciones impuestas.

2. Otros supuestos

Los supuestos concretos que **presentan particularidades** con relación a la suspensión de la ejecución de la pena de prisión son los siguientes: **10262**
- demencia sobrevenida (nº 10263);
- petición de indulto (nº 10264);
- enfermedad incurable (nº 10265);
- sustitución de la pena (nº 10266);
- determinación del límite máximo de cumplimiento de la pena de prisión (nº 10268);
- tercer grado penitenciario (nº 10273);
- libertad condicional (nº 10274);
- beneficios penitenciarios (nº 10282).

a. Demencia sobrevenida

(CP art.60; RD 190/1996 art.184.c)

Cuando después de la firmeza de la sentencia se aprecie enfermedad mental en el penado, **10263**
esto es, cuando el penado presente una situación duradera de trastorno mental grave que le impida conocer el sentido de la pena, el juez de vigilancia penitenciaria suspende la ejecución de la **pena privativa de libertad** que se le haya impuesto, garantizando que reciba la asistencia médica precisa, para lo cual puede decretar la imposición de una medida de seguridad privativa de libertad que no puede ser, en ningún caso, más gravosa que la pena sustituida, que se ejecutá en un establecimiento o unidad psiquiátrica penitenciaria. Si se trata de una **pena de distinta naturaleza**, el juez de vigilancia penitenciaria aprecia si la situación del penado le permite conocer el sentido de la pena y, en su caso, suspenderá la ejecución imponiendo las medidas de seguridad que estime necesarias.
Resulta problemática la forma de aplicar la regla del CP art.60, pues no existe una regulación general de los procedimientos ante el juez de vigilancia penitenciaria. No procede, por ello, aplicar sin más (el trámite contradictorio en caso de demencia sobrevenida del penado -LECr art.994-).
En materia de **vigilancia penitenciaria** no está prevista esa comparecencia entre las partes; de hecho, no hay propiamente partes, garantizándose la contradicción mediante el traslado sucesivo al Fiscal y a la representación letrada del interno para que formulen sus peticiones o aportaciones de prueba y sus respectivas alegaciones a la vista de los informes (TS 27-6-24, EDJ 600546).
Restablecida la salud mental del penado, este cumplirá la sentencia si la pena no ha prescrito, sin perjuicio de que el juez o tribunal, por razones de equidad, pueda dar por extinguida la condena o reducir su duración, en la medida en que el cumplimiento de la pena resulte innecesario o contraproducente.
En el **proceso penal militar** se regula el incidente en términos similares, con la especialidad de que la resolución compete al tribunal sentenciador y de que contra la misma cabe igual recurso que contra la sentencia, lo que nos sitúa en el campo de la casación (LO 2/1989 art.364 a 367).

b. Petición de indulto

(CP art.4)

10264 Aunque la solicitud de indulto no suspende por sí sola la ejecución de la pena (L 18-6-1870 art.32), la aplicación estricta de esta regla puede hacer perder a la medida de gracia, en determinados casos, toda utilidad. Por ello, puede el juez o tribunal suspender la ejecución de la pena, mientras no se resuelva sobre el indulto cuando, de ser ejecutada la sentencia, la finalidad de este pueda resultar ilusoria. La **suspensión** es **preceptiva** cuando del cumplimiento de la pena pueda resultar vulnerado el derecho a un proceso sin dilaciones indebidas.

c. Enfermedad incurable

(CP art.80.4)

10265 MPP nº 5136 Los jueces y tribunales sentenciadores pueden otorgar la suspensión de cualquier pena impuesta sin sujeción a requisito alguno en el caso de que el penado esté aquejado de una enfermedad muy grave con padecimientos incurables, salvo que en el momento de la comisión del delito tenga ya **otra pena suspendida por el mismo motivo**.

d. Sustitución de la pena

(CP art.71, 83 y 88)

10266 MPP nº 5159 **a)** La sustitución de penas que, con carácter general, se regulaba en el derogado CP art.88, desaparece (LO 1/2015). Las reglas que siguen dentro de este apartado son solo aplicables a **hechos acaecidos antes del día 1-7-2015**.

Es una especial modalidad de ejecución de la pena de prisión que como regla general **no exceda de un año** de duración, aunque excepcionalmente pude extenderse el beneficio a las penas no superiores a los 2 años de prisión.

Los jueces o tribunales pueden sustituir, previa audiencia de las partes y en la misma sentencia o posteriormente en auto motivado, antes de dar inicio a la ejecución, las penas referidas **por multa o por trabajos en beneficio de la comunidad**, aunque la Ley no prevea estas penas para el delito de que se trate, cuando las circunstancias personales del reo, la naturaleza del hecho, su conducta y, en particular, el esfuerzo para reparar el daño causado así lo aconsejen, siempre que no se trate de reos habituales. También cabe sustituir en las mismas condiciones la pena de prisión que no exceda de 6 meses por la de localización permanente (CP art.88.1).

La **permuta** se hace sustituyendo cada día de prisión por dos cuotas de multa o por una jornada de trabajo o de localización.

En caso de condena por delito relacionado con la **violencia de género**, la pena de prisión solo puede ser sustituida por la de trabajos en beneficio de la comunidad o localización permanente en lugar distinto y separado del domicilio de la víctima, y el juez o tribunal impondrá adicionalmente, además de la sujeción a programas específicos de reeducación y tratamiento psicológico, las prohibiciones de acudir a determinados lugares y de aproximarse a la víctima.

b) Persiste el supuesto de sustitución *ope legis* conforme al cual, en la **determinación de la pena inferior en grado**, los jueces o tribunales no quedan limitados por las cuantías mínimas señaladas en la ley a cada clase de pena, sino que podrán reducirlas en la forma que resulte de la aplicación de la regla correspondiente (CP art.71). Pero cuando por aplicación de las reglas que procedan resulte una **pena de prisión inferior a 3 meses**, será en todo caso sustituida por multa, trabajos en beneficio de la comunidad, o localización permanente, aunque la ley no prevea estas penas para el delito de que se trate, sustituyéndose cada día de prisión por dos cuotas de multa o por una jornada de trabajo o por un día de localización permanente.

10266.1 **Prohibición de aplicación retroactiva de pena desfavorable** El derogado régimen expuesto de sustitución de la pena (nº 10266), se aplica a hechos acaecidos y delitos **cometidos con anterioridad a 1-7-2015**, sin que proceda la aplicación retroactiva del nuevo régimen a la ejecución de sentencia, pues, en otro caso, se lesionaría el principio de legalidad penal.

No es aceptable considerar, a estos efectos al menos, la sustitución de la pena como una **institución propia de la ejecución penal**, de naturaleza procesal y por ello no afectada por la prohibición de aplicación retroactiva de la ley penal desfavorable, por las siguientes razones:

- la **sustitución** se puede decidir en la misma sentencia o con posterioridad, antes de dar inicio a la ejecución de la pena;
- la institución tiene una función retributiva de carácter preventivo, aspectos que son esenciales de la pena;

- para decidir la **procedencia de la sustitución** se atiende en el régimen hoy derogado a aspectos que no pertenecen al ámbito de la ejecución de la pena o a la conducta del penado, sino que son previos como las circunstancias del hecho y del culpable o que no se trate de reos habituales;
- en el supuesto de **incumplimiento de la pena sustitutiva**, en todo o en parte, la pena de prisión inicialmente impuesta se ejecuta descontando, en su caso, la parte de tiempo a que equivalgan las jornadas de trabajo en beneficio de la comunidad o las cuotas de multa cumplidas; y
- se entiende extinguida la pena por el cumplimiento de la pena sustitutiva, comenzando a computarse el plazo de **cancelación de los antecedentes penales** (CP art.136.3).

Precisiones En suma, el **principio de legalidad penal** debe ser interpretado y aplicado, de forma que las garantías que en él se reconocen resulten efectivas en la práctica y no teóricas. La satisfacción de los intereses jurídicos protegidos con dicha garantía y la protección frente a una mayor restricción de bienes y derechos que resultaría de una penalidad sobrevenida desfavorable, no puede quedar eclipsada por posiciones que priman un enfoque procedimental, desprovistas de una perspectiva material. De no ser así, bastaría para privar de todo efecto útil a la prohibición de aplicación retroactiva de pena desfavorable, que el **alargamiento de la duración de la pena o su agravación** se produjera mediante las normas formalmente referidas a la aplicación o a la ejecución de la pena (TCo 54/2023).

Sustitución de las penas impuestas a extranjeros no residentes (CP art.89) Ha de acordarse en **sentencia o auto posterior**, normalmente con carácter necesario y de acuerdo con las **reglas** siguientes: 10267 MPP nº 5165

a) No son sustituibles las penas impuestas por delitos de trata de seres humanos, contra los derechos de los trabajadores, tráfico ilegal de mano de obra y contra los derechos de los extranjeros (CP art.177 bis, 311, 312 y 318 bis).

b) Son objeto de **sustitución** las penas privativas de libertad de más de un año impuestas a extranjeros, salvo que a la vista de las circunstancias del hecho y las personales del autor, en particular su arraigo en España, la expulsión resulte desproporcionada (TS 14-12-16, EDJ 230183).

c) La regla anterior es compatible con supuestos de **ejecución en España**, en todo o en parte, de la pena impuesta:

• Cuando resulte necesario para asegurar la defensa del orden jurídico y restablecer la confianza en la vigencia de la norma infringida por el delito, podrá acordarse excepcionalmente la ejecución en España de una **parte de la pena no superior a dos tercios de su extensión** y la sustitución del resto por la expulsión del penado del territorio español. En todo caso, se sustituirá el resto de la pena por la **expulsión del penado del territorio español** cuando aquel acceda al tercer grado o le sea concedida la libertad condicional.

• Cuando la pena impuesta, o la suma de las recaídas, **excedan de 5 años**, acuerda la ejecución en España de todo o parte de la pena, en la medida precisa para asegurar la defensa del orden jurídico y restablecer la confianza en la vigencia de la norma infringida por el delito. En estos casos, se sustituirá la ejecución del resto de la pena por la **expulsión del penado del territorio español** en los dos supuestos antes señalados y cuando el penado cumpla la parte de la pena que se hubiera determinado, acceda al tercer grado o se le conceda la libertad condicional.

d) La **expulsión de un ciudadano de la Unión Europea** solamente procederá cuando represente una amenaza grave para el orden público o la seguridad pública en atención a la naturaleza, circunstancias y gravedad del delito cometido, sus antecedentes y circunstancias personales. Si hubiera **residido en España durante los 10 años anteriores** procederá la expulsión cuando además hubiera sido condenado por uno o más delitos:

• Contra la vida, libertad, integridad física y libertad e indemnidad sexuales castigados con pena máxima de prisión de más de cinco años, si se aprecia fundadamente un riesgo grave de que pueda cometer delitos de la misma naturaleza.

• Terrorismo u otros delitos cometidos en el seno de un grupo u organización criminal.

e) Los **efectos de la medida de expulsión** son los siguientes: 10267.1

• El extranjero **no podrá regresar a España** en un plazo de 5 a 10 años, desde la fecha de su expulsión, que se fija atendidas la duración de la pena sustituida y las circunstancias personales del penado. Si regresara antes de su fin, cumplirá las penas que fueron sustituidas salvo que, excepcionalmente, el juez o tribunal, **reduzca su duración** cuando su cumplimiento resulte innecesario para asegurar la defensa del orden jurídico y restablecer la confianza en la norma jurídica infringida por el delito, en atención al tiempo transcurrido desde la expulsión y las circunstancias en las que se haya producido su incumplimiento. No obstante, si fuera sorprendido en la frontera, será expulsado directamente por la autoridad gubernativa, empezando a computarse de nuevo el plazo en su integridad.

• La expulsión producirá el **archivo** de cualquier procedimiento administrativo que tuviera por objeto la autorización para residir o trabajar en España.
• Si **no pudiera llevarse a efecto la expulsión**, se procederá a la ejecución de la pena originariamente impuesta o del período de condena pendiente, o a la aplicación de las reglas generales suspensión de la ejecución o de sustitución de la pena.
f) Cuando el penado no se encuentre efectivamente privado de libertad, el juez o tribunal podrá acordar, con el fin de asegurar la expulsión, su **ingreso en un centro de internamiento** de extranjeros.
g) La sustitución puede acordarse con independencia de que el **extranjero** tenga o no residencia legal (TS 22-12-22, EDJ 793839; 19-9-24, EDJ 688498; 27-11-25 EDJ 773495).

Precisiones **1)** Sobre esta materia, ha de tenerse en cuenta que, tras la reforma por LO 1/2015, las penas de prisión de más de un año impuestas a un ciudadano extranjero se sustituyen por su **expulsión del territorio español** (FGE Circ 7/2015).
La expulsión, en el caso de extranjeros, no tiene carácter de pena, sino de **conmutación** en sede de forma de ejecución (TS 19-11-20, EDJ 722603).
2) Para la **aplicación de la expulsión**, se precisa que el tribunal considere procedente la sustitución y, adicionalmente, el cumplimiento de parte de la condena en España; solo con ambas condiciones la sustitución actúa sobre el resto de la pena (TS 23-3-22, EDJ 527856). En estos casos, deben adoptarse medidas que eviten el exceso en la ejecución de esta medida (TS 23-3-22, EDJ 527856; 24-6-10, EDJ 152982; 31-5-06, EDJ 76622).
3) La **aplicación automática** de la medida de expulsión puede conducir, en la práctica, a escenarios de auténtica impunidad, pues la reacción del sistema penal frente a delitos de gravedad quedaría limitada a la mera expulsión del penado extranjero del territorio nacional, con una notoria atenuación de la función coercitiva y disuasoria propia de la norma penal. La expulsión automática en supuestos de condenas de cierta entidad debilitaría la **finalidad preventiva y disuasoria** inherente a la pena (prevención general negativa) y proyectaría sobre el cumplidor de la ley una sensación de desprotección e incertidumbre frente a conductas delictivas graves, generando una pérdida de confianza en la respuesta del Estado (prevención general positiva). Por otra parte, los objetivos propios de la política de extranjería que inspira la ley no pueden prevalecer de manera absoluta sobre los cometidos esenciales del sistema penal. De ser así, este quedaría reducido a un instrumento ajeno a su naturaleza y desprovisto de sus funciones primordiales (TS 17-6-21, EDJ 611259; 2-7-20, EDJ 656267). Por consiguiente, la interpretación del CP art.89debe compatibilizar los objetivos de la política migratoria con los fines constitucionales de la pena. Entre éstos se encuentran tanto la prevención general -negativa y positiva- como la especial, orientada a evitar la reiteración delictiva y a favorecer la reinserción social del condenado. La comisión del delito no puede resultar *rentable* y ha de evitarse el **agravio comparativo** respecto de otros condenados por hechos similares, a quienes no se les puede aplicar esta medida, como ocurre con los ciudadanos españoles residentes. Por fin, la expulsión no es imperativa ni un derecho del extranjero condenado, sino una facultad del tribunal (TS 27-11-25, EDJ 773495).

10267.2 **Expulsión administrativa derivada de condena penal** (LO 4/2000 art.57.2 y 5) Al margen de la pena consistente en la expulsión del territorio nacional o la sustitución de la impuesta de otra naturaleza por la salida forzosa de aquel, en el plano estrictamente administrativo constituye causa de expulsión, previa tramitación del correspondiente **expediente**, que el extranjero haya sido condenado, dentro o fuera de España, por una conducta dolosa que constituya conforme al ordenamiento español **delito sancionado con pena privativa de libertad** superior a un año, salvo que los antecedentes penales hubieran sido cancelados.
Se **excluyen** de esta medida de policía (o se modula respecto de ellos) los extranjeros que se encuentren en los siguientes supuestos:
a) Los nacidos en España que hayan residido legalmente en los últimos 5 años.
b) Los residentes de larga duración. Antes de adoptar la decisión de la expulsión de un residente de larga duración, debe tomarse en consideración el tiempo de su residencia en España y los vínculos creados, su edad, las consecuencias para el interesado y para los miembros de su familia, y los vínculos con el país al que va a ser expulsado.
c) Los que hayan sido españoles de origen y hubieran perdido la nacionalidad española.
d) Los que sean beneficiarios de una prestación por incapacidad permanente para el trabajo como consecuencia de un accidente de trabajo o enfermedad profesional ocurridos en España, así como los que perciban una prestación contributiva por desempleo o sean beneficiarios de una económica asistencial de carácter público destinada a su inserción o reinserción sociolaboral.
e) El cónyuge del extranjero que se encuentre en alguna de las situaciones señaladas anteriormente y que haya residido legalmente en España durante más de 2 años, ni a sus ascendientes e hijos menores, o mayores con discapacidad necesitados de apoyo que no sean objetivamente capaces de proveer a sus propias necesidades debido a su estado de salud, que estén a su cargo.

En estos casos la condena penal no se discute, sino que es el **presupuesto de la medida de policía** (TS cont-adm 31-5-18, EDJ 91009). La **valoración subjetiva** de los hechos determinantes de la condena penal ya fue efectuada por el tribunal del orden penal y no puede realizarla nuevamente la Administración en el momento de imposición de la medida de expulsión, a la que la ley habilita simplemente a constatar que el afectado ha sido condenado a pena privativa de libertad superior a un año.
Si el extranjero no perteneciente a la Unión Europea está provisto de un **permiso de larga duración**, solo puede ser expulsado si representa una amenaza real y suficientemente grave para el orden público o la seguridad pública del Estado de residencia (concepto resultante de la Dir 2003/109/CE), lo que exige un alto grado de motivación por parte de la Administración, sin que resulte posible asimilar o identificar de forma directa o automática la condena penal impuesta con la concurrencia de causa de expulsión, dado que la condena no supone por sí misma una amenaza real y grave en los términos indicados (TS cont-adm 5-11-09, EDJ 718624; 4-3-20, EDJ 515822; TJUE 3-9-20, C-503/19 y C-592/19; TEDH 18-12-18, núm 76550/13 y núm 45938/14).
Los **litigios resultantes de la medida administrativa** impuesta como derivación de la condena penal son ajenos a este orden jurisdiccional y a la ejecución de la sentencia penal dictada y se revisan en sede contencioso-administrativa.

Penas cortas de prisión e impago de pena de multa (CP art.53 y 71) En la regulación penal vigente existen otros supuestos de sustitución de penas, además del estudiado con relación a los extranjeros condenados, que presentan, sin embargo, una naturaleza distinta. Frente a la discrecional decisión del órgano sentenciador relativa a la conveniencia de aplicar, dentro de ciertos parámetros condicionantes, mecanismos alternativos al cumplimiento de las penas cortas privativas de libertad, se sitúa la necesidad de **sustituir la imposición de penas** que resulten de imposible cumplimiento, ya sea por decisión expresa del legislador (CP art.71.2) o por razones materiales (CP art.53.1). **10267.3**
No se trata, en consecuencia, de una sustitución discrecional sino imperativa ante la imposibilidad de cumplimiento de la pena impuesta (responsabilidad personal subsidiaria). El legislador ha decidido que cuando la pena impuesta no puede, legal o materialmente, ser ejecutada, debe ser sustituida de **forma preceptiva**. Por ello, el eventual incumplimiento de esta última, la pena sustitutiva, no puede tener asociado como efecto la reversión a la pena originalmente impuesta (en tanto de imposible ejecución). Es decir, si la pena de prisión originariamente impuesta, por inferior a 3 meses (CP art.71.2), debe ser sustituida en todo caso (por multa, trabajos en beneficio de la comunidad o localización permanente), es claro que la eventual **inobservancia o quebrantamiento de las penas sustitutivas** no puede determinar el regreso a la pena inicial (de ejecución legalmente imposible). De forma que, en tal caso, no hay más alternativa que la de contemplar en dicho supuesto la comisión de un delito de quebrantamiento de condena. Sucede lo mismo con la **responsabilidad personal subsidiaria** con relación al impago de la multa -CP art.53.1- (supuesto también de sustitución preceptiva). Si el penado, no satisface la pena de multa impuesta, voluntariamente o por vía de apremio, queda sujeto a una responsabilidad personal subsidiaria. Quebrantada esta, no resulta factible, la reversión a la pena primeramente impuesta (multa), en tanto la misma resulta de **imposible cumplimiento**, provocándose de ese modo la generación de un círculo vicioso: no siendo posible el cumplimiento de la multa, nuevamente habría de ser sustituida, siendo que el eventual quebrantamiento de la pena sustitutiva conduciría de nuevo al punto inicial.

Precisiones La responsabilidad personal subsidiaria no se determina por la **elección del condenado**. La imposición de la misma no es un derecho o una facultad del condenado, que así podría optar entre satisfacer el pago de la multa o arrostrar la responsabilidad personal subsidiaria que derivaría de su incumplimiento voluntario. De forma inequívoca, solo se abrirá paso la responsabilidad personal subsidiaria cuando el condenado no haya satisfecho, voluntariamente o por vía de apremio, la multa impuesta (CP art.53); es decir, cuando quede constancia de que su **ejecución no resulta posible**, verificada la insolvencia del condenado para ello (TS 23-6-22, EDJ 614009).

e. Determinación del límite máximo de cumplimiento de la pena de prisión

a) Partiendo de la base teórica del cumplimiento sucesivo, por orden de gravedad, de todas las penas impuestas que no puedan ser cumplidas simultáneamente por el condenado (CP art.75), se introduce la regla de la **acumulación jurídica** mediante la limitación del máximo de cumplimiento efectivo de las mismas (CP art.76). **10268** MPP nº 5175 s.
• La regla básica consiste en que el **máximo de cumplimiento efectivo de la condena** del culpable no podrá exceder del triple del tiempo por el que se le imponga la más grave de las penas en que haya incurrido, sin rebasar los 20 años.

• Excepcionalmente, el **límite se eleva** en atención a las penas señaladas a los delitos individuales objeto de la condena y se fija en:
- **25 años**, cuando alguno de los delitos objeto de condena esté castigado por la ley con pena de prisión de hasta 20 años;
- **30 años**, cuando alguno de dichos delitos esté castigado por la ley con pena de prisión superior a 20 años;
- **40 años**, cuando al menos dos de tales delitos estén castigados por la ley con pena de prisión superior a 20 años.

También se eleva cuando haya sido condenado el sujeto por dos o más **delitos referentes a organizaciones y grupos terroristas** y delitos de terrorismo, siempre que alguno de ellos esté castigado por la ley con pena de prisión superior a 20 años.

• Cuando al menos uno de los delitos objeto de condena esté castigado con pena de **prisión permanente revisable**, se estará a lo dispuesto en CP art.92 y 78 bis para la suspensión de la ejecución de dicha pena, que requiere un mínimo de cumplimiento efectivo de entre 25 y 35 años de privación de libertad, según los casos que se detallan más adelante.

b) Cuando a consecuencia del juego de estas limitaciones la **pena a cumplir resultase inferior a la mitad de la suma total** de las impuestas, se aplican las siguientes reglas especiales:

• El juez o tribunal sentenciador podrá **acordar que los beneficios penitenciarios**, los permisos de salida, la clasificación en tercer grado y el cómputo de tiempo para la libertad condicional se refieran a la totalidad de las penas impuestas en las sentencias.

• No obstante, el juez de vigilancia penitenciaria podrá acordar razonadamente la **aplicación del régimen general de cumplimiento**, previo pronóstico individualizado y favorable de reinserción social, valorando las circunstancias personales del reo y la evolución del tratamiento reeducador y oyendo al Ministerio Fiscal, a instituciones penitenciarias y a las demás partes. En caso de delitos referentes a **organizaciones y grupos terroristas**, delitos de terrorismo o delitos o cometidos en el seno de organizaciones criminales, atendiendo a la suma total de las penas impuestas, la anterior posibilidad solo será aplicable cuando quede por cumplir una quinta (para el tercer grado penitenciario) o una octava (para la libertad condicional) parte del límite máximo de cumplimiento de la condena.

10269 **c)** La **firmeza de las sentencias** no es condición esencial para la determinación del límite máximo de cumplimiento y para la sustanciación del incidente es imprescindible que el penado esté provisto de **asistencia letrada** y que sea oído antes de dictarse la resolución correspondiente, al tratarse de una materia que afecta al derecho fundamental a la libertad del penado (TCo 11/1987; 237/1998; TS 15-3-02, EDJ 6118; 24-5-02, EDJ 19847 y 18-1-05, EDJ 157537; 3-4-07, EDJ 23349; 26-9-07, EDJ 135912).

d) La limitación se aplica aunque las penas se hayan impuesto en distintos procesos cuando lo hayan sido por hechos cometidos antes de la fecha en que fueron enjuiciados los que, siendo objeto de acumulación, lo hubieran sido en primer lugar.

e) En caso de **asistencia jurídica gratuita**, la designación de abogado y procurador ha de ser específica para la sustanciación del incidente (TCo 13/2000; 191/2002).

10270 Precisiones 1) El cumplimiento de la condena total se inicia por el **orden de la gravedad** de las penas impuestas, aplicándose los beneficios y redenciones que procedan con respecto a cada una de las penas que se encuentre cumpliendo el penado. Una vez extinguida la primera, se dará comienzo al cumplimiento de la siguiente, y así sucesivamente, hasta que se alcanzan las limitaciones dispuestas en el CP art.76, 78 bis y 92. Llegados a este punto, se producirá la extinción de todas las penas comprendidas en la condena total resultante.

La interpretación anterior ha sido declarada **conforme a la Constitución** en los supuestos en que no exista pronunciamiento sobre la forma de computar las redenciones en caso de penas acumuladas con límite máximo de cumplimiento, ni se incorpore el mismo como *ratio decidendi* de una resolución judicial firme e intangible de la que se derive la aplicación al caso de un criterio de cómputo de las redenciones de pena (TCo 40/2012; 42/2012; 44/2012; 114/2012).

Sin embargo, no es aplicable a las penas impuestas antes de la vigencia del actual Código Penal, cuando por auto firme sobre aplicación retroactiva del mismo como Ley penal más favorable se hubiera declarado que no procede la revisión de las condenas impuestas en vista de las reglas de cómputo de las **redenciones de penas por trabajo**.

Los autos de este tenor no solo resuelven acerca de la Ley aplicable ante la sucesión normativa, sino que, al adoptar su decisión sobre la base de un determinado **criterio de cómputo** de las redenciones (determinante para considerar más favorable el Código anterior, hasta el punto de que la aplicación del otro criterio posteriormente utilizado obligaría a modificar el sentido del fallo de esta resolución), están conformando la realidad jurídica relativa a la ejecución de la pena privativa de libertad y creando una situación jurídica consolidada no solo respecto de la Ley aplicable, sino también sobre el criterio de cómputo de las redenciones que sustenta su decisión; un criterio conforme al cual ha venido ejecutándose la pena y cuya existencia no puede ser ignorada por el propio órgano judicial en decisiones posteriores sin hacer desaparecer la eficacia de su anterior resolución (TCo 113/2012; TEDH 10-7-12, núm 42750/09 -confirmada por TEDH Gran Sala 21-10-13 y aplicada por AN auto 22-10-13, ejecutoria 36/1985 -anulación de la doctrina Parot-).

2) Las limitaciones temporales a la **acumulación de las diversas penas** obedecen a la premisa irrenunciable de mantener la eficacia disuasoria de la pena (TS 3-7-17, EDJ 135137). La acumulación de penas debe realizarse partiendo de la sentencia más antigua (TS 3-6-21, EDJ 588350). El cotejo para determinar qué combinación sería más favorable al penado, ha de hacerse con el periodo total de cumplimiento, sumando el tiempo resultante de la acumulación y el correspondiente a las condenas no acumuladas (TS 24-5-23, EDJ 585530).

3) Ver lo expuesto en el nº 10216 sobre el **trámite contradictorio** al inicio de la ejecución.

f. Tercer grado penitenciario

(CP art.36.2)

La **clasificación de los internos** compete a la Administración penitenciaria. 10273

a) Como regla general, cuando la duración de la pena de prisión impuesta sea **superior a 5 años**, el órgano judicial sentenciador podrá ordenar que la clasificación del condenado en el tercer grado de tratamiento penitenciario no se efectúe hasta el cumplimiento de la mitad de la misma.

b) Ello no es posible cuando la pena derive de delitos referentes a **organizaciones y grupos terroristas** y de delitos de terrorismo, de delitos cometido en el seno de una organización o grupo criminal, de delitos contra la **indemnizad sexual de menores de 13 años** y de delitos relativos a la prostitución y de corrupción de menores, cuando la víctima sea menor de dicha edad, en cuyo caso la progresión exige como regla general el cumplimiento de la mitad de la condena. No obstante, el juez de vigilancia, previo **pronóstico individualizado** y favorable de reinserción social y valorando las circunstancias personales del reo y la evolución del tratamiento reeducador, puede acordar razonadamente, oídos el Ministerio Fiscal, instituciones penitenciarias y las demás partes, la aplicación del **régimen general de cumplimiento**.

c) En caso de haberse impuesto la pena de **prisión permanente revisable**, la clasificación del penado en tercer grado debe ser autorizada por el tribunal previo pronóstico individualizado y favorable de reinserción social, oídos el Ministerio Fiscal e instituciones penitenciarias, y requiere el cumplimiento efectivo de al menos 15 años de prisión, que se elevan a 20 en caso de delitos referentes a organizaciones y grupos terroristas y delitos de terrorismo. El penado no podrá, por otra parte, disfrutar de **permisos de salida** hasta que haya cumplido un mínimo de 12 años de prisión en el segundo caso y de 8 años en el primero.

d) Cuando el sujeto haya sido **condenado por dos o más delitos** de los que al menos uno esté castigado con la pena que nos ocupa, el **tiempo mínimo de cumplimiento efectivo** se fija en 18, 20 o 22 años, en función de si los delitos castigados con dicha pena son uno o dos o más y del tiempo que sumen el resto de las penas impuestas, con arreglo a las reglas CP art.78 bis.1. En caso de tratarse de delitos referentes a **organizaciones y grupos terroristas** y de delitos de terrorismo, los referidos tiempos mínimos son, en función de las mismas variables, de 24 o 32 años de prisión, conforme a CP art.78 bis.3.

e) En todo caso, el tribunal o el juez de vigilancia penitenciaria, según corresponda, puede acordar, previo informe del Ministerio Fiscal, instituciones penitenciarias y las demás partes, la **progresión a tercer grado** por motivos humanitarios y de dignidad personal de penados enfermos muy graves con padecimientos incurables y de los septuagenarios valorando, especialmente su escasa peligrosidad.

Precisiones **1)** La concesión del tercer grado a un interno que no haya **cumplido la cuarta parte de la condena** es excepcional y exige, en consecuencia, una justificación reforzada con base en los parámetros señalado en su texto. Una justificación reforzada, lógicamente, con respecto a aquella exigible en los supuestos en los que se propone para el tercer grado a un interno que ya ha cumplido la cuarta para de la condena.

La regla que lo permite (RP art.104.3) no es una simple delimitación para solicitar **permisos penitenciarios**. Este precepto refuerza la vinculación entre la duración de la pena y la progresión de grado, porque es evidente que no solo se ha de valorar respecto a aquella el fin último reinsertador, sino también los efectos de prevención general y especial (TS auto 4-12-20, EDJ 729272).

2) La Administración penitenciaria no puede distanciarse de los principios y garantías que informan la ejecución de las penas de prisión impuestas por los tribunales. Su **acatamiento de la legalidad** no debe hacerse depender de su grado de identificación o desacuerdo con la argumentación jurídica sobre la que se fundamenta la condena. De lo contrario, se subvierte el papel que la ley reserva a los órganos administrativos que, de esta forma, se convierten en una extravagante tercera instancia que se arroga la tarea de hacer más justa la decisión emanada de los jueces y tribunales constitucionalmente llamados al ejercicio de la función jurisdiccional. Los órganos de la Administración penitenciaria no pueden vaciar la respuesta penal proclamada por un tribunal de justicia, sometiendo su sentencia a una **relectura** que disfraza un tratamiento penitenciario privilegiado y, precisamente por ello, improcedente (TS auto 4-12-20, EDJ 729272).

3) El Reglamento Penitenciario prevé una **medida excepcional** que exige una justificación individualizada de su pertinencia, como medida de flexibilización del grado. Debe fundamentarse, como señala el precepto, en un programa específico de tratamiento (RP art.100.2). Esa excepcionalidad obliga a una interpretación exigente de los presupuestos y requisitos que legitiman su aplicación (TS auto 4-12-20, EDJ 729272).

g. Libertad condicional

(CP art.90 a 92; LO 1/1979 art.76.b y c; LECr art.990)

10274 Compete a los jueces de vigilancia resolver sobre las propuestas de libertad condicional de los penados y acordar las revocaciones que procedan, así como aprobar las propuestas que formulen los establecimientos sobre **beneficios penitenciarios** que puedan suponer acortamiento de la condena.

La libertad condicional constituye el último grado del sistema de individualización científica (LO 1/1979 art.72), supone la excarcelación del condenado (RD 190/1996 art.199) y se configura, tras la reforma de CP art.90 s., como suspensión de la ejecución del resto de la pena.

Por ello pasa a estar regulada en gran parte por remisión a la regulación de la suspensión de la ejecución de la pena, lo que supone la aplicación de las siguientes reglas básicas de funcionamiento:

a) La **competencia funcional** para resolver corresponde al juez de vigilancia penitenciaria, salvo en el caso de la prisión permanente revisable, en que se atribuye al tribunal sentenciador.

b) El juez competente debe valorar la **personalidad** del penado, sus **antecedentes**, las circunstancias del delito cometido, la relevancia de los bienes jurídicos que podrían verse afectados por una reiteración en el delito, su conducta durante el cumplimiento de la pena, sus **circunstancias familiares y sociales** y los efectos que quepa esperar de la propia suspensión de la ejecución y del cumplimiento de las medidas que fueren impuestas.

c) El juez resuelve de oficio sobre la **suspensión de la ejecución** del resto de la pena y concesión de la libertad condicional a petición del penado. En el caso de que la petición no sea estimada, el juez o tribunal puede fijar un plazo de 6 meses, que motivadamente puede ser prolongado a un año, en el que la pretensión no puede ser nuevamente planteada.

d) El **plazo de suspensión de la ejecución** se computa desde la fecha de puesta en libertad del penado y es de 2 a 5 años, no pudiendo nunca ser inferior a la duración de la parte de pena pendiente de cumplimiento.

e) Puede **denegarse la suspensión** cuando el penado haya dado información inexacta o insuficiente sobre el paradero de bienes u objetos cuyo decomiso haya sido acordado; no dé cumplimiento conforme a su capacidad al compromiso de pago de las responsabilidades civiles a que haya sido condenado; o facilite información inexacta o insuficiente sobre su patrimonio, incumpliendo la obligación impuesta en LEC art.589.

En caso de **delitos contra la Administración pública**, también puede denegarla cuando el penado haya eludido el cumplimiento de las responsabilidades pecuniarias o la reparación del daño económico causado a la Administración a que haya sido condenado.

f) Son aplicables las normas de CP art.83, 86 y 87 sobre imposición de **obligaciones, deberes y prohibiciones**, revocación de la suspensión y remisión de la pena propias de la suspensión condicional (CP art.90.5 párr 1º). Además, el juez de vigilancia revocará la suspensión de la ejecución y la libertad condicional cuando se ponga de manifiesto un **cambio de las circunstancias** que no permita mantener ya el pronóstico de falta de peligrosidad en que se fundaba la decisión adoptada.

g) La **revocación de la suspensión de la ejecución** del resto de la pena y libertad condicional da lugar a la ejecución de la parte de la pena pendiente de cumplimiento, sin que el tiempo transcurrido en libertad condicional pueda ser computado como de cumplimiento de la condena (nº 10274).

h) En los delitos **contra la Hacienda pública, contrabando y contra la Seguridad Social**, los órganos de recaudación de la Administración tributaria o de la Seguridad Social tienen competencia para poner en conocimiento del juez o tribunal las posibles modificaciones de las circunstancias de que puedan llegar a tener conocimiento y que sean relevantes para que el juez o tribunal resuelvan sobre la ejecución de la pena, su suspensión o la revocación de la misma.

10276 **Requisitos para obtenerla** (CP art.90; RD 190/1996 art.192 y 193) Se distinguen cuatro supuestos:

10276.1 **Régimen ordinario** (CP art.90.1 y 8) Como regla general, la libertad condicional deberá aplicarse a los penados clasificados en el **tercer grado de tratamiento penitenciario** en los que además concurran los dos siguientes requisitos:

a) Que se hayan **extinguido las tres cuartas partes de la condena** impuesta. De conformidad con el, en caso de indulto o de **acumulación de condenas**, para efectuar el cómputo se procede

como si se tratase de una sola pena, bien descontando de la pena impuesta el tiempo objeto de la medida de gracia o bien sumando el tiempo que comprendan las diversas penas recaídas. Si el condenado a varias penas ha sido objeto de **indulto**, se suma el tiempo indultado en cada una para rebajarlo de la suma total.
b) Que hayan observado **buena conducta con pronóstico individualizado y favorable** de reinserción social, emitido en el informe final previsto en la LO 1/1979 art.67.
Además, determinados casos llevan aparejados **requisitos adicionales** que constituyen auténticas «condiciones de derecho» para entenderla cumplida:
• Se precisa la previa satisfacción de la **responsabilidad civil** derivada del delito en caso de delitos contra el patrimonio y contra el orden socioeconómico que hayan revestido notoria gravedad y hayan perjudicado a una generalidad de personas, contra los derechos de los trabajadores, contra la Hacienda pública y contra la Seguridad Social, determinados delitos contra la Administración pública (cohecho, tráfico de influencias, malversación, fraudes y exacciones ilegales y negociaciones y actividades prohibidas a los funcionarios) y delitos de terrorismo o cometidos en el seno de organizaciones criminales.
• En el caso de personas condenadas por **delitos de terrorismo o cometidos en el seno de organizaciones** criminales, se requiere que el penado muestre signos inequívocos de haber abandonado los fines y los medios de la actividad terrorista y además haya colaborado activamente con las autoridades, bien para impedir la producción de otros delitos por parte de la banda armada, organización o grupo terrorista, bien para atenuar los efectos de su delito, bien para la identificación, captura y procesamiento de responsables de delitos terroristas, para obtener pruebas o para impedir la actuación o el desarrollo de las organizaciones o asociaciones a las que haya pertenecido o con las que haya colaborado.
• Ha de tenerse en cuenta que este régimen es el único aplicable a los delitos de terrorismo o cometidos en el seno de organizaciones criminales (CP art.90.8.2º).

Régimen privilegiado facultativo (CP art.90.2) Puede acordarse la suspensión de la ejecución del resto de la pena y concederse la libertad condicional a los **penados:** **10276.2**
- clasificados en tercer grado;
- que hayan observado buena conducta cuando hayan extinguido dos terceras partes de su condena;
- que durante el cumplimiento de la pena hayan desarrollado actividades laborales, culturales u ocupacionales, bien de forma continuada, bien con un aprovechamiento del que se haya derivado una modificación relevante y favorable de sus circunstancias personales relacionadas con su actividad delictiva previa.

A propuesta de instituciones penitenciarias y previo informe del Ministerio Fiscal y de las demás partes, una vez extinguida la mitad de la condena, podrá **adelantarse la concesión de la libertad condicional** en relación con el plazo previsto en el apartado anterior hasta un máximo de 90 días por cada año transcurrido de cumplimiento efectivo de condena. Ello requiere que el penado haya desarrollado continuadamente las actividades antes indicadas y que acredite además la participación efectiva y favorable en **programas de reparación a las víctimas** o programas de tratamiento o desintoxicación, en su caso.

Régimen privilegiado extraordinario (CP art.90.3) Puede acordarse **excepcionalmente** la suspensión de la ejecución del resto de la pena y concederse la libertad condicional a los penados clasificados en tercer grado y que hayan observado buena conducta cuando hayan extinguido la mitad de su condena, siempre que concurran además los siguientes **requisitos**: **10277**
- que la pena no se haya impuesto por delitos contra la libertad e indemnidad sexuales;
- que se encuentren cumpliendo su primera condena de prisión y que esta no supere los 3 años de duración.

Régimen en caso de prisión permanente revisable (CP art.78 bis y 92) Los **requisitos** para la suspensión que aplica el tribunal sentenciador son los siguientes: **10277.1**
a) Que el penado haya **cumplido 25 años de su condena**, sin perjuicio de lo dispuesto en CP art.78 bis. En tales supuestos, el tiempo mínimo de cumplimiento efectivo se fija en 30 años cuando el penado lo haya sido por varios delitos y dos o más de ellos estén castigados con una pena de prisión permanente revisable, o bien uno de ellos esté castigado con una pena de prisión permanente revisable y el resto de penas impuestas sumen un total de 25 años o más. En caso de tratarse de delitos referentes a **organizaciones y grupos terroristas** y de delitos de terrorismo, los tiempos mínimos son de 28 o 35 años, en función de las mismas variables aplicables a la progresión al tercer grado penitenciario, conforme a CP art.78 bis.3.
b) Que se encuentre clasificado en **tercer grado**.
c) Que el tribunal pueda fundar, previa valoración de los informes de evolución remitidos por el centro penitenciario y por aquellos especialistas que el propio tribunal determine, la existencia de un **pronóstico favorable de reinserción social,** a la vista de la personalidad del penado,

sus antecedentes, las circunstancias del delito cometido, la relevancia de los bienes jurídicos que podrían verse afectados por una reiteración en el delito, su conducta durante el cumplimiento de la pena, sus circunstancias familiares y sociales, y los efectos que quepa esperar de la propia suspensión de la ejecución y del cumplimiento de las medidas que fueran impuestas. En el caso de que el penado lo hubiera sido **por varios delitos**, el examen este se realizará valorando en su conjunto todos los delitos cometidos.
Extinguida la parte de la condena antes referida, el tribunal deberá **verificar al menos cada 2 años** el cumplimiento del resto de requisitos de la libertad condicional.
El mismo tribunal resolverá también las **peticiones de concesión de la libertad condicional** del penado, pero podrá fijar un plazo de hasta un año dentro del cual, tras haber sido rechazada una petición, no se dará curso a sus nuevas solicitudes.
La suspensión se acordará por un **plazo** de 5 a 10 años. Son aplicables las reglas de CP art.91 que se exponen en el nº 10278.

Precisiones La prisión permanente, es de por vida, pero la **pena es revisable**. Las condiciones de revisión deben regularse como una modalidad de libertad condicional o de suspensión de la ejecución del resto de la pena (TS 10-2-22, EDJ 508153).

10278 **Supuestos excepcionales de libertad condicional** (CP art.91; RD 190/1996 art.196) En caso de sentenciados que hayan cumplido la edad de **70 años** o la cumplan durante la extinción de la condena, o que se encuentren **gravemente enfermos** con padecimientos incurables, no se aplica el requisito de extinción previa de determinada parte de la condena.
Constando a la Administración penitenciaria que el interno se halla en cualquiera de los casos previstos en los párrafos anteriores, eleva el expediente de libertad condicional, con la urgencia que el caso requiera, al juez de vigilancia penitenciaria que, a la hora de resolverlo, valora junto a las **circunstancias personales**, la dificultad para delinquir y la escasa peligrosidad del sujeto.
Si el **peligro para la vida del interno**, a causa de su enfermedad o de su avanzada edad, es patente, por estar así acreditado por el dictamen del médico forense y de los servicios médicos del establecimiento penitenciario, el juez de vigilancia penitenciaria puede, previa en su caso la progresión de grado, autorizar la libertad condicional sin más trámite que requerir al centro penitenciario el informe de pronóstico final.

h. Beneficios penitenciarios

(CP art.91.2; RD 190/1996 art.202, 203, 205, 206)

10282 MPP nº 5230, 5232 Son aquellas medidas legales que permiten la **reducción de la duración de la condena** impuesta en sentencia firme o de la del **tiempo efectivo de internamiento** y responden a las exigencias de la individualización de la pena en atención a la concurrencia de factores positivos en la evolución del interno, encaminados a conseguir su reeducación y reinserción social como fin principal de la pena privativa de libertad.
a) El **adelantamiento de la libertad condicional** permite al juez de vigilancia, a propuesta de la junta de tratamiento del centro penitenciario y previo informe del Ministerio Fiscal y de las demás partes, anticipar la libertad condicional, sobre el requisito de los dos tercios de cumplimiento efectivo de la pena, hasta un máximo de 90 días por cada año transcurrido de cumplimiento efectivo de condena. No es aplicable a delitos de terrorismo ni a los cometidos en el seno de organizaciones criminales y requiere que el penado haya desarrollado continuadamente actividades laborales, culturales u ocupacionales y acredite además la participación efectiva y favorable en programas de reparación a las víctimas o programas de tratamiento o desintoxicación. Es aplicable en el **régimen privilegiado** facultativo expuesto en el nº 10276.2.
b) Por otra parte, la junta de tratamiento, previa propuesta del equipo técnico, podrá solicitar del juez de vigilancia la tramitación de un **indulto particular**, en la cuantía que aconsejen las circunstancias, para los penados en los que concurran, de modo continuado durante un tiempo mínimo de 2 años y en un grado que se pueda calificar de extraordinario, todas y cada una de las **siguientes circunstancias**:
- buena conducta;
- desempeño de una actividad laboral normal, bien en el establecimiento o en el exterior, que se pueda considerar útil para su preparación para la vida en libertad; y
- participación en las actividades de reeducación y reinserción social.

10284 MPP nº 5242 **Ejecución de la pena de localización permanente** (CP art.35 y 37; RD 840/2011 art.20 a 23) El **informe** final que debe rendir el establecimiento penitenciario del lugar de residencia del reo es determinante a la hora de proceder por quebrantamiento de condena (CP art.37.3 y 468).

Precisiones El estudio detallado de esta materia se aborda en el nº 5240 s. Memento Procesal Penal 2026.

E. Ejecución civil de la sentencia penal

La ejecución de los pronunciamientos civiles de la sentencia penal está escasamente regulada en Ley de Enjuiciamiento Criminal y LO 2/1989, por lo que ha de regirse por las distintas **normas** de Ley de Enjuiciamiento Civil que resulten aplicables en función del contenido concreto de la sentencia en este aspecto. La remisión es expresa en los casos de: 10285 MPP nº 5250 s.
- ejecución provisional (LECr art.989.1);
- realización de bienes embargados (LECr art.614); y
- reparación del daño e indemnización de perjuicios (LECr art.984 párr 3), y debe deducirse en los demás casos de la cláusula general de supletoriedad de la LEC art.4.

Por ello se parte de una remisión en bloque a las normas del **proceso de ejecución civil** que se exponen en el nº 4665 s.

Como **particularidades**, se hace breve referencia a las cuestiones principales que plantea la escueta regulación de la materia en la legislación procesal penal.

Partiendo de la base de que los medios de ejecución a disposición del juez penal han de permitirle la **investigación patrimonial del condenado** (LECr art.989.2 redacc LO 1/2025), además del cual deben aplicarse las normas pertinentes de entre las contenidas en la LEC art.538 s., en defecto de los establecido por el Código Penal o por otra norma penal, sustantiva o procesal.

Precisiones Sobre la ejecución de la responsabilidad civil o de la deuda tributaria liquidada administrativamente derivada del **delito contra la Hacienda Pública** o, en su caso, de **contrabando** (nº 5274 s. Memento Procesal Penal 2026).

Colaboración de la AEAT u otros organismos tributarios (LECr art.989.2 -redacc LO 1/2025- y 990) A efectos de ejecutar la responsabilidad civil derivada del delito o falta y sin perjuicio de la aplicación de las disposiciones de la LEC, el letrado de la Administración de Justicia puede encomendar a la AEAT o, en su caso, a los organismos tributarios de las haciendas forales, las actuaciones de **investigación patrimonial** necesarias para poner de manifiesto las rentas y el patrimonio presente y los que vaya adquiriendo el condenado hasta tanto no se haya satisfecho la responsabilidad civil determinada en sentencia. Cuando dichas entidades aleguen **razones legales o de respeto a los derechos fundamentales** para no realizar la entrega o atender a la colaboración que les hubiese sido requerida por el letrado de la Administración de Justicia, este dará cuenta al órgano judicial para resolver lo que proceda. 10286 MPP nº 5252

Por lo que se refiere a los delitos **contra la Hacienda pública, contrabando y contra la Seguridad Social**, los órganos de recaudación de la Administración tributaria o de la Seguridad Social, tienen competencia para **investigar**, bajo la supervisión de la autoridad judicial, el patrimonio que pueda llegar a resultar afecto al pago de las **responsabilidades civiles** derivadas del delito, ejercer las facultades previstas en la legislación tributaria o de Seguridad Social y remitir informes sobre la situación patrimonial.

Precisiones No se traspasa a la AEAT, como Administración pública, la **facultad de ejecutar la sentencia penal**, tan solo se prevé un auxilio, ayuda o colaboración con dicho órgano jurisdiccional en la función encomendada (LGT disp.adic.10ª y LECr art.989); por lo que todas las decisiones que se adoptan en el ámbito de dicha ejecución lo son por el órgano encargado de la misma, ante el cual la Administración debe ofrecer toda la información disponible y que le sea requerida para garantizar un adecuado y completo control jurisdiccional, lo que impide que el sistema implique indefensión o infracción del derecho a un proceso con todas las garantías (AP Gipuzkoa auto 18-11-25, EDJ 830812).

a. Cuantía de la responsabilidad civil

La cuantificación exacta de la responsabilidad civil puede no contenerse en la sentencia cuando no sea posible llevarla a cabo en el momento de dictarse esta, en cuyo caso debe contener las **bases para su determinación** posterior. En tal caso, en período de ejecución de sentencia, debe instruirse a instancia de parte **incidente liquidatorio** (LECr art.794.1ª -para el procedimiento abreviado y para el de enjuiciamiento rápido- y LO 2/1989 art.377 a 379, para los procesos penales militares). 10288

Procedimiento abreviado y de enjuiciamiento rápido Cualquiera de las partes puede instar, durante la ejecución de la sentencia, la práctica de las **pruebas** que estime oportunas para la precisa determinación de la cuantía indemnizatoria. De esta pretensión se da 10290

traslado a las demás -por el letrado de la Administración de Justicia- para que, en el plazo común de 10 días, pidan por escrito lo que a su derecho convenga, debiendo el juez o tribunal rechazar la práctica de pruebas que no se refieran a las bases fijadas en la sentencia. Practicada la prueba, y oídas las partes por un plazo común de 5 días, se fija mediante auto, en los 5 días siguientes, la cuantía de la responsabilidad civil.
El **auto** dictado por el juez de lo penal es apelable ante la audiencia respectiva. Si la cuantificación se realiza por esta en la instancia, solo cabe contra su resolución recurso de súplica (LECr art.236).

10292 **Proceso penal militar** En el escrito en que se inste la determinación de la cuantía de las indemnizaciones se indica:
- la aplicación de las **bases** señaladas en la sentencia;
- el **importe** en que se fijan;
- el **procedimiento** y **pruebas** seguidas para ello y las que, en su caso, se propongan para practicarse ante el tribunal.

Deben acompañarse tantas **copias** del escrito que se presente como personas obligadas al pago y beneficiarios resulten de la sentencia.
De las copias se da **traslado a interesados y al representante del Estado** en el caso de que pueda quedar afectado por la determinación de responsabilidades civiles para que, en el plazo de 10 días, la contesten por escrito, aceptándolas y oponiéndose, con indicación, en su caso, de los motivos y pruebas estimadas o que se propongan para acreditar su derecho. Cuando la **parte interesada acepta el importe** de la indemnización para abonarla o percibirla, según resulte, si con ello no queda afectada tercera persona, el juez o tribunal que dictó la sentencia, lo acuerda así por auto sin ulterior recurso, procediéndose inmediatamente a dar cumplimiento al mismo. Si la aceptación puede afectar a **tercera persona**, se oye a esta, y si se opone con fundamento bastante a juicio del juez o tribunal, se resuelve como si hubiera habido oposición.
Si las **partes interesadas se oponen**, se practican las pruebas, que quedan limitadas a aquellas de las propuestas por las partes relativas a la aplicación de las bases señaladas en la sentencia para la fijación de la cuantía de la indemnización y las dispuestas por el juez o tribunal, así como también las correspondientes a las excepciones de pago o de extinción de esa obligación alegada por los obligados. Terminada la prueba, el tribunal fija, por **auto**, en plazo de 3 días, la cuantía de la responsabilidad civil resultante de la sentencia. Puede interponerse **recurso de súplica** contra dicho auto.

10294 **Otros procesos penales** En otros procesos ha de aplicarse supletoriamente la LEC art.712 s.
Las anteriores consideraciones no resultan de aplicación al proceso de **menores**, en el que han de regir las normas específicas de la LO 5/2000 art.64.

b. Prescripción

10298 La **responsabilidad civil** declarada en sentencia no está sometida en su ejecución a plazo de prescripción ni de caducidad.
Conforme a la doctrina tradicional la pretensión liquidatoria y de ejecución está sujeta al **plazo general** de prescripción de las acciones personales (5 años) y no al especial de un año, pues la misma no encaja en el supuesto del CC art.1902 ni, por consiguiente, está sujeta a la prescripción del CC art.1968.2º (TS 19-10-90, EDJ 9518; 25-3-99, EDJ 57125; 4-7-00, EDJ 13979; AP Barcelona 23-9-02, EDJ 126187).
Sin embargo, se ha revisado esta doctrina, de forma que actualmente se sostiene que en la ejecución de los **pronunciamientos civiles de la sentencia penal** no es aplicable la prescripción (CC art.1971) ni el plazo de caducidad establecido en LEC art.518, así como tampoco la caducidad de la instancia (LEC art.239). La ejecución solo termina con la **satisfacción completa del acreedor** (LEC art.570). Ha de tenerse presente que el reenvío a la legislación procesal civil no es en bloque, sino solo a preceptos compatibles -o necesarios- con la regulación del proceso penal.
La **ejecución civil de la sentencia penal** se promueve de oficio por el órgano jurisdiccional que la ha dictado. No se actúa por tanto a instancia de parte, lo que lleva consigo dos consecuencias (LECr art.984.3):
- no tiene razón de ser que se reconozca un plazo de **caducidad** para el ejercicio de la acción ejecutiva porque el derecho declarado en sentencia no precisa de tal acción;
- no es necesario que se presente **demanda** para ejecutar la sentencia.

De ahí que no sea aplicable el régimen de caducidad de LEC art.518 ni el de prescripción resultante de CC art.1964 y 1971.

Por tanto, declarada la **firmeza** de una sentencia penal, la ejecución de sus pronunciamientos civiles ha de continuar hasta la completa satisfacción del acreedor, sin que se vea sometida a prescripción ni a caducidad (TS 13-11-20, EDJ 735300).

Precisiones **1)** Esta doctrina es asumida por las **audiencias provinciales** de forma generalizada (AP León 7-4-25, EDJ 596457; AP Murcia 20-1-2022, EDJ 543084; AP Tarragona 27-1-23 EDJ 55637; AP Barcelona 20-5-25, EDJ 711106).

2) El plazo de prescripción de la **multa penal** no corre hasta que no se ha procedido al abono de la responsabilidad civil conforme al orden de prelación legalmente establecido, pues no puede ejecutarse la citada pena hasta tanto no se ha abonado dicha responsabilidad civil. Este es el sentido dado por la jurisprudencia a la prescripción de las penas, pues de otro modo nunca se pagaría la multa, eludiendo su pago al quedar prescritas por el necesario abono previo de la responsabilidad civil (JP Murcia núm 2 auto 2-2-23).

c. Devengo de intereses

Sobre el devengo de intereses por las indemnizaciones que integren la responsabilidad civil han de precisarse las siguientes cuestiones: **10300**

a) La condena al pago de indemnización puede incluir la del pago de intereses **desde la fecha de comisión del delito**, pues la obligación de restituir e indemnizar surge desde la comisión de hechos causantes de los perjuicios (TS 30-4-03, EDJ 25275; 9-7-21, EDJ 653349).

b) Los anteriores son independientes de los intereses procesales respecto de los cuales, la condena en concepto de indemnización al pago de una cantidad líquida determina a favor del acreedor el devengo del **interés legal del dinero** incrementado en dos puntos desde que fue dictada la sentencia de instancia, salvo las especialidades legalmente previstas para las Haciendas públicas (LEC art.576).

Estas **especialidades** se contienen en la LGP art.17.2 y 24, para cuya interpretación resultan esenciales las sentencias TCo 206/1993; 69/1996 y 113/1996, que contienen las siguientes conclusiones:

- El **plazo de gracia o período de carencia** de 3 meses y el diferente rédito de interés aplicable al deudor particular y a la Administración pública, que abona simplemente el interés legal y no sufre el incremento de dos puntos, encuentran justificación razonable en los principios rectores de la actuación administrativa y no contradicen el derecho a la igualdad.
- La **resolución judicial** desde la que han de comenzar a correr los intereses es la de primera instancia y no otra.

Precisiones Los **intereses de demora** son parte integrante de la responsabilidad civil derivada del delito contra la Hacienda pública sin ningún tipo de dudas, aun cuando se trate de ejercicios y correlativamente, delitos, anteriores a la entrada en vigor de la vigente Ley General Tributaria. El tipo penal del citado delito (CP art.305) tiene el carácter de **norma penal parcialmente en blanco**, que debe complementarse en el ámbito sustantivo por remisión a la normativa tributaria y si esta remisión debe ser aplicada para la determinación de la cuota tributaria defraudada, es lógico que deba igualmente aplicarse a la hora de determinar el interés que el defraudador debe abonar desde el vencimiento de la deuda tributaria impagada. Por ello, no cabe apreciar razón alguna por la que los **delincuentes fiscales** deban resultar privilegiados en el abono de los intereses de su deuda tributaria respecto de cualesquiera otros deudores tributarios, que pese a no haber cometido delito alguno, están legalmente obligados al abono de intereses de demora en el supuesto de retrasarse en el pago de la respectiva deuda tributaria (TS 24-10-13, EDJ 244410).

F. Ejecución de la sentencia absolutoria del inimputable

La ejecución de la sentencia absolutoria se limita por lo general a la **puesta en libertad** del encausado sujeto a alguna medida cautelar y al cese de cuantas otras disposiciones de esta naturaleza se hayan adoptado, por lo que la doctrina suele referirse a la ejecutoria o sentencia condenatoria firme como exclusivo título ejecutivo (Gómez Colomer). **10305** MPP nº 3490

Sin embargo, la sentencia absolutoria penal puede imponer al inimputable, exento de responsabilidad criminal por aplicación de las circunstancias del CP art.20, 1ª, 2ª o 3ª:

- medidas de seguridad; y
- declarar la responsabilidad civil derivada del hecho.

Medidas de seguridad La mayoría de los sistemas penales son **sistemas dualistas** en lo referente a las consecuencias jurídicas del delito y contemplan la imposición de una pena en supuestos de perpetración de una infracción penal y la aplicación de medidas de seguridad **postdelictuales** cuando el sujeto activo del delito presenta determinados componentes en su personalidad que revelan una peligrosidad delictiva, con probabilidad de reiteración y, además, que requieren un tratamiento especial, derivado de sus especiales condiciones personales (TS **10307** MPP nº 5319 s.

10307 (sigue) 23-7-19 EDJ 633074). El **fundamento** de estas medidas de seguridad es la peligrosidad criminal del sujeto al que se impongan, exteriorizada en la comisión de un hecho previsto como delito (CP art.6.1), pero con sujeción en todo caso, al principio de legalidad, en la medida en que CP art.1.2 dispone que las medidas de seguridad solo podrán aplicarse cuando concurran los presupuestos establecidos previamente en la ley (TS 14-11-24 EDJ 742835).

De esta forma, la imposición de una de estas medidas exige:

• La comisión de un hecho previsto como **delito** (CP art.95.1).

• La condición de **inimputable** (CP art.101.1, 102.1, 103.1 y 105.1) o semi-imputable (CP art.99 y 104) de su autor;

• La apreciación acreditada de una objetiva **peligrosidad** delictiva del autor, que resulta oportuno evaluar desde un doble juicio:

- el **diagnóstico de peligrosidad**, ya patentizado por la satisfacción del primero de los requisitos indicados (CP art.6.1), pero de distinto alcance según la naturaleza y circunstancias del delito cometido; y

- el **pronóstico de comportamiento futuro**, que supone una evaluación de las posibilidades de que el observado vuelva a cometer hechos dañinos -CP art.95.1.2- (TS 30-9-16, EDJ 163349).

Se fundamentan, por tanto, en la peligrosidad del sujeto, y su ejecución ha de adaptarse a la evolución de la causa patológica que determina la primera (CP art.97 y 101 a 103).

Durante la ejecución de la sentencia, el juez de vigilancia penitenciaria debe proponer una **periodicidad** al menos anual al órgano sentenciador alguna de las siguientes decisiones:

• El **mantenimiento** de la ejecución de la medida de seguridad impuesta.

• El **cese** de cualquier medida de seguridad impuesta en cuanto desaparezca la peligrosidad criminal del sujeto.

• La **sustitución** de la medida por otra que estime más adecuada, entre las previstas para el supuesto de que se trate. En el caso de que sea acordada la sustitución y el sujeto evolucione desfavorablemente, se deja sin efecto la sustitución, volviéndose a aplicar la medida sustituida.

• La **suspensión** de la ejecución de la medida en atención al resultado ya obtenido con su aplicación, por un plazo no superior al que reste hasta el máximo señalado en la sentencia que la impuso. La suspensión queda condicionada a que el sujeto no delinca durante el plazo fijado, y puede dejarse sin efecto si nuevamente resulta acreditada cualquiera de las circunstancias previstas en el CP art.95.

En caso de **concurrencia de medidas de seguridad y de penas** por ser el condenado semiimputable, el juez o tribunal ordena el cumplimiento de la medida, que se abona para el de la pena. Una vez alzada la medida de seguridad, puede, si con la ejecución de la pena se ponen en peligro los efectos conseguidos a través de aquella, suspender el cumplimiento del resto de la pena por un plazo no superior a la duración de la misma, o aplicar alguna medida no privativa de libertad.

La ejecución penitenciaria de las medidas de seguridad presenta un **doble régimen** en nuestra legislación:

a) Las medidas, privativas de libertad, de **internamiento** se ejecutan de acuerdo con el RP art.183 a 191.

b) Para las **restantes medidas** es de aplicación el RD 840/2011 art.20 a 23. Los servicios sociales penitenciarios del lugar donde el penado tenga fijada su residencia realizarán las actuaciones necesarias para hacer efectivo su cumplimiento e informarán sobre su observancia al juez de vigilancia penitenciaria cuando así lo solicite o con la frecuencia que este determine y, en todo caso, con periodicidad anual, cuando las circunstancias personales del penado se modifiquen, cuando la evolución del tratamiento lo aconseje, cuando se produzca cualquier incumplimiento de la medida de seguridad impuesta y cuando finalice su plazo de ejecución.

Precisiones Una persona con trastornos mentales no puede ser privada de libertad, como medida de seguridad impuesta en sentencia, a menos que se cumplan tres **condiciones** mínimas (TEDH 6-2-25, nº 38239/22):

- acreditación bastante, mediante **pruebas médicas especializadas**, de concurso de un verdadero trastorno mental, con interpretación o valoración restrictiva;

-concurso de un tipo o grado **alteración mental que justifique** el confinamiento obligatorio, por necesaria terapia, medicación u otro tratamiento clínico para curar o aliviar la condición del afectado o por requerir supervisión para evitar daños propios o a otras personas (TEDH 28-11-17 nº 59152/2008; 31-1-19, nº 18052/2011);

- **persistencia** de la afección, pues el elemento relevante para determinar la necesidad terapéutica del internamiento es la fecha de la adopción de la medida privativa de libertad, de modo que la validez del confinamiento se vincula a la prolongación de dicho estado (TS 17-12-25, EDJ 807906; 21-3-24, EDJ 538436).

Responsabilidad civil La ejecución de la responsabilidad civil del inimputable se rige por las reglas generales expuestas en el nº 8070 s. 10308

G. Ejecución de la pena de trabajos en beneficio de la comunidad

(CP art.39, 40 y 49; LO 8/2021 disp.final 6ª; RD 840/2011 art.3 a 11)

La pena obliga a quien la sufre a prestar su **cooperación no retribuida** en determinadas actividades de utilidad pública, que pueden consistir, en relación con delitos de similar naturaleza al cometido por el penado, en labores de reparación de los daños causados o de apoyo o asistencia a las víctimas, así como en la participación del penado en talleres o programas formativos o de reeducación, laborales, culturales, de educación vial, sexual y otros similares. 10309 MPP nº 5330 s.

Sus **características básicas** son las siguientes:

a) En el caso de delito, se prevé como **pena principal**, alternativa a la de prisión o multa, en los delitos de violencia, amenazas, coacciones y acoso en el ámbito familiar (CP art.153, 171.4 y 5, 172.2 y 172 ter.2), robo y hurto de uso de vehículos (CP art.244), delitos contra la propiedad intelectual o industrial de distribución al por menor con escaso beneficio (CP art.270.1 párr 2º y 274.2 párr 2º) y contra la seguridad del tráfico (CP art.379, 384 y 385).

Para los delitos leves, es pena principal alternativa a las de multa o localización permanente en el CP art.171.7, 172.3 y 173.4.

b) Se regula también como forma de la **responsabilidad personal subsidiaria** por impago de multa y como pena sustitutiva de la de prisión (CP art.53 y 88).

c) No puede imponerse sin el **consentimiento del penado**.

d) La pena de trabajos en beneficio de la comunidad tiene una **duración** de un día a un año. Su **extensión diaria** no puede exceder de 8 horas y el trabajo, que se facilita por la Administración, no puede atentar a la dignidad del penado ni supeditarse al logro de intereses económicos.

e) El penado goza de la misma protección dispensada a los penados por la legislación penitenciaria en materia de **Seguridad Social**, a efectos de las contingencias de accidentes de trabajo y enfermedades profesionales, por los días de prestación efectiva del trabajo. Si el cumplimiento se realiza mediante participación en talleres o programas formativos o de reeducación, está excluido de la citada acción protectora.

f) El penado puede **proponer un trabajo concreto**, que se valora por la Administración penitenciaria para la verificación del cumplimiento de los requisitos establecidos en el Código Penal y el RD 840/2011, poniéndose en conocimiento del juez de vigilancia penitenciaria.

H. Ejecución de la pena de prohibición de percibir subvenciones

(L 38/2003 art.18, 20 y disp.adic.24ª)

La articulación de la efectividad de esta medida accesoria o pena (que también puede ser sanción administrativa) se efectúa a través de la **obligación de suministrar información** que tienen los tribunales a la Base de Datos Nacional de Subvenciones, que opera bajo responsabilidad de la Intervención General del Estado, y funciona como **sistema nacional de publicidad** en sede de subvenciones. 10309.5

De esta forma, la prohibición de obtener subvenciones ha de ser comunicada por el tribunal sentenciador a la **Base de Datos Nacional de Subvenciones**, con especificación de las fechas de inicio y final de la medida. La **cesión de datos de carácter personal** a estos efectos, que sea preciso efectuar a la Intervención General del Estado, no precisa consentimiento del interesado o penado.

Alternativamente, se prevé que sea el ministerio del ramo de justicia el que proporcione a la citada Base la información referida a **penas y medidas de prohibición** de acceso a subvenciones contenida en el Registro Central de Penados y en el de Medidas Cautelares, Requisitorias y Sentencias no Firmes sin que para ello sea preciso obtener el **consentimiento** del afectado. A partir de la puesta en marcha de este sistema, la obligación del tribunal sentenciador indicada en el párrafo precedente se considera instrumentada a través de este cauce.

Precisiones La Base de Datos Nacional de Subvenciones se **crea** por L 15/2014.

I. Ejecución en el proceso de menores

10310 En el proceso de menores aparece la doble faceta judicial y administrativa característica de la de toda la ejecución penal, que presenta en este caso las siguientes **especialidades** destacables:

10312 **Ejecución administrativa** (LO 5/2000 art.45; L 1/1996 disp.final 22ª) La ejecución administrativa de las medidas penales corresponde a las Administraciones de las comunidades autónomas.

10314 **Medidas de corrección** (LO 5/2000 art.7.3, 9, 13 y 51.1.2) Tienen un carácter esencialmente formativo que determina un régimen positivo más próximo al de las medidas de seguridad que al de las penas, dentro de los principios de flexibilidad y fungiblidad.
a) Por ello, el obliga al juez a **motivar específicamente** la elección de la medida o medidas adecuadas, atendiendo de modo flexible, no solo a la prueba y valoración jurídica de los hechos, sino especialmente a la edad, las circunstancias familiares y sociales, la personalidad y el interés del menor, puestos de manifiesto los dos últimos en los informes de los equipos técnicos y, en su caso, de las entidades públicas de protección y reforma de menores, expresando con detalle las razones por las que aplica una determinada medida, así como el plazo de duración de la misma, a los efectos de la valoración del mencionado interés del menor.
b) Impuesta la medida en sentencia, aunque se señale un límite máximo de duración de las diversas medidas que contempla la norma, durante la ejecución el juez puede en cualquier momento, **de oficio o a instancia del Ministerio Fiscal o del letrado** del menor y previa audiencia de estos e informe del equipo técnico y, en su caso, de la entidad pública de protección o reforma de menores, dejar sin efecto la medida impuesta, reducir su duración o sustituirla por otra, siempre que la modificación redunde en el interés del menor y se exprese suficientemente a este el reproche merecido por su conducta. En particular, la **conciliación** del menor con la víctima puede dejar sin efecto la medida impuesta cuando el juez, a propuesta del Ministerio Fiscal o del letrado del menor y oídos los citados equipo técnico y entidad pública de protección o reforma de menores, juzgue que dicho acto y el tiempo de duración de la medida ya cumplido expresan suficientemente el reproche que merecen los hechos cometidos por el menor.

J. Indulto particular

(L 18-6-1870 art.4 y 8)

10318 MPP nº 5355 Las fuentes reguladoras de la tramitación de los expedientes de indulto son diversas en función de la jurisdicción que haya impuesto la pena objeto de gracia. Si esta ha sido impuesta por **órganos jurisdiccionales ordinarios**, la solicitud se dirige al Ministro de Justicia. En caso de penas impuestas por **tribunales militares**, debe aplicarse además la LO 2/1989 disp.adic.8ª.
Salvo en el caso de la **multa**, no cabe el indulto de penas ya ejecutadas. Por ello, aunque las decisiones del Consejo de Ministros no son fiscalizables por los órganos jurisdiccionales, ello no excluye el control por el tribunal sentenciador de los **límites legales del derecho de gracia** previstos en citada Ley y en particular en su aplicación a las penas privativas de derechos, pues estos no se refieren a la decisión gubernamental del indulto, que nadie discute, sino a su adecuación a la ley (TS auto 5-2-01, EDJ 18).

10319 MPP nº 5367 s. **Régimen del indulto** (L 18-6-1870) Los **reos de toda clase de delitos** pueden ser indultados de toda o parte de la pena en que por aquellos hubiesen incurrido, **excepto** los procesados o investigados criminalmente que no hubieran sido aún condenados por sentencia firme, los que no estuvieran a disposición del tribunal sentenciador para el cumplimiento de la condena y los reincidentes en el mismo o en otro cualquiera delito por el cual hubiesen sido condenados por sentencia firme (salvo, en este caso, que, a juicio del tribunal sentenciador hubiera razones suficientes de justicia, equidad o conveniencia pública para otorgarle la gracia).
El indulto puede ser **total** o **parcial**. En todo caso, su concesión exige en lo procesal una interpretación estricta (TS 14-3-79, EDJ 1306).
El primero, en caso de la **remisión de todas las penas** a que hubiese sido condenado y que todavía no hubiese cumplido el delincuente. Procede únicamente en el caso de existir a su favor razones de justicia, equidad o utilidad pública, a juicio del tribunal sentenciador.
El segundo, la **remisión de alguna o algunas de las penas** impuestas, de parte de todas en que hubiese incurrido y no hubiese cumplido todavía el delincuente o la conmutación de la pena o penas impuestas en otras menos graves. Tiene preferencia la **conmutación** de la pena impuesta en otra menos grave dentro de la misma escala gradual. Sin embargo, puede también conmutarse la pena en otra de distinta escala cuando haya méritos suficientes para ello,

a juicio del órgano judicial sentenciador o del Consejo de Estado, y el penado además se conforme con la conmutación. Conmutada la **pena principal**, se entienden también conmutadas las **accesorias** por las que correspondan, a menos que se disponga otra cosa. La conmutación de la pena **queda sin efecto** desde el día en que el indultado deje de cumplir, por cualquiera causa dependiente de su voluntad, la pena a que por la conmutación hubiera quedado sometido.

Es **nula** y no produce efecto ni debe ejecutarse por el tribunal a quien corresponda la concesión del indulto en que no se hiciese mención expresa a lo menos de la pena principal sobre que recaiga la gracia.

El indulto de la pena principal lleva consigo el de las accesorias que con ella se hubiesen impuesto al penado, a excepción de las de **inhabilitación para cargos públicos** y derechos políticos y sujeción a la vigilancia de la autoridad, las cuales no se tendrán por comprendidas si de ellas no se hubiese hecho mención especial en la concesión. Tampoco se comprenderá nunca en esta la indemnización por responsabilidad civil. Cabe **indulto de las penas accesorias**, con exclusión de las principales y viceversa, a no ser de aquellas que sean inseparables por su naturaleza y efectos. El **indulto de pena pecuniaria** eximirá al indultado del pago de la cantidad que aún no hubiese satisfecho, pero no comprenderá la devolución de la ya pagada, a no ser que así se determine expresamente. **No** se extenderá, en ningún caso, a las **costas procesales**.

Son condiciones tácitas de todo indulto que no cause perjuicio a tercera persona o no lastime sus derechos y que el penado haya de obtener, antes de gozar de la gracia, el **perdón de la parte ofendida**, cuando el delito por el que hubiese sido condenado fuera de los que solamente se persiguen a instancia de parte. Pueden, además, imponerse al penado en la concesión de la gracia las demás condiciones que la justicia, la equidad o la utilidad pública aconsejen.

No se dará cumplimiento a ninguna concesión de indulto cuyas condiciones no hayan sido previamente cumplidas por el penado; a salvo las que por su naturaleza no lo permitan.

La **concesión** del indulto es por su naturaleza **irrevocable** con arreglo a las cláusulas con que hubiera sido otorgado.

Tras la vigencia de la LO 1/2015, el Gobierno remitirá semestralmente al Congreso de los Diputados un **informe** sobre la concesión y denegación de indultos.

Para la **presentación de los datos** contenidos en el citado informe, y previa revisión del mismo, un alto cargo del ministerio del ramo de justicia solicitará su comparecencia ante la Comisión de Justicia de la citada Cámara.

Precisiones **1)** En relación con el procedimiento se prevé que, en caso de **omisión de informes preceptivos**, como el de conducta del penado, procede la anulación con retroacción de actuaciones, para que se instruya correctamente el procedimiento y se dicte nueva resolución (TS 26-1-22, EDJ 503799; 15-3-23, EDJ 530940). El trámite del informe de conducta se considera esencial, sin que pueda sustituirse por la mera información extraída de las bases de datos de las Fuerzas y Cuerpos de Seguridad del Estado, limitada a reflejar los **antecedentes policiales** del peticionario, sin comprobación de sus circunstancias personales (TS 21-7-22, EDJ 668693).

2) La doctrina constitucional ha reflejado una serie de puntos en materia de **amnistía y sus relaciones con el indulto** a raíz de la sentencia TCo 137/2025 (TCo 165/2025; 185/2025;186/2025; 6/2026). La doctrina reflejada ha sido formulada sustancialmente con ocasión de los **recursos de inconstitucionalidad** interpuestos contra la LO 1/2024, estimados en parte. Deben tenerse presentes, en relación con la aplicación de la misma a su resolución, los **votos particulares** de la mencionada sentencia. La exposición de estas cuestiones se lleva a cabo en el nº 5374 Memento Procesal Penal 2026.

K. Recursos en materia de ejecución de penas privativas de libertad

(LOPJ disp.adic.5ª)

En este apartado se realiza un breve estudio de los recursos contra las resoluciones de los jueces de vigilancia penitenciaria, así como de otras resoluciones y autos de los jueces de menores. 10320

a. Recursos contra resoluciones de los jueces de vigilancia penitenciaria

La doble faceta penal y de control de la Administración penitenciaria de las competencias de las Secciones de Vigilancia Penitenciaria del Tribunal de Instancia -hasta su constitución, los juzgados de vigilancia penitenciaria- influye directamente en el **régimen de los recursos**, en los que la LOPJ diferencia entre «materia de ejecución de penas» y régimen penitenciario y demás materias» distintas de la primera. 10322

10324 **Contra autos del juez de vigilancia penitenciaria o del juez central de vigilancia** Caben los siguientes recursos:

- **reforma**, contra todos sus autos;
- **queja** ante el tribunal sentenciador, contra las resoluciones en que se deniegue la admisión de un recurso de apelación;
- **apelación**, contra las resoluciones que no se hayan dictado resolviendo un recurso de apelación contra resolución administrativa que no se refiera a la clasificación del penado.

Las características fundamentales de la **apelación en materia de ejecución penal** pueden resumirse como sigue:

• La **competencia** para conocer del recurso corresponde al tribunal sentenciador (o la Sala de lo Penal de la Audiencia Nacional, en su caso) y, cuando el penado se halle cumpliendo varias penas, al tribunal que haya impuesto la pena privativa de libertad más grave o al que la hubiera impuesto en último lugar, cuando las diversas penas sean de la misma gravedad.

• La **tramitación** del recurso se realiza conforme a lo dispuesto Ley de Enjuiciamiento Criminal para el procedimiento abreviado y estarán legitimados para interponerlo el Ministerio Fiscal y el interno o liberado condicional. Es necesaria la defensa de letrado y, si no se designa procurador, el abogado tendrá también habilitación legal para la representación de su defendido.

• Cuando la resolución objeto del recurso de apelación se refiera a materia de **clasificación de penados** o **concesión de la libertad condicional** y pueda dar lugar a la excarcelación del interno, siempre y cuando se trate de condenados por delitos graves, el recurso, que se tramita con carácter preferente y urgente, tiene efecto suspensivo que impide la puesta en libertad del condenado hasta la resolución del mismo o, en su caso, hasta que la Audiencia Provincial o la Audiencia Nacional se haya pronunciado sobre la suspensión.

Precisiones 1) Se hace depender el **efecto suspensivo** del recurso de apelación interpuesto por el Ministerio Fiscal contra las decisiones de clasificación penitenciaria que puedan suponer la excarcelación del penado, de que los internos beneficiados por aquellas no hubieran sido condenados por delitos graves, lo que supone un concepto normativo cuya interpretación no puede ser extensiva (TS 31-5-17, EDJ 90601; 14-7-21, EDJ 633349).

2) La **acumulación de penas** no puede determinar la conversión de dos penas menos graves en una grave (TS 18-4-24, EDJ 542951).

10326 **Contra autos resolutorios de recursos de apelación** Contra los autos resolutorios
MPP de recursos de apelación dictados por las **audiencias provinciales** y, en su caso, por la
nº 5388 **Audiencia Nacional** que no sean susceptibles de casación ordinaria, pueden interponer el Ministerio Fiscal y el letrado del penado recurso de **casación para la unificación de doctrina** ante la Sala de lo Penal del Tribunal Supremo, el cual se sustancia conforme a lo prevenido para el recurso de casación ordinario (nº 10095 s.) con las particularidades que de su finalidad se deriven. Los pronunciamientos del Tribunal Supremo al resolver estos recursos para la unificación de doctrina en ningún caso afectarán a las situaciones jurídicas creadas por las sentencias precedentes a la impugnada.

Precisiones Excepcionalmente puede acordarse la **admisión del recurso** a pesar de no existir sentencia de contraste que avale la necesidad de la unificación de doctrina, en supuestos de notable interés doctrinal y práctico del tema planteado (TS 27-6-24, EDJ 600546).

10328 **Proceso penal militar** La ejecución de pena de prisión en establecimientos penitenciarios militares no se limita a las penas impuestas por los tribunales militares.

En consecuencia, debe recordarse que el **tribunal sentenciador competente** para conocer de la apelación contra las resoluciones del juez togado militar puede ser la Audiencia Provincial y que la LO 2/1989 art.358 solo puede interpretarse literalmente cuando las penas de ejecución provengan de un tribunal militar, so pena de producir una extensión no permitida de la jurisdicción militar a hechos ajenos a su conocimiento (TS auto 8-2-00, EDJ 113305). Por el mismo motivo, en los casos en que la pena militar se ejecute en un **establecimiento penitenciario** ordinario, las apelaciones contra resoluciones del juez de vigilancia penitenciaria han de ser conocidas por el tribunal militar que impuso aquella.

b. Impugnación de otras resoluciones

10332 Las resoluciones que corresponde adoptar al tribunal sentenciador en materia de ejecución de sentencia se rigen, en cuanto a su impugnación, por las **reglas generales** de los recursos. Cabe, en consecuencia, interponer los recursos de reforma, apelación, queja, súplica o casación conforme a las reglas estudiadas en el nº 9930 s.

Contra los autos del juez de menores (LO 5/2000 art.41.3, 51.3 y 52.2) Contra los que acuerden la **modificación, sustitución o cesación** de las medidas impuestas y contra los que se dicten resolviendo el recurso de reforma contra cualquier resolución adoptada durante la ejecución, cabe apelación ante la Audiencia Provincial. 10333

L. Ejecución en la Unión Europea de resoluciones que impongan pena/sanción pecuniaria

(LOPJ art.65.2 y 89 bis; L 23/2014 art.173 a 185)

En las normas de referencia se regula el régimen de ejecución en Estados extranjeros pertenecientes a la Unión Europea de sentencias y resoluciones judiciales firmes que impongan el pago de una sanción pecuniaria a **persona física o jurídica** como consecuencia de la comisión de una infracción penal. 10334 MPP nº 5400 s.

Se incluye también la ejecución en el territorio nacional de resoluciones firmes emanadas de autoridades judiciales o administrativas de Estados miembros de la Unión Europea que contengan sanciones pecuniarias, siempre -en el segundo caso- que la resolución administrativa respectiva hubiera sido susceptible de recurso ante órganos judiciales competentes en materia penal en el Estado remisor. Todo ello sin perjuicio de lo establecido por **convenio bilateral** que suponga mayor simplificación y agilidad de ejecución.

La **resolución** de autoridad española ha de ser **judicial penal**, mientras que la extranjera pendiente de ejecución en España, puede ser judicial penal o administrativa sancionadora, siempre que en este caso sea recurrible ante un órgano jurisdiccional penal.

Se incluyen dentro del concepto «**sanción pecuniaria**» a los efectos estudiados, las costas judiciales o gastos administrativos derivados del procedimiento, las compensaciones en beneficio de las víctimas que no puedan ser parte civil en el procedimiento y siempre que el órgano judicial actúe en ejercicio de su competencia penal, y las cantidades destinadas a fondos públicos de apoyo a las víctimas. No pueden comprender, en cambio, órdenes de confiscación ni resoluciones de restitución o reparación de daño material o moral -salvo lo indicado en sede de compensación a víctimas no parte civil-.

Precisiones Cuando una sentencia dictada en España incluyera una condena de **reparación del daño** o la **indemnización de perjuicios materiales y morales** a favor de las víctimas o perjudicados, la autoridad judicial penal española instará su ejecución a través de los mecanismos previstos en las normas de cooperación judicial civil en la Unión Europea (L 23/2014 art.173.3 párr último).

a) Ejecución en otro Estado de resoluciones españolas. Son notas básicas las siguientes: 10335

- es **competente** para transmitir la resolución a la autoridad receptora el órgano judicial que lo sería para ejecutarla en España;
- se remitirá a un **único Estado** cada vez;
- la resolución que se pretende ejecutar se acompaña de un **certificado** extendido por la autoridad judicial competente para ejecutar en territorio nacional;
- transmitida, no podrá el órgano español proceder a la **ejecución** de la pena de multa y costas, salvo que se produzca su devolución;
- en caso de recibirse **pago total o parcial** de la cantidad, voluntariamente o por ejecución anterior, se comunicará inmediatamente a la autoridad extranjera, a quien se informa asimismo de cualquier medida de suspensión o de pérdida de carácter ejecutorio de la resolución, así como de la concesión de amnistía, indulto o de estimación de recurso.

Precisiones En el **certificado** se ha de fijar, en su caso, la cantidad líquida cuyo pago procede en virtud del **sistema días-multa** previsto en el Código Penal. Asimismo, previsión de que la pena de multa se convierta en pena privativa de libertad o en trabajos en beneficio de la comunidad en caso de impago, conforme a lo dispuesto en el Código Penal, debiendo especificarse su duración (L 23/2014 art.177.2 y 3).

b) Ejecución en España de **resoluciones judiciales o administrativas dictadas en otros Estados**. Se caracteriza el procedimiento por lo siguiente: 10335.5

- no sujeción al **principio de doble tipificación** (salvo en los supuestos enunciados en L 23/2014 art.20.1 y 2 -nº 6730-;
- el **órgano competente** es el juez de lo penal correspondiente -del lugar de residencia o domicilio del ejecutado o de radicación de los bienes (aun tratándose de actos administrativos, dada la naturaleza del ámbito afectado por estos);
- se **reconoce** y **ejecuta** directamente, sin más trámite (salvo que concurra un motivo de no reconocimiento o no ejecución -L 23/2014 art.32, 33 -redacc LO 1/2025- y 182-), siempre que el sancionado tenga propiedades, obtenga ingresos o resida habitualmente en España o tenga

en ella su sede social y siempre que la resolución haya sido correctamente transmitida y se acompañe de certificado de traducción (devolviéndose inmediatamente en otro caso), admitiéndose el empleo de transmisiones telemáticas con firma electrónica;
- finalizada la ejecución se **informa** por el juez de lo penal a la autoridad de emisión (comunicándole también la remisión al juez competente, en caso de haberse remitido a uno carente de competencia para ejecutar);
- la **ejecución** se somete a Derecho español, sin ser precisa la asistencia letrada y representación técnica del ejecutado;
- en caso de acreditarse **pago parcial**, se reducirá el importe que haya de ejecutarse;
- puede, en caso de imposibilidad de ejecución total o parcial, imponer el juez **sanciones alternativas**, nunca privativas de libertad en caso de que lo ejecutado sea una resolución administrativa (sí en caso de que fuera judicial penal), de lo que se informa inmediatamente a la autoridad extranjera;
- se **suspende la ejecución** tan pronto como la autoridad de remisión informe de cualquier resolución adoptada para suspender o dejar sin efecto la resolución;
- las resoluciones del juez citado son **recurribles** en reforma y/o -directa o subsidiariamente- apelación de acuerdo con la Ley de Enjuiciamiento Criminal, con audiencia al órgano extranjero.

Precisiones 1) Este **régimen** es **aplicable**, bajo a la L 23/2014, a las resoluciones que se remitan a las autoridades españolas desde 12-12-2014.
2) El procedimiento de **transmisión de las resoluciones** se somete a las reglas generales de L 23/2014 art.1 a 33 y no requiere título *ad hoc*. Basta que, junto con la resolución sancionadora, se acompañe un **certificado** conforme al modelo que se establece en el anexo de la L 23/2014, traducido a la lengua que en cada caso resulte oportuno.

M. Reglas especiales de revisión de sentencias en ejecución

CP art.2.2; LO 14/2022 disp.trans.2ª)

10336 La Ley de referencia reforma profundamente el Código Penal, por lo que la tipificación y penalidad de numerosos tipos penales se ve afectada. La revisión de sentencias que hayan aplicado **preceptos modificados en favor del reo** deviene obligada con el fin de dar cumplimiento al efecto retroactivo a aquellas leyes penales que favorezcan al reo, aunque al entrar en vigor hubiera recaído sentencia firme -CP art.2.2- (TS auto 13-2-23, EDJ 507958). Al respecto se dispone lo siguiente:

a) El Consejo General del Poder Judicial (de acuerdo con LOPJ art.96 redacc LO 1/2025), puede asignar a uno o varios juzgados de lo penal (desde su constitución, a uno o varios jueces de una Sección de lo Penal de Tribunal de Instancia) o Secciones de Audiencia Provincial dedicados **en exclusiva** a la ejecución de sentencias penales firmes, la revisión de las dictadas antes de la fecha de entrada en vigor de la reforma del Código Penal correspondiente -LO 1/2015 1-7-15; LO 14/2022 12-1-23; LO 4/2023 29-4-23-, en caso de que proceda tal revisión.

b) Se ha de proceder a revisar las sentencias firmes a tal fecha en las que el penado esté extinguiendo efectivamente la pena, aplicando la **disposición más favorable** considerada «taxativamente» y no por ejercicio del arbitrio judicial.

c) En las **penas privativas de libertad** no se considera más favorable la reforma -derivada de la LO 1/2015, de la LO 14/2022, de la LO 4/2023, o la que corresponda, en su caso- cuando la duración de la pena anterior impuesta al hecho con sus circunstancias sea también imponible con arreglo a la actual redacción del Código Penal, con excepción de que esta contenga para el mismo hecho la previsión alternativa de una pena no privativa de libertad, supuesto en el que procede la revisión.

d) No se revisan las sentencias:

• Cuya ejecución esté **suspendida**, sin perjuicio de que proceda revisarlas en caso de revocación de suspensión y con carácter previo a la ejecución de la pena suspendida. Igual criterio es aplicable en caso de libertad condicional.

• En que, con arreglo a las redacciones anterior y vigente, proceda únicamente **pena de multa**.

• En que la pena esté ejecutada o suspendida, aunque se encuentren **pendientes de ejecutar otros pronunciamientos** del fallo, así como las totalmente ejecutadas, sin perjuicio de que puedan ser tomadas en consideración en el futuro a efecto de apreciar reincidencia por parte del órgano judicial correspondiente, a efecto de examinar si el hecho penado en ellas ha dejado de ser delito o pudiera corresponderle una pena menor con arreglo a la Ley vigente.

• En los supuestos de **indulto parcial**, cuando la pena resultante que se halle cumpliendo el condenado se encuentre comprendida en el marco imponible inferior de acuerdo con la regulación vigente.

En materia de **retroactividad**, el Tribunal Constitucional distingue entre: 10336.1
a) **Auténtica**. Disposiciones legales que con posterioridad pretenden anudar efectos a situaciones de hecho producidas o desarrolladas con anterioridad a la propia ley, y ya consumadas. la prohibición de retroactividad operaría plenamente y solo exigencias cualificadas del bien común podrían imponerse excepcionalmente a tal principio.
b) **Impropia**. Pretenden incidir sobre situaciones o relaciones jurídicas actuales aún no concluidas. La licitud o ilicitud de la disposición resultaría de una ponderación de bienes llevada a cabo caso por caso teniendo en cuenta, de una parte, la seguridad jurídica y, de otra, los diversos imperativos que pueden conducir a una modificación del ordenamiento jurídico, así como las circunstancias concretas que concurren en el caso.
La irretroactividad solo es aplicable a los **derechos consolidados**, asumidos e integrados en el patrimonio del sujeto y no a los pendientes, futuros, condicionados y expectativas, de forma que solo puede afirmarse que una norma es retroactiva, a los efectos de Const art.9.3, cuando incide sobre relaciones consagradas y afecta a situaciones agotadas (TCo 51/2018).
En **sede penal**, estas afirmaciones ceden ante el principio de retroactividad de ley favorable e irretroactividad de la desfavorable, incluso respecto de situaciones no agotadas, como es el caso característico en la revisión de condenas en curso de ejecución.

Precisiones 1) La activación de la **cláusula de aplicación retroactiva** (CP art.2.2) exige trazar la relación de continuidad o de equivalencia típica entre la norma en su día aplicada y la posterior; determinar si la nueva ley previene un marco de pena imponible más benigno; y si la pena concreta que resulte a la luz del juicio de individualización contenido en la sentencia firme resulta también más favorable (TS 9-5-24, EDJ 556476). 10336.5
2) En algunas ocasiones, basta para la rectificación un **juicio de contraste** entre la duración de las penas impuestas con arreglo al régimen derogado y las previstas en el nuevo texto legal para determinar el carácter favorable o desfavorable de uno u otro régimen. Sin embargo, en aquellos otros casos en el que el texto aprobado no se limita a una rectificación de las penas imponibles, sino que **reestructura la relación entre tipos penales** de nuevo enunciado, deroga algunos de los preceptos previgentes y recupera otros que habían sido derogados en la norma penal vigente con anterioridad, la tarea exige más que el mero análisis de contraste (TS auto 13-2-23, EDJ 507958).
3) Cuando el delito por el que se condena en la sentencia sometida a revisión desparece y se ve **sustituido por otro tipo penal y existe una identidad sustancial** que permita afirmar que, suprimido el primero, todo lo que este abarcaba ha quedado alojado en el segundo desde la perspectiva del bien jurídico o de la acción típica, atendiendo también a la estructura del tipo subjetivo, la revisión puede suponer la aplicación del nuevo tipo, siempre más favorable para el condenado. No en otro caso (TS 13-2-23, EDJ 507958).
4) La **ley intermedia** más favorable desplaza, tanto a la anterior, como a la posterior perjudiciales (TS 10-6-13, EDJ 136111). La mayoría de la doctrina científica considera que la ley penal intermedia más beneficiosa debe ser aplicada en beneficio del reo. Adicionalmente, el precepto citado permite la **retroactividad de la ley penal más favorable**, con tal amplitud que, aunque al entrar en vigor la nueva ley hubiera recaído sentencia firme, sería factible la retroacción favorable a la aplicación de la Ley penal intermedia cuando sea más beneficiosa para el reo, sin existir jurisprudencia reciente de signo contrario (TS 1-6-23, EDJ 590069; 29-6-18, EDJ 523540; 16-12-13, EDJ 255435).
5) El régimen expuesto, aplicable a la reforma del Código Penal operada por LO 1/2015 y a la operada por LO 14/2022 y LO 4/2023, es sustancialmente igual al establecido respecto de la **modificación** del Código Penal llevada a efecto por la LO 5/2010 y respecto de otras reformas, incluyéndose como regla en ellas. Se toman las indicadas por su relevancia o proximidad.
6) El régimen de revisión establecido en el nuevo Código Penal Militar (LO 14/2015) es el siguiente:
• Serán **revisadas de oficio** las sentencias firmes no ejecutadas total o parcialmente que se hayan dictado antes de la vigencia del nuevo Código Penal Militar (16-1-2016), en las que, conforme a él, hubiera correspondido la **absolución o una condena más beneficiosa** para el reo por aplicación taxativa de sus preceptos y no por el ejercicio del arbitrio judicial.
• Todo ello sin perjuicio de que el juez o tribunal que en el futuro pudiera tenerlas en cuenta a efectos de **reincidencia** deba examinar previamente si el hecho en ellas penado ha dejado de ser delito o pudiera corresponderle una pena menor de la impuesta conforme al Código Penal Militar (LO 14/2015 disp.trans.2ª).
7) En lo que respecta a la revisión de sentencias de ejecución, la **Fiscalía General del Estado** ha establecido una serie de criterios en relación con la reforma del Código Penal operada por la LO 10/2022 (FGE Circ 1/2023), que son objeto de tratamiento en el nº 5414 Memento Procesal Penal 2026.

N. Ejecución en la Unión Europea de resoluciones judiciales de decomiso por comisión de infracción penal

(LOPJ art.88.1.g; 89.5.f; 89 bis.5.d, 90.5, 91.2, 92.1, 95.a, c y d redacc LO 1/2025; Dir 2014/42/UE; L 23/2014 art.157 a 172; CP art.127)

10337 MPP nº 3550 s., 5420, 5515 s. Estas disposiciones (aplicables sin perjuicio de otros convenios, generalmente bilaterales) regulan el procedimiento que deben seguir las autoridades judiciales españolas para transmitir a las autoridades correspondientes de los demás Estados miembros de la Unión Europea, una **resolución de decomiso firme** impuesta como consecuencia de la comisión de una infracción penal, así como la actuación que han de desarrollar las autoridades judiciales españolas cuando reciban una resolución de decomiso firme emitida por la autoridad competente de otro Estado miembro de la Unión Europea e impuesta como consecuencia de la comisión de una infracción penal, para su reconocimiento y ejecución.

La Dir 2014/42/UE establece normas mínimas sobre el **embargo de bienes** con vistas a su posible decomiso y sobre el decomiso de bienes en el ámbito penal se aplica a las infracciones penales contempladas en:

• Convenio establecido según Tratado UE art.K.3 apdo 2.c, relativo a la lucha contra los actos de corrupción en los que estén implicados funcionarios de las Comunidades Europeas o de los Estados miembros de la Unión Europea.

• Decisión Marco 2000/383/JAI, sobre el fortalecimiento de la protección, por medio de sanciones penales y de otro tipo, contra la falsificación de moneda con miras a la introducción del euro.

• Decisión Marco 2001/413/JAI, sobre la lucha contra el fraude y la falsificación de los medios de pago distintos del efectivo.

• Decisión Marco 2001/500/JAI, relativa al blanqueo de capitales, la identificación, seguimiento, embargo, incautación y decomiso de los instrumentos y productos del delito.

• Decisión Marco 2002/475/JAI, sobre la lucha contra el terrorismo;

• Decisión Marco 2003/568/JAI, relativa a la lucha contra la corrupción en el sector privado.

• Decisión Marco 2004/757/JAI, relativa al establecimiento de disposiciones mínimas de los elementos constitutivos de delitos y las penas aplicables en el ámbito del tráfico ilícito de drogas.

• Decisión Marco 2008/841/JAI, relativa a la lucha contra la delincuencia organizada.

• Dir 2011/36/UE, sobre la prevención y lucha contra la trata de seres humanos y la protección de las víctimas.

• Dir 2011/93/UE, sobre la lucha contra los abusos sexuales y la explotación sexual de los menores y la pornografía infantil.

• Dir 2013/40/UE, relativa a los ataques contra los sistemas de información.

Es **resolución de decomiso** la sanción o medida firme impuesta por un órgano jurisdiccional a raíz de un procedimiento relacionado con una o varias infracciones penales, que tenga como resultado la privación definitiva de bienes. Puede afectar a cualquier tipo de bienes y a los documentos con fuerza jurídica u otros acreditativos de un título o derecho sobre esos bienes respecto de los cuales el órgano jurisdiccional del Estado de emisión haya decidido que:

- constituyen el **producto de una infracción penal** o equivalen total o parcialmente al valor de dicho producto o son los instrumentos de dicha infracción;
- pueden ser decomisados con motivo de la aplicación en el Estado de emisión de cualquiera de los supuestos de **potestad de decomiso ampliada** que se especifican en la Decisión Marco 2005/212/JAI, relativa al decomiso de los productos, instrumentos y bienes relacionados con el delito, art.3.1 y 2; o a tenor de cualesquiera otras disposiciones relacionadas con una potestad de decomiso ampliada de conformidad con el Derecho del Estado de emisión.

Precisiones La Dir 2014/42/UE ha sido objeto de **transposición** al ordenamiento interno por medio de la L 41/2015 y por medio de CP art.127 a 127 octies. Regula el régimen de **intervención de terceros** afectados por el comiso o decomiso en la causa penal y el procedimiento de decomiso autónomo. Igualmente, la Dir 2011/93/UE se ha incorporado parcialmente al ordenamiento nacional por LO 8/2021.

10337.1 **Competencia** (L 23/2014 art.158) Es competente para **transmitir** una resolución firme impuesta a una persona natural o jurídica a otro Estado miembro de la Unión Europea en el que se encuentren los bienes objeto de decomiso, el juez o tribunal penal competente para su ejecución en España.

Para **ejecutar** en España una resolución de decomiso transmitida por las autoridades judiciales competentes del Estado de emisión es competente el juez de lo penal del lugar donde se encuentren los bienes objeto de dicha resolución.

El **cambio sobrevenido de la ubicación del bien** o de los bienes no implica pérdida de la competencia del juez que hubiera acordado el reconocimiento y la ejecución de la resolución de decomiso transmitida a España.

Si el certificado (L 23/2014 art.160, anexo XI) se hubiese emitido en relación con varios **bienes ubicados en circunscripciones distintas**, el juez de lo penal que primero lo reciba y en cuya circunscripción se encuentre al menos uno de dichos bienes es competente para conocer del decomiso de todos los demás.

Si la **autoridad emisora no conociera el lugar de ubicación** del bien a decomisar y sí indicara en el certificado el lugar de residencia o domicilio social de la persona frente a la que se dictó la resolución, la competencia corresponde al juez de lo penal de dicha localidad, aun cuando se constatase con posterioridad que el bien está ubicado en otra circunscripción o que la persona ha trasladado su domicilio.

En caso de un mismo **certificado emitido en relación con varias personas**, con residencia en varios lugares distintos del territorio español, el juez de lo penal que primero lo reciba y en cuya circunscripción se encuentre al menos uno de dichos domicilios, será competente para conocer del decomiso decretado frente al resto de las personas reseñadas en el certificado.

Transmisión por autoridad española (L 23/2014 art.159) La autoridad judicial penal española competente para ejecutar un decomiso transmitirá la resolución (una vez firme) a la autoridad competente de otro Estado miembro de la Unión Europea, cuando crea fundadamente que los bienes objeto de aquel se encuentran en dicho Estado. **10337.2**

En caso de que en relación con esos bienes se hubiera dictado y ejecutado con anterioridad una resolución de embargo y de aseguramiento de prueba en procedimientos penales (al amparo de la L 23/2014), el juez de lo penal recaba los **antecedentes** al juez de instrucción a los efectos de continuar su tramitación.

Si la autoridad judicial penal española no conoce cuál es la autoridad competente para ejecutar la resolución, efectúa todas las **investigaciones** que considere oportunas y se valdrá de todos los medios que resulten necesarios.

Cuando se trate de una resolución de **decomiso de una cantidad de dinero**, se transmitirá a la autoridad competente del Estado miembro de la Unión Europea en el que tenga motivos fundados para creer que la persona contra la que se ha dictado la resolución tiene bienes o ingresos.

Si la autoridad judicial penal española no tiene motivos fundados que le permitan determinar el Estado al que pueda trasladar la resolución de decomiso, la transmitirá a la autoridad competente del Estado miembro donde la persona natural o jurídica contra la que se ha dictado la resolución resida habitualmente o tenga su **domicilio social**, respectivamente.

Precisiones 1) Una resolución de decomiso referente a bienes concretos puede transmitirse **simultáneamente a más de un Estado de ejecución** cuando:

• La autoridad judicial española competente tenga motivos fundados para creer que los distintos bienes objeto de la resolución de decomiso se encuentran en distintos Estados de ejecución.

• El decomiso de un bien concreto incluido en la resolución de decomiso requiera la intervención en más de un Estado de ejecución.

• La autoridad judicial española competente tenga motivos fundados para creer que un bien concreto incluido en la resolución de decomiso está localizado en uno de los dos o más Estados de ejecución determinados.

2) Si la resolución de decomiso se refiere a una **cantidad de dinero** puede transmitirse simultáneamente a más de un Estado de ejecución cuando la autoridad judicial española competente considere que hay motivos específicos para hacerlo, lo que se entiende concurrente (con carácter mero enunciativo):

• Cuando los bienes afectados no hayan sido embargados con arreglo a la L 23/2014, para la eficacia en la Unión Europea de las resoluciones de embargo y de aseguramiento de pruebas en procedimientos penales.

• Cuando el valor de los bienes que pueden ser decomisados en el Estado de emisión y en cualquier Estado de ejecución probablemente no sea suficiente para ejecutar la cantidad total objeto de la resolución de decomiso.

3) Siempre que no se haya cumplido en su totalidad la resolución de decomiso, se efectúa su **remisión de forma sucesiva** a los Estados en los que se presuma que se encuentran bienes del condenado.

Documentación (L 23/2014 art.160) La resolución que se pretende ejecutar debe acompañarse de un **certificado** (traducido a la lengua oficial del Estado al que se dirige o a una lengua oficial de las instituciones de la Unión aceptada por dicho Estado) firmado por la autoridad judicial penal española que, conforme a la legislación interna, sea competente para su ejecución. **10337.3**

Se transmite la **resolución original** o una **copia certificada**, junto con el certificado, directamente a la autoridad encargada de la ejecución, por correo certificado, fax o medios informáticos o telemáticos que permitan acreditar la autenticidad del contenido, la certeza de la fecha y la identidad del remitente.

En el **certificado** se señala específicamente que no cabe imponer penas privativas de libertad o de otros derechos como alternativa a la resolución de decomiso.
Asimismo, en caso de que en relación con los bienes objeto de decomiso se hubiera ejecutado con anterioridad una resolución de **embargo preventivo de bienes** o de **aseguramiento de pruebas** se hace constar así expresamente.

10337.4 **Consecuencias** (L 23/2014 art.163) La transmisión de una resolución de decomiso no impide que la autoridad judicial penal española pueda proceder a su **ejecución**. En caso de transmisión a uno o más Estados de ejecución de una resolución referente a una **cantidad de dinero**, se ha de garantizar que el valor total derivado de la ejecución de la resolución no exceda del importe máximo especificado en la misma.
La autoridad judicial penal española ha de **informar**, con constancia escrita, a la autoridad competente de todo Estado de ejecución afectado, cuando:
• Considere que hay riesgo de que la ejecución supere el importe máximo especificado o que dicho riesgo ha dejado de existir.
• La resolución de decomiso haya sido ejecutada total o parcialmente en España o en otro Estado de ejecución, especificando el importe de la sentencia de decomiso que aún no haya sido ejecutado.
• Con posterioridad a la transmisión de una resolución de decomiso, una autoridad española ha recibido una cantidad de dinero pagada voluntariamente por el condenado en cumplimiento de la resolución de decomiso, indicando si queda parte de la resolución por ejecutar y su importe.

10337.5 **Transformación** (L 23/2014 art.164) Cuando una resolución de decomiso afecte a un **bien en concreto** y por cualquier circunstancia no fuera posible el decomiso del mismo, la autoridad judicial española solicita a la autoridad competente del Estado de ejecución que el decomiso adopte la forma de **obligación de pago de una cantidad de dinero** equivalente al valor del bien de que se trate.
Para dicha transformación, una vez se reciba noticia de la imposibilidad de llevar a cabo el decomiso del bien concreto de que se trate, se ha de acordar en el plazo de 5 días que se practique la **tasación judicial del bien**. De su resultado se da traslado por igual plazo al Ministerio Fiscal y a todas las partes personadas, a fin de que impugnen la tasación o manifiesten lo que a su derecho convenga. El incidente finaliza con el auto dictado por el órgano judicial determinando la **cuantía de la obligación de pago** que, una vez firme, se comunica a la autoridad de ejecución.

10337.7 **Acuerdo entre autoridades** (L 23/2014 art.165) El juez o tribunal competente que hubiera emitido la resolución de decomiso puede alcanzar un acuerdo en relación con la **disposición de los bienes decomisados** cuando así lo solicitase la autoridad de ejecución. En este caso, la ejecución del decomiso queda a expensas de lo que al respecto se acuerde.
La autoridad judicial española que reciba una comunicación de la autoridad del Estado de ejecución sobre **gastos especiales** que ha conllevado la ejecución de la resolución de decomiso, lo ha de comunicar al ministerio del ramo de justicia a efectos de un posible acuerdo sobre el reparto de costes con el Estado de ejecución.

10338 **Terminación y revisión** La autoridad judicial penal española ha de informar inmediatamente a la autoridad competente del Estado de ejecución de toda decisión o medida que tenga por efecto anular el carácter ejecutorio de la sentencia o retirar la resolución del Estado de ejecución por cualquier otro motivo.
En caso de **impugnación** de la resolución de decomiso, la misma se resolverá por la autoridad judicial competente para el conocimiento del recurso interpuesto. En caso de estimación de un recurso que afecte a la resolución de decomiso, la autoridad judicial penal española lo comunica inmediatamente al Estado de ejecución.

10338.1 **Ejecución en España** Las resoluciones de decomiso firmes adoptadas por el Estado de
MPP emisión para su ejecución en España no están sujetas a **control de la doble tipificación** cuan-
nº 5438 do se refieran a hechos enjuiciados como algunos de los delitos que se enuncian en el nº 6730, siempre que estén castigados en dicho Estado con penas privativas de libertad cuya duración máxima sea de al menos 3 años.

Precisiones Cuando el juez de lo penal competente reciba la **resolución de una autoridad judicial de otro Estado miembro** de la Unión Europea para que ejecute una resolución de decomiso impuesta por una infracción penal no prevista en la relación anterior, ha de supeditar el reconocimiento y la ejecución de la misma a la condición de que el hecho por el que la misma se haya dictado sea también constitutivo de infracción penal según el Derecho español.

Reconocimiento (L 23/2014 art.167 s.) El juez de lo penal competente está obligado a reconocer y a ejecutar, sin más trámite que el informe del Ministerio Fiscal y de las partes personadas (emitido en plazo de 5 días -L 23/2014-), una resolución de decomiso cuando el **bien sobre el que recaiga se encuentre en España**, que haya sido debidamente transmitida por la autoridad competente del Estado de emisión, salvo en aquellos casos en que concurra alguno de los motivos para el no reconocimiento o la no ejecución. 10338.2

El juez ha de acordar el **despacho de ejecución** de la resolución de decomiso debidamente transmitida mediante auto, en un plazo máximo de 10 días (L 23/2014) desde su recepción. La adopción de la resolución de decomiso de que se trate sucederá, en su caso, a las medidas que sobre los mismos bienes se hubieran acordado en aplicación de la L 23/2014.

Precisiones 1) Cuando el **certificado** que acompañe a la resolución de decomiso no venga traducido al español se remitirá inmediatamente a la autoridad judicial que lo hubiera firmado para que lleve a cabo la **traducción** correspondiente, salvo que un convenio en vigor con dicho Estado o una declaración depositada ante la Secretaría General del Consejo de la Unión Europea permitan el **envío en esa otra lengua**. Pero no es obligatorio que la resolución judicial en que se basa el certificado se reciba traducida al español, sin perjuicio de que la autoridad judicial solicite su traducción cuando lo considere imprescindible para su ejecución.

2) Los jueces competentes admitirán las resoluciones de decomiso que regula esta Ley que se efectúen mediante **correo certificado, fax o medios informáticos o telemáticos** que permitan acreditar la autenticidad del contenido, la certeza de la fecha y la identidad del remitente, requiriendo posteriormente el envío de la documentación original a la autoridad judicial emisora.

3) Cuando un juez de lo penal reciba una resolución para su reconocimiento y ejecución y **no sea competente** para ello, la transmitirá de oficio al que lo sea, si así se desprende de la documentación recibida, informando de ello inmediatamente y con constancia escrita a la autoridad del Estado de emisión.

Ejecución (L 23/2014 art.168) En caso de que una solicitud de decomiso afecte a un **bien concreto** y no fuera posible practicarlo, el juez de lo penal competente ha de acordar que el decomiso adopte la forma de la obligación de pago de una cantidad de dinero correspondiente al valor del bien de que se trate. 10338.3

Si la resolución de decomiso se refiere a una **cantidad de dinero**, en caso de que no pueda obtener el pago, el juez la ejecuta sobre cualquier bien disponible a tal efecto.

En estos supuestos, se da **audiencia** al Ministerio Fiscal y demás partes personadas por el plazo de 5 días.

Se informará a la autoridad competente del Estado de emisión, dejando constancia escrita, de la ejecución de la resolución tan pronto como esta haya finalizado.

Precisiones 1) La **ejecución** de la resolución se rige por el **Derecho español** y se lleva a cabo del mismo modo que si el decomiso se hubiera impuesto por un tribunal español. También se ejecutará la resolución de decomiso que se haya impuesto en el Estado de emisión a una persona jurídica por una infracción para la que no se prevea en el ordenamiento interno su responsabilidad.

2) En caso de **imposibilidad de ejecución** de una resolución de decomiso, el juez de lo penal ha de informar a la autoridad competente del Estado de emisión sin dilación, sin que se puedan ejecutar medidas alternativas no previstas en el Derecho español.

3) Cualquiera que sea la decisión adoptada en relación con la ejecución, su denegación o suspensión, el juez la **notifica al Ministerio Fiscal** al mismo tiempo que la transmite a la autoridad competente del Estado de emisión.

Ejecución de resoluciones múltiples (L 23/2014 art.169) En caso de que juez competente estuviera tramitando dos o más resoluciones de decomiso referentes bien a una cantidad de dinero dictadas contra la misma persona natural o jurídica que no disponga de medios suficientes en España para que se ejecuten todas las resoluciones, o bien referentes a un mismo bien, ha de **decidir cuál o cuáles** de las resoluciones de decomiso se ejecutarán, tras considerar debidamente todas las circunstancias. Para adoptar esta decisión ha de **tener en cuenta y por este orden**, principalmente: 10338.4

- la existencia de un embargo preventivo;
- la gravedad relativa y el lugar de la infracción;
- las fechas de las resoluciones respectivas; y
- las fechas de su transmisión.

Precisiones En caso de que el condenado pudiera facilitar la **prueba del decomiso, total o parcial**, efectuado en otro Estado, el juez de lo penal competente ha de consultar a la autoridad competente del Estado de emisión. En caso de **decomiso de productos de un delito**, toda porción del valor de los bienes afectados que se recupere en virtud de la resolución de decomiso en otro Estado se deducirá en su totalidad del valor de los bienes que se han de decomisar en España.

10338.5 **Denegación de reconocimiento y ejecución** (L 23/2014 art.170) Por el juez de lo penal competente, procede en los siguientes **casos**:
a) Cuando se haya dictado en España o en otro Estado distinto al de emisión una **resolución firme**, condenatoria o absolutoria, contra la misma persona y respecto de los mismos hechos, y su ejecución vulnerase el principio *non bis in idem*, y aun cuando el condenado hubiera sido posteriormente indultado.
b) Cuando se trate de una resolución de decomiso impuesta por una **infracción distinta** de las enumeradas anteriormente y esta no se encuentre tipificada en el Derecho español. No obstante, cuando la resolución se haya impuesto por una infracción penal en materia tributaria, aduanera o de control de cambios, no puede denegarse la ejecución si el fundamento fuera que la legislación española no establece el mismo tributo o no contiene la misma regulación en materia tributaria y de control de cambios que la legislación del Estado de emisión.
c) Cuando exista una **inmunidad** que impida la ejecución.
d) Cuando los **derechos de las partes interesadas**, incluidos los terceros de buena fe con arreglo a la legislación española, impidan la ejecución de la resolución.

10338.6 **e)** Cuando, según el certificado, el **investigado no haya comparecido en el juicio** del que deriva la resolución de decomiso, **salvo** que en el certificado conste, con arreglo a otros requisitos procesales definidos en la legislación nacional del Estado de emisión alguna de las **siguientes circunstancias**:
• Que, con la suficiente antelación, el investigado fue citado en persona e informado del lugar y la fecha previstos para el juicio del que deriva la resolución, o recibió información oficial de la fecha y lugar previstos para el juicio por otros medios que dejen constancia de su efectivo conocimiento, y fue informado de que podría dictarse una resolución en caso de incomparecencia.
• Que, conociendo la celebración prevista del juicio, dio mandato a un letrado bien designado por él mismo o por el Estado, para que le defendiera en juicio, y fue efectivamente defendido por aquel en el juicio.
• Que, tras serle notificada la resolución de decomiso y ser informado expresamente de su derecho a un nuevo juicio o a interponer un recurso con la posibilidad de que, de ese nuevo proceso, en el que tendría derecho a comparecer, derivase una resolución contraria a la inicial, el investigado declaró expresamente que no impugnaba la resolución, o no solicitó la apertura de un nuevo juicio ni interpuso recurso dentro del plazo previsto para ello.

10338.7 **f)** Cuando la resolución se refiera a hechos que el Derecho nacional considere cometidos en su totalidad o en parte en territorio español o cuando se hayan cometido **fuera del Estado emisor** y el Derecho español no permita la persecución de dichas infracciones cuando se hayan cometido fuera de su territorio, deduciendo en tal supuesto testimonio y remitiéndolo al órgano judicial competente.
g) Cuando el juez considere **incompatible con los derechos y libertades fundamentales** reconocidos en la Constitución la resolución adoptada en aplicación de las disposiciones sobre la potestad de decomiso ampliada (L 23/2014 art.157.2.d).
h) Cuando la resolución se refiera a hechos para cuyo enjuiciamiento sean competentes las autoridades españolas y, de haberse dictado la condena por un órgano jurisdiccional español, la **sanción impuesta hubiese prescrito** de conformidad con el Derecho español.
i) Cuando falte el **certificado** que ha de acompañar a la solicitud de ejecución, sea incompleto o no se corresponda manifiestamente con la resolución.

Precisiones Si **no fuera posible ejecutar la resolución** de decomiso debido a que el bien al que se refiera ya haya sido decomisado, hubiera desaparecido, haya sido destruido o no se encontrara en la localización indicada en el certificado o a que no se indicara con la suficiente precisión su ubicación o paradero, el juez de lo penal competente informará de ello sin demora a la autoridad competente del Estado de emisión.

10339 **Suspensión de la ejecución** (L 23/2014 art.171) Por el juez de lo penal competente, potestativamente, durante el tiempo de persistencia de la causa de suspensión y con adopción de las medidas cautelares necesarias, en siguientes **supuestos**:
• En el caso de una resolución de decomiso referente a una **cantidad de dinero**, cuando considere que hay riesgo de que el valor total derivado de su ejecución pueda exceder del importe especificado en la resolución como consecuencia de su ejecución simultánea en más de un Estado miembro.
• Si la ejecución de la resolución pudiera impedir el buen desarrollo de una **investigación** o actuación penal en curso.
• Cuando considere necesario **traducir**, sin repercutir su coste al Estado de emisión, la resolución o partes de ella.
• Cuando el bien ya fuera objeto de un **procedimiento de decomiso** en España.

Régimen de impugnación (L 23/2014 art.24) Contra las resoluciones del juez de lo penal que resuelvan acerca de los instrumentos europeos de reconocimiento mutuo, es decir, del reconocimiento y ejecución de las resoluciones emitidas por una autoridad de otro Estado miembro de la Unión Europea, el Ministerio Fiscal, el condenado o los titulares de derechos e intereses legítimos que puedan verse afectados pueden interponer sin efecto suspensivo **recurso** de reforma y de apelación (subsidiariamente o por separado, sin que sea necesario interponer previamente el de reforma para presentar la apelación). **10339.1**

Interpuestos estos recursos, el juez de lo penal lo comunica al órgano judicial del Estado emisor, dejando constancia escrita, en condiciones que permitan a la autoridad judicial a la que se dirige establecer su **autenticidad**, para que exponga, en su caso, las consideraciones oportunas en el plazo de 5 días desde la recepción del certificado. También ha de informar de la resolución del recurso de reforma o apelación.

Los **motivos de fondo** por los que se haya adoptado la resolución solo podrán ser impugnados mediante un recurso interpuesto en el Estado miembro de la autoridad judicial de emisión.

Precisiones 1) Todos estos recursos se tramitarán de acuerdo con lo dispuesto en la Ley de Enjuiciamiento Criminal para la recurribilidad de los autos de los jueces de lo penal en el **procedimiento abreviado.**

2) Como consecuencia de la reforma operada por L 3/2018, desaparece la previsión específica de que la interposición del recurso puede suspender la ejecución de la orden o resolución cuando esta pudiera crear situaciones irreversibles o causar **perjuicios de imposible o difícil reparación**, adoptándose en todo caso las medidas cautelares que permitan asegurar la eficacia de aquella. No obstante, por imperativo de reglas generales y principios constitucionales puede seguir resultando de aplicación.

3) Contra las resoluciones del Ministerio Fiscal en ejecución de los instrumentos de reconocimiento mutuo no cabe recurso, sin perjuicio de las posibles **impugnaciones sobre el fondo** ante la autoridad de emisión y de su valoración posterior en el procedimiento penal que se siga en el Estado de emisión.

Disposición de los bienes decomisados (L 23/2014 art.172 y disp.adic.4ª) El **dinero obtenido de la ejecución** de la resolución de decomiso se dispone por el juez competente de acuerdo con las siguientes **reglas**: **10339.2**

• Si el importe obtenido de la ejecución de la resolución de decomiso es **inferior a 10.000 euros** o al equivalente a dicho importe, el mismo se ingresará en la cuenta de depósitos y consignaciones judiciales, siendo transferido al Tesoro.

• En todos los **demás casos**, se transferirá al Estado de emisión el 50% del importe que se haya obtenido de la ejecución de la resolución de decomiso. El 50% restante se ingresará en la cuenta de depósitos y consignaciones judiciales, siendo transferido al Tesoro.

Los **bienes que no sean dinero** u otros instrumentos de pago al portador obtenidos de la ejecución de la resolución de decomiso sean enajenados y aplicados de la forma indicada.

También pueden ser transferidos al Estado de emisión, siendo necesario su **consentimiento** en caso de que la resolución de decomiso se refiera a una suma en efectivo.

Cuando de la ejecución de la resolución de decomiso resulten afectados **bienes integrantes del patrimonio histórico** español, el juez de lo penal, en ningún caso, procederá a su enajenación o restitución al Estado de emisión. En tal supuesto, lo comunicará a las autoridades españolas competentes aplicándose la L 16/1985.

Precisiones La **Oficina de Recuperación y Gestión de Activos** podrá llegar a un acuerdo con el Estado de ejecución sobre el reparto de costes cuando hubiera intervenido en la gestión de los bienes decomisados (L 23/2014 art.65.2).

Decomiso de un Estado no miembro de la Unión Europea (L 23/2014 disp.adic.4ª) En caso de proceder la resolución de decomiso de un Estado no miembro de la Unión Europea se aplican las siguientes reglas: **10339.3**

a) Si el **valor** de los bienes, valores y efectos decomisados, descontados los gastos realizados para su localización, administración y conservación, fuera **inferior a 10.000 euros**, se adjudicarán íntegramente al Estado español y se les dará el destino que se determine legal o reglamentariamente.

b) En el **resto de los casos y a falta de acuerdo España-Estado de emisión**, corresponderá a este el 50% del valor de los bienes, valores y efectos decomisados cuando la resolución de decomiso haya sido dictada por la autoridad competente de un Estado que haya garantizado reciprocidad a España. El resto de los bienes, valores y efectos decomisados serán adjudicados al Estado español, que les dará el destino que se determine legal o reglamentariamente.

c) Se dispondrá de los bienes, valores o efectos decomisados del siguiente modo:

• Si se trata de **dinero**, se transferirá al Estado requirente la cantidad que corresponda.

• En caso de tratarse de **bienes, valores o efectos de otra naturaleza**, se transferirán al Estado requirente, en la parte que corresponda, salvo que la resolución de decomiso se hubiera referido a una cantidad de dinero y el Estado requirente no se muestre conforme. En tal caso se procederá a su venta conforme al procedimiento que se determine reglamentariamente y se transferirá el efectivo obtenido al Estado requirente, en la parte que corresponda, tras descontar los gastos de ejecución.

• Cuando ninguno de los dos procedimientos anteriores pueda ser aplicado, se procederá conforme a cualquier **otro procedimiento** autorizado legal o reglamentariamente.

Ñ. Ejecución de sentencias penales en el ámbito internacional

1. Régimen aplicable en el ámbito del Consejo de Europa

10339.4 MPP nº 5465 s. Las principales normas de los convenios europeos sobre el valor internacional de las sentencias penales (Convenio La Haya 28-5-1970), sobre traslado de personas condenadas (Convenio Estrasburgo 21-3-1983), aparte de las expuestas en el nº 917 Memento Procesal Penal 2026, se resumen en los apartados siguientes:

• El condenado puede ser **detenido como paso previo** para la ejecución de la sentencia.

• La sanción impuesta en el Estado requirente no podrá **ejecutarse en el Estado requerido** salvo en virtud de una resolución de tribunal competente de este segundo Estado, que antes de dictarla concederá al condenado la posibilidad de exponer su punto de vista, oyéndole si lo solicita mediante comisión rogatoria o en comparecencia personal, que se le concederá cuando así lo solicite expresamente.

No obstante, si el condenado hubiera solicitado comparecer personalmente y estuviera detenido en el Estado requirente, el tribunal podrá **resolver en su ausencia** acerca de la aceptación de la solicitud de ejecución, aplazándose la decisión relativa a la sustitución de la sanción hasta que el condenado, una vez trasladado al Estado requerido, tenga la posibilidad de comparecer ante el tribunal.

• El Estado requerido quedará vinculado por los **hechos declarados probados** en la resolución de cuya ejecución se trate.

• El tribunal sustituirá la **sanción privativa de libertad** impuesta en el Estado requirente por otra prevista en su propia ley para la misma infracción, sin agravar la situación del condenado.

• Cualquier Estado contratante podrá, en cualquier momento, depositar en poder del secretario general del Consejo de Europa una declaración que le confiera **derecho de ejecutar una sanción privativa de libertad** de la misma naturaleza que la impuesta en el Estado requirente, incluso aunque la duración de esta exceda del máximo previsto por su ley nacional para una sanción de esa naturaleza. Sin embargo, esta norma solamente podrá aplicarse en los casos en que la Ley nacional de ese Estado permita imponer por la misma infracción una sanción que tenga, al menos, la misma duración que la impuesta en el Estado requirente, pero que sea de naturaleza más severa.

• Cualquier **parte de la sanción** impuesta en el Estado requirente y cualquier período de **detención provisional** sufridos por el condenado después de la condena se abonarán en su totalidad para el cumplimiento de esta. La misma norma se aplicará por lo que respecta a la **prisión preventiva** sufrida por el condenado en el Estado requirente antes de su condena en la medida en que la ley de dicho Estado así lo exija.

• Cuando resulte imposible la **ejecución de una multa**, el tribunal del Estado requerido podrá imponer una **sanción sustitutoria privativa de libertad** en la medida en que las leyes de ambos Estados la prevean para tales casos, a menos que el Estado requirente haya limitado expresamente su solicitud a la ejecución de la multa.

• En el caso de penas de **inhabilitación**, el Estado requerido tendrá derecho a reponer al condenado en los derechos de que se le hubiera privado en virtud de una resolución dictada en aplicación del Convenio.

2. Régimen bilateral

10339.5 Han de tenerse en cuenta en esta materia los múltiples **convenios bilaterales** firmados por España con otros Estados. Dichos instrumentos se citan en el nº 85 s. Memento Procesal Penal 2026.

Precisiones Especialmente relevante es el supuesto de **traslado de condenados entre Estados**, a efecto del cumplimiento de la pena impuesta en uno de ellos bajo las autoridades y en el territorio de otro. El principio inspirador de la relación entre las jurisdicciones de ambos Estados en estos supuestos es el de **prosecución de la pena** impuesta por las autoridades remitentes. La ultravigencia

territorial de la pena originaria nace de la vinculación de los hechos probados proclamados por el órgano jurisdiccional que impuso la condena y se proyecta sobre la duración de aquella. Excepcionalmente puede promoverse un **expediente de adaptación** en los supuestos de incompatibilidad con la legislación del Estado receptor. Sin embargo, el análisis de esa incompatibilidad -en la naturaleza o duración de la pena o medida de seguridad- no autoriza a la formulación de un nuevo juicio de tipicidad por las autoridades judiciales del Estado destinatario (TS 17-10-13, EDJ 214600). De otra forma se produciría la desnaturalización funcional del expediente de adaptación con abandono de los principios informantes del acuerdo bilateral vigente entre ambos Estados.
El sistema de prosecución que inspira el cumplimiento de la pena originaria en los supuestos de traslado de condenados no es incompatible con un **expediente judicial**, tramitado en la ejecutoria, de adaptación de la pena en los supuestos de incompatibilidad en la naturaleza o duración de las penas o medidas contempladas en nuestro sistema; expedientes estos previstos habitualmente en los tratados bilaterales de traslado de personas condenadas. Sin embargo, el análisis de la eventual incompatibilidad no puede hacerse operando una suerte de tipicidad superpuesta, de tal manera que el desenlace penal procedente en la jurisdicción de los Estados remitente y destinatario se someta a un examen formal de simetría. La adaptación de la pena no impone a la autoridad judicial ante la que se solicita un **análisis comparativo** de los ordenamientos penales convergentes, hasta el punto de identificar esa operación con una calificación sobrevenida de los hechos (TS 29-1-18, EDJ 2603). Y se somete en todo caso al **principio de proporcionalidad** (TS 28-5-15, EDJ 93141; 28-4-16, EDJ 58241).

3. Régimen en el ámbito de la Unión Europea

(L 23/2014 art.63 a 108)

Ha de diferenciarse entre las resoluciones firmes por las que se imponen penas privativas de libertad (nº 10339.7) y penas de libertad vigilada (nº 10339.8 s.). 10339.6

Precisiones Respecto de la toma en consideración de sentencias y **resoluciones condenatorias dictadas en otros Estados miembros** con ocasión de un nuevo proceso penal, ha de atenderse a lo establecido en la LO 7/2014. En nº 8406 se trata esta materia, junto con el intercambio de información de antecedentes penales, por razón sistemática.

Penas privativas de libertad (L 23/2014 art.63 a 92) Las resoluciones judiciales firmes **emitidas por la autoridad competente de un Estado miembro** tras la celebración de un proceso penal, por las que se condena a una persona física a una pena o medida privativa de libertad como consecuencia de la comisión de una infracción penal, incluidas las medidas de internamiento impuestas según LO 5/2000 pueden ser ejecutadas en España. 10339.7 MPP nº 5465 s.
Son autoridades **competentes para la transmisión** de estas resoluciones los jueces de vigilancia penitenciaria, así como los jueces de menores. En los casos en **que no se haya dado inicio al cumplimiento** de la condena, es competente el tribunal que haya dictado la sentencia en primera instancia.
La autoridad competente **para reconocer y acordar la ejecución** de estas resoluciones es el juez central de lo penal. **Para llevar a cabo la ejecución** la competencia es para el juez central de vigilancia penitenciaria, sin embargo, si la resolución se refiere a una medida de internamiento en **régimen cerrado de un menor** el competente es el juez central de menores.

Precisiones El régimen estudiado se aplica únicamente a las **penas o medidas pendientes**, total o parcialmente, de ejecución. Cuando hayan sido totalmente cumplidas, su consideración en un nuevo proceso penal se regirá por la LO 7/2014 -intercambio de información de antecedentes penales y consideración de resoluciones judiciales penales en la Unión Europea- (nº 8406 s.).

Libertad vigilada (L 23/2014 art.93 a 108) Pueden ser objeto de reconocimiento y ejecución las resoluciones firmes dictadas por la autoridad competente de un Estado miembro por las que se imponga una pena o medida privativa de libertad a una persona física, cuando en relación con su cumplimiento se acuerde: 10339.8 MPP nº 5504 s.
• La **libertad condicional** sobre la base de dicha sentencia o mediante una resolución ulterior de libertad vigilada.
• La **suspensión de la condena**, bien en parte o bien en su totalidad, imponiendo una o más medidas de libertad vigilada que pueden incluirse en la propia sentencia o determinarse en una resolución de libertad vigilada aparte.
• La **sustitución de la pena** por otra que imponga una privación de un derecho, una obligación o una prohibición que no constituya ni una pena o medida privativa de libertad, ni una sanción pecuniaria.
• De acuerdo con el Derecho del Estado de emisión, una **condena condicional** mediante la cual se impone una o más medidas de libertad vigilada, pudiendo, en su caso, diferir de forma condicional la pena privativa de libertad impuesta.

Quedan también **sujetas a este régimen** las resoluciones de libertad vigilada cuando se haya adoptado por la autoridad competente para la ejecución de la pena o medida privativa de libertad en el Estado de emisión.
No se aplica, por el contrario, a los supuestos de reconocimiento y ejecución de resoluciones que impongan penas privativas de libertad, sanciones pecuniarias o decomiso previstos en la ley.

10339.9 Son susceptibles de transmisión y ejecución en otro Estado miembro de la Unión Europea o de recepción por las autoridades judiciales españolas las siguientes medidas de libertad vigilada:
- la obligación de la persona condenada de comunicar a una autoridad específica todo **cambio de domicilio o lugar de trabajo**;
- la prohibición de entrar en determinadas **localidades, lugares o zonas** definidas del Estado de emisión o de ejecución;
- la imposición de **limitaciones respecto a la salida del territorio** del Estado de ejecución;
- los **requerimientos** relativos a la conducta, la residencia, la educación y la formación o las actividades de ocio, o que establezcan límites o determinen modalidades del ejercicio de una actividad profesional;
- la obligación de **presentarse en determinadas fechas** ante una autoridad específica;
- la obligación de **evitar todo contacto** con determinadas **personas**;
- la obligación de evitar todo **contacto** con determinados **objetos** que la persona condenada ha utilizado o podría utilizar para cometer infracciones penales;
- la obligación de reparar económicamente los **daños** causados por la infracción o de presentar pruebas del cumplimiento de esta obligación;
- la obligación de realizar **trabajos en beneficio de la comunidad**;
- la obligación de **cooperar** con un agente de vigilancia o con un representante de un servicio social que tenga responsabilidades con respecto a la persona condenada;
- la obligación de someterse a un **tratamiento terapéutico** o de deshabituación.

Se atribuye la **competencia** para la emisión a los jueces o tribunales que conozcan de la ejecución de la sentencia o resolución de libertad vigilada. Por otra parte, la competencia para su reconocimiento y ejecución corresponde al juez central de lo penal. Si la resolución de libertad vigilada transmitida se refiere a un menor el competente es el juez central de menores.

O. Reconocimiento mutuo de resoluciones de embargo y decomiso en la Unión Europea

(Rgto UE 2018/1805)

10339.15 MPP nº 3595 s. El procedimiento por el cual un Estado miembro **reconoce y ejecuta en su territorio** resoluciones de embargo y resoluciones de decomiso dictadas por otro Estado miembro en el marco de un procedimiento en materia penal se sujeta a las reglas que se exponen a continuación, sin perjuicio de la obligación de respetar los derechos fundamentales y los principios jurídicos establecidos en Tratado UE art.6.

1. Resoluciones de embargo

10339.16 Se estudian seguidamente los aspectos relativos a la transmisión, denegación, reconocimiento y ejecución de dichas resoluciones.
Con relación a ello, ha de tenerse en cuenta que, con aplicabilidad desde 1-5-2025, se modifica el Rgto (UE) 2018/1805 redacc Rgto 2023/2844, eliminando la exigencia que se utilicen **medios de comunicación** que permitan dejar constancia escrita en condiciones tales que, la autoridad de ejecución, pueda contrastar la autenticidad de la resolución de embargo, así como en relación con las comunicaciones de las resoluciones de reconocimiento, denegación o aplazamiento del mismo, de la resolución de embargo y otras comunicaciones entre autoridades de emisión y de ejecución.

10339.17 **Transmisión** (Rgto (UE) 2018/1805 art.4 a 6) Las resoluciones de embargo se transmiten mediante un **certificado de embargo** por la autoridad de emisión directamente a la autoridad de ejecución o, en su caso, a la autoridad central designada como responsable de la transmisión y recepción en los casos que así lo exija la estructura del ordenamiento jurídico interno de un Estado miembro.
Ha de ir acompañado de un **certificado de decomiso** y contener instrucciones para que el bien permanezca embargado en el Estado de ejecución a la espera de la transmisión y ejecución de la resolución de decomiso.

En lo referente al **procedimiento**, los Estados miembros pueden efectuar una declaración en la que hagan constar que cuando se les transmita un certificado de embargo la autoridad de emisión debe enviar el original de la resolución de embargo o una copia certificada, aunque solo hay que traducir el certificado de embargo. La declaración se puede efectuar antes de la fecha de entrada en vigor que es desconocida por falta de notificación, siendo la fecha de efecto 18-12-18 o una fecha posterior.
También se puede **retirar la declaración** en cualquier momento.
La autoridad de ejecución ha de reconocer toda resolución de embargo transmitida adoptando las medidas oportunas para su ejecución con la misma rapidez y prioridad que si se trata de una resolución de embargo nacional, salvo que invoque alguno de los motivos de denegación previstos en el Rgto (UE) 2018/1805 art.8.
En los casos de denegación es necesario consultar a la autoridad de emisión por los cauces adecuados para que facilite la **información necesaria** y la decisión adoptarse sin demora tanto si la decisión se adopta antes de reconocer la ejecución de la resolución de embargo, como si se adopta después.

Reconocimiento y ejecución (Rgto (UE) 2018/1805 art.7 a 13) El reconocimiento y ejecución de las resoluciones de embargo, ha de actuarse **sin demora**, con la misma rapidez y prioridad que se emplee en los asuntos nacionales análogos. Sin embargo, si la autoridad de emisión indica que la ejecución se lleve a cabo en una **fecha concreta**, ha de ser tenido en cuenta en la mayor medida posible. 10339.20
Si es necesaria la **coordinación entre Estados** para la ejecución, igualmente ha de coordinarse la fecha de ejecución de la resolución de embargo y, de no llegarse a un acuerdo, ha de decidirse la fecha teniendo en cuenta en la mayor medida posible los intereses de la autoridad de emisión.
Si el **certificado de embargo** ha de producirse con carácter inmediato, por existir motivos legítimos para creer que los bienes en cuestión van a ser trasladados o destruidos de forma inminente o, por que el Estado de emisión tiene necesidad de investigación o de procedimiento, la autoridad de ejecución ha de tomar una decisión en el plazo máximo de 48 horas desde su recepción y adoptarse las medidas concretas para la ejecución en un plazo máximo de 48 horas desde la adopción de la citada decisión.
En el caso en que **no se pueda respetar el plazo** acordado, la autoridad de ejecución informará sin demora a la de emisión por cualquier medio y le consultará sobre un plazo adecuado.
En todo caso, el vencimiento de los plazos acordados no exime a la autoridad de ejecución de su obligación de adoptar una **decisión** sobre el reconocimiento y ejecución de la resolución de embargo y de ejecutarla sin demora.
La ejecución de una resolución de embargo se puede **aplazar**, de forma motivada, cuando se de alguna de circunstancias enumeradas en el Rgto (UE) 2018/1805 art.10.
Durante la ejecución de la resolución de embargo, la autoridad de emisión y la autoridad de ejecución deben tener debidamente en cuenta la **confidencialidad** de la investigación en cuyo seno se haya emitido, tanto de los hechos como del fondo de la resolución de embargo.
Los bienes han de **permanecer embargados en el Estado de ejecución** hasta que la autoridad competente de dicho Estado haya respondido definitivamente a una resolución de decomiso o hasta que la autoridad de emisión haya informado a la autoridad de ejecución de cualquier decisión o medida que deje sin efecto el carácter ejecutorio de la resolución o haga que se retire; sin embargo, la autoridad de ejecución puede solicitar un límite del período de embargo de los bienes.
En el caso de que la autoridad de ejecución considere que es **imposible ejecutar una resolución de embargo** ha de informarse, sin demora, a la autoridad de emisión.

2. Resoluciones de decomiso

(Rgto (UE) 2018/1805 art.14 a 23)

Se exponen a continuación las reglas relativas a la transmisión (nº 5570), reconocimiento y ejecución (nº 5575) a que deben someterse las resoluciones de decomiso en la Unión Europea. 10339.22
Con relación a ello, ha de tenerse en cuenta que, con aplicabilidad desde 1-5-2025, se modifica el Rgto (UE) 2018/1805 redacc Rgto 2023/2844, eliminando la exigencia que se utilicen **medios de comunicación** que permitan dejar constancia escrita en condiciones tales que, la autoridad de ejecución, pueda contrastar la autenticidad de la resolución de embargo, así como en relación con las comunicaciones de las resoluciones de reconocimiento, denegación o aplazamiento del mismo, de la resolución de embargo y otras comunicaciones entre autoridades de emisión y de ejecución.

10339.23 **Transmisión** (Rgto (UE) 2018/1805 art.14 a 17) Las resoluciones de decomiso han de transmitirse mediante un **certificado de decomiso** directamente de la autoridad de emisión a la de ejecución o, en su caso, a la autoridad central designada como responsable de la transmisión y recepción en los casos que así lo exija la estructura del ordenamiento jurídico interno de un Estado miembro.
Los Estados miembros pueden efectuar una **declaración** por la que se exija que la autoridad de emisión debe enviar, junto con el certificado, el original de la resolución de decomiso o una copia certificada de esta, aunque solo hay que traducir el certificado de decomiso.
Esta declaración puede **efectuarse** antes de la fecha de aplicación del presente Reglamento o en fecha posterior y reiterar la declaración en cualquier momento. Para ello los Estados miembros han de **informar** a la Comisión y esta poner tal información a disposición de todos los Estados miembros pero, si a pesar de toda la información proporcionada, la autoridad de emisión **desconoce cuál es la autoridad de ejecución** competente puede realizar cuantas averiguaciones sean necesarias para determinarla. Y, en el caso de que la autoridad de ejecución no sea competente debe transmitir el certificado de decomiso, inmediatamente, a la autoridad de ejecución competente en su estado miembro e informar a la autoridad de emisión.
Cuando se tenga conocimiento de la existencia de **otras personas afectadas**, la autoridad de emisión ha de proporcionar a la autoridad de ejecución toda la información pertinente a efectos de cualquier derecho que dichas personas afectadas puedan tener en relación con los bienes, incluida cualquier información que identifique a esas personas.

10339.25 **Reconocimiento y ejecución** (Rgto (UE) 2018/1805 art.18 a 23) La autoridad de ejecución ha de reconocer toda resolución de decomiso debidamente transmitida y adoptar las **medidas oportunas** para su ejecución del mismo modo que en el caso de una resolución de decomiso dictada por una autoridad del Estado de ejecución.
Si la resolución se refiere a un **bien concreto**, las autoridades de emisión y ejecución pueden acordar, cuando el derecho del Estado de emisión lo permita, que la ejecución se lleve a cabo en forma de decomiso de una cantidad de dinero correspondiente al valor del bien que de otro modo sería decomisado.
En el caso de referirse a una **suma de dinero** y no se pueda obtener el pago, la autoridad de ejecución adoptará las medidas oportunas sobre cualquier bien disponible a tal efecto y, en el caso de recuperarse el importe por una resolución de decomiso en cualquier Estado distinto del de ejecución ha de deducirse en su totalidad del importe a decomisar en el Estado de ejecución.
Si la autoridad de emisión dicta una **resolución de decomiso pero no de embargo** se puede incluir entre las medidas concretas que la autoridad de ejecución decida de oficio embargar los bienes de que se trate, con miras a la ejecución ulterior de la resolución de decomiso y la autoridad de ejecución comunicarlo, sin demora, a la autoridad de emisión (si es posible, antes del embargo de los bienes en cuestión).
El reconocimiento puede **denegarse** si concurre alguno de los motivos de denegación previstas en el Rgto (UE) 2018/1805 art.19.
La **declaración de la denegación** del reconocimiento o la ejecución exige que se consulte a la autoridad de emisión y, en su caso, se solicite a la autoridad de emisión que facilite sin demora la información necesaria. En cualquier caso, una vez acreditada la causa de denegación, la decisión ha de adoptarse sin demora y notificarse inmediatamente a la autoridad de emisión.
La autoridad de ejecución debe adoptar, y notificar, una **decisión de reconocimiento y ejecución** en un plazo máximo de 45 días después de haber recibido el certificado de decomiso, y en el caso de que no se pueda respetar este plazo ha de informarse a la autoridad de emisión explicando las razones para ello. El vencimiento de este plazo no exime de la obligación de adoptar la decisión en ningún caso.
Las medidas concretas para ejecutar la resolución han de ser adoptadas con la misma rapidez y prioridad que emplearía la autoridad de ejecución en una resolución de decomiso nacional análoga salvo que haya motivos para el **aplazamiento**.
Si la **ejecución resulta imposible** ha de informarse, sin demora, a la autoridad de emisión; sin embargo, solo puede justificarse la no ejecución cuando los bienes:
- ya han sido decomisados;
- hayan desaparecido;
- hayan sido destruidos;
- no se encuentren en el lugar indicado en el certificado; o
- no se encuentren debido a que su ubicación no se ha indicado de forma suficientemente precisa.

3. Disposiciones generales y comunes

(Rgto (UE) 2018/1805 art.23 a 34)

La ejecución de las resoluciones de embargo o de las resoluciones de decomiso se **rige** por el derecho del Estado de ejecución y únicamente sus autoridades son competentes para decidir sobre los procedimientos de ejecución de dichas resoluciones y para determinar todas las medidas correspondientes. Estas resoluciones han de ejecutarse aun cuando el Estado de ejecución no reconozca el principio de responsabilidad criminal de las personas jurídicas. 10339.30
A más tardar el 19-12-20, cada Estado ha de comunicar a la Comisión la **autoridad que sea competente**. En el caso de que sea necesario debido a la estructura de su ordenamiento jurídico interno, cada Estado puede designar a una o más autoridades centrales para que sean responsables de la transmisión y recepción administrativas de los certificados de embargo y de decomiso y de asistir a las autoridades competentes.
En caso necesario, la autoridad de emisión y la de ejecución han de **consultarse mutuamente y sin demora**, para garantizar la aplicación del reglamento y las comunicaciones han de realizarse entre ellas y, en su caso, con la participación de la autoridad central si ha sido designada.

Orden de la ejecución Cuando la autoridad de ejecución reciba **dos o más resoluciones** de embargo o de decomiso de diferentes Estados miembros contra la misma persona, y dicha persona no posea bienes suficientes en el Estado de ejecución para hacer frente a todas o, en otro caso, cuando la autoridad de ejecución reciba dos o más resoluciones relativas al **mismo bien concreto**, puede decidir cuál de las órdenes ejecutar de acuerdo con el derecho del Estado de ejecución, sin perjuicio de la posibilidad de aplazar la ejecución de una resolución de decomiso, sin perjuicio de lo cual, debe conceder prioridad -si es posible- a los intereses de las víctimas. 10339.31
Se produce el **fin de la ejecución** de una resolución de embargo o de decomiso cuando ya no puedan ejecutarse o dejen de tener validez, en cuyo momento la autoridad de emisión ha de retirarlas sin demora.

Administración y restitución de los bienes La administración de los bienes embargados y decomisados se **rige** por el derecho del Estado de ejecución que ha de garantizar que este Estado los administre con vistas a impedir su depreciación, para lo cual puede **vender o transferir** los bienes embargados, si bien, los bienes embargados o el importe que se obtenga de su venta permanecen en el Estado de ejecución hasta que se presente una resolución de decomiso y sea ejecutada, sin perjuicio de la posibilidad de restitución de los bienes. 10339.32
El Estado de ejecución no está obligado a vender o restituir bienes concretos objeto de una resolución de decomiso cuando constituyan **bienes culturales** (Dir 2014/60/UE art.2.1).
La **restitución de los bienes embargados a la víctima** puede acordarse por la autoridad de emisión o por otra autoridad competente de este Estado incluyendo información en tal sentido en el certificado de embargo o informando a la autoridad de ejecución de dicha decisión posteriormente. En este caso, la autoridad de ejecución ha de adoptar las medidas necesarias para garantizar que, en caso de haberse producido el embargo, sean restituidos los bienes a la víctima lo antes posible.
Si en el Estado de emisión está **pendiente un procedimiento** para restituir o indemnizar a la víctima, la autoridad de emisión ha de informar de ello a la autoridad de ejecución a los efectos de que no de ningún destino a los bienes decomisados hasta que la información sobre la decisión de restituir los bienes o indemnizar a la víctima haya sido comunicada a la autoridad de ejecución.
Los **gastos** han de ser asumidos por cada Estado miembro; sin embargo, la autoridad de ejecución puede presentar una propuesta a la autoridad de emisión para compartirlos cuando se ponga de manifiesto, antes o después de la ejecución de la resolución que la misma puede entrañar gastos considerables o excepcionales. Eurojust puede facilitar estas consultas.

Obligación de informar a las personas afectadas Tras la ejecución de una resolución de embargo y tras la decisión de reconocer y ejecutar una resolución de decomiso, la **autoridad de ejecución** ha de informar de la misma a las personas afectadas. Debe especificar el nombre de la autoridad de emisión y las vías de recurso existentes con arreglo al Derecho del Estado de ejecución. 10339.33
Las personas afectadas pueden interponer **recurso** en el Estado de ejecución contra la decisión relativa al reconocimiento y ejecución de resoluciones ante el órgano jurisdiccional del Estado de ejecución. En las resoluciones de decomiso puede tener efecto suspensivo.
Contra los motivos de fondo por los que se hayan dictado la resolución de embargo o de decomiso no cabe recurso.

10339.35 **Reembolso** Cuando el Estado de ejecución sea responsable, según su Derecho, de los **daños** causados a una persona afectada como consecuencia de la ejecución de una resolución de embargo o una resolución de decomiso que le haya sido transmitido, el Estado de emisión ha de reembolsar al Estado de ejecución cualquier indemnización abonada a la persona afectada. No obstante, cuando el Estado de emisión pueda demostrar al Estado de ejecución que el daño se debió, en su totalidad o en parte, exclusivamente a la conducta de este, ambos Estados han de determinar de común acuerdo el importe a reembolsar. Queda siempre a salvo el derecho de los Estados miembros a reclamar la **indemnización de daños y perjuicios** de las personas físicas o jurídicas.

P. Ejecución en la Unión Europea de sentencias firmes mediante comiso y recuperación de activos

(Dir (UE) 2024/1260)

10339.40

MPP

nº 5515 s. La disposición estudiada, con entrada en vigor el 22-5-2024 y plazo de transposición hasta 23-11-2026, tiene por objeto regular el establecimiento de **normas mínimas** sobre seguimiento e identificación, embargo, decomiso y gestión de bienes en el marco de un proceso penal. Se **aplica** a las infracciones penales cometidas en el marco de una organización delictiva y a cualquier infracción penal establecida en otros actos jurídicos de la Unión si estos lo disponen.

Precisiones Las disposiciones contenidas en Decisión Acción Común 98/699/JAI, en Decisión Marco 2001/500/JAI, en Decisión Marco 2005/212/JAI y en Directiva 2014/42/UE se **sustituyen** por la Directiva en estudio, en cuanto respecta a los Estados miembros obligados, sin perjuicio de las obligaciones de los Estados miembros relativas a los **plazos para la transposición** de las Decisiones Marco en su Derecho nacional.

1. Consideraciones generales

10339.41 **a)** Para facilitar la cooperación transfronteriza, los Estados miembros deben adoptar **medidas de investigación** que permitan el seguimiento e identificación rápida de:
- **instrumentos, productos o bienes** que sean o puedan llegar a ser objeto de una resolución de embargo o decomiso;
- **activos**, si la posible infracción penal puede generar un beneficio económico sustancial, pudiéndose limitar a los delitos que puedan haber sido cometidos en el marco de una organización delictiva.

La cooperación transfronteriza debe realizarse mediante, al menos, un **organismo de recuperación de activos** que, creado por cada Estado miembro, tenga por cometido seguir e identificar instrumentos, productos o bienes.

b) Previa solicitud motivada o directamente de los organismos de recuperación de activos si la tienen en su poder, se requiere que, cuando aquella esté almacenada en bases de datos o en registros centralizados o interconectados, gestionados por autoridades públicas, se **garantice el acceso a registros** inmobiliarios nacionales o sistemas electrónicos de recuperación de datos nacionales y registros de la propiedad y catastrales; registros nacionales de ciudadanía y población de personas físicas; de vehículos a motor, aeronaves y embarcaciones; mercantiles; de titularidad real nacionales y centralizados de cuentas bancarias.

c) El **acceso a la información puede ser denegado**:
- si puede ponerse en riesgo el éxito de una investigación en curso;
- es desproporcionado para los intereses legítimos de una persona física o jurídica;
- incluye información facilitada por otro Estado miembro o un tercer país y cuyo consentimiento para una nueva transmisión de la información no puede obtenerse.

2. Embargo y decomiso

10339.44 Se diferencia entre ambas figuras, pero ha de tenerse en consideración determinadas **consideraciones comunes**.

• Para proceder a cualquiera de las dos formas de ejecución, se requiere tener en cuenta el **valor de los bienes** desproporcionados con respecto a los ingresos lícitos de la persona afectada, bienes sin procedencia lícita verosímil o que la persona afectada esté vinculada a personas vinculadas, a su vez, a una organización delictiva.

• En todos los casos, los Estados miembros deben adoptar medidas necesarias para que se hagan **efectivos** los embargos y decomisos, incluso tras la sentencia condenatoria firme por infracción penal o de resultas de un procedimiento de decomiso.

Embargo (Dir (UE) 2024/1260 art.11) Los Estados miembros deben adoptar **medidas necesarias** para permitir el embargo de bienes que sea preciso para garantizar un posible decomiso de los bienes. 10339.45

Estas medidas son: resoluciones de embargo y otras medidas inmediatas.

Las **resoluciones de embargo** se dictan, únicamente, por una autoridad competente y han de estar suficientemente motivadas y registradas en el expediente, si no son ordenadas por escrito. Su **validez** lo es solo durante el tiempo necesario para la conservación de los bienes con vistas a un posible decomiso ulterior.

Los bienes embargados y no decomisados, posteriormente, han de ser **liberados** sin dilación indebida.

Decomiso (Dir (UE) 2024/1260 art.12 a 19) Los Estados miembros han de adoptar **medidas necesarias** para proceder al decomiso de los bienes en los siguientes casos: 10339.46

• Total o parcial, de los **instrumentos y los productos derivados de una infracción penal**.

• De productos del delito o de bienes cuyo valor corresponda a los productos que sean **transferidos a terceros** por una persona sospechosa o acusada o adquiridos por terceros de una persona sospechosa o acusada, sin perjuicio de los derechos de terceros de buena fe.

• Total o parcial, ampliado a bienes pertenecientes a una **persona condenada por infracción penal** cuando el delito cometido pueda dar lugar, directa o indirectamente, a un beneficio económico y el órgano jurisdiccional haya resuelto que los bienes proceden de comportamientos delictivos.

• De instrumentos, productos o bienes señalados anteriormente **sin sentencia condenatoria** por no poder continuar el proceso penal incoado,

• De patrimonio no explicado vinculado a una **investigación de una infracción penal**.

En todo caso, los Estados miembros deben adoptar medidas necesarias para posibilitar la **utilización** de los bienes decomisados, cuando proceda, para **fines sociales o de interés público** e incluso como contribución a mecanismos de apoyo a terceros países afectados por situaciones en respuesta a las que se hayan adoptado medidas restrictivas de la Unión, en particular en casos de guerras de agresión. La Comisión puede proporcionar orientaciones sobre las modalidades para dichas contribuciones.

3. Gestión

(Dir (UE) 2024/1260 art.20 a 22)

Los Estados miembros deben adoptar las medidas adecuadas para: 10339.48

• Garantizar la **gestión eficiente** de las entidades, tales como empresas que deban mantenerse en funcionamiento.

• Impedir que, en el curso de la **enajenación de bienes** a raíz de una resolución de decomiso vinculante, las personas condenadas en el proceso penal en el que los bienes hayan sido embargados los adquieran.

• Garantizar la **gestión eficaz de los bienes embargados** y decomisados hasta su enajenación a raíz de una resolución de decomiso firme.

• Garantizar que las autoridades competentes responsables de la gestión de los bienes embargados, evalúen las **circunstancias específicas** de aquellos bienes que podrían llegar a ser objeto de una resolución de decomiso, a fin de minimizar los costes de gestión estimados y de preservar el valor de estos bienes hasta su enajenación. Dicha evaluación se efectúa al elaborar la resolución de embargo o, a más tardar, sin demora indebida tras su ejecución.

• Exigir que los **costes de gestión** de los bienes embargados se imputen, al menos en parte, al titular real.

• Garantizar que, los bienes que sean objeto de una resolución de embargo, puedan **transferirse o venderse** antes de que se dicte una resolución de decomiso firme.

SECCIÓN 15

Procesos penales especiales

10340

10342 Se tratan en este apartado los procesos con objeto específico distinto de los que concluyen con la normal resolución declaratoria de la existencia o no de responsabilidad. **Pueden consistir en**:
- acreditar el cumplimiento de algún requisito de procedibilidad,
- asegurar los efectos o instrumentos de determinados delitos, o en
- dotar a la libertad personal del ciudadano de una específica tutela judicial.

1. Contra diputados y senadores

10345 El aspecto esencial del aforamiento desde el punto de vista procesal consiste en constituir una **alteración de las normas generales** sobre competencia objetiva y, eventualmente, del régimen de recursos aplicable. Una exposición detallada del mismo puede verse en el nº 7350 s.

2. Por delitos de injuria y calumnia contra particulares

(LECr art.804 a 814)

10348 El procedimiento especial para conocer de los delitos de injuria y calumnia contra particulares es aplicable exclusivamente a los cometidos contra estos. En consecuencia, las normas generales de procedimiento son **aplicables cuando**:
- el delito se dirija contra funcionario público, autoridad o agente de la misma sobre hechos concernientes al ejercicio de sus cargos (CP art.215.1);
- la conducta integre delito contra la Corona o contra las instituciones del Estado (CP art.490, 491, 496 y 504).

10350 **Delitos perseguibles solo mediante querella** (LECr art.804 y 805; CP art.215.2) En ellos, el ofendido ostenta el monopolio de la acusación (nº 6865). Además, existen requisitos adicionales de procedibilidad, pues la admisión de la querella está condicionada a que se acredite el **previo intento de acto de conciliación** entre querellante y querellado y a la autorización para proceder del juez o tribunal ante el que se hubieran inferido la injuria o la calumnia, caso de verterse estas en juicio.

Precisiones 1) Es **competente** la Oficina de Justicia -hasta su constitución, el juzgado de paz- siempre que el hecho hubiera sucedido en el municipio donde desempeñe sus funciones y la persona requerida tenga su domicilio en el mismo (LEC art.47.3 redacc LO 1/2025).
2) La **conciliación** es un acto de jurisdicción voluntaria incluso cuando precede a un proceso penal (TSJ C. Valenciana 16-5-15, EDJ 30822).

Procedimiento (LECr art.807 a 815) Las especialidades procedimentales se refieren exclusivamente a la concreción de los hechos imputados en la **fase de instrucción**, que puede hacerse de dos formas según la modalidad de comisión del delito. 10352

a) Cuando se trate de injurias o calumnias **inferidas por escrito**, reconocido este por la persona legalmente responsable y comprobado si ha existido o no publicidad, se da por terminado el sumario, previo el procesamiento del querellado.

b) Cuando, por el contrario, el delito se haya **cometido verbalmente**, el juez instructor manda convocar a juicio verbal al querellante, al querellado y a los testigos que puedan dar razón de los hechos, que no pueden ser de referencia, señalando el letrado de la Administración de Justicia día y hora para la celebración del juicio dentro de los 3 días siguientes al de presentación de la querella, de la que se entrega copia al querellado al tiempo de su citación para el acto. En el juicio, que no se suspende por la ausencia del investigado citado en forma, presenta el querellante las pruebas de los hechos que constituyan la injuria o calumnia verbal, acordando seguidamente el juez lo que corresponda respecto al procesamiento del querellado y dando luego por terminado el sumario.

La Ley de Enjuiciamiento Criminal guarda silencio sobre el procedimiento aplicable, una vez concluida la fase de instrucción.

Precisiones **1)** Una consolidada línea jurisprudencial considera que deben seguirse los trámites del **procedimiento abreviado**, pues el texto de la LECr art.779 permite hacer compatibles las mismas con las especialidades procedimentales antes expuestas (TS 24-1-94, EDJ 401; 16-7-94, EDJ 6036; AP auto Sevilla 22-4-04, EDJ 42343).

2) Se ha planteado también la posibilidad de aplicar las **normas del proceso de jurado** sobre la base de la referencia a los delitos contra el honor (LO 5/1995 art.1.1).

Calumnia e injuria contra funcionarios públicos (CP art.207 y 210; LECr art.810) Cuando sea procedente la prueba de la verdad sobre una calumnia e injuria dirigida contra funcionarios públicos sobre hechos concernientes al ejercicio de sus cargos o referida a la comisión de infracciones administrativas y los acusados manifiesten querer **probar antes del juicio oral** la certeza de la imputación injuriosa o del hecho criminal que hubiesen imputado, no puede darse por terminado el sumario hasta que el querellante determine con toda precisión y claridad los hechos y las circunstancias de la imputación, para que el procesado pueda preparar sus pruebas y suministrarlas en el juicio oral. 10354

Si no lo hace en el plazo que el juez le señale, se da por terminado el sumario, teniendo en cuenta su falta u omisión para que no perjudique al acusado.

3. Por delito cometido a través de medios de difusión

(LECr art.816 a 823 bis)

Se establecen dos **especialidades** en los procesos por delito cometido: 10358

- por medio de la imprenta, el grabado u otro medio mecánico de publicación; o
- a través de medios sonoros o fotográficos, difundidos por escrito, radio, televisión, cinematógrafo u otros similares.

Secuestro de la publicación (LECr art.816 y 823 bis) Los jueces, al iniciar el procedimiento, pueden acordar el secuestro de la publicación o la prohibición de difundir o proyectar el medio a través del cual se produjo la actividad delictiva. Contra dicha resolución puede interponerse directamente recurso de apelación, que debe ser resuelto en el plazo de 5 días. 10360

Responsabilidad criminal en cascada (CP art.30; LECr art.816 y 817) Seguidamente, han de practicarse actuaciones tendentes a facilitar la aplicación del especial régimen de responsabilidad criminal en cascada, para lo que se impone averiguar quién haya sido el **autor real** del escrito o estampa con cuya publicación se haya cometido el delito. Destacan las siguientes reglas: 10362

a) **No es bastante la confesión** de un supuesto autor para que se le tenga como tal y para que no se dirija el procedimiento contra otras personas, si de las circunstancias de aquel o de las del delito resultan indicios bastantes para creer que el confeso no fue el autor real del escrito o estampa publicados.

b) Si durante el curso de la causa **aparece alguna persona que deba responder** criminalmente del delito antes que el investigado, por el orden establecido en el CP art.30, se sobreseerá la causa respecto a este y se dirigirá el procedimiento contra aquella.

c) Por el contrario, una vez dictada sentencia firme en contra de los **subsidiariamente responsables**, no se podrá abrir nuevo procedimiento contra el responsable principal si llega a ser conocido.

4. Antejuicio

(LO 2/1989 art.432 a 447)

10365 El antejuicio necesario para exigir responsabilidad a autoridades judiciales, se conserva en el ámbito de la **jurisdicción militar** aplicable a jueces togados militares, auditores presidentes y vocales de tribunales militares.
El procedimiento es aplicable cuando medie **denuncia del perjudicado** por el delito y tiende a producir la declaración de procedencia del ejercicio de la acción penal.

Precisiones **1)** Fuera del proceso penal militar, la exigencia por particulares de la responsabilidad penal de jueces y magistrados exige precisamente la formulación de **querella**, sin que sea suficiente la mera denuncia (TS auto 15-5-02; TSJ Granada auto 5-5-98, EDJ 15053).
2) En el caso en el caso especial de que alguna de las partes en un proceso, o persona que tenga interés en él, formulen **querella contra el juez o magistrado** que deba resolver en dicho proceso, con carácter previo a la admisión de esta el órgano competente para su instrucción puede recabar los antecedentes que considere oportunos a fin de determinar su propia competencia, así como la relevancia penal de los hechos objeto de la misma o la verosimilitud de la imputación (LOPJ art.410).

10368 **Competencia** Corresponde:
- a la Sala de lo Militar del Tribunal Supremo si se dirige la imputación contra miembros del Tribunal Militar Central; y
- a la Sala de Justicia del Tribunal Militar Central en los demás casos.

10370 **Delitos de prevaricación** Cuando el antejuicio tenga por objeto alguno de los delitos de prevaricación relativos a **sentencias injustas**, no puede promoverse hasta después de terminadas por sentencia firme las actuaciones que dieron motivo al procedimiento.
Si su objeto son los delitos el delito de **retardo malicioso o de denegación de justicia**, puede ser promovido tan pronto como el juez o tribunal haya dictado resolución negándose a juzgar so pretexto de insuficiencia, oscuridad o silencio de la Ley, o después de transcurridos 15 días de presentada la última solicitud pidiendo al juez o tribunal que falle o resuelva cualquier procedimiento, expediente o pretensión judicial que esté pendiente sin que aquel lo haya hecho ni manifestado por escrito en los autos causa legal para no hacerlo.
Cuando tenga por objeto cualquier **otro cometido en el ejercicio de funciones judiciales**, puede promoverse el antejuicio desde que el delito sea conocido.

10372 **Escrito de denuncia** En el escrito de denuncia deben exponerse con claridad:
- los **hechos** que la motivan,
- persona o personas **contra quien** se dirige, y
- presunta **responsabilidad penal** en que se considera que se ha incurrido.
A la denuncia, según la naturaleza del delito imputado, se acompañan los **documentos** a que se refiere la LO 2/1989 art.435 y en ella se manifiesta, cuando no puedan presentarse, la **oficina o archivo judicial** en que radiquen los autos originales. También se acompañan las **listas de testigos** y se designan las **diligencias** de las actuaciones que, en su caso, deban ser compulsadas.

10374 **Compulsas y vista** El tribunal que conozca el antejuicio manda practicar las compulsas que se pidan y las que considere convenientes, citándose al denunciante para los **cotejos** de todas las que se hagan, a no ser en el caso de que la compulsa sea de alguna diligencia de sumario no concluido y no se haya practicado con intervención del que promueva el antejuicio.
Hechas las compulsas, se unen a los autos y se da vista de ellos al denunciante para **instrucción** por término de 3 días. Se pasan después al fiscal jurídico militar por igual término y, devueltos que sean, señala día para la vista. En ella, el fiscal jurídico militar y el letrado del denunciante pueden manifestar lo que crean conveniente sobre lo que resulte de los documentos del expediente y, en su caso, de las declaraciones de los testigos examinados, concluyendo por pedir la **admisión o no de la denuncia** interpuesta.

10376 **Resolución por auto** Celebrada la vista, el tribunal resuelve por auto, solo recurrible en **súplica**, sobre la concesión o no del previo acuerdo para proceder.
a) Si **acuerda conceder la previa autorización**, manda en el mismo auto proceder a la instrucción del sumario, designando a quien haya de actuar como ponente por su turno y cursando los antecedentes a un juez togado central si el tribunal competente es la Sala de Justicia del Tribunal Militar Central o a un magistrado instructor, que por turno designe la Sala de lo Militar del Tribunal Supremo, en otro caso. En el mismo auto se acuerda también la suspensión de funciones de aquellos contra quienes se haya concedido autorización para proceder, con comunicación al Ministerio de Defensa a los efectos de relevo y cualesquiera otros.

b) Si **deniega la autorización**, en el mismo auto resolverá sobre posibles responsabilidades penales o disciplinarias que resulten de lo actuado, adoptándose las medidas que procedan dentro sus atribuciones.

5. Procedimientos de extradición

La extradición puede ser: **10380**
- activa (nº 10382); y
- pasiva (nº 10384).

a. Extradición activa

(LECr art.825 a 829)

El juez o tribunal que conozca de la causa puede acordar, **de oficio o a instancia de parte**, solicitar la extradición del condenado por sentencia firme o del investigado o encausado contra el que se haya dictado auto de prisión provisional, siempre que concurran los **presupuestos materiales** que se señalan en la LECr art.826 y que la petición sea procedente **conforme al Tratado** aplicable, o en su defecto según el Derecho del Estado requerido o conforme al principio de reciprocidad. **10382**
La **petición** de extradición se hace en forma de suplicatorio dirigido al Ministro de Justicia por conducto del presidente de la audiencia respectiva, salvo que el Tratado vigente con la nación en cuyo territorio se halle el procesado autorice la petición directa.
Al suplicatorio o a la comunicación se acompaña **testimonio** en que se inserte literalmente el auto de extradición y en relación la pretensión o dictamen fiscal en que se haya pedido, así como las diligencias de la causa necesarias para justificar la procedencia de la extradición.

b. Procedimiento de extradición pasiva

Cuando el reclamado sostiene la concurrencia de alguna de las **circunstancias determinantes de la denegación** de la entrega al Estado requirente y desarrolla al efecto una actividad probatoria mínimamente diligente, de la que pueda extraerse razonablemente la existencia de motivos o indicios para creer que, efectivamente, tales circunstancias pudieron acontecer, el órgano judicial debe desarrollar una actividad encaminada a obtener los **datos precisos** para adoptar adecuadamente su decisión que, por lo demás, no podrá fundarse sin más en la inexistencia de una prueba plena y cumplida sobre las apuntadas **circunstancias alegadas por el reclamado**, sino que tendrá que ponderar y valorar todos los factores y aspectos concurrentes para determinar si, a la vista de los mismos, debe accederse o no a la extradición (TCo 32/2003; 148/2004). **10384** MPP nº 5710

Fases del procedimiento Se integra la tramitación de la extradición pasiva por dos o tres fases, que configuran un **procedimiento mixto**: dos gubernativas, la inicial y la final, y una judicial, intermedia, que condiciona existencia de la segunda gubernativa. **10386**
Son **plenamente independientes**, aunque sucedan unas a las otras y están delimitadas por la Ley (TS cont-adm 6-5-21, EDJ 561505; 15-7-20, EDJ 605482; 16-3-15, EDJ 29723).
Pueden resumirse conforme a las siguientes:

Fase gubernativa previa (LO 4/1985 art.9 a 11) La **solicitud de extradición** se formula por el Estado requirente por vía diplomática o directamente al ministerio del ramo de justicia español, que en un plazo máximo de 8 días desde el siguiente al de la recepción de la misma, o en su caso, de los justificantes, aclaraciones o traducciones por él reclamados, elevará al Gobierno **propuesta motivada** sobre si ha lugar o no a continuar en vía judicial del procedimiento de extradición. **10388** MPP nº 5713
El Gobierno adoptará su **decisión** dentro del plazo de 15 días, contados desde la elevación de la propuesta por el ministerio del ramo de justicia. Transcurrido dicho plazo sin resolución, el ministerio del ramo de justicia adoptará la misma y lo hará en nombre del Gobierno dentro de los 3 días siguientes a la expiración del mismo.
Si se acuerda la **continuación en vía judicial** del procedimiento, se remitirá el expediente a la Sección de Instrucción del Tribunal Central de Instancia y, si el reclamado no está en prisión, el ministerio del ramo de justicia oficiará al Ministerio del Interior para que se practique la detención del mismo, se redacte el oportuno atestado y en el plazo de 24 horas siguientes se ponga al detenido, con los documentos, efectos o dinero que le hayan sido ocupados, a disposición de la citada autoridad judicial.

10390 **Fase judicial** Se desarrolla en dos partes:
- ante la Sección de lo Penal del Tribunal Central de Instancia y, posteriormente,
- ante la Sala de lo Penal de la Audiencia Nacional.

a) **Ante la Sección de lo Penal del Tribunal Central de Instancia** (LO 4/1985 art.12). El juez a cuya disposición esté el reclamado ordena la inmediata **comparecencia** de este, asistido de abogado y en su caso de intérprete, citándose igualmente al Ministerio Fiscal.

Identificado el detenido, el juez le invita a que manifieste, con expresión de sus razones, si consiente en la extradición o intenta oponerse a ella.

Si **consiente** y no se suscitan obstáculos legales que a ello se opongan, el juez puede acceder a la demanda de extradición.

Si **no consiente**, adopta la resolución que proceda, bien ordenando la libertad del detenido o bien elevando su detención a prisión, si antes no ha decretado esta, con o sin fianza u otras medidas cautelares y eleva lo actuado a la Sala de lo Penal de la Audiencia Nacional.

En caso necesario, el juez puede acordar de oficio o a instancia de parte que se **complete la información** aportada con los datos necesarios referentes a la identidad del reclamado y a los supuestos de hecho y derecho justificativos de la solicitud de extradición, pudiendo señalar al efecto un plazo que en ningún caso excederá de 30 días.

10392 b) **Ante la Sala de lo Penal de la Audiencia Nacional** (LO 4/1985 art.13 a 17). Recibido el expediente, el letrado de la Administración de Justicia lo debe poner de manifiesto en la **oficina judicial**, pudiendo el tribunal reclamar los antecedentes convenientes. **Si no tiene defensor** el reclamado de extradición, el letrado de la Administración de Justicia interesará que se le nombre de oficio antes de ponerle de manifiesto el expediente. Dentro de los 15 días siguientes al período de instrucción, se señalará la **vista extradicional** por el letrado de la Administración de Justicia. En ella intervendrán el Ministerio Fiscal y el reclamado, asistido si fuera necesario de intérprete y del abogado defensor, pudiendo también hacerlo el representante del Estado requirente cuando así lo haya solicitado y el tribunal lo acuerde atendido el principio de reciprocidad, a cuyo fin reclamará la garantía necesaria a través del ministerio del ramo de justicia.

En el acto de la vista no se practicarán otras pruebas que la **declaración del reclamado** y las que versen sobre extremos relacionados con las condiciones exigidas a la extradición por el Tratado aplicable.

El tribunal resolverá, por **auto motivado**, dentro de los 3 días siguientes a la vista, sobre la procedencia de la extradición y, al propio tiempo, sobre si ha lugar a la entrega al Estado requirente de los valores, objetos o dinero que hayan sido ocupados al reclamado.

Cuando sea **firme la resolución denegatoria** de la extradición, el letrado de la Administración de Justicia ordenará la inmediata puesta en libertad del reclamado y librará sin dilación testimonio de la misma al ministerio del ramo de justicia, que a su vez lo comunicará al de Asuntos Exteriores para su notificación a la representación diplomática del país que formuló la demanda de extradición.

10393 Es **garantía básica** que el órgano judicial verifique al examinar la petición de extradición la imparcialidad de la autoridad que la ha emitido y es **garantía específica** que la solicitud venga refrendada por una autoridad judicial desde el Estado de origen. Esta segunda (L 4/1985 art.7.1.a) es de directa aplicación en caso de ausencia de convenio extradicional con el Estado reclamante (TCo 147/2021), pero puede verse modulada en función de lo previsto en el **convenio de extradición vigente** entre las partes, en tanto que fuente normativa de aplicación preferente (L 4/1985 art.1.1); de modo que esta intermediación judicial en origen puede dispensarse excepcionalmente cuando (TCo 17/2024; 51/2024; 52/2024; 57/2024):
- se trate de un procedimiento de extradición regido por un convenio que admita la posibilidad de que la petición de entrega pueda emanar de una **autoridad no jurisdiccional**;
- el Estado requirente suministre información suficientemente expresiva de que se trata de una autoridad que, conforme a su legislación interna, está **facultada** para emitir una solicitud de extradición en condiciones equivalentes a las de una autoridad judicial;
- el contenido de la solicitud y de la documentación anexa proporcione a los órganos judiciales españoles la **información necesaria** para verificar que la misma resulta necesaria y proporcionada.

10394 **Decisión gubernativa final** (LO 4/1985 art.6.2 y 18) Por el contrario, cuando la **resolución judicial** sea **favorable** a la extradición, librará sin dilación testimonio del auto resolutorio al ministerio del ramo de justicia, pudiendo el Gobierno decidir la entrega de la persona reclamada o denegar la extradición.

Si bien la decisión queda dentro del ámbito contencioso-administrativo, raya en el acto de máxima discrecionalidad, de forma que, al adoptarse en **ejercicio de una potestad discrecional** ligada al ejercicio por el Gobierno de la soberanía nacional, no es posible un control de fondo de la decisión, pero sí en sus elementos reglados y en la salvaguarda de los derechos fundamentales. El control sustantivo de los requisitos para **conceder o denegar la extradición** se atribuye en exclusiva a la jurisdicción penal, correspondiendo al Consejo de Ministros, en la tercera y última fase, exclusivamente la ejecución o cumplimiento de la decisión sobre la entrega adoptada por la jurisdicción, decisión que será **vinculante** para el Consejo de Ministros **cuando sea negativa**, esto es, cuando el tribunal deniegue la extradición, no siéndolo cuando sea positiva, supuesto en el que, acordada la extradición por la jurisdicción penal, el Gobierno puede denegar la entrega en el ejercicio de la soberanía nacional. Es decir, cuando el Gobierno accede a la entrega de la persona reclamada tras ser **autorizada la extradición por la jurisdicción penal**, no decide sobre la extradición, sino que se limita a no ejercer las potestades discrecionales y excepcionales que le confiere la L 4/1985 art.6 y, en definitiva, a ejecutar la decisión judicial de extradición. Esta decisión es controlable en sede contencioso-administrativa en los limitados términos indicados (TS 18-4-23, EDJ 550610).

c. Ejecución de órdenes europeas de detención y entrega

(Dir 2014/41; L 23/2014 art.34 a 62; L 3/2018)

La orden europea es un instrumento de reconocimiento mutuo que consiste en una **resolución judicial** dictada en un Estado miembro de la Unión Europea con vistas a la detención y la entrega por otro Estado miembro de una persona a la que se reclama para el ejercicio de acciones penales o para la ejecución de una pena o una medida de seguridad privativas de libertad, o de una medida de internamiento en centro cerrado de menores. **10398** MPP nº 3436 s.

Los mismos efectos produce la introducción por un órgano judicial de la **descripción de la persona reclamada** en el Sistema de Información de Schengen acompañada de las menciones que integran el contenido de la orden europea (L 23/2014 art.34, 36, 40 y disp.trans.3ª).

Precisiones La orden europea exige para su **validez** la previa existencia de una orden de detención interna o de una resolución judicial que tenga la misma fuerza y que le sirve de base, cuya existencia debe indicarse expresamente en aquella, como requisito formal. Pero no es preciso que por parte del Estado emisor se acompañe dicha orden o resolución (TJUE 1-6-16, asunto C-241/15; AN auto 5-8-24, EDJ 649364).

Emisión y recepción de órdenes Presenta una doble faceta activa y pasiva, pues cualquier Estado miembro puede emitir órdenes europeas y puede a su vez recibir las emitidas por las autoridades competentes de otros Estados de la Unión. En España, son **autoridades judiciales** de emisión (aspecto activo) el juez o tribunal que conozca de la causa en la que proceda tal tipo de órdenes, y de ejecución (aspecto pasivo) las Secciones de Instrucción del Tribunal Central de Instancia -hasta su constitución y la Sala de lo Penal de la Audiencia Nacional, en los casos y forma determinados por la L 23/2014. **10400**

Finalidad de la orden europea (L 23/2014 art.37 y 43) Es el **ejercicio de acciones penales** en el Estado de emisión o el cumplimiento en el mismo de una pena o medida de seguridad o de internamiento en centro cerrado de menores. Ello incluye la **remisión de efectos o instrumentos del delito**, así como, en los casos en que no haya recaído resolución definitiva sobre la entrega o en que el reclamado deba ser juzgado o cumplir condena por un hecho distinto en el Estado de ejecución, la **entrega temporal** del mismo para la práctica de actuaciones judiciales o la celebración de la vista oral o incluso la autorización para que la autoridad judicial de emisión practique actuaciones en el territorio del Estado de ejecución. **10402**

Principio de la doble incriminación Como regla general rige el principio de la doble incriminación, pues la entrega puede supeditarse a que los hechos que justifiquen la emisión de la orden europea sean constitutivos de un delito conforme a la legislación española, con independencia de los elementos constitutivos o la calificación del mismo. Sin embargo, cuando la orden se haya emitido por un **delito castigado en el Estado de emisión** con pena o medida de seguridad privativa de libertad cuya duración sea, al menos, de 3 años, se acordará la entrega de la persona reclamada sin control de la doble tipificación, siempre que el hecho sea susceptible de subsumirse, según el Derecho del estado emisor de la orden, en alguna de las categorías delictivas señaladas en la L 23/2014 art.20.1 (nº 6730). **10404**

Posibilidad de revisión de la pena impuesta (L 23/2014 art.55) Cuando la infracción que motive la orden esté castigada con pena o medida de seguridad privativas de libertad **a perpetuidad**, puede condicionarse la ejecución de la orden a que el ordenamiento jurídico del Estado **10406**

de emisión prevea un sistema de revisión de la pena impuesta o la aplicación de medidas de clemencia a las cuales la persona se acoja con arreglo al derecho o práctica de dicho Estado de emisión, con vistas a la no ejecución de la pena o medida.

10408 **Denegación de la orden** (L 23/2014 art.48 redacc LO 1/2025) Debe o puede denegarse la misma en los siguientes supuestos:
a) Por **aplicación del principio «non bis in ídem»**:
• Cuando la persona reclamada haya sido **juzgada definitivamente por los mismos hechos** por un Estado miembro distinto del Estado de emisión, miembro o no de la Unión Europea, siempre que, en caso de condena, la sanción haya sido ejecutada, esté en esos momentos en curso de ejecución o ya no pueda ejecutarse.
• Igualmente, cuando en España o en otro Estado de la Unión haya **recaído sobreseimiento definitivo** o resolución de efectos análogos que impida el ulterior curso del proceso penal.
• Cuando el delito en España haya sido **indultado o haya prescrito** conforme a la legislación española, siempre que en ambos casos los hechos resulten perseguibles en abstracto por la jurisdicción española.
b) Cuando el reclamado aún no pueda ser, por razón de su **edad**, considerado responsable penalmente de los hechos en que se base dicha orden, con arreglo al derecho español.
c) Cuando la persona reclamada esté sometida a un **procedimiento penal en España por el mismo hecho** que haya motivado la emisión de orden europea, o cuando esta se refiera a delitos que el ordenamiento jurídico español considere cometidos en su totalidad o en parte en el territorio nacional. En tal caso, la autoridad judicial de ejecución española, aunque haya resuelto dar cumplimiento a la orden, puede suspender la entrega hasta la celebración de juicio o hasta el cumplimiento de la pena impuesta.
d) Cuando, dictada la orden europea a efectos de ejecución de una pena o medida de seguridad privativas de libertad, la persona reclamada sea de nacionalidad **española o tenga residencia en España**, salvo que consienta en cumplir la misma en el Estado de emisión, pues en otro caso debe cumplir la pena en España.
Si la orden tiene por objeto el **ejercicio de la acción penal**, su entrega se puede supeditar, después de ser oído el reclamado de nacionalidad española, a la condición de que sea devuelto a España para cumplir la pena o medida de seguridad privativas de libertad que pueda pronunciar en su contra el Estado de emisión. En tal caso, la **nacionalidad** no es causa de denegación automática de la entrega, que puede producirse tras la denegación por el mismo motivo de la extradición (AN auto 3-6-04, EDJ 109071).
e) Cuando la orden contemple **delitos cometidos fuera del territorio del Estado** de emisión y el ordenamiento español no permita la persecución extraterritorial de los mismos.
f) Cuando la persona reclamada haya sido **indultada en España** de la pena impuesta por los mismos hechos en que se funda la orden europea de detención y entrega y este fuera perseguible por la jurisdicción española.

10409 Precisiones **1)** Una autoridad judicial del Estado destinatario, miembro de la Unión Europea, no puede denegar el cumplimiento de una orden europea de detención emitida por otra autoridad judicial de otro Estado miembro basándose en la **falta de competencia del órgano jurisdiccional** que habrá de enjuiciar a la persona buscada en el Estado emisor, salvo que se concluya que:
- en el Estado emisor existen **deficiencias en el funcionamiento del sistema** judicial, sistémicas o generalizadas;
- el órgano jurisdiccional que habrá de enjuiciar a la persona buscada en dicho Estado miembro es **manifiestamente incompetente** para ello; o
- que concurren razones serias y fundadas para considerar que existe **riesgo** de que el reclamado, en caso de ser entregado, vea vulnerado su derecho fundamental a un proceso equitativo.
En todo caso, la autoridad judicial de ejecución no dispone de la facultad de **negarse a ejecutar una orden** basándose en un motivo de no ejecución que se derive exclusivamente del Derecho del Estado miembro de ejecución, y la denegación de ejecución de una orden de las estudiadas debe ser absolutamente excepcional.
Pueden **emitirse varias órdenes sucesivas** de detención y entrega contra una persona buscada con el fin de obtener su entrega por un Estado miembro después de que dicho Estado se haya negado a ejecutar una primera dirigida contra dicha persona. No obstante, la **ejecución de la nueva orden** no debe dar lugar a una vulneración de los derechos fundamentales de dicha persona y su emisión debe tener carácter proporcionado (TJUE 31-1-23, C-158/21).
2) Una autoridad judicial puede denegar válidamente la ejecución de una orden de detención europea emitida a efectos de ejecutar una pena privativa de libertad cuando el reconocimiento y la ejecución de la sentencia condenatoria se efectúan **sin respetar el procedimiento y los requisitos** que se establecen en la Decisión Marco relativa a la orden de detención europea y a los procedimientos de entrega entre Estados miembros (Decisión Marco Consejo UE 2002/584 art.4.6 y 8.1.c, 22.1 y 25). La ejecución es el principio -no absoluto- mientras que la denegación es la excepción por lo que se exige interpretación estricta de los motivos que admiten la citada denegación. La no observancia

del procedimiento ni de los requisitos previstos en la Decisión Marco de aplicación implica que el Estado miembro de emisión de la sentencia penal condenatoria conserva el **derecho a ejecutarla en su territorio**, pues la decisión de la autoridad judicial de ejecución no es conforme con el Derecho de la Unión (TJUE 4-9-25, C-305/2022).

3) En relación con el **concepto «los mismos hechos»**, en la medida en que la Decisión Marco Consejo UE 2002/584 art.3.2 no contiene una remisión al Derecho de los Estados miembros por lo que respecta al mismo, debe ser objeto de una interpretación autónoma y uniforme en toda la Unión (TJUE 29-4-21, C-665/20). Se refiere exclusivamente a la realidad de los hechos y engloba un conjunto de circunstancias concretas indisociablemente ligadas entre sí, con independencia de la calificación jurídica de los hechos o del interés jurídico protegido.

La **identidad de los hechos materiales** se entiende como un conjunto de circunstancias concretas derivadas de acontecimientos que son, en esencia, los mismos, en la medida en que implican al mismo autor y están indisociablemente ligados entre sí en el tiempo y en el espacio (TJUE 23-3-23, C-365/21E). En cambio, el principio *non bis in idem* no resulta aplicable cuando los hechos de que se trate no sean idénticos, sino solo similares.

Para declarar la identidad de los hechos no basta con la mera circunstancia de que, en una determinada sentencia, se mencione un elemento fáctico que guarde relación con el territorio de otro Estado miembro. Es preciso, además, **comprobar si se pronunció el órgano jurisdiccional** que dictó dicha sentencia sobre ese elemento fáctico, de manera efectiva, con el fin de declarar la existencia de la infracción, de determinar la responsabilidad de la persona enjuiciada por esa infracción y, en su caso, de imponerle una sanción, de tal modo que deba considerarse que esa infracción engloba el territorio del otro Estado miembro (TJUE 22-3-22, C- 151/20; TS 1-10-25, EDJ 708844).

Principio de especialidad (L 23/2014 art.60.1) Solo rige **en ausencia de la comunicación** por el Estado de ejecución o en caso de declaración expresa en ese sentido formulada por la autoridad judicial de ejecución en la resolución de entrega, salvo que el Estado de ejecución lo autorice. **10410**

El reclamado puede **renunciar expresamente** a la aplicación del principio antes o después de la entrega.

Concurrencia de diversas órdenes europeas (L 23/2014 art.57) Se resuelve directamente por la autoridad judicial española de ejecución. **10412**

En caso de concurrir una orden europea con una **solicitud de extradición**, la autoridad judicial suspende el procedimiento y remite las actuaciones al ministerio del ramo de justicia para que, como autoridad central, proponga la resolución procedente al Consejo de Ministros.

Procedimiento Recibida una orden europea en la Sección de Instrucción del Tribunal Central de Instancia, este comprobará que esté **traducida al español**, suspendiendo el procedimiento en caso contrario y comunicándoselo así a la autoridad judicial emisora para que la remita en el más breve plazo. No se suspenderá el curso de las actuaciones y se traducirá la orden de oficio cuando la detención de la persona reclamada sea consecuencia de la introducción de su descripción en el Sistema de Información Schengen. **10414**

Detención de la persona reclamada (L 23/2014 art.50) Se procederá acto seguido a la detención de la persona reclamada y a su **puesta a disposición** de la Sección de Instrucción del Tribunal Central de Instancia en el plazo máximo de 72 horas (24 en el caso de menores de edad mayores de 14 años). El juez comunicará la detención a la autoridad emisora e informará al reclamado de la existencia de la orden europea, su contenido, la posibilidad de **consentir con carácter irrevocable** su entrega al Estado emisor, así como del resto de los derechos que le asisten. **10416**

Precisiones Ver lo expuesto en el nº 7015 acerca de la **designación de abogado** en el Estado de emisión.

Audiencia del detenido (L 23/2014 art.51 s.) En el plazo máximo de 72 horas desde la puesta a disposición debe celebrarse ante la Sección de Instrucción del Tribunal Central de Instancia la audiencia del detenido, con **asistencia del Ministerio Fiscal y del abogado** del reclamado, designado conforme a las reglas generales y sin restricción alguna en cuanto a su libre elección (TCo 339/2005; 81/2006), garantizando cuando proceda su derecho a la asistencia jurídica gratuita. **10418**

a) En primer lugar, se oirá a la persona detenida sobre la **prestación de su consentimiento** irrevocable a la entrega y a la aplicación del principio de especialidad. Si se consiente la entrega libremente y con conocimiento pleno de sus consecuencias, se extiende acta comprensiva de este extremo, que se suscribe por la persona detenida, el letrado de la Administración de Justicia, el representante del Ministerio Fiscal y el juez. En la misma acta se hace constar la renuncia a acogerse al principio de especialidad, si se ha producido.

Si la persona afectada consiente la entrega y el **Ministerio Fiscal no aprecia causas de denegación** o condicionamiento de la misma, el juez central de instrucción puede acordar mediante auto su entrega al Estado de emisión. El auto se dicta en el plazo máximo de 10 días desde la celebración de la audiencia y contra él no cabe recurso alguno.

b) En el curso de la audiencia pueden adoptarse las **medidas cautelares** necesarias para asegura la plena disponibilidad del reclamado y especialmente las previstas en el nº 8855 s. respecto a la detención y prisión provisional. Las decisiones sobre medidas cautelares del juez central de instrucción son susceptibles de apelación directa ante la Sala de lo Penal de la Audiencia Nacional, con carácter preferente.

c) La Sección de Instrucción del Tribunal Central de Instancia puede acordar igualmente, cuando el motivo de la orden sea el ejercicio de acciones penales contra el reclamado, la **toma de declaración** al mismo por la autoridad judicial de emisión o su **traslado temporal** al Estado de emisión.

d) **De no haber consentimiento**, el juez oirá a las partes sobre la concurrencia de causas de denegación o condicionamiento de la entrega, pudiendo proponerse prueba sobre el particular. En todo caso deberá oírse al Ministerio Fiscal sobre la procedencia de la entrega o la imposición de condiciones a la misma.

El juez central de instrucción ha de **resolver** en plazo de 10 días desde la vista mediante auto susceptible de recurso de apelación directo ante la Sala de lo Penal de la Audiencia Nacional. En todo caso, la decisión ha de adoptarse dentro del **plazo** de 60 días a contar desde la detención.

Cuando por razones justificadas no se pueda adoptar la decisión en los plazos señalados, **pueden prorrogarse** por otros 30 días, comunicando a la autoridad judicial de emisión tal circunstancia y sus motivos, manteniendo entretanto las condiciones necesarias para la entrega.

10420 MPP nº 5733 **Entrega de la persona reclamada** (L 23/2014 art.58) Como regla general, se hace efectiva por **agente de la autoridad española** dentro de los 10 días siguientes a la decisión judicial de entrega.

Si por causas ajenas al control de alguno de los Estados de emisión o de ejecución **no puede verificarse en plazo**, las autoridades judiciales implicadas se pondrán en contacto inmediatamente para fijar una nueva fecha, dentro de un nuevo plazo de 10 días desde la fecha inicialmente fijada.

Excepcionalmente, la autoridad judicial puede **suspender provisionalmente la entrega** por motivos humanitarios graves, pero esta deberá realizarse en cuanto dichos motivos dejen de existir. La entrega se verificará en los 10 días siguientes a la nueva fecha que se acuerde cuando dichos motivos dejen de existir.

Transcurridos los plazos máximos para la entrega sin que la persona reclamada haya sido recibida por el Estado de emisión, se procederá a su **puesta en libertad**, sin que ello sea fundamento para la denegación de la ejecución de una posterior orden europea basada en los mismos hechos.

d. Ejecución de solicitudes de detención y entrega formuladas por la Corte Penal Internacional

(Estatuto Roma 17-7-1998 art.59, 89 a 92; LO 18/2003 art.11 a 16)

10425 MPP nº 6010 s. Una de las principales manifestaciones de la obligación de **cooperación jurídica** que el Estatuto de Roma impone a los Estados parte en el mismo estriba en la ejecución de las solicitudes de detención y entrega que la Corte puede formular, imponiendo además a los citados Estados la precisión de asegurarse de que su Derecho interno contenga procedimientos aplicables al efecto.

10427 **Solicitud de detención y entrega** La Corte puede transmitir, junto con los antecedentes que la justifiquen una solicitud de detención y entrega de una persona a todo Estado en cuyo territorio pueda hallarse y solicitar la **cooperación** de ese Estado. Igualmente, puede en **caso de urgencia** solicitar la detención provisional de la persona buscada hasta que se presente la solicitud de entrega y los documentos que la justifiquen de conformidad con el citado precepto.

En todo caso, los Estados partes requeridos deben cumplir las solicitudes de detención y entrega de conformidad con las disposiciones del Estatuto Internacional Roma 17-7-1998 y el procedimiento establecido en su derecho interno.

10430 **Comunicación y puesta a disposición del juez central de instrucción** (LO 18/2003 art.11) Detenida una persona en cumplimiento de una orden de la Corte, la autoridad que practica la detención lo comunica inmediatamente al ministerio del ramo de justicia y al juez central de instrucción de la Audiencia Nacional, debiendo ser puesto el detenido a disposición de este último sin demora y, en todo caso, dentro del **plazo** de 72 horas siguientes a la detención.

El juez central de instrucción oirá a la persona reclamada, asistida de letrado y, en su caso, de intérprete y al Ministerio Fiscal, dentro de las 72 horas siguientes a su puesta a disposición judicial. Después de **verificar la identidad** del detenido, el contenido de la orden de detención y las circunstancias previstas en el nº 10434 dará **información al detenido** del contenido de la orden de detención y de su derecho a solicitar la libertad provisional.

Prestación de consentimiento irrevocable (LO 18/2003 art.13) En dicha comparecencia o dentro de los 15 días siguientes a la misma, el detenido puede prestar su consentimiento irrevocable a la entrega, en cuyo caso el juez central de instrucción dictará **auto acordando la entrega** a la Corte sin más trámites. El juez remitirá urgentemente copia del auto al ministerio del ramo de justicia, que informará de inmediato a la Corte y solicitará indicaciones de esta, en orden a la realización del **traslado**. Una vez recibidas dichas instrucciones, las transmitirá a la Sección de Instrucción del Tribunal Central de Instancia y al Ministerio del Interior a los fines de ejecución de la entrega. 10432

Solicitud de libertad provisional (Estatuto Roma 17-7-1998 art.59) Si el detenido solicita en la referida comparecencia su libertad provisional, el juez central de instrucción remite la solicitud a la Corte a través del ministerio del ramo de justicia, con indicación del **plazo para recibir sus recomendaciones**, que no será inferior a 20 días. En la misma resolución acordará la prisión provisional del detenido por el tiempo estrictamente necesario para recibir las recomendaciones de la Corte sobre dicha solicitud y hasta que se resuelva sobre esta. 10434

Recibida la comunicación de la Corte con las recomendaciones que esta formule sobre la solicitud de libertad o concluido el plazo señalado para su formulación, el juez central debe valorar dichas recomendaciones (tenerlas «plenamente en cuenta») y puede acordar la libertad provisional del detenido cuando existan **circunstancias urgentes y excepcionales** que lo justifiquen, adoptando las salvaguardias necesarias para cumplir la obligación de entregar la persona a la Corte y, en especial, las medidas recomendadas al efecto por esta.

En caso de **detención urgente y provisional**, el juez central de instrucción puede acordar la libertad provisional y las medidas cautelares adecuadas, que se mantendrán por un tiempo máximo de 180 días, si en el plazo establecido en las reglas de procedimiento y prueba la Corte no ha remitido la documentación para la entrega, todo ello sin perjuicio de volver a decretar la prisión una vez recibida la documentación de la Corte.

Denegación de entrega y audiencia (LO 18/2003 art.15.2) Si no se consiente en la entrega, se pondrá de manifiesto en secretaría la documentación precisa (Estatuto Roma 17-7-1998 art.91.2 y 3) y se convocará a una audiencia que deberá tener lugar en el plazo máximo de 10 días, con **citación** de la persona reclamada y su defensor y, en su caso, de un intérprete, así como del Ministerio Fiscal, pudiendo asistir e intervenir un delegado del fiscal de la Corte. 10436

En la **vista** no se admitirán otras alegaciones o pruebas que las relativas a la concurrencia de los requisitos establecidos en el Estatuto de Roma 17-7-1998 art.91.2 y 3 y a la aplicabilidad de la cosa juzgada.

Precisiones Cuando se alegue la **excepción de cosa juzgada**, la Sección de Instrucción del Tribunal Central de Instancia lo comunicará al ministerio del ramo de justicia, aplazando la resolución sobre la entrega mientras el Ministerio efectúa las consultas con la Corte. Si de tales **consultas** resulta que la causa ha sido declarada admisible por la Corte, la Sección de Instrucción del Tribunal Central de Instancia alzará la suspensión.

Resolución Concluida la vista, la Sección de Instrucción del Tribunal Central de Instancia resuelve sobre la petición de entrega por medio de **auto** en el plazo de 3 días. 10438

a) Si se **deniega la entrega**, puede mantenerse la situación de prisión provisional hasta la firmeza de dicha resolución. Una vez firme el auto, se pondrá urgentemente en libertad a la persona detenida y se comunicará al ministerio del ramo de justicia, que a su vez lo hará a la Corte.

b) **Si es es estimatoria** la resolución, una vez firme, se notificará de inmediato al ministerio del ramo de justicia y por este se dará traslado seguidamente a la Corte, solicitando indicaciones para la realización del traslado, que una vez recibidas se comunicarán la Sección de Instrucción del Tribunal Central de Instancia y al Ministerio del Interior.

Concurrencia entre solicitud de detención y petición de extradición (Estatuto Roma 17-7-1998 art.90; LO 18/2003 art.16) En caso de concurrencia entre una solicitud de detención y entrega formulada por la Corte y una petición de extradición de un tercer Estado, relativas ambas a los **mismos hechos**, se aplican diversas reglas en función de la condición de parte en el Estatuto de Roma del Estado requirente y de la admisibilidad de la causa. 10440 MPP nº 5748

a) El Estado requerido dará **preferencia a la solicitud de detención y entrega** si el requirente de extradición es parte en el Estatuto de Roma y la Corte ha declarado la admisibilidad de la causa.
b) Si el **Estado requirente no es parte** en el Estatuto Internacional Roma 17-7-1998, el requerido aplicará igual criterio de preferencia salvo que esté obligado por alguna norma de Derecho internacional a conceder la extradición.
Cuando la Corte no haya determinado la admisibilidad de la causa y **no exista la obligación de extraditar** antedicha, el Estado requerido decidirá si ejecuta la solicitud de detención y entrega o la petición de extradición atendiendo entre otros factores a la fecha de las solicitudes, los intereses del Estado requirente y, cuando proceda, a si el crimen se cometió en su territorio y a cuál sea la nacionalidad de las víctimas y de la persona cuya entrega o extradición se ha solicitado y a la posibilidad de que la Corte y el Estado requirente lleguen posteriormente a un acuerdo respecto de la entrega.
c) La circunstancia de la concurrencia se notifica a la Corte y al Estado requirente y se **tramitan conjuntamente ambos procedimientos** en la Sección de Instrucción del Tribunal Central de Instancia que esté conociendo de la solicitud de entrega.
El juez de este órgano judicial se abstendrá de decidir sobre la entrega, elevando ambos procesos a la Sala de lo Penal de la Audiencia Nacional, que resolverá de acuerdo con el Estatuto y con el tratado que exista con el Estado requirente. **En ausencia de tratado**, se da preferencia a la solicitud de la Corte.

10442 Precisiones Las referencias de LO 18/2003 a la Sección de Instrucción del Tribunal Central de Instancia y a la Sala de lo Penal de la Audiencia Nacional deben entenderse hechas, cuando la **cooperación** sea de la competencia de la **jurisdicción militar**, al juzgado togado militar central decano y al tribunal militar central, respectivamente. En los mismos casos, las citas que la Ley hace del Ministerio Fiscal y del juez de vigilancia penitenciaria deben entenderse referidas al fiscal jurídico militar y al juez togado militar de vigilancia penitenciaria.

e. Otros supuestos

10444 Las solicitudes de detención y entrega formuladas por los tribunales internacionales para el castigo de crímenes de guerra y de vulneraciones del Derecho internacional humanitario **en la antigua Yugoslavia y en Ruanda** se regulan en los Estatutos de los tribunales internacionales para la ex Yugoslavia y para Ruanda art.29 y 28, respectivamente, y en la LO 15/1994 art.6 y LO 4/1998 art.6, de cooperación con dichos tribunales.

6. Proceso de «hábeas corpus»

(Const art.17.4; LO 6/1984)

10450 MPP nº 5760, 5795 Este procedimiento supone la inmediata puesta a disposición judicial de toda **persona detenida ilegalmente**. El Convenio de Roma establece el derecho del privado de libertad mediante detención preventiva o internamiento, a presentar un recurso ante un órgano judicial, a fin de que se pronuncie en breve plazo sobre la legalidad de la privación de libertad y ordene su **puesta en libertad si es ilegal** (Convenio Roma 4-11-1950). La reiterada **doctrina constitucional** existente en esta materia se concreta últimamente en TCo 204/2015.

a. Consideraciones generales

10452 Se trata de un proceso singular o especial cuyo objeto es el inmediato control judicial de las situaciones de privación de libertad desde que estas se producen, para obtener de modo rápido y eficaz el cese inmediato de tales **situaciones** si son **ilegales o irregulares** o la modificación de las condiciones en que transcurren, por idéntica causa.
Su **naturaleza** no es otra que la de ser una garantía constitucional de carácter individual cuyo objeto es preservar el derecho a la libertad como uno de los valores superiores del ordenamiento jurídico.
Desde el plano estrictamente procesal, doctrina y jurisprudencia lo configuran como un **procedimiento especial de cognición limitada**, cuyo objeto es conocer si una situación de libertad es o no ajustada a derecho, y decidir su cese inmediato o la modificación de las condiciones en que transcurre si se constata su irregularidad o ilicitud, o el archivo de las actuaciones, si aquella es conforme a derecho.
El órgano judicial que conoce de la petición de *habeas corpus* juzga de la **legitimidad de una situación de libertad**, a la que puede poner fin o modificar en atención a las circunstancias en las que la detención se produjo o se está realizando, pero sin extraer de estas- de lo que las

mismas tuvieran de posibles infracciones del ordenamiento- más consecuencia que la necesaria **finalización o modificación de dicha situación** de privación de libertad (TCo 208/2000 o 194/2001).

Notas definitorias El legislador determina las siguientes: **10454**
• La **agilidad**, que determina la celeridad del procedimiento, que es extraordinariamente rápido, debiendo finalizar en 24 horas.
• La **sencillez** y **carencia de formalismos**, como garantía de acceso de todos los ciudadanos a la tutela judicial efectiva (ello se traduce en una amplia legitimación para su interposición y en la posibilidad de solicitar el *habeas corpus*, incluso por mera comparecencia).
• La **generalidad**, en el sentido de que ninguna autoridad o particular queda excluido del control judicial de la legalidad en la detención de las personas y otorgando a su vez legitimación a una pluralidad de personas como garantía de su preservación.
• La **universalidad**, abarcando no solo las detenciones ilegales, sino también, las que, habiéndose acordado con respeto a la legalidad originariamente, se mantienen o prolongan ilegalmente o transcurren en condiciones ilícitas.

Objeto (LO 6/1984 art.1) Está constituido por **cualquier forma de privación de libertad** (detención gubernativa, arresto disciplinario militar, detenciones en materia de extranjería, internamiento en centros de salud, etc.) que haya sido acordada o llevada a efecto por autoridad o persona distinta de la autoridad judicial y que tenga visos de ilegalidad. **10456**
A estos efectos, la **ilegalidad de la detención** viene legalmente determinada al considerar ilegalmente detenidas a las siguientes personas:
• Las que lo hayan sido por autoridad, agente de la misma, funcionario o particular sin la concurrencia de los supuestos legales o sin cumplirse las **formalidades o requisitos** exigidos por las Leyes.
• Las **ilícitamente internadas** en cualquier establecimiento o lugar.
• Las que lo estén por **plazo superior al señalado** en las Leyes si, transcurrido el mismo no son puestas en libertad o a disposición del juez más próximo al lugar de la detención.
• Aquellas privadas de libertad a quienes **no se les respeten los derechos** garantizados por la Constitución y las Leyes procesales aplicables a todo detenido.

Precisiones 1) Constituye el objeto propio del procedimiento, en un contexto de cognición limitada, el **enjuiciamiento de la legalidad de la detención** practicada para lo cual resulta imprescindible, una vez constatada la concurrencia de los requisitos formales, tramitar el procedimiento conforme a lo establecido en la LO 6/1984 art.6 s., bajo riesgo, en caso contrario, de desnaturalizar la finalidad propia del referido procedimiento (TCo 12/2014).
2) En el **régimen disciplinario de las fuerzas armadas** se establece expresamente la aplicación del proceso de *habeas corpus* en los supuestos en que se imponga la sanción de arresto o se utilice una medida cautelar privativa de libertad (LO 4/1987 art.61.3; LO 8/2014 art.60.1).

Competencia (LO 6/1984 art.2; LO 4/1987 art.61.3) Con **carácter objetivo y territorial** la competencia se atribuye: **10458**
- al juez de instrucción del lugar en que se encuentre la persona privada de libertad;
- en su defecto y si no consta, el del lugar en que se haya producido la detención;
- en defecto de los dos anteriores, el del lugar donde se hayan tenido las últimas noticias sobre el paradero del detenido.
Dicho juez de instrucción conoce de la **generalidad de los supuestos**, como juez ordinario, incluidos los casos de privaciones de libertad de los menores.
Con idénticos criterios, la competencia se residencia en la Sección de Instrucción del **Tribunal Central de Instancia**, con competencia en todo el territorio de la Nación, en los casos en que la detención obedezca a la suspensión individual de los derechos fundamentales de la Const art.17.2 y 18.2 y 3 para personas determinadas en relación con las investigaciones correspondientes a la actuación de bandas armadas o elementos terroristas.
La competencia en el ámbito de la **jurisdicción militar** corresponde al juzgado togado militar de instrucción (habrá de entenderse juzgado togado militar territorial conforme a la denominación de los órganos jurisdiccionales militares que establecen las Leyes que les son propias) constituido en la cabecera de la circunscripción jurisdiccional en la que se efectuó la detención.
A efectos de **competencia funcional**, todas las fases del procedimiento, hasta su resolución, están atribuidas a los órganos jurisdiccionales citados.

Partes intervinientes Cabe distinguir entre las principales, con intervención a lo largo de todo el procedimiento y otras accesorias, de intervención limitada, cuya consideración de partes procesales propiamente dichas sería más dudosa. **10460**

10462 **Partes principales** (LO 6/1984 art.3, 4 y 7) Están constituidas por:
- la persona física privada de libertad y cuyo derecho fundamental se pretende salvaguardar (actor); y
- la persona física, autoridad, funcionario o persona jurídica causante de la detención o privación de libertad o que la dispuso (demandado).

El **actor** ha de ser necesariamente una persona física (se excluyen las jurídicas como inidóneas para ser titulares de derechos fundamentales), nacional o extranjera (uno de los campos de actuación del *habeas corpus* está constituido por las retenciones o detenciones acordadas en el marco de los procedimientos de expulsión derivados de la aplicación de la aplicación de la Ley de extranjería). Dicha **persona física** puede actuar a través de su abogado.

Entendemos que, respecto de **menores o personas con discapacidad** con necesidad de apoyo, sus representantes legales son también parte principal, pues no cabe duda de que representan, a todos los efectos, al privado de libertad menor o persona con discapacidad con necesidad de apoyo. Al margen de poder instar la incoación del procedimiento, tiene intervención en toda la fase de instrucción siendo oída y pudiendo aportar y proponer pruebas.

El **demandado** puede ser persona física o jurídica, privada o pública. Su intervención en el proceso es completa, siendo oído en justificación de su proceder y pudiendo aportar y proponer pruebas.

10464 **Partes accesorias** Tienen una **intervención limitada**, para promover la incoación del procedimiento (cónyuge del privado de libertad o persona unida por análoga relación de afectividad, descendientes, ascendientes, hermanos y el Defensor del Pueblo -como garante de la defensa de los derechos de los ciudadanos-). Por otro lado, está la persona bajo cuya **custodia** se encuentre el privado de libertad, que es oída, en todo caso, por el juez y a la que se da a conocer las declaraciones de aquel.

10466 **Fiscal o fiscal jurídico militar** Sus **facultades** se hacen patentes a lo largo de todas las fases del procedimiento, teniendo legitimación para instar su apertura, habiendo de ser oído en la fase de admisión con traslado de la solicitud y, caso de abrirse el procedimiento, ha de ser nuevamente oído antes de la resolución, pudiendo, como el resto de las partes principales, proponer prueba (LO 6/1984 art.3, 6, y 7).

Su posición como **garante de la legalidad** es comparable a la que ocupa en todos los procedimientos sobre derechos fundamentales de naturaleza constitucional.

b. Procedimiento

10470 Las fases que se desarrollan son:
- admisión (nº 10472);
- instrucción (nº 10478);
- resolución (nº 10480); y
- recursos (nº 10482).

10472 **Admisión** (LO 6/1984 art.3 a 6) Se caracteriza esta fase por conceder una **amplia legitimación** para instar el procedimiento, pudiendo hacerlo el fiscal, la persona privada de libertad, por sí o a través de su abogado (LO 6/1984 art.3.d; TCo auto 55/1996; TCo61/2003), sus descendientes, cónyuge o persona a la que esté ligada por igual relación de afectividad, pudiendo proceder de oficio el juez.

Respecto a los **menores**, se atribuye legimitación a sus representantes legales, y respecto a las personas con discapacidad con medidas de apoyo judiciales, quien preste su apoyo con facultad de representación específica para este acto concreto (LO 3/1984 art.3.a).

Se permite su **solicitud por escrito o comparecencia**, bastando que conste el nombre del solicitante y sus circunstancias personales, el lugar de privación de libertad y la autoridad de custodia, así como el motivo concreto por el que se solicita el *habeas corpus*.

Puesta en conocimiento del juez, inmediatamente que se produzca, la solicitud y oído el fiscal, al que se da **traslado** de la misma, y se decide sobre la incoación o no del procedimiento sin ulterior recurso (a excepción del amparo directo ante el Tribunal Constitucional).

10474 **Decisiones anticipadas sobre el fondo en la fase de admisión** En la fase de admisión solo
MPP se puede decidir sobre la incoación o no del procedimiento, valorando tan solo en la **decisión**
nº 5783 **preliminar** que se adopte, si se dan los requisitos de legitimación (LO 6/1984 art.3) y las formalidades del escrito de solicitud o comparecencia (LO 6/1984 art.4), pues cualquier pronunciamiento sobre la legalidad o ilegalidad de la privación de libertad requiere la previa apertura del procedimiento y su resolución tras la instrucción, con pleno respeto a los derechos de las partes en esta.

Precisiones 1) El Alto tribunal concedió el **amparo** por vulneración de la Const art.17, al anticiparse por el juez la decisión sobre el fondo a la fase de admisión, que únicamente demanda una decisión sobre la concurrencia de los requisitos de tramitación del procedimiento y su incoación o no (TCo 287/2000; 37/2008).

2) La perspectiva de examen que debe adoptarse es única y exclusivamente la de la libertad, puesto que, estando en juego este derecho fundamental, la eventual **ausencia de una motivación suficiente** y razonable de la decisión de inadmisión no supondría solo un problema de falta de tutela judicial (Const art.24.1), sino prioritariamente una cuestión que afecta al derecho a la libertad personal, en cuanto que la suficiencia o razonabilidad de la resolución judicial relativa a la garantía constitucional del procedimiento de habeas corpus -Const art.17.4-, forma parte de la propia garantía (TCo 61/2003; 94/2003; 122/2004). Por ello, si la propia decisión de inadmisión del procedimiento vulnera ya este precepto, resulta irrelevante si esa decisión ha sido adoptada cumpliendo o no el deber de motivación, que rige para mantener una situación de privación de libertad, por lo que resulta innecesario realizar cualquier otra consideración sobre la lesión a la tutela judicial efectiva, por falta de motivación (TCo 12/2014).

3) No procede la inadmisión de una petición de *habeas corpus* por **razones de fondo** (TCo 42/2015).

Rechazo preliminar de las solicitudes infundadas o sin concreción de motivo El fundamento de la garantía del *habeas corpus* no supone que toda persona sometida a una medida que incida en su libertad tenga derecho a un pronunciamiento sobre el fondo tras la apertura del procedimiento. Cabe rechazar la solicitud en la fase de admisión si hay motivos para ello y no concurren los requisitos de tramitación de aquel. 10476

Un **medio de control** se encuentra en rechazar en la fase de admisión las solicitudes que no concreten el motivo de su demanda o en las que este sea manifiestamente infundado.

Ello impone al solicitante de *habeas corpus* la obligación de **concretar el motivo de su solicitud**, de tal modo que razonablemente pueda haber duda sobre la legalidad de la privación de libertad conforme a lo que aduce o alega, y solo sobre esa base abrir el procedimiento y entrar sobre el fondo, debiendo rechazarse la incoación si no se cita motivo concreto o si no cabe duda alguna, por lo manifiestamente infundado de la alegación del solicitante, de la legalidad de la medida de la detención o privación de libertad.

El rechazo por **carencia de motivación concreta** en la solicitud es el único medio para evitar una efectiva sobredimensión del campo de actuación del *habeas corpus*, que obviamente ha de ser razonado y fundado en la resolución que se adopte por el juez (TCo 232/1999).

Instrucción (LO 6/1984 art.7) Abierto el procedimiento, se ordena la puesta a disposición del privado de libertad, sin demora, ante el juez (que también puede constituirse en el lugar de la detención), que **oye a todas las partes** (incluido el fiscal y el privado de libertad o representante legal y abogado, en su caso) y a la autoridad agentes o funcionarios que hubieran ordenado la detención o internamiento (en justificación de su proceder); en todo caso se oye a la autoridad bajo cuya custodia se encuentra el privado de libertad y a todos ellos se dan a conocer por el juez las declaraciones de este último. 10478

Se admiten o deniegan las **pruebas** que se hayan podido proponer, practicándose las declaradas pertinentes, debiendo dictarse **resolución** en el plazo máximo de 24 horas desde la incoación.

Resolución (LO 6/1984 art.8 y 9) Instruido el procedimiento, **si no se acredita ninguna de las circunstancias** del nº 10456 y la privación de libertad es conforme a derecho, se decreta el archivo. 10480

Si se estima que concurren alguna o varias de las mencionadas circunstancias (privación de libertad ilegal en sí misma, en las condiciones en que transcurre o excesiva en sus plazos) se ordena:

- la inmediata puesta en libertad del privado de ella,
- la continuación de la privación de libertad de acuerdo con las disposiciones aplicables al caso (pudiendo cambiarse el establecimiento de internamiento o las personas de custodia), o
- la puesta inmediata a disposición judicial (del órgano competente) si se excedió el plazo de la detención. Nada se dice de recursos a esta decisión.

Puede, finalmente, **deducirse testimonio** en el caso de conductas delictivas que hayan podido acreditarse en el procedimiento y remitirse al juez competente, para su persecución y castigo.

Recursos (LO 6/1984 art.6 y 8) No cabe ninguno contra la resolución preliminar de apertura del procedimiento o su denegación adoptada en la fase de admisión. 10482

No se dice nada expresamente respecto al auto resolutorio del procedimiento por lo que, no previendo la Ley en la regulación concreta en este especial procedimiento recurso contra el **auto resolutorio**, hay que entender que no existe.

Cabe, sin embargo, el recurso de **amparo directo** ante el Tribunal Constitucional.

Precisiones 1) El encuadramiento del procedimiento dentro de la esfera del **amparo judicial ordinario** (TS auto 11-5-90, EDJ 4971) de los derechos fundamentales (por juez de instrucción o juez togado militar), en este caso del derecho a la libertad, hace que si la pretensión de dicho amparo no resulta estimada por dichos jueces ordinarios, pueda interponerse **recurso de amparo** directamente ante el Tribunal Constitucional sin necesidad de agotar todos los recursos utilizables dentro de la vía judicial que pudieran ser atinentes al caso (LOTC art.44.1ª), pues si el detenido ilegalmente tiene que esperar a la sentencia penal definitiva y firme, tras el ejercicio de todos los recursos posibles en derecho, se perpetuaría de un modo intolerable la posible lesión al derecho fundamental a la libertad. Ocurre algo similar con el procedimiento previsto en la Const art.55.2 (en tal sentido, TCo 154/1995). De cualquier modo, si la conclusión es que contra el auto resolutorio no cabe ulterior recurso, no hay recurso ordinario alguno que agotar, pudiendo acudir el interesado al amparo directo ante el Tribunal Constitucional.
2) El objeto propio del procedimiento de «habeas corpus» es el **enjuiciamiento de la legalidad de la detención** practicada para lo cual resulta imprescindible, una vez constatada la concurrencia de los requisitos formales, tramitar el procedimiento conforme a lo establecido en LO 6/1984 art.6 s., so riesgo, en caso contrario, de desnaturalizar la finalidad propia del referido procedimiento (TCo 12/2014).

c. Colisión con el orden contencioso-administrativo

10483 El proceso de «habeas corpus» y su decisión puede plantear problema de colisión con la jurisdicción contencioso-administrativa **en sede de extranjería**, respecto de resoluciones de expulsión del territorio nacional con adopción de medida de internamiento, acordada por el juez de instrucción competente, en aquellos supuestos en los que, acordado el internamiento y producido este, se interponga **recurso contencioso-administrativo** contra la resolución de expulsión con solicitud de medida cautelar de suspensión de ejecutividad del acto recurrido, adoptada inaudita parte por vía de la LJCA art.135, al entender que concurran circunstancias de especial urgencia; y cuando, en tal caso, se adopte tal medida suspensiva cautelarísima y, acto seguido, se interponga una solicitud de «habeas corpus» ante el órgano jurisdiccional competente.
En tal hipótesis se ha producido una detención de una persona determinada, legítima en su origen, pero sustentada en un acto administrativo cuya ejecutividad ha sido **suspendida cautelarísimamente** por medio de auto de la Sección de lo Contencioso-Administrativo del Tribunal de Instancia -hasta su constitución, del juzgado de lo contencioso-administrativo-, por lo que puede considerarse que no ampara el internamiento en el momento en que se plantea el «habeas corpus»; aunque dicha falta de amparo o cobertura pueda ser transitoria. Pero, por otra parte, la **estimación de la pretensión deducida** en sede de «habeas corpus» y la puesta en libertad del internado antes de la resolución de la pieza de medidas cautelares, puede dejar sin efectividad real una eventual resolución que desestime la pretensión cautelar y, asimismo, sin efectividad real la posible sentencia desestimatoria en los autos principales del recurso contencioso-administrativo.

7. Proceso por aceptación de decreto

(LECr art.803 bis a) a 803 bis j)

10485 Se trata de un procedimiento **monitorio penal** que permite la conversión de la propuesta sancionadora realizada por el Ministerio Fiscal en sentencia firme cuando se **cumplen los requisitos** objetivos y subjetivos previstos y el encausado da su **conformidad**, con preceptiva asistencia letrada.
Con esta figura, se instaura un mecanismo de aceleración de la justicia penal que pretende descongestionar los órganos judiciales y dispensar una rápida respuesta punitiva ante **delitos de escasa gravedad** cuya sanción pueda quedar en multa, siendo respetuoso con el derecho de defensa.

10485.2 **Supuestos** En cualquier momento, después de iniciadas **diligencias de investigación** por la fiscalía o **diligencias previas** por el órgano jurisdiccional y hasta la finalización de las diligencias previas, aunque no haya sido llamado a declarar el investigado, puede seguirse el proceso por aceptación de decreto cuando se cumplan, cumulativamente los siguientes requisitos:
• El delito está **castigado** con pena de multa o con pena de prisión sustituible por multa, con o sin privación del derecho a conducir vehículos a motor y ciclomotores.
• El Ministerio Fiscal entiende que la pena en concreto aplicable es la de **multa** y, en su caso, la pena de privación del derecho a **conducir vehículos a motor y ciclomotores**.
• Que no esté personada **acusación popular o particular** en la causa.

Este proceso tiene por objeto una acción penal ejercitada para la imposición de una pena de multa y, en su caso, privación del derecho a conducir vehículos a motor y ciclomotores, sin perjuicio de poder ejercitar la **acción civil** dirigida a la obtención de la restitución de la cosa y la indemnización del perjuicio.

Contenido El decreto se configura por el siguiente contenido: 10485.4
- identificación del **encausado**;
- descripción del **hecho punible**;
- indicación del **delito** cometido y mención sucinta de la **prueba** existente;
- breve exposición de los **motivos** por los que entiende, en su caso, que la pena de prisión debe ser sustituida;
- **penas** propuestas;
- peticiones de **restitución e indemnización**, en su caso.

Procedimiento El decreto se remite a la Sección de Instrucción o Única del **Tribunal de Instancia** -hasta su constitución, al juzgado de instrucción- para su autorización y notificación al encausado. En el caso de **que no se autorice** el decreto, este queda sin efecto. 10486

Una vez dictado auto de **autorización** debe notificarse al encausado para que comparezca ante el tribunal en la fecha y en el día que se señale. En la notificación debe **informarse al encausado** de la finalidad de la comparecencia, de la preceptiva asistencia de letrado para su realización y de los efectos de su incomparecencia o, caso de comparecer, de su derecho a aceptar o rechazar la propuesta.

La **comparecencia** se registra íntegramente por medios audiovisuales, a menos que concurra imposibilidad material, documentándose en tal caso conforme a las reglas generales. Para la **aceptación de la propuesta de sanción** el encausado comprende el significado del decreto de propuesta de imposición de pena y los efectos de su aceptación.

Si acepta el encausado en la comparecencia la propuesta de pena en todos sus términos, a la Sección de Instrucción o Única del Tribunal de Instancia debe atribuirles el carácter de resolución judicial firme.

Si **deviene ineficaz el decreto** de propuesta de pena por no ser autorizado por el juez instrucción, por incomparecencia o por falta de aceptación del encausado, el Ministerio Fiscal no se encuentra vinculado por su contenido y prosigue la causa por el cauce que corresponda.

8. Procedimiento de decomiso autónomo

(LECr art.803 ter e a 803 ter u; CP art.127 ter)

Puede ser objeto del procedimiento de decomiso autónomo la acción mediante la que se solicita el decomiso de **bienes, efectos o ganancias**, o un valor equivalente a los mismos, cuando no haya sido ejercitada con anterioridad. 10488

Supuestos Se aplica cuando: 10488.2

• El fiscal se limita en su **escrito de acusación** a solicitar el decomiso de bienes reservando expresamente para este procedimiento su determinación.

• Se solicita como consecuencia de la comisión de un hecho punible cuyo autor:
- haya **fallecido;** o
- no pueda ser enjuiciado por hallarse **en rebeldía**; o
- sea falto de aptitud plena para el ejercicio de la **capacidad jurídica** necesaria para comparecer en juicio.

En el caso de **reserva de la acción por el fiscal**, el procedimiento de decomiso autónomo solamente puede ser iniciado cuando el proceso en el que se resuelva sobre las responsabilidades penales del encausado ya hubiera concluido con sentencia firme.

Precisiones El juez o tribunal puede acordar el decomiso por medio de un **procedimiento contradictorio** en que se acredite la situación patrimonial ilícita y el sujeto haya fallecido o sufra enfermedad crónica que impida su enjuiciamiento con riesgo de prescripción; o se encuentre en rebeldía y ello suponga impedimento para enjuiciar la conducta en plazo razonable; o no se le imponga pena por estar exento de responsabilidad criminal o haberse esta extinguido (CP art.127 ter).

El decomiso solo puede en tales supuestos (que se solapan con los del procedimiento de decomiso autónomo, pero no agotan su aplicabilidad a otros) dirigirse contra quien fue **formalmente acusado o** contra el investigado con relación al que existan **indicios racionales de criminalidad** en el momento en el que una de las situaciones descritas haya impedido continuar el proceso penal. Pero ha de entenderse que ello no excluye en estos casos la posibilidad de dirigir el **comiso contra terceros** (CP art.127 quater).

10488.4 **Competencia** Es competente para el conocimiento del procedimiento de decomiso autónomo el juez o tribunal que:
- haya dictado la **sentencia firme**;
- esté conociendo de la **causa penal suspendida**; o
- sea competente para el enjuiciamiento de la misma cuando la **causa no sea haya iniciado**, en las circunstancias expuestas en las que se puede dar el decomiso autónomo (nº 10488.2).

10488.6 **Legitimación** El procedimiento se regula por lo dispuesto en la Ley de Enjuiciamiento Civil para el **juicio verbal**, teniendo en cuenta que la **acción** solo puede ser ejercitada por el Ministerio Fiscal.
La **legitimación pasiva** corresponde a los sujetos contra los que se dirija la acción por su relación con los bienes a decomisar.

10488.8 **Procedimiento** El encausado debe ser citado mediante **notificación** dirigida a su representación procesal en el proceso suspendido y la fijación de edicto en el tablón de anuncios del tribunal.
En la **demanda** de decomiso se han de expresar las personas contra las que se dirige la solicitud y sus domicilios, el bien cuyo decomiso se pretende, el hecho punible y su relación con el bien o bienes, la calificación penal del hecho punible, la situación de la persona contra la que se dirige la solicitud respecto al bien, el fundamento legal del decomiso, la proposición de prueba, la solicitud de medidas cautelares.
Una vez admitida la demanda debe adoptarse alguna de las siguientes resoluciones:
• Acordar o no las **medidas cautelares** solicitadas.
• **Notificar la demanda** de decomiso a las partes previamente legitimadas, a quienes otorgará un plazo de 20 días para personarse en el proceso y presentar escrito de contestación a la demanda de decomiso.
• Adoptar las medidas cautelares, la oposición, modificación o alzamiento de las mismas y la prestación de **caución sustitutoria**, que se ha de desarrollar de acuerdo con LEC Tít VI Libro III en lo que no sea contradictorio con las normas previstas en la Ley de Enjuiciamiento Criminal.
El escrito de **contestación a la demanda** ha de contener las alegaciones de la parte demandada. Si el demandado no interpone su escrito de contestación en el plazo conferido o si desiste del mismo, el órgano competente debe acordar el decomiso definitivo de los bienes, efectos o ganancias, o un valor equivalente a los mismos.
El órgano competente debe resolver sobre la **prueba** propuesta por auto y esta resolución no es recurrible.
El juicio ha de desarrollarse conforme a lo dispuesto en LEC art.433 y el juez o tribunal ha de resolver mediante **sentencia** en el plazo de 20 días dese su finalización acordando:
- **estimar** la demanda y acordar el decomiso definitivo de los bienes;
- estimar **parcialmente** la demanda de decomiso y acordar el decomiso definitivo por la cantidad que corresponda;
- **desestimar** la demanda de decomiso y declarar que no procede por concurrir alguno de los motivos de oposición. En este caso han de dejarse sin efecto todas las medidas cautelares que hayan sido acordadas.

Precisiones Por efecto de L 41/2015 se incluye a los procedimientos de decomiso en el supuesto de **excepción del principio de tracto sucesivo** previsto en LH art.20.

10488.9 **Resolución** La sentencia ha de desplegar los efectos materiales de la **cosa juzgada** en relación con las personas contra las que se haya dirigido la acción y la causa de pedir planteada, consistente en los hechos relevantes para la adopción del decomiso, relativos al hecho punible y la situación frente a los bienes del demandado.
Más allá del efecto material de la cosa juzgada, el contenido de la sentencia del procedimiento de decomiso autónomo no ha de vincular en el posterior enjuiciamiento del encausado, si se produce.
En el **proceso penal posterior** contra el encausado, si se produce, no se solicita ni es objeto de enjuiciamiento el decomiso de bienes sobre el que haya se resuelto con efecto de cosa juzgada en el procedimiento de decomiso autónomo.
Cuando el decomiso se haya **acordado por un valor determinado**, ha de requerirse a la persona con relación a la cual se haya acordado para que proceda al pago la cantidad correspondiente dentro del plazo que se le determine; o, en otro caso, designe bienes por un valor suficiente sobre los que la orden de decomiso pueda hacerse efectiva.
El Ministerio Fiscal puede llevar a cabo, por sí mismo, a través de la oficina de recuperación y gestión de activos o por medio de otras autoridades o de los funcionarios de la policía judicial, las **diligencias de investigación** que resulten necesarias para localizar los bienes o derechos titularidad de la persona con relación a la que se haya acordado el decomiso.

A este procedimiento le son aplicables las normas reguladoras de los **recursos** aplicables al proceso penal abreviado y de la revisión de sentencias firmes (siendo motivo de revisión de la sentencia firme de decomiso autónomo la contradicción entre los hechos declarados probados en la misma y los declarados probados en la sentencia firme penal que, en su caso, se dicte -LECr art.954.2-).

Precisiones Se puede **presentar una nueva orden de decomiso** por el Ministerio Fiscal cuando:
- se descubra la existencia de bienes, efectos o ganancias a los que deba extenderse el decomiso, pero de cuya existencia o titularidad no se haya tenido conocimiento cuando se inició el procedimiento de decomiso; y
- no se haya resuelto anteriormente sobre la procedencia del decomiso de los mismos.

9. Procedimiento en supuestos de ejercicio de competencia por la Fiscalía Europea

(LO 9/2021; Rgto interno de la Fiscalía Europea 12-10-20)

La creación de la Fiscalía Europea, con **sede** en Madrid y formada por el Fiscal Europeo y los fiscales europeos delegados, ejerce sus **funciones** en los procedimientos penales por delitos que perjudiquen a los intereses financieros de la Unión Europea en los que, con arreglo al Rgto (UE) 2017/1939 sea competente para ejercer de forma efectiva su competencia para investigar, acusar y ejercer la acusación en juicio. 10489
En todo no lo previsto en la LO 9/2021 se aplica lo dispuesto en la Ley de Enjuiciamiento Criminal y, en particular, la regulación del **procedimiento abreviado**, con independencia de los delitos perseguidos o las penas asociadas a los mismos.

Precisiones Ha de tenerse igualmente en cuenta la exposición efectuada en los nº 8630, en los que se analiza el Reglamento citado, del que es **transposición** la LO 9/2021.

Régimen de las actuaciones en territorio nacional (LO 9/2021 art.4 a 13) Las actuaciones en el territorio nacional se sujetan al siguiente régimen: 10489.1

Fiscales europeos delegados Sus **funciones**, sin perjuicio del auxilio de otras autoridades y sus agentes, son: 10489.2
• Investigar y ejercer la **acción penal** ante el órgano de enjuiciamiento competente en primera instancia y vía de recurso contra los autores y demás partícipes de los delitos que perjudiquen los intereses financieros de la Unión Europea con independencia de su calificación jurídica (Rgto (UE) 2017/1939 art.4, 22, 23 y 25).
• Investigar y ejercer la **acusación** respecto a los delitos siguientes:
- delitos contra la Hacienda de la Unión no referidos a impuestos directos nacionales (CP art.305, 305 bis y 306); si se trata de ingresos procedentes de recursos propios del IVA, los fiscales europeos delegados solo son competentes cuando los hechos estén relacionados con el territorio de dos o más Estados miembros y supongan, como mínimo, un perjuicio total de 10.000.000 euros;
- defraudación de subvenciones y ayudas europeas (CP art.308);
- delitos que perjudiquen a los intereses financieros de la unión incluyendo: blanqueo de capitales que afecten a bienes procedentes de esos delitos, delitos de cohecho y malversación y delitos tipificados en LO 12/1995 de represión del contrabando;
- delito de participación en organización criminal (CP art.570 bis) cuya actividad principal sea la comisión de alguno de los delitos anteriores.
Las actuaciones se practican en el **lugar** donde los fiscales europeos delegados tengan su sede, aunque si fuera necesario o conveniente pueden constituirse en cualquier otro lugar del territorio. Sin embargo, hay que tener en cuenta:
• Las **declaraciones**, tanto del investigado como de los testigos y peritos, ha de realizarse en la sede de los fiscales europeos delegados.
• Si está el **investigado físicamente impedido** para acudir al acto, el fiscal europeo se puede constituir en su domicilio o lugar en que se encuentre, si el interrogatorio no pone en peligro su salud.
• Si **tienen su residencia en otro lugar** a la sede citada los peritos o testigos, atendiendo a la grave de los hechos objeto de investigación y a la relevancia de la declaración, se puede acordar recabar el auxilio del fiscal del lugar para que practique la diligencia, recibirle declaración por videoconferencia o trasladarse al lugar donde se encuentre para recibirle declaración.

Competencia judicial Se atribuye a la Audiencia Nacional para el **conocimiento y fallo** de los procedimientos, y al Tribunal Supremo o Tribunal Superior de Justicia en caso de **aforamiento**. 10489.3
En cada uno de estos órganos ha de constituirse un **juez de garantías** que autorice las diligencias de investigación restrictivas de derechos fundamentales, acuerde medidas cautelares

personales, asegure la fuente de prueba personal ante el riesgo de pérdida de la misma, autorice el secreto de la investigación y su prórroga, acuerde la apertura del juicio oral disponga su sobreseimiento, resuelva las impugnaciones contra los decretos del fiscal europeo delegado y adopte las medidas de protección de testigos y peritos que procedan.
Las **discrepancias** por cuestiones de competencia se resuelven por:

Órganos discrepantes	Motivos	Órgano resolutorio
Fiscalía Europea y Fiscalía nacional	Configuración o no como delito de comportamientos: - que supongan participación en organización delictiva - que perjudiquen los intereses económicos de la Unión	Fiscalía general del Estado
Fiscalía Europea y una Sección de Instrucción del Tribunal de Instancia -hasta su constitución, juzgado de instrucción- que ya esté conociendo del asunto		Tribunal Supremo (Sala de lo Penal) tramitándolo como cuestión de competencia y con informe previo del Ministerio Fiscal

10489.4 **Actuaciones preventivas** Cuando se trate de delitos cuya investigación se atribuya a los fiscales europeos delegados, por **razones de urgencia**, pueden llevarse a cabo actuaciones preventivas como son:
• Por la Sección de Instrucción (o Única) del **Tribunal de Instancia** -hasta su constitución, juzgado de instrucción- la práctica de las primeras diligencias, debiendo informarles y remitirles todo lo actuado junto con los instrumentos del delito y los resultados de las diligencias practicadas.
• Por la **policía judicial**, la adopción de medidas que resulten imprescindibles para garantizar la efectividad de la investigación, informando lo antes posible y, en todo caso, en un plazo máximo de 24 horas, al fiscal europeo delegado de las medidas adoptadas y de las razones para ello.

10489.5 **Custodia del procedimiento de investigación** Se realiza por la Oficina de la Fiscalía Europea, y la **documentación** se conserva por el letrado de la Administración de justicia que corresponda quien, en caso de intervención del **juez de garantías** ha de dar cuenta de la solicitud presentada por el fiscal europeo delegado o por las partes y, en caso de **aseguramiento de la prueba**, formular y protocolizar, custodiar y autorizar las actas del aseguramiento con remisión de lo practicado al fiscal europeo delegado.

10489.6 **Comunicaciones de la Fiscalía europea con el Ministerio Fiscal** Se canalizan a través de la Fiscalía General del Estado a quien le compete la comunicación de la *notitia criminis* a los fiscales europeos delegados.
El Ministerio Fiscal es la **autoridad nacional competente** para recibir información sobre la comisión de un delito no comprendido en el ámbito de competencia de la Fiscalía Europea; pronunciarse sobre aspectos concretos de delitos que puedan causar **perjuicios financieros** a la Unión Europea, archivo de casos o procedimientos simplificados para el ejercicio de la acción penal.

10489.7 **Designación** (LO 9/2021 art.14 a 16) La designación de los candidatos a fiscal europeo y fiscales europeos delegados ser realiza por una comisión de selección regulada reglamentariamente, mediante **proceso selectivo** entre candidatos de nacionalidad española y miembros activos de la carrera fiscal o judicial con la antigüedad que se determine reglamentariamente y no incursos en causas de incapacidad.
Su **situación administrativa** es la de servicios especiales y se ejercen las funciones con exclusividad y a tiempo completo.
Para el cumplimiento de las **funciones** de los fiscales europeos delegados ha de crearse la Oficina de la Fiscalía Europea.

a. Procedimiento de investigación

(LO 9/2021 art.17 a 63)

Este procedimiento se compone de las siguientes fases: 10489.10

Fase de iniciación (LO 9/2021 art.17 a 25) La **dirección de la investigación** corresponde a los fiscales europeos delegados y la formación del procedimiento de investigación a la Fiscalía Europea. 10489.11
Desde que los fiscales europeos delegados asumen el ejercicio de su competencia, han de **comunicarlo** a las autoridades informantes y a la Fiscalía General del Estado.
El **decreto de incoación**, firmado por el fiscal europeo delegado, debe contener la descripción precisa del hecho punible, su calificación jurídica provisional, la determinación de la persona investigada, en su caso, y de las víctimas del delito. **Se notifica**, salvo que se acuerde el secreto, a la persona investigada, a las víctimas del delito y, en todo caso, al letrado de la Administración de Justicia para que determine el juez competente para intervenir en los actos reservados expresamente al juez de garantías.
La **designación del juez de garantías** procede también cuando sea reasignado al fiscal europeo delegado una investigación procedente de otro estado o le sea atribuida como consecuencia de una decisión de acumulación o escisión de casos que sean competencia de la Fiscalía. En tales casos, las actuaciones practicadas hasta entonces tienen **plena validez** y no procede la retroacción de las actuaciones.

Inicio El procedimiento se inicia por los fiscales europeos delegados cuando, mediante **denuncia, querella** o cualquier otro medio previsto legalmente, tengan conocimiento de hechos aparentemente delictivos que puedan recaer en el ámbito de sus competencias. 10489.12
Se acuerda mediante decreto teniendo en cuenta que deben **ser informados**, sin dilación indebida:
- los fiscales europeos delegados cuando las autoridades, en el ejercicio de sus funciones, tengan conocimiento de un **hecho aparentemente delictivo** y cuando el Ministerio Fiscal o un órgano judicial tengan conocimiento de hechos cuya competencia **pueda ser competencia** de los primeros;
- los fiscales europeos delegados y la Fiscalía General del Estado, **cuando la policía judicial inicie una investigación** por hechos para los que sean competentes los primeros.

Inicio por avocación Si el Ministerio Fiscal o un órgano judicial inician una investigación por hechos cuya competencia puede ser ejercida por los **fiscales europeos delegados**, han de ponerlo en su conocimiento para permitir el ejercicio del derecho de avocación y abstenerse de tomar decisiones que puedan impedirlo, sin perjuicio de adoptar las decisiones urgentes dirigidas a asegurar la investigación y el ejercicio de la acción penal. 10489.13
Si la Fiscalía Europea ejercita este derecho, las **autoridades nacionales** que estén investigando están obligadas a remitir las actuaciones, absteniéndose de conocer excepto las medidas urgentes necesarias para la investigación; no se produce la retroacción de actuaciones, salvo en lo que resulte indispensable para la continuación de la investigación.
Quienes se encuentren como **acusadores populares** pierden, automáticamente, la condición de parte, pero pueden ejercer la acusación particular y personarse como tal.

Devolución de competencia Si tras la verificación de los hechos, el fiscal europeo delegado considera que los hechos objeto de investigación **no constituyen delito perteneciente a su ámbito de competencia** o que, aun teniéndola, no concurran razones que justifiquen su ejercicio, debe devolver las actuaciones a las autoridades nacionales teniendo en cuenta que si la in formación judicial proviene de una autoridad no judicial española o del Ministerio Fiscal, la devolución se realiza a la Fiscalía General del Estado y si procede de un órgano judicial se realiza al mismo órgano del que las haya recibido y el procedimiento sigue su curso por sus trámites ordinarios. 10489.14
El decreto acordando la incoación del procedimiento de investigación debe contener la **descripción precisa** del hecho punible, su calificación jurídica provisional, la determinación de la persona investigada, en su caso, y de las víctimas del delito.
Se hace **notificación** a la persona investigada y a las víctimas del delito, salvo que se acuerde el secreto, y, en todo caso, al letrado de la Administración de Justicia para que determine el juez competente para intervenir en los actos reservados expresamente al juez de garantías.
La **designación del juez de garantías** procede también cuando sea reasignado al fiscal europeo delegado una investigación procedente de otro estado o le sea atribuida como consecuencia de una decisión de acumulación o escisión de casos que sean competencia de la Fiscalía. En tales casos, las **actuaciones hasta entonces** practicadas tienen plena validez y no procede la retroacción de las actuaciones.

10489.15 **Intervención del investigado** (LO 9/2021 art.26 a 35) La persona investigada tiene los **derechos** que le reconocen la Carta de los Derechos Fundamentales de la Unión Europea, la Constitución y la Ley de Enjuiciamiento Criminal. En particular, que **se le comunique** en la primera comparecencia:
- la investigación, hechos y calificación jurídica y conozca las diligencias de investigación practicadas y que se practiquen posteriormente, salvo que sean secretas;
- asistencia jurídica;
- no declarar sobre los hechos investigados ni contra sí mismo;
- asistencia de interprete;
- derecho a aportar elementos de descargo y proponer pruebas;
- participar en la práctica de actos de investigación; y
- solicitar el aseguramiento de fuentes de prueba.

El investigado tiene **derecho a ser citado** por el fiscal europeo delegado en una primera comparecencia tanto para traslado de cargos como en el caso de detención, sin que pueda haber retraso alguno injustificadamente, so pena de nulidad de los actos realizados por producir indefensión.

• Para el **traslado de cargos**: desde que resulten de las actuaciones indicios que permitan atribuirle la realización del hecho punible, salvo que se haya autorizado el secreto de la investigación.

En esta comparecencia, el **fiscal europeo delegado** ha de preguntar al investigado sus datos personales, informar de sus derechos y requerirle un domicilio para notificaciones e informarle, claramente, de los hechos que se le atribuyen y su calificación jurídica provisional. Si la investigación se extiende a **nuevos hechos** se convoca a una nueva comparecencia.

En el caso de **persona aforada**, o solicitud de **medida cautelar** contra ella o su detención, ha de solicitarse primero del juez de garantías autorización para proceder.

• Para el caso de **detención**: desde el momento en que se acuerde o practique la detención, debiéndose realizar con su puesta a disposición en el plazo de 24 horas desde aquella.

10489.16 **Contenido de la primera comparecencia** Es el siguiente:

• Prestar **declaración** sobre los hechos investigados cuantas veces quiera, justificando la razón que lo motiva. Posteriormente, solo puede ser preguntado si es necesario a los fines de la investigación y previa notificación con, al menos, 48 horas de antelación, salvo que se constate que se trata de un supuesto de detención, urgencia o que exista riesgo de desaparición de fuentes de prueba.

• Reconocer su **participación en los hechos punibles**. El fiscal europeo delegado, tras la declaración, le cita ante el juez de garantías para que la reitere. La **incomparecencia injustificada** de las demás partes personadas y debidamente citadas no impide esta comparecencia. Esta confesión no dispensa de practicar todas las diligencias necesarias para comprobar la existencia del delito y la participación del investigado.

• Derecho a examinar, salvo declaración de secreto, el **expediente de investigación** con todas las actuaciones practicadas. En caso de negativa se puede solicitar, con la misma excepción, del juez de garantías.

• Derecho a solicitar la **práctica de las diligencias** que considere oportunas y útiles para la investigación, acordándose por el fiscal europeo delegado las que sean relevantes para decidir sobre la naturaleza del hecho y la responsabilidad criminal y denegándose, mediante decreto, las demás.

La **denegación** puede ser impugnada ante el juez de garantías quien puede ordenarlas, por razón de su importancia, o si no es posible diferir su práctica a la fase intermedia o al juicio oral.

• Derecho a aportar **elementos de descargo** relevantes para su defensa y los informes periciales de parte realizados por su cuenta. El fiscal europeo delegado solo puede denegar los que sean absolutamente irrelevantes al objeto de la investigación.

• Derecho a **participar en la práctica de actos de investigación** especialmente si se ejecutan para asegurar una fuente de prueba y exceptuándose el caso de declaración de secreto.

10489.17 **Intervención de la acusación particular** (LO 9/2021 art.36 a 41) Las víctimas del delito (incluyendo las asociaciones y entidades a las que la ley reconoce legitimación para la defensa de los intereses afectados por el delito investigado) pueden **personarse en el procedimiento** de investigación como acusación particular en cualquier momento anterior a la preclusión del trámite del escrito de acusación, sin retroacción de actuaciones obligatoriamente.

El **escrito dirigido al fiscal europeo delegado** implica que se les tenga como parte, previa comprobación de su condición. El decreto denegándolo se puede impugnar ante el juez de garantías en el plazo de 5 días.

La **acción civil** puede ejercitarse conjuntamente con la penal por la acusación particular; sin embargo, las víctimas pueden ejercitar solo la acción civil, personándose en calidad de actores civiles, formulando esta pretensión en el **escrito de personación**. Desde este momento el actor civil puede solicitar la adopción de medidas cautelares reales.
El **decreto denegando la personación** puede ser impugnado en un plazo de 5 días ante el juez de garantías.
Desde que se **admita la personación**, salvo declaración de secreto, las acusaciones particulares pueden examinar el expediente y someter a la apreciación del fiscal europeo delegado la posibilidad de practicar las diligencias que consideren útiles y relevantes para la comprobación de los hechos; las **denegadas** pueden ser solicitadas al juez de garantías quien las puede ordenar si su resultado es determinante para decidir sobre la naturaleza delictiva del hecho o la participación de la persona investigada en el mismo y no sea posible diferir su práctica a la fase intermedia o al juicio oral.
En todo caso, las acusaciones particulares pueden poner en conocimiento del fiscal europeo delegado las **informaciones** que considere relevantes para la investigación y participar en la realización de actos de investigación, especialmente los ejecutados para el **aseguramiento de fuentes de prueba**.

Diligencias de investigación (LO 9/2021 art.42 a 51) Las diligencias de investigación, que incluyen todos los **actos de investigación y aseguramiento** contemplados en la Ley de Enjuiciamiento Criminal, son dirigidas por los fiscales europeos delegados, salvo que estén **expresamente reservados** a la autoridad judicial por la Constitución y el resto del ordenamiento jurídico, que han de ser autorizados por el juez de garantías. 10489.18
Las previsiones relativas al **plazo y prórroga** de la investigación criminal (LECr art.324) no se aplican a los procedimientos que se sigan ante la Fiscalía Europea.
Se regulan:
- declaración testifical y pericial;
- entrada y registro en lugares cerrados;
- interceptación de comunicaciones y medidas de investigación tecnológica.

El fiscal europeo puede autorizar tanto medidas de aseguramiento necesarias para **conservar los datos o informaciones relevantes** como medidas de entrega vigilada de sustancias, efectos, equipos y materiales que sean relevantes para la investigación.
Cuando se trate de **investigaciones transfronterizas**, el fiscal europeo debe aplicar las reglas relativas a la declaración del investigado y de acceso al proceso sin perjuicio de la eventual remisión a los instrumentos de reconocimiento mutuo.

Declaración testifical y pericial (LO 9/2021 art.43 a 45) El fiscal europeo delegado puede: 10489.19
• Hacer **comparecer y declarar**, obligatoriamente salvo exentos legalmente, a cuantas personas conozcan hechos o circunstancias relevantes para la averiguación del delito y la determinación del responsable o que puedan aportar datos útiles para tal fin.
Su **práctica** se ajusta a lo dispuesto en Ley de Enjuiciamiento Criminal.
• Designar los **peritos** que estime oportuno para que emitan el dictamen correspondiente sobre los extremos que sean sometidos a su consideración.
Han de ser **elegidos**, preferentemente, entre el personal técnico adscrito a la Fiscalía Europea o, si la naturaleza y objeto lo permiten, por quien designen las partes a su costa.
Tanto peritos como testigos quedan **protegidos** por LO 19/1994.

Entrada y registro en lugares cerrados (LO 9/2021 art.46 y 47) Se diferencian dos supuestos: 10489.20
• **Domicilio** de personas físicas y jurídicas. Salvo que concurran consentimiento o delito flagrante es necesaria la **autorización judicial** para la entrada en:
- el domicilio de las personas físicas;
- las dependencias de las personas y entidades jurídico-públicas;
- la sede de partidos políticos, sindicatos y medios de comunicación, así como los despachos u oficinas donde se desarrollen actividades respecto a las que se reconozca el secreto profesional; en caso de despacho profesional de abogado, procurador o notario ha de notificarse al decano del colegio concernido o a quien estatutariamente le sustituya para que pueda asistir a la diligencia de registro;
- la apertura y registro de cajas de seguridad que se hallen en entidades bancarias u otras instalaciones específicamente dedicadas a su custodia.

• **Resto lugares cerrados** no calificados como domicilio: se lleva a cabo por el fiscal europeo delegado o por la policía judicial bajo autorización previa acordada mediante decreto.

10489.21 **Interceptación de comunicaciones** (LO 9/2021 art.48) Se insta por el **fiscal europeo delegado**, que tiene las facultades reconocidas a los fiscales nacionales, de acuerdo con la legislación española o los instrumentos de reconocimiento mutuo en caso de investigaciones transfronterizas:
- la detención y apertura de la **correspondencia**;
- la interceptación de las comunicaciones **telefónicas y telemáticas**;
- la captación y **grabación** de comunicaciones orales mediante dispositivos electrónicos;
- la **utilización de dispositivos** técnicos de seguimiento, localización y captación de la imagen, el registro de dispositivos de almacenamiento masivo de información y los registros remotos sobre equipos informáticos.

En el momento de **formular la solicitud** a la autoridad judicial, el fiscal delegado puede instar que se le autorice a dirigir personalmente el desarrollo de la medida diferenciando:
• Para la obtención de **datos de tráfico o asociados al proceso** de comunicación se ha de poner en conocimiento del fiscal europeo delegado, con la periodicidad que se señale, la relación de las comunicaciones intervenidas con expresa mención de los datos relativos a cada una de ellas.
• Para el **registro del contenido de las comunicaciones** ha de ponerse a disposición del fiscal europeo delegado la grabación íntegra de la totalidad de las realizadas y acompañar certificación fehaciente de la autenticidad e integridad de la grabación, así como la transcripción de los pasajes que se consideren de interés para la investigación.

Cesada la intervención, con las prórrogas en su caso, y alzado el secreto el fiscal europeo delegado, ha de convocar al investigado a una **comparecencia** que tenga por objeto el examen de las grabaciones para determinar los extremos que se consideren relevantes. La **práctica de esta audiencia** no se suspende por la incomparecencia injustificada de alguna de las partes debidamente citada, pero la comparecencia para el examen de las grabaciones puede **sustituirse** por la formulación de observaciones por escrito.

10489.22 **Medidas cautelares** (LO 9/2021 art.52 a 63) Las medidas cautelares **reales** tienen por finalidad el aseguramiento de las responsabilidades de carácter patrimonial y de las responsabilidades civiles, así como la restitución al legítimo titular, en su caso, por lo que recaen sobre los bienes y derechos del investigado o acusado, también pueden aplicarse a terceros.

El fiscal europeo delegado puede adoptar, mediante decreto, las siguientes:
• Medidas para el aseguramiento de **responsabilidades pecuniarias** incluyendo responsabilidades civiles, multas, costas y decomiso de efectos, instrumentos y productos del delito: cuando resulten indicios racionales de la comisión de un hecho delictivo por persona determinada.
• Medidas cautelares para el caso de resultar indicios racionales de **responsabilidad penal de personas jurídicas** o entidades o agrupaciones de personas carentes de personalidad jurídica: suspensión de sus actividades, clausura de sus locales y establecimientos, intervención judicial para salvaguardar los derechos de los trabajadores o acreedores y suspensión cautelar del derecho a obtener subvenciones y ayudas públicas y a disfrutar de beneficios e incentivos fiscales o de la Seguridad Social.
• Medidas cautelares dirigidas al **aseguramiento de terceros**: cuando aparezcan indicios de responsabilidad civil de un tercero de acuerdo con LO 10/1995. En el caso de sospecharse que el tercero pueda ser responsable, se puede solicitar anotación de embargo preventivo o prohibición de disponer de los bienes.

10489.23 **Procedimiento** Se pueden **solicitar**, con claridad y precisión, por:
- quienes puedan ejercitar la acción civil en el proceso penal, y
- por la acusación particular para asegurar el pago de la multa, costas, ejecución del decomiso y las consecuencias accesorias de carácter patrimonial que se puedan derivar del delito.

La solicitud **no se admite** si requeridas por las acusaciones particulares y actores civiles pretenden alterar situaciones de hecho consentidas durante largo tiempo salvo justificación de que no se han podido solicitar las medidas con anterioridad.

La **resolución** que se dicte ha de ser motivada, fijar las medidas que se acuerden, así como su régimen (en el caso de fijarse una cantidad líquida ha de ser suficiente para cubrir las responsabilidades pecuniarias incrementadas en un tercio) y pronunciarse sobre la utilización provisional y la realización de bienes y efectos decomisados.

Las **medidas pueden ser sustituidas** por la prestación de una caución suficiente si lo solicita el obligado a constituir la garantía al fiscal europeo delegado; y, de oficio o a instancia de parte, ampliadas o reducidas atendiendo a las circunstancias de cada caso. En su caso, se pueden autorizar, provisionalmente, la utilización y realización anticipada de los **bienes decomisados** cautelarmente.

b. Control judicial de la investigación
(LO 9/2021 art.64 a 76)

El control judicial de la investigación **regula**: 10489.30
- la declaración de secreto;
- la autorización judicial de las declaraciones de investigación;
- el procedimiento para la adopción y prórroga de medidas cautelares personales;
- la impugnación de los decretos del fiscal delegado;
- el recurso de apelación contra los autos del juez de garantías; y
- el incidente para el aseguramiento de las fuentes de prueba.

Declaración de secreto (LO 9/2021 art.64 a 68) El secreto, **total o parcial** del procedimiento, puede ser declarado por el fiscal europeo delegado cuando resulte **imprescindible** para garantizar la eficacia de las diligencias de investigación. El juez de garantías, en un plazo de 48 horas desde que se le haya trasladado por el fiscal europeo delegado, debe **confirmarlo o alzarlo**, fijando en el primer caso su duración, la cual puede ser prorrogada si concurren circunstancias excepcionales y sobrevenidas. 10489.31

La declaración de secreto impide que las **partes personadas**, a excepción del fiscal europeo delegado, tomen conocimiento de las actuaciones e intervengan en las diligencias a las que afecta su declaración; si bien, caso de acordarse la prisión provisional del investigado se le ha de facilitar el acceso a los elementos esenciales para su impugnación.

El **alzamiento del secreto**, mediante decreto, implica:
- ser **comunicado**, de inmediato, al juez de garantías;
- dar **vista** a la defensa y a las demás partes personadas de todas las diligencias practicadas a las que no hayan tenido acceso;
- realizar la **primera comparecencia** del investigado si no se pudo realizar por la declaración de secreto;
- no poder acordar la **conclusión del procedimiento** sin que las partes personadas hayan tenido un tiempo suficiente, no inferior a 20 días, para tomar conocimiento de lo actuado y ejercitar sus derechos de forma efectiva.

Autorización judicial de diligencias de investigación (LO 9/2021 art.69 a 76) Las diligencias de investigación que exigen autorización judicial requieren ser solicitada por el fiscal europeo delegado, de oficio a petición de las acusaciones, pudiendo incluir también solicitud del secreto de las actuaciones. 10489.32

La **solicitud** debe acreditar, suficientemente, la concurrencia de los requisitos exigidos por la Ley de enjuiciamiento criminal para acordar la diligencia de investigación de que se trate y, el juez de garantías, a la vista de los documentos presentados, debe resolver en el plazo de 24 horas.

El **contenido de la resolución** es:

• Acordar o denegar la autorización judicial, de forma concreta, estableciendo la forma y condiciones de su ejecución; si aparecen hechos punibles nuevos o si se puede inferir la participación de otras personas el fiscal europeo delegado ha de recabar inmediatamente otra autorización judicial para ampliar a dichos hechos o personas la investigación.

• Establecer la forma y periodicidad con las que el fiscal europeo delegado ha de informar la juez de garantías sobre el desarrollo y resultados de la medida de investigación.

Son **causas de cese** de la autorización judicial:
- la desaparición de las circunstancias que justificaron la adopción de la medida;
- el transcurso del plazo para el que fue autorizada;
- el vencimiento del plazo máximo del secreto de la investigación; y
- la detención del investigado.

Una vez practicada la diligencia de investigación y, en su caso, alzado el secreto, ha de ponerse en conocimiento de la persona investigada la **medida acordada** garantizando el derecho de defensa.

Adopción de medidas cautelares personales (LO 9/2021 art.77 a 89) El fiscal europeo delegado puede interesar del **juez de garantías** que acuerde cualquiera de las medidas cautelares personales previstas en Ley de enjuiciamiento criminal cuya adopción le haya sido reservada. 10489.33

La **detención** de las personas investigadas se puede ordenar en los casos previstos en LECr art.492, notificándose el decreto a los interesados para su **posible impugnación** ante el juez de garantías.

En el caso de detención de una persona, tanto a requerimiento del fiscal como en el curso de una investigación policial, la policía judicial ha de **ponerle a disposición del fiscal** inmediatamente y, en todo caso, en el plazo de 24 horas desde su detención.

10489.34 **Procedimiento** La adopción de estas medidas exige el siguiente procedimiento:

a) La **legitimación** para su solicitud corresponde al fiscal europeo delegado o a cualquier parte acusadora personada.

En la **solicitud** se han de concretar los hechos, indicios y finalidad y acompañar el soporte documental de los mismos, acreditando su necesidad y la imposibilidad de utilizar una medida menos gravosa.

Si se declara el **secreto de la causa** y la medida interesada es la **prisión provisional** ha de aportarse a la solicitud los elementos de las actuaciones que sean esenciales para resolver sobre la privación de libertad y para impugnar, en su caso, la legalidad de la misma.

b) Una vez formulada la solicitud se convoca al fiscal europeo delegado y a las partes personadas a una **comparecencia** en las 72 horas siguientes para que aleguen, por su turno, lo que tengan oportuno y soliciten, en su caso, las pruebas pertinentes que se han de practicar en el acto de la audiencia o en un plazo no superior a 72 horas.

Si no se puede celebrar esta audiencia o si concurren **razones de urgencia**, el juez de garantías, a instancia de parte y previa audiencia del fiscal europeo delegado, puede acordar, justificadamente, la medida cautelar que estime inaplazable, pero convocando nuevamente la audiencia para dentro de las 72 horas siguientes.

Cuando la **persona esté detenida**, este plazo se cuenta desde la puesta a disposición judicial y, en el plazo de las siguientes 72 horas el juez ha de resolver sobre la situación personal, elevando la detención a prisión o dejándola sin efecto. Si **el detenido no puede ser puesto a disposición** del juez de garantías en el plazo de 72 horas siguientes a su detención preventiva, ha de ser puesto a disposición del juez de instrucción del lugar donde se haya practicado la detención que, en un plazo máximo de 72 horas, ha de elevar la detención a prisión o decretar su libertad.

c) Practicada la prueba el órgano judicial **resuelve** mediante auto motivado, teniendo en cuenta que:

• No puede tomar en consideración **hechos delictivos más graves** ni fines distintos de los planteados por las partes, ni adoptar medidas más gravosas que las expresamente solicitadas.

• Puede **someter a debate de las partes** la idoneidad de una menos gravosa pero acorde a los fines pretendidos.

• Si se solicita la **prisión provisional** se puede acordar la libertad provisional con prestación de caución o con imposición de reglas de conducta concretas y suficientemente debatidas.

• Ha de establecer las condiciones de **control del mantenimiento de la medida cautelar** adoptada y su duración. Las partes legitimadas pueden solicitar su **modificación o levantamiento**; caso de solicitar su sustitución por otra más grave ha de celebrarse una comparecencia al efecto sin que la ausencia injustificada del encausado o de las acusaciones personadas la pueda impedir. La revocación de una medida o su sustitución por una menos gravosa no exige nueva comparecencia.

10489.35 **d)** El **incumplimiento** de las medidas cautelares impuestas permite que se acuerden otras más gravosas en su sustitución o acumulativamente, teniendo en cuenta la entidad del incumplimiento.

e) Las medidas cautelares se pueden **extinguir** por:

- desaparición de los presupuestos que justifican su adopción;
- transcurso de los plazos máximos de duración;
- transcurso de los plazos inferiores a los máximos de duración que hubieran sido judicialmente establecidos sin haberse prorrogado la vigencia de las medidas;
- archivo o sobreseimiento.

f) Contra las resoluciones sobre prisión provisional cabe interposición de **recurso de apelación**, sin efecto suspensivo. En ningún caso, con motivo del recurso interpuesto, se puede acordar la medida de prisión provisional o agravar las condiciones de la misma sin oír personalmente a la persona afectada, celebrando la correspondiente vista. Los recursos interpuestos contra la resolución que deniegue o acuerde la prisión provisional o agrave sus condiciones y contra las que dispongan su mantenimiento en el trámite periódico de revisión de oficio tienen **carácter preferente** y deben resolverse en un plazo máximo de 10 días.

10489.36 **Impugnación de los decretos del fiscal europeo delegado** (LO 9/2021 art.90 y 91) Los decretos dictados por el fiscal europeo delegado durante el procedimiento de investigación solo pueden ser impugnados ante el juez de garantías en los **casos expresamente establecidos** en la ley.

Debe realizarse **por escrito**, firmado por la representación del solicitante, dentro de los 5 días siguientes a la notificación del decreto dictado, en el que se expongan los motivos en que se funda la impugnación y se designen a los particulares que han de tenerse en cuenta para resolverla.
Tras la **admisión a trámite** se abre un periodo común para todas las partes de 5 días para **alegaciones** y designación de otros particulares que deban ser considerados.
La **resolución**, contra la que no cabe recurso alguno, ha de formularse dentro de los 5 días siguientes.

Impugnación de los autos del juez de garantías (LO 9/2021 art.92 a 95) La impugnación de los autos del juez de garantía, mediante **recurso de apelación**, se sujeta al siguiente régimen: 10489.37

- **Órgano competente**: Sala de lo Penal de la Audiencia Nacional y, en casos de aforamiento las salas que se constituyan en el Tribunal Supremo y en los Tribunales Superiores de Justicia.
- **Resoluciones recurribles** son las que resuelven la impugnación de la declaración de incoación del procedimiento, el incidente por retraso en la primera comparecencia, el incidente por la impugnación de los decretos que acuerdan o deniegan medidas cautelares, la denegación de autorización judicial para diligencia de investigación, el sobreseimiento y la adopción de medidas cautelares, así como las demás expresamente previstas en la ley.
- Se **interpone por escrito** dentro de los 5 días siguientes al de la notificación del auto recurrido.
- La **admisión**, que no suspende la continuación del procedimiento, corresponde al letrado de la Administración de Justicia quien debe dar traslado a las demás partes personadas para que en el plazo de 3 días puedan impugnarlo o adherirse.
- En los 3 días siguientes a la finalización del plazo, se pone toda la **documentación a disposición del tribunal** para que, sin más trámites, resuelva. Se exceptúa el caso que el tribunal considere necesario celebrar vista, lo que se hará en el día más próximo posible y, en todo caso, dentro de los 10 días siguientes.
- El **auto** debe dictarse dentro de los 5 días siguientes a la recepción de la documentación o de la celebración de la vista.
- Tienen **tramitación preferente** los recursos que se presenten contra autos dictados en materia de medidas cautelares o en relación con la práctica de las diligencias de investigación.

Incidente para el aseguramiento de las fuentes de prueba (LO 9/2021 art.96 a 106) 10489.38
Puede solicitarse por cualquiera de las partes tan pronto como pueda preverse que las mismas no estarán disponibles para su utilización en el juicio oral por concurrir alguna de las siguientes circunstancias:

- La declaración de un testigo o perito cuando existan fundados motivos para temer que, por razón de ausencia justificada o inevitable, peligro de muerte o imposibilidad física, **no pueden comparecer o testificar** válidamente en el juicio oral.
- La declaración de un testigo o perito cuando existan fundados motivos para temer que pueda ser **amenazado gravemente o sometido a coacciones** para alterar su declaración en el juicio oral.
- La declaración de un testigo que, por razón de su **edad o persona con discapacidad** necesitada de apoyo, no deba ser sometido al examen contradictorio de las partes en el juicio oral.
- La declaración del investigado en los dos primeros casos respecto a la **responsabilidad criminal de otras personas.**

Solo hay **juicio oral** si llega a producirse la falta efectiva de disponibilidad del medio de prueba que lo motivó.

Procedimiento Se ajusta a los siguientes trámites: 10489.40

- Se **solicita** al juez de garantías en cualquier momento previo a que se produzca el emplazamiento ante el órgano de enjuiciamiento.
- La **legitimación** se reconoce al fiscal europeo delegado, de oficio o a petición de las acusaciones, y al investigado.
- Las acusaciones personadas pueden solicitar al fiscal europeo delegado, o directamente al juez si existen **razones de urgencia** que lo justifiquen con aportación de los elementos que permitan acreditarla, que promueva el incidente.
- El fiscal europeo delegado **resuelve** mediante decreto motivado. Si lo desestima cabe impugnación ante el juez de garantías en el plazo de 5 días justificando que la práctica del aseguramiento resulta objetivamente imprescindible para sostener la pretensión acusatoria. El juez decide sin ulterior recurso sobre la **práctica o no de la diligencia** de aseguramiento.

• Recibida la petición, el letrado de la Administración de Justicia debe dar **traslado a las partes** personadas y al fiscal europeo por plazo de 3 días para que formulen alegaciones y, en su caso, que indiquen otros hechos que hayan de constituir su objeto.
• El juez **resuelve mediante auto** estableciendo los hechos, personas convocadas y fecha de comparecencia para el aseguramiento de la prueba, que es inmediata en caso de urgencia. Contra este auto no cabe recurso alguno.
• La práctica de la diligencia se sujeta a lo dispuesto en Ley de Enjuiciamiento Criminal para la realización de la **prueba testifical o pericial** en el juicio oral.
La **incomparecencia**, cuando haya razones de urgencia para proceder al aseguramiento de la prueba, produce los siguientes **efectos** según que el ausente sea:
- el **investigado**: no se impide la celebración del acto, pero si la presencia es necesaria se puede ordenar su conducción ordenando la detención;
- la **defensa del investigado**: se sustancia con la defensa del turno de oficio expresamente designada al efecto;
- **acusaciones particulares o sus defensas**: no se impide el aseguramiento de la fuente de prueba.
• Si con posterioridad a la práctica del incidente se descubren **hechos nuevos** o de los que no se hubiera tenido conocimiento con anterioridad que sean relevantes la parte interesada puede solicitar la ampliación de la declaración, tramitándose según lo expuesto supra.

c. Terminación del procedimiento

(LO 9/2021 art.107 a 113)

10489.50 El procedimiento puede terminar por:
- remisión a la autoridad nacional (nº 10489.51); o
- por conclusión de la investigación (nº 10489.52).

10489.51 **Remisión a la autoridad nacional** (LO 9/2021 art.107 y 108) Cuando el fiscal europeo delegado estime que los hechos objeto de investigación **no constituyen un delito de los comprendidos** en el ámbito de su jurisdicción o competencia, o bien que han dejado de cumplirse las condiciones específicas para el ejercicio de la misma, ha de comunicarlo a la Fiscalía General del Estado para que remita el procedimiento al órgano de instrucción competente para su continuación de acuerdo con la Ley de Enjuiciamiento Criminal, conservando todas las actuaciones practicadas **plena validez** y sin que se produzca la retroacción de las actuaciones, salvo que resulte indispensable para la continuación del procedimiento ante la autoridad nacional.
Cuando el fiscal europeo delegado **se abstenga de seguir conociendo** por no acreditarse ser un delito de los que pueden causar perjuicio a los intereses financieros de la Unión Europea (Rgto (UE) 2017/1939 art.25.2 y 3 y 34.3), se da traslado de lo actuado a la Fiscalía General del Estado para que en el plazo máximo de 30 días acuerde por decreto la **asunción del asunto o su no aceptación** procediéndose en el primer caso como en lo señalado supra, pero si no hay aceptación, el fiscal europeo delegado ha de continuar su tramitación.

10489.52 **Conclusión de la investigación** (LO 9/2021 art.109 a 113) Cuando se hayan practicado todas las diligencias necesarias, los fiscales europeos delegados han de dictar un decreto de conclusión de la investigación en el que se adopten las siguientes resoluciones:
- solicitud de **apertura del juicio oral** formulando escrito de acusación;
- ejercicio de la **acción penal** ante las autoridades judiciales de otro estado miembro, disponiendo el archivo del procedimiento seguido en España.
• Solicitar, de acuerdo con la defensa del encausado, al juez o tribunal competente que dicte **sentencia de conformidad**, acompañando de una justificación de la existencia de indicios racionales de criminalidad distintos al mero reconocimiento de los hechos por el investigado, no pudiendo ser objeto de conformidad en ningún caso las penas de más de 6 años de prisión Si de lo expuesto el juez o tribunal entiende que la calificación aceptada es correcta y la pena procedente, dicta sentencia de conformidad. En caso contrario, se devuelve la causa al fiscal que continúa con su tramitación.
• Solicitar el **archivo por improcedencia del ejercicio de la acción** por entender que no concurren elementos suficientes para el ejercicio de la acción penal: se acuerda por decreto la conclusión y archivo del procedimiento, total o parcial.
• Solicitar el **ejercicio de la acción penal** ante las autoridades judiciales de otro estado miembro: se archivan las actuaciones en España.
• Solicitar la **apertura del juicio oral**, formulándose el escrito de acusación.
Sin perjuicio de lo anterior debe tenerse en cuenta que solo lo procede el **archivo**, previa consulta con la Fiscalía General del Estado, pudiendo asumir el Ministerio Fiscal la competencia a continuación cuando:

- el fiscal europeo delegado haya conocido de **delitos indisolublemente vinculados**;
- el fiscal europeo haya investigado **delitos de fraude o subvenciones o ayudas** de la Unión Europea y demás gastos del presupuesto de la Unión y aquellos respecto de los que el perjuicio causado o que se pueda causar a los intereses financieros de la Unión no sea mayor que el perjuicio causado o que se pueda causar a otra víctima (LO 9/2021 art.112).

El decreto de archivo no impide que se reabra el procedimiento de investigación cuando **aparezcan hechos nuevos** de los que no se tenga conocimiento en el momento de acordar el archivo y justifiquen el ejercicio de la acción penal.

d. Fase intermedia: preparación del juicio oral

(LO 9/2021 art.114 a 131)

La preparación del juicio oral se integra por las siguientes fases: 10489.55

Escrito de acusación (LO 9/2021 art.114 a 116) Una vez que el fiscal europeo delegado estima necesaria la apertura del juicio oral lo solicita al juez de garantías formulando el correspondiente escrito de acusación. 10489.56

Tras su recepción, el juez da **traslado del escrito de acusación** a las acusaciones particulares y al actor civil, si los hay, así como a las víctimas no personadas para que en el plazo de 10 días presenten sus propios escritos de acusación y reclamación civil en los que soliciten la apertura del juicio oral junto con:

• La **calificación provisional**: limitada a determinar en conclusiones precisas y numeradas: los hechos punibles que resulten de la investigación, su calificación legal, la participación del acusado, la existencia de circunstancias atenuantes, agravantes o eximentes y las penas que procede imponer y, en su caso, la reclamación de las responsabilidades civiles derivadas de los hechos punibles y la adopción, suspensión, modificación o alzamiento de las medidas cautelares que competan a la autoridad judicial. Sin embargo, la calificación provisional del fiscal europeo no puede referirse a aspectos relativos a la **responsabilidad civil** sobre los que corresponda dispone a la acusación particular o al actor civil personados.

• La **proposición de prueba**: documental, pericial, testifical y, si se dan los presupuestos, la promoción del incidente para el aseguramiento de una fuente de prueba.

Escrito de defensa (LO 9/2021 art.117 a 120) De los escritos de acusación se da **traslado** a las personas contra las que se dirija la acusación o la petición de responsabilidad civil poniendo el procedimiento de investigación a disposición de sus defensas, para que en el plazo común de 10 días presenten escrito de defensa frente a las acusaciones formuladas. De no hacerlo se entiende que se opone a las acusaciones y el procedimiento sigue su curso. 10489.57

En él se hacen constar:

• La **impugnación de la acusación** indicando el motivo de sobreseimiento y las diligencias que haya de practicarse para poner de manifiesto el mismo, promoviendo en su caso la celebración de la audiencia preliminar.

• La **calificación provisional**. En ella se han de hacer constar las conclusiones provisionales en orden correlativo al del escrito de acusación, recogiendo los hechos que les sean favorables y su oposición o conformidad con los demás contenidos del escrito de acusación; también pueden formularse conclusiones alternativas.

• La **proposición de prueba para el juicio oral**: documental, pericial y testifical y, en su caso, el incidente para el aseguramiento de una fuente de prueba.

Audiencia preliminar (LO 9/2021 art.121 y 122) Una vez presentado el escrito de defensa, **si no se impugna la acusación**, se acuerda sin más trámite la apertura del juicio oral. 10489.58

Si se impugna la acusación, el letrado de la Administración de Justicia debe dar traslado de los escritos de defensa a las demás partes para que realicen alegaciones por escrito sobre las impugnaciones efectuadas y sobre las diligencias propuestas en el plazo común e improrrogable de 5 días.

El juez ha de **resolver sobre las diligencias solicitadas** en relación con la petición de sobreseimiento, admitiendo únicamente las que, siendo relevantes para la apertura del juicio oral, fueron propuestas durante la investigación y no se practicaron, debiéndose proceder a su práctica en este trámite.

La **audiencia**, que puede ser pública si existe interés informativo relevante, se celebra con presencia de todas las partes y en unidad de acto; en caso de inasistencia del acusado o de las demás partes, que hayan sido debidamente citadas, no se suspende.

Tras la práctica de las diligencias, el juez debe **oír a todas las partes** sobre el fundamento de la impugnación pudiendo, en cualquier momento, formular las preguntas y solicitarles las

aclaraciones que considere necesarias pudiendo examinar por sí mismo el procedimiento de investigación.
A los 10 días siguientes, el juez dicta **auto** acordando lo que corresponda y resolviendo en la misma resolución todos los motivos de impugnación formulados.

10489.60 **Sobreseimiento** (LO 9/2021 art.123 a 126) Celebrada la audiencia preliminar, procede el sobreseimiento si se da alguno de los siguientes motivos:
- la persona encausada ha **fallecido** (o liquidada, si es persona jurídica);
- **no existen indicios** racionales de haberse perpetrado el hecho que haya servido de fundamento a la acusación formulada;
- el hecho **no es constitutivo** de infracción penal;
- la infracción penal ha **prescrito**;
- ha recaído resolución con efectos de **cosa juzgada**;
- la acusación se dirige contra persona que goza de **inmunidad** y esta no ha sido retirada;
- existen **motivos racionales de criminalidad** contra el acusado, procediendo el sobreseimiento provisional;
- no resulta debidamente justificada la perpetración del delito que haya dado lugar a la formación de la causa o si existen motivos racionales de criminalidad contra el acusado, procediendo el sobreseimiento provisional;
- la persona contra la que se dirige la acusación aparece **exenta de responsabilidad criminal**, salvo que proceda la imposición de una medida de seguridad, en cuyo caso se acuerda la continuación del juicio a estos solos efectos.

El sobreseimiento se acuerda por **auto** y puede ser total o parcial, libre o provisional. Contra él cabe **recurso de apelación** que, en caso de sobreseimiento parcial, tiene efecto suspensivo, salvo que el juez aprecie motivadamente que es posible el enjuiciamiento separado del hecho o de las personas excluidas del juicio oral.
Los **efectos** del sobreseimiento son:
- quedan sin efecto las **medidas cautelares** adoptadas;
- una vez firme, los **efectos intervenidos** que tengan carácter lícito se devuelven a sus legítimos poseedores y los ilícitos se decomisan por la autoridad judicial para que les dé el destino prevenido legalmente.

10489.62 **Apertura del juicio oral** (LO 9/2021 art.127 a 131) El **auto** de apertura del juicio oral determina el órgano competente para el enjuiciamiento, los hechos justiciables y las personas que han de ser juzgadas como acusadas o responsables civiles.
En él ha de ordenarse **que se deduzca testimonio** de la propia resolución y de las calificaciones provisionales de las partes, pudiéndose formular petición de cualquiera de las partes, de las actas de las diligencias de aseguramiento de fuentes de prueba, de las diligencias no reproducibles que hayan de ser ratificadas en el juicio oral y de los documentos o informes que obren en el procedimiento de investigación que hayan sido propuestos como prueba documental. **No cabe testimoniar** declaraciones de testigos o exposiciones orales de peritos realizadas en el procedimiento de investigación o aportadas a este, ni las relativas a actuaciones policiales distintas a las actas indicadas.
Contra el auto de apertura no cabe **recurso** alguno, salvo el de apelación en cuanto a las medidas cautelares.
El letrado de la Administración de Justicia debe **emplazar a las partes** para que en el plazo de 15 días se personen ante el juez o tribunal competente para la celebración del juicio oral que ha de celebrarse en la forma prevista en la Ley de Enjuiciamiento Criminal. En cualquier momento previo al emplazamiento ante el órgano de enjuiciamiento, las partes pueden solicitar del juez de garantías el **aseguramiento de una fuente de prueba** sustanciándose de acuerdo con lo dispuesto en el nº 3840.
La **ausencia injustificada del acusado**, debidamente citado, no es causa de suspensión del juicio oral si el tribunal, a solicitud del fiscal europeo delegado o de la parte acusadora y oída la defensa, estima que existen elementos suficientes para el enjuiciamiento, cuando la pena solicitada no exceda de 2 años de privación de libertad o, si es de distinta naturaleza, cuando su duración no exceda de 6 años.

SECCIÓN 16

Procesos ante tribunales penales internacionales

10490

1. Ante la Corte Penal Internacional

El proceso para el enjuiciamiento por la Corte Penal Internacional de los crímenes más graves de trascendencia internacional, con carácter complementario de las jurisdicciones nacionales se **regula**: 10492 MPP nº 6002

• En el Estatuto Internacional de Roma de la Corte Penal Internacional (17-7-1998), ratificado por España mediante Instrumento de 19-10-2000 en virtud de autorización contenida en LO 6/2000. Por LO 5/2014 se autoriza la **ratificación de las enmiendas** al Estatuto de Roma de la Corte Penal Internacional, relativas a los crímenes de guerra y al crimen de agresión, hechas en Kampala el 10 y 11-6-2010.

• Como fuentes complementarias, han de tenerse en cuenta, las Reglas de **procedimiento y prueba** aprobadas de conformidad con el Estatuto Roma 17-7-1998 art.51 por la Asamblea de Estados Parte en su primer período de sesiones.

En la misma fecha se adoptó por dicha Asamblea el Acuerdo sobre **privilegios e inmunidades** a que se refiere el Estatuto Roma 17-7-1998 art.48.

• La regulación se completa en el ámbito interno español con las disposiciones de la LO 18/2003, de **cooperación** con la Corte Penal Internacional.

• Ha de tenerse en cuenta el Acuerdo La Haya 8-12-2022, entre el Reino de España y la Corte, relativo a la **ejecución de penas** impuestas.

a. Consideraciones generales

La Corte Penal Internacional se configura como una **institución permanente** con personalidad jurídica internacional y la **capacidad jurídica** que resulte necesaria para el ejercicio de sus funciones, vinculada a las Naciones Unidas por un acuerdo que deberá aprobar la Asamblea de los Estados partes en el presente Estatuto y concluir luego el presidente de la Corte en nombre de esta. 10495 MPP nº 4522

Se rige por el **principio de complementariedad** respecto de las jurisdicciones nacionales, reflejado en las normas sobre admisibilidad de la causa que se exponen en el nº 7225.

Ámbito de competencia (Estatuto Roma 17-7-1998 art.1, 5, 6 a 8, 11, 12, 16) Puede resumirse en las reglas siguientes: 10496

a) Objetivamente, alcanza a los **crímenes más graves de transcendencia internacional**, concretados en los delitos de genocidio, lesa humanidad, los crímenes de guerra y en el crimen de agresión.

Además, corresponde a la Corte el enjuiciamiento de los delitos contra la Administración de Justicia cometidos en relación con los procesos de que conozca (Estatuto Roma 17-7-1998 art.70).

b) La jurisdicción se ejerce **sobre personas y no sobre Estados**, pero depende del previo reconocimiento por los Estados implicados en el caso concreto, bien por haberse cometido el delito en su territorio o por ostentar el acusado su nacionalidad. El necesario **reconocimiento** deriva automáticamente del mero hecho de ser parte en el Estatuto o de una declaración *ad hoc* de aceptación expresa y los Estados podrán, al hacerse parte en el Estatuto Roma 17-7-1998, mediante declaración que pueden retirar en cualquier momento, declarar que durante un período de 7 años contados a partir de la fecha en que el Estatuto entre en vigor a su respecto, no aceptará la competencia de la Corte sobre crímenes de guerra cometidos por sus nacionales o en su territorio (Estatuto Internacional Roma 17-7-1998 art.124).

c) Temporalmente, la jurisdicción de la Corte se ejerce sobre **hechos acaecidos después de la entrada en vigor** del Estatuto Internacional Roma 17-7-1998. Si un Estado se hace parte en el Estatuto después de su entrada en vigor, la Corte podrá ejercer su competencia únicamente con respecto a los crímenes cometidos después de la entrada en vigor del presente Estatuto respecto de ese Estado, a menos que este haya hecho una declaración de aceptación. Sin embargo, el Consejo de Seguridad puede **suspender una investigación judicial**, por resolución *ad hoc* renovable, durante un período de 12 meses.

10497 Precisiones 1) La efectiva atribución del conocimiento del denominado **crimen de agresión** estaba subordinada a la previa definición del mismo por el procedimiento de enmienda del Estatuto (Roma 17-7-1998 art.5.2). Tal enmienda se ha llevado a efecto en Kampala (10 y 11-6-2010), suprimiendo el citado art.5.2 e incorporando al Estatuto el art.8 bis, que define la agresión, así como los art.15 bis y 15 ter en relación con el ejercicio de la competencia respecto del crimen de agresión (que puede ejercer únicamente respecto de crímenes de esta especie cometidos un año después de la ratificación o aceptación de las enmiendas por treinta estados partes y siempre que se adopte una decisión después de 1-1-2017 por la misma mayoría de Estados Partes precisa para la aprobación de una enmienda al Estatuto).

Por LO 5/2014 se autoriza la ratificación por España de esta enmienda al Estatuto de la Corte, así como las relativas a los crímenes de guerra (entrada en vigor el 25-9-2015).

2) Se han introducido cuatro enmiendas en el Estatuto de la Corte art.8.2, relativas al **empleo en contextos bélicos**, tanto internacionales como internos, de ciertas armas (biológicas, de fragmentos no localizables y de armas láser cegadoras, así como al uso intencionado del hambre sobre la población civil como método de guerra, en conflictos de índole no internacional, equiparándolos así con los de carácter internacional para los que el Estatuto de Roma ya prevé una norma idéntica. Por LO 2/2025, se autoriza la **ratificación** por España de dichas enmiendas. Se ratifica por Instrumento de ratificación 15-9-2025.

10498 **Principio de especialidad** (Estatuto Roma 17-7-1998 art.101) La jurisdicción se ejerce bajo el principio de especialidad, por lo que la persona entregada a la Corte en aplicación del Estatuto no será procesado, castigado o detenido por una **conducta anterior a su entrega**, a menos que esta constituya la base del delito por el cual haya sido entregado. Sin embargo, la Corte podrá pedir al Estado que hizo la entrega que la dispense del cumplimiento del principio.

En el caso de España, si después de la entrega la Corte pide la citada **autorización**, se trasladará la solicitud a la Sección de Instrucción del Tribunal Central de Instancia o a la Sala de lo Penal de la Audiencia Nacional en el caso de solicitudes concurrentes, que resolverán de acuerdo con el criterio que faculta a los Estados parte para dar esa dispensa a la Corte y procurarán hacerlo.

10500 **Derechos del imputado** (Estatuto Roma 17-7-1998 art.41, 55, 66 y 67) Los derechos del imputado se reconocen expresamente en el nº 6830 s. de forma paralela con las bases del proceso justo.

10502 **Ejecución de las penas** (Estatuto Roma 17-7-1998 art.77 s., 103) Las penas que puede imponer la Corte son:

- la **reclusión** por tiempo no superior a 30 años y la de cadena perpetua;
- la **multa** y el **comiso** de los productos, bienes y haberes procedentes directa o indirectamente del delito.

10504 **Penas privativas de libertad** Se ejecutan, bajo la supervisión en todo caso de la Corte, en un
MPP nº 6024 s. Estado designado por esta sobre la base de una **lista de Estados** que hayan manifestado a la Corte que están dispuestos a recibir condenados. De no designarse un Estado de cumplimiento, la pena se cumplirá en el establecimiento penitenciario que designe el Reino de los Países Bajos como Estado anfitrión. Los Estados pueden **introducir condiciones** en la misma. en el momento de efectuar la antecitada declaración.

Por lo que respecta a **España**, en el Instrumento de ratificación del Estatuto Internacional Roma 17-7-1998 se declara que estará dispuesta a recibir a personas condenadas por la Corte a condición de que la duración de la pena impuesta no exceda del máximo más elevado previsto para cualquier delito con arreglo a la legislación española.

El Estado ejecutante no puede **modificar los términos de la pena**, aunque las condiciones de reclusión se regirán por su legislación y se ajustarán a las normas generalmente aceptadas de las convenciones internacionales sobre el tratamiento de los reclusos; en todo caso, no serán ni más ni menos favorables que las aplicadas a los reclusos condenados por delitos similares en el Estado de ejecución.

El condenado no será sometido a enjuiciamiento, sanción o extradición a un tercer Estado por una **conducta anterior a su entrega** al Estado de ejecución a menos que, a petición de este, la Corte haya aprobado el enjuiciamiento, la sanción o la extradición. En concordancia con ello, para que se pueda proceder en España contra un condenado que esté cumpliendo una condena impuesta por la Corte en un **establecimiento penitenciario español**, por hechos anteriores a su entrega a España, el juez instructor o el tribunal competente dirigirá la comunicación y la documentación pertinente al ministerio del ramo de justicia, que las trasladará a la Corte, absteniéndose de proceder hasta la decisión de esta (LO 18/2003 art.22.4).

La **reducción de la pena** es de la exclusiva competencia de la Corte. Cuando el recluso haya cumplido las dos terceras partes de la pena o 25 años de prisión en caso de cadena perpetua, y nunca antes, se examinará la pena para determinar si esta puede reducirse por concurrir alguno los factores señalados en el Estatuto Roma 17-7-1998 art.110.4.

Multa y comiso (Estatuto Roma 17-7-1998 art.109; LO 18/2003 art.22.7) Cuando deba llevarse a cabo por el Estado español a solicitud de la Corte, el ministerio del ramo de justicia transmitirá la documentación pertinente al Fiscal General del Estado para que inste la ejecución ante el órgano judicial competente y, en su caso, se pongan a disposición del ministerio del ramo de justicia los **bienes o sumas** obtenidas para su transferencia a la Corte. **10506** MPP nº 6028 s.

Responsabilidad civil

(Estatuto Roma 17-7-1998 art.75, 79, 93 y 109) La Corte puede declarar la responsabilidad civil derivada del delito y decretar su **pago** con cargo al condenado o al Fondo Fiduciario. **10508** MPP nº 6036

La ejecución civil corresponde a los Estados parte en virtud de su obligación de **cooperación jurídica** con aquella (nº 10510).

Obligación de cooperación jurídica

(Estatuto Roma 17-7-1998 art.57.3.d y 93) Se impone a los Estados parte la obligación de cooperación jurídica con la Corte, que se manifiesta esencialmente en la ejecución de: **10510**

- órdenes de **detención y entrega** (nº 10536);
- de **comparecencia** (nº 10538); y
- en la de penas de **prisión y de multas o comisos** (nº 10506).

No obstante la regla general de la cooperación, la Sala de Cuestiones Preliminares puede autorizar al fiscal a adoptar determinadas **medidas de investigación** en el territorio de un Estado parte sin haber obtenido la cooperación de este, en el caso de que la Sala haya concluido, teniendo en cuenta de ser posible las opiniones del Estado en cuestión, que este manifiestamente no está en condiciones de cumplir una solicitud de cooperación debido a que no existe autoridad u órgano alguno de su sistema judicial competente para ello.

Representación y defensa

(LO 18/2003 art.5 y 24) Corresponde a los **abogados del Estado** integrados en la Abogacía General del Estado la representación y defensa en juicio de España ante los órganos de la Corte, cuando ello sea necesario, de acuerdo con las instrucciones impartidas conjuntamente, en cada caso, por el ministerio del ramo de justicia y el Ministerio de Asuntos Exteriores. **10512** MPP nº 6044

En los supuestos en que el procedimiento afecte a materias propias de algún **departamento ministerial**, se oirá a este antes de impartir las citadas instrucciones. No obstante, por motivos excepcionales y oído el abogado general del Estado, el Gobierno podrá acordar que una **persona especialmente designada** al efecto actúe como agente de España en un determinado procedimiento ante los órganos de la Corte. Dicha persona asumirá en el desempeño de sus servicios las funciones de abogado del Estado y se ajustará a las disposiciones que regulan el ejercicio de dichas funciones.

Órgano de relación entre la Corte y los órganos judiciales

(LO 18/2003 art.6) El único órgano de relación entre la Corte y los órganos judiciales y Ministerio Fiscal es el **ministerio del ramo de justicia**, sin perjuicio de las competencias del Ministerio **de Asuntos Exteriores**. **10514**

Es también el **órgano de consulta** con la Corte en los casos previstos en el Estatuto, debiendo informar previamente de cada consulta al Ministerio de Asuntos Exteriores.

En el supuesto de que la consulta afecte a materias propias del ámbito competencial de los Ministerios **del Interior o Defensa**, recabará el informe de estos departamentos.

b. Organización

(Estatuto Roma 17-7-1998 art.34 s.)

10516 La Corte se compone de un **número de magistrados** de al menos dieciocho. La **elección** de los mismos corresponde a la Asamblea de Estados Parte a propuesta de los Estados parte, por mayoría de dos tercios. Son elegidos para un **período** de 9 años, sin posible reelección.

Debe tratarse de personas que sean **nacionales de un Estado parte**, que tengan una alta consideración moral, imparcialidad e integridad y que reúnan las condiciones requeridas para el ejercicio de las más altas funciones judiciales en sus respectivos países. Deben además presentar reconocida competencia en derecho y procedimiento penal y la necesaria **experiencia** en causas penales en calidad de magistrado, fiscal, abogado u otra función similar, o en materias de derecho internacional, tales como el derecho internacional humanitario y las normas de derechos humanos, así como gran experiencia en funciones jurídicas profesionales que tengan relación con la labor judicial de la Corte, unidas siempre a un excelente conocimiento y dominio de por lo menos uno de los idiomas de trabajo de la Corte.

En la elección se respetará una **proporción entre los especialistas** en Derecho penal y procesal y los internacionalistas de al menos 9 a 5.

Es posible **incrementar el número de magistrados**, a propuesta de la Presidencia, por decisión de la Asamblea de Estados Parte (Estatuto Internacional Roma 17-7-1998 art.36.2).

10518 **Presidencia** Se integra por el presidente y los vicepresidentes primero y segundo, elegidos por **mayoría absoluta** de los magistrados. Cada uno desempeña su cargo por un **período** de 3 años o hasta el término de su mandato como magistrado, si este se produce antes.

Le corresponde la correcta **administración de la Corte**, con excepción de la fiscalía, y las demás funciones que se le confieren de conformidad con el Estatuto Internacional Roma 17-7-1998.

10520 **Secciones** Existen siguientes, que ejercen sus funciones constituidas en salas de:

MPP nº 6056 s.

- **apelaciones**, formada por el presidente y cuatro magistrados;
- **primera instancia,** por tres magistrados de la propia sección;
- **cuestiones preliminares** por tres magistrados de la propia sección.

10522 **Fiscalía** Actúa de forma independiente y como órgano separado de la Corte, encargado de **recibir remisiones e información** corroborada sobre crímenes de la competencia de la Corte para examinarlas y realizar investigaciones o ejercitar la acción penal ante la Corte.

MPP nº 6062

Está dirigida por el fiscal, que cuenta con la ayuda de uno o más **fiscales adjuntos**. Uno y otros han de ser personas:

- que gocen de **alta consideración moral**;
- posean un alto nivel de competencia y tengan extensa **experiencia** práctica en el ejercicio de la acción penal o la sustanciación de causas penales y
- tengan un excelente conocimiento y dominio de al menos uno de los **idiomas** de trabajo de la Corte.

Su **elección** se produce en votación secreta y por mayoría absoluta de los miembros de la Asamblea de los Estados Partes, sin posible reelección, para un mandato de 9 años.

10524 **Secretaría** Se encarga de los **aspectos no judiciales** de la administración de la Corte y de prestarle servicios. Está dirigida por el secretario, que es el principal funcionario administrativo de la Corte. El secretario ejerce sus funciones bajo la autoridad del presidente de la Corte.

MPP nº 6064

La **elección** del secretario y del secretario adjunto corre a cargo de los magistrados en votación secreta por mayoría absoluta y teniendo en cuenta las recomendaciones de la Asamblea de los Estados Partes para un período de 5 años.

c. Fase de instrucción o investigación

(Estatuto Roma 17-7-1998 art.13 a 15 y 54; LO 18/2003 art.7)

10526 La instrucción del proceso se encomienda al **fiscal**, que puede actuar de oficio o previa denuncia de un Estado Parte o del Consejo de Seguridad de las Naciones Unidas. La **actuación de oficio** requiere, tras una primera constatación preliminar del fundamento de la noticia del crimen, la autorización de la Sala de Cuestiones Preliminares.

A tal efecto, corresponde exclusivamente al Gobierno, mediante Acuerdo del Consejo de Ministros y a propuesta conjunta del Ministro de Asuntos Exteriores y del Ministro de Justicia, decidir la **presentación de la denuncia** de una situación ante el fiscal de la Corte. Por ello, cuando se presente denuncia o querella ante un órgano judicial o del Ministerio Fiscal o solicitud en un **departamento ministerial**, en relación con hechos sucedidos en otros Estados,

cuyos presuntos autores no sean nacionales españoles y para cuyo enjuiciamiento pueda ser competente la Corte, dichos órganos se abstendrán de todo procedimiento, limitándose a informar al denunciante, querellante o solicitante de la posibilidad de acudir directamente al fiscal de la Corte, sin perjuicio de adoptar, si es necesario, las primeras diligencias urgentes para las que puedan tener competencia. En iguales circunstancias, los órganos judiciales y el Ministerio Fiscal se abstendrán de proceder de oficio. No obstante, la denuncia, querella o solicitud puede **ser presentada nuevamente** ante los órganos correspondientes si el fiscal no acuerda la apertura de la investigación o la Corte acuerda la inadmisibilidad del asunto.
Los **principios que rigen la instrucción** son los de imparcialidad, legalidad y oportunidad (nº 10528 s.).

Principio de imparcialidad (Estatuto Roma 17-7-1998 art.54.1) El fiscal extenderá la **investigación** a todos los hechos y las pruebas que sean pertinentes para determinar si hay responsabilidad penal de conformidad con el Estatuto Internacional Roma 17-7-1998, a cuyo efecto investigará tanto las circunstancias incriminantes como las eximentes. 10528 MPP nº 6093

Principio de legalidad (Estatuto Roma 17-7-1998 art.53) Obliga al fiscal a iniciar la investigación siempre que de la información disponible resulte la existencia de **fundamento razonable** para creer que se ha cometido o se está cometiendo un crimen de la competencia de la Corte y que concurren las condiciones de admisibilidad de la causa señaladas en el Estatuto Roma 17-7-1998 art.17. La **decisión de no actuar** podrá ser revisada por la Sala de Cuestiones Preliminares a instancia del Estado denunciante o del Consejo de Seguridad de las Naciones Unidas, cuando este haya hecho llegar al fiscal la noticia del hecho. 10530

Principio de oportunidad (Estatuto Roma 17-7-1998 art.53) Puede el fiscal **desistir de la instrucción** cuando estime que existen razones sustanciales para creer que, aun teniendo en cuenta la gravedad del crimen y los intereses de las víctimas, una investigación no redundaría en interés de la justicia, teniendo en cuenta todas las circunstancias concurrentes y entre ellas la gravedad del crimen, los intereses de las víctimas y la edad o enfermedad del presunto autor y su participación en el presunto crimen. En estos casos la decisión del fiscal únicamente surtirá efecto si es confirmada por la Sala de Cuestiones Preliminares. 10532

Prueba anticipada (Estatuto Roma 17-7-1998 art.56) La práctica de prueba preconstituida o anticipada por el fiscal ha de ser **autorizada** por la Sala de Cuestiones Preliminares. 10534 MPP nº 6096, 6852 s.

Medida cautelar de detención (Estatuto Roma 17-7-1998 art.58 a 60 y 81) Equivale a la **prisión provisional** de nuestra legislación procesal y se considera un monopolio jurisdiccional, pues su adopción compete a la Sala de Cuestiones Preliminares. 10535 MPP nº 4615 s.

Motivación suficiente de comisión de crimen La Sala dictará, a solicitud del fiscal y tras examinar las pruebas y la información presentadas, una **orden de detención** contra una persona si está convencida de que hay motivo razonable para creer que ha cometido un crimen de la competencia de la Corte y que la detención parece necesaria para asegurar que la persona comparezca en juicio, que no obstruya ni ponga en peligro la investigación ni las actuaciones de la Corte, o para impedir que el imputado siga cometiendo ese crimen o un crimen conexo que sea de la competencia de la Corte y tenga su origen en las mismas circunstancias. 10536

Plazo de duración de la detención No se señala un plazo máximo de duración de la detención, aunque sí se dispone que la Sala de Cuestiones Preliminares se asegurará de que la detención en espera de juicio no se prolongue excesivamente a causa de una **demora inexcusable del fiscal**. Si se produce dicha demora, la Corte considerará la posibilidad de poner en libertad al detenido, con o sin condiciones. 10537
Durante la sustanciación del recurso de apelación contra la sentencia, el acusado permanecerá detenido, salvo que la Sala de Primera Instancia ordene lo contrario o que la sentencia sea absolutoria.
En **circunstancias excepcionales**, teniendo en cuenta, entre otras cosas, el riesgo concreto de fuga, la gravedad del delito y las probabilidades de que se dé lugar a la apelación, dicha sala, a solicitud del fiscal, podrá decretar que el **acusado absuelto** siga privado de la libertad mientras dure la apelación.

10538 MPP nº 6100 **Orden de comparecencia** (Estatuto Roma 17-7-1998 art.58.7º) Son aplicables las restantes medidas cautelares personales previstas en la legislación interna del Estado ejecutante de las mismas. Así, el fiscal podrá pedir a la Sala de Cuestiones Preliminares que, en lugar de una orden de detención, dicte una orden de comparecencia. La Sala, de estar convencida de que hay **motivo razonable** para creer que la persona ha cometido el crimen que se le imputa y que bastará con una orden de comparecencia para asegurar que comparezca efectivamente, dictará, con o sin las condiciones limitativas de la libertad distintas de la detención que prevea el derecho interno, una orden para que la persona comparezca.

10539 **Ejecución de las cautelas** (Estatuto Roma 17-7-1998 art.88 s.; LO 18/2003 art.14) Corresponde al Estado Parte en cuyo territorio se encuentre el reclamado, que deberá asegurarse de que su Derecho interno esté dotado de procedimientos adecuados al efecto.

a) Para la **ejecución de la detención** (nº 10235 s.).

b) Por lo que respecta a las **órdenes de comparecencia**, el Ministerio de Justicia remitirá la solicitud de la Corte al juez de instrucción del domicilio o residencia de la persona buscada, el cual citará a esta personalmente, informándole de la fecha y demás circunstancias relativas a dicha comparecencia y adoptará las medidas de aseguramiento de la comparecencia previstas en la legislación procesal española que considere más adecuadas, con exclusión de las privativas de libertad, remitiendo las diligencias practicadas al ministerio del ramo de justicia, que las transmitirá a la Corte.

10540 MPP nº 6101 **Solicitud de libertad provisional** El **imputado** tiene derecho a solicitar la libertad provisional. La Sala de Cuestiones Preliminares revisará periódicamente su decisión en cuanto a la puesta en libertad o la detención, **en cualquier momento** en que lo solicite el fiscal o el detenido.

Sobre la base de la revisión, la Sala podrá **modificar su decisión** en cuanto a la detención, la puesta en libertad o las condiciones de esta, si está convencida de que es necesario en razón de un cambio en las circunstancias.

d. Confirmación de cargos

10542 Una vez esté la persona imputada a disposición de la Corte, por detención y entrega o por comparecencia voluntaria, la Sala de Cuestiones Preliminares celebrará una **audiencia** para confirmar los cargos sobre la base de los cuales el fiscal tiene la intención de pedir el procesamiento.

Se trata de un trámite de contenido análogo a la **fase intermedia** del proceso penal (nº 8650 s.).

10543 MPP nº 6109 s. **Audiencia** Se celebra en presencia del fiscal y del imputado, así como de su defensor. No obstante, a solicitud del fiscal o de oficio, la Sala puede celebrarla en **ausencia del acusado** cuando este haya renunciado a su derecho a estar presente, o cuando haya huido o no sea posible encontrarlo y se hayan tomado todas las medidas razonables para asegurar su comparecencia ante la Corte. En tal caso, estará representado por un defensor cuando la Sala resuelva que ello redunda en **interés de la justicia**.

10544 **Derecho de defensa** Se garantiza en todo caso el derecho de defensa, pues con una razonable antelación se proporciona al imputado un **ejemplar del documento** en que se formulen los cargos por los cuales el fiscal se proponga enjuiciarlo y se le informa de las pruebas que el fiscal se proponga presentar en la audiencia. Lo mismo debe hacerse en caso de modificación de los términos de la acusación.

10545 **Pruebas** En el acto de la audiencia el fiscal presenta respecto de cada cargo pruebas suficientes de que hay **motivos fundados** para creer que el imputado cometió el crimen que se le imputa. Por su parte, el imputado puede impugnar los cargos, impugnar las pruebas presentadas por el fiscal o presentar pruebas.

10546 MPP nº 6112 **Resoluciones** La Sala de Cuestiones Preliminares determina, sobre la base de la audiencia, si hay motivos fundados para creer que el imputado cometió cada crimen que se le imputa. Según el sentido de esa determinación, la Sala adopta diversas resoluciones que, según los casos, vienen a resultar equivalentes a la apertura del juicio oral, al sobreseimiento provisional o al planteamiento de la tesis:

a) **Confirma los cargos** respecto de los cuales haya determinado que existen pruebas suficientes y asigna al acusado a una Sala de Primera Instancia para su enjuiciamiento por los cargos confirmados. Una vez confirmados los cargos y antes de comenzar el juicio, el fiscal,

con autorización de la Sala de Cuestiones Preliminares y previa notificación al acusado, puede **modificar los cargos**, pero si se propone presentar nuevas imputaciones o sustituir los cargos iniciales por otros más graves, debe pedir una audiencia para confirmarlos.
b) **No confirma los cargos** respecto de los cuales haya determinado que las pruebas son insuficientes, pudiendo igualmente levantar la audiencia y pedir al fiscal que considere la posibilidad de presentar nuevas pruebas o de llevar a cabo nuevas investigaciones en relación con un determinado cargo. En cualquier caso, la **ausencia de confirmación** de un cargo no obsta para que el fiscal la pida nuevamente a condición de que presente pruebas adicionales, lo que denota que la decisión carece de efecto de cosa juzgada y que equivale, en consecuencia, a un sobreseimiento provisional.
c) Puede por último **levantar la audiencia** y pedir al fiscal que considere la posibilidad de modificar un cargo en razón de que las pruebas presentadas parecen indicar la comisión de un crimen distinto de la competencia de la Corte.

e. Juicio oral

Del juicio **conoce** la Sala de Primera Instancia, que vela por que el juicio sea justo y expedito y se sustancie con pleno respeto de los **derechos del acusado** y teniendo debidamente en cuenta la **protección de las víctimas** y de los testigos (Estatuto Roma 17-7-1998 art.64.2) **10548** MPP nº 6122 s.
Las **características** más relevantes del juicio se resumen en el nº 10549 s.

Publicidad (Estatuto Roma 17-7-1998 art.64.7 y 68) El juicio es público, aunque pueden celebrarse **a puerta cerrada** determinadas diligencias cuando esta medida, que no puede redundar en perjuicio de los derechos del acusado ni afectar a la regularidad del juicio, resulte necesaria para proteger los derechos de las víctimas, testigos o de algún acusado o para proteger la información de carácter confidencial o restringida que haya de presentarse en la práctica de la prueba. **10549**

Preceptiva presencia del acusado (Estatuto Roma 17-7-1998 art.63) Puede disponerse que el acusado sea **expulsado** de la Sala por el tiempo estrictamente necesario cuando perturbe continuamente el juicio. Ello no es obstáculo para que pueda observar el proceso y dar **instrucciones a su defensor** desde fuera, utilizando en caso necesario tecnologías de comunicación. **10550**

Pertinencia de la prueba (Estatuto Roma 17-7-1998 art.64.9 y 69.3, 4 y 7) Es apreciada, como en todo proceso, por el tribunal de enjuiciamiento, que además goza de amplias posibilidades de **actuación de oficio**, pues está facultada para pedir todas las pruebas que considere necesarias para determinar la veracidad de los hechos. **10551** MPP nº 6130 s.
No son admisibles las pruebas obtenidas como resultado de una violación del Estatuto o de las normas de derechos humanos internacionalmente reconocidas cuando esa violación suscite serias **dudas sobre la fiabilidad de las pruebas**, o cuando su admisión atente contra la integridad de juicio o redunde en grave desmedro de él.

Celebración del juicio (Estatuto Roma 17-7-1998 art.64.8, 65.1 a 5) El juicio **comienza** con la lectura por la sala de primera instancia ante el acusado de los cargos confirmados anteriormente por la Sala de Cuestiones Preliminares, debiendo cerciorarse la primera de que aquel comprende la naturaleza de los cargos y darle la oportunidad de declararse culpable o inocente. **10552**
a) La **conformidad** ha de ser controlada por la sala, que determinará si la misma es libre, consciente y responde a la realidad de las actuaciones. En caso afirmativo, el tribunal considerará que la **declaración de culpabilidad**, junto con las pruebas adicionales presentadas, constituye un reconocimiento de todos los hechos esenciales que configuran el crimen del cual se ha declarado culpable el acusado y podrá condenarlo por ese crimen. En caso contrario, tendrá la declaración de culpabilidad por no formulada y ordenará que prosiga el juicio con arreglo al procedimiento ordinario, pudiendo remitir la causa a otra sala de primera instancia.
b) La **conformidad libre, consciente y real** no vincula a la sala. Esta puede, cuando considere necesaria en interés de la justicia y en particular en interés de las víctimas, una presentación más completa de los hechos de la causa, pedir al fiscal que presente **pruebas adicionales**, inclusive declaraciones de testigos, u ordenar que prosiga el juicio con arreglo al procedimiento ordinario, en cuyo caso tendrá la declaración de culpabilidad por no formulada y podrá remitir la causa a otra sala de primera instancia. Además, los consultas que puedan celebrar el fiscal y la defensa respecto de la modificación de los cargos, la declaración de culpabilidad o la pena que habrá de imponerse no serán obligatorias para la Corte.
c) En caso de **no declararse culpable** el imputado, se celebrará el juicio conforme al procedimiento ordinario.

10553 **Retirada de la acusación** (Estatuto Roma 17-7-1998 art.61.9) Una vez comenzado el juicio, requiere autorización de la sala.

f. Sentencia

(Estatuto Roma 17-7-1998 art.74 y 76)

10555 El fallo se dicta, previa **deliberación secreta**, por mayoría de votos y solo puede fundarse en las pruebas practicadas ante la Corte en el juicio. Consta por escrito y contiene una exposición fundada y completa de la evaluación de las pruebas y las conclusiones y deberá incluir, a falta de unanimidad, las opiniones de la mayoría y de la minoría.

En caso de que dicte un **fallo condenatorio**, la sala de primera instancia fija la pena que proceda imponer, para lo cual tendrá en cuenta las pruebas practicadas y las conclusiones relativas a la pena que se hayan hecho en el proceso.

Salvo que exista declaración de culpabilidad, puede **convocar nueva audiencia** de oficio y tiene que hacerlo si lo solicitan el fiscal o el acusado antes de que concluya la instancia, a fin de practicar diligencias de prueba o escuchar conclusiones adicionales relativas a la pena y a la responsabilidad civil, de conformidad con las reglas de procedimiento y prueba.

g. Recursos

10558 Frente a estos procesos puede interponerse recurso de:
- apelación (nº 10560); y
- revisión (nº 10562).

10560 **Apelación** (Estatuto Roma 17-7-1998 art.81 a 83) Su **conocimiento** corresponde a la Sala de Apelaciones de la Corte.

MPP nº 6155 s.

Presenta las siguientes peculiaridades destacables:

a) Si el recurso **se dirige contra la sentencia**, se distingue como realidades entre impugnación del fallo y de la pena, atendiendo al contenido del recurso.

• Los fallos pueden apelarse por las partes **por vicio de procedimiento y error** de hecho o de derecho, aunque cuando recurra el condenado o el fiscal en su nombre cabe también alegar cualquier otro motivo que afecte a la justicia o a la regularidad del proceso o del fallo. La apelación contra la pena ha de fundarse en la existencia de desproporción entre el crimen y la pena.

• Independientemente de que el recurso se dirija contra el fallo o contra la pena, la **competencia** de sala no se ve constreñida por el efecto devolutivo en sentido clásico y puede resolver más allá de los términos del recurso. Ello es así porque la Corte, si al conocer de la apelación de una pena, considera que hay **fundamentos para revocar la condena** en todo o parte, podrá invitar al fiscal y al condenado a que presenten sus argumentos y dictar una decisión respecto de la condena. Del mismo modo actuará cuando conozca de una apelación contra el fallo condenatorio únicamente y considere que hay fundamentos para reducir la pena.

b) La **parte civil de la sentencia** puede ser apelada, de conformidad con las reglas de procedimiento y prueba, por el representante legal de las víctimas, el condenado o el propietario de buena fe de bienes afectados por una providencia dictada en virtud del Estatuto Roma 17-7-1998 art.75.

c) Además de la sentencia, cualquiera de las partes puede apelar:
- las resoluciones relativas a la **competencia o la admisibilidad** de la causa;
- las decisiones que autoricen o denieguen la **libertad de la persona** objeto de investigación o enjuiciamiento;
- la resolución de la Sala de Cuestiones Preliminares de **actuar de oficio** y; en definitiva,
- cualquier decisión **que afecte de forma significativa** a la justicia y a la prontitud con que se sustancia el proceso o a su resultado y respecto de la cual, en opinión de la sala de Cuestiones Preliminares o la sala de primera instancia, una resolución inmediata de la Sala de Apelaciones pueda acelerar materialmente el proceso.

d) El **Estado de que se trate** o el fiscal, con la autorización de la Sala de Cuestiones Preliminares, podrá apelar de una decisión adoptada por esta Sala (Estatuto Roma 17-7-1998 art.57 párr 3.d).

e) La **sentencia de apelación**, que podrá dictarse en ausencia del imputado, puede entrar en el fondo del objeto del proceso o limitarse al reenvío por vicio de procedimiento. La sala de apelaciones, si decide que las actuaciones apeladas fueron injustas y que ello afecta a la regularidad del fallo o la pena o que el fallo o la pena apelados adolecen efectivamente de errores de hecho o de derecho o de vicios de procedimiento, podrá **revocar o enmendar** el fallo o la pena, siempre con el **límite** de la *refomatio in peius*, o decretar la celebración de un nuevo juicio en otra sala de primera instancia.

Revisión (Estatuto Roma 17-7-1998 art.84 y 85) Se procede mediante el recurso a la revisión del fallo condenatorio o de la pena en términos similares a los del recurso de revisión (nº 10162 s.). **10562**
La **legitimación** corresponde al condenado o, después de su fallecimiento, a su cónyuge o hijos, a sus padres o a quien estando vivo al momento de su muerte tenga instrucciones escritas del mismo para hacerlo, o al fiscal en su nombre.

MPP nº 6175 s.

Causas tasadas de revisión Son las siguientes: **10564**
a) El **descubrimiento de nuevas pruebas** que, no hallándose disponibles en la época del juicio por motivos no imputables total o parcialmente a la parte recurrente, sean de suficiente entidad para que, de haberse valorado en el juicio, probablemente hubieran dado lugar a otro veredicto.
b) Que se acabe de descubrir que un **elemento de prueba decisivo**, apreciado en el juicio y del cual dependió la condena, era falso o habría sido objeto de adulteración o falsificación.
c) Que uno o más de los magistrados que intervinieron en el fallo condenatorio o en la confirmación de los cargos han incurrido, en esa causa, en una falta grave o un incumplimiento grave de magnitud suficiente para justificar su **separación del cargo** de conformidad con el Estatuto Roma 17-7-1998 art.46.

Sentencia estimatoria En caso de dictar sentencia estimatoria, la sala de apelaciones puede, según corresponda: **10566**
- **convocar nuevamente** a la sala de primera instancia original;
- **constituir una nueva sala** de primera instancia; o
- **mantener su competencia** respecto del asunto, para, tras oír a las partes en la manera establecida en las reglas de procedimiento y prueba, determinar si ha de revisarse la sentencia.

La sentencia estimatoria de la revisión da derecho a la persona condenada indebidamente a la **indemnización por error judicial** (Estatuto Roma 17-7-1998 art.85).

2. Otros procesos

Se señalan brevemente los procesos seguidos ante los **tribunales internacionales «ad hoc»** creados por el Consejo de Seguridad de las Naciones Unidas, al amparo del capítulo VII de la Carta, como respuesta a situaciones relativamente recientes de catástrofe humanitaria: **10570**
a) El denominado «Tribunal Internacional para el enjuiciamiento de los presuntos responsables de violaciones graves del derecho internacional humanitario cometidas en el territorio de la **ex Yugoslavia** a partir de 1991». Fue creado por Secretaría General Técnica Resol 19-10-93, que contienen su Estatuto.
Su aplicación en España se complementa por la LO 15/1994, de cooperación con el tribunal y por el Acuerdo La Haya 28-3-00.
b) Por su parte, el llamado «Tribunal Penal Internacional para el enjuiciamiento de los presuntos responsables de genocidio y otras violaciones graves del derecho internacional humanitario cometidas en el territorio de **Ruanda** y a ciudadanos de Ruanda responsables de genocidio y otras violaciones de esa naturaleza cometidas en el territorio de Estados vecinos entre el 1-1-94 y el 31-12-94» se rige por Resol 8-11-94 y su aplicación en España se complementa por la LO 4/1998, de cooperación con el tribunal.

CAPÍTULO 4

Proceso contencioso-administrativo

10800

El proceso o, en su denominación tradicional, recurso contencioso-administrativo, es el principal mecanismo de **control judicial** de la potestad reglamentaria y de la legalidad de la actuación administrativa sujeta a Derecho administrativo. 10802 MPCA nº 72

La materia tiene su **regulación** principalmente en la L 29/1998, de la jurisdicción contencioso-administrativa (**LJCA**).

Determinados **procesos especiales** se regulan en leyes especiales, al margen de la LJCA, que se aplicará, en su caso, supletoriamente.

> Precisiones Adicionalmente al que aquí se realiza, un estudio detallado del **proceso contencioso-administrativo** puede consultarse en los nº 50 s. Memento Procesal Contencioso-Administrativo 2026. Se recomienda asimismo la consulta de la obra **Formularios Prácticos Administrativo-Contencioso Administrativo.**

SECCIÓN 1

Ámbito de la jurisdicción contencioso-administrativa

(LOPJ art.9.4; LJCA art.1 a 5)

En los apartados siguientes se define el ámbito propio, **alcance y límites** de la jurisdicción contencioso-administrativa (nº 10830), así como las materias que están legalmente **excluidas** del conocimiento de dicha jurisdicción (nº 11130). Se expone también el principio de **improrrogabilidad** de la jurisdicción contencioso-administrativa y la cuestión de la apreciación de la **falta de jurisdicción** (nº 11230). 10820 MPCA nº 4980 s.

> Precisiones El proceso contencioso-administrativo no es el único medio para la **fiscalización jurisdiccional** de las Administraciones públicas, pues pueden desarrollar esta función, en sus respectivos ámbitos y cauces:
> - el **Tribunal Europeo de Derechos Humanos** (nº 17150) y los **órganos jurisdiccionales de la Unión Europea** (nº 16902);
> - el **Tribunal Constitucional** (nº 15800);

- el **Tribunal de Cuentas**, con matices y en su vertiente jurisdiccional (nº 18200);
- los **órganos judiciales penales**, incluso con declaración de responsabilidad civil a cargo de la Administración derivada de la comisión de infracción penal por parte de cargos, funcionarios o personal a su servicio (nº 6700);
- los **jueces de lo mercantil**, o con competencias mercantiles -según los casos-, por aplicación de la llamada extensión de la jurisdicción en el ámbito concursal -LCon art.55-, siquiera prejudicialmente, pero con especial intensidad (nº 5658);
- la **jurisdicción castrense**, tanto a través del contencioso-disciplinario militar como en sede penal militar (en este caso, en términos semejantes a los del orden penal);
- la **prejudicialidad contencioso-administrativa** en otros procesos, aun con los limitados efectos propios de aquella.

A. Cuestiones incluidas en la jurisdicción contencioso-administrativa

(LJCA art.1)

10830 MPCA nº 4982 s. Como **regla general**, corresponde a los órganos judiciales del orden contencioso-administrativo el conocimiento de las pretensiones que se deduzcan en relación con:
- la actuación de las Administraciones públicas, sujeta al Derecho administrativo (nº 10840);
- los reglamentos o disposiciones generales de rango inferior a la ley (nº 10870);
- los decretos legislativos (estatales o autonómicos), cuando excedan los límites de la delegación (nº 10910);
- los actos y disposiciones de ciertos órganos constitucionales en determinadas materias (nº 10920);
- los actos y disposiciones del Consejo General del Poder Judicial y la actividad administrativa de los órganos de gobierno de los tribunales (nº 10940);
- la actuación de la Administración electoral (nº 10950).

Se incluyen asimismo **reglas especiales** para una serie de supuestos que, incluidos dentro de la jurisdicción contencioso-administrativa, presentan algunas particularidades.
- actos políticos del Gobierno (nº 10970);
- contratos administrativos y actos separables (nº 10990);
- actos y disposiciones de las corporaciones de Derecho público (nº 11030);
- actos de los concesionarios de la Administración (nº 11050);
- responsabilidad patrimonial de las Administraciones públicas (nº 11060);
- otras materias que se atribuyan expresamente por Ley (nº 11080).

Además, la competencia del orden jurisdiccional contencioso-administrativo se extiende al conocimiento y decisión de las **cuestiones prejudiciales e incidentales** no pertenecientes a dicho orden, pero directamente relacionadas con el recurso contencioso-administrativo (nº 11090).

10831 **Carácter revisor** El carácter revisor de la jurisdicción contencioso-administrativa exige que el recurso se interponga contra **actos administrativos** que hayan puesto fin a la vía administrativa (TSJ País Vasco 10-7-13, EDJ 172070). El acto o actuación administrativa previos constituyen el marco de referencia para el ejercicio de la potestad jurisdiccional (TS 10-6-13, EDJ 100535).

Sin embargo, no es el contenido del acto el que condiciona las facultades de revisión, sino las **pretensiones formuladas** en el escrito de interposición y en la demanda, siempre que la Administración haya tenido la oportunidad de resolver sobre las mismas (TS 19-1-15, EDJ 2142), aunque hay que inadmitir las pretensiones deducidas en el proceso contencioso-administrativo que sean sustancialmente distintas de las planteadas ante la Administración (TS 22-11-10, EDJ 265216).

Sobre esta cuestión ver lo que se expone en los nº 11957 s.

10832 **Control de legalidad** Respecto de todos estos ámbitos o manifestaciones de la actuación de las Administraciones y, por extensión, poderes públicos, la fiscalización lo es siempre sobre la legalidad, lo que tiene las siguientes consecuencias:

- No cabe entrar a enjuiciar **cuestiones de moral o equidad** (AN 11-11-80), sin perjuicio evidentemente, de que por parte del órgano judicial pueda ponderarse esta en la aplicación de las normas (CC art.3.2).
- Este proceso no tiene como finalidad resolver cuestiones relativas a **agravios comparativos**, sino decidir si el acto o disposición impugnada es conforme al ordenamiento (TS 3-2-84, EDJ 703; AN 14-4-81; 13-5-81), salvo que se alegue el citado agravio como prueba de la violación del principio constitucional de igualdad (en un proceso especial de protección de derechos fundamentales o en uno ordinario).

• No puede atenderse a **conveniencias de derechos** de los interesados a costa de la legalidad (TS 29-5-81, EDJ 5702).
• No es función de la jurisdicción sustituir a la Administración, dar **contenido sustitutivo** y positivo a las normas impugnadas (TS 8-3-91, EDJ 22477), formulando textos alternativos de las anuladas (TS 3-2-94, EDJ 862; 9-6-94, EDJ 11525), ni valorar sus criterios estéticos, sociológicos, políticos, económicos o técnicos (TS 8-3-82, EDJ 1266; 10-4-85; 6-10-87, EDJ 16019).
• Tampoco ha de valorarse la **oportunidad o conveniencia social** de la actuación sometida a consideración (TS 26-7-93, EDJ 7666; TSJ Cantabria 19-11-10, EDJ 394736).
• La legalidad tomada en consideración ha de ser la **vigente en el momento** de la producción del acto o disposición enjuiciados (TS 8-6-85; 8-7-87, EDJ 16013; 3-12-92, EDJ 11983; en contra: TS 11-7-88, EDJ 16830). Se ha considerado incluso que, por razones de economía procesal puede tomarse en consideración la legalidad posterior (en caso de que ampare el acto discutido, sin hacerlo la vigente en el momento de su producción).

10834 MPCA nº 120

• El control se extiende a la **finalidad de la actuación** impugnada -Const art.106.1- (TS 12-7-85).
• No pueden hacerse **declaraciones** abstractas, preventivas o meramente interpretativas, de principios o doctrinales (TS 20-2-86, EDJ 1410; 11-4-89, EDJ 18573).
• No corresponde a este proceso enjuiciar el sentido de las **políticas públicas** en cuyo desarrollo se produce el acto impugnado (TS 22-9-87, EDJ 16027; 19-5-92, EDJ 4928) o el acierto de la redacción de un **precepto reglamentario**, al margen del estricto contraste de legalidad (TS 30-1-90, EDJ 19337).
• No puede fijar el **criterio futuro** de la Administración, ni dibujar las actuaciones urbanísticas de la Administración, más allá de su valoración desde las perspectivas de juridicidad, justicia distributiva y material y coherencia (TS 16-3-90, EDJ 19316; 30-7-92, EDJ 8458).
• Excede de su función imponer al poder político el **desarrollo reglamentario** de las disposiciones legales, o su contenido, cuando tal decisión tiene un claro contenido político y de oportunidad, ni exigir la interposición eventual de una norma (TS 6-11-84, EDJ 5653; 18-5-87, EDJ 3859; 16-3-90, EDJ 19316). Este orden jurisdiccional no puede poner remedio a todos los casos de indolencia, lentitud o ineficacia administrativa, sino velar por el estricto cumplimiento de la legalidad. Por ello, queda fuera del control judicial la **inactividad normativa** que se produce cuando la Administración no ejerce su potestad reglamentaria, aun cuando el reglamento no aprobado venga impuesto por la Ley o sea preciso para la transposición del Derecho comunitario -en caso de que no exija la aprobación de normas legales- (TSJ Madrid 20-4-04; en contra: TS 30-9-02, EDJ 37300, que impone a un colegio profesional a la aprobación de sus estatutos, estimando la pretensión de un profesional colegiado en el mismo).
• La declaración de los **estados de emergencia** -Const art.116- no interrumpe el funcionamiento del Poder Judicial, ni modifica el principio de responsabilidad del Gobierno y de sus agentes. Así pues, los órganos jurisdiccionales mantienen la plenitud de sus atribuciones y pueden, en consecuencia, juzgar la actividad y la inactividad de las Administraciones públicas y del Gobierno -conforme a LJCA art.1 y 2- (TS auto 31-3-20, EDJ 522723).

Precisiones 1) En todo caso, el control de legalidad indicado no impide la afirmación, junto con **pretensiones mero anulatorias**, de otras de **plena jurisdicción**, ligadas a las primeras, en su caso, pero de alcance mayor.

2) Las exigencias de este principio deben valorarse con cierta **flexibilidad** (TSJ C.Valenciana 15-6-10, EDJ 167558), aunque desde luego excluyen del enjuiciamiento las cuestiones nuevas (TS 22-11-10, EDJ 265216), los pronunciamientos de futuro (TSJ Madrid 22-4-08, EDJ 149587), e impiden reclamar del tribunal pronunciamientos sobre cuestiones ajenas a la actuación administrativa impugnada (TS 22-11-10, EDJ 265216; 3-12-12, EDJ 270138; AN 10-1-14, EDJ 1767).

1. Actuación de las Administraciones públicas

(LJCA art.1.1, 1.2 y 25)

10840 MPCA nº 122, 4982 s.

Corresponde a la jurisdicción contencioso-administrativa conocer de las pretensiones derivadas de la actuación de las Administraciones públicas, sujeta al Derecho administrativo.
El término «**actuación**» es de carácter general y con él se amplía conceptualmente el ámbito de la jurisdicción contencioso-administrativa, no solo a los tradicionales actos administrativos, sino también a otro tipo de actuaciones que no requieren necesariamente la forma de acto administrativo, ya sea este último expreso o presunto (TS 26-7-02, EDJ 29149).
Dentro del concepto de actuación es preciso distinguir diversos **supuestos**:
- actos administrativos;
- inactividad de la Administración;
- contratos de la Administración; y
- vía de hecho.

Han de tenerse en cuenta también los supuestos en que, en aplicación de técnicas de simplificación administrativa, la actuación administrativa se sustituye por la presentación de una declaración o certificación responsable.
La actuación administrativa como **presupuesto del proceso** contencioso-administrativo se expone en los nº 11988 s.

10844 **Acto administrativo** Es el medio esencial de actuación de la organización burocrática ins-
MPCA nº 137 trumental en que la Administración pública se configura. En **sentido amplio**, se constituye por toda declaración de voluntad, juicio, conocimiento o deseo efectuado por una Administración pública en ejercicio de una potestad administrativa (TS 17-11-80, EDJ 14118). Es un acto jurídico producido en el ejercicio de la función administrativa (González Pérez).
En un **sentido más restringido**, se configura como la declaración de voluntad o actuación de una Administración que pretende la realización efectiva de una potestad también pública -distinta de la reglamentaria- en el caso concreto, mediante la aplicación de normas y disposiciones jurídico-administrativas o de Derecho público, con el fin de desarrollar una actividad ejecutiva concreta. Es una declaración formal de voluntad administrativa, concreta, unilateral y ejecutiva (Núñez Ruiz) creadora de una situación jurídica subjetiva, definitoria y determinante de la misma (TS 14-10-77; 5-11-79, EDJ 5512).
La impugnación de los actos administrativos se expone al tratar los **presupuestos del proceso** contencioso-administrativo en los nº 11995 s.

Precisiones 1) Quedan **fuera del concepto** de acto administrativo, en sentido estricto, todos aquellos actos procedentes de una Administración o de una instancia no gubernativa que desarrolle ciertas actuaciones materialmente administrativas, que sin embargo no respondan a los mencionados parámetros objetivos: actos políticos, actos de Derecho privado, dictámenes e informes de órganos consultivos ajenos a la Administración activa, certificaciones, declaraciones de deseo, etc. Por contra, **se incluyen** en la categoría del acto administrativo todos aquellos que responden objetiva y subjetivamente a lo indicado, cualquiera que sea el ramo normativo del Derecho público por el que se rijan y cualquiera que sea la potestad que pretendan aplicar al caso concreto.
En **sentido procesal** o procedimental, solo las declaraciones de voluntad resolutorias, que ponen fin a un procedimiento administrativo, son actos administrativos (TS 26-9-84), así como los actos de trámite cualificados, que decidan directa o indirectamente el fondo del asunto, determinen la imposibilidad de continuar el procedimiento, produzcan indefensión o un perjuicio irreparable a derechos e intereses legítimos (nº 1540 Memento Administrativo 2026).
2) Quedan **excluidos**: los actos de trámite simples, los informes o dictámenes (TS 30-4-84), las contestaciones a consultas de los administrados (TS 7-5-79, EDJ 5417), los actos meramente informativos (TS 7-3-87, EDJ 16020), las declaraciones de conocimiento -certificaciones- (TS 22-4-83), las de deseo -como las propuestas de resolución- (TS 29-5-79), las notificaciones. No obstante, se admite en general la figura del **acto administrativo no impugnable** jurisdiccionalmente; es decir, no se liga la condición del acto a su tratamiento procesal (TS 9-2-87, EDJ 1037; 18-5-77).
Existen igualmente -aunque son supuestos excepcionales- actos definitivos o de trámite **cualificados no impugnables**. Se trata de actos -recurribles en abstracto- respecto de los que, por su contenido, ningún sujeto ostenta interés en sentido procedimental/procesal que atribuya legitimación activa para su combate.
3) Los informes de la **Autoridad Independiente de Responsabilidad Fiscal** son inimpugnables (LO 6/2013 art.13; RD 215/2014 art.1.5).
4) Se consideran actos administrativos las resoluciones de los directores generales de Farmacia por las que se determinan los nuevos conjuntos de **medicamentos a dispensar en oficinas de farmacia** a través de receta médica oficial u orden de dispensación. Sus precios de referencia son actos administrativos y no disposiciones generales (TS 30-10-15, EDJ 205797).
5) Para ser revisable en sede contenciosa, los actos administrativos deben poner **fin a la vía administrativa** por encontrarse en alguno de los supuestos previstos legalmente como finalizadores de la vía gubernativa, ya sean expresos, tácitos o presuntos (nº 1550 Memento Administrativo 2026).

10845 **Inactividad de la Administración** Es aquella situación en que la Administración, estando obligada a realizar una prestación concreta a favor de una o varias personas determinadas y habiendo sido reclamada para ello, no da cumplimiento a lo solicitado en el **plazo** de 3 meses (LJCA art.29). Inactividad y silencio administrativo (nº 12472) no son términos equivalentes.
Sobre la **interposición del recurso** contencioso-administrativo contra la vía de hecho, ver nº 12478.

10847 **Contratos de la Administración** Con diverso tratamiento en función de que se incluyan en la categoría de **administrativos** (con sumisión a este orden de su preparación, adjudicación, efectos y extinción) o **privados** (que se someten al Derecho administrativo solo en las dos primeras fases).
La **fiscalización judicial** de la contratación administrativa presenta la peculiaridad de sucederse en ella dos fases: una, unilateral y procedimental, en la que se producen actos administrativos

impugnables de acuerdo con los criterios generales; y otra bilateral y negocial, en la que la sumisión lo es de los contratos administrativos -en sentido estricto- y que se caracteriza por la técnica de la intermediación del acto administrativo entre el contrato y el órgano judicial.
Será la **decisión del órgano de contratación** en ejercicio de la prerrogativa de interpretación y resolución de cuestiones derivadas de la ejecución del contrato, la que en su caso, se impugne en sede contencioso-administrativa; no directamente el contrato en sí mismo.

Precisiones Sobre los **contratos administrativos** ver nº 10990 s.

Vía de hecho Las actuaciones materiales de la Administración que constituyen vía de hecho son aquellas que carecen de la necesaria **cobertura jurídica** y lesionan derechos e intereses legítimos de cualquier clase (nº 1382 Memento Administrativo 2026). **10848**
Sobre la **interposición del recurso** contencioso-administrativo contra la vía de hecho, ver nº 12480.

Precisiones Su enjuiciamiento es **competencia** del orden contencioso-administrativo (TS civil 20-7-16, EDJ 114247).

Actuaciones ligadas a las técnicas de simplificación administrativa Se trata de ciertos supuestos relativos a algunas actividades económicas o de prestación de servicios (p.e. apertura de establecimientos), en los que la previa **licencia** como requisito de actividad se sustituye por la presentación por parte del interesado de una **declaración o certificación responsable** en la que se manifiesta formalmente el concurso de todos los requisitos y exigencias precisas para el desarrollo de la actividad, aportando en su caso el proyecto correspondiente. De este modo, la mera presentación habilita automáticamente el inicio de la actividad, sin perjuicio de la capacidad administrativa posterior de controlar la efectiva concurrencia de los elementos necesarios y su adecuación a la norma de aplicación. **10849** MPCA nº 146, 148
En estos casos pueden producirse diversas **conductas por parte de la Administración** competente:
• **ausencia de actuación** concreta alguna;
• declaración de **conformidad** con la documentación presentada y con el concurso de los requisitos precisos, en caso de que la normativa de aplicación prevea tal declaración;
• **denegación** expresa de la habilitación para el desarrollo de la actividad o declaración de disconformidad, como consecuencia de la potestad de control o policía ejercida a sobre el administrado, bien de oficio, o en virtud de comunicación o denuncia de tercero afectado;
• **ratificación** de la habilitación como consecuencia del ejercicio de la citada potestad, de oficio o previa denuncia;
• **inactividad** ante denuncia o requerimiento de tercero.
Todas estas actuaciones, salvo la primera en defecto de requerimiento de tercero interesado, son susceptibles de **control contencioso-administrativo**, bien como actos administrativos o, en su caso, por inactividad de la Administración.

Delimitación del concepto de Administración pública (LJCA art.1.2; LRJSP art.1 a 3; LPAC art.1, 2 y 140) Las Administraciones públicas se pueden definir como aquellas organizaciones burocráticas instrumentales destinadas a la **gestión y ejecución efectiva** de las opciones y decisiones políticas del Gobierno o de los respectivos gobiernos que dirigen la política exterior e interior a escala comunitaria europea, estatal, autonómica o local, mediante la actuación de **potestades administrativas** reconocidas en exclusiva a las mismas por el ordenamiento jurídico, con objeto de satisfacer el interés público y/o general. **10850** MPCA nº 154
Por **Administración pública** ha de entenderse, a estos efectos:
- la Administración General del Estado;
- las Administraciones de las comunidades autónomas;
- las entidades que integran la Administración local; y
- las entidades de Derecho público dependientes de o vinculadas al Estado, las comunidades autónomas o las entidades locales.
Los tres primeros conceptos integran la llamada **Administración territorial**, junto con las universidades públicas (LRJSP art.2.2.c) y las autoridades administrativas independientes (LRJSP art.84.1.b); el cuarto, la **Administración institucional** (nº 10854).

Precisiones 1) El concepto **sector público institucional** es más amplio, pues incorpora adicionalmente a las entidades de Derecho privado vinculadas o dependientes de las Administraciones públicas (LRJSP art.2.2.b) y a los fondos sin personalidad jurídica (LRJSP art.84.1.f).
2) En el **País Vasco**, la referencia a las Administraciones públicas incluye las diputaciones forales y la Administración institucional de ellas dependiente (LJCA disp.adic.1ª). Ver nº 11220.

10852 Como **notas fundamentales** de las Administraciones, pueden reseñarse las siguientes:
• Dependen siempre de la dirección superior de una instancia de legitimación y naturaleza políticas. La estructura política superior se funda siempre en un principio de **legitimación democrática** (Const art.1, 6, 13, 23, 97 y 137).
• Se encuentran sometidas a ciertos **principios jurídico-administrativos** (nº 70 s. Memento Administrativo 2026).
• Tienen **carácter instrumental**, puestas al servicio de los intereses de los ciudadanos (TS 18-3-93, EDJ 2723).
• Son titulares de su respectivo **patrimonio**, así como sujetos pasivos de **tributos** ajenos y activos de tributos propios.
• Se encuentran investidas de un **régimen jurídico especial** que significa, en muchos aspectos, la derogación subjetiva de las normas comunes aplicables al resto de los sujetos de Derecho. Este régimen implica que la fiscalización judicial de sus actuaciones se someta al orden jurisdiccional contencioso-administrativo.

Precisiones 1) No toda organización que, en definitiva, preste servicio al sistema o a los ciudadanos, es Administración pública. Quedan fuera del concepto los denominados **órganos constitucionales** cuya existencia responde a una finalidad específica diseñada constitucionalmente, sin perjuicio de que algunos de sus actos puedan ser considerados materialmente administrativos. Por el contrario, se incluyen en el concepto de Administración ciertas estructuras de base privada o corporativa, en cuanto desempeñen determinadas funciones de carácter público: la **Administración corporativa**.
2) Sobre el **concepto** de Administración pública, ver un estudio más detallado en los nº 50 s. Memento Administrativo 2026.

10854 **Administración institucional** Se configura como aquella Administración pública integrada por **entes menores de carácter no territorial** (Entrena Cuesta). Por oposición a las entidades territoriales, no cuenta entre sus elementos con el territorio como componente esencial -sin perjuicio de que ejerzan su función en un territorio determinado-, responden a un fin concreto o más delimitado que la Administración territorial y, en consecuencia, su capacidad de obrar se limita a la satisfacción del tal fin (TS 31-10-07, EDJ 213204; TSJ C.Valenciana 29-4-14, EDJ 120949).
Depende siempre de una Administración territorial, directa o indirectamente. Se encuentran investidas de las **potestades y prerrogativas** propias de las Administraciones territoriales, salvo la potestad expropiatoria (LRJSP art.89).
Los entes institucionales gozan de **personalidad jurídica, patrimonio y tesorería** propios, diferentes de los de la Administración territorial de la que dependen, así como autonomía de **gestión** (LRJSP art.89). Ello supone, si no una quiebra, sí un matiz importante del principio de personalidad jurídica única de la cada Administración (la estatal, la de cada comunidad autónoma y la de cada entidad local).
Responde a la tendencia de la llamada **descentralización funcional** (LRJSP art.3). Así se han creado entidades públicas denominadas **agencias** para la prestación de un servicio concreto, normalmente configuradas no como organismos autónomos sino como entidades públicas diferentes a ellos (p.e. Agencia Estatal de Administración Tributaria).
La **creación** de estas entidades y organismos se hace por Ley.
La **tipología** de la Administración institucional no es necesariamente uniforme. La del Estado se regula por la LRJSP, las de las comunidades autónomas por su respectiva normativa propia, y las dependientes de las entidades locales por la legislación de régimen local.
No obstante, suele adecuarse al siguiente **esquema**: integrada por organismos públicos, que pueden ser organismos autónomos, entidades públicas empresariales o entidades de régimen especial o autocéfalas.

10855 En relación con los entes institucionales, a los **efectos procesales** es preciso hacer algunas
MPCA matizaciones:
nº 158 s. **a)** Aunque no se especifica en la LJCA (sí, indirectamente, en LRJSP art.2.2), la citada Ley solo les resulta aplicable cuando ejerzan **potestades administrativas**. Solo cuando la actuación de la entidad de Derecho público esté sujeta al Derecho administrativo puede ser conocida por el orden jurisdiccional contencioso-administrativo y, lógicamente, siempre está sujeta al Derecho administrativo si se están ejercitando potestades administrativas.
b) Tampoco se exige, aparentemente, que las entidades de Derecho público deban tener **personalidad jurídica propia** (LRJSP art.2.2.a y 3). No obstante, estas entidades han de tenerla para actuar como tales, es decir, ejercitando, como auténticas Administraciones públicas, las potestades administrativas que tengan atribuidas. Solo en ese caso sus actos pueden ser conocidos por la jurisdicción contenciosa.

c) Los **organismos autónomos** y **entidades públicas empresariales** son auténticas entidades de Derecho público, con personalidad jurídica propia y que, en mayor o menor medida, dependen o están vinculadas con la Administración del Estado, de tal modo que, cuando realicen una actuación sujeta al Derecho administrativo, esta es recurrible ante la jurisdicción contencioso-administrativa.
Junto con estas, deben tenerse en cuenta otra serie de entidades especiales o **entidades de régimen especial** que también se integrarían en el concepto de Administración institucional:
- el Banco de España (L 13/1994; LRJSP disp.adic.19ª);
- la Comisión Nacional del Mercado de Valores (L 6/2023 art.16 s.);
- la Comisión Nacional de los Mercados y de la Competencia (L 3/2013);
- la Agencia Española de Protección de Datos (LO 3/2018 art.44 a 56, disp.adic.20ª, disp.trans.1ª; RD 389/2021);
- el Consejo Económico y Social (L 21/1991);
- el Instituto Cervantes (L 7/1991; RD 1526/1999);
- el Consejo de Seguridad Nuclear (L 15/1980);
- el Consejo de Universidades (LO 2/2023 art.16);
- la Comisión de Propiedad Intelectual, Sección Segunda (L 2/2011; L 21/2014);
- el Fondo de Reestructuración Ordenada Bancaria -FROB- (L 11/2015 art.52 a 70), con carácter de autoridad administrativa independiente (LRJSP disp.adic.20ª);
- el Consejo de Transparencia y Buen Gobierno (L 19/2013 art.33 a 40);
- el Instituto Cervantes (L 7/1991; RD 1526/1999);
- las entidades públicas empresariales Red.es y SEPES, los administradores de infraestructuras ferroviarias, el Instituto para la Diversificación y Ahorro de Energía, el Centro para el Desarrollo Tecnológico e Industrial, la Sociedad de Salvamento y Seguridad Marítima e ICEX España Exportación e Inversiones (LRJSP disp.adic.23ª a 28ª).

Con respecto a los **actos dictados por estos entes**, se atribuye a la Sala de lo Contencioso-Administrativo de la Audiencia Nacional conocer de los recursos contencioso-administrativos interpuestos contra ellos (LJCA disp.adic.4ª). Respecto de las secciones Primera y Segunda de la Comisión de Propiedad Intelectual, salvo las autorizaciones judiciales de ejecución de medidas acordadas por esta (nº 11508), asuntos de los que conocerá, en su caso, en apelación (nº 13946).

Precisiones La creación de la **Comisión Nacional de los Mercados y la Competencia** (L 3/2013) supuso, al tiempo de su efectiva constitución, la extinción -y la asunción de sus funciones- de algunos organismos reguladores preexistentes: la Comisión Nacional del Sector Postal, la Comisión del Mercado de las Telecomunicaciones, la Comisión Nacional de Energía, el Comité de Regulación Ferroviaria, el Consejo Estatal de Medios Audiovisuales, la Comisión de Regulación Económica Aeroportuaria y, en parte, la Comisión Nacional de la Competencia. Se prevé que los recursos contencioso-administrativos contra sus actos sean conocidos por la Sala de lo Contencioso-Administrativo de la Audiencia Nacional.

d) También son entidades públicas las **agencias estatales**, creadas para la ejecución de políticas públicas de competencia del Estado (LRJSP art.84, 108 bis a 108 sexies). **10856** MPCA nº 164 s.
Tienen igual condición las **autoridades administrativas independientes** (LRJSP art.84.1.b, 109 y 110).
Estas agencias son entidades de Derecho público, con personalidad jurídica pública, patrimonio propio y autonomía de gestión, facultadas para ejercer potestades administrativas, creadas por el Gobierno de la Nación para el cumplimiento de programas correspondientes a políticas públicas desarrolladas por la Administración General del Estado en el ámbito de sus competencias. Gozan de autonomía funcional y se someten a responsabilidad por gestión y control de resultados.
Su **régimen** se integra por su estatuto propio, la LRJSP y, supletoriamente, por las demás normas rectoras de la Administración institucional del Estado.
Se ha autorizado al Gobierno para la **creación** de las siguientes agencias estatales:
- Evaluación de las Políticas Públicas y la Calidad de los Servicios (RD 1418/2006 derog RD 769/2017);
- Boletín Oficial del Estado -como medio propio instrumental- (RD 1027/2025);
- Consejo Superior de Investigaciones Científicas;
- Antidopaje de España (RD 185/2008);
- de Inmigración y Emigración;
- de Seguridad Aérea (RD 184/2008);
- de Seguridad del Transporte Terrestre;
- de Artes Escénicas y Musicales;
- de Meteorología (RD 186/2008);
- de Cooperación Internacional para el Desarrollo;

- de Investigación en Biomedicina y Ciencias de la Salud Carlos III;
- de Evaluación, Financiación y Prospectiva de la Investigación Científica y Técnica;
- Red de Parques Nacionales (L 5/2007 disp.adic.2ª -autorización eliminada por efecto de la L 30/2014-);
- de Radiocomunicaciones (L 7/2010 disp.adic.1ª derog L 13/2022);
- para la Investigación (L 14/2011 disp.adic.12ª; RD 1067/2015);
- de la Seguridad Social (L 27/2011 disp.adic.7ª);
- de Seguridad Ferroviaria (RDL 1/2014 art.2; RD 1072/2014; L 38/2015 art.65);
- de Administración Digital (L 22/2021 disp.adic.117ª; RD 1118/2024);
- de Supervisión de Inteligencia Artificial (L 22/2021 disp.adic.130ª).

Precisiones 1) A partir de **2011**, se estableció el criterio de no creación de agencias estatales, salvo en supuestos excepcionales, como respecto a la **Agencia Estatal para la Investigación** y la **Agencia Estatal de Seguridad Ferroviaria** -ambas efectivamente creadas- (L 14/2011 disp.adic.12ª; L 2/2012 disp.adic.17ª; L 17/2013 disp.adic.87ª; L 22/2013 disp.adic.86ª; L 36/2014 disp.adic.93ª; L 48/2015 disp.adic.94ª), la **Agencia Estatal de Administración Digital** y la **Agencia Española de Supervisión de Inteligencia Artificial** (L 22/2021 disp.adic.117ª y 130ª).

2) Las agencias estatales estudiadas y el resto de organismos públicos deben adaptarse al régimen de LRJSP **antes de 1-10-2024**, subsistiendo como máximo hasta esa fecha conforme al régimen normativo aplicable (LRJSP disp.adic.4ª y disp.derog.).

3) Son **autoridades administrativas independientes**, entre otras, la de Protección del Informante (L 2/2023 art.42 a 59; RD 1101/2024) y la constituida para la investigación técnica de accidentes e incidentes ferroviarios, marítimos y de aviación civil (L 2/2024).

10857 **e)** En otros casos, es la propia **norma de creación** la que determina el conocimiento por la jurisdicción contencioso-administrativa. Así ocurre con la Agencia Estatal de Administración Tributaria (L 31/1990 art.103.Dos.4; LRJSP disp.adic.17ª) y con la entidad Radiotelevisión Española -RTVE- (L 4/1980 art.5.2; TS 25-5-98, EDJ 8269).

f) Existen otras entidades que no son ni organismos autónomos ni entidades públicas empresariales. La mayor parte de las mismas son los denominados **entes del sector público**, tendentes a desaparecer como tales y que debieron adaptarse a la normativa sobre organización y funcionamiento de la Administración General del Estado (L 6/1997 disp.trans.3ª derog LRJSP), sometiéndose a su régimen específico. Es el caso de Puertos del Estado, de las distintas autoridades portuarias (LRJSP disp.adic.12ª) o de la entidad ENAIRE -antigua Aeropuertos Españoles y Navegación Aérea (AENA)-. Todas estas entidades estarían incluidas en el concepto de Administración pública a estos efectos.

g) Por el contrario, están excluidas del concepto de Administración institucional las llamadas **sociedades mercantiles estatales**, con independencia del porcentaje de participación que la Administración del Estado pueda tener en su capital, ya que las mismas se rigen íntegramente, cualquiera que sea su forma jurídica, por el ordenamiento jurídico privado, salvo en materias en que les sea de aplicación la normativa presupuestaria, contable, de control financiero y contratación. Estas sociedades no disponen, en ningún caso, de facultades que impliquen el ejercicio de autoridad pública (LRJSP art.113; LBRL art.85 ter). Quedan fuera, también, las fundaciones del sector público (LRJSP art.84.1.e, 128 a 136).

Se integran, sin embargo, en el sector público institucional (LRJSP art.84.1.c), junto con los fondos sin personalidad jurídica (LRJSP art.84.1.f).

h) Igualmente quedan excluidas del concepto de Administración institucional aquellas entidades enteramente privadas que, por sus funciones, guardan cierta relación con una o varias Administraciones públicas. Es el caso de las **cajas de ahorro** (TS 26-10-82) y de la **Sociedad General de Autores de España** (TS 15-6-83), sin perjuicio de la acción tutelar del Estado con respecto a ellas.

i) Tampoco son entidades institucionales ciertas personas jurídicas que desarrollan su actividad bajo la protección del Estado, como la **Cruz Roja**. Esta es una entidad con personalidad jurídica propia y plena capacidad jurídica y patrimonial para el cumplimiento de sus fines, que destaca como auxiliar y colaboradora de las Administraciones públicas en las actividades humanitarias y sociales impulsadas por las mismas, pero que en esa actividad conserva independencia y autonomía (RD 415/1996 art.1.6). Por tanto, no tiene la condición de Administración pública ni sustantiva ni procesalmente, con lo que sus actos no son impugnables en sede contencioso-administrativa (TSJ País Vasco 27-11-97). En semejantes términos, la **ONCE**, que actúa bajo protectorado estatal a modo de entidad colaboradora (TS 20-5-94, EDJ 4578; 6-6-94, EDJ 11568). Aunque en alguna ocasión se ha considerado como entidad corporativa (TS 30-4-02, EDJ 19220).

j) Carecen igualmente de carácter administrativo (sustantiva y procesalmente) las entidades mercantiles que ostentan la condición de «**medio propio instrumental**» de una o varias Administraciones. Se entiende por tales a aquellas sociedades o entidades de Derecho privado, cuyo capital es de titularidad pública (de una o de varias Administraciones públicas territoriales o institucionales), a las que una norma jurídica atribuye expresamente esta condición para la ejecución de obras y servicios o, en general, para el desarrollo de actuaciones, de competencia de la o las Administraciones titulares del capital.

Precisiones Son ejemplos de **medio propio instrumental**, en lo que al Estado se refiere: TRAGSA (LCSP disp.adic.24ª; RD 69/2019), SENASA (L 24/2001 art.67), SEGIPSA (L 33/2003 disp.adic.10ª), la Agencia Estatal Boletín Oficial del Estado (L 28/2006 disp.adic.2ª derog LRJSP); el Instituto para la Diversificación y el Ahorro de Energía -IDAE- (RDL 20/2012 disp.adic.13ª). **10858** MPCA nº 172

Los **rasgos característicos** de los medios propios instrumentales son los siguientes:
• Naturaleza jurídica privada.
• Creación potestativa.
• Atribución normativa expresa de su condición.
• Titularidad pública del capital (Estado, comunidades autónomas, entidades locales, entidades dependientes). Posible titularidad compartida, lo que permite a la sociedad ser medio propio de varias Administraciones.
• Personalidad jurídica propia, siendo por ello centro de imputación de relaciones jurídicas.
• Sujeción al Derecho privado, salvo en el régimen presupuestario, contable, de control y, en ciertos aspectos, de contratación.
• Condición de poder adjudicador -a efectos de contratación con terceros-.
• Imposibilidad de actuar o ejercer potestades administrativas (aunque en algún caso, la realidad es otra).
• Actuación por medio de encargos de la o las Administraciones de las que son medio instrumental. En ocasiones se denominan encomiendas de gestión, sin serlo realmente.
• Obligatoriedad de aceptación de dichos encargos.
• Aplicación del régimen de facturación por medio de tarifa.
• Heterogeneidad y variabilidad del objeto.

Sujeción al Derecho administrativo (LOPJ art.9.4) Para que la jurisdicción contencioso-administrativa pueda conocer de la actuación de las Administraciones públicas, es preciso que esta esté sujeta al Derecho administrativo, entendido como el conjunto de normas que regulan la actuación de las Administraciones públicas. **10860**

Por el contrario, cuando la Administración actúe **sometida al Derecho privado**, es la jurisdicción ordinaria o, en su caso, la laboral la que debe conocer del asunto.

La jurisprudencia ha insistido reiteradamente en la necesidad de este requisito, con independencia de que los **derechos afectados** sean de naturaleza privada (TS 4-11-86).

En efecto, es perfectamente posible que mediante una actuación de Derecho administrativo se afecte a un derecho privado, de carácter **patrimonial** (p.e. actuaciones tributarias o urbanísticas) o **personal** (p.e. la concesión o denegación de la nacionalidad por residencia -CC art.22.5-).

Precisiones Esta atribución no está sujeta a **limitación de materias**, esto es, no tiene por qué referirse solamente a cuestiones con carácter de Derecho público (TS 5-10-95, EDJ 5890).

2. Disposiciones generales de rango inferior a la ley

(LJCA art.1.1)

Junto a las actuaciones de las Administraciones públicas sujetas a Derecho administrativo, se someten a la jurisdicción contencioso-administrativa los **recursos** interpuestos contra las disposiciones de rango inferior a la ley, cumpliendo de ese modo el mandato constitucional de atribuir a los tribunales el **control de la potestad reglamentaria** (Const art.106.1). **10870** MPCA nº 4985 s.

La **potestad reglamentaria** es atribuida por la Constitución expresamente al Gobierno del Estado (Const art.97) e implícitamente a las comunidades autónomas y a las entidades locales (Const art.137). Supone el poder de crear normas jurídicas de valor subordinado a la Ley (TS 24-7-00, EDJ 23607) en forma y bajo la denominación de disposiciones generales, a las que están vinculados los poderes públicos y los ciudadanos (Const art.9.1), en virtud del principio de legalidad. No tiene la consideración de poder autónomo, sino que se sitúa entre los poderes o potestades emanados de la Constitución (CEst Dict 45913/1984, 16-2-84).

Las categorías de reglamento -o disposición general- y de acto administrativo son opuestas. Los reglamentos son ajenos al régimen jurídico de los actos y resoluciones administrativos, sin perjuicio de que, en algunos aspectos, este pueda extenderse a los mismos. La distinción entre ambas categorías puede tomar como **criterios diferenciadores** su contenido material (nº 10872) y el tratamiento procesal (nº 10878) que reciben unos y otros.

Precisiones **1)** Quedan fuera del control judicial ordinario contencioso-administrativo las **normas legales**. Así pues:
• Esta jurisdicción carece de facultades para revisar la **actividad legislativa** (TS 7-2-81, EDJ 5840; 18-5-20, EDJ 553753; AN 3-2-81).

• No cabe sustentar la impugnación de un real decreto razonando sobre su **adecuación a una ley**, de modo que los argumentos desplegados formalmente contra aquel se empleen para impugnar la Ley (TS 12-2-85, EDJ 911; 22-1-93, EDJ 382). Es decir, no es posible impugnar indirectamente una ley a través de un recurso contra un reglamento (TS 6-10-86, EDJ 6111), aun cuando la norma reglamentaria reproduzca literalmente el texto de la ley (TS 17-10-86, EDJ 15400).
• No corresponde a los órganos contencioso-administrativos pronunciarse sobre la **constitucionalidad** de las normas legales posteriores a la Constitución (TS 17-1-92, EDJ 291).
2) Sobre las disposiciones generales de rango inferior a la ley y la **potestad reglamentaria** de la Administración pública, ver nº 800 Memento Administrativo 2026.

10872 **Contenido material** En este plano, cabe destacar los rasgos propios de los reglamentos o disposiciones generales con respecto a los actos administrativos:
a) Los reglamentos participan de la **abstracción y generalidad** propias de toda norma jurídica, en cuanto se dirigen a un pluralidad indeterminada de sujetos de derecho y regulan pluralidad (en ocasiones, multitud) de situaciones jurídicas.
b) En cuanto disposiciones generales, los reglamentos gozan de **carácter estable**, al integrar el ordenamiento, y tienen vocación de permanencia (TS 7-2-90), a diferencia de los actos administrativos, que pueden agotarse con su ejecución. Es principio comúnmente admitido el de la **vigencia indefinida** de las disposiciones generales, salvo que se disponga expresamente lo contrario. En algunos ámbitos (instrumentos de ordenación) dicha vigencia indefinida se proclama en la mayoría de las leyes vigentes (estatales o autonómicas).
c) El **deber de motivar** (LPAC art.35) es predicable, cuando concurre, de los actos administrativos, no de las disposiciones generales (TS 13-6-97, EDJ 5670), salvo en materia de planeamiento urbanístico y territorial -a través de la memoria- o cuando lo exija alguna disposición aplicable.
d) Los reglamentos no precisan de **notificación** individualizada para ser eficaces, sino que son objeto de **publicación** (LPAC art.40; TS 16-4-98, EDJ 2689) en periódicos oficiales, quedando sujetos a vacación legal (CC art.2.1). Sin embargo, de forma excepcional, algunas disposiciones generales de carácter sectorial deben ser notificadas individualmente, como, por ejemplo, en el ámbito urbanístico, los planes parciales relativos a urbanizaciones de iniciativa particular (RD 2159/1978 art.139.4; TS 19-12-95, EDJ 7506).

Precisiones Las disposiciones son instrumentos **ordenadores y ordinamentales**, caracterizados por la generación de normas susceptibles de aplicación posterior o futura (TCo 147/1998), frente a los actos administrativos que son actos ordenados basados en la consunción (TS 10-3-93, EDJ 2383; 25-4-94, EDJ 3669; 16-2-98, EDJ 1083; 9-3-98, EDJ 61280).

10875 **e)** Las disposiciones reglamentarias pueden ser **modificadas, derogadas y sustituidas** libremente, sin perjuicio, en su caso, de las oportunas indemnizaciones, mientras que los actos administrativos -de revocación limitada- solo admiten alteración en determinados supuestos (CEst Dict 47169/1984).
f) La **ilegalidad** del reglamento, tanto por vicio sustantivo como formal, siempre entraña vicio de nulidad de pleno derecho, al suponer lesión del principio de jerarquía normativa (Const art.9.3; CC art.1.2; LPAC art.47.2), mientras que el acto administrativo se somete a la regla general de anulabilidad, salvo que concurra uno de los vicios previstos en LPAC art.47.1 (CEst Dict 47169/1984; DGSJE Dict 8-3-95).
En relación con los **vicios formales**, la especial importancia del respeto al procedimiento en la elaboración de disposiciones generales, intensificada respecto de los actos, determina la nulidad radical de aquellas por el concurso de los mismos (TS 1-12-86, EDJ 7847).
g) Los reglamentos **vinculan a la Administración**, en la producción de actos administrativos, y a los particulares, como afectados por el reglamento de que se trate (TS 3-1-79, EDJ 5006; 30-11-93, EDJ 10890). El efecto vinculante de las disposiciones generales solo cede -a lo sumo y excepcionalmente-, en casos de **fuerza mayor** (p.e. L Aragón 11/1992 disp.adic.8ª derog L Aragón 4/2009) o en **supuestos expresamente previstos** por la legislación (LS/98 art.17.1; LS/76 art.58.2; TS 24-6-94, EDJ 2882).
h) Los reglamentos no admiten **dispensa** (reservas de dispensación), pues están sujetos a la regla de **inderogabilidad singular**. Además, las resoluciones administrativas de carácter particular no pueden vulnerar lo establecido en una disposición de carácter general, aunque aquellas tengan igual o superior rango a estas (LPAC art.37.2 y 3). En el ámbito urbanístico, se declaran nulas las reservas de dispensación, que se contengan en los planes u ordenanzas, así como las que, con independencia de ellos, se concedan (LS/76 art.57.3; LS/92 art.134.2).
i) La **competencia** para la aprobación de las disposiciones generales no puede ser objeto de **delegación interorgánica**. Se prohíbe con alcance absoluto la delegación de la competencia para adoptar disposiciones de carácter general (LPAC art.9.2.b). No sucede lo mismo en relación con la **delegación intersubjetiva**.

j) El **contenido de los reglamentos** ha de fijarse siempre por la Administración competente, de forma que no es posible su **fijación en sentencia** por parte del órgano judicial que conoce de un recurso contencioso-administrativo directo contra una disposición general. Así, en contra de lo que sucede en relación con los actos administrativos, el fallo estimatorio del recurso se ha de limitar a la declaración de invalidez, sin ninguna otra declaración o pronunciamiento (TS 8-6-98, EDJ 4688). 10877

Si puede, en cambio, **compelerse judicialmente** a la Administración pública a la aprobación de un reglamento, e incluso que este tenga un determinado contenido, en la medida en que se constate la obligación legal de dictar una norma reglamentaria en tal sentido, dado que la consideración de la reglamentaria como una potestad discrecional no impide el control judicial de la omisión o inactividad reglamentaria, cuando el silencio del reglamento implica crear una situación ilegal o el incumplimiento de una obligación legal (TS 10-12-20, EDJ 745865). En contra se pronunciaba la doctrina tradicional, en base, fundamentalmente, a la ligazón de la potestad reglamentaria con la función política del Gobierno (TS 26-2-93, EDJ 1868; 16-1-98, EDJ 416).

k) En general, contra las disposiciones administrativas de carácter general no cabe **recurso en vía administrativa** (LPAC art.112.3). No son susceptibles de recurso administrativo de alzada o equivalente, sino que su impugnación jurisdiccional ha de ser siempre inmediata. Tampoco son susceptibles de recurso potestativo de reposición (LPAC art.123).

En cambio, los **actos de aplicación** de los reglamentos sí son susceptibles de recurso administrativo -y así se exige para su posterior impugnación en sede judicial-, salvo que agoten la vía administrativa por la jerarquía del órgano que los dicte -caso en el que se admite recurso potestativo de reposición-, por disponerlo así una norma o por ser el recurrente una entidad pública, en cuyo caso, nunca cabe recurso administrativo (LJCA art.44). En tales casos, si el recurso se funda exclusivamente en la **ilegalidad del reglamento**, cabe interponerlo directamente ante el órgano que dictó dicha disposición (LPAC art.112.3.2).

l) Las disposiciones generales y, en cuanto tales, los reglamentos quedan sometidos en su **procedimiento de aprobación**, que es especial, a los trámites de audiencia y de información pública, so pena de invalidez. No así, necesariamente, los actos administrativos.

m) El reglamento desempeña, en definitiva, una **función legitimadora** de la actuación de la Administración, por cuanto, en numerosas ocasiones, la previa aprobación de aquel es imprescindible para la producción de actos administrativos. En caso contrario, estos podrían estar viciados de nulidad por falta total y absoluta del procedimiento establecido (TS 15-6-87).

Precisiones No obstante, cuando el impugnante es una Administración pública puede deducirse, potestativamente, el requerimiento de **derogación o anulación** previo al recurso contencioso (LJCA art.44). Igualmente, las disposiciones generales se someten a los procedimientos de revisión de oficio por vicio de nulidad (LPAC art.106; TS 20-3-03, EDJ 9270).

Tratamiento procesal Con respecto al procedimiento, pueden citarse los siguientes rasgos diferenciadores entre las disposiciones generales -reglamentos- y los actos administrativos. 10878 MPCA nº 201

1. La **impugnación jurisdiccional** de los reglamentos, en cuanto disposiciones generales, se radica siempre ante el orden jurisdiccional contencioso-administrativo, sin perjuicio de que prejudicialmente puedan valorarse cuestiones relativas a los mismos, a los solos efectos del proceso pendiente ante ellos, por tribunales de otros órdenes (LOPJ art.10).

2. La **competencia objetiva** (clase o tipo de órgano judicial) para conocer de recursos contencioso-administrativos contra disposiciones generales corresponde siempre a órganos colegiados: salas de lo contencioso-administrativo del Tribunal Supremo, de la Audiencia Nacional o del Tribunal Superior de Justicia de la comunidad autónoma donde radique el órgano que apruebe la disposición. Carecen de competencia al respecto las Secciones de lo Contencioso-Administrativo del Tribunal de Instancia o del Tribunal Central de Instancia -hasta su constitución, juzgados y juzgados centrales de lo contencioso-administrativo- (LJCA art.8, 10, 12 y 13).

3. El **procedimiento** siempre es el ordinario (LJCA art.43 a 77). Su cuantía es indeterminada (LJCA art.42.2) por lo que siempre cabe recurso de casación por razón de la misma, aunque limitadamente. Es siempre preferente en la tramitación y resolución, salvo excepción motivada (LJCA art.66).

4. La **legitimación activa** es igual a la exigida para la impugnación de actos administrativos (nº 11750 s.). Sin embargo, la legitimación es pública en determinados ámbitos muy significativos (nº 11778).

5. Cuando se trate de impugnar disposiciones en cuya aprobación participan dos Administraciones diversas (p.e. la local y la autonómica en la aprobación de los planes generales municipales de ordenación urbana), la **legitimación pasiva** corresponde a ambas como partes principales, sin que ninguna tenga simplemente la condición de coadyuvante o parte accesoria (TS 20-3-90; 10-4-90, EDJ 4018), figura que no se recoge expresamente para el proceso contencioso-administrativo (nº 11663).

Precisiones El hecho de que se reconozca legitimación a los particulares para impugnar los reglamentos no implica que exista acción pública. Es preciso, por tanto, **interés legítimo** (TS 8-7-92, EDJ 7541; 17-7-98, EDJ 14267) que se derive directa o indirectamente de la norma, que sea actual, no futuro -pues en otro caso la mera invocación de que en el futuro un sujeto puede encontrarse afectado por la norma convertiría el interés en acción pública- y que sea personal y concreto (TS 14-3-97, EDJ 1968). Al tiempo, no cabe identificar el interés con cualquier **ventaja o utilidad jurídica** derivada de la reparación que se pretende a través del recurso (TCo 92/1991; 195/1992; TS 9-7-93, EDJ 6903; TSJ Murcia 7-6-00, EDJ 26533).

10882 MPCA nº 204 6. En lo que se refiere a la **postulación** para impugnar reglamentos, siempre es preceptivo conferir la representación procesal a procurador colegiado, en virtud de poder bastante, y la dirección técnica a letrado igualmente colegiado, en la medida en que se actúa ante órganos colegiados (LJCA art.23.2). Para recurrir actos administrativos, cuyo enjuiciamiento corresponda a órganos judiciales unipersonales, solo es preciso el concurso de procurador en caso de recurso ordinario de apelación. En primera o única instancia basta con actuar mediante letrado con poder bastante al efecto.

7. Los reglamentos son susceptibles de **recurso contencioso-administrativo**, con procedimiento siempre en única instancia, que puede ser:
- directo: contra el reglamento; o
- indirecto: contra los actos de aplicación del mismo o disposiciones de desarrollo (TCo 51/2004; TS 22-10-86, EDJ 6628; 2-12-96, EDJ 52231; 18-7-97, EDJ 6524).

No cabe oponer en el recurso jurisdiccional la **excepción de acto consentido y firme** en relación con la disposición general de que se trate (TS 13-4-94, EDJ 3228; 29-7-94, EDJ 6266).

8. A efecto de **recurso de casación**, no se diferencia entre recurso directo e indirecto. En todo caso, el recurso contra una sentencia dictada por una sala de Tribunal Superior de Justicia es un recurso de casación limitado, por cuanto ha de fundarse necesariamente en la infracción de un precepto constitucional (LOPJ art.5.4) o de norma jurídica estatal o comunitaria europea que haya sido alegada en el proceso o considerada en el fallo. En caso de que el motivo de casación consista en la infracción de normas autonómicas no cabe recurso de casación ante el Tribunal Supremo, sino, en su caso, ante una sala especial del Tribunal Superior de Justicia; y siempre, en ambos casos, concurriendo interés casacional.

El recurso indirecto no puede fundarse en **vicios o defectos procedimentales**, en la medida en que estos no producen, en general, nulidad radical de la disposición aplicada por el acto recurrido (TS 11-3-89, EDJ 2772; 17-11-93, EDJ 10400; TSJ Cataluña 13-10-98, EDJ 32654). Tales vicios son solo alegables en el recurso directo contra el reglamento.

9. Es regla general que no cabe invocar -en recurso directo-, como causa de invalidez de las disposiciones generales, un **defecto o vicio en el procedimiento** de elaboración que no perjudique el concreto interés de la parte que lo invoca, salvo que constituya una causa de nulidad contemplada en LPAC art.47.1 (TS 16-2-00, EDJ 1014). Sin embargo, es dudoso que esta regla sea aplicable a los planes e instrumentos de ordenación, dada la implicación plena del interés general en el campo urbanístico y la legitimación pública existente al respecto.

10884 **10.** Los reglamentos están sujetos a la denominada «**cuestión de ilegalidad**» (nº 13270); no así los actos administrativos. Esta cuestión consiste en un trasunto de la cuestión de inconstitucionalidad (LOTC art.35 a 37). Cuando un juez de lo contencioso-administrativo, o un tribunal de dicho orden, dicte en un **recurso indirecto** una sentencia estimatoria, por considerar ilegal la disposición aplicada, ha de plantear necesariamente (por medio de auto) cuestión de ilegalidad en el plazo de 5 días hábiles desde la firmeza de la sentencia ante el tribunal competente para conocer del recurso directo contra el instrumento o disposición.

En todo caso, la sentencia que resuelva el procedimiento especial de cuestión de ilegalidad no afecta a la **situación jurídica concreta** del recurso inicial.

En caso de que el **órgano competente** para conocer de un recurso indirecto lo fuera también para conocer del recurso directo, la misma sentencia ha de declarar la invalidez del precepto o preceptos de la disposición o instrumento.

Por su parte, cuando la Sala Tercera del **Tribunal Supremo** conozca en cualquier grado de un recurso indirecto contra un acto de aplicación de un reglamento, ha de declarar nulo el precepto o preceptos de este contrarios a la Ley, sin necesidad de plantear cuestión de ilegalidad (LJCA art.27.3).

11. Los reglamentos han de ser inaplicados por cualquier juez o tribunal de cualquier orden jurisdiccional en caso de que resulten **contrarios a la Constitución o a la Ley** (LOPJ art.6; TS 23-7-96; TSJ La Rioja 10-4-00, EDJ 15742).

12. Estas disposiciones están sujetas a la regla «**iura novit curia**». En consecuencia:
- deben ser objeto de **aplicación de oficio**, en defecto incluso de invocación por las partes en un proceso jurisdiccional;
- el órgano judicial puede apartarse de lo argumentado por las partes en relación a una disposición general, con base en la **libertad dialéctica** en el planteamiento de la tesis (TS 14-6-77; 28-4-88);
- quedan, a su vez, **excluidos de prueba**, conforme al principio de que solo son objeto de la misma los hechos y no el Derecho; solo las disposiciones generales de Derecho extranjero tienen que ser probadas ante los tribunales españoles, siempre que se suscite la cuestión en un proceso civil.

Precisiones El principio *iura novit curia* no rige en **casación**, pues no es misión del órgano judicial en el seno de este recurso extraordinario, la investigación y búsqueda de la disposición aplicable, sino el juicio casacional sobre la resolución recurrida (TS 28-1-95, EDJ 50; 29-11-97, EDJ 9823; 21-3-00, EDJ 3037).

13. Dada la naturaleza normativa del reglamento, en caso de impugnación jurisdiccional y **solicitud de suspensión**, no es probable que se obtenga en pieza separada o incidente cautelar una resolución judicial de suspensión cautelar de la efectividad del reglamento recurrido. En cualquier caso, la inaplicación del precepto o preceptos solo puede solicitarse en el escrito de interposición del recurso o su demanda (LJCA art.129.2). **10888** MPCA nº 210

14. La ausencia de una disposición general sobre materia determinada, no puede ser objeto de un recurso contra la **inactividad de la Administración** (LJCA art.29), salvo en dos supuestos: en caso de que la inactividad reglamentaria genere una situación ilícita y en caso de que lo ilícito se concrete en incumplir un mandato legal que impone la elaboración y aprobación de una disposición reglamentaria (TS 8-3-22, EDJ 521545).
Puede considerarse que concurre el primer supuesto, entre otros, cuando de una disposición de carácter general que no exija actos ulteriores de aplicación o de un acto, convenio o contrato administrativos, se derive directamente una obligación para la Administración de realizar una prestación o actividad material en favor de una o varias personas concretas, lo cual es ajeno al genérico deber de aprobación de los reglamentos.

15. La **formulación y términos** del reglamento son privativos del órgano administrativo competente, sin que una sentencia estimatoria de un recurso deducido contra el reglamento pueda imponer el contenido concreto y redacción futuras del precepto o preceptos anulados (LJCA art.71.2).

16. La no impugnación directa de las disposiciones administrativas por un interesado no debe vedar la **impugnación indirecta** por medio de los actos de aplicación, fundada en ser aquellas contrarias a Derecho (LJCA art.26.2).

17. Tiene particular importancia en el tratamiento procesal de los reglamentos, el principio de **unidad de doctrina**. En efecto, en los recursos jurisdiccionales de impugnación de aquellos, es relativamente frecuente la aplicación del citado principio, dada la proliferación de pleitos, sustancialmente iguales, contra el mismo reglamento.

18. La sentencia estimatoria dictada en un recurso contra un reglamento produce efectos para todas las personas afectadas. Una vez firme, tiene **efectos generales** desde el día en que se publique el fallo y los preceptos o apartados anulados, en el mismo periódico oficial en que se publicó la disposición anulada (LJCA art.72). **10892**
La **anulación** del reglamento tiene como consecuencia la terminación de otros procesos semejantes o iguales, por haberse producido satisfacción de la pretensión y por desaparecer el presupuesto procesal que implica la disposición recurrida (TS 15-9-89, EDJ 8023; 24-7-91, EDJ 8277; 12-11-91, EDJ 10709; 17-12-91, EDJ 11990; 1-6-92, EDJ 5614; 23-2-93, EDJ 1720).
Esto supone la generalidad de efectos de las sentencias estimatorias de recursos contra disposiciones generales.
Sin embargo, este efecto expansivo no se extiende al reconocimiento de **situaciones jurídicas individualizadas** de quienes no fueron parte en el proceso (TS 4-3-95, EDJ 3013; 29-2-96, EDJ 1377). En tales casos, la Administración debe adoptar las medidas adecuadas para dar lugar a la efectiva extensión del efecto de la sentencia (TS 4-12-81, EDJ 6671).

19. Es posible la **aplicación analógica** de las disposiciones generales. Procede la analogía en la aplicación de las normas cuando estas no contemplen un supuesto determinado, pero regulen otro semejante entre los que se aprecie identidad de razón (CC art.4.1). Se excluye la analogía en las **normas excepcionales, temporales y penales**. Tampoco procede para instrumentos de **planeamiento urbanístico o territorial**. En estos casos, la exclusión de la analogía no se debe tanto a que los instrumentos de ordenación sean normas excepcionales, cuanto a que su ligazón fundamental a un espacio físico o geográfico impide su extensión a otro, por falta de identidad de razón.

20. Las normas reglamentarias (como los actos) son susceptibles de **recurso de amparo** ante el Tribunal Constitucional, previo agotamiento de la vía judicial ordinaria, siempre que lesionen el contenido esencial de los derechos reconocidos en Const art.14 a 29 (Const art.161; LOTC art.41 a 47).
Quedan, sin embargo, fuera del enjuiciamiento constitucional en **procesos de inconstitucionalidad**, salvo el recurso planteado por el Gobierno contra disposiciones adoptadas por los órganos de las comunidades autónomas -Const art.161.2- (CEst Dict 42376/1979).
Tanto los actos administrativos como los reglamentos pueden ser impugnados en **conflicto constitucional de competencias**.

10894 MPCA nº 222, 224 **Supuestos concretos de reglamento** En aplicación de los criterios expuestos, la jurisprudencia ha considerado que son disposiciones reglamentarias las siguientes:
• Los **instrumentos de planeamiento**, que participan de la naturaleza propia de las disposiciones de carácter general (TS 17-11-87), incluyendo entre los mismos a los planes generales de ordenación urbana (TS 17-10-88) e, incluso, a los estudios de detalle, en cuanto no excedan de su contenido (TS 27-7-96).
• Las **ordenanzas locales** que, siendo la fuente específica expresiva de la **autonomía local** (Const art.137), en general se equiparan a disposiciones reglamentarias en cuanto a su ubicación en el sistema de fuentes (TS 27-3-85). Son **reglamentos de desarrollo** de la Ley, sometidos al principio de ordinamentalidad respecto de la misma (TS 22-7-92, EDJ 8240), con naturaleza eminentemente normativa (TS 5-6-98, EDJ 8091). Tradicionalmente se ha afirmado su **carácter subsidiario** con respecto a la legislación -estatal o autonómica, general o sectorial-, en cuanto a la propia competencia normativa y al ámbito de actuación de la misma, así como por la necesidad de **habilitación** superior -expresa o implícita, genérica o específica-.
• Los reglamentos de **organización y funcionamiento interno** aprobados con carácter particular por los distintos entes locales, debido a su vocación normativa y permanentemente reguladora (TS 24-2-99, EDJ 1198).
• Las **plantillas de personal** de las corporaciones locales, al tener vocación de permanecer incorporadas al régimen jurídico y organizativo del ente local.

Precisiones **1)** Supuesto interesante es el de las **relaciones de puestos de trabajo**, instrumentos básicos a través de los que las Administraciones públicas ordenan el personal, de acuerdo con las necesidades de los servicios y expresión de los requisitos exigidos para su desempeño (TS 30-3-93, EDJ 3182; 8-5-98, EDJ 7400). Si bien tradicionalmente han sido consideradas actos plúrimos (TS 16-10-87, EDJ 7413; 12-7-88, EDJ 16831; TSJ País Vasco auto 7-11-07, EDJ 266692), también se han considerado muy próximas a las disposiciones generales, con contenido normativo (TS 3-5-01, EDJ 9303; 9-10-01, EDJ 34053). No obstante, últimamente se las considera **actos administrativos**, tanto en lo sustantivo como en el tratamiento procesal, destacando la falta de la nota de generalidad y demás caracteres propios de las disposiciones reglamentarias (TS 4-7-12, EDJ 154947; 10-7-13, EDJ 154308; 5-2-14, EDJ 31816).
2) Reciben tratamiento procesal de disposiciones generales -a pesar de poderse considerar de contenido materialmente legislativo- las **normas forales** de las juntas generales y los **decretos forales normativos** de las diputaciones forales de los territorios históricos del País Vasco, impugnándose ante el TSJ País Vasco, Sala de lo Contencioso-Administrativo. No plantean problema los decretos forales de aquellas diputaciones, claramente reglamentarios. Como los decretos forales de Navarra, equivalentes a los decretos de otras comunidades.
3) Los **bandos municipales** no son, en sentido estricto, disposiciones generales ni normas reglamentarias (TSJ Navarra 13-6-94, EDJ 14310). Tienen en común con las ordenanzas que son exponentes de la potestad normativa de los órganos de la Administración local y medios a través de los cuales las corporaciones locales pueden intervenir la actividad de los ciudadanos. No obstante, ofrecen evidentes diferencias en cuanto al procedimiento de su elaboración y posterior aprobación así como en lo que respecta a su alcance normativo (TSJ Madrid 25-2-99, EDJ 81015). En cualquier caso, su impugnabilidad depende del concreto contenido de los mismos.

10896 MPCA nº 218, 220 Por el contrario, **no se consideran reglamentos**:
a. Las disposiciones que, pese a tener nominativamente tal consideración (órdenes ministeriales, decretos, etc.), materialmente **carecen de los requisitos** del reglamento. No debe estarse a la forma de la norma sino a su contenido (TS 25-2-80; 22-3-81; 16-12-81).
b. Las **circulares e instrucciones de servicio** que se dictan en el ámbito propio de la organización administrativa, con base en el principio de jerarquía administrativa y con un contenido y finalidad específicos (LRJSP art.6), pues se trata de actos y directrices no incluibles en el ejercicio de la potestad reglamentaria (TS 10-2-97, EDJ 777). No son reglamentos ni obligan a terceros, salvo que se trate de sujetos sometidos a **relaciones de sujeción especial** (TSJ Baleares 26-6-01, EDJ 98839), por lo que, en cuanto tienen una incidencia meramente interna, es preciso como regla un previo acto singular que las aplique para poder ser objeto de revisión jurisdiccional (TS 26-1-21, EDJ 502739).

Distintas de tales circulares son las procedentes del **Banco de España** y de otros órganos u **organismos de Administración económica** (p.e. CNMV), cuya fuerza reglamentaria y normativa es clara (TS 17-12-97, EDJ 10741; 16-11-99, EDJ 39982; TSJ Navarra 18-7-02).

c. Los **reglamentos de las cámaras** (Cortes Generales, Congreso, Senado) y de los parlamentos autonómicos. Constituyen una fuente especial de Derecho parlamentario equiparable, aunque distinta de ella, a la Ley (Const art.161; LOTC art.27).

d. Los **reglamentos comunitarios** (de la Unión Europea).

e. Los **proyectos o planes de obras** o los **proyectos de urbanización**, que carecen de contenido normativo (TS 27-3-98, EDJ 2135). Ver nº 3035 s. Memento Urbanismo 2026.

f. Las normas aprobadas por las corporaciones de base privada que constituyen la **Administración corporativa**, en ejercicio de la potestad autonormativa (TSJ País Vasco 9-6-97; TSJ La Rioja 17-11-00, EDJ 34580).

g. La resolución dictada por una Administración pública para el efectivo **cumplimiento de una resolución judicial**, al ser expresión de una actividad de cumplimiento de lo decidido judicialmente, pero no de una potestad reglamentaria (TS 16-9-93, EDJ 7944).

h. Los **planes de objetivos**, **programas** y **directrices gubernamentales**, que son meros instrumentos o enunciaciones de bases y medios para lograr determinados fines y políticas públicas (TSJ País Vasco 6-10-08, EDJ 229641).

i. La convocatoria de un **concurso de méritos**, que no deja de ser un acto administrativo dirigido a una pluralidad de destinatarios (TS 25-5-85), ni las **bases de las convocatorias** de procesos selectivos de concurrencia competitiva (JCA Logroño núm 1, 18-2-11, PA 5/10).

j. Los reales decretos de declaración y prórroga de **estado de alarma**, pues tienen contenido material de ley (TCo 83/2016).

3. Decretos legislativos que exceden los límites de la delegación

(LJCA art.1.1)

Los decretos legislativos son aquellas normas con rango de ley que dicta el Gobierno, en función de la delegación específica que hacen en su favor las Cortes Generales, pudiendo dar lugar a un **texto articulado** -en ese caso la delegación ha de hacerse por una ley de bases- o a un **texto refundido** -la delegación solo precisaría una ley ordinaria- (Const art.82 a 85). **10910** MPCA nº 242, 5040 s.

El **control** de estas disposiciones normativas con rango de ley, aparte de ciertas fórmulas de control político, se lleva a cabo normalmente por el Tribunal Constitucional (Const art.82.6 y 161.1.a). Sin embargo, el orden jurisdiccional contencioso-administrativo es competente en aquella parte en la que el decreto legislativo exceda o **sobrepase los límites** de la delegación conferida.

La competencia de la jurisdicción contencioso-administrativa está encaminada a comprobar si el **uso de la habilitación** se ciñe a la delegación concedida, entendiendo que el exceso que pueda producirse no tiene la consideración de norma con rango legal y, por tanto, puede ser fiscalizada por dicha jurisdicción (TCo 51/1982; 47/1984; TS 3-11-93, EDJ 9815).

Precisiones **1)** La norma delegada tiene la naturaleza de ley en aquello en que no se sobrepase la delegación, ya que si se supera estamos ante un simple **reglamento** que, como tal, está sometido al control de la jurisdicción contencioso-administrativa (TS 3-2-97, EDJ 220).

2) Del control contencioso-administrativo quedan excluidos los **decretos leyes**, de igual rango formal que las leyes (TS 28-1-85; 4-1-88; 2-7-92, EDJ 7256; TCo 29/1982; 6/1983).

3) Las **comunidades autónomas** pueden aprobar decretos legislativos. En relación con los **decretos-leyes**, si bien se sostuvo tradicionalmente su carácter privativo del Estado (Const art.86), algunas comunidades han asumido en sus estatutos de autonomía reformados esta posibilidad (p.e. LO 6/2006 art.64 -Cataluña-; LO 1/2011 art.33 -Extremadura-). Ello es lógico, pues dado que las comunidades autónomas asumen competencias en determinados ámbitos materiales, la circunstancia de extraordinaria y urgente necesidad que habilita el empleo de esta figura puede concurrir tanto en el ámbito competencial estatal como en el autonómico.

4) Los **decretos forales normativos** de las diputaciones vascas responden al esquema y función de los decretos legislativos, aprobándose previa delegación normativa de las correspondientes juntas generales. Si embargo, su control en sede contencioso-administrativa es integral, salvo, en el régimen derivado de la LO 1/2010, los decretos forales normativos de naturaleza fiscal, respecto de los que hay que entender que se someten al contencioso-administrativo cuando incurran en exceso de delegación (nº 16700).

5) No puede excluirse del recurso contencioso un decreto legislativo por motivo de su **rango formal**, ya que a través del mismo lo que se fiscaliza es si aquel es concorde con su contenido o, en otros términos, su adecuación a la delegación recibida (TS 15-7-08, EDJ 128098).

4. Actos y disposiciones de ciertos órganos constitucionales

(LJCA art.1.3; LOPJ art.24, 58.1 y 74.1.c)

10920 MPCA nº 260 Están sometidos al control de la jurisdicción contencioso-administrativa los actos y disposiciones en materia de **personal, administración y gestión patrimonial**, sujetos al Derecho público, dictados por ciertos órganos constitucionales: el Congreso de los Diputados, el Senado, el Tribunal Constitucional, el Tribunal de Cuentas, el Defensor del Pueblo, las asambleas legislativas de las comunidades autónomas y las instituciones autonómicas análogas al Tribunal de Cuentas y al Defensor del Pueblo.

En este sentido se establece que:

• El orden contencioso-administrativo debe conocer de las pretensiones que se deduzcan en relación con **actos de los poderes públicos** españoles, de acuerdo con lo que dispongan las leyes.

• Se atribuye a la Sala Tercera del Tribunal Supremo el conocimiento de los recursos contra los actos y disposiciones de los órganos competentes del **Congreso** de los Diputados y del **Senado**, del **Tribunal Constitucional**, del **Tribunal de Cuentas** y del **Defensor del Pueblo**, en los términos y materias que la Ley establezca.

• Corresponde a las Salas de lo Contencioso-Administrativo de los Tribunales Superiores de Justicia el conocimiento de los recursos contra los actos y disposiciones de los órganos de gobierno de las **asambleas legislativas** de las comunidades autónomas y de las instituciones autonómicas análogas al Tribunal de Cuentas y al Defensor del Pueblo, en materia de personal, administración y gestión patrimonial.

Por último, aun cuando no se establece legalmente, es conveniente hacer referencia a la posibilidad de recurrir actos administrativos dictados por la **Casa del Rey** en materia de personal, tal como reconoce la jurisprudencia constitucional (TCo 112/1984).

10922 MPCA nº 262 **Congreso de los Diputados y Senado** (Const art.72.3; Estatuto 27-3-06 art.75) Dentro de la variedad de actuaciones que pueden realizar los órganos del Congreso y del Senado, la jurisprudencia distingue (TS 21-1-86, EDJ 748):

- los actos que **afectan a terceros**, susceptibles de recurso contencioso-administrativo; y
- otros **actos parlamentarios internos**, que, en principio, no son susceptibles de ser recurridos.

Los **presidentes** de las cámaras ejercen, en nombre de las mismas, todos los poderes administrativos y facultades de policía en el interior de sus respectivas sedes, pudiendo ser revisados, al menos los de carácter administrativo, por la jurisdicción contenciosa.

Asimismo, contra los acuerdos de las mesas que resuelvan **reclamaciones en materia de personal** cabe recurso contencioso-administrativo, de conformidad con la normativa reguladora de dicha jurisdicción.

Además, también las cuestiones de **administración y gestión patrimonial** sujetas a Derecho público, ya sean actos administrativos o disposiciones reglamentarias, deben ser conocidas por la jurisdicción contencioso-administrativa.

Estos criterios son perfectamente trasladables a las **asambleas legislativas de las comunidades autónomas**.

10925 **Tribunal Constitucional** (LOTC art.99.3) Las resoluciones del secretario general en **materia de personal** son recurribles en alzada ante el presidente del Tribunal, cuya decisión agota la vía administrativa. Esta decisión es susceptible de ulterior recurso contencioso-administrativo.

10927 MPCA nº 266 **Tribunal de Cuentas e instituciones análogas** (L 7/1988 disp.adic.1ª) Los actos y disposiciones de los órganos del Tribunal de Cuentas dictados en el ejercicio de sus **funciones gubernativas** o en **materia de personal** son impugnables en alzada ante el pleno. Las resoluciones de este en las mismas materias son impugnables en vía contencioso-administrativa ante la correspondiente sala del Tribunal Supremo (TS 11-7-07, EDJ 127561).

Respecto a las instituciones análogas al Tribunal de Cuentas en las **comunidades autónomas** (con distintas denominaciones: cámara de cuentas, sindicatura de cuentas, consejo de cuentas...), algunas de sus leyes reguladoras prevén expresamente el control contencioso-administrativo de sus actos y resoluciones materialmente administrativos; otras no. No obstante, debe entenderse que, por aplicación de la Constitución y de lo dispuesto en la LJCA, la sujeción de estas instituciones al control jurisdiccional se produce en todo caso.

Puede encontrarse una **relación de estas instituciones** en el nº 9633 Memento Procesal Contencioso-Administrativo 2026.

Defensor del Pueblo e instituciones análogas (LO 3/1981 art.34 a 36; Rgto 6-4-83 art.8) También puede llevar a cabo actos susceptibles de recurso contencioso-administrativo como son los dictados en **materia de personal**. 10929 MPCA nº 268

Con respecto a las instituciones análogas al Defensor del Pueblo que existen en algunas **comunidades autónomas**, se da igual circunstancia, a efectos de **fiscalización** contencioso-administrativa, que la expuesta en relación con los órganos autonómicos de control contable (nº 10927).

Puede encontrarse una **relación de estas instituciones** en el nº 268 Memento Procesal Contencioso-Administrativo 2026.

5. Actos del Consejo General del Poder Judicial y de los órganos de gobierno de tribunales

(LJCA art.1.3.b)

Los juzgados y tribunales del orden contencioso-administrativo deben conocer de las pretensiones que se deduzcan en relación con los actos y disposiciones del Consejo General del Poder Judicial (CGPJ) y de la actividad administrativa de los órganos de gobierno de juzgados y tribunales. En consecuencia ha de tenerse presente que podemos encontrarnos ante dos tipos de **supuestos**: 10940 MPCA nº 280

- los referidos al propio Consejo General del Poder Judicial, que son los más frecuentes y numerosos;
- los relativos a la actividad administrativa de jueces y tribunales.

Los órganos judiciales, salas de gobierno o presidentes de órganos jurisdiccionales colegiados pueden realizar **funciones puramente administrativas** (LOPJ art.244). En estos casos, aunque el acto no proceda formalmente de una Administración, ha de admitirse el recurso contencioso-administrativo, en la medida en que el órgano actuante no ejerce la potestad jurisdiccional sino una actividad materialmente administrativa o gubernativa (TS 3-5-93, EDJ 4119; auto 20-5-91, EDJ 5290).

Precisiones Sobre la impugnación en sede contencioso-administrativa de las resoluciones de las **juntas de expurgo**, ver nº 288 Memento Procesal Contencioso-Administrativo 2026.

Consejo General del Poder Judicial (LOPJ art.58.1, 558 s., 599.11 y 638) EL CGPJ tiene **competencia** para dictar reglamentos sobre su personal -en el marco de la legislación sobre función pública-, su organización y funcionamiento, órganos de gobierno de juzgados y tribunales, así como sobre diversos aspectos de la actuación de estos (LOPJ art.560.1.16ª). Estos reglamentos deben ser aprobados por el pleno del Consejo (sin que se exija mayoría cualificada). 10942

Los **acuerdos** del Consejo General del Poder Judicial adoptan forma de disposición general en caso de nombramientos de presidentes y magistrados (revisten forma de real decreto), así como de jueces (con forma de orden).

Con relación a los **actos administrativos** y dentro de los diversos órganos que conforman el CGPJ (presidencia, vicepresidencia, pleno y las diferentes comisiones), el **pleno** tiene atribuidas exclusivamente las funciones enumeradas en LOPJ art.599. A los efectos que aquí importan, principalmente, la resolución de los recursos de alzada interpuestos contra los acuerdos sancionadores de la comisión disciplinaria. Los actos de trámite que determinen la imposibilidad de continuar un procedimiento o produzcan indefensión son impugnables en alzada ante la comisión permanente.

Los **acuerdos del pleno y de la comisión permanente** agotan la vía administrativa y son recurribles ante la Sala Tercera del Tribunal Supremo. El conocimiento de estos asuntos corresponde a una sección integrada por el presidente de la sala y por los demás presidentes de sección de la misma. La legitimación para impugnar los acuerdos de la comisión disciplinaria corresponde al juez o magistrado expedientado y al Ministerio Fiscal.

Por otra parte, en el seno del procedimiento de designación de vocales correspondientes al turno judicial del CGPJ (LOPJ art.572 s.), los acuerdos de la junta electoral sobre **proclamación de candidaturas** son impugnables en sede contencioso-administrativa en el plazo de 2 días ante la sala citada del Tribunal Supremo, con resolución mediante sentencia en el plazo de 3 días.

En el mismo acto de interposición se deben presentar las **alegaciones** que se estimen pertinentes, acompañadas de los elementos de prueba oportunos (LOPJ art.577).

Precisiones **1)** La **indemnización de los daños y perjuicios** causados por el Consejo General del Poder Judicial queda sometida al régimen de la responsabilidad patrimonial de las Administraciones públicas. La reclamación de responsabilidad patrimonial se ha de presentar ante el Consejo de Ministros, al que corresponde resolver (LOPJ art.640).

2) El régimen expuesto tiene **vigencia** desde la constitución del primer Consejo General del Poder Judicial conforme al sistema de la LO 4/2013 (LO 4/2013 disp.derog. y disp.final 3ª).

10944 **Órganos de gobierno de jueces y tribunales** (LOPJ art.152, 158.2, 414 a 427) Para que sean susceptibles de recurso contencioso-administrativo es preciso que no quepa interponer recurso administrativo alguno contra los mismos, debiendo tener presente que, normalmente, las resoluciones de los órganos de gobierno de juzgados y tribunales son **recurribles en alzada** ante la comisión permanente del CGPJ (LOPJ art.599, 602, 604.3 y 638), cuya resolución sí puede ser recurrida ante la jurisdicción contencioso-administrativa.

Las resoluciones de la citada comisión permanente no dictadas en alzada son **impugnables ante el pleno**, cuya resolución agota la vía administrativa.

Un supuesto en el que, sin embargo, se ha permitido acudir directamente a la vía jurisdiccional es el referido al **régimen disciplinario** de jueces y magistrados, en ciertos casos. Así, se ha permitido al sancionado interponer directamente recurso contencioso-administrativo contra la sanción de advertencia que puede ser dictada por los presidentes del Tribunal Supremo, la Audiencia Nacional y los Tribunales Superiores de Justicia.

Con carácter general, para el **resto de sanciones** -o para todas ellas, si se entiende superada actualmente la anterior excepción, cuya subsistencia es discutible-, se permite al interesado y al Ministerio Fiscal acceder a la vía jurisdiccional, previo agotamiento de la vía administrativa ante la comisión disciplinaria del CGPJ, en el caso de sanciones de los órganos de gobierno de juzgados y tribunales, o ante el pleno, si se trata de resoluciones sancionadoras de la citada comisión o directamente en caso de sanciones de separación del servicio impuestas por el pleno.

Por su parte, se considera que el **denunciante** solo puede interponer recurso contencioso-administrativo de acuerdo con las normas generales de legitimación, pero no recurso administrativo (TS 2-7-99, EDJ 21567).

Precisiones Frente a la decisión del promotor de la acción disciplinaria de **no iniciar expediente disciplinario** o de archivar uno ya iniciado se puede interponer recurso ante la comisión permanente del Consejo General del Poder Judicial, agotando su resolución la vía administrativa (LOPJ art.605 s.).

10945 **Sanciones contra abogados y procuradores** (LOPJ art.546.3, 552 a 557) Más problemáticas resul-
MPCA tan las sanciones que pueden imponerse a abogados y procuradores, pues la jurisprudencia
nº 286 las ha considerado en unas ocasiones como un **acto administrativo** sancionador, mientras que en otras ha proclamado su **carácter jurisdiccional**.

Este último parece ser el criterio que ha prevalecido, al entender que existen otras funciones gubernativas jurisdiccionales que, aunque puedan parecer gubernativas, se encuentran en directa **conexión con la función jurisdiccional** y como tales deben ser consideradas, por lo que no pueden ser revisadas por la jurisdicción contencioso-administrativa (TS auto 20-9-94, EDJ 7309; TS 19-7-96, EDJ 4904; TSJ Cataluña 5-3-92).

La inadmisibilidad de los recursos contencioso-administrativos interpuestos contra este tipo de resoluciones no afecta a la **tutela judicial efectiva**, al no estar ante verdaderos actos administrativos (TCo 205/1993).

6. Actuación de la Administración electoral

(LJCA art.1.3.c; LO 5/1985)

10950 Los órganos judiciales contencioso-administrativos deben conocer de las pretensiones que se
MPCA deduzcan en relación con la actuación de la Administración electoral, en los términos previs-
nº 307, tos en la Ley orgánica del régimen electoral general (LO 5/1985).
310 La electoral es una Administración activa especializada (TCo 27/1996), que tiene por finalidad garantizar la transparencia y objetividad de los **procesos electorales políticos** y del principio de igualdad. Tiene peculiar naturaleza y carácter *ad hoc* (TCo 194/1988; 80/2002; 83/2003; 26/2004).

En el ejercicio de su función, produce verdaderos **actos administrativos**, sometidos a un tratamiento procesal especial, por razón de la materia a la que afectan (nº 1100 s. Memento Administrativo 2026). Son, por tanto, **ejecutivos** y gozan del régimen propio de aquellos, en relación al principio de conservación (TS auto 2-3-00, EDJ 113338; TS 2-3-00, EDJ 119984; 10-3-00, EDJ 113341; TCo 169/1987; TSJ Málaga 14-7-99, EDJ 44658).

Esta Administración especial está integrada por los siguientes **órganos**:

- la junta electoral central, con sede en Madrid;
- juntas provinciales, con sede en las capitales de provincia;
- juntas de zona, con sede en las cabezas de partido judicial o, en su caso, de comunidad autónoma (LOPJ art.30 s.); y
- las mesas electorales.

Las juntas de zona de **Ceuta y Melilla** acumulan en sus respectivos distritos las funciones correspondientes a las juntas electorales provinciales.
El recurso contencioso electoral, así como otros **procesos electorales** constituyen procesos especiales dentro del proceso contencioso-administrativo. Su estudio se realiza en los nº 13340 s.

Precisiones 1) Quedan fuera de la Administración electoral, en sentido estricto, los órganos constituidos en corporaciones o entidades integrantes de la Administración corporativa para la celebración de **procesos electorales internos** (órganos intervinientes en elecciones corporativas, federativas u orgánicas, como en el ámbito de colegios profesionales, o en el caso de las comisiones electorales de consejos reguladores de denominaciones de origen). Y ello sin perjuicio de que a tales elecciones se apliquen los principios generales del Derecho electoral y de que, en algunos aspectos, dichos órganos puedan regirse por los principios aplicables a la Administración electoral.
2) La **Administración electoral** se estudia en detalle en los nº 680 s. Memento Administrativo 2026.

7. Actos políticos del Gobierno

(LJCA art.2.a)

El orden jurisdiccional contencioso-administrativo debe conocer de las cuestiones que se susciten en relación con la protección jurisdiccional de los **derechos fundamentales**, los **elementos reglados** y la determinación de las **indemnizaciones** que sean procedentes, en relación con los actos del Gobierno o de los consejos de gobierno de las comunidades autónomas, cualquiera que sea la naturaleza de dichos actos. 10970 MPCA nº 350 s.
Con tal mención, la Ley se refiere a los **actos políticos**, partiendo del principio de sometimiento pleno de los poderes públicos al ordenamiento jurídico, lo cual es incompatible con el reconocimiento de cualquier categoría genérica de actos de autoridad (llámense actos políticos, de gobierno, o de dirección política excluida del control jurisdiccional). Para su satisfacción se establecen tres aspectos sobre los que siempre es posible el control jurisdiccional: los recién aludidos derechos fundamentales, componentes reglados e indemnizaciones (LJCA Exp.Motivos).

Desde la promulgación de la Constitución quedan nítidamente diferenciadas las figuras del Gobierno y de la Administración. El **Gobierno** dirige la política interior y exterior y la Administración civil y militar del Estado, además de ejercer la función ejecutiva y la potestad reglamentaria, mientras que la **Administración** queda subordinada al Gobierno, sirviendo con objetividad los intereses generales (Const art.97 y 103.1). 10972 MPCA nº 370
Sin embargo, ello no significa que el Gobierno no desarrolle funciones y dicte **actos puramente administrativos**, ya que esas son las actuaciones típicas de la función ejecutiva y de la potestad reglamentaria, susceptibles por tanto de ser controlados en la jurisdicción contencioso-administrativa (L 50/1997 art.29.3).
Parece claro, por otro lado, que no entrarían dentro de estas funciones administrativas las referentes a la **política interior y exterior**, en las que el Gobierno adopta decisiones sustentadas por razones de oportunidad política, no susceptibles de ser revisadas por órgano jurisdiccional alguno, sin perjuicio de la sumisión al control político de las Cortes Generales. Esta dualidad de funciones presenta muchas **dificultades de aplicación práctica**, de tal modo que en ocasiones resulta realmente complejo discernir si estamos o no ante un acto político.
En general, se entiende por actos políticos, aquellas actuaciones concretas emanadas de órganos de dirección política en los que no se manifiesta tanto una potestad administrativa dentro del giro de la Administración, cuanto una **decisión de carácter político** dentro de una actividad igualmente política. Esta se caracteriza por su dimensión autónoma que representa la función suprema del Estado o comunidad autónoma, basada en el principio de la legitimación democrática.

Precisiones Para la determinación de lo que constituyen actos políticos es muy ilustrativa la jurisprudencia del Tribunal Supremo anterior a la entrada en vigor de la LJCA, que ya reconoció la existencia de actuaciones políticas del Gobierno **sometidas a control jurisdiccional**, así como la existencia de normas constitucionales de ineludible acatamiento, que favorecen una **interpretación restrictiva** del concepto de acto político (TS 28-6-94, EDJ 14450; 4-4-97, EDJ 1228).

Caracteres principales Los actos políticos presentan los siguientes **rasgos**: 10974
a) Emanan de órganos políticos superiores o, al menos, de **órganos superiores** de naturaleza bifronte en su función política (TS 24-7-91, EDJ 8270): el Gobierno, el Consejo de Ministros. No lo son, en principio, los de los titulares de los departamentos ministeriales (AN 27-4-82; 10-5-83).

Es preciso que la procedencia del acto sea del **Gobierno como órgano colegiado**, no de sus miembros a título individual, salvo en el caso del jefe del ejecutivo (TS 24-9-84, en relación con la convocatoria de elecciones generales) o en el supuesto de ejercicio de actuaciones delegadas por el Gobierno (TS 3-3-86, EDJ 1669; 4-4-97, EDJ 1228). También, respecto de actuaciones de las comisiones delegadas del Gobierno (L 50/1997 art.1.3, 5.1 y 6.4).
Por otra parte, no cabe confundir los órganos políticos con los **órganos administrativos** cuyo titular se designa con arreglo a criterios políticos.
En todo caso, no todos los actos del Gobierno son actos políticos (TS 3-1-79, EDJ 5006), sino que, en su **dimensión administrativa**, también puede producir actos administrativos.
b) Se debe emplear un **criterio restrictivo** para determinar la naturaleza política del acto. En sentido estricto, solo son actos políticos los relativos a relaciones entre órganos constitucionales o poderes del Estado y relaciones internacionales (TCo 45/1990; 196/1990; 204/1992). Se configuran como una cláusula de cierre informativa de todas aquellas actuaciones que encierran en sí mismas una prerrogativa o privilegio, lo que determina su interpretación restrictiva (TS 9-3-85).
c) El criterio de **calificación del acto** es siempre material. En consecuencia, la declaración normativa de que una especie de acto es político no atribuye necesariamente al mismo tal condición (TS 25-6-86, EDJ 4439; 6-7-87).

10975 **d)** Los órganos superiores ejecutivos de las **comunidades autónomas**, esto es, los gobiernos o consejos de gobierno autonómicos, pueden dictar actos políticos (TCo 196/1990; 220/1991; TS 30-7-87, EDJ 6185; 15-11-88, EDJ 8996; en contra: TS 28-11-80, EDJ 14051; 1-12-92, EDJ 11900). También los **presidentes** de aquellas (TS 3-12-98, EDJ 31410).
e) Las **Administraciones locales**, dada su posición constitucional, siempre subordinada, no pueden producir actos de esta especie (TS 8-2-94, EDJ 1048).
f) Los actos políticos no han de confundirse con los **actos administrativos discrecionales**, en los que se aplica una potestad administrativa, aunque discrecional.
g) En caso de eventual **lesión de derecho fundamental** por aplicación de la doctrina del acto político, debe ceder esta en favor de aquel (TCo 196/1990; TSJ Málaga 16-9-11, EDJ 346122).
h) La **responsabilidad** derivada de los daños producidos por un acto de esta especie, es administrativa y, por tanto, competencia del orden contencioso-administrativo (LJCA art.2.e).
i) Están sometidos a un sistema especial de **fiscalización jurisdiccional**. Los actos políticos no admiten recurso administrativo, son impugnables directamente ante la jurisdicción contencioso-administrativa, aunque, en general, se acepta el carácter infiscalizable de la decisión política que contienen (L 50/1997 art.29.3).

10977 MPCA nº 377 Ha de admitirse recurso judicial contra estos actos, sin perjuicio de distinguir en ellos dos **componentes**:
- por una parte, los elementos reglados, fiscalizables objetivamente, en la medida en que son ajenos a la decisión política y previos a la misma -p.e. el procedimiento- (TS 26-12-59);
- por otra, la decisión libérrima de alcance superior a lo administrativo, no controlable.

El órgano jurisdiccional puede entrar a valorar la **juridicidad del acto** en relación a los elementos reglados del mismo, pero no en cuanto a la decisión misma, en la que el órgano político no puede verse sustituido por el jurisdiccional (TS 22-1-93, EDJ 376; 28-6-94, EDJ 14450; 15-7-97, EDJ 4846).
De este modo, se aplica una técnica semejante a la de los **actos separables** de los contratos privados de la Administración. La determinación del aspecto incontrolable se produce en cada caso concreto.
Por tanto, lo relevante, no es tanto saber si estamos ante un acto político del Gobierno, sino, si este acto es susceptible de ser controlado por haber sido definido por el legislador mediante **conceptos judicialmente asequibles**, esto es, si contiene elementos reglados o afecta a los derechos fundamentales, a los que habría que añadir la determinación de las indemnizaciones que pueda originar la aplicación de los mismos (TS 4-4-97, EDJ 1228; 3-12-98, EDJ 31410; 26-11-99, EDJ 41923).

Precisiones **1)** El contenido libérrimo de una decisión política no convierte en actos de esta clase a las **actuaciones administrativas posteriores** de aplicación de aquella (TS 28-11-80, EDJ 14051).
2) No puede admitirse la figura de los «**reglamentos políticos**» (García de Enterría, García Gómez de Mercado).

10979 MPCA nº 378, 384 **Supuestos concretos** Entre otros, se ha considerado que son actos políticos los siguientes:
- la aprobación de los **presupuestos generales** del Estado (Const art.134);
- la emisión de **deuda pública** (Const art.135);
- la fiscalización extraordinaria de las **comunidades autónomas** (Const art.155);
- el establecimiento o la ruptura de **relaciones diplomáticas**;

- la adopción de acuerdos de **extradición** (TS 26-11-99, EDJ 41923).
- el nombramiento de **altos cargos**, especialmente de órganos constitucionales (TS 28-6-94, EDJ 14450);
- la decisión de negociar y suscribir un **convenio colectivo** por parte de una Administración;
- las decisiones sobre **iniciativa legislativa popular** (TS 13-3-90, EDJ 2822);
- la declaración, por el presidente del Gobierno mediante real decreto, de **situaciones de interés para la seguridad nacional** (L 36/2015 art.23 y 24);
- el acuerdo de enviar a las cámaras un **proyecto de ley** (TS 25-10-90, EDJ 9728);
- la revalorización o devaluación de la **moneda** (TS 29-1-82);
- la denegación de convocatoria de plazas para **función pública** (TS 2-10-87, EDJ 6972);
- la disolución de las **Cortes Generales** y la convocatoria de elecciones (TS 24-9-84; auto 31-5-93, EDJ 5164);
- la fijación de la **sede de los órganos** de una comunidad autónoma (TS 30-7-87, EDJ 6185);
- la decisión de traspasar una competencia del Estado a una **comunidad autónoma**, aunque sea fiscalizable el procedimiento seguido para ello (TS 15-2-24, EDJ 506296).
- la fijación del **salario mínimo interprofesional** (TS 24-7-91, EDJ 8270);
- la denegación, por parte de un gobierno autonómico, de remitir **información a su parlamento** (TS 15-11-88, EDJ 8996);
- los actos de relación entre **órganos y poderes constitucionales** y los de **relaciones internacionales** (TCo 15-3-90);
- la **actualización de rentas** urbanas (TS 6-11-84, EDJ 5653);
- la omisión de **información** a parlamentario (TS 9-6-87, EDJ 4599; 15-11-88, EDJ 8996);
- la petición de revisión de determinado coeficiente a **funcionarios** (TS 13-3-90, EDJ 2822; 24-7-91, EDJ 8278);
- la desestimación por silencio de la remisión de un **proyecto de ley** a las cámaras sobre normativa funcionarial (TS 25-10-90, EDJ 9728);
- la denegación del Gobierno a celebrar **referéndum** sobre incorporación de un municipio a determinada comunidad autónoma (TS 22-1-90).

Precisiones Existe cierto debate en torno al alcance del control jurisdiccional contencioso-administrativo sobre el **indulto**. Esta es una medida de gracia por la que se perdona total o parcialmente la pena impuesta a un reo de delito. Se adopta como acto del Gobierno, en forma de real decreto. **10980**

En principio, debe entenderse que el control jurisdiccional sobre este tipo de actos se encuentra limitado a los **aspectos formales** de su elaboración, esto es, a los aspectos reglados del procedimiento, concretamente, a si se han solicitado los informes preceptivos y no vinculantes que la ley establece, sin extenderse a defectos de motivación ni, por supuesto, a la valoración de los requisitos de carácter sustantivo (TS 7-5-10, EDJ 71329; 23-1-13, EDJ 5026; 20-1-20, EDJ 504504; 12-1-22, EDJ 501550).

En caso de **omisión de informes preceptivos**, como el de conducta del penado, procede la anulación con retroacción de actuaciones, para que se instruya correctamente el procedimiento y se dicte nueva resolución (TS 26-1-22, EDJ 503799; 15-3-23, EDJ 530940).

También se extiende al control del respeto de los **límites materiales** de la gracia ejercida, derivados de la Ley -p.e. no afectación a la responsabilidad civil o a las consecuencias jurídicas de la regulación sectorial administrativa por la imposición de la pena y la generación de antecedentes penales- (TS 20-2-13, EDJ 11507; 21-7-25, EDJ 645948).

Los actos de concesión de indulto pueden revisarse en cuanto al fondo desde la perspectiva del **control de la arbitrariedad**; no los denegatorios de la gracia, pues estos no contradicen o se contraponen al principio de ejecutividad de las sentencias firmes, sin que pueda entenderse existente un derecho subjetivo al indulto, sino a solicitarlo, a que se tramite el procedimiento y sea resuelto sin arbitrariedad (TS 25-5-22, EDJ 586522).

Supuestos excluidos De acuerdo con la jurisprudencia, no son actos de esta clase: **10982**

- los de aplicación de la **potestad sancionadora**, porque en otro caso habría que admitir la categoría de las sanciones políticas, generadoras de indefensión absoluta (TS 20-6-80, EDJ 12803);
- la asignación de un coeficiente multiplicador, a **efectos retributivos**, a determinado cuerpo funcionarial, con alcance limitado al mismo (TS 22-3-84);
- los actos aislados de **expulsión de extranjeros** del territorio nacional (TS 21-4-87, EDJ 3167);
- la decisión del Consejo de Ministros de continuar un expediente de **extradición** (TS 6-7-87, EDJ 5428; 11-1-22, EDJ 501109);
- las decisiones relativas a **destinos militares** (AN 18-10-81);
- la instrucción del jefe del Estado Mayor de la Armada en materia de organización de **sucesión de mandos** (TS auto 19-1-87, EDJ 16028).

8. Contratos administrativos y actos separables

(LJCA art.2.b)

10990 MPCA nº 400, 440 Entran en el ámbito de la **jurisdicción contencioso-administrativa**, tanto los contratos administrativos, como los actos separables de preparación y adjudicación de los demás contratos sujetos a la legislación de contratación de las Administraciones públicas.

El **contrato de la Administración** es aquel negocio jurídico bilateral, en el que una de las partes es una Administración pública -en el sentido de la legislación de contratos públicos-, que se obliga por el mismo a la realización de una prestación (de las previstas en CC art.1089), a cambio de la recepción de otra de valor equivalente o, excepcionalmente, de no recibir ninguna. El contrato es administrativo en caso de responder al giro o tráfico de la Administración contratante.

Por el contrario, recibe la calificación de **contrato privado** de la Administración, cuando la relación jurídica que disciplinen sus declaraciones de voluntad responda a fines diversos a los de dicho giro o tráfico administrativo.

Hay que tener en cuenta que, en lo que refiere a los contratos privados celebrados por las Administraciones públicas, ciertos actos quedan, no obstante, sometidos al Derecho administrativo. Se trata de los denominados **actos separables** (nº 11002).

Precisiones 1) Los contratos administrativos son objeto de un **estudio más detallado** en los nº 6670 s. Memento Administrativo 2026 y en el Memento Contratación Pública.

2) El **recurso especial en materia de contratación** se expone en los nº 8925 s. Memento Administrativo 2026 y nº 500 s. Memento Contratación Pública 2025-2026.

10992 **Contratos administrativos** (LCSP art.25 y 27.1) Han de ser conocidos por el orden jurisdiccional contencioso-administrativo los litigios que se susciten en relación con los contratos administrativos, dentro de los cuales hay que entender comprendidos:

• Los denominados **contratos administrativos típicos** de obra, concesión de obras, concesión de servicios, suministro y servicios, excepto:

- los de servicios financieros (con referencia CPV 66100000-1 a 66720000-3);
- los que tengan por objeto la creación e interpretación artística y literaria, los de espectáculos de esparcimiento, culturales y deportivos (con referencia CPV 79995000-5 a 79995200-7, y de 92000000-1 a 92700000-8, salvo 92230000-2, 92231000-9 y 92232000-6); y
- aquellos cuyo objeto sea la suscripción a revistas, publicaciones periódicas y bases de datos.

Estos contratos tienen carácter privado y cuentan con una regulación específica.

• Los llamados **contratos administrativos especiales**, que son los de objeto distinto de los anteriormente expresados, pero que tengan naturaleza administrativa especial, por resultar vinculados al giro o tráfico específico de la Administración contratante, por satisfacer de forma directa o inmediata una finalidad pública de específica competencia de aquella o por declararlo así una Ley.

Precisiones 1) La **degradación en la forma** o en el procedimiento de contratación, no altera la naturaleza del negocio. Con frecuencia, se producen actuaciones en sede de contratación por parte de las Administraciones públicas, que manifiestan una **«huida» del Derecho administrativo**, producida mediante la elusión del procedimiento o sistema específico de adjudicación, despreciando la subasta o el concurso en favor de la adjudicación directa o mediante la relajación absoluta de las formas contractuales y procedimientos de adjudicación -p.e. en casos de contratación verbal de suministros (TS 17-7-99, EDJ 18389)-.

Sin embargo, esto no supone la pérdida de naturaleza administrativa del contrato y, en consecuencia, el desapoderamiento del orden contencioso-administrativo para conocer de las vicisitudes de tales negocios. Lo contrario supondría, violar los principios de la contratación administrativa, dejando en poder de los intervinientes en el concreto contrato la determinación de la competencia jurisdiccional relativa al negocio, atribuyendo al orden la exclusividad para regular la contratación administrativa degradada.

2) Tradicionalmente se ha sostenido que es competente la jurisdicción contencioso-administrativa en relación con la **calificación** de los contratos como administrativos, en aquellos supuestos en los que la modulación -o incorporación de variantes en la estructura y contenidos genéricos de un contrato- alcanza cierta intensidad (TS 11-5-82, EDJ 2914; 28-10-91, EDJ 10195).

10993 **Otras cuestiones sometidas al orden contencioso** (LCSP art.27.1) También conoce este orden jurisdiccional de las cuestiones litigiosas suscitadas con ocasión de:

• La **impugnación de la modificación contractual** basada en el incumplimiento de lo establecido en LCSP art.204 y 205, por entender procedente una nueva adjudicación, respecto de los **contratos privados** de servicios financieros, espectáculos y suscripciones enumerados en el punto primero anterior que estén sujetos a regulación armonizada.

• La **impugnación de la modificación contractual** de los contratos celebrados por los poderes adjudicadores que **no tengan la consideración de Administración pública** basada en el incumplimiento de lo establecido en LCSP art.204 y 205, por entender procedente una nueva adjudicación.
• La **preparación y adjudicación** de los contratos de entidades del sector público que, sin ser Administraciones públicas, sean poderes adjudicadores (LCSP art.26.3) y de las entidades que no tengan el carácter de poderes adjudicadores.
• Los recursos interpuestos contra las resoluciones que se dicten por los órganos administrativos de resolución de **recursos especiales en materia de contratación** (LCSP art.44), así como de resolución de recursos interpuestos contra actos de preparación y adjudicación en contratos de las entidades del sector público que no tengan el carácter de poderes adjudicadores (LCSP art.321.5).
• La preparación, adjudicación y modificación de los **contratos subvencionados** (LCSP art.23).

Cuestiones excluidas (LCSP art.27.2) Corresponde al **orden jurisdiccional civil** la competencia para resolver: 10994
• Las controversias que se susciten entre las partes en relación con los efectos y extinción de los **contratos privados** de las entidades que tengan la consideración de poderes adjudicadores, sean o no Administraciones públicas, con excepción de las modificaciones contractuales expuestas en el nº 10993.
• Las cuestiones referidas a efectos y extinción de los contratos que celebren las entidades del sector público que **no tengan el carácter de poderes adjudicadores**.
• El conocimiento de las cuestiones litigiosas relativas a la **financiación privada** del contrato de concesión de obra pública o de concesión de servicios, salvo en lo relativo a las actuaciones en ejercicio de las obligaciones y potestades administrativas que se atribuyen a la Administración concedente, en las que es competente el orden contencioso-administrativo.
También, con igual excepción, corresponde al orden civil el conocimiento de las cuestiones litigiosas que se susciten con ocasión de la **constitución o ejecución de la hipoteca** que se constituya, en su caso, sobre la concesión de obra o por razón de la emisión de obligaciones o títulos por el concesionario (con aplicación de LCSP art.247 s.).

Precisiones Es competente el orden civil para conocer de la acción regulada en el Código Civil, conforme a la cual los que ponen trabajo y materiales en una **obra ajustada alzadamente por el contratista**, no tienen acción contra el dueño de la obra sino hasta la cantidad que este adeuda a aquel al tiempo de hacerse la reclamación -CC art.1597- (TS civil 12-12-07, EDJ 243054; 24-1-06, EDJ 2830; 12-5-94, EDJ 4278). En relación con el sector público, esta acción puede ir referida a **contratos administrativos de obras**, respecto de la cantidad adeudada por la Administración contratante al contratista al tiempo de la reclamación del subcontratista contra este.
Sin embargo, se excluye expresamente la **acción directa** entre el subcontratista y la Administración contratante con carácter general, lo que es aplicable a las entidades públicas empresariales estatales y entidades autonómicas equivalentes (LCSP art.215.8; RDL 3/2020 art.107.4, respecto de los sectores excluidos: agua, energía, transportes, servicios postales) y, asimismo, respecto de los contratos de obras, suministros, servicios y colaboración entre los sectores público y privado en el campo de la defensa y de la seguridad (L 24/2011 art.65).
No obstante, se prevé legalmente la posibilidad de cierto **control por la Administración** al contratista respecto del pago de sus obligaciones con el subcontratista, con imposición en su caso de las penalidades correspondientes (LCSP art.217; RDL 3/2020 art.108).
Del mismo modo, la Junta Consultiva de Contratación Administrativa ha considerado que la Administración no puede ejercitar directamente ni establecer en los **pliegos de cláusulas particulares** la posibilidad de ejercitar potestad alguna de disposición sobre la retribución del contratista con objeto de atender o asegurar los pagos de este a los subcontratistas (JCCA Inf 71/2009; 36/2011).

Sistema de impugnación La calificación del contrato determina la **competencia** del orden contencioso-administrativo o civil -salvo los actos separables (nº 11002), sin perjuicio del conocimiento prejudicial de estos ante un proceso civil sobre los efectos y cumplimiento de un contrato privado de la Administración-, siendo privativa del órgano de instancia, no revisable en casación (TS 22-10-86, EDJ 6617; 29-7-95, EDJ 5492; 28-2-97, EDJ 1248). 10995
La configuración del recurso contencioso exige, salvo excepciones (LJCA art.29 y 30) de un **acto administrativo previo** que pueda ser impugnado. Este problema se plantea en cuanto a la fiscalización del contenido y cumplimiento de los contratos administrativos, no respecto de los actos separables.
El problema se resuelve mediante la interposición de un acto administrativo dictado por órgano competente para interpretar el contrato, lo que liga el sistema de impugnación jurisdiccional con la prerrogativa de **interpretación** del contrato y de resolución de las dudas que ofrezca su cumplimiento (LCSP art.190), que se concreta en la producción de un acto administrativo que agota de la vía administrativa, cuyo procedimiento de generación es el simple planteamiento de

la discrepancia o cuestión por parte del contratista ante el órgano de contratación. El acto administrativo de interpretación o de resolución de dudas que ofrezca el cumplimiento del contrato, debe producirse necesariamente por el **órgano de contratación** o aquel en el que, en su caso, delegue o desconcentre la competencia (JCCA Inf 48/1997).

10999 **Administración contratante** (LCSP art.3) Para determinar la sujeción al control contencioso-administrativo, junto con el criterio objetivo expuesto (nº 10992), ha de concurrir, en general, un **criterio subjetivo**: además de tratarse de un contrato administrativo -por razón de su objeto o regulación- o de los actos separables de un contrato privado (nº 11002) es preciso que la entidad o sujeto contratante sea una Administración (con ciertas excepciones).

Sin embargo, se aprecian divergencias o **falta de coincidencia** plena entre los conceptos de Administración contenidos en la legislación general (LRJSP) y procesal (LJCA), con la legislación de contratos del sector público.

No existe duda respecto de la **Administración territorial**, de modo que pueden celebrar contratos administrativos tanto la Administración del Estado como la de las comunidades autónomas y las que integran la Administración local.

Suscita más problemas la llamada **Administración institucional**, compuesta por una parte, por los organismos autónomos y, por otra, por las entidades de Derecho público.

Respecto de los **organismos autónomos** no se establece particularidad alguna, de tal modo que ha de estarse al régimen general establecido al efecto (nº 600 Memento Administrativo 2026).

En cuanto a las **entidades de Derecho público**, su problemática se expone a continuación.

11000 **Entidades de Derecho público** (LCSP art.3.2) Deben distinguirse dos categorías:

MPCA nº 412

a) Ciertas entidades que tienen consideración administrativa -al menos relativamente y para actuaciones instrumentales ajenas a su giro o tráfico mercantil- según la legislación general (LRJSP), no la ostentan a efectos de contratos públicos (LCSP art.3.2). Son las **entidades públicas empresariales** -y equivalentes autonómicos o locales-. De este modo, los contratos que celebren estas, en todo caso, son privados (LCSP art.26.1.b).

Se atribuye de forma expresa al orden contencioso-administrativo el conocimiento de los litigios relativos a la **preparación y adjudicación** de los contratos de entidades no administrativas integrantes del sector público con carácter de poder adjudicador -entre ellas, las entidades públicas empresariales- y de las que, también integradas en dicho sector, no tengan el carácter de poderes adjudicadores.

b) Junto con las Administraciones públicas se sitúan **otros entes** que se integran en el sector público, siendo o no poderes adjudicadores, con un grado de sumisión a la LCSP diverso y menor al de aquellas. Se trata, en el caso de actos dictados por estos, de una especie de actos administrativos en sentido material, que proceden de entidades no administrativas en sede contractual, aunque sí en la normativa general (**entidades empresariales, ciertas agencias estatales**, etc.) o que, en ningún caso -ni en el plano general, ni en sede de contratos públicos-, ostentan carácter administrativo.

Se atribuye al orden jurisdiccional contencioso-administrativo la revisión de los actos de **preparación y adjudicación** de los contratos de entidades del sector público con condición de poderes adjudicadores y de los relativos a estas actuaciones de entidades no administrativas integrantes del sector público sin carácter de poder adjudicador. Por lo tanto, se generaliza la figura del acto administrativo en sentido material emanado de o producido por un sujeto no administrativo, que puede someterse, en su caso, a recurso especial en materia de contratación (LCSP art.44).

11002 **Actos separables** (LCSP art.27) La técnica de los denominados actos separables permite disociar el régimen jurídico de distintos aspectos o facetas de una actuación administrativa que incide en ámbitos público y privado. De esta manera, los actos relativos a la **dimensión pública** de la actuación, susceptibles de ser separados intelectualmente de los **aspectos privados** de la misma, son considerados actos administrativos separables (TS 22-5-76; 7-10-77; DGSJE Dict 11-11-02).

Esta técnica se emplea fundamentalmente, aunque no de forma exclusiva, en el ámbito de los contratos de las Administraciones públicas. En materia contractual, constituye una excepción a la unicidad del régimen jurídico de los contratos de la Administración (TS 17-7-89, EDJ 7368).

Por ello, junto con los contratos administrativos, la jurisdicción contencioso-administrativa conoce de los recursos interpuestos contra los actos de **preparación y adjudicación** de los demás contratos, esto es de los contratos privados sujetos a la legislación de contratos del sector público.

Así, en el régimen de la LCSP, el orden contencioso-administrativo conoce en todo caso de estos litigios, aunque los contratos privados se celebren por entidades del sector público carentes de naturaleza administrativa, sean o no poderes adjudicadores.

La razón de la doctrina de los actos separables es la siguiente. La Administración -y, en general, los entes integrantes del sector público- puede celebrar **contratos administrativos y privados**. Sin embargo, el modo en el que se forma la voluntad de aquella está siempre sometido a ciertas normas de preparación y adjudicación que tiene carácter administrativo en todo caso, dando lugar a que las cuestiones que se susciten respecto de las mismas sean conocidas en la jurisdicción contencioso-administrativa.

Por último, debe señalarse que el **ámbito subjetivo** de producción de los actos separables no coincide plenamente con el anteriormente expuesto para los contratos administrativos (nº 10992), puesto que, además de las entidades que ostentan carácter de Administraciones públicas, los actos preparatorios de contratos celebrados por entes no administrativos que ostenten la condición de poder adjudicador, tienen aquella naturaleza y se someten a tratamiento jurídico administrativo. **11003**

Precisiones **1)** Antes de llegar al contrato y a su contenido, por muy privado que este sea, hay que pasar por una fase previa que se traduce en una pluralidad de **actos de naturaleza administrativa** regulados por el Derecho administrativo, que son perfectamente separables del contrato privado que se perfecciona después de ellos (TS 16-10-95, EDJ 5605), salvo en el caso de los contratos no armonizados de entes del sector público no administrativos.
No obstante, planteado pleito civil sobre el contenido de un contrato privado celebrado por una Administración, el órgano judicial civil puede conocer prejudicialmente de la regularidad de los actos separables.
2) La doctrina de los actos separables puede predicarse también de **contratos laborales** (TSJ Canarias 3-6-89), siendo competente en tal caso el orden social para fiscalizar la ejecución del contrato.

Determinación En los contratos cuyos efectos están sometidos al Derecho privado, se consideran actos jurídicos separables los que se dicten en relación con la **preparación, competencia y adjudicación** del contrato, actos que quedan sometidos a las reglas generales de Derecho administrativo (D 3410/1975 art.10 y 14; TS 11-6-99, EDJ 19682). **11004** MPCA nº 419
Esto supone que, a salvo de norma o disposición administrativa especial en contrario, tienen la consideración de actos separables los siguientes:
• La **consignación presupuestaria previa**, si el contrato origina gastos a la Administración contratante, de carácter necesario. En defecto de la misma, el contrato es nulo (TS 31-1-90, EDJ 876), salvo que, aunque sea inexistente antes del inicio del expediente de contratación, exista consignación al tiempo de la adjudicación (TS 14-5-99, EDJ 14446).
• La **competencia** general para celebrarlo del órgano de contratación o de la autoridad en quien se delegue o desconcentre la misma.
• La **preparación**, mediante expediente, donde deben constar las cláusulas administrativas y técnicas del contrato que haya de celebrarse y la aprobación del gasto, en su caso.
• La **fiscalización previa** de los actos administrativos de contenido económico.
• La **adjudicación** del contrato, atendiendo a los principios de publicidad y concurrencia, transparencia, confidencialidad, igualdad y no discriminación, sin perjuicio de aplicar todos ellos a las adjudicaciones de los contratos de entidades integrantes del sector público no administrativas (LCSP art.321.1).
• La **formalización** del contrato en documento público, ya sea notarial o administrativo.
En los números siguientes estudiamos, con mayor detenimiento, las fases en las que tienen lugar estos actos.

Precisiones Los preceptos del D 3410/1975 citados fueron derogados por el **Reglamento general de contratos** de las Administraciones públicas (RD 1098/2001), aunque con arreglo a este Reglamento puede considerarse válida la enumeración anterior. También, en general, bajo vigencia de la LCSP y sus normas precedentes.

Fase de preparación Hay que destacar la necesidad de **consignación presupuestaria previa** y la **fiscalización del gasto** de los actos de contenido económico, con carácter previo a la apertura de la fase de adjudicación. Ahora bien, estos se configuran como requisitos cuyo concurso es preceptivo para la legalidad de la contratación, solo en caso de que el contrato genere **obligaciones de contenido económico**. La razón es que la prestación económica consistente en el abono del precio por parte de la Administración contratante no es definitoria del tipo contractual y además, en ocasiones, no concurre (JCCAInf 14/1991; 5/1996; 33/1997), lo que hace innecesaria tanto la existencia de crédito como de la fiscalización de un gasto que no ha de producirse. **11005**
a) El **crédito presupuestario**, adecuado y bastante en su cuantía, es un requisito que se descompone en dos aspectos diferentes (JCCA Inf 2/1998).
• En primer lugar, se exige la existencia de crédito **adecuado** o previsión de carácter presupuestario que permita contraer una obligación de contenido económico.

• En segundo lugar, es preciso que la previsión presupuestaria sea **suficiente** para afrontar la obligación indicada.

b) La **fiscalización previa** de los actos de contenido económico se desarrolla de acuerdo con lo establecido en la Ley general presupuestaria, lo que supone configurarse como un **requisito bifásico**, que no tiene lugar o se cumple en un momento procedimental determinado de la tramitación del expediente, sino que se produce tanto en la fase previa de tramitación del expediente de contratación -al determinarse la existencia de crédito presupuestario adecuado y suficiente y al aprobarse el gasto-, como en la fase de adjudicación del contrato, en la que se produce el compromiso de gasto que coincide con el importe de adjudicación de aquel. Por fin, se produce también en fase de ejecución negocial, mediante el control de los actos de contenido económico derivados de objeto del contrato: pago total, abonos a cuenta, anticipos, liquidación del contrato (JCCA Inf 2/1998).

11007 MPCA nº 422 **Fase de adjudicación** (LCSP art.151; RGCAP art.74 s.) Siendo su carácter unilateral indiscutible, su naturaleza es, sin embargo, bifronte:

- por una parte, la propia de un **acto unilateral** mediante el que se efectúa la selección del contratista designado por el órgano competente, de entre los concurrentes -en su caso- o bien directamente, cuando la forma de adjudicación así lo permita o imponga;
- por otra parte, la expresión del **consentimiento** de la Administración contratante sobre la cosa y la causa que han de ser objeto de contrato (CC art.1262.1).

La adjudicación debe ser **motivada**.

11010 MPCA nº 424, 426 **Fase de formalización** (LCSP art.153 y 154; RGCAP art.71 y 72) Los contratos que celebren los poderes adjudicadores -las Administraciones públicas lo son siempre- se perfeccionan con su formalización, salvo:

- los contratos **menores**, por razones obvias, al aplicarse a estos un tratamiento específico (LCSP art.118 y 153.2);
- los **subvencionados** sujetos a regulación armonizada (LCSP art.23), que se perfeccionan de conformidad con la legislación por la que se rijan;
- los basados en un **acuerdo marco** y los contratos específicos en el marco de un **sistema dinámico de adquisición**, cuya perfección se produce con su adjudicación.

11013 **Régimen sustantivo y procesal** (LCSP art.153 y 154) La **preparación y adjudicación** de los contratos privados de las Administraciones públicas se someten, a falta de normas administrativas de carácter especial -fundamentalmente, contenidas en la legislación patrimonial respectiva-, a los contenidos de la LCSP y, entre sus preceptos, a los reguladores de la tramitación del expediente de contratación -ordinario, urgente, de emergencia-, del tipo de procedimiento -abierto, restringido o negociado, más difícilmente en estos contratos, diálogo competitivo o asociación para la innovación-, y de la adjudicación.

En consecuencia, la **validez o invalidez** de los actos preparatorios de todo contrato y de su adjudicación se somete al Derecho administrativo -y a revisión contencioso-administrativa- cuando es contratante una Administración, incluso aunque los contratos privados se celebren por entidades del sector público carentes de naturaleza administrativa, sean o no poderes adjudicadores.

Estos actos se consideran **separables del contrato** mismo, de forma que, aunque el este no tenga naturaleza administrativa, aquellos son impugnables ante los tribunales del orden contencioso-administrativo (LJCA art.2.b; TS 1-2-99, EDJ 254; 21-9-99, EDJ 31367).

Esta técnica es especialmente útil si los **vicios del acto** anidan en la fase de formación de la voluntad del órgano que vaya a emitirlo, pero del todo inoperante en el caso de que la fase que se pretenda controlar sea otra; ya la de antecedentes, ya la de cumplimiento y ejecución (TS 28-10-86, EDJ 6798).

11015 MPCA nº 432 Precisiones **1)** Los preceptos de la Ley relativos a la **preparación y adjudicación**, son aplicables a los contratos privados por expresa remisión normativa, con carácter general e indiscriminado y con independencia de la ubicación del precepto en la Ley y del tipo o tipos de contratos a que se refiera (LCSP art.26.2, con ciertos matices para algunos tipos de contrato -LCSP art.25.1.a.1º y 2º-; JCCA Inf 67/1996; 4/1998).

2) En relación con los actos separables, numerosa jurisprudencia sostiene que la **sujeción indebida** de la contratación a las normas de Derecho privado, aun para dichos actos separables, no implica nulidad de pleno derecho por haberse prescindido absolutamente del procedimiento establecido -LPAC art.47.1-, siempre que se respete en la actuación un **cauce procedimental adecuado** (TS 22-1-99, EDJ 756; 23-4-99, EDJ 17296); en esencia:

- empleo de sistema de adjudicación válido;
- anuncio público del mismo; y

- cumplimiento en su tramitación las reglas básicas de procedimiento aplicables a la contratación administrativa.

3) En lo que se refiere a los procedimientos de contratación, no parece fácilmente aplicable a los contratos privados el **diálogo competitivo**, atendido su fin y objeto, pues va ligado a contratos de gran complejidad, y persigue la adjudicación y definición final de su objeto previa interacción entre Administración y licitadores.

Tampoco el procedimiento de la **asociación para la innovación** (introducido por la LCSP) cuya finalidad es el desarrollo de productos, servicios u obras innovadores y la compra ulterior de los resultantes, siempre que correspondan a los niveles de rendimiento y a los costes máximos acordados entre los órganos de contratación y los participantes.

4) Se reconoce y asume la técnica de los actos separables en el **ámbito concursal**: los efectos de la declaración de concurso sobre los contratos de carácter privado celebrados por el deudor con Administraciones públicas se rigen en cuanto a sus efectos y extinción, por lo establecido en la Ley concursal (LCon art.191).

Hemos indicado que la perfección del contrato privado se produce por la adjudicación del mismo. Por ello, cabe plantearse si, una vez **perfeccionado el contrato** por aquella, todas las cuestiones relativas a su contenido en fase de consentimiento entran en la jurisdicción del orden contencioso-administrativo o sí, por el contrario, solo los actos administrativos que se dicten en relación con la adjudicación, quedan dentro de dicha competencia jurisdiccional. **11017** MPCA nº 434

• Desde una primera tesis, no solo el acto efectivo de selección del contratista o el procedimiento de adjudicación del contrato quedarían sometidos al orden contencioso, sino también **todo lo relativo al contenido** del contrato que no sea cumplimiento, ejecución y extinción del mismo. Según esto, sería competencia del orden contencioso, incluso respecto de contratos civiles o privados de la Administración, la apreciación de:

- la concurrencia de vicios del consentimiento, es decir, error-vicio, violencia, intimidación o dolo (CC art.1265 s.);
- las consecuencias de las anomalías en la expresión de la voluntad (error obstativo);
- la existencia misma del contrato (CC art.1261 s.); y
- el concurso de causas de nulidad o anulabilidad del negocio.

La competencia propia de la jurisdicción civil quedaría reducida a la estricta resolución de controversias relativas a cumplimiento de **prestaciones y extinción** del convenio.

• Desde otro punto de vista, la jurisdicción contencioso-administrativa se identificaría con el acto de **adjudicación** y el procedimiento tendente al mismo; mientras que quedaría sometido al orden civil el **resto del contenido** del contrato, incluso los actos integrados en la fase de perfección, su ejecución y cumplimiento y su extinción.

Esta segunda tesis parece más conforme que la primera a la naturaleza de la adjudicación y es, además, más acorde con la redacción del precepto legal (LCSP art.26.2).

Lo expuesto ha de completarse con el **régimen de prejudicialidad** (LOPJ art.10), según el cual, a los solos efectos prejudiciales -es decir, limitándose a un conocimiento instrumental y restringido en sus efectos al proceso pendiente, sin efecto de función positiva de cosa juzgada material-, los órganos de cualquier orden jurisdiccional pueden conocer de cuestiones atribuidas privativamente a otros, a excepción de las de naturaleza penal. **11019**

De esta forma, el órgano judicial civil puede prejudicialmente pronunciarse sobre, y conocer de, las cuestiones relativas a la **preparación y adjudicación** -esta también en su vertiente administrativa- del contrato privado (sobre prejudicialidad en el orden civil ver nº 1892 s.).

En suma, la **calificación civil** del contrato contemplado y la consideración de la acción ejercitada como igualmente civil (p.e. rescisoria), no son obstáculo para que el juez o tribunal civil se pronuncie, para estimar o desestimar la pretensión ejercitada, sobre si la Administración ha observado o no los requisitos sobre la formación de la voluntad administrativa y el procedimiento de adjudicación; materias, en cualquier caso, administrativas (TS 1-2-99, EDJ 254).

Actos preparatorios en contratos de entidades públicas no administrativas **11021**

(LCSP art.26.3 y 4) El sistema de **aplicación subjetiva** de la LCSP diferencia entre:

- las **Administraciones públicas**: sujeción de primer grado, con aplicación integral;
- **poderes adjudicadores no administrativos**: sujeción de segundo grado, menos intensa en algunos aspectos (LCSP art.316); y
- **entidades del sector público** que no son ni Administraciones públicas ni poderes adjudicadores: aplicación de tercer grado, limitada a principios generales y adjudicación a oferta económica más ventajosa (LCSP art.321).

Todos los contratos celebrados por entes de los **grupos segundo y tercero** son privados. Sus actos preparatorios pueden también calificarse de «separables» y se someten a las reglas establecidas en LCSP art.316 s. y 321 s., respectivamente, así como, supletoriamente, a Derecho privado.
El **orden jurisdiccional competente** para conocer de las controversias ligadas a ellos -preparación y adjudicación- es el orden contencioso-administrativo, aunque los contratos privados se celebren por entidades del sector público carentes de naturaleza administrativa, con carácter o no de poderes adjudicadores.

Precisiones Los contratos celebrados por **entidades públicas empresariales** -o equivalentes autonómicos y locales- son siempre privados y, por ello, sus actuaciones preparatorias se someten al control del orden contencioso-administrativo bajo vigencia de la LCSP (nº 11000).

9. Actos y disposiciones de las corporaciones de Derecho público

(LJCA art.2.c)

11030 MPCA nº 450, 460 Las de corporaciones de Derecho público son corporaciones de base privada creadas para la representación y defensa de **intereses económicos y profesionales** que carecen de base territorial.
Son organizaciones que participan del ejercicio de **funciones públicas** o de relevancia jurídico pública. Por ello, en la medida en que sus actos tiendan a la satisfacción de tales objetivos, se someten a Derecho administrativo.
Se trata de **cuerpos intermedios**, que no son Administración pública en sentido estricto, ni territorial ni institucional (no son sociedades mercantiles, ni organismos públicos), sino organizaciones compuestas por personas interesadas en la consecución del fin propio de la corporación de que se trate.
En función de su participación en tareas públicas, tienen un grado de «publificación» más o menos alto y una asimilación parcial de sus actos al régimen administrativo (CEst Dict 45600/1983). Realmente, tienen una **configuración bifronte** (TS 13-6-89, EDJ 6018; 3-11-88, EDJ 16866; TSJ Cantabria 17-9-99, EDJ 48702; TSJ C.Valenciana 28-10-94).

Precisiones La **Administración corporativa** se estudia en los nº 650 s. Memento Administrativo 2026.

11033 MPCA nº 464, 465, 472, 478 **Supuestos concretos** En relación con la Administración corporativa, hay que citar los siguientes ejemplos:
• Los **colegios profesionales**. Son corporaciones sectoriales que se constituyen para defender primordialmente los intereses privados de sus miembros, pero que también atienden finalidades de interés público (TCo 87/1989; TS 25-2-98, EDJ 1193; 28-9-98, EDJ 20768; 17-1-00, EDJ 739; TSJ Madrid 14-10-98; CEst Dict 506/2003). Son equiparables a las Administraciones de base territorial, aunque solo en los aspectos organizativos y en las competencias de dimensión pública (TS 25-10-02, EDJ 44641).
• Las **reales academias** (DGSJE Dict 29-4-02).
• Las **entidades urbanísticas colaboradoras**, entre ellas las juntas de compensación (TS 26-10-98, EDJ 28520; TS civil 23-6-10, EDJ 185005; TSJ Burgos 4-7-05).
• Las **federaciones deportivas** (TS 5-10-98, EDJ 23405; 19-2-20, EDJ 510991).
• Las **cámaras de industria, comercio, servicios y navegación** (L 4/2014; TCo 113/1994; TS 25-11-00, EDJ 38501; 19-6-02, EDJ 23975).
• Las **cámaras agrarias** y las **cámaras de la propiedad urbana**, cuya regulación corresponde a las comunidades autónomas (TS 20-5-02, EDJ 25898; TCo 178/1994).
• Las **cofradías de pescadores** (TS 15-12-06, EDJ 345632; TSJ Cantabria 15-2-02, EDJ 19244).
• Las **comunidades de regantes o usuarios de agua** (RDLeg 1/2001 art.82; TS 20-3-24, EDJ 532517).
• La Organización Nacional de Ciegos de España -**ONCE**- (RD 358/1991; TS 30-4-02, EDJ 19220).
• Los consejos reguladores de las **denominaciones de origen**, que son órganos, corporaciones o instancias de gestión de niveles de protección de productos agroalimentarios, que pueden tener tal consideración, en función de la configuración jurídica que establezcan sus normas reguladoras, normalmente autonómicas (nº 472 s. Memento Procesal Contencioso-Administrativo 2026).
• Las **organizaciones interprofesionales agroalimentarias**, representativas de la producción, de la transformación y, en su caso, de la comercialización agroalimentaria (nº 478 Memento Procesal Contencioso-Administrativo 2026).

Precisiones 1) Las **juntas de compensación** son ejemplo de este tipo de Administración (TS 30-10-89; 25-5-94), al operar como agentes descentralizados de la Administración pública en la ejecución del planeamiento urbanístico (nº 5762 s. Memento Urbanismo 2026). En consecuencia, los actos de las juntas producidos en cumplimiento de esta misión se sujetan al Derecho administrativo y son impugnables en sede contencioso-administrativa (RD 3288/1978 art.184). Sin embargo, las actuaciones instrumentales propias de la gestión de sus medios, sin ejercicio directo de funciones públicas, se someten al Derecho privado (p.e. en sede de contratación: ejecución de obras, préstamos, ventas de terrenos, etc.). 11035

2) Las **federaciones deportivas** son titulares de dos tipos de competencias: las propias sujetas a las normas del Derecho privado, y las públicas de carácter administrativo, ejercidas por delegación cuando actúan como agentes colaboradores de la Administración pública, sometidas al Derecho público y, en consecuencia, revisables ante la jurisdicción contencioso-administrativa (AN 30-5-02, EDJ 135187).

Los actos de las federaciones deportivas en **materia disciplinaria** (L 39/2022 art.120.1.a y 4) son impugnables en sede contencioso-administrativa, previo recurso de alzada ante el Tribunal Administrativo del Deporte o el comité, tribunal u órgano autonómico correspondiente. No así otras cuestiones ajenas a dicho ámbito.

Fuera del ámbito de la disciplina deportiva, cuando la actuación federativa sometida a control sea subsumible en la relación de funciones desarrolladas por las federaciones bajo tutela administrativa (L 39/2022 art.114.1, 116 y 117; RD 1835/1991; y/o normas autonómicas complementarias) y tenga carácter de **acto administrativo**, será impugnable en sede contencioso-administrativa previo recurso administrativo, en su caso, ante el órgano competente, que no será en ningún caso el órgano estatal o autonómico de disciplina deportiva. Si se trata de actuaciones de otra clase, el orden competente será el civil.

En relación con la función de calificar y organizar las **actividades y competiciones deportivas oficiales**, la organización como función pública delegada se entiende referida a la regulación del marco general de las mismas, según se establezca en la normativa federativa correspondiente, de forma que las competencias públicas de las federaciones deportivas no pueden extenderse a la resolución de las controversias singulares que planteen los clubes con relación, por ejemplo, al derecho al ascenso de categoría, sino a la delimitación de las cuestiones generales atinentes a la organización de las competiciones deportivas, de conformidad con la normativa federativa que corresponda. En casos como este, es competente el orden jurisdiccional civil (AN 30-5-02, EDJ 135187).

3) Los acuerdos que adopten las **comunidades de regantes** exclusivamente para exigir el ingreso de las cuotas de incorporación a los nuevos miembros, no son susceptibles de ser revisados ante la jurisdicción contencioso-administrativa, cuando puedan calificarse de actos separables sometidos al Derecho privado, por afectar a la gestión de su patrimonio, siendo la jurisdicción competente para su enjuiciamiento y control la jurisdicción civil (TS 20-3-24, EDJ 532517).

Régimen jurídico Respecto a la función de estas entidades se distinguen dos esferas de actividad: 11037

a) Actuaciones de **carácter jurídico-privado**, respecto de las cuales su régimen y posición jurídicas son las propias de los sujetos de Derecho privado (TS 26-12-79; 21-6-83, EDJ 3720).

En general, la defensa de los **intereses** de los miembros, de los **ámbitos competenciales** de la profesión y sus condiciones de ejercicio, pertenecen a la esfera privada (TS 13-3-87, EDJ 2061). Se considera que las **cuotas colegiales** no son exacciones de carácter público (TS 26-11-98, EDJ 26400; AP Las Palmas 22-4-02, EDJ 126379).

b) Actuaciones de **carácter jurídico-público**, cuya regulación y régimen es el propio de las Administraciones públicas (TS 3-11-88, EDJ 16866; 27-9-89, EDJ 8419; 28-11-90, EDJ 10858). En este sentido:

• En el ejercicio de estas funciones se encuentran investidas de *imperium* y de las potestades de **ejecución forzosa** de los actos administrativos (p.e. vía de apremio). Incluso son título para solicitar autorización judicial de entrada en fincas o domicilio (TSJ Madrid 30-3-04, EDJ 117916).

• Asimismo, los actos dictados en ejercicio de estas funciones públicas quedan sometidos al **control jurisdiccional contencioso-administrativo** (LJCA art.2.c; L 4/2014 art.36) y, en su caso, al recurso de amparo constitucional (TCo auto 93/1980; TCo 18/1984; LOTC art.41.2).

• Pueden ejercer, incluso por delegación intersubjetiva, **competencias administrativas** (L 4/2014 art.4).

• Estas entidades se encuentran sometidas al régimen de **responsabilidad patrimonial** previsto para la Administración (Const art.106.2; LRJSP art.32s.; LPAC art.65, 67, 81 y 92), en cuanto se trate de daños y perjuicios derivados de la actuación de sus funciones públicas (TS 25-10-82, EDJ 6343; 16-2-83).

• No se asimilan a las Administraciones a efectos de **contratación** (LCSP art.3.2); el régimen de contratación de las mismas, al no aplicar recursos públicos, queda fuera del ámbito de la contratación administrativa. 11039 MPCA nº 470

• La situación jurídica de las **personas integradas** por razón de su actividad, en estas corporaciones -cámaras, colegios profesionales- es de sujeción especial (TCo 93/1992).
• La **constitución de los órganos** de estas corporaciones, que se limita a procesos electorales internos, queda sujeta a Derecho administrativo, dado que su organización es pública (AP Valencia 2-9-96).
• El ejercicio de la **potestad sancionadora interna** está sometido a la LRJSP y a la LPAC (TSJ Las Palmas 25-5-98, EDJ 18770, en relación con los plazos de prescripción).
• Gozan de **exención subjetiva** por el impuesto de transmisiones patrimoniales y actos jurídicos documentados (RDLeg 1/1993 art.45.I.A; AN 15-7-99, EDJ 750; en contra, TSJ Extremadura 29-3-00; TEAC 11-9-97, EDJ 51276; 24-4-97, EDJ 50765).
• Estas entidades están sometidas rigurosamente al **principio de legalidad**, en su vertiente de vinculación positiva a norma previa que autorice su actuación (TSJ Madrid 16-3-05, EDJ 85233).
• Les resulta de aplicación el régimen de **acceso a registros y archivos** por parte de los administrados -LPAC art.13.d; L 19/2013- (TSJ Cataluña 4-3-05, EDJ 47898).

10. Actos de los concesionarios de la Administración

(LJCA art.2.d)

11050 MPCA nº 500 Para el cumplimiento de los fines que tiene asignados, la Administración pública puede actuar:
- directamente a través de los diversos medios materiales y personales, que se integran en su seno bajo muy diversas formas y denominaciones;
- a través de personas que, no formando parte de la Administración pública, desarrollen ciertas funciones administrativas que esta expresamente les encomiende.

Estas personas, que la doctrina ha denominado **administrados cualificados**, realizan una actividad que, si subjetivamente puede considerarse privada, objetivamente puede ser considerada pública, de tal modo que, al desarrollar funciones administrativas sometidas a Derecho administrativo, actuando por delegación o como meros agentes o mandatarios de la Administración, la mayor parte de las veces en el seno de un contrato administrativo, es posible acudir a la jurisdicción contencioso-administrativa para revisar los actos dictados en el ejercicio de las potestades administrativas asignadas (González Pérez).

Es precisamente este supuesto el que nos ocupa, en el que deben distinguirse, a su vez, dos **tipos de actos**, dependiendo de si se han dictado por la Administración pública concedente o por el propio concesionario:
- los actos administrativos de control o fiscalización dictados por la Administración concedente (nº 11051); y
- los actos de los propios concesionarios (nº 11053).

Precisiones La concesión es un acto administrativo que amplía la esfera jurídica de los particulares, formalizada a través de un cauce contractual, lo que hace que surjan de la misma una serie de **derechos y obligaciones**, sometidos al régimen de estipulaciones de las partes (RD 1372/1986 art.80; TS 22-7-97, EDJ 5158), lo que determina un inequívoco carácter de negocio jurídico (TS 16-9-05, EDJ 157565). Es un título único y unitario que habilita para uno o varios **aprovechamientos privativos** de bienes demaniales y/o para la gestión de un servicio público.

Cabe diferenciar entre:
- concesiones **demaniales**, que tienen por objeto la cesión de un uso privativo de bienes de dominio público;
- concesiones **de servicios públicos**, a través de las que se gestiona indirectamente un servicio mediante la cesión de la gestión del mismo a un empresario, individual o colectivo, que asume aquella a su riesgo y ventura, convirtiéndose así en colaborador de la Administración titular del servicio (Consejo Consultivo La Rioja Dict 34/1999).

No obstante, frecuentemente, ambas especies de concesión aparecen unidas, pues el dominio público se cede para la prestación de un servicio igualmente público. Surgen así las concesiones **mixtas**, en las que el carácter personalista aparece especialmente acusado (CEst Dict 2578/1998).

11051 MPCA nº 502 **Actos de la Administración concedente** Pueden ser objeto de recurso contencioso-administrativo los actos administrativos de control o fiscalización dictados por la Administración concedente, respecto de los dictados por los concesionarios de los servicios públicos que impliquen el ejercicio de potestades administrativas conferidas a los mismos. En tal hipótesis, lo que se recurre realmente es el acto de una Administración pública sometido a Derecho administrativo, de acuerdo con la **regla general** en la materia (nº 10840).

De acuerdo con ello, nada impediría interponer el recurso contra actos resolutorios de recursos o de fiscalización y control adoptados por la Administración pública pertinente, respecto de actuaciones administrativas realizadas por **cualquier otro agente o mandatario** de la

Administración, bien sea en el contrato de concesión de servicio público o bien, aunque el supuesto en la práctica es más remoto, en cualquier otro tipo de contrato administrativo o de relación que permita tal tipo de actuaciones.

Actos de los concesionarios Los actos de los propios concesionarios pueden ser recurridos directamente ante la jurisdicción contencioso-administrativa cuando sean dictados en el **ejercicio de funciones administrativas**, aun cuando la Ley no contenga mención expresa y específica en este sentido. 11053

Igualmente, deben ser actos que pongan **fin a la vía gubernativa** por no ser susceptibles de recurso administrativo. Aunque este es un supuesto ciertamente extraordinario en nuestro ordenamiento jurídico, donde la Administración pública concedente suele reservarse la posibilidad de conocer del asunto a través del pertinente recurso administrativo o bien estableciendo la obligatoriedad de que la reclamación sea presentada directamente ante la misma (p.e. LEF art.123; LCSP art.196.3).

11. Responsabilidad patrimonial de las Administraciones públicas

(LJCA art.2.e)

La responsabilidad patrimonial se concreta en dos **reglas fundamentales**: 11060

a) Los particulares tienen **derecho a ser indemnizados**, por las Administraciones públicas correspondientes, de toda lesión que sufran en cualquiera de sus bienes y derechos, salvo en los casos de fuerza mayor, siempre que la lesión sea consecuencia de funcionamiento normal o anormal de los servicios públicos (LRJSP art.32.1). MPCA nº 520, 5075 s.

b) En todo caso, la **lesión** por la que se origina el daño alegada ha de ser efectiva, evaluable económicamente e individualizada en relación con una persona o grupo de personas, que no deben estar obligados a soportarla, lo que la convierte en antijurídica (LRJSP art.32.2).

Precisiones Sobre el **procedimiento administrativo especial** para exigir responsabilidad patrimonial de las Administraciones públicas ver nº 6070 s. Memento Administrativo 2026.

Regla general (LJCA art.2.e) Entran en el ámbito del orden jurisdiccional contencioso-administrativo las cuestiones que se susciten en relación con la responsabilidad patrimonial de las Administraciones públicas, cualquiera que sea la **naturaleza**, pública o privada, de la actividad que pueda provocarla o el tipo de **relación** de que derive. No pueden residenciarse tales reclamaciones en la vía civil o social, aun cuando en la producción del daño concurran con particulares o cuenten con un seguro de responsabilidad. 11061 MPCA nº 524

La atribución de competencia al orden contencioso-administrativo es consecuente con la afirmación de la **responsabilidad directa de las Administraciones públicas** cuando actúan en relaciones de Derecho privado (LRJSP art.35), responsabilidad que se exige en virtud de un procedimiento administrativo que concluye en una resolución expresa o presunta. La resolución administrativa de los procedimientos de responsabilidad patrimonial, cualquiera que sea el tipo de relación, pública o privada, de que derive, pone **fin a la vía administrativa**, entendiendo, en fin, que el orden competente es el contencioso-administrativo sin que quepa conocer de estas cuestiones ni por la jurisdicción civil ni por la social (LPAC art.114.1.e).

Precisiones **1)** Con estos preceptos se unifica la competencia para conocer de este tipo de asuntos en la jurisdicción contencioso-administrativa, evitando la dispersión de acciones y garantizando la **uniformidad jurisprudencial**, salvo, como es lógico, en aquellos casos en que la responsabilidad derive de la comisión de una infracción penal (LJCA Exp.Motivos).

La L 30/1992 -así como las actuales LRJSP y LPAC- vino a establecer la **unidad de régimen jurídico, proceso**, y sobre todo, **jurisdicción** para conocer de la responsabilidad patrimonial de la Administración, por cuanto determina la aplicación a la misma del régimen regulado en dicha Ley, tanto para la responsabilidad de Derecho público como de Derecho privado (TS auto 7-7-94, EDJ 6904).

2) El criterio unificador es ya aplicado en la **jurisprudencia** posterior a la LJCA (TS civil 29-6-00, EDJ 15194; TS social 19-4-99, EDJ 13957).

3) En relación a la competencia de la **jurisdicción penal** (LRJSP art.37), ver nº 6345 s. Memento Administrativo 2026.

Reglas complementarias (LOPJ art.9.4; LRJSP art.36) La atribución de competencia del orden jurisdiccional contencioso-administrativo, frente al civil y al social, se completa con las siguientes disposiciones: 11065 MPCA nº 526

• Si a la producción del daño **concurren sujetos privados**, el demandante debe deducir también frente a ellos su pretensión ante este orden jurisdiccional. De esta forma, se cierra también la posibilidad a que, aplicando la doctrina de la fuerza atractiva o de la no división de la continencia de la causa se conozcan estos supuestos ante la jurisdicción ordinaria.

• La responsabilidad patrimonial de las entidades gestoras y servicios comunes de la **Seguridad Social**, sean estatales o autonómicos, así como de las demás entidades, servicios y organismos del sistema nacional de salud y de los centros sanitarios concertados con ellas, por los daños y perjuicios causados por o con ocasión de la asistencia sanitaria, y las correspondientes reclamaciones, han de seguir la tramitación prevista en la LPAC, correspondiendo su revisión jurisdiccional al orden contencioso-administrativo, en todo caso (nº 14430).
• La competencia jurisdiccional del orden contencioso-administrativo tampoco cede en caso de que la Administración causante cuente con un **seguro de responsabilidad**, ni cuando concurra al daño un sujeto privado.
• Por último, la vía contencioso-administrativa procede también por daños causados por **personal al servicio de la Administración**, debiendo dirigirse la acción contra esta, sin perjuicio de su repetición posterior contra los responsables.
El **único orden competente** para conocer de este tipo de cuestiones, tanto en relaciones de Derecho privado o con ocasión de la asistencia sanitaria prestada, bien se haya demandado solo a la Administración o a esta junto con un funcionario o un particular, es el contencioso-administrativo.

11066 Precisiones 1) En materia de **Seguridad Social**, entidades gestoras y servicios comunes de aquella, estatales o autonómicos, así como las demás entidades, servicios y organismos del Sistema Nacional de la Salud, la cuestión de la atribución de competencia al orden contencioso o al orden social ha sido tradicionalmente muy controvertida (nº 528 Memento Procesal Contencioso-Administrativo 2026).
2) En relación con los supuestos en los que la Administración cuenta con un seguro de responsabilidad, es discutible si las **compañías aseguradoras** de las Administraciones públicas ostentan legitimación activa para la impugnación judicial de las resoluciones de estas por las que se reconoce y cuantifica responsabilidad patrimonial, que cubren aquellas en virtud del contrato de seguro. Ver sobre esta cuestión lo que se expone en los nº 11756 y nº 11812.
3) Suscita dudas el supuesto de daños causados a terceros por **sociedades mercantiles** privadas instrumentales de entes públicos (LRJSP art.93.1.e). La solución vendría por identificar los fines de la sociedad con los fines públicos de su ente matriz, siendo entonces también competente la jurisdicción contencioso-administrativa.
4) El sistema de unidad jurisdiccional no permite llevar al contencioso-administrativo las reclamaciones contra el **Consorcio de Compensación de Seguros** derivadas de acciones de particulares por medio de vehículos a motor, pues en tal caso no hay funcionamiento normal o anormal de los servicios públicos ni actuación pública de especie alguna (AP Asturias 29-9-94; 14-1-00). Otra cosa es que el daño se haya causado por medio de un vehículo oficial, además asegurado en el Consorcio.
5) Es cuestión discutible si las reclamaciones por **daños causados por accidente nuclear** (L 12/2011) en los supuestos en los que el explotador de la instalación sea un organismo de titularidad pública -Administración pública territorial, organismo público en general-, siguen la regla general de someterse al **orden contencioso-administrativo**, previo el procedimiento administrativo correspondiente, o si se acogen al **orden civil**. La acción de reclamación de responsabilidad por daños nucleares, así como el procedimiento para su ejercicio, se rigen por lo establecido en la LEC; sin recogerse excepción alguna (L 12/2011 art.14). Sin embargo, en los supuestos indicados, los parámetros concurrentes son los propios de la responsabilidad patrimonial de la Administración. Especialmente, en tanto que se reconoce **acción directa** al perjudicado o sus herederos contra el asegurador, siendo el contrato de seguro, que ha de celebrar el explotador, la garantía financiera obligatoria característica respecto de estas instalaciones. Los organismos públicos no están obligados a aportar dicha garantía, ni otra alguna (L 12/2011 art.13).
En todo caso:
- de reputarse hábil la **jurisdicción contencioso-administrativa**, los plazos para la tramitación del procedimiento administrativo previo serán los resultantes de L 12/2011 art.15 (nº 2209);
- de considerarse procedente la **vía civil**, es precisa la reclamación previa a la misma, dentro de iguales plazos.

11070 **Particularidades procesales** El proceso contencioso-administrativo en esta materia se rige, en principio, por las **normas procesales generales** de este orden (nº 11950 s.).
No obstante, se establecen algunas **reglas específicas** en orden a facilitar las reclamaciones por responsabilidad patrimonial sin necesidad de haber seguido el procedimiento de reclamación previa en vía administrativa, en conexión con la anulación de actos administrativos que hayan causado daños y perjuicios y de los que se pueda probar una lesión evaluable con derecho a reparación (LRJSP art.31.1; LPAC art.67).
Ello ofrece una doble perspectiva:
a) Acumular la pretensión indemnizatoria a la de anulación del acto administrativo impugnado en sede jurisdiccional (LJCA art.31.2). Aunque puede también entenderse que es posible solicitarla por la representación actora en el acto de la vista o en el escrito de conclusiones, siempre y cuando la existencia y cuantía de los daños y perjuicios de cuyo resarcimiento se trate ya constase probada en autos (LJCA art.65.3).

b) Ejercer la acción una vez **obtenida sentencia firme anulatoria** del acto, computándose el plazo de ejercicio de un año a partir de la fecha del pronunciamiento.
La **ejecución de la sentencia** que condene a la Administración al pago de una indemnización por daños corresponde también a los órganos de la jurisdicción contencioso-administrativa (LJCA art.106.2 y 3), con las peculiaridades propias de la ejecución de fallos condenatorios de la Administración.

El esquema de **competencias** de los órganos de la jurisdicción contencioso-administrativa en este campo, más complejo que en otros, se recoge en el siguiente cuadro (sin perjuicio de lo que se exponga donde proceda): **11071**

Administración responsable	Órgano de la Administración	Norma	Órgano jurisdiccional competente
Estado (*)	Ministro/Secretario de Estado (desde 30.050 euros)	LJCA art.11.1.a	Audiencia Nacional
	Ministro/Secretario de Estado (hasta 30.050 euros)	LJCA art.9.d	Tribunal Central de Instancia/Juzgados centrales
	Consejo de Ministros	LJCA art.12.1.a	Tribunal Supremo
Comunidades autónomas	Consejo de Gobierno	LJCA art.10.1.a	Tribunal Superior de Justicia
	Consejero (desde 30.050 euros)	LJCA art.8.2	Tribunal Superior de Justicia
	Consejero (hasta 30.050 euros)	LJCA art.8.2	Tribunales de Instancia/Juzgados
Entidades locales	Ayuntamiento o diputación provincial	LJCA art.8.1	Tribunales de Instancia/Juzgados
Entidades de Derecho público vinculadas o dependientes de las anteriores	Sin competencia en todo el territorio nacional	LJCA art.8.3	Tribunales de Instancia/Juzgados
	Con competencia en todo el territorio nacional	LJCA art.9.c	Tribunal Central de Instancia/Juzgados centrales

(*) El Tribunal Supremo ha sostenido que, en los expedientes de responsabilidad patrimonial relativos a una materia de **competencia estatal posteriormente transferida** a las comunidades, en los que no hubiera recaído resolución expresa en el momento de hacerse efectiva la transferencia competencial, ha de entenderse que el acto presunto pasa a ser imputable a la autoridad autonómica, sobre la que recae ahora el deber de resolver; por lo que la competencia objetiva para conocer de los recursos contencioso-administrativos interpuestos o que se interpongan corresponde a los órganos jurisdiccionales sitos en la comunidad, por aplicación de los criterios de la Ley del proceso autonómico (TS auto 17-6-04).
Respecto de la **Administración corporativa**, las reglas de atribución pueden variar en función de qué instancia se considere competente en sede administrativa para resolver sobre reclamaciones de responsabilidad.

Precisiones **1)** Tratándose de **daños continuados** cuya reclamación inicial en vía administrativa haya sido desatendida, cabe ampliar su reclamación en vía jurisdiccional por el lapso temporal comprendido entre dicha reclamación y la interposición del recurso contencioso-administrativo, sin que pueda considerarse cuestión nueva para no convertir el trámite administrativo previo en un instituto establecido en perjuicio del administrado (TS 22-6-95, EDJ 3737). **11072**
2) Reclamada una indemnización en vía administrativa en sede de responsabilidad patrimonial, la cuantía solicitada puede **modificarse en vía judicial** siempre que responda a los mismos hechos y causa de pedir, sin que la alteración cuantitativa -al alza- incurra en desviación procesal (TS 28-1-21, EDJ 503855).
3) Del concepto de reparación integral suelen excluirse las **costas procesales** eventualmente producidas para obtener el reconocimiento del Derecho ante los tribunales. En ese sentido, hay que estar al preceptivo pronunciamiento en sentencia (TS 2-2-93, EDJ 815). Sobre esta cuestión, existe una consolidada corriente jurisprudencial que no reconoce, entre los conceptos susceptibles de reparación, los **gastos de defensa** del particular-interesado ante los tribunales (TS 2-2-93, EDJ 816; 20-10-98, EDJ 28597; 18-3-00, EDJ 10907; como excepción TS 8-2-91).
Puede considerarse un criterio razonable determinante de la condena en costas, respecto de supuestos en los que se ha evacuado **informe favorable por órgano consultivo**, el apartamiento por la Administración demandada del criterio del dictamen, unido a la estimación de la demanda. En este sentido, se han impuesto las costas a la Administración que desatendió injustificadamente el sentido del informe del consejo consultivo -partidario de la indemnización negada en vía administrativa-, atendiendo también a la escasa cantidad reclamada, posiblemente inferior a los gastos de defensa y representación, ya que en otro caso la finalidad del recurso se perdería (TSJ Castilla-La Mancha 5-5-05, EDJ 47204).

12. Otras materias que se atribuyan expresamente por Ley

(LJCA art.2.f)

11080 Finalmente se establece una **cláusula de cierre** del sistema competencial, al asignar a la jurisdicción contencioso-administrativa aquellas cuestiones que expresamente una norma con rango legal le haya atribuido.

Las referencias que se hacen en la distinta normativa, asignando el conocimiento de una cuestión a esta jurisdicción, son múltiples, aun cuando, prácticamente en todos los supuestos, el conocimiento de esta jurisdicción recaería igualmente en la jurisdicción contencioso-administrativa por **aplicación de las reglas expuestas** en apartados anteriores, ya que en numerosos casos se trata de actuaciones de Administraciones públicas sujetas al Derecho administrativo.

Sin embargo, siquiera sea a título enunciativo, podemos destacar las siguientes:

11082

MPCA nº 562 s., 572 s., 582, 584, 586, 588, 590, 592, 594, 596

Aguas	RDLeg 1/2001 art.18.2 y 121
Asociaciones	LO 1/2002 art.39
Clases pasivas	RDLeg 670/1987 art.14
Contratos de construcción y explotación de carreteras estatales celebrados por SEITTSA	L 37/2015 dis.adic.7ª
Control de cambios	L 19/2003 art.12.3
Costas	L 22/1988 art.119; RD 876/2014 art.228
Defensa de la competencia	L 15/2007 art.48 y disp.adic.1ª.2 y 3
Derecho de asilo y condición de refugiado	L 12/2009 art.29
Derecho de reunión	LO 9/1983 art.11
Expropiación forzosa	LEF art.26
Eutanasia	LO 3/2021 disp.adic.5ª
Guardia Civil	LO 12/2007 art.78; L 29/2014 art.106
Impuesto sobre determinados servicios digitales	L 4/2020 art.16
Marcas (hasta 13-1-2023; a partir de esa fecha se atribuye al orden civil)	L 17/2001 art.60 LOPJ art.74.1.i y 82.2.3ª redacc LO 7/2022
Mercado de valores	L 6/2023 art.23
Montes	L 43/2003 art.21.7
Nacionalidad (atribución o denegación de la derivativa por residencia)	CC art.22.5; L 20/2011 art.87.2
Notariado	D 2-6-1944 art.361
Objeción de conciencia y prestación social sustitutoria	L 22/1998 art.4
Patentes (hasta 13-1-2023; a partir de esa fecha se atribuye al orden civil)	L 24/2015 art.116 LOPJ art.74.1.i y 82.2.3ª redacc LO 7/2022
Patrimonio de las Administraciones públicas	L 33/2003 art.43.2
Patrimonio histórico español	L 16/1985 art.8
Prevención del blanqueo de capitales y la financiación del terrorismo	L 10/2010 art.42; RD 304/2014
Protección de datos	LO 3/2018 art.48.6
Represión del contrabando	LO 12/1995 art.13
Servicio postal universal y liberación de servicios postales (*)	L 43/2010 art.10 y 45; RD 437/2024 art.10
Sucesión abintestato a favor del Estado	L 33/2003 art.20.6, 20 bis a 20 quater

Telecomunicaciones	L 11/2022 art.28, 78 y 103
Tráfico, circulación de vehículos a motor y seguridad vial	RDLeg 6/2015 art.94
Tributación de sociedades	L 27/2014 art.132
Universidades	LO 2/2023art.73
Determinadas figuras impositivas reguladas por L 7/2024	L 7/2024 art.55

(*) Entran en el ámbito jurisdiccional contencioso-administrativo las cuestiones que se promuevan entre la Sociedad Estatal Correos y Telégrafos, SA y los empleados de esta que conserven la condición de funcionarios y presten servicios en la misma, en los mismos términos en que conocen las cuestiones que se plantean entre los organismos públicos y su personal funcionario, atendiendo a la naturaleza específica de esta relación (LJCA disp.adic.7ª).

13. Cuestiones prejudiciales e incidentales

(LJCA art.4)

El orden jurisdiccional contencioso-administrativo no conoce de las cuestiones expresamente atribuidas a los órdenes jurisdiccionales **civil, social o penal**, aunque la pretensión planteada esté relacionada con la actividad de una Administración pública (nº 11130). **11090** MPCA nº 600

Sin embargo, esta regla general decae en las cuestiones prejudiciales e incidentales **directamente relacionadas** con un recurso contencioso-administrativo, cuyo conocimiento corresponde al mismo tribunal contencioso-administrativo que conoce de la cuestión de fondo.

De estas cuestiones prejudiciales han de excluirse, no obstante, las de carácter constitucional (nº 11105) y penal (nº 11109), así como las que resulten de lo dispuesto en los tratados internacionales (nº 11111).

Precisiones Si bien, en el precepto de referencia, se utiliza la expresión «cuestiones prejudiciales e incidentales», con frecuencia la jurisprudencia se refiere indistintamente a **uno u otro concepto** (p.e. TS 7-3-92, EDJ 2208; TSJ Cataluña 31-3-05, EDJ 55814).

No obstante, no estamos ante conceptos sinónimos. Mientras que lo **prejudicial** es asunto correspondiente a otro orden jurisdiccional que, solo por estricta y precisa instrumentalidad, puede resolverse por el órgano judicial perteneciente al que conoce del proceso en el que se suscita la cuestión extraña a su ámbito propio, lo **incidental** es o puede ser cuestión accesoria y conexa con el proceso principal, aunque no atribuida a otro orden de la jurisdicción.

Asimismo, la cuestión incidental da lugar frecuentemente a la apertura de una **pieza separada** dentro de los autos y se resuelve en resolución -auto- diferente a la principal. No la prejudicial, cuya decisión se incorpora en el contenido de esta.

Cuestiones prejudiciales (LOPJ art.10.1; LJCA art.4.1) Para que una cuestión pueda considerarse como prejudicial deben concurrir los siguientes requisitos: **11091**

a) Que se trate de una materia regulada por un **ordenamiento jurídico diferente** al que regula la pretensión principal del proceso. Por tanto, en el orden jurisdiccional contencioso-administrativo, excluidas las cuestiones penales (nº 11109), es posible la resolución de cuestiones prejudiciales civiles y sociales.

b) Que su decisión **condicione directamente la cuestión principal**. Puede tratarse de:

• Una cuestión previa y separada del fondo del asunto. Por ejemplo, determinar la condición de heredero en orden a apreciar la legitimación activa de quién impugna un acto administrativo (TSJ Castilla-La Mancha 22-1-98, EDJ 61199).

• Un presupuesto insoslayable e íntimamente unido a la cuestión de fondo, como decidir prejudicialmente qué determinado terreno es de titularidad pública, a fin de calificar improcedente la licencia municipal para cercar un terreno (TS 25-2-91).

c) Que la cuestión **no haya sido resuelta** por el orden jurisdiccional competente. En este caso no cabe que la jurisdicción contencioso-administrativa resuelva la misma en forma contraria pues existe una vinculación a la solución previamente establecida por el competente y porque, al tratarse de un tema ya definitivamente resuelto, la cuestión deja de tener el carácter de prejudicial (TS 21-1-86, EDJ 738).

En el supuesto en el que, sin darse estos requisitos, el tribunal del orden contencioso-administrativo resuelva sobre una cuestión que no le corresponda, se incurre en **falta de jurisdicción** (nº 11230).

Las hipotéticas y esporádicas **cuestiones prejudiciales contables** (cuyo enjuiciamiento corresponde al Tribunal de Cuentas) no son devolutivas y deberían examinarse por los tribunales contencioso-administrativos.

11093 MPCA nº 604 Precisiones 1) Solo se resuelve una cuestión con el carácter de prejudicial cuando sea **estrictamente necesario** para resolver la pretensión principal, no en otro caso (TSJ Cataluña 31-3-05, EDJ 55814).

2) No obstante la amplitud con la que parecen manifestarse los preceptos citados, los tribunales contencioso-administrativos han aplicado con **carácter restrictivo** la facultad de apreciar la existencia de cuestiones prejudiciales (TS 3-4-86, EDJ 2345; TSJ Cantabria 21-6-99, EDJ 81057; TSJ Murcia 18-7-03, EDJ 117592).

3) En ningún caso puede entenderse como prejudicial lo que constituye el **fondo del asunto** (TS 20-5-96, EDJ 3695), ni lo que es la propia y misma cuestión del pleito, ni el único y definitivo problema que late en el proceso (TS 24-9-93, EDJ 8232; 25-4-05, EDJ 62622).

4) Para que la prejudicialidad pueda operar como tal, es necesario que la cuestión no esté resuelta en el **orden jurisdiccional competente**, pues de lo contrario el órgano judicial que conoce prejudicialmente, al abordar tal cuestión, resulta vinculado a lo resuelto por el otro órgano judicial, sin que se justifique en ese caso una hipotética contradicción entre resoluciones y entendiéndose, si esta se produce, que se vulnera la intangibilidad de la sentencia dictada en sede genuina y la tutela judicial efectiva (TCo 62/1984; 171/1994; 190/1999; 200/2003).

5) El órgano contencioso-administrativo puede resolver perjudicialmente incluso en supuestos en los que la cuestión esté pendiente de un **proceso civil no terminado** al tiempo de fallarse el recurso contencioso en el que se plantee. No se considera aplicable a las cuestiones prejudiciales suscitadas en el proceso contencioso-administrativo la regla según la cual, cuando para resolver sobre el objeto litigioso sea necesario decidir acerca de alguna cuestión que, a su vez, constituya el objeto principal de otro proceso pendiente ante el mismo o distinto tribunal civil, si no es posible la acumulación de autos, el órgano judicial puede, a petición de ambas partes o de una -oída la contraria-, suspender mediante auto el curso de las actuaciones en el estado en que se hallen, hasta que finalice el proceso que tenga por objeto la cuestión prejudicial -LEC art.43- (TS 28-6-05, EDJ 113642).

Otra cosa es, entendemos, la aplicación de dicho precepto no tanto en relación con las cuestiones prejudiciales de otros órdenes judiciales cuanto sobre **procesos contencioso-administrativos pendientes** y conexos, respecto de los que pueda encontrarse el que tomemos como referencia en situación de litispendencia o, al menos, de conexidad.

11097 MPCA nº 608 s. **Cuestiones prejudiciales civiles** El supuesto más frecuente, aunque no el único, que se plantea es el de resolver sobre una **cuestión de propiedad** cuando esta es presupuesto para decidir la pretensión administrativa que constituye el fondo. Entre otras, son cuestiones prejudiciales civiles las siguientes:

- Decidir sobre la **recuperación del carácter demanial** de un terreno desecado que vuelve a verse inundado por las aguas, a efectos de resolver sobre si es procedente el otorgamiento de una autorización o si procede, en cambio, la técnica concesional (TS 22-12-95, EDJ 7281; TSJ Cantabria 8-3-05, EDJ 28221).
- Determinar la **titularidad pública o privada** de un determinado terreno a efectos de declarar la procedencia o no de una licencia municipal para cercarlo (TSJ Madrid 16-10-97, EDJ 13211) o de vado permanente (TSJ Cantabria 4-3-99, EDJ 81062).
- Calificar como irrelevante e intrascendente jurídicamente una **compraventa** realizada, a efectos de decidir sobre la validez o no de un acuerdo administrativo por el que se ejercía el derecho de retracto en relación con la compraventa de una vivienda de protección oficial (TSJ Navarra 5-6-97, EDJ 21393).
- Resolver sobre los **títulos de propiedad o posesión** alegados por los interesados, en el caso de que la Administración no los haya tenido en cuenta adecuadamente en el acto aprobatorio del deslinde (TSJ Sevilla 24-11-98, EDJ 61386).
- Determinar la **condición de arrendador** de cierto sujeto, a efectos procedimentales, en relación con una autorización gubernativa de derribo de inmueble arrendado (TS 11-11-80, EDJ 12626).
- Tomar en consideración la existencia o inexistencia de un **derecho de naturaleza civil** en el patrimonio de una parte procesal en el recurso contencioso (TSJ Navarra 28-10-05, EDJ 222373).
- Resolver sobre la **exacta cabida** de una finca expropiada (TSJ Cantabria 21-6-99, EDJ 81057).
- Calificar un contrato como **arrendamiento** de local de negocio o de industria, a efectos de la valoración del justiprecio en la expropiación forzosa (TS 21-1-95, EDJ 100).

11100
- Determinar quiénes ostentan la **condición de causahabientes**, a efectos de remitir la titularidad del derecho de reversión (TS 27-4-87, EDJ 3281).
- Decidir sobre la **condición de propietario** de un terreno expropiado, alegada por quien impugna la relación de bienes y derechos de necesaria expropiación, reclamando ser considerado interesado en el expediente (TS 15-4-03, EDJ 50223).

• Calificar la naturaleza del derecho -**ocupación como precarista**- que ostenta el interesado sobre el bien expropiado, a efectos de fiscalizar la corrección del justiprecio (TS 14-4-03, EDJ 17724).
• Apreciar el carácter vecinal o municipal de un **monte**, en relación con la resolución de un jurado de expropiación acerca de la correspondiente indemnización justipreciaria atribuida a quien dicho órgano consideró titular de aquel (TS 13-10-81, EDJ 8642).
• Decidir sobre la **titularidad de un terreno** sobre el que se realizaron obras, a los efectos de determinar la legalidad de la liquidación girada por el ayuntamiento en concepto de contribuciones especiales (TS 6-2-90, EDJ 1132).
• Resolver acerca de la existencia de **vía pecuaria** en un terreno dado, a efectos de resolver sobre la sanción impuesta por actuación irregular sobre aquella (TSJ C.Valenciana 6-7-05, EDJ 211025).
• Determinar el **alcance de un contrato** civil en orden a la disponibilidad para poder legalizar la altura alcanzada por una edificación (TS 13-2-91).
• Determinar el carácter de un **crédito embargado**, a efectos de verificar la validez del embargo (TS 25-5-77).
• Precisar la existencia de un **derecho de paso** que se niega al actor por la comunidad de regantes demandada, en relación con una pretensión de responsabilidad patrimonial (TSJ Aragón 29-3-04, EDJ 141359).
• Para apreciar vía de hecho, esclarecer la titularidad de los **inmuebles ocupados indebidamente** por la Administración (TSJ La Rioja 11-12-02, EDJ 126232).

Cuestiones prejudiciales sociales El orden jurisdiccional contencioso-administrativo puede conocer con carácter prejudicial de cuestiones atribuidas al orden jurisdiccional social (nº 14420). No obstante, si el carácter laboral o no de una determinada relación ya ha sido decidido por el orden jurisdiccional social, los tribunales contencioso-administrativos no pueden resolver sobre ella de forma contraria (TSJ Cataluña 6-9-97). **11101**
Son cuestiones prejudiciales sociales, entre otras, las siguientes:
• Determinar si existe o no **relación laboral**, a fin de comprobar la procedencia o no de un acta de liquidación de cuotas de la Seguridad Social (TS 23-4-82), así como de un acta de infracción (TS 29-10-96, EDJ 7983).
• Determinar la extinción o no de un **contrato temporal**, así como el régimen aplicable a los servicios prestados, con objeto de dilucidar la posible vulneración de las normas administrativas que rigen la selección de personal (TSJ Baleares 16-1-96).
• Resolver sobre el carácter absorbible o compensable del **plus de distancia**, a los efectos de resolver acerca de una impugnación contra una resolución administrativa en la que se impuso a determinada empresa una sanción por infracción de normativa sobre salario mínimo legal (TS 7-5-80, EDJ 12274).
• Decidir sobre la procedencia o no de la inclusión de la recurrente en el **régimen especial de trabajadores autónomos**, con objeto de resolver sobre una impugnación de actas de liquidación y de infracción en materia de gestión recaudatoria de la Seguridad Social (TSJ Madrid 27-1-00, EDJ 113375).
• En relación con la procedencia de cierta liquidación de cuotas de Seguridad Social, la determinación de existencia o inexistencia de **relación laboral** y deber de **afiliación** (TS 4-11-81, EDJ 7756).

Precisiones Sobre el **ámbito de la jurisdicción social**, ver nº 14415 s.

Efectos de la resolución de una cuestión prejudicial (LOPJ art.10; LJCA art.4.2) La decisión que se pronuncie produce efectos única y exclusivamente **dentro del proceso** en que se dicte y no vincula al orden jurisdiccional correspondiente (TSJ Cataluña 30-9-05, EDJ 272205). **11103**
Así, en el supuesto de que el órgano judicial contencioso-administrativo resuelva con carácter prejudicial una determinada cuestión, la decisión que se pronuncie carece de los efectos de **cosa juzgada material** y puede ser revisada, con plena jurisdicción, por el orden jurisdiccional correspondiente, que no queda vinculado, en ningún caso, por lo que haya resuelto el órgano jurisdiccional contencioso-administrativo (reitera dicha norma, entre otras, la sentencia TS 21-1-95, EDJ 100).
Consecuencia de lo expuesto es que la cuestión prejudicial no debe ser resuelta en la parte dispositiva de la sentencia, sino que, al tratarse exclusivamente un antecedente lógico de solución necesaria para resolver el fondo del asunto, debe ser resuelta en los **fundamentos de derecho** de la sentencia (TS 27-5-82, EDJ 3425).

Cuestiones de inconstitucionalidad (Const art.163; LOTC art.35 a 37) Constituye uno de los casos en los que el órgano jurisdiccional contencioso-administrativo no puede conocer de la cuestión prejudicial, debiendo resolver, por tanto, el Tribunal Constitucional. **11105** MPCA nº 620

La cuestión de inconstitucionalidad es una cuestión prejudicial sobre la **constitucionalidad de una norma** con rango de ley, que sea aplicable al caso y de cuya validez depende el fallo.
El planteamiento de la cuestión de inconstitucionalidad corresponde siempre al **órgano jurisdiccional**, que puede hacerlo de oficio o a instancia de parte.
Debe plantearse una vez concluso el procedimiento y dentro del plazo para dictar sentencia.
Una vez recaída sentencia en la cuestión de inconstitucionalidad, se debe **comunicar al órgano judicial** competente para la decisión del proceso que, como es lógico, habrá sido suspendido hasta ese momento.

Precisiones El **estudio detallado** de la cuestión de inconstitucionalidad se expone en los nº 16048 s.

11109 **Cuestiones prejudiciales penales** (LOPJ art.10.2; LEC art.40; LECr art.114) La existencia de una
MPCA nº 624 cuestión prejudicial penal de la que no pueda prescindirse para la debida decisión o que condicione directamente el contenido de esta determina la **suspensión del procedimiento** mientras aquella no sea resuelta por los órganos penales a quienes corresponda, salvo las excepciones que la Ley establezca.
Constituyen la única excepción a la extensión de la competencia del orden jurisdiccional contencioso-administrativo en relación con las cuestiones prejudiciales.
La **suspensión del proceso** contencioso-administrativo se produce cuando no pueda prescindirse de la resolución de la cuestión prejudicial penal para la debida decisión, o bien cuando aquella condicione directamente el contenido de esta (TS 9-6-98, EDJ 7104). Se trata de la denominada **cuestión penal condicionante** que, por excepción, determina la paralización del curso de los autos.
Por ello, el proceso contencioso-administrativo debe ser suspendido cuando el recurso se encuentra en su **fase decisoria**, pues en caso contrario no podría el órgano jurisdiccional formarse un juicio adecuado acerca de si efectivamente la resolución de la cuestión penal condiciona o no la decisión del pleito que ante él se sigue y, todo ello, sin perjuicio de que en su caso, se deduzca el correspondiente testimonio de particulares y se remita al tribunal competente que lo ha de poner en conocimiento del Ministerio Fiscal por si hay lugar al ejercicio de la acción penal -LEC art.40- (TS auto 11-2-87, EDJ 16030).
La existencia de esta cuestión prejudicial penal puede ser **alegada por las partes** en el proceso, pero también tiene que ser, en su caso, **apreciada de oficio** por el órgano jurisdiccional, por tratarse de una cuestión de orden público procesal (TS auto 22-5-96, EDJ 52277).

11111 **Cuestiones prejudiciales previstas en el Derecho de la Unión Europea** (Tratado
MPCA FUE art.267; Estatuto TJUE art.23; Rgto Procedimiento TJ art.93 a 118) Planteada una cuestión prejudicial de
nº 626 s. este tipo, se produce la **suspensión del proceso** en el que se haya planteado, en el trámite en el que se encuentre, hasta la resolución de la misma.
No obstante, la formulación de una cuestión prejudicial dirigida al Tribunal de Justicia no impide al órgano jurisdiccional remitente, de acuerdo con el Derecho interno y si es posible conforme a él, **continuar el procedimiento principal parcialmente** en aquellos aspectos que no se vean afectados por la respuesta que pueda dar aquel (TJUE 17-5-23, asunto C-176/22).
Un **estudio detallado** del procedimiento de las cuestiones prejudiciales europeas se realiza en los nº 17105 s.

11112 **Recomendaciones del TJUE** (TJUE Recomendaciones C/2024/6008) El TJUE ha emitido unas recomendaciones o indicaciones, no obligatorias, sino **orientativas**, sobre el planteamiento de cuestiones prejudiciales o remisión prejudicial ante el Tribunal de Justicia por los órganos judiciales nacionales. Son las siguientes (algunos puntos ya han sido asumidos o concretados por la doctrina judicial interna):
• Las peticiones han de dirigirse al TJUE por órganos jurisdiccionales nacionales, independientemente de que las partes del litigio principal las hayan solicitado, en los siguientes **supuestos**:
- de forma **voluntaria**, si consideran que para poder emitir su fallo es necesaria una decisión sobre una cuestión relativa a la interpretación o validez del Derecho de la Unión, porque exista un interés general en la aplicación uniforme del Derecho o porque la jurisprudencia no ofrezca la claridad imprescindible en un contexto jurídico o fáctico inédito;
- de forma **obligatoria**, si la cuestión surge en un asunto pendiente ante un órgano jurisdiccional cuyas decisiones no sean susceptibles de ulterior recurso judicial, según el Derecho interno, a menos que exista ya una jurisprudencia bien asentada en la materia o no quepan dudas razonables sobre el modo correcto de interpretar la norma jurídica; y
- si duda de la validez de un acto de una **institución, órgano u organismo de la Unión** que se haya invocado ante ellos.

La **respuesta**, por su parte, corresponde al TJUE o al Tribunal General, según sea el objeto de la petición.

• El **objeto** de la petición de decisión prejudicial solo puede ser la interpretación o validez del Derecho de la Unión, cuando sea aplicable al asunto controvertido en el litigio principal.
Quedan **excluidas** la interpretación de normas jurídicas nacionales y las cuestiones de hecho suscitadas en el litigio principal, así como las peticiones para situaciones jurídicas no comprendidas en el ámbito de aplicación del Derecho de la Unión.

• La cuestión prejudicial puede plantearse en cualquier **momento** desde que el órgano jurisdiccional nacional estime con suficiente precisión que, dado el contexto jurídico y fáctico del asunto principal y las cuestiones jurídicas suscitadas, se precisa una decisión sobre la interpretación o validez del Derecho de la Unión.

• La petición puede adoptar cualquiera de las **formas** admitidas por el Derecho nacional, debiéndose notificar a todos los interesados para que puedan realizar observaciones. No son tramitables las manuscritas.

• La petición de decisión prejudicial debe garantizar la **anonimización** del asunto.

• La presentación de una petición de decisión prejudicial implica la **suspensión del procedimiento** nacional hasta que el TJUE o el Tribunal General se pronuncien.

• El procedimiento prejudicial es **gratuito**, debiendo pronunciarse sobre las costas del litigio pendiente el órgano jurisdiccional remitente.

• El **procedimiento general**, con fase escrita y oral, se resuelve mediante sentencia o por auto, cuando se trate de una cuestión idéntica a otra ya resuelta. Excepcionalmente se pueden reexaminar las resoluciones dictadas por el Tribunal General por el TJUE, en caso de grave riesgo de vulneración de la unidad o la coherencia del Derecho de la Unión.

• El **procedimiento acelerado o de urgencia** puede tener lugar cuando el TJUE o el Tribunal General lo decidan sobre la base de una petición distinta debidamente motivada del órgano jurisdiccional remitente, o de oficio, excepcionalmente, cuando considere que la naturaleza o circunstancias específicas del asunto así lo requieran al poner de manifiesto una situación de urgencia que requiere un pronunciamiento rápido.

Incidencia de las competencias de la Unión Europea en el proceso contencioso-administrativo tributario (LJCA disp.adic.9ª) Cuando el recurso contencioso-administrativo tenga por objeto un acto administrativo relativo a una **deuda aduanera**, que esté vinculado a una decisión adoptada por las instituciones de la Unión Europea, la revisión no puede extenderse al contenido de dicha decisión. 11116

En caso de que **no proceda la anulación** del acto administrativo recurrido con base en el resto de alegaciones del demandante, si la normativa de la Unión Europea hace depender la no contracción *a posteriori*, la condonación o la devolución de la deuda aduanera de una decisión de la Comisión Europea, y el acto objeto de recurso ha sido dictado sin someter dicha cuestión a la Comisión, el órgano jurisdiccional debe pronunciarse sobre si, conforme a lo dispuesto en la normativa de la Unión Europea, procede tal sometimiento. Si el órgano jurisdiccional entiende que dicho sometimiento es procedente, debe suspender el procedimiento e instar a la Administración tributaria para que someta el asunto a la Comisión en el plazo máximo de 2 meses.

Cuando el acto relativo a la liquidación de una deuda aduanera objeto de recurso haya sido **sometido a una decisión** de las instituciones de la Unión Europea que haya de pronunciarse sobre la no contracción *a posteriori*, la devolución o la condonación de dicha deuda, se suspenderá el curso de los autos desde que esa circunstancia se ponga en conocimiento del órgano jurisdiccional y hasta que sea firme la resolución adoptada por dichas instituciones.

Igualmente procede la suspensión del curso de los autos desde que se inicie el **procedimiento amistoso en materia de imposición directa** en el impuesto sobre la renta de no residentes (RDLeg 5/2004 disp.adic.1ª) hasta que finalice dicho procedimiento amistoso.

En los procedimientos tramitados al amparo del Convenio 90/436/CEE y en los casos en los que la existencia de sanciones **excluya el acceso a la fase arbitral** del procedimiento amistoso, lo expuesto en el párrafo anterior no resulta de aplicación cuando se haya interpuesto cualquier recurso en vía contencioso-administrativa contra las sanciones. Esta regla se aplica a los procedimientos amistosos iniciados desde 12-10-2015 (RDL 3/2020 disp.trans.8ª.4).

Cuestiones prejudiciales en materia de normas forales fiscales vascas (LOTC disp.adic.5ª) En los términos expuestos en el nº 16700, se atribuye al Tribunal Constitucional el **conocimiento** de las cuestiones prejudiciales planteadas por los órganos jurisdiccionales en relación con la validez de las normas forales fiscales emanadas de los Territorios Históricos del País Vasco (juntas generales respectivas). 11118

B. Cuestiones excluidas de la jurisdicción contencioso-administrativa

(LJCA art.3)

11130 Una vez definidas las materias cuyo conocimiento corresponde a la jurisdicción contencioso-administrativa, debe determinarse qué cuestiones quedan expresamente excluidas de esta jurisdicción. Estas son las siguientes:

• Las cuestiones expresamente atribuidas a los órdenes jurisdiccionales **civil, penal y social**, aunque estén relacionadas con la actividad de la Administración pública (nº 11135, nº 11170 y nº 11180).

• El recurso **contencioso-disciplinario militar** (nº 11200).

• Los **conflictos de jurisdicción** entre los jueces y tribunales y la Administración pública y los **conflictos de atribuciones** entre órganos de una misma Administración (nº 11210).

• Los recursos contra **normas forales fiscales vascas** (nº 11215 y nº 16700) y las decisiones y resoluciones de la **Comisión Arbitral del País Vasco** (nº 11220).

1. Cuestiones atribuidas a la jurisdicción civil

(LJCA art.3.a)

11135 La distinción entre cuestiones civiles y contencioso-administrativas, a diferencia de lo que ocurre con las sociales, no plantea, a primera vista, mayores problemas:

a) La **jurisdicción civil** conoce de todas aquellas pretensiones que se deduzcan entre particulares, o entre un particular y una Administración o, incluso, entre dos Administraciones, cuando estén fundadas en el Derecho privado, además de todas aquellas no asignadas a otro orden jurisdiccional (LOPJ art.9.2).

b) La **jurisdicción contencioso-administrativa** conoce de las pretensiones deducidas contra las actuaciones de las Administraciones públicas sujetas a Derecho administrativo.

Además de los problemas que se han suscitado en materia contractual con los contratos privados y la **doctrina de los actos separables** (nº 11002) y los distintos criterios jurisprudenciales aplicables para atraer hacia la jurisdicción civil reclamaciones en materia de **responsabilidad patrimonial** de las Administraciones públicas por actos realizados en relaciones de Derecho privado (nº 11060 s.), se han planteado algunas dificultades en relación con **otros supuestos** que deben ser comentados.

Precisiones **1)** La atribución al orden contencioso-administrativo del conocimiento de un asunto gravita sobre la **verdadera naturaleza del acto** fiscalizado, sin que la mera aplicación por el mismo, o su fundamento en, preceptos civiles altere aquella. En este sentido, una derivación de **responsabilidad por deudas tributarias** no puede ser revisada por el orden civil, aunque se funde en la aplicación de normas privadas (AN 21-1-02).

2) La **jurisdicción y competencia** en el orden jurisdiccional civil se expone en los nº 1850 s.

11137 **Derecho de propiedad y demás derechos reales** (LOPJ art.22.1º; L 33/2003 art.43.2) Corresponde al orden civil la competencia exclusiva en materia de derechos reales (en este sentido, también TS 18-6-90, EDJ 6469; 26-1-00, EDJ 955).

En ese sentido, dado que los problemas relativos a la **titularidad dominical** no pueden ser decididos por la Administración, tampoco pueden ser resueltos por la jurisdicción contencioso-administrativa (TS 24-4-98, EDJ 2522).

Sin embargo, la Administración sí puede, en el ejercicio de sus **potestades administrativas**, ejercitar algunas facultades que, aun cuando no suponen una declaración directa de titularidad dominical, sí pueden significar la aplicación a unos determinados bienes de un concreto régimen jurídico, dependiendo del resultado de aquellas.

Quienes se consideren perjudicados en cuanto a su derecho de propiedad u otros de naturaleza civil por dichos actos pueden ejercitar las acciones pertinentes ante los órganos del **orden jurisdiccional civil**, previa reclamación en vía administrativa.

Los actos administrativos dictados en los procedimientos que se sigan para el ejercicio de estas facultades y potestades que afecten a titularidades y derechos de carácter civil solo pueden ser recurridos ante la **jurisdicción contencioso-administrativa** por infracción de las normas sobre competencia y procedimiento, previo agotamiento de la vía administrativa.

Precisiones **1)** Queda fuera del ámbito de lo contencioso-administrativo la declaración de validez o cancelación de un asiento del **Registro de la Propiedad**, declaración que no puede efectuarse en esta sede ni siquiera prejudicialmente (TS 29-9-86).

2) La acción declarativa de dominio, la reivindicatoria así como la declaración acerca de si se han cumplido los preceptos civiles de transmisión de la propiedad -título y modo- son **cuestiones privativas del orden civil**, así como la rectificación de linderos a efectos del padrón del impuesto sobre bienes inmuebles (TS civil 9-5-97, EDJ 2659; TSJ País Vasco 12-11-04, EDJ 233271; TSJ Burgos 1-12-03, EDJ 185014; TSJ Murcia 6-5-99, EDJ 18666).

Recuperación posesoria (L 33/2003 art.43, 55 a 60; LBRL art.82.a) La recuperación administrativa de la posesión pública de un bien es materia sometida al Derecho administrativo y, por tanto, al **orden contencioso-administrativo**, sin que a ello afecte la afirmación jurisprudencial de que este orden es incompetente para resolver y determinar si un bien es de dominio público o de propiedad privada (TS 30-5-61; 20-10-80, EDJ 14844). **11139** MPCA nº 664

Por medio de la **potestad recuperatoria**, las Administraciones públicas pueden recuperar la posesión de los bienes de dominio público o patrimoniales -posesión contra la que no se admiten interdictos-, siempre que se respeten determinadas condiciones, cuyo cumplimiento legitima esta modalidad de actuación administrativa.

Pueden así restablecer por sí mismas la **situación posesoria preexistente**, poniendo fin a la perturbación cometida por terceros, mediante la utilización de todos los medios compulsorios legalmente admitidos; especialmente, compulsión sobre las personas. Se trata, en esencia, de una potestad de autotutela de naturaleza privilegiada y estrictamente posesoria.

Estas facultades -como sucede con la potestad de investigación- se reconocen, exclusivamente, a las **Administraciones públicas de base territorial**, no a las entidades institucionales. A salvo de disposición legal específica, la recuperación de los bienes de estas se ha de efectuar por la Administración pública de la que dependan y a cuya tutela se sometan, tanto en caso de que se trate de bienes propios de la entidad no territorial como en caso de bienes adscritos a la misma por la Administración pública tutelar.

Esta potestad permite la recuperación posesoria de oficio de los **bienes y derechos patrimoniales**, antes de que se cumpla un año desde la usurpación, y sin límite temporal si son demaniales (TS 3-6-80, EDJ 14958; 15-6-82; 31-10-85; CEst Dict 14-12-49).

Sus **caracteres** son los siguientes: **11140** MPCA nº 668

a) Se trata de una actuación posesoria de **carácter administrativo**, no judicial, cuya protección se refiere al derecho posesorio correspondiente a la realidad que se afirma existente en un bien de dominio público o patrimonial.

Constituye una **acción interdictal** actuada directamente por la propia autoridad de la Administración pública y que requiere en su ejercicio, aunque se trate de una usurpación reciente, que se acredite la patente y manifiesta **condición de los bienes** objeto de dicha acción, así como que la posesión de los particulares resulte indebida de forma indubitada e indiscutible.

b) La **prueba de la efectiva posesión pública** debe ser proporcionada al tiempo, mayor o menor, transcurrido desde el despojo -para evitar que se haga ilusorio el ejercicio de interdicto propio-, pero debe igualmente valorarse de forma comparativa con las pruebas, en su caso, aportadas por el particular que alegue derechos posesorios al respecto (TS 14-10-98, EDJ 27809).

c) Es precisa **prueba del dominio** por parte de la Administración pública, bastando acreditar el uso público del bien (en caso de que sea demanial), así como que este uso ha sido obstaculizado por la persona contra la que se ejerce la actuación recuperatoria. En ocasiones, la jurisprudencia ha exigido prueba plena y acabada de tales extremos (TS 24-9-82, EDJ 5378; 3-5-85; 7-11-85, EDJ 5715; 30-12-86, EDJ 8754); en otros supuestos, solo se exige prueba, sin precisar el grado de convicción de la misma y sin exigir exhaustividad (TS 13-7-83; 16-12-85; 30-6-86, EDJ 4567; 12-4-94). En los últimos años se observa una tendencia a la relajación del rigor exigible en la acreditación de tales extremos -posesión pública y obstaculización privada-, bastando que se trate de prueba suficiente o mejor que la aportada por el inmediato detentador (TS 24-9-92, EDJ 9153; 5-7-91, EDJ 7359; TSJ Castilla-La Mancha 16-6-05, EDJ 90485).

d) La potestad administrativa examinada tiene **carácter puramente posesorio**, es decir, por una parte, contempla situaciones de hecho al margen de la titularidad dominical y, por otra, tiende a recuperar tal posesión dejando imprejuzgado el problema de la titularidad, a decidir por la jurisdicción civil (TS 23-1-90, EDJ 482; TSJ Burgos 8-6-01, EDJ 98858).

e) La potestad recuperatoria no puede actuarse en caso de que existan **dudas sobre la naturaleza o titularidad** del bien o imprecisión o vaguedad en cuanto al ámbito físico, pues en tal caso se convertiría en un acto de definición de propiedad para el que la Administración pública no tiene competencia, al ser privativo de la jurisdicción ordinaria (TS 12-4-84; 10-6-88), sin perjuicio de que en tales casos sí proceda la investigación de la titularidad y extensión del inmueble.

11144 **Investigación de bienes y derechos patrimoniales** (L 33/2003 art.43, 45 a 48) La **potestad de investigación** permite a la Administración investigar la situación de los bienes y derechos que se presuman patrimoniales, a fin de determinar, cuando no le conste, la propiedad pública sobre ellos, sin prejuzgar ni decidir definitivamente sobre la titularidad, naturaleza y posesión, decisión propia de la jurisdicción civil (TS 6-3-92, EDJ 2178; 9-5-97, EDJ 3603; TSJ Sevilla 21-1-03, EDJ 56490).

Sin embargo, se remite a la **jurisdicción contencioso-administrativa** a los afectados por la resolución del expediente, siempre que no tengan la condición de denunciantes y cuando la pretensión se base en infracción de procedimiento.

En consecuencia, la **declaración** relativa al dominio que puede hacerse a través de este procedimiento solo puede ser discutida ante la jurisdicción ordinaria, mientras que la contencioso-administrativa debe conocer de los **recursos** que se presenten en relación con los actos administrativos susceptibles de ser recurridos, en cuanto los mismos pueden suponer la vulneración de normas administrativas.

11145 **Deslinde de bienes inmuebles patrimoniales** (L 33/2003 art.43, 50 a 54; LBRL art.82.b; RD 1372/1986 art.65)
En términos generales, el deslinde es el procedimiento administrativo o judicial civil que pretende la determinación exacta y precisa de los linderos de las **fincas colindantes**, sean estas titularidad de la Administración (patrimoniales o de dominio público) o de los particulares.

En **sentido administrativo**, se entiende por tal el acto declarativo de la condición jurídica de propietario que una Administración pública ostenta sobre sus bienes raíces, sean estos demaniales o patrimoniales, mediante la fijación unilateral de su extensión y límites respecto de las propiedades colindantes (Mendoza Oliván).

Se trata de un acto administrativo instrumental que ha de producirse a través de un **procedimiento específico**. Es una potestad defensiva del dominio público inmobiliario o de los bienes inmuebles patrimoniales, mediante la delimitación de la posesión, de forma unilateral por la Administración (TSJ Sevilla 24-11-98, EDJ 61386).

El deslinde puede llevarse a cabo mediante un procedimiento administrativo cuya resolución es ejecutiva y que solo puede ser impugnada en **vía contencioso-administrativa** por infracción de procedimiento, sin perjuicio de que, cuantos se estimen lesionados en sus derechos, puedan hacerlos valer ante la jurisdicción civil.

11147 MPCA nº 674 s.

Precisiones 1) La función del orden contencioso-administrativo no es la de declarar el derecho de propiedad o la posesión, sino la de verificar que la potestad citada se ha ejercitado de acuerdo con las exigencias del Derecho administrativo, de ahí que la impugnación en tal sede de los actos de deslinde se ciña a **motivos de forma**, quedando para el orden civil las controversias relativas a dominio o posesión (TSJ País Vasco 28-10-05, EDJ 262712). Sin embargo, ello no significa que la Administración no haya de tomar en consideración ciertas **reglas civiles**, como las relativas a los títulos de propiedad y posesión alegados por los interesados en el procedimiento administrativo de deslinde, de manera que, si no se tienen en cuenta, el acto aprobatorio del deslinde sí podría impugnarse en sede contencioso-administrativa, aplicando el órgano judicial de este orden las normas civiles por la vía prejudicial (TS 8-11-75; 5-11-90, EDJ 10039; 3-3-94, EDJ 1950; 7-2-96, EDJ 572; TSJ Sevilla 16-11-05, EDJ 270596).

2) El deslinde de la zona marítimo-terrestre es función administrativa revisable por la jurisdicción contencioso-administrativa, pero la **calificación de los bienes inmuebles** como de dominio público o propiedad privada, así como la ubicación del terreno dentro de tal zona es materia de la jurisdicción ordinaria (TS 25-6-87, EDJ 5073). Por ello, el acto que deniega la petición del recurrente de que se levanten los mojones que delimitan la zona marítimo-terrestre al no requerir declaración alguna sobre el dominio puede ser enjuiciado por la jurisdicción contencioso-administrativa (TS 29-10-98, EDJ 28603).

3) El deslinde administrativo no puede desconocer la presunción de legalidad que se deriva del principio de legitimación registral (LH art.38) en favor de la **propiedad inscrita en el Registro**. Según este principio, a todos los efectos legales, se presume que el dominio y los demás derechos reales existen y pertenecen a su titular en la forma determinada por el asiento respectivo, estableciendo de esta forma una limitación a la facultad de deslinde de la Administración (TS 10-2-89, EDJ 1385; 5-11-90, EDJ 10039; 3-3-94, EDJ 1336).

Excepcionalmente, la inscripción registral puede **ceder frente al deslinde** en las siguientes situaciones (TS 17-2-79, EDJ 4917; 20-2-85):
- en caso de que el asiento no produzca efecto frente a tercero;
- en caso de que no se señalen con precisión los linderos de la finca;
- en caso de que no resulte clara la identificación de la misma.

En el resto de supuestos debe invalidarse previamente el asiento (LH art.1.4), por medio de sentencia civil (TS 5-11-90, EDJ 10039), aunque en alguna ocasión se ha permitido la **destrucción de la presunción** señalada, en el expediente administrativo (TS 10-6-91, EDJ 6112).

Ejercicio del retracto en procedimientos de apremio La jurisdicción civil es competente para la apreciación del concurso o ausencia de los presupuestos o requisitos normativamente exigidos para el ejercicio del derecho de retracto en los **procedimientos de apremio** en los que se traba y con posterioridad se enajena, forzosamente, el bien trabado. 11149 MPCA nº 678

Concurren en este caso dos planos jurídicos:

- el administrativo, propio de las actuaciones procedimentales, que determina la producción de un **acto administrativo** por el que se adjudica el bien embargado a un postor, con ofrecimiento de retracto a quienes en su caso, sean titulares de tal derecho (p.e. en el caso del retracto de colindantes);
- el civil, pues se celebra una **compraventa** de esta naturaleza en la que el órgano administrativo sustituye la intervención del transmitente, cuya regularidad en Derecho es una cuestión civil.

Pretensiones sustantivas civiles en enajenaciones forzosas administrativas 11150

La enajenación de los bienes embargados en el seno del **procedimiento de apremio administrativo** se puede realizar mediante subasta, concurso o adjudicación directa (LGT art.172; RD 939/2005 art.100 s.).

La **subasta** o enajenación administrativa, como la judicial, es una verdadera compraventa, en la que el propietario vendedor, normalmente el deudor, es sustituido por la autoridad gubernativa o judicial. La perfección del contrato tiene lugar con la aprobación del remate y se consuma mediante el otorgamiento de escritura pública, con la entrega del acta administrativa o con la expedición del testimonio del auto de aprobación del remate (TS civil 1-9-97, EDJ 5390).

La consideración de la subasta judicial como compraventa puede extenderse sin dificultad a las subastas y adjudicaciones administrativas y, en particular al procedimiento de enajenación mediante **adjudicación directa**, con la particularidad de que la consumación de la venta en este caso se produce con la certificación del acta de adjudicación directa y el completo pago del precio o, en su caso, si lo requiere el adjudicatario, mediante el otorgamiento de escritura pública (RD 939/2005 art.104 y 107). Una y otra son título válido para acceder al Registro de la Propiedad.

En los procedimientos de adjudicación de bienes subastados o enajenados por gestión directa confluyen **aspectos administrativos y civiles**, relacionados entre sí, a los que pueden resultar de aplicación una dualidad de normas jurídicas, circunstancia que puede dificultar en gran medida la calificación que ha de darse a las reclamaciones promovidas por los adjudicatarios ante la Administración actora y el **orden jurisdiccional competente** para conocer de los litigios derivados: el civil o el contencioso-administrativo.

El adjudicatario en uno de estos supuestos puede afirmar frente a la Administración una **pretensión anulatoria** del acto de adjudicación o **plantear una cuestión civil** -al margen de poder instar un procedimiento de revocación, presentar una reclamación de responsabilidad patrimonial-. En el primer caso, la controversia tiene carácter administrativo, en el segundo civil -p.e. ante pretensiones de anulación de contratos de compraventa celebrados como consecuencia de una ejecución forzosa sobre el patrimonio del deudor, por vicios del consentimiento-.

Tercerías Las acciones judiciales de tercería derivadas de procedimientos administrativos de apremio (RD 939/2005 art.117 s.) o para la recaudación de recursos del sistema de Seguridad Social (RD 1415/2004 art.132 a 135), tanto de **dominio** (que persiguen el levantamiento de una traba o embargo sobre un bien por pertenecer al tercerista y no al deudor apremiado) como de **mejor derecho** (que pretenden la declaración de la preferencia del crédito del tercerista para satisfacer su crédito respecto del actuado por el ejecutante), no pueden, nunca, conocerse en sede contencioso-administrativa, ni aun prejudicialmente, ya que constituyen el **objeto principal** de un proceso civil, que resulta de un procedimiento administrativo previo (la reclamación previa de tercería) llamado a desembocar, en caso de rechazo, en una demanda civil, que es incidente del expediente de recaudación ejecutiva (AN 6-6-05, EDJ 168015). 11151 MPCA nº 682 s.

Cuando la tercería es **incidente de un proceso civil** -o laboral o penal-, la ajenidad al contencioso-administrativo es más clara si cabe.

Acciones civiles derivadas de procedimientos de apremio Como consecuencia del ejercicio de la potestad recaudatoria o, en general, de la autotutela administrativa a través del procedimiento administrativo de apremio (LPAC art.100 s.), puede suscitarse la necesidad o, en su caso, conveniencia, del planteamiento ante los tribunales de la jurisdicción civil de ciertas acciones conducentes a la **obtención de una sentencia** que declare, por ejemplo: la existencia de fraude de acreedores (CC art.1290 s.), de inoponibilidad de una modificación u otorgamiento de capitulaciones matrimoniales (CC art.1317), de simulación negocial (CC art.1275 s.), de concurso de presupuesto de hecho generador de responsabilidad de administradores societarios (RDLeg 1/2010 art.367.1). 11152 MPCA nº 682 s.

En estos supuestos, la **jurisdicción** corresponde al orden civil, no al contencioso-administrativo, por más que el origen del debate parta del ejercicio de potestades administrativas por parte de una Administración pública.

11153 MPCA nº 686 s. **Propiedades especiales** Los criterios expuestos, con carácter general, para el derecho de propiedad y para la posesión (nº 11137 s.), así como para los demás derechos reales, son también de aplicación para determinadas propiedades especiales.

a) En materia de clasificación de **montes**, se establece que el deslinde es recurrible tanto por los interesados como por los colindantes ante la jurisdicción contencioso-administrativa, una vez agotada la vía administrativa, por razones de competencia o procedimiento, y ante la jurisdicción civil si lo que se discute es el dominio, la posesión o cualquier otro derecho real (L 43/2003 art.21.7).

La cuestión de si el monte es o no de propiedad privada corresponde ventilarla a la jurisdicción civil, mientras que la contenciosa ha de juzgar, tan solo, si la clasificación realizada es correcta (TS 6-4-88, EDJ 2863). Lógicamente en muchas ocasiones estas cuestiones aparecen tan íntimamente ligadas que resulta prácticamente imposible saber si la clasificación es o no correcta si no se sabe, al mismo tiempo, qué naturaleza tiene el bien, lo cual, en su caso, da lugar a que se pueda estudiar, a los meros **efectos prejudiciales**, si aquel es público o privado.

b) Con relación a las **aguas**, no puede la jurisdicción contenciosa pronunciarse ni sobre la propiedad de las aguas o sus cauces ni sobre las servidumbres que puedan existir en esta materia, debiendo limitarse exclusivamente a verificar la conformidad a Derecho del acto administrativo impugnado (RDLeg 1/2001 art.121; TS 16-6-90).

c) Por lo que se refiere a la **propiedad intelectual e industrial**, no cabe duda de que se considera una cuestión de Derecho civil y, por tanto, excluida de la jurisdicción contencioso-administrativa (TS 7-7-90, EDJ 7338).

La legislación en la materia remite a la jurisdicción ordinaria para el conocimiento de los litigios que se susciten en **ejercicio de acciones** derivadas de la aplicación de los preceptos de dicha normativa (RDLeg 1/1996 art.47 y 123; L 11/1986 art.123; L 17/2001 art.41 y 41 bis).

Sin embargo, dentro de la propiedad industrial, deben distinguirse las resoluciones dictadas por la **Oficina Española de Patentes y Marcas** que sí son recurribles ante la jurisdicción contencioso-administrativa. En general, relativas no a la titularidad sino a la autorización, denegación y acceso registral de las marcas propuestas u opuestas.

11155 MPCA nº 700 s. **Derecho nobiliario** También se considera competencia de la jurisdicción civil lo referente a la sucesión nobiliaria y al derecho nobiliario en general.

El **derecho material nobiliario** (creación, modificación o revocación del título nobiliario) es de índole civil, por lo que la competencia corresponde a los tribunales civiles, sin que la jurisdicción contenciosa pueda extender su conocimiento al control de unos actos en los que la Administración actúa en nombre de un poder de soberanía que corresponde al rey como jefe del Estado (Const art.62.f; TS 4-3-96, EDJ 985).

No obstante, en aquellos supuestos en los que se produzca la **vulneración de las normas de procedimiento** establecido en la normativa reguladora de esta materia -fundamentalmente, a efectos de tramitación- (D 27-5-1921; Real Orden 21-10-1922), sí corresponde conocer a la jurisdicción contencioso-administrativa (TS 16-4-02, EDJ 14660; 5-6-01, EDJ 13201; 25-5-87, EDJ 16009; 18-6-84; TCo 68/1985).

11157 MPCA nº 708 s. **Resoluciones de la dirección general competente en materia de registros y notariado** (LH art.19 bis y 324) Frente a la calificación registral total o parcialmente negativa es posible interponer, alternativamente:

- directamente recurso **ante la jurisdicción civil**; o
- el llamado **recurso gubernativo** sobre la calificación registral, ante la dirección general competente en materia de registros y notariado -actualmente la Dirección General de Seguridad Jurídica y Fe Pública (DGSJFP)-, contra cuya resolución cabe posterior impugnación judicial.

En ese sentido, quedan igualmente fuera del conocimiento de la jurisdicción contenciosa las resoluciones dictadas por la DGRN/DGSJFP al decidir sobre los recursos deducidos contra las **calificaciones de los registradores** de la propiedad, de los registradores mercantiles y de bienes muebles, ya que, en este caso, la citada dirección general no actúa como órgano de la función administrativa, sino como **órgano de la función registral**, por lo que sus resoluciones son actos de calificación registral que sustituyen o confirman la realizada en primera instancia por el registrador (TS 28-11-98, EDJ 33680).

Las resoluciones expresas y presuntas de la DGRN/DGSJFP, así como, de forma potestativa, las calificaciones negativas, en materia del recurso contra la calificación de los registradores, son recurribles ante los órganos del **orden jurisdiccional civil**, siendo de aplicación las normas del juicio verbal (nº 3900).

Precisiones Un **estudio detallado** de la calificación registral y los recursos gubernativos contra ella se realiza en los nº 9515 s. Memento Administrativo 2026, así como en los nº 10745 s. Memento Sociedades Mercantiles 2026, en materia societaria, y en los nº 10962 s. Memento Inmobiliario 2025-2026, en el ámbito inmobiliario.

Recursos en materia de aranceles registrales (L 8/1989 disp.adic.3ª.5; RD 1427/1989 Anexo II norma 6; RD 1426/1989 Anexo II norma 10) Diferente del recurso gubernativo contra la calificación registral es este recurso que pueden interponer los interesados para impugnar la minuta u honorarios formulados por el **registrador**. Se sujeta a las siguientes reglas. **11160** MPCA nº 713

• Se deduce dentro del **plazo** de 15 días hábiles siguientes al de su notificación o entrega.
• La impugnación debe presentarse **ante el registrador** que la ha formulado, quien, con su informe, la debe elevar, en el plazo de 10 días hábiles, ante la Junta de Gobierno del Colegio de Registradores de la Propiedad, Bienes Muebles y Mercantiles de España, para su resolución.
• La impugnación puede presentarse directamente **ante la Junta de Gobierno**. En este caso, la junta debe recabar inmediatamente informe del registrador, que ha de emitirlo en el plazo máximo de 10 días hábiles. Una vez evacuado, se da traslado al recurrente para que pueda formular alegaciones en plazo de 15 días -igualmente hábiles- (LPAC art.82).
• Las **resoluciones de la Junta de Gobierno** pueden apelarse en el plazo de 10 días hábiles **ante la DGSJFP** (apelación de honorarios).
• La Junta de Gobierno debe **comunicar a la DGSJFP** todos los recursos que se han interpuesto, así como las resoluciones que se dicten en esta materia.
• Es discutible si, contra la resolución de la DGSJFP, cabe **recurso potestativo de reposición**. En la medida en que la apelación de honorarios es un recurso especial sustitutivo del de alzada, ha de optarse por la solución negativa. No obstante, en la práctica se indica como regla -en el pie de notificación de estas resoluciones- la posibilidad de interponer tal recurso.
• Posteriormente, cabe **recurso contencioso-administrativo** ante el Tribunal Superior de Justicia correspondiente.

Igual régimen de impugnación rige respecto de los **aranceles notariales**, con la peculiaridad de que la minuta se impugna ante el notario que la ha girado, quien la remite con su informe ante la junta directiva del colegio notarial correspondiente, pudiendo asimismo presentarse la impugnación directamente ante esta (L 8/1989 disp.adic.3ª.5).

Fundaciones (L 50/2002 art.9.4, 13.2, 17.2, 18.2 y 3, 29.3, 30.4, 32, 35.2, 42.2 y 43.3) En materia de fundaciones, corresponde al **orden civil** conocer de las siguientes cuestiones: **11162**

- autorización judicial al protectorado para otorgar escritura de **constitución** en las fundaciones *mortis causa*, en los casos en los que el testador se haya limitado a establecer su voluntad y asignación de medios y bienes;
- autorización judicial al protectorado para nombramiento de nuevos **patronos** en caso de transcurso de más de 6 meses desde el otorgamiento de la escritura de constitución sin haberse inscrito en el registro de fundaciones;
- acción para exigir **responsabilidad** a los patronos;
- **suspensión cautelar** en el cargo, en general, y **cese** en determinados supuestos;
- modificación de **estatutos**, en caso de negativa del patronato, cuando proceda;
- autorización judicial de **fusión** de fundaciones, en caso de imposibilidad de consecución del fin fundacional, en caso de oposición;
- autorización judicial en determinados supuestos de **extinción**;
- autorización para **intervención temporal** de la fundación, asumiendo el protectorado la función del patronato.

Al margen de estas reglas atributivas, los **actos de los protectorados** de fundaciones, materialmente administrativos, así como las resoluciones dictadas en **recursos contra la calificación** de los registros de fundaciones son impugnables en sede contencioso-administrativa (L 50/2002 art.43 -precepto pleno de aplicación general-).

Concurso de acreedores (LCon art.1 s., 44, 52 y 55) Solicitado el concurso de acreedores, como **proceso civil especial** de ejecución universal, el juez de lo mercantil territorialmente competente que conozca del mismo, extiende su jurisdicción exclusiva y excluyente a la resolución de todas aquellas cuestiones relativas al concurso, incluidas aquellas **cuestiones prejudiciales administrativas o sociales** directamente relacionadas con el concurso o cuya resolución sea necesaria para el buen desarrollo del procedimiento concursal. **11164** MPCA nº 716 s.

Las cuestiones administrativas conocidas por aquel en el seno del proceso concursal por efecto de la atribución señalada pueden plantearse posteriormente en **sede contencioso-administrativa**, para su decisión con plenos efectos, en su caso.

Precisiones El **proceso concursal** se expone detalladamente en los nº 5470 s.

11166 **Entradas domiciliares para la protección de menores** (LOPJ art.91.2; LJCA art.8.6; LEC art.778 quinquies) Se incluyen en el ámbito del **orden jurisdiccional civil** los supuestos de entradas domiciliares y asimiladas para la ejecución de resoluciones administrativas dictadas por la entidad pública competente en materia de protección de menores (nº 5313.1).

11168 **Contratación de las autoridades portuarias** (RDLeg 2/2011 art.11, 12, 16, 24 y 27; LCSP art.27) Las **competencias** que corresponden a la Administración del Estado en relación con el dominio público y el sistema portuario de interés general (Const art.149.1.20ª) son ejercidas en los **puertos e instalaciones de carácter civil** por el ministerio del ramo, a través de Puertos del Estado y de las autoridades portuarias. Su ejercicio corresponde a organismos públicos de los previstos en la Ley general presupuestaria (L 47/2003 art.2.1.i).
Han de someterse, en todo caso, a los **principios** de publicidad, concurrencia, salvaguarda del interés del organismo y homogeneización del sistema de contratación en el sector público (LCSP) y observar lo establecido en el RDL 3/2020 cuando celebren contratos en los sectores del agua, la energía, los transportes y los servicios postales (RDLeg 2/2011 art.16.2 y 24.1).
El tratamiento procesal de los **litigios derivados de los contratos** celebrados por estos organismos se somete a normas específicas, que excepcionan el régimen general. Estos contratos tienen consideración de contratos privados a los efectos de LCSP art.27 (OM FOM/4003/2008 art.1; TS civil 28-9-23, EDJ 738757; AP Sevilla 27-4-17, EDJ 250296).

11169 **Acción de reclamación del justiprecio impagado frente a un beneficiario privado** En una expropiación hecha a favor de un beneficiario privado o de un ente público que en ese caso no actúa ejerciendo potestades públicas, puede ocurrir que el justiprecio ya esté fijado, bien por el jurado provincial de expropiación u órgano equivalente, bien por mutuo acuerdo, y que aun así el beneficiario no lo pague. Si el expropiado tiene que reclamar ese pago por el impago del beneficiario, esa reclamación debe tramitarse ante los tribunales del orden civil.
Si el **beneficiario es una entidad de Derecho público o Administración** y su condición de tal se asocia al ejercicio de las potestades que tiene atribuidas en tanto que entidad gubernativa, cabe al expropiado acreedor del justiprecio pendiente de pago instar un proceso contencioso-administrativo contra la inactividad administrativa, conforme al cauce y trámites de LJCA art.29, previo requerimiento o reclamación al efecto (nº 12075).
En caso de haberse planteado **litigio contencioso-administrativo contra la resolución del jurado** u órgano valorativo equivalente sobre el importe del justiprecio y su extensión, en el que haya actuado como coadyuvante la entidad beneficiaria, aun siendo sujeto de Derecho privado, cabría aceptar que la reclamación del pago pudiera efectuarse en sede de ejecución de la sentencia contencioso-administrativa (estimatoria, al menos), si se hubiera acumulado a la pretensión valorativa otra de plena jurisdicción o de satisfacción de la situación jurídica individual del actor.
Fuera de estos dos supuestos, se considera indudablemente **competente** el orden civil, que conocerá de la demanda por acción declarativa de condena a través de los cauces del juicio ordinario o verbal, en función de su cuantía.

2. Cuestiones atribuidas a la jurisdicción penal

(LJCA art.3.a)

11170 La distinción entre qué pretensiones han de ser resueltas en el orden penal y cuales en el
MPCA orden contencioso-administrativo no presenta prácticamente ningún problema. No obstante,
nº 750 s. las relaciones entre ambos órdenes jurisdiccionales son evidentes debido a que el ejercicio de la **potestad sancionadora** de la Administración pública necesita aplicar principios de naturaleza penal, que en gran medida han sido recogidos en su normativa reguladora.
Además debe tenerse en cuenta el **carácter preferente de la jurisdicción penal**, que obliga a la suspensión del procedimiento administrativo sancionador que se esté tramitando siempre que exista identidad de sujeto, hecho y fundamento respecto del proceso penal que, sobre los mismos hechos, se esté sustanciando, quedando los órganos administrativos vinculados por los hechos declarados probados en resolución judicial penal firme (LRJSP art.31.1).
Igualmente, se impide que un mismo hecho sea castigado penal y administrativamente aplicándose el principio de «**non bis in idem**», según el cual no pueden sancionarse los hechos que hayan sido sancionados penal o administrativamente en los casos en los que se aprecie identidad de sujeto, hecho y fundamento (Const art.25.1; LRJSP art.31).
Los principales problemas que se suscitan entre los órdenes jurisdiccionales penal y contencioso-administrativo quedan ceñidos a la **actuación de órganos administrativos** en el cumplimiento de funciones judiciales y a la ejecución de sentencias penales.

Precisiones 1) La **jurisdicción y competencia** en el orden jurisdiccional penal se expone en los nº 7130 s.
2) Sobre las **medidas cautelares tributarias** conexas con el proceso penal ver nº 759 Memento Procesal Contencioso-Administrativo 2026.
3) Sobre la jurisdicción respecto a actuaciones tributarias vinculadas a **delitos contra la Hacienda pública**, ver nº 762 Memento Procesal Contencioso-Administrativo 2026.
4) Sobre la jurisdicción respecto al procedimiento de **extradición pasiva**, ver nº 764 Memento Procesal Contencioso-Administrativo 2026.

Cumplimiento de funciones judiciales (Const art.126) Respecto a la actuación de órganos administrativos en el cumplimiento de funciones judiciales, se ha discutido el carácter administrativo de las actuaciones que desarrolla la **policía judicial**, que depende de los jueces, de los tribunales y del Ministerio Fiscal en sus funciones de averiguación del delito y descubrimiento y aseguramiento del delincuente en los términos que establezca la ley. 11171
Así, la actuación de los agentes de policía, al practicar detenciones y posteriores interrogatorios, no supone el ejercicio de una actividad administrativa, sino el ejercicio de una función de policía judicial realizada bajo la **dependencia de jueces, tribunales y Ministerio Fiscal**, siendo obvio que un tribunal contencioso-administrativo no puede declarar la nulidad de tales actuaciones puesto que la adecuación de las mismas al ordenamiento jurídico solo puede corresponder al **tribunal de lo penal** que conoce a su vez de la causa penal en que se integran tales actuaciones (TS 19-12-86).

Ejecución de sentencias penales (LOPJ art.94.1) En principio, es posible que se produzcan, en este campo, actuaciones susceptibles de ser revisadas en la **jurisdicción contencioso-administrativa**, no pudiendo en consecuencia declararse, sin más, la inadmisibilidad de cualquier recurso interpuesto contra actuaciones llevadas a cabo en el ámbito de la ejecución de penas (TS 13-4-71). 11177
Sin embargo, en la actualidad la producción de tales supuestos es prácticamente imposible, puesto que se atribuye a la Sección de **Vigilancia Penitenciaria** del Tribunal de Instancia -hasta su constitución, al juzgado de vigilancia penitenciaria- las funciones jurisdiccionales en materia de ejecución de penas privativas de libertad y medidas de seguridad, control jurisdiccional de la potestad disciplinaria de las autoridades penitenciarias, amparo de los derechos y beneficios de los internos en los establecimientos penitenciarios y demás que señala la Ley general penitenciaria (LO 1/1979).
Sí puede ser competente en ciertos casos el orden contencioso-administrativo en sede de **extradición** (TS 17-11-14, EDJ 201366; 16-3-15, EDJ 25616).

Precisiones 1) De la enumeración expuesta y aparte de la competencia para la ejecución de las penas y medidas de seguridad referidas, destaca que se conozca de la **potestad disciplinaria** de las autoridades penitenciarias, ya que la misma es una actuación puramente administrativa que, ejercida por una Administración pública, debería ser conocida, en puridad, por la jurisdicción contencioso-administrativa. Sucede, sin embargo, que la Administración penitenciaria está tan ligada a lo penal y la situación de los justiciables es tan peculiar que se estima preferible atribuir el control jurisdiccional a un juzgado del orden penal (García Gómez de Mercado).
2) No entra en la ejecución de sentencia penal la **expulsión administrativa de extranjeros** derivada de condena impuesta por aquella (LO 4/2000 art.57.2 y 5). Desde el punto de vista administrativo, constituye causa de expulsión, previa tramitación de expediente administrativo, que el extranjero haya sido condenado, dentro o fuera de España, por una conducta dolosa que constituya, conforme al ordenamiento español, delito sancionado con pena privativa de libertad superior a un año, salvo que los antecedentes penales hubieran sido cancelados. La **condena penal** es el presupuesto de la medida administrativa de policía (TS 31-5-18, EDJ 91009); los litigios resultantes de la medida administrativa impuesta como derivación de la condena penal son ajenos a este orden jurisdiccional y a la ejecución de la sentencia penal dictada y se revisan en sede contencioso-administrativa (nº 10267.2).

Internamiento cautelar de extranjeros (LO 4/2000 art.62 y 62 sexies; LOPJ art.87.2; RD 1155/2024 art.234 y 236) La medida de internamiento de extranjeros en un centro de internamiento de extranjeros (CIE) tiene carácter de cautela cuya finalidad es **asegurar la ejecución** de un acto administrativo: la resolución de expulsión del territorio nacional que en su caso se adopte. 11178 MPCA nº 755 s.
Dado su carácter de privación de libertad se adopta por el **juez de instrucción**, no por la autoridad administrativa competente para resolver el expediente ni por el órgano judicial contencioso-administrativo llamado a revisar en sede judicial el acto que en su momento se dicte (nº 7495).

3. Cuestiones atribuidas a la jurisdicción social

(LJCA art.3.a)

11180 MPCA nº 770 La delimitación de las cuestiones contencioso-administrativas y sociales es una cuestión de extraordinaria complejidad. Si bien nuestra jurisprudencia ha tratado de ir resolviendo las diferentes cuestiones controvertidas, no han faltado en estos intentos **pronunciamientos contradictorios** entre la Sala Tercera (de lo Contencioso-Administrativo) y la Sala Cuarta (de lo Social) del Tribunal Supremo.

Sobre el ámbito de la **jurisdicción social** ver también lo que se expone en el capítulo dedicado a este proceso (nº 14415 s.).

11181 **Reglas generales de reparto competencial** (LOPJ art.9; L 36/2011 art.1 a 3) El primer acercamiento a la cuestión debe hacerse desde un punto de vista puramente legal y, por tanto, refiriéndose a los diferentes preceptos que regulan con carácter general tanto las competencias del orden jurisdiccional contencioso-administrativo, como las del orden social.

Precisiones Para delimitar la competencia entre los órdenes contencioso-administrativo y social, el criterio directriz no reside en el carácter del órgano, ni tampoco en el carácter del acto, sino que resulta decisivo el **área jurídica** en que este incide (TS 17-2-98, EDJ 1086).

11183 **Competencia de la jurisdicción contencioso-administrativa** (LOPJ art.9.4; LJCA art.3.1.a; L 36/2011 art.1 a 3) Con carácter general, el orden jurisdiccional contencioso-administrativo conoce de las pretensiones que se deduzcan en relación con los **actos de las Administraciones públicas** sujetos al Derecho Administrativo y con las disposiciones reglamentarias. No conoce de las cuestiones atribuidas expresamente al orden social, aunque estén relacionadas con la actividad de la Administración pública.

Sin embargo, expresamente se le atribuye competencia con relación a:

• La **impugnación directa de las disposiciones generales de rango inferior a la Ley** y decretos legislativos en lo que excedan de los límites de la delegación, aun en materias laboral, sindical y de Seguridad Social (nº 11186).

• La tutela de los derechos de libertad sindical y del derecho de huelga relativo a los **funcionarios públicos** y al personal cuya relación con la Administración se rige por normas administrativas o estatutarias: personal al servicio del Estado, las corporaciones locales y las entidades públicas autónomas -RDLeg 2/2015 art.1.3.a- (nº 11190).

• Las resoluciones y actos dictados en materia de inscripción de empresas, formalización de la protección frente a riesgos profesionales, tarifación, afiliación, alta, baja y variaciones de datos de trabajadores, así como en materia de liquidación y gestión recaudatoria y demás actos administrativos distintos de los de la gestión de prestaciones de la **Seguridad Social** (nº 11191).

11184 • Las resoluciones en materia de **gestión recaudatoria** dictadas por su respectiva entidad gestora en el supuesto de cuotas de recaudación conjunta con las cuotas de Seguridad Social, así como las relativas a las actas de liquidación y de infracción vinculadas con dicha liquidación, los actos administrativos conexos con los anteriores dictados por la Tesorería General de la Seguridad Social y los actos administrativos sobre asistencia y protección social públicas ajenos a actividad prestacional de la Seguridad Social y ajenos igualmente a las funciones y actuaciones de esta -incluida la potestad sancionadora- distintas a las enumeradas en este apartado y en el anterior (nº 11191).

• Los procesos cuyo objeto sean los **pactos o acuerdos concertados por las Administraciones públicas** con arreglo al Estatuto básico del empleado público (RDLeg 5/2005), que sean de aplicación al personal funcionario y/o estatutario, exclusiva o conjuntamente con el laboral; y a los litigios sobre la composición de **mesas de negociación sobre condiciones de trabajo comunes** al personal de carácter administrativo y laboral (nº 11189).

• Las reclamaciones sobre **responsabilidad patrimonial** de las entidades gestoras y servicios comunes de la Seguridad Social y de las entidades, servicios y organismos del Sistema Nacional de Salud y de los centros concertados con ellas, sean estatales o autonómicos, por los daños causados por o con relación a la **asistencia sanitaria**, aun cuando concurra con particulares en la producción del daño o cuenten con seguro de responsabilidad.

• Las disposiciones que establezcan garantías de aseguramiento de los servicios esenciales para la comunidad en caso de **huelga** y, en su caso, de los servicios o dependencias y porcentajes mínimos de personal necesarios a tal fin, sin perjuicio de la competencia del orden social sobre las impugnaciones exclusivamente referidas a los actos de designación concreta de personal laboral en dichos mínimos y sobre el resto de actos de la autoridad laboral en situaciones de conflicto, con arreglo al RDL 17/1977 (L 36/2011 art.3.d y h, en sentido contrario).

Precisiones 1) Corresponde al orden contencioso-administrativo y no al social conocer del litigio en el que se impugna el **acto administrativo de dotación de fondos o aportación dineraria a una fundación pública** cuya actuación es el desarrollo de la conciliación laboral previa o alternativa al proceso social, que forma parte del sector público autonómico, dado que los actos administrativos relativos a sus aspectos organizativos, presupuestarios, de financiación, etc., no son meros actos de subvención de actividades de una fundación laboral privada, constituida por los interlocutores sociales, sino actos de autoorganización administrativa, ajenos al ámbito jurisdiccional del orden social (TS social 24-10-25, EDJ 765374).
2) Se ha declarado inconstitucional, por lesión de los límites materiales de las leyes de presupuestos generales del Estado, la reforma de L 36/2011 art.3.g por L 22/2021 respecto del supuesto de exclusión de la competencia de la jurisdicción social y, por tanto, atribución al orden contencioso-administrativo, relativo a los actos administrativos dictados en las fases preparatorias, previas a la **contratación de personal laboral** para el ingreso por acceso libre (TCo 145/2022).

Competencia de la jurisdicción social (LOPJ art.9.5; L 36/2011 art.2 y 3) El orden jurisdiccional social conoce de las pretensiones que se deduzcan dentro de la rama social del Derecho, tanto en **conflictos** individuales como colectivos (nº 11189), así como las **reclamaciones** en materia de Seguridad Social o contra el Estado, cuando le atribuya responsabilidad la legislación laboral, excluidas, como se ha visto, las materias relativas a libertad sindical y huelga de funcionarios públicos. **11185** MPCA nº 776
A estas competencias hay que añadir la de conocer sobre:
- las resoluciones administrativas relativas a la **imposición de sanciones** por todo tipo de infracciones de orden social, excepto las derivadas de la gestión recaudatoria de la seguridad social -y actos administrativos conexos de la Tesorería General de la Seguridad Social- y excepto, asimismo, las impuestas en materia de asistencia y protección social públicas no prestacionales;
- las resoluciones relativas a la **regulación de empleo**, a la aplicación del **mecanismo RED** de flexibilidad y estabilización de empleo y a la actuación administrativa en materia de **traslados colectivos**.
Se atribuye al orden jurisdiccional social el conocimiento de los procesos cuyo objeto sean **actos administrativos** en el ámbito social, a menos que se atribuyan específicamente al orden contencioso-administrativo (nº 11188).

Precisiones 1) En los preceptos mencionados aparecen conceptos cuya interpretación no plantea excesivos problemas. Así, por ejemplo, cuando se refiere a las reclamaciones contra el Estado, cuando la legislación laboral le atribuya responsabilidad, se trata fundamentalmente del abono de los **salarios de tramitación** (L 36/2011 art.116 a 119), así como de las reclamaciones contra el Fondo de Garantía Salarial, siempre sustanciadas en el ámbito del orden social (TS 23-4-88, EDJ 3359).
2) En los supuestos de **impugnación de actos administrativos** cuya competencia corresponda al orden social, se aplica supletoriamente a la L 36/2011, la LJCA, con la necesaria adaptación a las particularidades del proceso social y en cuanto sea compatible con sus principios, siendo supletoria de segundo grado la LEC (L 36/2011 disp.final 4ª).
3) Las **reclamaciones al FOGASA** por reconocimiento de prestaciones o abono de intereses devengados, desde el reconocimiento hasta el pago efectivo, se someten a un procedimiento administrativo con plazo máximo de resolución y notificación de 3 meses, con silencio administrativo positivo (LPAC art.24; RD 505/1985 art.28.7; TS 16-3-15, EDJ 51819). La competencia del orden social en relación con el reconocimiento de prestaciones de garantía salarial no ofrece dudas.
También debe entenderse competente el orden social en caso de **reclamación exclusiva de intereses**, lo cual puede ser más frecuente, habida cuenta del indicado sentido positivo del silencio, aunque la cuestión competencial resulta en este caso más discutible. Así, se ha establecido la competencia del orden social para conocer de las demandas en reclamación de pago de intereses devengados por las cantidades de prestaciones de cuyo pago sea responsable el FOGASA (TS social 28-9-16, EDJ 178687; 29-9-16, EDJ 178676). Ver nº 798 Memento Procesal Contencioso-Administrativo 2026.

Impugnación directa de reglamentos La atribución al orden contencioso-administrativo del conocimiento de los recursos directos contra disposiciones de rango inferior al legal en materia social es coherente con la jurisdicción de este, con carácter absoluto, para revisar el ejercicio de la potestad reglamentaria de las Administraciones públicas. **11186**
La **regla atributiva** se concreta, específicamente, en cuanto al recurso directo, no al indirecto, frente a **actos de aplicación**. Estos pueden ser:
- actos de las Administraciones públicas en **materia laboral**, cuyo conocimiento se atribuye por efecto de la L 36/2011 con carácter general al orden social, sin perjuicio de las excepciones concretas analizadas en nº 11183 y nº 11191;
- actos o decisiones de **particulares**.

En caso de que el acto o la decisión aplicativa de la disposición general no entre en la relación de supuestos que abren la vía contencioso-administrativa, el órgano judicial social podrá únicamente emplear el expediente de LOPJ art.6.1: **inaplicación de la disposición** por considerarla ilegal.
Por el contrario, en el supuesto de que el acto de aplicación sea revisable en sede procesal contencioso-administrativa, se aplicarán las reglas y mecanismos del **recurso indirecto** y, en su caso, de la **cuestión de ilegalidad** en este orden jurisdiccional.

11188 MPCA nº 780 **Resoluciones de la Administración laboral** Se atribuye al orden social el conocimiento de las resoluciones administrativas relativas a la **imposición de sanciones** en materia laboral y sindical y a la **regulación de empleo** -suspensión temporal, reducción de jornada y despidos colectivos-, así como de los restantes actos y resoluciones de las Administraciones públicas sujetos a Derecho administrativo en el ejercicio de sus potestades y funciones en materia laboral y sindical que agoten la vía administrativa, salvo que se atribuya su conocimiento a otro orden jurisdiccional.
La impugnación de actos administrativos en materia laboral y de Seguridad Social no prestacionales constituye una **modalidad procesal** dentro del proceso laboral (nº 15430 s.).

11189 MPCA nº 782 **Negociación colectiva con la Administración pública** Según la jurisprudencia más reciente, cuando se impugna la legalidad del contenido de un **convenio colectivo** celebrado entre una Administración pública y su **personal laboral**, el título de la pretensión corresponde al Derecho laboral y no al Derecho administrativo, correspondiendo por tanto el conocimiento de la pretensión al orden jurisdiccional social (TS auto 22-3-99, EDJ 79695; TS 28-4-00, EDJ 12221; 4-12-00, EDJ 50145; 21-5-02, EDJ 18686). Anteriormente, en contra, se atribuía la materia al orden contencioso-administrativo (TS 9-5-96, EDJ 2749; 28-4-98; 4-12-00, EDJ 55680). Ver al respecto lo que se expone en los nº 15480 s.
No obstante, cuando la Administración del Estado o la autonómica impugnen un **acuerdo municipal** en el que se regulan las condiciones de trabajo de su personal, por entender que infringe el ordenamiento jurídico (LBRL art.65.3), el orden jurisdiccional competente es el contencioso-administrativo (TS 22-10-93, EDJ 9421; TSJ Granada 9-6-99, EDJ 80957).

11190 **Tutela del derecho de libertad sindical** (L 36/2011 art.3.c) Quedan excluidas del conocimiento del orden social las pretensiones que se deduzcan en relación con la tutela de los derechos de libertad sindical y del derecho de huelga relativa a los **funcionarios públicos** y al personal cuya relación con la Administración se rige por normas administrativas o estatutarias: personal al servicio del Estado, las corporaciones locales y las entidades públicas autónomas (RDLeg 2/2015 art.1.3.a).
La competencia en estos casos corresponde al **orden contencioso-administrativo**.
No obstante, esta regla ha sido aplicada de forma restrictiva, exigiéndose, para que la excepción entre en juego (TS 8-2-94, EDJ 1034):
- por un lado, un **requisito subjetivo**: que se trate de una organización que represente exclusivamente intereses específicos de funcionarios y asimilados y que esté exclusivamente constituida por estos; y
- por otro, un **requisito objetivo**: que el conflicto haya tenido lugar dentro de la función pública y en torno al ejercicio de derechos sindicales en este ámbito.

En lo que se refiere a la impugnación de las decisiones de las comisiones de elecciones sindicales, la competencia corresponde al orden social, pues se entiende que la **proclamación y atribución de los resultados electorales** son actos que deben encuadrarse dentro del concepto genérico de rama social del Derecho, no siendo, por tanto, actos que se realicen en aplicación del Derecho administrativo (TS auto 28-3-90, EDJ 3495; TS 22-3-94, EDJ 2666).
Por último, tratándose del personal estatutario al servicio de las **instituciones sanitarias de la Seguridad Social**, resulta, en todo caso, competente la jurisdicción social (D 2065/1974 art.45.2; TS 22-10-99, EDJ 31355; 14-1-00, EDJ 279).

Precisiones **1)** Por no concurrir los requisitos señalados, se ha declarado la competencia de la jurisdicción social en la pretensión del **funcionario afiliado a un sindicato** que se opone al acuerdo de este por el que queda suspendido de militancia (TSJ Cataluña 11-4-94, EDJ 1562).
2) Corresponde al orden jurisdiccional contencioso-administrativo la pretensión de un **sindicato de funcionarios** -o, al menos, básicamente de funcionarios- frente a un acuerdo de la Administración por el que se le priva de intervenir y formar parte de una negociación (TS 28-12-99, EDJ 43446).

11191 MPCA nº 786, 788 **Reclamaciones en materia de Seguridad Social** (L 36/2011 art.2.o y s y 3.f) Como regla general, el **orden jurisdiccional social** conoce de:
• las **reclamaciones** en materia de Seguridad Social, incluida la protección por **desempleo** y por **cese de actividad** de trabajadores por cuenta propia o autónomos;

• la imputación a empresarios o terceros de **responsabilidades** respecto de prestaciones de aquella;
• las cuestiones litigiosas relativas a valoración, reconocimiento y calificación de grado de **discapacidad** y prestaciones a personas en situación de dependencia; y
• en general, las cuestiones litigiosas en materia de ejercicio de **potestades y funciones** de Seguridad Social, incluida la sancionadora -se prevé al respecto una modalidad procesal específica (nº 15350 s.)-.

No obstante, se excluyen expresamente de este orden jurisdiccional, correspondiendo su conocimiento al **orden contencioso-administrativo**, las pretensiones relativas a las denominadas **relaciones jurídicas instrumentales** en el ámbito de la Seguridad Social, concretamente, los litigios sobre resoluciones y actos dictados en materia de:
- inscripción de empresas;
- formalización de la protección frente a riesgos profesionales;
- tarifación;
- afiliación, alta, baja y variaciones de datos de trabajadores;
- liquidación y gestión recaudatoria; y
- demás actos administrativos distintos de los de la gestión prestacional de la Seguridad Social.

También se excluyen del orden social:
• las resoluciones en materia de gestión recaudatoria dictadas por su respectiva entidad gestora, en el supuesto de **cuotas de recaudación conjunta** con las cuotas de Seguridad Social;
• las relativas a las **actas de liquidación y de infracción**;
• los **actos administrativos conexos** con los anteriores dictados por la Tesorería General de la Seguridad Social; y
• los actos igualmente administrativos sobre **asistencia y protección social públicas** ajenos a actividad prestacional de la Seguridad Social y ajenos, asimismo, a las funciones y actuaciones de esta -incluida la potestad sancionadora- distintas a las enumeradas.

Precisiones Se sustancian ante el orden social las reclamaciones que tengan por objeto prestaciones y servicios de la Seguridad Social objeto de la colaboración en su gestión por parte de las **mutuas colaboradoras** con aquella o que tengan su fundamento en las mismas, incluidas las de carácter indemnizatorio (RDLeg 8/2015 art.99.2).

Cuestiones de personal El orden jurisdiccional competente para conocer de las reclamaciones formuladas por los **funcionarios**, tanto por los de carrera como por los interinos, es el contencioso-administrativo, pues en estos casos la Administración actúa como sujeto de Derecho público, insertándose, por tanto, esta actuación en el ámbito jurídico administrativo (TSJ Galicia 28-11-98). **11195** MPCA nº 790

En el supuesto de que la cuestión afecte a **todo el personal** de la Administración, tanto laboral como funcionario, el orden jurisdiccional competente es también el contencioso-administrativo (TS 24-1-95, EDJ 1205).

Tratándose de la impugnación formulada contra concursos de **adjudicación de plazas laborales**, es necesario distinguir dos momentos (TS auto 6-3-96, EDJ 10903; auto 24-10-96, EDJ 10911; 26-6-98, EDJ 61308):
- cuando todavía no esté constituida la relación de empleo, corresponde conocer al orden jurisdiccional contencioso-administrativo;
- cuando la adjudicación es resultado de un concurso promovido en el ámbito de la relación de empleo ya constituida, debe conocer el orden social.

Precisiones **1)** La relación profesional de servicios retribuidos entre la Administración y los **funcionarios interinos** no se convierte en laboral, por más irregularidades que concurran, correspondiendo por tanto el conocimiento de todas las posibles controversias, que puedan surgir, al orden jurisdiccional contencioso-administrativo (TS 20-4-99, EDJ 5411).
2) Independientemente de que alguno de los concurrentes ostente una **relación laboral previa** con el organismo que haya de adjudicar una plaza, si esta adjudicación se ha de realizar mediante el sistema de **concurso libre**, las reclamaciones que se formulen contra la resolución de dicha adjudicación vienen atribuidas al orden contencioso-administrativo; en caso contrario, la legalidad de la resolución contra la posible impugnación correspondería al orden contencioso-administrativo o al social, atendiendo a la distinta **cualidad de la persona participante** en el concurso (TS auto 26-6-98, EDJ 61308).

Contratación administrativa En relación con los supuestos de contratación administrativa, debe partirse de la **regla general** de que el orden jurisdiccional competente para conocer de las controversias que puedan surgir es el contencioso-administrativo (TS 28-2-92, EDJ 1926; TSJ Andalucía 10-3-99, EDJ 18081). **11197**

Sin embargo, esta regla general decae en el supuestos de que de las circunstancias del caso resulte que, entre la actividad realizada efectivamente por el contratado y la norma legal que sirve de cobertura a dicha contratación, exista un desajuste que permita afirmar que la finalidad de esa contratación administrativa ha desaparecido, convirtiéndose la relación del contratado con la Administración en una **relación de trabajo** en régimen laboral, correspondiendo por tanto el conocimiento jurisdiccional de las posibles controversias al orden social (TSJ Canarias 11-6-99, EDJ 35278; TSJ Andalucía 10-3-99, EDJ 18081).

11199 **Personal estatutario de la Seguridad Social** (D 2065/1974 art.45) Con respecto al personal estatutario de la Seguridad Social, se ha sostenido la competencia del **orden social** para conocer de las controversias que puedan surgir, aunque también se ha mantenido lo contrario, es decir, su atribución al **orden contencioso-administrativo**.

Ahora bien, esta discutida atribución general al orden social presentaría, en todo caso, la excepción de la competencia jurisdiccional del orden contencioso-administrativo en lo que se refiere a cuestiones derivadas del ejercicio de la **potestad disciplinaria** (D 2065/1974 art.123 no derogado por RDLeg 1/1994 ni por RDLeg 8/2015; TS 11-11-93, EDJ 10169).

Precisiones Como se ha indicado, la cuestión no es pacífica:

• Desde **7-10-1999 hasta 17-12-2003** (día anterior a la entrada en vigor de la L 55/2003 -estatuto marco del personal estatutario de los servicios de salud-), ha correspondido a la jurisdicción contencioso-administrativa el conocimiento de las demandas de impugnación de las convocatorias de los **procedimientos de selección**, de **provisión de plazas** y de **movilidad**, así como sus bases, la actuación de los tribunales y cuantos actos administrativos se deriven de ellos (L 30/1999 disp.adic.7ª).

Esta atribución de competencias al orden jurisdiccional contencioso-administrativo tiene un **carácter excepcional**, por lo que no debería entenderse más allá de las cuestiones relativas a los procedimientos de movilidad o traslados, que vienen a constituir el escalón último del sistema de provisión de plazas. En virtud de esta interpretación, debe conocer el orden contencioso-administrativo de los supuestos que en el mundo laboral se conocen como de **movilidad geográfica**, que implican:

- el acceso a una plaza en propiedad distinta de la del destino en el propio servicio de salud; o
- el pase a otro servicio distinto.

Pero conoce el orden social de lo que en el mundo laboral se conoce como **movilidad funcional**, es decir, de las pretensiones que se deduzcan en relación con los actos internos de gestión del personal estatutario dentro del mismo área de salud a la que dicho personal en propiedad está adscrito, por tratarse de meros acuerdos de distribución que constituyen una facultad de dirección que corresponde a los responsables del área de salud -L 14/1986 art.87- (TS 27-10-00, EDJ 33504).

• No obstante, **desde 18-12-2003** (inicio de la vigencia de la L 55/2003, que deroga L 30/1999 disp.adic.7ª), ha de atenderse nuevamente de forma integral a D 2065/1974 art.45.2, con lo que estas cuestiones indicadas en el apartado anterior vuelven al orden social (TSJ Extremadura 15-3-05, EDJ 37699).

Sobre la **vigencia del precepto** citado del D 2065/1974, habría de tener en cuenta que, si bien no ha sido trascrito en la Ley general de seguridad social, fue dejado expresamente en vigor por la misma -RDLeg 1/1994 disp.derog.única.a.1- (TS 27-3-98, EDJ 16342; 27-3-98, EDJ 16345). El RDLeg 8/2015 tampoco lo deroga expresamente.

• Cabe considerar que el D 2065/1974 art.45 ha sido **derogado tácitamente** por la L 55/2003, habiendo quedado integrado el personal citado en las comunidades autónomas, fuera de las anteriores entidades gestoras de la Seguridad Social, por lo que el orden competente para conocer de estos litigios debe ser, según esta tesis, el contencioso-administrativo (TS 16-12-05, EDJ 225624; TS sala conflictos de competencia auto 20-6-05, EDJ 127450).

• La entrada en vigor de la L 36/2011 no parece alterar la situación, pues no prevé que el conocimiento y resolución de procesos sobre estas cuestiones hayan de corresponder al orden contencioso-administrativo (L 36/2011 art.2 y 3). Si bien es cierto que atribuye al mismo las cuestiones relativas a la **negociación colectiva del personal estatutario**, no hay precepto específico que permita inferir la competencia del contencioso-administrativo en relación con **actos y decisiones administrativas** relativas al personal estatutario de la Seguridad Social o de los servicios de salud. Es más, establece que corresponde al orden social conocer de las **impugnaciones** de los actos administrativos en materia de Seguridad Social distintos de los excluidos específicamente (L 36/2011 art.2 y 3.f: nº 11191). Y puede considerarse que entran en esta cláusula general los analizados.

4. Otras cuestiones excluidas

11200 **Recurso contencioso-disciplinario militar** (LJCA art.3.b) Se excluye de la jurisdicción contencioso-administrativa el recurso contencioso-disciplinario militar, que es aquel que conoce de los recursos interpuestos contra los **actos sancionadores** definitivos, que causen estado en vía administrativa, dictados por las autoridades y mandos militares en aplicación de la Ley orgánica de régimen disciplinario de las Fuerzas Armadas y de la Guardia Civil (LO 4/1987; LO 2/1989 art.448 s.; LO 8/2014 art.73; LO 12/2007 art.78).

No son actos sancionadores y, por tanto, quedan excluidos del contencioso-disciplinario militar:
- las resoluciones que deniegan la **revisión de un acuerdo** sancionador definitivo (TS auto 14-12-98, EDJ 61306);
- las resoluciones que señalan la **situación militar** a la que debe pasar el recurrente tras haber cumplido la sanción de separación del servicio (TS auto 29-1-98, EDJ 61307).
Este recurso se expone en el nº 13400.

Conflictos de jurisdicción y conflictos de atribuciones (LJCA art.3.c) Quedan también excluidos de la jurisdicción contencioso-administrativa, los **conflictos de jurisdicción** que se susciten entre los jueces y tribunales y la Administración pública, conflictos que deben ser resueltos por el Tribunal de Conflictos de Jurisdicción (LOPJ art.38). 11210
Finalmente, la jurisdicción contenciosa tampoco conoce de los **conflictos de atribuciones** que se produzcan entre órganos de una misma Administración, que han de ser resueltos, dentro de la misma, por el que tenga atribuida tal facultad:
En la Administración General del Estado, el **presidente del Gobierno** resuelve los conflictos de atribuciones que se produzcan entre los distintos ministerios (LRJSP art.3), mientras que los **ministros** han de resolver aquellos que les correspondan -normalmente entre órganos dependientes del mismo departamento ministerial- y plantear los que procedan con otros ministerios (LRJSP art.61). También se atribuye esta competencia, respecto de los órganos directivos que dependan directamente de ellos, a los **secretarios de Estado** (LRJSP art.62.2.i).
En todo caso, es necesario que el conflicto de atribuciones, para que quede excluido de esta jurisdicción, se produzca entre órganos de la misma Administración, ya que si estamos ante **Administraciones diferentes** sí es posible interponer el pertinente recurso contencioso-administrativo, sin perjuicio de la competencia del Tribunal Constitucional para conocer de los conflictos de competencias entre el Estado y las comunidades autónomas (LOTC art.60 a 72).

Precisiones La sujeción de las relaciones administrativas de conflicto al orden contencioso-administrativo deriva de LJCA art.1 y LOPJ art.9.4 (TS 26-7-02, EDJ 29149), tanto si se trata de conflictos de **atribuciones** interadministrativos como de **pretensiones** de una Administración en relación con los actos, disposiciones o inactividad de otra.

Recursos contra normas forales fiscales vascas (LOTC disp.adic.5ª; LOPJ art.9.4; LJCA art.3.d) Estos recursos están también excluidos de la jurisdicción contencioso-administrativa. Se tratan, dentro de los procesos constitucionales, en el nº 16700. 11215

Decisiones y resoluciones de la Comisión Arbitral del País Vasco (LJCA disp.adic.1ª; LO 3/1979 art.39; L País Vasco 13/1994) No se someten a revisión contencioso-administrativa las **decisiones y resoluciones** dictadas por este órgano en el ámbito de su competencia que se extiende a las cuestiones que sobre la **titularidad de competencias autonómicas o forales**, le formulen las instituciones comunes o las de los territorios históricos que integran la Comunidad Autónoma, y la resolución de los **conflictos de competencia** que se susciten entre los órganos ejecutivos de unas y otras. 11220 MPCA nº 852
Si un **proceso contencioso-administrativo** planteado por el Gobierno Vasco, una diputación foral o un tercero, interesando el control de legalidad propio de la jurisdicción contencioso-administrativa, respecto a una disposición, resolución o acto, pudiera verse afectado por la resolución de una cuestión o de un conflicto de competencia de los que estuviera conociendo la Comisión Arbitral, el tribunal puede acordar, conforme a la LJCA, la suspensión del mismo en la forma y por el plazo en ella establecidos.

Precisiones No debe confundirse este órgano con la **Junta Arbitral del Concierto Económico** entre el Estado y la Comunidad Autónoma del País Vasco, cuyas resoluciones se someten a recurso contencioso-administrativo ante el Tribunal Supremo. En iguales términos, las de la Junta Arbitral del Convenio económico entre el Estado y la Comunidad Foral de Navarra (nº 9065 s. Memento Administrativo 2026).

C. Falta de jurisdicción

(LJCA art.5; LOPJ art.9.6)

La jurisdicción contencioso-administrativa es **improrrogable**. Los órganos de este orden jurisdiccional deben apreciar de oficio la falta de jurisdicción y resolver sobre la misma. 11230 MPCA nº 855
La jurisdicción se configura como un **presupuesto procesal** de ineludible cumplimiento, ya que antes de entrar a conocer del fondo del asunto, el órgano jurisdiccional debe asegurarse que la cuestión a resolver se encuentra dentro de su jurisdicción. De este modo, la jurisdicción se convierte en el primero de los requisitos procesales que deben examinarse, antes incluso que el de la competencia.

Precisiones 1) La **falta de competencia** se expone en el nº 11369.
2) La **atribución** de la jurisdicción se determina por la norma vigente en el momento del inicio del proceso (TSJ Extremadura 15-3-05, EDJ 37699).

11232 **Tramitación de oficio** (LJCA art.5.2) La falta de jurisdicción se debe apreciar de oficio por el órgano jurisdiccional, previa audiencia de las partes y del Ministerio Fiscal, por **plazo** común de 10 días.
El órgano jurisdiccional no solo puede, sino que debe promover de oficio la declaración de falta de jurisdicción si entiende que carece de la misma. En este caso, la falta de jurisdicción puede ser apreciada en cualquiera de las fases del procedimiento, esto es:
- en la fase de **admisión del recurso** al inicio del procedimiento (nº 12555);
- en la **sentencia** que ponga fin al mismo, ya que se establece que la sentencia debe declarar la inadmisibilidad del recurso cuando el órgano judicial carezca de jurisdicción (nº 12775).
No obstante, el órgano jurisdiccional puede apreciar su falta de jurisdicción **cualquiera que sea el trámite** en el que se encuentre el recurso contencioso-administrativo, dando, en cualquier caso, traslado a las partes y al Ministerio Fiscal por plazo común de 10 días, para que hagan las alegaciones que tengan por convenientes.

Precisiones 1) Puede examinarse su concurso o ausencia en **cualquier momento** del proceso, sin necesidad de esperar a la sentencia, por el coste y retraso que ello supondría (TS auto 28-9-94, EDJ 12220). No obstante, parece claro que sí puede declararse en la **sentencia que ponga término al proceso**, a diferencia de la falta de competencia (si se atiende a la jurisprudencia constitucional, no cabe en modo alguno).
Si se considera que la apreciación de falta de jurisdicción determina no la inadmisión, sino la aplicación de la regla de LJCA art.5.3, es razonable sostener no obstante que deba efectuarse preferentemente por medio de **auto** -o sentencia limitada a esta cuestión y diferente de la que habría de dictarse en los autos principales- previa tramitación de incidente (TS 5-7-88, EDJ 16902). Si, por el contrario, se entiende que puede dar lugar a la inadmisión, cabría emplear la sentencia que ponga término al proceso (TCo 148/1997), previa audiencia.
Cabe también sostener que son posibles **ambas alternativas** (aplicando LJCA art.5.3) si se aprecia en el seno de un incidente o determinando la inadmisión si se hace por la sentencia en los autos principales.
En todo caso, la **audiencia** no ha de ser inmediatamente anterior a la resolución, de modo que si la cuestión se ha planteado por una de las partes y la otra ha tenido posibilidad de contradicción, no es necesaria una nueva y específica audiencia (TCo 196/1990) -salvo al Ministerio Fiscal-.
2) La posibilidad de que en la sentencia pueda hacerse esta declaración de inadmisibilidad separa definitivamente este presupuesto procesal de la **falta de competencia**, para la cual no se prevé tal posibilidad (TCo 15-2-86).
3) La falta de jurisdicción siempre se ha de examinar con **carácter previo** a las cuestiones de fondo.

11233 **Tramitación a instancia de parte** La segunda de las posibilidades es el planteamiento a instancia de parte, esto es, que sean las propias partes (la demandada, lógicamente), las que planteen la falta de jurisdicción. Normalmente, se utilizan los siguientes **trámites** procedimentales:
- el de alegaciones previas (nº 12615);
- el de contestación a la demanda (nº 12600);
- el de vista o conclusiones (nº 12710).
Sin embargo, y dado que estamos ante una cuestión de **orden público**, no habría tampoco impedimento legal en que, fuera de los trámites citados, la parte que entienda que no se está ante la jurisdicción competente lo ponga en conocimiento del órgano jurisdiccional, para que este pueda abrir el incidente de falta de jurisdicción, si lo estima oportuno.
Lógicamente en estos casos en que la cuestión se plantea a instancia de parte, la **audiencia a las partes** solo debe tener lugar con aquellas que no lo hayan planteado.
Igualmente, debe tenerse en cuenta que la **tramitación del incidente** puede verse modificada por las concretas reglas que rijan la fase procesal en la que se haya denunciado tal defecto procesal. Así, si se realiza en trámite de alegaciones previas, se debe dar traslado al recurrente del escrito de alegaciones previas por 5 días, para que pueda subsanar el defecto en un plazo de 10 días (LJCA art.59.1).

11235 **Terminación del incidente** Ya haya sido promovido de oficio o a instancia de parte, la terminación del incidente ha de hacerse mediante **declaración fundada** que debe indicar el orden jurisdiccional competente.
Dicha declaración no puede ser más que una resolución judicial, que al tener que ser fundada, es decir motivada, solo puede adoptar la forma de **auto o sentencia** (LOPJ art.245).

En la resolución que se dicte ha de figurar la **jurisdicción que se considera competente** para conocer del asunto, salvo en aquellos supuestos en los que el acto recurrido no sea susceptible de ser impugnado en ninguna jurisdicción. Si el órgano de la jurisdicción a la que se remite a las partes tampoco se considera con jurisdicción para conocer del asunto, puede interponerse el denominado **recurso por defecto de jurisdicción** (LOPJ art.50).

Precisiones 1) El **órgano considerado competente** por el que declina su jurisdicción no se ve vinculado por el criterio de este (TCo 26/1991), sin perjuicio de que, si se reputa igualmente carente de jurisdicción, se pueda plantear el oportuno conflicto jurisdiccional (nº 500).
2) La preceptiva **declaración de órgano y orden competente** no opera en caso de no existir este, por tratarse -si se admitiera esta afirmación en la actualidad- lo sometido a consideración judicial de actuación infiscalizable (TCo 43/1984; 196/1990; 148/1997).

Recursos El auto o sentencia que declaren la falta de jurisdicción son recurribles según las normas generales. Así, contra el auto que declare la falta de jurisdicción parece que siempre cabe **recurso de casación**, previa interposición del **recurso de reposición** -nº 13930-, ya que en todo caso nos encontraríamos ante un auto que va a hacer imposible la continuación del procedimiento (LJCA art.87.1.a y 2). 11237
La resolución de la cuestión mediante auto presenta más dificultades que mediante **sentencia**, ya que, si bien en esta siempre ha de contenerse la declaración de inadmisibilidad (LJCA art.69.a), en los autos no es necesario que la misma se incorpore, bastando simplemente con indicar cuál es la jurisdicción competente. En estos casos, aun cuando el **auto** no contenga tal declaración de inadmisibilidad, siempre supone la finalización del procedimiento y, por tanto, es susceptible de ser recurrido en casación.
Parece que siempre que se resuelva el incidente mediante auto cabe interponer recurso de casación, pero no siempre es posible este recurso cuando la cuestión se resuelva en sentencia, ya que es precisa la concurrencia de interés casacional objetivo para saber si esta es o no recurrible (LJCA art.86 y 88). Ver nº 13963 y nº 14095.

Efectos (LJCA art.5.3) Los efectos que la declaración de falta de jurisdicción tiene para la parte recurrente dependen de cómo se haya llevado a cabo la **notificación de la resolución impugnada**. Se prevén al respecto diversas posibilidades: 11240 MPCA nº 867
a) Que se haya interpuesto recurso contencioso-administrativo siguiendo las **indicaciones de la notificación** del acto, en cuyo caso no puede imputarse al recurrente un defecto que nace de la propia resolución que va a recurrirse, indicándose en esta una jurisdicción improcedente.
b) Que la interposición del recurso contencioso-administrativo tenga su origen en una **notificación «defectuosa»**. Lógicamente el defecto debe estar referido precisamente a algún extremo que haga pensar al recurrente que la jurisdicción a la que debe acudir es la contencioso-administrativa.
En cualquiera de los supuestos comentados, si la parte demandante **se persona ante la jurisdicción competente** en el plazo de un mes desde la notificación de la resolución que declare la falta de jurisdicción, se entiende que lo ha hecho en la fecha en que comenzó el plazo para interponer el recurso contencioso-administrativo, evitando de este modo la prescripción de la acción que trata de hacerse valer.
c) No se resuelve la tercera -y difícil- posibilidad: **notificación correcta** e impugnación ante orden carente de jurisdicción. En este caso, habida cuenta de que el error es imputable al interesado, debería correr en su perjuicio el correspondiente plazo de prescripción o caducidad.
Al objeto de **acreditar** tales extremos, la parte interesada puede solicitar testimonio de los particulares necesarios al órgano judicial que haya dictado la resolución citada.

Precisiones Si, transcurrido el plazo de un mes, **no se produce la personación**, los principios de seguridad y legalidad obligan a entender que se renuncia o que se desiste de usar de este derecho. En principio, esta renuncia a personarse no impide ejercitar, en la jurisdicción competente, la acción oportuna, sin perjuicio de los efectos prescriptivos que sobre la misma hayan podido producirse (TS auto 2-11-94).

SECCIÓN 2

Órganos y competencias

(LJCA art.6 a 13)

11360 MPCA nº 5170 s.

11362 MPCA nº 920, 5170 s. Constituye la competencia el conjunto de materias que van a ser conocidas por un órgano jurisdiccional, con exclusión de todos los demás que pertenecen a su jurisdicción.
Se expone en los números siguientes el **reparto competencial** entre los diferentes órganos del orden jurisdiccional contencioso-administrativo.
El orden jurisdiccional contencioso-administrativo está integrado por los siguientes **órganos**:
- las Secciones de lo Contencioso-Administrativo de los Tribunales de Instancia -hasta su constitución, los juzgados de lo contencioso-administrativo- (nº 11398);
- la Sección de lo Contencioso-Administrativo del Tribunal Central de Instancia -hasta su constitución, los juzgados centrales de lo contencioso-administrativo- (nº 11490);
- las Salas de lo Contencioso-Administrativo de los Tribunales Superiores de Justicia (nº 11515);
- la Sala de lo Contencioso-Administrativo de la Audiencia Nacional (nº 11555); y
- la Sala Tercera, de lo Contencioso-Administrativo, del Tribunal Supremo (nº 11585).

Para la exposición de la materia se parte de unas **normas generales** sobre la competencia funcional y la falta de competencia (nº 11367 y nº 11369 respectivamente), para pasar a continuación a delimitar el **marco competencial** de cada órgano jurisdiccional (nº 11378 s.).

Precisiones Como consecuencia de la LO 1/2025, con reforma de la LOPJ y de la Ley de demarcación y planta judicial, se prevé la transformación de los **órganos jurisdiccionales unipersonales** en Secciones de Tribunales de Instancia o del Central de Instancia, de modo que la planta judicial quedará integrada por: Tribunales de Instancia, Audiencias Provinciales, Tribunales Superiores de Justicia, Tribunal Central de Instancia, Audiencia Nacional y Tribunal Supremo.
Las **Secciones de lo Contencioso-Administrativo** de los Tribunales de Instancia tendrán -como regla- ámbito provincial y la del Tribunal Central de Instancia, ámbito nacional. Se prevé su conversión con efecto 31-12-2025 (LOPJ art.26 redacc LO 1/2025; LO 1/2025 disp.trans.1ª y 2ª).
En el estudio de la competencia de los órganos jurisdiccionales del orden contencioso-administrativo se mantiene, hasta su transformación efectiva, la referencia a los órganos actualmente existentes, efectuando doble referencia e incorporando cita de las nuevas normas atributivas de aquella.

A. Consideraciones generales

11366 Aparte de las normas sobre atribución de competencias concretas a cada uno de los órganos que componen el orden jurisdiccional contencioso-administrativo, se regulan ciertas **normas de aplicación general** relativas a la competencia, que se refieren a las siguientes cuestiones:
- competencia funcional (nº 11367);
- falta de competencia (nº 11369);
- competencia territorial (nº 11378);
- reglas de distribución de competencia (nº 11388);
- régimen de reparto (nº 11394).

11367 **Competencia funcional** (LJCA art.7.1, 103.1) El órgano jurisdiccional competente para conocer y resolver de una determinada pretensión, lo es también para conocer de todos los **incidentes que se susciten** en relación con la misma, incluido el más importante de todos, que es el de la ejecución de la sentencia dictada.
En este sentido, los órganos jurisdiccionales contencioso-administrativos tienen potestad para hacer **ejecutar las sentencias** que dicten. Su ejercicio compete al que haya conocido del asunto en primera o única instancia.

Precisiones 1) La regla general expuesta se **excepciona** en los supuestos relativos a incidentes de recusación de jueces y magistrados integrantes del órgano judicial, o conflictos sobre competencia.
2) También concurre en sede de **recursos frente a resoluciones judiciales** en supuestos tasados sin que dependa del juicio de oportunidad de entrar a conocer el fondo de la materia por parte del órgano judicial llamado a resolver el recurso (TS 18-1-06, EDJ 1876).

Falta de competencia (LJCA art.7.2 y 3) De forma similar a como ocurre con la jurisdicción (nº 11230), se declara la **improrrogabilidad** de la competencia, que puede y debe ser apreciada de oficio por los propios órganos jurisdiccionales. 11369
A diferencia de lo que sucede en el orden civil, en el que la competencia territorial es prorrogable -no así la objetiva y la funcional- por voluntad de las partes -de forma que el fuero puede alterarse mediante demanda presentada ante órgano territorialmente incompetente si la parte demandada se somete expresa o tácitamente-, en el contencioso-administrativo es también **indisponible** (TS 1-2-95, EDJ 1772; 24-9-94, EDJ 24102), de manera que la competencia objetiva, la funcional y la territorial responden a la misma configuración.

Precisiones 1) La diferencia entre **competencia y jurisdicción** consiste en que esta es una potestad en potencia que viene determinada previamente a su ejercicio, mientras que la competencia es una potestad en acto, es una limitación actual de aquella facultad potencial, a favor de un órgano perteneciente al mismo orden jurisdiccional, pero con exclusión de todos los demás de dicho orden (TS 30-4-88, EDJ 3628).
Como consecuencia de su diferente naturaleza, la **decisión dictada por un órgano incompetente**, si bien puede ser anulada por vía del oportuno recurso, se convalida en caso de no ser impugnada, al ser un acto propio del orden jurisdiccional en el que se inserta el órgano decisor e inherente a su condición de juzgador, a pesar de su vicio relativo. Esta posibilidad de convalidación no concurre en el supuesto de resoluciones incursas en falta de jurisdicción.
2) El fin de este precepto es reorientar el proceso, conservar las actuaciones procesales y conseguir una resolución de fondo (TCo 60/2017). El proceso se ha iniciado, aunque ante un órgano incompetente y, remitidas las actuaciones ante el competente, **no se inicia de nuevo el proceso**, con el consiguiente cómputo del plazo de interposición como si lo hasta entonces sucedido no hubiera tenido lugar, sino que las actuaciones procesales tienen, en cuanto sea posible, validez (TCo 323/2005).
3) Es discutible si es precisa **nueva personación** ante el órgano *ad quem* o basta con la efectuada en el órgano *a quo*. Parece que no será necesaria, si damos validez a todo lo actuado, incluida la personación. En nuestra opinión, lo más adecuado es atender a la **resolución de inhibición**: si se emplaza a las partes para comparecer ante el nuevo órgano, así se hará por estas; en otro caso, no habrá lugar a ella.
4) No cabe privar del beneficio de LJCA art.7.3 al recurrente que, de buena fe, acude a interponer el recurso **ante un órgano distinto del que se le designó** como competente en la resolución frente a la que se alza, por más que dicha designación se muestre como más acertada; y tampoco, con mayor razón, al que lo interpone ante el órgano designado, aunque sea errónea la indicación (TCo 60/2017).

Examen de la competencia (LJCA art.7.2, 51 y 58.1) Puede plantearse de oficio o a instancia de parte: 11372
a) Si se hace **de oficio**, se debe dar traslado a las partes y al Ministerio Fiscal, por plazo común de 10 días, resolviéndose posteriormente por medio de auto.
Este procedimiento y el mismo plazo es el que se prevé para la declaración de **inadmisibilidad del recurso** cuando conste, de modo inequívoco y manifiesto, la incompetencia del órgano judicial. El momento para la declaración de incompetencia puede ser, no solo el de admisión del recurso, sino cualquier otro durante la sustanciación del procedimiento, en todo caso, antes de dictarse sentencia.
b) La falta de competencia del órgano jurisdiccional también puede ser **alegación de las partes**, configurándose el trámite de alegaciones previas como el momento procesal más adecuado para hacerlo. La incompetencia no puede ser alegada en la contestación de la demanda, debido a que la sentencia, en ningún caso, puede declarar la inadmisibilidad del recurso como consecuencia de la falta de competencia.

Precisiones 1) Entendemos que no existen inconvenientes para poner de manifiesto la falta de competencia, **de forma simultánea** e incluso posterior a la contestación a la demanda.
2) En el supuesto de que se tramiten **incidentes** para cuya resolución no sea competente el órgano ante el que se sustancian los autos principales, no podrá aquel pronunciarse sobre este presupuesto procesal, sino que habrá de hacerlo este (TS auto 28-4-83).

Declaración de incompetencia (LJCA art.7.3) La declaración de incompetencia debe efectuarse **antes de la sentencia**, debiendo adoptar la forma de auto. Por tanto, no es posible declarar, en la sentencia, la inadmisibilidad del recurso por falta de competencia, a diferencia de lo que ocurre con la falta de jurisdicción que sí aparece recogida como motivo de inadmisibilidad (LJCA art.69.a). 11374 MPCA nº 933

Si la cuestión de incompetencia se detecta durante el trámite de dictar sentencia, y no antes, esta puede apreciarse por medio de auto.
El **auto** puede dictarse en cualquier momento a lo largo del proceso, pero siempre antes de dictarse la sentencia. No obstante, si después de la sentencia se aprecia, por cualquiera de las partes, la falta de competencia, nada impide que esta se haga valer en el pertinente recurso que pueda interponerse contra la misma.
La declaración de incompetencia da lugar a la **remisión de actuaciones** al órgano considerado competente, debiendo continuarse el proceso ante el mismo, con emplazamiento a las partes para que comparezcan ante dicho órgano, en el plazo de 10 días. Si la competencia corresponde a un **tribunal superior en grado** se debe acompañar una exposición razonada, estando a lo que resuelva este último.
Esta regla viene a aclarar las dudas acerca de los efectos que hubieran de darse a la **defectuosa indicación**, en el pie de notificación, por parte de la Administración demandada del órgano judicial competente para conocer del recurso contencioso-administrativo. No cabe verter sobre el interesado los **efectos negativos** de un error administrativo, por lo que las actuaciones desarrolladas por este -impugnación ante el órgano incompetente y personación ante el mismo- deben considerarse válidas -especialmente, la fecha de interposición-, siendo soporte para una declaración de inhibición a favor del órgano judicial competente (TS 7-2-81, EDJ 6119).

11375 Precisiones 1) La apreciación de la falta de competencia hace posible la **reorientación del recurso** interpuesto ante órgano incompetente hacia el que ostente la competencia, y en tal sentido expresa un principio de favorecimiento de la acción, y de conservación de los actos procesales, que resulta inherente, desde luego, al derecho a la tutela judicial efectiva -Const.24.1-, cuya satisfacción normal y más plena se alcanza cuando las pretensiones de los justiciables son examinadas y resueltas, razonada y razonablemente, por la jurisdicción (TCo 26/2008; 60/2017). No cabe privar de este beneficio al recurrente que, de buena fe, acude a interponer el recurso ante un **órgano distinto del que se le designó** como competente en la resolución frente a la que se alza, por más que dicha designación se muestre como más acertada; y tampoco, con mayor razón, al que lo interpone ante el órgano designado, aunque sea errónea la indicación (TCo 60/2017).
2) En algún caso se ha entendido que el defecto de indicación por parte de la Administración, siendo relativo a las diferentes **salas descentralizadas de un mismo tribunal**, subsana la falta de competencia (TS 21-4-97, EDJ 10435). Esta afirmación nos parece incorrecta, salvo que entendamos que entre estas salas el régimen de atribución de asuntos no lo es por competencia territorial, sino por reparto (siendo así que entre ellas no se plantean cuestiones de competencia).
3) En otros supuestos, se ha considerado que el defecto de indicación acerca del órgano judicial competente no perjudica al actor en cuanto al **plazo**, de forma que puede interponer el recurso ante el órgano procedente, computándose el plazo desde la notificación de la resolución de inadmisión (TS 1-2-95, EDJ 1772).
4) Si, siendo correcta la **indicación hecha en el pie de notificación**, el interesado la desatiende, interponiendo el recurso judicial ante órgano incompetente, ello no debe impedir la aplicación de la regla general de inhibición, aunque quizá podría ser generadora de condena en las costas causadas hasta el momento, efectuada en el auto de inhibición y remisión.

11376 **Cuestiones de competencia** (LJCA art.15.4; LOPJ art.51 y 52) Es posible que se susciten cuestiones de competencia entre los órganos del orden jurisdiccional contencioso-administrativo. La **resolución** de estas, tanto en sede de competencia objetiva como territorial, corresponde al órgano inmediato superior común:
• En el caso de las Secciones de lo Contencioso-Administrativo de los **Tribunales de Instancia** -hasta su constitución, juzgados de lo contencioso-administrativo-, es el Tribunal Superior de Justicia correspondiente, con independencia de que opere funcionalmente en dos o más salas de justicia (TS auto 12-11-99, EDJ 80984; 17-11-99, EDJ 80983), o el Tribunal Supremo.
• En el caso de la Sección de lo Contencioso-Administrativo del **Tribunal Central de Instancia** -hasta su constitución, de los juzgados centrales de lo contencioso-administrativo-, es competente la Audiencia Nacional.
• Si se plantea entre salas de distintos **Tribunales Superiores de Justicia**, se resuelve por el Tribunal Supremo.
• También es competente este último cuando la cuestión se plantea entre **órganos de distinta especie**, siempre que no estén subordinados (sección/juzgado y sala).
La **tramitación** de la cuestión de competencia, dado que no existen normas específicas al respecto, debe llevarse a cabo por los trámites de la declinatoria (LEC art.63 a 65). Ver nº 1990 s.

Precisiones 1) No pueden plantearse cuestiones de competencia entre **órganos subordinados** entre sí (TS auto 3-6-03).
2) La distribución de asuntos entre las **distintas salas** de justicia -territoriales- de lo contencioso-administrativo de un mismo Tribunal Superior de Justicia (TSJ Castilla y León: Burgos y Valladolid; TSJ Canarias: Las Palmas y Sta. Cruz de Tenerife; TSJ Andalucía: Sevilla, Málaga y Granada),

no genera cuestiones de competencia. Los conflictos en estos casos se resuelven en sede de aplicación de las reglas de reparto de asuntos, lo que no significa, necesariamente, que la actuación de una sala descentralizada cuando debe hacerlo otra no vicie de incompetencia lo actuado.

Competencia territorial (LJCA art.14) La competencia territorial de las Secciones de lo Contencioso-Administrativo de los Tribunales de Instancia -hasta su constitución, juzgados de lo contencioso-administrativo- y de los Tribunales Superiores de Justicia se rige por las siguientes reglas. 11378

Regla general El órgano jurisdiccional competente es aquel en cuya circunscripción tenga su sede el **órgano que haya dictado la disposición** o el acto originario impugnado. Esta regla general ha de precisarse en dos supuestos: 11380 MPCA nº 939

a) Si el acto originario no es **posteriormente modificado** en vía de recurso ha de atenderse al órgano que lo haya dictado, mientras que si es modificado, al estimarse total o parcialmente el recurso, la competencia territorial viene establecida por el órgano que resuelva el recurso. Este criterio se aplica también en sede de competencia objetiva.

b) En caso de que hayan intervenido en la actuación administrativa fiscalizada las denominadas **técnicas de alteración de la competencia** (nº 1140 s. Memento Administrativo 2026).

Precisiones No constituye violación del derecho al **juez ordinario predeterminado** por la Ley la transgresión de las reglas de competencia territorial (TS 25-11-02, EDJ 55435).

Regla electiva La primera **excepción** a la regla general expuesta en el nº 11380 está referida a aquellos recursos que tengan por objeto actos dictados en materia de **personal, propiedades especiales y sanciones** y **responsabilidad patrimonial**, en los que el recurrente puede elegir entre el órgano jurisdiccional del lugar de su domicilio o bien el del lugar en el que se halle la sede del órgano que dicta el acto originario impugnado. 11382

No obstante, cuando el recurso tenga por objeto actos de las Administraciones de las comunidades autónomas o de las entidades locales, la elección se entenderá limitada a la **circunscripción del Tribunal Superior de Justicia** en que tenga su sede el órgano que hubiera dictado el acto originario impugnado (LJCA art.14.1).

Precisiones La jurisprudencia ha establecido que los actos dictados por los órganos de la Administración de una comunidad autónoma y de las entidades locales situadas en la misma, no pueden ser conocidos por un Tribunal Superior de Justicia de **otra comunidad distinta**, tanto si se ha aplicado normativa autonómica -supuesto especialmente claro-, como estatal. La competencia corresponde, en este caso, al órgano jurisdiccional donde tenga su sede el órgano que dictó el acto impugnado (TS 26-9-00, EDJ 30152; 21-4-03, EDJ 17347; 18-4-01, EDJ 9046; TSJ Castilla-La Mancha 21-10-99, EDJ 80897).

Reglas especiales Se establecen además las siguientes excepciones a la regla general: 11384

• Cuando el objeto del recurso sea la impugnación de **planes de ordenación urbana** y actuaciones urbanísticas, expropiaciones y, en general, las que comporten intervención administrativa en la propiedad privada (referida, lógicamente, a bienes inmuebles), se asigna la competencia a los órganos jurisdiccionales en cuya circunscripción radiquen los inmuebles afectados.

• En los casos en que el acto afecte a una **pluralidad de interesados**, se atribuye la competencia al órgano jurisdiccional en cuya circunscripción tenga su sede el órgano que dicte el acto originario impugnado.

Se pretende así **limitar el fuero electivo** en estos supuestos, en los que no se aplica para evitar que tribunales diversos puedan revisar judicialmente el mismo acto administrativo, dando lugar a resoluciones eventualmente contradictorias. En caso de que en la circunscripción del órgano administrativo autor del acto impugnado solo haya un órgano con competencia objetiva, la cuestión queda resuelta. Si hay varios, hay que proceder, además, a acumular los asuntos que hayan sido turnados a distintos jueces -pues esta situación se dará respecto de estos; no respecto de secciones de tribunales, en los que la asignación de autos se determina por materias en general-.

Reglas de distribución de competencia (LJCA art.13) Se establecen tres criterios para aplicar las normas que atribuyen competencia a cada órgano jurisdiccional. 11388 MPCA nº 949

a) Las referencias que se hagan a las tres **Administraciones públicas territoriales** (Estado, comunidades autónomas y entidades locales), comprenden también a la Administración institucional y a la Administración corporativa, dependiente o vinculada de cualquiera de ellas.

b) La competencia para conocer de los actos administrativos incluye también la relativa a la **inactividad** y a las actuaciones constitutivas de la **vía de hecho**.

c) Salvo disposición expresa en contrario se ha de dar preferencia a la atribución de competencia **por razón de la materia** a la realizada en virtud del órgano administrativo autor del acto.

Precisiones El primer criterio ha servido para resolver los problemas que planteaban los recursos contencioso-administrativos interpuestos contra las resoluciones desestimatorias del recurso dictadas por los órganos centrales de organismos con competencia en todo el territorio nacional (AEAT, Servicio Público Estatal de Empleo, TGSS, etc.), confirmando íntegramente la resolución dictada por un **órgano periférico** del organismo en cuestión.
En estos supuestos, se planteaba la duda de si la competencia correspondía a los juzgados de lo contencioso-administrativo o a los juzgados centrales de lo contencioso-administrativo -desde su transformación, a las Secciones de lo Contencioso-Administrativo de los Tribunales de Instancia y Central de Instancia-. La solución correcta debe ser la primera, ya que, cuando se alude a la **Administración del Estado**, en la misma debe incluirse no solo la Administración periférica de la Administración General del Estado, sino también la Administración periférica de su Administración institucional (JCContAdm Madrid núm 6, auto 30-9-99).

11394 **Régimen de reparto** (LOPJ art.152.1; LJCA art.17) Cuando se determina la competencia objetiva y territorial de una especie de órgano judicial radicado en un partido o ámbito territorial en el que existen **varios de la misma clase o uno único dividido en secciones** -en el supuesto de las salas de lo contencioso-, la fijación del concreto juzgado o sección -desde la transformación de los primeros, del concreto juez de Sección de Tribunal de Instancia o Sección de Sala- que ha de conocer de un recurso se efectúa por aplicación de reglas de reparto, de acuerdo con lo siguiente:
La **distribución de asuntos** entre las diversas salas de un mismo tribunal o entre las diversas secciones de una misma sala se acordará por la de gobierno del respectivo tribunal, teniendo en cuenta la naturaleza y homogeneidad de materia a que se refieren los recursos. El mismo criterio se aplica entre los diferentes juzgados de lo contencioso-administrativo de una misma población -desde su transformación, los diferentes jueces de la Sección de lo Contencioso-Administrativo del Tribunal de Instancia de la población correspondiente-, aprobándola la sala de gobierno del correspondiente TSJ, a propuesta de la junta sectorial de jueces (TS 4-6-03, EDJ 49792).
Estos **acuerdos** se adoptan bienalmente, comunicándose al CGPJ a efectos de publicación en el BOE o en el boletín oficial de la comunidad autónoma, según proceda, antes de la apertura de tribunales.
En caso de resultar **alterada la competencia** de los distintos juzgados con sede en un mismo partido -desde su transformación, los distintos jueces de la Sección del Tribunal de Instancia del partido-, de las distintas salas de un tribunal o de las secciones de una sala, por razón de una nueva distribución de asuntos, el órgano que venga tramitando un asunto en trámite continuará conociendo del mismo hasta fallarlo.
Determina la competencia la **fecha de interposición del recurso**.

B. Secciones de lo Contencioso-Administrativo de los Tribunales de Instancia (Juzgados de lo contencioso-administrativo)

(LOPJ art.93 redacc LO 1/2025; LJCA art.8)

11398 Las Secciones de lo Contencioso-Administrativo de los Tribunales de Instancia -hasta su constitución, los juzgados de lo contencioso-administrativo- constituyen la **base del orden jurisdiccional** y a ellos se atribuye un conjunto de competencias relativamente uniformes y de menor trascendencia económica y social, pero que cuantitativamente constituyen un número muy elevado de recursos.
Atendiendo a estos principios se divide la **asignación competencial** en virtud de:
- la Administración que dicta el acto (local, autonómica o estatal);
- la materia sobre la que este versa; y
- la cuantía de la cuestión discutida.

Además se les otorga competencia para el conocimiento de ciertos recursos contenciosos relativos a la **Administración electoral** y para autorizar la **entrada en domicilios o lugares asimilados** (TS auto 10-6-20, EDJ 580806), por lo que el ámbito competencial de estos órganos se amplía extraordinariamente, atenuándose el criterio material de atribución competencial.
Como regla, tienen **competencia** provincial y **sede** en capital de provincia (nº 11488).

1. Actos de las entidades locales

(LJCA art.8.1)

Conocen estos órganos, en única o primera instancia, de **todos los recursos** que se deducen frente a los actos de las entidades locales o de las entidades y corporaciones dependientes o vinculadas a las mismas, excluidas las impugnaciones de cualquier clase de instrumentos de **planeamiento urbanístico**, que se someten, por tanto, como las disposiciones generales, a revisión judicial ante la correspondiente Sala de lo Contencioso-Administrativo del Tribunal Superior de Justicia (LJCA art.10.1: nº 11519). **11405** MPCA nº 980

Esta referencia a los instrumentos de planificación urbanística es innecesaria, pues gozan de **naturaleza de disposición general**, como reconoce la jurisprudencia (TS 9-2-00, EDJ 1473; 20-9-00, EDJ 33133) y otras instancias relevantes (CEst Dict 39095/1975; DGSJE Resol 19-11-01), así como la legislación urbanística (p.e. L Galicia 2/2016 art.84.1).

Precisiones 1) Esta regla se aplica aunque el recurso contra el plan o instrumento urbanístico de planificación se refiera a **contenidos singulares** -delimitación de unidades de actuación, elección del sistema de ejecución- no estrictamente normativos.

2) El **convenio de planeamiento** no es en sí mismo un instrumento de planeamiento urbanístico, por lo que la impugnación judicial que proceda respecto del mismo es competencia objetiva del juzgado de lo contencioso que territorialmente sea competente, no de la sala de lo contencioso-administrativo del TSJ que corresponda (TSJ Navarra 21-1-10, EDJ 90237). Sin embargo, en caso de que el convenio se haya incorporado al plan y se considere que forma parte del mismo, la conclusión debería ser la contraria.

3) **No** son **actos de las corporaciones locales** las autorizaciones autonómicas o figuras semejantes que, según la normativa urbanística aplicable, pueden ser precisas para la realización de actuaciones constructivas o usos en general en suelo rústico o no urbanizable, a veces sustituyendo a la licencia urbanística y otras veces con carácter previo a ella. No obstante, el panorama respecto de **actuaciones en suelo no urbanizable** dista mucho de ser uniforme, pudiendo recogerse las siguientes posibilidades (con las oportunas consecuencias en sede procesal):

- autorización autonómica o equivalente previa no sustitutiva de licencia municipal;
- autorización autonómica o declaración equivalente sustitutiva de licencia municipal;
- autorización autonómica o similar dictada por el ayuntamiento mediante delegación intersubjetiva;
- innecesariedad de autorización autonómica o figura semejante.

Si el acto lo dicta el **ayuntamiento** -salvo que sea por delegación intersubjetiva con imputación a la Administración delegante por determinación de la norma aplicable-, es indiferente que tenga o no condición de licencia.

4) El conocimiento de los **actos de las entidades locales** por la jurisdicción contencioso-administrativa se estudia también en los nº 14850 s. Memento Administraciones Locales 2025-2026.

Vía económico-administrativa local (LBRL art.121 s. y 136) Son de competencia de estos órganos los recursos contra resoluciones del **órgano económico administrativo local** en municipios de gran población, que agotan la vía administrativa. **11410**

Dicho órgano es de existencia necesaria en las siguientes **entidades**:

a) Los **municipios** cuya población supera los 250.000 habitantes.

b) Las **capitales de provincia** cuya población -provincial- es superior a 175.000 habitantes.

c) Las **capitales** de provincia, capitales autonómicas o sedes de las instituciones autonómicas.

d) Los **municipios de características especiales**: aquellos cuya población supera los 75.000 habitantes, que presentan circunstancias económicas, sociales, históricas o culturales especiales, en los dos últimos casos, si así lo decide la respectiva asamblea legislativa autonómica a iniciativa de la corporación.

Precisiones 1) Son **municipios de características especiales** los siguientes: Toledo (L Castilla-La Mancha 11/2004); Cuenca (L Castilla-La Mancha 10/2004); Talavera de la Reina (L Castilla-La Mancha 9/2004); Guadalajara (L Castilla-La Mancha 8/2004); Ciudad Real (L Castilla-La Mancha 7/2004); Albacete (L Castilla-La Mancha 6/2004); Mérida (L Extremadura 8/2004); Ferrol, Lugo, Ourense, Pontevedra y Santiago de Compostela (L Galicia 4/2004); Logroño (L La Rioja 1/2004); Móstoles (Acuerdo Asamblea Madrid 4-11-2004); Alcalá de Henares (Acuerdo Asamblea Madrid 4-11-2004); Alcorcón (Acuerdo Asamblea Madrid 21-4-2005); Getafe (Resol Asamblea Madrid 3-11-2005); Parla (Acuerdo Asamblea Madrid 6-4-2006); Fuenlabrada (Acuerdo Asamblea Madrid 6-4-2006); Leganés (Acuerdo Asamblea Madrid 22-6-2006); Alcobendas (Acuerdo Asamblea Madrid 21-2-2008); Pozuelo de Alarcón (Acuerdo Asamblea Madrid 21-2-2008); Cartagena (L Murcia 5/2005); Lorca (L Murcia 9/2007); Castellón de la Plana (L C.Valenciana 12/2005); Torrevieja (L C.Valenciana 8/2006); Elche (L C.Valenciana 1/2005); Torrent (L C.Valenciana 4/2010); Gandía (L C.Valenciana 5/2010).

2) Los **municipios de gran población** se estudian en los nº 3800 s. Memento Administraciones Locales 2025-2026.

11412 **Actuación de las diputaciones forales de Araba, Bizkaia y Gipuzkoa** Debido a la especial naturaleza de estos órganos, la competencia para conocer de la revisión de sus actos se expone al tratar la competencia de los **Tribunales Superiores de Justicia** para la revisión de los actos de las comunidades autónomas (nº 11543).

2. Actos de las comunidades autónomas

(LJCA art.8.2 y 3)

11436 Con respecto a la competencia de las Secciones de lo Contencioso-Administrativo de los Tribunales de Instancia (hasta su constitución, los juzgados de lo contencioso-administrativo) sobre los actos de la Administración de las comunidades autónomas, se distingue entre la Administración central, la periférica, la institucional y la corporativa.

MPCA nº 1002 s.

De esta forma, conocen en única o primera instancia de los recursos que se deducen frente a los actos administrativos de la Administración de las comunidades autónomas -debe entenderse **Administración central**-, salvo si proceden del respectivo Consejo de Gobierno, cuando tienen por objeto:

a) Cuestiones de **personal**, salvo que se refieran al nacimiento o extinción de la relación de servicio de funcionarios públicos de carrera (nº 11440).

b) Las sanciones administrativas que consisten en **multas** no superiores a 60.000 euros y en ceses de actividades o privación de ejercicio de derechos que no excedan de 6 meses.

c) Las reclamaciones por **responsabilidad patrimonial** cuya cuantía no exceda de 30.050 euros.

d) Las reclamaciones frente a actos dictados por las comunidades en materia de **extranjería**, en el ámbito de competencia de aquellas (LJCA art.8.4).

Asimismo, conocen en única o primera instancia de los recursos que se deducen frente a disposiciones y actos de la **Administración periférica** de las comunidades autónomas y contra los actos de los organismos, entes, entidades o corporaciones de Derecho público dependientes de estas y contra las resoluciones de los órganos superiores cuando confirman íntegramente los dictados por aquellos en vía de recurso, fiscalización o tutela.

De estas cuatro materias, la primera precisa de un análisis más detenido.

Precisiones Los juzgados de lo contencioso-administrativo **no tienen competencia objetiva** para enjuiciar disposiciones generales, sino solo actos administrativos, y ello a pesar de la referencia a «disposiciones... de las comunidades autónomas» -LJCA art.8.3- (TS auto 14-9-6, EDJ 308150).

11438 **Cuestiones de personal** Como criterio general se puede afirmar que son cuestiones de personal todas las derivadas de una **relación jurídico administrativa** entre la Administración pública y su personal (TS auto 18-2-00, EDJ 31325), así como las relacionadas con el nacimiento, contenido, modificación y extinción de la relación de servicio (TS auto 2-7-96).

No alcanza solo a los funcionarios públicos, sino que comprende también los procesos referidos a personas que pretenden el **acceso a la Administración** o cuya **relación de servicio** quedó definitivamente extinguida, incluso por fallecimiento (TS 8-11-82).

Por otro lado, las cuestiones de personal no son solamente susceptibles de afectar a funcionarios de carrera sino que pueden generarse por los llamados **funcionarios interinos**, los eventuales e incluso por aquellas personas que no han llegado a adquirir tal consideración, siempre que, en este último caso, el objeto del recurso sea precisamente el de declarar el nacimiento de la relación funcionarial (TS 8-11-82).

Precisiones **1)** Para la delimitación de este concepto es preciso acudir a la jurisprudencia desarrollada en torno a los preceptos de la anterior normativa, reguladores del desaparecido **procedimiento especial en materia de personal** (L 27-12-1956 art.93.2.a y 113 a 117).

Concretamente, se han considerado cuestiones de personal:

- la promovida por el causante del fallecido en una **reclamación de derechos pasivos** (TS auto 13-3-00, EDJ 31364);
- la correcta **clasificación profesional** (TS 31-10-81, EDJ 7516);
- la referente a la imposición de una **sanción disciplinaria** (TS auto 12-7-91);
- la **pensión de viudedad** que haya sido causada por un funcionario público (TS 5-3-92);
- los concursos de **promoción interna** (TS 15-10-92);
- los litigios sobre declaración de **viviendas militares** calificadas como de apoyo logístico, promovidos por quienes las ocupan (TS 31-5-00, EDJ 19916);
- los pleitos relativos a acuerdos aprobatorios de **convenios colectivos** que afectan a las Administraciones públicas, ya respecto de su personal funcionario o laboral (TS auto 9-6-97, EDJ 57443).

2) Las cuestiones relativas al **régimen de clases pasivas** tienen esta naturaleza, independientemente de que el preceptor o beneficiario de la pensión discutida sea el causante o sus familiares, por lo que cuando estos litigan contra la Administración como ciudadanos, no por ello pierden estos actos su carácter «de personal», pues lo definitorio de los mismos no es la condición personal de su destinatario sino su naturaleza objetivamente considerada (TS auto 20-5-97, EDJ 57445; 17-5-93, EDJ 4591).

Excepción No corresponde a los órganos analizados el conocimiento de las cuestiones referidas al **nacimiento o extinción de la relación** de servicios de los funcionarios públicos de carrera. Esta excepción afecta subjetivamente a aquellos que ostenten la consideración, o la pretendan, de funcionario público de carrera: aquellos que, en virtud de nombramiento legal, están vinculados a una Administración pública por una relación estatutaria regulada por el Derecho administrativo para el desempeño de servicios profesionales retribuidos de carácter permanente (RDLeg 5/2015 art.9.1). 11440

En consecuencia, quedan fuera de este concepto los llamados **funcionarios interinos**, los **eventuales** y, por supuesto, el **personal laboral** al servicio de la Administración pública.
Objetivamente se requiere que el acto se refiera al nacimiento o la extinción de la relación de servicio, cualquiera que sea la **causa** que pueda provocarlos.

Precisiones 1) Ha de considerarse que la cuestión se refiere a la **extinción del servicio** si el acto deniega al empleado público el pase a la situación de jubilación por padecer incapacidad permanente que le impida desempeñarlo (TS auto 14-12-92). Con mayor claridad se ve en los supuestos relativos al **nacimiento**, en los que estarían incluidos los de no superación de las pruebas de acceso a la función pública, cuestión que queda, en consecuencia, excluida del conocimiento de los juzgados de lo contencioso-administrativo -desde su transformación, de las Secciones de lo Contencioso-Administrativo de los Tribunales de Instancia-.
2) No se incluyen en la excepción las cuestiones relativas a la **suspensión de las relaciones de servicio** (TS auto 23-6-97, EDJ 57447).
3) Es cuestión interesante la determinación de la competencia objetiva en relación con actos administrativos de resolución de concursos de **adjudicación de plazas en régimen laboral**, materia que entra en el ámbito del orden contencioso-administrativo. Cuando estos actos afectan a personal funcionario interino o eventual no hay duda de la competencia objetiva del juzgado de lo contencioso-administrativo -desde su transformación, de la Sección de lo Contencioso-Administrativo del Tribunal de Instancia-, pues la LJCA no ha considerado preciso elevar la jerarquía del órgano judicial en estos casos, habida cuenta de la falta de estabilidad de dicho personal. Nada se dice sin embargo del personal laboral. El silencio del precepto puede conducir a:
• Una **interpretación literal** en todo caso, que incluye la cuestión en la competencia del juzgado -Sección del Tribunal de Instancia-.
• Una **interpretación teleológica**, de resultado variable:
- respecto concursos relativos a contratos laborales indefinidos que llevaría a excluirla del ámbito del juzgado -Sección del Tribunal de Instancia-, atendida la estabilidad de la relación, inexistente en funcionarios interinos y personal eventual;
- respecto de procesos selectivos para plazas temporales, se atribuiría al juzgado -Sección del Tribunal de Instancia-, por la razón expuesta de la temporalidad.

Actuación de las diputaciones forales de Araba, Bizkaia y Gipuzkoa Debido a la especial naturaleza de estos órganos, la competencia para conocer de la revisión de sus actos se expone al tratar la competencia de los **Tribunales Superiores de Justicia** para la revisión de los actos de las comunidades autónomas (nº 11543). 11443

3. Actos de la Administración del Estado

(LJCA art.8.3)

Regla general Tal como sucede con las comunidades autónomas, estos órganos judiciales van a conocer de los recursos contra: 11444 MPCA nº 1041
- las disposiciones y actos de la **Administración periférica** del Estado;
- las disposiciones y actos de los **organismos, entes, entidades o corporaciones** de Derecho público cuya competencia no se extienda a todo el territorio nacional;
- las resoluciones de los **órganos superiores** cuando confirmen íntegramente los dictados por aquellas en vía de recurso, fiscalización o tutela.

Precisiones Estos órganos **no tienen competencia objetiva** para enjuiciar disposiciones generales, sino solo actos administrativos, y ello a pesar de la referencia a «disposiciones... de la Administración periférica del Estado» -LJCA art.8.3- (TS auto 14-9-6, EDJ 308150).

Exclusiones Sobre este criterio general, se establecen dos exclusiones puramente objetivas respecto de los actos dictados por la Administración periférica y los organismos públicos estatales cuya competencia no se extienda a todo el territorio nacional: 11448
• Quedan exceptuados los **actos de cuantía superior** a 60.000 euros con independencia de la materia en que se hayan dictado.

• Igualmente, cualquiera que sea la cuantía del acto, quedan también excluidos del conocimiento de estos órganos judiciales, los actos dictados en el ejercicio de las competencias sobre las siguientes **materias**:
- el dominio público;
- las obras públicas del Estado;
- la expropiación forzosa (incluyendo las resoluciones de jurados provinciales de expropiación); y
- las propiedades especiales (como la propiedad industrial o la intelectual).

Junto con ellas y desde un punto de vista subjetivo, debe tenerse en cuenta que la regla general se refiere a organismos, entes, entidades o corporaciones de Derecho público, mientras que la exclusión solo lo hace a los **organismos públicos estatales**, dejando fuera a las corporaciones de Derecho público.

La aplicación de este precepto ha planteado problemas respecto de las **pretensiones de cuantía indeterminada** (nº 11450) y también en relación con los actos dictados por los órganos periféricos de organismos públicos con **competencia en todo el territorio nacional** (nº 11452).

Precisiones La interpretación de la **distinción** señalada es la siguiente:
- los actos de los órganos de la Administración institucional del Estado cuya competencia no se extienda a todo el territorio nacional quedan excluidos del conocimiento de estos órganos judiciales;
- no obstante, cuando su cuantía o materia sean las referidas, no pueden entenderse excluidos los actos de las corporaciones de Derecho público estatal, siempre que su competencia no se extienda a todo el territorio nacional.

11450 **Pretensiones de cuantía indeterminada** Entre los supuestos habituales de pretensiones de cuantía indeterminada están los dictados en materia de **extranjería**, tales como la denegación de la exención de visado, la salida del territorio nacional, o la denegación del permiso de trabajo.

El Tribunal Supremo ha señalado que las mismas deben recibir el tratamiento competencial que se establece para las **pretensiones de cuantía superior** a la señalada, por lo que en estos casos la competencia corresponde a los Tribunales Superiores de Justicia (TS 6-10-00, EDJ 34019; auto 20-10-00, EDJ 66993). Esta conclusión es perfectamente compatible con la atribución de competencias que se hace a las Secciones de lo Contencioso-Administrativo de los Tribunales de Instancia -hasta su constitución, a los juzgados de lo contencioso-administrativo-, que siempre es de lista tasada, ya que la interpretación de la misma debe ser, en todo caso, restrictiva (nº 11454).

Caso distinto son aquellos supuestos en los que, existiendo una cuantía inicialmente indeterminada, es posible al menos una **cierta determinación** para concretar, finalmente, que en ningún caso se llegaría al límite cuantitativo señalado. Este es el caso, por ejemplo, de algunas sanciones en materia de **tráfico**, que conllevan la suspensión de autorizaciones administrativas (RDLeg 6/2015 art.80.3).

Precisiones En estos supuestos de cuantía indeterminada solo inicialmente parece apropiado aplicar la doctrina que el Tribunal Supremo ha ido configurando para admitir o rechazar el **recurso de casación** en contenciosos de cuantía indeterminada (TS 20-4-98, EDJ 61281).

11452 **Actos de organismos públicos estatales con competencia nacional** El segundo de los problemas que se plantea está referido a los actos dictados por las dependencias periféricas de los organismos públicos estatales con **competencia en todo el territorio nacional**, actos que posteriormente son confirmados en vía de recurso por el órgano central competente.

En estos supuestos surgen **dudas** de si la competencia corresponde a los Tribunales de Instancia o al Tribunal Central de Instancia -hasta su constitución, a los juzgados o bien a los juzgados centrales de lo contencioso-administrativo-.

A este respecto, la jurisprudencia ha señalado que, si bien no existe una regla específica de competencia respecto de los órganos periféricos de un organismo autónomo adscrito a la Administración del Estado, estos casos deben entenderse incluidos en la **Administración periférica** del Estado y, por tanto, sometidos a la competencia de los Tribunales de Instancia (TS 10-4-00, EDJ 8947).

Por otro lado, en estos supuestos en los que, en vía de recurso, el órgano central del respectivo organismo público confirma el **acto inicial**, este último acto es el realmente relevante a los efectos de determinar la competencia judicial, correspondiendo por tanto la competencia a los Tribunales de Instancia.

Se ha declarado también que existe un propósito legal de establecer una correlación entre el **órgano administrativo que dicta el acto** y el órgano judicial llamado a su enjuiciamiento, debiendo estarse al órgano que dicta el acto originario cuando este posteriormente no resulta modificado a través del pertinente recurso (TS 23-5-00, EDJ 19639; 27-1-00, EDJ 31212).

En definitiva, se trata de primar el **carácter periférico del órgano** que dicta el acto sobre su pertenencia a la Administración institucional del Estado, quedando por tanto sometidos sus actos a la competencia de los Tribunales de Instancia -hasta su constitución, a los juzgados de lo contencioso-administrativo-.
Ha de tenerse en cuanta además que, con carácter general se establece que, en aplicación de las reglas de distribución de competencia, las referencias que se hacen a la **Administración del Estado** comprende también a las entidades y corporaciones dependientes o vinculadas a la misma (LJCA art.13.a).

Precisiones 1) Este sería el caso, por ejemplo, de los actos dictados por los directores provinciales de la **Tesorería General de la Seguridad Social**, confirmados en vía de recurso (TS 11-7-00, EDJ 23321), o de los dictados por una dirección provincial del **Instituto Nacional de Empleo** (actualmente, Servicio Público de Empleo Estatal-INEM), confirmados posteriormente por la Dirección General del mismo (TS 10-4-00, EDJ 8947).
2) Otros **casos similares** serían los que podrían plantearse con la Agencia Estatal de la Administración Tributaria, Correos y Telégrafos -hasta su conversión en sociedad anónima- e, incluso, con Parques Nacionales (TS 31-1-00, EDJ 113316). También, con el Instituto Nacional de Estadística -INE- o el Instituto de Comercio Exterior -ICEX-.

Extranjería (LJCA art.8.4) Es competencia de los órganos judiciales en estudio el conocimiento de todos los recursos en los que se impugnan actos de la **Administración periférica** del Estado en materia de extranjería, que anteriormente se conocían, como regla, por las Salas de lo Contencioso de los Tribunales Superiores de Justicia, no sin ciertas divergencias en la práctica. **11454**

4. Actos de la Administración electoral

(LJCA art.8.5)

Se atribuye a los órganos judiciales en estudio el conocimiento de los recursos que se interpongan contra dos **tipos de actos** distintos de la llamada Administración electoral: **11458**
- las impugnaciones formuladas en materia de proclamación de candidaturas y candidatos efectuada por cualquiera de las juntas electorales (nº 11460); y
- las impugnaciones contra los actos de las juntas electorales de zona (nº 11462); y
- los recursos contra las resoluciones de la Oficina del Censo Electoral (materia que se trata en el nº 13385).

Precisiones Sobre la **Administración electoral** ver nº 680 s. Memento Administrativo 2026.

Proclamación de candidaturas y candidatos En primer lugar, deben conocer de las impugnaciones formuladas en materia de proclamación de candidaturas y candidatos, efectuada por cualquiera de las juntas electorales. **11460**
A partir de la proclamación, cualquier **candidato excluido** y los **representantes de las candidaturas** proclamadas o cuya proclamación haya sido denegada, disponen de un plazo de 2 días para interponer recurso contra los acuerdos de las juntas electorales, atribuyendo también la competencia a estos órganos judiciales (LO 5/1985 art.49).
La competencia corresponde a estos órganos, cualquiera que sea la **junta electoral** que efectúe la proclamación de candidaturas o candidatos.
Sobre el **recurso contra la proclamación** de candidaturas y candidatos ver nº 13370.

Actos de las juntas electorales de zona Los órganos jurisdiccionales estudiados también deben conocer de las impugnaciones contra los actos de las juntas electorales de zona. **11462**
Estos actos deben ser distintos a los que integran el **recurso contencioso electoral**, cuyo conocimiento está atribuido a los Tribunales Superiores de Justicia (LO 5/1985 art.112; LJCA art.10.1.f) y al Tribunal Supremo (LO 5/1985 art.112; LJCA art.10.1.f y 12.3.a), por lo que en su **tramitación y resolución** se han de seguir las normas del recurso contencioso-administrativo ordinario.
Sobre el recurso contencioso electoral, ver nº 13350 s.

5. Entrada en domicilio o lugares asimilados

(LJCA art.8.6; LOPJ art.84.2 redacc LO 1/2025)

Se asigna a estos órganos judiciales la competencia sobre las autorizaciones para la entrada en el **domicilio y restantes lugares** cuyo acceso requiera el consentimiento de su titular, siempre que sea preciso para la ejecución forzosa de actos de la Administración pública. **11465** MPCA nº 1080

Precisiones 1) Sería preciso, para evitar la grave precariedad e inconcreción de las normas que regulan las entradas domiciliarias, especialmente en al ámbito tributario, una **ley orgánica de desarrollo** de Const art.18.2, cuyo contenido no es en sí mismo suficiente para regular el derecho fundamental a la inviolabilidad del domicilio (TS 23-9-21, EDJ 705632).

2) La necesidad de autorización judicial para que la Administración pública pueda entrar en un inmueble para ejecutar forzosamente una previa actuación administrativa, necesitada de ello para su efectividad, constituye una excepción constitucional y legal al **principio de autotutela administrativa** reconocido en favor de las Administraciones públicas, justificado por la necesaria efectividad del derecho fundamental a la inviolabilidad domiciliaria -Const art.18.2; Pacto Internacional de Derechos Civiles y Políticos art.17; CEDH art.8- (TS 10-10-19, EDJ 710994; 1-10-20, EDJ 667838).

3) Se exceptúan los supuestos de entradas domiciliares y asimiladas para la ejecución de resoluciones administrativas dictadas por la entidad pública competente en materia de **protección de menores**, que se atribuyen a la jurisdicción civil (nº 5313.1, nº 11166).

4) El ejercicio de la potestad de **desahucio administrativo**, en cuanto afecte a un inmueble en el que existen domicilios protegidos o lugares de acceso restringido, ha de cohonestarse con la solicitud y obtención de la correspondiente autorización judicial (TS 23-11-20, EDJ 728701; 31-10-23, EDJ 745286).

5) La entrada en el domicilio en el marco de la **ejecución forzosa de los actos administrativos** se estudia en los nº 1855 s. Memento Administrativo 2026.

11468 MPCA nº 1083 **Concepto de domicilio** El domicilio puede entenderse en dos sentidos:

a) Desde la perspectiva constitucional es el **espacio en el cual el sujeto vive** sin estar sujeto a los condicionantes sociales y en el que ejerce su libertad más íntima (TCo auto 171/1989).

b) Para el Derecho civil (CC art.40 y 41; LPAC art.41 a 44; LGT art.48; LSC art.9 a 11), el domicilio es la **sede jurídica** de la persona física o jurídica, donde se residencian todas sus relaciones jurídicas o económicas. El domicilio desde esta perspectiva no coincide necesariamente con el anterior.

Precisiones 1) Las **habitaciones de hoteles** y establecimientos semejantes tienen consideración de domicilio a efectos constitucionales (TCo 10/2002).

2) Las **celdas de los establecimientos penitenciarios**, en las que ha de entrarse en ocasiones para la ejecución de actos administrativos -por lo general, sanciones disciplinarias de carácter penitenciario- no son domicilio constitucional de los reclusos que habitan en ellas ni lugar de acceso restringido, sino parte de edificios públicos. De esta forma, no es precisa autorización judicial para entrada en las mismas (TS 24-11-95, EDJ 6891).

3) No tienen la consideración de domicilio, aunque su acceso pueda exigir la autorización judicial o del titular: los **garajes y trasteros** sin comunicación directa con una vivienda (TS 12-5-05, EDJ 90218), ni los **automóviles** utilizados exclusivamente como medio de transporte (TS 18-2-05, EDJ 68308). Tampoco los espacios abiertos al público de **oficinas de farmacia**, mostrador y exposición (TSJ Galicia 15-1-21, EDJ 513703) al contrario de la zona privada o rebotica, ni las **granjas** o instalaciones de cría de ganado (TS 9-12-98, EDJ 30949).

4) La protección constitucional en el caso de las **personas jurídicas** se refiere a los espacios físicos que son indispensables para que puedan desarrollar su actividad sin intromisiones ajenas, por constituir el centro de dirección de la sociedad o de un establecimiento dependiente o servir a la custodia de documentos u otros soportes de la vida diaria de la sociedad o de su establecimiento, que quedan reservados al conocimiento de terceros (TCo 69/1999; TS 23-4-10, EDJ 71295).

11470 MPCA nº 1084 **Consentimiento o autorización judicial** La **entrada en domicilio** -tanto para ejecución de resoluciones judiciales como de actos administrativos- requiere consentimiento del interesado o autorización judicial, salvo en caso de flagrante delito y, excepcionalmente, de estado de necesidad (TCo 133/1995; TS 23-4-10, EDJ 71295; 12-7-12, EDJ 226009).

El consentimiento debe ser **expreso o tácito**, prestado con respeto a la garantía formal de recibir una información previa, precisa, exacta, completa y veraz (TCo 54/2015; 70/2009; 209/2007), sin que pueda provocar o constituir error, violencia, intimidación o engaño (TS 26-2-21, EDJ 618712; 1-3-24, EDJ 511340).

El consentimiento -bien informado- del titular del derecho, es susceptible de **revocación** en cualquier momento, antes o durante la entrada o registro (TCo 173/2011; TS 10-10-19, EDJ 710994; 1-10-20, EDJ 667838).

La autorización judicial específica de entrada solo procede en caso de **entradas administrativas** (TCo 211/1992).

En caso de **ejecución de resoluciones judiciales**, no es preciso que recaiga una segunda resolución cuyo objeto específico sea la autorización de entrada, sino que basta con la resolución cuya ejecución exige la entrada domiciliaria, siempre que de su contenido y fallo resulte directamente la actuación domiciliar (TCo 160/1991; DGSJE Resol 26-1-94).

Por su parte, la autorización se refiere a la ejecución forzosa de los actos administrativos; pero cuando estos se han sometido a un **proceso contencioso-administrativo**, es el órgano judicial que conoce de este el que, una vez firme la sentencia, lo debe comunicar al órgano

competente de la Administración para que lo lleve a puro y debido efecto (TCo 199/1998; 50/1995), sin que sea precisa autorización específica adicional. Tampoco es precisa tal autorización para ejecutar **resoluciones judiciales de otros órdenes** jurisdiccionales.
Puede tener lugar tanto para ejecutar una resolución administrativa, como en el curso de un procedimiento, como **actuación de instrucción** (p.e. procedimiento de inspección tributaria; sancionador; de inspección en el orden social, etc.). En este último caso, durante el lapso de tiempo empleado en la tramitación de la solicitud ante el órgano judicial, debe entenderse suspendido el transcurso del plazo máximo de resolución del procedimiento.
Las pruebas obtenidas violando o **violentando la inviolabilidad de domicilio**, no surten efecto, ni en sede procesal ni en sede administrativa (LOPJ art.11.3). No así en otros lugares de acceso restringido, carentes de protección constitucional.

Precisiones 1) En ningún caso procede en este momento controlar la **legalidad intrínseca del acto administrativo** de que se trate, labor que queda diferida al órgano judicial competente, y que es una cuestión distinta de la legalidad de la medida de registro (TSJ Galicia 12-4-17, EDJ 69998). **11471** MPCA nº 1086
2) Se ha considerado que no existe violación del derecho a la inviolabilidad del domicilio (Const art.18.2) en un supuesto en el que la responsable de la empresa **franquea voluntariamente el acceso** a las dependencias al personal de la Inspección de Hacienda, y firma todas las diligencias que reflejan las actuaciones desarrolladas, sin reserva alguna; considerándose que tal conducta es incompatible con un eventual consentimiento viciado (TS 17-12-07, EDJ 251671).
La **autorización para acceder** al domicilio o equivalente solo la puede otorgar el obligado tributario o su representante legal, condición que no recae, por ejemplo, en un jefe de contabilidad o de informática (TS 23-4-10, EDJ 71296).
3) La entrada en el **domicilio de una entidad mercantil** exige el consentimiento del representante legal de la sociedad. No es válido el prestado por quien no ostenta este carácter (TS 23-4-10, EDJ 71296; 24-4-10, EDJ 78781), ni el prestado por el administrador si la representación legal de la entidad recae en dos administradores mancomunados, no pudiendo quedar obligada la entidad con las decisiones adoptadas por uno solo (TS 25-9-13, EDJ 186316).

Requisitos La autorización de entrada puede estar motivada por la ejecución de **cualquier acto administrativo** que, por su contenido, sea susceptible de ejecución forzosa. No es preciso que se trate de actos resolutorios o definitivos, sino que, frecuentemente, se tratará de actos de trámite (de instrucción del procedimiento). **11472**
Debe aplicarse en estos casos el **criterio de la proporcionalidad** entre la finalidad perseguida y el sacrificio que se propone (TCo 50/1995), tanto en la concesión de la autorización de entrada, como en su ejecución. De esta forma, se exigen los siguientes requisitos:
• Solo se debe autorizar en caso de que la entrada sea **precisa a los efectos de ejecución** de la resolución o acto. Es esencial para la concesión de la entrada que, en caso de negativa, se frustre la actuación administrativa (TSJ La Rioja 30-5-00, EDJ 113294). El auto puede autorizar la entrada en uno o varios domicilios o lugares de acceso restringido sin que tenga relevancia alguna que se inicie la actuación autorizada en uno, se suspenda y se retome en otro, en función de las circunstancias, como el lugar de depósito de la documentación relevante (TSJ Málaga 29-1-21, EDJ 638970).
• La Administración pública debe aportar, con su solicitud, **prueba bastante** de la necesidad de la entrada en domicilio, de su idoneidad y su carácter imprescindible como único medio posible para conseguir la finalidad perseguida. En este mismo sentido, tanto la solicitud como el auto que la autoriza deben ofrecer una explicación de la concurrencia del principio de subsidiariedad, que impone una adecuada constatación de que no hay otras medidas menos incisivas o coercitivas que afecten a un derecho fundamental para lograr la misma finalidad (TS 10-10-19, EDJ 710994).
• Como medida restrictiva en el ejercicio de un derecho fundamental, ha de reducirse al mínimo indispensable, adoptándose en su ejecución las **cautelas imprescindibles** al efecto, bajo la salvaguarda judicial.
• Es posible solicitar y otorgar la autorización **con anterioridad** a una eventual negativa por parte del titular para permitir el acceso (TS 25-1-12, EDJ 7192; TSJ Málaga 17-9-18, EDJ 724851), aunque su efectividad en este caso resulta condicionada a la actualización de dicha negativa potencial (TCo auto 26-3-00).
• El **titular del domicilio** o lugar de acceso restringido equiparable será normalmente el interesado en el procedimiento administrativo dentro del que se dicta el acto de cuya ejecución se trata, siendo a su vez destinatario del mismo. Pero puede suceder que ambos no coincidan. Por ejemplo, expediente de apremio fiscal seguido contra una sociedad mercantil en el que se dicta una orden de embargo con diligencia de embargo subsiguiente sobre vehículos a nombre de la sociedad deudora que se hallan físicamente en el domicilio de la persona física en la que concurre la **condición de administrador** de la mercantil.

En estos supuestos, esta circunstancia puede conducir a la denegación de la autorización de entrada al domicilio del administrador, aunque se conceda para el acceso a la sede social de la empresa (JCA Logroño 9-2-06). No obstante, acreditada inicial o posteriormente la imposibilidad de acceder al bien en otro lugar distinto del domicilio del administrador y probada la vinculación inmediata de este con la empresa, la falta de coincidencia expuesta no debe ser óbice para otorgar la autorización pedida.

11473 • El auto judicial no tiene necesariamente, aunque puede hacerlo, que fijar **plazo de entrada**, horas en las que haya de accederse al inmueble y designar personas concretas que puedan franquear el acceso de que se trate. Asimismo, puede exigir que por parte de la Administración se dé cuenta de lo actuado en ejecución de la resolución judicial de entrada.
Por otro lado, las exigencias impuestas pueden depender de las **circunstancias concurrentes** (TSJ Madrid 3-6-05, EDJ 92727).
• En este tipo de «entradas» no es preceptiva la presencia, en ningún caso, de **letrado de la Administración de Justicia**, a diferencia de las entradas domiciliarias o asimiladas autorizadas por el órgano judicial en el seno de causas criminales, ya que se trata de ejecutar gubernativamente actos administrativos, aunque con el requisito de la autorización judicial (TSJ Navarra 23-12-16, EDJ 299287; TSJ La Rioja 9-2-17, EDJ 18751; TSJ País Vasco 15-3-17, EDJ 95848).
• Las exigencias jurisprudencialmente exigidas en el **ámbito penal** (muy interesante la sentencia AP Burgos 19-7-06, EDJ 359340) no son extensibles sin más al ámbito administrativo.
• No es precisa la **presencia del interesado** en el local, establecimiento o domicilio. Tampoco de su abogado (en las entradas «penales» sí es necesaria la primera, y la del letrado solo en caso de acordarse la detención).
• En supuestos de **incautación** o retirada de efectos o bienes, debe hacerse un inventario de lo intervenido.
• Cuando la autorización judicial se otorgue para la entrada en un **despacho de abogados** en busca de datos del cliente, la motivación de la resolución ha de ser especialmente intensa, dado que se afecta a dos derechos o esferas diversas: la inviolabilidad domiciliar y el secreto profesional. No obstante, no es precisa la notificación a o la presencia del decano del colegio o de su representante, pues no hay precepto legal alguno que lo imponga (TSJ Cataluña 1-6-16, EDJ 155079).
• Dado que el expediente de autorización de entrada no es un proceso judicial en sentido estricto, sino un eslabón en el procedimiento, como garantía de un derecho fundamental del administrado, no es necesaria ni exigible la **intervención de abogado** para solicitarla del órgano judicial (TSJ Cataluña 11-10-07, EDJ 252477), lo que no impide que pueda hacerse por este medio.
• Se considera suficiente la **motivación** del auto autorizador por remisión a la solicitud de autorización presentada ante el órgano judicial (TSJ C.Valenciana 10-12-15, EDJ 295063; 18-5-17, EDJ 160512; TSJ Cataluña 13-11-15, EDJ 253858).
• La circunstancia de que sea **desconocido el titular del inmueble** en el que se pretende entrar no impide que se autorice la medida, pues en caso contrario sería imposible la ejecución de actos administrativos que precisen de la entrada en domicilio, en supuestos de titularidad desconocida, haciendo a la vez de mejor condición al desconocido que al identificado (TSJ Sevilla 12-1-22, EDJ 646214).

11474 Precisiones **1)** La jurisprudencia exige la imposición de **garantías y cautelas** que eviten comportamientos arbitrarios en la ejecución de dichos actos cuando están en juego derechos fundamentales (TEDH 25-2-93, núm 10828/84; 16-12-92, núm 13710/88; 30-3-89, núm 10461/83; TCo 7/1992; TS 23-9-97, EDJ 5611).
2) La concesión de la autorización de entrada no puede ser automática, sin cierto control por parte del órgano judicial (TSJ Andalucía 3-10-00). La solicitud debe ser razonada. Se admite su **motivación** por remisión a los antecedentes y al expediente -*in alliunde*-, pero resulta preferible que aquellos se reflejen o «resuman de alguna forma» en el escrito de solicitud (TSJ Cataluña 26-1-10, EDJ 54163).
3) Para otorgar la autorización judicial no es necesaria la **comprobación de la exactitud** de todos y cada uno de los hechos base de los indicios aportados, pues no se trata de enjuiciar la absoluta adecuación a derecho de la actividad administrativa, sino únicamente de determinar si esta presenta un aspecto de legalidad que permita servir de base a la medida cuestionada. Por ello, los datos aportados por la Administración tributaria simplemente han de aparecer como señales o vestigios que, conjuntamente valorados, permiten apreciar razonablemente que puede darse una actividad defraudatoria (TSJ Cataluña 26-11-15, EDJ 253811).

Competencia (LJCA art.8.6) Es competente para autorizar la entrada domiciliar o en lugares cuyo acceso exija **consentimiento del titular**, en ejecución de actos administrativos, la Sección de lo Contencioso-Administrativo del Tribunal de Instancia -hasta su constitución, el juzgado de lo contencioso-administrativo- del lugar donde radique la Administración pública autora del acto ejecutado. 11476 MPCA nº 1094 s.

No obstante, en caso de que haya de ejecutarse **fuera de la jurisdicción** del órgano autorizante y del territorio donde el órgano administrativo ejerce sus atribuciones, la competencia territorial de este es discutible.

Sin embargo, esta atribución no sustrae al órgano jurisdiccional competente del orden contencioso-administrativo el **control de legalidad** de los actos de la Administración pública cuya ejecución exige la entrada en un domicilio para atribuirlo al juez de lo contencioso. Tanto la fiscalización de la legalidad del acto como su suspensión son ajenos al cometido de este (TCo 171/1997; auto 371/1991).

El órgano judicial competente para conocer de la petición de entrada puede y debe formar **juicio sobre la procedencia y necesidad** de la medida, con el límite indicado (TCo 137/1985; auto 129/1990). En ningún caso, puede considerarse que su intervención, con autorización, es una especie de acto debido, que deba atender necesariamente a la petición administrativa (TCo76/1992).

Si la **autorización judicial** concedida se declara **nula** posteriormente en vía de recurso, se considera vulnerada la inviolabilidad de domicilio y producida, en su caso, vía de hecho, debiendo reponerse la situación precedente, con devolución, por ejemplo, de la documentación intervenida (TS 25-4-03, EDJ 8953). La anulación del auto, aunque sea por defecto de motivación, produce efectos *ex tunc* y no es subsanable, privando de la necesaria cobertura a la incautación de documentos y cualquier material realizada durante el registro domiciliario, aunque la actuación administrativa no esté incursa en vía de hecho (TS 27-9-21, EDJ 707157).

Ahora bien, la **información derivada de la documentación restituida** se independiza de esta, dado que es inmaterial, y el uso que de ella pueda hacerse en otros procedimientos debe valorarse en ellos o en los recursos jurisdiccionales derivados de los actos que en ellos se dicten (TS 12-5-22, EDJ 567953).

Precisiones 1) Es problemático fijar la competencia territorial del órgano judicial contencioso en supuestos de solicitud de entrada domiciliar o equivalente, en los que el acto administrativo ha de ejecutarse **fuera de la jurisdicción del órgano** autorizante -y del territorio donde el órgano administrativo ejerce sus atribuciones-. Este supuesto puede darse, por ejemplo, en caso de una medida cautelar de embargo preventivo por deudas tributarias, acordada por la delegación de la AEAT competente para desarrollar las **actuaciones inspectoras o de recaudación**, en caso de que haya de entrarse en lugares de acceso restringido o domicilio sito fuera de la provincia correspondiente a la delegación actuante, por hallarse inmuebles del deudor radicados fuera de ella. 11478

En tal hipótesis, puede sostenerse:

• La competencia territorial del **órgano judicial correspondiente a la sede del órgano administrativo** (LJCA art.14.1). A favor de esta tesis operan tres argumentos:

- la intervención judicial controla la validez básica del acto administrativo de cobertura y del procedimiento de ejecución forzosa (TCo 171/1997; 103/1997);

- el órgano territorialmente competente para conocer de la impugnación del acto que se ejecuta será el correspondiente al lugar de sede del órgano autor, salvo en el caso del procedimiento sancionador (por causa del denominado «fuero electivo»);

- la interpretación analógica de LJCA art.8.6 párr 2º, en cuanto que el criterio territorial contenido en este precepto parece que atiende a la autoridad que dicta la medida controlada, autorizada o ratificada.

• La competencia territorial del **órgano judicial del lugar en el que radica el inmueble, domicilio o lugar** de acceso restringido afectado (LJCA art.14.3). Este criterio se sustenta en que la autorización de entrada solicitada en el curso de la ejecución de un acto es una modalidad de intervención administrativa de la propiedad privada (TSJ Madrid auto 19-4-99).

En este sentido sería improcedente acumular en una misma solicitud las peticiones de autorización de entrada en diversos domicilios radicados en distintas circunscripciones que determinarían diferente competencia territorial, aunque dicha acumulación persiga el éxito de un procedimiento -de investigación- (TSJ Málaga 17-3-09, Rec 1406/08).

• La dificultad de la cuestión deriva de que las reglas sobre competencia territorial de LJCA art.14 están diseñadas para el recurso contencioso-administrativo propiamente dicho, cuyo objeto es la impugnación y revisión de un acto administrativo y no para pretensiones diferentes de las típicas en el proceso ordinario del orden contencioso-administrativo. Por ello, dado que la función del juez no es controlar la legalidad del acto administrativo sino salvaguardar el derecho a la inviolabilidad domiciliar, la competencia debe ser atribuida, en caso de discordancia entre sede del órgano actuante y radicación del inmueble, al órgano judicial con jurisdicción en el **lugar de ubicación** del mencionado inmueble, pues es más adecuado que sea este quien realice la ponderación circunstancial del requisito de la proporcionalidad (TS auto 10-6-20, EDJ 580806).

2) Cuando la solicitud de ejecución se plantea **pendiente un recurso contencioso-administrativo** en el que se ventila la legalidad del acto de cuya ejecución se trata, la competencia para autorizar la entrada -antes de la sentencia- es del órgano judicial que conoce del proceso principal, aunque no sea el órgano judicial que sería objetivamente competente en otro caso. Esta atribución se justifica por **vía incidental** (LJCA art.4). Incluso puede sostenerse que, en supuestos en los que haya recaído resolución de inadmisión del recurso judicial principal, el órgano que ha conocido del proceso retiene la competencia para autorizar la entrada.
3) No es posible que un órgano jurisdiccional del **orden penal** pueda revocar o dejar sin efecto una resolución judicial firme de autorización de entrada en domicilio, dictada por el órgano judicial competente del orden contencioso-administrativo, debido a la falta de jurisdicción y competencia objetiva y funcional de aquel (AP Barcelona 19-4-22, EDJ 606454; 1-9-22, EDJ 725933).

11479 **Procedimiento** No es claro cuál es el trámite procedimental que haya de darse a estas solicitudes, ni uniforme la práctica forense al respecto. La autorización de entrada es un **acto judicial**, pero también un trámite o acto-condición incrustado en el procedimiento administrativo.
En ocasiones se sigue el trámite de las medidas cautelares; en otras -lo más correcto- se acuerda *inaudita parte* (TCo 129/1990; TSJ Sevilla 12-1-22; JCA Madrid núm 12, auto 28-11-05), sin perjuicio de audiencia posterior; y, en otras, se ha seguido el cauce supletorio general del procedimiento ordinario.
En cualquier caso, la resolución que se dicte debe adoptar la forma de **auto** y es apelable ante la Sala de lo Contencioso-Administrativo de los Tribunales Superiores de Justicia (LJCA art.80.1.d).
Sin embargo, no existe un procedimiento judicial contradictorio que conduzca a la adopción del auto; no está regulado. El procedimiento embrionario (desde LJCA art.8.6) se asemeja en su naturaleza a los actos de jurisdicción voluntaria, en los que **no hay controversia** entre partes antagónicas, sino una petición sin discordia que se responde autorizando -o no- lo que se pide.
Además, es un caso excepcional en que la jurisdicción contencioso-administrativa **no revisa un acto previo** de la Administración, sino que fiscaliza solamente una decisión judicial, lo que no resulta plenamente válido en caso de existencia de presumibles intereses enfrentados (TS 23-9-21, EDJ 705632).

Precisiones No resulta necesaria la **audiencia previa** de los titulares de los domicilios o inmuebles afectados por la entrada (TS 10-10-19, EDJ 710994).

11480 **Lugares asimilados al domicilio** La autorización concedida habilita para entrar no solo
MPCA en el domicilio, sino en alguno de los **restantes lugares** cuyo acceso requiera el consenti-
nº 1098 s., miento de su titular.
1102, 1103 s. Entre los mismos se encuentran aquellos recintos, áreas y construcciones que, sin merecer la calificación de domicilio tengan un titular que deba prestar su consentimiento para permitir la entrada. Es el caso de los **almacenes, fábricas, oficinas y locales comerciales**, cuyo uso impide calificarlos de domicilio.
En lo que respecta a las **cajas de seguridad** custodiadas en entidades de crédito, alquiladas por particulares, en la medida que puedan albergar documentación u objetos propios del ámbito de la intimidad personal, podrían considerarse asimilables al concepto de domicilio o, al menos, de lugar de acceso restringido dependiente del consentimiento del titular (TSJ C.Valenciana 29-5-08, EDJ 160085; TSJ Aragón 6-10-14, EDJ 1102).
En contra de este criterio, se ha considerado que esta circunstancia no permite atribuir un nivel de protección similar al que se otorga a la inviolabilidad domiciliaria (TSJ Cataluña 5-3-20, EDJ 553200; TSJ C.Valenciana 22-7-20, EDJ 824250) e incluso que estas cajas de seguridad no pueden ser consideradas como domicilio a efectos constitucionales (TS 21-3-24, EDJ 528887; 4-4-24, EDJ 532607; TSJ Cataluña 10-7-15, EDJ 253981; TSJ Cantabria 11-4-22, EDJ 601845), si bien su **precinto** queda habilitado por LGT art.146, sin que sea necesaria autorización judicial o consentimiento del titular persona jurídica para proceder por la Administración tributaria cuando esté ubicada en una entidad bancaria y alquilada por aquel (TS 21-3-24, EDJ 528887; TSJ C.Valenciana 9-1-24, EDJ 503303; 13-2-24, EDJ 537353), ni si el titular es persona física (TS 4-4-24, EDJ 532607).
Los **cajones inteligentes** de cobro automático, ubicados en establecimientos de hostelería, como bares y cafeterías principalmente, no tienen consideración de cajas de seguridad, por lo que no puede considerarse necesaria autorización judicial para su apertura.

Precisiones Pueden citarse los siguientes espacios que la jurisprudencia ha asimilado al domicilio a efectos de requerir autorización de entrada:
- un **parque educativo abierto al público** (TSJ País Vasco 21-1-00, EDJ 811);
- los **garajes** y **trasteros** sin comunicación directa con una vivienda (TS 1-3-04, EDJ 26055; 19-1-05, EDJ 4956 y TS12-5-05, EDJ 90218);
- los **automóviles** utilizados exclusivamente como medio de transporte (TS 4-7-02, EDJ 29093; 17-10-03, EDJ 127642 y TS18-2-05, EDJ 68308);

- los reservados o habitaciones en un **club de alterne** (TS 16-4-04, EDJ 40393);
- los dormitorios comunes, taquillas y armarios en **acuartelamientos militares** (TS 26-1-95, EDJ 391; 8-10-99, EDJ 33574 y TS9-6-00, EDJ 14118).

Reglas específicas Pueden destacarse otras normas reguladoras de la entrada en domicilio o lugares asimilados en diversos ámbitos: **11481** MPCA nº 1103 s.

a) Inspecciones en materia de competencia (LJCA art.8.6; L 15/2007 art.40; RD 261/2008 art.13). Las Secciones de lo Contencioso-Administrativo de los Tribunales de Instancia -hasta su constitución, los juzgados de lo contencioso-administrativo- deben conocer de las autorizaciones para la entrada e inspección de domicilios, locales, terrenos y medios de transporte, que haya sido acordada por la **Comisión Nacional de los Mercados y la Competencia** cuando, requiriendo dicho acceso e inspección el consentimiento de su titular, este se oponga a ello o exista riesgo de tal oposición.
Si la empresa o asociación de empresas se oponen a una inspección o existe el riesgo de tal **oposición**, el órgano competente de la Comisión debe solicitar la correspondiente autorización judicial, cuando la misma implique restricción de derechos fundamentales, al tribunal o juzgado, que ha de resolver en el plazo máximo de 48 horas.

b) Procedimientos de aplicación de los tributos (LJCA art.8.6; LGT art.113 y 142.2; RD 1065/2007 art.172). Los funcionarios que desarrollen actuaciones inspectoras ostentan la facultad de entrada y reconocimiento de **fincas, locales de negocio y demás establecimientos** o lugares en que se desarrollen actividades o explotaciones sometidas a gravamen, existan bienes sujetos a tributación, se produzcan hechos imponibles o supuestos de hecho de las obligaciones tributarias o exista alguna prueba de los mismos, cuando aquellas así lo requieran. **11482**
No obstante, cuando la entrada o reconocimiento afecte al **domicilio** constitucionalmente protegido de un obligado tributario, se precisa el consentimiento del interesado o autorización judicial, sin necesidad de notificar previamente el inicio del procedimiento en caso de que exista riesgo de oposición del interesado u oposición actual.
Es acto ejecutable a los efectos de entrada domiciliar la **orden de carga** en plan de inspección (TSJ C.Valenciana 14-9-16, EDJ 201168) que no precisa contemplar específicamente la entrada en domicilio u otros lugares de acceso restringido (TSJ La Rioja 7-6-18, EDJ 558927). Su simple dictado permite considerar que el procedimiento inspector ha sido incoado y está en marcha, excluyendo por tanto la existencia de vía de hecho.
Además no se precisa **notificación previa** del inicio del procedimiento en caso de que exista oposición o riesgo de oposición a consentir la entrada por parte del obligado (TS 1-10-20, EDJ 667838; 23-9-21, EDJ 705632).

Precisiones **1)** La doctrina conforme a la cual se exigía la **notificación previa del inicio del procedimiento** inspector (TS 1-10-20, EDJ 667838; 10-11-22, EDJ 739173) no resulta aplicable desde la entrada en vigor de la L 11/2021, que reforma LJCA art.8.6 y LGT art.113 y 142 (TSJ Madrid 9/2023, EDJ 504772). Dicha notificación, o intento regular de ella, era exigible incluso en caso de consentimiento del titular del domicilio o lugar equivalente al que se accedía (TS 1-3-24, EDJ 511340).
Esta previsión no es inconstitucional, en la medida en que no afecta al núcleo esencial del derecho fundamental a la inviolabilidad de domicilio (Const art.18.2). Se trata de un aspecto meramente procedimental, por lo que puede ser objeto de regulación legal (TSJ C.Valenciana 19-12-22, EDJ 833441; 22-12-23, EDJ 813083).
2) En caso de incoarse un proceso penal (por delito contra la Hacienda pública) a raíz de la denuncia resultante de los hechos y datos aflorados por la entrada y registro administrativos y de incorporación a la prueba de la **documentación obtenida en la previa entrada domiciliar autorizada** judicialmente en sede contencioso-administrativa, el tribunal penal puede y debe valorar la entrada y registro autorizada por la sección de lo contencioso-administrativo del tribunal de instancia e incluso apartarse motivadamente de su criterio, sin quedar vinculado por su resolución, aunque sea firme (TCo 31/2025; TS penal 4-2-26, EDJ 510467).

c) Inspección de Trabajo y Seguridad Social (L 23/2015 art.13.1). En el ejercicio de sus funciones, los inspectores de Trabajo y Seguridad Social tienen carácter de autoridad pública y gozan de autorización legal para entrar libremente, en cualquier momento y sin previo aviso, en cualquier centro de trabajo, establecimiento o lugar sujeto a inspección y a permanecer en el mismo. Si el centro sometido a inspección coincide con el domicilio de una persona, se precisa su consentimiento expreso o, en su defecto, autorización judicial. **11483**
d) Sector eléctrico (L 24/2013 art.61). Se reconoce a los funcionarios públicos del ministerio del ramo de Industria la capacidad de efectuar inspecciones mediante acceso a cualquier **local, terreno, instalación o medio de transporte** de las empresas, asociaciones de empresas y personas físicas que desempeñen actividades de las previstas en la L 24/2013, así como en el domicilio particular de los empresarios, administradores de empresas o empleados. Para ello, en defecto del consentimiento del afectado, precisan autorización judicial.

e) Fuerzas y cuerpos de seguridad (LO 4/2015 art.15). Los agentes de las fuerzas y cuerpos de seguridad solo pueden proceder a la entrada y registro en los casos permitidos por la Constitución y en los términos que fijen las leyes, lo que supone una remisión al régimen normativo general: autorización del titular o judicial, salvo caso de flagrante delito.
No obstante, es causa legítima suficiente para la entrada en domicilio la necesidad de evitar **daños inminentes y graves** a las personas y a las cosas, en supuestos de catástrofe, calamidad, ruina inminente u otros semejantes de extrema y urgente necesidad. No son precisos en tales supuestos ni consentimiento ni autorización judicial.
f) Organizaciones o conferencias internacionales (LO 16/2015 art.21, 34, 44). Son inviolables los locales de las organizaciones internacionales, así como los de conferencias o reuniones internacionales, cualquiera que sea su propietario, sus archivos, su correspondencia oficial y, en general, todos los documentos que les pertenezcan u obren en su poder y estén destinados a su uso oficial.

Precisiones Además de las expuestas, existe alguna otra disposición sectorial específica: por ejemplo, en el ámbito del **dominio público hidráulico** (RD 849/1986 art.333); en el **ámbito expropiatorio** -toma de posesión de inmuebles expropiados- (LEF art.51; REF art.52 a 55); en el **sector vitivinícola** (L 24/2003 art.34). Ver nº 1103 s. Memento Procesal Contencioso-Administrativo 2026.

6. Control de medidas sanitarias

(LJCA art.8.6)

11485 MPCA nº 1130 s. Es también de competencia de las Secciones de lo Contencioso-Administrativo de los Tribunales de Instancia -hasta su constitución, los juzgados de lo contencioso-administrativo- la autorización o ratificación judicial de las medidas que las autoridades sanitarias consideren **urgentes** y **necesarias** para la salud pública e impliquen privación o restricción de la libertad o de otro derecho fundamental, cuando dichas medidas estén plasmadas en actos administrativos singulares que afecten únicamente a uno o varios particulares concretos e identificados de manera individualizada.

Precisiones **1)** En caso de que exista o se sospeche razonablemente la existencia de un **riesgo inminente y extraordinario** para la salud, las autoridades sanitarias deben adoptar las medidas preventivas que estimen pertinentes, tales como la incautación o inmovilización de productos, suspensión del ejercicio de actividades, cierres de empresas o sus instalaciones, intervención de medios materiales y personales, determinación de condiciones previas en cualquier fase de comercialización o fabricación de productos o sustancias o para el funcionamiento de establecimientos, instalaciones o servicios y cuantas otras se consideren sanitariamente justificadas.
2) En materia de sanidad es competente la **Administración del Estado** cuando la actuación se refiera a sanidad exterior: todas aquellas que se realicen en materia de vigilancia y control de los posibles riesgos para la salud derivados de la importación, exportación o tránsito de mercancías y del tráfico internacional de viajeros (L 14/1986 art.38 s.).
Las **comunidades autónomas** tienen las competencias asumidas en los estatutos de autonomía y las delegadas por el Estado, siendo igualmente Administración residual en este campo.
Las **corporaciones locales** son competentes, en los términos establecidos en la legislación autonómica y, como mínimo, en las siguientes materias:
• **Medio ambiente**: contaminación atmosférica, abastecimiento de aguas, saneamiento de aguas residuales, residuos urbanos e industriales.
• **Industrias, actividades y servicios**, transportes, ruidos y vibraciones.
• Edificios y lugares de **vivienda** y convivencia humana, especialmente de los centros de alimentación, peluquerías, saunas y centros de higiene personal, hoteles y centros residenciales, escuelas, campamentos turísticos y áreas de actividad físico-deportivas y de recreo.
• Distribución y suministro de **alimentos, bebidas** y demás productos, directa o indirectamente relacionados con el uso o consumo humanos, así como los medios de su transporte.
• Los **cementerios** y policía sanitaria mortuoria.
Hay que tener en cuenta la OM SCO/564/2004, sobre el **Sistema de Información y Coordinación de Alertas Sanitarias** (SICAS) en el ámbito del ministerio del ramo de Sanidad. Esta estructura no afecta al ejercicio ni a la titularidad de la competencia respectiva.
3) En materia de dopaje se dispone que las fuerzas y cuerpos de seguridad del Estado, los servicios de inspección sanitaria del Estado, así como los órganos autonómicos que tengan atribuida la competencia, por su propia iniciativa o a instancia de la Agencia Estatal **Comisión Española para la Lucha Antidopaje en el Deporte**, pueden inspeccionar los botiquines y demás instrumentos que permitan custodiar o albergar los productos y sustancias susceptibles de dar un resultado analítico adverso en un control de dopaje, sin perjuicio de lo dispuesto sobre el control de medidas sanitarias. Ello supone que para el examen de estos elementos no es precisa autorización judicial, a menos que se hallen en lugar asimilable al domicilio o de acceso restringido dependiente de la voluntad de su titular (LO 11/2021 art.55.4).
4) El **procedimiento especial** de autorización o ratificación judicial de medidas sanitarias se expone en el nº 13474.

7. Jueces de guardia

(Rgto CGPJ 1/2005 art.42.5)

El juez que desempeñe funciones de guardia debe conocer de las actuaciones correspondientes al orden contencioso-administrativo de **carácter urgente e inaplazable**, instadas en días y horas inhábiles, que exijan una intervención judicial inmediata en los supuestos de: **11486**
- autorización de **entrada en domicilio** y lugares cuyo acceso requiera el consentimiento de su titular;
- **medidas sanitarias** urgentes y necesarias para proteger la salud pública;
- adopción de **medidas cautelares** urgentes (nº 13564) en relación con actuaciones de la Administración en materia de extranjería, asilo político y condición de refugiado que impliquen expulsión, devolución o retorno.

Cumplimentada su intervención, el juez de guardia ha de remitir lo actuado al órgano judicial competente para celebración de comparecencia y ulterior resolución del incidente.

En todo caso, el solicitante de la intervención del juez de guardia ha de **justificar debidamente** su necesidad, por resultar inaplazable, la imposibilidad de haber planteado la petición ante el órgano naturalmente competente, en días y horas hábiles, y aportar la **información relevante** o que se le requiera sobre procedimientos en trámite conexos con el objeto de la solicitud.

8. Reglas de reparto

En principio, las Secciones de lo Contencioso-Administrativo de los Tribunales de Instancia - hasta su constitución, los juzgados de esta clase - tienen **competencia** provincial y **sede** en capital de provincia, aunque las hay constituidas en ciudades diferentes y con otro ámbito territorial (p.e. Algeciras -2-, Mérida -2-, Gijón, Elche, Ferrol, Santiago de Compostela -2-, Vigo -2-, Gijón, Cartagena, Jerez de la Frontera). **11488**

En la siguiente tabla se recoge la relación de **capitales de provincia** en las que existe más de una plaza judicial en la Sección de lo Contencioso-Administrativo -más de un juzgado, hasta su constitución-, con indicación de los acuerdos de la sala de gobierno del respectivo Tribunal Superior de Justicia sobre reparto de asuntos, en caso de haberse publicado en el BOE. Se omite referencia a las provincias con plaza judicial única - anteriormente, juzgado único -, por no haber lugar a reparto. En defecto de nuevos acuerdos, los adoptados con anterioridad de la transformación derivada de la LO 1/2025, siguen siendo de aplicación una vez constituidos los tribunales de instancia.

Capital de provincia/ Sede	Número de juzgados	Acuerdos sala de gobierno TSJ	Publicación BOE
A Coruña	4	18-6-99	15-9-99
Albacete	2		
Alicante	4	12-11-08; 30-6-04; 19-4-03	22-1-09; 8-10-04; 19-6-03
Almería	4	13-1-04	6-3-04
Badajoz	2	16-5-05	22-6-05
Barcelona	17		
Bilbao	6	11-11-08; 3-1-08; 18-3-05; 13-2-04	3-5-08; 26-4-05; 2-4-04
Burgos	2	20-3-06; 19-12-05	24-4-06; 24-2-06
Cáceres	2	9-1-06	13-3-06
Cádiz	4		
Castellón	2	15-2-04; 18-2-04	1-2-05; 5-4-04
Ceuta	2	20-1-09	26-2-09
Córdoba	5	4-5-05	22-6-05
Ciudad Real	2	9-5-11	17-6-11
Girona	3		
Granada	5	4-10-05; 20-9-05	15-11-05; 19-10-05
Huelva	3	19-4-05	17-6-05

Capital de provincia/ Sede	Número de juzgados	Acuerdos sala de gobierno TSJ	Publicación BOE
Jaén	3		
Las Palmas	6	24-6-99	13-9-99
León	3	9-2-04	5-4-04
Logroño	2	29-11-07	6-2-08
Madrid	34	11-11-21; 25-3-19; 22-1-18; 9-7-12; 2-2-04	1-12-21; 29-5-19; 21-3-18; 10-10-12; 5-4-04
Málaga	7	20-1-04	6-3-04
Melilla	3	10-3-14; 23-10-07	7-4-14; 18-1-08
Mérida		8-2-08	6-3-08
Murcia	8	12-3-19	6-5-19
Ourense	2		
Oviedo	6	27-4-11; 25-6-08; 26-5-08; 20-7-05; 4-3-05; 22-12-03	17-6-11; 14-10-08; 14-10-08; 24-9-05; 20-4-05; 18-2-04
Palma de Mallorca	3	12-2-14; 9-3-05	12-3-14; 29-4-05
Pamplona	3	15-3-04; 14-6-99	15-5-04; 17-7-99
Pontevedra	3		
Salamanca	2	11-9-13; 31-1-06	8-11-13; 22-3-06
San Sebastián	3	20-2-04; 28-1-00	5-4-04; 8-3-00
Sta. Cruz de Tenerife	4	1-4-02	23-5-02
Santander	3	30-5-11; 13-2-04; 20-6-99	11-7-11; 10-8-04; 13-9-99
Sevilla	14		
Tarragona	2		
Toledo	3	19-4-04	19-5-05
Valencia	10	30-4-11; 11-3-09; 29-10-08; 2-7-08; 19-6-08; 18-4-07; 20-12-06; 8-2-06; 18-2-02	27-5-11; 14-5-09; 18-12-08; 14-10-08; 16-6-07; 5-2-07; 23-3-06; 27-2-03
Valladolid	4	19-12-05	24-2-06
Vitoria	3		
Zaragoza	4	27-2-04	5-4-04

C. Sección de lo Contencioso-Administrativo del Tribunal Central de Instancia (Juzgados centrales de lo contencioso-administrativo)

(LOPJ art.95.e redacc LO 1/2025; LJCA art.9)

11490 MPCA nº 1175 La Sección de lo Contencioso-Administrativo del Tribunal Central de Instancia (hasta su constitución, los juzgados centrales) conoce únicamente de los recursos interpuestos contra actos dictados por órganos centrales de la Administración General del Estado o por organismos públicos estatales con **competencia en todo el territorio nacional**, delimitándose en cada uno de los supuestos las materias a las que se extiende su conocimiento.

Este órgano judicial conoce de **procedimientos abreviados**, no solo ordinarios (LJCA art.78.1).

11492 MPCA nº 1177 **Actos dictados por ministros y secretarios de Estado** (LJCA art.9.1.a) Este órgano judicial conoce, en primera o única instancia, de las **materias de personal** contra actos dictados por ministros y secretarios de Estado.

Se establecen dos **excepciones**:

- los actos relativos al nacimiento o extinción de la relación de servicio de funcionarios de carrera; y

- los actos de los órganos centrales del Ministerio de Defensa referidos a ascensos, orden y antigüedad en el escalafón y destinos.
Estas materias son competencia de la Audiencia Nacional (nº 11555).

Requisitos Como requisito objetivo, los actos deben referirse a **cuestiones de personal** (nº 11195). **11494**
Como requisitos subjetivos, el acto debe ser dictado, en cualquier caso, por un **ministro** o un **secretario de Estado**, o bien por otro órgano por **delegación** de cualquiera de estos (nº 1155 s. Memento Administrativo 2026).
También conoce este órgano judicial si el acto lo dicta quien, no desempeñando las funciones de secretario de Estado, **ostenta el rango** de este, como es el caso del presidente de la AEAT -L 31/1990 art.103.Tres.1- (TS 3-10-00, EDJ 30157; 30-11-01, EDJ 50157).

Precisiones Aun cuando el precepto no dice nada al respecto, es obvio que no corresponde a este órgano judicial el conocimiento de las **resoluciones meramente desestimatorias** del recurso interpuesto contra la denegación realizada por el órgano competente, ya que ha de estarse a este último para determinar a quien corresponde el enjuiciamiento de estos supuestos, siendo, normalmente, competente el Tribunal Superior de Justicia (nº 11532 y nº 11542).
En este sentido, las resoluciones del presidente de la AEAT o de su director general, por delegación de aquel, dictadas en vía de recurso administrativo frente a actos de órganos inferiores, determinan la competencia objetiva de estos órganos judiciales en caso de que sean **estimatorias**, es decir, no confirmatorias, con modificación del acto originario, pues se altera la competencia objetiva para conocer del recurso contencioso-administrativo frente al acto originario. En otro supuesto, si son **desestimatorias** del recurso administrativo, la competencia objetiva corresponde a la sala de lo contencioso-administrativo del Tribunal Superior de Justicia territorialmente competente, pues no se altera la competencia derivada del acto administrativo originario.

Actos de los órganos centrales de la Administración General del Estado (LJCA art.9.1.b) Ha de conocer este órgano, en primera o única instancia, de los recursos que se deduzcan contra los actos de los órganos centrales de la Administración General del Estado referidos a **sanciones administrativas** que consistan en multas no superiores a 60.000 euros o en cese de actividad o privación del ejercicio de derechos que no excedan de 6 meses. **11496** MPCA nº 1181

Actos de la Administración institucional (LJCA art.9.1.c) Otra de las materias a las que se extiende la competencia de este órgano judicial es la referida a la Administración institucional del Estado (nº 10854). **11498** MPCA nº 1183 s.
Como **regla general**, conoce, en primera o única instancia, de los recursos contencioso-administrativos que se interpongan contra las disposiciones generales y contra los actos emanados de los **organismos públicos** con personalidad jurídica propia y entidades pertenecientes al **sector público estatal** con competencia en todo el territorio nacional.
Es preciso que el acto sea dictado por los **órganos centrales** de las entidades de Derecho público, ya que si son dictados por sus órganos periféricos y posteriormente confirmados en vía de recurso, la competencia correspondería a las Secciones de lo Contencioso-Administrativo de los Tribunales de Instancia -hasta su constitución, a los juzgados de lo contencioso-administrativo- (nº 11490) o, en su caso, a los Tribunales Superiores de Justicia (nº 11515).
La competencia alcanza a los recursos contra las **disposiciones generales**, no solo contra los actos administrativos.
Su **ámbito subjetivo** se refiere a:
- los organismos públicos con personalidad jurídica propia, que comprenden los organismos autónomos, las entidades púbicas empresariales y las agencias estatales (LRJSP art.88 a 108); y
- el resto de entidades pertenecientes al sector público estatal que no puedan incluirse en ninguna de las dos categorías mencionadas.

Limitación Se establece una limitación a la competencia de este órgano jurisdiccional, pues la misma ha de entenderse sin perjuicio de la competencia de los Tribunales Superiores de Justicia para conocer de ciertos recursos en materia de **personal, propiedades especiales y expropiación forzosa**. **11502**
Esta limitación ha de entenderse del siguiente modo:
- los actos dictados por la Administración institucional deben ser, en principio, conocidos por el órgano judicial en estudio, en virtud del órgano que dictó el acto;
- si el acto se refiere a las materias de personal, propiedades especiales y expropiación forzosa, la competencia corresponde a los Tribunales Superiores de Justicia (nº 11532).
Ha de tenerse en cuenta, además, que la atribución de competencia por razón de la materia tiene **preferencia** sobre la que se hace en razón del órgano administrativo que dicta el acto (nº 11366 s.).

11504 **Organismos públicos presididos por ministros** En algunos casos, la presidencia del organismo público puede estar asignada al ministro del departamento al que esté vinculado o del dependa este, hecho que puede **afectar a la competencia** del órgano que debe conocer de sus actos. Así, si el acto recurrido se refiere a una materia de personal, caben dos posibles **interpretaciones**:

• Puede pensarse que la competencia corresponde al **Tribunal Superior de Justicia**, pues se trata de uno de los supuestos en los que se excluye la competencia de la Sección de lo Contencioso-Administrativo del Tribunal Central de Instancia -hasta su constitución, los juzgados centrales-, según lo expuesto en nº 11492.

• Parece más apropiado pensar, ya que el acto ha sido dictado por un ministro, que la **competencia** corresponde a la Sección de lo Contencioso-Administrativo del Tribunal Central de Instancia -hasta su constitución, al juzgado central de lo contencioso-administrativo- (nº 11492) o, en su caso, a la Audiencia Nacional (nº 11559). Sostiene esta tesis la jurisprudencia, sobre la base de que no cabe disociar de la condición de ministro la de presidente del organismo (TS 10-4-01, EDJ 9007; 16-10-00, EDJ 35216; 6-10-00, EDJ 35541).

11506 **Responsabilidad patrimonial y asilo** (LJCA art.9.1.d y e) La Sección de lo Contencioso-Administrativo del Tribunal Central de Instancia (hasta su constitución, los juzgados centrales) conoce de:

• Los recursos contra las resoluciones dictadas por los ministros y secretarios de Estado en materia de **responsabilidad patrimonial** cuando lo reclamado no exceda de 30.050 euros (en primera o única instancia).

• En primera instancia, de las resoluciones que acuerden la inadmisión de las peticiones de **asilo político**.

11507 **Disciplina deportiva** (LJCA art.9.1.f) Conoce este órgano, en única o primera instancia, de las resoluciones dictadas por el **Tribunal Administrativo del Deporte**, en vía de fiscalización y sede de disciplina deportiva (L 39/2022 art.120.4).

También ha de entenderse que es competente para conocer de los recursos interpuestos frente a resoluciones del **Comité Sancionador Antidopaje**, desde su efectiva constitución (LO 11/2021 art.46 s.). Hasta entonces, frente a las resoluciones del presidente de la Agencia Estatal **Comisión Española para la Lucha Antidopaje en el Deporte** (LO 11/2021 disp.trans.4ª).

Precisiones La revisión de las resoluciones dictadas en materia de **dopaje** se trata en el nº 8969 Memento Administrativo 2026.

11508 **Autorización judicial en materia de propiedad intelectual** (LOPJ art.90.5; LJCA art.9.2) Se atribuye a este órgano la competencia objetiva para conocer de la autorización judicial que han de solicitar los órganos competentes para la adopción de **medidas de protección de la propiedad intelectual**, cuando se trate de identificar al responsable del servicio de la sociedad de la información que esté desarrollando una conducta presuntamente vulneradora de la legalidad, al efecto de requerir a los prestadores de servicios de sociedad de la información la cesión de datos que permitan la identificación del responsable para que pueda comparecer en el procedimiento (L 34/2002 art.8.2); así como la autorización de la **ejecución de los actos** adoptados por la Sección Segunda de la Comisión de Propiedad Intelectual para que se interrumpa la prestación de servicios de la sociedad de la información o para que se retiren contenidos que vulneren la propiedad intelectual en aplicación de la L 34/2002 (servicios de la sociedad de la información y comercio electrónico).

Precisiones El **procedimiento** para obtención de autorizaciones judiciales en materia de propiedad intelectual y sociedad de la información se expone en el nº 13470.

11509 **Requerimientos de información en materia de protección de datos** (LOPJ art.90.7) Corresponde a la Sección de lo Contencioso-Administrativo del Tribunal Central de Instancia -hasta su constitución, a los juzgados centrales- conocer y, en su caso, autorizar, mediante auto, el requerimiento de información por parte de la **Agencia Española de Protección de Datos** y otras autoridades administrativas independientes de ámbito estatal a los operadores que presten servicios de comunicaciones electrónicas disponibles al público y de los prestadores de servicios de la sociedad de la información, cuando ello sea necesario de acuerdo con la legislación específica.

11510 **Reglas internas de reparto** (LOPJ art.152.1; LJCA art.17; Acuerdos AN Sala de Gobierno 19-1-04; 19-4-04; 9-2-05; 13-3-17) Se aplican las siguientes reglas de reparto para la Sección de lo Contencioso-Administrativo del Tribunal Central de Instancia (hasta su constitución, los juzgados centrales de esta clase):

a) Los **recursos** y **demandas** se presentan ante el servicio común procesal correspondiente.

b) Los asuntos que sean **reproducción** de otro ya repartido, se remiten al juez que venga conociendo del mismo.
c) Los recursos y demandas se clasifican en los siguientes **grupos de reparto**:

Grupo	Ámbito
Primero	Medidas cautelares previas al recurso/demanda
Segundo	Medidas de personal
Tercero	Actos sancionadores de órganos centrales de la Administración General del Estado
Cuarto	Actos/disposiciones de organismos y entidades del sector público estatal con competencia en todo el territorio nacional, salvo responsabilidad patrimonial
Quinto	Responsabilidad patrimonial
Sexto	Asilo político (inadmisión de peticiones)
Séptimo	Protección derechos fundamentales
Octavo	Resoluciones del Tribunal Administrativo del Deporte en materia de disciplina deportiva
Noveno	Adopción de medidas de protección de la propiedad intelectual y la sociedad de la información (L 34/2002 art.8.2; LJCA art.122.bis.1).
Décimo	Ejecución de medidas de interrupción de servicios de la sociedad de la información o de retirada de contenidos vulneradores de la propiedad intelectual, adoptadas por la Sección Segunda de la Comisión de la Propiedad Intelectual (L 34/2002 art.8.2; LJCA art.122.bis.2).
Undécimo	Declaración judicial de extinción de partidos políticos (LO 6/2002 art.12 bis).
Duodécimo	Otros

d) Una vez clasificados los asuntos ya registrados en los grupos anteriores, se turnarán de acuerdo con su **orden de entrada** a los distintos jueces de la Sección de lo Contencioso-Administrativo del Tribunal Central de Instancia (anteriormente, juzgados centrales), debiendo conocer del mismo número y clase. Asignado un recurso o demanda a un juez (plaza judicial), corre su turno en el grupo de que se trate. Se establece así un criterio tal que todos los jueces centrales conocen de todos los grupos, a diferencia del que se aplica entre las secciones de otros órganos, que sigue un sistema de especialización. **11511**
e) Las **medidas cautelares** que se soliciten sin audiencia de parte contraria, tanto anteriores como simultáneas al recurso o demanda, se turnan semanalmente al mismo juez.
La petición de medidas cautelares se considera antecedente del recurso ulterior en el que se solicite su ratificación, a efecto de turnarlo al mismo juez que esté conociendo de las mismas, aunque el recurso correrá el turno del órgano en el grupo de reparto que corresponda.
f) Las **impugnaciones** que sobre un mismo objeto sean deducidas por el procedimiento ordinario o abreviado y por el especial para la protección de derechos fundamentales, serán antecedentes la una de la otra, turnándose la presentada en segundo lugar al juez que conozca de la primera. De no hacerse así, el receptor del segundo pleito lo devolverá para que se proceda a su reparto correcto.
g) No procede **acumular asuntos** en el trámite de turno de reparto

D. Tribunales Superiores de Justicia

(LOPJ art.74 redacc LO 1/2025; LJCA art.10)

Pueden distinguirse al respecto: **11515** MPCA nº 1205
- competencias en única instancia (nº 11517);
- competencias revisoras (nº 11545);
- competencias como órgano judicial superior común (nº 11546).

Las reglas de reparto se exponen en el nº 11550.

Competencias en única instancia (LJCA art.10.1) Las Salas de lo Contencioso-Administrativo de los Tribunales Superiores de Justicia han de conocer, en única instancia, de los recursos que se deduzcan en relación con: **11517**
- actos y disposiciones generales de las **entidades locales** (nº 11519);
- actos y disposiciones generales de las Administraciones y asambleas legislativas de las **comunidades autónomas**, así como de otros órganos autonómicos (nº 11521);

- actos y resoluciones de los **tribunales económico administrativos** regionales, locales y central (nº 11523);
- actos dictados por órganos de la **Administración General del Estado** de nivel orgánico inferior al de ministro o secretario de Estado (nº 11532);
- actos y disposiciones de la **Administración electoral** (nº 11534);
- **convenios** entre Administraciones públicas (nº 11536);
- derecho de **reunión** (nº 11537);
- resoluciones de recursos especiales en materia de **contratación** del sector público (11538);
- actos y disposiciones dictados por las autoridades independientes u órganos competentes autonómicos de **protección de los informantes** sobre infracciones normativas y de lucha contra la corrupción (nº 11540);
- otras actuaciones administrativas **no atribuidas expresamente** a la competencia de otros órganos del orden jurisdiccional contencioso-administrativo (nº 11542).

11519 **Entidades locales** (LJCA art.10.1.a y b) Los Tribunales Superiores de Justicia deben conocer de los recursos que se deduzcan en relación con:
- los **actos** no atribuidos a las Secciones de lo Contencioso-Administrativo de los Tribunales de Instancia -hasta su constitución, los juzgados de lo contencioso-administrativo- (nº 11405);
- las **disposiciones generales** dictadas por las entidades locales, cualquiera que sea la materia.

Precisiones A estos efectos, se consideran disposiciones generales los acuerdos de los ayuntamientos por los que se aprueban los **convenios reguladores de las condiciones de trabajo** del personal funcionario y laboral.

11521 **Administración autonómica** (LJCA art.10.1.a, b, c, j y k) Los Tribunales Superiores de Justicia deben conocer de los recursos contra:
- los **actos** de las Administraciones de las comunidades autónomas cuyo conocimiento no esté atribuido a las Secciones de lo Contencioso-Administrativo de los Tribunales de Instancia -hasta su constitución, los juzgados de lo contencioso-administrativo- (nº 11436);
- **disposiciones generales** emanadas de las Administraciones de las comunidades autónomas, cualquiera que sea la materia de las mismas.

Asimismo, se les asigna la competencia respecto de los actos y disposiciones de los órganos de gobierno de las **asambleas legislativas** de las comunidades autónomas y de las instituciones autonómicas análogas al **Tribunal de Cuentas** (nº 10927) y al **Defensor del Pueblo** (nº 10929), en materias de personal, administración y gestión patrimonial.

11522 MPCA nº 1213 s. Dentro de los **actos no atribuidos a los Tribunales de Instancia** -hasta su constitución, a los juzgados- que, por tanto, son competencia de los Tribunales Superiores de Justicia, merecen especial mención dos tipos:

• Resoluciones de **órganos autonómicos de defensa de la competencia**. Siendo estos órganos centrales (es decir, no de la Administración periférica autonómica), de los recursos contra sus actos -las resoluciones y actos en materia de medidas cautelares de los tribunales (o jurado, en el caso de Extremadura) agotan la vía administrativa- conocerá una sala de lo contencioso siempre que no sean sanciones de importe no superior a 60.000 euros o privación o suspensión de derechos por tiempo no mayor de 6 meses (LJCA art.10.1.j).
Puede encontrarse una relación de estas instituciones en el nº 1213 Memento Procesal Contencioso-Administrativo 2026.

• Resoluciones y acuerdos de **órganos tasadores autonómicos equivalentes a los jurados de expropiación**. En el caso del Estado siempre conocerá una sala de lo contencioso (LJCA art.8.3.2 y 10.1.k).
No así en el caso de los órganos valorativos autonómicos, en las comunidades donde existen. Respecto de estos, si tienen condición de órganos de la **Administración central** de la respectiva comunidad, siempre la sala de lo contencioso-administrativo del correspondiente Tribunal Superior. En caso de ser **periféricos**, la competencia corresponderá al tribunal de instancia -hasta su constitución, al juzgado- (LJCA art.8.3.1).
La determinación de la integración central o periférica de estos órganos autonómicos se hace de acuerdo con la norma autonómica organizativa de aplicación.

Precisiones Estos órganos existen, con competencia para valorar **justiprecios expropiatorios** en expropiaciones autonómicas y locales, en todas las comunidades salvo Aragón -previsto legalmente, no creado-, Cantabria, La Rioja, Murcia y Comunidad Valenciana, en las que actúa siempre el jurado provincial estatal.
Puede encontrarse una **relación de estos órganos** en el nº 1214 Memento Procesal Contencioso-Administrativo 2026.

Tribunales económico-administrativos (LJCA art.10.1.d y e) Se asigna a los Tribunales Superiores de Justicia la competencia para conocer de los recursos contra actos y resoluciones dictados por los tribunales económico-administrativos **regionales y locales** que pongan fin a la vía económico administrativa. 11523 MPCA nº 1215 s., 5170 s.

Precisiones 1) A pesar de lo expuesto, existen resoluciones judiciales en las que los Tribunales Superiores de Justicia han declarado su **incompetencia** para conocer del recurso interpuesto contra resoluciones del tribunal económico administrativo regional (TEAR) que ponen fin a la vía administrativa. 11525

Así, por ejemplo, en un supuesto en el que la resolución del TEAR recurrida desestimó el recurso contra una resolución de la AEAT que acordaba el apremio en una sanción de tráfico, alegando para ello que si el conocimiento de la **sanción de tráfico** corresponde a los juzgados de lo contencioso-administrativo, el de la resolución que ponga fin al apremio para su cobro debe corresponder también a los citados juzgados (TSJ Madrid auto 13-3-00).

Este criterio, sin embargo, debe ser modificado en base a dos argumentos:

- en primer lugar, porque el precepto **no deja lugar a excepción** alguna en cuanto a la competencia del órgano que debe conocer de los recursos contra las resoluciones del TEAR; y
- en segundo lugar, porque estamos ante **dos procedimientos distintos**, con dos tramitaciones distintas, ante órganos administrativos distintos y con resoluciones que pueden ser impugnadas ante jurisdiccionales diferentes, como es el caso.

2) En casos de resoluciones dictadas por el procedimiento abreviado ante **órganos unipersonales** integrados en el TEAR o TEAL correspondiente, siempre agotarán la vía administrativa, por razón de su cuantía.

3) En cuanto a la competencia objetiva para conocer de los recursos judiciales contra resoluciones de órganos económico-administrativos **autonómicos o locales** -estos últimos, en caso de municipios de gran población (nº 11410)-, no se determina aquella por la aplicación de LJCA art.10.1.d y e, sino de acuerdo con las reglas propias de las Administraciones autonómica y local.

Respecto de los **órganos forales**, ha de diferenciarse entre el de Navarra y los de los territorios históricos del País Vasco:

• En el primer caso, podría entenderse que la competencia objetiva para conocer de los recursos contra las resoluciones del **Tribunal Económico-Administrativo Foral de Navarra** corresponde a la Sala de lo Contencioso-Administrativo del TSJ Navarra (LJCA art.10.1.a). Sin embargo, es la Sección de lo Contencioso del Tribunal de Instancia la que está conociendo en primera instancia de los recursos contra dichas resoluciones, y la Sala citada en apelación, cuando se dé.

• En el segundo, si bien puede considerarse que los **órganos forales vascos** se integran en entidades locales -las respectivas diputaciones forales-, atendida su singular naturaleza, ha de sostenerse la competencia objetiva de la Sala de lo Contencioso-Administrativo del TSJ País Vasco, por aplicación de la cláusula residual de LJCA art.10.1.a, d y m. Este órgano está conociendo efectivamente de dichos recursos contencioso-administrativos en única instancia. Ver nº 1238.

Asimismo, los Tribunales Superiores de Justicia han de conocer de los recursos contra las resoluciones del **Tribunal Económico Administrativo Central** en materia de tributos cedidos a las comunidades autónomas, ya que en el resto de cuestiones la competencia se atribuye a la Audiencia Nacional (nº 11568). 11527

Son **tributos cedidos a las comunidades autónomas** (total o parcialmente) el IRPF, impuestos sobre patrimonio, sucesiones y donaciones, transmisiones patrimoniales y actos jurídicos documentados, tributos sobre el juego, IVA, impuestos sobre la cerveza, sobre el vino y productos fermentados, sobre productos intermedios, sobre el alcohol y bebidas derivadas, sobre hidrocarburos, sobre labores de tabaco, sobre electricidad, especial sobre determinados medios de transporte, sobre ventas minoristas de determinados hidrocarburos, y sobre el depósito de residuos en vertederos, la incineración y la coincineración de residuos (L 22/2009 art.25).

Precisiones No obstante lo expuesto en los apartados anteriores, en determinados **supuestos excepcionales**, algunos recursos judiciales contra actos tributarios del Estado, dictados en el seno de la materia económico-administrativa pero **fuera de la vía económico-administrativa**, son competencia de las Secciones de lo Contencioso-Administrativo de los Tribunales de Instancia -hasta su constitución, los juzgados de lo contencioso-administrativo-. 11529 MPCA nº 1221

Así, por ejemplo, el **recurso jurisdiccional de lesividad** interpuesto por el abogado del Estado contra un acuerdo del inspector-jefe o inspector regional de una delegación o delegación especial de la Agencia Tributaria, confirmatorio de una propuesta de liquidación contenida en acta de disconformidad por importe inferior a 60.000 euros, que haya ganado firmeza por no haberse recurrido en vía económico-administrativa por el interesado sujeto pasivo y que haya sido previamente declarado lesivo para el interés público (con arreglo a LJCA art.43; LPAC art.107).

En este caso, la **competencia objetiva** corresponde al tribunal de instancia -juzgado de lo contencioso-administrativo- (territorialmente, será el del lugar de radicación de la delegación), por las siguientes razones:

- no se trata de actos de órganos económico-administrativos que abran la competencia del Tribunal Superior de Justicia;

- es un acto emanado de la Administración periférica del Estado, de cuantía inferior a 60.000 euros, cuantía que determinaría la competencia objetiva del Tribunal Superior de Justicia (LJCA art.8.3 párr 2);
- el recurso de lesividad no altera los criterios de distribución de competencia objetiva;
- la cláusula residual de competencia (LJCA art.10.1.k) no entra en juego por ser aplicable la excepción normativa mencionada (LJCA art.8.3 párr 2).

Acoge este criterio JCA Logroño 31-7-03.

En contra de lo expuesto podría únicamente considerarse que la competencia para conocer de actos como este, dictados excepcionalmente en materia económico-administrativa pero no sometidos a vía económico-administrativa antes de su revisión judicial, debe considerarse implícita en la redacción de LJCA art.10.1.d) y e), a pesar de su tenor literal, por considerar **contrario al espíritu de la Ley** la atribución de asuntos de tal especie a los tribunales de instancia -juzgados contencioso-administrativos-.

11532 MPCA nº 1223 s. **Órganos de la Administración General del Estado** (LJCA art.10.1.i) Corresponde a los Tribunales Superiores de Justicia conocer de los recursos contra actos y resoluciones dictados por órganos de la Administración General del Estado cuya competencia se extienda a **todo el territorio nacional** y cuyo nivel orgánico sea inferior a ministro o secretario de Estado, siempre que sea en materia de personal, propiedades especiales y expropiación forzosa.

Se exceptúan los recursos contra las resoluciones de la **Oficina Española de Patentes y Marcas** en materia de propiedad industrial, cuya jurisdicción se atribuye al orden civil (LOPJ art.74.1.i y 82.2.3ª).

En consecuencia, es preciso:

a) Que el órgano tenga competencia en todo el territorio nacional, por lo que siempre estaremos ante un órgano de la **Administración central** y no de la Administración periférica del Estado.

b) Que el órgano tenga **nivel orgánico** inferior a ministro o secretario de Estado, ya que, en otro caso, la competencia se atribuye a la Sección de lo Contencioso-Administrativo del Tribunal Central de Instancia -hasta su constitución, los juzgados centrales de lo contencioso-administrativo- (nº 11492) o a la Audiencia Nacional (nº 11559).

c) Que se trate de una **materia** referida a personal, propiedades especiales y expropiación forzosa, si bien también les corresponde el conocimiento sobre otras materias en función de la cláusula residual que se expone más adelante (nº 11542).

Ha de recordarse que los recursos contra actos dictados por **organismos públicos** con personalidad jurídica propia y entidades pertenecientes al **sector público estatal**, con competencia en todo el territorio nacional, cuando se refieran a las materias señaladas -personal, propiedades especiales y expropiación forzosa- han de ser resueltos también por los Tribunales Superiores de Justicia (nº 11502).

Precisiones La regla que atribuye competencia a los Tribunales Superiores de Justicia, unida a la que establece que, como criterio general, es territorialmente competente el órgano jurisdiccional en cuya circunscripción tiene su sede el órgano que ha dictado el acto administrativo (nº 11380), determina la atribución del conocimiento de procesos contra actos de **órganos estatales inferiores a nivel orgánico de ministro o secretario de Estado**, en las materias antes referidas o por efecto de la cláusula de atribución residual, al **Tribunal Superior de Justicia de Madrid**.

Se ha planteado si la mencionada atribución de competencias vulnera el **derecho al juez ordinario predeterminado por la ley**, en cuanto impone a los ciudadanos no residentes en esta ciudad la obligación de someterse a este tribunal para muchos de los litigios que puedan sostener con órganos del Estado de ámbito nacional y que no estén atribuidos al Tribunal Supremo o a la Audiencia Nacional, estableciéndose un trato desigual respecto a los residentes en la comunidad autónoma de Madrid, al necesitar litigar en un tribunal de ámbito autonómico diferente al suyo propio (TCo 131/2001).

11534 **Administración electoral** (LJCA art.10.1.f; LO 5/1985 art.112.2) Reservado el recurso contencioso electoral al Tribunal Supremo y a los Tribunales Superiores de Justicia, se atribuye a estos últimos el conocimiento de los **recursos contencioso electorales** contra los acuerdos de las juntas electorales sobre proclamación de electos y elección y proclamación de presidentes de las corporaciones locales, lo cual se debe hacer efectivo tanto en las elecciones autonómicas como en las locales.

Los Tribunales Superiores de Justicia conocen, además, de los recursos contra los actos y disposiciones de las **juntas electorales** provinciales y de comunidades autónomas que no sean susceptibles de recurso contencioso electoral, por lo que su tramitación se rige por las normas del recurso contencioso-administrativo ordinario.

11536 MPCA nº 1229 s. **Convenios entre Administraciones públicas** (LJCA art.10.1.g; LRJSP art.47 s.; LOTC art.2.1) Las Administraciones públicas pueden, en el ejercicio de las competencias que tienen atribuidas, celebrar **convenios administrativos o de colaboración** para la consecución de los objetivos de eficacia y eficiencia a los que aquellas están sometidas.

Sin perjuicio de las funciones de los órganos mixtos de vigilancia y control, cuando existan, de las **cuestiones litigiosas** que puedan surgir en la interpretación y cumplimiento de los convenios de colaboración entre Administraciones públicas son competencia del orden jurisdiccional contencioso-administrativo y, en su caso, del Tribunal Constitucional.
Dentro del **orden jurisdiccional contencioso-administrativo** la competencia corresponde a los Tribunales Superiores de Justicia y a la Audiencia Nacional, siendo la competencia de esta última residual, solo para aquellos casos en que no esté atribuida a los Tribunales Superiores de Justicia (nº 11567).
Concretamente, se asigna a los Tribunales Superiores de Justicia el conocimiento de los convenios entre Administraciones públicas cuyas competencias se ejerzan en el **ámbito territorial** de la correspondiente comunidad autónoma.
En consecuencia, el TSJ de una comunidad autónoma conoce de aquellos recursos interpuestos contra los convenios realizados por las Administraciones públicas que ejerzan sus competencias en dicha comunidad autónoma. Así, conocen de los **convenios** celebrados:
- entre el Estado y la comunidad autónoma;
- entre el Estado y las entidades locales;
- entre la comunidad autónoma y una entidad local perteneciente a la misma.
No conoce, en cambio, de los convenios realizados entre **distintas comunidades autónomas** o entre una comunidad autónoma y una entidad local perteneciente a otra comunidad autónoma, casos en los que la competencia corresponde a la Audiencia Nacional (nº 11567).

Precisiones **1)** La **competencia objetiva** no se refiere solo al acto o acuerdo de aprobación del convenio, sino a la fiscalización de las cuestiones que deriven de su ejecución y cumplimiento, como resulta de una interpretación sistemática con LJCA art.11.1.c) que atribuye a la Audiencia Nacional el conocimiento de los recursos en relación con estos convenios, en caso de no estar atribuidos a los Tribunales Superiores.
2) Sobre **convenios entre el Estado y las CCAA**, ha de atenderse al Acuerdo Consejo de Ministros 2-3-1990, en el que se delimita el contenido de aquellos con relación a las distintas técnicas de apoyo instrumental interadministrativo.

Derecho de reunión (LJCA art.10.1.h) Son competencia de las salas de lo contencioso-administrativo de los Tribunales Superiores de Justicia los recursos que se deduzcan contra **resoluciones de la autoridad gubernativa** -delegado del Gobierno, habitualmente- que prohíban o modifiquen una reunión o manifestación previamente comunicada (LO 9/1983 art.10). **11537**
La Administración autora del acto es habitualmente el Estado, aunque alguna comunidad autónoma ha asumido competencias en esta cuestión (País Vasco).
El recurso se tramita por un **procedimiento especial** previsto al efecto (nº 13250).

Recursos especiales en materia de contratación del sector público (LJCA art.10.1.k y l; LCSP art.59.1; RDL 3/2020 art.122.1) También conocen estas salas de los procesos incoados frente a las resoluciones dictadas por el órgano competente para resolver los recursos especiales interpuestos en materia de contratación y reclamaciones en el ámbito de los sectores excluidos (agua, transportes, energía y servicios postales), cuando se trate de contratos incluidos en el ámbito competencial de **comunidades autónomas o entidades locales** (de acuerdo con lo previsto en LCSP art.41), así como de los que tengan por objeto las resoluciones de los tribunales administrativos territoriales de recursos contractuales. **11538** MPCA nº 1233 s.

Autorización o ratificación de medidas sanitarias (LJCA art.10.8 nulo por TCo 70/2022) Debían conocer estos órganos de la autorización o ratificación judicial de las medidas adoptadas con arreglo a la legislación sanitaria, que las autoridades sanitarias de **ámbito distinto al estatal** considerasen urgentes y necesarias para la salud pública e implicasen la limitación o restricción de derechos fundamentales, cuando sus destinatarios no estuvieran identificados individualmente. **11539**
Este precepto ha sido declarado **inconstitucional y nulo**, por quebrantar el principio constitucional de separación de poderes, al atribuir a los órganos jurisdiccionales del orden contencioso-administrativo funciones ajenas a su cometido constitucional (Const art.106.1 y 117), con menoscabo de la potestad reglamentaria que la Constitución atribuye al poder ejecutivo (Const art.97), sin condicionarla al complemento o autorización de los jueces y tribunales para entrar en vigor y desplegar su eficacia (TCo 70/2022).

Precisiones **1)** La **potestad reglamentaria** se atribuye por la Constitución y, en su caso, por los estatutos de autonomía, al Poder ejecutivo, de forma exclusiva y excluyente, de forma que no puede el legislador convertirla en una potestad compartida con el Poder judicial, que es lo que sucede si se sujeta la aplicación de las normas reglamentarias al requisito previo de la autorización judicial. Por ello, la autorización judicial de las medidas sanitarias de alcance general, que no tiene respaldo en ninguna ley sustantiva, provoca una confusión reprochable de las funciones propias del Poder ejecutivo y de los órganos jurisdiccionales, menoscabando tanto la potestad reglamentaria como la independencia y reserva de jurisdicción del poder judicial, con lesión del principio constitucional de separación de poderes (TCo 70/2022).

2) El **procedimiento especial** de autorización o ratificación judicial de medidas sanitarias se expone en el nº 13474.

11540 **Actos y disposiciones de autoridades independientes autonómicas de protección de informantes** (LJCA art.10.1.m) Se atribuye competencia objetiva a las Salas de los Tribunales Superiores de Justicia para conocer de los recursos contra actos y disposiciones emanados de las autoridades independientes autonómicas u órganos competentes de las comunidades autónomas, previstos en la L 2/2023, sobre protección de las personas que informen sobre infracciones normativas y lucha contra la corrupción.

11542 **Competencia residual** (LJCA art.10.1.n) Como cláusula de cierre del sistema, se asigna a los Tribunales Superiores de Justicia la competencia respecto de **cualesquiera otras actuaciones administrativas** no atribuidas expresamente a otros órganos jurisdiccionales.

La aplicación de esta cláusula se produce en relación con los actos de la **Administración del Estado**, ya que, para las comunidades autónomas y las entidades locales, ya se estableció una cláusula de cierre similar (nº 11519 y nº 11521), sin que ni la Audiencia Nacional ni el Tribunal Supremo conozcan tampoco de los recursos contra actos o disposiciones dictadas por estas dos Administraciones.

Esta cláusula de competencia residual determina que prácticamente **todos los actos** de la Administración central del Estado, dictados por órganos con nivel orgánico inferior a ministro o secretario de Estado, salvo las sanciones sobre determinadas materias expuestas en nº 11496, queden bajo la competencia de los Tribunales Superiores de Justicia. Respecto a las cuestiones de personal, propiedades especiales o expropiación forzosa, la competencia también les ha sido asignada (nº 11532).

Precisiones **1)** En virtud de esta cláusula, la competencia de los Tribunales Superiores de Justicia se extiende a los recursos interpuestos contra las resoluciones dictadas por las confederaciones hidrográficas en materia de **dominio público hidráulico**, ya que estas resoluciones no pueden, por razón de la materia, ser conocidas por los juzgados de lo contencioso-administrativo ni, por razón del órgano (entidad de Derecho público cuya actuación no se extiende a todo el territorio nacional), por los juzgados centrales contencioso-administrativos.

No obstante, la competencia corresponde a los juzgados de lo contencioso-administrativo si la resolución de la confederación versa sobre **materia distinta** del dominio público hidráulico y su **cuantía** es inferior a 60.000 euros (TS 9-10-01, EDJ 49816; 17-12-03, EDJ 186871).

2) También se atribuye por esta vía competencia a estos órganos para conocer de los recursos contra **actos de las federaciones deportivas** españolas (TS 18-6-03, EDJ 92862).

11543 **Actuación de las diputaciones forales de Araba, Bizkaia y Gipuzkoa** (TS auto 15-6-06, EDJ 284469;
MPCA TSJ País Vasco auto 21-9-07, EDJ 259808) En relación con la actuación de las diputaciones forales y
nº 1238 órganos de los Territorios Históricos del País Vasco, a efectos de determinar la **competencia objetiva** para revisarla, ha de atenderse a la naturaleza de las competencias ejercitadas en cada caso por tales órganos -de régimen común o foral- para asimilarlas, según el caso, a las entidades locales o a las comunidades autónomas:

• Cuando ejerzan **competencias de «régimen común»**, esto es, las que se atribuyen con carácter general a las diputaciones provinciales (LBRL disp.adic.2ª.2), se atribuye a las Secciones de lo Contencioso-Administrativo de los **Tribunales de Instancia** -hasta su constitución, los juzgados de lo contencioso-administrativo- el conocimiento de los recursos que se deduzcan frente a los actos administrativos, excluidas las impugnaciones de cualquier clase de instrumentos de planeamiento urbanístico (LJCA art.8.1), pero se atribuye a la Sala de lo Contencioso-Administrativo del **Tribunal Superior de Justicia** el conocimiento de los recursos que se deduzcan contra las disposiciones generales (LJCA art.10.1.b).

• Por el contrario, cuando ejerzan **competencias de «régimen foral»**, esto es, las que exceden de las propias de una diputación provincial y que, en un territorio no foral, se atribuye competencia a las Secciones de lo Contencioso-Administrativo de los **Tribunales de Instancia** -hasta su constitución, juzgados de lo contencioso-administrativo- para conocer en única o primera instancia de los recursos que se deduzcan frente a los actos administrativos, en ciertos ámbitos -cuestiones de personal, ciertas sanciones administrativas- (LJCA art.8.2 y 3: nº 1006). No obstante, las diputaciones forales no pueden equipararse a la Administración periférica de las comunidades autónomas, por lo que lo dispuesto en LJCA art.8.3 únicamente entra en juego, a falta de una organización periférica del correspondiente territorio histórico, respecto de la Administración institucional dependiente de la diputación foral.

Precisiones Asimismo, ha de tomarse en consideración la regla que atribuye a la Sala de lo Contencioso-Administrativo del **Tribunal Superior de Justicia**, el conocimiento de los actos que no estén atribuidos a las Secciones de lo Contencioso-Administrativo de los Tribunales de Instancia -hasta su constitución, los juzgados- (LJCA art.10.1.a) y la que igualmente atribuye a dicha sala el conocimiento

de las disposiciones generales emanadas de la Administración autonómica (LJCA art.10.1.b), así como la que asigna a la mencionada sala el conocimiento de cualesquiera otras actuaciones administrativas no atribuidas expresamente a la competencia de otros órganos de este orden jurisdiccional (LJCA art.10.1.m).
Respecto de las actuaciones de las **Haciendas forales**, este criterio determina que se extiendan las reglas de LJCA art.10.1.a, d y e, pues de no existir los regímenes forales, aquellas se producirían por la comunidad autónoma o por el Estado.

Autorizaciones en materia de transferencia internacional de datos y requerimientos de información (LOPJ art.74.1.k y 7; LJCA art.10.7) Conoce el Tribunal Superior de Justicia de la solicitud de autorización judicial en relación con **decisiones de la Comisión Europea** en materia de transferencia internacional de datos (LO 3/2018 disp.adic.5ª), cuando sea formulada por la autoridad de protección de datos de la comunidad autónoma respectiva (nº 13472). 11544
Asimismo le corresponde conocer y autorizar, en su caso y mediante auto, el **requerimiento de información** por parte de autoridades autonómicas de protección de datos a los operadores que presten servicios de comunicaciones electrónicas disponibles al público y de los prestadores de servicios de la sociedad de la información, cuando ello sea necesario de acuerdo con la legislación específica.

Competencias en vía de recurso (LJCA art.10.2, 3, 5 y 6) Los Tribunales Superiores de Justicia deben conocer, en sede revisora (segunda instancia o, en general, recurso): 11545
- de los recursos de **apelación** interpuestos contra las sentencias y autos de las Secciones de lo Contencioso-Administrativo de los Tribunales de Instancia -hasta su constitución, los juzgados de lo contencioso-administrativo- (nº 14005 y nº 13945);
- del recurso de **queja** contra el auto que deniegue la admisión del recurso de apelación (nº 13980);
- del procedimiento de **revisión** interpuesto contra las sentencias firmes de las Secciones de lo Contencioso-Administrativo de los Tribunales de Instancia -hasta su constitución, los juzgados de lo contencioso-administrativo- (nº 14225);
- del recurso de **casación autonómica** (nº 14080).

Competencias como órgano judicial superior común (LJCA art.10.4) Al ser el superior jerárquico común de las Secciones de lo Contencioso-Administrativo de los Tribunales de Instancia -hasta su constitución, los juzgados de lo contencioso-administrativo-, el Tribunal Superior de Justicia conoce de las **cuestiones de competencia** que se susciten entre diversas secciones o juzgados con sede en la comunidad autónoma. 11546

Reglas de reparto entre secciones de las Salas En el cuadro siguiente se expone sintéticamente la relación de acuerdos, publicados en el BOE, de las **Salas de gobierno** de los Tribunales Superiores de Justicia determinantes de las reglas de reparto entre Secciones y, en su caso, Salas descentralizadas. 11550

Tribunal Superior de Justicia/número de Secciones		Acuerdos Sala de gobierno	Publicación BOE
Andalucía, Ceuta y Melilla	Sevilla/3	8-4-25; 15-2-11; 10-11-09; 10-2-09; 21-2-06; 16-2-05	17-6-25; 30-5-11; 5-1-10; 26-2-09; 13-4-06; 19-3-05
	Málaga/1		
	Granada/3	20-2-18; 15-2-11; 14-3-06	19-4-18; 30-5-11; 28-4-06
Aragón/2		24-1-25; 2-2-24; 25-11-22; 23-12-05; 12-9-03; 14-7-00; 21-5-98; 17-1-97	5-3-25; 12-3-24; 27-1-23; 1-2-06; 16-10-03; 16-7-00; 18-6-98; 17-4-97
Asturias/3		4-12-24; 4-12-24; 21-4-21; 27-10-10; 19-1-05	7-3-25; 21-5-21; 6-12-10; 5-3-05
Baleares/1		-	-
Canarias	Las Palmas/2	10-12-13; 21-9-00	14-3-14; 1-2-01
	Tenerife/2	16-12-13; 11-1-13; 12-5-05; 19-4-04	14-3-14; 21-2-13; 22-6-05; 2-6-04
Cantabria/1		-	-
Castilla-La Mancha/2		9-10-20; 1-2-19; 14-12-09; 23-2-04; 24-7-00; 22-12-98	15-12-20; 5-3-19; 11-2-10; 25-3-04; 26-9-00; 10-2-99

Tribunal Superior de Justicia/número de Secciones		Acuerdos Sala de gobierno	Publicación BOE
Castilla y León	Valladolid/3	15-2-22; 24-11-16; 5-4-16; 18-1-10; 9-9-05; 20-9-04; 26-2-99	22-3-22; 7-12-16; 27-5-16; 1-3-10; 10-10-05; 29-10-04; 16-4-99
	Burgos/2	15-2-22; 26-2-99	22-3-22; 16-4-99
Cataluña/5		26-2-19; 27-9-16; 17-3-15; 14-9-99	7-5-19; 11-3-17; 14-5-15; 9-11-99
Galicia/3		7-11-25; 26-11-21; 8-2-19; 24-1-14; 19-12-11; 12-11-10; 28-12-07; 3-2-06; 26-11-97	2-1-26; 5-1-22; 25-5-19; 12-3-14; 9-2-12; 17-1-11; 6-2-08; 22-3-06; 10-1-98
Extremadura/2			
Madrid/9		13-12-21; 20-1-20; 11-2-19; 26-11-18; 25-7-17; 14-12-15; 30-9-13; 20-6-11; 16-11-09; 14-4-09; 26-3-07; 17-3-06; 25-11-04; 10-11-03; 10-2-03	31-1-22; 13-3-20; 6-5-19; 18-1-19; 19-9-17; 31-12-15; 9-11-13; 4-8-11; 31-12-09; 14-5-09; 21-5-07; 15-6-06; 25-1-04; 27-1-04; 6-3-03
Murcia/2		23-11-21; 19-10-21; 7-10-20; 19-12-17; 11-12-14; 11-7-06; 28-12-04; 3-2-04; 4-2-03	5-1-22; 1-12-21; 14-12-20; 7-2-18; 27-1-15; 28-9-06; 5-3-05; 16-3-04; 21-3-03
Navarra/2			
La Rioja/1		-	-
País Vasco/2		22-3-24; 2-12-22; 14-1-22; 22-1-21; 10-1-20; 11-1-19; 12-1-18; 21-7-17; 19-2-16; 23-1-15; 11-6-13; 8-4-11; 15-1-10; 11-1-08; 23-12-05; 14-1-05; 12-3-04; 3-12-98	23-4-24; 27-1-23; 22-2-22; 1-4-21; 30-7-20; 1-3-19; 23-3-18; 19-9-17; 29-4-16; 27-2-15; 23-6-13; 26-5-11; 1-3-10; 3-3-08; 8-2-06; 8-3-05; 5-5-04; 15-1-99
C.Valenciana/3		18-12-19; 12-12-18; 14-12-16; 25-11-15; 6-6-12; 24-11-10; 23-11-09; 22-7-09; 28-4-09; 29-10-08; 24-9-08; 14-12-05	5-3-20; 25-1-19; 31-12-16; 12-3-16; 7-7-12; 17-1-11; 11-12-09; 17-10-09; 14-5-09; 18-12-08; 14-11-08; 23-2-06

E. Audiencia Nacional

(LOPJ art.66 redacc LO 1/2025; LJCA art.11 y disp.adic.4ª)

11555 MPCA nº 1250 En general, la Sala de lo Contencioso-Administrativo de la Audiencia Nacional conoce de los recursos contra actos dictados por órganos de la Administración del Estado. Es preciso distinguir:
- su competencia en **única instancia** (nº 11557);
- la que tiene como **órgano revisor** (nº 11575); y
- la asignada como **órgano judicial superior común** (nº 11576).

Además, se atribuye a la Audiencia Nacional competencia específica para conocer de los recursos contra los **actos, resoluciones y disposiciones** dictados por diversos órganos (nº 11579).

11557 **Competencia en única instancia** (LJCA art.11.1) La Sala de lo Contencioso-Administrativo de la Audiencia Nacional conoce, en única instancia de:
- los recursos contra disposiciones generales y actos de **ministros, secretarios de Estado**, así como contra los dictados por **órganos centrales** del Ministerio de Defensa (nº 11559);
- los recursos contra actos de ministros y secretarios de Estado dictados en **vía de recurso** (nº 11565);
- los recursos en relación con **convenios** entre Administraciones públicas (nº 11567);
- los recursos contra actos dictados por ciertos **órganos económico administrativos** (nº 11568);
- los recursos contra actos de la **Comisión de Vigilancia de Actividades de Financiación del Terrorismo** (nº 11569);
- los recursos contra resoluciones del **Tribunal Administrativo Central de Recursos Contractuales** (nº 11570);
- los recursos contra actos del **Banco de España** y del **FROB** respecto de entidades sometidas a reestructuración o resolución (nº 11571);
- autorizaciones de conformidad en materia de **transferencia internacional de datos**, cuando sea formulada por la Agencia Española de Protección de Datos (nº 11573).

Disposiciones generales y actos de ministros, secretarios de Estado y órganos centrales del Ministerio de Defensa (LJCA art.11.1.a redacc LO 1/2025) Se atribuye a la Audiencia Nacional el conocimiento de los recursos que se deduzcan en relación con: 11559

a) Las **disposiciones generales** dictadas por los ministros y los secretarios de Estado, aun adoptadas previo informe o acuerdo del Consejo de Ministros o de las comisiones delegadas del Gobierno, independientemente de la materia a que se refieran, debiendo entender, por tanto, incluidas las cuestiones de personal.

b) Los **actos administrativos** de ministros y secretarios de Estado, aun cuando se adopten previo informe o acuerdo del Consejo de Ministros o de las comisiones delegadas del Gobierno, en general (sobre cualquier materia), y en materia de personal, cuando se refieran al nacimiento o extinción de la relación de servicios de funcionarios de carrera. En otro caso, los actos en materia de personal son competencia de las Secciones de lo Contencioso-Administrativo de los Tribunales de Instancia o del Tribunal Central de Instancia -hasta su constitución, juzgados y juzgados centrales de lo contencioso-administrativo-.

c) Los recursos contra los órganos centrales del **Ministerio de Defensa**, siempre que estén referidos a ascensos, orden y antigüedad en el escalafón y destinos.

Precisiones **1)** La atribución competencial a la Audiencia en materia de **disposiciones generales** emanadas de ministros -fundamentalmente- y secretarios de Estado, reguladoras de **cuestiones de personal**, solo se produce cuando incidan o se refieran al nacimiento o extinción de una relación de servicio (LJCA art.11.1.a redacc LO 1/2025). La Sección de lo Contencioso-Administrativo del **Tribunal Central de Instancia** -hasta su constitución, los juzgados centrales- carece de competencia objetiva sobre disposiciones generales en materia de personal, pues la tienen sobre actos exclusivamente (LJCA art.9.a). Ello provocaría la consiguiente atribución a las salas de lo contencioso-administrativo de los Tribunales Superiores de Justicia.

Esta solución choca con el sistema de la Ley, que no atribuye a estas competencia alguna para conocer de recursos contra disposiciones generales emanadas de la Administración del Estado, provocando además el absurdo de dar más relevancia a un acto en sede de personal (fiscalizado por la sala correspondiente de la Audiencia Nacional) que a la disposición general reguladora (conocido por la de un Tribunal Superior). Por ello la única solución razonable es sostener un criterio sistemático y lógico, superando así las dudas derivadas de la redacción del precepto.

2) La reforma de LJCA art.11.1.a) respecto de los actos y disposiciones dictados previo acuerdo o informe del Consejo de Ministros o de las comisiones delegadas del Gobierno se aplica a **recursos interpuestos desde 3-4-2025**, fecha de entrada en vigor de la LO 1/2025 (LO 1/2025 disp.trans.9ª.5).

Actos de ministros y secretarios de Estado dictados en vía de recurso (LJCA art.11.1.b) La competencia de la Audiencia Nacional se extiende a aquellos recursos interpuestos contra los actos de los ministros y secretarios de Estado, cuando **rectifiquen**, en vía de recurso o en procedimiento de fiscalización o tutela, los dictados por órganos o entes distintos con competencia en todo el territorio nacional. 11565

Esta última mención implica la exclusión de aquellos casos en los que el acto inicial haya sido dictado por **órganos periféricos** u órganos que no tengan competencia en todo el territorio nacional. En estos supuestos, ya vimos que la competencia tampoco se atribuye a las Secciones de lo Contencioso-Administrativo de los Tribunales de Instancia -hasta su constitución, juzgados de lo contencioso-administrativo- (nº 11452), por lo que parece que corresponde a los Tribunales Superiores de Justicia, en virtud de la cláusula que les atribuye competencia residual (nº 11542).

No es clara la atribución de competencia en caso de que el acto del ministro o secretario de Estado **confirme íntegramente** (y no rectifique) la resolución del órgano inicial:

- Si este último es un órgano periférico de la Administración del Estado, la competencia la tienen los tribunales de instancia -hasta su constitución, los juzgados de lo contencioso-administrativo- (nº 11452).
- Si el acto inicial fue dictado por un órgano con competencia en todo el territorio nacional, cabe pensar que la competencia correspondería a los Tribunales Superiores de Justicia, en virtud de la cláusula que les atribuye competencia residual (nº 11542).

Precisiones Las interpretaciones expuestas, por las que la competencia recaería en los **Tribunales Superiores de Justicia**, chocan, en principio, con lo que parece ser la voluntad del legislador de excluir de la competencia de dicho órgano jurisdiccional los actos y disposiciones de los ministros o secretarios de Estado.

Convenios entre Administraciones públicas (LJCA art.11.1.c) La Sala de lo Contencioso-Administrativo de la Audiencia Nacional conoce también de los recursos en relación con aquellos convenios entre Administraciones públicas que no estén atribuidos a los Tribunales Superiores de Justicia (nº 11536). 11567

Estos son los convenios realizados entre:
- distintas **comunidades autónomas**; o
- una **comunidad autónoma** y una **entidad local** perteneciente a otra comunidad autónoma.

11568 **Actos dictados por órganos económico administrativos** (LJCA art.11.1.d; LGT art.228 y 229) Se hace referencia a los actos y las resoluciones de naturaleza económico administrativa dictados por el ministro del ramo de Hacienda -o, en su caso, de Economía y Hacienda- y por el Tribunal Económico Administrativo Central.

MPCA nº 5170 s.

a) Los **actos del ministro** susceptibles de recurso son aquellos en los que se haya oído o deba oírse al Consejo de Estado o los que, por su importancia o cuantía, considere el Tribunal Económico Administrativo Central que deben ser resueltos por el ministro, así como las resoluciones del recurso extraordinario de revisión. En todo caso, se tratará de actos dictados en procedimientos sometidos al grupo normativo anterior a LGT y RD 520/2005, ya que desde la aplicación de este, el ministro citado ha dejado de ser órgano económico-administrativo.

b) La Audiencia Nacional también ha de conocer de las resoluciones del **Tribunal Económico Administrativo Central**, tanto se dicten en única instancia como en segunda, que resuelvan los recursos de alzada interpuestos contra las resoluciones de los tribunales económico administrativos regionales o locales.

Se excluyen expresamente los recursos en relación con las resoluciones del Tribunal Económico Administrativo Central en materia de **tributos cedidos**, que son competencia de los Tribunales Superiores de Justicia (nº 11523).

c) También conoce la Audiencia Nacional de los recursos contra los acuerdos de la **Junta Arbitral** de resolución de conflictos sobre tributos cedidos (LO 8/1980 art.23; RD 2451/1998 art.13).

11569 **Actos de la Comisión de Vigilancia de Actividades de Financiación del Terrorismo** (LJCA art.11.1.e) Conoce la Audiencia Nacional de los recursos contra los actos dictados por la Comisión indicada, y de la autorización de **prórroga** de los plazos de las medidas de dicha Comisión, conforme a los previsto en la L 12/2003, de prevención y bloqueo de la financiación del terrorismo. Estos recursos son preferentes en su tramitación.

11570 **Resoluciones del Tribunal Administrativo Central de Recursos Contractuales** (LJCA art.11.1.f; LCSP art.59.1; RDL 3/2020 art.122.1) Conoce la Sala de los procesos incoados frente a las resoluciones dictadas por este órgano, resolutorios de los **recursos especiales** interpuestos en materia de contratación (LCSP art.44), salvo que se trate de contratos incluidos en el ámbito competencial de las comunidades autónomas o entidades locales.

Igualmente, y con semejante matiz, frente a las resoluciones dictadas por dicho órgano en materia de reclamaciones interpuestas en sede de contratación de **sectores excluidos** -agua, transportes, energía y servicios postales- (RDL 3/2020 art.122.1).

11571 **Actos del Banco de España y del FROB respecto de entidades sometidas a reestructuración o resolución** (LJCA art.11.1.g) Se atribuye competencia objetiva al órgano en estudio para conocer de los recursos contra los actos del supervisor o de la autoridad de resolución preventiva competentes -Banco de España, Comisión Nacional del Mercado de Valores y Fondo de Reestructuración Ordenada Bancaria (FROB)-, tanto en sede **aprobación de planes** de actuación temprana y de resolución como en relación con **actos y decisiones en procesos** de actuación temprana y resolución de entidades de crédito o empresas de servicios de inversión, adoptados conforme a lo previsto en la L 11/2015, reguladora de la recuperación y resolución de entidades de crédito y empresas de servicios de inversión.

Unos y otros agotan la vía administrativa.

11573 **Autorizaciones de conformidad en materia de transferencia internacional de datos** (LOPJ art.66.f; LJCA art.11.5) Conoce el órgano en estudio de la solicitud de autorización judicial en relación con **decisiones de la Comisión Europea** en materia de transferencia internacional de datos (LO 3/2018 disp.adic.5ª), cuando sea formulada por la Agencia Española de Protección de Datos (nº 13472).

11574 **Autorización o ratificación de medidas sanitarias** (LJCA art.11.1.i nulo por TCo 70/2022) La Sala de lo Contencioso-Administrativo de la Audiencia Nacional ostentaba igualmente competencia para la autorización o ratificación judicial de las medidas adoptadas con arreglo a la legislación sanitaria, que la autoridad sanitaria estatal considerase **urgentes y necesarias** para la salud pública e implicasen la limitación o restricción de derechos fundamentales, cuando sus destinatarios no estuvieran identificados individualmente.

Este precepto ha sido declarado **inconstitucional y nulo**, por quebrantar el principio constitucional de separación de poderes (TCo 70/2022). Ver al respecto lo que se expone en el nº 11539.

Precisiones El **procedimiento especial** de autorización o ratificación judicial de medidas sanitarias se expone en el nº 13474.

Competencias como órgano revisor (LJCA art.11.2 y 3) La Audiencia Nacional ha de conocer, en segunda instancia, de los recursos de **apelación** interpuestos contra las sentencias y autos dictados por la Sección de lo Contencioso-Administrativo del Tribunal Central de Instancia -hasta su constitución, los juzgados centrales de lo contencioso-administrativo- (nº 14005 y nº 13945), así como del recurso de **queja** (nº 13980). **11575**

Conoce igualmente de la **revisión** contra las sentencias firmes de los citados órganos jurisdiccionales (nº 14225).

Competencias como órgano judicial superior común (LJCA art.11.4) Al ser el órgano jurisdiccional superior común, la Audiencia Nacional debe conocer de las **cuestiones de competencia** que se susciten entre los juzgados centrales de lo contencioso-administrativo -entre los jueces integrantes de la Sección de lo Contencioso-Administrativo del Tribunal Central de Instancia, desde su transformación-. **11576**

Otras competencias (LJCA art.11.1.h y disp.adic.4ª; L 41/1999 disp.adic.7ª) Se atribuye competencia a la Sala de lo Contencioso-Administrativo de la Audiencia Nacional para conocer, en única instancia, de los recursos deducidos contra determinados actos, resoluciones y disposiciones dictados por diversos órganos: **11579** MPCA nº 1275 s.

a) Actos administrativos no susceptibles de recurso ordinario y disposiciones dictados por el **Banco de España** y la **Comisión Nacional del Mercado de Valores**, así como las resoluciones del ministro o ministros del ramo de Economía y Hacienda, que resuelvan los recursos ordinarios (alzadas) contra los actos dictados por las citadas entidades. La sala en estudio conoce de los recursos contra las resoluciones de esta Comisión directamente, sin alzada previa.

b) Actos dictados por la **Agencia Española de Protección de Datos** (LO 3/2018 art.48.6), el **Consejo Económico y Social**, el **Instituto Cervantes**, el **Consejo de Seguridad Nuclear** y el **Consejo de Universidades**.

c) Resoluciones del ministro del ramo de Economía y/o Hacienda que resuelvan recursos de alzada contra actos o disposiciones dictados por el **Instituto de Contabilidad y Auditoría de Cuentas** (L 41/1999 disp.adic.7ª).

d) Las resoluciones de las secciones Primera y Segunda de la **Comisión de Propiedad Intelectual**, salvo las autorizaciones judiciales de ejecución de medidas acordadas por esta (nº 11508), asuntos de los que conocerá, en su caso, en apelación (nº 13946).

e) Los actos de la **Comisión Nacional de los Mercados y la Competencia** (L 3/2013 art.36 y disp.final 2ª).

f) Los recursos interpuestos por la Comisión Nacional de los Mercados y la Competencia en **defensa de la unidad de mercado** (nº 13475).

g) Las resoluciones del Consejo Gestor del **Fondo de Apoyo a las Empresas Estratégicas**, en única instancia (RDL 25/2020 art.2).

h) Los actos y disposiciones de la **Autoridad Administrativa Independiente de Protección del Informante** (AAI), regulada en la L 2/2023 y en el RD 1101/2024 (nº 2367 Memento Procesal Penal 2026).

Precisiones Las disposiciones dictadas por el Banco de España y la CNMV son fundamentalmente las circulares, cuya fuerza reglamentaria y normativa es clara (TS 17-12-97, EDJ 10741; 16-11-99, EDJ 39982; TSJ Navarra 18-7-02). No así las **instrucciones de servicio y circulares** -LRJSP art.6-, que son actos administrativos (TCo 47/1990; CEst Dict 42171/1979).

11580 **Reglas internas de reparto** (LOPJ art.152.1; LJCA art.17; Acuerdo AN Sala de Gobierno 24-11-25) En la siguiente tabla se recoge el régimen de reparto de asuntos entre las **secciones** de la Sala de lo Contencioso-Administrativo de la Audiencia Nacional -que debe entenderse sin perjuicio de la posibilidad de resolver asuntos por el pleno (LOPJ art.197 y 264)-, vigente desde el 1-1-2026.

Instancia/ Tipo de proceso	Sección	Asuntos (recursos contra actuaciones procedentes de:) (*)
Única	1ª	Ministerio de Agricultura, Pesca y Alimentación; Ministerio de Transición Ecológica y Reto Demográfico, en materia de medio ambiente y política del agua
		Agencia Española de Protección de Datos
		Sección Primera y Segunda de la Comisión de Propiedad Intelectual
		Ministerio de Economía, Comercio y Empresa, en materia de comunicación audiovisual; Ministerio de Política Territorial y Memoria Democrática, en materia de memoria democrática
		Comisión Nacional de los Mercados y de la Competencia en funciones de control y supervisión sobre comunicación audiovisual
		Ministerio de Presidencia, Justicia y Relaciones con las Cortes, en el área de presidencia y relaciones con las Cortes; y, en el área de justicia, en materia de nacionalidad por residencia (1)
		Ministerio del Interior, sobre asilo, protección subsidiaria y estatuto de apátrida, salvo resoluciones de inadmisión (4)
		Apelaciones contra resoluciones de juzgados centrales de lo contencioso-administrativo sobre autorizaciones (LJCA art.122 bis.1 y 2) (2) (3)
	2ª	TEAC -salvo en materia de recaudación- y Ministerio de Hacienda -excepto en sede de recaudación- sobre IS, IP, ISD, IRNR
		Ministerio del Interior, sobre asilo, protección subsidiaria y estatuto de apátrida, salvo resoluciones de inadmisión (4)
		Ministerio de Presidencia, Justicia y Relaciones con las Cortes, en el área de justicia, y materia de nacionalidad por residencia (1)
	3ª	Ministerio de Presidencia, Justicia y Relaciones con las Cortes, en el área de justicia y materia de nacionalidad por residencia (1)
		Instituto Cervantes
		Ministerio de Política Territorial y Memoria Democrática, en el área de política territorial
		Ministerio de Economía, Comercio y Empresa, en materia de economía no atribuida a otras secciones; Ministerio de Transformación Digital y Función Pública, en materia de transformación digital, no atribuida a otras secciones
		Ministerio del Interior, sobre asilo, protección subsidiaria y estatuto de apátrida, salvo resoluciones de inadmisión (4)
		Consejo Rector del Fondo de Apoyo a la Solvencia de Empresas Estratégicas
		Autoridad Independiente de Protección del Informante AAI
		Comisión Nacional del Mercado de Valores y Ministerio de Economía (actos dictados a propuesta de aquella o en vía de recurso frente a sus actos)

11580 (sigue)

Instancia/ Tipo de proceso	Sección	Asuntos (recursos contra actuaciones procedentes de:) (*)
	4ª	Ministerio de Trabajo y Economía Social; Ministerio de Inclusión, Seguridad Social y Migraciones; Ministerio de Asuntos Exteriores, Unión Europea y Cooperación; Ministerio para la Transición Ecológica y Reto Demográfico, en materia de energía; Ministerio de Industria y Turismo; Ministerio de Economía, Comercio y Empresa, en materia de comercio
		Consejo Económico y Social
		TEAC -salvo en materia de recaudación- sobre IRPF
		Ministerio del Interior, sobre asilo, protección subsidiaria y estatuto de apátrida, salvo resoluciones de inadmisión (4)
		Comisión Nacional de los Mercados y de la Competencia -en funciones de supervisión del sector eléctrico y del sector del gas natural- (5)
		Ministerio de Presidencia, Justicia y Relaciones con las Cortes, en el área de justicia, en materia de nacionalidad por residencia (1)
		Apelaciones contra resoluciones de la Sección de lo Contencioso-Administrativo del Tribunal Central de Instancia -hasta su constitución, de los juzgados centrales de lo contencioso-administrativo (3)- sobre inadmisión de solicitudes de asilo
	5ª	Ministerios de Defensa e Interior
		Convenios interadministrativos (LJCA art.11.1 c) suscritos por más de un departamento o por otros entes públicos (6)
		Ministerio de Presidencia, Justicia y Relaciones con las Cortes, en el área de justicia, en materia de nacionalidad por residencia (1)
		Banco de España
		Ministro de Economía, Comercio y Empresa -resolución de recursos contra actos del Banco de España-
		Fondo de Reestructuración Ordenada Bancaria -FROB- (L 11/2015 art.52 a 70)
		Ministerio del Interior, sobre asilo, protección subsidiaria y estatuto de apátrida, salvo resoluciones de inadmisión (4)
		TEAC, sobre IVA -salvo en materia de recaudación-
	6ª	TEAC -salvo en materia de recaudación- sobre contrabando, haciendas locales y autonómicas
		Comisión Nacional de los Mercados y de la Competencia, con carácter general y en funciones de promoción de la competencia; en todo caso, sobre funciones indelegables del Consejo de la Comisión (L 3/2013 art.14.1), salvo en materia de circulares y comunicaciones en sede de supervisión regulatoria, que se atribuyen a la sección que tenga atribuido el control de la legalidad de la actividad de supervisión (5)
		Junta Arbitral de Régimen Común (LO 3/1996)
		Ministerio de Educación, Formación Profesional y Deportes; Ministerio de Cultura; Ministerio de Ciencia, Innovación y Universidades
		Consejo de Universidades
		Ministerio de Presidencia, Justicia y Relaciones con las Cortes, en el área de justicia, en materia de nacionalidad por residencia (1)
		Ministerio del Interior, sobre asilo, protección subsidiaria y estatuto de apátrida, salvo resoluciones de inadmisión (4)

11580 (sigue)

Instancia/ Tipo de proceso	Sección	Asuntos (recursos contra actuaciones procedentes de:) (*)
	7ª	Ministerio de Hacienda, sobre clases pasivas, impuestos especiales, renta de aduanas (incluida la desgravación fiscal a la exportación) y sobre asuntos no atribuidos a las secciones 2ª, 4ª, 5ª y 6ª
		TEAC no atribuidos a otras secciones (2ª, 4ª, 5ª y 6ª)
		Consejo de Seguridad Nuclear
		Consejo de Transparencia y Buen Gobierno
		Ministerio de Igualdad
		Ministerio de Transformación Digital y Función Pública, en materia de función pública
		Ministerio de Presidencia, Justicia y Relaciones con las Cortes, en el área de justicia, en materia de nacionalidad por residencia (1)
		Ministerio del Interior, sobre asilo, protección subsidiaria y estatuto de apátrida, salvo resoluciones de inadmisión (4)
	8ª	Ministerio de Transportes y Movilidad Sostenible; Ministerio de Sanidad; Ministerio de Derechos Sociales, Consumo y Agenda 2030; Ministerio de Vivienda y Agenda Urbana; Ministerio de Juventud e Infancia
		Comisión Nacional de los Mercados y de la Competencia -funciones de supervisión y control de mercados de comunicaciones electrónicas, postal, sector ferroviario- (5)
		Ministerio de Transformación Digital, en materia de telecomunicaciones, sociedad de la información e infraestructuras digitales, y sector postal
		Ministerio del Interior, sobre asilo, protección subsidiaria y estatuto de apátrida, salvo resoluciones de inadmisión (4)
		Ministerio de Presidencia, Justicia y Relaciones con las Cortes, en el área de justicia, en materia de nacionalidad por residencia (1)
Apelación	Todas	Con aplicación de los criterios anteriores
Cuestión de ilegalidad		
Revisiones de oficio		
Derechos fundamentales		

(*) Sobre la estructura ministerial actual, ver nº 280 Memento Administrativo 2026. La alteración de la estructura ministerial no afectará a las reglas expuestas.
El conocimiento de los recursos contra actos, disposiciones, inactividad o vía de hecho procedentes de departamentos ministeriales y organismos adscritos en caso de reestructuración corresponde a las secciones competentes por razón de la materia.
Las referencias a ministerios incluyen las **agencias o entidades no mencionadas** expresamente en la relación, que aquellos tengan adscritas o sean dependientes. Cuando carezcan de adscripción o dependencia a departamento alguno, el conocimiento de los recursos corresponde a la Sección 1ª.
Los recursos procedentes del **Tribunal Administrativo Central de Recursos Contractuales** (TACRC) se turnan a la sección a la que corresponda el conocimiento de los recursos contra los actos del órgano o entidad contratante.
Los recursos contra resoluciones del **Tribunal Económico Administrativo Central** (TEAC) en materia de tasas estatales se reparten a la sección que conozca de los recursos contra los actos del ministerio u organismo prestador del servicio o actividad, perceptor de la tasa.
(1) Estos asuntos se reparten entre todas las secciones de la Sala, aplicando un criterio aleatorio informático que garantice la neutralidad y objetividad del reparto y la distribución de asuntos por igual entre las secciones indicadas. En caso de que la aplicación del tal sistema no dé tal resultado, pueden adoptarse las medidas precisas para corregir la situación, a propuesta del presidente de la sala, oído el servicio común de registro, reparto, digitalización y archivo.
(2) El procedimiento de autorización judicial en materia de **propiedad intelectual y sociedad de la información** se trata en los nº 11508 y nº 13470.
(3) La transformación de los juzgados centrales en la Sección de lo Contencioso-Administrativo del **Tribunal Central de Instancia** se ha producido con efecto 31-12-2025 (LOPJ art.95 redacc LO 1/2025; LO 1/2025 disp.trans.2ª).
(4) En materia de **asilo y apatridia** (salvo inadmisión a trámite de solicitudes), entre todas las secciones de la Sala por meses consecutivos, correspondiendo a cada una los recursos que entren en el registro en el mes correspondiente, sin tomar en consideración el mes de agosto (adjudicando los asuntos que entren este mes entre las secciones mediante un criterio objetivo que garantice la distribución por igual entre todas ellas).

Incluidos los recursos:
- contra la inactividad de la Administración en relación con el requerimiento formulado ante la Oficina de Asilo de la Subdirección General de Protección Internacional del Ministerio del Interior, a fin de que se documente al recurrente como solicitante de protección internacional;
- sobre inactividad de la Administración por la falta de respuesta a la solicitud de cita previa para formalizar la petición de protección internacional;
- en relación con resoluciones de los embajadores de España, en relación con demandantes de asilo y su traslado a España.
(5) Los recursos en supuestos de divergencia de criterio entre la **Sala de la Competencia** y la de **Supervisión Regulatoria** (L 3/2013 art.21.1.b), se resuelven por la sección que tenga atribuido el control de la actividad de supervisión regulatoria, a excepción de los recursos en defensa de la unidad de mercado interpuestos por la Comisión Nacional de los Mercados y de la Competencia (L 20/2013 art.27.1), de los que conoce la Sección 6ª.
(6) Los suscritos por un **ministerio**, de acuerdo con los criterios de reparto generales.

F. Tribunal Supremo

(LJCA art.12; LOPJ art.55 y 58)

Las **competencias** de la Sala Tercera, de lo Contencioso-Administrativo, del Tribunal Supremo están delimitadas distinguiendo: **11585** MPCA nº 1285
- competencias en **única instancia** (nº 11587);
- competencias como **órgano revisor** (nº 11590); y
- **otras** competencias, como las referidas a la Administración electoral (nº 11592), en materia tributaria (nº 11593), en materia de transferencia internacional de datos (nº 11598) o respecto de la convalidación o revocación de acuerdos de intervención de telecomunicaciones (nº 11599).

Además, se establece una cláusula de **carácter residual**, por la que se le atribuye competencia para conocer de aquellos otros recursos que excepcionalmente le atribuya la Ley.

Competencias en única instancia (LJCA art.12.1) La Sala Tercera del Tribunal Supremo ha de conocer, en única instancia, de los recursos que se deduzcan en relación con: **11587** MPCA nº 1287

a) Los actos y disposiciones del **Consejo de Ministros** y de las **comisiones delegadas** del Gobierno.

b) Los actos y disposiciones del **Consejo General del Poder Judicial** (LJCA art.1.3.b, nº 9072) y del Fiscal General del Estado.

c) Los actos y disposiciones adoptados por los órganos competentes del **Congreso**, el **Senado**, el **Tribunal Constitucional**, el Tribunal de Cuentas y el Defensor del Pueblo en materia de personal, administración y gestión patrimonial (LJCA art.1.3.a).

No se menciona en esta relación a la **Casa Real**, a pesar de que el Tribunal Constitucional ha reconocido la sujeción a revisión judicial de los actos de administración de aquella (TCo 112/1984). Por coherencia, la competencia objetiva ha de corresponder al Tribunal Supremo, sin que el silencio pueda razonablemente conducir a la cláusula residual a favor del Tribunal Superior de Justicia (nº 11542).

Tampoco se menciona su competencia para conocer de los recursos contenciosos contra las resoluciones de la **junta arbitral** prevista en el convenio económico entre el Estado y Navarra (L 28/1990 art.45.5; RD 353/2006 art.20) y de la prevista en el **concierto económico** entre en el Estado y el País vasco (L 12/2002 art.67). Ver nº 9065 s. Memento Administrativo 2026.

Competencias como órgano revisor (LJCA art.12.2) Como órgano jurisdiccional superior del orden jurisdiccional contencioso-administrativo, el Tribunal Supremo debe conocer: **11590**

a) De los **recursos de casación** (nº 14060).

b) Del **recurso de queja** que se interponga contra el auto que inadmita el recurso de casación (nº 13980).

c) De los recursos de casación y revisión contra las **resoluciones del Tribunal de Cuentas**, según lo dispuesto en su Ley de funcionamiento.

d) De los **recursos de revisión** contra sentencias firmes dictadas por las salas de lo contencioso-administrativo de los Tribunales Superiores de Justicia, la Audiencia Nacional o incluso el propio Tribunal Supremo, si bien en este último caso se ha de formar la sala especial (LOPJ art.61.1).

Competencia en materia electoral El Tribunal Supremo ha de conocer, con respecto a la Administración electoral: **11592**

• De los recursos contra actos y disposiciones de la **Junta Electoral Central** que no sean susceptibles de recurso contencioso electoral.

• Del **recurso contencioso electoral** interpuesto contra la proclamación de electos en las elecciones generales o al Parlamento Europeo (LO 5/1985 art.109 a 117).

• De los recursos contra actos de las juntas electorales adoptados en el procedimiento para elección de miembros de las **salas de gobierno de los tribunales** (LOPJ art.149 a 151), es decir, aquellos que tengan por objeto proclamar las candidaturas, actuar como mesa electoral en el acto de la elección, proceder al escrutinio y proclamar los resultados para la elección de las salas de gobierno del Tribunal Supremo, la Audiencia Nacional y los Tribunales Superiores de Justicia.
En general, son susceptibles de recurso tanto los acuerdos mencionados como cualquier otro referido a la **dirección y ordenación del proceso electoral**. La tramitación de este se lleva a cabo por las normas del recurso contencioso ordinario (nº 12370 s.) y no como recurso contencioso electoral (salvo el segundo punto señalado).

Precisiones En el seno del procedimiento de designación de vocales correspondientes al **turno judicial del CGPJ** (LOPJ art.572 s.), los acuerdos de la junta electoral sobre proclamación de candidaturas, son impugnables en sede contencioso-administrativa en el plazo de 2 días ante la Sala Tercera del Tribunal Supremo, con resolución mediante sentencia en el plazo de 3 días (nº 10942).

11593 **Especialidades en materia tributaria** La determinación de esta cuestión en relación con la materia tributaria precisa tener en cuenta tres aspectos:

MPCA nº 1298 s., 1297 s., 5170 s.

- las distintas Haciendas territoriales;
- la naturaleza de las actuaciones (actos y disposiciones); y
- las diferencias en cuanto a la vía administrativa previa (LPAC disp.adic.1ª.2.a).

En relación con el **ámbito local**, la principal especialidad radica en el régimen especial previsto para los **municipios de gran población** que posibilita la creación de un órgano para la resolución de las reclamaciones económico-administrativas (LBRL art.137). De este modo, esta es la vía administrativa preceptiva y el recurso de reposición, en estos casos, pasa a ser potestativo.

Precisiones 1) Ténganse en cuenta los supuestos en los que procede el planteamiento de **cuestión de ilegalidad** (nº 13270).
2) Los **municipios de gran población** se estudian en los nº 3800 s. Memento Administraciones Locales 2025-2026.

11594 **Haciendas locales** Debe distinguirse entre:

Disposiciones generales	Revisión administrativa mediante recurso	Recurso contencioso-administrativo
Ordenanzas fiscales	No (LHL art.19.1)	- TSJ (LJCA art.10.1, b) - TSJ -casación autonómica- (LJCA art.86.3) - TS -casación- (LJCA art.86.1 y 3)

Actos administrativos (aplicación de tributos e imposición de sanciones)	Revisión administrativa mediante recurso	Recurso contencioso-administrativo
Municipios de régimen común	• En general: reposición (LHL art.14.2; LBRL art.108) • Gestión catastral IBI (RDLeg 1/2004 art.12, 27, 29 y 31); gestión censal IAE (LHL art.91.1 y 3). - Municipio: reposición y reclamación económico-administrativa (REA) -doble vía obligatoria-. - Estado: REA -o previo reposición potestativo- (LGT art.222)	• En general: JCA/TI (LJCA art.8.1) y/o apelación ante TSJ (LJCA art.10.2 y 81.1.a) y/o casación ante TS o casación autonómica ante TSJ (LJCA art.86.1 y 3) (*). • Gestión catastral IBI (RDLeg 1/2004 art.12, 27, 29 y 31); gestión censal IAE (LHL art.91.1 y 3): remisión a régimen estatal.
Municipios de gran población	• En general: - Reposición local -potestativo- (LHL art.14.2 y LBRL art.137.3) - REA propia -preceptiva- (LBRL art.137.1.a). • Gestión catastral IBI (RDLeg 1/2004 art.12, 27, 29 y 31); gestión censal IAE (LHL art.91.1 y 3). - Municipio: REA propia y REA estatal (doble vía obligatoria). - Estado: REA -o previo reposición potestativo- (LGT art.222)	• En general: JCA/TI (LJCA art.8.1) y/o apelación ante TSJ (LJCA art.10.2 y 81.1.a) y/o casación ante TS o casación autonómica ante TSJ (LJCA art.86.1 y 3) (*). • Gestión catastral IBI (RDLeg 1/2004 art.12, 27, 29 y 31); gestión censal IAE (LHL art.91.1 y 3): remisión a régimen estatal.

JCA: juzgado de lo contencioso-administrativo.
TI: Sección de lo Contencioso-Administrativo de Tribunal de Instancia.
(*) Sobre la posibilidad de recurrir en **casación autonómica** las sentencias de las Salas de lo Contencioso-Administrativo de los TSJ, ver nº 14080.

Haciendas autonómicas Debe distinguirse entre: 11595

Disposiciones generales	Recurso contencioso-administrativo
Reglamentos generales de sus tributos propios (LO 8/1980 art.17.f)	- TSJ (LJCA art.10.1.b) - TSJ -casación autonómica- (LJCA art.86.3) (*) - TS -casación- (LJCA art.86.1 y 3)

Actos administrativos	Revisión administrativa mediante recurso	Recurso contencioso-administrativo (LO 8/1980 art.20.3)
Tributos propios	• Reposición (potestativo) • REA propia (L 21/2001 art.20.1.a; LJCA art.8.3)	• Actos de órganos periféricos o resoluciones de órganos centrales confirmando íntegramente resoluciones de aquellos: - JCA/TI (LJCA art.8.3) (única) y TSJ -casación autonómica- (LJCA art.86.3) (*) - JCA/TI (LJCA art.8.3) y TSJ -apelación- (LJCA art.102 y 81.1.a) y TSJ -casación autonómica- (*) o TS -casación- (LJCA art.86.3) • Actos de órganos centrales o resoluciones no confirmatorias de actos de órganos periféricos: - TSJ -única- (LJCA art.10.1. a) - TSJ (LJCA art.10.1,a) y TS -casación- (LJCA art.86.1 y 3) o TSJ -casación autonómica- (LJCA art.86.3) (*)
Tributos cedidos - Actos de gestión en IP/ITP-AJD/IEDMT/IVMDH (L 21/2001 art.46.1) - Resto de actos en IP/ITP-AJD/IEDMT/IVMDH. - Resto de tributos cedidos (L 21/2001 art.46.2)	• Reposición ante CCAA (L 21/2001 art.51.1 a) y REA Estatal (LGT art.229; RD 939/2005 art.36) - TEAR (única) - TEAC -alzada o única- (LGT art.229.4) • Reposición ante el Estado (LGT art.222) y REA estatal (LGT art.229; RD 939/2005 art.36) - TEAR (única) - TEAC -alzada o única- (LGT art.229.4) • Reposición ante el Estado (LGT art.222) y REA estatal (LGT art.229; RD 939/2005 art.36) - TEAR (única) - TEAC -alzada o única- (LGT art.229.4)	- TSJ -única- (LJCA art.10.1.d) - TSJ -única- (LJCA art.10.1.d) y TS -casación- (LJCA art.86.1 y 3) - TSJ -única- (LJCA art.10.1.d) - TSJ -única- (LJCA art.10.1.d) y TS -casación- (LJCA art.86.1 y 3) - TSJ -única- (LJCA art.10.1.d) - TSJ -única- (LJCA art.10.1.d) y TS -casación- (LJCA art.86.1 y 3) - TSJ -casación autonómica- (LJCA art.86.3) (*)

JCA: juzgado de lo contencioso-administrativo.
TI: Sección de lo Contencioso-Administrativo de Tribunal de Instancia.
(*) Sobre la posibilidad de recurrir en **casación autonómica** las sentencias de las salas de lo contencioso-administrativo de los TSJ, ver nº 14080.

11596 **Hacienda estatal** Debe distinguirse entre:

Disposiciones generales	Recurso contencioso-administrativo
- Disposiciones emanadas de los organismos públicos con personalidad jurídica propia y competencia estatal (LJCA art.9.1.c) - Disposiciones generales de ministros y secretarios de Estado (LJCA art.11.1.a; LGT art.7.1.e) - Disposiciones del Consejo de Ministros y Comisiones delegadas del Gobierno (LJCA art.12.1.a; Const art.97)	- JCCA/TCI; AN -apelación- (LJCA art.11.2); TS -casación- (LJCA art.86.1 y 3) - AN -única- (LJCA art.11.1.a) y TS -casación- (LJCA art.86.1 y 3) - TS -única- (LJCA art.12.1.a)

Actos administrativos	Revisión administrativa mediante recurso	Recurso contencioso-administrativo (LGT art.249)
Tributos estatales	**1.** Reposición -potestativo- (LGT art.222; RD 939/2005 art.21 a 27) **2.** REA: • TEAR: órganos periféricos (LGT art.229.2) • TEAC: - Alzada (LGT art.241; RD 939/2005 art.36; o directamente LGT art.229.4) - Única: actos de órganos centrales (LGT art.229.1)	• TSJ (LJCA art.10.1.d) • AN (LJCA art.11.1.d) y siempre casación ante TS (LJCA art.86.3); RD 939/2005 art.36) • AN (LJCA art.11.1.d) y casación ante TS (LJCA art.86.3)
Tributos cedidos (nº 1296)		
Tributos locales Gestión catastral IBI (RDLeg 1/2004 art.12, 27, 29 y 31) Gestión censal IAE (LHL art.91.1 y 3) realizados por el Estado	No varía respecto a los tributos estatales	No varía respecto a los tributos estatales

JCCA: Juzgado Central de lo Contencioso-Administrativo.
TCI: Sección de lo Contencioso-Administrativo del Tribunal Central de Instancia.

11598 **Autorizaciones de conformidad en materia de transferencia internacional de datos** (LOPJ art.58.3; LJCA art.12.4) Conoce el Tribunal Supremo de la solicitud de autorización judicial en relación con **decisiones de la Comisión Europea** en materia de transferencia internacional de datos (LO 3/2018 disp.adic.5ª), cuando sea formulada por el Consejo General del Poder Judicial (nº 13472).

11599 **Convalidación o revocación de intervención en materia de telecomunicaciones** (LOPJ art.58.4; L 11/2022 art.4) El Tribunal Supremo tiene asimismo competencia objetiva para la convalidación o revocación de los acuerdos de asunción o intervención de la **gestión directa del servicio** o los de **intervención o explotación de redes** que, con carácter excepcional y transitorio, puede adoptar el Gobierno en favor de la Administración General del Estado, respecto de determinados servicios de comunicaciones electrónicas disponibles al público, distintos de los servicios de comunicaciones interpersonales, independientes de la numeración o de la explotación de ciertas redes públicas de comunicaciones electrónicas, para garantizar la seguridad pública y la seguridad nacional.

Esta facultad excepcional y transitoria de gestión directa puede afectar a cualquier **infraestructura, recurso asociado o elemento o nivel** de la red o del servicio que resulte necesario para preservar o restablecer la seguridad pública y la seguridad nacional.

Estos acuerdos deben ser comunicados por el Gobierno en el **plazo** de 24 horas al Tribunal Supremo para que, en un plazo de 48 horas, determine si los mismos resultan acordes con los derechos fundamentales y libertades públicas reconocidas en el ordenamiento jurídico, procediendo a su anulación en caso negativo.

Reglas de reparto entre secciones (Acuerdo TS Sala de Gobierno 27-10-25) Las reglas aprobadas, en principio para **2026**, se sintetizan en el siguiente cuadro, sin perjuicio de algunas otras complementarias, y salvo que conozca el pleno del Tribunal Supremo del asunto correspondiente. **11600**

Sección	Tipo de asunto/recurso	Excepciones	Materias
1ª (de admisión)	- Admisiones de recursos de casación. - Recursos de queja. - Cuestiones de competencia. - Demandas de revisión de sentencias firmes. - Demandas de declaración de error judicial.	Ninguna	Todas. Cualquier asunto competencia de la Sala Tercera se registra en esta Sección, dando cuenta y traslado a la mayor brevedad a la competente para su enjuiciamiento.
2ª	- Procesos única instancia. - Recursos de casación. - Cuestiones de ilegalidad.	Procedimiento planteado o seguido en instancia de protección de derechos fundamentales.	Tributos, precios públicos e ingresos de Derecho público de Administraciones públicas y sus organismos autónomos; incluso en recursos sobre otras materias en los que la única cuestión controvertida, en el grado en que se encuentre ante el Tribunal Supremo, verse sobre la interpretación y aplicación de normas de Derecho tributario.
3ª	- Procesos única instancia. - Recursos de casación. - Cuestiones de ilegalidad.	Procedimiento planteado o seguido en instancia de protección de derechos fundamentales.	- Defensa de la competencia, telecomunicaciones y comunicación audiovisual, subvenciones y ayudas públicas, cualquiera que sea la Administración concedente. - Sector Energético. - Competencia de ministerio o departamento de: Economía, Comercio y Empresa; Transportes y Movilidad Sostenible; Industria y Turismo; Transición Ecológica y Reto Demográfico; Hacienda (*); Vivienda y Agenda Urbana; Banco de España; CNMV; Consejo Nacional de la Competencia y su presidencia; Junta Arbitral de LO 3/1996; Agencia Española de Protección de Datos; Comisión Nacional de los Mercados y la Competencia; Consejo Económico y Social; Instituto Cervantes; Consejo de Seguridad Nuclear; Consejo de Universidades; Secc.2ª de la Comisión de Propiedad Intelectual; Instituto de Contabilidad y Auditoría de Cuentas: Comisión de Vigilancia de Actividades de Financiación del Terrorismo; FROB; Consejo de Transparencia y Buen Gobierno y otros órganos reguladores y de supervisión de análoga naturaleza, finalidad o significación. - Actos y disposiciones de la Administración corporativa, salvo que por razón de la materia se repartan a otras secciones.

11600 (sigue)

Sección	Tipo de asunto/recurso	Excepciones	Materias
4ª	- Procesos única instancia. - Recursos de casación. - Cuestiones de ilegalidad.	Ninguna.	- Competencia del ministerio o departamento de: Asuntos Exteriores, Unión Europea y Cooperación; Política Territorial y Memoria Democrática; Defensa; Educación, Formación Profesional y Deportes; Cultura; Ciencia, Innovación y Universidades; Derechos Sociales, Consumo y Agenda 2030; Trabajo y Economía Social; Juventud e Infancia; Inclusión, Seguridad Social y Migraciones; Presidencia, Justicia y Relaciones con las Cortes (salvo asuntos relativos a Justicia); Sanidad; Transformación Digital y Función Pública; Igualdad (*). - Entidades locales; salvo asignación a otra Sección por razón de la materia. - Personal al servicio de las Administraciones públicas. - Contratos administrativos y actos preparatorios y de adjudicación de otros del sector público. - Materia electoral. - Reclamaciones de responsabilidad patrimonial del Estado legislador por incumplimiento del Derecho de la Unión Europea en sede de impuesto sobre las ventas minoristas de determinados hidrocarburos -céntimo sanitario- (TJUE 27-2-14), salvo ejecución de pronunciamientos en esta materia. - Actos del Congreso de los Diputados, Senado, Tribunal Constitucional, Tribunal de Cuentas, Defensor del Pueblo, Consejo de Estado o que afecten al Ministerio Fiscal. - Actos o disposiciones del Fiscal General del Estado. - Actos del CGPJ, salvo del Pleno o Comisión Permanente. - Procedimientos planteados o seguidos en instancia de protección de derechos fundamentales (cualquier materia). - Cualquier otro asunto no atribuido a otra Sección.
5ª	- Procesos única instancia. - Recursos de casación. - Cuestiones de ilegalidad.	Procedimiento planteado o seguido en instancia de protección de derechos fundamentales.	- Urbanismo y ordenación territorial; medio ambiente (**); expropiaciones; responsabilidad patrimonial y del Estado legislador; autorizaciones y licencias (incluidas las autonómicas) relativas al desarrollo de actividades comerciales e industriales para grandes centros y áreas comerciales; bienes demaniales de las Administraciones públicas; extranjería, incluidas nacionalidad, protección internacional y apatridia. - Competencia del ministerio o departamento de: Presidencia, Justicia y Relaciones con las Cortes (asuntos relativos a Justicia); Interior; Agricultura, Pesca y Alimentación.
6ª (Sala LOPJ art.638)	Procesos en única instancia	Procedimiento planteado o seguido en instancia de protección de derechos fundamentales.	Acuerdos del Pleno o de la Comisión Permanente del CGPJ
Sección Provisional de Competencia Única	- Ejecución de pronunciamientos dictados sobre reclamaciones de responsabilidad patrimonial del Estado legislador por incumplimiento del Derecho de la Unión Europea en sede de impuesto sobre las ventas minoristas de determinados hidrocarburos -céntimo sanitario- (TJUE 27-2-14). - Responsabilidad patrimonial derivada de actuaciones de los poderes públicos durante y en relación con la crisis sanitaria por COVID-19.		
Cualquiera	Por analogía, asuntos no atribuidos de acuerdo a lo expuesto.		

(*) Actos o disposiciones procedentes de ministerios, o consejerías equivalentes, o de corporaciones o instituciones públicas vinculadas o de los órganos del Estado que se mencionan.
(**) Esta atribución es igualmente aplicable respecto de recursos que versen sobre otras materias, en caso de que la cuestión controvertida principal se refiera al medio ambiente.

Se formulan además las siguientes **reglas complementarias**: 11602
• El reparto de asuntos entre las secciones 2ª a 5ª es **preferente** cuando se efectúa por razón de la materia o del procedimiento, y **residual** cuando viene determinado por departamentos ministeriales, consejerías, corporaciones o instituciones públicas.
No obstante, cuando, como consecuencia de la **diferente estructura orgánica** de las distintas Administraciones públicas autonómicas, una cuestión sustancialmente igual haya sido resuelta en vía administrativa por órganos con diferente denominación (p.e. consejerías) y la materia no esté atribuida concretamente a una sección de la Sala, de forma que, en función de la denominación del órgano autor del acto, los diferentes recursos correspondan a distintas secciones de enjuiciamiento, en tal caso, una vez resuelto en trámite de admisión un primer recurso de casación, los restantes sobre la misma cuestión se turnan al mismo magistrado de la sección 1ª al que se hubiera turnado el primer recurso, con independencia de la denominación del órgano autor del acto y, para su decisión, los asuntos se turnan a la misma sección de enjuiciamiento a la que corresponda el recurso primeramente admitido.
• En caso de asuntos relativos a actos o disposiciones del **Consejo de Ministros**, de una de sus comisiones delegadas, de un consejo de gobierno autonómico, el reparto se hace en función del departamento cuyo titular hubiera propuesto la aprobación del acto o disposición impugnado y si fueren varios, en función del que figure en primer lugar en la propuesta. Se exceptúa el caso de que el proyecto de acto o disposición hubiera sido elaborado por departamento distinto del proponente, supuesto en el que atiende al que elaboró el proyecto.
• Las menciones hechas a **actos y disposiciones generales** incluyen la inactividad, la vía de hecho y los decretos legislativos en los términos de LJCA art.1.
• De las **cuestiones de ilegalidad** que se planteen en la Sala Tercera conoce la sección correspondiente por razón de la materia o el órgano de procedencia del acto impugnado.
• De las **recusaciones** de LOPJ art.60 conoce la sección a la que pertenezca el recusado.
• Las **dudas o discrepancias** que puedan surgir en la aplicación de estas reglas se han de resolver por el presidente de la Sala, oyendo a los presidentes de las secciones implicadas, sin que en ningún caso pueda efectuarse remisión de las actuaciones de una sección a otra hasta que la discrepancia sea resuelta.
• El reparto de materias entre las secciones puede ser **modificado por acuerdo** de la Sala de Gobierno, a propuesta del presidente de la Sala, cuando sea necesario para el mejor funcionamiento de la misma y la buena marcha de la Administración de Justicia lo aconseje.
• Las **menciones a los ministerios** se corresponden con la estructura ministerial existente en octubre de 2025, por lo que, en caso de alteración, habrían de identificarse con ramas de actividad o atribuciones. Sobre la estructura ministerial actual ver nº 280 Memento Administrativo 2026.

SECCIÓN 3

Partes procesales

11660

En el proceso contencioso-administrativo las partes se identifican con iguales conceptos que en otros órdenes jurisdiccionales. A ellos se añaden otros conceptos adicionales en función de la denominación tradicional de este proceso como «recurso», a partir del carácter revisor del mismo. Así: 11662
- la posición activa la ocupa el **demandante** (o recurrente); y
- la posición pasiva corresponde al **demandado** (o recurrido).

No obstante, la estructura del proceso contencioso es peculiar, como consecuencia de la potestad administrativa de autotutela y de la naturaleza del contencioso-administrativo como un procedimiento revisor. Por ello:
• Las **personas jurídico públicas** suelen ocupar la posición del demandado. No obstante, también pueden actuar como demandantes, frente a sus propios actos (recurso de lesividad) o frente a los actos de otra entidad o Administración pública (previo, en su caso, requerimiento de LJCA art.44).

• Las **personas privadas** (físicas o jurídicas) actúan normalmente como demandantes. Sin embargo, también pueden intervenir como demandadas en las siguientes situaciones:
- en defensa del acto o disposición recurrida, cuando sus **derechos o intereses** puedan resultar afectados en caso de prosperar la pretensión del demandante;
- en los procesos contencioso-administrativos cuyo objeto sea la declaración de **responsabilidad patrimonial** de las Administraciones públicas, cuando en la causación del daño haya intervenido también un sujeto privado (LJCA art.2.e; LOPJ art.9.4);
- en los **recursos de lesividad**, en los que correlativamente, la Administración autora del acto se sitúa como recurrente (autoimpugnante).
Los **presupuestos de aptitud** para actuar válidamente en el proceso son la capacidad para ser parte (nº 11670), la capacidad procesal (nº 11685) y la legitimación (nº 11740).

11663 Precisiones 1) No existe ya la figura del **coadyuvante**, con la que la antigua normativa se refería a quien tuviera un interés directo en el mantenimiento del acto o disposición impugnada (LJCA/56 art.30). El coadyuvante ocupaba una posición secundaria o de segundo grado en la relación procesal, discutiéndose, por ejemplo, su posibilidad de interponer recurso contra una resolución procesal no impugnada por el principal.
No obstante, para algunos autores, la figura del coadyuvante no debe entenderse extinguida en la actual legislación, pues aunque la Ley no se refiera a este concepto, no puede negarse que la intervención de estas personas en el proceso se realiza en un plano secundario o accesorio (Gimeno Sendra).
Por otro lado, sigue existiendo esta figura en sede de **recurso de amparo** (LOTC art.47.1; TCo auto 172/1995; auto 252/1996). No en procesos de **inconstitucionalidad** (TCo auto 124/1981; auto 1203/1987; auto 175/2004).
2) A la hora de constituir la relación procesal frente a una persona jurídica pública, debe tenerse en cuenta el principio de la **personalidad única** de las distintas Administraciones, que es consecuencia de la técnica de la imputación. No puede ocupar la posición activa o pasiva en el proceso un órgano de la Administración en cuanto tal, sino la Administración de que se trate. No obstante, en la práctica y en las resoluciones judiciales se identifican habitualmente las Administraciones por sus órganos, que figuran como verdaderas partes, sin serlo.
En sentido estricto, dirigida una demanda contra un órgano administrativo podría oponerse **excepción de falta de personalidad** en el demandado. En la práctica, tal excepción contaría con escasísimas posibilidades de prosperar, especialmente si se atiende a que no se habría causado ningún perjuicio al derecho de defensa de la Administración.
En otras ocasiones, se dirige por **error** la demanda contra una persona jurídica cuando se pretende dirigir contra otra, conexa con o vinculada a la primera: Ministerio de Economía y Hacienda por Agencia Tributaria. En estos supuestos, habida cuenta en general de la identidad de postulación, y siempre que no concurran consecuencias materiales en sede de defensa, se aplica un criterio flexible. Esta **flexibilidad**, predicable de otros órdenes, es mayor en el orden contencioso-administrativo, en el que la identificación de la actuación administrativa impugnada solventa generalmente cualquier duda respecto de la identidad del demandado.
3) Resulta aplicable al proceso contencioso-administrativo el régimen de **adaptación a las condiciones de las partes** de la celebración de los actos procesales previsto para el proceso civil (LEC art.7 bis). Ver nº 2793.2.

11665 MPCA nº 1359 **Control de los presupuestos procesales** Las cuestiones que afecten a la capacidad y a la legitimación son **materia de orden público** y su falta debe ser apreciada de oficio por los órganos judiciales (LEC art.9).
La **falta de capacidad o de legitimación** es causa de inadmisibilidad y motivo de inadmisión del recurso contencioso-administrativo. No obstante, las deficiencias relativas a la acreditación de la capacidad pueden ser subsanadas (LJCA art.69.b y 138; TS 1-3-99, EDJ 2406); no así las deficiencias de capacidad, que por concepto son insubsanables (TS 8-7-97, EDJ 57497).
Si la deficiencia es apreciada **de oficio** tras la interposición del recurso, da lugar a su inadmisión inmediata (Gimeno Sendra). Si no es apreciada en este trámite, puede ser **denunciada** por la parte demandada:
- como alegación previa, en cuyo caso puede dar lugar a la inadmisión del recurso (LJCA art.59.4); o
- en la contestación a la demanda, en cuyo caso debe ser estimada en sentencia (LJCA art.56 y 69.b).

Precisiones La Administración no puede negar **capacidad procesal** a quien se la ha reconocido en **vía administrativa**, pues ello supondría ir contra los propios actos (TS 27-6-98, EDJ 17544; 3-5-99, EDJ 17435), salvo error en la apreciación, supuesto en el que la Administración pública puede considerarse no vinculada a su criterio anterior erróneo (TS 17-5-83; 13-12-86, EDJ 8238; 2-7-94, EDJ 5780).
No obstante, esto no impide que el tribunal deba apreciar **de oficio** la falta de capacidad, en cumplimiento de su obligación de vigilar la concurrencia de los requisitos procesales (Gimeno Sendra). El órgano judicial no está vinculado por la conducta en vía gubernativa de la Administración demandada, por lo que puede apreciar la falta de capacidad -o de legitimación- aun cuando se haya reconocido previamente (TS 17-7-89; 22-12-92, EDJ 12732).

A. Capacidad para ser parte

La capacidad para ser parte o **capacidad jurídica procesal** es la idoneidad para ser titular de derechos u obligaciones en el proceso (esto es, para tener la condición de demandante o demandado). La capacidad para ser parte se fundamenta, en principio, en las disposiciones sustantivas sobre la personalidad civil. 11670 MPCA nº 1365

En consecuencia, no existen personas sin capacidad para ser parte, aunque sí se da la circunstancia de que la Ley concede capacidad para ser parte a entidades que no tienen atribuida personalidad jurídica.

Personas físicas (CC art.29 y 30) Tienen capacidad para ser parte las personas físicas, siempre que hayan nacido **vivas** y se hayan desprendido plenamente del seno materno. 11672

El **concebido no nacido** también la disfruta para todos los efectos que le sean favorables.

La capacidad para ser parte se extingue con el **fallecimiento** de las personas físicas. Tras el fallecimiento de la persona que era parte en el proceso, deben personarse en él sus **herederos**, acreditando su condición de tales -por testamento o declaración de herederos abintestato-, o bien el **albacea** testamentario, como representante de la herencia antes de su aceptación (TS 26-3-99, EDJ 1089). Sobre la **sucesión procesal** ver nº 11783.

La relación jurídica procedimental en la que figura como parte una persona física fallecida **con anterioridad a la presentación** de la reclamación es nula por cuanto que el citado reclamante no existe desde el inicio del proceso, momento de constitución de la relación jurídico-procesal.

Precisiones 1) Como la personalidad civil se extingue con el **fallecimiento**, si este se produce antes de iniciarse la vía contencioso-administrativa, el recurso ha de ser **planteado por el sucesor**. Por ello, el recurso que se inició y tramitó una vez producido el fallecimiento -por tanto, sin la existencia de un demandante- ha de conducir a la nulidad de todo lo actuado (TS 11-6-02, EDJ 20286). Aun cuando este razonamiento es impecable desde el punto de vista lógico, existe jurisprudencia contradictoria que, en aras del principio de tutela judicial efectiva, ha equiparado el fallecimiento del demandante antes de iniciado el proceso a su fallecimiento posterior, permitiendo al sucesor **continuar con el proceso** que inició el procurador en representación de un demandante fallecido, siempre que se persone con posterioridad, subsanando la deficiencia (TS 23-9-02, EDJ 39486).

2) El fallecimiento puede suponer también tanto la eliminación previa del proceso como su **extinción por pérdida de objeto**. Así será en caso de recursos en los que la pretensión se dirija exclusivamente contra actos de imposición de sanciones, ya que, por aplicación del principio de personalidad, el fallecimiento del infractor sancionado extingue la responsabilidad, dejando sin efecto el acto administrativo sancionador no firme al tiempo del deceso. No obstante, esta afirmación es teóricamente discutible, puesto que la sanción impuesta debería, siendo pecuniaria y en cuanto a la deuda que supone frente a tercero, ser transmisible en el caudal relicto, integrando su pasivo.

3) Debe tenerse en cuenta que, como el fallecimiento supone también la extinción del poder concedido al **procurador**, los herederos deben aportar un nuevo poder, a favor del mismo procurador o de otro distinto (CC art.1732).

Personas jurídicas Las personas jurídicas tienen capacidad para ser parte en la medida en que existan. En consecuencia, la capacidad desaparece con la **extinción** de las mismas (sin perjuicio de la transmisibilidad de sus relaciones jurídicas). 11674

Cuando la parte contraria niegue la capacidad de una persona jurídica, debe acreditarse su **válida constitución**, de acuerdo con las normas que regulan la creación de la entidad de que se trate (TS 21-10-98, EDJ 28443).

Personas jurídico privadas Las personas jurídicas privadas adquieren personalidad desde su constitución, de acuerdo con las normas que las regulan. 11675 MPCA nº 1371

La personalidad de las **corporaciones, asociaciones y fundaciones** de interés público se inicia cuando se constituyen válidamente (CC art.35).

Las **sociedades mercantiles de capital** adquieren su personalidad jurídica, correspondiente con el tipo social, con su inscripción en el Registro Mercantil (LSC art.20 y 33).

En el ámbito procesal civil, se atribuye capacidad para ser parte -aunque solo al efecto de poder ser demandadas- a las entidades que, no habiendo cumplido con los requisitos legalmente establecidos para constituirse en personas jurídicas, estén formadas por una pluralidad de elementos personales y patrimoniales puestos al servicio de un fin determinado (LEC art.6.2). Esta excepción se refiere a la **sociedad irregular**, pero podría entenderse aplicable también a la **sociedad en formación**.

Precisiones La declaración de **concurso** no supone una restricción de la capacidad para ser parte de las personas jurídicas, pues tal declaración no afecta a la personalidad jurídica, de acuerdo con las leyes que regulan los procedimientos concursales.

11676 **Personas jurídico públicas** (LRJSP art.2; LPAC art.2) La personalidad de las personas jurídico
MPCA públicas se adquiere en virtud de una **norma con rango de ley**.
nº 1373 Para las llamadas **entidades instrumentales**, hay que atender a las distintas normas que regulan su creación.
Sobre la delimitación del concepto de **Administración pública** ver nº 12850 s.

11678 **Entes sin personalidad** (LJCA art.18) Por último, pueden adquirir capacidad para ser parte (por atribución legal expresa) entes que carecen de personalidad, pero que constituyen una unidad por razón de un **vínculo patrimonial o personal**.
En este sentido, se establece que también tienen capacidad procesal ante el orden jurisdiccional contencioso-administrativo, cuando la Ley así lo declare expresamente, ciertas entidades aptas para ser **titulares de derechos y obligaciones** al margen de su integración en personas jurídicas:
- los grupos de afectados;
- las uniones sin personalidad;
- los patrimonios independientes o autónomos.
El alcance de esta mención no es claro. En principio, la Ley da a entender que tales entidades son aptas para ser titulares de derechos u obligaciones, aunque carecen de personalidad jurídica. Por el contrario, cabe pensar que tales entidades carecen de **capacidad para ser parte**, salvo excepciones que tengan su origen en una atribución legal expresa, lo que sucedería en relación con algunas entidades de **sustrato patrimonial y personal**.

11679 **Entidades de sustrato patrimonial** Entre las entidades de sustrato patrimonial que carecen de titular, destaca la **herencia yacente**, entendida como una unidad jurídica que, de forma transitoria, carece de titular (LGT art.35.4). Como la interposición de **acciones y recursos** no implica aceptación de la herencia, al ser un acto de mera conservación o administración provisional (CC art.999), los actos procesales que se realizan entretanto solo pueden imputarse a la propia masa hereditaria.
Una vez **aceptada la herencia**, la capacidad para ser parte (y la legitimación) corresponde a los partícipes en la comunidad hereditaria, pero no a esta. No obstante, la jurisprudencia ha atribuido capacidad para ser parte a la **comunidad hereditaria**, calificándola como verdadera titular de la acción que se ejercita, ya sea a través del albacea testamentario o de uno cualquiera de los coherederos. También se ha atribuido capacidad a la comunidad hereditaria cuando la Administración la había admitido con anterioridad (TS 28-7-89, EDJ 7817; 30-6-97, EDJ 6424).

11681 **Entidades de sustrato personal** En cuanto a las entidades de sustrato personal que carecen de personalidad jurídica propia, a las que la Ley atribuye capacidad para ser parte, cabe citar los siguientes casos:
• Las **comunidades de propietarios** (L 49/1960 art.13). La representación externa de la comunidad de propietarios corresponde a su presidente, que está facultado para otorgar poderes. En la práctica, la junta de propietarios suele adoptar el acuerdo de ejercitar acciones y la certificación del acuerdo se adjunta con el escrito de interposición. No obstante, la adopción del acuerdo no es un requisito exigido por las normas procesales, sin perjuicio, claro está, de las relaciones o responsabilidades internas del presidente frente a la comunidad, si tal acuerdo no existiera (TS 23-6-99).
• Los grupos de **consumidores o usuarios** afectados por un hecho dañoso, siempre que los individuos que compongan el grupo, esto es, los afectados, estén determinados o sean fácilmente determinables y que el grupo se constituya por la mayoría de los afectados (LEC art.6.1).

Precisiones 1) Se ha negado capacidad procesal a los **grupos parlamentarios** para interponer recurso contencioso-administrativo en la medida en que, no teniendo personalidad jurídica independiente respecto de la de sus integrantes, ninguna norma del ordenamiento jurídico les atribuye capacidad procesal ante el orden jurisdiccional contencioso-administrativo. De esta forma, los recursos deben interponerse por todos los integrantes del grupo actuando como personas físicas, o por uno de ellos representando debidamente a los demás (TS 27-11-85; 5-3-14, EDJ 42912).
Únicamente se reconoce capacidad procesal a los grupos parlamentarios para defender las eventuales **vulneraciones de los derechos fundamentales** de sus miembros que tengan relación con el ejercicio de su cargo representativo o de participación. Esta capacidad procesal está en función de su legitimación *ad causam* o del interés legitimador que los lleva a accionar, y que se limita a la protección de los derechos fundamentales ínsitos en la función de parlamentarios de quienes los integran (TCo 31/1984; 180/1998; 361/2006; TCo auto 192/2010; TS 5-3-14, EDJ 42912).
2) Las **comunidades de bienes** carecen de personalidad jurídica y, en consecuencia, de capacidad para ser parte. A pesar de que se exige el acuerdo de la mayoría para la administración de la cosa común, se admite que cualquiera de los comuneros actúe **en beneficio de la comunidad**, para ejercitar acciones o para defender derechos, siempre que lo haga en beneficio o interés de todos los

partícipes, en cuyo caso la sentencia aprovecha a todos ellos, pero no les perjudica si es adversa (CC art.392 y 398; TS 22-7-98, EDJ 18411), salvo que el interviniente ostente la representación de todos (TS 26-3-02, EDJ 12282).

B. Capacidad procesal

(LJCA art.18)

Para actuar en el proceso es precisa también la capacidad procesal o capacidad de obrar procesal. Esta es la aptitud para realizar dentro del proceso **actos con eficacia jurídica**, bien por sí mismo, bien por medio de representante -voluntario-. **11685** MPCA nº 1385 s.

La capacidad procesal se encuentra regulada, con respecto al proceso contencioso-administrativo, de forma bastante sintética. No obstante, la propia Ley realiza una remisión a la normativa procesal civil, por su condición de **Derecho supletorio** (LEC art.4; LJCA disp.final 1ª).

La **valoración del concurso de capacidad** (o su alteración) debe hacerse de oficio por el órgano contencioso-administrativo, en cualquier momento del proceso.

Precisiones 1) En el **ámbito administrativo** la capacidad de obrar se amplía respecto de la general civil (LPAC art.3; LGT art.44), lo que tiene su reflejo en sede contencioso-administrativa. Como **regla general**, tienen capacidad de obrar ante las Administraciones públicas, además de las personas que la ostenten con arreglo a las normas civiles (mayores de edad), los menores de edad, para el ejercicio y defensa de aquellos de sus derechos e intereses cuya actuación esté permitida por el ordenamiento jurídico-administrativo sin la asistencia de la persona que ejerza la patria potestad, tutela o curatela.

Existen además **reglas especiales** que amplían o concretan la misma en ciertos ámbitos:

• En el **ámbito tributario**, se reconoce la condición de sujeto pasivo a las herencias yacentes, comunidades de bienes y demás **entidades carentes de personalidad** que constituyan una unidad económica o un patrimonio separado, susceptible de imposición (LGT art.35.4).

• En el ámbito de la **expropiación forzosa**, se reconoce a las personas que tienen restringida su facultad de disposición, capacidad para enajenar por expropiación forzosa los bienes que disfruten o administren (LEF art.6).

2) La capacidad procesal en el ámbito del **proceso civil** se trata en los nº 2017 s.

Personas físicas En el caso de las personas físicas, la plena capacidad de obrar -también la capacidad procesal- se determina por la **mayoría de edad**, a los 18 años (Const art.12; CC art.240), aun cuando con posterioridad puedan necesitar de medidas de apoyo para su adecuado ejercicio (CC art.249). **11688**

Los **menores emancipados** o que hayan obtenido el beneficio de la mayor edad pueden comparecer en juicio por sí mismos (CC art.247).

De existir **restricciones** a la capacidad, por razón de minoría de edad o de discapacidad con necesidad de apoyos judicialmente establecidos para el ejercicio de la capacidad, es precisa la integración de la capacidad procesal por medio de la persona que exija la ley: quien ejerza la patria potestad, tutor, persona que preste apoyo o curador (LEC art.7.2).

Precisiones 1) Como principio general, las **limitaciones** a la capacidad procesal deben ser interpretadas restrictivamente. En el caso del menor, así se establece expresamente (LO 1/1996 art.2).

2) La **nacionalidad** no afecta a la capacidad procesal, pues los extranjeros son titulares de los mismos derechos procesales que los españoles (CC art.27).

Menores de edad Los menores de edad no emancipados no tienen, en principio, capacidad procesal completa. En consecuencia, para actuar como parte en el proceso contencioso necesitan la asistencia de la persona que ejerza la **patria potestad** o, en su caso, la tutela. **11689**

Existen, sin embargo, excepciones a esta regla:

• Los **menores emancipados** tienen plena capacidad para obrar en todos los ámbitos, incluido el procesal, a salvo de ciertas limitaciones (CC art.247).

• Los menores de edad pueden defender por sí solos, en el proceso contencioso-administrativo, los **derechos e intereses** cuyo ejercicio les está permitido por el ordenamiento jurídico sin necesidad de asistencia (LJCA art.18).

Precisiones La capacidad general para intervenir en una relación administrativa no implica necesariamente la de realizar todos los **actos derivados** de la misma. Por ejemplo, el menor emancipado puede intervenir en un procedimiento tributario, pero no puede constituir por sí mismo, sin autorización o complemento por parte de su curador o progenitor, garantía hipotecaria para asegurar los efectos de la suspensión del acto administrativo que resulte, a menos que de la norma civil foral aplicable por razón de la vecindad civil del menor resulte otra cosa. Y lo mismo puede decirse de las **relaciones jurídico-procesales derivadas**: la contencioso-administrativa en cuanto al acto; y la eventual civil, en su caso, que pudiera plantearse en relación con la hipoteca (p.e. entre el hipotecante tercero y el menor deudor).

11690 **Medidas de apoyo al ejercicio de la capacidad** Las personas con discapacidad o aquellas a las que se hayan impuesto judicialmente apoyos al ejercicio de la capacidad, tampoco tienen plena capacidad procesal.

En consecuencia, el **recurso** presentado por una persona en tales circunstancias sin el apoyo preciso es inadmisible y la falta de requisitos para el ejercicio de la capacidad no puede ser subsanada (TS 8-7-97, EDJ 57497).

Precisiones Es principio general que los supuestos de **falta de plena aptitud** para el ejercicio de la capacidad de los administrados, en relación con la actuación de las Administraciones públicas, deben suplirse con arreglo a las normas del Derecho civil (TS 9-6-86, EDJ 3925; González Pérez; González Salinas). La concreta norma civil aplicable -común o foral- depende de la **vecindad civil** del administrado (CC art.14 y 16).

11692 **Personas jurídicas** (CC art.35) Las personas jurídicas tienen plena capacidad procesal desde su **constitución** hasta su disolución.
MPCA
nº 1395 No obstante, la **declaración de concurso** lleva aparejada la limitación de la capacidad procesal del concursado, que puede ser también una persona física (LCon art.106 a 109, 118, 119, 136 a 138). Estas limitaciones son más o menos intensas, en función del régimen de administración y disposición:

• En caso de **suspensión**, corresponde a la administración concursal el ejercicio de las facultades de administración y disposición sobre el patrimonio del deudor, lo que alcanza a los procesos que tienen trascendencia patrimonial.

• En caso de **intervención**, el deudor conserva la iniciativa en la gestión de sus negocios, si bien debe recabar la autorización o conformidad de los administradores concursales para actuaciones de contenido patrimonial.

Precisiones 1) Las **sociedades civiles** ostentan personalidad y tienen capacidad, salvo que sus pactos se mantengan secretos entre los socios (CC art.1669).

2) Las **fundaciones** tienen personalidad y capacidad en función de su objeto, sin que sea precisa autorización alguna, por parte de la Administración pública que ejerza el protectorado, para intervenir en procedimientos administrativos, interponer recursos, formular demandas, etc. (L 30/1994).

3) Las **entidades urbanísticas colaboradoras** (nº 150 Memento Urbanismo 2026), al gozar de personalidad, ostentan capacidad jurídica y procesal (TS 31-3-89, EDJ 3518).

11695 **Entidades sin personalidad** (LJCA art.18) Las entidades sin personalidad jurídica que, sin embargo, gozan de capacidad jurídica tienen también **capacidad procesal** ante el orden jurisdiccional contencioso-administrativo, siempre que una ley sustantiva lo declare expresamente. Sobre las diferentes **clases** de entes sin personalidad y su capacidad jurídica, ver nº 11678 s.

11696 **Ministerio Fiscal** (LJCA art.19.1.f; LEC art.6.6) En el **ámbito procesal civil** se atribuye al Ministerio Fiscal capacidad para ser parte en el proceso.

No obstante, al no ser este titular de los derechos y obligaciones en cuya defensa interviene, es más lógico entender, como se hace en la norma procesal contencioso-administrativa que tiene simple **legitimación**, que nace directamente de la Ley, no siendo preciso acreditar derecho ni interés legítimo (nº 11802).

C. Comparecencia en juicio

(LEC art.7)

11700 Quien tiene capacidad para ser parte ostenta, en todo caso, la **condición de parte** en el proceso (como demandante o demandado), si comparece en él.
MPCA
nº 1405 No obstante, a la hora de comparecer en juicio, las **personas físicas** lo hacen por sí mismas, o con la debida asistencia -si son menores de edad no emancipados o personas con discapacidad con necesidad de apoyo-, mientras que por las **personas jurídicas** ha de comparecer necesariamente una persona física, normalmente en su condición de órgano de aquella o de apoderado.

Precisiones Las normas procesales exigen, como regla general, que las personas que normalmente deben comparecer en el proceso designen **representantes de carácter técnico** (nº 11715).

11702 **Personas físicas** (LEC art.7.1 a 3) Las personas físicas pueden comparecer en juicio, en todo caso, pudiendo hacerlo **por sí mismas**, si no se encuentran en minoría de edad sin emancipación o afectadas por discapacidad con necesidad de apoyo. En tales casos, han de comparecer **asistidas** por las personas a las que la ley atribuye tal intervención. Si tal persona no existe, el Ministerio Fiscal debe asumir tal función, así como su representación y defensa, hasta que el tribunal nombre un representante -defensor judicial-.

Con respecto a las **comunidades de bienes**, puede comparecer en juicio cualquiera de los comuneros, en defensa de los intereses de los demás. No obstante, pueden también actuar todos ellos, como litisconsortes (CC art.394).
Por el **concebido y no nacido** comparece la persona que lo representaría si ya hubiera nacido.

Personas jurídicas (LEC art.7.4 a 7) Las personas jurídicas han de comparecer en juicio por medio de sus **órganos de representación**. 11704 MPCA nº 1409
• Por las personas jurídico **privadas** comparecen:
- en el caso de las sociedades, sus administradores o liquidadores (LSC art.233 y 379);
- en el caso de las asociaciones, los órganos que determinen sus estatutos;
- en el caso de las fundaciones, las personas que designen las reglas de su institución.
• Por las personas jurídico **públicas** comparecen sus órganos, de acuerdo con las normas que regulen su organización y funcionamiento.
• Las **entidades de sustrato patrimonial** que carecen transitoriamente de titular comparecen en juicio por medio de las personas que las administran con arreglo a la ley.
• Por las **entidades que carecen de personalidad** jurídica propia comparecen en juicio las personas que las administren, con arreglo a la ley, y en su defecto quienes actúen de hecho en su nombre frente a terceros.

Acuerdo previo para el ejercicio de acciones Tradicionalmente, se ha discutido si la comparecencia en juicio de una persona jurídica exige la previa adopción de un **acuerdo** al efecto, así como la acreditación de la adopción del mismo. 11706
Actualmente se exige presentar, junto al escrito de interposición del recurso, el documento o documentos que acrediten el cumplimiento de los **requisitos exigidos para entablar acciones** a las personas jurídicas, con arreglo a las normas o estatutos que les sean de aplicación.
Es este un requisito aplicable a **todas las personas jurídicas** sin excepción, ya sean públicas o privadas.

Personas jurídico públicas En el caso de las personas jurídico públicas, la formación de su voluntad está necesariamente sujeta a un **procedimiento formalizado**, por lo que siempre resulta necesario probar la adopción del acuerdo (TS 24-9-98, EDJ 22286). 11707 MPCA nº 1413
Ha de acudirse a la normativa rectora de su organización y régimen jurídico a fin de verificar cuál es el órgano competente para acordar el ejercicio de acciones (TS 5-3-13, EDJ 27839), si bien la Ley suele establecer dos exigencias: el acuerdo de la entidad y el dictamen previo de letrado. Así, en el caso de las **corporaciones locales**:
• En **municipios de régimen general** la decisión corresponde al alcalde en materias de su competencia -sin delegación posible- y al pleno en las de la suya, con posible delegación respecto de estas en el alcalde o en la junta de gobierno local. En supuestos de urgencia, al alcalde también en materia de competencia del pleno, dando cuenta a este en la primera sesión que se celebre, para su ratificación (LBRL art.21.1.k, 22.2.j). En iguales términos para las **diputaciones provinciales** (LBRL art.33.2.i, 34.1.i), entre el presidente, el pleno y la junta de gobierno.
• En los **municipios de gran población** (nº 11410), corresponde al alcalde -indelegable-, al pleno -delegable- y a la junta de gobierno local (sin delegación posible) el ejercicio de acciones en materia de su correspondiente competencia (LBRL art.122 s.).
• El acuerdo se debe adoptar previo **dictamen del secretario** de la entidad local o, en su caso, de la asesoría jurídica o, en defecto de ambos, de un letrado (LBRL art.54.3). No es necesario que el dictamen sea favorable al ejercicio de la acción, basta con acreditar que se ha emitido.
La **falta de adopción del acuerdo**, así como el acuerdo adoptado por órgano carente de competencia, hace el recurso inadmisible.

Precisiones **1)** En el ámbito de la **Administración del Estado**, la decisión no puede ser adoptada por el abogado del Estado, que simplemente es representante procesal de la Administración.
2) La **falta de aportación de dictamen** o informe del secretario o de letrado, en el caso de corporaciones locales, determina la inadmisión (TS 26-11-82).
Es indiferente el sentido del informe. Incluso se considera cumplido el requisito en caso de que el dictamen aportado sea contrario u opuesto a otro anterior emitido por el mismo letrado (TS 18-4-83, EDJ 2289).
El dictamen, aun siendo esencial para la formación de la voluntad corporativa (TS 18-2-91, EDJ 1709) no suple la **falta de acuerdo** plenario.
En todo caso, solo es exigible para recurrir en sede contenciosa y ejercer acciones, pero no para comparecer en el proceso contencioso, para la válida contestación a demandas, para la intervención en los demás actos procesales ni para interponer recursos contra resoluciones judiciales (TS 19-6-02, EDJ 24714; 9-7-79, EDJ 4692). Por otra parte es discutible su exigencia en **caso de urgencia**.

11709 **Personas jurídico privadas** (LJCA art.45.2.d y 45.3) Con carácter general, se establece que es preciso adjuntar, con el escrito de interposición, el documento o **documentos acreditativos** del cumplimiento de los requisitos exigidos para entablar acciones, con arreglo a las normas o estatutos que sean de aplicación.

MPCA nº 1417

Dicha exigencia alcanza (TS auto 3-4-00, EDJ 113323):

- por una parte, a la acreditación de que los órganos de la entidad están **facultados para comparecer** en su nombre ante los tribunales; y
- por otra parte, a la prueba de que estos órganos están facultados para acordar la interposición de una demanda, **sin el previo acuerdo** de órgano distinto.

No es preciso que se justifique un acuerdo especial adoptado para cada caso, sino el cumplimiento de las formalidades legales y estatutarias, que puede quedar acreditado en la escritura de **poder general para pleitos** otorgada al efecto (AN 27-9-00, EDJ 113358). En el caso de las sociedades mercantiles, la generalidad de la representación conferida puede significar que se ha delegado incluso la decisión sobre el ejercicio de acciones (TS 13-3-96, EDJ 1780).

Si, al examinar de oficio la validez de la comparecencia, el órgano judicial entiende que no se acompañan los documentos exigidos o que estos son incompletos, debe requerir inmediatamente la **subsanación** de los mismos, señalando un plazo de 10 días para que el recurrente pueda llevarla a efecto. Solo si no se subsana, debe ordenarse el archivo de las actuaciones (TS 24-6-03, EDJ 50970; 21-2-05, EDJ 30452; 28-4-05, EDJ 68400). Se ha admitido incluso como medio de subsanación, la adopción posterior a la interposición del recurso, del acuerdo de ejercicio de acciones, si fuera preciso (TS 10-3-04, EDJ 40482).

La resolución que requiera la subsanación debe contener el **apercibimiento expreso** del archivo de las actuaciones, en caso de que aquella no se produzca dentro del plazo indicado. La omisión de este apercibimiento obliga al tribunal a formular un nuevo requerimiento en el que así se indique (TS auto 3-4-00, EDJ 113323).

11710 Precisiones **1)** No es necesario presentar el **original** o testimonio del acto en virtud del cual se ha dado cumplimiento al requisito, siendo suficiente que su realización se deduzca claramente de los documentos presentados -p.e. transcripción del acuerdo en la parte expositiva del poder notarial, constando el original en el libro de actas- (TS 28-5-80, EDJ 12413).

2) En caso de que, de contrario, **se niegue la capacidad procesal**, también es preciso acreditar que el ente goza de personalidad jurídica por haberse cumplido los requisitos legalmente establecidos para su válida constitución (TS 20-4-99, EDJ 7688), o bien que se trata de una entidad a la que la Ley atribuye expresamente capacidad procesal (nº 11692 s.). Para ello, es necesario aportar la escritura de constitución y los estatutos, de los que además se deduce cuál es el órgano competente para decidir sobre el ejercicio de acciones.

3) El Tribunal Constitucional ha declarado que el principio «pro actione» obliga a los órganos judiciales a **promover la subsanación** de los defectos de representación de las partes en los supuestos de acceso a la jurisdicción, entre ellos el incumplimiento de la carga de aportar los documentos acreditativos de los requisitos exigidos a las personas jurídicas para entablar acciones. Se vulnera, por tanto, el derecho a la tutela judicial efectiva por inadmitir un recurso contencioso-administrativo en este caso, sin promoverse por el juez la subsanación de los defectos de representación de las partes (TCo 163/2016).

En contra se ha considerado que, a pesar de que la infracción de LJCA 45.2.d constituye un defecto subsanable (TS 10-6-16, EDJ 82286), ello no determina que el órgano jurisdiccional deba en todo caso requerir a la parte actora para que lo subsane, ni implica, por tanto, que cuando la sala de instancia no lo haya hecho, deba acordarse necesariamente la **retroacción de las actuaciones** para que se formule el requerimiento de subsanación: en aquellos casos en que se alega por la contraparte y la recurrente no subsana dentro del plazo establecido por LJCA art.138, no procede retroacción (TS 7-3-16, EDJ 16421).

4) Se ha vinculado el acuerdo para el ejercicio de acciones con la existencia de **capacidad procesal** (TS 5-6-03, EDJ 35246), de modo que en los recursos promovidos por personas jurídicas ha de acreditarse que el órgano que se halle facultado para ello, según sus normas estatutarias o reguladoras de su organización, y adoptó la decisión de promover el pleito, pues solo así puede acreditarse la existencia de capacidad procesal (TS 24-9-91, EDJ 8925). El acuerdo ha de ser preciso y concreto, lo que no impide que vaya referido a una pluralidad de acciones (TS 8-7-05, EDJ 113681).

5) De ligarse estos dos conceptos de **capacidad y acuerdo** decisor, parece que su concurso podría apreciarse de oficio. No obstante, se ha sostenido igualmente que su análisis solo procede en caso de que se niegue por la contraparte (TS 8-6-92, EDJ 5916).

Por otra parte, su **ausencia** determinaría falta de capacidad en el momento de constituirse la relación jurídico-procesal, siendo insubsanable la falta de acuerdo -y subsanable exclusivamente, la falta de acreditación del acuerdo adoptado-. Sin embargo, como se ha indicado, se ha considerado válida la subsanación efectuada mediante acuerdo posterior (TS 10-3-04, EDJ 40482).

6) En las personas jurídicas, la representación se otorga a determinados órganos corporativos y, en un momento posterior, pueden estos **delegar** convencionalmente la facultad de representar a aquellas para el ejercicio de acciones. De este modo, ante un concreto **apoderamiento notarial** para la representación procesal, el juicio sobre si la actuación del apoderado puede imputarse a la entidad que se dice representada por él, debe detenerse previamente en el dato de si el concreto poderdante puede tenerse a su vez como representante de la entidad, en cuyo nombre comparece ante fedatario público, para lo que es imprescindible consultar los estatutos. La falta de aportación de estos, supone defecto de acreditación de la representación con que se dice actuar (TS 14-10-92, EDJ 10005).

7) La **prueba del acuerdo** para el ejercicio de acciones se efectúa ordinariamente por certificación del órgano competente, compresiva del acuerdo de actuación judicial. A estos efectos se considera insuficiente la aportación del poder notarial otorgando representación a procurador en el que figura certificación del acta de la sesión del órgano por la que se acuerda el ejercicio de acciones, si no consta que dicho órgano es el competente para ello (TS 28-4-05, EDJ 68400).

En el caso de las **sociedades anónimas** la facultad de comparecer en juicio corresponde al órgano de administración (LSC art.233) o de liquidación (LSC art.379). Sin embargo, la facultad de acordar el ejercicio de acciones no aparece reseñada entre las atribuciones de los administradores, por lo que debe acreditarse, bien el acuerdo de la junta general, como máximo órgano, bien la trascripción de la norma estatutaria en la que se declare que el órgano de administración está facultado para adoptar tal acuerdo (TS auto 3-4-00, EDJ 113323). En algunas ocasiones -reiteradamente, aunque con variación de criterio, TS auto 3-4-00, EDJ 113323- se ha considerado que este requisito no es de aplicación a las sociedades anónimas (TS 21-7-92). **11711**

En el caso de los **sindicatos**, la jurisprudencia ha confirmado que es necesario acreditar el oportuno acuerdo por parte del órgano al que estatutariamente le viene encomendada tal competencia (TS 12-3-01, EDJ 12053; 30-1-06, EDJ 4051).

Precisiones **1)** En relación con sociedades mercantiles, se considera generalmente cumplido este requisito con la aportación de **poder notarial** que confiere una representación tan amplia como para delegar la facultad de decidir el ejercicio de acciones (TS 13-3-96, EDJ 1780; 24-1-91, EDJ 22488).

2) En el caso de sociedades en **concurso** ha de estarse a lo que resulte del régimen de administración y disposición de bienes acordado -suspensión o intervención- (nº 11692).

D. Representación y defensa

(LJCA art.23 y 24)

Se trata de la representación técnica o procesal, que es aquella que se atribuye a un procurador, a fin de que realice actos en nombre y por cuenta de la parte procesal. También se alude a un presupuesto puramente procedimental, como es la asistencia o dirección letrada. La concurrencia de ambos requisitos se suele denominar **postulación**. **11715** MPCA nº 1430 s.

Al tratarse de requisitos procedimentales, el incumplimiento de las normas que regulan la postulación procesal debe ser **apreciado de oficio** por el juez, que debe inadmitir los escritos que no se presenten por procurador o que no lleven la firma de abogado, cuando sea preceptivo.

No obstante, cabe la **subsanación** de estas deficiencias, para la que se debe conceder un plazo de 10 días, previo requerimiento al efecto (LJCA art.45.3 y 138; TS 6-3-97, EDJ 1325).

La intervención de estos profesionales exige su previa **colegiación** como tales (LOPJ art.544). No obstante, a efectos procesales, no es necesario acreditar dicha colegiación, salvo que se niegue de contrario.

Precisiones **1)** La **finalidad** de la representación procesal es asegurar el buen desarrollo de la actividad jurisdiccional mediante la **garantía** de que quien comparece por la parte no carece de las facultades de representación necesarias para actuar en nombre del litigante y de que la parte puede conducirse en el proceso de la forma más conveniente para sus derechos e intereses jurídicos y defenderse adecuadamente frente a la contraria (TCo 205/2001; 238/2002).

Por ello, no debe hacerse una aplicación excesivamente rigorista del precepto, atendiendo siempre a la debida **proporcionalidad** entre el defecto apreciado, si lo hubiera, y su consecuencia. De esta forma, no cabe sostener, por excesivamente rígido, que el procurador y/o el abogado que deban asistir a la vista hayan de ser los que inicialmente hayan asumido la postulación de la parte (TCo 19/2003, en relación con el juicio oral en el procedimiento abreviado). Es decir, siempre que los profesionales intervinientes tengan atribuida debidamente su representación (si la precisan, cosa que no se requiere para el letrado que asiste sin representar procesalmente al litigante), pueden variar a lo largo del proceso.

2) Los parámetros esenciales del **derecho de defensa** rigen en el proceso contencioso-administrativo, con las peculiaridades propias de esta jurisdicción (LO 5/2024 art.1 a 12). Ver nº 6732 s.

3) Se aplica en el proceso contencioso-administrativo el catálogo de **garantías de la Abogacía** (contenidas en LO 5/2024 art.13 a 24).

11718 **Representación técnica** (LJCA art.23) La intervención de procurador es facultativa en unos
MPCA casos y preceptiva en el resto:
nº 1434 **a)** Es **facultativa** en los procedimientos ante órganos unipersonales: juzgados y juzgados centrales de lo contencioso-administrativo -desde su transformación, jueces de las Secciones de lo Contencioso-Administrativo de los Tribunales de Instancia y Central de Instancia-. En consecuencia, la parte puede actuar por sí misma ante estos órganos, sin perjuicio de lo que se señalará sobre la dirección letrada (nº 11722).

b) Es **preceptiva** en todas las actuaciones ante órganos colegiados.

Como excepción, pueden comparecer por sí mismos los **funcionarios públicos** en defensa de sus derechos estatutarios, cuando se refieran a cuestiones de personal que no impliquen separación de empleados públicos inamovibles (LJCA art.23.3).

En todo caso, la representación puede conferirse **electrónicamente** a través de los medios establecidos para ello.

Para otras cuestiones resultan de aplicación las **normas generales** del proceso civil (nº 2606 s.).

Precisiones 1) No se obliga, en ningún caso, a los **codemandados** a litigar unidos y bajo una misma representación, por lo que cada uno de ellos puede utilizar su propio procurador.

2) Si los **funcionarios públicos** comparecen por sí mismos, están obligados al empleo de los sistemas electrónicos existentes, tanto para la remisión de escritos, iniciadores o no, y demás documentos, como para la recepción de notificaciones, de forma tal que esté garantizada su autenticidad y quede constancia fehaciente de la remisión y la recepción íntegras, así como de la fecha en que estas se hagan. Ver también lo que se expone respecto a su defensa (nº 11722).

3) La aplicación de la regla específica propia de los **funcionarios públicos** procede cualquiera que sea la situación administrativa del funcionario litigante: servicio activo, servicios especiales, servicio en otra Administración, excedencia o suspensión de funciones (RDLeg 5/2015 art.85 a 90).

No obstante, no procede en caso de **jubilación**, pues el interesado pierde la condición de funcionario (RDLeg 5/2015 art.63.c y 67). Si la jubilación sobreviene una vez incoado el pleito y antes de su terminación, la regla podría aplicarse hasta la finalización de la correspondiente instancia. Así, de producirse antes del dictado de la sentencia de primera instancia, para la interposición de recurso se aplicará el régimen general.

La misma regla y criterio se debe aplicar a los restantes supuestos de **pérdida de condición de funcionario**, hasta que se produzca, en su caso, la rehabilitación (RDLeg 5/2015 art.68).

11719 **Régimen jurídico** El régimen jurídico de la representación se determina por las siguientes reglas:

• La representación debe atribuirse a un procurador **legalmente habilitado** para actuar en el lugar del juicio (LEC art.23). No cabe, por tanto, la autorrepresentación del abogado a la vez litigante en procesos seguidos ante salas de lo contencioso.

• La representación se basa en la estructura del **mandato** y se otorga a través de un **poder**. La aceptación del poder se presume por el hecho de usar de él el representante (CC art.1709).

• Es válida la **sustitución** del poder a favor de otro procurador, salvo prohibición expresa, por aplicación de los principios generales del mandato (CC art.1721). En la práctica, para evitar controversias, la facultad de sustitución suele incluirse de forma expresa en los poderes generales.

• El poder puede otorgarse ante notario o en comparecencia ante el letrado de la Administración de Justicia. Debe aportarse con el **escrito de interposición** del recurso contencioso, salvo que se otorgue *apud acta* o por comparecencia ante el letrado de la Administración de Justicia (LEC art.24; LJCA art.45.2).

• El poder puede ser **general** -para pleitos- o **especial** -con referencia a determinadas facultades-. Es igualmente válida la **ratificación posterior** por el representado, que subsanaría la carencia de poder especial (LJCA art.74).

• Es necesario poder especial para la **renuncia**, la **transacción**, el **desistimiento**, el allanamiento, el sometimiento a arbitraje y las manifestaciones que puedan comportar sobreseimiento del proceso por satisfacción extraprocesal o carencia sobrevenida de objeto (LEC art.25.2).

• Si se trata de un **demandante extranjero**, siempre que sea posible, debe otorgarse el poder en España, ante notario o por comparecencia en el órgano judicial. El poder otorgado en el extranjero surte efectos en España de conformidad con lo que establezcan los tratados internacionales de aplicación. Si no existe convenio, el poder debe otorgarse de acuerdo con las normas del Estado en cuestión (esto es, ante fedatario público extranjero) y su condición de tal debe ser acreditada por el Ministerio de Justicia (o equivalente) o por el consulado español en aquel país.

Precisiones 1) Respecto al **otorgamiento de poderes en el extranjero**, existen numerosos tratados bilaterales. Con carácter multilateral, el Convenio La Haya 5-10-1961 establece el requisito de la llamada «**apostilla**» o autenticación en origen. 11720 MPCA nº 1440

2) No cabe discutir en vía contencioso-administrativa la representación que fue **reconocida en vía administrativa** (TS 23-1-89, EDJ 416; 15-2-89, EDJ 1593).

3) En el caso del **poder notarial**, es necesario el original (primera copia), por lo que no basta con simple fotocopia, aunque se ha admitido en algunos casos (TS 20-2-98, EDJ 1170).

4) El poder -a procuradores y letrados- **otorgado por un administrador** sigue produciendo sus efectos, esto es, la facultad de representar a la sociedad, aun después de que el otorgante haya perdido su condición de administrador (TS 17-1-02, EDJ 2443).

5) Resulta de aplicación al orden contencioso-administrativo lo dispuesto para el proceso civil sobre la **comparecencia de procurador** sin necesidad de abogado (LEC art.23.3). Ver nº 1459.

Defensa o dirección letrada (LJCA art.23) A diferencia de lo que sucede con la representación, la asistencia letrada en el proceso contencioso es siempre **preceptiva**, con independencia del órgano ante el que se sustancie. 11722 MPCA nº 1442

En los procedimientos ante **órganos unipersonales**, al no ser necesaria la intervención de procurador, es frecuente que el abogado actúe también como representante, en cuyo caso se le han de notificar a él las actuaciones.

Como excepción, pueden comparecer por sí mismos los **funcionarios públicos** en defensa de sus derechos estatutarios, cuando se refieran a cuestiones de personal que no impliquen separación de empleados públicos inamovibles (LJCA art.23.3).

Precisiones 1) Los **abogados colegiados** como ejercientes en un colegio pueden actuar en todo el territorio nacional. La comunicación previa al colegio de origen es el único requisito que los colegios pueden imponer para el ejercicio de la profesión fuera de su demarcación (L 2/1974 art.39).

2) Si la parte ostenta la condición de **licenciado en Derecho** -o en posesión de grado o titulación equivalente-, puede comparecer por sí misma, siempre que cumpla con el requisito de la colegiación o, en caso contrario, contando con una autorización del colegio correspondiente.

3) Los **funcionarios públicos** solo están exceptuados de la necesidad de firma letrada en los procedimientos citados. En el resto de los casos, la falta de firma letrada es subsanable (TS 5-3-02, EDJ 3827). Esta excepción les permite optar entre la **defensa técnica** o la **autodefensa** de sus intereses (LJCA art.23.1) pero esta posibilidad, que el funcionario puede activar o no libremente, no se puede equiparar con las hipótesis en que se torna innecesaria la asistencia letrada de los litigantes, previstas para otros órdenes jurisdiccionales (LEC art.31.2; TCo 10/2022).

La excepción no es aplicable al **recurso de casación** (TS 16-7-01, EDJ 98919; auto 20-7-18, EDJ 529636; auto 16-9-21, EDJ 698356).

No obstante, en el **procedimiento especial de derechos fundamentales** es preceptiva la asistencia letrada para los funcionarios públicos (JCA Logroño 10-7-08), salvo que el precepto constitucional invocado guarde directa relación con las normas que configuran la relación jurídica del funcionario (JCA Logroño 13-10-08).

4) Si los funcionarios públicos comparecen por sí mismos, están obligados al **empleo de los sistemas electrónicos** existentes, tanto para la remisión de escritos, iniciadores o no, y demás documentos, como para la recepción de notificaciones, de forma tal que esté garantizada su autenticidad y quede constancia fehaciente de la remisión y la recepción íntegras, así como de la fecha en que estas se hagan (LJCA art.23.3).

5) No es funcionario el profesional vinculado a una entidad pública por medio de **contrato administrativo** (p.e. profesores universitarios asociados).

Representación y defensa de las Administraciones públicas (LOPJ art.551; L 52/1997; L 34/2006 disp.adic.1ª; RD 1057/2024) Hemos de distinguir entre las reglas aplicables en el ámbito de la Administración General del Estado, de las Administraciones autonómicas y de las entidades locales. 11724

Precisiones Un **estudio más detallado** sobre la representación y defensa de las Administraciones públicas puede consultarse en los nº 1840 s. Memento Procesal Civil 2026.

Administración del Estado (LOPJ art.551.1) La representación y defensa del Estado y de sus organismos autónomos corresponde a los abogados del Estado, integrados en el **Servicio Jurídico del Estado**. No obstante, también puede encomendarse esta defensa a profesionales, de conformidad con lo que reglamentariamente se establezca. 11725

En relación con la **Seguridad Social**, corresponde a los letrados de la Administración de la Seguridad Social, sin perjuicio de la intervención de profesionales colegiados (LOPJ art.551.2; L 52/1997 disp.adic.3ª). El Reglamento del servicio jurídico de esta se contiene en el RD 947/2001.

La representación y defensa de las **entidades públicas empresariales** puede ser asumida por los abogados del Estado, en el marco de un convenio al efecto.

La intervención de los abogados del Estado en el proceso contencioso lleva aparejadas algunas **especialidades**, como el régimen de comunicación con las partes o la exigencia de autorización de la Dirección del Servicio Jurídico del Estado para formular desistimiento o allanamiento (nº 12880).

Precisiones **1)** En el ámbito del **Ministerio de Defensa** y los organismos autónomos dependientes de este, la representación y defensa está igualmente encomendada a los abogados del Estado, sin perjuicio de las funciones de asesoría no procesal propias del cuerpo jurídico militar.

2) Mediante la formalización del oportuno convenio, puede también encomendarse a los abogados del Estado la asistencia jurídica de las **sociedades mercantiles estatales**, así como de las **fundaciones** cuya dotación hubiera sido aportada, en todo o en parte, por el Estado, sus organismos autónomos o entidades públicas (L 50/1998 disp.adic.5ª; LOPJ art.551.1; RD 1057/2024 art.94.2).

3) La representación y defensa de las **Cortes Generales**, del Congreso de los Diputados, del Senado, de la Junta Electoral Central y de los órganos e instituciones vinculados o dependientes de aquellas corresponde a los letrados de las Cortes Generales, integrados en las secretarías generales respectivas (LOPJ art.551.2).

4) La representación y defensa del **Consejo General del Poder Judicial** corresponde a la Abogacía del Estado (LOPJ art.641).

5) No puede tenerse por representante procesal de la Administración al **procurador** cuyo despacho se designa al personarse ante el Tribunal Supremo mediante el letrado de sus servicios jurídicos, a los solos y limitados efectos de operar como domicilio de notificaciones (TS auto 11-2-19, EDJ 508578).

6) Tratándose de funcionarios que ejercen la defensa procesal de la Administración, las **reglas generales de conducta del funcionario** -lealtad, buena fe, acatamiento de orden superior salvo que sea manifiestamente ilegal (RDLeg 5/2015 art.53 y 54)- confluyen con las que informan las relaciones entre el abogado y su defendido, según el Estatuto General de la Abogacía Española -RD 135/2021 art.47 y 48- (TS 5-2-24, EDJ 504819).

11726 MPCA nº 1448 **Administraciones de las comunidades autónomas** (LOPJ art.551.3) La representación y defensa en juicio de las comunidades autónomas corresponde a los letrados de sus respectivos **servicios jurídicos**, como regla general, sin perjuicio de que para actuaciones procesales desarrolladas **fuera del territorio** de las mismas, actúen por medio de procurador colegiado.

Una relación de **órganos autonómicos de asistencia jurídica**, con mención de sus normas reguladoras puede consultarse en el nº 1448 Memento Procesal Contencioso-Administrativo 2026.

11727 MPCA nº 1450 **Entidades locales** (LOPJ art.551.3) La representación y defensa técnica de las entidades locales se sujeta al mismo régimen que la de las comunidades autónomas. No obstante, es muy frecuente la actuación por medio de **profesionales colegiados** (procurador y abogado), dado que en múltiples entidades locales no hay servicio jurídico propio.

En los **municipios de gran población** (nº 11410), una vez hayan adoptado la estructura propia de estos (LBRL art.122 s.), debe existir necesariamente una asesoría jurídica, como órgano administrativo con funciones de asesoramiento, representación y defensa en juicio de la entidad, sin perjuicio de poder encomendar estas tareas a profesionales colegiados (LBRL art.129).

Precisiones **1)** Esta regla se concreta en el caso de **Madrid**, al indicarse adicional y expresamente que los letrados del ayuntamiento de Madrid pueden asumir el asesoramiento jurídico, la representación y defensa en juicio de las sociedades mercantiles locales y de las fundaciones de participación municipal, mediante la suscripción del oportuno convenio en el que se determine la compensación económica a abonar a la Hacienda municipal (L 22/2006 art.28).

2) En una **tasación de costas**, no procede impugnar como indebidos los derechos del procurador de un ayuntamiento por entender innecesaria su intervención al tener este sus servicios jurídicos, porque si bien es cierto que se permite a los entes locales conferir la representación y defensa a los letrados que sirven en sus servicios jurídicos, nada impide que puedan concederse dichas funciones a dos **profesionales distintos** (TS auto 10-2-05, EDJ 31825; TSJ Cataluña 14-2-03, EDJ 36370; TSJ Aragón 30-1-04).

11729 MPCA nº 1452 **Extensión de asistencia jurídica por el abogado del Estado** (LOPJ art.551.3; RD 1057/2024 art.2.k y l y 66.2) El Servicio Jurídico del Estado puede prestar asistencia jurídica, incluida la representación y defensa en juicio, a las **comunidades autónomas y corporaciones locales**, mediante la celebración del oportuno convenio de colaboración de asistencia jurídica que debe celebrarse entre el ministro de Justicia y las corporaciones locales interesadas o las federaciones en que estas se integran, a propuesta o previa audiencia de la Abogacía General del Estado-Dirección del Servicio Jurídico del Estado.

En el caso de que la Abogacía General del Estado -Dirección del Servicio Jurídico del Estado- estime la existencia de un supuesto de **contraposición de intereses** entre la corporación local y el Estado, sus organismos autónomos, los restantes organismos y entidades públicos, sociedades mercantiles estatales, fundaciones con participación estatal u órganos constitucionales, debe comunicarlo a la comunidad autónoma o corporación local respectiva y recabar expresamente el criterio que esta sostiene al respecto.

Haya o no manifestado este criterio, de seguir apreciándose la contraposición de intereses, no resulta de aplicación el convenio de colaboración y no se prestará la asistencia jurídica a aquella, quien puede libremente designar para este caso la asistencia, defensa y representación jurídicas que estime convenientes.
Esta norma de solución de la contraposición de intereses se debe hacer constar expresamente en los convenios de colaboración correspondientes.

Comparecencia por videoconferencia (L 52/1997 art.16 y disp.adic.4ª) En los procesos contencioso-administrativos en los que sea parte el Estado, los organismos públicos, los órganos constitucionales o cualquier entidad del sector público institucional cuya representación y defensa venga atribuida normativa o convencionalmente a los **abogados del Estado**, estos pueden intervenir en las actuaciones a través de videoconferencia u otro sistema similar que permita la comunicación bidireccional y simultánea de la imagen y el sonido y la interacción visual, auditiva y verbal entre dos personas o grupos de personas geográficamente distantes. 11730

Jura de cuentas (LEC art.34 y 35) 11731

MPCA nº 1454 s.

Es **competencia** del orden contencioso conocer de los expedientes de jura de cuentas, entre procurador y/o abogado y cliente, a partir de la actuación de aquellos en representación y defensa de este en un recurso contencioso tramitado ante el mismo órgano ante el que se jura la cuenta, aunque no del eventual proceso declarativo posterior, si lo hay.
Las **resoluciones** recaídas en dicho expediente no producen la excepción de cosa juzgada -salvo en materia de abusividad de cláusulas contractuales, ámbito en el que sí la producen- para que se puedan en su caso revisar en el oportuno juicio ordinario, pero no en un nuevo expediente de jura de cuentas, respecto del que sí se produce tal efecto excluyente y vinculante (TS auto 27-12-01, EDJ 98931).

Precisiones 1) Es discutible si el cauce de la jura de cuentas es o no imperativo. Se ha sostenido que puede seguirse alternativamente el **juicio monitorio** (LEC art.812 s.) por parte del profesional impagado, pero en este caso, ante el orden civil (AP Cantabria auto 27-1-03, EDJ 45770; AP Tarragona auto 19-11-02, EDJ 71032).
En contra, se ha considerado que no cabe esta alternativa debiendo quedar reservado el proceso monitorio para la **tutela de los derechos de crédito** que el procurador o abogado pudiese ostentar contra su cliente cuando no sean susceptibles de la protección privilegiada que otorga el procedimiento de jura de cuentas (AP Soria auto 26-11-02, EDJ 68278; auto 24-4-03, EDJ 33426):
En todo caso, siempre es alternativa la vía judicial ordinaria.
2) El procedimiento de jura de cuentas no alcanza en absoluto a posibles **derechos o devengos extrajudiciales** realizados por motivos profesionales y ello en la medida en que es el pleito o proceso y los gastos, derechos u honorarios realizados en él, lo que, dentro del mismo órgano judicial en que se han producido, se hace objeto de una regulación especial (TCo 110/1993).

Representación y asistencia técnicas en el procedimiento administrativo 11733

MPCA nº 1457 s.

Frente a lo expuesto en el ámbito del proceso, en el seno del procedimiento administrativo -en su caso, previo- no es preceptiva, como **regla**, la representación técnica por medio de procurador con poder al efecto y asistencia letrada.
En relación con la **representación por profesionales**, no se reserva a favor de un tipo profesional determinado la representación ante las Administraciones públicas. Las disposiciones corporativas permiten considerar la representación ante la Administraciones como incluida dentro de los cometidos propios de tales profesiones.

Precisiones 1) Cualquier persona con **capacidad de obrar** puede actuar en representación de otra ante las Administraciones públicas, siempre que reúna las condiciones de capacidad adecuada. No es exigible **titulación o adscripción profesional** alguna para el representante (TS 27-5-92, EDJ 5389; 29-1-92, EDJ 725).
2) En el ámbito de la **extranjería**, se reconoce el derecho de asistencia letrada -incluso de oficio- al interesado extranjero en expedientes de denegación de entrada y en procedimientos sancionadores preferentes (RD 864/2001 art.30 y 110 s.). La ausencia de tal asistencia puede determinar la nulidad de la resolución.
3) El **procurador** puede representar en el procedimiento administrativo e, incluso, se puede considerar bastante el poder general para pleitos a los efectos de acreditar la representación (salvo que sea preciso poder concreto para actuaciones determinadas), por aplicación del principio de quien puede lo más puede lo menos.

E. Legitimación

(LJCA art.19 -redacc LO 1/2025- a 22)

11740 MPCA nº 1465 s. La legitimación es la aptitud para intervenir como tal en un **proceso concreto**. De modo que viene determinada por la relación que exista entre las partes y el objeto del proceso.
Dado que el proceso contencioso-administrativo es, como regla, un mecanismo revisor de lo actuado previamente por la Administración, y dado que esta actúa regular y ordinariamente a través del cauce del **procedimiento administrativo**, la legitimación en aquel será habitualmente sucesiva a la previa en sede gubernativa (TCo 227/1988; TS 2-11-81; 12-11-85). Sobre la misma ver nº 3160 s. Memento Administrativo 2026.
Superado el procedimiento administrativo y sucesivamente al mismo, son dos son las **posiciones** que pueden adoptar las partes en la relación procesal revisora (activa y pasiva). Por ello, se estudian sucesivamente la legitimación **activa** (nº 11750 s.) y la **pasiva** (nº 11810 s.) en el contencioso-administrativo.

Precisiones La legitimación no tiene que darse respecto del total objeto del proceso. De esta forma, procede distinguir entre la **legitimación procesal** y **legitimación «ad causam»**, relativa la primera a la relación procesal y la segunda al acto/disposición impugnada, pudiendo referirse solo a parte de ella (TS 2-2-06).

1. Legitimación activa

11750 MPCA nº 1490 La legitimación activa es la aptitud para ser **demandante** en un proceso contencioso. Es un presupuesto esencial del proceso y, como tal, debe ser examinado de oficio por el órgano judicial, aun cuando su falta no haya sido alegada por las partes, dado el carácter de orden público de las normas procesales (TS 25-10-05, EDJ 165445; TSJ Madrid 11-1-00, EDJ 17689).
Al regular la legitimación activa, debe diferenciarse la regulación que se refiere a las **personas privadas** (nº 11755 s.) del régimen aplicable a las **Administraciones públicas** (nº 11790 s.).

11751 **Falta de legitimación** La falta de legitimación da lugar a la inadmisión del recurso, que se puede producir en diferentes momentos:
• En el **trámite de admisión** o en el de **alegaciones previas** (LJCA art.51, 58 y 59). La contradicción entre el carácter sustantivo de la excepción de falta de legitimación y la posibilidad de examinarla con carácter previo es salvada por la jurisprudencia, que limita el examen preliminar a una indagación sobre la base de la apariencia, siempre a favor de la tutela judicial efectiva (TS auto 21-10-99, EDJ 80987).
• En **sentencia** (LJCA art.69). La sentencia que ponga fin al proceso debe pronunciarse sobre la falta de legitimación alegada, aun cuando la falta de fundamento de la excepción sea evidente, pues, en caso contrario, la resolución adolece de incongruencia omisiva (TS 17-12-98, EDJ 34342).
• La falta de legitimación puede incluso ser declarada en **segunda instancia**, aun cuando la cuestión no se haya debatido en la primera, pues la doctrina de los actos propios no es aplicable en sede judicial (TS auto 31-1-98, EDJ 61285).

Precisiones **1)** Por aplicación de la doctrina de los actos propios, la Administración no puede negar legitimación activa a quien se le ha **reconocido en vía administrativa** (TS 24-11-94, EDJ 3375), lo que no excluye el deber del órgano judicial de apreciar de oficio tal circunstancia (González Pérez).
2) La falta de legitimación de la parte actora, por **carecer de interés legítimo** en la fiscalización de la actividad administrativa, no puede devenir en causa de inadmisión por falta de jurisdicción (TCo 45/2008; TS 24-4-07; 7-2-07).

a. Personas privadas

(LJCA art.19.1)

11755 MPCA nº 1502 s. Están legitimadas activamente las personas, físicas o jurídicas, que ostenten un **derecho o interés legítimo**.
No obstante, es necesario precisar que esta consideración se refiere al proceso contencioso en su concepto de **cauce procesal revisor** de un acto o disposición de la Administración.
Sin embargo, a través del proceso contencioso-administrativo también se ventilan pretensiones de resarcimiento de daños y perjuicios, que deben ser conocidas por esta jurisdicción, siempre que en la causación del daño haya intervenido una Administración, aun en concurrencia con sujetos privados. En estos procedimientos, la legitimación surge a partir de un **derecho al resarcimiento**, que es consecuencia de la producción de un daño, sin que tenga sentido

aplicar la teoría del interés legitimador, a menos que se identifique este con la pretensión resarcitoria, hecha valer en una reclamación tramitada antes del proceso por medio del oportuno expediente (LPAC art.65, 67, 81 y 92).

Precisiones 1) El **concepto de interesado** a los efectos de la jurisdicción contencioso-administrativa no coincide total, aunque sí sustancialmente, con el que rige en el procedimiento administrativo: todo interesado en la vía administrativa está legitimado como tal para recurrir en vía contenciosa; pero, además, otros interesados **que no han sido parte** en la vía administrativa pueden deducir una pretensión procesal ante la jurisdicción, en tal condición (TS 4-2-02, EDJ 1989). 11756

2) Carecen de legitimación procesal algunos **sujetos próximos al interesado** en el procedimiento administrativo, sin serlo:
- el denunciante (LPAC art.55 y 58; LGT art.14 y 232.2.c);
- el compareciente en información pública (LPAC art.83.3); o
- los partícipes en el procedimiento de elaboración de disposiciones generales (Const art.105.a).

En cambio, sí la ostentan otros no interesados, como puede ser el **coadyuvante** -de admitirse esta figura (nº 11663)-; el legitimado por sustitución para el ejercicio de acciones cuya titularidad corresponde a una entidad local inactiva (LBRL art.68), o el tercero distinto del sujeto pasivo del impuesto que asume la obligación tributaria por pacto privado (TSJ Andalucía 24-2-03).

3) Es discutible si las **entidades aseguradoras** de las Administraciones públicas ostentan legitimación activa para la impugnación judicial de las resoluciones de estas por las que se reconoce y cuantifica responsabilidad patrimonial, que cubren aquellas en virtud del contrato de seguro.

La previsión acerca de la comparecencia de dichas compañías como **codemandadas** de la Administración en procesos sobre responsabilidad patrimonial (LJCA art.21.1: nº 11812), no debe llevar a negar que las aseguradoras puedan impugnar en sede jurisdiccional -y previa administrativa, normalmente en reposición potestativa- los acuerdos administrativos de reconocimiento de tal responsabilidad, pues estos tienen carácter de acto administrativo y aquellas se ven afectadas directamente por ellos.

Concepto de interés legítimo No existe definición legal de lo que constituye interés legítimo. La **interpretación del concepto** ha de realizarse con un criterio amplio, a favor de la tutela judicial efectiva (TCo 24/1987; 252/2000; 7/2001; 203/2002; TS 18-1-05, EDJ 7008). 11759 MPCA nº 1504 s.

La jurisprudencia ha delimitado el concepto en una doble perspectiva:

a) En **sentido positivo**, el interés legítimo surge a partir de una relación entre el sujeto y el objeto de la pretensión -acto o disposición impugnados- y es identificable con cualquier ventaja o desventaja derivada de la pretensión que se ejercita, ya sea en sentido positivo -obtención de beneficio- o negativo -evitación de un mal-, activo -promotor del procedimiento- o pasivo -destinatario del mismo- (TCo 195/1992; TS 25-6-14, EDJ 99643; 27-10-14, EDJ 191981).

El interés debe ser (TS 14-3-97, EDJ 1968):

• **Personal**, no pudiendo recurrir quien es ajeno al objeto del recurso (TS 8-3-97, EDJ 6208). Ahora bien, esta exigencia no excluye la defensa de intereses colectivos.

• **Actual y efectivo**: no son suficientes los intereses meramente hipotéticos, aunque sí lo serían los intereses futuros, siempre que sean ciertos (TS 15-2-82; 30-1-98, EDJ 1351). Ha de ser real (TS 5-6-24, EDJ 576714).

• **Concreto**, no bastando con su mera invocación abstracta y general o con la mera posibilidad de su acaecimiento; es preciso alegarlo y probarlo (TS 28-12-99, EDJ 48414).

Se acepta el **interés competitivo** como legitimador (TS 20-5-19, EDJ 601443; 10-6-24 EDJ 585430).

b) En **sentido negativo**, se ha declarado que el interés legítimo constituye algo más que el simple interés en el cumplimiento de la legalidad, que puede tener cualquier ciudadano (TS 28-12-99, EDJ 48414; 19-3-19, EDJ 536667; 23-12-20, EDJ 749533). Pueden considerarse excepciones a esta regla los casos en que la Ley admite el ejercicio de la llamada **acción popular** o pública (nº 11778).

Los **sentimientos** tampoco pueden integrar un interés digno de la protección que dispensa el ordenamiento jurídico, cuando se trata del ejercicio de la acción en el orden contencioso-administrativo (TS 13-4-23, EDJ 549863).

Tiene que contar con un **objeto definido** y más o menos **concreto**, aunque no es preciso que sea directo y personal (TCo 160/1985; DGSJE Inf 3-5-01). Es discutible la admisibilidad de intereses difusos, que sí están presentes siempre en casos de acción pública (TS 22-1-98, EDJ 1338). 11760

Su **contenido** no ha de ser necesariamente patrimonial (TCo 101/1996), sino que puede ser de cualquier índole:
- moral (TS 9-10-84; 22-11-96, EDJ 8919);
- profesional o corporativo (TCo 24/1987; TS 11-11-81, EDJ 6946);
- étnico (TCo 214/1991);
- competitivo (TS 21-6-85, EDJ 3724);

- vecinal o por residencia (TS 25-10-99, EDJ 38627);
- social (TS 25-10-62);
- cultural o artístico (TS 7-2-89; 17-7-91);
- económico-sindical (TCo 101/1996; 74/2005).

Puede ser tanto **individual** como **colectivo**. Este último, a su vez, puede ser profesional, social o económico, cualificado y específico (TCo 97/1991). Ver al respecto nº 11771 s.

11761 Precisiones 1) Titulares de un interés legítimo pueden ser tanto los **españoles** como los **extranjeros**; pues estos últimos están plenamente legitimados para recurrir actos administrativos (TS 16-7-93, EDJ 7216).

2) Se ha reconocido, o se establece normativamente, legitimación en los siguientes supuestos:

• En los expedientes relativos a **actividades molestas, nocivas, insalubres o peligrosas**, a los vecinos del lugar donde, en su caso, se proyecta instalar la actividad clasificada para cuya autorización se tramita aquel (TS 25-10-99, EDJ 38627).

• A un **vecino** -como interesado, al margen de la acción pública en materia urbanística- para recurrir contra los actos administrativos en virtud de los cuales se concede una licencia para la realización de determinada actividad que puede afectar a sus intereses derivados de su vecindad (TS 4-2-02, EDJ 1989).

• En la pretensión de mantenimiento de las **normas subsidiarias de planeamiento** de un municipio -declaradas nulas por impugnación del acuerdo municipal en el que se aprobaron-, por el titular de unos terrenos en el término municipal, debiendo entenderse que el acuerdo incide en la esfera de sus intereses directos, produciendo efectos positivos o negativos, actuales o futuros, pero ciertos y no meramente hipotéticos (TS 16-2-12, EDJ 19187).

• Se reconoce legitimación activa para impugnar el pliego de condiciones para la **adjudicación de un contrato administrativo** a quien no ha participado en la correspondiente licitación, cuando la redacción actual de dicho pliego le veta la posibilidad de acudir a esa licitación, existiendo tal opción en caso de estimarse su reclamación (TS 21-12-01, EDJ 65621; TSJ La Rioja 21-5-15, EDJ 88045).

• A un notario, para impugnar una disposición general que reformaba el régimen de **recursos contra la calificación registral** (TS 22-5-00, EDJ 13567).

• En el procedimiento de **expropiación forzosa**, para interponer recurso a los meros comparecientes en trámite de información pública (LEF art.22.1).

• En los expedientes de derivación de responsabilidad tributaria a los **administradores societarios**. Se sostiene que cada administrador no tiene carácter de interesado ni legitimación en los procedimientos de los restantes (AN 16-6-03, EDJ 248983).

• A una enfermera, para impugnar la disposición que aprueba los **estatutos generales de la organización colegial** de enfermería (TS 4-2-04, EDJ 7313); e igualmente, a un colegio provincial del sector (TS 4-2-04, EDJ 7307).

11763 **Impugnación de actos** Aunque la distinción entre la impugnación de actos y de disposiciones generales ha desaparecido formalmente de la Ley, en relación con la legitimación, esta diferencia sigue latiendo en la **jurisprudencia**.

Así, si el objeto del recurso es un acto administrativo, la exigencia de legitimación es más intensa, debiendo producirse una **relación inmediata** entre el sujeto y el acto. No puede recurrir un acto administrativo -p.e. sancionador- quien es ajeno al objeto del recurso (TS 8-3-97, EDJ 6208). En tal caso, una relación con el objeto cercana a la idea de interés legítimo -p.e. el hecho de hallarse en una circunstancia análoga- podría ser considerada irrelevante.

En todo caso, la legitimación exigible es la misma tanto para la **impugnación directa** como para el ejercicio de la acción de **revisión de oficio** y posterior impugnación jurisdiccional del acto de referencia (TS 15-12-23, EDJ 778585).

11765 **Impugnación de disposiciones generales** El concepto de interés legítimo cobra todo su interés en relación con las disposiciones generales, pues, por su propia naturaleza, estas disposiciones son susceptibles de afectar de manera más o menos directa a un **número indeterminado de personas**.

Por ello, para analizar la legitimación a efectos de impugnar estas disposiciones, es fundamental diferenciar las que tienen alcance general (dirigidas a todos los ciudadanos), de las que están destinadas a un sector o colectivo determinado:

• La impugnación de las disposiciones de **alcance general** es más restringida, pues resulta fácil confundir el interés del que lo impugna con el mero interés en el cumplimiento de la legalidad.

• Por el contrario, el ámbito propicio para el interés legítimo es la impugnación de disposiciones de **carácter sectorial**, pues los destinatarios de regulación sectorial tienen un interés propio distinto del de cualquier otro ciudadano (TS 1-2-00, EDJ 531).

Precisiones 1) El concepto de **regulación sectorial** es sumamente interpretable. El Tribunal Supremo ha considerado como tal un reglamento sobre el sector de la telefonía móvil (TS 1-2-00, EDJ 531), así como una ordenanza municipal de circulación de peatones y vehículos (TS 15-10-99, EDJ 29733).

2) En relación con la regulación sectorial, surge la cuestión de la protección de los **intereses difusos** (nº 11768 s.) y **colectivos** (nº 11771 s.).
3) Una **asociación profesional** está legitimada para impugnar una disposición general que afecte específicamente a su sector (TS 30-11-99, EDJ 43041). También lo está un **sindicato** en igual supuesto (TS 16-10-01, EDJ 3237).

Intereses difusos En el **orden contencioso-administrativo**, el concepto de interés difuso, ha sido desarrollado principalmente por vía jurisprudencial y doctrinal. No ocurre lo mismo en el **orden civil**, en el que dicho interés sí goza de cierta previsión normativa (nº 2224). Debemos distinguir, por tanto, el tratamiento de los intereses difusos en los dos órdenes mencionados: 11768 MPCA nº 1514
a) En el **ámbito administrativo**, la jurisprudencia ha calificado como tales aquellos intereses que no tienen depositarios concretos, pues son intereses generales que, en principio, afectan a todos los ciudadanos (TS 11-3-00, EDJ 4943).
El interés difuso no está tutelado ante la jurisdicción contencioso-administrativa y no legitima a su titular para interponer un recurso contencioso-administrativo.
No existe, por tanto, **cauce procesal** para proteger a los «titulares» de intereses difusos, ni siquiera la acción popular (nº 11778), pues la admisión de esta acción supone reconocer legitimación a quien carece de cualquier tipo de interés, esto es, a quien no tiene relación alguna con el objeto del litigio, fuera de la mera preocupación por el cumplimiento de la legalidad (TS 12-2-91).
No obstante, ha de tenerse en cuenta que, por el carácter supletorio de la LEC, podría considerarse aplicable a los procesos en materia de responsabilidad patrimonial el **concepto civil** de interés difuso y las especialidades sobre legitimación para la defensa de estos intereses.

b) En el **ámbito civil**, se introduce el concepto de interés difuso al tratar la legitimación para plantear una acción indemnizatoria. Se definen como aquellos intereses cuyos titulares son una **pluralidad de consumidores y usuarios** indeterminada o de difícil determinación (LEC art.11.3). Si los titulares fueran determinados o fácilmente determinables, el interés no sería difuso, sino colectivo. 11769
Así, cuando los perjudicados por un hecho dañoso sean una pluralidad de consumidores o usuarios indeterminada o de difícil determinación, la **legitimación para demandar** en juicio la defensa de estos intereses difusos corresponderá exclusivamente a las asociaciones de consumidores y usuarios representativas conforme a la Ley (LEC art.11.3), aunque el Ministerio Fiscal está legitimado para el ejercicio de cualquier acción en defensa de los intereses de los consumidores y usuarios.
Asimismo, están legitimadas para afirmar la **acción de cesación**, las entidades habilitadas conforme a la normativa comunitaria europea para ejercer dicha acción en defensa de intereses colectivos y difusos de consumidores y usuarios (LEC art.11.4 y 5).
El interés difuso desde este punto de vista puede referirse a un **sujeto concreto**, que es precisamente el titular del bien jurídico dañado; cosa distinta es que se le pueda identificar con mayor o menor dificultad.
No obstante, la posibilidad de **defensa en juicio** de estos intereses difusos, es decir, de reclamar el daño causado a una pluralidad de consumidores y usuarios indeterminada o de difícil determinación, es difícilmente compatible con los principios básicos de la responsabilidad civil.
En conclusión, el interés difuso en sentido propio también carece de protección en el ámbito civil, ya que las peculiaridades procesales comentadas se refieren, en realidad, a **intereses de carácter colectivo** (nº 11771 s.).

Precisiones Sobre la legitimación para la **defensa de intereses difusos** en el orden civil ver nº 2224 s.

Intereses colectivos (LOPJ art.7.3; LJCA art.19.1.b; LEC art.6.5º) Aun cuando se trata de un concepto muy flexible, los intereses colectivos se caracterizan porque, afectando a una **pluralidad de personas**, sus titulares son determinados o, al menos, determinables, por referencia a las circunstancias que concurren en ellos. 11771
La protección de los intereses colectivos es una exigencia legal. Se establece al respecto que los órganos judiciales han de proteger los derechos e intereses legítimos, tanto individuales como colectivos. Para la defensa de estos últimos, se reconoce la legitimación de las **corporaciones, asociaciones y grupos** que resulten afectados o que estén legalmente habilitados para su defensa y promoción.
Tanto en el orden contencioso-administrativo como en el civil se contempla la posibilidad de que estos colectivos ostenten legitimación, con independencia de su **integración en personas jurídicas**, cuando la Ley les reconozca capacidad para ser parte.

La legitimación para intervenir en un determinado proceso puede venir determinada por la relación con el objeto (titularidad de un interés legítimo) o ser atribuida por la Ley con carácter general. Por tanto, pueden distinguirse los siguientes **supuestos**:
- interés legítimo del grupo o entidad (nº 11772);
- interés legítimo de sus integrantes (nº 11773);
- atribución de legitimación por Ley (nº 11774).

Por otro lado, no solo se extiende la legitimación al colectivo para la defensa de los intereses de sus integrantes, sino que también se contempla la posibilidad de extender los **efectos de las sentencias firmes** a quienes no han sido parte en el proceso, en materia de tributos y de personal al servicio de las Administraciones públicas, cuando concurran determinadas circunstancias (nº 13790).

Además, son aplicables a esta situación ciertas **normas del proceso civil** sobre capacidad y legitimación, aunque dicha aplicación es de carácter supletorio, o bien de carácter directo, cuando se ventilen en el proceso contencioso pretensiones de responsabilidad patrimonial, siempre que hayan concurrido en la causación del daño una Administración y un sujeto privado (nº 11775).

11772 MPCA nº 1520 s. **Interés legítimo del grupo o entidad** El primer supuesto es aquel en el que la entidad o el grupo es titular de un derecho o interés legítimo, lo que solo puede suceder en el caso de las **personas jurídicas**. En tal caso, en realidad, no se trata de la defensa de un interés colectivo, sino de un **interés individual** de la asociación o grupo en cuestión.

Precisiones **1)** Una **asociación profesional** está legitimada para impugnar una disposición general que afecte específicamente a su sector (TS 30-11-99, EDJ 43041). También lo está un **sindicato** en igual supuesto (TS 16-10-01, EDJ 3237).

2) En general, se reconoce legitimación a los **sindicatos** a partir de su interés económico o profesional (TCo 101/1996; 74/2005; 358/2006).

Normativamente se reconoce la legitimación a los sindicatos para actuar también en nombre interés del **personal funcionario y estatutario** afiliado a ellos que así lo autorice, en defensa de sus derechos individuales, recayendo sobre dichos afiliados los efectos de aquella actuación (LJCA art.19.1.k redacc LO 1/2025). En estos casos ha de adjuntarse el **documento** o documentos que acrediten la afiliación de dicho personal y la existencia de comunicación por el sindicato al afiliado de la voluntad de iniciar el proceso, así como la autorización expresa del afiliado al sindicato para dicha iniciación (LJCA art.45.2 redacc LO 1/2025).

3) Los **partidos políticos** no tienen, sin más, legitimación para la impugnación de cualquier disposición o acto administrativo que pueda tener efectos políticos, sino que debe concurrir una **conexión específica** con su actuación o funcionamiento, es decir, debe acreditarse que la impugnación pretendida beneficiaría al partido político recurrente o le evitará algún perjuicio concreto (TS 6-4-04, EDJ 31577; 18-1-05, EDJ 7008; 3-3-14, EDJ 38988; 5-3-14, EDJ 42912).

Los **grupos parlamentarios** tampoco poseen una legitimación universal que determine que todo objeto de debate político o de decisión parlamentaria pueda ser objeto de revisión jurisdiccional en sede contencioso-administrativa (TS 2-4-14, EDJ 48217).

4) El interés ha de proceder del fin y del ámbito propio de la entidad, no siendo admisible que esta se lo autoatribuya por **disposición estatutaria**. Aceptar tal posibilidad equivaldría a admitir como legitimada a cualquier asociación que se constituyera con el objeto de impugnar disposiciones de carácter general o determinadas clases de actos administrativos (TS 8-2-21, EDJ 506458; 13-4-23, EDJ 549863; 5-3-24 EDJ 513700).

Así, no tiene legitimación para impugnar una disposición general de contenido fiscal una asociación de profesionales de la abogacía cuyos estatutos recogen, entre sus fines, el de velar y promover la adecuación a las exigencias del Estado de Derecho de la normativa legal y reglamentaria y de las actuaciones de los poderes públicos en materia tributaria (TS 28-12-99, EDJ 48414).

11773 **Interés legítimo de los integrantes** Puede ocurrir que sean los integrantes de tales personas jurídicas o grupos quienes sean titulares del derecho o interés legítimo. Este es el supuesto normal de legitimación en caso de intereses colectivos. En tal caso, la entidad tiene legitimación siempre que el objeto del recurso afecte a **más de uno** de sus miembros, no siendo necesario que afecte a todos ellos.

Si afecta **solamente a uno** se trataría de un interés individual de un sujeto distinto, por lo que la entidad solo podría actuar en representación del titular (TS auto 23-11-99, EDJ 80974).

Precisiones **1)** Una **federación de municipios** está legitimada para impugnar una disposición general que afecte a varios de sus miembros, aunque no afecte a todos ellos (TS auto 23-11-99, EDJ 80974).

2) Una asociación profesional de **jueces y magistrados** está legitimada para impugnar el nombramiento de un magistrado (TS 30-11-99, EDJ 43041).

3) Se ha considerado legitimada a una organización de **consumidores y usuarios** -en defensa de un interés colectivo- para impugnar normativa fiscal en materia de vivienda, por entender que los miembros de la misma participan como adquirentes en el tráfico de viviendas (TS 11-3-00, EDJ 4943).

4) Un colegiado del Colegio de Registradores de la Propiedad y Mercantiles de España, en su condición de miembro, tiene interés legítimo para impugnar los acuerdos de los órganos colegiales que resuelvan **asuntos económicos con incidencia en el patrimonio colegial**, al margen de la circunstancia de que el colegiado esté jubilado, en la medida en que una protección jurisdiccional plena de los derechos e intereses de dichos colegiados determina que se garantice el control de legalidad de acuerdos colegiales que inciden directa o indirectamente en la esfera jurídica de los mismos (TS 14-10-25, EDJ 723997).

Atribución de legitimación por Ley Por último, puede suceder que la legitimación no derive de la relación entre la entidad o grupo y el objeto del proceso, sino directamente de la Ley. De esta forma, el colectivo quedaría **legalmente habilitado** para la defensa de los derechos e intereses legítimos colectivos. 11774

Este es el caso de los **colegios profesionales** y de otros colectivos, en función de lo que dispongan las normas de su creación.

Precisiones Se ha reconocido legitimación *ad procesum* a los **colegios profesionales** para entablar acciones en sede contencioso-administrativa, para pretender la **anulación de resoluciones de convocatoria de licitaciones** sometidas a la aplicación de la LCSP, referidas a la prestación de servicios profesionales, cuando la actuación administrativa afecte a los intereses profesionales de los colegiados, y cuando la acción procesal repercuta directamente en beneficio del interés colectivo del propio sector profesional, así como cuando traten de evitar un perjuicio o un menoscabo cierto y efectivo al recto ejercicio de aquella (TS 17-2-24, EDJ 514999).

Normas procesales civiles sobre intereses colectivos (LEC art.6 a 11, 15 y 221) Son aplicables en el proceso contencioso -con carácter supletorio o en el ámbito de la responsabilidad patrimonial de la Administración- ciertas normas contenidas en la legislación procesal civil referidas a la legitimación de los intereses colectivos. Son las siguientes: 11775 MPCA nº 1529

a) Se reconoce capacidad jurídica y legitimación a los **grupos de consumidores y usuarios** afectados por un hecho dañoso, siempre que sean determinados o, al menos, determinables y que el grupo se constituya con la mayoría de los afectados.

b) Se contempla la posibilidad de que los **perjudicados por un hecho dañoso** comparezcan como parte en los procesos de reclamación de daños iniciados por estos grupos o por asociaciones de consumidores y usuarios. Para hacerlo posible, se impone al demandante la carga procesal de llamar al proceso a los posibles perjudicados o, al menos, de dar **publicidad a la acción**.

c) Asimismo se contempla la posibilidad de que los perjudicados por un hecho dañoso que **no hayan comparecido** en los procesos iniciados por una asociación de consumidores y usuarios -no por grupos de afectados- soliciten que les sean extendidos los **efectos de la sentencia** que se dicte en aquellos procesos, en los que no han sido partes.

A tal efecto, es preciso que la sentencia dictada en los anteriores procesos determine su ámbito subjetivo de aplicación con mención de la identidad de los beneficiarios de la condena, si son conocidos -entre ellos es obligada la referencia expresa a las partes- o, si no son conocidos, determinando las circunstancias que deben concurrir en ellos.

La extensión de los efectos de la sentencia se produce, a través de un **incidente**, en ejecución de la misma (LEC art.519).

Precisiones **1)** Se prevé la legitimación del **Ministerio Fiscal** para ejercer cualquier acción en defensa de los consumidores y usuarios (LEC art.11.5).

2) Sobre la legitimación para la defensa de intereses colectivos en el **orden civil** ver nº 2221 s.

Igualdad de trato y no discriminación (LJCA art.19.1.i y j) Sobre esta cuestión, el régimen en sede contencioso-administrativa es igual al expuesto en el ámbito de la jurisdicción civil (LEC art.11 bis y 11 ter). Ver nº 2233. 11776 MPCA nº 1533

Disciplina deportiva (LJCA art.19.5; LO 11/2021 art.49.3) Se reconoce legitimación para interponer recurso contencioso-administrativo contra las resoluciones del **Comité Sancionador Antidopaje**, dictadas en asuntos de disciplina deportiva en materia de dopaje, a las personas físicas o jurídicas afectadas por la resolución dictada y, en todo caso, a: 11777

- El deportista o sujeto afectado por la resolución (TS 3-3-14, EDJ 38988).
- La eventual parte contraria en la resolución o los perjudicados por la decisión.
- La federación deportiva internacional correspondiente.
- El director de la Agencia Estatal Comisión Española para la Lucha Antidopaje en el Deporte.
- La Agencia Mundial Antidopaje (AN 19-12-13, EDJ 268835).
- El Comité Olímpico Internacional o el Comité Paralímpico Internacional, cuando la resolución afecte a los Juegos Olímpicos o Paralímpicos.

11778 **Acción popular** (Const art.25; LOPJ art.19; LJCA art.19.1.h) Distinto de la legitimación colectiva es el supuesto de la acción popular o pública. Esta presupone la **ausencia de relación** entre el sujeto y el objeto del acto. El impugnante actúa movido por el simple interés en el cumplimiento de la legalidad, no siendo necesario acreditar ninguna circunstancia especial (TS 12-2-91).
MPCA
nº 1538 s.

En el ámbito de la acción pública, la relación especial entre el titular de la acción y el objeto del proceso viene **automáticamente reconocida**, sin necesidad de que concurra ningún otro requisito, con independencia de los móviles finales de la acción emprendida (TS 4-10-01, EDJ 33993; 19-12-01, EDJ 53327), por lo que es un título formal de atribución. No es necesario para su ejercicio, por lo tanto, alegar ni probar interés alguno en la actuación administrativa de que se trate.

No se admite con carácter general, sino que constituye una **excepción**, aplicable solo en los casos expresamente previstos por las leyes (TS 17-12-20, EDJ 747649; 25-2-21, EDJ 509219; 14-4-23, EDJ 549863).

Esta figura se prevé fundamentalmente en los siguientes **ámbitos**:
- vivienda (L 12/2023 art.5);
- ordenación del territorio y urbanismo (LS/15 art.5.f y 62 y regulación autonómica);
- medio ambiente (L 22/1988 art.109; L 30/2014 art.39; disposiciones reguladoras de algunos espacios protegidos);
- patrimonio histórico (L 16/1985 art.8.2 y regulación autonómica);
- Tribunal de Cuentas (LO 2/1982 art.47.3);
- unidad de mercado (L 20/2013 disp.adic.5ª).

La utilización de la acción popular en estos ámbitos se expone en los nº 1543 s. Memento Procesal Contencioso-Administrativo 2026.

Solo el Estado (Const art.149.1.6) puede determinar los **supuestos de legitimación** para accionar en vía judicial, ya sea por el título general del interés legítimo, ya por los títulos especiales, entre los que se encuentra la acción pública o popular, respecto de la que la LJCA ha optado por su exclusión en defecto de previsión por ley estatal específica (TCo 97/2018), por lo que cualquier **ley autonómica** en este sentido, para ser constitucionalmente válida, ha de ampararse en un precepto legal estatal del que sean asunción o reiteración o del que deriven y que les ampare (TCo 15/2021).

11779 Precisiones 1) El ejercicio de la acción popular tiene como límite el **abuso de derecho**, pudiendo rechazarse la legitimación cuando la acción se ejercite para conseguir fines espúreos -p.e. como mecanismo de coacción o de presión para obtener determinados beneficios- (TS 4-3-92, EDJ 2067; 24-1-00, EDJ 797).

2) La **profesión colegiada de abogado** no confiere a quien la ejerce un «plus» de interés sobre los demás ciudadanos para la defensa de la legalidad mediante el ejercicio de la acción popular (DGSJE Dict 3-5-01; TS 2-8-99; 19-8-00).

3) El **título de legitimación** que la funda debe interpretarse restrictivamente en su ámbito propio, dejando fuera cuestiones accesorias ajenas (TS 5-1-90, EDJ 19333, en relación con contratación; TS 30-11-95, EDJ 24365; 3-12-96, EDJ 10401, en relación con pretensiones indemnizatorias).

4) Legitima a **cualquier sujeto**, persona física, jurídica, de base asociativa o corporativa, nacional o extranjera, avecindada o no (TS 4-5-74; 11-7-84; 22-4-88, EDJ 16854). De acuerdo con ello, puede ejercerse por una **junta de compensación**, sin que su condición de entidad urbanística colaboradora limite su capacidad en cuanto aquella (TS 7-5-03, EDJ 17663). Quizá en caso de que la actuación irregular provenga de la Administración urbanística a la que se vincula la junta podría matizarse lo expuesto.

5) En el campo del **urbanismo**, su ámbito objetivo se extiende a actos, planes y normas (TS 7-6-80, EDJ 15754; 25-4-85, EDJ 2466; 5-1-90, EDJ 19333) o convenios urbanísticos (TS 30-10-97, EDJ 7524). Y es admisible tanto en la impugnación directa del planeamiento como en su impugnación indirecta (TS 11-6-92, EDJ 6140; 9-10-92, EDJ 9846). E incluye desde luego la capacidad de solicitar todas aquellas medidas que exija el restablecimiento de la **legalidad urbanística** -p.e. demolición de obras- (TS 29-11-95, EDJ 7825).

6) No existe legitimación pública en materia de **contratación del sector público** (TS 25-2-21, EDJ 509219).

11781 **Derecho subjetivo** El derecho subjetivo es el **ámbito de poder concreto** reconocido por el ordenamiento jurídico a un sujeto de derecho, frente a otros sujetos, públicos o privados, de forma que, en caso de cumplimiento voluntario por parte de estos, pueda llevarlo a la práctica -incluso coactivamente- auxiliado por los mecanismos y procedimientos legalmente establecidos (TS 17-11-81).
MPCA
nº 1503

Lo definitorio del derecho es su carácter **sustantivo, ajeno, anterior e independiente** al procedimiento o proceso, sin el que puede existir (TS 7-11-80, EDJ 14504), lo que no impide que ciertos derechos surjan o nazcan tras la conclusión de un procedimiento administrativo (p.e. los resultantes de concesiones o subvenciones).

Como consecuencia del reconocimiento de legitimación al titular de un interés legítimo, el concepto de derecho ha perdido **importancia** a efectos de legitimación, salvo en lo que se refiere a los procedimientos de responsabilidad patrimonial.
En cualquier caso, no es necesario que el derecho subjetivo sea reconocido por una norma administrativa, sino que puede proceder igualmente de una **relación contractual** con la Administración -caso del concesionario-, o de una **relación extracontractual** -como la producción de un daño-.

Sucesión procesal (LJCA art.22) La transmisión de la relación jurídica litigiosa, sea cual sea la circunstancia que la produce, tiene las siguientes **consecuencias** prácticas: **11783** MPCA nº 1554 s.
a) Si acontece después de terminada la vía administrativa, **antes de iniciado el proceso contencioso**, tal circunstancia debe acreditarse por el demandante en el escrito de interposición (LJCA art.45.2). A tal efecto, debe adjuntarse el documento que acredite la legitimación del actor, cuando la ostente por habérsela transmitido otro por herencia o por cualquier otro título. La omisión de este documento es subsanable.
b) Si acontece **durante el proceso**, el hecho debe ponerse en conocimiento del órgano judicial, acreditándose tal circunstancia, y aportando nuevo poder a favor del procurador, en su caso. De no hacerse así, seguiría considerándose como parte al demandante originario (LEC art.16 a 18).
La sucesión no tiene lugar por la mera comparecencia de la parte que se considere sucesora en los derechos de su causante, sino que requiere además un **trámite de audiencia** a las partes y la posterior decisión procesal que le confiera formalmente dicha condición de parte (TS auto 22-7-16, EDJ 115083).

Precisiones **1)** La sucesión procesal una vez iniciado el proceso se regula por la normativa procesal civil, que es de **aplicación supletoria** (TS 30-11-91, EDJ 11381).
2) A efectos de legitimación, basta con acreditar la condición de ser uno de los **adquirentes** -p.e. un heredero-, aun cuando pueda haber otros (TS 21-3-00, EDJ 3339).
3) La transmisión del objeto litigioso no necesariamente produce la pérdida de legitimación -por el transmitente- y adquisición -por el adquirente-, pues puede que **ambos sigan ostentando un interés legítimo** para recurrir, por las consecuencias que pueden derivarse del acto administrativo (TS 9-12-99, EDJ 42605).
4) No cabe la sucesión procesal en cuanto los afectados o ejercidos sean **derechos personalísimos o intransmisibles** (TS 25-6-76; 5-3-80).

b. Administraciones públicas

Las Administraciones públicas también tienen legitimación ante el orden jurisdiccional contencioso-administrativo, para impugnar los **actos o disposiciones** emitidos por la propia Administración impugnante o por una Administración distinta. **11790**
En ese sentido, la mayor parte de las afirmaciones anteriores respecto de las **personas privadas** (nº 11755 s.), son extensibles a las personas jurídico-públicas, tanto y especialmente como titulares de derechos e intereses no directamente vinculados a su giro o tráfico, como en el ejercicio de sus funciones administrativas, en relación con ellas.

Precisiones Se reconoce legitimación activa a un **embajador** para interponer recurso contencioso-administrativo frente a las resoluciones relativas a la extradición de los ciudadanos de su Estado, en tanto que tienen condición de representantes de este, sin necesidad de autorización específica del Estado de su representación (TS 9-7-18, EDJ 517997). Ver nº 1596 Memento Procesal Contencioso-Administrativo 2026.

Impugnación de los propios actos o disposiciones. Recurso de lesividad (LJCA art.19.2 y 20; LPAC art.107 y 109) La Administración que ha producido un acto tiene la facultad de impugnarlo ante el orden contencioso-administrativo, previa su **declaración de lesividad** para el interés público -económico o de otra naturaleza (TS 31-1-84; 22-1-88, EDJ 16842; 14-3-88)-, por medio de una orden ministerial, en el caso de la Administración del Estado, o del tipo de acto o resolución que proceda, en el caso de otras Administraciones públicas (nº 12376 s.). **11791** MPCA nº 1564 s.
Los **actos de gravamen o desfavorables** pueden revocarse en cualquier momento y con la única condición de que la revocación no constituya dispensa o exención no permitida por las leyes y que no sea contraria al principio de igualdad, al interés público o al ordenamiento jurídico.
Por el contrario, el recurso de lesividad es el único cauce por el que la Administración puede revisar los **actos favorables** para los interesados que incurran en un vicio de anulabilidad.

Frente los supuestos de revisión de oficio por causa de **nulidad**, en los que el procedimiento es estrictamente administrativo, sin perjuicio de la fiscalización judicial de la resolución que en él se adopte (LPAC art.47 y 106), en el caso de la mera **anulabilidad** la actuación se descompone en dos fases:

1. Una previa administrativa, que finaliza con la **declaración de lesividad** (nº 12376 s.).

2. Una demanda posterior, rectora del recurso de lesividad, estrictamente **judicial**. Será la sentencia la que, en su caso, declare la invalidez del acto previamente declarado lesivo.

11793 Por otra parte, por aplicación del principio de personalidad jurídica única de las distintas Administraciones y de la técnica de la imputación, **no pueden interponer recurso** contencioso-administrativo contra la actividad de una Administración (LRJSP art.2 y 3):

• Los **órganos** de la misma y los **miembros de sus órganos colegiados**, salvo que una Ley autorice lo contrario, de forma expresa (p.e. TS 24-5-99, EDJ 4280).

• Los **particulares**, cuando obren por delegación o como meros agentes o mandatarios de la Administración en cuestión.

• Las **entidades de Derecho público** dependientes o vinculadas a la Administración autora del acto, salvo en el caso de que la Ley les haya dotado de una autonomía subjetiva frente a dicha Administración.

Esta prohibición admite las siguientes **excepciones**:

- la impugnación de los actos de las corporaciones locales por los miembros de las mismas que hayan votado en contra (LBRL art.63.1.b); y

- la suspensión de licencias urbanísticas por parte del alcalde del ayuntamiento concedente (LS/76 art.186).

11794 Precisiones **1)** Estas exclusiones se refieren al órgano de la actuación en cuanto a tal órgano. El **funcionario que actúa como órgano** sí puede recurrir contra los actos de la Administración en su propio nombre e interés (TS 6-2-90, EDJ 1123).

Las personas físicas que integran dichos órganos pueden impugnar los actos o disposiciones que afecten a sus derechos o intereses legítimos, atendiéndose a la regla general de legitimación por interés. No así como miembros del órgano, ámbito en el que juega esta prohibición. Esta regla prohibitiva no juega cuando el conflicto enfrenta a la Administración, con un sujeto que se presenta frente a esta con sus propios derechos e intereses (TCo auto 397/2005).

2) Solo los **concejales** que hayan integrado uno de los órganos colegiados del municipio, y hayan votado en contra del acuerdo adoptado por aquellos, están legitimados para impugnarlo judicialmente. Por el contrario, esta excepción, que responde al interés del **concejal disidente** en el correcto funcionamiento de la corporación local a que pertenece (título legitimador distinto del interés legítimo que caracteriza la legitimación general), ha de presuponer la previa legitimación del concejal para impugnar las actuaciones eventualmente contrarias a Derecho de su corporación, de la que la excepción legal del precepto citado es una consecuente aplicación. Por ello, ha de reconocerse legitimación también al concejal o representante popular, en entidades distintas del municipio, que no haya formado parte del órgano por causas ajenas a su voluntad, o incluso por deliberado apartamiento de los representantes mayoritarios (TCo 173/2004).

11795 **Impugnación de actos o disposiciones de otra Administración** Las Administraciones públicas pueden impugnar los actos o disposiciones dictados por otra Administración -entendiendo que este concepto comprende los entes dependientes o vinculados a las Administraciones territoriales-.

El **interés legítimo** es, en todo caso, el presupuesto de la legitimación de cualquier Administración pública ante la jurisdicción contenciosa.

En el caso de las **comunidades autónomas y entes locales**, el interés legitimador surge, por lo general, cuando el acto o disposición en cuestión afecta a su **ámbito de autonomía**, que a su vez viene determinado por las competencias que se les atribuyen (TS 12-7-91, EDJ 7782; 17-10-97, EDJ 3061). De ahí puede concluirse que estos entes carecen de legitimación en materias en las que carecen de competencias.

Por otro lado, se ha entendido que la atribución de legitimación cuando el objeto del proceso afecte al ámbito de autonomía del ente en cuestión, no implica una restricción de su legitimación en **casos distintos** de este, en los que puede concurrir también un interés legitimador (TS 5-2-96, EDJ 6865). Esta legitimación procederá de la existencia de una relación con el objeto constitutiva de un interés legítimo (TSJ La Rioja 15-10-96).

Precisiones **1)** Cuando se trate de dilucidar si una determinada disposición vulnera las normas sobre distribución de competencias entre dos Administraciones, la excepción de **falta de legitimación activa** opuesta por la Administración demandada, alegando que la disposición es ajena al ámbito de autonomía de la actora, no puede prosperar, pues con ello se estaría haciendo supuesto de la cuestión de fondo a discernir por el tribunal (TS 12-5-88, EDJ 16015).

2) Hay que tener presente lo expuesto en nº 12400 s. sobre el **requerimiento previo** en los litigios entre Administraciones.

Legitimación de la Administración General del Estado (LJCA art.19.1.c; LBRL art.63 a 67) La Administración del Estado, cuando ostente un derecho o interés legítimo, está legitimada para impugnar los actos y disposiciones de la Administración de las comunidades autónomas y de las entidades locales, cuando dichos actos sean **contrarios al ordenamiento jurídico** o menoscaben **competencias del Estado**, previa formulación de un requerimiento, con carácter potestativo. 11796
La Administración del Estado también puede impugnar los actos y acuerdos de las entidades locales que atenten gravemente al **interés general** de España. En tal hipótesis el ordenamiento presume la existencia de interés.
Sin embargo, la Administración del Estado no puede impugnar los actos de otra Administración, cuando hayan estado sometidos a la **fiscalización de la Administración impugnante**, pues los actos sujetos a fiscalización se imputan, a estos efectos, a la entidad que fiscaliza (nº 11818).

Legitimación de las comunidades autónomas (LJCA art.19.1.d; LBRL art.63 a 66) La Administración de las comunidades autónomas está legitimada para impugnar los actos y disposiciones que afecten al **ámbito de su autonomía** (con los matices antes expuestos en nº 11795 y nº 11799), emanados de la Administración del Estado, así como los de las entidades locales. 11797

Legitimación de las entidades locales (LJCA art.19.1.e y 19.3; LBRL art.68) Las entidades locales territoriales están legitimadas para impugnar los actos y disposiciones que afecten al **ámbito de su autonomía**, emanados de las Administraciones del Estado, de las comunidades autónomas o de otras entidades locales. 11798 MPCA nº 1580 s.
Una entidad local -como es el ayuntamiento- puede impugnar actos de una **entidad local superior** -mancomunidad de municipios-, siempre que tenga un interés legitimador (TS 11-2-92, EDJ 1230).
Asimismo, los **vecinos** pueden ejercer las acciones que incumben y cuya titularidad ostentan las entidades locales en los términos fijados por LBRL art.68, que prevé un supuesto de sustitución procesal y de **legitimación por sustitución**, en el que el vecino ejercita una acción en nombre e interés del ente en cuestión, previo requerimiento a este (y transcurrido un plazo de 30 días). Si la acción prospera, el accionante tiene derecho a recuperar las costas procesales y a ser indemnizado por los daños y perjuicios sufridos, sin que este precepto permita la promoción de procesos de lesividad (TS 29-6-81, EDJ 5816; 3-5-91, EDJ 4556).

Precisiones La referencia legal al **ámbito de autonomía** de comunidades autónomas y entidades locales, no debe interpretarse de forma tal que convierta al proceso contencioso iniciado por unas u otras contra actos provenientes de otra Administración como un conflicto de competencias o, en el caso de las segundas, en defensa de la autonomía local. 11799
Se trata, por el contrario, de fijar el campo de legitimación activa, limitándolo a aquellos ámbitos que incidan en la esfera competencial propia, aunque no supongan en términos constitucionales una lesión de ámbito propio de la autonomía respectiva. Y sin perjuicio de que, de existir tal lesión, pueda invalidarse en sede contencioso-administrativa el acto correspondiente si procede.
Dicho esto, en relación con las entidades locales, no ha de olvidarse que la **autonomía local** (Const art.137), es el derecho de la comunidad local a participar en el **gobierno** y la **administración** de los asuntos que le atañen.
Se configura como principio estructural básico de la Constitución que impone al legislador atenerse a un **mínimo competencial** que, como propio de la entidad local, ha de reconocerse a esta por vía legal (TCo 4/1981; 32/1981; 214/1989; 40/1998). La autonomía de las corporaciones puede verse afectada por incidencias o actuaciones procedentes de otros niveles de gobierno, siempre que no se desnaturalice el núcleo indisponible de la institución (TCo 109/1998).
Sin embargo, **no** hay un **conjunto de competencias determinadas** en la Constitución que puedan ser asumidas por las corporaciones locales, a diferencia de lo que sucede respecto del Estado y las comunidades autónomas.
En todo caso, es un **poder limitado** que no puede oponerse al de unidad estatal, partiendo de la base de que el interés local cede ante el supralocal, claramente predominante. Se trata de una **autonomía de segundo grado** que no puede prevalecer frente a la de las comunidades autónomas (TCo 27/1987; 170/1989; 33/1990; TS 12-12-91, EDJ 11791; 6-3-00).
Como salvaguarda de esta autonomía opera el conflicto en **defensa de la autonomía local** ante el Tribunal Constitucional (nº 16270).

Legitimación de la Administración instrumental (LJCA art.19.1.g) Las **entidades de Derecho público** con personalidad jurídica propia, vinculadas o dependientes de cualquiera de las Administraciones públicas, están legitimadas para impugnar los actos o disposiciones que afecten al ámbito de sus fines (esta afectación lleva aparejada su legitimación). 11800
Sin embargo, carecen de legitimación estas entidades para impugnar los actos de la **Administración territorial de la que dependen** instrumentalmente, debido a las siguientes razones (TS 8-10-01, EDJ 35007):
- el fin al que sirven aquellas es identificable con los de esta;

- cabe considerar que existe un complejo organizativo único entre ambas personas jurídico públicas;
- hay una relación no jerárquica, pero sí de dependencia entre las mismas; y
- la autonomía de los entes instrumentales es meramente ejecutiva.

11801 **Legitimación de los organismos reguladores** Estas entidades (enumeradas en el nº 10855) tienen **plena independencia** de las Administraciones públicas en su función de velar por el adecuado funcionamiento de los sectores económicos que constituyen el ámbito respectivo de su actividad. Por tanto, debe reconocérseles legitimación activa para la impugnación en sede contencioso-administrativa (y administrativa, en su caso) de las actuaciones de cualquier Administración que pudieran resultar contrarias al ordenamiento y atentatorias al principio de mejor desenvolvimiento del correspondiente sector, en beneficio del conjunto del mercado y de los consumidores y usuarios (p.e. para la **impugnación de un real decreto** regulador de ciertos aspectos de uno de los «sectores regulados» que cuente con un organismo de esta especie).

Dado que su estatuto jurídico se caracteriza por la independencia funcional, tanto de las Administraciones públicas como de los agentes del mercado, no es precisa para la impugnación de una actuación administrativa -estatal, en principio- la previa **declaración de lesividad** por el órgano competente.

Tampoco resulta aplicable a las controversias jurídicas relevantes que puedan suscitarse entre estos organismos y la Administración General del Estado, el cauce expuesto en el nº 11803.

11802 MPCA nº 1588 **Legitimación del Ministerio Fiscal y del Defensor del Pueblo** (LJCA art.19.1.f) En el proceso contencioso-administrativo, el **Ministerio Fiscal** no está legitimado, con carácter general, en defensa del interés público, sino solo en los casos en que lo determina la Ley:
- en el ámbito electoral (nº 13353); y
- en el proceso para la protección de los derechos fundamentales (nº 13200).

Por su parte, el **Defensor del Pueblo** está legitimado para interponer recursos de amparo en materia de derechos fundamentales (LO 3/1981), por lo que su legitimación debe extenderse también al proceso contencioso en estas materias, cuyo agotamiento es necesario para acceder a la vía constitucional.

11803 MPCA nº 1593 s. **Controversias jurídicas entre la Administración General del Estado y sus organismos públicos** (L 11/2011 disp.adic.única) Se prevé un **sistema no jurisdiccional** de resolución de conflictos intersubjetivos relevantes entre la Administración General del Estado y cualquiera de los organismos públicos dependientes o adscritos a aquella (previstos en LRJSP art.88 a 108 y disp.adic.17ª, 23ª a 28ª) o las entidades gestoras y servicios comunes de la Seguridad Social u otras entidades de Derecho público reguladas por su legislación específica que se determinen reglamentariamente, o entre dos o más de estos entes.

A estos efectos, se consideran **controversias jurídicas relevantes** aquellas que:
- con independencia de su cuantía, generen o puedan generar un elevado número de reclamaciones;
- tengan una cuantía económica de al menos 300.000 euros; o
- a juicio de una de las partes, sean de esencial relevancia para el interés público.

Este procedimiento es aplicable, también, a las controversias jurídicas que se susciten entre las **sociedades mercantiles estatales** -aquellas en las que el Estado tiene participación directa o indirecta superior al 50% del capital (LGP art.2; L 33/2003 art.116.1.c) y las **fundaciones del sector público estatal** (LRJSP art.128) con su ministerio de tutela, la Dirección General de Patrimonio o los organismos o entidades públicas que ostenten la totalidad del capital social o dotación de aquellas, salvo que se establezcan mecanismos internos de resolución de controversias.

Es un mecanismo de resolución de controversias **sustitutivo del recurso administrativo o contencioso-administrativo** o, incluso, de procesos de otros órdenes jurisdiccionales.

Es un **cauce preceptivo**, sin que pueda acudirse a la vía administrativa ni jurisdiccional para resolver estos conflictos.

Precisiones Cuando concurran los presupuestos de aplicación de este procedimiento, puede considerarse que se produce un supuesto de **falta de legitimación activa** para acudir a la vía jurisdiccional contencioso-administrativa por parte de cualquiera de los sujetos en conflicto.

11804 Planteada una controversia, las partes enfrentadas la han de ponerlo, de forma inmediata, en **conocimiento de la Comisión Delegada del Gobierno** para la Resolución de Controversias Administrativas. Se integran en la Comisión el ministro o ministros de los departamentos afectados por la controversia, en los términos que se determinen reglamentariamente.

La Comisión Delegada ha de recabar los **informes técnicos y jurídicos** que estime necesarios para el mejor conocimiento de la cuestión debatida. Corresponde a la secretaría de dicha Comisión la elaboración de las **propuestas de decisión** oportunas.
La **resolución** dictada por aquella debe establecer, de forma vinculante para las partes, las medidas que cada una de ellas deberá adoptar para solucionar el conflicto o controversia planteados. Y no es recurrible ante los tribunales de justicia por las partes en conflicto.

Precisiones **1)** Este procedimiento de resolución de controversias **no se aplica**:
• A cuestiones de naturaleza **penal**, pero sí a las relativas al ejercicio de las acciones civiles derivadas de delitos o faltas.
• A cuestiones de **responsabilidad contable** que sean competencia del Tribunal de Cuentas, sujetas a la legislación específica reguladora de este.
• A **conflictos de atribuciones** entre distintos órganos de una misma Administración pública, que se regularán por sus disposiciones específicas.
• A las cuestiones derivadas de las **actuaciones de control** efectuadas por la Intervención General de la Administración del Estado, reguladas con carácter específico en la LGP y en la L 38/2003 -**subvenciones**-, y demás normas de desarrollo de las mismas.
Tampoco es de aplicación a las controversias que tengan su origen en cuestiones relativas a la aplicación del **sistema tributario o aduanero** y las relativas a procedimientos cuya gestión estuviese encomendada a la Administración tributaria (L 34/2015 disp.adic.1ª).
2) Se regula un sistema semejante en **Baleares**, respecto de las controversias jurídicas entre la Administración autonómica y sus entes instrumentales o estos entre sí no sometidas a otro régimen específico de resolución de discrepancias, de forma que, planteada una controversia de las indicadas no cabe acudir a la vía de recurso administrativo ni jurisdiccional, sino que se resuelve por acuerdo vinculante del Consejo de Gobierno, no impugnable (L Baleares 7/2010 disp.adic.16ª).

Parlamentarios en ejercicio del «ius in officium» Ostentan **legitimación activa** los diputados y senadores, así como los parlamentarios autonómicos, a título individual, para impugnar la respuesta negativa a los requerimientos de información formulados, a través de la respectiva Cámara, al Gobierno de la Nación o a los gobiernos autonómicos, a quien es imputable la actuación recurrida, lo que determina la **competencia** de la Sala 3ª del Tribunal Supremo para conocer de los recursos contenciosos interpuestos en el caso de los parlamentarios nacionales y de las Salas de lo Contencioso-Administrativo de los Tribunales Superiores de Justicia, en el de los autonómicos. **11805**
Sobre esta cuestión pueden sostener **dos tesis**:
• El llamado *ius in officium* lo ostenta el parlamentario **solo frente a los órganos de gobierno de su cámara**, que están obligados a dar trámite a toda solicitud de información que sea regularmente formulada. Así, si la Mesa remite la solicitud de información al gobierno y es este el que no la satisface, el problema ya no sería de vulneración del derecho fundamental del diputado o senador o parlamentario autonómico solicitante, sino de menoscabo de las atribuciones de control político de la cámara en su conjunto. De esta forma, a partir del momento en que la Mesa remite la solicitud de información, solo habría una relación jurídicamente relevante entre la cámara y el gobierno. Con la consecuencia de la falta de legitimación activa de los parlamentarios para impugnar la falta de respuesta a título individual. Esta postura se rechaza por la jurisprudencia.
• Por el contrario, cabe sostener que los diputados y senadores **puedan recurrir por sí mismos** en vía contencioso-administrativa la negativa gubernamental a proporcionar la información solicitada. Nos encontramos con una relación jurídica de derecho-deber en la que la posición activa de los parlamentarios se corresponde con la pasiva del gobierno. Por otro lado, la respuesta ofrecida por este se plasma en un acto, la comunicación remitida por un miembro del gobierno que, si bien dirige al presidente de respectiva cámara, tiene por destinatarios a los diputados solicitantes. Acto del gobierno que incide negativamente en ese derecho que, forma parte del contenido legalmente aportado al que les reconoce Const art.23.2.
Nada impide a los diputados que hayan visto rechazada su petición, en parte o en su totalidad, seguir el **camino parlamentario previsto** en los reglamentos de las cámaras. Pero tampoco hacer uso de los otros medios que el ordenamiento jurídico les brinda para defender su derecho fundamental y, en particular, de la tutela judicial. Esta postura es la asumida por la jurisprudencia (TS 25-2-13, EDJ 27195; 1-6-15, EDJ 95231; 15-6-15, EDJ 117100; 8-5-25, EDJ 565911). Ver nº 11820.
La falta de atención a la solicitud no es imputable a la cámara. Una vez que los órganos de gobierno del Congreso, del Senado o de la asamblea legislativa autonómica han dado curso al requerimiento de información, la **falta de respuesta** no puede ser considerada una actuación imputable a aquella, que no puede ser considerada parte demandada (TS 8-5-25, EDJ 565911).
Esta cuestión es extensible al ejercicio de su función por los **concejales, diputados provinciales y diputados forales**.

c. Recursos especiales y reclamaciones en materia de contratación

(LJCA art.19.4)

11807 En el ámbito de los **recursos administrativos especiales y reclamaciones** (nº 11538 y nº 11570), en el campo de la contratación del sector público y de los sectores excluidos -agua, energía, transportes y servicios postales-, respectivamente, tanto los particulares como las Administraciones públicas y, en su caso, las entidades contratantes pueden interponer recurso contencioso-administrativo.

En el caso de que la Administración recurrente sea aquella en la que se integre orgánicamente el órgano resolutorio, no será precisa la previa **declaración de lesividad**, lo que supone una excepción al régimen general de la autoimpugnación contenciosa de actos administrativos por la Administración productora de ellos (nº 11791).

2. Legitimación pasiva

(LJCA art.21)

11810 MPCA nº 1610 La legitimación pasiva es la aptitud para ser **parte demandada** en un proceso contencioso. Al igual que la legitimación activa, es una cuestión de fondo, que se estudia por el órgano judicial en la sentencia.

A diferencia de lo que sucede con la legitimación activa, no corre a cargo del demandante configurar la posición pasiva del proceso (LJCA art.45.1), salvo en el caso especial del recurso de lesividad (nº 11791).

El **demandante** cumple con citar el acto o disposición que se impugna; la legitimación pasiva corresponde a la **Administración autora del acto**, pudiendo además comparecer como demandados quienes tengan interés en el mantenimiento de sus efectos.

11812 MPCA nº 1612 s. **Parte demandada** (LJCA art.21.1) Pueden ser parte demandada:

a) La **Administración pública u órgano** contra cuya actividad se dirija el recurso. Cuando se impugna una actuación administrativa sobre la base de la ilegalidad de la disposición general de la que aquella es aplicación (el tradicionalmente denominado «**recurso indirecto**»), al ser doble el objeto del recurso, ha de demandarse a las dos Administraciones autoras de cada uno de los actos, cuando sean distintas, produciéndose un supuesto de litisconsorcio (nº 11815).

b) Las **personas o entidades** cuyos derechos o intereses legítimos puedan quedar afectados por la estimación de las pretensiones del demandante.

c) En los procesos promovidos en materia de **responsabilidad patrimonial**, por el principio de unidad jurisdiccional, se considera demandado el sujeto privado que haya podido contribuir con la Administración en la producción del daño (nº 11815). Igualmente, las **aseguradoras** de las Administraciones públicas, que siempre son parte codemandada junto con la Administración a la que aseguran.

11813 **Precisiones** **1)** La intervención sucesiva de dos Administraciones en un **procedimiento bifásico** de aprobación de planeamiento determina la doble legitimación pasiva en el recurso contencioso deducido contra el plan así aprobado (TS 2-7-90, EDJ 7063; 15-7-95, EDJ 5777; TSJ Canarias 17-9-04, EDJ 168933).

2) No puede alegarse la **falta de legitimación pasiva** como causa de inadmisión. A diferencia de lo que sucede en el proceso civil, incumbe al órgano judicial la determinación de los que deben ser emplazados como demandados. De este modo, verificado el emplazamiento, pueden comparecer los emplazados y personarse en tal concepto y, una vez comparecidos, renunciar a su personación y condición de parte o a efectuar alegaciones, pero no solicitar la inadmisión por falta de legitimación pasiva, dado que la relación jurídico-procesal no tiene a estos efectos paralelismo con el proceso civil a partir del singular carácter del recurso contencioso como enjuiciamiento singular de un acto, disposición o actuación (TS 23-4-94, EDJ 3606).

3) El esquema de la relación procesal contencioso-administrativa no es compatible con la existencia de posiciones de parte mixtas o complejas, siendo difícilmente admisible la **reconvención** en el seno del mismo, dado su carácter de fiscalización revisora (TS 28-7-05, EDJ 116951; TSJ Burgos 20-1-06, EDJ 21728; TSJ Castilla-La Mancha 7-12-05, EDJ 230481; TSJ Las Palmas 3-6-05, EDJ 129459). No existe ni material ni formalmente, en la demanda reconvencional en la que se articula (AN 3-11-05, EDJ 189376). Esta es una nueva demanda que se injerta en el proceso a fin de neutralizar la pretensión contenida en la inicial o primera, generando litispendencia, de manera que se obtenga la absolución del primitivamente demandado; de modo que, al limitarse el recurso contencioso a la revisión de un acto o actuación concreto previo, aquella no tiene cabida en el mismo (TSJ Extremadura 14-7-05, EDJ 119594).

4) La indebida **falta de emplazamiento** es motivo de recurso de casación (TS 17-11-94, EDJ 9259).

5) Sobre la figura del **coadyuvante**, ver nº 11663.

Pluralidad de demandados. Litisconsorcio Cuando sean varios los demandados, no se obliga a los codemandados a litigar unidos y bajo una misma representación. 11815 MPCA nº 1618

Un caso especial de litisconsorcio se produce en las demandas de **responsabilidad patrimonial** que sean de la competencia exclusiva de la jurisdicción contenciosa (nº 11060). En este caso, la pretensión procesal debe dirigirse conjuntamente frente a la Administración y frente a los sujetos privados que hayan concurrido a la producción del daño (LOPJ art.9.4), y también las entidades aseguradoras, en su caso, según lo dicho en el nº 11812.

Precisiones 1) En caso de que la demanda **no** se dirija contra todos los que han de tener la posibilidad de comparecer como demandados, el mecanismo del emplazamiento reduce la oponibilidad de la excepción de **falta de litisconsorcio** pasivo necesario propio o impropio en estos procesos. Y lo mismo se podría decir de la falta de litisconsorcio activo. Su ámbito es mucho más reducido que en el proceso civil (TS 8-2-94, EDJ 1073).

Al interponerse el recurso no contra personas determinadas, sino contra un acto, disposición, actuación, inactividad o vía de hecho, a quien se demanda es a la Administración autora (TS 5-6-00, EDJ 19979; TSJ Castilla-La Mancha 1-7-05, EDJ 103691; TSJ País Vasco 13-5-05, EDJ 156582). Su posición procesal viene determinada legalmente por la necesidad de defender la actuación recurrida, aunque pueda compartirla con otras personas o entidades a cuyo favor resulten derechos de lo actuado. En todo caso, la intervención de aquella y estos en el proceso no depende de la voluntad del recurrente, sino que resulta de la Ley (TS 17-5-00, EDJ 19601).

Sin embargo, se invoca frecuentemente, y en muchos supuestos se rechaza, no por carecer de cabida en el proceso contencioso, sino por la concreta configuración del recurso a partir de la pretensión actuada (TSJ Madrid 20-9-05, EDJ 210368). En todo caso, en pleitos sobre responsabilidad patrimonial en los que medie **responsabilidad solidaria**, la solidaridad excluye cualquier consideración de aquel (TSJ Burgos 27-1-06, EDJ 4178).

2) En el **recurso de lesividad** la cuestión varía, admitiéndose su operatividad en estos procesos en los que la Administración pretende la anulación de sus actos, dirigiendo la acción contra demandados concretos, que deben designarse con precisión en la demanda (LJCA art.45.4) (TS 8-2-94, EDJ 1073; 2-9-94, EDJ 6291; 5-9-02; TSJ Galicia 27-10-05, EDJ 274692; TSJ Málaga 8-11-04, EDJ 265054).

Supuestos especiales (LJCA art.21.2 y 3) Por último, debe hacerse referencia separada a la legitimación pasiva en diversos supuestos especiales: 11818 MPCA nº 1620, 1622, 1624

a) Actos que han sido **objeto de fiscalización**. Cuando el acto que procede de una Administración ha sido fiscalizado por otra Administración distinta -en virtud de un acto expreso o presunto-, la legitimación pasiva se determina como sigue:

- Si el resultado de la fiscalización es **aprobatorio**, se entiende que el acto procede del ente que dictó el acto en origen.
- En **caso contrario**, se entiende que el acto procede del ente fiscalizador.

b) Recurso de **lesividad** (nº 11791). Al ser demandante la propia Administración autora del acto, la posición de demandado es ocupada por quienes sean titulares de derechos derivados del acto (González Pérez).

c) Procesos en materia de **recursos y reclamaciones sobre contratación**. En los recursos contra decisiones adoptadas por los órganos competentes para resolver recursos especiales y reclamaciones en materia de contratación del sector público y de los sectores excluidos -agua, energía, transportes y servicios postales- (nº 11538, 11570 y 11807), estos órganos carecen de la **condición de parte demandada**, siéndolo las personas o Administraciones favorecidas por el acto objeto del recurso, o que se personen en tal concepto (de acuerdo con LJCA art.49).

Estos tribunales tienen, sin embargo, el **deber de emplazar** a las posibles partes ante el órgano jurisdiccional.

d) Las **juntas arbitrales del régimen foral**, reguladas en el Concierto y Convenio Económicos con el País Vasco y Navarra (L 12/2002 art.67 y 68; L 28/1990 art.51), así como, por extensión, la de régimen común (LO 8/1980 art.23 y 24), ostentan un muy peculiar estatuto procesal como órganos arbitrales configurados como órganos horizontales dotados de autonomía, no integrados funcionalmente en ninguna Administración.

No obstante, cada junta es realmente una Administración -un órgano administrativo-, al menos en tanto autora de un acto residenciable en sede de la jurisdicción contencioso-administrativa, aunque no es formalmente demandada y no interviene en el proceso para defender la legalidad de su decisión arbitral. Por ello, sus **actos de resolución** se presumen válidos y eficaces, con presunción de acierto (TS 8-4-24, EDJ 532537; 24-9-24, EDJ 695656), sin que tengan esta presunción las actuaciones de las Administraciones tributarias en conflicto (TS 1-10-24, EDJ 695623).

Precisiones Las **juntas arbitrales** no tienen condición de parte en los procesos contencioso-administrativos que se sigan contra sus resoluciones, dado que no se encuadran orgánicamente dentro de ninguna Administración pública y no producen, en sentido estricto, actos administrativos en ejercicio de una potestad administrativa. Sin embargo, ello no es óbice a que, en defensa de la legalidad de su acuerdo, pueda permitirse su **intervención** en calidad de *amicus curiae*, para que formule, en su caso, el informe que estime oportuno (TS auto 15-11-09, EDJ 290173).

11820 **Cámaras legislativas en recursos interpuestos por parlamentarios en ejercicio del «ius in officium»** En los recursos contencioso-administrativos entablados por diputados, senadores o parlamentarios autonómicos ante decisiones del Gobierno de la Nación o de los gobiernos autonómicos denegatorias de la información solicitada por aquellos en ejercicio de sus funciones parlamentarias (Const art.109), la **legitimación pasiva** no corresponde a la cámara en la que se integra el parlamentario que reclama la información, sino al Estado por conducto del Gobierno. De este modo, aquella -como órgano constitucional- no puede ostentar la condición de parte demandada o codemandada. Ver nº 11805.

SECCIÓN 4

Reglas procesales generales

11950

A. Objeto del proceso

(LJCA art.25 a 33)

11952 MPCA nº 1655, 5195 s. El objeto de todo proceso judicial es la **pretensión** que plantea la parte demandante, para ser enjuiciada por el juez o tribunal que resulte competente.

La pretensión es una solicitud que se formula ante el órgano jurisdiccional y que tiene como presupuesto una determinada actuación administrativa, en sentido amplio (nº 11985), hecho que constituye la peculiaridad del proceso contencioso-administrativo.

En función de este peculiar objeto, el proceso contencioso-administrativo se caracteriza por su **carácter revisor** (nº 11957) y por el **principio dispositivo** (nº 11965).

Precisiones Las pretensiones que se plantean ante la jurisdicción contencioso-administrativa vienen necesariamente referidas a una **actuación administrativa**, en sentido amplio, aunque esta no es el objeto del proceso contencioso, sino su presupuesto -nº 11985- (TS 8-10-99, EDJ 34033).

11954 MPCA nº 1661 **Pretensiones, motivos y fundamentos** La **distinción** entre pretensiones, motivos y fundamentos tiene importantes consecuencias prácticas:

a) La **pretensión** es el objeto del proceso, lo que el demandante solicita del órgano jurisdiccional. De ahí que la existencia de la pretensión condicione la continuación del proceso.

La pretensión debe ser fijada por el sujeto activo (TS 18-2-97, EDJ 1884), con la salvedad de lo señalado en nº 11967.

Sobre la determinación de la pretensión ver nº 11971.

b) Los **motivos** que se alegan en defensa de la pretensión son las razones por las que se solicita la actuación que se pretende (p.e. infracción de la reserva de ley, infracción esencial de procedimiento, etc.). Son algo más que los fundamentos aplicables. Normalmente, se consignan por separado en los escritos de demanda y contestación.

En principio, los motivos también deben ser **alegados por las partes** y vinculan al tribunal, con la salvedad de lo señalado en el nº 12740.

Si la sentencia se pronuncia sobre **motivos no planteados** por las partes -sin respetar lo dispuesto en LJCA art.33.2- no incurre en incongruencia, sino que se produce una infracción de norma procesal, que debe dar lugar a la retroacción de las actuaciones (TS 27-2-02, EDJ 3770).

c) Los **fundamentos de Derecho** que se alegan en apoyo de los distintos motivos son los razonamientos jurídicos en los que se sustenta cada uno de ellos.

Pueden ser alegados por las partes o apreciados de oficio por el juez (TS 7-3-97), en virtud del principio *iura novit curia*, por lo que no incurre en incongruencia la sentencia que utiliza **argumentos no planteados** por las partes, ni la que adopta una fundamentación jurídica distinta a la utilizada por aquellas (TS 17-11-02, EDJ 51329; sin perjuicio de lo que se expone en nº 11967

en relación con LJCA art.33.2). Por tanto, siempre que la pretensión no se altere, pueden invocarse en el proceso contencioso cuantos fundamentos se entiendan procedentes, aunque no hayan sido vertidos en vía administrativa (TS 25-9-90, EDJ 8609).
Tampoco supone deslealtad procesal la cita, a lo largo del proceso o incluso en el escrito de conclusiones, de fundamentos de Derecho **no alegados al inicio** de este, siempre que la introducción de una nueva argumentación jurídica no comporte una nueva petición o la introducción de elementos fácticos que formen parte del contenido esencial de la pretensión (TS 2-9-98; 20-12-99, EDJ 46819).
Los argumentos desplegados en el escrito no están, en consecuencia, limitados en absoluto.
No obstante, también se ha considerado no aceptable la incorporación de **argumentaciones nuevas en fase de conclusiones**, una vez concluido el periodo de prueba, de modo que la contraparte no pueda proponer prueba en relación con las nuevas alegaciones (TS 15-1-94, EDJ 134; TSJ Baleares 1-2-06, EDJ 16428).

Precisiones 1) No es lo mismo pretensión que **petición**. Petición es todo aquello que se solicita del órgano judicial, por lo que también lo sería el desglose del poder o la adopción de medidas cautelares. La pretensión es la petición que constituye el fundamento objetivo del proceso (González Pérez). **11955**
2) La pretensión ha de consistir en la **resolución de una determinada controversia** y no en la emisión de una declaración de principios (TS 16-7-91, EDJ 7934).
3) En el ámbito del contencioso tributario -pero con carácter extensible a otros, siempre que exista un acto administrativo confirmatorio total o parcialmente del originario-, se ha sostenido que la conducta procesal del actor que se limita a reproducir -a veces literalmente- lo ya alegado en sede administrativa, sin intentar siquiera combatir las argumentaciones de la resolución recurrida, puede conducir sin más a la **desestimación por vacío de fundamentación**. Es precisa, en todo caso, una resolución confirmatoria debidamente motivada (TS 9-3-92, EDJ 2226; 1-10-92, EDJ 9519; 30-4-96, EDJ 2044).

Carácter revisor El proceso contencioso-administrativo suele calificarse como un proceso «al acto» o «revisor», en la medida en que tiene por finalidad la comprobación de la **adecuación a Derecho** de la actividad administrativa. **11957** MPCA nº 1663 s.
La pretensión que se ejercita ante la jurisdicción contencioso-administrativa viene necesariamente referida a un **acto administrativo** o a una **disposición general** de rango inferior a la ley, que constituyen el presupuesto de la vía judicial. A estos casos, la jurisprudencia ha aplicado la categoría de la desaparición sobrevenida del objeto del proceso. La terminación del proceso puede ser acordada de oficio, aun cuando no haya sido pedida ni alegada por las partes (TS 30-10-01, EDJ 49855).
No obstante, la jurisdicción contenciosa es un auténtico proceso o **instancia plena**, que debe dar respuesta definitiva a la pretensión planteada por los interesados, siempre que ello sea posible (TS 21-9-89, EDJ 8191).
Sin perjuicio de que también cabe recurso contencioso-administrativo en los casos de revisión de decisiones de **inadmisión por extemporaneidad** de un recurso administrativo o reclamación económico-administrativa, si se rechaza la extemporaneidad en sede judicial, no tiene que devolverse el expediente a la vía administrativa del recurso, ya que puede el órgano judicial resolver sobre el fondo, pues la pretensión de nulidad puede venir acompañada de la denominada pretensión de plena jurisdicción, encaminada a lograr el reconocimiento de una situación jurídica individualizada y, en su caso, la adopción de medidas para su restablecimiento (AN 25-9-14, EDJ 172490).

Precisiones 1) El recurso contencioso puede deducirse contra el acto que pone fin a la vía administrativa o, conjuntamente, contra este acto y contra el que ha sido **confirmado en vía de recurso**. Lo más correcto es interponerlo contra ambos a la vez (TS 11-3-87, EDJ 1981; 24-10-89, EDJ 9440). Si el acto que resuelve el recurso ha estimado, siquiera en parte, la pretensión planteada en vía administrativa, es necesario impugnar ambos actos administrativos (TS 15-1-92, EDJ 215). La impugnación puede extenderse a los dos actos desde el momento en que se interpone el recurso o por vía de ampliación (nº 12120). **11958**
2) La **existencia del acto administrativo** recurrible -o de la disposición general- es presupuesto procedimental o procesal necesario para la interposición de recurso administrativo o contencioso-administrativo, salvo en el caso de recurso contra la inactividad de la Administración (LJCA art.29). Por ello, procede la inadmisión del recurso en caso de que se interponga **antes del nacimiento o producción del acto**, aunque este surja después -p.e. reclamación económico administrativa interpuesta contra la regularización derivada de acta de conformidad antes del transcurso del plazo de un mes previsto para entender producida la liquidación- (TS 13-3-97; 30-4-98; TEAC 22-9-99; TSJ Extremadura 17-6-94, EDJ 500004).
3) El carácter revisor impide iniciar un contencioso sin **actuación previa**, expresa, presunta o tácita, que ultime la vía gubernativa. Pero el privilegio de la decisión previa no impone que haya tenido que producirse efectivamente, sino haber tenido la oportunidad por el órgano competente. De manera que surge así la doctrina del **silencio administrativo**, evitando que la Administración cierre el acceso al proceso (TS 3-12-93, EDJ 11010).

El proceso contencioso actúa sobre **actos concretos**, no sobre los inexistentes (TS 10-4-92, EDJ 3532). Bien entendido que los actos **presuntos** y los **tácitos** son «existentes» a estos y otros efectos; y al margen actualmente de los supuestos de inactividad impugnable.

4) El **acto recurrido** y presupuesto de procedibilidad no integra el objeto del proceso, que se configura por las pretensiones deducidas en relación con el acto (TS 17-10-84; 23-10-89; 8-10-99, EDJ 34033).

5) El carácter revisor es compatible con el ejercicio de la plena jurisdicción. Las posibles **limitaciones a la fiscalización** inherentes al principio de jurisdicción revisora tienen carácter instrumental y no pueden prevalecer frente a garantías de orden sustantivo (TS 18-3-03, EDJ 7041).

6) Si el carácter revisor de la jurisdicción no impide introducir nuevos motivos impugnatorios ni, por lo tanto, proponer prueba en apoyo de los mismos, menos aún puede impedir mantener el mismo argumento, basado en los mismos hechos y proponer **prueba** para demostrar la procedencia del mismo cuando determinada circunstancia es negada por la Administración (TSJ Burgos 16-10-09, EDJ 254419).

11959 MPCA nº 1667 s. **Cuestiones y motivos nuevos** El carácter revisor de la jurisdicción contenciosa implica que no pueden plantearse ante esta jurisdicción pretensiones o cuestiones que antes no se hayan planteado a la Administración (TS 19-7-12, EDJ 192058). La prohibición de introducirlas obedece por ello a una **razón sustantiva**, no meramente formal (TS 21-7-00, EDJ 23596; 20-7-12, EDJ 161253; TSJ Cataluña 3-11-05, EDJ 250825).

El presupuesto del proceso es el **acto que la Administración haya dictado** al resolver sobre la pretensión planteada por el interesado en la vía administrativa.

La pretensión debe coincidir con la que se ha **planteado con anterioridad** ante la Administración, y que ha sido rechazada por esta, de forma expresa, presunta o tácita. No cabe añadir en vía judicial cuestiones no planteadas en vía administrativa, pues harían el recurso inadmisible por falta de **agotamiento de la vía administrativa** previa (LJCA art.25 y 69.c). Para establecer este juicio comparativo debe atenderse al contenido del suplico de la demanda (TS 17-4-00, EDJ 5699).

El **ámbito objetivo de la pretensión** viene delimitado por el contenido del acto impugnado, pero, sobre todo, por la pretensión que el demandante planteó en vía administrativa (TS 25-11-88, EDJ 9315).

No obstante, la prohibición de introducir nuevas pretensiones no afecta a los **nuevos motivos** o a los **nuevos fundamentos**, que sí caben en vía judicial, siempre que no alteren la pretensión -nº 12734- (TS 24-10-97, EDJ 57460; 21-12-00, EDJ 67046; 5-11-13, EDJ 220127).

11960 Precisiones **1)** El acto administrativo previo -expreso o presunto- es un requisito de procedibilidad, lo que impide a la jurisdicción entrar a resolver **cuestiones no resueltas por la Administración** (TS 2-7-94, EDJ 7152).

2) El acceso del demandante a la tutela judicial no puede verse impedido por el hecho de que la Administración se haya negado a resolver sobre la pretensión planteada; basta con que haya tenido **oportunidad de pronunciarse** para que se estime cumplida la exigencia de procedibilidad (TS 7-11-94, EDJ 10226).

3) Existe **desviación procesal** generadora de inadmisibilidad del recurso cuando se formulan nuevas pretensiones o cuando se reformen, alteren o adicionen al recurso jurisdiccional peticiones que no se discutieron en vía administrativa y ni siquiera se formularon ante ella (TS 5-3-97, EDJ 844; 24-2-98, EDJ 1652). Tampoco es posible extender la pretensión formulada en el «**suplico**» del escrito de demanda, más allá de lo impugnado en el trámite de interposición, en su caso (TS 17-11-05, EDJ 207337). Se trata en fin de una **discordancia objetiva** entre lo pedido en vía administrativa y lo interesado en sede judicial (TSJ Burgos 13-2-06, EDJ 9559), o, en su caso, entre el objeto del proceso -según resulta del escrito de interposición como documento rector del pleito- y el suplico de la demanda.

4) La **indemnización de daños y perjuicios** que se reclama como subordinada o derivada de la pretensión principal de nulidad de un acto o disposición no constituye una cuestión nueva. Sí lo sería la indemnización que es el objeto principal del procedimiento -p.e. la generada por el mal funcionamiento de los servicios públicos, que debe plantearse primero en vía administrativa- (TS 18-10-97, EDJ 10133).

5) No deben confundirse las pretensiones nuevas con los **hechos nuevos**. Solo está vedada la introducción en vía jurisdiccional de nuevos hechos o cambios sustanciales de los ya expuestos, si estos son capaces de individualizar nuevas pretensiones o de modular las ya esgrimidas en vía administrativa (TS 30-1-90, EDJ 19318; 21-5-99, EDJ 18605).

6) Sí cabe que el tribunal declare la **anulabilidad** de un acto del que se ha pretendido su **nulidad**, por aplicación del principio de que quien puede lo más puede lo menos (TS 21-12-98, EDJ 34374).

7) No debe confundirse la incorporación indebida al debate de cuestiones nuevas con la **congruencia** o incongruencia de la sentencia. Esta será incongruente cuando resuelva más de lo pedido o deje de resolver lo planteado, pero no cuando se pronuncie indebidamente sobre las cuestiones nuevas suscitadas. En tal caso, la resolución no estará viciada de incongruencia, pues resuelve lo pedido, aunque incurra en infracción de ley o en exceso de jurisdicción. En definitiva, una cosa es decidir lo no planteado y otra decidir lo indebidamente planteado.

Discrecionalidad técnica El carácter revisor del orden contencioso lo es sobre la **legalidad de la actuación fiscalizada**, como se expone en nº 10832. Pero al ser el control judicial estrictamente jurídico, por muy amplio que sea, no llega hasta la fiscalización de aspectos exclusivamente técnicos únicamente apreciables por parte de órganos administrativos especializados, cuyo criterio no puede sustituirse en sede judicial, a menos que medien errores o defectos ostensibles, supuesto en el que procederá la anulación del acto (TCo 39/1983; TS 10-3-99, EDJ 2490; 7-11-05, EDJ 188403). 11961 MPCA nº 1673 s.

Surge así la denominada discrecionalidad técnica de la Administración, **exenta** -en tales términos- **de revisión judicial**.

Esta figura impide la **sustitución del criterio de la Administración** por otro distinto, basado en la opinión subjetiva del recurrente, cuando, en una materia atribuida a la competencia de aquella, no se demuestra la existencia de defecto que vicie el acto administrativo y con ello la presunción de legalidad que le es inherente.

Precisiones 1) No cabe **sustitución en el ejercicio** de la actuación administrativa especializada por parte de un órgano jurisdiccional. Lo contrario sería peligroso e ilegal (TS 17-12-86, EDJ 8408; TSJ Madrid 11-1-99, EDJ 81019).

2) Especialmente, se niega la facultad de los órganos jurisdiccionales para **sustituir la calificación** de los órganos de selección o **tribunales de oposiciones**, salvo conculcación de norma, en procedimientos selectivos y de concurrencia competitiva, pues los tribunales de oposición gozan de aquella facultad discrecional y técnica, dificilísima de suplir, dada la especialización que le es propia, por un organismo jurisdiccional (TS 28-5-79).

Al respecto hay que tener en cuenta las siguientes **observaciones**: 11962

a) La discrecionalidad técnica de los órganos de la Administración tiene lugar en los casos en que aplican criterios resultantes de los concretos **conocimientos especializados**, requeridos por la naturaleza de la actividad desplegada por el órgano administrativo; criterios que escapan al control jurídico. Por ejemplo, análisis organoléptico de vinos por expertos catadores de los consejos reguladores de denominaciones de origen (TS 16-4-02, EDJ 15253).

b) La modulación o limitación al principio de plenitud de control jurisdiccional solo se justifica en la **presunción de certeza o razonabilidad** de la actuación administrativa, apoyada en la especialización y la imparcialidad de los órganos establecidos para realizar la calificación (presunción que admite prueba en contrario).

c) La presunción es destruible si se acredita la infracción o el desconocimiento del proceder razonable que se presume en el órgano calificador, bien por **desviación de poder**, **arbitrariedad** o ausencia de toda posible justificación del criterio adoptado o por patente **error** en el mismo (TCo 353/1993; TS 5-11-90, EDJ 10041; 5-7-93, EDJ 6658).

d) El juicio técnico puede invalidarse en la medida en que no se encuadre en el **marco legal vigente** (TSJ Cataluña 15-6-99, EDJ 80921).

e) La facultad de los órganos judiciales de intervenir en las decisiones de las comisiones o tribunales calificadores es plena cuando se han infringido o inaplicado **normas en las que todos los elementos son reglados** (p.e. procedimiento o regulación de titulaciones, de modo que valoradas estas expresamente en el baremo aplicable, solo quienes las ostenten conforme a su régimen específico puedan recibir la puntuación correspondiente a las mismas). Caso distinto es el de aquellas partes del baremo en las que los méritos no tienen una referencia normativa estricta, sino que su grado de valoración se encomienda al órgano calificador dentro de unos límites prefijados. Es aquí donde la discrecionalidad técnica despliega toda su eficacia (TSJ Sta. Cruz de Tenerife 14-5-99, EDJ 81049).

Principio dispositivo

La naturaleza revisora del proceso contencioso podría conducir a pensar que la jurisdicción contenciosa desempeña una función de depuración del ordenamiento jurídico, en aras del interés general. Sin embargo, no es así. El principio dispositivo se aplica en el proceso contencioso con más rigor que en el proceso civil (TS 9-2-98, EDJ 1062). 11965

Regla general (LJCA art.33.1) Los órganos del orden jurisdiccional contencioso-administrativo han de juzgar dentro del **límite de las pretensiones** planteadas por las partes y de los motivos que fundamenten el recurso y la oposición. 11966 MPCA nº 1681

• Por una parte, el órgano judicial tiene que **pronunciarse expresamente** sobre las pretensiones que se plantean y solo sobre ellas. De no hacerlo así, la sentencia incurre en incongruencia, por omisión o por exceso, lo que lesionaría la garantía de la tutela judicial efectiva (TS 9-10-94, EDJ 8207).

El demandante puede formular **varias pretensiones** con carácter principal y subsidiario, en cuyo caso el órgano judicial está obligado a pronunciarse sobre la pretensión principal, antes de hacerlo sobre la subsidiaria, bajo pena de incurrir también en incongruencia (TS 23-3-00, EDJ 5440).

• Por otra parte, el órgano judicial también está vinculado por los **motivos** planteados por las partes. Así, no puede satisfacer la pretensión con fundamento en un motivo que estas no han alegado, pues la sentencia sería nula. Tampoco puede **ignorar los motivos** planteados por los demandantes, aunque se ha admitido la desestimación implícita de causas de inadmisibilidad (TS 5-12-95, EDJ 7821) o de cuestiones que no tienen relación alguna con el objeto del proceso (TS 17-3-92, EDJ 2579).

• Por último, en cuanto a los **fundamentos de Derecho**, aunque el juez no tiene obligación de responder a todos y cada uno de los argumentos de las partes, sí ha de exteriorizar el fundamento que justifica el fallo.

En caso de **desestimación**, no cabe entender tácitamente desestimados los razonamientos del recurrente (TS 8-7-93, EDJ 6857).

Precisiones 1) Junto con la denominada **congruencia externa**, que pone en conexión el ámbito de la decisión judicial con lo pretendido por las partes, la resolución ha de tener la debida **congruencia interna** (TS 26-3-94, EDJ 2806; 27-1-96, EDJ 1708), que es la necesaria correlación o coherencia lógica y razonable entre la fundamentación y el fallo, de modo que no puede acogerse un fundamento o consideración que no se refleje en el contenido de la parte dispositiva, ya que la conclusión debe ser el resultado de las premisas establecidas (TS 15-12-09, EDJ 307382; 6-6-11, EDJ 147354; 15-4-11, EDJ 51454).

2) La exigencia de que el órgano judicial resuelva dentro del límite de los motivos planteados por las partes no es exigencia del **principio de congruencia**, sino una manifestación adicional del **principio dispositivo**, que, en el orden contencioso-administrativo es más riguroso que en el orden civil (TS 9-2-98, EDJ 890).

3) La **congruencia de la sentencia** se trata en los nº 12792 s.

11967 **Matizaciones** (LJCA art.33.2 y 3) Se contemplan algunas medidas que atenúan la intensidad del principio dispositivo:

MPCA nº 1685 s., 1693

a) En cuanto al efecto vinculante de las pretensiones de las partes, se permite al órgano judicial proponer a las partes la **extensión del objeto**, en caso de impugnación de disposiciones generales, a preceptos distintos de los impugnados (siempre que se contengan en la disposición general que es objeto de impugnación). Es una consecuencia del carácter indisponible de las normas jurídicas, su validez e invalidez.

b) En cuanto a la vinculación por los motivos planteados por el demandante, se autoriza al juez o tribunal a comunicar a las partes la existencia de **motivos no planteados** por estas, que son susceptibles de fundar el recurso o la oposición. Esta comunicación ha de realizarse, en todo caso, antes de dictar sentencia, y debe concederse un plazo de 10 días para formular alegaciones.

Esta potestad, tradicionalmente conocida como «**planteamiento de la cuestión o de la tesis**», tiene por finalidad dar a las partes la oportunidad de formular las alegaciones oportunas cuando el órgano judicial aprecie, antes de dictar sentencia o al hacerlo, un motivo no aportado para fundar el recurso o su oposición (TS 30-3-82, EDJ 1925).

Se configura así como un requisito imprescindible para que, **garantizando la contradicción y evitando la indefensión**, el tribunal pueda tomar en consideración motivos nuevos no alegados por las partes, incorporándolos así al debate en cualquier momento procesal previo a la sentencia, siendo indiferente la especie de aquellos: vicios de orden público (TS 30-3-82, EDJ 1925; 6-10-86) aun apreciables de oficio, de nulidad o anulabilidad, causas de inadmisibilidad (TS sala revisión 2-4-90), cuestiones adjetivas o sustantivas, etc. (TS 27-3-92, EDJ 2976).

Precisiones En ocasiones, la jurisprudencia se refiere al **planteamiento de la cuestión** como facultad, de modo que la falta de aplicación de la misma no pueda esgrimirse como motivo de impugnación de la sentencia (TS 19-5-86, EDJ 3304). Por el contrario, también se sostiene que su ejercicio tiene **carácter imperativo** (TS 30-6-93, EDJ 6457). Se afirma igualmente, que se trata de una prerrogativa que requiere un uso discreto y ponderado en cuanto representa una excepción al principio dispositivo de las partes y, por consiguiente, al de congruencia (TS 29-9-79, EDJ 4763); siendo a la vez inexcusable y un trámite esencial, abrir la debida contradicción con relación a la misma (TS 8-5-80, EDJ 12821).

11968 Los **límites de su aplicación** no son claros:

1. Por una parte, son infranqueables las **pretensiones de las partes**, sin que el precepto permita vadear la inadmisibilidad derivada del carácter revisor del orden contencioso, abriendo indirectamente la consideración de fondo de pretensiones no deducidas ante la Administración (TS 27-3-92, EDJ 2976; 30-1-93, EDJ 697). No obstante, en ocasiones se acepta el cambio de pretensión (TS 18-2-85, EDJ 1038; 7-7-86, EDJ 4772; 14-3-88, EDJ 16882).

2. Tampoco se pueden incorporar **hechos nuevos**, ni interferir en el alcance del derecho actuado, señalando las opciones más convenientes al actor (TS 4-4-90, EDJ 19327; 10-10-23, EDJ 720931; 18-12-23, EDJ 780994).
3. La subsanación de **defectos formales o errores aritméticos** no exige su planteamiento por esta vía.
4. Es variable el criterio acerca si puede alterarse, no ya lo pretendido, sino la «**causa petendi**» (TS 17-10-80, EDJ 14843; 27-4-82; en contra, TSJ Andalucía 28-1-91).
5. Su relación con el **principio «iura novit curia»** no se trata uniformemente. Se ha considerado que la aplicación de una argumentación jurídica diferente a la aportada por los litigantes no impone aplicar este precepto, al quedar amparada en el principio citado (TS 18-2-85, EDJ 1038; 14-4-86, EDJ 15388; 7-7-86, EDJ 4772; en contra, TS 23-11-89, EDJ 18558).
Quizá haya de atenderse a la **relevancia autónoma de la fundamentación novedosa**:
- en caso de ser meramente accesoria de la ya desplegada, no será preciso dar audiencia por esta vía, teniendo en cuenta, además, el principio de economía procesal;
- si no lo fuera, sino de tal relevancia como para considerarse motivo autónomo del recurso o su oposición, sí (p.e. en relación con causas de inadmisión no alegadas).
6. No parece que sea preciso abrir este trámite en supuestos en los que de las expresas alegaciones de las partes resulte implícitamente, pero de modo indubitado, la invocación de un **motivo no plasmado**, sin embargo, expresamente en los escritos de demanda, contestación o conclusiones.
7. En todo caso, la inaplicación indebida de LJCA art.33.2 se ha considerado motivo de **recurso de casación** por infracción de norma procesal -en el régimen precedente a la LO 7/2015- (TS 28-3-94, EDJ 2840).

Precisiones **1)** Incluso se admite que, tras el **señalamiento de votación y fallo**, se aplique esta regla de LJCA art.33.2, pues no es preciso dictar la sentencia el mismo día señalado para aquella en la correspondiente providencia (TS 18-9-91, EDJ 8722). **11969**
2) Muy delicado es su juego en relación con la **revisión de actos sancionadores**. De manera que, no cabe al órgano judicial confirmar la sanción recurrida sobre la base de que, al ampararse en otros preceptos sustantivos o tipos no aplicados efectivamente por la Administración, queda salvaguardada su legalidad, pues ello vulneraría el sistema de garantías de recurso frente a las sanciones, incluso con previo despliegue de la garantía contradictoria de LJCA art.33.2 (TS 12-3-93). De manera que, a partir de la naturaleza de aquellos, parece razonable sostener que la potestad analizada pueda desplegarse solo en relación con cuestiones formales, no materiales o de tipicidad.
En cambio, respecto de **otros actos de gravamen**, no tiene que aplicarse un criterio tan restrictivo.

Determinación de la pretensión (LJCA art.45) La fijación de la pretensión que se plantea ante un juez o tribunal corre a cargo del demandante. **11971** MPCA nº 1695 s.
El momento oportuno para dicha determinación es el **escrito de demanda**, concretamente en el suplico (TS 17-4-00, EDJ 5699).
No es preciso que, en el escrito de interposición, se identifique la pretensión que se ejercita, pues basta con la cita del **acto o disposición impugnados**. Ello es debido a que la determinación de la actuación administrativa que sirve de presupuesto al proceso es fundamental a la hora de delimitar el marco al que debe ir referida la pretensión. De ahí que se exija una total concordancia entre los escritos de interposición y demanda (TS 13-3-00, EDJ 3305).
Una vez delimitada la pretensión en la demanda, esta no puede modificarse. El escrito de conclusiones no puede **alterar la pretensión** planteada, con la salvedad de la solicitud de pronunciamiento sobre la existencia y cuantía de los daños y perjuicios que resultan de la anulación del acto (TS 20-12-99, EDJ 46819).
Los pedimentos o pretensiones procesales de las partes vienen condicionadas por lo **previamente actuado en vía administrativa**, por aplicación de la doctrina de los actos propios, en relación con el ya expuesto carácter revisor del recurso contencioso-administrativo (nº 11957). De esta manera, no cabe reclamar en sede judicial más de lo pedido ante la Administración.

Precisiones **1)** Como la pretensión ha de ser exactamente determinada por las partes, el tribunal no puede acceder a **pretensiones implícitas**, como es el caso de la declaración de nulidad que podría deducirse de la solicitud de indemnización de daños y perjuicios (TS 27-5-96, EDJ 4757). **11972**
2) Se ha entendido que no incurre en incongruencia la sentencia que anula una resolución autonómica que rechazaba la aprobación de un **plan de ordenación**, a pesar de que el ayuntamiento demandante solo pretendía que se declarara definitivamente aprobado el citado plan (TS 18-5-98, EDJ 3207).
3) Dentro de la **clasificación general de las pretensiones** en el orden contencioso:
- las mero **declarativas**, en las que se solicita del órgano judicial una mera declaración de voluntad en sentencia para dotar de certeza una relación jurídica, son muy infrecuentes, sin perjuicio de que toda sentencia desestimatoria contenga aun implícitamente una declaración de validez del acto/disposición impugnado;

- las **constitutivas**, que implican creación, alteración o extinción de una situación jurídica, son típicas del mismo, al solicitarse habitualmente la declaración de que una actuación es disconforme a Derecho, reclamándose su anulación (LJCA art.31.1);
- las **de condena**, en las que se recaba la imposición en el fallo de una obligación positiva o negativa -ligadas habitualmente a las anteriores- encajan igualmente en el esquema de estos procesos, siendo particularmente susceptibles de ejecución (LJCA art.103 a 113); y
- también las que son denominadas «**de plena jurisdicción**», a través de las cuales se solicita la anulación de un acto o disposición y el reconocimiento de una situación jurídica individualizada, con adopción de las medidas adecuadas para el pleno restablecimiento de la misma, entre ellas, la indemnización de daños y perjuicios, cuando proceda (LJCA art.31.2).

4) La **acción contra la vía de hecho** tiene naturaleza declarativa y a la vez de condena y, en cierto sentido, interdictal (JCA Huelva núm 2, 8-11-05, EDJ 239993).

5) La solicitud de **indemnización de daños y perjuicios** constituye una pretensión de condena (al pago de la indemnización).

6) Son también de condena las pretensiones que se plantean ante la **inactividad administrativa**, pues lo que se solicita es la condena a la Administración al cumplimiento de sus obligaciones (nº 12075). También son pretensiones de condena (y declarativas) las dirigidas **contra la vía de hecho**, pues el demandante pretende que la actuación se declare contraria a Derecho, que se ordene el cese de dicha actividad y que se adopten las medidas conducentes al pleno restablecimiento de la situación (nº 12085).

11976 MPCA nº 1712 **Extinción de la pretensión** (LJCA art.74 y 76) La desaparición de la pretensión, por **satisfacción** extraprocesal o por **desistimiento**, supone la terminación -anormal- del proceso. Para su estudio nos remitimos a lo expuesto en los nº 12880 s.

B. Presupuesto del proceso contencioso-administrativo

11985 MPCA nº 1715, 5250 La pretensión objeto del proceso contencioso-administrativo implica la revisión de la legalidad de una determinada **actuación administrativa** (entendida en sentido amplio, abarcando tanto la actuación normativa como la actuación singular), que es susceptible de impugnación en vía judicial. Además, como hemos apuntado, aquella es el presupuesto de todo proceso contencioso-administrativo.

No toda la actuación administrativa es **impugnable**, sino solo aquella que es susceptible de producir determinados efectos, en relación con los derechos o intereses de los administrados. Este es el caso de los **actos administrativos** (nº 11995) y de las **disposiciones de carácter general** (nº 12053) en los que concurran determinadas circunstancias.

También es el caso de la impugnación relativa a la **inactividad** de la Administración (nº 12075) y de las actuaciones que constituyan **vía de hecho** (nº 12085).

Sobre la impugnación de **convenios urbanísticos** ver nº 1910 s. Memento Procesal Contencioso-Administrativo 2026.

11988 MPCA nº 1717, 1722 **Actuación administrativa** La actuación administrativa se ha definido como toda declaración de voluntad, juicio, conocimiento o deseo emanada de una Administración (Zanobini). Esta definición no solo comprende los **actos decisorios**, sino también **otras actuaciones** cuyo contenido jurídico se ha discutido, como los informes o las consultas, que también tienen la condición de acto administrativo, aunque generalmente no concurren en ellos los demás presupuestos de su recurribilidad.

La actuación administrativa se caracteriza por ser el acto de la **función administrativa** (ejercicio de una potestad atribuida por el ordenamiento jurídico).

Precisiones **1)** No son actos administrativos los emanados de **particulares**, salvo que estos actúen investidos de potestad. Así, no constituyen actos administrativos las **autoliquidaciones tributarias** (TS 4-2-94, EDJ 916).

2) Sobre la **actuación de las Administraciones públicas**, ver lo expuesto en los nº 10840 s.

11989 **Clasificación** Sin perjuicio de otras clasificaciones, es muy relevante a efectos de recurso contencioso la que, atendiendo a su forma de producción, diferencia los siguientes tipos de actos:

a) Son **actos expresos** los producidos por una Administración pública por medio de una declaración de voluntad expresa, formulada oralmente (cuando sea posible por el tipo de acto) o por escrito (en la mayoría de supuestos).

Pueden dictarse en **todo tipo de procedimientos** administrativos, ya sean iniciados de oficio o a solicitud del interesado, y constituyen -o deben hacerlo- la regla general.

b) Los **actos presuntos** son los que se imputan a la Administración pública en caso de que no resuelva expresamente -y notifique la resolución- dentro del plazo establecido para ello. Presentan los siguientes **caracteres**:

• Solo pueden recaer en procedimientos iniciados a **solicitud del interesado**, no en procedimientos de oficio, en los que la falta de resolución expresa produce el efecto de la perención o caducidad del procedimiento o el archivo de las actuaciones. Con alguna excepción muy concreta (LPAC art.25), respecto de procedimientos de los que pueda derivarse el reconocimiento o, en su caso, la constitución de **derechos u otras situaciones jurídicas individualizadas**, si bien estamos ante expedientes iniciados de oficio, dado que puede resultar de los mismos un **beneficio jurídico o patrimonial** para interesados concretos, se equipara el tratamiento al de los iniciados a instancia del interesado, aplicándose el silencio negativo (p.e. los expedientes de revocación de actos tributarios -LGT art.219.4: plazo de 6 meses-).

• Los **actos presuntos estimatorios**, que producen estimación por silencio administrativo, tienen a todos los efectos la consideración de acto administrativo finalizador del procedimiento. Se considera que son actos administrativos en sentido técnico, por lo que no cabe resolución expresa posterior contraria (LPAC art.24.3).

• Los **actos presuntos desestimatorios**, que producen desestimación por silencio administrativo, tienen el único efecto de permitir a los interesados la interposición del recurso administrativo o contencioso-administrativo que resulte procedente. Suponen una mera ficción que admite resolución expresa posterior, contraria al efecto del silencio (LPAC art.24.3).

• La condición presunta es **incompatible con ciertas clases de actos**, fundamentalmente: sanciones, órdenes de ejecución y, en general, los que hayan de dictarse en un procedimiento incoado de oficio.

• No pueden existir **reglamentos presuntos**.

• Los actos presuntos pueden acreditarse por **cualquier medio de prueba** admisible en Derecho.

• Gozan de las mismas garantías de **permanencia y estabilidad** que los actos expresos (CEst Dict 54121/1990).

• No cabe identificar **inactividad administrativa** con acto presunto o producido por silencio.

c) Son **actos tácitos** aquellos que en los que la declaración de voluntad administrativa se **11990**
manifiesta o exterioriza por medio de hechos concluyentes, no de manera expresa.

Tienen los siguientes **caracteres**:

• **No** son **actos presuntos**, en la medida en que la voluntad administrativa no se presume, sino que existe, aunque no sea expresa. Por tanto, su tratamiento no es equiparable al de los actos presuntos, sino al de los expresos (p.e. en cuanto al plazo de interposición de recurso contencioso-administrativo contra los mismos), sin perjuicio de su carácter problemático, dada su ausencia de manifestación expresa oral o escrita.

• **No** pueden confundirse con la **vía de hecho**, pues es distinto manifestar tácitamente la voluntad administrativa que incurrir en los supuestos constitutivos de aquella.

• La jurisprudencia ha admitido esta figura, reconociendo su **carácter recurrible**, pues su tratamiento procesal es equiparable al de los actos expresos (TS 18-10-86, EDJ 6514; 27-3-87, EDJ 2457; 16-2-88, EDJ 1271).

• No es inadmisible la idea de reglamentos o **reglamentaciones tácitas**, si bien empleando el término «reglamento» en sentido amplio.

• Tienen **carácter excepcional** o, al menos, infrecuente.

Precisiones Son **ejemplos de acto tácito** las liquidaciones tributarias derivadas de acta de conformidad en caso de que no haya nueva actuación por parte de la jefatura de la Inspección (RD 1065/2007 art.187.3); las sanciones con previa conformidad del interesado en procedimientos sancionadores tributarios derivados de actuaciones inspectoras en los términos del RD 2063/2004 art.25.6; la afectación o desafectación tácita; la revocación tácita de sanciones (TSJ Baleares 14-11-00, EDJ 113251).

Examen del presupuesto del proceso (LJCA art.51, 58, 59 y 69.c) La actuación administrati- **11992**
va es el presupuesto de todo proceso, por lo que su existencia debe ser verificada **de oficio** por el tribunal, que no solo debe examinar si existe un acto objeto de impugnación, sino también si constituye **actividad administrativa impugnable**. De no ser así, el recurso debe ser inadmitido. El órgano judicial puede **inadmitir el recurso** de oficio, o bien puede acordarlo así tras la alegación de inadmisibilidad que la parte demandada puede oponer, a modo de excepción, durante los 5 primeros días del plazo para contestar a la demanda.

La carencia de un presupuesto procesal **no es subsanable** (sí la falta de acreditación de su concurso o existencia). Ni siquiera puede subsanarse el defecto consistente en interponer un recurso cuando no existe un acto, aun cuanto más tarde aquel pueda producirse por silencio.

Como presupuesto procesal, el acto administrativo debe existir al **inicio del proceso**; de ahí que se exija al demandante identificar el acto en el escrito de interposición. Asimismo, el acto debe permanecer subsistente a lo largo de todo el proceso. Si resulta anulado en el transcurso de este, el proceso terminaría, por satisfacción extraprocesal (nº 12920).

1. Impugnación de actos administrativos

(LJCA art.25)

11995 MPCA nº 5352 s. En general, pueden ser presupuesto del proceso contencioso-administrativo los actos **expresos o presuntos** de la Administración que pongan fin a la vía administrativa.

En principio, son recurribles tanto los actos **definitivos** (nº 12005) como los llamados actos de **trámite** cualificados (nº 11997).

Se analizan también las **particularidades** de la impugnación de actos que ponen fin a la vía administrativa (nº 12010), actos reproductorios, confirmatorios y de ejecución (nº 12030), actos impugnados en vía de recurso administrativo de revisión (nº 12035) y actos de gobierno (nº 12050).

Precisiones En el nº 1822 Memento Procesal Contencioso-Administrativo 2026 se expone un cuadro resumen sobre la **tipología de los actos administrativos**, con indicación de su tratamiento procesal.

a. Actos de trámite

11997 MPCA nº 1742 s. Son actos de trámite los dictados en el curso del procedimiento administrativo y que carecen de sustantividad propia (TS 23-4-92, EDJ 3934). Son fundamentalmente actos de **ordenación procedimental**, entre los que suelen citarse los acuerdos de incoación, instrucción, prueba, información pública, informes o dictámenes, propuestas de resolución, etc. Se integran en un procedimiento como pasos intermedios que conducirán, en su caso, a un acto resolutorio o definitivo.

Solo son recurribles en vía contencioso-administrativa los actos de trámite **cualificados**, que son aquellos que:

- decidan directa o indirectamente sobre el fondo del asunto;
- determinen la imposibilidad de continuar el procedimiento;
- produzcan indefensión; o
- causen perjuicio irreparable a derechos o intereses legítimos.

La calificación de un acto como de trámite supone una restricción de la tutela judicial, por lo que este concepto ha de ser interpretado con carácter restrictivo, atendiendo fundamentalmente a la **naturaleza del acto** y no a su denominación o aspecto formal, ni a la calificación dada por la Administración autora en el pie de notificación (TS 15-3-97, EDJ 1636).

Por otra parte, no hay vinculación directa entre la consideración del acto (simple o cualificado) y su relevancia procedimental. De esta manera, la calificación de un acto de estos como simple o no cualificado, y la consiguiente negación de la **impugnabilidad autónoma** del mismo, no impide que pueda ser esencial en el procedimiento y que, en los supuestos en que fuera preceptiva su producción y notificación, su ausencia o defecto pueda conducir a la **invalidez de la resolución** definitiva, aunque para ponerla de manifiesto no quepa recurso autónomo (p.e. en ciertos casos, la propuesta de resolución). Por el contrario, la falta de un trámite cualificado puede no ser determinante de invalidez, si no es esencial.

11998 Precisiones 1) La distinción entre actos definitivos y de trámite es fundamental a la hora de acceder a un proceso judicial. Dicha distinción debe realizarse a partir de un criterio favorable a la **tutela judicial efectiva** (TS 15-3-97, EDJ 1636).

2) Son **ejemplos de actos de trámite simples**, los siguientes:

- el acto de incoación de procedimiento en general (TS 20-5-92, EDJ 4992; 23-1-04, EDJ 3413), sancionador (TS 11-4-91, EDJ 3710; TEAR La Rioja 31-10-00) o de procedimiento de inspección de Hacienda (TS 3-10-88; TSJ Cantabria 5-2-98, EDJ 40780; TEAC 12-2-99);
- el nombramiento de instructor o letrado de la Administración de Justicia en el procedimiento;
- las propuestas de resolución;
- la admisión a trámite de solicitud de particular;
- la aprobación inicial o provisional de instrumentos de planeamiento urbanístico (TS 23-1-04, EDJ 2246): solo excepcionalmente cabe la impugnación de los actos intermedios de formación de los instrumentos de planeamiento cuando medie una nulidad de pleno derecho tan ostensible y patente que permita anticipar el juicio sobre la legalidad del acto final, evitando la continuación de un procedimiento que se sabe de antemano viciado, con defectos de imposible reparación (TS 27-3-96, EDJ 2595; 14-7-01, EDJ 47700);
- la aprobación provisional de las ordenanzas locales (TSJ Galicia 24-11-94);

- el acto de levantamiento de diligencias en el procedimiento tributario de inspección, a menos que se cualifiquen porque en ellas se haga algún pronunciamiento sustantivo de fondo, como la interrupción de la prescripción (TEAC 26-9-96);
- la adjudicación provisional en subasta dentro de procedimiento de apremio o de enajenación de bienes;
- las notificaciones de otros actos administrativos;
- el acto de incoación de expediente sancionador (TSJ La Rioja 25-1-02);
- el avance de planeamiento (TSJ Galicia 24-5-01, EDJ 98881);
- la orden de inicio del expediente de tasación pericial contradictoria -LGT art.57, 134 y 135- (TEAR La Rioja 30-4-02);
- las actuaciones de comprobación de valores -LGT art.57, 134 y 135-, solo susceptibles de impugnación autónoma en caso de previsión legal específica (TS 30-4-99, EDJ 13404; 19-12-01, EDJ 65532; 1-3-02, EDJ 4382);
- la acumulación de reclamaciones económico-administrativas (TEAC 18-6-03);
- la iniciación de un expediente de lesividad (TSJ Cataluña auto 1-4-04);
- la denegación por el instructor de un procedimiento de expedición de copias de documentos, no con carácter absoluto, sino remitiendo al interesado-solicitante a un trámite posterior de aquel (TS 17-7-03, EDJ 80767).

3) Por el contrario, no constituyen actos de trámite, sino **definitivos** los llamados **actos encadenados** (p.e. en materia de concursos públicos). Así, la aprobación de las bases de un concurso gana firmeza y queda al margen de las vicisitudes posteriores del procedimiento si no se interpone recurso contra ella (TS 24-11-89, EDJ 10547). **11999**
4) El acuerdo de suspender cautelarmente la **ejecución de una sanción**, aun cuando sea una decisión adoptada con carácter provisional, tiene entidad propia y, como tal, no es un acto de trámite (TS 23-4-92, EDJ 3934).
5) Se ha considerado acto de trámite cualificado el acuerdo de incoación de un procedimiento de **declaración de un conjunto histórico-artístico** (TS 21-2-89).
6) Supuesto específico de trámite no impugnable es la **declaración de lesividad** (TS 26-6-84; 12-3-96). Ver nº 12376.
7) Es desproporcionado y vulnera el derecho a la tutela judicial efectiva exigir un **recurso de reposición**, previo a la acción contencioso-administrativa, **manifiestamente ineficaz e inútil** frente a actos locales de aplicación de los tributos cuando se trata de impugnaciones indirectas en las que el único fundamento alegado sea la inconstitucionalidad de la norma legal que da cobertura al acto impugnado, pues el órgano autor del acto recurrido, llamado a resolver el recurso de reposición (LHL art.14.2.b), nunca podría estimarlo al carecer de atribuciones para pronunciarse sobre la validez de la norma, inaplicarla o expulsarla del ordenamiento jurídico, y no existir un instrumento procedimental que le permita plantear la cuestión ante el Tribunal Constitucional (TS 21-5-18, EDJ 91000).
8) Si la Administración autora de un acto de trámite le da **tratamiento procedimental de acto definitivo**, no puede ir contra sus actos y alegar en el proceso contencioso su verdadera naturaleza para pedir la inadmisión (TS 26-1-21, EDJ 501130).

b. Actos definitivos

(LPAC art.88)

Son aquellos que ponen término o resuelven una instancia de un procedimiento, en el sentido de decidir **todas las cuestiones planteadas** por los interesados y aquellas otras derivadas del procedimiento. **12005** MPCA nº 1756 s.

Presentan las siguientes notas características: **12006**
a) Resuelven sobre la **cuestión de fondo** o sustantiva que constituye el objeto del procedimiento, es decir, resuelven una instancia, de forma que producen algún efecto jurídico sobre la situación preexistente a las actuaciones (TS 10-11-82, EDJ 6798).
b) Son **recurribles en vía administrativa**, salvo cuando agoten esta, o en recurso contencioso-administrativo (LPAC art.112.1).
c) Su contenido supone que siempre exista **«interés» procesal** -en sentido técnico- en la impugnación de los mismos por persona interesada.
Por su propia naturaleza y contenido, los actos definitivos son susceptibles de producir una lesión en los **derechos e intereses de las partes** en el procedimiento administrativo. De ahí que sean susceptibles de recurso. Ahora bien, la condición de actuación definitiva es presupuesto necesario, pero no suficiente del acceso a la tutela judicial. Solo son recurribles en vía contencioso-administrativa los actos que, además de ser definitivos, no sean susceptibles de **recurso en vía administrativa**.

Precisiones 1) No debe confundirse el procedimiento con la **vía administrativa**, razón por la que no cabe confundir los actos definitivos con los actos que agotan la vía administrativa (nº 12010).
Solo ciertos actos definitivos **agotan la vía administrativa** (los que no admiten recurso administrativo ordinario, sin contar el de reposición); al tiempo que algunos actos de trámite también la agotan (los que recaen en procedimientos cuya resolución agotará la vía administrativa).
2) Muy **excepcionalmente**, algunos actos definitivos no son susceptibles de recurso autónomo. Es el caso de los actos tributarios sustitutorios dictados por el órgano que ha dictado un acto anterior recurrido en vía económico-administrativa (LGT art.235.3; RD 520/2005 art.52.3 y 4).

c. Actos que ponen fin a la vía administrativa

12010 MPCA nº 1760 s. Solo son susceptibles de **recurso contencioso-administrativo** aquellas resoluciones que han agotado la vía administrativa, esto es, que ya no son susceptibles de ulterior recurso ante la propia Administración.

La vía administrativa, como **previa a la vía judicial**, permite a la Administración y a los interesados revisar la resolución dictada, sin necesidad de acudir a un proceso judicial. Obedece a razones de eficacia y de garantía de legalidad de la actuación administrativa.

La obligación de agotar la vía administrativa previa es una **prerrogativa de los poderes públicos**. En la medida en que su actividad no es directamente enjuiciada por los órganos del Poder judicial, es necesario conceder antes al órgano autor del acto la oportunidad de revisarlo.

De este modo, el **control de la actividad administrativa** se ejercita en dos **fases**:
- una fase previa, tradicionalmente denominada administrativa o gubernativa; y
- una fase propiamente revisora, que es la vía judicial.

El agotamiento de la vía administrativa es un **presupuesto procesal**, respecto del recurso contencioso-administrativo; no se trata de una mera formalidad que deba superarse en beneficio de la tutela judicial efectiva. Sin embargo, no puede convertirse en un requisito ritual y literalista, pues en tal caso sería contrario a dicha tutela judicial efectiva (TS 13-6-91, EDJ 6295; 29-9-93, EDJ 8468).

Su concurso es **cuestión de orden público**, por lo que puede apreciarse su falta de oficio.

12011 Precisiones 1) El **recurso administrativo** no puede nunca confundirse con la **reclamación administrativa previa** al proceso civil o laboral. Su único punto en común es que se configuran como presupuesto procesal, difiriendo en lo demás; fundamentalmente, en su ámbito (recurso, en el giro o tráfico de la Administración autora del acto, con sujeción a Derecho administrativo; reclamación previa, en cuestiones civiles o laborales), y en su diferente carácter (insubsanable la falta de recurso; subsanable -según la jurisprudencia- la de reclamación previa).
2) El derecho a la tutela judicial efectiva impide la **inadmisión del recurso contencioso** por falta de agotamiento de vía administrativa en el caso de que la Administración pública no dé respuesta a la petición del particular ni indique al interesado la **orientación procedimental** o procesal necesaria, ya que con ello se infringen el deber de resolver y el de notificar los recursos procedentes (TS 11-11-88, EDJ 16856). Tal criterio tiene **carácter imperativo**, pues de lo contrario se primaría a la Administración pública que incumple sus deberes de resolver y notificar correctamente (TCo 6/1986; TS 13-2-91; 29-3-99, EDJ 11356).
Sin embargo, cuando la información omitida en la notificación se refiere a un recurso administrativo ante otra Administración, se da primacía al carácter inadmisible del recurso contencioso, sin perjuicio de otras consecuencias para la entidad que ha dictado y notificado el acto (costas, responsabilidad). Por ejemplo, en caso de un ayuntamiento que en el pie de notificación del acto recurrido remite directamente al contencioso-administrativo, cuando debió hacerlo a la vía económico-administrativa (TSJ C.Valenciana 9-1-04, EDJ 49864).
En contra de lo expuesto, se ha declarado que, en todo caso, es **exigible el agotamiento de la vía administrativa**. Por ello, en caso de no producirse, ha de inadmitirse el recurso -aun en sentencia-, sean cuales sean las razones que llevaron al interesado a la no interposición de recurso administrativo, incluso en el supuesto de errónea indicación por parte de la Administración en el pie de la notificación, sin perjuicio de las responsabilidades que procedan (TSJ La Rioja 28-4-00, EDJ 16288).
3) Se ha considerado que no es exigible al agotamiento de la vía administrativa en el caso de **recursos manifiestamente inútiles**. Es el caso del recurso de reposición frente a actos locales de aplicación de los tributos, cuando se trata de impugnaciones indirectas en las que el único fundamento alegado sea la inconstitucionalidad de la norma legal que da cobertura al acto impugnado. Eso es así porque el órgano autor del acto recurrido, llamado a resolver el recurso de reposición (LHL art.14.2.b), nunca podría estimarlo por carecer de atribuciones para pronunciarse sobre la validez de la norma, inaplicarla o expulsarla del ordenamiento jurídico, y por no existir un instrumento procedimental que le permita plantear la cuestión ante el Tribunal Constitucional (TS 21-5-18, EDJ 91000).

Supuestos (LPAC art.123) Son actos administrativos que **agotan la vía administrativa** aquellos que no permiten recurso administrativo ordinario alguno, salvo el de reposición potestativo. 12012 MPCA nº 1764
Por el contrario, **no agotan la vía administrativa** aquellos actos que son susceptibles de recurso administrativo de tipo ordinario.
El **recurso administrativo extraordinario de revisión** no se toma en consideración a estos efectos, ya que solo cabe frente a actos firmes y es de carácter extraordinario (LPAC art.113, 125 y 126). Ver nº 12035.
Tanto los actos **definitivos** como los de **trámite** pueden agotar o no agotar la vía administrativa. No es posible, por tanto, identificar el acto definitivo con el agotador de vía.
Sinónima de esta clasificación es la que se realiza entre **actos firmes** en vía administrativa y **actos no firmes** en esta vía:
• Son **firmes** en vía administrativa los actos que causan estado en esta sede porque agotan la misma y no cabe frente a ellos recurso gubernativo ordinario alguno.
• Los actos **no agotadores**, contra los que no se ha interpuesto recurso administrativo en tiempo y forma y han ganado firmeza son simplemente firmes.
• También son simplemente firmes los actos **recurridos** en vía gubernativa y, después, judicialmente, que han sido confirmados por resolución judicial, o cuyo recurso jurisdiccional ha sido desistido por el actor.

Precisiones 1) La decisión administrativa firme no solo impide su impugnación, salvo por cauces especiales, sino que también impide que su contenido pueda ser **cuestionado de nuevo** si se incorpora en una **resolución administrativa posterior de carácter sancionador**, máxime cuando el tipo infractor no tiene como presupuesto ineludible que la liquidación que no fue recurrida forme parte de él. La tutela judicial efectiva, no se vulnera por el hecho de que no se pueda volver a cuestionar aquello que quedó consentido y firme. La seguridad jurídica también abona esta conclusión (TS 20-11-23, EDJ 753821; en contra, TS 23-9-20, EDJ 671986).
2) No puede darse el supuesto de acto firme cuando se impugnan las **nóminas de funcionarios públicos** por considerar que -cada una de ellas- constituyen actos administrativos típicos, periódicos y en masa, singulares y autónomos y que pueden ser revisadas judicialmente al alza hasta donde alcance la prescripción (TS 10-12-09, EDJ 283330). Cada acto de pago remunera servicios prestados en distinto período y a los que puede acompañar distintas características de la situación del funcionario que los devenga. De esta manera, es viable reclamar contra las nóminas o reclamar por diferencias retributivas con el período de prescripción de 4 años (TS 24-2-16, EDJ 13108; TSJ Madrid 16-1-23, EDJ 507530; TSJ País Vasco 22-1-25, EDJ 514941).

Recursos manifiestamente inútiles La exigencia como preceptivo de un recurso administrativo y, en su caso, el rechazo liminar de la **acción contencioso-administrativa** intentada sin su previa interposición, resultan desproporcionados y vulneradores del derecho a obtener la tutela judicial efectiva, en caso de que sean manifiestamente ineficaces e inútiles para dar cumplimiento al fin que los justifica. 12013 MPCA nº 1765
Esto no supone desconocer la regla que exige el **agotamiento de la vía administrativa** (LJCA art.25.1), sino interpretar moderadamente la de la tutela reduplicativa en aras de la tutela judicial efectiva, evitando demoras innecesarias y anodinas que posterguen el control judicial de la Administración (TS 21-5-18, EDJ 91000).

Reglas de determinación La determinación de cuáles son los actos que agotan la vía administrativa parte de unas **reglas generales** (nº 12015), de valor absoluto, a las que se añaden **reglas específicas** para cada Administración: 12014
- Administración General del Estado y organismos estatales (nº 12016);
- Administraciones autonómicas (nº 12019);
- Administración local (nº 12022);
- Administración electoral (nº 12024).
Los actos que **no agotan la vía administrativa** son todos aquellos no incluidos en estas reglas general y específicas.

Reglas generales (LPAC art.114) Ponen fin a la vía administrativa: 12015
• Las resoluciones de los **recursos de alzada**. Contra estas ni siquiera cabe recurso potestativo de reposición (LPAC art.122.3).
• Las de los **procedimientos de impugnación sustitutivos** de los recursos de alzada o de reposición, que legalmente se establezcan para supuestos o ámbitos sectoriales determinados (LPAC art.112.2).
• Las de los órganos administrativos que **carezcan de superior jerárquico**, salvo que una Ley establezca lo contrario.
• Las **demás resoluciones** de órganos administrativos, cuando una disposición legal o reglamentaria así lo establezca.

• Los **acuerdos, pactos, convenios o contratos** que tengan la consideración de finalizadores del procedimiento.
• Las **disposiciones generales** (LPAC art.112.3). Los actos de aplicación agotan o no la vía administrativa en función de sus caracteres propios.
• Los actos dictados en **litigios entre Administraciones públicas**, sin perjuicio de requerimiento potestativo previo de una Administración a otra para que deje sin efecto el acto (LJCA art.44.1).
• Los actos que lesionen **derechos susceptibles de amparo constitucional**, a los efectos del proceso especial de protección de derechos fundamentales (LJCA art.115).
• Las **actuaciones en vía de hecho**, en caso de que se reaccione contra ellas por medio de recurso contencioso (LJCA art.46.3).

Precisiones 1) En el ámbito de las **universidades públicas**, los actos de los rectores, del claustro universitario, del consejo de gobierno y del consejo social de las universidades agotan dicha vía (LO 2/2023 art.38.4).
2) En el **ámbito tributario**, agotan la vía administrativa, además de lo que resulte de las reglas generales, las resoluciones de procedimientos de revisión de oficio por causa de:
- nulidad (LGT art.217.7);
- revocación (LGT art.219.5); y
- rectificación de errores (LGT art.220.3).
Igualmente los acuerdos de publicación del listado de incumplimiento grave de obligaciones tributarias (LGT art.95 bis) y las resoluciones que finalizan la vía económico-administrativa (LGT art.249).
3) Existen, en el ámbito de la **Administración militar**, algunas reglas particulares (nº 5170 s. Memento Administrativo 2026).

12016 **Administración General del Estado y organismos estatales** (LPAC art.114.2) En su ámbito, ponen **fin a la vía administrativa**, salvo lo que pueda establecer una Ley o norma especial, los actos y resoluciones siguientes:
• Los actos administrativos de los **miembros y órganos del Gobierno**.
• Los actos emanados de los **ministros** y de los **secretarios de Estado** en el ejercicio de las competencias que tienen atribuidas los órganos de los que son titulares.
• Los actos emanados de los órganos directivos con nivel de **director general o superior**, en relación con las competencias que tengan atribuidas en materia de personal.
• En los **organismos públicos adscritos** a la Administración General del Estado, los actos emanados de los máximos órganos de dirección unipersonales o colegiados, de acuerdo con lo que establezcan sus estatutos. Esta regla excluye, en la actualidad, el recurso de alzada impropio, que se interponía frente a los actos de los órganos superiores de los organismos públicos ante el ministro del ramo, a salvo de disposición especial.
• En el ámbito de los contratos de las Administraciones públicas, los actos dictados por el **órgano de contratación** en aplicación de las prerrogativas contractuales de la Administración pública: interpretación, modificación, etc. (LCSP art.210).
• Determinados actos de la **Administración del Estado en el exterior** finalizan la vía gubernativa, tales como las resoluciones de representantes diplomáticos o consulares en materia de expedición de pasaportes a españoles en el extranjero.
• Las resoluciones de la **Comisión Nacional del Mercado de Valores** en ejercicio de sus potestades (L 6/2023 art.23) y en materia de autorizaciones sobre sociedades gestoras de entidades de inversión colectiva (L 22/2014 art.46).
• Las resoluciones del **Comité Sancionador Antidopaje** (LO 11/2021 art.49.1) y del **Tribunal Administrativo del Deporte** (L 39/2022 art.120.1.a y 4; RD 53/2014 art.9), así como de los órganos autonómicos equivalentes. Hasta la efectiva constitución del primero, las resoluciones del director de la Agencia Estatal **Comisión Española para la Lucha Antidopaje en el Deporte** (LO 11/2021 disp.trans.4ª).
• Las resoluciones de la **dirección general competente en Registros y Notariado** -actual Dirección General de Seguridad Jurídica y Fe Pública- en materia de adquisición o recuperación de la nacionalidad española (RD 1879/1994 disp.adic.1ª).
• Las dictadas en procedimientos de otorgamiento, modificación y extinción de **autorizaciones** -incluidas las de telecomunicaciones- (RD 1778/1994 art.3.3).
• Los acuerdos de la **Comisión Interministerial de Retribuciones** (RD 1777/1994 disp.adic.2ª).
• Las de procedimientos de concesión de **subvenciones y ayudas públicas** (bajo vigencia de RD 2225/1993 art.6 y 7; no necesariamente bajo L 38/2003).
• Las recaídas en procedimientos sancionadores en materia de **función estadística pública** (RD 1572/1993 art.6.3).
• Las dictadas en procedimientos sancionadores en materia de **control de cambios** (RD 1392/1993 art.10).

• Las resoluciones de la **Comisión de Vigilancia de Actividades de Financiación del Terrorismo** (L 12/2003 art.3.3). 12017
• Los actos resolutorios de la Presidencia de la **Agencia Española de Protección de Datos** (LO 3/2018 art.48.6).
• Los acuerdos de la junta arbitral de resolución de conflictos en materia de **tributos** del Estado **cedidos** a las comunidades autónomas (LO 8/1980 art.23.9; RD 2451/1998 art.13.1). Y los de las juntas arbitrales previstas en el Concierto Económico entre el Estado y el País Vasco (L 12/2002 art.20; RD 1760/2007 art.19) y en el Convenio económico entre el Estado y Navarra (L 28/1990; L 48/2007 art.51.3; RD 353/2006 art.20). Ver nº 9065 s. Memento Administrativo 2026.
• Las resoluciones sancionadoras de la **Comisión Nacional de los Mercados y la Competencia** (L 3/2013 art.29.4) y, en general, los actos del presidente y del Consejo, en pleno y sala, de dicha Comisión. No cabe previo recurso potestativo de reposición, por exclusión expresa (L 3/2013 art.36.1).
• Las **resoluciones de las reclamaciones** previstas en RDL 3/2020 art.119 s. (nº 9045 s. Memento Administrativo 2026).
• Los acuerdos del órgano económico-administrativo sobre la **concurrencia de interés no evidente en un administrado** en los supuestos de RD 520/2005 art.38.
• Los actos del protectorado de fundaciones, así como las resoluciones dictadas en recursos contra la calificación de los registros de fundaciones (L 50/2002 art.43 -precepto pleno de aplicación general-).
• Las decisiones en materia de **asilo y protección subsidiaria**, salvo en supuestos de peticiones de reexamen de solicitudes, en cuyo caso es esta decisión la que agota la vía administrativa (L 12/2009 art.29.1).
• Las resoluciones de los órganos competentes en procedimientos sancionadores de **tráfico y seguridad vial** (RDLeg 6/2015 art.94 y 96).
• Las resoluciones de los **organismos de cuenca** dependientes de la Administración General del Estado, en expedientes de declaración responsable o autorización de usos del dominio público hidráulico (RD 849/1986 art.51 bis y 53).
• Los acuerdos del pleno y de la comisión permanente del **Consejo General del Poder Judicial** (LOPJ art.638).
• Las resoluciones de las **juntas de expurgo** -de documentos y archivos judiciales- (RD 937/2003 art.20.2, disp.final 1ª.2), tanto estatales como, en su caso, autonómicas.
• Los actos y resoluciones del presidente de la **Autoridad Independiente de Responsabilidad Fiscal** (LO 6/2013 art.13.2).
• Las resoluciones dictadas en materia de **acceso a la información pública** (L 19/2013 art.20 y 21).
• Los actos y decisiones del supervisor o de la autoridad de resolución competente -**Banco de España, Comisión Nacional del Mercado de Valores, Fondo de Reestructuración Ordenada Bancaria** (FROB)-, ya sean de aprobación de planes de actuación temprana y de resolución de entidades, o actos y decisiones en procesos de actuación temprana y resolución, adoptados conforme a lo previsto en la L 11/2015 art.72.
• Las resoluciones dictadas por la Sección Segunda de la **Comisión de Propiedad Intelectual** en el procedimiento de restablecimiento de la legalidad para la salvaguarda de los derechos de propiedad intelectual (RD 1130/2023 art.22.5).
• Los actos de resolución de procedimientos disciplinarios en el ámbito de la **convivencia universitaria** (L 3/2022 art.19.h).

Precisiones **1)** No agotan la vía administrativa las resoluciones de las **juntas de contratación ministeriales** (JCCA Inf 16/2000). Tampoco las resoluciones de las **juntas arbitrales de consumo** (L 60/2003; RD 713/2024) en materia de inadmisión de solicitud de arbitraje de consumo, otorgamiento o denegación de distintivo de adhesión al Sistema Arbitral de Consumo, así como, en su caso, nombramiento de miembros de colegios arbitrales. Estos actos son susceptibles de recurso de alzada ante la Presidencia del Instituto Nacional de Consumo. 12018

2) Las resoluciones y actos de trámite de los **órganos de selección** de procesos selectivos no agotan la vía administrativa, siendo susceptibles de recurso de alzada ante el órgano o autoridad que ha nombrado al presidente de tales órganos (RD 364/1995 art.14.2).

3) Los **actos no legislativos** de las cámaras y de los parlamentos pueden quedar sujetos a control contencioso-administrativo (TCo auto 241/1984).

4) No agotan la vía administrativa los actos susceptibles de **recurso de súplica** -actual recurso de reposición- ante el consejero de una comunidad autónoma, si no se interpone el mismo (TS 19-9-89).

5) Las resoluciones dictadas en materia de **acceso a la información pública** agotan la vía administrativa y son recurribles ante el orden jurisdiccional contencioso-administrativo, sin perjuicio de la posibilidad de interposición de reclamación potestativa ante el Consejo de Transparencia y Buen Gobierno (L 19/2013 art.20.5). Ver nº 96 y 3290 s. Memento Administrativo 2026.

12019 **Comunidades autónomas** Como regla, en cuanto a las comunidades autónomas y sin perjuicio de peculiaridades concretas, **agotan la vía administrativa** los actos y resoluciones siguientes:
MPCA nº 1776 s.

- los del gobierno autónomo y los de su **presidente** -y vicepresidentes, si los hay-;
- los de los **consejeros**, cuando una norma de rango legal o reglamentario así lo establezca;
- los de **otros órganos u organismos**, cuando actúan por delegación de otro órgano cuya actuación ponga fin a la vía administrativa; o cuando una norma de rango legal o reglamentario así lo establezca;
- los actos resolutorios de un **recurso de alzada**, cualquiera que sea el órgano que los resuelva;
- las resoluciones de los procedimientos de impugnación o reclamación **sustitutivos de recurso administrativo**;
- los acuerdos, pactos, **convenios o contratos finalizadores** de los procedimientos previstos en las normas básicas del régimen jurídico;
- respecto del **recurso de alzada impropio**, los actos de los órganos directivos de los organismos públicos no suelen agotar la vía administrativa, salvo que una Ley o su norma de creación establezcan lo contrario, si bien la solución contraria (exclusión salvo Ley específica) también se da.

12021 En cuanto a las **Administraciones forales** de los territorios históricos vascos, son finalizadores los actos dictados por el consejo de diputados -o de gobierno-, el diputado general y los diputados forales. No las resoluciones de los directores generales y de los órganos inferiores.
Los actos de los órganos de gobierno y administración de los organismos autónomos y de los órganos de gestión dependientes de la diputación foral ponen fin a la vía administrativa en los casos en que así se establezca en sus estatutos.
Presentan peculiaridades propias de su organización los **consejos insulares** de Baleares y los **cabildos** de Canarias.

12022 **Administración local** (LBRL art.52.2; RD 2568/1986 art.210) En el ámbito local, **agotan la vía administrativa** los siguientes actos:

• Los emanados del **pleno**, del **alcalde** o presidente y de la **junta de gobierno local**, salvo en los casos excepcionales en los que una ley sectorial exija aprobación ulterior del Estado o de la comunidad autónoma o en casos de delegación intersubjetiva de competencias estatales o autonómicas en favor de las entidades locales, supuesto en que el tratamiento procesal de los actos dictados es el propio de la Administración delegante.
• Los actos de **órganos inferiores**, en caso de que resuelvan por delegación interorgánica de órganos cuyas resoluciones pongan fin a la vía administrativa.
• Las resoluciones del **órgano económico-administrativo** en los municipios de gran población (LBRL art.136).
• Las resoluciones de **cualquier autoridad** u órgano, en caso de establecerlo así una disposición legal.

En los **municipios de gran población**, una vez adoptada la organización establecida en LBRL art.122 s., este último recurso tiene carácter potestativo, como consecuencia de la creación en aquellos de una reclamación económico-administrativa local (LBRL art.108 y 137).
Respecto de las **diputaciones provinciales**, agotan la vía administrativa los actos del pleno, los del presidente y los de la junta de gobierno.

Precisiones **1)** Lo expuesto debe entenderse sin perjuicio del **recurso potestativo de reposición** (LBRL art.107).
2) Los **municipios de gran población** se estudian en los nº 3800 s. Memento Administraciones Locales 2025-2026.

12024 **Administración electoral** (LO 5/1985 art.30.f) Finalizan la vía administrativa los acuerdos de las juntas electorales de:

- proclamación de **candidatos**;
- proclamación de **electos**; y
- elección y proclamación de **presidentes de corporaciones locales**.

También las resoluciones de las **delegaciones** de la Oficina del Censo Electoral.
En todo caso, son agotadores de la vía administrativa los actos de la **Junta Electoral Central**.
Contra los actos del **resto de las juntas**, que no tengan señalado un régimen específico de recurso judicial directo, cabe recurso, en el plazo de 24 horas, ante la junta de superior categoría. Contra los actos de esta no cabe ni siquiera recurso judicial, aunque sí recurso de amparo (LO 5/1985 art.21.2; TCo 197/1988; 103/1996; 46/1997).

d. Actos reproductorios, confirmatorios y de ejecución

(LJCA art.28)

Actos reproductorios y confirmatorios No cabe recurso contra los actos que sean reproducción de otros anteriores definitivos y firmes, ni contra los confirmatorios de actos consentidos por no haber sido recurridos en tiempo y forma. 12030 MPCA nº 1788 s.

La condición de acto reproductorio o confirmatorio es, por tanto, **motivo de inadmisibilidad** del recurso.

Los **presupuestos** de estas excepciones son análogos a los de la cosa juzgada y litispendencia: triple identidad de sujetos, pretensiones y fundamentos (González Pérez).

Se excluye el recurso respecto de los actos que tengan las siguientes notas **características** (TS 23-7-91, EDJ 8251; 3-12-99, EDJ 42551):

- falta de novedad;
- repetición o confirmación del acto confirmado;
- reiteración en la motivación jurídica;
- no alteración de situaciones consolidadas;
- aclaración, interpretación o ejecución de otro anterior;
- ausencia de nuevas declaraciones de derechos;
- ausencia de ampliación de las que ganaron firmeza.

No son actos confirmatorios (Santamaría, Parejo): 12031

- Los actos de aplicación de disposiciones generales (TCo 1267/1984; TS 18-1-85, EDJ 327).
- Los reproductorios de otros anteriores viciados de nulidad de pleno derecho, respecto de los que no cabe consentimiento por parte de los interesados.
- Los reproductorios de otros anteriores que no hayan sido debidamente comunicados -notificados o, en su caso, publicados-.
- Los aclaratorios de otros precedentes, aunque supongan alguna novedad respecto de los aclarados (TS 24-6-86, EDJ 4392).
- Las resoluciones tardías, dictadas una vez producido el efecto presunto por silencio administrativo.
- Los actos que suceden a otros anteriores y se derivan de los mismos, sin reproducirlos.

Precisiones **1)** Al suponer una restricción del acceso a la vía judicial, la doctrina del acto reproductorio o confirmatorio debe ser interpretada con **carácter restrictivo** (Villar Palasí).

2) Cuando el acto reproducido -y, en consecuencia, el reproductorio- sean **nulos de pleno derecho**, esta nulidad puede ser opuesta frente a ambos (TS 26-3-97, EDJ 3385).

3) Es admisible la impugnación del acto reproductorio cuando el acto reproducido **no** haya sido **válidamente notificado** (TS 26-1-98, EDJ 452). En tal caso, debe entenderse que el recurrente está impugnando en tiempo y forma un único acto -el que se le ha notificado-.

4) La jurisprudencia es diversa en relación con las **solicitudes que se plantean de forma sucesiva**, con idéntico objeto. En ocasiones se ha considerado que las resoluciones sucesivas son actos de trámite, mientras que en otras se ha rechazado esta interpretación, siempre que las solicitudes se formulen dentro del plazo sustantivo de prescripción del derecho (TS 22-7-86, EDJ 5340; 19-1-91, EDJ 434).

5) No es acto **confirmatorio** aquel que restablece una situación o medida derivada de un acto precedente que, de hecho, hubiera desaparecido -acuerdo municipal de colocación de señal que desapareció tras ser previamente colocada en virtud de acuerdo precedente- (TS 28-5-01, EDJ 32967).

6) Esta regla es extensible a los **recursos administrativos** (DGSJE Dict 17-7-99).

Actos de ejecución Los actos de ejecución son los que persiguen la realización efectiva de un acto precedente. Pueden estar: 12032 MPCA nº 1792 s.

- **excluidos de recurso**, en caso de ser mera aplicación de un acto anterior que se ejecuta, sin novedad o autonomía alguna respecto del mismo (TS 7-12-82, EDJ 7618; 30-6-06, EDJ 109937; 6-4-11, EDJ 42294); o
- **sometidos a recurso**, en caso de que los actos de ejecución, considerados autónomamente, incurran en motivo de infracción del ordenamiento jurídico independiente y ajena al contenido del acto originario o incurran *per se* en algún vicio o infracción del ordenamiento jurídico (TS 1-7-02, EDJ 25039).

Estos actos tienen la consideración de **acto de trámite o definitivo** en función de su entidad jurídica. Los actos materiales sin contenido jurídico alguno son simples actos de trámite. Por el contrario, la ejecución de un acto administrativo puede exigir **sucesivos actos administrativos** (apremios, embargos, etc.), que sí constituyen actos definitivos. En esta línea, es impugnable un acto de ejecución, bien porque no se ajuste al contenido del acto ejecutado, bien porque la ejecución no se realice conforme a la legalidad vigente. Lo que no cabe es recurrir contra un acto de ejecución y pretender la anulación de un acto anterior (TS 19-12-97, EDJ 10652).

Precisiones 1) La jurisprudencia ha sostenido que es inadmisible el recurso contencioso-administrativo contra actos de ejecución, ya que su validez está subordinada a un **acto administrativo anterior** del que constituyen simple aplicación (TS 27-9-83; 30-4-97, EDJ 3831). Este principio solo quiebra en aquellos supuestos en los que el nuevo acuerdo incurre en una violación independiente del acto originario, en los que cabe impugnación autónoma (TS 30-6-89, EDJ 6690; TSJ Madrid 22-11-05, EDJ 266632).
2) Sobre la condición de las **multas coercitivas** como actos de ejecución, ver nº 1898 Memento Procesal Contencioso-Administrativo 2026.

e. Actos impugnados en vía de recurso administrativo de revisión

(LPAC art.125 y 126)

12035 MPCA nº 1800 s. La **compatibilidad** sucesiva o simultánea del recurso administrativo extraordinario de revisión con el proceso contencioso-administrativo ha sido cuestión largamente debatida. El problema puede plantearse desde la perspectiva del recurso de revisión -como lo ha hecho frecuentemente el Consejo de Estado- o desde la del recurso contencioso-administrativo -más próxima al enfoque habitual del Tribunal Supremo-. De esta manera los interrogantes son dos:
1) Cómo se articulan **sucesivamente** ambos recursos (nº 12038).
2) Cómo se articulan **simultáneamente** (nº 12043). Y, dentro de esta segunda interrogante:
- si interpuesto un recurso contencioso o abierto el plazo de interposición, cabe interponer y debe admitirse un recurso administrativo de revisión contra el mismo acto; y
- si interpuesto recurso de revisión puede interponerse contencioso-administrativo -posibilidad más difícil en la práctica, por razones de plazos-.

Precisiones 1) Se exige al acto recurrible en revisión que sea firme en vía administrativa (LPAC art.125 y 126), lo que no significa que sea también firme en vía jurisdiccional contenciosa. Ello plantea la duda de si no es precisa la llamada **doble firmeza** en vía administrativa y jurisdiccional para que proceda el recurso extraordinario de revisión, lo que conduce a examinar la compatibilidad entre la vía administrativa -recurso de revisión- y la contencioso-administrativa (CEst Dict 1208/1995; 1860/1996; 2956/1996).
2) El **recurso extraordinario de revisión** se expone con detalle en los nº 8710 s. Memento Administrativo 2026.

12038 **Compatibilidad sucesiva** (LPAC art.126.3) La desestimación expresa o presunta de un recurso extraordinario de revisión puede recurrirse en sede contencioso-administrativa. Al respecto ha de indicarse lo siguiente:
a) En el recurso contencioso-administrativo solo pueden hacerse valer los **motivos tasados** previstos en la ley (LPAC art.125.1); pues cabe impugnación jurisdiccional de la resolución desestimatoria del recurso de revisión, pero no del acto inicial que permita la alegación de cualquier infracción del ordenamiento jurídico. Puede discutirse, únicamente, si la Administración ha actuado regularmente al resolver el recurso de revisión.
b) El interesado, ante un acto administrativo firme dado puede, a su **opción**, interponer:
- recurso extraordinario de revisión por alguno de los motivos tasados (LPAC art.125.1) -partiendo de la base de que concurra efectivamente-; o
- recurso contencioso-administrativo -incluso simultáneamente-, aunque si opta exclusivamente por el recurso de revisión pierde la posibilidad de discutir e invocar infracciones del ordenamiento jurídico distintas de los motivos del recurso de revisión, porque durante la tramitación de este último habrá transcurrido en exceso el plazo de interposición del recurso contencioso.
c) Se plantea la cuestión de la admisibilidad o no del recurso administrativo de revisión cuando el acto de origen que se impugna ha sido objeto de **sentencia judicial firme**. Conviene dejar claro que lo que no resulta admisible es la interposición de un recurso de revisión administrativo cuando los motivos que se invocan en el mismo ya han sido desestimados en vía contencioso-administrativa por sentencia, puesto que a ello se opone el efecto de cosa juzgada. Otra interpretación supondría en último extremo, permitir una acción administrativa extraordinaria que devendría en correctora de las decisiones de los tribunales, lo que resulta directamente incompatible con la naturaleza de la función jurisdiccional (CEst Dict 780/1995). Por el contrario, si se esgrimen **motivos distintos** de los que sirvieron para fundar el recurso jurisdiccional parece que no concurriría cosa juzgada, por no concurrir el presupuesto objetivo de la misma.

12039 Precisiones 1) Como quiera que, ante el **acuerdo desestimatorio de la alzada**, firme en vía administrativa, el actor podía usar libremente su derecho a presentar ese recurso extraordinario de revisión, y así lo hizo, en lugar de pretender la actuación de los tribunales de justicia en la revisión de los acuerdos que estimaba contrarios a su derecho, la petición actual de que se revoquen o anulen con base en su inadecuación al ordenamiento jurídico es extemporánea, pues la formulación del recurso extraordinario de revisión no interrumpe aquel plazo y sin que se cause la indefensión que se alega, ya que puede acudir a esta vía para que se declare si la desestimación presunta de su recurso de revisión es conforme o no a Derecho. No pueden, por tanto, estudiarse para determinar la procedencia o no de lo pretendido razones distintas de los **motivos del recurso de revisión**, razones o motivos distintos que solo podrían decidirse en el amplio marco del recurso jurisdiccional contra las primitivas resoluciones que el demandante no ha interpuesto dentro del plazo preclusivo de la LJCA (TS 11-5-79, EDJ 7401; 1-12-92, EDJ 11904).

2) El **objeto del recurso** no pueden ser cuestiones que afectan a la legalidad de la sanción impuesta en su día (TSJ Castilla-La Mancha 11-6-98, EDJ 61196). No puede entrarse en el análisis de la cuestión de fondo planteada, esto es, legalidad o ilegalidad de la denegación de la solicitud de exención de visado, sin examinar previamente la legalidad de la resolución de inadmisión dictada por la delegación del Gobierno, pues la confirmación de esta última supondría un obstáculo insalvable para el estudio de la pretensión actora (TSJ Las Palmas 6-2-98, EDJ 61359).

El **Consejo de Estado** también mantiene el mismo criterio (CEst Dict 1123/1994).

Motivos de nulidad radical (LPAC art.47.1) Más dudas plantea la posibilidad de examinar en sede judicial los motivos de nulidad radical que se aleguen por la parte actora que no acudió a la acción de nulidad y utilizó el recurso de revisión. 12041

a) En contra, puede sostenerse que la **revisión de oficio** es compatible con el recurso de revisión y que si el interesado formula este por alguno de los motivos tasados contemplados para el recurso extraordinario de revisión (LPAC art.125.1), la Administración no está obligada a recalificar el recurso en la llamada **acción de nulidad** (LPAC art.106 y 125.3). Así, la desestimación del recurso solo habrá considerado los motivos invocados dentro de los tasados del recurso de revisión, no pudiendo el órgano jurisdiccional, dado el carácter revisor de la jurisdicción contencioso-administrativa, modificar los parámetros de legalidad de la desestimación del recurso de revisión.

b) A favor de que el órgano jurisdiccional pueda examinar las causas de nulidad (LPAC art.47.1), que se invoquen en un recurso contencioso-administrativo contra la desestimación de un recurso de revisión, puede afirmarse que se trata de **vicios de orden público** y que la acción de nulidad no está sujeta a plazo -dentro de los límites de LPAC art.110-, por lo que el interesado puede iniciar la vía de la acción de nulidad, contra cuya desestimación podría acudir a la vía jurisdiccional en la que se debatiría lo que ahora se rechaza. Pero el argumento de la **economía procesal** no siempre tiene acogida en nuestros tribunales (TS 17-5-99, EDJ 17105).

Precisiones El recurso de revisión no puede servir para **reabrir plazos fenecidos**:

- Debe evitarse que, al amparo de este recurso, se revisen cuestiones de Derecho o se rehabiliten plazos definitivamente cerrados (TS 12-3-76; 16-1-96, EDJ 79).
- Lo que se pretende con la aplicación estricta del recurso, precisamente, es evitar su desnaturalización, convirtiéndolo en una forma de abrir extemporáneamente unas vías que ya estaban caducadas (CEst Dict 1514/1995).

Compatibilidad simultánea Se distinguen dos **posturas**, a favor y en contra de la compatibilidad simultánea del recurso extraordinario de revisión y del recurso contencioso-administrativo, mantenidas tanto por el Consejo de Estado como por el Tribunal Supremo. 12043 MPCA nº 1810 s.

El Tribunal Supremo, en algunas ocasiones, teniendo en cuenta el distinto objeto de impugnación en el recurso administrativo de revisión y en el recurso contencioso-administrativo, parece aceptar la **compatibilidad** de recursos, aunque ni es definitiva ni reiterada esta postura de la compatibilidad (TS 23-2-60; 7-6-05, EDJ 90270).

Del mismo modo, el Consejo de Estado sostuvo, en principio, la **admisibilidad del recurso** extraordinario de revisión contra un acto administrativo susceptible de recurso contencioso-administrativo, o hallándose este pendiente de resolución (CEst Dict 45215/1983; 1860/1996; 2956/1996; 2773/1997), dado que solo se exige la **firmeza del acto en vía administrativa** -no en la vía jurisdiccional-, de lo que se deduce la compatibilidad de recurso de revisión y contencioso-administrativo.

Sin embargo, el Tribunal Supremo también ha declarado abiertamente la **incompatibilidad** entre ambos recursos, debiendo elegir una u otra vía de impugnación, pero no utilizarlas simultáneamente por los mismos motivos (TS 11-12-84).

El Consejo de Estado también ha entendido, con posterioridad, que su doctrina inicial debe someterse a **reconsideración**, ya que provoca la disfuncionalidad de que un mismo acto esté sujeto simultáneamente a la decisión del recurso de revisión y del recurso contencioso-administrativo. 12044

En ese sentido, ha entendido que, mientras que exista una **situación de litispendencia**, producida por haberse interpuesto un recurso contencioso-administrativo contra la misma resolución impugnada en vía administrativa de revisión, la Administración competente no puede pronunciarse sobre el fondo del asunto, y una vez que haya recaído sentencia, la resolución administrativa que se dicte no puede ser contraria a los pronunciamientos de la sentencia (CEst Dict 1487/1993).

De esta manera, sería admisible lo que se ha denominado una «**compatibilidad a medias**», puesto que se admite el recurso administrativo de revisión contra un acto ya impugnado ante la jurisdicción contencioso-administrativa, siempre que dicho recurso no se fundamente en las mismas circunstancias (CEst Dict 1076/1991). Si existiera **coincidencia**, habría que inadmitir el recurso de revisión, por encontrarse la cuestión debatida *sub iudice*. Igual postura cabe sostener, según esta doctrina, en el caso de que el recurso de revisión se hubiera interpuesto antes que el recurso jurisdiccional.

Precisiones Aunque, tras la L 30/1992 -cuyo contenido incorpora la LPAC- parece que no se exige la **doble firmeza** administrativa y judicial para la interposición del recurso administrativo de revisión, el Tribunal Supremo parece seguir exigiéndola. En todo caso, cuando se hace referencia a la doble firmeza se alude a la del acto firme administrativamente que no ha sido recurrido judicialmente, o cuyo recurso judicial ha sido inadmitido por auto que ha devenido firme, no al acto administrativo confirmado judicialmente. En tal caso, cabe solo, si acaso, el recurso judicial extraordinario de revisión, pero contra la sentencia confirmatoria, no contra el acto confirmado, al menos en relación con los motivos invocados en el proceso y desestimados en sentencia.

f. Actos del Gobierno

(L 50/1997 art.29.3)

12050 Todos los actos del Gobierno y de los órganos y autoridades regulados en la Ley del Gobierno son **impugnables** ante la jurisdicción contencioso-administrativa, en los términos y con las limitaciones expuestos en nº 10970.

Ha de tenerse en cuenta que estos actos están sometidos también al **control político** de las Cortes Generales.

2. Impugnación de disposiciones de carácter general

(LJCA art.25)

12053 Las disposiciones de carácter general o reglamentos son manifestación de la **potestad reglamentaria**, configurándose como normas jurídicas de rango inferior a la ley.

MPCA nº 1840, 5270 s.

Por su carácter normativo, deben ser objeto de publicación, y vinculan tanto a la Administración como a los ciudadanos, a partir de su **entrada en vigor** (LPAC art.131).

Por su carácter de **norma inferior a la ley**, la función del reglamento es el desarrollo o complemento de la ley, asegurando su correcta aplicación y plena efectividad, sin que pueda limitar los derechos, las facultades y las posibilidades de actuación contenidas en aquella (TS 17-6-97, EDJ 5157).

Precisiones **1)** Las disposiciones generales, con su mero pronunciamiento y necesaria publicación, **agotan la vía administrativa**, sin necesidad de interponer contra ellas recurso alguno administrativo a tal fin, siendo posible -y obligada, en su caso- su directa impugnación en la vía jurisdiccional (TS 19-3-08, EDJ 41706).

2) Las **exposiciones de motivos** o preámbulos de las normas no tienen carácter normativo, a ningún efecto y, por tanto, no pueden ser impugnados (TS 15-3-83, EDJ 1716).

3) Sobre **diferencias** entre actos administrativos y reglamentos, ver nº 815 s. Memento Administrativo 2026.

4) La impugnación de ciertas **figuras afines** a las disposiciones generales (presupuestos de las entidades locales, ponencias de valores catastrales, convenios urbanísticos) se expone en los nº 1888 s. Memento Procesal Contencioso-Administrativo 2026.

12055 **Mecanismos de control de la potestad reglamentaria** (LOPJ art.6; LJCA art.26) El ejercicio de la potestad reglamentaria se controla a través de las siguientes técnicas:

a) Por vía de **inaplicación** o de **excepción**. Los jueces y tribunales de cualquier orden jurisdiccional -incluso los del contencioso-administrativo- no deben aplicar los reglamentos o cualquier otra disposición, que sean contrarios a la Constitución, a la Ley o al principio de jerarquía normativa.

El efecto de este mecanismo de control es la simple inaplicación, aun de oficio, del reglamento -debidamente motivada-, sin pronunciamiento expreso sobre la invalidez de la disposición general. La decisión no produce efectos fuera del procedimiento, pues el juez o tribunal carece de competencia para resolver al respecto.

b) Por vía de **impugnación** ante el orden jurisdiccional contencioso-administrativo. Pueden ser objeto de recurso contencioso todas las disposiciones generales, con independencia de cuál sea la materia que regula la disposición en cuestión.

Existen dos cauces de impugnación de las disposiciones generales:

- el llamado **recurso directo**, que supone la impugnación de la disposición en sí misma (nº 12059); y
- el **recurso indirecto** (nº 12064), que consiste en la impugnación de un acto de aplicación de la disposición con fundamento en la invalidez de aquella.

La impugnación indirecta debe necesariamente traducirse en el enjuiciamiento de la disposición general, lo que contribuye a la depuración del ordenamiento.

Alcance del control de la potestad reglamentaria Los tribunales de lo contencioso-administrativo deben limitarse a enjuiciar la adecuación a Derecho del ejercicio de la potestad reglamentaria en sus **aspectos formales y sustantivos**. 12057

No pueden enjuiciar normas con rango de **ley**. Igualmente, los **decretos leyes** y **decretos legislativos**, tampoco pueden ser objeto de recurso contencioso-administrativo, con carácter general, pues ambos tipos normativos tienen rango de ley, por lo que no están sujetos a los mecanismos de control propios de las normas reglamentarias, sino a los propios de la ley (Const art.82 y 86; TS 2-7-92, EDJ 7256).

No obstante, los **decretos legislativos** sí pueden ser enjuiciados por la jurisdicción contenciosa, en la medida en que excedan los límites de la delegación (LJCA art.1).

Por otra parte, el hecho de que una disposición reglamentaria sea **reproducción de una norma anterior**, también reglamentaria, no excusa a los tribunales de su enjuiciamiento. La semejanza o incluso identidad de un reglamento con una norma anterior no niega la realidad de la disposición, como hecho normativo, que es ejercicio de una potestad (TS 16-5-94, EDJ 11929).

No obstante, si una norma reglamentaria es **reiteración de las disposiciones de una ley**, los tribunales no pueden entrar a enjuiciarla (TS 12-2-85, EDJ 911; 16-9-92, EDJ 8852).

Precisiones **1)** Si un reglamento postconstitucional regula una materia sujeta a **reserva de ley**, aun cuando fuera mera repetición de un reglamento preconstitucional, el nuevo reglamento sería impugnable y nulo por infracción de la citada reserva (TS 22-5-00, EDJ 50386).

2) Es inviable pronunciarse sobre la legalidad de una **disposición general derogada** antes de la presentación de la demanda (TS 20-2-86, EDJ 1410). Hay que entender que en recurso directo, no en uno indirecto en el que la fiscalización lo sea del acto de aplicación de aquella.

3) El control a través de la técnica de la **desviación de poder** es desplegable sobre las disposiciones generales. Tradicionalmente, se ha discutido que pueda tener lugar con ocasión del ejercicio de la potestad reglamentaria, siendo más propia del ámbito del acto administrativo; sin embargo, la jurisprudencia ha admitido reiteradamente dicha posibilidad (TS 28-10-95, EDJ 6381; 10-6-97, EDJ 4575; TSJ La Rioja 27-2-97; TSJ Canarias 20-10-97, EDJ 8957).

Recurso directo (LJCA art.26 y 66) Es admisible el recurso directo contra las disposiciones de carácter general, cualquiera que sea su materia (administrativa o no). Este recurso debe ser tramitado con **carácter preferente**. 12059 MPCA nº 1848

Motivos de impugnación Las disposiciones generales pueden ser impugnadas por motivos de forma y de fondo: 12060

a) En cuanto a la **forma**, la elaboración de los reglamentos está sujeta a un procedimiento regulado por Ley (L 50/1997 art.26). Ver nº 5350 s. Memento Administrativo 2026.

En cuanto al alcance procesal de la **omisión de los distintos trámites** cabe señalar lo siguiente:

• **Actividades preparatorias** -estudios, informes previos, a elaborar por el centro directivo-. En general, la jurisprudencia ha negado eficacia invalidante a la omisión de estos trámites (TS 17-3-81, EDJ 6288; 10-6-81).

• **Informes internos** -de la Secretaría General Técnica y del Consejo de Estado-. Las exigencias relativas a estos trámites suelen aplicarse con rigor (TS 21-1-84, EDJ 363; 31-1-85, EDJ 644).

• **Informes externos** -trámite de audiencia-. Solo puede omitirse dicho trámite cuando lo exijan graves razones de interés público o, si ya se ha producido la audiencia, durante el proceso de elaboración de la disposición.

• **Aprobación y publicación**. La observancia del procedimiento de aplicación y publicación condiciona la validez de la norma.

b) En cuanto a los **motivos de fondo**, las disposiciones generales pueden ser impugnadas fundamentalmente por dos motivos (LPAC art.128):

• Por vulnerar el principio de **jerarquía normativa**. Esto es, por oponerse a lo dispuesto por una norma de rango superior: la Constitución, una ley o un reglamento de rango jerárquico superior (p.e. una orden ministerial no puede contradecir un real decreto).

• Por regular materias que la Constitución o los estatutos de autonomía reconocen como **competencia** de las Cortes Generales o de las asambleas legislativas de las comunidades autónomas. La reserva de ley es una manifestación del principio de competencia.

Efectos (LJCA art.31.1) El efecto del recurso directo contra una disposición general, en caso de ser estimado, es la declaración de no ser la norma conforme a Derecho y su **anulación** o declaración de **nulidad**, con lo que desaparece del ordenamiento jurídico. 12062

Dicha desaparición del ordenamiento jurídico implica que los jueces y tribunales tienen el **deber de no aplicarla** (de oficio) a partir de la fecha en que esta se produzca, lo que alcanza a los **recursos pendientes** contra actos de aplicación, con independencia de que las partes hayan o no alegado la nulidad de la disposición.

Deben tenerse en cuenta además las siguientes consideraciones:
a) Los tribunales no pueden **introducir modificaciones** en el texto de la resolución impugnada (LJCA art.71.2; TS 23-6-99, EDJ 14526; 10-11-99, EDJ 40659; 22-3-19, EDJ 544205), del mismo modo que no pueden **dictar normativa reguladora** cuando esta no exista (TS 21-3-91; 22-7-92, EDJ 8241).
b) El alcance de la anulación de una disposición general en relación con los **actos firmes ya dictados** en aplicación de aquella es una cuestión muy discutida (en particular, en el caso de las liquidaciones tributarias giradas en aplicación de reglamentos declarados nulos):
• Por una parte, se considera que, si una disposición es anulada, los actos de aplicación no solo quedan sin cobertura normativa, sino que incluso deben ser calificados como **contrarios a Derecho**.
• Por otra parte, el principio de **seguridad jurídica** se opone a que puedan ser revisados los actos firmes -por consentidos, o por haber recaído sentencia no susceptible de recurso-. Este es el criterio del Tribunal Constitucional (TCo 45/1989).

12063 **c)** La nulidad de un reglamento incluye la de sus **disposiciones derogatorias** y, por tanto, supone la **vigencia de las normas derogadas**, efecto que no tiene lugar en caso de derogación del reglamento (TS 17-7-91, EDJ 7959; 1-6-92, EDJ 7158). Sin embargo, hay que tener en cuenta que el reglamento que recobra vigencia podría adolecer de iguales vicios de contenido que el reglamento anulado, en cuyo caso debería ser inaplicado por los tribunales.

Precisiones El control jurisdiccional alcanza a la observancia del procedimiento de elaboración legalmente establecido, con respeto al principio de jerarquía normativa y de inderogabilidad singular de los reglamentos, así como la publicidad necesaria (Const art.9.3), delimitaciones sustantivas y formales de la potestad reglamentaria que determinan el alcance del ámbito de la revisión jurisdiccional que se plasma en el juicio de legalidad de la disposición general, cuyo contenido entra en el ámbito de decisión del titular de la potestad reglamentaria, que no puede sustituirse por las valoraciones subjetivas de la parte o del propio tribunal que controla dicha actuación (LJCA art.71.2), lo que impide, aún en el supuesto de anulación de un precepto, determinar la **forma en la que ha de quedar redactado** (TS 22-3-19, EDJ 544205).

12064 MPCA nº 1856 **Recurso indirecto** (LJCA art.26) Además de la impugnación directa de las disposiciones de carácter general, también es admisible la de los actos que se produzcan **en aplicación de las mismas**, fundada en que tales disposiciones no son conformes a Derecho. Es la llamada impugnación o recurso indirecto.
En consecuencia, la **falta de impugnación directa** de una disposición general o la desestimación del recurso que frente a ella se hubiera interpuesto no impiden la impugnación indirecta de sus actos de aplicación.
Esto es aplicable igualmente respecto de **normas reglamentarias enlazadas** que se rigen por un criterio jerárquico, de modo que el contenido de las de superior rango es aplicado y desarrollado por las de rango inferior. Es el caso de los instrumentos de planeamiento urbanístico.

Precisiones **1)** El **fundamento** de esta posibilidad es el aseguramiento de una efectiva tutela judicial de los derechos e intereses de los administrados. En efecto, normalmente no es la disposición general la que afecta directamente a estos derechos o intereses -y, si lo es, rara vez los administrados habrán tenido conocimiento de su existencia-, sino el acto dictado en aplicación de aquella.
2) Se admite la impugnación indirecta de un **plan urbanístico** superior a través del recurso contra un plan inferior, vinculado jerárquicamente a aquel, que le presta cobertura normativa, y aprobado en su ejecución o aplicación (TS 1-6-16, EDJ 83006).

12065 MPCA nº 1859 s. **Motivos de impugnación** La impugnación de la disposición general no puede fundamentarse en motivos de **forma** o de **procedimiento**, pues, si así fuese, se estaría produciendo un fraude de ley procesal (TS 23-1-92, EDJ 3939; 31-1-95, EDJ 347).

Precisiones **1)** Se ha criticado esta **restricción**, por no fundamentarse en la Ley procesal (González Pérez).
2) En todo caso, solo pueden impugnarse indirectamente los reglamentos o disposiciones **en vigor**, no aquellos que se hallen en tramitación (TSJ Canarias 3-5-05, EDJ 88306).

12066 MPCA nº 1862 **Efectos** (LJCA art.27) El efecto propio de la **estimación** de un recurso indirecto es la anulación del acto administrativo en cuestión.
La impugnación de un acto administrativo fundamentada en la nulidad de una disposición general lleva necesariamente aparejado el enjuiciamiento directo de la disposición y, si procede, su declaración de nulidad con eficacia general. Se aplican al respecto las siguientes **reglas**:
1. Si el **juez o tribunal competente** para conocer del recurso contra el acto (fundado en la invalidez de una disposición general) lo es también para conocer del recurso directo contra esta, la sentencia debe declarar la validez o nulidad de la disposición general.

2. Por su carácter de órgano jurisdiccional superior, el **Tribunal Supremo** debe anular cualquier disposición general cuando, en cualquier grado, conozca de un recurso contra un acto fundado en la ilegalidad de aquella norma.
3. Cuando un juez o tribunal de lo contencioso-administrativo haya dictado sentencia firme estimatoria por considerar ilegal el contenido de la disposición general aplicada, pero no sea competente para pronunciarse sobre la legalidad de la disposición, debe plantear la **cuestión de ilegalidad** ante el tribunal competente para conocer del recurso directo contra la disposición.
Si el órgano superior declara la **validez de la disposición** general, esta declaración ya no tendría efectos prácticos con respecto al acto administrativo, pues la sentencia del órgano inferior declarando la nulidad del acto administrativo sería ya firme, con lo que se produciría una cierta contradicción.

Precisiones 1) El régimen expuesto (LJCA art.27) es preferente al de **inaplicación de disposiciones generales** (LOPJ art.6), en aquellos procesos contencioso-administrativos en que se promueva una impugnación indirecta de una disposición general o, aunque no se promueva, cuando el tribunal considere que esta es contraria a la Ley o a reglamentos de rango superior y tal contravención sea decisiva para resolver el litigio. Dicho precepto es de aplicación imperativa para el juez (TS 26-10-22, EDJ 709894; 28-2-24, EDJ 511338).
2) Solo es posible declarar por vía de impugnación indirecta la nulidad de la disposición general si se ha **anulado el acto que la aplica**, por entender que aquella no era conforme a Derecho (TS 20-3-24, EDJ 532517).
3) La doctrina ha criticado esta regulación, pues no resuelve los **problemas prácticos** que plantea. Así, por ejemplo, cuando el acto y la disposición general han de ser enjuiciados por distintos tribunales, por aplicación de los principios generales, debe conocer del recurso el tribunal superior (Garrido Falla).

Impugnación de instrumentos de ordenación urbanística La **naturaleza reglamentaria** del planeamiento urbanístico ha sido reiteradamente reconocida por la jurisprudencia, con sumisión al principio de jerarquía normativa, que determina el absoluto sometimiento de los instrumentos inferiores a las previsiones y determinaciones del plan superior (TS 7-11-87, EDJ 15996; 21-3-90, EDJ 3160). **12068** MPCA nº 1864 s.
Es claro que los instrumentos de ordenación **no** responden al concepto de **acto administrativo**, sin perjuicio de que en su procedimiento de aprobación, se dicten actos de tal especie.
Generalmente, aunque con alguna variación en función de la ley aplicable, se suceden tres **actos esenciales** en dicho procedimiento: los de aprobación inicial, provisional y definitiva. Los dos primeros, de trámite; el tercero, definitivo, subsumido en el régimen de impugnación de la norma que aprueba.
Como tales actos de trámite simples, no cabe su impugnación autónoma (LPAC art.112.1). Sin embargo, excepcionalmente se permite la impugnación de los **actos intermedios de formación** de los instrumentos de planeamiento cuando se presente una nulidad de pleno derecho de modo tan ostensible y patente que permita anticipar el juicio sobre la legalidad del acto final, evitando la continuación de un procedimiento que se sabe de antemano viciado con defectos de imposible reparación (TS 14-7-01, EDJ 47700; 23-1-04, EDJ 2246).
Por otra parte, se aplica a los planes e instrumentos urbanísticos y a sus **actos de aprobación definitiva** la regla conforme a la cual contra disposiciones administrativas de carácter general no cabe recurso en vía administrativa (LPAC art.112.3; TSJ La Rioja 23-3-01, EDJ 98898). Diferente de ello es el potestativo requerimiento de anulación o derogación que, en caso de que la impugnante sea una Administración o entidad pública, puede deducirse previamente contra estos instrumentos (LJCA art.44).
Como consecuencia de ello, se someten a:
- la expuesta regla de inaplicación o «aparcamiento» de los reglamentos ilegales (LOPJ art.6; TS 23-6-03, EDJ 51013);
- recurso contencioso-administrativo indirecto (TS 22-1-88, EDJ 10302; 14-3-88, EDJ 16846; 28-6-21, EDJ 626282);
- cuestión de ilegalidad.

Precisiones Sobre la **impugnación de otros instrumentos** regulados en la legislación urbanística (catálogos, proyectos de urbanización, instrumentos de gestión, licencias y títulos habilitantes), ver nº 1880 s. Memento Procesal Contencioso-Administrativo 2026.

Determinaciones sin alcance normativo No todo el contenido de un plan urbanístico tiene alcance normativo, sino que algunas de sus determinaciones pueden tener **carácter singular**. **12069** MPCA nº 1879
Es el caso de las determinaciones **delimitadoras o de modificación de unidades de actuación**, que carecen de alcance reglamentario, siendo concretos sus destinatarios y su vigencia no indefinida, sino referida a un periodo de ejecución específico, de manera que no cabe contra

aquellas la vía del recurso contencioso-administrativo indirecto (TS 21-6-00, EDJ 21933; 4-7-00, EDJ 22264; auto 11-12-08, EDJ 316882; TSJ Madrid 25-2-11, EDJ 141020; TSJ Galicia 27-12-12, EDJ 319276).

Tampoco tienen alcance reglamentario, por carecer de las notas de permanencia, generalidad y ordinamentalidad, las determinaciones relativas al **señalamiento del sistema de actuación o ejecución** del plan de que se trate, dado que la fijación del sistema de ejecución -se encuentre previsto en el propio plan o se señale después por el procedimiento legalmente establecido- es solo el señalamiento de qué norma debe ser aplicada para la gestión urbanística de un polígono o unidad de actuación. Es decir, es solo la concreción de las normas aplicables, referida a un solo espacio físico, que se agota una vez que la gestión ha concluido.

Se trata, por tanto, de un acto que no se encuadra en el ordenamiento jurídico para su aplicación sucesiva y reiterada -como las normas-, sino que surte sus **efectos una vez sola y exclusiva**. Por ello, no es posible la impugnación indirecta del acto de señalamiento del sistema de ejecución (TS 27-5-99, EDJ 8790; TSJ La Rioja 16-2-00, EDJ 6695).

Por fin, en el plano de la **ordenación territorial**, es frecuente la inclusión de contenidos en sus instrumentos de alcance programático o de tipo directriz orientativa, careciendo tales de carácter normativo. Ello tendrá la oportuna consecuencia en sede de control judicial (será infiscalizable).

12070 Precisiones 1) La afirmación de la **naturaleza normativa de los planes** es susceptible de **matizaciones** en razón del heterogéneo contenido de aquellos. El planeamiento engloba la actuación de dos potestades distintas, una de auténtica naturaleza reglamentaria -normas relativas a la utilización del suelo, etc.- y otra que se traduce en la ejecución de obras públicas de urbanización -dirigida a la transformación material de la realidad, sin la cual el plan será un «dibujo muerto»-. Pero ambos elementos integrantes del contenido del plan están íntimamente ligados entre sí y así, con ocasión de la **impugnación directa** de un plan, se ha declarado en ocasiones que las cuestiones planteadas no pueden resolverse hasta el momento de la ejecución. Esta íntima conexión de los distintos elementos integrantes del plan abre la posibilidad de su **impugnación indirecta** (TS 29-6-86, EDJ 4542; 17-10-88, EDJ 8108; TSJ País Vasco 21-11-03, EDJ 203990).

2) Los acuerdos o decisiones por los que se aplica la medida cautelar de **suspensión de trámite y resolución de licencias urbanísticas** por causa de encontrarse en tramitación un instrumento urbanístico o territorial, si bien no participan de ordinamentalidad, pueden impugnarse indirectamente, contra sus actos de aplicación, al afectar de manera directa a determinaciones normativas que, en defecto de aquellos, serían aplicables; pues los acuerdos de suspensión de licencias, aunque no puedan considerarse en rigor como disposiciones administrativas de carácter general, inciden mediatamente sobre las normas urbanísticas que, en otro caso, serían de aplicación para verificar la procedencia de las licencias de edificación solicitadas y, en ese punto, participan de la naturaleza reglamentaria de aquellas, por lo que es posible su **impugnación indirecta** a través de los actos de aplicación (TS 27-11-90, EDJ 19343; 31-1-00, EDJ 969).

3. Impugnación de la inactividad material de la Administración

(LJCA art.25.2 y 29)

12075 MPCA nº 1920, 5400 s. La inactividad de la Administración también puede constituir el **presupuesto** del proceso contencioso-administrativo.

El cauce tradicional para impugnar la inactividad formal de la Administración es la **técnica del silencio**: cuando la Administración no dicta un acto es necesario provocarlo, para a continuación deducir recurso contra la inactividad formal, si esta persiste.

Precisiones 1) Sobre las particularidades que presenta la impugnación de la inactividad material de la Administración en ciertos **supuestos especiales** -contratos administrativos, expropiación por ministerio de la ley, inactividad de los jurados de expropiación, procedimientos de evaluación de impacto ambiental, cumplimiento de acuerdos de conferencias sectoriales- ver nº 1938 s. Memento Procesal Contencioso-Administrativo 2026.

2) La viabilidad del procedimiento previsto en LJCA art.29.2 no debe quedar a la libre disposición de las partes, sino que, en todo caso y con independencia de la actuación de estas, corresponde al órgano jurisdiccional velar porque se cumplan los requisitos y presupuestos legales para poder alcanzar la finalidad de este cauce específico y de naturaleza singular que, mediante el **control jurisdiccional de la inactividad** de la Administración, pretende asegurar el estricto cumplimiento de la legalidad (TS 13-1-26, EDJ 500796).

12077 **Presupuestos** La inactividad material de la Administración solo es impugnable cuando se deriva de **determinados actos o negocios** -disposiciones generales, actos administrativos, contratos o convenios-.

Se exige al respecto la concurrencia de los siguientes requisitos, con carácter tasado (TS 8-10-20, EDJ 669144): ausencia de actividad material y existencia de una obligación basada en un título de carácter incuestionable.

Ausencia de actividad material Es necesario que la Administración no realice una **prestación concreta**, a favor de una persona o personas determinadas, cuya existencia no se debate, derivada de una disposición general -que no precise de actos de aplicación-, un contrato o un convenio (TS 13-10-09, EDJ 234744; 18-2-19, EDJ 508418; TSJ Cataluña 25-6-15, EDJ 175455). **12078** MPCA nº 1924

El concepto de prestación debe entenderse, en un **sentido amplio**, como obligación de dar o de hacer (CC art.1088) y no como equivalente a actividad prestacional, en el concepto administrativo.

La inactividad no se refiere, en principio, a la **potestad reglamentaria**, que solo puede ser objeto de impugnación en supuestos muy concretos (TS 8-3-22, EDJ 521545). Ver nº 10888.

En cuanto a los **destinatarios**, aunque la Ley exige que se refiera a personas determinadas (TS 16-9-13, EDJ 178299), la doctrina entiende que también debe incluirse el caso en que la actividad se refiera a una pluralidad de sujetos (González Pérez). Este sería el caso de los servicios públicos a que resultan obligados los entes locales.

Obligación basada en un título Por otra parte, es necesario que la obligación de actuar surja, de modo incuestionable, de un título, que puede ser cualquiera de los siguientes: **12079** MPCA nº 1927 s.

• Una **disposición general**, con independencia de su rango normativo, que no requiera actos de aplicación. Si la disposición precisa de **actos de aplicación**, el interesado tendría que aguardar a que estos se produjeran o bien instarlos él mismo (en cuyo caso, la impugnación se articularía por la técnica tradicional del silencio).

Una interpretación estricta de esta hipótesis conduciría a su práctica inaplicación, pues apenas existen casos en que la disposición identifique a los destinatarios. El supuesto ha de interpretarse, por tanto, con un **criterio amplio**, abarcando todos los casos en que la disposición general no deja ningún margen de apreciación

• Un **acto administrativo firme**. Si la Administración se resiste a ejecutar sus actos administrativos, no cabe otra opción al administrado que exigir la ejecución y, si esta no se produce, recurrir contra el acto expreso o presunto. En definitiva, el administrado se ve obligado a incoar un proceso contencioso.

• Un **contrato o convenio administrativo**.

Precisiones **1)** La inactividad de la Administración como objeto del proceso contencioso-administrativo, ya sea general o especial, no puede ser entendida sino en el concepto técnico jurídico establecido en la LJCA, que no se refiere a **cualquier dilación o retraso u omisión** en el actuar de la Administración, por más que coloquialmente pueda ser entendido esto también como «inactividad», sino estrictamente al supuesto en el que la Administración está obligada a realizar una prestación concreta a favor de persona determinada en virtud de disposición general que no precisa de actos de aplicación, contrato o convenio, o al supuesto de inejecución de actos firmes (TSJ Cataluña 29-5-08, EDJ 185753).

2) Puede ser **inactividad impugnable** la falta de incoación de un procedimiento de revisión de oficio por causa de nulidad (JCA Logroño 30-7-04). No en cambio la falta de pago, por parte de una Administración pública, de una deuda tributaria a otra, pues la obligación que se reclama precisa de la correspondiente liquidación o acto aplicativo que determine su exacta cuantía en relación con los parámetros que configuran la base imponible del tributo, tipo impositivo, etc. (TS 18-2-05, EDJ 55175).

3) Para que pueda prosperar la pretensión por inactividad se necesita que la disposición general invocada sea constitutiva de una obligación, con un **contenido prestacional concreto y determinado**, no necesitado de ulterior especificación y que, además, el titular de la pretensión sea a su vez acreedor de aquella prestación a la que viene obligada la Administración (TS 24-7-00, EDJ 25122; 8-1-13, EDJ 2168). De ahí que este no sea un cauce procesal idóneo para pretender el cumplimiento por la Administración de obligaciones que requieren la tramitación de un **procedimiento contradictorio** antes de su resolución (TS 18-11-08, EDJ 227816). Igualmente, es inadecuado en los supuestos en los que existe **discrecionalidad**, cuando se da un margen de actuación o apreciación por parte de la Administración (TS 14-12-07, EDJ 243298; 1-10-08, EDJ 185155).

4) En los supuestos en los que se ha obtenido el **derecho de reversión por silencio administrativo**, la posterior solicitud de ejecución de ese derecho, no respondida por la Administración, puede ser considerada inactividad a los efectos de LJCA art.29.2 sin que ello suponga que deje de resultar necesario verificar tanto la existencia misma de un acto firme no ejecutado que constituye su presupuesto indispensable como que lo solicitado se encuentra dentro de lo que el acto de cuya ejecución se trata ha concedido (TS 13-1-26, EDJ 500796).

Procedimiento El interesado debe requerir a la Administración para que realice la actividad antes de iniciar la vía contencioso-administrativa. **12081**

Pueden distinguirse, por tanto dos **fases** sucesivas:

- la reclamación previa; y
- el proceso contencioso-administrativo.

12082 **Reclamación previa** El interesado debe -preceptivamente (TS 8-10-20, EDJ 669144)-, antes de incoar el proceso, formular un requerimiento a la Administración, que dispone de un **plazo** de 3 meses para realizar la prestación, o de un mes, si se trata de la ejecución de un acto administrativo firme.
Si, dentro de los plazos mencionados, la Administración **no da cumplimiento** a lo solicitado, ni alcanza un acuerdo con los interesados, estos pueden deducir recurso contencioso-administrativo.

12083 **Procedimiento contencioso-administrativo** (LJCA art.32.1 y 108) El procedimiento a través del cual el administrado puede solicitar la condena a la Administración al cumplimiento de sus obligaciones, no presenta ninguna especialidad, salvo la aplicación del **procedimiento abreviado**, en el caso de que se solicite la ejecución de un acto firme.
Solo la sentencia que se dicte en este proceso constituye un título susceptible de ejecución procesal. Por tanto, en caso de **incumplimiento de la sentencia** por la Administración, el órgano judicial puede, a instancia de los interesados:
• Ejecutar la sentencia a través de sus **propios medios** o requiriendo la colaboración de las autoridades y agentes de la Administración condenada o, en su defecto, de otras Administraciones públicas, con observancia de los procedimientos establecidos al efecto.
• Adoptar las medidas necesarias para que el fallo adquiera la eficacia que sería inherente al acto omitido: en particular, la **ejecución subsidiaria** con cargo a la Administración condenada.
• Reponer la situación al estado exigido por el fallo y determinar los **daños y perjuicios** que ocasione el incumplimiento, si la Administración contraviene los pronunciamientos del fallo.
Para asegurar los efectos de esta sentencia, las partes pueden solicitar la adopción de **medidas cautelares** (nº 13480).

12084 **Supuesto especial de los contratos administrativos** (LCSP art.198.4 y 199) Ciertos
MPCA supuestos presentan particularidades en cuanto a los presupuestos para la impugnación de la
nº 1938 s. inactividad de la Administración. Especial interés presenta el de los contratos administrativos, en lo que respecta a la **reclamación judicial de pago**, para la que se exige el transcurso de determinados plazos y el cumplimiento de ciertos requisitos:
• La Administración ha de **abonar al contratista** el precio dentro de los 30 días naturales siguientes a la fecha de la expedición de las certificaciones de obra o de los documentos que acrediten la realización total o parcial del contrato.
• Para que se inicie el cómputo del plazo para el devengo de intereses, el contratista debe de haber cumplido la **obligación de presentar la factura** en el plazo de 30 días desde la entrega efectiva de las mercancías o la prestación del servicio.
• La Administración debe aprobar las **certificaciones de obra** o los documentos que acrediten la conformidad con lo dispuesto en el contrato dentro de los 30 días siguientes a la entrega efectiva de los bienes o prestación del servicio, salvo acuerdo expreso en contrario, establecido en el contrato y en alguno de los documentos que rijan la licitación, siempre que no sea manifiestamente abusivo para el acreedor en el sentido establecido por L 3/2004 art.9.
• Transcurrido el plazo repetido, el contratista puede **reclamar por escrito** a la Administración contratante el cumplimiento de la obligación de pago y, en su caso, de los intereses de demora (intimación).
• Si, transcurrido el plazo de un mes, la Administración no ha contestado, se entiende reconocido el vencimiento del plazo de pago y los interesados pueden formular **recurso contencioso-administrativo** contra la inactividad de la Administración, pudiendo solicitar como medida cautelar el pago inmediato de la deuda.

Precisiones Las normas expuestas establecen un **privilegio procesal** a favor del contratista, en la medida en que se le exime de la carga de acreditar la apariencia de buen derecho de su pretensión y el peligro de demora. Estas reglas se aplican tanto en caso de reclamación de **principal** como de **intereses**, que se pueden reclamar por este cauce de manera autónoma (TS 2-12-19, EDJ 744850).

4. Impugnación de la vía de hecho

(LJCA art.25.2 y 30)

12085 Es aquella situación producida por una **actuación administrativa** que se lleva a efecto prescin-
MPCA diendo de manera plena del procedimiento establecido o por órgano manifiestamente incom-
nº 1950 s., petente (TS 18-10-00, EDJ 41953; 2-4-08, EDJ 25729; 15-4-24, EDJ 539364; TSJ Málaga
5450 s. 31-7-13, EDJ 242207).
Es una actuación administrativa no respaldada en forma legal por el **procedimiento administrativo legitimador** de la concreta actuación (TS 16-6-11, EDJ 131387; 31-10-14, EDJ 191991), iniciada sin un acto administrativo que legitime la actuación material o ejecutada con irregularidades absolutamente invalidantes (TSJ Aragón 9-2-22, EDJ 527020); es la máxima desviación en que una Administración puede incurrir desde el punto de vista del cauce de su actividad.

La Administración incurre en vía de hecho cuando inicia una **actuación material de ejecución** que limite derechos de los particulares sin previamente adoptar la resolución que le sirva de fundamento jurídico (LPAC art.97.1).
Si, en principio, aquella actúa investida de especiales prerrogativas, entre ellas el peculiar régimen de impugnación de sus actos ante la jurisdicción contencioso-administrativa, esas prerrogativas no se dan en el caso de vía de hecho, pues no existe propiamente actuación administrativa. De ahí que se concedan al interesado mecanismos de reacción, que no se agotan en la **jurisdicción contencioso-administrativa** (nº 12090), sino que, de forma sucesiva, pueden alcanzar a la **jurisdicción civil** (nº 12093) y a la **constitucional** (nº 16300).

Precisiones La vía de hecho en el seno del **procedimiento administrativo** se expone en los nº 1382 s. Memento Administrativo 2026.

Presupuestos Esta figura supone la **inexistencia de acto administrativo**, lo que tiene lugar en los siguientes casos: 12088 MPCA nº 1970
- Si el acto administrativo **no existe en absoluto**, o bien si ha sido anulado o revocado.
- Si el acto administrativo existe formalmente, pero adolece de tan graves **defectos de forma** que carece de una mínima apariencia de la que deducir los efectos propios del acto administrativo.
- Si existe un acto administrativo, pero la **actuación administrativa material** se ha desconectado totalmente de aquel, perdiendo su fundamento.

Asimismo, la vía de hecho exige una **actuación material**, que se opone a la inactividad como objeto de recurso contencioso-administrativo (TS auto 18-9-00, EDJ 113334).

Precisiones 1) Cabe diferenciar **posturas doctrinales y jurisprudenciales** diversas sobre la vía de hecho: 12089
- Para un sector jurisprudencial, la vía de hecho se produce cuando no existe **cobertura jurídica** de ninguna clase a la actuación de la Administración, o cuando esta es nula de pleno derecho (TS 1-6-85; 19-5-86, EDJ 3304, relativas a actos nulos de pleno derecho; TS 14-5-79, EDJ 7424; 28-12-90, EDJ 12117, relativas a órgano incompetente). En este sentido, se identifica, en ocasiones, con la pura actuación material, no amparada siquiera aparentemente por una cobertura jurídica (AP Valencia 13-7-98, EDJ 61399).
- Ciertos sectores doctrinales sostienen que la posibilidad de acudir al procedimiento interdictal -de seguir aceptándose en la actualidad- no cabe solo en los supuestos de nulidad de pleno derecho, sino siempre que la actuación de la Administración no se realice de acuerdo con el **procedimiento legalmente establecido**.
- La mayoría considera que no hay vía de hecho en caso de **mínima infracción del procedimiento** que no afecte a derechos fundamentales de los ciudadanos ni genere indefensión. No es necesario exigir la total ausencia de cobertura en la actuación administrativa (TS 20-2-87; 8-6-93, EDJ 5485). En este sentido, las actuaciones desproporcionadas en relación con el acto previo de cobertura podrían estar incursas en vía de hecho (TS 8-6-93, EDJ 5485).
- Desde un **punto de vista constitucional**, la vía de hecho se constituye por los actos de los funcionarios y de los agentes de la Administración faltos de cobertura legal y de cobertura concreta en un título jurídico (TCo 22/1984). Cuando lesione derechos fundamentales, puede dar lugar a **recurso de amparo** directo ante el Tribunal Constitucional (LOTC art.41).

2) Se ha considerado como vía de hecho:
- La **expulsión colectiva de menores extranjeros** efectuada tras una entrada masiva por la frontera de Ceuta, con inobservancia absoluta de trámites procedimentales y violación de prohibición establecida en el CEDH -Protocolo 4 art.4- (TS 22-1-24, EDJ 501561).
- La práctica sorpresiva y sin preaviso, con ocasión de un registro domiciliar, de **interrogatorios a los directivos y empleados** de una entidad mercantil sometida a un procedimiento de inspección de Hacienda, a cuyo domicilio se accede con autorización judicial, ejecutándose como si se tratara de una mera incidencia o actuación más del registro, pues se producen al margen de cualquier procedimiento idóneo para interrogar a personas; aun cuando la práctica de tales interrogatorios no precise autorización judicial (TS 2-7-24, EDJ 605569; TSJ Cataluña 27-12-24, EDJ 841244). Sin embargo, se considera en un supuesto en el que se formula un interrogatorio a la administradora de la empresa a cuyo domicilio de se ha accedido para registro, en el que declaró voluntariamente, siendo informada con carácter previo del derecho a ponerse en contacto con su letrado, lo que hizo, que en modo alguno se vulnera el derecho de defensa de la recurrente ni desde luego el de inviolabilidad de domicilio (TSJ C.Valenciana 17-1-25, EDJ 625204).

3) Las actuaciones materiales constitutivas de vía de hecho no son **actos administrativos**, ni siquiera tácitos (TCo 22/1984; 160/1991).

4) En la hipótesis estudiada, la actuación de la Administración no es susceptible de **convalidación** alguna en sentido administrativo estricto (TS 17-4-97, EDJ 3848). Se ha admitido en algún supuesto una convalidación, en sentido amplio, de la actuación incursa en vía de hecho. Así, por ejemplo, en casos de ocupación irregular de terrenos en expediente expropiatorio que se subsana por posterior cesión voluntaria de los mismos (TS 22-2-00, EDJ 8304).

5) La vía de hecho supone la pérdida de la presunción de **legalidad** o autotutela declarativa y de la **ejecutoriedad** o autotutela ejecutiva y la **nulidad de pleno derecho** del acto, desde el plano administrativo (LPAC art.47.1).

6) No puede acudirse a la vía de hecho para amparar la legitimidad de un debate sobre la validez o invalidez de determinadas **actuaciones cubiertas aparentemente por un acto administrativo** (TSJ Aragón 9-2-22, EDJ 527020).

12090 MPCA nº 1984 s. **Defensa jurídica ante la jurisdicción contenciosa** (LJCA art.30, 32.2 y 46.3) La única reacción frente a la vía de hecho reconocida expresamente en la legislación procesal es el **recurso contencioso-administrativo**, aunque se entiende tradicionalmente que no tiene carácter exclusivo (González Pérez).

La jurisprudencia ha declarado sistemáticamente admisible el **recurso judicial contencioso** contra las actuaciones materiales de la Administración que constituyan esta figura, siendo potestativa la formulación de un **requerimiento previo** (TS 22-9-90, EDJ 8532; 15-12-95, EDJ 6847; 18-10-00, EDJ 41953; 25-1-02, EDJ 2215; TSJ Sevilla 29-11-02, EDJ 78453).

En cualquier caso, la defensa frente a la vía de hecho es diferente en función de si se ha formulado o no requerimiento:

a) Si el interesado **no formula requerimiento**, puede interponer recurso contencioso en el plazo de 20 días desde que se inició la actuación administrativa en vía de hecho.

b) Si el interesado **formula requerimiento** de cesación, pero la Administración no accede a lo solicitado, se producen los siguientes efectos:

• Si la **Administración no resuelve** en el plazo de 10 días, el interesado puede interponer recurso, en el plazo de los 10 días siguientes a la expiración del plazo para resolver.

• Si la **Administración resuelve** en sentido contrario a lo solicitado por el interesado, puede deducir directamente recurso contencioso-administrativo, en el plazo general de 2 meses.

El requerimiento no está sujeto a **formalidad** alguna, si bien es preciso que se dirija al órgano del que procede la actividad a la que se refiere, así como la total identificación de esta.

En cuanto a la **solicitud** que se plantea en el requerimiento, puede consistir no solo en el cese de la actuación, sino también en que se adopten las medidas conducentes al pleno restablecimiento de la situación, incluida la indemnización de daños y perjuicios, cuando proceda.

No se obliga a formular el requerimiento dentro de **plazo** alguno, aunque cabe entender que es de 20 días, pues este es el plazo para interponer recurso directo, si se opta por no formular previo requerimiento. En contra, considera que el plazo no es de 20 días (TSJ Castilla-La Mancha 24-11-04, EDJ 219482).

12091 Precisiones **1)** La acción tiene **naturaleza** declarativa y, a la vez, de condena y, en cierto sentido, interdictal, a cuyo efecto no puede dejar de relacionarse con la regulación de las **medidas cautelares**.

Por razón de la materia, la **competencia** del orden contencioso para conocer de estos recursos se explica sobradamente.

Como se ha dicho, en ellos se permite un **requerimiento previo** de carácter potestativo en sede administrativa. Pero esto no convierte a estos procesos en recursos contra la desestimación, en su caso por silencio, de tales reclamaciones o requerimientos. Ni estas acciones se atienen al tradicional carácter revisor del orden contencioso, ni puede considerarse que la falta de estimación total o parcial de la reclamación o requerimiento constituyan verdaderos actos administrativos, expresos o presuntos. Lo que se persigue es dar a la Administración la oportunidad de resolver el conflicto y evitar la intervención judicial. En caso contrario, lo que se impugna es, directamente, la inactividad o la actuación material, cuyas circunstancias delimitan el objeto del proceso (JCA Huelva núm 2, 8-11-05, EDJ 239993).

2) En los casos en los que, con carácter previo a la interposición del recurso contencioso-administrativo, el interesado ha presentado **demanda ante otro orden jurisdiccional**, que declara su falta de jurisdicción por medio de resolución notificada a aquel, el plazo para interponer es el general de 2 meses (LJCA art.46.1), no el de un mes (LJCA art.5.3), computado desde el día siguiente a la notificación de la resolución declarativa de la falta de jurisdicción (TS 21-4-21, EDJ 550698), siempre que no haya de considerarse que el plazo haya de correr desde la notificación del acto administrativo, en su caso, por ser imputable a la parte la elección de un orden jurisdiccional inadecuado.

3) Sobre el carácter hábil o natural de los días que integran los **plazos** expuestos, ver lo indicado en nº 12165, respecto del plazo de interposición del recurso contencioso.

4) No es preciso **recurso administrativo** para acudir al contencioso en estos casos, pues, a estos efectos, el acto se entiende siempre directamente impugnable en sede judicial.

5) No es posible apreciar la existencia o inexistencia de vía de hecho en el **recurso de casación** (TS 23-9-99, EDJ 31382; 20-5-09, EDJ 128249).

6) La **indemnización** por los daños causados por privación de posesión de bienes o derechos -normalmente, bienes inmuebles- se ha de reclamar, en general, por el **procedimiento de responsabilidad patrimonial**, sometiéndose, en tal caso, al plazo de prescripción de un año; plazo que afecta a la acción de responsabilidad, no a la acción de vía de hecho (Const art.106.2; LRJSP art.32 s.; LPAC art.65, 67, 81 y 92; TS 25-10-93, EDJ 9470; 8-4-95, EDJ 2499; 22-2-00, EDJ 8304).

Puede plantearse, en caso de **expropiación forzosa**, dentro de la pieza separada de justiprecio ante el jurado provincial de expropiación u órgano tasador equivalente, mediante inclusión, en la hoja de aprecio del expropiado, de los daños causados por vía de hecho en bienes no afectados por la expropiación. Es criterio indemnizatorio aplicar un porcentaje al valor de los bienes afectados, que suele ser del 25% (TS 11-11-93, EDJ 10150; 21-6-94, EDJ 5527; 30-5-95, EDJ 2484).

Defensa jurídica ante la jurisdicción civil La posibilidad de iniciar un proceso civil ante una actuación constitutiva de vía de hecho es consecuencia inmediata de la imposibilidad de calificar tal actuación como propiamente administrativa. La inexistencia de acto administrativo lleva aparejada la **pérdida de las prerrogativas** de tal acto, entre ellas, la competencia del orden jurisdiccional contencioso-administrativo. Ha de tenerse en cuenta además que la regla general en nuestro ordenamiento es la competencia de la jurisdicción civil, que solo se excepciona por una atribución expresa en contrario (LOPJ art.9.2; LJCA art.1). **12093** MPCA nº 1990 s.

Tradicionalmente la jurisprudencia ha discutido cuáles son los **procesos civiles** que puede instar el perjudicado por la vía de hecho, admitiendo el empleo de los interdictos de retener y recobrar por estar expresamente reconocidos en el ámbito expropiatorio; con más dudas, se ha admitido también en ocasiones el empleo del interdicto de obra nueva:

a) El **interdicto de retener o recobrar la posesión**, actualmente denominado acción sumaria de tutela de la posesión, exige que la actuación administrativa afecte a un bien o derecho susceptible de ser poseído, aunque sea en sentido natural, no civil (CC art.446). Para el éxito del interdicto de recobrar es preciso que exista *animus spoliandi* (AP León 29-1-99, EDJ 2147). Esta acción está expresamente reconocida para el caso de ocupación del bien expropiado, sin haberse cumplido los requisitos previos a esta: declaración de utilidad pública o interés social, necesidad de ocupación y previo pago o depósito (LEF art.125).

b) El **interdicto de obra nueva**, actualmente acción sumaria de suspensión de obra nueva, pretende la paralización de una obra por causar un daño irreversible al accionante. Es un procedimiento judicial encaminado a la suspensión de una obra no acabada que perturbe, no solo la posesión, sino también la propiedad o cualquier otro derecho real. Puede interponer este procedimiento cualquier titular de un derecho real que estime que ha sido perturbado por una obra nueva no finalizada (AP Málaga 20-10-98, EDJ 27334).

Los interdictos, o acciones de tutela sumaria, responden al tipo de **procesos urgentes**, sumarios o de conocimiento limitado, en los que se discute una cuestión concreta de carácter fundamentalmente fáctico y cuya resolución no produce efecto de cosa juzgada material, es decir, no excluye un proceso plenario posterior.

A su vez, el interdicto viene limitado estrictamente a la **posesión de mero hecho**, con exclusión de toda controversia sobre el dominio o cualquier otro derecho y del análisis o calificación del título aducido por el poseedor despojado, temas que requieren para su planteamiento el proceso declarativo (AP Lugo 26-6-99, EDJ 24885).

Estas acciones se tramitan por la vía del **juicio verbal** (LEC art.250.1.4º y 5ª).

Precisiones **1)** Se ha discutido si, tras la entrada en vigor de la vigente LJCA, sigue siendo posible el empleo de la **vía interdictal** de retener o recobrar contra las Administraciones públicas, dado que existe un tratamiento específico en vía contencioso-administrativa (AP Burgos 11-1-02, EDJ 66840; AP Cantabria 23-7-02, EDJ 41137; AP Málaga 15-9-04, EDJ 166567; AP Las Palmas auto 23-9-02, EDJ 64824). Sin embargo, la **opción entre vía civil o contenciosa** ya existía con anterioridad a la LJCA y la novedad de esta se limita al tratamiento procedimental de la vía contenciosa, por lo que no parece que ello pueda dejar sin vigencia dicha opción jurisdiccional. **12094**

2) En la norma vigente ya no se habla de interdictos, sino de **juicios verbales de tutela sumaria de la posesión** o tenencia, relativos a la paralización de una obra nueva y que pretenden evitar la causación de daños por edificios o elementos ruinosos (LEC art.250). No obstante, entendemos que no hay razón para considerar obsoleta esta denominación.

3) En caso de producirse, la vía de hecho tiene lugar con más frecuencia en el campo de la **potestad expropiatoria**, cuando la Administración expropiante ocupa el bien objeto de expropiación, sin declaración de utilidad pública o interés social y sin previo pago o depósito. En estos casos, el expropiado, además de los medios ordinarios jurídico-administrativos, puede utilizar los interdictos de retener o recobrar para ser amparado en la posesión amenazada o perdida (LEF art.125).

4) Se ha admitido la procedencia de la vía civil -junto con la administrativa- frente a la **apertura de una calle pública** sobre terrenos privados (TS 22-9-90, EDJ 8532), así como para conocer de la acción planteada por los propietarios de **viviendas desalojadas** para la construcción de un pantano (TCo 160/1991).

5) En principio, no es posible un **interdicto de obra nueva** frente a la Administración pública para paralizar una obra pública en construcción (TCJ 20-12-93; 21-12-93, EDJ 11725; 30-3-98, EDJ 2747; AP Cáceres 10-9-99, EDJ 56508), aunque ha sido admitido en alguna ocasión aislada (AP Burgos 1-6-99, EDJ 22961; AP Jaén 9-11-99; AP León auto 18-4-01).

C. Acumulación

(LJCA art.34 a 39)

12100 MPCA nº 2000 Bajo esta denominación se regulan una serie de medidas encaminadas a **agilizar la tramitación** de los procesos contencioso-administrativos. La más típica de ellas es la acumulación, pero junto a ellas se regulan otras medidas alternativas de menor importancia, como la tramitación preferente de procesos (nº 12125) y la prejudicialidad (nº 12132).

La acumulación supone la tramitación de **varias pretensiones** en un solo procedimiento, para ser decididas en una misma sentencia (LEC art.71; TS 18-1-06, EDJ 1898).

La **consecuencia procesal** de la aplicación de esta técnica, acumulando dos o más recursos en el mismo procedimiento es que todos han de resolverse en la misma sentencia, sin que sea posible resolver uno por separado y suspender el trámite del otro (TS 30-3-02, EDJ 7659).

Precisiones 1) La **regulación** de la acumulación en la jurisdicción contencioso-administrativa es escasa, por lo que es preciso completarla con las disposiciones de la LEC en la materia. Sin embargo, la **aplicación supletoria** de estas disposiciones da lugar a problemas de interpretación, que se deben fundamentalmente a que los presupuestos de la acumulación no son los mismos en una y otra jurisdicción.

2) No puede fundarse **recurso de casación** en la infracción de las normas reguladoras de la acumulación (TS 16-2-95, EDJ 1771).

12102 **Clases** En el **ámbito procesal civil** es tradicional distinguir la acumulación de acciones y de autos. En el **ámbito administrativo**, sin embargo, tienen mayor arraigo los conceptos de acumulación inicial y sucesiva:

• La **acumulación inicial** supone la existencia de un solo proceso, con varias pretensiones, que ha sido promovido como tal por el demandante (nº 12111).

• La **acumulación sucesiva** presupone la existencia de un proceso, con una única pretensión, cuyo objeto se amplía con posterioridad, por iniciativa de las partes o por decisión del órgano judicial. La acumulación sucesiva puede producirse porque se unen en un proceso las pretensiones que habían dado lugar a varios procesos (**por reunión**, nº 12165) o porque se inserta una nueva pretensión dentro del proceso inicial (**por ampliación**, nº 12120).

12104 **Información sobre la existencia de procesos acumulables** (LJCA art.38) El fundamento de la acumulación de procesos aconseja que se fomente el **conocimiento por los órganos judiciales** de la existencia de procesos susceptibles de acumulación, para lo que se establecen las siguientes medidas de información:

a) La **obligación de la Administración** de comunicar al tribunal la existencia de otros recursos contencioso-administrativos en los que puedan concurrir los presupuestos de la acumulación, cuando se le requiera para remitir un expediente administrativo.

b) La **obligación del letrado** de la Administración de Justicia de poner en conocimiento del juez la existencia de los procesos que se tramiten en la oficina judicial, en los que puedan concurrir los presupuestos de la acumulación.

El corolario de estas medidas es la atribución al juez de la facultad de **decidir de oficio** la acumulación, en los términos que se exponen en los números siguientes.

12106 MPCA nº 2007 **Presupuestos objetivos** (LJCA art.34) La acumulación se regula desde la perspectiva del presupuesto del proceso: la actuación administrativa. Así, pueden acumularse las pretensiones que:

- se deduzcan en relación con una **misma actuación administrativa** (sea disposición general, acto administrativo expreso o tácito, inactividad o vía de hecho);
- se refieran a **varias actuaciones**, cuando unas sean reproducción, confirmación o ejecución de otras, o cuando exista entre ellas cualquier otra conexión directa.

Es necesario, por tanto, que exista una **conexión directa** entre las pretensiones, por razón de su presupuesto. La conexión directa constituye un concepto indeterminado, que debe ser valorado por el órgano judicial en cada caso, atendiendo al fundamento de la acumulación.

En general, se produce conexión directa en los siguientes casos:

• Cuando exista total **identidad entre las actuaciones**, por ser reproductorias o confirmatorias unas de otras.

• Cuando las actuaciones sean distintas, pero estén vinculadas por ser una **ejecución de la anterior**.

• Cuando exista entre ellas una vinculación relevante por razón de:

- sus **efectos**, si la eficacia de un acto presupone la validez de otro; o
- su **contenido**, cuando los actos se refieren a una misma pretensión, planteada en vía administrativa.

Esta directa conexión puede ser bastante o no para justificar una acumulación (TS 30-9-92, EDJ 9492). Ha de atenderse al caso concreto. En todo caso, no parece preciso para que exista que haya subordinación de efectos entre los actos afectados.

Precisiones 1) No existe conexión directa cuando los actos tengan **contenido y efectos distintos** (TS 16-5-89), ni cuando la única vinculación entre los dos supuestos consiste solamente en la apelación a un **mismo fundamento legal** (TS 23-12-97, EDJ 57473).

2) Están directamente conectados los actos administrativos cuando la **nulidad** de uno determina la nulidad del otro (TS 25-2-98, EDJ 1655).

3) Las resoluciones denegatorias de la acumulación, o aquellas por las que se ordena la interposición separada de diferentes recursos que se han presentado unificados en uno solo han de estar **debidamente motivadas**, so pena de lesionar el derecho a la tutela judicial efectiva. No basta un mero «enunciado formal» de las razones que llevan a rechazar la acumulación de los recursos, sin argumentos que los concreten y sin razonamiento que los proyecte al caso (TCo 8/2014).

4) Sobre acumulación de **recursos de lesividad**, ver nº 12376.

Límites (LEC art.71; LJCA art.5) Aun cuando la LJCA no establece límites expresos a la posibilidad de acumulación, estos pueden inferirse de otros preceptos de la Ley, así como de la legislación procesal civil, de carácter supletorio. Los límites en cuestión son los siguientes: **12108** MPCA nº 2008 s.

a) Que se trate de **acciones incompatibles** entre sí. Ello sucede cuando la estimación de una impida o haga ineficaz la otra pretensión (TS 16-5-90, EDJ 5135).

Dicha incompatibilidad no se produce cuando las pretensiones se hayan escalonado como **principal y subsidiaria**, esto es, cuando el demandante ejercita varias pretensiones, con expresión de la principal y de la que se plantea para el caso de que aquella no se estime fundada (LEC art.71.4).

El planteamiento de **pretensiones alternativas** no parece conforme con el principio dispositivo que informa el proceso contencioso.

b) Que el **tribunal competente** para conocer de una pretensión no lo sea en relación con las restantes, en virtud del principio de improrrogabilidad de la jurisdicción -nº 11230- (TS 17-5-97, EDJ 3453).

Con respecto a este límite se ha considerado en algún caso que, si resultan competentes tribunales distintos, la competencia para conocer las pretensiones acumuladas corresponde al de **mayor alcance competencial** (TS 11-5-90, EDJ 5002; 20-11-92, EDJ 11488). Cuando ambos tribunales tienen el mismo alcance, la jurisprudencia se muestra contraria a la acumulación (TS 17-5-97, EDJ 3453).

c) Que, por su materia, las pretensiones deban ventilarse en **juicios de diferente naturaleza**. Este supuesto es infrecuente, pues en el ámbito contencioso son escasos los procesos especiales, pero podría darse en relación con algunos de ellos (p.e. con el proceso de protección de los derechos fundamentales: nº 13160).

Precisiones 1) Por aplicación del criterio que rige en el proceso civil (LEC art.73.1.1), pueden acumularse pretensiones que deben sustanciarse por el cauce del **procedimiento abreviado** a las que hayan de seguir el **cauce ordinario**, que es el que ofrece a las partes mayores garantías (Gimeno Sendra). **12109**

2) La **compatibilidad entre pretensiones** se debe apreciar ampliamente por parte del órgano judicial (TS 16-11-83). No deben seguirse criterios excesivamente formalistas, pues la acumulación solo impone unidad de tramitación y sentencia única, sin afectar a la individualidad de las pretensiones acumuladas, con sus correspondientes consecuencias sustantivas y procesales (TS 16-7-84). En todo caso, si se da incompatibilidad de las diversas pretensiones, la inadmisión -en su caso- se debe limitar a la accesoria, pudiendo aplicarse el criterio de la principalidad, la competencia objetiva o la prioridad temporal (TS 3-11-83, EDJ 5729).

3) Se han considerado **pretensiones compatibles** las siguientes:

- las anulatorias relativas a diversos actos administrativos entre los que existe conexión directa (TS 15-7-83);
- las relativas a una disposición general (orden ministerial) y acto de aplicación (convocatoria de pruebas selectivas), aun con distintos procedimiento y competencia (TS 24-6-86, EDJ 4405).

4) Se han declarado **pretensiones incompatibles**:

- la de declaración de invalidez por mera ilegalidad y por desviación de poder (TS 1-4-81, EDJ 6192);
- aquellas cuyo trámite, recursos y competencia sean diferentes (TS 25-1-82; 28-6-96), o las que por razón de la materia generen una competencia objetiva diversa (TS 26-9-83 -Audiencia Nacional y una audiencia territorial-; en contra, TS 10-10-92, EDJ 9851; 20-11-92, EDJ 11488);
- las referidas a un acto inicial y otro posterior modificativo (TS auto 10-6-92, EDJ 6080);
- las relativas a diversos acuerdos de justiprecio de una misma actuación expropiatoria (TS 30-9-92, EDJ 9492).

5) No es obstáculo para que se acuerde la acumulación que exista **litispendencia** entre los procesos que se pretende acumular, ya que una vez acordada, pierde relevancia aquella o desaparece, puesto que precisa de la existencia de al menos dos procesos para ser óbice procesal (TS 28-1-94, EDJ 630).

6) Es claro que no son acumulables los **procesos concluidos por sentencia firme** (TS 5-7-95).

12111 **Acumulación inicial** (LJCA art.35) El demandante puede acumular sus pretensiones en la **demanda**, con lo que el procedimiento será único a lo largo de toda su tramitación y concluirá por una sola sentencia.

12112 **Forma** Aunque se indica que el actor debe acumular las pretensiones en la demanda, parece que la acumulación debe ya indicarse en el **escrito de interposición**, en el que se cita el acto o disposición impugnado -si son varios, todos ellos-. De no hacerlo así, se produciría en la demanda una desviación procesal (TS 9-12-92, EDJ 12131).
Las pretensiones que se formulan de manera acumulada deben formularse dentro de los **plazos** generales para interponer el recurso (nº 12465), pues la acumulación nunca puede constituir un mecanismo de impugnación de actos que han ganado firmeza, esto es, de subsanación de la extemporaneidad (TS 21-12-90, EDJ 11860).

12113 **Efectos** (LJCA art.36.2) El letrado de la Administración de Justicia debe decidir sobre la acumulación al admitir el escrito de interposición (no se contempla el traslado a la parte contraria).
• La **acumulación improcedente** recibe una tramitación análoga a la de los defectos procesales susceptibles de subsanación: si no se estima pertinente la acumulación, se ha de conceder al recurrente un plazo de 30 días para interponer los recursos por separado; de lo contrario, el recurso caduca. Caducado el recurso, la interposición de un nuevo recurso está condicionada por los plazos de interposición del recurso (normalmente, no será ya posible).
• Si se estima la **acumulación procedente**, el proceso termina por una sentencia, que debe necesariamente referirse a todas las pretensiones que se hayan planteado.
Contra las resoluciones en materia de acumulación solo cabe **recurso de reposición** (nº 13930).

12114 **Relación con el principio de concentración de impugnaciones (expropiación forzosa)** En recursos derivados de actuaciones administrativas expropiatorias, el principio de concentración de impugnaciones permite que, en la impugnación del acuerdo de justiprecio, que finaliza la **pieza de valoración**, pueda alegarse cualquier vicio de nulidad de la expropiación, incluida la falta de declaración de utilidad pública (TS 18-10-02, EDJ 44621). Ello supone una acumulación inicial de pretensiones: valorativa una, de nulidad o invalidez otra u otras.
Sin embargo, no es posible acumular en el mismo **recurso contencioso-administrativo** la impugnación del justiprecio con la de actos de otras piezas del procedimiento expropiatorio en caso de que la Administración expropiante y la de integración orgánica del órgano tasador sean distintas (TSJ La Rioja 4-1-00, EDJ 49272).
Igualmente, en el **recurso judicial contra el acuerdo del jurado** es posible examinar, a efectos de confirmar o anular aquel, la nulidad del expediente expropiatorio por nulidad del plan que le sirve de cobertura (TS 25-10-96, EDJ 7050; 15-11-96, EDJ 8932). La nulidad del expediente se extiende al acuerdo del jurado.

Precisiones En caso de que uno o más interesados pretendan recurrir **varios actos de justiprecio dictados en la misma sesión** o en sesiones relacionadas por su objeto, por el mismo jurado, deben interponer tantos recursos judiciales cuantos actos administrativos se hayan dictado, sin perjuicio de su acumulación posterior, salvo que se deduzca previamente un solo recurso de reposición frente a todos ellos, recurriéndose entonces en sede contenciosa la resolución desestimatoria del recurso potestativo de reposición frente a los diversos acuerdos. No obstante, si se recurrieran directamente en sede judicial tales actos valorativos -sin reposición previa única- de manera conjunta, no obstante la anormal configuración inicial del proceso, cabe proseguir su tramitación unitaria si se dieran los presupuestos de la acumulación de autos (TSJ La Rioja 27-10-00).

12116 **Acumulación sucesiva por reunión** (LJCA art.37) La acumulación sucesiva implica el
MPCA planteamiento de un proceso con una pretensión a la que posteriormente se acumulan otras,
nº 2020 por reunión o por ampliación.
La acumulación sucesiva por reunión es el supuesto normal de acumulación sucesiva. También se denomina **acumulación de autos**. Se produce cuando se acuerda tramitar en un proceso varias pretensiones que habían dado lugar o que debían dar lugar a procedimientos independientes.
No se precisan los **presupuestos** de esta forma de acumulación, aunque parece claro que son aplicables los presupuestos generales y los **límites** antes indicados (nº 12108). Por tanto, solo pueden acumularse los procesos de idéntica naturaleza que se encuentren en la misma instancia (TS 17-5-97, EDJ 3453).

12117 **Procedimiento** La **solicitud** de acumulación puede realizarse por el demandante o por el
MPCA demandado.
nº 2022 La acumulación puede solicitarse en cualquier **momento** del proceso hasta la sentencia. Se entiende que el límite máximo es la fecha señalada para la vista o para votación y fallo (González Pérez).

También puede acordarla **de oficio** el órgano judicial, previa audiencia de las partes por plazo de 5 días.

No se especifica **cuál de los procedimientos** debe continuarse tramitando en lo sucesivo. Por aplicación de los criterios de la norma procesal civil, se entiende que se han de acumular los procesos más modernos al más antiguo, atendiendo a la fecha de presentación de la demanda (LEC art.79).

Efectos Si el juez **accede a la acumulación** sucesiva, el principal efecto es la tramitación de un solo proceso, hasta la sentencia, que lógicamente debe resolver sobre todas las pretensiones que se hayan planteado. 12118

Por el contrario, si el juez **no accede a la acumulación**, los procesos se han de seguir tramitando de forma independiente.

Contra la resolución que se dicte en materia de acumulación solo cabe **recurso de reposición** (nº 13930).

No se determinan los **trámites que han de seguir** a la acumulación. Por aplicación de la norma procesal civil, se debe suspender el procedimiento que esté más avanzado, hasta que los demás alcancen igual grado de tramitación (LEC art.84.2). De este modo, la acumulación nunca supondrá una merma de las garantías procesales.

Acumulación sucesiva por ampliación (LJCA art.36) El demandante puede solicitar la ampliación del recurso a actos, disposiciones o actuaciones que guarden **conexión directa** con el acto (más bien, con la pretensión) objeto del recurso. 12120

La ampliación del recurso contra la desestimación presunta a la **resolución expresa** que recae con posterioridad -o **ampliación por inserción**-, recibe distinto tratamiento, según cuál sea el contenido de la resolución expresa:

a) Si la resolución **estima su pretensión**, el recurrente puede desistir del recurso presentado. Si desiste, puede recurrir contra la resolución expresa en el plazo de 2 meses a contar desde su notificación.

b) Cuando la resolución expresa tiene **contenido totalmente desestimatorio**, la ampliación a la misma del recurso formulado previamente contra la desestimación de una solicitud o de un recurso administrativo por silencio administrativo no es necesaria, pues resulta superflua, toda vez que esa explícita resolución intempestiva viene a reproducir el contenido negativo del silencio, si bien con motivación.

Por consiguiente, la falta de ampliación no implica que la resolución expresa gane firmeza por consentida ni permite desestimar o inadmitir por ello el recurso contencioso-administrativo iniciado frente a la desestimación presunta por silencio administrativo por pérdida sobrevenida de objeto del proceso (TS 19-5-11, EDJ 99816; 7-11-12, EDJ 286147; 15-6-15, EDJ 105664).

c) Si la resolución expresa, posterior al silencio administrativo, es **parcialmente estimatoria** de la pretensión, alterando la situación que deriva de la ficción legal de desestimación que anuda el silencio administrativo negativo, entonces sí se impone, en principio, al demandante la carga de ampliar el recurso. Pero la no asunción de esta carga y la ausencia de ampliación solo comporta la total pérdida sobrevenida de objeto del recurso cuando, a la vista del contenido de la resolución tardía, la pretensión formulada carece de toda su virtualidad.

En otro caso, lo que se produce es la necesaria **modificación de la pretensión** formulada, para adecuarla al contenido del acto administrativo que sustituye a la ficción legal en que consiste el silencio administrativo, entendiendo que no alcanza ni a lo que se obtiene por dicho acto ni a los aspectos de este que no podían ser incluidos en las desestimación presunta recurrida y que, por tanto, son ajenos al proceso iniciado (TS 15-6-15, EDJ 105664).

También resulta necesaria la ampliación, con el matiz que acaba de apuntarse, cuando, aunque la Administración haya estimado el recurso administrativo, la resolución **no satisface el interés** del recurrente -p.e. cuando, impugnada una comprobación de valores, la Administración la anula por motivos formales y ordena que se practique nueva comprobación conforme a Derecho- (TS 21-6-90, EDJ 6635).

Precisiones **1)** La introducción de una nueva pretensión después de iniciado el proceso constituye una excepción a la regla general de **invariabilidad de las pretensiones** -que en el proceso civil es absoluta, pues las partes ya no pueden alterar sus pretensiones después de la demanda y de la contestación (LEC art.426.1)-. 12121 MPCA nº 2028

2) Para que exista acumulación por ampliación es preciso que se introduzca en el proceso una **nueva pretensión**, lo que no sucede cuando simplemente se extiende el proceso a un acto administrativo no impugnado, sin alterar la pretensión principal. Este sería el caso de la extensión de la impugnación de un acto presunto a la resolución expresa desestimatoria que ha recaído después (González Pérez).

3) Algunas afirmaciones jurisprudenciales destacables sobre esta figura son las siguientes:
• Es **necesaria** en supuestos en los que el acto dictado o producido con posterioridad al inicialmente impugnado sea diverso de este (TS 23-7-84).
• Es **facultativa** para el recurrente, a menos que el acto posterior modifique o reforme el inicialmente impugnado, de manera que en estos casos deviene imperativa y solo a través de la ampliación se puede someter al órgano judicial la actuación modificativa (TS 17-2-84; 7-5-90, EDJ 4766). Al margen de la posibilidad de un recurso judicial autónomo posterior, en su caso.
• En todo caso, el acto al que se refiera la ampliación tendrá que ser **por sí mismo recurrible**.
• No es preciso abrir el trámite formal de ampliación en relación con la **resolución expresa tardía confirmatoria** del sentido del acto presunto, pues se trata de una misma manifestación de voluntad (TS 10-2-81, EDJ 5783; 28-2-81, EDJ 6132).
• En definitiva, la denominada ampliación por inserción es facultativa para el recurrente, siendo solamente una **carga necesaria** cuando el acuerdo dictado expresamente ha modificado el presumido por silencio, ya que si así lo fuera, el acto expreso llegaría a ser firme y consentido, quedando sustraído a la jurisdicción sin que, por consiguiente, la sentencia que se dicte con respecto al acto inicialmente combatido pudiera alcanzarlo en sus consecuencia (TCo 98/1988; TS 12-5-72; 6-10-73, EDJ 2374; 27-2-97, EDJ 1796; TSJ Madrid auto 21-2-03, EDJ 263151).
4) No se admite en el proceso contencioso-administrativo la figura de la **reconvención**, esto es, la introducción por inserción de una nueva pretensión a instancia del demandado (González Pérez). Es algo diferente a la acumulación inicial o sucesiva. No obstante, en algunos supuestos de acumulación, podría darse aquella.

12122 MPCA nº 2030 **Procedimiento** Debe solicitar la ampliación el demandante, con carácter potestativo (TS 17-5-97, EDJ 3453).
La solicitud debe hacerse dentro del **plazo** general de interposición del recurso contencioso-administrativo (nº 12465), pues la ampliación implica un recurso contra un acto distinto. No obstante, esta restricción no es aplicable si el acto al que se amplía el recurso **no ha sido notificado** al demandante (TS 20-3-00, EDJ 10602).
En todo caso, es necesario que no se haya dictado **sentencia** en el proceso en cuestión.

Precisiones **1)** La ampliación debe solicitarse antes del día señalado para la **vista** o para la **votación y fallo** (González Pérez).
2) Puede solicitarse, formalmente, en el escrito de demanda, pero debe pedirse, efectivamente, con apertura del trámite oportuno (TS 20-9-85). No es aceptable una **ampliación tácita o de facto**. En defecto de ampliación del recurso, el contenido del mismo debe limitarse al acto formalmente recurrido -de acuerdo con el contenido del escrito de interposición (TS 13-11-92, EDJ 11163)-, sin que pueda extenderse a otros actos a los que se refiera la demanda (TS 24-9-81, EDJ 6076), de forma que la sentencia debe marginar cualquier consideración de estos. Lo contrario supondría una manifiesta desviación procesal (TS 18-2-82; 1-7-82).
3) La denominada ampliación por inserción es **facultativa** para el recurrente, siendo solamente una carga **necesaria** cuando el acuerdo dictado expresamente ha modificado el presumido por silencio, ya que si así lo fuera, el acto expreso llegaría a ser firme y consentido, quedando sustraído a la jurisdicción sin que, por consiguiente, la sentencia que se dicte con respecto al acto inicialmente combatido pudiera alcanzarlo en sus consecuencia (TCo 98/1988; TS 27-2-97, EDJ 1796; TSJ Madrid auto 21-2-03, EDJ 263151).

12123 **Efectos** Una vez presentada la solicitud de ampliación, se producen los siguientes efectos:
a) Se debe dar por el letrado de la Administración de Justicia **traslado a las partes** por plazo común de 5 días, para que presenten alegaciones, con suspensión del curso de los autos. No obstante, se mantendrán los señalamientos ya acordados, siempre que la decisión sobre la ampliación se produzca antes de la celebración de aquellos actos y no interfiera en los derechos de las partes ni en el interés de terceros.
b) El órgano judicial ha de **resolver sobre la ampliación** por medio de auto:
• Si **accede a la ampliación**, continúa el proceso relativo a la nueva pretensión hasta que se alcance el estado de tramitación en que se encuentra la pretensión originaria. A partir de entonces, ambas se han de tramitar conjuntamente.
• No se prevén las consecuencias del **rechazo de la ampliación**, por lo que podría entenderse que, en tal caso, el recurrente solo puede presentar recurso (independiente) contra la nueva actuación si aún se encuentra dentro del plazo de interposición del recurso contencioso-administrativo (nº 12465). De ahí que sea aconsejable, al solicitar la acumulación, presentar escrito de interposición *ad cautelam*, del que luego puede desistirse si el juez accede a la acumulación.
No obstante, en sentido opuesto se ha entendido que, al igual que acontece cuando se trata de una acumulación inicial (nº 12113), si el órgano jurisdiccional considera que no es procedente la acumulación sucesiva por ampliación interesada por el recurrente, debe darle un **plazo** de 30 días para formular nuevo recurso contencioso-administrativo, pues de otra forma se le privaría indebidamente de la posibilidad de impugnar un acto administrativo que incide en su esfera de intereses, causándole una indefensión innegable (TS 5-7-11, EDJ 155556).

Tramitación preferente (LJCA art.37.2) Cuando ante un juez o tribunal esté pendiente una pluralidad de recursos con idéntico objeto, el órgano jurisdiccional, si no se han acumulado, debe tramitar uno o varios con carácter preferente, previa audiencia de las partes por plazo común de 5 días, suspendiendo el curso de los demás hasta que se dicte sentencia en los primeros. **12125**

La tramitación preferente consiste por tanto en la tramitación de un recurso con carácter preferente -el denominado **pleito testigo** -, con suspensión del resto de procesos que se ventilan con idéntico objeto.

Esta medida tiene por objeto agilizar la tramitación de **recursos en masa**, para descargar de trabajo a los órganos judiciales.

Precisiones Tras el 5-5-2010 (reforma operada por la L 13/2009), la opción del órgano judicial para acumular, tramitar preferentemente o tramitar los procesos separadamente, ha pasado a ser **deber de tramitación preferente o acumulación** (LJCA art.37.2).

Presupuestos El presupuesto de esta medida es más restringido que el de la acumulación de autos, pues solo cabe cuando los diversos procesos tengan **idéntico objeto**, esto es, cuando exista una sustancial coincidencia en las pretensiones que han planteado diversos sujetos. **12126**

Precisiones Es obvio que no es preciso que se trate de impugnaciones de un mismo acto, sino que basta con que se trate de una **situación jurídica común** a varias personas (Gimeno Sendra).

Procedimiento La tramitación preferente puede ser solicitada por cualquiera de las partes, aunque lo más probable es que la acuerde el juez de oficio, previa audiencia a aquellas, por un **plazo** común de 5 días. **12127**

La petición, en caso de solicitarse por las partes, se ha de formular en un **escrito razonado** con el que se deben adjuntar los documentos que acrediten la identidad de situaciones.

Efectos (LJCA art.37.2 y 3) El órgano judicial debe decidir lo que proceda por medio de auto. Si decide tramitar un procedimiento de forma preferente, ha de suspender el curso de los **demás procedimientos** hasta que dicte sentencia. En este momento, los **demandantes afectados** por la suspensión pueden adoptar distintas conductas, en función de cuál haya sido el contenido de la sentencia: **12128** MPCA nº 2040 s.

a) Si la sentencia **rechaza la pretensión** (idéntica a la suya), lo más razonable es que el demandante formule desistimiento. No obstante, se le reconoce el derecho a solicitar la continuación del procedimiento, por exigencia de la garantía constitucional de tutela judicial efectiva, pero el alcance práctico de este derecho es meramente formal, pues lo lógico es que en su proceso se dicte idéntica sentencia desestimatoria (con fundamento en LJCA art.51.2: nº 12560).

b) En caso de **sentencia estimatoria**, el demandante puede solicitar la extensión de los efectos de la sentencia, por medio de un incidente de ejecución (LJCA art.111). Si se opta por esta posibilidad, el demandante debe esperar a que la sentencia adquiera firmeza. En caso de no formular la solicitud, se lleva testimonio a los recursos suspendidos.

Una vez firme, el letrado de la Administración de Justicia debe llevar **testimonio de la sentencia** a los recursos suspendidos, notificándolo a las partes para que en plazo de 5 días hábiles soliciten la extensión de efectos, la continuación de actuaciones o desistan del recurso.

Tramitación preferente por grupos (LJCA art.37.2) En caso de que la pluralidad de recursos con idéntico objeto pudiera, a su vez, agruparse por categorías o grupos que planteen una **controversia sustancialmente análoga**, el órgano jurisdiccional, si no se hubieran acumulado, debe tramitar uno o varios de cada grupo o categoría con carácter preferente, previa audiencia de las partes por plazo común de 5 días, suspendiendo el curso de los demás en el estado en que se encuentren hasta que se dicte sentencia en los tramitados preferentemente para cada grupo o categoría. **12129**

Este régimen **se aplica** a todos los procesos en trámite a fecha 30-7-2023 en los que no se haya dictado sentencia (RDL 5/2023 disp.trans.10ª).

Recursos (LJCA art.39) Contra las resoluciones dictadas en materia de acumulación, ampliación y tramitación preferente solo puede interponerse recurso de reposición (nº 13930 s.). **12130**

Prejudicialidad (LEC art.43) La legislación procesal civil contiene otra **medida alternativa** a la acumulación, que resulta aplicable al proceso contencioso-administrativo, de forma supletoria, cuando no concurran los presupuestos de la acumulación. **12132**

Su **presupuesto** es la existencia de prejudicialidad, esto es, la tramitación de dos litigios, cuando la resolución que se dicte en uno de ellos sea necesaria para decidir la cuestión que constituye el objeto del otro proceso.

En cuanto a sus **efectos**, únicamente se establece que el juez puede acordar la suspensión del curso de las actuaciones hasta que finalice el proceso que tenga por objeto la cuestión prejudicial.

Precisiones Esta medida no es aplicable en aquellos supuestos en los que la cuestión previa a dilucidar consiste en la determinación sobre la **legalidad o validez de una disposición de carácter general** de rango reglamentario (TS 28-6-05, EDJ 113642).

D. Cuantía

(LJCA art.40 a 42)

12140 MPCA nº 2050 s. La determinación de la cuantía de un proceso es una cuestión puramente procedimental. En el ámbito contencioso-administrativo, tiene importancia fundamentalmente a efectos de **acceso al recurso** de apelación, determinación del cauce procesal aplicable -procedimiento abreviado-, además de otras consecuencias de menor entidad, como el cálculo de las **costas procesales** -derechos de los procuradores y honorarios de los abogados-.

Precisiones **1)** Para evitar el acceso indiscriminado a los recursos de procesos de **cuantía señalada como indeterminada**, se intenta, siempre que sea posible, establecer desde el primer momento la cuantía del recurso.
2) Dado que las prevenciones legales en materia de cuantía se han de aplicar siempre en función de la **entidad real del proceso**, es indiferente a efecto de recurso que se haya tenido por preparado o por admitido en caso de que aquella no llegue al mínimo legalmente establecido (TS 18-2-04, EDJ 6111), o que en la resolución se haya dado pie al recurso indebidamente.
3) El rigor en la aplicación de la cuantía del proceso como *summa gravaminis* determinante de la admisibilidad de recursos contra la sentencia que le ponga término no puede relajarse por razones de **equidad**, ya que sobre ella prima la **seguridad jurídica** (TS auto 17-5-94, EDJ 4477, sobre inadmisión por defecto de cuantía «aun por 1 peseta»).
4) En lo que respecta al acceso al **recurso de apelación**, no son impugnables las sentencias recaídas en asuntos cuya cuantía sea inferior a 30.000 euros (LJCA art.81.1.a). Ver nº 14014.

12141 La cuantía es un presupuesto procesal del recurso que tiene carácter de orden público, no disponible por las partes (TS 9-3-04, EDJ 260303; auto 14-2-00, EDJ 31321). Su **determinación** corresponde al letrado de la Administración de Justicia (nº 12145), aunque las partes pueden indicar la que estiman correcta (nº 12143).
La cuantía del recurso viene determinada por el **valor de la pretensión** que es objeto del mismo. Dicho valor ha de calcularse aplicando las normas generales de la legislación procesal civil, con las **especialidades** establecidas en el ámbito del proceso contencioso-administrativo, relativas estas últimas a:
- el contenido de la pretensión (nº 12151);
- los supuestos de pluralidad de partes (nº 12156);
- los procesos que se han de reputar, en todo caso, como de cuantía indeterminada (nº 12158).

12143 MPCA nº 2054 **Indicación de la cuantía por las partes** (LJCA art.40) Las partes no están obligadas a indicar la cuantía del proceso. Dicha indicación es **potestativa** tanto para el demandante como para el demandado, si bien esta facultad tiene distinto alcance:
a) Si el **demandante** no indica la cuantía, el letrado de la Administración de Justicia le ha de requerir para que lo haga, en el plazo de 10 días. Pero, si no lo hace, la debe fijar, previa audiencia del demandado. No se trata, por tanto, de un defecto subsanable, sino de una mera facultad que tiene el demandante de señalar una cuantía, para su consideración por el letrado de la Administración de Justicia o el juez, según los casos.
b) El **demandado** no tiene por qué hacer ninguna manifestación sobre la cuantía del proceso. Su silencio se entiende como conformidad con la señalada por el demandante. Por tanto, si no la considera ajustada a Derecho, debe manifestarlo dentro de los 10 primeros días del plazo para contestar a la demanda. En tal caso se abre un **trámite incidental** que no suspende el curso de los autos, pues no exige un pronunciamiento previo (LEC art.387 y 389).
La cuantía debe constar en el **otrosí** de los escritos de demanda o contestación, aunque parece lógico entender que produce los mismos efectos su señalamiento entre los fundamentos procesales de uno u otro escrito.

Precisiones **1)** La **errónea determinación de la cuantía** no debe privar al demandante del acceso a los recursos que procedan, por aplicación del principio de la buena fe procesal y del criterio favorable a la admisibilidad de los recursos (TS 22-9-97, EDJ 5948).
2) Para tener por fijada la cuantía por una de las partes, no parece bastante que se derive implícitamente del contenido del correspondiente escrito, sino que debe hacerse la **indicación expresa**.

Fijación de la cuantía por el órgano judicial (LJCA art.40) El letrado de la Administración de Justicia tiene, en todo caso, **obligación** de establecer la cuantía del proceso, por medio de la pertinente resolución, que debe dictar una vez formuladas la demanda y la contestación -y después de tramitar el incidente correspondiente, si el demandado se ha opuesto a la cuantía señalada por el actor-. **12145** MPCA nº 2056 s.

En caso de **oposición**, la cuantía resultante de la resolución del letrado de la Administración de Justicia debe ser ratificada o modificada por el juez o tribunal, en la sentencia que ponga término al recurso.

Aunque no se indica expresamente, se debe establecer la cuantía que corresponda con arreglo a Derecho, por ser materia de **orden público procesal** (TS 7-2-00, EDJ 2701; 17-4-00, EDJ 16116). Las partes se han de limitar a indicar su parecer al respecto, pero el letrado de la Administración de Justicia o, en su caso, el juez no se hallan vinculados por lo manifestado por ellas (TS auto 27-11-90).

Si, por cualquier causa, el órgano judicial **no fija la cuantía** del proceso, tal omisión puede subsanarse en cualquier momento posterior del proceso (TS 17-4-00, EDJ 16116), sin suponer la nulidad de actuaciones (González Pérez). Si no se subsana en instancia, tampoco parece proporcionada la declaración de nulidad de actuaciones, siendo más lógico que el órgano que conozca del recurso establezca la cuantía, para determinar si el recurso debe o no admitirse.

La parte perjudicada por la resolución puede fundar el **recurso de queja** en la indebida fijación de cuantía del proceso si por esta causa no se tiene por preparado recurso de casación (en el régimen precedente a la LO 7/2015), o no se admite el de casación para unificación de doctrina (igualmente, con anterioridad a la LO 7/2015) o el de apelación.

Precisiones 1) La **falta de precisión** cuantitativa de la pretensión indemnizatoria no priva al actor de su derecho a la misma, pues puede determinarse en periodo de ejecución de sentencia (TS 25-11-81, EDJ 7778).

2) Por **excepción**, en contra de su carácter de cuestión de orden público, se ha sostenido que:
- no procede discutir la cuantía propuesta por una parte que no ha sido impugnada debidamente por la contraria (TS 19-2-79, EDJ 5024);
- la parte que propone una determinada cuantía, no puede pretender después que la real sea superior a efectos de recurso, pues aquella le vincula como acto propio (TS auto 14-12-92).

Reglas generales de determinación (LJCA art.42.1; LEC art.251) Para fijar el valor económico de la pretensión se deben tener en cuenta las normas de la **legislación procesal civil**, con ciertas especialidades contenidas en la LJCA. **12147** MPCA nº 2060 s.

En resumen, el criterio fundamental en este ámbito es la determinación de la cuantía en función del **valor económico de la pretensión** que es objeto del proceso:

a) Pretensiones de **condena**. Hay que distinguir los supuestos siguientes:

• Si se solicita la condena a una **obligación de dar**, se debe atender al valor de esta. En el caso de que la prestación consista en la entrega de una cantidad de dinero, la determinación es sencilla, salvo que se trate de una cantidad de dinero no determinada. Si se pretende la entrega de bienes muebles o inmuebles, se ha de estar al valor de estos al tiempo de interponerse la demanda.

• Si se solicita la condena a una **obligación de hacer**, su cuantía consiste en el coste de aquello cuya realización se insta o en el importe de los daños y perjuicios derivados del incumplimiento. No son acumulables ambas cantidades, salvo que se pretenda el cumplimiento y la indemnización, conjuntamente.

b) Pretensiones **declarativas o constitutivas**. A falta de mención alguna en la Ley, hay que entender que el proceso es de cuantía indeterminada en estos casos.

Precisiones 1) La supletoriedad de la LEC no es de primer grado, debiendo atenderse primariamente a las normas específicas de la LJCA (TS 16-2-95, EDJ 1771).

2) Las normas procesales civiles sobre determinación de la cuantía se exponen con detalle en los nº 3224 s.

Reglas especiales de determinación (LJCA art.42.1) Al margen de los criterios generales civiles supletorios (nº 12147), para establecer la cuantía del recurso se ha de tener en cuenta el contenido de la pretensión que se ejercita: **12151** MPCA nº 2073 s., 2068 s.

a) De **anulación**. Cuando el demandante solicite la anulación de un acto, como única pretensión, ha de computarse el débito principal, con exclusión de los recargos, las costas o cualquier otro tipo de responsabilidad, salvo que estas sean de importe superior a aquel.

Se entiende, por tanto, que los intereses tampoco deben computarse (TS auto 14-2-00, EDJ 31318).

b) De **plena jurisdicción**. Cuando el demandante pretenda, además de la anulación, el reconocimiento de una situación jurídica individualizada o el cumplimiento de una obligación administrativa, la cuantía viene determinada por el valor de la pretensión, de acuerdo con los siguientes **criterios**:

• Si la Administración ha **denegado totalmente** la pretensión, la cuantía viene determinada por el valor económico total de esta. Así sucede cuando el demandante solicitó una indemnización, sueldo o justiprecio, que se rechazan totalmente (TS 13-12-96, EDJ 52223).

• Si la Administración ha **estimado parcialmente** la pretensión, la cuantía se corresponde con la diferencia entre lo que se reclama y lo que se concedió en vía administrativa, que es, en definitiva, el valor de la pretensión que se ejercita (TS 14-10-96, EDJ 7377; 14-11-96, EDJ 8382). Este es el caso típico de los procesos en materia de expropiación forzosa, cuando se discute el justiprecio fijado por la Administración, a diferencia de lo que sucede cuando se solicita su anulación (TS 28-6-95, EDJ 4707).

Ahora bien, la cuantía no se ve alterada por una **estimación parcial** en instancia o primera instancia, sin que se reduzca, pasando a ser la diferencia entre lo inicialmente pretendido y lo estimado en sentencia (en contra, TS auto 23-5-93, considera que, a efecto de casación, ha de atenderse al importe de la condena, respecto del régimen precedente a la LO 7/2015).

La cuantía del proceso, y la consiguiente **recurribilidad** de la sentencia por razón de la misma, se ligan estrictamente a la pretensión, no al acto administrativo impugnado (nº 12152 s.).

12152 Precisiones **1)** Si se trata de **tributos y liquidaciones tributarias**, la referencia es la respectiva **cuota**, sin consideración de los elementos accesorios; o cada una de ellas, si son varias (TS 11-10-05, EDJ 166008).

Cuando lo que se discute es la **base imponible** a efectos de un tributo y, en consecuencia, si procede liquidar una cuota u otra de importe superior, el valor de la pretensión viene determinado por la diferencia entre ambas (TS 12-2-97, EDJ 4307).

Si la liquidación lo es por **IVA**, ha de atenderse al periodo de liquidación, sea mensual o trimestral (TS 4-11-08, EDJ 217224).

Con respecto al **impuesto sobre bienes inmuebles**, se ha señalado que la cuantía no es el **valor catastral individualizado** de los inmuebles cuyas liquidaciones sean objeto de impugnación, sino la cuota resultante de su aplicación, incluso cuando lo discutido sea exclusivamente ese valor (TS 8-7-05, EDJ 113628; 23-3-15, EDJ 51789; auto 12-3-09, EDJ 35932; 11-2-10, EDJ 15040; 22-4-10, EDJ 65389). No obstante, en el ámbito de la casación se ha matizado que cuando la sentencia de instancia declara la nulidad, no solo de las valoraciones catastrales individuales, sino también la de la **ponencia de valores**, la cuantía del recurso vendrá dada por las cuotas resultantes de las valoraciones catastrales de la totalidad de los inmuebles afectados por la ponencia de valores anulada (TS auto 3-4-14, EDJ 67944).

Sobre fijación de la cuantía en litigios relacionados con actos tributarios, ver nº 2068 Memento Procesal Contencioso-Administrativo 2026.

2) En caso de una **licencia de obras** la cuantía viene determinada por el valor de las obras, que se consignó en la solicitud de licencia (TS 28-7-88, EDJ 6763; 23-5-91, EDJ 22494; auto 29-4-93, EDJ 4002).

3) En materia de **justiprecio expropiatorio**, ha de atenderse a efectos de recurso a cada una de las pretensiones valorativas, no al cómputo total de ellas; identificando cada pretensión con cada hoja de aprecio separada (TS 22-12-05, EDJ 244540).

4) En el ámbito de la **contratación**, la cuantía se fija por el **importe del contrato**. No obstante, si se prevé su adjudicación por lotes, con posibilidad de adjudicación separada de unos y otros, ha de atenderse a la cuantía de cada uno de ellos (TS 10-11-05, EDJ 188397; auto 27-4-05, EDJ 73243).

Respecto de relaciones bilaterales de tracto sucesivo, como **concesiones administrativas**, el importe casacional se determina por el montante del canon anual o por la respectiva anualidad de renta (TS auto 18-12-03; TS 3-10-05, EDJ 157572).

Sobre fijación de la cuantía en litigios relacionados con contratos del sector público, ver nº 2069 Memento Procesal Contencioso-Administrativo 2026.

5) En sede de **potestad sancionadora**, aun cuando se haya tramitado un único expediente a partir de una sola acta de infracción de la Inspección de Trabajo que, sin embargo, recoja de manera claramente diferenciada diferentes sanciones, aun cuando se impongan en unidad de acto, ha de atenderse a la cuantía de cada concreta sanción, atendiendo al carácter principal de cada una de ellas (TS 16-11-05, EDJ 197702; 23-11-05, EDJ 207263).

Igualmente, cuando junto a la sanción se fijan **medidas complementarias**, como el deber del restablecimiento de las cosas a su estado primitivo, es preciso distinguir entre la sanción y otras medidas sin naturaleza sancionadora. En estos casos, la posibilidad de impugnar aquellos pronunciamientos accesorios no es extensible a esta si la multa no alcanza por sí misma el límite cuantitativo mínimo previsto para acceder al recurso (TS 29-9-00, EDJ 33850; 4-12-00, EDJ 44767).

Sobre fijación de la cuantía en litigios relacionados con actos sancionadores, ver nº 2070 Memento Procesal Contencioso-Administrativo 2026.

6) Para fijar la cuantía no debe atenderse en ningún caso a los **efectos futuros** del acto administrativo -p.e. al lucro cesante- (TS auto 24-5-95; 20-4-98, EDJ 61282).

Pluralidad de pretensiones (LJCA art.41.2 y 3) En el caso de que sean **varios demandantes** quienes planteen varias pretensiones, la cuantía se ha de determinar, para cada uno de ellos, en función de la pretensión planteada, no de la suma de todas ellas. 12156 MPCA nº 2074 s.

Cuando **un solo sujeto** plantee varias pretensiones (acumulación o ampliación), la cuantía viene determinada por la suma del valor económico de todas ellas. No obstante, el señalamiento de la cuantía por este procedimiento no comunica a las **pretensiones de cuantía inferior** la posibilidad de casación o apelación (TS 1-2-06, EDJ 8473).

En consecuencia, los **efectos procesales** de la determinación de la cuantía por adición del valor de las pretensiones son prácticamente nulos.

Precisiones 1) Cuando se impugnen **varias liquidaciones tributarias**, debe atenderse al valor de cada una de ellas, en relación con cada uno de los conceptos y períodos impositivos, con independencia del resultado que arroje la suma de todas ellas (TS 5-7-91, EDJ 7374).

2) A efectos de recurso, es irrelevante que la acumulación de varias pretensiones se haya realizado en **vía administrativa o jurisdiccional** (TS 22-11-05, EDJ 207265; auto 7-10-04, EDJ 221857; 25-3-04, EDJ 58163). Hay que estar, en todo caso, al valor de cada una de las planteadas (TS auto 14-2-00, EDJ 31318), sin que se comunique a las de cuantía inferior a la precisa la posibilidad de recurso (TS auto 23-9-04, EDJ 193759, en relación con la casación en el régimen precedente a la LO 7/2015).

3) En realidad, aunque la Ley parece distinguir los supuestos de **pluralidad de partes y de pretensiones**, en realidad nos hallamos, en todo caso, ante varias pretensiones, que pueden ser formuladas por uno o varios sujetos (González Pérez).

Supuestos de cuantía indeterminada (LJCA art.42.2) La cuantía de un recurso puede no estar determinada por distintas razones: 12158

a) Porque la pretensión no tenga un contenido ni un valor económico -**pretensiones sin cuantía**-, como sucede en el caso de las demandas de protección de derechos fundamentales. Esto es así aun cuando el demandante solicite una indemnización de daños y perjuicios.

b) Porque, aun teniendo la pretensión un valor económico, este no pueda ser determinado **al inicio del proceso**. Es el caso de la cuantía que resulta de circunstancias que solo se conocerán tras la fase probatoria, o bien aquel en que no es posible valorar *a priori* su alcance (TS auto 20-3-95, EDJ 24392).

c) Porque la cuantía venga **calificada legalmente** como indeterminada, en todo caso. Así ocurre en los siguientes supuestos:

- Los procesos dirigidos a impugnar directamente las **disposiciones de carácter general**, incluidos los instrumentos normativos del planeamiento urbanístico. No se incluyen los llamados recursos indirectos contra disposiciones generales, en los que se admiten, en todo caso, los recursos de apelación y casación -LJCA art.81.2.d y 86.3- (nº 12064, nº 13945 s. y nº 14005 s.).
- Los procesos que se refieran a **funcionarios públicos**, cuando no versen sobre derechos o sanciones susceptibles de valoración económica (en tal caso, sí se atiende al valor de la pretensión para determinar la cuantía).
- Aquellos procesos en los que, **junto a pretensiones evaluables** económicamente, se ejerciten (por acumulación) otras que no lo sean.
- Los recursos interpuestos contra actos en materia de **Seguridad Social**, que tengan por objeto la inscripción de empresas, formalización de la protección frente a riesgos profesionales, tarifación, cobertura de la prestación de incapacidad temporal, afiliación, alta, baja y variaciones de datos de trabajadores.

Precisiones 1) El hecho de que la LJCA contemple expresamente diversos supuestos de cuantía indeterminada, no impide que deban considerarse tales **otros asuntos no susceptibles de concreta valoración** de acuerdo con las reglas generales (TS auto 13-11-00, EDJ 67036). 12159 MPCA nº 2080

2) Es discutible si los procesos referidos a **funcionarios públicos** han de entenderse en un sentido restringido, limitado a los que la legislación funcionarial califica como derechos económicos o a las sanciones de contenido pecuniario, o más bien en un sentido amplio, que parece ser más conforme con el tenor literal de la Ley (González Pérez).

3) Cuando la cuantía sea indeterminada, siempre que exista una posibilidad razonable de establecer una **cuantificación económica**, puede denegarse el acceso a estos recursos cuando sea notorio que la cuantía no supera el **mínimo legalmente exigible**, siendo a estos efectos irrelevante que se haya ofrecido el recurso en la sentencia impugnada o incluso que se haya tenido por preparado el recurso de casación -respecto del régimen precedente a la LO 7/2015- (TS 20-6-00, EDJ 21911; 4-7-00, EDJ 22258).

4) Reclamada la nulidad de una **declaración de ruina**, el recurso no puede considerarse de cuantía indeterminada, pues aquella implica una orden de demolición de un edificio o construcción, siendo entonces su valor el que determina la cuantía del litigio (TS auto 19-5-93, EDJ 4732; 26-6-93).

5) Se considera indeterminada la pretensión de que por parte de la Administración expropiante se evacue pronunciamiento de proceder o no el **derecho de reversión** ejercitado 20 años después de la expropiación, atendida la naturaleza de lo pedido y la alteración del valor del inmueble afectado (TS 20-9-93, EDJ 8060).
6) En **materia educativa**, se han considerado de cuantía indeterminada, entre otras, la exclusión de las listas de admitidos para ingreso en la universidad (TS auto 26-6-00, EDJ 43766), la reclamación frente a un examen de bachillerato (TS auto 26-6-00), la calificación dada a un alumno en la asignatura de música (TS 13-11-01, EDJ 52058), la denegación de matrícula gratuita (TS 30-4-01, EDJ 9244) o la denegación de la petición de cambio de centro (TS 16-12-03, EDJ 187272).
7) La afectación al **prestigio y consideración profesionales** del letrado no puede determinar la indeterminación de la cuantía del litigio (TS 28-5-19, EDJ 603388).

E. Cómputo de plazos

(LOPJ art.182 a 185; LJCA art.128; LEC art.130 a 135)

12165 **Reglas específicas** (LJCA art.128) En lo que se refiere al cómputo de los plazos en el ámbito procesal contencioso-administrativo, resultan de aplicación las siguientes reglas:
a) Son **días inhábiles** los sábados, los domingos, los días que median entre el 24 de diciembre y el 6 de enero del año siguiente (LOPJ art.183), los días de fiesta nacional y los festivos, a efectos laborales, en la respectiva comunidad autónoma o localidad. También son inhábiles los días del mes de agosto para todas las actuaciones procesales, excepto las que se declaren urgentes por las leyes procesales.
Durante el mes de **agosto** no corre el plazo interpositivo del recurso contencioso (TSJ Castilla-La Mancha 6-6-05, EDJ 90489), salvo para el procedimiento de protección de los derechos fundamentales, para el que este mes se considera hábil (LJCA art.114 a 122 y 128.2). Ello supone, con esta excepción, que agosto debe descontarse en el plazo indicado y que, cuando la notificación del acto recurrido se produce en este mes, el plazo de interposición comienza a correr el 1 de septiembre (TS 10-7-20, EDJ 601185).
b) El **horario hábil** es de 8 de la mañana a 8 de la tarde, salvo que la Ley disponga lo contrario.
c) Sin perjuicio de lo anterior, todos los días del año y todas las horas son hábiles para la **instrucción de las causas criminales**, sin necesidad de habilitación especial.
d) Los días y horas inhábiles pueden **habilitarse por el juez o tribunal**, con sujeción a lo dispuesto en las leyes procesales. Igualmente el CGPJ puede habilitar el mes de agosto para ciertas actuaciones «no judiciales», al margen de las declaradas urgentes por leyes procesales.
e) El **cómputo de los plazos** procesales se ha de realizar con arreglo a lo dispuesto en el Código Civil (CC art.5). En los señalados por días quedan excluidos los inhábiles.
f) Si el **último día de plazo es inhábil**, se ha de entender prorrogado hasta el primer día hábil siguiente.
g) Los plazos establecidos son **improrrogables**. Pueden, no obstante, interrumpirse los plazos y demorarse los términos en caso de **fuerza mayor** que impida cumplirlos, reanudándose su cómputo en el momento en que cese la causa determinante de la interrupción o demora.
La concurrencia de fuerza mayor ha de ser apreciada por el letrado de la Administración de Justicia, mediante decreto, contra el que cabe recurso de revisión con efecto suspensivo, de oficio o a instancia de la parte que la sufrió, con audiencia de las demás. En cualquier caso, se admite el escrito que proceda y se tiene por cumplido el trámite si se presenta dentro del día en el que se dicte la resolución declaratoria de la caducidad del plazo, salvo en cuanto se trate de preparar o interponer recursos (TS 27-7-22, EDJ 677087; 14-12-23, EDJ 771658).
La jurisprudencia sostiene que la regla de **prórroga o rehabilitación de plazos** es aplicable a todos los plazos del procedimiento, tanto si suponen o pueden suponer su finalización como una fase dentro del mismo (TS 8-2-11, EDJ 6750; 28-5-10, EDJ 92297).
Esta regla rige igualmente sobre los **plazos no establecidos directamente** en dicha Ley, sino en la LEC, que sean de aplicación por supletoriedad (LJCA disp.final 1ª). Sin embargo, es muy discutible su aplicabilidad a aquellos no establecidos en la LJCA ni en la LEC, que se abran para ciertos trámites procesales con ocasión de un proceso contencioso-administrativo: p.e. el de alegaciones previas en caso de promoción y eventual planteamiento de cuestión de inconstitucionalidad (LOTC art.35.2). En estos casos, ni siquiera tiene que dictarse auto de caducidad, aunque sí resulta aplicable lo expuesto sobre ampliación hasta las 15 horas del día siguiente al vencimiento (nº 12169).
h) No se aplicaba el régimen de caducidad de plazos a los **recursos de casación** frente a autos dictados por las Salas de los Tribunales Superiores de Justicia (LJCA art.10.8 declarado nulo por TCo 70/2022) o de la Audiencia Nacional (LJCA art.11.1.i declarado nulo por TCo 70/2022) en el procedimiento de **autorización o ratificación de medidas sanitarias** (LJCA art.87 ter.7). Ver nº 13974.

Precisiones 1) Deben ser declarados inadmisibles los recursos interpuestos **fuera de plazo**, aun cuando sea por un solo día (TS 16-6-94, EDJ 11605; 26-9-05, EDJ 162030). 12166 MPCA nº 2091 s.
2) El **cómputo** de los plazos procesales es cuestión de mera legalidad ordinaria que puede adquirir dimensión constitucional cuando la decisión judicial suponga la inadmisión de un proceso o de un recurso, o la pérdida de algún trámite u oportunidad procesal prevista en el ordenamiento para hacer valer los propios derechos o intereses de parte con entidad suficiente para causar **indefensión**, siempre que tal decisión haya sido adoptada partiendo de un cómputo en el que sea apreciable error patente, fundamentación insuficiente, irrazonable o arbitraria o se haya utilizado un criterio interpretativo desfavorable para la efectividad del derecho a la tutela judicial efectiva sin indefensión (TCo 201/1992; 215/1997; 89/1999; 133/2000; 179/2003).
3) Se atribuye al letrado de la Administración de Justicia la función de **tener por caducado el trámite** correspondiente en caso de extemporaneidad o incumplimiento de plazos (LJCA art.128.1).
4) Sobre el cómputo del **mes de agosto** en el plazo de interposición del recurso, ver nº 12470.
5) Los actos de comunicación a la **Abogacía del Estado** y al **Ministerio Fiscal**, así como los realizados a través de los servicios de notificaciones organizados por los **colegios de procuradores**, se tienen por realizados al día siguiente a la fecha de recepción que conste en la diligencia (LEC art.151.2), lo que supone que los plazos que deben comenzar a partir del siguiente a la notificación, en estos casos corren a partir del día siguiente al siguiente a la notificación, pues esta se entiende producida en el día sucesivo al de recepción (nº 2848 s.).
6) Debe tenerse en cuenta que han sido declarados nulos los preceptos que establecían la **autorización o ratificación de medidas sanitarias** por el TSJ y la Audiencia Nacional (LJCA art.10.8 y 11.1.i nulos por TCo 70/2022).
7) El termino **preparación** (LJCA art.128.1) se refiere sin duda al escrito de preparación del recurso de casación (LJCA art.89), mientras que la **interposición** abarca tanto la del recurso de casación (LJCA art.92), como del de apelación (LJCA art.85) y el escrito de interposición del recurso contencioso-administrativo en el procedimiento ordinario (LJCA art.45). Los plazos establecidos en los preceptos citados son de **caducidad**, por lo que no pueden ser objeto de rehabilitación.
En el **procedimiento abreviado**, en el que la interposición del recurso y el escrito de demanda se integran en un único escrito/trámite, debe entenderse que la analogía en la aplicación supletoria de las normas generales lo es con el escrito de demanda (TS 27-7-22, EDJ 677087; 14-12-23, EDJ 771658).
8) Resulta de aplicación la regla de rehabilitación en un supuesto de procedimiento abreviado iniciado en plazo, pero indebidamente, por escrito de interposición, no de demanda, respecto del que se abre trámite de subsanación, cuando finalizado el plazo para subsanar no se ha efectuado aquella, pero se presenta la **demanda en el mismo día de notificación del auto de archivo** por caducidad del plazo para formalizarla (TS 22-10-25, EDJ 741945).

Régimen supletorio (LJCA disp.final 1ª; LEC art.130 a 136) Con carácter supletorio se aplica el régimen establecido en la Legislación procesal civil, de la cual destacamos las siguientes normas, sin perjuicio de lo que se expone en los nº 2794 s.: 12168 MPCA nº 2090 s.
a) Las actuaciones procesales y judiciales han de practicarse en **días y horas hábiles**.
De oficio o a instancia de parte, los tribunales pueden habilitar los días y horas hábiles, cuando haya **causa urgente** que lo exija.
La habilitación de horas inhábiles puede realizarse para una **actuación concreta**.
No obstante, para los **actos de comunicación y ejecución** también se consideran horas hábiles las que transcurren desde las 8 hasta las 10 de la noche.
b) Las **actuaciones del proceso** se han de practicar en los términos o dentro de los plazos señalados para cada una de ellas. Cuando no se fije plazo ni término, se debe entender que han de practicarse sin dilación.
c) Los plazos **comienzan a correr** desde el día siguiente a aquel en que se haya efectuado el acto de comunicación del que la Ley haga depender el inicio del plazo, y se cuenta en ellos el día del vencimiento, que expira a las 24 horas.
d) Cuando la Ley señale un **plazo que comience a correr desde la finalización de otro**, aquel se ha de computar, sin necesidad de nueva notificación, desde el día siguiente al del vencimiento de este.
e) Para los plazos que se hayan señalado en las **actuaciones urgentes**, no se consideran inhábiles los días del mes de agosto y solo se excluyen del cómputo los sábados, domingos y festivos.
f) No se admite la presentación de escritos en el órgano judicial que preste el **servicio de guardia**.

g) Cuando la **presentación de un escrito** o documento en cualquier soporte -papel o electrónico- esté sujeta a plazo -sustantivo o procesal-, puede efectuarse hasta las 15 horas del día hábil siguiente al del vencimiento del plazo (LEC art.135.5; TS 16-5-02; 2-12-02, EDJ 54230; en contra, TS auto 15-10-01, EDJ 107624). 12169
Procede hacer ciertas observaciones sobre la **aplicación de esta regla** al proceso contencioso-administrativo:
• Es de aplicación al plazo de interposición, a pesar de no tener naturaleza procesal (TCo 239/2005; 335/2006; AN 18-7-02, EDJ 126304).

• Es aplicable al **plazo para formular demanda** -LJCA art.52.2- (TS 28-5-10, EDJ 92297; 8-2-11, EDJ 6750). Respecto a dicho plazo se establece que, si la demanda no se presenta en plazo, el órgano judicial debe declarar caducado el recurso, aunque se debe admitir aquella si se presenta dentro del día hábil en que se notifique el auto de caducidad. En principio, parece aplicable la regla en estudio en caso de que se presente la misma hasta las 15 horas del día siguiente al vencimiento del plazo; no, en cambio, una vez terminado el día en que se dicte auto de caducidad del recurso. De esta forma, tras las 24 horas del mismo, no cabría presentar la demanda hasta las 15 horas del día siguiente.
Sin embargo, el Tribunal Constitucional ha considerado aplicable la regla analizada de LEC art.135 en relación con el día de notificación del auto de caducidad, revocando la resolución judicial que declaró fuera de plazo -y caducado el recurso- la demanda presentada antes de las 15 horas del día siguiente al de notificación del auto declarativo de la caducidad (TCo 130/2007; en el mismo sentido, TCo 179/2007; 24/2008).
• Opera en sede de interposición de **recurso de apelación** (TS 29-5-09, EDJ 112168; TSJ Cataluña 5-11-12, EDJ 357072; TSJ Murcia 17-2-14, EDJ 50816).
• Es aplicable a los **demás plazos** procesales en sede contencioso-administrativa, siempre que no entre en juego la posibilidad de prórroga, en cuyo caso cabría extender el plazo hasta las 15 horas del día hábil siguiente a aquel en que se notifica la resolución que declara caducado el derecho o precluido el plazo de referencia (LJCA art.128.1; TS 16-5-02; 2-12-02, EDJ 54230; auto 30-4-03, EDJ 50947; auto 21-1-04; TSJ Asturias auto 7-12-04).
h) Cuando los órganos y tribunales y los sujetos intervinientes en un proceso estén obligados al empleo de los **sistemas telemáticos o electrónicos** existentes en la Administración de Justicia que permitan el envío y la normal recepción de escritos y documentos, de forma tal que esté garantizada la autenticidad de la comunicación y quede constancia fehaciente de la remisión y recepción íntegras y de la fecha en que se hacen, los escritos y documentos pueden enviarse por aquellos medios, acusándose recibo del mismo modo, y se deben tener por presentados, a efectos de ejercicio de los derechos y de cumplimiento de deberes en el tiempo establecido. Sin embargo, a efectos de **prueba** y de **cumplimiento de requisitos legales** que exijan disponer de los documentos originales o de copias fehacientes, ha de aplicarse el régimen establecido en LEC art.162 (nº 5019 Memento Procesal Civil 2026).

12180 **Supuesto excepcional de suspensión de plazos procesales** (RDL 6/2024 disp.adic.10ª y 12ª; RDL 7/2024 disp.adic.12ª; RDL 8/2024 art.28 y 29) Se suspenden términos y se interrumpen los plazos previstos en las leyes procesales para todos los órdenes jurisdiccionales en los órganos judiciales con sede en la provincia de **Valencia** del 30-10-2024 al 10-11-2024 y desde el 11-11-2024 hasta el 2-12-2024, volviendo a computarse los plazos desde su inicio (algo más propio de interrupción que de suspensión de plazos).
En el orden jurisdiccional contencioso-administrativo, **se exceptúa** el procedimiento para la protección de los derechos fundamentales de la persona y la tramitación de las autorizaciones o ratificaciones judiciales en materia sanitaria (LJCA art.8.6).
No obstante lo anterior, el juez o tribunal puede acordar la práctica de cualesquiera actuaciones judiciales que sean **necesarias** para evitar perjuicios irreparables en los derechos e intereses legítimos de las partes en el proceso.

Precisiones **1)** Los plazos de **prescripción y caducidad** de acciones y derechos correspondientes a aquellos cuyo domicilio radique en alguno de los municipios incluidos en el RDL 6/2024 anexo (78 municipios, no en toda la provincia de Valencia), o que deba ejercitarse con carácter imperativo en sus partidos judiciales, quedan suspendidos durante el plazo de suspensión de los plazos procesales.
2) Los plazos para el **anuncio, preparación, formalización e interposición de recursos** contra sentencias y demás resoluciones que, conforme a las leyes procesales, pongan fin al procedimiento y que sean notificadas durante la suspensión de plazos expuesta, así como las que sean notificadas dentro de los 20 días hábiles siguientes al levantamiento de la suspensión de los plazos procesales suspendidos, quedan ampliados por un plazo igual al previsto para el anuncio, preparación, formalización o interposición del recurso en su correspondiente ley reguladora. Esta regla no se aplica a los procedimientos cuyos plazos fueron exceptuados de la suspensión (RDL 8/2024 art.28.2).
3) Se han suspendido igualmente los plazos procesales los días 28 y 29-4-2025, como consecuencia del **apagón eléctrico** sufrido en toda España (CGPJ acuerdo 29-4-2025).

F. Reglas para la aplicación de la LO 1/2024

(LO 1/2024 art.12)

12190 En los procesos cuyo objeto sea la revisión de resoluciones administrativas de imposición de sanciones por actos determinantes de responsabilidad administrativa o contable, la aplicación de la amnistía decretada por la LO 1/2024, cuando concurran los presupuestos establecidos para ello, corresponde a los **órganos judiciales** ante los cuales se esté tramitando el recurso contencioso-administrativo, en cualquier fase del proceso.

Una vez recibido el expediente administrativo y en cualquier momento previo al de la sentencia, el órgano judicial, de oficio o a instancia de parte, debe aplicar la amnistía, previa **audiencia de las partes**, y dictar **sentencia** declarando la nulidad sobrevenida del acto administrativo impugnado.
Cuando el procedimiento ya haya sido **resuelto por sentencia** que no hubiera adquirido firmeza, se deben observar las siguientes reglas:
a) Si **no se ha interpuesto recurso**, las partes pueden invocar al formularlo la LO 1/2024 e interesar que se aplique la amnistía y se declare la nulidad sobrevenida del acto administrativo.
b) Si el recurso está **pendiente de resolución**, el tribunal competente para resolverlo, de oficio o a instancia de parte, debe dar audiencia, por un plazo de 5 días, para que las partes se pronuncien sobre si consideran de aplicación la amnistía y la consiguiente declaración de nulidad sobrevenida del acto.
c) En todo caso, en la **resolución del recurso**, el tribunal debe aplicar la amnistía y declarar la nulidad sobrevenida del acto impugnado cuando concurran los presupuestos precisos.
Si al tiempo en que haya de aplicarse la amnistía ha recaído **sentencia firme**, se debe aplicar el procedimiento de revisión de sentencias (nº 14225 s.).

SECCIÓN 5

Procedimiento ordinario. Procedimiento en primera o única instancia

12370

El proceso contencioso-administrativo puede tramitarse a través de dos procedimientos: 12372 MPCA nº 2170
- el procedimiento **ordinario**, que es el aplicable con carácter general;
- el procedimiento **abreviado**, limitado a procesos de escasa cuantía, a ciertas cuestiones de personal y a recursos contra la inactividad de la Administración (nº 13090 s.).

Además, existen **procedimientos especiales** (para protección de los derechos fundamentales, recurso contencioso electoral...), que son objeto de tratamiento en los nº 13150 s.

Precisiones **1)** En todo proceso contencioso, hay que tener en cuenta la implantación del **sistema LexNET**, en los términos expuestos en los nº 2879 s.
2) Resulta aplicable al proceso contencioso-administrativo el régimen de **adaptación a las condiciones de las partes** de la celebración de los actos procesales previsto para el proceso civil (LEC art.7 bis). Ver nº 2793.2.
3) Desde el 2-12-2024 (levantamiento de la suspensión de los plazos procesales acordada por el RDL 7/2024) hasta el 31-12-2025, se tramitarán con preferencia en el orden jurisdiccional contencioso-administrativo, los recursos que se interpongan contra los actos y resoluciones de las Administraciones públicas por los que se deniegue la aplicación de ayudas y medidas previstas legalmente para paliar los daños causados por la **DANA de Valencia** en diferentes municipios entre el 28-10-2024 y el 4-11-2024 (nº 12180).

1. Diligencias preliminares

12374 Las diligencias preliminares en el proceso contencioso-administrativo ordinario se refieren al supuesto en que sea una **Administración pública** la que actúe como **demandante**.
Las Administraciones públicas están legitimadas para interponer recurso contencioso-administrativo contra sus propios actos, previa **declaración de lesividad** (nº 12376), así como contra los actos de otras Administraciones, en cuyo caso se exige un **requerimiento previo** (nº 12400 s.).

a. Declaración de lesividad

(LJCA art.43; LPAC art.107)

12376 MPCA nº 2192 s. Es un **presupuesto procesal** cuando la Administración autora de un acto pretende demandar su anulación en un proceso contencioso-administrativo. Se lleva a cabo a través del recurso especial que se denomina **recurso de lesividad**. Sobre la legitimación de la Administración para la impugnación de sus propios actos ver nº 11791.
Así, se establece que cuando la propia **Administración autora de un acto** pretenda demandar su anulación ante la jurisdicción contencioso-administrativa debe, previamente, declararlo lesivo para el interés público -de cualquier índole, no necesariamente económico-.
Si lo que pretende la Administración es la anulación de un acto administrativo dictado por una **Administración distinta**, no procede el recurso de lesividad, sino el planteamiento de un litigio entre Administraciones; previo, en su caso, requerimiento (según se expone en los nº 12400 s.).
La concurrencia de esta declaración debe analizarse antes de entrar a conocer sobre el fondo del asunto, pues su **falta** determina la inadmisibilidad del recurso. Además, por tratarse de un requisito procesal, su falta puede denunciarse como alegación previa (LJCA art.58).
Desde un punto de vista material, es un **acto administrativo discrecional** por el que una Administración pública declara lesivo o perjudicial, para los intereses públicos, un acto dictado por ella y que no es conforme a Derecho. Tiene, además, naturaleza especial, ya que solo produce efectos dentro del proceso. De ahí que el acto de declaración de lesividad no sea, por sí mismo, susceptible de **impugnación** en la vía contencioso-administrativa.

12378 Precisiones **1)** La declaración de lesividad en sí misma -que debe estar motivada (LPAC art.35.1.b; TS 12-2-96, EDJ 2675)-, no es susceptible de **recurso** administrativo ni contencioso-administrativo o de revisión de oficio, porque sus efectos son exclusivamente procesales, no contiene una resolución definitiva (TS 26-6-84; 12-3-96), y porque no tiene sentido un recurso que no tiene más objeto que evitar que, a su vez, la Administración interponga un recurso (TS 18-7-00, EDJ 23458). Lo que es **objeto de control** por los tribunales es el acto declarado lesivo. Por ello, es equiparable a los actos de trámite, pues no estima ni rechaza pretensiones de parte, no se pronuncia definitivamente sobre el fondo del asunto y no tiene eficacia si no va seguidas de la interposición (mediante demanda directa) de los correspondientes recursos contencioso-administrativos.
2) Es un acto administrativo que constituye presupuesto procesal indispensable para que sea admitido el recurso contencioso-administrativo posterior contra los actos lesivos (DGSJE Dict 4-2-00; TS 21-4-94, EDJ 3521). El cauce para cualquier **alegación en contra de estos actos** es la contestación a la demanda que por la Administración se presente.
3) No se admite el recurso de lesividad si la declaración que precede a su interposición se produce cuando el acto ya ha sido recurrido -o incluso examinado- en sede contencioso-administrativa, por concurrir la **excepción de litispendencia o cosa juzgada** (TS 24-6-97, EDJ 4848).
4) Aunque el procedimiento y posterior declaración de lesividad sean únicos para **varios actos administrativos semejantes**, como regla deben interponerse tantos recursos contenciosos cuantos actos hayan sido declarado lesivos.
5) Este procedimiento solo puede iniciarse **de oficio**, no a instancia de parte, lo que significa que tampoco existe una acción de anulabilidad o derecho al trámite para los interesados en la revisión, aunque nada les impide ejercer su derecho de petición, graciable, ante la Administración para que sea esta la que inicie el procedimiento si lo estima oportuno (TS 25-2-97, EDJ 1342).
6) Es un proceso asimilable al de **plena jurisdicción**. En él se analiza, desde la perspectiva de la legalidad, el acto cuya previa declaración de lesividad constituye el presupuesto procesal habilitante (TS 29-9-93, EDJ 8462).
7) No es precisa declaración previa de lesividad de las resoluciones dictadas por los órganos competentes para conocer del recurso especial, cuestión de nulidad y reclamaciones en materia de **contratos del sector público** para ser impugnadas por la Administración en la que se integren ante el orden contencioso-administrativo (LJCA art.19.4). Ver nº 11807.
8) Tampoco es precisa declaración previa de lesividad para impugnar judicialmente, por la Administración del Estado, las **resoluciones de la DGRN** -actual DGSJFP-, en sede de calificaciones registrales; entre otras razones, porque el proceso se residencia ante el orden civil (nº 9587 s. Memento Administrativo 2026).

Requisitos subjetivos (LPAC art.107.4 y 5) La declaración de lesividad tiene que dictarse siempre por la **Administración autora del acto** impugnado. Si la declaración se hace por una Administración distinta, los tribunales han de declarar la inadmisibilidad por falta de legitimación activa. 12380

Dentro de la correspondiente Administración, la lesividad se debe declarar por el **órgano competente**, según sus propias normas.

• En el caso de la **Administración General del Estado**:

- cada ministro puede declarar la lesividad de los actos emanados de órganos que dependan de su departamento (LRJSP art.61.ñ), pero no puede declararla otro ministro diferente;

- el Consejo de Ministros puede declararla respecto de los actos de cualquier departamento ministerial; también le corresponde a este la declaración respecto de órganos sin adscripción a ministerio alguno, como sucede con los acuerdos o resoluciones valorativos dictados por los jurados estatales de expropiación (DGSJE Resol 29-10-04).

• En el ámbito de las **comunidades autónomas**, es preciso acudir a sus normas internas, aunque la regla general es que sea competente el correspondiente consejero o, en su caso, el consejo de gobierno.

• En la **Administración local**, la competencia se atribuye a la entidad correspondiente, a través del pleno o, en su defecto, del órgano colegiado superior de la entidad -LPAC art.107.5- (TS 29-9-93, EDJ 8462), a propuesta del alcalde o presidente en materias de su competencia.

En **municipios de gran población**, corresponde al alcalde (delegable), a la junta de gobierno (no delegable) o al pleno (no delegable), en materias de su competencia respectiva (LBRL art.122 s.).

Cuando el acto de la entidad local requiera **autorización por otra Administración pública**, la competencia para declarar la lesividad corresponde a la Administración a la que pertenece el órgano que realiza la aprobación definitiva.

• En la **Administración institucional** se debe realizar en cada caso por el órgano competente, normalmente por el órgano superior de la entidad.

Precisiones 1) El **Estado** no puede, ni tiene que, declarar la lesividad de un acto dictado por una **comunidad autónoma** o **corporación local**, ni tampoco al contrario. 12382

2) En el caso de **Madrid**, la atribución de las facultades al alcalde, pleno y junta de Gobierno en materia de revisión de oficio se extiende expresamente a la declaración de lesividad (L 22/2006 art.11 s.).

3) No es admisible, por **falta de legitimación activa**, una pretensión de declaración de lesividad por persona o entidad distinta de la autora del acto impugnado (TS 8-2-83).

4) En supuestos de actos que requieran la **intervención de varias Administraciones**, la lesividad de cada uno se efectúa por la propia entidad o Administración que lo dictó (TS 12-6-73; 31-1-68, EDJ 2539).

5) No se reconoce la **legitimación por sustitución** para la interposición de recurso de lesividad, por falta de precepto habilitante (TS 8-2-83). La legitimación de los vecinos para ejercer por sustitución acciones de las entidades locales en defensa de sus derechos o bienes (por el cauce de LBRL art.68) no se extiende al recurso de lesividad (TS 3-5-91, EDJ 4556; 29-6-81, EDJ 5816), pudiendo los interesados interponer contra los actos de la entidad local los recursos oportunos.

6) Los **municipios de gran población** se estudian en los nº 3800 s. Memento Administraciones Locales 2025-2026.

Actos tributarios En el ámbito de los actos tributarios, la competencia en el ámbito de la **Administración General del Estado** corresponde al ministro de Hacienda. Respecto de actos producidos por la **AEAT**, la competencia para tramitar y, en su caso, dictar las correspondientes propuestas de resolución, corresponde a los órganos de aquella, con emisión en su caso de informe por su servicio jurídico, antes de su resolución por el ministro (DGSJE Resol 27-4-94; 6-5-94; 10-6-94). 12383

Son órganos competentes para acordar el **inicio del procedimiento**, en relación con los actos dictados por órganos de la AEAT y en el ámbito respectivo de sus funciones, los titulares de los departamentos de Gestión Tributaria, de Inspección Financiera y Tributaria, de Recaudación y de Aduanas e Impuestos Especiales (OM PRE/3581/2007).

La **tramitación** corresponde a las siguientes subdirecciones generales: en el primer departamento citado, la de Asistencia Jurídica y Coordinación Normativa; en el segundo, la de Ordenación Legal y Asistencia Jurídica; en el tercero, la de Procedimientos Especiales; y en el último, la de Gestión Aduanera (AEAT Resol 3-7-06).

En todo caso comprende la **revisión de los actos de gestión** relativos a IS, IRPF, IVA, impuestos sobre la cerveza, vino y bebidas fermentadas, hidrocarburos, labores de tabaco y electricidad (L 21/2001 art.46.2; L 22/2009 art.54 y 59).

En el **ámbito autonómico**, la competencia respecto de actos de gestión de **tributos propios** se atribuye a las comunidades. Tratándose de **tributos cedidos**, ostentan competencia por delegación intersubjetiva del Estado en materia de IP, ISD, ITP-AJD, tributos sobre el juego,

impuesto especial sobre determinados medios de transporte, sobre las ventas minoristas de determinados hidrocarburos, y sobre el depósito de residuos en vertederos, la incineración y la coincineración de residuos (L 21/2001 art.46.1 y 51.1.b; L 22/2009 art.54 y 59). En ambos casos, es órgano competente el consejero del ramo de Hacienda.
Respecto de las **corporaciones locales**, la competencia corresponde al pleno (LBRL art.110).

12384 **Técnicas intersubjetivas de alteración de la competencia** Mientras que es indudable que la intervención de técnicas interorgánicas -delegación, avocación, desconcentración- o de las mero materiales -encomienda de gestión, delegación de firma o suplencia- no tiene incidencia en la declaración de lesividad, sí la puede tener el juego de las técnicas intersubjetivas -en las que el ejercicio de la competencia se transmite entre **personas jurídico-públicas diferentes**, no entre órganos de la misma Administración o persona pública-, del siguiente modo:
a) En caso de aplicarse la **descentralización**, no será precisa la previa declaración de lesividad para la impugnación por parte de la Administración titular de la competencia en origen de actos dictados en su ejercicio por parte de la entidad beneficiaria de la misma.
Todo ello, a menos que resulte otra cosa de la norma de creación de la entidad a favor de la que se descentraliza, en su caso.
b) Si se aplica la **delegación intersubjetiva**, ha de atenderse a la norma reguladora. La imputabilidad jurídica de los actos o disposiciones aprobados mediante esta delegación puede corresponder a la Administración delegante o a la delegada, según los términos de la delegación. La impugnación por parte de la delegante de actos producidos o instrumentos aprobados por la delegada en virtud de delegación intersubjetiva, puede exigir previa declaración de lesividad (TS 11-11-03, EDJ 147138), si la norma configuradora de aquella atribuye el acto o disposición a la primera Administración. No en otro caso.
De este régimen parece que hay que excluir las delegaciones efectuadas por una **Administración territorial** en favor de las entidades de Derecho público vinculadas o dependientes de aquella, delegación que se somete al régimen de la delegación interorgánica (LRJSP art.9, 10 y 12).
c) En caso de **subrogación o sustitución funcional**, los caracteres jurídicos del acto aprobado por subrogación no se ven alterados. Esto supone que la Administración sustituida solo puede reaccionar contra los actos producidos por subrogación de igual forma que contra los dictados por sí: revisión de oficio, declaración de lesividad, etc. No es preciso este requiso o presupuesto procesal para que la Administración que ha actuado sustituyendo a otra impugne el acto así producido.

Precisiones Las **técnicas de alteración de la competencia** se tratan detalladamente en los nº 1140 s. Memento Administrativo 2026.

12390 MPCA nº 2208 **Requisitos objetivos** (LPAC art.107.1 y 109) La declaración de lesividad se ha de aplicar únicamente cuando la Administración pretenda la anulación de un **acto favorable** para el administrado. Esto se debe a que los actos favorables no son susceptibles de revisión de oficio o revocación por motivo de legalidad (sí, en algún caso, por motivo de oportunidad).
En cambio, los **actos desfavorables o de gravamen** pueden ser revocados por la Administración autora, sin necesidad de acudir a la vía contencioso-administrativa, siempre que esa revocación no constituya dispensa o exención no permitida por las leyes o sea contraria al principio de igualdad, al interés público o al ordenamiento jurídico.
Debe tratarse, además, de actos **sujetos a Derecho administrativo** (TS 22-5-86, EDJ 3421), anulables e impugnables ante la jurisdicción contencioso-administrativa.
La declaración de lesividad no puede dirigirse contra **disposiciones de carácter general** -reglamentos-, que pueden ser derogadas por la Administración en cualquier momento a través del procedimiento correspondiente. Sí contra actos administrativos que asumen forma de disposición.
En materia de **contratos públicos**, la declaración de lesividad puede deducirse respecto a **actos separables** (TS 5-7-83), así como para lograr la **anulación del contrato** (TS 20-11-89, EDJ 10357) pero no respecto a la resolución del contrato por causas previstas en el mismo, ya que esto no supone una anulación sino la aplicación de lo estipulado en aquel.
Lo mismo ocurre respecto a la revocación de **licencias** por los motivos establecidos (TS 7-6-99, EDJ 19651) y a la devolución de **subvenciones** por incumplimiento de condiciones (TS 20-4-99, EDJ 9726), actos estos que quedan fuera del ámbito del recurso de lesividad.
Tampoco es precisa ni posible en supuestos de **pérdida de efectividad** de ciertos actos administrativos declarativos de derechos por concurrir alguna de las causas establecidas al efecto por la norma -sectorial- de aplicación. Tal **extinción** puede tener lugar por pérdida de vigencia, que se produce sin necesidad de pronunciamiento administrativo alguno -por el transcurso del plazo para el que se hayan expedido, renuncia de su titular, por venir obligado el residente extranjero a la renovación extraordinaria del permiso, etc.- o por resolución motivada de

la autoridad gubernativa competente para su concesión, cuando se constate la concurrencia de alguna de las circunstancias establecidas reglamentariamente -p.e. dejar de disponer el residente extranjero de recursos económicos o medios de vida suficientes, haber cambiado o perdido su nacionalidad, etc.-.

Precisiones 1) El proceso de lesividad se utiliza solamente frente a actos anulables (LPAC art.48), pero no **nulos de pleno derecho** (LPAC art.47.1), los cuales pueden ser directamente declarados nulos, previo dictamen favorable del Consejo de Estado u órgano consultivo equivalente de la comunidad autónoma. 12394

2) El recurso de lesividad no puede dirigirse frente a actos que sean simple **consecuencia de un acto definitivo**, que es el que debe ser objeto de impugnación.

3) El requisito de **anulabilidad** se interpreta por la jurisprudencia de forma restrictiva. Para destruir la presunción de legalidad, la Administración debe acreditar que el principio de legalidad ha quedado infringido manifiestamente por el acto (TS 23-3-93, EDJ 2864). Además debe perjudicar el interés público, de carácter económico o de otra naturaleza.

4) Para declarar la lesividad de un acto es inexcusable que este se haya dictado con **defecto, vicio o infracción legal o reglamentaria**, siendo, además, necesaria pero no suficiente la existencia de un interés público en la revisión (TS 6-2-91; 23-3-93, EDJ 2864). Aunque este **interés público** puede ser el que se ve afectado por la propia ilegalidad o infracción del ordenamiento cometida, sin que sea necesario acreditar un interés público **distinto** de naturaleza especial -p.e. económico- (TS 23-11-95, EDJ 6852).

5) El interés lesionado puede corresponder a una **Administración distinta de la autora del acto**, que será no obstante la competente para la declaración de lesividad y posterior autoimpugnación procesal aun no siendo la principal perjudicada por aquel; por ejemplo, en casos de actos estatales de gestión catastral (TSJ Andalucía 25-9-02).

En cualquier caso, se aplica la teoría del doble requisito: infracción al ordenamiento y al interés público que desestima un recurso de lesividad contra actos lesivos del interés público pero no ilegales (TS 23-3-93, EDJ 2864).

6) La relación entre los procedimientos de lesividad y **revisión de oficio** es la de regla-excepción (Consejo Jurídico Región de Murcia Dict 128/2002).

7) Habiendo recaído sentencia firme que declara producido por **silencio positivo** un acto administrativo, la revisión de oficio (con declaración de lesividad, en su caso e impugnación subsiguiente) de dicho acto no resulta impedida por el efecto positivo de la cosa juzgada derivado de aquella sentencia cuando la resolución judicial únicamente se pronunció en el sentido de afirmar que había operado el silencio positivo, por entender producido un acto presunto de contenido positivo, sin haber entrado a examinar las posibles **ilegalidades de fondo** de las que pudiera estar aquejada la reclamación concedida por silencio, conforme a la interpretación conjunta de LEC art.222 y L 30/1992 art.47.1.f, 48 y 106 (TS 22-4-25, EDJ 559925).

Plazos (LPAC art.107.2; LJCA art.46.5) La **declaración de lesividad** ha de adoptarse antes de que transcurran 4 años desde que se dictó el acto administrativo (TS 24-11-10, EDJ 254028). 12396

Por su parte, el **recurso contencioso-administrativo** debe interponerse en el plazo de 2 meses a contar desde la fecha en que el acto se declara lesivo.

Existen, por tanto, dos **fases** diferenciadas (con plazos preclusivos e incomunicables):

- una primera de 4 años, durante la cual el acto se puede declarar lesivo -por un procedimiento administrativo determinado y específico en el que debe necesariamente dar **audiencia** a cuantos aparezcan como **interesados en el acto** cuya revisión se pretende (LPAC art.107.2); y
- una segunda de 2 meses, para interponer el recurso contencioso-administrativo, una vez que se ha cumplido con este requisito.

De donde resulta que hay que diferenciar el **expediente** administrativo tendente a la declaración de lesividad (procedimiento de lesividad) y el **recurso** contencioso posterior dimanante de la declaración recaída (proceso o recurso de lesividad).

A su vez, el plazo para tramitar, **resolver el procedimiento** administrativo de declaración de lesividad y notificar lo resuelto, es de 6 meses a contar desde su iniciación formal, quedando excluidas las actuaciones preliminares. Si no se hubiese adoptado la declaración de lesividad en este término se produce la **caducidad del procedimiento** (LPAC art.107.3), sin perjuicio de que pueda incoarse otro nuevo con el mismo objeto.

Precisiones 1) Deben cumplirse **ambos plazos**, ya que: 12398

- si, interpuesto el recurso contencioso-administrativo dentro de plazo, la declaración de lesividad se ha hecho una vez transcurridos los 4 años, la acción se ha de entender prescrita;
- si, declarada la lesividad dentro de plazo, se incumple el plazo de 2 meses para la interposición del recurso contencioso-administrativo, no puede volver a declararse la lesividad, aunque no haya transcurrido el plazo de 4 años (TS auto 1-12-43).

2) La caducidad del procedimiento para declarar la lesividad de un acto no exonera a la Administración de su obligación de dictar una **resolución expresa** que, declarando caducado el expediente, lo dé por concluido y ordene el archivo de las actuaciones (LPAC art.21.1 y 25.1.b y 2).

3) El **plazo** para declarar la lesividad comienza a contar no desde la fecha de adopción del acto sino desde la de notificación o publicación del mismo (CEst Dict 1420/1993).
4) No lesiona el principio de igualdad la diferencia entre particulares -sujetos al plazo de 2 meses para impugnar los actos que les afecten- y las Administraciones públicas -que durante 4 años pueden declarar lesivos sus actos favorables-, dado que este régimen se justifica en **razones de interés público** y dado que, una vez recaída la declaración de lesividad del acto, el plazo para interponer -mediante demanda- el recurso judicial es también 2 meses (TS 5-7-96, EDJ 2518).
5) Al proceso de lesividad es siempre de aplicación el **procedimiento ordinario**, con independencia de su cuantía. Ello tiene relevancia en supuestos en los que resulte competente para conocer de los mismos la Sección de lo Contencioso-Administrativo de un **Tribunal de Instancia** -hasta su constitución, un juzgado de lo contencioso-administrativo-, pues en tales casos queda excluida la aplicabilidad del procedimiento abreviado.

b. Requerimiento previo en los litigios entre Administraciones

(LJCA art.44)

12400 El requerimiento previo, a diferencia de la otra diligencia preliminar prevista en el proceso contencioso-administrativo (la expuesta declaración de lesividad), no se configura como un presupuesto del proceso, sino como un **trámite meramente potestativo**.
Su **finalidad** es intentar evitar el proceso, ya que en el caso de que la Administración demandante viera satisfecha su pretensión extraprocesalmente, no sería necesaria la iniciación de la vía judicial. Es, además, el único modo para lograr esta solución extraprocesal, ya que en los litigios entre Administraciones no cabe interponer recurso en la vía administrativa.
Es discutible si el requerimiento previo es aplicable a la **Administración local**, ya que en el ámbito de la misma se establece un procedimiento especial de impugnación de los acuerdos de las corporaciones locales, en el que el requerimiento a la entidad local también se configura como puramente potestativo (LBRL art.65 y 66). Ver nº 11352 Memento Administraciones Locales 2025-2026.
Para que el requerimiento sea válido y produzca todos sus efectos es necesario el cumplimiento de una serie de **requisitos**, que se exponen en los números siguientes.
Se afirma en general, como principio, que no procede aplicar esta figura con un criterio rigorista, de modo que impida u obstaculice injustificadamente el **derecho de acceso a la jurisdicción** de una Administración pública, cuando pretende entablar acciones frente a otra (TS 10-6-20, EDJ 575429; 11-6-20, EDJ 575513; 18-6-20, EDJ 580802; 22-6-20, EDJ 580809).

12402 MPCA nº 2217 s. Precisiones **1)** Los órganos judiciales contencioso-administrativos no encuentran una **habilitación** distinta de la que con carácter general dimana de LJCA art.25, sin que de aquel pueda resultar una atribución competencial a una de las Administraciones en conflicto, ni convierte el proceso en un marco para verdaderos conflictos competenciales (TSJ País Vasco 22-2-06, EDJ 70290). El proceso iniciado a partir de este requerimiento no se configura pues como un verdadero **procedimiento de conflicto** (TSJ País Vasco 31-1-06, EDJ 63209).
2) El **carácter alternativo** de este requerimiento es sostenible si se atiende a la generalidad del enunciado del precepto relativo a los litigios entre Administraciones públicas, sin distingo; y en el hecho de que la salvedad hecha a la legislación de **régimen local** no determina exclusión de uno u otro, sino que supone eliminar cualquier duda sobre la no derogación de LBRL art.65 y 66.
Si se tiene en cuenta además que los **plazos** de uno y otro mecanismo son diversos -15 días desde la comunicación en el caso de LBRL; 2 meses en LJCA- y que el **momento inicial** es diferente -comunicación específica del acuerdo en el primer caso; publicación conocimiento efectivo o posibilidad de conocimiento en el segundo-, la alternatividad de ambos regímenes parece razonable.
En todo caso, cuando la **impugnante** sea la **entidad local**, no rige LBRL art.65 y 66 sino LJCA art.44. Ello supone una razón adicional para sostener la doble vía en caso de que el impugnante sea el Estado, una comunidad o una entidad administrativa no local y el autor del acto una corporación local.
3) Es discutible si este mecanismo rige **por razón del sujeto**, en todo caso, tanto cuando la Administración actúe dentro de su giro o tráfico y como tal, como en caso de que ejerza derechos o intereses ajenos a sus potestades, de manera semejante a un sujeto privado; o si solamente es de aplicación en el primer supuesto (de forma que en el segundo se aplicaría el régimen general de recursos).
Dada la generalidad del precepto parece sostenible lo primero.
4) Este requerimiento no es, evidentemente, un **recurso**; como tampoco el de LBRL art.65 y 66 (TS 12-7-91, EDJ 7782; 3-1-92, EDJ 25; 4-12-92, EDJ 12014). Muestra de ello es que puede deducirse en relación con disposiciones generales, excluidas de recurso administrativo (LPAC art.112.3). Sin embargo, parece razonable que le sea de aplicación la **técnica de recalificación** de aquellos. Es decir: presentado un escrito como recurso siendo materialmente requerimiento, se tramitará como este, previa audiencia en su caso.
Por otra parte, sin perjuicio de las diferencias existentes, el requerimiento en estudio cumple función análoga al **recurso potestativo de reposición**. Sin embargo no parece que pueda extenderse el

régimen de este por analogía (TS 26-6-96, EDJ 5276, que considera no aplicable al requerimiento de LBRL art.65 las reglas del recurso de reposición; lo cual es extensible a LJCA art.44). Referencia especialmente relevante en cuanto al régimen del **recurso de reposición preceptivo** (hoy limitado en principio a los actos tributarios locales en municipios de régimen general).

5) Cuando la Administración contratante, el contratista o terceros pretendan recurrir las decisiones adoptadas por los órganos competentes para resolver **recursos especiales** y reclamaciones en materia de contratación del sector público y de los sectores excluidos -agua, energía, transportes y servicios postales- (nº 11538, nº 11570, nº 11807 y nº 11818), no es necesario previo requerimiento en el primer supuesto -ni recurso administrativo en el caso de los particulares-, sino que el recurso contencioso se interpone directamente (LJCA art.44.1). Las resoluciones de dichos órganos agotan la vía administrativa (LCSP art.59.1; RDL 3/2020 art.122.1). Tampoco es precisa declaración de lesividad en el primer caso (nº 11807, nº 12378).

6) Una modalidad específica es el requerimiento potestativo previo establecido entre la Comunidad Autónoma de **Canarias** y los cabildos insulares o a la inversa (L Canarias 8/2015 art.136 y 137).

En **Extremadura** se regula una modalidad autonómica sustitutiva y de carácter potestativo, de conciliación previa a la interposición del recurso contencioso-administrativo o, en su caso, de la acción judicial en otro orden, entre las entidades locales y la Junta de Extremadura o las primeras entre sí (L Extremadura 3/2019 art.41).

Requisitos subjetivos (LJCA art.44.2) El requerimiento previo debe formularse por la Administración que será demandante -si no es atendido- y debe dirigirse al órgano competente de la que será, en su caso, demandada. Se debe interpretar como **órgano competente**: 12404

- el que tiene potestades para hacer que cese la situación de infracción del ordenamiento jurídico;
- el que llevó a cabo la actuación material constitutiva de vía de hecho o que no realice aquello a lo que está obligado; o
- el superior jerárquico u otro que ostente potestades para revocar o hacer lo necesario para que cese la situación de ilegalidad.

En la siguiente tabla se recoge la relación de **sujetos actores y/o productores** de actos o disposiciones susceptibles de someterse a este mecanismo, que en todo caso, serán Administraciones o entidades sometidas a control administrativo (el requerimiento es posible en caso de darse «doble X»).

Administración o entidad	Actora/actores	Autora/autores
Administración General del Estado	X	X
Comunidades autónomas	X	X
Entidades locales (*)	X	X
Organismos autónomos	X	X
Entidades públicas empresariales	X	X
Entidades de régimen especial	X	X
Sociedades mercantiles (capital 100% público)	-	-
Sociedades mercantiles (capital mayoritariamente público)	-	-
Sociedades mercantiles participadas por entidades públicas	-	-
Fundaciones sector público	-	-
Administración corporativa (en funciones públicas)	X	X
Administración corporativa (en funciones privadas)	-	-

(*) Ver lo expuesto en el nº 12400 sobre las Administraciones locales.

Requisitos objetivos (LJCA art.44.2) Se puede formular con relación a **cualquier acto o actuación** que pueda ser objeto de recurso contencioso-administrativo. 12406

Así, puede formularse el requerimiento para:

- derogar una disposición de carácter general;
- anular o revocar un acto;
- cesar o modificar una actuación material constitutiva de vía de hecho; o
- iniciar una actividad a la que esté obligada la Administración demandada.

12408 **Requisitos de la actividad** (LJCA art.44.2) Teniendo en cuenta que el requerimiento tiene como finalidad evitar el proceso, debe formularse antes de la iniciación del mismo. Se fija un **plazo** de 2 meses desde la publicación de la norma o desde que la Administración requirente haya conocido o podido conocer el acto, actuación o inactividad.

MPCA nº 2226

El plazo de 2 meses para el requerimiento, coincide con el plazo del recurso contencioso-administrativo. Por tanto, dentro de esos primeros 2 meses, la Administración demandante puede **optar entre uno y otro**, teniendo en cuenta que la formulación del requerimiento interrumpe el plazo para interponer el recurso contencioso.

Si en ese plazo no se hace ninguna de las dos cosas, se da por transcurrido el tiempo concedido en la Ley para la interposición del recurso contencioso-administrativo, que se habrá de inadmitir por extemporáneo.

12410 **Requisitos formales** (LJCA art.44.2) El requerimiento debe hacerse mediante **escrito razonado** en el que se debe concretar la disposición, acto, actuación o inactividad sobre la que, en su caso, recaería el recurso contencioso-administrativo.

El hecho de que el escrito sea razonado supone que la Administración requirente debe justificar que el acto en cuestión no es conforme a Derecho y, por tanto, señalar cuáles son las normas del ordenamiento jurídico que infringe. Se viene exigiendo por la jurisprudencia la citación de los **preceptos infringidos** (TS 13-3-99, EDJ 9724).

Precisiones Respecto a los **preceptos infringidos** que se pueden citar, el recurso contencioso-administrativo entre Administraciones tiene un ámbito más amplio que el **conflicto de competencias** que se puede plantear ante el Tribunal Constitucional (entre el Estado y las comunidades autónomas). Mientras que el conflicto de competencias solo se puede fundamentar desde un punto de vista constitucional y estatutario, el recurso contencioso-administrativo también se puede fundar en **vicios de legalidad ordinaria** (TS 28-7-99, EDJ 30755). Sobre el conflicto de competencias entre el Estado y las comunidades autónomas ver nº 16175 s.

12412 **Efectos** (LJCA art.44.3 y 46.6) El requerimiento se ha de entender rechazado si, dentro del mes siguiente a su recepción, la **Administración requerida no contesta**.

MPCA nº 2230

El requerimiento válido tiene como efecto interrumpir el **plazo para la interposición del recurso** por el tiempo necesario para que se conteste o, al menos, para entenderlo rechazado si no se resuelve de forma expresa. Por ello, una vez rechazado en forma expresa o transcurrido el plazo de un mes para entenderlo rechazado de forma presunta, la Administración demandante vuelve a contar con el plazo total para interponer el recurso contencioso, es decir, 2 meses.

2. Interposición del recurso

12414 El **modo de iniciación** del proceso contencioso es un rasgo esencial del mismo, ya que, como regla general, se inicia mediante el denominado escrito de interposición (nº 12416), salvo en casos excepcionales (nº 12456) formulándose la demanda con posterioridad (nº 12570).

MPCA nº 2251, 5465 s.

A diferencia de lo que ocurre en el proceso civil, el **escrito de interposición** es el acto por el que se pide la iniciación del proceso y no se exige que contenga la pretensión ejercitada, ni los hechos y fundamentos de derecho en los que se apoya, debiendo estos formularse con posterioridad.

El **plazo** para la presentación del escrito de interposición depende del tipo de recurso contencioso-administrativo (nº 12465).

Precisiones **1)** El **fundamento** de este desdoblamiento procesal está en la necesidad de que el actor, al formular la posterior demanda, tenga a su disposición el expediente administrativo, al objeto de que, de acuerdo con su contenido, pueda argumentar y alegar la defensa de su pretensión, señalando los defectos o vicios de legalidad de la actuación administrativa.

2) La relación jurídico procesal que, al margen de la material, se genera con la mera interposición del recurso, es de carácter público, de tal forma que se configura por **normas imperativas** (TS 24-6-24, EDJ 600518).

a. Escrito de interposición

(LJCA art.45)

12416 Es una **declaración de voluntad** de la parte demandante en cuya virtud solicita la iniciación del proceso, configurándose como el acto/documento rector de la relación jurídico procesal subsiguiente.

MPCA nº 2252

De este acto depende el nacimiento del proceso, por lo que su realización con **infracción de los requisitos legales** determina la imposibilidad de que el tribunal examine, en cuanto al fondo, la pretensión que se deduzca.
El escrito de interposición fija el **objeto del proceso** o los límites definitorios del mismo, si entendemos que este objeto es la pretensión (TS 23-4-91, EDJ 4188).
Su contenido determina los parámetros objetivos y subjetivos de la relación jurídica iniciada a partir de aquel, sin alteración posterior posible -fuera de la acumulación- (TS 16-12-81, EDJ 7630; 29-1-09, EDJ 13479); dejando así acotado el **ámbito del proceso** mediante identificación de la actuación recurrida.

Precisiones 1) Su **finalidad** es mucho más relevante que la mera acreditación de haberse recurrido en plazo y la reclamación de antecedentes y expediente para la posterior formalización de la demanda (TS 4-3-89, EDJ 2436; 21-5-93, EDJ 4815).
2) La **demanda** posterior debe contener únicamente pretensiones de parte (TS 12-11-80, EDJ 14116), incurriendo en caso contrario en un supuesto de desviación procesal (TS 20-12-01, EDJ 65487), que determina la inadmisión del recurso en cuanto a las pretensiones indebidamente adicionadas (TS 28-7-03, EDJ 108365).

Requisitos subjetivos El escrito de interposición se ha de presentar ante el **órgano jurisdiccional competente**, según la naturaleza del proceso que se inicia (nº 11360 s.), lo que debe expresarse en el escrito para que dicho órgano pueda comprobar su propia competencia. **12418**
El recurrente -posterior demandante- debe ser una persona que teniendo **capacidad** para ser parte y capacidad procesal, esté legitimada para iniciar el proceso de que se trate (nº 11740).
Debe acreditar además el cumplimiento de los requisitos de **representación y postulación**, salvo que se trate de uno de los supuestos en que este requisito está exceptuado (nº 11718). Al ser el escrito de interposición el primero dirigido al órgano jurisdiccional, debe presentarse el poder de representación junto con el mismo y junto con los demás documentos que se exponen en el nº 12435 s.
Debe interponerse frente al **sujeto legitimado pasivamente** (nº 11810), si bien no es necesario acreditarlo, sino que basta con reseñar el acto objeto de impugnación y el órgano del que emana.
No se exige que el escrito de interposición precise cuáles son todos los **posibles demandados**. Esta regla tiene una excepción en el **recurso de lesividad** (nº 11791), para el que se exige la fijación precisa de la persona o personas demandadas y su sede o domicilio (nº 12456). Esta diferencia de régimen determina la no operatividad general de la excepción de falta de litisconsorcio pasivo necesario y, en cambio, su juego en el proceso de lesividad.

Precisiones La **identificación** de los recurrentes/demandantes debe ser **completa**. No es correcto indicar simplemente a uno de ellos nominalmente y al resto de manera global. Si se hace así, habrá de requerirse la subsanación, ya que la perfecta identificación de los actores puede ser esencial para una adecuada defensa.
Identificados precisamente en sede de interposición, su **concreción posterior en el escrito de demanda** puede relajarse, partiendo de la base de que el escrito interpositivo habrá sido notificado a la entidad demandada, quien podrá además consultar los autos, a su disposición en la secretaría del órgano judicial.

Requisitos objetivos (LJCA art.45.1) En el escrito de interposición, el demandante se ha de limitar a citar la **disposición, acto, inactividad o actuación** constitutiva de vía de hecho que se impugna, y a solicitar que se tenga por interpuesto el recurso (TS 13-3-99, EDJ 2508). En él no se formula pretensión alguna, sino que esta se incorporará, posteriormente, en la demanda (TS auto 25-11-88, EDJ 16898). **12420** MPCA nº 2256 s.
La **actividad administrativa impugnada** en vía jurisdiccional no puede ser esencialmente distinta de la que fue objeto del expediente administrativo, ya que, en otro caso, se incurriría en desviación procesal.
Sin embargo, lo que pueden variar son las **alegaciones** expuestas en justificación de la pretensión, ya que se pueden alegar frente a los tribunales cuantos motivos procedan, hayan sido o no planteados en vía administrativa (TS 8-2-02, EDJ 1835).
El acto objeto de impugnación no puede variarse en la **demanda** o en otro acto procesal posterior. Debe quedar perfectamente explicitado en el escrito de interposición y la demanda debe guardar una perfecta adecuación con lo establecido en el mismo (TS 22-1-94, EDJ 299; 1-10-99, EDJ 37065).
Solo se admiten, como **excepción** a este principio de inmutabilidad del objeto del proceso, los supuestos de ampliación del recurso (nº 12120). Dicha ampliación puede solicitarse en el escrito de demanda o en otro escrito autónomo e independiente (TS 23-1-95, EDJ 355).

Precisiones 1) Dado que el contenido legalmente exigible es muy limitado, sin necesidad de incorporar fundamentos jurídicos, no cabe sostener que la **cita de preceptos legales**, aun incorrecta, pueda ser defecto formal determinante de la inadmisibilidad del recurso (TS 10-6-91, EDJ 6111).

2) Las **ambigüedades de contenido** de este escrito (y en su caso del de demanda) no determinan sin más la inadmisión del recurso, sino que ha de interpretarse flexiblemente a través de un examen global de toda la problemática litigiosa (TS 2-4-82). No obstante, en caso de que no se pueda colegir con precisión lo que se pide, no cabrá resolver sobre el fondo. Pues en definitiva, es fundamental que se exprese con exactitud el acto objeto de impugnación, al ser este el marco de las posteriores pretensiones (TS 9-3-93, EDJ 2352).

3) La **identificación del acto impugnado** en el escrito en estudio debe hacerse de acuerdo con criterios antiformalistas, considerando tal no solo el que se cita específicamente en aquel sino todos aquellos de los que trae causa. Así, la mención de una resolución de tribunal económico-administrativo implica la de los actos de gestión tributaria confirmados por ella (TCo 113/2003).

4) La **extensión de la demanda** a actos distintos de los establecidos en el escrito de interposición, que no guarden, con el acto originariamente impugnado, la relación que motiva la acumulación, constituye una desviación procesal, que determina la inadmisibilidad, en principio, total del recurso, pues no es posible juzgar los primeros y desestimar o no entrar a conocer de los segundos (TS 29-5-95, EDJ 2477; 30-9-96, EDJ 7913). Sin embargo, en alguna sentencia se ha declarado la **inadmisibilidad parcial**, admitiéndose solo en cuanto a las pretensiones relativas a los actos recogidos en el escrito de interposición (TS 13-3-99, EDJ 2508).

12423 MPCA nº 5465 s. **Especialidades en materia tributaria** (LJCA art.45.1.2 y 129.1.2) El escrito de interposición de un recurso contencioso-administrativo contra un acto de naturaleza tributaria no tiene especialidad alguna, salvo la formal, referida la **perfecta identificación del acto administrativo recurrido**, en cada caso, el cual debe adjuntarse -junto con los de apoderamiento o sucesión, si ha lugar-.

En cuanto a la especialidad material, el recurrente puede tomar la decisión de incorporar dentro del escrito de interposición -mediante otrosí- la solicitud de la **medida cautelar de suspensión del acto administrativo** objeto de recurso o no hacerlo e incluso decidir hacerlo en un momento posterior, excepción hecha de la impugnación de un reglamento o de una ordenanza tributaria con solicitud de la suspensión de la vigencia de los preceptos impugnados, caso en el que se exige que la petición deba efectuarse en el escrito de interposición o en el de demanda.

Precisiones **1)** La regla general recién expuesta encuentra excepción en lo previsto en la LJCA art.45.4 y 5 y art.78.2, supuestos en los que el recurso se inicia directamente con la demanda. Es frecuente en la materia objeto de análisis que esto se produzca en el caso de los **procesos de lesividad** (nº 10935 Memento Administrativo 2026).

2) El Tribunal Supremo mantiene una opinión proclive al efecto cautelar de la solicitud de suspensión (TS 31-12-01, EDJ 56488). La **existencia del proceso judicial** no basta por sí solo para enervar la ejecutividad del acto administrativo impugnado, pues para ello hubiera sido necesario que se solicitara del órgano judicial la suspensión y este la hubiera acordado (TS 31-5-03, EDJ 30328).

3) Nuestra opinión, a la hora de interponer el recurso jurisdiccional, es siempre incorporar en el **escrito de interposición** la solicitud de medidas cautelares, p.e. la tradicional suspensión de la ejecución de los actos de naturaleza tributaria (LJCA art.129 s.).

12424 MPCA nº 2262 s. **Lugar de presentación** (LOPJ art.268.1 y 272; LEC art.135 y 273) El escrito de interposición se ha de presentar en el local o sede del **órgano jurisdiccional competente**.

El letrado de la Administración de Justicia o funcionario actuante al efecto debe hacer constar el **día y hora de presentación** de los escritos, a los efectos de dar fe de que han tenido entrada en el órgano jurisdiccional dentro de plazo establecido para ello y entregar a la parte el correspondiente recibo (TS 21-3-00, EDJ 8489).

Este principio tiene como únicas excepciones las siguientes:

• Presentación en el **registro general o central** establecido al efecto, frecuentemente denominado «lugar común de notificaciones» (LOPJ art.272). La presentación se efectúa, en su caso, en la oficina judicial o en el servicio común procesal, si lo hubiera.

• Depósito en el denominado **buzón** -si en el órgano jurisdiccional, oficina judicial o servicio común, lo hubiera- antes de las 24 horas del día anterior a la mañana en que son recogidos (TS 22-2-94, EDJ 1604).

• Presentación de escritos por **medios técnicos** que permitan la emisión y recepción del documento quedando constancia fehaciente de la emisión y recepción íntegras y de la fecha -p.e. fax-. En este caso, el órgano jurisdiccional debe acusar **recibo de los documentos**, del mismo modo que si se presentan en mano, y estos se han de tener por presentados, a todos los efectos.

• Presentación por **medios telemáticos o electrónicos** (LexNET o sistemas equivalentes).

Cuando las oficinas judiciales y sujetos intervinientes en un proceso estén obligados al empleo de estos -conforme a LEC art.273- (nº 3359), han de emplearse imperativamente -salvo excepciones legales-, con garantía de autenticidad de la comunicación y fehaciencia de la remisión y recepción íntegras. Estos sistemas se aplican a aquellos sujetos que, sin estar obligados a su uso, opten por él.

En los dos últimos supuestos, cuando se deba disponer de los **documentos originales o copias fehacientes**, deben hacerse llegar al tribunal dentro de los 3 días posteriores.

El escrito de interposición debe presentarse en el **plazo** de interposición previsto para cada tipo de recurso contencioso-administrativo (nº 12465). Tiene naturaleza preprocesal o sustantiva y es de caducidad.

Precisiones 1) La **regla general** expuesta sobre el lugar de presentación se aplica a todos los escritos dirigidos a los órganos jurisdiccionales, y por tanto, también a la presentación de la demanda, en los supuestos excepcionales en que el recurso contencioso-administrativo se inicia por demanda (nº 12456). 12426

2) Sobre la utilización de **LexNET** -y otros sistemas equivalentes- para la presentación de escritos y otras comunicaciones procesales ver nº 2880 s.

3) Los tribunales venían admitiendo la presentación válida en el **juzgado de guardia** para el caso de los «escritos de término» -los presentados el último día de un plazo perentorio- y siempre que el órgano competente no estuviera abierto para ello (TS 3-5-97; 21-3-00, EDJ 8489). La LEC ha eliminado esta posibilidad para los procesos civiles, al establecer que no se admitirá la presentación de escritos en el juzgado que preste los servicios de guardia (LEC art.135.5).

En todo caso, la presentación ante dicho órgano se limitaba a **escritos perentorios**, limitando sus funciones a la recepción del escrito y a su distribución una vez terminado el servicio de guardia, sin realizar calificación jurídica alguna del documento o escrito recibido y sin generar su actuación confianza legítima acerca de la presentación correcta. Se trataba de una posibilidad excepcional, residual y no alternativa enlazada con la naturaleza imperativa de las reglas procesales que constituye -o constituía- una excepción flexibilizadora de las reglas generales de presentación de documentos (TCo 165/1996; 48/1995; auto 302/1994).

4) La **presentación por correo** de un escrito judicial, aun cuando se realice por algún medio que acredite su recepción -acuse de recibo- supone inseguridad sobre si el escrito se presenta o no en plazo, ya que hasta que no llega y se registra por el letrado de la Administración de Justicia no surte efectos su presentación.

5) La presentación del escrito de interposición o, en su caso, del de demanda ante un **órgano judicial carente de competencia**, no interrumpe ni suspende el plazo de caducidad para interponer el recurso, siempre que el interesado o su letrado hubiera sido correctamente instruido acerca del órgano competente. De esta forma, si cuando las actuaciones procesales son remitidas al órgano judicial competente, ha vencido el plazo de interposición, el recurso ha de inadmitirse como extemporáneo (TSJ Cantabria 20-10-01, EDJ 99027).

6) No puede presentarse escrito procesal de interposición ante **dependencias administrativas**, sin que, en caso de hacerse, quepa atribuir efecto interruptivo alguno respecto de los plazos aplicables, por las gravísimas consecuencias que comportaría respecto de tales plazos, de la seguridad jurídica y de la aplicación del impulso procesal de oficio (TS auto 27-2-94, EDJ 7720).

Requisitos formales El escrito de interposición también lleva consigo ciertas exigencias no tanto forma como de contenido mínimo. Además de la necesidad de fijar con precisión el **objeto del recurso** (nº 11952), se viene exigiendo la **identificación** de la parte recurrente (luego demandante) y sus representantes y la **petición** de que se tenga por interpuesto el recurso. 12428

No obstante, la jurisprudencia sigue una tendencia antiformalista, de tal forma que se admite el escrito siempre que reúna unos **requisitos mínimos**, que permitan que cumpla con su finalidad, y siempre que se deduzca claramente la voluntad del demandante de interponer el recurso contencioso-administrativo.

Debe aplicarse al escrito de interposición el principio general de **subsanación** de los defectos no esenciales (LJCA art.138); subsanación para la cual se ha de otorgar un plazo de 10 días hábiles. La sencillez en cuanto a su contenido lleva a que, en la práctica, muy rara vez proceda la subsanación del escrito, ya que la falta de alguno de sus elementos suele constituir un defecto de carácter esencial (p.e. no se establece el acto objeto de recurso). La subsanación se produce más frecuentemente con respecto a la ausencia de aportación de los documentos que deben presentarse junto con el escrito (nº 12435), para cuya subsanación se otorga el mismo plazo.

En el supuesto de que el escrito de interposición no cumpla las exigencias de forma por **exceso**, no por defecto, es decir, que tenga el contenido de una demanda compleja o extensa, el principio *pro actione* obliga a admitir a trámite el recurso. Esto se debe a que ese escrito recoge la voluntad del sujeto de interponer el recurso, sin perjuicio de que el proceso continúe por los trámites generales, es decir, reclamación del expediente administrativo (nº 12510) y posterior traslado al actor para que formule su demanda.

En tal caso es discutible si el contenido excesivo vincularía al posterior escrito de demanda (por una suerte de acto propio del actor) o no.

Precisiones Se ha admitido la existencia de **inexactitudes** en la fijación de las resoluciones recurridas, siempre que no quepan dudas sobre lo que se pretende recurrir (TS 11-5-93, EDJ 4410).

Efectos Para que el escrito de interposición surta todos sus efectos es necesario que vaya seguido de una serie de **actos**: 12430 MPCA nº 5500

- admisión por el órgano jurisdiccional (nº 12555);

- reclamación del expediente (nº 12510); y
- anuncio del recurso (nº 12500).

Estos efectos pueden ser de dos clases: materiales y procesales.

a) En cuanto a los efectos **jurídico materiales**, la interposición del recurso no produce efectos suspensivos de la ejecución del acto objeto del mismo, salvo que se haya solicitado y obtenido la medida cautelar de suspensión (nº 13610); con la excepción relativa de los **actos sancionadores**, respecto de los que, no siendo ejecutivos hasta agotar la vía administrativa -o alcanzar firmeza administrativa, cuestión discutible-, la interposición del recurso con petición de suspensión determina el mantenimiento de la no ejecución en tanto se decide judicialmente sobre aquella.

Igualmente, obtenida en vía gubernativa la suspensión limitada a la misma, la interposición de recurso judicial, con petición de suspensión en este ámbito, producirá el mismo efecto transitorio.

En ambos casos -especialmente en el segundo- resulta recomendable solicitar que se mantenga la inejecución, como medida cautelarísima, mientras se evacúa decisión judicial al respecto.

b) Los efectos **jurídico procesales** se producen en relación a distintos elementos:

• En lo que respecta al órgano jurisdiccional, la litispendencia determina la adquisición definitiva de la competencia, frente a cualquier modificación posterior (p.e. alteración posterior de los límites municipales).

• Las **partes** conservan la legitimación que tenían al tiempo de interponer la demanda.

• No puede modificarse el **objeto del proceso** establecido en el escrito de interposición, salvo en los supuestos de acumulación legalmente previstos (nº 12100).

• En cuanto a la **actividad**, la litispendencia produce la imposibilidad de que se inicie un nuevo proceso sobre el mismo objeto. Si esto ocurre se puede poner de manifiesto a través de la **excepción de litispendencia**, que produce la inadmisibilidad del recurso (nº 12826).

12432 Precisiones 1) Para que exista **litispendencia** es necesario que haya pendiente un pleito que verse sobre lo mismo que en otro se discute y que la resolución que pueda recaer en uno pueda producir **excepción de cosa juzgada** respecto al otro.

2) La **existencia de litispendencia** no puede ser analizada, a los efectos de determinar si debe estimarse la excepción, sino cuando se formule la demanda propiamente dicha, en la que se ha de deducir totalmente la pretensión.

3) El escrito de interposición **no tiene carácter cautelar** respecto de la futura demanda, pudiendo mediante aquel interponerse cautelarmente un recurso judicial (TS 5-9-05, EDJ 139960).

4) Tratándose de recurso contencioso-administrativo contra un acto administrativo del tipo de **liquidación tributaria** o de deuda de Derecho público, la interposición con **simultánea solicitud de suspensión** interrumpe el curso del plazo de prescripción de la acción de cobro. La interrupción respecto del deudor principal o de alguno de los responsables causa el mismo efecto en relación con el resto de los sujetos solidariamente obligados al pago, ya sean otros responsables o el propio deudor principal, sin perjuicio de que puedan continuar frente a ellos las acciones de cobro que procedan. Sin embargo, no se produce el efecto interruptivo en caso de que no se haya suspendido la efectividad del acto recurrido o hasta que se haya solicitado en un momento posterior a la interposición, si así se ha hecho (LGT art.68.7 y 8).

b. Documentos que acompañan al escrito de interposición

(LJCA art.45.2 -redacc LO 1/2025- y 3)

12435 Con el escrito deben presentarse ciertos documentos -originales, copias cotejadas o, en su caso, simples copias- que acreditan el cumplimiento de los **requisitos necesarios para litigar** y cuya falta impide la iniciación del proceso.

Sin embargo, la **no presentación de alguno** de ellos constituye un defecto subsanable, para lo que se ha de señalar, por el letrado de la Administración de Justicia, un plazo de 10 días hábiles. Transcurrido el plazo sin que la subsanación haya tenido lugar, el juez o tribunal debe declarar el archivo de las actuaciones (LJCA art.45.2 y 3). Ver nº 12455.

Los documentos que deben acompañarse al escrito de interposición son los siguientes:

- el documento que acredite la **representación** del compareciente, salvo si figura unido a las actuaciones de otro recurso pendiente ante el mismo órgano judicial, en cuyo caso puede solicitarse que se expida certificación para su unión a los autos (nº 12439);
- el documento o documentos que acrediten la **legitimación** del demandante cuando la ostente por habérsela transmitido otro por sucesión o por cualquier otro título (nº 12442);
- la copia o traslado de la **disposición o acto expreso** que se recurra, o la indicación del expediente en que haya recaído el acto o el periódico oficial en el que la disposición se haya publicado (nº 12444);

- el documento o documentos que acrediten el cumplimiento de los requisitos exigidos para entablar acciones las **personas jurídicas**, con arreglo a las normas o estatutos que les sean de aplicación (nº 12448);
- en los **litigios entre Administraciones**, el documento justificativo de haber quedado desatendido el requerimiento previo, en su caso (nº 12452);
- en el **recurso de lesividad**, la declaración de lesividad, su expediente (denominado igualmente de lesividad) y el expediente administrativo -del acto lesivo- (nº 12454).

Precisiones 1) La determinación de cuáles sean los documentos que hayan de aportarse es cuestión de mera **legalidad**, limitándose la relevancia constitucional a que no se viole la Constitución en relación con el rigor, forma, subsanabilidad de las circunstancias de tal exigencia (TCo79/1997).
2) La **finalidad** de la aportación de cierta documentación es evitar que se inicie un proceso por quien no esté legitimado para ello o de manera irregular, con la consiguiente ineficacia del mismo (TS 6-7-95, EDJ 4154; 12-5-93, EDJ 4464).
3) El régimen del **traslado de copias y documentos** cuando intervengan procuradores (LEC art.276 s.) es aplicable en el orden contencioso-administrativo (L 42/2015 disp.adic.2ª). Ver nº 3362.

Documento acreditativo de la representación del compareciente (LJCA art.45.2.a) 12439 MPCA nº 2276

Debe acompañarse al escrito de interposición el documento que acredite la representación del compareciente, salvo si figura unido a las actuaciones de otro recurso pendiente ante el mismo órgano judicial.
La representación se puede haber otorgado a **abogado o procurador**, según el órgano jurisdiccional al que se dirija el escrito y de acuerdo con las normas de representación y postulación establecidas al respecto (nº 11715).
Lógicamente, en los supuestos en que se permite al interesado **comparecer por sí mismo** (nº 11700 s.), si así lo hace, no es necesario acreditar la representación.
No se exige la aportación del documento acreditativo de la representación cuando aparezca unido a las actuaciones de **otro recurso pendiente** en el mismo tribunal, en cuyo caso se puede solicitar que se expida certificación para su unión a los autos. Esta petición se formula normalmente por medio de **otrosí**, identificando perfectamente el recurso pendiente en el que consta dicho documento.
El **cumplimiento** de este requisito se efectúa, no solo cuando materialmente la escritura de poder se encuentra en el mismo, sino también cuando consta en autos copia de la escritura pública que se desglosó y fue devuelta al interesado (TS 15-1-98, EDJ 247).

Precisiones A pesar de que LJCA art.45.2.a no ha sido modificado por RDL 6/2023, debe interpretarse a la luz del contenido de este en materia de **empleo de medios electrónicos** en la Administración de Justicia y de la reforma operada en la LEC, en relación con la **acreditación de la representación procesal** (LEC art.24 y 264.1º).
Por tanto, la aportación del documento acreditativo puede verse sustituida por el sistema conforme al cual la representación procesal, en todo caso, se acredita mediante **consulta automatizada** orientada al dato que confirme la inscripción de esta en el Registro Electrónico de Apoderamientos Judiciales, cuando el sistema así lo permita; acreditándose, en otro caso, mediante la certificación de la inscripción en dicho registro (nº 4657 Memento Procesal Civil 2026).

Documento acreditativo de la legitimación del demandante (LJCA art.45.2.b) 12442 MPCA nº 2278 s.

Ha de aportarse además el documento o documentos acreditativos de la legitimación del actor, cuando la ostente por habérsela transmitido otro por **herencia**, sucesión o por cualquier **otro título**.
Así pues, únicamente se debe acreditar la legitimación cuando el que recurre no es el inicialmente afectado por la actuación de la Administración, sino una persona que le sustituye en virtud de una transmisión *inter vivos* o *mortis causa*, siempre que se trate de una **situación jurídica transmisible**.
Estos documentos han de presentarse solo cuando la transmisión del derecho haya tenido lugar después de **terminado el procedimiento administrativo** y antes de la iniciación de la vía judicial.
Si la transmisión tuvo lugar durante la **tramitación del procedimiento administrativo**, ya aparece el causahabiente como interesado en el acto que pone fin a la vía administrativa, no siendo necesario volver a acreditarlo en vía judicial (TS 19-11-93, EDJ 10448).
Si la transmisión se produce **durante el proceso contencioso-administrativo** y antes de su terminación, en ese momento del proceso se produce una crisis procesal que se ha de resolver mediante la sustitución, que se debe acreditar en ese momento.
Sobre la **sucesión procesal** ver nº 11783.

Copia o traslado de la disposición o del acto que se recurra (LJCA art.45.2.c) 12444 MPCA nº 2280 s.

Se exige la **identificación del objeto** del proceso con los datos que obren en poder del demandante, si fuera posible, mediante la copia o traslado del acto expreso o disposición que se recurra.

En todo caso, su presentación no es preceptiva, ya que se da la opción de indicar simplemente el **expediente** en que ha recaído o el **periódico oficial** en el que en su caso se ha publicado (única opción en el caso de disposiciones generales o actos en los que la publicación sustituye a la notificación).
Cuando el recurso se dirige frente a la **inactividad de la Administración** o frente a una actuación constitutiva de **vía de hecho**, se permite la identificación del objeto del proceso mediante la mención del órgano o dependencia al que se atribuya una u otra, el expediente en que tenga su origen o, en general, mediante cualquier dato que sirva para identificarlo suficientemente.

Precisiones 1) Si la **mera indicación** es bastante respecto de actos expresos, tanto más respecto de actos presuntos y tácitos (TS 8-3-82).
2) La presentación o indicación tienen **carácter alternativo**. Por ello, ha de interpretarse flexiblemente cualquier defecto de aportación. De manera que:
- no tiene consecuencia la afirmación en el escrito interpositivo de que se aporta copia del acto, sin hacerlo, si se indica el expediente;
- la aportación del traslado del acto originario recurrido en sede administrativa, no del resolutorio del recurso, ya que aquella equivaldrá cuando menos a la identificación del expediente.
3) Puede resultar difícil determinar cuál es el órgano o dependencia que debe realizar la actuación o al que se debe imputar la vía de hecho. Por eso, el requisito debe interpretarse con **flexibilidad**, analizando si el interesado ha tratado de identificar el objeto del proceso con todos los medios a su alcance.

12448 MPCA nº 2282 s. **Acreditación de requisitos exigibles a personas jurídicas** (LJCA art.45.2.d) Junto al escrito de interposición debe presentarse el documento o documentos que acrediten el cumplimiento de los **requisitos exigidos para entablar acciones** a las personas jurídicas, con arreglo a las normas o estatutos que les sean de aplicación. Ver al respecto lo que se expone en los nº 11706 s.

12452 **Justificación de haber sido desatendido el requerimiento previo** Cuando se produzca un **litigio entre Administraciones**, si se ha formulado requerimiento previo (nº 12400), que es potestativo, se debe aportar el documento justificativo de haber quedado desatendido dicho requerimiento, a los efectos de cómputo del plazo.
Bastará con el escrito de requerimiento debidamente notificado, con **acreditación de la fecha de notificación**, o con la copia presentada en la oficina de registro correspondiente, con el cajetín de entrada.
A partir de tales datos, puede computarse el plazo referido y computar su desatención por silencio.

12454 **Declaración de lesividad y expediente administrativo** (LJCA art.45.4) En el recurso de lesividad debe **acompañarse a la demanda** -este recurso se interpone mediante demanda (nº 12456)-, además de los documentos señalados, cuando procedan:
• La declaración de lesividad, como presupuesto del proceso (nº 12376).
• El expediente administrativo, ya que la Administración autora del acto es demandante y por ello se exige que presente el expediente administrativo en este primer momento, sin que sea necesario requerirla para ello. El expediente administrativo debe incluir, no solo los trámites que concluyen con la resolución recurrida, sino también los que terminan con la declaración de lesividad (expediente de lesividad, con numeración distinta de documentos).
Por iniciarse este proceso mediante demanda, se aplica a la Administración la siguiente **restricción**: con posterioridad no se admitirá la presentación de ningún documento que se halle fuera de los casos previstos para el proceso civil (LEC art.270). Ver al respecto nº 12590.

12455 MPCA nº 2299 s. **Falta de presentación de algún documento** (LJCA art.45.2 -redacc LO 1/2025- y 3, 138) La no presentación de alguno de los documentos que han de acompañar al escrito de interposición constituye un **defecto subsanable**. En tal supuesto pueden darse dos escenarios (LJCA art.138.1 y 2):
• Que sea el propio letrado de la Administración de Justicia el que **de oficio** (LJCA art.45.3) aprecie la existencia de un defecto subsanable, en cuyo caso, necesariamente, ha de dictar providencia, reseñándolo y otorgando plazo de 10 días para la subsanación. Debe recordarse que se impone al letrado de la Administración de Justicia el deber de examinar de oficio la **validez de la comparecencia**.
• Que, no apreciándose de oficio ningún defecto, este sea sin embargo **alegado por alguna de las partes** en el curso del proceso -como alegación previa o en la contestación a la demanda-, en cuyo caso no resulta preciso requerir a la parte demandante abriendo un específico trámite de subsanación, ya que, habiéndosele dado traslado del escrito de la contraparte, puede proceder a ella u oponer lo que tenga por conveniente en el término de 10 días al de la notificación del escrito que contenga la alegación (LJCA art.138.1).

En uno y otro caso, **trascurrido el plazo de 10 días** sin que se haya subsanado el defecto, procede el archivo de las actuaciones o una sentencia de inadmisión (TS 22-9-09, EDJ 217591; 3-3-10, EDJ 93943; 28-2-13, EDJ 25448; 17-5-13, EDJ 70811; TSJ Canarias 25-1-08, EDJ 61545).

Precisiones 1) No se presume la validez de la comparecencia cuando el letrado de la Administración de Justicia **no hace aquel requerimiento**, ni tampoco el que la invalidez solo pueda ser apreciada tras un acto en contrario del propio letrado de la Administración de Justicia que sí requiera de subsanación.

Esta regla se aplica también en caso de **falta de copias** del escrito de interposición, aunque no se mencione expresamente en el precepto (TCo 182/2003).

2) El órgano judicial está obligado a **promover la subsanación** de los defectos subsanables, en todo tipo de procedimientos. En primer lugar, está obligado a oír al demandante sobre dicha cuestión obstativa a la admisión del recurso. En segundo lugar, debe resolver en el acto sobre su concurrencia o no, pronunciándose sobre si la vista debe continuar o no -LJCA art.78.8 y 138- (TCo 163/2016).

c. Interposición mediante demanda

La regla general del recurso contencioso-administrativo es la iniciación mediante el escrito de interposición (nº 12416). Sin embargo existen **excepciones** a aquella, en las que el recurso se inicia mediante una «demanda extensa», en la que el interesado no solo expresa su voluntad de iniciar el proceso, sino que además recoge los hechos y fundamentos de derecho. 12456

Los **supuestos** de iniciación mediante demanda son los siguientes:

• Procedimiento **abreviado** (nº 13090).

• Recurso de **lesividad**. Se inicia mediante demanda extensa, consignando con la debida separación los hechos, fundamentos de derecho y las pretensiones que se deduzcan (LJCA art.45.4).

En este caso deben acompañarse a la demanda, además de los documentos generales, la declaración de lesividad, su expediente y el expediente administrativo correspondiente al acto lesivo que se autoimpugna (nº 12376).

• Procedimiento para la **protección de los derechos fundamentales** de la persona. De objeto limitado, se exige que, en el escrito de interposición, se exprese con precisión y claridad el derecho o derechos cuya tutela se pretende y, de manera concisa, los argumentos sustanciales que den fundamento al recurso (nº 13227). No se trata, de la formulación de una demanda en sentido estricto, ya que esta se prevé con carácter posterior, sin embargo debe llevar una fundamentación que no aparece en el escrito de interposición (LJCA art.45.5).

• Recurso dirigido contra una disposición de carácter general (nº 10870), la inactividad de la Administración (nº 12478) o la vía de hecho (nº 12480), cuando **no existan terceros interesados**. Este recurso puede iniciarse mediante demanda, lo que supone que el recurrente puede optar por esta vía o por la vía ordinaria de interposición.

• Recurso contra la **inactividad de la Administración** cuando esta no ejecute sus actos firmes. 12457
Este recurso se tramita por el procedimiento abreviado y, por tanto, también se inicia mediante demanda (nº 13094).

• Procesos en **materia electoral** (nº 13340 s.). Se prevén dos supuestos del recurso contencioso electoral:

- el recurso contra la proclamación de candidaturas y candidatos; y
- el recurso contra los acuerdos de proclamación de electos y elección y proclamación de presidentes de corporaciones locales.

Ambos se inician por un escrito que debe contener la pretensión así como las alegaciones y los elementos de prueba que se estimen oportunos.

• Proceso en caso de **suspensión de acuerdos en vía administrativa** (nº 13300), en el que tal suspensión queda condicionada a que se dé traslado del acuerdo de suspensión al órgano del orden jurisdiccional contencioso-administrativo competente, acuerdo que, por su contenido, constituye una auténtica demanda.

• Proceso incoado por los presidentes de los **organismos de cuenca** para impugnar los actos de los órganos colegiados de estos, que se tramita por el procedimiento establecido para la suspensión de acuerdos en vía administrativa (nº 13300).

Precisiones En caso de que en un recurso contencioso que haya, imperativamente, de interponerse mediante demanda, es problemático determinar **si puede subsanarse** la indebida interposición mediante escrito limitado a interponer el recurso. Pueden diferenciarse diversas situaciones: 12458

a) Presentación de escrito de interposición en vez de demanda **sin agotar el plazo** interpositivo. Debe admitirse la subsanación, sin que pueda sobrepasarse tal plazo máximo (que al ser de caducidad, no se interrumpe). Es decir, es posible subsanar dentro del «remanente de plazo» de interposición.

b) Presentación, con firma de letrado, del escrito de interposición el **último día** del plazo o en tiempo tal que al resolver el órgano judicial, ya no haya «remanente». No cabe subsanación.
c) Presentación, sin postulación (en los supuestos en los que ello es posible), del repetido escrito de interposición el **último día** del plazo o en tiempo tal que al resolver el órgano judicial, ya no haya «remanente». Cabe subsanación, a menos que se detecte mala fe o abuso o se trate de situaciones reiteradas.

d. Plazo de interposición

(LJCA art.46)

12465 MPCA nº 2306 Se establece un plazo general y una serie de plazos especiales aplicables según el **tipo de recurso**:
- recursos contra actos expresos y disposiciones de carácter general -plazo general- (nº 12468);
- supuestos de silencio administrativo (nº 12472);
- recursos contra la inactividad de la Administración (nº 12478);
- recursos contra la vía de hecho (nº 12480);
- recurso de reposición (nº 12482);
- recurso de lesividad (nº 12486);
- litigios entre Administraciones (nº 12488);
- recurso para la protección de los derechos fundamentales (nº 12490).

A todos ellos son aplicables ciertas **reglas generales** sobre el cómputo, la interrupción y otras circunstancias relacionadas con el plazo de interposición (nº 12165 s.).

Precisiones Sobre el plazo de interposición en los procesos para la **garantía de la unidad de mercado** (LJCA art.127 bis), ver nº 13475.

12468 MPCA nº 2308 s. **Recursos contra actos expresos y disposiciones de carácter general** (LJCA art.46.1)
El **plazo** es de 2 meses, contados desde el día siguiente al de la notificación o publicación del acto que ponga fin a la vía administrativa o al de la publicación de la disposición impugnada.
El **momento inicial** del plazo es el día siguiente al de la notificación o publicación del acto o resolución. Al tratarse de un plazo señalado por meses se computa de fecha a fecha y sin excluir los días inhábiles, ni tampoco el día inicial.
Si el recurso se interpone contra una **disposición de carácter general**, dado que frente a ellas no cabe recurso alguno en vía administrativa (LPAC art.112.3), el plazo siempre se inicia en la fecha de la publicación en el correspondiente boletín oficial (día siguiente).
Debe tenerse en cuenta, respecto al cómputo de los plazos, que a pesar de que se comience a contar desde el día siguiente al de la notificación o publicación, el **día final**, en el que el plazo vence, es aquel cuyo ordinal coincida con el de la notificación o publicación -p.e. si el acto se notifica el 20 de febrero, el plazo para interponer el recurso termina el 20 de abril- (TS auto 4-4-93, EDJ 3340; 18-2-94, EDJ 1472; 13-2-99, EDJ 1409; 7-7-00, EDJ 22792).
El último día del plazo se cuenta por entero. El escrito puede presentarse hasta las 15 horas del **día hábil siguiente** al del vencimiento del plazo, en la secretaría del tribunal al que va dirigido o, de existir, en la oficina o servicio de registro central (LEC art.135.1, aplicable al proceso contencioso-administrativo -TS auto 15-10-01, EDJ 107624; AN 18-7-02, EDJ 126304-). No obstante, puede también sostenerse que, al ser este plazo preprocesal, no es de aplicación la regla indicada.
Si el **último día del plazo es inhábil**, se entiende prorrogado hasta el siguiente día hábil (LOPJ art.185.2; TS 18-12-89; 29-4-94, EDJ 3835).
Si en el mes de vencimiento no hubiera **día equivalente** a aquel en que comienza el cómputo, se ha de entender que el plazo expira el último día del mes.
Por último, debe tenerse en cuenta que durante el **mes de agosto** no corre el plazo para interponer el recurso ni ningún otro plazo de los previstos en la Ley, salvo en el caso del recurso de protección de los derechos fundamentales, en el que este mes tiene carácter hábil.

12470 Precisiones **1)** Al respecto de los plazos señalados por **meses** o **años**, el cómputo se inicia al día siguiente de la notificación (LJCA art.46).
En la regla de **cómputo «de fecha a fecha»**, para los plazos señalados por meses o por años, el día final en el mes de vencimiento de que se trate es el equivalente al día de la notificación o publicación en el mes inicial. Es decir, aunque el cómputo de fecha a fecha se inicie al día siguiente al de la notificación o publicación, el día final de dichos plazos es siempre el correspondiente al mismo número ordinal del día de la notificación o publicación del mes o año que corresponda (TS 18-2-94, EDJ 1472; 2-12-97, EDJ 8702; 13-2-98, EDJ 511; 20-11-98, EDJ 2961; DGRN Resol 24-3-94; 11-3-97).

2) La doctrina jurisprudencial señalada no es contraria al principio constitucional de **tutela judicial efectiva**, que no puede ser entendido en un sentido particularista, de tal forma que suponga la desvirtuación de los plazos procesales taxativamente señalados en las leyes en garantía de otro principio, básico de nuestro ordenamiento jurídico, cual es el de seguridad jurídica, frente al que no puede prevalecer la negligencia, el error o la pasividad de la parte litigante (TCo 32/1989).
3) Frente a la regla general del cómputo a partir del día siguiente a la notificación, el plazo para la interposición de los **recursos gubernativos** contra calificaciones registrales -de un mes- se computa desde el día mismo de la notificación (LH art.326), culminando en el día equivalente del mes siguiente. Por ejemplo: el plazo de recurso contra una calificación negativa notificada el 18-4-03 vence el 18-5-03 (DGRN Resol 14-10-02; 10-5-00; 10-1-00).
También en este sentido, respecto del plazo para impugnación judicial de la calificación o de la resolución expresa o presunta del recurso ante la DGSJFP -2 meses; 5 meses y un día- (LH art.328.2º).
4) El sentido exacto de que el plazo de interposición no corre durante el **mes de agosto** es una cuestión discutible. Puede plantearse si el significado de esta expresión legal es el mismo que la consideración de inhabilidad del día final del plazo interpositivo, en caso de que recaiga en agosto.
El problema tiene **consecuencias prácticas** muy relevantes respecto de plazos que finalicen en tal mes o en los que con carácter intermedio, corran a lo largo del mismo. Se trata de contar o descontar integralmente el mismo respecto de los plazos a lo largo de los cuales se encuentra el mes de agosto y/o, de aplicar simplemente o no la regla de prórroga al primer día hábil siguiente en caso de plazos que finalicen en un día de agosto.
De considerar que la regla estudiada no contiene especialidad alguna sobre la **inhabilidad general del día final**, la consecuencia sería la siguiente:
• Acto definitivo expreso notificado el 17-6-2023. El plazo de 2 meses finalizaría el 17-8-2023, desplazándose el día final del plazo interpositivo al primer hábil siguiente: 1-9-2023.
• Acto definitivo expreso notificado el 15-7-2023. El término indicado finalizaría el 15-9-2023.
Si se considera que la expresión «no correr» el mes de agosto supone descontarlo, la consecuencia será la siguiente:
• Acto definitivo expreso notificado el 17-6-2023. El plazo de interposición terminaría el 17-9-2023.
• Acto definitivo expreso notificado el 15-7-2023. El día final de plazo será el 15-10-2023.
Como se aprecia, la divergencia práctica es manifiesta. Una interpretación literal del precepto (LJCA art.128 en relación con LJCA art.46) apunta a la segunda interpretación (en este sentido, TS 9-3-01, EDJ 12043; 8-11-00, EDJ 42390; 26-4-05, EDJ 62635; 22-11-02, EDJ 51437; TSJ Castilla-La Mancha 6-6-05, EDJ 90489). Una contextual, teniendo en cuenta la LOPJ art.182, podría decantarse por la primera.
5) En ocasiones excepcionales, el arranque del plazo de interposición de recurso frente a un acto determinado puede producirse desde un momento distinto al día siguiente a la fecha de notificación, atendidas las circunstancias del caso. Es el caso de la resolución dictada por la Administración como consecuencia de una previa **anulación jurisdiccional con retroacción de actuaciones**, en la que la Administración obligada a ejecutar la sentencia estimatoria del recurso judicial ha agotado la ejecución mediante el dictado de una nueva resolución, respecto de la que el interesado que interpuso recurso contencioso-administrativo en su momento discrepa.
Se entiende que el plazo de interposición debe computarse desde el **día siguiente a la notificación de la sentencia** que desestima el recurso de casación entablado frente al auto dictado por el tribunal superior de justicia competente en el que se rechazaba el incidente de ejecución interpuesto, considerando la cuestión debatida ajena a esta, agotada con el dictado de la nueva resolución administrativa (TS 18-6-24, EDJ 600508).

Supuestos de silencio administrativo (LJCA art.46.1) Se establece un plazo de 6 meses para impugnar los **actos que no sean expresos**. Este plazo se computa desde que, de acuerdo con su normativa específica, se produzca el acto presunto (desde el día siguiente). 12472 MPCA nº 5480 s.
Es inexcusable la obligación de la Administración de resolver en todo caso, eliminando o moldeando la categoría anterior de los **actos presuntos** (LPAC art.21). El silencio queda configurado, por tanto, como una ficción legal que abre al particular la posibilidad de impugnación, pero que deja subsistente la obligación de la Administración de resolver expresamente.

Precisiones Distintos de los actos presuntos son los **actos tácitos**, que expresan una concreta declaración de voluntad de la Administración, de manera implícita, diferente a la imputación de una voluntad presunta.
En los casos de recurso frente a acto administrativo tácito, el **plazo de interposición** se computa como si de un acto expreso se tratase.

Respecto de los actos presuntos y el silencio administrativo hay que tener presente las siguientes observaciones: 12473
• El silencio administrativo no puede ser apreciado de forma que produzca **perjuicio al interesado**, en sentido procesal o procedimental, o bien de forma que la Administración pública se beneficie del mismo, pues no cabe hacer de mejor condición a la Administración pública que no resuelve expresamente con respecto a la que sí lo hace (TCo 179/2003; 220/2003; 149/2009).

• En todo caso, la **resolución tardía** de la Administración rehabilita el plazo de recurso, impidiendo que incurra en caducidad (TS 4-5-90, EDJ 4696; 22-3-97, EDJ 4998). Más aún, es posible sostener que no es preciso rehabilitar el plazo, pues no habría comenzado a correr en perjuicio del interesado, sin perjuicio de que la ficción del silencio negativo permita la interposición de recurso por considerar existente el presupuesto procesal necesario al efecto.

• En sentido próximo a lo indicado, se ha considerado que no es extemporáneo el recurso contencioso-administrativo interpuesto contra **acto presunto fuera del plazo** interpositivo de 6 meses, y antes de que la Administración pública haya resuelto expresamente, dado que dicho plazo resulta inaplicable (TCo 72/2008; 171/2008; TSJ Madrid auto 25-11-99, EDJ 83487). En la medida en que, en el momento en que se interpone el recurso, la Administración sigue obligada a resolver y que, cuando lo haga, se reabre el plazo de interposición, es razonable sostener que el **recurso anterior a la resolución expresa** deba admitirse como temporáneo; lo contrario implicaría un perjuicio injustificado para el administrado (TS 23-1-04, EDJ 187243; TEAC 24-1-03).

12474 • Ligado a lo anterior, el acto no gana **firmeza en perjuicio del interesado** hasta que recaiga la resolución tardía. En caso de recurso administrativo, el acto originario recurrido administrativamente no es firme en perjuicio del interesado hasta que no se resuelva expresamente el recurso interpuesto (TS 25-2-67, EDJ 2016), sin que en ningún caso la opción del administrado de no recurrir el acto presunto desestimatorio, esperando a la resolución tardía expresa, pueda considerarse como consentimiento de aquel (TCo 188/2003; 220/2003).

• En caso de que el interesado interponga **recurso administrativo contra un acto presunto** que agota la vía administrativa, una vez vencido el plazo de interposición del contencioso, no cabe oponer en sede judicial la causa de inadmisión de extemporaneidad del recurso, pues la Administración pública no informó al interesado del régimen de impugnación, al no ser el acto expreso.

• Cierta doctrina jurisprudencial ha considerado que, en caso de silencio negativo, lo más que puede suponerse es que el destinatario del acto conoce el contenido íntegro del mismo, pero no el **pie de notificación** (TS 18-3-95, EDJ 1540; 19-6-98, EDJ 10423). Por ello, solo puede surtir efecto -fundamentalmente en cuanto al cómputo de plazos de interposición de recursos- desde que el interesado se dé por notificado o desarrolle conductas que impliquen necesariamente **conocimiento del acto** y de su régimen de impugnación. Si interpone el recurso procedente, ha de considerarse temporáneo. Todo ello, sin perjuicio del derecho que le asiste de esperar a la resolución extemporánea, que, como se ha dicho, rehabilita los plazos de recurso.

12476 MPCA nº 2320

Precisiones **1)** Desaparecido o modulado el concepto de actos presuntos, se vuelve al sistema que existía en la antigua Ley de procedimiento administrativo, respecto al que la jurisprudencia había declarado de modo reiterado la imposibilidad de imponer al particular las consecuencias negativas del incumplimiento de la Administración y, por tanto, la **no sujeción a plazo** del recurso contencioso-administrativo contra el silencio.

2) En general, se adopta un criterio flexible en caso de **interposición pretemporánea**, antes de haberse producido el efecto negativo del silencio por transcurso del plazo aplicable sin notificación de resolución, siempre que al tiempo de constituirse la relación procesal -formalización de la demanda- haya transcurrido aquel o se haya dictado la resolución expresa desestimatoria (TS 16-5-91, EDJ 5155; 27-12-84).

3) Se ha afirmado que LJCA art.46, en cuanto fija plazo de interposición de 6 meses para el recurso contencioso-administrativo frente a actos presuntos, está **derogado tácitamente** por L 4/1999 (TS 20-6-05, EDJ 116949; 20-2-07).

No obstante, en relación con este precepto y el plazo de 6 meses en caso de silencio negativo, toda la jurisprudencia constitucional que determina la **inoperatividad de dicho plazo** en perjuicio del administrado-justiciable, se ha dictado para proteger derechos fundamentales en casos individuales, en sede de recurso de amparo constitucional, por lo que no es trasladable directamente a un proceso de inconstitucionalidad (TCo 166/2012). La posición del Tribunal Constitucional es bien distinta en el proceso de amparo y en el de control de constitucionalidad de la ley, incluido el provocado por las cuestiones de inconstitucionalidad, pues hay en él un componente abstracto de enjuiciamiento que no puede eludirse; suscitada la cuestión con motivo de una ocasión concreta, es indispensable su relevancia, pero más allá del caso exige un enjuiciamiento abstracto.

Por ello, al enjuiciar en abstracto el precepto legal cuestionado (LJCA art.46.1 segundo inciso) en resolución de una cuestión de inconstitucionalidad, sin trance de proteger los derechos de las personas afectadas por actos concretos de aplicación, se ha declarado que tal precepto es conforme a la Constitución. La impugnación jurisdiccional de las desestimaciones por silencio no está sujeta al plazo de caducidad previsto en aquel precepto, por lo que es manifiesto que el inciso legal cuestionado no impide u obstaculiza en forma alguna el acceso a la jurisdicción de los solicitantes o los terceros interesados afectados por una desestimación por silencio (TCo 52/2014).

Recurso contra la inactividad de la Administración (LJCA art.46.2) En los supuestos de inactividad de la Administración rige el plazo general de 2 meses (nº 12468). 12478
Este plazo se computa a partir del **día siguiente** al vencimiento de los plazos establecidos para considerar que se ha producido dicha inactividad. Esto supone, que una vez requerida la Administración, si en el plazo de 3 meses (supuesto general) o de un mes (ejecución de actos firmes) no hubiera dado cumplimiento a lo solicitado, empieza a correr el plazo de 2 meses para interponer el recurso.
Si la Administración dicta algún acto que solo suponga **cumplimiento incompleto** de lo solicitado, dicho acto debe ser recurrido de acuerdo con el régimen general de impugnación de los actos expresos (nº 12468).
No procede extender a la inactividad el régimen expuesto del supuesto de silencio administrativo, pues una y otro son figuras diversas.

Recurso contra la vía de hecho (LJCA art.46.3) El plazo del recurso que se dirige frente a una actuación de la Administración constitutiva de vía de hecho depende de que se haya o no formulado el requerimiento a la Administración, que tiene carácter potestativo (nº 12090). 12480
a) Si **se formula requerimiento**, el plazo es de 10 días, a contar desde el día siguiente a la finalización del plazo (también de 10 días) que se concede a la Administración para la cesación de la actividad.
Esto supone que si, formulado requerimiento, la Administración **no contesta** en el plazo de 10 días, el administrado tiene otros 10 días para recurrir ante los tribunales. Si, por el contrario, la Administración **contesta** dentro de dicho plazo, su resolución debe impugnarse según el régimen general de impugnación de actos expresos.
b) Si **no se formula requerimiento**, el recurso contencioso-administrativo debe interponerse dentro de los 20 días siguientes al día en que se inició la actuación administrativa constitutiva de vía de hecho.

Precisiones Es cuestión interesante si los plazos expuestos en este caso lo son en **días hábiles o naturales**. El problema se plantea especialmente en relación con la hipótesis de falta de requerimiento, pues el recurso se interpondrá antes de cualquier relación procedimental con una Administración, siendo a la vez un plazo preprocesal, de caducidad y sustantivo. En el caso de formularse requerimiento previo, parece razonable sostener que los días sean hábiles -por aplicación de LPAC art.30-, de donde, por unificación de criterios y evitación de dispersión, puede derivarse también el carácter hábil en el primer supuesto.

Recurso de reposición (LJCA art.46.4) Una vez interpuesto el recurso de reposición contra un acto agotador de la vía administrativa, dicho acto no puede ser objeto de impugnación contencioso-administrativa mientras no se resuelva el recurso de reposición, de forma expresa o presunta. 12482
Una vez **resuelto el recurso** de reposición o **transcurrido el plazo** para resolver el mismo -un mes (LPAC art.124.2)-, el recurso contencioso-administrativo debe interponerse en el plazo que corresponda según las reglas generales de impugnación de actos expresos (nº 12468) o según las reglas del silencio administrativo (nº 12472).
Este recurso puede interponerse frente a actos que ponen fin a la vía administrativa. Es de **carácter potestativo**, por lo que los actos contra los que se interpone pueden recurrirse directamente en vía contencioso-administrativa (nº 8410 Memento Administrativo 2026).

Precisiones No sucede lo mismo cuando se trata del recurso de reposición preceptivo en materia de **tributos locales**. Respecto de este, puede aplicarse la siguiente doctrina jurisprudencial: 12484
• La falta de presentación del recurso de reposición es subsanable si no concurren otras **causas de inadmisibilidad** (TS 28-11-96, EDJ 9182).
• El **requerimiento** que el órgano judicial formula al recurrente para dar ocasión a la interposición del recurso de reposición omitido solo resulta posible si el recurso contencioso-administrativo se ha interpuesto dentro del plazo de 2 meses desde la notificación del acto originariamente impugnado (TS 13-2-98, EDJ 511).
Sin embargo, se ha considerado que procede la **subsanación** aun cuando el recurso contencioso-administrativo se haya interpuesto una vez transcurrido el plazo de interposición del recurso de reposición desde la **fecha de notificación del acto** (TS 28-11-96, EDJ 9182).
• Incluso este ofrecimiento judicial de subsanación de la omisión padecida puede realizarse después de evacuado el **trámite de conclusiones** (TS 17-10-91, EDJ 9821).
• Para el caso de no haberse ofrecido al recurrente, en la instancia jurisdiccional, la posibilidad de subsanar la omisión consistente en no haber interpuesto recurso previo de reposición, puede prescindirse del trámite para resolver sobre el **fondo del asunto** (TS 7-1-95, EDJ 1112; 20-6-96, EDJ 3600; 20-6-96, EDJ 5353; 3-7-96, EDJ 4903).
• Por razones de economía procesal se puede **prescindir del preceptivo recurso de reposición** cuando a lo largo de todas las actuaciones administrativas, así como en las instancias jurisdiccionales, se revela de manera clara y contundente la voluntad de la Administración de mantener la

resolución combatida (TS 25-4-89). También se ha sostenido que en caso de no subsanarse, en sede judicial, la ausencia del preceptivo recurso de reposición, la consecuencia jurídica es la inadmisibilidad del recurso contencioso-administrativo (TS 26-3-98, EDJ 2885).

• La omisión del recurso de reposición, cuando es debida a la **defectuosa notificación del acto recurrido** que no indique su procedencia, no puede redundar en perjuicio del particular interesado siendo, por tanto, subsanable y, en último término, no impide al órgano judicial entrar a conocer el fondo del asunto, por razones de economía procesal, si existen suficientes elementos para ello (TS 26-2-83; 22-6-85; 19-6-98, EDJ 10306).

• Permitir la subsanación del recurso previo de reposición extemporáneo llevaría al absurdo de aceptar la posibilidad de que un acto que devino firme pierda a posteriori esta firmeza y se convierta en **impugnable por tiempo indefinido** y a voluntad del interesado (TS 19-5-88; 9-4-96, EDJ 2222; 23-4-96, EDJ 2874).

• La extemporaneidad en el recurso de reposición no puede servir de base para legitimar un recurso jurisdiccional posterior, salvo que, por ser estimatoriamente resuelto y afectar a **terceros**, sean estos los **nuevos impugnantes** (TS 20-11-87, EDJ 15990).

• No obstante, existen algunos pronunciamientos judiciales que entienden que, siendo subsanable incluso su falta, la **interposición tardía** o en **lugar inadecuado** del recurso de reposición no puede originar la inadmisibilidad del recurso contencioso-administrativo cuando concurren circunstancias que no permiten reprochar al particular interesado una falta de diligencia en la presentación del escrito de suficiente importancia como para justificar la denegación del acceso a la Justicia, no pudiendo darse peor tratamiento a la interposición fuera de plazo del recurso de reposición que a su no interposición (TS 5-10-93, EDJ 8739; 28-11-96, EDJ 9182).

12486 **Recurso de lesividad** (LJCA art.46.5) El **plazo** para interponer recurso de lesividad es de 2 meses, que deben computarse desde el día siguiente a la fecha de la declaración de lesividad (nº 12376).

Si, declarada la lesividad, **no se inicia el proceso** en el plazo de 2 meses, una nueva declaración de lesividad no reabre el plazo, ya que tiene carácter preclusivo (TS 20-1-64).

12488 **Litigios entre Administraciones** (LJCA art.46.6) En los litigios entre Administraciones, el **plazo** para interponer recurso contencioso-administrativo es el general de 2 meses, salvo que por Ley se establezca otra cosa.

Sin embargo, como los litigios entre Administraciones pueden tener distintos objetos (disposiciones, actos, inactividades o actuaciones materiales), se aplica, con preferencia el **plazo específico** establecido para cada caso.

En caso de que se formule el **requerimiento previsto** al efecto (nº 12400), el plazo se computa desde el día siguiente a aquel en que se reciba la comunicación del acuerdo expreso o se entienda presuntamente rechazado por transcurso del plazo establecido para resolver (un mes).

Precisiones Uno de los casos en que no se aplica el plazo de 2 meses es el del régimen especial de impugnación de **actos de las corporaciones locales** por el Estado y las comunidades autónomas (LBRL art.64 a 66).

12490 **Protección de los derechos fundamentales** (LJCA art.115) Se establece un **plazo especial** para este recurso, que es de 10 días, a contar desde la notificación del acto, publicación de la disposición, actuación constitutiva de vía de hecho o inactividad de la Administración (nº 13213).
MPCA nº 2334

12492 **Reglas generales** (LJCA art.51, 59, 65.2, 69 y 128) El plazo de interposición del recurso es **improrrogable** y su cumplimiento actúa como presupuesto para la admisibilidad del mismo.

Si el recurso se presenta **fuera de plazo**, el órgano jurisdiccional puede declarar de oficio la inadmisión del recurso, aunque dando audiencia a todas las partes personadas. El órgano jurisdiccional puede apreciar este defecto en **momentos** distintos:

- en el trámite de admisión;
- al resolver las alegaciones previas;
- al dictar sentencia.

Ha de tenerse en cuenta que, para que empiece a correr el plazo de interposición, es necesario que la **notificación o publicación** del acto o disposición recurrido se haya realizado con todos los requisitos establecidos en las leyes que regulan el procedimiento administrativo (nº 2830 Memento Administrativo 2026).

En caso de **notificación defectuosa**, no empieza a correr el plazo, ya que solo a partir de la notificación comienza la eficacia del acto (TS 29-1-98, EDJ 836). Sin embargo, la notificación defectuosa surte todos sus efectos cuando el interesado se dé por notificado, por realizar actuaciones que presupongan el conocimiento de la resolución -p.e. la interposición de recursos- (LPAC art.40.3).

El plazo de interposición del recurso no se interrumpe por el **planteamiento de un recurso inadecuado** (p.e. de un recurso administrativo que no procede) o ante un órgano incompetente, salvo que esto se realice por indicación expresa de la Administración en la notificación del acto o porque en dicha notificación no se indiquen los recursos contra la resolución -que es un supuesto de notificación defectuosa-. En estos casos, el plazo para interponer el recurso contencioso-administrativo ha de contarse desde que conste que el administrado podía conocer razonablemente la confusión, bien porque se ponga de manifiesto por la Administración, bien por sí mismo, o desde que se le notifique la resolución del recurso indebidamente interpuesto (TS 26-2-99, EDJ 1561).

En los supuestos de **nulidad de pleno derecho** del acto frente al que se dirige el recurso, también rige el plazo general de interposición. De esta forma, en caso entablarse un **recurso jurisdiccional** en que se accione con base en la nulidad radical, el recurrente ha de someterse al plazo de ejercicio establecido (LJCA art.46), incurriendo en caso contrario en extemporaneidad, con la obligada inadmisibilidad de su recurso (TS 4-10-02, EDJ 42823; 21-6-04, EDJ 82931). 12494

Sin embargo, cuando el acto es radical e imprescriptiblemente nulo, no queda sanado por el transcurso del tiempo, lo que afecta, no al plazo del recurso contencioso, sino a la posibilidad de que el administrado, en cualquier momento, recurra el acto en vía administrativa o la Administración inicie un procedimiento administrativo de revisión de sus propios actos, de oficio o a solicitud de los interesados -nº 9910 Memento Administrativo 2026-, contra cuya resolución se puede interponer, en el plazo general, el recurso contencioso-administrativo. Esta es la tesis jurisprudencial dominante (TS 5-1-00, EDJ 207; 26-4-01, EDJ 28553).

Existe, no obstante, otra línea jurisprudencial, que considera que, en los casos de nulidad radical de los actos administrativos, no se puede declarar la extemporaneidad del recurso, dada la insubsanabilidad de los actos nulos de pleno derecho (TS 16-12-97, EDJ 57485). De este modo, en presencia de **causas de inadmisión** del recurso contencioso-administrativo y nulidades radicales de los actos impugnados, han de ser estas últimas objeto de preferente enjuiciamiento. Es decir, al dictar sentencia ni el principio de seguridad jurídica ni el carácter revisor del orden contencioso-administrativo pueden constituir razón suficiente para atender la causa de inadmisibilidad por extemporaneidad en la interposición del recurso, ya que ha de prevalecer el principio general de ineficacia insubsanable de los actos nulos de pleno derecho (TS 16-12-97, EDJ 57485; 11-7-00, EDJ 18360).

Precisiones 1) No es posible inadmitir el recurso contencioso por presentación extemporánea del **recurso de reposición previo** si la Administración ha entrado a resolver el mismo sobre el fondo, sin inadmitirlo (TS 21-12-00, EDJ 67058). 12496 MPCA nº 2340 s.

2) Si la interposición del recurso se realiza dentro de plazo, pero ante un **órgano jurisdiccional incompetente** y el recurso llega al órgano competente una vez finalizado dicho plazo, no se puede inadmitir por extemporáneo si el acto administrativo contenía una indicación errónea sobre el órgano jurisdiccional competente (TSJ Extremadura 27-3-02, EDJ 24534).

Si por el contrario, el acto indicaba correctamente el órgano ante el que se debía interponer el recurso contencioso-administrativo y el demandante lo interpuso ante un órgano distinto, la **negligencia del administrado** hace que se declare la extemporaneidad del recurso (TSJ Cantabria 20-10-01, EDJ 99027; auto 6-7-01, EDJ 62620).

3) Incurre en violación de la tutela judicial efectiva (acceso a la Justicia), la resolución de inadmisión por **extemporaneidad** que no tiene en cuenta que el recurso contencioso fue presentado dentro de plazo en el juzgado de guardia, un día antes de hacerlo ante la sala de lo contencioso-administrativo del TSJ competente (TCo 251/2004).

3. Anuncio del recurso

(LJCA art.47)

Una vez que el órgano jurisdiccional ha contrastado la **validez y regularidad de la comparecencia** realizada mediante el escrito de interposición (nº 12416) y la aportación de los documentos que deben acompañarle (nº 12435), inicialmente o mediante trámite de subsanación, se ha de proceder a dar publicidad al recurso. 12500

Precisiones El anuncio del recurso está directamente relacionado con el **emplazamiento de los demandados** (nº 12535).

Supuestos en que procede (LJCA art.47) El anuncio del recurso se configura generalmente como meramente **potestativo** para el órgano jurisdiccional, que lo debe acordar de oficio si lo estima conveniente. No obstante, esta regla tiene varias **excepciones**: 12502

a) Cuando **el demandante lo solicita** en su escrito de interposición o demanda -si el proceso se inicia mediante demanda-, el anuncio es obligatorio para el letrado de la Administración de Justicia, que debe remitir el oficio electrónicamente al órgano competente, para su publicación.

b) Se debe acordar siempre el anuncio del recurso cuando el procedimiento se inicia mediante **demanda** (nº 12456), respecto de actos o disposiciones en que **no existan terceros interesados**. El anuncio debe conceder un plazo de 15 días para que puedan personarse quienes tengan un interés legítimo en sostener la validez del acto o disposición.

Precisiones Cuando el demandante solicita el anuncio, debe costearlo, satisfaciendo la **tasa de publicación** correspondiente. Si el anuncio no deriva de la petición del demandante, el coste del mismo no debe recaer en él (TS 15-2-99, EDJ 1606). En consecuencia, se establece la **exención** del pago de la tasa de publicación respecto a los anuncios de juzgados y tribunales cuando sea ordenada de oficio o cuando su inserción sea obligatoria de acuerdo con una norma legal o reglamentaria, cualquiera que sea el solicitante de la inserción. La exención no es aplicable a los anuncios insertados a instancia de los particulares (L 25/1998 art.15).

12504 **Requisitos** El anuncio del recurso debe hacerse con el cumplimiento de una serie de requisitos:

a) Corresponde acordar el anuncio al **órgano jurisdiccional** ante el que se haya interpuesto el recurso.

b) No se establece nada en cuanto al **contenido** del anuncio, pero, atendiendo al fin perseguido por el mismo, debe hacerse constar todo lo necesario para identificar el recurso y para que cualquier persona pueda conocer si ese proceso puede afectar a sus derechos o intereses legítimos:
- identidad de la parte demandante;
- actividad administrativa frente a la que se deduce el recurso;
- órgano del que procede la actividad; y
- fecha en que se produjo.

c) La publicación del anuncio se debe efectuar mediante **remisión de oficio** del órgano jurisdiccional al órgano competente.

Debe efectuarse en el **periódico oficial** correspondiente al ámbito territorial de competencia del órgano autor del acto o disposición impugnado.

En cuanto al **tiempo**, el tribunal debe acordar el anuncio el día hábil siguiente a la presentación del escrito de interposición y una vez que se verifique que el recurso contencioso-administrativo cumple todos los requisitos legales.

Precisiones La **designación errónea** del acto impugnado en el anuncio solo puede subsanarse mediante una nueva publicación correcta (TS 23-6-87, EDJ 5000).

12506 **Efectos** El principal efecto del anuncio del recurso es que sirve de **emplazamiento** a todos los posibles legitimados que no consten como interesados en el expediente administrativo.

Cuando este trámite sea preceptivo (nº 12502), su falta produce la nulidad de las actuaciones, ya que, como consecuencia de su omisión, las personas interesadas no han tenido la oportunidad de comparecer, con la consiguiente indefensión (LOPJ art.238.3).

Precisiones No puede confundirse la actuación descrita con un **trámite inexistente** de anuncio, advertencia previa o comunicación anticipada de la futura interposición del recurso, que no existe (TS 5-9-05, EDJ 139960). No obstante, en ocasiones y por incorrección terminológica, se emplea la alocución «anuncio del recurso» como sinónimo de interposición del mismo.

4. Reclamación del expediente

(LJCA art.48)

12510 La reclamación del expediente administrativo es, junto con el anuncio (nº 12500), el primer
MPCA nº 2380 trámite que debe acometer el órgano jurisdiccional después de la interposición del recurso.

Precisiones **1)** La trascendencia del expediente no supone que no se pueda dictar sentencia sin el mismo, cuando **sea imposible su recuperación** por haberse extraviado o destruido (TS 23-1-98, EDJ 729). Es el principal elemento probatorio, pero no el único.

2) Es patente la **importancia del expediente**, que es la huella del actuar de la Administración, donde se cobijan actos de trámite, de instrucción, prueba y resoluciones junto con recursos. No es una carpetilla, ni un corta y pega, ni el cosido de pdf's. Es crucial en el fondo y la forma para un juego limpio en sede contencioso-administrativa (TSJ Navarra 13-2-26, EDJ 556257; TS 14-12-21, EDJ 782594).

12512 **Supuestos en que procede** Esta reclamación es **preceptiva** para el órgano jurisdiccio-
MPCA nº 2382 nal, aunque se establecen al respecto diversas **excepciones**:

• No es preciso reclamar el expediente cuando se inicie el procedimiento mediante **demanda**, por no existir terceros interesados, y se trate del expediente de elaboración de una disposición de carácter general, salvo que el propio órgano judicial -a través, en su caso, del letrado de la Administración de Justicia- lo acuerde de oficio o a solicitud del interesado (LJCA art.47.2 y 48.5).

• Tampoco se requiere el expediente administrativo en los **procesos de lesividad**, ya que en ellos la Administración demandante debe acompañar el expediente administrativo a la demanda (nº 12376).
• No se reclama el expediente de elaboración de la disposición de carácter general en las **cuestiones de ilegalidad**, salvo que el tribunal lo estime conveniente para mejor proveer.

Precisiones La incorporación del expediente administrativo al proceso constituye una garantía para el demandante, al facilitar su **actividad probatoria** (TS 11-2-98, EDJ 908) y permitir las **alegaciones** a la vista de los motivos del acto administrativo (TCo 29-9-88). De ahí que su reclamación sea obligatoria para el órgano jurisdiccional.

Requisitos subjetivos (LJCA art.48.1) Cuando proceda la reclamación del expediente, corresponde al **letrado de la Administración de Justicia** efectuarla, de forma preceptiva. Si se acuerda por una sala de lo contencioso-administrativo, la ejecución del acuerdo debe realizarse por oficio del presidente. 12514
El **destinatario** de la reclamación es el órgano autor del acto o disposición impugnada, o al que se impute la inactividad o la vía de hecho.
Se considera como **órgano autor** del acto el que dicta la resolución que pone fin a la vía administrativa. En el caso de conocimiento por **varias instancias administrativas**, los órganos superiores deben hacer copia autentificada de los expedientes tramitados en fases anteriores, antes de devolverlos a su oficina de procedencia. Así se posibilita la obtención del expediente completo, por un único requerimiento del órgano jurisdiccional.

Requisitos objetivos El acuerdo reclamando el expediente debe recoger los datos necesarios para su **identificación precisa** por el órgano administrativo al que va dirigido. 12516
En el mismo acto se debe ordenar a la Administración que practique los emplazamientos a los que aparezcan como interesados (nº 12537).

Requisitos de la actividad (LJCA art.48.1; L 52/1997 art.11) La reclamación del expediente debe hacerse al mismo tiempo que el anuncio del recurso y, si no existe tal anuncio, mediante una **resolución independiente** dictada en la misma fecha -día hábil siguiente a la interposición, después de comprobado el cumplimiento de los requisitos para el planteamiento del recurso-. 12518
En el **procedimiento abreviado** se debe realizar en la providencia de admisión de la demanda (nº 13100).
La reclamación del expediente debe cumplir los requisitos establecidos para las notificaciones, citaciones, emplazamientos y demás **actos de comunicación procesal** a las Administraciones públicas.
Los actos de comunicación se han de realizar en la sede oficial de la **Abogacía del Estado** o servicio jurídico correspondiente o bien, preferentemente, por los medios electrónicos asignados a la Abogacía General del Estado (conforme a LEC art.152.2).

Precisiones 1) Como **criterio general**, cuando se trata de comunicaciones hechas con las Administraciones públicas, ha de diferenciarse el régimen de los actos procesales y el de las relaciones interadministrativas: 12520
a. **Actos procesales** (L 52/1997 art.11 y disp.adic.4ª; RD 1057/2024 art.70.1). En todos los procesos seguidos ante cualquier jurisdicción en que sean parte la Administración General del Estado, los organismos autónomos o los órganos constitucionales, salvo que las normas internas de estos últimos o las leyes procesales dispongan otra cosa, las notificaciones, citaciones, emplazamientos y demás actos de comunicación procesal se han de practicar por los **medios electrónicos** asignados a la Abogacía General del Estado (conforme a LEC art.152.2) o, en su defecto, se han de entender directamente con el abogado del Estado en la sede oficial de la respectiva abogacía del Estado o por los medios electrónicos o telemáticos asignados a la Abogacía General del Estado.
Este régimen se aplica a las **entidades públicas empresariales** u otros **organismos públicos** regulados por su normativa específica, que sean representados y defendidos por el abogado del Estado, así como a las sociedades estatales y fundaciones con participación estatal (L 50/1998 disp.adic.5ª; LOPJ art.551.1; RD 1057/2024 art.94.1). También a las **comunidades autónomas** y entidades públicas dependientes de ellas, debiendo notificarse en la sede del respectivo servicio jurídico. No se aplica, en cambio, a las **entidades locales**.
La consecuencia procesal de no respetar tal precepto imperativo es la **nulidad** de pleno derecho del acto de comunicación, sin perjuicio de que, voluntariamente, las Administraciones públicas puedan recibir notificaciones en la persona de funcionarios inferiores en el lugar común de notificaciones que existe en toda sede de órgano judicial.
b. **Actos procesales extranjeros** (RD 1057/2024 art.70.2). Se somete al régimen específico establecido en este precepto (nº 2845 Memento Administrativo 2026).
c. **Actos administrativos**. No resulta de aplicación el régimen expuesto en el apartado a), aunque se trate de actos directamente impugnables en sede judicial (TS 20-4-93, EDJ 3705). La recepción se debe producir en la oficina de registro del órgano destinatario. Sin embargo, en aplicación del principio de unidad de cada Administración pública, se consideran válidas y eficaces las notificaciones

recibidas por otros órganos, al ser obligación de todo órgano trasladar los actos comunicados al competente.

2) Las leyes de organización de los **servicios jurídicos de las CCAA** establecen normas similares o remiten a la norma estatal citada en lo relativo a los actos de comunicación procesal.

12522 **Efectos** (LJCA art.50.1) Mediante la reclamación del expediente se realiza el **emplazamiento** de la Administración demandada.

Se produce además el nacimiento de la **obligación de remisión** del expediente administrativo (nº 12524).

Ante la **falta de cumplimiento**, tanto el órgano jurisdiccional como las partes pueden adoptar una serie de medidas tendentes a lograr el expediente administrativo y evitar en lo posible dilaciones en el proceso (nº 12528).

12524 **Remisión del expediente** (LJCA art.48.3 y 7) La remisión del expediente debe efectuarse en el **plazo** improrrogable de 20 días hábiles, a contar desde que la comunicación judicial tenga entrada en el registro administrativo del órgano requerido. Esta entrada se ha de poner en conocimiento del órgano jurisdiccional, a fin de facilitar el control del plazo.

Si, transcurrido este plazo, no se ha remitido el expediente o este no está completo, se ha de **reiterar la reclamación** para que la remisión se produzca en el término de 10 días, contados desde que esta segunda comunicación judicial tenga entrada en el registro del órgano requerido.

Existen **plazos singulares** más breves en procedimientos de carácter especial, por sus necesidades de celeridad:

• En el **procedimiento abreviado**, el expediente debe remitirse con, al menos, 15 días hábiles de antelación del término señalado para la vista (nº 13100).

• En el procedimiento de protección jurisdiccional de los **derechos fundamentales**, el plazo para remitir el expediente es de 5 días hábiles.

• En el procedimiento de **suspensión administrativa de acuerdos** es de 10 días igualmente hábiles.

Precisiones La **remisión del expediente electrónico** se debe hacer de acuerdo con lo previsto en el Esquema Nacional de Interoperabilidad y en las correspondientes normas técnicas de interoperabilidad. Se debe enviar completo, foliado, autentificado y acompañado de un índice, asimismo autentificado, de los documentos que contenga. La autenticación del índice garantiza la integridad e inmutabilidad del expediente electrónico generado desde el momento de su firma y permite su recuperación siempre que sea preciso, siendo admisible que un mismo documento forme parte de distintos expedientes electrónicos (LPAC art.70.3). Ver nº 3447 Memento Administrativo 2026.

12526 MPCA nº 2396 **Forma** (LJCA art.38.1, 48.4, 6 y 11) El expediente se debe enviar **completo**, en **soporte electrónico**, foliado, autentificado y acompañado de un índice, asimismo autentificado, de los documentos que contenga.

Al remitir el expediente, la Administración ha de identificar al **órgano responsable** del cumplimiento de la resolución judicial. Si el expediente es reclamado por varios órganos judiciales, la Administración enviará copias en soporte electrónico del mismo, que deben reunir los requisitos anteriormente expresados.

La Administración puede excluir del expediente, mediante resolución motivada, los **documentos clasificados** como secreto oficial, haciéndolo constar en el índice de documentos así como en el lugar en el que debiera estar el documento que falta.

La Administración ha de comunicar al tribunal, al remitirle el expediente, si tiene conocimiento de la **existencia de otros recursos** en los que puedan concurrir los supuestos de acumulación.

La remisión se efectúa electrónicamente, utilizando, a tal efecto, los **sistemas de interoperabilidad** que resulten aplicables, al objeto de que el expediente administrativo en soporte electrónico así remitido quede automáticamente integrado en los sistemas de gestión procesal correspondientes.

Precisiones Si el estado de la técnica no hiciera posible remitir el expediente administrativo electrónico con los requisitos establecidos en el RDL 6/2023 y en la normativa técnica de aplicación, y, en todo caso, **hasta 9-1-2029**, es admisible la remisión del expediente en otro formato digital que posibilite su descarga y reutilización por el tribunal, oficina judicial u oficina fiscal. El expediente así remitido tendrá valor de copia simple (RDL 6/2023 disp.trans.3ª).

12528 MPCA nº 2398 s. **Falta de remisión** (LJCA art.48.7 a 10, 53 y 55) Si, después de las dos reclamaciones del expediente, este no se envía o se envía incompleto, el órgano jurisdiccional debe imponer medidas tendentes a **obtener el expediente completo**:

a) La primera medida es la **imposición de multas coercitivas**, que se han de reiterar cada 20 días hasta el cumplimiento de lo requerido. La multa tiene una cuantía de 300 a 1.000 euros y

se debe imponer a la autoridad o empleado responsable. Si no es posible individualizar la responsabilidad, la Administración debe satisfacer la multa, sin perjuicio de que luego repercuta su importe al responsable. Si las multas no se satisfacen voluntariamente, se harán efectivas por vía judicial de apremio.
El sujeto al que se haya impuesto la multa puede recurrir en reposición.
b) Si, tras la imposición de las tres primeras multas coercitivas, no se ha remitido el expediente, este hecho se debe poner en **conocimiento del Ministerio Fiscal**, sin perjuicio de que se pueda seguir imponiendo multas. El requerimiento cuya desatención pueda dar lugar a la tercera multa coercitiva debe contener el oportuno **apercibimiento**.
c) El órgano jurisdiccional puede **condicionar a la remisión del expediente**:
- la admisión de la contestación a la demanda de la Administración (nº 12558);
- la posibilidad de realizar alegaciones previas (nº 12615).
d) Por último, el demandante puede adoptar **medidas para evitar la dilación del proceso** como consecuencia de la falta de remisión del expediente. Así, se permite que el recurrente pueda pedir, por sí o a iniciativa del juez o tribunal, que se le conceda plazo para formalizar la demanda, aún sin el expediente administrativo.

Cuando sean las **partes** las que consideren que el expediente remitido no está completo, pueden solicitar que se reclamen los antecedentes para completarlo, dentro del plazo para formular la demanda o la contestación. **12529**
A estos efectos se entiende que el **expediente administrativo** está integrado por los documentos y demás actuaciones que lo conforman (LPAC art.70). Los documentos o elementos de prueba que formen parte de un expediente administrativo distinto no pueden solicitarse a través de este trámite.
El letrado de la Administración de Justicia debe resolver lo pertinente en el **plazo** de 3 días:
- si acepta la solicitud y esta se ha formulado dentro de los 10 primeros días del plazo para formular la demanda o la contestación, el plazo se reinicia una vez que se haya puesto a disposición de la parte solicitante el expediente completo remitido por la Administración;
- si rechaza la solicitud o si, aun aceptándola, esta se ha presentado una vez transcurridos los 10 primeros días antes referidos, el cómputo del plazo simplemente se reanuda, salvo que, en este último caso, el letrado de la Administración de Justicia considere oportuno que el plazo se reinicie atendido el volumen o la importancia para la causa de los documentos añadidos.
En ningún caso el plazo se reinicia cuando la solicitud de complemento la haya formulado la Administración demandada.

Precisiones **1)** La remisión del expediente supone una **incorporación en bloque** al proceso de todos los elementos vertidos a lo largo del procedimiento administrativo, por lo que el órgano judicial ha de tener en cuenta todos los datos resultantes del mismo, aunque no se reflejen en las alegaciones de las partes, extrayendo las consecuencias oportunas (TS 6-5-87, EDJ 3524). **12530**
2) La importancia del expediente no implica que su no aportación o constancia en el proceso deba tener siempre la misma relevancia, pues al tratarse de enjuiciar la conformidad a Derecho de una actuación administrativa, ha de atenderse al caso concreto para determinar en qué medida tal circunstancia ha condicionado o limitado el **derecho de defensa** de las partes (TS auto 25-11-88, EDJ 16898). Pero en caso de incidir en él efectivamente, puede declararse la **nulidad de actuaciones** con retroacción al momento inmediatamente anterior al trámite de reclamación del expediente, para nueva demanda (TS 19-10-87, EDJ 15992).
3) Los documentos que lo integran forman parte del acervo probatorio (TS 7-10-94, EDJ 24088), sin embargo se han de incorporar a los autos en este trámite, no en fase de prueba (TS 3-7-89, EDJ 18742), de modo que su **remisión** temporánea no se puede sustituir por la remisión ulterior de documentos en dicha fase o cuando la Administración tenga por conveniente.
4) Puede remitirse no necesariamente compuesto por documentos originales, sino por **copias** -autenticadas en su caso- o **certificaciones del original**, pero siempre con un contenido tal que no permita dudar de los hechos y datos resultantes (TS 2-6-87, EDJ 16018).
5) Los **expedientes sancionadores** remitidos a la jurisdicción, con ocasión de recurso contencioso-administrativo, deben ser originales o copias con cotejo de autenticidad, careciendo de valor en otro caso (TSJ La Rioja 22-5-00, EDJ 113296).
6) El **soporte** de los documentos que integran el expediente puede ser **informático**, lo que ha de tomarse en consideración a efecto de valorar la reproducción en papel de aquellos.
7) Tanto la LPAC art.70, como la LJCA art.48.4 exigen un **índice**, lo que resulta razonable a la hora de permitir una consulta ordenada de toda la documentación obrante. Ese índice lateral izquierdo cuando el expediente es electrónico ha de permitir su consulta desplegando las hojas sin necesidad de visualizar todas las páginas cada vez que se opte por comprobar o contrastar un dato. Lo anterior es lo que permiten los documentos digitalizados en PDF con el servicio de índice, es decir al colocar el cursor sobre el apartado correspondiente se abre en la página buscada, aunque el documento en PDF tenga miles de páginas.

El expediente no puede llamarse electrónico aunque en lugar de en hojas de papel haya sido remitido en formato CD. En lugar del modo presentación, que facilita la consulta por razón de la digitalización efectuada al transformar la información original en papel en información digital con su adecuada clasificación que comporte una búsqueda ágil para su recuperación, se ha confeccionado con el modo amontonamiento, es decir un simple escaneado de las hojas de papel del expediente administrativo original. Se impide así la búsqueda ágil que es el objetivo último de la Administración digital, obligando, en cambio, a visualizar todas y cada una de las hojas en la pantalla del ordenador cada vez que se consulta un documento (TSJ Navarra 13-2-26, EDJ 556257; TS 14-12-21, EDJ 782594). De nada sirve el índice listando documentación si no permite una adecuada identificación de los archivos. **No puede reputarse índice** al simple enumerado de documentos que si bien identifica el órgano productor del documento no indica la fecha lo que dificulta su consulta (TS 26-10-23, EDJ 719408).

5. Emplazamiento y personación de los demandados

(LJCA art.49)

12535 MPCA nº 2420 El emplazamiento de la **Administración demandada** se entiende realizado por la reclamación del expediente (LJCA art.50.1). Si no existe tal reclamación o si existen Administraciones demandadas a las que no se reclama el mismo (p.e. es expropiante una entidad local y se reclama el expediente al jurado provincial de expropiación), el órgano jurisdiccional debe poner las actuaciones en conocimiento de todas ellas.

Precisiones Se asignan al **letrado de la Administración de Justicia** las funciones de comprobación y subsanación de las notificaciones de emplazamiento, así como de publicación de edictos, en su caso (LJCA art.49.3 y 4).

12537 MPCA nº 2422 **Emplazamiento personal** (LJCA art.49.1) Corresponde a la Administración demandada realizar el emplazamiento personal de todos los sujetos que aparezcan como **interesados en el expediente** administrativo. El emplazamiento personal solo se realiza respecto de los que tengan un interés directo (TCo 12-2-98). Esto incluye, no solo a los que estén personados, sino a todos los interesados en el procedimiento administrativo (nº 3160 Memento Administrativo 2026).

12539 MPCA nº 2422 **Excepciones** Son excepciones al emplazamiento personal preceptivo:

• Cuando hay posibles **interesados no identificados**, aunque pueden comparecer si tienen conocimiento del proceso por su anuncio o por cualquier otro medio.
• Si el recurso se dirige frente a una disposición de carácter general o frente a un acto dirigido a una **pluralidad indeterminada de destinatarios** (TCo 29-10-85; TS 21-11-12, EDJ 272813).
• Cuando se inicia el recurso mediante **demanda**, por no existir terceros interesados, supuesto en el que se realiza el anuncio general ya comentado (nº 12456).

Precisiones En los procesos sobre decisiones adoptadas por los órganos competentes para resolver **recursos especiales** y reclamaciones en materia de contratación del sector público y de los sectores excluidos -agua, energía, transportes y servicios postales- (nº 11538, nº 11570, nº 11807, nº 11818 y nº 12402) se ha de emplazar como parte demandada a las personas distintas del recurrente que hayan comparecido en sede de recurso administrativo, para que puedan personarse por plazo de 9 días hábiles.

12542 **Emplazamiento edictal** (LJCA art.49.4) El emplazamiento edictal queda reservado a los **supuestos** en los que:
- no se haya podido notificar a alguno de los interesados, en el domicilio que conste al efecto;
- se ignore el lugar o medio de notificación, o el interesado esté en paradero desconocido (TCo 312/1993).

En estos casos, ante la imposibilidad de ser notificados por la Administración, el órgano jurisdiccional manda insertar el edicto en el **tablón edictal judicial único**.

Precisiones 1) El emplazamiento edictal no garantiza suficientemente el **derecho de defensa** de los posibles interesados. Por ello se debe ser particularmente riguroso en los requisitos para su aplicación (TCo 126/1999). Cuando los interesados estén identificados en el expediente o en la demanda, debe emplazárseles personalmente (TCo 17-1-00; TS 30-6-01, EDJ 15556).
2) Las notificaciones por edictos carecen de virtualidad cuando los interesados en el procedimiento **no sean desconocidos o no se ignore su domicilio** -p.e. en caso de contribuyentes que han indicado domicilio en declaración o autoliquidación tributaria- (TCo 181/2003; TS 28-12-96, EDJ 9742; 18-10-96, EDJ 7201).

12544 MPCA nº 2428 s. **Requisitos del emplazamiento** (LJCA art.49) Debe realizarse en el **plazo** de los 5 días hábiles siguientes a la adopción del acuerdo de remisión del expediente administrativo. En él se debe emplazar a los demandados para comparecer ante el órgano judicial en el plazo de 9 días -igualmente hábiles-.

Como el emplazamiento es una actuación administrativa de **notificación**, debe realizarse según las normas generales aplicables a aquellas (nº 2863 s. Memento Administrativo 2026).
El emplazamiento de los demandados en el **recurso de lesividad** se debe realizar personalmente, concediéndole el mismo plazo de 9 días para comparecer.
En el supuesto de iniciación del recurso mediante **demanda**, el emplazamiento se realiza en la publicación del anuncio del recurso (nº 12456 s.).
Cuando **no sea posible emplazar** a algún interesado en el domicilio que conste, el letrado de la Administración de Justicia mandará insertar el correspondiente edicto en el Tablón Edictal Judicial Único.
El letrado de la Administración de justicia debe **vigilar el cumplimiento de la obligación** de emplazamiento por parte de la Administración (TCo 27-5-96; TS 12-3-13, EDJ 32770). Para ello, el expediente remitido debe contener la **justificación de los emplazamientos** efectuados, salvo cuando no hayan podido realizarse en el plazo para la remisión del expediente, en cuyo caso se ha de remitir el expediente sin demora, para evitar dilaciones, y los emplazamientos una vez se ultimen.
Una vez recibido el expediente administrativo con la justificación de los emplazamientos, el letrado de la Administración de Justicia debe comprobar que se han efectuado las **debidas notificaciones** y, si advierte que son incompletas, ha de requerir a la Administración para que practique las diligencias necesarias.

Los efectos del **incumplimiento** de las normas sobre emplazamientos dependen de si ha existido real y efectiva indefensión para la parte que lo sufre (TCo 28-11-94; TS 19-4-96, EDJ 1921): **12546**
• Cuando queda acreditado de manera fehaciente que el afectado tuvo **conocimiento extraprocesal** de la existencia del proceso, la falta de emplazamiento personal no determina la nulidad del procedimiento, al no haberse producido indefensión (TCo 12-2-98).
La falta de citación personal no produce indefensión cuando el afectado no hubiera mostrado la **debida diligencia** o cuando haya tenido conocimiento del proceso, presentando los correspondientes escritos y alegaciones (TS 22-7-99, EDJ 19405; 19-11-99).
• Si se produce **indefensión**, esta determina la nulidad de las actuaciones judiciales o, en su caso, procesales (LOPJ art.238), que se puede hacer valer mediante los recursos legalmente establecidos y mediante el incidente de nulidad de actuaciones judiciales o procesales (LOPJ art.240).

Personación de los demandados (LJCA art.49 y 50) Las **Administraciones públicas** se entienden personadas por el envío del expediente. En los casos en que no hay reclamación del expediente (nº 12512) la comparecencia debe hacerse mediante un acto especialmente destinado a tal fin. **12548** MPCA nº 2434 s.
Los **demás demandados** legalmente emplazados deben personarse ante el órgano jurisdiccional en el plazo y forma establecidos.
La personación tiene como **efecto** principal que se tiene al sujeto como parte del proceso y puede intervenir en sus trámites de acuerdo con lo que dispone la Ley (TS 10-7-13, EDJ 154308).

Precisiones **1)** La mera remisión produce el efecto de comparecencia de la Administración remitente, aunque aquella sea **defectuosa, insuficiente o parcial**. Incluso -aunque es cuestión dudosa- en supuestos de remisión de un expediente equivocado, que no corresponda al acto recurrido, parece que habrá que tener por comparecida a aquella; sin perjuicio de ulterior subsanación.
2) El envío del expediente por parte de la Administración demandada no impide que posteriormente sea **declarada en rebeldía** si no comparece en los siguientes trámites del proceso (TS 11-12-01, EDJ 64939).
Igualmente, el hecho de que se entienda personada a la Administración por el envío del expediente no es óbice para que pueda **comparecer de otro modo** (TS auto 16-11-00, EDJ 113332).

Plazo y forma (LJCA art.47.2, 49.1 y 4 y 50.3) El plazo para la personación depende de la forma de emplazamiento: **12550**
a) Si han sido **emplazados personalmente**, deben comparecer en el plazo de 9 días desde la recepción de la notificación.
b) Si han sido **emplazados mediante edictos**, en los supuestos legalmente permitidos, pueden personarse hasta el momento en que haya de dárseles traslado para contestar a la demanda.
c) Cuando el emplazamiento se lleva a cabo mediante el **anuncio del recurso** iniciado mediante demanda, se concede un plazo de 15 días para que puedan comparecer los que ostenten un interés legítimo en sostener que el acto o disposición es conforme a Derecho.
La personación debe hacerse mediante un **escrito** que se debe limitar a solicitar que se tenga al interesado como parte. Debe presentarse ante el órgano jurisdiccional competente, con los requisitos de **representación y postulación** que procedan (nº 11715).

Precisiones La personación tardía de un codemandado en ningún caso permite la **retroacción de actuaciones** y no constituye un defecto formal generador de indefensión que pueda llevar a la nulidad de actuaciones (TS 25-4-83, EDJ 2434).

12552 **Personación fuera de plazo y falta de personación** (LJCA art.50.3) Los demandados legalmente emplazados que se personen en autos fuera del plazo concedido solo son considerados como parte para los **trámites no precluidos**.
La falta de personación no afecta a la **tramitación del proceso**, que continúa sin que haya lugar a practicar notificaciones de clase alguna al rebelde.
Teniendo en cuenta que la Administración se entiende personada por la **remisión del expediente**, solo puede ser declarada en rebeldía si el mismo no se remite.
El rebelde puede interponer frente a la sentencia que recaiga los recursos legalmente establecidos, así como pedir la rescisión de la sentencia firme de acuerdo con las normas procesales civiles sobre el **recurso de audiencia al rebelde**, que son aplicables al proceso contencioso-administrativo (LEC art.501 a 508; TS 6-10-92, EDJ 9714).

6. Admisión del recurso

(LJCA art.51)

12555 MPCA nº 2450 Con el fin de evitar la tramitación de **procesos que carezcan de fundamento**, se establece un trámite de admisión del recurso.
El órgano jurisdiccional, previa reclamación y examen del expediente administrativo, debe declarar -imperativamente- la **inadmisión** del recurso, cuando conste de modo inequívoco y manifiesto la concurrencia de alguna de las causas establecidas (nº 12560). Este incidente de admisión también se aplica a los **procedimientos especiales**, salvo aquellos en que su brevedad lo hace imposible (p.e. recursos electorales).

12558 **Requisitos subjetivos** (LJCA art.51.4) Debe promover y decidir este incidente el **órgano jurisdiccional** ante el que se haya interpuesto el recurso, previa audiencia, pues la declaración de inadmisibilidad sin contradicción produce indefensión (TCo 119/1999).
Se promueve **de oficio**, ya que los demandados tienen la primera oportunidad de solicitar la inadmisión en el trámite posterior de alegaciones previas (nº 12620).
Las **partes** intervienen en el incidente mediante la realización de alegaciones y presentación de documentos en el plazo de 10 días, desde que el tribunal les haya comunicado el posible motivo de inadmisión.

12560 MPCA nº 2454 s. **Causas de inadmisión** (LJCA art.51.1 a 3) Para declarar la inadmisión del recurso es necesaria la concurrencia, **inequívoca y manifiesta**, de alguno de los motivos establecidos, a fin de no vulnerar el derecho a la tutela judicial efectiva.
Dichos motivos o causas son los siguientes:
a) Falta de jurisdicción o **incompetencia** del órgano judicial (nº 11230 y nº 11374). Esencialmente insubsanables.
b) Falta de legitimación del recurrente. La inadmisión solo procede si el recurrente no subsana el defecto en el plazo dado a tal efecto (nº 12442).
c) Interposición del recurso contra una **actividad no susceptible de impugnación** (TS 25-6-10, EDJ 140157).
d) Extemporaneidad o caducidad del plazo de interposición del recurso (nº 12492).
e) Desestimación por el órgano judicial de otros **recursos sustancialmente iguales** (nº 12562).
f) Se prevén, además, dos **supuestos específicos** de inadmisión (nº 12563).

12561 Precisiones **1)** La interpretación judicial de las causas de inadmisión debe estar guiada por el principio *pro actione*, siguiendo siempre un **criterio de proporcionalidad**. No se admite la aplicación de las causas de inadmisión con un rigor desproporcionado no acorde con su razón de ser y finalidad (TCo 321/1993; 36/1997). De acuerdo con ello:
• Estas causas deben reducirse al mínimo, sin incurrir en excesivos formalismos y aplicando siempre la posibilidad de **subsanación** (TS 12-2-90, EDJ 19312).
• No cabe admitir **otras no previstas** específicamente por el legislador ordinario, dentro del marco constitucional (TCo 22/1985). Aunque resulta cuando menos discutible si esta afirmación supone excluir que excepciones procesales derivadas de la legislación civil, no puedan oponerse como causa de inadmisión en sede contenciosa.
• La apreciación de los motivos de inadmisibilidad es cuestión, en principio, de **legalidad ordinaria**, a menos que se cuestione la interpretación o aplicación de que de ella se haga (TCo 52/1986).
2) La inadmisión inicial por **falta de legitimación** debe referirse únicamente a la legitimación *ad procesum*, ya que la falta de legitimación *ad causam* no puede ser motivo de inadmisión inicial, sino en la sentencia (TS auto 28-6-94, EDJ 12079).

3) Es irregular la inadmisión de un recurso judicial contra un acto por ser de trámite y no susceptible de impugnación autónoma sin disponer el órgano judicial del **expediente administrativo**, pues solo a su vista puede considerarse patente y manifiesta aquella, eliminando la posibilidad de concurrir dudas razonables (TS auto 15-6-92, EDJ 6309).

Desestimación de otros recursos sustancialmente iguales (LJCA art.51.2) Se exige al respecto que el órgano jurisdiccional mencione las resoluciones desestimatorias, la igualdad esencial entre los supuestos y que la sentencia anterior sea firme y establezca un criterio definitivo sobre la materia. No puede aplicarse, por tanto, cuando existan sentencias firmes con criterios contradictorios. El concepto de igualdad sustancial debe apreciarse moderadamente y aplicarse de forma cumplidamente motivada. **12562**

Esta causa de inadmisibilidad tiene su razón de ser en evitar una innecesaria y no ventajosa **reiteración de resoluciones** judiciales jurídicamente iguales (TCo auto 101/1983) y en cierta medida en la vinculación al precedente (TCo auto 785/1985), si bien siempre es posible una separación del criterio anterior si el órgano judicial considera que fue erróneo. Esta potestad, basada en el principio de economía procesal, exige el concurso de dos **circunstancias**:

- **Desestimación previa** de otros recursos por sentencia firme. A este respecto debe haber dos o más sentencias previas firmes que procedan del mismo órgano judicial (TSJ Málaga 25-4-02, EDJ 126349).
- **Identidad sustancial** en cuanto al fondo del asunto planteado y el precedente.

A estos efectos, en caso de pender **recurso de queja** contra inadmisión del de apelación, se considera la sentencia precedente no firme.

Supuestos específicos de inadmisión (LJCA art.51.3) Se prevén, concretamente, dos: **12563**

- Si el recurso se dirige frente a una actividad constitutiva de **vía de hecho**, en caso de ausencia de este presupuesto -cuando resulte evidente que esa actividad se ha realizado dentro de la competencia y de conformidad con el procedimiento legalmente establecido-.

Se requiere que las dos **condiciones** que configuran la vía de hecho consten de manera evidente, de tal forma que la actuación a la que se imputa la comisión de vía de hecho no tenga este alcance, sin ningún género de duda, con tal claridad que se haga inútil la continuación del proceso (TS 8-4-14, EDJ 57402; TSJ País Vasco auto 17-2-22, EDJ 559038).

- Cuando el recurso se dirija frente a la **inactividad de la Administración**, si es evidente la ausencia de obligación concreta respecto a los recurrentes.

Procedimiento (LJCA art.51.1, 4 y 5) El órgano jurisdiccional, antes de evacuar resolución sobre la inadmisión, debe **comunicar** a las partes el motivo en que pueda fundarse y conceder un plazo común de 10 días para realizar **alegaciones** y presentar documentos. **12564**

El planteamiento del incidente de inadmisión (como excepción a la regla general de no suspensión del procedimiento principal por el planteamiento de incidentes -LJCA art.137-), suspende el **curso de los autos**.

Se resuelve mediante **auto**. Si se declara la inadmisión del recurso contencioso pueden interponerse contra él los recursos previstos en la Ley (reposición, apelación y casación, siempre en cuanto a estos, que procedan por los parámetros del proceso). Si, en cambio, se declara la admisión no cabe recurso alguno, pero no impide oponer cualquier motivo de inadmisibilidad en un momento procesal posterior. Es decir, no se produce sanación o depuración de la causa de inadmisión por la mera superación de este trámite o momento procesal.

Antes de inadmitir el recurso, el órgano judicial debe **examinar el expediente administrativo**, en todo caso.

Cuando la causa de inadmisión sea la **falta de jurisdicción o competencia**, debe darse audiencia al Ministerio Fiscal. Si se declarara la inadmisión por estas causas, el tribunal debe indicar cuál es el orden jurisdiccional competente o remitir las actuaciones al órgano del orden contencioso-administrativo que deba conocer (LJCA art.5 y 7).

Una vez firme el auto, queda terminado el procedimiento y se han de **archivar las actuaciones**, debiendo, en su caso, **devolver el expediente** a la oficina de la que proceda.

Precisiones La declaración de inadmisibilidad no vulnera el derecho a la **tutela judicial efectiva**, siempre que esté fundada en causas legalmente establecidas (TS 10-11-99, EDJ 40635).

7. Demanda

(LJCA art.52 a 57)

Recibido el expediente administrativo en soporte electrónico y comprobados o, en su caso, completados los emplazamientos, el letrado de la Administración de Justicia debe acordar que el expediente **se entregue al recurrente** para que formule demanda, previa incorporación a los autos en el mismo soporte (LJCA art.52). **12570** MPCA nº 2480

Por medio de la demanda se **formaliza el recurso** previamente interpuesto, y se constituye la relación jurídico-procesal.
La demanda del proceso contencioso-administrativo no es una demanda en sentido estricto, como acto de iniciación del proceso, sino el escrito en el que el demandante formula y delimita perfectamente la **pretensión ejercitada**.

Precisiones En el caso de que los emplazamientos **no estén completos**, el órgano jurisdiccional debe ordenar a la Administración demandada que lleve a cabo los que sean necesarios para asegurar la defensa de los interesados que sean identificables.

12572 MPCA nº 2482 **Entrega del expediente al recurrente** (LJCA art.52.1 y 53) La entrega del expediente al recurrente se debe hacer mediante su **remisión por vía telemática** al tiempo de notificar la resolución en que así se disponga o a través del punto de acceso electrónico al expediente judicial (previamente, al arbitrio del órgano jurisdiccional -a través, en su caso, del letrado de la Administración de Justicia-, en original o copia).
Dicha entrega determina el inicio del **plazo** para formular la demanda, que es de 20 días.
Con objeto de evitar la paralización del procedimiento, se permite que el demandante pueda formalizar la demanda **sin el expediente** cuando este no ha sido enviado, una vez transcurrido el término para su remisión (nº 12544). Para ello, la parte recurrente puede pedir, por sí o a iniciativa del letrado de la Administración de Justicia, que se le conceda plazo para formular aquella.
Este acuerdo solo puede adoptarse por el órgano judicial si la parte lo solicita, ya sea por propia iniciativa o a propuesta del tribunal. En el citado acuerdo, se ha de otorgar **plazo** para la presentación de la demanda.
Si, después de usar de esta facultad, se recibe el expediente, se debe poner de manifiesto, por el letrado de la Administración de Justicia, a las partes demandadas y demandantes por un plazo común de 10 días para que puedan efectuar las **alegaciones complementarias** que estimen oportunas. Este sería el caso, a nuestro entender, en que se recibe el expediente después de presentada la demanda, ya que si se ha concedido plazo pero todavía no se ha formulado la demanda, lo procedente es volver a otorgar el plazo de 20 días desde que se dé traslado del expediente.

12574 MPCA nº 2484 s. **Trámite para completar el expediente administrativo** (LJCA art.55) Considerando, en su caso, las partes que el expediente administrativo no está completo, pueden solicitar que se reclamen los **antecedentes necesarios** para completarlo. Esta posibilidad se otorga a todas las partes, tanto demandantes como demandadas, incluida la Administración.
A estos efectos se considera que el **expediente administrativo** está integrado por los documentos y demás actuaciones que lo conforman (LPAC art.70). Los documentos o elementos de prueba que formen parte de un expediente administrativo distinto no pueden solicitarse a través de este trámite.
Esta solicitud debe realizarse durante el **plazo** para formular la demanda o la contestación -según lo solicite el demandante o el demandado-. Debe contener la descripción de los documentos solicitados o, al menos, las circunstancias necesarias para su identificación -trámite al que se refieren o fase del procedimiento omitida-.
El letrado de la Administración de Justicia debe resolver lo pertinente en el plazo de 3 días, sin necesidad de dar audiencia a las demás partes. Si estima la petición, ha de **requerir a la Administración** para que complete el expediente.
No se establece la forma que debe revestir dicha resolución. En todo caso, ya sea diligencia de ordenación o decreto, cabe **recurso de reposición** (nº 13930).
Si la solicitud aceptada se ha formulado **dentro de los 10 primeros días** del plazo para formular la demanda o la contestación, el plazo se reiniciará una vez el expediente completo remitido por la Administración se haya puesto a disposición de la parte solicitante.
Si **se rechaza** la solicitud o si, aun aceptándola el letrado de la Administración de Justicia, esta se ha presentado una vez **transcurridos los 10 primeros días** antes referidos, el cómputo del plazo simplemente se reanudará, salvo que, en este último caso, se considere oportuno por aquel que el plazo se reinicie atendido el volumen o la importancia para la causa de los documentos añadidos. En ningún caso el plazo se reiniciará cuando la solicitud de complemento la hubiera formulado la Administración demandada.
La Administración debe remitir los documentos de acuerdo con las reglas generales (nº 12510). Ha de remitir de nuevo el **expediente completo** y no únicamente los antecedentes omitidos, debiendo indicar en el índice los documentos que se han adicionado.

12576 Precisiones 1) La aplicación del principio *pro actione* lleva a la mayoría de la jurisprudencia a considerar que el día en que se presenta la solicitud debe ser excluido del **cómputo del plazo** transcurrido (TS 9-2-79, EDJ 5192).

2) La facultad de pedir que se complete el expediente, además de un **derecho** de las partes es también una **carga**. De esta forma, si quien estima relevante un documento no lo solicita en el trámite oportuno, debe soportar los efectos negativos de la falta de prueba (TS 17-6-89, EDJ 6162; 7-10-96, EDJ 6778). Quien no haya hecho uso de esta facultad no puede alegar indefensión por falta de complitud del expediente.
3) Una cosa es reclamar que se complete este, y otra distinta es requerir que la Administración adjunte al expediente completo **documentos ajenos** al mismo que obran, en su caso, en su poder. Esta petición no se encuentra amparada en la facultad indicada, sin perjuicio de que en fase de prueba, si procede, pueda reclamarse su aportación a los autos.

Requisitos subjetivos (LJCA art.52.1) El escrito de demanda se ha de presentar en y ante el **órgano jurisdiccional** que conoce del proceso. 12578
Debe presentarse por el **recurrente**, esto es, el sujeto que haya interpuesto el recurso contencioso-administrativo o sus causahabientes, que pueden sustituirle en cualquier estado del proceso (nº 11783).
Cuando existan **varios recurrentes**, aunque no actúen bajo la misma dirección, deben formular la demanda simultáneamente.
La demanda debe dirigirse contra la persona legitimada pasivamente, que es ordinariamente la **Administración** autora del acto o disposición impugnada. Si han intervenido **varias Administraciones**, debe dirigirse frente a la que adoptó la resolución definitiva objeto del recurso.

Precisiones **1)** No puede formular demanda un sujeto distinto del recurrente, al haber desaparecido la figura del **coadyuvante** (nº 11663). Ningún comparecido como interesado puede convertirse en recurrente en este trámite (TS 22-7-92, EDJ 8289).
2) Puede ser demandada una **Administración distinta** de la que realizó el acto objeto de recurso cuando tenga interés en mantener la validez del acto recurrido (TS 5-2-95).
3) No es necesario demandar a las personas a cuyo favor **el acto haya creado derechos**, aunque sean emplazados como demandados.

Contenido de la demanda (LJCA art.56.1 y 3 y 57) Tanto la demanda como la contestación deben tener un **contenido mínimo obligatorio**. Han de consignarse separadamente los hechos, los fundamentos de Derecho y las pretensiones que se deduzcan, en justificación de las cuales pueden alegarse los motivos que procedan, hayan sido o no planteados ante la Administración. 12582 MPCA nº 2492 s.
Dentro de los **fundamentos de Derecho**, para el proceso civil se establece que han de incluirse con la debida separación los fundamentos jurídico-procesales y los jurídico-materiales (LEC art.399.4):
• Los primeros son las alegaciones sobre capacidad de las partes, representación, jurisdicción, competencia y clase de juicio, y otros fundamentos de los que pueda depender la validez del juicio y la procedencia de una sentencia sobre el fondo.
• Los fundamentos jurídico-materiales son los que afectan al fondo del asunto.
La demanda debe contener también un **encabezamiento** en el que, además de identificar el proceso de que se trata, se expongan los datos y circunstancias necesarios para identificar al actor y al demandado, y el domicilio en que pueden ser emplazados (LEC art.399). Suele hacerse también referencia en el encabezamiento, al órgano jurisdiccional al que va dirigida, ya que, aunque no se exige expresamente, es una mención necesaria para que el escrito llegue al órgano competente.

Por otro lado, tanto la demanda como la contestación pueden tener un **contenido facultativo**, referido a: 12584
- la cuantía del recurso (nº 12140);
- el recibimiento del pleito a prueba y los medios a emplear (nº 12632);
- la posibilidad de que se falle sin necesidad de recibimiento a prueba, vista o conclusiones (nº 12720).

Precisiones **1)** El carácter revisor de la jurisdicción contencioso-administrativa obliga a que la pretensión procesal se refiera a una **actuación o inactividad administrativa previa**. Sin embargo, no implica limitación alguna en cuanto a las alegaciones que se pueden realizar en el proceso, siempre que no se introduzcan cuestiones nuevas ni se modifiquen las pretensiones básicas (TCo 177/2002; TS 30-4-97, EDJ 4173).
2) El **acto impugnado** debe coincidir con el fijado en el escrito de interposición, ya que, de lo contrario, se incurre en desviación procesal (TS 13-3-99, EDJ 2508; 27-12-99, EDJ 49576) y se desvirtúan las diligencias realizadas, tales como reclamación del expediente y emplazamiento de los demandados (TS 13-3-97, EDJ 2591).
3) No es admisible plantear cuestiones que no han sido objeto del procedimiento administrativo, salvo que se den los requisitos de la **acumulación** -nº 12100 s.- (TS 12-2-98, EDJ 923). Se debe declarar la inadmisibilidad del recurso cuando haya una desviación total entre la pretensión solicitada en vía administrativa y en vía judicial (TS 29-6-89).

4) No hay desviación procesal en caso de que la pretensión articulada en la demanda se aparte del acto inicialmente identificado como objeto de impugnación en el escrito de interposición, en caso de que se haya acordado la **ampliación del recurso** a un acto expreso posterior relativo a la pretensión inicialmente deducida (TS 6-11-24, EDJ 736590).

12586 MPCA nº 2496 **Demanda defectuosa** (LEC art.416.5ª y 424; LJCA art.138) Se considera demanda defectuosa aquella demanda en la que se advierta **falta de claridad o precisión** en la determinación de las partes o en la petición que se deduzca.

A este respecto la jurisprudencia ha precisado que **existe defecto legal** en el modo de proponer la demanda por:

- omisión total de los hechos o fundamentos de derecho (TS 2-3-94, EDJ 7687; 30-11-05, EDJ 214047);
- omisión o falta de claridad de la súplica (TSJ Cataluña 26-6-97);
- afirmación de pretensiones contradictorias o incompatibles entre sí (TS 25-10-93, EDJ 9452).

Por otro lado, se ha declarado que **no existe defecto legal** en el modo de proponer la demanda por las siguientes causas:

- insuficiente separación entre hechos y fundamentos de derecho (TS 20-12-96, EDJ 9619);
- falta de numeración;
- remisión, en cuanto a los hechos, al expediente administrativo, lo que supone un reconocimiento tácito de la exposición de los mismos realizada por la Administración;
- fundamentos de derecho escuetos, con la simple referencia a los preceptos aplicables;
- error en la designación del acto impugnado, cuando este se puede identificar por acompañarse el traslado de la resolución;
- omisión de la petición de que se declare el acto contrario a Derecho (TS 24-4-97, EDJ 2676);
- omisión de las medidas a adoptar para el restablecimiento de una situación jurídica individualizada;
- imprecisión sobre quiénes son los demandantes o los demandados, siempre que estos datos puedan deducirse de otros documentos que consten en las actuaciones, especialmente del escrito de interposición (TS 8-5-96, EDJ 5165).

12588 Precisiones **1)** En recursos contencioso-administrativos contra **resoluciones de tribunales económico-administrativos** que han estimado parcialmente la reclamación del particular anulando el acto (generalmente la liquidación) impugnada, y contra las que sin embargo aquel recurre por no haber estimado el órgano económico-administrativo integralmente su petición (p.e. por ordenar la retroacción de actuaciones y nueva comprobación, que el contribuyente pretendía evitar), es frecuente que la súplica de la demanda solicite (por error) la anulación de la liquidación impugnada en vez de la anulación de la resolución del tribunal económico. Pues bien, en tales casos, al pedirse claramente algo ya producido -la anulación del acto originario-, se da carencia de objeto procesal e inadmisión (en sentencia, desestimación).

2) Las **alegaciones** y **excepciones** que se hacen valer en juicio tienen que ser claras y precisas, de modo que afronten claramente las cuestiones, motivos y argumentos empleados (TS 13-10-93, EDJ 8951).

3) Los **defectos en la forma de postular** una pretensión tienen escasa acogida en el orden contencioso, intensamente sometido al principio pro actione en favor de una resolución de fondo (TS 30-6-84).

12590 MPCA nº 2500 s. **Aportación de documentos** (LJCA art.56.3 y 4; LEC art.265, 267, 268, 273 y 275) Con la demanda, las partes deben acompañar los documentos en los que funden su derecho. Si tales documentos no obran en su poder, se puede designar el **archivo, oficina, protocolo** o persona en cuyo poder se encuentren.

Sobre **forma de presentación** de documentos y copias se aplican supletoriamente las normas del proceso civil (nº 3350 s.). En síntesis, son las siguientes:

• Los documentos **públicos** pueden presentarse por copia simple. Si se impugna su autenticidad puede llevarse a los autos el original, copia o certificación del documento para que surta efectos probatorios.

• Los documentos **privados** se han de presentar en original o mediante copia autenticada por el fedatario público competente. Si la parte solo posee copia simple, puede presentar esta, que surte los mismos efectos que el original, siempre que la conformidad de aquella con esta no sea cuestionada por cualquiera de las demás partes.

• De todo escrito o documento que se aporte o presente, se deben acompañar tantas **copias literales** como sean las otras partes. La omisión de las copias no es motivo de inadmisión, pero se debe hacer notar a la parte que debe subsanarla en un plazo de 5 días.

Una vez presentada la demanda, no se admite la **presentación de nuevos documentos** por parte del demandante, salvo en los supuestos previstos en el proceso civil. No obstante, el demandante puede presentar, antes de la citación de vista o conclusiones, los documentos tendentes a desvirtuar las alegaciones realizadas en el escrito de contestación a la demanda y

que supongan disconformidad con los hechos. En la práctica, sin embargo, es apreciable un menor rigor en materia de temporaneidad de la aportación documental en el contencioso que en el proceso civil.
Los **supuestos en los que se permite** la presentación de nuevos documentos en el proceso contencioso-administrativo son los siguientes (LEC art.270):
- documentos de **fecha posterior** a la demanda o a la contestación o, en su caso, a la audiencia previa al juicio;
- documentos sobre los que se justifique **no** haber tenido antes **conocimiento** de su existencia;
- documentos que **no** se hayan podido **obtener con anterioridad** por causa no imputable a la parte, siempre que hayan sido designados o anunciados en la demanda o contestación.

Plazo y lugar de presentación (LJCA art.52.1 y 2, 55.2 y 128) El **lugar** de presentación debe ser la sede del órgano jurisdiccional que esté conociendo del recurso (nº 12424 sobre el lugar de presentación de los escritos). 12592 MPCA nº 2504
La demanda debe presentarse en el **plazo** de 20 días.
Aunque no se establece nada al respecto, el plazo debe computarse desde que se haga **entrega del expediente administrativo**, por ser este necesario para formalizar la demanda.
Se debe admitir el escrito si se presenta dentro del **día en que se notifique la resolución** que da por caducado el derecho y perdido el trámite. Esta norma solo se aplica a los casos en los que se inicia el recurso mediante escrito de interposición, no en los supuestos excepcionales en los que se inicia mediante demanda (nº 12570 s.).
El cómputo del plazo debe excluir los **días inhábiles** y el **último día** debe computarse por entero.
El plazo de presentación queda en suspenso por la petición de que **se complete el expediente** administrativo (nº 12574).
En el proceso de protección jurisdiccional de los **derechos fundamentales** (nº 13160) y en los casos de **suspensión administrativa de acuerdos** (nº 13300), el plazo no empieza a contar desde la entrega del expediente, que no se produce, sino desde la puesta de manifiesto a las partes.

Precisiones La **extemporaneidad** en la presentación de la demanda no constituye un supuesto de inadmisibilidad, sino de caducidad del recurso, que se debe declarar de oficio por el órgano jurisdiccional (TS 24-11-99, EDJ 42947). Ver al respecto lo expuesto en sede de cómputo de plazos, en relación con la dudosa aplicabilidad a este plazo de la regla de LJCA art.128.

Efectos (LJCA art.52.2, 54 y 56.2) Una vez **presentada la demanda**, el letrado de la Administración de Justicia debe examinarla de oficio y, en caso de que aprecie algún **defecto**, ha de conceder un plazo no superior a 10 días para su subsanación. Si la subsanación no se efectúa en el plazo citado, se ha de ordenar por el órgano jurisdiccional el archivo de las actuaciones. 12594
Una vez admitida la demanda, se debe dar **traslado de la misma**, con entrega del expediente administrativo, a las partes que hayan comparecido, para que formulen la contestación.
La **entrega del expediente** se efectúa mediante remisión por vía telemática al tiempo de notificar la resolución o a través del punto de acceso electrónico al expediente judicial.
En caso de **falta de presentación** de la demanda en el plazo fijado, no solo se pierde el trámite, sino que el tribunal debe declarar, de oficio y mediante auto, la caducidad del recurso.

8. Contestación a la demanda

(LJCA art.53 a 56)

La **oposición a la pretensión** contenida en la demanda se puede realizar por dos tipos de motivos: 12600 MPCA nº 2520
• De carácter **jurídico-procesal**, que se pueden poner de manifiesto como alegación previa (nº 12615 s.) o en la contestación a la demanda.
• De carácter **jurídico-material**, esto es la negación de los hechos alegados por el demandante o de los fundamentos de Derecho aplicables a los mismos.

Traslado de la demanda y entrega del expediente (LJCA art.54.1 y 3, 55) Presentada la demanda, se ha de dar traslado de la misma, por el letrado de la Administración de Justicia, con entrega del expediente administrativo, a las partes demandadas que hayan comparecido, para que la contesten. 12602
Si existen **varios demandados** y no actúan bajo la misma dirección, el plazo para contestar se abre simultáneamente para todos ellos.
En todos los casos, la **entrega del expediente** se efectúa mediante su remisión por vía telemática al tiempo de notificar la resolución en que así se disponga o a través del punto de acceso electrónico al expediente judicial.
Si el demandado o demandados estiman que el expediente administrativo **no está completo** pueden solicitar que se reclamen los antecedentes para completarlo (nº 12574).

12604 **Requisitos subjetivos** (LJCA art.54.1, 3 y 4) La contestación a la demanda debe presentarse
MPCA ante el **órgano jurisdiccional** que esté conociendo del proceso en cuestión.
nº 2524 Las partes legitimadas para presentarla son las **partes demandadas** que se hayan personado en el plazo concedido por la Ley a tal efecto (nº 11715). Es decir, solo se les da traslado para contestar a la demanda si, en el momento en que se acuerda proceder a dicho trámite, han comparecido como parte.

La **Administración demandada** se entiende personada por la remisión del expediente administrativo (LJCA art.50). Si la demanda se hubiera formalizado sin haberse recibido el expediente, se debe emplazar -por el letrado de la Administración de Justicia- a la Administración demandada, para contestar, apercibiéndola de que no se admitirá la contestación si no va acompañada del expediente.

Como excepción, en el caso de que la Administración demandada sea una **entidad local** que no se ha personado en el proceso (no ha remitido el expediente) pese a haber sido emplazada, se le debe dar -por el letrado de la Administración de Justicia- traslado de la demanda para que, en el plazo de 20 días, pueda designar representante o presentar por escrito los fundamentos por los que estima improcedente la pretensión del actor.

12606 **Contenido del escrito de contestación** (LJCA art.56) Debe contener la **oposición a la pre-**
MPCA **tensión**, que debe quedar perfectamente delimitada.
nº 2526 s. No puede formularse **reconvención** (fuera, si acaso, de los supuestos de acumulación), por ser incompatible la pretensión reconvencional con el esquema del proceso contencioso.

La contestación a la demanda ha de tener un **contenido mínimo obligatorio**, que es el mismo que se exige para la demanda: con la debida separación, los hechos y fundamentos de Derecho, así como la petición. Puede solicitarse la declaración de inadmisibilidad o la desestimación total o parcial de la demanda (nº 12582).

Asimismo, puede tener un **contenido facultativo** en los mismos términos que los expresados para la demanda (nº 12584).

Se acompañará de los **documentos** en los que el sujeto fundamente su derecho, siendo extensible lo dicho respecto a la presentación de documentos junto con la demanda (nº 12590). El demandado no puede presentar documentos con posterioridad a la contestación a la demanda fuera de los casos establecidos para el proceso civil (nº 12590).

Precisiones 1) Los **requisitos de forma** -controlados por el letrado de la Administración de Justicia- se deben interpretar de manera flexible, sobre todo teniendo en cuenta que, incluso cuando no se formule contestación a la demanda, el órgano jurisdiccional debe comprobar la fundamentación y amparo jurídico de la pretensión.

2) La aportación de **documentos que no figuran en el expediente** por parte del abogado del Estado -o representante de la Administración demandada, en general- no lesiona las posibilidades de defensa de la contraparte (TS 27-10-05, EDJ 207342).

12608 **Suspensión del procedimiento** (LJCA art.54.2) Si el defensor de la Administración demandada estima que el acto o disposición impugnado pudiera **no ajustarse a Derecho**, puede solicitar la suspensión del procedimiento por un plazo de 20 días para comunicar su parecer razonado. En tal caso, el letrado de la Administración de Justicia resuelve lo procedente, previa audiencia del demandante.

Esta suspensión tiene por objeto posibilitar el **allanamiento** de la Administración, dando plazo para cumplimentar los requisitos que se exigen al efecto:

• Presentación de **testimonio** del acuerdo adoptado por el órgano competente con arreglo a los requisitos exigidos por las leyes y reglamentos respectivos (LJCA art.74.2 y 75.1).

• **Autorización** expresa de la Abogacía General del Estado-Dirección del Servicio Jurídico del Estado, previo informe del departamento, organismo o entidad pública correspondiente (L 52/1997 art.7).

Precisiones 1) Algunas leyes de organización de los servicios jurídicos de las comunidades autónomas exigen **requisitos más estrictos**. Así, la Ley de organización de los servicios jurídicos de la Generalidad de Cataluña exige el consentimiento del presidente de la Generalidad o del consejero afectado, después de plantearse a través del director del gabinete jurídico (L Cataluña 7/1996).

2) En la práctica, esta posibilidad no se aplica con frecuencia. La razón es clara: una **solicitud de suspensión** por considerar el abogado del Estado o equivalente que el acto recurrido es contrario a Derecho desvela al órgano judicial el criterio de aquel sobre la ilegalidad de lo impugnado, haciendo muy difícil posteriormente articular una defensa con mínimas posibilidades de éxito.

3) Este precepto regula una incidencia procedimental que se desenvuelve en la lógica del **allanamiento**. Que deba plantearlo a la Administración evidencia que es la parte, no su defensor, quien dispone de la pretensión con el resultado de allanarse y no oponerse a la pretensión del demandante, o bien mantener la oposición y pretender su desestimación. El letrado no puede allanarse sin autorización de su defendido, la Administración, que es quien dispone de la pretension (LJCA art.75.1 en relación con LJCA art.74.2).

En el proceso contencioso-administrativo, el defensor de la Administración no solo actúa conforme a las reglas generales del ejercicio de la abogacía, sino con sujeción a un **régimen funcionarial**, estatutario o funcional. Es el ámbito funcional, no procesal, el que permite que la Administración se dirija a los funcionarios que integran sus servicios jurídicos, impartiéndoles órdenes o instrucciones sobre cómo deben ejercer esta facultad procesal (TS 5-2-24, EDJ 504819).

Lugar y plazo de presentación (LJCA art.54.1 y 3 y 128) El escrito de contestación a la demanda debe presentarse en la **sede del órgano jurisdiccional** que esté conociendo del asunto, siendo aplicables las normas expuestas con anterioridad sobre presentación de escritos (nº 12424). **12610** MPCA nº 2532

El **plazo** para su presentación es de 20 días hábiles, a partir de la fecha en que se notifique la providencia dando plazo para contestar y con traslado del expediente administrativo. El régimen jurídico del plazo es igual al de la demanda en cuanto a su **cómputo** e **improrrogabilidad** (nº 12592). Sin embargo, es indudable que se puede presentar el escrito el día en que se notifique el auto declaratorio de caducidad (es decir, que le es aplicable el régimen de LJCA art.128.1); al tiempo que la no presentación en plazo, no tiene efectos determinantes -como la caducidad del recurso, en el caso de la demanda-, más allá de la preclusión del trámite.

Si hay **varios demandados**, la contestación se ha de formular en primer lugar por la Administración y a continuación por los demás, que aunque no actúen bajo la misma dirección deben contestar simultáneamente. Como no se puede dar traslado del expediente administrativo a todos a la vez, se debe poner de manifiesto en la oficina judicial o, en su caso, se han de entregar copias, a costa de los demandados. Aunque en la práctica, el **traslado físico del expediente** de un codemandado a otro, pasando por la oficina judicial, impone frecuentemente la contestación sucesiva de todas las partes (LJCA art.54.1 y 3 y 128).

Efectos Presentada la contestación, se tiene por formulada **oposición a la pretensión** y el órgano jurisdiccional debe tener en cuenta las alegaciones realizadas por los demandados. **12612**

La contestación a la demanda fija los **términos del debate**, a efectos de determinar si la sentencia incurre o no en incongruencia.

A diferencia de la demanda, la contestación a la demanda es un acto del que no depende la existencia del proceso. Por tanto, si **no se formula** en el plazo establecido, el proceso continúa por sus trámites.

Suspensión por admisión de recurso de casación (LJCA art.56.5) Presentado el escrito de contestación y previamente el de demanda, si un órgano judicial, antes de dictar sentencia, tiene conocimiento, por cualquier medio, de que la Sala de lo Contencioso-Administrativo del Tribunal Supremo ha admitido un recurso de casación que presenta una **identidad jurídica sustancial** con la cuestión debatida en el recurso del que está conociendo, oirá a las partes personadas por el plazo común de 10 días sobre su posible suspensión, adjuntándoles copia del auto de admisión. **12613**

Presentadas las alegaciones o transcurrido el plazo, si el órgano jurisdiccional aprecia la citada identidad y que la resolución que se dicte en casación puede resultar relevante para resolver el procedimiento, debe acordar la suspensión hasta que se dicte **resolución firme** en el recurso de casación por medio de auto irrecurrible, que se remite a la Sección de Enjuiciamiento de la Sala Tercera del Tribunal Supremo indicada en el auto de admisión, que, a su vez, debe remitir testimonio de la sentencia que recaiga en el recurso de casación al órgano judicial remitente.

Recibido el testimonio de la sentencia del recurso de casación, el órgano remitente debe alzar la suspensión y dar un **nuevo trámite de audiencia** a las partes personadas, por plazo común de 10 días, a fin de que aleguen sobre la incidencia que dicho pronunciamiento tiene para resolver el recurso, continuando la tramitación del procedimiento en el momento en que se encontrase antes de la suspensión, salvo que las partes desistan del recurso o se allanen, en cuyo caso se debe resolver lo procedente.

Este régimen **se aplica** a todos los procesos en trámite a fecha 30-7-2023 en los que no se haya dictado sentencia (RDL 5/2023 disp.trans.10ª).

9. Alegaciones previas

(LJCA art.58 y 59)

Si bien el trámite normal de oposición a la pretensión es la contestación a la demanda, la Ley permite oponerse a la pretensión, con carácter previo, poniendo de manifiesto los **defectos procesales** que dan lugar a la incompetencia del tribunal o a la inadmisibilidad del recurso. **12615** MPCA nº 2550

En caso de formularse, las alegaciones previas provocan la tramitación de un **incidente**, cuyas características se exponen en los números siguientes.

Precisiones 1) El trámite de alegaciones previas tiene **carácter potestativo**, ya que el demandado puede realizar estas alegaciones en la contestación a la demanda (salvo para el caso de falta de competencia del órgano), incluso cuando hayan sido desestimadas como alegación previa (TS 21-6-05, EDJ 113866). Además, los defectos que dan lugar a la inadmisibilidad del recurso pueden ser también apreciados de oficio por el tribunal (nº 12810).

2) No cabe formular alegaciones previas en el **procedimiento abreviado**, de forma que los motivos de inadmisibilidad deben ser puestos de manifiesto al comienzo del acto de la vista (nº 13104).

3) En el procedimiento de protección jurisdiccional de los **derechos fundamentales**, las alegaciones previas no se formulan por escrito, sino en una comparecencia prevista a tal efecto (nº 13233).

12618 **Requisitos subjetivos** (LJCA art.58.1) El conocimiento del incidente de alegaciones previas corresponde al **órgano jurisdiccional** que esté conociendo del proceso principal en que el mismo se plantee.

Si el motivo alegado es la **falta de competencia**, el órgano jurisdiccional ha de resolver lo planteado y, si estima el motivo, remitir las actuaciones al órgano competente, inhibiéndose a su favor.

Están **legitimadas activamente** todas las partes demandadas, que pueden plantear alegaciones previas recíproca independencia, dirigiéndolas frente al **demandante** del proceso principal.

12620 **Contenido del escrito de alegaciones previas** (LJCA art.58 y 69) Los **motivos** que pueden alegarse en este trámite son los que determinan la falta de competencia del órgano jurisdiccional o la inadmisibilidad del recurso. Estos motivos son:

- Falta de **competencia** del órgano jurisdiccional (no es motivo para declarar la inadmisibilidad en la sentencia pero sí puede ponerse de manifiesto y apreciarse como alegación previa).
- Falta de **jurisdicción** del órgano judicial contencioso-administrativo.
- Que el recurso se haya interpuesto por persona sin **capacidad** plena, sin contar con las medidas judiciales de apoyo a su ejercicio, de carácter representativo o de mera asistencia, o por persona sin **legitimación**.
- Dirigirse el recurso contra disposiciones, actos o actuaciones **no susceptibles de impugnación**.
- Concurrir **cosa juzgada** o **litispendencia**.
- Extemporaneidad, al presentarse el escrito inicial del recurso **fuera de plazo**.

No se exige ningún **requisito de forma** en el escrito que plantee las alegaciones previas, ni tan siquiera separación entre hechos y fundamentos de derecho. Es suficiente con expresar con claridad el motivo o motivos que se aleguen y las razones que justifican su procedencia.

Para hacer uso de este trámite, la Administración demandada debe acompañar el **expediente administrativo**, si no lo hubiera remitido antes.

12622 Precisiones 1) La jurisprudencia no es unánime en lo que respecta al examen, como alegaciones previas, de los motivos que requieren un **análisis sobre el fondo del asunto**, como la legitimación *ad causam* o la falta de jurisdicción (a favor TS auto 21-5-90, EDJ 5334; AN auto 12-3-19, EDJ 544957; en contra TS auto 2-4-14, EDJ 58684).

2) No opera la cosa juzgada en relación con situaciones dinámicas y eventualmente variables; por ejemplo, la **ruina urbanística** (TS 5-6-91, EDJ 5943; TSJ Madrid 28-5-04, EDJ 164594).

3) Es posible plantear en este trámite la **caducidad del recurso** por haberse deducido, no ya el escrito de interposición, sino la demanda fuera del plazo hábil para ello; situación que conduce a tener por caducado el recurso (LJCA art.52).

12624 **Lugar y plazo de presentación** El escrito de alegaciones previas debe presentarse en la **sede del órgano jurisdiccional** que esté conociendo del proceso, con la extensión a otros lugares aptos para la presentación de todo escrito procesal anteriormente expuestas.

En cuanto al **plazo**, las alegaciones previas deben plantearse dentro de los 5 primeros días -hábiles- del plazo para contestar a la demanda.

Al tratarse de un trámite meramente potestativo, el órgano jurisdiccional no dicta resolución declarando la **caducidad del trámite** y, en consecuencia, no se aplica la extensión del plazo hasta la fecha en que notifique esa resolución (LJCA art.128), ya que no hay resolución alguna que notificar al respecto en defecto de escrito de parte promoviendo el incidente.

12626 **Efectos** (LJCA art.59) El planteamiento de alegaciones previas tiene como consecuencia la **tramitación de un incidente** para resolver sobre lo alegado. Constituye una excepción a la regla general de que los incidentes no suspenden la tramitación del proceso principal (LJCA art.137), ya que suspende el mismo y el plazo para contestar a la demanda.

Se ha de dar **traslado al actor** del escrito formulando alegaciones previas, por plazo de 5 días. Este traslado tiene una doble finalidad:
- permitir que el demandante pueda **oponerse a los motivos** planteados (en el plazo de 5 días); y
- posibilitar la **subsanación de los defectos** de la demanda (en el plazo de 10 días).

Efectuado el traslado, se continúa según las **normas generales** de tramitación de los incidentes (LEC art.393). Se resuelve mediante **auto**, en el que el tribunal se debe limitar a decidir sobre la concurrencia o ausencia de los motivos alegados, sin entrar en el fondo del asunto.

• Si el auto **desestima las alegaciones previas**, contra el mismo no cabe recurso alguno, sin perjuicio de que puedan volver a reiterarse los motivos de inadmisibilidad, en la contestación a la demanda, o alegarse otros motivos no planteados.

Una vez dictado el auto, continúa la tramitación del recurso contencioso-administrativo, de manera que el demandado puede contestar a la demanda en el plazo que reste de los 20 días (el remanente). Teniendo en cuenta que las alegaciones previas deben formularse en los 5 primeros días del plazo para contestar a la demanda, el plazo restante nunca puede ser inferior a 15 días.

• Si **se estima alguna** de las alegaciones previas, contra el auto pueden plantearse los recursos hábiles frente a las resoluciones que declaren la inadmisibilidad, que son los de apelación o casación, en función del órgano jurisdiccional que lo haya dictado (LJCA art.80 y 87).

Una vez **firme el auto** estimatorio de las alegaciones previas, se archivan las actuaciones.

Si se declaró la **falta de jurisdicción o de competencia** del órgano jurisdiccional, se ha de señalar el orden jurisdiccional u órgano competente, con emplazamiento a las partes para que en plazo máximo de 10 días comparezcan ante el mismo (LJCA art.5.3 y 7.3).

Precisiones 1) No puede alegarse en la contestación a la demanda la **falta de competencia** del órgano jurisdiccional. La sentencia no puede declarar la inadmisibilidad por falta de jurisdicción o competencia, por ser contrario al derecho a la tutela judicial efectiva (TCo 120/1986; 90/1991). Pero ello no significa que la falta de competencia o de jurisdicción se subsanen o purguen en el momento del fallo. En caso de llegarse a este y apreciarse entonces su concurso, habrá que declarar la inadmisión (por medio de auto la primera), sin perjuicio que ello pudiera provocar consecuencias indirectas -p.e. en sede de dilaciones indebidas o de responsabilidad- y ajenas al contenido de la resolución declaratoria. **12628**

2) Tradicionalmente se ha sostenido que no cabe declarar la **inadmisibilidad parcial del recurso** (TS 3-7-91, EDJ 7227) en este trámite, como en otros. Sin embargo, al referirse actualmente la admisión o inadmisión a las pretensiones y no al acto o actuación recurrida, se acepta generalmente la figura de la inadmisibilidad meramente parcial. Y si se acepta en abstracto, deberá ser posible en cualquier momento y trámite procesales en los que pueda -si procede- declararse la inadmisión del recurso.

10. Prueba

(LJCA art.60 y 61)

La prueba, en el proceso contencioso-administrativo, al igual que en cualquier otro tipo de proceso, es la actividad que tiene por objeto lograr la **convicción del juzgador** sobre los hechos y datos relevantes para la decisión de aquel. **12632** MPCA nº 2582 s., 5505 s.

Como ocurre en otros aspectos del proceso contencioso-administrativo, resulta de **aplicación supletoria**, la normativa del proceso civil (nº 3400 s.). Así, se establece expresamente que la prueba se desarrolla de acuerdo con las normas generales del proceso civil (LJCA art.60.4), sin perjuicio de algunas especialidades o excepciones.

Precisiones 1) El **carácter revisor** de la jurisdicción contencioso-administrativa no es óbice para la práctica de la prueba en este proceso, ya que, aunque en vía administrativa se hayan cuestionado los hechos y se hayan practicado pruebas, pueden existir datos fácticos necesitados de clarificación (TS 27-2-97, EDJ 1332). No obstante, no puede desconocerse que la relevancia del trámite procesal de prueba en el contencioso-administrativo varía sustancialmente en función de la materia a la que se refiere el recurso, limitándose en muchos casos este a una discusión estrictamente jurídica a partir de datos fácticos indiscutidos. No así en otros supuestos, en los que la **acreditación de hechos** o conductas es determinante de la legalidad o ilegalidad de la actuación administrativa.

2) El recurso contencioso-administrativo no es una segunda instancia, sino un **auténtico juicio o proceso** entre las partes. Su carácter revisor debe interpretarse en el sentido de que necesita una actuación o inactividad administrativa previa, pero sin que ello signifique que sea impertinente la prueba, ya que supone una revisión total de los fundamentos fácticos y jurídicos de la actuación administrativa (TS 7-5-93, EDJ 4268).

a. Solicitud

12635 MPCA nº 2592 Solo quienes sean **parte en el proceso** pueden solicitar la práctica de pruebas, sin perjuicio de que el juez o tribunal pueda disponer la práctica de cuantas estime pertinentes (LJCA art.61.1). Esta es la regla general en el proceso contencioso-administrativo: la prueba se practica como consecuencia de una solicitud de parte.
La solicitud debe dirigirse al **órgano jurisdiccional** que esté conociendo del proceso en cuestión, ya que tiene por objeto lograr la convicción de su titular acerca de la veracidad del hecho alegado.

12637 MPCA nº 5509 s. **Carga de la prueba** (LEC art.217) La carga de la prueba se rige por las normas generales del proceso civil -nº 3408- (TS 27-6-08, EDJ 111705; 24-2-09, EDJ 42617).
En resumen, cada parte debe probar los hechos que integran el supuesto de la norma cuyas consecuencias jurídicas invoca a su favor:
• Corresponde al **demandante** la carga de probar la certeza de los hechos de los que ordinariamente se desprenda, según las normas jurídicas a ellos aplicables, el efecto jurídico correspondiente a las pretensiones de la demanda.
• Por otro lado, incumbe al **demandado** la prueba de los hechos que, conforme a las normas que les sean aplicables, impidan, extingan o enerven la eficacia jurídica de los hechos cuya prueba corresponde al demandante.
En el proceso contencioso-administrativo la distribución concreta de la carga de la prueba depende del **contenido del acto administrativo** cuya anulación se pretende. Así, por ejemplo, si la Administración niega el reconocimiento de un derecho, corresponde al administrado probar los hechos constitutivos de su nacimiento; si la Administración impone una obligación, debe probar que no existen los hechos en los que se fundamenta.
En **materia sancionadora** existe una norma especial sobre la carga de la prueba, como consecuencia del principio de presunción de inocencia (LPAC art.53.2 y 77): la infracción cometida siempre debe probarse por la Administración.

12639 Precisiones 1) La **presunción de legalidad** del acto administrativo (nº 1680 Memento Administrativo 2026) no supone una inversión de la carga de la prueba. Conlleva la imposición al administrado de la carga de accionar contra el acto, a través de los recursos pertinentes, para evitar que devenga firme y consentido.
2) Recurrido el acto dentro de los plazos legalmente establecidos, y por tanto, antes de que sea firme, la carga de la prueba se rige por las **reglas generales**, debiendo cada parte probar los hechos que sirvan de apoyo a su pretensión, ya que de lo contrario se obstaculizaría el derecho de los administrados a la plena tutela jurisdiccional (TS 11-6-98, EDJ 8254).
3) Los **principios inspiradores del proceso penal** son aplicables, con ciertos matices, al Derecho administrativo sancionador (TCo 66/1984). No puede exigirse a la defensa una prueba de **hechos negativos** (TCo 148/1997).
4) En aquellos en aquellos procesos jurisdiccionales en los que, de las alegaciones de la parte actora, se deduzca la existencia de graves indicios de **discriminación directa o indirecta por razón de discapacidad**, el órgano judicial, tras la apreciación de los mismos, teniendo presente la disponibilidad y facilidad probatoria que corresponde a cada una de las partes del litigio y el principio procesal de igualdad de partes, puede exigir al demandado la aportación de una justificación objetiva y razonable, de las medidas adoptadas y de su proporcionalidad. Sin embargo, esta regla no se aplica a los recursos contencioso-administrativos interpuestos contra resoluciones sancionadoras -ni a las causas penales- (RDLeg 1/2013 art.77).
5) En términos análogos, en los procesos contencioso-administrativos -y civiles- en los que se deduzca de las alegaciones actoras la existencia de indicios fundados de discriminación por razones de origen racial o étnico, discapacidad, edad u orientación sexual, en el ámbito de la **actividad profesional, laboral o sindical**, corresponde al demandado justificar la medida adoptada, sin que se prevea en este caso exclusión de esta regla de los procedimientos sancionadores (L 62/2003 art.36).
Puede asimismo el órgano judicial solicitar informe a los órganos competentes cuando en el proceso se haya suscitado una cuestión de discriminación por discapacidad.
6) En sede de **igualdad y no discriminación**, incluida la derivada de orientación e identidad sexual, expresión de género o características sexuales, se dispone que en todo proceso -salvo penal- en el que la parte actora se funde en alegaciones relativas a discriminación por razón de sexo, corresponde a la parte demandada acreditar la proporcionalidad y el carácter no discriminatorio de la medida o actuación acordada; pudiendo solicitarse por el órgano judicial informe a instancias competentes (LO 3/2007 art.13; L 15/2022 art.30; L 4/2023 art.66; LJCA art.60.7; LEC art.217.5).

12641 MPCA nº 2598 **Requisitos objetivos** (LJCA art.60.1) La solicitud del recibimiento a prueba debe hacerse expresando de forma ordenada los **puntos de hecho** sobre los que debe versar, así como los **medios de prueba** de los que se intente valer el solicitante, para que el tribunal pueda decidir sobre si procede su práctica.

La **concreción** de la prueba que se ha de practicar, proponiendo la que singularmente proceda, se efectúa en el mismo momento y trámite de la solicitud, como parte de ella.

Precisiones 1) La jurisprudencia viene desestimando las solicitudes de prueba carentes de concreción en las que de forma general se hace referencia a **todos los extremos de la demanda** o a todos los hechos, sin precisar a lo que se debe extender (TS 30-6-06, EDJ 105678; 17-2-06, EDJ 12067; auto 2-3-01, EDJ 98939), de modo que la expresión genérica relativa a «probar los hechos de la demanda que no sean reconocidos de contrario», o equivalente, no precisa los puntos de hecho y es insatisfactoria e insuficiente (AN auto 29-9-04, EDJ 272570).

2) Las partes pueden someterse a ciertos **requisitos** en la aportación de medios de prueba (TCo 94/1992).

Requisitos formales (LJCA art.60.1 y 2, 85.3) El recibimiento del proceso a prueba debe solicitarse mediante **otrosí** en los escritos de demanda y contestación a la demanda y en los de alegaciones complementarias. 12644

Si de la contestación a la demanda resultan **nuevos hechos** de trascendencia para la resolución del pleito y el recurrente no hubiera solicitado el recibimiento del proceso a prueba en la demanda, puede solicitarlo dentro de los 5 días siguientes a aquel en el que se le haya dado traslado de la misma, con indicación también en este caso de los puntos de hecho y los medios de prueba que se proponen. Todo ello sin perjuicio de hacer uso de la facultad de aportación de documentos, tras la demanda y antes de la vista o conclusiones, que tengan por objeto desvirtuar alegaciones efectuadas en la o las contestaciones y que pongan de manifiesto disconformidad en los hechos (LJCA art.56.4). Ver nº 12682.

Cuando la petición de recibimiento a prueba se hace en la **segunda instancia**, debe solicitarse en el escrito de interposición de la apelación mediante otrosí, señalando las pruebas denegadas o que no se hayan practicado debidamente en la primera instancia por causas que no sean imputables a la parte recurrente.

Precisiones Los escritos de **alegaciones complementarias** son los previstos para el caso de que se reciba el expediente administrativo después de formular la demanda, ya que a la vista del expediente se pueden introducir nuevos argumentos cuya fundamentación puede requerir la prueba de determinados datos (nº 12572).

b. Recibimiento del proceso a prueba

El recibimiento del proceso a prueba se produce **previa solicitud** de, al menos, una de las partes, siempre que lo considere oportuno el órgano jurisdiccional, o bien cuando se acuerde **de oficio** aunque no lo haya solicitado ninguna de las partes. 12646 MPCA nº 2602

Si se acuerda **prueba de oficio** y no hubiera posibilidad de alegación por las partes en vista o conclusiones, es el letrado de la Administración de Justicia el competente para poner de manifiesto a las partes lo practicado, por plazo de 5 días (LJCA art.61.4).

El tribunal puede acordar, siempre que lo considere necesario, la práctica de **diligencias no solicitadas** por las partes, durante el trámite de recibimiento del proceso a prueba o después, una vez finalizado el periodo de prueba y hasta que el pleito sea declarado concluso para sentencia -diligencias finales o diligencias para mejor proveer- (LJCA art.61.1 y 2).

Precisiones Las diligencias de **prueba para mejor proveer** no tienen por objeto suplir la inactividad probatoria de las partes durante el proceso (TS 12-11-86, EDJ 7269), siendo una facultad del órgano judicial y no un derecho de las partes (TS 15-1-91, EDJ 22487).

Se trata de **actos de instrucción** que se derivan de la estricta voluntad del órgano judicial, aun cuando puedan ser solicitadas por aquellas. De modo que la decisión al respecto no admite recurso alguno (TS 5-2-92, EDJ 988). Y es que estas diligencias constituyen un ámbito de poder privativo del órgano de instancia (TS 22-2-94, EDJ 1582).

Contenido (LJCA art.60.3 y 4) Acordado por el tribunal el recibimiento del proceso a prueba, se abre un **plazo único** de 30 días para practicar la admitida. 12648 MPCA nº 2604 s.

La resolución que acuerde recibir el pleito a prueba se debe pronunciar sobre el **objeto** de la misma. Propuestas las pruebas por las partes en sus escritos de demanda, contestación o alegaciones complementarias (nº 12644), también se debe pronunciar sobre cuáles son los **medios** de prueba admitidos.

Los hechos objeto de prueba deben ser dudosos o controvertidos y trascendentes para resolver la cuestión objeto de debate. La admisión de la prueba depende del **juicio del tribunal** sobre su trascendencia, por lo que no existe un derecho subjetivo a obtenerla ni se produce indefensión por su denegación motivada (TS 26-5-97, EDJ 4331).

Si el objeto del recurso es una **sanción administrativa o disciplinaria**, se considera que los hechos son siempre trascendentes para la resolución del pleito, y si existiese disconformidad sobre los mismos, siempre se ha de recibir el proceso a prueba.

Precisiones 1) Nunca se puede admitir como prueba una **actividad prohibida** por la Ley (LEC art.283.3).
2) Debe rechazarse el intento de acudir a la prueba pericial para fundamentar **cuestiones jurídicas** (TS 6-2-95, EDJ 1410).
3) Pueden ser objeto de prueba tanto los **hechos naturales** como los **actos jurídicos** (TS 8-10-91, EDJ 10592).
4) Procede el recibimiento cuando la prueba propuesta versa sobre **hechos de trascendencia** para la resolución del pleito (TSJ País Vasco 27-10-05, EDJ 262780).

12650 **Hechos excluidos de prueba** No procede la prueba de los hechos:
MPCA nº 2608, 2610
• **Notorios**. La notoriedad no se produce como consecuencia del conocimiento efectivo por parte del juez, sino por la normalidad en ese conocimiento por cualquier persona media dentro de la sociedad en la que se plantee (TS 17-5-83, EDJ 2935; TSJ Sevilla 28-10-10, EDJ 324077).
• **Reconocidos** por la Administración (TS 20-7-98, EDJ 20915).
• Sobre los que hay **conformidad**, aunque exista discrepancia sobre su interpretación jurídica.
• **Intrascendentes** o que no tengan que ver con la cuestión objeto de debate. La apreciación de la trascendencia de la prueba corresponde al órgano jurisdiccional, que ha de evitar la realización de pruebas inútiles para los fines del proceso, no existiendo un derecho subjetivo a practicar cualesquiera pruebas (TS 3-4-01, EDJ 98938).
• Favorecidos por una **presunción legal** (LEC art.385). Las presunciones legales suponen que, de un hecho base o indicio, la ley presume otro hecho derivado, por lo que solo se ha de probar el hecho indicio, no el hecho que deriva del mismo. Las presunciones legales, a no ser que se establezca otra cosa, admiten prueba en contrario.
• **Negativos** o negativos indefinidos (TSJ País Vasco 5-10-01, EDJ 50837; TSJ Andalucía 16-12-10, EDJ 361555; 28-10-10, EDJ 324077).

Precisiones Las **presunciones legales** se diferencian de la prueba de presunciones judiciales (LEC art.384) porque en ella la relación no deriva de la Ley, sino de la razón y la lógica del juez. A partir de un hecho probado, el juez deduce otro con el que existe un enlace preciso y directo conforme a las reglas del criterio humano.

12652 **Prueba de datos jurídicos** (LEC art.281) Excepcionalmente, pueden ser objeto de prueba datos jurídicos, ya que el deber de conocimiento del Derecho por parte del juez solo se extiende al **Derecho interno, escrito y general**. El principio *iura novit curia*, no se extiende a las fuentes cuyo conocimiento entraña **dificultades** por no ser objeto de publicación oficial en nuestro país, aunque su prueba es totalmente compatible con la investigación de oficio por parte del órgano jurisdiccional.
En consecuencia, deben ser objeto de prueba las siguientes fuentes del Derecho:
• La **costumbre** (CC art.1.3). En el Derecho administrativo la aplicación de la costumbre es muy limitada. Sin embargo, en ocasiones, la Ley se remite expresamente a ella (p.e. sistema municipal de concejo abierto). No es precisa su prueba si las partes están conformes en su existencia y contenido, siempre que dicho contenido no afecte al orden público.
• El **Derecho extranjero** (CC art.12.6). Su aplicación es también limitada en el Derecho administrativo, como consecuencia del principio de territorialidad del Derecho público (CC art.8).
• El **Derecho no general** (fueros locales y privilegios) que no haya sido publicado oficialmente o no sea escrito.

Precisiones 1) El **Derecho comunitario**, originario y derivado, forma parte del ordenamiento jurídico interno y no es necesaria su prueba.
2) La gran complejidad del ordenamiento jurídico español hace recomendable, si no probar, sí alegar con cuidado e **identificar** concretamente la norma en que se basa la pretensión afirmada; especialmente, si se trata de **normas menores** o de segundo grado, como las ordenanzas locales.

12654 **Requisitos formales y recursos** (LEC art.206 y 285) El acuerdo de recibir o denegar el recibimiento del pleito a prueba adopta la forma de **auto** motivado.
El tribunal debe resolver sobre la admisión de **cada una** de las pruebas propuestas.
Contra la resolución sobre el recibimiento a prueba y que admita o inadmita cada una de las pruebas, cabe **recurso de reposición**, pero contra su desestimación no cabe recurso de apelación o casación. Sin embargo, se puede hacer valer este derecho en la segunda instancia.

c. Práctica de la prueba

12660 La prueba se ha de practicar con arreglo a las normas generales establecidas para el **proceso civil**, sin perjuicio de las especialidades que puedan ser de aplicación para el proceso contencioso-administrativo.
MPCA nº 2618

Precisiones Constituye una violación de la tutela judicial efectiva la sentencia que desestima la demanda por **falta de prueba**, tras haber quedado sin practicar pruebas admitidas sobre la alegada desviación de poder cometida por la Administración (TCo 247/2004; 97/2003); o tras haber inadmitido todas las propuestas (TCo 4/2005; 19/2001).

Medios de prueba (LEC art.299 y 385) Los medios de prueba de los que se puede hacer uso son los siguientes: 12662 MPCA nº 2622, 5535 s.
- el **interrogatorio** de las partes y de testigos;
- los **documentos** públicos y privados;
- el dictamen de **peritos**;
- el **reconocimiento** judicial;
- los medios de **reproducción** de la palabra, sonido e imagen e instrumentos que permiten archivar, conocer y reproducir palabras, datos, cifras y operaciones matemáticas;
- cualquier **otro medio** no expresamente previsto del que pueda obtenerse certeza de hechos relevantes, siempre que el tribunal, a instancia de parte, lo admita como prueba, adoptando las medidas que para el caso resulten necesarias.

Las **presunciones legales** dispensan de la prueba del hecho presunto a la parte a la que la presunción favorezca. Por eso no pueden ser consideradas como medio de prueba.
Sin embargo, las **presunciones judiciales** son un mecanismo para lograr la convicción del juez sobre la certeza de un hecho. No se recogen dentro de las pruebas porque no requieren la realización de ninguna actividad adicional, una vez dado por cierto el hecho admitido o probado.

Precisiones 1) La Ley no limita los medios de prueba a utilizar, sino que se pueden usar **cualesquiera otros** propuestos por las partes, que sean útiles a juicio del órgano jurisdiccional.
2) La **presunción judicial** es efectiva con la simple alegación del hecho probado y de la relación precisa con el hecho de cuya realidad se le pretende convencer.
3) No puede ser testigo un funcionario que intervino por razón de su **cargo** en el procedimiento del que resulta el acto recurrido, pues no se trata de persona que tenga noticia de hechos controvertidos relativos a lo que sea objeto del pleito como exige LEC art.369 (TSJ La Rioja 25-5-04).
4) Los **actos administrativos** se presumen válidos y conformes al ordenamiento jurídico (autotutela declarativa), lo que hace pesar sobre el que sostiene su ilegalidad la carga de la prueba, a menos que se trate de **actos sancionadores**, en los que la carga probatoria pesa sobre la Administración, dado que junto a la presunción de legalidad del acto pesa el principio de presunción de inocencia -o de ausencia de responsabilidad administrativa-. La situación se resuelve imponiendo al sancionado la carga de accionar) y a la Administración la de probar la legalidad de la sanción impuesta (muy frecuentemente, a través de documentos administrativos obrantes en el expediente que gozan de presunción de exactitud en cuanto a su componente fáctico (TCo 147/1997; TSJ La Rioja 13-7-00).

Lugar (LOPJ art.268) Las pruebas, al igual que los demás actos procesales, deben practicarse, como regla general, en la **sede del órgano jurisdiccional**. 12664
Hay ciertos supuestos en los que, por el contrario, deben practicarse **fuera de esa sede**. En estos casos, la forma de práctica de la prueba depende del lugar en que se deba realizar. En los números siguientes se analizan los supuestos posibles:
- fuera de la circunscripción del órgano jurisdiccional y fuera del territorio nacional (nº 12666);
- fuera de la circunscripción del órgano jurisdiccional pero dentro del territorio nacional (nº 12668);
- dentro de la circunscripción del órgano jurisdiccional pero en municipio distinto (nº 12672);
- en el municipio donde tiene su sede el órgano, pero fuera del local (nº 12674).

Fuera del territorio nacional (LOPJ art.273 a 278; LEC art.169 a 177) Si la prueba debe practicarse fuera de la circunscripción del órgano jurisdiccional y fuera del territorio nacional, debe llevarse a cabo mediante el **auxilio judicial** correspondiente de un órgano jurisdiccional extranjero. 12666
Las peticiones de cooperación internacional, para el caso de que las diligencias de prueba se deban practicar en el extranjero, se han de realizar mediante las correspondientes **comisiones rogatorias**, que han de ser tramitadas de acuerdo con lo previsto en los tratados internacionales, las normas de la Unión Europea y las leyes españolas que resulten de aplicación.

Fuera de la circunscripción (LEC art.129.3, 169.2 y 4, 311 a 313, 355 y 364) Si la prueba debe practicarse fuera de la circunscripción del órgano jurisdiccional, pero dentro del territorio nacional, se permite que el órgano jurisdiccional se desplace, en ciertas ocasiones, para la práctica de pruebas. 12668
En principio, el interrogatorio de las partes, la declaración de testigos o la ratificación de peritos se debe realizar en la **sede del órgano judicial** que esté conociendo del asunto, aunque el domicilio de las personas mencionadas se encuentre fuera de la circunscripción del órgano jurisdiccional correspondiente, en cuyo caso se llevarán a cabo por videoconferencia (LEC art.137 bis).

Solo cuando, no siendo posible esta, por razón de la distancia, dificultad de desplazamiento, o circunstancias personales del sujeto que debe intervenir en la prueba o por cualquier otra causa de análogas características, resulte **imposible o muy gravosa** la comparecencia de las personas citadas en la sede del órgano jurisdiccional, se puede solicitar auxilio judicial para su práctica.

12670 Por otro lado, se establece la posibilidad de practicar el **interrogatorio por videoconferencia o domiciliario** de las partes y testigos, para el caso de que por enfermedad u otras circunstancias especiales de las personas que deban contestar a las preguntas, no puedan comparecer en la sede del tribunal o este no lo considere conveniente. En tales casos, a instancia de parte o de oficio, podrá decidirse por el órgano judicial, oídas las partes, que la declaración se realice de tales formas, ante el juez o el miembro del tribunal que corresponda, y en presencia en su caso del letrado de la Administración de Justicia.

También se permite la práctica de la prueba llamada de **reconocimiento de personas** fuera del órgano jurisdiccional.

El **auxilio jurisdiccional** de otros tribunales internos solo se debe recabar cuando el tribunal no considere posible o conveniente hacer uso de su facultad de desplazamiento, siempre con carácter subsidiario de la videoconferencia.

Dicho auxilio jurisdiccional se debe recabar directamente a través del correspondiente **exhorto** (LEC art.171), que se ha de remitir por el órgano requirente al requerido, a través de cualquier medio que deje constancia de su recepción o, si la parte a la que interesa su cumplimiento lo solicita, se le debe entregar bajo su responsabilidad, para que lo presente en el órgano exhortado en el plazo de 5 días (LEC art.172). Las partes y sus abogados y procuradores pueden intervenir en las actuaciones que se realicen para el cumplimiento del exhorto (LEC art.174).

Precisiones La figura del **exhorto** tiene carácter subsidiario de la realización de actuaciones por videoconferencia en la forma prevista por LOPJ art.229 (LEC art.129.4, 137 bis y 169 s.).

12672 **Fuera del municipio** (LEC art.129.3 y 169.3) Si la prueba debe practicarse dentro de la circunscripción del órgano jurisdiccional pero en un municipio donde no está su sede, también puede recabarse el **auxilio jurisdiccional**, sin perjuicio de que el propio órgano jurisdiccional pueda constituirse en cualquier lugar de su circunscripción para la práctica de actuaciones.

Todo ello, habida cuenta del carácter preferencial de la **videoconferencia**.

12674 **Fuera del local de la sede del órgano** (LEC art.129.3) Si ha de practicarse la diligencia de prueba en el municipio donde tiene su sede el órgano, pero fuera del local, por no poder ser objeto de **traslado** al mismo, el órgano jurisdiccional o alguno de sus componentes debe desplazarse al lugar en el que deba practicarse la prueba.

Como **ejemplo** puede mencionarse el caso siguiente: recurso contencioso-administrativo en materia de sanción de tráfico, en el que el demandante alega que en el boletín de denuncia se consigna que el vehículo es de un color distinto al efectivamente correspondiente al del sancionado. En tal caso, la inspección ocular del mismo, con la debida comprobación del número de chasis, deviene determinante del resultado del pleito.

12676 MPCA nº 2636 s. **Plazo** (LJCA art.56.3 y 4, 60.4 y 61.1; LEC art.336 y 337) El plazo para la **práctica de la prueba** es de 30 días hábiles. El plazo para practicar empieza cuando se notifique la apertura de este periodo.

No obstante, se pueden aportar al proceso, una vez cerrado el periodo de prueba, las que se hayan practicado **fuera de plazo** por causas no imputables a la parte que las propuso.

También se pueden acordar de oficio las pruebas que se estimen necesarias, por parte del órgano jurisdiccional, durante el periodo de prueba o una vez finalizado, y hasta que el pleito sea declarado concluso para sentencia.

Los **documentos** en los que las partes funden su derecho deben presentarse junto con la demanda y la contestación, salvo que no obraran en poder de las partes, en cuyo caso se designará el archivo, oficina, protocolo o persona en cuyo poder se encuentren. No se admiten documentos presentados en un momento posterior, fuera de los casos previstos para el proceso civil (nº 12590).

Por aplicación supletoria de las reglas del proceso civil (LEC art.336 y 337; TCo 128/2017), los **dictámenes de peritos** presentados por las partes deben aportarse con la demanda o con la contestación, salvo cuando no sea posible aportarlos en este momento, en cuyo caso se deben anunciar en los escritos de demanda o contestación y presentar con posterioridad. Salvo lo que se dice más adelante en relación con los recursos sobre justiprecio expropiatorio (nº 12686 s.).

Si se practica prueba pericial, el órgano judicial debe otorgar, a petición de cualquiera de las partes, un plazo no superior a 5 días para que puedan solicitar **aclaraciones al dictamen** emitido.

Precisiones 1) No obstante lo dicho en el texto, hay que tener en cuenta la doctrina conforme a la cual la carga impuesta por LEC art.336 y 339, de pedir la **prueba pericial** en el escrito de demanda o contestación, con aportación de dictámenes, en su caso, no rige en el proceso contencioso-administrativo -en general-, puesto que la remisión de LJCA art.60.4 a las normas reguladoras del proceso civil se refiere, en su caso, al **desarrollo** de la prueba, no al momento de su **petición** (TS 15-2-11, EDJ 8544; 2-4-08, EDJ 56513). De acuerdo con ello, el momento de la solicitud de prueba y/o aportación del dictamen puede no ser necesariamente aquel.
2) En caso de procesos cuyo objeto sean **reclamaciones por daños personales** -p.e. en sede de responsabilidad patrimonial-, el órgano judicial puede instar al actor para que permita su examen por un facultativo, a fin de preparar un informe pericial (LEC art.336.5).

Forma (LJCA art.56.3 y 4, 60.6) La forma en que debe practicarse la prueba depende de cuál sea el medio utilizado (nº 12662), de acuerdo con las normas que sobre su práctica se establecen para el **proceso civil**. 12678 MPCA nº 2640
Pueden señalarse ciertas reglas, de carácter general, aplicables a la práctica de cualquier prueba (nº 12680) y otras reglas específicas de las **pruebas documental y pericial** (nº 12682).

Normas generales (LEC art.287 y 289 a 292; LJCA art.61.2 a 5) Las pruebas se practican contradictoriamente, en vista pública, o con publicidad y documentación similares, si no se llevan a cabo en la sede del órgano jurisdiccional. 12680
Para que la prueba sea eficaz es necesario el cumplimiento de todos los **requisitos legales**.
Es inexcusable la **presencia judicial** en todas las pruebas, aunque la ratificación de los peritos en la autoría de su dictamen, la presentación de todo tipo de documentos, la aportación de otros medios o instrumentos de prueba, el reconocimiento de la autenticidad de documentos privados o la formación de cuerpos de escritura para cotejos documentales, se deben realizar ante el letrado de la Administración de Justicia. Posteriormente el tribunal debe examinar por sí mismo los documentos, dictámenes, escritos y cualquier otro medio o instrumento que se aporte.
Las pruebas se deben practicar, siempre que sea posible, en **unidad de acto**. Las partes, aunque no sean sujetos u objetos de la prueba, han de ser **citadas con antelación** suficiente, de al menos 48 horas, para que puedan intervenir en su práctica.
Las partes tienen la misma **intervención** aunque las pruebas se acuerden de oficio por el órgano jurisdiccional. Si las pruebas que se acuerdan **de oficio** se practican antes de que el juicio sea declarado concluso para sentencia, pero después del trámite de vista o conclusiones, el resultado de la prueba se ha de poner de manifiesto a las partes, para que en un plazo de 3 días realicen las **alegaciones** que estimen convenientes acerca de su alcance e importancia.
Es posible la **delegación**, en uno de los magistrados o en un juez de lo contencioso-administrativo, de la práctica de todas o algunas de las diligencias probatorias. El representante en autos de la Administración puede, igualmente, delegar en un funcionario público de la misma la facultad de intervenir en la práctica de las pruebas.
No surten efecto las pruebas obtenidas con vulneración de **derechos fundamentales**.

Pruebas documental y pericial (LJCA art.56.3 y 4 y 60.6; LEC art.267 a 268 bis) Se formulan normas específicas para la práctica de las pruebas documental y pericial: 12682 MPCA nº 2644
• Con la **demanda** y la **contestación** se deben acompañar todos los documentos en los que las partes funden su derecho y, si no obran en su poder, deben designar el archivo, oficina, protocolo o persona en cuyo poder se encuentren.
Los **documentos públicos** relativos al fondo de la cuestión pueden aportarse mediante copia simple en soporte papel o electrónico, a través de imagen digitalizada conforme a la normativa técnica del Comité Técnico Estatal de la Administración Judicial Electrónica. Solo en caso de ser impugnados es necesario aportar el original, copia o certificación del documento con los requisitos precisos para que surta efecto probatorio.
El testimonio o certificación fehacientes de solo **una parte de un documento** no hace prueba plena mientras no se complete con las adiciones que solicite el litigante a quien pueda perjudicarle (LEC art.321).
Los **documentos privados** se aportan en original o copia autenticada por fedatario público, pero si el interesado solo dispone de copia simple, surte esta todo su efecto, siempre que no sea impugnada. Si el original del documento privado se encuentra en un archivo público, puede simplemente designarse este, cuando no pueda pedir y obtener copias fehacientes. Estos documentos pueden presentarse también mediante imágenes digitalizadas en los mismos términos que los públicos.
La presentación de documentos por **medios electrónicos** se ha de ajustar en todo caso a lo que determine la Ley reguladora el uso de las tecnologías en la Administración de Justicia.
• Con posterioridad no se admite la presentación de documentos fuera de los casos previstos para el proceso civil (nº 12662). No obstante, sí se admiten **documentos con posterioridad**,

antes de la citación para vista o conclusiones, cuando tengan por objeto desvirtuar alegaciones contenidas en la contestación a la demanda y que pongan de manifiesto disconformidad con los hechos. No obstante, como se ha indicado, el rigor de la temporaneidad en la aportación documental no es tan extremo en el contencioso-administrativo como en el proceso civil.

• En el acto de emisión de la **prueba pericial**, el juez debe otorgar, a petición de cualquiera de las partes, un plazo no superior a 5 días (LJCA art.60.6) para que puedan solicitar **aclaraciones** al dictamen emitido.

Precisiones 1) La presentación de documentos en el curso de actos judiciales o procesales celebrados por **videoconferencia** se debe ajustar a lo establecido por la Ley que regule el uso de las tecnologías en la Administración de Justicia (LJCA art.60.8).

2) El trámite de **aclaraciones al informe pericial** se demuestra en la práctica de una importancia decisiva, pues es el cauce para poner de manifiesto las contradicciones, errores o defectos de apreciación del emitido, que serán debidamente analizadas en trámite de conclusiones.

Puede desarrollarse de dos formas:

- íntegramente **por escrito**: presentadas las aclaraciones que solicitan las partes, se absuelven por escrito por el perito;
- de **forma mixta**: mediante comparecencia en la sede judicial, ante el magistrado ponente o juez, del perito y la representación y defensa de las partes, absolviendo en el acto las aclaraciones que, bien previamente se habrán formulado por escrito en el mismo acto de solicitud del trámite, o bien se plantearán en el mismo momento de la comparecencia.

Esta segunda posibilidad es más efectiva a los efectos de fijar la convicción del órgano decisor.

3) La normativa procesal que regula la petición y presentación de la **prueba documental** en un proceso judicial (LJCA art.56; LEC art.286) no constituye obstáculo para la aplicación de la L 19/2013, en relación con la solicitud por el interesado de **acceso a la información pública** a una Administración, con la finalidad de aportarla al proceso en defensa de sus pretensiones contra dicha Administración, sin perjuicio de las causas de inadmisión y límites al derecho de acceso (TS 28-11-23, EDJ 771510).

4) La petición y presentación de la **prueba documental** en un proceso judicial (LJCA art.56; LEC art.286), no constituye obstáculo para la aplicación de la L 19/2013, en relación con la solicitud por el interesado de **acceso a la información pública** a una Administración, con la finalidad de aportarla al proceso en defensa de sus pretensiones contra dicha Administración, sin perjuicio de las causas de inadmisión y límites al derecho de acceso (TS 28-11-23, EDJ 771510).

12686 **Prueba pericial en recursos sobre valoraciones expropiatorias** Las resoluciones o acuerdos de los jurados provinciales de expropiación estatales o de los órganos valorativos autonómicos equivalentes -allí donde existen- gozan de una especial **presunción de legalidad** y acierto. Siempre que aquellos se encuentren **debidamente motivados**, se despliega el efecto de la presunción de legalidad y acierto, justicia, veracidad, exactitud de las resoluciones valorativas, consagrada legal y jurisprudencialmente.

Ello tiene el efecto no ya de desplazar la **carga de la prueba** a la parte actora en el recurso, dato común por virtud de la presunción de legalidad del acto administrativo, sino de generar una presunción positiva, como medio de prueba, de lo acertado del valor obtenido y reflejado en el acuerdo de referencia, habida cuenta de las **garantías** que ofrece la independencia y tecnicismo de los componentes del jurado que lo formulan; lo que impone a quien sostenga lo inexacto de la resolución la carga de probar de manera plena y fehaciente tal circunstancia, así como en su caso, lo injustificado de los parámetros empleados por el jurado, en defecto de lo cual ha de prevalecer la tasación del mismo (TS 22-4-87, EDJ 3209; 28-2-89, EDJ 2235; 19-2-92, EDJ 1540; 26-5-94, EDJ 4834).

Para ello, se hace imprescindible articular debidamente la **prueba de perito** en el recurso contencioso-administrativo posterior.

El resultado del dictamen del perito o de los peritos judiciales tiene las mismas características de **objetividad e imparcialidad** que las resoluciones de los jurados (TS 23-4-96, EDJ 1711; 15-12-92, EDJ 12422; 30-6-92, EDJ 7109), aunque no vincula al órgano jurisdiccional (TS 12-12-96) como tampoco el acuerdo del jurado, sino que ha de valorar la prueba pericial conforme a las **reglas de la sana crítica** (TS 23-4-96, EDJ 2624; 25-5-96, EDJ 5914).

La LEC prevé, dentro de la regulación de la prueba pericial, la aportación con la demanda o contestación de informes periciales emitidos por **peritos designados por las partes**, sin perjuicio de la designación judicial de perito (LEC art.336 a 338). Esta regulación, sin embargo, no debe alterar la vigencia de la doctrina jurisprudencial vertida en este campo, aunque los informes aportados como documentos deban ser considerados como **dictámenes periciales**. La razón es que solo en el caso de designación judicial de perito, está garantizada la imparcialidad del juicio técnico emitido. Por ello, el dictamen adjunto a la demanda o contestación no debe tener la consideración probatoria de un informe judicial (TSJ Aragón 1-10-04, EDJ 255081; TSJ La Rioja auto 7-3-03; Providencia 10-2-04).

Precisiones 1) En caso de **dictamen pericial erróneo** -por partir, por ejemplo, de una indebida conceptuación de la clasificación urbanística del suelo considerado-, ha de prescindirse de él (TS 14-3-00, EDJ 3310). 12688
2) Es particularmente importante el criterio del perito judicial, en caso de que existan **discrepancias relevantes** entre el valor fijado por el expropiado, la Administración expropiante y el jurado. En estos casos, es doctrina jurisprudencial reiterada que el órgano judicial ha de analizar con especial intensidad el dictamen pericial practicado en el proceso con las garantías adecuadas (TS 4-12-93; 9-5-94, EDJ 4143; 21-2-95, EDJ 1403; TSJ La Rioja 11-1-00, EDJ 2869).
3) Las **pruebas periciales** aportadas como **documentales**, no tienen la virtualidad propia de la pericia judicial, por su carácter parcial (TS 31-5-99, EDJ 18985; 30-3-93, EDJ 3159; 2-10-91, EDJ 9270; TSJ C.Valenciana 4-3-99, EDJ 81072; TSJ Asturias 30-9-98). Tampoco tienen virtualidad de pericia los **informes técnicos de parte** aportados al expediente por el interesado, lo cual es muy relevante a la hora de combatir la presunción de legalidad del acuerdo del jurado (TSJ Granada 27-3-00, EDJ 16183). Asimismo, el dictamen pericial que se basa en **normativa inaplicable** o no vigente, no debe ser tomado en consideración (TSJ La Rioja 17-4-00).
4) No es admisible que en recurso judicial, o en reposición, se perjudique la situación inicial del recurrente, por aplicación de la interdicción de la reforma peyorativa en materia de justiprecio (TS 16-2-85). Ahora bien, en caso de **anulación judicial de justiprecio** y retroacción de actuaciones, el jurado puede valorar libremente, incluso por debajo del precio anteriormente alcanzado.
5) La **fuerza** enervante **del dictamen** no resulta de la autoridad profesional del perito informante, sino de su detalle e intensidad argumentativa (TS 28-10-03; TSJ La Rioja 23-4-05).

Prueba pericial de funcionario público (TS 17-2-22, EDJ 509924) Respecto de la naturaleza y valor probatorio de los **informes y dictámenes** de la Administración elaborados por funcionarios o técnicos de la Administración, obrantes en el expediente administrativo o aportados en sede judicial como pericial, hay que estar a la legislación procesal civil (LPAC art.77.1; LJCA art.60.4). 12689
Unos y otros son subsumibles dentro del medio de prueba oficialmente denominado **dictamen de peritos**, en tanto en cuanto sean necesarios conocimientos científicos, artísticos, técnicos o prácticos para valorar hechos o circunstancias relevantes en el asunto o adquirir certeza sobre ellos (LEC art.335) y que las personas llamadas como peritos posean los conocimientos correspondientes.
En el ámbito del Derecho administrativo, tanto en vía administrativa como en vía jurisdiccional, los dictámenes periciales deben valorarse según las **reglas de la sana crítica** (LEC art.348). Ello implica que el dictamen pericial no sea una prueba tasada o legal, cuya fuerza está predeterminada por la Ley y que no puede ser destruida por otros medios, sino sometida a una valoración libre debidamente motivada; algo que exige realizar un análisis racional de todos los elementos del dictamen pericial, sopesando sus pros y sus contras.
Los informes de origen funcionarial, aun habiendo sido elaborados por auténticos técnicos de cuya imparcialidad no se duda, no pueden ser considerados como prueba pericial cuando las partes no tienen ocasión de pedir **explicaciones o aclaraciones** (LEC art.346 y 347; LJCA art.60). En tal caso, dichos informes no tendrán más valor que el que tengan como documentos administrativos.

d. Apreciación de la prueba

La apreciación de la prueba en el proceso administrativo se rige por las mismas normas que en el proceso civil (nº 3407) y, por tanto, se fundamenta en los **principios** de prueba libre (nº 12694) y de la valoración conjunta de la prueba (nº 12696). 12692 MPCA nº 5570

Precisiones Sobre la prueba en procesos por **responsabilidad patrimonial**, en el ámbito de la **potestad sancionadora** y en materia de **asilo**, ver nº 2670 s. Memento Procesal Contencioso-Administrativo 2026.

Prueba libre El tribunal debe formar libremente su convicción acerca de si los hechos han resultado o no probados, según las **reglas de la razón y la sana crítica**. 12694 MPCA nº 2654
Aun cuando se establecen normas sobre la valoración de algunas pruebas, como el **interrogatorio** de las partes (LEC art.316) y los **documentos** públicos, privados y sus copias (LEC art.319, 326 y 334), que deben ser observadas por el titular del órgano jurisdiccional, estas normas no contradicen el principio de libre apreciación de la prueba, ya que no hay ningún medio al que se le atribuya fuerza vinculante para el órgano decisor, que es el que debe resolver sobre si un hecho resulta o no probado según su convencimiento y con las reglas de la sana crítica.

12696 **Valoración conjunta de la prueba** Supone que la convicción del juez debe derivarse de la apreciación conjunta y ponderada de todas las pruebas practicadas (TS 3-12-96, EDJ 9228), sin que a priori pueda atribuirse a un medio una mayor relevancia que a otro. Han de ser las **circunstancias del caso** y la **naturaleza de los hechos** a probar los que otorguen a un medio de prueba mayor relevancia que a otro (TS 6-5-99, EDJ 13869).

MPCA nº 2658, 2660

Precisiones A través de este expediente, el órgano judicial puede llegar a un **resultado contrario** al que se deriva de la prueba tasada legalmente ligada a determinados medios de prueba obrantes en los autos. Ello tiene señalada importancia en el recurso contencioso, en el que con frecuencia juegan **documentos públicos** con presunción de certeza.

12698 **Extensión de los efectos de la prueba pericial** (LJCA art.61.5) Puede el órgano judicial acordar de oficio, previa audiencia de las partes, o a instancia de las mismas, la extensión de las pruebas periciales a los **procedimientos conexos**.

MPCA nº 2667 s.

La extensión no se hace desde un proceso en el que se ha practicado la prueba a otros posteriores, sino que, desde un proceso en el que **todavía no se ha practicado la prueba** pericial, se pide traer un dictamen realizado con ocasión de otro anterior.

Las **costas procesales** derivadas del informe se han de prorratear entre todos los obligados a satisfacerlas en los procesos en que se haya utilizado. Se entiende, a estos efectos, que son parte todos los intervinientes en los procesos sobre los cuales se haya acordado la extensión de los efectos.

Precisiones 1) Nada se dispone sobre cuál es la **relación** que debe mediar entre los **procedimientos conexos**. Teniendo en cuenta que lo que se extiende es el efecto de una diligencia de prueba, la conexión debe darse en los hechos cuya prueba se pretende.

2) No se especifica si ese **informe emitido en otro proceso** debe ser considerado como prueba pericial o como prueba documental. Se trata de una cuestión importante, no solo a los efectos de aplicar el correspondiente procedimiento probatorio, incluidos los plazos, sino también a los efectos de pedir aclaraciones del dictamen (LJCA art.60.6). Parece que se debe admitir como **prueba pericial** en sentido estricto, dado el tenor literal de la Ley y puesto que la extensión se hace de un dictamen pericial que reúne todos los requisitos.

3) Sobre la **valoración de la prueba pericial**, ver nº 2660 s. Memento Procesal Contencioso-Administrativo 2026.

12700 **Prueba en materia de potestad sancionadora** En el ámbito de la potestad sancionadora hay que resaltar una serie de **reglas específicas**, teniendo presente la interacción entre presunción de ausencia de responsabilidad administrativa, de legalidad del acto sancionador, carga de accionar y carga de probar y afectación de derechos fundamentales.

MPCA nº 2670 s., 5600 s.

a) Se presume la certeza de los **hechos constatados por funcionarios públicos** a quienes se reconozca la condición de autoridad y que se formalicen en documento público (CC art.1216; LGT art.99.7 y 153; RDLeg 5/2000 art.52 y 53; RD 928/1998 art.15; RDLeg 6/2015 art.88). Sobre esta presunción, hay que precisar lo siguiente:

- Ha de entenderse sin perjuicio de las pruebas que el **expedientado** pueda aportar en defensa de sus derechos.
- No supone una inversión de la carga de la prueba, sino que los citados documentos son un **medio de prueba de cargo** (TS 27-4-98, EDJ 2699; 14-9-98, EDJ 21273).
- Solo se produce el efecto en caso de que los documentos estén correctamente levantados, con las **formalidades y requisitos legales**; y solo respecto de los aspectos fácticos directamente constatados por el actuario o funcionario actuante (TS 28-9-95, EDJ 5873; 10-3-94, EDJ 2186).
- La **valoración conjunta de la prueba** puede arrojar resultado contrario al contenido de tales documentos. El contenido de estos documentos no es indiscutible, no excluye otros medios de prueba y no es de valor superior o preferente a los mismos (TSJ La Rioja 27-9-00).
- Los **informes oficiales** no son documentos públicos y no gozan de presunción de veracidad, con efecto de prueba de cargo, sino que constituyen un material probatorio igual al resto del expediente, que se incorpora al mismo y que como tal ha de valorado (TS 15-6-83; 28-9-87, EDJ 6751).

12704 **b)** En lo que se refiere a la **práctica de la prueba**, tanto de oficio como a instancia de parte, para la determinación de los hechos y de las posibles responsabilidades, el órgano judicial -como previamente el administrativo instructor- puede rechazar aquellos medios probatorios que resulten impertinentes cuando, por su relación con los hechos, no puedan alterar la resolución final a favor del presunto responsable. El derecho a la prueba no es absoluto, sino relativo, no extensible a que se practiquen aquellas **pruebas impertinentes o no influyentes** en el resultado del proceso o del procedimiento (TCo 50/1982).

Para que la **denegación de medios de prueba** pueda conducir a la nulidad del expediente es necesario que se produzca una situación de indefensión, lo que no se suele considerar que

suceda en el seno del proceso jurisdiccional, en el que cabe proponer y practicar la prueba conveniente (TS 13-11-89, EDJ 10081). Para que la denegación lesione el derecho a la defensa es precisa la pertinencia de la prueba no practicada, su relevancia y, esencialmente, la causación de un resultado de indefensión al proponente.
c) El material probatorio solo puede destruir la presunción de inocencia cuando se haya aportado con las debidas **garantías** (TS 17-5-90, EDJ 5198). En este sentido, los expedientes sancionadores remitidos a la jurisdicción, con ocasión de recurso contencioso-administrativo, deben ser originales o copias con cotejo de autenticidad, careciendo de valor en otro caso (TSJ La Rioja 22-5-00, EDJ 113296).
d) Es admisible la prueba indiciaria, también denominada **indirecta o de presunciones**, siempre que no se base en meras conjeturas o juicios de valor, como suficiente para destruir la presunción de inocencia (TS 25-5-00, EDJ 19657; TSJ Andalucía 22-5-00).
La utilización de un sistema indirecto de prueba es, generalmente, la única posibilidad cuando se trata de valorar y acreditar **comportamientos fraudulentos**, en los que el componente subjetivo o intelectual (la intención fraudatoria) es elemento definitivo para apreciar la existencia de infracción.

Pueden señalarse las siguientes **reglas de aplicación** de este medio de prueba (TCo 220/1998; 169/1986): **12706**
• Es precisa la existencia de un **elemento o dato objetivo**, que es el constituido por el hecho base, que ha de estar suficientemente acreditado.
• Asimismo, para valorar el juego de la presunción, ha de tenerse en cuenta la **realidad imperante** en el sector de que se trate (TS 11-4-95, EDJ 2033).
• No se trata de que el órgano administrativo o judicial refleje en el acto sancionador (o sentencia) los diversos **momentos de su razonamiento** (TCo 174/1985).
• Tampoco el análisis de la motivación de la prueba puede recaer sobre extensión, cuantificación argumental o calidad literaria (TCo auto 30/1988).
• No es admisible que se tenga por prueba de presunciones lo que no es más que una mera **sospecha o apariencia** (TCo 16/1986; TS 18-11-96).

11. Vista y conclusiones

(LJCA art.62 a 66)

La fase de vista y conclusiones sirve para resumir, después de la práctica de las pruebas, la **posición de las partes** en relación a la pretensión objeto de debate. **12710** MPCA nº 2701
No es, por tanto, una fase para aportación de nuevos datos, los cuales se han obtenido de las fases de alegaciones y prueba. Sin embargo, se permite la inclusión de **fundamentos jurídicos** de forma somera, tal y como se expone a continuación.
Recibe el nombre de **vista** en caso de que el trámite se evacúe oralmente (algo muy excepcional, salvo en algún órgano jurisdiccional concreto) y de **conclusiones**, si se hace por escrito. Una y otra modalidades tienen carácter alternativo, no sucesivo.

a. Normas generales

(LJCA art.62 a 66)

Las partes pueden solicitar que se celebre vista, que se presenten conclusiones o que el pleito sea declarado concluso, sin más trámites, para sentencia. **12712**

Solicitud (LJCA art.62.2) Mediante **otrosí** en los escritos de demanda y contestación o, en su defecto, con posterioridad. **12714**
A través de **escrito independiente**.
Este debe presentarse en los siguientes **plazos**:
• Si se ha recibido el proceso a **prueba**, dentro de los 5 días siguientes a la fecha en que se notifique la diligencia de ordenación, declarando concluso el periodo de prueba.
• Si **no** se ha acordado la recepción del proceso a **prueba**:
- en el supuesto de no haberse solicitado la prueba: dentro de los 5 días siguientes al de la notificación de la providencia en la que se tiene por contestada la demanda; y
- en caso de denegación de la prueba solicitada: desde que se notifique la resolución que la deniega y que, normalmente, acuerda el trámite siguiente.

12716 **Excepciones** Expresamente se prevén excepciones en algunos procedimientos especiales, en los que no es posible el trámite de vista o conclusiones:
a) En el proceso de protección jurisdiccional de los **derechos fundamentales**, realizadas las alegaciones y pruebas, el órgano jurisdiccional debe dictar sentencia en el plazo de 5 días, por lo que no existe fase de conclusiones. La premura recomendable en la resolución de este tipo de procesos, en los que se fiscaliza una eventual lesión de derecho susceptible de amparo constitucional, aconseja prescindir del citado trámite.
b) En la **cuestión de ilegalidad**, realizadas las alegaciones, queda concluso el procedimiento. En este supuesto, es prescindible la vista o las conclusiones, destinadas primordialmente al análisis de la prueba.

12718 **Supuestos en los que procede** En el procedimiento ordinario esta fase no tiene carácter necesario y puede dictarse sentencia sin ella. De acuerdo con el principio dispositivo que informa el proceso contencioso-administrativo, como regla general, para que se acuerde, debe ser objeto de **solicitud de parte**.
Además, teniendo en cuenta la finalidad de esta fase del procedimiento, que es valorar y resumir la **prueba**, su existencia está relacionada con el hecho de que se haya recibido o no el pleito a prueba.
Pueden distinguirse por tanto, diversas situaciones.

12720 **Proceso sin prueba ni conclusiones** (LJCA art.57) Se permite que el actor solicite, mediante otrosí en su escrito de demanda, que el recurso se falle **sin necesidad de recibimiento a prueba** ni tampoco de vista o conclusiones.
Si la **parte demandada** no se opone y el **órgano jurisdiccional** no considera necesario acordar de oficio el recibimiento a prueba, una vez contestada la demanda, el pleito se declarará concluso -por el letrado de la Administración de Justicia-, sin más trámites, para sentencia.
La misma declaración recae en caso de que en los escritos de demanda y contestación no se formule solicitud de recibimiento a prueba ni petición de vista o conclusiones, salvo que el juez o tribunal, excepcionalmente acuerde la celebración de dicho trámite de conclusiones o vista.
En los dos casos anteriores, si el demandado solicita la inadmisión, se da traslado al demandante por 5 días para alegaciones, declarándose posteriormente el pleito concluso para sentencia.

12722 **Proceso sin prueba pero con conclusiones** (LJCA art.62.3) Puede ser que no se practique prueba en el proceso, no porque las partes lo hayan pedido expresamente, sino porque simplemente **no se ha solicitado** el recibimiento del pleito a prueba en el momento oportuno y tampoco lo ha acordado de oficio el órgano jurisdiccional.
También puede ocurrir que, solicitado el recibimiento del pleito a prueba, el tribunal no lo acuerde por considerar la **prueba impertinente, irrelevante o improcedente**.
En estos casos, aunque no se haya practicado prueba, se han de formular **conclusiones** si lo solicita el demandante.

> Precisiones Esta situación no encaja claramente con la finalidad de dicho trámite. El fin principal del mismo es la **apreciación de la prueba** practicada, por lo que la ausencia de fase probatoria debería excluir a aquel, si se tiene en cuenta que aunque del expediente administrativo (cuya remisión supone incorporar en bloque al proceso todo lo actuado en sede gubernativa) pueden derivarse datos fácticos susceptibles de análisis contradictorio, tales datos habrán podido ser ya debidamente examinados en demanda y contestación.
> De manera que la apertura de conclusiones o vista en la hipótesis indicada puede convertir esta fase procesal en un remedo de **réplica** y **dúplica**, al final del proceso.

12724 **Proceso con prueba pero sin conclusiones** (LJCA art.62.1, 3 y 4) Pueden las partes también **solicitar la eliminación** de la fase de vista o conclusiones, aunque se haya practicado prueba, pidiendo que se declare el proceso concluso para sentencia sin más trámites.
El **letrado de la Administración de Justicia** así lo acordará en caso de coincidencia de todas las partes.
Tampoco se abre la fase de conclusiones cuando, pese a haberse practicado prueba, las partes **no formulen solicitud** de vista o conclusiones.
En este caso, el tribunal debe decidir coincidentemente con la falta de solicitud de las partes, salvo que, excepcionalmente, atendida la índole del asunto, acuerde de oficio la celebración de vista o la presentación de conclusiones.
Si solo solicita vista o conclusiones **una de las partes**, esta se debe acordar si se ha practicado prueba. Lo que pone de manifiesto claramente cuál es el fin determinante de la apertura de aquellas.

Proceso con prueba y conclusiones (LJCA art.62.1, 2 y 4) Las partes pueden solicitar que se celebre vista o se presenten conclusiones en la forma ya expuesta (nº 12714). 12726

El órgano jurisdiccional debe acordar lo que coincidentemente hayan pedido aquellas. Si solo solicita la celebración de vista o la formulación de conclusiones **una de las partes**, se debe acordar, en todo caso, cuando el solicitante sea el demandante. Si el solicitante es cualquiera de las dos partes ha de acordarse cuando se haya practicado prueba.

Si **ninguna de las partes** lo solicita, excepcionalmente el juez o tribunal puede, atendida la índole del asunto, acordar la celebración de vista o la formulación de conclusiones escritas (posibilidad que constituye una manifestación de la matización del principio dispositivo en el orden contencioso-administrativo).

Forma de evacuar el trámite

La forma de evacuar el trámite no se decide unilateralmente por el órgano jurisdiccional, sino que **depende de la solicitud** hecha por las partes. 12728

Estos supone que, cuando se solicite la apertura de esta fase, debe establecerse expresamente si se quiere hacer por escrito o se solicita la celebración de vista.

Si ambas partes **coinciden en la forma** de hacerlo, el letrado de la Administración de Justicia debe decidir -en teoría- según lo solicitado. Si **no hay coincidencia**, el letrado de la Administración de Justicia resuelve libremente.

Precisiones En la práctica forense es muy frecuente que se incorpore al escrito de demanda otrosí en el que se **renuncia a la celebración de vista** o se indica que no se considera esta necesaria, optando expresamente por el cauce de conclusiones, allanando así el tránsito por esta fase procesal y evitando la necesidad de abrir una eventual audiencia a las partes que han solicitado la apertura de la misma, pero sin concretar su forma: ya vista oral ya conclusiones escritas.

Contenido

(LJCA art.64.1) El trámite de vista y conclusiones debe tener como contenido unas **alegaciones sucintas** acerca de los hechos, la prueba practicada y los fundamentos jurídicos, en que las partes apoyen sus pretensiones. Este contenido es común tanto si el trámite se evacua oralmente (vista) como si se hace por escrito (conclusiones). 12730 MPCA nº 2720

El contenido de esta fase es exponer de forma sucinta al órgano jurisdiccional las **distintas posiciones existentes** sobre los hechos y la prueba practicada.

Precisiones Es improcedente reproducir la argumentación jurídica ya planteada en **demanda** y **contestación** en esta fase. A pesar de lo cual, es frecuente la presentación de escritos de conclusiones que son casi idénticos a aquellos, lo cual desnaturaliza el trámite.

Cuestiones nuevas que no pueden plantearse (LJCA art.65.1) Como regla general, no se pueden plantear en esta fase **cuestiones que no hayan sido suscitadas** en los escritos de demanda y contestación. Esta regla general puede concretarse mediante los pronunciamientos jurisprudenciales al respecto: 12732 MPCA nº 2721 s.

- **Pretensiones** no establecidas en la demanda o contestación (TS 23-11-96, EDJ 8495).
- **Subsanación** de la formulación deficiente de las pretensiones (TS 26-9-97, EDJ 6236).
- **Hechos nuevos** (TS 11-4-95, EDJ 2159; 12-1-96, EDJ 253), en cuanto capaces de individualizar histórica y jurídicamente nuevas pretensiones (TS 19-12-00, EDJ 44932). Incluso aunque hayan sido conocidos con posterioridad a la demanda y contestación, ya que la vista o conclusiones tiene por objeto únicamente analizar hechos que hayan sido objeto del periodo de prueba (TS 27-11-91, EDJ 11273).
- **Ampliación** de la demanda (TS 6-10-90).

Precisiones **1)** Con la demanda y la contestación, se definen los términos en que debe moverse el debate, al fijarse la pretensión y la oposición a la misma, no siendo posible **alterarlo en fase de conclusiones**, porque supondría una quiebra del principio de contradicción (TS 29-6-98, EDJ 8306; 4-4-07, EDJ 29016).

2) Si aparecen nuevos hechos después de **finalizado el periodo de prueba**, se puede solicitar la prueba correspondiente en la segunda instancia.

Cuestiones nuevas que pueden plantearse (LJCA art.65.3) Pese a que la regla general es la de que no pueden introducirse en esta fase cuestiones que no hayan sido suscitadas en los escritos de demanda y contestación, la propia Ley establece que en esta fase el demandante puede solicitar que la sentencia formule pronunciamiento concreto sobre la existencia y cuantía de los **daños y perjuicios** de cuyo resarcimiento se trate, cuando consten probados en autos. Al respecto, ver nº 12736. 12734 MPCA nº 2724 s.

Además, la jurisprudencia ha declarado que pueden introducirse las siguientes cuestiones:

a) Motivos o **argumentos jurídicos** de todo tipo -legales, jurisprudenciales, etc.- (TS 23-4-98, EDJ 2258; 26-5-98, EDJ 7341).

b) Alegación de la **prescripción**, por primera vez dentro del proceso, por tratarse de una nueva fundamentación jurídica o criterio hermenéutico, que sobre los mismos hechos fundamenta la misma pretensión: la extinción de una obligación (TS 19-3-97, EDJ 2912).

c) Cuestiones nuevas **determinantes de la inadmisibilidad**. La jurisprudencia no es uniforme respecto a la posibilidad de plantear en este trámite cuestiones nuevas determinantes de la inadmisibilidad, salvo la relativa a falta de competencia del órgano jurisdiccional, que siempre debe alegarse con carácter previo (nº 12620).

Precisiones A estos efectos, han de diferenciarse los conceptos de **pretensión** -como petición al órgano judicial de declaración de nulidad, anulación, condena, etc.-, **cuestión** -entendida como motivo de impugnación- y **alegación o argumentación jurídica** -a través de las que se expresan los motivos que fundan la pretensión-. La introducción de las primeras y de los segundos, queda vedada en conclusiones; no la de los terceros. Lo cual es correlativo con la extensión del principio de congruencia, que impone al tribunal pronunciarse sobre lo pedido analizando los motivos invocados -pretensión y cuestiones-; pero no necesariamente sobre los argumentos jurídicos o discurrir lógico-jurídico de las partes (TS 2-10-06, EDJ 278421; 5-11-92, EDJ 10903).

12736 **Daños y perjuicios** La indemnización de daños y perjuicios puede constituir la pretensión principal del proceso o puede ser una pretensión accesoria de otra principal.

Cuando la indemnización es el **objeto principal del pleito** (que se dirija frente al acto administrativo denegatorio de la indemnización), no puede introducirse esta pretensión en fase de conclusiones, ya que sería alterar el objeto principal del mismo (TS 23-7-01, EDJ 31292).

Sin embargo, se permite introducir en esta fase la petición de indemnización cuando esta no sea más que una **medida accesoria** tendente a restablecer la situación jurídica perturbada (TS 3-11-97, EDJ 10128; 18-10-97, EDJ 10133; 23-7-01, EDJ 31292).

Esta excepción, legalmente establecida, permite introducir una cuestión nueva en fase de conclusiones, pero que **no supone una alteración** esencial del objeto del proceso. El recurso se sigue dirigiendo frente al mismo acto, pero se añade, como consecuencia de la autorización legal, una petición accesoria necesaria para el restablecimiento de la legalidad.

Por la propia naturaleza de la petición accesoria del resarcimiento de daños, solo se puede **formular por el demandante**.

También se permite, en todo caso, sea o no el resarcimiento de daños y perjuicios el objeto principal del pleito, introducir en fase de conclusiones la petición de un pronunciamiento concreto sobre la **cuantía** de esos daños.

Pueden darse diversas **situaciones** al respecto:

• Que queden **acreditada la existencia** de los daños pero no su cuantía. En este caso, la sentencia se debe pronunciar sobre la existencia de los daños y el sujeto obligado a repararlos, dejando la fijación de la cuantía para la fase de ejecución, lo que debe hacerse de acuerdo con las bases fijadas en la sentencia.

• Que queden **acreditados ambos**: la existencia de los daños y la cuantía. La sentencia ha de determinar la cuantía siempre que el demandante lo haya solicitado expresamente, en el suplico de la demanda o en conclusiones. De este modo se evita el procedimiento de liquidación de los daños en ejecución de sentencia.

12738 **Cuestiones determinantes de inadmisibilidad** Algunas sentencias han admitido la intro-
MPCA ducción de estas cuestiones nuevas como consecuencia del carácter de **normas de orden**
nº 2729 **público** que tienen las disposiciones reguladoras del procedimiento. Si la infracción de estas normas debe **apreciarse de oficio** por el órgano jurisdiccional, incluso en segunda instancia, es lógico que también se pueda poner de manifiesto por las partes, incluso en fase de conclusiones (TS 25-6-85; TSJ País Vasco 12-5-97).

Por el contrario, en otras sentencias se ha considerado que el **trámite adecuado** para poner de manifiesto los motivos de inadmisibilidad es la contestación a la demanda o las alegaciones previas, y no la fase de conclusiones (TS 2-11-05, EDJ 214008; 17-9-12, EDJ 205611; TSJ Aragón 21-12-12, EDJ 338319). Su planteamiento en conclusiones impide al demandante realizar alegaciones, vulnerando el principio de igualdad de armas de las partes en el proceso.

La cuestión de si los motivos de inadmisibilidad pueden o no alegarse en conclusiones tiene poca **trascendencia práctica**, ya que se trata de cuestiones que el tribunal debe examinar de oficio. Además, las dificultades que plantea pueden resolverse permitiendo al demandante realizar alegaciones. Puede llegarse al respecto a las siguientes **conclusiones**:

• Siempre se permite al tribunal pronunciarse **de oficio** sobre las mismas, hayan sido o no alegadas por las partes. Dado que el tribunal debe resolver dentro del límite de las pretensiones formuladas por las partes, si lo aprecia de oficio, debe someter a las mismas el motivo de inadmisibilidad.

• Si el motivo ha sido **alegado por el demandado** en fase de conclusiones, debería darse traslado al demandante de las conclusiones del demandado, para que formule alegaciones, tramitándose un incidente semejante al que se produce como consecuencia de las alegaciones previas.

• Si, planteada la cuestión por el demandado, **el tribunal no se pronuncia**, no incurre en incongruencia, al no haberse hecho constar la pretensión de inadmisibilidad en la contestación a la demanda. Sin embargo, si se tratase de una cuestión que debió apreciarse de oficio, el recurso podría eventualmente fundarse en tal cuestión.

Planteamiento de cuestiones nuevas por el tribunal (LJCA art.33 y 65.2) Como ya se ha expuesto al analizar el carácter dispositivo del proceso contencioso, aun cuando es obligación de los tribunales contencioso-administrativos juzgar dentro del límite de las **pretensiones formuladas por las partes** y los motivos que fundamenten el recurso y la oposición, no están totalmente constreñidos estos, sino que puede pronunciarse sobre **otros motivos** que no hayan sido alegados, y que a su juicio puedan ser relevantes, si consideran que la cuestión no ha sido debidamente apreciada por aquellas. 12740 MPCA nº 2730

En consecuencia, se permite que el tribunal, al dictar sentencia, ponga de manifiesto a las partes motivos que puedan **fundar el recurso o la oposición**, si considera que la cuestión no ha sido debidamente apreciada por las partes. Aunque los límites de esta facultad/potestad/deber no son claros.

Cuando el órgano jurisdiccional juzgue oportuno que en el acto de la vista o de las conclusiones se traten **motivos relevantes** para el fallo y distintos de los alegados, lo ha de poner en conocimiento de las partes, dándoles un plazo de 10 días para ser oídas sobre ello. Deben cumplirse al respecto los requisitos que se exponen en los números siguientes.

Requisitos La existencia de nuevos motivos relevantes debe plantearse a **todas las partes**. 12742 MPCA nº 2732
Debe tratarse de **motivos** no alegados por ninguna de ellas y que sean relevantes, a juicio del órgano jurisdiccional, para resolver la cuestión objeto de debate. Pueden ser tanto motivos que determinen la inadmisibilidad del recurso, como determinantes de la estimación o desestimación en cuanto al fondo. Puede tratarse de motivos que apoyen las peticiones de cualquiera de las partes.

La **puesta en conocimiento** debe hacerse mediante providencia, contra la que no cabe recurso alguno.

El planteamiento de nuevos motivos puede realizarse en cualquiera de los siguientes **momentos**:

a) Con una antelación de, al menos, 10 días hábiles a la fecha señalada para la celebración de la vista o presentación de las conclusiones, plazo que se concede a las partes para que se pronuncien sobre su concurrencia.

b) En el momento de dictar sentencia, por tanto, una vez celebrada la vista o presentadas las conclusiones y declarado el proceso concluso para sentencia.

> Precisiones 1) Como motivos relevantes para el fallo se admiten todos los que determinan que el acto no es conforme a Derecho, tanto respecto de causas de **nulidad** de pleno derecho como de **anulabilidad** (TS 20-12-96, EDJ 10340).
> 2) Se ha de aplicar este cauce en supuestos en los que el tribunal aprecie la existencia de **indicios suficientes de caducidad** no alegada en el procedimiento administrativo -sancionador- del que deriva el acto recurrido (TS 18-12-23, EDJ 780994).
> 3) Se ha de aplicar este cauce en supuestos en los que el tribunal aprecie la existencia de **indicios suficientes de caducidad** no alegada en el procedimiento administrativo -sancionador- del que deriva el acto recurrido (TS 18-12-23, EDJ 780994).

Efectos Los efectos del ejercicio de esta facultad por parte del órgano jurisdiccional son los siguientes: 12744 MPCA nº 2734

1. La providencia se debe **notificar** a todas las partes.

2. Las partes cuentan con un plazo de 10 días para realizar **alegaciones** sobre la concurrencia o no del motivo en cuestión.

3. La **sentencia** que ponga fin al procedimiento se debe pronunciar sobre la concurrencia o no de este motivo, junto con los demás alegados por las partes y sin incurrir en incongruencia.

La sentencia incurre en **incongruencia** si no resuelve sobre el motivo después de habérselo puesto de manifiesto a las partes.

Efectos de la fase de vista y conclusiones (LJCA art.64.4, 66 y 67.1) Celebrada la vista (pública) o presentadas las conclusiones, el órgano judicial debe declarar que el pleito ha quedado **concluso para sentencia**. 12746

Si el órgano jurisdiccional, en uso de sus facultades, acuerda, para mejor proveer, **diligencias de prueba** no propuestas por las partes (nº 12646), no se declara el proceso concluso hasta que finalice la práctica de las diligencias de prueba acordadas.

Una vez se declare el proceso concluso para sentencia:

- si el órgano es **unipersonal** debe dictar sentencia, como regla general, en el plazo de 10 días hábiles;
- si es **pluripersonal**, debe señalar fecha para la votación y fallo de la sentencia, que debe dictarse en el mismo plazo de 10 días -igualmente hábiles-, desde la conclusión del proceso.

Gozan de **preferencia** en el señalamiento para votación y fallo los recursos directos contra disposiciones generales (nº 12077), que una vez conclusos se anteponen a cualquier otro recurso contencioso-administrativo, salvo el proceso especial de protección de los derechos fundamentales. Por tener un objeto semejante, y dado su carácter sumario y preferente, parece que esta regla también se aplicará a las cuestiones de ilegalidad (nº 13293).

Precisiones Normalmente la declaración de que el pleito queda **concluso para sentencia** y el señalamiento de fecha para **votación y fallo** se hace en un mismo acto.

b. Acto de la vista

(LJCA art.63)

12750 La vista es el acto en el que se formulan **oralmente**, ante el órgano jurisdiccional, las conclusiones.
Su **contenido y finalidad** son los mismos que los del escrito de conclusiones (nº 12768). No así su forma.

12752 **Señalamiento** (LOPJ art.249 y 250; LJCA art.63.1; LEC art.184.2) Corresponde el señalamiento de la vista al letrado de la Administración de Justicia.
Ha de establecer el **día y hora** de su celebración, que debe fijarse por riguroso **orden** de antigüedad de los asuntos.
El criterio de la prioridad temporal tiene **excepciones** para los casos en que, por prescripción de la Ley o por acuerdo motivado del órgano jurisdiccional, fundado en circunstancias excepcionales, ciertos asuntos deban tener preferencia. Solo se pueden anteponer **procesos conclusos** y respecto de otros cuyo señalamiento no se haya realizado. Esto supone que, una vez señalada una vista, no puede suspenderse ni postergarse para señalar la correspondiente a un proceso con prioridad.
Entre el señalamiento y la celebración de la vista debe mediar, al menos, un **plazo** de 10 días hábiles. Este plazo coincide con el que se concede para la presentación del escrito de conclusiones (nº 12770).
El señalamiento debe ser objeto de **notificación** a todas las partes. Si se celebra la vista sin haberse notificado en la forma debida la providencia que señala el día de su celebración, se incurre en infracción del procedimiento, causante de indefensión, lo que determina la nulidad de las actuaciones.
Notificada la providencia que acuerde la vista y señale fecha, surte todos sus **efectos**, en el sentido de que se celebrará el día señalado, salvo en los supuestos de suspensión.

12754 **Procesos con tramitación preferente** Gozan de preferencia en el señalamiento de la fecha para la vista los siguientes procesos:
• Los recursos directos contra **disposiciones generales** (LJCA art.66).
• Los **procesos electorales.**
• El proceso de protección jurisdiccional de los **derechos fundamentales** (TS 15-12-84).
• Los recursos interpuestos contra la resolución que ponga fin al expediente de **expropiación forzosa**, a cualquiera de sus piezas separadas o los que se adopten sobre justo precio (LEF art.126).
• Los que determine el tribunal en resolución motivada, por **circunstancias excepcionales** (p.e. declaración de ruina de edificios, expulsiones de extranjeros, etc.).

Precisiones **1)** En algunos de estos procesos de tramitación preferente, dada su celeridad y sumariedad no procede el **trámite de conclusiones** -protección de los derechos fundamentales y cuestión de ilegalidad-.
2) Los tribunales van señalando las vistas a medida que los procesos quedan conclusos y, una vez señalada la vista, no puede postergarse ni por un proceso preferente, ya que la **preferencia** solo se aplica con respecto a procesos cuyo señalamiento no se haya realizado. Esto supone que la preferencia se debe aplicar en el sentido de **señalar una fecha anterior** para procedimientos preferentes, simultánea con las ya señaladas, aunque suponga una sobrecarga de trabajo para el órgano jurisdiccional o cuando queden fechas libres por la suspensión de vistas anteriores.

12756 **Celebración** (LOPJ art.232; LJCA art.15.2, 16.3 y 63.2; LEC art.185, 187 y 188) La vista se debe celebrar ante el **órgano jurisdiccional** correspondiente, en su sede y sala destinada a las vistas, y en **audiencia pública**, salvo que, por razones de orden público o de protección de los derechos y libertades, el órgano jurisdiccional acuerde justificadamente lo contrario.
Si el órgano jurisdiccional es colegiado, debe estar debidamente constituido:
• En el **Tribunal Supremo** deben estar presentes el presidente de la sección y, al menos, cuatro magistrados.

• En la **Audiencia Nacional** y en los **Tribunales Superiores de Justicia**, deben estar presentes el presidente y dos magistrados.
El **contenido** de las alegaciones realizadas en el acto de la vista es el mismo que la Ley establece para el escrito de conclusiones (nº 12768).
En la vista deben intervenir los **defensores de las partes**. La no comparecencia de alguno de ellos no produce otro efecto que la pérdida de su derecho a realizar alegaciones en conclusiones.
El tribunal debe conceder la palabra a las partes, por su orden, para que de forma sucinta expongan sus **alegaciones**. El juez o el presidente de la sala puede, por sí o a través del magistrado ponente, invitar a los defensores, antes o después de los informes orales, a que concreten los hechos y puntualicen, aclaren o rectifiquen cuanto sea preciso para delimitar el objeto de debate.
La vista se debe desarrollar de **forma ininterrumpida**. Solo puede interrumpirse por las causas legalmente establecidas para la suspensión (nº 12760).
La vista se debe documentar a través del **acta** levantada por el letrado de la Administración de Justicia.
El **acta** tiene en la actualidad un contenido menos extenso, como consecuencia de la necesidad de que las vistas se registren en soporte apto para la **grabación y reproducción** del sonido y de la imagen. Simplemente debe recoger los datos de tiempo y de lugar, las peticiones y propuestas de las partes, las resoluciones del tribunal y las incidencias que por algún motivo no consten en la grabación (LEC art.146.2 y 147).
En cualquier caso, la oficina judicial debe asegurar la correcta **incorporación de la grabación** al expediente judicial electrónico y, si los sistemas no proveen expediente judicial electrónico, el letrado de la Administración de Justicia debe custodiar el documento electrónico que sirva de soporte a la grabación.
Las partes pueden pedir **copia de la grabación** de la vista, que se expedirá a costa del solicitante (LEC art.147).

Precisiones Con carácter excepcional, por razón de orden público o de protección de derechos y libertades fundamentales, el órgano judicial puede motivadamente **limitar el ámbito de la publicidad** de las actuaciones (LOPJ art.232.3), especialmente, de la vista.

Suspensión (LEC art.188 y 189) La normativa procesal civil, aplicable de forma supletoria, establece una serie tasada de causas para la suspensión de una vista (nº 2914 s.). Las exponemos de forma resumida: **12760** MPCA nº 2746
• Por impedirla la continuación de **otra vista pendiente** del día anterior.
• Por faltar el número de **magistrados** necesario o por **indisposición sobrevenida** del juez o del letrado de la Administración de Justicia, si no pudiese ser sustituido.
• Por solicitarlo de acuerdo las partes, alegando **justa causa** a juicio del letrado de la Administración de Justicia.
• Por **imposibilidad absoluta** de cualquiera de las partes citadas para ser interrogadas en el juicio o vista.
• Por **muerte, enfermedad, imposibilidad** absoluta, baja por maternidad o paternidad, cuidado de menor -o situaciones equiparables en otros sistemas de previsión social- o cualquiera de las causas indicadas en LEC art.179.3 (fallecimiento, accidente o enfermedad graves de su cónyuge o persona con análoga relación de afectividad o familiar dentro del segundo grado de consanguinidad o afinidad) del **abogado** de la parte que pida la suspensión, justificadas suficientemente a juicio del letrado de la Administración de Justicia, siempre que tales hechos se hayan producido cuando no sea ya posible solicitar un nuevo señalamiento, y en tanto que se garantice el derecho a la tutela judicial efectiva y no se cause indefensión.
En los casos de **urgencia médica** ocurrida el mismo día de un señalamiento o dentro de las 24 horas inmediatamente anteriores, para la suspensión del acto procesal basta la aportación de cualquier medio que permita al tribunal tener conocimiento de la situación generadora de la necesidad de suspensión, sin perjuicio de su necesaria acreditación posterior.
Si cualquiera de las circunstancias expuestas afectan al **procurador** de una de las partes y el hecho se hubiera producido sin la oportunidad de poder designar en ese momento profesional que le sustituya, se debe suspender igualmente la celebración de la vista, que no puede volver a señalarse hasta 3 días después, con objeto de que el colegio de procuradores pueda, en su caso, organizar su sustitución.
• Por tener el abogado defensor dos **señalamientos de vista para el mismo día** en distintos tribunales, siendo imposible, por el horario fijado, su asistencia a ambos.
• Por haberse acordado la **suspensión del curso de las actuaciones** o resultar procedente tal suspensión de acuerdo con lo dispuesto en la Ley.
• Toda suspensión se debe **comunicar inmediatamente** a las partes personadas y a todos los que hayan sido citados judicialmente como testigos, peritos o en otra condición.

En el acto en que se acuerde la suspensión, se ha de señalar **nueva fecha para la vista** y, en caso de no ser posible en ese momento, tan pronto como desaparezca el motivo que ocasionó la suspensión. El señalamiento se debe realizar para el día más inmediato posible, siempre sin alterar otros que ya estén fijados.

12762 **Grabación** (LJCA art.63) Sobre esta cuestión rigen las siguientes **reglas**:
1) El desarrollo de la vista y resto de actuaciones orales se documentan conforme a lo dispuesto en LEC art.146 y 147 (nº 2826), debiendo la oficina judicial asegurar la correcta incorporación de la grabación al **expediente judicial electrónico**. Si los sistemas no proveen de dicho expediente, el letrado de la Administración de Justicia custodiará el documento electrónico que sirva de soporte a la grabación. Las partes pueden pedir a su costa copia o, en su caso, acceso electrónico de las grabaciones originales.
2) Siempre que se cuente con los medios tecnológicos necesarios, estos han de garantizar la **autenticidad e integridad** de lo grabado o reproducido, empleando a tal efecto el letrado de la Administración de Justicia la firma electrónica u otro sistema de seguridad que conforme a la ley ofrezca tales garantías, sin que sea en este caso precisa su **presencia** en la celebración del acto, salvo que lo hubieran solicitado las partes al menos 2 días antes de la celebración de la vista, o que excepcionalmente lo considere necesario el propio letrado de la Administración de Justicia atendiendo a la complejidad del asunto, al número y naturaleza de las pruebas a practicar, al número de intervinientes, a la posibilidad de que se produzcan incidencias que no pudieran registrarse, o a la concurrencia de otras circunstancias igualmente excepcionales que lo justifiquen, extendiendo en estos casos, acta sucinta, en los términos expuestos en el apartado siguiente.
3) Si los **mecanismos de garantía** indicados no se pudiesen utilizar, el letrado de la Administración de Justicia debe consignar en el **acta** los siguientes extremos:
- número y clase de procedimiento;
- lugar y fecha de celebración;
- tiempo de duración;
- asistentes al acto;
- alegaciones de las partes;
- resoluciones que adopte el juez o tribunal; y
- las circunstancias e incidencias que no pudieran constar en aquel soporte.

A este acta se incorporarán los soportes de la grabación de las sesiones.
4) Cuando los **medios de registro** citados no se pudiesen utilizar por cualquier causa, el letrado de la Administración de Justicia extenderá acta de cada sesión, recogiendo en ella, con la extensión y detalle necesarios, las alegaciones de las partes, las incidencias y reclamaciones producidas y las resoluciones adoptadas.
5) El acta mencionada se extenderá por **procedimientos informáticos**, sin que pueda ser manuscrita más que en las ocasiones en que la sala en que se esté celebrando la actuación carezca de medios informáticos. En estos casos, al terminar la sesión el letrado de la Administración de Justicia leerá el acta, haciendo en ella las rectificaciones que las partes reclamen, si las estima procedentes. Este acta se firmará por el citado letrado de la Administración de Justicia tras el juez o presidente, las partes, sus representantes o defensores y los peritos, en su caso.

Precisiones Las actuaciones orales y vistas grabadas y documentadas en soporte digital no pueden ser **transcritas** salvo en aquellos casos en que una ley lo determine (LOPJ art.230.3; LEC art.147).

c. Escrito de conclusiones

(LJCA art.64)

12763 MPCA nº 2750 Cuando se acuerde el trámite de conclusiones, las partes han de presentar unas **alegaciones sucintas** por escrito, semejantes a las que, en su caso, se realizarían en la vista, si esta se hubiera acordado.

12765 **Requisitos subjetivos** (LJCA art.64.1) Una vez acordado el trámite, se debe dar oportunidad para que todas las partes lo formulen, aunque no lo hubieran solicitado.
• Si existen varios **demandantes** o demandados y no actúan bajo una misma representación, pueden presentar el escrito de conclusiones separadamente.
• Para que lo formulen los **demandados** se les debe dar traslado previamente de los escritos evacuados por los demandantes.

12768 **Requisitos objetivos** (LJCA art.64.1) El escrito de conclusiones debe recoger unas **alegaciones sucintas** acerca de los hechos, la prueba practicada y los fundamentos jurídicos en que apoyen sus pretensiones.

El escrito debe tener el mismo **contenido** que la vista (nº 12730), pero formulado por escrito, si bien se aprecia en la práctica que las partes incorporan con frecuencia al mismo, en defecto de prueba relevante una mera cláusula formularia de remisión a las alegaciones ya efectuadas en demanda y contestación.
No pueden plantearse cuestiones que no hayan sido suscitadas en estos escritos (nº 12732).

Precisiones 1) En ocasiones las partes utilizan el escrito de conclusiones como una nueva oportunidad de realizar **todo tipo de alegaciones**, desvirtuando su carácter sucinto y conclusivo. La jurisprudencia ha declarado que esta extensión argumental no es motivo para declarar su inadmisión, teniendo en cuenta que la otra parte tiene oportunidad de replicar a las alegaciones que se contienen en los escritos (TS 15-12-86, EDJ 8282).
2) No se vulnera el principio de contradicción procesal por la aportación junto con el escrito de conclusiones, de ciertos **documentos cuyo contenido ya obra en las actuaciones**, con finalidad especificadora o aclaratoria, siempre que en ellos no se contengan datos o elementos novedosos o sorpresivos (TS 11-7-16, EDJ 105697).
3) No cabe utilizar el escrito de conclusiones a modo de **réplica**, pretendiendo extender el debate a cuestiones que no fueron objeto de atención en la demanda, impidiendo una posible contradicción en el trámite de contestación correspondiente (TS 8-2-19, EDJ 506239).
4) No pueden alterarse las pretensiones formuladas pero sí incorporar **modificaciones en la argumentación jurídica** (TS 26-9-18, EDJ 595176), dado que el trámite de conclusiones no puede tener otra finalidad que presentar al tribunal el resumen sucinto de las respectivas posiciones de las partes acerca de los hechos alegados, de las pruebas practicadas (en su caso) y de los argumentos esgrimidos, sin poder incorporar cuestiones nuevas, con la salvedad de la solicitud de pronunciamiento sobre la existencia y cuantía de daños y perjuicios conforme a LJCA art.65.3 (TS 8-5-25, EDJ 565911; 31-5-12, EDJ 103586).

Plazo (LJCA art.64.2 y 128) El plazo para formular el escrito de conclusiones es de 10 días. Este plazo es **sucesivo**, para las partes demandante y demandada, y **simultáneo**, para todas las personas que integran cada uno de estos grupos, si en alguno de ellos han comparecido varias y no actúan bajo la misma representación. **12770**
Al no tratarse de un acto de preparación o interposición de recursos, es válida su presentación, aún **fuera de plazo**, hasta el día en que se notifique el auto que da por caducado el derecho y por perdido el trámite correspondiente (LJCA art.128).
En esta fase procesal **no** se da **traslado físico del expediente**, sin perjuicio de que pueda ser consultado en la secretaría del órgano judicial.

Efectos Presentado el escrito de conclusiones, las **alegaciones realizadas** por las partes en el mismo deben ser tenidas en cuenta por el tribunal. **12772**
En el supuesto de **falta de presentación**, se produce la pérdida del derecho de la parte a formular conclusiones, continuando el proceso por sus trámites.
Transcurrido el plazo para su formulación sin que se haya hecho, se ha de notificar a la parte la resolución que da por **caducado el derecho** y perdido el trámite correspondiente y debe declararse el proceso **concluso para sentencia**.

12. Sentencia

(LJCA art.67 a 73 y 139)

Mediante la sentencia el órgano jurisdiccional decide sobre la **conformidad o disconformidad** con el ordenamiento jurídico de la pretensión objeto de debate. Debe pronunciar alguno de los **fallos** siguientes: **12775** MPCA nº 5610 s.
- inadmisibilidad del recurso contencioso-administrativo (nº 12810);
- estimación del recurso (nº 12845);
- desestimación del recurso (nº 12840).

En todo caso, debe contener, además, el pronunciamiento que corresponda respecto a las **costas** (nº 12877).

Precisiones La jurisprudencia contencioso-administrativa no constituye **jurisprudencia en sentido estricto** a los efectos del recurso de casación civil ante la Sala Primera del Tribunal Supremo (AP Baleares 26-6-06, EDJ 257285).

a. Requisitos

Requisitos subjetivos La sentencia se dicta por el **órgano jurisdiccional** que tenga **jurisdicción y competencia**. Su falta se puede poner de manifiesto por las partes a lo largo del proceso y también se puede apreciar de oficio por el órgano jurisdiccional (nº 12560). **12785** MPCA nº 2772

Sin embargo, la sentencia solo puede declarar la inadmisibilidad del recurso por **falta de jurisdicción** (LJCA art.69.1.a), pero no por falta de competencia, pues se considera contrario al derecho a la tutela judicial efectiva que el tribunal, después de la tramitación de todo el procedimiento, se declare incompetente y remita a los interesados a otro órgano, al haberlo podido declarar de oficio con anterioridad o a instancia de parte.

12787 **Motivación** (Const art.24 y 120.3; LJCA art.67.1; LEC art.218.2) La sentencia debe decidir todas las cuestiones controvertidas en el proceso.
MPCA nº 2774 s., 2777
La motivación exige que el tribunal exprese en la sentencia:
• Las **razones**, jurídicamente fundadas, que le han llevado a adoptar la resolución. Deben expresarse los **criterios jurídicos esenciales** fundamentadores de la decisión (TS 20-6-97, EDJ 5819).
• El fundamento de la **estimación o desestimación** se debe hacer en cuanto a todas las pretensiones, aunque sean subsidiarias (TS 15-3-91, EDJ 2901).
• El fundamento de la concurrencia o no de las causas de **inadmisibilidad**, en el caso de que estas se aleguen, debe hacerse respecto a cada una de ellas.
La motivación debe ser **suficiente**, atendiendo al contenido de la resolución, alegaciones y pretensiones de las partes y todo el proceso en su conjunto (TSJ C.Valenciana 8-5-12, EDJ 155467).
Debe existir adecuación de los **argumentos**, cualquiera que sea su extensión, a los **hechos** discutidos (TS 10-2-95, EDJ 24305).
En caso de que el órgano que dicte la sentencia **se aparte del criterio** establecido por un pleno jurisdiccional del tribunal en su conjunto se impone una exigencia específica de justificación en la propia sentencia (LOPJ art.264). Ver nº 2998.1.

12789 Precisiones **1)** La motivación está directamente relacionada con la **congruencia** de la sentencia (nº 12792): el órgano jurisdiccional debe pronunciarse, de forma motivada, no solo sobre las pretensiones formuladas por las partes, sino también sobre los motivos que fundamenten el recurso y la oposición (LJCA art.33). En caso de que no lo haga, esa falta de motivación puede considerarse como una incongruencia omisiva de la sentencia (TS 30-12-94, EDJ 13085).
2) La exigencia de motivación no se vulnera por:
- sentencias **sucintas o escuetas**, siempre que permitan conocer los criterios jurídicos esenciales fundamentadores de la pretensión (TS 20-6-97, EDJ 5819);
- sentencias que no respondan pormenorizadamente a las **alegaciones sin trascendencia** (TCo 29-11-93);
- sentencias que no contengan una fundamentación absolutamente pormenorizada o una **descripción exhaustiva** de lo que se consideró probado (TCo 27/1993).
3) Es posible la denominada «**motivación por reenvío**». Partiendo de que la repetición de recursos en cantidades masivas hace innecesaria la reproducción de argumentos de sobra conocidos por las partes (TS 14-5-87, EDJ 16010), esta técnica se da en caso de sucesión de supuestos semejantes en lo sustancial, en los que el principio de igualdad en la aplicación de la Ley impone igual resolución de los mismos. Las sentencias que aplican tal principio pueden fundamentar el fallo por referencia a los precedentes, incorporando un breve resumen de la doctrina expresada en las resoluciones previas (TCo 105/1995; 224/1997). El reenvío puede producirse también, a la resolución judicial inferior, confirmada por tribunal superior. Incluso esta técnica se considera aplicable a la motivación del acto administrativo (AN 26-6-02, EDJ 126296). Ver nº 2777 Memento Procesal Contencioso-Administrativo 2026.

12792 **Congruencia** (LEC art.218; LJCA art.33, 65.2 y 67.1) La sentencia ha de ser clara, precisa y congruente con las **demandas** y las **demás pretensiones** de las partes deducidas oportunamente en el pleito. Debe pronunciarse sobre todas las cuestiones controvertidas en el proceso.
MPCA nº 2779 s., 5228
La congruencia consiste en la adecuación entre los **pronunciamientos** judiciales y las **peticiones** de las partes, incluida la razón de ser de la petición (TS 2-6-98, EDJ 16449).
En la jurisdicción contencioso-administrativa, la obligación impuesta de juzgar dentro del límite de los motivos que fundamentan el recurso y la oposición, impone al juez la obligación formal de someter a las partes los **nuevos motivos** en los que considere se pueda fundar la resolución. Sin embargo, esto no impide que la sentencia recoja fundamentos jurídicos no formulados por aquellas (TS 22-1-00, EDJ 2565).

Precisiones La congruencia de la sentencia en cualquier orden jurisdiccional supone una **adecuación** de la misma, tanto respecto del resultado que el litigante pretende obtener, como de los hechos y fundamentos jurídicos que sustentan la pretensión. Las resoluciones judiciales no pueden alterar de oficio la acción ejercitada (TCo 96/1999). Sin embargo, el juez tiene la obligación de dictar una **resolución conforme a Derecho**, con independencia de que las normas y motivos hayan sido o no alegadas por las partes.

Tipos de incongruencia Pueden señalarse varios tipos de incongruencia (TS 15-12-09, EDJ 307382; 15-4-11, EDJ 51454; 6-7-11, EDJ 147354): **12794** MPCA nº 2782
- **omisiva**, negativa o por defecto: cuando el tribunal omite resolver sobre algunas de las pretensiones o cuestiones planteadas;
- **positiva** o por exceso: cuando el tribunal resuelve sobre pretensiones no formuladas;
- **mixta** o por desviación: cuando el tribunal resuelve sobre cuestiones diferentes a las planteadas.

Precisiones No todos los supuestos de incongruencia producen la vulneración del derecho a la tutela judicial efectiva. Esto solo se produce cuando las resoluciones judiciales **alteran de modo decisivo** los términos en que se desarrolla la contienda, sustrayendo a las partes del debate contradictorio y, por tanto, vulnerando su derecho de defensa (TCo 27-9-93).

Apreciación La jurisprudencia ofrece ciertos criterios para apreciar cuándo existe incongruencia: **12796** MPCA nº 2784 s.
• La congruencia que la Ley exige no requiere un **paralelismo** servil del razonamiento que sirve de fundamento a la sentencia y el esquema discursivo de los escritos de las partes, sino que el órgano jurisdiccional se pronuncie categóricamente sobre todas las pretensiones planteadas (TS 19-12-97, EDJ 10731).
• En el proceso contencioso-administrativo, lo mismo que en el civil, el juez no está vinculado por la invocación que hagan las partes de las **normas jurídicas aplicables** al caso, aunque se obliga al juez a someter a aquellas los motivos no alegados en los que se pueda fundar la resolución (TS 23-11-99, EDJ 42914).
• El principio de congruencia no se vulnera porque los tribunales basen sus fallos en **fundamentos jurídicos distintos** a los alegados por las partes (TS 6-7-11, EDJ 147354; 15-4-11, EDJ 51454; 1-2-12, EDJ 7186).
• No existe incongruencia cuando la sentencia no contesta **de forma explícita** a todos y cada uno de los argumentos de las partes, siempre que se estime suficiente para entender que se ha producido una desestimación tácita justificada (TS 26-2-91, EDJ 2093; 6-7-11, EDJ 147354).
• La incongruencia consiste en la ausencia de respuesta a las **pretensiones de las partes** (TCo 36/2006), debiendo diferenciarse entre lo que son meras alegaciones formuladas por las partes en defensa de sus pretensiones y estas en sí mismas consideradas (TCo 189/2001). Son solo estas últimas las que exigen una respuesta congruente, ya que no es preciso una respuesta pormenorizada de todas las cuestiones planteadas (TCo 36/2009), salvo que se esté en presencia de una alegación fundamental planteada oportunamente por las partes (TCo 4/2006).
• Para determinar si se ha producido **incongruencia omisiva** es preciso examinar si la cuestión fue efectivamente planteada y si existe ausencia de respuesta razonada, implícita o explícita.
Pueden suponer este vicio tanto la preterición de las **pretensiones**, como de los **motivos** aducidos por las partes en defensa de sus pretensiones, si tienen sustantividad propia. Estos también requieren una debida respuesta de los tribunales y, por tanto, su omisión comporta el vicio de incongruencia por omisión. Ahora bien, como todo vicio procedimental, lo relevante para que pueda apreciarse la incongruencia es que real y efectivamente se haya ocasionado indefensión (TS 19-6-12, EDJ 124015; 25-2-16, EDJ 13091).
• No hay incongruencia cuando la sentencia resuelve sobre una petición que, aunque **no se formulaba de forma expresa** en la demanda, sí estaba implícita en la misma (TS 20-1-98, EDJ 124).
• La apreciación de alguna **causa de inadmisibilidad** impide el examen del fondo del asunto, sin que por ello exista incongruencia omisiva. Sí existe incongruencia cuando, sin razonar de modo directo la causa de inadmisibilidad y haciendo únicamente razonamientos en cuanto al fondo, se declara la inadmisibilidad del recurso (TS 15-3-93).
• Se aplica al orden contencioso-administrativo, con matices derivados de su especialidad, la norma procesal civil por la que las **sentencias absolutorias** no pueden ser incongruentes, pues resuelven sobre todo lo pedido (TS 20-7-12, EDJ 227039; 6-6-13, EDJ 140049). Lo mismo ocurre en la **sentencia desestimatoria** de la demanda, salvo cuando ignore injustificadamente un allanamiento, la desestimación de la demanda principal obedezca a una alteración de la causa de pedir o a la estimación de una excepción no formulada -en este último caso, salvo cuando sea apreciable de oficio- o pase por alto una admisión de hechos, expresa o tácita, realizada por el demandado (TS 9-9-24, EDJ 675439).

Requisitos temporales (LJCA art.67; LEC art.211; LOPJ art.259) Como regla general, la sentencia se debe dictar en el **plazo** de 10 días desde que el pleito sea declarado concluso para sentencia. Sin embargo, cuando el juez o tribunal considere que la sentencia no va a poder dictarse en el plazo indicado, lo debe razonar debidamente y señalar una **fecha posterior** concreta en la que se ha de dictar la misma, notificándolo a las partes. **12798** MPCA nº 2790

La sentencia dictada **fuera de plazo** no es nula ni anulable, sino simplemente un acto irregular que produce todos sus efectos normales y, además, puede conllevar medidas de corrección disciplinaria por el incumplimiento del plazo.

Precisiones En la práctica, sin embargo y con frecuencia, el plazo citado no se cumple sin **posposición motivada** de fecha, incorporando la resolución (en su caso) una fórmula expresiva de que se han observado todas las prescripciones legales aplicables al proceso, salvo la del término indicado, debido al cúmulo o carga de trabajo pendiente del órgano sentenciador.

12800 MPCA nº 2794 **Requisitos formales** (LOPJ art.248.1 y 4 redacc LO 1/2025) La sentencia es un acto **escrito**, que debe tener la siguiente estructura:

1. **Encabezamiento**, en el que se han de expresar los datos necesarios para la identificación del litigio en que se dicta, la fecha y la denominación como «sentencia», así como el tribunal que la dicta, con expresión de los jueces o magistrados que lo integran y del ponente cuando aquel sea colegiado.
2. En párrafos separados y numerados:
- los **antecedentes de hecho**;
- los **hechos probados**; y
- los **fundamentos de Derecho**.
3. **Fallo y firma** del magistrado o magistrados que la dicten.

12802 MPCA nº 2796 **Procedimiento de elaboración** (LOPJ art.259; LJCA art.104) Se diferencian dos supuestos:

• Si la sentencia se dicta por un **órgano unipersonal**, debe ser directamente redactada y firmada por el juez.
• Cuando la dicte un **órgano pluripersonal**, dicho órgano se tiene que reunir para la deliberación y votación (nº 12804).

La sentencia, una vez redactada y firmada debe ser **depositada** en la secretaría y **notificada** a las partes, siguiendo las normas generales de notificación de actos jurisdiccionales. En todo caso, se ha de notificar al órgano previamente identificado como responsable de su cumplimiento, en el plazo de 10 días, para que lleve a efecto la sentencia.

12804 **Deliberación y votación** (LOPJ art.196 a 199, 206; LJCA art.15 y 16) Si se ha celebrado **vista**, la deliberación y votación tiene lugar inmediatamente después de la misma, salvo en los supuestos de imposibilidad (nº 12798) o cuando se haya ordenado la práctica de diligencias para mejor proveer (nº 12646).

Para deliberación y votación, la sala **debe estar constituida** de la misma forma que debe estarlo para la celebración de vista (nº 12756).

La sentencia siempre se debe dictar por los magistrados que hayan estado **presentes en la vista**, en caso de que haya sido celebrada, ya que de lo contrario estaría viciada de nulidad.

La deliberación y votación se debe llevar a cabo **a puerta cerrada** y, una vez comenzada la votación, no puede interrumpirse sin motivo que lo justifique (no se considera interrupción el mero accidente pasajero de carácter transitorio, ni la suspensión o receso a lo largo de su curso).

El **magistrado ponente** debe exponer los puntos de hecho y las cuestiones o fundamentos de Derecho sobre los que deba recaer el fallo. Si hay discusión, el presidente debe hacer un resumen sucinto y someter a votación los puntos fácticos y jurídicos.

La **votación** debe seguir el siguiente orden:
- primero el ponente;
- después los demás, por orden inverso a la antigüedad;
- por último, el presidente.

Se decide por **mayoría** de votos, aunque el que disienta puede formular **voto particular**.

La **redacción** de la sentencia se acomete por el magistrado ponente, salvo que su voto no sea conforme con el de la mayoría, en cuyo caso debe declinar la redacción, que se encomendará por el presidente a otro magistrado.

12806 **Invariabilidad, errores materiales, rectificación e integración de las sentencias** (LOPJ art.267; LEC art.214 y 215.2 y 3) De conformidad con las reglas generales, no pueden variarse las sentencias que se pronuncien, después de firmadas. Sin embargo, sí pueden aclarar algún concepto oscuro o suplir cualquier omisión que contengan.

Estas **aclaraciones o rectificaciones** se pueden hacer:
- de oficio por el órgano jurisdiccional, dentro del día hábil siguiente al de la publicación de la sentencia; y
- a instancia de parte o del Ministerio Fiscal, siempre que se solicite dentro de los 2 días hábiles posteriores a la notificación.

Los **errores materiales** manifiestos y los aritméticos pueden ser rectificados en cualquier momento.

Si la sentencia ha **omitido manifiestamente pronunciamientos** relativos a las pretensiones oportunamente deducidas y sustanciadas en el proceso, se permite la subsanación de tales defectos:
• El órgano jurisdiccional puede, de oficio, corregir la omisión en el plazo de 5 días hábiles.
• Las partes también pueden pedir que se complete, dentro de los 5 días siguientes a la notificación de la sentencia. De esta solicitud se ha de dar traslado a las demás partes para que realicen alegaciones en el plazo de 5 días.
Por otro lado, el principio de **autointegración** impone una interpretación del fallo de las sentencias conforme al cuerpo de su argumentación. Esa función aplicativa puede implicar, según los casos, una labor de autointegración de la sentencia, cuando sea posible deducir el verdadero sentido de lo dudoso o ambiguo a partir de la *ratio decidendi* y las consideraciones que sirvieron de fundamento jurídico, o bien una heterointegración, acudiendo a normas del ordenamiento jurídico que permitan llenar la laguna o interpretar lo resuelto (TSJ Málaga 29-6-15, EDJ 156048).

Precisiones La Ley de enjuiciamiento civil concede 2 días hábiles para las **aclaraciones realizadas de oficio** por el órgano jurisdiccional (LEC art.214). No obstante, esta norma no tiene vigencia mientras no se proceda a reformar la LOPJ en esta materia (LEC disp.final 17ª).

b. Inadmisibilidad del recurso

(LJCA art.69)

Es aquel supuesto en el que el tribunal no entra a conocer sobre el fondo del asunto porque no se dan los **requisitos procesales** necesarios para ello. **12810** MPCA nº 2804 s.
La inadmisibilidad puede ser **total o parcial**, esto es, de todas o algunas de las pretensiones ejercitadas.
El tribunal debe declarar en sentencia la inadmisibilidad del recurso o de alguna de sus pretensiones cuando concurra alguna de las siguientes **causas**:
- falta de jurisdicción (nº 12820);
- falta de capacidad, legitimación o postulación (nº 12822);
- actos o actuaciones no susceptibles de impugnación (nº 12824);
- cosa juzgada o litispendencia (nº 12826);
- extemporaneidad (nº 12830).

Precisiones **1)** La exigencia de requisitos procesales no infringe el derecho a la **tutela judicial efectiva**, ya que, para la ordenación adecuada del proceso, se deben respetar formas y requisitos que son de necesaria observancia por afectar al orden público y que tienen por objeto asegurar la racionalidad y eficacia de la justicia en beneficio de todos los ciudadanos (TCo 149/1986).
2) No es posible declarar la **inadmisibilidad parcial** cuando:
- la impugnación realizada no pueda separarse o ser tratada en recursos distintos, por constituir una cuestión única (TS 17-3-86, EDJ 2001);
- las pretensiones estén mezcladas o confundidas entre sí, siendo no deslindables.
3) No se prevé en LJCA art.69 la causa de inadmisibilidad consistente en el **defectuoso modo de proponer la demanda** -sí en LEC art.399 y 416.5- por lo que no cabe acordarla por este motivo (TS 4-12-23, EDJ 763640; 4-12-23, EDJ 763700). Solo procedería en caso de una demanda con defectos de carácter formal tales que impidieran el ejercicio del derecho de defensa por la Administración demandada (TS 7-6-16, EDJ 82268; 27-3-17, EDJ 34039).

Alegación de motivos de inadmisibilidad Los demandados pueden alegar los motivos de inadmisibilidad en distintos momentos procesales: **12814**
1º. En el trámite de **alegaciones previas** (nº 12615 s.).
2º. En la **contestación** a la demanda pueden reiterarlos o plantearlos por primera vez (nº 12600).
3º. En el acto de la **vista** o en el escrito de **conclusiones**, al ser cuestiones de orden público que incluso pueden ser examinadas de oficio, aunque en este punto no hay unanimidad en la jurisprudencia (nº 12710 s.).
4º. En la **segunda instancia**, aunque no se hayan alegado en la primera.

Declaración de inadmisibilidad La inadmisibilidad del recurso puede declararse en distintos momentos a lo largo del proceso: **12816**
a) En el **trámite de admisión**, tras el emplazamiento de los demandados, previa reclamación y examen del expediente, cuando el juez o tribunal consideren que concurre, de modo inequívoco y manifiesto, alguna de las causas de inadmisibilidad.
b) En el de **alegaciones previas**, cuando el demandado alegue cualquier motivo de inadmisibilidad (nº 12615 s.).
c) En la **sentencia**.
d) En **segunda instancia** (TS 8-4-88, EDJ 2918).

12820 **Falta de jurisdicción** (LJCA art.5.2 y 3 y 69.a) La falta de jurisdicción del órgano judicial se puede declarar en sentencia, al contrario de lo que ocurre con la **falta de competencia**. Esto se debe a que, para determinar la jurisdicción competente, es preciso, en ocasiones, entrar a analizar el fondo del asunto y a que la jurisdicción es improrrogable.

La declaración se debe realizar indicando el **orden jurisdiccional competente**. Si el demandante se persona en el mismo en el plazo de un mes, se entiende haberlo efectuado en la fecha en que se inició el plazo para interponer el recurso contencioso-administrativo.

Precisiones 1) La declaración de inadmisibilidad por falta de jurisdicción no supone lesión del derecho a la **tutela judicial efectiva**, al no impedir al actor acudir a otro orden jurisdiccional, ni plantear, si este segundo también declara su falta de jurisdicción, cuestión negativa de competencia (TCo 112/1986).

2) La declaración de **falta de competencia** debe adoptar necesariamente la forma de auto, debiéndose efectuar con anterioridad a la sentencia (LJCA art.7.3), remitiéndose las actuaciones al órgano que se estime competente, para que siga el curso del proceso. Si la competencia puede corresponder a un tribunal superior en grado, se debe acompañar exposición razonada.

12822 **Falta de capacidad, legitimación o postulación** (LJCA art.69.b) Procede la inadmisión del recurso cuando se haya interpuesto por persona sin la debida capacidad, no debidamente representada o no legitimada. Esta causa de inadmisibilidad incluye:

- la falta de **capacidad** plena, así como de las medidas judiciales de apoyo a su ejercicio, de carácter representativo o de mera asistencia;
- la falta de **legitimación** activa;
- el defecto de **postulación**, por no actuar con abogado y procurador cuando la Ley lo exige;
- la falta o insuficiencia del **poder** aportado, cuando no se haya subsanado el defecto.

Precisiones La legitimación como requisito procesal es la legitimación «**ad procesum**». La legitimación «**ad causam**» se identifica con la titularidad del derecho en cuestión, por lo que está vinculada a la cuestión de fondo y su examen debe realizarse a la vez que se analiza aquella.

12824 **Actos o actuaciones no susceptibles de impugnación** (LJCA art.69.c) También procede su inadmisión cuando el recurso tenga por objeto disposiciones, actos o actuaciones no susceptibles de impugnación. Esto ocurre cuando la actividad administrativa impugnada no cumple los requisitos exigidos al efecto (nº 11952).

MPCA nº 2818 s.

Son los **supuestos** de:

- inexistencia de la actividad impugnada;
- acto impugnado que no pone fin a la vía administrativa;
- acto impugnado de trámite que no decida directa o indirectamente sobre el fondo del asunto, ni determine la imposibilidad de continuar el procedimiento, ni produzca indefensión ni perjuicio irreparable;
- acto impugnado que sea mera reproducción de otro anterior definitivo y firme o sea confirmatorio de otro acto firme por no haber sido recurrido en tiempo y forma.

Precisiones No concurre este caso cuando en un recurso contencioso-administrativo interpuesto por una Administración tributaria frente a una resolución de la **Junta Arbitral del Convenio** -L 28/1990 art.51- sobre domicilio de un obligado tributario, la pretensión formulada en sede procesal extienda el periodo al que se refiera el cambio de domicilio discutido respecto del reclamado previamente en el escrito de planteamiento del conflicto (TS 5-2-24, EDJ 504809).

12826 **Cosa juzgada o litispendencia** (LJCA art.69.d) La sentencia debe inadmitir el recurso cuando el mismo recaiga sobre cosa juzgada o exista litispendencia.

MPCA nº 2822 s.

• Solo tienen eficacia de **cosa juzgada** las sentencias firmes que resuelvan sobre el fondo del asunto. Existe cosa juzgada cuando haya recaído sentencia firme sobre una pretensión idéntica a la que se deduce, afectando a las partes del proceso en que recayó la primera sentencia, así como a sus herederos o causahabientes (LEC art.222.3).

• La **litispendencia** se produce por la tramitación de otro proceso idéntico en el mismo o en otro tribunal. Exige los mismos requisitos de identidad que la cosa juzgada, pero se diferencia en que la cosa juzgada requiere un proceso concluido por sentencia firme, mientras que la litispendencia solo exige un proceso en el que una resolución de esa naturaleza pueda producirse. La litispendencia empieza desde la interposición de la demanda, si después esta es admitida (LEC art.410).

Precisiones 1) La inadmisibilidad del recurso por concurrir litispendencia o cosa juzgada, dado su carácter de orden público, puede ser **apreciada de oficio**, independientemente de su alegación por las partes, y sin necesidad de plantearlo previamente a las mismas (TS 30-1-99, EDJ 3589).

2) Las **peculiaridades** de la cosa juzgada en el proceso contencioso-administrativo han sido destacadas por la jurisprudencia (TS 30-9-91, EDJ 9179; 27-6-88, EDJ 5591; 28-1-85, EDJ 529):

- la identidad de procesos requiere la de los actos enjuiciados en cada uno de ellos (en todos sus extremos -autoridad que lo produce, fecha de producción y asunto en el que se dicta);

- basta que el acto concretamente impugnado sea histórica y formalmente diferente del revisado en el proceso anterior, para que haya de rechazarse su concurso;
- la identidad de materia no es suficiente para que opere tal excepción.
3) No concurre en relación con una sentencia que recayó en materia de solicitud de apertura de farmacia, denegándola, puesto que, transcurrido un periodo de tiempo, las **circunstancias poblacionales** del núcleo de población puedan haberse alterado (TS 17-7-90, EDJ 19325).
4) La **acumulación** hace desaparecer la litispendencia. Una vez acordada desaparece la dualidad o pluralidad de procesos al unirse en un único cauce, puesto que precisa de la existencia de al menos dos procesos para ser óbice procesal (TS 28-1-94, EDJ 630).
5) La finalidad y naturaleza de la **litispendencia** son coincidentes con los de la cosa juzgada. Está dirigida a evitar, en aras del principio de seguridad jurídica, que sobre una misma controversia puedan ser dictadas dos resoluciones jurisdiccionales distintas y contradictorias, y opera con la concurrencia de las mismas identidades subjetivas y objetivas (TS 10-7-02, EDJ 32957). Su admisión en sede contencioso-administrativa no ofrece duda (TS 12-7-06, EDJ 103063; 16-1-04, EDJ 3412; TSJ Madrid 13-3-07, EDJ 112383).

Extemporaneidad (LJCA art.69.e) Ha de inadmitirse el recurso cuando se haya presentado el escrito inicial del recurso fuera del plazo establecido. El precepto se refiere a la fecha de presentación del **escrito de interposición**, no al de demanda. Si es la demanda la que se presenta fuera del plazo establecido, no estamos ante un supuesto de inadmisibilidad del recurso, sino de caducidad del procedimiento (nº 12955). **12830**
Sobre el **plazo de interposición** del recurso ver nº 12465 s.

Orden en el examen de las causas de inadmisibilidad Las causas de inadmisibilidad deben ser analizadas con **carácter previo** a cualquier otra cuestión, ya que el tribunal solo puede entrar a conocer del fondo del asunto cuando se dan los requisitos procesales para ello (TS 8-4-97, EDJ 10373). **12832**
Si se plantean **varias causas de inadmisibilidad**, el análisis acerca de la concurrencia de las mismas debe hacerse en el orden establecido en la Ley (falta de jurisdicción; capacidad, legitimación o postulación; inimpugnabilidad de lo recurrido; cosa juzgada o litispendencia; extemporaneidad).
Apreciada la concurrencia de una de ellas, el órgano jurisdiccional puede abstenerse de pronunciarse sobre las restantes que se hayan alegado, sin incurrir en incongruencia (TS 6-10-93, EDJ 8770).

Precisiones **1)** A pesar de que la **declaración de la nulidad** de pleno derecho no está sujeta a plazo, y que estas pretensiones deben resolverse con preferencia absoluta respecto de otros motivos de interposición del recurso contencioso-administrativo, su análisis no es preferente al de las causas de inadmisibilidad, ni siquiera a la relativa a la interposición del recurso fuera de plazo (TS 28-9-90, EDJ 8748).
2) Un recurso contencioso-administrativo en el que se aleguen **motivos de nulidad** del acto puede ser tan inadmisible como cualquier otro (TS 5-10-97).

Efectos de la declaración de inadmisibilidad (LJCA art.72.1) La sentencia que declare la inadmisibilidad del recurso no debe contener en su fallo o parte dispositiva pronunciamiento alguno en cuanto al **fondo del asunto**. Si lo contiene se produce una infracción de las normas reguladoras de la sentencia, lo que podría alegarse como motivo del recurso de casación, mediando interés casacional (LJCA art.88). **12834**
La sentencia no produce efecto alguno en las **relaciones jurídico materiales**, ni siquiera la confirmación de acto administrativo.
Carece de **efecto de cosa juzgada** material, ya que no llega a pronunciarse sobre el fondo del asunto (TS 20-10-83, EDJ 5400), por lo que no despliega el efecto de vinculación positiva en asuntos conexos propio de aquella.
También carece de **eficacia ejecutiva**, ya que, en su caso, se puede haber ejecutado el acto administrativo, pero nunca se puede ejecutar la sentencia.
Desde el punto de vista de los límites subjetivos a la **eficacia de las sentencias**, si se declara la inadmisibilidad del recurso solo produce efectos entre las partes.

Precisiones **1)** Al no cumplir el demandante los requisitos procesales necesarios para impugnar el acto, lo consiente. Por eso, aunque la sentencia carece de eficacia de cosa juzgada, el demandante no puede **volver a impugnar el acto**, porque el recurso estaría fuera de plazo.
De la misma manera, si un **acto posterior** reproduce o confirma el acto impugnado, no será susceptible de recurso, por ser mera reproducción o confirmación de otro definitivo y firme, pudiéndose oponer por el demandado la excepción prevista en LJCA art.28.
2) Las causas de inadmisibilidad se transforman, en el momento procesal de dictar sentencia, en **motivos de desestimación** (TS 4-6-01, EDJ 10058).

c. Desestimación del recurso

(LJCA art.70)

12840 El órgano jurisdiccional solo puede analizar la **pretensión de fondo** cuando concurren todos los requisitos procesales y, por tanto, no procede declarar la inadmisibilidad. Es decir, cuando la relación jurídico-procesal está correctamente constituida, con todos los presupuestos exigibles y en ausencia de cualquier óbice procesal.
La sentencia debe desestimar el recurso cuando **se ajusten a Derecho** la disposición, acto o actuación impugnados.

12842 **Efectos** La sentencia desestimatoria produce dos tipos de efectos:
a) Efectos **jurídico-materiales**. Es declarativa de ser conforme a Derecho el acto de que se trate y, como tal, da firmeza al mismo.
Surge la duda de si, habiéndose dictado una sentencia desestimatoria, no es posible la **revisión del acto administrativo** por la Administración, cuando este no sea irrevocable por otras razones:
• Algunas sentencias han declarado que la desestimación del recurso da **firmeza a la relación jurídica** y, por tanto, la Administración no puede anular ni revocar el acto administrativo confirmado por la sentencia (TS 3-2-89).
• No obstante, hay supuestos en los que la sentencia desestimatoria no puede impedir la revocación, anulación o reforma del acto. Así, cuando el recurso se dirige frente a una **disposición de carácter general**, su confirmación jurisdiccional no puede impedir que la Administración dicte otra disposición de carácter general que la modifique.
No se puede declarar administrativamente la **nulidad de pleno derecho** del acto por motivos tenidos en cuenta en la sentencia (LPAC art.106). Sin embargo parece que sí se puede revisar por otros motivos.
Además, en todo caso, cabe la **revocación de los actos válidos** en los supuestos permitidos en la Ley y cabe también la **corrección de errores** materiales o aritméticos.
• La **sentencia confirmatoria** impide la admisión y estimación del recurso administrativo extraordinario de revisión ya que, contra aquella, cabrá en su caso el recurso jurisdiccional de igual denominación, mas no el administrativo.
b) Efectos **jurídico-procesales**. Produce efectos de **cosa juzgada** formal y material, y es susceptible de ser ejecutada.
Desde el punto de vista de la **extensión subjetiva** de los efectos, las sentencias desestimatorias solo producen efectos entre las partes.

Precisiones El fallo totalmente desestimatorio puede ser considerado como resolutorio de todas las cuestiones planteadas si se deduce de él que se han resuelto de forma tácita. Sin embargo, no puede ser considerado de forma general y absoluta como una protección contra la **incongruencia** -nº 12794- (TS 19-12-91, EDJ 12083; 8-7-93, EDJ 6857).

d. Estimación del recurso

(LJCA art.70.2)

12845 La sentencia debe estimar el recurso contencioso-administrativo cuando la disposición, la
MPCA actuación, o el acto incurran en cualquier **infracción del ordenamiento jurídico**, incluso la
nº 2836 s. desviación de poder.
Las infracciones del ordenamiento jurídico pueden ser de distintos **tipos** (LJCA art.70.2; LPAC art.48.2):
- actos nulos de pleno derecho;
- actos anulables;
- actuación constitutiva de vía de hecho por faltar el acto legitimador (nº 12085);
- infracción del ordenamiento jurídico por inactividad material de la Administración, cuando esté obligada a llevar a cabo una actividad (nº 12075);
- desviación de poder, o ejercicio de potestades administrativas para fines distintos de los fijados en el ordenamiento jurídico.

Precisiones **1)** No es correcto en sentencia emplear **expresiones confusas** como «estimar en lo sustancial» la pretensión actuada, sin concreción (TSJ C.Valenciana 22-12-04, EDJ 232385).
2) La existencia de **desviación de poder** se ha interpretado de forma restrictiva por la jurisprudencia (TS 19-1-96, EDJ 402).
Supone una discordancia entre el ordenamiento jurídico y la actividad administrativa (TS 8-7-20, EDJ 599784; 9-7-20, EDJ 559752). Se produce dicha desviación en el caso de ejercicio de potestades administrativas para **fines distintos** de los establecidos por el ordenamiento jurídico al reconocerlas; sean esos fines públicos y legales o particulares e ilegales (TS 11-11-93, EDJ 10146; 14-7-95, EDJ 4348). Aunque el ámbito natural del ejercicio desviado de potestades administrativas es el de

las discrecionales, puede darse también el caso de las **potestades regladas** (p.e. la sancionadora), con la peculiaridad de que en estas hipótesis es más difícil detectar y aislar el vicio (TS 8-11-78, EDJ 5733; 28-10-99, EDJ 744; AN 23-5-01, EDJ 98959). Ver nº 2838 s. Memento Procesal Contencioso-Administrativo 2026.
3) Sobre los **actos nulos y anulables**, ver nº 2665 y nº 2800 Memento Administrativo 2026.

Contenido de la sentencia estimatoria (LJCA art.71.1) El contenido de la sentencia estimatoria depende de cual haya sido el **objeto del proceso**. Puede consistir en uno de los siguientes **pronunciamientos**: **12850** MPCA nº 2842
- declaración de no ser conforme a Derecho y, en su caso, anulación total o parcial (nº 12852);
- reconocimiento de una situación jurídica individualizada y adopción de las medidas para el pleno restablecimiento de la misma (nº 12860);
- condena a dictar un acto o a realizar una actuación jurídicamente obligatoria (nº 12862);
- cesación de la actuación material constitutiva de vía de hecho (nº 12864);
- reconocimiento de daños o indemnización de perjuicios (nº 12866);
- declaración de que una disposición general no es conforme a Derecho (nº 12868);
- en el ámbito de los contratos del sector público, declaración de nulidad de los actos preparatorios y de adjudicación de los contratos (nº 12869).

Anulación de actos no conformes a Derecho (LJCA art.71.1.a) Este pronunciamiento debe hacerse siempre que se ejercite una **pretensión anulatoria**, incluso cuando se pretenda algo más -reconocimiento de una situación jurídica individualizada-, ya que las otras pretensiones dependen de si el acto impugnado es o no conforme a Derecho. **12852** MPCA nº 2844 s.
Toda **declaración de ilegalidad** conlleva la anulación total o parcial. Si el acto tiene un **defecto no invalidante** (nº 2815 Memento Administrativo 2026) no se puede calificar de contrario a Derecho, y no puede fundar una sentencia estimatoria.
Dependiendo de cuál sea la causa de invalidez apreciada se ha de declarar la **nulidad** o la **anulación**.
Si la infracción se ha producido en **normas de procedimiento administrativo**, el tribunal debe declarar la nulidad de las actuaciones a partir del acto viciado y la retroacción del expediente a su origen (LPAC art.49 y 51).
Si el acto anulado es de **naturaleza discrecional**, el órgano jurisdiccional debe declarar que no es conforme a Derecho, pero no puede determinar nunca el contenido discrecional del acto anulado (LJCA art.71.2).

Precisiones **1)** La sentencia ha de determinar la anulación de la resolución impugnada y de las dictadas en **aplicación, ejecución o desarrollo** de esta (TS 10-4-91, EDJ 3675). **12855**
2) La declaración de invalidez del acto recurrido no impide que la Administración ejerza nuevamente la **potestad pública** que se concretó en el acto anulado, dentro del plazo de prescripción. Dado que las potestades administrativas son de ejercicio imperativo y obligatorio, no es preciso que la sentencia declare expresamente tal posibilidad.
Al respecto del **ejercicio reiterado** de la potestad, el Tribunal Supremo ha considerado que la anulación de un acto administrativo no significa en absoluto que decaiga o se extinga el derecho de la Administración tributaria a retrotraer actuaciones y volver a actuar, pues los actos administrativos faltos de motivación o viciados, son anulables (TS 29-12-98, EDJ 36374; 7-10-00, EDJ 34022). Sin embargo, la Administración no solo está facultada para dictar uno nuevo en sustitución del anulado, sino que está obligada a ello, en defensa del interés público y de los derechos de la Hacienda pública (TSJ La Rioja auto 16-10-00). No obstante, lo anterior debe modularse por fuerza de los principios de buena fe y equidad, pues la **reiteración de anulaciones** hasta que la Administración acierte no puede decirse que sea lo más compatible con la tutela judicial efectiva (TS 27-12-99, EDJ 49540; TEAR La Rioja 28-9-00; TEAC 10-4-02).
Como excepción, se ha formulado, en el ámbito de la **potestad tributaria**, la denominada «**teoría del tiro único**» según la cual el derecho a liquidar o comprobar valores por parte de la Administración tributaria solo puede ejercerse una vez; por lo que, si la Administración no prueba el valor comprobado o no liquida correctamente, se extingue su derecho a tal liquidación o comprobación (TSJ C.Valenciana 6-4-95, EDJ 24469; 5-1-96, EDJ 52404). Esta doctrina ha sido desautorizada por el Tribunal Supremo en las sentencias citadas anteriormente.
En el caso de la **potestad sancionadora** la cuestión es más delicada, excluyéndose tajantemente en caso de anulación por defecto de tipicidad, de prueba u otros vicios sustantivos, aunque algunas normas tributarias y sectoriales prevén la posible reiteración de ejercicio (LGT art.130.b, 133.1.d, 139.1.b).

La invalidación de lo impugnado debe respetar, en todo caso -aun sin expresa consideración, y sin impedir su aplicación- el **principio de conservación de los actos administrativos**, técnica que consiste en disociar el acto viciado de forma que no comunique sus efectos a otros actos, independientes de aquel y que no guarden con el mismo estricta relación de causalidad (TS 27-6-00, EDJ 22178), así como en interpretar los vicios que le afecten desde la perspectiva de la mayor conservación de lo actuado (TS 11-10-93, EDJ 8936; 25-4-94, EDJ 3102; 22-12-97, EDJ 9793). **12858**

La violación de este principio puede apreciarse en casación (TS 12-2-01, EDJ 33210).
Con base en él, resultan de aplicación las siguientes **técnicas** (LPAC art.49 a 52):
• **Transmisibilidad**. La nulidad o anulabilidad de un acto no implica la de los sucesivos en el procedimiento que sean independientes del primero. Igualmente, la nulidad o anulabilidad en parte del acto administrativo no implica la de las partes del mismo independientes de aquella salvo que la parte viciada sea de tal importancia que sin ella el acto administrativo no hubiera sido dictado.
• **Conversión de actos viciados**. Conforme a ella, los actos nulos o anulables que, sin embargo, contengan los elementos constitutivos de otro distinto producen los efectos de este.
• **Conservación de actos y trámites del procedimiento**. El órgano que declare la nulidad o anule las actuaciones dispone siempre la conservación de aquellos actos y trámites cuyo contenido se haya mantenido igual de no haberse cometido la infracción (TCo auto 120/1983; TSJ Málaga 14-7-99, EDJ 44658). En defecto de declaración expresa (siempre mero declarativa), se aplica igualmente esta regla
• **Fungibilidad de trámites**. Los de un **procedimiento caducado** pueden aplicarse al que se incoe subsiguientemente, en su caso (DGSJE Resol 20-10-04).
• **Convalidación de los actos anulables**, subsanando los vicios de que adolezcan. La previa convalidación o subsanación de un vicio impide su invalidación judicial posterior.

Precisiones En **materia tributaria**, especialmente, el principio estudiado permite la anulación de parte del acto administrativo tributario impugnado -intereses, recargos-, conservando la validez de la cuota, como parte esencial de la deuda tributaria (LGT art.58). Respecto de la **sanción**, en la medida en que se impone, como regla, la separación entre el procedimiento sancionador y el de regularización, se considera un acto administrativo diferente del de liquidación (LGT art.58). Son manifestaciones del principio analizado en el ámbito tributario, la validez de las actuaciones de procedimientos caducados, en otros que se incoen con posterioridad, en los que se absorben (LGT art.104.6); la conservación de actos en los expedientes de apremio (LGT art.166).

12860 **Reconocimiento de una situación jurídica individualizada** (LJCA art.71.1.b) La sentencia estimatoria puede consistir en el reconocimiento de una situación jurídica individualizada y la adopción de las medidas necesarias para el pleno restablecimiento de la misma.
Si el reconocimiento de una situación jurídica individualizada se ha pedido conjuntamente con la **anulación de un acto**, la sentencia estimatoria puede tener dos contenidos:
• Anulación del acto por **no reconocer la situación jurídica** individualizada. En este caso, la sentencia debe hacer las siguientes declaraciones:
- anulación del acto;
- reconocimiento expreso de la situación jurídica individualizada;
- condena a la Administración a adoptar las medidas necesarias para el pleno restablecimiento de aquella situación.
• Anulación del acto por **infracción de normas de procedimiento**. En este caso, se anula el acto y se retrotraen las actuaciones al momento inmediatamente anterior al de la infracción, sin pronunciarse sobre la situación jurídica del sujeto, y sin que ello suponga incongruencia de la sentencia.
Esta regla tiene como excepción el supuesto en que se recurre un caso de **denegación por silencio administrativo**, en el que el fallo debe entrar a conocer del fondo del asunto, sin que pueda limitarse a un pronunciamiento de nulidad derivada de omisión de trámites esenciales (TS 14-2-98, EDJ 2160).

Precisiones **1)** Las **sentencias de condena** son plenamente posibles en la jurisdicción contencioso-administrativa, siempre que respeten el principio de congruencia, es decir, que no concedan algo no pedido por las partes (TS 11-5-89).
2) La declaración expresa de **retroacción de actuaciones** no suele ser precisa (sí conveniente), si esta resulta implícitamente de la declaración de invalidez.
3) La anulación de un acto administrativo por haberse dictado en un **procedimiento caducado**, sin entrar el tribunal al análisis de fondo, no excluye por sí sola la posibilidad de que se reconozca una situación jurídica individualizada mediante indemnización, siempre que se hayan producido y acreditado daños derivados de la indebida actuación administrativa (TS 3-12-10, EDJ 269867; 1-10-12, EDJ 226016; 20-2-20, EDJ 511743).

12862 **Condena a dictar un acto o realizar una actuación jurídicamente obligatoria** (LJCA art.71.1.c) Esta declaración se ha de realizar cuando el recurso se haya interpuesto frente a la **inactividad de la Administración**. La sentencia es de condena a la Administración a realizar el acto debido, con fijación, en su caso, de plazo de cumplimiento del fallo.

12864 **Cesación de la vía de hecho** (LJCA art.32.2) Si el recurso se ha dirigido contra una actividad de la Administración constitutiva de vía de hecho, además de declarar que esa actuación no es conforme a Derecho, se debe imponer el **cese de la actividad** y la adopción de cuantas medidas sean necesarias para su cese efectivo.

Daños y perjuicios (LJCA art.71.1.d) El resarcimiento de daños y perjuicios se puede haber solicitado como pretensión principal o como medida necesaria para el restablecimiento de una situación jurídica individualizada. 12866

La sentencia puede contener varios **pronunciamientos**:

• Reconocimiento del **derecho a la indemnización**, señalando quien viene obligado a indemnizar. Deben establecerse, además, las bases para la determinación de su cuantía exacta, que se hará en fase de ejecución.

• Reconocimiento del derecho a la indemnización y **determinación de su cuantía**. Los perjuicios deben estar probados en autos y lo debe haber solicitado el demandante expresamente, en la demanda o en el acto de la vista o escrito de conclusiones (nº 12736).

Recurso frente a una disposición de carácter general (LJCA art.71.1.a y 71.2) En esta hipótesis, la **sentencia estimatoria** declarará que la misma no es conforme a Derecho. Sin embargo, los órganos jurisdiccionales no pueden determinar la forma en que han de quedar redactados los preceptos de una disposición general en sustitución de los que anulen. 12868

Precisiones El **contenido de los reglamentos** (y dentro de ellos, las determinaciones de los instrumentos de ordenación urbanística y, en su caso, territorial) ha de fijarse siempre por la Administración competente, de forma que no es posible su **fijación en sentencia** por parte del órgano judicial que conoce de un recurso contencioso-administrativo directo contra una disposición general. Así, en contra de lo que sucede en relación con los actos administrativos, el fallo estimatorio del recurso se ha de limitar a la declaración de invalidez, sin ninguna otra declaración o pronunciamiento (TS 8-6-98, EDJ 4688).

Tampoco puede **compelerse judicialmente** a la Administración pública a la aprobación de un reglamento, dada fundamentalmente, la relación de la potestad reglamentaria con la función política del Gobierno (TS 26-2-93, EDJ 1868; 16-1-98, EDJ 416).

Contratos del sector público (LCSP art.42; LJCA art.71) Las sentencias dictadas en procesos contencioso-administrativos de **lesividad**, pueden incorporar los efectos propios de la declaración de nulidad de los **actos preparatorios y de adjudicación** de los contratos. 12869

La declaración de nulidad de los actos preparatorios del contrato o de la adjudicación, cuando es firme, conlleva en todo caso la del mismo contrato, que entrará en fase de **liquidación**, debiendo restituirse las partes recíprocamente las cosas que hubiesen recibido en virtud del mismo y, si esto no es posible, devolver su valor.

La parte que resulte culpable debe indemnizar a la contraria de los **daños y perjuicios** sufridos.

La nulidad de los actos que no sean preparatorios solo afecta a estos y sus consecuencias.

Cuando se pueda producir un **grave trastorno al servicio público**, la sentencia también puede acordar -del mismo modo que la declaración administrativa de nulidad del contrato- la continuación de los efectos del contrato y bajo sus mismas cláusulas, hasta que se adopten las medidas urgentes para evitar el perjuicio.

Efectos de la sentencia estimatoria

Las sentencias estimatorias despliegan plena eficacia en el ámbito material y procesal: 12870

• Efectos **jurídico-materiales**. Producen efectos directos, que varían según el tipo de pretensión que se haya deducido: declaración de no ser conformes a Derecho el acto o disposición objeto de impugnación, en las pretensiones de carácter declarativo; creación, modificación o extinción de relaciones jurídicas, en las pretensiones de carácter constitutivo.

• Efectos **jurídico-procesales**. Despliegan toda su eficacia de cosa juzgada formal y material. Conllevan la ejecución frente a la Administración autora del acto de que se trate.

La **extensión subjetiva** de la eficacia de las sentencias estimatorias depende de su contenido. Debemos distinguir al respecto diversos supuestos de sentencias:

- estimatorias de una pretensión de anulación (nº 12872);
- anulatorias de una disposición de carácter general (nº 12874);
- que reconozcan situaciones jurídicas individualizadas (nº 12875).

Anulación de actos administrativos (LJCA art.72.2; LPAC art.44) La declaración de invalidez de una disposición o acto produce efectos para todas las **personas afectadas**. Esto supone que desaparecen las consecuencias jurídicas del acto o disposición para cualquier persona, haya sido o no parte en el proceso. 12872

Las sentencias firmes que anulen un acto administrativo que afecte a una pluralidad indeterminada de personas se han de publicar en el mismo **periódico oficial** en que se hubieran publicado los actos en cuestión.

Precisiones Teniendo en cuenta la eficacia *erga omnes* de las sentencias estimatorias, dictada una sentencia que anula un acto o disposición que son objeto de impugnación en otro proceso, este queda extinguido por **desaparición del objeto litigioso** (TS 22-1-96, EDJ 1034; 21-5-99, EDJ 9075).

12874 **Anulación de disposiciones de carácter general** (LJCA art.72.2 y 73) Estas sentencias tienen efectos generales desde el día en que se publiquen el fallo y los preceptos anulados, en el mismo **periódico oficial** en que lo fue la disposición anulada.

MPCA nº 2862 s.

La sentencia anulatoria de una disposición no se extiende a los **actos de aplicación** que cumplan los requisitos siguientes:

• Los **actos o sentencias firmes**:

- los actos que no han sido recurridos o en los que, habiendo sido recurridos, se haya desestimado el recurso;

- las sentencias que no se hayan recurrido, las que no son susceptibles de recurso o aquellas en las que, habiéndose recurrido, el recurso haya sido desestimado.

• Los **actos anteriores** a que la anulación tenga efectos generales, esto es, a que se publique en el diario oficial correspondiente.

Esta regla tiene una excepción en la que se da eficacia retroactiva a las sentencias anulatorias: la anulación de **preceptos sancionadores** que sean favorables al sancionado. Para que se produzca esta eficacia retroactiva es necesario, por tanto:

- que la anulación del precepto tenga efectos favorables para el sancionado, por la exclusión o por la reducción de la sanción;

- que la sanción no se haya ejecutado totalmente.

Si la anulación del precepto supone la exclusión o reducción de sanciones no ejecutadas totalmente, conlleva la **revisión de la situación jurídica** de todas las personas sancionadas en virtud del precepto anulado, que cumplan los requisitos expuestos.

Precisiones 1) Teniendo en cuenta que la Administración no puede imponer sanciones privativas de libertad, si se trata de **sanción pecuniaria**, no se debe haber pagado en su totalidad, y, si consiste en la **privación del ejercicio de un derecho** por un periodo de tiempo, no se debe haber cumplido por completo.

2) La **limitación de efectos** de las sentencias declaratorias de nulidad de una disposición general o norma jurídica se fundan tanto en el respecto a la cosa juzgada como en exigencias del principio de seguridad jurídica (TS 26-12-98, EDJ 31422; 7-2-98; 21-12-96, EDJ 9939).

3) La necesaria **publicación de las sentencias** analizadas es una consecuencia del principio constitucional de publicidad de las normas. Si en su vertiente positiva impone la publicación en periódico oficial como requisito para iniciar la vigencia y aplicabilidad de la norma, en su faceta negativa exige la publicación para que el cese de la norma tenga efectos *erga omnes*.

4) El requisito de la **firmeza** para la producción de efectos constituye una exigencia referida a los efectos *erga omnes* de sentencias de anulación de disposiciones, o de actos plúrimos con destinatarios indeterminados, pero no respecto de las partes afectadas que, además, fueron parte en el proceso resuelto por la sentencia anulatoria, pues en cuanto a ellas también produce efecto la sentencia recurrida y no firme (TS 22-11-12, EDJ 263548).

12875 **Reconocimiento de situaciones jurídicas individualizadas** (LJCA art.72.3) Estas sentencias solo producen efectos entre las partes, lo que supone que la situación jurídica individualizada solo se reconoce respecto de los que dedujeron su pretensión procesal.

Si se impugnó un acto jurídico por ser **contrario a Derecho** al no reconocer ciertas situaciones jurídicas individualizadas, la anulación tiene efectos generales. Sin embargo, solo se reconoce y restaura la situación jurídica respecto de los que hayan reclamado su reconocimiento.

Esta regla general tiene dos **excepciones**, en las que se permite extender, en ejecución de sentencia, los efectos de una firme que haya reconocido una situación jurídica individualizada en favor de otras personas que no hayan intervenido en el proceso. Las excepciones son las siguientes:

a) Procesos que versen sobre **materia tributaria** y de **personal al servicio de la Administración** pública. La extensión de efectos debe pedirse primero en vía administrativa y, una vez agotada esta vía, se ha de promover un incidente judicial de extensión de efectos.

b) En el supuesto de que se haya acordado la **suspensión de dos o más procesos** que tengan idéntico objeto pero que no se hayan acumulado. Los recurrentes afectados por la suspensión pueden interesar, en el trámite de ejecución, que se extiendan a su favor los efectos de la sentencia. Sobre la extensión de efectos de las sentencias ver nº 13790 s.

12876 **Procesos contra los actos y decisiones del FROB** (L 11/2015 art.73.3) En el caso de que sea estimado el recurso contencioso-administrativo interpuesto por titulares de valores incluidos en el ámbito de aplicación de la acción de amortización y conversión de instrumentos de capital y recapitalización interna o por el comisario o representante del sindicato o asamblea que los agrupe, el fallo únicamente tendrá **efectos** con respecto a la emisión o emisiones en las que hubieran invertido.

e. Costas procesales

(LJCA art.139)

12877 MPCA nº 2875 s.

En la actualidad, se impone en materia de costas procesales, con carácter general, un **sistema objetivo o de vencimiento**. Ello significa que se condena en costas al litigante cuyas pretensiones sean totalmente rechazadas, a menos que, con el debido razonamiento, el órgano judicial no las imponga, atendidas las serias dudas de hecho o Derecho que el asunto presente. Así, se establece que:

• En **primera o única instancia**, el órgano jurisdiccional, al dictar sentencia o al resolver por auto los recursos o incidentes que ante el mismo se promuevan, debe imponer las costas a la parte que haya visto rechazadas todas sus pretensiones, salvo que aprecie y así lo razone, que el caso presentaba serias dudas de hecho o de derecho.

En caso de **estimación o desestimación parcial**, cada parte debe abonar las causadas a su instancia y las comunes por mitad, a menos que, por excepción, el órgano jurisdiccional, razonándolo debidamente, las imponga a una de las partes, por haber sostenido su pretensión con **mala fe o temerariamente**.

• En sede de **recurso**, también se aplica el criterio objetivo o del vencimiento, imponiendo las costas al recurrente si se desestima totalmente el recurso, salvo que el órgano jurisdiccional, razonándolo debidamente, aprecie la concurrencia de circunstancias que justifiquen su no imposición.

En el recurso de **casación** se imponen a cada parte las causadas a su instancia y las comunes por mitad, salvo concurso de mala fe o temeridad (nº 4636).

Este sistema se aplica igualmente a la **resolución de recursos o incidentes por auto**.

Precisiones La jurisprudencia constitucional ha reiterado (TCo 1/2020):

• Ninguno de los dos sistemas en que se estructura la imposición de costas, objetivo o del vencimiento y subjetivo o de la temeridad, afectan a la **tutela judicial efectiva**.

• La **motivación** de la imposición de costas debe diferenciar los casos en que el pronunciamiento se impone *ope legis*, de los que son fruto de una decisión adoptada dentro del ámbito de arbitrio previsto por la norma.

• En caso de motivación conforme al **criterio de vencimiento**, sin prever excepciones, al no existir margen de apreciación, no existe deber de motivación que vaya más allá de la que sea necesaria para estimar o desestimar las pretensiones del proceso.

12878

En primera o única instancia, la parte condenada en costas está obligada a pagar una cantidad total que no exceda de la **tercera parte de la cuantía** del proceso, por cada uno de los favorecidos por esa condena. A estos solos efectos, las pretensiones de **cuantía indeterminada** se valoran en 18.000 euros, salvo que, por razón de la complejidad del asunto, el tribunal disponga razonadamente otra cosa.

En los **recursos**, sin perjuicio de lo que se dispone sobre el recurso de casación (nº 14162), la imposición de costas puede ser a la totalidad, a una parte de estas o hasta una cifra máxima (LJCA art.139.4).

En ningún caso se imponen las costas al **Ministerio Fiscal**.

Para la exacción de las costas impuestas a particulares, la Administración acreedora utiliza el procedimiento de **apremio**, en defecto de pago voluntario.

La condena en costas no exige petición de parte, sino que es un imperativo legal, por lo que es posible su **aplicación de oficio** (TS 14-4-01, EDJ 28136; 28-4-98, EDJ 4895).

El tribunal ha de llenar suficientemente de contenido tales conceptos indeterminados, aportando junto a su **motivación** elementos objetivos que sean expresión de que la parte a condenar actuó con temeridad o mala fe (TS 28-4-01, EDJ 9237).

Los derechos económicos por costas procesales a favor del Estado y demás organismos y Administraciones públicas no se someten al **plazo de prescripción** de 4 años (LGP art.15), al no ser ingresos de Derecho público, sino al de 5 años -ya sea por aplicación de CC art.1964 o de LEC art.518 (TS 16-3-09, EDJ 25480; auto 23-2-10, EDJ 14902)-. Este criterio es aplicable a todos los órdenes jurisdiccionales.

Las costas causadas en los autos serán **reguladas y tasadas** según lo dispuesto en la LEC (nº 3080 s.).

En las tasaciones de costas, los honorarios de abogado y derechos de procurador deben incluir el **IVA**, que sin embargo no se computa a efectos del límite relativo a los honorarios no sujetos a tarifa o arancel -nº 3083- (LEC art.243.2).

12879
MPCA
nº 2883 s.

Precisiones Existe una prolija jurisprudencia en torno a la apreciación de **temeridad o mala fe**, que es aplicable en la actualidad, de forma excepcional, en los supuestos de estimación o desestimación parcial de la demanda, según lo expuesto en el nº 12877. Pueden señalarse los siguientes criterios al respecto:

• Interposición de recurso de **apelación** a pesar de la claridad de la sentencia de primera instancia (TS 29-6-93, EDJ 6407).

• Ocupación administrativa de terrenos **sin expediente** previo, incurriendo en vía de hecho (TS 20-3-02, EDJ 6523).

• **Reiteración** injustificada de recursos con afirmación de pretensiones palmariamente inatendibles (AN 15-11-02, EDJ 126281).

• Planteamiento del recurso en términos tales que se pretenda **desviar la atención** del órgano judicial hacia cuestiones ajenas al objeto del proceso, por relevantes que sean (TSJ Navarra 25-5-04, EDJ 75322).

• Existencia de **desviación de poder** (TSJ Las Palmas 15-5-02, EDJ 58479).

• Alegación de **arbitrariedad** de una disposición general, dado que aquella constituye un vicio de máxima gravedad para un reglamento, no sostenible por la existencia notables evidencias en contra de tal tacha (TS 20-5-03, EDJ 50171).

• Ocupación administrativa de terrenos sin expediente previo, incursa en **vía de hecho** (TS 20-3-02, EDJ 6523).

• Denegación de la pretensión indemnizatoria en vía administrativa en una cuestión resuelta reiteradamente por doctrina jurisprudencial efectivamente invocada ante la Administración, que impone al particular la afirmación de una acción judicial para obtener satisfacción en relación con una materia respecto de la que ya se había pronunciado la sala sentenciadora de modo reiterado y uniforme (AN 7-11-06, EDJ 313820).

• Conducta de la Administración tributaria consistente en mantener un sistema de **comprobación de los valores declarados** por los administrados en sus transacciones, reiteradamente rechazado por los tribunales, incluso en interés de la Ley (TSJ C.Valenciana 27-4-10, EDJ 167720).

• Denegación de **entrega de documentos** a la recurrente, concejal, a los que tiene derecho, con manifiesta obstaculización para el ejercicio de sus funciones y perjuicio claro para el interés general (TSJ Castilla-La Mancha 6-10-08, EDJ 314221).

• Recurso contra el acto de **adjudicación de un contrato administrativo** interpuesto por un licitador indebidamente excluido, dada la total ausencia de motivación en el acuerdo recurrido, y el tiempo transcurrido desde la adjudicación contractual efectuada, habiéndose previsiblemente ejecutado prestaciones contractuales derivadas del contrato, por lo que es preciso para conseguir la indemnidad de la actora imponer las costas a la Administración (TSJ Valladolid 22-4-08, EDJ 195177).

• Supuesto de acto recurrido en sede contencioso-administrativa manifiestamente inmotivado, con oposición de la Administración a los argumentos de la parte que alega y prueba la **falta de motivación**, lo que constituye siempre temeridad al ser la indicada un vicio notoriamente apreciable (TSJ Valladolid 5-5-06, EDJ 116613).

• En alguna ocasión se aprecia una suerte de **compensación de temeridades**, de forma que junto a la postura claramente ausente de sustento jurídico de la parte demandante, la actuación administrativa incurre, pese su legalidad, en un claro defecto de configuración formal que dificulta la defensa que frente a ella haya de llevarse a cabo, acordándose por tanto la no imposición de costas (JCA Logroño núm 1, 5-6-12, PO 38/10).

13. Otros modos de terminación del procedimiento

(LJCA art.74 a 77)

12880
MPCA
nº 2900

El proceso finaliza ordinariamente mediante sentencia (nº 12775 s.). Sin embargo, hay ocasiones en las que termina anticipadamente, sin que el tribunal resuelva sobre la controversia, como consecuencia del **acaecimiento de ciertos hechos**.

Dado que el recurso contencioso-administrativo está fundado en el principio dispositivo, la **voluntad de las partes** influye sustancialmente en la continuación del proceso, aunque está condicionada por la apreciación que el órgano jurisdiccional haga del interés público y la infracción manifiesta del ordenamiento jurídico.

Concretamente, el proceso puede terminar anticipadamente por:

- voluntad unilateral del demandante: renuncia o **desistimiento** (nº 12883);
- voluntad unilateral del demandado: **allanamiento** (nº 12905);
- voluntad bilateral de ambas partes: **satisfacción extraprocesal** de la pretensión (nº 12920) y transacción (nº 12940);
- inactividad de las partes: **caducidad** de la instancia (nº 12955).

Precisiones **1)** Desistimiento, allanamiento y renuncia, una vez hechas, son **irrevocables** (TEAC 9-2-95 -en relación con el primero, pero extensible a las otras-).

2) No todas las formas de terminación anormal del proceso se regulan en la LJCA. Lo que no se regule especialmente en dicha Ley se rige por las **disposiciones supletorias** de la LEC (nº 2470 s.).

a. Desistimiento

(LJCA art.74)

Es una declaración de voluntad en virtud de la cual el demandante abandona un proceso iniciado por él. Por tanto, puede esgrimir el mismo derecho en apoyo de una **nueva pretensión** en otro proceso. Es un acto jurídico-procesal que no produce efectos más allá del proceso en que se formula. 12883 MPCA nº 2902

Diferencia con la renuncia (LEC art.20.1) La renuncia es una declaración de voluntad unilateral del demandante, en virtud de la cual: 12885

- abandona el **derecho sustantivo** material o de fondo, cuyo reconocimiento reclama y que ha servido de fundamento a la pretensión; o
- abandona la **acción** que ha ejercitado, no pudiéndola ejercitar en otro proceso posterior.

A diferencia del desistimiento, la renuncia no solo implica la terminación del proceso en el que se produce, sino también la pérdida del derecho sustantivo o de la acción, que no puede servir de fundamento a una **nueva reclamación** ni ejercitarse en otro proceso.

Aun cuando la LJCA solo regula el desistimiento, en aplicación de las normas supletorias del proceso civil, cuando el actor manifieste su renuncia, el tribunal ha de dictar **sentencia absolutoria** del demandado, salvo cuando la renuncia sea legalmente inadmisible, en cuyo caso se ha de dictar auto mandando continuar el proceso.

Precisiones Solamente puede afectar a **derechos renunciables**, por cuanto la exclusión voluntaria de la ley aplicable y la renuncia a los derechos en ella reconocidos, solo son admisibles cuando no contraríen el interés o el orden públicos y cuando no perjudiquen a terceros (CC art.6.2; TSJ C.Valenciana 10-4-02, EDJ 42400). Dentro de este límite, es estrictamente unilateral.
Ha de ser clara, terminante, inequívoca y sin condicionante alguno (TS 9-1-92, EDJ 118; 31-1-92).
Es cuestión discutible si debe ser **expresa** o si puede derivarse de **hechos concluyentes** que impliquen indiscutiblemente la voluntad de renunciar, aunque, en su caso, esta posibilidad debe ser valorada muy restrictivamente.
Debe ser **pura**.
En general, se exige **poder especial** para poder renunciar derechos por representante (TS 27-2-87, EDJ 1617; 10-2-94, EDJ 1149).

Requisitos subjetivos (LJCA art.74.1, 2, 3 y 4) El desistimiento siempre debe proceder del demandante. Si son varios los demandantes, cada uno de ellos puede formularlo o no de forma independiente. 12888 MPCA nº 2906

Si el demandante actúa mediante **representante** en el juicio, para que el desistimiento produzca efectos es necesario que lo ratifique el demandante o que el representante esté autorizado para ello. Esta norma se debe interpretar en el sentido de que el **poder general** para pleitos no es suficiente para que el representante formule desistimiento, sino que debe hacerlo o ratificarlo el propio actor y, si lo hace el representante, debe contar con **poder especial** para ello (TS 27-2-87, EDJ 1617).

El desistimiento, a diferencia de la renuncia no es un acto puramente unilateral, ya que, planteado el desistimiento se debe dar **audiencia a las demás partes** y, en el caso de acción popular, al Ministerio Fiscal. El órgano jurisdiccional no puede aceptar el desistimiento cuando se oponga la Administración demandada o el Ministerio Fiscal (TS auto 20-3-01, EDJ 98937).

Si el desistimiento se formula por la **Administración demandante**, ha de presentarse testimonio del acuerdo adoptado por el órgano competente con arreglo a los requisitos exigidos por las leyes o reglamentos respectivos. A este respecto, en el ámbito de la Administración General del Estado, se exige como requisito para el desistimiento o allanamiento del abogado del Estado la **autorización expresa** de la Abogacía General del Estado-Dirección del Servicio Jurídico del Estado, previo informe del departamento, organismo o entidad pública correspondiente (L 52/1997 art.7).

Precisiones Las leyes de organización de los **servicios jurídicos de las CCAA** exigen, en general, requisitos semejantes para el desistimiento de sus abogados, e incluso otros más estrictos (consentimiento del presidente o del consejero afectado).

Objeto y contenido El objeto del desistimiento es la pretensión, por lo que, en principio, abarca todos los extremos que esta haya comprendido. 12890

Cabe el **desistimiento parcial**, solo sobre alguna de las pretensiones de la demanda, pero en este caso el desistimiento no constituye un modo de terminación del proceso.

El desistimiento no se refiere a los fundamentos de la pretensión, sino a la pretensión en sí misma, que se ejercita en un determinado proceso. Mediante él, el sujeto renuncia a su **posición procesal** como demandante y, por tanto, a su derecho a obtener una sentencia, pero no al derecho material o sustantivo en virtud de la cual se formula la pretensión (es lo que diferencia el desistimiento de la renuncia).

El desistimiento debe ser **puro y simple**, no puede someterse a condición, plazo o modo (TS 30-10-90).

12892 **Plazo y forma** (LJCA art.74.1) Puede formularse en **cualquier momento** anterior a la sentencia (TS auto 10-5-07, EDJ 37805), incluso después de la fecha fijada para votación y fallo (TS auto 7-1-15, EDJ 9413).

No se exige una forma especial, aunque siempre debe ser **expreso** (TS auto 2-11-94, EDJ 12361); no puede presumirse ni considerarse implícito (TS 10-2-94, EDJ 1149). No se exige el empleo del término desistimiento, que puede ser reemplazado por otro equivalente, siempre que se demuestre la intención clara de desistir.

Ha de ser **puro**, sin poder quedar sometido a determinaciones accesorias de la voluntad -condición, término o modo- (TS 30-10-90).

Se admite su **formulación**:
- mediante escrito, que debe ser ratificado ante el letrado de la Administración de Justicia;
- oralmente, en el acto de la vista;
- mediante comparecencia.

Aunque la Ley no lo exige, por decoro procesal y para que este tenga los datos necesarios para decidir sobre si el procedimiento debe o no quedar terminado, deben expresarse de manera abreviada las **causas** del desistimiento. Con ello también se intenta evitar la condena en costas, al acreditar el demandante que no ha existido mala fe o temeridad por su parte.

Si el desistimiento se formula **por una Administración** pública, debe acreditarse el cumplimiento de los requisitos exigidos en la legislación respectiva (nº 12888), mediante la aportación del testimonio del acuerdo del órgano competente.

Precisiones La **falta de alegaciones** en el recurso de apelación no puede ser interpretada como un desistimiento tácito (TS 9-7-98, EDJ 19083).

12894 **Procedimiento** (LJCA art.74.3, 4 y 8) Planteado el desistimiento, debe darse **audiencia** -por el letrado de la Administración de Justicia- a las demás partes y, en los supuestos de acción popular, al Ministerio Fiscal, por un plazo común de 5 días.

Si prestaran su conformidad al desistimiento o no se opusieran a él, el letrado de la Administración de Justicia dicta decreto en el que declara terminado el procedimiento, ordenando el **archivo** de los autos. En otro caso, o cuando aprecie **daño para el interés público**, ha de dar cuenta al juez o tribunal para que resuelva lo que proceda.

El órgano jurisdiccional no debe necesariamente -aunque como regla general, así será- **rechazar el desistimiento** cuando se oponga la Administración demandada o el Ministerio Fiscal, sino en tal caso resolver lo que proceda. También puede rechazarlo razonadamente, aunque no haya oposición, si aprecia daño para el interés público.

Producido el desistimiento, si no hay otras partes recurrentes, debe declararse **terminado el procedimiento**, ordenando el archivo de los autos y la devolución del expediente administrativo a la oficina de procedencia.

Asimismo, desistido un **recurso de apelación o de casación**, será el letrado de la Administración de Justicia el que, sin más trámites, declarará terminado el procedimiento por decreto, ordenando el archivo de los autos.

12896 **Efectos** (LJCA art.74.5 y 6, 132.1) El efecto natural del desistimiento es la **finalización del proceso**.

MPCA nº 2914 s. Sin embargo, este no termina si aquel es parcial o si hay **varios demandantes** y no se formula por todos ellos. En este último caso, el curso de los autos continúa respecto de aquellos que no hayan desistido.

La terminación del proceso mediante el desistimiento produce también la pérdida de vigencia de las **medidas cautelares** que hayan podido adoptarse (nº 13480).

Si el desistimiento tiene lugar en fase de recurso, se produce la **firmeza de la sentencia recurrida**, devolviéndose las actuaciones al órgano que la dictó.

Si se produce en el recurso contra una **resolución interlocutoria**:
- en caso de haberse dictado en un incidente de previo pronunciamiento, se levanta la suspensión del curso de las actuaciones principales, que se reanudan;
- en otro caso, se archiva el recurso, sin más, siguiendo el proceso sin más incidencia.

En cuanto a las **costas**, en los supuestos de desistimiento quiebra la regla general (LJCA art.139.1), pues el desistimiento no implica necesariamente la condena en costas. La imposición o no de las mismas queda a juicio del órgano jurisdiccional, que puede imponerlas razonadamente cuando concurran circunstancias que así lo aconsejen, a la vista de la conducta procesal del recurrente, tales como mala fe o temeridad.

Precisiones La tendencia general es la **no imposición de las costas** al demandante que desiste, debido al corto plazo para recurrir y a que, en el momento de la presentación del escrito de interposición, el sujeto no tiene a la vista el expediente administrativo, por lo que no ha podido hacer un examen profundo sobre los fundamentos de la resolución de la Administración.

Extensión de los efectos del desistimiento (LJCA art.74.7) El desistimiento puede derivar de la **satisfacción extraprocesal** de la pretensión, por haber reconocido la Administración las pretensiones del demandante (nº 12920) -aunque, en rigor, dicha satisfacción hace innecesario aquel, siendo por sí misma una causa de terminación del proceso-. 12898

En este supuesto, cuando habiendo desistido el demandante por la satisfacción extraprocesal de la pretensión, la Administración dicta un **acto posterior**, total o parcialmente revocatorio de dicho reconocimiento, el particular puede pedir la continuación del procedimiento que se seguía, extendiéndose al acto revocatorio. De esta forma, el desistimiento anterior queda sin efecto y el proceso continúa por el trámite en que se encontrase.

Si el juez o tribunal lo estima conveniente, puede conceder a las partes un plazo común de 10 días para que formulen por escrito **alegaciones complementarias**.

Precisiones Se ha criticado que la norma permita que la Administración pueda dictar un tercer acto, revocatorio del autocompositivo, pues no solo la Administración vulneraría el principio general de que nadie puede ir contra sus **propios actos**, sino que menosprecia también el principio constitucional de **seguridad jurídica** -Const art.9.3-, sometiendo injustificadamente al administrado a un permanente estado de incertidumbre (TS 18-7-25, EDJ 644477).

b. Allanamiento

(LJCA art.75)

Es un acto procesal del **demandado** en virtud del cual abandona su oposición a la pretensión. 12905 MPCA nº 2920

Es un acto que se produce **dentro del proceso** y que conlleva la renuncia a la oposición a la pretensión, por lo que el órgano jurisdiccional ha de dictar sentencia de conformidad con las pretensiones del demandante.

Precisiones A diferencia del **desistimiento** (nº 12883 s.), que se da también de manera análoga (aun con matices propios) en el procedimiento administrativo, en general, no sucede así en el caso del allanamiento; pues, dada la estructura de dicho procedimiento, no es posible su conclusión por allanamiento.

También debe distinguirse de la **satisfacción extraprocesal** de la pretensión (nº 12920), que se produce al margen del proceso, cuando la Administración reconoce en vía administrativa las pretensiones del demandante (TS 20-7-98, EDJ 20919). El proceso queda sin objeto y, por eso, termina anticipadamente.

Requisitos subjetivos (LJCA art.75.1 y 3) El allanamiento es un acto unilateral del **demandado** que no requiere la aceptación del demandante. Ni siquiera se le da traslado para que haga alegaciones, salvo que el órgano jurisdiccional considere que la estimación de la pretensión podría conllevar una infracción manifiesta del ordenamiento jurídico. 12910 MPCA nº 2924

Si existen **varios codemandados**, cada uno de ellos se puede allanar o no independientemente. El proceso continua respecto a los que no se hayan allanado.

Para que sea posible el allanamiento, el demandado se debe haber constituido como **parte en el proceso** y, por tanto, debe haber comparecido, aun cuando su comparecencia sea a los meros efectos de allanamiento.

Para el allanamiento del **representante** en juicio se exigen los mismos requisitos que los establecidos para el desistimiento: debe ratificarlo el demandado o estar el representante debidamente autorizado para ello mediante poder especial (nº 12888).

En el **proceso de lesividad**, para que el allanamiento tenga carácter finalizador del procedimiento, debe realizarse por todos los demandados, titulares de derechos subjetivos, aunque no hayan comparecido en el proceso y hayan sido declarados en rebeldía.

Para el allanamiento de la **Administración demandada**, se exige el cumplimiento de los requisitos establecidos para el desistimiento (nº 12888).

Objeto y contenido El allanamiento no recae sobre la pretensión del demandante, sino sobre la **oposición** a la misma, que procede del demandado. Mediante el allanamiento, el sujeto manifiesta su voluntad de no oponerse a la pretensión del demandante (TS 20-7-98, EDJ 20919). 12912

Para que finalice el proceso anticipadamente, es necesario que la renuncia a la oposición sea **total**. El demandado allanado no puede exponer hechos o fundamentos de Derecho distintos a los expuestos por el demandante.

La normativa sobre el proceso civil establece la posibilidad de **allanamiento parcial**. En este caso, el tribunal, a instancia del demandante, puede dictar un auto acogiendo las pretensiones que hayan sido objeto de allanamiento. Para ello es necesario que, por la naturaleza de las pretensiones, sea posible un pronunciamiento separado que no prejuzgue las restantes cuestiones no allanadas (LEC art.21).

12914 **Plazo y forma** El allanamiento puede tener lugar en **cualquier momento** del proceso, siempre que este haya comenzado mediante el escrito de interposición y no haya finalizado.

El allanamiento también se puede producir en **vía de recurso**, sin embargo no se admite el allanamiento en segunda instancia cuando la pretensión se haya desestimado totalmente en la primera. Esto ocurre sobre todo cuando la demandada sea una Administración pública, que no puede revocar por sí misma un acto confirmado por sentencia. Si quiere dejar sin efecto sus actos debe seguir los trámites establecidos al respecto: revisión de oficio (nº 9850 s. Memento Administrativo 2026).

El allanamiento siempre debe ser **expreso**, no se puede presumir. No es necesario utilizar textualmente el término «allanamiento», siempre que se deduzca claramente la voluntad del demandado.

12916 MPCA nº 2930 **Efectos** (LJCA art.75.2 y 3, 139.1) Producido el allanamiento, el tribunal debe dictar **sentencia**, sin más trámites, de conformidad con las pretensiones del demandante.

Esta regla tiene como excepción los supuestos en que el tribunal aprecie una **infracción manifiesta** del ordenamiento jurídico, en cuyo caso ha de comunicar a las partes los motivos que puedan oponerse a la estimación de las pretensiones y debe oírlas por un plazo de 10 días, tras el cual ha de dictar la sentencia que estime ajustada a Derecho.

El allanamiento tiene como consecuencia que el tribunal resuelva sobre el **fondo del asunto**, aunque dicte la sentencia anticipadamente, sin necesidad de tramitar todo el proceso.

Si existen **varios demandados**, el procedimiento continúa respecto de los que no se hayan allanado (LJCA art.75.3).

En cuanto a los **efectos económicos**, no es equiparable el desistimiento y el allanamiento, pues en este caso rige la regla objetiva del vencimiento (LJCA art.139.1). Así, resulta procedente la imposición de **costas** a la Administración demandada que se allana a las pretensiones de la parte demandante en el plazo de contestación a la demanda, salvo que el juzgador aprecie, y así lo razone, que el caso presentaba serias dudas de hecho o de Derecho, y pudiendo asimismo acudir a lo dispuesto por LJCA art.139.4, en moderación del criterio objetivo (TS 17-7-19, EDJ 673000; 17-7-19, EDJ 673047; 30-11-20, EDJ 729343).

c. Satisfacción extraprocesal de la pretensión

(LJCA art.76)

12920 MPCA nº 2932 s. Las Administraciones públicas tienen amplias facultades de **anulación y revisión** de oficio de sus propios actos (nº 9850 s. Memento Administrativo 2026), así como de derogación de sus disposiciones, en su caso.

Una Administración demandada, **al margen del proceso**, puede reconocer la pretensión del demandante mediante un nuevo acto administrativo o mediante la revocación o anulación de un acto anterior; o -más limitadamente- derogación de la norma administrativa impugnada. Reconocida la pretensión de forma extraprocesal, el proceso contencioso-administrativo deja de tener objeto y debe finalizar anticipadamente.

12922 Precisiones 1) La **desaparición del objeto del recurso** es uno de los modos de terminación del proceso contencioso-administrativo en los siguientes supuestos (TS 10-5-01, EDJ 32798; 13-2-08, EDJ 9279; 30-9-11, EDJ 226679):

• Cuando lo impugnado son **disposiciones generales**, que han sido derogadas posteriormente -o declaradas nulas por sentencia anterior-, se determina la desestimación del recurso no porque en su momento no estuviese fundado, sino porque la derogación sobrevenida de la norma priva a la controversia de cualquier interés o utilidad real (TS 29-4-98, EDJ 2534; 28-5-97, EDJ 4413; 30-9-11, EDJ 226679).

• En recursos dirigidos contra **resoluciones o actos administrativos** singulares, se ha considerado que se extingue su objeto cuando circunstancias posteriores les privan de eficacia, hasta el punto de determinar la desaparición real de la controversia (TS 15-7-05, EDJ 113792; 20-12-04, EDJ 219378; 19-5-03, EDJ 1625; 8-5-97, EDJ 4171; 5-6-95, EDJ 3512).

2) Dentro de los supuestos de pérdida sobrevenida de objeto procesal, puede distinguirse entre la satisfacción extraprocesal -que implica el reconocimiento (aun indirecto o tácito) de lo pretendido en el proceso- y la extinción del objeto por **motivos ajenos a la voluntad de la Administración**. Puede ser el caso de:

- el recurso judicial en el que se impugne una sanción por el infractor que fallece a lo largo del proceso, pues el carácter personalísimo de la responsabilidad deja sin efecto aquella;

- el proceso en el que se ventile la legalidad de un reglamento apoyado en una Ley, cuando esta sea derogada -por decisión del legislador, ajeno a la Administración autora del reglamento- estando pendientes las actuaciones, de modo que dicha derogación arrastre a la de la disposición impugnada.
3) No obstante, en relación con la **derogación de normas**, no siempre supondrá satisfacción extraprocesal o pérdida sobrevenida del objeto procesal. Y es que por medio de aquella, la norma pierde vigencia hacia el futuro, pero sigue aplicándose a las situaciones y relaciones jurídicas surgidas durante su vigencia, a salvo de supuestos de retroactividad de grado máximo. Por ello, en la medida en que derogar una disposición no significa eliminarla de raíz ni declararla nula, la cuestión habrá de valorarse circunstanciadamente, en función de la especie de disposición, su contenido y situaciones a las que afecte (TS 14-2-06, EDJ 8470).
4) No hay en rigor ni desaparición del objeto del debate ni satisfacción extraprocesal, en caso de **pérdida de validez por anulación** del acto o disposición que sirve de base al concretamente recurrido, como sucede en el recurso contencioso interpuesto contra una providencia de apremio derivada de una liquidación anulada en vía económico-administrativa. En tal caso, el recurso deberá estimarse anulando el acto recurrido que carece ya del sustento necesario. No obstante en un supuesto semejante, se ha considerado que concurre satisfacción extraprocesal por pérdida de objeto (TS 14-9-07, EDJ 175291).

Requisitos subjetivos (LJCA art.76.1) La satisfacción de la pretensión debe hacerse por la **Administración demandada**, aunque es el órgano jurisdiccional el que pone fin al procedimiento, después de que se lo comunique la Administración demandada o, en su defecto, cualquiera de las partes. 12924

Objeto y contenido (LJCA art.76.1) Para que el proceso finalice es necesario que la Administración reconozca las **pretensiones del demandante** en su totalidad. 12926
La satisfacción de la pretensión debe ser **completa e inequívoca** (TS 7-11-85), de modo que, siendo aquella el objeto del proceso, reconocida la petición que encierra, desaparece; y, sin objeto, el curso de los autos no puede proseguir ni existir la relación jurídico-procesal correspondiente.
Tiene, además, que ser **pura** y **sin condiciones**, debiendo atenderse para apreciarla al contenido del acto por el cual se produce y a la extensión de la pretensión deducida (TS 23-4-94, EDJ 3606; auto 2-2-81, EDJ 6116).
Ha de darse **plena coincidencia** entre lo pedido y lo reconocido por el acto de satisfacción (TS 20-12-90, EDJ 11784; 12-2-92, EDJ 1276), de modo que, en caso de anulación, el acto invalidado extraprocesalmente será el mismo impugnado en sede judicial (TS auto 23-6-91, EDJ 8242), aunque la jurisprudencia considera actualmente que es suficiente con que el acto administrativo posterior modifique la situación en litigio hasta el punto de determinar la **desaparición real de la controversia** (TS 8-5-97, EDJ 4171; 19-5-99, EDJ 8008).
En el supuesto de ser **parcial**, no terminará el proceso, aunque se reduzca su objeto, pues lo contrario supondría una desprotección procesal (TS auto 8-2-89, EDJ 18584).
Si a una satisfacción parcial le sigue el **desistimiento del actor**, se está realmente ante una transacción, aun no formal.

Precisiones **1)** No se produce la terminación del proceso por satisfacción de la pretensión cuando la Administración haga una **comunicación de meras intenciones** que no sea un verdadero acto administrativo (TSJ País Vasco 9-3-01, EDJ 99072). 12928
Tampoco se produce la terminación del proceso si la satisfacción extraprocesal de la pretensión se refiere solo a **algunos puntos del suplico**, pero no a otros, aunque, en este caso, el mismo se centra únicamente en lo no reconocido por la Administración (TSJ Aragón 28-11-00, EDJ 113451).
2) La satisfacción extraprocesal se produce cuando lo solicitado en vía judicial es esencialmente lo mismo que se acuerde por la Administración en la **resolución administrativa** (TS 7-11-91, EDJ 10532).
3) En el **ámbito contractual**, reclamado el pago de cierta deuda por el contratista, solo se da en caso de que, por parte de la Administración contratante, se haya librado mandamiento de pago, pues de otro modo, limitándose aquella a reconocer la deuda, el fin del proceso podría dejar al interesado en situación de desamparo (TS 30-5-88, EDJ 16828).
No es suficiente para que se dé, el inicio de los trámites tendentes al reconocimiento extraprocesal de lo pedido, sino su **terminación efectiva** (TS 17-6-88, EDJ 5264).
No se da cuando la Administración se limita a reconocer **cuestiones meramente procedimentales o formales**, pero no las de fondo discutidas. Por ejemplo, en caso de que recurrida una actuación derivada de acta, se impugne esta por defectos del documento y por motivos de fondo, dejando sin efecto la Administración el acta, pero ordenando que se levante otra por los mismos hechos y conceptos (TS 21-6-90, EDJ 6635).
No tiene lugar en caso de que, recurrida una **sanción disciplinaria**, y solicitada su declaración de nulidad, la Administración no la declare tal, sino que la revoque por haberse jubilado el sancionado (TSJ Castilla y León 20-6-03).

Tampoco cuando no es la Administración la que da satisfacción a lo pedido, sino que una **reforma legislativa** beneficia los intereses de los recurrentes, amparando lo pretendido; situación ante la que puede desistir del recurso o plantear a la Administración lo que proceda, dando lugar en su caso a nuevos recursos judiciales (TS 13-3-90, EDJ 2822).
En materia de **devolución de ingresos indebidos**, exige el efectivo abono de los mismos (TS 13-10-90, EDJ 19323).
Puede tener lugar por medio de **rectificación de un error de hecho**, que genere el reconocimiento de la pretensión (TS 2-12-81, EDJ 7568).

12930 **4)** La **impugnación de una licencia** no tiene sentido si se ha concedido posteriormente una licencia conforme a lo solicitado (TS 10-12-86, EDJ 15397; 16-7-91, EDJ 7934). Asimismo, la **impugnación de una disposición** queda sin objeto si esta ha sido derogada por una norma posterior (TS 19-5-99, EDJ 13363), aunque la derogación de la norma no satisface la pretensión del demandante si este había reclamado además la indemnización de los daños y perjuicios causados (TS 8-5-87, EDJ 16001; 5-9-96, EDJ 7669).
5) Esta figura y el **precedente administrativo** son claramente diversas en su configuración y alcance.
• Existe satisfacción extraprocesal cuando la Administración -o, en general, la parte demandada- reconoce fuera del proceso lo que pretende el actor, dejando sin objeto el debate judicial.
• El objeto del proceso contencioso-administrativo es un concreto acto administrativo, el impugnado, ya aisladamente ya junto con otro previo, el originario (en caso de recurso en vía administrativa). De este modo, en un recurso contencioso-administrativo solo puede concurrir satisfacción extraprocesal en caso de que la Administración demandada deje sin efecto el acto recurrido por medio de alguno de los medios de **revisión/revocación** de actos administrativos.
• No hay satisfacción sino, en su caso, precedente cuando en una **resolución distinta a la recurrida** judicialmente, que resuelve una reclamación diferente a la que genera la impugnada, se afirma un fundamento/doctrina determinados semejantes a los desplegados por el actor en su demanda, sin perjuicio de que pueda invocarse aquella como precedente administrativo -**no vinculante**- en el recurso judicial.
6) A efectos de considerar satisfecha extraprocesalmente la pretensión del actor, resulta irrelevante que el acto a través del cual se materialice se haya adoptado **sin la previa retroacción del expediente** que el órgano jurisdiccional de instancia consideró procedente, pues la práctica de dicha retroacción no altera el carácter definitivo sobre el fondo del aquel acto (TS 28-12-05, EDJ 271891).
7) La Administración, en **ejecución de una resolución de restablecimiento de la legalidad**, de carácter definitivo pero no firme, puede satisfacer extraprocesalmente la pretensión de caducidad ejercitada en el proceso pendiente, aunque la resolución impugnada se encuentre en fase de ejecución (TS 3-2-21, EDJ 503900).

12932 **Plazo y forma** (LJCA art.76.1) Necesariamente, es **posterior a la iniciación del proceso** contencioso, al configurarse como un acaecimiento nuevo determinante de su fin (TS 17-9-82; auto 10-12-82). Dado que la pretensión se formula en el escrito de demanda, no parece posible que tenga lugar antes de esta (TS auto 25-11-88, EDJ 16898). Aunque también se ha sostenido ser indiferente que se produzca **antes o después de formulada la demanda**, siempre que la pretensión del demandante esté debidamente desplegada ante el órgano judicial (TS 25-5-99, EDJ 10519).
Y se producirá **antes de su finalización**, aunque sea en segunda instancia (TS 6-2-87, EDJ 15975); pero puede reconocerse en sentencia si no hay otro momento anterior para ello (TS 28-10-81, EDJ 6910; 9-5-84). Sin embargo, alguna sentencia exige que sobrevenga antes de la citación para sentencia (TS 9-6-84).
Se produce por medio de **acto expreso** o, a lo sumo, tácito. No presunto.

12934 MPCA nº 2947 **Efectos** (LJCA art.76.2) Una vez que se pone en conocimiento del órgano jurisdiccional, bien sea por la Administración demandada o por cualquiera de las partes, el órgano jurisdiccional debe **oír a todas las partes** por un plazo común de 5 días. Se atribuye al letrado de la Administración de Justicia la competencia para tramitar dicha audiencia a las partes.
El órgano jurisdiccional debe comprobar lo alegado, adoptando las medidas conducentes a acreditar si, en efecto, la resolución administrativa reconoce y satisface, de modo pleno, la pretensión -p.e. pidiendo copia de la resolución para su examen- (TS 27-4-90, EDJ 4463).
Comprobada la satisfacción de la pretensión, el juez ha de dictar auto en el que declare terminado el procedimiento y debe ordenar el archivo del recurso. Este auto no produce los efectos materiales de la cosa juzgada (TS 18-7-25, EDJ 644477).
Si el reconocimiento **infringe manifiestamente el ordenamiento jurídico**, el tribunal ha de dictar sentencia ajustada a Derecho.
En cuanto a los **efectos económicos**, la Ley no establece nada sobre la imposición de las costas, de lo que se deduce que el órgano jurisdiccional debe decidir sobre su imposición, de acuerdo con las normas generales. De acuerdo con ello, no debe llevar aparejada, necesariamente, la **condena en costas**, a menos que se considere que la Administración ha provocado el pleito con temeridad o mala fe (TS 27-4-91, EDJ 22495).

Precisiones 1) La puesta de manifiesto de la misma se hace por las **partes**, sin que corresponda al órgano judicial interpretar los supuestos dudosos (TS 18-10-64).
2) Produce la terminación, sin necesidad de entrar al análisis de **causas de inadmisibilidad** (TS 30-4-81, EDJ 7024).
3) Efecto semejante produce la declaración de **caducidad del derecho** reconocido en la resolución cuya anulación se pretende (TS 31-12-83), aplicando analógicamente el régimen de la satisfacción extraprocesal a estas situaciones.
4) Producida la satisfacción procesal, no es preciso el **desistimiento del actor** -que es modo diferente de terminación-, aunque en algún supuesto se ha considerado que tras ella, aquel es obligado para el recurrente (TS 22-1-85).

d. Transacción

(LJCA art.77)

En los procedimientos en primera o única instancia, el órgano jurisdiccional puede someter a las partes la posibilidad de alcanzar un **acuerdo** que ponga fin a la controversia o que verse sobre algún aspecto parcial del proceso, tal como el reconocimiento de hechos o documentos. Se trata de un supuesto de **transacción judicial**, en el que las partes realizan un contrato de transacción (CC art.1809), que se somete al órgano jurisdiccional para su homologación y para que adquiera virtualidad para poner fin al proceso. **12940** MPCA nº 2948 s.

En el caso de la **Administración pública** demandada, esta solo puede transigir con la autorización oportuna.

Precisiones 1) Uno de los rasgos típicos de la potestad administrativa es su carácter **indisponible e irrenunciable**. Por ello, no pueden someterse a arbitraje, mediación u otros mecanismos semejantes, salvo previsión legal concreta respecto de sectores específicos (LPAC art.112.2).
Como consecuencia de ello, tampoco cabe sujeción a **transacción**, ya en su contenido abstracto, ya en las consecuencias de su actuación en casos concretos, de dichas potestades.
2) Las exigencias del interés público que justifican la atribución fiduciaria del poder jurídico que aquella supone implican que su actuación no puede encontrar límite en los convenios que la Administración haya concluido con los administrados. Por ello, no resulta admisible la **disposición de la potestad administrativa por vía contractual** (TS 19-11-91, EDJ 10965, en relación con la potestad innovativa en los contratos administrativos).
3) El Tribunal Constitucional ha reconocido la validez de la transacción como modo de terminación del proceso por **pérdida de objeto** (TCo auto 11-2-91).

Requisitos subjetivos (LJCA art.77.1; CC art.1713) Se reconoce al **órgano jurisdiccional** ante el que se tramita un proceso contencioso-administrativo la facultad de someter a la consideración de las partes, de oficio o a solicitud de una de ellas, la posibilidad de alcanzar un acuerdo. **12942**

El acuerdo debe adoptarse entre las **partes**, que deben tener capacidad de disposición, de acuerdo con las normas generales.

Si se realiza mediante **representante**, este requiere mandato expreso, no bastando el poder general para pleitos.

El representante de la **Administración pública** demandada solo puede transigir con la autorización oportuna, con arreglo a las normas que regulan la disposición de la acción por parte de los mismos. En la Administración del Estado, es necesaria la **autorización**, por decreto del Consejo de Ministros, previo dictamen del Consejo de Estado en pleno (LGP art.7.3; L 33/2003 art.31). En las Administraciones locales y autonómicas, corresponde al órgano de gobierno respectivo.

Precisiones Están fuera del tráfico jurídico las potestades de ejercicio rigurosamente reglado, por lo que no pueden ser objeto de convenio. Solo en casos de **habilitaciones legales específicas**, cuando el interés público y las circunstancias concurrentes determinen que la atribución a la Administración de la correspondiente potestad sea con el suficiente grado de discrecionalidad, resultará posible la terminación convencional de las actuaciones (TS 30-4-79, EDJ 4835).

Objeto y contenido (LJCA art.77.3) El acuerdo solo puede versar sobre materias susceptibles de transacción y, en particular, sobre **reclamaciones de cantidad**. **12944**

Puede tener como contenido un **acuerdo** que ponga fin a la controversia o, más simplemente, un acuerdo sobre el reconocimiento de hechos o documentos.

Para que la materia sea susceptible de transacción debe cumplir los siguientes **requisitos**:

• La presencia de una **relación jurídica incierta**, ya sea en cuanto a su existencia o en cuanto a su contenido Esa incertidumbre tiene como consecuencia que sea una relación jurídica litigiosa.
• La **intención de las partes** de eliminar esa incertidumbre, sustituyendo la relación jurídica dudosa por otra cierta y clara.
• Que existan recíprocas **concesiones** de las partes.

Lo acordado no puede ser manifiestamente **contrario al ordenamiento jurídico** ni lesivo del interés público o de terceros.

Precisiones 1) La Ley no recoge cuáles son las materias susceptibles de transacción. Son ejemplos de esta forma de poner fin al procedimiento administrativo (con directo reflejo en el ámbito contencioso-administrativo):
• El **acuerdo indemnizatorio** en el procedimiento de responsabilidad patrimonial a las Administraciones públicas (LPAC art.86).
• En procedimientos de **expropiación forzosa**, el convenio expropiatorio (LEF art.24).
• La suscripción de **convenios urbanísticos**, con algunos matices (TSJ Cataluña 4-12-03, EDJ 182763).
2) Los tribunales han ido precisando el ámbito de la transacción, sobre todo de forma negativa, mediante la **exclusión de ciertas materias**. Como indicación:
- el **cese como concejal** de una persona condenada a inhabilitación no es susceptible de transacción (TS auto 3-4-01, EDJ 98938);
- no cabe en un proceso **contencioso-electoral** en el que lo impugnado es una actuación de la Administración electoral.

12946 **Plazo y forma** (LJCA art.77.1, 2 y 4) La transacción solo es posible en los procedimientos en **primera o única instancia**.
Debe producirse antes de que el pleito sea declarado **concluso para sentencia**.
El intento de conciliación no suspende el curso de las actuaciones, salvo cuando todas las partes personadas lo soliciten.
En cuanto a la **forma**, se puede proponer por el tribunal de oficio o a instancia de cualquiera de la partes.
En todo caso, las actuaciones pueden llevarse a cabo por **medios electrónicos**.
La homologación del contenido del acuerdo se realiza mediante una resolución del órgano jurisdiccional que adopta la forma de **auto**.

12948 **Efectos** (LJCA art.77.2 y 3) Si, propuesto el acuerdo, **no se llega a alcanzar**, el proceso continúa por sus trámites.
Si las partes **alcanzan un acuerdo** sobre el objeto del proceso, el tribunal debe verificar su contenido para que no infrinja el ordenamiento jurídico y no perjudique el interés público o de terceros. Puede ocurrir que:
• El órgano jurisdiccional **no admita la transacción** por no cumplir estos requisitos. En este caso, se debe hacer constar mediante auto motivado y el procedimiento continúa.
• El órgano jurisdiccional **admita la transacción**. En este caso, debe dictar un auto en el que dé por terminado el proceso, ordenando el archivo de las actuaciones y la devolución del expediente a la oficina de que proceda.
La transacción produce dos **tipos** de efectos:
- procesales: terminación del proceso;
- materiales: nacimiento, modificación o extinción de relaciones jurídicas en los términos en que se haya convenido.

e. Caducidad de la instancia

(LEC art.236 a 240)

12955 Es un modo de terminación del procedimiento derivado de la **inactividad de las partes**, de la
MPCA que se deduce que las mismas renuncian a su continuación.
nº 2959 s. La caducidad no se produce cuando la falta de actividad deriva de **fuerza mayor**, ni cuando se produce en actuaciones de **ejecución forzosa**; se produce **contra la voluntad** de las partes o cuando no les es imputable (LEC art.238 y 239).

Precisiones 1) A pesar de que esta figura no se contempla expresamente en la LJCA vigente (sí en la precedente: LJCA/56 art.91), rige en este proceso por **supletoriedad** -LEC art.236: nº 3060- (TSJ País Vasco auto 7-11-05, EDJ 278221).
2) Existen diferencias a estos efectos entre el proceso civil y el contencioso, debido al principio de rogación propio del primero. Así, no cabe imputar a las partes la **inactividad** en caso de que la paralización se deba a la pasividad del órgano judicial, llamado a la promoción de oficio de ciertos trámites. Lo que determina, eventualmente, la inaplicabilidad en el orden contencioso de preceptos contrarios a tal circunstancia (TS auto 26-7-94, EDJ 6220).
3) De acuerdo con ello, no procede declarar la caducidad y el archivo de un procedimiento por **falta de remisión del expediente** administrativo, si el órgano jurisdiccional no ha utilizado los medios previstos en la Ley para imponer el cumplimiento de esta obligación (TSJ Madrid 22-3-01, EDJ 98966).

4) La caducidad va ligada habitualmente en el proceso contencioso -aunque no necesariamente- a la **previa suspensión** del curso de los autos por acuerdo de las partes, a veces en trance de transacción extrajudicial (TS auto 9-3-82).

Plazos (LEC art.237) En **general**, se tienen por abandonadas las instancias y recursos en toda clase de pleitos si, pese al impulso de oficio de las actuaciones, no se produce actividad procesal alguna en los siguientes **plazos**, que se computan desde la última notificación hecha a la parte: **12958** MPCA nº 2964 s.
- 2 años, en primera instancia;
- 1 año, en segunda instancia o cuando el pleito esté pendiente de recurso de casación.

De forma más específica, se establecen para el **proceso contencioso-administrativo** ciertos plazos que también determinan la terminación del proceso por caducidad:
a) Cuando transcurre el plazo de 10 días para la **subsanación de documentos** que deben acompañar al escrito de interposición del recurso, sin que la misma se haya realizado (LJCA art.45.3).
b) Cuando transcurre el plazo de 30 días para interponer el recurso cuando el órgano jurisdiccional no estime pertinente la **acumulación** (LJCA art.35.2).
c) Cuando transcurra el plazo de 20 días para **interponer la demanda** sin que se haya hecho (LJCA art.52.2).

Precisiones Pueden citarse los siguientes **supuestos de apreciación** del plazo de 2 años, en primera o única instancia: TS 9-12-11, EDJ 292782; 31-1-12, EDJ 7168; TSJ Madrid auto 15-11-05, EDJ 218510; 13-5-04, EDJ 118368; TSJ País Vasco auto 28-10-05, EDJ 262712.

Forma y efectos (LEC art.237 y 240) La **declaración de caducidad** se realiza mediante decreto del letrado de la Administración de Justicia, contra el que solo cabe recurso de revisión, y tiene como efecto que se tenga por desistida a la parte, de la acción o del recurso. **12960**
No implica la imposición de **costas** (nº 12877), sino que cada parte ha de soportar las causadas a su instancia y las comunes por mitad.

SECCIÓN 6

Procedimiento abreviado

(LJCA art.78 redacc LO 1/2025)

13090

Se trata de un **proceso especial**, de carácter predominantemente oral, que se rige, en todo lo que no esté especialmente previsto, por las normas generales del proceso ordinario (LJCA art.78.23), en cuanto no incompatibles con las específicas propias. **13092** MPCA nº 3020
En los apartados siguientes exponemos sus **especialidades**, que se refieren todas ellas al procedimiento y tienen por objeto dotarle de celeridad.

Precisiones **1)** La LO 1/2025 introduce **modificaciones** en el tratamiento del procedimiento abreviado, incorporando previsión expresa de remisión del expediente por parte de la Administración demandada en soporte electrónico, alteración del régimen de celebración de vista y posibilidad de dictado de la sentencia oralmente.
2) Resulta aplicable al proceso contencioso-administrativo el régimen de **adaptación a las condiciones de las partes** de la celebración de los actos procesales previsto para el proceso civil (LEC art.7 bis). Ver nº 2793.2.

Supuestos (LJCA art.29.2 y 78.1) Para que un recurso se tramite por este procedimiento es necesario, en primer lugar, que se sustancie ante las Secciones de lo Contencioso-Administrativo de los **Tribunales de Instancia o Central de Instancia** -hasta su constitución, juzgados o juzgados centrales de lo contencioso-administrativo-. Por tanto, debe tratarse de supuestos atribuidos a la competencia de estos órganos jurisdiccionales (LJCA art.8 y 9). **13094** MPCA nº 3022 s.

Esta regla tiene como única **excepción** la tramitación de los recursos contra el incumplimiento por la Administración de su obligación de ejecutar un acto administrativo firme, que se sujetan al trámite abreviado aunque la competencia objetiva para conocerla corresponda a otros órganos judiciales (colegiados).
En segundo lugar, se establece que deben seguir el cauce del procedimiento abreviado los siguientes asuntos:

• Asuntos que se susciten sobre **cuestiones de personal** al servicio de las Administraciones públicas, sobre **extranjería** y sobre inadmisión de peticiones de **asilo político**.
• Asuntos cuya **cuantía** no supere 30.000 euros.

Precisiones 1) Por este cauce pueden tramitarse también **acciones contra la vía de hecho**, siempre que por los parámetros concurrentes corresponda su conocimiento a un juzgado -Sección de lo Contencioso-Administrativo de Tribunal de Instancia- y deba seguirse efectivamente este trámite (JCA Huelva núm 2, 8-11-05, EDJ 239993).
2) No puede seguirse este cauce en **recursos de lesividad** para cuyo conocimiento sea competente un juzgado de lo contencioso-administrativo, cualquiera que sea la cuantía del asunto. Siempre es hábil el procedimiento ordinario.
3) El empleo de este procedimiento por los juzgados centrales de lo contencioso -Sección de lo Contencioso-Administrativo del Tribunal Central de Instancia- no resulta directamente de la letra de la Ley (LJCA art.78.1). Sin embargo, considerando a estos como especie dentro del género juzgados de lo contencioso -Tribunal de Instancia-, se aplica por aquellos cuando procede la modalidad abreviada en estudio.

13096 **Iniciación del proceso** (LJCA art.78.2) Este procedimiento se aparta, en cuanto a su iniciación, de la regla general del recurso contencioso-administrativo, ya que no se inicia mediante escrito de interposición, sino mediante **demanda** (completa), presentada en el **plazo** general para la interposición del recurso (nº 12414), a la que se acompañarán el documento o **documentos** en los que el actor funde su derecho, así como los que han de presentarse junto con el escrito de interposición en el procedimiento ordinario (nº 12435). Al plazo de presentación no le es aplicable la regla de **prórroga** hasta que se dicte el auto que da por caducado el trámite.
La demanda debe cumplir conjuntamente los **requisitos** del escrito de interposición (nº 12416) y de la demanda (nº 12570), dado su doble carácter iniciador del proceso y justificador de la pretensión que se ejercita, con todos los fundamentos de hecho y de Derecho que procedan.
Si no cumple los requisitos necesarios, el órgano jurisdiccional ha de conceder un plazo de 10 días para su **subsanación** (nº 12594).
No se da **contestación** escrita a la demanda, sino que se contesta oralmente en el acto del juicio.

Precisiones 1) No procede, en ningún caso, el otorgamiento del plazo de 20 días que se concede para formular demanda en el **procedimiento ordinario** (TSJ Andalucía 14-2-00, EDJ 15984).
2) La demanda iniciadora del procedimiento abreviado excede del **contenido** del escrito de interposición. Se trata de una demanda, pero se formula sin que el actor tenga en su poder el expediente administrativo, pudiéndose, por ello, ampliar en cuanto a las alegaciones en el acto de la vista (AN 31-1-07, EDJ 7681).
3) Cuando el demandante inicia el procedimiento **mediante escrito de interposición** porque considera que se trata de un procedimiento ordinario, si el órgano jurisdiccional decide que la tramitación que procede es la del procedimiento abreviado, debe conceder un plazo de 10 días para subsanar y completar la demanda (TSJ Madrid 16-1-02, EDJ 19076; TSJ Valladolid 9-7-02, EDJ 45999).
4) Una de las particularidades del procedimiento abreviado reside en que la interposición del recurso y el escrito de demanda se integran en un **único escrito/trámite**. En cambio, la regulación de dicho trámite en el procedimiento ordinario se disocia en dos escritos separados con contenido y plazos de presentación distintos. Por ello, atendiendo al principio *pro actione*, si el recurso en el procedimiento abreviado se inicia directamente con demanda (LJCA art.78.2), debe entenderse que la analogía en la aplicación supletoria de las normas generales (LJCA art.78.23), lo es con el escrito de demanda, del que se permite la **subsanación**, no con el simple escrito de interposición del recurso en el procedimiento ordinario.
Por ello, en el procedimiento abreviado, una vez expirado el plazo de subsanación de 10 días concedido por el órgano judicial para presentar la demanda, sin haberlo hecho, cuando haya sido iniciado el procedimiento por un escrito presentado en plazo y el órgano judicial haya dictado una resolución declarando la caducidad del plazo para formalizar la demanda, debe admitir el escrito que la formule si se presenta dentro del día en que se notifica aquella resolución (TS 27-7-22, EDJ 677087; 14-12-23, EDJ 771658).
5) Aunque la demanda es técnicamente completa, pueden adicionarse **alegaciones** en el acto de la vista (nº 13104).

Trámite de admisión, citación para la vista y trámites previos a la vista (LJCA art.78.3 redacc LO 1/2025) Una vez presentada la demanda, el letrado de la Administración de Justicia debe examinar de oficio los requisitos de jurisdicción y competencia, dictándose posteriormente resolución o resoluciones de acuerdo con lo siguiente: 13100 MPCA nº 3028

a) La **admisión de la demanda**, por el letrado de la Administración de Justicia, si cumple los requisitos necesarios. Si tiene algún defecto, su **subsanación** se puede llevar a cabo, de acuerdo con las normas generales, en el plazo de 10 días (nº 12594). Si no se produce la subsanación, el órgano jurisdiccional debe proceder al archivo de las actuaciones. En caso de posible inadmisibilidad, el letrado de la Administración de Justicia da cuenta al juez para que resuelva sobre la inadmisión.

b) La orden de **traslado de la demanda** al demandado. El emplazamiento y personación de las partes se rige por las reglas generales (nº 12535).

El emplazamiento de los **codemandados** se efectúa por el órgano judicial -secretaría- no por la Administración demandada, en contra de la regla general de ser esta la que procede a evacuarlo.

En cuanto a la **personación de la Administración**, a pesar de la ambigua redacción del precepto, es razonable sostener que el envío del expediente produzca efectivamente la personación, como en la práctica sucede.

c) La **citación de las partes** -por el letrado de la Administración de Justicia- para la celebración de la vista, con indicación del día y hora para su celebración.

d) La orden -también por el letrado de la Administración de Justicia- a la Administración demandada de **remisión del expediente administrativo en soporte electrónico**, con, al menos, 15 días de antelación al término señalado para la vista.

e) Si en la demanda se solicitasen **diligencias de preparación de la prueba** a practicar en juicio, el letrado de la Administración de Justicia acordará lo que corresponda para posibilitar su práctica, sin perjuicio de lo que el juez o tribunal decida sobre su admisión o inadmisión en el acto del juicio.

Solicitud de no recibimiento a prueba ni celebración de vista (LJCA art.78.3 párr 3º redacc LO 1/2025) En el supuesto de que el actor pida en su **escrito de demanda** que el recurso se falle sin necesidad de recibimiento a prueba ni de celebración de vista, el letrado de la Administración de Justicia da traslado de la misma a las partes demandadas para que la contesten en plazo de 20 días, con apercibimiento de que no se admitirá la contestación de la Administración demandada, sin aportar con ella el expediente administrativo, en caso de que se haya formulado la demanda sin haberse recibido aquel. De otra forma, se declara el **pleito concluso para sentencia** una vez contestada la demanda, a menos que el juez haga uso de las facultades en materia de prueba de LJCA art.61 -práctica de prueba de oficio, principalmente-. 13101 MPCA nº 3030 s.

Las **partes demandadas** pueden solicitar, dentro de los 10 primeros días del plazo para contestar, la celebración de **vista**, argumentando a tal fin en qué hechos existe disconformidad y qué medios de prueba, distintos de los ya obrantes en actuaciones, habrían de ser practicados para despejar esa disconformidad. El juez decidirá sobre dicha solicitud mediante auto. El auto que acuerde la celebración de vista no admite recurso y, tras su notificación, el letrado de la Administración de Justicia citará a las partes al acto conforme a lo expuesto en el nº 13100. El auto que rechace la celebración de vista dispondrá, además, que se conteste la demanda en el plazo que reste siendo susceptible de recurso de reposición. Presentada la contestación se abrirá un trámite de conclusiones, por plazo de 5 días sucesivos, si la parte actora lo hubiese solicitado en su demanda.

Entrega del expediente a las partes (LJCA art.78.4) Recibido el expediente administrativo, el letrado de la Administración de Justicia ha de remitirlo al demandante, al demandado y a los demás interesados que se hayan personado, para que puedan hacer **alegaciones** en el acto de la vista. 13102

El expediente administrativo se encuentra en la secretaría del órgano judicial **a disposición de los litigantes**. Sin embargo, el traslado a las partes se debe realizar mediante su entrega, tanto en el procedimiento ordinario, como en el abreviado. Teniendo en cuenta la finalidad de la entrega del expediente, que es realizar alegaciones en el acto de la vista, parece que se debe realizar de **forma simultánea** a todas las partes, mediante copias, y no sucesivamente, como ocurre en el procedimiento ordinario para la formalización de la demanda y la contestación.

Una vez entregado el expediente, las partes pueden usar la facultad de pedir que **se complete el expediente** administrativo, según las reglas generales (nº 12574).

Precisiones A pesar de que el precepto utiliza el término «**remitirá**», parece que debe entenderse, como es la regla general en el recurso contencioso-administrativo, que se «**entregará**» a las partes (LJCA art.52).

13104 **Acto de la vista** (LJCA art.78.5 a 19) El procedimiento abreviado es predominantemente **oral**. Por ello, el trámite más importante en su desarrollo es el acto de la vista.
MPCA nº 3034 s.
Llegado el día y hora establecido y **comparecidas las partes**, o alguna de ellas, el juez debe declarar abierta la vista. Pueden darse diversos supuestos de **incomparecencia**, con diferentes efectos cada uno de ellos:

• Si no comparece el **demandante**, con independencia de que comparezca o no el demandado, se le tiene por desistido y se le debe condenar en costas.
• Si no comparece el **demandado**, se prosigue la vista en su ausencia.
• Si no comparece **ninguno** de los dos, se producen los mismos efectos que en el caso de que no comparezca el demandante: se tiene por desistido al actor y se le condena en costas.

La vista se desarrolla según los **trámites** que se exponen en los números siguientes.

Precisiones 1) La resolución en la que el juez da por desistido al demandante por **incomparecencia** se puede recurrir, ya que es un auto que hace imposible la continuación del procedimiento. Sin embargo, el acta en que se hace constar la incomparecencia y el acuerdo de darle por desistido no es susceptible de recurso (AN 23-11-00, EDJ 113359).
2) No procede dar por desistido al demandante si la incomparecencia se debe a una **causa justificada**. Es indiferente que esa causa se ponga en conocimiento del juzgado antes de la vista o con posterioridad, si no es posible hacerlo antes, por ejemplo, como consecuencia de una enfermedad súbita que motiva el ingreso hospitalario del representante el mismo día de la vista (AN 23-11-00, EDJ 113359; TSJ Cantabria 2-11-00, EDJ 59380).
3) No se puede declarar el desistimiento por incomparecencia del demandante como consecuencia de un **defecto en el poder de representación**, si se trata de un defecto subsanable (TSJ Madrid 29-5-01, EDJ 98965).

13106 **Alegaciones del demandante** (LJCA art.78.6) La vista comienza con la exposición por el demandante de los **fundamentos** de lo que pida o la ratificación de los expuestos en la demanda. Se permite modificar los fundamentos, ya que la demanda se formuló sin tener el expediente administrativo, por lo que, con posterioridad, a la vista de este, pueden surgir nuevas alegaciones.
MPCA nº 3039

No cabe sin embargo la **alteración sustancial** de la pretensión.

Tampoco es aceptable la presentación de una demanda escrita extremadamente limitada y desarrollarla ampliamente en el acto del juicio, incorporando alegaciones y **fundamentos** totalmente **ajenos** al contenido de aquella, a menos que ello se justifique en la posterior vista del expediente.

13108 **Alegaciones del demandado** (LJCA art.78.7, 8 y 80.1) Acto seguido, el demandado ha de formular sus alegaciones, comenzando por unas **alegaciones preliminares** de carácter procesal, cuya estimación impide la continuación del proceso. Se debe empezar por las cuestiones relativas a la jurisdicción, a la competencia objetiva y territorial y a cualquier otro hecho o circunstancia que pueda obstar a la válida prosecución y término del proceso mediante sentencia sobre el fondo.

Si se formulan alegaciones preliminares, se ha de oír sobre ellas al demandante y el juez debe resolver lo que proceda en el mismo acto. Puede resolver en los siguientes sentidos:

• Mediante la **desestimación** de las citadas alegaciones, en cuyo caso el juicio prosigue. No cabe recurso, aunque el demandado puede pedir que conste en acta su disconformidad.
• Declinando el conocimiento del asunto en favor de **otro órgano judicial** o declarando la **inadmisibilidad**. El demandante también puede hacer constar la protesta en el acta, a efectos de un posterior recurso.

La declaración de inadmisibilidad debe hacerse mediante auto, susceptible de recurso de apelación.

13110 **Impugnación de la adecuación del procedimiento por razón de la cuantía** (LJCA art.78.9) Si en sus alegaciones el demandado ha impugnado el procedimiento por razón de su cuantía, el juez, antes de practicar la prueba o, en su caso, las conclusiones, debe exhortar a la partes a ponerse de **acuerdo sobre tal extremo**. Si no se alcanza el acuerdo, ha de decidir el juez, dando al proceso el curso procedimental que corresponda según la cuantía que él determine. La determinación de la cuantía debe hacerse conforme a los criterios generales (nº 12140).

Frente a la decisión del juez determinando la cuantía y la continuación del procedimiento abreviado o la declaración de inadecuación de procedimiento, no cabe **recurso** alguno.

13112 **Prueba** (LJCA art.78.10 y 12 a 18) Si no se suscitan cuestiones procesales o si, habiéndose suscitado, se resuelve por el juez la continuación del juicio, se ha de dar la palabra a las partes para que fijen con claridad los hechos en que fundamenten sus pretensiones.

Esta **fijación de los hechos** tiene por objeto determinar si existe conformidad acerca de los mismos. Si existe **conformidad**, no se practica prueba y se ha de proceder como se expone en el nº 13118.

Si **no existe conformidad** sobre los hechos, se han de proponer las pruebas por las partes y, una vez admitidas las que no sean impertinentes o inútiles, se han de practicar seguidamente. La prueba se ha de practicar de acuerdo con las **reglas generales** del juicio ordinario, en todo lo que no sean incompatibles con el procedimiento abreviado (nº 12632 s.).
Se recogen, sin embargo, una serie de **normas especiales** en materia de prueba para este procedimiento, que exponemos en los números siguientes.

a) En la **prueba de interrogatorio de las partes**, las posiciones se han de proponer verbalmente, sin admisión de pliegos. **13114**
b) Para la **prueba testifical**, no se admiten escritos de preguntas y repreguntas. Esto supone la total oralidad en la práctica de esta prueba.
Si el **número de testigos** es excesivo y, a juicio del órgano judicial, sus manifestaciones pueden constituir inútil reiteración del testimonio sobre hechos suficientemente esclarecidos, puede limitarlos discrecionalmente. Es precisa la concurrencia de ambos requisitos, que el número de testigos sea excesivo y que su declaración pueda resultar reiterativa.
Los testigos no pueden ser **tachados**, sin perjuicio de que, en las conclusiones, las partes hagan las consideraciones oportunas sobre sus circunstancias personales y la veracidad de sus manifestaciones.
c) En la práctica de la **prueba pericial** no son de aplicación las reglas generales sobre la **designación** de peritos. Sin embargo, no se determina la forma de designación de los peritos, por lo que parece que esta prueba queda reducida a una aportación de informes de parte.
La especialidad se refiere solo a la forma de designación de los peritos, rigiendo las reglas generales de la prueba pericial respecto a su **valoración** (nº 12692).

Precisiones La configuración verbal de la **prueba de confesión** es incompatible con la exigencia, en el proceso civil, de que el interrogatorio de las Administraciones públicas se practique por escrito, después de haberse remitido las preguntas (LEC art.315).

d) Contra las resoluciones del juez sobre **denegación de pruebas** o sobre admisión de las que se denuncien como obtenidas con violación de derechos fundamentales, las partes pueden interponer en el acto **recurso de reposición**, que se debe sustanciar y resolver seguidamente. La interposición y la resolución de este recurso se deben realizar oralmente, sin perjuicio de la documentación en el acta. **13116**
e) Si el juez estima que alguna prueba relevante **no puede practicarse en la vista**, sin mala fe por parte de quien tenga la carga de aportarla, la debe suspender, señalando en el acto -el letrado de la Administración de Justicia- y sin necesidad de nueva notificación, el lugar, día y hora en que deba reanudarse la vista. Si no hubiera asistido a la vista, el letrado de la Administración de Justicia efectuará nuevo señalamiento en el día hábil siguiente a aquel en que se hubiera acordado la suspensión.

Conclusiones (LJCA art.78.19 y 61.2) Las han de formular los **letrados de las partes**, por su orden. **13118**
No obstante, las **personas que sean parte** en los asuntos pueden, después de que se formulen las conclusiones por los letrados y con la venia del juez, exponer de palabra lo que crean oportuno para su defensa, a la conclusión de la vista y antes de darla por terminada.
Antes de terminar la vista, el juez puede poner de manifiesto a las partes que, a su juicio, existen **motivos no alegados** que pueden fundar el recurso o la oposición. Como consecuencia de la oralidad del procedimiento abreviado, las partes deben realizar alegaciones sobre este punto en el mismo acto (TSJ Aragón 31-1-01, EDJ 99082; 2-3-01, EDJ 99079).
Una vez formuladas las conclusiones, se da por **terminada la vista**, declarando el pleito concluso para sentencia. Con posterioridad a las conclusiones no se pueden acordar **diligencias** para mejor proveer.

Terminación anticipada de la vista después de las alegaciones (LJCA art.78.11) No se practica **prueba** en las siguientes situaciones: **13120**
- cuando, de las alegaciones de las partes, se desprenda la conformidad de todos los demandados con las pretensiones del actor o el carácter meramente jurídico de la controversia;
- en caso de ausencia de proposición de prueba;
- en caso de inadmisibilidad de toda la prueba propuesta.

En estos casos, si las partes no desean formular **conclusiones**, el juez debe apreciar tal circunstancia en el acto y, si ninguna parte se opone, ha de dictar sentencia sin más dilación.
Si existe **oposición** de alguna de las partes a que se dicte sentencia directamente, el juez puede resolver:
- estimando la oposición, en cuyo caso continúa la vista por sus trámites;
- desestimando la oposición, en la misma sentencia dictada, conforme a lo dispuesto anteriormente, antes de resolver sobre el fondo.

13122 **Documentación de la vista** (LJCA art.78.21 y 22 redacc LO 1/2025) La vista se registra en soporte apto para la **grabación** y reproducción del sonido y de la imagen y se documenta a través del acta elaborada por el letrado de la Administración de Justicia -según lo dispuesto en LEC art.146 y 147 (LJCA art.63.3 y 4). Ver nº 12762).

Cuando no puedan emplearse tales mecanismos de garantía, el **acta** debe consignar los datos del procedimiento (número, clase, lugar y fecha de celebración de la vista, tiempo de duración, asistentes, alegaciones; resoluciones del juez; incidencias impeditivas del empleo de aquellos medios) e incorporar los soportes de la grabación de las sesiones.

Si no pueden, por cualquier causa, emplearse medios de grabación y registro, durante la celebración del juicio, el letrado de la Administración de Justicia ha de ir extendiendo la correspondiente acta, en la que se deben hacer constar las siguientes **circunstancias**:

• **Lugar, fecha, juez** que preside el acto, partes **comparecientes**, representantes, en su caso, y defensores que las asisten.

• Breve resumen de las **alegaciones** de las partes, medios de prueba propuestos por ellas, declaración expresa de su pertinencia o impertinencia, razones de la denegación y protesta, en su caso.

• En cuanto a las **pruebas admitidas y practicadas**:

- resumen suficiente de las de interrogatorio de parte -antes denominada confesión- y testifical;
- relación circunstanciada de los documentos presentados o datos suficientes que permitan identificarlos, en el caso de que su excesivo número haga desaconsejable la citada relación;
- relación de las incidencias planteadas en el juicio respecto a la prueba documental;
- resumen suficiente de los informes periciales, así como de la resolución del juez en torno a las propuestas de recusación de peritos;
- resumen de las declaraciones realizadas en la vista.

• Las **conclusiones y peticiones** concretas formuladas por las partes. En caso de que sean de condena a pagar una cantidad, esta debe recogerse en el acta.

• Declaración hecha por el juez de **conclusión de los autos**, mandando traerlos a la vista para sentencia.

El juez ha de resolver, sin ulterior recurso, las **observaciones** que se hagan sobre el contenido del acta.

El acta debe ser **firmada**, una vez acabado el juicio, por las partes, sus representantes o defensores y los peritos, haciendo constar si alguno de ellos no firma por no poder, por no querer hacerlo o por no estar presente, así como por el letrado de la Administración de Justicia, en último lugar.

Las actas expuestas deben extenderse a través de **procedimientos informáticos**. Solo en caso de carencia de tales medios, pueden ser manuscritas.

Debe entregarse **copia** del acta del juicio a quienes hayan sido parte en el proceso, si lo solicitan.

13124 **Terminación del proceso** (LJCA art.78.20) Igual que en el ordinario, el proceso termina normalmente mediante **sentencia**, que debe dictarse en el plazo general de 10 días, que se computa desde la celebración de la vista. No obstante, la sentencia se podrá dictar **oralmente** al concluir dicho acto con los requisitos de forma y consecuencias derivados de LEC art.210.3 y 4, pronunciando su fallo de acuerdo con LJCA art.68 a 71.

La sentencia debe tener todos los **requisitos** establecidos al respecto en el procedimiento ordinario (nº 12785 s.).

El procedimiento abreviado también puede terminar anormalmente, por **desistimiento, allanamiento, satisfacción extraprocesal o caducidad**, aplicándose a este respecto las mismas reglas que las expuestas para el procedimiento ordinario (nº 12880 s.), pero con las especialidades de tramitación propias del procedimiento abreviado (p.e. el desistimiento y el allanamiento pueden hacerse hasta el acto de la vista).

Precisiones La previsión de dictado de sentencia oral es aplicable a procesos en los que **no se haya celebrado vista a 3-4-2025**, fecha de entrada en vigor de la LO 1/2025 (LO 1/2025 disp.trans.9ª.6).

13126 **Recursos** (LJCA art.80.1 y 81.2) Como regla general, el **recurso de apelación** solo se puede
MPCA interponer frente a sentencias dictadas en asuntos cuya cuantía litigiosa excede de 30.000
nº 3058 euros.

Precisiones Los **recursos contra sentencias** contencioso-administrativas se exponen detalladamente en los nº 14000 s.

SECCIÓN 7

Procedimientos especiales

13150

Además del procedimiento ordinario y del abreviado, expuestos en las dos secciones anteriores, se regulan ciertos procesos de **naturaleza contencioso-administrativa**, pero que presentan especialidades con respecto a las normas generales, debidas a la particularidad del acto objeto de la impugnación. 13151 MPCA nº 3120

A. Protección de los derechos fundamentales

(LJCA art.114 a 122)

Cualquier ciudadano puede recabar la tutela de las libertades y derechos fundamentales en sentido estricto (Const art.14 a 29), ante los tribunales ordinarios, por un procedimiento basado en los principios de **preferencia y sumariedad** y, en su caso, a través del recurso de amparo ante el Tribunal Constitucional (Const art.53.2). 13160 MPCA nº 3132
Actualmente, este procedimiento preferente y sumario se regula en la normativa procesal contencioso-administrativa, que se refiere expresamente a él como el **procedimiento de amparo judicial** -por oposición al amparo constitucional (nº 16300)-. En lo no previsto por estas normas especiales, se aplican las generales de la LJCA.

1. Características

El procedimiento para la protección jurisdiccional de los derechos fundamentales presenta ciertas características generales, que exponemos en los números siguientes. 13170

Simultaneidad con el procedimiento ordinario (LJCA art.121.2) La existencia de **dos garantías jurisdiccionales** en protección de los mismos derechos -por un lado, el proceso contencioso-administrativo ordinario y, por otro, el especial, preferente y sumario, que exponemos en este apartado- plantea la cuestión de si es necesario interponerlos simultáneamente o si, tras la desestimación del procedimiento especial, es posible interponer el ordinario. 13171
Tanto el Tribunal Supremo como el Constitucional han sentado una doctrina reiterada que impide fundamentar el amparo judicial en **cuestiones de legalidad ordinaria**, que se reservan al proceso contencioso-administrativo ordinario (TCo 45/1984; TS 28-9-84; 4-10-84; 12-7-93, EDJ 6997), aunque se contempla una excepción al respecto: aquellos casos en que, puestos en juego derechos fundamentales susceptibles del amparo judicial, la inteligencia, aplicación o interpretación de los preceptos de la legislación ordinaria vulneren tales derechos. Así ocurre especialmente con los derechos que no forman derechos subjetivos autónomos, existentes por sí mismos, como el de igualdad y no discriminación, pues su contenido viene establecido siempre respecto de **relaciones jurídicas concretas**, lo que supone la necesidad de tomar también como referente preceptos de legislación ordinaria (TCo 80/1990; TS 7-7-95, EDJ 3697; 21-7-95, EDJ 4347).
Por otro lado, la Ley establece que la sentencia debe estimar el recurso cuando la disposición, la actuación o el acto incurran en **cualquier infracción del ordenamiento jurídico**, incluso la desviación de poder, y como consecuencia de la misma vulneren un derecho de los susceptibles de amparo.

En este caso, caben, por tanto, tres **vías de actuación** (Sala, Xiol, Fernández Montalvo): 13173
a) Utilizar solo el **procedimiento especial**, para disfrutar de sus ventajas de preferencia y urgencia, pero sin plantear cuestiones de legalidad ordinaria en relación con lo impugnado,

salvo que haya de tenerse en cuenta el desarrollo legal de dichos derechos para su protección, en cuyo caso se puede conocer de esta en sus estrictos términos.

b) Impugnar el acto o disposición solo a través del **proceso ordinario**, pero acumulando los motivos de lesión de derechos fundamentales y de la legalidad ordinaria.

c) Plantear simultáneamente los **dos procesos**, teniendo en cuenta que el proceso especial no suspende los plazos para el planteamiento del ordinario y que en este no pueden hacerse valer después la vulneración del derecho fundamental, si esta pretensión ha sido desestimada en el proceso especial.

Una vez interpuestos los dos tipos de recursos en tiempo y forma, aun fundamentados, en todo o en parte, en la infracción de los derechos fundamentales alegados en el recurso de amparo judicial, si este último ha sido **desestimado en cuanto al fondo**, no pueden los órganos judiciales competentes revisar dicha desestimación, por lo que el recurso ordinario ha de considerarse ceñido a la resolución de las cuestiones de pura legalidad (TCo 42/1989).

Precisiones **1)** Si el ciudadano opta por acudir a la vía especial para obtener la tutela de los derechos fundamentales, ello no obsta para que pretenda la **nulidad del acto por vicios de legalidad**, en la vía judicial correspondiente, previo agotamiento, en su caso, de los recursos que procedan (TCo 42/1989).

2) La doctrina ha puesto de manifiesto que la **interposición simultánea** de los dos recursos puede dar lugar a que se dicten dos **sentencias contradictorias** sobre la misma pretensión. Aun cuando se inadmitan en el proceso ordinario los motivos rechazados por razones de fondo en sentencia dictada en el proceso especial, el peligro de emisión de sentencias contradictorias no puede solventarse en los casos en los que la sentencia del proceso ordinario sea dictada antes que la del especial (González-Cuéllar Serrano). No obstante, puede contribuir a evitar estas situaciones el **trámite especial de inadmisión** regulado para el proceso especial (nº 13233).

13175 **Especialidad del procedimiento** Se trata de un procedimiento contencioso-administrativo especial, caracterizado por:
- la innecesariedad de agotar la **vía administrativa previa** a la judicial (nº 13212);
- la reducción de los **plazos** preclusivos para el ejercicio de la acción (nº 13213);
- la mayor facilidad para obtener la adopción de **medidas cautelares**;
- un sistema de **recursos** más completo que el previsto para el procedimiento ordinario (nº 13245).

13177 **Carácter preferente** (LJCA art.114 y 128.2) A todos los efectos, la tramitación de estos recursos tiene carácter preferente.

Además, para este procedimiento se establece que el **mes de agosto** tiene carácter de hábil, a diferencia de lo que ocurre con otros procesos contencioso-administrativos, en los que no corren los plazos durante dicho mes.

Precisiones El carácter hábil del mes de agosto para este procedimiento no se limita al plazo de interposición, sino al decurso de los **plazos propios del desarrollo** del mismo, de forma que a lo largo de dicho mes puede efectivamente tramitarse. Lo contrario carecería de sentido.

13179 **Carácter sumario** (Const art.53) Se trata de un procedimiento sumario no en sentido propio o cualitativo, sino en sentido cuantitativo. Como consecuencia de ello, la sentencia de fondo que lo termina produce efecto de **cosa juzgada material**, aunque esta se encuentre limitada por el objeto específico del propio procedimiento que resuelve, es decir, al ámbito de los derechos fundamentales, no a otras cuestiones (TS 30-1-98, EDJ 473).

La sumariedad se concreta en las siguientes **características**:
- la rapidez de los trámites; y
- la ausencia de alegaciones previas, vista o conclusiones y de prueba.

13181 **Vía previa para el recurso de amparo constitucional** (LOTC art.43.1) Las violaciones administrativas de los derechos y libertades pueden dar lugar al recurso de amparo, una vez que se haya agotado la **vía judicial procedente**. La jurisprudencia del Tribunal Constitucional ha considerado reiteradamente que, en el orden contencioso-administrativo, se agota la vía judicial previa a través (alternativamente):
- del proceso especial de protección de los derechos fundamentales; o
- del recurso contencioso-administrativo ordinario.

La utilización de la vía especial y sumaria deja expedito el camino del recurso de amparo cuando la protección pretendida no se ha conseguido, siendo indiferente que la frustración de esta venga fundada en **estimaciones procesales** o en **pronunciamientos de fondo**, pues la vía judicial previa ha cumplido la finalidad en ambos casos, incluido el supuesto de que la jurisdicción la haya declarado inadecuada, pues también en este la decisión judicial está proclamando que estima inexistente la vulneración de los derechos fundamentales invocados y tal declaración es, precisamente, la que abre el cauce procesal subsidiario del recurso de amparo (TCo 35/1987).

El recurso de **amparo constitucional** se expone en los nº 16300 s.

Diferencias con el recurso de amparo constitucional El amparo constitucional y el judicial coinciden sustancialmente por razón de la materia o **derechos protegidos**, así como porque en ambos procesos está vedado el conocimiento de cuestiones de legalidad ordinaria que se planteen. 13183

Sin embargo, no se pueden trasladar al recurso de amparo judicial las **limitaciones y restricciones** a que está sometido el recurso de amparo constitucional:

• El amparo judicial no precisa agotar la **vía administrativa previa**, mientras que el amparo constitucional tiene naturaleza subsidiaria (LOTC art.44.1.a y c).

• Con respecto a la **vía judicial**, el recurso de amparo solo se puede interponer cuando ha fallado la tutela ordinaria de los derechos fundamentales, que corresponde a los jueces y tribunales ordinarios, actuando el Tribunal Constitucional con una jurisdicción estrictamente limitada. Sin embargo, en el amparo judicial, el tribunal competente debe actuar con plenitud de jurisdicción respecto a las circunstancias fácticas que den lugar a la vulneración, por el acto administrativo, de los derechos fundamentales que se denuncie en la demanda (TCo 95/1997).

En consecuencia, se establece que la sentencia debe estimar el recurso cuando la actuación o el acto recurrido incurran en cualquier **infracción del ordenamiento jurídico**, incluso desviación de poder y, como consecuencia de la misma, vulneren un derecho de los susceptibles de amparo. Por tanto, el órgano judicial ha de pronunciarse sobre **todas las cuestiones planteadas** en la demanda y que tengan conexión con la eventual lesión de los derechos fundamentales, dejando aparte las cuestiones de legalidad ordinaria que no tengan relación directa con los derechos fundamentales presuntamente lesionados.

El recurso de **amparo constitucional** se expone en los nº 16300 s.

2. Objeto del proceso

El proceso contencioso-administrativo de amparo judicial tiene por objeto el conocimiento por los órganos judiciales de las pretensiones atribuidas al ámbito del orden jurisdiccional contencioso-administrativo (nº 10820), cuando estén fundadas en una **lesión de los derechos fundamentales** a los que es de aplicación (González-Cuéllar Serrano). 13190

Por ello, solo puede enjuiciarse por este cauce la relación que media entre el acto o actuación administrativo impugnado y el derecho fundamental que se dice vulnerado, pero no cuestión alguna de legalidad ordinaria (TSJ Baleares 30-1-19, EDJ 508977).

Actuación administrativa sometida a revisión judicial La actuación administrativa es el **objeto material** del proceso. En este punto no existe ninguna especialidad respecto de los cauces comunes (ordinario y abreviado). Cualquier actuación administrativa revisable en sede contencioso-administrativa puede serlo también a través de este proceso especial. 13191 MPCA nº 3182

No obstante, el **plazo** para la interposición del recurso se inicia de forma diversa según el tipo de actuación administrativa impugnada (nº 13213 s.).

La actuación administrativa impugnable en el **procedimiento ordinario** se estudia en nº 10840 s.

Precisiones 1) La posibilidad de impugnar en esta vía **disposiciones de carácter general** debe admitirse, siempre que la disposición vulnere un derecho de los susceptibles de amparo judicial (TS 21-4-97, EDJ 3313).

2) No toda actuación del Gobierno está sujeta al Derecho administrativo. No lo está, en general, la que se refiere a las relaciones con otros **órganos constitucionales**. En tales casos el Gobierno actúa como órgano político y no como órgano de la Administración, no ejerce potestades administrativas ni dicta actos de esta naturaleza y, por lo mismo, su actuación no puede calificarse como administrativa (TCo 45/1990).

3) La aplicación del recurso de amparo judicial requiere, como condición inexcusable, que la lesión de derechos fundamentales que el actor invoque se haya producido por un acto que pueda ser conocido y enjuiciado por la **jurisdicción contencioso-administrativa**. Esto no excluye que, excepcionalmente, en el desarrollo de relaciones institucionales se pueda ver comprometido el ejercicio de los derechos fundamentales (TCo 196/1990).

Derechos objeto de protección Este procedimiento especial es aplicable cuando se invoque la vulneración de los **derechos y libertades fundamentales** en sentido estricto, esto es, de los reconocidos en la Constitución como tales (Const art.14 a 29). 13193 MPCA nº 3184 s.

Por expreso mandato de su normativa específica, también se tramitan por la vía del procedimiento especial de protección de los derechos fundamentales:

- los recursos contra resoluciones en materia del **censo electoral** de las delegaciones de la Oficina del Censo Electoral (LO 5/1985 art.38.5);

- los recursos frente a resoluciones -desfavorables- de las comisiones de garantía y evaluación en materia de prestación de ayuda para la muerte -**eutanasia**- (LO 3/2021 art.10.5, 18.a y disp.adic.5ª).
Se han suscitado dudas en cuanto a la aplicación de este procedimiento al derecho a la **objeción de conciencia** para la prestación del servicio militar obligatorio (Const art.30.2), aunque en la actualidad, habiendo desaparecido el servicio militar obligatorio, la cuestión no tiene trascendencia práctica.

Precisiones 1) Es indispensable que se cite concretamente el **artículo de la Constitución** que consagra el derecho presuntamente violado por el acto que se impugna (TS 4-10-85). Si bien, su invocación meramente *pro forma* o la del derecho que recoge no es aceptable.
2) El procedimiento de amparo judicial no es aplicable a **otros derechos y principios constitucionales**, que han de ser protegidos por el recurso contencioso-administrativo ordinario, tales como la seguridad jurídica y la interdicción de la arbitrariedad -Const art.9.3- (TS 12-6-84; 19-10-92, EDJ 10188), el derecho de propiedad privada -Const art.33- (TS 9-10-91, EDJ 9527), el derecho y deber de trabajar (TS 27-9-86, EDJ 5845) y los derechos de los extranjeros -Const art.13- (TS 19-1-88, EDJ 312), aunque estos, en cuanto les son reconocidos los que son objeto de protección por esta vía, están legitimados para instar su defensa a través de ella.
3) El amparo judicial tiene por objeto la protección del derecho fundamental frente a **lesiones actuales**, no futuras o meramente hipotéticas (TS 7-11-94, EDJ 12276), pues, como sucede genéricamente con el orden contencioso, tiene carácter revisor.

13195 **Pretensiones ejercitables en sede de amparo judicial** (LJCA art.114.2) Pueden afirmarse en este proceso las pretensiones que se pueden ejercitar por los cauces comunes en el orden contencioso-administrativo -nº 10820 s.-, siempre que tengan como finalidad la de restablecer o preservar los derechos o libertades por razón de cuya lesión el recurso haya sido formulado.

3. Legitimación

13200 No se establecen normas especiales de legitimación para la interposición del recurso, por lo que ha de estarse a las generales. Están legitimadas, por tanto, las personas físicas o jurídicas que tengan un **interés legítimo** (nº 11759), lo que comprende todos los supuestos en los que, de prosperar la acción, se produciría un beneficio para el que la ejercita o aquellos en que el mantenimiento de la situación creada por el acto impugnado le origine un perjuicio, siempre que el interés sea personal, sin que pueda entenderse que tenga legitimación el que actúa en mera defensa de la legalidad (TS 14-7-88, EDJ 16829).
Este proceso especial está limitado a las **personas jurídicas** en función de su aptitud para ser titulares de los derechos fundamentales protegidos. Tampoco se puede negar la legitimación de los **extranjeros**, en cuanto sean titulares de derechos fundamentales.
En cuanto al **Ministerio Fiscal**, no se le reconoce expresamente legitimación para interponer el recurso de amparo judicial, a pesar de que es parte obligada de este proceso (LJCA art.117.2 y 119). No obstante, el Tribunal Supremo se la ha reconocido, entendiendo que, si tiene legitimación para interponer amparo constitucional, debe tenerla también cuando, para restablecer en sede constitucional los derechos y libertades fundamentales lesionados, se hace necesario agotar la vía judicial procedente (TS 28-11-90, EDJ 10858).
En el mismo sentido, la Fiscalía General del Estado ha establecido que no cabe abrigar dudas sobre la legitimación del Ministerio Fiscal para emprender acciones en caso de actuaciones lesivas de los derechos fundamentales, si bien el fiscal ha de ponderar cuidadosamente el juego de los intereses concurrentes en cada caso y, en principio, debe tomar conocimiento de la opinión de los particulares presuntamente afectados por la lesión, abriendo un cauce preliminar de información para audiencia de los afectados, con el objeto de valorar la oportunidad y pertinencia de la impugnación del actuar administrativo (FGE Circ 3/1998).
Al **Defensor del Pueblo** y órganos equivalentes de las comunidades autónomas no se les reconoce legitimación ni intervención en este proceso, a pesar de que el primero puede interponer recurso de amparo constitucional (nº 16300).

4. Procedimiento

13210 Las **fases** sucesivas que componen el procedimiento del proceso contencioso-administrativo para la protección de los derechos fundamentales son las siguientes:
- interposición (nº 13213), sin necesidad de agotar la vía administrativa previa (nº 13212);
- reclamación y remisión del expediente administrativo (nº 13230);
- emplazamiento y personación (nº 13232);

- admisión (nº 13233);
- demanda (nº 13237);
- alegaciones (nº 13239);
- prueba (nº 13240);
- conclusiones y vista (nº 13241);
- sentencia (nº 13242).

Finalmente, se exponen los **recursos** contra la sentencia dictada en este procedimiento (nº 13245).

Vía administrativa previa Se permite acudir a esta vía especial **de forma directa**, sin recursos administrativos previos que, en todo caso, son potestativos (LJCA art.115). Por tanto, no es necesario agotar la vía administrativa para poder solicitar el amparo judicial ordinario. 13212 MPCA nº 3222

Sin embargo, ello no impide **acudir a ambos remedios**: el recurso en vía administrativa y el contencioso-administrativo especial, de forma simultánea.

Ha de tenerse en cuenta que, en caso de interposición de un recurso administrativo previo, el cómputo del **plazo para la interposición** del amparo judicial cuenta con una regla especial (nº 13222).

Precisiones La no necesidad de agotar la vía administrativa en este proceso especial es aplicable también en caso de que los **recursos administrativos** omitidos sean los propios de la vía económico-administrativa -recurso de reposición o reclamación económico-administrativa- (TS 22-12-21, EDJ 789498).

Plazo de interposición (LJCA art.115.1) El plazo para interponer el recurso judicial es de 10 días hábiles, a diferencia del general de 2 meses, previsto para el recurso contencioso-administrativo ordinario -que rige en el supuesto más frecuente de ser lo recurrido un acto administrativo expreso o disposición general, y también en relación con la inactividad, recursos de lesividad o litigios interadministrativos-. 13213

Una vez transcurrido este plazo no se puede seguir esta vía especial, si bien debe tenerse en cuenta que los actos administrativos que vulneren derechos fundamentales son nulos (LPAC art.47.1.a), por lo que puede obtenerse la **declaración de nulidad** a través de los demás medios reconocidos en el ordenamiento jurídico.

El plazo -preprocesal- es de **caducidad** (TCo 59/1993).

Si, una vez interpuesto el recurso, se solicita su **ampliación** a otro acto administrativo, disposición o actuación, debe igualmente hacerse dentro del plazo de 10 días hábiles (LJCA art.36; TS 28-10-94, EDJ 10309).

El **inicio del cómputo** varía según el tipo de actuación que se impugna, según se expone en los números siguientes.

Actos expresos El plazo se computa desde la **notificación del acto** (día siguiente). La notificación es correcta cuando se indica que, contra la resolución, cabe recurso contencioso-administrativo, indicándose el órgano ante el que debe interponerse y el plazo para hacerlo. 13215

No invalida la notificación la **falta de indicación** de que puede interponerse recurso contencioso-administrativo especial para la protección de los derechos fundamentales, pues se trata de un remedio excepcional y opcional, y su indicación generalizada podría inducir a errores.

Disposiciones de carácter general El plazo se computa desde el día siguiente al de su publicación en el boletín oficial que corresponda. 13217

Silencio administrativo El plazo se empieza a computar desde el día siguiente al del transcurso del **plazo fijado para la resolución**, sin más trámites. Ha de estarse, por tanto, a la norma que fije el plazo para resolver el procedimiento en el que se haya producido la lesión. En su defecto se ha de aplicar el plazo general de 3 meses previsto con carácter supletorio (LPAC art.21.3) y de 6, respecto de procedimientos tributarios (LGT art.104.1). 13219 MPCA nº 3230

Precisiones En el supuesto de presentación del recurso contencioso-administrativo especial **antes del transcurso del plazo** fijado para resolver el procedimiento en el que se produce el silencio administrativo, se ha entendido que este defecto se subsana por el simple paso del tiempo, por lo que, una vez transcurrido el plazo fijado para que la Administración resuelva, se entiende correctamente interpuesto el recurso contencioso-administrativo de protección de los derechos fundamentales.

Vía de hecho En estos supuestos, el plazo de 10 días se inicia con el **requerimiento** para el cese de la vía de hecho, que ha de efectuar el interesado. Se trata de una especialidad respecto del proceso contencioso-administrativo ordinario, en el que el plazo se computa desde el día siguiente a la terminación del plazo, también de 10 días, que se concede a la Administración para atender el requerimiento (LJCA art.30 y 46). 13220

Si **no se ha formulado** requerimiento, el plazo de 10 días cuenta una vez transcurridos 20 días desde el inicio de la actuación administrativa en vía de hecho que lesiona derechos fundamentales.

Precisiones 1) En caso de violación de derechos fundamentales a través de una vía de hecho, **coincide el plazo** que tiene la Administración para contestar al requerimiento del interesado, que también es de 10 días (LJCA art.30), con el que el interesado dispone para plantear el recurso contencioso-administrativo especial.
2) Debe tenerse en cuenta que la jurisprudencia anterior a la LJCA señaló que puede interponerse el recurso en tanto **subsista la actuación material** en vía de hecho (TS 19-12-90, EDJ 11707; 12-6-91, EDJ 6252).

13222 **Interposición de recurso administrativo previo** En caso de que se hayan interpuesto recursos administrativos (potestativos) de forma previa a la vía del amparo judicial, el plazo de 10 días se inicia **transcurridos 20 días** desde la presentación del recurso.
La interposición potestativa de un recurso administrativo, cuando se hizo **fuera de plazo**, no interrumpe el plazo para interponer el recurso contencioso-administrativo especial (TS 9-10-97, EDJ 7771).

Precisiones 1) Se impide así que **se reabra el plazo** de 10 días cuando, interpuesto el recurso administrativo potestativo y transcurrido el plazo de 20 días señalado sin presentar el amparo judicial, la Administración resuelve el recurso potestativo.
2) Otra cuestión de interés al respecto es si el titular que cree lesionado su derecho fundamental y que ha interpuesto recurso administrativo potestativo puede **desistir del mismo** y acudir al amparo judicial. Dado que se pueden simultanear ambos recursos, habrá de darse solución afirmativa dentro del plazo de interposición del recurso judicial especial, siempre que el desistimiento no implique consentir el acto recurrido.

13225 **Inactividad administrativa** El plazo de 10 días se cuenta una vez transcurridos 20 días desde la presentación de la reclamación que ha de efectuar el interesado obligatoriamente. Por el contrario, en el proceso contencioso-administrativo ordinario han de transcurrir 3 meses (nº 12478).

13227 **Escrito de interposición** (LJCA art.115.2) En el escrito de interposición se ha de expresar, con precisión y claridad, el **derecho** o derechos cuya tutela se pretende y, de manera concisa, los **argumentos sustanciales** que den fundamento al recurso.
Por medio de este escrito, se delimita el **acto administrativo, disposición o actuación** objeto de impugnación, sin que quepa modificarlos o ampliarlos una vez transcurrido el plazo de 10 días para la interposición.
La justificación de la **procedencia del cauce procesal** no debe reservarse a la demanda (TS auto 17-10-90). No obstante, su defecto es subsanable a través de las alegaciones que pueda hacer la parte actora, bien en el trámite de audiencia sobre admisibilidad del recurso acordado de oficio o bien en las que formule en el recurso de súplica -actualmente reposición- que se interponga contra la providencia de admisión (TS 27-2-95, EDJ 2609).
Al escrito de interposición han de acompañarse, además, los **documentos acreditativos** que se exigen para el escrito de interposición en el procedimiento ordinario (nº 12435).
El órgano judicial ha de examinar la **regularidad de la comparecencia** y requerir, en su caso, que se subsanen los defectos en el plazo de 10 días.

Precisiones Los requisitos formales del escrito de interposición han de considerarse cumplidos cuando la **fundamentación de la pretensión** incluya estos elementos:
- indicación del **derecho fundamental** (uno o varios) cuya tutela se reclama;
- identificación del **acto** que se considere causante de la infracción del derecho; y
- exposición, aun mínima, de las **razones y circunstancias** por las que se entiende que el concreto acto que se impugna tiene virtualidad para lesionar de manera directa uno o varios derechos fundamentales.

Se considera que estos requisitos concurren debidamente cuando el escrito de interposición incluya:
• una **interpretación sobre el alcance** de los concretos derechos fundamentales invocados que, en principio, no resulte claramente desacertada o abiertamente contraria a la doctrina jurisprudencial existente sobre ellos; y
• una **descripción fáctica** sobre las concretas circunstancias y datos de hecho que la parte recurrente haya tomado en consideración para afirmar que se ha producido individualmente para ella la violación de esos singulares derechos fundamentales cuya protección reclama.

El examen que ha de realizar el tribunal en **fase de admisión** ha de limitarse a constatar si la fundamentación de la pretensión incluye esos elementos, pero no debe prejuzgar su corrección jurídica ni su certeza, salvo cuando la interpretación jurídica avanzada en el escrito de interposición sea abiertamente contraria a una línea jurisprudencial consolidada o, cuando los hechos aducidos sean absurdos o claramente inverosímiles (TS 6-6-03, EDJ 92935; 22-10-08, EDJ 203669). Es decir, las exigencias formales expuestas lo son a los solos efectos de valorar la **procedencia del cauce procesal** elegido, pero en modo alguno prejuzgan la cuestión de fondo que a través del recurso jurisdiccional pueda plantear el accionante (TS 5-5-16, EDJ 68771).

Posibilidad de iniciar el proceso mediante demanda En el **procedimiento ordinario** se permite iniciar el proceso mediante demanda en determinados supuestos: recursos dirigidos contra una disposición general, acto, inactividad o vía de hecho en que no existan terceros interesados (nº 12456). 13229

Con respecto a la aplicación de este precepto al **procedimiento especial** de amparo judicial, la doctrina no es uniforme. Por un lado, se estima que la existencia del incidente de admisión, que se ubica procesalmente antes de la formulación de la demanda (nº 13233), es incompatible con dicha posibilidad (Gutiérrez Delgado), mientras que otros autores entienden lo contrario (González Pérez).

Reclamación y remisión del expediente administrativo (LJCA art.116.1, 4 y 5) Interpuesto el amparo judicial, el letrado de la Administración de Justicia debe requerir el envío del expediente. A diferencia de lo que ocurre en el procedimiento ordinario, no se prevé la publicación del **anuncio potestativo** de la interposición, si bien tampoco se impide, por lo que la posibilidad permanece también en este recurso especial. 13230

En el mismo día de la presentación del recurso o en el siguiente se debe requerir, con carácter urgente, al órgano administrativo correspondiente, acompañando copia del escrito de interposición, para que en el **plazo máximo** de 5 días, a contar desde la recepción del requerimiento, remita el expediente en soporte electrónico, acompañado de los informes y datos que estime procedentes, según lo dispuesto para el procedimiento ordinario (nº 12510 s.).

Si el expediente administrativo se recibe en la sección -el juzgado- o sala una vez **transcurrido el plazo** de 5 días, se ha de entregar por el letrado de la Administración de Justicia a las partes por plazo de 48 horas, en el que pueden hacer alegaciones, sin alteración del curso del procedimiento.

La **falta de envío** del expediente administrativo dentro del plazo señalado no suspende el curso de los autos. No obstante, en la práctica, el retraso en el envío de este retrasa todo el proceso, pues el emplazamiento de los interesados lo realiza la Administración en el momento de remitir el expediente y el órgano judicial, al carecer del expediente, no puede notificar de oficio a los interesados.

Respecto de los **interesados ya comparecidos**, aunque se trate de un procedimiento sumario, solo puede continuarse con el curso de los autos si el interesado lo solicita -LJCA art.53- (González Pérez).

Precisiones 1) La falta de envío del expediente puede ser constitutiva de **falta disciplinaria** (RD 33/1986 art.6 y 7). Resulta, además, de aplicación lo previsto para el procedimiento ordinario sobre **multas coercitivas** (nº 13684).

2) El plazo expuesto de **48 horas** constituye una excepción en el sistema de LJCA -y de todo el ordenamiento administrativo- que muy limitadamente y siempre por motivos ligados a la urgencia, emplean plazos medidos en esta unidad temporal (p.e. LJCA art.122, en sede de derecho de reunión). En defecto de regla positiva concreta, lo razonable es entender que las horas son naturales y que, en caso de ser la última del plazo inhábil, este se prorroga hasta la primera hábil siguiente, aunque la posibilidad de presentar el escrito con las alegaciones ante el juez de guardia podría hacer innecesaria o inaplicable esta última salvedad.

3) Ver lo indicado en nº 12524, en relación con los **expedientes electrónicos**.

Emplazamiento y personación (LJCA art.116.2) El emplazamiento y la personación de la **Administración** se rige por las normas generales, por lo que se entienden efectuados al reclamar y remitir el expediente, respectivamente. 13232

Al remitir este, el órgano administrativo debe comunicarlo a todos los que aparezcan como **interesados** en el mismo, acompañando copia del escrito de interposición y emplazándoles para que puedan comparecer como demandados ante el órgano judicial, en el plazo de 5 días.

Ha de realizarse el emplazamiento personal de todos aquellos que puedan comparecer como **demandados** siempre que ello resulte factible, como puede ser cuando sean conocidos e identificables a partir de los datos que se deduzcan del escrito de interposición o incluso del expediente (TCo 70/1998).

Precisiones 1) La **falta de emplazamiento personal** es especialmente relevante cuando concurren las siguientes circunstancias (TCo 229/1997):

- que el sujeto tenga un **derecho o interés legítimo** que pueda verse afectado por los ulteriores efectos de la cosa juzgada material;
- que, pese a haber mantenido una actitud diligente, se vea colocado en una situación de **indefensión**, por lo que, si tuvo conocimiento extraprocesal de la causa, no tiene relevancia la falta de emplazamiento;
- que el interesado pueda ser **identificado** a través de los datos que obran en el escrito de interposición, en la demanda o en el expediente administrativo.

2) No existe ya la figura del **coadyuvante** en el proceso contencioso-administrativo (nº 11663). Sí, en cambio, en el recurso de amparo ante el Tribunal Constitucional (nº 16542). Por ello es discutible si en este proceso especial de amparo judicial, puede entenderse subsistente esta figura (por influencia del amparo constitucional) o no (de acuerdo con las reglas procesales contenciosas generales). Optamos por esta segunda posibilidad.

13233 **Trámite de admisión** (LJCA art.116.3 y 117.1) Se prevé un **trámite previo** de admisión o inadmisión para evitar la sustanciación íntegra del proceso en los casos en los que sea evidente o manifiesto que no se ha producido una violación de un derecho fundamental.
El letrado de la Administración de Justicia, una vez recibido el expediente o transcurrido el plazo para su remisión y, en su caso, el del emplazamiento a los demás interesados, dentro del siguiente día, debe dictar **decreto** mandando seguir las actuaciones. Si estima improcedente la admisión, ha de comunicarlo al tribunal que, en su caso, pone de manifiesto a las partes el motivo en que pueda fundarse la inadmisión del procedimiento.
La inadmisión no solo se declara de oficio, pues la Administración, con el envío del expediente, y los demás demandados, al comparecer, pueden **solicitarla razonadamente** y así como la celebración de la comparecencia de inadmisión.
En defecto de normas especiales sobre los **recursos** contra el auto de inadmisión, se aplican las generales (nº 13900).

13235 **Comparecencia de inadmisión** (LJCA art.117.2 y 3) En el supuesto de concurrencia de posibles motivos de inadmisión del procedimiento, se ha de convocar, por el letrado de la Administración de Justicia, a las partes y al Ministerio Fiscal a una comparecencia, que debe tener lugar en el **plazo** de 5 días, en la que se les oiga sobre la procedencia de dar al recurso la tramitación del amparo judicial.
En el siguiente día, el órgano jurisdiccional debe dictar el **auto** en el que se ordene proseguir las actuaciones por este trámite, o bien se acuerde la inadmisión por inadecuación del procedimiento.

Precisiones El auto de inadmisión por inadecuación de procedimiento no puede anticipar una **resolución de fondo** sobre las pretensiones de tutela de los derechos fundamentales. Por ello, la declaración de inadmisión ostenta un carácter procesal que, cuando lo cierra indebidamente, vulnera las garantías del proceso con infracción de LJCA art.117.2. Por ello, pueden recurrirse en **casación** (TS 20-1-15, EDJ 2197).

13237 **Demanda** (LJCA art.118) Acordada la continuación del procedimiento especial en estudio, el expediente y demás actuaciones se deben **poner de manifiesto** -por el letrado de la Administración de Justicia- al recurrente, para que pueda formalizar la demanda y acompañar los documentos que sustenten su pretensión. Se le concede al efecto un **plazo** de 8 días.
Nada se prevé para el caso de que, en este momento, todavía **no se haya recibido el expediente** administrativo, si bien la doctrina sostiene que el recurrente tiene derecho a no presentar la demanda hasta que se reciba aquel, pues en otro caso se le produce indefensión (Gimeno Sendra).
En cuanto a las **medidas cautelares** en ausencia de normas especiales de suspensión del acto, disposición o actuación, ha de estarse a las normas generales (nº 13480).

Precisiones A diferencia de lo que ocurre en el procedimiento ordinario, en el amparo judicial el expediente administrativo **no se entrega** a la parte para que prepare la demanda, sino que solo se le pone de manifiesto, debe entenderse que, en la propia secretaría del órgano jurisdiccional. En cuanto a los demás requisitos formales, rigen las reglas generales.

13239 **Alegaciones de las demás partes y del Ministerio Fiscal** (LJCA art.119) Una vez formalizada, se da **traslado de la demanda** con entrega del expediente -por el letrado de la Administración de Justicia- al Ministerio Fiscal y a las partes demandadas para que presenten sus alegaciones, debiendo acompañar los **documentos** que estimen oportunos.
Disponen para ello de un **plazo** común e improrrogable de 8 días. Resulta muy discutible la posibilidad de presentar alegaciones el mismo día en que se notifique el auto (en aplicación de LJCA art.128.1), atendida fundamentalmente la naturaleza y urgencia del procedimiento, así como la forma de sucesión en él de los trámites procesales -sin auto declarando la caducidad de estos-. Sí, en cambio, resulta aplicable la posibilidad de presentación hasta las 15 horas del día siguiente al vencimiento del plazo, a menos que ya haya resuelto para entonces el órgano judicial sobre la prueba (LEC art.135.1).
Las alegaciones de las demás partes personadas equivalen a la **contestación** a la demanda del proceso ordinario.

Precisiones La **intervención del Ministerio Fiscal** es plenamente coherente con su normativa reguladora, que le atribuye la función de velar por el respeto de los derechos fundamentales y libertades públicas con cuantas actuaciones exija su defensa (L 50/1981 art.3.3).

Prueba (LJCA art.120) Evacuado el trámite de alegaciones o transcurrido el plazo para efectuarlas, el órgano jurisdiccional debe decidir, en el siguiente día, sobre el **recibimiento a prueba**, con arreglo a las normas generales (nº 12632). 13240

El demandante puede pedir, por otrosí en su escrito de demanda, que el recurso se falle **sin necesidad de recibimiento a prueba** ni tampoco de vista o conclusiones (LJCA art.57: nº 12720). En este caso, si la parte demandada no se opone, el pleito debe ser declarado concluso para sentencia, una vez contestada la demanda, salvo que el juez o tribunal haga uso de su facultad de acordar de oficio el recibimiento a prueba y disponer la práctica de cuantas estime pertinentes para la más acertada decisión del asunto (LJCA art.61).

El **período probatorio** no debe ser, en ningún caso, superior a 20 días hábiles comunes para su proposición y práctica.

Contra el auto que deniegue el recibimiento a prueba cabe **recurso de reposición** (nº 13930).

Conclusiones y vista (LJCA art.62 a 66 y 78.19) Aunque el procedimiento especial de protección de derechos fundamentales es un procedimiento sumario que **no prevé específicamente** la celebración del trámite de conclusiones o, en su caso, de vista, sin embargo esta omisión expresa no comporta necesariamente que no sean aplicables los preceptos que lo regulan para el procedimiento ordinario -e incluso para el abreviado-, para la garantía de derecho a la tutela judicial efectiva. 13241

De esta forma, aunque el proceso sea sumario, las partes tienen -al igual que en aquel procedimiento y a través de iguales cauces- derecho a realizar una **valoración de la prueba** practicada a su instancia o de la contraparte y a posibilitar al órgano sentenciador conocer su posición al respecto, pues de otra forma se incurriría en indefensión (TS 15-1-16, EDJ 2300).

Sentencia (LJCA art.66 y 121) Conclusas las actuaciones, el órgano jurisdiccional debe dictar sentencia en el **plazo** de 5 días hábiles. 13242 MPCA nº 3258

Dado que se trata de un procedimiento de **carácter preferente**, estos recursos, una vez conclusos para sentencia, deben ser antepuestos para su votación y fallo a cualquier otro recurso contencioso-administrativo, sea cual fuere su instancia o grado.

La sentencia debe **estimar el recurso** cuando la disposición, la actuación o el acto incurran en cualquier infracción del ordenamiento jurídico, incluso la desviación de poder, y como consecuencia de la misma vulneren un derecho de los susceptibles de amparo.

En consecuencia, para que el recurso sea estimado han de concurrir dos **requisitos**:

- que se haya infringido el ordenamiento jurídico, incluidos los supuestos de desviación de poder;
- que dicha infracción haya vulnerado un derecho susceptible de amparo (nº 13193).

En materia de **costas** se sigue en este proceso especial el régimen común. De esta forma, se imponen por criterio objetivo en instancia, salvo que concurran dudas serias de hecho o de Derecho que aconsejen su no imposición, y en fase de recurso. Si se estima o desestima en parte la demanda, cada parte abona las suyas y las comunes por mitad, salvo que se impongan a uno de los litigantes por haber sostenido la pretensión temerariamente o con mala fe (nº 12877).

La sentencia produce plenos efectos de **cosa juzgada material**, por lo que no cabe acudir después al proceso ordinario para obtener un pronunciamiento distinto sobre la lesión de los derechos fundamentales (TCo 42/1989).

Precisiones Se ha sostenido que la cosa juzgada se produce solo **en relación con la concreta pretensión** sostenida en esta vía especial, por lo que podría alegarse que se ha producido la vulneración del mismo derecho fundamental en un nuevo recurso contencioso-administrativo ordinario, siempre que esté fundamentada en una infracción del ordenamiento jurídico distinta a la alegada en el proceso especial.

Recursos (LJCA art.81.2, 86.2 y 121.3) Son siempre susceptibles de recurso de **apelación** las sentencias dictadas en el procedimiento para la protección de los derechos fundamentales de la persona, aunque este recurso es, en este caso, en un solo efecto, es decir, sin efecto suspensivo. Bien entendido, que se tratará de sentencias dictadas por Secciones de lo Contencioso-Administrativo de Tribunales de Instancia o Tribunal Central de Instancia -hasta su constitución, juzgados o juzgados centrales de lo contencioso-. 13245

En el recurso de **casación** rigen las normas generales aplicables al procedimiento ordinario (nº 14050 s.).

Precisiones En caso de que en el proceso se hayan adoptado **medidas cautelares** -fundamentalmente, suspensión de la ejecutividad- y se interponga recurso de apelación, se plantea el problema de interpretar conjuntamente dos normas que pueden parecer contrarias:

- recurso de **apelación** en un solo efecto, devolutivo, no suspensivo (LJCA art.121.3);

- **mantenimiento** de las cautelas hasta tanto la sentencia recurrida alcance firmeza (LJCA art.132.1).

Aplicar la primera en caso de sentencias desestimatorias en un proceso en el que se haya adoptado la medida cautelar de suspensión del acto impugnado, sin atender a la segunda, puede suponer dejar sin efecto el régimen de cautelas establecido por la Ley, precisamente, en un proceso especial de protección de derechos fundamentales.

Por el contrario, aplicar la segunda regla en estos casos puede convertir de hecho a la apelación frente a estas sentencias en un recurso en ambos efectos, suspensivo y devolutivo, en contra de la letra de LJCA art.121.3.

Se trata de un conflicto de leyes que podría resolverse en favor de la mayor efectividad del derecho fundamental a la **tutela judicial efectiva**, en el que se incluye el de la tutela cautelar de los derechos.

Cabe también interpretar que la regla de LJCA art.121.3 se ha de entender en conexión con la regla de LJCA art.121.2, que alude a las sentencias estimatorias -anulatorias- del acto recurrido, en las que se ha apreciado la lesión de un derecho fundamental, de forma que la interposición en un solo efecto se referiría a estas, no a las desestimatorias, sin lesión de dicho derecho.

5. Protección jurisdiccional del derecho de reunión

(LJCA art.122)

13250 MPCA nº 3284 La Constitución reconoce el derecho de reunión pacífica y sin armas, cuyo ejercicio no necesita de autorización previa, si bien en los casos de reuniones en **lugares de tránsito público y manifestaciones** se ha de dar comunicación previa a la autoridad gubernativa (delegado o subdelegado del Gobierno), quien, si considera que existen razones fundadas de que puedan producirse **alteraciones del orden público**, con peligro para personas o bienes, puede prohibir la reunión o manifestación o, en su caso, proponer la modificación de la fecha, lugar, duración o itinerario de la misma. La resolución debe adoptarse en forma motivada y notificarse en el plazo máximo de 72 horas desde la comunicación (Const art.21; LO 9/1983 art.10).

Contra esta resolución se puede interponer **recurso contencioso-administrativo** por la vía especial prevista en el precepto de referencia.

El **recurso** se debe interponer dentro de las 48 horas siguientes a la notificación de la prohibición o modificación, trasladándose por los promotores **copia** debidamente registrada del escrito del recurso a la autoridad gubernativa, con el objeto de que esta remita inmediatamente el expediente.

La **competencia objetiva** para conocer de estos recursos corresponde a la Sala de lo Contencioso-Administrativo del Tribunal Superior de Justicia y la **competencia territorial** a aquella en cuya circunscripción se hubiese dictado el acto prohibitivo o modificativo de la reunión o manifestación (LJCA art.10.1.h y 14.1).

13253 La **legitimación** corresponde a los promotores de la reunión o manifestación. En cuanto a la postulación, a falta de regla específica y dada la naturaleza de este procedimiento especial, los recurrentes pueden comparecer por sí mismos, designando procurador y abogado solo si lo desean (Sala, Xiol, Fernández Montalvo).

La **tramitación** de este recurso se rige por el principio de concentración. El letrado de la Administración de Justicia, en el plazo improrrogable de 4 días, y haciendo entrega del expediente si se hubiera recibido, debe convocar al representante legal de la Administración, al Ministerio Fiscal y a los recurrentes, o a la persona que estos designen como representante, a una audiencia en la que, de manera contradictoria, se oiga a todos los personados, después de lo cual, debe resolver sin ulterior recurso. Su **grabación** se somete al régimen expuesto en nº 12762.

La decisión que se adopte únicamente puede **mantener o revocar** la prohibición o las modificaciones propuestas, por lo que no puede realizar nuevas propuestas distintas a las de la autoridad gubernativa.

En el ámbito de la protección del derecho de reunión, se establecen las siguientes reglas especiales en cuanto a **recursos**:

• Las resoluciones dictadas en relación con la **prohibiciones o propuestas de modificación de reuniones** previstas en la LO 9/1983, reguladora del derecho de reunión, no son susceptibles de recurso alguno.

• Se excluyen del **recurso de casación** las sentencias dictadas en el procedimiento de protección de los derechos fundamentales referidas al derecho de reunión (LJCA art.86.2).

No obstante, si la resolución vulnera algún derecho fundamental, cabe interponer **recurso de amparo** ante el Tribunal Constitucional (nº 16300).

B. Cuestión de ilegalidad

(LJCA art.27, 123 a 126)

La cuestión de ilegalidad consiste en el planteamiento, sin solicitud de parte, por el juez o tribunal que ha dictado sentencia firme estimatoria de un recurso indirecto de **impugnación de una disposición de carácter general**, de una pretensión de impugnación directa de dicha norma ante el tribunal competente para conocer de esta, quien debe decidir sobre la legalidad de la disposición de carácter general, con fuerza de cosa juzgada y sin efectos sobre la sentencia que resolvió el recurso indirecto (respetando la situación creada por esta). **13270** MPCA nº 3310

Precisiones La LJCA art.27 obliga al órgano judicial que haya estimado un recurso, por considerar ilegal el contenido de la disposición general aplicada, a plantear, cuando la sentencia sea firme, la cuestión de ilegalidad ante el tribunal competente para conocer del recurso directo contra aquella, siempre y cuando no lo sea él mismo, supuesto en el que deberá declarar la validez o nulidad de esa norma.

El régimen de esta figura se inspira en parte en la **cuestión de inconstitucionalidad** (nº 16048 s.), aunque esta última opera de modo diferente. Tienen en común ambos mecanismos la colaboración que establecen entre órganos jurisdiccionales investidos de competencias diferentes y situados en distinta posición pero que se han de enfrentar a una misma norma jurídica, cuya conformidad a Derecho se discute: unos antes de su aplicación a un caso concreto, otros después, para resolver con carácter general sobre la validez de la propia disposición normativa.

Gracias a esa **colaboración** se logra, en un caso, proyectar el control de constitucionalidad a normas cuya incompatibilidad con la Constitución no sería fácil de advertir en abstracto y más allá de las restricciones de legitimación y plazos del recurso directo, extendiendo, de ese modo, el alcance del control de constitucionalidad, con la consecuencia de una más plena afirmación de la supremacía de la norma fundamental; y, en el otro, gracias a la colaboración que implica la cuestión de ilegalidad, se articula un mecanismo que tiene, respecto de la preservación de los principios de jerarquía normativa y de legalidad, esos mismos efectos multiplicadores y, además, contribuye a eliminar los inconvenientes que en el recurso indirecto contra los reglamentos se habían detectado: la inseguridad jurídica y la desigualdad a las que podía conducir el carácter difuso del control ejercido por ese cauce.

La trascendencia que posee este instrumento requiere que se extremen las **cautelas** para que se utilice siempre que proceda conforme a las reglas que lo regulan, pero solamente cuando proceda, para evitar que corra el riesgo de desnaturalizarse o de acabar produciendo consecuencias disfuncionales (TS 30-4-25, EDJ 559927).

Presupuestos (LJCA art.27) La cuestión de ilegalidad se plantea siempre **de oficio**. No cabe que las partes del recurso contencioso-administrativo en el que se acordó la ilegalidad de un acto, por ser contrario a una disposición de carácter general soliciten su anulación ante el juez o tribunal competente para conocer del recurso directo contra dicha disposición. **13272** MPCA nº 3312

No obstante, nada impide admitir que, como **parte de las peticiones** de los demandantes ante el juez o tribunal se incluya la de que, para el caso de que estime el acto contrario a Derecho, por ser ilegal la disposición que el acto aplicó, aquel plantee de oficio la cuestión de ilegalidad. De cualquier forma, el órgano jurisdiccional está **obligado a plantearla** en todo caso, sea o no solicitada por las partes.

Precisiones **1)** La cuestión de ilegalidad carece de sentido y finalidad cuando, con anterioridad, el órgano jurisdiccional competente ya ha procedido a la **desestimación de un recurso directo** contra la norma cuestionada y se ha pronunciado sobre los motivos expuestos en la referida cuestión (TS auto 29-4-02, EDJ 126260).

2) Una cuestión controvertida es la admisibilidad de la cuestión cuando la norma reglamentaria a la que se refiere **ha sido ya derogada**.

• Una línea jurisprudencial ha sostenido la procedencia de la inadmisión en tales casos, por **falta del presupuesto preciso**: si la cuestión persigue evitar situaciones de inseguridad jurídica que puedan producirse como consecuencia del control difuso de las disposiciones reglamentarias, no debe superar el trámite de admisión la que se refiere a normas ya derogadas (TS auto 30-10-00, EDJ 113308; 8-6-01, EDJ 98920; 29-6-01, EDJ 98923).

• En contra, puede entenderse que, dado que la derogación no impide que la disposición siga produciendo efectos sobre las situaciones jurídicas sometidas a su imperio y que incluso puede haber recursos pendientes en los que se plantee la validez de la norma, la derogación de esta no conduce siempre a inadmitir la cuestión de ilegalidad (TS 1-7-03, EDJ 50973), sino solo cuando exista absoluta certeza de **inexistencia de asuntos concretos** pendientes de la aplicación de la referida norma (TS 14-2-04). En general, se admitirá cuando puedan las normas derogadas seguir produciendo efectos (TS 3-3-05, EDJ 33624).

3) No es admisible en caso de haberse ya declarado nulo un **precepto idéntico** a aquel al que se refiera la cuestión, aunque formalmente se dirija contra artículos o reglas distintas, que no sean «los mismos» (TS 31-1-03, EDJ 3729; 11-11-03, EDJ 152795; 14-2-06, EDJ 12008). Por ejemplo, en relación con preceptos de sucesivos reglamentos del impuesto sobre la renta de las personas físicas de igual redacción (RD 2384/1981 art.141.1.d derog RD 1841/1991; RD 1841/1991 art.46 derog RD 214/1999).

13273 **Competencia** (LJCA art.27.2 y 3) Solo son competentes para plantear la cuestión de ilegalidad los órganos jurisdiccionales que no puedan conocer de la **impugnación directa** contra la disposición de carácter general de que se trate.

Cuando el juez o tribunal competente para conocer de un recurso contra un acto fundado en la invalidez de una disposición general lo sea también para conocer del **recurso directo** contra esta, la sentencia debe declarar la validez o nulidad de la disposición general.

El **Tribunal Supremo**, sin necesidad de plantear cuestión de ilegalidad, debe anular cualquier disposición general cuando, en cualquier grado, conozca de un recurso contra un acto fundado en la ilegalidad de aquella norma.

Precisiones **1)** En estos dos últimos casos la doctrina señala que estamos ante una **autocuestión de ilegalidad**, por la similitud que guarda con la denominada autocuestión de constitucionalidad (LOTC art.55.2). Es el mismo órgano jurisdiccional que conoce de un recurso indirecto el que va a entrar a conocer, como si de una impugnación directa se tratase. Es necesario que el tribunal sea **plenamente competente** para conocer, tanto de la pretensión principal de anulación de la disposición de carácter general, como de las pretensiones conexas de anulación. De ahí que, si el tribunal ostenta competencia para conocer de una orden ministerial y no la tiene para declarar la nulidad de un decreto que la fundamenta, deba plantear la cuestión de ilegalidad (Gimeno).

2) El **autoplanteamiento formal** de la cuestión es innecesario por razones de economía procesal (TS 5-10-05, EDJ 171754, en relación con la competencia del Tribunal Supremo), siendo antieconómico y no preciso para garantizar la contradicción, al estar personadas en el recurso las partes interesadas.

13275 En cuanto a la **competencia objetiva y funcional** para conocer de estas cuestiones y resolverlas, puede atenderse a los criterios expresados en este cuadro.

Origen de la norma reglamentaria que se reputa ilegal		Órgano judicial
Estado	Consejo de Ministros y comisiones delegadas del Gobierno	Tribunal Supremo, Sala Tercera
	Consejo General Poder Judicial	
	Órganos constitucionales	
	Ministros y secretarios de Estado	Audiencia Nacional, Sala de lo Contencioso-Administrativo
Comunidades autónomas		Tribunal Superior de Justicia, Sala de lo Contencioso-Administrativo
Administraciones forales (territorios históricos)		
Entidades locales		

13277 **Sentencia firme estimatoria de un recurso indirecto** (LJCA art.27.1) Es necesario que se haya dictado sentencia estimatoria por considerar ilegal el contenido de la disposición general aplicada. La disposición general ha de ser ilegal exclusivamente por **razones jurídico materiales** (Gimeno, Pérez Moreno). Por tanto, no es suficiente que la disposición haya sido declarada ilegal por falta de cumplimiento de los requisitos para su elaboración (p.e. por omisión del dictamen del Consejo de Estado).

La sentencia ha de ser **firme**, por no caber recurso alguno o por no haberse interpuesto en el plazo que procediese.

Precisiones **1)** La cuestión de ilegalidad requiere como presupuesto esencial que la norma considerada ilegal sea una **disposición de carácter general** y no un acto administrativo, por lo que es preciso analizar la naturaleza de lo impugnado (AN 31-5-01, EDJ 98951).

2) Su ámbito es exclusivamente el Derecho interno, por lo que no puede referirse a cláusulas de **convenios internacionales** eventualmente contrarias a normas legales españolas (TS 26-4-04, EDJ 31733).

3) Es razonable sostener que, por la debida correlación entre **recurso indirecto** y cuestión de ilegalidad, no son susceptibles de esta aquellos contenidos de disposiciones generales que no lo son de aquel, por su carácter singular (señaladamente, en el ámbito del planeamiento urbanístico, las determinaciones de elección del sistema de ejecución y de delimitación de unidades de actuación). Por otro lado, debe admitirse con respecto a los actos que, sin gozar de la ordinamentalidad propia de los reglamentos, son susceptibles de impugnación indirecta por incidir de modo determinante en la aplicación de ciertas normas jurídicas (actos o acuerdos de suspensión de otorgamiento de licencias en relación con la tramitación de un instrumento de planificación territorial o urbanística).

13279 **Iniciación** (LJCA art.123.1) El juez o tribunal competente ha de plantear la cuestión por medio de **auto**, el cual debe ceñirse exclusivamente a aquel o aquellos preceptos reglamentarios cuya declaración de ilegalidad haya servido de **base para la estimación** de la demanda.

Parece lógico que se hayan de citar también, en la argumentación, los **preceptos de rango superior** que determinan la nulidad de los preceptos reglamentarios objeto de la cuestión.
No existe ningún obstáculo para que el juez o tribunal, impugnados directamente determinados preceptos de una disposición general, extienda el enjuiciamiento a **otros preceptos de la misma disposición** por razones de conexión o consecuencia con los preceptos recurridos (LJCA art.33.3). En este caso, lo ha de someter a las partes mediante providencia, exponiendo las razones y advirtiendo que no se prejuzga el fallo definitivo. Se ha de conceder a los interesados un plazo común de 10 días para que formulen las alegaciones que estimen oportunas, con suspensión del plazo para pronunciar el fallo. Contra esta providencia no cabe recurso alguno.
Contra el auto de planteamiento de la cuestión de ilegalidad no cabe **recurso** alguno. Igualmente, tampoco cabe recurso contra el auto de inadmisión de la cuestión de ilegalidad (TS 29-4-02, EDJ 126260).

Precisiones 1) Por tratarse de una especie de impugnación directa, la cuestión de ilegalidad goza de **preferencia** y, una vez conclusa, se antepone para su votación y fallo a cualquier otro recurso contencioso-administrativo, sea cual sea su instancia o grado, salvo el proceso especial de protección de derechos fundamentales (LJCA art.66) (Gimeno).
2) El auto por el que se plantea ha de ser una **resolución suficientemente motivada**, a través de la que se acota el objeto de la cuestión, ciñéndose a la parte del precepto reglamentario que sirve de base para la valoración de la ilegalidad.
3) El planteamiento de la cuestión de ilegalidad no es obstáculo para que se extiendan los **efectos de una sentencia** (TSJ Burgos 13-9-02, EDJ 42087).

Legitimación Deben entenderse aplicables a las cuestiones de ilegalidad las **reglas** de legitimación para interponer el extinto recurso de casación en interés de la Ley (TS 29-4-02, EDJ 126260). De esta forma, únicamente se atribuiría legitimación a (LJCA art.100.1 derog LO 7/2015): 13280
- la Administración pública territorial que tenga interés legítimo en el asunto;
- las entidades o corporaciones que ostenten la representación y defensa de intereses de carácter general o corporativo y tengan interés legítimo en el asunto;
- el Ministerio Fiscal;
- la Administración General del Estado.

La legitimación no se extiende a los sujetos privados.

Plazo La cuestión de ilegalidad ha de interponerse en el plazo de 5 días, a contar desde que conste en los autos la firmeza de la sentencia. 13282
El planteamiento de la cuestión no exime al juez o tribunal que la dictó de la **obligación de ejecutarla**, dado que la sentencia que resuelva la cuestión de ilegalidad no puede alterar la sentencia firme a ejecutar, que produce los efectos de la cosa juzgada.
Dado que se concede a la Administración un plazo de 2 meses para que lleve la sentencia a puro y debido efecto (LJCA art.104.1), plazo en que podría acordar la anulación de la disposición de carácter general, la doctrina considera que el plazo de 5 días debe computarse desde que finalice el **plazo de su ejecución**, pues, en otro caso, no hay seguridad acerca de si la cuestión de ilegalidad sigue teniendo objeto (Gimeno).

Emplazamientos (LJCA art.123.2) En el mismo auto de planteamiento de la cuestión se debe acordar emplazar a las partes para que, en el **plazo** de 15 días, puedan comparecer y formular alegaciones. Estas han de hacerse ante el **tribunal competente** para conocer de la cuestión de ilegalidad, no ante el juez o tribunal que haya acordado plantearla. 13283

Las **partes** son, necesariamente, el demandante en el recurso administrativo indirecto, que necesariamente habrá vencido en este, y el representante de la Administración pública que dictó el acto administrativo en aplicación de un reglamento nulo.
La Ley se refiere solo a las partes, pero no dice nada sobre el emplazamiento del **órgano autor de la disposición general** impugnada. No obstante, esta debe entenderse incluida, aunque no proceda de ella la actuación recurrida, tal y como se contempla para el supuesto de impugnación directa (LJCA art.21.3) (Gimeno).
Asimismo, se ha defendido que debe ser parte en estos procesos el **Ministerio Fiscal**, que es siempre parte en las cuestiones de inconstitucionalidad, como defensor de la legalidad y del interés público tutelado por la Ley (Const art.124).

Remisión de las actuaciones (LJCA art.124.1) Planteada la cuestión de ilegalidad, el letrado de la Administración de Justicia del órgano jurisdiccional planteante debe remitir urgentemente al tribunal competente los siguientes **documentos**: 13285

- certificación del auto de planteamiento;

- copia testimoniada de los autos principales (debe entenderse referido a los del pleito en el que se dictó sentencia firme sobre el acto que aplicó el reglamento nulo); y
- copia testimoniada del expediente administrativo.

La norma se refiere al **expediente que sirvió para enjuiciar** el acto administrativo en el recurso de procedencia y no al expediente administrativo de elaboración de la norma reglamentaria impugnada, pues este no está a disposición del órgano jurisdiccional. No obstante, en ocasiones, resulta imprescindible consultar el expediente de elaboración de la norma para enjuiciar la legalidad de la misma, para lo cual, puede ser requerido de oficio por el tribunal.

13288 **Publicación del planteamiento** (LJCA art.124.2) El planteamiento de la cuestión se debe publicar en el **mismo periódico oficial** en que se haya publicado la disposición reglamentaria cuestionada. Esta publicación se ordena por el letrado de la Administración de Justicia.

La **finalidad** de esta publicación es doble (Gimeno):
- llamar a la causa a los **posibles interesados** que no fueron parte en el recurso contencioso-administrativo de origen (como la Administración autora de la norma reglamentaria, si no coincide con la autora del acto); y
- poner sobre aviso de que una concreta disposición de carácter general está sujeta a una **eventual anulación** jurisdiccional.

13289 **Admisión** (LJCA art.125.2) El tribunal puede rechazar la cuestión de ilegalidad, en trámite de admisión, mediante auto y sin necesidad de audiencia de las partes, cuando falten las **condiciones procesales** precisas.

En caso de **inadmisión** por el tribunal no se exige dar audiencia a las partes, a diferencia de lo que ocurre en el régimen general del proceso.

Contra el auto de inadmisión de la cuestión de ilegalidad no cabe **recurso** alguno -aplicación analógica de la regla de LJCA art.90.5, relativa al trámite de admisión en el recurso de casación- (TS auto 29-4-02, EDJ 126260).

13290 **Personación y alegaciones** (LJCA art.123.2 y 125.1) Con el escrito de personación y alegaciones puede acompañarse la **documentación** que se estime oportuna para enjuiciar la legalidad de la disposición cuestionada.

El **plazo** de personación y alegaciones es de 15 días.

13292 **Prueba** (LJCA art.125.3) Los elementos probatorios tienen acceso a las actuaciones por tres vías:
- el **expediente administrativo** y las actuaciones ante el juez o tribunal de procedencia, que son enviadas por este;
- las pruebas **aportadas por las partes** en el plazo de personación y alegaciones;
- las **diligencias para mejor proveer**.

El plazo para dictar sentencia queda interrumpido si, para mejor proveer, el tribunal acuerda reclamar el **expediente de elaboración** de la disposición cuestionada o practicar alguna prueba de oficio.

En estos casos se debe acordar, por el letrado de la Administración de Justicia, la **audiencia** a las partes, por plazo común de 5 días, sobre el expediente o el resultado de la prueba.

13293 MPCA nº 3338 s. **Conclusión para sentencia y sentencia** (LJCA art.66, 125.2 y 3 y 126) Terminado el plazo de personación y alegaciones, se ha de declarar, por el letrado de la Administración de Justicia, concluso el procedimiento.

La sentencia se debe dictar en el **plazo** de los 10 días siguientes a dicha declaración, si el tribunal no ha ejercitado la facultad de ordenar diligencias para mejor proveer.

Estas sentencias gozan de **preferencia** y, una vez concluso el procedimiento, debe ser antepuesto para su votación y fallo a cualquier otro recurso contencioso-administrativo, sea cual sea su instancia o grado, salvo el proceso especial de protección de derechos fundamentales.

Cuando la cuestión de ilegalidad sea de **especial trascendencia** para el desarrollo de otros procedimientos, debe ser objeto de tramitación y resolución preferente, lo que parece anteponerla incluso a los de protección de los derechos fundamentales. En cualquier caso, corresponde al tribunal ponderar si debe darse o no esta anteposición, dado que dichos derechos gozan de una protección superior a la que ostenta la seguridad jurídica (Gimeno).

La sentencia que no inadmita la cuestión inicialmente debe **recaer sobre el fondo** y estimar o desestimar la cuestión de ilegalidad.

En ningún caso puede alterar el **proceso de origen**, pues estas sentencias no afectan a la situación jurídica concreta derivada de la sentencia dictada por el juez o tribunal que planteó la cuestión.

En todos los casos, firme la sentencia que resuelva la cuestión de ilegalidad, se debe **comunicar al juez o tribunal** que la planteó, por el letrado de la Administración de Justicia correspondiente, además de a las partes personadas en la cuestión, y publicarse en el mismo **periódico oficial** en que se publicó la norma impugnada y el planteamiento de la cuestión de ilegalidad.
En casación ordinaria son **recurribles en todo caso**, sea cual fuere la materia sobre la que versen o su cuantía, las sentencias de la Audiencia Nacional y de los Tribunales Superiores de Justicia que declaran nula o conforme a Derecho una disposición de carácter general (LJCA art.86.3).

Sentencia estimatoria Se ha de dictar sentencia estimatoria, conforme a la regla general del recurso directo contra disposiciones generales: cuando la disposición de carácter general incurra en cualquier **infracción del ordenamiento jurídico**, incluso la desviación de poder (LJCA art.70 y 71.1.a). La sentencia debe declarar no ser conforme a Derecho la disposición y debe anular la disposición o los preceptos impugnados. **13294**
Ahora bien, también se ha sostenido que la cuestión tiene por objeto exclusivo que el órgano competente declare la **nulidad de pleno derecho** del precepto o preceptos de la disposición reglamentaria considerada, por infracción de la jerarquía normativa respecto de una norma con rango de ley -LPAC art.47.2- (TS 26-4-04, EDJ 31733). Si se atiende al criterio expuesto de que los defectos de la norma han de ser materiales, no de forma, y se liga esto al principio de jerarquía normativa, puede alcanzarse la conclusión de que, aunque no se limite teóricamente su ámbito a la nulidad radical, pocos serán los supuestos de invalidez al margen de aquella -quizá en casos de desviación de poder, posible en el ejercicio de la potestad reglamentaria-.
Los órganos jurisdiccionales no pueden determinar la **forma en que han de quedar redactados** los preceptos de una disposición general en sustitución de los que anulen ni pueden determinar el contenido discrecional de los actos anulados (LJCA art.71.2).
Las sentencias firmes que anulen un precepto de una disposición general no afectan, por sí mismas, a la eficacia de las **sentencias** o **actos administrativos firmes** que lo hayan aplicado antes de que la anulación alcance efectos generales, salvo en el caso de que la anulación del precepto suponga la exclusión o la reducción de las sanciones aún no ejecutadas completamente.

Sentencia desestimatoria Se debe dictar sentencia desestimatoria cuando la disposición de carácter general no incurra en infracción del ordenamiento jurídico. **13295**
La sentencia desestimatoria produce, a juicio de la doctrina, la excepción de **cosa juzgada** cuando en un nuevo proceso se pretenda la impugnación de la misma norma, por la misma *causa petendi*. Sin embargo, si la norma superior, que se considera infringida por la norma que se impugna, es diferente, se puede plantear y estimar una **nueva cuestión de ilegalidad**.

C. Procedimiento en los casos de suspensión administrativa de acuerdos

(LJCA art.127 y disp.trans.7ª)

Es este un proceso aplicable a los supuestos en que existe una **suspensión de un acto o acuerdo administrativo** que debe ir seguida de su impugnación ante el orden jurisdiccional contencioso-administrativo. **13300** MPCA nº 3350 s.
Se trata de un **proceso especial** cuyo resultado condiciona la eficacia del acto de suspensión, que es a su vez el que da lugar al proceso.
El acuerdo de suspensión es, ante todo, un **acto administrativo** inmediatamente ejecutivo, pero, además y mediante el traslado al órgano jurisdiccional contencioso-administrativo, provoca un proceso, lo que significa que dicho acuerdo constituye una **pretensión de anulación** formulada por el órgano administrativo que decide la suspensión (TS auto 15-7-88, EDJ 16895).

Supuestos de aplicación La LJCA no establece a qué supuestos concretos es de aplicación, por lo que ha de estarse a la legislación sectorial y a la jurisprudencia sobre la cuestión. **13303**

Licencias y órdenes de ejecución (LS/76 art.186 y 188) Este proceso especial se ha **utilizado** tradicionalmente para dar cauce a la impugnación, por los gobernadores civiles o alcaldes, de las licencias y órdenes de ejecución dictadas por los ayuntamientos, y a la paralización de obras iniciadas a su amparo, en casos de **infracción urbanística grave**. **13305** MPCA nº 3354 s.
La LS/76 establece que el **alcalde** debe disponer la suspensión de los efectos de una licencia u orden de ejecución y, consiguientemente, la paralización inmediata de las obras iniciadas a su amparo, cuando el contenido de dichos actos administrativos constituya manifiestamente una infracción urbanística grave.

Por su parte, las **leyes urbanísticas autonómicas** prevén mecanismos semejantes de forma generalizada, variando en algún caso el plazo de interposición del recurso contencioso-administrativo, aplicándose en su defecto el supletorio estatal (RD 2187/1978 art.34.4: 3 días) o, el fijado en la LJCA (10 días), cuando se reenvía específicamente a esta Ley.

Precisiones La LS/76, revivificada en buena parte de su contenido por el Tribunal Constitucional (TCo 61/1997), sigue siendo de **aplicación supletoria** en materia urbanística en todo el territorio nacional, en ausencia de norma legislativa integral propia autonómica, o subsidiariamente de la misma.

13307 Igualmente, ciertas normas autonómicas otorgan a las **autoridades de la comunidad autónoma** la potestad para suspender acuerdos de las corporaciones locales.

No obstante, en virtud del principio de **autonomía local**, del que se deriva, como regla general, la imposibilidad de suspender actos de las corporaciones locales (Const art.137; LBRL art.65 y 66), se han declarado inconstitucionales diferentes leyes autonómicas que concedían a la Administración autonómica la potestad de suspensión directa de actos de los entes locales (TCo 27/1987; 213/1988; 259/1988; 148/1991; 46/1992; 258/1993).

Concretamente, la doctrina constitucional citada y la jurisprudencia han declarado que las comunidades autónomas -y, por extensión, el Estado respecto de Ceuta y Melilla-, no pueden suspender los acuerdos de las corporaciones locales en materia de **urbanismo**, dado que los intereses implicados en estos actos locales son propios, en principio, de su ámbito de actuación (TS 3-9-90, EDJ 8162; 25-1-89, EDJ 18551; 16-2-93, EDJ 1463; 24-5-04, EDJ 55018).

Esta doctrina **no es de aplicación**:

• en aquellos casos en los que las facultades de suspensión se ejerzan respecto de **actos autorizatorios** que no se encuentren sometidos al sistema de impugnación de LBRL art.65 y 66, como son los supuestos en los que la facultad de suspensión no entraña efectivo control administrativo de legalidad, sino una simple medida cautelar que persigue la defensa de competencias propias de la Administración autonómica (TCo 36/1994);

• en los supuestos en los que la expresada facultad de suspensión es ejercitada por el propio **alcalde**, que puede delegar en los concejales del ayuntamiento concedente de la licencia (TS 22-1-88, EDJ 16844; 6-2-88, EDJ 957; TSJ Madrid 20-5-95);

• en los casos de suspensión por el alcalde de licencias urbanísticas otorgadas por la comunidad autónoma en ejercicio por **subrogación** de las competencias municipales inactivas, pues tal posibilidad refuerza la autonomía de la corporación que acuerda la suspensión (TS 7-11-91, EDJ 10527).

Precisiones 1) Este supuesto constituye una **excepción** a la norma general según la cual no pueden interponer recurso contencioso-administrativo contra la actividad de una Administración pública los órganos de la misma y los miembros de sus órganos colegiados (LJCA art.20).

2) No debe confundirse esta suspensión de licencias otorgadas con la aludida en sede de **recurso indirecto y cuestión de ilegalidad** (suspensión del otorgamiento de licencias por tramitación de planeamiento). Son figuras diversas.

13309 **Suspensión de actos y acuerdos de los organismos de cuenca** (RDLeg 1/2001 art.30.2) Los actos y acuerdos de los órganos colegiados del organismo de cuenca que puedan constituir **infracción de leyes** o no se ajusten a la **planificación hidrológica** pueden ser impugnados por el presidente ante la jurisdicción contencioso-administrativa.

La impugnación produce la suspensión del acto o acuerdo, pero el tribunal debe **ratificarla o levantarla** en un plazo no superior a 30 días.

Se establece expresamente que el **procedimiento** es el establecido para los casos de suspensión administrativa previa de acuerdos.

Este precepto no contempla en realidad uno de los casos de suspensión en vía administrativa con posterior traslado ante el orden jurisdiccional contencioso-administrativo, sino un caso de **impugnación directa** ante el órgano judicial, que conlleva, en todo caso, la suspensión del acto impugnado. Por tanto, el acto es eficaz hasta que no se impugna judicialmente, sin que quepa la suspensión previa.

En estos casos, el proceso no se inicia con el escrito de interposición del recurso contencioso-administrativo, como en el proceso ordinario, ni por el traslado del acuerdo de suspensión, como en los procesos típicos de suspensión, sino mediante un escrito que contenga la **pretensión de impugnación**, basada en la infracción de leyes o de la planificación hidrológica (González Pérez).

13310 MPCA nº 3362 **Suspensión de actos o acuerdos que atenten gravemente al interés general de España** (LBRL art.67) Si una entidad local adopta actos o acuerdos que atenten gravemente al interés general de España, el **delegado del Gobierno**, previo requerimiento al presidente de la corporación para que lo anule, puede suspenderlos y adoptar las medidas pertinentes para la protección de dicho interés.

El **requerimiento** debe ser efectuado dentro de los 10 días siguientes al de la recepción de los actos o acuerdos que se pretende anular.
El plazo concedido, mediante el requerimiento, al **presidente de la corporación** para que anule el acto o acuerdo, no puede ser superior a 5 días.
Puede ejercitarse la **facultad de suspensión** una vez que han transcurrido 10 días desde el siguiente al de la finalización del plazo del requerimiento o al de la respuesta del presidente de la corporación, si fuese anterior.
Acordada la suspensión de un acto o acuerdo, el delegado del Gobierno debe impugnarlo ante la **jurisdicción contencioso-administrativa**. Dispone para ello de un plazo, también, de 10 días desde la suspensión.

Presupuestos El presupuesto imprescindible es que se dicte el **acto administrativo** por el que se acuerde la suspensión de un acto o acuerdo de corporaciones o entidades públicas, acto que ha de cumplir con lo previsto por la legislación sectorial para cada supuesto. 13313
Son actos impugnables aquellos que han sufrido previamente la **suspensión en vía administrativa**, en los casos en que la Ley autoriza la utilización de este proceso especial. Además es preciso que la suspensión haya recaído sobre un acto susceptible de ella (p.e. un acto que atente gravemente contra el interés general de España).

Órgano competente En cuanto al órgano jurisdiccional competente para conocer de este proceso especial, no existen reglas específicas. En la aplicación de las **generales** se ha de tener en cuenta el acto que ha sido objeto de suspensión y no el acto que acuerda la suspensión (González Pérez). 13315

Legitimación En cuanto a la legitimación **activa**, se ha de distinguir, según los supuestos: 13317

• En el caso de suspensión de **licencias y órdenes de ejecución**, corresponde exclusivamente al alcalde del ayuntamiento del que procedan las licencias urbanísticas o las órdenes de ejecución de que se trate. En algunas leyes urbanísticas autonómicas se admite expresamente la subrogación autonómica en caso de inactividad de aquel (previsión que roza con la doctrina antes expuesta en relación con la autonomía local y la suspensión de acuerdos locales, si no se enfrenta a ella), en otras se excluye.
• En el caso de suspensión de actos y acuerdos de los **organismos de cuenca**, corresponde al presidente de los órganos colegiados del organismo de cuenca de los que procedan los actos y acuerdos que puedan constituir infracción de leyes o no se ajusten a la planificación hidrológica.
• En el supuesto de suspensión de actos o acuerdos que atenten gravemente al **interés general de España**, corresponde al delegado del Gobierno, previo requerimiento al presidente de la corporación.

En cuanto a la legitimación **pasiva**, la tiene la corporación o entidad pública de la que emanó el acto o acuerdo suspendido.
No es preceptiva la intervención del **abogado del Estado**, salvo cuando la Administración estatal sea parte en el proceso, normalmente como consecuencia de la potestad de suspensión por el delegado del Gobierno en el supuesto de acuerdos que atenten gravemente al interés general de España.
Pueden intervenir junto con el demandante o demandado quienes tengan un **interés legítimo** en la anulación o mantenimiento del acto impugnado, respectivamente (LJCA art.19.1.a).

Precisiones 1) Los **particulares** no pueden iniciar este proceso especial por sí solos, sin perjuicio de la posibilidad de poner los hechos relevantes en conocimiento de los órganos competentes, que pueden, si lo consideran adecuado, ejercer la facultad de suspensión y posterior traslado. No puede obligarse al órgano competente a ejercer esta facultad, sin perjuicio de que pueda incurrir en las responsabilidades de otro orden a que haya lugar por el no uso de la misma, si ello se ha debido a malicia o abandono inexcusable (TS 31-12-90, EDJ 12160). En el **ámbito urbanístico**, los particulares pueden ejercitar la acción pública para exigir la observancia del ordenamiento.
2) En cuanto a las **demás Administraciones públicas**, pueden impugnar el acto de que se trate a través del proceso contencioso-administrativo ordinario.

Procedimiento En este procedimiento especial no hay demanda ni contestación a ella, sino solo **alegaciones**. 13319 MPCA nº 3370
No se contempla la existencia de un período procesal de **prueba**, ni trámite de **conclusiones** escritas o vista oral antes de que se dicte sentencia.

Iniciación (LJCA art.127.2; LS/76 art.186) El procedimiento se inicia en el **plazo** de los 10 días siguientes a la fecha en que se haya dictado el acto de suspensión o en el que la Ley establezca. Así, el plazo es de 3 días en el caso de suspensión de licencias u órdenes de ejecución. 13320 MPCA nº 3372

El recurso contencioso-administrativo debe interponerse mediante **escrito fundado**, o bien darse traslado directo del acuerdo suspendido al órgano jurisdiccional, según proceda, acompañando en todo caso copia del citado acto de suspensión.

Precisiones En caso de suspensión de **licencias u órdenes de ejecución**, los 3 días de que dispone el alcalde para dar traslado directo del acuerdo de suspensión a la sala de lo contencioso-administrativo competente, han de computarse como días hábiles. Es un plazo fatal e improrrogable, de imperativa vigencia, de caducidad, cuya inobservancia priva de efectos a la suspensión de que se trate, excluyendo el pronunciamiento sobre la existencia de la infracción (TS 28-1-93, EDJ 599).

13322 **Envío del expediente, alegaciones y notificación a los interesados** (LJCA art.127.3) Interpuesto el recurso o trasladado el acuerdo suspendido, el letrado de la Administración de Justicia debe requerir a la corporación o entidad que lo haya dictado para que, en el **plazo** de 10 días:
- remita el expediente administrativo en soporte electrónico;
- alegue lo que estime conveniente en defensa de aquel; y
- notifique a cuantos tengan interés legítimo en su mantenimiento o anulación, la existencia del procedimiento, a efectos de su comparecencia ante el órgano jurisdiccional en el plazo de 10 días.

En el caso de **suspensión de licencias** pueden formular alegaciones:
- el alcalde, al remitir el expediente;
- el titular de la licencia cuyos efectos fueron suspendidos;
- el abogado del Estado, que interviene como defensor de la legalidad.

A efectos de notificación, debe entenderse que tienen siempre interés en este procedimiento los que aparezcan formalmente como **interesados** en el procedimiento en vía administrativa en el que se dictó el acto suspendido y el acto de suspensión.

13323 **Instrucción** (LJCA art.127.4 y 5) Recibido el **expediente administrativo**, el letrado de la Administración de Justicia lo debe entregar, junto con las actuaciones a los comparecidos en el procedimiento, convocándolos para la celebración de la **vista**, que se ha de celebrar, como mínimo, a los 10 días de la entrega del expediente.
El órgano jurisdiccional puede, motivadamente, sustituir el trámite de vista por el de **alegaciones escritas**, que se deben presentar en el plazo común de los 10 días siguientes a la notificación del auto en que así se acuerde.
Puede también abrir un **período de prueba**, para mejor proveer, por plazo no superior a 15 días. Según las reglas generales, se debe recibir el proceso a prueba cuando exista disconformidad en los hechos y estos sean de trascendencia para la resolución del pleito, a juicio del órgano jurisdiccional.

Precisiones Dado que no se prevé una fase de prueba a solicitud de las partes, debe entenderse que, en la fase probatoria para mejor proveer, se debe poner el **resultado de la prueba** de manifiesto a las partes y darles plazo para alegar sobre dicho resultado (Sala, Xiol, Fernández Montalvo).

13325 **Sentencia** (LJCA art.127.6) Celebrada la vista o formuladas las alegaciones escritas, se debe dictar sentencia por la que se anule o confirme el acto o acuerdo objeto del recurso, disponiendo lo que proceda en cuanto a la suspensión.
No se establece **plazo** especial para dictar sentencia, por lo que ha de entenderse aplicable el general de 10 días desde la declaración de concluso o señalamiento para fallo (nº 12798).
Ha de entenderse que, si el acto es declarado nulo, nada hay que señalar respecto de su **suspensión**. Si es declarado válido, no existe motivo alguno para mantener la suspensión en esta sede.

13327 **Efectos** La jurisprudencia no es unánime sobre si la sentencia produce efectos de **cosa juzgada** respecto del acto nulo. Al respecto se ha entendido que si la sentencia dictada no se limita a dejar sin efecto la suspensión, sino que declara que el acto suspendido es **contrario a Derecho**, constituyendo un pronunciamiento judicial firme que sanciona de manera definitiva la legalidad material del acto, se ha de apreciar la cosa juzgada material, pues en otro caso se quebrantaría de modo esencial el principio de seguridad jurídica que constituye el fundamento y razón de ser de la cosa juzgada (TS 1-10-85). Solo produce efectos de cosa juzgada la sentencia que **anula el acto**, pero no la que meramente levanta la suspensión (TS 24-5-82, EDJ 3295).
Contra la sentencia cabe **recurso de casación** conforme a las reglas generales (nº 14050 s.). Si la sentencia fue anulatoria, la suspensión acordada en vía administrativa se mantiene durante el recurso de casación (González-Cuéllar Serrano). Si la sentencia declara que el acto es conforme a Derecho y levanta la suspensión, el recurso contra la misma se ha de entender admisible en un solo efecto, por lo que no produce efectos suspensivos (TS auto 1-3-91, EDJ 2282).
Con respecto a las **licencias urbanísticas** u órdenes de ejecución, se establece lo siguiente (RD 2187/1978 art.35):
• Si el tribunal, al dictar sentencia, anula la licencia, la autoridad que suspendió sus efectos debe ordenar la incoación de **expediente sancionador**, al objeto de imponer, si procede, las multas correspondientes a los responsables y adoptar las demás medidas previstas al efecto.

• Las **obras** deben ser demolidas cuando la autoridad competente lo acuerde, si la sentencia anula la licencia.
• Tratándose de licencia u orden de ejecución que autoriza una demolición indebida, anulado el acto administrativo en vía jurisdiccional, la autoridad que suspendió sus efectos debe ordenar se proceda a la **reconstrucción** de lo demolido.

D. Procesos electorales

(LO 5/1985 art.49, 109 a 117)

Dentro de las diversas posibilidades de control de los procedimientos electorales, la Constitución ha optado por un **sistema judicial de control** al señalar que la validez de las actas y credenciales de los miembros de ambas cámaras está sometida al control judicial, en los términos que establezca la Ley electoral (Const art.70.2). 13340
En todo lo no previsto en la LO 5/1985 de régimen electoral general, es de aplicación la LJCA.

Clasificación Los procesos electorales pueden clasificarse de la siguiente forma (Gimeno Sendra): 13343
a) El **recurso contencioso electoral**, dirigido contra los acuerdos de las juntas electorales sobre proclamación de electos y contra la elección y proclamación de los presidentes de las corporaciones locales (nº 13350).
b) El recurso contra los acuerdos de las juntas electorales sobre la **proclamación de candidaturas y candidatos** (nº 13370).
c) El recurso contencioso electoral para casos de **referéndum** (nº 13380).
d) El recurso contra las **resoluciones de la Oficina del Censo Electoral**, del que conoce actualmente el orden contencioso-administrativo (nº 13385).
e) El recurso contra cualesquiera **otros actos o disposiciones** de la denominada Administración electoral, que se rige por las reglas generales de la LJCA: p.e. los planteados contra un acuerdo de junta electoral competente que ordena la retirada de símbolos contrarios a la neutralidad política en periodo electoral de edificios públicos (TS 28-4-16, EDJ 53198) o contra un acuerdo que resuelve un expediente derivado de una denuncia relativa a actuaciones de las Administraciones públicas transgresoras del principio de neutralidad política (TS 5-4-21, EDJ 521036).

Competencia (LO 5/1985 art.112.2; LJCA art.8 y 10) Los órganos del orden jurisdiccional contencioso-administrativo con competencia para conocer de recursos contra actos o disposiciones en materia electoral son los siguientes: 13344
• **Tribunal Supremo**. Cuando se trate de recursos contencioso electorales que se refieran a elecciones generales o al Parlamento Europeo es competente la Sala Tercera del Tribunal Supremo. Esta sala conoce también de los demás recursos que se deduzcan en relación con los actos y disposiciones de la Junta Electoral Central.
• **Tribunal Superior de Justicia**. En el supuesto de recursos contencioso electorales que se refieran a elecciones autonómicas o locales, es competente la Sala de lo Contencioso-Administrativo del Tribunal Superior de Justicia de la respectiva comunidad autónoma. Este órgano también conoce de los recursos contra actos y disposiciones de las juntas electorales provinciales y de comunidades autónomas, en general.
• Secciones de lo Contencioso-Administrativo de los **Tribunales de Instancia** -hasta su constitución, juzgados de lo contencioso-administrativo-. Conocen de las impugnaciones contra actos de las juntas electorales de zona y de las formuladas en materia de proclamación de candidaturas y candidatos, efectuadas por cualquiera de las juntas electorales.

Precisiones Dado que el Tribunal Supremo tiene atribuida la competencia en relación con los actos y disposiciones de la Junta Electoral Central, se venía entendiendo que conocía también de la **impugnación de candidaturas** realizadas por dicha Junta (p.e. en elecciones al Parlamento Europeo). No obstante, se ha precisado que la competencia en materia de impugnaciones de proclamación de candidaturas y candidatos corresponde, en todo caso, a los juzgados de lo contencioso-administrativo (FGE Circ 3/1998).

1. Recurso contencioso electoral

(LO 5/1985 art.109 a 117)

Bajo esta denominación se regulan los recursos contencioso-administrativos interpuestos contra los **acuerdos de las juntas electorales** sobre proclamación de electos, contra la elección y proclamación de los presidentes de las corporaciones locales (LO 5/1985 art.109). 13350 MPCA nº 3410

Los recursos contencioso electorales son procesos en **única instancia** que tienen carácter de **urgentes** y gozan de **preferencia** absoluta en su substanciación y fallo ante los órganos de lo contencioso-administrativo competentes (LO 5/1985 art.116).
Al igual que el contencioso-administrativo, este proceso está informado por los **principios** dispositivo y de congruencia, por lo que no puede iniciarse ni continuarse de oficio y el órgano jurisdiccional no puede conocer de pretensiones no mantenidas por las partes. No obstante, sí rige el principio de investigación de la verdad material por el órgano judicial, como se expone al tratar de la prueba (nº 13359).
El recurso contencioso electoral es **gratuito**, si bien procede la condena en costas a la parte o partes que hayan mantenido posiciones infundadas, salvo que circunstancias excepcionales, valoradas en la resolución que se dicte, motiven su no imposición (LO 5/1985 art.117). Se considera infundado un recurso de esta clase y a estos efectos cuando carece de la más mínima base jurídica (TS 18-7-24, EDJ 621566).

13351 **Objeto** (LO 5/1985 art.109) Pueden ser objeto de recurso contencioso electoral:
MPCA - los acuerdos de las juntas electorales sobre proclamación de **electos**; y
nº 3412 - la elección y proclamación de los **presidentes de las corporaciones locales**.
Aun cuando se define, en términos inequívocos, el objeto posible del proceso en relación con el acto recurrible en él, no se precisan los eventuales **motivos de su impugnación**. No obstante, una interpretación lógica y sistemática debe llevar a la conclusión de que solo pueden tener cabida en el proceso contencioso electoral los motivos impugnatorios que tengan que ver con la **regularidad del procedimiento electoral** y con las competencias atribuidas a las juntas electorales para controlarlas.
Contra estos actos solo cabe interponer el recurso contencioso electoral, excluyéndose así el **recurso de reposición** y cualquier otra acción contra el acuerdo de la junta electoral en materia de proclamación de electos (Junta Electoral Central Acuerdos 19-2-88; 9-9-92).

Precisiones 1) El objeto del proceso contencioso-electoral es determinar la conformidad o disconformidad con el ordenamiento jurídico del acuerdo de la Administración electoral recurrido, sin que en ningún caso pudiera extenderse el órgano judicial a enjuiciar o revisar la resolución judicial dictada por el órgano jurisdiccional penal respecto a la liquidación de condena de la pena de **inhabilitación para el ejercicio del derecho de sufragio pasivo**. Y, por ello, tampoco puede ser objeto de recurso de amparo electoral.
2) Contra los acuerdos de las juntas electorales sobre proclamación de electos no puede interponerse recurso alguno, una vez dictados. Sin embargo, antes de dictarse, sí que ha de acudirse a un mecanismo de **recurso de carácter previo**. Las reclamaciones o protestas frente al acta del escrutinio se resuelven por escrito por la junta electoral de zona correspondiente en el plazo de un día, comunicándose a representantes y apoderados inmediatamente. Dicha resolución puede recurrirse en plazo de un día ante la Junta Electoral Central, remitiendo a esta la de zona, al día siguiente, el expediente con su informe. Resueltas las reclamaciones presentadas o, en defecto de ellas, la junta de zona resuelve sobre la proclamación de electos (LO 5/1985 art.108).
Ese mecanismo de recurso previo a la proclamación **no** es **potestativo** para representantes y apoderados, de modo que puedan acudir directamente al proceso contencioso electoral, de manera que, en defecto del mismo, procede la inadmisión del proceso contencioso electoral (TCo 169/1991; TS 9-7-93, EDJ 6927; TSJ Granada 1-7-03, EDJ 121556).
3) Solo las infracciones de las juntas electorales referidas a la proclamación de electos pueden motivar la impugnación de esos acuerdos, sin que sea admisible, por ser contrario a ese principio, que se traigan a este concreto recurso **actos anteriores del procedimiento electoral**, para extraer de su hipotética nulidad la del acto de proclamación de candidatos, que es en sí perfectamente distinguible de los actos que le preceden en el procedimiento electoral (TS 9-7-93, EDJ 6927).
Por ello, las **irregularidades del censo electoral** desbordan el objeto de este proceso (TCo 148/1999; 149/1999; TSJ Granada 2-7-03, EDJ 121451), de modo que no cabe pretender una revisión del censo con motivo de la impugnación de la proclamación de electos (TSJ Granada 2-7-03, EDJ 121451). El recurso contra las resoluciones de la Oficina del Censo Electoral se trata en el nº 13385.

13353 **Capacidad, legitimación y postulación** (LO 5/1985 art.110 y 111) No se establecen para este recurso reglas especiales de **capacidad**.
En cuanto a la **legitimación activa**, están legitimados para interponer el recurso contencioso electoral o para oponerse a los que se interpongan:
- los candidatos, proclamados o no proclamados;
- los representantes de las candidaturas concurrentes en la circunscripción; y
- los partidos políticos, asociaciones, federaciones y coaliciones que hayan presentado candidaturas en la circunscripción.
En el proceso contencioso electoral interviene también el **Ministerio Fiscal**, a quien se le encomienda la representación pública y la defensa de la legalidad. Este debe intervenir en todos los procesos electorales, incluyendo el recurso contra la proclamación de candidaturas y candidatos (FGE Circ 3/1998; FGE Instr 5-5-1999).

La representación de la Administración electoral y la defensa de la legalidad es privativa del Ministerio Fiscal. Sin embargo, en algunos supuestos se ha reconocido postulación al **abogado del Estado** para representar y defender a la Administración electoral (TSJ La Rioja 23-6-95).
Con respecto a la **legitimación pasiva**, han de comparecer como parte demandada los candidatos proclamados, representantes de las candidaturas concurrentes en la circunscripción y partidos políticos, asociaciones, federaciones y coaliciones que hayan presentado candidaturas en la circunscripción.
En cuanto a la **postulación**, a falta de previsión específica, deben aplicarse las reglas generales (nº 11715).

Precisiones El derecho de **asistencia jurídica gratuita** (nº 1000 s.), bien se disfrute del mismo por ministerio de la Ley, bien se haya obtenido en los casos en ella prevista, no puede entrañar exención para la persona que lo disfruta de la obligación de valerse de letrado (TS auto 26-4-88, EDJ 16897).

Interposición del recurso (LO 5/1985 art.108.6 y 112.1) El recurso contencioso electoral se debe interponer ante la junta electoral correspondiente dentro del **plazo** de 3 días, siguientes al acto de proclamación de electos. Se formaliza en el mismo escrito en el que se consignan los hechos, los fundamentos de Derecho y la petición que se deduzca. **13355**
Téngase en cuenta que la junta electoral debe archivar uno de los tres ejemplares del **acta de proclamación**, remitir el segundo a la cámara o corporación de la que vayan a formar parte los electos y el tercero a la Junta Electoral Central. Esta última debe proceder, en el período de 40 días, a la publicación en el BOE de los resultados generales y por circunscripción, sin perjuicio de los recursos contencioso electorales contra la proclamación de electos.

Precisiones **1)** La **publicación en el BOE** de los resultados electorales no reabre el plazo de impugnación, por lo que el día inicial para computar el plazo es el del acto de proclamación de electos (TCo 1155/2001).
2) La posibilidad de presentar **reclamaciones y protestas** respecto de las incidencias reflejadas en las actas de escrutinio -LO 5/1985 art.108.2- no debe entenderse como un requisito imprescindible o presupuesto procesal del procedimiento contencioso electoral (Gimeno Sendra).

Tramitación (LO 5/1985 art.112.3) Al día siguiente de su presentación, el presidente de la junta ha de **remitir al órgano judicial** competente: **13357**
- el escrito de interposición;
- el expediente electoral; y
- un informe de la junta en el que se consigne cuanto se estime procedente, como fundamento del acuerdo impugnado.

La resolución que ordena la remisión se debe **notificar**, inmediatamente después de su cumplimiento, a los representantes de las candidaturas concurrentes en la circunscripción, emplazándoles para que puedan **comparecer** ante la sala competente, dentro de los 2 días siguientes.
La sala, al día siguiente de la finalización del término de 2 días para la comparecencia de los interesados, debe dar **traslado del escrito** de interposición y de los documentos que lo acompañen al Ministerio Fiscal y a las partes que se hayan personado en el proceso, poniéndoles de manifiesto el expediente electoral y el informe de la junta electoral, para que en el plazo común e improrrogable de 4 días puedan formular las **alegaciones** que estimen convenientes.

Prueba (LO 5/1985 art.112.4 y 5) A los escritos de alegaciones se pueden acompañar los **documentos** que, a su juicio, puedan servir para apoyar o desvirtuar los fundamentos de la impugnación. Asimismo, se puede solicitar el recibimiento a prueba y proponer aquellas que se consideren oportunas. **13359**
Transcurrido el período de alegaciones, la sala, dentro del día siguiente, puede acordar de oficio o a instancia de parte el **recibimiento** a prueba y la **práctica** de las que declare pertinentes. La fase probatoria se ha de desarrollar con arreglo a las normas establecidas para el proceso contencioso-administrativo, si bien el **plazo** no puede exceder de 5 días.

Sentencia (LO 5/1985 art.113 y 114) Concluido el período probatorio, en su caso, la sala, sin más trámite, ha de dictar sentencia en el **plazo** de 4 días. La sentencia debe pronunciar alguno de los fallos siguientes: **13360** MPCA nº 3422 s.
a) **Inadmisibilidad** del recurso.
b) **Validez** de la elección y de la proclamación de electos, con expresión, en su caso, de la lista más votada.
c) **Nulidad del acuerdo** de proclamación de uno o varios electos y proclamación como tal de aquel o aquellos a quienes corresponda.

d) **Nulidad de la elección** celebrada en aquella o aquellas mesas que resulten afectadas por irregularidades invalidantes y necesidad de:
- efectuar nueva convocatoria en las mismas, que puede limitarse al acto de la votación;
- proceder a una nueva elección, cuando se trate del presidente de una corporación local.

La **nueva elección** ha de celebrarse en el plazo máximo de 3 meses a partir de la sentencia. La invalidez de la votación en una o varias mesas o en una o varias secciones no comporta nueva convocatoria electoral en las mismas cuando su resultado no altere la **atribución de escaños** en la circunscripción.

La sentencia se debe **notificar a los interesados** no más tarde del día 37º posterior a las elecciones.

13361 Precisiones 1) En cuanto a la posibilidad de alegar **irregularidades del censo** durante el proceso electoral, se ha señalado que el concepto de irregularidades invalidantes ha de ponerse en conexión con el objeto del proceso: acuerdos de las juntas electorales. Así, la nulidad de la elección celebrada en aquella o aquellas mesas que resulten afectadas por **irregularidades invalidantes**, solo puede entenderse en el sentido de que tales hipotéticas irregularidades invalidantes sean las producidas en el procedimiento electoral, pero no las ajenas a él, como son las que afectan al censo electoral (TCo 148/1999).

2) En este ámbito ha de aplicarse el principio de **conservación de los actos**. En consecuencia, la jurisprudencia ha declarado la necesidad de proteger el ejercicio de los derechos fundamentales de los electores, siempre que no se vea afectado por las irregularidades apreciadas, conservando todos aquellos actos jurídicos del proceso electoral que no habrían variado con o sin infracción electoral (TS 19-2-90). La **repetición de las elecciones** debe restringirse a la mesa cuya nulidad se declara (TS 16-1-90, EDJ 19355). Solo procede decretar la nulidad y consiguiente reiteración de las elecciones cuando los vicios de procedimiento o las irregularidades detectadas afecten al **resultado electoral final** (TS 19-2-90).

3) En el recurso electoral puede utilizarse el denominado «**planteamiento de cuestión o de la tesis**», que permite al juzgador dar a conocer a las partes otras dimensiones del caso a resolver no previstas por ellas -LJCA art.33.2 y 65.2- (TS 19-2-90).

13363 **Recursos** (LO 5/1985 art.114) Contra la sentencia no procede recurso contencioso alguno, ordinario ni extraordinario, salvo el recurso de **aclaración**, sin perjuicio del recurso de **amparo** ante el Tribunal Constitucional (nº 16300).

El amparo debe solicitarse en el plazo de 3 días y el Tribunal Constitucional debe resolver sobre el mismo en los 15 días siguientes.

13366 MPCA nº 3428 **Ejecución de la sentencia** (LO 5/1985 art.115) Las sentencias se deben **comunicar a la junta electoral** correspondiente, mediante testimonio en forma, con devolución del expediente, para su inmediato y estricto cumplimiento.

Para la ejecución de los pronunciamientos contenidos en el fallo, la sala, de oficio o a instancia del Ministerio Fiscal o de las partes, puede dirigirse directamente a las **autoridades, organismos e instituciones** de todo orden a las que alcance el contenido de la sentencia y, asimismo, puede adoptar cuantas medidas considere adecuadas.

2. Recurso contra la proclamación de candidaturas y candidatos

(LO 5/1985 art.49)

13370 MPCA nº 3440 s. A partir de la proclamación de candidaturas y candidatos por las juntas electorales, **cualquier candidato** excluido y los **representantes de las candidaturas** proclamadas o cuya proclamación haya sido denegada, pueden interponer recurso contra los acuerdos de proclamación de las juntas electorales.

13373 **Interposición** El recurso para interponer recurso contra los acuerdos de proclamación de las juntas electorales se debe interponer en el **plazo** de 2 días, ante la Sección de lo Contencioso-Administrativo del Tribunal de Instancia -hasta su constitución, juzgado de lo contencioso-administrativo-.

El plazo discurre **a partir de la publicación** de los candidatos proclamados, sin perjuicio de la preceptiva notificación al representante de aquel o aquellos que hayan sido excluidos (LO 5/1985 art.49.2), y no a partir de la proclamación -como parece inferirse de LO 5/1985 art.49.1- (TS auto 23-5-94, EDJ 4700).

Téngase en cuenta que la publicación tiene lugar el 28º día posterior a la convocatoria, mientras que la proclamación debe efectuarse el 27º (LO 5/1985 art.47.3 y 5).

En el mismo acto de interposición, se deben presentar las **alegaciones** que se estimen pertinentes, acompañadas de los **elementos de prueba** oportunos.

Resolución La resolución judicial, que ha de dictarse en el **plazo** de los 2 días siguientes a la interposición del recurso, tiene carácter firme e inapelable. 13374
Cabe, no obstante, **recurso de amparo** ante el Tribunal Constitucional, a cuyo efecto el recurso contra la proclamación de candidaturas y candidatos sirve para cumplir el requisito de agotamiento de la vía judicial previa (nº 7320 s.).
El amparo debe solicitarse en el **plazo** de 2 días y el Tribunal Constitucional debe resolver sobre el mismo en los 3 días siguientes.

Caso particular: candidaturas de partidos sucesores de partidos declarados ilegales (LO 5/1985 art.49.5) Este recurso es también de aplicación a los supuestos de proclamación o expulsión de candidaturas presentadas por **partidos políticos, federaciones o coaliciones de partidos**, o **agrupaciones de electores** que, de hecho, vengan a continuar o suceder la actividad de un partido político declarado judicialmente ilegal y disuelto, o suspendido (LO 5/1985 art.44.4). 13375
A estos efectos, se ha de tener en cuenta la **similitud sustancial** de sus estructuras, organización y funcionamiento de las personas que los componen, rigen, representan o administran las candidaturas, de la procedencia de los medios de financiación o materiales, o de cualesquiera otras circunstancias relevantes que, como su disposición a apoyar la violencia o el terrorismo, permitan considerar dicha continuidad o sucesión, con las siguientes **particularidades**:

- El recurso se debe interponer ante una **Sala especial** del Tribunal Supremo (LOPJ art.61).
- Están también **legitimados** para la interposición del recurso los que lo están para solicitar la declaración de ilegalidad de un partido político (LO 6/2002 art.11.1).
- Si durante la campaña electoral las partes legitimadas para interponer el recurso tuvieran conocimiento de **circunstancias que impiden la presentación de candidaturas**, el recurso podrá interponerse hasta el 44º día posterior a la convocatoria, debiendo resolver la Sala especial del Tribunal Supremo (LOPJ art.61) dentro del tercer día a partir de la interposición. En este supuesto, no resulta de aplicación la **prohibición de fabricación de las papeletas** de la candidatura afectada prevista en LO 5/1985 art.71.2.
- En el supuesto de una convocatoria electoral derivada de nuevas elecciones convocadas por el Rey, con disolución de las cámaras, por **transcurso del plazo de 2 meses desde la primera votación de investidura** sin que ningún candidato haya obtenido la confianza del Congreso (Const art.99.5), el recurso contra la proclamación de candidaturas y candidatos puede interponerse hasta el 40º día posterior a la convocatoria, debiendo la Sala especial del Tribunal Supremo resolver en el plazo de los 2 días siguientes a la interposición. El amparo ante el Tribunal Constitucional ha de solicitarse al día siguiente, resolviendo este en el plazo de los 2 días siguientes (LO 5/1985 disp.adic.7ª.2.o).

Ilegalización de partidos políticos (LO 6/2002 art.11) Están **legitimados** para instar la declaración de ilegalidad de un partido político y su consecuente disolución, el Gobierno y el Ministerio Fiscal. El Congreso de los Diputados o el Senado pueden instar al Gobierno a que solicite la ilegalización, quedando obligado este formalizar la correspondiente demanda, previa deliberación del Consejo de Ministros, por las causas recogidas en LO 6/2002 art.9. 13376
La **tramitación** de este acuerdo se ajusta al procedimiento establecido, respectivamente, por la Mesa del Congreso de los Diputados y del Senado.
La acción se inicia mediante **demanda** presentada ante la Sala especial del Tribunal Supremo, a la que se adjuntan los **documentos** que acrediten la concurrencia de los motivos de ilegalidad. Posteriormente, la Sala procede de manera inmediata al **emplazamiento** del partido político afectado, y, en su caso, a las personas electas en candidaturas presentadas por agrupaciones de electores, dándoles **traslado de la demanda**, para que pueda comparecer ante la misma en el plazo de ocho días. Una vez comparecido en debida forma o transcurrido el plazo correspondiente sin haberlo realizado, la Sala analizará la **admisión inicial** de la demanda, pudiendo inadmitir la misma mediante auto si concurre alguna de las siguientes **causas**:

- Haberse interpuesto por persona no legitimada o no debidamente representada.
- Carecer manifiestamente de los requisitos sustantivos o de forma para su admisión.
- Carecer la demanda manifiestamente de fundamento.

La apreciación de la concurrencia de alguna de las causas indicadas se pondrá de manifiesto a las partes para que puedan formular **alegaciones** sobre la misma en el plazo común de diez días.
Una vez **admitida la demanda**, se emplaza al demandado, si hubiera comparecido, para su **contestación** por plazo de 20 días. Si las partes lo han propuesto en sus escritos de demanda o de contestación o la Sala lo considera necesario, se abre un período de **prueba** que se regirá en cuanto a sus plazos y sustanciación por las reglas que sobre este extremo se contienen en la LEC. Del conjunto de la prueba practicada se da vista a las partes, que podrán formular alegaciones sobre las mismas por plazo sucesivo de veinte días, transcurridos los cuales, se hayan formalizado o no, el proceso queda concluso para sentencia, dictada en plazo de veinte días.

La **sentencia** puede declarar la disolución del partido político o desestimar la demanda. No admite recurso alguno sin perjuicio, en su caso, del **recurso** de amparo ante el Tribunal Constitucional, y es ejecutiva desde el momento de su notificación. Si se decreta la **disolución**, la sala ordenará la cancelación de la correspondiente inscripción registral, y el fallo producirá los efectos que se determinan en LO 6/2002 art.12.
En su caso, la sentencia declarará también la existencia o no de vinculación con el partido político ilegalizado de las candidaturas presentadas por las agrupaciones de electores. Si **se desestima la demanda**, esta solo podrá volver a reiterarse si se presentan ante el Tribunal Supremo nuevos elementos de hecho, suficientes para realizar valoraciones sobre la actividad ilegal de un partido diferentes a las ya contenidas en la sentencia.
Corresponde a la sala sentenciadora asegurar, en trámite de **ejecución** de sentencia, que se respeten y ejecuten todos los efectos previstos por las leyes para el supuesto de disolución de un partido político. En particular, previa audiencia de los interesados, declarar la improcedencia de la continuidad o sucesión de un partido disuelto, teniendo en cuenta para determinar la conexión los factores expuestos en el nº 13375. Además de las partes de este proceso, pueden instar el pronunciamiento de la sala sentenciadora el Ministerio del Interior y el Ministerio Fiscal, en el supuesto de que se presente para su inscripción (LO 6/2002 art.4, 5 y 12).

3. Recurso contencioso electoral en casos de referéndum

(LO 2/1980 art.19)

13380 La normativa de regulación de las distintas modalidades de referéndum contiene una **remisión general** a la legislación electoral general en lo que se refiere a los recursos e impugnaciones que pueden plantearse contra los acuerdos de las juntas electorales en esta materia.
Además, pueden ser objeto de recurso contencioso electoral los acuerdos que, sobre los **resultados del escrutinio general**, adopten las juntas electorales provinciales. El recurso contencioso electoral se ha de interponer ante la junta que haya adoptado el acuerdo objeto del mismo, en el **plazo** de los 5 días siguientes a su adopción. El **procedimiento** del recurso contencioso electoral es el establecido en la legislación electoral para el que tiene por objeto la validez de las elecciones.
Tienen **legitimación** para interponer el recurso contencioso electoral o para oponerse a los que se interpongan, los representantes de los grupos políticos con representación parlamentaria o que hayan obtenido, al menos, un 3% de los sufragios válidamente emitidos en el ámbito a que se refiera la consulta en las últimas elecciones generales celebradas para el Congreso de los Diputados.
Tienen **competencia** para conocer de estos recursos las Salas de lo Contencioso-Administrativo de los Tribunales Superiores de Justicia.
La **sentencia** debe pronunciar alguno de los fallos siguientes:
- inadmisibilidad del recurso;
- validez de la votación y de la proclamación de resultados en la provincia a que se refiera;
- validez de la votación con nueva proclamación de resultados;
- nulidad de la votación y necesidad de efectuar nueva convocatoria en el ámbito correspondiente, cuando los hechos recogidos en la sentencia fuesen determinantes del resultado.

Contra la sentencia que recaiga en estos recursos contencioso electorales no puede interponerse **recurso** alguno, ordinario o extraordinario.

4. Recurso contra las resoluciones de la Oficina del Censo Electoral

(LO 5/1985 art.40)

13385 MPCA nº 3500 El conocimiento del recurso contra las resoluciones de la Oficina del Censo Electoral se atribuye al orden jurisdiccional **contencioso-administrativo**.
Puede interponerse ante la Sección de lo Contencioso-Administrativo del Tribunal de Instancia -hasta su constitución, juzgado de lo contencioso-administrativo- correspondiente, en un plazo de 5 días a partir de su notificación.
La **sentencia**, que ha de dictarse en el plazo de 5 días, se debe notificar al interesado, al ayuntamiento, al consulado y a la delegación provincial de la Oficina del Censo Electoral. Esta sentencia agota la vía judicial.

Precisiones A efectos del **ejercicio del sufragio activo**, puede votar el no inscrito en el censo que acredite su derecho al sufragio en virtud de sentencia dictada de conformidad con lo expuesto (Junta Electoral Central Acuerdo 3-11-89).

E. Recurso contencioso-disciplinario militar

El control judicial de la **potestad disciplinaria militar** se articula en nuestro ordenamiento jurídico a través del denominado recurso contencioso-disciplinario militar. 13400 MPCA nº 3512

Este recurso mantiene una notable similitud de régimen con el recurso contencioso-administrativo, particularmente en materia de procedimiento, pues el establecido en la legislación militar para el contencioso-disciplinario es casi paralelo al procedimiento ordinario (nº 12370 s.).

Por ello, en lo que se refiere al procedimiento, nos limitaremos a señalar las **especialidades** más notables del régimen jurídico del recurso contencioso-disciplinario **ordinario**, que constituye la base común de todo el régimen de la materia (nº 13405), aunque, se irán destacando igualmente las diferentes características del **recurso preferente y sumario** (nº 13407).

No obstante, debe advertirse que, pese a la citada relación de esta materia con la contencioso-administrativa, la legislación procesal militar, remite como **legislación supletoria** a la Ley de enjuiciamiento civil (LO 2/1989 art.457), remisión que debe entenderse hecha a la vigente L 1/2000. Esto plantea ciertos problemas, fundamentalmente en materia de prueba.

Precisiones El **procedimiento disciplinario militar** se expone en los nº 5170 s. Memento Administrativo 2026.

1. Modalidades

Recurso ordinario (LO 2/1989 art.448 a 517; LO 8/2014 art.73; LO 12/2007 art.78.1) En el ámbito de las **Fuerzas Armadas**, procede seguir este procedimiento contra actos de imposición de sanción disciplinaria leve, grave o muy grave. 13405 MPCA nº 3514

Respecto de la **Guardia Civil**, contra las resoluciones de los recursos de alzada o reposición interpuestos frente a actos de aplicación de la potestad disciplinaria que finalizan la vía administrativa (nº 5125 s. Memento Administrativo 2026).

Precisiones El Tribunal Constitucional declaró la **nulidad** de los preceptos que imponían la restricción legal del objeto del recurso ordinario, al establecer su inaplicación para la impugnación de sanciones por falta leve -LO 2/1989 art.453 párr 2º y 468.b- (TCo 177/2011). La LO 8/2014 recoge esta doctrina.

Recurso preferente y sumario (LO 2/1989 art.453 y 518; LO 12/2007 art.78.2; LO 8/2014 art.73) Este recurso procede contra cualquiera de los actos sancionadores que afecten al ejercicio de los **derechos fundamentales** de la persona (Const art.53.2), incluso los que aprecien responsabilidad disciplinaria de carácter leve (TCo 177/2011). Se trata, por tanto, de uno de los diversos procesos sumarios de **amparo ordinario** derivados del citado precepto constitucional. 13407 MPCA nº 3516

Además, el hecho de haber constituido el único medio de reacción posible en vía jurisdiccional contra una acto sancionador por **falta disciplinaria leve** -hasta la declaración de inconstitucionalidad mencionada-, impuso notables singularidades -la mayoría de construcción jurisprudencial- en su régimen jurídico.

Precisiones 1) La jurisprudencia actual entiende que el recurso preferente y sumario tiene como **objeto específico**, aunque no exclusivo, la vulneración de derechos fundamentales, lo que posibilita la invocación de cuestiones basadas en infracción ordinaria de legalidad, dentro o fuera de lo que se viene denominando «bloque de constitucionalidad», para preservar el derecho a la tutela judicial efectiva sin indefensión (TS 20-12-05, EDJ 296062; 16-1-06, EDJ 16148; 1-3-06, EDJ 24960 y 17-7-06, EDJ 105772). Ambas **modalidades impugnativas** son plenamente compatibles entre sí, por lo que los pronunciamientos recaídos al resolver el recurso preferente y sumario producen **efecto de cosa juzgada** para el sucesivo planteamiento de las mismas cuestiones en distinto recurso de carácter ordinario (TS 29-12-03, EDJ 202249; 21-12-05, EDJ 237502; 12-6-06, EDJ 98929).

2) La **constitución del tribunal**, en el momento de dictar sentencia, es distinta en el recurso ordinario y en el preferente y sumario, pues en este último caso no intervienen jueces legos. Tampoco lo hacen cuando conoce la Sala de lo Militar del Tribunal Supremo en única instancia (LO 4/1987 art.36, 39 y 41.1 y 46, 49 y 51.1).

Recurso en materia disciplinaria judicial (LO 4/1987 art.23.6, 145 y 148) El recurso contencioso-disciplinario es aquí el cauce formal para el control de los actos de exigencia de responsabilidad disciplinaria judicial, **no militar**, de quienes ejercen en la jurisdicción militar cargos judiciales, fiscales o de secretaría relatoría. 13408

Se atribuye la **competencia** para su conocimiento a la sala quinta del Tribunal Supremo.

2. Actos recurribles

(LO 2/1989 art.465; LO 12/2007 art.78; LO 8/2014 art.70 y 73)

13410 MPCA nº 3530 El objeto del recurso contencioso-disciplinario militar está limitado a la impugnación de los **actos de aplicación de la legislación disciplinaria**, no abarcando a todos ellos (LO 2/1989 art.448, 453 y 465; LO 8/2014 art.73; LO 12/2007 art.78).

Precisiones Las **medidas cautelares y provisionales** adoptadas en procedimientos disciplinarios ya incoados, o antes de su incoación, son susceptibles de recurso contencioso-disciplinario directo, sin previo recurso en vía administrativa, salvo las relativas al cambio de situación administrativa, en las que es preceptivo el recurso de alzada previo, admitiéndose reposición potestativa en caso de que el acto lo dicte el ministro de Defensa (LO 8/2014 art.31 y 51).

13412 **Requisitos** El recurso contencioso-disciplinario militar es admisible únicamente contra actos que hayan **agotado la vía administrativa** (LO 2/1989 art.465, 478.c y 518.b). En caso contrario, el órgano competente ha de declarar la inadmisión del recurso.

El agotamiento de la vía administrativa se exige incluso en el recurso contencioso-disciplinario **preferente y sumario**, cuando se entable contra actos sancionadores por falta leve (LO 2/1989 art.518.b).

Por otro lado, cuando la sanción haya sido impuesta por el ministro de Defensa o por la Sala de Gobierno del Tribunal Militar Central, ha de interponerse necesariamente, si se quiere agotar la vía administrativa, **recurso de reposición** (LO 8/2014 art.70 y 73), potestativo para la Guardia Civil (LO 12/2007 art.75).

Precisiones **1)** La forma y momento de **agotamiento de la vía administrativa** o disciplinaria no tienen que coincidir, necesariamente, con el sistema general del procedimiento administrativo -LPAC art.114.1.a, 121.1, 122.3 y 123.1- (TS 27-10-98; 4-10-99, EDJ 37985; 11-10-99, EDJ 37987). No obstante, actualmente ha desaparecido el sistema de doble alzada administrativa que existía en el régimen disciplinario de las Fuerzas Armadas y de la Guardia Civil (LO 8/1998 art.77.2 derog LO 8/2014).

2) Las **normas generales** en la materia se exponen en los nº 1550 s. Memento Administrativo 2026.

13414 **Supuestos** Constituyen objeto de las distintas modalidades de recuso contencioso-disciplinario militar los siguientes actos de aplicación de normas disciplinarias:

a) Resoluciones sancionadoras disciplinarias por **falta grave o muy grave** (LO 2/1989 art.453 párr 2º; LO 8/2014 art.73; LO 12/2007 art.78).

b) Resoluciones sancionadoras disciplinarias por **falta leve** (LO 2/1989 art.468.b nulo por TCo 177/2011; LO 8/2014 art.73; LO 12/2007 art.78). Procede contra ellas el recurso preferente y sumario, o el recurso ordinario. Ver lo expuesto sobre la admisibilidad de este recurso contra sanciones por falta leve (nº 13407).

c) Actos sancionadores definitivos que afecten a **derechos fundamentales** (LO 2/1989 art.453 párr 3º y 518; LO 8/2014 art.73; LO 12/2007 art.78). Procede el recurso preferente y sumario frente a los actos sancionadores definitivos que afecten al ejercicio de los derechos fundamentales de la persona susceptibles de amparo ordinario (Const art.53.2).

d) Acuerdos de **cancelación de antecedentes disciplinarios** (LO 8/2014 art.67). Son también susceptibles de recurso contencioso-disciplinario militar ordinario los acuerdos relativos a cancelación de las denominadas «notas desfavorables» (antecedentes disciplinarios).

13415 **Actos de revisión de oficio de resoluciones sancionadoras** El recurso contencioso-disciplinario militar es el cauce adecuado para impugnar resoluciones sobre **revisión de oficio** de actos sancionadores (LO 4/1987 art.4; LO 2/1989 art.448 y 465).

Esta puede producirse a través de una **doble vía**:

a) Mediante la **acción de nulidad** (LPAC art.106). Dada la competencia ministerial para resolverla en vía administrativa -LPAC art.111-, el recurso contencioso-disciplinario ha de ser conocido por la Sala de lo Militar del Tribunal Supremo -LO 4/1987 art.23- (TCJ 7-7-97; TS 8-5-00, EDJ 10186).

b) Por aplicación retroactiva de la **ley disciplinaria más favorable** (LO 12/2007 disp.trans.1ª.4; LO 8/2014 disp.trans.2ª): las resoluciones firmes que a la respectiva entrada en vigor de estas normas no hubiesen sido ejecutadas total o parcialmente, así como las que no hubiesen alcanzado firmeza, serán revisadas de oficio si de la aplicación de la misma se derivaran efectos más favorables para el sancionado. Sobre esta norma, entiende la jurisprudencia que la ley más favorable es aplicable mientras la resolución sancionadora sea susceptible de ser reformada, lo que se produce no solo cuando está abierta la vía administrativa, sino también cuando, agotada esta, el sancionado solicita la intervención de los tribunales.

En consecuencia, si, **antes de que la resolución sancionadora sea definitivamente firme** -lo que no sucede hasta que la jurisdicción contencioso-administrativa se pronuncia cuando su

intervención ha sido solicitada-, el legislador dicta una norma que resulta más favorable, corresponde aplicarla, porque en definitiva así lo exige el valor superior de justicia, que es uno de los que informan nuestro ordenamiento jurídico (TS 16-6-08, EDJ 131386; 19-6-08, EDJ 131384; 17-7-08, EDJ 166872; 27-5-09, EDJ 134913).
En igual sentido, el Tribunal Supremo ha entendido que no es óbice para la aplicación de la norma más beneficiosa que el procedimiento sancionador se encuentre en **fase de impugnación jurisdiccional**, en cuanto se hace posible la efectividad inmediata de la nueva normativa (TS 13-12-91, EDJ 11848; 13-3-92, EDJ 2435; 25-5-92, EDJ 5223).

Exclusiones (LO 2/1989 art.465.2 y 468) Quedan excluidos del recurso contencioso-disciplinario militar: **13416**
a) Los **actos reproductorios** de otros anteriores que tengan carácter de definitivos y firmes (por aplicación de las reglas generales).
b) Los actos confirmatorios de **acuerdos consentidos** por no haber sido recurridos en tiempo y forma (por aplicación de las reglas generales).
c) Las resoluciones que acuerden la **separación del servicio** como consecuencia de sentencia firme por delito de rebelión, cuando se imponga pena de privación de libertad que exceda de 6 años por cualquier delito o pena de inhabilitación absoluta como principal o accesoria. Tal condena a pena privativa de libertad superior a 6 años por cualquier delito o la imposición como principal o accesoria de la pena de inhabilitación especial, ha sido declarada **inconstitucional** y, por tanto, nula (TCo 31/2000).

Actos de trámite susceptibles de recurso contencioso-disciplinario militar (LO 2/1989 art.465.2) **13417**
También **se excluye expresamente** la posibilidad de impugnación autónoma de los actos de trámite, a diferencia del criterio seguido por la normativa general, que permite dicha posibilidad cuando tales actos decidan directa o indirectamente el fondo del asunto, causen indefensión, determinen la imposibilidad de continuar el procedimiento o perjudiquen irreparablemente derechos o intereses legítimos (LJCA art.25.1).
No obstante, la propia LO 2/1989 y, fundamentalmente, la doctrina del Tribunal Constitucional matizan la drástica restricción anterior, de modo que cabría la **interposición de recurso** contencioso-disciplinario militar ordinario -o en ciertos supuestos, preferente y sumario- contra los siguientes actos no definitivos:
a) **Acuerdo de incoación agravatorio** (LO 8/2014 art.44), consistente en la conversión de un procedimiento ya resuelto, con la imposición de sanción por falta leve, en otro por presunta responsabilidad de mayor gravedad, cuando se produzca fuera del plazo de caducidad de 15 días legalmente fijado (TS 10-10-95, EDJ 5661; 17-9-98, EDJ 17683; 24-3-99, EDJ 17088).
En el sistema de la LO 12/2007, para la Guardia Civil, desaparece la previsión expresa de esta posibilidad de conversión. Se prevé la transformación del procedimiento antes de su finalización mediante resolución declaratoria y remisión a la autoridad competente, no susceptible de recurso autónomo (LO 12/2007 art.49).
b) **Suspensión cautelar de funciones** (LO 8/2014 art.51.2; LO 12/2007 art.54.3). En el ámbito de las **Fuerzas Armadas**, solo para el procedimiento sancionador por falta grave o muy grave. En el ámbito de la **Guardia Civil** para expedientes por faltas graves y muy graves y por el recurso preferente y sumario.
c) **Arresto preventivo** (LO 8/2014 art.51.1; TCo 24/1999). Actualmente, ha desaparecido el arresto del cuadro de sanciones disciplinarias de la Guardia Civil (L 12/2007).

3. Competencia

(LO 4/1987 art.4)

La tutela judicial en vía disciplinaria está atribuida a los órganos de la **jurisdicción militar**. En consecuencia, el recurso contencioso-disciplinario militar está excluido del ámbito del orden jurisdiccional contencioso-administrativo (LJCA art.3.b). **13420**

Competencia objetiva (LO 4/1987 art.23.5 y 6, 34.7 y 45.6) La competencia objetiva se delimita en función de la jerarquía del acto y del carácter confirmatorio o revocatorio del mismo. De tales criterios resulta el siguiente esquema de distribución de competencia por razón de la **materia**: **13422**
a) La Sala de lo Militar del **Tribunal Supremo** conoce de los recursos jurisdiccionales en materia disciplinaria militar que procedan contra las sanciones impuestas o reformadas por el ministro de Defensa o por la Sala de Gobierno del Tribunal Militar Central, así como de los que se interpongan contra las sanciones disciplinarias judiciales impuestas a quienes, sin pertenecer a la propia sala, ejerzan en la jurisdicción militar funciones judiciales, fiscales o de secretaría relatoría.

b) El **Tribunal Militar Central** es competente para el conocimiento de los recursos jurisdiccionales en materia disciplinaria militar que procedan contra las sanciones impuestas o reformadas por el jefe del Estado Mayor de la Defensa, jefes de estado mayor de cada ejército, subsecretario de Defensa, director general de la Guardia Civil y oficiales generales.
c) Por último, los **tribunales militares territoriales** tienen atribuida la competencia residual para entender en todos los recursos no atribuidos a los dos órganos judiciales antes citados.

13424 **Competencia funcional** (LO 4/1987 art.23.1 y 3, 34.2 y 6, 45.2; LO 2/1989 art.452) La regulación de la competencia funcional se reduce a atribuir la competencia para el conocimiento de ciertos asuntos del modo siguiente:
a) Recursos de **casación y revisión** procedentes contra las resoluciones del Tribunal Militar Central y de los tribunales militares territoriales. Corresponde su conocimiento a la Sala de lo Militar del Tribunal Supremo.
b) Incidentes de **recusación**. Conoce la Sala de lo Militar del Tribunal Supremo, cuando aquella afecte a uno o dos de sus magistrados, o a dos o más miembros de la Sala de Justicia del Tribunal Militar Central. Este último conoce, cuando el incidente se refiere a uno o dos de sus miembros, o a todos o la mayoría de los integrantes de un tribunal territorial. Por último, los tribunales territoriales son los competentes cuando los recusados sean uno o dos de sus miembros.
c) Las **cuestiones de competencia** entre tribunales militares territoriales se resuelven por la Sala de Justicia del Tribunal Militar Central.

13425 **Competencia territorial** (LO 2/1989 art.451) La competencia de los tribunales militares territoriales corresponde, a **elección del demandante**, a aquel tribunal en cuya demarcación se encuentre destinado el mando que originariamente impuso la sanción, o en el que tenga su destino o domicilio el actor.

13427 **Extensión de la competencia** (LO 2/1989 art.450) La competencia en materia disciplinaria militar se extiende al conocimiento y decisión de las **cuestiones prejudiciales e incidentales** directamente relacionadas con un recurso de dicha naturaleza, aunque no pertenezcan a aquella materia, sin que la resolución de las mismas produzca efecto fuera del proceso en que se dicte.

Precisiones Llama la atención la omisión de la salvedad relativa a las **cuestiones prejudiciales de tipo penal**, habitual en nuestra legislación procesal (LOPJ art.10.2). No obstante, parece que se trata de un olvido del legislador, pues debe tenerse en cuenta que la materia penal es siempre preferente a la contencioso-disciplinaria (LO 2/1989 art.8) y que, en virtud de la supletoriedad de la LEC, son aplicables al caso sus art.40 y 41 (TS 28-11-97, EDJ 10070).

4. Legitimación

13430 **Legitimación activa** (LO 2/1989 art.459, 460 y 469) La legitimación para interponer recurso contencioso-disciplinario militar corresponde exclusivamente:
a) A las personas a quienes se haya impuesto una **sanción** de las señaladas en estas normas.
b) A quien, sin haberla sufrido, todavía se encuentre **imputado** en un procedimiento disciplinario.
c) En caso de **fallecimiento** durante los plazos de interposición del recurso o tras haber sido interpuesto, al cónyuge supérstite, persona ligada al sancionado por relación estable de convivencia afectiva o a sus herederos.

13431 **Legitimación pasiva** (LO 2/1989 art.461) Corresponde a la **Administración sancionadora**. Es necesario señalar que, en la regulación de la legislación procesal militar no tiene cabida la figura del **codemandado** (nº 11815), pues parece difícil imaginar que de un acto sancionador deriven derechos o intereses legítimos para tercera persona que puedan quedar afectados por la estimación de las pretensiones del demandante. Aun así, en previsión de algún **hipotético supuesto** -p.e. en los efectos legales de las sanciones de pérdida de destino, pérdida de puestos en el escalafón, suspensión de empleo o separación del servicio (LO 8/2014 art.11)-, se establece que no se admitirán coadyuvantes en los recursos contenciosos disciplinarios militares (LO 2/1989 art.455).

13433 **Representación y defensa** (LO 2/1989 art.463, 464 y 518.a) En materia de representación y defensa de las partes, la legislación procesal militar adopta un sistema similar al previsto para el proceso contencioso-administrativo (nº 11715). Así, en la **instancia**, el demandante puede:
- conferir su representación a un procurador;
- valerse tan solo de abogado con poder al efecto; o
- comparecer por sí mismo, asistido o no de letrado.

En vía de **casación** es preceptiva, en todo caso, la intervención, al menos, de abogado.
Por otro lado, la **Administración sancionadora** está representada y defendida conforme a las reglas generales, si bien se prevé la posibilidad de que el abogado general del Estado-director del Servicio Jurídico del Estado, a propuesta del Ministerio de Defensa, encomiende dichas funciones a un miembro del cuerpo jurídico militar de los destinados en las asesorías jurídicas de los mandos militares superiores.
En cuanto a la posibilidad de **allanamiento del representante de la Administración**, se exige previa autorización del ministro de Defensa, que puede solicitar en tales casos informe de la Dirección del Servicio Jurídico del Estado, del asesor jurídico general de la Defensa, o de ambos.
Finalmente, hay que destacar la intervención del **Ministerio Fiscal**, a través de la Fiscalía jurídico militar, en el recurso contencioso-disciplinario preferente y sumario, como corresponde a la especial naturaleza de este proceso.

Precisiones 1) En lo que se refiere al **allanamiento** de la Administración, se establece precisamente el sistema inverso (L 52/1997 art.7), lo que plantea dudas acerca de la vigencia actual de lo dispuesto en LO 2/1989 art.464 párr 2.
2) En el **recurso preferente y sumario** no cabe el allanamiento de la Administración sancionadora (LO 2/1989 art.518.c).

5. Pretensión de resarcimiento por daños y perjuicios

(LO 2/1989 art.469 y 470)

En esta materia es necesario hacer referencia a una importante doctrina jurisprudencial en relación con la pretensión de resarcimiento por daños y perjuicios. **13435**

Regla general Se impone al demandante la **alegación y prueba plena** de, entre otros, los siguientes extremos (TS 14-7-97): **13437**
- el hecho originario de la lesión resarcible;
- la cuantía de la indemnización;
- la efectividad del daño sufrido;
- la conexión causal del daño con el acto sancionador cuya revocación se pretende.

Excepciones No obstante lo expuesto, existen casos excepcionales en que basta la simple formulación de la pretensión indemnizatoria por **daño moral**, para que este pueda deducirse directamente de los hechos probados y aquella se vea estimada en la sentencia. **13438** MPCA nº 3594
Así, en determinadas circunstancias el órgano judicial puede, sin necesidad de práctica de prueba, deducir la existencia de daño moral derivado de la **imposición indebida** de una sanción privativa o restrictiva de libertad (TS 3-2-98, EDJ 1876; 9-5-98, EDJ 5148; 14-9-98, EDJ 17681).
No se trata de una consecuencia automáticamente derivada de la revocación de un acto administrativo, sino que es imprescindible, en cualquier caso, su **alegación** por el demandante y, además, como regla general, resulta necesaria la práctica de **prueba** sobre la realidad, naturaleza y cuantía de los daños (LPAC art.65, 67, 81, 91 y 92; TS 9-5-98, EDJ 5148).
Ahora bien, excepcionalmente, se admite la declaración del derecho a indemnización **sin necesidad de prueba**, en supuestos de revocación de una sanción restrictiva o privativa de libertad, previa ponderación de las circunstancias concurrentes, entre las que tiene especial relevancia si el motivo determinante de la anulación del acto sancionador estriba en la inexistencia del hecho objeto de represión disciplinaria, o en otro distinto que, pese a la existencia del hecho sancionado, imponga igual consecuencia revocatoria, como por ejemplo la infracción de alguna garantía del procedimiento sancionador (TS 1-3-94, EDJ 7806; 9-5-98, EDJ 5148).

Cálculo de la indemnización La corriente jurisprudencial expuesta apunta las **bases de cálculo** de la indemnización, acudiendo para ello a la relación establecida en el Código Penal entre la pena de multa y la responsabilidad personal subsidiaria por impago de la misma. **13439**
Así, se establece un principio orientador que pueda servir para la determinación de tal cuantía.
La razón para que el tribunal estime que puede tenerse en cuenta lo establecido en el Código Penal en relación con la **pena de multa**, es que, en definitiva, se establece en la normativa que la regula una relación entre la privación de libertad, con las aflicciones que ello entraña, y una determinada cuantía económica, en función de la cual, el impago da lugar a la sustitución de la multa por una **responsabilidad personal subsidiaria** de un día de privación de libertad por cada dos cuotas diarias no satisfechas (CP art.50).
Así, atendiendo a dicha relación, puede establecerse un **criterio orientativo** que relacione los días del arresto cumplido con el importe duplicado de las cuotas de multa (TS 3-2-98, EDJ 1876).

Precisiones 1) En el caso concreto de la sentencia citada, se establece, a su vez, que ese importe podría ser matizado teniendo en cuenta las **circunstancias personales y familiares** del recurrente, así como el hecho de que, de los 60 días del arresto cumplido, 30 de ellos supusieron verdadera **privación de libertad**, pues se cumplieron en un establecimiento disciplinario militar, en tanto que los otros días que le fueron abonados por haber cumplido previamente una sanción por falta leve, después anulada, tan solo entrañarían una **restricción a la libertad**. Así, podría estimarse que correspondería la valoración de la cuota diaria para los 30 días señalados en primer lugar, es decir, para aquellos durante los que efectivamente estuvo privado de libertad, un importe para la indemnización que pudiera quedar comprendido entre los valores correspondientes a la cuota duplicada en la mitad superior de la previsión legal, en tanto que para los 30 días de restricción de libertad, pudiera determinarse entre los correspondientes a la cuota duplicada en su mitad inferior, debiendo, en todo caso, fijarla libremente el tribunal, atendiendo a las circunstancias del recurrente (TS 3-2-98, EDJ 1876).
2) De este modo, cuando la sanción anulada sea la de **arresto** de un mes y un día a 2 meses, el importe diario de la indemnización podría quedar comprendido entre los valores correspondientes a la cuota duplicada de la multa en la mitad superior de la previsión legal, lo que arroja un abanico que abarca desde 401 a 800 euros por día. Por el contrario, si la sanción anulada es la de arresto leve de 1 a 30 días, se determinará el importe de la indemnización dentro de la mitad inferior del doble de la cuota diaria de multa, lo que supone un arco que va desde 4 a 400 euros.

6. Procedimiento

13440 La regulación del procedimiento contencioso-disciplinario militar guarda estrecha relación con el procedimiento contencioso-administrativo en primera o única instancia (nº 12370). Por ello, limitamos nuestra exposición a las **peculiaridades** más relevantes que, en este punto, caracterizan al recurso contencioso-disciplinario.
Dichas especialidades afectan fundamentalmente a la fase de **interposición**. Fuera de ella, el paralelismo con el procedimiento contencioso-administrativo de primera o única instancia es prácticamente total.

13442 **Plazos de interposición** El plazo para la interposición del recurso es distinto en función de que el acto impugnado sea expreso o presunto:
a) Acto **expreso** (LO 2/1989 art.475). En este caso, el plazo de interposición del recurso contencioso-disciplinario militar ordinario es de 2 meses, contados a partir del día siguiente al de su notificación o bien, y aquí la **especialidad**, desde que el sancionado regrese a suelo nacional cuando dicha notificación se haya practicado fuera del mismo o de las aguas jurisdiccionales españolas.
Por su parte, en el **recurso preferente y sumario**, el plazo se reduce a 5 días (LO 2/1989 art.518.e).
b) Acto **presunto**. Ha de hacerse referencia a la regulación del **silencio administrativo** en el ámbito de la Administración militar. A este respecto, pueden reseñarse algunas singularidades (LO 2/1989 art.466 y 467; LO 8/2014 art.73):
• En primer lugar, llama la atención que el plazo máximo para la resolución del recurso administrativo no coincida con el de producción de los efectos del silencio mediante el nacimiento del acto denegatorio presunto. Así, mientras el primero es de un mes, el último se amplía hasta 2, lo que produce un **retraso de las posibilidades de impugnación** del interesado con la consiguiente merma de las mismas.
• En segundo lugar, una vez producido el acto presunto, es peculiar también el **sistema de cómputo** del plazo para interponer el recurso contencioso-disciplinario militar. En la legislación procesal militar se adopta igual plazo que en el recurso contencioso-administrativo (LJCA art.46), 6 meses, pero su **día inicial** se refiere a un momento temporal bastante anterior, al disponerse, que caduca la acción a los 6 meses de interponer el recurso en la vía disciplinaria militar, con lo cual se está reduciendo en 2 meses, en comparación con el sistema de la LJCA, el plazo de interposición del contencioso-disciplinario contra actos presuntos de desestimación de recursos administrativos, pues el plazo máximo de resolución y notificación administrativas se solapa con el de interposición del contencioso durante los 2 primeros meses de este.

13444 Por lo que se refiere al recurso contencioso-disciplinario **preferente y sumario**, se establece que el plazo de interposición de 5 días se computa, en caso de **silencio administrativo**, una vez transcurridos 10 días desde la solicitud del sancionado ante la Administración sancionadora (LO 2/1989 art.518.e). Así, poniendo este confuso precepto en relación con los relativos al contencioso-disciplinario ordinario (LO 2/1989 art.466; LO 8/2014 art.73), se entiende que el **día**

inicial del plazo de impugnación en vía preferente y sumaria del acto presunto debe ser el 11º siguiente a aquel en que expire el término de un mes con que cuenta la Administración sancionadora para resolver de modo expreso el recurso administrativo.
Por último, constituye presupuesto necesario para el inicio del cómputo del plazo, la **notificación válida del acto impugnable**. Así, se establece que las notificaciones de los actos sancionadores deben reunir los requisitos exigidos por las leyes de régimen disciplinario y por las demás normas reguladoras del procedimiento administrativo, sin cuyo cumplimiento no producen efectos legales en cuanto al recurso contencioso-disciplinario, salvo cuando el interesado se dé por enterado y utilice dicho recurso (LO 2/1989 art.476; LO 8/2014 art.43 y 53).
Tales exigencias afectan incluso al ofrecimiento del recurso contencioso-disciplinario **preferente y sumario** en la notificación de resoluciones sancionadoras por falta leve. Este recurso, pese a su naturaleza sumaria y extraordinaria, era el único medio posible para su impugnación en vía judicial (TS 14-9-95, EDJ 4500; 17-5-00, EDJ 10189). No obstante, esta exclusividad se ha corregido, primero jurisprudencialmente y luego legalmente, de acuerdo con LO 8/2014 (nº 13407).

Escrito de interposición (LO 2/1989 art.474) El recurso contencioso-disciplinario ha de interponerse **por escrito**, reducido a expresar los datos personales del recurrente, el acto por razón del cual se formula el recurso y la solicitud de que se tenga por interpuesto. Se establece un **único precepto** para ambas modalidades de recurso, la ordinaria y la preferente y sumaria. **13446** MPCA nº 3618 s.
Rige en el recurso contencioso-disciplinario y, fundamentalmente, en el preferente y sumario, el **principio antiformalista de alegación real**, e incluso implícita. Ello supone que no se exige en la interposición señalar cuál sea el derecho fundamental que se considera vulnerado y que la omisión de tal extremo no aparece recogida como causa de inadmisión del mismo (LO 2/1989 art.478; TS 17-1-91, EDJ 378; 14-7-94, EDJ 11345; 29-1-98, EDJ 271).
En consecuencia, no se precisa en el contencioso-disciplinario militar **preferente y sumario** un anticipo de la pretensión desde el escrito de demanda al de interposición.
De este modo, establecidos los hechos y la causa de pedir, resulta irrelevante en perjuicio del actor la **calificación jurídica** que este pueda realizar, por no serle exigible el conocimiento del Derecho aplicable, desde el momento en que ni siquiera se impone la asistencia de letrado director para la interposición y sustanciación del recurso contencioso-disciplinario militar (LO 2/1989 art.463).

Precisiones Cabe la **ampliación** del recurso (LO 2/1989 art.472) por hechos acaecidos después de interponerse el mismo y antes de la formalización de la demanda. Para los hechos sucedidos o conocidos después de este momento, LEC art.286 y 400.

Lugar de presentación Destaca una notable especialidad del recurso **preferente y sumario**, elaborada jurisprudencialmente y fundamentada en la brevedad del plazo de interposición, además de en otras características, ya expuestas, de este proceso especial. **13450**
Así, la **regla general** es la aplicable a la presentación de todo tipo de escritos forenses, en virtud de la cual, no puede admitirse la canalización de los escritos a un órgano judicial, en supuestos normales, más que presentándolos en su propia sede o, si sus oficinas estuviesen cerradas y se tratase de un plazo perentorio, en el juzgado de guardia de la misma ciudad (LOPJ art.268; TS 2-7-98, EDJ 11384; 19-6-97, EDJ 5361).
Como **excepciones** se señalan las siguientes (TS 23-12-91, EDJ 12256; 28-1-92, EDJ 704):
• Por una parte, se admite la presentación ante **otros órganos judiciales militares** cuya sede no coincida con la del tribunal competente para el conocimiento del recurso. Esta posibilidad resulta razonable y hasta imprescindible ante la gran dispersión geográfica que caracteriza la planta de la jurisdicción militar en un proceso con tan breve plazo de iniciación, siempre que tal órgano no sea caprichosamente elegido (TS 18-6-96, EDJ 4769; 19-6-97, EDJ 5361).
• Por otra, resulta igualmente admisible presentar el escrito de interposición, en casos excepcionales debidamente acreditados de gran dificultad para hacerlo normalmente -por razones diversas de exigencias del servicio, localización de la unidad de destino, etc.-, ante el **jefe de la unidad militar de destino** del recurrente, único órgano administrativo ante el que resulta factible esta posibilidad.

Composición de los órganos judiciales (LO 4/1987 art.41 y 51) Recordando lo expuesto sobre competencia (nº 13420 s.), procede llamar aquí la atención acerca de la curiosa circunstancia de que la composición del Tribunal Militar Central y la de los tribunales territoriales varía, a la hora de dictar sentencia, en función de la **clase de recurso** de que se conozca: **13452**
• si se trata de un recurso contencioso-disciplinario **ordinario**, el tribunal es mixto y en él se integran legos en Derecho;
• para resolver el recurso **preferente y sumario**, el órgano judicial es de composición exclusivamente técnica.

13454 **Inadmisión del recurso** (LO 2/1989 art.478, 484 y 493.a) Los **motivos** que darían lugar a la inadmisibilidad del recurso pueden invocarse dentro de la contestación a la demanda, pero no surten efecto como alegaciones previas, pudiendo, en todo caso, ser subsanados por el demandante dentro del plazo de 10 días, desde el siguiente a aquel en que se le confiera traslado del escrito en que se aleguen. No existe, pues, la doble posibilidad de argumentación de tales motivos (LJCA art.58).

Por otra parte, se impone un diverso tratamiento de la **incompetencia** como causa de inadmisibilidad, que se recoge como uno de los posibles motivos para declarar esta en la sentencia, lo que contrasta con el régimen establecido con carácter general (nº 11369).

13455 **Demanda y contestación a la demanda** La demanda y la contestación se redactan en la **forma** prevenida para esta en LEC art.399 s. (LO 2/1989 art.482.I). A ambas se acompañarán los **documentos** en que directamente se funde el derecho, y si no obraren en poder de las partes, se designará el archivo, oficina, protocolo o persona en cuyo poder se encuentren. Después de la demanda y la contestación no se admitirán al actor ni al demandado más documentos de la naturaleza expresada que los que se hallen en alguno de los casos previstos en LEC, y al demandante solo aquellos otros que tengan por objeto desvirtuar las alegaciones del demandado (LO 2/1989 art.482).

La contestación:

• Ha de **negar o admitir los hechos** aducidos por el actor. El tribunal puede considerar el silencio o las respuestas evasivas del demandado como admisión tácita de los hechos que le sean perjudiciales También podrá manifestar su allanamiento a alguna o algunas de las pretensiones del actor, así como a parte de la única pretensión aducida (con los límites para el allanamiento).

• Ha de exponer los fundamentos de su oposición a las pretensiones del actor, alegando las **excepciones materiales** que tenga por conveniente. También ha de aducir el demandado las **excepciones procesales** y demás alegaciones que pongan de relieve cuanto obste a la válida prosecución y término del proceso mediante sentencia sobre el fondo.

• Si se considera inadmisible la acumulación de acciones, lo debe manifestar así, expresando las razones de la inadmisibilidad.

Precisiones Puede acordarse la **suspensión** de las sanciones por faltas disciplinarias en caso de que se alegue causa de nulidad radical y el tribunal lo considere procedente, cuando se hubiera ya suspendido la ejecutividad del acto recurrido en la tramitación del recurso administrativo previo, si la ejecución hubiera de ocasionar perjuicios de reparación imposible o difícil o si la sanción recurrida lo fuera de pérdida de destino y llevara consigo el traslado forzoso del sancionado a otra localidad distinta de la de su residencia (LO 2/1989 art.513).

13456 **Prueba** (LO 2/1989 art.485 y 518.e) En materia de prueba, se establece un **plazo probatorio común** para la proposición y la práctica:
MPCA nº 3630 s.

- en el recurso ordinario: 20 días, prorrogables a 30;
- en el recurso preferente y sumario: 10 días.

Por otro lado, la posibilidad de **delegación** de la práctica de la prueba en órgano judicial distinto está referida a los juzgados togados militares territoriales.

Se establece remisión expresa a la LEC en relación con la **práctica de la prueba**, en todos los procesos iniciados a partir del 9-1-2001 (LEC art.281 s.). Sobre este particular, ha de tenerse en cuenta que, mientras la LO 2/1989 se basa en el procedimiento probatorio de la derogada LEC/1881 -en la que existía una fase procesal de prueba separada de la de vista o conclusiones e integrada por los momentos de recibimiento, proposición y práctica-, la LEC vigente articula la cuestión mediante **dos mecanismos**:

- proposición de prueba en una audiencia previa (LEC art.414 s. y 429); y
- práctica de la misma, salvo que tenga carácter anticipado, en el propio acto del juicio (LEC art.431 s.).

13457 **Vista y conclusiones** La celebración de vista, como sustitutiva de las conclusiones, puede pedirse en los **escritos de demanda y contestación**, o también dentro de los 3 días siguientes a la notificación de la providencia que declare concluso el período de prueba (LO 2/1989 art.487.II). Ante la ausencia de normas específicas sobre su desarrollo y acta, se aplican las reglas generales.
MPCA nº 3634

En el **recurso preferente y sumario** no procede la celebración de vista. Sí, en cambio, trámite de conclusiones, por plazo de 5 días (LO 2/1989 art.518.e, h y k).

Precisiones En el acto de la vista o en el escrito de conclusiones, el demandante puede solicitar que la sentencia formule pronunciamiento concreto sobre la existencia y cuantía de los **daños y perjuicios** de cuyo resarcimiento se trate, si constan ya probados en autos (LO 2/1989 art.490.III y 495.b), como excepción al régimen expuesto en el nº 13461. Ahora bien, esto no supone una excepción a la regla general de que las **pretensiones** se deben presentar preclusivamente en la demanda. No es posible que se introduzca en ese momento una **pretensión nueva** que altere el objeto del proceso, pues es presupuesto indispensable para que el demandante pueda hacer uso de la excepción indicada la previa existencia de una pretensión indemnizatoria deducida en el único momento procesalmente oportuno, que es el de la formulación de la demanda (TS 1-3-94, EDJ 7806).

Recurso de casación (LO 2/1989 art.503) No se imponen **límites objetivos** a este recurso. 13458
Cabe interponer recurso de casación contra las sentencias de única instancia del Tribunal Militar Central y de los tribunales territoriales, así como frente a los autos resolutorios del recurso de reposición contra los autos de inadmisión (nº 13930 s.).
El recurso se sustancia por los mismos **trámites** que se señalan en la LJCA (nº 14120 s.), con la salvedad de que no se impondrán costas.

Recurso de revisión (LOPJ art.5 bis; LO 2/1989 art.504 y 505) Las **sentencias** firmes dictadas en 13459
recurso contencioso-disciplinario militar por la Sala de lo Militar del Tribunal Supremo, así como los **autos** también firmes, dictados por dicha sala (LO 2/1989 art.478), pueden ser objeto de recurso de revisión en los siguientes casos:
a) Si la parte dispositiva de la sentencia contiene **contradicciones** en sus decisiones.
b) Si se hubieran dictado **resoluciones contrarias** entre sí respecto a los mismos litigantes u otros diferentes en idéntica situación, donde en mérito a hechos, fundamentos y pretensiones sustancialmente iguales se llegue a pronunciamientos distintos. fuerza mayor o por obra de la parte en cuyo favor se hubiere dictado.
c) Si hubiera recaído la sentencia en virtud de **documentos** que al tiempo de dictarse aquella ignoraba una de las partes haber sido reconocidos y declarados falsos o cuya falsedad se reconociese o declarase después.
d) Si, habiéndose dictado la sentencia en virtud de **prueba testifical**, fuesen los testigos condenados por falso testimonio en las declaraciones constitutivas de aquella.
e) Si la sentencia se hubiera ganado injustamente en virtud de **prevaricación, cohecho, violencia** u otra maquinación fraudulenta.
f) Si la sentencia se hubiera dictado con infracción de lo dispuesto en la LO 2/1989 art.490 o si en ella no se resolviese alguna de las **cuestiones planteadas** en la demanda y contestación.
Asimismo, cabe interponer recurso de revisión contra una resolución judicial firme cuando el **Tribunal Europeo de Derechos Humanos** haya declarado que dicha resolución ha sido dictada en violación de alguno de los derechos reconocidos en el CEDH y sus protocolos, siempre que la violación, por su naturaleza y gravedad, entrañe efectos que persistan y no puedan cesar de ningún otro modo que no sea mediante esta revisión.
En lo referente a **legitimación, términos y procedimientos** respecto a este recurso, rigen las disposiciones de la LEC.
Se exceptúan los casos previstos en los apartados a), b) y f) anteriores, en los cuales el recurso de revisión debe formularse en el plazo de un mes, contado desde la notificación de la firmeza de la sentencia.
El recurso se debe interponer ante la sala del **Tribunal Supremo** prevista en LOPJ art.61.

Precisiones Contra las sentencias firmes dictadas por la Sala de Justicia del **Tribunal Militar Central** o por los **tribunales militares territoriales** puede interponerse recurso de revisión ante la Sala de lo Militar del Tribunal Supremo en los mismos plazos y por iguales trámites. Este recurso puede fundamentarse en los mismos motivos que los relacionados, menos en los de las letras a), b) y f), y también en el caso de que recaiga sentencia del Tribunal Europeo de Derechos Humanos que haya declarado que dicha resolución ha sido dictada en violación de alguno de los derechos reconocidos por el CEDH y los protocolos.

Aplicación integrada de la revisión penal (TS 16-12-24, EDJ 842185) En supuestos excepcionales, 13460
puede integrarse la relación de supuestos que abren el recurso de revisión frente a sentencias firmes dictadas en sede **contencioso-disciplinaria** (LO 2/1989 art.328), con las reglas de la **revisión penal** que pudieran resultar aplicables (LECr art.954), con la finalidad de corregir situaciones de manifiesta injusticia material (p.e. la confirmación por sentencia firme de una sanción de suspensión del empleo de guardia civil de 9 meses de duración, cuyo presupuesto es la imposición y anotación previa de otra sanción disciplinaria posteriormente anulada).
Cabría oponer que dicha operación extensiva supondría eludir los **principios de excepcionalidad y especialidad** que caracterizan a los mecanismos de revisión de las sentencias firmes.
La limitación de las causales de revisión de las sentencias que resuelven recursos contencioso-disciplinarios, respecto a las que se regulan en la revisión de las sentencias penales puede explicarse, precisamente, por la diferencia entre las sanciones disciplinarias y las penales, lo que posibilita que se pueda restringir, por su menor carga aflictiva, las posibilidades de revisión de las primeras, primando la protección de la cosa juzgada.

Por tanto, de la expresa regulación del recurso de revisión específico cabría decantar una regla implícita de **prohibición de la revisión** de una sentencia firme dictada en un recurso contencioso-disciplinario por una causa no expresa. Ampliar, por vía interpretativa, las causales de revisión de este tipo de sentencias sería en rigor un acto de creación normativa.
Sin embargo, diversas razones permiten en este peculiar supuesto -u otros semejantes- **integrar causales de revisión** previstas para las sentencias penales:
- constatado un estado de injusticia material significativa, no puede presumirse una voluntad legislativa de **no reparación** cuando, precisamente, ese es el objetivo específico de la revisión, a pesar de su marcada naturaleza excepcional;
- si bien las causales de revisión, atendida la tipología contencioso-disciplinaria de la sentencia objeto de revisión, no contemplan el supuesto estudiado, ello no permite prescindir de la naturaleza de lo decidido; y en supuestos de **sanciones administrativas «de alta intensidad»**, debe garantizarse una plena o intensa transferencia de las garantías pensadas para el proceso penal tanto al procedimiento administrativo sancionador como al proceso contencioso-disciplinario;
- la aplicación del denominado «**Test Engel**» (Tratado FUE art.4; CDFUE art.53) y de los principios de la «**Doctrina Saquetti**», que permiten calificar la sanción formalmente administrativa como materialmente penal en ciertos casos, como el estudiado;
- por fin, acudir a la regulación de la revisión prevista en la misma Ley (LO 2/1989), pero para otro tipo de procesos, para cubrir una especie de laguna regulativa y axiológica debe considerarse un **mecanismo autointegrativo** razonable y ajustado a la idea de sistema que no compromete el principio de excepcionalidad.
El sumatorio de las distintas regulaciones que disciplinan el proceso militar -también por supletoriedad la LECr-, constituye un verdadero subsistema normativo que permite extraer **soluciones autointegrativas** para actualizarlo y dotarle de coherencia sistemática, eficacia y operatividad, siempre que dichas soluciones respeten los principios constitucionales y convencionales del proceso justo y equitativo y no supongan «desnudas» derogaciones de las reglas expresamente establecidas.
De acuerdo con todo ello, la **sentencia anulatoria de la sanción previa** que sirvió de fundamento a la confirmada por la sentencia objeto de revisión, debe ser tenida (a los efectos de LECr art.954.1.d) que, por la cláusula de subsidiariedad prevista en la LO 2/1989 disp.adic.4ª, integra la causal de LO 2/1989 art.328.6ª como un hecho nuevo que de haberse conocido al tiempo en que se dictó la sentencia objeto de revisión, hubiera determinado, con toda seguridad, un pronunciamiento menos grave para el demandante de revisión.

Precisiones El denominado «**Test Engel**» (TEDH 8-6-76, asunto 5101/1971), genera un concepto autónomo de sanción penal para determinar el ámbito objetivo del CEDH Protocolo 7º art.2.2, 6 y 7.

13461 **Incidente de liquidación de indemnizaciones** En los supuestos en que se dicte **sentencia anulatoria de la resolución sancionadora**, puede reconocerse el derecho del recurrente a la reparación de los daños morales sufridos como consecuencia del cumplimiento de la sanción indebidamente impuesta -inmediatamente ejecutiva-. La **fijación de la indemnización** puede efectuarse, ordinariamente, en ejecución de sentencia por medio de un incidente contradictorio, resuelto por medio de auto, o excepcionalmente, en la misma sentencia que resuelve el recurso contencioso-disciplinario militar (LO 2/1989 art.490.III y 495.b), en caso de que tras la celebración del periodo de prueba hayan quedado acreditados y sean cuantificables los daños habidos, pudiendo resolverse sobre esto en la sentencia. Ha de tomarse en cuenta la doctrina expuesta en nº 13435 s.

13462 **Costas** (LO 4/1987 art.10) En este procedimiento se da la ausencia de costas, dado el **carácter gratuito** de la Administración de la justicia militar (TS militar 21-1-24, EDJ 502759).

F. Autorización judicial en materia de propiedad intelectual y sociedad de la información

(LJCA art.122 bis)

13470 El cauce que se expone seguidamente es aplicable a la **solicitud** y, en su caso, **otorgamiento**
MPCA de las autorizaciones judiciales siguientes:
nº 3650 s. **a)** La que han de solicitar los órganos competentes para la adopción de medidas de protección de la propiedad intelectual, cuando se trate de **identificar al responsable del servicio** de la sociedad de la información que esté desarrollando una conducta presuntamente vulneradora de la legalidad, al efecto de requerir a los prestadores de servicios de la sociedad de la información la cesión de datos que permitan la identificación del responsable para que pueda comparecer en el procedimiento (L 34/2002 art.8.2).

En este caso, el procedimiento se inicia mediante solicitud del órgano administrativo competente -del ramo de cultura-, con motivación de la petición que contiene y con aportación de los documentos correspondientes. Previa audiencia del Ministerio Fiscal, la Sección de lo Contencioso-Administrativo del Tribunal Central de Instancia -hasta su constitución, el juzgado central de lo contencioso- dicta resolución en el plazo de 24 horas, autorizando la solicitud, en caso de que no se aprecie lesión de Const art.18.1 y 3.

b) La autorización de la ejecución de los actos adoptados por la Sección Segunda de la Comisión de Propiedad Intelectual para la **interrupción de la prestación de servicios** de la sociedad de la información o para la **retirada de contenidos** que vulneren la propiedad intelectual en aplicación de la L 34/2002 (servicios de la sociedad de la información y comercio electrónico).
En este supuesto, una vez acordada la medida por el órgano citado, se solicita ante el mismo autorización para su ejecución, referida a la posible afectación de los derechos y libertades previstos en Const art.20. A la solicitud se debe acompañar el expediente. Dentro del plazo improrrogable de 2 días desde la recepción de la notificación de la decisión de la Comisión, el órgano judicial da traslado para alegaciones, por plazo de 5 días, al representante legal de la Administración, al Ministerio Fiscal, a los titulares de derechos y libertades afectados o a su representante, resolviendo mediante auto en plazo improrrogable de 2 días, a menos que de las alegaciones escritas resulten hechos nuevos de trascendencia para la resolución, supuesto en el que puede acordar la celebración de vista oral. El auto es susceptible de recurso de apelación (nº 13945).

Precisiones **1)** En caso de falta de retirada voluntaria de contenidos o de interrupción de la prestación del servicio y para asegurar la efectividad de la resolución de la Sección Segunda de la Comisión, puede esta requerir la **colaboración necesaria de los prestadores de servicios** de intermediación, de prestadores de servicios de pagos electrónicos y de publicidad, para la suspensión del servicio que presten al prestador infractor. En todo caso, la ejecución de la medida de colaboración dirigida al prestador de servicios de intermediación, en caso de cumplimiento voluntario, requiere autorización judicial por el procedimiento establecido en LJCA art.122 bis.
2) El **procedimiento administrativo** para la salvaguarda de los derechos de propiedad intelectual se regula en el RD 1889/2011 art.15 a 22.

G. Autorización judicial en materia de transferencia internacional de datos

(LO 3/2018 disp.adic.5ª; LJCA art.122 ter)

El procedimiento para obtener la autorización judicial en relación con **decisiones de la Comisión Europea** en materia de transferencia internacional de datos, de cuya validez dependa la resolución de un procedimiento concreto (LO 3/2018 disp.adic.5ª), se inicia con la **solicitud** de la autoridad de protección de datos, dirigida al tribunal competente, para que se pronuncie acerca de la conformidad con el Rgto (UE) 2016/679 (RGPD) de una decisión de la Comisión Europea en materia de transferencia internacional de datos. 13472
A la solicitud se debe acompañar **copia del expediente** pendiente de resolución ante la autoridad de protección de datos.
El **tribunal competente** es, según el caso, la Sala de lo Contencioso-Administrativo del correspondiente Tribunal Superior de Justicia (nº 11544), la Audiencia Nacional (nº 11573) o el Tribunal Supremo (nº 11598).
Son **partes en el procedimiento**, además de la autoridad de protección de datos, quienes lo fueran en el procedimiento tramitado ante ella y, en todo caso, la Comisión Europea.
El acuerdo de **admisión o inadmisión a trámite** del procedimiento confirma, modifica o levanta la suspensión del procedimiento por posible vulneración de la normativa de protección de datos tramitado ante la autoridad de protección de datos, del que trae causa este procedimiento de autorización judicial.
Admitida a trámite la solicitud, el órgano judicial competente lo debe notificar a la autoridad de protección de datos a fin de que dé traslado a quienes intervengan en el procedimiento tramitado ante la misma para su **personación** en el plazo de 3 días. Igualmente, se dará traslado a la Comisión Europea a los mismos efectos.
Concluido el plazo mencionado, se da traslado de la solicitud de autorización a las partes personadas a fin de que, en el plazo de 10 días, realicen las **alegaciones** que estimen procedentes, pudiendo solicitar en ese momento la práctica de las pruebas que estimen necesarias.
Transcurrido el período de **prueba**, si alguna de las partes lo hubiese solicitado y el órgano jurisdiccional lo estimase pertinente, se celebrará una **vista**. El tribunal puede decidir el alcance de las cuestiones sobre las que las partes deben centrar sus alegaciones en dicha vista.

Finalizados los trámites expuestos, el órgano judicial ha de adoptar, en plazo de 10 días, una de estas **decisiones**:
a) Si considera que la decisión de la Comisión Europea es conforme al Derecho de la Unión Europea, dictará **sentencia** declarándolo así y denegando la autorización solicitada.
b) En caso de considerar que la decisión es contraria al Derecho de la Unión Europea, dictará **auto de planteamiento de cuestión prejudicial** de validez de la citada decisión ante el Tribunal de Justicia de la Unión Europea (Tratado FUE art.267).
La autorización solamente puede ser concedida si la decisión de la Comisión Europea cuestionada fuera **declarada inválida** por el Tribunal de Justicia de la Unión Europea.
Para dilucidar si el organismo o el órgano remitente tiene la **condición de «órgano jurisdiccional»** -a efectos del Tratado FUE art.267-, cuestión que depende únicamente del Derecho de la Unión, y, por tanto, para apreciar si la petición de decisión prejudicial es admisible, el Tribunal de Justicia debe tener en cuenta un conjunto de elementos, como son, entre otros, el origen legal del organismo, su permanencia, el carácter obligatorio de su jurisdicción, el carácter contradictorio del procedimiento, la aplicación por parte del organismo de normas jurídicas y su independencia (TJUE 30-6-66, asunto 61/65; 21-12-23, asunto C-718/21; 7-5-24, asunto C-115/22; 7-11-24, asunto C-326/23).
El régimen de **recursos** es el general de la LJCA (nº 13890 s.).

13473 Precisiones Cuando una autoridad de protección de datos considere que una decisión de la Comisión Europea en materia de transferencia internacional de datos, de cuya validez dependa la resolución de un procedimiento concreto, **infringe la normativa europea** en materia de protección de datos (Rgto (UE) 2016/679), menoscabando el derecho fundamental a la protección de datos, debe acordar inmediatamente la suspensión del procedimiento, a fin de solicitar del órgano judicial autorización para declararlo así en el seno del procedimiento del que esté conociendo. Dicha **suspensión** debe ser confirmada, modificada o levantada en el acuerdo de admisión o inadmisión a trámite de la solicitud de la autoridad de protección de datos dirigida al tribunal competente.
Las **decisiones de la Comisión Europea** a las que puede resultar de aplicación este cauce son:
- aquellas que declaren el nivel adecuado de protección de un tercer país u organización internacional (en virtud del Rgto (UE) 2016/679 art.45);
- aquellas por las que se aprueben cláusulas tipo de protección de datos para la realización de transferencias internacionales de datos, o
- aquellas que declaren la validez de los códigos de conducta a tal efecto.
La **autorización** solamente puede ser concedida si, previo planteamiento de cuestión prejudicial de validez (Tratado FUE art.267), la decisión de la Comisión Europea cuestionada fuera declarada inválida por el TJUE (LO 3/2018 disp.adic.5ª).

H. Autorización o ratificación judicial de medidas sanitarias

(LJCA art.122 quater)

13474 Se establecen normas específicas para la tramitación de las autorizaciones o ratificaciones de medidas adoptadas con arreglo a la legislación sanitaria, que la autoridad competente considere **urgentes y necesarias** para la salud pública e impliquen la limitación o restricción de derechos fundamentales.
La **competencia** para conocer de estos procedimientos se atribuye, según los casos, a los Tribunales de Instancia -hasta su constitución, a los juzgados- (nº 11485), a los Tribunales Superiores de Justicia (nº 11539) o a la Audiencia Nacional (nº 11574).
No obstante, debe tenerse en cuenta que han sido declarados nulos los preceptos que establecían la autorización o ratificación de medidas por el TSJ y la Audiencia Nacional (LJCA art.10.8 y 11.1.i nulos por TCo 70/2022).
En estos procedimientos debe ser parte el **Ministerio Fiscal**.
Esta tramitación tiene siempre carácter **preferente** y debe resolverse en un **plazo máximo** de 3 días naturales.
Contra el auto que se dicte por las salas de los Tribunales Superiores de Justicia (LJCA art.10.8) o de la Audiencia Nacional (LJCA art.11.1.i) cabe **recurso de casación**, en el que no es precisa la previa interposición del recurso de reposición, por excepción a la regla general (LJCA art.87.1 bis y 2). Ver nº 13974.

I. Proceso para la garantía de la unidad de mercado

(L 20/2013 art.26 y 27; LJCA art.127 bis, 127 ter y 127 quater)

13475 MPCA nº 3670 s. La L 20/2013, de garantía de la unidad de mercado, ha establecido un **procedimiento especial**, dentro del proceso contencioso-administrativo, frente a cualquier disposición, acto, actuación, inactividad o vía de hecho que se considere contraria a la unidad de mercado (según se define y regula en la L 20/2013).

Corresponde a la **Comisión Nacional de los Mercados y la Competencia** (CNMC) presentar este recurso contencioso-administrativo especial, cuando considere que una disposición, acto, actuación, inactividad o vía de hecho procedente de cualquier Administración pública sea contraria a la unidad de mercado. La CNMC puede actuar de oficio o a solicitud de un interesado, acudiendo a los mecanismos ordinarios de impugnación o mediante reclamación especial ante la Secretaría para la Unidad de Mercado.
Se reconoce la **acción popular** para el inicio de los procedimientos establecidos en la L 20/2013 art.26 y 28 y la **legitimación** de las corporaciones de Derecho público, asociaciones y grupos de afectados para ejercer el derecho de petición -L 20/2013 art.27- y para personarse en el procedimiento especial para la garantía de la unidad de mercado (LJCA art.127 bis y 127 ter).
La **competencia** objetiva corresponde a la Sala de lo Contencioso-Administrativo de la Audiencia Nacional (LJCA art.11.1.h), salvo que lo impugnado sea una disposición emanada del Consejo de Ministros, supuesto en el que es competente la Sala Tercera del Tribunal Supremo (LOPJ art.12.1.a y 58.1º; TS 4-6-18, EDJ 84014).
El **plazo** para interponer el recurso es el general de 2 meses (nº 12465). No obstante, cuando el recurso se interponga a solicitud de un operador económico, el plazo se computa desde la presentación de la solicitud ante la CNMC.
La CNMC puede solicitar la **suspensión** de la disposición, acto o resolución impugnados -con carácter excepcional, cuando entienda que es imprescindible por la especial relevancia del supuesto para la libertad de establecimiento y circulación-, así como cualquier otra medida cautelar que asegure la efectividad de la sentencia (nº 13630).
La **sentencia** se tiene que dictar en el plazo de 5 días y puede dictarse de viva voz, previa convocatoria a las partes a comparecencia. La sentencia estimatoria implica la corrección de la conducta infractora, así como el resarcimiento de los daños y perjuicios, incluido el lucro cesante, que dicha conducta haya causado al operador.
A todos los efectos, la tramitación de estos recursos tiene **carácter preferente**.

Precisiones 1) El **objeto** de este proceso es limitado y específico (AN 19-11-14, EDJ 207433). Constituye un presupuesto del fallo estimatorio que la actuación administrativa haya incurrido en cualquier infracción del ordenamiento (LJCA art.127 ter.6). El plus que cualifica el procedimiento y justifica sus importantes especialidades es que dicha infracción afecte a la **libertad de establecimiento o de circulación** (AN 28-2-17, EDJ 39465). **13477**
2) Este cauce procesal está restringido en sus **vertientes subjetiva y objetiva**. La primera, porque únicamente puede promoverlo la CNMC, por iniciativa propia o de algún operador económico; la segunda, porque solo puede referirse a actuaciones administrativas lesivas de la unidad de mercado (TS 22-10-19, EDJ 713012). Por tanto, la CNMC no puede emplear este proceso para reprochar a la actuación administrativa cualquier **otra deficiencia o ilegalidad** (TS 23-6-20, EDJ 589334).
3) Se aplica en este procedimiento el trámite potestativo previo de **requerimiento entre Administraciones públicas** -LJCA art.44- (L 20/2013 disp.adic.11ª; TS 4-6-18, EDJ 84014), con independencia de que se inicie de oficio por la CNMC o a instancia de un operador económico o interesado (TS 23-6-20, EDJ 589334).

SECCIÓN 8

Medidas cautelares

13480

Es rasgo esencial del acto administrativo su fuerza ejecutiva (**ejecutividad**) y ejecutoria (**ejecutoriedad**), de modo que, por el mero hecho de dictarse con respeto al procedimiento establecido y a la competencia del órgano administrativo actuante (LPAC art.34), constituye un **título legitimador** de la actuación material administrativa y permite ser llevado a efecto incluso en contra de la oposición del tercero afectado u obligado por él. **13482** MPCA nº 3720, 5660
Se configura así, en torno del acto administrativo, una posición privilegiada, que solo cede en caso de concurrir la denominada vía de hecho, en la que la Administración torna a la posición

sustantiva propia de los sujetos de Derecho privado o particulares, que se caracteriza por la imposibilidad legal que afecta al administrado de evacuar por sí mismo declaraciones legitimadoras o ejecutivas de su derecho subjetivo y por la imposibilidad legal de realizar efectivamente el contenido del mismo sin auxilio judicial, en caso de oposición del deudor.

Precisiones La **autotutela administrativa** es plenamente conforme a la Constitución (TCo 22/1984; TS 10-3-95), siempre que se reconozca la facultad del interesado de solicitar la **suspensión** (u otras medidas cautelares en sede procesal) y a obtener una resolución al respecto, no necesariamente suspensiva o estimatoria (TCo 115/1987), como parte del **derecho a la tutela cautelar** de los derechos -Const art.24- (TS 27-2-90, EDJ 2188; 20-3-90, EDJ 3092) y sin que tal prerrogativa pueda primar sobre el contenido de los derechos y libertades de los ciudadanos (TCo 171/1997); todo ello a partir de la previa **presunción de legalidad** del acto (rasgo definitorio del mismo sea cual sea el ámbito sectorial en el que se produzca -CCLR Dict 7/1998-).
Sobre la autotutela administrativa, ver nº 1680 s. Memento Administrativo 2026.

13484 **Tipos de autotutela** La autotutela administrativa se manifiesta o descompone en:
MPCA nº 3722 • La autotutela declarativa o **ejecutividad** como característica o atributo de los actos administrativos -en sentido técnico y estricto-, en virtud del cual se convierten aquellos desde su producción y posterior eficacia (LPAC art.39), en **título de ejecución** de una medida concreta con incidencia posible en la posición jurídica, derechos e intereses de los administrados.
Mediante esta especie de autotutela se exonera a las Administraciones públicas de la necesaria **obtención de un título judicial** como requisito previo insoslayable para proceder a la realización activa de su derecho o potestad, con derogación subjetiva del régimen general aplicable a los sujetos de Derecho privado, siempre dentro del campo de los actos sujetos a Derecho administrativo o público en general (TS 26-7-02, EDJ 29149).
• La autotutela ejecutiva o **ejecutoriedad**, que consiste en la fuerza interna del acto para ser **llevado a efecto**, incluso con la oposición del interesado, por alguno de los medios y con los límites y excepciones establecidos por la Ley, hasta su total ejecución. Los actos de las Administraciones públicas sujetos al Derecho administrativo son **inmediatamente ejecutivos** y, con excepciones, susceptibles de **ejecución forzosa** (TS 11-10-02, EDJ 2487).
Este régimen privilegiado tiene su **límite** en el sometimiento pleno de la Administración a la ley y al Derecho, correspondiendo a los tribunales el control de la legalidad de la actuación administrativa (Const art.103 y 106).

13485 **Facultad de solicitud de medidas** El derecho fundamental a la **tutela judicial efectiva** exige la existencia de medidas que garanticen que la resolución judicial va a satisfacer la pretensión planteada, impidiendo que la sentencia se convierta en un mandato sin sentido.
Por tanto, las medidas cautelares sirven para **equilibrar dos principios**, el de eficacia de la actuación administrativa y el de tutela judicial del administrado, debiendo ser valorado cuál de los dos debe tener preferencia en cada caso concreto (TCo 148/1993; TS 21-11-93, EDJ 10481).
Los interesados pueden solicitar, **en cualquier estado del proceso**, la adopción de cuantas medidas aseguren la efectividad de la sentencia.
Estas medidas cautelares únicamente pueden acordarse, previa valoración de los **intereses en conflicto**, cuando la ejecución del acto o la aplicación de la disposición pueden hacer perder su finalidad al recurso y siempre que no causen perturbación grave de los intereses generales o de un tercero (LJCA art.129 y 130).

13486 La adopción de medidas provisionales no debe contemplarse como una excepción, sino como una **facultad** para decidir qué medidas aseguran mejor la pretensión deducida en el proceso, con el único **límite** de que las medidas adoptadas tiendan realmente a asegurar la efectividad de la sentencia. El órgano judicial puede ejercitar esta facultad siempre que resulte necesario.
Por tanto, la LJCA establece un principio de «**numerus apertus**» de medidas cautelares (TS auto 25-6-01, EDJ 98927; 21-3-01, EDJ 98928; 2-11-00, EDJ 113313) con la única **excepción** de los supuestos de medidas contra actuaciones en vía de hecho o contra la inactividad de la Administración (nº 13505).

Precisiones Para comprender debidamente el régimen de medidas cautelares del proceso contencioso ha de tenerse presente que, en muchos casos, se habrá acordado en vía administrativa alguna medida de ese tipo (generalmente la suspensión del acto recurrido); con respecto de la que deberá adoptarse decisión de **mantenimiento, alzamiento o modificación**. No debe olvidarse que las cautelas judiciales no se ciñen a la suspensión y que son jurídicamente autónomas o independientes de las previas administrativas (pudiendo adoptarse sin estas o al margen o en adición a ellas), aunque con frecuencia se limiten a ratificarlas en sede procesal.

Características del sistema de cautelas Los **rasgos generales** del sistema cautelar son los siguientes: 13488 MPCA nº 3728 s.
• Es amplio, pues se aplica a todo tipo procesos contenciosos -incluso el de protección de derechos fundamentales- y respecto de actos y disposiciones, si bien respecto de estas solo cabe la suspensión y cuenta con peculiaridades procesales.
• Se fundamenta en el concurso de *periculum in mora*.
• Exige como contrapeso una detallada valoración del interés público.
• Es fundamental la motivación de la medida, como derivación de la ponderación de intereses en conflicto.
• Desaparece el monopolio legal de la suspensión.
• Se fija con precisión el ámbito temporal de la medida.
• Se amplían las contracautelas, que pueden ser «las adecuadas» (TS 13-5-05, EDJ 113793; 1-3-11, EDJ 13938; TS auto 7-3-18, EDJ 18522; AN auto 3-11-23, EDJ 740026; auto 10-10-23, EDJ 720537; TSJ La Rioja 1-3-13).
• Se aplica supletoriamente el régimen de LEC art.721 s.
Junto con el sistema general concurren dos **supuestos especiales procesales**: medidas de especial urgencia, provisionalísimas o cautelarísimas (nº 13564) y supuestos de inactividad de la Administración o vía de hecho (nº 13505). Asimismo otras dos **especialidades por razón de la materia**, en relación con la autorización judicial en materia de propiedad intelectual y sociedad de la información (nº 13470) y en relación con el procedimiento especial para la garantía de la unidad de mercado (nº 13630).

A. Actuación administrativa afectada

La medida cautelar ha de solicitarse frente al acto, actuación en vía de hecho, inactividad o disposición de carácter general **objeto del recurso** contencioso-administrativo. Esta actuación administrativa ha de afectar a los derechos o intereses legítimos de quien reclama la adopción de la cautela, produciéndole perjuicios tan graves, que su reparación satisfactoria no se logrará con la sentencia favorable que se obtenga en el proceso principal si no se acuerda una medida protectora y preventiva previa (TS 5-10-99, EDJ 34371). 13495
Frente a la actuación administrativa que **no** sea **objeto del proceso principal**, puede iniciarse otra reclamación, recuso judicial o ampliar el objeto de la pretensión principal, pero no procede articular una medida de esta clase, al ser aquella ajena a la relación jurídico-procesal en la que la cautela se recaba.

Precisiones 1) No cabe solicitar la suspensión de un acto administrativo distinto del impugnado en un recurso contencioso-administrativo, con el pretexto de ser el primero **consecuencia** del segundo, pues lo procesalmente correcto es impugnar el segundo con independencia del primero (TS auto 23-6-92, EDJ 6760).
2) La pretensión de suspender la aplicación de una ley cuando se impugna el **decreto dictado en ejecución** de aquella es improcedente, pues la suspensión de una ley desborda el ámbito de la jurisdicción contencioso-administrativa, además de no ser pertinente la vía procesal de impugnación de la apelación para solicitar que se plantee cuestión de inconstitucionalidad, por ser esta una pretensión más propia del proceso principal (TS auto 3-3-93, EDJ 2087).

Suspensión de actos administrativos Se exponen a continuación las siguientes reglas generales sobre la suspensión (válidas tanto en vía administrativa como judicial). 13497 MPCA nº 3737 s., 5665 s., 5805 s.
• Solo puede solicitarse y, en su caso, concederse una vez que **existe acto administrativo** (esto es, una vez que se ha dictado) y es **eficaz** por concurrir las circunstancias precisas para ello, fundamentalmente: publicación o notificación, cumplimiento del término o condición, ratificación superior, etc. Lo cual es a su vez presupuesto del proceso.
• Las decisiones administrativas sobre suspensión pueden considerarse, en general, como **actos de trámite cualificados**, que, por tanto, deben motivarse y son susceptibles de impugnación autónoma en sede gubernativa o judicial. Dado que la justicia cautelar es parte esencial del derecho a la tutela judicial efectiva (TS auto 19-5-00, EDJ 113339) es preciso que, antes de ejecutar, se ofrezca al interesado la posibilidad de plantear ante el órgano judicial competente la **fiscalización** de la denegación administrativa de suspensión (TCo 78/1996).
• En caso de que recaiga **resolución en el procedimiento** administrativo de recurso o incluso en el judicial, antes de haberse resuelto sobre la suspensión del acto solicitada, esta queda vacía de contenido o debe considerarse alzada.

• En caso que el **acto suspendido con garantía** haya sido finalmente anulado, los costes generados al interesado por la prestación y mantenimiento de la misma, son susceptibles de reclamación a la Administración pública, como supuesto de responsabilidad patrimonial. Incluso, se viene admitiendo -especialmente en el campo tributario- la petición de indemnización de estos costes en el recurso judicial contra el acto de que se trate.

13499 Si se trata de suspender varios actos de contenido económico, que supongan **créditos autónomos** de la Administración contra diversos administradores-interesados, no cabe constituir en garantía de todos ellos una única hipoteca -o, por extensión, prenda-, pues ello lesiona los principios de especialidad y accesoriedad del derecho real de hipoteca. Si los créditos no pueden novarse mediante su unificación al ser los distintos deudores autónomos, han de constituirse tantas garantías como créditos, ya que al vender el primero, se extingue el resto de actos (DGRN Resol 3-11-00).
• Los **actos sancionadores** no se pueden suspender en vía administrativa por no ser ejecutivos hasta que alcancen firmeza en dicha vía.
• No cabe suspender los **actos de carácter meramente declarativo**, que no ordenan ejecutar o hacer nada que pueda alterar la situación jurídica precedente, sin perjuicio de suspender los que ejecuten o apliquen aquellos (TSJ La Rioja auto 27-7-00).
• No admiten suspensión los **actos ya ejecutados**, por ser imposible suspender lo ya actuado. No cabe, en tales casos, pretender la remoción de los efectos de la ejecución consumada por vía de la petición de suspensión del acto. Sin embargo la ejecución de la resolución cuya suspensión de ha solicitado, mientras se decide sobre la petición suspensiva, vulnera la tutela judicial efectiva (TSJ C.Valenciana 16-3-98, EDJ 3338).
• Tampoco los actos administrativos dictados en **ejecución de una resolución judicial**, pues lo contrario sería tanto como suspender los efectos de la resolución judicial (TS 2-7-01, EDJ 30610).
• No procede suspender actos que incrementan el **activo patrimonial** del interesado, como devoluciones tributarias (TSJ La Rioja auto 3-12-04).

13500 **Suspensión de actos de contenido negativo** Es **criterio tradicional** que no son susceptibles de suspenderse los actos de contenido negativo, como por ejemplo, las denegaciones de licencias, autorizaciones y permisos (TS 2-3-00, EDJ 5382), el rechazo de solicitudes de aplazamiento/fraccionamiento de pago de deuda tributaria o de Derecho público (TS 10-10-11, EDJ 241013; 15-1-15, EDJ 2121) o la no admisión a trámite de una solicitud de nulidad de pleno derecho de un acto administrativo (AN 11-3-13, EDJ 27931).
La finalidad de la suspensión es el **mantenimiento de la situación existente** con anterioridad a la ejecución del acto de que se trate. Por ello, la suspensión de actos negativos, que deniegan una pretensión del interesado, anticiparía un eventual resultado estimatorio del recurso, alterando precisamente el estado de cosas previo a la ejecución del acto impugnado (TS auto 27-9-94, EDJ 7854; 20-11-95, EDJ 6814; TSJ La Rioja auto 11-1-99).
No obstante, esta doctrina ha sido objeto de una revisión relativa. La tesis de la imposibilidad de suspensión de estos actos no puede formularse como criterio general, de forma que es la **naturaleza** propia y particularizada de la materia relativa a las medidas cautelares la que determina la decisión sobre la suspensibilidad de los actos negativos, así como las **circunstancias del caso concreto** (TS 27-6-12, EDJ 149763; 18-12-12, EDJ 294565; 26-1-16, EDJ 2266; 19-2-16, EDJ 9686; TSJ Cataluña 26-3-14, EDJ 76692).
En ciertos casos de actos negativos que afectan a una **situación positiva preexistente** en la que se encuentra el interesado, alterándola, la solución podría ser diferente; así como cuando llevan aparejados **efectos positivos** (TSJ Asturias 29-11-19, EDJ 792751). También, en aquellos supuestos en los que el criterio general de no suspensión pueda hacer perder al recurso su finalidad, por generar la ejecución del acto recurrido **situaciones irreversibles**.
En todo caso, es posible la adopción de **otras medidas cautelares** frente a actos denegatorios, ya que:
- se ha establecido un principio de «**numerus apertus**» de tales medidas, de forma que se puede adoptar cualquiera, incluso las de carácter positivo (con el límite de la no anticipación de un resultado estimatorio del recurso); y
- se ha previsto expresamente que las medidas se pueden adoptar contra la **inactividad** de la Administración, lo que se configura como un argumento a favor de esta posibilidad.

Precisiones Se ratifica el criterio general aplicable en el **ámbito tributario** de no acordar la medida cautelar de suspensión de actos de contenido negativo, puesto que suspender la denegación de la suspensión conlleva sin más la concesión de la suspensión, logrando indirectamente y por un cauce no adecuado lo que es objeto de la pretensión principal, con lo que se deja sin contenido y se hace inútil el proceso principal, trasladando a la pieza de suspensión lo que debe ser el juicio plenario (TS 15-1-15, EDJ 2121).

Inactividad de la Administración o actuación en vía de hecho (LJCA art.136) La medida cautelar se adopta salvo que se aprecie, de forma evidente, que no se dan dichas situaciones (nº 11985 y nº 12075), o la medida ocasiona una perturbación grave de los intereses generales o de tercero, que el órgano judicial debe ponderar. 13505
Las medidas pueden solicitarse **antes de la interposición** del recurso, pero para ello, el interesado debe pedir su ratificación al interponerlo, lo que ha de hacerse en el plazo de 10 días a contar desde la notificación de la adopción de las medidas cautelares de que se trate.

Precisiones 1) El hecho de que se haya regulado expresamente las medidas cautelares frente a la actuación de la Administración en vía de hecho, ha llevado a algunos autores (y en el mismo sentido, a una línea de jurisprudencia menor muy consolidada) a considerar que no cabe acudir al **orden jurisdiccional civil**.
2) Ver lo que se expone en el nº 12084, respecto de la regla especial en materia de inactividad y **contratos públicos** -LCSP art.198 y 199- que tiene carácter especial respecto del régimen general de LJCA art.129 s., en sede de medidas cautelares (TS 25-3-25, EDJ 531208).

B. Competencia

(LJCA art.7.1)

El órgano jurisdiccional competente para conocer del proceso cautelar, es el órgano que conoce del **proceso principal** cuyo resultado se tiende a asegurar, ya que de acuerdo con la Ley, los órganos del orden jurisdiccional contencioso-administrativo competentes para conocer de un asunto, lo son también para conocer todas sus incidencias. 13510
El órgano judicial no puede adoptar **medidas cautelares de oficio** (a diferencia del órgano administrativo, salvo en el ámbito tributario).
Las medidas cautelares solicitadas **antes de iniciarse el proceso** principal, en los supuestos de inactividad de la Administración o actuaciones incursas en vía de hecho, deben pedirse ante el juez o tribunal competente para conocer del pleito principal, dada la conexión entre el proceso cautelar y el principal, y la obligación de pedir la ratificación de las medidas adoptadas con la interposición del recurso.
Si se solicitan medidas cautelares en la **segunda instancia**, corresponde su adopción al tribunal que conozca de esta, siempre que la situación de hecho existente no haga ya imposible la adopción de aquellas (por haberse consumado ya la ejecución del acto impugnado, por ejemplo), y siempre que se acepte esta posibilidad.
Si el procedimiento principal se encuentra suspendido a causa de la propuesta de una **declinatoria**, el juez o tribunal ante el que pende el asunto, puede adoptar medidas cautelares a instancia de parte legítima, salvo que el demandado prestase caución bastante para responder de los daños y perjuicios que derivaran de la tramitación de una declinatoria desprovista de fundamento (LEC art.64.2).

Precisiones 1) Acordada la **inhibición** del conocimiento de un proceso principal, el órgano judicial carece de competencia para conocer del incidente de medidas cautelares (TS auto 23-12-92, EDJ 12789). 13512
2) Aunque las medidas cautelares no pueden adoptarse de oficio, cabe la posibilidad -muy frecuente- de que el proceso se inicie con una **cautela ya en vigor** (p.e. en los casos en que la suspensión de actos o acuerdos de corporaciones o entidades públicas acordada en vía administrativa debe ir seguida de la impugnación o traslado de aquellos ante la jurisdicción contencioso-administrativa; o en caso de suspensión del acto recurrido en vía administrativa, con extensión de la garantía prestada al contencioso-administrativo).
Pero esta suspensión no tiene el carácter de medida cautelar, pues no se adopta por el órgano judicial como una medida accesoria a un proceso principal, sino por la Administración pública con **carácter previo**. La cautela judicial será, en su caso, su confirmación o mantenimiento.
3) La **suspensión de la efectividad** del acto administrativo, es decir, de su ejecutividad, puede solicitarse y/o acordarse en fase de recurso administrativo y, posteriormente, judicial; o, por vez primera, en recurso judicial. Respecto de su planteamiento en sede jurisdiccional, surge la duda de si puede plantearse después de **recaída la sentencia** de instancia -en procesos de única instancia- o después de la sentencia en primera instancia -cuando quepa apelación. Al respecto, se pueden sostener dos posturas:
• **Negativa**. Después de la sentencia no cabe ya suspender el acto, sino que la cuestión pasa a ser si procede o no la ejecución de la propia sentencia, de modo que en principio no cabe admitir que en casación o en apelación sea legalmente posible abrir un incidente de suspensión del acto administrativo sobre el que se litiga, puesto que el régimen jurídico de su ejecución deriva de la sentencia impugnada (TS auto 2-6-98, EDJ 61289; 8-3-95; 9-4-96).
• **Positiva**. Por el contrario, cabe sostener la posibilidad de solicitar la suspensión en apelación. Efectivamente, si no se ha pedido la suspensión en primera instancia y no se ha ejecutado, el acto recurrido por la Administración autora sigue siendo ejecutable en cualquier momento a voluntad

del órgano competente, razón por la que podrá solicitarse su **suspensión en apelación**. Entender lo contrario -es decir, considerar que desde que recae la sentencia de instancia que confirma el acto la Administración ha de solicitar la ejecución provisional de aquella para ejecutarlo-, supondría llegar al absurdo de que la confirmación judicial de un acto no suspendido y por tanto ejecutivo generaría la pérdida automática de su ejecutividad por la mera interposición de recurso judicial contra la sentencia confirmatoria (TS 27-10-22, EDJ 728752; 27-10-23, EDJ 729269). Más difícilmente en casación, aunque alguna doctrina sostiene lo contrario.
En general se niega la posibilidad de adoptar medidas cautelares en sede de **recurso de casación** (TS auto 21-11-12, EDJ 259213; 13-4-15, EDJ 51808).

C. Legitimación

(LJCA art.129.1)

13515 MPCA nº 3756 s. Dada la conexión estrecha entre la medida cautelar y el proceso principal, solo el **interesado** con capacidad legal para convertirse en parte del proceso principal puede solicitar la adopción de aquella (nº 11740). En la **segunda instancia** puede solicitar la adopción de medidas cautelares el recurrente.
El demandante en el proceso principal es ordinariamente el **administrado**, que ejerce una pretensión frente a la Administración. No obstante, en los procesos entre **Administraciones públicas**, la demandante siempre puede solicitar la adopción de medidas cautelares conforme a las reglas generales, sin perjuicio de lo dispuesto respecto del procedimiento en los casos de previa suspensión administrativa de acuerdos (nº 13300 s.).

Precisiones La Ley atribuye la legitimación a los interesados, sin diferenciar si se trata de la parte actora o demandada. Por ello, parece admisible que la **parte demandada** pueda solicitar la adopción de medidas cautelares. Así ocurre respecto del particular codemandado a cuyo favor resulten derechos del acto administrativo impugnado.

D. Presupuestos

13525 El órgano jurisdiccional debe verificar, antes de la adopción de una medida cautelar, que la pretensión de quien la solicita, reúne los siguientes **presupuestos previos**:
- peligro de daño jurídico (nº 13528);
- apariencia buen derecho (nº 13540); e
- interés preponderante (nº 13548).
Una vez comprobados estos presupuestos, el operador jurídico debe pasar a valorar los hechos desde la perspectiva del interés general. Esta **valoración del interés general** no constituye, un presupuesto más para la adopción de la medida, sino un modo operativo normal e inexcusable para la aplicación del Derecho administrativo (TS 29-4-99).

13528 MPCA nº 3762 **Peligro de daño jurídico** (LJCA art.130.1) La medida cautelar puede adoptarse cuando la ejecución del acto o la aplicación de la disposición puede hacer **perder su finalidad** legítima al recurso, es decir, cuando el retraso en la decisión del litigio hace que esta sea inútil. Este es el criterio decisor de la suspensión cautelar (TS auto 22-3-00, EDJ 113340; 31-10-00, EDJ 113337; 12-2-18, EDJ 5590), con el fin de evitar la generación de situaciones irreversibles (TS 18-11-03, EDJ 152877). Se aplica en estos casos el concepto de perjuicios de difícil o imposible reparación, que deben ser concretamente alegados y probados por el solicitante.
Tiene su **fundamento** en el principio general conforme al cual la necesidad de acudir al proceso para obtener la razón no debe convertirse en un perjuicio para el que la tiene.

Precisiones La **pérdida de la finalidad** del recurso ha de referirse a la finalidad específica o propia del mismo, a lo concretamente solicitado en el mismo y no a ningún otro tipo de compensación o equivalente -normalmente económico-. Si, efectuando una operación de hipótesis resultase que, caso de no adoptarse la medida cautelar, una eventual estimación del recurso no haría factible tal satisfacción *in natura*, ciertamente debería mantenerse la ineficacia del proceso para su fin propio, con lo que concurriría el requisito estudiado (TSJ País Vasco auto 9-2-21, EDJ 503160).

13530 MPCA nº 3764 **Perjuicios de difícil o imposible reparación** La generación estos perjuicios debe entenderse como **situación impeditiva o gravemente obstaculizadora** de la efectividad de disfrute de un derecho fundamental -el de tutela efectiva- (TCo 148/1993; TS auto 8-2-00, EDJ 113336). Al respecto de la misma pueden hacerse las siguientes observaciones:
a) Se produce en los casos en que, de ejecutarse el acto o actuación administrativo, quedaría el **recurso sin operatividad** o eficacia; fundamentalmente porque la ejecución de la resolución imposibilitaría la reposición de la situación anterior al recurso (TS auto 11-1-92, EDJ 149; 18-2-92, EDJ 1497).

b) La generación de perjuicios tiene que **alegarse por el interesado**, de manera concreta, en defecto de suspensión acordada de oficio, sin que sean suficientes alegaciones más o menos estereotipadas o genéricas. El reclamante debe hacer una **descripción racional y lógica** de los mismos (TS 16-3-00, EDJ 5419).
c) Ha de **acreditarse efectivamente** la producción del daño en caso de ejecución, así como el carácter del mismo, salvo en los casos en los que la prueba del daño sea imposible o muy difícil (TS 11-6-91, EDJ 6171; 15-12-99, EDJ 58237). Sin embargo, no es preciso exigir la acreditación de la probabilidad de que se produzcan daños o perjuicios irreparables cuando racionalmente debe entenderse que los mismos llegarán efectivamente a producirse (TS auto 5-9-88; 12-4-89), debiendo tener en cuenta como criterio de interpretación la posibilidad o imposibilidad de restablecimiento de la situación anterior (TS 2-7-97, EDJ 57466).
d) Es recomendable aportar la **prueba** (normalmente documental) con la petición suspensiva o, al menos, proponer su práctica con la misma, si no es documental o si se trata de documentos no aportables por particulares.
e) Es preciso que el **interés público** no exija la ejecución del acto o que no se lesione dicho interés por la medida suspensiva. En general, hay ámbitos en los que este interés exige casi siempre la ejecución (p.e. en materia urbanística o medioambiental).

Actos de contenido económico Los actos de contenido meramente económico no causan, en general, perjuicios de difícil o imposible reparación, pues son susceptibles de repararse con la restitución de la cantidad de que se trate más los intereses de demora. Todo ello, salvo que la cuantía del acto, en relación al patrimonio del interesado, suponga otra cosa. Así, para considerar posibles los daños de imposible o difícil reparación, se suele exigir **carácter desorbitado** al importe del acto (TS 16-5-00, EDJ 113315). En ese sentido, se ha admitido la suspensión en consideración a las dificultades económicas del recurrente, contra garantía (TS 14-7-00, EDJ 113324). **13532** MPCA nº 3766

En caso, excepcional, de concederse la suspensión de estos actos suele exigirse constitución de **aval o garantía** (JCA Logroño auto 20-11-00). Por ello, es recomendable al solicitar la suspensión de los mismos, ya sea en vía administrativa o judicial, aportar u ofrecer la constitución de aval o garantía.

Extranjería En materia de extranjería -denegación de permisos de residencia o/y trabajo, denegaciones de exención de visado, órdenes de expulsión-, hay que diferenciar claramente entre (TSJ La Rioja auto 11-1-99): **13534** MPCA nº 3768

- los **actos denegatorios** de permisos o exenciones de visados, que no son suspendibles; y
- las **órdenes de expulsión**, derivadas de aquellos, que son actos administrativos diferentes y sí susceptibles de suspensión (cuyas circunstancias se aprecian muy casuísticamente).

Cierta doctrina jurisprudencial considera que los **efectos positivos** derivados de tales actos negativos -en general, expulsión derivada de denegación de permiso- hacen a aquellos, en sí mismos, susceptibles de ser suspendidos (TS 15-1-97, EDJ 447; 26-9-00, EDJ 33810; 18-3-02, EDJ 6135; 16-7-02, EDJ 28753).
Respecto de las **prohibiciones de entrada en Territorio Schengen**, no generan daños de difícil reparación, pues de anularse, se puede restituir la situación con la indemnización oportuna por importe de los gastos de desplazamiento obligatorio; y ello por cuanto, de ser anulado el acto, también lo es la prohibición de entrada.
No obstante, podría sostenerse que, frente a estos actos denegatorios, cabría una medida cautelar positiva -en sede judicial- consistente en impedir a la Administración pública la exigencia al recurrente extranjero de exención de visado o/y permiso de residencia, mientras dura la sustanciación del proceso -LJCA art.129.1- (TS auto 19-11-93; 26-12-94).

Otros ámbitos Al respecto de la suspensión de los actos administrativos en otros ámbitos, distintos de los señalados, la jurisprudencia nos ofrece, entre otros, los siguientes criterios: **13538** MPCA nº 3770 s.

• En relación con los **derechos fundamentales**, causa perjuicio la situación gravemente obstaculizadora o impeditiva del disfrute de un derecho de esa especie.
• Con relación al **ámbito deportivo**, se ha entendido que la trascendencia social del dopaje en el deporte no es bastante para enervar la procedencia de suspender -en sede jurisdiccional- una sanción de suspensión de licencia federativa (TS 28-6-00, EDJ 13178).
• En materia de **tráfico**, la retirada del permiso de conducir vehículos a motor suele suspenderse -en sede judicial- en la medida en que se acredite la necesidad de uso de vehículo por razones profesionales, desplazamientos del lugar de residencia, etc. La prueba es muy sencilla: basta con aportar certificado de empadronamiento o documentos que justifiquen el domicilio en municipio diferente del lugar de trabajo o lejanía del mismo en idéntico municipio; condición de profesional (mediante alta en el epígrafe de IAE, tarjetas de transporte, etc.). En cambio, como regla, no se suspende la multa.

• Con respecto a la privación de **licencias de taxi**, se ha entendido como un acto que causa perjuicios irreparables, lo que permite la suspensión del mismo en vía judicial (TS auto 18-1-93, EDJ 156; TSJ Madrid auto 7-5-90).
• Las órdenes de **desalojo de montes públicos** y reposición del estado previo pueden causar daños irreversibles, por lo que es posible su suspensión (TSJ Málaga 5-2-01, EDJ 98990).

13539 • En el sector del **urbanismo**, suele considerarse que prima el interés público que exige la ejecución del acto o la aplicación de la disposición, por lo que no suelen suspenderse los actos administrativos en esta materia (TS 16-5-00, EDJ 113339). Por ejemplo, declaraciones de ruina, especialmente si no aparejan demolición inmediata (TSJ Andalucía 14-4-04, EDJ 41751).
• No procede la suspensión cautelar de las resoluciones denegatorias de **evaluaciones ambientales integradas** para desarrollo de actuaciones o actividades, pues pueden generar un daño de fácil determinación económica, que puede ser reparado sin generar perjuicios irreversibles (TS 11-10-12, EDJ 225256).
Los daños que permiten suspender actuaciones urbanísticas han de ser **extraordinariamente graves**, prácticamente irreparables (TS 11-4-01, EDJ 28076).
La regla de no suspender los actos urbanísticos puede presentar ciertas **excepciones** (TS 18-12-01, EDJ 53320).
• Las medidas cautelares relacionadas con la publicación de **actos sancionadores sobre entidades bancarias** ligados a su operativa -suspensión de aquella- suelen denegarse ante la existencia de un evidente interés público en la publicidad de las sanciones impuestas, con el objeto de preservar la transparencia en la actividad bancaria, que comporta deban ponerse en conocimiento de los mercados financieros y del público en general aquellos hechos o datos relevantes que afecten al cumplimiento de la legalidad, máxime cuando se destaca que la Administración actúa en régimen de publicidad de sus actos y, especialmente, si lo imponen las normas rectoras de ciertos sectores (TS 30-10-25, EDJ 765245).
La publicación de una sanción no implica por sí misma un perjuicio reputacional irreparable, pues la **afectación a la imagen corporativa** forma parte de los efectos normales de ejecución de la sanción impuesta, sobre la que prevalece el interés público en la transparencia de aquella; sin perjuicio de que, interpuesto el recurso contencioso contra la sanción administrativamente firme, la publicación indique que se ha impugnado en sede judicial (TS 29-10-25, EDJ 758811).

13540 MPCA nº 3772 s. **Apariencia de buen derecho** El presupuesto de la apariencia de buen derecho -*fumus boni iuris*- exige que el órgano jurisdiccional verifique la apariencia de que el demandante ostenta el derecho invocado y, en consecuencia, la probable o verosímil **ilegalidad de la actuación administrativa**.
La aplicación de este requisito de apariencia de buen derecho no viene exigido por la LJCA, sino que queda confiado a la **jurisprudencia** y al efecto reflejo del **proceso civil**, en el que sí se alude a este criterio (LEC art.728).
La **prueba** de su existencia exige que el solicitante de medidas cautelares presente los datos, argumentos y justificaciones documentales que conduzcan al tribunal a formarse un juicio provisional e indiciario favorable a su pretensión. En defecto de justificación documental, el solicitante puede ofrecer otros medios de prueba (LEC art.728.2).
La consecuencia lógica de este presupuesto es que el órgano judicial tiene que adelantar una **valoración sobre el fondo** del asunto, sin que en ningún caso pueda discutirse en el proceso incidental la cuestión de fondo (TS 20-4-95, EDJ 2852; 29-4-95, EDJ 4027; auto 16-5-95, EDJ 24380).
Aunque su apreciación es casuística y con multitud de criterios en los tribunales, se le reconocen los siguientes **fines**:
- evitar que, a través de demandas infundadas, se altere el **interés público** o se perturben los **derechos de terceros**;
- evitar que la **necesidad de acudir a un proceso** corra en perjuicio de quien aparentemente tiene razón;
- inclinar la decisión en uno u otro sentido en aquellos casos en los que, tanto la no adopción como la adopción de la cautela, pueda producir **perjuicios o consecuencias graves o irreversibles**.
Es, por tanto, un elemento con operatividad de segundo grado (TSJ Madrid auto 14-3-21, EDJ 511963).

Precisiones De acuerdo con lo expuesto, para que proceda aplicar la doctrina de la apariencia de buen derecho, como causa de suspensión del acto recurrido, es necesario que concurran dos **requisitos**: una apariencia razonable de buen derecho en la posición del recurrente y una falta de contestación seria de la Administración que destruya aquella apariencia (TS 20-4-15, EDJ 63347; TSJ Madrid 3-4-19, EDJ 572553).

Pero la existencia de dicha apariencia no puede ordinariamente ser por sí sola causa determinante de la suspensión del acto impugnado, sino **criterio complementario** al principal de la existencia de daños de difícil o imposible reparación (TS auto 20-10-95).

Junto con la tesis que considera esta figura como requisito adicional o complementario al daño jurídico, concurre una segunda concepción que convierte a aquella en **causa suficiente para la adopción de la medida cautelar**, de modo que, a través de la misma, el rigor en la acreditación y prueba cumplida de los daños y el carácter indicado de estos, puede ceder. 13545
Por tanto, cuando por las circunstancias concurrentes, haya a favor del interesado una apariencia de buen derecho en relación a su pretensión, cabe acordar la cautela **en defecto de alegación y prueba** -siquiera parcial- de daños difícilmente reparables (TJCE 19-6-90, asunto C-213/89 caso Factortame), con la finalidad de que la necesidad de acudir a un procedimiento o proceso para obtener la razón no se convierta en perjuicio para el que la tiene.
Al respecto, ha de tenerse en cuenta lo siguiente:
a) Dicha doctrina ha de ser tomada en consideración con suma cautela, porque supone una invitación a entrar en el fondo del asunto, decisión no adoptable en un simple **incidente cautelar de suspensión** (TS 29-4-95, EDJ 4027; 23-2-98, EDJ 1178; auto 9-11-92, EDJ 11000; 9-12-93, EDJ 11198).
b) Solo procede acordar la suspensión con base en esta doctrina en casos extremos de **ilegalidad clara y manifiesta**, como la que tiene lugar en supuestos de impugnación de un acto reiteradamente declarado disconforme a Derecho por dictarse al amparo de una norma carente de la necesaria cobertura legal (TS auto 24-4-95, EDJ 24381) o en supuestos en los que se solicita la suspensión de un acto de aplicación de un precepto declarado nulo (TS auto 23-5-95; 18-1-00, EDJ 113342).
c) No procede, en cambio, cuando se demanda la declaración de nulidad o la anulación de un acto en virtud de **causas que no hayan sido ya valoradas** en impugnaciones idénticas o de gran similitud, pues, en caso contrario, se prejuzgaría el fondo del asunto, con el resultado de, so pretexto de amparar el derecho a una tutela judicial efectiva, desamparar el derecho a un proceso con las debidas garantías de contradicción y prueba, pues la pieza de suspensión no es trámite idóneo para decidir la cuestión objeto del pleito (TS 11-4-95, EDJ 2156; auto 9-5-95, EDJ 24378).

Interés preponderante (LJCA art.130) En todo incidente de suspensión cautelar aparecen dos **intereses enfrentados**: 13548 MPCA nº 3778 s.
- los perseguidos por la actuación administrativa impugnada; y
- los de la parte que reclama la medida cautelar.

Por eso, la Ley exige que el órgano judicial realice una valoración de los intereses en conflicto antes de adoptar una resolución, de manera que solo se adopte la medida cautelar cuando el interés que invoca el que la solicita se estime más **digno de protección** que el de los demás.
Además, la medida cautelar puede ser denegada cuando puede causar una **perturbación grave** de los intereses generales o de tercero que el juez o tribunal ha de ponderar. Por tanto, aunque sea claro que la adopción de la medida pueda causar una perturbación grave del interés general, si existe un interés particular más digno de protección, debe acordarse la adopción de la medida cautelar.
La necesidad de decidir sobre la base de la ponderación de los intereses en juego se hace más compleja en los **litigios entre Administraciones públicas**, al ser inaplicable la regla que atiende a la prevalencia inicial de los intereses de carácter público (TS 5-10-99, EDJ 34371).
Resulta por ello conveniente atender al **marco normativo** en el que se mueven los actos administrativos objeto de controversia, para obtener los criterios que han de presidir dicha ponderación.

Precisiones **1)** Cuando las exigencias de ejecución que el **interés público** presenta son tenues, bastan perjuicios de escasa entidad para provocar la suspensión y, por el contrario, cuando aquella exigencia es de gran intensidad, solo perjuicios de muy elevada consideración pueden determinar la suspensión del acto (TS auto 15-6-93, EDJ 5814).
2) En supuestos de suspensión de **instrumento de ordenación urbanística**, el interés público concretado en la ejecución del planeamiento debe primar sobre unos posibles daños y perjuicios particulares, perfectamente determinables y resarcibles (TS auto 9-12-92, EDJ 12110).

E. Procedimiento

El procedimiento para la adopción de medidas cautelares es un **proceso especial** con un objeto distinto al de los autos principales. 13555 MPCA nº 3785
El incidente cautelar se sustancia en **pieza separada** y la solicitud de iniciación de este incidente no produce, por sí misma, **efectos** suspensivos ni de otro tipo sobre el acto, actuación o disposición objeto de la pretensión. Sobre esta cuestión, no obstante, ver lo expuesto en sede de conexión entre la suspensión administrativa y judicial (nº 13590).

Precisiones El **carácter instrumental y provisional** de las medidas cautelares presupone la existencia de un proceso principal, y en consecuencia, la sentencia dictada en el proceso principal determina la extinción de la medida cautelar (TCo 148/1993).

13558 MPCA nº 3787 s. **Período de solicitud** (LJCA art.129, 132.1 y 136.2) La **regla general** es que las medidas cautelares pueden solicitarse en cualquier estado del proceso, ya que están en vigor hasta que recaiga sentencia firme que ponga fin al procedimiento en el que se hayan acordado, o hasta que este finalice por cualquiera de las causas previstas en la Ley.

Existen dos **excepciones**:

a) En los supuestos de impugnación de una disposición general y solicitud de la suspensión de la vigencia de los preceptos impugnados, la petición debe efectuarse necesariamente en el escrito de **interposición** o en el de **demanda**.

b) En los supuestos de inactividad de la Administración y de actuaciones constitutivas de vía de hecho, es posible adoptar medidas cautelares **antes de la interposición del recurso**, pero el interesado ha de pedir la ratificación de las medidas al interponer el recurso. En caso contrario, las medidas acordadas quedan automáticamente sin efecto, debiendo el solicitante indemnizar los daños y perjuicios que la medida cautelar haya causado.

Precisiones Es discutible si procede adoptar medidas cautelares durante la **fase de casación**. Tras pronunciarse sentencia, al ser esta susceptible de ejecución provisional, carece de sentido la suspensión del acto impugnado, ya que no se está ante la ejecutividad del acto, sino ante la ejecutividad de una sentencia recurrida en casación, y solo cabe solicitar la ejecución provisional de la misma (TS 27-6-96, EDJ 4855; 16-10-96, EDJ 7285; 31-1-00, EDJ 262; auto 9-7-98, EDJ 61294). Pero, por el contrario, las razones antes expuestas a favor de la adopción de estas cautelas en apelación, podrían extenderse a la casación, si no fuera por el obstáculo que puede suponer la limitada competencia del Tribunal Supremo al conocer de este recurso.

En todo caso, como **límite temporal** para que la medida cautelar cumpla su finalidad, se exige que el acto administrativo impugnado no haya sido ya ejecutado, porque solo se puede suspender lo que aún no está en fase de ejecución o quede parcialmente pendiente de ejecutar (TS auto 19-12-89, EDJ 18586).

13562 **Audiencia de la parte contraria** (LJCA art.131) Una vez solicitada la medida cautelar, se ha de dar audiencia, ordenada por el letrado de la Administración de Justicia, a la parte contraria, por un **plazo** que no debe exceder de 10 días.

Si la **Administración demandada** ha comparecido ya en el proceso, la audiencia se realiza con su representante. En otro caso, la audiencia se entiende con el autor de la actividad impugnada.

Solo es preciso dar audiencia a las personas comparecidas, ya que las **personas interesadas no comparecidas** no quedan perjudicadas por la resolución adoptada, al poder solicitar la rectificación de lo acordado en cualquier momento del proceso y por cualquier causa que sea atendible (TS auto 9-2-87, EDJ 16029).

Precisiones **1)** Si existen **codemandados**, la rapidez del incidente cautelar puede suponer que haya de sustanciarse sin su intervención, lo que puede constituir una infracción del principio de contradicción (González Pérez).

2) Si la audiencia se entiende con el **autor de la actividad impugnada**, no se le pueden exigir los requisitos de postulación y representación procesal (Gimeno).

3) No se dice nada sobre la necesidad de dar audiencia a los **codemandantes**. En cualquier caso, si consideran que la medida puede afectarles, pueden solicitar que se les dé audiencia para alegar lo que a su derecho conduzca.

13564 MPCA nº 3793 s. **Adopción de medidas cautelares sin audiencia o comparecencia previa** (LJCA art.135) El juez o tribunal, atendiendo a circunstancias de **especial urgencia**, puede acordar la adopción de una medida cautelar sin oír a la parte contraria.

Así ocurre cuando el **peligro de daño jurídico** es tan cercano, que no se puede esperar a oír a la Administración y demás partes demandadas sin riesgo de que la pretensión del actor no pueda ser protegida no ya por la sentencia definitiva, sino incluso por la resolución del incidente cautelar «ordinario».

De esta forma, en el caso de que los interesados aleguen la concurrencia de circunstancias de **especial urgencia**, el juez o tribunal puede, inaudita parte, en el plazo de 2 días hábiles:

a) Apreciar el concurso de las circunstancias especialmente urgentes y **acordar o denegar la medida**. En este auto, contra el que no cabe recurso alguno, da audiencia a la parte contraria para que en el plazo de 3 días hábiles alegue lo procedente a su derecho, o bien, convoca a las partes a una comparecencia que ha de tener lugar dentro de los 3 días, igualmente hábiles, al de adopción de la medida.

Recibidas las alegaciones o transcurrido el plazo, o celebrada la comparecencia, el órgano judicial dicta auto sobre el levantamiento, mantenimiento o modificación de la cautela acordada, susceptible este de recurso de acuerdo con las reglas generales.

b) No apreciar el concurso de las circunstancias urgentes alegadas y ordenar la **tramitación del incidente cautelar** (de acuerdo con LJCA art.131), durante la cual los interesados no pueden volver a solicitar medida alguna al amparo de este cauce y precepto.

Precisiones **1)** La **grabación y constancia** de esta comparecencia se somete a lo expuesto en nº 12762.
2) En supuestos de recurso contencioso-administrativo contra actos y decisiones en materia de **asilo** y protección subsidiaria, la solicitud de suspensión tiene consideración de especial urgencia a los efectos de LJCA art.135 (L 12/2009 art.29.2).
3) La posibilidad de adoptar las denominadas **medidas cautelarísimas** solo está justificada cuando concurran circunstancias de una especial urgencia e intensidad, fundada en circunstancias específicas de protección de derechos fundamentales y no en razones de fondo (TS auto 27-5-20, EDJ 558825; TSJ Madrid 14-3-21, EDJ 511963).
4) Asimismo, en el ámbito de la **extranjería**, el **asilo político** y la condición de **refugiado**, cuando se trate de actuaciones que impliquen el retorno y el afectado sea menor de edad, el órgano judicial ha de dar audiencia al Ministerio Fiscal, previamente a dictar el auto expuesto en el texto.

Como se ha indicado, contra el auto acordando medidas cautelares provisionalísimas no cabe **recurso** alguno, mientras que el auto dictado tras la audiencia o comparecencia de las partes es recurrible conforme a las reglas generales. **13566**
El auto que adopte estas medidas cautelares solo surte **efectos** hasta que se dicte auto que ponga fin a la pieza separada de suspensión (TS 17-12-96, EDJ 9471).
Lo mismo es aplicable en los supuestos de **inactividad** o actuación en **vía de hecho** de la Administración en los que se pide la adopción de medidas cautelares antes de la interposición del recurso, y al interponerlo, el interesado ha de pedir su ratificación en el plazo de 10 días a contar desde la notificación de la adopción de las medidas cautelares (LJCA art.136.2). En el caso contrario, quedan automáticamente sin efecto las medidas acordadas, debiendo el solicitante indemnizar por los daños y perjuicios que la medida cautelar haya producido.

Juez de guardia (Rgto CGPJ 1/2005 art.42.5) El juez que desempeñe funciones de guardia conoce de las actuaciones correspondientes al orden contencioso-administrativo de **carácter urgente e inaplazable**, instadas en días y horas inhábiles que exijan una intervención judicial inmediata en relación con la adopción de las medidas cautelares expuestas en materia de **extranjería, asilo político y condición de refugiado** que impliquen expulsión, devolución o retorno. **13567**
El solicitante de la intervención del juez de guardia ha de **justificar debidamente** su necesidad, por resultar inaplazable, la imposibilidad de haber planteado la petición ante el órgano judicial naturalmente competente en días y horas hábiles, y aportar la información relevante o que se le requiera sobre procedimientos en trámite conexos con el objeto de la solicitud.
Una vez cumplimentada su intervención, el juez de guardia debe **remitir lo actuado** al competente para la celebración de la comparecencia y resolución del incidente.

Resolución (LJCA art.131) Una vez formuladas las alegaciones o terminado el plazo de 10 días para hacerlo, el órgano jurisdiccional tiene un **plazo** máximo de 5 días para resolver, mediante **auto motivado**, sobre la adopción o no de la medida cautelar. **13568** MPCA nº 3799 s.
No se cumple esta exigencia cuando se emplean **cláusulas de estilo**, vacías de contenido concreto, tan abstractas y genéricas que pueden ser extrapoladas a cualquier otro caso (TCo 177/1994; TS 29-10-94, EDJ 10224; auto 22-9-97, EDJ 57493).

Precisiones El órgano judicial no debe tomar en consideración ni pronunciarse sobre **cuestiones propias de los autos principales**, a los efectos de la decisión suspensiva. Sin embargo, determinados aspectos pueden ser tenidos en cuenta, por incidir directamente en los parámetros de la medida cautelar.

Efectos Los efectos del auto que resuelve el incidente cautelar son diferentes según el auto estime o no la solicitud de la medida cautelar: **13570**
• Si es un **auto desestimatorio**, el proceso continúa y el acto, actuación o disposición impugnada surten los efectos que le son propios, sin perjuicio de la posibilidad de recurrir dicho auto (nº 13925).
• Si es un **auto estimatorio**, se comunica al órgano administrativo correspondiente en el plazo de 10 días como máximo (LJCA art.104.1), si bien la naturaleza de estas medidas exige que la comunicación se realice cuanto antes.
El órgano administrativo debe proceder a su inmediato cumplimiento en aplicación de las normas generales sobre **ejecución de sentencias** (nº 13650 s.), con la única excepción de que no es necesario esperar 2 meses para solicitar la **ejecución forzosa**, sino que se puede solicitar una vez transcurrido el plazo que fije el auto para la adopción de las medidas cautelares sin que estas hayan sido adoptadas (LJCA art.134.1).

Si la suspensión afecta a la vigencia de **disposiciones de carácter general** o se refiere a un acto administrativo que afecte a una **pluralidad indeterminada de personas**, el auto debe ser objeto de publicación en un diario oficial en un plazo de 10 días a contar desde la firmeza de la sentencia (LJCA art.107.2).

13572 MPCA nº 3803 s. **Recursos** El auto que resuelve la pieza separada de medidas cautelares puede ser recurrido:
• En **apelación**, si ha sido dictado por las Secciones de lo Contencioso-Administrativo de los Tribunales de Instancia o del Tribunal Central de Instancia -hasta su constitución, juzgados y juzgados centrales de lo contencioso-administrativo-, en los procesos en los que conozcan en primera instancia (LJCA art.80.1.a).
• En **casación**, previa interposición de recurso de reposición (nº 13930 s.), si ha sido dictado por la Sala de lo Contencioso-Administrativo de la Audiencia Nacional o una Sala de lo Contencioso-Administrativo de un Tribunal Superior de Justicia (LJCA art.86.2 y 3, 87.1.b y 2).
En ambos casos, el recurso no produce la **suspensión del auto impugnado** por lo que, si el auto es estimatorio, el recurso no suspende la eficacia de las medidas cautelares.

Precisiones **1)** Si el litigio principal versa sobre la **aplicación de normativa autonómica** y la sentencia que le ponga término no tiene, por ello, acceso a la casación, tampoco lo puede tener el auto dictado en la pieza de medidas cautelares, aunque para ello se invoque la norma de la LJCA (TS 25-11-02, EDJ 51455).
2) El **recurso de casación pendiente** contra el auto dictado en la pieza separada de medidas cautelares queda sin objeto una vez dictada sentencia, sea o no firme, en los autos principales (TS 25-3-02, EDJ 10795; 24-5-02, EDJ 18759; 17-10-02, EDJ 44071; 9-12-02, EDJ 59316).
3) La determinación de la **cantidad en que se cifran los perjuicios** que puede causar la efectividad de la medida cautelar adoptada responde a una estimación del tribunal de instancia que, por regla general, no puede ser revisada en un recurso de casación (TS 13-6-02, EDJ 25929).

13574 MPCA nº 3805 s. **Contracautelas** (LJCA art.133) Para asegurar que la medida cautelar no causa daño al que ha de soportarla, pueden acordarse las **medidas** que sean adecuadas para evitar o paliar dicho perjuicio. Igualmente puede exigirse la presentación de **caución o garantía** suficiente para responder de aquellos, que puede constituirse en cualquiera de las formas admitidas en derecho (p.e. aval bancario, depósito de metálico, etc.).
Hasta que la caución o garantía no esté **constituida y acreditada** en autos, o conste el cumplimiento de las medidas acordadas para evitar o paliar los perjuicios, la medida cautelar acordada no se lleva a efecto.
El órgano que está conociendo de las medidas cautelares es el **órgano competente** para decidir, de oficio y de forma discrecional, sobre la necesidad de adoptar las contracautelas (TS auto 27-3-96, EDJ 7138), que normalmente se acuerdan en el mismo auto que adopta aquellas.
La constitución de la contracautela corre **a cargo** del que solicitó la medida cautelar inicial.
No obstante, algunas Administraciones públicas gozan de una **exención** respecto a la obligación de constituir caución o garantías. Son las siguientes:
a) El **Estado** y sus organismos autónomos, así como las entidades públicas empresariales, los organismos públicos regulados por su normativa específica dependientes de ambos y los órganos constitucionales. Se exige que en los respectivos presupuestos se consignen créditos presupuestarios para garantizar el cumplimiento de las obligaciones no aseguradas (L 52/1997 art.12).
b) Los entes de la **Administración local** (LHL art.173.2).
c) Las **comunidades autónomas**, siempre que su legislación específica así lo disponga. En general si se han acogido a este privilegio.
Las contracautelas son especialmente aplicables en los supuestos de suspensión de actos que obligan al pago de **tributos** (nº 13614).

13576 Una vez levantada la medida cautelar, la Ley ofrece la posibilidad de solicitar una **indemnización** por los daños y perjuicios causados por aquella.
Por esta razón, la cancelación de la garantía constituida no se realiza hasta que concurra cualquiera de las siguientes **circunstancias**:
- que transcurra el plazo de un año desde la fecha del alzamiento de la medida, sin haber solicitado la indemnización;
- que se renuncie a la indemnización;
- que se acredite el derecho.

Precisiones **1)** La **garantía o afianzamiento** del cumplimiento del acto administrativo impugnado no es determinante de la suspensión, sino un efecto cuando así se decreta por la sala sentenciadora (TS auto 24-3-94, EDJ 2737).

2) Si la parte demandada plantea la procedencia de la caución, pero no cuantifica los perjuicios potenciales, la **cuantía de la caución** queda diferida a un incidente ulterior. Pero si los cuantifica, cabe que el órgano jurisdiccional dé traslado a la otra parte antes de decidir, para que en el auto se pueda concretar la cuantía de la caución (González Pérez).
3) El derecho a la **asistencia jurídica gratuita** (nº 1000 s.) no exime de la obligación de prestar caución, pues se trata de normas de distintas, que responden a hipótesis diferentes y que se orientan hacia una finalidad dispar (TCo 202/1987).
4) La **fotocopia** del aval bancario no es suficiente para acreditar la constitución de la caución. Ha de aportarse el documento original (TS auto 10-5-89, EDJ 4880).
5) La solicitud de suspensión de un acto administrativo -ordinariamente, tributario- sin garantías como medida cautelar, así como la obtención de una sentencia contencioso-administrativa o resolución económico-administrativa en tal sentido, resulta superfluo e inútil cuando ha sido declarado el **concurso de acreedores** del solicitante.
La declaración de concurso lleva aparejado por Ley el no poder iniciarse ni seguirse **acciones ejecutivas o apremios** contra el patrimonio del deudor, lo cual hace innecesaria la medida cautelar solicitada. Además, en la situación de concurso, corresponde a la jurisdicción del juez de lo mercantil decidir sobre las ejecuciones que puedan dirigirse frente a los bienes y derechos, y sobre las medidas cautelares que hayan de adoptarse (TS 15-1-15, EDJ 2121).
6) Sobre los requisitos del **seguro de caución** como garantía o contracautela, ha de tenerse en cuenta lo que establece la L 20/2015 disp.adic.13ª, pues aunque se refiere a la constitución de garantía frente a las Administraciones públicas normalmente en supuestos de **suspensión del acto recurrido** en vía administrativa, sin embargo, parece naturalmente extensible al proceso contencioso-administrativo posterior (nº 3810 Memento Procesal Contencioso-Administrativo 2026).

Modificación o revocación (LJCA art.132) Las medidas cautelares pueden ser modificadas o revocadas durante el curso del procedimiento, de oficio o a instancia de parte, siempre que se produzca un **cambio en las circunstancias** que en su momento llevaron a adoptarlas -regla *rebus sic stantibus*- (TS auto 4-5-82). 13580
Sin embargo, las medidas cautelares **no** pueden ser objeto de **modificación o revocación** por:
- la existencia de avances durante el proceso respecto al análisis de las cuestiones formales o de fondo; y
- la modificación de los criterios de valoración que el juez o tribunal aplicó al decidir el incidente cautelar.
Del mismo modo que el incidente cautelar requiere la previa **audiencia de las partes**, así también se exige para la alteración o revocación de las medidas (Del Guayo/Domingo).

Extinción (LJCA art.132 y 133.3) Las medidas cautelares están en vigor hasta que recaiga **sentencia firme** que ponga fin al procedimiento en el que se hayan acordado, o hasta que este finalice por cualquiera de las **otras causas** previstas en la Ley (nº 12880 s.). 13582
Una vez levantada la medida, la Administración, o la persona que pretenda tener derecho a **indemnización** de los daños sufridos, puede solicitar esta ante el órgano jurisdiccional que adoptó la medida cautelar y, si se estima su pretensión, la indemnización debe ser satisfecha por quien solicitó y obtuvo la medida cautelar original.
La indemnización debe solicitarse por el **trámite de los incidentes**, dentro del año siguiente a la fecha del alzamiento de la medida (TS 30-6-99, EDJ 18053). Este plazo es improrrogable (González Pérez).
Para que el **daño** sea **indemnizable**, han de cumplirse los siguientes **requisitos**:
- ser evaluable económicamente, quedando incluido tanto el daño emergente como el lucro cesante (TS 26-9-84);
- ser un daño injusto, por no estar el perjudicado obligado legalmente a soportarlo;
- tener su origen en la propia medida cautelar (TS 4-3-89, EDJ 2430).

Precisiones **1)** La eventual **suspensión del curso de los autos**, solicitada por el representante procesal de la Administración demandada, y adoptada por el órgano judicial que conozca de un recurso contencioso-administrativo contra un acto suspendido, no afecta al mantenimiento de esta suspensión de ejecutividad (L 52/1997 art.12 y disp.adic.4ª; RD 1057/2024 art.74). Tampoco la solicitada por otras partes. 13584
2) Una vez acordada la suspensión del acto en sede judicial (o ratificada la administrativa), se mantiene hasta la **resolución del proceso** en instancia.
En caso de interposición de **recurso de apelación** o preparación e interposición de **recurso de casación** contra una sentencia desestimatoria del recurso contencioso-administrativo, la situación de inejecución del acto se ha de prolongar, en la medida en que por parte del representante procesal del órgano administrativo autor del acto no se solicite y conceda la ejecución provisional de la sentencia de instancia, sin necesidad de prestación de caución por parte de la Administración solicitante vencedora en el proceso de instancia.

Si la **sentencia de instancia** o primera instancia es **estimatoria** y se recurre por los medios indicados por la Administración demandada, la situación de suspensión también se mantendrá en tanto no sea firme, pudiendo solicitarse por el demandante la ejecución provisional, con caución.

3) La **valoración de aspectos fácticos** efectuada por el órgano judicial de instancia en la pieza o incidente de suspensión no es revisable en casación (TS 31-1-94, EDJ 697; 7-11-96, EDJ 8384; 3-3-00, EDJ 1595).

F. Conexión entre la suspensión administrativa y la judicial

13590 La conexión entre la suspensión en vía administrativa y judicial puede resultar **problemática** en ciertas hipótesis, en las que la elasticidad del acto se revela importante en relación con la ejecutabilidad del mismo, cuando está en situación de ser recurrido judicialmente. En este ámbito se debe distinguir entre actos tributarios y no tributarios.

13592 **Actos no tributarios** (LPAC art.117) El problema surge con respecto a los **actos que agotan**
MPCA **la vía administrativa**, susceptibles directamente de recurso jurisdiccional, pues para los res-
nº 3822 s. tantes, se prevé expresamente el mantenimiento de la suspensión mientras se decide judicialmente sobre la misma, siempre que se solicite en el primer momento procesal posible.

Con respecto a los actos agotadores de la vía administrativa, la suspensión surte efectos en el seno de la **fase en la que se acuerde** (administrativa o judicial). De esta forma, el acto es ejecutivo y ejecutorio en el lapso que se abre entre la notificación al interesado de la resolución desestimatoria del recurso administrativo (si ha lugar a él) y la decisión judicial firme decretando la suspensión de la efectividad del acto. Puede llegarse incluso, a la **plena ejecución** del acto, dejando cerrada la posibilidad de suspensión judicial, por ser imposible acordar la suspensión de los actos ya ejecutados.

No obstante, por aplicación de la doctrina constitucional, no debe ejecutarse el acto mientras esté **abierto el plazo de recurso**, para evitar que el pronunciamiento del órgano judicial competente al respecto de la suspensión quede en una mera declaración formal (TCo 79/1996; 199/1998). Tampoco cabe la **ejecución por otro órgano judicial** distinto, porque esta eventualidad impediría que el tribunal competente pudiera conceder eficazmente la tutela (TCo 76/1992).

13594 Con el fin de evitar tal situación, que podría dejar reducido el proceso judicial posterior (en caso de estimación del recurso e imposibilidad de retornar al estadio previo a la ejecución del acto) a una **solución indemnizatoria**. Hay que tener en cuenta dos reglas:

1º. El órgano administrativo actuante no puede proceder en ningún caso a la ejecución, entre tanto no se adopte una **decisión judicial** al respecto, siempre y cuando concurra el supuesto de la regla siguiente.

2º. Vincular lo anterior a la conducta procesal del interesado, consistente en la **interposición del recurso jurisdiccional**, con petición de apertura de pieza separada o incidente cautelar de suspensión en el escrito de interposición y solicitud, como **medida cautelar provisionalísima**, de suspender la efectividad del acto recurrido hasta tanto no se resuelva sobre su suspensión en aquella pieza o incidente.

Esta estrategia es posible dado que la LJCA permite la **suspensión cautelar** de la ejecución entre tanto se decide, por el órgano judicial que conoce del proceso, sobre la suspensión del acto combatido (LJCA art.129.1 y 130).

Aceptada, pues, la admisibilidad de solicitar medidas cautelares provisionalísimas al interponer el recurso contencioso, resulta razonable que el acto que agota vía administrativa, no se ejecute por el órgano administrativo competente hasta la **interposición del recurso jurisdiccional**, por ser este el primer momento procesal en que el interesado puede actuar lo preciso para evitar la ejecución. Y en tal momento, si el actor demanda la adopción de cautelas de aquella especie, resulta prudente **mantener la no ejecución** hasta que se decida sobre ellas, procediendo a ejecutar, en otro caso; es decir, si no se ha recabado la adopción de medida provisionalísima de inejecución. Así se compatibilizan ejecutoriedad y tutela efectiva de derechos e intereses legítimos, modulando aquella para garantizar esta.

13598 **Actos tributarios** Con respecto a los actos tributarios hay que distinguir entre los actos
MPCA que agotan la vía administrativa y los que no lo hacen.
nº 5660 s. **a)** Para los **actos que no agotan la vía administrativa** se establece un sistema automático de suspensión contra garantía en forma específica en el caso -mayoritario- de los actos de contenido económico.

Ello, en la práctica, ha supuesto una menor elasticidad de los actos de esta especie. Al estar **garantizado el pago de la deuda** tributaria en caso de confirmarse la liquidación impugnada,

no cobra tanta relevancia la inmediata ejecución entre la vía económico-administrativa y la judicial o, previamente, entre la potestativa de reposición y la económico-administrativa.
Cuando el contribuyente interponga recurso contencioso-administrativo, la **suspensión acordada en vía administrativa** se mantiene, siempre que exista garantía suficiente, hasta que el órgano judicial competente adopte la decisión que corresponda en relación con dicha suspensión (LGT art.233.6; RD 2063/2004 art.29.2).
El tribunal contencioso-administrativo ha de valorar las medidas cautelares, conforme a los requisitos de LJCA art.130 y a los principios generales -seguridad jurídica y buena administración, entre otros-, sin que ello implique quedar vinculado al **juicio valorativo de la Administración tributaria**, aunque las circunstancias no hayan variado. No obstante, en la ponderación de los intereses en conflicto, es un indicio importante la suspensión *ex lege* acordada en la vía económico-administrativa, al haberse aportado garantía suficiente, con extensión de efectos a la vía jurisdiccional, sin perjuicio de otros, como que la Administración no haya aportado prueba alguna de que la demora en el ingreso de la deuda ya garantizada pueda llegar a comportar una vulneración de los intereses generales. Si el órgano jurisdiccional considera improcedente la suspensión de la deuda tributaria garantizada en vía administrativa, ha de reforzar la motivación para denegarla, razonando por qué en el caso concreto la suspensión automática mediante aval no es suficiente para acordar la suspensión en vía jurisdiccional (TS 10-12-25, EDJ 788713).

Precisiones 1) A fin de evitar problemas prácticos, es recomendable aportar al órgano judicial que conozca el recurso judicial, junto con el escrito de inicio del incidente cautelar, una **copia del aval prestado** ante la dependencia de recaudación respectiva (o, en su caso, ante el órgano económico-administrativo), para que en el incidente de medidas cautelares pueda constatarse la suficiencia, subsistencia y extensión de la garantía durante la fase judicial del conflicto. Así se evita, normalmente, que el abogado del Estado se oponga a la suspensión judicial, a la par que se facilita la resolución favorable a la continuación de la suspensión.
2) La Administración no puede **iniciar la vía ejecutiva** en tanto la decisión sobre la suspensión penda de los órganos económico-administrativos. Lo mismo cabe decir en los supuestos en que la solicitud de suspensión se produzca en vía judicial, así como en aquellos casos en que el órgano judicial no haya adoptado resolución alguna ante la no prestación de garantía en una concesión de suspensión vinculada a ella (TS 20-3-15, EDJ 36516).

b) Los **actos que agotan la vía administrativa** son aquellos emanados de órganos que no admiten recurso y aquellos cuyos destinatarios sean Administraciones públicas. Con respecto a estos actos se plantea el mismo problema que con los actos comunes, atenuado por la **suspensión automática contra aval** o garantía específica. **13602**
En cualquier caso, no se debe confundir la suspensión judicial con la previa administrativa, de forma que no existe un derecho indiscriminado a obtener la suspensión por haber prestado caución adecuada, lo que solo supone el reconocimiento implícito por la Administración pública de que la ejecución inmediata puede causar **daños de difícil reparación**.
La **caución** no es el título de la suspensión, sino su consecuencia (TS 30-1-00, EDJ 5349).
La suspensión automática en sede económico-administrativa se agota con el fin de la misma, por lo que, en caso de **no solicitar la suspensión** en vía judicial, renace la ejecutividad del acto (TS 3-1-01, EDJ 400).

Sanciones Hay que distinguir entre sanciones tributarias y sanciones no tributarias: **13604** MPCA nº 3834, 5660 s.
a) Sanciones **no tributarias**. Los actos sancionadores no son ejecutivos ni ejecutorios (LPAC art.90.3; LOPJ art.425.9) hasta que no ganan firmeza en vía administrativa, por lo que no pueden suspenderse en su ejecución hasta tal momento. No cabe hablar de suspensión de efectividad de sanciones acordada en fase gubernativa, sino de **falta de efectividad** hasta el agotamiento de la misma, momento en el cual surge dicha fuerza.
Son excepción a esta norma algunas sanciones **disciplinarias** inmediatamente ejecutivas en el ámbito castrense -y de la Guardia Civil y del Cuerpo Nacional de Policía-, así como en materia de dopaje (LO 11/2021 art.49.1).
Surge la duda de si, una vez que es firme, la sanción puede hacerse efectiva **sin necesidad de decisión judicial** sobre la suspensión, dado que no hay suspensión que mantener -es decir, una decisión concreta sobre la suspensión de un acto concreto-. De ello podría resultar que, en este campo, no obstante la interposición del recurso contencioso, cabría ejecutar el acto administrativo hasta tanto su fuerza interna no fuera detenida por decisión judicial. No obstante:
Es de aplicación la **doctrina constitucional** conforme a la cual durante el plazo de interposición del recurso judicial -hasta la interposición-, el acto sancionador debe mantenerse inejecutado (TCo 78/1996; 199/1998).
Resulta aconsejable la solicitud de **medidas cautelares** provisionalísimas en el escrito de interposición del recurso contencioso-administrativo, dado que el acto no está suspendido administrativamente.

En relación a la suspensión judicial de sanciones **sin garantía**, hay que tener en cuenta -por extensión- lo indicado para sanciones tributarias.

Precisiones Una interpretación literal de LPAC art.90.2, puede conducir a afirmar que los actos sancionadores dictados por órganos cuyos actos **agotan la vía administrativa** son ejecutivos inmediatamente, con independencia de que contra los mismos se haya interpuesto recurso de reposición potestativo. No obstante, parece más conforme sostener que la ejecutividad no se alcanza hasta la resolución y notificación del recurso de reposición.
No sucede así, sin embargo, en materia de **tráfico y seguridad vial**, campo en el que las sanciones, que agotan la vía administrativa, son ejecutivas no obstante la interposición de este recurso (RDLeg 6/2015 art.94 y 96).

13606 **b)** Sanciones **tributarias**. La ejecución de las sanciones queda **automáticamente suspendida**, sin necesidad de aportar garantía, por la presentación en tiempo y forma del recurso o reclamación administrativa que contra aquellas proceda, y sin que puedan ejecutarse hasta que sean firmes en vía administrativa (LGT art.212.3.a).
De este precepto puede resultar la idea de que las sanciones tributarias son ejecutivas y ejecutorias como el resto de los actos administrativos, si bien quedan suspendidas por ministerio de la Ley hasta que se agota la vía gubernativa. No obstante, es más correcto entender que **no son ejecutivas ni ejecutorias** hasta ese momento (por aplicación directa de LPAC disp.adic.1ª.2.a), de forma que su fuerza no está contenida por un freno normativo, sino que surge al causar estado en sede administrativa, por lo que resulta de aplicación lo expuesto para las sanciones no tributarias.

Precisiones **1)** La suspensión de sanciones tributarias en vía judicial, sin aportación de garantía, ha sido **admitida por la jurisprudencia** en alguna ocasión sobre la base de no hacer de peor condición al interesado en vía contencioso-administrativa que en sede administrativa (AN auto 20-4-99; TSJ Cataluña auto 27-3-00, en contra TS 5-10-04, EDJ 159822; TSJ La Rioja auto 19-7-00). Sin embargo, el Tribunal Supremo afirma tajantemente que la fuerza ejecutiva de la sanción -tributaria en el caso- se activa desde la firmeza administrativa -desde que se causa estado en vía gubernativa- no desde la firmeza judicial (TS 7-3-05, EDJ 16358). En el mismo sentido, se ha considerado que los tribunales deben actuar dentro del marco de LJCA art.129 y 133 y valorar, en cada caso, los intereses privados y públicos en conflicto a la hora de decidir la suspensión y, en caso de acordarla, valorar si se exige o no caución, rechazando cualquier principio de general de suspensión de sanciones tributarias sin garantía en sede judicial (TS 15-12-11, EDJ 306628; 20-12-12, EDJ 294563; en la misma línea, TS 25-1-12, EDJ 24678; 17-9-12, EDJ 225207; TSJ La Rioja auto 28-11-12, PO 180/12; auto 6-2-13, PO 300/12).
2) La **interposición extemporánea** de recurso también suspende la ejecutividad de la sanción, lo cual, al menos como formulación absoluta, es más que discutible (TEAC 27-10-01; AEAT Resol 26-2-04).

13608 **Actos no ejecutados afectados por silencio negativo en vía de recurso administrativo** En sede de ejecutividad y ejecución forzosa (nº 1720 s. Memento Administrativo 2026), el **incumplimiento del deber de resolver** por parte de la Administración ante la que se ha interpuesto un recurso administrativo, aun potestativo, determina una suerte de paralización de la fuerza ejecutiva del acto recurrido, de acuerdo con el criterio de que el silencio administrativo negativo es una mera ficción legal a efecto de abrir las correspondientes vías impugnatorias, administrativa o judicial.
No puede favorecerse o premiarse a la Administración que no contesta tempestivamente las impugnaciones administrativas, lo que determina que, una vez interpuesto el recurso y vencido el plazo máximo de resolución sin haberse cumplido el deber de resolver y notificar, en su caso, el acto resolutorio del recurso, la Administración incumplidora no puede ejecutar forzosamente el acto impugnado sin, previamente, resolver el **recurso** deducido -y notificar la resolución-. Y ello, aunque el recurrente no haya solicitado la suspensión de la ejecución (TS 28-5-20, EDJ 570924, en relación con la posibilidad de dictar providencia de apremio relativa a una liquidación tributaria impugnada en reposición previa a la vía económico-administrativa).
Por tanto, en caso de **recurso contencioso-administrativo** contra un acto expreso no ejecutado -al menos, cuya ejecución no se haya iniciado por un título válido, como puede ser la providencia de apremio- y el subsiguiente acto presunto negativo en vía administrativa de recurso, el acto se encontrará en situación de **no ser ejecutable** hasta que la Administración recurrida jurisdiccionalmente dicte el acto expreso en sede de recurso administrativo, aun de forma tardía y ya pendiente el proceso contencioso.

G. Especialidades por razón de la materia

Existen una serie de normas generales y **leyes especiales** que establecen reglas específicas sobre la adopción de medidas cautelares, que deben entenderse aplicables, en su caso, por aplicación del principio según el cual debe prevalecer la norma especial sobre la general. 13610

Precisiones Un estudio detallado sobre las medidas cautelares en el **ámbito urbanístico** ver nº 3870 s. Memento Procesal Contencioso-Administrativo 2026.

Prórroga de la suspensión acordada en vía administrativa (LPAC art.117) Una vez que el acto impugnado es firme en la vía administrativa, se puede prolongar la suspensión aprobada en esta vía (nº 8160 Memento Administrativo 2026) hasta que se produzca el correspondiente pronunciamiento judicial sobre la solicitud. Para ello la Ley establece dos **requisitos**: 13612
- que exista una **medida cautelar** cuyos efectos se extiendan a la vía contencioso-administrativa;
- que el interesado interponga **recurso contencioso-administrativo**, solicitando la suspensión del acto objeto del proceso.

Actos que obligan al pago de tributos (LGT art.233) El obligado tributario, al interponer un **recurso o reclamación administrativa**, puede solicitar la suspensión del ingreso de la deuda tributaria, siempre que aporte las garantías exigidas por la normativa vigente, salvo que, de acuerdo con la misma, proceda la suspensión sin garantía. 13614 MPCA nº 3850 s., 5660 s.
Cuando el obligado tributario interponga **recurso contencioso-administrativo**, se mantiene la suspensión acordada en vía administrativa si existe una garantía suficiente, hasta que el órgano judicial competente adopte una decisión en relación con dicha suspensión.

Precisiones **1)** El pago de las cuotas controvertidas puede acarrear **daños de difícil reparación** para el obligado tributario, en tanto que no se produce dicho daño para la Administración, cuando el importe de la deuda queda suficientemente garantizado (TS 13-1-95, EDJ 166; auto 30-5-97; 29-1-98).
2) Como supuesto de suspensión por ministerio de la Ley, se establece que la Administración tributaria no podrá proceder a la **enajenación de los bienes y derechos embargados** en el curso del procedimiento de apremio hasta que el acto de liquidación de la deuda tributaria ejecutada sea firme, salvo en los supuestos de fuerza mayor, bienes perecederos, bienes en los que exista un riesgo de pérdida inminente de valor o cuando el obligado tributario solicite de forma expresa su enajenación (LGT art.172.3). La regla contenida este precepto presenta algunas dificultades de interpretación:
• La firmeza a la que se refiere, puede considerarse que sea en **vía administrativa o judicial**. En principio, parece ser esta última, aunque dado que se trata de una regla restrictiva de un principio general del Derecho administrativo -la ejecutividad y la elasticidad del acto administrativo- podría interpretarse en sentido contrario.
• La limitación de la enajenación se refiere a los bienes embargados. En ningún caso se puede extender a la **ejecución de avales, fianzas, seguros de caución u otras garantías** semejantes. Y tampoco a la ejecución de derechos reales de garantía constituidos sobre el bien -aunque en cuanto a estos, la cuestión puede resultar menos clara, habida cuenta de las similitudes entre la ejecución de un embargo y la de uno de estos derechos sobre cosa ajena-.

Tributos locales (LHL art.14.2.1; RD 520/2005) La interposición del recurso de reposición no suspende la ejecución del acto impugnado aunque sí la ejecución de las **sanciones** tributarias. 13616
No obstante, es posible la **suspensión del acto impugnado** durante la sustanciación del recurso, para lo cual deben tenerse en cuenta una serie de **consideraciones**:
a) El **órgano competente** para tramitar y resolver la solicitud de suspensión es el órgano de la entidad local que dictó el acto.
b) Contra la **desestimación** de la solicitud solo puede interponerse recurso contencioso-administrativo.
c) Si se interpone **recurso contencioso-administrativo**, se mantienen la suspensión acordada en vía administrativa hasta que el órgano judicial competente decide sobre dicha suspensión, siempre que exista garantía suficiente.

Ámbito urbanístico (RD 1093/1997 art.67) El que interpone recurso contencioso-administrativo contra los actos de la Administración pública que tengan por objeto la aprobación definitiva de los planes de ordenación, de sus instrumentos de ejecución o de licencias, puede solicitar, con el escrito de interposición o después, si existe justificación suficiente, que se tome **anotación preventiva sobre fincas concretas** que resulten afectadas por el acto impugnado, ofreciendo indemnización por los perjuicios que puedan causarse si se desestima el recurso. 13618 MPCA nº 3870 s.
La **falta de la caución** que exija el tribunal impide la práctica de la anotación.

Precisiones Esta medida cautelar se estudia con detalle en los nº 3870 s. Memento Procesal Contencioso-Administrativo 2026 y en los nº 9415 s. Memento Urbanismo 2026.

13619 **Justiprecio expropiatorio** (LEF art.50.2 y 51) Los acuerdos de los jurados de expropiación y, en su caso, de los órganos autonómicos equivalentes que cifran el justiprecio, no son susceptibles de **suspensión** en sede judicial ni, en su caso, previamente en sede administrativa. Este régimen deriva de su especial naturaleza, pues aunque son actos administrativos en sentido técnico, dotados de los caracteres propios de los mismos, incluida la ejecutividad, se trata de decisiones que se agotan en su propia función tasadora. No supone que carezcan de fuerza ejecutiva, sino que su **ejecutividad** se concreta en los efectos que la legislación expropiatoria anuda a los mismos.

Efectivamente, una vez determinada la indemnización justipreciaria debe ser pagada por el beneficiario (LEF art.48.1 y 52.7), que incurrirá en **morosidad** de otro modo, con las consecuencias sobre el abono de intereses de demora (LEF art.57 y 58; REF art.73 y 74).

Si la resolución o acuerdo de fijación del justo precio **se impugna** en sede contencioso-administrativa, el beneficiario únicamente queda obligado a abonar la cantidad concurrente, esto es, aquella en la que exista conformidad entre las partes (LEF art.50.2; REF art.51: pago anticipado hasta el límite de conformidad). Si el recurrente es el beneficiario o la Administración expropiante, pretendiendo el señalamiento de una cantidad menor a la resultante de la resolución del jurado, la obligación de pago no se extiende, a la totalidad del justiprecio determinado por este, de modo que el expropiado solo puede exigir el pago hasta la cantidad en la concurrente.

Precisiones La **ejecutividad del acto impugnado,** mientras penda el litigio y sin perjuicio de su resultado final, solo alcanza al montante en que se encuentran las pretensiones de ambas partes (TS 9-3-09, EDJ 32269; 3-2-01, EDJ 29826; 8-4-00, EDJ 12072).

13620 **Costas** (L 22/1988 art.119; RD 876/2014 art.228) Los actos y acuerdos que infrinjan la Ley o las normas aprobadas conforme a la misma, pueden ser objeto de **impugnación directa** en la vía contencioso-administrativa, por la Administración del Estado, autonómica o local, con petición expresa de **suspensión**.

MPCA nº 3857

La **decisión** del tribunal competente sobre la solicitud de suspensión debe ser adoptada en el primer trámite siguiente a la petición de la misma.

13622 **Licencia obligatoria de patente** (L 24/2015 art.99) Contra la resolución de la Oficina Española de Patentes y Marcas sobre la concesión de la licencia obligatoria, puede interponerse el recurso contencioso-administrativo que, en principio, **no** produce la **suspensión** de la ejecución del acto.

Sin embargo, se puede autorizar al licenciatario, previa petición fundada de este, a **demorar el comienzo de la explotación** hasta que sea firme la decisión de la licencia.

13624 **Derecho de asilo** (L 12/2009 art.29.3) Cuando se interponga un recurso contencioso-administrativo contra una decisión en esta materia y se solicite la suspensión del acto recurrido, dicha solicitud tendrá la consideración de especial urgencia contemplada en la LJCA art.135.

13626 **Contratos públicos** (LCSP art.198.4 y 199) Ver nº 12084, sobre el incumplimiento de la Administración por **falta de pago** de los contratos del sector público.

13627 **Procesos contra los actos y decisiones del FROB** (L 11/2015 art.73.2) En los procesos contra los actos y decisiones del FROB en materia de amortización y conversión de instrumentos de capital y recapitalización interna (L 11/2015 art.73), el auto por el que, en su caso, se acuerde la adopción de **medidas cautelares** debe publicarse en el BOE y la entidad y el FROB darán la misma publicidad a dicho auto que a la acción de amortización y conversión de instrumentos de capital y recapitalización interna.

13630 **Garantía de la unidad de mercado** (LJCA art.127 quater) En los procesos especiales para la garantía de la unidad de mercado, si la Comisión Nacional de los Mercados y la Competencia solicita en su escrito de interposición la **suspensión** de la disposición, acto o resolución impugnados, esta se producirá de forma automática. Ver nº 13475.

Precisiones Esta regla, junto con la atributiva de legitimación activa a la Comisión Nacional de los Mercados y la Competencia (L 20/2013 art.27; LJCA art.127.1 y 2), podría vulnerar las competencias relacionadas con actividades económicas reconocidas en el Tit IV Cap II del **Estatuto de Autonomía de Cataluña** -LO 6/2006 art.116 a 173- (Consejo de Garantías Estatutarias Dict 5/2014).

SECCIÓN 9

Ejecución de sentencias

(LJCA art.103 a 113)

13650 MPCA nº 3950 s., 5830 s.

La ejecución de las sentencias, en sentido amplio, consiste en llevar a puro y debido efecto las **resoluciones y pronunciamientos** contenidos en el fallo. 13652 MPCA nº 3970, 5830 s.

Precisiones El derecho a la ejecución de sentencias forma parte del derecho a la **tutela judicial efectiva**, ya que, en caso contrario, las decisiones judiciales y los derechos que en ellas se reconocen no serían más que meras declaraciones de intenciones y por tanto no estaría garantizada la efectividad de la tutela judicial (TCo 240/1998; 170/1999; 144/2000; 83/2001).

A. Jurisdicción y competencia

(LJCA art.103.1)

La potestad de hacer ejecutar las sentencias y demás resoluciones judiciales corresponde exclusivamente a los órganos del **orden jurisdiccional contencioso-administrativo**, y su ejercicio compete al que haya conocido del asunto en primera o única instancia (LJCA art.103.1). 13655 MPCA nº 3975
Este precepto contiene:
- una regla de **atribución jurisdiccional**: la potestad de hacer ejecutar corresponde a órganos judiciales; y
- otra regla de **competencia objetiva**: se atribuye el conocimiento de la ejecución a aquel que haya conocido en primera o única instancia.

Ello, sin embargo, no significa que sean los órganos judiciales los que ejecuten por sí mismos sus resoluciones. La **parte procesalmente condenada** debe cumplir voluntariamente el fallo, de modo que, solo en caso de incumplimiento o cumplimiento defectuoso, pueden desplegar aquellos sus facultades ejecutivas, ya no limitadas exclusivamente a la adopción de medidas indirectas.

En aparente contradicción, se establecía que el cumplimiento de las resoluciones judiciales que determinen **obligaciones a cargo del Estado** o de sus organismos autónomos corresponde exclusivamente a la autoridad administrativa que sea competente por razón de la materia (LGP art.23). Este precepto parece conservar toda su vigencia en lo que al **cumplimiento de obligaciones económicas** se refiere -acaso las de mayor importancia en la práctica-, al no prever la LJCA sino medidas indirectas adecuadas a tal fin, tales como el incremento del tipo del interés legal (LJCA art.106).

Precisiones **1)** En el ámbito contencioso-administrativo, la ejecución de sentencias ha sido siempre una cuestión controvertida. El problema fundamental que planteaba el sistema contencioso de ejecución de sentencias era el de su **atribución competencial**, puesto que una de las particularidades del proceso contencioso era el hecho de que la ejecución no correspondía al órgano jurisdiccional sino a la propia Administración condenada.

No obstante, a partir de la promulgación y vigencia de la Constitución:
- la facultad de hacer ejecutar lo juzgado se declara **privativa de los órganos jurisdiccionales**, cuyas decisiones deben ser observadas en sus justos términos (Const art.117.3 y 118);
- la obtención de una correcta y fiel ejecución de lo decidido forma parte del derecho fundamental a la **tutela judicial efectiva** (Const art.24).

2) La normativa administrativa aplicable a la actuación de ejecución siempre ha de ser conforme a la **regulación procesal de aplicación**, cediendo en otro caso a ella (TS 22-12-20, EDJ 752019).

B. Resoluciones ejecutables

13658 Son susceptibles de ser ejecutadas todas las resoluciones judiciales: providencias, autos y sentencias. Incluso son ejecutables los convenios o acuerdos de terminación del procedimiento (nº 12880 s.).

Los **autos y providencias**, por regla general, tienen una eficacia meramente intraprocesal o interlocutoria que los agota en sí mismos, sin precisar de actividad ejecutiva alguna, aunque excepcionalmente algunas de estas resoluciones sí están destinadas a producir una modificación material.

Los autos que acuerdan la suspensión o la adopción de **otras medidas cautelares**, no los que las deniegan -que se agotan en sí mismos-, o los dictados en ejecución de sentencia, en tanto exigen normalmente una conducta positiva de la Administración, pueden requerir la adopción de las medidas ejecutivas propias de las sentencias.

En cuanto a los **convenios de terminación**, las normas de ejecución de sentencias les son de aplicación en tanto resulten compatibles con su especial naturaleza. Así, se establece que, transcurrido el plazo de ejecución que se haya fijado en el acuerdo de terminación convencional, cualquiera de las partes puede instar la ejecución forzosa. Si no se ha fijado plazo para el cumplimiento de las obligaciones derivadas del acuerdo, la parte perjudicada puede requerir a la otra su cumplimiento y, transcurridos 2 meses, puede proceder a instar su ejecución forzosa (LJCA art.113.1).

Precisiones Quedan fuera del ámbito de la ejecución las **diligencias de ordenación** dictadas por los letrados de la Administración de Justicia, carentes de la condición de resoluciones judiciales, aunque de contenido muy próximo al de las providencias.

13660 **Control por el Tribunal Constitucional** El canon constitucional de fiscalización del ajuste de la actividad jurisdiccional de ejecución de resoluciones judiciales se compone por:
- el **fallo** mismo, interpretado de acuerdo con la fundamentación y con el resto de los parámetros del proceso;
- lo posteriormente resuelto para ejecutarlo, debiendo examinar se si ha concurrido un **apartamiento irrazonable, arbitrario o erróneo** en relación con el significado y con el alcance de los pronunciamientos de la parte dispositiva de la resolución que se ejecuta.

El ejercicio del control del Tribunal Constitucional sobre si las resoluciones de ejecución se han apartado o no del fallo de cuya ejecución se trata no debe limitarse de forma literal o restrictiva al puro texto del mismo, sino que, por el contrario, debe llevarse a cabo una **valoración unitaria** o global de las alegaciones y pretensiones de la parte actora, con la fundamentación jurídica y argumentación que funda la sentencia, para desembocar en el fallo y concretos pronunciamientos de esta (TCo 240/1998).

C. Deberes de cumplimiento y colaboración

(Const art.118; LOPJ art.17; LJCA art.103.2 y 3)

13665 Es un deber legal cumplir las sentencias y demás resoluciones judiciales firmes, así como prestar la colaboración requerida por los órganos jurisdiccionales en el curso del proceso y en la ejecución de lo resuelto.

Las **partes** están obligadas a cumplir las sentencias en la forma y términos que en estas se consigne (nº 13667). Además, todas las **personas y entidades** públicas y privadas están obligadas a prestar la colaboración requerida por los jueces y tribunales de lo contencioso-administrativo para la debida y completa ejecución de lo resuelto (deber de colaboración).

Cuando la **Administración** resulta condenada, el deber de cumplimiento es particularmente intenso, ya que pesan sobre ella no solo la obligación positiva de llevar a puro y debido efecto las declaraciones contenidas en el fallo (nº 13672), sino también la negativa de evitar conducta alguna que pueda frustrar la efectividad del pronunciamiento judicial (nº 13678).

13667 MPCA nº 3987 **Deber de cumplimiento** Pesa este sobre todas las partes litigantes, no solo sobre la Administración pública, eventualmente condenada en la resolución final del pleito, y debe hacerse en los **propios términos** fijados en el fallo, al margen de la posible concurrencia de causas de imposibilidad material o legal de ejecución o de utilidad pública o interés social (nº 13742).

Intervienen en la ejecución, como regla y salvo posible intervención de terceros interesados, quienes fueron **demandantes** o **demandados** en la fase declarativa (las partes litigantes).

Sin embargo, puede ocurrir que la posición de quien fue demandante o demandado se vea alterada como consecuencia de un **supuesto de sucesión**. En este caso, la ejecución se ha de seguir por quien acredite ser sucesor del que figure como demandante en el título ejecutivo y

frente al que se acredite que es el sucesor de quien en dicho título aparezca como ejecutado, normalmente, la Administración demandada (p.e. supuestos de supresión de órganos o entidades y asunción de sus competencias por otro u otros; o por otras Administraciones públicas, subrogadas en el ejercicio de estas por transferencia, si así resulta del régimen de la misma).
Las sentencias obtenidas solo frente a uno o varios **deudores solidarios** no sirven de título ejecutivo frente a los deudores solidarios que no hayan sido parte en el proceso. Solo, cuando en el título ejecutivo aparezcan varios deudores solidarios, puede pedirse que se despache ejecución, por el importe total de la deuda, más intereses y costas, frente a uno o algunos de esos deudores o frente a todos ellos (LEC art.542). Dada la singularidad del proceso administrativo y de la forma en que tiene lugar el emplazamiento de los demandados, solo cuando **no haya sido personalmente emplazado** el codeudor conocido puede este evitar la ejecución instada frente a él.

Deber de colaboración Se proyecta en la ejecución de lo resuelto, tanto frente a las **partes**, como frente a **terceros**, cobrando respecto de estos últimos su verdadero significado. 13669
Dejando al margen la figura de la **colaboración interadministrativa**, normalmente no relacionada con supuestos de ejecución de resoluciones contenciosas (p.e. LPAC art.140 a 142), el deber de colaboración incumbe a:
- los propios **órganos judiciales** del orden contencioso-administrativo o de otro cualquiera, a través del llamado auxilio jurisdiccional (LOPJ art.273, 274, 276 a 278);
- la **Administración**, a través de atentos oficios, mandamientos, etc., de forma ocasional o institucionalizada, mediante la participación de entidades públicas o servicios especializados;
- los **particulares**, a través de las formas tradicionales (como la recepción de notificaciones, etc.).

Deber de ejecutar la sentencia en sus justos términos (LJCA art.104 y 106.3) Ganada firmeza por la sentencia, se ha de comunicar, por el letrado de la Administración de Justicia, en el plazo de 10 días hábiles -a partir de ella- al órgano previamente identificado como responsable de su cumplimiento -que ordinariamente, aunque no siempre, será el que haya realizado la actividad objeto del recurso-, a fin de que: 13672 MPCA nº 3991 s.
- inmediatamente, **acuse recibo** de la comunicación e indique el **órgano responsable** del cumplimiento del fallo; y
- en el plazo de 2 meses, lleve a puro y debido efecto la condena y practique lo que exija el **cumplimiento** de las declaraciones contenidas en el fallo.
La comunicación debe contener el **texto íntegro de la resolución** que ha de ejecutarse e indicar expresamente su firmeza.
Para que pueda ser remitida la comunicación, debe tratarse de una **sentencia firme**, ya que, en principio, la sentencia que no lo es no puede ejecutarse. Esta regla admite dos excepciones:
• Respecto de sentencias **no firmes**, en los casos de **ejecución provisional**, tras la interposición de recurso de apelación (nº 13945) o de casación (nº 14050).
• En relación con sentencias **firmes**, que pueden devenir **temporalmente inejecutables** por haberse iniciado un procedimiento de revisión (nº 14225) y haber acordado el tribunal competente la suspensión de las diligencias de ejecución.

Precisiones 1) La ejecución de las resoluciones judiciales ha de llevarse a cabo **en sus propios términos**, de suerte que la forma de cumplimiento o ejecución de las sentencias depende, según las reglas establecidas en la legislación ordinaria, de las características de cada proceso y del contenido del fallo (TCo 67/1984; 92/1988). 13674
Son los términos de la sentencia a ejecutar los que determinan la **clase y contenido de los actos** que debe dictar la Administración condenada por aquella a fin de llevarla a efecto. Si se limita a declarar la nulidad del acto recurrido, basta que se dicte un acto de contenido meramente negativo, limitado a declararlo formalmente así. Si, por el contrario, la sentencia ordena la **retroacción del expediente** a un momento determinado, habrá de proseguirse aquel a partir del momento correspondiente, realizándose todos los trámites preceptivos -incluido en su caso el omitido- hasta dictarse nueva resolución (DGRN Resol 1-3-16).
2) No queda claro si en el **plazo** de 10 días debe llegar la comunicación al conocimiento del órgano administrativo correspondiente o si, por el contrario, basta con que sea remitida dentro de ese plazo -como permite LPAC art.40.2-. En cualquier caso, parece que la trasgresión del referido plazo no debe tener virtualidad invalidante de la comunicación ni de la resolución comunicada.
3) La obligada indicación del **órgano administrativo responsable** del cumplimiento del fallo se debe a que este puede no ser coincidente con el que haya realizado la actividad objeto de recurso. Tal ocurre cuando se recurren decisiones de órganos administrativos con funciones o facultades pseudo-jurisdiccionales, como son los jurados de expropiación o los tribunales económico-administrativos (TS auto 6-3-81).

13676 **Aumento y reducción del plazo de cumplimiento** El plazo de 2 meses, que se concede a la Administración para que lleve a efecto la condena y practique lo que exija el cumplimiento de las declaraciones contenidas en el fallo señalado, puede **aumentarse**, si el fallo así lo dispone, en las siguientes circunstancias:
- cuando la ejecución consista en la emisión de un acto o en la práctica de una actuación jurídicamente obligatoria (LJCA art.71.1.c);
- si se trata de condenas al pago de cantidad líquida, que impliquen o no la necesidad de tramitar un expediente de modificación presupuestaria (LJCA art.106);
- si así se acuerda, en su caso, en el convenio de terminación del procedimiento (LJCA art.113).

Por otro lado, la sentencia puede fijar un **plazo inferior** para el cumplimiento cuando, atendiendo a la naturaleza de lo reclamado y a la efectividad de la propia sentencia, la observancia del plazo general de 2 meses pueda hacer ineficaz la ejecución o causar grave perjuicio.

Precisiones Transcurrido el plazo que resulte de aplicación, cualquiera de las partes o personas afectadas puede instar la ejecución. Se extiende así la legitimación en esta fase a **sujetos distintos de las partes procesales**, ya personadas. Sin embargo, ello no supone crear una subespecie de acción pública, pues no basta para intervenir en dicha fase un mero interés abstracto en el cumplimiento del o de los fallos judiciales, sino ser titular de una relación o encontrarse en una situación jurídica afectada por la sentencia. Entre estos están quienes no han tenido oportunidad de ser parte en el proceso principal, aun siendo titulares de derechos o intereses legítimos y personales en los que incida la sentencia.

Sin embargo, no es afectada una **empresa con interés meramente competitivo** en que otra u otras reduzcan su participación en un sector de actividad, cuando aquella ni recurrió la operación de toma de control ni el acto administrativo que la autorizaba, ni intervino en el proceso posterior. De otro modo, se daría cabida en el seno de la ejecución de sentencias contencioso-administrativas recaídas en procesos sobre competencia a todas las empresas de un sector, aun cuando se hubieran mantenido consciente y voluntariamente al margen de las actuaciones (TS auto 23-2-05, EDJ 41553).

13678 MPCA nº 3997 **Deber de no obstaculizar la ejecución** (LJCA art.103.3 y 4) Son nulos de pleno derecho los **actos y disposiciones** contrarios a los pronunciamientos de las sentencias, que se dicten con la finalidad de eludir su cumplimiento.

El órgano jurisdiccional a quien corresponda la ejecución de la sentencia debe declarar, a instancia de parte, la **nulidad** de los actos y disposiciones que se encuentren en la situación indicada, por los trámites de los **incidentes**, salvo cuando carezca de competencia para ello.

Han de concurrir los siguientes **requisitos** para que pueda apreciarse este especial vicio anulatorio:
- que se trate de actos o disposiciones contrarios al fallo;
- que se dicten con la finalidad de eludir el cumplimiento de la sentencia, de forma que es necesaria la presencia de un elemento subjetivo o intencional por parte del órgano administrativo que tiende, mediante el acto considerado, a no ejecutar el fallo condenatorio a la Administración pública (lo cual debe ser probado por parte de quién lo alegue en el trámite específico de declaración judicial de nulidad previsto para estos supuestos);
- que se produzcan bajo la vigencia de la misma legislación aplicada en la sentencia; y
- que concurra una doble identidad, subjetiva y objetiva: deben haber sido dictados para el mismo supuesto de hecho y para las mismas personas afectadas por el acto anulado por el fallo.

Precisiones Este **defecto de nulidad** es solamente de aplicación a los actos administrativos dictados en ejecución de resoluciones jurisdiccionales contencioso-administrativas.

13680 MPCA nº 3999 s. **Incidente de nulidad** Para su declaración no es necesaria ni posible la interposición de un nuevo recurso contencioso-administrativo. Basta con acudir al tribunal competente para la ejecución, solicitando la declaración de nulidad, salvo cuando sea otro el órgano judicial competente, según las reglas generales (p.e. cuando el Consejo de Ministros dicte una disposición contraria al fallo de un tribunal de lo contencioso, con la finalidad de eludir su cumplimiento).

En este último supuesto habrían de seguirse las **reglas ordinarias de atribución de competencia**, planteando un nuevo recurso contencioso-administrativo contra el acto de resistencia o elusión.

El procedimiento se inicia siempre a **instancia de la parte favorecida** por la sentencia. No se prevé la iniciativa de la Administración, quien debería acudir en su caso a la revocación, al tratarse de un acto desfavorable para el interesado el dictado con tal finalidad.

La declaración judicial de nulidad de pleno derecho, en cuanto vicio radical e insubsanable, no está sujeta a **plazo** prescriptivo alguno.

En lo demás, el procedimiento se ha de tramitar de acuerdo con lo previsto para el **incidente de ejecución** (nº 13780).

La resolución dictada en el incidente es susceptible de recurso de **apelación** (nº 13945) o **casación** (nº 14050), según el caso.

Precisiones 1) El incidente de nulidad **en fase de ejecución** es una **vía excepcional y privilegiada** para obtener una declaración de nulidad absoluta de actos y disposiciones, y por ello cuenta con un esencial componente subjetivo, pues debe demostrarse la **finalidad** de burlar la sentencia firme con el nuevo y posterior acto o disposición o la concurrencia de la desviación de poder en la nueva actuación administrativa, en relación con el pronunciamiento de la sentencia (TS 14-7-16, EDJ 114543).

2) Los **actos de ejecución de resoluciones judiciales** no son actos administrativos en sentido propio, sino un mandato legal para que la Administración cumpla lo ordenado por aquellas, como agente o delegado ejecutor del tribunal, bajo cuyo pleno control se halla aquella. Así mismo, en general, el régimen jurídico procesal de ejecución de sentencias no se aplica a las disposiciones generales (TS 19-11-20, EDJ 729502; 22-12-20, EDJ 752019).

Incumplimiento del deber de ejecutar las sentencias (LJCA art.112) Transcurridos los plazos señalados para el cumplimiento integral del fallo, el juez o tribunal adoptará, previa audiencia de las partes, las **medidas necesarias** para lograr la efectividad de lo mandado, pudiendo incluso, previo apercibimiento, imponer multas coercitivas (nº 13684) y deducir el oportuno testimonio de particulares para exigir la **responsabilidad penal** que pueda corresponder (nº 13688). 13682

Para que proceda la adopción de las medidas citadas es precisa la concurrencia de los siguientes **requisitos**:

• Que hayan transcurrido los **plazos** señalados para el cumplimiento, para lo que se ha de tener en cuenta lo indicado sobre aumento y reducción de plazos (nº 13676).

• Que lo acuerde el juez o tribunal de la ejecución, previa audiencia de las partes. La **iniciativa** en principio corresponde al órgano jurisdiccional, aunque no debe verse obstáculo alguno en que se adopten tales medidas a instancia de parte, una vez oídas todas las demás.

• Que, a la adopción de la medida o medidas, preceda el correspondiente **apercibimiento** del juez o tribunal, dando al condenado una última posibilidad de cumplir voluntariamente y otorgando, si es preciso, un plazo de gracia.

• Que la medida adoptada sea respetuosa con el **principio de proporcionalidad**. Debe haber una racional vinculación entre el fin perseguido y la medida adoptada.

Además, la superación del plazo máximo de cumplimiento voluntario de la resolución judicial faculta a cualquiera de las partes y a las personas afectadas para instar la **ejecución forzosa**, lo que implica la necesaria intervención judicial y, tratándose de condenas al pago de cantidad líquida, el devengo del interés legal del dinero, incrementado en dos puntos, si se aprecia falta de diligencia en la Administración obligada.

Imposición de multas coercitivas Una vez transcurrido el plazo señalado en la resolución recurrida, sin que la sentencia se hubiese ejecutado, debe **requerirse al responsable** de la ejecución en relación con la posible imposición de la multa coercitiva, y, tras esas alegaciones, el juzgador puede, si lo considera conveniente, imponer la multa dentro de ciertos **límites** cuantitativos, a efectos de compeler al incumplidor si esos incumplimientos persisten en el tiempo. 13684

El órgano judicial puede imponer multas coercitivas de 150 a 1.500 euros a las **autoridades, funcionarios o agentes** -no a la Administración como tal- que incumplan los requerimientos de la sección -el juzgado- o de la sala, así como reiterarlas hasta la completa ejecución del fallo, sin perjuicio de otras responsabilidades patrimoniales a que haya lugar.

Las **cuantías** mencionadas pueden ser modificadas (al alza, aunque no se excluye lo contrario) por el Gobierno (Consejo de Ministros) quinquenalmente, previos los informes del Consejo General del Poder Judicial y del de Estado (LJCA disp.adic.2ª).

El órgano jurisdiccional cuenta con una cierta **libertad estimativa** para imponer las referidas multas dentro del marco cuantitativo señalado, pero debe respetar, en todo caso, el principio de proporcionalidad, para evitar situaciones arbitrarias o injustificadas.

En cuanto al **régimen jurídico** de las multas, se realiza una remisión a LJCA art.48, donde se dispone lo siguiente:

• Las multas se pueden **reiterar**, por plazos de 20 días, hasta la completa ejecución de lo resuelto.

• Si no es posible **individualizar el sujeto pasivo** de la multa, se debe imponer a la Administración, que puede repetir frente al responsable.

• El multado, al que en todo caso se notificará, por el letrado de la Administración de Justicia, puede interponer **recurso de reposición**.

• Una vez reiterada la multa por tres veces sin cumplimiento, se ponen los hechos en **conocimiento del Ministerio Fiscal**, de lo que se apercibe en la notificación de la tercera multa; sin perjuicio de seguir imponiendo más multas (ya que en este supuesto no hay límite de número).

• La multa es exigible por la vía judicial de **apremio**.

13686 Precisiones 1) Se entiende por multas coercitivas aquellos **compelimientos periódicos** de carácter económico que tienen por finalidad favorecer el cumplimiento de determinada conducta por parte del obligado. Mediante ellas no se impone una obligación de pago con finalidad represiva, por la realización de una conducta ilícita, sino que es una medida de **constreñimiento económico**, adoptada previo el oportuno apercibimiento, reiterada en lapsos de tiempo suficientes para cumplir lo que se reclama (TS 6-4-82) y tendente a obtener la acomodación de un comportamiento obstativo del destinatario de la decisión o resolución a lo dispuesto en ella. Son por ello obligaciones pecuniarias de naturaleza compulsiva, que persiguen el voluntario cumplimiento de lo ordenado en sentencia o acto administrativo ejecutivo.

2) No revisten **carácter resarcitorio o indemnizatorio**, pues se prevé la imposición de aquellas, sin perjuicio de otras responsabilidades patrimoniales a que pueda haber lugar.

3) No se trata de un medio de ejecución de actos administrativos, sino de **resoluciones judiciales** que -por lo general- anulan o declaran nulos, en todo o en parte, actos administrativos.

4) Es presupuesto de su imposición que resulte acreditada la **responsabilidad de autoridades o funcionarios** de la Administración llamada a ejecutar (TSJ Madrid auto 5-3-24, EDJ 533023).

5) No puede sobrepasarse el **importe legalmente establecido**, de forma que en otro caso, habrá de reducirse al límite máximo fijado por la LJCA, aunque sí cabe dividirlo o descomponerlo en periodos menores con los importes correspondientes: 75 euros diarios, en periodo de 20 días: 1.500 euros (TSJ Cataluña auto 30-4-10, EDJ 159933), pues una interpretación favorable al afectado permite aceptar el fraccionamiento dentro de los límites mínimo y máximo (TSJ Cataluña auto 13-4-10, EDJ 159891).

6) Procede en caso de **incumplimiento evidente**, en caso de que no se hayan demostrado esfuerzos en cumplir la sentencia, con manifiesta dilación al respecto (TSJ Galicia auto 16-5-13, EDJ 115174), con desidia y tenaz resistencia al cumplimiento del fallo (TSJ Canarias auto 24-10-24, EDJ 776838). Igualmente, en caso de que todas las actuaciones llevadas a cabo por la Administración obligada a ejecutar hayan sido un mero formalismo tendente a eliminar precisamente la imposición de multas coercitivas y de conseguir que no se lleve a cabo la ejecución de la sentencia en sus debidos términos, con una pertinaz oposición a ejecutar la sentencia (TSJ Castilla y León auto 15-1-09, EDJ 13542). No, por tanto, en caso de concurrencia de dificultades técnicas acreditadas que impidan o demoren la ejecución (TSJ Canarias auto 26-1-16, EDJ 49809).

7) Se reconoce implícitamente su **carácter subsidiario**, de forma que no procede su imposición si puede conseguirse la ejecución de la sentencia sin acudir a ellas (TS auto 22-7-14, EDJ 125292). Tampoco en tanto la ejecución esté suspendida: estas multas están encaminadas a sancionar la eventual demora ilegítima en la ejecución de lo ordenado, por lo que no procede su imposición en caso de suspensión. Y en caso de que se suspenda la ejecución del auto, dictado en ejecución, que las impone, quedan igualmente suspendidas (TS auto 9-12-14, EDJ 214980).

8) En todo caso, debe diferenciarse entre el **apercibimiento de futura imposición** y la imposición misma (TSJ Cataluña auto 11-6-14, EDJ 138021); debiendo ser proporcionadas tanto una como otra (TS auto 14-6-11, EDJ 120760).

En ocasiones, se admite la **imposición sin previo apercibimiento**, que no es más que una muestra de mera cortesía (TSJ Cataluña auto 29-1-13, EDJ 154985). En contra, se considera preciso el requerimiento (TSJ Andalucía auto 8-6-15, EDJ 196275; TSJ Madrid auto 26-4-13, EDJ 91904; auto 5-3-24, EDJ 533023).

9) Una vez firme el auto por el que se imponen y abonadas las impuestas, no procede su **devolución**; sin perjuicio de la suspensión de su exigencia a futuro (TSJ Galicia auto 29-4-19, EDJ 589544).

10) La multa ha de imponerse sin perjuicio de **otras responsabilidad patrimoniales** a que hubiera lugar, si procede deducir el oportuno testimonio de particulares para exigir la responsabilidad penal que pudiera corresponder. Una vez interesada la ejecución, su imposición de oficio no quebranta el principio de justicia rogada, toda vez que se ha solicitado la ejecución, correspondiendo el impuso procesal al órgano jurisdiccional (TSJ Galicia auto 29-5-13, EDJ 108928).

13688 **Responsabilidad penal** (CP art.408 y 410) El órgano jurisdiccional puede deducir el oportuno **testimonio de particulares** para exigir la que pueda corresponder.

Apreciada la concurrencia del tipo penal, el tribunal **debe** deducir el oportuno testimonio y remitirlo a la jurisdicción penal. Ello constituye una **obligación** cuyo incumplimiento está castigado penalmente.

Se trata con ello de ordenar la **remisión al juez penal** de aquellas actuaciones, certificadas por el letrado de la Administración de Justicia, de las que pueda racionalmente inferirse la conducta delictiva de un sujeto que niega abiertamente dar cumplimiento a una resolución judicial contenciosa.

El juez penal instruirá las **diligencias** de tal carácter, si bien, dado el contenido y la especial naturaleza de las actuaciones remitidas, verdaderos documentos públicos y fehacientes, la fase sumarial queda considerablemente reducida en su extensión, ya que los hechos pueden ser claros y el autor quedar inicial y claramente identificado.

La resolución remisoria solo es susceptible de **impugnación** por motivos estrictamente formales, sin que pueda discutirse en este ámbito la realidad de los hechos ni la culpabilidad del sujeto (TS auto 13-3-86).

Caducidad La ejecución se somete al **plazo general de prescripción** de derechos resultante del Código Civil, que es de 5 años (CC art.1964), sin que sea aplicable al proceso contencioso-administrativo el plazo, también de 5 años, establecido en el proceso civil para la caducidad de la acción ejecutiva derivada de sentencia, resolución judicial o arbitral, contados a partir de su firmeza -LEC art.518- (TS 18-11-09, EDJ 288564). 13689 MPCA nº 4009 s.

Precisiones Hay que tener presente que, con la **modificación del plazo** general de prescripción de 15 a 5 años por efecto de la L 42/2015, pierde relevancia práctica esta distinción, pues ambos preceptos establecen el mismo plazo.

D. Modalidades de ejecución

El **sentido del fallo** recaído en el proceso contencioso condiciona notablemente la actividad ejecutiva que haya de desarrollarse, pues es diferente que la sentencia sea estimatoria, que desestime las pretensiones del actor o que inadmita el recurso. Dentro del primer caso, las consecuencias serán distintas en función de que la afirmada haya sido una pretensión de anulación u otra de plena jurisdicción. 13692

Sentencia desfavorable al recurrente Si la sentencia confirma el acto impugnado, con un pronunciamiento de inadmisión o de desestimación, no es precisa actividad judicial de ejecución alguna; es la Administración la que, en virtud de su **autotutela ejecutiva**, debe proceder a llevar a puro y debido efecto el contenido del propio acto impugnado. 13694 MPCA nº 4016 s.

La ejecución de la sentencia por parte del órgano jurisdiccional se limita, en este caso, a realizar la **comunicación** al órgano que haya realizado la actividad objeto del recurso (nº 13672) para que pueda continuar ejecutando el acto impugnado o aplicando la disposición (TS 12-2-93).

Ello no obstante, puede ocurrir que, aun tratándose de sentencias desestimatorias, la Administración no tenga voluntad de cumplir el fallo, de ejecutar el acto administrativo recurrido. En estos casos, cualquier interesado podría **instar la ejecución judicial** del fallo para vencer la resistencia de la Administración, con lo que esta vendría compelida a cumplir, en la medida en que la obligación de llevar a puro y debido efecto las declaraciones contenidas en el fallo ha de predicarse de todos y no de los meramente estimatorios.

Ha de tenerse en cuenta, además, que, para el caso de **inactividad de la Administración** con respecto al cumplimiento de los actos firmes favorables al particular, se prevé la posibilidad de interponer recurso contencioso-administrativo, a tramitar según las normas del procedimiento abreviado, una vez desoída la solicitud de ejecución de los actos firmes por la propia Administración autora de los mismos (LJCA art.29.2).

No obstante, se ha sostenido que, a partir de LJCA art.70 se infiere que la sentencia de sentido desestimatorio en el orden contencioso-administrativo tiene **carácter mero declarativo**; o, en otros términos, que el pronunciamiento judicial en supuestos de desestimación solo puede expresar una idea: que lo que había y fue impugnado es **conforme al ordenamiento jurídico** (JCA Logroño núm 1, auto 14-3-13).

Precisiones Durante el tiempo de tramitación del proceso, la pendencia de este afecta al ejercicio de sus potestades y derechos por parte de la Administración demandada:
- si el **acto recurrido no ha sido suspendido**, no habrá cesado el deber de aquella de ejecutarlo; por lo que, si no lo ha hecho, puede haber prescrito el derecho o la acción ejecutiva, deviniendo la sentencia confirmatoria inejecutable -a menos que se considere que aun en defecto de suspensión, si se discute la judicialmente la legalidad del acto, no prescribe entre tanto la acción para ejecutarlo;
- si el **acto impugnado ha sido suspendido**, no corre la prescripción que pudiera afectar al derecho de la Administración, volviendo a iniciarse su cómputo desde la notificación a la misma del fallo confirmatorio.

Sentencia favorable al recurrente En el ámbito de las sentencias favorables al recurrente y condenatorias a la Administración es donde se desarrolla la actividad ejecutiva fundamental. 13696

La **sentencia que anula el acto** o disposición es la que mayores dificultades puede presentar para llevarse a puro y debido efecto (desde la perspectiva del recurrente vencedor en la contienda o favorecido por el fallo). Por ello, la regulación legal se centra en estos supuestos.

En este punto, dentro de las sentencias estimatorias, han de distinguirse diversas situaciones, según el concreto **pronunciamiento** contenido en la sentencia, que viene determinado, a su vez, por la pretensión ejercitada por el recurrente (LJCA art.31).

Sentencias estimatorias de pretensiones de anulación (LJCA art.107) En esta categoría hay que distinguir los siguientes supuestos, según los actos anulados afecten solo a una persona o a una pluralidad de ellas. 13698

a) Anulación de **acto administrativo singular**. Si la sentencia firme anula, total o parcialmente, un acto impugnado que afecte a una o varias personas determinadas, el letrado de la Administración de Justicia ha de disponer, a instancia de parte, la **inscripción del fallo** en los registros públicos a que haya tenido acceso el acto anulado, así como su **publicación** en los periódicos oficiales o privados, si concurre causa bastante para ello, a costa de la parte ejecutada. Cuando la publicación sea en periódicos privados se debe acreditar ante el órgano jurisdiccional un interés público que lo justifique.
El **título inscribible** en estos casos es la propia sentencia y, aunque el fallo judicial no implique por sí mismo la nulidad de los asientos registrales relacionados con el acto impugnado, si puede motivar la cancelación de aquellos como efecto derivado (p.e. LH art.79).

Precisiones Por el carácter individualizado de los destinatarios de estos actos, la notificación de la sentencia debería ser suficiente para satisfacer sus necesidades de conocimiento del fallo. Sin embargo, estos fallos pueden **modificar la situación anterior** al proceso y eventualmente causar **perjuicio a terceros**, razón por la cual puede convenir a las partes, especialmente a la vencedora, alguna suerte de publicidad general derivada de la inscripción en un registro público o inserción en diario oficial o privado.

13700 **b)** Anulación de **acto plúrimo o disposición general**. Si la sentencia anula total o parcialmente uno de ellos, el letrado de la Administración de Justicia debe ordenar la **publicación** del fallo (estrictamente, no del texto completo) en diario oficial en el plazo de 10 días hábiles a contar desde la firmeza de la sentencia.
Estas sentencias, una vez firmes, tienen **efectos** generales desde el día en que sea publicado su fallo y los preceptos anulados en el mismo periódico oficial en que lo haya sido la disposición anulada, siendo la publicación una **condición de eficacia** legalmente configurada.
Ahora bien, lo que la publicación condiciona es la **eficacia general**, pero no la **particular**, ya que las partes en el proceso quedan vinculadas al fallo desde su notificación, siempre que esta se produzca, como sucederá normalmente, antes de la inserción en diario oficial.

13702 **Sentencias estimatorias de pretensiones de plena jurisdicción** (LJCA art.108) En estos casos, la sentencia, además del contenido estrictamente anulatorio, impone a la Administración una obligación de **dar, hacer o no hacer alguna cosa** ya que, además de la anulación (o en lugar de esta si realmente no ha habido acto o disposición, sino simple actividad material o inactividad), se ha pretendido (y obtenido) el reconocimiento de una situación jurídica individualizada y la adopción de las medidas adecuadas para el pleno restablecimiento de la misma, entre ellas la indemnización de los daños y perjuicios.
En este sentido, hay que distinguir entre:
• Ejecución **dineraria** o expropiativa, en la que se persigue la entrega de una suma pecuniaria, previa, en su caso, la traba y enajenación de parte del patrimonio del deudor. Sobre las particularidades de esta modalidad de ejecución, ver nº 13708 s.
• Ejecución **no dineraria**, que puede ser, a su vez:
- satisfactiva, cuando persigue la entrega al acreedor de una cosa distinta de dinero;
- transformativa, que tiene por objeto compeler al ejecutado a hacer o no hacer alguna cosa.
Las particularidades de estas modalidades de ejecución se exponen en el nº 13765.

E. Reglas particulares según la condena

13705 Las sentencias estimatorias del recurso -condenatorias a la Administración-, pueden determinar la procedencia de una ejecución dineraria (nº 13708) o de una no dineraria (nº 13765). Debido a su diferente naturaleza, cada una de estas modalidades de ejecución presenta numerosas y relevantes particularidades, que exponemos a continuación.

1. Ejecución dineraria

(LJCA art.105 y 106; LEC art.571 a 698; RDL 8/2011 art.2)

13708 MPCA nº 4050 s. Son aquellos supuestos en los que surge la obligación de **entregar una suma de dinero**. Esta obligación puede derivar:
- de la sentencia misma, que fija concretamente la cuantía a satisfacer (nº 13710);
- de otra resolución posterior, cuando la sentencia solo fija las bases o criterios generales (nº 13735);
- de la imposibilidad de ejecutar la sentencia en sus propios términos, en cuyo caso, la condena inicial se resuelve normalmente en indemnizar daños y perjuicios (nº 13738).

a. Fijación en sentencia de la concreta cantidad monetaria a entregar

(LJCA art.106)

Es una hipótesis normal, aunque no por ello la más frecuente. Sus **reglas** fundamentales son las siguientes: 13710 MPCA nº 4052 s.

a) Cuando la Administración sea condenada al pago de cantidad líquida, el órgano encargado de su cumplimiento debe acordar el pago con **cargo al crédito** correspondiente de su presupuesto, cargo que ha de tener siempre la consideración de ampliable. Si para el pago es necesario realizar una **modificación presupuestaria**, debe concluirse el procedimiento correspondiente, dentro de los 3 meses siguientes al día de notificación de la resolución judicial.

b) A la cantidad a que se refiere la condena se debe añadir el **interés legal** del dinero, calculado desde la fecha de notificación de la sentencia dictada en única o primera instancia.

c) Transcurridos 3 meses desde que la sentencia firme sea comunicada al órgano que deba cumplirla, se puede instar la **ejecución forzosa**, en cuyo caso, la autoridad judicial, oído el órgano encargado de hacerla efectiva, puede incrementar en dos puntos el interés legal a devengar, siempre que aprecie falta de diligencia en el cumplimiento.

d) Si la Administración condenada al pago de cantidad estima que el cumplimiento de la sentencia puede producir **trastorno grave a su Hacienda**, lo debe poner en conocimiento del juez o tribunal, acompañado de una propuesta razonada para que, oídas las partes, se resuelva sobre el modo de ejecutar la sentencia en la forma que sea menos gravosa para aquella.

e) Cualquiera de las partes puede solicitar que la cantidad a satisfacer **se compense con créditos** que la Administración ostente contra el recurrente.

Estas reglas se aplican no solo a los casos en que la sentencia fija una **deuda líquida**, sino también a los demás, pero una vez que la deuda haya sido liquidada.

En este apartado ha de abordarse el tratamiento de cuatro cuestiones fundamentales:

- la incidencia en la ejecución del principio de **legalidad presupuestaria** (nº 13712);
- las dificultades de ejecución derivadas del **embargo de caudales públicos** (nº 13718);
- la compensación de créditos y deudas (nº 13720); y
- por último, el régimen que se establece en cuanto a los **intereses** (nº 13722).

f) Estas previsiones son también aplicables a los supuestos de **ejecución provisional de sentencias**. Pese a la salvedad que parece introducir este precepto, resultan también aplicables a la ejecución provisional las restantes normas sobre ejecución de sentencias.

Principio de legalidad presupuestaria (LGP art.26.2 y 27) Este principio condiciona el cumplimiento del fallo a la **existencia de partida presupuestaria** a tal fin, frente a las exigencias de los de tutela judicial efectiva y seguridad jurídica, que demandan la exacta ejecución de lo fallado. 13712

Para conciliar estos principios, se obliga a consignar, en los presupuestos de las distintas Administraciones públicas, **créditos para gastos de ejecución** de sentencias de condena al pago de cantidad líquida, créditos que tienen la condición de ampliables. Se trata con ello de evitar la necesaria tramitación de los correspondientes procedimientos de modificación presupuestaria, con el fin de asegurar una más pronta ejecución de lo resuelto y exonerar a la Administración del pago de intereses moratorios.

Se establece, además, que, si para el pago es necesario un **crédito extraordinario** o un **suplemento de crédito**, debe solicitarse de las Cortes Generales uno u otro dentro de los 3 meses siguientes al día de notificación de la resolución judicial.

El procedimiento debe estar concluido, no meramente comenzado, en plazo inferior a 3 meses, contados desde la notificación de la resolución judicial.

Precisiones **1)** Cuando sea preciso tramitar un **proyecto de ley** sobre concesión de un crédito extraordinario o suplemento de crédito, la aprobación de la ley sería competencia de las Cortes Generales o asamblea legislativa autonómica, órgano constitucional que no resultó condenado en el pleito que motivó la referida tramitación. En estos casos, hay que entender que la Administración no incurre en responsabilidad alguna si, en el plazo de 3 meses, remite a las Cortes o asamblea el correspondiente proyecto, sea cual sea la duración de la tramitación parlamentaria. 13714

La Administración puede cumplir igualmente si remite a las Cortes el proyecto de ley de concesión de crédito extraordinario o suplemento de crédito y tramita simultáneamente un **anticipo de tesorería** (LGP art.60).

2) La **no previsión en los presupuestos** del crédito con el que atender el pago de las sentencias condenatorias de cantidad líquida no determina la nulidad de aquellos cuando los presupuestos son aprobados mediante ley (caso del Estado y de las comunidades autónomas), pues no puede la jurisdicción contencioso-administrativa anular los presupuestos.

3) En los supuestos de **ejecución de sentencias firmes** de los tribunales de justicia, las entidades locales pueden incluir las necesidades financieras que sean precisas para dar cumplimiento a las obligaciones que se deriven de las mismas, en el **Fondo de Financiación a Entidades Locales**, si se encuentran en las situaciones descritas en el RDL 14/2014 art.39 a 50, siempre que se justifique la existencia de graves desfases de tesorería como consecuencia de aquella ejecución. Se entiende por entidad local la Administración general de la misma, y el resto de entidades, organismos y entes dependientes de aquella, incluidos en el sector Administraciones públicas, subsector Corporaciones locales, de acuerdo con la definición y delimitación del Sistema Europeo de Cuentas Nacionales y Regionales de la Unión Europea (LO 6/2015 disp.adic.1ª).

13716 **4)** Por principio general (LGP art.46; LHL art.173.5) no pueden adquirirse compromisos de gasto por cuantía superior al importe previsto en los **créditos autorizados en los estados de gastos**, siendo nulos de pleno derecho los actos administrativos y disposiciones generales de rango inferior a la Ley que infrinjan la expresada norma, sin perjuicio de las responsabilidades a que haya lugar.

En el procedimiento de **ejecución del gasto público**, ha de diferenciarse entre dos etapas, la ordenación del gasto y la ordenación del pago (OM 1-2-1996).

• Dentro de la **ordenación del gasto**, para que pueda iniciarse la realización del gasto público es preciso que -salvo algunas excepciones- exista **crédito presupuestario suficiente**, en el estado correspondiente del presupuesto, que autorice a la respectiva Administración pública para desarrollar la actuación en la que se va a efectuar el gasto oportuno.

Existente el crédito, es precisa la realización de una reserva del mismo mediante la **autorización del gasto** por parte del órgano competente para gestionarlo con cargo al crédito presupuestario, que supone la decisión de realizar aquel, cuantificarlo y reservar en todo o en parte el crédito previsto en el presupuesto.

El **compromiso o disposición de gasto** es el acto administrativo por el cual se acuerda o concierta la concreta actuación administrativa generadora del gasto, formalizando la reserva, por importe determinado y condiciones exactamente establecidas. Por este acto, la Administración gestora se compromete frente a tercero, con lo que el procedimiento deja su carácter interno.

El **reconocimiento o contracción** tiene lugar cuando el tercero que va a ser perceptor del pago justifica, en su caso, su prestación (contratos) o el concurso de la hipótesis que justificará el pago, asumiendo la Administración pública la obligación a su cargo.

• Dentro de la fase de **ordenación del pago**, se suceden:
- la propuesta de pago -o proposición al ordenador general de pagos para que se ordene el pago;
- la ordenación del pago u orden al Tesoro para satisfacer el montante de la deuda liquidada; y,
- la realización del pago.

Dentro de tal procedimiento, la nulidad radical afecta al **compromiso de gasto**, no a los actos anteriores descritos ni a los actos administrativos previos, anteriores a la gestión del gasto, de los que, en su caso, pueden derivarse futuras obligaciones para la Hacienda pública. Sin embargo, la nulidad del compromiso de gasto sí acarrea la de los **actos posteriores**, pues no pueden subsistir sin la validez de aquel. Asimismo, supone la no exigibilidad de la obligación contraída por la Administración pública (LGP art.21.1).

13718 **Embargo de fondos públicos** (LGP art.23.1; L 33/2003 art.8 y 30.3) Cuando un particular condenado ejecutoriamente no atiende las obligaciones derivadas del fallo responde del cumplimiento de las mismas con todos sus **bienes** presentes y futuros (CC art.1911), pudiendo los mismos ser **trabados y realizados forzosamente** aún contra la voluntad de su titular. Sin embargo, cuando es la Administración pública la que resulta obligada, la cuestión se complica notablemente.

La resolución de esta cuestión ha ido evolucionando en los últimos años, de forma que los tribunales, jueces y autoridades administrativas no pueden despachar **mandamientos de ejecución** ni dictar **providencias de embargo** contra los derechos, fondos, valores y bienes, en general, de la Hacienda pública. El cumplimiento de las resoluciones judiciales que determinen obligaciones a cargo del Estado o de sus organismos autónomos corresponde, exclusivamente, a la **autoridad administrativa competente** por razón de la materia, sin perjuicio de la posibilidad de instar, en su caso, otras modalidades de ejecución, de acuerdo con la Constitución y las leyes.

No obstante, con respecto a los **bienes de las entidades locales**, el Tribunal Constitucional declaró la inconstitucionalidad del precepto que determinaba su inembargabilidad -L 39/1988 art.154.2 (derog RDLeg 2/2004)- en los siguientes términos (TCo 211/1998; 228/1998): la inembargabilidad establecida con respecto a las haciendas locales, en la medida en que se extendía a los bienes, en general, de la Hacienda local y comprendía los bienes patrimoniales no afectados materialmente a un uso o servicio público no podía considerarse razonable desde la perspectiva del derecho a la ejecución de las resoluciones judiciales y no estaba justificada en atención al principio de eficacia de la Administración pública ni con base en el de la continuidad en la prestación de los servicios públicos.

Tampoco podía considerarse proporcionada en atención a la generalidad con que se había configurado este obstáculo o limitación al ejercicio del derecho fundamental a la tutela judicial efectiva, excediendo así notoriamente las finalidades que la justifican.

De acuerdo con esta doctrina, la inembargabilidad solo podía predicarse ya de los **bienes de dominio público** y de los patrimoniales materialmente vinculados a un **uso o servicio público** (p.e. patrimonio municipal del suelo), siempre que fueran bienes locales, no de otras Administraciones públicas.
No obstante, hay determinadas **comunidades autónomas** que en sus leyes de Patrimonio o Hacienda han aplicado ya este mismo criterio de la embargabilidad de los bienes patrimoniales.
En la actualidad, la **exclusión del embargo** se predica respecto de todas las Administraciones, además de los bienes de dominio público (Const art.132), de los bienes y derechos patrimoniales cuando se encuentren materialmente afectados a un **servicio o función pública**, cuando sus rendimientos o producto de su enajenación estén legalmente afectados a fines diversos o cuando se trate de valores o títulos representativos del capital de sociedades estatales que ejecuten políticas públicas o presten servicios de interés económico general (LGP art.23.1; L 33/2003 art.8 -en sentido contrario- y 30.3; LHL art.173.2).

Compensación de créditos y deudas Junto con la posibilidad de embargar bienes patrimoniales, la eventual voluntad obstativa de la Administración frente a una sentencia solo puede vencerse a través de **medidas alternativas**, cuyo ejemplo es la compensación de créditos y deudas, prevista, además de en la LJCA, en ciertas normas específicas (RD 939/2005 art.70 s.; LBRL art.109; LHL art.134.5). 13720

Precisiones 1) La compensación es un modo de **extinción** de las obligaciones recíprocas pecuniarias, líquidas, vencidas y exigibles en la cuantía concurrente.
2) La **ilimitada admisión de la compensación**, como forma de extinción de las obligaciones reconocidas en sentencia, plantea, sin embargo, indudables problemas, pues aun cuando dicha posibilidad se contempla en la Ley jurisdiccional, no está prevista, en numerosas ocasiones, en la norma que regula el ingreso de Derecho público a compensar con el crédito reconocido en la sentencia. Con la inclusión indiscriminada en la Ley jurisdiccional de la compensación parece estar admitiéndose la extinción de créditos de Derecho público prescindiendo de la concurrencia de los **requisitos materiales y adjetivos** precisos.

Regla general en cuanto a intereses A la cantidad líquida en que consista la condena, se debe añadir el **interés legal** del dinero, calculado desde la fecha de notificación de la sentencia dictada en única o primera instancia. Transcurridos 3 meses desde que la sentencia firme sea comunicada al órgano que deba cumplirla, se puede instar la **ejecución forzosa**, en cuyo caso, la autoridad judicial, oído el órgano encargado de hacerla efectiva, puede incrementar en dos puntos el interés legal a devengar, siempre que aprecie falta de diligencia en el cumplimiento. 13722

Se trata, por tanto, de dos **supuestos** diferenciados:
• Supuesto de **devengo automático**: desde la fecha de la sentencia dictada en única o primera instancia, la Administración se constituye en deudora no solo del principal, sino también del interés legal del dinero. El devengo de intereses opera con carácter automático, sin necesidad de interpelación ni plazo de carencia alguno, desde la fecha de notificación de la sentencia.
• Supuesto de **devengo circunstancial**: el tipo porcentual de interés se ve incrementado en dos puntos en caso de apreciación judicial de falta de diligencia en el cumplimiento, como consecuencia de la ejecución forzosa, instada una vez transcurridos 3 meses desde la comunicación de la sentencia firme. Es preciso a estos efectos:
- que se inste la **ejecución forzosa** una vez transcurridos 3 meses desde la comunicación de la sentencia firme; y
- que el órgano jurisdiccional aprecie **falta de diligencia** en el cumplimiento.

Precisiones 1) El **día inicial** para el cómputo del plazo del interés legal sobre la cantidad liquida a la que resulte condenada la Administración es la fecha de notificación de la sentencia de única o primera instancia a la representación procesal de la Administración demandada (TS 31-10-18, EDJ 640326).
2) Los **intereses procesales** participan de una naturaleza punitiva o disuasoria, en la medida en que sancionan la formulación abusiva o infundada de recursos jurisdiccionales como medida para eludir el cumplimiento inmediato de las resoluciones judiciales.
3) El sistema de intereses establecido para la ejecución de sentencias en el proceso contencioso-administrativo difiere del previsto en la **normativa procesal civil**, que es aplicable, con carácter general, salvo en el ámbito contencioso-administrativo (LEC art.576).

Especialidades sobre intereses en el ámbito de la Hacienda pública (LGP art.17.2 y 24) En caso de falta de pago al acreedor de la Hacienda pública dentro de los 3 meses siguientes al día de notificación de la **resolución judicial** o del **reconocimiento de la obligación**, ha de abonarle el interés legal del dinero, sobre la cantidad debida, desde que el acreedor **reclame por escrito** el cumplimiento de la obligación. 13724

Se trata de dos **supuestos** diferentes:
- el caso de condena a la Administración en resolución judicial; y
- aquel otro en que, sin haber condena judicial, la Administración reconoce la existencia de una obligación.
Solo en el primer caso nos hallamos propiamente ante **intereses procesales**; en el segundo la naturaleza moratoria resulta evidente, pese a que en ambos se aluda a la cantidad debida y a la reclamación por escrito del cumplimiento de la obligación como forma de interpelación.
Es requisito imprescindible para el devengo de los intereses la **interpelación del acreedor**, si bien este puede tener lugar aun antes del transcurso del plazo de carencia de 3 meses, con lo que, una vez expirado este, el devengo correría desde la fecha de la notificación de la sentencia o resolución de primera instancia.
Este precepto resulta de aplicación a la **Hacienda pública**, entendida esta como conjunto de derechos y obligaciones de contenido económico cuya titularidad corresponde al Estado o sus organismos autónomos (LGP art.5.1). Sin embargo, esta norma debe ser objeto de aplicación restrictiva, excluyendo su proyección en el ámbito autonómico y en el local, salvo disposición expresa en contrario (TS auto 30-1-96).

13726 Precisiones 1) El **plazo de carencia** de 3 meses, contado desde la notificación de la resolución judicial obedece a las exigencias del procedimiento presupuestario y ha sido considerado razonable por el Tribunal Supremo (TS 15-10-90). En contra, el Consejo de Estado ha mantenido el criterio según el cual los intereses deben ser abonados **desde la fecha de la notificación** de la sentencia de primera instancia a la Administración, pues, de lo contrario, se llegaría al absurdo, ya que la obtención de una sentencia favorable produciría para el interesado un perjuicio inexplicable, cual sería la interrupción durante 3 meses de su derecho a los intereses (CEst Dict 439/1998; 964/1998).
En esta misma línea, aunque con respecto a los intereses compensatorios, el Tribunal Constitucional ha declarado que la Hacienda pública solo está obligada a pagar el **interés de demora** con su función indemnizatoria y, siendo tales intereses una exigencia material de la justicia, ha de ser rechazada de plano la posibilidad de que el ciudadano, cuando trate con las Administraciones públicas y sea su acreedor, resulte peor tratado por no conseguir la íntegra compensación de un derecho de crédito reconocido judicialmente (TCo 206/1993). No existen, por tanto, razones para justificar especialidad alguna en el ámbito de la Hacienda pública (TCo 23/1997; 141/1997).
2) Para el cómputo del plazo de carencia no es preciso que la resolución judicial **haya devenido firme**, de modo que, transcurridos los 3 meses y operada la interpelación, comienza el devengo de los intereses procesales (TCo 69/1996; 110/1996; 113/1996).
3) Con arreglo a LGP art.24.2, en **materia tributaria**, de **contratación administrativa** y de **expropiación forzosa** se aplica lo dispuesto en su legislación específica.

13728 MPCA nº 4070 s. **Intereses materiales y procesales sucesivos** (LJCA art.106; LGP art.17 y 24) En muchos casos, al interés procesal estricto le precede un interés material, reconocido expresamente o no en la resolución judicial de que trate. En ciertos supuestos, no se trata simplemente del **abono del interés procesal** derivado del reconocimiento del derecho a la percepción de una cantidad líquida, que se devenga desde la fecha de la sentencia de primera o única instancia, sino que como consecuencia de la sentencia de cuya ejecución se trata -que condena efectivamente al pago de la cantidad-, quedan anulados ciertos actos administrativos que desestimaron una petición del particular de que le fuera abonada cierta cantidad con sus intereses legales entonces correspondientes al principal reclamado y cuyo derecho ha sido reconocido al fin por la sentencia que se ejecuta.
Se suceden, pues, **intereses materiales o sustantivos y procesales**, debiendo abonarse el correspondiente desde la fecha en que se solicitó el abono del principal e interés de la Administración. Lo contrario, es decir, limitar el interés que haya de abonarse al estrictamente procesal, generaría un empobrecimiento injusto en el interesado por el importe de los intereses del principal reclamado desde el momento que se le debió restituir hasta la fecha de la sentencia de instancia en la que arranca el devengo del interés procesal.

Precisiones El **interés legal del dinero** para 2025 es del 3,25% (prórroga de L 31/2022 disp.adic.42ª).

b. Fijación en sentencia de las bases para su determinación

(LEC art.712 a 716, 718 y 719)

13735 Cuando la sentencia no fija la **cantidad monetaria concreta** que haya de entregarse, aunque sí las bases para su determinación, se hace preciso especificar previamente la exacta cuantía de la suma monetaria que ha de satisfacerse. Una vez fijada esta y liquidada la condena, resultan de aplicación las normas expuestas para el caso de que la sentencia fije la cantidad monetaria a entregar (nº 13710).
Los procedimientos concretos de determinación se regulan en la normativa procesal civil y a ellos se ha referido tradicionalmente la doctrina procesal bajo la denominación **integración**

del título ejecutivo. Lo característico de estos procedimientos es que son auténticos procesos declarativos insertos en la fase de ejecución. No se persigue con ellos una ejecución material, sino una declaración de voluntad del órgano jurisdiccional.
Esta posibilidad está prevista en el curso del proceso contencioso-administrativo cuando se dispone que si es estimada una pretensión de resarcir **daños y perjuicios**, se debe declarar, en todo caso, el derecho a la reparación, señalando asimismo quién viene obligado a indemnizar. La sentencia ha de fijar también la cuantía de la indemnización cuando lo pida expresamente el demandante y consten probados en autos elementos suficientes para ello. En otro caso, se han de establecer las **bases para la determinación** de la cuantía, cuya **definitiva concreción** queda diferida al período de ejecución de sentencia (LJCA art.71.1.d).
Hay que distinguir básicamente dos **supuestos**:
- condena al resarcimiento de daños y perjuicios (LEC art.712 a 716); y
- condena al pago de rentas, frutos, utilidades o productos (LEC art.718 y 719).

c. Imposibilidad de cumplir la condena inicial en sus justos y debidos términos
(LJCA art.105.1)

En estos supuestos la condena se sustituye por un **equivalente económico**, si bien esta posibilidad debe quedar limitada a los casos excepcionales en que estrictamente resulte imprescindible. **13738**
No puede suspenderse el cumplimiento ni declararse la inejecución total o parcial del fallo. Sin embargo, se admite la existencia de supuestos de **imposibilidad material o legal** de ejecución (nº 13742) y de **expropiación** de los derechos reconocidos frente a la Administración en sentencia firme (nº 13758).

Precisiones 1) Este derecho de configuración legal puede ser objeto de **excepción**, siempre que se respete el contenido esencial (Const art.53.1), como es el caso de los supuestos de imposibilidad material o legal de cumplimiento del fallo y de expropiación de derechos o intereses reconocidos en la sentencia -LJCA art.105- (TS 25-4-24, EDJ 556306).
2) Sobre el régimen de limitación de responsabilidad en **reclamaciones por créditos marítimos**, en sede de ejecución de sentencia contencioso-administrativa, si el titular del derecho a limitar es una Administración pública (L 14/2014 art.487 a 500), ver nº 4108 Memento Procesal Contencioso-Administrativo 2026.

Ejecución en sus propios términos El **pago** debe cumplir tres requisitos fundamentales: identidad, integridad e indivisibilidad. La obligación de cumplimiento en sus propios términos de las resoluciones judiciales pretende dar satisfacción a tales exigencias. **13740**
Ahora bien, este principio no resulta incompatible con la sustitución o **ejecución por equivalente**. En este sentido, el Tribunal Constitucional ha declarado que tan adecuada a la Constitución es una ejecución en la que se cumple el principio de la identidad total entre lo ejecutado y lo estatuido en el fallo, como otra en la que, por razones atendibles, la condena es sustituida por su equivalente pecuniario o por otro tipo de prestación. Desde esta perspectiva, las condenas de hacer y de no hacer -y en algunos casos, la de dar cosas específicas- pueden transformarse, en el trámite de ejecución de sentencia, en **prestaciones de entrega de cantidades pecuniarias** (TCo 58/1983; 109/1984).

Imposibilidad material o legal de ejecución (LJCA art.105.2) Si concurren causas de imposibilidad material o legal de ejecutar una sentencia, el órgano obligado a su cumplimiento lo ha de **manifestar a la autoridad judicial** a través del representante procesal de la Administración, dentro del plazo de 2 meses, desde la comunicación de la sentencia, a fin de que, con **audiencia** de las partes y de quienes considere interesados, el órgano judicial aprecie la concurrencia o ausencia de dichas causas y adopte las medidas necesarias que aseguren la mayor efectividad de la ejecutoria, fijando en su caso la indemnización que proceda por la parte en que no pueda ser objeto de cumplimiento pleno. **13742** MPCA nº 4082 s.
La ejecución tiene lugar, en este caso, mediante una conversión de la prestación debida en su **equivalente económico** a fin de mantener el equilibrio patrimonial del favorecido por la sentencia (TS auto 22-3-88; TS 21-3-88; 11-4-90).
Sin embargo, dado su carácter excepcional, los motivos de imposibilidad deben ser objeto de **interpretación restrictiva**. La imposibilidad debe entenderse como absoluta imposibilidad física o clara imposibilidad jurídica de cumplir el fallo (TS auto 16-7-91, EDJ 7940).

Precisiones 1) Solo cabe acordar la inejecución en los supuestos tasados establecidos por la Ley, siendo requisito imprescindible el concurso de **imposibilidad legal o material** y la adopción de la medida excepcional de **suspensión y no ejecución** por la Administración, planteándose la cuestión en los términos establecidos por la LJCA (TS auto 4-6-80, EDJ 13995; auto 5-12-89, EDJ 18572). Ahora bien, concurriendo realmente una causa de imposibilidad, la falta de atención al plazo legalmente establecido no debe tener efectos enervantes, sin que pueda calificarse como de **caducidad en términos absolutos**, pues en otro caso se cerraría la única vía de solución del conflicto suscitado en sede de ejecución (TS auto 6-4-92, EDJ 21760).

2) Los supuestos de imposibilidad son individualizados y se determinan atendiendo a las **circunstancias de cada caso**, ponderando los intereses afectados (TS 14-6-16, EDJ 87564; 6-6-23, EDJ 604441). Teniendo en cuenta que no cabe equiparar la imposibilidad material con la mera dificultad técnica o técnico-jurídica (TS 23-2-10, EDJ 31712; 20-11-23, EDJ 759324).

3) La determinación de la forma de llevar a efecto el fallo se identifica generalmente con el reconocimiento del derecho del actor de ser resarcido de los **daños y perjuicios**, que resulta directamente de la inejecución como remedio sustitutorio (TS 13-12-90; auto 16-6-83, EDJ 3629).

13744 MPCA nº 4085 s.

Imposibilidad material de ejecución Son los supuestos de imposibilidad física de cumplir con la prestación debida. esta ha de ser **sobrevenida**, ya que si la prestación es originariamente inviable la obligación es nula (CC art.1272 y 1261.2). La situación fáctica posterior a la sentencia ha de impedir observar lo que sí sería exigible al iniciarse el proceso.

Cuando media una **sentencia condenatoria** a la Administración, esta debe cumplir, aunque sea con otra prestación distinta a la debida (TS auto 27-6-73; 30-6-82).

Precisiones Se produce imposibilidad material cuando para dar cumplimiento a lo resuelto, ha de incurrirse por motivos técnicos en **exceso de ejecución**.

Sí concurre:

• Cuando en caso de obligar la resolución judicial a convocar al pleno de la corporación para la **elección de alcalde**, en sustitución del anterior cesado por moción de censura, tal elección se haya ya realizado por acuerdo de los concejales con anterioridad a la notificación de aquella resolución (TS auto 11-6-86).

• En relación con la restitución a los actores en la **posesión de** ciertas **tierras municipales**, en el supuesto de que los demandantes, con posterioridad y al margen del recurso, hayan acordado libremente un nuevo reparto de tierras entre los vecinos (TS auto 13-7-87).

• Ordenada por la sentencia la **demolición** de lo construido con exceso sobre lo permitido en las ordenanzas municipales y acreditado por la entidad local la imposibilidad técnica de derribar exclusivamente esa parte de la edificación sin afectar al resto, los actores no pueden pretender que el edificio sea derribado en su totalidad, pues ello atenta contra un principio de proporcionalidad entre lo estrictamente ilícito y la sanción aplicada (TS auto 11-4-90, EDJ 19345).

13748 MPCA nº 4088 s.

Imposibilidad legal de ejecución Frente a los casos de imposibilidad material, lo característico de los supuestos de imposibilidad legal de ejecución es que en ellos la sentencia es, desde el punto de vista físico o material, **perfectamente ejecutable**, si bien el ordenamiento jurídico se opone a que se lleve a efecto el fallo en sus propios términos, en virtud de razones estrictamente legales o jurídicas.

Así, la imposibilidad legal tiene lugar cuando el **ordenamiento jurídico**, con motivo de la producción de un evento vinculado con el objeto del fallo y normalmente posterior a él, impida la ejecución, so pena de transgredir, en caso contrario, sus disposiciones.

Esta imposibilidad legal no equivale a **ilegalidad** de la decisión judicial firme. La sentencia firme, acertada o no desde el punto de vista jurídico, debe cumplirse exacta y fielmente. Solo si, **con posterioridad al fallo**, concurre el motivo impeditivo se puede sustituir la sentencia por su equivalente económico.

13750 MPCA nº 4090 s.

Entre los **supuestos** que pueden conducir a la imposibilidad legal puede destacarse:

• el mero **transcurso del tiempo** -aunque se ha llegado a reconocer el derecho a obtener una concesión caducada tras la sentencia- (TS 5-3-32);

• **actos jurídicos voluntarios** -p.e. transmisión voluntaria de un inmueble que por sentencia debía ser entregado a un tercero hipotecario protegido por la fe pública registral y con adquisición, por tanto, inatacable-;

• un **cambio normativo** que legaliza la situación irregular contemplada en la sentencia: lo que era ilegal en la sentencia deja de serlo como consecuencia de un cambio normativo posterior (TS auto 25-3-71; TS 6-10-75; 29-4-77);

Además, son **supuestos específicos** de imposibilidad legal de ejecución los siguientes:

a) En materia de derecho de **reversión expropiatoria** (LEF art.54 y 55), la adquisición de los terrenos por terceros registrales de buena fe (LH art.34) puede constituir causa de imposibilidad legal de ejecución: ver nº 4090 Memento Procesal Contencioso-Administrativo 2026.

b) Los relativos a sentencias que declaren o hayan declarado el derecho a percibir **subvenciones** por partidos políticos, federaciones, coaliciones o agrupaciones de electores, o por cualquier otra persona o entidad, cuando no se justifique por los electos la condición plena y el ejercicio del cargo para el que han sido elegidos o cuando se trate de personas condenadas por pertenencia, actuación al servicio o colaboración con banda armada (L 24/2001 disp.adic.23ª): ver nº 4092 Memento Procesal Contencioso-Administrativo 2026.

Precisiones La situación de cambio normativo puede tener lugar con cierta frecuencia en relación con la **planificación urbanística**. Como consecuencia de alteración de la ordenación urbanística, en caso de que la sentencia se base en una ordenación anterior ya modificada, para evitar absurdos como, por ejemplo, ejecutar el fallo que ordena derribar una edificación por ilegal, no siéndolo ya, levantándose posteriormente otra igual a la derribada por permitirlo la ordenación aplicable. Se trata de imposibilidad legal que hace inútil o carente de sentido la ejecución (TS 28-3-90, EDJ 19315). En definitiva, el carácter normativo del planeamiento determina que su modificación suponga imposibilidad legal de ejecución de la sentencia dictada de acuerdo con la ordenación anterior contraria (TS auto 3-5-94, EDJ 3940). No obstante, la jurisprudencia reciente somete este supuesto de inejecución a límites muy restrictivos (nº 13757).

Lo excepcional de los supuestos de imposibilidad de ejecución, exige su **control judicial**. Ante un supuesto de los analizados, libremente apreciado por él órgano encargado del cumplimiento, la ley exige la intervención judicial como forma de evitar que esta excepcional medida se convierta en vía de escape del correcto cumplimiento de las sentencias. **13754**

La intervención del órgano jurisdiccional de la ejecución alcanza un doble ámbito: controla la causa de imposibilidad y, en su caso, determina el modo de cumplimiento de la sentencia.

1. El **control de la causa**. El juez o tribunal ha de velar por la correcta invocación de la causa de imposibilidad de ejecución. De esta forma, si el órgano jurisdiccional entiende que no concurre motivo de imposibilidad, debe ordenar la inmediata y exacta ejecución del fallo en sus propios términos.

2. La **determinación de la forma** de cumplir la sentencia. El órgano jurisdiccional ha de pronunciarse sobre el modo en que ha de llevarse a efecto la sentencia cuando concurre causa de imposibilidad.

El órgano encargado del cumplimiento debe poner en conocimiento de la autoridad judicial, a través del abogado del Estado o representante procesal de la Administración, la concurrencia de la causa obstativa.

La **legitimación activa** parece venir atribuida exclusivamente a la Administración condenada. Sin embargo, en nuestra opinión, si cualquier otra parte advierte la concurrencia de motivo obstativo, puede hacerlo constar, pero habría de hacerlo necesariamente a través de la Administración.

En el incidente se debe dar **audiencia**, no solo a las partes, sino también a cualquier otra persona que, sin haber intervenido en la fase declarativa, pueda resultar interesada en la ejecución o en la no ejecución en sus propios términos.

El **plazo** es de 2 meses, contados desde la comunicación de la sentencia. No obstante, la jurisprudencia ha declarado que, si la imposibilidad aparece con posterioridad a la recepción de dicho testimonio, el cómputo ha de iniciarse desde que surja la causa de imposibilidad (TS auto 14-2-84).

Inejecución transitoria

13757 MPCA nº 4090 s.

No se prevé en la LJCA la posibilidad de que una sentencia -como regla, estimatoria de la pretensión actuada- sea declarada inejecutable transitoriamente, por razones materiales o de legalidad. Sin embargo, por aplicación del principio general conforme al cual «quien puede lo más puede lo menos», podría considerarse que, dado que la Ley citada regula la inejecución «definitiva» por tales causas, entra en su ámbito esta posibilidad.

Ocasionalmente, en estos supuestos, no se tratará tanto de una verdadera imposibilidad transitoria, cuanto de la **conveniencia de no ejecutar** en contemplación de una nueva situación o realidad jurídica más o menos inmediata que puede hacer innecesaria y poco recomendable la ejecución inmediata de la resolución judicial.

Expropiación de derechos e intereses legítimos

13758

(LJCA art.105.3) La expropiación de estos, reconocidos frente a la Administración en una sentencia firme, es otro de los supuestos en los que la condena inicial no puede cumplirse en sus justos términos.

Son causas de **utilidad pública** o de **interés social** para expropiar estos derechos e intereses:
- el **peligro cierto** de alteración grave del libre ejercicio de los derechos y libertades de los ciudadanos;
- el temor fundado de guerra; o
- el quebranto de la integridad del territorio nacional.

La expropiación opera la sustitución del derecho reconocido en la sentencia por su **equivalente económico**, en forma de indemnización. Por su parte, la Administración expropiante, **adquiere un derecho** que, por sentencia, pertenece a un particular, con la finalidad de extinguirlo por confusión, al reunirse en una misma persona las condiciones de acreedor y deudor.

Precisiones En nuestra opinión, solo son expropiables los derechos e intereses **patrimoniales**, nunca los personales. Debe de tratarse de derechos o intereses de **naturaleza no pecuniaria**, pues si la sentencia reconoce, por ejemplo, el derecho a una indemnización pecuniaria no tiene sentido la expropiación, que opera la conversión de un derecho en su equivalente pecuniario, por lo que la indemnización cubriría el mismo importe que el derecho pecuniario expropiado.

13762 Desde el punto de vista procedimental han de seguirse los siguientes **trámites**:

a) La **declaración de concurrencia** de alguna de las causas mencionadas ha de efectuarse dentro del plazo de los 2 meses siguientes a la comunicación de la sentencia.

La **competencia** para realizar esta declaración corresponde al **Gobierno**, aunque puede también efectuarse por el **consejo de gobierno** de una comunidad autónoma cuando se trate de peligro cierto de alteración grave del libre ejercicio de los derechos y libertades de los ciudadanos y el acto, actividad o disposición impugnados provenga de los órganos de la Administración de dicha comunidad o de las entidades locales de su territorio, así como de las entidades de Derecho público y corporaciones dependientes de una o de otras.

La decisión expropiatoria debe revestir la forma de acuerdo del Consejo de Ministros o del consejo de gobierno (L 50/1997 art.24.1.d; Acuerdo Consejo de Ministros 26-7-96 norma 2.2.c).

El **plazo** debe contarse desde que concurre la causa de expropiación, si ello ocurre con posterioridad a la recepción del testimonio de la sentencia (TS 28-3-90).

b) A la declaración de la concurrencia de la causa de la expropiación sigue la tramitación de un **incidente** en el que el órgano jurisdiccional debe señalar la correspondiente indemnización compensatoria y, si la causa alegada es la de peligro cierto de alteración grave del libre ejercicio de los derechos y libertades de los ciudadanos, fiscalizar la concurrencia de la causa.

La **tramitación** debe llevarse a cabo de acuerdo al procedimiento de los incidentes (LJCA art.137; LEC art.387 a 393).

13763 Precisiones La **posibilidad de fiscalizar** el supuesto de peligro cierto de alteración grave del libre ejercicio de los derechos y libertades de los ciudadanos se debe al **carácter político** de los otros dos motivos expropiatorios. Sin embargo, también en los supuestos de temor fundado de guerra o quebranto de la integridad del territorio nacional cabría algún tipo de fiscalización jurisdiccional (LJCA art.2.a).

Ahora bien, ese control no competería al juez o tribunal de la ejecución por los trámites de los incidentes, sino al competente según las reglas generales de la Ley, por las normas de procedimiento ordinarias y en un recurso contencioso independiente. Pues los acuerdos del Consejo de Ministros solo pueden ser impugnables ante la Sala Tercera del Tribunal Supremo (LJCA art.11.1.a); LOPJ art.58.1).

13764 MPCA nº 4106 **Procesos contra ciertos actos y decisiones administrativos del Banco de España, la CNMV y el FROB** (L 11/2015 art.74) En los procesos cuyo objeto sean actos y decisiones dictados por el supervisor y/o por las autoridades de resolución competentes -el Banco de España, la Comisión Nacional del Mercado de Valores y el FROB- en el marco de procesos de **actuación temprana y resolución** y del FROB en materia de amortización y conversión de instrumentos de capital y recapitalización interna, estos organismos pueden alegar ante la autoridad judicial las causas que determinen la **imposibilidad material de ejecutar** una sentencia que declare contraria a derecho alguna de las decisiones o de los actos indicados (enumerados en L 11/2015 art.72 y 73).

El **órgano jurisdiccional** ha de apreciar la concurrencia o ausencia de dichas causas y fijar, en su caso, la indemnización que deba satisfacerse.

El importe de la citada **indemnización** alcanzará, como máximo, la diferencia entre el daño efectivamente sufrido por el recurrente y la pérdida que habría soportado en caso de que, en el momento de adoptarse la correspondiente decisión o acuerdo, se hubiera producido la liquidación de la entidad en el marco de un procedimiento concursal.

2. Ejecución no dineraria

(LJCA art.108; LEC art.699 a 720)

13765 Si la sentencia contiene una condena u obligación de **hacer o no hacer**, o de entregar **cosa distinta de dinero**, han de aplicarse normas distintas a las expuestas de la ejecución dineraria, sin perjuicio de que, si la obligación se resuelve en indemnizar daños y perjuicios, se apliquen las reglas previstas para esta última (nº 13735).

La LJCA se refiere únicamente al caso en que se condene a la Administración a realizar una determinada actividad. Para el supuesto en que la condena consista en entregar cosa distinta de dinero ha de recurrirse a las normas que, sobre el particular, se contienen en la **normativa procesal civil**, de aplicación supletoria, en la medida en que no se oponga a lo expresamente establecido para el proceso contencioso-administrativo.

Condena a realizar una determinada actividad (LJCA art.108.1) Cuando la sentencia condene a la Administración a realizar una determinada actividad o a dictar un acto, el órgano judicial puede, en caso de incumplimiento: 13768

a) Ejecutar la sentencia a través de sus **propios medios** o requiriendo la colaboración de las **autoridades y agentes** de la Administración condenada o, en su defecto, de otras Administraciones públicas, con observancia de los procedimientos establecidos al efecto.
Este es el supuesto que la doctrina ha denominado **ejecución comisarial** (nº 13770).
b) Adoptar las medidas necesarias para que el fallo adquiera la eficacia que, en su caso, sería inherente al acto omitido, entre las que se incluye la **ejecución subsidiaria** con cargo a la Administración condenada.
Se prevé la adopción de otra suerte de medidas, generalmente **atribuidas a terceros** particulares no Administraciones públicas ni órganos jurisdiccionales, que actúan voluntariamente a solicitud del órgano de la ejecución.
c) Cuando sea absolutamente imposible la ejecución acudiendo a los medios señalados, la obligación se resuelve en indemnizar **daños y perjuicios**, cuya determinación se debe efectuar según la forma expuesta para la ejecución dineraria (nº 13708 s.).

Ejecución comisarial Corresponde al tribunal decidir las **medidas** a emplear, que no pueden quedar limitadas por la falta de ejercicio de la competencia, en el plazo legalmente previsto, por la Administración autora del acto o disposición, en orden a la ejecución de la sentencia. 13770
El juez puede aplicar las medidas previstas en la **normativa procesal civil**, de aplicación supletoria. Puede así ordenar que se haga lo mandado a costa del obligado y requerir, a tal efecto, la colaboración que estime oportuna de otros entes públicos o personas privadas, en especial del Estado, pues las resoluciones de los jueces y tribunales emanan de un poder del Estado y todos los poderes del Estado -en su sentido integral, comprendiendo las comunidades autónomas- tienen el deber de colaboración (TCo 67/1984).
Para que pueda hacerse uso de esta posibilidad hay que observar ciertos **límites**:
• La ejecución comisarial es una **medida subsidiaria**; solo puede ser acordada cuando no sea posible cumplir la sentencia conminando a ello a los órganos competentes de la Administración condenada ejecutoriamente.
• Es de difícil aplicación cuando se trata de ejecución de sentencias que condenen a un **hacer personalísimo**. La ejecución comisarial solo puede acordarse cuando la Administración incumplidora haya sido condenada a un hacer no personalísimo.
En el ámbito de la actividad administrativa se debe equiparar el hacer personalísimo con la **actividad discrecional** de la Administración, de tal forma que, cuando la Administración resulta condenada a realizar determinada actividad para la que cuenta con facultad electiva entre indiferentes jurídicos, la ejecución mediante comisario debe ser excluida.
• En cuanto a la **competencia** del órgano administrativo que actúa por delegación del órgano jurisdiccional, se admite que la ejecución se encomiende a otro órgano administrativo o a otra Administración pública distinta a la condenada en el fallo, pero con observancia de los procedimientos establecidos al efecto.

Precisiones Si los medios propios del Poder judicial o de la Administración condenada no permiten asegurar la ejecución y resulta idónea la utilización de una **tercera Administración** interpuesta, sea territorialmente vecina o la Administración de tutela, es posible articular a través de esta la ejecución de las sentencias. Este fenómeno de colaboración forzosa convierte a una tercera Administración en «comisaria» de la ejecución de sentencia que condena a otra como responsable de la prestación del servicio u obra objeto de condena. Pero no es posible interesar la Administración de tutela o comisarial en supuestos de ejecución de una sentencia de **condena a cantidad liquida** (TSJ Navarra 24-6-25, EDJ 647604).

Ejecución de condenas de no hacer (LJCA art.108.2; LEC art.710) Cuando la Administración realice alguna actividad que contravenga los pronunciamientos del fallo, el juez o tribunal, a instancia de los interesados, debe proceder a **reponer la situación** al estado exigido por el fallo y a determinar los **daños y perjuicios** que ocasione el incumplimiento. 13775
La norma procesal civil prevé que, si el condenado a no hacer alguna cosa quebranta la sentencia, se le debe requerir, a instancia del ejecutante, para que:
- deshaga lo mal hecho, si es posible;
- indemnice los daños y perjuicios causados; y
- en su caso, se abstenga de reiterar el quebrantamiento, con apercibimiento de incurrir en el delito de desobediencia a la autoridad judicial.
Se debe proceder de esta forma cuantas veces incumpla la condena. Para que deshaga lo mal hecho se le debe intimar con la **imposición de multas** por cada mes que transcurra sin deshacerlo.

Precisiones 1) Aun cuando las normas expuestas vienen, en principio, referidas a la ejecución de condenas de no hacer, también pueden resultar especialmente útiles cuando se trate de una **condena de dar o hacer** y la Administración realice actividades que contravengan el tenor del fallo.
2) Ha de tenerse en cuenta, además, que son **nulos de pleno derecho** los actos y disposiciones contrarios a los pronunciamientos de las sentencias, que se dicten con la finalidad de eludir su cumplimiento (nº 13678). En resumen, si se contraviene el fallo mediante la emisión de **actos administrativos** o la adopción de **disposiciones generales**, la consecuencia es la nulidad de pleno derecho y, eventualmente, la reposición de la situación al estado exigido por el fallo, con indemnización de daños y perjuicios. Si la actividad lesiva no reviste la forma de acto o reglamento, solo es posible la reposición de la situación al estado anterior y el resarcimiento de daños y perjuicios.

13778 **Condena a entregar bienes** (LEC art.701 a 704) En este supuesto se aplica la normativa de la LEC, para cuyo estudio nos remitimos al nº 4972 s.
Destacamos aquí que, en supuestos de obligación de la Administración de proceder a la entrega de inmuebles, si estos se encuentran ocupados por terceros, habría de aplicarse el **desahucio administrativo**, siendo precisamente este un supuesto en el que esta potestad no se identifica con el denominado «interdicto propio» (*interdictum propium*).

Precisiones 1) El desahucio administrativo está prácticamente identificado con la **ejecución forzosa** de los actos administrativos, como modalidad de esta (TSJ Málaga 27-2-01).
2) Permite el desahucio y el **desalojo**, por cualquier medio permitido en Derecho, de los ocupantes de ciertos bienes inmuebles, al margen de todo proceso jurisdiccional de desahucio.
3) Puede ser manifestación del denominado interdicto propio cuando afecta a **bienes demaniales** o patrimoniales de la Administración (TSJ Las Palmas 12-6-00, EDJ 113406; TSJ Cataluña 20-9-00); no en otro caso.
4) Exige ausencia o extinción previa de **título posesorio** (TS 14-3-95, EDJ 1694).

13779 **Demolición** (LJCA art.108.3) El juez o tribunal, en los casos en que, además de considerar contraria a Derecho la construcción de un inmueble, ordene motivadamente la demolición del mismo y la reposición de la realidad física alterada, ha de exigir como **condición previa** a la demolición, y salvo situación de peligro inminente, la prestación de garantía suficiente para responder de las indemnizaciones debidas a terceros de buena fe.

F. Incidente de ejecución

(LJCA art.109)

13780 MPCA nº 4135 s., 5940 s. Todas las cuestiones relativas a la **inejecución de una sentencia** han de ventilarse en fase de ejecución de la misma, a través del oportuno incidente, no en un proceso nuevo, ajeno a aquella (TS 14-11-86, EDJ 7327; 22-12-22, EDJ 793866).
Este incidente no tiene por objeto conminar expeditivamente a la Administración a cumplir el fallo sino a resolver determinadas cuestiones relevantes para la correcta ejecución. Se trata, por ello, de un **proceso declarativo** o de cognición, inserto, no obstante, en la fase de ejecución de sentencia.
El incidente de ejecución tiene por objeto una **declaración de voluntad** del órgano jurisdiccional en relación con determinadas cuestiones que afectan a la ejecución. Ha de guardar una perfecta sintonía con el sentido del fallo judicial.

13782 MPCA nº 4137 s. **Extensión y ámbito** En este procedimiento se pueden decidir, sin contrariar el contenido del fallo, cuantas cuestiones se planteen en la ejecución y especialmente las que afecten a:
a) El **órgano administrativo** que ha de responsabilizarse de llevar a puro y debido efecto las disposiciones contenidas en el fallo judicial. Procede la determinación de este órgano administrativo cuando no coincida con aquel que realizó la actividad objeto de recurso, al cual se debe comunicar la sentencia de oficio.
b) El **plazo** máximo para su cumplimiento, en atención a las circunstancias que concurran. Puede acudirse a esta medida cuando la Ley o la sentencia no hayan fijado plazo de ejecución o cuando el fijado suscite alguna duda.
c) Los **medios** con que ha de llevarse a efecto o el **procedimiento** a seguir, teniendo en cuenta que tanto aquellos como este deben respetar los límites legalmente previstos, especialmente los principios de legalidad y proporcionalidad.
Tales medidas tienen **carácter enunciativo** y están orientadas a resolver alguna cuestión dudosa que entorpece la correcta ejecución.
En todo caso, el incidente de ejecución de sentencia carece de vis atractiva (TSJ País Vasco auto 23-7-25).

Precisiones La determinación del **órgano que ha de cumplir** solo puede pretenderse cuando sea absolutamente imprescindible para la correcta ejecución. Debe evitarse la tentación de utilizar esta vía para dilatar la ejecución o pretender resolver en alguna medida conflictos de atribuciones entre órganos administrativos.

Competencia y legitimación (LJCA art.7.1 y 103.1) La **competencia** para tramitar el incidente de ejecución viene atribuida al juez o tribunal que haya dictado la sentencia que devino firme. Por lo que se refiere a la **legitimación**, pueden promover el incidente tanto la Administración pública como las demás partes procesales y las personas afectadas por el fallo. En el incidente puede intervenir no solo quien resultó favorecido por el fallo o fue condenado en él, sino también **quien no se personó** en la fase declarativa ordinaria que concluyó mediante sentencia, siempre que, de alguna manera, pueda resultar afectado por la ejecución. 13784 MPCA nº 4140

Precisiones 1) En consonancia con el principio de tutela judicial efectiva, se admite la personación en fase de ejecución de las **personas que no fueron parte** en la fase declarativa, ya en concepto de codemandados, ya de coadyuvantes (TCo 4/1985; TS 10-10-59; auto 3-5-90, EDJ 4628) -previsión esta última superada por la vigente LJCA, que no acoge esta figura de parte procesal subordinada (nº 11663)-.
2) La **legitimación** para promover el incidente corresponde exclusivamente a la Administración condenada a la ejecución que se pretende sea declarada imposible, no a los particulares personados en las actuaciones. En algún caso se ha afirmado que, no obstante, estos pueden solicitar de la Administración la declaración de imposible ejecución, interponiendo contra la negativa expresa o presunta, el oportuno recurso judicial o administrativo (TS 5-12-89).

Procedimiento El incidente de ejecución se puede **promover** mientras no conste en autos la total ejecución de la sentencia. No es preciso esperar a la ejecución forzosa para promover el incidente. 13786
Una vez planteada la cuestión incidental, se ha de dar **traslado del escrito**, por el letrado de la Administración de Justicia a las partes para que, en plazo común, que no debe exceder de 20 días, aleguen lo que estimen procedente.
Evacuado el traslado o transcurrido el plazo señalado, el juez o tribunal ha de dictar **auto**, en el plazo de 10 días, decidiendo la cuestión planteada.

G. Extensión de efectos de las sentencias

(LJCA art.72.2, 110 y 111)

Como **regla general**, la eficacia de la sentencia queda limitada a las partes y sus derechohabientes. Sin embargo, como **excepción**, la sentencia es, en ciertas circunstancias, eficaz frente a o a favor de otras personas. 13790 MPCA nº 4150 s.
Los **supuestos** en que la sentencia estimatoria no limita su eficacia a las partes son los siguientes:
- extensión de efectos de sentencias meramente anulatorias (nº 13792);
- extensión de efectos de sentencias estimatorias de pretensiones de plena jurisdicción, pero con alcance limitado a materias de personal y tributarias (nº 13798); y
- extensión de efectos de sentencias a procedimientos idénticos ya iniciados y oportunamente suspendidos (nº 13820).

Precisiones La **finalidad** del procedimiento de extensión de efectos es evitar que el administrado o la Administración, que se encuentre en una situación que presente identidad con la que se resolvió en una controversia previa, tengan que soportar las molestias, costes y dilaciones que significarían la tramitación de un nuevo proceso jurisdiccional, que se revela innecesario o inútil de existir ya una respuesta judicial firme sobre lo que sería su objeto (TS 15-12-25, EDJ 812160).

1. Sentencias meramente anulatorias

(LJCA art.72.2)

Las sentencias firmes que anulen una **disposición general** o acto administrativo que afecte a una pluralidad indeterminada de personas (**actos plúrimos**) tienen efectos generales, no solo para las partes. 13792
Estas sentencias se ejecutan publicándose en el periódico oficial correspondiente para general conocimiento; no hay fase de ejecución propiamente dicha. Por ello, la extensión de sus efectos se produce desde el día de la **publicación** del fallo y de los preceptos anulados, en el mismo boletín oficial en que lo haya sido la disposición anulada, en el caso de recursos frente a reglamentos, o desde que se publique el fallo anulatorio del acto plúrimo.

Respecto de las **partes en el procedimiento**, la sentencia les obliga desde la fecha de su notificación o desde la publicación, si esta tiene lugar antes de la notificación.
La anulación de un **acto administrativo singular** (con destinatario o destinatarios individualmente determinados) solo produce efectos para las personas afectadas.
Los **actos singulares** tienen como destinatario a un administrado o a un grupo individualizado de administrados. Los **generales** o plúrimos afectan a una pluralidad determinada o, a veces, indeterminada de administrados.
Los primeros no son disposiciones generales, sino verdaderos actos administrativos, de manera que (CEst Dict 45742/1984):
- la **validez** o invalidez de los mismos se somete a las reglas propias de los actos, no de las disposiciones (CEst Dict 42141/1979, en relación con la figura de las circulares);
- **no** tienen **carácter normativo**, pues no innovan el ordenamiento, sino que lo aplican;
- se agotan una vez que se consume el **presupuesto de hecho** que justifica su producción.
Los actos generales presentan particularidades en materia de **notificación**, que puede sustituirse por publicación en algunos supuestos.

13794 **Requisitos** Para que proceda la extensión de efectos en este supuesto es necesaria la concurrencia de los siguientes requisitos:
• Ha de tratarse de una **sentencia estimatoria**, pues la desestimación o inadmisión de una pretensión deducida por un litigante no debería ser obstáculo para el hipotético éxito de la ejercitada por otro sujeto distinto. La sentencia que declare la inadmisibilidad o desestimación del recurso contencioso-administrativo solo produce efectos entre quienes han sido partes en el proceso terminado por ella.
• Lo anulado ha de ser una **disposición administrativa** de carácter general o un acto administrativo con destinatario plural e indeterminado (p.e. convocatoria de unas oposiciones, concurso o subvención pública). En ningún caso puede extenderse a terceros la eficacia subjetiva de una sentencia anulatoria de un acto singular.
• La sentencia cuya eficacia se pretende extender se ha de haber dictado en ejercicio de una **pretensión de anulación**, no de plena jurisdicción.
• Desde un punto de vista estrictamente procedimental, la **personación en fase de ejecución** de la sentencia solo puede hacerse cuando lo que se trate sea exclusivamente el reconocimiento del efecto puramente anulatorio en la esfera del accionante. En modo alguno puede reconocerse, en ejecución de sentencia, una situación jurídica particularizada, aunque sea con base en la sentencia anulatoria.

Precisiones En rigor, ni siquiera es preciso **solicitar la extensión de efectos**, ya que, anulado un acto plúrimo o un reglamento, la sentencia tiene, por sí misma, eficacia general. No obstante, por razones de seguridad jurídica, puede resultar aconsejable el **planteamiento judicial** de la extensión, en trámite de ejecución. Por el contrario, quien pretenda un **reconocimiento subjetivo** debe iniciar un procedimiento distinto, ya que admitir la solución contraria supone atribuir al tribunal de la ejecución una facultad de cognición, incompatible con la naturaleza de aquella fase.

2. Sentencias en materia tributaria, de personal o de unidad de mercado

(LJCA art.110)

13798 Por aplicación de criterios de economía procesal, se acoge la posibilidad de extender, en ejecución de sentencia, los efectos de una previa firme por la que se haya reconocido una **situación jurídica individualizada** en favor de una o varias personas o entidades, siempre que se trate de sentencias recaídas en procedimientos que versen sobre materia tributaria o de personal al servicio de una Administración pública.

MPCA nº 4190 s.

El personal al servicio de la Administración debe entenderse en sentido estricto, excluyendo, por ejemplo, el personal de la Administración corporativa; aunque incluyendo, por el contrario, el que presta servicio en entidades que ostentan condición de sociedades o personas jurídicas privadas, que sin embargo, tienen un vínculo funcionarial con la Administración de la que aquellas dependen (p.e. cierto personal de Correos y Telégrafos, SA)-.
Este sistema se extiende también a las sentencias firmes dictadas en el ámbito de la **unidad de mercado**, tanto por el procedimiento especial regulado al efecto (LJCA art.127 bis s.), como en procesos tramitados de acuerdo con las normas generales.
Ha de tratarse de sentencias **firmes, estimatorias** y que acojan **pretensiones de plena jurisdicción**, no simplemente anulatorias, dictadas en un proceso contencioso-administrativo. Si la sentencia se encuentra pendiente de recurso, ha de aguardarse a la resolución del proceso impugnatorio, para evitar una eventual consolidación situaciones contrarias a Derecho (TS 17-1-22, EDJ 501547).

Si, pese a tratarse de una sentencia firme, se encuentra pendiente de resolución un **recurso (proceso) de revisión**, puede solicitarse la extensión de efectos, pero el incidente no se resuelve hasta que se decida el recurso, manteniéndose, entre tanto, en situación de suspensión. 13799
Por **procedimientos tributarios** o en materia tributaria debe entenderse aquellos que se refieran a impuestos, tasas y contribuciones especiales (LGT art.2). Dentro de ellos, el procedimiento puede versar sobre actos de **gestión, liquidación** -o recaudación- o de **resolución de reclamaciones** económico-administrativas (LGT art.83 s.).
Por **procedimientos de personal** hay que entender aquellos que, decidan cuestiones que afecten a la relación de servicios de los funcionarios públicos o del personal laboral de la Administración (siempre que, en cuanto a este, se trate de cuestiones sometidas al orden contencioso-administrativo).
Los **procedimientos de unidad de mercado** son aquellos instados a raíz de la solicitud o reclamación de un operador económico -cualquier persona física o jurídica o entidad que realice una actividad económica en España- frente a alguna disposición, acto, actuación, inactividad o vía de hecho imputable a cualquier Administración que pueda ser incompatible con la libertad de establecimiento y de la libertad de circulación.

Precisiones 1) La extensión de efectos tiene por **finalidad** evitar la multiplicación de procesos sobre idénticas situaciones jurídicas en materia tributaria y de personal al servicio de la Administración pública. Tiene su aplicación, en cuestiones de personal, cuando un determinado **colectivo o grupo de funcionarios** se encuentra en idéntica situación respecto a sus retribuciones, encuadramiento en un grupo de clasificación, niveles que se les asignan, complementos a los que se creen con derecho, igualdad que reclaman respecto a otro grupo o colectivo de funcionarios por la igualdad de sus servicios, u otros supuestos semejantes que pueden presentarse en el desarrollo de la relación estatutaria, pero no cabe en aquellos casos en los que no han combatido en tiempo la actuación administrativa -expresa o tácita- determinante de sus pretensiones, consintiéndola y provocando su firmeza o dejando transcurrir los plazos de prescripción legalmente establecidos para ejercer sus derechos, pues esa diferente actitud comporta la **inexistencia de** la **identidad** que la Ley reclama respecto de quienes hicieron valer sus derechos en su momento (TS 14-2-05, EDJ 13364; 12-1-04, EDJ 4019; AN 31-1-06, EDJ 33563; 20-1-06, EDJ 33561). 13802
2) El **concepto de procedimiento tributario** debe ser restrictivamente interpretado, porque la extensión de efectos supone una facultad excepcional del órgano jurisdiccional. Por ello, no cabe la extensión de las sentencias recaídas en procedimientos que afecten a **ingresos de Derecho privado o de Derecho público** distintos de los tributos (precios públicos, sanciones administrativas, etc.), aunque hayan sido objeto de procedimientos administrativos recaudatorios o de reclamaciones económico-administrativas. Este criterio es especialmente claro en cuanto a **expedientes sancionadores**, sistemáticamente no considerados en la LGT como de aplicación del sistema tributario, quedando además las sanciones fuera de la deuda tributaria (LGT art.58.3).
Sí se incluyen los procedimientos de revisión.
3) De acuerdo con lo indicado, en el caso del **personal laboral de la Administración**, solo cabe la fiscalización jurisdiccional contenciosa y, por tanto, la extensión de efectos, respecto de los llamados **actos separables** o actuaciones administrativas que culminan con la adjudicación del contrato laboral.

Requisitos (LJCA art.110.1 y 2) Para que proceda la extensión de los efectos de las sentencias señaladas es preciso además, la concurrencia de los siguientes requisitos: 13806
• **Identidad de situación**. Se exige que los interesados se encuentren en idéntica situación jurídica que los favorecidos por el fallo cuya extensión de efectos se pretende. Ha de concurrir, para que proceda la extensión, una absoluta identidad de fundamento jurídico.
La **apreciación**, en un determinado supuesto, de la identidad de situación suscita, en la práctica, numerosos problemas. Exige un juicio valorativo por parte del órgano jurisdiccional.
Es requisito esencial el concurso de la **identidad necesaria** para dar lugar a la extensión. No basta, en el ámbito de personal, con el hecho de que sea una cuestión de personal la subyacente pues esto no es más que un requisito primero y básico que no excluye de la necesidad de identidad jurídica para poder dar lugar a la medida de extensión Se exige normativamente que las situaciones sean no semejantes, ni parecidas, similares o análogas, sino idénticas. Tal requisito debe entenderse en sentido **sustancial**, es decir, la Ley está pidiendo que sean las mismas las circunstancias de hecho y las pretensiones jurídicas que sobre ellas se fundamentan en un caso y en el otro (AN 6-10-05, EDJ 294206; 16-9-05, EDJ 189565). Por tanto, es preciso operar con extremo cuidado a la hora de comprobar si existe o no esa identidad (TS 14-2-05, EDJ 13362; 12-1-04, EDJ 4019).
• **Identidad de competencia.** Es preciso que el juez o tribunal sentenciador sea también competente, por razón del territorio, para conocer de la pretensión de extensión de efectos. El órgano jurisdiccional no puede prorrogar su ámbito competencial para decidir sobre la extensión de efectos respecto de unos particulares que, en condiciones ordinarias, habrían debido

acudir a otro órgano jurisdiccional distinto para obtener sentencia con idénticos pronunciamientos. Evidentemente, también **identidad de jurisdicción**.

• **Solicitud del interesado**. El interesado, o interesados, debe solicitar la extensión de los efectos de la sentencia. La petición debe dirigirse directamente al **órgano jurisdiccional** competente que ha dictado la resolución de la que se pretende que se extiendan los efectos.

13808 Precisiones 1) No es precisa ni posible la **identidad de acto administrativo**, ya que el anulado en la sentencia y aquel a que se pretendan extender los efectos han de ser, por hipótesis, distintos. Los sujetos destinatarios de los actos también son diferentes.

2) La identidad de situación necesaria para que se declare la extensión de efectos se refiere no solo a la situación de fondo, sino también a la **actitud procesal de los interesados**. Los actos administrativos dictados al amparo de una Ley declarada inconstitucional no se ven afectados por la declaración de nulidad que la inconstitucionalidad comporta si han sido consentidos por sus destinatarios, esto es, si no se ha interpuesto recurso contra ellos (TCo 145/1989).

3) El Tribunal Supremo ha exigido los siguientes **requisitos** al respecto (TS auto 21-12-01, EDJ 103025):

• La sentencia cuyos efectos se pretende extender ha de ser **estimatoria y de plena jurisdicción**, no de mera anulación.

• La existencia de **litispendencia** en relación con el solicitante de la extensión no impide la extensión de efectos, sin que sea exigible el previo desistimiento del recurso administrativo en el que se demanda una pretensión igual a la que se puede conseguir por vía de extensión de efectos de otra sentencia.

4) La figura en estudio ha de ser objeto de interpretación restrictiva (TS auto 27-2-03, EDJ 266056).

13810 **Supuestos excluidos** (LJCA art.110.5) Se excluye la extensión de efectos cuando concurran las siguientes circunstancias:

MPCA nº 4202 s.

• **Cosa juzgada**. Cuando lo pretendido por el reclamante ya ha sido objeto de consideración y decisión judicial, bien en un recurso contencioso anterior, bien en otro incidente de extensión.

• **Contradicción del fallo con la jurisprudencia**. Cuando la doctrina determinante del fallo cuya extensión se postule sea contraria a la jurisprudencia del Tribunal Supremo o a la doctrina sentada por los Tribunales Superiores de Justicia en el recurso de **casación autonómica** (nº 14080).

Asimismo, cuando el criterio que determina el fallo sea contrario a la doctrina del **Tribunal Constitucional** o del **TJUE**, en caso de que la extensión interesada pueda infringir la Constitución o el Derecho de la Unión Europea (TS 17-1-22, EDJ 501547).

• **Firmeza de la resolución o acto consentido**. El Tribunal Constitucional ha entendido que no procede la extensión de efectos cuando se haya dictado una resolución administrativa firme que ha sido consentida por los interesados, por no haberse interpuesto recurso contra ella (TCo 145/1989). Ha de tenerse en cuenta que esta **exclusión** estaba expresamente prevista en la redacción original del precepto de referencia, aunque fue eliminada en el curso de la tramitación parlamentaria de la Ley.

13812 Precisiones 1) No se prevé expresamente la exclusión de los supuestos de **litispendencia**, aunque su tratamiento procesal debe ser el mismo que el de la cosa juzgada (TS 16-4-08, EDJ 66965; 3-4-13, EDJ 40991). La litispendencia se produce con la resolución judicial de admisión del escrito de interposición. A partir de entonces no es posible iniciar un proceso distinto sobre el mismo objeto, ni siquiera incidental de extensión de efectos de una sentencia (TS 19-7-16, EDJ 110800).

2) Para apreciar la concurrencia de **contradicción con la jurisprudencia**, el órgano jurisdiccional ha de conocer y aplicar la doctrina del Tribunal Supremo o de los Tribunales Superiores de Justicia, lo que puede desbordar el limitado ámbito de todo incidente de ejecución o extensión. Además, el juez o tribunal que ha dictado una determinada sentencia no será, en principio, muy proclive a denegar la extensión de los efectos de esa sentencia con base en su contradicción con la jurisprudencia del Tribunal Supremo, cuando tal circunstancia ya podría haber sido tomada en consideración al dictar la sentencia.

3) No procede nunca en caso de que exista **doctrina legal contraria** fijada en interés de la Ley por el Tribunal Supremo (AN 6-3-06, EDJ 33898).

4) La **extensión** concedida no tiene, necesariamente, que ser total sino que, por aplicación de los criterios generales en la estimabilidad de las pretensiones actuadas en el proceso, puede ser simplemente **parcial** (TS 17-9-04, EDJ 263447; AN 31-1-06, EDJ 33563).

13814 **Procedimiento** (LJCA art.110.2, 3 y 4) El procedimiento para solicitar la extensión de efectos se articula únicamente en torno a la fase judicial.

MPCA nº 4206

a) Ausencia de **solicitud administrativa previa**. Se reclama la extensión directamente del órgano judicial competente (el sentenciador, que ha dictado la resolución cuyos efectos se pretende sean extendidos, en primera o única instancia). Se convierte así en el juez o tribunal de la ejecución.

b) La **petición** se formula en escrito razonado al que debe acompañarse el documento o documentos que acrediten la identidad de situaciones o la no concurrencia de alguna de las circunstancias excluyentes de la extensión.
c) El **plazo** para formular la solicitud es de un año desde la última notificación de la sentencia a quienes fueron parte en el proceso. Si se ha interpuesto recurso en interés de la Ley o de revisión, este plazo se contará desde la última notificación de la resolución que ponga fin a este.
d) Antes de resolver, en los 20 días hábiles siguientes, el letrado de la Administración de Justicia del órgano jurisdiccional competente para la ejecución ha de recabar de la Administración los **antecedentes** que estime oportunos y, en todo caso, un **informe detallado** sobre la viabilidad de la extensión solicitada, poniendo de manifiesto el resultado de esas actuaciones a las partes para que aleguen por plazo común de 3 días, con emplazamiento, en su caso, de los interesados directamente afectados por los efectos de la extensión. Una vez evacuado el trámite, ha de resolver sin más por medio de **auto**, en el que no puede reconocerse una situación jurídica distinta a la definida en la sentencia firme de que se trate.
e) El régimen de **recurso** del auto dictado se ajusta a las reglas generales previstas para el recurso de apelación -LJCA art.80- (nº 13945). Cabe igualmente casación (nº 14050 s.).

3. Procedimientos idénticos ya iniciados y oportunamente suspendidos

(LJCA art.37.2)

Cuando, ante un juez o tribunal, esté pendiente una **pluralidad de recursos** con idéntico objeto, el órgano jurisdiccional puede, alternativamente: 13820
• Tramitarlos todos **de forma acumulada** hasta su conclusión normal por sentencia o anormal, en su caso.
• No acumularlos y tramitar uno o varios **con carácter preferente**, previa audiencia de las partes por plazo común de 5 días, suspendiendo el curso de los demás hasta que se dicte sentencia en los primeros. La sentencia debe ser notificada a las **partes afectadas por la suspensión**, quienes pueden optar, a requerimiento del letrado de la Administración de Justicia, por:
- la continuación de su procedimiento;
- el desistimiento;
- solicitar la extensión de sus efectos.

En este último caso, los recurrentes afectados por la suspensión pueden interesar del juez o tribunal de la ejecución que extienda a su favor los **efectos de la sentencia** o sentencias firmes recaídas en los recursos resueltos.
Se aplican a este supuesto las **reglas procedimentales y exclusiones** expuestas en relación con la extensión de sentencias en materia tributaria o de personal al servicio de la Administración (nº 13798 s.). En caso de no formular tal solicitud, se llevará testimonio a los recursos suspendidos.

Precisiones **1)** La extensión de efectos en este supuesto no se limita a las **materias** de personal y tributaria.
2) La Ley faculta al órgano jurisdiccional para acumular o seleccionar un recurso para su tramitación preferente, pero no facilita **criterios para elegir el recurso** que ha de ser tramitado. De esta manera, la elección final puede no recaer en la demanda mejor fundamentada jurídicamente o puede no convenir a los litigantes cuyos procedimientos quedan en suspenso.

H. Incidente de nulidad de actuaciones

(LOPJ art.241.2)

Analizamos los **efectos** que se derivan del planteamiento de un incidente de esta especie contra una sentencia firme sobre su ejecución. 13825
Admitido a trámite el escrito en que se pida la nulidad -fundada en los vicios establecidos en LOPJ art.241.1 (nº 3025 s.)-, no quedará en suspenso la ejecución y eficacia de la sentencia o resolución irrecurribles, salvo que se acuerde de forma expresa la suspensión para evitar que el incidente pueda perder su finalidad, y ha de darse traslado de dicho escrito, junto con copia de los documentos que se acompañen, en su caso, para acreditar el vicio o defecto en que la petición se funde, a las demás partes, que en el plazo común de 5 días pueden formular por escrito sus alegaciones, a las que han de acompañar los documentos que se estimen pertinentes. Por ello, la **suspensión de la ejecución** de la sentencia solo puede tener lugar una vez decidida la admisión del incidente.
Con carácter general, en materia de suspensión de la ejecución de actos administrativos en vía contencioso-administrativa, se considera que una vez solicitada dicha suspensión, y entre

tanto el órgano judicial se pronuncie sobre ella, la Administración autora del acto no puede realizar ninguna actuación que vacíe de contenido la medida cautelar que, en su caso, pueda adoptarse. Esta doctrina -de la que se derivaría, por ejemplo, la suspensión del requerimiento de ingreso efectuado por la Administración tributaria al obligado tributario, cuyo recurso contencioso-administrativo frente a una liquidación ha sido desestimado total o parcialmente- **no es aplicable** al supuesto analizado, porque una prolongación de la suspensión de la ejecución de los actos impugnados acordada en la pieza de medidas cautelares, no puede extenderse más allá de la finalización del proceso contencioso-administrativo, pues son accesorias de un recurso contencioso-administrativo no finalizado, por lo que estarán en vigor hasta que recaiga sentencia firme que ponga fin al procedimiento en el que se hayan acordado (LJCA art.132.1).

13826 Además, a diferencia de lo que sucede con la suspensión de la ejecución de los actos impugnados en vía contencioso-administrativa, en la ejecución de las sentencias firmes no se trata de hacer prevalecer la autotutela administrativa frente al derecho a la tutela cautelar de los derechos, sino de cumplir el mandato de ejecutar las sentencias firmes.

Adicionalmente, cuando se trate de **actos de contenido económico**, no se derivará, como regla, de la ejecución, un perjuicio de difícil o imposible reparación cuya evitación transitoria justificaría la aplicación de la doctrina antes citada (TCo 78/1996).

El problema planteado puede presentarse en supuestos de **sentencia contencioso-administrativa desestimatoria**, total o parcialmente, del recurso interpuesto contra un acto administrativo. Lo afirmado suscita el problema siguiente en el primer caso, y, en algún supuesto, posiblemente en el segundo: considerar que la sentencia desestimatoria no se ejecuta, sino que lo llevado a efecto es el acto administrativo confirmado en su autotutela. Pero, aun así, dado que la LOPJ art.241.2 se refiere a la «ejecución o eficacia de la sentencia», puede aplicarse lo expuesto a este tipo de sentencias plena o parcialmente desestimatorias, de cuya eficacia, si no de su suspensión, se trata mientras se resuelve la cuestión de nulidad planteada.

En suma, solo una vez **admitido a trámite** el incidente de nulidad y **con expresa suspensión de efectos o eficacia** de la sentencia a la que se refiera, ha de paralizarse la ejecución del acto confirmado por sentencia firme.

SECCIÓN 10

Recursos

(LJCA art.79 a 102 bis y disp.trans.3ª)

13890

13892 Los recursos en el proceso contencioso-administrativo son **medios de impugnación** susceptibles de articularse frente a las resoluciones judiciales dictadas por órganos de este orden jurisdiccional.

MPCA nº 4302 s., 4345 s.

I. Cuestiones generales

13900 Se estudian en los números siguientes los caracteres generales de los recursos (nº 13901), su distinción con otras figuras afines o con las que guardan cierta similitud (nº 13903), el objeto (nº 13910) y las distintas clasificaciones de que son susceptibles aquellos (nº 13912).

Precisiones Los **depósitos para la interposición de recursos** (LOPJ disp.adic.15ª) se analizan de manera unificada en los nº 6280 s.

Caracteres Pueden señalarse los siguientes: 13901

a) Son verdaderos **procesos judiciales**. Ello no supone que todo recurso dé lugar a una segunda instancia jurisdiccional. Para que se abra esta, el régimen del recurso de que se trate debe permitir la práctica de **nuevas pruebas** no admitidas o practicadas correctamente, una nueva valoración de la prueba y, en suma, un nuevo juicio o reconsideración integral sobre los hechos controvertidos y normas aplicadas.
Solo el recurso de **apelación** abre propiamente una segunda instancia; no así el de **casación** en la medida en que no permite cuestionar nuevamente los hechos a través de la actividad probatoria, ni efectuar un nuevo análisis integral de la cuestión, a partir del contenido de la resolución impugnada.
b) Son **procesos especiales** por razones jurídico-procesales, pues en ellos la especialidad viene determinada por la función que cumplen -la impugnación de otro proceso-, no por su materia.
c) Solo pueden interponerse frente a resoluciones judiciales desprovistas de firmeza o eficacia de **cosa juzgada formal**, a excepción del recurso o proceso de revisión de sentencias (nº 14225) que, pese a su calificación tradicional, participa realmente de los caracteres propios de los medios de impugnación autónomos.
d) Constituyen una garantía jurídica del justiciable, directamente vinculada al derecho fundamental a la **tutela judicial efectiva**. No obstante, no viene constitucionalmente impuesta la existencia de un trámite de impugnación judicial contra las resoluciones jurisdiccionales, siendo su concreto diseño, modalidades y aun existencia, decisión privativa del legislador ordinario.
e) Pueden entablarse en la medida en que exista, causado por la resolución dictada y objeto de impugnación, un **gravamen** para la parte que los promueve, que ostenta por ello legitimación activa. El gravamen se asocia al fallo, no a la argumentación o fundamentación de la resolución. Es objeto de impugnación el **fallo**, no el razonamiento que conduce a él; por lo que se ha pretender en vía de recurso la revocación de aquel, no solo la modificación de este.
De otro modo, los recursos se convertirían en mecanismos de resolución de consultas o de rectificación de declaraciones teóricas y no de resolución de pretensiones (TS auto 16-7-18, EDJ 528546); salvo, excepcionalmente, en supuestos en los que el gravamen concreto y real pueda derivarse de la fundamentación (TS auto 5-12-19, EDJ 757007). Ver nº 4523.

Distinción con figuras afines Los recursos no han de confundirse con otras técnicas de revisión, que no son verdaderos medios de impugnación o bien no afectan o se refieren a resoluciones judiciales. Así: 13903 MPCA nº 4319 s.
a) No son **medios de impugnación**:
- la audiencia al rebelde, que se regula en el proceso civil (nº 4230);
- la nulidad de actuaciones (nº 3025); y
- la revisión de resoluciones firmes, que es un procedimiento de impugnación autónomo (nº 14225).

b) No se refieren a **resoluciones judiciales** la revisión o impugnación de diligencias de ordenación, decretos y acuerdos (nº 13908).

Revisión o impugnación de diligencias, decretos y acuerdos (LOPJ art.244, 451, 452 y 456 LJCA art.1.3.b y 102 bis; LEC art.223 y 224) No son resoluciones judiciales y, por tanto, no se someten al régimen general de recursos frente a aquellas: 13908
a) Las **diligencias** y los **decretos** del letrado de la Administración de Justicia. Frente a ellos procederán, en su caso, los recursos expuestos en el nº 14260.
Las diligencias pueden ser de ordenación, en caso de tener por objeto dar a los autos el curso que proceda, o impulsarlos; o de constancia, de comunicación o de ejecución, con el fin de reflejar en los autos hechos o actos con trascendencia o relevancia procesales.
Asimismo, procede dictar decretos para la admisión a trámite de la demanda, poner término al procedimiento del que el letrado de la Administración de Justicia tenga exclusiva competencia y, en cualquier clase de procedimiento, cuando sea preciso o conveniente razonar lo resuelto. Asimismo, en los casos indicados específicamente por la Ley.
b) Los **acuerdos**. Son los siguientes:
- las advertencias o correcciones disciplinarias impuestas en sentencia o en otros actos judiciales;
- las resoluciones de los tribunales cuando no estén constituidos en sala de Justicia; y
- las resoluciones de las salas de gobierno y las de los jueces y presidentes, cuando tengan carácter gubernativo (p.e. a efectos de resolver cuestiones de competencia -TS 30-9-92, EDJ 9492-).

Las **advertencias o correcciones disciplinarias** se imponen por el juez o por la sala ante la que se sigan las actuaciones, en los propios autos o en procedimiento aparte, debiendo, por el letrado

de la Administración de Justicia, hacerse constar el hecho que motive la actuación correctora, las alegaciones del implicado y el acuerdo que se adopte por el juez o por la sala.
Contra el acuerdo de imposición de la corrección puede interponerse, en el plazo de 3 días, **recurso de audiencia en justicia** ante el juez o la sala, que lo han de resolver en el siguiente día. Contra este acuerdo o contra el de imposición de la sanción, en el caso de que no se haya utilizado el recurso de audiencia en justicia, cabe **recurso de alzada**, en el plazo de 5 días, ante la sala de gobierno, que lo ha de resolver, previo informe del juez o de la sala que impuso la corrección, en la primera reunión que celebre.
La **jurisdicción contencioso-administrativa** resulta competente para conocer de los recursos de tal carácter que se formulen frente a la actividad administrativa de los órganos de gobierno de los tribunales.

13910 **Objeto** (LOPJ art.245; LEC art.206) Los recursos se pueden plantear ante **resoluciones judiciales**, que pueden ser providencias, autos y sentencias.
Pueden ser objeto de recurso igualmente las **resoluciones** procesales del **letrado de la Administración de Justicia**, por el cauce específico establecido para estas (nº 14260).

13912 **Tipos de recursos** En este campo pueden manejarse distintos criterios clasificatorios:
a) Atendiendo a los **motivos** que pueden invocarse al recurrir y las facultades del órgano que ha de resolver, se diferencia entre:
• **Recursos ordinarios**, que pueden interponerse sin restricciones de motivación -en el plano de legalidad, no oportunidad- y fundamento, y en cuya resolución no está limitado el órgano jurisdiccional sobre el alcance de su pronunciamiento. Son recursos ordinarios el de **reposición** -anteriormente recurso de súplica- (nº 13930) y el de **apelación** (nº 14005).
• **Recursos extraordinarios**, que proceden únicamente por motivos o causas tasados, concretados legalmente, y en los que las facultades del órgano decisor se encuentran limitadas. Supuesto paradigmático es el recurso de **casación** (nº 14050).
• **Recursos excepcionales**. Son aquellos recursos que, siendo extraordinarios, únicamente proceden frente a sentencias firmes. En el contencioso-administrativo tiene este carácter el tradicionalmente denominado recurso de **revisión**, actualmente revisión de sentencias (nº 14225).

13913 **b)** En virtud de sus **efectos**, puede distinguirse entre recursos admitidos en **un solo efecto** y en doble o ambos efectos. En el primer caso, la interposición no determina la suspensión de la ejecución de la resolución recurrida, es decir, la resolución recurrida puede ejecutarse mientras se tramita el recurso. De ahí que no quepa hablar entonces de ejecución provisional.
Los recursos admisibles en un solo efecto son el de **reposición** (nº 13930) y el de **apelación frente a autos** (nº 13945), excepto en los supuestos de extensión de efectos.
La admisión en **ambos efectos** implica tanto el suspensivo como el devolutivo. Los recursos admisibles en ambos efectos son el de **apelación frente a sentencias** (nº 14005) y el de **casación** (nº 14050).

Precisiones Cuando el recurso se admite en un solo efecto este es el **devolutivo**. Es devolutivo el recurso cuando de él conoce un órgano jurisdiccional distinto y superior de aquel que ha dictado la resolución impugnada, mientras que no devolutivo es el recurso del que conoce el mismo que dictó la resolución recurrida. El efecto devolutivo implica que el recurso se eleva al órgano jurisdiccional superior para que decida y devuelva las actuaciones al inferior una vez adquiera firmeza.
Admitida la apelación en ambos efectos, se añade el efecto **suspensivo** al devolutivo. Es suspensivo el recurso cuando su interposición y admisión paralizan la eficacia de la resolución recurrida. En caso de efecto suspensivo, la resolución recurrida no puede ejecutarse hasta alcanzar firmeza, sin perjuicio de la posible ejecución provisional.

13914 **c)** Según la **resolución** contra la que se interponen, cabe distinguir entre recursos frente a providencias y autos, por una parte (nº 13925); y recursos frente a sentencias, por otra (nº 14000). Y, adicionalmente, contra resoluciones procesales del letrado de la Administración de Justicia (nº 14260).
Este último es el criterio acogido por la LJCA y a él nos atenemos en la exposición subsiguiente.

Precisiones Hay que tener en cuenta el **régimen de depósitos** precisos para recurrir (nº 6280).

II. Recursos contra providencias y autos

(LJCA art.79, 80 y 87)

Son los siguientes: reposición (nº 13930); apelación (nº 13945); casación (nº 13960); y queja (nº 13980). **13925** MPCA nº 4350 s.

A. Recurso de reposición

(LJCA art.79)

Se trata de un **recurso ordinario** dotado de una escueta regulación legal. Ni siquiera se hace referencia del mismo al regular las normas atributivas de competencia (LJCA art.8 s.), aunque se alude a él en diversos preceptos (LJCA art.39, 78.17ª, 79 y 87.3). **13930** MPCA nº 4355

Tras el 5-5-2010 (reforma procesal de la L 13/2009) ha variado la denominación de este medio impugnatorio -anteriormente, recurso de **súplica**- acomodándolo a la regulación actual del proceso civil.

Precisiones **1)** Las lagunas legales que puedan existir en la tramitación de este recurso contencioso deben integrarse con las **normas procesales civiles** sobre el recurso de reposición (nº 4055 s.).

2) Frente a la terminología tradicional, que en relación con los recursos no devolutivos denomina **reposición** al que cabe o se presenta frente a resoluciones de órganos jurisdiccionales unipersonales y **súplica** al procedente frente a las de los colegiados, en el ámbito contencioso-administrativo, en los dos casos, el recurso no devolutivo se denominaba «de súplica», aunque se integrase su normativa, supletoriamente, con la del recurso de reposición regulado en la LEC. De modo correlativo y contrario, en la LEC se denomina reposición a todo recurso no devolutivo. Por ello, la **reforma procesal** operada por la L 13/2009 aclara y unifica los términos empleados de acuerdo con el criterio de la LEC.

3) Debe considerarse un error la mención del **recurso de súplica** -no del de reposición- como presupuesto para la preparación del recurso de casación frente a autos (LJCA art.87.2).

Resoluciones recurribles El recurso de reposición procede, como regla general, frente a providencias y autos de toda clase; nunca frente a sentencias. **13932**

Debe atenderse siempre, a estos efectos, a la **calificación de la resolución** dada por el órgano jurisdiccional, sin perjuicio de impugnarla por la indebida forma de la misma.

Por excepción, **no cabe recurso** de reposición frente a:

- las providencias y los autos susceptibles de apelación o casación (nº 13933);
- las resoluciones expresamente exceptuadas del mismo en la Ley (nº 13934);
- los autos que resuelvan los recursos de reposición y los de aclaración.

También cabe este recurso -aun cuando la norma se refiere al recurso de súplica- contra los autos de imposición de multa por **no remisión del expediente administrativo** (LJCA art.48.8).

Providencias y autos susceptibles de apelación o casación (LJCA art.80.1 y 87.2) No cabe este recurso en los supuestos en los que se da apelación o casación frente al auto. Así, cabe contra los autos de las Secciones de lo Contencioso-Administrativo de los Tribunales de Instancia y del Tribunal Central de Instancia -hasta su constitución, de los juzgados de lo contencioso y de los centrales- dictados en única instancia, que no admiten la apelación. **13933**

Ha de tenerse en cuenta que la propia LJCA condiciona la preparación del recurso de **casación frente a autos** a la previa interposición del recurso de reposición. La razón de esta contradicción obedece, a nuestro juicio, a un error legislativo, debiendo atenderse a lo dispuesto por LJCA art.87.2.

En materia de **ejecución de sentencias**, solo cabe este recurso cuando se pretenda interponer después la casación o cuando no quepa apelación frente al auto.

En cuanto a los **autos de inadmisión** del recurso contencioso-administrativo, solo cabe frente a ellos la reposición, además de cuando quepa casación, cuando hayan sido dictados en única instancia.

Resoluciones expresamente exceptuadas Son, fundamentalmente, las siguientes: **13934**

• **Providencias**:

- la que somete a consideración de las partes cuestiones no apreciadas por estas -planteamiento de la cuestión o tesis- (LJCA art.32.2);
- la que tiene por preparado el recurso de casación en el régimen previo a la LO 7/2015 (LJCA art.93.6).

• **Autos**:

- el de fijación de cuantía (LJCA art.40.4);
- el que resuelve el recurso de queja (LEC art.495.5);
- el de admisión del recurso de apelación (LJCA art.85.2);

- el de denegación del emplazamiento de las partes en la casación (LJCA art.89.4);
- aquel por el que se tenga por preparado el recurso de casación (LJCA art.89.6);
- el que resuelva sobre medidas provisionalísimas (LJCA art.135);
- el de planteamiento de la cuestión de ilegalidad (LJCA art.123.1).

13936 **Competencia** Al ser un recurso **no devolutivo**, conoce del recurso de reposición el mismo órgano jurisdiccional que dictó la resolución recurrida.

13938 **Tramitación ordinaria** Se interpone este recurso en el **plazo** de 5 días hábiles, a contar desde del siguiente al de notificación de la resolución impugnada.
El **escrito de interposición** debe ir suficientemente razonado, expresando los fundamentos en que se ampare el recurrente, e irá acompañado de las copias necesarias para las demás partes. El Tribunal Constitucional ha matizado la exigencia de cita de la disposición infringida (TCo 162/1990).
La interposición no produce **efectos** suspensivos respecto de la resolución recurrida, que se debe llevar a efecto, salvo decisión contraria del órgano jurisdiccional, de oficio o a instancia de parte.
Interpuesto el recurso en tiempo y forma, el letrado de la Administración de Justicia ha de dar **traslado de las copias** del escrito a las demás partes, por término común de 3 días hábiles, a fin de que puedan impugnarlo, si lo estiman conveniente. El traslado debe hacerse a todas las partes distintas del recurrente, cualquiera que sea su posición procesal y la postura jurídica que hayan mantenido.
Transcurrido dicho plazo, el órgano jurisdiccional debe **resolver por auto**, dentro del tercer día.

13940 **Tramitación sumaria** (LJCA art.78) En el procedimiento abreviado, contra las resoluciones del juez sobre denegación de **pruebas** o sobre admisión de las que se denuncien como obtenidas con violación de derechos fundamentales, las partes pueden interponer, en el acto, recurso de reposición, que se debe sustanciar y resolver seguidamente, es decir, en el acto, de forma verbal.
El **procedimiento abreviado** se expone en nº 13090 s.

B. Recurso de apelación

(LJCA art.80; L 2/2011 disp.final 43ª)

13945 Se trata de aquel recurso ordinario y devolutivo del que conoce el **órgano jurisdiccional superior** al que dictó la resolución recurrida.

13946 **Resoluciones recurribles** Hay que distinguir entre el recurso de apelación en un solo efecto y el recurso de apelación en ambos efectos:
a) Son apelables **en un solo efecto** los autos dictados por las Secciones de lo Contencioso-Administrativo de los Tribunales de Instancia y del Tribunal Central de Instancia -hasta su constitución, por los juzgados y los juzgados centrales de lo contencioso-administrativo-, en procesos de los que conozcan en **primera instancia**, en los siguientes casos:
• Los que pongan término a la pieza separada de **medidas cautelares** (nº 13572), excepción hecha de los que se pronuncien sobre la adopción de medidas provisionales y provisionalísimas.
• Los recaídos en **ejecución de sentencia**, cualquiera que sea su contenido, si bien a través del recurso no puede cuestionarse la decisión de la sentencia.
• Los que declaren la **inadmisión del recurso** contencioso-administrativo o hagan imposible su continuación (nº 12560).
• Los recaídos sobre las autorizaciones de **entrada en domicilio, medidas sanitarias y autorizaciones de entrada** e inspección en el ámbito de la Comisión Nacional de los Mercados y la Competencia (nº 11481).
• Los recaídos sobre **autorizaciones en materia de propiedad intelectual** y **sociedad de la información** (nº 13470).
• Los dictados en supuestos de adopción de **medidas cautelares** (nº 14020) y **ejecución provisional** (nº 14018).
Para que proceda el recurso de apelación, el auto debe haber sido dictado en procesos de los que conozcan las secciones -los juzgados- en primera instancia. Por tanto, solo puede apelarse el auto cuando la sentencia que ha de poner fin al pleito sea también apelable. Sin embargo, tal regla admite alguna **excepción**:
1. El supuesto de las autorizaciones de **entrada en domicilio**: no hay procedimiento contencioso como tal; la actuación del juez contencioso no es estrictamente jurisdiccional sino de tutela de un derecho, la inviolabilidad del domicilio, por lo que, en estos supuestos, cabe siempre recurso de apelación.

2. El supuesto de recurso de **apelación en ambos efectos** (letra b) siguiente).
b) Son apelables **en ambos efectos** los autos de las Secciones de lo Contencioso-Administrativo de los Tribunales de Instancia y del Tribunal Central de Instancia -hasta su constitución, juzgados y juzgados centrales de lo contencioso-administrativo-, en los supuestos de extensión de los efectos de las sentencias. El recurso se somete a las reglas rectoras de admisión de la apelación que corresponda frente a la sentencia cuya extensión de efectos se pretende.
Por último, son también recurribles las resoluciones de las Secciones de lo Contencioso-Administrativo de los Tribunales de Instancia -hasta su constitución, los juzgados de lo contencioso-administrativo-, tanto sentencias como autos, que declaren la **inadmisibilidad del recurso**, siempre que la cuantía del pleito no supere los 30.000 euros (TS 13-10-20, EDJ 685561; 25-5-21, EDJ 579478).

Precisiones Sobre la **extensión de efectos** de las sentencias, ver nº 13790 s.

Competencia (LJCA art.10.2 y 11.2) La competencia para conocer del recurso de apelación corresponde a: 13950
- los **Tribunales Superiores de Justicia**, si se trata de autos dictados por los jueces integrantes de la Sección de lo Contencioso-Administrativo del Tribunal de Instancia -hasta su constitución, juzgados de lo contencioso- de su territorio;
- la **Audiencia Nacional**, en caso de autos de la Sección de lo Contencioso-Administrativo del Tribunal Central de Instancia -hasta su constitución, juzgados centrales de lo contencioso-administrativo-.

Tramitación Debe ajustarse a lo establecido para el **recurso ordinario de apelación** frente a sentencias (nº 14005). 13952

C. Recurso de casación

(LJCA art.86 y 87)

Es el recurso que solo procede interponer ante la Sala de lo Contencioso-Administrativo del **Tribunal Supremo**, excepcionalmente frente a determinados autos y únicamente cuando quepa casación frente a la sentencia definitiva (nº 13790). 13960 MPCA nº 4390 s.

Autos recurribles (LJCA art.87.1) Solo son impugnables en casación los autos que cumplen las **condiciones** legales establecidas relativas al órgano jurisdiccional que dicta el auto de cuyo recurso se trata (nº 13962) y a la resolución misma (nº 13963), siendo además necesario que concurran los mismos supuestos que permiten la impugnación de las sentencias en casación (nº 14070). Estas condiciones son exigibles conjuntamente, no de forma alternativa. Existen además algunos **supuestos de exclusión** (nº 13966). 13961

Precisiones **1)** No se da recurso de casación contra **providencias** ni frente a los **autos desestimatorios** de recursos de reposición frente a aquellas. Sí en caso de que la providencia hubiera debido revestir forma de auto, conforme al principio de dar el tratamiento procesal a las resoluciones en función de su naturaleza material y no formal; lo que se debe justificar en sede de preparación (TS auto 18-1-17, EDJ 9541; 15-12-22, EDJ 768526).
2) Cuando la resolución recurrida sea un **auto dictado antes del 22-7-2016**, pero recurrido en reposición, y el auto resolutorio del indicado recurso se haya dictado con posterioridad a esa fecha, se aplica al recurso de casación el régimen instaurado por la LO 7/2015, con independencia del sentido -estimatorio, desestimatorio o de inadmisión- del segundo auto (TS auto 1-2-17, EDJ 5700; 1-2-17, EDJ 5912).

Órgano jurisdiccional (LJCA art.87.1) Desde el plano subjetivo, únicamente son recurribles los autos dictados por: 13962
- la Sala de lo Contencioso-Administrativo de la **Audiencia Nacional**;
- las Salas de lo Contencioso-Administrativo de los **Tribunales Superiores de Justicia**;
- el **Tribunal de Cuentas**, en materia de responsabilidad contable.

Supuestos (LJCA art.87.1) Son impugnables exclusivamente los autos, dictados por los órganos indicados en el apartado anterior, que: 13963 MPCA nº 4396 s.
• **Inadmitan el recurso** contencioso-administrativo (LJCA art.51).
• Hagan **imposible su continuación**:
- estimando alegaciones previas (LJCA art.58);
- declarando la inadecuación del procedimiento especial de protección de derechos fundamentales (LJCA art.117.3; TS 27-2-95, EDJ 2609; 13-3-95, EDJ 1480);
- declarando caducado el recurso (TS auto 17-9-97);
- acordando la terminación del procedimiento por satisfacción extraprocesal (LJCA art.76);

- teniendo por desistido al demandante por falta de comparecencia en el procedimiento abreviado (LJCA art.78.5);
- declarando la falta de jurisdicción del orden contencioso-administrativo (TS auto 10-9-09, EDJ 285471; auto 20-4-21, EDJ 535803).

Precisiones 1) La relación de autos recurribles es una **lista tasada** (TS auto 24-3-21, EDJ 524018).
2) No se da casación frente al auto que dispone el archivo de las actuaciones por **desistimiento** (TS auto 12-1-95), ni frente al que acuerda la suspensión por apreciar la posible concurrencia de una **cuestión prejudicial penal**, ya que esta suspensión del curso de los autos, al no ser definitiva, no imposibilita su continuación futura (TS auto 13-10-94).
3) Tampoco es recurrible el auto que **suspende transitoriamente** la tramitación del recurso contencioso-administrativo por pendencia de un incidente de ejecución de sentencia (TS auto 18-4-18, EDJ 52629), el que **deniega la ampliación** del expediente administrativo (TS auto 8-10-18, EDJ 598055), el que **deniega la preparación** del recurso de casación por infracción de norma autonómica (TS auto 11-6-18, EDJ 104119) o el que deniega el derecho de asistencia jurídica gratuita (TS auto 8-5-24, EDJ 571390).
4) El auto de **inadmisión del recurso de apelación** no es recurrible por este cauce (TS auto 6-3-20, EDJ 561252), pero sí el auto que inadmite la **apelación frente al auto de inadmisión** del recurso contencioso-administrativo (TS auto 5-11-18, EDJ 637467).
5) No es admisible el recurso de casación frente al auto que declara la **incompetencia objetiva** para conocer de un asunto, pues no se hace imposible la continuación del recurso contencioso-administrativo, ya que seguirá conociendo del mismo otro órgano judicial del mismo orden jurisdiccional (TS auto 13-2-09, EDJ 17288; auto 26-1-23, EDJ 505807).

13964 MPCA nº 4398 s.

• Finalicen la **pieza separada de medidas cautelares** (nº 13572), salvo las medidas provisionales y provisionalísimas.
• Hayan recaído en **ejecución de sentencia**, siempre que resuelvan cuestiones no decididas, directa o indirectamente, en aquella o que contradigan los términos del fallo que se ejecuta («lo ejecutoriado», en expresión tradicional).

Precisiones 1) La casación en ejecución de sentencia no persigue enjuiciar la actuación del tribunal de instancia, bien al juzgar o bien al proceder, objetivo al que responden los motivos tasados de recurso de sentencias, sino garantizar la **exacta correlación** entre lo resuelto y lo ejecutado (TS 30-12-96, EDJ 9978; 3-11-97, EDJ 8639).
2) Media **contradicción** entre lo resuelto por sentencia y lo ejecutoriado por auto, en un supuesto de litigio sobre concesión administrativa entre un ayuntamiento y un concesionario, en el que aquella determina la necesidad de aportación de fianza por el concesionario una vez acreditada la libre disposición municipal de ciertos terrenos, mientras que por auto se impone, para la ejecución de sentencia, la prestación incondicionada de fianza, sin previa acreditación de la citada disponibilidad (TS 16-9-05, EDJ 157565).
3) El auto por el que se declara la **imposibilidad de ejecución** es susceptible de casación; no lo es el que fija la **indemnización sustitutoria** (TS 15-6-11, EDJ 131329; 19-2-10, EDJ 14297; 14-9-09, EDJ 217577; 17-11-09, EDJ 321823; 5-9-08, EDJ 166771; auto 30-6-11, EDJ 223411).

13965 MPCA nº 4401 s.

• Sean dictados en **ejecución provisional** de la sentencia recurrida en casación (nº 14145).
Con ello se abre la vía de la casación no solo cuando el tribunal se extralimita, excede o contradice la sentencia, sino también cuando ordena ejecutarla a pesar de **carecer de fuerza ejecutiva** (TS 30-9-97, EDJ 10102).
Una vez que la sentencia ejecutada provisionalmente adquiere **firmeza**, el recurso de casación interpuesto contra el auto de ejecución provisional queda sin objeto (TS 12-7-17, EDJ 143120; auto 12-4-12, EDJ 87248).
• Se hayan dictado en supuestos de **extensión de efectos** de las sentencias (LJCA art.110 y 111). En estos casos, en el régimen precedente a la LO 7/2015, el recurso de casación era procedente incluso aunque el auto incurriese en alguno de los supuestos de exclusión que se exponen seguidamente (TS 11-11-02; auto 30-9-94). No así tras la entrada en vigor de la LO 7/2015, respecto de los recursos sometidos a la nueva normativa.
• Sean dictados por las Salas de los Tribunales Superiores de Justicia (LJCA art.10.8) o de la Audiencia Nacional (LJCA art.11.1.i) en el procedimiento de **autorización o ratificación de medidas sanitarias** (LJCA art.122 quater). Ver nº 13974.

Precisiones 1) En el **régimen actual**, los autos de extensión de efectos son recurribles cuando sean dictados por las salas de lo contencioso-administrativo de los tribunales superiores de justicia o de la Audiencia Nacional, sin que lo sean «en todo caso», pues ha desaparecido esta expresión de la actual LJCA art.87.1.e. Es decir, se ven afectados por las posibles exclusiones (nº 13966), y no están necesariamente vinculados a la única instancia, y siempre previo recurso de reposición.
2) Es constante la exigencia por el Tribunal Supremo de que el recurrente se acoja en el **escrito de preparación** a alguno de los supuestos de LJCA art.87 cuando la resolución que se pretende recurrir es un auto (TS auto 22-9-05, EDJ 189087; 26-5-08, EDJ 93239), con el fin de permitir a la sala de instancia verificar si la resolución impugnada es susceptible de recurso de casación (de acuerdo

con LJCA art.89.2), si bien es al Tribunal Supremo a quien corresponde, una vez formalizado el escrito de interposición del recurso, apreciar si el auto contra el que se ha preparado el recurso de casación se encuentra o no comprendido efectivamente en alguno de los casos de dicho precepto.
3) Debe tenerse en cuenta que han sido declarados nulos los preceptos que establecían la **autorización o ratificación de medidas sanitarias** por el TSJ y la Audiencia Nacional (LJCA art.10.8 y 11.1.i nulos por TCo 70/2022).

Exclusiones (LJCA art.86.2 y 87.1) Se excluyen los autos siguientes: 13966 MPCA nº 4404 s.
• Los dictados en el procedimiento para la protección del **derecho fundamental de reunión** (nº 13250); exclusión que se justifica en la necesidad de una tutela urgente del derecho afectado, incompatible con una pendencia de la revisión judicial más allá de lo mínimo indispensable.
• Los dictados en **procesos contencioso-electorales** (nº 13350), con igual justificación.
• Los recaídos en procesos seguidos ante las Salas de lo Contencioso-Administrativo de los **Tribunales Superiores de Justicia**, a menos que el recurso pretenda fundarse en infracción de normas de Derecho estatal o de la Unión Europea que sea relevante y determinante del fallo impugnado, siempre que hubieran sido invocadas oportunamente en el proceso o consideradas por la sala que haya dictado el auto (en otro caso, cabe recurso ante el órgano indicado en el nº 14080).

Precisiones **1)** Cuando lo recurrido en casación sea un **auto** dictado por una Sala de lo Contencioso de **Tribunal Superior de Justicia**, la jurisprudencia mayoritaria entiende que es exigible la carga de justificar que ha habido infracción de normas estatales o comunitarias determinantes del fallo -LJCA art.89.2.e- (TS 11-5-99, EDJ 10328; 16-2-00, EDJ 3279; 7-6-01, EDJ 13203; 1-4-03, EDJ 25479). Otro sector jurisprudencial considera lo contrario (TS 27-4-04, EDJ 86923; auto 14-1-10, EDJ 10357).
2) En el supuesto de autos dictados **en ejecución de sentencia** (LJCA art.87.1.c) ha de justificarse igualmente que en el proceso principal ha sido determinante del fallo el Derecho estatal o comunitario europeo, puesto que no tiene sentido atribuir relevancia casacional a un incidente de ejecución sin tenerla el proceso principal (TS 16-2-00, EDJ 3279). También en sede de **medidas cautelares**, ha de justificarse que las indicadas normas han de ser relevantes en dicho proceso principal (LJCA art.87.1.b; TS 3-7-00, EDJ 22226; auto 22-2-99, EDJ 80969).

Requisito procesal (LJCA art.87.2) Para que pueda prepararse el recurso de casación es requisito necesario interponer siempre previamente el **recurso de reposición** (nº 13930), excepto en el caso de autos dictados por las Salas de los Tribunales Superiores de Justicia o de la Audiencia Nacional, en el procedimiento de autorización o ratificación de medidas sanitarias (LJCA art.122 quater). Ver nº 13474 y nº 13974. 13968 MPCA nº 4407
El recurso de reposición ha de dirigirse **contra el auto** de la sala de instancia.
La **inobservancia** de esta exigencia conduce a la inadmisión o desestimación, según los casos, del recurso de casación (TS 20-4-95; auto 23-5-95).
1) La solicitud de **aclaración o complemento** de la resolución de cuya impugnación se trata no excluye la preceptividad del recurso de reposición (TS auto 22-3-19, EDJ 536734).
2) En caso de que el auto resolutorio del recurso de reposición **desestime íntegramente** este, el recurso de casación se debe dirigir frente a ambos o uno de ellos; si, por el contrario, se estima total o parcialmente, el recurso se ha de dirigir frente al segundo auto (TS auto 11-10-22, EDJ 708755).

Competencia (LJCA art.12.2.a, 86.3 y 87.1) La competencia para conocer del recurso de casación está atribuida a la Sala Tercera del Tribunal Supremo, si el recurso pretende fundarse en **infracción de normas de Derecho estatal o comunitario** europeo, que sea relevante y determinante de la resolución recurrida, y siempre que hayan sido invocadas oportunamente en el proceso o consideradas por la sala que dicta la resolución. 13970
Cuando el recurso se funde en **infracción de normas autonómicas**, es competente, no la Sala Tercera del Tribunal Supremo, sino una sección de la sala de lo contencioso-administrativo que tenga su sede en el Tribunal Superior de Justicia, conformada en los términos de LJCA art.86.3 (nº 14090).

Tramitación Es la propia del recurso de casación frente a sentencias (nº 14120 s.). 13972
Opera en el recurso de casación frente a autos la exigencia de concurso de **interés casacional objetivo** -nº 14095-, extremo que no puede apreciar el órgano jurisdiccional de instancia, sino el Tribunal Supremo (TS auto 2-2-17, EDJ 5701).
El recurso debe decidirse mediante **sentencia** y no mediante auto (TS 19-9-94, EDJ 6414).

Precisiones Se suscita la duda de si la casación contra estas resoluciones lleva aparejado o no el **efecto suspensivo**, además del devolutivo. Sobre esta cuestión, ver nº 4411 Memento Procesal Contencioso-Administrativo 2026.

13974 **Trámite especial en materia sanitaria** (LJCA art.87 ter) El recurso de casación contra autos dictados por las Salas de los Tribunales Superiores de Justicia o de la Audiencia Nacional, en el procedimiento de autorización o ratificación de medidas sanitarias -LJCA art.10.8, 11.1 y 122 quater- (nº 13474), se somete a una **tramitación especial y abreviada**, que se rige por las normas siguientes:

• No es precisa **reposición previa** a la casación (nº 13968).
• No existe trámite de **preparación** ante el órgano *a quo*. Se inicia mediante escrito presentado ante la Sala Tercera del Tribunal Supremo en el que las partes comparecen e interponen directamente el recurso de casación.
• La parte recurrente, el mismo día en que interponga el recurso, ha de presentar **escrito ante la sala de instancia**, poniendo en su conocimiento el hecho de la interposición, debiendo dicha sala, en el día siguiente hábil a esa comunicación, **remitir el testimonio** de las actuaciones seguidas en el procedimiento en que se dictó el auto recurrido a la Sala Tercera del Tribunal Supremo.
• El **escrito de comparecencia e interposición** se presenta en el plazo de 3 días hábiles contados desde la fecha de notificación del auto impugnado y, con acompañamiento de testimonio de dicho auto. Ha de exponer los requisitos de procedimiento, señalando la cuestión de interés casacional sobre la que se interesa se fije doctrina y las pretensiones relativas al enjuiciamiento del auto recurrido.
• Se aplican a todos los escritos los requisitos de **extensión máxima y normas de estilo** establecidas por la Sala (nº 14090).
• Si el objeto de la autorización o ratificación hubiera sido una medida adoptada por una autoridad sanitaria de ámbito distinto al estatal en cumplimiento de **actuaciones coordinadas en salud pública** declaradas por el ministerio del ramo de sanidad, en su caso previo acuerdo del Consejo Interterritorial del Sistema Nacional de Salud, ostenta también legitimación activa la Administración General del Estado.
• Cuando las circunstancias del caso lo hagan necesario y, en todo caso, cuando la demora en la resolución pueda causar perjuicios irreversibles, puede solicitarse en el escrito de interposición la **habilitación de los días inhábiles** para la tramitación y resolución del recurso de casación. Contra la decisión que deniegue la habilitación solicitada no se da recurso.
• Turnado de inmediato el escrito a la sección competente para la tramitación y decisión, goza de **tramitación preferente**, con traslado al Ministerio Fiscal y a las partes para que comparezcan y formulen alegaciones por plazo común de 3 días.
• Vencido el plazo de alegaciones, y sin que proceda la declaración de caducidad (LJCA art.128.1: nº 12165), la sección competente para la tramitación y decisión debe fijar doctrina y **resolver sobre las cuestiones y pretensiones** planteadas, en el plazo de los 5 días siguientes.

13975 Precisiones **1)** Debe tenerse en cuenta que han sido **declarados nulos** los preceptos que establecían la autorización o ratificación de medidas **sanitarias** por el TSJ y la Audiencia Nacional (LJCA art.10.8 y 11.1.i nulos por TCo 70/2022).

2) Los criterios de actuación del **Ministerio Fiscal** en este recurso se formulan en FGE Instr 1/2021.

3) La relevancia a efectos casacionales de la revisión de los autos dictados al amparo de LJCA art.122 quater reside en fijar los criterios que permitan comprobar la **adecuación, necesidad y proporcionalidad** de las medidas a autorizar, cuando limitan o inciden en derechos fundamentales (TS 24-5-21, EDJ 584543; 17-6-21, EDJ 631529).

4) La limitación de derechos fundamentales por razones sanitarias no exige previa declaración de **estado de alarma**. Su utilización por la pandemia ocasionada por COVID-19 -en dos ocasiones, con sus prórrogas- no implica que no hubieran podido ampararse en la LO 3/1986 art.3, innegablemente escueto y genérico, pensado para brotes infecciosos aislados, pero que podría ser idóneo para una pandemia si se interpreta conjuntamente con L 14/2006 art.26 y L 33/2011 art.54 (TS 17-6-21, EDJ 631529).

5) La limitación de derechos no puede adoptarse a través de cualquier medida y en cualquier circunstancia, sino solo en casos de **riesgo de carácter transmisible**, para control de enfermos o personas en contacto con ellos, y no de manera general, y con la suficiente justificación (TS 24-5-21, EDJ 584543). En el caso de **restricciones severas**, como el toque de queda, no bastan motivaciones preventivas, de precaución o prudencia, sino carácter indispensable para salvaguardar la salud pública.

6) Se da recurso de casación por este cauce no solo contra los autos de medidas sino contra las **resoluciones que no dan curso al procedimiento de ratificación** con efecto impeditivo definitivo, impidiendo desplegar efecto alguno a la medida sanitaria (TS 24-6-21, EDJ 631528).

7) En la presentación de la solicitud de ratificación han de aplicarse las reglas generales de **representación y defensa** de las Administraciones públicas, sin que proceda aplicar excepción alguna de las reglas de postulación (TS 24-6-21, EDJ 631528).

D. Recurso de queja

(LJCA disp.final 1ª; LEC art.494 y 495)

El recurso de queja no está regulado en la **normativa procesal contencioso-administrativa**, sino solamente citado con referencia a: **13980**
- la competencia de los distintos órganos jurisdiccionales (LJCA art.10.2, 11.2 y 12.2.a);
- la procedencia de la queja frente al auto que inadmite la apelación (LJCA art.85.2);
- la procedencia de la queja frente al auto que deniega el emplazamiento y remisión de actuaciones al Tribunal Supremo en el recurso de casación (LJCA art.89.4).

Ante la carente regulación legal en este ámbito, se aplican con carácter supletorio las disposiciones del **proceso civil** en la materia.

Autos recurribles El recurso de queja se puede interponer contra los autos en que se deniegue la tramitación de un recurso de apelación o de casación. **13982**

Competencia (LJCA art.10.2, 11.2 y 12.2.a) Corresponde el conocimiento y resolución de estos recursos a las Salas de lo Contencioso-Administrativo de los Tribunales Superiores de Justicia, a la de la Audiencia Nacional y a la Sala Tercera del Tribunal Supremo. **13984**

La regla consiste en atribuir la competencia al órgano al que corresponda resolver el **recurso no tramitado** (apelación o casación) por el órgano judicial inferior que no ha dado trámite al primer escrito procesal ante él presentado. Por ello, solo tiene razón de ser en **recursos devolutivos**, cuyo primer trámite se efectúa ante el órgano que ha dictado la resolución recurrida y no cabe en sede de recurso de casación en interés de la Ley.

Tramitación (LEC art.494 y 495) En el régimen actual, los trámites son los siguientes: **13986** MPCA nº 4421

• **Interposición**. El recurso interpone directamente ante el órgano al que corresponda resolver el recurso no tramitado, en el plazo de 10 días desde la notificación de la resolución que deniega la tramitación. Con el recurso debe acompañarse copia de la resolución recurrida. Se articula una única pretensión: la anulación de la resolución de inadmisión.

• **Sustanciación y fallo**. Presentado en tiempo el recurso con la copia, el tribunal resuelve sobre él en el plazo de 5 días. Contra el auto que resuelva el recurso de queja no se da recurso alguno.

• **Efectos de la resolución**. Si el tribunal considera **bien denegada** la tramitación del recurso, debe mandar ponerlo en conocimiento del órgano jurisdiccional correspondiente, para que conste en los autos.

Si la estima **indebidamente denegada**, ha de ordenar a dicho órgano jurisdiccional que continúe con la tramitación del recurso en su día inadmitido.

Precisiones 1) El ámbito del recurso de queja se constriñe al **examen de los requisitos de recurribilidad** de la resolución impugnada, quedando al margen las cuestiones de fondo analizadas en la misma y las discrepancias del recurrente con sus fundamentos (TS auto 2-2-17, EDJ 5701; 3-11-16, EDJ 226833; 3-3-16, EDJ 30708).

2) Hay que tener en cuenta que, en el **proceso civil**, la reforma de la LEC por medio de L 37/2011 supuso, en general, la eliminación del **trámite de preparación** ante el órgano *a quo* en los recursos devolutivos, y así también en el recurso de queja. Sin embargo, en el proceso contencioso-administrativo, la reforma no ha alterado el sistema de recursos, subsistiendo el trámite de preparación en el recurso de casación, que puede considerarse como el más característico de aquellos a los que se asocia el recurso de queja.

En el recurso de **apelación** -así como en el desaparecido recurso de casación para unificación de doctrina- no existía preparación antes de la L 37/2011 y sigue, lógicamente, sin darse este trámite. No obstante, los recursos se interponen ante el órgano *a quo*, por lo que puede considerarse razonable entender que el trámite del recurso de queja, en el orden contencioso-administrativo, siga siendo actualmente el previo a la reforma de LEC art.494 y 495 por L 37/2011.

En el caso de que el recurso inadmitido sea el de **casación**, sometido a trámite de preparación, no parece coherente tramitar la queja sin preparación, sino con interposición directa. Y en el de **apelación**, ha de tenerse presente que su régimen de trámite era el mismo antes de la desaparición de la preparación en la queja «civil» y que no parece sostenible, en todo caso, variar la tramitación del recurso de queja en función de cuál sea el inadmitido al que se asocia: si casación, con preparación; si apelación, con interposición directa.

En todo caso, la cuestión no es clara.

Adicionalmente, en el proceso civil, como consecuencia de la reforma operada por RDL 6/2023, el recurso de apelación frente a sentencias se interpone **directamente ante el órgano jurisdiccional competente para resolver**, no ante el que ha dictado la resolución recurrida (LEC art.458). No así en el proceso contencioso-administrativo, en el que se interpone ante el órgano sentenciador -*a quo*-. Por tal razón, en sede contencioso-administrativa, subsiste el recurso de queja frente al auto denegatorio de la admisión del recurso de apelación (LJCA art.85.2), que ha desaparecido en el proceso civil, dándose solo en relación con la denegación del trámite del recurso de casación (LEC art.494).

III. Recursos contra sentencias

14000 A continuación se estudian los distintos recursos de que son susceptibles las sentencias de los órganos jurisdiccionales contencioso-administrativos. En concreto, se analizan los siguientes recursos:
- de apelación (nº 14005);
- de casación (nº 14050);
- revisión de sentencias firmes (nº 14225).

A. Recurso de apelación

(LJCA art.81 a 85)

14005 Es un recurso de **carácter ordinario**, lo que supone:
- para el **recurrente o apelante**, que puede interponer el recurso invocando cualquier motivo, a diferencia del régimen de los recursos extraordinarios, en los que operan exclusivamente los motivos tasados en la Ley; y
- para el **órgano jurisdiccional**, que carece de limitación sobre el alcance de su pronunciamiento, pudiendo efectuar una reconsideración integral de la cuestión discutida, incluso practicando prueba en ciertos supuestos, si bien a partir de los alegatos efectuados por las partes de la apelación.

Precisiones En el sistema vigente, coexisten un **sistema de doble instancia** frente a las resoluciones de los juzgados y juzgados centrales -jueces de las Secciones de los Tribunales de Instancia y Central de Instancia-; y otro **sistema de única instancia**, seguida de recurso de casación, cuando se trata de resoluciones de las salas de los tribunales (órganos colegiados).

1. Consideraciones generales

14008 A continuación se analizan las **reglas generales** relativas a la competencia, legitimación, resoluciones impugnables, motivos, ejecución provisional de la sentencia recurrida y medidas cautelares.

14010 **Competencia** (LJCA art.10.2 y 11.2) Se atribuye el **órgano jurisdiccional superior** al que dictó la resolución recurrida, es decir:
- si se trata de sentencias de las Secciones de lo Contencioso-Administrativo de los **Tribunales de Instancia** -hasta su constitución, juzgados de lo contencioso-administrativo-, a las salas de lo Contencioso de los Tribunales Superiores de Justicia; y
- si se trata de sentencias de la Sección de lo Contencioso-Administrativo del **Tribunal Central de Instancia** -hasta su constitución, juzgados centrales de lo contencioso-administrativo-, a la Sala de lo Contencioso-Administrativo de la Audiencia Nacional.

14012 MPCA nº 4453 **Legitimación** (LJCA art.82) Tienen legitimación **pasiva** y, por tanto, actúan como apelados, los favorecidos por la sentencia recurrida, mientras que la legitimación **activa** se atribuye a quienes, según la Ley, se hallen legitimados como parte demandante o demandada (nº 11740) y cumplan, además, los siguientes **requisitos**:
- que hayan intervenido o podido intervenir en el proceso de instancia (TS 3-4-91, EDJ 3447); y
- que la sentencia recaída les sea total o parcialmente desfavorable, ya que en otro caso, la parte carece de «interés», en sentido procesal y técnico (LEC art.448.1; TS 14-12-82; 26-5-93, EDJ 4991).

Precisiones Así como la LJCA niega la legitimación para recurrir en casación a quien no haya sido parte -o debiera haberlo sido- en el procedimiento en que se dictó la sentencia que se recurre (LJCA art.89.1), no contiene idéntica previsión para la apelación, por lo que el que no intervino en instancia tiene **legitimación para apelar** si la hubiera tenido para comparecer (TS 14-12-79).

14014 MPCA nº 4456 s. **Resoluciones recurribles** (LJCA art.81) Como **regla general**, procede el recurso frente a las sentencias dictadas por las Secciones de lo Contencioso-Administrativo de los Tribunales de Instancia y del Tribunal Central de Instancia -hasta su constitución, juzgados y juzgados centrales de lo contencioso-administrativo-.

Se establecen, sin embargo, ciertas **excepciones**, de manera que no cabe interponer este recurso frente a sentencias dictadas en los asuntos siguientes:
- aquellos cuya **cuantía** sea inferior a 30.000 euros; y
- los relativos a **materia electoral**, respecto a la proclamación de candidaturas y candidatos efectuada por cualquiera de las juntas electorales.

Sin embargo, aunque incurran en cualquiera de las excepciones expuestas, **siempre cabe interponer el recurso** frente a las sentencias siguientes:

a) Las declaratorias de la inadmisibilidad del recurso en los asuntos cuya cuantía no exceda de 30.000 euros.

b) Las dictadas en el procedimiento para la protección de los derechos fundamentales de la persona (nº 13160).

c) Las resolutorias de litigios entre Administraciones públicas.

d) Las que resuelven impugnaciones indirectas de disposiciones generales (nº 12064).

e) Las que, con independencia de la cuantía del procedimiento, sean susceptibles de extensión de efectos (nº 13790).

Precisiones 1) Tienen **cuantía indeterminada** a los efectos del recurso de apelación los pleitos sobre resoluciones sobre la procedencia o improcedencia del alta en la **Seguridad Social** (TS 28-9-21, EDJ 710072; 28-2-22, EDJ 518323; 27-1-23, EDJ 507904) y los que tengan por objeto la revisión de resoluciones sobre modificación o cambio del grupo de cotización (TS 21-1-23, EDJ 507806). Igualmente las sanciones de **suspensión del ejercicio** de la abogacía, dado que junto a un aspecto cuantificable presenta otro no susceptible de ser evaluado económicamente (TS 11-1-22, EDJ 501023; 14-12-22, EDJ 769896; 19-12-22, EDJ 767245). El mismo criterio se aplica a cualquier profesión colegiada (TS 13-1-23, EDJ 501603; 16-1-23, EDJ 501625). **14015**

2) Las sentencias dictadas por las Secciones de lo Contencioso-Administrativo de los Tribunales de Instancia -hasta su constitución, por los juzgados de esta clase- en **recursos de cuantía indeterminada** no están incluidas en la excepción señalada en el supuesto a) y son susceptibles de recurso de apelación (TS 24-5-21, EDJ 588206; 30-3-23, EDJ 551454).

3) Este tratamiento supone que, como regla, las sentencias de dichos órganos dictadas en procesos tramitados por el **procedimiento abreviado**, cuyo umbral máximo de cuantía es 30.000 euros (LJCA art.78.1), no sean susceptibles de apelación, a menos que entren en alguna de las excepciones citadas o se dicten en asuntos tramitados por dicho cauce por razón de la materia, con independencia de su cuantía y que, además, la tengan superior al umbral indicado o sea indeterminada e indeterminable. La apelación se concibe, por tanto, como un medio impugnatorio ligado al procedimiento ordinario, salvo supuestos específicos.

4) Ver lo que se expone en el nº 14070 respecto de la incidencia del supuesto e) en el régimen del **recurso de casación** frente a sentencias de las Secciones de lo Contencioso-Administrativo de los Tribunales de Instancia y del Tribunal Central de Instancia -hasta su constitución, juzgados y juzgados centrales de lo contencioso-administrativo-.

5) La procedencia de la segunda instancia es una cuestión de **orden público procesal** que no queda a la libre disposición de las partes, al tiempo que el tribunal *ad quem* puede revisar la resolución de fijación de cuantía dictada por el órgano jurisdiccional *a quo*, pues no le vincula ni produce efecto de cosa juzgada (TS 27-4-18, EDJ 57818; 16-1-23, EDJ 503272).

6) Los procesos contencioso-administrativos entablados contra las resoluciones del **Comité Sancionador Antidopaje** -hasta su efectiva constitución, del director de la Agencia Estatal Comisión Española para la Lucha Antidopaje en el Deporte (LO 11/2021 art.49 y disp.trans.4ª)- se someten a las reglas generales de procedimiento y recursos, correspondiendo la competencia objetiva para conocer del proceso, en primera o única instancia, a la Sección de lo Contencioso-Administrativo del Tribunal Central de Instancia -hasta su constitución, a los juzgados centrales de lo contencioso-administrativo- (LJCA art.9.1.f).

Motivos Dado su carácter ordinario, **cualquier infracción** del ordenamiento jurídico, sustantiva o procesal, puede dar lugar a la interposición del recurso de apelación. **14016** MPCA nº 4458 s.

No obstante, el tribunal de apelación no debe revisar de oficio la sentencia apelada al margen de los motivos que alegue el apelante como fundamento de su pretensión, sino que el apelante debe esforzarse en demostrar la **vulneración del ordenamiento jurídico** en la que incurre la sentencia del tribunal de instancia.

El recurso apelación no es una segunda instancia en la que se discutan de nuevo la totalidad de las cuestiones de hecho y de Derecho resueltas por la sentencia apelada, sino un **instrumento de depuración** de los precedentes resultados procesales, que exige la oportuna petición y alegación de los fundamentos o motivos en que se basa la pretensión impugnatoria (TS 17-12-80; 11-6-96, EDJ 4484; 24-7-97; 26-10-98, EDJ 30812; 8-2-00, EDJ 265). Ahora bien, esa libertad de alegación determina que el órgano decisor pueda considerar cualquier alegato efectuado, sin excluir ninguno por exceder de los límites legales.

Ejecución provisional (LJCA art.84) La interposición del recurso no impide la ejecución provisional de la sentencia recurrida a **solicitud** de las partes favorecidas por la misma. **14018**

Cuando de aquella puedan derivarse **perjuicios** de cualquier naturaleza, cabe acordar las medidas adecuadas para evitar o paliar dichos perjuicios. Igualmente puede exigirse la prestación de **caución o garantía**, salvo que quien inste la ejecución provisional sea una Administración pública -exenta de esta obligación (L 52/1997 art.12).

Hasta que la caución o la medida acordada no esté constituida (según lo establecido en materia de medidas cautelares -nº 13555-) y **acreditada en autos**, no puede llevarse a cabo la ejecución provisional.
Previa **audiencia** de las demás partes por plazo común de 5 días hábiles (LJCA art.84.4), el órgano judicial debe resolver sobre la solicitud en el término de los 5 siguientes -también hábiles-, pudiendo denegarla cuando pudiera producir **situaciones irreversibles o perjuicios de imposible reparación**.
Contra el auto que se dicte en este incidente, cabe interponer **recurso** de apelación o, en su caso, únicamente el de reposición.
Sobre esta posibilidad en caso de sentencias recurridas que sean desestimatorias, ver lo expuesto sobre ejecución provisional en sede de casación (nº 14145).

14020 **Medidas cautelares** (LJCA art.83.2) El juez, en cualquier **momento**, a instancia de la parte interesada, puede adoptar las medidas cautelares para asegurar, en su caso, la ejecución de la sentencia recurrida (nº 13480). Sobre la adopción de estas -señaladamente, suspensión del acto administrativo- una vez recaída la sentencia de primera instancia. Ver lo expuesto al estudiar las medidas cautelares en el proceso contencioso (nº 13555).

2. Procedimiento

14025 A continuación se estudian las fases del procedimiento del recurso de apelación, en el que intervienen dos órganos jurisdiccionales, el órgano ante el que se interpone el recurso (**juez «a quo»**) y el que lo resuelve (**tribunal «ad quem»**).

14026 MPCA nº 4482 s. **Inicio** (LJCA art.83 y 85; LEC art.448.2) El recurso analizado debe interponerse ante la Sección de lo Contencioso-Administrativo del Tribunal de Instancia o del Tribunal Central de Instancia -hasta su constitución, juzgado o juzgado central- que haya dictado la resolución que se apele (juez *a quo*) en el **plazo** de 15 días hábiles, contados desde el siguiente al de notificación de la resolución recurrida o, en su caso, al de notificación de su aclaración o de la resolución que deniegue esta. Si no se interpone el recurso en el plazo citado, la resolución deviene firme y, por tanto, irrecurrible. Corresponde al letrado de la Administración de Justicia declarar dicha firmeza.
El contenido del **escrito de interposición** puede ser el siguiente:
• Las **alegaciones** en que se fundamenta el recurso (sin límite o carácter tasado).
• La solicitud del **recibimiento a prueba** para la práctica de las pruebas que hayan sido denegadas o no hayan sido debidamente practicadas en primera instancia por causas que no son imputables a quienes las solicitan. No en otro caso.
• La designación, por parte de los funcionarios públicos, de un **domicilio para notificaciones** en la sede de la sala de lo contencioso-administrativo competente, en los procesos relativos a cuestiones de personal, salvo los relativos a la separación de empleados públicos inamovibles.
• La solicitud de que se celebre **vista**.
• La de que se presenten **conclusiones** (alternativa a la anterior).
• La de que el pleito sea **declarado concluso**, sin más trámites, para sentencia (alternativa a las anteriores).
Como regla general, el recurso se admite **en ambos efectos o en doble** -suspensivo, de ahí la posibilidad de solicitar ejecución provisional, y devolutivo o de alzada-, pero presenta algunas **excepciones**, como ocurre en el supuesto de recursos ante sentencias dictadas en el procedimiento de protección de derechos fundamentales, en el que el recurso carece de eficacia suspensiva (nº 13160).

Precisiones El trámite de **alegaciones de la parte apelante** es fundamental. Con su crítica de la sentencia impugnada, concreta los aspectos y fundamentos de su disconformidad con aquella y su omisión debe conducir a una desestimación del recurso (TS 25-9-89, EDJ 8314; 30-1-90, EDJ 797; 27-12-94, EDJ 10430). Los alegatos del actor han de ser tales como para fundar una crítica sólida de la sentencia, demostrando que no es tan sólida como para no admitir crítica. Y la contundencia de esta deberá ser la suficiente para lograr la estimación.

14028 **Admisión** (LJCA art.85.2) Si el escrito presentado cumple los requisitos exigidos y se refiere a una sentencia apelable, el letrado de la Administración de Justicia debe dictar **resolución**, que es irrecurrible, admitiendo el recurso a trámite, así como dar traslado a las demás partes del mismo para que puedan formalizar su oposición (nº 14030).
En caso contrario, el órgano judicial debe **denegar la admisión** por medio de auto. Debe el letrado de la Administración de Justicia ponerlo en conocimiento del juez para que decida sobre la admisión por medio de auto, contra el que puede interponerse recurso de queja (nº 13980).

Oposición a la apelación (LJCA art.85.2, 3, 4 y 7) Trasladado el recurso a las demás partes en el proceso, favorecidas por la sentencia impugnada, estas disponen de un **plazo** común de 15 días hábiles para formalizar su oposición a la apelación, que incidirá, en su caso, en la indebida admisión del recurso, extremo que, de concurrir, debe hacerse constar, dándose vista de la misma -por el letrado de la Administración de Justicia- a la parte apelante por 5 días, igualmente hábiles. **14030** MPCA nº 4486 s.

Cuando la sentencia es parcialmente desfavorable a la parte apelada, esta puede **impugnar la apelación**, mencionando los puntos que le perjudican de la sentencia. En este caso, el letrado de la Administración de Justicia debe dar traslado del escrito al apelante por un plazo de 10 días hábiles, a fin de que pueda oponerse a la impugnación.

El **escrito de oposición** puede tener el siguiente **contenido**:

- petición de **recibimiento a prueba**, para practicar la que haya sido denegada o no haya sido debidamente practicada en primera instancia por causas no imputables al impugnante;
- solicitud de que se celebre **vista** o, alternativamente, de que se presenten **conclusiones**;
- solicitud, también alternativa a las dos anteriores, de que el pleito sea **declarado concluso**, sin más trámites, para sentencia.

Precisiones **1)** En caso de sentencias de primera instancia parcialmente estimatorias o desestimatorias, puede darse el caso de concurrir **varios recursos de apelación contra una misma resolución**, simultáneamente interpuestos por las distintas partes procesales. En este caso, formalmente distinto al de la impugnación de la apelación por causa de tramitarse varios recursos diferentes, es discutible si podría plantearse una acumulación de todos los presentados, en cuando concurran los requisitos de la acumulación de autos, para ser resueltos en una sola sentencia.

2) Cuando quien interpone un recurso contencioso-administrativo obtiene del juzgado una **sentencia plenamente favorable** a sus pretensiones aunque solo acoja uno de los motivos de impugnación alegados, no puede considerarse que ello sea perjudicial para el recurrente. La impugnación de la apelación -anteriormente, adhesión- solo es exigible cuando el recurrente crea que le es perjudicial (LJCA art.85.4).

Por tanto, no es exigible que dicho recurrente impugne el recurso para que los motivos de impugnación que esgrimió y fueron rechazados en la primera instancia sean examinados. Este examen no es necesario si la sala de apelación considera que el recurso de apelación debe ser desestimado por otras razones; pero, si considerase procedente acoger el recurso de apelación, antes de estimar ese recurso debe examinar aquellos (TS 13-3-24, EDJ 518012; 21-7-25, EDJ 644477).

3) Cuando el tribunal de apelación sea también competente para pronunciarse sobre la validez o nulidad de la norma reglamentaria que da cobertura al acto indirectamente impugnado (LJCA art.27.2), cabe la aportación de **elementos probatorios** que, en principio, quedarían excluidos por la aplicación estricta de LJCA art.85.3, pero que pueden resultar relevantes a los efectos de enjuiciar la legalidad de la disposición general controvertida; y que habrían podido ser aportados en el seno de una cuestión de ilegalidad (LJCA art.125.1).

Lo contrario implicaría una limitación de las posibilidades de defensa de la legalidad de la disposición general, que no se produciría si se hubiera tramitado como cuestión de ilegalidad, pues en este caso si se podrían aportar documentos, lo que justifica flexibilizar el recibimiento a prueba en tales circunstancias (TS 24-2-25, EDJ 515402).

Remisión de actuaciones al tribunal que ha de resolver (LJCA art.85.5) Transcurridos los plazos para formular la oposición al recurso, o a su admisión, el órgano judicial debe elevar los autos, el expediente administrativo, así como los escritos presentados, si los hubiera, a la sala de lo contencioso-administrativo competente (nº 14010) -**tribunal «ad quem»**-, que ha resolver sobre las cuestiones de admisibilidad del recurso y prueba suscitadas en la fase preparatoria, así como decidir sobre la solicitud de vista o conclusiones. **14032**

Asimismo, se ha de ordenar el emplazamiento de las partes ante el tribunal *ad quem*, para comparecer ante este en plazo de 30 días hábiles.

Práctica de la prueba (LJCA art.85.6) La práctica de la prueba que la sala estime procedente, que en esta instancia tiene **carácter excepcional**, debe realizarse con citación de las partes y en la forma prevista para la primera instancia -ver nº 12632 s.- (TS 15-6-96). **14034**

Es necesario que la **denegación de la prueba**, solicitada en la forma debida en primera instancia, haya sido recurrida o se haya formulado oposición por el proponente y que su práctica pueda tener trascendencia para la resolución del recurso (TS 28-5-91; auto 23-11-95).

Precisiones **1)** La LJCA art.85.3 faculta a las partes para solicitar en sus escritos de interposición del recurso y de oposición al mismo el recibimiento a prueba, pero ello exclusivamente para la práctica de las que hubieran sido **denegadas o no debidamente practicadas** en primera instancia por causas que no le sean imputables (TSJ País Vasco auto 27-10-05, EDJ 262780).

2) En la segunda instancia se han de indicar los **concretos medios de prueba** cuya práctica se interesa por la parte proponente. Siendo esta identificación pormenorizada una formalidad imprescindible para que pueda apreciarse si respecto de dichos medios de prueba se cumple alguno de los requisitos legales de admisibilidad en la segunda instancia; bien por que hubieran sido indebidamente denegados o bien porque no hubieran sido debidamente practicados en primera instancia por causas que no les sean imputables a la parte que los interesa. De forma que, si en el escrito de interposición la parte apelante no señala los concretos medios de prueba de los que intenta valerse; en la misma medida, tampoco acreditará que se trate de pruebas que le hayan sido denegadas o no se hubieran debidamente practicadas en la primera instancia (TSJ País Vasco auto 25-4-05, EDJ 143168).

14035 **Aportación documental** Procede la aportación de documentos relativos a **hechos o circunstancias sobrevenidos** que tengan o puedan tener incidencia en la suerte del recurso interpuesto contra la resolución impugnada; señaladamente, la **aportación de sentencias** que afecten al objeto del recurso de manera indirecta. Y tales documentos han de ser admitidos.
Se da esta situación con frecuencia en el ámbito urbanístico en caso de recursos pendientes frente una sentencia confirmatoria de la validez de un **plan urbanístico de desarrollo**, o de un convenio urbanístico de ejecución. En tales casos, resulta admisible la aportación de una **sentencia anulatoria de un plan general**, notificada con posterioridad a la sentencia dictada en primera instancia, siempre que pueda resultar decisiva para resolver el recurso de apelación, con el alcance que resulte de su aplicación al caso (TS 1-12-21, EDJ 767900; 13-3-24, EDJ 518012). Dicha declaración de nulidad tiene plenos efectos para la resolución del recurso (TS 29-9-22, EDJ 695102).
Por otra parte, teniendo los planes urbanísticos -en sus distintas modalidades- rango de norma reglamentaria, la declaración de **nulidad de pleno Derecho** de aquellos comporta su expulsión del ordenamiento jurídico con efectos desde que se produjo su entrada en vigor. Por ello, en virtud del principio *iura novit curia*, esa expulsión debe ser tenida necesariamente en cuenta por los tribunales que deban enjuiciar la conformidad a Derecho de actos dictados en ejecución de la norma declarada nula o de los instrumentos derivados de ella.
Por tanto, en este sentido es claro que si la declaración de nulidad de esa norma de planeamiento se produce estando pendiente de resolver un recurso jurisdiccional contra esos actos o acuerdos, el **órgano jurisdiccional que esté conociendo del recurso** debe actuar en consecuencia desde el mismo instante en que tome conciencia de la concurrencia de esa circunstancia y, en consecuencia, no puede resolver el recurso obviando esa declaración de nulidad pues, si lo hiciera, estaría resolviendo el recurso con base en una norma inexistente (TS 23-11-22, EDJ 751336).

14036 **Celebración de vista o presentación de conclusiones** (LJCA art.65 y 85.7 y 8) El letrado de la Administración de Justicia debe acordar la celebración de vista o la presentación de conclusiones escritas, si concurre cualquiera de las siguientes **circunstancias**:
- que lo hayan solicitado todas las partes;
- que se haya practicado prueba;
- que lo estime necesario, atendida la naturaleza del asunto.

En estos trámites no pueden plantearse cuestiones que no hayan sido recogidas en el recurso o en el escrito de oposición. No es claro cuál es el juego, en apelación, del denominado «**planteamiento de la cuestión**» (LJCA art.33.2). Es decir:
• si puede el tribunal en caso de juzgar oportuno que se traten motivos distintos de los alegados relevantes para el fallo, tratarlos efectivamente, poniéndolos efectivamente en conocimiento de las partes dándoles plazo de 10 días para ser oídas sobre ello; o
• si, por el contrario, ha de limitarse a decidir sobre las alegaciones efectuadas.
Una vez celebrada la vista o presentadas las conclusiones, el letrado de la Administración de Justicia debe declarar el pleito concluso para **sentencia** (nº 14040).

14037 **Vista** (LJCA art.63) La **fecha** de la audiencia ha de ser señalada por orden de antigüedad de los asuntos.
Pueden sin embargo anteponerse a los que no tengan señalada fecha aquellos asuntos conclusos que, por prescripción de ley o acuerdo motivado del órgano jurisdiccional, fundado en circunstancias excepcionales, deben tener preferencia.
En lo que se refiere a la celebración de la vista, ha de darse la palabra a las **partes**, por su orden, para que de forma sucinta expongan sus alegaciones y antes o después de los informes orales, el presidente de la sala, por sí o a través del magistrado ponente, puede invitar a los **defensores de las partes** a concretar los hechos y puntualizar, aclarar o rectificar cuanto sea preciso para delimitar el objeto del debate.

Precisiones 1) Como sucede en los **procesos en única instancia** ante las salas de lo contencioso, la celebración de vista es muy infrecuente.
2) Se aplican las reglas expuestas en el nº 12762 en materia de **grabación**.

Conclusiones (LJCA art.64) Las partes deben presentar unas **alegaciones** breves sobre los hechos, la prueba practicada y los fundamentos jurídicos en que apoyen sus pretensiones. 14038
El **plazo** para formular el escrito es de 10 días hábiles sucesivos para apelantes y apelados, siendo simultáneo para cada uno de estos grupos de partes, si en alguno de ellos ha comparecido más de una persona y no actúan unidos bajo una misma representación.

Terminación (LJCA art.74.8 y 85.8 a 10) El procedimiento termina normalmente con la **sentencia** dictada por el tribunal competente. 14040 MPCA nº 4498
Celebrada la vista o presentadas las conclusiones, el letrado de la Administración de Justicia declara que el pleito ha quedado concluso para sentencia, que debe dictar en el **plazo** de 10 días hábiles contados desde dicha declaración.
La sentencia no puede agravar la situación jurídica del recurrente como consecuencia exclusiva de su impugnación -prohibición de la **reforma peyorativa**- y debe decidir sobre cuantas cuestiones hayan sido objeto de debate, entrando en el **fondo del asunto**, incluso cuando la sala revoca la sentencia impugnada que declara la inadmisibilidad del recurso contencioso-administrativo.
La ley prevé el **desistimiento** como otra forma de terminación del procedimiento, de manera que, una vez desistido el recurso, el tribunal debe dictar un auto declarando terminado el procedimiento, ordenando el archivo de los autos y la devolución de las actuaciones recibidas al órgano jurisdiccional de procedencia.

Precisiones Cabe el **empeoramiento de la situación** generada por la sentencia impugnada en atención a la adhesión a la apelación de la contraparte o de un recurso contrario paralelo.

Costas (LJCA art.139) Se imponen al **recurrente** si se desestima totalmente el recurso, salvo que la sala aprecie motivos para la no imposición; y al **recurrido** si se estima en su totalidad aquel, con igual salvedad. 14042
En **primera o en única instancia**, el condenado en costas ha de abonar una cantidad total que no exceda de la tercera parte de la cuantía del proceso, por cada uno de los favorecidos por la condena, valorándose a estos solos efectos en 18.000 las pretensiones de cuantía indeterminada, salvo decisión razonada del tribunal atendida la complejidad del asunto.
En sede de **recurso**, la cuantía de las costas impuestas puede ser la totalidad de estas, una parte o hasta una cifra máxima. Esta facultad presenta un contenido muy amplio, ya que se refiere a las costas sin limitación alguna, de tal manera que puede ser aplicada, solo a alguna o algunas de las diversas partidas o conceptos susceptibles de incluirse en ellas conforme a la LEC art.241.1, o a todas (TS auto 5-3-13, EDJ 27852).

B. Recurso de casación

(LJCA art.86 a 94; LOPJ art.5.4)

Se trata de un recurso **extraordinario** y esencialmente **formalista**, que tiene como principal finalidad la depuración del ordenamiento jurídico, eliminando del mismo y de su interpretación jurisprudencial, las deficiencias que pueden existir en la sentencia impugnada, a fin de lograr una aplicación correcta y uniforme las normas legales, así como la unidad y certidumbre en las resoluciones judiciales (TS 14-12-95, EDJ 24364). 14050 MPCA nº 4505 s.
Por tanto, no resuelve la **controversia entre las partes**, ni decide entre los intereses contrapuestos de estas (TS 26-1-95, EDJ 24362; 2-3-95, EDJ 24389; 30-6-95, EDJ 24354; 3-4-98, EDJ 4375). En definitiva, la casación se proyecta **contra la sentencia de instancia**, no contra la actuación administrativa (TS 25-3-03, EDJ 7051), aunque, indirectamente, afecte a esta.

Precisiones 1) El recurso debe tener, potencialmente, **efecto útil**: capacidad de alterar el pronunciamiento de la resolución recurrida; de forma que, en otro caso, el recurso no podrá prosperar. Aunque no sean conformes a Derecho los razonamientos de la sentencia o resolución recurrida, en todo o en parte, ello no debe traducirse en el éxito de la pretensión estimatoria en casación, por ser ajustada a Derecho la decisión final (TS 1-12-20, EDJ 744534; 27-9-22, EDJ 695285). También se aplica en relación con la posibilidad del recurso para generar, confirmar, matizar o alterar doctrina jurisprudencial, de forma que se inadmita el recurso en otro caso.
2) No resulta de aplicación a la casación contencioso-administrativa el régimen de la **casación civil**, pues la supletoriedad de la LEC solo opera en caso de laguna o vacío en la LJCA, que en este ámbito no existe (TS auto 8-2-19, EDJ 508545; 22-9-21, EDJ 697195).

1. Aspectos generales

14060 **Competencia** (LJCA art.12.2 y 86.1) La tiene atribuida la Sala de lo Contencioso-Administrativo del **Tribunal Supremo**, sea cual fuere la resolución recurrida, sin perjuicio de lo indicado en el nº 14080, respecto del recurso de casación autonómico.

14065 MPCA nº 4520 **Legitimación activa** (LEC art.448; LJCA art.89.1) La legitimación en casación, activa y pasiva, no se somete a una regla distinta y autónoma de la **regla general** (nº 11740), por lo que es la relación jurídico-procesal de instancia la que determina quién puede intervenir como parte en casación y en qué concepto (TS auto 25-4-18, EDJ 72581), pero la posición procesal en el recurso debe guardar **coherencia** con la que parte mantuvo en la instancia (TS auto 19-7-19, EDJ 652469).

Así, pueden interponer el recurso quienes **hayan sido parte**, como actor o demandado, en el procedimiento a que se contraiga la sentencia y resulten perjudicados por ella. Por ello, como regla, la parte que ha obtenido sentencia favorable carece de legitimación para recurrirla (TS auto 16-7-18, EDJ 528546).

La legitimación se amplía a quienes **pudieron o debieron haber sido parte** en el proceso de instancia, lo cual puede tener lugar:

• Cuando la falta de personación obedeció a **causas no imputables** a quien pretende recurrir, como por ejemplo la falta de emplazamiento en la instancia de algún interesado en el proceso.

• Cuando la no intervención en el proceso fue **voluntaria**, respecto de quienes habiendo sido debidamente emplazados, no fueron parte por voluntad propia; pues no existe obligación para el recurrente de personarse en el procedimiento de instancia antes de la sentencia, pero sí dentro del plazo legalmente establecido para la preparación del recurso de casación (TS auto 13-12-12, EDJ 311237; 29-3-17, EDJ 58369; 25-5-17, EDJ 88767).

En el ámbito del **Tribunal de Cuentas**, se amplía la legitimación para interponer este recurso, pues también se reconoce al Ministerio Fiscal (L 7/1988 art.82.3).

Precisiones **1)** Se ha de considerar superada la doctrina jurisprudencial que negaba la legitimación activa al interesado no interviniente que ha tenido **pleno conocimiento** de la existencia e incidencias de la pretensión ejercitada (TS 26-5-97, EDJ 3470; 14-7-97, EDJ 4795).

2) Las reglas contenidas en LEC art.497, sobre **notificación de la resolución** finalizadora del proceso al demandado rebelde, no son aplicables en el recurso de casación contencioso-administrativo (TS auto 18-12-20, EDJ 771190).

14070 MPCA nº 4525 **Sentencias recurribles** (LJCA art.86) Son susceptibles de impugnación en casación ante la Sala Tercera del Tribunal Supremo, las sentencias dictadas por los siguientes **órganos judiciales**:

- Secciones de lo Contencioso-Administrativo de los **Tribunales de Instancia o Tribunal Central de Instancia** -hasta su constitución, juzgados o juzgados centrales de lo contencioso-administrativo-, en única instancia, siempre que contengan doctrina que se reputa gravemente dañosa para los intereses generales y sean susceptibles de extensión de efectos -requisitos cumulativos, no alternativos (TS auto 22-3-17, EDJ 45059; 5-6-17, EDJ 96401)-;
- Sala de lo Contencioso-Administrativo de la **Audiencia Nacional**, en única instancia o en apelación; y
- Salas de lo Contencioso-Administrativo de los **Tribunales Superiores de Justicia**, en única instancia o en apelación.

Igualmente, las **resoluciones del Tribunal de Cuentas** en materia de responsabilidad contable (L 7/1988 art.80 s.). Son recurribles las sentencias definitivas pronunciadas por las salas de este Tribunal en apelación o en única instancia, con independencia de la cuantía del procedimiento en el que se hubieran dictado (TS auto 31-5-17, EDJ 140479; 15-6-17, EDJ 124965). Ver nº 18265.

14072 Precisiones **1)** El régimen de recurso de casación frente a **sentencias de juzgados o juzgados centrales** de lo contencioso-administrativo -desde su transformación, Secciones de lo Contencioso-Administrativo de los Tribunales de Instancia o Central de Instancia-, que formalmente sigue resultando de LJCA art.86.1, debe considerarse sin embargo vaciado de contenido a partir de 20-3-2024, fecha de entrada en vigor del RDL 6/2023.

Efectivamente, a partir de esa fecha se prevé recurso de apelación contra las sentencias de los juzgados siempre que sean susceptibles de extensión de efectos (LJCA art.81.2.e; nº 14015), lo que ha vaciado de contenido la disposición de LJCA art.86 en lo referente a la posibilidad de interponer recurso de casación contra las sentencias de los juzgados citados, pues todos los supuestos en los que ello era posible ahora son susceptibles de recurso de apelación, al que ordinariamente han de quedar sujetas las sentencias de primera instancia. Por ello, no pueden ser objeto de admisión recursos de casación directos contra sentencias de los juzgados de lo contencioso-administrativo, una vez en vigor la modificación legal citada (TS auto 19-6-24, EDJ 592712).

2) No son recurribles las **sentencias desestimatorias** dictadas por los juzgados o juzgados centrales de lo contencioso-administrativo -desde su transformación, Secciones de lo Contencioso-Administrativo del Tribunal de Instancia o Central de Instancia-, porque una sentencia de estas no reconoce ninguna situación jurídica individualizada a la parte actora que sea susceptible de extensión de efectos (TS auto 22-3-17, EDJ 45046).

Exclusiones (LJCA art.86.2) Las exclusiones al recurso se limitan a las siguientes: 14075 MPCA nº 4527
a) Las sentencias dictadas en el procedimiento para la **protección del derecho fundamental de reunión** (nº 13250).
b) Las dictadas en los **procesos contencioso-electorales** (nº 13340).

Recurso de casación autonómica (LJCA art.86.3) Cuando el recurso se funde en **infracción de normas autonómicas** es competente una sección especial de la sala de lo contencioso-administrativo del Tribunal Superior de Justicia. 14080 MPCA nº 4530 s.
Dicha **sección especial** debe estar compuesta por el presidente de la sala -que actuará como presidente-, por el presidente o presidentes de las demás salas de lo contencioso-administrativo y, en su caso, de las secciones de las mismas, en número no superior a dos, y por los magistrados de la referida sala o salas necesarios para completar un total de cinco miembros.
Si la Sala o Salas de lo Contencioso-Administrativo tienen **más de una sección**, la de Gobierno del Tribunal Superior de Justicia debe establecer para cada año judicial el turno con arreglo al cual los presidentes de sección ocuparán los puestos de la sección indicada. También lo debe establecer entre todos los magistrados que presten servicio en la sala o salas.
La casación autonómica se da frente a sentencias de las Secciones de lo Contencioso-Administrativo de los **Tribunales de Instancia** -hasta su constitución, los juzgados de lo contencioso-administrativo-, de ámbito provincial, en los mismos supuestos y con los mismos requisitos previstos en la regulación del recurso de casación estatal ante el Tribunal Supremo (TSJ Madrid auto 17-5-17, EDJ 72091).
Es discutible si se da frente a las sentencias emanadas de los propios **Tribunales Superiores de Justicia** (a favor TSJ Madrid auto 17-5-17, EDJ 72091; TSJ C.Valenciana 13-3-17, Rec 82/17; en contra, TSJ Cataluña auto 10-5-17, EDJ 87499). No obstante, se ha declarado inadmisible contra sentencias dictadas en única instancia por el pleno de la **Sala única**, de lo Contencioso-Administrativo, del Tribunal Superior de Justicia (TCo auto 41/2018).
En caso de posible concurrencia con el **recurso de casación estatal**, es regla general la prioridad de este sobre la casación autonómica (TS auto 17-7-17, EDJ 188458).

Precisiones 1) En la casación autonómica se aplican las normas rectoras del recurso, refiriéndose la exigencia de **interés casacional objetivo** a la formación de doctrina jurisprudencial del respectivo Tribunal Superior de Justicia (TSJ Madrid auto 14-6-17, EDJ 214698; auto 15-6-17, EDJ 214699).
2) Las mencionadas **secciones** especiales se configuran y actúan básicamente como divisiones funcionales de las salas de lo contencioso-administrativo y no como órganos judiciales con una composición y un ámbito competencial singularizados con respecto a los de dichas salas. No constituyen órganos judiciales distintos a los efectos de la doctrina constitucional sobre el alcance de la reserva de ley orgánica -Const art.122.1-, por lo que no tienen necesariamente que regularse por ley orgánica (TCo 128/2018; 26/2019).

Sobre la correcta interpretación de la regulación sobre el recurso de casación contencioso-administrativo por infracción de norma autonómica, ha recaído la siguiente **doctrina constitucional** (TCo 98/2020; 99/2020; 136/2020): 14082
• El recurso de casación autonómica está encaminado a sustituir a los anteriores de casación para unificación de doctrina y de casación en interés de la ley (suprimidos por LO 7/2015), por lo que la **finalidad unificadora** de la interpretación y aplicación del Derecho autonómico debe ser asumida por los Tribunales Superiores de Justicia.
• El nuevo recurso ha sido creado con una **configuración** «paralela» a la casación por infracción de la normativa estatal o de la Unión Europea y a la regulación de dicho recurso ante el Tribunal Supremo se remite implícitamente el de casación autonómico.
• Se descartan los argumentos siguientes para sustentar la tesis de la inexistencia de casación autonómica frente a las **sentencias de la propia Sala** de lo Contencioso-Administrativo de un Tribunal Superior de Justicia: la necesidad de ley orgánica para introducir el recurso de casación por infracción de norma autonómica; que tal exigencia de rango normativo orgánico sea preciso para la configuración del órgano judicial competente para su enjuiciamiento y resolución; el referido a que la LOPJ debería haber establecido un órgano judicial específico para asignarle la competencia de la casación autonómica; y que la unificación de criterios en la aplicación de la norma autonómica la suplan los plenos jurisdiccionales previstos en LOPJ art.264.

• Es función propia de la sección de casación de la respectiva sala de lo contencioso-administrativo la **interpretación y aplicación de la norma legal** que regula la casación autonómica, pero ha de respetar la finalidad unificadora de doctrina, propia de este recurso, y su configuración paralela a la casación por infracción de norma estatal o de la Unión Europea, a cuya regulación implícitamente se remite.

• No da cumplimiento a la exigencia de configuración paralela reconocer la posibilidad de casación autonómica frente a las sentencias de los **órganos unipersonales** y, en cambio, no hacer lo propio respecto a las sentencias dictadas por la propia **Sala de lo Contencioso-Administrativo** del respectivo Tribunal Superior de Justicia. Esta circunstancia también contraviene la doctrina constitucional que alude a la remisión implícita al procedimiento de tramitación y resolución del recurso de casación por infracción de normativa estatal o de la Unión Europea.

14085 **Pretensiones y ámbito** (LJCA art.87 bis) El recurso de casación se limita a las **cuestiones de derecho**, con exclusión de las cuestiones de hecho (TS auto 10-11-21, EDJ 753804), sin perjuicio de la capacidad del Tribunal Supremo de integración de los **hechos probados** en instancia con otros omitidos por esta, que estén suficientemente justificados según las actuaciones y cuya toma en consideración resulte necesaria para apreciar la infracción alegada (LJCA art.93.3).

Las pretensiones del recurso de casación deben tener por **objeto** la anulación, total o parcial, de la sentencia impugnada y, en su caso, la devolución de los autos al tribunal de instancia o la resolución del litigio por la Sala Tercera del Tribunal Supremo, dentro de los términos en que aparezca planteado el debate.

Precisiones 1) El recurso de casación no autoriza una **revisión completa** de lo declarado en la instancia, sino a comprobar que los tribunales, al dictar sentencia, se atienen a las normas que resulten procedentes. El objeto del recurso no es la actividad administrativa originariamente impugnada, sino la misma **sentencia recurrida**. Por ello, no puede invocarse que la sentencia de instancia vulnera determinados preceptos cuando la sala de instancia ni recurre a dichos preceptos ni los toma en consideración a ninguno de los efectos de su decisión, por lo que difícilmente pueden estimarse vulnerados (TS 25-2-16, EDJ 13091).

2) Aunque a veces quepa utilizar el recurso de casación como medio para obtener una impropiamente llamada «segunda instancia» frente a sanciones administrativas de naturaleza penal o asimilable -doctrina Saquetti Iglesias-, el recurso no ve alterada su naturaleza (TS 27-6-24 EDJ 605626).

3) La doctrina tradicional, conforme a la cual las cuestiones relativas a la **valoración de la prueba**, en caso de falta de lógica, irracionalidad o arbitrariedad, podían valorarse en casación excepcionalmente, debe tomarse con mayor excepcionalidad -y casi exclusión- en el actual régimen del recurso, cuyo objeto es claramente ajeno a los aspectos casuísticos y circunstanciados (TS auto 9-2-23, EDJ 511723). En todo caso, no son cuestiones de hecho las cuestiones jurídicas relativas a la **carga de la prueba**, sin discusión de su valoración, o las que derivan de los hechos (TS auto 10-5-19, EDJ 578182).

La solicitud por el recurrente del empleo por el Tribunal Supremo de su facultad de **integración de los hechos** no puede permitir una nueva valoración de la prueba (TS auto 29-1-18, EDJ 3147).

14090 MPCA nº 4540 **Aspectos formales de los escritos** (LJCA art.87 bis.3) Puede determinarse la **extensión máxima y otras condiciones** extrínsecas, incluidas las relativas a su presentación por medios telemáticos, de los escritos de interposición y de oposición de los recursos de casación, mediante acuerdo de la Sala de Gobierno del Tribunal Supremo, publicado en el BOE.

Así se ha hecho, mediante Acuerdo TS Sala de Gobierno 20-4-16.

Precisiones Los criterios contenidos en dicho acuerdo tienen **carácter meramente orientativo**. Su desatención o incumplimiento no puede revestir por sí mismo consecuencia desfavorable alguna para el recurrente en sede de admisión del escrito de que se trate (TS auto 6-7-17, EDJ 141775, respecto del escrito de preparación).

14095 MPCA nº 4575 s. **Interés casacional objetivo** (LJCA art.88) El recurso de casación puede ser **admitido a trámite** cuando, invocada una concreta infracción del ordenamiento jurídico, tanto procesal como sustantiva, o de la jurisprudencia, la sala llamada a conocer del recurso estime que este presenta interés casacional objetivo para la formación de jurisprudencia.

El concurso de este interés constituye un **presupuesto de procedibilidad** (TS 15-4-21, EDJ 538323).

A este respecto se establecen ciertos **supuestos tasados**, en los que el Tribunal de casación puede «apreciar que existe interés casacional objetivo» (nº 14097), así como unas **presunciones** de que existe interés casacional objetivo (nº 14105).

Precisiones 1) El concurso de interés casacional es un extremo que no puede apreciar el **órgano jurisdiccional de instancia**, sino el Tribunal Supremo (TS auto 2-2-17, EDJ 5701). Sí puede y debe aquel contrastar que se incluye formalmente en el escrito de preparación la justificación de su presencia (TS auto 28-2-17, EDJ 20726).

2) Habida cuenta del carácter objetivo del interés casacional, no concurrirá generalmente en **controversias puramente fácticas**, singularizadas o casuísticas, carentes de una dimensión hermenéutica que permita apreciar su proyección potencial a otros asuntos; lo que no significa convertir la casación en un recurso sobre controversias abstractas (TS auto 26-9-18, EDJ 586630), pues la concurrencia del interés casacional ha de fundarse por referencia a las circunstancias de caso (TS auto 9-3-22, EDJ 521364); sin que el mero **error en la aplicación de la norma** determine la existencia de dicho interés, lo que equipararía toda infracción del ordenamiento con el interés en estudio (TS auto 21-11-22, EDJ 768469).
Por otra parte, el interés lo es para la **formación de la jurisprudencia**; luego, si esta ya está formada por existir criterio del Tribunal Supremo, no concurrirá aquel (TS auto 7-6-19, EDJ 618379; auto 27-10-22, EDJ 727699), salvo que el recurso se funde en la necesidad de aclararla, matizarla, reafirmarla si es desconocida o rectificarla (TS auto 8-2-23, EDJ 553458).
3) La **justificación de la conveniencia de la admisión** del recurso es adicional a la del concurso del interés casacional objetivo, y da lugar a una valoración con un margen de apreciación discrecional (TS 16-11-22, EDJ 740341).
4) Sobre el concurso de interés casacional objetivo en el ámbito del **recurso de casación autonómica**, ver nº 4575 Memento Procesal Contencioso-Administrativo 2026.

Supuestos tasados (LJCA art.88.2) El Tribunal de casación puede apreciar que existe interés casacional objetivo, motivándolo expresamente en el auto de admisión, cuando, entre otras circunstancias, la resolución que se impugna: **14097**
• Fije, ante **cuestiones sustancialmente iguales** -aunque sin exigir rígidamente identidad fáctica (TS auto 7-2-17, EDJ 6986)-, una interpretación de las normas de Derecho estatal o de la Unión Europea en las que se fundamenta el fallo contradictoria con la que hayan establecido otros órganos jurisdiccionales -incluso de otros órdenes de la jurisdicción (TS auto 21-3-17, EDJ 25995; 19-6-17, EDJ 124971) o de la jurisdicción castrense-, aunque no sea como *ratio decidendi* (TS auto 17-5-17, EDJ 66335). En este caso, se han de identificar las sentencias de contraste.
• Siente una doctrina sobre dichas normas que pueda ser gravemente **dañosa para los intereses generales**. Debe incorporarse una justificación razonable del daño invocado, con información complementaria, en su caso.
• Afecte a un **gran número de situaciones**, bien en sí misma o por trascender del caso objeto del proceso; con la debida justificación (TS auto 8-5-17, EDJ 66330), salvo en supuestos de notoriedad evidente (TS auto 24-5-17, EDJ 84410) y sin que pueda identificarse con la mera aplicación de normas (TS auto 28-4-17, EDJ 55212).

• Resuelva un debate que haya versado sobre la **validez constitucional** de una norma con rango de ley, sin que la improcedencia de plantear la pertinente cuestión de inconstitucionalidad aparezca suficientemente esclarecida. Ha de especificarse la cuestión prejudicial propuesta en el curso de los autos y su justificar o razonar su carácter relevante para la resolución del asunto. **14099**
• Interprete y aplique, aparentemente con **error** y como fundamento de su decisión, una **doctrina constitucional**. Es exigible la identificación de esta doctrina, con referencia a concretas resoluciones del Tribunal Constitucional y la explicación del error interpretativo o aplicativo de la doctrina identificada, por referencia al caso concreto.
• Interprete y aplique el **Derecho de la Unión Europea** en contradicción aparente con la jurisprudencia del Tribunal de Justicia o en supuestos en que aun pueda ser exigible la intervención de este a título prejudicial, por haber resuelto el órgano de instancia en contradicción con aquella jurisprudencia (TS auto 14-6-17, EDJ 99624), aun aparente (TS auto 7-6-17, EDJ 99620) o por existir divergencias entre los órganos jurisdiccionales españoles al respecto de un precepto interno por relación al Derecho de la Unión (TS auto 24-5-17, EDJ 77547). En los mismos términos que en el punto anterior, ha de concretarse la doctrina del Tribunal, con cita de sentencias, y el error, referido al caso.
Ha de tenerse presente el régimen de las cuestiones prejudiciales ante el Tribunal de Justicia, en relación con el interés casacional, pudiendo residenciarse este en la falta de intervención de dicho Tribunal en sede prejudicial, respecto de la interpretación de una norma del Derecho de la Unión o en relación con la validez de un acto de órganos, instituciones u organismos de la Unión.

• Resuelva un proceso en que se impugnó, directa o indirectamente, una **disposición de carácter general**. En este supuesto puede incluirse, con carácter general, la sentencia resolutoria de una cuestión de legalidad. **14100**
• Resuelva un proceso en que lo impugnado fue un **convenio** celebrado entre Administraciones públicas.
• Haya sido dictada en el procedimiento especial de **protección de derechos fundamentales**.

Precisiones La **incongruencia omisiva** solo es relevante en casación si tiene interés casacional objetivo la cuestión jurídica que no ha sido abordada (TS auto 19-6-17, EDJ 124970). Cuando se denuncia una incongruencia de esta clase, referida a las concretas circunstancias del litigio en el que se dice producida, pesa sobre quien anuncia la casación la carga de explicar en el escrito de preparación no solo que tal vicio efectivamente se ha producido, sino también que esa infracción ha repercutido en un **deficiente análisis** de una cuestión sustantiva que está dotada de interés casacional (TS auto 12-7-17, EDJ 150677).

Este vicio *in procedendo* puede presentar interés casacional objetivo si ha **repercutido en la aplicación o inaplicación** de una norma o jurisprudencia, para la resolución de alguna de las cuestiones suscitadas en el proceso, sobre cuya interpretación y alcance se invoca y justifica por la parte interés casacional objetivo (TS auto 21-3-17, EDJ 22806). Lo mismo puede afirmarse del **defecto de motivación**.

14105 **Presunciones de concurso de interés casacional** (LJCA art.88.3) Se establece además la presunción de que existe el indicado interés casacional objetivo cuando:

a) En la resolución impugnada se hayan aplicado normas en las que se sustente la razón de decidir sobre las que **no exista jurisprudencia**. En este supuesto, ha de identificarse claramente el problema planteado, alegar la inexistencia de doctrina jurisprudencial e individualizar la norma sobre la que se pretende una resolución del Tribunal Supremo (TS auto 15-3-17, EDJ 23526; 14-6-17, EDJ 106552; 21-6-17, EDJ 110659).

La necesidad de **matización o precisión** de la jurisprudencia existente puede ser equivalente, en su caso, a su inexistencia. Esta puede ser, por tanto, relativa.

b) Dicha resolución se aparte deliberadamente de la **jurisprudencia existente** al considerarla errónea (TS auto 8-3-17, EDJ 15437; 14-6-17, EDJ 106552) o de modo inmotivado, pese a haber sido citada en el debate o ser doctrina asentada. Al menos, han de citarse dos sentencias del Tribunal Supremo, con explicación del porqué se considera que concurre violación o desconocimiento de la jurisprudencia en la sentencia impugnada.

c) La sentencia recurrida declare la **nulidad de una disposición de carácter general**, salvo que esta, con toda evidencia, carezca de trascendencia suficiente.

d) Resuelva recursos contra actos o disposiciones de los **organismos reguladores** o de supervisión o agencias estatales cuyo enjuiciamiento corresponde a la Sala de lo Contencioso-Administrativo de la Audiencia Nacional.

e) Resuelva recursos contra actos o disposiciones de los gobiernos o consejos de gobierno de las **comunidades autónomas**.

14107 No obstante, se establece una distinción entre los supuestos señalados:

• En los **supuestos a), d) y e)** anteriores, el recurso puede inadmitirse por auto motivado cuando el Tribunal aprecie que el asunto -no tanto la materia del recurso considerada en abstracto cuanto el concreto objeto de decisión planteado en el escrito de preparación (TS auto 6-3-17, EDJ 17089; 3-4-17, EDJ 32829; 5-6-17, EDJ 96376)- carece manifiestamente de interés casacional objetivo para la formación de jurisprudencia. De esta forma, la presunción de concurso de interés casacional objetivo en estos supuestos tiene naturaleza de **presunción «iuris tantum»** -con posible prueba en contra-.

• En el resto de supuestos se trata de **presunciones «iuris et de iure»**.

El concurso de interés casacional ha de **motivarse expresamente** en el auto de admisión.

Precisiones **1)** Las exigencias de **acreditación, invocación, justificación o razonamiento** aludidas en el texto se deben incorporar al escrito de preparación (nº 14125). No basta con la mera cita del correspondiente apartado de LJCA art.88.3 para que opere la presunción y se dé acceso a la casación. Es precisa una **argumentación suficiente** (TS auto 25-1-17, EDJ 5835).

2) La forma de **auto** -LJCA art.90.3.b- no resulta exigible cuando se constata que no concurre el presupuesto para que opere la presunción legal que se invoca (TS auto 30-3-17, EDJ 32831).

14110 **Reexamen en casación de sanciones materialmente penales confirmadas por sentencia** Ha de hacerse una distinción entre las infracciones penales y las administrativas que deben ser consideradas de naturaleza penal y, por tanto, se someten a las **garantías** propias de estas infracciones, excluyendo aquellas otras infracciones administrativas que no tienen dicha naturaleza y, por tanto, no se someten a ese grado de garantías -conforme a CEDH Protocolo nº 7 art.2- (TEDH 30-6-20, núm 50514/13: doctrina Saquetti).

La exigencia de revisión por un tribunal superior de la sentencia confirmatoria de una **resolución administrativa** por la que se impone una sanción de naturaleza materialmente penal, puede hacerse efectiva mediante la interposición de recurso de casación, si en el escrito de preparación se justifica la naturaleza penal de la infracción objeto de sanción y el fundamento de las infracciones imputadas a la sentencia recurrida al confirmar la resolución administrativa sancionadora (TS 25-11-21, EDJ 772113; 20-12-21, EDJ 806518; 27-6-24, EDJ 605626).

Ahora bien, el hecho de que **se admita el recurso** no comporta que, en todo caso, el Tribunal Supremo deba proceder al reexamen de la sentencia que confirma la resolución sancionadora (TS 20-6-24, EDJ 600523). La decisión sobre la posible **naturaleza penal** debe realizarse en el trámite de admisión (TS 22-7-24, EDJ 626407), teniendo presentes y respetando las **limitaciones** propias del recurso de casación (TS 23-7-24, EDJ 632421).

Precisiones **1)** Los **criterios para determinar la naturaleza** de la infracción y sanción correspondiente son los resultantes de la doctrina del TEDH:
- **legalidad** interna: la calificación conforme al ordenamiento interno, mero punto de partida no decisivo;
- **naturaleza** de la infracción: en función de las personas sometidas a la norma sancionadora, los intereses protegidos -de carácter general o propios de la Administración-, la existencia o inexistencia de un objetivo de disuasión y represión, calificable como de prevención general;
- **gravedad** de la sanción: vinculado al criterio anterior, en ocasiones: especial relevancia, cuantía, en relación con la capacidad económica del sancionado, privación de libertad, prohibición accesoria de ejercicio de actividad (TS 10-2-25, EDJ 506638).

Solo es posible en un examen *a posteriori* de la sanción, es decir, valorando todas las circunstancias y no solo las subjetivas y objetivas del sancionado y la conducta, sino incluso la misma motivación de la resolución que deja firme la sanción conforme al Derecho interno (TCo 71/2022; TS 20-6-24, EDJ 600523).

Estos criterios resultan igualmente del denominado «**Test Engel**» (TEDH 8-6-76, núm 5100/1971), del que resulta un concepto autónomo de sanción penal para determinar el ámbito objetivo del CEDH Protocolo 7º art.2.2, 6 y 7.

2) Se considera con carácter general que una sanción de **cuantía no superior a 30.000 euros** no genera derecho a reexamen, dado que se excluyen de recurso de apelación cuando su conocimiento se atribuye a los juzgados de lo contencioso-administrativo (LJCA art.81.1.a), de acuerdo con un criterio de analogía (TS 23-7-24, EDJ 632423).

Dado que la jurisprudencia del TEDH no asimila el **derecho al reexamen** a una segunda instancia, sino a un mero segundo examen, con los límites que establezca la normativa nacional, este importe se toma analógicamente pues, si el legislador nacional, por debajo de dicha cuantía, excluye la doble instancia, con mayor fundamento se debe excluir el derecho al reexamen; no en términos absolutos, sino como criterio orientador y sin perjuicio de que pueda justificarse que, incluso por debajo del mismo, sea procedente el reexamen, atendiendo a las circunstancias acreditadas del sancionado (TS 31-3-25, EDJ 538993).

3) El derecho al reexamen se predica de la infracción y de la sanción impuesta y confirmada, no de las **consecuencias u obligaciones accesorias**, como la reparación del daño o las prohibiciones derivadas. Por ello, estas no pueden ser tomadas en consideración a estos efectos (TS 23-7-24, EDJ 632421).

4) La invocación de la «**doctrina Saquetti**» ha de hacerse de manera expresa e ineludible en el escrito de preparación, con justificación de la «naturaleza penal» de la infracción y sanción impuestas y de la concurrencia de interés casacional objetivo, pues este es condición necesaria para la admisión del recurso. Sin este, la imposición de una sanción materialmente penal no permite que el recurso sea admitido (TS auto 8-2-24, EDJ 506273; 9-10-24, EDJ 708067).

La aplicación de los principios de esta doctrina tiene implicaciones en sede de recurso de revisión frente a sentencias firmes dictadas en el **proceso contencioso-disciplinario militar**.

2. Procedimiento

A continuación se exponen los aspectos esenciales del procedimiento del recurso de casación, que comprende los siguientes **trámites**: preparación (nº 14125), admisión (nº 14140), ejecución provisional (nº 14145), interposición (nº 14150) y sentencia (nº 14160). **14120**

Preparación (LJCA art.89) El recurso de casación se prepara ante la sala o la sección -juzgado- de instancia en el **plazo** de 30 días desde el siguiente al de la notificación de la resolución que se recurre. **14125** MPCA nº 4595 s.

Precisiones **1)** El **plazo** de preparación del recurso es perentorio, improrrogable y preclusivo, y una vez transcurrido, se tendrá por caducado el derecho al mismo (TS auto 15-6-04, EDJ 82915; auto 7-10-04, EDJ 221880; auto 31-5-10, EDJ 81199).

En el recurso de casación, tanto el escrito de preparación como el de interposición del recurso están sometidos al régimen de **exclusión de subsanación de la caducidad** del recurso por haberse presentado fuera del plazo concedido. Esto significa que debe inadmitirse el escrito, ya de preparación ya de interposición, presentado dentro mismo día en que sea notificada la caducidad (LJCA art.128; TS Pleno Acuerdo no jurisdiccional 3-11-21, EDJ 883371; en contra, respecto del de interposición TS auto 9-9-20, EDJ 658404).

2) No procede tener por preparado en plazo el **recurso contra una sentencia ya firme** por quien afirma que no se le notificó la misma. En tal caso, ha de instarse la nulidad de actuaciones mediante incidente al efecto (TS 8-6-22, EDJ 599964).

14130 **Escrito de preparación** (LJCA art.89.2) El escrito de preparación debe, en apartados separados encabezados con un epígrafe expresivo de su contenido:

a. Acreditar el cumplimiento de los **requisitos** reglados en orden al plazo, la legitimación y la recurribilidad de la resolución que se impugna.

b. Identificar con precisión las **normas** o la **jurisprudencia** que se consideran infringidas, justificando que fueron alegadas en el proceso, o tomadas en consideración por la sala de instancia, o que esta hubiera debido observarlas aun sin ser alegadas.

c. Acreditar, si la infracción imputada lo es de normas o de jurisprudencia relativas a los actos o garantías procesales que produjo **indefensión**, que se pidió la subsanación de la falta o transgresión en la instancia, de haber existido momento procesal oportuno para ello.

d. Justificar que las infracciones imputadas han sido **relevantes y determinantes** de la decisión adoptada en la resolución que se pretende recurrir. Sobre el juicio de relevancia, ver nº 14134.

e. Justificar, en el caso de que esta hubiera sido dictada por la sala de lo contencioso-administrativo de un **Tribunal Superior de Justicia**, que la norma supuestamente infringida forma parte del Derecho estatal o de la Unión Europea.

f. Especialmente, fundamentar con singular referencia al caso, que concurren alguno o algunos de los supuestos que permiten apreciar el **interés casacional** objetivo y la conveniencia de un pronunciamiento de la Sala Tercera del Tribunal Supremo (nº 14095 s.).

El escrito ha de redactarse en **castellano**. De no haberse hecho así, procede requerir su subsanación y, en caso de no subsanarse, ha de tenerse por no preparado el recurso (TS auto 20-1-20, EDJ 507077).

Sobre los **aspectos formales** del escrito de preparación ver nº 14090.

Precisiones 1) El escrito de preparación tiene que precisar las **específicas infracciones normativas o jurisprudenciales** que se pretenden denunciar y desarrollar en fase de interposición; no es suficiente la cita genérica de normas, han de mencionarse los concretos preceptos vulnerados (TS auto 9-7-15, EDJ 175258; 7-6-17, EDJ 124943).

2) En caso de que se invoque en sede casacional **incongruencia omisiva** cometida por la sentencia que se recurre, es preciso acreditar como presupuesto de procedibilidad, haber instado infructuosamente el complemento de la resolución -LOPJ art.267.5; LEC art.215.2- (TS auto 6-7-17, EDJ 141775; 1-3-17, EDJ 11469; 31-5-17, EDJ 84403). Exigir el agotamiento del trámite específico de este incidente no es un requisito formal desproporcionado (TS auto 28-4-17, EDJ 55213). Ver nº 5345 s. Memento Procesal Civil 2026.

14132 Si el escrito de preparación **no se presenta en el plazo** indicado, la sentencia queda firme, declarándolo así el letrado de la Administración de Justicia mediante decreto. Contra esta decisión solo cabe el recurso directo de revisión (nº 14260).

Si, aun presentado en plazo, **no cumple los requisitos** expuestos, la sala de instancia, mediante auto motivado, tendrá por no preparado el recurso de casación, denegando el emplazamiento de las partes y la remisión de las actuaciones al Tribunal Supremo.

Contra este auto únicamente puede interponerse **recurso de queja** (nº 13980). Este recurso procede incluso cuando la causa de no tener por preparado el recurso es su extemporaneidad (TS auto 4-7-17, EDJ 133496). Ha de interponerse en el plazo de 10 días hábiles desde el siguiente al de notificación de la resolución que deniega la tramitación del recurso aportando copia del auto recurrido (TS auto 15-2-17, EDJ 20713). Se tramita sin traslado a la parte contraria, ni al Ministerio Fiscal (TS auto 8-5-24, EDJ 571390).

Si, por el contrario, **se cumplen los requisitos** exigidos, dicha sala, mediante auto con motivación suficiente de su concurrencia, tendrá por preparado el recurso de casación, ordenando el **emplazamiento** de las partes para su comparecencia dentro del plazo de 15 días ante la Sala Tercera del Tribunal Supremo, así como la remisión a esta de los autos originales y del expediente administrativo (LJCA art.89.5 y 6).

Puede emitir, facultativamente **opinión sucinta y fundada** sobre el interés objetivo del recurso para la formación de jurisprudencia, que unirá al oficio de remisión.

Contra el **auto en que se tenga por preparado** el recurso de casación, la parte recurrida no puede interponer recurso alguno, pero puede oponerse a su admisión al tiempo de comparecer ante el Tribunal Supremo, si lo hace dentro del término del emplazamiento.

Contra el **auto en que no se tenga por preparado** el recurso de casación, por incumplimiento de los requisitos legales, no cabe recurso de reposición, solo **recurso de queja** (TS auto 25-5-22, EDJ 586478; 10-4-24, EDJ 533400), cuyo objeto exclusivo es revisar la denegación de la preparación (TS auto 8-7-21, EDJ 634904). Contra la resolución de la queja no se da recurso alguno (LEC art.495.3; TS auto 21-6-19, EDJ 633316).

En caso de **estimación** del recurso de queja contra el auto de denegación de la preparación, la sala de instancia no puede denegar nuevamente tener por preparado el recurso por motivos distintos a los esgrimidos en su primera resolución (TS auto 5-3-21, EDJ 512423). Igualmente, el Tribunal Supremo, en trámite de admisión, puede denegar esta por razones ajenas a las tomadas en consideración en el recurso de queja interpuesto frente al auto de denegación de la preparación, que fue estimado (TS auto 28-5-18, EDJ 89613).

Precisiones 1) En el nuevo régimen del recurso de casación, el **órgano judicial de instancia** debe analizar desde una perspectiva formal el cumplimiento de los requisitos de plazo, legitimación y recurribilidad de la resolución, así como la constatación de que en el escrito de preparación hay un esfuerzo argumentativo tendente a la justificación de la relevancia de la infracción denunciada y su carácter determinante del fallo y también, en especial, si se contiene una argumentación específica, con singular referencia al caso, de la concurrencia de alguno o algunos de los supuestos que permiten apreciar el interés casacional objetivo.

No le corresponde en cambio enjuiciar si concurre o no la infracción de fondo alegada por el recurrente, ni pronunciarse sobre la efectiva concurrencia de interés objetivo casacional (TS auto 2-2-17, EDJ 5701; 24-4-17, EDJ 49723; 8-3-17, EDJ 36477).

2) El concurso de una **presunción de concurso de interés casacional** (nº 4550) no exime al recurrente del cumplimiento de los requisitos formales a los que se sujeta el escrito de preparación (TS auto 4-7-17, EDJ 135203).

3) Los requisitos y exigencias de la preparación **no son subsanables** (TS auto 22-5-17, EDJ 84360; 5-6-17, EDJ 96398; 13-7-17, EDJ 150680).

4) Queda desierta la casación en caso de **incomparecencia del recurrente** en plazo ante el Tribunal Supremo, sin que resulte de aplicación la regla de rehabilitación de LJCA art.128 (TS auto 3-6-21, EDJ 595722). La comparecencia se limita a la personación ante aquel, pero es imprescindible para que la tramitación continúe, pues en su defecto no se abre el trámite de admisión (TS auto 30-11-22, EDJ 756495).

La **personación** puede ser única en caso de comparecer la parte en calidad de recurrente y recurrido (TS auto 15-11-18, EDJ 696866). Se efectúa por medio de escrito de procurador, que no precisa firma de letrado, aunque su intervención es preceptiva en el recurso (TS auto 20-4-23, EDJ 554284).

5) Sobre la **motivación exigible al auto** que no tiene por preparado el recurso de casación, no es suficiente la afirmación en él de que concurre alguna circunstancia de LJCA art.90.4, sino que debe contener un razonamiento referido a la verificación de la satisfacción de los requisitos que dicho precepto reclama al escrito de preparación (TS auto 15-3-17, EDJ 31706; 1-6-17, EDJ 96386).

6) El auto de denegación de la preparación del recurso de casación por **infracción de Derecho autonómico** no es recurrible en queja ante el Tribunal Supremo, sino ante el tribunal superior de justicia correspondiente (TS auto 20-11-20, EDJ 729306; auto 25-3-21, EDJ 520990).

7) La queja no puede convertirse en un cauce de **subsanación de las deficiencias** del escrito de preparación (TS auto 20-4-23, EDJ 554306).

Juicio de relevancia (LJCA art.86.3 y 89.1.b) Cuando la resolución recurrida es una sentencia dictada por la sala de lo contencioso-administrativo de un Tribunal Superior de Justicia -o la Sección de lo Contencioso-Administrativo de un Tribunal de Instancia (hasta su constitución, por un juzgado de lo contencioso-administrativo)-, ha de justificarse que ha sido **relevante y determinante del fallo** de la sentencia la infracción de una norma estatal o comunitaria europea. **14134**

Se entiende por **relevancia** la incidencia que la aplicación de los preceptos infringidos tengan en la decisión adoptada por el tribunal de instancia (TS 19-3-13, EDJ 37358).

El juicio de relevancia debe efectuarse en el **escrito de preparación** del recurso de casación, expresando con toda claridad las normas sobre las que debe fundarse el recurso, indicando que son normas de Derecho estatal o comunitario, que han sido relevantes y determinantes del fallo desestimatorio que se impugna y que se refieren a cuestiones que fueron invocadas oportunamente en el proceso o tomadas en consideración por la sentencia (TS 25-10-13, EDJ 220121; 10-5-13, EDJ 89678).

Se entiende cumplido este requisito siempre que se justifique de modo suficiente, aun sucintamente (TS 4-12-18, EDJ 656604; 25-6-19, EDJ 627476), que la infracción de las normas de Derecho estatal que se citan como infringidas en la sentencia de instancia, tuvieron **relevancia y determinación en la decisión adoptada** (TS 15-10-13, EDJ 212074; 30-9-13, EDJ 187405).

Precisiones En los recursos en que sea preciso efectuar el juicio de relevancia, este será adicional a la justificación del concurso del **interés casacional objetivo** (nº 14095).

Esta es una carga que pesa sobre el recurrente y **no es subsanable** ni puede ser salvada de oficio por la sala, en perjuicio de la parte recurrida (TS auto 10-5-17, EDJ 74323; 8-5-00, EDJ 12242; 2-10-00, EDJ 33885; TCo auto 3/2000). En su ausencia, procede no tener por preparado el recurso de casación (TS auto 16-4-18, EDJ 52623).

Trámite de admisión (LJCA art.90) La admisión o inadmisión a trámite del recurso se decide por una **sección** específica de la Sala Tercera del Tribunal Supremo. **14140**

MPCA nº 4610

Recibidos los autos originales y el expediente administrativo, la sección indicada puede acordar -excepcionalmente y solo si las características del asunto lo aconsejan- **oír a las partes** personadas por plazo común de 20 días acerca de si el recurso presenta interés casacional objetivo para la formación de jurisprudencia. Este trámite de audiencia es potestativo para la sección, no un derecho de las partes (TS auto 13-7-22, EDJ 634568).

La **resolución** sobre la admisión o inadmisión del recurso debe adoptar la siguiente forma:
a) En los supuestos en los que ha de apreciarse la **existencia de interés casacional** objetivo para la formación de jurisprudencia (LJCA art.88.2: nº 14095), la resolución debe adoptar la forma de:
- auto, si acuerda la admisión a trámite;
- providencia, sucintamente motivada, si decide la inadmisión.

No obstante, si el órgano que dictó la resolución recurrida hubiera emitido **opinión sucinta y fundada** favorable a la admisión del recurso (nº 14132), la inadmisión se debe acordar por auto motivado.
b) En los supuestos en los que **se presume la existencia** de interés casacional objetivo (LJCA art.88.3: nº 14105), la inadmisión se debe acordar por auto motivado en el que se justificará que concurren las salvedades que se establecen en la norma.

Precisiones **1)** En cuanto a la **composición de la sección** citada, está integrada por el presidente de la sala y por un magistrado de cada una de sus restantes secciones, con la posibilidad, excepcional, de añadir uno más de una de estas si así lo aconseja el tipo de materias sobre las que mayoritariamente haya de versar la decisión de admisión en el periodo de tiempo en el que se mantendrá su composición.
Sobre su **renovación**, se establece que, con excepción del presidente de la sala, se renovará por mitad, transcurrido un año desde la fecha de su primera constitución, y en lo sucesivo cada 6 meses, mediante acuerdo de la Sala de Gobierno del Tribunal Supremo, que determinará sus integrantes para cada uno de los citados periodos y que se publicará en la página web del Poder Judicial.
2) La labor hermenéutica que impone el auto de admisión del recurso de casación -LJCA art.93.1- no puede hacerse en abstracto, prescindiendo del **objeto del litigio**, en los términos que resultan de la actuación administrativa recurrida y de las pretensiones afirmadas por las partes (TS 21-10-24, EDJ 717401; 6-2-25, EDJ 506637).

14142 Los **autos de admisión** tienen que precisar la cuestión o cuestiones en las que se entiende que existe interés casacional objetivo e identificar la norma o normas jurídicas que en principio serán objeto de interpretación, sin perjuicio de que la sentencia haya de extenderse a otras si así lo exige el debate finalmente trabado en el recurso.
Las **providencias de inadmisión** únicamente deben indicar si en el recurso de casación concurre una de estas circunstancias:
- ausencia de los requisitos reglados de plazo, legitimación o recurribilidad de la resolución impugnada;
- incumplimiento de cualquiera de las exigencias que se imponen para el escrito de preparación (LJCA art.89.2: nº 14125);
- no ser relevante y determinante del fallo ninguna de las infracciones denunciadas; o
- carencia en el recurso de interés casacional objetivo para la formación de jurisprudencia.

Contra las providencias y los autos de admisión o inadmisión no cabe **recurso** alguno.
El letrado de la Administración de Justicia de sala debe **comunicar inmediatamente a la sala de instancia** la decisión adoptada y, si es de inadmisión, le devolverá las actuaciones procesales y el expediente administrativo recibidos.
La inadmisión a trámite del recurso de casación comporta la imposición de las **costas** a la parte recurrente, pudiendo tal imposición ser limitada a una parte de ellas o hasta una cifra máxima.

Precisiones **1)** No es posible la **admisión o inadmisión parcial**. El recurso se admite o se inadmite, pero no se admite o inadmite de manera parcial (TS Pleno Acuerdo no jurisdiccional 3-11-21, EDJ 883371).
2) Los autos de admisión del recurso de casación se han de publicar en la **página web** del Tribunal Supremo.

14144 **Tramitación preferente y suspensión** (LJCA art.94) Cuando por la Sección de Admisión de la Sala Tercera del Tribunal Supremo se constate la existencia de un gran número de recursos que susciten una **cuestión jurídica sustancialmente igual**, puede acordar la admisión de uno o varios de ellos, cumplidas las exigencias de LJCA art.89.2 (nº 14130) y siempre que presenten interés casacional objetivo, para su tramitación y resolución preferente, suspendiendo el trámite de admisión de los demás hasta que se dicte sentencia en el primero o primeros.
Una vez dictada **sentencia** de fondo, se debe llevar testimonio de esta a los recursos suspendidos y notificarse a los interesados afectados por la suspensión, dándoles un plazo de **alegaciones** de 10 días, a fin de que puedan interesar la continuación del trámite de su recurso de casación, o bien desistir del mismo. En caso de que interesen la continuación valorarán la incidencia que la sentencia de fondo dictada por el Tribunal Supremo tiene sobre su recurso.

Efectuadas dichas alegaciones y cuando no se hubiera producido el desistimiento, si la sentencia impugnada en casación:
- resulta **coincidente**, en su fallo y razón de decidir, con lo resuelto por la sentencia o sentencias del Tribunal Supremo, se deben inadmitir por providencia los recursos de casación pendientes;
- **no resulta coincidente**, en su fallo y razón de decidir, con lo resuelto por la sentencia o sentencias del Tribunal Supremo, se debe dictar auto de admisión y remitir el conocimiento del asunto a la sección correspondiente, siempre que el escrito de preparación cumpla las exigencias impuestas por LJCA art.89.2 y presente interés casacional objetivo.
Remitidas las actuaciones, la sección debe resolver si **continúa con la tramitación** prevista en LJCA art.92 o si dicta sentencia sin más trámite, remitiéndose a lo acordado en la sentencia de referencia y adoptando los demás pronunciamientos que considere necesarios.
Este régimen **se aplica** a todos recursos de casación preparados y pendientes de admisión a 30-7-2023. A estos efectos, de oficio o a instancia de parte, se puede acordar la suspensión del trámite de admisión de estos recursos en atención a cualquiera de los recursos de casación que ya se hubieran admitido antes de la fecha indicada, que se declararán de tramitación y resolución preferente (RDL 5/2023 disp.trans.10ª).

Ejecución provisional (LJCA art.91) La preparación del recurso de casación no impide la ejecución provisional de la sentencia recurrida, siempre que no puedan generarse situaciones irreversibles o causarse perjuicios de difícil reparación. **14145** MPCA nº 4616
Puede instarse por las **partes favorecidas** por la sentencia.
El tribunal de instancia es el **competente** para decidir sobre la solicitud, denegándola en todo caso, cuando pueda crear situaciones irreversibles o causar perjuicios de difícil reparación.
Cuando de la ejecución provisional puedan derivarse perjuicios de cualquier naturaleza, pueden acordarse las medidas que sean adecuadas para evitar o paliar dichos perjuicios e igualmente puede exigirse la presentación de **caución o garantía** para responder de aquellos, en cualquiera de las formas admitidas en Derecho (LJCA art.133.2). No podrá llevarse a efecto la ejecución provisional hasta que la caución o la medida acordada esté constituida y acreditada en autos.
Cuando se tenga por preparado un recurso de casación, el letrado de la Administración de Justicia debe dejar **testimonio bastante** de los autos y de la resolución recurrida a los efectos expuestos.

Precisiones **1)** El derecho a la ejecución provisional de las sentencias recurridas no tiene el mismo alcance y amparo que el derecho a la ejecución en sus propios términos de las sentencias firmes (TCo 312/2006). Se trata de un derecho de configuración legal que se puede establecer en los diferentes órdenes jurisdiccionales (TCo 80/1990; 5/2003). No es un derecho absoluto -como tampoco lo es el derecho a la ejecución de las resoluciones judiciales firmes-, sino que está sometido a los requisitos y exigencias establecidas legalmente (TSJ Valladolid 10-1-14, EDJ 16852). **14146**
2) La ejecución provisional no puede instarse por quien **no ha sido parte en el recurso** contencioso-administrativo (TS 18-3-09, EDJ 38253).
3) Ostenta **legitimación activa** como parte favorecida el litigante beneficiado con una mera estimación parcial. No es preciso que el recurso haya sido admitido por el tribunal *ad quem*, bastando la mera **preparación** y que el recurso se haya tenido por preparado por el tribunal *a quo*, pues lo contrario demoraría la posibilidad de ejecución provisoria en contra de su propia finalidad (TSJ País Vasco auto 16-2-23, ejecución provisional 5/2023).
4) Si la solicitante de ejecución es una **Administración**, no se puede exigir caución (TS 1-12-11, EDJ 298276).
5) En el caso de sentencias cuyo objeto **no sea el pago de cantidad líquida o liquidable** por simples operaciones aritméticas, únicamente puede accederse a la ejecución provisional cuando se estime que el perjuicio que puede irrogarse con la ejecución no es irreparable (TS 21-12-11, EDJ 306653).

Interposición (LJCA art.92) Una vez admitido el recurso, el letrado de la Administración de Justicia de la sección de admisión de la Sala Tercera del Tribunal Supremo dicta **diligencia de ordenación** en la que dispone remitir las actuaciones a la sección de dicha sala competente para su tramitación y decisión. **14150** MPCA nº 4620
En la diligencia debe además comunicar a la parte recurrente que dispone de un **plazo** de 30 días, a contar desde la notificación de aquella, para presentar el escrito de interposición del recurso de casación. Durante este plazo, las actuaciones procesales y el expediente administrativo estarán de manifiesto en la oficina judicial o por medios electrónicos.
El escrito de interposición se debe **presentar en la secretaría** de la sección competente para su tramitación y decisión.

Si ha **transcurrido el plazo** de 30 días señalado sin presentar el escrito de interposición, el recurso se declara desierto por el letrado de la Administración de Justicia, ordenando la devolución de las actuaciones recibidas a la sala o sección -juzgado- de que procedan. Contra tal declaración solo pueden interponerse los recursos que prevé LJCA art.102 bis, es decir, revisión (TS auto 21-4-16, EDJ 62374). Ver nº 14260.

Precisiones En el recurso de casación, tanto el escrito de preparación como el de interposición del recurso están sometidos al régimen de **exclusión de subsanación de la caducidad** del recurso por haberse presentado fuera del plazo concedido. Esto significa que debe inadmitirse el escrito, ya de preparación ya de interposición, presentado dentro mismo día en que sea notificada la caducidad (LJCA art.128; TS Pleno Acuerdo no jurisdiccional 3-11-21, EDJ 883371; en contra, respecto del de interposición TS auto 9-9-20, EDJ 658404).

14152 En cuanto a su contenido, se establece que el **escrito de interposición** debe, en apartados separados encabezados con un epígrafe expresivo de aquello de lo que tratan:

a) Exponer razonadamente por qué han sido infringidas las **normas** o la **jurisprudencia** que como tales se identificaron en el escrito de preparación, sin poder extenderse a otra u otras no consideradas entonces, debiendo analizar, y no solo citar, las sentencias del Tribunal Supremo que, a juicio de la parte, son expresivas de aquella jurisprudencia, para justificar su aplicabilidad al caso.

b) Precisar el sentido de las **pretensiones** que la parte deduce y de los **pronunciamientos** que solicita.

Sobre los **aspectos formales** del escrito de interposición, ver nº 14090.

Precisiones **1)** Si en el escrito de preparación debe hacerse una especial incidencia en el concurso de uno o varios supuestos de **interés casacional**, no es necesario ni procedente que en el de interposición se reitere tal extremo ya acreditado, puesto que el recurso ha sido admitido. Ha de razonarse y desarrollarse críticamente la **infracción normativa o jurisprudencial** imputada a la sentencia recurrida (TS auto 10-7-17, EDJ 138264; 12-7-17, EDJ 140478); con identificación precisa y análisis circunstanciado de disposiciones y normas y de jurisprudencia que se consideran lesionadas, por referencia caso concreto (TS 8-4-13, EDJ 42205; 16-12-13, EDJ 255516); y sin posibilidad de plantear **cuestiones nuevas** (TS 17-3-14, EDJ 31802; auto 25-4-13, EDJ 70668; 3-2-17, EDJ 6985), salvo excepcionalmente aquellas vinculadas a institutos o figuras apreciables de oficio, como excepción de cosa juzgada (TS 10-11-11, EDJ 272373).

2) Una vez admitido el recurso de casación, el escrito de interposición puede extenderse legítimamente sobre **todas las infracciones** que habían sido apuntadas en la preparación, sin necesidad de limitarse únicamente a las identificadas en el auto de admisión como dotadas de interés casacional. En definitiva, la parte recurrente no incurre en contravención de la normativa procesal aplicable si incluye en su interposición consideraciones o argumentos referidos a infracciones jurídicas **anunciadas en la preparación**, aunque no valoradas expresa y positivamente por el auto de admisión como dotadas de interés casacional.

Hay que entender que el escrito de interposición no se encuentra constreñido por la parte dispositiva del auto de admisión, sino solamente por la necesidad de no introducir cuestiones no anunciadas en la preparación (TS Pleno Acuerdo no jurisdiccional 3-11-21, EDJ 883371).

14154 Si el escrito de interposición **no cumple lo exigido**, la sección competente para la resolución del recurso debe acordar oír a la parte recurrente sobre el incumplimiento detectado y, sin más trámites, dictar sentencia inadmitiéndolo si entiende tras la audiencia que el incumplimiento fue cierto. En ella, impondrá a dicha parte las costas causadas, pudiendo limitarlas a una parte de ellas o hasta un montante máximo -que generalmente, en la práctica, no supera los 1.500 euros-.

En otro caso, debe acordar dar **traslado del escrito** de interposición a la parte o partes recurridas y personadas para que puedan oponerse al recurso en el plazo común de 30 días. Durante este plazo estarán de manifiesto las actuaciones procesales y el expediente administrativo en la oficina judicial o por medios electrónicos.

En el **escrito de oposición** no puede pretenderse la inadmisión del recurso (TS 2-12-21, EDJ 780281; 9-2-22, EDJ 507496).

Transcurrido dicho plazo, la sección competente para la decisión del recurso, de oficio o a petición de cualquiera de las partes, debe acordar la **celebración de vista pública** salvo que entienda que se hace innecesaria por la índole del asunto, en cuyo caso ha de declarar que el recurso queda concluso y pendiente de votación y fallo.

Precisiones El **señalamiento del día** en que haya de celebrarse la vista o en que haya de tener lugar el acto de votación y fallo debe respetar la programación que, atendiendo prioritariamente al criterio de mayor antigüedad del recurso, se haya podido establecer.

Sentencia (LJCA art.92.8, 93 y 139.3) La sección competente, o el pleno de la sala, debe dictar sentencia en el **plazo** de 10 días desde que termine la deliberación para votación y fallo. 14160 MPCA nº 4628 s.
El **contenido** de la sentencia es o puede ser, según los casos, el siguiente:
a) La sentencia debe fijar la **interpretación** de aquellas normas estatales o la que tenga por establecida o clara de las de la Unión Europea sobre las que, en el auto de admisión a trámite, se consideró necesario el pronunciamiento del Tribunal Supremo. Además, con arreglo a ella y a las restantes normas que sean aplicables, debe resolver las **cuestiones y pretensiones** deducidas en el proceso, anulando la sentencia o auto recurrido, en todo o en parte, o confirmándolos.
Puede asimismo, cuando justifique su necesidad, ordenar la **retroacción de actuaciones** a un momento determinado del procedimiento de instancia para que siga el curso ordenado por la ley hasta su culminación. Ello tiene lugar cuando sea imposible al Tribunal Supremo resolver el fondo del asunto por concurso de defecto procesal impeditivo o en caso de que la cuestión suscitada gravite sobre la aplicación e inteligencia de disposiciones autonómicas, forales o locales.
Sin embargo, por el llamado **efecto útil**, no puede remover las sentencias incorrectas en su fundamentación pero frente a las cuales no se ejercita la pretensión casacional con empleo de razones jurídicas adecuadas para el éxito procesal (TS 9-4-25, EDJ 546799).
b) Si aprecia que el orden jurisdiccional contencioso-administrativo **no es competente** para el conocimiento de aquellas pretensiones, o que no lo era el órgano judicial de instancia, debe anular la resolución recurrida y:
- en el primer caso, indicar el concreto orden jurisdiccional que se estima competente, con los efectos que prevé la LJCA art.5.3 (nº 11240);
- en el segundo, remitir las actuaciones al órgano judicial que hubiera debido conocer de ellas.

c) En la resolución de la concreta controversia jurídica que es objeto del proceso, el Tribunal Supremo puede **integrar en los hechos** admitidos como probados por la sala de instancia aquellos que, habiendo sido omitidos por esta, estén suficientemente justificados según las actuaciones y cuya toma en consideración resulte necesaria para apreciar la infracción alegada de las normas del ordenamiento jurídico o de la jurisprudencia, incluso la desviación de poder. 14162
d) Se ha de resolver sobre las **costas de la instancia** conforme a la regla general sobre condena en costas (nº 12877). En cuanto a las **costas del recurso** de casación, debe disponer que cada parte abone las causadas a su instancia y las comunes por mitad, independientemente de que la sentencia casacional sea estimatoria o desestimatoria (TS 7-7-17, EDJ 135219).
No obstante, puede imponer las del recurso de casación a una sola de las partes cuando la sentencia aprecie, y así lo motive, que ha actuado con **mala fe o temeridad**; imposición que puede limitar a una parte de ellas o hasta una cifra máxima.

Precisiones Han de tenerse en cuenta los siguientes criterios adicionales sobre la sentencia de casación: 14163
• La sentencia recurrida **será mantenida** en caso de que la conclusión alcanzada en ella, los términos del fallo, sean los mismos a los que llegaría la sentencia de casación, aun por razonamientos diferentes, por aplicación del principio del efecto útil de la casación (TS 27-7-23, EDJ 666256).
• No puede **rechazar un recurso** -inadmitiéndolo o desestimándolo por entender que nunca debió haber sido admitido- bajo la consideración de que la sección de enjuiciamiento no está de acuerdo con la **valoración del interés casacional** expresada en el auto de admisión. Debe, por tanto, resolver sobre la cuestión, sin perjuicio de reorientarla o reformularla a la vista del contenido del proceso, tal y como queda expuesto en los escritos de interposición y oposición. Esto es, la sentencia de inadmisión solo es posible en el caso de que el escrito de interposición incurra en ciertos defectos de formalización (LJCA art.92.3º y 4º).
• Ha de limitar su examen a las **infracciones jurídicas planteadas en el escrito de interposición** sobre las que previamente se ha apreciado el interés casacional en el auto de admisión, pero puede extenderse a otras infracciones jurídicas asimismo planteadas en el escrito de interposición -y antes anunciadas en el de preparación-, siempre y cuando guarden relación de conexidad lógico-jurídica con las identificadas en el auto de admisión como dotadas de interés casacional.
• Una vez fijada la interpretación de la cuestión identificada en el auto de admisión, y en la hipótesis de que se haya resuelto en sentido favorable para las tesis del recurrente, el Tribunal pasa a resolver el tema litigioso con **plenitud de conocimiento**, en los términos en que se hubiera planteado, lo que permite una cognición plenaria en sentencia de lo planteado en demanda (TS 29-1-18, EDJ 8550).
• La **interpretación normativa** solo puede llevarse a efecto en caso de que los preceptos referidos en el auto de admisión sean la *causa decidendi*, ya que de otro modo se daría lugar a la generación de una jurisprudencia abstracta, sin vinculación al debate suscitado en la instancia (TS 9-1-23, EDJ 501609), pues si bien el objeto de recurso de casación es la cuestión de interés casacional objetivo, lo es en conexión con las **pretensiones de las partes** actuadas en el proceso, de forma que no puede concebirse el recurso como tendente a una declaración meramente interpretativa de preceptos,

sino que estos han de examinarse a la vista de las pretensiones afirmadas (TS 29-6-21, EDJ 618656; 28-3-23, EDJ 538344).

• Aun habiéndose interpretado la cuestión dotada de interés casacional en el sentido propugnado por la parte recurrente, puede ser pertinente la **retroacción de las actuaciones** para que la sala de instancia vuelva a resolver sobre el fondo, si las actuaciones practicadas en la instancia adolecen de insuficiencias que impiden al Tribunal Supremo formar un juicio con las debidas garantías sobre el tema litigioso (TS Pleno Acuerdo no jurisdiccional 3-11-21, EDJ 883371).

C. Revisión de sentencias

(LJCA art.102 y disp.final 1ª; LEC art.509 a 516)

14225 MPCA nº 4815 s. La revisión no es un recurso en sentido estricto, sino un **procedimiento de impugnación** autónomo (TS 17-1-17, EDJ 2146; 23-1-17, EDJ 2147).

Su **finalidad** no es la propia y general de los recursos, que presuponen una relación jurídico-procesal abierta, sino que la revisión parte, en todo caso, de una relación procesal cerrada, lo que ha motivado la posición doctrinal de considerarlo una acción o demanda resarcitoria que debe ser objeto de aplicación restrictiva, dado que permite reabrir un proceso finalizado por sentencia firme. De ahí que haya de exigirse el escrupuloso cumplimiento de los requisitos establecidos legalmente.

Precisiones 1) Con efecto 5-5-2010, se modificó la terminología empleada para denominar este recurso, que pasó de ser «**recurso de revisión**» a «**revisión de sentencias**» (LJCA art.102).

2) Su carácter extraordinario determina una exigencia rigurosa de la concurrencia de sus requisitos y una **interpretación restrictiva** de los mismos, debiendo primar la cosa juzgada en caso de duda (TS 17-5-16, EDJ 68718; 7-11-17, EDJ 227297). Es exigible un exacto encaje del supuesto en alguno de los casos que la Ley autoriza su interposición (TS 9-5-16, EDJ 68715).

14231 **Competencia** (LJCA art.10.3, 11.3 y 12.2.b; LOPJ art.61.1.1º) Ostentan la competencia para conocer del proceso (o recurso) de revisión de sentencias:

- las Salas de lo Contencioso-Administrativo de los **Tribunales Superiores de Justicia**, si se trata de sentencias de las Secciones de lo Contencioso-Administrativo de los Tribunales de Instancia -hasta su constitución, juzgados de lo contencioso-administrativo- de su territorio;
- la Sala de lo Contencioso-Administrativo de la **Audiencia Nacional**, cuando se trate de sentencias de la Sección de lo Contencioso-Administrativo del Tribunal Central de Instancia -hasta su constitución, juzgados centrales de lo contencioso-administrativo-;
- la Sala Tercera del **Tribunal Supremo**, cuando se trate de resoluciones del Tribunal de Cuentas o de sentencias de los Tribunales Superiores de justicia, de la Audiencia Nacional y del Tribunal Supremo, salvo cuando la sentencia haya sido dictada en única instancia por el Tribunal Supremo, en cuyo caso la competencia viene atribuida a una sala formada por el presidente del Tribunal Supremo, los presidentes de sala y el magistrado más antiguo y el más moderno de cada una de ellas.

14233 **Legitimación** (LEC art.511) Puede solicitar la revisión quien haya sido **parte perjudicada** por la sentencia firme impugnada.

En el supuesto en que se solicite la revisión de una resolución que, a juicio del Tribunal Europeo de Derechos Humanos, haya sido dictada en **violación del CEDH** (nº 4272), la revisión solo puede ser solicitada por quien hubiera sido demandante ante el Tribunal Europeo de Derechos Humanos.

14235 **Resoluciones recurribles** Puede recurrirse a través de este remedio impugnatorio cualquier sentencia, de **cualquier órgano jurisdiccional**, siempre que sea firme.

En caso de que una sentencia de primera instancia haya sido **recurrida en apelación**, la susceptible de revisión es la sentencia de segunda instancia y no la apelada. Lo contrario carece de sentido. Es la de apelación la resolución que ha cerrado el pleito definitivamente, en su caso, y ha dado firmeza a la decisión del litigio, por lo que la demanda de revisión se ha de referir a ella primordialmente, so pena de inadmisión de la revisión (TS 24-3-21, EDJ 519505).

14237 MPCA nº 4838 s. **Motivos de revisión** (LJCA art.102) La revisión ha de fundarse en unos hechos que representan ciertas **anomalías** plasmadas en la resolución judicial a la que se refiere: vicios de conocimiento, vicios de voluntad o vicio sustancial de interpretación o aplicación normativa o jurídica materializado en la violación de alguno de los derechos reconocidos en el CEDH (TS 15-12-21, EDJ 780307).

Puede instarse la revisión de una sentencia firme por los siguientes motivos **tasados**:

a) Si, después de pronunciada la sentencia, se recobran **documentos decisivos**, no aportados por causa de fuerza mayor o por obra de la parte en cuyo favor se haya dictado.

b) Si la sentencia ha recaído en virtud de documentos con respecto a los que, al tiempo de dictarse aquella, una de las partes ignoraba que habían sido reconocidos y **declarados falsos**, o bien documentos cuya falsedad se reconozca o declare después.
Estos motivos no son susceptibles de extensión analógica (TS 20-2-19, EDJ 514985; 12-2-20, EDJ 510040).

Precisiones **1)** Lo característico del primer motivo es la existencia de una **indisponibilidad anterior** -al tiempo del proceso en que se produjo la sentencia impugnada- y de una **disponibilidad actual** -en el momento de la revisión-, adquiriendo relevancia jurídica esta en razón de aquella (TS 29-2-96, EDJ 1960; 16-5-96, EDJ 3252).
2) En ningún caso puede entenderse **documento «recuperado»** aquel cuyo único destinatario es el recurrente, en cuyo poder se encontraba y que, por ello, pudo perfectamente hacerse llegar a la sala de instancia antes de que por esta se dictara la sentencia impugnada (TS 12-2-97, EDJ 57437). Tampoco el que obra formalmente **incorporado al expediente** administrativo (TS 23-1-18, EDJ 2860).
3) El **documento recobrado** ha de ser **decisivo**, esto es, con trascendencia bastante para provocar la alteración de la sentencia impugnada en el recurso de revisión (TS 12-2-97, EDJ 57437; 9-5-16, EDJ 64568; 7-11-17, EDJ 227297).
4) No son recobrados los documentos que se encontraban **a disposición del recurrente** en un Registro de la Propiedad (TS 19-6-85, EDJ 3658).
5) Una **sentencia** no puede integrar el concepto «documento falso» en el sentido indicado. Supuesto distinto es el previsto en LJCA art.102.2 (nº 14239).
6) No es necesaria una sentencia penal que declare formalmente la falsedad del documento, sino que basta la **retractación** de quien redactó el documento falso, siempre que sea indubitada, expresa y no haya lugar a duda sobre la veracidad de la misma. En defecto de aquella, sí parece exigible la declaración de la falsedad en **sentencia penal** (TS 10-5-96, EDJ 5229). La retractación solo puede apreciarse cuando se reconoce y declara de forma explícita, consciente y reflexiva, lo que es lógica y jurídicamente incompatible con su obtención en **forma presunta** a través de la técnica del silencio administrativo (TS 25-4-22, EDJ 557959; 13-12-22, EDJ 767253).
7) El precepto se refiere a los documentos mismos, es decir, al **soporte material** que los constituye -los papeles- y no, de entrada, a los datos en ellos constatados, sus contenidos directos o indirectos (TS 22-2-24, EDJ 511292; 22-3-23, EDJ 511292).
8) Falsedad no es inexactitud, sino **falta de autenticidad** del documento como tal o, respecto de su contenido, voluntad consciente de alteración de los hechos con el fin de provocar un resultado que altera la realidad (TS 23-5-24, EDJ 566082).
9) La existencia de un **error o equivocación** en un informe no tiene cabida sino en una interpretación extensiva del documento falso, rechazada por la jurisprudencia (TS 23-5-24, EDJ 566082).

c) Si, habiéndose dictado la sentencia en virtud de prueba testifical, los testigos han sido conde- **14238**
nados por **falso testimonio** dado en las declaraciones que sirvieron de fundamento a la misma. En este caso es precisa la previa declaración de falsedad de testimonio en **sentencia penal**.
d) Si se ha dictado sentencia en virtud de **cohecho, prevaricación, violencia** u otra **maquinación fraudulenta**.

Precisiones **1)** El concepto de **maquinación fraudulenta** implica el acaecimiento de hechos realizados utilizando ardides, engaños o cualquier manejo que, desde fuera del proceso, hayan operado como causa eficiente o determinante de la sentencia recaída y sin que la ocultación o tergiversación de datos o de circunstancias de las que tienden a garantizar la defensa de los litigantes y un fallo justo sea elemento suficiente (TS 5-7-96, EDJ 5944).
2) Las maquinaciones, violencia o cohecho deben haberse producido necesariamente en el **proceso jurisdiccional** y no en la vía administrativa (TS 19-7-91, EDJ 8113; 1-11-97).
3) Para apreciar la maquinación se precisa que los ardides, argucias o artificios, dolosos e intencionados (TS 30-4-09, EDJ 92419; 15-3-23, EDJ 538369):
- además de haber quedado **irrefutablemente probados**, hayan ido encaminados a **impedir la defensa** de la parte contraria;
- hayan **torcido erróneamente** la voluntad del juzgador;
- hayan sido **relevantes** para la determinación del fallo en la sentencia que se pretende revisar;
- **no se identifiquen** sin más con vicios de procedimiento, por graves que estos sean, o con el simple quebrantamiento de las formas esenciales del juicio, aun causantes de indefensión, pues para su denuncia no se da este medio extraordinario, sino el régimen general de recursos.

e) Asimismo se puede instar la revisión de una resolución judicial firme cuando el **Tribunal** **14239**
Europeo de Derechos Humanos -y solo este- haya declarado que dicha resolución ha sido dictada en violación de alguno de los derechos reconocidos en el CEDH y sus protocolos, siempre que la violación, por su naturaleza y gravedad, entrañe efectos que persistan y no puedan cesar de ningún otro modo que no sea mediante esta revisión, sin que la misma pueda perjudicar los derechos adquiridos de buena fe por terceras personas (LOPJ art.5 bis; LJCA art.102.2).

El ámbito de aplicación de este supuesto se encuentra restringido a los elementos subjetivo y objetivo en él contenidos. No cabe realizar una interpretación analógica o extensiva del mismo (TS 29-9-01, EDJ 34979; 18-5-02, EDJ 18657; 23-1-17, EDJ 2147).

14242 **Procedimiento** (LJCA art.102.2 y disp.final 1ª) Rigen las disposiciones de la LEC, en lo referente a **plazos, procedimiento y efectos** de las sentencias dictadas (nº 4275 s.).
MPCA nº 4860 s. La **finalidad** de la revisión de sentencias firmes se agota en:
- declarar si concurre uno de los casos previstos en LJCA art.102;
- rescindir la sentencia impugnada;
- expedir certificación del fallo de revisión; y
- devolver los autos al tribunal del que procedan.

No puede pronunciarse sobre las **pretensiones que trascienden la mera nulidad** de la sentencia recurrida (TS 21-1-21, EDJ 505086).

14255 **Especialidades de la revisión en materia de responsabilidad contable** (LJCA art.102.4; L 7/1988 art.83 y 84) La revisión en materia de responsabilidad contable procede en los supuestos y por los **motivos** establecidos en la Ley de funcionamiento del Tribunal de Cuentas (nº 18215 s.):

1) Si, después de pronunciada la sentencia, aparecen **documentos nuevos** que resulten decisivos para adoptar los pronunciamientos de la sentencia.

2) Cuando se descubra que, en las cuentas que hayan sido objeto de la sentencia definitiva, existieron errores trascendentales, omisiones de cargos importantes o cualquier otra **anomalía de gran entidad**.

3) Si la sentencia ha recaído en virtud de **documentos declarados falsos** o cuya falsedad se reconozca o declare después.

4) Si la sentencia firme se ha ganado injustamente en virtud de **prevaricación, cohecho, violencia** u otra maquinación fraudulenta.

5) Cuando la sentencia se fundamente en lo resuelto respecto a una **cuestión prejudicial** que posteriormente sea contradicha por sentencia firme del orden jurisdiccional correspondiente.

6) Si los órganos de la jurisdicción contable han dictado **resoluciones contrarias** entre sí o con sentencias del Tribunal Supremo en materia de responsabilidad contable, respecto a los mismos litigantes u otros diferentes en idéntica situación, donde, en mérito a hechos, fundamentos y pretensiones sustancialmente iguales, se llegue a pronunciamientos distintos.

Estos específicos recursos o procesos de revisión se someten a las **reglas procedimentales** generales, sin que sea necesaria garantía de depósito alguno.

La interposición del recurso de casación y el inicio del procedimiento o proceso de revisión no impide la **ejecución de la sentencia** impugnada, salvo que el recurrente preste fianza o aval suficientes para garantizar el cumplimiento de la misma.

IV. Recursos contra resoluciones del letrado de la Administración de Justicia

(LJCA art.102 bis)

14260 Se establece un régimen de recursos contra las resoluciones del letrado de la Administración de Justicia en los términos siguientes:

• Contra las **diligencias de ordenación y decretos no definitivos** del letrado de la Administración de Justicia cabe recurso de reposición ante el letrado de la Administración de Justicia que dictó la resolución recurrida, excepto en los casos en que la Ley prevea recurso directo de revisión.

Se debe interponer en el **plazo** de 5 días a contar desde el siguiente al de la notificación de la resolución impugnada.

En caso de **no cumplirse los requisitos** establecidos, se inadmitirá mediante decreto directamente recurrible en revisión.

Interpuesto el recurso en tiempo y forma, el letrado de la Administración de Justicia debe dar **traslado de las copias** del escrito a las demás partes, por término común de 3 días, a fin de que puedan impugnarlo si lo estiman conveniente. Transcurrido dicho plazo, el letrado de la Administración de Justicia debe resolver mediante decreto dentro del tercer día.

• Cabe recurso de revisión ante el juez o el tribunal contra el **decreto resolutivo de la reposición** y recurso directo de revisión contra los **decretos por los que se ponga fin al procedimiento** o impidan su continuación. Dichos recursos carecen de efectos suspensivos sin que, en ningún caso, proceda actuar en sentido contrario a lo que se hubiese resuelto.

• El recurso de revisión debe interponerse en el **plazo** de 5 días mediante escrito en el que debe citarse la infracción en que la resolución hubiera incurrido. 14262
Si **se cumplen estos requisitos**, el letrado de la Administración de Justicia, mediante diligencia de ordenación, admitirá el recurso concediendo a las demás partes personadas un plazo común de 5 días para impugnarlo, si lo estiman conveniente.
Si **no se cumplen los requisitos** de admisibilidad del recurso, el órgano judicial lo debe inadmitir mediante providencia.
Transcurrido el plazo para impugnación, háyanse presentado o no escritos, el órgano judicial debe resolver sin más trámites, mediante auto, en un plazo de 5 días.
Contra las resoluciones sobre admisión o inadmisión no cabe recurso alguno.
• Contra el **auto dictado resolviendo el recurso de revisión**, únicamente cabe recurso de apelación y de casación -sin previo recurso de reposición (TS auto 28-2-24, EDJ 517916)- en los supuestos previstos en LJCA art.80 y 87 respectivamente.

Precisiones 1) Fue declarada inconstitucional la regla conforme a la cual no cabía recurso contra el **decreto resolutorio del recurso de reposición**, fuera de los casos en que expresamente se previera recurso de revisión, sin perjuicio de la posibilidad de reproducir la cuestión al recurrir la resolución definitiva -LJCA art.102 bis.2 párr 1º redacc L 13/2009- (TCo 58/2016, respecto de un decreto de señalamiento de juicio a 3 años desde su fecha). 14263
Esta fórmula era concordante -no igual a ella- con la que se contenía en la LEC art.454 bis.1 redacc L 13/2009, que se refería a que frente al decreto resolutivo de la reposición no cabía recurso alguno, sin perjuicio de reproducir la cuestión al recurrir, si fuera procedente, la resolución definitiva; reproducción que, necesariamente, se había de efectuar en la primera audiencia ante el tribunal tras la toma de decisión, si el estado de los autos lo permitiera o, en otro caso, por escrito para ser solventada la cuestión al dictarse la resolución definitiva.
La L 37/2011 incorporó un ligero cambio en la redacción de LEC art.454 bis.1, de manera que, frente al tenor original, en la redacción derivada de ella no se mencionaba la reproducción de la cuestión al recurrir la resolución definitiva, sino necesariamente en la **primera audiencia ante el tribunal** (fuera, por tanto, al recurrir la resolución definitiva o no) o por escrito antes de la resolución definitiva.
Se producía, pues, una **relativa divergencia** entre la LJCA art.102 bis y la supletoria LEC art.454 bis.1. Sin embargo este precepto, en su apartado primero, ha sido declarado inconstitucional (TCo 15/2020).
Se rechazaba la posibilidad de **replantear el asunto con posterioridad**, en el recurso contra la sentencia que pusiera fin al proceso, salvase la constitucionalidad del precepto, por dos razones:
• Porque esa opción no siempre sería factible, al existir supuestos en los que no cabe recurso contra las sentencias de la jurisdicción contencioso-administrativa.
• Porque el recurso de amparo por vulneración del derecho a un proceso sin dilaciones indebidas perdería sentido si el proceso ya hubiera concluido.
Obligar al justiciable a **esperar a que recaiga la sentencia resolutoria** del proceso contencioso-administrativo para plantear en vía de recurso -cuando este proceda- la eventual vulneración del derecho fundamental al proceso sin dilaciones indebidas (Const art.24.2) vaciaría de contenido la tutela que el Tribunal Constitucional puede otorgar en relación con este derecho fundamental. Carece de objeto alegar la vulneración del derecho a un proceso sin dilaciones indebidas cuando estas, de haberse efectivamente producido, ya han cesado, al haber finalizado el proceso judicial. Así, se establecía un espacio de inmunidad jurisdiccional inaceptable (TCo 58/2016).
Hasta que el legislador se ha pronunciado sobre el párrafo anulado, contra los decretos del letrado de la Administración de Justicia que resuelvan recursos de reposición se ha dado la **revisión por el juez o tribunal**, tal y como establece para otros supuestos el mismo precepto (TCo 58/2016). La reforma de LJCA art.102 bis.2 por RDL 6/2023 resuelve la cuestión, en los términos expuestos anteriormente.
2) Los **decretos dictados aplicando el precepto** declarado inconstitucional causan indefensión a la parte, debiendo darse la posibilidad de interponer recurso de revisión, previa retroacción de actuaciones en su caso (TCo 151/2020; 57/2021).

SECCIÓN 11

Tasas judiciales

Las tasas judiciales -tasas por administración de Justicia o tasas por el ejercicio de la potestad jurisdiccional- son un **tributo de carácter estatal** y exigible por igual en todo el territorio nacional. Su regulación se contiene en la L 10/2012. No obstante, ha de tenerse en cuenta que, con efecto 15-8-2016, fueron declaradas **inconstitucionales** las normas que determinaban la 14270

cuota tributaria de estas tasas en el ámbito contencioso-administrativo -L 10/2012 art.7.1 y 2- (TCo 140/2016), lo que supuso la desaparición, de hecho, de la tasa jurisdiccional en este orden jurisdiccional.
Por otro lado, el establecimiento de la mencionada tasa estatal no impide que las **comunidades autónomas**, en ejercicio de sus respectivas competencias financieras, puedan establecer y exigir tasas por los **servicios personales y materiales** prestados por la administración de Justicia, en el ámbito de sus competencias. Así lo han hecho Cataluña y la Comunidad Valenciana.
El **hecho imponible** no es en este caso la actividad jurisdiccional prestada, sino la administración medial necesaria para el desarrollo de la misma.

Precisiones El **depósito para recurrir**, por razones sistemáticas, se analiza de manera unificada en los nº 6290 s.

14287 MPCA nº 6040 s. **Cataluña** (DLeg Cataluña 3/2008 art.3 bis s.; L Cataluña 5/2012 disp.final 8ª; DL Cataluña 1/2014 disp.final 2ª) Constituye el **hecho imponible** de la tasa la prestación de servicios personales y materiales en el ámbito de la Administración de Justicia de competencia de la Generalidad, a instancia de parte, en los **órdenes jurisdiccionales** civil y contencioso-administrativo, en órganos judiciales con sede en Cataluña.
La producción del **hecho imponible** se manifiesta mediante la realización de los siguientes actos:
a) La presentación del escrito iniciador del procedimiento en **primera o única instancia**.
b) La presentación del escrito iniciador en la **segunda o superior instancia** del proceso principal que deban resolver órganos con sede en Cataluña.
c) La emisión de **segunda certificación y testimonio** de sentencias y otros documentos que consten en los expedientes judiciales.
La tasa es exigible en el **ámbito territorial** de Cataluña por la producción o la realización de los hechos imponibles descritos que tengan lugar en los órganos de la Administración de Justicia con sede en Cataluña, sin perjuicio de las tasas y otros tributos de carácter estatal que puedan exigirse.
En cuanto a la **cuota**, es exigible la cantidad fija que, en función de cada tipo de procedimiento, se determina en la siguiente tabla:

Procedimiento en primera o única instancia	90 euros
Procedimiento en segunda o ulterior instancia que deban resolver órganos radicados en Cataluña	120 euros
Segunda certificación y testimonios	10,50 euros

Como **exenciones** se prevén, señaladamente, la de las personas físicas y la de las personas jurídicas que tengan reconocido el derecho a la asistencia jurídica gratuita.
Un **estudio detallado** de esta tasa se expone en nº 6040 s. Memento Procesal Contencioso-Administrativo 2026.

14290 MPCA nº 6060 s. **Comunidad Valenciana** (L C.Valenciana 20/2017 art.24.1-2 a 24.1-5) Se somete a tasa la obtención de **testimonios, certificaciones y copias** de documentos e instrumentos judiciales.
Son **sujetos pasivos** de la tasa quienes tengan condición de parte en los procesos y soliciten los documentos y soportes referidos, quedando exentos el Ministerio Fiscal y aquellos a los que se reconoce el derecho a la asistencia jurídica gratuita (nº 1000 s.).
La **tarifa** es la siguiente:

Segunda certificación o testimonio de resoluciones judiciales y de otros documentos	5,10 euros
Duplicados de instrumentos de grabación de la imagen y sonido	10,20 euros

El **devengo** se produce con la entrega de los documentos o copias, exigiéndose su pago anticipado, mediante **autoliquidación**, en el momento de la solicitud.

CAPÍTULO 5

Proceso laboral

14400

El proceso laboral es un **proceso civil especial** que se rige por la Ley Reguladora de la Jurisdicción social (LRJS), de manera que, junto a los **principios informadores** propios -inmediación, oralidad, concentración y celeridad (nº 14550)- rigen los principios civiles -dispositivo y de aportación de parte (nº 2470 s. y nº 3350 s.)-, correspondiendo por ello a las partes la delimitación fáctica de la contienda, en la que debe respetarse escrupulosamente el equilibrio procesal y la igualdad entre estas, sin que corresponda al juez laboral suplir la inactividad o atonía de los litigantes. Ahora bien, dado que la **desigualdad material de las partes** se refleja a menudo en el proceso, se permite al juez, siempre que se acredite efectivamente dicha desigualdad, atemperar y minorar equilibradamente los principios citados (TCo 39/1984). 14405

Finalmente, la LRJS aborda la adaptación del proceso laboral a la LEC admitiendo su **aplicación supletoria** en lo no previsto en su articulado (LRJS disp.final 4ª) y remitiéndose expresamente a su regulación respecto de las siguientes materias: cuestiones de competencia (LRJS art.14); audiencia al rebelde (LRJS art.185); recurso de queja (LRJS art.189); revisión de sentencias (LRJS art.236 redacc LO 1/2025); ejecución de sentencias (LRJS art.237); venta de valores (LRJS art.263); realización de bienes embargados (LRJS art.264 redacc LO 1/2025); lanzamiento de vivienda (LRJS art.285) y ejecución provisional (LRJS art.305).

Asimismo, en la **impugnación de actos administrativos** cuya competencia corresponda al juez de lo social es supletoria la LJCA (LRJS disp.final 4ª).

> Precisiones El actual **Reglamento del Servicio Jurídico del Estado** pretende adecuarse a las circunstancias en las que se desarrolla la asistencia jurídica al Estado y a las necesidades de los órganos y entidades para los que actúan los abogados del Estado (RD 1057/2024).

Garantía de indemnidad (Const art.24; LO 5/2024 disp.adic.3ª) El derecho fundamental a la tutela judicial efectiva (nº 54 s.) tiene diferentes vertientes. 14408

Por un lado, es primordial el **acceso a la justicia**, dentro del cual hay que distinguir el acceso a la jurisdicción y el acceso a los recursos, con diferente intensidad de protección (nº 6905). Dentro del proceso social, el derecho a la tutela judicial efectiva puede actuar en cualquiera de sus fases (jurisdicción, competencia, vías previas, actos de comunicación, contradicción e igualdad de armas, prueba, sentencia, ejecución, recursos).

Por otro lado, existe la **garantía de indemnidad** que impide que del ejercicio de la actividad judicial o de los actos preparatorios o previos al mismo puedan seguirse consecuencias perjudiciales en el ámbito de las relaciones públicas o privadas para quienes lo ejercitan. En el ámbito laboral, esta garantía supone la imposibilidad de que el empresario adopte medidas de **represalia** derivadas del ejercicio por el trabajador de la tutela judicial de sus derechos. Dicha protección se extiende al cónyuge, pareja de hecho y parientes hasta el segundo grado de consanguinidad o afinidad, que presten servicios en la misma empresa, aun cuando éstos no hubieran realizado la actuación conducente al ejercicio de sus derechos. Si la represalia consistiese en un **despido** este debería calificarse de nulo (TS 5-7-13, EDJ 151867; 4-3-13, EDJ 41029; 29-5-09, EDJ 143991). El **elemento intencional** es irrelevante, pues basta la constatación de la presencia de un nexo de causalidad adecuado entre el comportamiento antijurídico y el resultado prohibido por la norma (TCo 6/2011). Ante los indicios aportados por el trabajador, se invierte la **carga de la prueba** y el empresario ha de acreditar que no existen tales indicios o bien que carecen de enlace con la conclusión conexa. En amparo se ha considerado que si el empresario es capaz de acreditar tal **desconexión** resulta irrelevante la calificación jurídica que la causa laboral alegada por el mismo merezca desde el prisma de la legalidad ordinaria (TCo Pleno 183/2015; 38/2005).

Se ha admitido la **vulneración** de la garantía de indemnidad:

a. Cuando la medida empresarial está precedida de una **denuncia del trabajador ante la ITSS** que ha sido considerada un acto preparatorio o necesario para el ejercicio posterior de una acción judicial (TCo 120/2006; 138/2006; 7/1993; TS 21-7-21, EDJ 642264; 20-12-24, EDJ 785065).

b. Como regla general, las **reclamaciones internas** en el seno de la empresa no activan la garantía de indemnidad. Pero si un trabajador efectúa una reclamación interna e **inmediatamente después** es despedido, sin que la empresa acredite la existencia de incumplimientos que justifiquen la extinción contractual, la imposibilidad de formular la reclamación judicial con anterioridad al despido es imputable únicamente al empresario. De manera que en ese concreto contexto temporal, opera como un **indicio de la vulneración** de la garantía de indemnidad que obliga al empleador a acreditar que el despido ha sido ajeno a la violación del derecho fundamental a la tutela judicial efectiva. La **tesis contraria** incentivaría que, ante cualquier reclamación interna en el seno de la empresa, el empleador procediera a despedir inmediatamente al trabajador antes de que éste pudiera ejercitar la reclamación judicial, con la finalidad de evitar la declaración de nulidad del despido (TS Pleno 15-11-22, EDJ 749622). En este sentido, se ha declarado nulo el despido de una trabajadora que, con carácter previo a su despido, había **reclamado ante el comité de empresa**, con el fin de que intermediara con la empresa ante determinados incumplimientos laborales (TCo 148/2025).

La protección de este derecho fundamental debe articularse, con carácter general, en la vía ordinaria a través de la **modalidad procesal** de tutela de todos los derechos fundamentales (nº 15525 s.), siempre que no proceda la aplicación preferente de otra modalidad procesal especial; y, en última instancia, a través del **recurso de amparo** ante el Tribunal Constitucional.

14410 Precisiones 1) Recae sobre el empresario la **prueba**, ante los indicios aportados, de que la extinción contractual comunicada es ajena a todo móvil de represalia y se encuentra justificada (TCo 7/1993; TS 10-9-15, EDJ 174327).

2) La garantía de indemnidad se considera expresamente vulnerada respecto de quien es represaliado por ejercer la tutela a su **derecho a la igualdad y a la no discriminación** (L 15/2022 art.6.6; ET art.17.2). Además existe discriminación cuando el trabajador recibe un trato adverso o efecto negativo por haber presentado una queja, reclamación, denuncia, demanda o recurso, de cualquier tipo, destinados a impedir su discriminación **por razón de sexo** y a exigir el cumplimiento efectivo del principio de igualdad de trato (LO 3/2007 art.9). Se ha de distinguir entre discriminación por razón de sexo, por razón de identidad de género y vinculada a la expresión de género (TCo 67/2022). En el mismo sentido respecto de las personas con **discapacidad** (RDLeg 1/2013 art.75). Además, para preservar los derechos a la igualdad de trato y no discriminación, se recuerda que estos derechos también atañen a la Administración de justicia que ha de velar por la supresión de estereotipos, la promoción de la ausencia de cualquier forma de discriminación, favoreciendo la información y accesibilidad a la justicia de los grupos especialmente vulnerables (L 15/2022 art.19). Por otro lado, su **tutela judicial** debe incluir, en los términos establecidos por las leyes procesales, la adopción de todas las medidas necesarias. Para el cese inmediato de la discriminación pueden acordarse medidas cautelares dirigidas a la prevención de violaciones inminentes o ulteriores, la indemnización de los daños y perjuicios causados y el restablecimiento de la persona perjudicada en el pleno ejercicio de su derecho. Todo ello con independencia de su nacionalidad, de si son mayores o menores de edad o de si disfrutan o no de residencia legal (L 15/2022 art.28).

3) Se ha considerado **vulnerada** la garantía de **indemnidad** cuando la medida empresarial es consecuencia de haber realizado **reclamaciones judiciales o extrajudiciales** contra el empresario que tienen efectos externos (más allá de la empresa (TCo 16/2006; 55/2004), como las siguientes:

a. Haber ejercitado una **acción judicial** contra la que consideraban una **cesión ilegal** (TS 17-2-15, EDJ 72667), excepto si ha transcurrido mucho tiempo entre la demanda y el despido (TS 22-1-19, EDJ 507521).

b. Haber interpuesto demanda de **conflicto colectivo** reclamando la laboralidad de la relación jurídica (TCo 16/2006; 44/2006; 65/2006).

c. Haber ejercitado legítimamente los derechos a la **tutela judicial efectiva y de huelga**, declarándose la nulidad radical del despido (TCo 75/2010); y la exclusión de la **bolsa de empleo** de los trabajadores que reclamaron sus derechos (TS 2-4-07, EDJ 104806).

d. La inclusión en el **expediente** de los trabajadores a los que se les ofreció continuar un año más en la empresa si renunciaban a las cláusulas contractuales que mejoraban sus indemnizaciones, o incluirles en el expediente de no hacerlo (TS 10-2-15, EDJ 37719).

e. Cuando el cese de la trabajadora se produjo al poco tiempo de haberse interpuesto **reclamación previa** ante la Administración, existiendo suficientes indicios (TS 17-6-15, EDJ 129752; 18-3-16, EDJ 37052).

4) La vulneración de la garantía de indemnidad puede apreciarse **incluso si el despido ya debe calificarse como nulo** por una causa objetiva, como la de estar el trabajador en reducción de jornada (TS 8-11-23, EDJ 752192).

5) Se ha **inadmitido la vulneración de la indemnidad**:
a. Cuando **el contrato ya se ha extinguido**, pues en ese caso ninguna represalia puede tomar el empresario contra el trabajador dentro del ámbito de relación inexistente contra quien no es su empleado, ni tiene pleito pendiente con él (TS 9-3-07, EDJ 23375).
b. En el **despido objetivo** de una trabajadora que previamente se había opuesto judicialmente a una modificación sustancial de condiciones de trabajo, quedando acreditada en el proceso la causa económica en que se fundó la extinción, se considera esta desvinculada de todo propósito vulnerador de la garantía de indemnidad (TCo 183/2015; TS 20-2-19, EDJ 524666).
c. Cuando se considera que el correo electrónico enviado por la teletrabajadora, alegando que las medidas de control vulneraban su derecho a la intimidad, carecen de carácter externo y **no hay indicios** de que la conducta empresarial extintiva sea una reacción empresarial o represalia, pues se basa en causas genéricas acreditadas ajenas a lo esgrimido en el correo (TSJ Valladolid 30-12-21, EDJ 841075).

Perspectiva de género (Const art.1, 9.2, 10.2, 14 y 96; LO 3/2007 art.4 y 15; Convención para la eliminación de todas las formas de discriminación contra la Mujer art.2.c, d y e y art.11.1) La expresión «perspectiva de género», no recogida en la ley en tales términos, deriva del principio de igualdad de trato y de oportunidades entre mujeres y hombres, así como en la prohibición de discriminación por razón de sexo recogida en diferentes instrumentos normativos. Suele identificarse con un **principio o canon hermenéutico** de aplicación e interpretación del Derecho por los órganos jurisdiccionales (TS 23-6-22, EDJ 615134). En concreto, tiene su razón de ser en la voluntad de terminar con la histórica situación de inferioridad, en la vida social y jurídica, de la población femenina, singularmente en el ámbito del empleo y de las condiciones laborales, situación que se traduce en dificultades específicas de la mujer para el acceso al trabajo y su promoción dentro del mismo. 14412
Las medidas legales de acción positiva que tratan de compensar las desventajas reales que para el acceso al trabajo o la conservación de su empleo soporta la mujer a diferencia del hombre no pueden considerarse opuestas al principio de igualdad, sino, al contrario, dirigidas a eliminar situaciones de discriminación existentes, para hacer realidad la efectividad en el disfrute de los derechos (Const art.9.2; TCo 26/2011).
Por ello, todo órgano jurisdiccional tiene la obligación de integrar la perspectiva de género en la **impartición de justicia**, que debe implementarse como **metodología** de resolución en toda controversia judicial en la que se involucren relaciones asimétricas o patrones estereotípicos de género. Esta metodología de impartición de justicia con perspectiva de género debe desplegarse en tres fases judiciales concretas: en la tramitación del procedimiento, en la valoración de la prueba y en la aplicación de las normas sustantivas (TS 29-1-20, EDJ 510355). La **capacitación** en la aplicación de la perspectiva de género en la interpretación y aplicación del Derecho es uno de los objetos de los cursos específicos del Plan de Formación Continuada de la Carrera Judicial (LOPJ art.433 bis).

Precisiones 1) La obligación de integrar la perspectiva de género en la aplicación e interpretación de las normas, también encuentra fundamento en la **normativa de la Unión Europea** sobre no discriminación por razón de género, cuya aplicación es tranversal e incluye la **acción positiva** (Tratado FUE art.15; CDFUE art.21 y 23; Dir (CE) 2006/54 art.29; Dir (CE) 2004/113; Dir (UE) 2019/1158; Dir (CE) 2010/41; Dir (UE) 2011/36; Dir (UE) 2012/29). 14413
2) Se ha **aplicado este criterio de interpretación** basado en la perspectiva de género en relación con las siguientes cuestiones:
- períodos cotizados asimilados por parto (TS 21-12-09, EDJ 327336);
- cesión del descanso por maternidad (TS 26-9-18, EDJ 613534);
- aplicación del plan de igualdad de la empresa usuaria (TS 13-11-19, EDJ 734462);
- remuneración de permisos y licencias (TS 3-12-19, EDJ 784053);
- discriminación salarial por razón de sexo en convenio colectivo (TSJ Las Palmas 27-7-21, EDJ 647864);
- prestaciones en favor de familiares (TS 29-1-20, EDJ 510355); cuando hay una previa separación por violencia de género (TS 13-6-23, EDJ 597068);
- servicio social obligatorio de la mujer (TS 6-2-20, EDJ 507527);
- consideración como accidente no laboral de lesiones sufridas en el parto (TS 2-7-20, EDJ 592979);
- pensión de viudedad por violencia de género en pareja de hecho (TS 14-10-20, EDJ 697052; 13-4-23, EDJ 554405);
- cómputo de cotizaciones ficticias por parto a efectos del período de carencia para el subsidio de desempleo de mayores de 55 años (TS 23-6-22, EDJ 615134);
- posible disfrute por dos progenitores de un complemento de pensión por maternidad (TS 17-5-23, EDJ 575973).

SECCIÓN 1

Jurisdicción

(LOPJ art.9 -redacc LO 1/2025-; L 38/1988; LRJS art.1 y 2)

14415

14416 MPL nº 675 s. Para que un juez pueda conocer de un litigio, este le debe estar previamente atribuido por una norma con rango de ley (LEC art.44). De manera que, para conocer cuál es el **juez ordinario predeterminado** por la ley al que corresponde resolver una determinada controversia han de utilizarse las siguientes **reglas de competencia**:

• Las reglas sobre **competencia judicial internacional** resuelven si corresponde o no a la jurisdicción española el conocimiento del litigio que se le presenta (1853 s.).

• Las reglas sobre **competencia material** determinan el orden jurisdiccional -civil, penal, contencioso-administrativo o social- que debe conocer del litigio (nº 14418 s.).

• Las reglas sobre **competencia funcional** determinan qué tribunal ha de conocer de las distintas actuaciones, incidencias y fases del proceso en atención a su orden o grado. La **competencia objetiva** establece qué tipo o clase de órgano judicial, entre los de primer grado, debe conocer de un determinado litigio en instancia atendiendo al objeto del proceso (nº 14440).

• Las reglas sobre **competencia territorial** determinan el tribunal que, por razón del territorio, debe conocer del asunto (nº 14450).

• Las normas sobre **reparto** determinan la asignación a un órgano judicial concreto cuando existan varios de la misma jurisdicción y clase en una sede (nº 14463).

• Las reglas sobre **abstención y recusación** establecen cuándo el titular del órgano judicial pese a ser competente no puede conocer de un determinado asunto (nº 14461).

Precisiones Para un **estudio detallado** de las cuestiones relativas a la jurisdicción, ver nº 450 s.; y, sobre el tratamiento procesal de la **falta de competencia o jurisdicción**, el nº 14455.

14417 **Juez competente** En muchos casos la determinación del juez competente no es cuestión pacífica, por lo que la ley también establece mecanismos procesales para resolver las controversias al respecto:

• Si lo que se debate es qué **orden jurisdiccional** por razón de la materia resulta competente, la cuestión debe ser ventilada mediante un **conflicto de competencia** (nº 14459). La disconformidad ha de plantearse obligatoriamente en la contestación a la demanda, en el acto de juicio, manteniéndose en todas las instancias posteriores (TS 4-1-99, EDJ 821).

• Si se debate qué **tribunal** dentro del mismo orden es competente por razón de la función o del territorio, se aplican entonces las reglas sobre **cuestiones de competencia** (nº 14450 s.).

Ahora bien, puede ocurrir que un tribunal, para resolver adecuadamente la controversia que se le somete a enjuiciamiento, extienda su competencia, de forma coyuntural y limitada para ese procedimiento, al conocimiento de asuntos que no le estén atribuidos de forma privativa. Se trata de las **cuestiones previas y prejudiciales** (LOPJ art.10; LRJS art.4; LEC art.387 s.); como, por ejemplo, la competencia social para conocer en ejecución de una cuestión prejudicial civil sobre sucesión hereditaria (TSJ Madrid 26-7-01, EDJ 52154).

Si corresponde un asunto a un tribunal en aplicación de las normas de reparto, este debe pronunciarse salvo causa de abstención y recusación (nº 14461).

1. Competencia material

(LOPJ art.9.5; LRJS art.1 y 2; TCo 224/1993)

14418 MPL nº 232 s. La LOPJ es la norma básica de la que parte el diseño de la competencia material de la jurisdicción social que se distribuye en **tres grandes ámbitos**:

• Las pretensiones que se promuevan en la **rama laboral del derecho**, tanto en conflictos colectivos como individuales.

• Las reclamaciones en materia de **Seguridad Social**.

• Las reclamaciones **contra el Estado o la Administración** cuando la legislación laboral le atribuye responsabilidad.

En desarrollo de estos tres bloques, el legislador establece las cuestiones litigiosas:

- legalmente **atribuidas** al orden social (nº 14420 s.); y
- expresamente **excluidas** del orden social (nº 14430 s.).

a. Cuestiones litigiosas expresamente atribuidas al orden social

(LRJS art.2)

Se atribuye íntegramente la **rama laboral** del derecho a la jurisdicción social, y, en concreto, las siguientes cuestiones: **14420** MPL nº 232 s.

Inclusiones	Normativa
Litigios entre empresarios y trabajadores como consecuencia del **contrato** de trabajo o en el ejercicio de los derechos y obligaciones que deriven de la relación laboral; y entre la empresa de trabajo temporal y los trabajadores que son puestos a disposición. Todo ello salvo las cuestiones reservadas por la Ley al concurso.	LRJS art.2.a y 3.h
Acciones de los trabajadores o sus causahabientes en materia de daños y perjuicios derivados de los **accidentes de trabajo** o **enfermedades profesionales**, incluida la acción directa contra la aseguradora y sin perjuicio de la acción de repetición que pudiera corresponder ante el orden competente.	LRJS art.2.b
Litigios entre las **sociedades laborales** o **cooperativas de trabajo asociado** y sus socios trabajadores, exclusivamente por la prestación de sus servicios. Nada se ha establecido en relación a las nuevas sociedades participadas.	LRJS art.2.c; LCoop art.87
Conflictos individuales y colectivos sobre el régimen profesional de los trabajadores autónomos económicamente dependientes (**TRADE**), incluidos los litigios que deriven del ejercicio de las reclamaciones de responsabilidad por daños de estos trabajadores.	LRJS art.2.d
Conflictos sobre **prevención de riesgos laborales**. Abarcando las actuaciones de las Administraciones públicas en dicha materia, respecto de todos sus empleados, bien sean estos **funcionarios, personal estatutario** de los servicios de salud o personal laboral, que pueden ejercer sus acciones, a estos fines, en igualdad de condiciones con los trabajadores por cuenta ajena, incluida la reclamación de responsabilidad derivada de los daños sufridos como consecuencia del incumplimiento de la normativa de prevención de riesgos laborales, incluyendo la pretensión de condena a una **indemnización**, aunque se alegue además tutela de derechos fundamentales (TS 11-10-18, EDJ 637406; 5-5-21, EDJ 577625; 19-7-21, EDJ 646167; 10-11-21, EDJ 739750).	LRJS art.2.e
• Controversias sobre **tutela de los derechos fundamentales** en el ámbito laboral, contra el empresario o terceros vinculados a este por cualquier título, cuando la vulneración alegada tenga conexión directa con la prestación de servicios (TCo 250/2007). Existe una modalidad procesal específica (nº 15525 s.). • Controversias entre dos o más **sindicatos**, o entre estos y las asociaciones empresariales, siempre que el litigio verse sobre cuestiones objeto de la competencia del orden jurisdiccional social (TS 11-2-20, EDJ 513036).	LRJS art.2.f
Procesos sobre **conflictos colectivos** que afecten a un grupo genérico de trabajadores y que versen sobre la aplicación e interpretación de una norma estatal, convenio colectivo, cualquiera que sea su eficacia, y decisión o práctica de la empresa, así como la impugnación directa de convenios o pactos colectivos no estatutarios. Se sigue un procedimiento especial (nº 15436). Si se trata de un conflicto de intereses se ha de declarar la **falta de acción** desestimando la demanda, no la falta de jurisdicción (TS 29-6-20, EDJ 601157).	LRJS art.2.g
Impugnación de **convenios colectivos estatutarios y de laudos arbitrales** sustitutivos de estos; también los concertados por las Administraciones públicas cuando se aplican en exclusiva al personal laboral, siendo incompetente respecto de los acuerdos o convenios «mixtos» aunque los funcionarios afectados sean mínimos (TS 14-10-14, EDJ 197604). También es competente sobre la impugnación de laudos arbitrales de naturaleza social.	LRJS art.2.h
En procesos sobre **materia electoral**, incluidas las elecciones a órganos de representación del personal al servicio de las Administraciones públicas. La vía judicial es subsiguiente al agotamiento del trámite arbitral.	LRJS art.2.i
Constitución y reconocimiento de la personalidad jurídica de los **sindicatos**, impugnación de sus estatutos y su modificación. También el de ciertas **asociaciones empresariales**. Sobre la responsabilidad de ambos -sindicatos y asociaciones empresariales- por infracción de normas de la rama social del Derecho. En materia de **régimen jurídico** legal y/o estatutario de los **sindicatos** en lo relativo a su funcionamiento interno y a las relaciones con sus afiliados.	LRJS art.2.j, k, l y m

Inclusiones	Normativa
Impugnación de **resoluciones administrativas** en relación con reducciones de jornada o suspensiones de contratos de trabajo por causa derivada de fuerza mayor, o adoptadas a través del Mecanismo RED o para realizar despidos colectivos por tal causa, o en conflictos en materia de bolsas de trabajo o las dictadas en el ejercicio de la potestad sancionadora en materia laboral y sindical y respecto de las demás impugnaciones de otros actos de las Administraciones públicas sujetos al derecho administrativo en el ejercicio de sus potestades y funciones en materia laboral y sindical que pongan fin a la vía administrativa, siempre que en este caso su conocimiento no esté atribuido a otro orden jurisdiccional. La impugnación del despido individual derivado del despido colectivo autorizado mediante resolución administrativa o, en su caso, sobre la impugnación, dictada con posterioridad a la vigencia de la nueva normativa (TS 27-10-20, EDJ 723711; 12-9-17, EDJ 190350).	LRJS art.2.n
Reclamaciones por **responsabilidades** laborales de las **Administraciones** públicas, en especial del **FOGASA**, incluyendo la reclamación de intereses legales por demora en el cumplimiento de la obligación (TS 14-9-17, EDJ 196566; 6-10-16, EDJ 197704).	LRJS art.2.ñ
Pleitos en materia de todas las **prestaciones de Seguridad Social**, contributivas o no, existiendo ciertos procedimientos especiales: de impugnación de altas médicas, revisión de actos declarativos de derechos y sobre el reintegro de prestaciones por contratación temporal irregular. También el recargo de prestaciones o la **imputación de responsabilidades** a empresarios o terceros respecto de las prestaciones de Seguridad Social, los litigios entre entidades gestoras y entidades colaboradoras (Mutuas) sobre responsabilidad del coste de la asistencia sanitaria prestada (TS 29-9-16, EDJ 190818). Las cuestiones litigiosas relativas a la valoración, reconocimiento y calificación del **grado de discapacidad**. El conocimiento de las **prestaciones de dependencia** y los pleitos relativos a ciertas **prestaciones autonómicas de asistencia social**, concretamente, las dirigidas a garantizar recursos suficientes y a prevenir el riesgo de exclusión social de los beneficiarios.	LRJS art.2.o;
En materia de **intermediación laboral**, en los conflictos que surjan entre los trabajadores y los servicios públicos de empleo, las agencias de colocación autorizadas y otras entidades colaboradoras de aquellos y entre estas últimas entidades y el servicio público de empleo correspondiente.	LRJS art.2.p
Controversias sobre **Seguridad Social complementaria** o aplicación de los sistemas de mejoras de la acción protectora de la Seguridad Social incluidos los planes de pensiones y contratos de seguro siempre que su causa derive de una decisión unilateral del empresario, un contrato de trabajo o un convenio colectivo, pacto o acuerdo colectivo. Así como de los complementos de **prestaciones o indemnizaciones**, especialmente en los supuestos de accidentes de trabajo o enfermedad profesional, que pudieran establecerse por las Administraciones públicas a favor de cualquier beneficiario. Así, es competente para conocer de la impugnación de una **sanción por impago** de cuotas de Seguridad Social contenida en un acta de infracción que no va acompañada de un acta de liquidación de cuotas (TS 20-11-18, EDJ 656120; 22-5-20, EDJ 570755; 9-12-20, EDJ 755458). También de la impugnación de una resolución administrativa sobre alcance temporal de la **autorización concedida a una mutua** para concertar la asistencia sanitaria (TS 19-9-19, EDJ 711020).	LRJS art.2.q
Litigios sobre el cumplimiento de obligaciones y derechos relacionados con las finalidades específicas de las **mutualidades y fundaciones** laborales. Exceptuándose las establecidas por los Colegios profesionales (TS 28-6-07, EDJ 144086).	LRJS art.2.r
La **impugnación de actos de las Administraciones públicas**, sujetos a derecho administrativo y que pongan fin a la vía administrativa, dictados en el ejercicio de sus potestades y funciones en materia de Seguridad Social, que no sean en materia de prestaciones o grado de discapacidad, incluyendo las recaídas en el ejercicio de la **potestad sancionadora** en esta materia, con **excepción de** los relativos a encuadramiento y cotización o gestión recaudatoria que siguen correspondiendo a la jurisdicción contencioso administrativa tras la LRJS.	LRJS art.2.s
Cláusula abierta final que permite que se puedan atribuir al orden social otras materias por norma de rango de ley.	LRJS art.2.t

14421 Precisiones 1) Conoce el **orden social** de las siguientes pretensiones contra el Estado -diferentes de las conectadas de su condición de empleador-:

- Las reclamaciones al Estado del pago de **salarios de tramitación**.
- Las reclamaciones del Estado contra el trabajador por **no devolución de anticipos a cuenta** (LRJS art.289 s.; TS 18-9-07, EDJ 184459).
- Las reclamaciones para la declaración del **error judicial**.
- Las reclamaciones acerca de la garantía financiera constituida por las **ETT** para responder de indemnizaciones salariales y de Seguridad Social.

• Reclamaciones sobre la inscripción en el registro y el depósito de estatutos de una **asociación profesional mixta** al estar integrada por empresarios y sindicatos (TS 2-3-07, EDJ 36191; LOPJ art.9.5; LRJS art.2.l).

2) Mediante normas con rango de ley, con apoyo en la **cláusula abierta final**, se ha atribuido a la jurisdicción social: los litigios sobre información y consulta de los trabajadores en empresas de dimensión comunitaria (L 10/1997 art.35 s.) y los litigios sobre la implicación de los trabajadores en las sociedades anónimas y cooperativas europeas (L 31/2006 art.33 s.).

3) Es competente el orden social para pronunciarse sobre la ejecución de lo pactado en conciliación en sus justos términos y el derecho del trabajador a percibir la totalidad del importe neto acordado, aunque el origen de la controversia laboral tenga que ver con una **carga tributaria**. Así sucede cuando no se debate la aplicación de las normas fiscales, el tipo de retención aplicable, ni que la liquidación de la cuota tributaria sea pagada por la empresa. En efecto, el trabajador pretende el abono de la cifra pactada aminorada por los abonos de IRPF que hubo de satisfacer, al haber sido insuficiente la retención aplicada por la empresa, incluidos intereses por mora (TS 10-3-21, EDJ 518316).

4) La jurisdicción social es competente para conocer de impugnaciones relativas a medidas preventivas en materia de riesgos laborales relacionadas con el **acoso laboral**, respecto de todos los empleados públicos, pero es competente la jurisdicción contencioso-administrativa cuando se trata de **actos disciplinarios o sancionadores** derivados de conductas de acoso laboral cometidas por funcionarios (TS cont-adm 24-4-25, EDJ 559926).

5) Es competente el orden jurisdiccional social para conocer de la impugnación de la sanción a una empresa por infracción muy grave, consistente en **contratar trabajadores extranjeros** sin haber obtenido previamente la correspondiente autorización de residencia y trabajo (TSJ Castilla-La Mancha cont-adm 8-7-25, EDJ 669499).

Litigios entre empresario y trabajador por el contrato de trabajo (LRJS art.2.a) 14422

Corresponden al orden social los litigios entre empresarios y trabajadores como consecuencia del contrato de trabajo en la relación laboral, ya sea **común o especial**, como altos directivos, deportistas profesionales, empleados de hogar, etc.

Precisamente, el que la relación jurídica que se enjuicia sea o no una relación laboral constituye el elemento determinante de la competencia material del orden social. En caso de que se niegue la existencia de la relación laboral, se ha de decidir inicialmente sobre la presencia de las notas definitorias del contrato de trabajo: ajenidad, dependencia y remuneración. La competencia del orden social la determina la verdadera **naturaleza del vínculo**, no la forma jurídica con la que las partes lo establezcan (TS 25-3-13, EDJ 68100).

Son competencia del orden social los estadios previos a la contratación como el **precontrato o promesa de contrato** (TS 2-6-16, EDJ 94136; 4-5-00, EDJ 11416). Además, los tribunales sociales conocen de los **contratos conexos** al de trabajo celebrados por razón de este, como vivienda o préstamos al trabajador durante la relación laboral, en el momento de la extinción (TS 23-11-00, EDJ 55667; 11-12-01, EDJ 61274).

En cualquier caso, es competente el orden social para pronunciarse sobre la **existencia de contrato de trabajo** y su delimitación con otras figuras afines, como:
- contratos civiles de **ejecución de obra** o de arrendamiento de servicios;
- la relación que vincula a una empresa con un **abogado**, un **becario** o un **transportista**; y
- la **relación laboral encubierta** en un contrato administrativo, trabajos de amistad, familiares, determinados profesionales o la relación jurídica con socios administradores.

Respecto de las acciones declarativas para solicitar la **calificación como laboral** de una relación laboral ya **extinguida**, son admisibles si la declaración puede tener repercusión en el ámbito de la Seguridad Social (TS 29-10-15, EDJ 269997), pero no si la acción tiene como finalidad la acreditación de determinada puntuación a efectos de un concurso de selección laboral (TS 6-4-09, EDJ 56520).

Precisiones **1)** La competencia de la jurisdicción laboral se extiende a las **responsabilidades por daños** derivados del incumplimiento de normas laborales (TS 24-5-94, EDJ 4730; auto 4-4-94, EDJ 6902) lo que se ha recogido de forma expresa en relación con accidentes de trabajo y enfermedades profesionales en la LRJS art.2.b (nº 15408), con las normas de prevención de riesgos laborales (LRJS art.2.e; TS 5-5-21, EDJ 577625; 10-11-21, EDJ 739750), o de la reclamación de daños sufridos por un sindicato (TSJ Cantabria 23-5-07, EDJ 150783). 14423

2) Se enjuician en la jurisdicción social no solo las reclamaciones del trabajador frente al **empresario**, sino también las de este frente a aquel (pactos de no concurrencia o de permanencia en la empresa, salarios abonados en exceso, lanzamiento de vivienda ocupada por razón del trabajo, devolución de vehículos o material de la empresa que esté en posesión del trabajador) ya sea mediante demanda o por vía de reconvención (TS 20-1-05, EDJ 7102). Se incluye la reclamación de daños y perjuicios por **negligencia del trabajador** en el desempeño de las funciones propias de su contrato de trabajo (TS 31-5-05, EDJ 103635; 14-11-07, EDJ 213319). Asimismo, se atribuyen al orden jurisdiccional social las demandas de la empresa contra los trabajadores en reclamación de daños y perjuicios por **competencia desleal** de los trabajadores y las empresas constituidas por estos últimos, vigente la relación laboral, para ejercer la actividad concurrente (TS 12-5-17, EDJ 96470; 4-5-17, EDJ 72758). También conoce la jurisdicción social de una **acción de repetición del empleador**, como avalista, frente al trabajador que incurrió en impago del préstamo bancario al que accedió en virtud de un convenio de colaboración de la empresa con la entidad bancaria (TS 12-12-19, EDJ 797670).

3) Es competente el orden social para pronunciarse sobre la reclamación por **descuentos salariales** realizados por el empresario para compensar un error en la retención del IRPF, también de la indemnización por despido (TS 27-1-05, EDJ 16395; 18-5-10, EDJ 92328; 23-2-15, EDJ 80834); y sobre alcance y consecuencias jurídicas de la obligación empresarial de retener e ingresar en la Administración tributaria el impuesto derivado de la percepción de una indemnización por despido. No obstante, sería competente el **orden contencioso-administrativo**, sobre el debate de la cuantía de lo ingresado e incluso la procedencia o no del descuento.

14424 **Administración como empleador** (LRJS art.2.a y n; LOPJ art.9.4 y 5) Es competente la jurisdicción social para conocer de los litigios sobre los contratos laborales que celebre la Administración como empleadora, en todo tipo de **reclamaciones laborales**, como salario, condiciones de trabajo, jornada, extinción contractual, etc.

La jurisdicción social **también es competente** para:

• Determinar la existencia de relación laboral a pesar de que hubiese una **contratación administrativa** formal y previa entre las partes (TS 19-5-05, EDJ 90318; 15-10-07, EDJ 195110; 20-7-22, EDJ 645994); o en el caso de que se hay formalizado la relación con **distintas formas contractuales**, unas laborales y otras administrativas.

• Las controversias sobre **todas las fases de la contratación de personal laboral**, superando la anterior distinción entre actos administrativos referidos a todos los ciudadanos (convocatorias para nuevo ingreso) y los concernientes a quienes ya eran trabajadores (promoción interna). Se sigue manteniendo que si el acto administrativo afecta a personal laboral y funcionarial a la vez, la jurisdicción corresponde al orden contencioso-administrativo (LRJS art.2.n; TS 11-6-19, EDJ 633129; 10-12-19, EDJ 770095).

14427 Precisiones **1)** La jurisdicción social es competente para pronunciarse sobre la indemnización por el retraso de la Administración en **reincorporar al trabajador** a un puesto de trabajo compatible con su estado de incapacidad permanente total (TS 4-4-05, EDJ 55245). También en relación a reclamaciones de responsabilidad por vulneración de **derechos fundamentales**, por ejemplo, en caso de acoso moral (LRJS art.2.f y 177 s.; TS 10-2-05, EDJ 71722); incluso en el caso de una funcionaria que considera vulnerada la normativa de **prevención de riesgos laborales** (TS 10-4-13, EDJ 55486; TSJ Burgos 14-5-14, EDJ 89516).

2) Compete a la **jurisdicción contencioso-administrativa**:

• La pretensión colectiva sobre **amortización de personal** laboral de los servicios de limpieza de los hospitales al tratarse de actos plurales de la Administración pública, dictados en el ejercicio de sus potestades y funciones, que afectan conjuntamente al personal laboral y estatutario, y su impugnación directa incumbe al orden jurisdiccional contencioso-administrativo (TS 9-3-15, EDJ 69703).

• Respecto de las reclamaciones laborales de **funcionarios interinos o eventuales** (TS 20-4-92, EDJ 3829; 9-10-97, EDJ 7699; 15-12-97, EDJ 10606; 25-4-23, EDJ 564620); así como en relación con el **cese como funcionario eventual** de quien fue contratado laboralmente y luego nombrado funcionario interino sin impugnar este último nombramiento (TS auto 22-2-12, Rec 2114/11; TSJ Sevilla 25-11-05, Rec 2831/05; 18-6-14, EDJ 141375). Entendiendo también la jurisdicción contenciosa -por no existir relación laboral- en un caso que se aplicaba normativa autonómica que permitía la contratación administrativa para la **provisión temporal de vacantes** existentes en la plantilla o para la sustitución de los funcionarios con derecho a reserva de puesto de trabajo (TS 16-9-15, EDJ 199568; 21-9-15, EDJ 199567; 22-9-15, EDJ 192737).

• La **responsabilidad indemnizatoria** que pueda surgir de la anulación de convocatorias o adjudicaciones de plazas (TS 14-7-98, EDJ 19925).

• Cualquier pleito sobre el **personal estatutario** de la Seguridad Social que dejó de ser competencia de la jurisdicción social al considerarse su relación con la administración funcionarial tal y como confirma numerosa jurisprudencia consolidada (por todas, TS 20-6-05, EDJ 127450; señalando de oficio la incompetencia de la jurisdicción social, TS 26-9-06, EDJ 277474; 3-4-07, EDJ 25419; 14-5-08, EDJ 111778). No obstante, como se ha señalado, es competencia de la jurisdicción social el conocimiento de litigios sobre cumplimiento de la Administración en materia de **prevención de riesgos laborales**, de la impugnación de las actuaciones de las Administraciones públicas en dicha materia respecto de todos sus empleados, bien sean estos funcionarios, personal estatutario de los servicios de salud o personal laboral (LRJS art.2.e).

• La obligación de la comunidad autónoma de **transferir a una universidad** la cantidad suficiente para que esta satisfaga a su personal un complemento que cubra la diferencia retributiva respecto de su salario en el puesto de origen, puesto que tal transferencia se establece en convenio entre ambas administraciones, pues el compromiso de la comunidad autónoma es por completo ajeno al contrato de trabajo y su cumplimiento es algo que solo afecta a las Administraciones pactantes y nunca puede repercutir en los derechos e intereses de la trabajadora (TS 14-9-16, EDJ 163359).

• La impugnación de la resolución de una entidad pública de **evaluación del personal docente laboral**, no empleadora de los profesores afectados (TS 17-11-20, EDJ 731788).

b. Incompetencia por razón de la materia

(LRJS art.3)

Junto a la delimitación positiva de las materias, cuyo conocimiento corresponde al orden social (nº 14420 s.), también se precisan, desde la perspectiva contraria, las siguientes **controversias excluidas** de su conocimiento: 14430 MPL nº 225

Exclusiones	Normativa
Impugnación de las **disposiciones de carácter general**.	LRJS art.3.a
Cuestiones sobre **prevención de riesgos laborales** entre el empresario y terceros ajenos a la relación laboral. Aunque el orden social es competente con carácter general en materia de prevención de riesgos laborales no se ocupa de los litigios -normalmente civiles mercantiles- que se suscitan entre empresarios por la asunción de parte de la gestión y organización de la prevención.	LRJS art.3.b
Controversias sobre tutela de la **libertad sindical y derecho de huelga** de los funcionarios y personal estatutario o de régimen administrativo (TS 21-2-06, EDJ 37445; 5-6-06, EDJ 94137; 20-6-06, EDJ 98904).	LRJS art.3.c
Impugnaciones de las disposiciones que establecen las garantías de mantenimiento de los **servicios esenciales** de la comunidad en caso de huelga.	LRJS art.3.d
Impugnaciones de pactos o acuerdos de la **función pública** que sean de aplicación al personal funcionario o estatutarios de los servicios de salud ya sea de manera exclusiva o conjunta con el personal laboral (TS 30-5-12, EDJ 124077; 5-6-13, EDJ 13447); y sobre la composición de las **mesas de negociación** sobre las condiciones de trabajo comunes al personal de relación administrativa y laboral (TS 29-11-22, EDJ 756603). Se incluye la pretensión de solicitud de información referida al personal funcionario o interino de la Administración en el ámbito de una reunión de la comisión de seguimiento del acuerdo sectorial específico sobre condiciones de trabajo del personal funcionario, solicitándose una nueva RPT (TS 14-6-17, EDJ 133525); y la reclamación de un sindicato del pago de una **subvención** pactada entre la Administración pública y las organizaciones sindicales en un acuerdo aplicable a todo su personal (TS 19-7-18, EDJ 563110).	LRJS art.3.e
Impugnaciones de actos administrativos en materia de encuadramiento, cotización y recaudación de **recursos de la Seguridad Social** y de los actos conexos de los anteriores (TS Sala Conflictos 25-4-23, EDJ 559944; TS 8-3-23, EDJ 527682).	LRJS art.3.f
Litigios sobre **asistencia y protección social pública** no incluida en la Seguridad Social en los términos ya establecidos por la jurisprudencia (TS 19-5-20, EDJ 570873; 26-5-04, EDJ 63883; 26-5-04, EDJ 83105).	LRJS art.3.f
Reclamaciones sobre responsabilidad de los organismos gestores y las derivadas de la prestación de la **asistencia sanitaria**. Sigue residenciado en el orden jurisdiccional social la reclamación de reintegro de **gastos médicos** en los supuestos de urgencia vital.	LRJS art.3.g
Pretensiones cuyo conocimiento se reserva al **juez del concurso**.	LRJS art.3.h

Precisiones 1) Corresponde al orden **contencioso-administrativo**: 14435

• La **impugnación directa** de disposiciones generales de rango inferior a la ley y decretos legislativos cuando excedan los límites de la delegación, aun cuando versen sobre materias laborales, sindicales o de Seguridad Social. En este sentido, cuando la pretensión ejercitada en la demanda es precisamente la de negar eficacia jurídica a la resolución del ministerio que fija la masa salarial, por no haberse ajustado a los parámetros de homogeneidad impuestos por la correspondiente ley de presupuestos, no estamos ante una cuestión prejudicial sobre la que pueda pronunciarse la jurisdicción social como presupuesto previo para resolver la cuestión de fondo, sino precisamente frente a la acción principal de la demanda que debió de ejercitarse ante el orden contencioso-administrativo (TS 12-3-19, EDJ 545167).

Lo mismo sucede con la determinación de un **complemento retributivo**, cuya percepción se determina en las relaciones de puestos de trabajo confeccionada por la Administración (TSJ Galicia 30-5-07, EDJ 74128; TSJ Cataluña 16-11-06, EDJ 418302). No obstante, se ha considerado competente el orden social en relación con un conflicto colectivo sobre la retribución de **incapacidad temporal** en ADIF, señalándose que debe distinguirse entre la impugnación en abstracto de una instrucción del alcance que la misma pueda tener en un asunto, declarándose competente en el conflicto colectivo (TS 23-9-15, EDJ 199575).

• La anulación de un **pacto** alcanzado al amparo de la ley sobre órganos de representación, determinación de las condiciones de trabajo y participación del personal al servicio de las Administraciones públicas (TS 21-2-08, EDJ 25895).

• La determinación de si procede o no efectuar retenciones a cuenta del **IRPF** o sobre quién es el obligado al pago de los tributos. No obstante, es competente la jurisdicción social cuando en el marco de una reclamación de cantidades salariales o indemnizatorias la cuestión fiscal es meramente incidental y en el mismo sentido sobre los salarios de tramitación.

2) Corresponde al **orden social** el debate sobre si el **retenedor** puede reintegrarse del pago realizado mediante un descuento en los salarios, puesto que se trata de decidir únicamente si el empleador está legitimado por su propia decisión para efectuar descuentos en la nómina de sus trabajadores. Debiéndose solventar en el orden contencioso el pleito sobre lo que se debe ingresar en el Tesoro Público en concepto de retención complementaria como consecuencia de un error en el ingreso anterior (TS 27-1-05, EDJ 16395; 18-5-10, EDJ 92328).

3) Fuera de las materias cuyo conocimiento corresponde al juez del concurso, **a partir de la declaración de la empresa en situación concursal**, el resto de materias se sigue atribuyendo al orden jurisdiccional social. En especial, el orden social es competente para examinar una demanda en la que se solicita que se declare la **obligación de la empresa de suscribir el convenio especial** (ET art.51.9) en un supuesto en que el despido colectivo se tramitó y finalizó antes de la declaración del concurso, si bien la fecha de efectos del despido individual se produjo una vez declarado el concurso y, consecuentemente, la suscripción del convenio y el pago de las cuotas se producirían estando ya la empresas en situación de concurso (TS 26-10-16, EDJ 171540; 26-9-17, EDJ 208948). La ejecución de créditos de los trabajadores y del FOGASA una vez aprobado el convenio en el procedimiento de concurso corresponde al orden social de la jurisdicción (TS 10-2-22, EDJ 509894).

2. Competencia objetiva y funcional

(LRJS art.6 a 9; LOPJ art.59, 67, 75 y 93; LEC art.45 a 49)

14440 MPL nº 656 La determinación de la competencia objetiva y funcional es una cuestión de **orden público** procesal que debe ser examinada de oficio por los jueces y magistrados (LRJS art.5.1; TS 30-6-16, EDJ 111965; 21-6-10, EDJ 145248; 29-5-07, EDJ 68266).

Una vez determinado que el orden jurisdiccional competente es el social, es necesario determinar, a través de la **competencia objetiva**, a qué clase de órgano jurisdiccional del orden social le corresponde conocer del asunto en única instancia en atención a su objeto (TS 21-6-10, EDJ 145248).

De acuerdo con el esquema organizativo y competencial diseñado por la LOPJ, la LRJS y la LCon, todos los órganos del orden jurisdiccional social, más los de lo mercantil, asumen **competencia objetiva en la única instancia**. El principio general es que el conocimiento y decisión en la instancia de todos los procesos atribuidos a la jurisdicción social corresponde a la Sección de lo Social de los Tribunales de Instancia -hasta su constitución Juzgados de lo Social-, **salvo** los asignados expresamente a la competencia de otros órganos:

• La **Sección de lo Mercantil de los Tribunales de Instancia** -hasta su constitución Juzgados de lo Mercantil- sustrae determinadas materias a los tribunales sociales.

• Las Salas de lo Social de los **Tribunales Superiores de Justicia y de la Audiencia Nacional** asumen la competencia en instancia respecto a los procesos de despido colectivo y de impugnación de oficio por la autoridad laboral de los acuerdos colectivos alcanzados en procedimientos de despido colectivo, suspensión o reducción de jornada.

• La Sección de lo Social de los Tribunales de Instancia y las Salas de lo Social de los Tribunales Superiores de Justicia y de la AN **se reparten la competencia objetiva** en las materias de la LRJS art.2.f, g, h, k, l, n y s.

• Por fin, incluso la Sala de lo Social del **Tribunal Supremo** actúa en instancia en los procesos sobre impugnación de actos del Consejo de Ministros (TS 9-12-20, EDJ 755458).

Los **criterios legalmente utilizados** para la atribución de la competencia en el orden social son los de la naturaleza de la pretensión ejercitada, a la que corresponde una determinada modalidad procesal, y la afectación territorial del litigio. En los procesos sobre impugnación de actos de las Administraciones públicas en materia social el criterio de delimitación de la competencia objetiva es el de la Administración de la que emanan y el nivel jerárquico del órgano autor del acto impugnado.

14443 La **competencia funcional** obliga a identificar el órgano jurisdiccional funcionalmente competente para conocer del proceso en cada una de estas etapas. Así, por ejemplo, la primera fase de un proceso, la cognición, puede corresponder a la Sección de lo Social del Tribunal de Instancia -hasta su constitución Juzgados de lo Social-, la segunda fase de impugnación o de recurso al TSJ y la de ejecución de nuevo a la Sección de lo Social del Tribunal de Instancia. La competencia funcional básica de primer grado corresponde a la Sección de lo Social del Tribunal de Instancia, a las Salas de lo Social de los TSJ y a la Sala de lo Social de la AN cuando actúan en instancia. La de segundo grado en vía de recurso de suplicación a los TSJ y al TS en el recurso de casación ordinario y el tercer grado en el recurso extraordinario de casación para unificación de doctrina compete a la Sala de lo Social del TS (nº 864 s. Memento Procedimiento Laboral 2025-2026).

La **apreciación** de competencia funcional puede llevarla a cabo tanto el juez de lo social, como los TSJ, en vía de suplicación, o el TS en unificación de doctrina, valorando si había competencia para pronunciarse en suplicación.

Cuadro-resumen sobre competencia objetiva, funcional y territorial 14447

Ámbito y sede	Única instancia	Recursos	Impugnación de la cosa juzgada	Cuestiones de competencia
Sección de lo Social del Tribunal de Instancia -hasta su constitución, Juzgado de lo Social-				
Ámbito: partido judicial o provincial. **Sede**: capital del partido judicial o de la provincia	- **Todos los litigios propios del orden social** y de su ámbito de jurisdicción, **salvo** los atribuidos expresamente a los TSJ, AN o TS en relación con determinados litigios colectivos o al de lo mercantil en empresas en concursos. - Procesos de **impugnación de actos administrativos** atribuidos al orden social dictados por ciertos órganos administrativos.	-	-	-
Tribunal Superior de Justicia (Salas de lo Social)				
Ámbito: comunidad autónoma. **Sede**: capital comunidad autónoma. Andalucía, Castilla-León y Canarias cuentan con más de una sala de lo social con jurisdicción limitada a algunas provincias o islas. Ceuta y Melilla están en la circunscripción territorial del TSJ Andalucía.	- Determinados **procesos colectivos y sindicales y de asociaciones empresariales, también de derechos fundamentales** con proyección colectiva (los efectos se extienden en un ámbito territorial superior al de la circunscripción de una Sección de lo Social del Tribunal de Instancia, pero sin rebasar el de una comunidad autónoma. - Procesos de **impugnación de actos administrativos** atribuidos al orden social dictados por ciertos órganos administrativos. - Procesos de **despido colectivo** impugnados por los representantes de los trabajadores cuando sus efectos no se extienden a más de una comunidad autónoma.	**Recurso de suplicación y queja** contra sentencias y autos de la Sección de lo Social de los Tribunales de Instancia y de la Sección de lo Mercantil de los Tribunales de Instancia de su circunscripción en materia laboral.	**Audiencia al rebelde**.	**Cuestiones de competencia** que se susciten entre la Sección de lo Social de los Tribunales de Instancia de su circunscripción.
Audiencia Nacional (Sala de lo Social)				
Ámbito: nacional. **Sede**: Madrid.	- Mismos litigios y materias atribuidas en instancia a los TSJ cuando sus efectos se extiendan a un **ámbito territorial superior** a una comunidad autónoma. Incluidos procesos de **impugnación de actos administrativos** atribuidos al orden social dictados por ciertos órganos administrativos. - Procesos de **despido colectivo** impugnados por los representantes de los trabajadores con efectos en un ámbito territorial superior al de una comunidad autónoma.	-	-	-

Ámbito y sede	Única instancia	Recursos	Impugnación de la cosa juzgada	Cuestiones de competencia
Tribunal Supremo (Sala de lo Social)				
Ámbito: nacional. **Sede**: Madrid.	- Procesos de **impugnación de actos administrativos** atribuidos al orden social dictados por el Consejo de Ministros.	- Recurso de **queja**. - Recursos de **casación ordinaria y para unificación de doctrina**.	- **Revisión de sentencias firmes y laudos arbitrales firmes**. - **Audiencia al rebelde**. - Declaración de **error judicial** que se impute a un órgano de la jurisdicción social (salvo que el error sea del propio TS).	**Cuestiones de competencia** entre órganos jurisdiccionales del orden social que no tengan otro superior jerárquico común.

Precisiones 1) Con carácter general, en el Tribunal de Instancia **con sede en la capital de cada provincia** y con jurisdicción en toda ella existirá una Sección de lo Social. También pueden establecerse Secciones de lo Social en Tribunales de Instancia que tengan su sede **en poblaciones distintas de la capital de provincia**, delimitándose en cada caso el ámbito territorial de su jurisdicción. Asimismo, las Secciones de lo Social pueden, excepcionalmente, **extender su jurisdicción a dos o más provincias** dentro de la misma comunidad autónoma (LOPJ art.94).
2) Se atribuye a las **Salas de lo Social de los TSJ** conocer no solo de los recursos que procedan contra las resoluciones de las Secciones de lo Social de los Tribunales de Instancia de las CCAA, sino también de los que prevea la ley contra las resoluciones de las Secciones de lo Mercantil de los Tribunales de Instancia de las CCAA en materia laboral (LRJS art.7.d) y las que resuelvan los incidentes concursales que versen sobre la misma materia (LO 6/1985 art.75.2º).

3. Competencia territorial

(LRJS art.10 y 11; LEC art.50 a 60; LOPJ art.21 y 25)

14450 MPL nº 768 s. Fijada la competencia de los tribunales españoles, para la **determinación** del órgano jurisdiccional territorialmente competente han de tenerse en cuenta las siguientes **reglas**:

• Como **regla general**, siempre a elección del demandante, territorialmente es tribunal competente:
- el del lugar de prestación de servicios; o
- el del domicilio del demandado y si hay más de un demandado, en el de cualquiera de ellos.

Hay que tener en cuenta que si los servicios se prestan en **distintas circunscripciones territoriales** es competente, a elección del trabajador (LRJS art.10.1.2º):
- el de su domicilio;
- el de celebración del contrato, si hallándose allí el demandado pudiera ser citado; o
- el del domicilio del demandado.

Cumplida la premisa de que la prestación de servicios se realiza en distintas circunscripciones territoriales, el trabajador puede demandar ante los tribunales de su propio domicilio sin acreditar que tales servicios se prestan efectiva y realmente en la circunscripción de ese domicilio (TSJ Extremadura 1-4-14, EDJ 48055).

• Para las Salas de lo Social de los **TSJ** -cuando conozcan en instancia- la competencia territorial se determina de la siguiente manera:
- en los procesos de conflicto colectivo e impugnación de convenio colectivo -o laudos sustitutivos de los anteriores- es competente el tribunal del lugar de sus efectos o de su ámbito de aplicación, respectivamente;
- en los que versen sobre la constitución y funcionamiento de los sindicatos y asociaciones empresariales, es competente el tribunal de la sede del sindicato o asociación empresarial;
- en los que versen sobre régimen jurídico y funcionamiento interno de sindicatos, el del lugar en el que se produzcan los efectos del acto sobre el que verse la controversia; y
- en los de tutela de la libertad sindical, el del lugar donde se haya producido la lesión, las decisiones o actuaciones respecto de las que se demanda la tutela (nº 15525). Así, por ejemplo, se entiende que es competente territorialmente en instancia la Sala de lo Social de un TSJ cuando se trata de una acción de afiliados tendentes a combatir las medidas disciplinarias que contra ellos pueda adoptar el sindicato y que tiene un alcance regional (TS 6-10-15, EDJ 221033).

Precisiones 1) El **domicilio de la empresa demandada** se fija conforme al CC art.41 (TS 12-5-10, EDJ 113439), por lo que no ha de coincidir con el domicilio del centro de trabajo, pues se trataría de una interpretación restrictiva al suponer de facto la supresión de la opción que ofrece al demandante la LRJS art.10.1 ya que dicho domicilio siempre coincidiría con el lugar de prestación de servicios. El CC art.41 establece, en primer lugar, que el domicilio es el **previsto en la ley** que las haya creado o reconocido, o el establecido en sus **estatutos o reglas** de fundación. En defecto de la anterior previsión se entiende que tiene su domicilio en el lugar en que se halle establecida su representación legal, o donde ejerzan las principales funciones de su instituto (TS 18-10-06, EDJ 306458; 12-3-07, EDJ 21192). Respecto a las Administraciones públicas y las empresas que tengan centros de trabajo en **todo el territorio del Estado**, pero domicilio social en Madrid, corresponde el fuero territorial a los juzgados de lo social de Madrid (LRJS art.10.1.4º; TS 18-10-06, EDJ 306458 referida a Correos y Telégrafos y TS 12-3-07, EDJ 21192, referida a RENFE). 14451

2) Las demandas contra las **Administraciones públicas** -se especifica ahora en su calidad de empleadoras- el demandante puede elegir dirigir su demanda al juzgado de lo social (LRJS art.10.1):

- del lugar de prestación de los servicios -donde se ubique el centro de trabajo-; o
- el del domicilio del demandante.

Existe una **excepción** a esta regla general referida a los trabajadores que presten servicios en el extranjero, señalándose como tribunal competente el del domicilio de la Administración pública demandada (nº 9410 Memento Social 2026).

3) En los que versan sobre **vulneración de derechos fundamentales** (nº 15525) es competente alternativamente (LRJS art.10.2.f):

- el del lugar donde se produjo la lesión, decisión o actuación respecto de la que se demanda tutela; o, en su caso,
- el del lugar al que se extiendan los efectos de la lesión, o las decisiones o actuaciones respecto de las que se demanda la tutela.

4) Los procesos sobre la adopción de **medidas judiciales de apoyo** a personas con **discapacidad** pertenecen al orden jurisdiccional civil (LEC art.52.1.5º y 756).

5) La competencia para ejecutar **títulos no judiciales, actos de conciliación y laudos arbitrales**, corresponde al tribunal en cuya circunscripción se hubiera constituido (LRJS art.237.2).

6) En los litigios sobre mejoras de la acción protectora de la Seguridad Social incluidos los planes de pensiones y contratos de seguro, y en procesos entre **mutualidades y asociados** excepto las establecidas por los colegios profesionales, salvo los procesos entre mutualidades de previsión, en los que la competencia territorial es siempre el domicilio de la parte demandada (LRJS art.10.2.b). 14453

7) En los conflictos relacionados con la constitución y reconocimiento de la personalidad jurídica de los **sindicatos y asociaciones empresariales**, así como la impugnación de sus estatutos y su modificación, la sede del sindicato o la asociación empresarial (LRJS art.10.2.d; TS 7-6-05, EDJ 149534; 19-9-06, EDJ 306452; 5-12-06, EDJ 345875). Sin embargo, en los que versen sobre el régimen jurídico de sindicatos y asociaciones empresariales, así como relaciones con los afiliados y las responsabilidades de ambos, el del lugar donde produzcan efectos (LRJS art.102.e; TS 7-6-05, EDJ 149534; 19-9-06, EDJ 277466).

8) Se extiende el criterio para determinar la competencia territorial de la impugnación de **convenios colectivos**, a la impugnación de laudos sustitutivos de tales convenios y a los de **conflictos colectivos** (LRJS art.2.g y h). Es competente el tribunal de la circunscripción (LRJS art.10.2.h):

- a que se refiera el ámbito de aplicación del convenio (TS 16-2-04, EDJ 40571) o laudo impugnado; o
- en el que se produzcan los efectos del conflicto (TS 28-2-05, EDJ 37521; 19-9-06, EDJ 306452).

9) En el caso de **conductores**, es competente la Sección de lo Social del Tribunal de Instancia (antes juzgado de lo social) de la provincia en la que se encuentra el parking de la empresa donde comienzan sus rutas y recogen y devuelven los camiones, por ser este el lugar de prestación de servicios, y no el de la provincia donde la empresa tiene su sede social (TSJ Cataluña 1-12-23, EDJ 791602; TS 5-2-25, EDJ 504068).

10) En caso de prestación de servicios mediante **teletrabajo**, la Sección de lo Social del Tribunal de Instancia territorialmente competente para conocer de los litigios que surjan es (TSJ Burgos 21-4-23, EDJ 573744; TSJ Cataluña 2-2-23, EDJ 528584):

- si una parte del trabajo se realiza de forma presencial, la del lugar donde se realice este último;
- si la totalidad de la prestación es de teletrabajo, hay que acudir a lo previsto en el contrato suscrito entre las partes.

11) Los tribunales españoles no son competentes para conocer de una **demanda de despido contra una empresa británica**, sin domicilio ni sucursal en territorio español, interpuesta por un trabajador también británico que inició su prestación de servicios en Gran Bretaña, donde se celebró el contrato, pero que tras la pandemia teletrabaja desde su casa de vacaciones en España sin que conste acuerdo con la empresa (TSJ C.Valenciana 10-5-23, EDJ 630967).

4. Tratamiento procesal de la competencia y la jurisdicción

(LRJS art.5)

14455 MPL nº 952 En el proceso laboral, la jurisdicción y la competencia se presentan como **presupuestos procesales** de cualquier actuación judicial, que afectan al orden público procesal y cuya ausencia impide a los órganos judiciales resolver sobre el fondo del asunto.

Cuando se aprecia **falta de jurisdicción y de competencia** tanto internacional como por razón de la materia, objetiva, territorial y funcional existe un tratamiento procesal unitario, en virtud del cual su ausencia puede apreciarse de oficio por el propio órgano jurisdiccional antes de dictar sentencia -mediante auto- o en la propia sentencia, a instancia de la parte demandada, que denuncia la ausencia de cualquiera de esos presupuestos proponiendo la correspondiente excepción procesal al contestar a la demanda en el acto del juicio. E incluso puede apreciarse la falta de jurisdicción o de competencia en fase de recurso, aunque no se hubiera suscitado el debate en la instancia (TS 10-11-21, EDJ 740011).

La infracción de las **normas de reparto** puede ser denunciada por cualquiera de las partes (nº 14463).

14457 MPL nº 956 s. **Procedimiento para la declaración de incompetencia** (LRJS art.5; LOPJ art.9.6) La jurisdicción es **improrrogable** y está predeterminada por la ley, de modo que, si los órganos jurisdiccionales se estiman incompetentes para conocer de la demanda por razón de la materia, del territorio o de la función, deben dictar auto declarándolo así y previniendo al demandante ante quién y cómo puede hacer uso de su derecho. El **procedimiento** para ello es doble:

• La declaración se puede efectuar de oficio en la **admisión de la demanda**, previa audiencia imperativa de las partes y del Ministerio Fiscal por 3 días, mediante auto en el que se debe expresar cuál es el órgano que considera competente (TS 3-6-91, EDJ 5827). Si en el auto del órgano jurisdiccional social se declara (LRJS art.5.4):

- la falta de jurisdicción o de competencia, se puede recurrir de acuerdo con lo previsto en la LRJS;
- la jurisdicción y competencia de la jurisdicción social puede suscitarse de nuevo en el juicio y, en su caso, en el recurso ulterior, si lo hubiera.

Si la acción ejercitada estuviera sometida a **plazo de caducidad**, se entiende suspendida desde la presentación de la demanda hasta que el auto que declare la falta de jurisdicción o de competencia sea firme (LRJS art.5.5).

• Por otra parte, puede reservarse la declaración para el momento de dictar **sentencia** tras la celebración del juicio, estimándose de oficio, o porque haya sido alegada como excepción en el acto del juicio (TSJ Valladolid 15-11-04, EDJ 191666; TSJ Cataluña 23-11-04, EDJ 225896). En este segundo supuesto, la falta de audiencia del Ministerio fiscal no constituye causa de anulación de la sentencia (TSJ País Vasco 11-4-06, EDJ 97415).

Precisiones En el marco del **trámite procesal** sobre cuestiones previas, que se realiza antes del inicio del propio juicio, el órgano jurisdiccional, tras ser oídas las partes, puede resolver motivadamente y en forma oral lo procedente sobre algunas cuestiones, incluida la competencia (nº 14592).

14459 MPL nº 1020 s. **Declinatoria** (LRJS art.12, 13 y 14; LEC art.63, 64 y 65; LOPJ art.42 a 50) Los **conflictos de competencia** se suscitan entre diversos órdenes jurisdiccionales para determinar cuál de ellos es competente en el enjuiciamiento de una controversia. En ningún caso esa controversia puede suscitarse con el **orden penal** que siempre es preferente. Nunca un tribunal de inferior rango puede discutir la competencia a uno de rango superior.

Las cuestiones de competencia se sustancian y deciden conforme a las previsiones de la LEC, salvo lo establecido para la declinatoria en las siguientes **reglas**:

• Las declinatorias se proponen por la parte demandada como **excepciones** en el acto de la vista y, sin suspender el curso de los autos, se resuelven en la sentencia.

• Si **se estima**, el demandante puede deducir su demanda ante el órgano territorialmente competente.

En caso de que la acción estuviese sometida a un plazo de **caducidad**, se entiende suspendido desde la presentación de la demanda hasta la firmeza de la sentencia que la ha estimado.

Precisiones 1) Las controversias sobre competencia **entre tribunales** del mismo rango y jurisdicción social son resueltas por el superior común a ambos.

2) El demandado puede denunciar, mediante declinatoria, la falta de competencia internacional o la falta de jurisdicción por haberse sometido a **mediación** la controversia. Se mantienen como **justificaciones** de la declinatoria: la pertenencia del asunto a otro orden jurisdiccional o la sumisión de la controversia a arbitraje (LEC art.39).

Abstención y recusación (LRJS art.15; LOPJ art.219 s. y 446; LEC art.100, 107, 115, 116, 118, disp.final 11ª y disp.final 17ª) Para garantizar la **objetividad e independencia** de la resolución judicial, en determinadas circunstancias el juez debe abstenerse de intervenir o puede ser recusado por alguna de las partes. 14461 MPL nº 1048 s.

La **abstención** es la resolución judicial en la que el juez decide dejar de conocer y, por tanto, de resolver un asunto, por concurrir en su persona alguna de las circunstancias legalmente establecidas.

La **recusación** es la decisión judicial que aparta al juez natural del conocimiento de un pleito, también con base en determinadas circunstancias personales que concurren en el juez. Ha de proponerse en instancia antes de la celebración de los actos de conciliación y juicio y en recursos antes del día señalado para la votación y fallo, o en su caso, para la vista. La proposición de recusación no suspende la ejecución. La instrucción y decisión del expediente de recusación está en función del órgano o tribunal al que pertenezca el magistrado recusado (LRJS art.15).

La abstención y recusación de los **letrados de la Administración de Justicia**, se asimila a la de los jueces y magistrados. Se formula por escrito motivado dirigido al coordinador provincial, que decidirá la cuestión (LEC art.116), existiendo peculiaridades de tramitación, especialmente en la recusación.

Respecto de los **demás funcionarios** al servicio de la Administración de Justicia esta materia se rige conforme a las previsiones específicas de la LEC (LRJS art.15.4).

Precisiones 1) Las **causas** de abstención y recusación son las recogidas en el nº 2733.

2) Procede la nulidad de actuaciones cuando no se notifica la **composición de la Sala** de suplicación y el nombre del magistrado ponente, pues priva del ejercicio de su derecho a recusar en el momento procesal idóneo, lo que produce indefensión cuando se alega la eventual concurrencia de una causa de recusación concreta que no pudo ejercitarse y que no resultaba *prima facie* descartable (TS 3-3-15, EDJ 58587).

Reparto de asuntos (LEC art.68 a 70) Todos los asuntos sociales son repartidos entre las Secciones de lo Social de los Tribunales de Instancia -hasta su constitución, Juzgados de lo Social- cuando haya **más de uno en el partido**. La **asignación** se realiza a través de las denominadas normas de reparto, que son los criterios específicos y predeterminados para llevar a cabo tal asignación, y que han sido elaborados por la junta de jueces y validados por el Tribunal Superior de Justicia. 14463 MPL nº 1040 s.

El reparto se ha de realizar **por el letrado de la Administración de justicia** bajo la supervisión del juez decano. Ver nº 2000 s.

Precisiones 1) La **maquinación fraudulenta** para alterar las normas de reparto presentando varias demandas idénticas a la vez y desistiendo de todas, menos de una, eligiendo de esta forma el tribunal que se estime más favorable, o presentando una demanda y desistiendo de ella y volviendo a presentar la misma buscando la elección del juez, supone un fraude y un abuso procesal (LOPJ art.11.1; CC art.6.4; LRJS art.75.1). Su acreditación, aparte de las multas asociadas a la vulneración de la buena fe procesal (nº 14554), puede suponer la nulidad de actuaciones para todos los procesos menos del primero, debiendo remitirse todas las demandas al órgano que conocía de este, o bien desistiendo de todas las demandas una vez detectado el fraude menos de la presentada en primer lugar.

2) Cabe la posibilidad de **modificar las normas de reparto** entre la Sección de lo Social de los Tribunales de Instancia para equilibrar la distribución de asuntos, si bien no se puede afectar a procedimientos en trámite (LOPJ art.167).

SECCIÓN 2

Partes procesales

(LEC art.10, 12 y 14)

14470

Se denominan partes procesales a las que intervienen en el proceso, en su calidad de **titulares de la relación jurídica** u objeto litigioso que allí se ventila, pues deben tener interés legítimo en el resultado del proceso. 14471 MPL nº 1190 s.

De otro lado, la intervención procesal supone la injerencia de un tercero en un proceso que ya está en marcha. Puede ser principal, lo que produce la acumulación de procesos, o litisconsorcial y adhesiva simple, que da lugar a un proceso único con pluralidad de partes.

La presencia de partes contrapuestas es consustancial a todo proceso en el que rige el principio de dualidad, determinante de la existencia real de una controversia. También la presencia de partes en el proceso exige que este se rija por el principio de **igualdad de armas** o equivalencia de oportunidades para alegar sus intereses y probar sus razones. Este principio de igualdad de armas no es incompatible con el hecho de que en el procedimiento laboral se proporcione, en algunos casos, un trato diferenciado y más favorable a los trabajadores compensatorio de su posición inicial de desigualdad frente al empresario, siempre que lo disponga así la ley o se acredite objetivamente una situación de desequilibrio entre las partes (TCo 227/91; 140/94; 3/1983; 99/1988; 125/1995).
Respecto de la **representación** a través de un profesional, ver nº 14481.

Precisiones 1) Se entiende por **interés legítimo** aquel que es directo, actual y concreto, por lo que se admiten las demandas declarativas si existe un conflicto y un interés jurídico digno de protección, pero no es admisible interponer demandas de **carácter consultivo**, como, por ejemplo, reclamando la validez de cuotas de Seguridad Social abonadas fuera de plazo (TS 4-7-00, EDJ 21421; 18-7-00, EDJ 27810).
2) Sobre la intervención del **Fondo de Garantía Salarial** en el procedimiento laboral como parte en determinados procedimientos o interesado en el resultado de otros, ver nº 8070 Memento Social 2026; sobre la intervención del **sindicato** ver nº 6743 Memento Social 2026; y en relación a la capacidad y legitimación procesal del sindicato reforzada por la LRJS en el ámbito en el que tenga implantación suficiente para accionar, ver nº 6737 s. Memento Social 2026.
3) La modificación del estatuto orgánico del **ministerio fiscal** señala expresamente que le corresponde defender la legalidad en los procesos contencioso-administrativos y laborales que prevén su intervención (L 50/1981 art.3). A este respecto, su actuación en el proceso laboral se viene regulando expresamente por la LRJS en los siguientes **supuestos**:
- impugnación de convenios colectivos (nº 15480);
- impugnación de los estatutos de los sindicatos (nº 15505); y de la resolución administrativa que deniegue su depósito;
- tutela de los derechos fundamentales (nº 15525);
- intervención en los recursos de casación ordinaria (nº 14694) y para unificación de doctrina TS 7-3-07, EDJ 21166; 17-4-07, EDJ 25427; 17-4-07, EDJ 25408). Ver nº 14702.
4) Se recoge expresamente el **deber de buena fe** de los litigantes estableciéndose la posibilidad de imponer multas a los transgresores (nº 14554).
5) Respecto a la **asistencia jurídica gratuita**, ver nº 1000 s.

14472 **Capacidad y legitimación procesal** (LRJS art.16 y 17; ET art.7.b; LEC art.6, 7, 7 bis y 8 a 11) Hay que distinguir entre la aptitud para intervenir en el proceso como parte -capacidad- y el acceso a la jurisdicción -legitimación-.
MPL nº 1196 s.

14473 **Capacidad procesal** Con carácter general, la ostenta cualquier persona que esté en pleno ejercicio de sus derechos civiles. También se denomina legitimación *ad processum* y se regula conforme a la normativa procesal civil, al no existir normas especiales en la normativa procesal social sobre esta cuestión (LEC art.6 s.).
Pueden **comparecer en juicio** todas las personas, aunque los menores de edad no emancipados deben comparecer mediante la representación, asistencia o autorización exigidos, y en el caso de las personas con medidas de apoyo para el ejercicio de su capacidad jurídica se ha de estar al alcance y contenido de estas (LEC art.7.1 y 2; LRJS art.16.1).
La capacidad procesal para realizar actos válidos en el seno de un proceso, se **suple o completa** según disponga la ley:
• Los **trabajadores menores** (entre 16 y 18 años) pueden comparecer en juicio por sí directamente, para ejercer los derechos derivados de su contrato de trabajo, sindicales, de la Seguridad Social, o impugnación de los actos administrativos que les afecten, cuando hubieran obtenido autorización expresa o tácita para realizar el trabajo de sus padres o tutores o persona o institución que los tenga a su cargo, para la celebración del contrato; o legalmente no necesiten tal autorización, esto es cuando vivan de forma independiente, con consentimiento de sus padres o tutores, o con autorización de la persona o institución que les tenga a su cargo. Tienen también capacidad procesal los **trabajadores autónomos económicamente dependientes** (TRADE) menores pero mayores de 16 años.
Con carácter general, las personas menores de edad **no emancipadas** deben comparecer mediante la representación, asistencia o autorización exigidas por la ley (LEC art.7.2).
• En el caso de las **personas con medidas de apoyo** para el ejercicio de su capacidad jurídica, se ha de estar al alcance y contenido de estas (LEC art.7.2). Las principales medidas de apoyo para el ejercicio de la capacidad jurídica pueden ser de naturaleza voluntaria, por las que la persona designa a quien ha de prestarle apoyo y con qué alcance. También pueden existir la guarda de hecho, como medida informal de apoyo, la curatela y el defensor judicial como medida de apoyo ante necesidades ocasionales, aunque sean recurrentes (CC art.250 a 262).

Su **finalidad** es asistir a la persona con discapacidad en el ejercicio de su capacidad jurídica en los ámbitos que sea preciso, respetando su voluntad, deseos y preferencias.
• Por las **personas jurídicas** deben comparecer sus representantes legales con los poderes que los acrediten (LRJS art.16.5).
• Por las **entidades sin personalidad** a las que la ley reconozca capacidad para ser parte comparecen quienes legalmente las representen en juicio (LRJS art.16.5).
• Por las **masas patrimoniales o patrimonios separados** carentes de titular o cuyo titular haya sido privado de sus facultades de disposición y administración comparecen quienes conforme a la ley las administren (LRJS art.16.5).
• Por las entidades **sin personalidad jurídica** que, no habiendo cumplido los requisitos legalmente establecidos para constituirse en personas jurídicas, estén formadas por una pluralidad de elementos personales y patrimoniales puestos al servicio de un fin determinado, comparecerán quienes de hecho o en virtud de pactos de la entidad, actúen en su nombre frente a terceros o ante los trabajadores (LRJS art.16.5).
• Por las **comunidades de bienes y grupos** deben comparecer quienes aparezcan, de hecho o de derecho, como organizadores, directores o gestores, o en su defecto como socios o partícipes de los mismos y sin perjuicio de la responsabilidad que, conforme a la ley, pueda corresponder a estas personas físicas, acreditando igualmente la representación (LRJS art.16.5; TS Pleno 16-9-20, EDJ 661595).
• Como **representantes de los trabajadores** tienen capacidad: los comités de empresa y delegados de personal (ET art.62.2; LRJS art.138.2,154.c, 165.1.a y 2) así como la comisión negociadora del comité de empresa europeo (L 10/1997 art.20).
• En el marco de un **contrato de grupo** ostenta la representación de los trabajadores que lo integren el jefe del grupo, respondiendo de las obligaciones inherentes a dicha representación (ET art.10.2).

Precisiones En los procesos sociales en los que participen **personas con discapacidad** o **personas mayores** (distinguiendo mayores de 65 y mayores de 80 años) se han de realizar las necesarias **adaptaciones y ajustes**, con el objeto de garantizar su participación en condiciones de igualdad; a petición en el caso de las personas con discapacidad, de las partes, del Ministerio Fiscal o de oficio por el propio tribunal; en el caso de mayores que no alcancen los 80 años, de la persona interesada; y en el caso de mayores de 80 años, tanto de la persona interesada como de oficio por el propio tribunal. Se han de adoptar en todas las fases y actuaciones procesales, incluyendo actos de comunicación (LEC art.7 bis). Pueden estar referidas a la comunicación, la comprensión y la interacción con el entorno, pues estas personas tienen derecho a entender y ser entendidas en cualquier actuación que deba llevarse a cabo (LEC art.7 bis.2), para ello: 14474
- las comunicaciones orales o escritas, dirigidas a personas con discapacidad, con una edad de 80 o más años, y a personas mayores que lo hubieran solicitado deben hacerse en **lenguaje** claro, sencillo y accesible;
- se facilita a la persona con discapacidad la asistencia o apoyos necesarios para que pueda **hacerse entender** (incluyendo interpretación en lenguas de signos, entre otras medidas;
- se permite la participación de un profesional experto que a modo de facilitador realice tareas de adaptación y ajuste necesarias para que la persona con discapacidad **pueda entender** y ser entendida;
- se prevé el **acompañamiento** de la persona con discapacidad y las personas mayores de una persona de su elección desde el primer contacto con las autoridades y funcionarios (LEC art.7 bis); y
- todos los procedimientos, tanto en fase declarativa como de ejecución, en los que alguna de las partes interesadas sea una persona con una edad de 80 años o más son de **tramitación preferente**.

Legitimación procesal El **acceso a la jurisdicción** o derecho de accionar se circunscribe a quien ostente un derecho o interés susceptible de tutela. Están legitimados para ejercitar acciones los titulares de un derecho subjetivo o quienes tengan un interés legítimo que les habilite para ello. En definitiva, la legitimación es la aptitud para ser parte en un proceso concreto (TCo 101/1996) bien como demandante (legitimación activa) o como demandado (legitimación pasiva). También se denomina legitimación ***ad causam*** (TSJ Navarra 22-9-03, EDJ 167462; 24-6-05, EDJ 124367), que es distinta de la legitimación ***ad procesum*** propia el ámbito de la capacidad procesal (LEC art.10 y 11). 14475
Entre los **sujetos legitimados**, como demandantes o demandados, pueden mencionarse:
• Los **herederos** que suceden al causante en todos sus derechos y obligaciones, mientras no se trate de acciones personalísimas, siempre que no hubieran prescrito en el momento del fallecimiento. Así, están legitimados los herederos de la viuda de un trabajador fallecido de enfermedad profesional para obtener una indemnización por los daños y perjuicios (también morales) que la viuda padeció; máxime cuando ella ya había ejercitado las acciones judiciales previas necesarias para su reconocimiento (TS 18-7-18, EDJ 588148).
• Los **sindicatos** de trabajadores y las asociaciones empresariales tienen legitimación para la defensa de los intereses económicos y sociales que les son propios, en especial, en los procesos

de conflicto colectivo y de impugnación de convenios colectivos. Para ello es preciso que los sindicatos tengan implantación suficiente en el ámbito del conflicto (TCo 101/1996; 84/2001; TS 11-1-17, EDJ 11106). Siempre que exista un vínculo entre el sindicato y el objeto del litigio podrán igualmente personarse y ser tenidos por parte en dichos procesos, sin que tal intervención haga detener o retroceder el curso de las actuaciones.
Los sindicatos también pueden ser parte principal o coadyuvante en el proceso de tutela de **libertad sindical y otros derechos fundamentales**, como también pueden ser coadyuvantes en esta clase de proceso las entidades públicas o privadas entre cuyos fines se encuentren la promoción y defensa de los intereses legítimos afectados.
La persona acosada es la única legitimada activamente en los litigios sobre **acoso sexual y por razón de sexo** (LO 3/2007 art.12.2 y 3). Así sucede en general respecto de los procesos de tutela de derechos fundamentales en los que el sujeto lesionado tiene la legitimación activa como parte principal, pudiendo el sindicato -al que este pertenezca o el que sea más representativo- personarse como coadyuvante.
Esta personación o la posibilidad de recurrir o continuar el proceso siempre ha de contar con el beneplácito del trabajador (LRJS art.177.2).
Se admite la intervención adhesiva (TCo 257/2000), pero no puede accionar directamente (TS 25-1-99, EDJ 274; TSJ Las Palmas 6-3-03, EDJ 175660).
• El **Ministerio Fiscal** está legitimado para intervenir en todos aquellos procedimientos previstos legalmente (LRJS art.17.4). Su falta de citación, por ejemplo, en un proceso de tutela de derechos fundamentales, solo provoca la **nulidad de actuaciones** si se alegó esa circunstancia en vía de recurso, formulándose la correspondiente denuncia y se hubiera producido la real indefensión de quien alega la infracción (TS 15-11-05, EDJ 214109).
Sobre la legitimación para **recurrir** por quien obtuvo sentencia favorable, ver nº 14648; y sobre la excepción procesal de **litisconsorcio pasivo necesario**, ver nº 14596.
• En relación con los pleitos sobre **igualdad y no discriminación**, existe una legitimación colectiva concurrente. Junto con la legitimación individual de las personas afectadas, se prevé la legitimación de los siguientes **sujetos colectivos**, siempre que hayan sido expresamente autorizados por dicha persona. Así, pueden accionar respecto de las personas afiliadas o asociadas a los mismos: los partidos políticos, los sindicatos, las asociaciones profesionales de trabajadores autónomos, las organizaciones de personas consumidoras y usuarias y las asociaciones y organizaciones legalmente constituidas que tengan entre sus fines la defensa y promoción de los derechos humanos (L 15/2022 art.29.1).
• Esa misma legitimación colectiva se establece, respecto de las **personas LGTBI**, para las asociaciones y organizaciones legalmente constituidas que tengan entre sus fines la defensa y promoción de los derechos de las personas lesbianas, gais, bisexuales, trans e intersexuales o de sus familias, de acuerdo con lo establecido en esa misma normativa específica (L 4/2023 art.65). Además, cuando las personas afectadas sean una **pluralidad indeterminada o de difícil determinación**, la legitimación para demandar en juicio la defensa de estos intereses difusos corresponde exclusivamente a los organismos públicos con competencia en la materia, y a los órganos colectivos mencionados previamente (LRJS art.17.1 y 2). Con tal fin, las **asociaciones y organizaciones** legalmente constituidas que tengan entre sus fines la defensa y promoción de los derechos humanos tienen que acreditar los siguientes **requisitos** (L 15/2022 art.29.2):
- que se hubieran **constituido legalmente** al menos 2 años antes de la iniciación del proceso judicial y que vengan ejerciendo de modo activo las actividades necesarias para alcanzar los fines previstos en sus estatutos, salvo que ejerciten las acciones administrativas o judiciales en defensa de los miembros que la integran:
- que según sus **estatutos** desarrollen su actividad en el ámbito estatal o, en su caso, en un ámbito territorial que resulte afectado por la posible situación de discriminación.
Además, las personas del colectivo LGTBI también gozan del derecho a la asistencia de la **Autoridad Independiente** para la igualdad de Trato y la No Discriminación, pendiente de creación (L 4/2023 art.67). En todo caso, la **persona acosada** es la única legitimada en los litigios sobre acoso discriminatorio por razón de orientación e identidad sexual, expresión de género o características sexuales (LRJS art.17.5.3º). Con carácter general esta legitimación exclusiva de la víctima del acoso ya se establece en la LRJS art.177.4.

14476 Precisiones 1) Los **sindicatos** están legitimados:
- para plantear conflicto colectivo sobre retribuciones del personal excluido de convenio (AN 5-2-07, EDJ 9401);
- el traslado de varios de sus afiliados (TS 28-10-04, EDJ 229553);
- en defensa del cumplimiento de la legalidad en un proceso de selección de personal, en el ámbito de actuación de la universidad, ya que supone la defensa de los intereses que le son propios (TSJ Madrid 29-6-12, EDJ 154034).

2) A los sindicatos se les exime expresamente de efectuar **depósitos y consignaciones** gozando del beneficio de justicia gratuita.

Representación procesal y defensa (LRJS art.18 y 21.3) En el procedimiento laboral no es **preceptiva** la asistencia de procurador o abogado, pudiendo cada parte **optar por**: 14477 MPL nº 1332

• Comparecer y **defenderse por sí misma**; o
• Conferir **representación** alternativamente a:
- un **profesional**: abogado, procurador, graduado social colegiado (nº 14481);
- cualquier **otra persona** que se encuentre en el pleno ejercicio de sus derechos civiles (TSJ Castilla-La Mancha 4-4-05, EDJ 55302) lo que se debe hacer constar en la demanda; o
- un **sindicato** (nº 14479).

La representación puede **otorgarse**:
• Por comparecencia electrónica, a través de una sede judicial electrónica, en el registro electrónico de apoderamientos judiciales apud acta.
• Ante notario (por escritura pública, poder notarial) o por comparecencia personal presencial o por medios electrónicos ante el letrado de la Administración de Justicia de cualquier oficina judicial. En estos casos, se procede a la inscripción en el registro electrónico de apoderamientos judiciales dependiente del Ministerio de la Presidencia, Justicia y Relaciones con las Cortes.

El otorgamiento apud acta por comparecencia personal o electrónica debe ser efectuado al mismo tiempo que la presentación del primer escrito o, en su caso, antes de la primera actuación, sin necesidad de que a dicho otorgamiento concurra el procurador (o, en su caso, al Graduado Social o Abogado).

Los apoderamientos inscritos en el Registro Electrónico de Apoderamientos de la Administración General del Estado producen efectos en el procedimiento judicial, siempre que se ajusten a lo previsto en esta Ley y que se cumplan los requisitos técnicos previstos en la Ley que regule los usos de la tecnología en la Administración de Justicia y su desarrollo reglamentario o por normativa técnica.

En la práctica, está generalizado el uso del registro electrónico de apoderamientos apud acta (https://sedejudicial.justicia.es/-/apoderamiento-apud-acta), de manera que cualquier ciudadano puede realizar el alta de un apoderamiento si dispone de un DNI electrónico o certificado digital.

Precisiones 1) La Ley Orgánica del **derecho a la defensa** (LO 5/2024), tiene por objeto regular el derecho constitucional de defensa (Const art.24.2) en cualquier tipo de controversia ante los tribunales y administraciones públicas, como derecho fundamental indisponible.

2) Es obligatoria la asistencia de un **abogado** para actuaciones ante la sala de lo social del Tribunal Supremo y en los recursos de suplicación ante el tribunal superior de justicia. En este último caso, es posible que la representación técnica la asuma un graduado social que también puede intervenir en la instancia ante los tribunales superiores de justicia y la Audiencia Nacional.

3) El **derecho a la asistencia letrada** no puede restringirse ni siquiera porque no sea preceptiva la intervención de letrado en la instancia (TCo 217/2000).

4) Los abogados, graduados sociales y procuradores, están sujetos en el ejercicio de su profesión a **responsabilidad civil, penal y disciplinaria**, según proceda (LOPJ art.545 y 546).

5) Al **comité de empresa** lo representa su presidente (TS 4-3-15, EDJ 51854).

Grupo superior a diez demandantes o a diez demandados (LRJS art.18 y 19) Es obligatorio designar un **representante común** cuando sean más de diez los demandantes o más de diez demandados, siempre que no haya contraposición de intereses entre ellos. 14478 MPL nº 1353

Este representante debe ser necesariamente abogado, procurador, graduado social colegiado, uno de los demandantes, o un sindicato.

En todo caso, cualquiera de los demandantes puede solicitar de forma motivada la posibilidad de comparecer personalmente o nombrar otro representante distinto al designado por los demás demandantes.

Precisiones Esta obligación existe cuando:
- hayan demandado **de forma conjunta**, es preceptivo que entre los demandantes designen a un representante común con el que se deben entender las sucesivas diligencias. A la demanda se debe acompañar el documento que acredite la representación, que puede conferirse mediante poder otorgado por comparecencia ante el letrado de la Administración de justicia, ante el servicio administrativo que tenga atribuidas u órgano que asuma las competencias de conciliación, arbitraje y mediación, por escritura pública o a través del registro electrónico de apoderamientos apud acta;
- por **acumulación de procesos** contra un mismo demandado resulten más de diez actores, el letrado de la Administración de justicia debe emplazarlos para que comparezcan y otorguen representación. Si alguno de ellos no comparece se supone que acepta la representación otorgada por los demás (LRJS art.19.3); y
- la demanda o demandas que se acumulen se **dirijan contra más de diez demandados**, siempre que no haya contraposición de intereses entre ellos (LRJS art.19.3).

14479 **Sindicato** (LRJS art.17, 19 y 20) Además de su legitimación propia (nº 14475), los sindicatos pueden actuar en un proceso **en nombre e interés** de los trabajadores y de los funcionarios y personal estatutario afiliados a ellos que así se lo autoricen, para la defensa de sus derechos individuales.
MPL nº 1345 s.

Los **requisitos** para que el sindicato pueda intervenir en representación de sus afiliados son los siguientes:

- que se acredite ante el órgano judicial la condición de **afiliado** del trabajador o empleado en cuyo nombre se ejercita la acción; y
- que se acredite que el sindicato está **autorizado** por el afiliado para ejercer la acción; la autorización se presume salvo que este efectúe una declaración en contra.

En cualquier momento del proceso si el trabajador comparece en la oficina judicial y acredita que no había recibido la comunicación sindical o que, habiéndola recibido, había negado la autorización, el juez o tribunal -previa audiencia del sindicato- debe ordenar el **archivo de las actuaciones**. En caso de que no se hubiese otorgado esta autorización, el trabajador puede exigir del sindicato la **responsabilidad** que proceda a través de un proceso laboral independiente; ya que la falta de autorización del afiliado equivale a falta de legitimación del sindicato (TSJ Extremadura 25-11-04, EDJ 186930).

Compendiando la doctrina jurisprudencial relativa a la legitimación del sindicato para accionar en **procesos colectivos** (TS 14-4-21, EDJ 545850; 15-6-21, EDJ 611285).

14481 **Representación a través de un profesional** (LOPJ art.545; LRJS art.21; LEC art.32.4, 33 y 35) La asistencia de abogado, la representación por procurador o la representación técnica por graduado social colegiado en el procedimiento laboral es facultativa, excepto en los trámites procesales en que la ley determina su **obligatoriedad**, como sucede en los recursos:
MPL nº 1344 s.

• En los **recursos de suplicación** es preceptiva la representación, pudiendo optar el litigante entre ser defendido por abogado o representado técnicamente por graduado social, al igual que en las actuaciones en instancia ante la Audiencia Nacional o los propios tribunales superiores de justicia.

• En el **recurso de casación** y en las actuaciones procesales ante el Tribunal Supremo se mantiene que es preceptiva la defensa de abogado.

Cuando la asistencia profesional es **facultativa**, cualquiera de los litigantes puede utilizarla siendo de su cuenta el pago de los honorarios, con las excepciones fijadas en la normativa sobre asistencia jurídica gratuita (nº 1338 s.).

El litigante que desee acudir a juicio asistido de letrado, o representado por procurador o representado técnicamente por graduado social debe ponerlo en conocimiento del órgano judicial a fin de asegurar el principio de igualdad de armas entre las partes (LRJS art.21.2; TSJ Murcia 22-1-01, EDJ 1345):

• Si es **demandante**: en el momento de interponer la demanda, indicando los datos de contacto del profesional, con el fin de proteger la igualdad de partes en el proceso (TCo 161/1985). Basta la mera advertencia en la demanda para que la otra parte disponga su defensa, no concurriendo indefensión si renuncia a la misma (TSJ Madrid 10-9-99, EDJ 84320).

• Si es **demandado**: en los 2 días siguientes a la citación para el acto de juicio, siempre y cuando el demandante actúe sin asistencia letrada, indicando también los datos de contacto de su profesional, sin perjuicio de que el letrado de la Administración de Justicia le requiera a estos mismos efectos. En este caso, el juez da traslado al demandante para que conozca esta circunstancia y pueda solicitar, en el plazo de 2 días, abogado de oficio o designarlo de forma particular, así como estar representado en su caso por procurador o graduado social colegiado.

El **incumplimiento** de estos requisitos supone la renuncia de la parte a su derecho de valerse en el acto del juicio de abogado, procurador o graduado social. Se declara la nulidad de actuaciones por falta de comunicación (TS 3-5-90, EDJ 4650; TSJ Sevilla 3-7-91, Rec 754/91), aunque dicha consecuencia jurídica solo se activa si se ha realizado la **oportuna protesta** en el acto del juicio (TS 9-4-90, EDJ 3983; 3-5-90, EDJ 4650; TSJ Cantabria 31-7-01, EDJ 55783).

También en cualquier **otra actuación procesal**, distinta al juicio oral, si una de las partes anuncia su intención de acudir asistida de profesional corresponde al letrado de la Administración de justicia adoptar las medidas oportunas para procurar la igualdad procesal entre las partes (LRJS art.21.3).

Las partes o sus abogados con poder bastante para ello pueden nombrar **procurador** (TS 7-7-92, EDJ 7452).

Sobre la representación profesional en la interposición de **recursos**, ver nº 14650.

14482 Precisiones 1) El **procurador** tiene atribuida la práctica de los actos procesales de comunicación y la realización de tareas de auxilio y cooperación con los tribunales. Existe la posibilidad de otorgar la representación al procurador por comparecencia electrónica a través de una sede judicial electrónica, en el registro electrónico de apoderamientos judiciales apud acta, además de ante notario o por comparecencia personal, sea presencial o por medios electrónicos, ante el letrado de la Administración de Justicia de cualquier oficina judicial; en estos casos, se procede a la inscripción en el registro electrónico de apoderamientos judiciales dependiente del Ministerio de la Presidencia, Justicia y Relaciones con las Cortes (LEC art.23 -redacc LO 1/2025-, 24, 26.2.7º, 34 y 35; L 42/2015 disp.trans.4ª.4).

2) Una vez designado abogado o graduado social, su **incomparecencia** provoca la nulidad de actuaciones si se celebra el juicio sin su presencia, porque genera indefensión a la parte (TSJ Cataluña 31-3-06, EDJ 290495).

3) Quien utilice los servicios de un profesional responde de sus **retribuciones**, salvo aquellos a quienes se les hubiera reconocido el beneficio de la justicia gratuita (nº 1338 s.). Sin perjuicio de los supuestos en que la empresa pueda ser condenada al pago de honorarios de letrado por mala fe o temeridad procesales o que no acudió al intento de conciliación administrativa injustificadamente (LRJS art.97.3). Los honorarios correspondientes a la **fase de ejecución** pueden incluirse en las costas a cargo de la ejecutada; excluidas las del procurador salvo que la parte representada viva en lugar distinto al del órgano judicial (TS 12-7-00, EDJ 117280). Estas retribuciones se fijan en los **honorarios** que con carácter orientativo establecen los colegios profesionales a que estén adscritos, pudiendo resolver estos las discrepancias que existan sobre el tema, entre sus colegiados y los clientes. El procedimiento de reclamación de honorarios de la LEC es aplicable supletoriamente en el proceso laboral, incluso cuando se trata de exigir a los trabajadores su abono (TS 18-5-96, EDJ 2411). Por eso, cuando el proceso de **jura de cuentas** deriva de un proceso social es competente esta jurisdicción (TS 3-11-04, EDJ 238827). Ese mismo procedimiento ha de seguirse para los graduados sociales. Contra la **inadmisión** de dicho procedimiento, por falta de competencia material, procede recurso de suplicación (TS 3-11-04, EDJ 197497). Es inconstitucional y nula la previsión legal que determina la ausencia de **recurso para impugnar el decreto** de los letrados de la Administración de Justicia cuando se reclaman honorarios de abogados y procuradores por indebidos (LEC art.34.2 y 35.2), ya que puede interponerse recurso de **revisión** (LEC art.454 bis; TCo 14-3-19; 15/2020).

4) Si el poder otorgado a un letrado no contiene una exclusión expresa de facultad de **sustitución**, la designación de otro letrado para actuar en su lugar requiere el consentimiento expreso del poderdante. En consecuencia, debe respetarse el poder inicial conferido para evitar indefensión y garantizar la seguridad jurídica (TSJ Madrid 21-11-25, EDJ 790113).

Administraciones públicas y entidades gestoras de la Seguridad Social (LRJS art.22; LOPJ art.447; L 52/1997 art.1.3, 9, 16 y disp.adic.3ª y 7ª; L 50/1998 disp.adic.5ª; RD 1057/2024) Los **abogados del Estado** asumen la asistencia jurídica, asesoramiento, representación y defensa en juicio de España, de la Administración General del Estado, de sus organismos autónomos, de los órganos constitucionales, y de las entidades pertenecientes al sector público institucional estatal cuando así proceda en virtud de norma legal o reglamentaria o convenio celebrado al efecto. Se excluyen otros entes públicos que no tengan naturaleza de organismos autónomos (TCo 4/1995). **14483** MPL nº 1388

Esta representación y defensa incluye las actuaciones precontenciosas, procedimientos judiciales, arbitrales, extrajudiciales y alternativos de resolución de disputas, conflictos de jurisdicción y cuestiones de competencia, en cualquier jurisdicción, aparte de otras competencias en ámbitos ajenos a la jurisdicción social (RD 1057/2024 art.66.1.a).

Además, los abogados del estado pueden asumir la asistencia jurídica (representación, defensa y asesoramiento) de: las CCAA, de las corporaciones locales y de las entidades que integran el sector público institucional autonómico y local, ante cualesquiera jurisdicciones y órdenes jurisdiccionales, en actuaciones precontenciosas, procedimientos judiciales, arbitrales, extrajudiciales y alternativos de resolución de disputas, conflictos de jurisdicción y cuestiones de competencia, cuando se haya celebrado convenio de asistencia jurídica con ese objeto (RD 1057/2024 art.2.4.k).

La representación y defensa de las **entidades gestoras** y servicios comunes de la Seguridad Social (no de las mutuas, LOPJ art.551) no corresponde a la Abogacía del Estado sino a los letrados de la Administración de la Seguridad Social, sin perjuicio de que para supuestos determinados pueda conferirse representación conforme a la LRJS art.18 o designarse abogado al efecto.

A efectos de señalamiento para los **actos de conciliación y juicio** cuando la representación y defensa en juicio sea atribuida al abogado del Estado, o en su caso al letrado de la Administración de la Seguridad Social, tras la admisión de la demanda, se les concede un plazo de 22 días para realizar las consultas correspondientes. Este mismo plazo se entiende, respecto de las CCAA, para consulta al organismo que establezca su legislación propia. En consecuencia, el juicio debe señalarse para una fecha posterior al indicado plazo (LRJS art.82.6 redacc LO 1/2025).

Precisiones **1)** La Administración no está **obligada a comunicar** que va a acudir al acto de juicio asistida de letrado, ya que está obligada a ello preceptivamente. En cualquier caso, el juez debe notificar este extremo a la parte demandante para evitar su indefensión. En consecuencia, procede declarar la **nulidad de actuaciones** en la instancia desde el momento anterior a la celebración del juicio, para que la parte designe un letrado que la defienda o se le designe por el turno de oficio (TS 24-1-11, EDJ 11844). **14484**

2) Se prevé que los abogados del Estado y los letrados de la Seguridad Social puedan intervenir en los procedimientos laborales a través de videoconferencia (L 52/1997 art.16 y disp.adic.3ª).
3) Deben tenerse en cuenta las especialidades procesales en relación al **patrimonio de las Administraciones públicas** sobre todo en cuanto a la representación en juicio, régimen de disponibilidad de bienes y derechos, imposibilidad de transigir ni someter a arbitraje los litigios y la diferenciación que se establece entre las sociedades mercantiles estatales y las sociedades mercantiles estatales con forma de sociedad anónima (L 33/2003 art.12.3, 30 y 31).

14485 MPL nº 1408 s. **Poder de disposición** (LEC art.19 -redacc LO 1/2025- a 22 -redacc LO 1/2025-) Frente a la regulación de la LEC respecto al poder de disposición de las partes sobre el objeto del proceso (nº 2470), es preciso puntualizar que en el ámbito laboral es posible la colisión entre el principio dispositivo y la **irrenunciabilidad de derechos**; que puede resolverse a favor de esta última (ET art.3.5).
El ejercicio por las partes del poder de disposición del proceso da lugar a diversas **modalidades de culminación** del mismo, distintas de la resolución judicial:
• El demandante puede renunciar a la acción que ejercita o incluso al derecho que postula.
• El demandado puede allanarse a la pretensión del demandante (nº 14594).
• El demandante puede desistir tácitamente, no compareciendo al acto de conciliación, en el juicio o en el incidente de readmisión- o de forma expresa, después de la presentación de la demanda hasta el día del juicio o el propio día del juicio (nº 1415 Memento Procedimiento Laboral 2025-2026). Se trata de una cuestión distinta a la renuncia de acciones, pues le permite al actor reproducir en proceso si derecho mientras esté viva la acción (TSJ Galicia 30-9-04, EDJ 160703; TSJ Cantabria 13-2-06, EDJ 19679).
• El demandante puede ver su derecho satisfecho fuera y **previamente al juicio**, como sucede con el acuerdo alcanzado en el servicio administrativo que asuma la mediación, arbitraje y conciliación (nº 1418 Memento Procedimiento Laboral 2025-2026) o también por satisfacción extraprocesal o carencia sobrevenida de objeto (nº 1428 Memento Procedimiento Laboral 2025-2026).
• Las partes pueden transigir en **sede judicial** sobre la pretensión ejercitada, el supuesto se corresponde con la conciliación ante el letrado de la Administración de justicia y la conciliación judicial en el acto del juicio (nº 14589).
• Además, en cualquier momento del procedimiento, el letrado de la Administración de justicia o el órgano judicial puede plantear a las partes la posibilidad de **derivar el litigio a mediación** o a otro medio adecuado de solución de controversias, siempre que considere, mediante resolución motivada que puede ser oral, que concurren circunstancias que posibilitan una solución del conflicto en dicho ámbito y, singularmente, en los casos en que no haya sido posible llevar a cabo la actividad negociadora previa. La derivación requiere la **conformidad de las partes**, que pueden pedir conjuntamente la suspensión del procedimiento (LEC art.19 redacc LO 1/2025).

SECCIÓN 3

Normas generales de tramitación

(LRJS art.42 a 62; Rgto CGPJ 1/2005)

14490

14491 MPL nº 1760 s. La consideración del proceso como una serie de actos que van dirigidos hacia un fin -la satisfacción de las pretensiones articuladas por los justiciables-, hace que su tramitación deba realizarse con sujeción a ciertas **reglas temporales, formales**, y de materialización de las diversas decisiones que se adoptan en su transcurso.
La autorización por parte del letrado de la Administración de Justicia de las **actuaciones procesales** ha de hacerse, no solo en la forma establecida en la LEC, con las especialidades previstas en la ley procesal laboral, sino también en la LOPJ (LRJS art.42).

14492 MPL nº 1684 s. **Comunicación y notificación electrónica** (LRJS art.53.1 y 56.5; LEC art.135, 149, 151, 162 y 273 -redacc LO 1/2025-; RD 1065/2015; L 42/2015 disp.final 12.2; RDL 6/2023 art.5, 8 a 30, 49 a 58; SG Innovación y Calidad del Servicio Público de Justicia Resol 26-5-2021 y 19-3-2022) Los actos procesales de comunicación se han de efectuar en la forma establecida en la LEC art.149 con las especialidades previstas en la LRJS, debiendo

siempre agotarse todas las posibles vías existentes para lograr la efectividad de las notificaciones. Se deben practicar por **medios electrónicos**, si bien, las personas no obligadas a relacionarse con la Administración de Justicia por medios electrónicos, pueden elegir la manera de comunicarse con la Administración de Justicia (RDL 6/2023 art.49). Cuando la comunicación tenga lugar utilizando medios electrónicos, telemáticos, infotelecomunicaciones o de otra clase semejante, se realiza conforme a la LEC art.162.
Respecto de la forma de comunicación de tales actos ver nº 14503.
Es obligatorio para todos los **profesionales de la justicia** (procuradores, abogados, graduados sociales y profesionales de los servicios jurídicos de las administraciones públicas) y órganos y oficinas judiciales y fiscales, emplear los **sistemas telemáticos** existentes en la Administración de Justicia para la presentación de escritos y documentos y para la realización de actos de comunicación procesal. Esta obligatoriedad de utilizar medios electrónicos se extiende a las administraciones y organismos públicos y a las Fuerzas y Cuerpos de Seguridad del Estado. También se produce tal obligatoriedad en relación a las personas jurídicas y entidades sin personalidad jurídica en los procedimientos en los que no se requiera la intervención de abogado, procurador o graduado social.
En cuanto a los **ciudadanos**, no asistidos por profesionales de la justicia, no tienen obligación legal de comunicarse con la Administración de Justicia por vía electrónica, pero **voluntariamente** tienen la posibilidad de optar por esa forma de comunicación, pudiendo presentar escritos iniciadores o de trámite a través de la **Sede Judicial Electrónica**, recibir comunicaciones y notificaciones, dar poderes a procuradores o abogados o consultar el estado de sus procedimientos.
Los **derechos** que ostentan los ciudadanos y los profesionales, en la utilización de medios electrónicos en su actividad judicial, son entre otros:
a) Los **ciudadanos**: conocer el estado de tramitación de los procedimientos en que intervengan, a acceder y obtener copia del expediente judicial electrónico y sus documentos, a utilizar los sistemas de identificación y firma electrónica del DNI y otros dispositivos, a la protección de datos de carácter personal (RDL 6/2023 art.5).
b) Los **profesionales**: acceder por dichos medios a la tramitación de los procedimientos en que intervengan, obtener copia de documentos, utilizar los sistemas de identificación y firma establecidos, garantía de confidencialidad en el tratamiento de los datos personales, a que los sistemas de información posibiliten la desconexión digital y permitan la conciliación de la vida personal, laboral y familiar (RDL 6/2023 art.6).
El **acceso** digital a la Administración de Justicia se instrumenta mediante los servicios de sede judicial electrónica, la Carpeta Justicia, y la identificación y firma electrónicas (RDL 6/2023 art.8 a 30).
Se reconoce la validez de sistemas de **identificación y firma no criptográficos** admitidos con anterioridad en el ámbito de la Administración de Justicia (RDL 6/2023 disp.adic.7ª), así como la utilización de la plataforma **Cl@veJusticia** y sus condiciones de uso, como sistema de identificación y firma electrónica no criptográfica a efectos de identificación y firma de los interesados en las actuaciones realizadas mediante **presencia telemática** con los órganos judiciales y los demás órganos de la Administración de Justicia. Además, se amplía el reconocimiento de los **certificados electrónicos** como sistemas de identificación y firma electrónica no criptográfica, en las actuaciones realizadas mediante presencia telemática con los órganos judiciales.

Precisiones 1) Respecto al **tratamiento de datos personales** en el ámbito de la Administración de Justicia, ver nº 2795 Memento Procesal Civil 2026.
2) Sobre la utilización de **LexNET** -y otros sistemas equivalentes- para la presentación de escritos y otras comunicaciones procesales, ver nº 2880 s.

Plazos y términos (LRJS art.43; LEC art.130 a 134, 179.3, 4 y 5; LOPJ art.182 y 183) Las actuaciones procesales se deben practicar en **días y horas hábiles**. Las actuaciones iniciadas en tiempo hábil, pueden continuar hasta su conclusión sin necesidad de habilitación alguna. **14496** MPL nº 1760 s.
1. A estos efectos son **días inhábiles** los sábados y domingos, el 24 y el 31 de diciembre, los días de fiesta nacional y los festivos a efectos laborales en la respectiva comunidad autónoma o localidad donde tenga su sede el juzgado y no donde tenga su domicilio el demandado (TS 4-10-05, EDJ 166178). El CGPJ mediante reglamento puede habilitar estos días a efectos de actuaciones judiciales en los casos no previstos expresamente por las leyes. Los **sábados** son días inhábiles a todos los efectos procesales en el orden social, también respecto de los comprendidos entre la fecha de despido y la demanda, aunque se trate de actuaciones preprocesales (nº 14945).
Con carácter general, los días del mes de **agosto** y el periodo comprendido entre el **24 de diciembre y el 6 de enero** del año siguiente (ambos inclusive) son inhábiles, sin embargo, **hay que considerarlos hábiles** respecto de la tramitación de las siguientes **modalidades procesales** (tanto en el proceso declarativo, como en el trámite de recurso o de ejecución): despido

disciplinario, despido objetivo y colectivo, extinción por voluntad del trabajador por incumplimiento empresarial, movilidad geográfica, modificación sustancial de las condiciones de trabajo, suspensión del contrato y reducción de jornada por causas ETOP o derivadas de fuerza mayor, derechos de conciliación de la vida personal, laboral y familiar, impugnaciones de altas médicas, vacaciones, materia electoral, conflictos colectivos, impugnación de convenios colectivos y tutela de derechos fundamentales y libertades públicas y para el ejercicio de las acciones laborales derivadas de los derechos establecidos a favor de las **víctimas de violencia de género** (nº 9850 Memento Social 2026).
Asimismo, es hábil el mes de agosto y el periodo comprendido entre el 24 de diciembre y el 6 de enero del año (ambos inclusive) para los **actos previos y preprocesales** (reclamación previa, conciliación administrativa, y actos preparatorios, medidas precautorias y medidas cautelares, en particular en materia de prevención de riesgos laborales, accidente de trabajo y enfermedades profesionales y respecto de las actuaciones que tiendan directamente a asegurar la efectividad de los derechos reclamados o para las actuaciones que de no adoptarse, puedan producir un perjuicio difícilmente reparable). Sin embargo, se consideró inhábil el mes de agosto para la impugnación de la **conciliación judicial** alcanzada en el marco de un procedimiento de extinción indemnizada de la relación laboral (TSJ Sevilla 15-3-17, EDJ 122112).
2. Son **horas hábiles** desde las 8 de la mañana a las 8 de la tarde, salvo que la ley disponga lo contrario.
Con independencia de las horas y días hábiles, la presentación de escritos y documentos en formato electrónico puede realizarse todos los días del año durante 24 horas. Si la presentación tiene lugar en día y hora inhábil, se entiende efectuada el primer día y hora hábil siguiente (LEC art.135.1).

14497 MPL nº 1773 s. **Cómputo de plazos** Los plazos judiciales son **perentorios e improrrogables** para las actuaciones de las partes y solo pueden suspenderse y reabrirse en los casos taxativamente establecidos en las leyes (LRJS art.43.3). No obstante, pueden interrumpirse los plazos y demorarse los términos en los siguientes supuestos:
1. Concurre causa de **fuerza mayor**, reanudándose su cómputo en el momento en que hubiera cesado la causa determinante de la interrupción o demora.
2. Concurren causas objetivas de fuerza mayor que afecten a **abogados, procuradores, graduados sociales o partes personadas** tales como nacimiento y cuidado de menor, enfermedad grave y accidente con hospitalización, fallecimiento de parientes hasta segundo grado de consanguinidad o afinidad o baja laboral certificada por la Seguridad Social o sistema sanitario o de previsión social equivalente, por un plazo de 3 días hábiles (LEC art.134.3).
Su cómputo se realiza del **siguiente modo**:
- comienzan a correr **desde el siguiente día** al que se hubiera realizado el acto de comunicación y se cuenta en ellos el día del vencimiento que expira a las 24 horas;
- se excluyen del cómputo los **días inhábiles**, considerándose como tales del 24 de diciembre al 6 de enero del año siguiente (ambos inclusive), excepto para la tramitación de las modalidades procesales contenidas en el (nº 14496). Respecto al cómputo del plazo para impugnar el despido disciplinario, ver (nº 14945);
- los plazos señalados **por meses o años** lo son de fecha a fecha;
- los plazos que **concluyan en día inhábil** se entienden prorrogados hasta el siguiente hábil.
El alta en el sistema LexNET para los profesionales de la justicia o usuarios que estos autoricen implica la titularidad de un **buzón virtual**. Los plazos procesales, con LexNET, se computan del mismo modo pero es importante tener en cuenta que el abogado o graduado social dispone de un plazo de 3 días para **recoger las notificaciones** de su buzón electrónico, pasado el cual, comienza a computarse el plazo judicial a partir del siguiente día hábil. Es decir, a los 3 días de haber recibido la notificación en su buzón se le tiene por notificado y le empieza el cómputo del plazo (LEC art.162.2; L 42/2015 disp.trans.4ª y disp.final 12ª).

Precisiones 1) El **calendario de días inhábiles**, a efectos del cómputo de plazos, en el ámbito de la Administración General del Estado para el año **2026** se ha publicado mediante la (SE de Función Pública Resol 18-11-25) No obstante, la declaración de un día como hábil o inhábil a efectos de cómputo de plazos no determina por sí sola el funcionamiento de los centros de trabajo de las Administraciones Públicas, la organización del tiempo de trabajo, ni el acceso de los ciudadanos a los registros (L 39/2015 art.30.8).
2) La citación para los **actos de conciliación y juicio** se recoge en el nº 14571.
3) La **omisión** de hacer constar por diligencias una **fiesta** local o autonómica puede ocasionar la nulidad de actuaciones.
4) El hecho de que se trate de **plazos perentorios e improrrogables** supone la obligación para las partes de realizar sus actos dentro del plazo legalmente establecido precluyendo su posibilidad de realizarlos con posterioridad, lo que genera entre otras las siguientes consecuencias:
- la **imposibilidad de prorrogar** un plazo, cuando no está expresamente previsto en las leyes;
- que una vez **pasado el plazo** se da al proceso de oficio el curso que corresponda, es lo que se denomina impulso procesal.

Escritos de término (LRJS art.45; LEC art.135.5) Para la presentación de escritos sujetos a plazo, procesal o sustantivo, cabe aplicar, también vía LexNET, la posibilidad de presentación **hasta las 15.00 horas** del día hábil siguiente al del vencimiento del plazo, en: 14498
- el servicio común procesal creado a tal efecto;
- en la sede del órgano judicial de no existir tal servicio común.

Hay que tener en cuenta que también es válida la **consignación** realizada durante las **primeras 15:00 horas** del día posterior al último del plazo a término habilitado al efecto. El cumplimiento de este requisito -imprescindible pero accesorio- puede llevarse a cabo dentro del plazo procesal fijado para el principal -anuncio del recurso de suplicación- (TS 12-9-18, EDJ 585141).

Precisiones 1) Para el cómputo de los plazos de **caducidad** se consideran inhábiles los sábados y los días 24 y 31 de diciembre (nº 14945).

2) Se ha admitido la presentación, **sobrepasadas las 15:00 horas**, de un escrito para **subsanar un error** cometido previamente al rellenar el formulario de remisión de un recurso vía LexNET (TS auto 28-6-17, EDJ 135299).

3) No habiéndose establecido para el sistema LexNET un horario único para todos los órganos judiciales, en la presentación de escritos realizados desde y hacia los órganos jurisdiccionales de **Canarias** debe tenerse en cuenta la **hora de retraso** de su huso horario (TS auto 28-6-22, EDJ 621545).

3) Se establece la remisión y recepción de escritos y documentos a través de los sistemas telemáticos o electrónicos existentes en la Administración de Justicia de forma obligatoria, quedando la presentación en **soporte de papel** para supuestos residuales (LEC art.135). Ver nº 14492.

Resoluciones procesales (LRJS art.49, 50 -redacc LO 1/2025- y 51; LEC art.206 a 210 -redacc LO 1/2025-; LOPJ art.245 y 456.2) Dentro de las resoluciones procesales se incluyen las de los jueces y tribunales, así como las de los letrados de la Administración de Justicia. 14499 MPL nº 1940 s.

a) Las decisiones de los **jueces y tribunales**, toman forma de:

• **Providencias**, que tienen por objeto la ordenación material del proceso y se dictan cuando se resuelve sobre cuestiones procesales que legalmente requieran una decisión judicial.

• **Autos**, que se dictan para resolver recursos contra providencias o decretos, solucionar cuestiones incidentales y presupuestos procesales -admisión o inadmisión de la demanda, reconvención, acumulación de acciones, admisión o inadmisión de la prueba, aprobación judicial de transacciones y convenios, medidas cautelares-, nulidad del procedimiento, o cuando lo exijan las leyes. También para anotaciones e inscripciones registrales y cuestiones incidentales cuando se exija legalmente decisión judicial, y las que pongan fin a las actuaciones de una instancia o recurso antes de que concluya su tramitación ordinaria, siempre que la ley no lo reserve a un decreto.

• **Sentencias**, que son las resoluciones que deciden definitivamente el pleito en la instancia o en vía de recurso.

b) Por su parte, el **letrado de la Administración de Justicia** puede resolver mediante (LOPJ art.455, 456 y 498):

• **Decreto**, que es la resolución que se utiliza para el impulso procesal, incluida la admisión de la demanda o cuando se ponga fin al procedimiento en el que tenga competencia exclusiva el letrado de la Administración de Justicia (proceso monitorio). También se usa cuando fuera preciso o conveniente razonar lo resuelto.

• **Diligencias**:
- se dicta diligencia **de ordenación** cuando se trate de dar a los autos el curso establecido por la ley e impulsar el procedimiento; y
- se dictan diligencias **de constancia**, comunicación o ejecución para reflejar en autos hechos o actos con trascendencia procesal.

• **Acuerdos**, que tienen de carácter gubernativo y contra los que no cabe **recurso**, a diferencia de lo que sucede con las resoluciones mencionadas anteriormente.

Precisiones 1) Si bien, con carácter general, las resoluciones se adoptan en forma escrita, tanto el juez como el tribunal y también el letrado de la Administración de Justicia pueden adoptar **resoluciones orales** durante la celebración del juicio u otros actos que presidan, documentándolo en el acta con expresión del fallo y una motivación sucinta de la misma. Los **autos** resolviendo incidentes también pueden ser orales. Para las **sentencias** de viva voz *-in voce-*, ver nº 14642.

2) Toda resolución **debe incluir** el lugar y la fecha en que se adopte, el nombre de quien la dicte, si es o no firme y, en su caso, los recursos que procedan, órgano ante el que deban interponerse, plazo y requisitos para ello, así como los depósitos y consignaciones necesarios y la forma de efectuarlos:

• Las **diligencias de ordenación y las providencias** deben limitarse a expresar lo mandado motivadas sucintamente, si lo dispone la ley o se estima conveniente.

• Los **decretos y los autos** deben ser siempre motivados conteniendo en párrafos numerados y separados los antecedentes de hecho y fundamentos de derecho en que se base la parte dispositiva.

• En relación con las **sentencias**, ver nº 14633 s.
3) Las **funciones del letrado** de la Administración de Justicia como funcionario de carrera de cuerpo especial son incompatibles con la profesión de graduado social y con el desempeño de todo tipo de asesoramiento jurídico, sea retribuido o no.

14500 **Comunicación de las resoluciones procesales** (LRJS art.53 a 62; LEC art.149 a 152, 161 a 163 -redacc LO 1/2025- y 164 a 177) Las resoluciones que se dicten a lo largo del procedimiento deben ser notificadas garantizando el derecho a la defensa y los principios de igualdad y contradicción. Deben ser notificadas, en un plazo máximo de 3 días desde su fecha o de la publicación en su caso, a todos los que sean parte en el juicio. Cuando la entrega de algún **documento o despacho** que deba acompañarse al acto de comunicación tenga lugar en fecha posterior a la recepción del acto de comunicación, este se tiene por realizado cuando conste efectuada la entrega del documento, siempre que los efectos derivados de la comunicación estén vinculados al documento. En el caso de acreditación por el procurador de una causa de fuerza mayor (LEC art.134), los colegios de procuradores pueden **suspender el reenvío** del servicio de notificaciones durante un plazo máximo de 3 días hábiles.

MPL nº 1804 s.

Alzada la suspensión, el colegio restablecerá el servicio y reenviará al procurador las notificaciones diarias junto con las acumuladas, de forma escalonada en igual proporción a los días de suspensión empleados (LEC art.151).
La garantía del **derecho a la defensa** exige que las resoluciones se notifiquen no solo a las partes en el procedimiento, sino también a todos aquellos a quienes las mismas se refieran, puedan parar algún perjuicio u ostenten un interés legítimo que pueda verse afectado. En especial, se les notifica la admisión a trámite, el señalamiento de la vista y la resolución que ponga fin al proceso. Para garantizar el **principio de igualdad** las resoluciones deben ser notificadas en igualdad de condiciones, tiempo y forma y por los **medios más rápidos y eficaces**, salvaguardando la constancia del acto y las circunstancias esenciales de la misma. De no actuarse bajo estos parámetros, el **acto de comunicación** puede tacharse de nulo, en tanto no cumple su propósito de notificar fehacientemente a las partes de las resoluciones judiciales, sin perjuicio de que:
- si el interesado se hubiera dado por enterado o constara de forma suficiente su conocimiento procesal o extraprocesal de los elementos esenciales de la resolución surta efecto la diligencia desde ese momento; y
- dicha nulidad, no abarcaría a los actos sucesivos al nulo que fueren independientes de aquel ni a aquellos cuyo contenido hubiese permanecido invariable, aún sin haberse cometido la infracción que diere lugar a la nulidad (LOPJ art.242).

Precisiones 1) Los **actos de comunicación** a la Abogacía del Estado, al Servicio Jurídico de la Administración de la Seguridad Social y al Ministerio Fiscal o de las administraciones públicas de las comunidades autónomas o de los entes locales, así como los que se practiquen a través de los servicios de notificaciones organizados por los colegios de procuradores, se tienen por realizados el día siguiente a la fecha de recepción que conste en la diligencia o en el resguardo acreditativo de su recepción cuando el acto de comunicación se haya efectuado por los medios electrónicos, informáticos y similares (TS 14-5-21, EDJ 609743). Cuando el acto de comunicación sea remitido **después de las 15.00 horas**, se tiene por recibido al día siguiente (LEC art.151.2 y 162.1; TS auto 13-2-23, EDJ 516890).
2) Los actos de notificación, instrumentos de materialización de la comunicación entre las partes y el órgano judicial, constituyen expresión práctica del derecho a la **tutela judicial efectiva**, por lo que su omisión coloca a las partes en indefensión, lo que exige de los órganos judiciales una acción positiva a fin de asegurar su efectividad (TCo 110/1989; 210/2007; TS 16-1-04, EDJ 6742; TCo 119/2020).
3) Es posible exigir al juzgado la **búsqueda del domicilio social** de la demandada en el Registro Mercantil (TCo 160/1995) y tratar de averiguar el domicilio a través de organismos, registros, entidades, colegios, empresas, etc. (LEC art.156 -redacc LO 1/2025). Sin embargo, cuando no resulta posible la citación por falta de diligencia de los órganos de administración de la sociedad mercantil, que no mantuvo actualizado y operativo su domicilio social en el Registro Mercantil, no puede alegarse indefensión (TCo 90/2003).
4) De forma motivada puede acordarse la **demora en la notificación** a alguna de las partes cuando ello lo exigiera la efectividad de la resolución adoptada que se pondría en peligro de no retrasarse la comunicación de lo acordado (LRJS art.54.3).

14501 **Lugar para la práctica de los actos de comunicación** (LRJS art.53 y 55; LEC art.155 -redacc LO 1/2025) Para la efectividad de las notificaciones, deben agotarse todas las vías conforme a lo dispuesto en la LEC con las especialidades de la LRJS:

MPL nº 1820 s.

a) Lo habitual es que las notificaciones se practiquen en el domicilio que las partes designen. A tal efecto, en el **primer escrito o comparecencia** que realicen las partes o interesados, y en su caso los profesionales designados, deben señalar el domicilio, teléfono y dirección electrónica, en el caso de las personas obligadas a relacionarse electrónicamente con la Administración de Justicia. El **domicilio del demandante** es el que haya hecho constar en la demanda o en la petición o solicitud con que se inicie el proceso.

Asimismo, el demandante designa, como **domicilio del demandado**, a efectos del primer emplazamiento o citación de este, uno o varios de los lugares siguientes: el que aparezca en el padrón municipal o el que conste oficialmente a otros efectos, así como el que aparezca en Registro oficial o en publicaciones de colegios profesionales, cuando se trate, respectivamente, de empresas y otras entidades o de personas que ejerzan profesión para la que deban colegiarse obligatoriamente. También puede designarse como domicilio, a los referidos efectos, el lugar en que se desarrolle actividad profesional o laboral no ocasional. Si el demandante designa **varios lugares** como domicilios, debe indicar el orden por el que, a su entender, puede efectuarse con éxito la comunicación.

Asimismo, el demandante debe indicar cuantos datos conozca del demandado y que puedan ser de utilidad para la localización de este, como números de teléfono, fax, dirección de correo electrónico o similares. El **demandado**, una vez que ha comparecido, puede designar, para sucesivas comunicaciones, un **domicilio distinto** (LEC art.155.2).

Las partes deben informar (por escrito o en comparecencia) a los órganos judiciales de los **sucesivos cambios** de domicilio y datos de localización para las notificaciones que se produzcan respecto de los reseñados en la demanda. Los datos facilitados surten plenos efectos y las notificaciones intentadas sin efecto en ellos son válidas hasta tanto no sean facilitados otros datos alternativos, siendo carga procesal de las partes y de sus representantes mantener actualizados los datos.

También deben **comunicar los cambios** relativos a su número de teléfono, fax, dirección electrónica o similares, siempre que estos últimos estén siendo utilizados como instrumentos de comunicación con el tribunal (LRJS art.53.2).

Las comunicaciones que deban hacerse a **testigos, peritos** y otras personas que, sin ser parte en el juicio, deban intervenir en él, al domicilio que designe la parte interesada, pudiendo realizarse, en su caso, averiguaciones (LEC art.156 -redacc LO 1/2025- y 159).

b) También con carácter general, si la parte acude representada o asistida por **profesionales**, es idóneo el domicilio de estos para los actos de comunicación a no ser que expresamente señalen otro, teniendo en cuenta la obligación de notificación telemática (nº 14492 s.).

c) Puede establecerse un **local de notificaciones común**. En la oficina judicial se prevé un servicio procesal común de actos de notificación a los tribunales de una misma localidad, aunque sean de diferente orden jurisdiccional.

d) El **colegio de procuradores** ha de tener un servicio para recibir notificaciones, si no han podido hacerse en el local común, lo que no es usual en el proceso laboral dada la escasa intervención en el mismo de los procuradores (LEC art.28.3).

e) Es posible la práctica de los actos de comunicación de citaciones, notificaciones, emplazamientos y requerimientos en la propia **oficina judicial**, a las partes que actúen representadas en los términos de la LRJS art.18, siempre que allí comparezcan por propia iniciativa los interesados o por haber sido emplazados para ello (LRJS art.55).

Precisiones **1)** Cuando se trate de **empresas** puede designarse como domicilio, el que aparezca en el padrón municipal o el que conste oficialmente, y en el caso de personas con **obligación de colegiación**, es el domicilio que aparezca en el registro oficial o en publicaciones de los colegios profesionales. Si es el demandado una **persona jurídica**, puede señalarse el domicilio del administrador, gerente, o apoderado de la empresa mercantil, o presidente, miembro o gestor de la junta de cualquier asociación que aparezca en un registro oficial (LEC art.155.3). **14502**

2) En las notificaciones a **comités de empresa** las diligencias deben entenderse con el presidente o secretario o en su defecto con cualquiera de sus miembros.

3) La consecuencia de los **defectos de citación** a juicio que producen la indefensión de la parte demandada es la declaración de nulidad de las actuaciones reponiéndolas al momento inmediatamente anterior en que esta citación debió practicarse en forma legal (TS 15-12-04, EDJ 238856; 2-4-24, EDJ 539532).

Forma de los actos de comunicación (LRJS art.53, 55 y 56) Se facilita la comunicación entre el **órgano judicial y partes** por medio de procedimientos informáticos o telemáticos sin necesidad de desplazamiento a los órganos judiciales. Los actos de comunicación que no se ajusten a las disposiciones legales son nulos, siempre que produzcan indefensión. No obstante, las **deficiencias** de los actos de comunicación son subsanables. Si el interesado se hubiera dado por enterado o constara de forma suficiente su conocimiento procesal o extraprocesal de los elementos esenciales de la resolución, la diligencia surte efectos desde ese momento (LRJS art.61; LEC art.166.1; LOPJ art.238.3º). **14503** MPL nº 1856 s.

La norma procesal laboral contempla las siguientes **posibilidades**:

a) Los actos de comunicación de citaciones, notificaciones, emplazamientos y requerimientos se hacen en la sede de la **oficina judicial** a las partes que no actúen representadas, siempre que allí comparezcan los interesados por propia iniciativa o por haber sido emplazados para ello, o bien en el domicilio señalado, siempre que allí comparezcan por propia iniciativa los

interesados. Se materializa con la entrega de la copia de la resolución o de la cédula, dejando constancia en autos mediante diligencia firmada por el receptor. Esta primera modalidad no es la que más se utiliza.
b) Hasta el 1-1-2016, el **medio habitual** para notificar las resoluciones judiciales en el domicilio de las partes era el **correo** certificado con acuse de recibo (LRJS art.56; LEC art.160). Sin embargo, desde esa fecha se priorizan las comunicaciones con sistemas telemáticos o electrónicos (nº 14492). Los actos de comunicación **se practican por medios electrónicos** cuando:
- los sujetos intervinientes en el proceso estén **obligados** al empleo de los medios electrónicos existentes en la Administración de Justicia;
- no estando obligados legalmente, se hayan **obligado contractualmente** para resolver los litigios de una relación jurídica concreta; y
- sin estar obligados de forma alguna, **opten** por el uso de esos medios (LEC art.152.2 y 6).

Cuando se trate de personas que estén legalmente **obligadas a relacionarse electrónicamente** con la Administración de Justicia o que hayan **optado** por la utilización de estos medios se realiza conforme a lo establecido en la LEC art.162, sin que quepa en el orden social la posibilidad de obligar contractualmente al **trabajador** a la comunicación electrónica (LRJS art.55 y 56.5).
No obstante, si se trata del **primer emplazamiento o citación** al demandado, se puede practicar por remisión a su domicilio, o en forma telemática, pero el acto de comunicación practicado por medios electrónicos produce plenos efectos procesales solo en el caso de que fuese aceptado voluntariamente por su destinatario. Si puesto a disposición del destinatario en la sede judicial electrónica, **no consta la recepción** por el destinatario en plazo de 3 días, se practica por remisión al domicilio. Si esta segunda comunicación también resulta infructuosa se publica en el Tablón Edictal Judicial Único.
En todo caso, si consta una dirección de correo electrónico o servicio de mensajería de contacto del destinatario, se da aviso informativo de la puesta a su disposición de la resolución tanto en el órgano judicial como en la sede judicial electrónica (LRJS art.55; LEC art.155 -redacc LO 1/2025- y 162).

14504 La **notificación por correo** debe cumplir los siguientes requisitos (LRJS art.56):
• El letrado de la Administración de Justicia debe dar fe, en los autos, de los documentos enviados y unir a los mismos el **acuse de recibo** en el que debe constar la fecha de entrega, firma del funcionario de correos y el receptor.
• En el sobre se remite, además de la resolución que se pretende notificar, una **cédula** que debe tener el siguiente contenido:
- tribunal que haya dictado el acuerdo, la fecha de este y el asunto en que haya recaído;
- nombre de la persona a quien se dirige;
- fecha de expedición y firma del letrado de la Administración de Justicia.

• En las **cédulas de citación** a las partes para prestar interrogatorio de parte, en las de testigos, peritos y asesores, no es preciso adjuntar copia del acuerdo o resolución, pero se consignan, además de los requisitos mencionados en el número anterior, los siguientes:
- objeto de la citación;
- lugar, día y hora en que deba comparecer el citado;
- apercibimiento de sanción si no comparece.

• Si quien recibe el documento **no es el interesado**, debe figurar su nombre, documento de identificación, domicilio y relación con el destinatario. A esta persona se le hace saber y debe constar en el sobre que contiene la resolución que se comunica:
- que ha de cumplir el deber público que se le encomienda;
- que puede ser sancionado con multa si se niega;
- que ha de comunicar al juzgado la imposibilidad en su caso de entregar la comunicación al interesado; y
- que tiene derecho a ser resarcido de los perjuicios que se le causen.

Precisiones **1)** Resultan **nulas** cuando solo figura del receptor una firma ilegible (TCo 39/1987) o si se omite consignar la fecha de entrega y la firma del receptor, o la relación con el destinatario (TS 9-7-20, EDJ 617237; 17-4-23, EDJ 551515); pero no cuando el destinatario rehúsa recibir la comunicación (TCo 68/1986).
2) Aunque la citación por **teléfono** no se había considerado idónea, según el Tribunal Constitucional, si no queda constancia acreditativa de la personalidad del receptor de la comunicación (TCo 105/1993) se ha de **dejar constancia** mediante diligencia del resultado de gestiones y llamadas telefónicas u otros medios relacionados con los actos de localización y comunicación y con el trámite de las actuaciones.
En el mismo sentido, la citación por **telegrama** ha de realizarse con constancia mediante el oportuno acuse de recibo de que la citación ha llegado al destinatario en la fecha requerida (TCo 155/1994).

Notificación mediante cédula (LRJS art.57 y 58; LEC art.152 y 161) Cuando por los medios anteriores no se realice adecuadamente la notificación o como simple alternativa a los anteriores procedimientos, las notificaciones pueden practicarse mediante entrega de **cédula** o copia de la resolución (LRJS art.57 y 58) a través de agente judicial, mecanismo que no puede eludirse a través de la citación edictal (TCo 93/2009). **14505**

Precisiones 1) La cédula ha de ser **notificada** en el domicilio del interesado: al destinatario o, en su defecto, a cualquier empleado, familiar o persona con la que conviva, mayor de 14 años, que se encuentre en ese lugar, o al conserje de la finca, si lo tuviera. Al receptor se le debe advertir que está obligado a entregar la copia de la resolución o la cédula al destinatario, o a darle aviso, si sabe su paradero, también respecto de su responsabilidad en relación a la protección de los datos del destinatario (LEC art.23.5 -redacc LO 1/2025).

Si la comunicación se dirige al **lugar de trabajo** no ocasional del destinatario, en ausencia de este, la entrega se efectúa a la persona que manifieste conocer a aquel o, si existiese dependencia encargada de recibir documentos u objetos, a quien estuviera a cargo de ella (LEC art.161.3).

En caso de que el destinatario se encuentre en su domicilio y se **niegue a recoger o a firmar la recepción** de la notificación, el funcionario lo hace constar en la diligencia, y le hace saber, en su caso, que la copia de la resolución o la cédula queda a su disposición en el juzgado, produciendo este acto todos los efectos.

2) Sin necesidad de **acudir al domicilio** del interesado entregando la cédula a cualquiera de las personas anteriormente reseñadas, o a quien por su relación con el destinatario pueda garantizar el eficaz cumplimiento del acto de comunicación.

Cuando el **receptor no sea el destinatario**, se le hace saber:

- la obligación de cumplir el deber público que se le encomienda;
- la posibilidad de sanción si se niega a la recepción, o no hace la entrega a la mayor brevedad;
- que ha de comunicar al órgano judicial la imposibilidad de entregar la comunicación al interesado;
- que tiene derecho al resarcimiento de los gastos que se le ocasionen.

3) Para constancia se documenta con una diligencia, que se une a los autos, un **duplicado de la cédula**, con los siguientes extremos:

• Nombre de la persona destinataria de la comunicación.

• Fecha y hora en la que fue buscada y no encontrada en su domicilio.

• Nombre de la persona que recibe la copia de la resolución o la cédula y la relación de dicha persona con el destinatario, produciendo todos sus efectos la comunicación así realizada. La falta de identificación de la persona (no el interesado) que recibe la cédula es causa de nulidad (TS 5-4-89, EDJ 3628).

• Firma del funcionario que la realice haciendo constar, en su caso, si el notificado no quisiera o no pudiera firmar.

En el caso de que no se halle a nadie en el domicilio al que se acuda para la práctica de un acto de comunicación, se ha de procurar averiguar si vive allí su destinatario. Si ya **no reside o no trabaja** en ese domicilio y alguna de las personas consultadas conociese el actual, este se consigna en la **diligencia negativa** de comunicación el nuevo domicilio, realizándose el acto de comunicación en el mismo.

Si no pudiera conocerse por este medio el domicilio del demandado y el demandante no hubiera designado otros posibles domicilios, se procede a realizar **otras averiguaciones**. El letrado de la Administración de Justicia es competente para la averiguación del domicilio y toma la decisión de acudir a la comunicación mediante **edictos**. En los casos en que el demandante manifieste que le es imposible designar un domicilio o residencia del demandado, a efectos de su personación, el letrado de la Administración de Justicia ha de utilizar los medios oportunos para averiguar esas circunstancias, pudiendo dirigirse, en su caso, a los Registros, organismos, colegios profesionales, entidades y empresa (LEC art.155.3 y 156.1 -redacc LO 1/2025).

Comunicación por edictos (LRJS art.59 y 64; LEC art.156 -redacc LO 1/2025-, 157 y 164; RD 181/2008; RDL 6/2023 art.54) Si no se logra la comunicación por cualquiera de los anteriores medios, no consta el domicilio del interesado o se ignora su paradero el letrado de la Administración de Justicia puede dirigirse al Registro Central de Rebeldes Civiles para comprobar si el demandado consta en dicho Registro y si los datos que en él aparecen son los mismos de que dispone. En tal caso, el letrado de la Administración de Justicia dicta diligencia de ordenación acordando directamente la comunicación edictal del interesado a través del **Tablón Edictal Judicial Único** en el que se consigna también la advertencia de que las siguientes se harán en estrados, salvo las que sean sentencia o auto, o se trate de un emplazamiento. Debe insistirse en el **carácter subsidiario** y excepcional de este medio de comunicación cuya utilización sin agotar las vías previas puede vulnerar la tutela judicial efectiva. **14506**

Las **sedes judiciales electrónicas** disponen, entre los servicios a disposición de los ciudadanos y profesionales, de un enlace al Tablón Edictal Judicial Único, en el que se puede consultar:

- las resoluciones y comunicaciones que por disposición legal deban fijarse en el tablón de anuncios o edictos; y
- los actos de comunicación procesal que deban ser objeto de inserción en el BOE o en los boletines oficiales de una comunidad autónoma o en el de la provincia respectiva.

Este Tablón Edictal Judicial Único es publicado electrónicamente por la **Agencia Estatal BOE**.

Precisiones 1) La citación por medio de edictos, tras la realizada sin efecto a través de correo certificado y sin emplear otros mecanismos adicionales previstos en la ley, o tras la realizada de forma incorrecta en el domicilio, puede **provocar indefensión en el demandado** y por tanto vulnerar el principio de tutela judicial efectiva (Const art.24; TCo 119/2020; 117/2021; 28/2023).
2) Sin embargo, se considera como medio válido en derecho la notificación por edictos a un hotel que aunque está **cerrado por obras** sigue teniendo actividad administrativa, al haberse intentado la notificación a través de Correos en dos ocasiones, con resultado ausente reparto, y constando una diligencia negativa de notificación (TSJ C.Valenciana 1-6-21, EDJ 674858).
3) En todo caso, es necesario no solo haber agotado otras modalidades previas de garantía, sino también que el criterio judicial de tener a la parte en ignorado paradero se asiente en bases razonables que lleven a la **convicción de la inutilidad** de cualquier otra modalidad de citación (TS 23-3-92, EDJ 2807; TCo 203/1990; 97/1992).
4) Una resolución del SEPE sobre **revocación y reintegro de prestaciones indebidamente percibidas** no cumple con los requisitos de notificación si se publica en el tablón edictal del SEPE y no en el Tablón Edictal Único (TS 27-4-23, EDJ 559210).

14507 **Examen del expediente** (LRJS art.47 y 48; LEC art.213 y 213 bis; RDL 6/2023 art.47 y disp.trans.1ª y 3ª) A partir del escrito o demanda inicial presentada se forman los **autos**, que permanecen en la oficina judicial bajo la custodia del letrado de la Administración de Justicia. Los autos pueden ser examinados por los interesados que acrediten un interés legítimo, a los que, cuando lo soliciten deben expedirles testimonios, certificaciones o copias simples de los mismos en los soportes y con los medios técnicos de los que se disponga. Solo **se entregan** los autos cuando la ley lo ordene expresamente y por el plazo señalado, que comienza a contar desde que se notifique que se encuentran a disposición del interesado. Se debe hacer entrega de los autos al recurrente para la formalización del recurso de suplicación y de casación.
Todo interesado puede tener acceso al **libro de sentencias** y al **libro de decretos** en la forma y con los medios técnicos de los que se disponga.
El **expediente judicial electrónico**, es el conjunto de datos, documentos, trámites y actuaciones electrónicas, así como de grabaciones audiovisuales correspondientes a un procedimiento judicial, cualquiera que sea el tipo de información que contengan y el formato en el que se hayan generado.
Durante el tiempo en que **coexistan** procedimientos tramitados en **soporte papel** con procedimientos tramitados exclusivamente en **formato electrónico**, los servicios electrónicos de información del estado de la tramitación deben incluir respecto a los primeros, al menos, la fase en la que se encuentra el procedimiento y el órgano o unidad responsable de su tramitación.
Si el estado de la técnica no hiciera posible remitir el expediente administrativo electrónico con los requisitos establecidos en el RDL 6/2023 y en la normativa técnica de aplicación, es admisible la remisión del expediente en otro formato digital que posibilite su descarga y reutilización por el tribunal, oficina judicial u oficina fiscal hasta el 10-1-2029. El expediente así remitido tiene valor de copia simple.

Precisiones 1) Si pasado el plazo señalado para su examen no han sido devueltos, el letrado de la Administración de Justicia puede imponer mediante decreto una multa de 20 a 200 euros diarios salvo que la entrega se hubiera efectuado por testimonio. Pasados **2 días sin que se devuelvan**, ordena su recogida y si al intentarlo no se devuelven en el acto da cuenta al juez para que disponga lo que proceda por **retraso en la devolución** (LRJS art.48.2).
2) Se prevé que la entrega de autos o traslado material de los mismos pueda sustituirse por la entrega de **soporte informático** o mediante el **acceso telemático**, si se dispusiera de los medios necesarios para ello, o por la entrega por cualquiera de estos procedimientos de copia de los particulares que procedan (LRJS art.48.1).

14509 **Acumulación de acciones** (LRJS art.19.1, 25, 26, 32.3 y 35; LEC art.71.2.3.4, 72, 73.1.1º y 3º y 73.3) El demandante, en principio y por economía procesal, puede **acumular en la misma demanda** todas las
MPL nº 1560 s. acciones que tenga contra el demandado, aunque procedan de diferentes títulos, siempre que no sean incompatibles entre sí y siempre que puedan tramitarse ante el mismo órgano judicial. De esta forma:
a) La demanda puede presentarse bien **individualmente**, bien **de modo conjunto**, en un solo escrito o en varios escritos; en este caso la decisión de admisión a trámite en el decreto es equivalente a la decisión de acumulación, que solo puede ser denegada en el caso de que las acciones no sean acumulables.
b) El demandado, por su parte, puede reconvenir en los mismos términos. Pueden acumularse también las acciones que **uno o varios actores** tengan contra uno o varios demandados, siempre que entre esas acciones exista un nexo, sea por el título o por la causa de pedir. Se entiende que el título o **causa de pedir es idéntico** o conexo cuando las acciones se funden en los mismos hechos o en una misma o análoga decisión empresarial o en varias decisiones empresariales análogas. Si en estos casos, el actor o los actores no ejercitan conjuntamente

las acciones, el órgano judicial debe acordar la acumulación de los procesos, salvo cuando aprecie, de forma motivada, que la acumulación podría ocasionar perjuicios desproporcionados a la tutela judicial efectiva del resto de intervinientes.
c) En reclamaciones sobre **accidente de trabajo y enfermedad profesional** se pueden acumular todas las pretensiones de resarcimiento de daños y perjuicios derivadas de un mismo hecho, incluso sobre mejoras voluntarias, que el trabajador perjudicado o sus causahabientes dirijan contra el empresario u otros terceros que deban responder a resultas del hecho causante, incluidas las entidades aseguradoras, salvo que hayan debido tramitarse mediante procedimiento administrativo separado. En este caso solo pueden acumularse las impugnaciones referidas a un mismo procedimiento.

d) Además, el actor puede acumular en su demanda las pretensiones que se deduzcan en relación con un mismo acto o **resolución administrativa**, así como las que se refieran a varios actos o resoluciones administrativas cuando exista entre ellos conexión directa. Y cuando el acto administrativo impugnado afecte a una **pluralidad de destinatarios**, de existir más de un órgano judicial o sección de la misma sala, las demandas o recursos ulteriores relativas a dicho acto se reparten al órgano judicial o sección que estuviere conociendo o hubiera conocido del primero de dichos procesos, siempre que conste dicha circunstancia o se ponga de manifiesto en la demanda. Se prevé la **obligación de la Administración** autora del acto impugnado de comunicar al órgano judicial, si tiene conocimiento de la existencia de otras demandas o recursos, para su acumulación. En su defecto, el resto de partes debe informar de esta circunstancia al órgano judicial o sección al que se hubiera repartido la primera demanda o recurso, en el plazo de 5 días desde la notificación de la admisión de la segunda o ulteriores demandas o recursos. **14510**
e) Igualmente puede acumularse a la reclamación de **clasificación profesional** (nº 1150 s. Memento Social 2026) la reclamación de las diferencias retributivas derivadas.
f) Los trabajadores, conceptuados por su cliente como **TRADE**, si se accionara por **despido** alegando la existencia de relación laboral, pueden acumular en una misma demanda a la acción principal de despido y, dentro del mismo plazo de caducidad que esta, la que puedan formular contra la decisión del cliente de extinguir la relación, con carácter eventual y para el caso de desestimación de la primera. Se aplica la misma regla de acumulabilidad cuando se alegue como **principal la relación de autónomo** dependiente y como **subsidiaria la relación laboral**, así como en el ejercicio de otro tipo de acciones cuando se cuestione la naturaleza laboral o autónoma económicamente dependiente de la relación.

Prohibición de acumulación de acciones (LRJS art.25 a 27 y 32.2) La LRJS ha suavizado los supuestos en los que **no procede** acumular las acciones entre sí, ni a otras acciones distintas en un mismo juicio, ni siquiera por vía de reconvención, siempre a salvo la reclamación de la indemnización de daños y perjuicios derivados, sea o no por **vulneración de derechos fundamentales**: **14511**
• **Despido disciplinario**: aunque se permite solicitar la determinación del salario, antigüedad y categoría y la reclamación de las cantidades vencidas, exigibles y de cuantía determinada adeudadas hasta esa fecha (nº 14962).
• **Extinción** por voluntad del trabajador y **despido objetivo** con otras acciones de distinta naturaleza. No obstante, se establece que cuando la causa de extinción del contrato sea la **falta de abono del salario** pactado, siempre cabe la acumulación de la reclamación salarial a la de extinción, con posibilidad de, en su caso, ampliar la demanda para incluir las cantidades que se vayan devengando y se adeuden con posterioridad a la presentación de la demanda. También procede la acumulación obligatoria de la **demanda de despido con la de extinción** por voluntad del trabajador cuando el trabajador haya formulado las **demandas por separado**, siempre que la acción procesal de despido se ejercite dentro del plazo establecido para esta modalidad procesal (nº 14964). También se pueden acumular en una misma demanda acciones de despido por causas objetivas, por parte de distintos actores contra un mismo demandado siempre que deriven de **cartas de despido con idéntica causa**.
• **Materia electoral** (nº 15270).
• Impugnación de **convenios**; por ejemplo, con conflicto colectivo (TS 11-10-07, EDJ 195106).
• Impugnación de **estatutos de sindicatos** (nº 15505).
• Tutela de la **libertad sindical** y demás **derechos fundamentales** (nº 15525). En estos procesos, si la sentencia declara la **existencia de vulneración**, el juez debe pronunciarse sobre la cuantía de esta indemnización si hubiera discrepancia entre las partes.

• Reclamaciones de **Seguridad Social** entre sí, excepto cuando tengan la misma causa de pedir, es decir deriven de la misma contingencia, o se alegue la vulneración de derechos fundamentales y libertades públicas. Además, las demandas de Seguridad Social no pueden acumularse **con cualquiera otra** de distinta naturaleza (nº 15385). No es acumulable una **14512** reclamación **salarial con la prestación de IT**, teniendo distinta causa de pedir, y diferentes partes legitimadas. Por el contrario, sí pueden acumularse una reclamación salarial y el complemento del subsidio de IT (TS 4-4-06, EDJ 59653) o la mejora voluntaria de la IT a cargo de la empresa (TS 7-7-09, EDJ 166018).

• Las acciones de **movilidad geográfica**, ni las de **modificación sustancial** de condiciones de trabajo, pero sí se pueden acumular en una misma demanda acciones de modificaciones sustanciales de condiciones de trabajo por parte de distintos actores contra un mismo demandado siempre que deriven de los mismos hechos o de una misma decisión empresarial (nº 15300).

• Las de derechos de **conciliación de la vida familiar** y laboral (nº 15345).

• Las relativas a **vacaciones** (nº 15250).

• No pueden acumularse con otras acciones las de **impugnación de sanciones** disciplinarias impuestas por los empresarios a los trabajadores.

• Tampoco pueden acumularse las acciones en reclamación sobre acceso, reversión y modificación del **trabajo a distancia** (LRJS art.138 bis).

La acumulación de acciones y procesos debe formularse y acordarse antes de la celebración de los actos de conciliación, en su caso, y de juicio, salvo que se proponga por vía de reconvención. Corresponde al letrado de la Administración de Justicia verificar que concurren los presupuestos exigidos para admitir la acumulación. Si se ejercitan acciones acumuladas de forma indebida, el letrado de la Administración de Justicia otorga al demandante 4 días para que opte entre las dos acciones. Si no opta o mantiene la acumulación indebida, el letrado de la Administración de Justicia da cuenta al tribunal para que, en su caso, acuerde el archivo de la demanda.

Si se hubiera **acumulado indebidamente**:

- una **acción sometida a plazo de caducidad con otra acción,** aunque el actor no opte, se sigue la tramitación del juicio por aquella, y el juez o tribunal tendrá por no formulada la otra acción acumulada, advirtiéndose al demandante de su derecho a ejercitarla por separado; o

- **dos o más acciones sujetas a plazo de caducidad**, aunque el actor no opte, se sigue la tramitación del juicio por la primera de las pretensiones ejercitada en el suplico de la demanda, y en todo caso por la de despido si se hubiese hecho uso de ella, y el juez o tribunal tendrá por no formuladas las demás acciones acumuladas, advirtiéndose al demandante de su derecho a ejercitarlas por separado.

14513 **Acumulación de procesos** (LRJS art.25.5, 28 a 31, 32.2 y 3 y 34; LEC art.76) Procede la acumulación de procesos:

MPL nº 1628 s.

• Si en el **mismo órgano judicial** se tramitan varias demandas contra un mismo demandado, aunque los actores sean distintos, y se ejercitasen en ellas **idénticas acciones** o susceptibles de haber sido acumuladas en una misma demanda, se ha de acordar obligatoriamente la acumulación, salvo cuando el órgano judicial aprecie de manera motivada, que la acumulación puede ocasionar perjuicios desproporcionados a la tutela judicial efectiva del resto de los intervinientes.

• Si las demandas estuvieran planteadas en distintos procesos ante dos o más secciones de lo Social del Tribunal de Instancia -hasta su constitución, Juzgados de lo Social- de una **misma circunscripción**, también se debe acordar obligatoriamente la acumulación de todas ellas, de oficio o a petición de parte. A tal efecto, las partes deben comunicar esta circunstancia ante el órgano judicial que conociese de la demanda que hubiera tenido entrada antes en el Registro.

• También puede acordarse la acumulación de procesos que pendan en el mismo o distinto órgano judicial cuando entre los objetos de los procesos cuya acumulación se pretende exista tal conexión que, de seguirse por separado, pudieran dictarse sentencias con **pronunciamientos o fundamentos** contradictorios, incompatibles o mutuamente excluyentes.

• En demandas derivadas del mismo **accidente de trabajo o enfermedad profesional**, cuando exista más de un órgano judicial o sección de la misma sala, en el momento de su presentación se reparten al órgano judicial o sección que conociera o hubiera conocido del primero de dichos procesos, las demandas ulteriores relativas a dicho accidente de trabajo o enfermedad profesional, siempre que conste dicha circunstancia o se ponga de manifiesto en la demanda. En su defecto, las partes deben informar de esta circunstancia al órgano judicial o sección al que se hubiera repartido la primera demanda o recurso, en el plazo de 5 días desde la notificación de la admisión de la segunda o ulteriores demandas o recursos o en su caso, desde que la parte tenga conocimiento del órgano judicial o sección a la que hubiere sido turnada la primera demanda o recurso.

14514 • En el caso de que se hayan repartido las demandas de **impugnación de un acto administrativo** que afecte a una pluralidad de destinatarios a diferentes tribunales, se acumulan las que se presenten con posterioridad contra dicho acto.

• En procesos por **despido** se procede a la asignación en reparto a un mismo órgano judicial de las demandas contra los actos empresariales con efecto extintivo de la relación que hayan afectado al trabajador, cuando entre las acciones exista conexión directa y en tanto no haya trascurrido el plazo legal de impugnación de los anteriormente producidos, si constaren tales circunstancias, o se procede a la acumulación de procesos, una vez los mismos hayan sido repartidos, que se siguieran ante el mismo o distintos tribunales.

• En materia de **prestaciones de Seguridad Social** o sobre recargo de prestaciones, cuando se impugna un mismo acto administrativo, o actos de reproducción, confirmación o ejecución de otro anterior, o actos entre los que exista conexión directa, se debe acordar la acumulación de los procesos, aunque no coincidan todas las partes ni la posición procesal que ocupen. Dicha regla se aplica a la impugnación de un mismo acto administrativo en las restantes materias competencia del orden social.

• A los **procesos de oficio** iniciados en virtud de comunicación de la autoridad laboral se acumulan las demandas individuales en que concurran identidad de personas y de causa de pedir respecto de la demanda de oficio, aunque pendan en distintos tribunales de la misma circunscripción.

El letrado de la Administración de Justicia vela por el cumplimiento de las normas de acumulación, poniendo en conocimiento del juez o tribunal los procesos en los que se cumplan dichos requisitos, a fin de que se resuelva sobre la acumulación e imponiéndola cuando se cumplen los requisitos legales. Contra este auto no cabe otro **recurso** que el de reposición, habiéndose suprimido la audiencia a las partes por 3 días.

Una vez **acordada la acumulación** (que debe haber sido formulada y acordada antes de los actos de conciliación y juicio), no puede esta dejarse sin efecto por el órgano judicial, respecto de uno o varios de ellos, salvo que no se hayan cumplido las prescripciones legales sobre la acumulación o cuando se justifique, de forma motivada, que la acumulación efectuada podría ocasionar perjuicios desproporcionados a la tutela judicial efectiva del resto de intervinientes.

La acumulación de acciones, procesos y recursos cuando proceda produce el efecto de discutirse conjuntamente y resolverse en una sola resolución todas las cuestiones planteadas.

SECCIÓN 4

Evitación del proceso

14515 MPL nº 2030 s.

14517 En muchas ocasiones, para solucionar conflictos o controversias no es necesario acudir a un procedimiento judicial, sino que el legislador prevé una serie de mecanismos que pueden solucionar la disputa con mayor celeridad y eficacia y menor coste:

- **Alternativos**, como el arbitraje o la mediación (nº 14525 s.).
- **Previos**, como la conciliación (nº 14530 s.) o la reclamación administrativa previa (nº 14536).

La LRJS ha procurado una mayor calidad de la respuesta judicial y la agilización de los procesos, a través de la recepción de nuevas técnicas y procedimientos y el **fomento de los procesos de mediación** y la **revisión de los laudos** resultantes de arbitrajes laborales, uno de los ejes de solución de los conflictos laborales en creciente expansión.

14519 **Acuerdos sobre solución autónoma de conflictos laborales** (ASAC VI DGTr Resol 10-12-20) El VI Acuerdo sobre Solución Autónoma de Conflictos Laborales (ASAC VI) (Sistema Extrajudicial) fue firmado, de una parte, por la Confederación Sindical de Comisiones Obreras (CCOO) y la Unión General de Trabajadores (UGT), y de otra, por la Confederación Española de Organizaciones Empresariales (CEOE) y la Confederación Española de la Pequeña y Mediana Empresa (CEPYME) (de conformidad con lo establecido en el ET art.83.3 y 90.2 y 3). Extiende su **vigencia** hasta el 31-12-2024, aunque es prorrogable automáticamente por periodos de 4 años.

Este Acuerdo amplía el ámbito funcional de sus predecesores y tiene como **finalidad**:

- el mantenimiento y desarrollo de un sistema autónomo de prevención y solución de los conflictos colectivos laborales surgidos entre las empresas y los trabajadores o sus respectivas organizaciones representativas;
- el impulso de la negociación colectiva con pleno respeto de la autonomía de las partes, y;
- la realización de cuantas acciones se estimen oportunas para mejorar la calidad y el conocimiento de los sistemas de solución autónoma de conflictos.

Con este Acuerdo se supera el concepto de mero **trámite previo a la vía procesal** y se pretende favorecer la consecución de acuerdos totales o parciales. En este sentido, pueden someterse a los procedimientos que establecen los siguientes **tipos de conflictos laborales**:
• Conflictos colectivos de interpretación y aplicación (LRJS art.153), sin perjuicio de la intervención preceptiva de las comisiones paritarias (ET art.85.3.e y 91.3).
• Controversias en las comisiones paritarias de los convenios colectivos que conlleven el bloqueo en la adopción de acuerdos para la resolución de las funciones que legal o convencionalmente tengan atribuidas.
• Conflictos surgidos durante la negociación de un convenio colectivo o de un acuerdo o pacto colectivo que conlleven su bloqueo.
• Conflictos derivados de discrepancias surgidas en el periodo de consultas en relación con:
- movilidad geográfica (ET art.40);
- modificaciones sustanciales de condiciones de trabajo (ET art.41);
- suspensión del contrato o reducción de jornada por causas económicas, técnicas, organizativas o de producción o derivadas de fuerza mayor (ET art.47);
- despido colectivo (ET art.51);
- inaplicación de las condiciones de trabajo previstas en el convenio colectivo aplicable (ET art.82.3).
• Conflictos derivados de las discrepancias surgidas en el periodo de consultas relativo a la sucesión de empresas (ET art.44.9) que no se refieran a traslados colectivos o a modificación sustancial de las condiciones de trabajo de carácter colectivo.
• Conflictos que motiven la impugnación de convenios colectivos previamente al inicio de la vía judicial.
• Sustitución del periodo de consultas por la mediación y el arbitraje, acordada por el juez, a instancia de la administración concursal o de la representación legal de las personas trabajadoras (LCon art.176.2).
• Conflictos derivados de las discrepancias surgidas durante la negociación entre empresa y representación legal de las personas trabajadoras, de acuerdos de inaplicación de determinadas condiciones de trabajo pactadas en los convenios colectivos sectoriales.
• Conflictos que den lugar a la convocatoria de huelga o a las iniciativas que procuren su desconvocatoria. También los que se susciten sobre la determinación de los servicios de seguridad y mantenimiento en caso de huelga.
• Cualquier otra discrepancia en la negociación colectiva o en su aplicación, incluidos los diagnósticos y planes de igualdad, que, a juicio de las partes, merezcan nuevas posibilidades de negociación.
• Conflictos entre los empleados públicos y la Administración General del Estado y demás entidades de derecho público de ella dependientes, siempre que así lo establezcan mediante acuerdo de adhesión expresa.
• Discrepancias en los acuerdos de interés profesional referidos a los TRADE, siempre que así lo establezcan mediante acuerdo de adhesión expresa.
El ASAC VI es **complementado y desarrollado** por el Acuerdo Tripartito en Materia de Conflictos Laborales, firmado por las mismas partes. Tiene la misma vigencia que aquel, hasta el 31-12-2024, prorrogándose a partir de esa fecha en los términos en que se prorrogue el ASAC VI (SE de Empleo y Economía Social Resol 28-6-21).

A. Arbitraje y mediación

14525 MPL nº 9212 s. El arbitraje y la mediación, junto con la conciliación, son los mecanismos de **solución extrajudicial de conflictos** que establecen los diferentes acuerdos para la evitación del proceso. Así por ejemplo, cuando se trata de conflictos de interpretación y aplicación de convenios colectivos, antes de acudir a la mediación o arbitraje del acuerdo, ha de intervenir la comisión paritaria del propio convenio colectivo que tenga encomendadas funciones de mediación (ET art.91.3); lo mismo se prevé en el propio ASAC VI. El legislador hace hincapié en la mediación y el arbitraje como mecanismos para solventar las dificultades que impiden llegar a un acuerdo en **periodos de consultas** asociadas a despidos, suspensiones, traslados, modificaciones sustanciales de condiciones de trabajo y reducciones de jornada, todas ellas de carácter colectivo. En consecuencia, en el marco del ASAC VI, se pueden someter los conflictos derivados de discrepancias surgidas en tales periodos de consultas, pudiendo intervenir también con carácter previo la comisión paritaria (ASAC VI DGTr Resol 10-12-20 art.4.3.e y 11).

Por medio del **arbitraje**, las partes en conflicto acuerdan someter sus controversias a la decisión de un tercero, ajeno a la Administración de Justicia. No obstante, el legislador limita el arbitraje a los siguientes **supuestos**:
• Los laudos para resolver las controversias derivadas de la aplicación o interpretación de convenios colectivos (nº 5605 s. Memento Social 2026). Tienen la misma eficacia que el propio convenio colectivo.
• Los laudos que puedan adoptarse en el trámite de consultas en movilidad geográfica, modificación de condiciones sustanciales de trabajo, suspensión y extinción de contratos por causas económicas (ET art.85.1); su eficacia es parangonable a los acuerdos alcanzados en el trámite de consultas.
• Los laudos en materia electoral (nº 7334 s. Memento Social 2026).
• Los laudos adoptados por las comisiones paritarias para resolver discrepancias en los procedimientos de descuelgue -no solo salarial- de lo establecido en convenio colectivo (nº 2980 s. Memento Social 2026).

Los **requisitos** para que pueda emplearse el arbitraje para solucionar controversias de carácter individual son los siguientes: 14526
- que dichas controversias se refieran a la aplicación o interpretación de **disposiciones convencionales**, y;
- que las partes se sometan expresamente al procedimiento arbitral tras la controversia y separadamente al convenio colectivo o contrato de trabajo.
Desde un punto de vista procesal, los **laudos arbitrales firmes** equivalen a una sentencia firme, que pone fin a una disputa y a efectos de ejecución definitiva, sean laudos individuales o colectivos, dictados por el órgano que pueda constituirse mediante los acuerdos interprofesionales y los convenios colectivos (ET art.83), los establecidos por acuerdos de interés profesional de los TRADE (L 20/2007 art.18.4), así como los laudos recaídos en materia electoral, los que pongan fin a la huelga o a conflictos colectivos u otros cuyo conocimiento corresponda al orden social, exclusivamente en los concretos pronunciamientos de condena que, por su naturaleza, sean susceptibles de dicha ejecución, y salvo los pronunciamientos que tengan eficacia normativa o interpretativa (LRJS art.68.2).
La LRJS ha transferido a la jurisdicción social la **competencia** en materia de impugnación de decisiones colectivas de extinción, suspensión y modificación sustancial de condiciones de trabajo y movilidad geográfica. De esta forma, también se asume la competencia de impugnación de los laudos que resuelvan controversias y procedimientos de consultas en estas materias, así como la impugnación de laudos arbitrales dictados en sustitución de la negociación colectiva y en conflictos colectivos.

Los siguientes laudos arbitrales pueden ser objeto de **impugnación**: 14527
- los dictados en materia electoral por las causas y procedimiento que se indican en nº 15270; y
- los que resuelven las controversias derivadas de la aplicación o interpretación de convenios colectivos y los asociados a los periodos de consultas en los procedimientos de despido, suspensiones, traslados, modificaciones sustanciales de condiciones de trabajo y reducciones de jornada, todas ellas de carácter colectivo, o deben impugnarse según el procedimiento de impugnación de convenios colectivos (nº 15480 s.).
Las acciones de **impugnación** y recursos judiciales de **anulación de laudos** arbitrales cuyo conocimiento corresponda al orden social, cuando no tengan establecido un procedimiento especial (incluidos los laudos arbitrales establecidos por acuerdos de interés profesional de los TRADE), se sustancian, a instancia de los interesados, por los trámites del **procedimiento ordinario**, ante el tribunal al que hubiera correspondido el conocimiento del asunto sometido a arbitraje, con fundamento en: el exceso sobre el arbitraje, haber resuelto aspectos no sometidos a él o que no pudieran ser objeto del mismo, vicio esencial de procedimiento o infracción de normas imperativas. La acción está sometida a la **caducidad** en el plazo de 30 días hábiles desde la notificación del laudo, excluidos los sábados, domingos y festivos. De formularse la **impugnación por el FOGASA** en relación con posibles obligaciones de garantía salarial o por otros terceros posibles perjudicados, se puede fundamentar en ilegalidad o lesividad, y el plazo para el ejercicio de la acción cuenta desde que pudieran haber conocido la existencia del laudo arbitral (LRJS art.65.4).

Precisiones 1) Para la puesta en marcha del mecanismo arbitral debe tenerse en cuenta el Acuerdo sobre solución de conflictos laborales, **ASAC VI** (nº 14519). 14528
2) Resultan aplicables supletoriamente los preceptos de la LEC en cuanto a la **prohibición o limitación del arbitraje** o mediación por razones de interés general o beneficio de un tercero (LEC art.19.1 y 22 -redacc LO 1/2025-).

B. Conciliación administrativa o mediación previa

(LRJS art.63, 64, 65 -redacc LO 1/2025-, 66, 67 y 68; RD 2756/1979; RD 502/2024 art.3.1.j; RD 2725/1998)

14530 MPL nº 2044 s. Es un intento de llegar a una **transacción** satisfactoria para ambas partes como requisito previo al procedimiento judicial propiamente dicho.

El acto de conciliación o mediación se lleva a efecto mediante la presentación de demanda o papeleta de conciliación en el **registro** de los siguientes organismos:

• La dependencia correspondiente de la comunidad autónoma, teniendo en cuenta que esta competencia está transferida en todas ellas.

• La Unidad de mediación, arbitraje y conciliación de la Delegación del Gobierno en Ceuta y Melilla.

• El órgano que asuma estas funciones, si así se ha establecido a través de acuerdos interprofesionales o convenios colectivos, o en acuerdos de interés profesional de los TRADE; en cuyo caso es obligatorio el intento de conciliación ante dicho órgano, que sustituye a estos efectos al Servicio de Mediación Administrativo (TS 4-3-21, EDJ 512710; 30-7-20, EDJ 656237). Al tratarse de un escrito dirigido a un órgano administrativo, rige esta normativa (LPAC art.16).

En la **papeleta de conciliación** se han de reflejar los hechos sobre los que verse la pretensión, y se ha de tener en cuenta que en la demanda no se pueden alegar hechos distintos de los alegados en aquella (LRJS art.80.1 c), salvo que se trate de hechos nuevos o no varíen las causas de pedir. Y se puede **presentar, a elección** del solicitante, ante el órgano administrativo de conciliación del lugar de la prestación de servicios o el del domicilio de los interesados (RD 2756/1979 art.5.1). **No** se aplican a la papeleta de conciliación las normas que determinan la **competencia territorial** al plantear la demanda.

En el procedimiento de **despido**, ver nº 14955.

Precisiones **1)** Es en la conciliación administrativa cuando el demandado, en su caso, debe **anunciar** de forma clara y completa la **reconvención**, para que no pueda ser calificada de sorpresiva (ver nº 14602).

2) La interrupción de la **prescripción de la reconvención** anunciada necesariamente en la conciliación administrativa se prolonga hasta que se celebra el juicio dimanante de la demanda en su día interpuesta por el actor. La conservación del efecto interruptivo de la prescripción se limita a la **cantidad por la que se ha reconvenido** en el acto de conciliación, sin que afecte al exceso que hasta una cantidad superior se reclama en el acto del juicio, que sí estaría prescrita (TS 26-6-13, EDJ 176064; 3-3-14, EDJ 38990).

14531 MPL nº 2052 s. **Ámbito** (LRJS art.64) El intento de conciliación o mediación previa es obligatorio en **todos los procesos**, salvo aquellos que la ley señala expresamente, entendiéndose cumplido el trámite cuando se haya interpuesto erróneamente reclamación previa (TSJ País Vasco 5-9-00, EDJ 33399). Las **excepciones** legales mencionadas son:

• Aquellos en los que la **representación corresponda** al abogado del Estado, al letrado de la Administración de la Seguridad Social, a los representantes procesales de las comunidades autónomas o de las Administraciones Locales o al letrado de las Cortes Generales.
• **Seguridad Social** (nº 15350).
• Impugnación de **despido colectivo** por los representantes de los trabajadores (nº 15200 s.).
• Disfrute de **vacaciones** (nº 15250).
• Materia **electoral** (nº 15270).
• Iniciados **de oficio** (nº 15420 s.).
• Impugnación de **convenios colectivos** (nº 15480).
• Impugnación de **estatutos de los sindicatos** o de su modificación (nº 15505).
• Tutela de derechos fundamentales y libertades públicas, incluido el derecho a la **libertad sindical** (nº 15525).
• Supuestos en que, **iniciado el proceso**, fuere necesario dirigir la demanda frente a **personas distintas** de las inicialmente demandadas.
• **Movilidad geográfica, modificación sustancial** de las condiciones de trabajo y los de ERTE por causas ETOP o derivadas de fuerza mayor (nº 15300).
• Procesos **monitorios**.
• Derechos de **conciliación** de la vida personal, familiar y laboral (nº 15345).
• Relativos al ejercicio de las acciones laborales derivadas de los derechos establecidos para proteger a las **víctimas de violencia** de género (nº 1030).
• Anulación de **laudos arbitrales**.
• Impugnación de **acuerdos** de conciliación, mediación o transacción.
• Reclamación sobre acceso, reversión y modificación del trabajo a distancia (LRJS art.138 bis).
• Procesos en que se ejerciten acciones laborales de protección contra la violencia de género.

En estos casos en los que no es obligatorio el **intento de conciliación o mediación**, las partes pueden acudir voluntariamente, en tiempo oportuno y de común acuerdo a tales vías previas cuando, por la naturaleza de la pretensión ejercitada, pudiera tener eficacia jurídica el acuerdo de conciliación o de mediación que pudiera alcanzarse; en cuyo caso, se suspenden los plazos de **caducidad** o se interrumpen los de **prescripción**.

Precisiones **1)** Si no se presenta **certificación** del intento de conciliación o mediación administrativa, de la papeleta de conciliación o de la solicitud de mediación, de no haberse celebrado el acto en el plazo legal, el letrado de la Administración de justicia debe resolver sobre la admisión de la demanda, proceder al señalamiento y conceder un plazo de 15 días para subsanar el defecto, con apercibimiento de archivo si no se subsana, dejando sin efecto el señalamiento efectuado. El **plazo de subsanación** es hábil, no solo para acreditar que el acto de conciliación se ha celebrado, aunque no se haya acompañado a la demanda la certificación correspondiente, sino también para la realización en dicho plazo del acto omitido o la rectificación del defectuosamente practicado (TCo 185/2013).

2) Sin embargo, **no procede el archivo** de actuaciones cuando el acta de conciliación previa se presenta trascurrido el plazo otorgado, pero **antes de resolverse el recurso de reposición** contra el auto de archivo, o incluso si la papeleta se había presentado antes de la demanda y el acta de conciliación se aporta **junto con el recurso de reposición**, pues ha de prevalecer el principio *pro actione* para no vulnerar el derecho a la tutela judicial efectiva (TS 11-7-23, EDJ 633982; 13-6-23, EDJ 597202; 20-7-22, EDJ 645919).

Plazos (LRJS art.65 -redacc LO 1/2025-) La presentación de la solicitud de conciliación previa o mediación -que se materializa documentalmente en la llamada «papeleta» o solicitud de mediación- debe hacerse en los mismos plazos previstos para la **presentación de la demanda** (ver nº 14574.1). Si bien lo relevante es que la demanda haya sido presentada dentro del plazo de caducidad, aunque la presentación de la solicitud de conciliación sea posterior (TS 10-3-22, EDJ 524834). **14532** MPL nº 2092 s.

En el procedimiento de **despido**, ver nº 14945.

Desde el 3-4-2025, en relación al cómputo de los plazos de prescripción y caducidad de la solicitud de conciliación o mediación, se suprime la mención a los **sábados** que se hacía en la redacción anterior, ya que desde la Ley de procedimiento administrativo común han dejado de considerarse hábiles (LPAC art.30.2).

Precisiones **1)** Dicha presentación **suspende los plazos** de **caducidad** (TS 6-10-05, EDJ 166211), incluso si la papeleta de conciliación se presenta en Correos (TS 19-9-17, EDJ 196572):
- desde la fecha en que se presenta, que no es computable, hasta el día siguiente de intentada la conciliación (TS 21-6-06, EDJ 98896);
- solo durante los 15 días (hábiles) desde su presentación, de suerte que, si en ese plazo no se celebra el acto conciliatorio, se reinicia el cómputo de la caducidad. Siempre teniendo presente que han de descontarse los días inhábiles (LRJS art.65.1 redacc LO 1/2025); (TS 27-10-16, EDJ 208986; 23-1-06, EDJ 4059).

2) Se **interrumpen** los plazos de **prescripción**, que comienza a computarse de nuevo una vez efectuado el trámite o transcurridos 30 días hábiles sin celebrarse el acto de conciliación, sin haberse iniciado la mediación o sin haber alcanzado un acuerdo, en cuya fecha se considera cumplido el mismo.

3) También se suspenden los plazos de **caducidad** y se interrumpen los de **prescripción** por la suscripción de un **compromiso arbitral** celebrado en virtud de los acuerdos interprofesionales y los convenios colectivos a que se refiere el (ET art.83) o en acuerdos de interés profesional de los TRADE. En estos casos, el cómputo de la caducidad se reanuda al día siguiente de que adquiera firmeza el laudo arbitral; de interponerse un recurso judicial de anulación del laudo, la reanudación tiene lugar desde el día siguiente a la firmeza de la sentencia que se dicte. Igual efecto se produce aun cuando en el procedimiento arbitral se aprecie la incompetencia, reanudándose el cómputo de la caducidad desde la **firmeza de la resolución que ponga fin al arbitraje** (LRJS art.65.3).

Comparecencia (LRJS art.66 y 97.3) La **asistencia** al acto de conciliación es obligatoria para las partes. A efectos de ulteriores actuaciones judiciales, las partes que hayan comparecido sin profesionales designados deben aportar su número de teléfono, dirección de correo electrónico o cualquier otro medio idóneo que permita su comunicación telemática (a partir de ese momento y siempre que se cumplan los requisitos establecidos en la Ley que regule el uso de las tecnologías de la información y la comunicación en la Administración de Justicia, las **notificaciones** se realizan en la dirección telemática facilitada). Se debe distinguir la **incomparecencia** de: **14533** MPL nº 2145 s.

1. El **solicitante** de la conciliación o mediación: da lugar al archivo de lo actuado, teniéndose por no presentada la papeleta o solicitud. Si bien cuando el juzgador considere que concurre **causa justificada** para la **incomparecencia al acto** de conciliación, no se produce la caducidad de la acción de despido (TS 17-2-99, EDJ 6058).

2. La **otra parte**: su inasistencia determina que la conciliación ha sido intentada sin efecto y queda vía libre al solicitante para presentar la demanda.
a) La consecuencia de la **inasistencia** de la parte no solicitante debidamente citada a los actos de conciliación o de mediación sin causa justificada consiste en que el juez o tribunal impone las **costas** del proceso a la parte que no ha comparecido, incluidos **honorarios**, hasta el límite de 600 euros, del letrado o graduado social colegiado de la parte contraria que hubieren intervenido, si la sentencia que en su día dicte coincidiera esencialmente con la pretensión contenida en la papeleta de conciliación o en la solicitud de mediación.
Por tanto, si se dan los presupuestos indicados (citación en forma, inasistencia de la parte no solicitante, falta de justificación y estimación en lo esencial), el juez o tribunal ha de imponer las costas en la forma expuesta, sin necesidad de otra valoración (TSJ Madrid 10-6-20, EDJ 628820; TSJ País Vasco 5-3-19, EDJ 593106). La posible **justificación** de la inasistencia puede ser alegada y acreditada en el acto de juicio (TS 7-5-10, EDJ 122404).
b) Ahora bien, el juez, motivadamente, puede imponer una **multa**, que puede oscilar entre 600 y 6.000 euros, al litigante que **no acudió injustificadamente** al acto de conciliación ante el servicio administrativo correspondiente o la mediación, así como al litigante que obró de **mala fe o con temeridad**. También motivadamente puede imponer una multa cuando la sentencia condenatoria **coincida esencialmente con la pretensión** contenida en la papeleta de conciliación o en la solicitud de mediación. En tales casos, y cuando el condenado sea el empresario, ha de abonar también los honorarios de los abogados y graduados sociales de la parte contraria que hubieren intervenido, hasta el límite de 600 €.

Precisiones 1) No obstante, la papeleta de conciliación sin celebración ulterior del acto por **incomparecencia del demandante** sirve para interrumpir la **prescripción** en tanto que reclamación extrajudicial, de conformidad con el CC art.1973 (TS 12-5-03, EDJ 241243; 23-2-84, EDJ 1178).
2) No es necesaria la interposición de papeleta de conciliación contra la **empresa sucesora** cuando se acredita que la sucesión ha sido encubierta (TSJ País Vasco 11-4-06, EDJ 97385).

14534 **Impugnación** (LRJS art.67) Lo acordado en conciliación puede ser impugnado tanto por cualquiera de las **partes** como por **terceros** que pudieran sufrir algún perjuicio.
MPL nº 9212 s.
La impugnación se realiza ante el **tribunal competente** para conocer del asunto objeto de la conciliación o de la mediación, por medio del ejercicio de la **acción de nulidad** por las causas que invalidan los contratos, esto es, cuando no concurran o estén viciados el consentimiento, el objeto o la causa del pacto (CC art.1265 a 1275), o por los posibles perjudicados por la ilegalidad o lesividad del acuerdo. Al no existir un procedimiento especial asociado a esta cuestión, se sigue el **procedimiento ordinario**.
El **plazo** de caducidad de la acción es de 30 días hábiles, excluidos sábados, domingos y festivos, desde que:
- las partes celebran la conciliación;
- los terceros conocen el acuerdo.

Precisiones 1) Las **irregularidades administrativas** producidas en la tramitación de la conciliación deben impugnarse ante el orden jurisdiccional contencioso-administrativo, pues no corresponde a la jurisdicción social anular trámites ni reponer actuaciones administrativas del Servicio, Unidad o Centro de Mediación, Arbitraje o Conciliación (TSJ Madrid 1-6-00, EDJ 30175).
2) Sin embargo, se puede impugnar ante la **jurisdicción social** cuando se haya producido **error en el consentimiento**, ofertándose, por ejemplo, una indemnización muy superior a la legalmente exigible debido a la enfermedad del letrado de la empresa (TSJ C.Valenciana 7-7-05, EDJ 204086). Lo **acordado en conciliación** puede impugnarse por los mismos motivos de impugnación de los contratos, debiendo interpretarse en sus propios términos, de conformidad con lo dispuesto en el CC art.1288 (TS 18-10-07, EDJ 195084).

14535 **Ejecutoriedad** (LRJS art.68) Este acuerdo tiene **fuerza ejecutiva** entre las partes intervinientes, que no tienen que ratificarse ante el órgano judicial, pudiendo llevarse a efecto por el trámite de ejecución de sentencias (nº 14775).
MPL nº 2163 s.

Precisiones 1) El acta de conciliación administrativa en caso de despido acredita la situación legal de **desempleo**.
2) La responsabilidad del **FOGASA** en cuanto a lo acordado en conciliación se expone en el nº 8053 Memento Social 2026.
3) Tanto si es positivo como negativo, el resultado se ha de documentar en **acta** para su efectiva constancia. Si es negativo, queda abierta la posibilidad de demanda ante el órgano jurisdiccional (por tanto, la vía procesal).
4) Los **autos** dictados en fase de ejecución de lo acordado en conciliación administrativa pueden ser **recurridos en suplicación** cuando se trate de una materia que, en el supuesto de haberse tramitado proceso contencioso, hubieran tenido acceso a la suplicación y el auto recurrido resuelva puntos que contradigan lo ejecutoriado (TS 16-3-95, EDJ 2388).

C. Reclamación administrativa previa a la vía judicial

(LRJS art.70 a 73 y 140.1; LPAC disp.final 3ª)

En las demandas dirigidas contra **Administraciones y entes públicos** ante el orden social, la situación es la siguiente: 14536

a) Las demandas en materia de prestaciones de **Seguridad Social** y las **reclamaciones al Estado** del pago de salarios de tramitación en juicios por despido deben ir precedidas por una reclamación previa en vía administrativa, salvo cuando se trate de impugnar las resoluciones administrativas expresas en las que se acuerde el alta médica emitidas por los órganos competentes de las entidades gestoras de la Seguridad Social al agotarse el plazo de duración de 365 días de la prestación de incapacidad temporal (nº 15418).

b) Las demandas dirigidas a la **impugnación de actos administrativos** en materia laboral y de Seguridad Social exigen agotar la vía administrativa previa mediante la interposición de los recursos administrativos que procedan (LRJS art.69 y 151.2). Salvo en los casos de las demandas de tutela de derechos fundamentales y libertades públicas frente a actos de las Administraciones públicas en el ejercicio de sus potestades en materia laboral y sindical (LRJS art.70) y en los de las demandas interpuestas por una Administración para impugnar un acto administrativo de otra Administración (LJCA art.44; LRJS art.151.2).

c) Todas las demás demandas frente al **Estado, comunidades autónomas, entidades locales o entidades de Derecho público** con personalidad jurídica propia vinculadas o dependientes se deben interponer directamente ante los órganos de la jurisdicción social, dentro de los plazos de prescripción o caducidad que en cada caso correspondan, sin necesidad de cumplimentar ningún requisito preprocesal (TSJ Madrid 4-2-19, EDJ 517226; TSJ País Vasco 20-6-17, EDJ 126649).

SECCIÓN 5

Proceso monitorio

(LRJS art.101)

El proceso monitorio laboral es un proceso sencillo y ágil, sin contradicción y sumario, que se sustancia ante el letrado de la Administración de justicia. Es semejante al monitorio civil, y solo está previsto para reclamaciones de **deudas vencidas y líquidas**, en cuantías que no excedan de 15.000 euros. 14541

Requisitos Como premisa se exige un **principio de prueba** de la relación laboral y de la deuda, pues la existencia de oposición da lugar a la apertura del procedimiento correspondiente. Además, para que una reclamación pueda articularse por la vía monitoria, ha de cumplir los siguientes requisitos: 14546

a) Presentarse frente a **empresarios** que no se encuentren en situación de concurso y respecto de reclamaciones de carácter individual. Se excluyen del proceso monitorio las reclamaciones:
- de carácter colectivo que se pudieran formular por la representación de los trabajadores;
- contra las entidades gestoras o colaboradoras de la Seguridad Social.

b) Referirse a **cantidades vencidas, exigibles y de cuantía determinada** que no excedan de 15.000 euros, derivadas de la relación laboral.

Tramitación La tramitación es la siguiente: 14547

• **Petición inicial**, que debe presentarse preferentemente por medios informáticos, pudiendo extenderse en el modelo o formulario que se facilite al efecto. En esta solicitud deben expresarse los siguientes **datos**:
- la identidad completa y precisa del **empresario deudor**, datos de identificación fiscal, domicilio completo y, en su caso, datos de localización y de comunicación, por medios informáticos y telefónicos, tanto del demandante como del demandado;
- el detalle y desglose de los concretos **conceptos, cuantías y periodos** reclamados.

Tal solicitud debe acompañarse de una serie de **documentos**: copia del contrato, recibos de salarios, comunicación empresarial o reconocimiento de deuda, certificado o documento de cotización o informe de vida laboral, u otros documentos análogos de los que resulte un principio de prueba de la relación laboral y de la cuantía de la deuda.

• **Examen del cumplimiento de requisitos de la petición inicial**: el letrado de la Administración de justicia ha de proceder a la comprobación de que la solicitud cumple todos los requisitos anteriores. Si falta alguno de ellos puede **completar los datos** de la solicitud utilizando los medios de que disponga el órgano judicial. Ha de conceder **trámite de subsanación** por 4 días de cualquier defecto que aprecie, salvo que sean insubsanables. En caso de apreciar **defectos insubsanables** o de no subsanarse en plazo los apreciados, ha de dar cuenta al juez para que resuelva sobre la admisión o inadmisión de la petición.

• **Requerimiento al deudor**: de ser admisible la petición, el letrado de la Administración de justicia requiere al empresario para que, en el plazo de **10 días**, alternativamente:

- **pague** directamente al trabajador, acreditándolo ante el órgano judicial;
- **comparezca** ante el órgano judicial y alegue sucintamente, en **escrito de oposición**, las razones por las que, a su entender, no debe, en todo o en parte, la cantidad reclamada.

Tal requerimiento contiene un **apercibimiento** al empresario en el que se le advierte que de que, de no pagar la cantidad reclamada ni comparecer alegando las razones de la negativa al pago, se despachará ejecución contra él.

Del requerimiento se da traslado por igual plazo de 10 días al **FOGASA**, ampliable por 10 días más, si manifestase que necesita efectuar averiguaciones sobre los hechos de la solicitud, en especial sobre la solvencia empresarial.

14548 **Finalización del proceso** Existen al respecto las siguientes posibilidades:

a) Que no hubiera sido posible notificar personalmente en la forma exigida el **requerimiento** de pago, en cuyo caso se dicta resolución por la que se convoca la vista siguiendo la tramitación del procedimiento ordinario.

b) Transcurrido el plazo de **10 días** fijado en el requerimiento, puede suceder (LRJS art.101.c):

• Que el empresario haya **abonado** el importe total, archivándose el proceso.

• Que el empresario o el FOGASA no efectúen opción escrita y motivada por el pago o la oposición: el letrado de la Administración de justicia dicta decreto dando por terminado el proceso monitorio y da traslado al demandante para que inste el despacho de ejecución, bastando para ello con la mera solicitud.

Desde la fecha de este decreto se devenga el **interés procesal anual** igual al del interés legal del dinero incrementado en dos puntos (LEC art.576). No obstante, transcurridos 3 meses desde el despacho de la ejecución sin que el ejecutado cumpla en su integridad la obligación, si se aprecia falta de diligencia en el cumplimiento de la ejecutoria, se ha incumplido la obligación de manifestar bienes o se han ocultado elementos patrimoniales trascendentes en dicha manifestación, puede incrementarse el interés legal a abonar en dos puntos (LRJS art.251.2).

Contra el **auto de despacho de la ejecución** conteniendo la orden general de ejecución, solo procede la oposición de forma ordinaria, mediante recurso de reposición por los motivos previstos taxativamente (nº 14805), pudiendo alegarse también la falta de notificación del requerimiento.

Contra el **auto resolutorio** de la oposición al despacho de ejecución no procede recurso de suplicación.

En este proceso monitorio ni el decreto ni el auto despachando ejecución tienen **eficacia de cosa juzgada**, ya que no se está ante una sentencia, aunque excluyen un litigio ulterior entre empresario y trabajador con idéntico objeto. Pero sí puede debatirse en el expediente administrativo oportuno frente al FOGASA la determinación de la naturaleza salarial o indemnizatoria de la deuda y demás requisitos (TSJ Valladolid 3-2-16, EDJ 6504).

14549 • Si se formulase **oposición total** del empresario a la deuda reclamada en plazo y forma; de la misma se da traslado al trabajador para que manifieste, en el plazo de 3 días, lo que a su derecho convenga respecto a la oposición:

- si las partes **no solicitan vista**, los autos pasan al juez para que dicte resolución fijando la cantidad concreta por la que despachar ejecución;
- si **solicitan vista**, se convoca a la misma siguiendo la tramitación del procedimiento ordinario.

• Si el empresario formulase **oposición parcial** a la deuda reclamada en el proceso monitorio, es decir, solo en cuanto a parte de la cantidad reclamada, el demandante puede solicitar del órgano judicial que se dicte auto acogiendo la reclamación en cuanto a las cantidades reconocidas o no impugnadas (TSJ Sevilla 25-1-18, EDJ 35400). Este auto sirve de **título de ejecución**, que el demandante puede solicitar mediante simple escrito sin necesidad de esperar al juicio y resolución que recaiga respecto de las cantidades controvertidas por las que, en su caso, ha de presentar demanda.

Precisiones Los anexos del Rgto CE/1896/2006 contienen los formularios precisos para la correcta aplicación del **proceso monitorio europeo**, el cual permite efectuar reclamaciones de cantidad -también de carácter laboral- sobre asuntos fronterizos. Ver nº 5276 s. Memento Procedimiento Laboral 2025-2026.

SECCIÓN 6

Proceso ordinario

14550 MPL nº 2290 s.

El proceso laboral resuelve los conflictos entre empresario y trabajador, así como los litigios de Seguridad Social, justificándose la existencia de un **proceso diferenciado del civil** para equilibrar la desigualdad en el contrato del trabajador frente al empresario y la necesidad de garantizar prestaciones sociales suficientes. Dicho proceso social se caracteriza por las siguientes **notas** (LRJS art.74.1): **14552**
- **inmediación**, que supone que los actos procesales se llevan a cabo en su mayor parte en presencia del juez;
- **oralidad**, que significa la preeminencia, al menos en primera instancia, del empleo de la forma verbal en las actuaciones procesales;
- **concentración** o unidad de acto con la pretensión de unificación de los actos procesales, lo que se evidencia de modo claro en el acto del juicio; y
- **celeridad** es la consecuencia de la aplicación de los anteriores principios y de la simplificación de los diversos actos procesales, empleando plazos breves y perentorios, para las diversas actuaciones.

Además de estos principios de carácter formal, el proceso laboral se alienta por el principio de búsqueda de la **verdad material** que impone al juzgador una conducta activa en el proceso, diferente de la que resultaría de aplicar los postulados de justicia rogada imperantes en el proceso civil, todo ello sin perjudicar el necesario **equilibrio procesal** entre las partes por el que también debe velar el juez, como consecuencia de la tutela judicial efectiva (TCo 227/1991; 116/1995). El proceso laboral forma parte de un ordenamiento compensador e igualador de la inicial desigualdad entre empresario y trabajador (TCo 3/1983).

Sobre los deberes procesales de las partes y las reglas de la buena fe y las consecuencias jurídicas atribuidas a la **vulneración** de dicha **buena fe** y a la apreciación de **temeridad**, ver nº 14554.

Precisiones **1)** Ver **más ampliamente** sobre estos principios y sobre el procedimiento ordinario en el ámbito laboral, el nº 100 s. Memento Procedimiento Laboral 2025-2026.
2) Supone una **dilación indebida**, contraria al derecho a la tutela judicial efectiva que un Juzgado de lo Social demore el señalamiento del juicio 3 años y casi 5 meses después de la presentación de una demanda de reclamación de una cantidad, aunque ese plazo se redujera a casi 2 años en señalamiento anticipado, pues se superan con creces los tiempos medios de resolución en asuntos equivalentes. La demora no puede justificarse en motivos estructurales o sobrecarga de trabajo no imputable al órgano judicial, pues el ciudadano es ajeno a tales circunstancias (TCo 125/2022; 31/2023).

Obligaciones procesales (LRJS art.75 -redacc LO 1/2025-; LEC art.247 -redacc LO 1/2025-; LOPJ art.11.1 y 2 -redacc LO 1/2025-) Para que la conducta de las partes en el proceso se desarrolle de buena fe, el juez puede: **14554**

a) Rechazar de oficio las peticiones con finalidad dilatoria o que entrañen abuso de derecho y corregir los actos en fraude de ley por perseguir un resultado contrario al previsto en la Constitución y en las leyes para el equilibrio procesal, la tutela judicial, los principios de equilibrio procesal, tutela judicial y efectividad de las resoluciones (LRJS art.75.1).

b) Imponer **sanciones** en caso de mala fe y temeridad, abuso del servicio público de Justicia y en caso de formulación de pretensiones temerarias (LRJS art.75.4 -redacc LO 1/2025- y 97.3; LEC art.247 redacc LO 1/2025), de forma motivada y respetando el principio de proporcionalidad

(ponderando las circunstancias del hecho, la capacidad económica y los perjuicios causados al proceso y a otros intervinientes o a terceros). La **multa** puede oscilar de 600 a 6.000 euros, sin que en ningún caso pueda superar la cuantía de la tercera parte del litigio.
También procede imponer, de forma motivada, una sanción pecuniaria cuando la sentencia condenatoria coincida, esencialmente, con la pretensión contenida en la papeleta de conciliación o en la solicitud de mediación.
El órgano jurisdiccional resuelve en **pieza separada**, pudiendo ser oído en justicia el sancionado, si lo solicita por escrito ante dicho órgano jurisdiccional, en los 3 días siguientes al de la notificación de la multa, mediante auto contra el que cabe recurso de alzada en 5 días ante la sala de gobierno correspondiente, que lo resuelve previo informe del órgano judicial que impuso la multa.
De apreciarse **temeridad o mala fe** en la sentencia (LRJS art.97.3) o en la resolución de los recursos de suplicación o casación (LRJS art.235.3), se ha de estar a lo dispuesto en sus reglas específicas respectivas (LRJS art.75.4 redacc LO 1/2025).
En todo caso, si se produjera un **daño evaluable económicamente**, el perjudicado puede reclamar la oportuna indemnización ante el órgano judicial que estuviese conociendo o hubiese conocido del asunto principal (LRJS art.75.3).
c) Además, quienes **no** ostentan la cualidad de **litigantes** también están obligados a cumplir las obligaciones de colaboración que, con la finalidad de garantizar los derechos de las partes y efectividad de las resoluciones, pueda imponerles el juez. El obligado puede solicitar el resarcimiento de los perjuicios que por esta colaboración se le hubieran ocasionado, ante el juez que le impuso tales obligaciones.
El **incumplimiento** de las obligaciones de colaboración o de las resoluciones de los jueces y tribunales y de los letrados de la Administración de Justicia dan lugar, respectivamente, a la aplicación de los **apremios pecuniarios** a las partes y de las **multas coercitivas** a los demás intervinientes o terceros. Para fijar la cuantía de dichos apremios se ha de tener en cuenta:
- su finalidad, la resistencia al cumplimiento y la capacidad económica del requerido;
- que pueden modificarse o dejarse sin efecto, atendidas la ulterior conducta y la justificación que sobre aquellos extremos pudiera efectuar el apremiado.

La cantidad fijada, que se ingresa en el Tesoro Público, **no puede exceder**, por cada día de atraso en el cumplimiento, de la suma de 300 euros (LRJS art.241.2 y 3). Los afectados por apremios y multas coercitivas pueden pedir la audiencia en justicia en la forma mencionada previamente (LRJS art.75.5).

Precisiones **1)** Es posible extender a los **abogados y profesionales** las sanciones por temeridad y mala fe, cuando se apreciase que fueron ellos sus promotores y sin perjuicio de las actuaciones disciplinarias colegiales (LEC art.247).
2) Se ha impuesto **multa de temeridad** a la empresa cuando se detecta un propósito dilatorio en el recurso y temeridad en su planteamiento, exigiéndose audiencia de las partes (TS 10-12-12, EDJ 284101).

A. Tramitación previa

14556 MPL nº 2150 s. **Actos preparatorios y diligencias preliminares** (LRJS art.76 y 77; LEC art.256 a 263) Quien pretenda demandar puede solicitar al órgano judicial la realización de algunas actuaciones previas a la interposición de la demanda para realizar una **actividad indagatoria** sobre la personalidad del demandado, o bien acerca de datos que no están en su poder, pero que son necesarios para confeccionar adecuadamente la demanda. Estas actuaciones, en concreto, conforme a la LRJS, pueden ser las siguientes, siempre teniéndose en cuenta que **no** son una **lista cerrada**, sino que se aplican los supuestos y previsiones de la LEC art.256:
1. El **examen de la parte** consiste en la declaración del que pudiera ser demandado en el futuro acerca de algún hecho relativo a su personalidad, capacidad, representación o legitimación y sin cuyo conocimiento no puede entrarse, adecuadamente, en juicio (LRJS art.76.1; LEC art.256). Contra la resolución judicial denegando la práctica de estas diligencias **no cabe recurso** alguno, sin perjuicio del que en su día pueda interponerse frente a la sentencia. En realidad, no es un verdadero proceso, sino actos de jurisdicción voluntaria.
Igualmente puede solicitarse, por quien pretenda demandar, la **determinación de quiénes son los socios, partícipes, miembros o gestores** de una entidad sin personalidad y las diligencias necesarias encaminadas a la determinación del empresario y los integrantes del grupo o unidad empresarial, así como la determinación de las personas concurrentes a la producción de un daño con la persona a la que se pretenda demandar y la cobertura del riesgo en su caso (LRJS art.76.1.2º).
Asimismo, quien pretenda iniciar un proceso para la **defensa de los intereses colectivos** puede solicitar la realización de actos preparatorios al objeto de concretar a los integrantes del

grupo de afectados cuando, no estando determinados, sean fácilmente determinables. A tal efecto el tribunal adopta las medidas oportunas para la averiguación de los integrantes del grupo, de acuerdo con las circunstancias del caso y conforme a los datos suministrados por el solicitante, incluyendo el requerimiento al demandado para que colabore en dicha determinación (LRJS art.76.2).
Si la realización de las diligencias solicitadas puede afectar a la intimidad personal u otro **derecho fundamental**, el órgano judicial, de no mediar el consentimiento del afectado, puede autorizar mediante auto, ponderando los intereses afectados y con todas las garantías (LRJS art.76.4 y 90.4, 5 y 6).

2. El **examen de documentos**, entre ellos libros y cuentas, para conformar adecuadamente los hechos de la demanda, obviamente en un momento previo a su propia interposición. También puede pedirlo quien prevea que va a ser demandado para fundamentar su oposición. Tratándose de **documentos contables** el examen puede realizarse con un experto sometido al deber de secreto de la contabilidad. El juez ha de resolver por auto, fijando la forma de llevar a efecto el examen de libros y cuentas o documentos, adoptando en su caso las medidas necesarias para que el examen se lleve a efecto de la forma menos gravosa, sin que la documentación salga del poder de su titular, pudiendo acordarse que la parte en cuyo poder obren los documentos facilite a la parte interesada o a su experto contable una copia de los mismos, en soporte preferiblemente electrónico, permitiendo el cotejo de dicha copia o versión con el documento original, previsión que no obsta para que el lugar en que se realice el **examen o exhibición de documentos**, que no entrega, sea habitualmente la sede de la Sección de lo Social del Tribunal de Instancia -hasta su constitución, Juzgado de lo Social-. **14557**
El examen de libros, cuentas y documentos puede ser solicitado igualmente por las partes **durante el proceso**, siempre que no dé lugar a la suspensión del acto del juicio, con la antelación de 10 días, salvo que el señalamiento de juicio deba hacerse en un plazo menor, que entonces será de 3 días.
3. La ITSS y, en su caso, la Administración laboral, cuando el centro de trabajo sometido a inspección coincida con el domicilio de la persona afectada, pueden solicitar la correspondiente **autorización judicial para inspeccionar el centro**, si el titular se opusiere o existiese riesgo de tal oposición, en relación con los procedimientos administrativos de los que conozca o pueda conocer posteriormente la jurisdicción social, o para posibilitar cualquier otra medida de inspección o control que pudiera afectar a derechos fundamentales o libertades públicas (LRJS art.76.5).

Precisiones No dispone la ley que los actos preparatorios **interrumpan los plazos** de prescripción y caducidad. Aunque la doctrina judicial ha admitido que la formalización de los actos preparatorios interrumpe la prescripción (TSJ Cataluña 7-5-01, EDJ 29175).

Anticipación y aseguramiento de la prueba (LRJS art.78 y 79; LEC art.293 a 298 y 727 -redacc LO 1/2025-) Quienes pretendan demandar o presuman que van a ser demandados pueden solicitar la práctica anticipada de pruebas cuando exista el temor fundado de que, por causa de las personas o del estado de las cosas, dichos actos **no puedan realizarse en el momento procesal oportuno** o cuya realización presente **graves dificultades** en dicho momento. Se incluye el **examen de testigos** cuando por la edad avanzada de alguno de estos, peligro inminente de su vida, proximidad de una ausencia o estancia en un lugar con el que sean imposibles o difíciles las comunicaciones o cualquier otro motivo grave y justificado, sea presumible que no va a ser posible que acudan al acto del juicio. Esta práctica anticipada se puede pedir por las partes igualmente **durante el proceso**, siempre que no dé lugar a la suspensión del acto del juicio. **14558** MPL nº 2188 s.
El juez o tribunal decide sobre su práctica conforme a la norma que regule el medio de prueba correspondiente (nº 14612) y contra su resolución, si esta es denegatoria, **no cabe recurso alguno**, sin perjuicio del que quepa en su día contra la sentencia.
En cualquier caso, la denegación debe ser **razonada** para que su rechazo pueda ser rebatido mediante los recursos pertinentes (LEC art.285). Así sucede cuando la prueba anticipada se solicitó correctamente, se reiteró en el acto del juicio siendo denegada, sin motivación, generando una protesta formal, pues la ausencia de resolución expresa priva a la parte de tal derecho fundamental (TS 25-1-18, EDJ 5952).

Precisiones 1) La tramitación de la **prueba anticipada** debe entenderse completada en sus lagunas por la LEC art.293 a 298. Se debe admitir la misma, siempre que se solicite en plazo y no sea inútil y/o impertinente, siempre que no pueda practicarse razonablemente en el acto del juicio. La **denegación** de la prueba anticipada puede constituir causa de nulidad de actuaciones si causa indefensión (TSJ Madrid 28-3-07, EDJ 46672).
2) Aunque la empresa **no compareció** a la práctica anticipada de la prueba, no cabe tener por probados los hechos controvertidos, cuando en el acto del juicio sí aportó prueba adecuada que pudo examinarse por la contraparte (TSJ Cataluña 27-12-05, EDJ 273219).

14560 MPL nº 2208 s. **Medidas cautelares** (LRJS art.79) La LRJS establece expresamente, con carácter general, que -junto al embargo preventivo (nº 14561)- se puedan acordar todas las medidas cautelares que resulten necesarias para asegurar la efectividad de la tutela judicial que pudiera acordarse en sentencia (LEC art.721 a 747). Cuando el proceso verse sobre **actos de Administraciones públicas** en materia laboral -también en Seguridad Social- las medidas se fijan de acuerdo con la LJCA art.129 a 136. A petición del interesado puede **anticiparse** de forma motivada la efectividad de algunas medidas siempre que acredite que concurren razones de urgencia o que la audiencia previa puede comprometer el buen fin de la medida cautelar.

Están exentos de la prestación de **cauciones**, garantías e indemnizaciones relacionadas con las medidas cautelares que pudieran acordarse: los trabajadores y beneficiarios de prestaciones de Seguridad Social y los sindicatos, en cuanto ostentan la representación colectiva de sus intereses, así como las asociaciones representativas de los TRADE.

Entre otras medidas cautelares que se pueden acordar, cabe destacar las siguientes:

1. En el caso de que la demanda se refiera a **vulneración de derechos fundamentales** y libertades públicas, de discriminación y acoso (LRJS art.180), en el mismo escrito de interposición de la demanda se puede solicitar las medidas necesarias para asegurar la efectividad de la tutela judicial que pudiera acordarse en sentencia (nº 15533).

2. Sobre las medidas cautelares que se pueden adoptar en reclamaciones derivadas de **accidente de trabajo y enfermedad profesional,** ver nº 304 Memento Social 2026.

3. En procedimientos referidos a las resoluciones de la autoridad laboral sobre **paralización de trabajos** por riesgo para la seguridad y salud de los trabajadores, así como en caso de responsabilidad empresarial sobre enfermedades profesionales por falta de reconocimientos médicos, pueden adoptarse las medidas referidas a efectos del aseguramiento de las responsabilidades empresariales derivadas.

4. En los procesos de **extinción del contrato de trabajo** por incumplimiento empresarial (ET art.50 redacc LO 1/2025) en los que se justifique que la conducta empresarial perjudica la dignidad o la integridad física o moral de trabajador, o pueda comportar una posible vulneración de sus demás derechos fundamentales o consecuencias de tal gravedad que pudieran hacer inexigible la continuidad de la prestación en su forma anterior (TS 15-9-16, EDJ 163358). Esas mismas medidas cautelares son las que podrían adoptarse en el marco de la ejecución provisional de la sentencia de despido improcedente, cuando el empresario opta por la readmisión y pretende que el trabajador continúe prestando servicios (nº 15005).

14561 MPL nº 2212 s. **Embargo preventivo** (LRJS art.79) El órgano judicial puede, de **oficio o a instancia de parte**, decretar el embargo preventivo de bienes del demandado en cuantía suficiente para cubrir lo reclamado y las costas de ejecución, cuando este realice actos de los que pueda presumirse que pretende situarse en un estado de insolvencia o impedir la efectividad de la sentencia. Asimismo, puede requerir al solicitante del embargo cualquier **prueba** que justifique la situación (a través de documental y/o testifical) en el plazo de una audiencia. Los **requisitos** tradicionales para que se apruebe esta medida cautelar son dos:

1. Por un lado, que exista apariencia de buen derecho (**fumus boni iuris**), esto es, probabilidad de que el resultado del proceso sea favorable al actor; y,

2. Que el retrasar el embargo haga peligrar la efectividad de la resolución judicial y por ende de la pretensión del actor (**periculum in mora**).

Por su parte, el **FOGASA** puede instar el embargo preventivo y debe ser citado a fin de señalar bienes cuando pueda derivarse responsabilidad para él.

La solicitud de embargo **no suspende actuaciones** y puede realizarse en cualquier momento del proceso antes de la sentencia.

B. Demanda

(LRJS art.80 -redacc LO 1/2025-, 81 y 82)

14565 MPL nº 2250 s. La demanda es el **escrito** mediante el que la parte demandante ejercita una acción, exponiendo su pretensión e iniciando con ello el proceso. Para la redacción de la demanda pueden utilizarse los **formularios y procedimientos** facilitados al efecto en la oficina judicial donde deba presentarse.

14567 **Contenido** (LRJS art.80 -redacc LO 1/2025-; LEC art.399 -redacc LO 1/2025-) La demanda debe contener los siguientes **requisitos generales**:

a) Designación del **órgano** ante el que se presente, así como la expresión de la modalidad procesal a través de la cual entienda la parte actora que deba enjuiciarse su pretensión.

b) Designación del **demandante** con expresión de su DNI, o del NIE u otro tipo de documento de identificación de los extranjeros, del **demandado** y de todos los demás **interesados** que deban ser llamados al proceso y sus domicilios (por ejemplo, el FOGASA o el Ministerio Fiscal).
La **ocultación** por el demandante del domicilio correcto de la parte demandada, dando lugar a su citación por edictos y a su incomparecencia, constituye maquinación fraudulenta y da lugar a la revisión de la sentencia (TS 29-9-23, EDJ 701349).
Ver sobre los supuestos de litisconsorcio pasivo necesario (nº 14596).
c) Enumeración clara, completa y concreta de los **hechos** sobre los que verse la pretensión, y de todos aquellos que sean imprescindibles para resolver las cuestiones planteadas. Lo que impide la indefensión a la demandada, sin que puedan introducirse sorpresivamente en el acto del juicio hechos que constituyan una cuestión nueva (TCo 25/1991). No cabe **introducir hechos anteriores a la demanda** en fase posterior (TS 8-2-18, EDJ 13774), salvo que no modifiquen las causas de pedir, como la ampliación del período reclamado (LEC art.400; TS 16-10-90, EDJ 9395). Además, los hechos de la demanda deben ser **congruentes** con los señalados en la papeleta de conciliación o solicitud de mediación, salvo que se trate de hechos nuevos posteriores a aquellas o que no pudieron ser conocidos con anterioridad y que no varíen las causas de pedir (TS 23-6-14, EDJ 124169). Así, por ejemplo, no es posible alegar en la demanda ex novo la ausencia de expediente contradictorio en despido (TS 5-12-19, EDJ 796566). Pero sí se ha admitido la alegación en demanda por primera vez de la vulneración del derecho fundamental a la no discriminación por razón de sexo (TS 8-4-22, EDJ 551178) y alegar el embarazo en la demanda, aunque no se haya alegado en la papeleta de conciliación, ya que no causa indefensión a la empresa y preserva el derecho a la no discriminación de la trabajadora (TS 4-2-25, EDJ 504441).
d) La LRJS no exige en el proceso ordinario -a diferencia de la LEC- que se haga una referencia a los **fundamentos de derecho** que avalen la pretensión del demandante, pero tampoco impide su inclusión si se considera oportuno (TS 18-7-05, EDJ 153029).
e) Aunque la ley no lo exige, se suelen proponer en el escrito de demanda las **pruebas** de que intentará valerse el demandante y que se propondrán y, en su caso, se practicarán en el acto del juicio. Por **otrosí** se solicita la colaboración judicial para las pruebas que solicita y necesitan diligencias de citación o requerimiento. El juez **admite o inadmite** la realización de estas diligencias para la prueba que se propondrá en el acto del juicio. Para evitar su inadmisión por impertinente o inútil, resulta adecuado vincular en la demanda la prueba con los hechos que se pretenden demostrar, siendo útil **razonar mínimamente** la relación entre hechos y medios de prueba propuestos.
f) La **súplica** o suplico debe realizarse en los términos adecuados al contenido de la pretensión ejercitada. La ley exige que cuando sean varios los pronunciamientos se expresen con la debida separación (LEC art.399.5). Es necesario, en cualquier caso, cuantificar las reclamaciones de cantidad o, al menos, las bases para su cálculo, que podrán cuantificarse en el momento de las conclusiones (TSJ Murcia 18-11-02, EDJ 135214; TSJ La Rioja 28-1-03, EDJ 272319; TS 29-4-05, EDJ 71736).
g) La **fecha** y **firma** de la demanda, aunque la falta de esta última es subsanable. No se exige la circunstancia de **lugar**, pese a tratarse de un dato que normalmente aparece en todo escrito.

Precisiones **1)** Para las **personas físicas** se indica el nombre y apellidos. Para las **jurídicas**, su denominación social. Si la demanda va dirigida contra una masa patrimonial, patrimonio separado, entidad o **grupo carente de personalidad**, además de identificarlos suficientemente, se debe señalar el nombre y apellidos de los que aparezcan como administradores, organizadores, directores o gestores, socios o partícipes de aquel, y sus domicilios, sin perjuicio de las responsabilidades legales de la masa patrimonial, entidad o grupo y de sus gestores e integrantes. En estos casos si el grupo no puede ser representado por sus gestores o administradores, parece prudente **demandar a todos los titulares de bienes** que forman el grupo demandado, con vistas a la ejecución de sentencia favorable (así, por ejemplo, en sociedades irregulares, comunidad de bienes etc.). No obstante, se ha entendido que no es necesario demandar a todos los componentes de las **comunidades de bienes** (TSJ Burgos 15-1-02, EDJ 123195). **14568**
2) Cuando el **demandante** litigue **por sí mismo**, debe señalar un domicilio en la localidad donde resida el órgano judicial, en el que se practican todas las diligencias que hayan de entenderse con él. Asimismo, debe indicar número de fax, teléfono y dirección electrónica si dispone de ellos, para la práctica de toda clase de comunicaciones por dichos medios.
3) Debe indicarse si acude al juicio acompañado de **letrado** o **graduado social** colegiado.
4) Si se litiga con representación o asistencia de **profesionales**, el domicilio será el de estos, salvo que se señalen otros. Se debe facilitar su número de fax, teléfono y dirección electrónica.
5) Si las diligencias necesarias para las **pruebas no se piden** en la demanda es posible solicitar diligencias de citación o requerimiento con una **antelación mínima de 10 días** a la fecha señalada para el juicio, salvo que el señalamiento deba efectuarse con un plazo menor, en cuyo caso la antelación mínima es de 3 días a la fecha del juicio (LRJS art.90.3 redacc LO 1/2025).

6) Cabe solicitar que se pronuncie una **sentencia declarativa** cuando en ello exista un verdadero interés susceptible de protección judicial (TCo 71/1991; 210/1992; 65/1995). En definitiva, son lícitas las acciones declarativas cuando tengan un contenido propio y específico y no un mero interés preventivo o cautelar (TS 29-11-16, EDJ 228898; 3-7-15, EDJ 161648; 3-5-95, EDJ 24417). Por ejemplo, puede pedirse:

a. Que se declare que la **contratación tiene de carácter fija discontinua**, pues de producirse tal pronunciamiento tendría efectos jurídicos reales (TS 2-11-15, EDJ 205834).

b. El **reconocimiento de servicios prestados** en la empresa a través de sucesivos contratos temporales previos al contrato indefinido vigente (TS 27-9-22, EDJ 695262; 29-11-16, EDJ 228898).

c. La **calificación como laboral de una relación** laboral **ya extinguida**, si la declaración puede tener repercusión en el ámbito de la Seguridad Social (TS 29-10-15, EDJ 269997), pero no si la acción se ejerce para obtener la acreditación de determinada puntuación a efectos de un concurso de selección laboral (TS 6-4-09, EDJ 56520).

7) Por el contrario, no son admisibles las **acciones de futuro**, entendiendo por tales las referidas a supuestos aún no acaecidos y que ni siquiera se sabe si se van a producir, como una posible reversión y subrogación (TS 14-6-02, EDJ 34331; 20-7-01, EDJ 35665), o la consolidación de ciertas retribuciones en futuras anualidades cuando se desconoce lo que establecerán las futuras leyes de presupuestos y cuáles serán los límites a la masa salarial (TS 12-3-19, EDJ 545167). También cuando la condena solo pretende efectos prejudiciales en un futuro proceso contencioso (TS 6-3-07, EDJ 21970; 24-5-07, EDJ 68261). No pudiendo interponerse demandas de carácter consultivo, por ejemplo, reclamando la validez de cuotas de Seguridad Social abonadas fuera de plazo (TS 4-7-00, EDJ 21421; 18-7-00, EDJ 27810). No obstante, la demanda puede solicitar que la sentencia contenga una condena de futuro, a satisfacer prestaciones o cantidades periódicas que se devenguen con posterioridad al momento en que se dicte (LRJS art.99; LEC art.220; TS 27-5-08, EDJ 155877).

14569 **Documentos que acompañan la demanda** (LRJS art.85.2 y 87.1) La demanda debe presentarse con los siguientes documentos:

MPL nº 2314 s.

1. Certificación del acto de **conciliación o mediación**, o de haber transcurrido el plazo para su realización sin que se hubiesen celebrado, **de la reclamación previa,** mientras sea exigible, o agotamiento de la vía administrativa previa, o copia de haberlas presentado.

2. Copia de la escritura de poder si se actúa en **representación**. En el caso de que demanden de forma conjunta **más de 10 actores** deben acompañar a la demanda el documento de otorgamiento de poder a favor de un representante común (nº 14478).

No obstante, **no puede ser causa de inadmisión** de una demanda, sobre todo en la de despido, el no atender el requerimiento del órgano judicial para aportar escritura pública u otorgar el correspondiente apoderamiento en favor de abogado, graduado social o procurador. La LRJS establece que, si en la demanda se designa letrado, graduado social o procurador, se entiende que este asume la representación con plenas facultades procesales, sin perjuicio de la ratificación posterior en el acto de juicio del demandante (LRJS art.80.1; TS 6-6-24, EDJ 585559).

14570 **Admisión a trámite y subsanación de errores** (LRJS art.81 y 82) La demanda puede **no ser admitida** por las siguientes razones:

MPL nº 2336 s.

1. Se aprecie falta de competencia internacional o su **incompetencia** objetiva, territorial o funcional para entender del asunto (LRJS art.5). El letrado de la Administración de Justicia, dentro de los 3 días siguientes a la recepción de la demanda, requiere a las partes y al Ministerio Fiscal, si considera que concurren los supuestos de falta de jurisdicción o competencia. Cumplido el trámite da inmediata cuenta al juez o tribunal para que resuelva lo que estime oportuno.

2. La demanda tenga **defectos**, **omisiones** o **imprecisiones** que sea necesario subsanar. En este caso el letrado de la Administración de Justicia ha de advertir a la parte de los defectos u omisiones en que haya incurrido al redactar la demanda, en relación con los presupuestos procesales que pudieran impedir la válida prosecución y término del proceso, así como en relación con los documentos de preceptiva aportación, a fin de que los subsane dentro del plazo de 4 días (omisión del domicilio de las partes, de la firma de la demanda, la no aportación de copias, falta de poderes o reclamación previa).

Una vez realizada la **subsanación**, el letrado de la Administración de Justicia admite la demanda. En defecto de subsanación, debe dar cuenta al tribunal para que resuelva -dentro de los 3 días siguientes- sobre su admisión.

En todo caso se debe respetar la tutela judicial efectiva sin que sea posible inadmitir la demanda procesalmente correcta atendiendo a su calidad técnica o rigor expresivo. La norma procesal social no considera motivo de inadmisión la utilización de **expresiones injuriosas** o poco respetuosas (TCo 231/2012).

3. Si a la demanda no se acompañara **certificación del acto de conciliación** previa, el letrado de la Administración de Justicia, sin perjuicio de resolver sobre la admisión y proceder al señalamiento, debe advertir al demandante que ha de acreditar la celebración o el intento del expresado acto en el plazo de 15 días, contados a partir del día siguiente a la recepción de la notificación, con apercibimiento de archivo de las actuaciones en caso contrario, quedando sin efecto el señalamiento efectuado. Es impertinente el archivo de las actuaciones si se presenta la papeleta de conciliación **dentro del plazo de subsanación** (TSJ Cataluña 5-5-04, EDJ 66702) e incluso si la parte aporta la papeleta (presentada ante el órgano administrativo antes de la demanda) **transcurrido el plazo de subsanación** otorgado por la Sección de lo Social del Tribunal de Instancia -hasta su constitución, juzgado de lo social- (TS 20-7-22, EDJ 645919; 15-3-22, EDJ 538129; 13-6-23, EDJ 597202).

4. Si la demanda fuera directamente admisible, o una vez subsanada la misma, en ella se solicitasen **diligencias de preparación de la prueba** a practicar en juicio, el letrado de la Administración de Justicia en el decreto de admisión de la demanda, acuerda lo que corresponda para posibilitar su práctica, sin perjuicio de lo que el juez o tribunal decidan sobre su admisión o inadmisión en el acto del juicio. Si en la demanda se solicitasen **diligencias de anticipación o aseguramiento de la prueba**, se da cuenta al juez o tribunal para que resuelvan lo procedente, dentro de los 3 días siguientes, debiendo notificarse la resolución correspondiente junto con la admisión a trámite de la demanda y la notificación del señalamiento (LRJS art.81.4).

Una vez **admitida la demanda**, verificada la concurrencia de los requisitos exigidos sobre enumeración de los hechos y la súplica correspondiente en la misma resolución de admisión a trámite (LRJS art.80.1.c.d) el letrado de la Administración de Justicia debe señalar, dentro de los 3 días siguientes al de su presentación, el día y la hora en que hayan de tener lugar, sucesivamente, los **actos de conciliación y juicio** (nº 14585), debiendo mediar un mínimo de 10 días entre la citación y la efectiva celebración de dichos actos y atendiendo para dichos señalamientos a los criterios establecidos en la LEC (LEC art.182); salvo casos en que legalmente tengan plazos especiales. Para ello, en la citación debe entregarse a los demandados, a los interesados y, en su caso, al Ministerio Fiscal, copia de la demanda y demás documentos.

Asimismo, el letrado de la Administración de Justicia debe requerir a la parte demandada para que, en el plazo de 2 días desde la notificación de la demanda, **designe letrado**, graduado social o procurador, salvo que litigue por sí misma (LRJS art.81.5).

Citación para los actos de conciliación y juicio (LRJS art.82 -redacc LO 1/2025-; LEC art.440 -redacc LO 1/2025-) Presentada y admitida a trámite la demanda, el letrado de la Administración de Justicia señala en la misma resolución de admisión a trámite el día y la hora en que hayan de tener lugar, separada o sucesivamente, los actos de conciliación y juicio, siempre ateniéndose a los **criterios generales e instrucciones del juez** o presidente del tribunal en cuestión (LEC art.182.2). 14571 MPL nº 2390 s.

Los letrados de la Administración de Justicia establecen la **fecha y hora de las vistas o trámites** equivalentes sujetándose a los criterios e instrucciones anteriores y gestionando una agenda programada de señalamientos y teniendo en cuenta las siguientes **circunstancias**:

a) El **orden** en que los procedimientos lleguen a estado en que deba celebrarse vista o juicio, salvo las excepciones legalmente establecidas o que el órgano jurisdiccional excepcionalmente establezca que deben tener preferencia.

b) La **disponibilidad** de Sala prevista para cada órgano judicial.

c) La **organización** de los recursos humanos de la oficina judicial.

d) El **tiempo** que fuera preciso para las citaciones y comparecencias de los peritos y testigos.

e) La **coordinación** con el Ministerio Fiscal en los procedimientos en que las leyes prevean su intervención.

A medida que se incluyan los **señalamientos en la agenda programada** y, en todo caso, antes de su notificación a las partes, se ha de dar cuenta al juez o presidente. En el caso de que no se ajusten a los criterios e instrucciones establecidos, el juez o presidente decide sobre señalamiento. 14572

Además, el letrado de la Administración de Justicia ha de procurar **señalar en un mismo día**, en la medida de lo posible, los que se refieran a los mismos interesados y no puedan ser acumulados, así como relacionar los señalamientos de los procesos en los que se deba intentar la conciliación previa por parte del letrado de la Administración de Justicia con los exentos de dicho trámite. En especial, han de ser **agrupadas**, señalándose de forma consecutiva las audiencias y vistas que requieran la presencia del representante del Ministerio Fiscal, del abogado del Estado, de los letrados de las Cortes Generales, de los letrados de la administración de la Seguridad Social, de las comunidades autónomas o de la Administración Local.

Precisiones 1) Los letrados de la Administración de Justicia han de velar porque los funcionarios de la oficina judicial publiquen en un lugar visible al público -el primer día hábil de cada semana- la **relación de señalamientos** del órgano judicial indicando la fecha, la hora de celebración, el tipo de actuación y el número de procedimiento (LOPJ art.232; LEC art.138.4). 14573

2) Siguiendo reiterada doctrina constitucional (TCo 40/2020; 6/2019; 37/2019), el Tribunal Supremo considera que la **primera citación a juicio** de la empresa demandada no personada debió realizarse en el domicilio de esta persona jurídica y no telemáticamente, pues tal emplazamiento inicial por vía electrónica vulnera el derecho a la tutela judicial efectiva, procediendo la nulidad de actuaciones (TS 23-2-21, EDJ 512754).
3) No procede la **nulidad de actuaciones** por no haber citado al demandado persona jurídica con 15 días de antelación, al tratarse la modalidad procesal especial establecida para la resolución de discrepancias en los derechos de conciliación de la vida familiar y laboral que establece un plazo de 5 días (TS 28-2-11, EDJ 16711). Se produce la nulidad y retroacción del procedimiento al momento de citación de las partes de comparecencia para el acto de juicio, por **defectos procesales** que pueden haber producido indefensión al demandado (TS 16-6-15, EDJ 161654).
4) Es nula la **citación a la empresa** que realizó incumpliendo las exigencias legales que permiten tenerla por citada, al remitirse a una **localidad equivocada** y no consignarse en el acuse de recibo la relación que podía tener la persona que recogió la citación con la demandada (TS 17-4-23, EDJ 551515).

14573.1 **Contenido de la cédula de citación** (LRJS art.82 redacc LO 1/2025) En las cédulas de citación tiene que constar que los citados pueden **alternativamente**:
1. Formalizar **conciliación** en evitación del juicio, por medio de comparecencia ante la oficina judicial, sin esperar a la fecha del señalamiento.
2. Someter la cuestión litigiosa a los procedimientos de **mediación** que pudieran estar constituidos. Adoptando las medidas oportunas a tal fin, sin que ello dé lugar a la suspensión de la comparecencia, salvo que de común acuerdo lo soliciten ambas partes, justificando la sumisión a la mediación, y por el tiempo máximo establecido en el procedimiento correspondiente, que en todo caso no puede exceder de 15 días.
Si la parte **demandada es una Administración pública** (estatal, local, autonómica, Seguridad Social, Cortes Generales), en la resolución de admisión a trámite se señala el día y la hora en que deba tener lugar el juicio (ya que no cabe la conciliación).
3. En la citación también se requiere el **previo traslado** entre las partes o la aportación anticipada, con 10 días de antelación al acto de juicio, de la prueba **documental o pericial** de que intenten valerse. La prueba debe presentarse en formato electrónico, salvo que la parte no venga obligada a relacionarse electrónicamente con la Administración de Justicia. Transcurrido ese plazo, solo se admiten documentos, dictámenes, medios o instrumentos relativos al fondo del asunto:
a) **de fecha posterior** siempre que no se hubiesen podido confeccionar ni obtener con anterioridad a dicho momento procesal;
b) **de fecha anterior**, cuando la parte que los presente justifique no haber tenido antes conocimiento de su existencia;
c) sobre los que **no haya sido posible obtener la prueba** documental o dictamen pericial con anterioridad por causas no imputables a la parte, siempre que se hubiera efectuado en plazo la designación del archivo, protocolo o lugar que se encuentren, o el registro, libro registro, actuaciones o expediente del que se pretenda obtener una certificación o anunciado, en su caso, dictamen.
Si hay documentos, medios o instrumentos sobre hechos relativos al fondo del asunto **presentados una vez precluido** este plazo, las demás partes pueden alegar en el juicio la improcedencia de tomarlo en consideración. El tribunal debe resolver en el acto y, si aprecia ánimo dilatorio o mala fe procesal en la presentación del documento, puede además imponer al responsable una multa (de 600 a 6.000 euros) (LRJS art.75.4 redacc LO 1/2025).
4. Asimismo, debe constar que dichos actos no pueden suspenderse por incomparecencia del demandado, así como que los litigantes han de concurrir al juicio con todos los medios de prueba de que intenten valerse.

C. Plazos de reclamación

(LOPJ art.182 a 185; CC art.5; ET art.59; LRJS art.43.4)

14574 La seguridad del tráfico jurídico exige que los derechos se ejerciten en los plazos establecidos legalmente; de no ser así, **prescriben o caducan**, esto es, pueden extinguirse por haber transcurrido el plazo predeterminado para su uso. Para que se produzca esta consecuencia del tiempo en el ejercicio de los derechos **se exige**:
- la existencia de un derecho ejercitable y;
- la inactividad del titular en su ejercicio durante el transcurso del plazo legalmente predeterminado.

No todos los derechos pueden perjudicarse por la prescripción, existen derechos **imprescriptibles** (TCo 59/1993), sin perjuicio de que las consecuencias del ejercicio de algunos derechos queden limitadas en función del momento en que se ejercita la acción para hacerlos valer (TS 12-2-19, EDJ 523881).

Prescripción (ET art.59; CC art.1969) La prescripción extintiva de un derecho debe aplicarse de forma cautelosa y **restrictiva**, resolviendo las dudas en el sentido más favorable para el titular del derecho y aplicando el criterio más restrictivo respecto de la prescripción. 14574.1

La prescripción **no opera de oficio**, sino que debe ser invocada por quien pretende hacerla valer (TS 22-11-05, EDJ 207404) y corresponde, precisamente, a quien la invoca la **carga de la prueba** del *dies a quo* del cómputo del plazo prescripción. La excepción material de prescripción, por tratarse de un hecho excluyente, necesita de expresa alegación para ser apreciada judicialmente, no bastando con que su existencia se deduzca de la prueba. Tras suprimirse el requisito de reclamación administrativa previa, la Administración demandada puede alegar válidamente la prescripción de lo reclamado **en el acto del juicio**, sin haberlo hecho antes en vía administrativa (TS 22-4-25, EDJ 560008).

La prescripción **se interrumpe** y con ello comienza de nuevo el cómputo del plazo para ejercitar el derecho:

- por el ejercicio de la acción ante los tribunales;
- la reclamación extrajudicial del acreedor;
- presentación de papeleta conciliatoria;
- reclamación previa;
- suscripción de un compromiso arbitral; o
- por cualquier acto de reconocimiento de deuda del acreedor.

En los **procedimientos de oficio** iniciados por la autoridad laboral no se puede afirmar que se esté ante una acción derivada del contrato de trabajo que no tenga señalado plazo especial de prescripción, pues la autoridad laboral ejercita la acción no siendo parte en el contrato de trabajo, sino un tercero respecto del mismo, por lo que no cabe aplicar un plazo de prescripción que está previsto para la relación laboral y para las partes que la configuran, por lo que no resulta de aplicación el ET art.59.1º (TS 21-12-16, EDJ 245887).

Precisiones 1) La prescripción de las acciones, **se interrumpe** (TS 27-12-11, EDJ 320988): 14575

a. Por el ejercicio de tales acciones ante los tribunales y por cualquier **reclamación extrajudicial** del acreedor (CC art.1973), incluso la denuncia ante la Inspección de trabajo (TS 1-12-16, EDJ 245907; 13-9-16, EDJ 185852) cuando exista identidad sustancial tanto en el aspecto objetivo como subjetivo. Por lo que no hay interrupción cuando la reclamación la realizó alguien distinto al beneficiario, salvo que actuara legítimamente en su representación (TSJ Castilla-La Mancha 15-10-03, EDJ 217204) o cuando la acción previa no tenía el mismo objeto que la actual (TSJ Granada 11-11-03, EDJ 179935).

En especial, las **acciones de conflicto colectivo y de impugnación de convenio colectivo** interrumpen la prescripción respecto de acciones individuales pendientes de ejercitar cuya resolución depende de lo que se resuelva en aquellos procesos colectivos (TS 27-9-22, EDJ 701227; 5-10-21, EDJ 717633; 13-9-16, EDJ 185852). No obstante, no se interrumpe cuando el demandante no está incluido en el ámbito personal y territorial de afectación del conflicto (TS 3-10-17, EDJ 215987).

b. Por la formulación de la **papeleta de conciliación**, que permite la interrupción de la prescripción desde el momento de su presentación. Se interrumpe la prescripción respecto al **deudor principal** (el empresario) en virtud de conciliación preprocesal por su responsabilidad subsidiaria (TS 20-7-15, EDJ 168182).

Ese **efecto interruptivo** se mantiene durante todo el tiempo en que la pretensión esté pendiente de resolución judicial, cuando la interpelación extrajudicial haya sido seguida de la oportuna demanda dentro de los plazos que establecen las leyes procesales y, en cualquier caso, antes de que transcurra completamente el plazo prescriptivo de la acción.

De tal forma que se inicia de nuevo el **plazo de prescripción extintivo** previsto en el ET art.59 cuando transcurra un año desde que:

- se formuló la interpelación extrajudicial;
- se desista de forma expresa o tácita de la reclamación judicial que siguió a la interpelación extrajudicial. Siendo irrelevante que tal desistimiento sea expreso o tácito, o se realice con o sin reserva de acciones y sin que haya límite a las plurales y sucesivas interrupciones.

De manera que la interrupción de la prescripción surte efectos durante el tiempo que la acción judicial está subiudice y se inicia de nuevo el cómputo tras un desistimiento derivado, por ejemplo, de la **incomparecencia del actor** al acto de la vista oral (TS 15-7-25, EDJ 646081).

c. La interrupción de la prescripción respecto al **FOGASA** por reclamación frente a la empresa o acto de reconocimiento de deuda por la empresa es objeto de regulación especial (LRJS art.23.5; TS 21-12-16, EDJ 252814).

2) También se ha entendido que interrumpe la prescripción, respecto de una acción individual de reclamación salarial, el **requerimiento efectuado por la ITSS** a una empresa para que abonase a todos sus trabajadores ciertas diferencias salariales derivadas del convenio, aunque que la ITSS actuase por denuncia y no se conociera la identidad del denunciante (TS 18-10-21, EDJ 720908).

3) Se produce prescripción respecto de las cantidades reclamadas en fecha posterior en **ampliación de la demanda** en tanto no cabe reconocer a la petición de condena de futuro la virtualidad necesaria para interrumpir la prescripción (TS 26-5-15, EDJ 161638).

4) Asimismo, interrumpe la prescripción un **correo electrónico** enviado por quien aparece como abogado del trabajador, incluso si no detalla los conceptos salariales reclamados (TS 17-10-23, EDJ 714634).

5) Por contra, no interrumpen la prescripción las **acciones declarativas puras** respecto de las cantidades correspondientes (TS 1-6-16, EDJ 94060; 27-4-10, EDJ 122411; 30-4-14, EDJ 106577; 17-6-14, EDJ 177898); 8-2-00, EDJ 1625), salvo que se haya interpuesto conflicto colectivo sobre la misma materia (TS 24-7-00, EDJ 24429) o se haya impugnado el convenio colectivo, siendo determinante dicha acción para liberar la reclamación de cantidad (TS 18-10-06, EDJ 306462).

6) Si se aplica determinado **derecho extranjero** respecto al fondo del litigio, ha de aplicarse también para el plazo de prescripción (TS 4-1-23, EDJ 501260).

7) La solicitud del trabajador del **recargo de prestaciones por falta de medidas de seguridad** interrumpe el plazo de prescripción de la acción por la que se reclama una indemnización por accidente de trabajo, a diferencia de lo que ocurre cuando el recargo se promueve de oficio (TS 21-11-23, EDJ 752307).

8) El ejercicio de una acción de impugnación por **modificación sustancial de condiciones de trabajo**, por la aplicación de un convenio colectivo distinto, declarada nula por sentencia judicial y que obliga a reponer a la trabajadora en sus condiciones originales, interrumpe el plazo de prescripción de la acción para reclamar con posterioridad diferencias salariales (TS 18-9-25, EDJ 708873).

14576 **Plazos** (ET art.59; CC art.1969) Los plazos se computan **a partir del día** en que las acciones pudieron ejercitarse y que no es otro, en principio, que el del hecho determinante.

1. Las acciones derivadas del contrato de trabajo que **no tengan señalado plazo especial**, prescriben al año de su terminación, lo mismo sucede con las que derivan del precontrato (TS 22-7-20, EDJ 618766). De manera, que la acción de **reclamación salarial** se mantiene viva mientras la obligación subsista, aunque la acción para reclamar diferencias salariales concretas siga el régimen prescriptivo general del año, siempre respecto de cantidades vencidas, no cobradas, ni exigidas (TS 23-3-21, EDJ 528721; 14-9-21, EDJ 697364; 13-11-13, EDJ 253210). La empresa que **reduce de hecho un complemento salarial**, unilateralmente, de forma ilegal, sin seguir el procedimiento de modificación sustancial de condiciones de trabajo incurre en un incumplimiento del deber de abono del salario y, por tanto, no se aplica plazo de caducidad, sino el de prescripción de un año. De manera, que no se consolida tácitamente por la inacción del trabajador en el plazo de caducidad de 20 días para impugnar una modificación sustancial que ni siquiera fue notificada. El trabajador afectado puede reclamar, años después, que se le abone en lo sucesivo el complemento completo, pero solo puede reclamar, con retroactividad de un año, las cantidades vencidas, impagadas y no reclamadas (TS 13-6-22, EDJ 610621; 16-3-23, EDJ 537336). No obstante, cuando se exigen percepciones económicas derivadas del cumplimiento de **obligaciones de tracto único** que no pueden tener lugar después de extinguido el contrato (por ejemplo, licencia o excedencia), el plazo de un año empieza a contar desde el día en que la acción pudo ejercitarse. La acción para reclamar contra la **clasificación profesional** no prescribe en el plazo de un año, ya que no puede considerarse como obligación de tracto único, rectificando criterio precedente (TS 20-4-23, EDJ 559981).

El **día inicial del cómputo** de la prescripción anual para reclamaciones salariales vencidas y no reclamadas es aquel en que se pudieron reclamar, esto es al vencimiento de cada devengo, o el día de abono de la paga extraordinaria (TS 6-4-17, EDJ 49765).

El plazo para la **reclamación de salarios** empieza a computarse a partir del día en que aquellos debieron percibirse o se recibieron en inferior cuantía (TS 29-9-94, EDJ 8370). Así sucede, cuando la empresa reduce ilegalmente la jornada de trabajo y los afectados impugnan la decisión (TS 25-5-98, EDJ 18867).

Sobre prescripción de la **acción de reingreso del excedente voluntario**, cuando el empresario da por supuesto o sobreentendido el derecho del trabajador al reingreso, pero le niega la reincorporación por no existir vacante, el cómputo del plazo de prescripción general de 1 año se inicia cuando la vacante es conocida por el trabajador (TS 22-3-23, EDJ 539511).

2. En relación con la prescripción se considera que **el contrato ha terminado**:

- el día en que expire el tiempo de duración convenido o fijado por disposición legal o CCol;
- el día en que termine la prestación de servicios continuados, cuando se haya dado esta continuidad por virtud de prórroga expresa o tácita.

3. Se establecen especialidades cuando se produce una **sucesión de empresa**, pues ambos empresarios responden solidariamente durante 3 años de las responsabilidades nacidas con anterioridad a la transmisión y que no hubieran sido satisfechas, tanto de las laborales como de las relativas a prestaciones de Seguridad Social (ET art.44.3).

4. El cómputo del plazo para exigir **indemnización de daños y perjuicios** como consecuencia de un incumplimiento contractual comienza siempre desde el momento en que el perjudicado tiene conocimiento de ello (ET art.59.1; CC art.1101 s.; TS 17-7-90, EDJ 7763). Ahora bien, el día inicial del plazo se debe situar en el momento en el que se conoce el daño que se identifica con el lucro cesante, al tratarse de daños continuados, es decir, que el plazo de prescripción no comienza hasta que se ha producido el definitivo resultado dañoso (TS 9-2-23, EDJ 513021).

En un caso de indemnización por **acoso** se entendió que el plazo de prescripción comienza en la fecha en que estén perfectamente identificadas las lesiones sufridas (TS 21-11-06, EDJ 367197; 28-11-06, EDJ 378570).

La prescripción de la acción de reclamación de la empresa de daños y perjuicios por **indebida utilización del teléfono móvil** por parte del trabajador, no se interrumpe por la acción de despido, ya que el daño está producido en su integridad y es conocido a fecha del despido, sin que fuera necesario esperar a que por sentencia firme se decidiera la calificación del despido (TS 24-11-10, EDJ 254046).

5. Cuando el **último día del plazo de un año cae en domingo o festivo**, no se traslada el vencimiento del plazo al día siguiente, pero es posible la presentación de la demanda en el siguiente día hábil hasta las 15 horas (TS 21-9-17, EDJ 202089).

Precisiones **1)** La empresa puede reclamar **percepciones indebidamente satisfechas al trabajador** hasta un año después de la fecha en que le abonó las cantidades indebidas. El plazo de prescripción para reclamar a un trabajador la cantidad indebidamente no retenida por IRPF es el día en que la empresa hizo el ingreso del impuesto en la Hacienda Pública, al ser una acción de reembolso por pago del impuesto a cuenta de otro (TS 17-4-13, EDJ 55972; 15-3-11, EDJ 26093).

2) Cuando se reclaman cantidades relativas a un **acuerdo de prejubilación**, que suspende el contrato de trabajo, el plazo de prescripción de un año se inicia el día en que pudo ejercitarse esta reclamación salarial de tracto sucesivo (TS 21-9-05, EDJ 157697; 14-2-07, EDJ 8719).

3) En una acción derivada de **precontrato** de trabajo, se aplica ET art.59 y no CC art.1964 (TS 22-7-20, EDJ 618766).

4) Respecto de la interrupción de la prescripción que sobre una **reclamación individual** de cantidad produce la **sentencia firme** recaída en un proceso de impugnación de un **convenio colectivo** en la que se declara el derecho de los trabajadores afectados a percibir tales diferencias y dispone los efectos retroactivos de tal declaración, el **plazo inicial** de la prescripción (el *dies a quo*) coincide con la fecha a partir de la cual la acción puede ser ejercitada, ya que, con independencia de la sentencia firme dictada en el proceso colectivo, el trabajador pudo presentar su demanda individual dentro del año inmediatamente anterior al devengo de cualquier cantidad de la que se considerara acreedor y, al no hacerlo, existe prescripción (TS 20-9-10, EDJ 206880). Lo devengado mensualmente por **complemento de antigüedad** prescribe al año a contar a partir del mes en que no se abonó la antigüedad reclamada, por lo que la interposición del conflicto colectivo solo pudo interrumpir la prescripción de la acción para reclamar la antigüedad que se debió percibir a partir de entonces, pero no la correspondiente a mensualidades anteriores, que estaban prescritas (TS 20-7-10, EDJ 185111; 14-9-10, EDJ 246777). Respecto a diferencias en la retribución por vacaciones anuales, el plazo de prescripción comienza a partir del día en que se abonó dicha retribución (TS 28-2-18, EDJ 22307).

5) No interrumpe la prescripción para el **FOGASA** la reclamación extrajudicial frente al empresario o el reconocimiento de deuda hecho por el empresario o cualquier acuerdo privado (TS 24-4-01, EDJ 5785; 19-2-07, EDJ 25444); aunque sea en escritura notarial (TS 21-12-16, EDJ 252814). En cambio, sí interrumpe la prescripción la presentación de la papeleta de conciliación frente al empresario (TS 21-3-07, EDJ 25389; 20-7-15, EDJ 168182; TSJ Burgos 30-10-19, EDJ 734071).

Cuando el FOGASA pudo oponerse a la ejecución alegando la prescripción de la acción ejecutiva en la fase de ejecución del procedimiento inicial de despido en el que fue parte, no puede, **extemporáneamente**, en el proceso posterior ceñido a la exigencia de su responsabilidad subsidiaria alegarla (TS 12-7-12, EDJ 206756).

6) El día inicial del plazo de prescripción para reclamar una indemnización de daños y perjuicios por **vulneración del derecho de huelga** por haber prestado servicios mínimos al amparo de una resolución administrativa posteriormente declarada nula por la jurisdicción contencioso-administrativa, se computa a partir de la firmeza de la sentencia que anuló dicha resolución (TS 25-1-23, EDJ 507927).

Caducidad (ET art.59.3 y 4) La caducidad, al igual que la prescripción, también supone la **extinción de un derecho** por el transcurso del tiempo sin ejercitarse, pero se diferencia en que resulta indisponible para las partes y es apreciable de oficio (TS 7-6-84; 12-7-88, EDJ 6184). En cualquier caso, quien pretenda alegar caducidad de la acción, debe hacerlo necesariamente ante el **órgano judicial de instancia**, pues su alegación, por primera vez, en vía de recurso puede considerarse extemporánea. No obstante, se admite que la excepción de caducidad se alegue por primera vez en el recurso de suplicación, siempre y cuando en la sentencia de instancia quedaran plenamente acreditados los hechos en los que se funda dicha caducidad (TS 17-5-17, EDJ 96496; 25-5-15, EDJ 117118). **14579** MPL nº 1760 s., 3204 s.

Al contrario que la prescripción, la caducidad no se interrumpe, sino que se **suspende**. La suspensión comporta que transcurrido el término suspensivo se reanuda el cómputo del plazo restante para el ejercicio de la acción. Sobre la caducidad de la acción de despido, ver nº 2240 Memento Social 2026.

Precisiones 1) La caducidad, como excepción extintiva de un derecho, debe distinguirse de la denominada **caducidad de la instancia** que hace referencia al malogro de la reclamación previa cuando no va seguida de la correspondiente demanda en el término legalmente previsto. En tales casos como no se extingue el derecho se puede volver a plantear reclamación administrativa (TS 3-3-99, EDJ 1752; 5-11-03, EDJ 127783; 15-10-03, EDJ 127742; TSJ Cataluña 16-5-06, EDJ 300572).

2) Son **causas de suspensión** de la caducidad:

a. La **reclamación previa a la vía judicial**, siempre que sea necesario interponerla. La suspensión abarca desde tal interposición hasta la contestación expresa o su desestimación por silencio administrativo negativo. Aun no siendo necesaria la reclamación previa, ya derogada, la notificación del acto de despido sin indicar vía y plazo de impugnación, mantiene suspendido el plazo de caducidad hasta que el trabajador lo impugne por la vía procedente (TS 3-11-22, EDJ 733460; 8-3-22, EDJ 521549; 24-7-20, EDJ 649147).

b. La presentación de la **papeleta de conciliación**. La suspensión tiene lugar desde la presentación de la papeleta de conciliación hasta la celebración del acto o el transcurso de 15 días hábiles sin que este se haya celebrado, reanudándose en todo caso a partir de entonces el cómputo del plazo.

c. La suscripción del **compromiso arbitral** para la interpretación de convenios, suspende el cómputo de la caducidad desde tal momento hasta que el laudo que se dicte adquiera firmeza. Si contra dicho laudo se interpone recurso jurisdiccional la suspensión abarca hasta que se obtenga sentencia firme.

d. También suspende la caducidad la solicitud de **abogado de oficio**, desde que se interesa hasta que se notifica al solicitante la designación (TSJ Galicia 6-11-00, EDJ 55312).

e. La presentación de una demanda ante un **órgano jurisdiccional territorialmente incompetente** suspende el plazo de caducidad desde la inicial presentación de la demanda hasta la sentencia firme declarando la incompetencia (LRJS art.14.a, interpretado por TS 29-1-96, EDJ 311) que considera además que el plazo de suspensión también abarca el empleado en las previas actuaciones de conciliación ante el Servicio, Unidad o Centro de Mediación, Arbitraje y Conciliación.

3) Se excluyen del cómputo de los plazos los **días** procesalmente **inhábiles** (nº 14496). Respecto del procedimiento por despido, ver nº 14945.

14580 **Plazos** (ET art.59; LRJS art.65 -redacc LO 1/2025-, 67, 84 -redacc LO 1/2025-,103 y 114) Los plazos de caducidad son los siguientes:

1. La acción para que las partes o posibles perjudicados impugnen la validez del **acto de conciliación o mediación administrativa** ante el servicio, unidad o centro de mediación, arbitraje y conciliación caduca a los **30 días hábiles** (excluidos los sábados, domingos y festivos) a la adopción del acuerdo o desde que los perjudicados lo hayan podido conocer (LRJS art.67), o a los 15 días ante una conciliación alcanzada ante el órgano jurisdiccional.

2. La acción para la impugnación de un **laudo arbitral**, tanto si se sigue el procedimiento ordinario como el de conflicto colectivo, caduca en el plazo de 30 días hábiles desde la notificación del laudo (LRJS art.65.4). La voluntad del legislador es dotar a los laudos de un breve plazo para su impugnación judicial (TS 19-5-15, EDJ 144599).

3. Caduca a los 20 días hábiles la acción contra el **despido**, entendiendo por tal toda clase de resolución extintiva del vínculo por decisión unilateral del empleador, aunque haya peculiaridades en las consecuencias jurídicas de cada una de ellas LRJS art.103.3 (nº 14945), y la acción contra las **sanciones** impuestas por el empresario en ejercicio de su facultad disciplinaria (nº 15060). El error en la indicación del plazo en la resolución administrativa de despido o sanción disciplinaria, no puede perjudicar al **empleado público** (TS 21-7-16, EDJ 145533; TSJ Madrid 29-6-17, EDJ 176523; 10-10-23, EDJ 714501). La notificación del acto de despido por la Administración empleadora, **sin indicar vía y plazo de impugnación**, mantiene suspendido el plazo de caducidad hasta que el trabajador lo impugne por la vía procedente con la interposición de la demanda (no con una reclamación previa ya innecesaria), pero tal suspensión tiene un límite, pues en tal caso opera el plazo de prescripción de un año supletoriamente fijado por ET art.59 (TS 19-7-23, EDJ 636316).

4. También es de 20 días el plazo de caducidad para la impugnación de las decisiones empresariales en materia de **movilidad geográfica y modificación sustancial de condiciones de trabajo** (TS 2-6-17, EDJ 115997; 27-9-16, EDJ 178682), siempre que haya una notificación por escrito de la decisión empresarial (TS 23-5-23, EDJ 584085).

Precisiones El **error** en la resolución administrativa **respecto a la indicación del plazo**, no puede perjudicar al trabajador (TS 21-7-16, EDJ 145533; TSJ Madrid 29-6-17, EDJ 176523). En el mismo sentido, un error palmario **del órgano jurisdiccional en el cómputo de los plazos** no estimado en el recurso planteado vulnera la tutela judicial efectiva (TCo 287/2006; 362/2006).

D. Juicio oral

(LRJS art.83 -redacc LO 1/2025- y 84 a 96)

El acto del juicio viene precedido necesariamente por el **intento de conciliación** ante el letrado de la Administración de Justicia (nº 14589). **14585** MPL nº 2460 s.
En el acto del juicio las partes hacen valer sus **pretensiones**, ratificando u oponiéndose a la demanda, proponen y practican la prueba y fijan sus conclusiones.
La celebración de los actos de conciliación y juicio presupone que las partes han sido **correctamente citadas**, pues en caso contrario lo actuado devendría nulo. Sin embargo, su **no presencia** da lugar a consecuencias distintas:
1. Si no comparece el **demandante** y no alega justa causa para ello, se ha de presumir que tácitamente se ha apartado de forma voluntaria del proceso (TCo 21/1989; 218/1993; 196/1994) por lo que se le tiene por desistido de su demanda (nº 14485). El desistimiento, siempre que no se alegue justa causa, es acordado por el letrado de la Administración de Justicia si el actor no comparece al acto de la conciliación y por el magistrado si la incomparecencia es al acto del juicio.
2. Si no comparece el **demandado,** siempre que esté correctamente citado, el juicio se sigue sin su presencia y sin necesidad de declararlo rebelde (TCo 6/2009; TS 23-3-15, EDJ 80839; TSJ Sevilla 20-4-23, EDJ 606615). Asimismo, se le puede imponer en la sentencia una sanción que oscila entre 600 y 6.000 euros (LRJS art.97.3).
La celebración de los actos de conciliación, ante el letrado de la Administración de Justicia, y el juicio oral, ante el magistrado o la Sala, pueden tener lugar de manera separada en distintos días, o sucesivamente en una única pero sucesiva convocatoria, debiendo hacerse a este efecto la citación en forma, con entrega a los demandados, a los interesados y, en su caso, al Ministerio Fiscal, de copia de la demanda y demás documentos.

Precisiones **1)** Las partes pueden **justificar antes del juicio** que no van a poder comparecer, en cuyo caso el órgano judicial valorará si existe causa para la suspensión o no; pero también **en la misma fecha de la conciliación y juicio**, o **después**, pueden alegar causas para su incomparecencia, dando lugar si se admite la causa a la nulidad de actuaciones. Existe doctrina constitucional sobre la causa de la incomparecencia (TCo 9/1993; 96/1994; 195/1999) y sobre el momento en que ha de ser puesta en conocimiento del órgano judicial (TCo 195/1998; 373/1993; 196/1994).
2) Es acertada la decisión de tener por desistido al demandante que se **retrasa más de 15 minutos** respecto de la hora señalada para el acto del juicio, sin haber dado previo aviso ni justificar su demora (TS 2-2-23, EDJ 512862; 15-11-22, EDJ 739231). Por contra, no procede el archivo de las actuaciones por incomparecencia de la parte actora, si esta **avisó al abogado contrario de su retraso** al juicio por coincidencia con otro señalamiento (TSJ Cataluña 20-3-24, EDJ 560955).
3) La **incomparecencia del demandado** no significa un allanamiento ni una admisión de los hechos de la demanda, por lo tanto, tales hechos en la medida en que no son conformes ni notorios, están necesitados de prueba (TSJ Extremadura 28-12-21, EDJ 847615).

1. Suspensión del juicio

A instancia de las partes (LRJS art.83 -redacc LO 1/2025-; LEC art.19.4 y 179) Aunque las partes hayan comparecido en el día y hora señalados para los actos de conciliación y juicio, se prevé la posibilidad de pedir una **primera suspensión** en los siguientes supuestos: **14586** MPL nº 2432 s.
1. Cuando se solicite por las partes de **mutuo acuerdo**, sin que haga falta ningún tipo de justificación. También se prevé esta posibilidad cuando se esté tramitando otro procedimiento ante el orden social (LRJS art.86.4), aunque no genera **litispendencia** (nº 14597). En caso de **coincidencia de señalamientos**, de no ser posible la sustitución dentro de la misma representación o defensa, una vez justificados ciertos requisitos (LEC art.188.1.6º), previa comunicación por el solicitante a los demás profesionales siempre que consten sus datos en el procedimiento, se procura, ante todo, acomodar el señalamiento dentro de la misma fecha y, en su defecto, habilitar nuevo señalamiento, adoptando las medidas necesarias para evitar nuevas coincidencias.
2. Por **motivos justificados** acreditados ante el tribunal. El letrado de la Administración de Justicia puede suspender, por una sola vez, los actos de conciliación y juicio, señalándose nuevamente dentro de los 10 días siguientes a la fecha de la suspensión. Excepcionalmente, y por circunstancias trascendentes adecuadamente probadas, puede acordarse una **segunda suspensión**. El letrado de la Administración de Justicia debe valorar en cada situación concreta la concurrencia de **circunstancias imposibilitantes** de la comparecencia del actor para acordar la suspensión del juicio (TCo 9/1993; 373/1993).

14586 (sigue) **3.** Los **profesionales de la abogacía y procura**, así como los **graduados sociales** en el orden social, pueden solicitar la suspensión de los actos de conciliación y juicio por circunstancias personales o familiares recogidas en la norma procesal civil (LRJS art.83.4), donde se avala la suspensión del procedimiento, a solicitud del profesional interviniente, por las siguientes **causas y duración** (LEC art.179.3):

a) **Fallecimiento, accidente o enfermedad** grave de su **cónyuge o persona** a la que estuviese unido por análoga relación de afectividad o de un **familiar** dentro del primer grado de consanguinidad o afinidad. La suspensión tiene una duración de 3 días hábiles a contar desde el día siguiente al hecho causante, plazo que puede extenderse a 5 días cuando sea preciso desplazamiento a otra localidad. Los plazos anteriores se reducen a 2 y 4 días cuando las circunstancias mencionadas afecten a familiares en **segundo grado** de afinidad o consanguinidad.

b) **Accidente o enfermedad del propio profesional**. La suspensión se mantiene durante la baja laboral. En todo caso el plazo máximo es de 30 días naturales, transcurridos los cuales se levanta la suspensión.

c) **Nacimiento y cuidado de un menor,** cuando al profesional se le haya concedido la baja por tal motivo. En este caso, el profesional puede solicitar la suspensión de todos los actos y plazos procesales en curso para el período coincidente con el descanso laboral obligatorio establecido en la normativa laboral y de Seguridad Social.

Estas circunstancias deben quedar justificadas suficientemente a juicio del letrado de la Administración de Justicia y deben haberse producido cuando ya **no es posible solicitar nuevo señalamiento** y siempre que se garantice el derecho a la tutela judicial efectiva y no se cause indefensión (LEC art.188.1.5º).

La **acreditación** de las circunstancias mencionadas han de documentarse en el escrito de solicitud de suspensión. El tribunal declarará que esos documentos tengan **carácter reservado**, expidiendo el letrado de la Administración de Justicia diligencia de constancia, y no se unirán a las actuaciones. Solo se utilizarán en relación a la suspensión y existe prohibición de divulgación o comunicación a terceros. Si en el plazo de suspensión estuviera señalada **vista u otro acto procesal** en la solicitud se han de indicar los datos de las partes, peritos, testigos e intervinientes para facilitar su localización e informarles de la suspensión acordada (LEC art.179.4).

Acreditadas las causas alegadas, el letrado de la Administración de Justicia debe dictar, a la mayor brevedad, decreto acordando la suspensión del proceso a todos los efectos por el plazo correspondiente que debe ser notificado de inmediato (LEC art.179.5). Acreditada y siendo atendible la situación que imposibilita la asistencia y avala la suspensión, el letrado de la Administración de Justicia debe hacer **nuevo señalamiento** (LEC art.183.2). En los nuevos casos de suspensión asociados a circunstancias personales, el nuevo señalamiento debe respetar el **período de baja obligatoria** que, por enfermedad, nacimiento o cuidado de menor, tuviera establecido el profesional afectado (LEC art.189.3).

Hay que tener en cuenta que si el **actor, citado en forma,** no comparece ni alega justa causa que motive la suspensión del acto de conciliación o del juicio, el letrado de la Administración de Justicia en el primer caso y el juez o tribunal en el segundo, le tendrán por desistido de su demanda. En cambio, la **incomparecencia injustificada del demandado** no impide la celebración de los actos de conciliación y juicio, continuando este sin necesidad de declarar su rebeldía. Además, por esta incomparecencia se puede imponer en la sentencia una **sanción** en los términos de la LRJS art.97.3.

Precisiones **1)** La LRJS no enumera todos los **motivos** justificados de suspensión del juicio, por lo que el órgano judicial puede acceder a la misma en función de **circunstancias** concretas, probadas e idóneas, siendo una de ellas la enfermedad de las partes (TCo 9/1993; 196/1994), aplicándose subsidiariamente la LEC art.183 y 188. Además de las causas de conciliación y corresponsabilidad mencionadas se añadió la posibilidad de suspensión de la vista por **imposibilidad técnica** en los casos que, habiéndose acordado la celebración de la vista o la asistencia de algún interviniente por medio de **videoconferencia,** no se pueda realizar la misma en las condiciones necesarias para el buen desarrollo de la vista (LEC art.188.1.5º). La apreciación de que existen motivos justificados para la suspensión del juicio ha de hacerse en el sentido más favorable para la efectividad de la **tutela judicial** (TCo 130/1986; 237/1998).

2) Existe **desistimiento** cuando la inasistencia del letrado o graduado social se produce por falta de diligencia o error (TCo 158/1987; 206/1987; 86/1994). La decisión judicial para considerarle desistido, debe producirse mediante resolución motivada en la causa de la incomparecencia, la forma y el momento de su justificación (TCo 130/1986; 218/1993; 196/1994).

3) La **coincidencia de señalamientos** del letrado o graduado social no es, en sí misma, justa causa para la incomparecencia de la parte al acto de conciliación y juicio. Para que proceda la suspensión del acto judicial y el señalamiento de nueva fecha para su celebración, el letrado debe notificar anticipadamente en tiempo y forma tal coincidencia o, en su defecto, acreditar su imposibilidad de hacerlo (TS 31-1-19, EDJ 508532). También debe probar que es imposible la sustitución dentro de la misma representación o defensa, acreditar suficientemente que se **intentó un nuevo señalamiento** sin resultado que evitara la coincidencia, teniendo en cuenta las preferencias de las vistas (la vista relativa a causa criminal con preso tiene preferencia, así como la del señalamiento más antiguo, y si los dos señalamientos fuesen de la misma fecha, se suspenderá la vista correspondiente al procedimiento más moderno ex LEC art.188.1.6º). Quien solicita la suspensión debe, además, hacer **previa comunicación a los demás profesionales**, siempre que consten sus datos en el procedimiento. Se debe procurar, ante todo, acomodar el señalamiento dentro de la misma fecha y, en su defecto, habilitar nuevo señalamiento, adoptando las medidas necesarias para evitar nuevas coincidencias (LRJS art.83.1).

Así, se ha considerado que **no** es causa de **suspensión**, pudiendo suscitar responsabilidad deontológica, la inasistencia del letrado a un juicio coincidente con otro al que sí acude pero al que fue citado posteriormente (TSJ País Vasco 21-1-03, EDJ 272335). Sin embargo, hay causa de suspensión cuando **tenía citaciones anteriores** que había avisado y justificado debidamente (TSJ Cataluña 25-1-06, EDJ 32074).

4) El **aviso previo** o la comunicación de la causa de suspensión se ha de poner en conocimiento del letrado de la Administración de Justicia con **antelación a la celebración del juicio** (TSJ Murcia 2-5-25, EDJ 591299), exigiéndose que el interesado actúe con diligencia, pero también se admite una justificación posterior, lo más pronto posible, a tenor de las distintas circunstancias concurrentes (TCo 21/1989; 9/1993; 195/1999; TS 25-4-06, EDJ 59658).

Suspensión de actuaciones (LRJS art.83 -redacc LO 1/2025-, 86 y 86 bis) Con carácter general, y teniendo en cuenta que la suspensión afecta al principio de celeridad, solo procede la suspensión por los siguientes **motivos tasados en la ley**: **14587** MPL nº 456 s.

- causas objetivas de fuerza mayor;
- interposición de cuestión de constitucionalidad;
- interposición de cuestión prejudicial ante el TJUE al existir dudas sobre la interpretación o validez del Derecho de la UE aplicable (nº 7100 Memento Social 2026);
- interposición de **conflicto colectivo** que pueda incidir en demandas individuales por movilidad geográfica o modificación de condiciones sustanciales de contrato o cualquier otra materia, siempre que las demandas individuales versen sobre la misma pretensión (TS 30-6-94, EDJ 5730; 30-9-04, EDJ 152836);
- cuando en trámite de ejecución se declare **en concurso** el ejecutado, o lo solicite el ejecutante entre otras causas legales (nº 14807);
- cuando se acuerde la práctica de **diligencias finales**, quedando en suspenso el plazo para dictar sentencia (nº 14632).

Sobre la **suspensión de las vistas** a instancia de las partes ver nº 14586.

La tramitación de **otro procedimiento** ante el orden social, con carácter general, no da lugar a la suspensión del proceso salvo en los supuestos previstos en la LRJS, sin perjuicio de los efectos propios de la litispendencia cuando se aprecie la concurrencia de dicha situación procesal. No obstante, se prevé que, a solicitud de ambas partes, pueda suspenderse el procedimiento hasta que recaiga resolución firme en otro procedimiento distinto, siempre y cuando en este deba resolverse la que constituya objeto principal del primer proceso (prejudicialidad social).

Tampoco suspenden las actuaciones, con carácter general, las **cuestiones prejudiciales penales**, excepto en el caso de que se alegue **falsedad de un documento** de notoria influencia en el pleito y no en cualquier otro caso (TSJ Sevilla 29-5-23, EDJ 639746). En tal supuesto se continúa con la celebración del juicio, y concluido este, el juez concede un plazo de 8 días al interesado para que aporte el documento que acredite haber presentado la querella (no mera denuncia). Si, en efecto, se presenta dicho documento en el plazo indicado, la suspensión dura hasta que el juez de instrucción dicte sentencia o auto de sobreseimiento. Si no se suspende y el juez de lo social dicta sentencia, procede la **nulidad de actuaciones** (TS 10-7-89, EDJ 7056; TSJ Sevilla 26-11-02, EDJ 135234; TSJ Las Palmas 20-9-04, EDJ 168377; TSJ Madrid 21-7-05, EDJ 146757). Por el contrario, si la determinación de **falsedad del documento es irrelevante** para el resultado del juicio, no es necesaria la concesión de plazo para interponer querella (TSJ Extremadura 16-3-04, EDJ 312325; TSJ Valladolid 7-2-07, EDJ 91605). Una vez acreditada la finalización definitiva de la causa penal procede levantar la suspensión y dictar sentencia (TS 20-6-01, EDJ 16120; 18-1-02, EDJ 843; 18-1-02, EDJ 13522; 28-11-02, EDJ 61431). Es claro que la manifestación de la parte de que no quiere interponer querella, no releva de la continuación del juicio y del dictado de sentencia sobre el fondo (TSJ Cataluña 28-6-22, EDJ 672481).

Precisiones Las **cuestiones prejudiciales** civiles, contenciosas o causadas por otro litigio en el mismo orden social, debe entenderse que solo suspenden las actuaciones en caso de conformidad de ambas partes (LEC art.42 y 43).

14588 **Procedimiento testigo** (LRJS art.86 bis y 247 ter) El órgano jurisdiccional de instancia puede suspender el procedimiento si se han planteado ante él una **pluralidad de procesos** con idéntico objeto y misma parte demandada, siempre que no sea posible su acumulación.

El órgano jurisdiccional debe tramitar preceptivamente uno o varios de los procesos con **carácter preferente**, atendiendo al orden de presentación de las respectivas demandas, previa audiencia de las partes por plazo común de 5 días. El resto de procedimientos queda suspendido hasta que se dicte sentencia firme en los primeros. De dicha sentencia se deja constancia en los procesos suspendidos y se notifica a las partes de los mismos a fin de que, en el plazo de 5 días, los demandantes puedan interesar la **extensión de sus efectos**, la continuación del procedimiento o bien desistir de la demanda. La sentencia de instancia dictada en el procedimiento testigo siempre es recurrible en suplicación (nº 14682).

2. Conciliación ante el letrado de la Administración de Justicia y conciliación judicial

(LRJS art.84 redacc LO 1/2025)

14589 MPL nº 2476 s. Como un último **intento de evitar el proceso** -y con naturaleza distinta a la conciliación administrativa (nº 14530)-, el letrado de la Administración de Justicia ha de intentar la conciliación, llevando a cabo la labor mediadora que le es propia y advirtiendo a las partes de los derechos y obligaciones que pudieran corresponderles, tratándose, en realidad, de un procedimiento de jurisdicción voluntaria. En las localidades en las que se vaya implantando la **oficina judicial** es el letrado de la Administración de Justicia de la Unidad Procesal de Apoyo Directo (UPAD) o el Servicio Común de Conciliación, de estar constituido, el que realiza la conciliación.

a) Si las partes **llegan a un acuerdo** ante el letrado de la Administración de Justicia este dictará un decreto aprobando tal avenencia y acordando, además, el archivo de las actuaciones. El acuerdo puede alcanzarse por las partes antes del día señalado para el acto del juicio, si se ha señalado conciliación **anticipada**, o en la misma fecha del juicio si se trata de conciliación y juicio señalados **sucesivamente.** Al efecto, las partes podrán anticipar la conciliación por vía telemática.

Cuando el acuerdo venga **firmado digitalmente** por todas las partes, se dicta decreto en el plazo máximo de 3 días. En su defecto, y para su **posterior ratificación** y firma, se cita a las partes a comparecencia en un plazo máximo de 5 días.

La conciliación alcanzada ante el letrado de la Administración de Justicia y los acuerdos logrados entre las partes aprobados por aquel, tienen, a todos los efectos legales, la consideración de conciliación judicial (LRJS art.84.1 redacc LO 1/2025). En todo caso el incumplimiento de lo acordado puede llevarse a efecto por los trámites de la ejecución de sentencia (nº 14775 s.).

Si se estima que lo convenido constituye **lesión grave** para alguna de las partes o para terceros, o es fraude de ley o abuso de derecho o contrario al interés público, el letrado de la Administración de Justicia no puede aprobar el acuerdo, y ha de advertir a las partes que deben comparecer a presencia judicial para la celebración del acto del juicio.

b) Si no hay **avenencia** se pasa inmediatamente al acto de juicio, documentándose por el letrado de la Administración de Justicia el intento de conciliación y la inexistencia de acuerdo.

c) Una vez **ante el juez o tribunal**, las partes pueden llegar a un **acuerdo** antes de iniciar el acto de juicio. En este caso, la aprobación del acuerdo corresponde al juez o tribunal ante el que se hubiera obtenido, mediante resolución oral o escrita documentada en el propio acuerdo. De manera que solo cabe nueva intervención del letrado de la Administración de Justicia aprobando un acuerdo entre las partes si el acto del juicio se llegase a suspender por cualquier causa. Incluso es posible que el juez o tribunal, una vez practicada la prueba y antes de las conclusiones, suscite la posibilidad de llegar a un acuerdo y, de no alcanzarse el mismo, en ese momento siga la celebración del juicio (LRJS art.85 redacc LO 1/2025).

d) Si se celebra la **conciliación anticipada y finaliza sin acuerdo**, el letrado de la Administración de Justicia debe dejar constancia en el acta de los aspectos controvertidos que lo hayan impedido y advertir a las partes de las cuestiones procesales que pudieran suscitar la suspensión del acto del juicio.

e) Respecto de lo conciliado las partes pueden ejercitar la **acción de nulidad** por las causas que invalidan los contratos y la impugnación por los posibles terceros perjudicados puede fundamentarse en ilegalidad o lesividad. La **acción para impugnar** la validez de la avenencia debe ejercitarse ante el mismo órgano judicial al que hubiera correspondido la demanda, por la modalidad procesal ordinaria, y con el plazo de caducidad de 30 días desde la fecha de su celebración, que comienza a computarse desde que los posibles perjudicados hubieran podido conocer el acuerdo.

Precisiones 1) La conciliación judicial produce efectos de **cosa juzgada formal** (TS 21-12-86, EDJ 1212; 7-2-01, EDJ 3021; TSJ Sevilla 16-6-00, EDJ 49584; TSJ País Vasco 5-2-02, EDJ 12031; TSJ Cantabria 14-6-05, EDJ 88815).
2) Para que el **Abogado del Estado** pueda desistir, apartarse de querella o allanarse a las pretensiones de la parte contraria, precisa **autorización** expresa de la Dirección del Servicio Jurídico del Estado que debe, previamente, en todo caso, recabar **informe** del departamento, organismo o entidad pública que, por razón de la materia, dictó el acto objeto del proceso. Cuando se trate de pretensiones sobre derechos de la Hacienda Pública que superen el millón de euros, este informe, fundamentado jurídicamente, se debe acompañar de una **memoria** con la estimación de sus consecuencias económicas para la Hacienda Pública (L 52/1997 art.7 redacc LO 1/2025; RD 1057/2024 art.75).

3. Acto de juicio

(LRJS art.83 -redacc LO 1/2025-, 84 a 96; LOPJ art.230; LEC art.129 bis, 137 bis, 146 y 147)

Los actos de juicio, comparecencias y en general, todos los actos procesales, se deben realizar preferentemente mediante **presencia telemática**, siempre que las oficinas judiciales tengan a su disposición los medios técnicos necesarios para ello. No obstante, por regla general, en los actos que tengan por objeto la audiencia, declaración o interrogatorio de partes, testigos o peritos, es necesaria la presencia física de la persona que haya de intervenir y de la defensa letrada de la parte (LEC art.129 bis y 137 bis). **14591** MPL nº 2512 s.

Intentada la **conciliación** sin avenencia, se inicia la celebración del juicio en presencia del magistrado, dando el letrado de la Administración de Justicia cuenta de lo actuado si está presente en la sala. La acreditación de la **identidad** de las partes y de su **representación procesal** se efectúa ante el letrado de la Administración de Justicia en la comparecencia de conciliación o, de no ser preceptiva la misma, mediante diligencia. No obstante, los intervinientes deben expresar, bajo su responsabilidad, ante la autoridad que presida el acto su nombre y apellidos de forma que quede constancia en la grabación (LEC art.146.2).

El **desarrollo de las sesiones** del juicio oral y el resto de actuaciones orales se deben **documentar** por medio de actas y diligencias (LEC art.146) o mediante sistemas de grabación y reproducción de la imagen y sonido (LEC art.147). La oficina judicial debe asegurar la correcta incorporación de la grabación al **expediente judicial electrónico**. Si los sistemas no proveen expediente judicial electrónico, el letrado de la Administración de Justicia debe custodiar el documento electrónico que sirva de soporte a la grabación. Las partes pueden pedir, a su costa, copia o en su caso acceso electrónico de las grabaciones originales. Siempre que se cuente con los medios tecnológicos necesarios, estos deben garantizar la autenticidad e integridad de lo grabado o reproducido. A tal efecto, el letrado de la Administración de Justicia hace uso de la firma electrónica u otro sistema de seguridad que conforme a la ley ofrezca tales garantías.

En tal caso, la **presencia del letrado de la Administración de Justicia** en el acto del juicio no es obligatoria, pero se puede producir si la solicitan las partes, al menos 2 días antes de la celebración de la vista, o si excepcionalmente lo considera necesario el propio letrado de la Administración de Justicia, atendiendo a la complejidad del asunto, al número y naturaleza de las pruebas a practicar, al número de intervinientes, a la posibilidad de que se produzcan incidencias que no pudieran registrarse, o a la concurrencia de otras circunstancias igualmente excepcionales que lo justifiquen. En estos casos, el letrado de la Administración de Justicia extiende acta sucinta conteniendo, al menos, los siguientes datos: lugar y fecha de celebración, juez o tribunal que preside el acto, peticiones y propuestas de las partes, medios de prueba propuestos por ellas, declaración de su pertinencia o impertinencia, resoluciones que adopte el juez o tribunal, así como las circunstancias e incidencias que no pudieran constar en aquel soporte.

Cuando estos medios tecnológicos **no se puedan utilizar**, se extiende el acta por procedimientos informáticos, salvo que debiese ser manuscrita por carencia total de medios en la Sala de celebración. En cualquier caso, salvo previsión legal expresa, se establece que las **actuaciones orales y vistas grabadas** y documentadas en soporte digital no pueden transcribirse.

Hay que distinguir los siguientes **momentos procesales**:
- ratificación de la demanda (nº 14593);
- contestación a la demanda (nº 14594);
- excepciones procesales (nº 14596);
- prueba (nº 14603 s.);
- conclusiones (nº 14629);
- firma del acta del juicio (nº 14630); y
- posibilidad -aunque ya terminado el juicio- de que se acuerde la práctica de diligencias finales (nº 14632).

Precisiones 1) Se entienden **aplicables supletoriamente** las disposiciones de la LEC en cuanto documentación de actuaciones (LEC art.145, 146 y 147), idioma, traducción e intervención de intérprete (LEC art.142, 143 y 144).

2) La **ausencia de grabación del juicio** y de elaboración de acta no comporta la automática nulidad de todo lo actuado posteriormente, ya que la nulidad solo ha de acordarse si se alega y argumenta la indefensión que ello acarrea. A tal efecto ha de tenerse en cuenta la extraordinaria naturaleza del recurso de suplicación y la limitación de motivos por los que puede interponerse (TS 10-1-23, EDJ 501381).

a. Cuestiones previas

(LRJS art.85.1 redacc LO 1/2025)

14592 Antes de la ratificación de la demanda se establece un **trámite procesal** por el que el órgano jurisdiccional ha de resolver motivadamente, en forma oral y oídas las partes, sobre las **cuestiones previas** que se puedan formular en ese acto, así como sobre los **recursos** u otras incidencias pendientes de resolución, sin perjuicio de la ulterior sucinta fundamentación en la sentencia, cuando proceda. Igualmente **han de ser oídas las partes** y, en su caso, se resuelve, **motivadamente y en forma oral**, lo procedente sobre las cuestiones que el juez o tribunal pueda plantear en ese momento sobre:
- su competencia;
- los presupuestos de la demanda; o
- el alcance y límites de la pretensión formulada.

Siempre respetándose las garantías procesales de las partes y **sin prejuzgar el fondo** del asunto.

b. Ratificación de la demanda

(LRJS art.85.1)

14593 MPL nº 2516 s. Resueltas las cuestiones previas mencionadas (nº 14592), corresponde al **demandante**, en primer lugar, ratificar o ampliar su demanda, siempre que no implique variación sustancial. Se entiende que se introducen **modificaciones sustanciales** fácticas o jurídicas cuando afecten a la esencia del pleito y causen indefensión o afecte de forma decisiva a la pretensión ejercitada o a los hechos en que esta se fundamente, variando la causa de pedir, *causa petendi* (TCo 191/1987; 32/1992; TS 9-11-89, EDJ 10008; 12-7-23, EDJ 635216; 12-4-23, EDJ 550543). En estos casos cuando el juez advierta que se pretenden introducir estas modificaciones debe impedir su alegación y prueba (TS 11-5-17, EDJ 96471; 11-12-13, EDJ 273976). No se pueden modificar los hechos en que se funda la demanda, ni las pretensiones formuladas, pero sí los fundamentos jurídicos que apoyan esa pretensión o que refuerzan los alegados anteriormente (TS 3-10-17, EDJ 215992; 19-9-17, EDJ 21600). Aunque el juez haya tolerado indebidamente una variación sustancial, ello no determina la nulidad de actuaciones si finalmente tal cuestión no ha influido en el sentido del fallo (TSJ Madrid 27-4-17, EDJ 113371); tampoco si se apreció una variación sustancial que no era tal, pero pese a ello se examinó la cuestión (TS 19-9-17, EDJ 216000).

Si en el acto de juicio no se suscitasen **cuestiones procesales** o si, suscitadas, se hubieran contestado, las partes o sus defensores con el tribunal deben fijar los hechos sobre los que estén conformes o disconformes.

Precisiones 1) Es en este momento cuando las partes, si procede, deben alegar y probar que la cuestión debatida afecta a todos o a un gran **número de trabajadores** o de beneficiarios de la Seguridad Social, a efectos de un posterior recurso de suplicación.

2) No constituye **variación sustancial** de la demanda, la alegación de prescripción de las faltas en el juicio de despido (TSJ Madrid 23-11-16, EDJ 237152; 3-2-21, EDJ 539282).

3) Cabe igualmente que el demandante en lugar de ratificarse **desista** de su demanda; lo que, a diferencia de la renuncia, no le impide iniciar un nuevo proceso sobre el mismo asunto (nº 14482). Aunque lo normal es que el desistimiento del actor se realice ante el letrado de la Administración de Justicia en la comparecencia ante él y no en el marco del juicio oral.

c. Contestación a la demanda

(LRJS art.85 redacc LO 1/2025)

14594 MPL nº 2536 s. En este turno, la parte demandada debe contestar al demandante:

a) Afirmando o negando los **hechos** de la demanda (LRJS art.85.2): si el demandado no niega los hechos, ello equivale a su admisión y a tenerlos como ciertos, sin necesidad de prueba alguna. El presupuesto para que se practique prueba sobre un hecho es que no haya conformidad sobre el mismo, conforme a la LRJS art.87.1.

Los hechos **constitutivos, impeditivos y extintivos** sí pueden ser alegados por primera vez en juicio, aunque no lo hubieran sido en el expediente administrativo.
b) Invocando las **excepciones** que a su derecho convengan (nº 14596 s.): se acuerda traslado a la parte actora y a la codemandada para dar respuesta a tales excepciones procesales.
c) También puede señalar su posición respecto al **fondo del asunto**, que normalmente será de oposición total o parcial a las peticiones contenidas en la demanda. Cuando el demandado es una administración o un organismo público solo puede oponer los hechos excluyentes, recogidos en el expediente administrativo y en la contestación en la reclamación previa (TS 19-10-15, EDJ 221044).
d) Existe la posibilidad para el demandado de **allanamiento** total o parcial que debe ser aprobado por el órgano jurisdiccional, oídas las demás partes, de no incurrir en renuncia prohibida de derechos, fraude de ley o perjuicio a terceros, o ser contrario al interés público, mediante resolución que puede dictarse de forma oral. No obstante, si el allanamiento es **total** se ha de dictar sentencia condenatoria de acuerdo con las pretensiones del actor. Si el allanamiento es **parcial** puede dictarse auto aprobatorio que puede llevarse a efecto por los trámites de la ejecución definitiva parcial, siempre que por la naturaleza de las pretensiones objeto del allanamiento, sea posible un pronunciamiento separado que no prejuzgue las restantes cuestiones no allanadas, respecto de las cuales ha de continuar el juicio (LRJS art.85.7).

Precisiones El **reconocimiento** en vía administrativa de la **pretensión principal**, determina una carencia sobrevenida del objeto principal, no un allanamiento de la parte demandada (TSJ Cantabria 23-12-22, EDJ 783108).

Reconvención (LRJS art.85.3) Mediante la reconvención el demandado introduce en el proceso una nueva pretensión, de condena al demandante, constituyendo un supuesto de acumulación objetiva de acciones (TS 9-10-06, EDJ 299713; 3-3-14, EDJ 38990). No puede alegarse **reconvención** de forma sorpresiva, sino que es preciso su anuncio en la conciliación ante el órgano de mediación, arbitraje o conciliación o, en la contestación a la reclamación previa en materia de prestaciones de Seguridad Social o resolución que agote la vía administrativa. En ese anuncio se deben identificar perfectamente los **hechos y causas** de pedir para no generar indefensión al reconvenido (TS 24-2-92, EDJ 1735; 6-4-04, EDJ 31788; TSJ Madrid 22-10-02, EDJ 98213; TSJ Navarra 2-1-06, EDJ 22876). **14595**
Formulada la reconvención, se da **traslado** a las demás partes para su contestación en los términos establecidos para la demanda. Existe la posibilidad de aplicar supletoriamente la LEC en caso de falta de citación al acto de conciliación (LEC art.438.1; TS 6-4-04, EDJ 31788).
No se admite la reconvención si el órgano judicial no es competente, si la acción que se ejercita ha de ventilarse en modalidad procesal distinta y la acción no fuera acumulable, y cuando no exista conexión entre sus pretensiones y las que sean objeto de la demanda principal y en el procedimiento especial no se prevé conciliación previa, como sucede en un procedimiento de tutela de derechos fundamentales (TS 5-6-12, EDJ 140508).
No es necesaria reconvención para alegar compensación de deudas (CC art.1156), siempre que sean vencidas y exigibles (TSJ Madrid 6-6-07, EDJ 132732) y no se formule pretensión de condena reconvencional, y en general cuando el demandado esgrima una pretensión que tienda exclusivamente a ser absuelto de la pretensión o pretensiones objeto de la demanda principal, siendo suficiente que se alegue en la contestación a la demanda. Si la obligación precisa de determinación judicial por no ser **líquida** con antelación al juicio, es necesario expresar concretamente los hechos que fundamenten la excepción y la forma de liquidación de la deuda (LRJS art.85.3; TSJ Sta. Cruz de Tenerife 18-4-06, EDJ 96699; TS 17-9-04, EDJ 152819).

Precisiones **1)** No es reconvención sino una **excepción**, la solicitud de la empresa demandada de que se tome en consideración un **pago parcial previo** e imputable a la indemnización reclamada (TS 27-5-97, EDJ 6637). Rectificando anterior doctrina, se admite la compensación de la indemnización abonada al trabajador por la extinción del único contrato temporal, o del último si ha habido sucesión de contratos temporales, en fraude de ley, con la indemnización que corresponde por despido improcedente (TS 14-2-19, EDJ 519324; 9-3-22, EDJ 524714).
2) Resulta **competente** la jurisdicción social para resolver una reconvención cuando las cantidades reclamadas en la misma guarden relación directa con el contrato de trabajo (TS 20-1-05, EDJ 7102).
3) Se ha admitido que el juez otorgue al demandado el plazo de 4 días para **subsanar su reconvención** (TSJ Murcia 29-11-22, EDJ 763514).

Excepciones Por medio de ellas el demandado intenta poner en evidencia que no concurren todos los **presupuestos procesales** necesarios para que el juez pueda entrar a conocer del fondo del asunto. Su virtualidad en el proceso laboral está en parte condicionada a que no hayan podido subsanarse los posibles defectos que la demanda pudiera presentar. El **órgano judicial se debe pronunciar** sobre las excepciones, so pena de nulidad (TSJ Cataluña 20-11-01, EDJ 65754). **14596** MPL nº 2544 s.

Determinadas excepciones solo pueden hacerse valer si el **demandado** las introduce en el proceso, por ejemplo, la prescripción (TS 14-10-05, EDJ 188490), otras en cambio deben apreciarse **de oficio por el juez** por constituir materia de orden público aun cuando no hayan sido alegadas, p.e. caducidad o falta de jurisdicción.
En el orden social son **excepciones alegables** las siguientes:
- falta de jurisdicción (nº 14596.1);
- falta de legitimación del demandante o del demandado y excepción de litisconsorcio pasivo necesario;
- litispendencia (nº 14597);
- cosa juzgada (nº 14598);
- incumplimiento de requisitos preprocesales e inadecuación del procedimiento (nº 14600);
- prescripción y caducidad (nº 14574.1 s.).

Precisiones 1) En este momento también cabe alegar la defectuosa **acumulación de acciones** o de autos, falta de **intervención del Ministerio Fiscal** en procesos en que es preceptiva su presencia, incumplimiento de las **normas de reparto**, pero no la recusación del juez, etc. que ha de proponerse antes de la celebración de los actos de conciliación y juicio (LRJS art.15.3).
2) La falta de jurisdicción puede derivar del **acuerdo** alcanzado por los litigantes de someter sus controversias a laudo arbitral.
3) La excepción relativa al **defecto legal en el modo de proponer la demanda** no encuentra encaje en el orden social debido a la obligación del letrado de la Administración de Justicia o del magistrado de advertir al demandante de los defectos detectados en la demanda a fin de que los corrija con antelación a su admisión a trámite (TS 14-2-07, EDJ 21110). Incluso si tales **defectos no se advirtieron** debe acordarse nulidad de lo actuado para que la corrección se lleve a cabo.
4) La denominada «**falta de acción**» no tiene, al menos desde la visión de los tribunales laborales, un estatuto procesal claramente delimitado que le otorgue autonomía propia. Se le atribuye una naturaleza jurídicamente imprecisa, referida en algunos casos a la ausencia de un conflicto real y actual, mientras que en otros se asocia con situaciones de falta de legitimación activa o incluso con declaraciones de inadecuación de procedimiento o con desestimaciones por falta de fundamento de la pretensión, es decir, con desestimaciones de fondo de la demanda (TS 12-3-19, EDJ 545167; 21-12-21, EDJ 803994; 20-12-22, EDJ 793919).
5) La excepción material de **prescripción**, por tratarse de un hecho excluyente, necesita de expresa alegación para que pueda ser judicialmente apreciado, no bastando con que simplemente su realidad pueda deducirse de la prueba. Esto trae como consecuencia que su falta de alegación al resolver en vía administrativa la petición impide también su alegación en el seno del proceso, so pena de quebrantar la congruencia, pues la introducción de esta excepción por primera vez en el acto del juicio es sorpresiva para el actor y le causa indefensión (TS 10-9-20, EDJ 661015).

14596.1 **Falta de jurisdicción** La falta de legitimación lo puede ser por incompetencia internacional, material, por causas objetivas y funcionales o territoriales; siendo apreciable de oficio (nº 14415 s.). Un supuesto específico de falta de jurisdicción derivaría del acuerdo adoptado por los litigantes para someter sus controversias a laudo arbitral en los términos establecidos en la ley. Sobre el **arbitraje**, ver nº 14525.

14597 **Litispendencia** (LEC art.222, 400 y 421) La Litispendencia es una **excepción dilatoria** que impide el seguimiento del proceso, o su decisión, mientras se desarrolle otro idéntico (mismas partes y pretensión) en el mismo tribunal o en otro, mientras en este último no haya recaído sentencia firme. Su **finalidad** es garantizar la seguridad jurídica impidiendo que se dicten sentencias contradictorias (TS 21-12-00, EDJ 55086; 8-3-06, EDJ 37428; 14-10-20, EDJ 693750).
Su concurrencia requiere la **identidad de todos los elementos** esenciales de ambos procesos, incluido el objeto de la pretensión (TS 27-6-17, EDJ 143145; 5-7-06, EDJ 261564; 20-11-06, EDJ 325778). No hay identidad entre un procedimiento de conflicto colectivo que denuncia la vulneración de normas de prevención y se exige su cumplimiento y un procedimiento de tutela de derechos fundamentales, de cognición limitada, donde se rechaza que la vulneración de las normas de prevención tuviera entidad suficiente para provocar daños graves (TS Pleno 17-3-21, EDJ 519443).
La **identidad parcial** es más propia del efecto positivo de la cosa juzgada material. Sin embargo, hay pronunciamientos en los que se ha matizado esta exigencia sin requerir una plena y formalista identidad de causas, cosas y personas para que la excepción prospere, bastando la concurrencia de una identidad fundamental atendiendo más que nada a la finalidad que persigue el procedimiento (TS 19-9-05, EDJ 157712; 9-3-07, EDJ 25441). Se puede considerar que la litispendencia es un anticipo de la cosa juzgada, pues se invoca respecto de precedentes resoluciones judiciales que aún no han ganado firmeza (TS 26-10-04, EDJ 184903). A veces se han apreciado ambas excepciones (TS 9-10-18, EDJ 637636). Si ya se ha dictado sentencia firme en el otro proceso, lo que procede es la cosa juzgada, no la litispendencia (TS 29-1-19, EDJ 508410).

El *dies a quo* de la litispendencia se produce a todos sus efectos procesales desde la interposición a la demanda, si es admitida (LEC art.410). La **cosa juzgada** afecta a las partes del proceso en que se dicte y a sus herederos y causahabientes, así como a los sujetos, no litigantes, titulares de los derechos que fundamenten la legitimación de las partes (LEC art.222.3).

Precisiones **1) No genera litispendencia**:
• La solicitud de declaración de fijeza respecto de una posterior demanda por **despido** al no concurrir más que la identidad respecto del elemento subjetivo (TS 23-3-04, EDJ 40582; 17-4-04, EDJ 25427).
• Las resoluciones judiciales de **distintos órdenes** (TS 3-3-95, EDJ 512); no pudiendo alegarse litispendencia con proceso penal salvo en el supuesto de falsedad documental (LRJS art.86). Lo que implica que ello no sea causa de suspensión a petición de una sola de las partes.
• La alegación en un proceso de despido la existencia de otro por **cesión ilegal**, pues para su apreciación es necesario que las acciones ejercitadas sean de la misma naturaleza y que la contradicción de sentencias fuera plena y no meramente circunstancial (TS 7-7-05, EDJ 131453).
• Cuando se debaten derechos de trabajadores afectados por **convenio extraestatutario**, aunque exista otro pleito en el que se impugna un convenio estatutario (TS 30-5-07, EDJ 70551).
2) La tramitación de **otro procedimiento ante el orden social** no da lugar a la suspensión del proceso, salvo en los supuestos previstos en la LRJS, sin perjuicio de los efectos propios de la litispendencia cuando se aprecie la concurrencia de dicha situación procesal. No obstante, a solicitud de ambas partes, puede suspenderse el procedimiento hasta que recaiga resolución firme en otro procedimiento distinto, cuando en este deba resolverse la que constituya objeto principal del primer proceso (LRJS art.86.4).

Cosa juzgada (LEC art.207.3 y 222) La cosa juzgada es una excepción perentoria íntimamente relacionada con la excepción dilatoria de litispendencia. Se funda en que constituye un obstáculo para la decisión del proceso actual, la resolución previa por sentencia firme de una misma cuestión en otro procedimiento previo (TS 20-11-06, EDJ 325778; 20-12-06, EDJ 388375). **14598**

Hay que diferenciar, según afecte al momento procesal o al derecho ejercido, entre:

a) Su vertiente **formal** (LEC art.207.3), vinculando al tribunal y a las partes a las resoluciones firmes dictadas en el proceso. La cosa juzgada formal queda referida al propio proceso en que ha recaído la resolución firme.

b) Su vertiente **material** (LEC art.222), que puede tener efecto positivo y negativo respecto de las resoluciones de fondo, pues solo puede haber cosa juzgada si se ha juzgado (TS 6-6-06, EDJ 94142) aunque también una sentencia meramente procesal puede constituir cosa juzgada en relación exclusivamente con el presupuesto procesal que examina.

• Los **efectos negativos o preclusivos** son los que impiden que se vuelva a juzgar lo ya juzgado. Para apreciarse exige la triple identidad en cuanto a los sujetos, petición y causa de pedir (TS 19-6-92, EDJ 6571; 30-4-97, EDJ 3653), aunque se han atenuado las exigencias respecto de la identidad subjetiva y la objetiva (TS 20-10-04, EDJ 174338; 24-1-05, EDJ 13415). Los hechos y los fundamentos jurídicos que pudieron alegarse en un proceso anterior no pueden fundar la modificación de lo resuelto por sentencia firme (TS 26-4-17, EDJ 84491), salvo que se trate de alegaciones complementarias, o de hechos nuevos o de nueva noticia posteriores a la fecha de interposición de la primera demanda (LEC art.400; TS 2-11-22, EDJ 734512).

Se estima su concurrencia cuando se ha resuelto un conflicto colectivo de ámbito nacional y se plantea otro conflicto de ámbito provincial con el mismo objeto (TS 9-3-07, EDJ 25441; o cuando se reclaman diferencias salariales sobre un módulo salarial decidido en sentencia firme de despido (TS 29-3-07, EDJ 75883) también cuando ya se alegó y se condenó a la empresa por violación de la libertad sindical sin que quepa solicitar en un nuevo pleito por tal causa indemnización de daños y perjuicios (TS 17-2-15, EDJ 37723). Sin embargo, **no hay cosa juzgada** cuando en el anterior proceso no se enjuició y resolvió la cuestión planteada sino la validez de un laudo arbitral, cuando las partes del nuevo proceso no aceptaron que la controversia se sometiera a arbitraje (TS 10-10-07, EDJ 195080). Tampoco cuando las sentencias proceden de **acciones diferentes**, por ejemplo, solicitud de recolocación e impugnación de un despido (TS 29-6-10, EDJ 153373) o el ser reconocido como fijo o discontinuo y en el otro pleito la percepción de trienios y antigüedad (TS 10-3-15, EDJ 72678).

• Los **efectos positivos o vinculantes** son los que obligan a juzgar como ya se juzgó en el litigio precedente, debiendo existir identidad subjetiva -las mismas partes o aquellos a quienes se extienda la eficacia de la cosa juzgada-, cuando lo allí juzgado aparezca como antecedente lógico de lo que ahora se juzga, de forma que no se excluye el segundo proceso, pero en este ha de respetarse lo ya resuelto en relación con el elemento que es antecedente lógico que condiciona el segundo litigio (LEC art.222.4; TS 24-2-14, EDJ 30191; 14-4-05, EDJ 62700). No es óbice para que **se aprecie** este efecto positivo, respecto del salario y antigüedad fijados en una anterior sentencia, cuando en la demanda contra el FOGASA se declaró la insolvencia provisional de la empresa demandada (TSJ Burgos 22-11-05, EDJ 232109). También se aprecia cuando en sentencia anterior por idéntica acción se declaró el derecho a recibir diferencias salariales por desempeño de funciones de categoría superior que no ha variado (TS 24-2-15, EDJ 31734), o cuando, en proceso sobre reclamación de indemnización, se calificó una dolencia como enfermedad profesional, y en un segundo proceso se solicita la pensión de viudedad correspondiente (TS 19-7-23, EDJ 635038).

14599 Precisiones 1) Se vulnera el derecho a la tutela judicial efectiva cuando se acredita que no se tuvo en cuenta una sentencia firme previa (TCo 15/2006). También cuando, aceptando la excepción de cosa juzgada, se haya tomado en consideración para resolver un recurso de suplicación los hechos probados consignados en una **sentencia que no era firme** aportada por la parte (TS 17-2-15, EDJ 75942).

2) No existe efecto negativo de la cosa juzgada cuando **no hay decisión de fondo** sobre la petición planteada, sino inadmisión de una pretensión de condena de futuro, pues puede reproducirse con posterioridad cuando existan las situaciones de hecho que puedan justificarla (TS 27-3-13, EDJ 46902; 27-3-13, EDJ 68108).

14600 **Incumplimiento de requisitos preprocesales e inadecuación del procedimiento** El incumplimiento de requisitos preprocesales se refiere a la no aportación de la acreditación de haber llevado a cabo el **acto de conciliación administrativa** o de haber interpuesto la reclamación previa cuando sea preciso. Se trata de una cuestión que debe observar el letrado de la Administración de Justicia en el momento de admisión a trámite de la demanda, a efectos de requerir a la parte para su cumplimiento o acreditación, acordando en caso de incumplimiento de lo requerido el archivo de las actuaciones.

La excepción de **inadecuación de procedimiento** se suscita por el demandado que considera equivocada la modalidad procesal elegida por el demandante para hacer valer su pretensión. La estimación de la excepción obliga a dar al asunto la **tramitación que corresponda** a la naturaleza de las pretensiones ejercitadas, sin vinculación necesaria a la modalidad elegida por las partes y completando, en su caso, los trámites que fueran procedentes en la modalidad procesal adecuada, aplicándose el régimen de recursos que corresponda. Solo procede el **sobreseimiento o la absolución en la instancia** cuando no sea posible completar la tramitación seguida hasta ese momento o cuando la parte actora persista en la modalidad procesal inadecuada (LRJS art.102.2; TS 5-6-23, EDJ 589937; TSJ Madrid 8-5-17, EDJ 113479). Si no cabe la **reconducción procesal** procede la anulación de actuaciones con retroacción al momento adecuado para evitar lesiones del derecho a la tutela judicial efectiva (TS 27-1-15, EDJ 14598). En algunos casos se puede producir a la vez la inadecuación y la falta de legitimación procesal, lo que determina la nulidad y el archivo, en lugar de la nulidad y la continuación procesal por el procedimiento adecuado (TS 22-1-96, EDJ 52439).

La determinación del procedimiento idóneo constituye **materia de orden público** por la que tiene que velar el juez de oficio, en los supuestos en que implique ausencia de los requisitos indispensables para ser alcanzado el fin del proceso o cuando comporte la indefensión de parte (TS 23-10-93, EDJ 9438; 22-1-09, EDJ 11811; 29-6-06, EDJ 253489).

14601 Precisiones 1) Cuando se pretende el **restablecimiento de la relación laboral** que existía antes de un cese decidido por el empresario, se ha de impugnar la decisión empresarial por la modalidad procesal de despido. Existe acción de despido para un piloto en incapacidad permanente total durante más de 5 años al que se le cesa al amparo del convenio colectivo de pilotos; por lo que no hay inadecuación de procedimiento. Si se estimara esta excepción no es posible pronunciarse sobre el fondo de la pretensión (TS 16-7-12, EDJ 195809).

2) No se debe admitir la excepción cuando la utilización de la modalidad procesal, por ejemplo, de **conflicto colectivo**, es correcta (TS 12-7-07, EDJ 166159; 20-7-07, EDJ 152517). Sin embargo, sí se admite cuando, considerando el objeto del proceso, no cabe su sustanciación en el marco de un procedimiento de conflicto colectivo (TS 23-7-15, EDJ 191211).

3) En el proceso especial de tutela de **derechos fundamentales** no procede declarar la inadecuación de procedimiento sino un pronunciamiento desestimatorio cuando se aprecie que no se han conculcado los derechos alegados (TS 10-7-01, EDJ 35626; 2-6-97, EDJ 4773).

4) Cuando se discute la cuantía de la **indemnización por despido** y se pone en cuestión la propia existencia de la indemnización o los elementos básicos para su determinación o la naturaleza de la indemnización debida o la validez de cláusulas contractuales que resulten determinantes para la configuración de la indemnización, el único procedimiento adecuado es el de despido; solo será adecuado el procedimiento ordinario cuando el litigio se limita exclusivamente a la reclamación de una cantidad no discutida o que deriva de unos parámetros de cálculo sobre los que no existe discrepancia entre las partes (TS 2-12-16, EDJ 245924; 24-2-17, EDJ 15508; 23-3-22, EDJ 532074).

5) En caso de **inadecuación de la modalidad procesal elegida o tramitada** se debe hacer uso de la facultad judicial de reconducción del procedimiento, dando al asunto la tramitación del procedimiento adecuado, completando los trámites que fueran procedentes según la modalidad procesal adecuada. Salvo supuestos excepcionales, no es posible dejar imprejuzgada la cuestión de fondo, siendo un remedio subsidiario y excepcionalísimo la desestimación de una demanda por inadecuación de procedimiento (TS 5-6-23, EDJ 589937).

d. Réplica

(LRJS art.85.4, 87.3 y 88.1)

Si se han formulado **excepciones o reconvención**, el juez da la palabra a la parte actora para que conteste. En los demás casos la **réplica es innecesaria**. No obstante, el juez o tribunal puede en todo momento conceder la palabra a las partes las veces que lo estime oportuno para su mejor ilustración, pidiéndoles que hagan alegaciones durante el juicio sin apartarse de las pretensiones y causa de pedir que expresen las partes en la demanda y contestación. Puede tratarse de cuestiones que deban ser resueltas de oficio o resulten de la fundamentación jurídica aplicable, aun cuando hubiera sido alegada de modo incompleto o incorrecto. **14602** MPL nº 2616 s.

Si el acto de **juicio** hubiera quedado **concluso**, el juez puede acordar la audiencia para estas alegaciones que se sustanciará por el **plazo** común de 3 días, mediante alegaciones escritas y preferiblemente por medio informático o telemático.

e. Prueba

(LRJS art.87 y 90 -redacc LO 1/2025- a 96; LEC art.217, 281 a 386, 444 y 445)

Mediante la prueba las partes intentan acreditar los **hechos** en los que fundamentan sus respectivas alegaciones, y a su instancia se practican los medios probatorios que proponen y son admitidos. En el proceso laboral han de aplicarse las disposiciones civiles de la LEC sobre la prueba, aunque se mantienen las **especialidades** contenidas en la LRJS. Esta norma refuerza que el juez o tribunal resuelva sobre la naturaleza del medio de prueba y favorece la admisión de las pruebas, aunque no se hayan propuesto debidamente, cuando tengan utilidad procesal, transformándolo en su modalidad correcta. **14603** MPL nº 2640 s.

Además, esta regulación de los medios de prueba se ha adaptado a la realidad de los **soportes electrónicos** cotidianos (LEC art.320 y 346, 382 y 383).

La utilización de los **medios de prueba** forma parte del derecho fundamental a la tutela judicial efectiva, lo que supone una obligación para el juez de proveer la satisfacción de tal derecho sin desconocerlo ni obstaculizarlo (TCo 30/1986). No obstante, la Const art.24 hace referencia a la utilización de los medios de prueba pertinentes y con ello a que la práctica probatoria no es ilimitada, sino que debe constreñirse a los hechos que puedan considerarse **controvertidos** ya que sobre los hechos **conformes** no es pertinente la práctica de prueba alguna (TCo 51/1984). Si bien no existe el derecho a una actividad probatoria ilimitada, la **denegación injustificada** de pruebas pertinentes que produzca un efectivo menoscabo del derecho a la defensa, vulnera el derecho a la tutela judicial efectiva (TCo 121/2004; 212/2012; 188/1993; TS 22-7-22, EDJ 645949).

14604 La apreciación de la existencia de una vulneración del **derecho a la utilización de los medios de prueba** pertinentes para la defensa consagrados en la Const art.24.2 está rigurosamente condicionada a la existencia de indefensión material. La doctrina del Tribunal Constitucional ha reiterado que el alcance de dicha garantía queda condicionado por su carácter de derecho constitucional de naturaleza procedimental, lo que exige que, para apreciar su vulneración, quede acreditada la existencia de una **indefensión** constitucionalmente relevante, resultando necesario demostrar que la actividad probatoria que no fue admitida o practicada era decisiva en términos de defensa, esto es, que hubiera podido tener una influencia decisiva en la resolución del pleito, por ser potencialmente trascendente para el sentido de la resolución (TCo 76/10). Se ha de valorar si la prueba denegada pudo haber sido eficaz o no para la estimación de la pretensión (TS 8-2-18, EDJ 10122).

Está **exento de prueba** el contenido de las normas pues rige el principio *iura novit curia* (TS 25-9-08, EDJ 197300), así como los hechos notorios, aunque es necesaria su alegación (LEC art.281.1). Es necesario acreditar los usos y costumbres (CC art.1.3) y el derecho extranjero cuando resulte de aplicación (nº 9407 Memento Social 2026).

No hay que probar los convenios colectivos publicados en el BOE o en el Boletín de una comunidad autónoma (TCo 151/1994), siempre que haya datos suficientes de identificación y la competencia del órgano judicial no exceda del ámbito territorial del diario oficial correspondiente (TS 20-11-00, EDJ 55657). De manera que para alegar infracción de un convenio colectivo provincial en el recurso de casación se exige que esté aportado el mismo como prueba (TS 27-4-04, EDJ 31779; 17-9-04, EDJ 160234).

Sí **deben aportarse** los acuerdos extraestatutarios o de empresa.

14605 **Proposición y admisión** Finalizadas las alegaciones, sigue en el acto de juicio la **fase probatoria** que tiene tres momentos: la proposición, la admisión-denegación de la prueba propuesta, que se analizan en este número y, en tercer lugar, su práctica (nº 14610).

Contra las decisiones del juez admitiendo o inadmitiendo la denegación de diligencias de citación o requerimiento de pruebas cabe **recurso de reposición** (LEC art.285) que pueden emplear tanto quien la proponga como quien deba soportar la carga de cumplimentarla (nº 14657).
El juez debe tomar una decisión razonada en resolución con forma de **auto** acerca de su admisión o inadmisión (LEC art.281 a 283).
• **Proposición de prueba**: la prueba debe ser solicitada por las partes, previa justificación de su utilidad y pertinencia. Pueden asimismo solicitar, al menos con 10 días de antelación a la fecha del juicio, diligencias de preparación de la prueba a practicar en juicio salvo cuando el señalamiento se deba efectuar con antelación menor, en cuyo caso el plazo será de 3 días, y sin perjuicio de lo que el juez decida sobre su admisión o inadmisión en el acto del juicio.
El juez debe pronunciarse motivadamente acerca de la pertinencia o rechazo de la prueba propuesta, debiendo ser admitida o rechazada, razonando la resolución para evitar indefensión, lo que provocaría la nulidad de actuaciones (TS 20-1-15, EDJ 12130). Si no se solicita en tiempo y forma, no cabe pretender la nulidad de actuaciones debidas a su propia falta de diligencia. Así, no hay infracción procesal ni indefensión si el juez de instancia no admite la prueba de interrogatorio de testigos propuesta tardíamente, ya en fase de conclusiones -aunque se hubiera solicitado antes en la demanda- por haber omitido la parte su proposición en el momento adecuado, tras la fase de alegaciones, por lo que se confirma la decisión de no admitir dicha prueba (TS 8-2-18, EDJ 10122).
• **Admisión o denegación** de la prueba propuesta: se han de admitir las pruebas que se formulen y puedan practicarse en el acto de juicio, respecto de los hechos sobre los que no hubiera conformidad salvo en los casos en que la materia objeto del proceso esté fuera del poder de disposición de los litigantes, siempre que aquellas sean útiles y directamente pertinentes a lo que sea el objeto del juicio y a las alegaciones o motivos de oposición previamente formulados por las partes en el trámite de ratificación o de contestación de la demanda. Entre los medios de prueba están incluidos los procedimientos de reproducción de la palabra, de la imagen y del sonido y expresamente también los de archivo y reproducción de datos, que deben ser aportados por medio de soporte adecuado y poniendo a disposición del órgano jurisdiccional los medios necesarios para su reproducción y posterior constancia en autos (LRJS art.90.1; LEC art.382 a 384).
Pueden admitirse también aquellas pruebas que requieran el **traslado del juez o tribunal** fuera del local de la audiencia, si se estimasen imprescindibles. En este caso, se suspende el juicio por el tiempo estrictamente necesario.
El juez o tribunal, cuando resuelva sobre la **pertinencia** de las pruebas propuestas, ha de determinar la naturaleza y clase de medio de prueba de cada una de ellas, resolviendo sobre las posibles diligencias complementarias o de adveración de las pruebas admitidas y sobre las preguntas que puedan formular las partes.

14606 La parte proponente puede hacer constar su **protesta** en el acto contra la inadmisión de cualquier medio de prueba, diligencia o pregunta, a efectos del correspondiente recurso contra la sentencia.
Procede declarar la **nulidad** de la sentencia y la nulidad de actuaciones cuando se solicitó en forma la práctica de una prueba (en demanda y acto del juicio o incluso anticipadamente), cuya ejecución pudo ser determinante para el resultado del juicio y fue denegada. Máxime cuando la prueba se solicitó en la demanda, sin que el órgano judicial resolviera nada sobre su admisión o rechazo; petición que se reiteró en el acto del juicio donde tampoco fue atendida, causando la protesta formal que también fue desatendida, generando indefensión al haberse prescindido de las **formas esenciales** del juicio por infracción de las normas reguladoras de los actos y garantías procesales (TS 20-9-05, EDJ 166177; 20-1-15, EDJ 12130; 25-1-18, EDJ 5952).
El **silencio del órgano judicial** a las solicitudes de prueba, con protesta formal de la parte solicitante, supone prescindir de las formas esenciales del juicio por infracción de las normas reguladoras de los actos y garantías procesales, y produce indefensión (TS 13-11-14, EDJ 223375).
Existe un incidente dentro del juicio por el que el juez resuelve sobre posibles aspectos de **ilegalidad o vulneración constitucional** de algún elemento de prueba. Tiene la doble finalidad de garantizar los derechos amenazados y, por otro lado, de no provocar la pérdida de un elemento probatorio de posible utilidad para la garantía de la tutela judicial efectiva: grabaciones de sonido, fotografías, videos, etc. (LRJS art.90 redacc LO 1/2025). No se admiten pruebas que tengan su origen o que se hubieran obtenido, directa o indirectamente, mediante procedimientos que supongan violación de **derechos fundamentales o libertades públicas** (TS 21-6-12, EDJ 154964). Esa prueba debe apartarse del proceso al igual que todas las pruebas que deriven de ella -doctrina anglosajona del «fruto del árbol emponzoñado»- (TCo 98/2000; 39/2016; TS 7-7-16, EDJ 152179; 31-1-17, EDJ 11131; 20-6-17, EDJ 133510). Las **pruebas anteriores** a la vulneradora de los derechos fundamentales quedan a salvo (TS 8-2-18, EDJ 10156; 19-2-20, EDJ 550149).

Esta cuestión puede ser suscitada por cualquiera de las partes o de oficio por el tribunal en el momento de la **proposición** de la prueba, salvo que se pusiese **de manifiesto durante la práctica** de la prueba una vez admitida. A tal efecto, se ha de oír a las partes y, en su caso, se practican las diligencias que se puedan practicar en el acto sobre este concreto extremo, recurriendo a **diligencias finales** solamente cuando sea estrictamente imprescindible y la cuestión aparezca suficientemente fundada.
Más concretamente, sobre la posible vulneración del derecho a la intimidad y a la protección de datos, por ejemplo, por la utilización como prueba de imágenes captadas por cámaras de videovigilancia, y la validez de esta prueba en el marco de un pleito de despido, es representativa la TSJ Madrid 25-1-19, EDJ 515165.
Contra la resolución que se dicte sobre la **pertinencia de la práctica** de la prueba y en su caso de la unión a los autos de su resultado o del elemento material que incorpore la misma, solo cabe recurso de reposición, que se interpone, se da traslado a las demás partes y se **resuelve oralmente** en el mismo acto del juicio o comparecencia, quedando a salvo el derecho de las partes a reproducir la impugnación de la prueba ilícita en el recurso que, en su caso, procediera contra la sentencia (LRJS art.90.2).
La prueba puede no admitirse por resultar **impertinente,** por no guardar relación con el objeto del proceso, o por resultar **inútil**, por no servir, conforme reglas razonables y seguras, para esclarecer los hechos controvertidos.

Precisiones 1) Se ha considerado que la **prueba documental** basada en las imágenes captadas por la cámara vulnera el derecho a la intimidad en su vertiente de protección de datos (Const art.18.1 y 4; TCo 186/2000; 29/2013). Además, se ha denegado la prueba obtenida de cámaras instaladas permanentemente al no advertirse sobre su posible utilización para incumplimientos laborales (TCo 29/2013; TS 13-5-14, EDJ 102959; TSJ Madrid 9-2-15, EDJ 16528). **14607**
No obstante, se admite la **prueba de videovigilancia** que capta un hurto en una tienda, u otros incumplimientos laborales, cuando las cámaras se colocan como reacción a una situación de pérdidas importantes de material o sospechas de otras infracciones laborales, en el interior del centro de trabajo y con carteles que advertían de su presencia, lo que hace que los trabajadores conozcan su existencia y finalidad. Se trata de un uso adecuado de la videovigilancia al constatarse que su instalación **supera el control de proporcionalidad**, es el medio idóneo, no cabe otra medida más moderada pero igual de eficaz y es una medida equilibrada de la que se derivan más beneficios que perjuicios (TCo 39/16; 119/2022; TS 30-3-22, EDJ 532081; 2-2-17, EDJ 11297; 7-7-16, EDJ 152179; TSJ Madrid 22-5-17, EDJ 128768; 9-2-15, EDJ 16528). La prueba es **válida** cuando el trabajador afectado por el control informático conocía que existía una clara prohibición empresarial de uso personal de los ordenadores que habilitaba su control y no tenía expectativa de intimidad. Su realización estaba justificada en una **información previa** obtenida lícitamente por la empresa sobre el incumplimiento del trabajador. Además, dicho control fue proporcionado, no genérico o indiscriminado, al realizarse desde el servidor de la empresa, en determinadas fechas y únicamente en relación con el incumplimiento del Código de conducta (TS 8-2-18, EDJ 10156; TCo 170/2013). En este sentido es de gran interés la doctrina del TEDH 17-10-19 núm 1874/13 y 8567/13.
2) A efectos del derecho fundamental al **secreto de las comunicaciones** hay que diferenciar entre su quebrantamiento por terceras personas ajenas a la conversación, o cuando es utilizado por uno de los interlocutores (TCo 114/1984; TSJ Cataluña 31-1-18, EDJ 73097; TSJ Madrid 23-9-22, EDJ 708294). Sobre el acceso de la empresa a las comunicaciones realizadas por el trabajador en cuentas de mensajería instantánea, se ha apreciado la violación del CEDH art.8 (TEDH 5-9-17 núm 61496/08).

3) Siempre que no existan medios de prueba alternativos y sea necesario a los fines del proceso, el juez o tribunal puede autorizar el **acceso a documentos o archivos**, en cualquier soporte, que pueda **afectar a la intimidad** personal u otro derecho fundamental. La actuación se autoriza mediante auto, previa ponderación de los intereses afectados a través de juicio de proporcionalidad y con el mínimo sacrificio, determinando las condiciones de acceso, garantías de conservación y aportación al proceso, obtención y entrega de copias e intervención de las partes o de sus representantes y expertos, en su caso (LRJS art.90.4). En el mismo sentido, sobre el **dictamen pericial médico o psicológico**, ver nº 14616. **14608**
Si como resultado de las medidas anteriores se obtuvieran **datos innecesarios, ajenos a los fines del proceso** o que pudieran afectar de manera injustificada o desproporcionada a derechos fundamentales o a libertades públicas, se ha de resolver lo necesario para preservar y garantizar adecuada y suficientemente los intereses y derechos que pudieran resultar afectados (LRJS art.90.6).
4) La **denegación de la prueba** por parte del juez ha de estar **motivada** (TS 20-9-05, EDJ 166177; TCo 140/1985; 65/1992), sin que pueda sacrificarse en aras a preservar otros principios como el de celeridad procesal (TS 19-6-93, EDJ 6041).
5) El recurso de **reposición frente a la denegación** motivada de la prueba pericial médica no puede resolverse en la sentencia, sino en un momento previo al juicio oral, aunque esta infracción procesal se ha considerado que no conduce a la nulidad de actuaciones. Sólo concurriría tal nulidad si la denegación de la prueba pericial médica adoleciera de motivación alguna (TSJ Extremadura 15-6-06, EDJ 248818).

6) Sobre la prueba de **detectives** como vigilancia singular de los representantes de los trabajadores en relación al correcto uso del **crédito horario** (nº 15025). Asimismo, existen limitaciones al uso de la prueba de informe de detectives en relación con la conducta de los trabajadores no representantes (TS 20-6-17, EDJ 133510; TSJ Madrid 28-5-18, EDJ 548563).
7) El domicilio y otros lugares reservados, como el jardín de la casa del trabajador, deben considerarse **ámbitos inmunes a las labores de investigación de los detectives** privados con vistas a la obtención y aportación de pruebas. Se trata de un ámbito en el que se ejerce la vida íntima, personal y familiar y que puede permanecer ajeno a las intromisiones de terceros si el titular no lo autoriza, pues es un espacio en el que tiene una expectativa legítima de privacidad, siempre que no sea completamente visible desde el exterior y esté protegido de alguna manera -p.e. con vallas, muros o setos- (TS 25-5-23, EDJ 582581).

14609 MPL nº 2700 s. **Carga de la prueba** (LEC art.217) Corresponde al **actor y al demandado reconviniente** la carga de probar la certeza de los hechos de los que ordinariamente se desprenda, según las normas jurídicas a ellos aplicables, el efecto jurídico correspondiente a las pretensiones de la demanda y de la reconvención.
Incumbe al **demandado y al actor reconvenido** la carga de probar los hechos que, conforme a las normas que les sean aplicables, impidan, extingan o enerven la eficacia jurídica de los hechos a que se refiere el apartado anterior (LEC art.217).
Esto, traducido al **ámbito laboral** significa que:
• El **trabajador** o el demandante debe acreditar la existencia del vínculo contractual laboral y la de las obligaciones que del mismo reclama se cumplan.
• El **empresario** o el demandado debe acreditar que ha cumplido con las obligaciones que se le reclaman.
Con carácter general, corresponde así al **demandante** acreditar los hechos constitutivos de su pretensión que sean controvertidos -categoría, antigüedad, salario o el propio hecho del despido- y al **demandado** los hechos impeditivos, extintivos o excluyentes -prescripción, pago, dimisión o abandono del trabajador- (TS 10-10-06, EDJ 345848; 19-12-11, EDJ 352555; 4-7-23, EDJ 616428). Esta regla general se puede ver alterada a través de **dos mecanismos**:
a) Las **presunciones legales** (LEC art.385) dispensan de la prueba del hecho presunto a la parte a la que favorezca este hecho. Solo son admisibles cuando la certeza del hecho -indicio del que parte la presunción- ha quedado establecido. Se distinguen las presunciones *iure et de iure*, frente a las que no cabe prueba en contrario, de las presunciones *iuris tantum*, en las que cabe romper la presunción con prueba que la contradiga. Tal prueba ha de dirigirse a:
- probar la inexistencia del hecho presunto;
- demostrar que no existe enlace entre el hecho que se presume y el hecho probado o admitido que fundamente la presunción.
Con todo, se considera que, si bien mediante las presunciones se fijan los hechos, estas no constituyen propiamente un medio de prueba.

14609.1 **b)** La **inversión de la carga de la prueba** acontece cuando se altera la distribución de la carga probatoria (LEC art.217.2 y 3), lo que ocurre cuando:
• El juez lo acuerde atendiendo a la **disponibilidad y facilidad probatoria** de las partes (LEC art.217.6; TCo 144/2006; TS 2-11-90, EDJ 9998; TSJ Málaga 10-11-00, EDJ 60876). Concretándose, por ejemplo, en la **inversión de las cargas probatorias** si la parte demandada no aportó el convenio en que se fundamenta la demanda, no pudiendo acceder al mismo el trabajador, sin que ello quiebre el principio de igualdad de armas (TSJ Madrid 6-2-06, EDJ 40624). También se ha considerado que los trabajadores tienen mayor disponibilidad y facilidad probatoria respecto a los empleos que realizaron durante los períodos en que reclamaban al **Estado salarios de tramitación** (TS 29-9-10, EDJ 246769). Igualmente, la empresa debe acreditar, al menos indiciariamente, la situación de falta de liquidez en los **despidos por causas económicas** (TS 23-11-22, EDJ 756522); y las circunstancias en que se prestan las **horas extraordinarias**, debido al criterio de mayor facilidad probatoria (TS 22-7-14, EDJ 180105).
• Una **norma legal** lo establezca. Así sucede, por ejemplo:
- en materia de vulneración de cualquier **derecho fundamental o libertad pública**, incluida la prohibición de **discriminación** por razón de sexo, orientación o identidad sexual, origen racial o étnico, religión o convicciones, discapacidad, edad, así como en los supuestos de **acoso**. En este caso la inversión de la carga de la prueba supone que, una vez constatada la existencia de indicios de vulneración de un derecho fundamental a probar por el **demandante**, el **demandado** debe aportar una justificación objetiva razonable y suficientemente probada de las medidas adoptadas y de su proporcionalidad que despeje la sospecha de vulneración del derecho fundamental (TS 24-9-86, EDJ 5755; 21-12-90, EDJ 11895; 24-12-90, EDJ 11968; LRJS art.96.1 y 181.2); y también
- en los procesos sobre responsabilidades derivadas de **accidentes de trabajo y enfermedades profesionales** en los que corresponde a los **deudores de seguridad** y a los concurrentes

en la producción del resultado lesivo probar la adopción de las medidas necesarias para prevenir o evitar el riesgo, así como cualquier factor excluyente o minorador de su responsabilidad. No puede apreciarse como **elemento exonerador** de la responsabilidad la culpa no temeraria del trabajador ni la que responda al ejercicio habitual del trabajo o a la confianza que este inspira (LRJS art.96.2).

Precisiones 1) Los **indicios aportados por el trabajador** pueden ser contrarrestados por otros datos, como la distancia temporal entre una anterior demanda y el despido, la concurrencia de más personas en la misma situación y la existencia de una causa seria para el despido, aunque este fuera improcedente por motivos formales (TS 22-1-19, EDJ 507521). **14609.2**

2) Esta especial regla de **distribución de la carga** de la prueba no solo se proyecta sobre actos disciplinarios del empresario, principalmente despidos sino también en relación a **otras facultades empresariales** como la resolución del contrato en período de prueba (TCo 94/1984; 166/1988), la negativa a readmitir tras una excedencia voluntaria (TCo 266/1993) o la denegación de ciertas cantidades (TCo 38/1986). Asimismo, incumbe al empresario probar que las **diferencias salariales** entre distintas categorías profesionales no responden a una discriminación indirecta por razón de sexo (TCo 58/1994; 147/1995) reconociéndose también su operatividad en supuestos de discriminación por **razones sindicales** en la función pública (TCo 293/1993; 85/1995; 17/1996).

3) Se ha considerado que no existen indicios suficientes de **discriminación** en una falta de renovación del contrato de una profesora de religión que acreditó la participación en una huelga, la presentación de una demanda previa o el haber contraído matrimonio con un divorciado (TCo 11-11-14, Voto Particular).

4) La carga de la prueba de los **daños y perjuicios** corresponde a quien los alega, que es quien debe determinar las bases utilizadas para su cálculo y la relación de causalidad. La mera existencia de la lesión de un derecho fundamental implica, según la actual jurisprudencia, la generación de un daño moral, para cuya reparación no existen parámetros que permitan con precisión traducir en términos económicos el sufrimiento en que tal daño consiste, lo cual lleva a un mayor margen de discrecionalidad en la valoración (TS 19-12-17, EDJ 285597; 9-3-22, EDJ 521521). Son criterios válidos: la antigüedad del trabajador en la empresa, la persistencia temporal de la vulneración del derecho fundamental, la intensidad del quebrantamiento del derecho, las consecuencias que se provoquen en la situación personal o social del trabajador o del sujeto titular del derecho infringido, la posible reincidencia en conductas vulneradoras, el carácter pluriofensivo de la lesión, el contexto en el que se haya podido producir la conducta o una actitud tendente a impedir la defensa y protección del derecho transgredido (TS 20-4-22, EDJ 549606).

5) En el caso específico de **discriminación por razón de discapacidad** se invierte la carga de la prueba, y el juez o tribunal puede pedir informes al respecto (RDLeg 1/2013 art.77). También hay norma específica sobre la inversión de la carga en la discriminación por **razón de sexo** (LO 3/2007 art.13).

6) Acreditada la prestación de servicios, es el empresario el que tiene que **demostrar que ha abonado el sueldo a sus trabajadores** o que no había obligación de hacerlo. En caso de que el pago se hubiera realizado en metálico, puede aportar el preceptivo recibo de cobro firmado por el trabajador que ha de obrar en su poder. Y si hubiera abonado el salario en dinero negro y de forma oculta, también es quien debe probar el pago, por los medios que fuere (TS 4-7-23, EDJ 616428).

Tramitación y práctica de la prueba (LRJS art.87 y 90.2) Una vez **admitida**, la prueba debe practicarse salvo **renuncia** de la parte que la propuso. Si **no se practicara**, sin mediar renuncia, se puede incurrir en nulidad de actuaciones, siempre que conste la oportuna protesta formal de la parte perjudicada (TSJ Murcia 6-11-06, EDJ 342951). La omisión de la práctica de una prueba propuesta y tenida por pertinente puede ser **lesiva del derecho fundamental** a utilizar los medios de prueba pertinentes (Const art.24.2; TCo 217/1998; 4/2005), siempre y cuando genere efectiva **indefensión** al ser la prueba decisiva en términos de defensa (TCo auto 2/2008; 1/1996; TS 20-7-11, EDJ 198204). **14610**

Por otro lado, en un proceso como el laboral, en el que es misión del juez indagar sobre la verdad material, su **intervención activa** en la proposición y práctica de las pruebas se manifiesta en las siguientes actuaciones:

- acordando la continuación de la práctica de las pruebas propuestas por las partes, aunque desistieran de ellas. Una vez comenzada la práctica de una prueba admitida, si renunciase a ella la parte que la propuso, puede el órgano judicial, sin ulterior recurso, acordar que continúe (LRJS art.87.2);
- interviniendo activamente en su práctica: mediante interrogatorio de partes, testigos y peritos (LRJS art.87.3);
- acordando la práctica de cualquier medio probatorio a través de las **diligencias finales** (LRJS art.88), siempre con intervención de las partes y suspensión del plazo para dictar sentencia.

La práctica de la prueba se concentra de forma ordinaria en el **juicio oral** como la propia propuesta de la misma (LRJS art.87.1.2), según el principio de unidad de acto, en presencia del juez cumpliéndose con ello el principio de **inmediación**.

En ocasiones puede proceder la **práctica anticipada** de pruebas (nº 14558). En la citación también se requiere el previo traslado entre las partes o la **aportación anticipada** de la prueba documental o pericial de que intenten valerse con 10 días de antelación al acto del juicio, en soporte preferiblemente informático salvo que la parte no venga obligada a relacionarse electrónicamente con la Administración de Justicia, en cuyo caso se admite la presentación en papel o en otros soportes no digitales (LRJS art.82.5 redacc LO 1/2025). En otros casos puede necesitarse el traslado del tribunal (LRJS art.87.1) para la práctica de pruebas fuera del local de la audiencia si se estiman imprescindibles, suspendiéndose el juicio por el tiempo necesario.
Finalmente, en caso de **negativa injustificada** de la persona afectada a la realización de las actuaciones acordadas por el órgano jurisdiccional, la parte interesada puede solicitar la adopción de las medidas que fueran procedentes, pudiendo igualmente valorarse en la sentencia dicha conducta para tener por probados los hechos que se pretendía acreditar a través de la práctica de dichas pruebas, así como a efectos de apreciar temeridad o mala fe procesal (LRJS art.90.7).

14611 **Valoración de la prueba** Corresponde en exclusiva al juez de instancia, obteniendo así la
MPL convicción que plasma en el relato de hechos probados de la sentencia. En ausencia de nor-
nº 2752 s. mas específicas en la LRJS es aplicable la **normativa procesal civil**, que se remite a las reglas de la sana crítica (nº 3407).
Que al juez le corresponda valorar la prueba en los términos descritos, no le exime, sino que le obliga a **establecer en la sentencia** las razones que, de las pruebas practicadas y de la convicción que le ofrecen, justifican los hechos que declara probados (LRJS art.97.2; LEC 209.2ª y 3ª y 218.2; TCo 24/1990; TSJ Madrid 22-5-17, EDJ 128726) y también cuando se aplique la prueba de presunciones (LEC art.386.1). La valoración de la prueba es función judicial y solamente podría incurrir en lesión del derecho a la tutela judicial efectiva en el extremo caso de haber incurrido en inferencias arbitrarias, irracionales o absurdas (TCo 44/1989; 24/1990; 44/1989; 175/1985; 141/2001; 244/2005 y 136/2007).
Cuando a la parte a quien le interese la eficacia de un **documento electrónico** lo pida o se impugne su autenticidad debe procederse conforme se establece en la ley de firma electrónica (LEC art.326.3).

Precisiones **1)** Se considera **válida una grabación** admitida en instancia por valoración judicial razonada conforme a las reglas de la **sana crítica** (LEC art.382.3), que se corresponde con un criterio estricto y tal vez no sea la única posible, pero no ha vulnerado el derecho a la tutela judicial efectiva de la empresa recurrente (TSJ Madrid 5-11-18, EDJ 708737).
2) La versión que de los hechos proporciona el juez en la sentencia se sobrepone a la **apreciación personal y subjetiva** de las **partes** las cuales no demuestran error del juzgador ni desvirtúan su convicción (TSJ Madrid 7-2-93). El juez aprecia con absoluta **libertad** los diversos medios de prueba (TS 22-1-91, EDJ 552 y 28-1-91, EDJ 781; TSJ C.Valenciana 25-10-05, EDJ 299549) sin mayores cortapisas a la hora de estimar veraces unos medios probatorios frente a otros.
3) Sobre la valoración de la prueba por el juez de lo social **existiendo resolución penal** en casos de despido ver nº 14970.

14612 **Medios de prueba** (LRJS art.90 -redacc LO 1/2025- a 96; LOPJ art.230; LEC art.299, 382, 383 y 384) Se permi-
MPL ten cuantos medios de prueba se encuentren regulados en la ley, si bien el legislador **limita su**
nº 2768 s. **validez** a que para su obtención no se hubieran violentado derechos fundamentales o libertades públicas (LRJS art.90.2). Este límite se aplica a las pruebas obtenidas en el ejercicio regular de las facultades empresariales de dirección y control de la actividad del trabajador y a las derivadas de los **registros** llevados a efecto respetando el ET art.18 (TS 11-6-90, EDJ 6200).
Las partes pueden proponer como medio de prueba la **reproducción de palabras, imágenes y sonidos** captados mediante instrumentos de filmación, grabación y otros semejantes, así como el examen de instrumentos de archivo y reproducción de datos (LEC art.382 s.).
El acceso a **documentos y archivos** que puedan afectar a la intimidad o a cualquier otro derecho fundamental se resolverá por el juez mediante auto, ponderando los intereses afectados con aplicación de criterios de proporcionalidad y con el mínimo sacrificio (LRJS art.90.4).
Asimismo -a efectos del derecho fundamental al **secreto de las comunicaciones**- hay que diferenciar entre su quebrantamiento por terceras personas ajenas a la conversación, o cuando es utilizado por uno de los interlocutores (TCo 114/1984; TSJ Extremadura 3-4-00, EDJ 18556; TSJ Málaga 28-1-00, EDJ 1037). En este sentido, no se puede oponer el derecho al secreto de las comunicaciones frente a quien formó parte de una conversación y cuya grabación pretende presentar como prueba (Const art.18.3; LRJS art.90.1; TSJ Cataluña 24-1-06, EDJ 12548). La **denegación** de la práctica de la prueba, cuando esta sea útil y transcendente para el desarrollo del juicio, produce indefensión.
Tras la proposición por las partes de sus medios de prueba y admisión por el órgano judicial, la práctica comienza con el traslado recíproco de la prueba documental su examen por las partes y las alegaciones respecto a la autenticidad y contenido de los documentos presentados de

contrario. El **orden** para la **práctica** de los distintos medios de prueba es el siguiente (LEC art.300), si bien puede acordarse, de oficio o a instancia de parte, un **orden distinto**:
1º. **Interrogatorio** de las partes (nº 14613).
2º. Interrogatorio de **testigos** (nº 14614).
3º. Declaraciones de **peritos** (nº 14616).
4º. **Reconocimiento judicial** en la sede del tribunal (nº 14622).
5º. Reproducción ante el tribunal de palabras, **imágenes y sonidos** captados mediante instrumentos de filmación, grabación y otras semejantes y examen de instrumentos de archivo y reproducción de datos.

Precisiones 1) Es **prueba lícita** la obtención de **fotocopias** de documentos de la empresa sin su consentimiento (TS 6-4-90, EDJ 3901).
2) Las **instrucciones del CGPJ** y de la Fiscalía General del Estado sobre uso y utilización de nuevas tecnologías son de obligado cumplimiento (LOPJ art.230; LEC art.147).

Interrogatorio de parte (LRJS art.91; LEC art.301 a 312 a 316) En el interrogatorio de parte las preguntas se proponen verbalmente, sin admisión de pliegos. La parte citada para su interrogatorio está **obligada a comparecer**, si no lo hace se le puede imponer una multa (LEC art.292) y el juez discrecionalmente puede tenerla por **confesa**, aunque no se trata de una imposición legal (TS 27-4-04, EDJ 31803). Los hechos a que se refieran las preguntas pueden ser reconocidos como ciertos en la sentencia si el llamado al interrogatorio **no comparece** sin justa causa a la primera citación, rehusase declarar o persistiese en no responder afirmativa o negativamente, a pesar del apercibimiento que se le haya hecho y siempre que el interrogado hubiese intervenido en ellos personalmente y su fijación como ciertos le resultare perjudicial en todo o en parte. **14613** MPL nº 2772 s.

• El interrogatorio de las **personas jurídicas privadas** se practica por quien legalmente las represente y tenga facultades para responder a tal interrogatorio. Si el representante en juicio **no hubiera intervenido en los hechos** debe aportar a juicio a la persona conocedora directa de los mismos. La parte interesada puede proponer e indicar con tal fin la persona que deba someterse al interrogatorio, justificando debidamente la necesidad de dicho interrogatorio personal (LRJS art.91.3.2º). Cuando el empresario sea **persona jurídica privada**, la declaración de los administradores, gerentes o directivos o las personas que hayan actuado en los hechos litigiosos en nombre y bajo la responsabilidad del empresario, solo puede acordarse dentro del interrogatorio de la parte por cuya cuenta hubieran actuado y en calidad de conocedores personales de los hechos, en sustitución o como **complemento del interrogatorio** del representante legal, salvo que, en función de la naturaleza de su intervención en los hechos y posición dentro de la estructura empresarial, por no prestar ya servicios en la empresa o para evitar indefensión, el juez o tribunal acuerde su **declaración como testigos**. Las referidas prevenciones deben advertirse expresamente al **efectuar la citación** para el interrogatorio en juicio (LRJS art.91.5).

• En caso de que el interrogatorio de **personas físicas** no se refiera a hechos personales, se admite su respuesta por un **tercero** que conozca personalmente los hechos, si la parte así lo solicita y acepta la responsabilidad de la declaración, siempre que el tercero esté a disposición del juez o tribunal en ese momento.

• Para la **Administración Pública** -Estado, comunidad autónoma, entidad local u otro organismo público- la prueba se solicita con antelación al juicio con un pliego de preguntas o posiciones presentado por la parte solicitante y se evacua por vía de informe; leídas en el acto del juicio o en la vista las respuestas escritas, se entenderán con la representación procesal de la parte que las hubiera remitido las preguntas complementarias que el tribunal estime pertinentes y útiles, y si dicha representación justificase cumplidamente no poder ofrecer las respuestas que se requieran, se procederá a remitir nuevo interrogatorio por escrito como diligencia final (LEC art.315).

Interrogatorio de testigos (LRJS art.92; LEC art.360 a 381) En el interrogatorio de testigos son **aplicables supletoriamente** al proceso social las normas de la normativa procesal civil sobre: **14614** MPL nº 2848 s.
- designación de los testigos (LEC art.362);
- obligación de comparecencia (LEC art.292 y 183.4);
- prestación de juramento o promesa (LEC art.365);
- modo de declarar (LEC art.366);
- contenido del interrogatorio (LEC art.368.1);
- admisión e impugnación de preguntas (LEC art.368.2 y 369);
- examen de los testigos (LEC art.370, 372 y 373).

Los testigos tienen **derecho a ser indemnizados** por los gastos y perjuicios derivados de la comparecencia con cargo a la parte que los propuso y sin perjuicio de poder repercutirlos en las costas. También es posible la **declaración domiciliaria** del testigo que puede hacerse por videoconferencia (LEC art.364 y 374), solicitada como prueba anticipada o entre las diligencias finales.
Los testigos presentados a juicio, por las partes, deben declarar de **forma oral**. No se admiten escritos de preguntas y repreguntas.
No pueden ser **tachados** y, en la fase de conclusiones, es posible hacer observaciones respecto de sus circunstancias personales y la veracidad de sus manifestaciones. Ahora bien, la declaración como testigos de **personas vinculadas** al empresario, trabajador o beneficiario, por relación de parentesco o análoga relación de afectividad, o con posible interés real en la defensa de decisiones empresariales en las que hayan participado o por poder tener procedimientos análogos contra el mismo empresario o contra trabajadores en igual situación, solamente puede proponerse cuando su testimonio tenga **utilidad directa y presencial** y no se disponga de otros medios de prueba, con la advertencia a los mismos, en todo caso, de que dichas circunstancias no han de ser impedimento para las responsabilidades que de su declaración pudieren derivarse (LRJS art.92.3). No cabe proponer como testigo a quien es parte demandante, como los miembros de la comisión negociadora ad hoc en un despido colectivo (TS 22-6-20, EDJ 594194).
La **valoración** de esta prueba por el juez debe hacerse conforme las reglas de la sana crítica, tomando en consideración la razón de ciencia que hubiera dado el testigo, y las circunstancias que en él concurran lo que no supone que el juez tenga condicionada su libertad de convicción, pero sí que deba emplearla crítica y razonadamente. Sin embargo, su valoración **vincula a la Sala** de lo Social del Tribunal Superior de Justicia, dada la naturaleza extraordinaria del recurso de suplicación, que no permite entrar en su análisis probatorio, sino a través de la prueba documental auténtica o pericial que permita evidenciar el error que se atribuya al juzgador. Por ello se declara la nulidad de la sentencia del Tribunal Superior de Justicia que accedió a la revisión de hechos probados procediendo a una **nueva valoración** de la prueba de interrogatorio de testigos contraria a la de instancia (TS 16-10-18, EDJ 637459).

14615 Precisiones **1)** El **número de testigos** a declarar en juicio es en principio indeterminado. No obstante, puede el juez limitarlo discrecionalmente cuando sus manifestaciones resultaren reiteración de hechos suficientemente esclarecidos (LRJS art.92.1). No obstante, puede provocar la nulidad de actuaciones si no se razona tal límite de testigos (TSJ Sevilla 19-7-91, Rec 871/91). En todo caso debe razonarse en el recurso, aportando datos concretos de cómo la denegación o limitación de la prueba de interrogatorio de testigos ha podido influir en el resultado del litigio (TCo 76/2010).
2) El juez y las partes pueden hacer a los testigos las **preguntas** que estimen necesarias para esclarecer los hechos controvertidos. Se inadmiten las preguntas que no se refieran a hechos de los que el testigo hubiera tenido conocimiento por sí o que contengan valoraciones y calificaciones que resulten improcedentes (LEC art.360, 368 y 369).
3) Un supuesto específico lo constituye la **prueba de detectives**, cuyo valor es el de una prueba testifical impropia y no documental (TS 7-3-90, EDJ 2565; 15-10-14, Rec 1654/13; 12-9-23, EDJ 688136), sin que sirva el mero aporte de informes (TS 27-12-89, EDJ 11815). Sobre la validez de la prueba de detectives como vigilancia singular de los representantes de los trabajadores en relación al correcto uso del **crédito horario** (nº 15025).
4) Otro supuesto lo constituye el testimonio del **testigo-perito**, persona que conoce directamente los hechos por razón de su práctica profesional. Los conocimientos que aporte se agregan a sus respuestas sobre los hechos (LEC art.370.4).
5) Cuando el testimonio deba prestarse por **entidades públicas y personas jurídicas** por referirse a hechos de su actividad no personalizables, la parte que proponga la prueba podrá solicitarla que se responda por escrito expresando para ello los hechos a los que podrán añadirse los que interesen a las otras partes (LEC art.381).
6) No tienen valor probatorio las **manifestaciones** realizadas **ante notario** y fuera del juicio impidiéndose con ello la contradicción (TS 6-3-91, EDJ 2465). Lo mismo sucede con la declaración de testigos en **expedientes disciplinarios** sancionadores, que no comparecen en juicio, y no son ratificadas ante el juez. Lo mismo sucede con la declaración de testigos en **expedientes disciplinarios** sancionadores, que no comparecen en juicio, y no son ratificadas ante el juez. En general, los llamados «**testimonios documentados**» -manifestaciones o declaraciones sobre hechos, realizadas por escrito- carecen de la naturaleza de prueba documental, pues no cabe confundir el soporte de una prueba -pericial o testifical- con su naturaleza, por lo que su documentación no la convierte en documental hábil a efectos revisores (TS 5-4-18, EDJ 51390; 14-3-05, EDJ 37532).

14616 **Prueba pericial** (LRJS art.93; LEC art.335 a 359) La práctica de la **prueba pericial** se lleva a cabo en
MPL el acto del juicio, presentando los peritos su informe y ratificándolo. No obstante, no es nece-
nº 2828 s. saria ratificación de los informes, de las actuaciones obrantes en expedientes y demás documentación administrativa cuya aportación sea preceptiva según la modalidad procesal de que se trate (LRJS art.93).

El juez puede, de oficio o a petición de parte, requerir la intervención de un **médico forense**, si es preciso su informe en función de las circunstancias particulares de cada caso, de la especialidad requerida, de la necesidad de su intervención, a la vista de los reconocimientos e informes previos que consten en las actuaciones y también puede interesar dictamen de expertos (LRJS art.95.1). La inadmisión de esta prueba debe ser fundada so pena de nulidad de actuaciones (TS 20-9-05, EDJ 166177). Algunos TSJ relacionan el derecho a la **asistencia pericial gratuita** de los trabajadores y beneficiarios de la Seguridad Social con la designación de médico forense prevista en la LRJS art.93.2 (TSJ Madrid 12-4-23, EDJ 553148; 6-6-22, EDJ 617355). Sobre esta cuestión no se ha pronunciado el TS por apreciar falta de contradicción (TS 28-9-17, EDJ 215976).

Puede practicarse **pericial médica**, incluso sin mediar consentimiento del afectado, con autorización judicial y debiéndose adoptar garantías para la emisión de un dictamen pericial médico o psicológico que requiera el sometimiento a reconocimientos clínicos, obtención de muestras o recogida de datos personales relevantes, bajo reserva de confidencialidad y exclusiva utilización procesal, pudiendo acompañarse el interesado de especialista de su elección y facilitándole copia del resultado.

No es necesaria **autorización judicial** si la actuación viniera exigida por las normas de **prevención de riesgos laborales**, por la gestión o colaboración en la gestión de la Seguridad Social, por la específica normativa profesional aplicable o por norma legal o convencional aplicable en la materia (LRJS art.90.5). Si como resultado de las medidas anteriores se obtuvieran **datos innecesarios, ajenos a los fines del proceso** o que pudieran afectar de manera injustificada o desproporcionada a derechos fundamentales o a libertades públicas, se ha de resolver lo necesario para preservar y garantizar adecuada y suficientemente los intereses y derechos que pudieran resultar afectados (LRJS art.90.6).

Si la persona afectada, que ha de ser sometida a reconocimientos clínicos, obtención de muestras o recogida de datos personales relevantes, **se niega de forma injustificada** a la realización de las actuaciones acordadas por el órgano jurisdiccional, la parte interesada podrá solicitar la adopción de las medidas que fueran procedentes, pudiendo igualmente **valorarse en la sentencia** dicha conducta para tener por probados los hechos que se pretendía acreditar a través de la práctica de dichas pruebas, así como a efectos de apreciar temeridad o mala fe procesal (LRJS art.90.7).

Sobre el requerimiento de **traslado o aportación anticipada** de prueba pericial voluminosa o compleja para su examen previo al acto del juicio, ver nº 14610; sobre la posibilidad de efectuar **sucintas conclusiones** complementarias por escrito en relación a dicha prueba, ver nº 14629.

Precisiones 1) Ante **informes** periciales **contradictorios** el juez es soberano para acoger los que le merezcan más crédito. Atendiendo a las reglas de la sana crítica puede el juez optar por la pericia que a su juicio le ofrezca **mayores garantías** de objetividad, imparcialidad e identificación de los hechos (TS 23-2-90, EDJ 2015; TSJ Cataluña 2-2-23, EDJ 528434; TSJ C.Valenciana 3-2-23, EDJ 619633). 14617

2) Para la práctica de prueba pericial sobre la persona del demandante, una **persona con discapacidad** que había sido objeto de abusos, es necesaria una previa justificación singular sin que baste la mera alegación formal de la demandada basada en que la parte actora había presentado una prueba pericial (TSJ Madrid 21-11-16, EDJ 237382).

3) Los peritos designados por el tribunal deben hacer llegar su informe escrito al mismo por **medios electrónicos**.

Documental (LRJS art.94; LEC art.264 -redacc LO 1/2025- a 272 y 317 a 334; RDL 6/2023 art.39 a 46) El legislador **no** ha establecido un **concepto general** de documento, no obstante, la Sala IV del TS se ha decantado por un concepto amplio de prueba documental (LEC art.326.3, 327, 333 y 812.1.1º), que incluye los electrónicos y que es el que impera en el **resto del ordenamiento jurídico** (ver, entre otras muchas normas, el CP art.26 o la LOPJ art.230. A juicio de la Sala IV, la LEC **no** regula **medios de prueba nuevos** aparte de los mencionados de forma taxativa en la LEC art.299.1, sino únicamente fuentes de prueba. La referencia a estas pruebas es muy breve, básicamente exigiendo, no solo su traslado a la parte contraria como los documentos escritos, sino también la necesidad de proceder al visionado del vídeo, a la escucha del audio o al examen del instrumento de archivo (LEC art.299.2, 382.1 y 384.1). El avance tecnológico ha hecho que muchos documentos se materialicen y presenten a juicio a través de los nuevos **soportes electrónicos**, lo que no debe excluir su **naturaleza** de prueba documental, con las necesarias adaptaciones (por ejemplo, respecto de la prueba de autenticación). Si no se postulara un concepto amplio de prueba documental, entiende que llegaría un momento en que la revisión fáctica en los recursos devolutivos (suplicación o casación), solo basada en documentos escritos, quedaría vacía de contenido (TS 23-7-20, EDJ 661590; 9-5-23, EDJ 589720). 14618 MPL nº 2800 s.

La **doctrina científica**, por su parte, entiende el documento como objeto material que incorpora la expresión escrita de un pensamiento o acto humano susceptible de ser aportado al proceso. No obstante, hay que tener en cuenta que la propia LEC, también se refiere a documentos que no son escritos, como dibujos, fotografías, croquis, planos, mapas y otros (LEC art.333). En todo caso, no deben confundirse con los denominados «testimonios documentados» (ver nº 14615).

La presentación de documentos por medios electrónicos se debe ajustar a lo que determine la ley que regule el uso de las tecnologías en la Administración de Justicia (LEC art.268 bis, 270.3 y 273.4 redacc LO 1/2025). Las partes o intervinientes deben presentar todo tipo de documentos y actuaciones para su incorporación al expediente judicial electrónico en **formato electrónico**, salvo en los casos previstos en las leyes. Si se presenta en papel y no en formato electrónico la prueba puede ser inadmitida (AN 5-2-24, EDJ 506939). Los **documentos en papel** que presenten las partes que no vengan obligadas a relacionarse electrónicamente con la Administración de Justicia, deben ser **digitalizados** por la oficina judicial e incorporados al expediente judicial electrónico (RDL 6/2023 art.41 a 46).

Se distinguen los documentos públicos de los privados, ambos pueden presentarse en **soporte electrónico**:

a) Son **documentos públicos** tanto las resoluciones judiciales expedidas por los letrados de la Administración de justicia, como los emitidos por registradores notarios y corredores en el ejercicio de su función, así como los expedidos por funcionarios públicos facultados para dar fe en el ejercicio de sus funciones y también cuando hagan referencia a archivos y registros de las Administraciones públicas o los documentos emitidos en el extranjero que por tratado o convenio internacional se les de valor público. Los documentos públicos hacen **prueba plena** del hecho que documenten y pueden presentarse por copia simple, ya sea en soporte papel o, en su caso, en soporte electrónico a través o a través de imagen digitalizada conforme a la normativa técnica del Comité Técnico Estatal de la Administración Judicial Electrónica sobre imagen electrónica. Si se impugnara su **autenticidad**, puede llevarse a los autos original, copia o certificación del documento con los requisitos necesarios para que surta sus efectos probatorios. Sobre la impugnación, en general, del valor probatorio del documento público, se ha de realizar su cotejo o comprobación, en la forma prevista en la LEC art.320.

14619 **b)** Son **documentos privados** los no considerados públicos solo hacen prueba plena cuando se reconocen por la parte a la que perjudiquen. Los que hayan de aportarse pueden presentarse en **original o mediante copia autenticada** por el fedatario público competente y se unen a los autos o se deja testimonio de ellos, con devolución de los originales o copias fehacientes presentadas, si así lo solicitan los interesados. Estos documentos pueden ser también presentados mediante **imagen digitalizada** conforme a la normativa técnica del Comité Técnico Estatal de la Administración Judicial Electrónica sobre imagen electrónica.

Si se impugna su **autenticidad**, puede llevarse a los autos original, copia o certificación del documento con los requisitos necesarios para que surta sus efectos probatorios. Si la parte solo posee **copia simple** del documento privado, puede presentar esta, ya sea en soporte papel o mediante imagen digitalizada que surtirá los mismos efectos que el original, siempre que la conformidad de aquella con este **no sea cuestionada** por cualquiera de las demás partes. En el caso de que el **original** del documento privado se encuentre en un expediente, protocolo, archivo o registro público, se presenta copia auténtica o se designa el archivo, protocolo o registro.

c) Se considera **documento electrónico** la información de cualquier naturaleza en forma electrónica, archivada en un soporte electrónico según un formato determinado y susceptible de identificación y tratamiento diferenciado. El documento electrónico es **soporte de**:

• Documentos públicos, por estar firmados electrónicamente por funcionarios que tengan legalmente atribuida la facultad de dar fe pública, judicial, notarial o administrativa, siempre que actúen en el ámbito de sus competencias con los requisitos exigidos por la ley en cada caso.

• Documentos expedidos y firmados electrónicamente por funcionarios o empleados públicos en el ejercicio de sus funciones públicas, conforme a su legislación específica.

• Documentos privados, como pueden ser los contratos celebrados por vía electrónica (L 34/2002 art.23 s.).

Por **firma electrónica** se entienden los datos en formato electrónico anejos a otros datos electrónicos o asociados de manera lógica con ellos que utiliza el firmante para firmar. En este sentido:

• La «firma electrónica **avanzada**», es la firma electrónica que cumple los siguientes requisitos (Rgto (UE) 910/2014 art.26):

- estar vinculada al firmante de manera única;
- permitir la identificación del firmante;

- haber sido creada utilizando datos de creación de la firma electrónica que el firmante puede utilizar, con un alto nivel de confianza, bajo su control exclusivo; y
- estar vinculada con los datos firmados por la misma de modo tal que cualquier modificación ulterior de los mismos sea detectable.
• La «firma electrónica **cualificada**», es una firma electrónica avanzada que se crea mediante un dispositivo cualificado de creación de firmas electrónicas y que se basa en un certificado cualificado de firma electrónica (L 6/2020 art.26; Rgto (UE) 910/2014).
Los documentos electrónicos públicos, administrativos y privados, tienen el **valor y eficacia jurídica** que corresponda a su respectiva naturaleza, de conformidad con la legislación que les resulte aplicable.
La prueba de los **documentos electrónicos privados** en los que se hubiese utilizado un servicio de confianza no cualificado se regirá por lo dispuesto en LEC art.326.3. Si el servicio fuese cualificado, se estará a lo previsto en la LEC art.326.4 (L 6/2020 art.3).

Respecto al **momento para su presentación**, las partes deben aportar en el acto de juicio -o facultativamente antes con la demanda en el caso del actor-, cuantos documentos estimen necesarios en apoyo de sus pretensiones, dándose traslado de ellos a la otra parte para su examen bien con la demanda o bien en el acto del juicio. **14620**
En cuanto a la aportación por la parte contraria o por terceros, los documentos y otros medios de obtener certeza sobre **hechos relevantes** que pertenezcan a las partes o se encuentren en su poder deben **aportarse al proceso**, si propuestos como medio de prueba por la parte contraria hubiera sido admitida. Se puede interesar de la parte contraria la exhibición de documentos que tenga en su poder, referidos al objeto del proceso o a la eficacia de los medios de prueba. Si **no se hubieran presentado** sin causa justificada, pueden estimarse probadas las alegaciones hechas por la contraria en relación con la prueba acordada, lo que es potestativo para el juzgador, si bien la parte que solicitó su aportación también puede efectuar protesta a efectos de un posterior recurso (TS 30-1-22, EDJ 501742; 30-1-17, EDJ 11104).
También puede solicitarse la **exhibición de documentos** a terceros ajenos al proceso (LEC art.330) así como a entidades públicas, las cuales solo pueden negarse cuando tengan carácter de secreto (LEC art.332).
El acceso a documentos o archivos, en cualquier tipo de soporte, que pueda afectar a la **intimidad personal u otro derecho fundamental,** cuando sea necesario a los fines del proceso, es decisión del juez o tribunal, siempre que no existan medios de prueba alternativos, quien puede autorizar dicha actuación, mediante auto, previa ponderación de los intereses afectados a través de juicio de proporcionalidad y con el **mínimo sacrificio**, determinando las condiciones de acceso, garantías de conservación y aportación al proceso, obtención y entrega de copias e intervención de las partes o de sus representantes y expertos, en su caso (LRJS art.90.4).
Sobre el requerimiento de **traslado o aportación anticipada** de prueba documental voluminosa o compleja, ver nº 14605; sobre la posibilidad de efectuar **sucintas conclusiones** complementarias por escrito en relación a dicha prueba, ver nº 14614. Respecto de la exhibición previa de documentos, ver nº 14556.

Precisiones 1) No se puede reproducir una petición ya resuelta aportando **documentos que no se presentaron** oportunamente en un primer proceso (TS 15-4-92, EDJ 3750). **14621**
2) La prueba documental es susceptible en su caso, de fundamentar una revisión de hechos probados en el marco de un **recurso** de casación o suplicación.
3) La **instructa** no constituye prueba documental (TS 21-7-93, EDJ 7444).
4) Los documentos han de aportarse en **castellano o** en cualquiera de las **lenguas oficiales** de las comunidades autónomas. En otro caso han de aportarse con la debida traducción, que puede ser privada, acordándose su traducción oficial en caso de discrepancia (LEC art.142 y 144).
5) Para una mayor facilidad en el desarrollo del proceso es conveniente que la prueba documental se aporte debidamente ordenada, **numerada y reseñada** (LRJS art.94.2).
6) La jurisprudencia no reconoce naturaleza de prueba documental **a las grabaciones de imagen y/o sonido**, reproducidas en el acto del juicio, ya que no se trata de documentos incorporados a un soporte electrónico, como es el caso de los correos electrónicos, que sí han sido considerados como prueba documental (TS 23-7-20, EDJ 661590; 6-4-22, EDJ 544237; 9-5-23, EDJ 589720).
7) Cuando a la parte a quien le interese la **eficacia de un documento electrónico** lo pida o se impugne su autenticidad debe procederse conforme se establece en la ley de firma electrónica (LEC art.326.3).
8) Se admite la prueba documental aportada por el trabajador consistente en los **calendarios anuales de otros compañeros**, al existir un interés legítimo y ser necesaria y pertinente para esclarecer los hechos. Además, esa prueba produce efectos únicamente dentro de un proceso con fines jurisdiccionales por lo que debe prevalecer el derecho a la defensa (TSJ Madrid 26-1-24, EDJ 510530).

9) Se ha declarado la nulidad de actuaciones por la **omisión del traslado de la prueba documental a la parte contraria** en un juicio celebrado de manera telemática. Se entiende que la omisión del trámite de traslado de la prueba documental impide que la parte contraria se oponga a su admisión o impugne su autenticidad y supone una merma de sus garantías procesales (TS 29-5-24, EDJ 576785).

14622 MPL nº 2864 s. **Reconocimiento judicial** (LRJS art.87.1; LEC art.353 a 359) Esta prueba consiste en el desplazamiento del tribunal y las partes para el examen de un lugar, objeto o persona de la que es necesaria su inspección ocular. En el reconocimiento **pueden intervenir las partes** proponiendo los extremos que les interesen. Se levanta **acta** de lo actuado y se pueden utilizar medios de grabación audiovisuales. Si se acuerda procede suspender el juicio por el tiempo estrictamente necesario para su práctica.

14623 **Reproducción de grabaciones de imagen o sonido y examen de instrumentos de archivo de datos** (LRJS art.90.1 y 2, disp.final 4ª; LEC art.4, 299.2, 300.5º y 382, 383 y 384) La reproducción ante el tribunal de palabras, imágenes y sonidos captados mediante instrumentos de filmación, grabación y otros semejantes (LEC art.382.1), y el examen por el tribunal de los instrumentos que permitan archivar, conocer o reproducir palabras, datos, cifras y operaciones matemáticas llevadas a cabo con fines contables o de otra clase que sean relevantes para el proceso (LEC art.384.1) son dos medios de prueba distintos.

La **diferencia entre uno y otro** medio de prueba radica en que los instrumentos de grabación, filmación y otros semejantes, captan o recogen palabras -se entiende habladas-, imágenes o sonidos, algo que sucede en un momento concreto, mientras que los instrumentos de archivo o reproducción contienen datos o información en sentido genérico. En uno y otro caso, la información que se pretende incorporar al proceso es mudable y fácilmente manipulable, lo que hace conveniente la intervención de peritos informáticos.

La parte que los proponga debe justificar previamente su **utilidad y pertinencia** (TS 8-3-10, EDJ 19155).

Con independencia de los anteriores medios, existe el medio de prueba consistente en el **documento electrónico**, que tiene naturaleza de prueba documental a todos los efectos.

14624 • **Reproducción ante el tribunal de palabras, imágenes y sonidos captados mediante instrumentos de filmación, grabación y otros semejantes**. Rigen las reglas generales respecto de su proposición y admisión, si bien la parte ha de justificar la utilidad y pertinencia. Esta también debe aportar el soporte adecuado y poner los medios necesarios para su reproducción y posterior constancia en autos a disposición del órgano jurisdiccional, el cual los podrá aceptar o decidir valerse de medios propios, en su caso. La forma de la práctica de la prueba consiste en la reproducción de la filmación o grabación en el mismo acto del juicio bajo el principio de inmediación.

La parte que propone la prueba puede, para facilitar la labor del órgano judicial, acompañar en su caso la **transcripción** de las palabras contenidas en el soporte que resulten relevantes para el caso (LEC art.382.1); y puede aportar los **dictámenes y medios de prueba** instrumentales que considere convenientes -p.e., pericial sobre la autenticidad, interrogatorio de testigos o de la parte contraria- y también las otras partes pueden aportar dictámenes y medios de prueba cuando cuestionen la autenticidad y exactitud de lo reproducido (LEC art.382.2).

En el proceso social existe la dificultad de que la **parte contraria** normalmente conoce la proposición de la prueba de reproducción solamente en el juicio (LRJS art.87.1), con la imposibilidad práctica de proponer a su vez en ese momento medios instrumentales tendentes a impugnar el presentado de contrario, en cuyo caso solamente cabría proponer la prueba en el juicio y solicitar su práctica como diligencia final (LRJS art.88).

En la **grabación del juicio** (LRJS art.89) se han de consignar cuantos datos sean necesarios para la identificación de las filmaciones, grabaciones y reproducciones llevadas a cabo, así como, en su caso, las justificaciones y dictámenes aportados o las pruebas practicadas. El tribunal puede acordar mediante providencia que se realice una **transcripción literal** de las palabras y voces filmadas y grabadas, si no ha sido ya aportada, siempre que sea de relevancia para el proceso, lo cual se unirá al acta.

El material que contenga la palabra, la imagen o el sonido reproducidos ha de ser **conservado por el tribunal**, con referencia a los autos del juicio, o, en su caso incorporarse el expediente judicial electrónico, de modo que no sufra alteraciones (LEC art.383). No obstante, se ha admitido que es suficiente que el sonido de una grabación de audio reproducida en el acto del juicio quede a su vez grabada en el DVD de grabación del juicio (TSJ Las Palmas 5-2-18, EDJ 656253). Al igual que el resto de las pruebas practicadas, su **resultado** es analizado por las partes en el trámite de conclusiones. La **valoración judicial** se lleva a cabo de forma no tasada, de acuerdo con las reglas de la sana crítica, si bien lo filmado o grabado habitualmente tendrá una alta fuerza de convicción (LEC art.382.3).

• **Prueba electrónica**. Se suele denominar **«prueba electrónica» o «prueba digital»**, al examen de instrumentos que permiten archivar, conocer, reproducir palabras, datos, cifras y operaciones matemáticas. En estos casos la información (fuente de prueba) que se aporta al proceso está en formato electrónico, o se realiza mediante aparatos o sistemas que la transmiten en forma de números o letras. **14625**

Conviene **distinguir** entre: las **fuentes de prueba** constituyen realidades independientes y anteriores al proceso, y son las personas o cosas susceptibles de aportar datos de hecho al proceso; y los **medios de prueba** son las actividades que es preciso realizar dentro del proceso para incorporar las fuentes a aquel. La Ley refiere exhaustivamente los medios de prueba (LEC art.299.1 y 2), mientras que alude a las fuentes de prueba reconociendo su carácter de *numerus apertus* (LEC art.299.3), al permitir que el órgano judicial, a instancia de parte, admita como prueba otras fuentes de conocimiento, aunque el precepto aluda equívocamente a «cualquier otro medio no expresamente previsto en los apartados anteriores», a través del cual pudiera obtenerse certeza sobre hechos relevantes.

En este caso la articulación del **medio de prueba**, es decir de la actividad probatoria a realizar en el proceso, queda sin determinar, facultando la ley al órgano judicial para adoptar las medidas que en cada caso resulten necesarias. Respecto a la prueba electrónica, la **fuente de prueba** son los instrumentos electrónicos y digitales en los que se contenga determinada información que pueda ser relevante para la solución del litigio, y que puede hallarse en una página web, un correo electrónico, una base de datos, una hoja de cálculo, un documento Word, redes sociales, aplicaciones de mensajería instantánea, etc.

Para **incorporar** esta información al proceso, es preciso que conste en un soporte, como papel, cinta de video, CD, DVD, dispositivo de memoria, un ordenador, un teléfono móvil, una tablet, etc.

La **práctica de la prueba** consiste en el examen por el tribunal del soporte o instrumento aportado, por los medios que la parte proponente aporte o que el tribunal disponga utilizar, de modo que las demás partes del proceso puedan, con idéntico conocimiento que el tribunal, alegar y proponer lo que a su derecho convenga, añadiendo la norma de modo innecesario que la documentación en autos se hará del modo más apropiado a la naturaleza del instrumento, bajo la fe del letrado de la Administración de Justicia, que, en su caso, adoptará también las medidas de custodia que resulten necesarias (LEC art.384.1 y 2). Al igual que en el medio antes analizado, la parte que proponga este medio de prueba podrá aportar los dictámenes y medios de prueba instrumentales que considere convenientes. También las otras partes podrán aportar dictámenes y medios de prueba cuando cuestionen la autenticidad y exactitud de lo reproducido (LEC art.384.2).

En cuanto a **análisis de las partes** en conclusiones, y valoración judicial mediante la «sana crítica» -que puede requerir algunos conocimientos técnicos-, la regulación es la misma que para el medio probatorio antes comentado (LEC art.384.3).

• **Aportación de información electrónica**. En puridad, la aportación al proceso de correos electrónicos o mensajes de WhatsApp debería hacerse mediante el cauce del examen por el tribunal de los instrumentos que permitan archivar, conocer o reproducir palabras, datos, cifras y operaciones matemáticas llevadas a cabo con fines contables o de otra clase que sean relevantes para el proceso (LEC art.384.1). **14626**

Sin embargo, dadas las dificultades que ello presenta, es frecuente **en la práctica** que las partes no hagan uso de los medios probatorios específicos, y, en lugar de ello, **opten** por:

- aportar la impresión o volcado en papel de páginas web, mensajes enviados por correo electrónico o redes de mensajería (WhatsApp, etc.);
- o bien, por aportar esta misma información, pero incorporada a un acta en la que el notario da fe de la forma en que se ha obtenido esa información accediendo a los correspondientes instrumentos o dispositivos.
- también cabe proponer **prueba de interrogatorio** de partes o de testigos para corroborar lo presentado por escrito, que será valorada conforme a los criterios generales.

La información que se pretende incorporar por medios electrónicos es volátil, mudable, inconstante y fácilmente manipulable, de ahí la importancia de que intervengan **peritos informáticos**.

Si la parte contraria reconoce o no impugna la **autenticidad** de los contenidos electrónicos impresos en papel, el juez de instancia puede valorarlos conforme a las reglas generales; pero si se impugna la autenticidad, resultará necesaria la prueba pericial, que puede proponer cualquiera de las partes, pero esencialmente quien aporte esas impresiones en papel, que es a quien interesa probar lo que de ellos resulte.

• Con independencia de los medios anteriores, existe el medio de prueba consistente en el **documento electrónico**, que tiene naturaleza de prueba documental a todos los efectos (nº 14619).

14627 [Precisiones] 1) Se ha puesto de relieve la gran dificultad técnica de la aportación al proceso de los instrumentos informáticos que albergan los mensajes de **correo electrónico** -servidor de correo saliente y entrante- que permitan tener conocimiento del mensaje original, y respecto al volcado o impresión en papel que no es reconocido como auténtico por la parte contraria, se afirma que aun con la necesaria prueba pericial es absolutamente imposible determinar que un correo electrónico aportado exclusivamente en papel, es auténtico e íntegro; asimismo se resalta la facilidad de **manipulación** de una firma meramente «escaneada» (JS Pamplona núm 3, 20-3-17, EDJ 80833).

2) Para aceptar como documento una **conversación o mensaje** de este tipo -algo diferente a su valor probatorio- podrían establecerse **cuatro supuestos**:
- cuando la parte interlocutora de la conversación no impugna la conversación;
- cuando reconoce expresamente dicha conversación y su contenido;
- cuando se compruebe su realidad mediante el cotejo con el otro terminal implicado -exhibición-; o, finalmente,
- cuando se practique una prueba pericial que acredite la autenticidad y envío de la conversación, para un supuesto diferente de los anteriores.

Todo ello, además, sin perjuicio de los riesgos que pueden existir de **manipulación** -a través de múltiples programas informáticos- de la conversación, imagen o números que se reflejan, lo que permite que el magistrado que valore dicha prueba pueda rechazar su eficacia probatoria o que la parte hubiese aportado una prueba pericial informática reveladora que la inexistencia de alteración (TSJ Galicia 28-1-16, EDJ 11787).

14628 MPL nº 2838 s. **Informe de expertos** (LRJS art.95) El juez o tribunal, **si lo estima procedente**, puede oír el dictamen de una o varias personas expertas en la cuestión objeto del pleito, en el momento del acto del juicio o, terminado este, como diligencia final:
- informe de la **comisión paritaria**, cuando en el proceso se discuta sobre la interpretación de un convenio colectivo;
- dictamen de **organismos públicos competentes**, cuando se suscite una cuestión de acoso o discriminación por razón de sexo, origen racial o étnico, religión o convicciones, discapacidad, edad u orientación sexual (LRJS art.95.3; RDLeg 1/2013 art.76; L 15/2022 art.40.m);
- informe de la **ITSS** y de los organismos públicos competentes en materia de prevención y salud laboral, así como de las entidades e instituciones legalmente habilitados al efecto. Siendo preceptivo en los procesos de determinación de contingencia o en la falta de medidas de seguridad en los accidentes de trabajo (LEC art.142.2);
- informe de **personas jurídicas y entidades públicas** sobre hechos relevantes para el proceso por referirse a su actividad, respecto de los que no cabe o sea necesario individualizar en personas físicas determinadas el conocimiento de lo que para el proceso interese, la parte a quien convenga esta prueba puede proponer que la persona jurídica o entidad, a requerimiento del tribunal, responda por escrito sobre los hechos en los 10 días anteriores al juicio. Dicho informe se puede presentar hasta el momento del acto del juicio, sin previo traslado a las partes y sin perjuicio de que pueda acordarse como diligencia final su ampliación (LRJS art.95.5).

f. Conclusiones

(LRJS art.87.4.5)

14629 MPL nº 2884 s. Finalizado el período de prueba, las partes o sus defensores o representantes, en el mismo orden que para las alegaciones, formulan oralmente sus conclusiones, haciendo una **valoración de la prueba** practicada y concretando su **reclamación**, si son cantidades cuantificando de manera líquida con los intereses que se reclamen, sin alterar los extremos reseñados en la demanda y reconvención, en su caso.

Si el juez **no** se considerase **suficientemente ilustrado** sobre alguna de las cuestiones objeto del debate, concede a las partes el tiempo que considere conveniente para que informen o den explicaciones sobre los particulares que les designe.

En caso de que las **pruebas documentales o periciales** practicadas resultasen de extraordinario **volumen o complejidad**, el juez o tribunal puede conceder a las partes la posibilidad de efectuar sucintas conclusiones complementarias, por escrito y preferiblemente por medios telemáticos, sobre los particulares que indique, en relación exclusiva con dichos elementos de prueba, dentro de los 3 días siguientes, justificando haber efectuado previa remisión a las demás partes comparecidas por los mismos medios. Durante el referido período, los documentos o pericias han de estar **a disposición de las partes** en la oficina judicial y una vez transcurrido, háyanse presentado o no alegaciones, se inicia el plazo para dictar sentencia (LRJS art.87.6).

g. Acta del juicio

(LRJS art.89; LEC art.147)

El desarrollo del juicio oral se registra en **soporte** apto para la grabación y reproducción del sonido y de la imagen, que es custodiado por el letrado de la Administración de Justicia. Antes del inicio del juicio y de la grabación, ante el letrado de la Administración de Justicia se debe acreditar la identidad de las partes y de su representación procesal en el acta de la comparecencia de la conciliación, o si esta no es preceptiva, mediante diligencia. Las partes pueden pedir, a su costa, **copia** de las grabaciones originales. 14630 MPL nº 2912 s.

Siempre que se cuente con los medios tecnológicos necesarios, el letrado de la Administración de Justicia debe garantizar la **autenticidad e integridad** de lo grabado o reproducido mediante la utilización de la firma electrónica reconocida u otro sistema de seguridad que conforme a la ley ofrezca tales garantías. Se prevé el registro en soporte apto para grabación y reproducción del sonido y de la imagen y no pueden transcribirse (LEC art.147). En este caso, la celebración del acto **no** requiere su **presencia en la sala** salvo que lo hubieran solicitado las partes, al menos 2 días antes de la celebración de la vista o que, excepcionalmente, el letrado de la Administración de Justicia lo considere necesario, atendiendo a la complejidad del asunto, al número y naturaleza de las pruebas a practicar, al número de intervinientes, a la posibilidad de que se produzcan incidencias que no pudieran registrarse, o a la concurrencia de otras circunstancias igualmente excepcionales que lo justifiquen.

Si las partes solicitan la **presencia del letrado de la Administración de Justicia**, este debe extender **acta** sucinta en la que debe consignar, al menos, los siguientes **datos**:
- lugar y fecha de celebración;
- juez o tribunal que preside el acto;
- peticiones y propuestas de las partes;
- medios de prueba propuestos por ellas;
- declaración de su pertinencia o impertinencia;
- resoluciones que adopte el juez o tribunal;
- circunstancias e incidencias que no pudieran constar en aquel soporte.

14631 Cuando los medios de registro previstos **no se pudiesen utilizar** por cualquier causa, el letrado de la Administración de Justicia debe extender acta de cada sesión (LRJS art.89.4). El acta, tanto en uno como en otro caso, debe extenderse por procedimientos informáticos, sin que pueda ser manuscrita más que en las ocasiones en que la sala en que se esté celebrando la actuación careciera de medios.

Las **observaciones sobre su contenido** deben ser resueltas por el letrado de la Administración de Justicia sin ulterior recurso. El acta es firmada por el juez o tribunal en unión de las partes o de sus representantes o defensores y de los peritos, haciendo constar si alguno de ellos no firma por no poder, no querer hacerlo o no estar presente, firmándola por último el letrado de la Administración de justicia. Debe entregarse copia de la misma a quienes hayan sido partes en el proceso, si lo solicitan.

h. Diligencias finales

(LRJS art.88)

Terminado el juicio y dentro del plazo para dictar sentencia, el órgano judicial puede de oficio o a petición de las partes acordar la práctica de **pruebas adicionales** a las llevadas a cabo en el proceso en la forma establecida para las pruebas de su clase, suspendiéndose el plazo para dictar sentencia. La jurisprudencia es reiterada sobre el carácter facultativo y discrecional de tal decisión (TS 4-6-13, EDJ 120976) pero no cabe dejar de pronunciarse sobre la admisión de una prueba propuesta oportunamente dejando la posibilidad de diligencia final que no se practica pese a la protesta de la parte (TS 20-9-05, EDJ 166177). Las diligencias finales pueden utilizarse si por la complejidad de la prueba documental o pericial no fuera suficiente el trámite de conclusiones complementarias por 3 días (TS 2-2-14, EDJ 253972; 9-12-14, EDJ 261503). 14632 MPL nº 2948 s.

En la providencia se fija el **plazo y lugar** en que han de practicarse, que no puede exceder de 20 días, o se señala de comparecencia para practicar la prueba, que se da a conocer a las partes para que intervengan en su práctica efectuando las alegaciones que estimen oportunas, valorando el resultado, pues en caso contrario se les causaría indefensión (TCo 226/1988). Por el contrario, **no se causa indefensión** por falta del trámite de alegaciones si la diligencia final se limitaba al cotejo de unos WhatsApp para verificar su autenticidad, habiendo ya efectuado alegaciones los letrados en el juicio, y estando presentes también en la diligencia final (TS 4-1-23, EDJ 501228).

Si **no se señaló comparecencia** el resultado de la diligencia final se comunica a las partes para que efectúen alegaciones sobre su alcance e importancia en 3 días en la oficina judicial, o por vía telemática.
Si en el plazo **no se pueden realizar**, dicta una nueva providencia fijando otro nuevo -nunca superior a 10 días- librando las correspondientes comunicaciones. Si tampoco entonces se pueden practicar, previa audiencia de las partes, se debe acordar que los autos queden definitivamente conclusos para sentencia. En este caso, si la diligencia consiste en el interrogatorio de parte o en la aportación de documentos a una parte y esta no comparece o no lo presenta sin causa justificada en el plazo fijado, pueden estimarse probadas las alegaciones hechas por la contraria en relación a esta prueba.

E. Sentencia

(LRJS art.97 a 100)

14633 MPL nº 2970 s. Toda sentencia es una manifestación, debidamente fundamentada, de la voluntad del juez como poder del Estado en la aplicación del derecho para resolver un conflicto. Las sentencias son las **resoluciones judiciales** que deciden definitivamente el pleito, resolviendo, salvo que se estime alguna excepción procesal, acerca del fondo del asunto, las pretensiones de las partes. Deben ser dictadas por el juez que presidió el acto para respetar el principio de **inmediación** de suerte que, si este no puede hacerlo, debe repetirse el juicio. Para preservar el principio de **celeridad**, debe dictarse y publicarse en el plazo de 5 días contados desde el siguiente al juicio o desde la práctica de la última diligencia para mejor proveer o a que se declaren los autos definitivamente conclusos y notificarse a las partes dentro de los 2 días siguientes.
En las modalidades procesales **urgentes**, el plazo para dictar sentencia es de 3 días -vacaciones, elecciones, derechos de conciliación de la vida personal, familiar y laboral, trabajo a distancia, conflicto colectivo, impugnación de convenios, tutela de libertad sindical y derechos fundamentales-.
Las sentencias una vez dictadas no pueden ser modificadas por el juez que se ve necesariamente vinculado a lo juzgado, sin perjuicio de que puedan corregirse **errores materiales**, sin perjuicio de la denominada **aclaración, rectificación y complemento** de sentencias (nº 14643) y omisiones en el fallo a través del recurso de omisión de pronunciamiento.

Precisiones 1) Las sentencias **se califican** como:
a. Firmes, cuando frente a las mismas no cabe recurso, bien porque así lo disponga la ley, bien porque haya precluido el plazo para recurrirla. La sentencia firme genera el efecto de cosa juzgada formal; o **definitivas**, aquellas que ponen fin al debate en la instancia en la que se dicte sin que quepan ulteriores pronunciamientos del juez.
b. Declarativas, cuando el pronunciamiento de la sentencia no contiene más que un juicio lógico, en tanto que comprueban la existencia o inexistencia de una determinada relación jurídica. Son **constitutivas**, cuando crean, cambian o extinguen una relación jurídica (TS 6-11-90, EDJ 10109). Ni las sentencias declarativas (TS 8-7-15, EDJ 136110) ni las constitutivas (TS 29-6-16, EDJ 105821) son ejecutables.
c. De **condena** si contienen un mandato y **absolutoria** cuando desestima las pretensiones del demandante.
2) La **incidencia de la LEC** se refleja en los siguientes aspectos: cosa juzgada (LEC art.207 y 222); forma de la sentencia (LEC art.208 -redacc LO 1/2025- y 209 -redacc LO 1/2025-); publicación, archivo y documentación (LEC art.212 y 213); aclaración (LEC art.214 y 215); congruencia y motivación (LEC art.218); condenas de futuro (LEC art.220) e intereses procesales (LEC art.576).

14634 MPL nº 2988 s. **Contenido** (LRJS art.97.2.3 y 4; LEC art.209 -redacc LO 1/2025- y 218.1.2) La sentencia debe ser motivada (Const art.120.3) y congruente con las peticiones de las partes:
1. La **motivación** significa que el juez debe exteriorizar las razones que justifican su decisión, pues es derecho del justiciable conocerlas para desterrar toda arbitrariedad y poderlas recurrir (TCo 232/1992; 224/1997; 218/2006). Se ha declarado nula la sentencia cuya parte dispositiva no está precedida de argumentación alguna en la fundamentación jurídica que justifique esa decisión, tratándose de una **sentencia inmotivada** y por ello contraria a las exigencias constitucionales (TS 18-11-10, EDJ 259150). Se incluye la denominada **incongruencia interna** o incoherencia cuando lo razonado en los fundamentos de derecho es contradictorio con el fallo. Supone infringir el principio de seguridad jurídica y el derecho a la tutela judicial efectiva, en su dimensión de derecho a obtener una resolución fundada en Derecho, puesto que esta contradicción no es un vicio de incongruencia, sino un defecto de motivación, ya que la sentencia resulta irrazonable y contradictoria (TCo 127/2008; TS 6-6-23, EDJ 604247; 23-1-19, EDJ 508594).

2. La **congruencia** supone la concordancia entre la decisión judicial y lo pedido en demanda y demás pretensiones articuladas en el juicio. Puede, por ello, la sentencia incurrir en defecto de incongruencia:

a) Omisiva si no resuelve todo lo pedido salvo que se pueda interpretar razonablemente que ese silencio judicial es una desestimación tácita inducible de los razonamientos contenidos en la sentencia (TCo 16/1998; 250/2005; TS 28-9-04, EDJ 174349; 2-11-22, EDJ 734530; 15-9-21, EDJ 697145). La incongruencia omisiva no debe confundirse con la insuficiencia de la motivación (TS 19-7-17, EDJ 167581).

b) Cuando otorga **menos de lo aceptado** por la parte demandada, es *infra petitum* (TS 22-3-18, EDJ 37498); **excesiva** cuando resuelve acerca de lo no pedido, concediendo: más de lo pedido, *ultra petitum*; o algo distinto de lo pedido, *extra petitum*. Constituye siempre una infracción del principio dispositivo y de aportación de la parte que preside el proceso social (TS 22-2-23, EDJ 524178; 26-1-23, EDJ 512948; 28-10-22, EDJ 734511; 14-11-07, EDJ 230117; TCo 154/1991 y 98/1996).

Precisiones **1)** La sentencia que **concede más de lo pedido** cuando lo solicitado es inferior al mínimo de derecho necesario **no es incongruente** (TS 16-2-93,EDJ 1477), ni la que declara un grado de incapacidad objeto de análisis en vía administrativa, aunque se hubiera solicitado judicialmente otra mayor (TS 2-2-93, EDJ 850) o, inferior al postulado en la demanda, en tanto aquel no esté expresamente excluido del *petitum* de esta (TS 24-3-95, EDJ 1914); ni se incurre en incongruencia si se declara el incremento del 20% en la incapacidad permanente total por edad de 55 años aunque se haya alcanzado dicha edad con posterioridad a la demanda (TS 12-2-20, EDJ 512847). Por contra, **es incongruente** la que se pronuncia existiendo una alteración en la causa de pedir (TS 5-10-99, EDJ 30609; 1-2-93, EDJ 797). 14635

2) En ocasiones, ambas clases de incongruencia (omisiva y *extra petitum*) pueden presentarse unidas concurriendo la llamada **incongruencia por error** (TCo 28/1987; 369/1993; 111/1997) que define un supuesto en el que, por error de cualquier género sufrido por el órgano judicial, no se resuelve sobre la pretensión formulada en la demanda o sobre el motivo del recurso, sino que erróneamente se razona sobre otra pretensión absolutamente ajena al debate procesal planteado, dejando al mismo tiempo aquella sin respuesta (TCo 9/2009).

3) Existe **incongruencia omisiva** cuando en instancia no se resuelve sobre: una excepción planteada (TS 19-7-17, EDJ 178547), sobre la pretensión subsidiaria (TS 30-7-20, EDJ 601125; 17-12-19, EDJ 785697), sobre la responsabilidad de la codemandada (TS 4-10-17, EDJ 215986). En todo caso, se ha considerado que no es exigible que el juez **rebata todos los argumentos** jurídicos alegados por las partes, basta que exteriorice los fundamentos de su decisión (TCo 314/2005; 218/2006; 199/1991 y 128/1992). En **vía de recurso** se ha estimado la existencia de incongruencia omisiva cuando la sentencia de suplicación no resuelve todos los **motivos** planteados y causa indefensión (TS 4-5-15, EDJ 86985); o no resuelve sobre las **causas de inadmisibilidad** del propio recurso, o sobre la revisión de hechos probados, alegadas en el escrito de impugnación (TS 23-3-17, EDJ 45128; 15-9-21, EDJ 697145; 26-4-23, EDJ 570915) o no resuelve sobre uno de los varios recursos interpuestos (TS 20-9-23, EDJ 696289). Asimismo, se ha apreciado incongruencia omisiva por no haber resuelto el TSJ sobre la indemnización por daños morales derivada de lesión de derechos fundamentales, incluso si el recurrente no había articulado motivo alguno al respecto (TS 10-1-23, EDJ 501475).

Estructura La sentencia se estructura en una serie de **bloques** cuyo contenido y significado son los siguientes: 14636

• **Parte preliminar**: se identifica con su número el procedimiento al que corresponde, la fecha, el juez que la dicta, los nombres de las partes sus representantes y los profesionales que les asisten.

• **Antecedentes de hecho**: expone los pasos procesales previos que pueden resultar de interés: fecha de la demanda, providencias de admisión a trámite y otras acerca de posibles acumulaciones, se refleja también si alguna de las partes desistió o no compareció, etc.

En este apartado es preciso que conste un resumen suficiente de todas las cuestiones que hayan sido objeto de **debate en el acto del juicio**, dejando con ello perfilados los términos de la controversia.

• **Hechos probados**: el juez refleja los hechos que sean necesarios para la comprensión del litigio como resultado del convencimiento al que haya llegado el juzgador con base en la prueba practicada.

• **Fundamentos de derecho** (nº 14638).

• **Fallo** (nº 14639).

• **Recursos y firmeza** (nº 14640).

• **Plazos** (nº 14641).

La sentencia además debe indicar finalmente si es **firme o no** y en este último caso señalar los recursos que procedan; si ha habido debate sobre este último extremo, tal cuestión debe solventarse de forma razonada en los fundamentos de derecho (LRJS art.191.3.b).

14637 **Hechos probados** La sentencia, apreciando los **elementos de convicción**, ha de declarar expresamente los hechos que estime probados, en cuyo marco no puede realizar ni **juicios de valor** o **conclusiones** derivadas de los hechos, que predeterminen el fallo, que se tendrán por no puestos. Los hechos probados han de ser aquellos datos, circunstancias o acaecimientos que, habiendo sido introducidos por las partes en el proceso (LEC art.216 y 282), hayan resultado conformes o se hayan deducido de la prueba practicada conforme a las reglas de distribución de la carga probatoria (LEC art.217 y 281), y resulten necesarios para la resolución del litigio (LEC art.218), sin que sea posible la nulidad de actuaciones de oficio aunque el tribunal *ad quem* considere que serían precisos más datos.

La reiterada jurisprudencia en materia de **anulación de sentencias** por insuficiencia de hechos probados puede resumirse del siguiente modo TCo 66/1996; TS 27-5-25, EDJ 588483; 18-9-12, EDJ 216854; 7-12-06, EDJ 331243; 1-10-90, EDJ 8842):

• La anulación de la sentencia es un remedio último y excepcional operable únicamente cuando el tribunal no pueda decidir correctamente la controversia planteada.

• La imposibilidad decisoria, por insuficiencia de hechos, puede provenir ya de carencia de actividad probatoria, ya de omisiones esenciales para el fallo.

• La causa de la insuficiencia probatoria no ha de ser imputable a la parte.

• Un hecho probado deja de serlo si se redacta en términos dubitativos.

• La declaración de hechos probados ha de comprender no solo los datos que el juzgador de instancia estime precisos para fundar su decisión, sino todos los necesarios para que el tribunal superior que conozca del recurso pueda pronunciarse con pleno conocimiento sobre la cuestión debatida.

• Son irrelevantes las omisiones en la declaración probatoria que no tienen repercusión en la situación del caso o que no causan indefensión. Por ello, para que tenga éxito una denuncia de indefensión por insuficiencia de hechos probados el recurrente debería (TSJ Madrid 2-4-12, EDJ 84245):

- concretar el hecho o hechos que la parte alegó oportunamente y tengan trascendencia en el enjuiciamiento;
- precisar la prueba que se ha practicado en relación con esos hechos y poner de relieve la idoneidad de ese medio probatorio para demostrar aquellos -lo que la doctrina constitucional denomina «prueba decisiva en términos de defensa»-;
- poner de relieve que el juzgador, por omisión absoluta, no ha tomado en consideración en modo alguno tal medio de prueba, no bastando con la discrepancia en la valoración;
- mostrar que no cabe integrar el relato fáctico por la vía de revisión de hechos sin necesidad del remedio extraordinario de la nulidad de actuaciones.

Precisiones Puede tener naturaleza de hecho probado la **afirmación fáctica** hecha en la fundamentación jurídica pese a su indebida ubicación procesal, pero la declaración de hecho debe ir acompañada de la correspondiente motivación (TS 18-7-08, EDJ 166862; 26-8-08, EDJ 155913).

14638 **Fundamentos de derecho** Es la parte de la sentencia donde el juez o tribunal **razona** de una parte cómo ha llegado a la anterior declaración de hechos probados y de otra cómo **incardina** esos hechos en las normas de derecho sustantivo que sean aplicables a la cuestión y que fundamentan su decisión del pleito. No existe norma que imponga a priori una determinada **extensión o un cierto modo de razonar**. En este apartado el juez debe explicitar los razonamientos que le han llevado a sentar los hechos probados (nº 14637) lo cual no significa una limitación al principio de libre **apreciación judicial de la prueba**, sino que garantiza el derecho de defensa en juicio y previene la aplicación arbitraria de la legalidad (TS 11-12-13, EDJ 220188; TCo 3/2011; 183/2011).

La **motivación** ha de ser suficiente y este concepto jurídico indeterminado nos lleva de la mano a cada caso concreto, en función de su importancia intrínseca y de las cuestiones que plantea sin olvidar la dimensión subjetiva del autor del razonamiento (TCo 150/1993; 119/1987; TS 3-11-16, EDJ 215600).

Una vez así razonado el juez debe fundamentar en derecho, suficientemente, el fallo (nº 14639) en los diversos aspectos del mismo (TCo 34/1992). Razonando en su caso la condena por temeridad o mala fe (TCo 41/1984). Ver nº 14639.

Precisiones 1) Se considera que el **derecho a una resolución judicial motivada** supone que se dé una respuesta expresa a las pretensiones de las partes y que esta respuesta esté suficientemente motivada (TCo 154/1995). Esta exigencia de motivación se encuentra implícita en el derecho a la **tutela judicial efectiva** (Const art.24.1; TCo 14/1991; 28/1994; 115/1996), pues en el Estado de Derecho hay que dar razón del derecho judicialmente interpretado y aplicado, siendo la motivación garantía de que la decisión no sea consecuencia de una aplicación arbitraria de la legalidad, no resulte manifiestamente irrazonada o irrazonable o incurra en un error patente, ya que en tal caso la aplicación de la legalidad sería tan solo una mera apariencia (TCo 3/2011; 183/2011; 124/1990).

2) La **suficiencia de motivación** no puede ser apreciada apriorísticamente, con criterios generales y requiere examinar el caso concreto para comprobar si, a la vista de las circunstancias concurrentes, se ha cumplido o no este requisito en las resoluciones judiciales impugnadas sin necesidad de un razonamiento judicial exhaustivo y pormenorizado de todos los aspectos (TCo 16/1993; 46/1996; 247/2006). Estando **suficientemente motivadas** aquellas resoluciones judiciales que vengan apoyadas en razones que permitan conocer cuáles han sido los criterios jurídicos esenciales fundamentadores de la decisión (TCo 14/1991), es decir la *ratio decidendi* que ha determinado aquella (TCo 28/1994; 153/1995; 115/1996). La falta de motivación cuando se apartan del criterio mantenido previamente puede dar lugar a un resultado arbitrario (TCo 96/2006). Esta exigencia de motivación se acentúa cuando un órgano jurisdiccional pretende desconocer lo establecido previamente por otro tribunal de distinto orden jurisdiccional, que ya se había declarado sobre la existencia o inexistencia de unos hechos, pues la inobservancia de esta obligación vulnera la tutela judicial efectiva (TCo 16/2008).

3) La **motivación garantiza** que la decisión no sea consecuencia de una aplicación arbitraria de la legalidad, no resulte manifiestamente irrazonada o irrazonable o incurra en un error patente, ya que en tal caso la aplicación de la legalidad sería tan sólo una mera apariencia (TCo 3/2011; 183/2011; 124/1990).

4) La sentencia es **nula** si no expresa en sus fundamentos de derecho los razonamientos que han llevado al juzgador a estimar los hechos como acreditados (TS 27-5-25, EDJ 588483.

Fallo Debe ser claro, ajustado a lo pedido y comprensivo en detalle de todos y cada uno de los pronunciamientos que se solicitan, las pretensiones de la demanda, las excepciones o reconvención, en su caso, señalando si se estiman o se desestiman total o parcialmente (LEC art.218.3). **14639** MPL nº 3024 s.

La sentencia puede condenar a lo siguiente:

• Al **abono de una cantidad**: debe determinarla expresamente, ya que no puede dejarse para la ejecución de la sentencia.

• Al abono de **prestaciones o cantidades periódicas**, incluyendo en su caso la obligación de satisfacer esas cantidades que se devenguen con posterioridad al momento en que se dicte (LRJS art.99). Son factibles, por tanto, las sentencias con **condena de futuro** que evitan la repetición periódica de litigios sobre el mismo tema (por ejemplo, diferencias por funciones de superior categoría, complementos salariales periódicos, etc.), lo que permite la resolución de futuro de las controversias en fase de ejecución de la sentencia dictada (LEC art.220). También debe pronunciarse, si se solicitaron, sobre los **intereses**.

• Al abono de **sanción pecuniaria o multas**: aunque no se trata de contenido obligatorio de la sentencia, en esta, de forma motivada, se pueden imponer al litigante que obró de mala fe o con temeridad o no acudió al acto de conciliación injustificadamente. La sanción, siempre motivada, puede imponerse a solicitud de parte o de oficio, en todo caso previa audiencia de las partes. Sí se considera de oficio la posibilidad de imponer sanción cuando ha concluido el acto de juicio, se concede a las partes un término de 2 días para que puedan formular alegaciones escritas. La cuantía de la sanción ha de estar dentro de los límites de 600 € y 6.000 €, sin que en ningún caso pueda superar la tercera parte del litigio (LRJS art.75.4 -redacc LO 1/2025- y 97.3); (TS 8-2-22, EDJ 506356).

• Al abono de las **costas**: además de a la multa, si el condenado es el empresario debe abonar también los honorarios de los abogados y graduados sociales de la parte contraria que hubieren intervenido, hasta el límite de 600 € (LRJS art.66.3, 75.4 -redacc LO 1/2025- y 97.3). Ahora bien, la jurisprudencia extiende la posibilidad de condena a multa y abono de costas incluso a quienes tienen el beneficio de justicia gratuita, como las entidades gestoras de la Seguridad Social, si en la instancia o en el recurso incurren en temeridad (TS 15-11-17, EDJ 250538).

En relación con el **abono de salarios** por el empresario al demandante compareciente, con independencia del resultado del pleito, ver nº 14490.

Recursos Por último, la sentencia debe indicar si es o no **firme**, y, en este caso, los recursos que procedan (nº 14645). **14640** MPL nº 3030 s.

Precisiones Cuando la **procedencia de recurso** haya sido objeto de debate, debe tal cuestión solventarse de forma razonada en los fundamentos de derecho (LRJS art.191.3.b).

Plazos En torno a la sentencia giran los siguientes plazos: **14641**

- Para **dictarla y publicarla**: el de 5 días contados desde el siguiente al juicio o desde la práctica de la última diligencia para mejor proveer o se declaren los autos definitivamente conclusos.
- Para **notificarla**: el de 2 días siguientes a su publicación.
- Los plazos para **impugnarla**.

Precisiones En las **modalidades procesales urgentes**, el plazo para dictar sentencia es de 3 días (vacaciones, elecciones, derechos de conciliación de la vida personal, familiar y laboral, conflicto colectivo, impugnación de convenios, tutela de libertad sindical y derechos fundamentales).

14642 **Forma** (LRJS art.50 redacc LO 1/2025) La sentencia se puede pronunciar de **dos maneras** distintas: Si en el proceso no ha intervenido abogado ni graduado social la sentencia debe tener **forma escrita**. En el resto de los casos, el órgano judicial puede optar por pronunciarla de **viva voz** al concluir el acto de la vista en presencia de las partes, quedando documentada en el soporte audiovisual del acto, sin perjuicio de la ulterior redacción por el juez del encabezamiento, los hechos probados y el fallo íntegro, con expresa indicación de su firmeza o, en su caso, de los recursos que procedan, órgano ante el que deben interponerse y plazo para ello. En esa resolución escrita basta con incluir la mera referencia a la motivación pronunciada de viva voz, que se da por reproducida por remisión a la grabación. En las sentencias pronunciadas oralmente, si todas las personas que sean parte en el proceso están presentes en el acto debidamente asistidas por abogado o representadas por procurador o graduado social, y expresan su **decisión de no recurrir**, se declara, en el mismo acto, la firmeza.

Salvo esa excepción, el plazo para recurrir comienza a contar desde que se notifica a la parte la resolución así redactada.

También se puede aprobar mediante sentencia de viva voz, el **allanamiento** total efectuado, así como, en su caso, los términos de **ejecución** de la sentencia que le sean propuestos de común acuerdo por las partes.

14643 **Aclaración, rectificación y complemento de sentencias y otras resoluciones**

MPL nº 3037 s. (LOPJ art.267; LEC art.214 y 215) En virtud del principio de **inalterabilidad de sentencias** los jueces y tribunales no pueden variar las sentencias que pronuncien después de firmadas, salvo para corregir errores materiales o aritméticos o para aclarar conceptos oscuros. Cambiar la fundamentación jurídica, el relato histórico o el fallo procesal comporta la inobservancia del principio de inmodificabilidad de las resoluciones judiciales firmes y vulnera el derecho a la tutela judicial efectiva (TCo 23/1994; TS 23-7-25, EDJ 682930). Esta es una garantía con relevancia constitucional, que tiene las siguientes **excepciones** (TCo 18/2004):

• **Aclaración** de un concepto oscuro y la rectificación de un error material ordinario, se califican como aclaración y pueden hacerse de oficio en el plazo de los 2 días hábiles siguientes a la publicación de la resolución, o a petición de parte o del Ministerio Fiscal dentro del mismo plazo.

• **Rectificación** de errores materiales manifiestos o aritméticos, que puede hacerse en cualquier momento. La apreciación de **errores materiales y aritméticos** implica una rectificación. El error material debe ser grosero, manifiesto, sin necesidad de realizar valoraciones y no incluye equivocaciones jurídicas, que no pueden ser corregidas por esta vía. Solamente se admite la modificación de la resolución cuando la fundamentación jurídica evidencia que el fallo debe tener un determinado sentido y por error evidente se adopta otro (TCo 138/2006; 139/2006; 304/1993).

• **Complemento de omisiones o defectos** se realiza de dos formas:

- cuando se trata de omisiones comunes, en la forma prevista para las aclaraciones; y
- en caso de omisión manifiesta de pronunciamientos, se ha de acordar dentro del plazo de 5 días de oficio o a instancia de parte.

Para el complemento, la LEC dispone que la resolución complementaria no puede modificar ni rectificar lo decidido (LEC art.215.3).

En todos los supuestos, la resolución se realiza por **auto** salvo que se trate de una aclaración de resolución dictada por el letrado de la Administración de Justicia, que debe llevar a cabo por decreto. Contra estos autos no cabe recurso alguno, sin perjuicio de los que procedieran contra la sentencia o auto objeto de aclaración. En este caso, el **plazo** para el recurso comienza a partir de la notificación del auto que resuelve la aclaración o los restantes supuestos (TS 26-5-20, EDJ 570717). Pero ello no sucede si la interposición de la aclaración era manifiestamente improcedente y revelaba finalidad dilatoria (TS 19-10-22, EDJ 730007).

Precisiones 1) El error en la resolución judicial que **no** implique una **valoración jurídica**, puede ser corregido mediante una aclaración de sentencia (TS 27-3-95, EDJ 1918). A través de autos aclaratorios no puede modificarse sustancialmente una sentencia, ya que de lo contrario se infringen los principios de **seguridad jurídica** y de **intangibilidad** de las resoluciones judiciales firmes (TCo 159/1987; 119/1988; 12/1989; 231/1991; 142/1992; 271/1993).

2) La aclaración no resulta una técnica ortodoxa para suplir la **falta de un pronunciamiento** en la sentencia en cuestión, cuestión para la que parece más correcto acudir a una solicitud de **nulidad de actuaciones** (TS auto 28-6-13, EDJ 152920). Se ha admitido la aclaración de la sentencia para detallar el devengo de salarios de tramitación, cuando es posible la integración de los hechos contenidos en la misma (TS 28-7-15, EDJ 168202).

3) El **complemento de sentencias** no es un trámite exigible a efectos de denunciar en el recurso de suplicación la incongruencia omisiva de la sentencia (TS 1-3-17, EDJ 15518).

SECCIÓN 7

Recursos

(LRJS art.186 s.)

14645 MPL nº 6570 s.

14646 El procedimiento admite la **impugnación** de las resoluciones de los jueces y tribunales, así como de algunas de las dictadas por los letrados de la Administración de Justicia. Hay que diferenciar entre:

• Recursos **no devolutivos**, que son los resueltos por el mismo órgano jurisdiccional, o letrado de la Administración de Justicia, que dictó la resolución recurrida (nº 14655): reposición y revisión.

• Recursos **devolutivos**, resueltos por un órgano jurisdiccional «superior»: suplicación, casación ordinaria, casación para unificación de la doctrina y queja.

Los recursos en vía ordinaria **no deben confundirse** con:

a) Los **remedios procesales** destinados a la aclaración, rectificación de errores materiales o aritméticos y complemento de la propia resolución (nº 14645). Debiéndose tener en cuenta que, con carácter general, el plazo para interponer un recurso contra una sentencia ha de computarse desde la notificación del auto de aclaración de la misma salvo fraude procesal (TCo 90/2010) o que se trate de una aclaración impropia.

b) La **impugnación de cosa juzgada** o resoluciones firmes, a través de la revisión de sentencias (nº 4265 s.), la nulidad de actuaciones (nº 3025 s.), las reclamaciones de error judicial (nº 1418 s.) y la audiencia al rebelde (nº 4230 s.). Son mecanismos que se regulan principalmente en el ámbito del proceso civil (aunque en el caso de la audiencia al rebelde se establecen especialidades propias del proceso laboral).

c) El **recurso de amparo** en demanda de protección de derechos fundamentales: remedio extraordinario que se plantea agotada ya dicha vía ordinaria y merece un tratamiento aparte (nº 16300 s.).

El recurso es un **acto de parte**, que puede disponer del objeto del juicio y con ello renunciar, desistir, allanarse, someterse a arbitraje o transigir de no existir limitación o prohibición legal por razones de interés general o en beneficio de tercero. Si las partes pretendieran una transacción judicial, el tribunal que esté conociendo del litigio debe homologar, dentro de dichos límites, el acuerdo o convenio alcanzado (LEC art.19.2). Se admite la posibilidad de que las partes alcancen, en cualquier momento durante la tramitación del recurso, **acuerdo transaccional** que, de no apreciarse lesión grave para alguna de las partes, fraude de ley o abuso de derecho, ha de ser homologado por el órgano jurisdiccional que se encuentre tramitando el recurso, mediante auto, poniendo fin al litigio y asumiendo cada parte las costas causadas a su instancia, con devolución del depósito constituido. El convenio transaccional, una vez homologado, sustituye el contenido de lo resuelto en la sentencia anteriormente dictada en el proceso y la resolución que homologue el mismo constituye título ejecutivo (LRJS art.235.4; TS auto 23-11-20, EDJ 723624; auto 6-10-20, EDJ 684280; TS 21-1-21, EDJ 502778). Las sentencias sustituidas por el correspondiente convenio homologado por auto del órgano jurisdiccional, se han aceptado como sentencias de contraste en el marco de un recurso de casación para la unificación de doctrina (TS 23-10-08, EDJ 222498; nº 14706).

La **impugnación** de la transacción judicial se efectúa ante el órgano jurisdiccional que haya acordado la homologación, mediante el ejercicio de la acción de nulidad por las causas que invalidan los contratos o por los posibles perjudicados por ilegalidad o lesividad, siguiendo los trámites establecidos para la impugnación de la conciliación judicial, sin que quepa recurso contra la sentencia dictada (LRJS art.235.4).

14647 Precisiones 1) Es obligatorio constituir un **depósito** para la interposición de recursos ordinarios y extraordinarios. En el orden social -incluyendo el ejercicio de acciones para la efectividad de los derechos laborales en los procedimientos concursales- están **exentos** de constituir depósito los trabajadores y sus causahabientes, los beneficiarios de la Seguridad Social, beneficiarios de justicia gratuita, el Ministerio Fiscal, el Estado, las comunidades autónomas, las entidades locales, los organismos autónomos dependientes y los sindicatos cuando actúen en defensa de los intereses colectivos.

a. Las **cuantías** son de 30 euros para el recurso de **queja** y 25 euros para los recursos de **reposición** contra resoluciones dictadas por el juez o tribunal que no pongan fin al proceso ni impidan su continuación en cualquier instancia; o recurrir en revisión las resoluciones dictadas por el letrado de la

Administración de Justicia. No obstante, no es preciso la constitución del depósito para la interposición de recurso de revisión contra un decreto que resuelva un recurso de reposición (LOPJ disp.adic.15ª).

Estos depósitos se han de efectuar por el recurrente en las cuentas de depósitos y consignaciones abiertas para este fin en los órganos jurisdiccionales. Cuando tales órganos inadmitan el recurso o la demanda, o confirmen la resolución recurrida, el recurrente o demandante pierde el depósito y las cantidades asociadas se transfieren por los letrados de la Administración de Justicia, a la cuenta especial de ingresos al Tesoro Público, «Depósitos de recursos inadmitidos y desestimados» (RD 467/2006 art.13).

b. Para interponer recursos de suplicación o de casación hay que depositar (LRJS art.229.1): 300 euros, si es recurso de **suplicación**; 600 euros, si se trata de recurso de **casación** ordinario o para unificación de doctrina.

2) Esta **obligación de depósito** debe constar, necesariamente, en la notificación de resolución a las partes, así como la cuantía y la forma de efectuarlo en la Cuenta de Depósitos y Consignaciones abierta a nombre del juzgado o del tribunal.

El letrado de la Administración de Justicia verifica la constitución del depósito y deja constancia de ello en los autos. No se admite a trámite ningún recurso cuyo depósito no esté constituido, aunque cabe subsanación que debe ser acreditada en el plazo de 2 días. De no producirse esta, se dicta auto que pone fin al trámite del recurso, o que inadmita la demanda, quedando firme la resolución impugnada.

La misma **resolución que estime** el recurso total o parcialmente, o la revisión o rescisión de sentencia debe ordenar su devolución total del depósito. El cual **se pierde** cuando se inadmite el recurso o la demanda, o se confirma la resolución recurrida.

3) Las empresas sometidas a **concursos de acreedores** no están exentas de la obligación de constituir los depósitos fijados en la ley o de consignar el importe de la condena para recurrir (TCo 166/2016; TS 7-6-11, EDJ 147510; 7-11-11, EDJ 281249; 25-11-14, EDJ 248740). Se excluye la hipoteca como sustitutiva de la consignación o aval (TCo 173/2016). También ha de consignarse en los casos en los que el juzgado no exprese el recurso que cabía interponer o no indique la cuenta de consignaciones, al tratarse de errores que pudieron advertirse (TSJ Madrid auto 16-10-19, EDJ 748139).

14648 MPL nº 6644 s. **Legitimación para recurrir** (LRJS art.17.6) El **acceso a los recursos** no forma parte del derecho general a la tutela judicial efectiva ya que la sentencia es susceptible de ser recurrida solo en los supuestos en que la ley admite el derecho al recurso, con los términos y requisitos establecidos en la misma (TCo 96/1994; 172/1995).

Las **partes del proceso** pueden recurrir contra las resoluciones de tribunales y letrados de la Administración de Justicia que les **afecten desfavorablemente** (LEC art.448):

- por haber visto desestimadas cualquiera de sus pretensiones o excepciones;
- por resultar de ellas directamente gravamen o perjuicio;
- para revisar errores de hecho o prevenir los eventuales efectos del recurso de la parte contraria;
- por la posible eficacia de cosa juzgada del pronunciamiento sobre otros procesos ulteriores.

De manera que las **partes del proceso** se encuentran legitimadas para interponer los recursos previstos en la ley contra las resoluciones de los tribunales y letrados de la Administración de Justicia que les afecten desfavorablemente dictadas en la fase declarativa o en la ejecutiva bien en su parte dispositiva, o por los hechos declarados probados, aunque el fallo hubiera sido favorable (TS 26-10-06, EDJ 306469).

Es elemento básico en todo recurso, la existencia de un **perjuicio real y efectivo**, por lo que la legitimación la tiene el perjudicado por la parte dispositiva; el vencido puede siempre recurrir, si la ley lo permite y no puede hacerlo el vencedor que, por definición, no ha sufrido ningún perjuicio, no obstante puede existir legitimación, aun en el caso de **pronunciamiento favorable**, siempre que la parte vencedora haya visto denegada alguna excepción que tuviera interés en sostener, o cuando haya un interés preventivo, que es el que existe cuando la parte que ha obtenido un fallo favorable recurre para sostener una excepción material o procesal ante el eventual recurso de la parte contraria (LRJS art.17.6; TS 8-2-18, EDJ 10156; auto 8-9-20, EDJ 655511; TSJ Madrid 15-6-20, EDJ 642884; TSJ Valladolid 21-7-20, EDJ 634445).

Se reconoce legitimación solo al trabajador cuando se permite el acceso al recurso de suplicación contra las sentencias dictadas en materia de **sanción por falta muy grave** cuya calificación haya sido confirmada por la sentencia, pero no se reconoce legitimación al empresario en el supuesto inverso (TS 2-11-22, EDJ 733495).

La impugnación de los **hechos probados** puede ser insertada bien por el recurrente (LRJS art.193.b), bien por el recurrido (LRJS art.197.1). Si pretenden rectificar los hechos que repute erróneos, en orden a sentar adecuadamente las premisas fácticas sobre las que debe resolverse el recurso (TSJ Las Palmas 27-5-20, EDJ 661299), sin que, al impugnante, se le permita, sin embargo, plantear por esta vía, lo que hubiera podido ser objeto de un recurso (TS 15-10-13, EDJ 253209; TSJ Galicia 23-7-20, EDJ 675773).

Nombramiento de letrado o graduado social en vía de recurso (LRJS art.231 y 232) 14650
En relación al **nombramiento de letrado o graduado social** colegiado y la designación de letrado de oficio: MPL nº 7289 s.

• En el recurso de **suplicación**, el nombramiento de letrado o de graduado social colegiado se efectúa ante la Sección de lo Social del Tribunal de Instancia en el momento de anunciar el recurso, entendiéndose que asume la representación y dirección técnica del recurrente el mismo que hubiera actuado con tal carácter en la instancia, salvo que se efectúe expresamente nueva designación.

• En el recurso de **casación ordinaria**, el nombramiento de letrado se realiza por las partes ante la Sala de lo Social de procedencia dentro del plazo señalado para su preparación o impugnación, según proceda. En el recurso de **casación para unificación de doctrina**, el nombramiento se efectúa por la parte recurrente al prepararlo ante la Sala de procedencia, y por las demás partes ante la Sala de lo Social del Tribunal Supremo dentro del término del emplazamiento para su personación. En ambos casos se entiende que asume la representación del recurrente el mismo letrado que hubiera actuado con tal carácter ante la Sala de instancia o de suplicación, salvo que se efectúe expresamente nueva designación.

• Cuando el recurrente no hiciere **designación expresa** de letrado o de graduado social colegiado, si es un trabajador, beneficiario o un empresario que goce del derecho de asistencia jurídica gratuita, salvo que tuviere efectuada previamente designación de oficio, se le nombrará letrado de dicho turno por la Sección de lo Social del Tribunal de Instancia en el día siguiente a aquel en que concluya el plazo para anunciar el recurso de suplicación.

• La designación de **letrado de oficio** efectuada para alguno de los litigantes en la instancia comprende los trámites de anuncio, preparación, formalización, interposición o impugnación del respectivo recurso, sin necesidad de nueva designación de oficio, salvo en el caso del recurso de casación para unificación de doctrina, en el que el nombramiento de letrado de oficio de la parte recurrida, en los mismos casos, se efectúa en el momento de la personación ante el Tribunal Supremo. En la casación ordinaria, en su caso, se efectúa la oportuna designación de letrado de oficio para las actuaciones ulteriores de las partes que resulten necesarias durante la sustanciación del recurso ante dicho tribunal.

• Cuando la competencia para el conocimiento de los recursos de suplicación o de casación corresponda a un órgano jurisdiccional cuya **sede** se encuentre en la **misma localidad** que el órgano judicial que hubiera dictado la resolución impugnada no es preciso el nombramiento de nuevo abogado de oficio. 14651

• Si el letrado hubiera sido **designado de oficio por primera vez** para el correspondiente trámite del recurso, los plazos de interposición, formalización o impugnación empiezan a correr desde la fecha en que se le notifique que están los autos a su disposición en la oficina judicial del tribunal para su examen, puesta a disposición o entrega, según proceda.

• Si el letrado designado de oficio estimase inviable la **pretensión**, lo ha de exponer a la sala por escrito sin razonar su opinión en el plazo de 5 días, sin perjuicio de que aquel proceda conforme al procedimiento previsto la normativa de justicia gratuita (L 1/1996 art.32 a 35).

El cómputo del **plazo** para la interposición del recurso queda suspendido hasta tanto se resuelva materialmente la viabilidad de la pretensión por la comisión de asistencia jurídica gratuita. La parte comunica la designación de abogado a la Sección de lo Social del Tribunal de Instancia o a la Sala dentro del plazo de 5 días, acordando estos la puesta a disposición de los autos al designado. En otro caso, se pone fin al trámite del recurso.

• Si el recurso que se entabla es el de **suplicación**, la parte también puede valerse para su representación técnica de graduado social colegiado de su libre designación.

Es importante que, si el letrado o letrados designados de oficio no efectúan dentro del plazo antes indicado manifestación de ser improcedente la actuación de referencia, quedan obligados a su realización en el plazo legalmente establecido.

Acumulación de recursos (LRJS art.33 y 234) La Sala acuerda, de oficio (previo traslado a las partes para que manifiesten lo que a su derecho convenga en un plazo de 5 días), o a instancia de parte, la acumulación de los recursos en trámite, pero ya admitidos y en la misma fase de tramitación, siempre antes del señalamiento para votación y fallo o para vista (TS auto 28-2-20, EDJ 550219). Entre los recursos acumulados debe existir **identidad** de objeto y de alguna de las partes. El **objetivo** de la acumulación es que todas las cuestiones planteadas se discutan y resuelvan conjuntamente en la misma sentencia. 14652

En los recursos sobre pretensiones derivadas de un mismo **accidente de trabajo o enfermedad profesional**, cuando exista más de una sección, ha de conocer de ellos la sección que esté conociendo del primero de dichos recursos, siempre que conste dicha circunstancia de las actuaciones o se ponga de manifiesto al tribunal por alguna de las partes.

Acordada la acumulación de recursos, no puede dejarse sin efecto, salvo que no se hayan cumplido las prescripciones legales sobre acumulación o cuando la Sala justifique, de forma motivada, que la acumulación efectuada podría ocasionar perjuicios desproporcionados a la tutela judicial efectiva del resto de intervinientes.
El letrado de la Administración de Justicia es quien vela por el **cumplimiento de la acumulación** de recursos, poniendo en conocimiento del tribunal aquellos en los que se cumplan dichos requisitos, a fin de que resuelva sobre la acumulación.
Respecto al recurso de casación para la **unificación de doctrina**, considerando la necesidad de contradicción, el Tribunal Supremo mantiene un criterio muy restrictivo para la acumulación de recursos, y precisa un examen individualizado (TS auto 29-6-16, EDJ 115143; auto 15-7-20, EDJ 606522).

1. Recursos no devolutivos

14655 MPL nº 6590 s. Son no devolutivos porque se sustancian **ante el mismo órgano judicial** que dictó la resolución que se recurre. El de **revisión** se plantea frente a los decretos del letrado de la Administración de Justicia que pongan fin al procedimiento o impidan su continuación, resolviéndolo el juez o tribunal, según el caso.

14657 MPL nº 6596 s. **Recurso de reposición** (LRJS art.186) El recurso de reposición se interpone **contra** las providencias o autos dictados por las Secciones de lo Social de los Tribunales de Instancia, las Salas de lo Social de los Tribunales Superiores de Justicia, Audiencia Nacional y Tribunal Supremo y diligencias de ordenación y decretos no definitivos de los letrados de la Administración de justicia. Su interposición no tiene **efectos suspensivos** respecto de la resolución recurrida. **Se exceptúan**, por no ser susceptibles de recurso, sin perjuicio de poder efectuar, en su caso, la alegación correspondiente en el acto de la vista, las dictadas en los siguientes procesos:
- materia electoral;
- ejercicio de conciliación de la vida personal familiar y laboral;
- procesos de impugnación de conflictos colectivos o de convenios colectivos;
- frente a providencia por la que se inadmite el recurso de reposición (LRJS art.187.2);
- frente al auto por el que se resuelve el recurso de reposición (LRJS art.187.5);
- frente a resoluciones sobre admisión (diligencia de ordenación) o inadmisión (providencia) del recurso de revisión (LRJS art.186.2);
- frente a providencia por la que se inadmite a trámite el incidente de nulidad de actuaciones (LOPJ art.241.1; LEC art.228.1). Resolución que resuelve el propio incidente de nulidad (LOPJ art.241.2; LEC art.228.2);
- frente a auto o decretos que deciden o resuelven sobre la solicitud de aclaración, rectificación, corrección, subsanación o complemento de resoluciones judiciales o del letrado de la Administración de Justicia, sin perjuicio de los recursos que procedan, en su caso, contra la sentencia, auto o decreto a que se refiera la solicitud (LOPJ art.267.8; LEC art.214.4 y 215.5).

14658 MPL nº 6603 s. **Tramitación** (LRJS art.187 y 188) Debe expresarse la infracción en que hubiera incurrido la resolución recurrida (LRJS art.187.1), en los siguientes **plazos**:
• 3 días, frente a las resoluciones dictadas en procedimientos seguidos ante órganos unipersonales.
• 5 días, frente a las resoluciones dictadas en procedimientos seguidos ante órganos colegiados.
Su interposición requiere la constitución de un **depósito** de 25 euros, salvo que los recurrentes estén exentos (nº 14645).
De incumplirse alguno de los requisitos mencionados, salvo los considerados formales (como la omisión del depósito o la falta de firma) que pueden ser subsanados, el recurso de reposición **debe inadmitirse** mediante una u otra resolución según la que hubiera sido inicialmente recurrida:
- si se trata de providencias y autos, mediante **providencia** no susceptible de recurso;
- si se trata de diligencias de ordenación y decretos no definitivos, mediante **decreto** directamente recurrible en revisión.
Admitido a trámite, por el letrado de la Administración de Justicia se concede a las demás partes personadas un plazo común de 3 o 5 días, según el carácter unipersonal o colegiado del órgano origen de la resolución recurrida, para que puedan impugnarlo. Transcurrido este plazo, se hayan o no presentado escritos, es resuelto mediante **auto** por el juez o tribunal sin más trámite si se trata de reposición interpuesta frente a providencias o autos, o mediante decreto por el letrado de la Administración de Justicia si hubiera sido formulada frente a diligencias de ordenación o decretos.

Contra el auto del juez o tribunal resolutivo del recurso de reposición no se da nuevo recurso, salvo en los supuestos expresamente establecidos, sin perjuicio de poder efectuar la alegación correspondiente en el acto de la vista, en su caso, o de la responsabilidad civil que en otro caso proceda (nº 14684).

Contra el decreto del letrado de la Administración de Justicia resolutivo del recurso de reposición cabe recurso de revisión (LRJS art.188.1), recogiendo la doctrina que declaró inconstitucional y nula la anterior previsión legal según la cual, contra este decreto no existía recurso alguno, sin perjuicio de reproducir la cuestión al recurrir, si fuere procedente, la resolución definitiva (TCo 72/2018; 34/2019; 15/2020).

En todo caso, en los supuestos que proceda puede instarse el incidente de **nulidad de actuaciones** (nº 3025 s.) o promover **recurso de amparo** (nº 16300 s.).

Recurso de revisión (LRJS art.188) Este recurso no tiene **efectos suspensivos** por lo que pese a su interposición y sin perjuicio de lo que posteriormente se resuelva, debe continuarse con el cumplimiento, en sus propios términos, de la resolución recurrida. Al igual que en la reposición también se han modificado los plazos en 3 o 5 días según las resoluciones hayan sido dictadas en órganos unipersonales o colegiados. **14660** MPL nº 6616 s.

Requiere la constitución de un **depósito** de 25 euros.

Son **recurribles en revisión** los decretos de los letrados de la Administración de Justicia:
- por los que se ponga fin al procedimiento o impidan su continuación;
- resolutivos de recurso de reposición;
- en aquellos casos en que expresamente se prevea.

Respecto de su **tramitación**: debe interponerse en el plazo de 3 o 5 días, según el carácter unipersonal o colegiado del órgano origen de la resolución recurrida, mediante escrito en el que debe fundamentarse la infracción en que la resolución hubiera incurrido.

Si **se cumplen** estos requisitos se admite el recurso por el letrado de la Administración de Justicia concediendo a las demás partes personadas un plazo común de 3 o 5 días, para impugnarlo si lo estiman conveniente.

Si **no se cumplen** los requisitos se inadmite por el juez o tribunal mediante providencia.

Transcurrido el plazo para impugnación, se hayan presentado o no escritos, se resuelve por el juez o tribunal sin más trámites, mediante auto, en un plazo de 3 o 5 días, contra el que únicamente cabe, en su caso, recurso de **suplicación** (nº 14670) si se trata de auto del magistrado-juez de instancia o de **casación** (nº 14694) si se trata de auto de la Sala de lo Social, cuando así se prevea expresamente en la LRJS.

Las resoluciones sobre **admisión o inadmisión** no son recurribles.

2. Recursos devolutivos

Se analizan a continuación los recursos que se sustancian ante un **órgano jurisdiccional «superior»** y en todo caso distinto de aquel que dictó la resolución recurrida: **14665**
- Recurso de queja (nº 14667).
- Recurso de suplicación (nº 14670).
- Recurso de casación ordinaria (nº 14694).
- Recurso de casación para unificación de doctrina (nº 14702).

Precisiones **1)** Con carácter general, no se admiten **cuestiones nuevas**, pues son incompatibles con el **carácter extraordinario** de los recursos de suplicación y casación, de modo que todo motivo que no coincida con el de suplicación (en el de casación) o con lo alegado en demanda y debatido en el juicio (en el de suplicación), constituye una cuestión nueva, cuyo análisis dejaría indefensa a la parte que se vio privada de la posibilidad de hacer alegaciones (TS 7-2-17, EDJ 12898; auto 8-10-20, EDJ 682801; 30-9-20, EDJ 672263; 14-4-21, EDJ 540761; 30-11-22, EDJ 766922; 12-9-23, EDJ 685424 -en la que, sin embargo, se atenúa el rigor del criterio para dar respuesta a la cuestión nueva-; TSJ Madrid 6-7-20, EDJ 641652; TSJ Illes Balears 31-7-20, EDJ 675807).

2) Respecto a la excepcional aportación de **documentos nuevos**, con carácter general no se admite a las partes documento alguno ni alegaciones de hechos que no resulten de los autos. Sin embargo, sí se admite respecto de sentencias o resoluciones judiciales o administrativas firmes o documentos decisivos para la resolución del recurso que no se hubieran podido aportar anteriormente al proceso por causas no imputables a la parte, y en general cuando en todo caso pudiera darse lugar a **posterior recurso de revisión** por tal motivo o fuera necesario para evitar la **vulneración de un derecho fundamental** (LRJS art.233) y siempre que se cumplan los siguientes **requisitos** (TS auto 22-4-19, EDJ 578207; ver más ampliamente nº 7304 Memento Procedimiento Laboral 2025-2026):

a. Que los documentos que se aporten puedan calificarse «prima facie» de **decisivos** para la resolución del recurso planteado, esto es, han de ser trascendentes (TS auto 9-10-20, EDJ 682859) o condicionantes (TS auto 20-7-20, EDJ 655396). En el caso de sentencias o resoluciones firmes, que hayan sido dictadas o notificadas después de las conclusiones en el juicio de instancia (TS auto 6-10-20, EDJ 675022; auto 24-11-20, EDJ 730427).

b. Que no hayan sido ya aportados al proceso (TS auto 17-10-17, EDJ 216135).
c. Que no hubieran sido **conocidos** con anterioridad por el solicitante (TS auto 5-10-17, EDJ 216128).
En tales casos, la sala, oída la parte contraria dentro del plazo de 3 días, dispone en los 2 días siguientes lo que proceda, mediante auto contra el que no cabe recurso de reposición.
La **denegación** de nuevas pruebas documentales en grado jurisdiccional de suplicación no lesiona los derechos fundamentales si no se demuestra la relación entre los hechos que se quisieron y no se pudieron probar y las pruebas inadmitidas y no practicadas; ni tampoco se ha alegado el modo en que la admisión y la práctica de las mismas pudo tener una incidencia favorable en la estimación de las pretensiones (TCo 187/2014).
De **no acordarse** su toma en consideración se devuelven a la parte proponente los documentos. Así sucede cuando la sala considera que no se cumplen los requisitos legales para su admisión (TS 15-4-13, EDJ 55482).
De **admitirse** el documento, se da traslado a la parte proponente para que, en el **plazo** de 5 días, complemente su recurso o su impugnación y por otros 5 días a la parte contraria a los fines correlativos.
3) Se rechaza la aportación de **decisiones judiciales posteriores** a la sentencia recurrida y referida a la cuestión debatida, cuando carecen de firmeza o carácter decisivo. Tales pronunciamientos solo muestran un criterio diverso que no puede primar y que en todo caso tendría un mero carácter ilustrativo (TS auto 28-6-17, EDJ 135293).

a. Recurso de queja

(LRJS art.189; LEC art.494 y 495)

14667 MPL nº 7370 s. El recurso de queja posee carácter ordinario y devolutivo. En el orden social se interpone cuando se deniega el recurso de **suplicación** -ante el Tribunal Superior de Justicia-, o el recurso de casación tanto común como unificadora -ante el Tribunal Supremo-. De este recurso conoce el órgano judicial competente para resolver el recurso no admitido a trámite (TCo 4/1990).

Precisiones El **auto motivado de inadmisión** del anuncio del recurso de suplicación o de preparación del de casación, en su caso, procede cuando:
• El anuncio del recurso de suplicación o la preparación del de casación hubieran incurrido en defecto insubsanable.
• La resolución judicial no es recurrible en suplicación.
• El recurrente infringiera su deber de consignar o de asegurar la cantidad objeto de la condena.
• No subsane la constitución del preceptivo depósito para recurrir en suplicación o casación.
• El recurso de suplicación o casación no se hubiera anunciado en tiempo.
• El recurrente no haya ingresado en la TGSS, el importe del capital importe de la prestación declarada en el fallo en los procesos de Seguridad Social, presentando en la oficina judicial el oportuno resguardo.
• Se condena a la entidad gestora de la Seguridad Social al abono de una prestación y esta no presenta en la oficina judicial certificación acreditativa de que comienza el abono de la prestación o no abona la misma durante la tramitación del recurso.

14668 MPL nº 7384 **Tramitación** (LEC art.494 y 495) Por remisión de la norma procesal social (LRJS art.189) se aplica a su tramitación lo establecido en la LEC donde se ha **eliminado el trámite de preparación** del recurso de queja de la normativa procesal civil. En su actual regulación se mantiene una **única modalidad** con las fases siguientes:
a) Dictado el auto denegatorio del acceso al recurso de suplicación o casación, la queja **se interpone** ante el órgano al que corresponde resolver el recurso denegado (Salas de lo Social del correspondiente Tribunal Superior de Justicia o Tribunal Supremo), en el plazo de 10 días desde el siguiente a la notificación de la resolución denegatoria de tramitación del recurso, acompañando copia del auto recurrido.
Requiere la constitución de un **depósito** de 30 euros.
b) Presentado **en tiempo**, el tribunal resuelve sobre él en el plazo de 5 días:
• Resolución **desestimatoria**: denegando la tramitación del recurso, lo pone en conocimiento del órgano inferior, para que conste en los autos.
• Resolución **estimatoria**: ordena al órgano inferior que continúe con la tramitación del recurso.
Contra el auto resolutorio del recurso de queja **no cabe recurso** alguno (LEC art.495.3).
c) Al ser la queja un **recurso devolutivo** el tribunal inferior pierde jurisdicción y por tanto queda en suspenso durante su tramitación la ejecución de sus resoluciones, sin perjuicio de las posibles medidas cautelares o de ejecución provisional que pudieran interesarse.

b. Recurso de suplicación

(LRJS art.190 a 204)

Es el recurso extraordinario que cabe contra determinadas resoluciones, autos y sentencias dictadas por las Secciones de lo Social de los Tribunales de Instancia y también por las Secciones de lo Mercantil de las Secciones de Instancia. Es resuelto por las Salas de lo Social de los Tribunales Superiores de Justicia de la comunidad autónoma donde radica la Sección del Tribunal de Instancia. **14670** MPL nº 6630 s.

Objeto del recurso (LRJS art.193) Este recurso puede tener como objeto: **14672** MPL nº 6712 s.

1. **Reponer** los **autos** al estado en que se encontraban en el momento de haberse producido una infracción de normas o garantías del procedimiento que hayan producido indefensión. En este caso la **sentencia** de la Sala, sin entrar en el fondo de la cuestión, anula la dictada por la instancia y orden a la reposición del procedimiento al momento de producirse la infracción.
a) Si la infracción se ha producido en el desarrollo del **acto de juicio** se repone al momento de su señalamiento para nueva celebración (TSJ Sevilla 28-3-19, EDJ 556769; TSJ Valladolid 4-5-20, EDJ 565532; TSJ Galicia 21-7-20, EDJ 644177).
b) Si la infracción afecta a las **normas que regulan la sentencia**, la sala está obligada a resolver lo pertinente, de estimar el motivo, dentro de los términos del debate; pero ha de devolver las actuaciones a la Sección de lo Social del Tribunal de Instancia para que sea este quien resuelva, por ser insuficiente el relato de hechos probados de la resolución recurrida y no poderse completar por el cauce procesal correspondiente (LRJS art.202.2). Así, se han anulado actuaciones, en caso de incongruencia (TS 30-9-20, EDJ 673621; 10-1-23, 501475; 20-9-23, EDJ 696289); falta de motivación (TSJ Galicia 24-7-20, EDJ 644358), pero no por insuficiencia del relato de hechos probados, ya que el recurrente tiene la posibilidad de instar la revisión de los hechos declarados probados, a fin de corregir los errores de valoración y las omisiones en que haya incurrido la resolución impugnada (TS 11-11-09, EDJ 300319; TSJ Madrid 9-7-20, EDJ 671507).
Si no pudiera resolver por **insuficiencia de hechos probados** en la sentencia y tampoco se pudieran completar aquellos por el cauce pertinente, la sala acuerda la **nulidad total o parcial** de la sentencia y de las actuaciones posteriores.
En el caso de nulidad **parcial** debe determinar los extremos de la sentencia que permanecen firmes y ordena la retroacción de las actuaciones al momento de dictar sentencia para que se subsanen las deficiencias advertidas y continúe su trámite (LRJS art.202.1 y 2).
La **identificación de la norma** o precepto ha de ser precisa, aunque en determinados casos el error puede ser irrelevante.
2. **Revisar los hechos** declarados **probados**, a la vista de las pruebas documentales y periciales practicadas, pero no se permite una nueva valoración de toda la prueba practicada (TS 18-11-15, EDJ 253747; 21-3-17, EDJ 37143; TSJ Madrid 23-10-06, EDJ 372425) y que no se puede introducir por los litigantes **hechos nuevos** que no se debatieron en la instancia (TSJ Murcia 23-4-07, EDJ 108989), ya que no es requisito formal del recurso la pretensión de revisión de los hechos probados (TS 20-2-20, EDJ 563838).
En este caso el **error** ha de reunir las siguientes características:
• Ha de ser **evidente** y deducirse del examen inmediato de los medios considerados hábiles a tal fin (prueba documental, prueba pericial, revisión expresamente admitida por el impugnante del recurso y revisión por infracción de normas sobre valoración de la prueba).
• Debe tener **trascendencia** en el fallo.
3. Examinar las **infracciones de normas sustantivas** o de la jurisprudencia. Es requisito esencial la identificación o cita precisa de la norma o jurisprudencia infringida por la resolución recurrida (TSJ Madrid 18-9-17, EDJ 208296; 23-7-20, EDJ 671304; nº 14675).
Si se estima alguno de los motivos de los **dos apartados** anteriores, la Sala debe resolver lo que corresponda, con preferencia de la resolución de fondo del litigio, dentro de los términos del debate, incluso sobre extremos o resueltos en su momento en la sentencia recurrida por haber apreciado alguna circunstancia obstativa, siempre que los hechos probados y demás antecedentes no cuestionados en autos resultaran suficientes. Asimismo, ha de resolver sobre las alegaciones realizadas en los escritos de impugnación (LRJS art.202.3).
Respecto de pronunciamientos del **juez de lo mercantil**, ver nº 6876 Memento Procedimiento Laboral 2025-2026.

Precisiones 1) Respecto de la **nulidad de actuaciones** realizadas en la instancia son **requisitos** necesarios: **14673**
a. Que se haya causado **indefensión** a la parte recurrente. Sin que baste el mero incumplimiento formal de normas procesales, pues es preciso que del mismo se derive un perjuicio material para el interesado (TCo 26/2000; 168/2002; TS 27-6-17, EDJ 144379; 29-9-20, EDJ 677649; 10-1-23, EDJ 501381).

b. Haber formulado la correspondiente **protesta** cuando hubiera lugar a ello (TCo 171/1992; TS 21-11-05, EDJ 256074; TSJ Castilla-La Mancha 22-5-20, EDJ 583688; TSJ Madrid, 11-1-16, EDJ 5018; 10-10-14, EDJ 218909).

La nulidad de actuaciones fue **restringida** impidiendo que pueda decretarse de oficio, con ocasión de un recurso, una nulidad de actuaciones que no haya sido solicitada en dicho recurso, salvo que la sala apreciase falta de jurisdicción o de competencia objetiva o funcional, o se hubiese producido violencia o intimidación que afectase al órgano judicial (LOPJ art.240.2).

La nulidad de actuaciones **se admite** cuando se rechazan pruebas pertinentes de forma inmotivada (TSJ Madrid 17-1-22, EDJ 505028); no se practicó una prueba testifical (TSJ Las Palmas 7-2-20, EDJ 660636; TSJ Galicia 21-7-20, EDJ 644177) o el interrogatorio del legal representante de la empresa (TSJ Valladolid 16-1-17, EDJ 2095) o una documental admitida (TS 25-11-14, EDJ 287448; 16-12-15, EDJ 270006; TSJ Madrid 31-1-20, EDJ 526584); por desconocimiento de los medios de prueba que han servido para la redacción de un determinado hecho probado (TSJ Madrid 28-5-20, EDJ 630028); por ser el relato fáctico insuficiente y no resolverse sobre lo peticionado en la demanda (TSJ Galicia 17-6-20, EDJ 622558; 25-1-17, EDJ 19810); cuando se ha producido el vicio de incongruencia omisiva (TS 4-10-17, EDJ 215986; 30-9-20, EDJ 673621; TSJ Asturias 7-7-20, EDJ 644847); por no haberse notificado al trabajador la intención de la empresa de comparecer en el acto del juicio con defensa letrada (TS 21-2-23, EDJ 520740).

14674 2) En cuanto a la **revisión de hechos declarados probados** con base en las pruebas documentales o periciales practicadas, esto es, que obren en autos o haya sido aportada en trámite de suplicación válidamente conforme a la LRJS art.233 y la LEC art.506 (TS 18-5-05, EDJ 108951):

a. Puede consistir tanto en la adición, por insuficiencia de los contenidos en la sentencia para fundamentar el fallo, rectificación o supresión, por contener la sentencia en la narración de hechos manifestaciones jurídicas que prejuzgan o predeterminan el fallo o simple modificación de algunos de los hechos declarados probados. Solo tiene sentido si resulta trascendente para el fallo.

b. Para su admisibilidad es preciso no solo citar los documentos de los que se desprende el error, sino exponer las razones de las que se patentice el error del juzgador. Las pruebas documentales o periciales en que se funde el motivo deben tener una eficacia radicalmente excluyente, contundente e incuestionable, de tal forma que el error denunciado sea evidente, esto es, emane por sí mismo de los elementos probatorios invocados, de forma clara, directa y patente, y en todo caso, sin necesidad de argumentos, deducciones, conjeturas o interpretaciones valorativas.

c. No permiten la modificación de hechos probados las referencias a la prueba de confesión o a la prueba testifical (TSJ Las Palmas 9-11-06, EDJ 386686; TSJ Canarias 14-11-06, EDJ 386811); ni tampoco los informes de detectives, dada su naturaleza testifical (TS 15-10-14, EDJ 200424). Ni tampoco las actas de la Inspección de Trabajo (TS 12-7-17, EDJ 150802). Los medios de reproducción de imagen y sonido no tienen naturaleza de documento por no estar representados a través de la escritura (LEC art.317 a 334; TS 26-11-12, EDJ 286153; 16-6-11, EDJ 225556).

d. Se trata de una pretensión que debe acompañarse de un ulterior motivo de examen del derecho aplicado a la luz de la nueva redacción fáctica. Su finalidad consiste en la corrección de los posibles errores en que pudiera haber incurrido el juez en la apreciación de la prueba documental o pericial practicada, pero no es instrumento sustitutivo de la valoración que realice el juez de instancia para lo que es soberano.

e. Debe, en todo caso, tenerse presente que se admite la presentación de documentos en el trámite de recurso en los términos previstos en la LEC, lo que abre paso a una más amplia gama de revisión de hechos por el tribunal (LRJS art.233).

14675 3) Respecto a las **infracciones de normas sustantivas**:

a. Por **normas** debe entenderse toda norma jurídica general que traiga su origen de autoridad legítima dentro del Estado incluyendo la costumbre acreditada, las normas convencionales y los Tratados Internacionales ratificados y publicados en el BOE, se hayan ignorado por el juzgador de instancia como se hayan aplicado indebidamente. No están incluidas las normas procesales cuya infracción debe articularse con arreglo a la LRJS art.193.a. Forman parte de las normas a efectos de recurso los convenios colectivos estatutarios y las normas reglamentarias. Respecto a **pactos extraestatutarios y cláusulas contractuales**, no cabe alegar su infracción, al no ser normas jurídicas, sino la infracción de las normas por las que se rigen los contratos y su interpretación. No son invocables las circulares y resoluciones administrativas no publicadas por tratarse de actos administrativos carentes de valor normativo (TS 22-6-11, EDJ 155647; 7-10-94, EDJ 8245). Tampoco los actos emanados de las potestades de organización empresarial, ni los estatutos y normas internas de los sindicatos.

b. Por **jurisprudencia** debe entenderse la doctrina de la Sala de lo Social del Tribunal Supremo al interpretar y aplicar la ley, la costumbre y los principios generales del derecho; debiéndose recordar que no la sienta una sola sentencia sobre el mismo supuesto salvo sentencia en casación para la unificación de doctrina. Asimismo, se incluye la doctrina del Tribunal Constitucional y la jurisprudencia comunitaria del TJUE. No constituyen jurisprudencia, obviamente, las sentencias de los tribunales superiores de justicia ni de la Audiencia Nacional, sin perjuicio de la invocación de dichas resoluciones a efectos argumentales. La cita equivocada de una norma procesal en la que fundamentar el recurso no es causa para su inadmisibilidad (TCo 256/1994).

c. En relación con el **derecho a la tutela judicial efectiva** el Tribunal Constitucional (TCo 135/1998) recuerda que no se trata de un recurso de apelación ni una segunda instancia, sino un recurso de objeto limitado, por lo que el tribunal *ad quem* al examinar si el recurrente cumple los requisitos de admisión no puede valorar *ex novo* toda la prueba practicada ni revisar el derecho aplicable (TCo 18/1993; 294/1993). Por otro lado, si bien el carácter cuasicasacional de este recurso justifica la exigencia de estos requisitos, desde la perspectiva constitucional lo relevante no es la forma o técnica del escrito de recurso sino su contenido. Así, se concluye en que el órgano judicial no debe rechazar *a límine* su examen por defectos formales o deficiencias técnicas cuando el escrito suministra datos suficientes para conocer, precisa y realmente, la argumentación de la parte. Pues en tal caso la decisión puede vulnerar la Const art.24.1 al estar basada en un error material o ser arbitraria por cuanto prescinde de los datos aportados en dicho escrito.
Para examinar las infracciones de normas sustantivas o de la jurisprudencia es **requisito esencial** la identificación precisa de la infringida en la resolución recurrida (TSJ Madrid 18-9-17, EDJ 208296; 23-7-20, EDJ 671304).
4) Conforme a los principios de **celeridad y economía procesal** se admite que si el tribunal superior de justicia, en contra del criterio del juez de instancia, aprecia la inexistencia de la prescripción de las faltas imputadas al trabajador, puede declarar procedente el despido, previo examen y calificación de aquellas cuando el relato fáctico de la sentencia de instancia contenga hechos suficientes para pronunciarse sobre ellos (TS 15-4-02, EDJ 27130; LRJSP art.202.3).

Resoluciones recurribles (LRJS art.191 y 192) Pueden recurrirse en suplicación **sentencias** (nº 14677) y **autos** (nº 14684) de Secciones de lo Social de Tribunales de Instancia y de las Secciones de lo Mercantil de Tribunales de Instancia dictadas en materia laboral (nº 5626). **14676** MPL nº 6652 s.

Precisiones **1)** Vulnera la tutela judicial efectiva la denegación del acceso al recurso de suplicación en el marco de un procedimiento especial. Aunque no existe un mandato constitucional que asegure el acceso a los recursos en materia de **derechos fundamentales**, la garantía jurisdiccional de acceso al recurso que existe en el marco del proceso especial de tutela de derechos fundamentales debe ofrecerse a todos los demás procedimientos especiales cuando se interesa tal tutela, con independencia de que en su regulación específica no esté previsto (TCo 149/2016).
2) El acceso a suplicación de las sentencias por **razón de la cuantía o modalidad procedimental**, es una cuestión que puede ser examinada **de oficio**, puesto que afecta al orden público procesal y a su propia competencia funcional, sin que el tribunal quede vinculado por la decisión que se haya adoptado en suplicación, e incluso con cierta independencia de lo que las partes hayan podido alegar (TS 19-12-11, EDJ 328410; 28-11-11, EDJ 291519; 21-11-11, EDJ 344355; 12-3-12, EDJ 65443; 2-4-12, EDJ 77157). La **sentencia de suplicación indebidamente recaída**, por improcedencia del recurso formulado contra la de instancia, es nula (TS 20-9-96, EDJ 6585; 7-4-97, EDJ 3170; 17-7-97, EDJ 6650; 23-9-02, EDJ 135176). Procede la nulidad de actuaciones ante la **falta de competencia funcional** para conocer del recurso de suplicación por la ausencia del requisito de la afectación general (TS 23-3-15, EDJ 51860).
3) El examen de la **competencia funcional** debe hacerse de oficio, al afectar la materia al orden público procesal y sin vinculación por la solución que haya podido dar el órgano judicial de instancia o el TSJ (TS 13-11-19, EDJ 739631; 14-1-20, EDJ 511675; 29-9-22, EDJ 701275).

Sentencias siempre recurribles (LRJS art.191.3.b y art.191.4.b) El principio general es que todas las sentencias dictadas por el juez de lo social son recurribles, a excepción de aquellas que la propia LRJS disponga lo contrario, por razón de la **materia o de la cuantía** (nº 14679). La procedencia o improcedencia del recurso viene determinada por la modalidad procesal elegida por la parte al interponer la demanda y dentro de ella, cuando así proceda, por la cuantía de su pretensión, entendiendo por tal la sostenida por el demandante por todos los conceptos sin intereses, ni recargos por mora, no la reconocida en sentencia. **14677** MPL nº 6665 s.
En todo caso **procede la suplicación** frente a las siguientes sentencias (LRJS art.191.3.b y 4.b):
1. Sentencias de **despido** y todos los supuestos de extinción de contrato que se encuentran recogidos en el ET art.49; salvo en los procesos por **despido colectivo** impugnados por los representantes de los trabajadores (nº 15200).
2. Sentencias recurribles por **afectación general**. Esto es, en reclamaciones acumuladas o no cuando la cuestión debatida afecte a todos o a un gran número de trabajadores o de beneficiarios, así como cuando la sentencia de instancia fuera susceptible de extensión de efectos (nº 14682).
3. Sentencias que reconocen o deniegan una **prestación de Seguridad Social** u otros aspectos de la misma, incluidas expresamente las de determinación del grado de una incapacidad permanente (nº 15394). Quedan expresamente excluidas las dictadas en procesos de impugnación de alta médica cualquiera que sea la cuantía de las prestaciones por subsidio de IT que viniera percibiendo (LRJS art.191.2 g).
La suspensión de la prestación no es equivalente a la denegación (TS 22-2-22, EDJ 514742). Por otra parte, el litigio sobre la determinación de la contingencia como accidente de trabajo o enfermedad común tiene acceso al recurso de suplicación con independencia de su cuantía (TS 10-11-22, EDJ 733398).

Asimismo, toda sentencia que resuelva una reclamación de **reintegro de gastos médicos** es recurrible en suplicación, cualquiera que sea su cuantía, por suponer el reconocimiento de una prestación de la Seguridad Social (TS 27-1-15, EDJ 31722). No cabe suplicación si no se alcanza la cuantía de 3.000 euros cuando lo que se reclama es la extinción de un **subsidio o prestación de desempleo**, pues la extinción del derecho a la prestación por imposición de una sanción no es equiparable al reconocimiento o denegación del derecho a obtener la misma (TS 11-5-18, EDJ 98350).

4. Cuando el recurso tenga por objeto subsanar una **falta esencial del procedimiento** o la omisión del intento de **conciliación o de mediación** obligatoria previa siempre que se hubiera formulado protesta en tiempo y forma y hayan producido indefensión (TS 11-10-23, EDJ 714674). Si el fondo del asunto no estuviera comprendido dentro de los límites de la suplicación, la sentencia solo puede resolver sobre el defecto procesal invocado.

5. Sentencias que resuelven sobre la incompetencia de **jurisdicción** por razón de la materia, o de **competencia territorial o funcional**. Si el fondo del asunto no fuera recurrible en suplicación, la Sala solo resuelve sobre la jurisdicción o competencia.

6. Sentencias dictadas **en procedimientos especiales de**:
- conflictos colectivos (nº 15475);
- impugnación de convenios colectivos (nº 15480);
- impugnación de los estatutos de un sindicato nº 15505; y
- procedimientos de oficio (nº 15420).

14678 **7.** Sentencias dictadas en materia de tutela de **derechos fundamentales** y libertades públicas (nº 15525). De acuerdo con la jurisprudencia, en cualquier proceso en el que se interese la tutela de derechos fundamentales y libertades públicas cabe recurso de suplicación, incluso cuando se haya ejercitado la acción a través de una modalidad procesal especial que tuviera excluido el acceso a dicho recurso. La exigencia de que en el seno de tales procedimientos se apliquen todas las reglas y garantías del procedimiento especial de tutela de derechos fundamentales obliga a otorgar el acceso al recurso de suplicación del que goza tal proceso especial de tutela (LRJS art.178.2), pues no es posible fracturar o diversificar la protección de los derechos fundamentales en el ámbito laboral (TCo 149/2016; TS 3-11-15, EDJ 235999; 22-6-16, EDJ 140316). Ese criterio se ha aplicado haciendo abstracción de si el recurso de suplicación lo interponía el trabajador o lo formalizaba la empresa (TS 11-1-17, EDJ 3076; 9-5-17, EDJ 88853; 18-10-17, EDJ 232960; 22-2-18, EDJ 22334). Así, cabe el recurso de suplicación de la empresa contra una sentencia recaída en un proceso de impugnación de sanción disciplinaria por falta muy grave en el que el trabajador solicita se declare su nulidad por entender que se debió a una represalia por el ejercicio de su derecho a reclamar el abono de las comisiones impagadas (TS 19-6-18, EDJ 517754).

La acumulación de una petición de tutela de derechos fundamentales ha permitido así el acceso al recurso de suplicación de una sentencia dictada en el marco de un procedimiento especial sobre determinación de la fecha de disfrute de vacaciones o sobre modificación sustancial de condiciones con petición de tutela de derechos fundamentales. En este último supuesto el acceso también se producía por razón de la cuantía, pues se reclamaba una indemnización de daños y perjuicios por la vulneración alegada que superaba los 3.000 euros. Esta nueva jurisprudencia se opone a pronunciamientos previos de la doctrina judicial (ver, por ejemplo, TSJ Madrid 6-3-15, EDJ 41866).

8. Sentencias dictadas en procesos de impugnación de **actos administrativos en materia laboral** no comprendidos en la LRJS art.191, cuando, alternativamente:
- no sean susceptibles de valoración económica; o
- la cuantía litigiosa exceda de 18.000 euros (ver excluyendo el acceso por no alcanzar tal límite TS 23-11-21, EDJ 767963; TSJ Madrid 16-9-19, EDJ 719476). Si se trata de impugnación de actos administrativos en materia de seguridad social el límite es de 3.000 euros (TS 2-11-17, EDJ 237319; 28-2-18, EDJ 22310; 21-5-20, EDJ 576570; 29-9-22, EDJ 702643).

9. Sentencias dictadas por las Secciones de lo **Mercantil** de los Tribunales de Instancia en el proceso concursal en cuestiones de carácter laboral (LRJS art.191.4.b).

10. Sentencias dictadas en procesos de **clasificación profesional** acumuladas a la reclamación de diferencias salariales cuando la cuantía de esta última exceda de 3.000 euros (TS 21-1-15, EDJ 44502; 26-10-15, EDJ 199572).

11. Sentencias dictadas en procesos de **conciliación de la vida personal, familiar y laboral** en los que se haya acumulado reclamación de daños y perjuicios cuya cuantía exceda de 3.000 euros.

12. Sentencias dictadas en procesos de **movilidad geográfica y modificación sustancial de condiciones de trabajo** cuando tengan carácter colectivo y los de cambio de puesto o **movilidad funcional** cuando se acumule una acción susceptible de recurso de suplicación.

13. Sentencias dictadas en procesos de impugnación de resoluciones de la autoridad laboral o administrativa relativas a la expedición de **certificados de capacidad representativa** de los sindicatos o de los **resultados electorales** (LRJS art.136 en relación con la LRJS art.191.2.c).

14. Sentencias por **sanción disciplinaria** por falta muy grave confirmada judicialmente (LRJS art.191.2.a), recurribles por el trabajador; ahora bien, puede suceder que, aun siendo favorable al empresario el signo de la sentencia, exista un gravamen que le legitima para recurrir, como puede suceder si en los hechos probados la empresa entiende que existe un error en cuanto a las circunstancias personales del trabajador -antigüedad, categoría, salario, etc.- o respecto al Convenio Colectivo aplicable, o respecto a las circunstancias de la empresa -se aprecia sucesión de empresa o grupo de empresa- o cualquier otra cuestión (TS 2-11-22, EDJ 733495).

Por otro lado, la jurisprudencia ha reconocido que procede el acceso a la suplicación frente a las sentencias dictadas en cualquier proceso en cuya demanda se interese a la tutela de **derechos fundamentales y libertades públicas**, incluso cuando se haya ejercitado la acción a través de una modalidad procesal especial que tuviera legalmente excluido el acceso a dicho recurso. En tales supuestos se han de aplicar todas las reglas y garantías del procedimiento especial de tutela de derechos fundamentales, incluido el acceso al recurso de suplicación del que goza tal proceso de tutela (TCo 149/2016; TS 3-11-15, EDJ 235999; 22-6-16, EDJ 140316; 15-5-18, EDJ 104180; 20-7-22, EDJ 642882). Ese criterio aplica con independencia de que el recurso de suplicación lo interponga el trabajador o lo formalice la empresa (TS 11-1-17, EDJ 3076; 9-5-17, EDJ 88853; 18-10-17, EDJ 232960; 22-2-18, EDJ 22334). Así, cabe el recurso de suplicación de la empresa contra una sentencia recaída en un proceso de impugnación de sanción disciplinaria por falta muy grave si el trabajador solicita se declare su nulidad por vulneración de la garantía de indemnidad (TS 19-6-18, EDJ 517754); también cabe recurso de suplicación en proceso de impugnación de sanción por falta grave si en la demanda se alega vulneración de derechos fundamentales (TS 14-11-23, EDJ 753787). Sin embargo, esta doctrina ha sido objeto de **parcial rectificación**, mediante un nuevo criterio según el cual la sala de suplicación solamente debe resolver lo relativo a la posible vulneración de derechos fundamentales, no las cuestiones relativas a la legalidad ordinaria, salvo que exista una indisoluble conexión entre unas y otras, en cuyo caso debe conocer de ambos aspectos. En voto particular se mantiene que la sala debería resolver siempre la totalidad del recurso, poniendo de relieve, entre otros extremos, la dificultad de distinción entre unas y otras cuestiones, y la inseguridad jurídica que comporta el nuevo criterio jurisprudencial (TS 19-10-22, EDJ 727793).

Precisiones Se deniega el **acceso al recurso de suplicación** por razón de la cuantía inferior a 3.000 euros, aunque se incluya una pretensión declarativa del reconocimiento del derecho, en litigios sobre conceptos o complementos salariales, días de vacaciones o permisos (TS 29-11-11, EDJ 312145; 17-3-15, EDJ 58581; 29-10-19, EDJ 731496).

Sentencias irrecurribles por razón de la materia (LRJS art.191.2) Las sentencias dictadas en la instancia en el marco de los siguientes **procedimientos especiales**: **14679**

- Las sanciones por **faltas** leves o graves, o por faltas muy graves cuando no sean confirmadas judicialmente (nº 15068).
- En procesos de determinación de la fecha de disfrute de **vacaciones** objeto de un procedimiento específico (nº 15250 s.).

Por el contrario, cuando lo que se reclama es el abono de ciertos días de vacaciones no disfrutados sí cabría recurso en función de la cuantía de lo reclamado (TS 24-7-07, EDJ 144127). También en un supuesto donde el debate se centra en determinar la fecha de disfrute de vacaciones cuando dicho período coincide con la situación de incapacidad temporal del trabajador (TS 24-6-09, EDJ 171920).

- La impugnación de los laudos dictados en **materia electoral** y la impugnación de las resoluciones administrativas denegatorias del registro de actas electorales (nº 15270). Si la controversia tiene un ámbito más amplio que el puramente electoral, fundada en la **lesión** de algún **derecho fundamental** sí es susceptible de recurso de suplicación.
- En materia de **clasificación profesional** (nº 15280) salvo si la acción se ejercita conjuntamente, con reclamación de diferencias salariales por realizar trabajos de superior categoría y las diferencias excedan de 3.000 euros.

Se distinguen los procesos sobre clasificación profesional de procesos en los que está involucrada la categoría, pero se discuten otras cuestiones distintas de la adecuación de los trabajos realizados a la definición de la categoría (TS 20-9-22, EDJ 687877).

- En materia de **modificación sustancial de condiciones de trabajo**, **movilidad geográfica o suspensión de contrato y reducción de la jornada**, salvo cuando tengan carácter colectivo; incluso aunque dicha acción incorpore una reclamación de cuantía superior a 3.000 € por daños y perjuicios, derivada de aplicar la decisión empresarial impugnada.

En relación a la modificación sustancial también cabe recurso si se alega vulneración de derechos fundamentales (TS 14-9-23, EDJ 696263); si bien la discriminación ha de tener poso fáctico, por lo que no baste su mera cita (TS 11-1-24, EDJ 501140).
• En materia relativa a los derechos de **conciliación de la vida personal, laboral y familiar** reconocidos en una norma legal o convencional (nº 15345), **salvo cuando se acumulen** a la reclamación de indemnización por discriminación o lesión, o a los demás pronunciamientos derivados de la modalidad procesal de derechos fundamentales y libertades públicas o cuando se acumule a indemnización por daños y perjuicios y por su cuantía fuera recurrible. Las demandas para el ejercicio de estos derechos deben tramitarse por dicha modalidad procesal especial, por lo que cuando **un permiso no tuviera encaje** en las situaciones reguladas se tramitara por el procedimiento ordinario con acceso al recurso de suplicación (TS 18-6-08, EDJ 155958).
• Los procesos sobre **impugnación de alta médica**, cualquiera que sea la cuantía del subsidio de incapacidad temporal.

14680 **Sentencias irrecurribles por razón de la cuantía** (LRJS art.192) Con carácter general, no son recurribles las sentencias cuya cuantía litigiosa no exceda de 3.000 euros (TS 2-4-25, EDJ 548079). Este **límite cuantitativo** no opera y procede en todo caso el recurso de suplicación, respecto de las sentencias de instancia dictadas en relación a las reclamaciones mencionadas en el nº 14677. Aunque el recurso cabe en ocasiones por acumulación de una reclamación de daños morales por cuantía superior a la mencionada que se acumula a una de esas pretensiones. Por ejemplo, en un caso que se solicitó en la demanda inicial una **indemnización por daños morales** de 4.000 euros, aunque fuera bajo la modalidad procesal de derechos de conciliación de la vida personal, familiar y laboral que es recurrible en suplicación (LRJS art.139.1.b; TS 5-6-23, EDJ 589937).
Para la determinación de la cuantía litigiosa hay que diferenciar varios **supuestos**:
• Si fuesen **varios demandantes** o algún demandado reconviniese, la cuantía litigiosa a efectos de la procedencia o no del recurso, la determina la reclamación cuantitativa mayor, especificando la LRJS que no se computan intereses ni recargos por mora (TS 26-5-15, EDJ 112512).
• Cuando se formulen varias pretensiones bien sea por un solo actor o reconviniente en acciones acumuladas la cuantía se obtiene por la suma de todas ellas.
• En los procesos en que se ejercite **una o varias acciones acumuladas** y solo alguna fuera recurrible en suplicación, procede el recurso de suplicación, salvo que exista disposición expresa en contrario.
• Cuando la reclamación verse sobre **prestaciones económicas periódicas** de cualquier naturaleza o diferencias sobre ellas, la cuantía litigiosa a efectos de recurso viene determinada por el importe de la prestación básica o de las diferencias reclamadas, ambas en cómputo anual, sin tener en cuenta las actualizaciones o mejoras que pudieran serle aplicables, ni los intereses o recargos por mora. La misma regla se aplica a las reclamaciones de reconocimiento de derechos, siempre que tengan traducción económica. A esta misma regla se está respecto de reclamaciones en materia de **prestaciones de Seguridad Social** igualmente valorables económicamente, computándose exclusivamente a estos fines las diferencias reclamadas sobre el importe reconocido previamente en vía administrativa. Por ello, en todos esos, casos se ha de estar al importe anual y no al importe reclamado (TS 31-5-16, EDJ 105780). Salvo que haya afectación general se trata de una cuestión crucial incluso en un pleito sobre desempleo, siendo determinante la cuantía económica de la prestación, aunque se impugne también la sanción impuesta (TS 31-3-15, EDJ 129736).
• En impugnación de **actos administrativos** en materia laboral y de Seguridad Social se atiende, a efectos de recurso, al contenido económico de la pretensión o del acto objeto del proceso cuando sea susceptible de tal valoración y, en su caso, en cómputo anual:
- cuando se pretenda el reconocimiento de un **derecho o situación jurídica individualizada**, la cuantía viene determinada por el valor económico de lo reclamado o, en su caso, por la diferencia respecto de lo previamente reconocido en vía administrativa; y
- cuando se pretenda la **anulación de un acto**, incluidos los de carácter sancionador, se atiende al contenido económico del mismo.
En ambos casos no se tienen en cuenta los **intereses o recargos por mora**.

14681 Precisiones 1) Cuando la demanda versa sobre el **reconocimiento de un derecho** que tiene un contenido económico, la cuantía litigiosa queda determinada por el montante de la cantidad concreta que se pide o, como máximo, por la cuantía anual de las diferencias económicas que genere el reconocimiento de ese derecho, sin que a ello obste que a esa petición se anude la del previo reconocimiento del derecho o su mantenimiento en el futuro (TS 4-12-18, EDJ 688207; 14-1-20, EDJ 511701). Pero si se acumula una reclamación de cuantía superior a 3.000 euros, la sentencia es recurrible, aunque el monto anual del derecho no llegue a esa cantidad (TS 19-7-23, EDJ 636168;

7-3-23, EDJ 527763; 16-10-25, EDJ 729573). En materia de prestaciones debe estarse a la diferencia entre la cuantía ya reconocida y la reclamada en cómputo anual (TS 23-11-21, EDJ 767920; 17-5-22, EDJ 574644; 24-11-23, EDJ 758386).

2) La determinación de la **cuantía litigiosa** -también denominada *summa graviminis*- a los efectos del acceso al recurso de suplicación, viene determinada, en principio, por la solicitud del escrito de la demanda y no conforme a lo declarado en sentencia como adeudado (TS 3-7-07, EDJ 144104), aunque puede quedar expresada en trámites posteriores de la instancia -alegaciones o conclusiones-. Si se reclama un derecho y condena al pago de una cantidad la determinación se realiza en función de los efectos económicos que puede alcanzar la declaración del derecho recurriéndose a la anualización. Si se ejercita una acción sin contenido dinerario directo e inmediato como es el reconocimiento del derecho al disfrute de un permiso, para acceder a este recurso es preciso fijar el valor cuantitativo de lo reclamado, teniendo en cuenta sus efectos económicos y anualizando su importe si fuera preciso (TS 20-12-07, EDJ 260406). La condena de futuro no puede establecerse respecto de contingencias futuras no previsibles en el momento presente.

3) Debe considerarse, en todo caso, lo que se aclaró en el **acto del juicio** y no las diferencias salariales reclamadas inicialmente en la demanda (TS 10-7-07, EDJ 144150). Siendo también relevante la cantidad solicitada en conclusiones definitivas y no la cuantía de lo pedido en recurso cuando la demanda se estimó parcialmente (TS 8-7-08, EDJ 178562). Los términos cantidad litigiosa y cantidad controvertida no son sinónimos, por tanto, hay que atenerse a una **concepción amplia** y no restrictiva del término litigiosa que no puede asimilarse a cuantía disputada o controvertida y sí a cuantía reclamada, o sea, integrante del *petitum* de la demanda y, como tal, constitutiva del objeto de la *litis* (TS 22-1-02, EDJ 856; 8-7-08, EDJ 178562; 7-5-25; EDJ 574522).

No obstante, ha de tenerse en cuenta que la determinación de la cuantía litigiosa, la pretensión laboral, puede formularse en **tres momentos diferentes** del proceso: en la demanda, en el trámite de alegaciones y en conclusiones. Siendo en este último momento procesal en el que, de manera definitiva, se materializa la acción, concretándose de manera irrevocable la cuantía litigiosa. Por ello, si en conclusiones se fijó una cantidad superior a 3.000 euros, aunque en suplicación se solicite una cantidad inferior, cabe interponer recurso en función de la cuantía (TS 10-7-07, EDJ 144150; 25-9-18, EDJ 596612; 7-3-23, EDJ 527727; 16-10-25, EDJ 729573).

4) En el caso de varias **demandas acumuladas** de reclamación de cantidad basta con que una de ellas supere la cuantía legal (actualmente 3.000 euros), para que el conjunto sea susceptible de recurso (TS 20-11-06, EDJ 358992).

5) Para acceder al recurso de suplicación, en los procedimientos de reclamación de cantidad, la cuantía que se debe tener en cuenta es la principal, debiéndose excluir por tanto los **intereses y recargos por mora** que eventualmente pudieran corresponder al demandante (TS 20-9-23, EDJ 701084).

Sentencias recurribles por afectación general (LRJS art.191.3.b) Ante materias litigiosas no recurribles en todo caso, si no se alcanza la cuantía mínima de acceso al recurso ya solo cabe este si se considera que hay afectación general. Aunque la cuantía litigiosa no exceda de 3.000 euros la sentencia es recurrible ya que la cuestión debatida afecta a todos o a un gran número de trabajadores o beneficiarios de la Seguridad Social siendo indiferente que se trate de reclamaciones acumuladas o no. La **afectación general** es un concepto jurídico indeterminado que requiere una valoración jurídica acerca de su concurrencia en cada caso (TS 22-5-20, EDJ 570720). **14682**

Por otra parte, la sentencia de instancia siempre es recurrible en suplicación cuando es susceptible de extensión de efectos (LRJS art.191.3.b). Se trata de la sentencia dictada en los llamados **procedimiento testigo** (LRJS art.86 bis) y que, una vez firme, es susceptible de la extensión de sus efectos a otros procedimientos semejantes que habían quedado suspendidos.

La afectación general puede ser (TS 23-12-10, EDJ 326684; 31-5-13, EDJ 127616):

1. **Notoria**, porque quede de manifiesto por la intrínseca y peculiar naturaleza de las reclamaciones efectuadas, y a la vista de los elementos y circunstancias propios de tales reclamaciones y demás datos obrantes en autos, en cuyo caso no es necesaria la alegación de parte, pudiendo ser apreciada de oficio por el juez o la Sala. Así sucede cuando la reclamación tiene como fundamento y precedente inmediato una sentencia dictada en conflicto colectivo (TS 23-12-97, EDJ 10576; 23-10-08, EDJ 234705; 23-6-15, EDJ 122733; auto 8-9-20, EDJ 660100; 21-5-20, EDJ 570940). La afectación general puede derivar de la previa existencia de un conflicto colectivo sobre la misma materia, pero esta doctrina no es aplicable en un caso en el que no se discute ya la cuestión que se debatió en el proceso colectivo, que resulta pacífica, sino otra distinta relacionada con la eficacia interruptiva de la prescripción de otro conflicto distinto de aquél en el que tiene origen la demanda individual (TS 26-10-22, EDJ 734515; 18-10-22, EDJ 721274; 15-2-22, EDJ 518296).

2. Con **contenido de generalidad** no puesto en duda por las partes -lo que también se llama «evidencia compartida»-, pero no basta que las partes estén de acuerdo en la afectación general, es necesario que ésta sea objetivamente evidente (TS 23-10-08, EDJ 234705; 23-7-20, EDJ 656310; 18-10-22, EDJ 721274).

3. **Alegada y probada** en juicio por no concurrir ninguno de los supuestos anteriores (TS 3-10-03, EDJ 228761; 14-7-06, EDJ 277460; 26-6-07, EDJ 135878; 10-6-20, EDJ 589329). No debe confundirse con la posible proyección general de un litigio sobre la interpretación de una norma o su número de destinatarios potenciales, con la afectación general para la que se exige que el nivel de litigiosidad sea relevante y actual (TS 1-7-20, EDJ 605374).

Su concurrencia debe **apreciarse** tanto por la Sección de lo Social del Tribunal de Instancia, como por el Tribunal Superior de Justicia al resolver el recurso de suplicación, y por el Tribunal Supremo al examinar el recurso de casación para la unificación de doctrina (TS 27-1-04, EDJ 4056; 20-1-04, EDJ 2294), incluso cuando no haya contradicción, pues puede ser examinado de oficio por tratarse de un **requisito de orden público procesal** (TS 12-1-05, EDJ 5042; 13-10-06, EDJ 288936; 18-1-07, EDJ 8695).

La afectación general se refiere a la **incidencia del conflicto** en el seno de la totalidad de la empresa afectada que debe ser alegada y probada. No basta con señalar que el litigio se fundamenta en un precepto de aplicación general, por ejemplo, el convenio colectivo de empresa (TS 4-10-13, EDJ 201321; 7-12-10, EDJ 290713) o que existe una línea de actuación empresarial generalizada, sino que hay que acreditar la generalización del conflicto en sí mismo (TS 22-7-09, EDJ 178836; 28-1-09, EDJ 19187). No cabe confundir el número de destinatarios potenciales de la norma aplicable con el nivel de litigiosidad sobre la misma, que es el que ha de tenerse en cuenta a efectos de la afectación general (TS 1-2-10, EDJ 14359; 23-6-15, EDJ 129758). Tampoco **cabe equiparar** a la afectación general todo supuesto de **interpretación de una norma** o acuerdo de carácter general, solo se equipara si la concreta cuestión debatida afecta a todos o a un gran número de trabajadores (TS 23-3-15, EDJ 51860; 27-4-15, EDJ 93236). Para el caso de las decisiones de las entidades gestoras de la Seguridad Social, debe constar la existencia de una litigiosidad abundante (TS 7-6-17, EDJ 115996; 11-10-22, EDJ 721367).

Una vez que el Tribunal Supremo se pronuncia sobre la **existencia de afectación general** en relación con un asunto determinado esa declaración tiene el valor de **doctrina jurisprudencial** para los procesos ulteriores en los que se suscite la misma cuestión (TS 18-10-06, EDJ 319340; 24-10-06, EDJ 311903 y 7-11-06, EDJ 319334). En muchos casos resulta **controvertido** determinar la existencia de afectación general, de ahí que muchos pronunciamientos vengan acompañados de votos particulares (TS 6-3-07, EDJ 18253).

14683 Precisiones 1) Existe **afectación general notoria** sobre la supresión de la paga extra del personal laboral fijo discontinuo por parte de la Comunidad de Madrid, sin que sea necesaria la previa alegación de parte ni su prueba, no siendo preciso que la notoriedad sea absoluta y general (TS 6-7-15, EDJ 146108). Si el tribunal superior de justicia tiene cabal constancia de la existencia de **múltiples procedimientos** judiciales suscitados sobre la misma cuestión, se considera que hay la necesaria afectación general (TS 23-4-15, EDJ 105760).

2) También se ha entendido que hay afectación general en caso de reclamaciones sobre indemnizaciones por la extinción de contratos temporales en Correo y Telégrafos (TS 1-2-23, EDJ 511641); diferencias salariales en las **pagas extraordinarias**, reclamadas por un MIR, rectificando criterio (TS 6-7-22, EDJ 627916); **plus de peligrosidad** respecto del que había habido pleitos anteriores (TS 23-10-08, EDJ 234705); reintegro de **gastos médicos** (TS 25-1-05, EDJ 5035; 26-4-22, EDJ 558402); reclamación de **cuotas colegiales** (TS 25-2-05, EDJ 24023); reclamaciones sobre el **valor de la hora ordinaria** a fin de calcular el de la extraordinaria en el sector de empresas de seguridad (TS 3-6-13, EDJ 127601); reclamación de diferencias de **base reguladora** que deriven de la incidencia de servicios a tiempo parcial por el beneficiario (TS 21-2-17, EDJ 34067), o reclamación de cantidad derivada del **alcance temporal de la prestación de IT** (TS 6-4-22, EDJ 538096; 12-7-22, EDJ 668694).

3) La concurrencia de afectación general **se niega** en muchos supuestos como los siguientes: edad ordinaria de jubilación a efectos de **jubilación anticipada de los artistas** (TS 21-2-23, EDJ 520980); reclamación de **trienios** (TS 24-2-15, EDJ 21843); demanda sobre el derecho de los trabajadores con contratos temporales sobre la **antigüedad y diferencias salariales** (TS 2-3-15, EDJ 37717; 22-5-15, EDJ 105763); **prejubilación** en el sector naval reclamando diferencias salariales en complementos a cargo de la empresa (TS 28-4-15, EDJ 86987); demanda de prestación **desempleo** que cuestiona la base reguladora (TS 14-9-15, EDJ 173724; 26-4-15, EDJ 122740; 28-4-15, EDJ 105744). Tampoco se ha apreciado cuando solo se han producido 8 ó 9 procedimientos judiciales sobre un tema, o cuando solo consta la interposición de 7 recursos de casación (TS 8-7-08, EDJ 155966; 21-8-08, Rec 981/07) o cuando no afecta a toda o buena parte de la plantilla (TS 2-6-08, EDJ 166833). La demanda del derecho al disfrute de **días festivos** que la empresa cesionaria debe garantizar a los trabajadores subrogados, no supone afectación general (TS 17-3-15, EDJ 58581); precisando que siendo el Fondo de Garantía Salarial el único afectado, no bastaría con centrar la conflictividad en los concretos asuntos que en un determinado espacio geográfico pudieran haberse planteado cuando no se particulariza nada que determine que allí existe una singularidad respecto del resto del territorio nacional (TS 13-7-22, EDJ 642847); diferencias en el salario regulador de las prestaciones del FOGASA, consecuencia de computar o no determinados conceptos retributivos (TS 21-2-23, EDJ 520898).

En pleitos contra el **FOGASA y entidades gestoras de la Seguridad Social**, no hay afectación general si no se acredita la existencia de un conflicto jurídico generalizado, una litigiosidad relevante y actual (TS 31-1-17, EDJ 7389).
4) Con el acceso al recurso en estos casos se trata de evitar que queden fuera del recurso reclamaciones de escasa entidad económica desde una consideración meramente individual, al multiplicarse o extenderse a nuevos supuestos de hecho idéntico y requerir, por tanto, una **actividad uniformadora** de los órganos jurisdiccionales de rango superior (TS 17-11-09, EDJ 283360; 25-11-09, EDJ 300358; 10-12-09, EDJ 321841).

Autos (LRJS art.191.4) Mientras que frente a las sentencias el principio general es el de la existencia de recurso, por el contrario, frente a los autos el principio que rige es el de su **irrecurribilidad** en suplicación, si bien excepcionalmente **procede** recurso de suplicación contra: **14684** MPL nº 6700 s.
1. Los autos que resuelvan el recurso de reposición interpuesto contra el auto del órgano jurisdiccional que, antes del acto del juicio, declara la falta de jurisdicción o de competencia por razón de la materia, de la función o del territorio.
2. Los autos que dicten los juzgados de lo mercantil en el **proceso concursal** en cuestiones de carácter laboral (nº 5626).
3. Los autos que resuelvan el recurso de **reposición, o en su caso de revisión**, interpuesto contra la resolución que disponga la **terminación anticipada del proceso** en los siguientes supuestos:
• Satisfacción extraprocesal o **pérdida sobrevenida de objeto**.
• Falta de subsanación de los **defectos advertidos en la demanda** no imputable a la parte o a su representación procesal o incomparecencia injustificada a los actos de conciliación y juicio, siempre que, por caducidad de la acción o de la instancia o por otra causa legal, no fuera jurídicamente posible su reproducción ulterior.
4. Los autos que decidan el recurso de reposición interpuesto contra los que dicten las Secciones de lo Social de los Tribunales de Instancia (incluidos los autos sobre extensión de efectos de sentencia -LRJS art.247 bis-) y los autos que decidan el recurso de revisión interpuesto contra los decretos del letrado de la Administración de Justicia, dictados unos y otros en **ejecución definitiva de sentencia** u otros títulos, siempre que la sentencia hubiera sido recurrible en suplicación o que, de tratarse de ejecución derivada de otro título, haya recaído en asunto en el que, de haber dado lugar a sentencia, la misma hubiera sido recurrible en suplicación, en los siguientes supuestos:
• Cuando denieguen el **despacho de ejecución** (LRJS art.239.5).
• Cuando resuelvan **puntos sustanciales no controvertidos** en el pleito, no decididos en la sentencia o que contradigan lo ejecutoriado (TS 10-4-97, EDJ 21251), como ocurre cuando el órgano judicial se pronuncia en ejecución sobre el embargo de la subvención que una tercera entidad ha de abonar a la Embajada condenada en la sentencia y sobre la que pesa la ejecución (TS 11-10-23, EDJ 714500), pero no cabe recurso si se trata de un acto de pura y simple ejecución de la sentencia firme (TS 20-9-18, EDJ 606992).
Contra el auto dictado en ejecución de sentencia de despido en el que se decide sobre la **aprobación o liquidación de intereses** cabe recurso de suplicación (TS 28-11-23, EDJ 763788).
• En los mismos casos, procede también recurso de suplicación **en ejecución provisional** si se hubieran excedido materialmente los límites de aquella o se hubiera declarado la falta de jurisdicción o competencia del orden social.

Precisiones **1)** Procede el recurso contra el auto que modifica la **fecha de efectos** de la pensión reconocida en la sentencia ejecutoriada (TS 11-7-96, EDJ 5264); así como también contra el que decide sobre el planteamiento de una **tercería,** que no pudo deducirse en la fase de cognición ni resolverse en sentencia (TS 10-4-97, EDJ 21251). **14685**
2) Son impugnables los autos del juzgado dictados en reposición y resolviendo sobre la obligación de abonar los **intereses legales** (LEC art.576; TS 6-11-93, EDJ 9952; 17-3-97, EDJ 1218).
3) Incidentes de **readmisión** en ejecución de sentencia firme de despido, o sea, si se ha producido la readmisión regular del trabajador acordada en sentencia (TS 21-9-99, EDJ 30569; 6-6-07, EDJ 70563).
4) Aplicación de **intereses** de acuerdo con la LEC art.576 al tener por objeto dar efectividad al título ejecutivo (TS 22-6-98, EDJ 16622; 1-2-99, EDJ 1738); incluso los devengados en ejecución (TS 19-3-07, EDJ 21177).
5) Reintegro de **prestaciones de seguridad social** entre sujetos responsables (TS 18-11-00, EDJ 55656).
6) Autos dictados en **incidentes declarativos de ejecución**: en los que materialmente se realiza una actividad de cognición al versar sobre problemas que no tienen como objeto específico preservar la integridad del título ejecutivo. Tercerías de dominio (TS 11-5-06, EDJ 65502) o tercerías de mejor derecho (TS 21-1-99, EDJ 270), nulidad del embargo de los avales constituidos (TS 14-6-99, EDJ 14010); subrogación de un tercero en lugar del condenado (TS 12-12-94, EDJ 12924); auto que decide el importe de base reguladora para el cálculo de las prestaciones no fijada en sentencia (TS 5-3-08, EDJ 82886).

7) No procede suplicación frente al auto resolutorio de la oposición formulada frente al auto de despacho de ejecución en el **proceso monitorio** (LRJS art.101.c).

8) No cabe contra el auto que ejecuta sentencia relativa a **modificación sustancial de condiciones** de trabajo porque no cabe contra la propia sentencia (TS 6-10-05, EDJ 166213); ni tampoco respecto del que resolvió la jura de cuentas, porque no forma parte de lo conocido en cognición (TSJ Cataluña 5-3-07, EDJ 128189). En supuesto de **jura de cuentas** que inadmitía la petición por considerar competente al orden civil se ha admitido el recurso de suplicación al contener una declaración de incompetencia por razón de la materia revisable de oficio (TS 3-11-04, EDJ 197497; 3-11-04, EDJ 238827).

14686 MPL nº 6776 s. **Tramitación: plazo y forma de interposición** (LRJS art.194 y 196) Deben producirse **dos trámites** diferenciados en orden a la interposición del recurso: su anuncio a la Sección de lo Social del Tribunal de Instancia y la posterior formalización.

En cuanto al plazo deben tenerse en cuenta los siguientes momentos:

1. El recurso **se anuncia** (LRJS art.194) en el plazo improrrogable de 5 días desde la notificación de la resolución o del auto que resuelve la aclaración a la resolución. Se anuncia por escrito, o por comparecencia ante la Sección de lo Social del Tribunal de Instancia que dictó la resolución por mera manifestación al notificar la resolución. Designándose al abogado que lo formalizará o al graduado social colegiado que asume la representación técnica. Respecto de los depósitos y consignaciones, ver nº 14692.

2. Una vez anunciado el recurso, si la resolución fuera recurrible en suplicación y la parte hubiera anunciado el recurso en tiempo y forma y cumplido las demás prevenciones legales, el letrado de la Administración de Justicia tiene por anunciado el recurso. Admitido a trámite el recurso, el letrado de la Administración de Justicia acuerda poner los **autos a disposición** del letrado o graduado social colegiado designado para que interponga el recurso dentro de los 10 días siguientes a la notificación de la puesta a disposición de los autos. La **entrega material** de las actuaciones, deberá sustituirse por la entrega de soporte informático o mediante **acceso telemático**, cuando se disponga de medios para ello (LRJS art.48). De haberse realizado la entrega material de las actuaciones, deberán devolverse en el mismo plazo de formalización, de lo contrario el letrado de la Administración de Justicia mediante decreto impone al responsable del retraso una multa de 20 a 200 euros/diarios. Transcurridos 2 días sin procederse a su devolución, el letrado de la Administración de Justicia ordena su recogida y si no le fueran entregados en el acto da cuenta al Órgano jurisdiccional a fin de que disponga lo procedente en orden a su devolución.

El **plazo corre** cualquiera que sea el momento en que estos recojan los autos.

Cuando exista constancia de la correcta remisión del acto de comunicación vía **LexNET** se pueden dar distintas situaciones (TS 19-6-18, EDJ 511665):

• Si transcurren 3 días hábiles **sin que el destinatario acceda** a su contenido, los plazos para desarrollar las actuaciones impugnatorias comenzarán a computarse desde el día siguiente al tercero, todos ellos hábiles.

• Si se **accede al contenido** el día de su remisión o durante los 3 días hábiles posteriores, la notificación se entiende realizada al día siguiente de dicho acceso.

El órgano judicial, mediante auto motivado, declara tener por no anunciado el recurso poniendo fin a su trámite y quedando firme la resolución impugnada si:

- la resolución impugnada no fuera **recurrible en suplicación**,

- el recurso no se hubiera anunciado en tiempo o no se hubieran cumplido los **requisitos** para el anuncio, o

- el recurso fuera **insubsanable** o no se hubiera subsanado en el plazo de 5 días otorgado por el letrado de la Administración de Justicia.

Idéntica regla se aplica cuando el recurso verse sobre **prestaciones de la Seguridad Social** y se omitieran las prevenciones establecidas. Contra este auto puede interponerse recurso en queja ante la Sala (nº 14667).

14687 Son **defectos subsanables** (LRJS art.230.5):

• La insuficiencia de **consignación o de aseguramiento**, es decir, el cumplimiento parcial de la obligación (TS auto 12-2-20, EDJ 513013; auto 10-6-20, EDJ 634106). En los procesos de Seguridad Social donde se hayan reconocido al actor prestaciones, la insuficiencia del ingreso en la TGSS del capital coste de la pensión o importe de la prestación, a fin de que pueda ser abonada al beneficiario durante la sustanciación del recurso. La insuficiencia de ingreso del porcentaje de recargo reconocido por primera vez en vía judicial, en los supuestos de falta de medidas de seguridad (TS 3-7-12, EDJ 161294; auto 26-10-00, EDJ 120513).

• La falta de **aportación de justificantes** de la consignación o aseguramiento al anunciar el recurso, siempre que se hubiera cumplido con la obligación dentro del plazo del anuncio.

• El defecto, omisión o error en la **constitución del depósito** de 300 euros o en su justificación documental.

• Falta de acreditación o insuficiencia de la representación o de cualquier **otro requisito procesal** exigido para requerir, si fuera subsanable.
El recurso **se formaliza** por escrito que se presenta ante el órgano judicial de instancia que dictó la resolución impugnada.
El escrito debe identificar en su **encabezamiento** el órgano judicial al que se dirige, la resolución recurrida, las partes procesales y el letrado o graduado social colegiado interviniente con su firma.
Además, debe contener -con suficiente precisión y claridad- las **razones de impugnación** de la sentencia conforme el triple objeto analizado en el nº 14672, citando el apartado exacto de la LRJS art.193 en que se ampara, razonando su fundamentación y citando las normas del ordenamiento jurídico o la jurisprudencia que se consideren infringidas. También han de identificarse los **concretos documentos y pericias** en que se base la **revisión de hechos** probados; indicando expresamente la formulación o texto alternativo que se pretende.

Precisiones **1)** Es válido el **anuncio** efectuado antes del recurso de aclaración (TSJ Cataluña 31-10-91, Rec 3794/91), quedando pendiente la admisión del anuncio hasta la resolución de la aclaración. La **solicitud de aclaración** no interrumpe el plazo para su interposición, cuando esta se utilice para un fin distinto del que le es propio (TCo 123/2000), cuando se formule después del plazo señalado para recurrir (TCo 89/1994) o cuando se presenta fuera del plazo establecido para presentar aclaración (TCo 16/1991). No obstante, con carácter general el plazo para interponer un recurso contra una sentencia ha de computarse desde la **notificación** del auto de aclaración de la misma, salvo fraude procesal (TCo 90/2010). **14688**
El **plazo** es perentorio y de caducidad, por lo que puede interponerse hasta las 15 h del día siguiente (nº 14498).
2) Respecto del cumplimiento de los **requisitos de admisión** del recurso de suplicación, el Tribunal Constitucional ha considerado que no es un recurso de apelación ni una segunda instancia, dónde se pueda valorar *ex novo* toda la prueba practicada ni revisar el derecho aplicable, sino que debe limitarse a las concretas cuestiones planteadas por las partes respetándose una serie de requisitos formales impuestos por la ley (TCo 135/1998; 294/1993). De manera que no es admisible, por no considerarse válida, la cita acumulada en un único motivo de preceptos legales heterogéneos, la mezcla indiscriminada de cuestiones de hecho y de derecho, o sustantivos y procesales, la falta de separación entre los motivos invocados (TS 7-5-96, EDJ 3140). No obstante, no debe rechazarse a límine el examen de una pretensión por defectos formales o deficiencias técnicas cuando el escrito correspondiente suministra datos suficientes para conocer, precisa y realmente la argumentación de la parte», pues tal decisión puede vulnerar la Const art.24.1 al estar basada en un error material o ser arbitraria en cuanto prescinde de los datos aportados en dicho escrito.
3) La falta de **constitución del depósito** para recurrir en suplicación o en casación (nº 14692) se califica de defecto subsanable, solo cuando el requerido no subsana se puede poner fin a este trámite procesal ordenando la inadmisión del recurso, de conformidad con el hecho de que constituye una exigencia legal (TS 30-1-02, EDJ 13557). El depósito de la condena no impide el devengo de **intereses en fase ejecutiva**, porque su finalidad es acceder al recurso de suplicación.
4) La **notificación de la puesta a disposición de los autos** al letrado se entiende realizada el día hábil siguiente al del acceso a LexNET, si este se produce en los 3 días siguientes a su recepción, y el plazo para interponer el recurso comienza a contarse desde el día inmediato hábil subsiguiente al mismo (TS 17-2-22, EDJ 516919).
5) El **error formal en el escrito de interposición** del recurso de suplicación -consistente en hacer constar en el suplico del escrito que era de impugnación-, no es causa suficiente para desestimar el recurso, si el escrito correspondiente suministra datos suficientes para conocer precisa y realmente la argumentación de la parte, so pena de quebrantar la tutela judicial efectiva (TS 3-6-25, EDJ 608657).

Una vez formalizado en tiempo y forma, subsanados sus defectos u omisiones, el letrado de la Administración de Justicia provee en el **plazo** de 2 días, dando traslado del recurso a las demás partes recurrentes y recurridas para su impugnación -sin que esté prevista la entrega de autos al impugnante-. Debe impugnarse -en un plazo común de 5 días hábiles- el recurso, mediante escrito firmado por letrado o graduado social. **14689**
Los **escritos de impugnación** también han de presentarse con las correspondientes copias para su traslado a las partes. En la impugnación se pueden oponer los motivos que se estimen de inadmisibilidad del recurso, se pueden alegar eventuales rectificaciones de hecho o causas de oposición subsidiarias que alegadas en el juicio no hubieran sido estimadas en la sentencia, con los mismos requisitos que para la formalización del recurso.
Dado traslado de la impugnación a las demás partes, si se hubieran opuesto motivos de admisibilidad del recurso o se hubieran realizado alegaciones en el sentido mencionado para que presenten nuevamente y directamente alegaciones dentro de los 2 días siguientes a la notificación de la impugnación, de sus alegaciones al respecto con copias para las otras partes.

Transcurrido tanto el plazo de impugnación como el de alegaciones sobre ellas, se elevan los autos a la Sala de lo Social del Tribunal Superior de Justicia, junto con el recurso y los escritos de impugnación, dentro de los 2 días siguientes.
Todas las partes que hayan comparecido en el recurso como recurrentes o recurridas, deben designar en su escrito un **domicilio** en la localidad sede de la Sala del Tribunal Superior de Justicia al que se dirigen, a efectos de notificaciones, salvo que lo hubieran manifestado previamente, surtiendo plenos efectos y siendo válidas las **notificaciones** intentada con resultado negativo, hasta tanto las partes no manifiesten otro domicilio alternativo. De manera que las partes y sus representantes tienen la carga de mantenerlos actualizados. Si se utilizan otros instrumentos de comunicación con el tribunal como número de teléfono, fax o dirección electrónica también debe comunicarse su modificación (LRJS art.198 y 53.2). Esta exigencia deja de tener sentido desde la implantación del sistema LexNET, si bien el precepto no ha sido derogado (TS auto 18-4-18, EDJ 47824).

Precisiones 1) El **principio de contradicción procesal** juega también en el recurso de suplicación, decretándose la nulidad de aquella parte de la sentencia en un proceso de cesión ilegal de trabajadores que implique que ha quedado marginada la parte recurrida de la posibilidad de contradecir u oponerse a una decisión sobre un tema no propuesto en el recurso de suplicación, con la posible incidencia en la resolución adoptada en la sentencia (TS 5-5-15, EDJ 105766).
2) No cabe **adhesión al recurso** de la parte contraria o impugnante (TS 22-12-00, EDJ 55089).
3) Se reconoce expresamente el derecho de los interesados a ser informados por los letrados de la Administración de Justicia y los funcionarios competentes de la oficina judicial sobre el estado de las actuaciones judiciales. Asimismo, las partes y cualquier persona con interés legítimo y necesariamente directo pueden obtener, por el conducto procesal adecuado y a su costa, **copias simples, testimonios y certificados** de los documentos que consten en los autos, siempre que estos no hayan sido declarados secretos ni reservados (LOPJ art.234; LEC art.140).

14690 **Actuaciones de los Tribunales Superiores de Justicia y sentencia** **a)** Recibidas las actuaciones en la Sala de lo Social del Tribunal Superior de Justicia, de haber incurrido el recurrente en **defectos u omisiones** subsanables, el letrado de la Administración de Justicia de la Sala concede a la parte un plazo de 5 días para su subsanación. Si no se efectúa la **subsanación** la Sala dicta auto declarando la inadmisión del recurso, la firmeza de la resolución recurrida y acuerda la devolución del depósito y la remisión de las actuaciones a la Sección de lo Social del Tribunal de Instancia de procedencia. Contra dicho auto solo cabe recurso de reposición.
b) Designado el magistrado ponente e instruido de los autos por 3 días da cuenta a la sala del recurso y puede oír al recurrente por un plazo de 3 días sobre la posible **inadmisión del recurso**. El trámite de inadmisión puede quedar interrumpido si alguna de las partes presentara algún documento obtenido con los requisitos previstos en la LRJS art.233 (TS 5-1-00, EDJ 1118; nº 14665). No obstante, la ley no establece cual sea el momento inicial y final para su presentación. En cuanto al **momento inicial** si bien no existe unanimidad en la doctrina pudiera ser el de formalización del propio recurso de suplicación y, en su caso, en el escrito de impugnación, momentos en los que las partes pueden realizar alegaciones conforme a la LRJS art.197. Sobre el **momento final** para la presentación o alegación tampoco existe unanimidad, pero la tesis mayoritaria es que coincide con el del día del señalamiento para la votación y fallo de la sentencia, pues marca el momento preclusivo de alegaciones. Habría que tener en cuenta la excepción prevista en la LEC art.271.2 si han sido dictadas o notificadas en fecha no anterior al del señalamiento, y pudieran ser determinantes para la resolución del recurso.
c) Si se hubieran incumplido manifiestamente y con carácter insubsanable los **requisitos para recurrir** o existiera doctrina jurisprudencial unificada del Tribunal Supremo en el sentido que la sentencia recurrida, la Sala identificando de forma sucinta las circunstancias que lo justifican, puede oír al recurrente por 3 días sobre una posible inadmisión del recurso.
Si se estima la **inadmisión del recurso**, por concurrencia de alguna de las causas expuestas, se dicta auto en el plazo de 3 días declarando esta y la firmeza de la resolución de instancia. Si la inadmisión afecta solamente a alguno de los motivos referidos o a alguno de los recursos formulados, la Sala dicta auto, no recurrible, en el que dispone la continuación de la tramitación de los demás recursos o motivos no afectados por la inadmisión parcial.
d) Admitido el recurso, se realiza señalamiento para deliberación, votación y fallo, debiéndose dictar **sentencia** estimando o desestimando el recurso y resolviendo, en su caso, las alegaciones que se hubieran realizado en impugnación en el plazo de 10 días, que es notificada a las partes y a la fiscalía de la comunidad autónoma. La deliberación y votación puede tener lugar por medios electrónicos cuando se cuente con ellos (LEC art.196). Contra la sentencia dictada en suplicación solo cabe el recurso de casación para **unificación de doctrina** (TS auto 22-1-99, EDJ 84251). Sí cabe, una vez firma la sentencia, recurso de **amparo** o promover el oportuno incidente de **nulidad de actuaciones**.

La Sala debe resolver todos los recursos planteados contra la resolución impugnada y debe resolver todos los motivos del recurso, so pena de nulidad (TS 2-3-16, EDJ 35157; 30-9-20, EDJ 677620). Asimismo, ha de resolver las cuestiones oportunamente planteadas en los escritos de impugnación conforme a LRJS art.197, so pena de nulidad de la sentencia por incongruencia omisiva (TS 20-7-21, EDJ 642340; 15-9-21, EDJ 697145; 26-4-23, EDJ 570915).
Para evitar la **incongruencia**, la sentencia de suplicación, debe limitarse a los términos en los que se formuló el recurso (TS 8-3-22, EDJ 521371; TS auto 13-10-20, EDJ 684279). No incurre en incongruencia si el juez aplica por derivación, las consecuencias legales de una petición, aunque no hayan sido solicitadas expresamente por las partes, si vienen impuestas en normas de derecho necesario (TS 12-2-20, EDJ 512847).
La sentencia puede **examinar de oficio**, sin incurrir en incongruencia, las excepciones que tienen naturaleza de orden público procesal: incompetencia de jurisdicción o falta de competencia internacional, funcional, material y territorial (TS 22-6-20, EDJ 594161; 19-11-19, EDJ 770041; 10-11-21, EDJ 740011), inadecuación de procedimiento (TS 18-5-17, EDJ 96473; 18-6-20, EDJ 618436); cosa juzgada (TS 1-10-20, EDJ 684303; 7-10-20, EDJ 684130); falta de litisconsorcio pasivo necesario (TS 1-4-15, EDJ 72674). Por el contrario, la sentencia es incongruente si la Sala, de oficio, aprecia la existencia de fraude de ley (TS 12-5-20, EDJ 563980).
Cualquier causa que hubiera podido motivar en su momento la **inadmisión del recurso**, una vez que se llega a la fase de sentencia, queda transformada en causa de desestimación (TS 20-2-20, EDJ 563838).

e) El sentido del **fallo** depende del motivo del recurso: **14691**
• Si se estima la infracción de normas y garantías del procedimiento que hayan producido indefensión, **sin entrar en el fondo del asunto**, se declara la nulidad de actuaciones con retroacción de las actuaciones al momento previo a la producción de la infracción. Si la infracción lo es sobre las normas que regulan la sentencia, la sala debe resolver lo que proceda, conforme a las cuestiones suscitadas, salvo si los hechos probados fueran insuficientes o no pudieran completarse y no pudiera resolver en cuyo caso ha de acordar la nulidad de toda o de parte de la resolución y de lo actuado posteriormente y si la nulidad es parcial ha de concretar que parte conserva su firmeza reponiendo las actuaciones al momento del dictado de la sentencia para que se salven las deficiencias advertidas.
• En los siguientes supuestos la sala sí ha de **resolver sobre el fondo del asunto**:
- si se estima la revisión de hechos probados la sala fijará la versión fáctica que estime procedente; y
- si se estima la infracción de normas sustantivas o de jurisprudencia la sentencia dará solución al planteamiento del recurrente, y la oposición del escrito de impugnación, incluso de las cuestiones no resueltas por haberse estimado alguna excepción que impidiera entrar a conocer del fondo del asunto dando lugar a la estimación parcial o total o a la desestimación (LRJS art.203, 204, 209 y 230).
Asimismo, la sentencia se ha de pronunciar sobre el destino del depósito, sobre la consignación para el aseguramiento de la condena y sobre las costas y multas impuestas a las partes, indicando los recursos procedentes (LRJS art.75 y 97). En los supuestos en que se haya impuesto multa a alguna de las partes por obrar con mala fe o temeridad la sentencia también la debe confirmar o revocar, pudiendo imponer, en su caso, las sanciones correspondientes si la mala fe o temeridad se pone de manifiesto durante el recurso.
f) La sentencia ha de imponer las **costas** a la parte vencida en el recurso, excepto cuando goce el beneficio de justicia gratuita, o cuando se trate de sindicatos, o de funcionarios públicos o personal estatutario que ejercite sus derechos ante la jurisdicción social. En las costas se incluyen los honorarios del abogado o del graduado social colegiado de la parte contraria que hubiese actuado en el recurso en defensa o en representación técnica de la parte, sin que puedan superar 1.200 euros en el recurso de suplicación. Procede la condena en costas a los servicios públicos de salud de las comunidades autónomas al no tener la condición de entidades gestoras, rectificando doctrina anterior (TS 7-11-18, Rec 55/17).
g) El órgano judicial puede acordar la **no publicación** de la sentencia cuando su contenido afecte al derecho a la intimidad de alguna de las partes (TS 29-5-07, EDJ 58079).
h) Declarada la **firmeza de la sentencia**, el letrado de la Administración de Justicia ha de acordar la devolución de las actuaciones a la Sección de lo Social del Tribunal de Instancia de procedencia.

Depósitos y garantías (LRJS art.229 a 235) Para asegurar el cumplimiento de la sentencia, y como requisito para admisión del recurso, la norma establece determinadas garantías. **14692** MPL nº 7196 s.
a) Cuando la sentencia **condena a cantidad**, la parte recurrente que no goce del derecho de asistencia jurídica gratuita (nº 1338 s.), debe adjuntar al recurso resguardo de haber ingresado en la cuenta de depósitos y consignaciones de la Sección de lo Social del Tribunal de Instancia

señalada en la sentencia, la cantidad importe de la condena. Si la condena es **solidaria**, la obligación de consignar o asegurar alcanza a cada uno de los condenados solidarios, salvo que en la consignación o el aseguramiento que se realice por alguno de los condenados, manifieste expresamente que se realiza con carácter solidario con los demás para responder de la condena íntegra (TS 5-6-00, EDJ 15382; auto 11-7-13, EDJ 180054).

El **incumplimiento total** de la obligación de consignar el importe de la condena, precisamente dentro del plazo preceptivo, constituye una omisión insubsanable (TS 9-2-22, EDJ 509935; TSJ Asturias auto 19-2-20, EDJ 528643; TSJ Cataluña auto 30-7-20, EDJ 646805). Si embargo, la insuficiencia de la consignación o aseguramiento se ha considerado subsanable (TS 9-9-20, EDJ 672284; TSJ Illes Balears 23-7-20, EDJ 668932).

b) En principio, todo el que no sea trabajador o beneficiario de la Seguridad Social debe **consignar** en la cuenta habilitada al efecto por la Sección de lo Social del Tribunal de Instancia la cantidad de 300 euros como requisito de admisión del recurso. Hay además una **exención expresa** de efectuar depósitos y consignaciones en sus actuaciones ante el orden social (LRJS art.20.4; TS 11-7-95). La **insuficiencia** de la consignación o aseguramiento se ha considerado subsanable (nº 14686).

No obstante, están **exentos** de la obligación de constituir depósitos, cauciones, consignación o cualquier otro tipo de garantía previsto en las leyes (L 52/1997 art.12):

- El Estado, las comunidades autónomas, las entidades locales y sus organismos autónomos.
- Las entidades de derecho público vinculadas o dependientes de los anteriores, con personalidad jurídica propia o las reguladas por su normativa específica.
- Las entidades públicas empresariales.
- Los órganos constitucionales.
- El Ministerio Fiscal.

Para garantizar el pronto cumplimiento de las **obligaciones no aseguradas por la exención** deben consignarse los créditos presupuestados en los Presupuestos Generales del Estado y demás instituciones públicas.

Los depósitos deben constituirse en la **cuenta de depósitos y consignaciones** del órgano que hubiera dictado la resolución recurrida. Compete al letrado de la Administración de Justicia verificar la realización del ingreso, debiendo quedar constancia de dicha actuación en el procedimiento.

La consignación en metálico de la cantidad objeto de la condena **puede sustituirse** por el aseguramiento mediante aval bancario, en el que debe hacerse constar la responsabilidad solidaria del avalista. En este último caso, el documento de aseguramiento queda registrado y depositado en la oficina judicial, correspondiendo al letrado de la Administración de Justicia expedir testimonio del mismo para su unión a autos, facilitando el recibo correspondiente. Para que se estime subsanable el incumplimiento de la obligación de consignar o asegurar el importe de la condena el juez debe considerar que hubo error excusable.

Precisiones **1)** Respecto a sentencias referentes a prestaciones de **Seguridad Social**, ver nº 15400 s.

2) La no presentación de certificado acreditativo del **pago periódico** es causa de inadmisión del recurso (TCo 274/1993).

3) La obligación de **consignación en metálico** puede ser sustituida por la constitución de aval de duración indefinida y pagadero al primer requerimiento, emitido por entidad de crédito y en el que conste la obligación solidaria del avalista (LRJS art.230) pero no por garantía hipotecaria (TCo 30/1994).

4) Es válida la consignación realizada durante las **primeras 15 horas** del día posterior al último del plazo a término habilitado al efecto. La consignación -requisito imprescindible pero accesorio- puede llevarse a cabo dentro del plazo procesal fijado para el requisito principal -anuncio del recurso de suplicación- (TS 12-9-18, EDJ 585141).

14693 **Devolución de los depósitos y consignaciones** (LRJS art.203 y 204) En caso de estimación -aunque solo sea parcial- del recurso, la sala dispone la devolución del depósito (TSJ Illes Balears 2-9-20, EDJ 686528).

En cuanto a las cantidades consignadas:

- si se estima **totalmente** el recurso, se devuelven a la parte recurrente (TSJ Castilla-La Mancha 28-7-20, EDJ 645392);
- en caso de estimación **parcial** -con rebaja del importe de la condena- se devuelve al recurrente la parte que exceda de la cantidad a que ha sido condenada, poniendo a disposición del recurrido beneficiado por la sentencia el importe de la condena (TSJ Madrid 9-9-20, EDJ 687147);
- si se **desestima el recurso** se pierde el depósito y las consignaciones (TS 7-10-20, EDJ 684333; TSJ Galicia 28-9-20, EDJ 663961); y lo mismo también cuando se inadmite (TS auto 13-10-20, EDJ 684259).

c. Recurso de casación

(LRJS art.205 a 217; LEC art.477 s.)

El recurso de casación **se resuelve** por la Sala de lo Social del Tribunal Supremo y **se interpone** contra las sentencias y otras resoluciones dictadas por las Salas de lo Social de los Tribunales Superiores de Justicia cuando actúan en única instancia o por la Sala de lo Social de la Audiencia Nacional, que actúa siempre en instancia. **14694** MPL nº 6890 s.

Como **requisito de admisión** del recurso se exige el cumplimiento de las garantías que se señalan en el nº 14692. Ya no es obligatorio el abono de tasas judiciales.

Las **costas** del recurso se exponen en el nº 14883 s.

Precisiones La Sala de lo Social del Tribunal Supremo también **conoce en única instancia** en los procesos de impugnación de actos administrativos atribuidos al orden jurisdiccional social y dictados por el Consejo de Ministros (nº 15432).

Motivos del recurso (LRJS art.207) El recurso de casación debe fundarse en alguno de los siguientes motivos: **14695** MPL nº 6920 s.

• **Abuso, exceso o defecto** en el ejercicio de la jurisdicción. Concurre abuso por exceso cuando un órgano judicial carece de jurisdicción para conocer del asunto, es decir, cuando aquel esté conociendo de una materia que es propia de otro orden jurisdiccional o es de competencia de otros poderes del Estado; en el caso de abuso por defecto, se deja de conocer un asunto en el que se ostenta jurisdicción (TS 13-7-22, EDJ 668677).

• **Incompetencia o inadecuación** de procedimiento.

• **Quebrantamiento de formas esenciales del juicio** por infracción de las normas reguladoras de la sentencia o de las que rigen los actos y garantías procesales, siempre que, en este último caso, se haya producido indefensión de la parte.

• Error en la **apreciación de la prueba** basado en documentos que obren en autos que demuestren la equivocación del juzgador, sin resultar contradichos por otros elementos probatorios. Extremo sometido a estrictos requisitos que dificultan su apreciación (TS 28-9-17, EDJ 215982; 11-6-20, EDJ 589354; 15-9-23, EDJ 530927).

• Infracción de las normas del **ordenamiento jurídico** o de la **jurisprudencia** que fueren aplicables para resolver las cuestiones objeto de debate. Debe denunciar el recurrente las normas legales infringidas por la sentencia recurrida exponiendo de forma adecuada los fundamentos de la infracción, sobre pena de inadmisión, y sin que baste la cita acumulativa de normas no acompañada de razonamiento alguno (TS 21-4-15, EDJ 73572; 6-5-20, EDJ 582219; 22-7-20, EDJ 618467; 23-5-23, EDJ 578525). Incurre en defecto insubsanable el recurso de casación que se limita a solicitar la revisión de hechos probados y no articula motivo alguno de infracción de normas jurídicas (TS 3-11-20, EDJ 725074; 12-1-23, EDJ 503363). De otro lado, si no se ha solicitado la revisión de hechos probados, el recurso no puede basarse en otros hechos distintos, ya que incurriría en **petición de principio**, ni tampoco pueden alegarse cuestiones jurídicas nuevas (TS 11-10-22, EDJ 727759).

La omisión de la cita del apartado concreto de la LRJS art.207 no impide el examen del motivo si es evidente que se encuadra en uno de los apartados, sin posibilidad de confusión ni indefensión para la parte contraria (TS 6-10-22, EDJ 709916).

Resoluciones recurribles (LRJS art.206) 1. Respecto de las **sentencias** hay que atender a la siguiente delimitación positiva y negativa del acceso al recurso: **14696** MPL nº 6900 s.

a) Delimitación negativa: son irrecurribles en casación ordinaria las siguientes sentencias dictadas en única instancia por las Salas de lo Social de los Tribunales Superiores de Justicia y la Audiencia Nacional:

• Las dictadas en los procesos de impugnación de **actos de las Administraciones públicas** atribuidos al orden social (LRJS art.2.n y 2.s.), que sean susceptibles de valoración económica cuando la cuantía litigiosa no exceda de 150.000 euros, sin que quepa recurso cuando no se supera dicha cuantía (TS 16-6-20, EDJ 593935; 20-3-24, EDJ 528945).

No obstante, son recurribles en todo caso en casación las sentencias dictadas en procesos de impugnación de la resolución administrativa recaída en **despidos colectivos** fundados en fuerza mayor (ET art.51.7).

• Las dictadas por los Tribunales Superiores de Justicia resolviendo recurso de suplicación frente a las dictadas en instancia por las Secciones de lo Social de los Tribunales de Instancia (TS 8-3-23, EDJ 531120).

b) Delimitación positiva: las sentencias recurribles son las dictadas por las Salas de lo Social de los Tribunales Superiores de Justicia y la Audiencia Nacional en única instancia en las materias de su competencia y sin ninguna limitación en la cuantía (nº 14440):

• Tutela de la libertad sindical, derecho de huelga, discriminación, acoso y demás **derechos fundamentales y libertades públicas**, frente al empresario o terceros vinculados a este si la vulneración está en conexión directa con la prestación de servicios.
• Sentencias relativas a controversias entre **dos o más sindicatos** o entre estos y asociaciones empresariales, en materias objeto de la jurisdicción social, incluida la responsabilidad por daños.
• **Conflictos colectivos**.
• Impugnación de **convenios colectivos y otros acuerdos**, incluidos los concertados por las Administraciones públicas que afecten exclusivamente al personal laboral, cualquiera que sea su eficacia.
• Impugnación de **laudos arbitrales** en materia laboral, incluidos los que se dicten en sustitución de la negociación colectiva, en conflictos colectivos. Los dictados resolviendo controversias y en procedimientos de consulta sobre movilidad geográfica, modificaciones colectivas de condiciones de trabajo y despidos colectivos. Si la empresa afectada es una Administración pública el laudo debe afectar exclusivamente a su personal laboral.
• Constitución y reconocimiento de la personalidad jurídica de los **sindicatos**, impugnación de sus estatutos y su modificación.
• Régimen jurídico de los **sindicatos**, tanto legal como estatutario, funcionamiento interno y relaciones con sus afiliados.
• Constitución, personalidad jurídica y régimen jurídico de las **organizaciones empresariales**.
• Procesos de **despidos colectivos** incoados por los representantes de los trabajadores (nº 15200).
• Los **procesos de oficio** cuando se aprecie fraude, dolo, coacción o abuso de derecho en las conclusiones de los acuerdos de suspensión del contrato, reducción de jornada o despido colectivo (ET art.47 y 51.5).
• Las dictadas en los mencionados procesos de impugnación de **actos de las Administraciones públicas** atribuidos al orden social cuya cuantía litigiosa exceda de 150.000 euros. Con independencia de su cuantía son **recurribles** en casación, en todo caso, las sentencias dictadas en procesos de impugnación de la resolución administrativa recaída en despidos colectivos fundados en **fuerza mayor** (ET art.51.7).

14697 2. En cuanto a los **autos** dictados por las Salas de lo Social de los Tribunales Superiores de Justicia y la Audiencia Nacional hay que señalar que solo son **recurribles en casación** en los siguientes supuestos (LRJS art.206.2, 3 y 4):
a) Los autos que resuelvan el recurso de reposición interpuesto contra la resolución en que la Sala, antes del juicio, declare la **falta de jurisdicción o competencia**.
b) Los autos dictados por dichas Salas de lo Social del Tribunal Superior de Justicia y la Audiencia Nacional que resuelvan el recurso de reposición o de revisión interpuesto contra la resolución que disponga la **terminación anticipada del proceso**:
• Por satisfacción extraprocesal o pérdida sobrevenida del objeto.
• Por falta de subsanación de los defectos advertidos en la demanda no imputable a la parte o a su representación procesal o por incomparecencia injustificada a los actos de conciliación y juicio, siempre que por caducidad de la acción o de la instancia u otra causa legal no fuera jurídicamente posible su reproducción ulterior.
c) Los autos que **resuelvan** el **recurso de reposición** interpuesto contra los dictados por las Salas (incluidos los autos sobre extensión de efectos de sentencia -LRJS art.247 bis-) **y** los autos que decidan el **de revisión** interpuesto contra los decretos de los letrados de la Administración de Justicia, dictados unos y otros en **ejecución definitiva** de sentencia, cuando:
• denieguen el despacho de ejecución;
• resuelvan puntos sustanciales no controvertidos en el pleito, no decididos en la sentencia o que contradigan lo ejecutoriado;
• pongan fin al procedimiento incidental en la ejecución decidiendo sobre cuestiones sustanciales que no han sido resueltas o no están contenidas en el título ejecutivo.
En los mismos supuestos, procede también recurso de casación en **ejecución provisional**, si exceden materialmente de los límites de la ejecución o declaran la falta de jurisdicción o competencia del orden social.

14698 MPL nº 6964 s. **Plazo y forma de interposición** (LRJS art.206 a 217) El recurso se **anuncia o prepara** por mera manifestación, escrito o comparecencia de las partes o de su abogado, graduado social colegiado o representante ante la Sala que dictó la resolución Tribunal Superior de Justicia o Audiencia Nacional en el plazo improrrogable de 5 días siguientes a la notificación de la resolución.
Cumplidos los requisitos, el letrado de la Administración de Justicia lo tiene por preparado y frente a esta resolución la parte recurrida no puede formular recurso alguno, sin perjuicio de

poder oponerse a la admisión del recurso de casación en el posterior trámite de impugnación. Si el letrado de la Administración de Justicia aprecia la existencia de defectos subsanables, requiere al recurrente de subsanación por un plazo de 5 días, con carácter previo a que se resuelva la preparación del recurso (LRJS art.230.5).
Si **no cumplen los requisitos** el letrado de la Administración de Justicia ha de dar cuenta a la Sala para que resuelva lo procedente.
a) La Sala puede declarar mediante auto motivado, tener por **no preparado el recurso** poniendo fin a su trámite y quedando firme, en su caso, la resolución impugnada. Así sucede si:
- la resolución impugnada no es recurrible en casación;
- el recurso no se hubiera preparado en tiempo o no se hubieran cumplido los requisitos para la preparación del recurso y fueran insubsanables o no se hubiera subsanado en el plazo de 5 días otorgado por el letrado de la Administración de Justicia.
Frente a dicho auto cabe recurso de queja ante la Sala de lo Social del Tribunal Supremo.
b) Si se tiene por **preparado el recurso**, el letrado de la Administración de Justicia concede a la parte o partes recurrentes, por el orden de preparación del recurso, el plazo de 15 días hábiles para **formalizar el recurso**.
Desde la notificación al letrado designado los autos se han de encontrar a disposición de este en la oficina judicial de la Sala. El plazo corre, con independencia de cuál sea la fecha en que el letrado recoja o examine los autos. La entrega material de las actuaciones, o de copia de los particulares que procedan, debe sustituirse por la entrega de soporte informático o mediante acceso telemático, cuando se disponga de medios para ello (LRJS art.48).
Las actuaciones **entregadas materialmente** deben devolverse en el mismo plazo de formalización, de lo contrario el letrado de la Administración de Justicia mediante decreto impondrá al responsable una multa de 20 a 200 euros diarios. Transcurridos 2 días sin devolverlos, el letrado de la Administración de Justicia ordena su recogida y si no le fueran entregados en el acto da cuenta a la sala a fin de que disponga lo procedente en orden a su devolución.
Si la Sala dispusiera de medios para dar **traslado o acceso a las actuaciones**, de forma simultánea, a todas las partes recurrentes, ha de disponer que tanto la puesta a disposición de las actuaciones como la formalización del recurso, se efectúen a todos y por todos en un **plazo común** de 15 días para todos ellos.

Interposición, formalización y admisión (LRJS art.210 -redacc LO 1/2025- a 215) El **escrito de formalización** se presenta ante la Sala que dictó la resolución impugnada por el abogado designado al efecto, que asume, salvo manifestación en contrario, la representación de la parte, designando un domicilio para notificaciones (LRJS art.53.2). **14699** MPL nº 6976 s.
El recurrente ha de exponer por separado, con rigor y claridad cada uno de los **motivos de casación** (nº 14695). Ha de razonar la pertinencia y fundamento de cada uno de los motivos, así como el contenido de la infracción cometida, mencionando de forma precisa las normas sustantivas o procesales que se estiman vulneradas.
• Si se alega **quebranto de doctrina jurisprudencial** se han de mencionar las resoluciones concretas que establecen la doctrina invocada.
• Si se alega infracción de **normas y garantías procesales** se ha de consignar la protesta, la solicitud de subsanación o recurso formulado para subsanar la falta o transgresión en la instancia, si hubiera existido momento procesal oportuno y el efecto que ha producido la indefensión.
• Si se alega **error de hecho** en la apreciación de la prueba, deben fijarse de manera concreta cada uno de los documentos en que se funde, ofreciendo el texto alternativo de los hechos probados propugnados.
Si el recurrente **no formaliza el recurso** dentro del plazo de 5 días o si el escrito omitiera de forma manifiesta los requisitos exigidos, la Sala de lo Social del Tribunal Superior de Justicia o Audiencia Nacional dicta auto poniendo fin al trámite de recurso, quedando firme la resolución recurrida. Frente a este auto cabe recurso de queja ante la Sala de lo Social del Tribunal Supremo, previa reposición ante la Sala de lo Social del Tribunal Superior de Justicia o Audiencia Nacional.
Una vez **formalizado el recurso** con los requisitos pertinentes el letrado de la Administración de Justicia da traslado a las demás partes por un plazo de 2 días para que lo puedan impugnar en un plazo común de 10 días.
A la **impugnación** le son exigibles los mismos requisitos que al recurso de suplicación, con la diferencia de que en casación los autos sí se encuentran a disposición de la parte o su letrado en la oficina judicial para su entrega o examen durante el plazo de impugnación (LRJS art.211.2). A los autos se podría acceder en soporte electrónico o por medios telemáticos si existen medios (LRJS art.48.1). La impugnación no es el cauce oportuno para solicitar la anulación o revocación total o parcial de la sentencia impugnada (TS 18-2-14, EDJ 30187; 31-7-19, EDJ 701018; 10-6-20, EDJ 593867).

Del escrito de impugnación se da **traslado a las demás partes**, que pueden presentar directamente, en el plazo de 5 días, alegaciones en el caso de que en la impugnación se hubiera alegado inadmisibilidad del recurso o los motivos subsidiarios de fundamentación de la sentencia recurrida a que hace referencia en la LRJS art.210.
Finalizado el **plazo** de impugnación y posibles alegaciones a aquella, se hayan presentado o no escritos al efecto, se elevan los autos a la Sala de lo Social del Tribunal Supremo, en los siguientes 5 días.

Precisiones Hay que tener en cuenta las **directrices** sobre la extensión máxima y condiciones de los escritos de formalización o interposición y de impugnación de los recursos de casación dirigidos a la Sala de lo Social del Tribunal Supremo (TS Sala de Gobierno acuerdo 24-3-25).

14700 **Recibidos los autos** en la Sala de lo Social del Tribunal Supremo se inicia nuevo trámite de posible subsanación e inadmisión, que de no subsanarse en tiempo (5 días) y forma ha de dar lugar a que la sala dicte un auto inadmitiendo el recurso y declarando firme la resolución recurrida, con pérdida del depósito constituido y devolución de los autos a la Sala del Tribunal Superior de Justicia o Audiencia Nacional. Frente a este auto solo procede recurso de reposición.
Si se apreciasen por el letrado de la Administración de Justicia **defectos insubsanables** ha de dar cuenta a la Sala para que adopte la resolución pertinente.
De no contener defectos el recurso o habiéndose subsanado, en tiempo y forma, el letrado de la Administración de Justicia da cuenta al magistrado ponente por plazo de 3 días para que se instruya. El ponente da cuenta a la Sala de lo Social del recurso que puede estimar la existencia de alguna de las siguientes **causas de inadmisión**:
• Incumplimiento manifiesto e insubsanable de los requisitos para recurrir.
• Carencia sobrevenida del objeto del recurso.
• Falta de contenido casacional de la pretensión.
• Haberse desestimado sobre el fondo otros recursos en supuestos sustancialmente iguales, esto es, cuando exista doctrina legal o jurisprudencia consolidadas, en sentido contrario al propugnado en el recurso y a fin de evitar reiteraciones innecesarias.
Si en la impugnación no se hubiera alegado la **causa de inadmisibilidad**, ahora con carácter forzoso, se ha de oír previamente al recurrente en un plazo de 5 días.
Si la Sala estima la existencia de causa de inadmisión da **traslado al Ministerio fiscal** para que informe en el plazo de 5 días, dictando seguidamente auto en el plazo de 3 días inadmitiendo el recurso y la firmeza de la resolución recurrida con imposición de costas al recurrente y declarando la pérdida del correspondiente deposito. Se notifica la resolución a las partes y al Ministerio Fiscal y frente a la misma no cabe recurso. Si la inadmisión es **parcial**, solo respecto de alguno de los motivos de inadmisión o referida solo a alguno de los recursos formulados, la sala dicta auto no recurrible, disponiendo la continuación del trámite de los otros motivos o recursos.
Una vez **admitido el recurso**, total o parcialmente, el letrado de la Administración de Justicia da traslado de los autos al Ministerio fiscal para que informe, en el plazo de 10 días, sobre la admisión o inadmisión del recurso. El referido traslado se efectúa igualmente, a los estrictos fines de defensa de la legalidad, cuando el Ministerio Fiscal sea parte en el proceso.
Cuando se han **devueltos los autos** por el Ministerio Fiscal junto con su informe si la Sala lo estima necesario, el letrado de la Administración de Justicia señala día y hora para la **celebración de la vista**. En otro caso se señala día y hora para **deliberación, votación y fallo**, debiendo celebrarse una u otros dentro de los 10 días siguientes. La deliberación y votación puede tener lugar por medios electrónicos cuando se cuente con ellos (LEC art.196).
La Sala ha de dictar **sentencia** en el plazo de 10 días, contados desde el siguiente al de la terminación de la vista o al de la celebración de la votación.

14701 **Sentencia y efecto sobre los depósitos y cantidades consignadas** (LRJS art.216.3 y 217) Si se estima el recurso total o parcialmente, la sala dicta una sola sentencia casando la resolución recurrida y resuelve conforme a Derecho, teniendo en cuenta lo siguiente:
a) De estimarse la **falta de jurisdicción**, la incompetencia o inadecuación del procedimiento, se anula la sentencia dejando a salvo el derecho a accionar ante el órgano competente y utilizando el procedimiento adecuado.
b) De estimarse el recurso por **quebrantamiento de las formas esenciales** del juicio por infracción de las normas reguladoras de la sentencia o de las que rigen los actos y garantías procesales, siempre que, en este último caso, se haya producido **indefensión** de la parte, se mandarán reponer las actuaciones al estado y momento en que se hubiera incurrido en la falta salvo que la infracción se hubiera producido durante la celebración del juicio, en cuyo caso se reponen al momento de su señalamiento. Si la infracción lo es de las reglas reguladoras de la sentencia, la estimación del motivo obliga a la sala a resolver lo que corresponda, dentro de

los términos debatidos. Pero si no pudiera hacerlo, por ser **insuficiente el relato de hechos probados** de la resolución recurrida, y no poder completarlos por el trámite correspondiente, se ha de acordar la **nulidad** -total o parcial- de dicha resolución y de las siguientes actuaciones procesales. Si la nulidad es **parcial** ha de concretar los extremos que conservan su firmeza, mandando reponer lo actuado al momento de dictar sentencia, para completar los hechos probados.

c) De estimarse el recurso por alguno de los **restantes motivos**, la sala resuelve dentro de los términos debatidos, preferentemente sobre el fondo, incluso sobre los extremos que no hubieran sido resueltos en la sentencia recurrida por haberse estimado alguna circunstancia obstativa. Resuelve, asimismo, sobre las cuestiones alegadas en los escritos de impugnación, si el relato de hechos probados fuera suficiente:

• Si el recurso es **totalmente estimado** y el recurrente hubiera consignado en metálico o asegurado debidamente la cantidad importe de la condena, así como constituido el depósito para recurrir, el fallo dispondrá la devolución de dichas cantidades y la cancelación de los aseguramientos prestados.

• Si el recurso es **parcialmente estimatorio**, ha de disponer la devolución parcial de las consignaciones, en la cuantía que corresponda a la diferencia de las dos condenas, y la cancelación parcial de los aseguramientos realizados. En todos los supuestos de estimación parcial del recurso, el fallo ha de disponer la devolución de la totalidad del depósito.

• Si el recurso es **desestimado** y el recurrente hubiese consignado en metálico o asegurado debidamente la cantidad importe de la condena y constituido el depósito, el fallo dispone la pérdida de las consignaciones, así como el mantenimiento de los aseguramientos prestados hasta que se cumpla la sentencia o se resuelva, en su caso, la realización de los mismos y la pérdida de la cantidad objeto del citado depósito.

Se aprecia falta de efecto útil de la casación o de sus motivos, que conduce a su desestimación, cuando la hipotética estimación no incidiera en la modificación del fallo de la sentencia recurrida (TS auto 4-9-23, EDJ 678876).

Finalmente, como se recogía también para el recurso de suplicación, en el caso de que la Sala de instancia haya impuesto a la parte que **obró con mala fe o temeridad** alguna multa (LRJS art.75.3 y 97.3), la sentencia de la Sala se ha de pronunciar sobre dichos extremos, así como sobre los **honorarios de los abogados** si hubieran sido impuestos en la sentencia recurrida. La Sala, asimismo, puede **imponer dichas sanciones y medidas** a los recurrentes de apreciarse temeridad o mala fe en la actuación de las partes o su representación procesal durante el trámite recurso.

d. Recurso de casación para la unificación de doctrina

(LRJS art.218 a 228)

El recurso de casación para unificación de la doctrina se configura como un recurso extraordinario, por lo que solo se puede articular por medio de los motivos y con las formalidades que la ley exige. **Lo resuelve** la Sala de lo Social del Tribunal Supremo. **14702** MPL nº 7030 s.

Su **finalidad principal** es la interpretación y aplicación uniforme del derecho, evitando la disparidad de criterios en supuestos iguales, mediante la unificación de doctrina de las sentencias de las Salas de lo Social de los Tribunales Superiores de Justicia de las comunidades autónomas o de la propia Sala de lo Social del Tribunal Supremo. A estos efectos, el quebranto que no se produce cuando el órgano judicial parte de una distinta apreciación de los hechos, que -acertada o no- no puede corregirse a través de este recurso (TS 13-3-13, EDJ 127614; 16-1-20, EDJ 506264; 22-6-20, EDJ 594161).

El recurso **se prepara e interpone** ante la Sala de lo Social del Tribunal Superior de Justicia que dictó la resolución impugnada pero contrariamente a lo que sucede en la casación ordinaria, el recurrente se entiende personado de derecho ante la Sala de lo Social del Tribunal Supremo y las demás partes son emplazadas para su personación en plazo de 10 días ya que la impugnación se formula en dicha sede.

La LRJS dispone que si la parte recurrente no aporta la **certificación de la sentencia** y de su firmeza en tiempo oportuno se tenga que reclamar de oficio por la secretaría de la Sala. Amplía los términos de la contradicción alegable, admitiendo en ciertos casos la doctrina del Tribunal Constitucional, TEDH o el TJUE. También se introdujo novedosamente una **modalidad** dentro del propio recurso cuyo ejercicio y legitimación está reservado exclusivamente para el **Ministerio Fiscal**, pudiendo formularlo directamente de oficio o a instancia de las partes para la defensa de la legalidad. En efecto, se ampliaron los supuestos en los que el Ministerio Fiscal podía interponer -de oficio o a instancia de parte- recurso de casación para unificación de doctrina

que puede alterar las **situaciones jurídicas particulares** en determinados supuestos. Recursos que de estimarse que constituyen doctrina jurisprudencial, se publican en el BOE y complementan el ordenamiento jurídico (nº 14704).
La pretensión es **unificar la interpretación** del derecho estableciendo la doctrina correcta cuando se dicten resoluciones contradictorias ante situaciones idénticas en cuanto a hechos, fundamentos y pretensiones sustancialmente iguales, lo que obliga a examinar el contenido de las sentencias puestas en comparación para ver si concurren esos presupuestos (TS 20-1-04, EDJ 14559; auto 31-10-06, EDJ 360272).
Están **legitimados para recurrir** las partes en el proceso y el Ministerio Fiscal (nº 14704).

14703 Precisiones 1) Sobre la posibilidad de que el tribunal homologue antes de dictar sentencia un **acuerdo transaccional** de las partes que ponga fin al proceso, ver nº 14645. Sobre la posibilidad de **aportar documentos** al proceso en el marco del recurso de acuerdo con la LRJS art.233, ver nº 14665.
2) Los **hechos probados** de la sentencia de suplicación no pueden ser impugnados de forma directa en el recurso ni tampoco pueden ser alterados de manera encubierta en su argumentación (TS 28-4-97, EDJ 3574; auto 6-10-98, EDJ 68482). Tampoco vale el recurso para valorar la **suficiencia de los hechos probados** efectuada por el tribunal «ad quem» (TS 8-5-92, EDJ 4453; 18-11-92, EDJ 11391). Ni para revisarlos (TS 17-1-07, EDJ 8682; 2-7-07, EDJ 92411). El recurso tampoco tiene por objeto el examen de la valoración de la prueba (TS 27-5-96, EDJ 4254; 20-3-97, EDJ 2026). Aunque la aportación de una sentencia penal firme condenatoria del trabajador, por la comisión de hechos entre los que se encuentran los imputados por la empresa para despedirle disciplinariamente, permita apreciar la existencia de contradicción con la sentencia de contraste; no es posible que la Sala de lo Social del Tribunal Supremo revise los hechos probados y entre a conocer sobre el fondo. Para no vulnerar la tutela judicial efectiva y no producir indefensión cabe que se acuerde la **nulidad de actuaciones** y, reponiéndose las actuaciones al momento anterior a dictarse la sentencia de instancia, a fin de que sea la Sección de lo Social del Tribunal de Instancia (hasta ahora el el Juzgado de lo Social) el que dicte nueva sentencia integrando los hechos probados con el contenido de la sentencia penal mencionada, procediendo a su valoración jurídica con absoluta libertad de criterio (TS 21-12-12, EDJ 311289).

14704 **Recurso del Ministerio Fiscal en defensa de la legalidad** (LRJS art.17.4 y 219.3) El Ministerio Fiscal mantiene su participación **tradicional** o común en el marco de este recurso (LRJS art.220.1), y la LRJS le atribuye, además, una legitimación extraordinaria y exclusiva anudada a su función de defensa de la legalidad. En este segundo sentido, el Ministerio Fiscal puede interponer recurso de casación para unificación de doctrina, tanto **de oficio como a instancia** de los sindicatos, organizaciones empresariales, asociaciones representativas de los trabajadores autónomos económicamente dependientes o entidades públicas que, por las competencias que tengan atribuidas, ostenten **interés legítimo** en la unidad jurisprudencial sobre la cuestión litigiosa.
Esta posibilidad se supedita a la inexistencia de **doctrina unificada** en la materia de que se trate, circunstancia que además debe concurrir con alguno de los siguientes **requisitos**:
• Se hayan dictado pronunciamientos distintos por los **Tribunales Superiores de Justicia**, en interpretación de unas mismas normas sustantivas o procesales y en circunstancias sustancialmente iguales.
• Se constate la dificultad de que la cuestión pueda **acceder a unificación de doctrina** según los requisitos ordinariamente exigidos.
• Cuando las normas cuestionadas por parte de los tribunales del orden social sean de **reciente vigencia** o aplicación, por llevar menos de 5 años en vigor en el momento de haberse iniciado el proceso en la instancia.
• Cuando no existieran aún **resoluciones suficientes e idóneas** sobre todas las cuestiones discutidas que cumplieran los requisitos exigidos la LRJS art.219.1.
• Cuando la cuestión debatida presente **interés casacional objetivo**.
El recurso **puede prepararlo** la Fiscalía de Sala de lo Social del Tribunal Supremo dentro de los 10 días siguientes a la notificación de la sentencia a la Fiscalía de la comunidad autónoma, mediante escrito reducido a manifestar el propósito de entablar el recurso y exponiendo sucintamente la fundamentación que se propone desarrollar en el mismo. El escrito **se presenta** ante la Sala del Tribunal Superior de Justicia que dictó la resolución impugnada, dando traslado a las demás partes, hayan o no preparado las mismas recurso.
Conviene destacar que las partes, dentro de los 5 días siguientes, pueden solicitar que en el recurso el Ministerio Fiscal interese la alteración de la **situación jurídica particular** resultante de la sentencia recurrida y el contenido de las pretensiones que el ministerio público habría de formular en su nombre en tal caso.
La parte recurrente en su caso, y el Ministerio Fiscal se entienden personados de derecho con la remisión de los autos.

Una vez **transcurrido el plazo** de 10 días, aunque no se hubieran presentado escritos de las partes en el sentido expresado, dentro de los 5 siguientes se elevan los autos a la Sala de lo Social del Tribunal Supremo junto con los escritos de preparación presentados y las actuaciones que se hubieran practicado hasta ese momento en el estado en que se encuentren, previo emplazamiento a las demás partes que no hubieran recurrido para su personación por escrito por medio de letrado ante la Sala de lo Social del Tribunal Supremo dentro del plazo de los 10 días siguientes, debiendo acreditarse la representación de la parte de no constar previamente en las actuaciones. Las **actuaciones ulteriores** se siguen ante la Sala de lo Social del Tribunal Supremo conforme a las reglas establecidas (LRJS art.222 a 228) con las adaptaciones necesarias teniendo en cuenta las especialidades de esta modalidad del recurso. 14705

En caso de **estimación del recurso**, la sentencia fijará en el fallo la doctrina jurisprudencial y puede afectar a la situación jurídica particular derivada de la sentencia recurrida conforme a las pretensiones deducidas por el Ministerio Fiscal y por las partes comparecidas en el recurso que se hubieran adherido al mismo. En defecto de **solicitud de parte** o en el caso de que las partes no hayan recurrido, la sentencia ha de respetar la situación jurídica particular derivada de la sentencia recurrida y en cuanto afecte a las pretensiones deducidas por el Ministerio Fiscal, de ser estimatoria, ha de fijar en el fallo la doctrina jurisprudencial. En este caso, el fallo se ha de publicar en el BOE y, a partir de su inserción en él, complementará el ordenamiento jurídico, vinculando en tal concepto a todos los jueces y tribunales del orden jurisdiccional social diferentes al Tribunal Supremo.

Precisiones 1) En el **escrito de interposición** el Ministerio Fiscal ha de alegar y razonar el supuesto de legitimación que conforme a la LRJS art.219 le permite formular el recurso, ya que si no lo hace se produce causa de inadmisión que se convierte en desestimación (TS 15-11-22, EDJ 747070).

2) En la sentencia que resuelve el **primer recurso** de casación interpuesto por el Ministerio Público al amparo de esta nueva vía y a instancias de una entidad pública -el INSS-, el **problema jurídico** sobre el que versaba el recurso había sido objeto de pronunciamientos de suplicación con divergencia doctrinal, no había doctrina unificada y conectaba con legislación reciente. En concreto, versaba sobre el importe de la base reguladora de una prestación de incapacidad permanente atendiendo a los días-cuota acreditado (TS 28-1-13, EDJ 18823). Otras sentencias dictadas por este cauce se refieren al contenido de la LRJS art.197 (TS 15-10-13, EDJ 253209) y a la competencia del orden social en reclamaciones sobre **intereses moratorios** del FOGASA (TS 6-10-16, EDJ 197704); sobre la legislación aplicable a los contratos de **colaboración social** (TS 11-11-22, EDJ 747033; 31-1-20, EDJ 510359); sobre el **complemento por maternidad** (TS 26-7-22, EDJ 645984).

Resoluciones recurribles (LRJS art.218 y 219) Las únicas resoluciones recurribles son las sentencias dictadas por las Salas de lo Social de los Tribunales Superiores de Justicia cuando resuelven recursos de suplicación. El **objeto del recurso** es unificar la doctrina judicial de los Tribunales Superiores de Justicia que sean contradictorias con las denominadas sentencias de contraste (nº 14707). **No son recurribles** en unificación de doctrina: 14706 MPL nº 7044 s.

• Las sentencias dictadas por las Secciones de lo Social de los Tribunales de Instancia.
• Las sentencias dictadas por las Salas de lo Social del Tribunal Superior de Justicia en instancia, que por tanto no resuelven un recurso de suplicación (TS 30-9-08, EDJ 197290).
• Los autos del Tribunal Supremo (TS 27-4-94, EDJ 3759) o de Tribunales Superiores, incluso si resuelven recurso de queja sobre asuntos idénticos al objeto de impugnación (TS 27-7-92, EDJ 8427). La resolución de contraste debe ser una sentencia, no un auto (TS 11-10-99, EDJ 33804).
• Las dictadas por la Sala de lo Social de la Audiencia Nacional (TS 13-6-94, EDJ 5313).
• Las dictadas por la Sala de Conflictos de Competencia (TS 16-10-92, EDJ 10109); otras Salas distintas de lo Social de los Tribunales Superiores de Justicia (TS auto 28-12-92, EDJ 12836); de la Audiencia Nacional (TS auto 15-1-93, EDJ 125) o del Tribunal Supremo (TS 11-1-93, EDJ 37).

Exigencias formales de las sentencias de contraste (LRJS art.221.3 y 4) Pueden aportarse como sentencias de contraste, las dictadas por los siguientes tribunales: 14707 MPL nº 7047 s.

• La Sala de lo Social del **Tribunal Supremo**.
• Las Salas de lo Social de **Tribunales Superiores de Justicia**, no solo las que resuelven recursos de suplicación sino también la dictadas en instancia por la misma Sala de lo Social que la propia sentencia recurrida en unificación de doctrina en el marco de un proceso de conflicto colectivo siempre que verse sobre idéntico objeto o esté en relación de directa de conexidad con el mismo. Así sucede cuando deciden sobre la aplicación e interpretación del mismo precepto de un convenio colectivo que tiene repercusión salarial (TS 16-6-15, EDJ 129858). No son alegables como sentencias de contraste las dictadas por la Sala de lo Social de la AN (TS 15-6-22, EDJ 721690).
• El **Tribunal Constitucional** o los órganos jurisdiccionales creados en los tratados y acuerdos internacionales en materia de derechos humanos y libertades fundamentales ratificados por España (por ejemplo, el **Tribunal Europeo de Derechos Humanos**), en procesos sobre tutela de derechos y libertades fundamentales. Debe señalarse que los efectos de la sentencia que se dicte quedan limitados a conceder o denegar la tutela del derecho o libertad invocados.

• Con iguales requisitos y alcance sobre su aplicabilidad que las sentencias del Tribunal Constitucional, se pueden alegar de contraste las sentencias dictadas por el **Tribunal de Justicia de la Unión Europea** en interpretación del derecho de la Unión Europea.
Respecto de estas sentencias de contraste, no se precisa acreditar estrictamente la identidad de hechos, fundamentos y pretensiones, pero sí se exige una «homogeneidad de situaciones», entendida como «coincidencia en el sustrato fáctico» o de las cuestiones debatidas en ambas resoluciones, la impugnada y la de contraste (TS auto 9-3-19, EDJ 514852; 13-3-19, EDJ 568370; 1-12-20, EDJ 739766).

14708 Además, han de cumplir los siguientes **requisitos**:
• Deben ser **firmes** a la fecha de finalización del plazo de interposición del recurso (TS 8-10-20, EDJ 684221). Firmeza acreditable mediante certificación de la Secretaría de la Sala que la dictó. Teniendo validez, a estos efectos, la sentencia del Tribunal Superior de Justicia sustituida por una transacción válida de las partes aprobada por auto (TS 23-10-08, EDJ 222498), ya que no elimina el contenido doctrinal de la sentencia.
• Las sentencias de contraste no pueden haber sido **casadas ni anuladas** (TS 26-11-04, EDJ 184930; 13-1-20, EDJ 507685); ni tampoco, sustituidas por un auto que homologa una transacción (TS 21-1-21, EDJ 502778). No obstante, se ha admitido como idónea la que alcanza firmeza antes de dictarse la sentencia recurrida, pese a una **posterior nulidad** por defectos de forma (TS 21-7-15, EDJ 173720; 13-1-20, EDJ 507685).
• Deben efectuar pronunciamiento sobre el **fondo**, por lo que no es idónea la sentencia firme del TS que ante la inexistencia de contradicción no se pronuncia sobre el fondo (TS 19-2-13, EDJ 27199; auto 10-9-17, EDJ 216115).
• Las sentencias de contraste deben contener la **declaración de hechos probados** (TS 21-3-02, EDJ 10447; TCo 141/1994), salvo que no quepa duda de los hechos enjuiciados (TS 12-7-10, EDJ 190400). Los hechos son imprescindibles para establecer correctamente la comparación de los supuestos fácticos entre la recurrida y la de contraste ya que se exige la oposición de pronunciamientos concretos recaídos en conflictos sustancialmente iguales (TS 5-10-07, EDJ 215972; 5-3-13, EDJ 32815; 19-3-13, EDJ 41022; 5-3-20, EDJ 555461; 14-5-20, EDJ 570844; 1-7-20, EDJ 601115; 2-12-20, EDJ 739607; 11-1-22, EDJ 501039; 15-6-22, EDJ 621690; 27-10-22, EDJ 727750). Ante dos supuestos de prueba de **videovigilancia** lesiva de derechos fundamentales, las circunstancias relativas a la mayor o menor justificación de la grabación son relevantes para rechazar que exista contradicción entre dos sentencias que declaran, una la nulidad y otra la improcedencia del despido, calificación que es de legalidad ordinaria (TS 26-7-22, EDJ 606033).
• Las sentencias de contraste solo son válidas si fueron mencionadas en el **escrito de preparación** siendo dicho defecto insubsanable (TS auto 8-10-20, EDJ 682812). Es suficiente la invocación de una única sentencia de contraste por motivo de contradicción (TS auto 6-10-20, EDJ 682828). Aun en los casos en que se cuestione la competencia funcional es necesario que el recurrente cite y aporte la sentencia de contraste, aunque no sea precisa la contradicción, concurriendo, en caso contrario, causa de inadmisión (TS auto 6-10-20, EDJ 682804).
Respecto de la **competencia material** (jurisdicción), el TS sí exige el cumplimiento del requisito de contradicción entre la sentencia recurrida y la referencial para la viabilidad del recurso de casación para la unificación de doctrina porque la competencia material está íntimamente conectada con el fondo del asunto, mientras que respecto de la competencia internacional y objetiva, que dependen de la sola aplicación de unos preceptos procesales, no se exige que exista contradicción entre los supuestos de hecho (TS 14-9-22, EDJ 687878; en esta y otras sentencias el TS denomina competencia funcional a la objetiva). La **competencia territorial** también está exenta del requisito de contradicción entre la sentencia recurrida y la referencial (TS 10-11-21, EDJ 740011).

Precisiones **1)** Si se expidiera **certificación errónea** de firmeza de las sentencias invocadas de contraste procede la nulidad de actuaciones hasta el momento en que se aprecia la infracción procesal generadora de indefensión al impedir el acceso al recurso e inducir a error al recurrente sobre el cumplimiento del requisito de contradicción (TS auto 12-5-15, EDJ 106724).
2) La **resolución de contraste** debe ser una sentencia, no un auto (TS 11-10-99, EDJ 33804), ni una sentencia de otro orden jurisdiccional que no sea el social (TS 22-12-16, EDJ 252816).
3) Una decisión del **Comité Europeo de Derechos Sociales** no es una sentencia de contraste válida, al no estar dictada por un órgano jurisdiccional instituido en los Tratados y Acuerdos internacionales en materia de derechos humanos y libertades fundamentales ratificados por España en el Consejo de Europa, tal y como exige la norma procesal española. En el marco de dicha organización internacional, el único órgano jurisdiccional que reúne estas características es el Tribunal Europeo de Derechos Humanos (TS auto 11-10-17, EDJ 221748).
4) No obsta a la existencia de contradicción, ni impide la admisión a trámite del recurso que exista jurisprudencia que hubiera **desestimado en el fondo** otros recursos en supuestos sustancialmente iguales, cuando se procede a cambiar y rectificar el anterior criterio y a revisar tal doctrina (TS Pleno 13-12-18, EDJ 688226).

Contradicción e identidad de la recurrida con la sentencia de contraste 14709

La identidad esencial debe concurrir respecto de hechos y pretensiones, aunque no ha de ser absoluta	(TS 3-10-17, EDJ 215975; 8-10-20, EDJ 690728; auto 30-9-20, EDJ 675057; 21-12-22, EDJ 793911)
La identidad no ha de concurrir respecto a la **fundamentación** que den las sentencias comparadas, que pueden basarse en diferentes argumentos	(TS 6-2-12, EDJ 19262; 30-1-12, EDJ 15951; auto 17-9-20, EDJ 676210; auto 8-10-20, EDJ 684345)
Resulta inadmisible la **comparación abstracta** de doctrinas	(TS 31-5-17, EDJ 96480; auto 13-10-20, EDJ 684207)
La discordancia se ha de manifestar en la **parte dispositiva** de las sentencias, pues es preciso que haya fallos contradictorios, siendo irrelevantes las declaraciones *obiter dicta*	(TS 8-4-13, Rec 1363/12; 6-3-12, EDJ 49606; auto 20-12-18, EDJ 678776)
Ante **infracción procesal** es preciso que ambas sentencias debatan sobre la misma, llegando a soluciones opuestas	(TS 1-7-20, EDJ 617202; 18-2-20, EDJ 514711; 19-10-22, EDJ 727793)

La identidad no ha de ser **absoluta** (TS19-6-12, EDJ 161292; 11-2-13, EDJ 38063; 3-10-17, EDJ 215975). De hecho, se han admitiendo recursos en **litigios complejos** donde no es preciso que concurra contradicción respecto de todas las cuestiones planteadas, bastando con que se produzca respecto de alguna de ellas siempre que pueda tener trascendencia en orden a la revisión del fallo (TS 3-10-11, EDJ 282294). En este sentido se ha **apreciado contradicción** en los siguientes supuestos:

Calificación de la **relación laboral** como indefinida no fija a trabajadores que ocupan plazas de interinos por vacante por espacio superior a 3 años.	(TS 14-10-20, EDJ 690944; 7-10-20, EDJ 685557)
Efectos jurídicos que despliega el **silencio administrativo positivo** en orden al reconocimiento y pago de prestaciones atribuidas al FOGASA	(TS 8-7-20, EDJ 605305; 26-6-20, EDJ 634075)
Reintegro de **gastos médicos**	(TS 13-12-11, EDJ 320983; 30-1-12, EDJ 15951; 31-1-12, EDJ 26417)
Responsabilidad empresarial por falta de **medidas de seguridad** en empresas en las que se produce exposición al amianto	(TS 4-3-20, EDJ 551119; 4-2-20, EDJ 510399)
Extinción de los **contratos** por causas objetivas	(TS 17-9-20, EDJ 662585; 10-9-20, EDJ 662575)
Valor liberatorio del **finiquito**	(TS 12-3-12, EDJ 86076; 4-12-13, EDJ 267671)

Concurre la **contradicción** ***a fortiori*** cuando el resultado es el mismo, aunque los hechos no son iguales, al ir la sentencia de contraste más allá que la recurrida, por ejemplo, mediante afirmaciones fácticas de inferior apoyo a la pretensión (TS 6-3-13, EDJ 42230; 23-7-20, EDJ 646034; 1-10-20, EDJ 684281).

La exigencia de **identidad** ya mencionada no puede ser exigible cuando la sentencia alegada de contraste fue dictada por el **Tribunal Constitucional**, pues la comparación debe hacerse desde la perspectiva del derecho fundamental cuya vulneración se alega (TS 16-9-14, EDJ 180107). En este caso aceptada la contradicción y aceptada la vulneración del derecho fundamental se resuelve anulando la sentencia recurrida y retrotrayendo las actuaciones al momento anterior en que se dictó la misma. En un sentido similar se debe interpretar la exigencia de contradicción en relación con sentencias de contraste dictadas por el **TEDH y el TJUE**.

Precisiones **1)** Se admite la **contradicción** ***a fortiori*** gracias a la aportación de una sentencia penal firme que permitió apreciar la existencia de indicios de vulneración del derecho fundamental. Siendo imposible la revisión de hechos probados en el marco de este tipo recurso se decreta la nulidad de actuaciones, para preservar el derecho a la tutela judicial efectiva, al momento procesal en que se dictó la sentencia de instancia por el Juzgado de lo Social (actualmente Secciones de lo Social del Tribunal de Instancia) (TS 9-5-11, EDJ 131443; 20-12-16, EDJ 245913).

2) La contradicción **no puede apreciarse** cuando las resoluciones mantienen la misma doctrina, aunque en su aplicación concreta lleguen a conclusión diversa (TS 5-12-11, EDJ 313822).

3) Cuando se aprecia en la sentencia la causa de inadmisión de la falta de contradicción, se convierte en **causa de desestimación del recurso** de casación unificadora, oído el Ministerio Fiscal (TS 10-10-23, EDJ 706562).

4) Si bien normalmente se requiere un previo juicio de valor abstracto acerca de la cuestión debatida, en ocasiones la determinación acerca de la igualdad o desigualdad de los presupuestos fácticos requiere simultánea definición sobre el **fondo de la cuestión** debatida, porque la diversidad o identidad sustancial únicamente se puede apreciar si se pone en relación directa con la norma a aplicar, con necesidad de expresar de manera frontal la **interpretación que se atribuye a la disposición** -legal o convencional- de que se trata (TS 19-7-23, EDJ 636316).

14710 MPL nº 7092 s. **Preparación del recurso: plazos y forma de interposición** (LRJS art.220 y 221 redacc LO 1/2025) El recurso **se anuncia o prepara** por cualquiera de las partes o por el Ministerio Fiscal dentro del plazo de los 10 días hábiles siguientes a la notificación de la sentencia contra la que se recurre, pudiendo presentarse hasta las 15 horas del día siguiente hábil en el servicio procesal común creado a tal efecto o, de no existir, en la sede del órgano judicial, no admitiéndose en ningún caso su presentación en el Juzgado de Guardia (LRJS art.44). En los procedimientos iniciados a partir de 1-1-2016, es obligatorio para todos los profesionales de la justicia (procuradores, abogados, graduados sociales y profesionales de los servicios jurídicos de las administraciones públicas) y órganos y oficinas judiciales y fiscales emplear los **sistemas telemáticos** existentes. El escrito **se dirige** a la Sala de lo Social del Tribunal Superior de Justicia que dictó la sentencia (TS auto 19-7-07, EDJ 108292). Durante el plazo de preparación, el Ministerio Fiscal o el letrado designado, tienen a su disposición en la oficina judicial del Tribunal Superior de Justicia los autos para su examen.

A diferencia de los recursos de suplicación y de casación ordinaria el recurso de unificación de doctrina debe **prepararse siempre por escrito** en el que se exprese el propósito de formalizar el recurso con exposición sucinta de los requisitos exigidos, debiendo contener (LRJS art.221):

- **Firma de letrado** con representación acreditada, con tantas copias como partes recurridas, señalando un domicilio con todos los datos necesarios para notificaciones en la sede del Tribunal Supremo con el objeto de que en él se practiquen los actos de comunicación (LRJS art.53.2).
- **Exposición sucinta** de cada uno de los extremos del núcleo de la contradicción (nº 14707), esto es, determinar el sentido y alcance de la divergencia entre las sentencias contradictorias. Debiendo el recurrente que presenta una exposición, al menos sucinta, de los hechos analizados en cada una de las resoluciones comparadas (TS 23-4-13, EDJ 55993). No se trata de la relación precisa y circunstanciada que exige el escrito de interposición, pero tampoco puede limitarse a una mera afirmación de que la contradicción existe, sino que debe mostrarse su realidad haciéndola visible (TS auto 1-7-20, EDJ 634079).
- Exposición sucinta de las razones por las que la cuestión suscitada posee **interés casacional objetivo**.
- **Identificar las sentencias de contraste alegadas** para fundamentar cada uno de los puntos de contradicción, de forma detallada y precisa (TS auto 12-9-17, EDJ 190497; auto 22-1-20, EDJ 507569). No basta con una **remisión genérica** a las sentencias obrantes en autos (TS auto 12-9-17, EDJ 190497; auto 4-10-06, EDJ 333325; 31-10-06, EDJ 348515). Máxime si se tiene en cuenta que la ausencia de dicha identificación constituye un **defecto insubsanable** (TS auto 8-10-20, EDJ 682861; auto 29-9-20, EDJ 684252). Se trata de una cuestión relevante, pues las sentencias que no hayan sido objeto de mención expresa en el **escrito de preparación** no pueden ser invocadas posteriormente en la interposición (TS 11-5-17, EDJ 88851; 22-12-16, EDJ 252815; 3-2-98, EDJ 1308; 9-12-99, EDJ 86984). En la preparación del recurso pueden invocarse diversas sentencias para fundamentar cada uno de los **puntos de contradicción**, pero en la formalización solo puede invocarse una sentencia por cada punto de contradicción (LRJS art.224.3) por lo que ha de elegirse una sola de entre ellas.

El **depósito** para interponer recurso de casación para unificación de doctrina asciende a 600 euros (LRJS art.229).

Precisiones El Tribunal Supremo considera que la exigencia de designar un **domicilio en Madrid** ha quedado en parte vacía de sentido, o en todo caso, ha sido tácita y parcialmente derogada por la L 42/2015 por un básico principio de jerarquía normativa. Cuando la LRJS se refiere a la designación de un domicilio a efecto de notificaciones en Madrid, está aludiendo a la posibilidad de designación de otro **buzón virtual LexNet** (de otro letrado o un procurador no necesariamente residentes en Madrid). A estos efectos, es inválida la designación del domicilio de un particular y, en tal supuesto, el órgano jurisdiccional debe comunicar al letrado tal imposibilidad y seguir notificándole a él vía LexNet (TS auto 18-4-18, EDJ 47824; 7-9-22, EDJ 696791).

14711 **Tramitación** (LRJS art.222) Cumplidos los requisitos para recurrir, el letrado de la Administración de Justicia de la Sala de lo Social del Tribunal Superior de Justicia tiene por preparado el recurso. Contra esta resolución la parte recurrida no puede formular **recurso** alguno sin perjuicio de poder oponerse posteriormente a su admisión al personarse ante la Sala de lo Social del Tribunal Supremo.

Si el letrado de la Administración de Justicia aprecia la existencia de **defectos subsanables**, ha de requerir su subsanación (LRJS art.230.5), dando cuenta a la Sala si esta no se produce para que resuelva lo que proceda. Si el defecto es **insubsanable** o, siéndolo, no se subsana, la Sala de suplicación debe dictar auto declarando tener por no preparado el recurso y la firmeza de la resolución impugnada:

- si la resolución impugnada no es recurrible en casación;

- si el recurso no se ha preparado dentro de plazo;
- si el escrito de preparación no contiene las menciones exigidas para la fundamentación del recurso; o
- si el recurrente incumple los requisitos necesarios para la preparación del recurso de modo insubsanable o no se subsanen dichos requisitos dentro del término conferido al efecto.

El **auto de inadmisión** es recurrible en queja por el recurrente ante la Sala de lo Social del Tribunal Supremo (nº 14667).

Formalización o interposición del recurso (LRJS art.223 y 224 redacc LO 1/2025) Preparado en tiempo y forma, el letrado de la Administración de Justicia de la Sala de lo Social del Tribunal Superior de Justicia, en los siguientes 2 días, concede un **plazo** común de 15 días a las partes recurrentes para la interposición el recurso que se realiza ante la misma Sala de suplicación que dictó la sentencia impugnada (LRJS art.223.1). En este plazo los **autos** estarán **a disposición** de las partes en la oficina judicial de la Sala del Tribunal Superior de Justicia para su entrega o examen. De estar los autos en soporte electrónico o de poder accederse a ellos por medios telemáticos pueden utilizarse tales medios en sustitución del traslado (LRJS art.48.1). 14712 MPL nº 7120 s.

El **escrito de interposición** ha de ir firmado por letrado acreditado con tantas copias como partes recurridas.

Si **no se interpusiera** el recurso o se efectuara fuera de plazo, la Sala dicta auto declarando desierto el recurso y la firmeza de la sentencia. Este auto, previa reposición, es recurrible en queja ante el Tribunal Supremo.

El letrado de la Administración de Justicia, **presentada la interposición**, emplaza a las demás partes para su personación por escrito de letrado ante la Sala de lo Social del Tribunal Supremo dentro de un plazo de 10 días siguientes con las mismas menciones y requisitos que el escrito de preparación. La parte recurrente se entiende personada de derecho con la remisión de los autos, que efectúa el letrado de la Administración de Justicia en los 5 días siguientes al emplazamiento.

El **escrito de interposición** del recurso debe contener (LRJS art.224 redacc LO 12/2025): 14713

1. Una relación precisa y circunstanciada de la **contradicción alegada** en los mismos términos que el escrito de preparación del recurso (nº 14710), argumentando la concurrencia de identidades entre las sentencias citadas como contradictorias (TS 15-4-13, EDJ 55482; 25-6-13, EDJ 142912; auto 20-10-20, EDJ 690990; auto 13-10-20, EDJ 684207; 4-7-23, EDJ 616521). Sin que se haya considerado suficiente una transcripción literal de algunos fragmentos de las sentencias a comparar (TS 23-1-12, EDJ 19264), exponer la doctrina que se entiende correcta (TS 26-10-16, EDJ 209000; 12-7-11, EDJ 216915; 11-10-11, EDJ 249443), la copia de la fundamentación jurídica de la sentencia de contraste (TS auto 8-7-20, EDJ 660187). La contradicción ha de ser **integral** (en hechos, fundamentos y pretensiones), no fragmentada o parcial (TS 30-3-17, EDJ 37190). El análisis o argumento de contradicción ha de consistir, no solo en un examen de las doctrinas en que se apoyan las sentencias comparadas, lo que podría corresponder también a la argumentación de infracción legal sino, sobre todo, en una comparación de las controversias concretas objeto de enjuiciamiento. La comparación de las controversias comporta normalmente un examen individualizado y pormenorizado de los hechos, los fundamentos, pretensiones y decisiones de las sentencias comparadas, dependiendo el detalle exigible de la argumentación del grado de complejidad y casuismo de la cuestión planteada (TS 16-10-22, EDJ 728812).

2. Además, de no haberlo aportado con anterioridad, el recurrente puede presentar **alternativamente**:
- testimonio o certificación de las sentencias de contraste alegadas para la contradicción, acreditando su firmeza en la fecha de finalización del plazo de su interposición o certificación posterior de ello; o
- acreditación de haber instado la expedición de tal certificación en un momento previo a la formalización del recurso, aunque sea el último día para interponer el mismo. De no haberse aportado certificación de la sentencia y de su firmeza el letrado de la Administración de Justicia de la Sala IV del Tribunal Supremo está **obligado de oficio** a recabar del Tribunal Superior de Justicia correspondiente el libramiento efectivo de dichas certificaciones (TS auto 15-2-93, EDJ 1395 y TS 10-5-05, EDJ 63853). Si se solicita **más de una certificación** la Sala debe requerir al recurrente para que elija una de ellas y en caso de no hacerlo se acuerda de oficio que se certifique la más moderna (TS auto 22-11-96, EDJ 52732; 3-12-96, EDJ 9094).

Si el recurrente **no cumple** ninguna de las dos premisas mencionadas, puede en un plazo de 10 días subsanar tal defecto, exclusivamente mediante la presentación de la certificación de las sentencias de contraste (TS 15-9-04, EDJ 177350).

Recuérdese que solo puede invocarse una sentencia por cada **punto de contradicción**, de las citadas en el escrito de preparación y que hayan adquirido firmeza antes de finalizar el plazo de interposición.

3. La **infracción legal** cometida por la sentencia impugnada, pues es preciso expresar y razonar separadamente, de manera clara y precisa, la pertinencia y fundamentación de cada uno de los motivos de casación, en relación con los puntos de contradicción, en los términos ya expuestos para la casación ordinaria (nº 14695). Excluyéndose, por no ser finalidad o motivo de la unificación, el error en la apreciación de la prueba o en los documentos (TS 5-12-11, EDJ 313822; 17-12-91, EDJ 12000). El recurrente debe razonar la pertinencia y fundamentación de cada motivo y el contenido concreto de la infracción o vulneración cometidas, haciendo mención expresa de las normas sustantivas o procesales que se estiman infringidas, con manifestación sucinta de los particulares que se entienden aplicables de las sentencias de contradicción invocadas. El objetivo es que la parte recurrida pueda conocer el alcance de la infracción que se denuncia y los argumentos que la sustentan para oponerse a ella (TS 21-9-17, EDJ 190355; 17-2-16, EDJ 15832; 15-2-12, EDJ 26406; 6-3-12, EDJ 49606). Esta exigencia no se cumple con solo indicar los preceptos que se consideran aplicables, sino que es requisito ineludible razonar de forma expresa la pertinencia del recurso en relación con la infracción denunciada (TS auto 23-10-20, EDJ 698662; auto 29-9-20, EDJ 673708; TS 16-10-22, EDJ 728812; 20-12-22, EDJ 786033).
4. La exposición argumentada de la concurrencia del **interés casacional objetivo**.
5. El **suplico** de casación o anulación de la sentencia recurrida y un pronunciamiento de la Sala de acuerdo con sus pretensiones (TS 10-4-02, EDJ 27114; 16-7-02, EDJ 37370).

14714 Precisiones **1)** El **escrito de formalización** debe ajustarse a los términos en que fue preparado (TS 17-1-94, EDJ 188; auto 19-9-17, EDJ 196622; auto 13-10-20, EDJ 691023). En todo caso, si no se identifica en el escrito de interposición la **sentencia de contraste** alegada, aunque se hubiese citado en el de preparación, el recurso no puede prosperar (TS 7-6-07, EDJ 70591).
2) En esta fase todavía es posible que las partes puedan alcanzar un **acuerdo transaccional** sobre los derechos debatidos al no ser estos irrenunciables (LRJS art.245 y ET art.3.5). La Sala homologa el acuerdo mediante auto, el contenido del acuerdo sustituye lo resuelto en las instancias o grados precedentes, sin imposición de costas (TS auto 30-10-02, EDJ 136184; 17-7-07, EDJ 108288; 21-9-20, EDJ 666303; auto 27-10-20, EDJ 698512).
3) El recurrente en casación para unificación de doctrina no debe confundir: la **denuncia y fundamentación de la infracción legal**, que es un requisito distinto, de la exposición de la contradicción que también ha de concurrir respecto de la sentencia de contraste (TS 15-7-15, EDJ 144508; 31-1-11, EDJ 11859). Debe razonar sobre la pertinencia y fundamentación de **cada motivo**, y sobre el contenido concreto de la infracción o vulneración cometidas (TS 21-7-15, EDJ 144500).
4) No se puede entrar a conocer del fondo de un recurso de casación para unificación de doctrina en cuyo **escrito de preparación** se identificó una sentencia de contraste, mientras que en el de formalización se identificó otra distinta manifestando el recurrente que se trató de un error (LRJS art.221.4). Ese motivo de inadmisión se convierte en causa de desestimación del recurso (LRJS art.235.1; TS 11-5-17, EDJ 88851; 17-6-13, EDJ 142870).
5) No merecen la consideración de **infracción normativa** las relativas a:

Cláusulas de pactos o acuerdos entre partes	(TS 17-6-10, EDJ 140228); los acuerdos marco (TS 10-5-04, EDJ 51977)
Los **acuerdos** entre la empresa y los representantes de los trabajadores, incluidos los sindicatos. Los pactos que no tienen naturaleza de convenio colectivo	(TS 21-6-07, EDJ 125067; 5-4-06, EDJ 53147; 10-4-06, EDJ 53146; 19-2-01, Rec 2964/00)
Las **resoluciones, circulares o instrucciones** de un organismo público o entidad privada	(TS 13-12-01, Rec 4255/00; 11-6-08, Rec 17/08; 30-4-12, EDJ 154963)
Las **normas internas** de los sindicatos	(TS 10-11-16, EDJ 209020; 25-6-07, Rec 58/06; 16-12-10, Rec 45/10)
Los convenios colectivos **extraestatutarios**, aunque con la posible salvedad de que hubieran sido publicados en un diario oficial	(TS 14-1-08, EDJ 56611)
Los **pactos de fusión** suscritos durante la agrupación de dos entidades bancarias	(TS 24-5-10, EDJ 133561)
Los **convenios colectivos** declarados nulos por sentencia firme	(TS 18-10-07, EDJ 206278)
La denominada «**normativa laboral de grandes empresas**». En concreto las reglas de régimen interior de las empresas que no han sido ni consensuadas ni publicadas	(TS 16-4-1300, EDJ 68096; 30-9-10, Rec 186/09; 26-3-14, EDJ 106570)

6) El recurso de casación es un **recurso extraordinario**; la sala está vinculada por los motivos legales expresados en el mismo, pudiendo conocer únicamente de las posibles infracciones que la parte sostenga, pues no rige ya, como en la instancia, el principio *iura novit curia*. De forma tal que si la parte no alega y fundamenta una **infracción** que viabilice el recurso, la sala no puede entrar en el fondo con independencia de lo acertado o no de su planteamiento (TS 29-4-02, EDJ 27214; 25-7-07, EDJ 144149; 23-12-08, EDJ 314104).

Decisión sobre la admisión del recurso (LRJS art.225) **1.** Recibidos los autos en la Sala de lo Social del Tribunal Supremo, su letrado de la Administración de Justicia puede apreciar: **14715** MPL nº 7140 s.
a) Defecto **insubsanable** de haberse preparado o interpuesto fuera de plazo, en cuyo caso dicta decreto poniendo fin al trámite del recurso, contra el que solo procede recurso de revisión.
b) Defectos **subsanables** en la tramitación del recurso o en su preparación e interposición, en cuyo caso, se concede a la parte un plazo de 10 días para la aportación de los documentos omitidos o para la subsanación de los defectos apreciados. De no efectuarse, el letrado de la Administración de Justicia da cuenta a la Sala y esta puede dictar providencia sucintamente motivada contra el que no cabe recurso, poniendo fin al trámite del recurso, remitiéndose las actuaciones al Tribunal Superior de Justicia que dictó la sentencia recurrida
2. El letrado de la Administración de Justicia ha de dar cuenta al magistrado ponente para **instrucción de los autos** por 3 días en los siguientes supuestos:
a) Si no hubiera apreciado defectos, o una vez subsanados los advertidos.
b) Si apreciare defectos insubsanables, sea en la preparación o en la interposición, distintos de la preparación o la interposición del recurso fuera de plazo.
3. El **magistrado ponente**, da cuenta a la Sala (compuesta a tales efectos por 3 magistrados) del recurso interpuesto y de las causas de inadmisión que apreciare, en su caso. Si la Sala acuerda la admisión total del recurso dictará providencia poniéndolo de manifiesto, sin que frente a la misma quepa recurso alguno (LRJS art.225.3). Son **causas de inadmisión**:
a) El incumplimiento de manera manifiesta e insubsanable de los requisitos procesales para preparar o interponer el recurso.
b) La carencia sobrevenida del objeto del recurso.
c) La falta de contradicción entre las sentencias comparadas.
d) La falta de contenido casacional de la pretensión.
e) El haberse desestimado en el fondo otros recursos en supuestos sustancialmente iguales.
f) La falta de interés casacional objetivo.
4. Si la Sala estima que concurre alguna de las **causas de los apartados a), b) y c)**, pasa los autos (únicamente) al Ministerio Fiscal, de no haber interpuesto el recurso, para que, en el plazo de 5 días, informe sobre la admisión o inadmisión del mismo. Si la Sala estima que concurre alguna de las **causas de los apartados d), e) y f)** acordará oír al recurrente por un plazo de 5 días, con ulterior informe del Ministerio Fiscal por otros 5 días, de no haber interpuesto el recurso el propio Ministerio Fiscal. En tales casos, por tanto, no se da audiencia a la parte recurrida. Si, tras los indicados trámites, la Sala continuara apreciando causa de inadmisión, ha de dictar providencia sucintamente motivada en el plazo de 3 días declarando la **inadmisión** del recurso y la firmeza de la resolución recurrida, con imposición de las costas al recurrente, con pérdida del depósito y dándose a las consignaciones el destino legal. También puede imponerse **multa** si se aprecia que el recurrente ha actuado con mala fe, temeridad o finalidad dilatoria (LRJS art.75.4 y 235.3).
Si la inadmisión se refiere solo a alguno de los motivos de inadmisión o de los recursos interpuestos, continuará la tramitación de los restantes recursos o motivos no afectados por la providencia de **inadmisión parcial**, sin que la resolución dictada al efecto sea recurrible.
Por otra parte, si la Sección de admisiones apreciare la **falta de competencia funcional** para el conocimiento del litigio, se concede audiencia a las partes (en este caso, a todas las partes) y al Ministerio Fiscal por un plazo común de 3 días. Finalizado el plazo, se señala dentro de los 10 días siguientes para deliberación, votación y fallo, y se dicta sentencia dentro de los 10 días siguientes a la celebración de la votación.

Precisiones **1)** Cualquier **causa** que pudiere motivar la **inadmisión** del recurso se transforma en causa de **desestimación** del mismo (TS 19-5-20, EDJ 570716; 20-2-20, EDJ 563838). Causas de inadmisión que son apreciables **de oficio** (TS 7-7-04, EDJ 83154). **14716**
2) Hay **falta de contenido casacional** cuando:
• Se impugnen los **hechos y no la doctrina** (TS 27-5-96, EDJ 4254; auto 13-10-20, EDJ 690681; auto 5-10-20, EDJ 674987).
• Coincida la doctrina de la sentencia impugnada con la **jurisprudencia consolidada** por el Tribunal Supremo que ya está unificada (TS 20-2-20, EDJ 563838; 22-7-08, EDJ 166851; 21-9-22, EDJ 708840; 27-10-23, EDJ 729440). Todo ello salvo que la **sala decida cambiar su doctrina** (TS 11-10-17, EDJ 227372; 27-12-16, EDJ 245906; 19-12-96, EDJ 52731; 10-1-97, EDJ 59906).
• **Inexistencia de contradicción** entre la sentencia recurrida y la de contraste (TS 12-9-17, EDJ 190514; auto 8-10-20, EDJ 682806; auto 30-9-20, EDJ 673654). No obstante, cuando ya **se había admitido en supuestos sustancialmente idénticos** la contradicción con la de contraste que ahora se rechaza desestimándose el recurso se está vulnerando el derecho a la igualdad en la aplicación de la ley (Const art.14; TCo 349/2006).

14716.1 **Suspensión del recurso de casación en caso de identidad jurídica sustancial** (LRJS art.225 bis) Se establece la posibilidad de que el Tribunal Supremo suspenda los recursos de casación **pendientes de tramitación** si constata la existencia de un gran número de recursos que promuevan una cuestión jurídica sustancialmente igual. El **procedimiento** es el siguiente:

1. Cuando la sección de admisión de la Sala de lo Social del Tribunal Supremo constate que hay un gran número de recursos que susciten una **cuestión jurídica sustancialmente igual**, puede acordar la admisión de uno o varios de ellos, para su tramitación y resolución preferente, y suspender el trámite de admisión de los demás hasta que se dicte sentencia en el primero o primeros.

2. Cuando se dicte **sentencia de fondo** se lleva su **testimonio** a los recursos suspendidos y se notifica a los interesados afectados por la suspensión, otorgándoles un plazo de 10 días para que aleguen si les interesa **continuar** con el trámite de su recurso de casación o **desistir** del mismo. En caso de que interesen su continuación deben valorar la incidencia que la sentencia de fondo dictada por el Tribunal Supremo tiene sobre su recurso.

3. Si no se hubiera producido desistimiento y la sentencia impugnada en casación **resulta coincidente**, en su fallo y razón de decidir, con lo resuelto por la sentencia o sentencias del Tribunal Supremo, se inadmiten por providencia los recursos de casación pendientes. Si **no resulta coincidente**, se dicta auto de admisión y se remite el conocimiento del asunto a la sección correspondiente.

4. Remitidas las actuaciones, la sección ha de resolver si continúa con la **tramitación** del recurso (LRJS art.226 y 227), o si dicta **sentencia** sin más trámite, remitiéndose a lo acordado en la sentencia de referencia y adoptando los demás pronunciamientos que considere necesarios.

14717 **Admisión del recurso, deliberación, votación y fallo** (LRJS art.226 y 227) Si se admitiera el recurso se dicta **providencia de admisión** y el letrado de la Administración de Justicia da traslado a las partes personadas del escrito de interposición para que formalicen la impugnación en el plazo común de 15 días, desde que se notifica, poniendo los autos a disposición del recurrente. Si las partes recurridas **no se personaran**, continuara el trámite de recurso sin su intervención.

Devueltos los autos, previo informe del Ministerio Fiscal, se convoca a la sala en los 10 días siguientes para deliberación votación y fallo, que debe dictar **sentencia**, también en el plazo de 10 días contados desde la celebración de la votación. La deliberación y votación puede tener lugar por medios electrónicos cuando se cuente con ellos (LEC art.196).

El **presidente**, bien por sí mismo o a propuesta de la mayoría de los componentes de la Sala, puede acordar que esta se constituya con 5 magistrados o en pleno cuando la trascendencia o la complejidad del asunto lo aconsejen.

14718 **Depósitos y consignaciones para recurrir** (LRJS art.229 y 230) Como requisito para la admisión del recurso se exige el cumplimiento de las garantías que se señalan en el nº 14692, si bien en este caso la cantidad a consignar asciende a 600 euros.

14720 **Sentencia** (LRJS art.228; LEC art.487) **1.** La sentencia de casación para la unificación de doctrina puede **no entrar en el fondo** de la cuestión y en tal caso declarar:

MPL nº 7160 s.

a) De oficio o a instancia de parte: la **nulidad** total o parcial de las actuaciones (TS 14-5-20, EDJ 570668; 20-9-22, EDJ 695295).

b) La **inadmisión** del recurso (TS 22-1-20, EDJ 507749).

2. Si la sentencia dictada en unificación de doctrina **entra al fondo** puede contener dos pronunciamientos:

a) Estimatorio, por el que se casa y anula la sentencia objeto de recurso y resuelve el debate sobre el fondo, acordando lo procedente en materia de costas, consignaciones y con devolución del depósito al recurrente. La sentencia, si estima el recurso, solo modifica, en su caso, la situación creada, en lo que respecta a la **sentencia impugnada**, pero en ningún caso puede afectar al sentido del fallo de aquellas sentencias que han servido de término de comparación, pero que no fueron impugnadas (TS 25-6-94, EDJ 5623; 20-7-17, EDJ 178542; 10-10-17, EDJ 227369).

Debe tenerse en cuenta que **superado el requisito de la contradicción** la Sala de lo Social no queda obligada a aceptar una de las dos doctrinas formuladas por las sentencias comparadas (TS 30-1-03, EDJ 1691; 23-4-12, EDJ 140509; 1-6-12, EDJ 140516). La Sala debe pronunciarse sobre la **solución más ajustada a derecho** para el caso controvertido, que puede ser la de alguna de las sentencias comparadas o una solución distinta que establezca como doctrina unificada (TS 14-7-92, EDJ 7821; 21-6-17, EDJ 143163; 27-9-17, EDJ 215963; TCo 172/1994). La estimación del recurso puede obedecer al **allanamiento** del recurrido, en cuyo caso no se fija doctrina unificada (TS 16-6-20, EDJ 601142).

b) Desestimatorio del recurso por considerar que la sentencia recurrida contiene la doctrina ajustada, lo que implica la pérdida del depósito para recurrir (TS 7-1-20, EDJ 504750). El fallo ha de disponer la cancelación o el mantenimiento total o parcial, en su caso, de las consignaciones o aseguramientos prestados de acuerdo con sus pronunciamientos.

Precisiones La sentencia ha de imponer las **costas** a la parte vencida en el recurso, excepto cuando goce el beneficio de justicia gratuita, o cuando se trate de sindicatos, o de funcionarios públicos o personal estatutario que ejercite sus derechos ante la jurisdicción social. En las costas se incluyen los honorarios del abogado o del graduado social colegiado de la parte contraria que hubiese actuado en el recurso en defensa o en representación técnica de la parte, sin que puedan superar 1.800 euros en el recurso de casación. Las costas **se imponen** únicamente al recurrente vencido (TS 12-7-93, EDJ 7012; 18-10-06, EDJ 319327), pero no al recurrido cuya pretensión impugnatoria hubiese sido rechazada (TS 18-5-94, EDJ 11236). Tampoco se han impuesto costas a la parte recurrida **no personada** pese a su emplazamiento (TS auto 25-11-08, Rec 1996/07). Debiéndose entender que los **honorarios del letrado** de la parte vencedora, salvo los supuestos de la LRJS art.97.3, corren a cuenta de su cliente (TS 4-4-07, EDJ 25398).

SECCIÓN 8

Ejecución

(Const art.24, 117.1.3 y 118; LRJS art.237 s.; LEC art.517 redacc LO 1/2025 a 740; LOPJ art.456.6.a)

14775

La ejecución de las sentencias y demás títulos con eficacia ejecutiva es una cuestión de capital importancia para la efectividad del **Estado social y democrático** de Derecho que proclama la Constitución. 14777 MPL nº 5510 s.

La ejecución de las sentencias y resoluciones firmes corresponde a los titulares de la potestad jurisdiccional «juzgando y haciendo ejecutar lo juzgado» (Const art.117.3). Es obligado cumplir la sentencia y demás resoluciones firmes y prestar la colaboración requerida en la ejecución. No obstante, se permite la **transacción** de los derechos reconocidos por sentencia favorables al trabajador (nº 14809).

Sobre la regulación de la ejecución de sentencias de **conflicto colectivo**, ver nº 15472.

Precisiones **1)** En esta materia se atribuye a los **letrados de la Administración de Justicia** la ejecución, salvo aquellas competencias que están reservadas a jueces y magistrados que en modo alguno pierden la dirección del proceso (LOPJ art.456.6.a), entre las atribuciones más destacadas se encuentran las concretas medidas ejecutivas para llevar a cabo lo dispuesto en la llamada orden general de ejecución que dicta el juez o magistrado.

2) Obviamente la ejecución debe llevarse a efecto en los **términos** establecidos en la sentencia (TCo 231/2015; TS 4-7-17, EDJ 154339). Es decir, con sujeción al principio de inmodificabilidad de lo juzgado, traduciéndose, de este modo, en un derecho que actúa como límite y fundamento que impide que los jueces y tribunales puedan revisar las sentencias y demás resoluciones, al margen de los supuestos taxativamente previstos en la Ley (TS 13-10-20, EDJ 697091; 16-9-20, EDJ 672268; 5-7-23, EDJ 616423).

3) Las sentencias firmes deben ejecutarse en la forma establecida en la LEC con las especialidades previstas en la LRJS.

1. Supuestos particulares

Inmunidad de jurisdicción (LOPJ art.21; LO 16/2015; LEC art.36.2.1ª; Convención Viena 18-4-1961 art.22.3; Convención Viena 24-4-1963) Respecto a las peculiaridades de la ejecución de sentencias dictadas contra **legaciones diplomáticas extranjeras** en España y la ejecución de sus bienes es doctrina constitucional consolidada (TCo 140/1995; 292/1994 y 107/1992) la compatibilidad del derecho 14779 MPL nº 648 s.

fundamental a la tutela judicial efectiva con la existencia de inmunidad de ejecución sobre determinados bienes de los Estados extranjeros deudores. Los bienes de las **misiones diplomáticas y consulares** de los Estados son inmunes a la ejecución por estar protegidos por los Tratados de Viena (locales u oficina consular, mobiliario y demás bienes situados en ellos, medios de trasporte, las cuentas corrientes bancarias adscritas a su funcionamiento). El resto de los **bienes de un Estado**, no son embargables si están afectos al derecho de soberanía de Estado, pero sí son embargables los que estén vinculados a sus actos de gestión. La inmunidad no tiene carácter extensivo, debe interpretarse de forma restrictiva, precisamente para no perjudicar el derecho a la tutela judicial efectiva. Es preciso contar con la colaboración del Ministerio de Asuntos Exteriores recabando los oportunos informes y también con el Ministerio de Hacienda, incluso realizando las oportunas gestiones diplomáticas (TS 25-6-12, EDJ 216849).

Precisiones **1)** Si no se cumple esta exigencia la resolución judicial debe ser anulada para dar cumplimiento a los requisitos formales exigidos (TSJ País Vasco 24-1-95, EDJ 1205).
2) El Tribunal Constitucional no admitió a trámite el recurso de amparo, por falta de contenido constitucional, la denuncia del Estado extranjero al que le habían embargado el IVA que la Agencia Tributaria debía devolverle (TCo auto 112/2002).
El **IVA pendiente de reembolso** es un derecho de crédito que deriva únicamente de un privilegio tributario, no equiparables al de los bienes protegidos con la inmunidad absoluta de le ejecución contra los Estados Extranjeros, además es un derecho de crédito que se tiene por reconocimiento del Estado en donde se ejerce la soberanía, y al que se le aplica criterios de reciprocidad (TSJ País Vasco 8-4-08, EDJ 70506), tras la demanda por error judicial planteada contra esta sentencia el Tribunal Supremo mantiene que la sentencia no incide en ninguno de los supuestos jurisprudenciales que impliquen la existencia del error recogidos en la doctrina sentada por dicho tribunal (TS 24-9-03, EDJ 158536), afirmando que la sentencia impugnada realizó una interpretación razonada y coherente de la aplicación de todas la normativa aplicable con relación a bienes muy singulares respecto de los cuales el Estado recurrente no acreditó que las devoluciones por IVA estuvieran vinculadas con actividades que supusieran el ejercicio del *ius imperii* por lo que tenían la condición de beneficios fiscales ligados a actividades de gestión (TS 22-6-09, EDJ 205386).

14784 **Cooperación jurídica internacional en materia de ejecución** (L 29/2015) La Ley de cooperación jurídica internacional interna tiene un **carácter subsidiario** (L 29/2015 art.2.a), dado el principio de primacía del **Derecho de la Unión Europea**, que da prioridad a la aplicación en esta materia de las normas de la Unión Europea y de los tratados y acuerdos internacionales en los que España sea parte. Además, se aplica el **principio de especialidad** (L 29/2015 art.2.b), que permite la prioridad de normas sectoriales específicas, como las contenidas en la Ley Concursal.
La Ley **se aplica** en materia civil y mercantil con independencia de la naturaleza del órgano jurisdiccional, incluyendo la responsabilidad civil derivada los contratos de trabajo. Se parte de un principio general favorable al desarrollo amplio de la cooperación jurídica internacional, incluso en ausencia de reciprocidad, pero con la **posibilidad de denegación** de la cooperación jurídica internacional cuando exista denegación reiterada de cooperación o prohibición legal de prestarla. Se priman así los intereses de la ciudadanía en ver asegurados y protegidos sus derechos, incluido el derecho a la tutela judicial efectiva, con independencia de la actitud más o menos colaborativa de determinados Estados. Ha de tenerse en cuenta que en los tratados y reglamentos de la Unión Europea rige el **principio de reciprocidad**.
Se mantiene el **exequátur**, como procedimiento especial, cuando se trata de títulos de Estados que no forman parte de la UE y con los que España no ha suscrito ningún tratado. Se aplica en la ejecución tanto de las resoluciones como de las transacciones judiciales.

Precisiones La L 29/2015 no aborda, dado su carácter de marco general y por referencia a normativas sectoriales más específicas, por ejemplo, la regulación de actos de cooperación en **procesos concursales extranjeros**, sin perjuicio de aplicar a tales materias la presente normativa con carácter subsidiario.

14785 **Resoluciones judiciales procedentes de países de la Unión Europea** (Rgto UE/1215/2012; L 29/2015)
MPL nº 512 s. La LRJS, al determinar la competencia de los órganos de la jurisdicción social, no establece expresamente la **competencia** de la jurisdicción social para conocer de la ejecución de sentencias dictadas por tribunales pertenecientes a la Unión Europea, pues tal competencia reside en el orden jurisdiccional civil.
En todo caso es necesario acudir al **Reglamento Bruselas I** (Rgto UE/1215/2012) cuyas disposiciones se aplican a los documentos públicos con fuerza ejecutiva formalizados con posterioridad a su entrada en vigor (el 1-3-2002 en todos los Estados miembros de la UE y en Dinamarca desde el 1-7-2007).

El **Reglamento Bruselas I Bis** establece como criterio de su aplicación, y a la vez determinante de la competencia, el del domicilio del demandado, con independencia de que el demandante no tenga la nacionalidad de un Estado miembro o que el litigio no presente vínculos con otros Estados miembros de la UE (TSJ Madrid 17-4-20, EDJ 596870).
El procedimiento requiere que la ejecución sea solicitada a **instancia de parte**, mediante escrito o demanda de ejecución firmada por abogado y procurador, debe presentarse ante la Sección de los Civil del Tribunal de Instancia -hasta su constitución, Juzgado de Primera Instancia- del domicilio de la parte contra la que se solicita la ejecución o por el lugar de ejecución a elección del ejecutante, se tienen que acompañar los siguientes **documentos** (es conveniente que estén traducidos):
- poder general para pleito;
- copia auténtica del título;
- certificación, según formulario estándar para títulos judiciales (Rgto UE/1215/2012 Anexo I y II).

El **proceso de exequátur** exige que las partes estén representadas por procurador y asistidas de letrado. Se inicia mediante demanda a instancia de cualquier persona que acredite un interés legítimo. La demanda de exequátur y la solicitud de ejecución pueden acumularse en el mismo escrito. No obstante, no se procede a la ejecución hasta que se haya dictado resolución decretando el exequátur. La demanda se ha de dirigir contra aquella parte o partes frente a las que se quiera hacer valer la resolución judicial extranjera.
La **demanda** se debe ajustar a los requisitos de la LEC art.399 y debe ir acompañada de:
- el original o copia auténtica de la resolución extranjera, debidamente legalizados o apostillados;
- el documento que acredite, si la resolución se dictó en rebeldía, la entrega o notificación de la cédula de emplazamiento o el documento equivalente;
- cualquier otro documento acreditativo de la firmeza y fuerza ejecutiva en su caso de la resolución extranjera en el Estado de origen, pudiendo constar este extremo en la propia resolución o desprenderse así de la ley aplicada por el tribunal de origen; y
- las traducciones pertinentes (LEC art.144).

Sentencia dictada en materia de Seguridad Social Para la ejecución en países de la **Unión Europea** de sentencias dictadas en otro Estado miembro en materia de Seguridad Social, no es de aplicación ni el Convenio de Bruselas ni tampoco el Rgto UE Bruselas I pues esta materia queda expresamente excluida de su ámbito de aplicación y debe de estarse a las propias relaciones internacionales entre las entidades gestoras en el ámbito Europeo y a la compensación y reclamación entre ellas (Rgto CE/883/2004; Rgto CE/98/2009; TSJ Cataluña 10-10-07, EDJ 244495). 14786

2. Títulos de ejecución

(LRJS art.63, 84.6, 237 y 246.4; LEC art.517 -redacc LO 1/2025-)

El proceso de ejecución solamente **puede iniciarse** mediante los siguientes títulos (LRJS art.237.1): 14790 MPL nº 5520 s.
a) **Sentencias de condena firmes**. Cuando el título de ejecución consiste en una sentencia firme de condena que ha puesto fin a un proceso de declaración decidiendo definitivamente lo que constituía el objeto de la pretensión, todos y cada uno de los pronunciamientos producen los efectos propios de la cosa juzgada, de manera que no es posible debatir ni decidir con posterioridad lo que ha sido resuelto (efecto negativo) y además el contenido de lo resuelto vincula en lo sucesivo a las partes y a los propios tribunales, de manera que hay que partir necesariamente de aquella decisión sin que pueda modificarse (efecto positivo).
b) **Acuerdo de conciliación procesal**. El acuerdo conciliatorio se lleva a efecto por los trámites de la ejecución de sentencias. El acuerdo conciliatorio puede alcanzarse por las partes ante el letrado de la Administración de Justicia quien debe advertirles de sus derechos y obligaciones, dictando decreto al efecto. En caso contrario, antes del comienzo de la celebración del juicio, pueden conciliarse ante el juez o tribunal, el cual dicta auto al efecto. El acuerdo puede ser objeto de impugnación en el plazo de 30 días siguientes a su celebración, ante el órgano judicial al que correspondió la demanda (LRJS art.84.6; TS 28-4-17, EDJ 89019).
c) **Conciliación o mediación extrajudicial** (LRJS art.68). Lo acordado en conciliación o mediación ante el correspondiente órgano constituye título para iniciar acciones ejecutivas sin necesidad de ratificación ante el juez o tribunal.
En los procesos de conflicto colectivo es título ejecutivo el acta certificada del **acuerdo conciliatorio** ante el servicio administrativo correspondiente o ante los órganos de conciliación que puedan establecerse a través de los acuerdos interprofesionales o convenios colectivos (LRJS art.156.1 en relación con la LRJS art.63).

Lo acordado en conciliación tiene fuerza ejecutiva entre las partes intervinientes y se puede llevar a efecto por los trámites de ejecución de sentencia. El ejecutante debe aportar certificación del acto de conciliación (TSJ Madrid 13-2-06, EDJ 40633).

14791 d) Están **equiparados a las sentencias firmes**, a efectos de ejecución:

• **Laudos arbitrales** firmes, individuales o colectivos dictados por el órgano constituido o que pueda constituirse a través de acuerdos interprofesionales o convenios colectivos (LRJS art.68.2; ET art.83).

• Laudos arbitrales establecidos por **acuerdos de interés profesional** de los TRADE.

• Laudos recaídos en **materia electoral**.

• Laudos que pongan fin a la **huelga o conflictos colectivos** u otros cuyo conocimiento corresponda a la jurisdicción social, en aquellos exclusivos pronunciamientos que sean susceptibles de ejecutiva, salvo pronunciamientos que tengan eficacia normativa o interpretativa (TCo 92/1988).

• Laudos o resoluciones arbitrales y los acuerdos de mediación, los últimos elevados a escritura pública, así como los acuerdos alcanzados por las partes en cualquier otro de los medios adecuados de solución de controversias que igualmente hubieran sido elevados a escritura pública.

e) **Decreto** del letrado de la Administración de Justicia fijando los **honorarios** de abogados o graduados sociales, a través del procedimiento específico de reclamación de honorarios presentada directamente ante el letrado de la Administración de Justicia (LEC art.34 y 35).

f) El **auto de homologación de un acuerdo transaccional** (LRJS art.235.4). El acuerdo transaccional al que llegan las partes durante la tramitación de un recurso de suplicación o de casación, sustituye tanto lo dispuesto en la sentencia de instancia como en la sentencia del Tribunal Superior de Justicia. El auto de homologación de dicha transacción que dicte el tribunal ante quien penda el recurso es título para la ejecución de lo acordado (TS 15-3-07, EDJ 341985; LEC art.545.1). También el auto por el que se homologa el acuerdo transaccional que puede alcanzarse en el proceso de ejecución de títulos ejecutivos (LRJS art.246).

g) **Copia** de la escritura matriz que el interesado solicite que se expida con tal carácter.

h) El **testimonio** expedido por el notario del original de la póliza debidamente conservada en su Libro-Registro o la copia autorizada de la misma.

i) **Certificados no caducados** expedidos por las entidades encargadas de los registros contables respecto de los valores representados mediante anotaciones en cuenta, acompañados de escrituras públicas de representación de los valores o, en su caso, de la emisión si la escritura es necesaria.

14792 Precisiones **1)** Las sentencias **declarativas y las constitutivas** no exigen una posterior actividad ejecutiva (TS 29-6-16, EDJ 105821; TSJ Madrid 3-9-21, EDJ 752621). Pero sí es ejecutable el fallo que declara la **cesión ilegal** y el derecho del trabajador a ser considerado como indefinido en la empresa cesionaria (TS 20-12-16, EDJ 252810). Son ejecutables los pronunciamientos dictados tras las **comparecencias incidentales de pago de salarios de trámite** y condena a la readmisión, que derivan de una sentencia firme que declara la nulidad del despido colectivo, entre otras razones, porque no tiene sentido remitir a los trabajadores a los procesos individuales para obtener una sentencia que, necesariamente, tendría los mismos pronunciamientos de condena (TS 23-3-17, EDJ 37142).

2) En la **ejecución provisional** de las sentencias se permite ejecutar aquellas que no son firmes (nº 14895).

3) La **copia simple de un acta** en la que consta el acuerdo alcanzado ante el tribunal de Arbitraje laboral entre un sindicato y la empresa no tiene reconocida la cualidad de título ejecutivo, sin perjuicio de la eficacia vinculante de lo pactado entre las partes (TSJ C.Valenciana 23-11-06, EDJ 421756). Las sentencias dictadas en demanda de **conflicto colectivo** -como la de introducir medidas para la equiparación de retribuciones de hombres y mujeres en un plan de igualdad-, son de carácter declarativo. Existe imposibilidad de ejecutar la sentencia que se refiere a una obligación de hacer, no susceptible de ejecución individual, por carecer de datos que permitan la individualización (TS 9-6-15, EDJ 136099).

4) En cuanto a las sentencias que contengan un pronunciamiento de **condena de futuro**, se admite la posibilidad de ejecución, para evitar acciones procesales idénticas sin justificación real, siempre que las circunstancias que otorgaron su reconocimiento no hayan variado. Además, la ejecución de este tipo de condenas no deja indefensa a la parte obligada a su cumplimiento, pues el incidente planteado en ejecución de sentencia resulta adecuado para plantear las circunstancias sobrevenidas con posterioridad que sirvan de motivo de oposición (TSJ Galicia 26-2-07, EDJ 73882; TSJ Las Palmas 9-10-08, EDJ 279445).

5) Se rechaza que proceda despachar la **ejecución instada por la Mutua** de una sentencia en la que se ha declarado que el proceso de IT de la trabajadora deriva de contingencias comunes: habiendo sido desestimada en sentencia la pretensión de la Mutua de reintegro de prestaciones, no procede por vía de ejecución llevar a cabo dicho reintegro, lo que supondría contrariar el presunto título ejecutivo (TS 8-7-15, EDJ 136110).

6) El laudo arbitral sustitutivo de un **convenio colectivo** no es un título susceptible de ejecución (TS 23-4-19, EDJ 600155).

7) En la ejecución de una sentencia firme, el fallo es el que delimita el **objeto de la ejecución**, conforme al principio de cosa juzgada formal y no puede ser alterado (LEC art.207.3) (TSJ Madrid 13-5-20, EDJ 594866; TSJ Asturias 14-7-20, EDJ 642981). Por ello, no procede el descuento o compensación en vía de ejecución de la cuantía abonada previamente por la indemnización del contrato laboral temporal que no fue alegada durante el proceso (TS 5-7-23, EDJ 616423).

3. Procedimiento

(LRJS art.239 y 241.1; LEC art.549 a 564 -redacc LO 1/2025-)

La ejecución se lleva a efecto en la forma establecida en la LEC para la ejecución de sentencias y títulos constituidos con intervención judicial, con las especialidades de la LRJS y en los propios términos establecidos en el título que se ejecuta. Se **inicia** a instancia de parte mediante el correspondiente escrito de solicitud de ejecución, salvo en los procedimientos de oficio que se ejecutan de oficio. Iniciada la ejecución se **tramita** de oficio y se dictan al efecto las resoluciones procesales necesarias. **14795** MPL nº 5556 s.

Esto significa que, en todas las fases, la ejecutoria se impulsa directamente por el órgano judicial (LRJS art.239.3).

Existe la posibilidad de pedir la **suspensión** de la ejecución (nº 14807).

La ejecución genera **costas** (nº 14883 s.) e **intereses** (nº 14875 s.) a cargo del ejecutado.

Extensión de efectos de sentencia firme (LRJS art.247 bis) Los efectos de una sentencia firme que hubiera reconocido una situación jurídica individualizada a favor de una o varias personas pueden extenderse a otras, **en ejecución** de la sentencia, cuando concurran las siguientes **circunstancias**: **14796**

1. Que los interesados se encuentren en idéntica situación jurídica que los favorecidos por el fallo.

2. Que el juez o el tribunal sentenciador fuera también competente, por razón del territorio, para conocer de sus pretensiones de reconocimiento de dicha situación individualizada.

3. Que los interesados soliciten la extensión de los efectos de la sentencia en el plazo de un año desde la última notificación de ésta a quienes fueron parte en el proceso.

La **solicitud** debe dirigirse al órgano jurisdiccional competente que hubiera dictado la resolución cuyos efectos se pretende que se extiendan, mediante **escrito razonado** al que debe acompañarse el documento o documentos que acrediten la identidad de situaciones o la no concurrencia de alguna de estas circunstancias que determinan la **desestimación** del incidente:

1. Si existiera cosa juzgada.

2. Cuando la doctrina determinante del fallo cuya extensión se postule fuere contraria a la jurisprudencia del TS o, en su defecto, a la doctrina reiterada de la Sala de lo Social del TSJ territorialmente competente.

3. Si para el interesado se hubiere dictado resolución que, habiendo causado estado en vía administrativa, fuere consentida y firme por no haberla impugnado jurisdiccionalmente.

Antes de resolver, debe darse **traslado** a la parte condenada en la sentencia y a los posibles responsables subsidiarios para que en el plazo máximo de 15 días puedan efectuar **alegaciones** y aportar los antecedentes que estimen oportunos y, de tratarse de una entidad del sector público, para que aporte, en su caso, a través de su representante procesal, un informe detallado sobre la viabilidad de la extensión solicitada.

De no aceptarse, en todo o en parte, la extensión solicitada, se pone de manifiesto el resultado de esas actuaciones a las partes para que aleguen por plazo común de 5 días, con emplazamiento en su caso de los interesados directamente afectados por los efectos de la extensión, salvo que el órgano jurisdiccional, en atención a las cuestiones planteadas o por afectar a hechos necesitados de prueba, acuerde seguir el trámite incidental (LRJS art.238).

El juez o tribunal dicta **auto en el que resuelve** si estima la extensión de efectos solicitada, sin que pueda reconocerse una situación jurídica distinta a la definida en la sentencia firme de que se trate. Con testimonio de este auto, los sujetos reconocidos pueden instar la ejecución.

Queda en **suspenso la decisión del incidente de extensión** de efectos hasta su resolución en estos supuestos:

1. Si la sentencia firme cuya extensión se pretende se encuentra pendiente de un recurso de revisión o de un incidente de nulidad.

2. Cuando se encuentre pendiente un recurso de casación para unificación de doctrina cuya resolución pueda resultar contraria a la doctrina determinante de la sentencia firme cuya extensión se pretende.

El régimen de **recurso del auto dictado** se ajusta a las reglas generales previstas para los autos dictados en ejecución de sentencia (LRJS art.191.4.d y 206.4). En todo caso, procede recurso de suplicación, atendiendo a la pretensión instada en el incidente de extensión de efectos, cuando la misma sea susceptible de recurso conforme a lo previsto legalmente (LRJS art.191.1, 2 y 3).

14797 **Extensión de efectos en caso de procedimiento testigo** (LRJS art.247 ter) Una vez declarada la **firmeza de la sentencia** dictada en el procedimiento preferente o testigo (LRJS art.86 bis), el letrado de la Administración de Justicia requiere a los demandantes afectados por la suspensión para que, en el plazo de 5 días, interesen la extensión de los efectos de la sentencia o la continuación del pleito suspendido, o bien manifiesten si desisten del proceso.
Si se solicitase la extensión de efectos de aquella sentencia, el juez o el tribunal la debe acordar, salvo que concurran las circunstancias que determinan su desestimación (LRJS art.247 bis.5), o alguna causa de inadmisibilidad propia del proceso suspendido que impida el reconocimiento de la situación jurídica individualizada.
Aunque la ley lo omite, cabe entender que ello se resuelve mediante auto, al igual que en la extensión de efectos general, recurrible en los mismos términos.
Cuando se encuentre **pendiente un recurso de casación** para la unificación de doctrina cuya resolución pueda resultar contraria a la doctrina determinante de la sentencia firme cuya extensión se pretenda, la petición de extensión de efectos queda en suspenso hasta la resolución de aquel recurso.

14798 **Órgano competente** (LRJS art.237.2) Es competente funcionalmente para dictar la **orden**
MPL **general de ejecución** el órgano jurisdiccional que conoció del asunto en primera instancia o
nº 5548 s. ante el que se homologó o aprobó la transacción o acuerdo. Se incluyen las resoluciones dictadas por el letrado de la Administración de Justicia a las que la ley reconoce el carácter de título ejecutivo.
Para la ejecución de **conciliaciones extrajudiciales y del laudo arbitral** es competente el órgano judicial o en cuya circunscripción se hubiera constituido.
La competencia para llevar a cabo la ejecución puede variar posteriormente como consecuencia de la **acumulación de procesos** de ejecución. En estos casos el letrado de la Administración de Justicia debe acordar por decreto la acumulación de ejecuciones, la competencia para acordar la acumulación se rige por un criterio temporal acumulándose al primero en que se ordenó el despacho de ejecución (ver nº 14815).

14799 **Partes de la ejecución** (LRJS art.239 y 240; LEC art.538) Son partes en el proceso de ejecución el
MPL **ejecutante y el ejecutado.**
nº 5556 s. Lo normal es que la parte que haya obtenido una sentencia favorable sea la que inste la ejecución, pero no obstante los tribunales han admitido la posibilidad de que la solicitud de la ejecución se realice por la parte condenada, sobre todo en las sentencias de despido, siempre que ello no altere los términos en que la ejecución ha de producirse puesto que el derecho a la tutela judicial efectiva tiene carácter bilateral y ampara a la empresa condenada (TCo 61/1992; 188/1993).
La ejecución del aval prestado para recurrir puede ser solicitada por la propia empresa, sin que ello suponga una ejecución forzosa ya que es la propia empresa la que solicita el cumplimiento de la sentencia mediante la realización del aval prestado (TSJ Aragón 13-3-06, EDJ 272991).
Produce **indefensión** material y vulneración de la Const art.24 la falta de comunicación a la demandada deudora lo que le impidió participar en la ejecución (TCo 295/2005).
Cabe la existencia de una **pluralidad de personas** en ambas posiciones, así como su sustitución en los supuestos de sucesión *mortis causa* y de sucesión en la relación jurídica de la que deriva la obligación por cualquier causa legal o convencional en la persona de cualquiera de las partes (LRJS art.240.2; LEC art.540). También pueden intervenir:
a) El **Fondo de Garantía Salarial** en su condición de responsable legal subsidiario puede instar la ejecución -ser ejecutante- en virtud de la subrogación producida en los créditos de los trabajadores, siempre que el pago de las prestaciones legalmente a cargo del Fondo se hubiera producido con anterioridad al inicio de la ejecución. En este supuesto debe acreditarse que las cantidades abonadas se corresponden, en todo o en parte, a las reconocidas en el título (LRJS art.24). Una vez que se haya despachado ejecución, el letrado de la Administración de Justicia dicta un decreto haciendo constar la subrogación producida, notificándose a los trabajadores afectados o a sus representantes por si pudieran conservar créditos derivados del propio título frente a la empresa ejecutada por la parte no satisfecha por el fondo.
b) Los que aleguen un **derecho o interés legítimo y personal** que pudiera resultar afectado por la ejecución y en «condiciones de igualdad con las partes» (LRJS art.240.1). Ver tercerías de dominio y de mejor derecho en los nº 14832 s. y nº 14860 s.

c) Incidentalmente todos aquellos a los que como consecuencia de las actuaciones de traba se les hubieran impuesto mandatos y cargas de cualquier tipo (LRJS art.241.3), especialmente aquellos, que, sin ser ejecutados, son **propietarios de bienes afectos** al cumplimiento de la obligación por la que se proceda (LEC art.538.3).
La **modificación de las partes**, si se produjera oposición o fuera necesaria prueba, se lleva a cabo previa convocatoria de trámite incidental. Es **requisito necesario** para su declaración que se funde en hechos o circunstancias sobrevenidas producidas con posterioridad a la constitución del título ejecutivo.
En el caso de títulos ejecutivos frente a **entidades sin personalidad jurídica**, que actúen como sujetos diferenciados, se puede despachar la ejecución frente a los socios, partícipes, miembros o gestores que hayan actuado en su nombre en el tráfico jurídico, o, en su caso, frente a los trabajadores en nombre de la entidad si, tras la celebración de la vista incidental, se acredita la condición de tal y su actuación ante terceros o ante los trabajadores en nombre de la entidad, salvo en los supuestos de **comunidades de propietarios** reguladas en la Ley de Propiedad Horizontal en los que no es aplicable.
Si en el título ejecutivo se hubiera declarado la vulneración de **derechos fundamentales y libertades públicas** es parte ejecutante el **Ministerio Fiscal** que velará por la reparación íntegra a las víctimas.

Precisiones 1) Cuando la ejecución se siga por deudas de uno de los cónyuges de las que deba responder la **sociedad de gananciales**, la demanda ha de dirigirse contra el cónyuge deudor, pero el embargo ha de notificarse al otro cónyuge que puede pedir la disolución de la sociedad de gananciales (LEC art.541). **14800**
2) Los **títulos ejecutivos** solo son ejecutables frente a los deudores solidarios que en ellos figuren, pero no frente a los demás (LEC art.542).
3) Cuando en el título aparecieran como deudores **uniones o agrupaciones temporales** de empresas solo puede despacharse ejecución frente a sus socios, si figuraran como responsables solidarios de aquellas, caso contrario deberá despacharse la ejecución contra la unión y solo subsidiariamente entraría en juego la responsabilidad de los socios (LEC art.543).
4) Frente a las **entidades sin personalidad jurídica** que actúen en el tráfico mercantil procede la ejecución directa contra los socios que hayan actuado en nombre de la entidad, excepto cuando se trate de comunidades de propietarios (LEC art.544).
5) Debe tenerse en cuenta también la intervención de los **representantes de los trabajadores de la empresa deudora** (LRJS art.252).
6) Como **norma general** una sentencia únicamente puede ejecutarse frente a la persona o personas que figuran **condenados** en ella, igual ocurre con el resto de los títulos ejecutivos. Excepcionalmente se admite la posibilidad de ejecutar **frente a terceros**, en determinados supuestos de sucesión empresarial no discutida, posterior a la sentencia que se ejecuta (TSJ Madrid 22-5-20, EDJ 616935).
El cambio de partes en la ejecución debe efectuarse, de mediar oposición y ser necesaria prueba, a través del **trámite incidental** previsto en la LRJS art.238, y debe obedecer a hechos que no hayan sido objeto del proceso declarativo y fundarse en circunstancias posteriores a los hechos que han sido objeto del proceso (TS 20-7-16, EDJ 145530; TSJ Sta. Cruz de Tenerife 18-2-20, EDJ 548011; 20-7-20, EDJ 697493).
Sin embargo, si se trata de **hechos anteriores a la demanda**, debieron hacerse constar en ella demandando al que ahora se pretende ejecutar, ventilándose tales cuestiones en el juicio (LEC art.400).
Por ello, la pretensión de extender la responsabilidad a empresas pertenecientes a un mismo grupo empresarial que existía con anterioridad al título ejecutivo no puede llevarse a cabo como un incidente dentro de la ejecución, siendo necesario para ello iniciar un nuevo proceso declarativo frente a las empresas para constituir un nuevo título ejecutivo (TSJ Madrid 26-2-16, EDJ 38582; TSJ Sta. Cruz de Tenerife 11-2-08, EDJ 87241; TS 24-2-97, EDJ 1105).
De esta forma, en el marco del **incidente de ejecución** no procede el **levantamiento del velo** por actos y conductas del administrador previos a la presentación de la demanda. En cualquier caso, no se puede oponer que un **hecho sea nuevo** por la mera afirmación del ejecutante de no haberlo conocido antes del juicio (TS 25-1-07, EDJ 7442).
No se ha admitido que se **amplíe la ejecución** -iniciada contra empresa en quiebra- contra la **Sociedad Anónima Laboral** constituida por los que fueron sus trabajadores y que continúan la actividad de la empresa (TS 25-9-08, EDJ 209854).
7) En supuestos excepcionales, es posible que sea el **condenado quien inste la ejecución de sentencia**, así el Ayuntamiento está legitimado para instar la ejecución de la sentencia que declara su responsabilidad en cuanto a la pensión de jubilación y que ha dado lugar al cálculo del capital coste del que discrepa, para que se dilucide el importe de dicho capital coste sin que proceda remitirle a procedimiento distinto, ni deba ejercitar una acción diferente (TSJ Asturias 2-11-22, EDJ 736144).

Plazo para el ejercicio de la acción ejecutiva (LRJS art.239 y 243) No es de aplicación el plazo de espera de 20 días previsto en el proceso civil (LEC art.548), ya que puede solicitarse la ejecución tan pronto la sentencia o resolución judicial ejecutable haya ganado firmeza o desde **14801** MPL nº 5568 s.

que el título haya quedado constituido o, en su caso, desde que la obligación declarada en el título ejecutivo sea exigible, a cuyo efecto se fijan los siguientes **plazos**:

• Un año para reclamar el cumplimiento de las obligaciones de entregar sumas de dinero.

• El que fije la norma sustantiva para el ejercicio de la acción de reconocimiento del derecho, cuando se trate del pago de prestaciones de Seguridad Social -salvo que sean derechos imprescriptibles- o de exigir el cumplimiento de obligaciones de hacer, no hacer o entregar cosas distintas de sumas de dinero. A efectos de **despido** e incidente de no readmisión, ver nº 15015 s.

Los plazos mencionados son de **prescripción** (TSJ País Vasco 28-1-20, EDJ 565169) y debe ser alegada por la parte, a diferencia de la caducidad que puede ser apreciada de oficio. Si la prescripción se aprecia de oficio se produce nulidad de lo actuado (TS 29-7-96, EDJ 5265).

Iniciada la ejecución, puede **reiniciarse** en cualquier momento mientras no esté cumplida la obligación en su totalidad, incluso si se hubieran archivado las actuaciones por declaración de insolvencia provisional del ejecutado.

• Desde que fuera exigible la obligación declarada en el título (LRJS art.239.2).

Precisiones 1) Si la Entidad Gestora o Colaboradora de la Seguridad Social hubiese procedido al **pago de las prestaciones económicas** de las que haya sido declarada responsable la empresa (LGSS art.167.3), puede instar la ejecución de la sentencia en los plazos señalados, a partir de la fecha de pago por parte de la Entidad que hubiera anticipado la prestación.

2) La acción ejecutiva que condenó a **devolver un exceso** percibido en la pensión de jubilación del trabajador, es equivalente al deber de entregar una suma de dinero y prescribe con el transcurso de un año (TS 4-7-02, EDJ 32107).

3) El mes de **agosto** y los días que median **entre el 24 de diciembre y el 6 de enero del año siguiente**, ambos inclusive, son inhábiles para las actuaciones ejecutivas, salvo que previa resolución judicial se declare expresamente hábil para las actuaciones que tiendan directamente a asegurar la efectividad de los derechos reclamados o para aquellas que, de no adoptarse, puedan producir un perjuicio de difícil reparación (LRJS art.43.4).

4) El titulo ejecutivo puede activarse pese al **desistimiento de la parte** y del **archivo** acordado por el órgano judicial, siempre que no haya transcurrido el plazo de prescripción (TSJ Cataluña 1-12-04, EDJ 226210).

14803 MPL nº 5532 s. **Despacho de ejecución** (LRJS art.239; LEC art.551.1 y 3.3º) Para iniciar el despacho de ejecución de las resoluciones procesales no es aplicable el **plazo de espera** de 20 días (LRJS art.239.3). No obstante, si la parte ejecutada cumple íntegramente en el plazo de 20 días siguientes a la firmeza de la resolución ejecutable o desde que quedara constituido el título o desde que la obligación fuera exigible, la obligación contenida en el título, incluidos los intereses procesales en el caso de ejecución dineraria, no se le imponen las **costas** de ejecución.

El **escrito de solicitud de ejecución** del interesado, además de los datos de identificación de las partes, debe expresar:

a) La clase de tutela ejecutiva que se pretende en relación con el contenido del título ejecutivo, omisión que provocaría la retroacción de las actuaciones practicadas al momento anterior a la presentación de la solicitud de ejecución (TSJ Sevilla 19-6-20, EDJ 652861).

b) Si la ejecución es dineraria, la cantidad líquida reclamada como principal y la que se estime para intereses de demora y costas (LRJS art.251; LEC art.576).

c) Bienes del ejecutado que conociera y fueran susceptibles de embargo y si los considera suficientes para cubrir la ejecución.

d) Las medidas que proponga para llevar debidamente a efecto la ejecución.

Con carácter previo a dictarse cualquier auto de ejecución el letrado de la Administración de justicia ha de llevar a cabo la oportuna consulta al **Registro Público Concursal** a los efectos de comprobar si la empresa a ejecutar está en concurso.

El tribunal debe verificar, que concurren los presupuestos y requisitos procesales y formales, y que los actos de ejecución que se interesan son conformes con la naturaleza y contenido del título. Acto seguido, debe dictar auto conteniendo la **orden general de ejecución** y despachando la misma.

14804 El letrado de la Administración de Justicia debe poner en conocimiento del Registro Público Concursal la existencia del auto por el que se despacha la ejecución con expresa especificación del número de identificación fiscal del deudor persona física o jurídica contra el que se despache la ejecución. El Registro Público Concursal ha de notificar al órgano judicial que esté conociendo de la ejecución la práctica de cualquier asiento que se lleve a cabo asociado al número de identificación fiscal notificado a los efectos previstos en la legislación concursal. Asimismo, el letrado de la Administración de Justicia debe poner en conocimiento del Registro Público Concursal la finalización del procedimiento de ejecución cuando la misma se produzca.

Frente al auto que resuelve la **solicitud de ejecución**, en su caso, procede recurso de reposición (nº 14657) en el que además de alegar las correspondientes infracciones cometidas, cumplimiento o no de los presupuestos y requisitos procesales pertinentes, puede formularse la oposición a la ejecución aduciendo el pago o cumplimiento justificado documentalmente o la prescripción de la acción o los hechos impeditivos, extintivos o excluyentes de la responsabilidad que se solicita siempre que hubieran ocurrido con posterioridad a la constitución del título ejecutivo. No se admite como **causa de oposición** a la ejecución la compensación de deudas. Del escrito de recurso se da traslado a la otra parte o partes, salvo que por las cuestiones planteadas o por que fuera necesario practicar prueba se convoque el incidente regulado en la LRJS art.238.
Solo cabe acordar la **inejecución** de la resolución de manera excepcional (TS 25-6-20, EDJ 593860; TSJ Sevilla 30-1-20, EDJ 519075), cuando se decida expresamente en resolución motivada y fundamentada en causa prevista en una norma legal de la que no cabe hacer interpretación restrictiva (LRJS art.239.5).
Contra la resolución que resuelva el **recurso de reposición** interpuesto frente al auto que deniegue el despacho de ejecución, cabe interponer recurso de suplicación o casación ordinaria en su caso, siempre que la sentencia hubiese sido recurrible en suplicación (TSJ Asturias 6-10-20, EDJ 706165; TSJ Madrid auto 19-7-19, EDJ 675018).
Dictado el **auto** que contiene y despacha la orden general de ejecución, el letrado de la Administración de justicia dicta **decreto** en el mismo día o siguiente hábil en el que deben contenerse:
- las **medidas ejecutivas concretas**, incluido el embargo de bienes si fueran conocidos adoptando en consecuencia las medidas de traba y aseguramiento de los bienes del ejecutado;
- las **medidas de localización y averiguación** de bienes que procedan.
Contra dicho decreto cabe interponer **recurso de revisión**, sin efectos suspensivos ante el juez o tribunal que dictó la orden general de ejecución.

Oposición al despacho de ejecución (LRJS art.239.4; LEC art.556, 559 y 563) Frente al auto que resuelve la **solicitud de ejecución** puede interponerse recurso de reposición. No obstante, si la resolución del letrado de la Administración de Justicia contraría el título ejecutivo (sentencias o resoluciones judiciales) es preciso interponer contra ella **recurso de reposición** previo al recurso de revisión a formular ante el juez o tribunal. Además de la alegación de las posibles infracciones en que hubiera podido incurrir la resolución que despacha la ejecución y del posible cumplimiento o no de los presupuestos y requisitos procesales es posible formular oposición a la ejecución de lo declarado en el título **alegando**: 14805
• Motivos de fondo o materiales (LEC art.556): **pago o cumplimiento** de la obligación acreditado documentalmente.
• Los **pactos y transacciones** que se hubiesen convenido para evitar la ejecución, siempre que dichos pactos y transacciones consten en documento público (LEC art.556).
• **Prescripción** de la acción ejecutiva (TSJ Galicia 17-9-98, EDJ 68722).
• Otros **hechos impeditivos, extintivos o excluyentes** siempre que se hubieran producido con posterioridad a la constitución del título (TSJ Granada 16-4-20, EDJ 609543).
• **Motivos procesales o de forma**: falta de capacidad de representación, nulidad radical del despacho de ejecución por no contener la sentencia pronunciamiento de condena o por no cumplir el documento presentando los requisitos exigidos.
La **compensación de deudas** no es admisible como causa de oposición a la ejecución.
Del **escrito de reposición** se da traslado a la parte contraria para impugnación, salvo que por decisión del órgano judicial o por necesitar de práctica de prueba se acuerde la comparecencia para el trámite incidental.
Frente a las resoluciones procesales contrarias al título ejecutivo puede recurrirse:
- si la resolución contraria al título ejecutivo hubiese sido dictada por el **tribunal**, la parte perjudicada, puede interponer recurso de reposición y si se desestima, el de suplicación;
- si la resolución contraria al título ejecutivo hubiese sido dictada por el **letrado de la Administración de Justicia** cabe contra ella recurso directo de revisión.

Precisiones 1) Las resoluciones dictadas en ejecución son **ejecutivas** y por tanto se llevan a efecto, no obstante su impugnación, y no es necesario efectuar consignaciones para recurrirlas en suplicación o casación (LRJS art.245.1) excepto para recurrir el auto resolutorio del incidente de no readmisión si en el momento de anunciar o preparar el recurso no existiera embargo actual y suficiente de bienes y derechos realizables en el acto o ingreso de las cantidades en la cuenta del órgano judicial para asegurar el importe de la ejecución, supuesto en el que deben consignarse las cantidades objeto de condena. La entrega de estas cantidades podrá demorarse total o parcialmente mediante resolución motivada hasta que adquiera firmeza la resolución recurrida.
2) Sobre la posibilidad de que la **notificación edictal** de una ejecución vulnere la tutela judicial efectiva (TCo 161/2006).

3) Por **cantidad líquida** se entiende no solo la que aparece cuantificada en el fallo de la sentencia con la expresión de una cifra escrita en guarismos o en letras, sino también la que pueda cuantificarse mediante operaciones aritméticas a partir de bases objetivas y predeterminadas contenidas en la propia sentencia (TSJ C.Valenciana 27-1-03, EDJ 101167).
4) Cuando el tribunal aprecie, tras su examen de oficio, que alguna de las **cláusulas** contenidas en un título ejecutivo puede ser **abusiva** debe dar audiencia por 15 días a las partes. Oídas estas, en un plazo de **5 días hábiles** dicta un auto que en el que debe decretar: bien la improcedencia de la ejecución o bien despachar la misma sin aplicación de aquellas consideradas abusivas. Una vez firme el auto, el pronunciamiento sobre la abusividad tiene eficacia de cosa juzgada (LEC art.552.1 y 561.2).

14807 **Suspensión** (LRJS art.244 y 245; LEC art.565.1 -redacc LO 1/2025-, 566 y 567) En esta materia la legislación laboral es **muy restrictiva** en consonancia con los principios que informa el proceso laboral, por esta razón, la ejecución solo puede ser suspendida en los siguientes **casos**:
- Cuando así lo establezca la ley.
- A petición del ejecutante, o de ambas partes por un período máximo de 3 meses, salvo que la ejecución derive de un procedimiento de oficio. Trascurrido un mes sin que el ejecutante haya solicitado su continuación, o llegado, en su caso, el plazo de 3 meses, el letrado de la Administración de Justicia le ha de requerir a fin de que manifieste, si la ejecución ha de seguir y solicite lo que estime por conveniente, con advertencia de **archivo definitivo** de las actuaciones (antes de la LRJS el archivo era provisional).
- Por solicitud de las partes de mutuo acuerdo, por un tiempo que no puede exceder de 15 días, para someter las discrepancias que se susciten en el ámbito de la ejecución a los **procedimientos de mediación** que pudieran estar constituidos (LRJS art.63). De alcanzarse un acuerdo debe someterse a homologación judicial en la forma y con los efectos establecidos para la transacción (LRJS art.246). En caso contrario, se levanta la suspensión y se continúa con la tramitación.
- La suspensión cautelar de una determinada actuación ejecutiva con ocasión de la **interposición de algún recurso** que pudiera producir un perjuicio de difícil reparación puede ser acordada por el propio juez ejecutor durante un mes, excepcionalmente prorrogable por otro, o por la sala, en cuyo caso la duración se prolonga por el tiempo de la tramitación del recurso y en ambos casos se puede o no exigir **fianza**.

Precisiones **1)** La suspensión de la ejecución por existencia de una **cuestión prejudicial penal** solo procede si la falsedad documental se hubiera producido después de constituido el título ejecutivo y la suspensión solo se limita a las actuaciones ejecutivas condicionadas por la falsedad (LRJS art.4.4; TSJ Galicia 29-9-20, EDJ 691336).
2) El **aplazamiento** de la ejecución puede encontrar justificación, en los perjuicios desproporcionados, que, en relación a los causados por la propia suspensión al ejecutante, se pudieran producir a otros trabajadores de la empresa, los cuales por sí o sus representantes estarían legitimados para interesar el aplazamiento de la ejecución por el tiempo imprescindible.
3) El **fraccionamiento del pago** de la condena no resulta equivalente al aplazamiento de la ejecución (LRJS art.244), pues esta requiere de un tiempo de inactividad, de paralización, como ocurre también en la suspensión (TS 19-3-19, EDJ 555260).
4) La suspensión de la ejecución solicitada por el **FOGASA** cuando los bienes susceptibles de embargo se encuentran afectos al proceso productivo de la empresa deudora y se pudiera poner en peligro la continuidad de las relaciones laborales existentes constituye la llamada **insolvencia técnica** porque se reconoce a los solos efectos de las prestaciones de garantía salarial.
5) En todo caso la suspensión o su denegación puede ser modificada en virtud de **circunstancias sobrevenidas** o que no se conocían al tiempo de haberse resuelto sobre la suspensión
6) Como posibles **causas de suspensión de ejecución** previstas en la LEC y trasladables a la ejecución laboral figuran:
- interposición y admisión de la demanda de revisión o de rescisión de sentencia firmes dictada en rebeldía, si las circunstancias del caso hiciesen aconsejable dicha suspensión, pudiendo el tribunal exigir a quien la solicite caución por el valor de lo litigado y los perjuicios irrogados por la suspensión de la ejecución, con audiencia del Fiscal;
- hallarse la parte ejecutada en estado de concurso.

14809 **Transacción** (LRJS art.246) Si bien la LRJS mantiene la prohibición de la **renuncia** a los derechos reconocidos en sentencias favorables al trabajador, permite la **transacción** dentro de los siguientes límites:
a) Debe **formalizarse** mediante convenio suscrito por todas las partes afectadas en la ejecución.
b) Ese convenio ha de ser **homologado** para su validez por el órgano judicial mediante auto, que ha de velar por el por el necesario equilibrio de las prestaciones y la igualdad de las partes. No se puede homologar cuando sea constitutivo de lesión grave para alguna de las partes o para terceros, o constituya fraude de ley o abuso de derecho, tampoco cuando sea contrario

al interés público o, lógicamente, cuando afecte a materias que se encuentren fuera del poder de disposición de las partes. El auto por el que se aprueba la transacción es recurrible ante el órgano jurisdiccional que lo dictó por los mismos trámites y requisitos que los previstos para la impugnación de la conciliación judicial, ver nº 14589.
c) Ese convenio debe **notificarse**, en su caso, al FOGASA.
Respecto de su **contenido** el convenio puede consistir en:
• Aplazamiento de la deuda.
• Reducción de la deuda.
• Ambas cosas a la vez, esto es, aplazamiento y reducción de la deuda (espera y quita).
• En la novación objetiva o subjetiva.
• En la sustitución por otra obligación equivalente a la contenida en el título ejecutivo.
• En la determinación del modo de cumplimiento, en especial del pago efectivo de las deudas dinerarias.
• En la constitución de garantías adicionales que procedan.
• En general, como cláusula abierta, en todos los posibles pactos lícitos que las partes puedan establecer.
El **incumplimiento** de alguno de los plazos o de las obligaciones parciales acordadas en convenio determina el fin del aplazamiento o el vencimiento del total de la obligación.
La **ejecución continúa** hasta su total cumplimiento, si bien el título ejecutivo es el auto de homologación del acuerdo en sustitución del título ejecutivo inicial.

Precisiones La **prohibición de renuncia** de los derechos reconocidos por sentencias favorables al trabajador, sin perjuicio de la posibilidad de transacción, dentro de los límites legalmente establecidos, solo puede entenderse referida a sentencias firmes, siendo posible alcanzar un convenio transaccional incluso en ejecución definitiva de sentencia (TS auto 29-9-20, EDJ 684343; auto 21-9-20, EDJ 682811).

Trámite incidental (LRJS art.238) El trámite incidental constituye el cauce procesal ordinario previsto en la fase ejecutiva del procedimiento laboral para la solución de las controversias que puedan suscitarse: 14811
- se lleva a cabo mediante citación y comparecencia de las partes y otros interesados **a presencia del juez** en plazo de 5 días, para alegar y probar lo que a su derecho convenga, constituye el cauce procesal ordinario previsto en la fase ejecutiva del procedimiento laboral, para la solución de las controversias que puedan suscitarse; y
- se resuelve por medio de un **auto** que ha de dictarse en el plazo de 3 días.
El **auto resolutorio del incidente**, de ser impugnable en suplicación o casación, atendido el carácter de las cuestiones decididas, debe expresar los **hechos** que estime **probados**.
No pueden plantearse **cuestiones nuevas** susceptibles de alterar el fallo si pudieron ser alegadas y discutidas en la fase de cognición del juicio, pero **sí tienen cabida** las crisis procesales subjetivas sobrevenidas y la introducción de terceros, en el ámbito de los sujetos responsables por la ejecutoria, como tercerías, imposición de apremios pecuniarios y multas coercitivas a terceros, sustitución de obligaciones por resarcimiento, cuestiones atinentes a fallos de imposible cumplimiento, inembargabilidad de los bienes o reparto de la cantidad obtenida entre los diversos ejecutantes (TSJ Granada 30-4-20, EDJ 609246); siendo un trámite útil, en ejecuciones que revistan complejidad (TSJ Sta. Cruz de Tenerife 17-6-20, EDJ 665924).

Precisiones Se tramitan entre otros, **según este procedimiento** -o trámite incidental ya descrito- los siguientes:
• Intervención de terceros o sucesión de partes o de sucesión empresarial no discutida, posterior a la sentencia que se ejecuta, siendo también este el trámite para la modificación o cambio de partes en la ejecución -de mediar oposición y ser necesaria prueba (LRJS art.240.2; TS 24-2-97, EDJ 1105; 10-12-97, EDJ 9915).
• Los supuestos de ejecución de títulos ejecutivos frente a entidades sin personalidad jurídica que actúen en el tráfico jurídico como sujetos diferenciados, sin que sea aplicable tales previsiones a las comunidades de propietarios de inmuebles en régimen de propiedad horizontal.
• Aplazamientos y suspensiones.
• Impugnación de costas por indebidas.
• Apremios pecuniarios o multas coercitivas.
• Tercerías de mejor derecho.
• No readmisión en despidos nulos o improcedentes con opción por la readmisión.
• Ejecución de sentencias contra entes públicos.
• También puede ser resuelto a través este incidente la indemnización de perjuicios ocasionados por terceros al ejecutante que sean evaluables económicamente.

Ejecución parcial (LRJS art.242) Es posible ejecutar parcialmente una sentencia, aunque se hubiera interpuesto recurso contra ella, respecto de los pronunciamientos de la misma que no hubieran sido impugnados (TS 24-6-97, EDJ 4768; TSJ País Vasco 4-3-03, EDJ 266149; TSJ 14813

Cataluña 19-10-00, EDJ 45841). Para ello es necesario que sea posible un **pronunciamiento separado** que no prejuzgue las restantes cuestiones impugnadas (TSJ Sevilla 16-6-20, EDJ 653313).

Frente al auto que deniegue el **despacho de ejecución definitiva parcial**, cabe recurso de reposición y frente al auto resolutorio de tal recurso, en su caso, el recurso de suplicación o de casación ordinario.

14815 MPL nº 5616 s. **Acumulación de ejecuciones** (LRJS art.36 a 41) La acumulación de ejecuciones tiene como **finalidad** dispensar un trato igualitario a todos los acreedores laborales. Supone implantar un **sistema de ejecución colectiva**, para lograr un reparto proporcional, protegiendo los intereses de todos los acreedores concurrentes, poniendo freno a la regla de la «preferencia en el tiempo» que hace que se satisfaga al acreedor que primero instó la ejecución y obtuvo el embargo de los bienes.

La **decisión** acerca de la acumulación de ejecuciones se atribuye a los letrados de la Administración de Justicia.

Se procede a la acumulación **preceptiva u obligatoria**, cuando las acciones ejercitadas tiendan a obtener la entrega de una cantidad de dinero y existan indicios de que los bienes del deudor sean insuficientes para satisfacer la totalidad de los créditos que se ejecuten. La acumulación es **facultativa**, de oficio o a instancia de parte, cuando lo impongan criterios de economía y de conexión entre las diversas obligaciones cuya ejecución se pretenda.

Precisiones La acumulación es **obligatoria** cuando la ejecución sea dineraria y no se haya cumplido la deuda que integra el título, por ejemplo, cuando solo se abonó el principal, pero no los intereses y costas (TSJ Galicia 18-5-20, EDJ 576044).

14816 El **procedimiento** de acumulación se ajusta a las siguientes **normas** (LRJS art.37.2):

a) **Competencia**: si las ejecuciones se encuentran en el mismo órgano judicial, la acuerda directamente y de oficio o a instancia de parte el letrado de la Administración de Justicia, si conocen de ellas órganos judiciales distintos, a instancia de parte.

Se arbitra un triple sistema temporal para la acumulación de ejecuciones, de tal forma, que se acumulan al proceso en el que primero se ordenó el despacho de ejecución. Si la orden es de la misma fecha se acumulan atendiendo a la antigüedad del título y en último caso se estará a la fecha de presentación de la demanda.

Si las ejecuciones se encuentran en órganos judiciales de diversa circunscripción y en la iniciada con anterioridad no figuran la mayor parte de los acreedores y créditos afectados ni embargada con prioridad la mayor parte de los bienes del deudor común, corresponde decretar la acumulación al letrado de la Administración de Justicia que con prioridad trabó el embargo sobre la totalidad de la mayor parte de los bienes.

b) **Tramitación**: solo se puede solicitar la acumulación mientras no esté cumplida la obligación que se ejecuta o hasta que se declare la insolvencia del ejecutado. En la tramitación del incidente de acumulación, el letrado de la Administración de Justicia, oídas las partes, debe dictar decreto accediendo a ello y reclamar la remisión de las ejecuciones a acumular a los órganos en los que se encuentren tramitándose las ejecuciones.

Si el letrado de la Administración de Justicia del órgano requerido estima procedente el requerimiento, dicta decreto accediendo a la remisión de lo actuado. Contra dicho decreto cabe recurso directo de revisión.

Cuando surja conflicto entre el letrado de la Administración de Justicia competente para acumular y el letrado de la Administración de Justicia requerido, la sala del tribunal superior inmediato común a ambos debe resolver sobre la procedencia de la acumulación y determinará quién es el competente para la acumulación.

c) **Efectos**: la tramitación no suspende las ejecuciones afectadas, salvo las relativas al pago a los ejecutantes de las cantidades obtenidas con posterioridad al planteamiento de dicho incidente.

Tampoco se alteran las preferencias que para el cobro de sus créditos puedan ostentar legalmente los acreedores.

14817 **Apremios pecuniarios y multas coercitivas para el cumplimiento de sentencias** (LOPJ art.18.2; LRJS art.75.3 y 241; LEC art.589, 706, 709 -redacc LO 1/2025-, 710 -redacc LO 1/2025- y 711)
Se faculta al letrado de la Administración de Justicia para imponer al ejecutado apremios pecuniarios sea cual sea la naturaleza de la obligación que se ejecute, para obtener y asegurar el cumplimiento de la obligación a ejecutar.

Para adoptar estos apremios se debe citar a la parte afectada a comparecencia, dándole audiencia que le permita justificar su actitud y por medio de la que se pueda valorar la cuantía de los apremios atendiendo a su finalidad, resistencia al cumplimiento y capacidad del requerido. Apremios que pueden dejarse sin efecto o modificarse atendida la ulterior conducta y justificaciones ofrecidas.

En todo caso la **cuantía de los apremios** está limitada a la cuantía máxima de 300 euros por cada día de retraso en el cumplimiento.
De la misma forma y con idénticos trámites, el juez o tribunal puede imponer **multas coercitivas** a quienes no siendo parte en la ejecución incumplan injustificadamente sus requerimientos para lograr debidamente la ejecución.
Todo ello sin perjuicio de que, si se produjera un **daño evaluable económicamente**, el perjudicado pueda reclamar la oportuna indemnización ante el órgano judicial por incumplimiento de los deberes procesales (LRJS art.241.3 y 75.3).
Dada su **naturaleza sancionadora** las cantidades obtenidas se ingresan en el Tesoro Público y no pasan a disposición del ejecutante.

Precisiones **1)** La ejecución de sentencias contra **entes públicos** tiene reglas específicas (nº 14890 s.).
2) No es recurrible en suplicación el auto resolviendo un recurso de revisión contra un decreto resolutorio de un **recurso de reposición** contra otro decreto donde se establecía un apremio pecuniario en los términos de la LRJS art.241.2, en fase de ejecución de un título ejecutivo (TSJ Galicia 5-4-19, EDJ 570161).

Colaboración en la ejecución (Const art.118; LOPJ art.17; LRJS art.75.2, 4 -redacc LO 1/2025- y 5, 241; LEC art.591) Se establece expresamente la obligación de las partes de ajustarse a las **reglas de la buena fe** en sus actuaciones procesales y la imposición de multas ligadas a su transgresión (nº 14554). También se prevé la obligación de **colaboración** y el cumplimiento -no solo por las partes- de las resoluciones judiciales, estableciéndose ante el incumplimiento la imposición de apremios pecuniarios a las partes y multas coercitivas a los demás intervinientes y terceros. En efecto, los **terceros** están obligados a prestar la colaboración requerida por los jueces y tribunales en la ejecución. Esta obligación es aplicable a toda clase de personas y entidades, públicas y privadas que puedan aportar información o les resulten exigibles obligaciones con relación a los bienes o derechos embargados del ejecutado. **14819**
Los únicos **límites** son los que imponen los derechos fundamentales o en su caso las leyes penales cuando se trate de materias declaradas secreto. En todo caso corresponde al juez determinar si se vulneran estos derechos y cómo pueden preservarse, así como la garantía de la confidencialidad de los datos recibidos que resulten ajenos a los fines de la ejecución.
Se imponen con los mismos **requisitos** que los apremios pecuniarios (nº 14817).

4. Embargo
(LEC art.584 a 588)

Tras el auto despachando ejecución se procede al embargo de los bienes del ejecutado, realizando el letrado de la Administración de Justicia las tareas precisas para su traba, aseguramiento y realización: **14825** MPL nº 5728 s.
a) Respeto al principio de **proporcionalidad** en el embargo de bienes, que se vulnera si se embargan bienes de cuantía notoriamente superior a la cantidad por la que se despacha ejecución. Este principio podría verse perjudicado si lo embargado no cubre en su valor la cantidad del despacho.
b) El embargo siempre puede evitarse mediante la **consignación** de la cantidad por la que se despacha ejecución. La cantidad se entrega al ejecutante a no ser que el ejecutado se hubiera opuesto a la ejecución, en cuyo caso ha de estarse a la resolución que se adopte.
c) El embargo se considera **realizado** desde el momento en que se decrete por el letrado de la Administración de Justicia o se reseñe la descripción del bien en el acta de la diligencia de embargo (LEC art.587). Desde ese momento el bien queda afectado por el embargo a todos los efectos y sin perjuicio de la protección al tercero de buena fe.
d) Es nulo el embargo sobre **bienes o derechos cuya efectiva existencia no conste**, lo que no significa que no puedan embargarse cuentas, depósitos y saldos aún sin saber las cantidades que presentan, bastando para ello que el letrado de la Administración de Justicia determine la cantidad máxima por la que se realiza la traba (LEC art.588).
A continuación, se detallan las distintas **fases del proceso de embargo**:
- localización de los bienes;
- orden de embargo;
- aseguramiento.

Localización y búsqueda de los bienes del deudor (LRJS art.249 y 250; LEC art.589 y 590) **14826**
Esta actividad se efectúa mediante: MPL
a) La obligación impuesta al ejecutado de efectuar **manifestación** de sus bienes o derechos. nº 5732 s.
Cuando se trata de **personas jurídicas** tal obligación recae en los administradores o en las personas que legalmente las representen; si se trata de comunidades de bienes o grupos sin personalidad en quienes aparezcan como sus organizadores, directores o gestores.

b) La **investigación** de los bienes del deudor a través del requerimiento que realice el letrado de la Administración de Justicia a organismos y registros públicos, entidades financieras o depositarias o de otras personas privadas que por el objeto de su normal actividad o por sus relaciones con el ejecutado deban tener constancia de los bienes o derechos de este o pudieran resultar deudoras del mismo.
Para el supuesto en que no se conozcan bienes del ejecutado o estos resulten insuficientes ver **insolvencia empresarial** (nº 14870).

Precisiones Si el ejecutante no puede obtener la **información patrimonial** del deudor por sus propios medios, puede solicitar al órgano judicial el libramiento del correspondiente oficio al **Punto Neutro Judicial**, que es una red informática de servicios que ofrece a los órganos judiciales acceso directo a aplicaciones y bases de datos del CGPJ, de organismos de la AGE (p.e., la AEAT) y de otras instituciones (p.e., Dirección General de Catastro, FOGASA, TGSS, etc.). Al efecto, se han firmado:
- un convenio entre el **CGPJ y los entes gestores de la Seguridad Social** -INSS, TGSS e ISM-, con el objeto de facilitar el acceso de forma electrónica por parte de los tribunales y la Fiscalía General del Estado a la información obrante en dichos organismos, durante la tramitación de los procedimientos judiciales, así como el establecimiento del sistema para la transmisión electrónica de dicha información (SGT Resol 3-12-21);
- un acuerdo de colaboración entre el **CGPJ y la Fiscalía Europea**, para la obtención, por parte de este organismo en España, cuando ejerza funciones respecto de las que la ley lo autorice, de información obrante en las bases de datos de aquellas Administraciones y organismos que, a su vez, hayan convenido con el CGPJ facilitar este acceso a través de esta plataforma (Acuerdo de colaboración CGPJ-Fiscalía Europea 2-2-22).

14827 MPL nº 5780 s. **Orden en el embargo de los bienes** (LRJS art.246.2 y 254; LEC art.588, 592 y 605) De constar **bienes suficientes** el embargo se realiza siguiendo el orden legal. El letrado de la Administración de justicia debe embargar los bienes atendiendo a la mayor **facilidad de enajenación** y menor onerosidad para el ejecutado, siendo factible que las partes designen bienes concretos sobre los que despachar ejecución, lo que ocurre, por ejemplo, en las hipotecas; siendo nulo el embargo sobre bienes o derechos de los que no conste su **existencia efectiva** (nº 14825).
Se posibilita en la LRJS un embargo que no sea acorde con el orden legal, sin perjuicio de su posterior «adecuación una vez conocidos los bienes del deudor».

Precisiones **1)** Son absolutamente **inembargables** (LEC art.605), cualquiera que sea la persona a quien pertenecen:
- los animales de compañía, sin perjuicio de la embargabilidad de las rentas que los mismos puedan generar;
- los bienes declarados inalienables y sus derechos accesorios, tales como los bienes de dominio público, tanto del Estado, como de las comunidades autónomas, y de las Corporaciones Locales;
- los bienes que carezcan de contenido patrimonial;
- en general los así declarados inembargables por una disposición legal;
- determinados bienes del ejecutado que resulten imprescindibles para su propia supervivencia y que le garantizan la cobertura de sus necesidades vitales.
2) En el embargo **de sueldos o pensiones** deben aplicarse los topes legales previstos en la LEC art.607, si bien, la referencia que se hace al SMI debe entenderse hecha al mínimo de las pensiones del sistema de Seguridad Social (TS 21-12-16, EDJ 245904; 3-2-05, EDJ 7106). Estos topes se aplican a partir del embargo en el momento del devengo de cada una de las mensualidades o vencimientos de dichas rentas.
3) Los **planes de pensiones**. La inembargabilidad de los derechos consolidados de los planes de pensiones se sustenta en la indisponibilidad de los recursos de los partícipes en dichos planes, y aunque puede valorarse en dinero, el partícipe no puede ni enajenar ni gravar ni rescatar tal derecho porque la ley lo prohíbe (TCo 88/2009).

14828 MPL nº 5792 s. **Aseguramiento de los bienes embargados** (LRJS art.253, 255, 256, 257 y 258; LEC art.622 -redacc LO 1/2025-, 629 -redacc LO 1/2025-, 630, 659, 661 y 662) • Si los bienes embargados fueran **inmuebles** u otros bienes **muebles inscribibles en registros públicos** la medida de aseguramiento se materializa a través de la anotación preventiva de embargo, para lo cual el letrado de la Administración de Justicia expide mandamiento al Registro Público para que practique el asiento y expida certificación de haber practicado el asiento, de la titularidad de los bienes y, en su caso de las cargas y gravámenes.
• Si fueran **muebles o semovientes no inscribibles** en registros, deben constar identificados en la diligencia de embargo practicada. La medida de garantía consiste en la constitución del depósito judicial, pudiendo ser nombrado depositario tanto el ejecutante como el ejecutado salvo oposición justificada de la otra parte, o un tercero, de común acuerdo de ambas.
• Si los **bienes** se encuentran ya **embargados** en otro proceso de ejecución, la garantía consiste en el reembargo de dichos bienes, adoptando el letrado de la Administración de Justicia reembargante las medidas oportunas para su efectividad.

• Es posible la constitución de una **administración o una intervención judicial** cuando por la naturaleza de los bienes o derechos embargados fuera preciso (LRJS art.256) y también cuando se compruebe que la entidad pagadora o perceptora en los casos de órdenes de retenciones o ingresos de no cumple con la orden y sin perjuicio de las otras responsabilidades previstas en LRJS art.241, por falta de colaboración con lo resuelto. La **normativa procesal civil** regula de forma más completa los supuestos de administración judicial para los casos de empresas o grupo de empresas, embargo de acciones o participaciones que representen la mayoría del capital social, de patrimonio común o de los bienes o derechos pertenecientes a las empresas o adscritos a su explotación. También puede aplicarse para garantizar el embargo de frutos y rentas.
En cuanto al **procedimiento** si hubiera acuerdo en los términos de la administración entre las partes, el letrado de la Administración de Justicia establece mediante decreto los términos de la misma en consonancia con el acuerdo.
Para los casos en que no medie **acuerdo**, se convoca a comparecencia ante el tribunal que dictó la orden general de ejecución y resuelve mediante auto. Si se acuerda la administración judicial el letrado de la Administración de Justicia debe designar a un interventor en la forma que determina la LEC art.631.2. Al administrador designado se le dará inmediatamente posesión por el letrado de la Administración de Justicia el cual requerirá al ejecutado para que cese en la administración. El administrador debe rendir cuenta final de su gestión.

Precisiones 1) El **FOGASA o las entidades gestoras** cuando estén legitimados para intervenir en el proceso, quedan obligados a asumir el depósito, aunque pueden quedar exonerados si justifican la imposibilidad de cumplirlo o su desproporcionada gravosidad.
2) La **obligación de asumir el depósito** puede ser impuesta judicialmente -mediante resolución motivada- a cualquier persona o entidad que por su actividad o medios puede hacerse cargo de la misma, sin perjuicio del resarcimiento de gastos que fueren procedentes.
3) El reembargo está en conexión con la **concurrencia de embargos** decretados por órganos judiciales de orden social en los que la preferencia para seguir la vía de apremio la tiene el órgano que primero embargó (LRJS art.248 y 258).
4) En caso de **reembargo o segunda traba** sobre los bienes del ejecutado, el letrado de la Administración de justicia reembargante adoptará las medidas oportunas para su efectividad. Se prevé que la oficina judicial o administrativa a la que se comunique el reembargo realice lo conducente para garantizarlo, informando al reembargante sobre las circunstancias y el valor de los bienes, cantidad objeto de apremio y estado de las actuaciones (LRJS art.258.2 y 3).
5) El **embargo del sobrante** no es un reembargo. Con el embargo del sobrante lo que se embarga es la cantidad que pudiera resultar «sobrante tras la realización del bien» (LEC art.611).

Control del embargo (LRJS art.258 y 259; LEC art.588, 593, 594, 609 y 612) Corresponde al letrado de la Administración de Justicia controlar todas las incidencias del embargo llevando a cabo el control de la embargabilidad ratificando o modificando la traba y decidiendo sobre la «suficiencia de los bienes embargados mediante la mejora, reducción o alzamiento de los bienes embargados». La cuantía de los **intereses de demora provisionales y costas** embargadas deben guardar proporción con la cantidad por la que se haya despachado ejecución. **14830**
Cuando la **titularidad** de los bienes embargados no corresponda al ejecutado, procede la desafección del bien a través del alzamiento del embargo que puede ser acordado de oficio por el juez o solicitada a instancia de parte a través del planteamiento de la tercería de dominio.

Tercería de dominio (LRJS art.260 -redacc LO 1/2025- y 238; LEC art.595 a 604) La tercería de dominio establece la posibilidad de que un tercero distinto del ejecutado invocando el dominio sobre un bien embargado, inste del órgano judicial que lo trabó su **levantamiento** por ser de su pertenencia con anterioridad a la traba. Mediante auto se rechazará de plano y sin sustanciación alguna la demanda de tercería de dominio a la que no se acompañe un principio de prueba por escrito del fundamento de la pretensión del tercerista, así como la que se interponga con posterioridad al momento en que se produzca la transmisión del bien al acreedor o al tercero que lo adquiera en pública subasta. **14832** MPL nº 5812 s.
La Sección de lo Social de. Tribunal de Instancia -hasta su constitución Juzgado de lo Social-, tras la **comparecencia y pruebas** que se practiquen, resuelve por auto si procede o no levantar el embargo sobre dicho bien, aliviando al tercerista de tener que acudir a la jurisdicción civil, única competente para declarar el dominio sobre los bienes embargados.
La demanda de tercería de dominio sobre bienes embargados a la que **no** se acompañe un **principio de prueba** por escrito es rechazada de plano mediante auto. También la que se interponga con posterioridad al momento en que se transmita el bien al acreedor o al tercero que lo adquiera en pública subasta.

Precisiones 1) La llamada **tercería laboral** que facultativamente puede interponer quien invoque el dominio del bien ante la jurisdicción social, lo es solo a efectos prejudiciales, es decir, con el objetivo exclusivo de decidir acerca de si prosigue o se levanta la traba sobre dicho bien, pero no a efectos de declarar en quien reside su titularidad.
2) El **orden jurisdiccional civil** es, pues, el que puede entender con plenitud de la auténtica tercería de dominio, con independencia de que, al término de la misma quede siempre expedita la opción al juicio declarativo correspondiente, dirimente de los derechos dominicales en juego (TS 11-3-99, EDJ 1633).

14833 **Partes** La **legitimación activa** corresponde al tercero que invoque el dominio sobre los bienes embargados. La legitimación **pasiva** recae en las partes que lo sean del proceso de ejecución, es decir, el ejecutante y el ejecutado, quienes se encuentran unidos en litisconsorcio pasivo necesario.

14834 **Órgano competente** Para la tramitación y resolución es competente el órgano del orden jurisdiccional social que esté conociendo de la ejecución en el que se trabaron los bienes.

14835 **Pretensión del tercerista** La pretensión esencial del tercerista es oponerse el embargo o, lo que es lo mismo, que se levante el embargo acordado sobre un bien en concreto y para ello ha de fundar su pretensión, en el **dominio del bien embargado** adquirido con anterioridad al embargo; carece de acción el que reclame el alzamiento de una traba, sin haber llegado a sufrirla en ninguno de sus bienes (TS 23-4-13, EDJ 163666; 12-12-88, EDJ 9724; 7-4-89, EDJ 3697; TSJ Castilla-La Mancha 27-2-20, EDJ 527539).

Precisiones 1) En la tercería de dominio en los casos de **venta con reserva de dominio**, el pacto de reserva debe constar inscrito en el registro de ventas a plazos (TS 20-6-83, EDJ 3679) con anterioridad al embargo (TS 18-12-90, EDJ 11616), si la inscripción fue posterior al embargo, no procede el alzamiento (TS 4-10-93, EDJ 8652).
2) En el contrato de **leasing** si el valor residual es muy pequeño o meramente simbólico el contrato celebrado es de compraventa a plazos, con transmisión del dominio al comprador desde el principio (TS 28-5-90, EDJ 5583).
3) La acción de tercería de dominio, no se identifica con la **reivindicatoria**, aunque presente ciertas analogías con ella, porque su finalidad principal no es la recuperación del bien, que, generalmente, posee el propio tercerista, sino el levantamiento del embargo trabado sobre el mismo (TSJ Valladolid 30-9-20, EDJ 691342).

14836 **Tramitación** Se sigue el trámite incidental (nº 14811). En cuanto al **plazo** debe formularse por el tercerista con una antelación a la fecha señalada para la celebración de la primera subasta no inferior a 15 días.
La **omisión del título** en que se base el tercerista es defecto subsanable (TS 7-5-93, EDJ 4302).
Admitida la **solicitud**, se sigue el trámite incidental. El letrado de la Administración de Justicia ha de suspender las actuaciones relativas a la liquidación de los bienes discutidos hasta la resolución del incidente.
Contra el auto que resuelva el incidente cabe recurso de **reposición**. El auto que resuelve la reposición se puede recurrir en suplicación, pues se entiende que dicho auto resuelve puntos sustanciales **no controvertidos** en el pleito, y por tanto no decididos en la sentencia o que contradigan lo ejecutoriado (LRJS art.191.4; TS 11-5-06, EDJ 65502; TSJ Castilla y León 20-9-17, EDJ 229582).

14838 **Operaciones previas a la realización de los bienes** La normativa procesal social contempla una serie de operaciones que, en ocasiones, son necesarias antes de proceder a la realización de los bienes embargados.

14839 **Tasación pericial** (LRJS art.261) La tasación se realiza por **perito** designado por el letrado de la
MPL Administración de Justicia que recae sobre alguno de los que presten servicios ante la Admi-
nº 5840 s. nistración de Justicia, y, además, o en su defecto, puede requerir la designación de persona idónea a las entidades obligadas a asumir la peritación (FOGASA, Entidades Gestoras).
Las partes y los terceros interesados pueden **designar otros** por su parte, una vez tengan conocimiento del nombrado por el órgano judicial dentro del segundo día. Si no lo hicieran en el plazo mencionado se les tiene por conformes.

14840 **Deducción de cargas** (LRJS art.262) Cuando los bienes o derechos embargados estuvieran afec-
MPL tos con cargas o gravámenes que deban quedar subsistentes tras la venta o adjudicación, el
nº 5842 s. letrado de la Administración de Justicia, con la colaboración pericial y recabando los datos que estime oportunos, practica la valoración de aquellos y deduce su importe del valor real de los bienes, con el fin de **determinar el justiprecio**.

Liquidación de los bienes embargados (LRJS art.263; LEC art.635 y 640) La ley establece varios procedimientos para la realización de los bienes: 14842 MPL nº 5848 s.

a) Enajenación de valores por el letrado de la Administración de Justicia responsable de la ejecución.

• Si lo embargado fueran valores **admitidos a negociación**, en mercado secundario se venden en la forma establecida para ellos en la LEC art.635. El letrado de la Administración de Justicia ordena que se enajenen con arreglo a las leyes que rigen los mercados de valores. Lo mismo se hace cuando el bien embargado cotiza en cualquier mercado reglado o puede acceder a un mercado con precio oficial. Son diversas las entidades a través de las cuales puede realizar la enajenación.

• Cuando se trate de **otros valores** y especialmente las acciones y participaciones societarias que **no coticen en Bolsa**, la realización se hace atendiendo a las disposiciones estatutarias y legales sobre enajenación de las acciones o participaciones y, en especial, a los derechos de adquisición preferente. A falta de disposiciones especiales, la venta se hace a través de subasta judicial.

b) Si los bienes o derechos son distintos de los señalados anteriormente la ley prevé otros sistemas de enajenación forzosa:

• La realización de los bienes embargados mediante un **convenio de realización de bienes**, esto es, en la forma convenida por las partes, incluida la realización por persona o entidad especializada, por ejemplo, mediante subasta extrajudicial, que debe ser aprobada por el letrado de la Administración de Justicia mediante decreto y suspende la ejecución respecto del bien o bienes objeto del acuerdo. Si se acredita el **cumplimiento** del acuerdo, el letrado de la Administración de Justicia debe sobreseer la ejecución respecto del bien a que se refiere. Si el **acuerdo no se cumple**, el ejecutante puede pedir que se alce la suspensión de la ejecución y se procede a la subasta.

• **En defecto de convenio**, la enajenación de los bienes embargados se llevará a cabo mediante subasta judicial (LEC art.636.2 redacc LO 1/2025).

a. Subasta judicial como medio ordinario de enajenar los bienes embargados

(LRJS art.263 a 267; LEC art.636.2.2º -redacc LO 1/2025- 643 a 675 -redacc LO 1/2025-)

Anuncio de la subasta En ausencia de convenio o de enajenación por persona o entidad especializada, se realiza mediante subasta, cuya convocatoria se anuncia en el **BOE**, sirviendo el anuncio de notificación al ejecutado no personado. Solo a efectos informativos, se publica el anuncio de la subasta en el portal de la Administración de Justicia. En el **portal de subastas** se incorpora el edicto, que incluye las condiciones generales y particulares de la subasta y de los bienes a subastar y el avalúo que sirve de tipo. 14843

La LEC regula separadamente la subasta de **bienes muebles** (LEC art.634 a 636 -redacc LO 1/2025- a 654) y la de **bienes inmuebles** (LEC art.655 -redacc LO 1/2025- a 675 y 682).

Celebración de las subastas (LRJS art.264 -redacc LO 1/2025-) La subasta, como el medio ordinario para la realización de los bienes embargados mediante su enajenación pública, puede llevarse a cabo por **lotes o unidades** (LEC art.643.1; LRJS art.263.3), según mejor convenga para la mayor efectividad de la ejecución. 14844

La realización de los bienes embargados se ajusta a lo dispuesto en la **legislación procesal civil**.

Subasta de bienes muebles (LEC art.643 a 650 -redacc LO 1/2025-, 652 -redacc LO 1/2025-, 653 -redacc LO 1/2025-, 656 -redacc LO 1/2025- y 660) Para tener mayor efectividad, puede realizarse por **lotes o unidades**, y tiene por objeto la venta de uno o varios lotes. Su **formación** corresponde al LAJ. Para tomar parte en ella, se debe **consignar por medios electrónicos**, a través del portal de subastas, el 10% del valor de los bienes o un mínimo de 1.000 euros. El LAJ está facultado para elevar o reducir el porcentaje del depósito, considerando las circunstancias de la subasta. El **ejecutante** no precisa consignar cantidad alguna para intervenir en la subasta, aunque ha de hacerlo cuando pretenda adjudicarse los bienes (LEC art.647.2 redacc LO 1/2025) y puede tomar parte aunque no existan licitadores. Finalizada la subasta, no puede mejorar el precio final ofrecido por el mejor postor. Si no hubiera habido pujas, tampoco puede solicitar la adjudicación de los bienes. Es decir, si el ejecutante tiene interés en adquirir el bien, debe incorporarse a ella como un licitador más y sometido a las mismas reglas. 14845

Existe un sistema de **subastas electrónicas** a través de un portal único en la Agencia Estatal del BOE que sustituye a las anteriores posturas por escrito. Las posturas tienen carácter secreto y se admiten durante el plazo improrrogable de 20 días naturales desde su apertura. Cuando la postura ofrecida sea **igual o superior al 50% del** valor de subasta y no haya quien supere la anterior, se aprueba el remate por decreto del LAJ, se da por terminado el acto y se anuncia el precio del remate (LEC art.650 redacc LO 1/2025).

Si **no se llega al 50% del** valor de subasta, se abren las siguientes posibilidades:
1. El ejecutado puede presentar a tercero que mejore la postura.
2. En defecto de la anterior, se puede aprobar el remate a favor del postor cuya postura hubiera sido igual o superior al 30% del valor de subasta. No obstante, también se aprueba el remate si la cantidad ofrecida fuera suficiente para lograr la completa satisfacción del derecho del ejecutante, aun cuando sea inferior a ese porcentaje.
3. En el supuesto de que la mejor postura no cumpla estos requisitos, el LAJ responsable de la ejecución, oídas las partes, resuelve sobre su aprobación.

14846 **Subasta de bienes inmuebles** (LEC art.655 a 671 -redacc LO 1/2025- 672 a 675 y 682) La **convocatoria, anuncio y publicidad** de la subasta de bienes inmuebles se rige por las mismas reglas de la subasta de bienes muebles, así como el sistema de subasta electrónica. No obstante, el **contenido** del edicto publicado en el Portal de Subastas ha de contener datos imprescindibles como, entre otros, la identificación de la finca o fincas objeto de la subasta, sus datos registrales, la referencia catastral si la tuvieran, así como la documentación que contenga cuantos datos y circunstancias sean relevantes para la subasta y, necesariamente, la certificación de dominio y cargas que se hubiera expedido al inicio de la ejecución y el avalúo o valoración que sirve de tipo para la misma. Son especialidades relevantes de la subasta de bienes inmuebles, entre otras, la certificación de dominio y cargas, la información de cargas extinguidas o aminoradas, y la comunicación de la ejecución a arrendatarios y a ocupantes de hecho.
Cualquier persona puede **tomar parte** en la subasta, previa **consignación** de una cantidad igual 20% de valor de tasación con un mínimo de 1.000 euros, si bien el letrado de la Administración de Justicia está facultado para elevar o reducir el porcentaje del depósito, considerando las circunstancias de la subasta.
Si la mejor postura fuera **igual o superior al 70%** del valor de tasación, el LAJ responsable de la ejecución, aprueba el remate mediante decreto.
Cuando la postura ofrecida sea **inferior al 70%**, se abren las siguientes posibilidades:
1. El ejecutado puede presentar un tercero que mejore la postura, ofreciendo cantidad igual o superior al 60% o que siendo inferior sea suficiente para lograr la completa satisfacción del derecho del ejecutante.
2. Habiendo pujas y no siendo el mejor postor, el ejecutante no puede mejorar el precio ni pedir la adjudicación del bien o lote con posterioridad a la subasta (LEC art.647, 670.3 redacc LO 1/2025).
3. Por tanto, cuando el ejecutado no haga uso de la facultad de mejora o esta no haya tenido efecto, se aprueba el remate a favor del mejor postor cuya postura sea igual o supere el 50% del valor de tasación. No obstante, también se aprueba el remate por la cantidad suficiente para lograr la completa satisfacción del derecho del ejecutante, sin que pueda ser inferior al 40% del valor de subasta. Tratándose de la vivienda habitual del deudor, no se aprueba el remate por cantidad inferior al 70% de su valor de subasta, salvo que se haga por la cantidad que se le deba al ejecutante por todos los conceptos. En este caso, no se puede aprobar el remate de la vivienda por menos del 60% de ese valor.
4. Si la mejor postura no cumple estos requisitos, oídas las partes, el letrado de la Administración de Justicia responsable de la ejecución, resuelve sobre la aprobación del remate, a la vista de las circunstancias del caso y no es preceptivo documentarlo en escritura pública, porque su testimonio es título bastante, si se trata de bienes inmuebles, para la inscripción en el Registro de la Propiedad. Contra el decreto que apruebe el remate, cabe recurso directo de revisión, ante el tribunal que dictó la orden general de ejecución y frente al auto que lo resuelva, cabe recurso de suplicación (LEC art.670.3 redacc LO 1/2025; LRJS art.191.4.d.2º).
La **administración para pag**o es una forma de realización forzosa, alternativa a la subasta judicial, cuya finalidad el satisfacer la deuda con el importe de los rendimientos de los bienes embargados (LEC art.676 a 680).
Consiste en que el ejecutante **en cualquier momento** puede pedir del letrado de la Administración de Justicia que entregue en administración, todos o parte de los bienes embargados, para aplicar sus rendimientos al pago del principal, intereses y costas de la ejecución. La administración puede ser realizada por terceras personas y el letrado de la Administración de Justicia fija mediante decreto y a costa del ejecutado, su retribución. La administración para pago se atiene a lo que **pacten** ejecutante y ejecutado y en ausencia de pacto, se está a la costumbre del país, con obligación de rendir cuentas anualmente al letrado de la Administración de Justicia, con la intervención del ejecutado. El letrado de la Administración de Justicia resuelve mediante **decreto**, en el que establece lo procedente sobre la aprobación o rectificación de las cuentas presentadas. **Contra el decreto** cabe recurso directo de revisión.

Título para la inscripción de la adquisición (LRJS art.265 y 267; LEC art.673; LH art.133 y 134) Concluida la subasta, el letrado de la Administración de Justicia dicta decreto aprobando el remate en favor del **mejor postor**, que no es preceptivo documentar en escritura pública, porque su testimonio es título bastante si se trata de bienes inmuebles para la **inscripción en el Registro de la Propiedad** (igualmente lo es el decreto de adjudicación al acreedor o de la transmisión por convenio de realización o por persona o entidad especializada), siempre que se acompañe el mandamiento de cancelación de cargas, de la cancelación de la anotación o inscripción del gravamen que haya originado el remate o la adjudicación. 14847

Contra el decreto que apruebe el remate, cabe recurso directo de revisión ante el tribunal que dictó la orden general de ejecución y frente al auto que lo resuelva, cabe recurso de suplicación (LEC art.650.4 -redacc LO 1/2025- y LRJS art.191.4.d.2º).

Pago a los acreedores (LRJS art.268 a 274) Aprobado el remate y consignado en su totalidad el precio ofrecido se paga, en primer lugar, al ejecutante a cuenta del principal. 14848

Si existiese **sobrante** se retiene a resultas de la liquidación de los intereses y costas causadas. Una vez satisfechas tales partidas, se aplica a los **reembargos o adjudicaciones de sobrante** que se hubieran podido producir, sin perjuicio de que, en los supuestos de subasta de inmuebles, deben respetarse las preferencias de otros que tengan inscrito o anotado su derecho con posterioridad al ejecutante

La **regla especial** en la imputación de pagos permite que, si lo hubiere aprobado previamente el juez, el letrado de la Administración de Justicia pueda anticipar al pago del principal, el abono de los gastos de la propia ejecución y el de los acreditados por terceros obligados a prestar la colaboración judicialmente requerida.

Pago del principal Es la finalización del proceso de ejecución dineraria, a través del pago de la cantidad reconocida en el título que se ejecuta. 14850

En el momento de la ejecución judicial, bien se actúe contra la cantidad consignada para recurrir, bien contra la depositada para pagar, deben practicarse las **retenciones** a cuenta del IRPF o por **cotización** a la Seguridad Social. El órgano judicial, al pagar al acreedor, sustituye al deudor y debe realizarlo en las mismas condiciones que este, esto es, respetando las obligaciones que a todo pagador imponen las leyes tributarias o de Seguridad Social (TS 8-2-23, EDJ 511719; TSJ Cantabria 12-4-24, EDJ 552578).

En el caso de que existan **varias ejecuciones** acumuladas seguidas contra un mismo deudor y ser insuficientes los bienes embargados para satisfacer la totalidad de los créditos laborales, la LRJS conjuga dos **principios**: el de la proporcionalidad en el pago y el de la preferencia de los créditos, de suerte que:

1. Si **ninguno** de los acreedores concurrentes alega **preferencia para el cobro**, el letrado de la Administración de justicia dispone la distribución proporcional de cantidades conforme se vayan obteniendo.

2. Si **alguno** de ellos alega **preferencia**, pueden presentar los acreedores o ser requeridos por el letrado de la Administración de Justicia para que lo hagan, en el plazo que se les fije, una propuesta común de distribución, de la que se da traslado a los acreedores no proponentes, al ejecutado y al FOGASA por plazo de 3 días.

Si **no** se formula **oposición**, el letrado de la Administración de Justicia aprueba la propuesta presentada o se entiende definitiva la distribución por él practicada.

Si se formula **oposición**, se convoca a una comparecencia, que puede concluir con acuerdo, en cuyo caso es aprobada por el Letrado de la Administración de Justicia en el mismo acto, o sin acuerdo, en cuyo caso este cita a los interesados a una comparecencia ante el juez o tribunal, quien continúa el incidente hasta el dictado de auto en el que se establezca la forma de distribución.

b. Administración en pago

(LEC art.676 a 680)

La administración en pago es una **alternativa a la subasta judicial**, cuya finalidad el satisfacer la deuda con el importe de los rendimientos de los bienes embargados. 14855

Este tipo de administración está recogida en la LEC y consiste en que es el propio ejecutante el que en cualquier momento puede pedir del letrado de la Administración de Justicia responsable de la ejecución que entregue en administración todos o parte de los bienes embargados para aplicar sus rendimientos al pago del principal, intereses y costas de la ejecución. La administración puede ser realizada por terceras personas, y el letrado de la Administración de Justicia fija mediante decreto y a costa del ejecutado, su retribución.

Antes de acordar la administración se da audiencia a los **terceros titulares de derechos** sobre el bien embargado inscritos o anotados con posterioridad al ejecutante. El letrado de la Administración de justicia, mediante decreto debe acordar la administración para pago cuando la naturaleza de los bienes así lo aconseje, es necesario un previo inventario antes de poner al ejecutante en posesión de los bienes. Por último, se dispone que tanto el letrado de la Administración de Justicia como el tribunal puede poner multas coercitivas al ejecutado y a los terceros que impidan o dificulten el ejercicio de las facultades del administrador.
La **rendición de cuentas** se hace ante el letrado de la Administración de Justicia, el cual da vista de las cuentas presentadas por el acreedor al ejecutado y de no existir acuerdo se cita a ambos a una comparecencia en la que se admiten pruebas y finalmente el letrado de la Administración de justicia dicta decreto aprobando o rectificando las cuentas presentadas contra dicho decreto cabe recurso de revisión.

Precisiones Es aplicable en el **ámbito de la ejecución laboral** (LRJS art.237.1 y disp.final 4ª; LEC art.4) aunque no tiene tratamiento específico en la LRJS, debiendo acudirse al trámite de los incidentes (LRJS art.238) para la sustanciación de las controversias que se susciten en su desarrollo (LEC art.679).

5. Tercería de mejor derecho

(LRJS art.275; LEC art.614 a 620)

14860 Tiene por objeto examinar el **derecho alegado por un tercero**, sea o no acreedor laboral del ejecutado, a ser reintegrado de su crédito con preferencia al acreedor-ejecutante.
MPL nº 5900 s.
La **competencia** para conocer de la tercería la tiene el órgano judicial del orden social que esté conociendo de la ejecutoria.
Debe **interponerse** antes de haberse realizado el pago al acreedor-ejecutante. En caso de adjudicación de los bienes embargados al ejecutante, no se admite la interposición de la tercería, después de que el ejecutante haya adquirido la titularidad de los bienes conforme lo dispuesto en la legislación civil.
Se dirige frente al acreedor ejecutante y al ejecutado si este hubiera designado el bien al que se refiere. Se sustancia por el trámite incidental y no suspende la ejecución, que continúa hasta realizar la venta de los bienes embargados. Su importe se deposita en la entidad de crédito correspondiente.

Precisiones **1)** Las fiadoras de un préstamo hipotecario concedido a la empresa **no tienen acción** para iniciar un incidente de tercería de dominio respecto de la ejecución forzosa de una sentencia de despido (TS 23-4-13, EDJ 163666).
2) Lo mismo acontece, en caso de **concurrencia** de embargos **administrativos y judiciales** en los que la competencia para continuar el procedimiento de apremio corresponde a la autoridad que primeramente embargó. En este sentido toda la jurisprudencia de conflictos consagra el principio temporal de preferencia en atención a la fecha de la traba, sin perjuicio de que ello no supone decidir sobre la prelación de los respectivos créditos (TCJ 5-3-96, EDJ 10056; TS 7-3-96). Por lo que si fue la Administración la que primeramente trabó, el órgano judicial debe, en principio, suspender la vía de apremio, sin perjuicio de que pueda adoptar las medidas oportunas para garantizar efectividad de su reembargo (LRJS art.258), teniendo los acreedores laborales ejecutantes que hacer valer la preferencia de su crédito ejercitando tercería de mejor derecho frente a la Administración.
3) Sin embargo, antes de plantear dicha tercería, los acreedores laborales presuntamente preferentes deben interponer la correspondiente **reclamación previa** ante la propia Administración ejecutante, que se configura como condicionante del posterior acceso a los tribunales (TCo 21/1986 y 22/1986). Desestimada la reclamación previa, en un plazo perentorio, abre la vía de la tercería de mejor derecho, ante los tribunales de la jurisdicción ordinaria (TCJ 11-12-95, núm 5/95).

14861 **Competencia** La competencia para conocer de la tercería la tiene el órgano judicial del orden social que esté conociendo de la ejecutoria.
Tal regla competencial cede en el caso de **concurrencia de ejecuciones civiles y sociales** contra los bienes de un mismo ejecutado, pues si fuera el órgano judicial de la jurisdicción civil el primero que embargó el bien y practicó la anotación preventiva de su embargo es a él al que le corresponde conocer de la tercería de mejor derecho, por lo que los acreedores laborales o en su caso el FOGASA, como titulares de un crédito posterior en el tiempo pero de rango preferente, deben acudir a este órgano judicial suscitando el debate de la preferencia con el planteamiento de la tercería (TSJ País Vasco 27-2-96).
Lo mismo ocurre en caso de concurrencia de embargos **administrativos y judiciales** en los que la competencia para continuar el procedimiento de apremio corresponde a la autoridad que primeramente embargó. En este sentido toda la jurisprudencia de conflictos consagra el principio temporal de preferencia en atención a la fecha de la traba, sin perjuicio de que ello no supone decidir sobre la prelación de los respectivos créditos (TCJ 5-3-96, EDJ 10056; TS

7-3-96). Por lo que si fue la Administración la que primeramente trabó, el órgano judicial debe, en principio, suspender la vía de apremio, sin perjuicio de que pueda adoptar las medidas oportunas para garantizar efectividad de su reembargo (LRJS art.258), teniendo los acreedores laborales ejecutantes que hacer valer la preferencia de su crédito ejercitando tercería de mejor derecho frente a la Administración.
Sin embargo, antes de plantear dicha tercería, los acreedores laborales presuntamente preferentes deben interponer la correspondiente **reclamación previa** ante la propia Administración ejecutante, que se configura como condicionante del posterior acceso a los tribunales (TCo 21/1986; 22/1986).

Plazo Debe interponerse **antes de haberse realizado el pago** al acreedor-ejecutante. **14862**
En caso de adjudicación de los bienes embargados al ejecutante, no se admite la interposición de la tercería, después de que el ejecutante haya adquirido la titularidad de los bienes conforme lo dispuesto en la legislación civil.

Precisiones 1) El **pago**, para que constituya un óbice a la admisibilidad de la tercería, implica que se haya entregado materialmente el dinero al ejecutante.
2) La adjudicación en pago al ejecutante del **bien embargado**, obsta igualmente la admisibilidad de la de tercería.

Tramitación (LRJS art.275; LEC art.614 a 620) La tercería de mejor derecho se sustancia por el trámite del juicio verbal, señalándose que el letrado de la Administración de Justicia, tras admitir la demanda por decreto, da traslado de ella al demandado para que la conteste por escrito en el plazo de 10 días. **14864**

6. Insolvencia empresarial

(LRJS art.276 y 277)

Cuando los bienes embargados **sean insuficientes** para cubrir los créditos laborales o no se conozcan bienes de ejecutado, acontece la llamada insolvencia empresarial que en el primero de los supuestos es parcial y en el segundo total. **14870** MPL nº 5932 s.

Tramitación ante el órgano judicial Antes de la declaración de insolvencia, el letrado de la Administración de Justicia debe de dar audiencia al **FOGASA**, por un plazo máximo de 15 días, a fin de que pueda instar la práctica de las diligencias que a su derecho convengan y designar bienes del deudor que le consten. **14872**
Practicadas las diligencias interesadas por el Fondo, si estas **resultan negativas**, se dicta decreto por el letrado de la Administración de Justicia declarando la insolvencia total o parcial del ejecutado, fijando en este caso el valor pericial dado los bienes embargados.

Precisiones 1) La declaración de insolvencia siempre tiene **carácter provisional** hasta que se conozcan bienes del ejecutado o se realicen los bienes embargados, se interrumpe la prescripción, por lo que de encontrarse posteriormente a la declaración de insolvencia bienes propiedad del ejecutado, se reanuda la actividad ejecutiva.
2) La declaración de insolvencia provisional del ejecutado **despliega sus efectos en otros procesos de ejecución**, por constituir base suficiente para estimar su pervivencia en otras ejecuciones, por lo que puede dictarse auto de insolvencia sin necesidad de reiterar los trámites de investigación, si bien es siempre preceptivo dar audiencia previa a la parte actora y al Fondo.
3) Si las **cantidades** que debe abonar el Fondo estén determinadas en la sentencia, una vez firme la declaración de insolvencia, es requerido para su abono, en el plazo de 10 días y de no hacerlo continúa la ejecución contra esta entidad. El Fondo puede oponer con éxito la **excepción de prescripción** de la acción frente a la solicitud de prestaciones efectuada por el trabajador, una vez transcurrido más de un año desde el título judicial en el que se reconoce a su favor la deuda de la empresa, cuando no fue parte en el procedimiento principal y en el de ejecución, solo se le dio audiencia de la LRJS art.276, pues esta solo permite la designación de bienes del deudor o la solicitud de diligencias (TS 8-7-20, EDJ 605506).
4) El supuesto de **insolvencia técnica** se expone en el nº 14807.
5) La **declaración firme** de insolvencia se debe hacer constar en el **registro correspondiente** según la naturaleza de la entidad, en lugar de publicarse en el BORM tal y como se exigía en la normativa anterior.

7. Intereses

(LRJS art.251; LEC art.576)

14875 MPL nº 5908 s. Los **intereses procesales** o disuasorios comienzan con la sentencia misma, siempre que esta condene al pago de cantidad líquida y determinada. Su finalidad es distinta de la de los **intereses moratorios**, pues, frente al carácter retributivo y resarcitorio de estos, originada por una situación de *mora solvendi* (TCo 32/1982; 114/1992), los **procesales** cumplen una doble función (TS 17-5-22, EDJ 586372; TSJ C.Valenciana 22-9-20, EDJ 719344; TSJ Madrid 13-7-20, EDJ 642329):

- se resarce el perjuicio, para quien ha vencido en juicio, de la demora en la ejecución de una sentencia favorable, protegiéndole frente al riesgo de la depreciación monetaria; y
- tienen un alcance disuasorio de la interposición de recursos infundados, como pone de relieve, el recargo de 2 puntos sobre el interés legal del dinero.

Se trata de dar una mayor intensidad a la fuerza compulsiva del pronunciamiento judicial, fomentando su pronto cumplimiento (TCo 206/1993).

A los efectos expuestos, si transcurridos **3 meses** del despacho de la ejecución no se hubiera dado cumplimiento a la misma, el órgano judicial puede **incrementar el interés legal** a abonar en 2 puntos, cuando se dé alguna de las siguientes circunstancias (LRJS art.251.2):

- aprecie falta de diligencia en su cumplimiento;
- no se hubiera cumplido con la obligación de fijar bienes; o
- se hubieran ocultado elementos patrimoniales trascendentes.

Precisiones **1)** Estos intereses nacen *ope legis*, sin necesidad de previa petición de parte, e independientemente que en la sentencia se condene o no expresamente a ellos (TS 11-5-16, EDJ 78284; TSJ Sevilla 29-6-20, EDJ 656096). En cambio, los intereses moratorios han de solicitarse en el pleito principal, y si no se hizo ni se incluyeron en la condena, no pueden ser incluidos en la ejecución (TS 30-5-23, EDJ 582569).

2) Procede su aplicación tanto si la condena a una cantidad líquida fuera impuesta por **sentencia** como por **auto**, ya que la LEC establece que es aplicación a todo tipo de resoluciones judiciales.

3) Los intereses de la LEC se aplican no solo sobre el principal sino también sobre los **intereses moratorios** reconocidos en sentencia (TS 24-12-94, EDJ 9913; TSJ C.Valenciana 7-2-96).

4) La obligación de **consignar el importe** de la condena para recurrir no libera de la obligación de abonar los intereses procesales. Consignación y pago de intereses son instituciones distintas que responden a finalidades diversas (TCo 114/1992; TSJ Madrid 18-2-19, EDJ 741035):

- la consignación es una medida cautelar tendente a asegurar la ejecución de sentencia;
- los intereses procesales tienden a resarcir el perjuicio causado al acreedor por la dilación en el pago de la deuda (TSJ Cataluña 10-5-93).

5) La posibilidad que tiene el trabajador de solicitar la **ejecución provisional** no excluye el pago de estos intereses (TS 20-1-92, EDJ 396; 12-7-93, EDJ 7003). Sin perjuicio que en la liquidación de los mismos se tenga en cuenta la reducción tanto en el tiempo como en el importe del principal de lo provisionalmente anticipado.

6) La concesión de **aplazamientos** no elimina el derecho del ejecutante a percibir los intereses procesales, pues el aplazamiento se concede en beneficio del deudor ejecutado, no pudiendo hacer recaer sobre el ejecutante el perjuicio de dilatar durante ese lapso de tiempo la percepción de su crédito y la pérdida de la mínima compensación que suponen el devengo de estos intereses (TSJ Madrid 26-5-94).

7) Las **mutuas colaboradoras** están obligadas a satisfacer intereses procesales por el pago de cantidades líquidas reconocidas en sentencia (TS 16-6-93, EDJ 5873; 12-7-93, EDJ 7003).

8) No deben confundirse los **intereses procesales** con los previstos en la Ley del Contrato de Seguro (L 50/1980 art.20) cifrados en el 20% de la cantidad asegurada que deben imponerse en caso de accidente de trabajo. Sobre esta cuestión la jurisprudencia establece que (TS 6-10-98, EDJ 21242):

- la competencia por razón de la materia es del orden social;
- dichos intereses suponen un recargo de índole sancionador a la entidad aseguradora que demora la satisfacción del capital asegurado;
- la fecha inicial del recargo del 20% del capital es la fecha de la sentencia del órgano judicial cuando en su pronunciamiento establece ya la obligación y la cantidad liquida.

9) Una Caja de Ahorros ha de pagar intereses procesales que genera la condena en sentencia al abono de una cantidad por el **rescate de un plan de pensiones**, que se calculan desde la fecha de la sentencia hasta el momento de liquidación de la ejecución (TS 8-7-15, EDJ 129745).

14877 **Cuantía** La cuantía de estos intereses se determina aplicando sobre la cantidad principal un porcentaje consistente en el **interés legal del dinero**, fijado anualmente por la ley de presupuestos, incrementado en dos puntos. Se produce así la coexistencia de un tipo porcentual:

- con finalidad indemnizatoria, el interés legal del dinero; y
- con finalidad disuasoria, el recargo en 2 puntos.

Precisiones Durante 2023, el **interés legal** del dinero quedó establecido en el 3,25% (L 31/2022 disp.adic.42ª.Uno). A fecha de cierre de esta obra, aún no ha sido aprobada la Ley de Presupuestos Generales del Estado para 2026, por lo que no hay previsión legal al respecto. Dicho interés debe ser aumentado en 2 puntos, por lo que el interés que se aplica para el cálculo de estos **intereses procesales** sería de un 5,25% salvo que corresponda otro distinto por pacto de las partes o disposición especial (LEC art.576).

Cómputo La **regla general** para la obligación de pagar intereses procesales, es que esta **nace** en el momento de la sentencia firme, pero sus efectos se retrotraen al momento de dictarse la sentencia definitiva que condenó al pago de cantidad líquida y se extienden hasta el momento en que la empresa consigna la cantidad debida en trámite de ejecución de sentencia o se obtiene dicha cantidad a través de la actividad ejecutiva, o hasta el día en que pudo ser pagada. 14879 MPL nº 5912 s.
Los problemas surgen cuando la segunda sentencia revoca parcialmente la primera, supuestos en los que la norma procesal concede amplia libertad al tribunal *ad quem* para que pueda resolver sobre los intereses procesales.
La ausencia de tal pronunciamiento plantea problemas en orden a determinar sobre:
- la fecha inicial; y
- la cantidad sobre la que se devengan.

El *dies a quo* o **fecha inicial** para iniciar el cálculo y consiguiente liquidación, es la fecha de la sentencia en primera instancia (TSJ Madrid 25-5-20, EDJ 630762), bien porque esta no sea recurrida o porque recurrida en suplicación o en su caso casación, los recursos sean desestimados. Por el contrario, si el recurso es estimado en parte, y **revoca parcialmente** la sentencia dictada en primera instancia, el tribunal razonándolo convenientemente, puede fijar el *dies a quo* para el comienzo de los intereses procesales (LEC art.576.2). 14880
Sobre la determinación del **día inicial** para el cómputo de intereses procesales la **casuística** es muy variada y así, para los supuestos de revocación parcial de la sentencia de instancia:
• Si la segunda instancia, revoca parcialmente, **incrementando** la cantidad líquida fijada en la sentencia de instancia, la liquidación se practica:
- por la suma fijada en la **sentencia de instancia** desde la fecha de dicha sentencia hasta la fecha de la sentencia de segunda instancia;
- y a partir de la fecha la segunda sentencia y por la total **suma incrementada** hasta el pago.
• Si la segunda sentencia revoca parcialmente, **reduciendo** la cantidad líquida objeto de condena de la sentencia de instancia, la fecha del devengo de los intereses es la fecha de la sentencia de instancia pero por la suma fijada en la segunda sentencia (TS 11-2-97, EDJ 703).

El *dies ad quem* o **día final del cómputo** es el del pago efectivo «hasta que sea totalmente ejecutada». La norma no hace una referencia expresa al día final para el cálculo de los intereses procesales (LEC art.576), no obstante, la regla general es fijar dicho día al momento en que la sentencia fuere totalmente ejecutada, entendiendo por tal el día en que se consignó la cantidad adeudada en la ejecutoria o desde que esa cantidad resulte disponible en la propia ejecutoria, pues desde ese momento debe estimarse ejecutada la sentencia (TS 5-5-14, EDJ 80843; 6-10-00, EDJ 33440; TSJ Sevilla 22-6-20, EDJ 658475). 14881
El **plazo** de prescripción -a todos los efectos- para instar el abono de los intereses procesales es de un año y se abre desde que la sentencia ha sido ejecutada y no desde que adquiere firmeza (TSJ Madrid 3-5-00, EDJ 30270).

8. Costas

(LRJS art.251 y 269.3; LEC art.539.2 -redacc LO 1/2025-)

Las costas son los desembolsos necesarios que se ocasionan al ejecutante en la ejecución de la sentencia y cuyo abono corresponde al ejecutado. 14883 MPL nº 5920 s.
El procedimiento para su **determinación** constituye la fase de tasación de costas que practica el letrado de la Administración de Justicia. En las costas se incluyen:
a) Los honorarios de los abogados, graduados sociales colegiados, y demás personas no sujetas a arancel, se regulan por los mismos interesados en minuta detallada, pudiéndose excluir las partidas que no se expresen detalladamente o se refieran a honorarios no devengados en el pleito (TCo 28/1990).
b) Se incluyen los derechos de las personas que cobran por el sistema de arancel, por ejemplo, procuradores, registradores de la propiedad.
c) Los gastos de edictos, depósitos, documentos, etc.
d) Los derechos de peritos.

14884 La **diligencia de tasación** se practica de oficio por el letrado de la Administración de Justicia una vez cubierta la cantidad objeto de apremio. Una vez practicada la tasación de costas, que puede también incluir la liquidación de intereses (LRJS art.269.2), se da traslado de la misma a las partes por plazo común de 10 días (LEC art.244.1), para su posible impugnación. Esta impugnación, que puede ir referida además a la liquidación de intereses que se haya practicado (LRJS art.269.2), puede **basarse en**:

1. La inclusión de partidas, derechos o gastos indebidos.

2. La no inclusión de los reclamados.

3. Considerar excesivos los honorarios por los importes que figuren incluidos, siempre que estos no estén sujetos a arancel (LEC art.245.2 y 3 redacc LO 1/2025).

En su caso, y para la **admisión** de la impugnación, han de precisarse los extremos de la tasación que se cuestionan y las razones de la impugnación (LEC art.245.4 redacc LO 1/2025), pues de lo contrario no se admitirá por el letrado de la Administración de Justicia mediante decreto, recurrible únicamente en reposición.

Si la tasación se impugna por **honorarios excesivos**, se ha de oír, por este orden, al profesional afectado, y caso de no aceptar éste la reducción que se reclame, al colegio, asociación o corporación profesional a que pertenezca (LEC art.246.1 y 2 redacc LO 1/2025), efectuando a continuación el letrado de la Administración de Justicia las modificaciones que en su caso deban hacerse, o manteniendo la tasación realizada, mediante decreto, recurrible sólo en revisión (LEC art.246.3 redacc LO 1/2025), y sin que sobre aquél informe sea preceptivo dar audiencia a las partes.

Si la tasación se impugna por la **no inclusión, o la inclusión indebida**, de gastos, honorarios o derechos, se da traslado a la otra parte por tres días (LEC art.246.4 redacc LO 1/2025), para que se pronuncie sobre la inclusión o exclusión de las partidas reclamadas y posterior resolución, mediante decreto, por el letrado de la Administración de Justicia, solo recurrible en revisión. E igual solución se impone, a nuestro entender, si se impugna la liquidación de intereses (LRJS art.269.2), salvo en lo atinente a los recursos.

Y si la tasación es impugnada, respecto a los honorarios, por **ambos motivos**, se tramitan ambas simultáneamente, si bien la impugnación por «excesivos» se resuelve en segundo lugar, una vez se haya decidido, lógicamente, si la partida impugnada es o no debida (LEC art.246.5).

Además, sin perjuicio de la posibilidad de impugnación y en el mismo plazo, la parte condenada al pago de las costas puede solicitar la **exoneración de su pago o la moderación de su cuantía** cuando hubiera formulado una propuesta a la parte contraria en cualquiera de los medios adecuados de solución de controversias al que hubieran acudido, la misma no hubiera sido aceptada por la parte requerida y la resolución judicial que ponga término al procedimiento sea sustancialmente coincidente con el contenido de dicha propuesta (LEC art.245.5 y 245 bis redacc LO 1/2025).

En todos los casos la **resolución** corresponde al letrado de la Administración de Justicia quien decide a través de decreto, contra el que sólo cabe recurso de revisión (LEC art.246.3 y 4 redacc LO 1/2025).

Sobre las costas generadas **en vía de recurso** ver nº 14645, y concretamente, en relación con un procedimiento de **despido**, el nº 15034.

14886 Precisiones 1) La tasación de costas se practica por el letrado de la Administración de Justicia encargado de la ejecución. No se incluyen los derechos correspondientes a **escritos y actuaciones inútiles**, superfluas o no autorizadas. Las partidas de las minutas deben de estar detalladas.

2) La exclusión de la imposición de costas se refiere a quienes gocen del beneficio de **justicia gratuita**.

3) El hecho de disfrutar del beneficio de justicia gratuita no impide que se puedan imponer **multas** por temeridad o mala fe.

4) Las entidades **gestoras de la Seguridad Social** están exentas del pago de las costas causadas, salvo excepcionalmente, cuando se aprecie su notoria mala fe o temeridad procesal (TS 5-5-95, EDJ 2131; 17-5-95, EDJ 2628; 25-9-93, EDJ 8285), pero los diferentes servicios de salud creados por las comunidades autónomas no son entidades gestoras que gocen del beneficio de justicia gratuita (TS 3-3-20, EDJ 559708). El **SEPE**, por el contrario, sí goza de beneficio de la justicia gratuita, por tener naturaleza de entidad gestora de la Seguridad Social (TS 12-1-23, EDJ 501466).

5) La condena en costas se extiende a los honorarios de **procurador** que represente a la parte que resida en lugar distinto al de la tramitación del recurso (TS auto 24-10-94, EDJ 10356).

9. Ejecución de sentencias frente a entes públicos

(LRJS art.287)

Es posible la **actuación del órgano judicial** en la ejecución forzosa de la sentencia que condena a la Administración, interviniendo activamente y adoptando medidas para lograr la efectividad de lo ordenado en la sentencia. La LRJS fija un plazo para el **cumplimiento** de la sentencia de los 2 meses siguientes a su firmeza, lo que debe justificar ante el órgano jurisdiccional. Incluso es posible que el órgano judicial fije un plazo de cumplimiento inferior al señalado cuando en atención a la naturaleza de lo reclamado y a la efectividad de la sentencia el plazo de 2 meses pudiera hacer ineficaz el fallo o causar un grave perjuicio al ejecutante. **14890** MPL nº 6310 s.

Transcurrido el **plazo** de 2 meses sin dar cumplimiento a la resolución, el ejecutante puede solicitar la ejecución. Cuando proceda la ejecución frente al Estado, entidades gestoras o servicios comunes de la Seguridad Social y demás entes públicos, mientras no conste la **total ejecución** de sentencia, el órgano judicial, de oficio o a instancia de parte, debe adoptar cuantas medidas sean adecuadas para promoverla y activarla; pudiendo aplicarse supletoriamente lo dispuesto para la ejecución en la LJCA.

Respecto a la **delimitación del ámbito subjetivo** se entienden incluidos en el ámbito de aplicación del precepto los supuestos de condena frente a la Administración del Estado, comunidades autónomas, entidades locales, entidades gestoras y servicios comunes de la Seguridad Social. **14891**

Se consideran, por el contrario, excluidos las entidades, como las sociedades estatales, que, aunque de titularidad pública, hayan sido creadas de acuerdo con normas de derecho privado, en cuanto su naturaleza privada debe prevalecer a efectos de ejecución. También quedan excluidas las mutuas de accidentes de trabajo y enfermedades profesionales, dada su naturaleza intrínsecamente privada.

Antes de adoptar las medidas debe requerir a la Administración y citar a comparecencia a ambas partes. El requerimiento se realiza al representante de la Administración que haya actuado en el procedimiento y es conveniente que se efectúe también al órgano que ha de responsabilizarse del cumplimiento de lo acordado.

La **citación de comparecencia** a las partes resulta un acto obligado, no es una potestad del órgano judicial (TSJ La Rioja 10-5-93). En la interpretación de la normativa aplicable (LRJS art.287.2 en relación con la reguladora del trámite incidental LRJS art.238) debe entenderse que la citación a comparecencia, para decidir sobre cuantas cuestiones puedan plantearse, entra en juego imperativamente y no queda al arbitrio judicial.

Mediante auto, el órgano jurisdiccional puede adoptar siguientes **medidas**: **14892**

a) El **órgano administrativo y funcionarios** que han de responsabilizarse de realizar las actuaciones:

• Se individualiza la persona responsable de realizar las actuaciones tendentes al cumplimiento de la sentencia.

• Se otorga mayor eficacia al requerimiento exigiendo el nombre y apellido del funcionario responsable al que se le podrán concretar responsabilidades por su falta de actuación. Responsabilidades que pueden ser de carácter disciplinario, civil, penal, además de las derivadas por anormal funcionamiento de los servicios públicos.

b) El **plazo máximo para su cumplimiento**, en atención a las circunstancias que concurran.

Esta medida rompe con el principio de la inmediata ejecución de las sentencias firmes, dado que puede dilatarse en el tiempo, máxime cuanto la cuestión temporal resulta necesaria especialmente cuando el sujeto ejecutado es la Administración, dadas las particulares normas reguladoras de su organización presupuestaria, que como es sabido debe de tenerse en cuenta en materia de ejecución de sentencia frente a los entes públicos. La aplicación del **principio de legalidad presupuestaria** aparece como un condicionante temporal, pero en modo alguno puede ser utilizado por la Administración como excusa para retrasar injustificadamente el cumplimiento de la sentencia, demorándose más allá del tiempo necesario para obtener, actuando con la diligencia debida, las consignaciones presupuestarias si estas no hubieran sido previstas (TCo 32/1982; 167/1987). Por otro lado, la determinación de la normativa que se le debe aplicar cuando actúa como empleadora en relación a los intereses de demora es una cuestión de mera legalidad ordinaria (TCo 157/2005).

En cuanto a los **medios** con que ha de llevarse a efecto y **procedimiento** a seguir hay que tener en cuenta que el órgano judicial puede requerir a la administración para que habilite un crédito extraordinario.

En relación a las **medidas necesarias** para lograr la efectividad de lo mandado, el órgano judicial puede adoptar todas las medidas precisas en los términos establecidos en la LRJS para conseguir el cumplimiento de las sentencias, si bien se exceptúa expresamente la aplicación de **apremios** pecuniarios o de **multas coercitivas** (LRJS art.287.4.d), excepto en caso de incumplimiento de lo resuelto por el órgano jurisdiccional en la comparecencia prevista en el cuarto inciso del citado precepto. La razón de esta exclusión radica en que el apremio recaería sobre el Tesoro Público.

Precisiones 1) Cuando la obligación a la que está condenada la administración es una **obligación de hacer**, resulta de aplicación las normas de ejecución de despido previstas en la LRJS, por lo que incluso las medidas coercitivas pueden ser aplicables con la especialidad de que **no puede decretarse el embargo** de los bienes del patrimonio de la Administración (LRJS art.284). Sin embargo, cuando la obligación a la que está condenada la Administración no sea una obligación de hacer, sino una **obligación de pago** no puede acudirse a las normas que en la LRJS regulan la ejecución dineraria precisamente por el privilegio de la inembargabilidad de sus bienes.
2) Cuando el condenado **no cumple voluntariamente**, se inicia la ejecución forzosa contra aquel. Solo es aplicable a las sentencias condenatorias al pago de prestaciones periódicas en las que el condenado no sea la Entidad Gestora.
3) La ejecución en materia de **Seguridad Social** se expone en el nº 15402 s.

14893 Cuando la sentencia condena al Estado u organismo de él dependiente al pago de una cantidad líquida y determinada, se establece un régimen especial para el **cálculo de los intereses debidos**, por el cual la Administración debe cumplir el fallo dentro del plazo de 2 meses, desde que se notificó la sentencia. Transcurrido el plazo anterior sin que se produzca el cumplimiento la parte interesada puede solicitar la ejecución. Si no se diera cumplimiento a la misma el órgano jurisdiccional la requiere por un nuevo plazo de un mes. Si la Administración no cumple con el pago dentro de 3 meses desde la notificación de la resolución judicial surge para la Administración deudora una responsabilidad consistente en asumir el pago de un **interés** igual al legal del dinero vigente el día que venza «el plazo de gracia». En este supuesto, los intereses procesales se devengan desde la sentencia de instancia (TSJ Madrid 18-6-07, EDJ 178886; TS 13-12-02, EDJ 61285).
En las ejecuciones de las **Administraciones públicas** cuando fuera necesario realizar un ulterior requerimiento -en un nuevo plazo de 1 mes tras los 2 meses fijados para su abono- el órgano judicial apreciando **falta de diligencia** en el cumplimiento, puede incrementar el interés legal a devengar en 2 puntos (LRJS art.287.e) (TS 15-12-21, EDJ 815131).
Por ello, si la sentencia no se cumple en el periodo de 3 meses surge para la administración deudora la responsabilidad en asumir el pago de un interés (LEC art.576.3; LGP art.24). No obstante, la fijación del plazo (LRJS art.287.4.d) no es un obstáculo para la aplicación de estas normas.

Precisiones La regulación de los **intereses de mora procesal** se aplica a los **laudos arbitrales y los acuerdos de mediación** que impongan el pago de cantidad líquida, siempre a salvo las especialidades legalmente previstas para las Haciendas públicas (LEC art.576.3).

10. Ejecución provisional

(LRJS art.289 a 305; LEC art.524, 525 -redacc LO 1/2025- a 537)

14895 MPL nº 6390 s. Con carácter general se admite la posibilidad de ejecutar provisionalmente las sentencias de instancia. Cuando el **ejecutado** quiera oponerse a la ejecución debe ofrecer **caución** que asegure el cumplimiento del fallo una vez alcanzada la firmeza.
Por su parte, el **ejecutante** está obligado a devolver las cantidades obtenidas del despacho provisional de ejecución y reparar los daños causados para el supuesto de que la sentencia de instancia fuera revocada. Mientras que al recurrente en el orden civil no se le impone la carga de consignar el importe de la condena, esta obligación específica del orden social se impone en los **litigios que condenen al pago de cantidades** a todos los recurrentes que no gocen del beneficio de justicia gratuita o estén exentos legalmente del cumplimiento de dicha obligación. Por eso, en el orden social, la ejecución provisional se nutre, en muchos procedimientos, de la **consignación** efectuada por el recurrente y en aquellos en los que tal consignación no procede, v.gr., en materia de prestaciones con cargo a las entidades gestoras de la Seguridad Social, la norma garantiza el abono de la prestación durante la tramitación del recurso.
También, para el supuesto de que se **revoque la sentencia de instancia**, la LRJS presenta perfiles específicos y así en las sentencias condenatorias a prestaciones, no existe obligación de reintegro de lo abonado en ejecución provisional y en las condenatorias a cantidades se establece un mecanismo de reintegro de lo anticipado en el que el Estado aparece como último fiador del ejecutado.
Por otra parte, las dictadas en materia de conflictos colectivos, impugnación de convenios y tutela de derechos fundamentales, son **sentencias inmediatamente ejecutivas**, lo que significa que en estos supuestos los recursos que contra ellas se formulen no suspenden la eficacia

de lo fallado que debe cumplirse y puede por ello ejecutarse definitivamente, sin perjuicio de que, si la sentencia es revocada, finalizarían entonces los efectos de la ejecución acordada.
Las otras sentencias que por su naturaleza y contenido no encajen en los supuestos previstos de ejecución provisional en la **LRJS**, pueden ejecutarse siguiendo la forma y condiciones establecidas en la LEC. En estos casos, por tanto, la LEC en materia de ejecución provisional se aplicaría en toda su extensión.
Puede acordarse la ejecución provisional en las sentencias recaídas en procesos de impugnación de actos administrativos en materia laboral, sindical o de seguridad social, salvo que la misma pudiera producir situaciones irreversibles o de difícil reparación.
En los supuestos de sentencias estimatorias por **resolución de contrato a instancias del trabajador** (ET art.50 -redacc LO 1/2025-) si recurre el empresario, el trabajador tiene derecho de opción, realizada en el plazo de 5 días por escrito o comparecencia, a continuar trabajando o cesar en su prestación en cumplimiento de la sentencia, quedando en situación de desempleo involuntario, sin perjuicio de otras medidas cautelares que pudieran adoptarse. Si la sentencia es revocada deberá incorporarse y si no lo hace quedará extinguido el contrato.
Las sentencias que declaren la nulidad del **despido colectivo** pueden ejecutarse colectivamente (LRJS art.247.1), siempre que la ejecución se refiera a la propia obligación que se ejecuta, es decir, a la readmisión y a las circunstancias que la afectan directamente -salario, puesto de trabajo, funciones a desempeñar- y no a las condiciones accesorias, como la antigüedad, que quedaría fuera (TS 29-6-20, EDJ 660895).

Precisiones 1) La ejecución provisional en materia de **despido** se expone en el nº 14980 y las de **Seguridad Social** en el nº 15402 s.
2) La regla general es que contra las **resoluciones** que se dicten por el juez o tribunal en ejecución provisional únicamente procede recurso de reposición. Solo cabe recurso de suplicación o, en su caso, casación, cuando se adopte materialmente una decisión comprendida fuera de los límites de la ejecución provisional o en la que se declare la falta de jurisdicción o de competencia del orden jurisdiccional social (TS 20-1-22, EDJ 502691; auto 10-7-20, EDJ 665293; TSJ Madrid 14-5-20, EDJ 617896).

Sentencias condenatorias al pago de cantidades (LRJS art.289) Conocida tradicionalmente como **anticipos reintegrables**. En este procedimiento el trabajador tiene derecho a percibir las cantidades anticipadamente siempre que cumpla los dos siguientes **requisitos**: 14897 MPL nº 6404 s.
- que tuviera a su favor una sentencia en la que se hubiera condenado al empresario al pago de una cantidad; y
- que el demandado interpusiera recurso frente a ella.

Legitimación El sujeto legitimado para pedir el abono anticipado es, exclusivamente, el trabajador beneficiario de la sentencia de instancia que se encuentre recurrida, el cual debe presentar la correspondiente solicitud indicando que la sentencia no es firme y la cantidad que desea obtener como anticipo. 14898

Precisiones 1) El anticipo opera ante el **recurso del empresario**.
2) Si es el propio **trabajador el que recurre** por no haberse estimado íntegramente su demanda no procede la ejecución provisional sino la ejecución definitiva parcial.

Órgano competente (LRJS art.290 y 304.1) La solicitud debe presentarse ante el órgano judicial que dictó la sentencia en la instancia que ha de despachar y llevar a cabo la ejecución provisional. Las partes disponen de los mismos **derechos y facultades procesales** que en la ejecución definitiva, y el órgano judicial puede adoptar, en cualquier momento, las **medidas cautelares** (nº 14560) que estimara pertinente para asegurar, en su caso, el cumplimiento de la sentencia. 14899
Si se hubiera efectuado **consignación**, el letrado de la Administración de Justicia ha de disponer el anticipo con cargo a aquella.

Normas comunes de procedimiento (LRJS art.304) Presentada la solicitud, y comprobado que la sentencia se encuentra recurrida y, por tanto, no es susceptible de ejecución definitiva, el juez o tribunal debe dictar auto autorizando la ejecución provisional y el letrado de la Administración de Justicia dicta un decreto disponiendo el anticipo con cargo a la consignación, en el caso de haberse realizado esta. 14900 MPL nº 6412 s.
Frente a las resoluciones dictadas por el **juez o tribunal** en ejecución provisional solo procede recurso de reposición (TSJ Madrid 15-7-20, EDJ 642451), salvo que el auto que declare una decisión no comprendida dentro de los límites de la ejecución provisional (TS 20-1-22, EDJ 502691; TSJ Madrid 21-9-20, EDJ 697556).
Frente a las dictadas por el **letrado de la Administración de Justicia**, procede recurso de reposición salvo que fueran directamente recurribles en revisión.

14901 **Cuantía de los anticipos** (LRJS art.289.2.3) El anticipo no puede exceder de un **doble tope**:
MPL nº 6416 s.
• Del 50% de la cantidad reconocida en sentencia, pudiendo ser abonada de una sola vez o bien periódicamente, hasta que recaiga la resolución en el recurso o adquiera firmeza la resolución recurrida.
• Dicha cantidad no puede exceder anualmente del doble del SMI fijado para los trabajadores mayores de 18 años, incluida la parte proporcional de gratificaciones extraordinarias, vigentes durante su devengo.

14902 **Abono** (LRJS art.290.2 y 3) Se prevén **dos vías** diferentes para el abono del anticipo:
MPL nº 6420 s.
• Si se hubiera efectuado **consignación** en metálico, mediante aval o por cualquier otro medio admitido, el letrado de la Administración de Justicia dispone el anticipo con cargo a aquella, y el Estado garantiza la devolución al empresario, en su caso, de las cantidades que se abonen al trabajador.
• Si no hubiera sido preceptiva la **consignación**, por ser condenado un organismo público o por haber obtenido el recurrente el beneficio de asistencia jurídica gratuita, el Estado efectúa directamente el abono. En este supuesto el letrado de la Administración de Justicia debe notificar a la abogacía del Estado testimonio suficiente de lo actuado y le ha de requerir para que el organismo gestor -en el plazo de 10 días- efectúe el abono al trabajador.

Precisiones 1) El hecho de que el importe de la condena para recurrir se encuentre garantizado por **aval o por cualquier otro medio admitido**, no es óbice para solicitar y obtener los anticipos a cuenta. En este supuesto, el letrado de la Administración de Justicia, requerirá a la empresa para que en 4 días proceda a consignar en metálico la cantidad a anticipar. Acreditada la consignación, se devuelve el aval o el medio de garantía inicialmente constituido contra la entrega simultánea del nuevo aval o medio de garantía por la menor cuantía relicta.
No obstante, debe entenderse que si no se efectúa dicha consignación se puede proceder a la ejecución parcial del aval.
2) La LRJS no concreta cuál es el **organismo gestor competente** para efectuar los abonos, de manera que, salvo modificación, el abono de los anticipos **sigue siendo asumido por** la Dirección General de Servicios, Sección de Gestión Económica y Financiera, sección de indemnizaciones del Ministerio de Justicia.

14904 **Reintegro** (LRJS art.291) Del hecho de que la sentencia de instancia sea confirmada o revocada se deducen diferentes situaciones:
MPL nº 6421 s.
a) Si la sentencia ejecutada provisionalmente queda **confirmada o firme** por cualquier otra circunstancia, a su vez hay que distinguir dos supuestos:
• Si los anticipos se hubieran detraído de la **consignación**, el trabajador tiene derecho a percibir la diferencia entre el importe de la condena y la cantidad anticipada, haciéndose efectiva con cargo a la consignación (LRJS art.291.1).
• Si los anticipos se hubieran efectuado por el **Estado**, por no haber sido preceptiva la consignación, el trabajador puede reclamar la diferencia al empresario, subrogándose el Estado en los derechos del trabajador frente al empresario por el importe de los anticipos (LRJS art.291.2).
b) Si la sentencia ejecutada provisionalmente es **revocada totalmente** por el tribunal superior, hay que distinguir nuevamente según haya sido o no preceptivo consignar:
• El trabajador queda obligado a reintegrar a las cantidades anticipadas si estas se hubieran detraído de la **consignación**. Para el reintegro de estas cantidades, el Estado responde solidariamente con el trabajador frente al empresario (LRJS art.292.1).
• Si como consecuencia de esta responsabilidad solidaria el **Estado** hubiera abonado al empresario las cantidades anticipadas detraídas de la consignación para recurrir, el Estado puede a su vez reclamar al trabajador el reintegro de las mismas (LRJS art.291.2).
• Cuando el Estado haya abonado **directamente** los anticipos por no haber sido preceptivo consignar para recurrir, el Estado puede reclamar las cantidades anticipadas directamente al trabajador (LRJS art.291.12).
c) En caso de **revocación parcial**, hay que comprobar si la nueva condena coincide con lo ya percibido por el trabajador -quedando así liquidado-, o si ha percibido menos que el importe de la nueva condena -pudiendo instar la ejecución definitiva por la diferencia-, o mayor cantidad que la reconocida, aplicándose en este último caso las reglas del apartado b.

Precisiones El día inicial del cómputo de la **prescripción de la acción del Estado** para reclamar la devolución del anticipo realizado, como consecuencia de sentencia condenatoria confirmada en suplicación, es el de la notificación de la sentencia firme, al no haber sido el Estado parte en el procedimiento (TS 17-12-12, EDJ 311308; TSJ Las Palmas 30-6-17, EDJ 206803).

14905 **Procedimiento de reintegro** Si el reintegro de las cantidades anticipadas no es realizado de forma voluntaria por el trabajador, la LRJS arbitra un procedimiento para ejecutarlas coactivamente.

El **título ejecutivo** para iniciar la ejecución es la resolución firme que acordó la ejecución provisional junto con la certificación, expedida por el letrado de la Administración de Justicia o por el organismo gestor, en la que se determinen las cantidades abonadas.
Si la ejecución pudiese causar **perjuicio grave al trabajador**, el juez puede acordar un aplazamiento hasta de un año, adoptando las medidas necesarias para asegurar su efectividad (LRJS art.293.2).
El **órgano competente** para conocer de esta ejecución es órgano judicial que acordó la ejecución provisional y pago.

SECCIÓN 9

Modalidades procesales

(LRJS art.102 a 184)

14925

A. Despido

(LRJS art.103 a 113)

El procedimiento de reclamación contra el despido disciplinario tiene una regulación propia, aplicándose, en lo no previsto expresamente, las disposiciones establecidas en el proceso ordinario. 14940 MPL nº 3084 s.
Este procedimiento **se aplica** a la impugnación por el trabajador de todas las decisiones extintivas realizadas por voluntad del empresario, sin perjuicio de lo previsto específicamente en relación con el despido objetivo (nº 15090) y de las consecuencias sustantivas de cada tipo de extinción contractual (LRJS art.103.3; TS 16-7-12, EDJ 195809; 27-7-93, EDJ 7701).
Si no hay **discrepancia** sobre la calificación del despido, ni sobre el salario o la antigüedad, siendo la cantidad pacífica en cuanto a su importe o cuando las discrepancias se reduzcan a hacer simplemente una operación matemática, el procedimiento adecuado es el ordinario. Cuando la discrepancia se plantee por una **cuestión de fondo** -existencia de la indemnización, tipo de la misma o los elementos básicos para su determinación, como el salario o la antigüedad-, los sujetos obligados al pago o la validez de cláusulas contractuales que resulten determinantes para la configuración de la indemnización (TS 22-12-16, EDJ 295948; 1-6-17, EDJ 106641; 23-6-20, EDJ 601191).

Precisiones 1) No es posible plantear demanda por despido:
• Cuando se impone unilateralmente por el empresario una **reducción de jornada** y la nueva empresa se subroga solo en la jornada estrictamente necesaria para la prestación del servicio objeto de su contrata, porque la decisión empresarial no se dirige a extinguir el vínculo, sino a reducir el tiempo de trabajo y en nuestro ordenamiento no existe el mal llamado despido parcial (TS Pleno 21-4-21, EDJ 561673; TS 15-10-13, EDJ 280880).
• Cuando el contrato de trabajo es **completamente nulo** -por ejemplo, cuando su objeto principal es ilícito al no poderse realizar la actividad sexual en régimen de subordinación- (TSJ Cataluña 11-11-19, EDJ 763188). En tal supuesto **cabría reclamar** el salario debido o una indemnización por vulneración de derechos fundamentales -como la intimidad- que como mínimo debiera alcanzar la de despido improcedente.

2) La **inadecuación del procedimiento** puede examinarse de oficio al afectarse con ella al orden público procesal (TSJ Sevilla 25-9-18, EDJ 625844; TSJ Madrid 31-5-18, EDJ 558937).
3) Con carácter general, las deudas en favor del trabajador -también las indemnizaciones por despido- generan **intereses** sustantivos o moratorios a su favor desde la interpelación judicial o extrajudicial -CC art.1100 y 1108-, de manera que procede de forma automática el abono de intereses respecto de la diferencia reclamada entre el finiquito satisfecho y la indemnización por despido que se debiera haber abonado (TS 30-1-08, EDJ 56645; 10-11-10, EDJ 259142; 23-1-13, EDJ 6667).
4) La doctrina judicial considera que la pretensión de una **indemnización adicional a la legal tasada**, por ser manifiestamente insuficiente y aplicando el control de convencionalidad, debe encauzarse procesalmente mediante la acción impugnatoria del despido causante de los perjuicios invocados. Es inadecuado interponer una ulterior reclamación de cantidad, pues existiría cosa juzgada (TSJ Baleares 22-6-23, EDJ 644341).

1. Plazo para reclamar

(ET art.59.3; LRJS art.43.4.1º, 65.1 -redacc LO 1/2025- y 103.1)

14945 MPL nº 3204 El plazo de caducidad para interponer demanda por despido es de **20 días hábiles** desde la fecha de efectos del despido (nº 14496). Tienen la consideración de **inhábiles**: los sábados, los domingos y los días 24 y 31 de diciembre; tanto los concurrentes entre la fecha del despido y la presentación de la papeleta de conciliación, como los que transcurren entre la celebración del acto conciliatorio y la presentación de la demanda ante el Juzgado de lo Social (TS 12-6-07, EDJ 70599; 26-5-15, EDJ 118067). El mes de **agosto** y los días que median **entre el 24 de diciembre y el 6 de enero**, ambos inclusive, sí se consideran hábiles, no sólo en la instancia sino también en vía de recurso.

El **cómputo** del plazo se inicia el día siguiente a aquel en el que el empresario decide prescindir del trabajador y se lo hace saber. Ha de tenerse en cuenta el día del **cese de la prestación real** de los servicios, y no aquel en que finaliza el devengo teórico de las vacaciones que, compensadas en metálico, correspondían al trabajador despedido (TS 8-2-10, EDJ 16497).

Como se señaló, si el despido se comunica por escrito, se ha de referir la **fecha de** cese o de **efectos del despido**, que prima a estos efectos frente a la **fecha de notificación** de la carta cuando ambas no coincidan (TS 25-9-95, EDJ 4933). De esta manera, comunicada claramente la fecha de efectos del despido, la **prolongación unilateral** de la prestación de servicios por parte del trabajador oponiéndose a las órdenes empresariales no retrasa el comienzo del cómputo del plazo de caducidad (TS 13-6-00, EDJ 21779). Ha de tenerse en cuenta que si el despido se comunicó previamente a su fecha de efectos es posible interponer demanda con anterioridad a la efectividad del mismo (TCT 29-3-89).

Si la fecha de efectos es **anterior** a la notificación del despido, la fecha de notificación la relevante (TS 11-3-14, EDJ 48245; TSJ Extremadura 27-2-24, EDJ 529777), salvo que se demuestre que el trabajador, conociendo la existencia del despido, retrasó o rehusó la recepción de la notificación para prolongar el devengo de salarios de tramitación o retrasar la caducidad de la acción (TS 23-5-90, EDJ 5436; TSJ Sevilla 20-9-18, EDJ 628569).

14950 Para el **cómputo de los 20 días** se descuenta el día de recepción de la carta o de la efectividad del despido; el día de la presentación y celebración de la conciliación (TS 8-6-22, EDJ 600098; 13-11-24, EDJ 734949) y el de presentación de la demanda. Es decir, **comienza** el cómputo al día siguiente a aquel en que el despido se hace efectivo por la cesación real del trabajo, se **suspende** el mismo día de la presentación de la conciliación o de la reclamación previa, se **reanuda** al día siguiente de celebrarse la conciliación (o transcurridos 15 días sin efectuarse), o de la notificación de la resolución o del transcurso del plazo en que debe entenderse desestimada, hasta el día inmediato anterior a la presentación de la demanda en la Sección de lo Social del Tribunal de Instancia (antes Juzgado de lo Social) (TS 17-12-96, EDJ 13197; 21-7-97, EDJ 5086).

Por tanto, la conciliación no consume ningún día del plazo de caducidad, por lo que si la papeleta se presenta el 21º día hábil siguiente al despido (hasta las 15.00 horas), la posterior demanda judicial puede interponerse el día siguiente hábil a la celebración sin efecto del acto de conciliación (TS 26-5-15, EDJ 118067; 3-6-13, EDJ 122966; 22-5-24, EDJ 571593).

La **caducidad** es una medida excepcional que supone la decadencia de los derechos por el mero transcurso del tiempo (TSJ Madrid 18-7-18, EDJ 566812). Con ella se pretende la pronta estabilidad y certidumbre de las relaciones jurídicas, por lo que no puede ser objeto de **interpretación extensiva** que cierre la posibilidad de un examen material del fondo de la pretensión cuando su ejercicio no es claramente extemporáneo, pues puede vulnerar el derecho a la tutela judicial efectiva (TCo 220/2012; TS 24-5-88, EDJ 4453; 29-1-20, EDJ 510327).

La caducidad debe ser **alegada ante el órgano judicial** de instancia, aunque se admite la posibilidad de apreciarla **de oficio**, incluso en trámite de recurso, cuando en la sentencia de instancia hayan quedado plenamente acreditados los hechos sobre los que se funda (TS 25-5-15,

EDJ 117118; 17-5-17, EDJ 96496). La demanda no puede rechazarse sin oír a las partes o valorar la prueba sino que debe abordarse en la sentencia (TSJ Madrid 14-12-18, Rec 648/18).
A diferencia de la prescripción, la caducidad no se interrumpe, sino que se **suspende**, de modo que, transcurrido el término suspensivo, se reanuda el cómputo del **plazo restante** para el ejercicio de la acción con la cuenta de los días que quedasen por consumir, no pudiéndose empezar de nuevo la cuenta desde el principio (TS 14-4-98, EDJ 7394), siendo las **causas tasadas** de suspensión las siguientes:
a) La solicitud de **abogado de oficio** (nº 14952).
b) La solicitud de **conciliación administrativa** ante el organismo público de mediación, arbitraje y conciliación competente (nº 14955). De manera que no computa en el marco del plazo de caducidad ni el día de la presentación de la papeleta de conciliación ni el día de su celebración sin avenencia. A efectos de apreciar la **caducidad de la acción** de despido, lo relevante es que la demanda por despido se presente dentro del plazo legal, aunque el intento de la conciliación administrativa sea posterior a esa presentación (TS 10-3-22, EDJ 524834; TCo 185/2013; TS 22-12-08, EDJ 272968).
c) La suscripción de un **compromiso arbitral** (nº 14958).
La **demanda de despido**, como escrito sujeto a plazo, puede presentarse hasta las 15 horas del día hábil siguiente al del vencimiento del plazo, en el servicio común procesal creado a tal efecto o, de no existir este, en la sede del órgano judicial. Ya no es posible la presentación de escritos en el **juzgado de guardia**.
Sobre los efectos que tiene en la caducidad la existencia de **error en la persona del empresario** (nº 14967).

Precisiones **1)** En el caso de producirse un **despido verbal**, no por ello deja de aplicarse el plazo de caducidad. La comunicación escrita posterior no restaura por sí misma la relación extinguida reiniciando el plazo de caducidad (TS 17-4-00, EDJ 9106; TSJ C.Valenciana 19-6-18, EDJ 598933). Carece por tanto de efectos la **comunicación escrita** que se pueda enviar ***a posteriori*** (TSJ Cataluña 19-3-07, EDJ 128608; TSJ C.Valenciana 5-12-06, EDJ 419451). Sin embargo, se ha considerado incorrecto fijar el dies a quo para cómputo del plazo desde una comunicación verbal de despido, si, tras solicitar carta la trabajadora, **a posteriori** han existido **carta y burofax** donde se comunica fehacientemente el mismo, debiéndose estar a esta fecha última de comunicación (TSJ Cataluña 21-11-16, EDJ 273870). **14951**

2) No se inicia el **plazo de caducidad** antes de que el trabajador **tenga conocimiento** del despido -o pueda llegar a tenerlo con actos que solo dependan de él-, bien a través de una comunicación expresa del empresario, bien a través de un hecho concluyente de la extinción de la relación laboral, ya sea por la propia naturaleza de ese hecho ya porque la legislación anude a dicho hecho la existencia de un despido (TSJ Granada 20-10-20, EDJ 791612):

• En caso de notificación por **correo electrónico** (email) se ha admitido tal notificación, aunque no hubiera acuse de recibo, si la recepción puede deducirse del cotejo con otros elementos de convicción (TSJ Sta. Cruz de Tenerife 18-11-22, EDJ 782267). La comunicación por esta vía se entiende efectuada al día siguiente a su acceso (TSJ Castilla-La Mancha 19-2-21, EDJ 543526).

• Si se produce la notificación del despido por **burofax**, el *dies a quo* es el de la recepción de la carta cuando el trabajador acude a las dependencias de Correos a retirarla dentro del plazo establecido en la normativa aplicable. Así, una vez elegido un **medio de notificación válido** se han de aplicar las reglas que rigen el medio de comunicación elegido. No pudiendo iniciarse el cómputo en la fecha en la que Correos deja el aviso para la retirada del burofax (TS 29-1-20, EDJ 510327). Si dentro del plazo en el que el trabajador puede recogerlo, sin constar exactamente cuándo lo hizo, se acredita que presentó **papeleta de conciliación**, esta última fecha es considerada la de notificación del despido (conocimiento del acto extintivo) y la acción no está caducada, pues la presentación de la papeleta suspende el plazo de caducidad mientras se sustancia la conciliación (TS 11-1-22, EDJ 501039).

La notificación no puede quedar **supeditada a omisiones** achacables a la negligencia del trabajador, sin embargo, no puede entenderse caducada la acción con la notificación en el domicilio en el que siempre se habían recogido y del que el trabajador estaba ausente por ser navidad, si no consta aviso del burofax, ni que el trabajador rehusare recogerlo, cuando se había avisado de dicha circunstancia (TSJ Madrid 15-12-17, EDJ 285186; TSJ Galicia 24-9-18, EDJ 621463). En caso de que el trabajador esté **detenido o en prisión**, si se le ha podido entregar la notificación, la pérdida de libertad física no impide al afectado ejercitar su derecho a la defensa, por lo que, a partir del día siguiente a la notificación comienza el cómputo para que pueda reclamar (TS 12-3-85, EDJ 1552; 17-12-86, EDJ 8416).

3) El plazo de caducidad **no se suspende** por:

• La presentación de una primera demanda de despido en el **juzgado mercantil**, que se declaró incompetente por no ser una extinción colectiva de contratos de trabajo (TSJ Madrid 7-7-11, EDJ 185277).

• El archivo de una **primera demanda** al no subsanarse los defectos de la misma, haciendo ineficaz la presentación de una segunda demanda ignorando la caducidad acaecida (TS 5-2-02, EDJ 2632; 18-12-08, EDJ 291530; TSJ Asturias 25-7-18, EDJ 587981).

4) Sí **se suspende** el plazo de caducidad durante el tiempo de tramitación de las actuaciones que debieron practicarse innecesariamente para la desacumulación de las acciones (TS 12-2-04, EDJ 6727; TSJ País Vasco 7-2-17, EDJ 64603).

14952 **Solicitud de abogado de oficio** La suspensión del cómputo del plazo de caducidad en este supuesto se mantiene durante todo el tiempo que duren los trámites para la designación de abogado de oficio, con las variadas incidencias que puedan producirse (nº 14477).

Precisiones 1) Es indispensable conocer la **fecha de la solicitud** del abogado (TSJ Málaga 18-1-17, EDJ 43699).

2) El cómputo del plazo de caducidad se reanuda al día siguiente a aquel en el que el trabajador recibe la **notificación de la designación**, con independencia de que le haya llegado o no al abogado correspondiente (TSJ Madrid 18-2-11, EDJ 52201; TSJ Extremadura 11-12-95). Ahora bien, si no consta la fecha de notificación al trabajador de la designación, no puede apreciarse la caducidad (TSJ Granada 23-6-10, EDJ 339570; TSJ C.Valenciana 17-7-18, EDJ 600588).

2. Actos previos

(LRJS art.103)

14954 Antes de plantear demanda de despido hay que promover ante quien tenga la cualidad de empleador **papeleta de conciliación o** solicitud de **mediación**. También cabe que se suscriba un compromiso **arbitral**.

Precisiones La **reclamación previa** solo se exige respecto de los pleitos sobre prestaciones de Seguridad Social. En el resto de pleitos se exige agotar la vía administrativa cuando así lo establece la normativa de procedimiento administrativo, salvo en el caso de demandas de tutela de derechos fundamentales (LRJS art.70). No puede estimarse la caducidad cuando las **Administraciones públicas** en las notificaciones de cese incurran en error sobre el plazo para formular la demanda judicial contra el despido, o vía para accionar, pues no pueden perjudicar al trabajador demandante (TS 19-5-22, EDJ 586369). Cuando **no indiquen vía y plazo** de impugnación se mantiene suspendido el plazo de caducidad hasta que el trabajador lo impugne por la vía procedente (TS 10-6-22, EDJ 615233).

14955 **Conciliación o mediación previa** (LRJS art.63 a 68 -redacc LO 1/2025-, 75 -redacc LO 1/2025-, 97.3 y 182; L
MPL 39/2015 art.16.4.b; RD 437/2024 art.28) Cuando se impugna un despido, aunque se alegue vulneración
nº 2044 s. de un **derecho fundamental**, se ha de seguir el procedimiento de despido, de manera que procede en todo caso el agotamiento de la vía previa o la conciliación administrativa, requisito que no es preceptivo en la modalidad procesal de tutela de derechos fundamentales.

El mismo día de la presentación de la papeleta de conciliación ante el correspondiente servicio u órgano que asuma esas funciones se suspende el **plazo de caducidad** para accionar (TS 19-9-17, EDJ 196572). Se produce ese mismo efecto suspensivo por la presentación de la papeleta en una Oficina de **Correos**, lo mismo que si se hubiera hecho en un registro administrativo (TS 3-6-13, EDJ 122966; 26-5-15, EDJ 118067; 26-1-15, EDJ 72684).

La **congelación del plazo** de caducidad durante la sustanciación de la conciliación, tiene una duración limitada en el tiempo (ET art.59.3). Está sometida a dos diferentes parámetros, debiéndose tomar como referencia el que primero acontezca de los dos. Así, el cómputo de la caducidad **se reanuda** alternativamente (TS 3-6-13, EDJ 122966; 27-10-16, EDJ 208986; TSJ Castilla-La Mancha 9-3-18, EDJ 86096):

- al día siguiente de intentada la conciliación; o
- transcurridos 15 días hábiles -concretamente, al día siguiente hábil de esos 15 días- desde la presentación de la papeleta de conciliación, sin que esta se haya celebrado, sin computarse, en ninguno de los dos casos, el mismo día de la presentación de la demanda.

Dicho cómputo se reanuda al día siguiente de intentada la conciliación o transcurridos 15 días hábiles desde la presentación de la papeleta de conciliación sin que se haya celebrado, esto es, a partir del día 16 hábil inclusive (TS 17-9-92, EDJ 8873; 21-7-97, EDJ 5086; 21-12-09, EDJ 321836). Es eficaz la presentación de la papeleta de conciliación en una oficina de Correos (TS 19-9-17, EDJ 196572).

Lo que ocasiona la suspensión del plazo de caducidad es la **mera presentación** de la solicitud de conciliación, con independencia de los posibles **errores** de los que pueda adolecer la redacción de la papeleta (TSJ Galicia 17-7-18, EDJ 554322).

14956 **Comparecencia al acto de conciliación** (LRJS art.97.3) Es obligatoria, aunque su **incumplimiento** tiene desigual trascendencia para las partes. Así, la incomparecencia del **demandante** tiene el efecto de tener por no presentada la papeleta de conciliación y se tiene por no suspendido el plazo de caducidad (TSJ Madrid 27-6-18, EDJ 547159). En el caso de inasistencia injustificada del **empresario** debidamente citado, se tiene por intentada la conciliación sin efecto y el juez o tribunal impone las costas del proceso a la parte que no hubiera comparecido sin causa justificada,

incluidos honorarios, hasta el límite de 600 euros, del letrado o graduado social colegiado de la parte actora que hubieran intervenido. Para ello es necesario que la sentencia que en su día dicte el órgano jurisdiccional coincida esencialmente con la pretensión contenida en la papeleta de conciliación o en la solicitud de mediación (LRJS art.66.3; TS 7-5-10, EDJ 122404, sobre su carácter forzoso). Se trata de una **medida autónoma** y diferente de las sanciones por mala fe procesal o temeridad que se recogen en la LRJS art.75.4 (nº 14554).
De asistir **ambas partes**, se puede concluir el acto de conciliación **sin acuerdo**, de lo cual se levanta acta de intentada sin efecto. La falta de acuerdo da paso a que el trabajador pueda formular, en su caso, la correspondiente demanda judicial. A efectos de apreciar la **caducidad de la acción** de despido, lo relevante es que la demanda por despido se presente dentro del plazo legal, aunque el intento de la conciliación administrativa sea posterior a esa presentación (nº 14950). La **no aportación** de la certificación del acto de conciliación, o de la papeleta de conciliación, de no haberse celebrado en el plazo legal, solo supone que ha de **advertirse al demandante** de la necesidad de acreditar la celebración el intento de conciliación en un plazo de 15 días con apercibimiento de archivo de las actuaciones en caso contrario, quedando sin efecto el señalamiento efectuado (LRJS art.81.3). Ese **plazo de subsanación** de 15 días es hábil, no solo para acreditar que el acto de conciliación se celebró, aunque no se haya acompañado a la demanda la certificación correspondiente, sino también para su realización en dicho plazo o para su rectificación si fue defectuosamente practicado (TCo 185/2013).

Precisiones 1) Tiene plena eficacia el acto de conciliación **celebrado en localidad distinta** a aquella en que se presentó la demanda dentro de la misma provincia (TSJ Sevilla 5-5-10, EDJ 137564).
2) La acción de despido no está caducada cuando la papeleta de conciliación se plantea dentro de las 15 horas del día 21 del plazo y la demanda ante el Juzgado se interpone al día siguiente hábil de celebrada sin avenencia la conciliación (TS 26-5-15, EDJ 118067; 3-6-13, EDJ 122966).
3) En supuestos de expulsión de un trabajador de una **cooperativa de trabajo asociado**, una vez agotada la vía interna ante los órganos rectores, no resulta preceptivo el intento de conciliación administrativa y, por lo tanto, ese trámite no suspende el cómputo del plazo de ejercicio de la acción (TS 24-4-18, EDJ 64904).

Suscripción de un compromiso arbitral (LRJS art.65.3) La suscripción de un compromiso arbitral celebrado en virtud de **acuerdos interprofesionales y convenios colectivos** de eficacia general suspende el plazo de caducidad, reanudándose al día siguiente a que adquiera firmeza el laudo arbitral, salvo que sea recurrido judicialmente, en cuyo caso se reanuda el día siguiente a la firmeza de la sentencia que se dicte (nº 14525). 14958

3. Demanda

(LRJS art.80 -redacc LO 1/2025-, 81 y 104)

El procedimiento se inicia con la demanda ante la Sección de lo Social del Tribunal de Instancia -hasta su constitución, Juzgado de lo Social- correspondiente (nº 14440) por la acción del trabajador, no se puede iniciar de oficio. 14960 MPL nº 3204 s.
Sobre el trámite de **admisión de la demanda**, ver nº 14570.

Requisitos (LRJS art.80 -redacc LO 1/2025-, 81 y 104) La demanda de despido ha de reunir, además de los requisitos **generales** (nº 14565 s.), la indicación de los siguientes extremos **específicos**: 14961
a) La **antigüedad** del trabajador, concretando los períodos en que hayan sido prestados los servicios; grupo profesional; salario, tiempo y forma de pago -muy relevante a efectos indemnizatorios (nº 15000)-; lugar de trabajo; modalidad y duración del contrato; jornada; y características particulares, si las hubiera, del trabajo que se realizaba antes de producirse el despido.
b) La **fecha** de **efectividad** del despido (cuestión crucial para computar el plazo de caducidad de la acción, la cuantía de la indemnización y el devengo, en su caso, de salarios de tramitación), **forma** en que se produjo (su incorrección puede aparejar la calificación de improcedencia) y **hechos alegados** por el empresario, acompañando la comunicación recibida, en su caso, o haciendo mención suficiente de su contenido. En muchos casos la demanda de despido se acompaña de la **carta de despido** donde se establece la causa aducida. La ausencia de una relación fáctica sobre los hechos alegados en la carta no puede suponer el archivo de la demanda, si se ha aportado la carta de despido (TCo 130/1998). Si el empresario **no** ha alegado **causa** alguna para despedir, en la demanda también se ha de expresar este hecho o aquellos otros hechos de los que el trabajador deduzca la existencia de un despido tácito.
c) Si el trabajador ostenta, o ha ostentado en el año anterior al despido, la cualidad de **representante legal o sindical** de los trabajadores o delegado de prevención (L 31/1995 art.37 y 19), así como cualquier otra circunstancia relevante para la declaración de nulidad o improcedencia o para la titularidad de la opción derivada, en su caso. Este extremo sirve para constatar si se

han observado las garantías para los representantes de los trabajadores (nº 15025), cumplido los requisitos formales en el despido, así como para determinar los efectos de la declaración de la improcedencia respecto de la opción por la indemnización o la readmisión (nº 14995).

d) Si el trabajador se encuentra **afiliado a algún sindicato**, en el supuesto de que alegue la improcedencia del despido por haberse realizado este sin la previa audiencia de los delegados sindicales, si los hubiera.

e) Cuando se alegue vulneración de un **derecho fundamental**, además de concretar cuál es el derecho fundamental alegado, se han de especificar los daños y perjuicios que el trabajador ha sufrido y la cuantificación de la indemnización que se reclama por tal concepto (LRJS art.26.2 y 184). En este caso, aunque se sigue el procedimiento de despido se aplican todas las garantías del procedimiento de tutela, debiendo ser citado el **Ministerio Fiscal**. Aunque no haya vulneración de tales derechos fundamentales, si el trabajador considera que tiene derecho a una **indemnización adicional** a la legalmente tasada debe justificarla junto con sus parámetros de cálculo.

f) En los casos en que el trabajador entienda que el cese de la empresa, o cualquier otra causa de **imposibilidad** material o legal impide su **readmisión**, debe solicitar expresamente en su demanda la extinción de la relación laboral y el abono, junto a la indemnización por despido improcedente, de los salarios de tramitación (TS 29-5-18, EDJ 104187; 13-3-18, EDJ 30004).

Precisiones 1) Resulta desproporcionada la inadmisión y archivo de la demanda por no expresar en la misma si se ostenta la **representación de los trabajadores**, cuando ese dato resulta intrascendente para el resultado del juicio (TCo 118/1987). Tampoco debe archivarse la demanda en la que se omite la mención del centro de trabajo, si en ella se refiere que los servicios se prestan en España y en la Unión Europea constando el domicilio del trabajador y de la empresa, pues tales datos son suficientes para que el Juzgado valore su competencia territorial, sobre todo cuando no se prestan servicios en un centro concreto (TSJ Madrid 20-6-14, EDJ 145639).

2) La **insuficiencia de hechos** puede salvarse a través del trámite de subsanación que, incumplido, determina la inadmisión de la demanda, pero debe venir referida a hechos que, en todo caso, impidan la válida prosecución y término del proceso, lo que no sucede con los que se refieren a la realidad de un grupo de empresas (TSJ Madrid 17-11-17, EDJ 297182).

3) En la demanda no se permite una **variación sustancial** de los **hechos alegados en conciliación** -salvo que se trate de hechos nuevos o que no pudieron ser conocidos con anterioridad-, entendiéndose como tal, la que afecta de forma decisiva a la pretensión introduciendo un elemento de innovación esencial en el conocimiento, susceptible de generar para la parte demandada, una situación de indefensión (TS 28-4-16, EDJ 104773; 19-9-17, EDJ 216000). Así sucede en el caso de que en juicio se inste la improcedencia del despido por incumplimiento de algún requisito formal, pues aunque el juez califica el despido, ello no le autoriza a aportar de oficio los hechos que sustentarían esta calificación, ni tampoco a permitir que tales hechos se aporten de forma extemporánea por las partes (TCo 144/1991; 166/1993; 224/1994).

Por contra, es posible **solicitar por primera vez** en la demanda de despido su declaración de improcedencia por la **falta de tramitación del expediente contradictorio** exigido por el convenio, aunque esta circunstancia no se haya hecho constar en la papeleta de conciliación, sin que ello cause indefensión a la parte demandada (TS 2-12-24, EDJ 759058); o su declaración de **nulidad**, aunque en la papeleta de conciliación, de formulario y redactada sin asistencia letrada, **únicamente se instara** la declaración de **improcedencia** (TS 23-1-25, EDJ 501837).

4) Acudir al **servicio postal** para la presentación de escritos, tratando de sustituir con ello la presentación ante los órganos legalmente señalados, constituye un sistema inadecuado y legalmente inadmisible (TS auto 8-5-06, EDJ 263496). La **fecha** que se tiene en cuenta a efectos de la caducidad, es la de la recepción en dicho juzgado y no la de entrega en el servicio de correos, que, al no estar prevista en la ley, no suspende el plazo de caducidad (TS auto 8-3-01, EDJ 103050; TSJ Cataluña 25-9-14, EDJ 217429).

14962 MPL nº 3124 s. **Acumulación de acciones** (LRJS art.26, 27.2, 32, 180.1 a 184) La **regla general** es que no es posible la acumulación de acciones en los casos de despido dentro de un mismo juicio ni por vía de reconvención; existiendo las siguientes **excepciones**:

1. La acumulación a la acción de despido de la reclamación de la liquidación de las **cantidades adeudadas** hasta esa fecha no es óbice para que se mantenga la de inversión del orden de las intervenciones en la vista oral propia de los juicios de despido (nº 14970). Sin embargo, se establece una salvedad a la acumulación en aquellos supuestos de especial complejidad de los conceptos salariales reclamados, que pudieran comportar demoras excesivas al proceso por despido. Ello permite a la Sección de lo Social del Tribunal de Instancia -hasta su constitución, Juzgado de lo Social- disponer, acto seguido de la celebración del juicio, que se tramiten en procesos separados las pretensiones de despido y cantidad, para lo que ha de disponer la deducción de testimonio o copia de las actuaciones y elementos de prueba que estime necesarios a fin de poder dictar sentencia sobre las pretensiones de cantidad en el nuevo proceso resultante.

2. Cabe acumular a la acción de despido la reclamación de una **indemnización de daños y perjuicios**, derivada de discriminación o lesión de derechos fundamentales que sería compatible con la indemnización por despido o fundada en otras razones.
3. Las acciones de despido y **extinción judicial indemnizada** de contrato por propia voluntad del trabajador, se pueden acumular en una misma demanda siempre que la acción de despido acumulada se ejercite dentro del plazo establecido para la modalidad procesal de despido (LRJS art.26.3.1º), debatiéndose en un solo juicio todas las cuestiones planteadas (nº 14964). Cuando la acción para resolución del contrato se fundamente en impago de salarios se permite la ampliación de la demanda para incluir las cantidades posteriormente adeudadas (LRJS art.26.3.1º). De esta forma, podrían quedar acumuladas las acciones de despido, extinción de contrato de trabajo por voluntad del trabajador y reclamación salarial en una única demanda (TSJ Madrid 19-7-18, EDJ 569127; 20-7-18, EDJ 566165).
4. Con carácter potestativo de parte, existe la posibilidad de acumular a la demanda por despido la de la impugnación de los **actos empresariales con efecto extintivo** de la relación que le hayan afectado, siempre que entre las acciones exista conexión directa y en tanto no haya trascurrido el plazo legal de impugnación de los anteriormente producidos. Y, en el mismo supuesto, se reitera aquí la asignación de reparto conjunto a la misma Sección de lo Social del Tribunal de Instancia -hasta su constitución, Juzgado de lo Social-. Se atienden los casos de dobles despidos, demandas de despido cautelar, etc.
5. En el caso de los **TRADE** se contempla la acumulación de la acción de despido, por considerar la parte actora que es un falso autónomo, con la de reclamación subsidiaria de indemnización por extinción del contrato de trabajador autónomo dependiente, siempre que se respete el plazo de caducidad de la primera. Añadiéndose a continuación que análoga regla de acumulabilidad se sigue cuando se alegue como principal la relación de autónomo dependiente y como subsidiaria la relación laboral, así como en el ejercicio de otro tipo de acciones cuando se cuestione la naturaleza laboral o autónoma económicamente dependiente de la relación.
Pese a la **regla general** de prohibición de acumulación objetiva inicial de acciones, ha de tenerse en cuenta que en el proceso de despido se han de **debatir las cuestiones** que afecten a:
a) La **determinación del salario** que realmente estuviera percibiendo en el momento del cese o el que se tuviera derecho a percibir por aplicación del convenio colectivo (TS 10-7-07, EDJ 135900), incluso si para ello se discute con carácter prejudicial el convenio aplicable, a los únicos efectos de fijación del salario computable en la indemnización (TS 12-11-19, EDJ 744797). Entendiéndose que es el proceso adecuado para determinar la retribución variable (TSJ Madrid 8-6-18, EDJ 546106). En suma, el debate sobre el salario no supone una acumulación indebida y una vez **enjuiciada y resuelta** la determinación salarial en sentencia de despido, esta produce el efecto positivo de cosa juzgada (TS 17-10-13, EDJ 227758; 2-12-16, EDJ 245924).
b) La realización de **funciones de grupo profesional superior** -habiendo desaparecido la categoría como vía de clasificación profesional- realmente desempeñadas, lo que no implica que se estén acumulando indebidamente acciones de despido y de clasificación profesional (TS 12-7-06, EDJ 253529; 12-11-19, EDJ 744797; TSJ Andalucía 12-7-18, EDJ 590225); incluso si para ello se discute con carácter prejudicial el convenio colectivo aplicable, a los únicos efectos de fijación del salario computable en la indemnización (TS 12-11-19, EDJ 744797). El procedimiento de despido es el proceso adecuado para determinar la retribución variable (TSJ Madrid 8-6-18, EDJ 546106). En suma, el debate sobre el salario no supone una acumulación indebida y una vez **enjuiciada y resuelta** la determinación salarial en sentencia de despido, esta produce el efecto positivo de cosa juzgada (TS 17-10-13, EDJ 227758; 2-12-16, EDJ 245924). El plazo de **prescripción de la acción** para reclamar las partes proporcionales de las pagas extraordinarias y de compensación económica por las vacaciones no disfrutadas se computa desde la fecha del despido y no desde que es firme la sentencia que lo resolvió (TS 20-1-06, EDJ 8546; 28-5-13, EDJ 127625).
c) La determinación de la **antigüedad** (TS 17-12-07, EDJ 274879; 15-11-07, EDJ 223136).
d) La **jornada** que efectivamente se realiza (TS 31-5-07, EDJ 68267).

Precisiones **1)** En caso de acumulación de acciones, el ejercicio de la acción por despido es eficaz para **suspender la caducidad**, aunque el juzgado aprecie **acumulación indebida** de acciones y requiera por tal motivo a la parte actora para que subsane la demanda (LRJS art.81.1; TS 12-2-04, EDJ 6727). 14963
2) Aunque no cabe el tratamiento acumulado de la acción de despido con la de **cesión ilegal** de trabajadores, no es óbice para que se pueda entrar a considerar la posible solidaridad entre empresarios respecto de los efectos del despido, como consecuencia de que se haya podido producir una eventual cesión ilegal de trabajadores (TS 5-2-08, EDJ 25835; 4-12-07, EDJ 274868; TSJ Las Palmas 10-6-04, EDJ 80422). Por juego de ambas acciones puede declararse la improcedencia de un despido que no se consideró en la instancia, por recurso del propio empresario sin que suponga *reformatio in peius* ni incongruencia (TSJ Madrid 19-10-04, EDJ 165520).

3) Asimismo, se ha admitido la acumulación de la acción por **despido improcedente**, por el carácter fraudulento de la contratación temporal, con la pretensión de abono de indemnización por extinción del contrato temporal (TSJ Madrid 10-7-17, EDJ 200722) pues debe entenderse que en el proceso por despido se pretende obtener cualquier indemnización derivada de la extinción contractual (TS 9-5-17, EDJ 84501; 14-10-13, EDJ 246858).
4) No se puede accionar por despido y solicitar simultáneamente que se le abone, durante la tramitación del mismo, la mejora voluntaria empresarial de la prestación de **incapacidad temporal** que venía recibiendo el trabajador despedido de la empresa (TS 25-6-08, EDJ 155907).
5) El trabajador puede solicitar la resolución indemnizada de su contrato de trabajo por impago de salarios, aunque el empresario haya comunicado a los clientes el **cese total de la actividad por liquidación** y conceda a la plantilla un permiso retribuido por tiempo indefinido, pero debiéndoles varios meses de salario. Esta actuación empresarial no puede considerarse como un despido ni expreso ni tácito, sino que con ello únicamente se trata de eludir la extinción de las relaciones laborales (TS 19-4-23, EDJ 554374).

14964 **Acumulación de procesos de extinción del contrato y despido** (LRJS art.32.1 y 34.1)
MPL nº 3132 s. Cuando el trabajador en lugar de acumular acciones (nº 14962) decide interponer por separado una demanda de extinción del contrato o resolución judicial indemnizada de su contrato de trabajo por incumplimiento empresarial y una demanda de despido, aquella que se **promueva posteriormente** se acumula a la primera -de oficio o a petición de cualquiera de las partes-. Para que se produzca esta acumulación de procesos, el trabajador tiene la obligación de hacer constar en su **segunda demanda** la pendencia del primer proceso y la Sección de lo Social del Tribunal de Instancia -hasta su constitución, Juzgado de lo Social- que conoce del primer asunto y solo es posible si no se ha celebrado ya el juicio oral.
El despido empresarial tiene **efectos inmediatos** de extinción de la relación laboral, mientras que la acción de extinción por incumplimiento empresarial tiene efectos declarativos y solo efectos constitutivos desde la fecha de la sentencia que estime la demanda (TS 23-12-96, EDJ 10103; 21-10-98, EDJ 61304; TSJ Valladolid 4-5-18, EDJ 511803). De manera que, incluso existiendo sentencia estimatoria de la extinción judicial indemnizada solicitada por el trabajador que había sido recurrida en suplicación por la empresa, si esta le despide disciplinariamente y el trabajador no lo impugna, la relación laboral queda definitivamente extinguida en la fecha del despido.
De esta forma, resulta imposible todo pronunciamiento sobre la **extinción por falta de acción**, con independencia de que en el momento del despido estuviera vigente una medida cautelar que permitía la suspensión de la prestación efectiva de servicios, pues la relación laboral estuvo viva hasta la fecha del despido. En este caso, la trabajadora pudo instar una eventual ampliación de la demanda para acumular la impugnación del despido a su demanda, lo que hubiera permitido un pronunciamiento sobre ambas acciones (TS 14-5-20, EDJ 570713). Es presupuesto imprescindible para la viabilidad de la acción resolutoria que la relación laboral este vigente (TS 6-11-17, EDJ 237194) y, por ejemplo, no lo está si, con posterioridad a la papeleta de conciliación, pero antes de la presentación de la demanda el trabajador había sido despedido (TS 10-10-17, EDJ 227358). Si cabe, en cambio, el tratamiento acumulado de una demanda de resolución formulada con posterioridad a la demanda de despido, siempre que sea declarado nulo y se considere vigente ininterrumpidamente la relación laboral desde aquel (TSJ Madrid 9-5-06, EDJ 91875).
Una vez acordada la acumulación de procesos, el juez o tribunal puede **dejarla sin efecto** respecto a uno o varios de ellos cuando concurran causas que justifiquen su tramitación separada (LRJS art.34.2).

14965 Cuando los procesos se acumulan deben debatirse todas las cuestiones planteadas en un solo juicio, debiéndose distinguir **dos supuestos**:
a) Cuando ambas acciones estén fundadas en las **mismas causas o en una misma situación de conflicto** -por ejemplo, cuando la acción resolutoria se formula por incumplimiento empresarial en el pago de los salarios y el despido objetivo se fundamenta en sus dificultades económicas-, la sentencia debe analizar conjuntamente ambas acciones y las conductas subyacentes, dando respuesta en primer lugar a la acción que considere que está en la base de la situación de conflicto y resolviendo después la segunda, con los pronunciamientos indemnizatorios que procedan (TS 21-9-16, EDJ 178668; TSJ Madrid 29-10-18, EDJ 648776):
• Si el juez analiza primero el despido posterior a la demanda de resolución del contrato y es calificado de **procedente**, la causa de resolución instada por el trabajador queda sin objeto (TS 27-2-12, EDJ 65433).

• Si el despido se considera **improcedente**, ha de pasarse a considerar las razones aducidas por el trabajador dando prioridad al derecho a la resolución contractual reclamada, evitando de este modo que por la vía del despido ilícito se deje sin efecto el derecho indemnizatorio reclamado dando respuesta en la misma sentencia a ambas demandas (TSJ Valladolid 23-6-06, EDJ 250665).

• Si se **estiman ambas demandas** -la de resolución judicial del contrato de trabajo y se declara improcedente el despido-, no cabe opción para el empresario, pues se acuerda la extinción de la relación laboral por voluntad del trabajador con fecha de la sentencia y con derecho a la indemnización que resulte a esa misma fecha (TSJ Cataluña 24-4-14, EDJ 97628).

b) Cuando las **causas** de una y otra acción **son independientes**, la sentencia debe dar prioridad al análisis y resolución de la acción que haya nacido antes, atendido el hecho constitutivo de la misma, si bien su estimación no debe impedir el examen, y decisión en su caso, de la otra acción LRJS art.32.1.2º. Prima el criterio **cronológico sustantivo** de prioridad de la acción, es decir en atención al hecho constitutivo de la misma, en detrimento del criterio cronológico procesal de presentación de la demanda, sin perjuicio de que se tengan que resolver ambas en la misma sentencia (TS 25-1-07, EDJ 18248; 22-6-11, EDJ 155638; 21-9-16, EDJ 178668). Con ello, se evitan decisiones procesales de la parte demandante tendentes, mediante el simple mecanismo de dilatar breves días la reacción frente al despido, a dar prioridad a la acción de extinción por el mero hecho de ejercitarla antes (TS 23-6-21, EDJ 618897). En este caso, se pueden dar las siguientes situaciones si se estima la demanda de resolución del contrato de trabajo por incumplimiento empresarial:

• Si a continuación se declara **procedente** el despido realizado, la indemnización por la extinción del contrato no puede extenderse más allá de la fecha del despido declarado procedente (TS 27-2-12, EDJ 65433).

• Si el despido se declara **improcedente**, el trabajador tiene derecho a la indemnización por despido y a los **salarios de tramitación** devengados desde la fecha del despido hasta la fecha de la sentencia (TS 23-6-21, EDJ 618897; 5-12-18, EDJ 688165). Esta obligación de abonar salarios persiste, aunque no haya existido **prestación de servicios** en dicho período por una decisión empresarial calificada de improcedente. La obligación se reconoce en consideración al perjuicio sufrido por culpa del empresario que le impidió continuar trabajando como consecuencia de un despido declarado en la sentencia improcedente. A pesar de ello la empresa no puede ejercitar el derecho de opción entre indemnización y readmisión. El derecho a los salarios no deriva de la disposición destinada a demandas de despido aisladas (ET art.56.2), sino que surge de la estimación de las **demandas acumuladas** de extinción del contrato por incumplimiento empresarial y de despido y de su necesaria acomodación. Entenderlo de manera distinta significaría privar prácticamente de eficacia jurídica al pronunciamiento estimatorio de la demanda de extinción planteada por el trabajador, de cuyas consecuencias quedaría exonerada la empresa en razón de una actuación unilateral e injustificada, lo que no resulta admisible (TS 20-3-18, EDJ 37521; 23-6-21, EDJ 618897).

Precisiones 1) La problemática de la acumulación de acciones se acentúa cuando se trata de un **despido tácito**. Así, no se consideró la existencia de despido tácito previo a la demanda de resolución en una **empresa cerrada por decisión judicial** (TS 1-6-04, EDJ 60753). En cambio, no se admitió la resolución del contrato por existir despido tácito previo en un supuesto de **cierre voluntario** de la empresa, habiendo transcurrido tiempo entre este y la presentación de la demanda (TSJ Madrid 13-3-00, EDJ 120532). **14966**

2) En los procesos en los que se ejercite la acción de extinción del contrato de trabajo a instancia del trabajador por incumplimiento empresarial, cuando se justifique que la conducta empresarial perjudica la dignidad o la integridad física o moral de trabajador, puede comportar una posible vulneración de sus demás **derechos fundamentales o libertades públicas** o posibles consecuencias de tal gravedad que pudieran hacer inexigible la continuidad de la prestación en su forma anterior, puede acordarse, a instancia del demandante, alguna de las siguientes medidas cautelares (LRJS art.79.7 y 180.4): suspensión de la relación o la exoneración de prestación de servicios, el traslado de puesto o de centro de trabajo, la reordenación o reducción del tiempo de trabajo y cuantas otras tiendan a preservar la efectividad de la sentencia que pudiera dictarse, incluidas, en su caso, aquellas que pudieran afectar al presunto acosador o vulnerador de los derechos o libertades objeto de la tutela pretendida, en cuyo supuesto debe ser oído este. Siempre con mantenimiento del deber empresarial de cotizar y de abonar los salarios sin perjuicio de lo que pueda resolverse en la sentencia (LRJS art.79.7). Estas mismas medidas cautelares pueden adoptarse en el marco de la **ejecución provisional** de la sentencia de despido que lo declaró improcedente y que habiendo optado el empresario por la readmisión este pretende que el trabajador continúe prestando servicios (nº 15008).

14967 MPL nº 3212 s. **Error en la persona del empresario** (LRJS art.64.2.b y 103.2) Cuando se ha promovido una papeleta de conciliación, o una solicitud de mediación o una reclamación previa o una **demanda de despido** contra persona a la que por error se le dio la cualidad de empresario, y se acreditase con posterioridad, sea en el juicio o en otro momento anterior del proceso, que lo era un tercero, el trabajador puede:

- promover nueva demanda contra este; o
- ampliar la demanda si no se hubiera celebrado el juicio.

En estos casos, el cómputo del **plazo de caducidad** no se inicia hasta que conste quién es realmente el empresario (TSJ C.Valenciana 19-10-11, EDJ 311218). Cuando es preciso dirigir la demanda frente a persona distinta, no se exige el trámite de **conciliación previa** contra el empresario real, si ya se había intentado con el que erróneamente se presuponía como empresario. Por todo ello, los 20 días de plazo lo son, exclusivamente, para interponer la demanda. En efecto, la ampliación de la demanda no precisa de nuevo acto de conciliación frente a los nuevos demandados, tampoco se entiende que exista **caducidad** respecto de los mismos (TSJ Castilla-La Mancha 7-7-05, EDJ 109047).

Esta posibilidad de ampliación o promoción de nueva demanda **solo procede** si el trabajador despedido desconoce la identidad del verdadero empleador, es decir, si tiene **datos suficientes** en la fecha del despido para poder dirigir la demanda contra la empresa, esto es, si hay constancia cierta de que conociera en el momento del despido, siquiera de forma mínima pero suficiente quién es el real empleador (TS 6-3-12, EDJ 70611; 5-5-16, EDJ 105774; TSJ Valladolid 8-10-18, EDJ 623789). De manera que está **caducada la acción** y se considera extemporánea la ampliación de la demanda contra quien en todo instante ha sido el real y explícito empresario de la trabajadora, tal y como consta en sus nóminas y en el propio contrato. Es irrelevante que la persona despedida atribuyera la condición de demandado a un tercero que compareció en el acto de conciliación, o que el órgano de instancia admitiera, erróneamente, la ampliación de la demanda contra el empresario que ya era conocido de manera indubitada con carácter previo (TS 14-1-21, EDJ 502656; TSJ Galicia 6-10-17, EDJ 220874).

Precisiones En los casos de **subrogación** la empresa entrante debe facilitar información y documentación a los representantes de los trabajadores sobre determinados aspectos de la transmisión (ET art.44.6, 7, 8, 9, 10).

4. Acto del juicio

(LRJS art.74, 82.3 a 85 -redacc LO 1/2025-, 103.3 y 4, 105, 110 a 112)

14970 MPL nº 3228 s. En la **citación** a juicio se ha de hacer saber a las partes la posibilidad de conciliación en evitación del juicio. Asimismo, como penúltimo intento para evitar el proceso, el **letrado de la Administración de Justicia** debe intentar la conciliación llevando a cabo una labor mediadora y advirtiendo a las partes de sus derechos y obligaciones (nº 14589). Si se alcanzara la **conciliación**, se debe consignar el acuerdo en un acta de comparecencia, con los mismos efectos jurídicos que la conciliación judicial, esta acta de conciliación es acreditativa de la situación legal de desempleo (LGSS disp.trans.28ª.2).

Si **no hay conciliación**, se pasa seguidamente al juicio (nº 14585 s.), a lo largo de cual puede realizarse un nuevo intento de conciliación para evitar el proceso, pero ahora ante el juez que, en su caso, la aprobaría mediante resolución oral o escrita documentada en el propio acuerdo, llevándose a cabo, en su caso, a través del trámite de ejecución de sentencia.

Cabe la posibilidad de que tras finalizar el periodo de práctica de prueba y antes del periodo de conclusiones, el **juez o tribunal** pueda ofrecer, de nuevo la conciliación, salvo que exista oposición de alguna de las partes.

Antes del propio juicio oral se formaliza un trámite de **incidentes previos** en el que se dilucidan todas las cuestiones previas que se puedan formular en ese acto (competencia del órgano jurisdiccional, requisitos de la demanda, o los límites de la pretensión planteada...), debiendo ser oídas las partes y resolviéndose el incidente a través de declaración oral del juez, que debe ser motivada, sin perjuicio de su desarrollo en sentencia.

El juicio de despido tiene como peculiaridad fundamental la inversión en el **orden de intervenciones** (TCo 130/1998), correspondiendo siempre al demandado (el empleador) -una vez que el actor se ratifique en su demanda o corrija alguna cuestión no esencial de la misma- actuar en primer lugar en todas las fases del proceso oral. Esta inversión puede proceder en el juicio dónde se impugne cualquier tipo de decisión empresarial extintiva -no necesariamente disciplinaria- (LRJS art.103.3). Si **no** se respeta dicha **inversión** no ha de declararse la nulidad de actuaciones, salvo que se haya causado al solicitante indefensión material y efectiva (TS 24-9-12, EDJ 237606; TSJ Madrid 28-4-17, EDJ 161082).

Acto del juicio (LRJS art.110 a 112) Los pasos a seguir son los siguientes: 14971
a) En primer lugar, debe plantear el demandado todas aquellas **excepciones procesales** de cualquier tipo que, en su caso, se pretendan hacer valer.
b) Después de ello y entrando en el **fondo** del asunto, el demandado debe realizar las **alegaciones** que fundamenten o justifiquen su decisión extintiva. Debiéndose tener en cuenta que no se admiten en el juicio otros motivos de **oposición a la demanda** que los contenidos en la comunicación escrita del mismo. Además, en este acto de juicio, la parte titular de la opción entre **readmisión o indemnización** (nº 14995) puede anticiparla, para el caso de declaración de improcedencia, mediante expresa manifestación en tal sentido, sobre la que se ha de pronunciar el juez en sentencia, sin perjuicio de lo establecido en relación a la interposición de recursos contra dicha sentencia y sus efectos.
c) En este momento corresponde al demandante efectuar las **alegaciones** que crea oportuno en apoyo a las pretensiones de su demanda. También ha de contestar las excepciones planteadas por el demandado (nº 14596 s.). Asimismo, el demandante puede solicitar, si le constase que **no es posible su readmisión**, que se acuerde en sentencia -en caso de improcedencia del despido- tener por hecha la opción por la indemnización declarándose en la misma extinguida la relación laboral y condenando al empresario a abonar la indemnización por despido, calculada hasta la fecha de la sentencia.
d) Acto seguido, se pasa al desarrollo de la **práctica de la prueba**, también en orden inverso al procedimiento ordinario, si bien el juez puede resolver en un orden determinado (LEC art.300). Al empresario le corresponde la carga de probar la **veracidad de los hechos imputados** en la carta de despido (LRJS art.105.1). La prueba se realiza de forma ordinaria, inadmitiéndose las obtenidas con violación de derechos fundamentales. No obstante, la **nulidad de la prueba** no siempre conlleva, automáticamente, la calificación de nulidad del despido. En esta fase probatoria, si el trabajador solicitó expresamente en su demanda la **extinción de la relación laboral** y el abono de salarios de tramitación, junto a la indemnización, los obtendrá siempre que acredite en el acto del juicio la imposibilidad de su readmisión por cese o cierre de la empresa demandada o cualquier otra causa de imposibilidad material o legal (TS 13-3-18, EDJ 30004; 21-7-16, EDJ 145517; 19-7-16, EDJ 140312).
e) Se elaboran, a continuación, las **conclusiones** para hacer una valoración de las pruebas practicadas en el acto del juicio.
El procedimiento se tramita de forma urgente y preferente cuando el trabajador manifieste que la empresa **no ha tramitado su baja por despido en la TGSS**. El acto de la vista ha de señalarse dentro de los 5 días siguientes al de la admisión de la demanda y dictarse sentencia en plazo de 5 días.

Precisiones **1)** La sentencia calificando el despido como improcedente no puede ser anulada por **quebrantamiento de normas procesales causante de indefensión**, cuando la empresa que no comparece al acto del juicio, no lo justifica (TS 23-3-15, EDJ 80839); ni cuando conste debidamente citada en el **domicilio designado en las nóminas** y en el existente en el Registro Mercantil, cuando se constata que conocía el procedimiento porque compareció al acto de conciliación (TSJ Madrid 19-7-18, EDJ 566220); ni por la **inasistencia del abogado de la empresa** no comunicada al juzgado (TSJ Murcia 14-2-18, EDJ 33919; TSJ Madrid 13-7-18, EDJ 566626). 14972
2) No es posible la división del juicio en **varias sesiones** celebradas separadamente, pues la ley exige una sola convocatoria lo cual no es incompatible con la sucesión de diversas fases en el juicio o la interrupción por el tiempo estrictamente necesario (LRJS art.82.2; TS 24-4-95, EDJ 2208).
3) La **prescripción** de la falta, a diferencia de la **caducidad**, no actúa *ope legis*, y requiere ser formalmente invocada, sin que su alegación en el acto del juicio constituya una proscrita variación sustancial de la demanda (TSJ Madrid 19-2-07, EDJ 46636; 23-11-16, EDJ 237152).
4) La **sentencia penal firme** condenatoria del trabajador vincula, en cuanto a los hechos probados, a la sentencia de despido por los mismos hechos de modo que si el trabajador fue considerado autor de un delito de hurto por sentencia firme, la sentencia de despido no puede desconocer tal circunstancia (TS 21-12-12, EDJ 311289; TSJ Sta. Cruz de Tenerife 11-5-17, EDJ 172751).
5) Son **variaciones sustanciales de la demanda o cuestiones nuevas**:
- la alegación de discriminación, vulneración del principio de igualdad o la prioridad aplicativa de un convenio colectivo, alegados por primera vez en el acto de juicio, o en vía de recurso (TSJ Madrid 4-6-18, EDJ 545351; 13-4-18, EDJ 101991);
- cuando se alega, por primera vez, en vía de recurso la prescripción de la falta imputada (TSJ Madrid 1-6-18, EDJ 546018);
- la ausencia de representante del trabajador en la firma del finiquito (TSJ Madrid 14-5-18, EDJ 548151), máxime teniendo en cuenta la inversión en el turno de intervención que tiene lugar, en los procedimientos de despido (TS 8-2-18, EDJ 10109; 27-2-18, EDJ 23122); ni
- la falta de notificación del despido a los representantes de los trabajadores, pues se trata de una cuestión que configura decisivamente la «causa petendi» de la pretensión (TS 28-4-16, EDJ 104773), como ocurre si se solicita por primera vez en el juicio oral, en trámite de conclusiones, que el despido sea declarado improcedente por falta de instrucción de un expediente disciplinario, impuesto por convenio colectivo (TS 25-3-22, EDJ 532075; 5-12-19, EDJ 796566).

Por contra, la **falta de indicación de la causa de nulidad en la demanda** no impide su posterior alegación si se presenta antes del juicio, garantizando así el derecho a la tutela judicial efectiva (TS 10-9-24, EDJ 681549).

5. Sentencia y recursos

(LRJS art.107 y 108; ET art.55.2 y 3)

14973 MPL nº 3244 s. **Requisitos formales de la sentencia** (LRJS art.107) La sentencia en el proceso por despidos debe contener, obligatoriamente, en su declaración de **hechos probados** algunos aspectos que resultan paralelos a aquellos que debían precisarse asimismo en la demanda:

• **Antigüedad**, concretando los períodos en que hayan sido prestados los servicios; **grupo** profesional (dada la desaparición de las categorías como forma de clasificación profesional); **salario**, tiempo y forma de pago; **lugar de trabajo**; modalidad y duración del **contrato; jornada**; características particulares, si las hubiera, del trabajo que se realizaba antes de producirse el despido.

• **Fecha y forma** del despido, **causas** invocadas para el mismo, en su caso, y **hechos acreditados** en relación con dichas causas.

• Si el trabajador ostenta o ha ostentado en el año anterior al despido, la condición de **representante de los trabajadores** (delegado de personal, miembro del comité de empresa o delegado sindical), así como cualquier **otra circunstancia relevante** para la declaración de nulidad o improcedencia o para la titularidad de la opción derivada, en su caso. Así, por ejemplo, si se alegó la improcedencia del despido por la omisión de la audiencia de los delegados sindicales, debe especificarse si el trabajador se encuentra afiliado a algún sindicato.

Además, el fallo de la sentencia ha de contener, lógicamente, una **calificación del despido** (nº 14974). Aunque puede haber **fallos sin tal calificación** al haberse apreciado una excepción procesal (falta de jurisdicción, caducidad, falta de acción, etc.), excepciones que afecten al fondo (prescripción de las faltas, etc.) o llegar a declarar la inexistencia del despido mismo.

Precisiones 1) La **omisión** de alguno de estos requisitos puede dar lugar a que en un posterior recurso se estime la **nulidad de la sentencia** (TS 22-1-08, EDJ 25830; 18-12-07, EDJ 269009). Aunque se incumpla la exigencia procesal de que en los **hechos probados** se recojan las circunstancias concretas mencionadas, solo es nula aquella sentencia que **omite datos esenciales** o imprescindibles para que el tribunal que entienda en vía de recurso (suplicación o casación) pueda resolver la cuestión controvertida y fundamentar su sentencia con el debido conocimiento de la misma o cuando la sentencia contenga declaraciones fácticas oscuras, incompletas o contradictorias (TS 10-7-00, EDJ 24426). Para la declaración de nulidad por tal causa debe existir petición expresa del recurrente mediante el correspondiente motivo ya que no sería posible la nulidad de oficio (LOPJ art.240.2). Al cumplirse ese requisito se admite la **validez de una sentencia** pese a la parquedad del relato de hechos probados y la ausencia de afirmaciones en los fundamentos de derecho, con valor de hechos probados, que completen los datos exigidos legalmente (TS 18-9-12, EDJ 216854).

2) Es **incongruente** y vulnera la tutela judicial efectiva la sentencia que otorga un derecho de opción entre readmisión o indemnización a quien tan solo solicitó la nulidad del despido o la improcedencia con opción de la empresa (TCo 169/2013).

3) Incurre en **incongruencia omisiva** la sentencia de suplicación que declara procedente el despido del trabajador, declarado nulo en la instancia, e inadmisible el recurso de este último sin pronunciarse sobre sus alegaciones de vulneración de derechos fundamentales pretendiendo la estimación de la pretensión indemnizatoria complementaria o simplemente reforzar una eventual perspectiva de improcedencia del despido (TS 11-2-20, EDJ 513039).

14974 **Calificación del despido** (ET art.55 -redacc LO 1/2025-; LRJS art.108 y 285) El despido de un trabajador a consecuencia de un **incumplimiento grave y culpable** de sus obligaciones laborales puede recibir una de las siguientes calificaciones judiciales de:

• **Procedente** (nº 14980).

• **Improcedente** (nº 14985 s.). Debiéndose tener en cuenta que cuando tal declaración responda a la insuficiente gravedad de los hechos acreditados que constituyen una **infracción de menor entidad** (según la normativa aplicable), el juez en determinados supuestos puede autorizar al empresario la imposición de una sanción adecuada a la gravedad de la falta (nº 14990).

• **Nulo** (nº 15030). La calificación jurídica del despido ha de realizarla el magistrado **conforme a derecho**, sin sujeción a la petición de demanda, de manera que si se **solicita únicamente la nulidad** se puede declarar la improcedencia del despido y viceversa, sin incurrir en incongruencia (TS 23-3-05, EDJ 40649; 3-5-16, EDJ 75321; 2-10-20, EDJ 684289). La nulidad de la **prueba** no siempre supone que el despido sea calificado de nulo, pudiendo ser también procedente o improcedente. Además, esta calificación ha de estar fundada en **hechos anteriores al mismo**. La circunstancia de que, con posterioridad al despido, el trabajador ejercite o no una acción judicial reclamando algunos incumplimientos, es irrelevante, pues si se tienen en cuenta hechos posteriores al mismo, se incurriría en un **sesgo retrospectivo** que distorsionaría el enjuiciamiento (TS Pleno 15-11-22, EDJ 749622).

Precisiones Sobre los **efectos** derivados de un despido calificado de improcedente puede responder solidariamente tanto el **grupo de empresas**: (TS 27-6-17, EDJ 133535; TSJ Asturias 22-3-18, EDJ 71830); como el **administrador social** cuando despidió a todos sus trabajadores, sin liquidar legalmente la sociedad (TSJ Madrid 6-4-99, EDJ 87286).

Recursos (LRJS art.43.4.1º, 111.2.b, 112.2, 191.3.a y 230) Las sentencias de despido dictadas en instancia pueden ser siempre objeto de **recurso de suplicación** por parte del empresario, del trabajador, o de ambos (nº 14670 s.). **14976** MPL nº 3324 s.

Contra la sentencia dictada en suplicación, si existiera sentencia de contraste -lo que es bastante improbable porque el despido se tendría que haber producido en las mismas circunstancias-, se puede formular **recurso de casación** para la unificación de doctrina (nº 14702 s.).

Una vez firme la sentencia cabría su **revisión** (nº 4065 s.). Agotada la vía ordinaria, y habiéndose alegado vulneración de un derecho fundamental, podría plantearse **recurso de amparo** ante el Tribunal Constitucional (nº 16300 s.).

Salvo exención legal o reconocimiento del derecho de justicia gratuita la interposición de recursos de suplicación, casación y queja implican el **abono de un depósito** (nº 14645).

También existe la obligación común de **consignación** de la condena, que es garantía de la ejecución de la sentencia, y ha de comprender todas las posibles incidencias de dicha ejecución, incluida la transformación de la opción por la readmisión en el pago de indemnización en el supuesto del incidente de no readmisión. La **ausencia total** de consignación supone la inadmisión del recurso y es insubsanable (TS 1-3-11, EDJ 34892; 14-7-00, EDJ 21788; TCo 16/1986 y TS 18-1-06, EDJ 39903; auto 9-11-01, EDJ 103058). Sólo es subsanable la **consignación parcial** si es considerada error excusable (TS auto 11-1-99, EDJ 84249; 3-11-08, EDJ 227902; 20-4-11, EDJ 79325).

Para la presentación de los posibles recursos de suplicación y casación hay que tener en cuenta que se consideran **hábiles** los días que median **entre el 24 de diciembre y el 6 de enero**, ambos inclusive, al igual que el mes de **agosto** (LRJS art.43.4.1º).

Precisiones Declarada en suplicación la **ausencia de prescripción** de la falta estimada en instancia, el tribunal ha de **calificar el despido** sin necesidad de devolver las actuaciones al juzgado de lo social, lo que no produce indefensión, ni vulneración del derecho a la tutela judicial efectiva (TS 14-12-09, EDJ 321871).

6. Despido procedente

(ET art.55.3, 4 y 7; LRJS art.109)

El despido es procedente cuando se **acredita el incumplimiento** alegado por el empresario en su escrito de comunicación del despido (ET art.55.4; TS 2-1-91, EDJ 26). La **declaración** de procedencia del despido puede ser realizada en la instancia por la Sección de lo Social del Tribunal de Instancia -hasta su constitución, Juzgado de lo Social- o en vía de recurso por las Salas de lo Social de Tribunal Superior de Justicia o Tribunal Supremo. **14980** MPL nº 3252 s.

Si se estima el despido procedente, se **declara convalidada la extinción** del contrato que produjo el empresario, sin derecho a indemnización ni a salarios de tramitación. La situación entre las partes se mantiene, por lo tanto, inalterada respecto de la que se generó con la decisión empresarial, con independencia de que se promueva o no recurso contra la misma.

En el caso de que el trabajador **recurra** dicha sentencia, no se deriva para el empresario ningún tipo de obligación durante la sustanciación de ese recurso. La situación entre las partes permanece inalterada. El tribunal que conozca del recurso puede, o bien **ratificar** la procedencia del despido, o bien **modificar** el pronunciamiento declarándolo improcedente o nulo.

Precisiones **1)** La **sentencia firme** de despido procedente entre las mismas partes, proyecta su eficacia de cosa juzgada positiva, apreciada de oficio, sobre un pleito de reclamación de cantidad interpuesto luego por el trabajador. En su marco, se estima la reconvención de la empleadora basada en los perjuicios ocasionados para llegar a aquel pronunciamiento de despido (gastos de burofax, notario, detective y abogado), lo que arroja un saldo a su favor (TSJ Granada 18-6-20, EDJ 682193).

2) La **resolución judicial definitiva** declarando la procedencia del despido, a falta de otros instrumentos, acredita la situación legal de **desempleo** del trabajador despedido (LGSS art.267 y disp.trans.28ª.2).

3) No puede descartarse que se imponga una indemnización de daños y perjuicios a favor del trabajador despedido procedentemente si se vulneraron **derechos fundamentales** del trabajador al recabar **pruebas**, necesariamente nulas y, por tanto, no consideradas para alcanzar la calificación jurídica de procedencia del despido. Ver sobre esta cuestión nº 14985.

4) Sobre las consecuencias jurídicas del **despido objetivo** procedente, ver nº 15102.

7. Despido improcedente

(ET art.55.3, 55.4 y 56; LRJS art.108.1.3º, 110.1 y 4)

14985 El despido se considera improcedente por (ET art.55.4):
MPL
nº 3260 s.

a) Cuestiones de fondo:

• Si **no se acredita el incumplimiento** alegado en la carta de despido. También se califica de improcedente el despido fraudulento o sin causa, pues, la nulidad está exclusivamente vinculada a motivos tasados y entendiendo que la alegación empresarial de una causa irreal de despido para dar por terminado el contrato de trabajo no justifica por sí misma la calificación de nulidad (TS 29-9-14, EDJ 189834; 5-5-15, EDJ 99351; 28-11-17, EDJ 279515; TSJ Sevilla 19-11-20, EDJ 734909). La calificación de improcedencia optando la empresa por la indemnización se ha entendido que no contradice normas internacionales -OIT Convenio núm 158 art.4- al imponer, como reparación alternativa, una sanción económica por incumplimiento del principio de causalidad del despido, sin vulnerarse el derecho a la tutela judicial efectiva -Const art.24-, ni el derecho al trabajo -Const art.35- (TSJ Cataluña 21-7-20, EDJ 708296). Declarada la improcedencia, considerando la norma internacional, algunos tribunales aceptan la imposición de una indemnización superior a la tasada.

• El **incumplimiento acreditado** carece de la culpabilidad o gravedad suficiente para justificar la procedencia del despido (TSJ Cantabria 9-10-18, EDJ 609639).

b) Cuestiones formales:

No se han cumplido las **formalidades** requeridas legal o convencionalmente, pudiéndose mencionar:

- la falta de comunicación escrita del despido (despidos tácitos o verbales);
- la insuficiencia de la descripción de los hechos justificativos del despido recogidos en la carta o la ausencia de la fecha de efectos del mismo (TSJ Asturias 9-5-17, EDJ 99126). Aunque no se exige una **descripción exhaustiva** de la conducta del trabajador, solo se requieren en la carta de despido las referencias suficientes de la conducta reprochada para no causar indefensión al trabajador (TS 27-3-13, EDJ 46893; TSJ Cataluña 13-7-11, EDJ 202292);
- la omisión del **expediente contradictorio** en el despido de un representante de los trabajadores o la audiencia a los delegados sindicales en el despido de un trabajador afiliado a un sindicato (TS 21-12-17, EDJ 285612);
- la falta de **audiencia previa** al trabajador común por imperativo del Convenio OIT núm 185 art.7, salvo que no pueda pedirse razonablemente al empleador que la conceda (TS unif doctrina 18-11-24, EDJ 733578);
- incumplimiento de **requisitos convencionales** adicionales, aunque no causen indefensión (TS 3-4-18, EDJ 42089).

Para evitar la consecuencia de declaración de **improcedencia por motivos formales**, si aún no han transcurrido 20 días desde el despido incorrectamente formulado, se puede **subsanar** el error con un nuevo despido, poniendo a disposición del trabajador los salarios devengados en los días intermedios y manteniendo el alta en Seguridad Social. Además, cuando el despido es declarado improcedente por incumplimiento de los requisitos de forma y se opta por la readmisión, puede efectuarse un **nuevo despido** dentro del plazo de 7 días desde la notificación de la sentencia. Pero este despido no constituye una subsanación del primer despido, sino uno nuevo que surte efectos desde su fecha.

Tradicionalmente al declararse improcedente el despido, la condena al empresario implica una **doble alternativa**: indemnización o readmisión; no siempre teniendo la posibilidad de elegir el propio empresario (nº 14995).

La normativa procesal permite que, en determinados supuestos, el juez autorice al empresario a imponer **sanción inferior al despido** cuando este se declare improcedente por la gravedad insuficiente de los hechos acreditados (nº 14990).

A falta de otros instrumentos, la resolución judicial definitiva declarando la improcedencia del despido acredita la situación legal de **desempleo** del trabajador despedido (LGSS art.267 y disp.trans.28ª).

Precisiones **1)** La práctica empresarial de indicar una causa de despido que no se corresponde con el motivo real de la decisión de dar por terminado el contrato de trabajo -el llamado **despido fraudulento o sin causa**- no justifica por sí misma la calificación de nulidad (TS 29-9-14, EDJ 189834; 5-5-15, EDJ 99351 y 28-11-17, EDJ 279515). Todo ello, salvo que tengan como móvil alguna causa de discriminación o violación de algún otro derecho fundamental o libertad pública; lo que implicaría su nulidad (nº 15030).

2) La **resolución empresarial de despido** tiene naturaleza extintiva (TS 21-10-04, EDJ 160261), esto es, el acto del despido tiene **naturaleza constitutiva** y extingue la relación laboral en la fecha de su efectividad. El restablecimiento del contrato en caso de despido improcedente solo se produce cuando se opta por la readmisión. De forma que el período de tiempo desde el despido a la notificación de la sentencia no es trabajo efectivo. En consecuencia, durante el tiempo en que el trabajador percibe los salarios de tramitación no se despliega actividad alguna, pues el vínculo laboral se quiebra desde la fecha del despido, lo que determina que el tiempo de trabajo acumulable a efectos del devengo del derecho a vacaciones no disfrutadas o a su abono en metálico concluye con el despido TS 12-6-12, EDJ 149785. Es una infracción grave, por cada uno de los trabajadores afectados, no proceder dentro del plazo reglamentario al alta y cotización por las vacaciones devengadas y no disfrutadas antes de la extinción de la relación laboral.

a. Autorización al empresario para la imposición de sanción disciplinaria inferior

(LRJS art.108.1.3º)

Cuando se declara un despido improcedente por **gravedad insuficiente** de los hechos acreditados que, no obstante, constituyen una infracción de menor entidad, según la normativa aplicable alegada por las partes -normalmente el convenio donde se contiene el régimen disciplinario-, el juez puede autorizar la imposición de una sanción adecuada a la gravedad de la falta cometida por ese trabajador, siempre y cuando se cumplan los siguientes **requisitos** (TSJ Sta. Cruz de Tenerife 18-6-25, EDJ 678461): 14990

1) Se hubiera declarado la **improcedencia** del despido por no apreciarse que los hechos acreditados hubieran revestido gravedad suficiente.

2) Los **hechos acreditados** constituyeran infracción de menor entidad según las normas alegadas por las partes.

3) Que la infracción de menor gravedad **no haya prescrito** antes de la imposición empresarial de la sanción de despido.

El empresario autorizado puede **imponer la nueva sanción** en el plazo de caducidad de los 10 días siguientes a la firmeza de la sentencia, previa correcta readmisión del trabajador.

La nueva decisión disciplinaria empresarial es **revisable** a instancia del trabajador, en el plazo de caducidad de 20 días siguientes a su notificación, a través de incidente de ejecución de la sentencia de despido (LRJS art.238). Ver nº 14803.

Precisiones El despido debe ser una **sanción proporcional** al incumplimiento del trabajador (TS 15-1-09, EDJ 11818; TSJ Madrid 11-5-18, EDJ 540311).

b. Opción readmisión-indemnización

(LRJS art.110; ET art.56)

Cuando el despido sea declarado improcedente, normalmente el empresario tiene el derecho de elegir entre: 14995 MPL nº 3268 s.

- **readmitir** al trabajador en las mismas condiciones que regían antes de producirse el despido (nº 14997), con el abono de los salarios de tramitación correspondientes (nº 2305 Memento Social 2026); o
- **extinguir** el contrato del trabajador **e indemnizarle** (nº 15000). Es la opción por la indemnización la que determina la extinción del contrato de trabajo, que se entiende producida en la fecha del cese efectivo en el trabajo.

La opción ha de realizarse, en el **plazo** de 5 días desde la notificación de la sentencia, sin esperar a su firmeza y puede efectuarse, bien por escrito, o por simple comparecencia ante la oficina de la Sección de lo Social del Tribunal de Instancia -hasta su constitución, Juzgado de lo Social- que dictó la sentencia en que se declaró la improcedencia del despido. Si no se ejercita la opción en el plazo citado, se entiende siempre que se opta por la readmisión (TS 15-3-04, EDJ 40555). Así sucede, cuando no hay opción en plazo o cuando el empresario se limita a **consignar** la indemnización en la cuenta del juzgado que dictó la sentencia, pues no procede una interpretación flexibilizadora de tales requisitos (TS 4-2-20, EDJ 511653).

La **titularidad** de la opción recae, con carácter general, en el **empresario** (TS 4-2-95, EDJ 3330) aunque también puede corresponder al propio **trabajador** despedido cuando es un representante legal o sindical de los trabajadores (nº 15025), un delegado de prevención o trabajador designados para realizar tareas preventivas (LPRL art.30.4 y 37; TS 9-12-21, EDJ 796085; 20-1-25, EDJ 501773), o cuando así se haya pactado en el propio contrato de trabajo o en el convenio colectivo aplicable (TS 21-6-07, EDJ 80475; 19-9-06, EDJ 278563; 21-11-08, EDJ 507723).

Desde un punto de vista procesal hay que recordar las siguientes cuestiones:

• Por un lado se permite la **anticipación de la opción** entre indemnización-readmisión en el momento del juicio o un momento anterior o, incluso, con posterioridad a la sentencia si no se ha dictado aún sentencia (LRJS art.110.1.b). Esta posibilidad de anticipación la ha de llevar a cabo el titular de la opción mediante expresa manifestación en tal sentido, debiéndose pronunciar sobre ello el juez en la sentencia sin perjuicio de lo dispuesto luego en relación al régimen de recursos (LRJS art.111 y 112). El uso de esta facultad de opción anticipada también se reconoce al **FOGASA** respecto de empresas incursas en procedimientos concursales, así como de las ya declaradas insolventes o desaparecidas, cuando no asisten al juicio y son titulares de tal opción. Cuando el FOGASA ejercita esta opción limita su responsabilidad a los salarios devengados por el trabajador despedido demandante hasta la fecha de su cese efectivo, excluyéndose la condena a salarios de tramitación (TS 10-4-19, EDJ 578161; 5-3-19, EDJ 536738). Cuando la opción anticipada a favor de la extinción de la relación laboral la ejercita **tanto el trabajador** (solicitando el reconocimiento de una indemnización calculada hasta la fecha de la sentencia y salarios de tramitación), **como el FOGASA** (pidiendo limitar la indemnización a la fecha del despido y no abonar salarios de tramitación)- es prioritaria y preferente la opción personal del trabajador frente a la del FOGASA que es sustitutiva de la titular inicial -la empresa- que solo tenía una opción genérica (TS 4-4-19, EDJ 567177; 11-3-20, EDJ 550151; 26-10-21, EDJ 725791; 11-1-22, EDJ 501248).

• Por otra parte, a solicitud de la parte demandante, si consta que **no es posible la readmisión**, puede acordarse en sentencia tener por hecha la opción por la indemnización, declarando en la misma extinguida la relación laboral y condenando al empresario a abonar la indemnización por despido, calculada hasta la fecha de la sentencia (LRJS art.110.1.b). En este supuesto procede el abono de **salarios de tramitación** (TS 25-10-17, EDJ 237188; 21-7-16, EDJ 145517; 13-2-18, EDJ 10155).

Además, si se recurre la sentencia que declaró la improcedencia del despido, hay que distinguir los siguientes **supuestos**:

a) Si el empresario optó por la **indemnización**, interpuesto el recurso -da igual por quién- no procede durante su resolución la readmisión del trabajador (LRJS art.111.1.b). En todo caso, el trabajador sí está en situación legal de desempleo (LGSS art.267.1.a.3º).

b) Si la sentencia que resuelve el recurso que hubiera interpuesto el trabajador elevase la cuantía de la indemnización, el empresario, dentro de los 5 días siguientes al de su notificación, puede **cambiar el sentido de su opción** (LRJS art.111.1.b.2º). En este caso la readmisión retrotrae sus efectos económicos a la fecha en que tuvo lugar la primera elección, deduciéndose de las cantidades que por tal concepto se abonen las que, en su caso, hubiera percibido el trabajador en concepto de prestación por desempleo.

14996 Precisiones **1)** Puede suceder que, con posterioridad al despido, pero antes de la sentencia que declare la improcedencia o nulidad, **sobrevenga una imposibilidad de readmitir**. Esta imposibilidad puede derivar, bien de causas que afecten al propio trabajador (como fallecimiento y declaración de incapacidad permanente (TS 11-1-22, EDJ 501608) o a la misma relación laboral (expiración del plazo en contratos temporales). En todo caso, al devenir imposible el cumplimiento de la obligación de readmitir, ha de imponerse al empresario la **obligación** de indemnizar y el abono de los salarios de trámite (TS 7-7-15, EDJ 129759; 21-7-16, Rec 879/15; 6-3-18, EDJ 22317); siendo **compatible la indemnización** por despido con la indemnización por incapacidad permanente (TS 4-5-05, EDJ 83743; 28-6-06, EDJ 109962; 20-9-12, EDJ 216847; 25-6-13, Rec 2113/12; 28-1-13, Rec 149/12). Cuando la relación laboral se rompió por el despido y no por la **jubilación posterior del trabajador** la readmisión era posible si el trabajador optaba por suspender la pensión, pero si no se produce la readmisión tendrá derecho a la indemnización (TS 28-6-22, EDJ 627804).

2) El ejercicio de la **opción empresarial anticipada** por la indemnización no debe figurar entre los hechos probados o como una afirmación con valor fáctico, pues no es un hecho o un punto de hecho. Al no ser un hecho probado (LRJS art.209.3), si el trabajador entiende que la empresa **no realizó realmente tal opción** en el acto del juicio y pretende que se declare la nulidad parcial de la sentencia por incongruencia, debe articular un recurso de suplicación solicitando reposición de los autos al estado en el que se encontraban en el momento de cometerse una infracción de normas o garantías del procedimiento que le han producido indefensión (LRJS art.193.a; TS 14-2-19, EDJ 519539).

3) Si el **convenio colectivo** aplicable solo reconoce el beneficio de la opción a quienes previamente al mismo tuvieran reconocida la condición de fijos o indefinidos, ese derecho de opción no se extiende a trabajadores con contrato temporal irregular (TS 11-5-10, EDJ 145236; 19-5-10, EDJ 140226 y 21-4-10, EDJ 84360; TSJ Sevilla 5-7-11, EDJ 241252; TS 22-11-04, EDJ 229522).

4) El **plazo** de 5 días para ejercitar la opción se contabiliza desde la notificación de la sentencia que por primera vez declare la improcedencia del despido. Se ha considerado eficaz la opción por la readmisión cuando la reincorporación efectiva del trabajo se produjo antes de dictarse sentencia (TSJ Galicia 11-12-06, EDJ 458556).

5) La opción realizada por la única empresa condenada en la instancia es extensible y de aplicación a las empresas **condenadas solidariamente** en suplicación (TSJ País Vasco 5-12-95, EDJ 25301).

6) En los supuestos de **extinción improcedente** de un contrato temporal que vence antes de la declaración judicial de improcedencia, debe mantenerse la obligación empresarial de abonar la indemnización (CC art.1134; TS 23-7-09, EDJ 217626).

7) Es incongruente la sentencia que otorga un **derecho de opción** a quien solamente solicitó la nulidad o la improcedencia del despido admitiendo que la opción correspondía a la empresa (TCo 169/2013).

Readmisión (ET art.56; LRJS art.110 y 278) Cuando el empresario opta por la readmisión debe **comunicar** por escrito al trabajador, dentro del plazo de los 10 días siguientes a la notificación de la sentencia, la fecha de su reincorporación; la cual debe efectuarse en un plazo no inferior a los 3 días siguientes a la recepción del escrito. Si el contrato de trabajo está suspendido (incapacidad temporal, maternidad...) la apertura del plazo para la readmisión se demora hasta la fecha en que termine a la suspensión, sin derecho a salarios de tramitación en ese periodo (TS 3-5-11, EDJ 91339). 14997 MPL nº 3276 s.

La readmisión se debe hacer en las mismas **condiciones** que disfrutaba el despedido, so pena de que sea considerada irregular. La opción por la readmisión no es posible cuando el empresario conoce cuando opta sabe que la readmisión regular es inviable y el cambio que supondrá para los trabajadores va más allá de un mero *ius variandi*, suponiendo, por ejemplo, una verdadera modificación sustancial de condiciones. En este caso solo cabría optar válidamente por la extinción contractual indemnizada de la relación laboral. Si se produjo la readmisión irregular procede declarar tal extinción contractual indemnizada en fase de ejecución. Así sucede si ya conocía que el centro de trabajo donde debían reincorporarse estaba cerrado y el nuevo tan alejado del lugar de residencia que implicaba una movilidad geográfica (TS 27-12-13, EDJ 292358; 27-1-17, EDJ 7384).

Con carácter general, solo en este supuesto de opción por la readmisión el empresario ha de abonar al trabajador los denominados **salarios de tramitación**, desde la fecha del despido hasta que la readmisión tenga lugar, salvo que esta no se produzca por causas imputables al trabajador.

Si el trabajador hubiera venido cobrando prestaciones por **desempleo**, se consideran indebidas por causa no imputable al mismo. A su vez, el empresario ha de instar el alta en la Seguridad Social con efectos desde la fecha del despido cotizando por ese período que se considera como de ocupación cotizada a todos los efectos.

El trabajador puede interponer el **incidente de no readmisión** tanto cuando considera que la readmisión es irregular, como cuando el empresario que optó por la readmisión no la lleva a cabo.

Readmisión regular o irregular La readmisión se considera efectuada de forma **regular** cuando se repone al trabajador en su puesto de trabajo, con respeto de todas las condiciones (TS 4-2-95, EDJ 3330). 14998

En cambio, la readmisión es **irregular**, cuando:

- se realiza en distintas circunstancias de las que tenía antes del despido (salario, jornada, puesto de trabajo, etc.);
- es extemporánea por la inobservancia del plazo de 10 días para comunicar la fecha de reincorporación (TS15-3-04, EDJ 40555; 23-7-08, EDJ 166867). Sin embargo, no hay ausencia de readmisión o readmisión irregular cuando esta la impone el empresario, al margen del plazo legal, en 24 horas desde la notificación. La consecuencia jurídica es que ese plazo inferior es nulo de pleno derecho, debe tenerse por no puesto, contando siempre el trabajador con el plazo legal mínimo para reincorporarse (TS 23-7-08, EDJ 166867).

Precisiones La readmisión irregular es un concepto jurídico indeterminado y hay que **atender a las circunstancias concurrentes**, con la necesaria flexibilidad que haga posible que la readmisión en igualdad de condiciones sea compatible con la situación de hecho existente en la empresa en el momento de la reincorporación, pudiendo ser la readmisión regular, aunque se introduzcan ciertas modificaciones no sustanciales en la relación laboral obligadas por las circunstancias y ajenas a la voluntad torticera de la empresa que tratase de eludir el cumplimiento de la sentencia que se ejecuta (TS 18-1-17, EDJ 4967).

Indemnización (ET art.56, disp.trans.11ª; LRJS art.110) La opción por la indemnización determina la extinción del contrato de trabajo que se entiende producida en la fecha de cese efectivo en el trabajo. El **monto** de la indemnización por despido improcedente está tasado legalmente, de manera que, con carácter general, no se tienen en cuenta parámetros de cuantificación del daño emergente, el lucro cesante y los daños morales causados. El monto de la indemnización puede incrementarse en algunas ocasiones superándose el monto de la legal tasada (nº 15004). 15000 MPL nº 3280 s.

El ET **barema la cuantía** de la indemnización tasada considerando el salario del trabajador y los años de prestación de servicios estableciendo con unos topes máximos (TS 31-5-06, Rec 5310/04). No obstante, en ocasiones se ha reconocido por los tribunales una indemnización **superior a la tasada** por ser poco disuasoria, lo que sucede también si se ha mejorado su cuantía por acuerdo. También pudo solicitarse una indemnización por vulneración de derechos fundamentales si se aprecia, por ejemplo, en la prueba utilizada por la empresa, o por otras razones.

La indemnización legal o tasada se fija en función de la fecha de **formalización del contrato**:

a) Si la formalización se hizo **desde el 12-2-2012** en adelante, la indemnización es de 33 días de salario por año de servicio, prorrateándose por meses los períodos inferiores a un año, esto es, el montante está limitado a 720 días (ET art.56.1.2º). Además, se deben **prorratear por meses** los períodos de tiempo inferiores a un año y las **fracciones de mes**, sea cual sea el número de días, se consideran como un mes completo, incluso si solo se había trabajado 2 días de un mes (TS 11-2-09, EDJ 19199; 20-7-09, EDJ 190339).

b) Respecto de los contratos formalizados **antes del 12-2-2012**, el cálculo indemnizatorio se hace en **dos tramos**, existiendo la obligación de prorratear por meses los períodos inferiores a un año en ambos tramos (ET disp.trans.11ª):

- un **primer tramo**: por el tiempo de prestación de servicios anterior al 12-2-2012 en el que el cálculo se hace a razón de 45 días de salario por año de servicio (3,75 días por mes de servicio: 45/12);
- un **segundo tramo**: por el tiempo de prestación de servicios posterior al 12-2-2012 a razón de 33 días de salario por año de servicio (2,75 días por mes de servicio: 33/12).

La indemnización está **limitada** a 24 mensualidades (720 días) salvo que del cálculo de la indemnización por el período anterior a 12-2-2012 resultase un número de días superior, en cuyo caso, se aplica este como importe indemnizatorio máximo, sin que dicho importe pueda ser superior a las 42 mensualidades (1.260 días) establecidas en la normativa anterior a la reforma. En la aplicación práctica de esta norma transitoria se pueden distinguir tres **posibilidades** dependiendo de la antigüedad del contrato a 12-2-2012:

1. Contratos **formalizados el 12-2-1984 o con anterioridad**: ya han consolidado el importe indemnizatorio máximo fijado con anterioridad a la reforma de 42 mensualidades (1.260 días), pues a 12-2-2012 se tenía ya una antigüedad de 28 años o más que ya implicaba alcanzar dicho tope. El límite de 42 mensualidades sólo rige cuando el resultado de aplicar el módulo de 45 días por año de servicios previos al 12-2-2012 supera los 720 días de indemnización, nunca cuando el resultado es inferior (TS 4-7-17, EDJ 151643).

2. Contratos formalizados **entre 13-2-1984 y el 12-2-1996**: el tope de la indemnización es, dependiendo de la antigüedad a 12-2-2012, siempre superior a 24 mensualidades (720 días), sin alcanzar las 42 mensualidades (1.260 días). Aunque supere los 720 días en el primer tramo la indemnización no puede incrementarse por los períodos de empleo posteriores al 12-2-2012; de manera que no es necesario calcular el segundo tramo (TS 15-11-17, EDJ 259449; 15-2-18, EDJ 13789). Debe **entenderse superado** un pronunciamiento aislado que sí permitía seguir acumulando antigüedad a efectos indemnizatorios con posterioridad a 12-2-2012 hasta alcanzar el tope indemnizatorio de las 42 mensualidades (TS 29-9-14, EDJ 188311).

3. Contratos **formalizados desde el 13-2-1996**: tope de 24 mensualidades, pues no puede tener una indemnización por despido mayor de 720 días (24 mensualidades) con independencia de la antigüedad que acumule con posterioridad a 12-2-2012.

En el cálculo de la indemnización, algunos tribunales se decantan por la utilización de la **calculadora del CGPJ** aplicación de acceso público: https://www.poderjudicial.es/cgpj/es/Servicios/Utilidades/Calculo-de-indemnizaciones-por-extincion-de-contrato-de-trabajo/ (TSJ Galicia 26-6-18, EDJ 556748).

15002 Precisiones **1)** El cálculo de la indemnización en el caso de que el trabajador despedido tuviera una **reducción de jornada por guarda legal** se realiza sobre el salario completo, no el reducido. El **tiempo de servicio** computable es el de los prestados desde la fecha de ingreso hasta la del despido, pues es el momento en que se extingue la relación laboral. De manera que no puede extenderse dicha antigüedad hasta la sentencia que declare la improcedencia del despido, aunque se abonaran salarios de tramitación (TS 21-10-04, EDJ 160261; 10-6-09, EDJ 151100). El acto del despido disciplinario es de **naturaleza constitutiva**, es decir, extingue la relación laboral en la fecha de efectividad del despido. Motivo por el que no es lógico sostener que ese periodo de **tiempo posterior al despido** haya de computarse en la antigüedad del trabajador, a ningún efecto, pues en el mismo no se han prestado realmente servicios ni existe nexo laboral entre las partes (TS 27-2-20, EDJ 559771).

2) Siempre se puede negociar -contractual o colectivamente- una **indemnización superior** a la legal (TS 11-3-13, EDJ 41033). Lo que puede tener **consecuencias** a efectos de IRPF y a efectos de cotización.

3) Cabe reclamar una indemnización adicional de daños y perjuicios por **vulneración de derechos fundamentales** (nº 15539) -que de apreciarse podría conducir a un despido nulo- permitiéndose la percepción de tal indemnización junto con la del despido.

4) Respecto del **retraso en el abono** de las cantidades fijadas en sentencia produce el pago de **intereses** en todos los supuestos, y no solo en los casos de ejecución forzosa (TS 25-10-89, EDJ 9474). Con carácter general, las deudas en favor del trabajador -también las indemnizatorias- generan **intereses sustantivos o moratorios** a su favor desde la interpelación judicial o extrajudicial (TS 23-1-13, EDJ 6667; 11-7-18, EDJ 572124). Sobre el derecho a que se imponga un interés moratorio sobre la indemnización (CC art.1108) es preciso que esta sea líquida, vencida y exigible y que haya ingresado en el acervo de derechos del trabajador. Eso sucede en el caso de que la empleadora reconozca en la carta de despido la improcedencia y fije el derecho al percibo de la indemnización, devengando intereses hasta la total efectividad de la misma (TS 23-1-13, Rec 1119/12). En caso contrario, solo procederían los **intereses procesales** que pudieran devengarse tras el dictado de la sentencia, de conformidad con la LEC art.576 (nº 14875).

5) El *dies a quo* o de inicio para el cómputo de la prescripción de la **acción de reembolso** emprendida por una empresa contra su antiguo trabajador, por el abono de cantidades correspondientes al IRPF de la indemnización por despido que le satisfizo, comienza cuando efectivamente la empresa abona tales cantidades a la Hacienda pública (TS 15-3-11, EDJ 26093). Con base en el **enriquecimiento injusto** del trabajador la empresa tiene derecho a reclamar a este último las cantidades abonadas en concepto de **retención legal de la indemnización** por despido ante la agencia tributaria, al haber recibido este además íntegramente la indemnización bruta consignada por la empresa para interponer el recurso de suplicación. El empresario no puede accionar frente a la agencia tributaria al ser el trabajador el sujeto pasivo del IRPF (TS 23-2-15, EDJ 80834).

Indemnizaciones superiores a la legal tasada **1.** El monto de las **indemnizaciones legales** tasadas por despido son derecho necesario relativo y por lo tanto **mejorables** respecto del trabajador por **CCol** aplicable **o pacto individual** (TS 19-11-01, EDJ 70966; 11-3-13, EDJ 41033). **15004**

En efecto, la libertad de pactos permite acordar una indemnización superior a la legal como **cláusula de blindaje** como medida de persuasión o defensa, que refuerza la posición del trabajador (TSJ Aragón 14-12-17, EDJ 279441; TS 25-9-13, EDJ 127752). El reconocimiento **automático** de la cláusula procede en caso de improcedencia, aunque no se haya reclamado expresamente en la demanda (TS 11-10-11, EDJ 249443). También puede acordarse, por ejemplo, una indemnización por **falta de preaviso** en caso de decisión unilateral de ruptura, situación a la que se asimila un despido disciplinario con reconocimiento de la improcedencia (TS 15-7-13, EDJ 164053).

2. También cabe solicitar una indemnización por daños y perjuicios en los supuestos en los que se acredite **vulneración de derechos fundamentales**, por ejemplo, en la forma de obtención de la prueba empresarial (TCo Rec 6838/19; TS 8-3-22, EDJ 521385).

3. Sobre la posibilidad de reconocer **indemnizaciones adicionales** en vía judicial cuando la indemnización calculada aplicando los parámetros y topes legales resulte exigua y no compense adecuadamente los perjuicios causados, utilizando como apoyo la **normativa internacional** contenida en el Convenio OIT núm 158 art.10 y la Carta Social Europea de 3-5-1996 (revisada) art.24, el Tribunal Supremo ha resuelto negativamente determinando que **no es posible** incrementar **en vía judicial** la indemnización legal por despido improcedente, reconociendo una indemnización adicional en atención a las circunstancias particulares del caso (TS 19-12-24, EDJ 776123; 16-7-25, EDJ 761617; 26-11-25, EDJ 787577).

El **Comité Europeo de Derechos Sociales** ha interpretado la posible aplicación directa de la Carta Social Europea de 3-5-1996 (revisada) art.24, publicada en el BOE de 11-6-2021, y que entró en vigor el 1-7-2021, a raíz de una reclamación colectiva planteada por el sindicato UGT. En su resolución considera que los límites máximos fijados por la legislación española para la indemnización por despido improcedente no son lo suficientemente elevados para reparar el daño sufrido por la víctima en todos los casos, así como para disuadir al empleador, lo que vulnera el art.24 de la Carta Social Europea Revisada, máxime teniendo en cuenta que el reconocimiento de una indemnización adicional solo es posible en supuestos excepcionales (Decisión del Comité Europeo de Derechos Sociales de 20 de marzo de 2024, denuncia 207/2022).

c. Ejecución provisional

(LRJS art.111, 112.1.b, 297 y303.3; LGSS art.267.3)

15005 MPL nº 6460 s.

La ejecución provisional de las sentencias de despido, que lo declaren nulo o improcedente, mientras se sustancia un **recurso de suplicación o casación**, es un procedimiento autónomo que no se supedita al resultado favorable o adverso del recurso (TS 17-7-93, EDJ 23588; TSJ Madrid 25-10-17, EDJ 247860).

La solicitud de ejecución provisional siempre procede en el caso de **nulidad**; sin embargo, en el de **improcedencia** solo cabe cuando se optó por la readmisión (nº 15008).

La ejecución provisional solo puede acordarse a instancia de parte. La **legitimación** para solicitar la ejecución provisional la ostenta tanto el trabajador como el empresario. Su solicitud no está sujeta a un **plazo** determinado, pues puede producirse en el que medie entre la sentencia de instancia y la sentencia firme que ponga fin al recurso.

El **objeto** de la ejecución provisional es exigir al empresario el cumplimiento de la obligación de seguir satisfaciendo al trabajador despedido la **misma retribución** que percibía con anterioridad a producirse su cese, mientras dura la tramitación de los mencionados recursos y para que continúe también el trabajador prestando servicios, a menos que el empresario prefiera hacer

el abono aludido sin compensación alguna (LRJS art.297 y 298). De esta forma, cualquiera que sea el recurrente, solicitada la ejecución provisional el empresario debe **abonar el salario** que viniera percibiendo antes de producirse el despido y fijado en sentencia como regulador de la propia indemnización (TS 25-9-08, EDJ 197312; 9-5-11, EDJ 99989; TSJ Castilla-La Mancha 15-3-18, EDJ 55993) y puede o bien prescindir de sus servicios o requerir al trabajador para que se reincorpore, pues si no lo hace el trabajador no está obligado a prestar servicios.
Con independencia de dicha opción empresarial, en el caso de despido de **representante de los trabajadores** debe permitirle continuar con su función representativa (LRJS art.284 y 302).

15006 Frente a los autos dictados por el juez o tribunal en ejecución provisional, solo procede el **recurso de reposición** y **excepcionalmente**, cabrían recursos devolutivos (de suplicación o casación ordinaria), pero únicamente en los dos siguientes **supuestos**, siguiéndose las reglas generales de ambos recursos, si el auto (LRJS art.191.4.d.4º y 304.3):
- adoptase materialmente una decisión que quedase **fuera de los límites de la ejecución provisional** (TS 18-5-18, EDJ 104188), por ejemplo, cuando se resuelven cuestiones que inciden en la ejecución definitiva (TS 9-3-16, EDJ 35178);
- declarase la **falta de jurisdicción o competencia** del orden jurisdiccional.

Frente a las dictadas por el letrado de la Administración de Justicia procede recurso de reposición, salvo que fueran directamente recurribles en revisión.
Durante la **tramitación del recurso** contra la sentencia que declare la improcedencia del despido, el trabajador se encuentra en **desempleo** involuntario con derecho a desempleo. Si se insta la ejecución provisional, se suspende la prestación por desempleo mientras el trabajador continúe prestando servicios o no los preste por voluntad del empresario durante la tramitación del recurso (LGSS art.271.1.e). La prestación se reanuda a petición del trabajador a partir del término de la causa de suspensión siempre que se solicite en los 15 días siguientes (LGSS art.271.4.b).
Las **medidas preventivas** que pueden adoptarse en el marco de la ejecución provisional de la sentencia de despido improcedente, cuando el empresario que optó por la readmisión pretende que el trabajador continúe prestando servicios, coinciden con las que se pueden establecer en los procesos en los que se ejercite la acción de extinción del contrato de trabajo a instancia del trabajador, por incumplimiento empresarial (ET art.50), cuando justifique que tal decisión empresarial perjudica la dignidad o la integridad física o moral de trabajador, pueda comportar una posible vulneración de sus demás derechos fundamentales o libertades públicas o posibles consecuencias de tal gravedad que pudieran hacer inexigible la continuidad de la prestación en su forma anterior.

Precisiones La **opción** entre readmisión e indemnización que hubiera realizado la empresa condenada en la instancia no vincula a la **empresa condenada, por primera vez, en suplicación**, sin perjuicio de que esta última proceda a reclamar al Estado los salarios de tramitación abonados que, en su caso, procedan (TS 30-9-03, EDJ 158546). Ver (nº 15075).

15007 **Ejecución provisional en caso de acumulación de acciones y procesos de extinción y despido** Teniendo en cuenta los supuestos de acumulación de acciones y procesos de extinción del contrato y despido (nº 14962 s.), en caso de ejecución provisional de la **extinción contractual por incumplimiento empresarial** (ET art.50), si el trabajador obtuvo sentencia favorable a su pretensión extintiva y el empleador recurre, puede optar entre continuar prestando servicios o cesar en la prestación en cumplimiento de la sentencia, quedando en este último caso en situación de desempleo involuntario desde ese momento, sin perjuicio de las medidas cautelares que pudieran adoptarse (LRJS art.303.3).
Esta **opción** -similar a la de las sentencias de despido- debe efectuarse, por escrito o por comparecencia, en los 5 días siguientes a la notificación de que la empresa ha recurrido -sin que la norma aclare si es el anuncio de recurso o su formalización-.
En dicha tesitura, si el Tribunal Superior de Justicia o el Tribunal Supremo **revocan la sentencia**, el empleador debe comunicar al trabajador, dentro del plazo de 10 días a partir de su notificación, la fecha de reincorporación, para efectuarla en un plazo no inferior a los 3 días siguientes a la recepción del escrito. De esta forma, si no se produce la **reincorporación efectiva**, queda extinguido definitivamente el contrato, siguiéndose en otro caso, si la sentencia ganó firmeza, los trámites de la ejecución de sentencias firmes de despido.
En dicho escenario estimatorio y a efectos de la **prestación de desempleo**, tal período se considera de ocupación cotizada.

15008 **Reincorporación del trabajador** (LRJS art.297 a 302; LGSS art.271.1.e y 212.4.b) Instada la ejecución provisional, cuando el empresario no opta por prescindir de los servicios del trabajador debe readmitirle en su **mismo puesto** de trabajo, so pena de readmisión irregular. Supuesto

en el que el juez, tras sustanciación del incidente promovido por el trabajador, podría condenar a la empresa a al abono de salarios sin contraprestación de servicios.
Si el trabajador requerido por el empresario a prestar servicios **se niega a realizarlos** pierde el derecho a percibir los salarios los salarios de tramitación desde esa no reincorporación a la firmeza de la sentencia, sin que se pueda entender que esté incumpliendo ningún deber. En los 10 días siguientes a la notificación de la sentencia de suplicación que **confirme la de instancia** con declaración de improcedencia la empresa, sin poder cambiar su opción por la readmisión, está obligada a comunicar por escrito al trabajador una **nueva fecha** para su **reincorporación** al trabajo. El trabajador ha de reincorporarse al menos transcurridos 3 días desde la recepción de dicha comunicación (LRJS art.299 y 111.2; TS 20-10-15, Rec 1412/14; 23-7-20, EDJ 684118).
El empresario ha de **instar el alta** del trabajador y efectuar la **cotización a la Seguridad Social** del período correspondiente a los salarios de tramitación, que se considera de ocupación cotizada a todos los efectos (LGSS art.268.5.b, 209.6 y 298.g).
Si la **sentencia** favorable al trabajador fuera **revocada** en todo o en parte, no vendrá obligado al reintegro de los salarios percibidos durante el período de ejecución provisional y conservará el derecho a que se le abonen los devengados durante la tramitación del recurso y que no hubiere aún percibido en la fecha de la firmeza de la sentencia (LRJS art.300; TS 6-10-95, EDJ 5133; TSJ Burgos 13-6-18, EDJ 553105). Si la sentencia es **confirmada**, se inicia, en su caso, la ejecución definitiva (nº 15015).

Precisiones **1)** Hay que tener en cuenta que esta **readmisión** no supone que se reanude la relación laboral que quedó extinguida con el despido nulo o improcedente (TS 7-12-90, EDJ 11202).
2) Una vez reincorporado en ejecución provisional se ha declarado **procedente el despido** del trabajador por inasistencias injustificadas a su puesto de trabajo, pues durante la prestación de servicios bien puede incurrir en faltas sancionables (TSJ Madrid 15-12-11, EDJ 338618).
3) Cuando el **despedido se jubila** antes de que se declare la improcedencia del despido, la opción por la readmisión no es imposible, pues el trabajador puede suspender la percepción de la pensión incompatible con el trabajo. Durante la ejecución provisional, habiendo optado la **empresa por la readmisión**, si el trabajador decide voluntariamente no reincorporarse pierde los salarios correspondientes en exclusiva a ese período (TS 4-3-14, EDJ 42935; TSJ Sevilla 27-9-17, EDJ 216292).

Supuesto de opción por la indemnización (LRJS art.111, 112.1.b y 301; LGSS art.267.5.a) En los supuestos de despido improcedente en los que el **empresario** haya optado por la indemnización, si se interpone recurso -por el trabajador o por empresario-, queda eliminada la prohibición de ejecución provisional de esas sentencias y no cabe readmisión mientras penda el recurso. Los mismos efectos se producen cuando el que optó por la indemnización fue el **representante legal o sindical** despedido. Así, ante la opción por la indemnización solo cabe la posibilidad de solicitar **anticipos reintegrables** sobre la cantidad consignada (TSJ Castilla-La Mancha auto 28-11-05, EDJ 237701; 21-2-06, EDJ 76873). 15009
El trabajador, no obstante, sí está en **situación legal de desempleo** (LGSS art.208.3).
Si la sentencia que resuelve el recurso interpuesto por el trabajador **eleva la cuantía de la indemnización**, el empresario puede cambiar el sentido de la opción dentro de los 5 días siguientes a su notificación. En este caso la readmisión -que supone el abono de los salarios de tramitación- retrotrae sus **efectos económicos** a la fecha en que tuvo lugar la primera elección.

d. Ejecución de sentencia firme de despido. Incidente de no readmisión

(LRJS art.279 a 281 y 286)

Las sentencias firmes de despido improcedente en que se haya **optado por la indemnización** han de ejecutarse por el procedimiento de ejecución dineraria, no requiriendo la celebración de incidente. Recuérdese que es posible la **anticipación de la opción** entre indemnización-readmisión en el momento del juicio o un momento anterior o, incluso, con posterioridad a la sentencia si no se ha dictado aún sentencia (LRJS art.110.1.a). Esta posibilidad de anticipación la ha de llevar a cabo el **titular de la opción** mediante expresa manifestación en tal sentido, debiéndose pronunciar sobre ello el juez en la sentencia sin perjuicio de lo dispuesto luego en relación al régimen de recursos (LRJS art.111 y 112). 15015 MPL nº 6200 s.
Por otra parte, a solicitud del demandante, si consta la **imposibilidad de la readmisión**, en sentencia puede acordarse tener por hecha la opción por la indemnización, declarando en la misma extinguida la relación laboral y condenando al empresario a abonar la indemnización por despido, calculada hasta la fecha de la sentencia (LRJS art.110.1.b); así como los salarios de tramitación hasta esa misma fecha, según interpretación jurisprudencial (TS 14-11-17, EDJ 243666; 25-10-17, EDJ 237188; 13-3-18, EDJ 30004). La ejecución de esta sentencia se realiza también por el trámite de ejecución dineraria.

Precisiones 1) Si el contrato de trabajo está suspendido por la situación de **IT**, no se puede solicitar la readmisión hasta que tal situación finaliza, empezando, entonces, a correr el cómputo del plazo (TS 18-10-00, EDJ 33449).

2) A efectos de los plazos señalados se considera hábil el **mes de agosto** (LRJS art.43.4.1º; TCo 151/1993).

3) Una vez **instada la ejecución** alegándose la no readmisión, no cabe la posibilidad legal de que la empresa pueda interponer una readmisión negada expresamente o no cumplida voluntariamente hasta entonces (TS 23-11-98, EDJ 28330).

4) La **prescripción de la acción** para ejecutar la sentencia firme de despido improcedente tiene efecto no solo de cara a la extinción de la relación laboral sino, también, de cara al cobro de la indemnización sustitutoria que se hubiera acordado en caso de no readmisión (TS 26-10-04, EDJ 229557). De manera que, si el trabajador **no insta la ejecución** ante el incumplimiento empresarial en los plazos anteriormente señalados, superados los 3 meses desde la firmeza de la sentencia o título ejecutivo, el trabajador pierde la **indemnización** sustitutiva de la readmisión (LRJS art.279.2; TSJ Sevilla 30-10-07, EDJ 348105).

5) Como norma general una sentencia únicamente puede ejecutarse frente a la persona o personas que figuran **condenados** en ella. Excepcionalmente se admite la posibilidad de ejecutar **frente a terceros**, en determinados supuestos de sucesión empresarial no discutida, posterior a la sentencia que se ejecuta. Sin embargo, cuando se trata de hechos anteriores a la demanda, debieron hacerse constar en ella, según lo dispuesto en la LEC art.400 de aplicación supletoria, esto es, demandando al que ahora se pretende ejecutar, ventilándose tales cuestiones en el juicio. De esta forma, no procede en el marco del incidente de ejecución proceder al **levantamiento del velo** por actos y conductas del administrador previos a la presentación de la demanda. No se puede oponer que un **hecho es nuevo** por la mera afirmación del ejecutante de no haberlo conocido antes del juicio (TS 25-1-07, EDJ 7442).

6) No cabe ejercitar la acción de resolución judicial indemnizada del contrato por incumplimiento empresarial (ET art.50), pues la vía adecuada es la del **incidente de ejecución provisional** (TS 19-5-98, EDJ 5230).

15016 MPL nº 6200 **Incidente de no readmisión** (LRJS art.280, 281, 283 y 286) Cuando el empresario no materializa la **opción** entre la indemnización o la readmisión, en los términos señalados (nº 14995), o habiendo optado por la **readmisión** esta no se lleva a cabo, o se realiza de manera irregular, el trabajador puede solicitar la **ejecución** del fallo ante la Sección de lo Social del Tribunal de Instancia -hasta su constitución, Juzgado de lo Social- mediante un **incidente de no readmisión**. Este procedimiento especial de ejecución de sentencias de despido que implican la readmisión del trabajador, frente a la ejecución común dineraria (nº 14775 s.), se ha de realizar dentro del **plazo** de 20 días siguientes a la fecha en que:

a) el empresario hubiese señalado para la readmisión, cuando esta **no se haya efectuado**.

b) expire el plazo de los 10 días -fijados para que el empresario comunique al trabajador la fecha de su reincorporación- sin haberse señalado **fecha de reanudación** de la relación laboral.

c) la readmisión se produzca cuando esta sea considerada **readmisión irregular** (nº 14998).

No obstante, para solicitar la citada ejecución del fallo, se establece un **plazo máximo** de 3 meses, desde la firmeza de la sentencia. Sin perjuicio de que **no** se devengan **salarios de tramitación** por los días transcurridos entre el último de cada uno de los 20 días señalados y el que se solicite la ejecución. **No se aplica** el plazo de **3 meses** si se pide ejecución por los salarios de tramitación (TS 24-1-12, EDJ 12210; TSJ Asturias 13-5-11, EDJ 94274).

Todos los plazos señalados son de **prescripción**, interrumpiéndose por las causas establecidas legalmente (nº 14574.1).

15017 **Tramitación** Instada por el trabajador la **ejecución del fallo** en cuanto a la condena a readmisión, el **juez competente** ha de dictar auto despachando la ejecución por la vía de incidente de no readmisión. Seguidamente, el **letrado de la Administración de Justicia** ha de señalar la vista del incidente dentro de los 5 días siguientes, citando de comparecencia a los interesados.

La ejecución de **otros pronunciamientos distintos** de la condena a readmisión se somete a las reglas generales aplicables según su naturaleza.

Si el día de la comparecencia, citadas en forma las partes, no compareciera el **empresario**, se celebra el acto sin su presencia y de no comparecer el **trabajador**, se le tiene por desistido de su solicitud. En ese supuesto de **desistimiento del trabajador** por su incomparecencia, se entiende que nunca pierde, en su caso, los salarios que se hayan devengado desde la fecha del despido, hasta la solicitud de la ejecución del fallo.

En la **comparecencia**, llamada incidente de no readmisión, las partes pueden aportar las pruebas que crean convenientes, pero solo en relación con si se ha producido o no readmisión, y si esta ha sido o no irregular. No obstante, en este incidente la carga de la prueba se invierte y es el empresario el que acredita o no la readmisión, y si esta ha sido irregular o no. Si no ha existido readmisión o ésta ha sido irregular, no se ha cumplido la obligación, por lo que el proceso ejecutivo queda expedito (TS 21-6-17, EDJ 133515).

Una vez **finalizada la comparecencia**, si queda probado lo alegado por el trabajador en su solicitud de cumplimiento del fallo, el juez, en el plazo de 3 días, debe dictar **auto** por el que puede (LRJS art.281.2 y 286; ET art.56.2):

• Declarar **extinguida la relación laboral** en la fecha de dicha resolución.

• Acordar que se abonen al trabajador las **percepciones económicas** previstas legalmente -indemnización (nº 15000) y salarios de tramitación, en los casos de readmisión o nulidad-. Como finalización del tiempo de servicio, se toma la fecha del auto que extingue la relación laboral, y como salario para su cálculo es el devengado en la fecha del dicho auto (TS 29-9-89, EDJ 8547). Además, el juez puede, en atención a las circunstancias concurrentes y a los perjuicios derivados de la no readmisión, puede imponer una **indemnización adicional** (nº 15020).

• Condenar al empresario al abono de los **salarios dejados de percibir** desde la fecha de la notificación de la sentencia que por primera vez declare la improcedencia hasta la de la mencionada solución. Se trata de una **condena distinta** a la de los salarios de tramitación (que de tener que abonarse comprenden el período que va desde la fecha del despido hasta la fecha en que se dictó esa sentencia), en efecto, los que se fijan en el auto de resolución del incidente de ejecución son los salarios del período comprendido entre la sentencia de instancia y dicho auto (TS 21-7-09, EDJ 217623).

Precisiones **1)** Si el contrato de trabajo está suspendido por la situación de **IT**, no se puede solicitar la readmisión hasta que tal situación finaliza, empezando, entonces, a correr el cómputo del plazo (TS 18-10-00, EDJ 33449).

2) A efectos de los plazos señalados se considera hábil el **mes de agosto** (LRJS art.43.4.1º; TCo 151/1993).

3) Una vez **instada la ejecución** alegándose la no readmisión, no cabe la posibilidad legal de que la empresa pueda interponer una readmisión negada expresamente o no cumplida voluntariamente hasta entonces (TS 23-11-98, EDJ 28330).

4) La **prescripción de la acción** para ejecutar la sentencia firme de despido improcedente tiene efecto no solo de cara a la extinción de la relación laboral sino, también, de cara al cobro de la indemnización sustitutoria que se hubiera acordado en caso de no readmisión (TS 26-10-04, EDJ 229557). De manera que, si el trabajador **no insta la ejecución** ante el incumplimiento empresarial en los plazos anteriormente señalados, superados los 3 meses desde la firmeza de la sentencia o título ejecutivo, el trabajador pierde la **indemnización** sustitutiva de la readmisión (LRJS art.279.2; TSJ Sevilla 30-10-07, EDJ 348105).

5) Como norma general una sentencia únicamente puede ejecutarse frente a la persona o personas que figuran **condenados** en ella. Excepcionalmente se admite la posibilidad de ejecutar **frente a terceros**, en determinados supuestos de sucesión empresarial no discutida, posterior a la sentencia que se ejecuta. Sin embargo, cuando se trata de hechos anteriores a la demanda, debieron hacerse constar en ella, según lo dispuesto en la LEC art.400 de aplicación supletoria, esto es, demandando al que ahora se pretende ejecutar, ventilándose tales cuestiones en el juicio. De esta forma, no procede en el marco del incidente de ejecución proceder al **levantamiento del velo** por actos y conductas del administrador previos a la presentación de la demanda. No se puede oponer que un **hecho es nuevo** por la mera afirmación del ejecutante de no haberlo conocido antes del juicio (TS 25-1-07, EDJ 7442).

Además, cabe la posibilidad de que, pese a ser forzosa la readmisión, se sustituya por la indemnización legal cuando se acredite la **imposibilidad de readmitir** al trabajador por cese o cierre de la empresa obligada que se ve ahora también extendida a aquellos supuestos en los que concurra cualquier otra causa de imposibilidad material o legal (LRJS art.286.1; TS 6-10-09, EDJ 259277). Posiblemente haya que realizar una segunda comparecencia (LRJS art.238), de no acreditarse tal imposibilidad, con solo ese objeto. Es pertinente la **condena en costas** en el incidente, ante el incumplimiento de la sentencia y el gasto generado para el ejecutante. **15018**

Si el trabajador no viniera percibiendo las **prestaciones por desempleo**, puede comenzar a percibirlas a partir del momento en que se declare extinguida la relación laboral.

Cuando la sentencia debe **ejecutarse en sus propios términos** -por ser el trabajador representante de los trabajadores que optó por la readmisión por haber optado la empresa- tácita o expresamente -por la readmisión o por haberse declarado la nulidad del despido- el juez ordenará al empresario que reponga al trabajador en su puesto y le apercibirá de la posibilidad de que el letrado de la Administración de Justicia adopte medidas excepcionales dirigidas al cumplimiento *in natura* del fallo (nº 15038).

Hay que tener en cuenta que la prescripción por **interposición tardía del incidente de no readmisión** no afecta a los salarios de tramitación a los que se condenó a la empresa en instancia en la primera sentencia que declaró improcedente el despido. Salarios que pueden reclamarse en el plazo de un año (TS 24-2-15, EDJ 45758).

15019 Precisiones 1) Es admisible que la ejecutante, tras haber sido tenida por **desistida en un incidente de ejecución**, reitere o pida de nuevo que se lleve a cabo la ejecución de la sentencia (TSJ Madrid 20-12-07, EDJ 339460).

2) Con relación al cálculo de los **salarios dejados de percibir**, en ejecución, pueden descontarse de los mismos los **salarios percibidos** por el trabajador por cuenta de otro empresario, independientemente de que el nuevo salario sea igual o superior (TS 18-4-07, EDJ 36199), lo mismo ocurre cuando el trabajo sea por cuenta propia (TSJ País Vasco 15-1-02, EDJ 38204). También se ha estimado que se han de tener en cuenta las **variaciones** reguladas por convenio colectivo (TS 29-9-89, EDJ 8547). Y, por el contrario, que el incremento posterior no afecta a la indemnización ni a los salarios de tramitación (TS 7-12-90, EDJ 11202); permanecen **inalterables** y no actualizables, salvo que el trabajador, en ejecución provisional, continúe prestando servicios (TS 30-1-91, EDJ 903).

3) Lo expuesto sobre el incidente de no readmisión para la ejecución de sentencias de despido declarado improcedente es aplicable para la ejecución de la **conciliación extrajudicial**, cuando el acuerdo conciliatorio tiene un contenido específico de readmisión que luego no existe o se produce irregularmente (TS 20-3-98, EDJ 4899); o de la **conciliación judicial** (TS 28-4-98, EDJ 4742).

15020 **Indemnización adicional e intereses** (LRJS art.281.2.2.b) El juez, en el mismo auto en el que declaró extinguida la relación laboral, puede -en atención a las circunstancias concurrentes y a los perjuicios ocasionados por la no readmisión o readmisión irregular- fijar una **indemnización adicional** de hasta 15 días de salario por año de servicio y con un **máximo** de 12 mensualidades, siempre prorrateándose los períodos de tiempo inferiores a un año y computándose -como tiempo de servicios- el transcurrido hasta la fecha del auto.

Esta posibilidad ha de interpretarse restrictivamente y no puede imponerse por la simple omisión o por el irregular cumplimiento del fallo, sino que exige una **incidencia dañosa** para el trabajador más allá de la derivada de la extinción de la relación laboral (TS 18-1-17, EDJ 4967; TSJ Asturias 11-9-18, EDJ 618946). Por ejemplo, la renuncia del trabajador a un puesto de trabajo en otra empresa para poder reincorporarse a aquella de la que fue despedido, justifica que se fije una indemnización adicional, si la reincorporación es irregular por la actuación del empresario, provocando la extinción del contrato (TSJ Madrid 18-10-05, EDJ 174181).

El **retraso en el abono** de las cantidades fijadas en sentencia, o en el auto que resuelve el incidente de no readmisión, puede dar lugar a la fijación de **intereses** (LEC art.576). En el caso de **cantidades adeudadas por la Administración**, el régimen aplicable a efectos de intereses es el de la Ley general presupuestaria, también aplicable a las entidades gestoras de la Seguridad Social (TS 17-1-96, EDJ 52440).

15022 **Extinción del derecho a ocupación de vivienda** (LRJS art.285, 241.1 y 2; LEC art.675) En el supuesto de que el trabajador ocupe vivienda por razón del puesto de trabajo, la extinción de la relación laboral como consecuencia de un despido supone que se extinga el derecho a disfrutar de la misma. La resolución firme en que se declare la extinción del contrato de trabajo constituye título para proceder a **ejecutar el lanzamiento** del ocupante de la vivienda, en el caso de que conste en la misma que su disfrute esté vinculado con el trabajo.

Así, procede que la deje expedita y a disposición del empleador en el **plazo** de 1 mes, prorrogable a 2 meses si hubiese motivo fundado.

El plazo para el desalojo es el doble si el trabajador que ocupa la vivienda fuese cabeza de **familia numerosa** (L 40/2003 art.10.2).

Pasado este plazo, el empresario puede solicitar de la Sección de lo Social del Tribunal de Instancia -hasta su constitución, Juzgado de lo Social- el **lanzamiento**, siguiendo las normas previstas en la LEC art.704.1.

Precisiones Si la **sentencia de despido** no contiene antecedentes ni pronunciamiento alguno sobre la ocupación y la causa justificativa del disfrute de la vivienda por el trabajador despedido, se debe instar un nuevo proceso con demanda solicitando la condena al abandono de vivienda que ocupaba por razón de trabajo (TS 11-12-01, EDJ 61274), siendo la **jurisdicción competente** la del orden social salvo que haya transcurrido un periodo superior a un año desde que se extinguió el contrato de trabajo y haya continuado la ocupación de la vivienda (TS 23-11-00, EDJ 55667; 17-9-02, EDJ 123186).

e. Representante de los trabajadores

(ET art.55.1.3º, 56.4 y 68; LRJS art.108, 111, 112.1, 230, 238, 280 a 293, 300, 304 y 305)

15025 Los representantes de los trabajadores -unitarios y sindicales- gozan de una serie de **garantías legales** frente al poder disciplinario por faltas graves y muy graves y por tanto también en caso de despido (garantía de indemnidad, apertura de expediente contradictorio y trámite de audiencia), debiéndose tener en cuenta también las garantías adicionales que se puedan establecer en los convenios colectivos. El **incumplimiento** empresarial de las dos últimas garantías formales (expediente y audiencia) conduce a la declaración de la improcedencia del despido (LRJS art.108.1.1º). Por su parte, la vulneración de la garantía de indemnidad atenta contra el derecho fundamental a la libertad sindical e implicaría la calificación de nulidad del despido; en estos casos se puede reclamar una indemnización de daños y perjuicios (TCo 247/2006). Además, en el caso de declararse judicialmente el **despido improcedente** (disciplinario u objetivo) tales representantes gozan de (ET art.56.4; TS19-5-09, EDJ 20315; 17-4-18, EDJ 64877):

a) Un **derecho de opción** entre indemnización y readmisión. La no opción en el plazo de 5 días, desde la notificación de la sentencia, implica una tácita elección en favor de la readmisión. Cuando se opte de forma expresa o presunta por la **readmisión,** esta es obligada. Por tanto, el despido improcedente del delegado de personal, miembro del comité de empresa o delegado sindical, que optare por la readmisión, tiene los mismos **efectos** que el despido nulo (nº 2100) y debe ejecutarse en sus **propios términos**.

b) Un derecho al abono de los **salarios de tramitación** con independencia del sentido de la opción que ejercite, esto es, también en el caso de decidirse por la indemnización. Derecho del que carecen el resto de trabajadores.

Respecto de la **duración** de dicha **garantía** de opción hay que señalar que **se extiende** no solo al período de representación sino también:

• Durante todo el **año siguiente** a dicho mandato (TS 19-5-09, EDJ 120315; 17-4-18, EDJ 64877), por ser una garantía inherente a su función representativa (TCo 229/2002; TS 20-3-97, EDJ 2041).

• En un **momento previo**, pues se aplica a los **candidatos** despedidos apresuradamente, días antes de las elecciones sindicales, sin base alguna para ello, siempre que tras el cese resulten elegidos (TS2-12-05, EDJ 237481; 25-6-12, EDJ 149777; TSJ Burgos 15-10-15, EDJ 190184). Se ha estimado que la garantía no alcanza a los candidatos no electos, pero sí a los **suplentes** (TS 15-3-93, EDJ 2589). Si en el momento del despido el trabajador no era aún candidato no le alcanza la garantía, aunque ya hubiese resultado elegido al momento de dictarse la sentencia (TS 20-6-00, EDJ 15578). No obstante, sí tiene esta tutela cuando iniciado el proceso electoral la **empresa conoce** que el despedido se va a presentar como candidato y resulta elegido posteriormente (TS 28-12-10, EDJ 298257). No alcanzando al que ya no es trabajador de la empresa, por haber sido despedido horas antes de la apertura del proceso de elecciones, sin demostrarse que la empresa tuviera conocimiento de su intención de presentarse, ni que hubiera injerencia empresarial en el proceso electoral (TS 25-6-12, EDJ 149777). En otro caso se declaró el despido nulo, al admitirse como indicio que permitió la inversión de la carga de la prueba que la trabajadora manifestase su intención de encabezar una candidatura en una asamblea de trabajadores, siendo despedida disciplinariamente (admitiendo la empresa la improcedencia a pesar de las graves imputaciones) dos días antes de configurarse dicha candidatura (TSJ La Rioja 12-9-06, EDJ 293903).

Cuando la **sentencia** que declare improcedente el despido de un representante de los trabajadores es **recurrida**, la **ejecución provisional** de dicha sentencia tiene las siguientes **consecuencias**: **15026**

a) Si el trabajador ha optado por la **readmisión**, cualquiera que sea el recurrente, los efectos son los señalados para el supuesto de ejecución provisional de las sentencias de despido (nº 15005).

b) Si el trabajador ha optado por la **indemnización**, cualquiera que sea el recurrente, no procede la ejecución provisional de la sentencia, esto es, no procede durante la resolución del mismo la readmisión (LRJS art.111.1.b y art.112.1.b. En todo caso, el trabajador se encuentra en **situación legal de desempleo**.

Precisiones **1)** El trabajador ha de interesar en su **demanda, o en el acto del juicio** que se le reconozca tal derecho de opción, pues su reconocimiento en sentencia sin solicitud previa se ha considerado incongruente (TCo 169/2013). **15027**

2) A los efectos del derecho de opción resulta intrascendente que el **convenio colectivo** lo circunscriba a los trabajadores fijos, pues tal garantía a favor de los representantes está establecida por el ET y prima -por mera jerarquía normativa- frente a la regulación convencional (TS 14-10-97, EDJ 7031).

3) Se ha entendido que **corresponde a la empresa** la opción en caso de despido improcedente en empresa de quien fue **delegado sindical** cuando la reducción del número de trabajadores del centro de trabajo le sitúa por debajo de los límites numéricos que exige su existencia (LOLS art.10.2; TS 3-11-08, EDJ 227888).

4) Se ha estimado que sí **tienen derecho de opción**:

- el representante afectado por una **cesión ilegal**, aunque pierda tal condición representativa al integrarse en la empresa cesionaria (TSJ Sevilla 20-3-14, EDJ 70420);
- el representante legal o sindical que haya **dimitido o haya sido destituido** antes del despido por parte de los trabajadores o del sindicato respectivamente (TCo 229/2002).

5) El **derecho de permanencia** de los representantes de los trabajadores solo se produce en el marco de despidos objetivos y colectivos (nº 2911 Memento Social 2026).

15028 Pero si el **empresario recurre** y la sentencia que resuelve el recurso disminuye la cuantía de la indemnización, el trabajador, dentro de los 5 días siguientes, puede cambiar el sentido de su opción. En este caso, la **readmisión** retrotrae sus efectos económicos a la fecha en que tuvo lugar la primera elección, pero se deducen las cantidades que haya podido percibir en concepto de **desempleo**. Esta cantidad, más la que corresponda a la **aportación empresarial** a la Seguridad Social por dicho trabajador, ha de ser ingresada por el empresario en la entidad gestora.

El período anterior, a efectos del reconocimiento de un futuro desempleo, se considera como de **ocupación cotizada**.

Durante la sustanciación del recurso, el órgano judicial ha de adoptar las medidas oportunas para garantizar el ejercicio de sus **funciones representativas**.

La **ejecución** de **sentencia firme** de despido de delegado de personal, miembro del comité de empresa o delegado sindical, declarado nulo o improcedente, habiéndose optado por la readmisión, ha de ejecutarse en sus propios términos. A tal efecto, el juez, una vez solicitada la readmisión, requiere al empresario para que repongan al trabajador en su puesto de trabajo en el plazo de 3 días. Si el empresario mantiene una actitud contraria, el juez ha de proceder como en el supuesto de oposición a la ejecución de sentencia de despido nulo (nº 15040).

8. Despido nulo

(ET art.55.5 -redacc LO 1/2025- y 55.6; LRJS art.108.2 y 3, 113 y 286)

15030 La declaración de nulidad del despido impone al empresario el **restablecimiento de la relación laboral** con el trabajador que en su día quedó rota por la decisión unilateral de despedirlo. Pero ni siquiera la calificación del despido como nulo desvirtúa el carácter autónomo y constitutivo del acto del despido y el restablecimiento del contrato solo tiene lugar cuando se produzca la readmisión del trabajador y esta sea regular (TS 17-5-00, EDJ 14522).

MPL nº 3312 s.

15032 **Supuestos de nulidad** (ET art.53.4 y 55.5 -redacc LO 1/2025-) Es nulo el despido en los siguientes supuestos:

1. Despido en el que se violan **derechos fundamentales** y **libertades públicas** del trabajador, incluida la prohibición de **discriminación**, la propia **garantía de indemnidad**, por ser represalia contra el trabajador que defiende o reclama sus derechos, o el derecho de **huelga**.

2. Por otro lado, son **objetiva y automáticamente nulos**, al margen de cualquier móvil discriminatorio, los despidos que se produzcan en los siguientes supuestos, salvo que sean calificados como procedentes al acreditarse la imputación disciplinaria por motivos no relacionados con el embarazo o con el ejercicio del derecho a los permisos y excedencia señalados:

a) El despido de los trabajadores durante los **periodos de suspensión del contrato de trabajo** por nacimiento, adopción, guarda con fines de adopción, acogimiento, riesgo durante el embarazo o riesgo durante la lactancia natural (ET art.45.1.d), disfrute del permiso parental (ET art.48 bis), o por enfermedades causadas por embarazo, parto o lactancia natural, o la notificada en una fecha tal que el plazo de preaviso concedido finalice dentro de dichos periodos.

b) El despido de trabajadores víctimas de la **violencia de género o de violencia sexual** por el ejercicio de sus específicos derechos legales para hacer efectiva su protección (ET art.37.8, 40.4 y 45.1.n).

c) El de las **trabajadoras embarazadas**, desde la fecha de inicio del embarazo hasta el comienzo del periodo de suspensión por nacimiento, y aunque el empresario **no** tenga **conocimiento** del embarazo (TCo 92/2008; 124/2009; TS 17-10-08, EDJ 234704).

d) El de los trabajadores que hayan **solicitado** o estén disfrutando uno de los siguientes **permisos**, **reducciones** de jornada, **acumulaciones** de las mismas o **excedencias**:

• Permiso de **lactancia** de un hijo que puede generar la reducción de jornada por tal motivo o la acumulación de jornadas (ET art.37.4).

• Derechos a ausentarse del trabajo o reducir su jornada en el caso de **hospitalización de hijo prematuro** (ET art.37.5).

• Cuando se ejercitaron el derecho de **reducción de jornada** por cuidado de un menor de 12 años o persona con discapacidad física, psíquica o sensorial. Igualmente, cuando tal reducción responda al cuidado de menores a cargo y al cuidado de la persona trabajadora afectados de **cáncer o enfermedad grave**. Asimismo, cuando el permiso responda al **cuidado directo del cónyuge o pareja de hecho**, o de un **familiar** hasta el segundo grado de consanguinidad y afinidad, incluido el familiar consanguíneo de la pareja de hecho, que por razones de edad, accidente o enfermedad no pueda valerse por sí mismo, y que no desempeñe actividad retribuida (ET art.37.6).

• También cuando el despedido haya solicitado o esté disfrutando de las **adaptaciones** de la duración o distribución de la **jornada**, en la **ordenación del tiempo** de trabajo **y en la forma** de prestación, incluido el trabajo a distancia por motivos de **conciliación** (ET art.34.8) o de la **excedencia** por cuidado de un hijo o de un familiar que no pueda valerse por sí mismo ET art.46.3.

e) De nuevo, si no se acredita la causa disciplinaria alegada, el de los trabajadores **después de haberse reintegrado al trabajo** al finalizar los períodos de suspensión del contrato por maternidad, adopción o acogimiento o paternidad, siempre que no hubieran transcurrido más de 12 meses desde la fecha de nacimiento, adopción o acogimiento del hijo. Aunque, si la causa del despido fuera el embarazo o la maternidad, al fundarse en una discriminación directa por razón de sexo, ese despido debiera considerarse igualmente nulo incluso si se notifica finalizado el período mencionado de protección (TJUE 11-10-07, asunto C-460/06).

Precisiones **1)** Cuando la **prueba** que acredita los incumplimientos imputados por la empresa es **nula por vulneración de derechos fundamentales** (por haberse obtenido, por ejemplo, vulnerando el derecho a la intimidad y/o el secreto de las comunicaciones) se considera absolutamente ineficaz para acreditar ningún extremo y no debe ser considerada por el juzgador. Sin embargo, la **nulidad de la prueba** no siempre conlleva, automáticamente, la nulidad del despido, pues ese **despido** podría ser **calificado de**:

a. Procedente si se acreditase el incumplimiento imputado con base en otras pruebas independientes, que no derivasen de la nula, y no estuvieran contaminadas (TS 8-2-18, EDJ 10156; TCo 29/2013 con voto particular. Así sucede cuando declarada nula la prueba de detectives, existen otros documentos independientes que sustentan las imputaciones (TS 19-2-20, EDJ 550149); o cuando siendo nula) la prueba de videovigilancia, se acredita el incumplimiento a través de testifical válida (TSJ C.Valenciana 15-9-20, EDJ 709383; JS Pamplona núm 3, 18-2-19, EDJ 516858). Igualmente, cuando el medio de control de trabajo instalado en el ordenador de la trabajadora vulnera su **derecho** fundamental **a la intimidad**, pero la acreditación de las imputaciones de la carta de despido se realiza por otros medios ajenos a tal vigilancia, máxime si la trabajadora conocía la instalación del programa de control y la autorizó, aunque la cuestionara en un correo enviado a su supervisora (TSJ Valladolid 30-12-21, EDJ 841075).

b. Improcedente cuando los incumplimientos acreditados por otras vías no alcanzan la gravedad y culpabilidad necesarias, aunque el órgano jurisdiccional, con independencia de la calificación del despido, está obligado a **pronunciarse sobre la indemnización** por daños y perjuicios que el trabajador despedido solicita por la vulneración de derechos fundamentales en la obtención de la prueba, so pena de atentar contra su derecho a la tutela judicial efectiva (TCo 61/2021 con voto particular). Eso sí, es el trabajador el que debe solicitarla, porque si no se pide, el tribunal no puede concederla de oficio, aunque se constate una utilización ilegítima de datos personales que vulnere su derecho a la intimidad (TS 8-3-22, EDJ 521385).

Es nula la prueba obtenida con vulneración del derecho fundamental a la protección de datos, al haberse **utilizado la vida laboral** aportada por una trabajadora temporal para participar en un proceso de selección y obtener la condición de fija **para fines distintos**, esto es justificar el despido por mentir en el curriculum que aportó a la empresa en el momento de su contratación. Ello no determina la nulidad del cese sino su improcedencia dada la prescripción de la falta y la falta de diligencia del empleador (TSJ Castilla y León 19-4-24, EDJ 567267).

c. La calificación de **nulidad** procede, entre otros casos, cuando **no hay otras pruebas** distintas de las nulas que atentan contra los derechos fundamentales (TS 21-6-12, EDJ 154964).

2) Es nulo el despido de un trabajador que aportó indicios claros de **vulneración de su derecho a la libertad ideológica**, por su participación en una manifestación política fuera del tiempo de trabajo que fue difundida por los medios de comunicación, que no fueron desvirtuados por la empleadora que no es una empresa de tendencia. Se confirma la sentencia de instancia y se anula la de suplicación que tan solo hizo un análisis de legalidad ordinaria de la causa alegada por la empresa en la carta de despido -transgresión de la buena fe contractual y abuso de confianza por uso indebido de la imagen de la empresa en redes sociales para exponer sus ideas- y la consideró procedente, considerando también el daño reputacional ocasionado a la empleadora (TCo 79/2023).

3) Son nulos los despidos que tienen como móvil la **enfermedad** o condición de salud, estado serológico y/o predisposición genética a sufrir patologías y trastornos. No obstante, no es discriminatorio el **trato diferente** por razón de la enfermedad que deriva del propio proceso de tratamiento de la misma, de las limitaciones objetivas que imponga para el ejercicio de determinadas actividades o de las exigidas por razones de salud pública (L 15/2022 art.2.1 y 3).

Efectos (ET art.55.6; LGSS art.268.5.b, 298.g; LRJS art.113 y 286.2) Los efectos del despido nulo son: 15034

1. La inmediata **readmisión** del trabajador, con las siguientes **excepciones**:

a) En el marco de la ejecución de una sentencia firme de despido nulo por **acoso** laboral, sexual o por razón de sexo o de violencia de género en el trabajo, la víctima puede optar por extinguir la relación laboral con el correspondiente abono de la indemnización procedente y de los salarios de tramitación (TS 16-4-12, EDJ 103630).

b) Cuando, por economía procesal, la propia sentencia anticipe la extinción de la relación laboral y se condene a la indemnización si se acredita la **imposibilidad de readmisión** por causa material o legal, por ejemplo, cuando la empresa está cerrada o desaparecida. Posibilidad que también puede preverse en fase de ejecución.

c) En el caso de condición resolutoria válida o **contrato temporal no fraudulento**, pues el contrato se extingue cuando llega su término y la declaración de nulidad no produce ni su prórroga, ni su conversión en un contrato indefinido (TS 28-4-10, EDJ 133557; Pleno 15-11-22, EDJ 749622).
Cuando, como consecuencia de la resolución judicial, se produzca la readmisión del trabajador, o incluso aunque no se produzca por obstrucción del empleador (nº 15040), las cantidades que hubiera venido percibiendo el trabajador en concepto de **prestaciones por desempleo** se consideran indebidas por causa no imputable al trabajador (nº 1996 Memento Social 2026).
2. Abono de los **salarios de tramitación**, esto es, los dejados de percibir desde la fecha del despido hasta que la readmisión tenga lugar (nº 3292 Memento Procedimiento Laboral 2025-2026). La totalidad de los salarios de tramitación corre a cargo del empresario en el supuesto de despido nulo, pues no se aplica la responsabilidad del Estado por el tiempo de tramitación superior a 90 días (nº 15075).
3. Cuando la nulidad fuese consecuencia de la violación de **derechos fundamentales del trabajador**, cabe la reclamación -junto con la acción del despido- de una indemnización adicional por daños y perjuicios (LRJS art.26.2). El tribunal debe pronunciarse sobre la **cuantía del daño**, determinándolo prudencialmente cuando la prueba de su importe exacto resulte demasiado difícil o costosa, como sucede con los **daños morales**. Se trata de resarcir suficientemente a la víctima y restablecer a ésta, en la medida de lo posible, en la integridad de su situación anterior a la lesión, considerando también el aspecto preventivo de la indemnización (TS 8-5-19, EDJ 618508; 8-3-22, EDJ 521385).
Se ha admitido reiteradamente como **herramienta adecuada para el cálculo** de la indemnización los importes de las sanciones administrativas establecidas en la LISOS. Actualmente la jurisprudencia avala que la **mera existencia de la lesión** de un derecho fundamental implica la generación de un **daño moral**, para cuya reparación no existen parámetros que permitan con precisión traducir en términos económicos el sufrimiento en que tal daño consiste, lo cual lleva a un mayor margen de **discrecionalidad** en la valoración, teniendo en cuenta un conjunto de **circunstancias** como la antigüedad del trabajador en la empresa, la persistencia temporal de la vulneración del derecho fundamental, la intensidad del quebrantamiento del derecho, las consecuencias que se provoquen en la situación personal o social del trabajador o del sujeto titular del derecho infringido, la posible reincidencia en conductas vulneradoras, el carácter pluriofensivo de la lesión, el contexto en el que se haya podido producir la conducta o una actitud tendente a impedir la defensa y protección del derecho transgredido. Factores que deben ser tenidos en cuenta a la hora de fijar la cuantía de la indemnización solicitada, pues el margen a que da lugar la aplicación de la LISOS puede ser muy amplio (TS 9-3-22, EDJ 521521; 20-4-22, EDJ 549606; 11-7-23, EDJ 634164).

15035 Precisiones **1)** El Derecho de la Unión Europea contra la **discriminación** por razón de sexo obliga a establecer medidas que garanticen el pago de una **indemnización** a la persona que ha sufrido un perjuicio que lo cubra íntegramente (Dir 2006/54/CE art.18). Sin embargo, esta normativa no obliga a que los Estados miembros adopten medidas que establezcan el abono de daños punitivos a la víctima de una discriminación por razón de sexo que podrían imponerse voluntariamente respetando los principios de equivalencia y efectividad (Dir 2006/54/CE art.25). Sin embargo, si el legislador español no incluyó en la indemnización los daños punitivos, estos no pueden ser impuestos unilateralmente por el juzgador nacional (TJUE 17-12-15, asunto C-407/14).
2) Se aplica lo recogido el nº 14997 s., para la readmisión en el supuesto de despido improcedente, pero hay que tener en cuentas las **particularidades** siguientes:
• Los **contratos temporales**, cuyo término venza durante la tramitación del proceso por despido, se extinguen al cumplirse **la condición resolutoria** cuya validez no se cuestionó en el pleito o fue declarada lícita en la sentencia. Así sucede incluso cuando el despido es considerado nulo, lo que comporta que los **efectos** de la declaración de nulidad se limiten al pago de los salarios que el trabajador debió cobrar desde el día del despido hasta el del fin del contrato (TS 28-4-10, EDJ 133557).
• El **fallecimiento del trabajador** con posterioridad al despido no elimina el derecho de los herederos a la indemnización, derecho que surge con el despido luego calificado de improcedente, quedando limitada la opción legal a la indemnización, por ser imposible la readmisión (TS 13-5-03, EDJ 225441). Con anterioridad se había entendido que la sentencia debe limitarse a la condena de los salarios dejados de percibir (TS 4-2-91, EDJ 1109).
• Si la declaración de nulidad se produce mediante **recurso de amparo**, el Tribunal Constitucional puede excluir del abono de los salarios dejados de percibir el tiempo transcurrido durante la tramitación del mismo (TCo 99/1994).
• *Obiter dicta*, el Tribunal Supremo señala que, aunque se trate de un despido declarado nulo por violación de derechos fundamentales, no cabe el resarcimiento de los **gastos de defensa jurídica** pagados por el trabajador, considerándose que el proceso es gratuito en la instancia y se podría haber solicitado el turno de oficio (TS 4-4-07, EDJ 25398).

3) Se ha admitido el derecho a una indemnización adicional para el trabajador despedido víctima de **acoso moral** (TSJ Madrid 31-3-06, EDJ 67897). También a ser indemnizado el médico de un colegio, despedido con violación de los derechos de **libertad de expresión y garantía de indemnidad**, por tener que matricular a sus hijos en otro colegio, con la consecuente **pérdida** del beneficio de gratuidad escolar del que gozaba en el centro que procedió a su despido, y el **tratamiento psicológico** de uno de los menores (TSJ Madrid 5-7-05, EDJ 128734).

Recurso En este supuesto cabe siempre la posibilidad de interponer **recurso de suplicación** ante el Tribunal Superior de Justicia correspondiente. Contra la sentencia dictada en suplicación, solo de manera excepcional, y para los supuestos en que concurran los requisitos que así lo permitan, se pueden formular los **otros recursos extraordinarios**, como el de **casación** para la unificación de doctrina (nº 14702 s.). Agotada la vía ordinaria y habiéndose alegado vulneración de un derecho fundamental podría plantearse **recurso de amparo** ante el Tribunal Constitucional (nº 16300 s.). **15036**

Cuando el despido es declarado nulo, tanto si recurre el empresario como el trabajador, el empresario debe proceder igual que lo señalado para los despidos improcedentes con opción por la readmisión (nº 15008). Sin embargo, no hay que consignar la indemnización, pues la condena es a la readmisión, aunque sí hay que consignar los salarios de tramitación pues la **falta total de consignación** de los mismos produce la inadmisión del recurso (TS auto 19-4-18, EDJ 57961), aunque la empresa esté en concurso (TS 25-11-14, EDJ 248740; auto 4-10-17, EDJ 216041; TSJ Galicia auto 18-1-18, EDJ 84421). La inadmisión del recurso también se produce cuando la consignación es **extemporánea** (TS 26-9-01, EDJ 70729; TSJ Baleares 8-6-18, EDJ 551267).

Cuando el tribunal superior al resolver el recurso, declare **nulo el despido** que hubiera sido declarado en la instancia **previamente improcedente**, la opción ejercitada se tiene por no hecha, produciendo el nuevo pronunciamiento los efectos propios del despido nulo (LRJS art.112.2). Si la sentencia que declara la nulidad en vía de recurso revoca una anterior donde se declaraba la **procedencia** del despido, los salarios de tramitación habrán de abonarse hasta esta sentencia dictada en vía de recurso.

Precisiones Si el despido **inicialmente declarado improcedente** en vía de recurso se considera nulo, el trabajador es readmitido y recibe salarios de tramitación, pero ha de **devolver a la empresa** la cantidad que percibió en concepto de indemnización por despido improcedente (TSJ Madrid 11-6-10, EDJ 181061).

Ejecución de sentencias de despido en sus propios términos (LRJS art.282 a 286) Las sentencias que declaren el despido nulo han de ser ejecutadas en sus propios términos, es decir, se ha de proceder a la **inmediata readmisión** del trabajador con abono de los salarios dejados de percibir. Este mismo tipo de ejecución procede en el caso de **despido improcedente** en el que la empresa opta por la readmisión o el trabajador opta por la readmisión por tener ese derecho de opción atribuido convencional o contractualmente o por ser representante de los trabajadores. **15038**

Recuérdese que en el marco de la **ejecución de tal sentencia firme** de despido nulo se establece que cuando tal nulidad se declaró por acoso laboral, sexual o por razón de sexo o de violencia de género en el trabajo, la víctima puede optar por extinguir la relación laboral con el correspondiente abono de la indemnización y de los salarios de tramitación (nº 15034). Además, contra la sentencia que declare la nulidad del despido se interponga recurso procede su ejecución provisional.

Precisiones **1)** Se incluye dentro de la ejecución la reclamación de los **salarios no abonados** a pesar de su condena en sentencia, así como la reparación de perjuicios por mora (TS 2-10-92, EDJ 9570).
2) No se fija ningún **plazo** para que el trabajador solicite del juzgado el cumplimiento de la sentencia en sus propios términos -la readmisión inmediata en el puesto de trabajo-, y la escasa jurisprudencia habida mantiene posiciones divergentes: plazo de 20 días, por ser el correspondiente a la acción de despido (TSJ Asturias 24-4-09, EDJ 97731); plazo límite de 3 meses (TS 1-7-98, EDJ 8709).
3) No se puede solicitar la ejecución de un despido nulo mientras el **contrato está suspendido** por la declaración de incapacidad permanente con reserva de puesto de trabajo durante 2 años (TSJ Madrid 13-6-07, EDJ 116662).

Tramitación Una vez firme la sentencia en la que concurra los supuestos, despido declarado nulo o representante de los trabajadores que hubiese optado por la readmisión y **solicitada la readmisión** por el trabajador, el juez dicta auto conteniendo la orden general de ejecución y despachando la misma, acordando requerir al empresario para que reponga al trabajador en su puesto en el plazo de 3 días, sin perjuicio de que adopte, a instancia de parte, las medidas coercitivas excepcionales previstas en la LRJS art.284 (nº 15040). Si el empresario no procediera a la readmisión o lo hiciera en condiciones distintas a las que regían antes de producirse el despido, el trabajador puede acudir ante la Sección de lo Social del Tribunal de Instancia **15039**

-hasta su constitución, Juzgado de lo Social-, solicitando la ejecución regular del fallo, dentro de los 20 días siguientes al 3º que, como se señaló, es el plazo máximo para la reincorporación. Posteriormente, las partes son citadas en **comparecencia** (incidente de no readmisión) en el plazo de 4 días, para alegar y probar lo que estimen conveniente, únicamente en orden a si se ha producido o no la readmisión, o si ha sido en condiciones distintas a las que regían antes de producirse el despido (nº 15016).

El **juez resuelve** por auto, y de estimar que la readmisión no fue conforme a Derecho, requiere al empresario para que reponga al trabajador en el plazo de 5 días. Apercibiéndole que de no proceder a la reposición o de no hacerlo en debida forma el letrado de la Administración de justicia acordará las siguientes **medidas coercitivas** que pretenden conseguir la ejecución *in natura* de la condena (nº 15040).

15040 En el supuesto de que el empresario mantenga una actitud contraria, no procediendo a la **reincorporación** en el puesto de trabajo, el letrado de la Administración de Justicia acuerda las **siguientes medidas**:

a) Que el trabajador **continúe percibiendo su salario** con la misma periodicidad y cuantía que la declarada en la sentencia, con los **incrementos** que por vía de convenio colectivo o mediante norma estatal se produzcan hasta la fecha de la readmisión en debida forma. Para que el trabajador reciba su salario de forma efectiva y puntual, el letrado de la Administración de justicia, cumplimentará la autorización contenida en el auto **despachando ejecución** en tantas ocasiones como fuese necesario, por una cantidad equivalente a 6 meses de salario. Con cargo a esas cantidades se irán haciendo efectivas las retribuciones que fueran venciendo, hasta que, producida la readmisión en forma regular, se deba acordar la devolución al empresario del saldo existente en esa fecha.

b) Que el trabajador que no sea readmitido continúe **en alta y con cotización** en la Seguridad Social, debiendo poner en conocimiento de la entidad gestora esta situación, a fin de que este Organismo levante, en su caso, acta de descubierto y liquidación de cuotas.

c) Que el **representante** de los trabajadores continúe desarrollando en el seno de la empresa, las funciones y actividades propias de su cargo. Advirtiendo al empresario que, de **impedir u oponer algún obstáculo** a dicho ejercicio, se pondrán los hechos en conocimiento de la autoridad laboral a los efectos de sancionar su conducta de acuerdo con lo que dispone la normativa de infracciones y sanciones administrativas del orden social.

15041 Cuando queda acreditada la imposibilidad de readmitir al trabajador por **cese o cierre de la empresa**, o cualquier otra causa de **imposibilidad material o legal** de readmisión, si se prueban tales extremos, el juez dictará auto acordando la extinción de la relación laboral y condenando al abono de la indemnización legal propia del despido improcedente (nº 15000) y los salarios de tramitación dejados de percibir desde la fecha del despido a la del auto que extinga la relación laboral (LRJS art.286.1). A la indemnización legal mencionada se puede adicionar, a la vista de las circunstancias concurrentes y perjuicios ocasionados por la no readmisión irregular, una **indemnización adicional** (nº 15020).

Cuando la imposibilidad de readmitir es patente, la **sentencia de despido** puede declarar extinguida la relación laboral. En todo caso esta situación debe constar acreditada en autos.

No hay imposibilidad de readmisión si hay un **cambio de titularidad de la empresa** con posterioridad a la sentencia que se ejecuta, si el cambio de titularidad fue anterior a la constitución del título no es posible ampliar la ejecución.

Esta misma **posibilidad extintiva**, aunque sea forzosa la readmisión, se recoge para la nulidad del despido por acoso laboral, sexual o por razón de sexo o de violencia de género en el trabajo, en los que la víctima opta por extinguir la relación laboral con el correspondiente abono de la indemnización procedente y los salarios de tramitación (nº 15034), todo ello sin perjuicio de la reclamación acumulada o posterior por daños y perjuicios si hubo vulneración de derechos fundamentales.

B. Sanciones disciplinarias

(LRJS art.114 y 115)

15045 MPL nº 3360 s. La imposición de las sanciones disciplinarias graves y muy graves se sujeta a un **procedimiento** específico **formal** establecido normalmente en la negociación colectiva, siempre respetando las normas del ET de derecho necesario (nº 15049). Además, debe tenerse en cuenta si el trabajador sancionado está **afiliado** a un sindicato que tenga delegados sindicales en la empresa (nº 15053) o si el mismo es **representante** de los trabajadores (nº 15051).

La **inobservancia** de los requisitos formales tiene como consecuencia la nulidad de la sanción (LRJS art.115.1.d).

Particularmente importantes son estas normas en el caso del **despido disciplinario**, lo cual hace a esta figura merecedora de un tratamiento específico (nº 14940 s.). Los preceptos que se exponen a continuación, se refieren por lo tanto al procedimiento sancionador para los **demás tipos de sanciones disciplinarias**, sin perjuicio de su valor general para cualquier tipo de sanción, incluido el despido.

1. Imposición de sanciones disciplinarias

(ET art.58)

El empresario puede adoptar decisiones sancionadoras de **eficacia inmediata** sin necesidad de acudir previamente a las instancias judiciales (TCo 33/1987; TS 17-5-00, EDJ 14522; TSJ Madrid 16-6-17, EDJ 157800). No obstante, su actuación está limitada legalmente, e incluso convencionalmente, cuando impone sanciones graves o muy graves, pues ha de respetar ciertas garantías formales de los derechos de los trabajadores (nº 15049). 15047

Precisiones Debe tenerse en cuenta que es posible que un **órgano jurisdiccional** en sentencia **autorice al empresario** la imposición de sanciones disciplinarias inferiores si valora que la infracción cometida no era suficiente grave, siempre cumpliéndose ciertos requisitos (nº 15066).

Garantías formales para la imposición de sanciones disciplinarias (ET art.58.2 y 3) 15049

La comunicación de las faltas **leves** al trabajador no requiere formalidad alguna, a diferencia de las faltas **graves y muy graves** que exigen comunicación escrita, en la que se concreten tanto los hechos imputados como la fecha en que acontecieron, así como la fecha de efectos de la sanción. Se trata de una exigencia legal que pretende evitar una situación de **indefensión** en el sancionado (TSJ Madrid 30-3-07, EDJ 95295; 22-7-10, EDJ 181152), pudiendo extrapolarse aquí, las exigencias propias de una **carta de despido**. Aunque el ET no lo exija, es necesario especificar en qué falta del **convenio colectivo** se subsume la conducta del trabajador, sin que sea suficiente graduarla como muy grave, porque la tipificación concreta de la falta en el convenio, es esencial para que el juez pueda pronunciarse sobre su adecuación y proporcionalidad, en caso de que sea impugnada (TSJ Madrid 16-6-17, EDJ 157800).
La **negociación colectiva** puede imponer requisitos formales adicionales para la imposición de sanciones que son tan obligatorios como las exigencias contempladas en el ET, pues su incumplimiento acarrea idénticas consecuencias (TS 3-4-18, EDJ 42089). Por tanto, los **trámites** que se sigan hasta la imposición o no de la sanción deben ajustarse a lo establecido en el convenio colectivo aplicable.
Además, en el caso de las faltas **muy graves** se ha de informar a los **representantes de los trabajadores** de su imposición (ET art.64.4.c y 62.2; LOLS art.10.3.1º; TCo 30/1992).

Precisiones **1)** Al igual que sucede para el despido, la **prescripción** limita el ejercicio del poder disciplinario, cuyo plazo se entiende interrumpido durante el período de tramitación. La realización del acto previsto en la ley o en el negocio jurídico es suficiente, dada la razón del instituto, para que la prescripción se impida (TSJ Sevilla 11-10-11, EDJ 273972).
2) Si el convenio prevé para sanciones graves o muy graves que se notifique la sanción al comité de empresa o a los delegados de personal y que para la imposición de las mismas se concedan **5 días** al trabajador para que pueda formular **alegaciones por escrito**, este último trámite de audiencia no se cumple con la mera notificación de la carta donde se contiene la sanción, ni con que estos hagan alegaciones, pues todo este trámite debe ser previo a la imposición de la sanción (TS 15-5-12, EDJ 118359).
3) En la comunicación por la que se impone la suspensión de empleo y sueldo debe constar la **fecha para el cumplimiento de la sanción** o un criterio objetivo y cierto para su cumplimiento, no pudiendo dejarse a la mera voluntad unilateral y discrecional del empleador (TS 11-6-25, EDJ 608681).

Representantes legales de los trabajadores (ET art.68.a y c; LOLS art.10.3; LRJS art.114.2, 115.1.d y 2; OIT Convenio núm 135; Recomendación núm 143) 15051

Los miembros del comité de empresa y delegados de personal, así como los propios delegados de prevención gozan de ciertas **garantías legales** respecto del poder disciplinario del empresario, pudiendo establecerse otras adicionales convencionalmente:
1. En primer lugar, poseen la denominada garantía de **inmunidad**, en virtud de la cual tienen derecho a no ser objeto de sanción disciplinaria (incluido el despido) fundada en el ejercicio de sus funciones representativas. Obviamente, tal protección no alcanza a las conductas merecedoras de sanción y ajenas a sus funciones representativas, por ejemplo, por incurrir el representante en alguna de las causas que avalasen su despido disciplinario. Esta garantía, por imperativo legal **dura el tiempo** del mandato del representante y se extiende además durante todo el año siguiente a la expiración del mismo, salvo que se haya producido su revocación o dimisión (ET art.68.c).

Jurisprudencialmente se admite que esta garantía alcance también a los **representantes electos** antes de tomar posesión de sus cargos, e incluso a los **candidatos** proclamados para la elección en tanto dure el proceso electoral. Ahora bien, concluido este proceso, no es posible extender indefinidamente la garantía a todos los que en su momento fueron candidatos, pues teóricamente pueden serlo todos los trabajadores de la empresa. No gozan de esta cobertura los **suplentes** de los candidatos (TS15-3-93, EDJ 2589; 18-2-97, EDJ 1361).

15052 2. En segundo lugar, antes de la imposición de sanciones **graves o muy graves** (como el despido) a tales representantes legales de los trabajadores, se exige la apertura de **expediente contradictorio**, en el que el expedientado conoce los hechos que se le imputan, debiendo ser oídos, aparte del interesado, el comité de empresa o restantes delegados de personal (ET art.68.1.a); LOLS art.10.3; TS25-9-12, EDJ 277750; 11-2-16, EDJ 58371). La exigencia de expediente contradictorio también puede establecerse en la norma convencional aplicable o en un protocolo de prevención del acoso (TSJ Madrid 12-1-24, EDJ 502571).

La garantía del expediente, a diferencia de la inmunidad, es independiente de cuál sea la **causa** determinante de la sanción o despido, es decir, al margen de que estos se encuentren o no conectados con el ejercicio de cargo representativo, pues se trata de una **garantía formal**, no de contenido (TS 18-2-97, EDJ 1361). Su incoación es **obligatoria** cuando la empresa conoce su condición de representante, aunque no se haya notificado formalmente (TSJ C.Valenciana 9-4-03, EDJ 102319).

Si tales sanciones son impugnadas, la parte demandada -el empresario- debe **aportar** tal expediente contradictorio **al proceso** (LRJS art.114.2). En el caso de **despido disciplinario** también se exige expresamente la tramitación de expediente contradictorio so pena de calificación de improcedencia (ET art.55.1.3º; LRJS art.108.1º).

El expediente contradictorio implica que el empleador debe escuchar las razones esgrimidas por el representante sancionado, preservándose así las garantías de **contradicción**, audiencia, defensa (TS 18-2-91, EDJ 1720; 18-3-91, EDJ 2997; 22-1-91,EDJ 552). La imposición de sanciones a los representantes legales o delegados sindicales por faltas **graves o muy graves** también obliga, so pena de nulidad de la sanción, la **audiencia previa** de los restantes integrantes de la representación a que el trabajador perteneciera (LRJS art.115.2; TS 25-1-90, EDJ 612; TSJ Cataluña 13-4-06, EDJ 290414; TSJ Galicia 20-9-03, EDJ 227518).

Cualquier **irregularidad** en su tramitación, debe denunciarse en la papeleta de conciliación y en la propia demanda y no en la vista, pues de ser así, constituiría una cuestión nueva sobre la que la Sala no podría pronunciarse (TS 27-2-18, EDJ 23122). Se ha interpretado la exigencia de expediente previo, de una manera **flexible**, en el sentido de que, si se cumple el objetivo de la norma, esto es, que el afectado conozca previamente los hechos y pueda formular alegaciones, se ha de entender cumplido (TSJ País Vasco 12-1-16, EDJ 29198).

Precisiones **1)** No está amparado el representante por la garantía de inmunidad y el despido puede ser considerado **procedente** cuando concurre la causa disciplinaria alegada que es ajena a sus funciones representativas. Así sucede, por ejemplo, cuando el despido se fundó en la realización de trabajos durante la IT (TS 30-4-91, EDJ 4519) o si se acredita que el representante solicitó varias licencias para un compañero de su propio sindicato, conociendo el ingreso en prisión de este último, extremo que ocultó a la empresa (TSJ Castilla-La Mancha 24-4-12, EDJ 78719).

2) Para la incoación del expediente contradictorio no es requisito necesario la **designación de instructor y secretario** salvo exigencia convencional o contractual específica, (TS 11-2-87, EDJ 1160; 3-6-88, EDJ 4788). No obstante, si un convenio colectivo impusiese su nombramiento, la ausencia de los mismos supone la nulidad de la sanción, pues la empresa se está autoatribuyendo las funciones de instructor, secretario y órgano sancionador, privando al expediente contradictorio de todo contenido, lo que es especialmente reprobable cuando es una **empresa con un único delegado sindical** que precisamente es el expedientado (TS 25-9-12, EDJ 277750).

3) La **falta de apertura** de dicho expediente puede subsanarse a través de un nuevo despido, que solo surte efectos desde su fecha y que debe efectuarse en el plazo de 20 días, a contar desde el siguiente al del primer despido. Se trata de un plazo civil, por lo que los días son naturales y no hábiles. Si se rebasa, la subsanación es extemporánea y el despido improcedente (TSJ Sevilla 14-2-18, EDJ 50605).

15053 **Trabajadores afiliados a un sindicato** (ET art.55.1.3º; LRJS art.115.2; LOLS art.10.3.3) En caso de sanción disciplinaria por falta **muy grave o grave** imputada a afiliados de un sindicato, cuando el empresario conoce esa condición, es preceptiva la **audiencia previa** de los delegados sindicales. Se trata de una garantía singular que solo tiene el trabajador afiliado a un sindicato y que le otorga una protección reforzada frente al poder disciplinario del empresario, pues puede resultar más vulnerable, sin que la audiencia sea equiparable a una mera notificación (TS 21-12-17, EDJ 285612).

El empresario solo está obligado a cumplir este trámite, si tiene **conocimiento de la condición de afiliado** de su trabajador, sin que se le obligue a realizar una labor de investigación al respecto. La **carga de la prueba** de la afiliación y su conocimiento empresarial, corresponde al trabajador sancionado, pudiendo acreditarlo, bien porque lo comunicó a la empresa de forma personal y directa o bien con prueba testifical. El mero pago de la **cuota sindical**, por sí solo, no sirve para acreditar la afiliación, por la dificultad que tiene una gran empresa para conocer la adscripción sindical de sus trabajadores, si estos no lo comunican de forma personal y directa (TS auto 22-1-08, EDJ 37737; TSJ Sevilla 12-4-12, EDJ 114432).
La audiencia sólo se produce **ante el delegado sindical** que cumple los requisitos legales para ser considerado como tal, no respecto de los que incumpliéndolos se denominan así informalmente (TS 9-5-18, EDJ 72647; 19-7-18, EDJ 572120).
En cuanto a la **antelación** con la que debe llevarse a cabo dicha audiencia, solo se exige que se invierta en el mismo un plazo razonable (TS 12-7-06, EDJ 253538) y que medie, como mínimo, un plazo de 24 horas (TS 7-6-05, EDJ 108946), no admitiéndose un período inferior al mencionado (TSJ Cataluña 30-10-17, EDJ 294266), ni que se efectúe, cuando la decisión del despido ya estuviese tomada (TSJ Aragón 22-2-12, EDJ 24180).

Precisiones El deber de audiencia interrumpe el plazo de **prescripción** de las faltas (TS 31-1-01, EDJ 2691; 6-3-01, EDJ 2949). El plazo de prescripción se **suspende** por el trámite de audiencia al delegado del sindicato al que pertenezca el trabajador sancionado (TSJ Sevilla 5-7-18, EDJ 590554).

2. Impugnación de sanciones disciplinarias

(ET art.58.2; LRJS art.108.1, 114, 115 y 108.1)

Los trabajadores tienen la facultad de impugnar ante la **jurisdicción social** las sanciones que les sean impuestas por su empleador en el ejercicio de su poder disciplinario. **15060** MPL nº 3340 s.
Debe distinguirse entre la impugnación del **despido** (nº 14940 s.) de la de otras sanciones de **entidad inferior** que son las que aquí se abordan.

Precisiones El sindicato puede intervenir como **coadyuvante** cuando la sanción se considere que vulnera -o puede vulnerar- el derecho de libertad sindical del trabajador (LOLS art.14; TSJ Madrid 4-12-01, EDJ 70447). El sindicato también puede intervenir como **representante voluntario**, cuando el trabajador afiliado le atribuya, incluso tácitamente, tal posibilidad (LRJS art.17.2 y 20; LOLS art.2.2.d).

Plazo de presentación de la demanda (LRJS art.114.1) Como en el caso de despido (nº 14945), existe un plazo de caducidad de 20 días hábiles para presentar la demanda, a contar desde el momento en que surta efectos la decisión empresarial, y que se **suspende** por la interposición de la papeleta de conciliación o mediación (nº 14955 s.). **15061**
La **fecha de inicio** para el ejercicio de la acción de impugnación -y, en definitiva, el inicio del cómputo del plazo de caducidad- se ubica en el momento en que pudo ejercitarse por haberse comunicado su imposición al trabajador; siendo irrelevante el momento en el que se vaya a producir la ejecución de dicha sanción (TS 17-5-10, EDJ 122426; TSJ Madrid 9-5-18, EDJ 528439) y el hecho de que en la notificación de la sanción no conste la fecha en que se va a iniciar la ejecución (TS 28-5-24, EDJ 605687). También hay que tener en cuenta los **plazos** establecidos **convencionalmente** para impugnar y resolver internamente la sanción, pues solo transcurridos estos puede considerarse definitivamente acordada la sanción y, en consecuencia, comienzan los 20 días de caducidad para que el trabajador, en su caso, la impugne en vía judicial (TCo 135/1996).
El cómputo del plazo de caducidad se suspende por la interposición de la **papeleta de conciliación** y se reanuda, en el caso de la conciliación, al día siguiente de su intento, o a los 15 días desde la presentación de la papeleta sin haberse celebrado el referido acto (TSJ Cataluña 24-1-08, EDJ 36395).

Procedimiento de revisión de sanciones (LRJS art.105.1 y 114.3) En el acto del juicio sobre impugnación de sanciones se invierte, al igual que en el de impugnación de un despido disciplinario, el **orden de las alegaciones**, interviniendo en primer lugar, el demandado, quien tiene la carga de la prueba de la realidad de los hechos imputados, pues la sanción no puede basarse en meros indicios (TSJ Madrid 25-7-18, EDJ 566040; TSJ Málaga 16-5-18, EDJ 547791). **15062** MPL nº 3384 s.
Además, debe aportarse, en caso de falta grave o muy grave de representantes de los trabajadores o cuando el convenio colectivo así lo exija, el **expediente contradictorio** (nº 15051).
La tramitación de las demandas de impugnación de sanciones disciplinarias en las que se invoque lesión de **derechos fundamentales** se realiza inexcusablemente por la modalidad procesal de impugnación de sanciones, que tiene carácter preferente, pudiéndose hacer valer en su marco las pretensiones de tutela de dichos derechos y libertades (LRJS art.184). No

obstante, en el marco de este procedimiento de impugnación deben respetarse todas las **garantías** establecidas en el marco del procedimiento de especial de derechos fundamentales (nº 15525).

La acción de impugnación de las sanciones **no** puede **acumularse a otras** en un mismo juicio, salvo la de la responsabilidad por daños (LRJS art.26.1), ni siquiera por vía de reconvención. Cabe, como excepción, la reclamación de la indemnización derivada de discriminación o lesión de derechos fundamentales y libertades públicas y demás pronunciamientos propios de la modalidad procesal de tutela de tales derechos fundamentales y libertades públicas (LRJS art.26.2 y 184).

No cabe, por tanto, la acumulación de las acciones de **impugnación de sanción y despido** (TS 22-12-89, EDJ 11660; TSJ Cataluña 12-11-19, EDJ 782645).

Precisiones 1) La **prescripción** de las faltas imputadas puede alegarse en demanda o al inicio del juicio, cuando se fundamente en hechos determinantes contenidos en la demanda, dado que, si se basa **en otros hechos**, se vulneraría la LRJS art.85.1 (TS 26-11-96, EDJ 9432). No cabe su alegación en fase de conclusiones (TSJ La Rioja 24-2-16, EDJ 28920; TS 27-2-18, EDJ 23122). Si **se alega en juicio** y la empresa no protesta, no podría, en fase de recurso, denunciarse una vulneración de la LRJS art.85 (TSJ Cataluña 10-11-17, EDJ 297997). Fuera de esos momentos iniciales, la **excepción** de la prescripción de la falta, hecha, por primera vez, **en el recurso**, constituye una cuestión nueva (TSJ Madrid 11-6-18, EDJ 545617).

2) Se ha entendido que, si se ha solicitado en la papeleta de conciliación que la sanción quedara sin efecto, aunque **no** se hiciera **alusión a la vulneración de derechos fundamentales** alegada en la demanda ni a la petición de una indemnización, no hay obstáculo para que entre a conocer en el juicio de tales cuestiones al no ser necesaria la conciliación previa en el procedimiento de tutela (TSJ Asturias 9-1-20, EDJ 504876).

15064 **Facultades revisoras del juez** (ET art.58.2; LRJS art.115.1 y 2) La decisión sancionadora del empresario, dentro del margen que establezca normalmente el convenio colectivo, es inmediatamente **ejecutiva**, con independencia de que el comienzo de la ejecución se posponga o se demoren sus efectos. De manera que, en principio, el juez no puede **suspender** la sanción hasta su pronunciamiento (TCo 206/1987). No obstante, impugnada la sanción disciplinaria por **vulneración de derechos fundamentales** sí se podría solicitar su suspensión, como medida cautelar, así como las demás medidas necesarias para asegurar la efectividad de la tutela judicial que pudiera acordarse en sentencia (LRJS art.180 y 178.2).

En los casos en los que el **juez** considere que la sanción impuesta **no es procedente**, al haber valorado erróneamente el empresario la conducta del trabajador, puede autorizar al empresario la imposición de una sanción adecuada a la **nueva calificación** (nº 15066). En todo caso, la sanción sigue siendo no revisable por el juzgador que no puede **suplir al empresario** en su labor disciplinaria (TSJ Extremadura 1-2-99, EDJ 7291; TSJ Cataluña 6-2-06, EDJ 113506; TSJ Las Palmas 4-6-07, EDJ 209423; TSJ Madrid 4-5-09, EDJ 106584).

15066 **Sentencia** (ET art.58.2; LRJS art.115.1 y 2) Su **contenido** puede ser:

MPL nº 3396 s. 1. Sentencia **desestimatoria** de la demanda: **confirmando** la sanción al entender que quedó acreditado el cumplimiento de las exigencias formales y la realidad del incumplimiento imputado y su entidad; siempre habiéndose valorado correctamente según la graduación prevista en las normas legales o convencionales aplicables (TSJ Sevilla 24-5-18, EDJ 534697; TSJ Baleares 28-6-18, EDJ 566988; TSJ Madrid 2-7-18, EDJ 550322; LRJS art.115.1.a).

2. Sentencia **estimatoria**, pudiendo, a su vez, haber varios pronunciamientos diversos:

a) **Totalmente revocatoria** de la sanción, impuesta, en los casos previstos en la LRJS art.115.1.b) y también cuando la conducta imputada sea de **escasa entidad** (TSJ Galicia 12-7-18, EDJ 545153), o por estar prescrita la infracción (TSJ Sevilla 11-7-18, EDJ 590007). También por tratarse de una conducta tolerada y de la que no se apercibió al trabajador, dado que, cuando existe una tolerancia y un uso en la empresa, se requiere una advertencia previa porque de lo contrario, esa actuación sorpresiva constituye abuso de derecho (TSJ Madrid 30-9-15, EDJ 208641; TSJ Asturias 25-10-16, EDJ 206764).

b) **Parcialmente revocatoria**, cuando se acredita la existencia de falta, pero la misma no reviste la gravedad atribuida por la empresa que no la graduó adecuadamente y los hechos constituyan una infracción de menor entidad conforme al convenio colectivo aplicable (TS 27-4-04, EDJ 40549). Se ha de acompañar de un análogo pronunciamiento de condena económica por el período de exceso, esto es, debe condenar al empresario al pago de los salarios dejados de percibir durante la sanción (TSJ Madrid 29-1-18, EDJ 21033; TSJ C.Valenciana 17-10-06, EDJ 415980). Si el juez considerase que los hechos acreditados constituyen infracción de **menor entidad** según la tipificación aplicable, puede autorizar al empresario a **imponer**, en el plazo de caducidad de 10 días siguientes a la notificación de la sentencia firme, una **falta de menor gravedad** si esta no ha prescrito (LRJS art.115.1.c; TSJ Cataluña 6-3-19, EDJ 570833). Así sucede, cuando se revoca la sanción muy grave desproporcionada, por no respetar los principios

legales básicos de tipicidad, legalidad y seguridad, pero se permite la imposición de una leve considerando las circunstancias concurrentes (TSJ Galicia 7-4-22, EDJ 563048). Esta **segunda sanción** es **revisable** a instancia del trabajador, en el plazo de caducidad de los 20 días siguientes a su notificación, por medio del incidente de ejecución de dicha sentencia, sin necesidad de interponer un nuevo proceso (LRJS art.115.1.c y 238; TSJ Valladolid 2-3-16, EDJ 24255; TSJ Madrid 11-3-16, EDJ 53824). En todo caso, la revocación parcial solo procede cuando la falta no hubiese sido **adecuadamente calificada**. Por lo que no cabe si el juzgador **mantiene la calificación** de falta muy grave de la infracción y revoca en parte la sanción impuesta, autorizando al empresario a imponer una sanción diferente adecuada a la gravedad de la falta (TS 10-2-21, EDJ 505676).
3. La sanción se puede **declarar nula** en ciertos supuestos (nº 15067).

Sentencia que declara la nulidad de la sanción disciplinaria Esta posibilidad existe en los siguientes supuestos: **15067**
1. Cuando no se hayan observado los **requisitos formales** legal, contractual o convencionalmente exigidos (TSJ C.Valenciana 12-6-18, EDJ 597127) o, de observarse, no lo hagan de forma adecuada o con defectos de tal gravedad que no permiten alcanzar la finalidad para la que fueron requeridos, pudiendo provocar a **indefensión** en el trabajador.
2. Si no hay **audiencia previa** del resto de los integrantes del órgano de representación, de tratarse de sanción a representante unitario o sindical. También cuando no se realiza **expediente contradictorio** antes de la imposición de la sanción (nº 15051).
3. Cuando la sanción se impone a un trabajador **afiliado** a un sindicato, conociendo el empresario dicha condición, y se omite el requisito de audiencia previa a los delegados sindicales (nº 15053).
4. Cuando la sanción tenga como móvil alguna de las causas de **discriminación** previstas en la Constitución y en la ley, o se produzca con violación de **derechos fundamentales y libertades públicas** del trabajador (LRJS art.115.1.d) incluidos, en su caso, los demás supuestos que comportan la nulidad del despido (LRJS art.108.2), esto es, todos los previstos en ET art.55.5 (nº 15032). Así lo venían ya entendiendo los tribunales (TSJ Cantabria 19-7-03, EDJ 213299), salvo que la conducta se considerase acreditada y fuera constitutiva de la falta imputada (TSJ Granada 19-7-18, EDJ 607890), pudiendo existir un pronunciamiento adicional de condena a la correspondiente indemnización de daños y perjuicios solicitada en la demanda (TSJ Galicia 31-3-17, EDJ 60254; TSJ Cataluña 11-12-17, EDJ 327215).
5. Cuando se imponga una de las sanciones **expresamente prohibidas** por el legislador, como la reducción de las vacaciones u otra minoración de los derechos al descanso al trabajador o una multa de haber (ET art.58.3). Asimismo, cuando se impute una falta o sanción no tipificada legal o convencionalmente.
La ley no prevé la **subsanación** de la declaración de nulidad de las sanciones, por lo que la consecuencia de esta declaración de nulidad debe ser únicamente, que la sanción quede totalmente sin efecto.

Precisiones **1)** Si, ejecutada la sanción antes del juicio, finalmente se estimara la demanda, derivándose una **deuda salarial** o de cantidad frente a la empresa (cuando la sanción fue de suspensión de empleo y sueldo), una vez acreditados los extremos oportunos (improcedencia de la sanción y el importe de las cantidades adeudadas) el juez en sentencia ha de imponer asimismo al empresario el pago de dicha cantidad (LRJS art.115.1.b y c).
2) Si el **convenio colectivo no contiene un régimen disciplinario**, ni se remite al ET, no existe cobertura legal para que el empresario pueda ejercer su facultad disciplinaria y si lo hace y el trabajador impugna su decisión, la sanción ha de ser declarada necesariamente nula (TSJ Málaga 5-7-17, EDJ 255937). Sin embargo, se ha admitido que, **sin haber convenio aplicable**, se imponga una suspensión de empleo y sueldo a un trabajador en lugar del despido ante graves incumplimientos que transgredían la buena fe (TSJ País Vasco 18-6-19, EDJ 676994; TSJ Galicia 25-2-19, EDJ 524826).

Recursos (LRJS art.115.3 y 191.2) La **regla general** es que no cabe recurso contra las sentencias dictadas en los procesos de impugnación de sanción disciplinaria, no cabe recurso alguno, salvo las siguientes **excepciones**: **15068** MPL nº 3416 s.
1. Pueden ser objeto de recurso de suplicación las sentencias recaídas en procedimiento de impugnación de sanciones por **faltas muy graves**, que hayan sido de signo desestimatorio, esto es, que hayan confirmado la sanción disciplinaria (TSJ Sta. Cruz de Tenerife 12-7-23, EDJ 661065). Por lo que, no son recurribles las sentencias desestimatorias de la impugnación de una falta grave o leve que es confirmada (TSJ Cataluña 12-11-18, EDJ 668035). Los **sujetos** que pueden recurrir en suplicación la sentencia de instancia que confirma la existencia de una falta muy grave son los siguientes:
a. Por regla general, siempre puede recurrir el **trabajador sancionado** que evidentemente sufre el gravamen de su imposición.

b. Con carácter excepcional se permite al **empresario** recurrir si sufre **gravamen**. Así sucede, por ejemplo, cuando la sentencia de instancia equivocadamente, manteniendo la calificación de muy grave de la falta disciplinaria, revoca parcialmente la sanción y autoriza al empresario a imponer una sanción diferente (TS 27-4-04, EDJ 40549; 10-2-21, EDJ 505676). Salvo esta excepción, con carácter general, la empresa no puede recurrir en suplicación la sentencia que confirma una sanción disciplinaria muy grave (TS 30-9-20, EDJ 676195), limitación que se ha considerado constitucional (TCo 125/1995).

2. Cuando el recurso de suplicación tenga por objeto la subsanación de una **falta esencial del procedimiento** o la omisión del intento de conciliación o de mediación obligatoria previa, siempre que se haya formulado la protesta en tiempo y forma y haya producido indefensión; también cuando se alegue **falta de jurisdicción** por razón de la materia o de **competencia** territorial o funcional (LRJS art.191.3.d y e). En estos casos si no cupiera suplicación se resuelve solo sobre estas cuestiones procesales.

3. Cuando el trabajador impugna una sanción empresarial, alegando simultáneamente la vulneración de un **derecho fundamental** (LRJS art.26; TS 20-12-16, EDJ 245900; 21-6-18, EDJ 527879; 19-6-18, EDJ 517754).

C. Reclamación al Estado del pago de salarios de tramitación en juicios por despido

(ET art.56.5, 59.2 y disp.trans.12ª; LRJS art.116 a 119; RD 418/2014)

15075 MPL nº 3424 s. Cuando la sentencia que declara por primera vez la improcedencia del despido se dicta una vez transcurridos **más de 90 días hábiles** desde la presentación de la demanda, el empresario, tras la firmeza de la sentencia, puede reclamar al Estado: los salarios de tramitación abonados que excedan de esos 90 días hábiles; y las cuotas de Seguridad Social correspondientes a dichos salarios, incluidas las de contingencias profesionales, desempleo y FOGASA (TSJ Extremadura 13-6-06, EDJ 248802).

El Estado **solo responde del exceso** respecto de los 90 días hábiles (TS 29-1-08, EDJ 56631). Dichos 90 días hábiles se **computan** desde la presentación de la demanda, hasta el momento de la notificación de la sentencia, incluso cuando esta se produce por procedimiento edictal (TS 22-10-09, EDJ 300315; 29-1-08, EDJ 56631; 28-11-07, EDJ 269004; TSJ Baleares 2-11-17, EDJ 259623).

Aunque lo habitual es que reclame el empresario que ha readmitido al trabajador y ha abonado los salarios de tramitación, también están **legitimados** los trabajadores despedidos que no han percibido los salarios de tramitación por insolvencia empresarial. En este caso, corresponde al trabajador acreditar lo efectivamente percibido en el otro empleo; si no lo prueba, su reclamación debe desestimarse íntegramente (TSJ Galicia 28-2-18, EDJ 71537).

El plazo de **prescripción** de esta acción de reclamación de salarios es de un año (ET art.59.2). El **cómputo** comienza:

a) En caso de reclamación por el **empresario**: desde que sufre la disminución patrimonial ocasionada por el abono de los salarios de tramitación, por ser ese el momento en el que se genera el daño indemnizable (TSJ C.Valenciana 14-11-17, EDJ 337620) y no desde que la sentencia sea firme (TS 19-4-23, EDJ 553468). Por ello, no procede reclamar cuotas de Seguridad Social si la empresa no las ha abonado por tener concedido un aplazamiento por la TGSS, ya que no cabe resarcir lo no pagado (TSJ Extremadura 31-1-17, EDJ 14361).

b) Si reclama el **trabajador** al Estado, por no haber conseguido su abono por la empresa obligada: desde la fecha de notificación al trabajador del auto judicial que declare la insolvencia del empresario (TS 24-7-07, EDJ 166167). Sin insolvencia empresarial, la vía idónea es la ejecución de la sentencia que declara la improcedencia del despido (TS 3-6-96, EDJ 5478; 4-6-96, EDJ 5293).

Con carácter general, **no cabe la reclamación** al Estado de los salarios de tramitación si:

- Las partes **conciliaron** ante el órgano jurisdiccional, con reconocimiento de improcedencia (TSJ Madrid 2-11-04, EDJ 189120).
- El despido fue declarado **nulo** (TS 26-12-90, EDJ 12035; 19-6-98, EDJ 6145; TSJ Galicia 11-4-18, EDJ 509144; TSJ Madrid 16-4-18, EDJ 538611).
- La empresa **reconoció** la **improcedencia** del despido en juicio y propiamente no se estableció ésta por el Juzgado, porque es necesario que la improcedencia sea declarada en sentencia (TSJ Madrid 13-4-16, EDJ 68127).
- La sentencia que declara el despido improcedente transcurrido el tiempo previsto **no** se produce en el marco del **procedimiento de despido individual**, sin que tenga acceso por analogía ningún otro procedimiento. Así sucede en el caso de una sentencia de despido colectivo que se limita a declarar que la resolución administrativa que lo autoriza no es conforme a derecho (TS 10-12-20, EDJ 745396).

Precisiones 1) Si durante el período reintegrable **no se generan salarios de tramitación**, por estar el trabajador en incapacidad temporal, persiste el derecho de la empresa a que el Estado le resarza del pago directo de **las cuotas de Seguridad Social** correspondientes a tales períodos en IT, cuyo pago directo realizó, pues la empresa no puede recibir un trato peyorativo por la situación de enfermedad del trabajador despedido improcedentemente (TS 19-1-11, EDJ 11855). 15076

2) El Estado no tiene que restituir el **pago empresarial indebido de salarios** de tramitación si el trabajador obtuvo ingresos provenientes de **otro empleo** durante el período cubierto por los mismos (TS 8-11-06, EDJ 325772). Cuando no se acredita el monto de los salarios percibidos en otros empleos el Estado **descuenta el SMI**. Cuando los que reclaman el abono de los salarios son los **trabajadores** -por insolvencia empresarial- recae sobre ellos la carga de la prueba de los salarios obtenidos. De manera que si **no prueban** su monto no se toman en cuenta los períodos en los que se acredita que trabajaron para otra empresa (TS 29-9-10, EDJ 246769; 20-7-17, EDJ 190349).

3) Del período a abonar, hay que descontar los periodos que el **proceso** estuvo **paralizado por obra de las partes**, salvo que concurra también un anormal funcionamiento de la Administración de Justicia. En tal caso, se deja al **arbitrio del juez** determinar a cargo de quien ha de correr el pago de los salarios de tramitación, si del Estado o del empresario, sin que puedan afectar a la percepción del propio trabajador, salvo los puestos excepcionales de haber incurrido este en manifiesto abuso de derecho en su actuación procesal (TS 27-10-14, EDJ 223361).

4) El empresario puede reclamar los salarios de tramitación, aunque parte de los mismos hayan sido objeto de **compensación de deudas** (TSJ Sevilla 14-6-18, EDJ 559751).

5) Si la **sentencia**, por un **error de redacción**, no declara la improcedencia del despido, limitándose a declarar la mera extinción de la relación laboral, pero sí condena a la empresa al abono de una indemnización, dicha omisión no enerva el deber de pago litigioso a cargo del Estado, porque la fundamentación en derecho de la sentencia sirve para interpretar su fallo (TSJ Galicia 27-7-18, EDJ 553798).

6) Respecto al procedimiento de tramitación de las reclamaciones al Estado por salarios de tramitación en juicios por despido, en situaciones de **insolvencia del empresario**, ver nº 3200 Memento Social 2026.

Exclusión del cómputo de los 90 días (LRJS art.119) A efectos del cómputo que excede de los 90 días, toda vez que el alargamiento del proceso se debe a causas que, de alguna manera, no son imputables al funcionamiento general de la justicia, se excluyen: 15077

a) El período de tiempo transcurrido en la **subsanación** de la demanda, por algún defecto, omisión o imprecisión, incluyendo la no acreditación de la celebración de la conciliación o reclamación previa.

b) El tiempo que pueda suponer el **aplazamiento** de los actos de **conciliación y juicio**, cuando la suspensión se realice de mutuo acuerdo o por motivos justificados (como puede ser, enfermedad de una de las partes, imposibilidad acreditada de asistencia de uno de los letrados o perito, falta de expediente administrativo, etc.) (LRJS art.83). En estos supuestos se vuelve a señalar dentro de los 10 días siguientes. Parece, por tanto, que ese es el **plazo máximo a descontar** de los 90 días hábiles. Transcurridos esos 10 días sin haberse señalado dicho acto, se ha de reiniciar el cómputo de los días a efectos del procedimiento.

c) El tiempo de **suspensión de las actuaciones**, cuando una de las partes alega la falsedad de algún documento de notoria influencia para el pleito, para acreditar la **presentación de la querella**, aunque debe considerarse excluido también el tiempo de tramitación de la causa criminal, se ha considerado correcto este último planteamiento (TS 18-11-05, EDJ 214150; 11-5-04, EDJ 40528; 29-1-08, EDJ 56631).

d) Dado, que el plazo se refiere a días hábiles, se excluyen los **sábados, domingos y festivos** en la sede del órgano jurisdiccional. El mes de **agosto** y los días que median entre el 24 de diciembre y el 6 de enero del año siguiente son hábiles a efectos de despido, por lo que no se descuenta del cómputo de los 90 días (LRJS art.43.4.1º).

En cualquier caso, corresponde al **juez valorar** si el tiempo invertido en la suspensión del acto del juicio ha de correr a cargo del empresario o del Estado (TSJ Madrid 20-6-18, EDJ 558397).

Precisiones 1) No cabe la extensión o aplicación analógica de estas exclusiones del cómputo a supuestos distintos de los mencionados en la ley, ya que ha de interpretarse de forma estricta y, obviamente, restrictiva. De manera que no hay que descontar el tiempo transcurrido debido al tiempo de suspensión de las actuaciones por el planteamiento de una **cuestión de inconstitucionalidad**, pues no es uno de los supuestos contemplados por el legislador y deriva de una decisión del órgano jurisdiccional, no imputable a las partes (TS Pleno 24-3-22, EDJ 536001). Tampoco en el caso de la suspensión de las actuaciones para la **ampliación** de la **demanda frente** a los **administradores concursales** de las empresas demandadas, salvo que se demuestre un funcionamiento anormal de la justicia. Máxime si en ninguna de las dos suspensiones acaecidas por tal causa se cumplió con la obligación procesal de señalar nuevamente en el plazo de 10 días siguientes a la suspensión (TS 21-3-23, EDJ 537254).

2) El Estado es responsable del abono de los salarios de tramitación devengados desde el 91º día hábil tras la interposición de la demanda, sin que se puedan descontar los días de suspensión por el **estado de alarma** motivado por la pandemia del Covid-19 (TSJ Cataluña 7-2-24, EDJ 521057; 22-12-23, EDJ 846184).

15078 **Agotamiento de la vía administrativa previa** (LRJS art.117.1 y 119; RD 418/2014) Al ser el demandado el Estado, es preceptivo agotar la vía administrativa previa ante el órgano competente de la instrucción, que son las Delegaciones y Subdelegaciones de Gobierno.
MPL nº 3268 s.

Estos entes públicos deben emitir, en los 15 días siguientes al de la fecha de entrada de la reclamación en su registro, la correspondiente **propuesta de resolución** que, acompañada de la documentación presentada, se traslada a la DG de Relaciones con la Administración de Justicia, del Ministerio de Justicia. Este último organismo es quien, transcurrido un mes desde la propuesta, ha de resolver y, en su caso, abonar los salarios y las cuotas reclamadas; poniendo fin a la vía administrativa. Ante una denegación queda entonces abierta la impugnación judicial (nº 15079).

Respecto de los **plazos**, esta reclamación administrativa solo se puede plantear cuando la sentencia de despido improcedente sea firme y siempre que no haya transcurrido un año desde la firmeza.

Puede **suspenderse el procedimiento** en los casos en que no exista constancia suficiente en la documentación presentada, y hayan de requerirse los informes que se consideren necesarios a los órganos competentes. También durante el plazo de subsanación de deficiencias de la solicitud por el interesado. En cualquier caso, **no interrumpe** el plazo de **prescripción** de un año de la acción de reclamación de salarios de tramitación con cargo al Estado la solicitud de la documentación necesaria que se debe aportar con la solicitud administrativa a la Sección de lo Social del Tribunal de Instancia que declaró el despido improcedente. Cuando la **entrega se demore más de un año**, para evitar la prescripción, es preciso realizar la reclamación de los salarios de tramitación en plazo, sin perjuicio de realizar una subsanación posterior cuando se recibiera la documentación, suspendiéndose el plazo para resolver (TS 12-3-20, EDJ 563836).

Precisiones El escrito de reclamación ante la administración debe acompañarse de la siguiente **documentación**:

a) Copia testimoniada de la demanda de despido, de la sentencia que declare su improcedencia y de la resolución judicial que determine la readmisión del trabajador, o comparecencia al efecto.

b) Certificación expedida por la Secretaría del órgano jurisdiccional correspondiente, haciendo constar la cronología del procedimiento ante el mismo a efectos del cómputo del tiempo que exceda de los 90 días hábiles, especificando si hubo suspensión y en su caso el motivo de la misma. En todo caso, deben figurar las fechas de: despido, presentación de la demanda, sentencia y notificación y firmeza de la misma.

c) Documentación que acredite fehacientemente el pago al trabajador de los salarios que se reclamen, así como certificación original de la TGSS relativa a las cuotas ingresadas respecto del trabajador despedido por la empresa reclamante, con desglose mensual.

d) Informe de vida laboral del trabajador. En caso de haber prestado servicios para otra empresa en el período de responsabilidad estatal, debe aportarse documentación acreditativa de los salarios percibidos durante ese período. Si, en estos casos, el empresario no pudiera obtener el informe de vida laboral del trabajador, ha de ser la correspondiente Área o Dependencia de Trabajo e Inmigración quien lo solicite de oficio.

e) En el supuesto de que se nombre un representante para la tramitación, se exige presentar el poder notarial en que se haga constar expresamente el otorgamiento de dicho poder. También se puede otorgar poder ante funcionario competente de la Delegación o Subdelegación de Gobierno, debiendo personarse, a tal fin, en sus dependencias, representante y representado.

15079 **Procedimiento judicial** (LRJS art.117.2, 118 y 119) La demanda debe dirigirse al tribunal que conoció del proceso de despido, y debe acompañarse de la resolución denegatoria de la reclamación previa o copia de la presentación de dicha reclamación si hubiera habido silencio administrativo.

Se ha de demandar a **todas las partes** del proceso de despido y al abogado del Estado.

La **citación** al trabajador, empresario y abogado del Estado, debe hacerse en el plazo de 5 días, sin que se suspenda el procedimiento para que éste último pueda elevar consulta a la Dirección General del Servicio Jurídico del Estado.

El juicio solo se dirige a declarar la **procedencia y cuantía** de la reclamación al Estado sin admitirse pruebas encaminadas a revisar las declaraciones probadas en la sentencia de despido improcedente (TS 8-11-06, EDJ 325772).

Practicadas las pruebas pertinentes, y apreciadas libremente por el juzgador, este **decide** si ese exceso de los 90 días señalados, corre a cargo del empresario o del Estado. Excepcionalmente se prevé la posibilidad de declararlo a cargo del trabajador, si se aprecia en su actuación procesal que ha incurrido en abuso de derecho (TS 9-5-14, EDJ 100869).

Precisiones **1)** Se devengan **intereses de demora** desde el día en que fue notificada al Estado la sentencia condenatoria al pago de salarios de tramitación (TS 31-1-20, EDJ 511672).

2) No es motivo de inadmisión/desestimación de la demanda el hecho de que en el momento de interponerse ésta no haya transcurrido el **plazo para la resolución** por la Administración de la denominada entonces reclamación administrativa, cuando sí lo haya hecho, de modo **expreso o por silencio**, en el momento de celebrarse la vista, puesto que con ello la finalidad del trámite ha quedado cumplida (TCo 144/1993; TSJ Sevilla 18-6-15, EDJ 151426).

Recursos Al tratarse de una reclamación de cantidad, solo procede el recurso de suplicación (nº 14670) cuando la **cantidad reclamada** por tal concepto supere la fijada en cada momento para recurrir -actualmente fijada en 3.000 euros- y no haya afectación general (TS 25-5-10, EDJ 122427). Contra la que se dicte en suplicación podría interponerse, en su caso, recurso de casación para la unificación de doctrina (nº 14702). 15083

D. Despido objetivo

(LRJS art.103.3 y 120 -redacc L 2/2025-)

El procedimiento a seguir para recurrir contra un despido objetivo es el establecido respecto de los **procesos por despido disciplinario** (nº 14940). No obstante, existen ciertas **especialidades** sobre los plazos para la interposición de la demanda y las consecuencias jurídicas de las diferentes calificaciones judiciales (nº 15095 s.). 15090

Cuando solo se pretende el abono de cantidades no controvertidas, es posible accionar por el **procedimiento ordinario,** siempre que se trate simplemente de hacer una operación matemática para el cálculo de dichos importes. En cambio, la reclamación debe canalizarse a través del proceso por despido, si la discrepancia versa sobre los elementos objetivos para la determinación de la cuantía (TS 2-12-16, EDJ 245924).

En todo caso, la percepción por el trabajador de la **indemnización** ofrecida por el empresario o el uso del permiso para buscar otro trabajo, en absoluto impiden que el trabajador accione contra el despido por causas objetivas, no suponiendo ningún tipo de **reconocimiento o aceptación** de la decisión extintiva del empresario (TSJ Cataluña 21-15-22, EDJ 790673; TSJ Burgos 17-9-09, EDJ 226438).

Contra las sentencias dictadas en estos procesos cabe siempre el **recurso de suplicación** (nº 14670).

Precisiones La no inversión del **orden de intervención** de las partes en un juicio de despido objetivo, aunque constituya infracción del orden público procesal, no siempre tiene como efecto la declaración de nulidad de actuaciones y la reposición de los autos al momento de la celebración del juicio con nueva citación de las partes. Esta consecuencia solo se produce si la parte perjudicada acredita que el orden de intervención en juicio le ha causado una indefensión material y efectiva (TS 24-9-12, EDJ 237606).

1. Plazos para interponer la demanda

(LRJS art.121.1)

El plazo para interponer la demanda de despido es de **20 días** hábiles. En esta causa de extinción, debido a la obligatoriedad de un plazo de **preaviso** antes de proceder a la extinción real del contrato, el trabajador puede **adelantar su acción** desde que le es notificada la decisión por la empresa, aun cuando continúe trabajando para la misma (TS 7-12-09, EDJ 300354). 15095

En todo caso, el cómputo del plazo de caducidad, de dichos 20 días, no se inicia hasta el **momento** en que se produce dicha **extinción**, una vez agotado ese preaviso necesario.

Sobre el cómputo de **plazo caducidad** ver nº 14945.

Precisiones La acción de **tutela de derechos fundamentales** reclamando daños y perjuicios del despido reconocido improcedente en conciliación judicial que no se mencionaban en su demanda de despido inicial no está sometida al plazo de caducidad de 20 días (TS 13-6-11, EDJ 140390).

2. Calificación judicial: consecuencias jurídicas

(ET art.53.3 y 4 -redacc LO 1/2025-; LRJS art.121.2, 122)

La decisión extintiva del empresario puede ser declarada **procedente**, **improcedente** o **nula**. 15100 MPL nº 3504 s.

Procedente (ET art.53.4 -redacc LO 1/2025- y 53.5.a; LRJS art.122 y 123) El despido es procedente cuando se acredita la concurrencia de la **causa** en que se fundamenta la decisión extintiva y se han cumplido los **requisitos** establecidos para su ejercicio; en caso contrario es improcedente. No obstante, no se califica como improcedente el despido cuando el importe de la indemnización puesta a disposición sea inferior al debido por causa de error excusable, ni cuando se incumple el deber de preaviso, sin perjuicio de la obligación del empresario de abonar los salarios correspondientes a dicho periodo o al pago de la indemnización en la cuantía correcta. 15102 MPL nº 3505 s.

Cuando la sentencia declara la procedencia las **consecuencias jurídicas** son las siguientes:
1) La **extinción** del contrato.
2) El trabajador tiene derecho a la **indemnización** prevista o a la consolidación de la percibida y se condena a la empresa al abono de las diferencias que hubieran podido existir, tanto en la indemnización como en los **salarios** correspondientes al plazo de **preaviso**, entre lo abonado por la empresa y lo que legalmente le corresponda, o al abono del preaviso si se omitió completamente (TS 7-2-12, EDJ 26409).
3) El trabajador tiene derecho a las prestaciones de **desempleo** (LGSS art.267.1.a.4º.1.1.d), desde la fecha de su despido y no desde la de la resolución judicial (TS 27-1-99, EDJ 143).

Precisiones La sentencia de despido objetivo procedente donde se reconoce un **salario diferente** al que ha tenido en cuenta la empresa ha de establecer en el fallo el **monto correcto** de la indemnización (en su caso también del preaviso satisfecho), condenando al abono de las diferencias pertinentes (TS 19-9-12, EDJ 213325). No resulta pertinente en ese caso invocar el principio de invariabilidad de las resoluciones recurribles, pues no es admisible obligar al trabajador a acudir a otro proceso para obtener la satisfacción de su derecho (TS 23-10-08, EDJ 222451).

15104 **Improcedente** (ET art.53.4 -redacc LO 1/2025- y 53.5.b; LRJS art.123) Si el despido se declara improcedente por **no acreditarse las causas** en que se fundamenta la decisión extintiva o cuando no se han cumplido los **requisitos formales** exigidos, se aplican las consecuencias previstas para los despidos disciplinarios improcedentes (nº 14995 s.). Con carácter general, el empresario tiene un plazo de 5 días desde la notificación de la sentencia para optar entre la readmisión o la indemnización:

MPL nº 3506 s.

1) Si opta por la **readmisión**: el trabajador ha de reintegrar la indemnización recibida. Esta **obligación de reintegro** solo nace una vez sea firme la sentencia.
2) Si opta por la **indemnización** o compensación económica: el juez ha de acordar expresamente, cuando el trabajador ya recibió la indemnización inicial, la **compensación** entre la indemnización percibida y la que se fije en la sentencia. Esa falta de compensación judicial obligaría al empresario a consignar por un exceso carente de justificación (TS 12-5-05, EDJ 108954). La **opción por la indemnización** determina la extinción del contrato de trabajo, que se entiende producida en la **fecha del cese efectivo** en el trabajo (ET art.56.1). La empresa debe abonar además el importe de la indemnización pactada por falta de preaviso (TS 15-7-13, EDJ 164053).
No obstante, no determina la improcedencia del despido la **no** concesión del **preaviso** o el **error excusable** en el cálculo de la **indemnización**, sin perjuicio de la obligación del empresario de abonar los salarios correspondientes a dicho período o al pago de la indemnización en la cuantía correcta, con independencia de los demás efectos que procedan.
La obligación de abonar los **salarios de tramitación**, al igual que en el caso de despido disciplinario, se circunscribe a los supuestos de readmisión; salvo cuando el despedido improcedentemente es un representante de los trabajadores o delegado sindical que tiene derecho a los salarios de tramitación con independencia del sentido de la opción que realice.
Cuando hay **readmisión** -también para el despido nulo- no pueden deducirse las cantidades abonadas como compensación al período de preaviso no concedido, pues se trata de retribuciones salariales correspondientes a distintas situaciones: una vigente el contrato de trabajo y la otra correspondiente a la situación en que el contrato ya está extinguido (TS 1-7-10, EDJ 185103; 28-2-05, EDJ 16393). Esta prohibición de compensación **procede siempre** si existió preaviso y también si la empresa abonó al trabajador la indemnización sustitutoria del mismo (TSJ Madrid 12-6-01, EDJ 32046; TSJ Valladolid 7-7-00, EDJ 40265; en sentido contrario TSJ Galicia 24-6-99, EDJ 28957).
El empresario es el sujeto responsable del cumplimiento de la obligación de cotizar por los salarios de tramitación abonados como consecuencia de la extinción por causas objetivas, sin perjuicio de su derecho a reclamar del Estado y demás compensaciones que puedan corresponderle.
Cuando el despido objetivo es declarado **improcedente** por **defectos de forma** y se opta por la readmisión, el empresario puede **volver a despedir** por la misma causa si es que persiste, sin tener que ajustarse a ningún plazo concreto. Por tanto, no es de aplicación en estos casos el plazo previsto en el despido disciplinario improcedente, de 7 días desde la notificación de la sentencia, para efectuar una nueva extinción (LRJS art.110.4). Así, declarada la improcedencia del despido objetivo por defectos de los requisitos formales esenciales, la relación laboral se recompone con la opción por la readmisión, por lo que el empresario puede efectuar un nuevo despido subsanando los defectos. La nueva extinción se puede efectuar una vez **producida la readmisión** y, también, en el momento de la incorporación del trabajador, sin que sea necesario que se produzca una efectiva prestación de servicios, puesto que la relación laboral se había recompuesto y estaba viva (TS 7-9-21, EDJ 688008).

Precisiones 1) El convenio puede **atribuir al trabajador la opción** entre indemnización y readmisión. No obstante, no es extrapolable a un despido objetivo improcedente la atribución convencional de la **opción del trabajador** -entre indemnización o readmisión- en un caso de despido disciplinario improcedente (TS 26-7-05, EDJ 157692).
2) Recuérdese que cuando el trabajador tenía un **contrato de fomento de la contratación indefinida** -modalidad desaparecida con efecto desde 12-2-2012- la indemnización por despido objetivo improcedente se calculaba a razón de 33 días de salario por año de servicio con un máximo de 24 mensualidades (L 3/2013 disp.derog.única.1.b).
3) El despido objetivo efectuado **sin alegación de causa alguna** ha de ser declarado improcedente, no nulo (TSJ Cataluña 21-7-20, EDJ 708296).

Nulo (ET art.53.4 -redacc LO 1/2025-; LRJS art.122.2 y 123.2) La sentencia puede declarar nula la extinción, también puede ser apreciada de oficio por el juez, cuando la decisión del empresario tenga como móvil algunas de las causas de **discriminación** prohibidas en la Constitución o en la ley, o vulnere los **derechos fundamentales** y libertades públicas del trabajador y libertades públicas del trabajador. **15106** MPL nº 3507 s.
Asimismo, se contemplan supuestos de despido **objetiva y automáticamente nulos**, al margen de cualquier móvil discriminatorio, en situaciones de relacionados con el embarazo, la maternidad o con el ejercicio de los permisos relacionados con la conciliación; en caso de víctimas de violencia de género o violencia sexual.
Respecto a todos ellos, así como para la calificación del despido por razón de enfermedad, ver nº 15034.
En el caso de **despido colectivo**, ver nº 15216.

Precisiones 1) El permiso por **fallecimiento** del cónyuge, pareja de hecho o parientes hasta el segundo grado de consanguinidad o afinidad **no** aparece **expresamente** mencionado entre las causas de nulidad del despido objetivo (ET art.37.3.b.bis).
2) Es nulo por vulnerar la **libertad ideológica**, el despido objetivo por causas organizativas de uno de los asesores de un grupo parlamentario, al no haber neutralizado el empleador el indicio de que la extinción tenía causa directa en las diferencias ideológicas (TSJ La Rioja 4-9-19, EDJ 690708).
3) Se ha considerado discriminatorio **por razón de la edad** y, por tanto, nulo, el despido de un **trabajador de 58 años**. La empresa alegó razones de **amortización del puesto** de trabajo, lo cual no se produjo sino que fue cubierto por otro empleado más joven que no pertenecía al proyecto, constatándose así que se necesitaba el mismo número de empleados en la plantilla. A ello se suman otras cuestiones como la buena evaluación del trabajador mantenida durante años, la estrategia de la empresa sobre renovación generacional de la plantilla y el porcentaje de despidos de aquellas personas trabajadoras de más edad (TSJ Madrid 20-10-22, EDJ 740624).

Efectos del despido objetivo nulo (LRJS art.113, 121, 123.3, 281 y 286) Con carácter general, los efectos son los previstos para el despido disciplinario nulo (nº 15034), esto es, la readmisión inmediata al puesto de trabajo y el abono de los salarios de tramitación con las siguientes particularidades: **15107**
a) Si el trabajador es efectivamente **readmitido** debe reintegrar la indemnización percibida, una vez sea firme tal sentencia.
b) De los **salarios de tramitación** no pueden deducirse los correspondientes al **preaviso** (nº 15104).
En el marco de la ejecución de una sentencia firme de despido nulo que responde a **acoso laboral, sexual o por razón de sexo o de violencia de género en el trabajo**, la víctima del acoso puede optar por extinguir la relación laboral con el correspondiente abono de la indemnización procedente y de los salarios de tramitación. Además, en el marco de la ejecución de las sentencias firmes de despido, cuando se acredite la imposibilidad de readmitir al trabajador por cese o cierre de la empresa obligado o cuando concurra cualquier otra causa de imposibilidad material o legal de readmisión, el órgano jurisdiccional ha de dictar auto acordando la extinción de la relación laboral y condenando al abono de la indemnización y los salarios de tramitación.

E. Despido colectivo

(ET art.51.6; LRJS art.124; LRJS art.191.3.a; RD 1483/2012 art.15)

El ordenamiento contempla hasta cuatro **tipos de acciones** susceptibles de ser ejercitadas para impugnar las decisiones extintivas colectivas e individuales adoptadas por los empresarios con ocasión del despido colectivo, así como contra los acuerdos alcanzados en el período de consultas, configurándolas con carácter no excluyente, lo que significa que se pueden formular de manera simultánea y obliga a establecer reglas de coordinación entre ellas (nº 15194). **15190**

Estas acciones son las siguientes:
• Acción colectiva social (nº 15200).
• Acción colectiva empresarial (nº 15220).
• Acción de oficio (nº 15222).
• Acciones individuales (nº 15224).

15192 Precisiones 1) La **competencia** se atribuye a la sala de lo social de los TSJ, cuando los dos centros de trabajo afectados se encuentran en una **misma comunidad autónoma**, pero si la medida afecta a centros ubicados en **CCAA diferentes**, la competencia para conocer en única instancia de los procesos de despido colectivo impugnados por los representantes de los trabajadores (LRJS art.124.1 a 10) recae sobre la Audiencia Nacional (LRJS art.8.1). Ahora bien, si el despido no fuera único, sino que se tratara de dos, cada uno de ellos, con efectos circunscritos al ámbito territorial de una comunidad autónoma, cada TSJ correspondiente es competente para conocer de cada despido colectivo, careciendo de competencia objetiva la AN (TS 9-6-21, EDJ 595568).
2) Los órganos competentes para decidir en instancia sobre las **acciones individuales** son las Secciones de lo Social del Tribunal de Instancia (LRJS art.6.1).
3) Aparte de las diferentes acciones orientadas a la impugnación de los despidos o de los acuerdos, en el caso de **incumplimiento empresarial del pago de las indemnizaciones** debidas por el despido o de existir disconformidad respecto de su cuantía, el trabajador puede demandar ante la Sección de lo Social del Tribunal de Instancia competente el pago de la misma o, en su caso, el abono de las diferencias que a su juicio pudieran existir, a través del procedimiento ordinario.
4) Asimismo, el incumplimiento de la obligación establecida sobre el **plan de recolocación externa**, así como de las **medidas sociales de acompañamiento**, asumidas por el empresario, puede dar lugar a la reclamación de su cumplimiento por parte de los trabajadores ante esos mismos órganos y por el mismo conducto, sin perjuicio de las responsabilidades administrativas que procedan.

15194 **Coordinación de acciones** (LRJS art.124.7) Para la coordinación de las **acciones colectivas** y la **acción de oficio** se establecen las siguientes reglas:
- efecto paralizador del proceso colectivo sobre el procedimiento de oficio;
- atribución de legitimación a la autoridad laboral para que pueda personarse como parte en el proceso colectivo;
- eficacia de cosa juzgada de la sentencia firme dictada en el proceso colectivo sobre el proceso de oficio pendiente de resolución.

Por otra parte, los mecanismos que se establecen para armonizar la **acción colectiva social** y las **acciones individuales** son los siguientes:
- efecto suspensivo del proceso colectivo sobre los procesos individuales;
- suspensión del plazo de caducidad para que los trabajadores afectados puedan ejercitar la acción individual; y
- vinculación de los procesos individuales a lo resuelto con carácter firme en el proceso colectivo, que despliega en aquellos los efectos positivos de la cosa juzgada.

Finalmente, los dispositivos previstos para cohonestar la **acción empresarial** y las **acciones individuales** son los siguientes:
- la presentación de la demanda por el empresario suspende el plazo de caducidad de las acciones individuales;
- la sentencia que se dicta en el proceso instado por el empresario produce, una vez firme, efectos de cosa juzgada sobre los procesos individuales.

Precisiones El hecho de que, una vez iniciado el proceso de impugnación de despido colectivo por la representación de los trabajadores, se suspenda el curso de demandas individuales presentadas antes, no impide que puedan **presentarse otras nuevas**, aunque, tras su admisión, se suspenda su tramitación (TS 28-2-18, EDJ 22301).

1. Acción colectiva social

(LRJS art.124)

15200 En relación con el ejercicio de esta acción es necesario detenerse en los problemas y especialidades que se plantean en materia de jurisdicción, decisiones extintivas impugnables por este cauce, plazo de ejercicio de la acción, partes procesales, objeto y tramitación del proceso, y contenido de la sentencia.

15202 **Jurisdicción por razón de la materia** La **competencia** para conocer del procedimiento de extinción colectiva de los contratos de trabajo depende del momento en que se produce el despido colectivo en relación con la declaración del concurso:
1. Si el despido colectivo se produce **antes** de la declaración del concurso: la competencia debe atribuirse a los órganos jurisdiccionales del orden social (TS 20-10-15, EDJ 244254). El administrador concursal, que es parte en el proceso como sujeto defensor de la masa al que

corresponde la ejecución de las medidas, debe haber aceptado su cargo (LCon art.66) (TS 19-10-16, EDJ 208985).
2. Si el despido colectivo se produce **después** de la declaración del concurso: es competente el juez del concurso, de lo Mercantil (TS 9-2-15, EDJ 21860).
3. Si el despido colectivo está **en tramitación** a la fecha de la declaración del concurso: la competencia corresponde al juez del concurso (LCon art.170):
a) Si aún **no se ha alcanzado un acuerdo** o **no se ha notificado la decisión** empresarial, el letrado de la Administración de justicia cita a los interesados dentro de los 3 días siguientes al de la comunicación, para que comparezcan a exponer y justificar, en su caso, la procedencia de continuar con la tramitación de las medidas colectivas ante el juez del concurso.
Las **actuaciones practicadas** hasta la fecha de la declaración de concurso conservan su validez en el procedimiento que se tramite ante el tribunal, siendo la decisión última del juez del concurso. Las **indemnizaciones** resultantes, si proceden, se consideran deudas contra la masa (TS 19-10-16, EDJ 208985; 26-9-17, EDJ 208948).
b) Si a la fecha de declaración del concurso, **ya se hubiera alcanzado un acuerdo** o **se hubiera notificado la decisión** en relación al despido colectivo, corresponde a la administración concursal la ejecución de las medidas.
c) Si al tiempo de la declaración de concurso, el **acuerdo o la decisión empresarial han sido impugnados** ante la jurisdicción social, el procedimiento continúa en esta hasta la firmeza de la correspondiente resolución.

Precisiones 1) La **comunicación de inicio de negociaciones** por el deudor para alcanzar un **acuerdo de refinanciación** no acarrea la atribución de competencia al juez del concurso (LCon art.583). 15203
2) Cuando se quiere cuestionar la **validez del despido** acordado en el seno del concurso hay que accionar (individual o colectivamente) ante la Sección de lo Mercantil del Tribunal de Instancia. Eso es así incluso si se desea plantear la existencia de un posible fenómeno empresarial de agrupación o sucesión de empresas, respecto a empresas diferentes de la concursada (TS 6-6-18, EDJ 104186; 8-3-18, EDJ 26816). Pero si no se cuestiona la validez del despido concursal, sino que se reclama el abono de determinadas **cantidades** derivadas de la extinción contractual que comporta -sean indemnizatorias o retributivas- la solución debe ser la opuesta (TS 17-1-19, EDJ 507509).
3) El orden social es competente para analizar aquellas **operaciones** realizadas por la empresa -aunque sean **de naturaleza mercantil**, como lo es una operación de cesión de créditos- que, por su proximidad al inicio del procedimiento de despido colectivo, por el carácter de los intervinientes y por el resultado económico que producen, puedan llevar a la conclusión de que han sido implementadas para vaciar de contenido la negociación de buena fe que tiene el empresario en el período de consultas (TS 11-4-14, EDJ 147567).
4) Se ha admitido la competencia de la jurisdicción laboral para **ejecutar sentencias de despido**, aunque la empresa condenada esté en concurso, correspondiendo al orden social comprobar si la readmisión se ha producido o no y de haberse producido, si lo ha hecho en sus propios términos, perdiendo la competencia cuando proceda resolver sobre las consecuencias del incumplimiento del empresario (AN auto 14-9-15, EDJ 277865). No obstante, si los contratos de trabajo, tras la declaración de nulidad del despido han sido extinguidos en el concurso, los trabajadores carecen de acción ante el orden social para promover **incidente de readmisión irregular** (TS 17-5-17, EDJ 90621).
5) Es competente la jurisdicción social para enjuiciar la **demanda de impugnación del despido colectivo** adoptado por la empresa días antes de su declaración de concurso, aunque la demanda se haya presentado tras esa declaración (TS 26-1-15, EDJ 32673; 27-1-15, EDJ 21840).
6) Cuando el juez concursal declara la situación de **concurso** y procede a su **conclusión y archivo**, la competencia pasa a ser de la jurisdicción social, aunque su decisión sea recurrida (TS 22-6-20, EDJ 594194).
7) La impugnación de un **despido colectivo concursal** debe hacerse a través de los cauces de la Ley Concursal. No es adecuada la acción de la LRJS art.124 y el TSJ solo es competente vía recurso de suplicación (TS 21-6-17, EDJ 125196). Las acciones que los trabajadores o el FOGASA puedan ejercer contra el auto en cuestiones que se refieran estrictamente a la relación jurídica individual, se sustancian por el procedimiento del incidente concursal en materia laboral (TS 10-2-21, EDJ 507894).

Decisiones impugnables por esta vía La modalidad procesal de despido colectivo no solo resulta idónea para canalizar las pretensiones ejercitadas por los representantes de los trabajadores frente a decisiones empresariales formalmente colectivas, adoptadas conforme al procedimiento del ET art.51, sino también contra los despidos colectivos irregulares -realizados al margen de ese procedimiento, como prescindiendo por ejemplo del período de consultas- y contra los **despidos colectivos de hecho**, condición de la que participan tanto los despidos tácitos por cierre total de la empresa como los que se producen mediante decisiones extintivas individuales eludiendo el procedimiento de despido colectivo, o incluso, ocultando su carácter colectivo (TS 9-4-14, EDJ 76958; 9-7-14, EDJ 127157; 18-11-14, EDJ 237207). 15204

Precisiones 1) En los despidos colectivos de hecho, la acción colectiva **no resulta enervada** por el hecho de que la mayoría de los trabajadores afectados por los despidos individuales se hubiesen aquietado y suscrito recibos de finiquito, no existiendo tampoco **cosa juzgada** derivada de lo resuelto en los procedimientos de impugnación de los despidos individuales concluidos por conciliación o sentencia (TS 9-1-19, EDJ 507930).

2) No hay acumulación indebida de acciones por reclamar en la **demanda de impugnación** de despido colectivo que se declare la concurrencia de **cesión ilegal**, por cuanto su admisión, significa que el empresario formal o interpuesto no era propiamente el empresario real (TS 20-9-15, EDJ 144471), especialmente, cuando se acredita que la empresa afectada es real y despliega sus medios personales y materiales en su actividad (TS 9-1-19, EDJ 507930); tampoco, cuando sin pretenderse en la demanda un pronunciamiento sobre **subrogación de empresas**, como acción declarativa en sentido propio, el análisis de la concurrencia de esa subrogación sea necesaria para resolver en el despido quién es el empleador, que, en su caso, deba asumir la responsabilidad (TS 31-5-19, EDJ 633236; 21-2-20, EDJ 653049).

3) La impugnación de las **medidas de flexibilidad interna**, asociadas al despido colectivo, por acuerdo o sin él, debe realizarse por el procedimiento de impugnación de despido colectivo (TS 17-5-17, EDJ 96496; 17-10-18, EDJ 645191; 29-1-19, EDJ 513106), por cuanto se está impugnando el mismo negocio jurídico. La mencionada acumulación comporta que alguna de las medidas impugnadas pueda recibir distinta calificación que las otras (TS 20-7-16, EDJ 110881). La impugnación de un pacto posterior a un acuerdo de despido colectivo debe tramitarse por el procedimiento de conflicto colectivo (TS 22-4-15, EDJ 118083; 14-10-15, EDJ 237899; 17-10-18, EDJ 645191).

4) Si se impugna únicamente el **despido colectivo y** que se declara justificado por sentencia firme, la acción posterior de impugnación de las medidas de acompañamiento está afectada por la cosa juzgada (TS 14-7-16, EDJ 145495).

15206 **Plazo de ejercicio de la acción** (LRJS art.124.6) El ejercicio de la acción de impugnación del despido colectivo, para la que no se exige el intento de conciliación o reclamación previa, está sometido a un plazo de **caducidad** de 20 días. El día inicial de cómputo varía en función de que el período de consultas haya finalizado con acuerdo o sin él (TS 17-10-18, EDJ 645191; 21-6-17, EDJ 143163):

- si el periodo de consultas ha finalizado con acuerdo: el día inicial de cómputo comienza el día siguiente a la fecha en que suscribió el acuerdo;
- si finalizó sin acuerdo: la fecha de inicio del plazo de caducidad se produce al día siguiente a aquel en el que la empresa notifica por escrito su decisión de despido a los representantes de los trabajadores.

Se excluyen los **días inhábiles**, sin que tengan tal condición los correspondientes al mes de agosto ni los días que median entre el 24 de diciembre y el 6 de enero del año siguiente, ambos inclusive (LRJS art.43.4).

15207 Precisiones 1) El TS aplica la doctrina del TJUE al plazo de caducidad para la impugnación de los **despidos colectivos de hecho o encubiertos** y fija como día de inicio para su cálculo aquel en que se tiene conocimiento fehaciente de las extinciones de los contratos (TJUE 11-11-20, asunto C-300/19; TS 19-10-23, EDJ 740371).

2) La mera **firma del acta de conclusión del período de consultas** no implica la comunicación de la decisión patronal, por lo que el cómputo del plazo no puede iniciarse en esa fecha (TSJ Galicia 7-5-13, EDJ 105260). Solo podría demorarse el inicio del cómputo cuando no se conozca el acuerdo por una causa ajena a la voluntad de los legitimados, como podría ser en caso de no formar parte de la comisión negociadora, lo cual no ocurre, p.e., cuando los sindicatos no acuden a la última reunión por voluntad propia (TS 17-10-18, EDJ 645191).

3) Si la empresa **no notificó el despido**, ni a la autoridad laboral ni al representante legal de los trabajadores, el despido está caducado, pero no la acción, porque no se notificó (TS 21-7-15, EDJ 173726; 5-3-20, EDJ 576468; 7-5-20, EDJ 575390). La **carga de la prueba** de la notificación corresponde a la empresa (AN 22-10-14, EDJ 181025).

15208 **Legitimación activa** (LRJS art.124.1) Se atribuye legitimación activa a los siguientes sujetos:

a) **Representantes unitarios**: deben acreditar que la impugnación se decidió mancomunadamente de tratarse de delegados de personal, o colegiadamente por la mayoría de los miembros del comité de empresa, no siendo suficiente con la aprobación de la mayoría de asistentes a la reunión, aunque lo amparara así el reglamento del comité (ET art.62.2 y 65.1; TS 18-11-15, EDJ 253747).

Ello excluye la posibilidad de que los representantes unitarios puedan ejercer la acción por el mero hecho de ostentar esa cualidad, aunque sean la mayoría, siendo necesario que demuestren que su iniciativa ha sido adoptada en debida forma por el órgano del que forman parte (AN 11-3-13, EDJ 25496) y, en su caso, de ser el presidente del comité de empresa el que acciona, acreditar documentalmente ese cargo y el acta de autorización del órgano unitario para poder formular la demanda (TSJ Murcia 9-7-12, EDJ 169269).

b) **Representantes sindicales**: siempre que tengan implantación suficiente en el ámbito del despido colectivo (AN 25-1-19, EDJ 505311). La implantación suficiente también existe cuando posea nivel de afiliación adecuado en el ámbito de afectación del conflicto (TS 11-1-17, EDJ 11106), por lo que se reconoce legitimación activa a los únicos representantes de los trabajadores de los centros afectados (AN 15-4-19, EDJ 569402).
La expresión «representantes sindicales» comprende tanto a los representantes con que cuenta una entidad sindical a nivel de empresa o centro de trabajo, nombrados o elegidos por ellos o por los afiliados, como las secciones sindicales y los delegados sindicales, como a las propias centrales sindicales.
c) **Comisiones *ad hoc***: la doctrina judicial ha sido unánime al reconocer a las comisiones integradas por trabajadores de la empresa elegidas por ellos mismos para negociar durante el período de consultas legitimación para iniciar el proceso de despido colectivo pese a carecer de personalidad jurídica (TS 18-3-14, EDJ 63661), si bien solo cabe entender como legitimados a la mayoría de miembros de una comisión ad hoc, y no a una parte menor de dichos miembros, aunque fueran disidentes respecto al acuerdo alcanzado en el periodo de consultas (TS 18-5-22, EDJ 586359; TSJ Madrid 5-3-25, EDJ 538872).
d) También se ha reconocido legitimación activa a las **comisiones híbridas**, cuando la decisión de impugnar el despido se ha tomado por la mayoría de sus componentes (TS 21-4-15, EDJ 87028).
e) Se ha admitido, incluso, legitimación negocial y procesal a la **plantilla aceptada por la empresa** como interlocutora en el periodo de consultas, para los supuestos de empresas sin representación legal -unitaria o sindical- de los trabajadores y sin que haya sido nombrada la comisión «ad hoc», al ser considerada esta plantilla en su dimensión de entidad colectiva aunque solo sea en atención a las circunstancias del caso y sin pretensión alguna de generalidad (TS 23-3-15, EDJ 72676).

Precisiones 1) Carecen de legitimación para impugnar **algunos miembros del comité** de empresa, aunque fueran parte minoritaria de la comisión negociadora del período de consultas (TSJ C.Valenciana 8-4-16, EDJ 99693), ni el **presidente del comité**, cuando no acredita la decisión mayoritaria de sus miembros (TS 21-1-16, EDJ 9732). **15209**
2) El **comité intercentros**, autorizado convencionalmente, está legitimado para promover la impugnación del despido colectivo (TS 22-9-14, EDJ 194038).
3) El presupuesto constitutivo, para que un **sindicato** esté legitimado para impugnar un despido colectivo, es que esté implantado en los centros afectados, no bastando que lo esté en otros (AN 13-5-13, EDJ 61510; 27-2-20, EDJ 514982).
Basta con la legitimación de la **sección sindical** para promover conflictos colectivos (TS 14-7-16, EDJ 145495). Si acredita implantación, aunque sea mínima en el ámbito del despido, está legitimada para su impugnación (TS 20-7-16, EDJ 110881), existiendo un vínculo de unión entre dicho sindicato y el objeto del pleito, cuando este es el que ejerce la defensa de 9 de los 23 afectados por el cese (TS 17-1-18, EDJ 7650).
Distinto es cuando el **sindicato no tiene representantes** unitarios y acredita dos afiliados en plantilla de 135 trabajadores (TS 19-7-16, EDJ 140344), así como sección sindical sin representantes unitarios, que no acredita implantación suficiente en el ámbito del despido colectivo (TS 8-11-17, EDJ 245156).
4) Se reconoce a los **sindicatos más representativos** a nivel estatal legitimación activa para impugnar el despido de **repartidores** que prestan servicios en las plataformas digitales de reparto, al no constar la existencia de representación legal (TS 20-7-22, EDJ 645937).
5) La legitimación para impugnar los despidos colectivos de la **comisión ad hoc** y de la **comisión híbrida** se ha admitido en supuestos en los que **no existía representación** legal ni sindical para impugnar el despido colectivo, negándose si en la empresa o en el grupo de empresas hay un delegado de personal o representación sindical (TS 17-3-16, EDJ 35212; 6-2-18, EDJ 10135; 19-1-24, EDJ 503243).

Legitimación pasiva La demanda, además de contra el empresario, debe dirigirse necesariamente, en el caso de que el período de consultas **haya finalizado con acuerdo**, frente a los firmantes del mismo (LRJS art.124.4; TSJ Sta. Cruz de Tenerife 17-7-18, EDJ 632546). **15211**
Además, debe traerse al proceso a la **autoridad laboral**, de haber iniciado esta el procedimiento de oficio y, en su caso, al FOGASA (AN 26-7-12, EDJ 182119).

Precisiones 1) Cuando se demanda a una empresa, integrada en un **grupo mercantil**, no es preciso demandar a las demás empresas del grupo, de manera que, si no se acreditan las notas propias del grupo laboral, se estima la falta de legitimación pasiva de las demás empresas del grupo (TS 21-2-20, EDJ 653049; TSJ Madrid 2-7-19, EDJ 672641). Aunque dos de las demandadas no formen formalmente parte del grupo mercantil, procede demandarlas cuando se acredita confusión patrimonial con las demás (AN 25-11-14, EDJ 201952). Por el contrario, aunque las promotoras del despido constituyan grupo laboral, no procede demandar a las demás empresas del grupo, en las que no concurrían las notas exigidas para su inclusión en el grupo laboral (TS 13-5-19, EDJ 627497).

2) No cabe demandar a los **integrantes de una agrupación de interés económico**, cuando no se acredita grupo a efectos laborales (TS 19-12-13, EDJ 288908).

3) Aunque una **empresa matriz** no haya participado en el proceso de negociación del despido colectivo, y aunque el banco social no solicitara su intervención o documentación sobre la misma, puede ser demandada en proceso de impugnación de despido colectivo para constituir correctamente la relación jurídico procesal y evitar que se oponga la excepción de litisconsorcio pasivo necesario, existiendo mala fe negociadora, con las consecuencias inherentes a los efectos de calificación del despido colectivo, cuando en dicho proceso se demuestra la existencia de grupo de empresas patológico o laboral (TS 21-5-15, EDJ 118084; 17-1-19, EDJ 513148).

4) Si se acredita que las empresas admitieron formar parte del grupo laboral **en conciliación judicial**, no cabe admitir a posteriori su falta de legitimación pasiva (AN 10-3-14, EDJ 33344).

5) Tampoco cabe demandar a los **comités de centro y secciones sindicales**, que no firmaron el acuerdo de despido colectivo (AN 4-12-14, EDJ 239277).

6) **Carecen de legitimación pasiva** las personas físicas codemandadas, quienes lo fueron a título personal y no como órgano unitario (TS 22-12-14, EDJ 269309).

7) En caso de **subrogación de empresas**, si la entrante está obligada convencionalmente a subrogarse en el personal de la saliente, se debe demandar a ambas mercantiles (TS 31-5-19, EDJ 633236). También cuando no proceda la subrogación convencional, aunque la empresa entrante sea finalmente absuelta, puesto que tenía interés en el debate subrogatorio (TS 21-2-20, EDJ 653049).

15212 **Motivos de impugnación** (LRJS art.124.2) La demanda puede fundarse en los siguientes motivos:

a) Que **no concurre la causa** legal indicada en la comunicación escrita, bien por falta de veracidad de las circunstancias fácticas expuestas en ella, como las cifras de pérdidas o las de producción o bien por falta de adecuación o conexión funcional entre los hechos invocados por la empresa y la decisión de despido y/o el número de afectados (TS 12-9-17, EDJ 190353; 20-6-18, EDJ 517877).

La demanda puede fundarse en este motivo, aunque el **período de consultas** haya finalizado con acuerdo, supuesto en el que, a diferencia de lo que sucede en el ámbito de las medidas de flexibilidad interna, no se presume la concurrencia de la causa. El control judicial, salvo incumplimientos formales, discriminación, fraude de ley o abuso de derecho, no puede ir más allá del juicio de razonabilidad del acto o actos de despido sometidos a su conocimiento (TS 25-9-18, EDJ 596636; 9-1-19, EDJ 508409).

15213 b) Que **no se ha realizado el período de consultas** o entregado la **documentación** prevista en ET art.51.2. La expresión legal debe ser interpretada en un sentido amplio, comprensivo de aquellos supuestos en los que pese a haberse agotado formalmente ese trámite previo, no se hayan podido lograr sus finalidades por actuaciones u omisiones imputables al empresario, o porque la documentación entregada sea insuficiente para alcanzar ese objetivo. Lo relevante es que el período de consultas **no haya alcanzado sus fines** (TS 20-11-14, EDJ 237201; 25-9-18, EDJ 596636), declarándose nulo si impidió dicha finalidad (AN 30-4-18, EDJ 53196). No obstante, se ha considerado la existencia de fraude de ley, cuando la empresa **negocia en masa** sus propuestas no admitidas en el período de consultas (AN 15-2-18, EDJ 12304; 17-4-20, EDJ 548920).

c) Que la decisión extintiva se ha adoptado con **fraude**, **dolo, coacción o abuso** de derecho, debiendo acreditarse por quien lo denuncie (TS 29-12-14, EDJ 276471), entendiéndose fraudulentos los despidos objetivos producidos sin seguir el período de consultas, pese a que se superaron los umbrales legales (TS 25-4-19, EDJ 592402; 26-9-19, EDJ 705701) y considerándose ajustado a derecho, en caso de que no se acredite haberse producido en fraude de ley o abuso de derecho (AN 19-6-19, EDJ 632508). En cualquier caso, no puede considerarse la concurrencia de fraude de ley en la consecución del acuerdo, cuando no se combaten las causas económicas acreditadas, ni su adecuación a la intensidad de las causas (TS 20-7-16, EDJ 110881).

d) Que la decisión extintiva se ha efectuado **vulnerando derechos fundamentales** y libertades públicas (TS 23-2-15, EDJ 51862; 20-4-15, EDJ 68327; 16-6-15, EDJ 129860). También, cuando el despido colectivo se produjo con vulneración del derecho de **huelga** de los trabajadores, que fueron sustituidos durante la misma (TS 20-7-16, EDJ 145543).

Precisiones Se declaró nulo un despido colectivo por **falta de comunicación a la comisión *ad hoc* de la decisión final** de la empresa tras finalizar el periodo de consultas sin acuerdo. Dicha comunicación constituye un requisito esencial para la validez de la extinción, porque solo tras la misma el empresario puede notificar los despidos individuales y empieza el cómputo del plazo para impugnar el despido (TS 15-2-23, EDJ 527669).

Tramitación del proceso (LRJS art.124.8) El proceso tiene **carácter urgente**. La preferencia en el despacho de estos asuntos es absoluta sobre cualesquiera otros, salvo los de tutela de los derechos fundamentales y libertades públicas. Contra las **resoluciones de tramitación** que se dicten no cabe recurso, salvo el de declaración inicial de incompetencia. 15214

Una vez **admitida a trámite** la demanda, el letrado de la Administración de justicia da traslado de la misma al empresario demandado y le requiere para que en el plazo de 5 días presente, preferiblemente en soporte informático, la documentación y las actas del período de consultas y la comunicación a la autoridad laboral del resultado del mismo.

En ese mismo requerimiento, el letrado de la Administración de justicia ordena al empresario que, en el plazo de 5 días, **notifique a los trabajadores** que pudieran resultar afectados por el despido colectivo la existencia del proceso planteado por los representantes del personal para que en el plazo de 15 días comuniquen al órgano judicial un domicilio a efectos de notificación de la sentencia.

En caso de **negativa injustificada** del empresario a remitir estos documentos o a informar a los trabajadores que pudieran resultar afectados, el letrado de la Administración de justicia debe reiterar por la vía urgente su inmediata remisión en el plazo de 3 días, con apercibimiento de que de no cumplirse en plazo este segundo requerimiento se imponen las medidas de la LRJS art.75.5 -apremios pecuniarios y multas coercitivas-, y se pueden tener por ciertos a los efectos del juicio posterior los hechos que pretende acreditar la parte demandante.

Al admitirse la demanda, el letrado de la Administración de justicia acuerda recabar de la autoridad laboral **copia del expediente administrativo** relativo al despido colectivo.

En la misma resolución de admisión a trámite, el letrado de la Administración de justicia ha de señalar el día y la hora en que haya de tener lugar la **celebración del acto del juicio**, que debe tener lugar en única convocatoria dentro de los 15 días siguientes a la admisión a trámite de la demanda. 15215

En la citación se acuerda de oficio el previo traslado entre las partes o la aportación anticipada, en soporte preferiblemente informático, con 5 días de antelación al acto de juicio, de la **prueba** documental o pericial que, por su volumen o complejidad, sea conveniente posibilitar su examen previo al momento de la práctica de la prueba.

Precisiones Se ha defendido que, aunque se ordenara la **anticipación de la prueba documental o pericial**, no precluye el derecho a presentarla en el acto del juicio, permitiendo, en su caso, alegaciones escritas sobre dicha prueba, para asegurar el principio de igualdad de armas (TS 2-12-14, EDJ 253972; 24-11-15, EDJ 253780), aunque la falta injustificada de aportación, posibilita que el órgano judicial imponga el correspondiente apremio pecuniario (TS 14-7-16, EDJ 145507).

Sentencia (LRJS art.124.11) La sentencia se dicta dentro de los 5 días siguientes a la celebración del juicio y es **recurrible** en casación ordinaria. 15216

La sentencia puede declarar la decisión extintiva:

a) **Ajustada a derecho**, cuando el empresario, habiendo cumplido lo previsto respecto al período de consultas (ET art.51.2 y 51.7), acredite la concurrencia de la causa legal o causas legales esgrimidas, así como la adecuación entre causas y medidas (TS 21-10-20, EDJ 717350; 18-11-20, EDJ 739741); y se haya seguido el procedimiento (TS 23-5-14, EDJ 125298; 21-10-20, EDJ 717350; 18-11-20, EDJ 739741), o acreditadas estas, no concurra obligación de subrogación contractual (TS 21-2-20, EDJ 653049; 16-7-20, EDJ 618817), o no se acredita la concurrencia de cesión ilegal de trabajadores (TS 9-1-19, EDJ 507930), o no se han cuestionado las causas (TS 17-1-19, EDJ 513148).

En el supuesto de que el empresario **alegue dos causas** para proceder al despido colectivo, es suficiente para considerar ajustado a derecho dicho despido que se pruebe que concurre una de las causas alegadas (TS 25-1-18, EDJ 5967).

b) **No ajustada a derecho**, cuando el empresario no haya acreditado la concurrencia de la causa legal indicada en la comunicación extintiva (TS 26-3-14, EDJ 80027), ya sea por falta de prueba (AN 26-1-15, EDJ 2970), o por falta de adecuación entre medidas e intensidad de las causas (TS 26-3-14, EDJ 80027; 17-7-14, EDJ 182660; 18-9-18, EDJ 608952), considerándose así, cuando la empresa funda la medida en la venta de parte de su maquinaria, puesto que dicha medida no fundamenta la causa organizativa (TS 18-9-18, EDJ 589789); porque la empresa se allana a la pretensión (AN 26-7-16, EDJ 120482); o cuando incumpla los pactos alcanzados en procesos precedentes (TS 23-10-18, EDJ 628798), o cuando se aduce como causa la pérdida de la contrata y se demuestra que solo es aparente, porque las empresas continúan, en realidad, desplegando la misma actividad objeto del contrato aunque integradas en una entidad jurídica diferente (TS 31-5-19, EDJ 633236).

c) **Nula**, procede en los supuestos legalmente tasados: cuando el empresario no ha realizado el período de consultas (TS 10-3-20, EDJ 559622; 16-7-20, EDJ 618817) o entregado la documentación prevista en el ET art.51.2 (TS 29-1-19, EDJ 513106) o no ha aportado ninguna documentación ni debatido, de ningún modo, sobre las alternativas en la negociación (AN 13-2-19, EDJ 514012); o cuando los despidos eludan la tramitación colectiva en los casos exigidos -por fuerza mayor (ET art.51.7) o si no se hubiese obtenido la autorización judicial del juez del concurso en los supuestos en que resulte legalmente exigible- (TS 23-9-21, EDJ 707308). También cuando la medida empresarial se ha efectuado en vulneración de derechos fundamentales y libertades públicas (TS 20-7-16, EDJ 145545), supuesto en el que la sentencia ha de declarar el derecho de los trabajadores afectados a la **reincorporación** a su puesto de trabajo (LRJS art.123.2 y 3).

Precisiones 1) La jurisprudencia viene admitiendo reiteradamente que los despidos adoptados con **fraude, dolo, coacción o abuso de derecho** son nulos (TS 11-12-14, EDJ 261510; 15-10-15, EDJ 213470).

2) No corresponde a los tribunales fijar la **medida «idónea»**, ni censurar su «oportunidad» en términos de gestión empresarial, por ejemplo, reduciendo el número de trabajadores afectados. El **control judicial**, del que no pueden hacer dejación los Tribunales, para el supuesto de que la medida se estime desproporcionada, ha de limitarse a enjuiciar la adecuación de la medida dentro de los términos expuestos. Por ello, la declaración de no ajustado a derecho del despido colectivo es global y nunca puede ser parcial (TS 26-3-14, EDJ 80027).

15218 Una vez firme la sentencia, procede su **notificación** a quienes hubieran sido parte y a los trabajadores que pudieran resultar afectados por el despido colectivo que hubiesen puesto en conocimiento del órgano judicial un domicilio a efectos de notificaciones. Se debe notificar también a la autoridad laboral, la entidad gestora de la prestación por desempleo y la Administración de la Seguridad Social, cuando no hubieran sido parte en el proceso.

En materia de **ejecución**, las sentencias que declaren la **nulidad** del despido colectivo son ejecutables conforme a las normas establecidas para las sentencias dictadas en procesos de conflictos colectivos estimatorios de pretensión de condena y susceptibles de ejecución individual (LRJS art.247.2; TS 10-2-16, EDJ 13170). El **plazo** para que un trabajador solicite la ejecución de una sentencia de despido colectivo, declarada nula, es de 3 meses desde la fecha de su firmeza y no desde el momento en que el recurrente dice haber tenido conocimiento de la misma (TS 7-9-22, EDJ 687839).

Se ha admitido, así mismo, la **ejecución provisional** colectiva de sentencias que declaren la nulidad del despido colectivo (TS 29-9-15, EDJ 221053).

La sentencia que declare que la **decisión no es ajustada a derecho**, carece de fuerza ejecutiva directa, lo que no significa que no deba ser acatada por los litigantes, sino que el interés del sujeto colectivo accionante se considera satisfecho con la mera declaración de derecho. Se trata pues, de una sentencia dotada de una naturaleza meramente declarativa.

En caso de **no cumplir el empresario voluntariamente el fallo**, o hacerlo en forma inadecuada, los trabajadores afectados por el despido colectivo tienen que plantear necesariamente la pretensión de condena ante la Sección de lo Social del Tribunal de Instancia, de no haberlo hecho ya, a través del procedimiento de despido, que es el cauce adecuado para individualizar las consecuencias, perfectamente divisibles, del pronunciamiento recaído en el pleito colectivo, cuya eficacia trasciende al individual.

2. Acción colectiva empresarial

(LRJS art.124.3)

15220 Se reconoce al empresario que adopta la decisión de despido colectivo legitimación para ejercitar la acción colectiva ante la **inactividad impugnatoria** de los representantes legales o sindicales de los trabajadores y de la autoridad laboral.

La acción solo adquiere verdadero sentido y permite apreciar la existencia de un interés real digno de tutela si es un **medio para hacer frente a las demandas de despido** interpuestas por todos o algunos de los trabajadores afectados, lo que la configura como una **acción subsidiaria, reactiva o de vindicación**, encaminada a evitar que la valoración y calificación de la legalidad de la medida se lleve a cabo en el marco de diferentes procesos individuales, con los inconvenientes y costes que ello supone, incluida la posibilidad de que se dicten resoluciones contradictorias.

La **legitimación pasiva** corresponde a los representantes legales de los trabajadores (TS 26-12-13, EDJ 288910), aunque se ha admitido, precisando que no se trataba de un criterio general, a todos los trabajadores, cuando su número es reducido y fueron ellos quienes negociaron el período de consultas (TS 23-3-15, EDJ 72676).

Su exclusivo **objeto** es el de dirimir si la decisión extintiva es ajustada a Derecho.

La **sentencia** que se dicte tiene naturaleza declarativa y producirá efectos de cosa juzgada sobre los procesos individuales.

Precisiones 1) La empresa **no tiene acción** para promover este conflicto cuando no existe ningún sujeto colectivo que se oponga al despido colectivo, y tampoco están legitimadas pasivamente las personas individuales que firmaron el acuerdo. En definitiva, este tipo de proceso solo puede instarse frente a sujetos colectivos que se opongan al despido colectivo, consensuado o no (TS 22-12-14, EDJ 271447; 1-3-16, EDJ 45145). 15221
2) Cuando **concluya sin acuerdo** el período de consultas, la legitimación pasiva corresponde a todos los representantes de los trabajadores de los centros afectados, siendo admisible, cuando no existan, demandar a los componentes de la **comisión** ***ad hoc*** (AN 9-7-14, EDJ 105466).
3) El empresario no está legitimado para reclamar, por la vía de **conflicto colectivo**, sobre la interpretación de un acuerdo de conciliación, alcanzado por los sujetos legitimados, en demanda de impugnación de despido colectivo (TS 16-6-15, EDJ 129859).

3. Acción de oficio

(LRJS art.148.b)

La **autoridad laboral** puede solicitar la anulación del acuerdo suscrito por la empresa y los representantes de los trabajadores en el período de consultas por haberse logrado con fraude, dolo, coacción o abuso de derecho y en particular, a instancia del **SEPE**, por tener previsiblemente por objeto la obtención indebida de las prestaciones de desempleo por parte de los trabajadores afectados, sin que concurra causa justificativa del despido. 15222
El problema principal que se suscita en torno a este tipo de acción es la relativa a la naturaleza del **plazo para su ejercicio**, ya que la normativa procesal no contiene prescripción alguna al respecto. Sin embargo, el TS ha señalado que el plazo de **caducidad** de 20 días para el ejercicio de la acción se inicia cuando se cumplen los 15 días que tiene fijados la ITSS para emitir su informe. Este último plazo se inicia, a su vez, desde la notificación a la autoridad laboral de la finalización de las consultas (TS 21-1-21, EDJ 502875).

4. Acciones individuales

(LRJS art.120 -redacc L 2/2025-, 123 y 124.13)

Únicamente pueden promover acciones individuales frente al despido colectivo los **trabajadores afectados** por el despido colectivo, con la finalidad de que se declare la nulidad o la improcedencia de los ceses acordados por el empresario en aplicación de la decisión extintiva colectiva. 15224
De haberse ejercitado la acción colectiva, en las demandas individuales solo pueden suscitarse aquellas cuestiones individuales que no se hayan planteado en la vía colectiva. El Tribunal Constitucional ha establecido que cuando el despido colectivo **no ha sido impugnado** por los representantes de los trabajadores, a través del procedimiento colectivo (LRJS art.124), la regulación legal no impide que en procesos individuales el órgano judicial pueda dilucidar respecto de la realidad de las causas invocadas para justificar la referida medida colectiva, aunque **se hubiera alcanzado un acuerdo** con la representación legal de los trabajadores (TCo 140/2021; 72/2022).
El hecho de que los **trabajadores despedidos** no se encuentren legitimados para oponerse a la decisión empresarial de despido colectivo por la vía de la modalidad procesal colectiva (nº 15200), no les impide impugnar, **ante** la **Sección de lo Social** del Tribunal de Instancia, la extinción de su contrato de trabajo, y expresar su discrepancia tanto con la decisión de despido colectivo, en determinados casos, como con el acto de ejecución que les afecta. Y ello, con independencia de que el período de consultas haya **finalizado con acuerdo**, de que este y/o la decisión empresarial de despido colectivo hayan sido impugnados por los sujetos legitimados al efecto, a través del procedimiento de oficio, o de la modalidad colectiva social; y del signo del fallo que haya recaído en estos litigios.

Precisiones La nulidad de un **despido objetivo** por encontrarse encuadrado en un despido colectivo de hecho, puede declararse en procedimiento de impugnación individual, sin necesidad de que se haya ejercitado la acción colectiva (TS 14-3-17, EDJ 27174; 14-6-18, EDJ 518057).

El **objeto del proceso** individual no es la declaración general de nulidad o desajuste a derecho de la decisión empresarial de despido colectivo, sino la declaración de nulidad o improcedencia del despido de un concreto trabajador afectado, o de una pluralidad de ellos, y la condena del empresario a su **readmisión**, con abono de los salarios de tramitación y, en su caso, de la **indemnización complementaria** por vulneración de derechos fundamentales que proceda, o a optar entre la reincorporación o el pago de la indemnización legalmente prevista, inherente al proceso de despido. Como **pretensión subsidiaria**, no exclusiva, puede solicitarse la diferencia en el importe de la indemnización de despido. 15225

El **procedimiento** a seguir es el previsto para la extinción del contrato por causas objetivas (nº 15090), con ciertas especialidades (LRJS art.120 -redacc L 2/2025-, 123 y 124.13), que se exponen en los apartados siguientes.

15228 **Plazo de ejercicio de la acción** Se aplican las siguientes **reglas**:

• Si los **representantes de los trabajadores** se han aquietado a la decisión de despido colectivo, el plazo de caducidad para la impugnación individual comienza a contar una vez transcurrido el plazo de 20 días en el que los representantes podían haber ejercitado la acción colectiva. Ello significa que a partir de esa fecha el plazo se computa en su integridad.

• De haberse **impugnado** la decisión extintiva colectiva por los **representantes de los trabajadores**, el plazo de caducidad para la impugnación individual se computa desde la firmeza de la sentencia dictada en el proceso colectivo, o desde la fecha de la conciliación judicial lograda en el mismo.

• Si quien accionó con la finalidad de que se declarase ajustada a derecho la decisión colectiva fue el **empresario**, la presentación de su demanda suspende el plazo de caducidad de la acción individual del despido. Ello supone que una vez **firme la sentencia** no se inicia el cómputo completo del plazo de caducidad, sino que el mismo -que estaba en suspenso desde la presentación de la demanda empresarial- se reinicia, lo que implica que hay que contabilizar los días transcurridos desde los 20 contados a partir de la fecha de efectos de la extinción individual del contrato hasta la fecha de presentación de la demanda por el empresario.

15229 **Fundamentos de la demanda** Hay que distinguir dos supuestos:

1. Si el despido colectivo ha sido **impugnado por los representantes de los trabajadores**, el objeto del proceso individual queda limitado a aquellas cuestiones de carácter individual que no hayan sido objeto de la demanda formulada a través del proceso colectivo.

2. Si el despido colectivo **no ha sido impugnado** por los sujetos colectivos legitimados para ello, no se impone ningún límite al objeto del proceso individual, que puede recaer tanto sobre los aspectos individuales anteriormente citados como sobre temas de carácter colectivo, como los relacionados con la tramitación del procedimiento de despido colectivo, la inexistencia de la causa legal indicada en la comunicación escrita, o la existencia de fraude, dolo, coacción o abuso en la adopción de la decisión extintiva, admitiéndose incluso en los **despidos colectivos de hecho** que la impugnación se lleve a cabo individualmente por el trabajador despedido, al margen de cualquier impugnación colectiva (TS 28-2-18, EDJ 26838).

15230 **Partes procesales** Cuando el objeto del debate verse sobre **preferencias** atribuidas a determinados trabajadores, estos también deben ser demandados.

15232 **Sentencia** El despido se declara **ajustado a derecho**, cuando se hayan acreditado las causas, así como la adecuación entre causas y medidas (TS 25-1-18, EDJ 5967; 21-10-20, EDJ 717350; 18-11-20, EDJ 739741).

El despido se declara **no ajustado a derecho**, cuando no se prueben las causas (TS 26-3-14, EDJ 80027; 24-11-15, EDJ 253781); o cuando no se acredite la adecuación de la medida a la intensidad de las causas (TS 18-9-18, EDJ 589789) y el respeto de los criterios de selección (TSJ La Rioja 26-9-19, EDJ 704381; TSJ Madrid 23-7-20, EDJ 672537).

El despido es **nulo** cuando el empresario no haya realizado el período de consultas o entregado la documentación exigida (ET art.51.2), y cuando no se haya obtenido autorización judicial del juez del concurso, cuando esté legalmente prevista, debiendo entenderse que tales causas de nulidad son tasadas (TS 14-6-17, EDJ 106644). También es nulo por los **motivos** previstos en LRJS art.122.2.

En todo caso, es nulo cuando el empresario no haya respetado las **prioridades de permanencia** que pudieran estar establecidas en las leyes, los convenios colectivos o en el acuerdo alcanzado durante el período de consultas. Esta nulidad no afecta a las extinciones que dentro del mismo despido colectivo hayan respetado las prioridades de permanencia; sin embargo, el **incumplimiento de los criterios de selección** establecidos en la decisión extintiva colectiva, determina la calificación del despido individual como improcedente (TS 6-2-18, EDJ 10149).

El recurso de **suplicación** procede, en todo caso, en procesos por despido o extinción del contrato, salvo en los procesos por despido colectivo impugnados por los representantes de los trabajadores.

F. Determinación de la fecha de disfrute de vacaciones

(LRJS art.125 y 126)

Aunque el disfrute de las vacaciones puede ser objeto de **reclamaciones** que afecten a sus distintos aspectos, para la determinación de la **fecha de disfrute** se ha establecido una modalidad especial ante la jurisdicción social, que se expone a continuación. **15250** MPL nº 3760 s.

Otras reclamaciones deben encauzarse a través del procedimiento laboral ordinario, cuyo estudio de conjunto se hace en el nº14400 s.

La reclamación puede ser planteada de forma **individual** o de manera **colectiva**.

Precisiones La cuestión del **cómputo de los días no laborables** coincidentes con el final del período de vacaciones, si bien puede tener una repercusión mediata con las fechas del mismo, afecta directa y primordialmente a la duración o cantidad de días del período de vacaciones y, por tanto, excede el campo de aplicación de la modalidad procesal especial de vacaciones y debe tramitarse por la vía del procedimiento ordinario (TS 29-3-95, EDJ 1553; TSJ Cataluña 11-7-97; TSJ Galicia 3-7-09, EDJ 158716).

Plazo (LRJS art.125) Para la interposición de la demanda, se plantean dos tipos de plazos: **15252** MPL nº 3792 s.

• Cuando la **fecha de vacaciones esté precisada** -en convenio, acuerdo entre empresario y representantes de los trabajadores, o fijada unilateralmente por el empresario-, el trabajador debe presentar la demanda en el plazo -de caducidad- de 20 días hábiles, que comienza a partir del día en que por el trabajador se tuviera conocimiento de la citada fecha.

• Cuando la **fecha no esté señalada**, el trabajador debe presentar la demanda con una antelación de, al menos, 2 meses al momento en que pretendiera su disfrute.

Demanda (LRJS art.80 -redacc LO 1/2025-, 81 y 26.1) En principio, la demanda debe contener los requisitos generales (nº 14565 s.), con las siguientes **especialidades**: **15254** MPL nº 3778 s.

- se interpone directamente **sin necesidad de conciliación, ni reclamación previa**;
- la petición debe limitarse a la **fecha de disfrute** de vacaciones;
- si hay **controversia** con las preferencias atribuidas a **otros trabajadores**, estos deben ser también demandados.

Precisiones Aunque no se haya prohibido expresamente la **acumulación de acciones**, las especialidades de esta modalidad procesal, tramitación urgente y preferente, brevedad del plazo para dictar sentencia e irrecurribilidad de la misma, hacen presumir su imposibilidad.

Tramitación y fallo (LRJS art.125 y 126) Se trata de un procedimiento **urgente** que no se interrumpe, aunque una vez iniciado, se fijen las fechas de disfrute. **15256** MPL nº 3798 s.

Su tramitación **preferente** se concreta en los siguientes puntos:
- la **vista** se señala por el letrado de la Administración de justicia en un plazo de 5 días desde la presentación de la demanda;
- la **sentencia** debe dictarse en el plazo de 3 días desde la vista del juicio.

Recursos (LRJS art.126, 191.2.b) Contra las sentencias recaídas en procesos relativos a la fecha de disfrute de las vacaciones **no cabe** recurso alguno. **15258** MPL nº 3808 s.

Este precepto debe entenderse, exclusivamente, respecto a la cuestión planteada en este procedimiento especial, que es la fecha del disfrute de las vacaciones, no en aquellos otros que, aunque versen sobre vacaciones, se hayan planteado por **otro tipo de procedimiento**.

Además, cabe recurso de suplicación siempre que el objeto del pleito verse sobre tutela de **derechos fundamentales**, con independencia de que la modalidad procesal que se haya seguido sea la de fijación de vacaciones (nº 14678).

Precisiones Sin embargo, frente a la sentencia que desestima la reclamación del derecho a disfrutar de un **periodo más amplio de vacaciones** y tratándose de una prestación de servicios a tiempo parcial, se ha resuelto que cabe recurso de suplicación, si la retribución correspondiente a este periodo alcanzase el límite cuantitativo fijado actualmente en 3000 euros (TS 29-3-07, EDJ 23387), declarándose la nulidad de actuaciones cuando se hubiese admitido el recurso sin que dicho importe fuese alcanzado en términos anuales (TS 24-7-07, EDJ 144127; 10-10-07, EDJ 230109).

G. Materia electoral

(LRJS art.2.i, 127 a 132)

Son **competentes** los tribunales del orden jurisdiccional social en los procesos sobre materias electorales, incluida la denegación de registro de actas electorales. **15270** MPL nº 2976 s.

En concreto **se pueden impugnar**:
- los laudos arbitrales (nº 15272); y
- la resolución administrativa que deniegue el registro (nº 15274); y
- la certificación de los resultados electores (nº 15276).

15272 MPL nº 3928 s. **Impugnación de laudos arbitrales** (LRJS art.127 a 136) La impugnación de los laudos arbitrales **puede plantearse** por quienes tengan interés legítimo, incluida la empresa, cuando en ella concurra dicho interés, en el **plazo** de 3 días, contados desde el que tuvieran conocimiento del mismo.

Pueden **comparecer como parte**:
- los sindicatos;
- el empresario; y
- los componentes de candidaturas no presentadas por sindicatos.

La demanda debe **dirigirse contra** las personas y sindicatos que fueron partes en el procedimiento arbitral, así como frente a cualesquiera otros afectados por el laudo objeto de la impugnación.

En ningún caso tienen la consideración de demandados:
- los comités de empresa;
- los delegados de personal;
- la mesa electoral.

Cuando se considere la posibilidad de **litis-consorcio pasivo necesario** porque se entienda que la demanda no se ha dirigido contra todos los afectados, el letrado de la Administración de justicia debe citar a las partes para que comparezcan ante el órgano judicial, dentro del día siguiente, a una **audiencia preliminar**, para que este oyendo a las partes sobre esta situación, resuelva sobre la misma en el acto.

La demanda **puede fundarse** en:
• Indebida apreciación o no apreciación de cualquiera de las causas que permiten la impugnación (nº 7335 Memento Social 2026), siempre que la misma haya sido alegada por el promotor en el curso del arbitraje.
• Haber resuelto el laudo aspectos no sometidos al arbitraje o que, de haberlo sido, no puedan ser objeto del mismo.
En estos casos, la anulación debe afectar solo a los aspectos no sometidos a decisión o no susceptibles de arbitraje, siempre que los mismos tengan sustantividad propia y no aparezcan indisolublemente unidos a la cuestión principal.
• Promover el arbitraje fuera de los plazos establecidos al efecto (nº 7339 Memento Social 2026).
• No haber concedido el árbitro a las partes la oportunidad de ser oídas o de presentar pruebas.

Este proceso se tramita con urgencia y tiene las siguientes **especialidades**:
a) Al admitir la demanda, debe acordarse recabar de la oficina pública la siguiente **documentación** que le debe ser enviada dentro del día siguiente:
- texto del laudo arbitral;
- copia del expediente administrativo relativo al proceso electoral.

b) El **acto del juicio** debe celebrarse dentro de los 5 días siguientes a la admisión de la demanda.
c) La sustanciación de este proceso **no suspende** el desarrollo del procedimiento electoral, salvo que se acuerde motivadamente por el juez a petición de parte, caso de concurrir causa justa.
d) La **sentencia**, contra la que no cabe recurso, ha de dictarse en el plazo de 3 días y debe ser notificada a las partes y a la oficina pública. Puede imponer una **sanción** cuando el demandante hubiera sido la empresa, y el juez aprecie que el objeto de la demanda era obstaculizar o retrasar el proceso electoral (LRJS art.75.4 -redacc LO 1/2025- y 97.3).

Precisiones **1)** Vulnera el derecho a la **tutela judicial efectiva** la inadmisión de una demanda por mediar un pacto de renuncia a la vía jurisdiccional contra los laudos arbitrales dictados en materia electoral (TCo 65/2009).
2) El tribunal no puede pronunciarse sobre **cuestiones no sometidas a arbitraje**, como la existencia o no de centros de trabajo independientes con un número mínimo de trabajadores (TSJ Sevilla 23-1-25, EDJ 522074).

15274 MPL nº 4024 s. **Impugnación de la resolución administrativa que deniegue el registro** (LRJS art.133 a 135) La denegación por la oficina pública del registro de las actas relativas a elecciones de delegados de personal y miembros del comité de empresa se puede impugnar ante la Sección de lo Social del Tribunal de Instancia -hasta su constitución, juzgado de lo social- en cuya circunscripción se encuentre dicha oficina.

Pueden ser **demandantes** quienes hubiesen obtenido algún representante en el acta de elecciones.

La **demanda** se dirige contra la Administración a la que esté adscrita la oficina pública y también contra quienes hayan presentado candidatos a las elecciones objeto de la resolución administrativa.

El **plazo** para el ejercicio de la acción de impugnación es de 10 días contados a partir de aquel en que se reciba la notificación.

Este proceso se tramita con **urgencia**.
• En la resolución por la que se admite la demanda se requiere a la oficina pública competente el envío del **expediente administrativo**, que ha de ser remitido en el plazo de 2 días.
• El **acto de juicio** ha de celebrarse dentro de los 5 días siguientes a la recepción del expediente.
• La **sentencia**, contra la que no cabe recurso, ha de dictarse en el plazo de 3 días y debe ser comunicada a las partes y a la oficina pública.
• Si **estima la demanda**, ordena de inmediato el registro del acta electoral.

Certificación de los resultados electorales (LRJS art.136) Las resoluciones de la oficina pública relativas a la expedición del certificado de los resultados electorales (nº 7331 Memento Social 2026) pueden ser impugnadas por el sindicato o sindicatos interesados, ante la Sección de lo Social del Tribunal de Instancia -hasta su constitución, juzgado de lo social- en cuya circunscripción se encuentre la oficina pública correspondiente, dentro del **plazo** de 10 días siguientes a la expedición o denegación de la certificación. 15276
La **demanda** se dirige, en su caso, contra los demás sindicatos a los que afecte la declaración pretendida.
En la resolución que la admita a trámite debe señalarse el **juicio** con carácter urgente dentro del plazo de los 10 días siguientes, reclamando a su vez el expediente administrativo de la oficina pública para su remisión al órgano judicial dentro de los 2 días siguientes.
La **sentencia** debe ser dictada en el plazo de 3 días y resolver sobre los términos de la certificación emitida en función de las pretensiones oportunamente deducidas por las partes.
Contra dicha resolución, que debe ser notificada a la oficina pública y a las partes, cabe recurso de suplicación.

H. Reclamación de clasificación profesional

(LRJS art.137)

El proceso de reclamación de clasificación profesional está reservado a aquellas reclamaciones que parten de una divergencia entre el **grupo profesional** que el trabajador tiene reconocido en la empresa y las **funciones** que alega realizar (TS 10-10-11, EDJ 282292; 11-7-23, EDJ 633963). 15280 MPL nº 3820 s.
Lo importante es averiguar en qué grupo se encuadran realmente las funciones desempeñadas, porque **si** el problema trasciende los desajustes denunciados, **no puede tramitarse** por esta modalidad especial, como sucede, por ejemplo en:
- la determinación del alcance de las previsiones legales y convencionales que supeditan el acceso a un grupo o categoría profesional a la superación del correspondiente proceso selectivo (TS 9-12-21, EDJ 782526; 20-9-22, EDJ 687877; 20-7-22, EDJ 645971; 23-2-24, EDJ 511908);
- la aptitud de un convenio colectivo para modificar la categoría profesional previamente reconocida al trabajador conforme a la norma paccionada anterior (TS 27-10-21, EDJ 734569);
- el cómputo del tiempo prestado bajo contrato en prácticas a efectos de acreditar la permanencia exigida para el cambio de nivel (TS 10-10-11, EDJ 282292);
- la calificación de la relación como ordinaria o de alta dirección en determinados periodos y la extensión al demandante de una reclasificación profesional pactada en un acuerdo colectivo (TS 17-3-11, EDJ 34895);
- el encuadramiento profesional cuando concurren supuestos de sucesión de convenios colectivos aplicables a la relación individual (TS 5-7-05, EDJ 131440;13-10-06, EDJ 288902; TSJ Cataluña 24-3-17, EDJ 87632; TSJ Valladolid 27-4-16, EDJ 111229);
- la pretensión de someter la relación laboral a un convenio colectivo distinto del aplicado como presupuesto para encajar las funciones en una categoría concreta del convenio invocado, sin perjuicio de la posible reconducción al procedimiento ordinario (LRJS art.102.2) y de la eventual subsanación en suplicación (TSJ C.Valenciana 30-9-25, EDJ 740701);
- el derecho al ascenso fundado en una norma convencional que exige la previa interpretación de sus preceptos (TS 12-6-00, EDJ 14791);
- la reclamación de un nivel retributivo distinto dentro de la misma categoría o grupo profesional (TSJ Granada 26-3-20, EDJ 611016; TSJ Galicia 28-7-21, EDJ 726765); y
- la aplicación del principio de igualdad retributiva a trabajadores en misión de una ETT cuando su categoría no figura en el convenio de la empresa usuaria (TS 2-2-09, EDJ 16997; TS 9-12-09, EDJ 22975).
Por el contrario, la acción de reclamación de categoría o grupo profesional **sí puede acumularse** la reclamación de las diferencias salariales correspondientes (TS 15-7-14, EDJ 124185; 5-6-12, EDJ 137273), cuyo reconocimiento puede tener carácter retroactivo (TS 9-11-11, EDJ 344354). Esta acumulación es **facultativa** para el trabajador (TSJ Sevilla 10-10-24, EDJ

746405). En tal caso, las acciones no pierden su **autonomía**, de modo que puede desestimarse la pretensión clasificatoria (por existir obstáculo en el convenio colectivo a la consolidación de la categoría o grupo superior por el mero desempeño de las funciones propias del mismo, o por no haberlas realizado el tiempo mínimo exigible), y estimarse la de diferencias salariales, si se acredita que las funciones desempeñadas no se corresponden con la categoría o grupo profesional formalmente reconocido, sino con otro superior (TSJ Sta. Cruz de Tenerife 15-10-19, EDJ 772563; TSJ Las Palmas 28-3-25, EDJ 605301). Ahora bien, **no** se pueden **acumular** pretensiones de condena por conceptos retributivos distintos de las diferencias adeudadas por el desempeño de funciones de superior categoría o grupo cuyo reconocimiento se reclama (TSJ Cataluña 25-2-22, EDJ 553015).

Precisiones En el **proceso ordinario** sí pueden acumularse acciones de reclamación de diferencias salariales por encuadramiento en grupo profesional superior y atrasos de convenio (TSJ Galicia 2-5-24, EDJ 581026).

15282 **Naturaleza de la acción ejercitada** (TCo 71/1991; 210/1992; 20/1993) En este proceso se ejercita una **acción declarativa**, en virtud de la cual el trabajador únicamente pretende el reconocimiento del grupo profesional superior, correspondiente a las funciones efectivamente desarrolladas.

El carácter declarativo de la pretensión, vinculada con el derecho de promoción a través del trabajo, no queda desvirtuado por el éxito de la misma y su repercusión en el importe de las retribuciones a percibir (TCo 51/1982).

15283 **Plazo para el ejercicio de la acción** Esta acción no tiene señalado un plazo especial de **prescripción** y se entiende que puede ejercitarse mientras se realicen las funciones en que se basa.

El trabajador tiene derecho a solicitar que se le encomienden las funciones propias de su grupo durante la **vigencia del contrato**, ya que es una obligación de tracto sucesivo derivada de dicho contrato y, por ello, exigible en cualquier momento (TSJ Madrid 19-4-06, EDJ 107350). Lo mismo sucede cuando se reclama la aplicación del sistema de ascensos previsto en **convenio colectivo** (TS 21-11-11, EDJ 306695). Por tanto, se carece de acción cuando el contrato de trabajo ya se ha extinguido definitivamente (TSJ Granada 25-4-19, EDJ 622294; TSJ Sevilla 8-7-20, EDJ 681331).

Cuestión distinta es la prescripción de los efectos económicos, sujeta al régimen general, de modo que sí prescribe el derecho a reclamar las **diferencias salariales** por el desempeño de las tareas superiores. Deben reclamarse en el plazo de un año a contar desde el devengo de cada importe periódico, sin que el ejercicio de la acción clasificatoria, en su aspecto meramente declarativo, interrumpa la prescripción de las diferencias salariales (TS 13-10-21, EDJ 727423; TSJ Sta. Cruz de Tenerife 20-2-20, EDJ 548066; TSJ Cantabria 20-6-25, EDJ 652693).

El **día inicial** del cómputo del plazo de **prescripción** es aquel en el que dejan de desempeñarse las funciones sobre las que se sustenta la reclamación de la clasificación profesional, volviendo el trabajador a realizar las funciones inherentes a la clasificación profesional que tuviese reconocida. En el caso de la reclamación de las diferencias salariales, el plazo de prescripción comienza a correr desde que las mismas pudieron ser reclamadas, esto es, desde la fecha en que debe hacerse el abono del salario correspondiente (TS 20-5-23, EDJ559981; 24-5-23, EDJ 584092; 3-6-25, EDJ 610257).

Precisiones Esta acción no interrumpe la prescripción de las **acciones de condena** referidas a diferencias salariales posteriores al ejercicio de esa acción (TS 8-5-95, EDJ 2530; TSJ Granada 8-5-25, EDJ 630916).

15284 **Conciliación** Es necesario el intento de conciliación administrativa previa, al no estar com-
MPL prendido en las excepciones de la LRJS (nº 14530 s. y nº 14536 s.), pero no es preciso **agotar**
nº 3872 s. ese trámite, y tampoco el de reclamación administrativa previa a la vía judicial contra las administraciones o entidades públicas empleadoras (TSJ Sta. Cruz de Tenerife 29-5-19, EDJ 654161; TSJ Galicia 25-3-21, EDJ 570449).

Es obligatorio someterse previamente a **arbitraje** si así se ha dispuesto en el convenio (TSJ C.Valenciana 7-9-01, EDJ 103279) o a mediación (TSJ Tenerife 14-4-25, EDJ 603644).

Precisiones La **falta de agotamiento** de la vía previa o de las reclamaciones ante la comisión creada al efecto en el convenio colectivo no constituye un instrumento adecuado para fundamentar un recurso de casación para unificación de doctrina (TS 30-9-05, EDJ 157701).

15286 **Demanda** (LRJS art.137.1) La demanda debe fundarse en una discrepancia entre las funciones
MPL efectivamente realizadas y el grupo profesional asignado o categoría atribuida, con indepen-
nº 3881 s. dencia de que la misma se haya originado en la clasificación inicial o a lo largo de la relación laboral (TS 10-10-11, EDJ 282292).

Además de reunir los requisitos generales (nº 14565 s.), el escrito de demanda debe ir acompañado por un **informe** emitido por el comité de empresa o, en su caso, por los delegados de personal, sobre las funciones superiores alegadas y la correspondencia de las mismas dentro del sistema de clasificación aplicable. Si estos órganos no emiten el informe en el plazo de 15 días, al demandante le basta acreditar que lo ha solicitado. Se entiende que la petición de informe no es un requisito excesivo ni irrazonable (TCo 172/1987).

Precisiones Si los pedimentos de la demanda son los propios del proceso de clasificación profesional y consta en autos informe de la ITSS y la petición de informe al comité, es correcto **reconducir la demanda** a este proceso especial, pese a ser inadecuado el planteado por el demandante como de derecho y cantidad (TSJ Madrid 6-2-15, EDJ 12262).

Tramitación (LRJS art.137.2) Para la tramitación se sigue el procedimiento ordinario (nº 14400). La resolución por la que se admite la demanda debe recabar **informe de la Inspección de Trabajo**, a la que se remite copia de la demanda y los documentos que le acompañan. **15288** MPL nº 3888 s.

El informe debe emitirse en el **plazo** de 15 días y versar sobre los hechos invocados en relación con el sistema de clasificación aplicable y demás circunstancias concurrentes relativas a la actividad del trabajador que reclama. Aunque el informe es de gran utilidad, **no vincula** al órgano judicial. Su **omisión** puede determinar la declaración de nulidad de las actuaciones, salvo que concurran circunstancias excepcionales que la justifiquen (TSJ Asturias 5-3-24, EDJ 532659).

Prueba La regulación de la prueba, en general, dentro del procedimiento laboral, se señala en el nº 14603 s. **15289** MPL nº 3892 s.

En concreto, dentro de esta modalidad, el trabajador es quien ha de demostrar que existe una incorrecta adecuación entre el trabajo que se realiza y el grupo asignado (el que tiene reconocida en la empresa) y, por tanto, **acreditar** que viene realizando todas las funciones o al menos las esenciales del grupo profesional que pretende (TSJ Cataluña 11-7-23, EDJ 669310).

Para resolver este procedimiento deben **confrontarse los trabajos** que ejecuta con la definición del grupo cuya adscripción se reclama, según el convenio colectivo de aplicación o norma equivalente, si bien para acceder al mismo es preciso (JS La Rioja núm 1, 5-6-01, EDJ 107680; TSJ Cataluña 28-7-21, EDJ 759844):

- tener la titulación que normativamente se exija para su adscripción;
- que se vengan haciendo los trabajos propios del grupo o de la categoría reclamada, con plenitud y habitualidad;
- que no exista una norma convencional que contenga una previsión específica sobre el modo de acceder a un grupo o a una categoría profesional superior.

Precisiones **1)** Desempeñar funciones correspondientes al grupo superior al asignado puede otorgar derechos que darían lugar a litigios en los que los **datos fácticos sobre las funciones** laborales efectivamente realizadas tienen un peso decisivo.

2) El valor probatorio de las **actas de la ITSS** se recoge en el nº 6606 Memento Social 2026.

Sentencia (LRJS art.97 y 137.3) La sentencia debe cumplir los requisitos que se fijan para el procedimiento ordinario (nº 14633 s.), estar motivada (Const art.120.3) y ser congruente con las peticiones de las partes (TCo 224/1997; TSJ Madrid 2-3-93). **15291** MPL nº 3896 s.

Si la sentencia es **estimatoria**, el plazo de prescripción para reclamar las diferencias retributivas por las funciones efectivamente realizadas se inicia desde que el trabajador, al percibir cada nómina, tiene conocimiento de que se le ha abonado un salario que no se ajusta a la categoría o grupo que considera que le corresponde, y no desde la sentencia.

Contra la sentencia no procede **recurso** de suplicación alguno. Como excepción, cabe recurso cuando se pretende la subsanación de una falta esencial de procedimiento (LRJS art.191.3.d), limitado a la subsanación de dicha falta procesal (TS 8-3-11, EDJ 19886).

Por otra parte, sí procede dicho recurso cuando a la acción de clasificación profesional **se acumula** otra reclamando las **diferencias salariales** correspondientes a las funciones efectivamente realizadas, y la cuantía de estas alcanza el umbral requerido para el acceso al recurso de suplicación (nº 14678 s.). En tal caso, se pueden revisar de nuevo las cuestiones tratadas en la instancia, incluida la relativa a la declaración sobre la correcta clasificación profesional (TS 3-2-16, EDJ 13125; 20-7-21, EDJ 642281; 23-2-24, EDJ 511909).

La sentencia condenatoria despliega sus **efectos** ex tunc, aunque no desde el momento en que el hecho debatido quedó consolidado sino, según la mayoría de la doctrina, desde el momento de la primera reclamación a la empresa cuya negativa provocó el procedimiento.

I. Impugnación de la modificación sustancial de las condiciones de trabajo

(ET art.40.1 y 41.1; LRJS art.138 y 184)

15295 Dentro del poder que ostenta el empresario para organizar el trabajo, la ley le reconoce dos tipos de facultades modificativas de las condiciones de trabajo:

1. Introducir **modificaciones no sustanciales** o accidentales, como el cambio de funciones, esto es, la denominada movilidad funcional no sustancial.

2. Adoptar **modificaciones sustanciales** de las condiciones de trabajo cuando existan probadas razones económicas, técnicas, organizativas o de producción. Entre estas se incluyen:

- los cambios de funciones cuando excedan los límites de la movilidad funcional no sustancial, esto es, la llamada movilidad **funcional** sustancial;
- los cambios de lugar de trabajo distintos del habitual, es decir, la movilidad **geográfica**;
- **otros cambios esenciales** de las condiciones de trabajo que afecten, por ejemplo, a la jornada, el horario, el sistema de remuneración, etc.

El carácter ejecutivo de la medida modificativa, una vez transcurrido el plazo de preaviso tras la notificación al trabajador, determina, en principio, la obligación para este de prestar su trabajo de acuerdo con las condiciones que resultaron sustancialmente alteradas. No obstante, el afectado puede manifestar su **disconformidad** frente a la medida modificativa, cualquiera que hubiera sido su carácter (individual o colectiva).

15296 En caso de disconformidad, puede **impugnar la medida**, por considerarla no ajustada a derecho, o bien rescindir la relación laboral.

La posibilidad de opción se abre a partir del instante en que se le notifica individualizadamente la decisión empresarial, no siendo preciso esperar a que esta se haga efectiva.

DISCONFORMIDAD			
Impugnación judicial		**Rescisión indemnizada del contrato**	
Acciones individuales (ejercicio por el o los **trabajadores afectados**) Se hayan seguido o no las formalidades estatutarias, incluso cuando la medida vulnere algún derecho fundamental o libertad pública: proceso especial de movilidad geográfica, modificaciones sustanciales de condiciones de trabajo (nº 15300 s.)	**Acciones colectivas** (ejercicio por los **representantes de los trabajadores**) Cuando se trate de una decisión de carácter colectivo: proceso de conflicto colectivo (nº 15436 s.)	Cuando la modificación afecte al tiempo de trabajo, sistema de remuneración, cuantía salarial o funciones y además suponga un perjuicio para el trabajador (nº 15323 s.)	Cuando la modificación cause menoscabo de la dignidad del trabajador y no se hayan seguido las formalidades estatutarias (nº 15332 s.)

Precisiones: Es posible que el trabajador pretenda también una **indemnización por los daños y perjuicios** sufridos por la modificación sustancial declarada nula o injustificada (CC art.1101). Esta reclamación puede realizarse por el **procedimiento ordinario** (TSJ Madrid 22-10-07, EDJ 238415); también respecto del traslado (TS 2-6-08, EDJ 90860). Si se reclama una indemnización por vulneración de **derechos fundamentales**, puede hacerse por la modalidad especial de tutela de los mismos o acumularse a otra modalidad especial de aplicación preferente, como es la de modificación sustancial de condiciones de trabajo (LRJS art.184).

1. Proceso judicial específico

(LRJS art.138)

15300 Si el trabajador afectado por una decisión empresarial que modifique sustancialmente sus condiciones de trabajo o implique movilidad geográfica está **disconforme** con la misma, puede impugnarla con la **finalidad** de que se le reponga en sus anteriores condiciones o centro de trabajo de origen, salvo que la medida se haya adoptado en virtud de acuerdo al término de un periodo de consultas, en cuyo caso solo puede impugnarse cuando exista fraude, dolo, coacción o abuso de derecho en su conclusión.

La impugnación ha de realizarse a través de esta **modalidad procesal específica** aunque la medida se haya adoptado incumpliendo las **exigencias legales de forma**, en cuyo caso la decisión empresarial se declara nula (TS 27-2-20, EDJ 554423); e incluso cuando la medida vulnere algún derecho fundamental o libertad pública, en cuyo caso se acumulan las pretensiones de tutela de derechos fundamentales y libertades públicas con las propias de la modalidad procesal específica (LRJS art.26.2 y 184).

Precisiones 1) Las reclamaciones derivadas de **pactos individuales novatorios** escapan del marco de esta modalidad procesal y se canalizan a través del procedimiento ordinario (TS 8-4-98, EDJ 4035; 7-4-98, EDJ 2738; 18-7-97, EDJ 5402).
2) Se trata de una reacción del trabajador orientada hacia el mantenimiento del contrato, por lo que resulta **incompatible** con la previa extinción del mismo en virtud de alguna de las modalidades resolutorias que se contemplan para la movilidad geográfica y las modificaciones sustanciales de condiciones de trabajo, o por cualquier otra de las admitidas por el ordenamiento jurídico. Esta incompatibilidad no significa que extinción e impugnación sean alternativas y excluyentes en todo caso, porque podría impugnarse y, tras la resolución, decidir extinguir (TS 21-12-99, EDJ 53210; TSJ Madrid 15-2-16, EDJ 39437), pero siempre que la impugnación no hubiera dado como resultado la declaración del carácter **injustificado o nulo** de la medida, porque en tal caso con la ejecución del fallo desaparecería el perjuicio que activa los derechos extintivos.
3) De concurrir **amortizaciones de puestos de trabajo**, deben impugnarse por el procedimiento de despido colectivo si superan el umbral, o mediante impugnaciones individuales, pero nunca mediante la impugnación de una modificación sustancial de las condiciones de trabajo (AN 22-2-19, EDJ 516651).

Objeto El objeto de este proceso es la **revocación** de la medida empresarial en lo que afecta al trabajador, para que se proceda a su consiguiente reposición en las condiciones de trabajo alteradas por la decisión empresarial. La disconformidad debe fundarse en la **inadecuación formal o material** de la adopción de la medida empresarial respecto del régimen legal establecido y, en su caso, de los condicionamientos adicionales que pudieran haberse pactado en convenio colectivo. **15302**

Precisiones Es posible la **reclamación plural**, que da origen a procesos acumulados (TS 18-6-92, EDJ 6518).

Legitimación (LRJS art.138.2) Debe distinguirse: **15304**
• Legitimación **activa**. El proceso se inicia por demanda de los trabajadores afectados por la decisión empresarial. Se trata de una acción individual, que puede ser únicamente ejercitada por los trabajadores a los que afecta la medida.
• Legitimación **pasiva**. Además del empresario cuya decisión se impugna, también deben ser parte en el proceso, configurando dos situaciones de **litisconsorcio pasivo necesario**:
- si el objeto del debate versa sobre preferencias atribuidas por la negociación colectiva a determinados trabajadores, estos deben ser codemandados; lo que no implica que el órgano judicial pueda imponer la movilidad o la modificación de condiciones a uno de ellos -decisión exclusivamente reservada al empresario-, sin perjuicio de los efectos positivos de la cosa juzgada que puedan derivarse del pronunciamiento judicial;
- si se trata de modificaciones, suspensiones o reducciones de carácter colectivo en las que los representantes de los trabajadores legitimados hayan prestado su conformidad, estos deben ser demandados junto con el empresario.

Plazo para el ejercicio de la acción (ET art.41.3 y 5 y 59.4; LRJS art.138.1) La demanda debe presentarse en el plazo de **caducidad** de los 20 días hábiles siguientes a la notificación por escrito de la decisión a los trabajadores o a sus representantes. El plazo no comienza a computarse hasta que tenga lugar dicha notificación. A estos efectos: **15306**
• El **día inicial** para el cómputo del plazo se corresponde con el día siguiente a la fecha de la notificación por escrito de la decisión empresarial a los trabajadores o a sus representantes y no con el de la efectividad de la medida o fecha de efectos, sin que la reducción u omisión del plazo de preaviso afecten al inicio del plazo. La **notificación verbal** no da inicio al plazo de caducidad (TS 23-11-16, EDJ 226157; 20-3-24, EDJ 528941; 11-12-24, EDJ 785060; 30-1-25, EDJ 504031).
• En cuanto al **cómputo del plazo**, la interposición del conflicto colectivo paraliza la tramitación de las acciones individuales iniciadas hasta su resolución (ET art.41.5).

Precisiones 1) Si no consta la **notificación expresa y por escrito** de la decisión empresarial a los trabajadores o a sus representantes, no puede exigirse una reacción limitada al plazo de caducidad de los 20 días que, en todo caso, debería iniciarse en el momento en que la empresa efectúe esa comunicación expresa y fehaciente, sin que sea eficaz lo manifestado en una reunión con los representantes de los trabajadores (TS 23-5-23, EDJ 584085; 9-6-16, EDJ 105800; 21-10-14, EDJ 261501). No es válido a estos efectos que el empresario publique su decisión en el tablón de anuncios (TS 29-5-18, EDJ 109150), o la manifieste en las reuniones del periodo de consultas y se haga constar en acta (TS 9-6-16, EDJ 105800), o la publique a través de su intranet (TS 27-2-20, EDJ 554423); es precisa la notificación escrita en los términos señalados (TS 7-7-21, EDJ 647626).
2) El plazo **comienza a computarse** cuando la modificación haya sido comunicada a los representantes de los trabajadores, no desde la recepción por parte de estos (TS 23-1-18, EDJ 3802).
3) El plazo es **aplicable** en todo caso y con independencia de que la empresa no hubiere seguido el procedimiento legal para implantar las medidas (ET art.41) (TS 20-6-23, EDJ 610475), resultando por ello intrascendente cualquier argumentación sobre el grado de cumplimiento de tal procedimiento (TS 26-11-19, EDJ 784049; 21-10-14, EDJ 261501).

15310 **Tramitación procesal** (LRJS art.138.3, 4 y 5) La demanda debe contener la antigüedad y salario del trabajador a efectos de su posible ejecución. Formulada la demanda, el órgano jurisdiccional puede recabar **informe urgente de la ITSS**, remitiéndole copia de la misma y de los documentos que la acompañan. El informe debe versar sobre los hechos invocados como justificativos de la decisión empresarial en relación con la modificación acordada y demás circunstancias concurrentes.
El procedimiento es **urgente** y se le da **tramitación preferente**. El acto de la vista debe señalarse dentro de los 5 días siguientes al de la admisión de la demanda, de no haberse recabado el informe indicado.
Si una vez iniciado el proceso se plantease demanda de **conflicto colectivo** contra la decisión empresarial, aquel se **suspende** hasta la resolución de la demanda de conflicto colectivo que, una vez firme, tiene eficacia de **cosa juzgada** sobre el proceso individual (LRJS art.160.5).
Alzada la suspensión, se ha de citar a las partes para el acto del **juicio**, tras el que se dicta **sentencia**, que debe respetar lo resuelto en el proceso de conflicto colectivo, sin perjuicio de que se puedan suscitar cuestiones no resueltas en el mismo.

15312 **Sentencia** (LRJS art.138.6, 7 y 8) La sentencia ha de ser dictada en el plazo de 5 días y debe **declarar** la medida empresarial:
• **Justificada**: si quedan acreditadas, respecto de los trabajadores afectados, las razones invocadas por la empresa, supuesto en el que procede absolver a los demandados. En tal caso, la sentencia debe reconocer el derecho del trabajador a extinguir el contrato de trabajo en los supuestos previstos legalmente, concediéndole al efecto el plazo de 15 días.
• **Injustificada**: si no queda acreditada, respecto de los trabajadores afectados, la suficiencia de las razones aducidas por la empresa, reconociendo en tal caso el derecho del trabajador a ser repuesto en sus anteriores condiciones de trabajo, así como al abono de los daños y perjuicios que la decisión empresarial hubiera podido ocasionar durante el tiempo en que ha producido efectos.
• **Nula**: si la decisión se ha adoptado en fraude de ley, eludiendo las normas relativas al periodo de consultas, así como cuando tenga como móvil alguna de las causas de discriminación prevista en la Constitución y en la ley, o se produzca con violación de derechos fundamentales y libertades públicas del trabajador, incluidos, en su caso, los demás supuestos que comportan la declaración de nulidad del despido (nº 15030), condenando en tal supuesto al empresario a la inmediata reposición del trabajador en sus anteriores condiciones de trabajo.
En los dos últimos casos se genera el derecho del trabajador a ser repuesto en sus anteriores condiciones, pudiéndose reclamar los **daños y perjuicios** que se aleguen y prueben. La negativa empresarial a acatar estos fallos permitiría al trabajador instar la ejecución del fallo, esta vez con una indemnización mayor -equivalente a la del despido improcedente- (ET art.50.1.c) (nº 15316).

15314 **Recurso** (LRJS art.191.2.e) Contra la sentencia **no cabe** recurso de suplicación, **salvo** en los supuestos de:
• **Movilidad geográfica** que afecte a la totalidad de la plantilla o que, sin afectar a la totalidad, en un periodo de 90 días comprenda un número de trabajadores de, al menos, los umbrales establecidos (nº 5231 Memento Social 2026).
• **Modificaciones sustanciales** de condiciones de trabajo que tengan **carácter colectivo**, tanto si la decisión se ataca por los trabajadores individualmente considerados como si se combate por el cauce del conflicto colectivo por los sujetos legitimados a tal efecto (TS 22-1-14, EDJ 7722; 9-4-14, EDJ 71950; 15-6-15, EDJ 144477; 20-7-15, EDJ 144502).
• **Suspensiones y reducciones** de jornada por las causas legales que afecten a un número de trabajadores igual o superior a los umbrales previstos para el despido colectivo (nº 2774 Memento Social 2026).

Precisiones El TS ha modificado su doctrina anterior, de forma que **no cabe recurso de suplicación** frente a una sentencia dictada en la modalidad procesal de MSCT aunque incorpore una reclamación por daños y perjuicios de cuantía superior a 3.000 € (TS 14-9-23, EDJ 696263; 22-11-23, EDJ 765502; 15-7-25, EDJ 640054). Si bien **sí procede** si se invoca vulneración de derechos fundamentales (TS 22-6-16, EDJ 140316; 18-10-17, EDJ 232960; 22-2-18, EDJ 22334) -salvo que se haya desistido de esta última pretensión (TS 14-9-23, EDJ 696263)-, aunque solo debe resolver los aspectos relacionados con los derechos fundamentales, no sobre otras materias de legalidad ordinaria sin acceso a suplicación (TS 12-12-24, EDJ 734955); y la discriminación o vulneración de la garantía de indemnidad ha de tener **poso fáctico**, sin que baste su mera cita (TS 11-1-24, EDJ 501140).
Ahora bien, la pretensión de **reconocimiento de un derecho junto con** la reclamación de **cantidades** por MSCT sí tiene acceso al recurso cuando la primera, en cómputo anual, o la segunda, en el total de lo reclamado hasta el acto de juicio, o ambas, superan los 3.000 € (TS 7-5-25, EDJ 574522).

Ejecución La sentencia es inmediatamente ejecutiva. Deben distinguirse, en este caso, dos **supuestos**: 15316

a) Si la sentencia ha declarado **injustificada la medida** y el empresario no reintegra al trabajador en sus anteriores condiciones de trabajo o lo hace de forma irregular, este puede solicitar la ejecución del fallo ante la Sección de lo Social del Tribunal de Instancia y la extinción del contrato sin necesidad de formular nueva demanda de resolución del mismo (TSJ Cataluña 26-5-04, EDJ 93211) (nº 15015);

b) Si la sentencia declara la **nulidad de la medida empresarial,** la ejecución de la sentencia se lleva a cabo en sus propios términos, salvo que el trabajador inste la ejecución de la sentencia en la forma anterior, prevista para cuando la medida ha sido declarada injustificada.

La modalidad de **ejecución en conflictos colectivos** (nº 15472) es aplicable a las sentencias firmes u otros títulos ejecutivos sobre movilidad geográfica, modificaciones sustanciales de condiciones de trabajo, suspensión del contrato o reducción de la jornada por causas económicas, técnicas, organizativas o de producción, de **carácter colectivo** (LRJS art.247.2).

Precisiones La **condena a reponer** al trabajador en sus anteriores condiciones de trabajo -en caso de declararse injustificada la modificación de la jornada- y consiguiente salario lleva aparejada la **reintegración** de todos sus derechos sin necesidad de que el fallo contenga expresión literal en relación al salario, al ser esta precisamente una de las condiciones alteradas con la medida declarada contraria a derecho (TS 20-5-14, EDJ 91265).

2. Extinción del contrato por voluntad del trabajador

El trabajador puede optar por la extinción de la relación laboral, recibiendo una indemnización y teniendo derecho a percibir las correspondientes prestaciones por desempleo, en los siguientes **supuestos** (LGSS art.267.1.a.5º; RD 625/1985 art.1.1.g.h.j): 15320

• Cuando la modificación sustancial sea sobre **tiempo de trabajo, sistema de remuneración y cuantía salarial y funciones** y le suponga un **perjuicio**. Se entiende que el trabajador pierde su empleo, situándose en situación legal de desempleo sin necesidad de esperar confirmación judicial alguna, pudiendo acreditar tal situación a través de la correspondiente certificación empresarial (TS 18-9-08, EDJ 203687). Ver nº 15323 s.

• Cuando la modificación sustancial, referida a **cualquier materia**, redunde en **menoscabo de su dignidad** y no se hayan seguido los requisitos estatutarios. Para acreditar la situación legal de desempleo es precisa la resolución judicial definitiva que declare extinguida la relación laboral, aunque también se ha admitido a estos efectos la conciliación administrativa en el Servicio de Mediación, Arbitraje y Conciliación (TS 14-7-94, EDJ 11742). Ver nº 15332 s.

Rescisión por modificación del tiempo de trabajo, sistema de remuneración, cuantía salarial o funciones (ET art.41.3.2º) Tiene derecho a rescindir el contrato indemnizadamente el **trabajador perjudicado** por una decisión de modificación sustancial de las condiciones de trabajo -tanto individual como colectiva, háyanse respetado o no las exigencias formales y procedimentales (TS 8-2-93, EDJ 1079)- que afecte a alguna de las siguientes materias: jornada; horario y distribución del tiempo de trabajo; régimen de trabajo a turnos; sistema de remuneración y cuantía salarial; o funciones que excedan los límites de la movilidad funcional no sustancial. 15323

En estos supuestos, el trabajador tiene derecho a una **indemnización** de 20 días de salario por año de servicio, prorrateándose por meses los periodos inferiores a un año y con un máximo de 9 mensualidades. Todo ello con independencia de la posibilidad de resolución por modificación sustancial de condiciones que redunden en menoscabo de la dignidad del trabajador.

Para tener derecho a la resolución indemnizada, es necesaria la concurrencia de los siguientes **requisitos** (TSJ País Vasco 17-1-12, EDJ 96402): una modificación sustancial de condiciones de trabajo, un perjuicio para el trabajador y una relación de causalidad entre la modificación y el perjuicio.

Precisiones La facultad de rescisión contractual se halla condicionada a la **acreditación** por el trabajador afectado del **perjuicio** que sufre como consecuencia de la modificación. Para que proceda la rescisión indemnizada del contrato han de probarse la **realidad y entidad** de los perjuicios, sin que pueda presumirse su existencia (TS 18-10-16, EDJ 202716; TSJ Las Palmas 31-1-13, EDJ 63762). Además, el perjuicio debe ser **relevante** (TS 18-10-16, EDJ 202716).

Procedimiento El trabajador tiene la facultad de resolver el contrato **por sí mismo**, por lo que su declaración rescisoria tiene virtualidad extintiva, sin necesidad de que exista un previo pronunciamiento judicial (TS 5-5-97, EDJ 4189; TSJ Asturias 1-3-13, EDJ 51348). 15327

La **comunicación al empresario** debe hacerse preferentemente por escrito, a efectos de constancia de la causa extintiva, poniendo de manifiesto la voluntad de resolver la relación laboral con efectos desde la fecha que se fije y con expresión de los concretos perjuicios ocasionados por la medida (TSJ Castilla-La Mancha 21-1-16, EDJ 5256).
No obstante, cuando el empresario **no esté conforme** con la opción del trabajador, por entender que no existe perjuicio o que este carece de entidad suficiente, el cese en el puesto de trabajo puede suponer graves riesgos, ante la posibilidad de un **posterior pronunciamiento desfavorable** -pérdida del puesto de trabajo sin indemnización y no reconocimiento de las prestaciones por desempleo-; lo que hace aconsejable, aunque no preceptiva, la **continuidad provisional** en el puesto de trabajo y la interposición de demanda por el procedimiento ordinario, dentro del plazo de efectividad de la medida, solicitando que se declare resuelto el contrato de trabajo con la indemnización legalmente establecida. No obstante, el trabajador puede cesar en su puesto de trabajo aunque el empresario se haya opuesto a la rescisión indemnizada y reclamar la indemnización por el proceso ordinario, asumiendo tales riesgos (TSJ Sevilla 8-10-02, EDJ 130258; TSJ Málaga 8-10-99, EDJ 30483).

Precisiones Si el empresario no pone a disposición del trabajador la **indemnización** o lo hace en cuantía inferior a la debida, aquel debe reclamar judicialmente por la vía del procedimiento ordinario en reclamación de cantidad adeudada (TSJ Asturias 1-3-13, EDJ 51348).

15330 **Plazo** No se fija legalmente un plazo específico para el ejercicio de la **facultad rescisoria** por el trabajador. La jurisprudencia ha entendido inaplicable el plazo de 20 días de caducidad, que solo opera para la impugnación de la medida, ya que ambas acciones son distintas (TS 29-10-12, EDJ 263609). Por lo que, no estando sujeta esta acción a plazo específico de caducidad en su ejercicio, debe serle de aplicación el plazo general de prescripción de un año (TSJ Málaga 5-11-15, EDJ 264828) desde la efectividad de la medida modificadora.
Tampoco se hace referencia a la **fecha de efectos** de la decisión rescisoria que parece constitutiva.

15332 **Resolución por menoscabo de la dignidad del trabajador** (ET art.50.1.a) El trabajador puede solicitar la extinción del contrato y percibir la indemnización señalada para el despido improcedente cuando se cumplen los dos siguientes **requisitos** (TSJ Madrid 20-4-16, EDJ 80803):
• Que el traslado u otra modificación sustancial de las condiciones de trabajo impuesta por el empresario haya sido llevada a cabo sin respetar las **previsiones legales o trámites estatutarios**. Esta posibilidad de rescisión no se limita a unas concretas materias, sino que se extiende a todas las condiciones laborales, siempre que hayan sido sustancialmente modificadas sin respetar las previsiones legales del ET art.41.
• Que tales modificaciones redunden en un menoscabo de la **dignidad del trabajador** afectado.
La **indemnización legal de despido** puede complementarse con una indemnización por daños y perjuicios cuando está en juego la lesión de derechos fundamentales, incluida la prohibición de discriminación, y el acoso en el trabajo. La **solicitud** de esta indemnización adicional puede acumularse en la misma demanda de extinción de la relación laboral (LRJS art.26.2). Ejercitada ya la acción de extinción judicial indemnizada de la relación laboral, es posible accionar de forma **independiente**, solicitando una indemnización de daños y perjuicios por vulneración de un derecho fundamental. De esta manera, ambas acciones no deben ejercitarse inexcusablemente por la vía del proceso de extinción, sin perjuicio de que el ejercicio conjunto o **acumulación** de acciones se contemple como una opción en la norma procesal social (TS 9-5-11, EDJ 114214).

Precisiones 1) Es posible interponer **demandas consecutivas** pidiendo la resolución judicial por esta causa cuando se sustenten en nuevas modificaciones sustanciales, pues en estos casos no se produce la identidad plena para apreciar litispendencia (TS 17-4-07, EDJ 25427; TSJ Cataluña 26-5-08, EDJ 91777).
2) Esta resolución judicial del contrato no impide que el trabajador pueda solicitar las **diferencias salariales** que considere que se le adeudan, al no haberse respetado su salario de origen mientras estuvo realizando tareas de una categoría inferior a raíz de la modificación sustancial ilícita (TS 16-1-09, EDJ 11816).
3) La **indemnización adicional** puede cuantificarse de acuerdo con el baremo de accidentes de circulación. Respecto de la prueba y cuantificación de los **daños morales**, se ha entendido aplicable la doctrina que las cuantifica, una vez probado el daño, de acuerdo con las cuantías fijadas para las sanciones administrativas (TCo 247/2006; TS 5-2-13, EDJ 21140; TSJ Madrid 13-6-07, EDJ 116661).

15334 **Procedimiento** El trabajador no puede extinguir por sí mismo la relación laboral, sino que debe acudir a la vía judicial solicitando la **resolución indemnizada** de su contrato, por lo que ha de continuar prestando servicios hasta que se dicte sentencia estimatoria, salvo casos excepcionales -malos tratos, menoscabo grave de la dignidad, acoso sexual, etc.-. De esta forma, con carácter general, es **requisito imprescindible** que la relación laboral esté viva tanto en el momento de solicitar la extinción como en el acto del juicio.

No obstante, como excepción, es posible que el juez o la jueza articule **medidas cautelares**, a instancia del trabajador demandante, cuando se justifique que la conducta empresarial perjudica la dignidad o la integridad física o moral de trabajador y puede comportar una posible vulneración de derechos fundamentales o libertades públicas o aparejar consecuencias de tal gravedad que pudieran hacer inexigible la continuidad de la prestación en su forma anterior (LRJS art.79.7). Entre estas medidas, puede acordarse:
- la suspensión de la relación laboral o la exoneración de prestación de servicios;
- el traslado de puesto o de centro de trabajo;
- la reordenación o reducción del tiempo de trabajo y cuantas otras tiendan a preservar la efectividad de la sentencia que pudiera dictarse; incluidas también, en su caso, aquellas que pudieran afectar al presunto acosador o vulnerador de los derechos o libertades objeto de la tutela pretendida, en cuyo caso este debe ser oído (LRJS art.180.4).

Todo ello siempre con mantenimiento del deber empresarial de cotizar y de abonar los salarios, sin perjuicio de lo que pueda resolverse en la sentencia.

El **plazo** para el ejercicio de la acción extintiva es el genérico de prescripción de un año desde que la modificación tiene lugar (TS 22-12-88, EDJ 10090; TSJ Castilla-La Mancha 12-11-15, EDJ 227826). Transcurrido más de un año desde que se produjo la modificación sin que el trabajador reaccione, debe entenderse que ha consentido tácitamente la nueva situación y que la acción de resolución del contrato ha prescrito (TS 20-4-09, EDJ 101860).

Corresponde al trabajador la carga de **acreditar los perjuicios** que se estimen producidos, que deben afectar específicamente a su dignidad y que no pueden presumirse (TS 18-7-96, EDJ 6283; TSJ Extremadura 5-1-06, EDJ 2135). En este sentido, es viable que el demandante plantee en el mismo proceso esta acción judicial de resolución contractual indemnizada por menoscabo de su dignidad y, subsidiariamente, la posibilidad de rescindir el contrato con una indemnización menor de 20 días, para el caso de que no se aprecie la vulneración de la dignidad, pero si el perjuicio simple (TS 18-12-89, EDJ 11388).

Precisiones El ejercicio de la acción no exige que el trabajador impugne previamente la decisión empresarial a través de la **modalidad procesal específica** (TSJ Murcia 24-11-98, EDJ 36680).

3. Impugnación por los representantes de los trabajadores

(ET art.40.2.9º y 41.5.2º; LRJS art.153 s.)

Cuando la impugnación la realizan los representantes de los trabajadores, el asunto se dilucidaría en el marco del **proceso especial de conflicto colectivo** (nº 15436), donde cabe controvertir la viabilidad de la decisión empresarial que admita la calificación de colectiva, sin necesidad de valorar si la decisión afecta a intereses generales de un grupo indeterminado de trabajadores (TS 18-6-01, EDJ 16105). 15335

Decisiones impugnables (ET art.40.2 y 41.4) No todas las decisiones empresariales de modificación sustancial de las condiciones de trabajo pueden ser objeto de impugnación en este proceso especial, sino únicamente cuando se cumplan los siguientes **requisitos**: 15337

- Que se trate de una modificación sustancial de las condiciones de trabajo o de un traslado adoptado conforme al **procedimiento** legalmente previsto (TS 19-5-04, EDJ 51956; 29-9-08, EDJ 222452).
- Que la modificación o traslado tenga carácter **colectivo**, se haya llegado o no a un acuerdo en el periodo de consultas. Aquí se incluyen también las modificaciones que debieron tramitarse por el procedimiento colectivo, pero se siguió el individual.

Precisiones 1) De **no cumplirse** las dos exigencias mencionadas, la pretensión contra una decisión modificativa puede encauzarse por el trámite del conflicto colectivo ordinario siempre que concurran los requisitos exigidos legalmente (nº 15436), como sucede si la modificación se acuerda sin seguir las formalidades legalmente establecidas, pero afecta a un conjunto homogéneo de trabajadores unidos por un interés de configuración general (TS 19-5-04, EDJ 51956; 19-2-02, EDJ 13572; 15-1-01, EDJ 263), o si, tratándose de una modificación de naturaleza individual, afecta a intereses generales de un grupo genérico de trabajadores (TS 8-11-02, EDJ 51543; 6-5-96, EDJ 2410; TSJ Sevilla 18-2-99, EDJ 11571; en contra TS 18-7-03, EDJ 92953).

2) No resulta adecuada la modalidad genérica de conflicto colectivo cuando se trata de **modificaciones individuales** en las que no concurren elementos de homogeneidad o no existe un interés general al afectar a personas individuales y concretas (TS 6-3-01, EDJ 2950; TSJ Galicia 20-4-99; TSJ Cantabria 23-7-99, EDJ 29854; TSJ Cataluña 19-2-99, EDJ 6391). Ni para impugnar una modificación sustancial de condiciones de trabajo que no tiene carácter colectivo, por no superar los **umbrales** legalmente previstos (TS 17-4-18, EDJ 64893; 19-11-19, EDJ 770172).

15339 **Plazo para el ejercicio de la acción** (ET art.59.4) El plazo para el ejercicio de la acción es el de **caducidad** de 20 días hábiles (TS 10-4-00, EDJ 10331; 19-5-04, EDJ 51956; 4-6-13, EDJ 120978).

El **dies a quo** es la fecha en que se exterioriza por la empresa la decisión adoptada, notificándosela a los trabajadores (TS 21-10-14, EDJ 261501), y no la fecha en la que finalizó el periodo de consultas, pues este hecho no obliga a la empresa a tomar la decisión, pudiendo hacerlo o desistir de ello. La fecha relevante es la de la **recepción real** de la comunicación empresarial por los interesados y no la fecha de la misma (TS 7-6-99, EDJ 13535). El hecho de que la empresa no haya seguido los **cauces legales** del ET para proceder a la modificación sustancial de trabajo de carácter colectivo, adoptando su decisión de forma unilateral, no impide que se aplique el plazo de caducidad (TS 2-6-17, EDJ 115997).

Al no ser preceptiva la **conciliación previa** ni en el proceso individual ni en el colectivo, su utilización inadecuada no suspende el plazo de caducidad (TS 9-2-13, EDJ 280898; 16-12-14, EDJ 253969).

En el supuesto de que el legitimado para promover el conflicto colectivo **inste ante la autoridad laboral** que sea esta quien lo inicie (LRJS art.158), el dies ad quem de la caducidad es el de presentación del escrito inicial del conflicto ante la autoridad laboral, con independencia de la fecha en que esta comunique al órgano jurisdiccional competente el escrito de iniciación del proceso (TS 5-12-02, EDJ 61276).

Precisiones El plazo de caducidad **no se suspende** por el mantenimiento de conversaciones y negociaciones con la empresa para conseguir una rectificación de su decisión (TSJ Murcia 27-7-98, EDJ 26578).

15341 **Tramitación** En cuanto a la tramitación del procedimiento, rigen las reglas generales del proceso de conflicto colectivo (nº 15436 s.; TS 24-3-15, EDJ 105754; TSJ Cataluña 4-3-96; TSJ Valladolid 27-2-17, EDJ 36042).

En estos procesos de modificación sustancial colectiva de condiciones de trabajo no es preceptiva la **conciliación o mediación previa**, aun cuando el trámite procesal sea el del proceso de conflicto colectivo, en el que sí es preceptiva la misma, por lo que no hay suspensión posible del plazo de caducidad de 20 días para impugnar la decisión empresarial (TS 9-12-13, EDJ 280898; 16-12-14, EDJ 253969; TSJ Madrid 8-11-24, EDJ 762811); y ello con independencia de que se haya o no alcanzado un acuerdo en el periodo de consultas (TS 3-12-19, EDJ 784053).

La **empresa** está legitimada para promover un proceso de conflicto colectivo con el objeto de declarar legal y ajustada a derecho la modificación sustancial de condiciones de trabajo adoptada sin haber alcanzado acuerdo en el periodo de consultas (TS 29-11-18, EDJ 666765).

J. Ejercicio de los derechos de conciliación

(ET art.37.7 y disp.adic.18ª; LRJS art.26, 43, 64, 70, 139, 184 y 191)

15345 MPL nº 4080 El procedimiento ante la jurisdicción social para el ejercicio de los derechos de conciliación de la vida personal, familiar y laboral reconocidos legal o convencionalmente se rige por las siguientes **reglas**:

- El trabajador dispone de un **plazo** de 20 días, a partir de que el empresario le comunique su disconformidad con la concreción horaria y el período de disfrute propuesto por aquel, para presentar demanda ante la Sección de lo Social del Tribunal de Instancia -hasta su constitución juzgado de lo social-.
- Se exceptúan del trámite de la **conciliación previa**.
- En la demanda del derecho a la medida de conciliación puede acumularse la de **daños y perjuicios** causados al trabajador por la negativa del derecho o la demora en la efectividad de la medida, de los que el empresario puede exonerarse si da cumplimiento, al menos provisional, a la medida.
- El empresario y el trabajador deben llevar sus respectivas **propuestas y alternativas** de concreción a los actos de conciliación previa al juicio y al propio acto de juicio, que pueden acompañar, en su caso, de informe de los órganos paritarios o de seguimiento de los planes de igualdad de la empresa para su consideración en la sentencia.
- No se consideran inhábiles ni el mes de **agosto** ni los días que median **entre el 24 de diciembre y el 6 de enero** del año siguiente, ambos inclusive.

15346
- El **procedimiento** es **urgente** y de tramitación preferente. El acto de la vista debe señalarse dentro de los 5 días siguientes al de la admisión de la demanda.
- La **sentencia**, que es firme, ha de dictarse en el **plazo** de 3 días. Contra la misma no cabe **recurso** alguno, salvo cuando se interese la tutela de derechos fundamentales y libertades públicas o cuando se haya acumulado pretensión de resarcimiento de daños y perjuicios que

por su cuantía puedan dar lugar a recurso de suplicación contra las sentencias dictadas por reclamaciones, en cuyo caso el pronunciamiento sobre las medidas de conciliación es ejecutivo desde que se dicte la sentencia (TSJ Sevilla 11-4-19, EDJ 591292). También procede recurso de suplicación que tengan por objeto subsanar una falta esencial del procedimiento siempre que se haya formulado la protesta en tiempo y forma y haya producido indefensión (LRJS art.191.1.d; TS 28-2-11, EDJ 16711; JS Mataró núm 1, 12-9-19, EDJ 711232).

• Las demandas sobre los derechos de conciliación de la vida personal, familiar y laboral en que se alegue **vulneración de derechos fundamentales** se tramitan inexcusablemente con arreglo a la modalidad procesal correspondiente.

Precisiones 1) El **cómputo del plazo** de 20 días comienza el día en que el trabajador tiene conocimiento de la decisión empresarial contraria a su propuesta de reducción de jornada (JS Barcelona núm 1, 9-1-02, EDJ 119446). **15347**

2) No es aplicable el **plazo de 15 días mínimo de citación** a juicio de **persona jurídica**, al tratarse de una modalidad procesal especial en la que el acto de la vista ha de señalarse dentro de los **5 días** siguientes al de la admisión de la demanda (TS 28-2-11, EDJ 16711).

K. Impugnación de resoluciones administrativas en materia de Seguridad Social

(LGSS art.129; RDL 2/2021 disp.trans.3ª; LRJS art.2.o; LOPJ art.551)

La Administración debe notificar a los interesados las resoluciones y actos administrativos que afecten a sus derechos e intereses. La notificación debe contener el texto íntegro de la resolución, con indicación de si es o no definitivo en la **vía administrativa**, la expresión de los recursos o de la reclamación administrativa previa que procedan, órgano ante el que hubieran de presentarse y plazo para interponerlos, sin perjuicio de que los interesados puedan ejercitar, en su caso, cualquier otro que estimen procedente. Si la notificación, conteniendo el texto íntegro del acto, omite alguno de los demás requisitos anteriores, se mantienen suspendidos los plazos de caducidad e interrumpidos los de prescripción. Y únicamente se reanudan a partir de la fecha en que el interesado realice actuaciones que supongan el conocimiento del contenido y alcance de la resolución o acto objeto de la notificación o resolución, o interponga cualquier recurso o reclamación que proceda (LRJS art.69.1; L 39/2015 art.40). **15350** MPL nº 4320 s.

Las resoluciones administrativas (incluso las dictadas por entidades o empresas colaboradoras) pueden ser recurridas en **vía judicial**. La competencia jurisdiccional en materia de Seguridad Social está dividida entre el orden social y el contencioso-administrativo (nº 15372).

Los **letrados de la Administración de la Seguridad Social**, integrados en el servicio jurídico de la Administración de la Seguridad Social, solo representan y defienden a las entidades gestoras, TGSS, servicios comunes, así como a otros organismos o entidades de naturaleza pública, que conforme a la ley integran la Administración de la Seguridad Social. Sin embargo, no desarrollan tal función respecto de las mutuas colaboradoras de la Seguridad Social.

Precisiones 1) Las cuestiones relativas a las eventuales **infracciones de las normas sobre procedimiento** en la adopción de las resoluciones administrativas sobre Seguridad Social pueden suscitarse y resolverse en la impugnación jurisdiccional de las mismas, también en el orden social (TS 19-11-02, EDJ 61472).

2) Aunque sean de aplicación las normas sobre procedimiento administrativo a la tramitación de prestaciones de Seguridad Social, la vulneración de las mismas no implica necesariamente que haya de anularse el acto administrativo, puesto que en aquellos casos en los que solamente se discuta la **anulabilidad** del mismo es preciso que con ello se haya producido una **indefensión** real y efectiva al interesado o, de lo contrario, no procede la anulación del acto (TS 30-4-07, EDJ 68221).

Autenticación y firma en los procedimientos de la Seguridad Social (LGSS art.129; RDL 2/2021 disp.trans.3ª) La Administración de la Seguridad Social debe facilitar a los interesados el ejercicio de sus derechos, la **presentación de documentos** o la realización de cualquier servicio o **trámite** a través de los **medios electrónicos** disponibles en la sede electrónica de la Secretaría de Estado de la Seguridad Social y Pensiones (SESSP) o a través de otros medios que garanticen la verificación de la identidad del interesado y la expresión de su voluntad y consentimiento, en los términos y condiciones que se establezcan mediante resolución de la SESSP. **15351**

A tal efecto, en dicha resolución se deben establecer **métodos seguros de identificación de la persona física** a través del canal telefónico o de voz, la videollamada o videoidentificación o el contraste de datos, u otros que así se establezcan, todos ellos equivalentes a la fiabilidad de la presencia física. Esos métodos deben garantizar, además, la gestión de la evidencia de la identificación realizada.

En tanto no se dicte dicha resolución, la Administración de la Seguridad Social puede llevar a cabo la verificación de la identidad de los interesados en los procedimientos por ella gestionados mediante el contraste de los datos o información que sobre aquellos obre en su poder y que pueda realizarse a través de **medios no presenciales**.
En la tramitación de procedimientos de la Administración de la Seguridad Social se considera válida la **firma** insertada en los documentos a que se refiere la ley, o en documento adjunto a los mismos (L 39/2015 art.10.1 y 11.2), siempre que se acompañe copia del DNI o documento identificativo equivalente y se efectúe la correspondiente comprobación favorable a través del Servicio de Verificación de Datos de Identidad y Residencia (SVDIR).
Mediante resolución de la SESSP se pueden establecer **sistemas de firma electrónica no criptográfica** en sus relaciones con los interesados, respecto a los procedimientos y trámites que se determinen, que requieren la previa verificación de la identidad del interesado, a través de los medios antes indicados.
Se determinan las **condiciones de uso** de dicha firma electrónica no criptográfica, que puede usarse cuando el sistema de información, aplicación o servicio electrónico asociado al procedimiento de que se trate haya sido categorizado, según el Esquema Nacional de Seguridad, de categoría básica y aquellos de categoría media en los que no sea necesario utilizar la firma electrónica avanzada (SESSP Resol 4-7-24).
Las aplicaciones informáticas en las que se utilice un sistema de firma electrónica no criptográfica requerirán de forma expresa el consentimiento y la voluntad de firma del interesado, y deberán garantizar el **no repudio**, la trazabilidad del caso, la gestión de la evidencia de autenticación y el sellado de la información presentada.

Precisiones **1)** Se habilita la presentación de solicitudes y documentos, así como la realización de trámites y el acceso a servicios, que en cada momento consten relacionados en la sede electrónica de la SESSP, a través de los **canales telefónico y telemático** (SESSP Resol 8-3-23).
2) Se ha creado la **oficina de asistencia en materia de registros del MISSM** con la finalidad de que los interesados puedan ser asistidos en el uso de medios electrónicos, en especial en lo referente a la identificación y firma electrónica, presentación de solicitudes a través de registro electrónico general y obtención de copias auténticas (OM ISM/693/2021).

15351.1 **Procedimientos automatizados** (LGSS art.130; INSS Resol 23-2-16; INSS Resol 5-3-24) Pueden adoptarse y notificarse **resoluciones de forma automatizada** en los procedimientos de gestión de las prestaciones, excluidas las pensiones en su modalidad no contributiva así como en los procedimientos de afiliación, cotización y recaudación.
En concreto, el INSS puede automatizar la adopción de las resoluciones, utilizando como sistema de firma el sello electrónico de la entidad, en los **procedimientos** de jubilación en su modalidad contributiva; muerte y supervivencia; nacimiento y cuidado de menor; ingreso mínimo vital; pago directo de IT; riesgo durante el embarazo y durante la lactancia natural; cuidado de menores afectados por cáncer u otra enfermedad grave; corresponsabilidad en el cuidado del lactante; prestación económica de pago único a tanto alzado por nacimiento o adopción de hijo, en supuestos de familias numerosas, monoparentales y en los casos de madres o padres con discapacidad; prestación económica de pago único por parto o adopción múltiples y seguro escolar.
Se exceptúan los procedimientos referidos a las prestaciones por muerte y supervivencia que requieran el dictamen propuesta, preceptivo y no vinculante, del Equipo de Valoración de Incapacidades o, en su caso, de la Comisión de Evaluación de Incapacidades, así como los de las pensiones o prestaciones en favor de familiares y las indemnizaciones especiales a tanto alzado en caso de muerte por accidente de trabajo o enfermedad profesional.
A efectos de **impugnación** de la resolución recaída en alguno de los procedimientos automatizados, se considera responsable la dirección provincial de la provincia en que tenga su domicilio la persona interesada, salvo en los siguientes supuestos:
1. En el caso de **expedientes de pensiones** en los que sea de aplicación un **instrumento internacional de Seguridad Social** se considera responsable, a efectos de impugnación, la dirección provincial de la provincia que se determina en el anexo de la INSS Resol 5-3-24.
2. En el caso de que la persona **solicitante de una prestación resida en el extranjero**, y no sea de aplicación un instrumento internacional de Seguridad Social, se considera responsable a efectos de impugnación la dirección provincial de la provincia en la que, según los sistemas de información de la Seguridad Social, la persona causante acredite las últimas cotizaciones en España, y si no constasen datos, la dirección provincial de la provincia en la que la persona solicitante hubiese alegado las últimas cotizaciones en España.
La **competencia** para el reconocimiento del derecho a las pensiones de jubilación en su modalidad contributiva, de muerte y supervivencia y de incapacidad permanente en las que sea de aplicación un **instrumento internacional de coordinación de seguridad social**, independientemente de cuál sea el lugar de presentación de la solicitud y el del domicilio del interesado, se asigna en base a criterios objetivos de especialización, a la persona titular de la dirección provincial que en cada caso se indica en el anexo de la INSS Resol 5-3-24.

Precisiones Se determina como actuación administrativa automatizada la **emisión de certificados de estar al corriente** en las obligaciones de Seguridad Social e **informes de deuda pendiente** (TGSS Resol 14-2-23).

Silencio administrativo y caducidad de los procedimientos (LGSS art.129.3; L 39/2015 art.21, 22, 23 y 95; LRJS art.71; RD 1300/1995 art.6; RD 286/2003; RD 137/2010) El silencio administrativo se produce por el **transcurso del plazo** fijado en las normas para que la Administración dicte resolución en un procedimiento una vez iniciado sin que tal resolución se haya producido y notificado. El silencio constituye una resolución presunta que produce efectos jurídicos como si de un acto administrativo se tratase. Puede tener sentido estimatorio (**silencio positivo**) o desestimatorio (**silencio negativo**), según los casos. 15352

No obstante, no se produce silencio, sino **caducidad del expediente** administrativo, en los siguientes supuestos:

1. En los procedimientos iniciados de oficio en que la Administración ejercite potestades sancionadoras o, en general, de intervención, susceptibles de producir efectos desfavorables o de gravamen.

2. En los procedimientos iniciados a solicitud del interesado, cuando se produzca su paralización por causa imputable al mismo por no cumplimentar trámites indispensables para dictar resolución; la Administración debe dirigir una advertencia concediendo un plazo de 3 meses para cumplimentar dichos trámites y si no lo hace se produce la caducidad, acordándose el archivo de las actuaciones.

Las **Administraciones Públicas** han de **informar** a los interesados el plazo máximo establecido para la resolución y notificación de los procedimientos y los efectos de su incumplimiento y del eventual silencio administrativo, bien consignando dicha información en el acuerdo de iniciación de los procedimientos iniciados de oficio, bien mediante comunicación remitida dentro del plazo de 10 días siguientes a la recepción de la solicitud en el registro del órgano competente para su tramitación. La emisión de la **comunicación no es necesaria** en los siguientes casos: cuando los interesados formulen solicitudes cuya única petición sea la suspensión de la ejecución de un acto impugnado en vía de recurso; cuando, dentro del plazo establecido para emitir la comunicación, se dicte y se notifique la resolución expresa correspondiente que ponga fin al procedimiento.

El **plazo para resolver** los procedimientos administrativos en materia de Seguridad Social, cuando no se haya establecido otro expresamente en su norma reguladora, es de 3 meses. Sin embargo, en los procedimientos en materia de prestaciones se han establecidos plazos específicos.

Los actos administrativos producidos por **silencio** administrativo se pueden hacer valer tanto ante la Administración como ante cualquier persona física o jurídica, pública o privada. Su existencia puede ser acreditada por cualquier medio de prueba admitido en Derecho. A esos efectos el interesado puede solicitar del órgano competente para resolver un **certificado acreditativo** del silencio producido, el cual debe emitirse en el plazo máximo de 15 días.

Precisiones Imponer la obligación de reaccionar en vía judicial contra la desestimación presunta por **silencio administrativo negativo** de una solicitud, so pena de convertir esa inactividad en consentimiento con el acto presunto, supone una interpretación irrazonable que choca frontalmente con la efectividad del derecho a la tutela judicial efectiva, en su vertiente de acceso a la jurisdicción (TCo 64/2007; 3/2008; 72/2008).

Procedimientos iniciados a solicitud de los interesados (LGSS art.129.3; L 39/2015 art.24) En los procedimientos iniciados a solicitud de los interesados, una vez transcurrido el plazo máximo para dictar resolución y notificarla sin que haya recaído resolución expresa, se entiende **desestimada** la petición por silencio administrativo. **Se exceptúan** los procedimientos relativos a la inscripción de empresas y a la afiliación, altas y bajas y variaciones de datos de los trabajadores iniciados a solicitud de los interesados, así como los de convenios especiales, en los que la falta de resolución expresa en el plazo previsto tiene como efecto la estimación de la respectiva solicitud por silencio administrativo. 15353

El silencio administrativo también tiene sentido **negativo**: cuando se trata de resolver **recursos de alzada o potestativos de reposición**. Sin embargo, cuando el recurso de alzada se haya interpuesto contra la desestimación por silencio administrativo de una solicitud por el transcurso del plazo, se entiende estimado el mismo si, llegado el plazo de resolución, el órgano administrativo competente no dictase resolución expresa sobre el mismo.

Procedimientos iniciados de oficio (L 39/2015 art.25) En los procedimientos iniciados de oficio por la Administración puede producirse también el silencio administrativo cuando de los mismos pudiera derivarse el reconocimiento o, en su caso, la constitución de **derechos u otras situaciones jurídicas individualizadas**, regulándose el sentido positivo o negativo (nº 15352). 15354

No se produce silencio administrativo, sino caducidad del procedimiento, en aquellos en los que la Administración ejercite potestades sancionadoras o, en general, de intervención, susceptibles de producir **efectos desfavorables o de gravamen**.
Sin embargo, si la Administración, en virtud de una disposición general que no precise de actos de aplicación o en virtud de un acto, contrato o convenio administrativo, está obligada a realizar una **prestación concreta** en favor de una o varias personas determinadas, quienes tengan derecho a ella pueden reclamar de la Administración el cumplimiento de dicha obligación y, si en el plazo de 3 meses desde la fecha de la reclamación, la Administración no hubiera dado cumplimiento a lo solicitado o no hubiera llegado a un acuerdo con los interesados, estos pueden deducir recurso contencioso-administrativo contra la inactividad de la Administración (LJCA art.29).
De igual manera, cuando la Administración **no ejecute sus actos firmes**, los afectados pueden solicitar su ejecución, y si esta no se produce en el plazo de un mes desde tal petición, pueden formular recurso contencioso-administrativo, que se tramita por el procedimiento abreviado.
De forma análoga, en materia de prestaciones de Seguridad Social, cuando para el **reconocimiento inicial o la modificación** de una prestación la entidad correspondiente esté **obligada a proceder de oficio** y no haya dictado acuerdo o resolución, no se produce silencio, sino que el interesado puede solicitar que se dicte el acto que se haya omitido y esa solicitud tiene el valor de reclamación previa.

1. Agotamiento de la vía administrativa

(L 39/2015 art.114; LJCA art.25; LRJS art.71, 140 y 151.2)

15360 MPL nº 4356 s. Antes de acudir a la vía judicial contra las resoluciones, expresas o por silencio, dictadas por las Administraciones Públicas y entidades colaboradoras en materia de Seguridad Social, es preciso agotar previamente la vía administrativa mediante los correspondientes **recursos o reclamaciones administrativas**. La forma de agotar la vía administrativa es distinta en función de cuál vaya a ser el orden jurisdiccional ante el cual se vaya a interponer la demanda y cuál sea la materia:
1. Cuando se trata del orden **contencioso-administrativo** solamente se pueden impugnar judicialmente los actos administrativos que pongan fin a la vía administrativa. Ponen fin a la vía administrativa, entre otras, las resoluciones de los recursos de alzada y las resoluciones de los órganos administrativos que carezcan de superior jerárquico. No obstante, pueden recurrirse judicialmente de forma directa los actos administrativos, sin necesidad de interponer recursos administrativos previos, cuando se vaya a seguir el procedimiento judicial para la protección de los derechos fundamentales de la persona.
2. Cuando se trata del **orden social** es necesario:
- Si se trata de reclamaciones en materia de **prestaciones**, la presentación de una reclamación previa, no siendo aplicables las normas reguladoras de los recursos administrativos. Se exceptúa la impugnación del alta médica emitida por el INSS (nº 4557 Memento Social 2026).
- Si se trata de la impugnación de **actos administrativos** en materia laboral y de Seguridad Social (excluidos los prestacionales), deben interponerse los recursos administrativos previstos en la legislación administrativa. Esto es, con carácter general, al igual que en el orden contencioso-administrativo, solamente se pueden impugnar judicialmente los actos administrativos que pongan fin a la vía administrativa, lo que ocurre con las resoluciones de los recursos de alzada y las resoluciones de los órganos administrativos que carezcan de superior jerárquico.
Con la **demanda** hay que acompañar la **documentación** justificativa de haber agotado la vía administrativa previa, cuando proceda, o bien hacer expresa alegación de no ser necesario este trámite (LRJS art.80.2 redacc LO 1/2025).

15362 **Reclamación previa** (LRJS art.71, 72 y 73) Debe interponerse por **escrito** ante el órgano que haya dictado resolución sobre la solicitud inicial del interesado. Si la resolución, expresa o presunta, ha sido dictada por una entidad colaboradora, la reclamación previa debe interponerse ante la propia entidad colaboradora si tuviera atribuida la competencia para resolver, o en otro caso ante el órgano correspondiente de la entidad gestora u organismo público gestor de la prestación.
La presentación de la reclamación previa en materia de prestaciones de Seguridad Social interrumpe los plazos de **prescripción** y suspende los de **caducidad**, reanudándose estos últimos al día siguiente a la notificación de la resolución o del transcurso del plazo en que deba entenderse desestimada por silencio.

Los **plazos** a tener en cuenta en relación con la reclamación previa son:

Notificación resolución ⇒ 30 días reclamación previa ⇒ 45 días contestación Administración (opera el silencio negativo) ⇒ 30 días demanda

En el plazo de 30 días para la interposición de la reclamación administrativa previa se computan **días hábiles**, considerándose inhábiles para ello los sábados (TSJ Cataluña 18-3-09, EDJ 199422; TSJ Galicia 5-5-16, EDJ 87790; TSJ Asturias 27-12-17, EDJ 297548; TSJ Madrid 11-4-18, EDJ 88375).

Desestimada la reclamación administrativa previa, si el interesado **no** interpone la **demanda** subsiguiente en el plazo previsto legalmente, no pierde por ello derecho alguno, sino que se produce la **caducidad de la instancia** (TS 3-3-99, EDJ 1752; 25-9-03, EDJ 116080). El interesado ya no puede presentar válidamente su demanda, sino que necesita **reabrir la instancia** mediante una nueva reclamación administrativa previa, en tanto en cuanto su derecho no haya prescrito o su acción no haya caducado, sin necesidad de una nueva solicitud (TS 29-3-16, EDJ 45052; 3-3-15, EDJ 45759). 15363

Precisiones 1) Aunque el trabajador no use la **terminología** de **reclamación previa** siempre que recurra contra la resolución administrativa exponiendo su disconformidad, dentro del mes de plazo, se le debe dar aquel valor, aunque, como ocurre en el caso concreto, el interesado, a quien no se le exigen conocimientos administrativos ni legales, lo formulara como **revisión de grado** y la entidad gestora lo tramitara como tal (TSJ Cataluña 15-6-12, EDJ 188832).

2) Dejar **transcurrir el plazo** de 30 días sin presentar la reclamación previa, respecto a la reclamación de prestaciones, no afecta al derecho subjetivo, por lo que, si no ha transcurrido el plazo de prescripción, continúa subsistente y se puede plantear una nueva reclamación previa y proceder por vía judicial (TS 29-3-16, EDJ 45052; 2-4-25, EDJ 544018).

Dicha posibilidad que tiene el beneficiario no es aplicable a la **mutua**, por lo que no le está permitido si no presenta en plazo reclamación frente a la resolución del INSS que le declaró responsable de prestaciones por enfermedad profesional, reiniciar posteriormente el procedimiento (TS 15-9-15, EDJ 175270; 16-9-15, EDJ 182223; 27-12-16, EDJ 245922).

Recursos administrativos (LRJS art.69 y 151.2; L 39/2015 art.112 s.) Los actos administrativos en materia de Seguridad Social que no sean relativos a **prestaciones** se deben recurrir a través de los correspondientes recursos administrativos y no mediante reclamación administrativa previa. Solamente se puede interponer **recurso administrativo**: contra las resoluciones que pongan fin a los procedimientos; y contra los actos de trámite que decidan directa o indirectamente el fondo del asunto, determinen la imposibilidad de continuar el procedimiento o produzcan indefensión o perjuicio irreparable a derechos e intereses legítimos. No cabe la interposición de estos recursos contra otros actos de trámite. 15364

El recurso debe fundarse en la **nulidad** de pleno derecho o la **anulabilidad** del acto.

Una vez **agotada la vía administrativa** el procedimiento judicial debe interponerse:

1. Si ha de acudirse al **orden jurisdiccional contencioso-administrativo**, en el plazo de 2 meses contados desde el día siguiente al de la notificación del acto que ponga fin a la vía administrativa, si fuera expreso. Si se tratase de un acto por silencio, el plazo es de 6 meses y se cuenta a partir del día siguiente a aquel en que, de acuerdo con su normativa específica, se produzca el acto presunto.
2. Si ha de acudirse al **orden jurisdiccional social**, en el plazo de 2 meses desde que deba entenderse agotada la vía administrativa, por resolución expresa o por silencio (nº 15430).

2. Procedimientos judiciales

Los trabajadores y beneficiarios del sistema de Seguridad Social, o reclamando su condición de tales, tienen reconocido el **derecho a la asistencia jurídica gratuita** en los litigios en materia de Seguridad Social, tanto en el orden social, como en los litigios que sobre esta materia se sustancien ante el orden contencioso-administrativo (L 1/1996 art.2.d). Asimismo, las **entidades gestoras** gozan del derecho de asistencia jurídica gratuita para toda actuación procesal (L 1/1996 art.2.b; TS 4-12-09, EDJ 315143); incluido el **SEPE** (TS 9-2-09, EDJ 16979; 24-11-21, EDJ 817269) y el **IMSERSO** (TS 17-9-13, EDJ 193291). 15370 MPL nº 4320 s.

Por ello las **costas** no se les pueden imponer por el simple criterio del vencimiento, salvo mala fe o notoria temeridad, y siempre motivadamente (TS 17-9-13, EDJ 193291).

Competencias del orden social (LOPJ art.9.5; LRJS art.2.o, q, r) Está atribuido al orden jurisdiccional social el conocimiento de los litigios en materia de **prestaciones** de Seguridad Social, incluida la protección por desempleo, la protección por cese de actividad de los trabajadores por cuenta propia, así como las cuestiones litigiosas relativas a la valoración, reconocimiento y 15372

calificación del grado de discapacidad, y el reconocimiento de la situación de dependencia y prestaciones económicas y servicios derivados de la Ley de Promoción de la Autonomía Personal y Atención a las personas en situación de dependencia (L 39/2006 redacc RDL 11/2025).
La competencia del orden social en lo relativo a prestaciones de Seguridad Social se extiende a **todos los aspectos** de las mismas, incluida la **imputación de responsabilidades** a empresarios o terceros en los casos legalmente establecidos. Es decir, dicha competencia se extiende a aquellos casos en los que el responsable de la prestación no es una entidad gestora o colaboradora, sino un empresario público o privado o un tercero.
También es competencia del orden jurisdiccional social el conocimiento de los litigios:
- relativos a la aplicación de los sistemas de **mejoras de la acción protectora** de la Seguridad Social;
- entre los asociados y las **mutualidades**, excepto las establecidas por los colegios profesionales, sobre cumplimiento, existencia o declaración de sus obligaciones específicas y derechos de carácter patrimonial, relacionados con los fines y obligaciones propios de esas entidades;
- la impugnación de **actas de infracción** de la ITSS en materia de inscripción de empresas, afiliación, alta, baja y variaciones de datos de trabajadores o cotización, sin que se extienda simultáneamente, por diversas circunstancias, **acta de liquidación**, debe residenciarse ante el orden jurisdiccional social, al no aparecer vinculadas a actas de liquidación y no seguirse el procedimiento previsto para tales casos.

15373 Precisiones 1) Para resolver los litigios relativos a prestaciones de Seguridad Social, los jueces y tribunales del orden social han de pronunciarse sobre las **cuestiones previas** relativas a afiliación, alta, encuadramiento, cotización, etc., en su caso con carácter prejudicial (LOPJ art.10.1). Si en relación a dicha cuestión previa hubiese recaído sentencia firme del orden contencioso-administrativo, el órgano jurisdiccional del orden social estaría vinculado por el efecto positivo de cosa juzgada dimanante de la misma.
2) Cuando la competencia para conocer sobre una resolución administrativa en materia de **prestaciones** corresponde al orden social, la impugnación puede fundarse en motivos de fondo relativos al derecho prestacional reclamado, pero también en **motivos** relacionados con el **procedimiento administrativo** seguido y sus trámites, sin que por ello se altere su competencia, pues su jurisdicción se extiende al control judicial pleno del acto administrativo y ello tanto en lo que se refiere al contenido material de este, como a sus aspectos formales y, concretamente, a los relativos al procedimiento (TS 19-11-02, EDJ 61472; 16-5-06, EDJ 71283; 4-1-08, EDJ 25848).
3) Corresponde al orden social, entre otras:
- la cuestión acerca del cómputo de un **periodo de actividad laboral** a efectos de devengo de prestaciones, aun cuando durante el mismo no haya habido relación de aseguramiento (TS 8-7-09, EDJ 225192);
- la competencia sobre la modalidad de pago único de la prestación de **desempleo** (TS 8-3-95, EDJ 2389; 16-2-96, EDJ 1990; 11-7-06, EDJ 105756; TSJ País Vasco 6-6-06, EDJ 406794; TSJ Asturias 27-10-06, EDJ 425500);
- las controversias sobre resoluciones en reconocimiento o denegación de **grado de discapacidad**, incluso cuando la pretensión no se ejercite en conexión con una determinada prestación de la Seguridad Social (TS 31-10-02, EDJ 51540; 26-12-06, EDJ 358969; 20-9-07, EDJ 184451); y para el reintegro de prestaciones indebidas (TS 30-1-04, EDJ 4047), pero no lo es cuando se trate de ayudas a personas con discapacidad establecidas por las comunidades autónomas que no formen parte del sistema de Seguridad Social (TS 26-5-04, EDJ 63883);
- la pretensión de una mutua de la declaración de **responsabilidad del empresario** en el pago de prestaciones al haber cotizado por tarifa inadecuada (TS 26-2-08, EDJ 25886);
- el reintegro del 40% por **gastos farmacéuticos** abonados por persona con discapacidad excluida del coste de la prestación farmacéutica (TSJ Cantabria 7-2-08, EDJ 33782);
- para determinar si se reúne o no la condición de **víctima del terrorismo**, si las dolencias que acreditan son consecuencia del atentado terrorista sufrido, así como para determinar si se tiene derecho o no a la prestación que solicita, que es una prestación más de Seguridad Social, aunque su financiación corresponda al Ministerio del ramo de Hacienda (TSJ Cataluña 26-10-09, EDJ 284421).

15374 **Competencias del orden contencioso-administrativo** (LOPJ art.9.4; LRJS art.3; RD 84/1996 art.63.2) Está atribuido al orden jurisdiccional contencioso-administrativo, el conocimiento de las **impugnaciones de los actos administrativos** en materia de Seguridad Social relativos a:
- inscripción de empresas, formalización de la protección frente a riesgos profesionales, tarifación, afiliación, alta, baja y variaciones de datos de trabajadores;
- liquidación de cuotas, actas de liquidación y actas de infracción vinculadas con dicha liquidación de cuotas;
- actos de gestión recaudatoria, incluidas las resoluciones dictadas en esta materia por su respectiva entidad gestora, en el supuesto de cuotas de recaudación conjunta con las cuotas de Seguridad Social;

- en general, los demás actos administrativos conexos a los anteriores dictados por la TGSS;
- asistencia y protección social públicas en materias distintas a las consideradas como prestacionales.

Se atribuye también al orden contencioso-administrativo el conocimiento de las reclamaciones sobre **responsabilidad patrimonial** de las entidades gestoras y servicios comunes de la Seguridad Social, así como de las demás entidades, servicios y organismos del Sistema Nacional de Salud y de los centros sanitarios concertados con ellas, sean estatales o autonómicos, por los daños y perjuicios causados por o con ocasión de la asistencia sanitaria, y las correspondientes reclamaciones, aun cuando en la producción del daño concurran con particulares o cuenten con un seguro de responsabilidad.

En lo relativo a las **sanciones** en materia de Seguridad Social, se excluyen del ámbito del orden social las sanciones impuestas en virtud de actas de infracción vinculadas a actas de liquidación, cuya impugnación debe hacerse ante el orden contencioso-administrativo.

El **ámbito de la jurisdicción contencioso-administrativa** se expone en los nº 10830 s. Sobre el reparto de competencias entre las jurisdicciones social y contencioso-administrativa puede consultarse también lo que se expone en los nº 11180 s.

Precisiones El orden contencioso-administrativo es competente para conocer y decidir sobre las **cuestiones prejudiciales e incidentales** directamente relacionadas con un recurso contencioso-administrativo, que tenga por objeto la impugnación de actos administrativos en materia de altas de oficio y actas de liquidación emanados de la TGSS, aunque ello determine pronunciarse sobre cuestiones propias del orden social, como puede ser la existencia o no de relación laboral. No obstante, la decisión no produce efectos fuera del concreto proceso, ni vincula al orden social, en relación con el enjuiciamiento de plena jurisdicción respecto de los asuntos de que conoce (TS cont-adm 27-11-24, EDJ 764653).

3. Procedimiento especial en materia de prestaciones de Seguridad Social ante el orden social

Este procedimiento tiene una modalidad general y tres **modalidades especiales**: proceso de reclamación al empresario del reintegro de prestaciones por desempleo en caso de contratación temporal irregular (nº 15416); proceso de impugnación de alta médica (nº 15418); y proceso para la revisión de actos declarativos de derechos (nº 4448 Memento Procedimiento Laboral 2025-2026). 15380

Respecto de la **modalidad general** se exponen las **especialidades** que presenta respecto del proceso ordinario.

a. Demanda

(LRJS art.10.2.a, 26.6, 43.4, 71, 140 a 145)

La demanda debe formularse en el **plazo** de 30 días, a contar desde la fecha de notificación de la denegación de la reclamación previa o desde el día en que se entienda denegada por silencio administrativo. El cómputo del plazo se inicia el trigésimo primer día hábil subsiguiente a la proposición de la reclamación previa y se computa por **días hábiles** (TSJ País Vasco 22-1-02, EDJ 135254), considerándose inhábil el mes de agosto y los días que median entre el 24 de diciembre y el 6 de enero del año siguiente, ambos inclusive). Asimismo, los sábados son días inhábiles a efectos de computar el plazo de 30 días para la interposición de la demanda (TS 10-9-24, EDJ 681499). 15382 MPL nº 4392 s.

La demanda debe dirigirse a la **Sección de lo Social** del Tribunal de Instancia en cuya circunscripción se haya producido la resolución, expresa o presunta, o la actuación impugnada en el proceso, o, a elección del demandante, la de su domicilio. No obstante, cuando el recurso tenga por objeto actos de las Administraciones de las comunidades autónomas o de las entidades locales, la elección se entiende limitada a los órganos judiciales comprendidos dentro de la circunscripción de la sala de lo social del tribunal superior de justicia en que tenga su sede el órgano que hubiera dictado el acto originario impugnado.

De existir varios órganos judiciales, se dirige genéricamente a todos los de la circunscripción, aplicándose las normas de reparto vigentes entre aquellos.

Reclamación previa A la demanda en estos procesos debe acompañarse el **recibo o la copia** de la reclamación previa sellada por la entidad gestora o por la TGSS. Cuando se presenta la demanda sin justificar el cumplimiento del trámite de reclamación administrativa previa, el letrado de la Administración de justicia dispone que se subsane el defecto en el plazo de 4 días. 15383

Si **no se hubiera interpuesto** la reclamación previa, se puede hacer dentro del plazo de subsanación, justificándolo así ante el órgano judicial, en cuyo caso, este debe admitir la demanda a trámite, bastando con que llegado el acto del juicio la reclamación previa haya sido ya desestimada expresamente o por silencio (TCo 108/2000).
Subsanado el defecto se admite la demanda; en caso de no subsanarse, el letrado de la Administración de justicia da cuenta al tribunal para que resuelva sobre su admisión.

Precisiones 1) La tramitación de una **demanda** por el órgano judicial **sin** que se haya justificado la presentación de la **reclamación previa** no constituye un motivo para decretar la nulidad de actuaciones en vía de suplicación o de casación, puesto que no resulta lógico y es contrario a la economía procesal anular en un recurso extraordinario el proceso para iniciar un trámite administrativo previo que ya ha demostrado su inutilidad como medio de evitación de aquel (TS 3-3-99, EDJ 1752; 15-6-99, EDJ 13537; 27-9-06, EDJ 288904).
2) La **legitimación** por interés alcanza a los **beneficiarios de prestaciones** de la Seguridad Social -cónyuge supérstite, hijos y parientes del trabajador fallecido-, que tienen legitimación activa para reclamar las prestaciones de la Seguridad Social del **fallecido** o las que se deriven de su muerte, así como para impugnar las resoluciones administrativas en materia de Seguridad Social que afecten al causante y a ellos como herederos o sucesores (TS 26-1-04, EDJ 14539; 23-10-08, EDJ 222490).

15384 **Partes demandadas** La demanda debe **dirigirse** contra la entidad gestora o servicio común que resolvió, expresamente o por silencio, la reclamación administrativa previa. En el caso de que la entidad responsable de una prestación, en todo o en parte, sea una mutua o empresa colaboradora, debe también demandarse a la misma, aunque la reclamación previa hubiese sido resuelta por la entidad gestora.
En los procesos por **accidentes de trabajo** es necesario demandar en todo caso al INSS por haber asumido este las funciones del Fondo de Garantía de Accidentes de Trabajo. En estos procesos y cuando se trate de prestaciones de carácter periódico derivadas de los riesgos de incapacidad, muerte y supervivencia, es necesario también demandar a la TGSS por haber asumido las funciones del servicio de reaseguro, así como al empresario.
Cuando un **empresario** pueda ser **responsable** de la prestación por falta de alta o cotización, por infracotización o por cualquier otra causa legal, es necesario demandarlo también, sin perjuicio de que se pueda condenar a la entidad gestora, servicio común o entidad colaboradora al abono de la prestación en concepto de anticipo o al INSS en función de sus funciones de Fondo de Garantía de Accidentes de Trabajo.
La **omisión** de alguna de las partes entre los **demandados** es un defecto de la demanda cuya subsanación debe ordenar el letrado de la Administración de justicia para que en el plazo de 4 días se integre correctamente la relación procesal. Si no se hace así y se aprecia dicha situación en el acto del juicio o antes de dictar sentencia, deben anularse las actuaciones para requerir dicha **subsanación**. De no hacerlo, ello puede ser causa de nulidad, apreciable incluso de oficio por la sala que conozca del recurso, al producir indefensión a las partes no citadas a juicio. No obstante, una vez recibido el expediente administrativo, y a la vista del mismo, el tribunal debe disponer el **emplazamiento** de las personas que pudieran ostentar un interés legítimo en el proceso o resultar afectadas por el mismo, para que puedan comparecer en el acto de juicio y ser tenidas por parte en el proceso y formular sus pretensiones. El emplazamiento a los interesados debe hacerse con, al menos, 5 días hábiles de antelación al día señalado para el juicio. Por tanto, en estos casos es el propio órgano judicial el que, sin necesidad de requerir la subsanación de la demanda, debe proceder directamente a los emplazamientos.
En todo caso, aunque no figuren entre las partes demandadas, las **entidades u organismos gestores y la TGSS** pueden **personarse** y ser tenidas por parte, con plenitud de posibilidades de alegación y defensa, incluida la de interponer el recurso o remedio procesal que pudiera proceder, en los pleitos en materia de prestaciones de Seguridad Social y, en general, en los procedimientos en los que tengan interés por razón del ejercicio de sus competencias, sin que tal intervención haga retroceder ni detener el curso de las actuaciones.

Precisiones Una mutua puede acumular acciones frente a la empleadora y el INSS/TGSS para reclamar el **reintegro de prestaciones** de IT abonadas a varios trabajadores, en caso de incumplimiento reiterado por parte de la empresa de su obligación de cotizar, al ser esta la causa única de pedir (TS 5-11-13, EDJ 261343; 18-12-13, EDJ 273991; 12-5-16, EDJ 78272).

15385 **Contenido de la demanda** Además del requerido en la demanda del proceso ordinario (nº 14565), hay que consignar los **hechos relevantes** que puedan ser determinantes para causar el derecho reclamado; los defectos -como puede ser la omisión de la base reguladora o la de la contingencia determinante- o por indeterminación de la pretensión deben dar lugar a que el órgano judicial requiera al actor a fin de que **subsane** el defecto dentro del plazo de 4 días con apercibimiento de archivo, si no lo efectuase.

Por ello, puede ser preciso en las demandas en **reclamación de prestaciones**, según los casos, consignar extremos como los siguientes, especialmente cuando se pueda suscitar controversia sobre los mismos:

a) Régimen general o especial de la Seguridad Social, relación de aseguramiento o protección existente, en su caso, contingencia determinante, si es común o profesional.

b) Requisitos de afiliación, alta, cotización o período de carencia, tanto genérica como específica. En caso de reclamarse por infracotización, y siempre que la base reguladora pueda depender del salario, importe percibido, o debido, y diferencias de cotización resultantes.

c) Indicación, con el suficiente detalle, de aquellos hechos que sean controvertidos o de los que resulte la denegación de la prestación; si se han aducido hechos extintivos o impeditivos, las circunstancias diversas de las invocadas por el órgano gestor que desvirtúen tales hechos o que confirmen el derecho del demandante: en concreto hecho o sucesión cronológica de hechos que dan lugar a la producción del hecho causante de la prestación.

d) Edad del peticionario, y relación de parentesco o relación determinada con el causante, y convivencia, en su caso.

e) Tramitación administrativa seguida.

f) En demandas sobre incapacidad, dolencias o secuelas que se invocan, procurando especificar las que han sido apreciadas. Para ello, resulta de utilidad mencionar las conclusiones de los dictámenes e informes practicados, y las deficiencias o limitaciones adicionales que alega tener el demandante, y en revisión de grado, el estado que dio lugar a la declaración de incapacidad y el estado actual del actor, especificando las nuevas secuelas que invoca.

g) Base reguladora y su cálculo. La omisión de la base reguladora determina un defecto procesal en la demanda (TS 15-12-86, EDJ 8325; 16-7-87, EDJ 5821; TSJ C.Valenciana 20-6-23, EDJ 706286).

h) Clase de prestación reclamada, su importe, si es periódica o a tanto alzado, y en su caso fecha de efectos de la misma, o diferencia de prestación que se pide y la forma de cálculo de la diferencia entre la prestación percibida y aquella a la que se estima tener derecho.

i) Responsabilidades en orden a las prestaciones.

j) En beneficiarios no nacionales o cuando corresponda considerar períodos trabajados en el extranjero: nacionalidad, ciudadanía comunitaria, en su caso, y lugar de prestación de servicios y cotizaciones efectuadas.

No se pueden **acumular** entre sí las reclamaciones en materia de Seguridad Social, salvo que tengan la misma causa de pedir. Si bien, puede acumularse dentro de la demanda de Seguridad Social la pretensión de reconocimiento de una lesión de **derechos fundamentales y libertades públicas** y las relativas a su protección y reparación. **15386**

En todo caso el actor puede acumular en su demanda las pretensiones que se deduzcan en relación con un **mismo acto o resolución administrativa**, así como las que se refieran a varios actos o resoluciones administrativas cuando exista entre ellos conexión directa. Si el acto administrativo impugnado afecta a una pluralidad de destinatarios, de existir más de un tribunal, las demandas o recursos ulteriores relativas a dicho acto se reparten al órgano judicial que estuviere conociendo o hubiera conocido del primero de dichos procesos, siempre que conste dicha circunstancia o se ponga de manifiesto en la demanda.

Respecto de las demandas por **contingencias profesionales**, ver nº 15410.

Las partes no pueden introducir **variaciones sustanciales** de tiempo, cantidades o conceptos respecto de los que fueran objeto del procedimiento administrativo y de las actuaciones de los interesados o de la Administración, bien en fase de reclamación previa o de recurso que agote la vía administrativa, salvo en cuanto a los hechos nuevos o que no hubieran podido conocerse con anterioridad. Tampoco pueden aducir hechos distintos de los alegados en el expediente administrativo, salvo en cuanto a los hechos nuevos o que no hubieran podido conocerse con anterioridad.

Precisiones **1)** Las demandas en materia de Seguridad Social **no pueden acumularse** con cualquiera otra de distinta naturaleza (TSJ Granada 18-1-24, EDJ 547166); así, por ejemplo, no puede acumularse la impugnación del grado de incapacidad y la base reguladora por encuadramiento inadecuado (TSJ C.Valenciana 10-11-98, EDJ 68808); pero **sí cabe acumular**, junto con la reclamación del subsidio de incapacidad temporal la determinación de la contingencia (TSJ Valladolid 2-5-06, EDJ 82867); así como la reclamación del subsidio de incapacidad temporal y la mejora voluntaria de la Seguridad Social frente a la empresa (TSJ Valladolid 27-12-06, EDJ 397509); y que una mutua acumule contra el INSS, la TGSS y la empleadora, las acciones encaminadas a obtener el reintegro de cantidades satisfechas por ella a otros tantos asegurados, a unos por contingencias profesionales y a otros por contingencias comunes, cuando la causa o el motivo común del reintegro no es otra que los descubiertos empresariales en materia de cotización (TS 5-11-13, EDJ 261343). **15387**

2) Cuando el demandado es una Administración o un organismo público deben oponer los hechos excluyentes, que se vayan a alegar después en juicio en el **expediente administrativo**, y en la **contestación en la reclamación previa**, en tanto que los hechos constitutivos, impeditivos y extintivos sí pueden ser alegados por primera vez en juicio, aunque no lo hubieran sido en el expediente administrativo. No habiendo alegado el INSS a lo largo del expediente administrativo, ni al contestar a la reclamación previa, la caducidad de la instancia, hecho excluyente, en una solicitud de pensión de viudedad, tampoco puede alegarlo en el acto del juicio (TS 19-10-15, EDJ 221044).

3) No constituye **variación sustancial** la reducción de la pretensión, reclamando en la demanda, por ejemplo, un grado de incapacidad inferior al pedido en la reclamación previa (TS 14-6-96, EDJ 4808; 27-5-25, EDJ 587116) o la ampliación del periodo reclamado para incluir los días transcurridos entre la fecha de presentación de la reclamación previa y la posterior de presentación de la demanda (TS 27-3-91, EDJ 3350). Ni son **hechos nuevos** las dolencias que sean agravación de otras anteriores, o que se ponen de manifiesto después, o incluso que ya existían durante la tramitación del expediente, pero no fueron detectadas por los servicios médicos (TS 5-3-13, EDJ 41037).

b. Tramitación procesal previa al juicio

(LRJS art.142, 143, 144 y 145)

15388 Al admitirse a trámite la **demanda** se reclama a la entidad gestora o al organismo gestor o colaborador la remisión del **expediente** o de las actuaciones administrativas practicadas y, en su caso, informe de los antecedentes que posea en relación con el contenido de la demanda, en plazo de 10 días. El expediente se debe enviar completo, foliado y, en su caso, autentificado y acompañado de un índice de los documentos que contenga y puede remitirse en forma electrónica, facilitándose la puesta a disposición en los términos previstos reglamentariamente (RD 203/2021 art.63).

Al solicitarse la remisión de expediente o actuaciones se requiere, igualmente, al correspondiente organismo y este, en su caso, debe poner de oficio en conocimiento del tribunal informe de si tiene conocimiento de la **existencia de otras demandas** en las que se deduzcan pretensiones en relación con el mismo acto o actuación, a los efectos de posibilitar, en su caso, la acumulación de oficio o a instancia de parte.

Cumplido el plazo de remisión del expediente sin que se hubiera recibido el mismo, el letrado de la Administración de justicia debe **reiterar** por la vía urgente su inmediata **remisión**. El juicio se celebra en el día señalado, aunque la entidad correspondiente no hubiera remitido el expediente o su copia, salvo que justificara suficientemente la omisión. Si al demandante le conviniera la aportación del expediente a sus propios fines, puede solicitar la **suspensión del juicio**, para que se reitere la orden de remisión del expediente en un nuevo plazo de 10 días con apercibimiento de que en caso de incumplimiento podrían imponerse multas coercitivas a los responsables. Si llegada la fecha del nuevo señalamiento no se hubiera remitido el expediente, pueden **tenerse por probados** aquellos hechos alegados por el demandante cuya prueba fuera imposible o de difícil demostración por medios distintos de aquel. La falta de remisión del expediente y cualquier otro incumplimiento de las obligaciones de colaboración con el proceso se notifica por el letrado de la Administración de justicia al director de la entidad gestora u organismo gestor, a los efectos de la posible exigencia de **responsabilidades disciplinarias**, sin perjuicio de demás medidas que puedan ser procedentes.

El órgano judicial puede solicitar de las **entidades y organismos gestores** y de la **TGSS** los **antecedentes** de que dispongan en relación con los hechos objeto del procedimiento y esas entidades y organismos pueden igualmente aportar por su propia iniciativa dichos antecedentes, estén o no personados en las actuaciones, en cuanto puedan afectar a las prestaciones que gestionen, a los fines de completar los elementos de conocimiento del órgano jurisdiccional en la resolución del asunto.

c. Acto del juicio

(LRJS art.72, 85 -redacc LO 1/2025- y 143.4)

15390 MPL nº 4412 s. El **demandante** no puede hacer en el acto del juicio **variación sustancial** del contenido de su demanda, aunque sí puede **precisar conceptos**, reducir su pretensión o incluir cantidades no reclamadas en la demanda cuando se trate de prestaciones de pago periódico devengadas tras la misma y que tengan la misma causa de pedir que las ya reclamadas en la demanda.

Los **demandados** pueden alegar lo necesario para su defensa, pero únicamente pueden formular **reconvención** cuando la hubiesen anunciado en la contestación a la reclamación previa o resolución que agote la vía administrativa, expresando en la misma en esencia los hechos en que se funda y la petición en que se concreta, siendo de aplicación las reglas generales sobre esta institución (nº 14595).

En todo caso los demandados tampoco pueden hacer alegaciones en el acto del juicio que supongan una **variación sustancial** de tiempo, cantidades o conceptos respecto de los que fueran objeto del procedimiento administrativo y de las actuaciones de los interesados o de la Administración, bien en fase de reclamación previa o de recurso que agote la vía administrativa, salvo en cuanto a los hechos nuevos o que no hubieran podido conocerse con anterioridad. Tampoco pueden aducir **hechos distintos** de los alegados en el expediente administrativo, salvo en cuanto a los hechos nuevos o que no hubieran podido conocerse con anterioridad.

Precisiones 1) La prohibición de alegar en juicio **hechos no alegados** en el expediente administrativo no puede aplicarse de una manera excesivamente rígida, de forma que la ausencia de un **hecho constitutivo** puede ser **apreciada por el juez** si resulta de la prueba, aunque no haya sido alegado, de manera que se entiende que la reclamación previa es una institución instrumental de evitación del proceso y no una exigencia que limite la función jurisdiccional (TS 28-6-94, EDJ 5670; 5-12-96, EDJ 8984). Así, por ejemplo, aunque en un expediente de reconocimiento de incapacidad no se haya alegado la falta del **período de carencia**, ello no puede llevar a desconocer tal requisito para devengar las prestaciones que puedan derivar de dicha situación (TS 27-3-07, EDJ 25452; 26-12-08, EDJ 291532; 29-1-09, EDJ 15239). Y para examinar la congruencia entre reclamación previa y demanda no se debe tener como único criterio el contenido de la reclamación previa, sino el **conjunto de pretensiones y argumentos** suscitados en los trámites previos al proceso, incluyendo la petición inicial y el resto de los datos aportados por el expediente administrativo correspondiente (TSJ Extremadura 9-3-05, EDJ 25011). **15391**

Por el contrario, los **hechos excluyentes**, como los relativos a la **prescripción** de los derechos, han de ser alegados por la parte y no pueden ser apreciados de oficio. Si los hechos excluyentes no se alegaron en la contestación a la reclamación previa tampoco se pueden alegar en el acto del juicio (TS 2-3-05, EDJ 23471; 30-4-07, EDJ 70545; 30-5-07, EDJ 68260), no bastando con que pueda deducirse del expediente (TS 23-7-15, EDJ 161642).

2) En los litigios sobre **incapacidad permanente** pueden alegarse por el actor dolencias que no fueron invocadas por este en el expediente administrativo, y que ya existían durante la tramitación del mismo (TS 7-12-04, EDJ 238846; 6-2-19, EDJ 514937), en **tres casos**:

- la mera agravación de dolencias anteriores constatadas en el expediente;
- las dolencias que se manifiestan después, pero que existían antes de la terminación de la tramitación del procedimiento administrativo (TS 15-9-87, EDJ 6354);
- las lesiones que existían durante la tramitación del expediente, pero no fueron detectadas por los servicios médicos de la entidad (TS 23-9-87, EDJ 6637; 25-6-98, EDJ 8706).

Tampoco se consideran hechos nuevos la alegación en juicio de **sintomatologías** de patologías incluidas en la demanda (TSJ Cataluña 6-2-08, EDJ 36449); y la concreción del estado de incapacidad del interesado debe entenderse referida al momento en el que, tras las oportunas reclamaciones administrativa y la que se lleva a efecto en la demanda, se celebra el juicio oral, pudiéndose valorar a tales efectos **todas las pruebas**, incluidas las de fecha posterior al informe del EVI (TSJ Castilla-La Mancha 10-7-15, EDJ 126904). También es válida la alegación en el proceso de que las secuelas tomadas en consideración por el EVI han **evolucionado negativamente** una vez finalizada la vía administrativa puede permitir sostener la pretensión de que en base a esa circunstancia sobrevenida se reconozca en el proceso un grado de incapacidad permanente superior al postulado en aquella vía (TS 1-3-18, EDJ 18556); una depresión mayor alegada en el acto del juicio que no resulta del expediente, no constituye agravación de las dolencias valoradas en el expediente administrativo y no se alegó en la reclamación previa ni en la demanda, habiendo aparecido como una consecuencia del cuadro patológico que afecta al demandante derivado del accidente de trabajo que sufrió (TS 13-10-21, EDJ 722399); o las dolencias físicas alegadas en el acto del juicio que ya existían en la fecha del dictamen del EVI que solo hace referencia a patología psíquica (TS 1-12-21, EDJ 767855).

En cambio, **no se permite** una alegación indiscriminada en el acto de juicio sobre incapacidad permanente de **lesiones que no existían** ni durante la tramitación del expediente administrativo, ni en el momento de la presentación de la demanda, debiendo el trabajador iniciar un nuevo procedimiento administrativo para valorar la incapacidad que se produjo como consecuencia de la incidencia del nuevo padecimiento que sufrió con posterioridad (TS 2-2-05, EDJ 13379); porque la posibilidad de alegar en el acto del juicio patologías no alegadas en el expediente administrativo ni en la demanda, por haberse detectado con posterioridad, está limitada por la indefensión de la contraparte, por lo que debe evitar el efecto sorpresivo vulnerador de la tutela judicial (TS 2-6-16, EDJ 88732).

3) El **INSS**, en calidad de codemandado, no está legitimado para **introducir** en el juicio para el reconocimiento de lesiones permanentes no invalidantes derivadas de enfermedad profesional, la **responsabilidad empresarial** por no haber realizado los reconocimientos médicos, cuando no figuraba en la demanda ni fue invocada por el demandante (TS 18-7-05, EDJ 153029).

4) Se sitúa en **indefensión** a quien solicita sin éxito de la entidad gestora que certifique sus cotizaciones, sin que la Administración demandada la aporte ni tampoco dé explicación alguna sobre la causa de su incumplimiento, y después reitera esa pretensión en el proceso judicial, primero en la demanda y, no habiendo sido practicada, la vuelve a pedir al órgano judicial como diligencia para mejor proveer siéndole negada (TCo 116/1995).

d. Sentencia

(LRJS art.97; LEC art.218)

15392 Las sentencias han de cumplir los **requisitos** de claridad, motivación y congruencia prescritos con carácter general en la normativa (nº 14634).

MPL nº 4432 s.

Precisiones 1) En un supuesto de **incapacidad permanente** han de recogerse tanto las lesiones como la profesión y la descripción de funciones que se realicen (TSJ Castilla-La Mancha 30-6-25, EDJ 658162; TSJ Navarra 26-6-25, EDJ 647450).

2) No es incongruente el reconocimiento, en un proceso de una incapacidad permanente, de un grado inferior a la inicialmente solicitada, siempre que, de alguna manera, se haya manifestado la voluntad del trabajador de reconocimiento de grado inferior, o no esté expresamente excluido del «petitum» de la demanda (TS 24-3-95, EDJ 1914; 31-5-00, EDJ 117281; 20-3-03, EDJ 11890; 27-5-25, EDJ 587116); ni el reconocimiento de la incapacidad solicitada pero por contingencia diferente (común en lugar de profesional) (TS 3-12-09, EDJ 332721).

En cambio, **existe incongruencia** omisiva cuando el TSJ en suplicación revoca la sentencia por entender que no concurría la IPT y no se pronuncia sobre la IPP solicitada en la demanda subsidiariamente, o cuando no admite una IPA y no se pronuncia sobre la IPT también solicitada (TS 29-4-05, EDJ 71741; 20-1-18, EDJ 37531; 29-1-19, EDJ 508498); cuando habiéndose solicitado una revisión al alza del grado de IPT reconocido en vía administrativa y en la judicial de instancia y el carácter o naturaleza profesional de la contingencia, al considerar la naturaleza común de la contingencia, desestima por ello toda la pretensión, incluyendo la revisión del grado de IPT (TS 12-6-12, EDJ 141925); o cuando pese a pedirse en la demanda subsidiariamente la declaración de incapacidad permanente parcial no se entró en su examen (TS 15-7-14, EDJ 147596); así como cuando la sentencia reconoce la incapacidad derivada de contingencia común sin que ninguna de las partes lo solicitara (TS 26-9-18, EDJ 596615); o cuando, al resolver el recurso de suplicación contra la sentencia de instancia que consideró que las lesiones no eran constitutivas de incapacidad permanente, no se pronuncia sobre la existencia de situación de alta o asimilada en la fecha del hecho causante, extremo este que también motivaba la resolución denegatoria del INSS (TS 23-3-21, EDJ 548553).

3) No obstante el respeto del principio general de **vinculación** de la **sentencia** firme del orden contencioso-administrativo respecto a la que deba dictarse posteriormente en el orden social, se posibilita la existencia de pronunciamientos distintos si existe en la ulterior sentencia motivación suficiente para ello (TS 13-3-12, EDJ 60204).

e. Recursos

15394 **Recurso de suplicación** (LRJS art.190 s.) Contra las **sentencias** dictadas por la Sección de lo Social del Tribunal de Instancia, cabe recurso de suplicación ante la sala de lo social del Tribunal Superior de Justicia correspondiente:

MPL nº 4436 s.

1. Cualquiera que sea su cuantía, en todos los procesos sobre reconocimiento o denegación del **derecho a prestaciones** de Seguridad Social, así como sobre la calificación del grado de incapacidad permanente.

2. Cuando se trate de **reclamaciones** de diferencias de cuantía en prestaciones ya reconocidas, no cabe recurso si la cuantía no excede de 3.000 euros. Asimismo, independientemente de la cuantía, cabe siempre suplicación cuando la cuestión debatida afecte a todos o a un **gran número de beneficiarios** de la Seguridad Social (afectación general), siempre que tal circunstancia de afectación general fuera notoria o haya sido alegada y probada en juicio o posea claramente un contenido de generalidad no puesto en duda por ninguna de las partes.

3. Cuando tenga por objeto **subsanar una falta esencial del procedimiento** o la omisión del intento de conciliación o de mediación obligatoria previa, o bien contra las sentencias que decidan sobre la **falta de jurisdicción** por razón de la materia o de competencia territorial o funcional. Si por el fondo del asunto la sentencia no fuese recurrible en suplicación, la sala debe resolver solamente sobre las cuestiones procesales o de jurisdicción y competencia que se planteen.

4. En el caso de sentencias dictadas en impugnación de actos de Seguridad Social **no prestacionales** cabe recurso de suplicación cuando no sean susceptibles de valoración económica o cuando la cuantía litigiosa exceda de 3.000 euros (TS 12-11-19, EDJ 739613; 21-5-20, EDJ 576570; 29-9-22, EDJ 702643).

15395 Puede interponerse recurso de suplicación, previo recurso de reposición o revisión en su caso, contra **autos judiciales** que se indican en el nº 14684.

El recurso **puede ser interpuesto** por la parte, aunque el fallo de la sentencia le haya sido favorable, si su contenido en cuanto a hechos o fundamentos le afecta desfavorablemente, siendo el objeto del recurso entonces revisar errores de hecho o prevenir los eventuales efectos del recurso de la parte contraria o por la posible eficacia de cosa juzgada del pronunciamiento sobre otros procesos ulteriores.

Para **determinar la cuantía** cuando la reclamación verse sobre prestaciones económicas periódicas o diferencias sobre ellas, ha de tomarse el importe de la prestación básica o de las diferencias reclamadas, ambas en cómputo anual, sin tener en cuenta las actualizaciones o mejoras que pudieran serle aplicables, ni los intereses o recargos por mora. Se deben computar únicamente las diferencias reclamadas sobre el importe reconocido previamente en vía administrativa. Las mismas reglas se deben aplicar a las reclamaciones de reconocimiento de derechos, siempre que tengan traducción económica. En impugnación de actos administrativos en materia de Seguridad Social se debe estar al contenido económico de la pretensión o del acto objeto del proceso cuando sea susceptible de tal valoración y, en su caso, en cómputo anual. Cuando se pretenda la anulación de un acto, incluidos los de carácter sancionador, se debe atender al contenido económico del mismo. No se tienen en cuenta los intereses o recargos por mora.

Si es posible o no el recurso de suplicación puede **apreciarse de oficio** por el Tribunal Superior de Justicia, aunque en instancia se haya dado acceso a dicho recurso y las partes no hubieran alegado nada al respecto. También puede ser apreciada de oficio en casación para unificación de doctrina, aunque no se haya presentado contradicción sobre ello (TS 17-7-14, EDJ 147578; 27-1-15, EDJ 31722).

Precisiones 1) La **cuantía** se determina por la **pretensión ejercitada** y no por lo reconocido en la sentencia o lo pedido en el recurso. Hay que estar a la reclamación determinada en el juicio y no a la que se contemplaba inicialmente en la demanda, si se ampliaron las diferencias hasta el día del juicio (TS 10-7-07, EDJ 144150). La cuantía litigiosa se determina tomando en cuenta, no el importe total de la prestación reclamada, sino la **diferencia** entre esta y la que ha sido reconocida (TS 13-2-12, EDJ 30454). Y en caso de reclamación de **gran invalidez** -gran incapacidad (L 2/2025)-, a efectos de alcanzar la cuantía mínima exigible, se tiene en cuenta la diferencia entre la prestación reconocida y la reclamada, sin que quepa excluir del cálculo a realizar el complemento por gran invalidez (TS 1-12-16, EDJ 228903). 15396

2) En la **impugnación de sanciones** en materia de Seguridad Social el acceso al recurso de suplicación viene determinado por la cuantía general de 3.000 euros (TS 2-11-17, EDJ 237319; 12-11-19, EDJ 739613; 21-5-20, EDJ 576570).

3) Se ha considerado que concurre la **afectación general**, que abre el acceso al recurso independientemente de la cuantía, en lo relativo a la retroacción de efectos económicos que haya de darse a la **revisión de la base reguladora** e importe de la pensión, que el INSS sitúa en la fecha de la resolución que dicta, pero que el beneficiario afirma debe ser la fecha inicial de la pensión (TS 13-10-06, EDJ 288936). En cambio, no se puede acceder a suplicación por razón de la cuantía o de la afectación general previstas cuando no está en cuestión el reconocimiento o denegación del derecho a la prestación, sino una interpretación de la norma que regula el cálculo de la base reguladora de la misma (TS 29-6-15, EDJ 144485; 14-5-09, EDJ 143975); por ejemplo, de desempleo (TS 5-7-17, EDJ 143150; 24-6-15, EDJ 168179).

4) Son **recurribles en suplicación** con independencia de la cuantía:

- la reclamación de complemento por mínimos, aunque las diferencias anuales no superen los límites exigidos (TS 2-4-07, EDJ 33256; 22-11-16, EDJ 228900; 16-2-17, EDJ 23564);
- la petición del carácter cualificado de una incapacidad total (TS 22-5-95, EDJ 2595);
- el reconocimiento de una prestación, aunque el recurso se formule sobre discrepancias en la base reguladora (TS 18-11-05, EDJ 271904; 30-12-08, EDJ 282628);
- las discrepancias sobre el baremo aplicable en lesiones permanentes no invalidantes (TS 6-4-09, EDJ 120322);
- cuando se debate sobre la determinación de la contingencia de una prestación (TS 25-6-08, EDJ 155912; 15-9-09, EDJ 245808);
- las impugnaciones de recargo por falta de medidas de seguridad (TS 20-3-07, EDJ 68195);
- la reclamación de reintegro de gastos médicos, por implicar el reconocimiento de una prestación (TS 27-1-15, EDJ 31722);
- cuando lo que se reclama es la extinción de un **subsidio o prestación de desempleo** -además de la reclamación de cantidad-, en tanto en este caso no opera el límite de la cuantía litigiosa que se aplicaría si se instase la suspensión (TS 23-6-15, EDJ 129766; 4-5-17, EDJ 85737).

Por el contrario, **no** cabe **recurso de suplicación** en los siguientes supuestos: 15397

- Cuando la pretensión de la demanda se ciñe a reclamar **diferencias en las prestaciones** o determinados periodos de las mismas, solamente cabe recurso si la cuantía reclamada supera los 3.000 euros (TS 25-4-19, EDJ 592327; 21-2-00, EDJ 2526; 22-6-00, EDJ 24423).
- En procesos de **impugnación de alta médica** cualquiera que sea la cuantía de las prestaciones de incapacidad temporal que viniere percibiendo el trabajador.
- En sentencias dictadas sobre **cualquier otra pretensión** de Seguridad Social, distinta a las prestacionales o impugnación de actos administrativos, que pueda ser económicamente valorable y cuya cuantía no alcance los 3.000 euros.

Precisiones 1) No son recurribles en suplicación al no alcanzarse la **cuantía mínima**:
- si la **controversia** no es acerca de la prestación sino de la cuantía (TS 19-7-94, EDJ 6089; 31-5-07, EDJ 70523);
- si el único tema a resolver en litigio es el relativo a la duración del **periodo de abono** de la prestación por desempleo (TS 14-5-02, EDJ 27343);
- si se reclama a una empresa el **subsidio de IT** que no había abonado pero que se había descontado en la cotización (TS 16-1-08, EDJ 25870);
- si se reclama el importe asignado a la **base reguladora** de una prestación, o un incremento en el porcentaje aplicable a la base reguladora, o respecto de cualquier otro aspecto (indemnización por lesiones permanentes, reintegro de una parte del subsidio percibido etc.) atinente a una diferencia cuantitativa, o a cantidad no abonada, que no al conocimiento de la prestación (TS 20-12-93, EDJ 11634; 24-6-97, EDJ 4803; 2-4-12, EDJ 77157);
- cuando no se cuestiona el reconocimiento de la prestación sino solo la determinación de la **entidad responsable** de su pago (TS 4-3-19, EDJ 536694);
- el reintegro entre **sujetos responsables** del pago de cierta prestación (TS 25-9-95, EDJ 4769; 13-11-95, EDJ 6050; 19-5-97, EDJ 4395), incluido el supuesto en que se reclama por la mutua a la TGSS el reintegro de la parte correspondiente al reaseguro obligatorio (TS 6-5-96, EDJ 3250; 15-1-97, EDJ 79; 28-2-97, EDJ 895), al no ser esta una cuestión que por afectar a un gran número de beneficiarios posibilite el recurso de suplicación (TS 8-4-97, EDJ 2837);
- la reclamación de las **diferencias** cuantitativas de la **base reguladora** de la prestación de jubilación reconocida en vía administrativa y la reclamada cuando no alcanzan la suma de 3.000 € en cómputo anual (TS 14-2-24, EDJ 509144; 4-6-24, EDJ 617262).

2) Si se reclaman diferencias en las **pensiones de viudedad y de orfandad** hay que tener en cuenta las diferencias de cada pensión por separado, sin sumarlas, porque se trata de dos demandantes diferentes (viuda y huérfano aunque aquella actúe en representación de este), cada uno reclamando diferencias de su prestación (TS 10-11-21, EDJ 756081).

15398 **Recurso de casación para la unificación de doctrina** (LRJS art.218 s.) **Contra** las sentencias dictadas en suplicación por las salas de lo social de los **tribunales superiores de justicia** cabe recurso de casación para la unificación de doctrina **ante** la sala de lo social del Tribunal Supremo, cuando fueran **contradictorias** con alguna sentencia de la misma sala o de otras salas de lo social de los tribunales superiores de justicia, o con sentencias de la sala de lo social del Tribunal Supremo, respecto de los mismos litigantes u otros diferentes en idéntica situación, en las que, en base a hechos, fundamentos y pretensiones sustancialmente iguales, se hubiera llegado a pronunciamientos distintos (nº 14702 s.).

También puede plantearse el recurso por existir contradicción entre la sentencia del tribunal superior de justicia dictada en suplicación, al resolver pretensiones de tutela de **derechos fundamentales**, con la doctrina del **Tribunal Constitucional** o con la de los órganos jurisdiccionales instituidos en los tratados y acuerdos internacionales en materia de derechos humanos y libertades fundamentales ratificados por España (nº 14707). La sentencia del Tribunal Supremo en tal caso se debe limitar a conceder o denegar la tutela del derecho o libertad invocados, en función de la aplicabilidad de la doctrina invocada al supuesto planteado como punto de contradicción.

De la misma manera se puede plantear el recurso de casación para la unificación de doctrina por existir contradicción de la sentencia del TSJ dictada en suplicación con la establecida en las sentencias del **Tribunal de Justicia de la Unión Europea** en interpretación del Derecho comunitario.

15399 Por otra parte, sin sujetarse a los requisitos estrictos de la contradicción entre sentencias, el **Ministerio Fiscal** puede interponer recurso de casación para la unificación de doctrina en defensa de la legalidad (ver nº 14704 s.).

15400 **Garantías para recurrir y consignaciones** (LRJS art.230.2) Para asegurar que el **cumplimiento de las sentencias** no se vea afectado por la dilación producida por la interposición de los recursos de suplicación o de casación o casación unificadora, se establece, como **requisito previo de admisión** del recurso, una serie de garantías:

1. Las previstas con **carácter general** y recogidas en nº 14692.

2. Las establecidas especialmente, para los casos de sentencias referentes a **prestaciones de Seguridad Social**:

a) Para que pueda recurrir el **condenado al pago** de la prestación reconocida al beneficiario, es necesario que haya ingresado en la TGSS el capital coste de la pensión o el importe de la prestación a la que haya sido condenado en el fallo, con objeto de abonarla a los beneficiarios durante la sustanciación del recurso. El mismo ingreso debe efectuar el declarado responsable del **recargo** por falta de medidas de seguridad, en cuanto al porcentaje que haya sido reconocido por primera vez en vía judicial y respecto de las pensiones causadas hasta ese momento. Una vez fijado por la TGSS el capital coste o importe del recargo correspondiente, el letrado de la Administración de justicia lo notifica al recurrente para que en el plazo de 5 días efectúe la consignación requerida en la TGSS, bajo apercibimiento de que de no hacerlo así se pone fin al trámite del recurso. El recurrente debe presentar en la oficina judicial el oportuno resguardo del ingreso efectuado.

b) Cuando el condenado fuese una **entidad gestora** de la Seguridad Social, no es obligatorio que realice el ingreso antes referido (TS 25-10-05, EDJ 230458). Sin embargo, debe presentar, junto al documento de anuncio o preparación del recurso, **certificación** acreditativa de que comienza el abono de la prestación y que lo proseguirá puntualmente durante la tramitación del recurso, hasta el límite de su responsabilidad, salvo en prestaciones de pago único o correspondientes a un período ya agotado en el momento del anuncio. Si no se cumple efectivamente este abono, se pone fin al trámite del recurso.

El **incumplimiento** completo de las obligaciones de **consignación o aseguramiento** de la cantidad objeto de condena da lugar a que el órgano judicial donde se tramita el recurso (que es el que dictó la resolución objeto del mismo) tenga por no anunciado o por no preparado el recurso y declare la firmeza de la resolución mediante auto. Cuando no se produzca un incumplimiento total, sino insuficiencia del aseguramiento, deficiencias formales o falta de justificación documental, el letrado de la Administración de justicia debe conceder a la parte recurrente un plazo de 5 días para la **subsanación de los defectos** advertidos.

c) De no efectuarse la subsanación en tiempo y forma, el órgano judicial dicta auto poniendo fin al trámite del recurso, quedando firme la resolución. Contra estos autos que ponen fin al trámite del recurso puede recurrirse en **queja** ante la Sala que hubiera debido conocer del recurso.

Precisiones **1)** En caso de condena solidaria de **varios demandados**, cada uno ha de consignar el capital coste para poder recurrir, no bastando que sea efectuada la consignación por alguno de ellos. Y la consignación ha de incluir el recargo de prestaciones (TSJ Cataluña 12-5-05, EDJ 98572). **15401**

2) La **Administración**, por ejemplo, un Ministerio, cuando actúa como recurrente en procesos de Seguridad Social en los que es condenada al pago de una prestación, aunque está eximida de la obligación de constituir depósito (nº 6290), no lo está de la obligación de constituir el capital-coste de renta (TS 20-9-04, EDJ 144045).

3) Las **entidades gestoras** de la Seguridad Social están exentas tanto de depósitos como de consignaciones para recurrir en suplicación (TS 25-10-05, EDJ 230458), pero deben iniciar el pago de la prestación. Este último requisito, aunque es subsanable, no se cumple si el abono de la prestación por la entidad gestora tiene lugar más de 3 meses después del anuncio del recurso (TS auto 16-1-20, EDJ 507577; TSJ Madrid 14-12-20, EDJ 824467; TSJ Sevilla 30-5-19, EDJ 616115).

4) Aunque las **CCAA** no son entidades gestoras de la Seguridad Social, asumen respecto a la **gestión y reconocimiento de las prestaciones no contributivas** las funciones de una entidad gestora en tales prestaciones y, por tanto, tienen las mismas obligaciones procesales cuando actúan como parte condenada que pretende recurrir; entre ellas, la de certificación y comienzo de abono de la prestación (TS 30-11-05, EDJ 278803; 4-6-25, EDJ 608669).

5) No se requiere **consignar** cantidad alguna para recurrir en sentencias que se limitan a desestimar recursos interpuestos contra resoluciones administrativas, sin que exista pronunciamiento de condena en el fallo. Por ejemplo, el recurso interpuesto frente a la **sentencia desestimatoria** de la impugnación de un recargo de prestaciones, porque la ejecución de dicho recargo corresponde a la TGSS y no se suspende por la interposición del recurso judicial (TSJ Valladolid auto 31-1-07, EDJ 91911).

f. Ejecución

Ejecución provisional (LRJS art.294 s.) La ley diferencia supuestos distintos para la ejecución provisional en esta materia. **15402**

a) Prestaciones de **pago periódico**. La sentencia recurrida es ejecutiva y la prestación debe ser abonada mientras dure la tramitación del recurso.

Esta prestación se ha de pagar por el **condenado** en la instancia, independientemente de quien sea el recurrente y de si es temporal o vitalicia, hasta el límite de su responsabilidad.

El **beneficiario** tiene derecho a percibir la prestación desde el momento en que se dictó la sentencia estimatoria y recurrida.

Si el tribunal superior **revoca la sentencia** el beneficiario no está obligado al reintegro de la cantidad abonada, y conserva el derecho a que se le abonen las prestaciones devengadas durante la tramitación del recurso y que no hubiera aún percibido en la fecha de firmeza de la sentencia.

b) Prestaciones de **pago único**. El beneficiario tiene derecho a solicitar su ejecución provisional y obtener anticipos a cuenta (nº 14897 s.).

c) Obligaciones de **hacer o no hacer**. A petición del beneficiario favorecido por ellas y a criterio judicial, son ejecutables provisionalmente, sin exigencia de fianza, las sentencias condenatorias a obligaciones de hacer o no hacer en materia de Seguridad Social.

15403 **Ejecución definitiva** (LRJS art.243, 287 y 288; L 47/2003 art.24) Las sentencias dictadas frente a las **entidades gestoras o servicios comunes** de la Seguridad Social y demás entes públicos deben llevarse a efecto por la Administración o entidad dentro del **plazo** de 2 meses a partir de su firmeza, justificando el cumplimiento ante el órgano judicial dentro de dicho plazo.

Atendiendo a la naturaleza de lo reclamado y a la efectividad de la sentencia, el órgano judicial puede fijar un plazo inferior para el cumplimiento cuando el de 2 meses pueda hacer ineficaz el pronunciamiento o causar grave perjuicio. La parte interesada no puede solicitar la ejecución hasta que haya transcurrido ese plazo.

La ejecución se inicia a **solicitud** de la parte y debe hacerse al órgano judicial que dictó la sentencia en instancia.

Si la entidad gestora o servicio común no pagasen dentro de los **3 meses siguientes** al día de notificación de la resolución judicial, han de abonar el **interés** legal fijado en la Ley de presupuestos sobre la cantidad debida, desde que el acreedor, una vez transcurrido dicho plazo, reclame por escrito el cumplimiento de la obligación. En caso de impago en dicho plazo, el interés han de abonarlo desde la fecha en que se notificó la sentencia de primer grado (TS 25-10-05, EDJ 230458; 11-10-07, EDJ 199886; 11-12-07, EDJ 260428). Si fuese necesario el ulterior requerimiento judicial de cumplimiento, el órgano judicial puede incrementar en dos puntos el tipo de interés.

El **plazo** para instar la ejecución es igual al fijado por la Ley para el ejercicio de la acción tendente al reconocimiento del derecho cuya ejecución se pretenda. El plazo para reclamar el cumplimiento de las **obligaciones de entregar sumas** de dinero es de un año. Cuando se trate del pago de **prestaciones periódicas** de la Seguridad Social, el plazo para instar la ejecución es el mismo que el fijado en las leyes sustantivas para el ejercicio de la acción para el reconocimiento del derecho a la prestación de que se trate o es imprescriptible si dicho derecho tuviese este carácter en tales leyes.

El plazo para que la **entidad gestora** o colaboradora de la Seguridad Social inste la ejecución contra la empresa o sujeto declarado responsable de la prestación comienza, si dicha entidad ha **anticipado su importe** al beneficiario, a partir de la fecha de pago de ese anticipo.

15404 Una vez instada la ejecución, la misma ha de seguirse **de oficio**. Iniciada la ejecución, puede reiniciarse en cualquier momento por lo que ya no se produce la prescripción mientras no esté cumplida en su integridad la obligación que se ejecute, incluso si las actuaciones hubieran sido archivadas por declaración de insolvencia provisional del ejecutado (LRJS art.239.3 y 243.3).

En los procesos seguidos por **prestaciones de pago periódico** de la Seguridad Social, una vez firme la sentencia condenatoria a la **constitución de capital** coste de pensión o al pago de una prestación no capitalizable, se remite por el órgano judicial copia certificada a la entidad gestora o servicio común competente. El organismo competente debe, en el plazo máximo de 10 días, comunicar al órgano judicial el importe del capital a ingresar. El importe se notifica a las partes, al tiempo que el letrado de la Administración de justicia requiere al condenado para que ingrese la cantidad en el plazo de 10 días.

Cuando la condenada sea una **entidad gestora o servicio común** de la Seguridad Social o cualquier ente administrativo, el órgano judicial, mientras no conste la total ejecución de la sentencia, debe adoptar, de oficio o a instancia de parte, cuantas medidas sean adecuadas para promoverla y activarla, siendo con tal fin de aplicación supletoria lo dispuesto para la ejecución de sentencias en la LJCA (nº 13650 s.). Previo requerimiento de la Administración condenada por un nuevo plazo de un mes y citando, en su caso, de comparecencia a las partes, el órgano judicial puede decidir cuantas **cuestiones** se planteen en la **ejecución**, como:

- la determinación del órgano administrativo y funcionarios que han de responsabilizarse de realizar las actuaciones, pudiendo requerir a la Administración para que facilite la identidad de la autoridad o funcionario responsable del cumplimiento de la ejecutoria, al objeto de individualizar oportunamente las responsabilidades derivadas, incluidas las responsabilidades patrimoniales a que hubiera lugar, sin perjuicio de las comprobaciones de oficio que deban llevarse a cabo al respecto;
- fijar un plazo máximo para su cumplimiento, en atención a las circunstancias que concurran;
- establecer los medios con que ha de llevarse a efecto y procedimiento a seguir;
- decretar las medidas necesarias para lograr la efectividad de lo mandado, si bien los apremios pecuniarios solamente pueden aplicarse en caso de incumplimiento de lo resuelto por el órgano jurisdiccional en la comparecencia antes citada.

Precisiones 1) Es de un año el **plazo para la ejecución** del derecho al percibo de las prestaciones a tanto alzado o el derecho al percibo de cada mensualidad (TS 20-10-97, EDJ 7831); de la reclamación, por parte de la Tesorería, para exigir el capital coste de renta y los intereses de capitalización (TS 16-6-98, EDJ 68481); o la reclamación por el INSS y TGSS a unos beneficiarios de desempleo de diferencias en la prestación (TS 4-7-02, EDJ 32107). En caso de responsabilidad subsidiaria del INSS por insolvencia empresarial, el **día inicial del cómputo** para el pago de los intereses por las cantidades anticipadas por la mutua no es el de la fecha del auto que declara la insolvencia de la empresa, sino el de la fecha de su notificación a la entidad gestora (TS 7-11-07, EDJ 230110; 31-3-10, EDJ 84362). 15405

2) Es **imprescriptible** la acción ejecutiva de una sentencia que condenó a la empresa a abonar la pensión de **jubilación** (TS 14-5-02, EDJ 32051).

3) No son objeto de **ejecución judicial** aquellas sentencias que se limiten a desestimar el recurso frente a resoluciones administrativas de las entidades gestoras que impongan **obligaciones al interesado**. En tal caso la ejecución de la resolución administrativa corresponde a la TGSS, siguiendo los trámites del procedimiento recaudatorio administrativo. Sin embargo, si la sentencia en materia de Seguridad Social declara derechos y contiene pronunciamientos de condena, su ejecución corresponde al órgano judicial social de instancia y no a la Administración (TS 20-7-90, EDJ 7914; 21-1-00, EDJ 285; 18-11-00, EDJ 55656).

4) En ejecución de sentencia se pueden detraer de las **cantidades debidas por el INSS**, en concepto de atrasos de una prestación, las cantidades que el trabajador había percibido como consecuencia del trabajo por cuenta ajena realizado después de la presentación de la demanda en solicitud de dicha prestación, pero no por las cantidades percibidas por el trabajo realizado antes de presentar la demanda (TS 5-12-07, EDJ 243327).

5) El **porcentaje de interés** aplicable al INSS es el interés legal del dinero, sin que proceda el incremento de dos puntos (TS 31-3-10, EDJ 84362).

g. Particularidades en caso de accidentes de trabajo y enfermedades profesionales

(LRJS art.2.b, q, n, 3, 25.4 y 5 y 142)

Estos supuestos presentan particularidades en lo que se refiere a la competencia, los requisitos de la demanda y ciertos aspectos de la tramitación. 15406

Competencia (LRJS art.2.b, o, q y 3) En cuanto al orden jurisdiccional **competente** por razón de la materia cabe aclarar: 15408

• Es competencia del **orden jurisdiccional social**:

- las acciones que puedan ejercitar los trabajadores o sus causahabientes contra el empresario o contra aquellos a quienes se les atribuya legal, convencional o contractualmente responsabilidad, por los daños originados en el ámbito de la prestación de servicios o que tengan su causa en accidentes de trabajo o enfermedades profesionales, incluida la acción directa contra la aseguradora y sin perjuicio de la acción de repetición que pudiera corresponder ante el orden competente;
- los complementos de prestaciones o de las indemnizaciones, especialmente en los supuestos de accidentes de trabajo o enfermedad profesional, que pudieran establecerse por las Administraciones públicas a favor de cualquier beneficiario;
- la impugnación de las resoluciones administrativas recaídas en el ejercicio de la potestad sancionadora;
- la determinación de a quién corresponde la calificación del accidente como laboral (al INSS o a la mutua);
- la reclamación de prestaciones derivadas del accidente;
- el recargo por falta de medidas de seguridad;
- valoración, reconocimiento y calificación del grado de discapacidad, y el reconocimiento de la situación de dependencia y prestaciones económicas y servicios derivados de la L 39/2006.
- la pretensión de la mutua, que se ha subrogado en la posición del beneficiario de la prestación, dirigida a obtener el reintegro del pago de la prestación frente al empleador-responsable directo y entidades gestoras subsidiarias (TS 28-10-99, EDJ 45512; 4-2-00, EDJ 1123; 9-4-19, EDJ 592317); así como la impugnación de la cantidad fijada por la entidad gestora como capital coste existiendo una sentencia anterior que reconoce la prestación en cuya virtud se procede a constituir el capital-coste de renta, lo que constituye factor relevante para que se atribuya al orden jurisdiccional social toda cuestión relativa a la impugnación de este coste (TS 6-11-02, EDJ 51548).

El órgano judicial, si lo estima procedente, puede recabar **informe** de la ITSS y de los organismos públicos competentes en materia de prevención y salud laboral, así como de las entidades e instituciones legalmente habilitadas al efecto (LRJS art.95.4).

15409 • Es competencia del **orden contencioso administrativo** la constitución por parte de la TGSS de los capitales coste de renta y otras cantidades que deban ingresar las mutuas y las empresas responsables de prestaciones a su cargo, al ser tales actos de naturaleza recaudatoria (TS 25-5-94, EDJ 4780; 22-4-96, EDJ 2350).

• Es competencia del **orden penal**: la infracción penal de la que pueden derivar las penas correspondientes y declarar la responsabilidad civil derivada del delito o falta.

• Es competencia del **orden civil**:

- las cuestiones de carácter civil entre mutuas colaboradoras sobre la responsabilidad del pago por accidente de trabajo (TSJ C.Valenciana 17-7-00, EDJ 60090);
- las cuestiones litigiosas en materia de prevención de riesgos laborales que se susciten entre el empresario y los obligados a coordinar con este las actividades preventivas de riesgos laborales y entre cualquiera de los anteriores y los sujetos o entidades que hayan asumido frente a ellos, por cualquier título, la responsabilidad de organizar los servicios de prevención;
- la reclamación por parte de las esposas de trabajadores fallecidos por trabajo con amianto afectadas por manipular sus ropas de trabajo (TS civil 3-12-15, EDJ 239119).

15410 **Requisitos de la demanda** (LRJS art.79.5 y 142) En las **demandas** por accidente de trabajo o enfermedad profesional se ha de consignar el nombre de la **entidad gestora o mutua**. En caso contrario, el letrado de la Administración de justicia, antes del señalamiento del juicio, requiere al empresario demandado para que en el plazo de 4 días presente el documento acreditativo de la cobertura de riesgo. Si transcurrido este plazo no lo presenta, el juez acuerda el embargo de bienes del empresario en cantidad suficiente para asegurar el resultado del juicio y cuantas **medidas cautelares** se consideren necesarias. En los procesos para la determinación de contingencia o de la falta de medidas de seguridad la **ITSS** debe emitir **informe** en el plazo máximo de 10 días. Con antelación de al menos 5 días a la celebración del juicio, el letrado de la Administración de justicia debe reiterar la remisión de dicho informe si este no hubiera tenido todavía entrada en los autos.

En todos los procesos de accidente de trabajo o enfermedad profesional existe un **litisconsorcio pasivo necesario** de origen legal, debiendo el **empresario** estar presente como parte para que quede válidamente constituida la relación jurídico-procesal (TS 19-5-15, EDJ 105746). También es necesario demandar al **INSS**, por haber asumido las funciones del Fondo de Garantía de Accidentes de Trabajo; así como a la **TGSS** en los procesos sobre prestaciones periódicas por haber asumido las funciones del servicio de reaseguro (TSJ Cataluña 26-1-09, EDJ 38780).

Precisiones El mes de **agosto y** los días que median **entre el 24 de diciembre y el 6 de enero** son hábiles para la adopción de actos preparatorios, medidas precautorias y medidas cautelares en materia de prevención de riesgos laborales, AT y EP (LRJS art.43.4).

15412 **Inversión de la carga de la prueba** (LRJS art.96.2) En los procesos sobre responsabilidades derivadas de accidentes de trabajo y enfermedades profesionales, rige la inversión de la carga de la prueba. De manera que corresponde a los **deudores de seguridad** y a los concurrentes en la producción del resultado lesivo probar la adopción de las medidas necesarias para prevenir o evitar el riesgo, así como cualquier factor excluyente o minorador de su responsabilidad.

No puede apreciarse como elemento exonerador de la responsabilidad la culpa no temeraria del trabajador ni la que responda al ejercicio habitual del trabajo o a la confianza que este inspira.

Precisiones El **empresario**, como **deudor de seguridad**, no cumple con su obligación de proporcionar al trabajador una protección eficaz en materia de seguridad e higiene si no acredita haber adoptado las medidas de protección necesarias para impedir el accidente, puesto que aunque el deudor de seguridad concierte con entidades especializadas en prevención complementaria, debe proteger a los trabajadores frente a sus propios descuidos e imprudencias no temerarias, así como emplear toda la diligencia exigible (TS 4-5-15, EDJ 112521).

15414 **Acumulación** (LRJS art.25.4 y 5 y 234.3) En reclamaciones sobre accidente de trabajo y enfermedad profesional se pueden acumular todas las **pretensiones** de resarcimiento de **daños y perjuicios** derivadas de un mismo hecho, incluso sobre mejoras voluntarias, que el trabajador perjudicado o sus causahabientes dirijan contra el empresario u otros terceros que deban responder a resultas del hecho causante, incluidas las entidades aseguradoras, salvo que hayan debido tramitarse mediante procedimiento administrativo separado.

En demandas derivadas del **mismo accidente de trabajo o enfermedad profesional**, cuando exista más de un tribunal, en el momento de su presentación se reparten al órgano judicial que conociera o hubiera conocido del primero de dichos procesos, las demandas ulteriores relativas a dicho accidente de trabajo o enfermedad profesional. Igual ocurre en los **recursos** (nº 15394) sobre pretensiones derivadas de un mismo accidente de trabajo o enfermedad profesional, cuando exista más de un tribunal. En su defecto, las partes deben informar de esta circunstancia al órgano judicial al que se hubiera repartido la primera demanda o recurso, en el plazo de 5 días desde la notificación de la admisión de la segunda o ulteriores demandas o recursos o, en su caso, desde que hubiera sido turnada la primera demanda o recurso.

Precisiones No es posible acumular la reclamación de **recargo de prestaciones** con la de **indemnización** por daños y perjuicios en caso de accidente de trabajo porque, aunque tienen una causa común de pedir, son de distinta naturaleza y se les aplica distinta normativa (TSJ Asturias 9-4-19, EDJ 572883).

h. Impugnación de prestaciones por desempleo

(L 45/2002 disp.trans.9ª; LGSS art.303; LRJS art.2.n y o y 147)

Cuando la entidad u organismo gestor de las prestaciones de desempleo constate que, en los 4 años inmediatamente anteriores a la solicitud de prestaciones, el trabajador ha percibido prestaciones por la finalización de varios **contratos temporales** con una **misma empresa**, puede dirigirse a la autoridad judicial demandando que el empresario sea declarado responsable del abono de las mismas, condenándole a su devolución junto con las cotizaciones correspondientes, salvo la prestación correspondiente al último contrato temporal, en caso de ser abusiva o fraudulenta la reiterada contratación. **15416**

La comunicación, que tiene la consideración de **demanda**, debe ir acompañada de la copia del expediente, o expedientes, administrativo, consignándose los requisitos generales exigidos para las demandas de los procesos ordinarios.

La **comunicación** puede dirigirse a la autoridad judicial en el **plazo** de 6 meses siguientes a la solicitud de la última prestación.

Todo lo expuesto no supone la revisión de las resoluciones que reconocieron el derecho a las prestaciones de desempleo, que se consideran debidas para el trabajador.

El letrado de la Administración de justicia debe admitir la demanda o advertir a la entidad gestora de los **defectos u omisiones** para su **subsanación** en el plazo de 10 días. En el caso de no admitir la demanda ha de dar cuenta al tribunal para que por el mismo se resuelva sobre la admisión.

Admitida a trámite, continúa el **procedimiento** con arreglo a las normas generales, con las siguientes **especialidades**: **15417**

- el empresario y el trabajador tienen la consideración de parte, pero no pueden solicitar la **suspensión** del proceso, siguiéndose el procedimiento aun sin su asistencia;
- las afirmaciones de hechos contenidas en la comunicación hacen fe, salvo prueba en contrario, incumbiendo al empresario la **carga de la prueba**.

La **sentencia** estimatoria es inmediatamente ejecutiva y, al adquirir firmeza, se comunica a la ITSS.

Precisiones Esta pretensión solo puede encontrar favorable acogida cuando la contratación fraudulenta o abusiva haya ocasionado un **perjuicio a la entidad gestora**, al haber abonado unas prestaciones de desempleo que no estaba obligada a satisfacer. Y no se causa ningún perjuicio a la entidad gestora, si queda de manifiesto que el trabajador también habría tenido derecho al desempleo si, en lugar de suscribir el contrato abusivo o fraudulento, hubiera suscrito el que legalmente correspondía según la norma eludida (TS 3-12-13, EDJ 255543; 11-5-09, EDJ 134899; 19-5-09, EDJ 128292).

i. Impugnación de alta médica

(LGSS art.170.5; LRJS art.43, 71, 140, 144 y 191.2.g)

Las altas médicas son recurribles ante el **orden jurisdiccional social**, debiendo destacarse las siguientes particularidades: **15418**

• **Reclamación previa**. El procedimiento de impugnación del alta médica emitida por los órganos competentes de las entidades gestoras, al **agotarse** el plazo de duración de **365 días** de la prestación de IT, está exceptuado de la necesidad de formular reclamación previa ante la entidad gestora.

Sin embargo, cuando la impugnación se refiera a altas médicas emitidas **antes** de cumplirse los **365 días** en IT o **después** de transcurridos los **365 días**, debe presentarse reclamación previa. En estos supuestos, el **plazo** para interposición de la reclamación previa se fija en 11 días desde la notificación de la resolución. A su vez, el plazo para la contestación a la reclamación previa es de 7 días.

• **Demanda**. El **plazo** para formular la demanda es de 20 días desde la notificación de la denegación de la reclamación previa o desde el día en que se entienda denegada por silencio administrativo. Cuando no sea exigible reclamación previa, se computa desde la adquisición de plenos efectos del alta médica o desde la notificación del alta definitiva acordada por la entidad gestora. La demanda se dirige exclusivamente **contra** la entidad gestora y, en su caso, contra la colaboradora en la gestión. No existe necesidad de demandar al servicio público de salud, salvo cuando se impugne el alta emitida por los servicios médicos del mismo, ni a la empresa salvo cuando se cuestione la contingencia.

Precisiones **1)** La reclamación jurisdiccional por alta médica indebida hay que plantearla contra el INSS (TS 31-1-96, EDJ 2347; 16-7-96, EDJ 5261); el INSALUD -hoy INGESA o servicio público de salud correspondiente-, no tiene la **legitimación pasiva** al limitarse sus funciones a la elaboración de informes y dictámenes médicos (TSJ Extremadura 4-10-93, EDJ 8665; TSJ Valladolid 2-5-06, EDJ 82867). Sin embargo, en otras sentencias se considera que la demanda debe plantearse contra el INSALUD -hoy INGESA, o servicio de Comunidad Autónoma correspondiente- y el INSS (TSJ Asturias 10-6-94, EDJ 7047; TSJ Aragón 18-1-01, EDJ 1123).
La **empresa** carece de **legitimación activa** para recurrir contra el alta indebida de un trabajador (TSJ Murcia 15-2-95, EDJ 10119); en contra, se considera que sí está legitimada (TSJ Asturias 31-5-96, EDJ 52487).
2) No hay ninguna finalidad torticera cuando el trabajador dirige su demanda de impugnación de alta médica exclusivamente contra la entidad gestora y contra la colaboradora en la gestión, ya que solo existe necesidad de **demandar a la empresa** cuando se cuestiona la contingencia (TS 30-6-16, EDJ 111969).
3) En los procesos de IT por contingencias comunes, la impugnación del alta médica emitida **antes del agotamiento de 365 días** de prestación no prorroga la situación de IT, por lo que el trabajador está obligado a reincorporarse al puesto de trabajo. El **incumplimiento** de esta obligación es causa de despido disciplinario (TS 17-4-23, EDJ 550548).

15419 • **Proceso**. El proceso es **urgente** y se le da tramitación preferente. Al admitirse a trámite la demanda se reclama a la entidad gestora o colaboradora la remisión del expediente administrativo en el plazo de 10 días. Cumplido el plazo, si al demandante le conviene su aportación, puede solicitar la suspensión del juicio durante un plazo de 5 días.
El acto de la vista ha de señalarse dentro de los 5 días siguientes a la admisión de la demanda, y la sentencia, que no tiene recurso, se dicta en el plazo de 3 días. Los efectos de la sentencia se limitan al alta médica impugnada, sin condicionar otros procesos diversos, sea en lo relativo a la contingencia, a la base reguladora, a las prestaciones derivadas o a cualquier otro extremo. Si estima el alta indebida debe disponer la reposición del beneficiario en la prestación que estuviese percibiendo.
El mes de **agosto** y los días que median entre el **24 de diciembre y el 6 de enero** del año siguiente, ambos inclusive, son hábiles en esta modalidad procesal.
No procede **recurso de suplicación** en los procesos de impugnación de alta médica, cualquiera que sea la cuantía de las prestaciones de IT que viniere percibiendo el trabajador.

Notificación resolución ⇒ 11 días reclamación previa ⇒ 7 días contestación Administración/no contestación silencio negativo ⇒ 20 días demanda ⇒ 5 días señalamiento de vista y 10 días remisión expediente administrativo ⇒ 5 días posibilidad de suspensión por el trabajador para su aportación ⇒ 3 días sentencia

Precisiones **1)** Al no ser **recurribles en suplicación** los procesos de impugnación alta médica, tampoco es recurrible el **auto de ejecución** de una sentencia firme en esa materia. Lo que lleva a la declaración de nulidad de las actuaciones posteriores al mismo ante la falta de competencia funcional del órgano judicial para conocer de tal recurso (TS 25-2-16, EDJ 21562; 10-2-17, EDJ 6276).
2) Es **recurrible en suplicación** la sentencia en la que se resuelve sobre la **denegación de la prestación por la mutua** por alegar fraude de ley, con independencia de que la empresa haya procedido al pago delegado, ya que dicho pago no constituye reconocimiento del derecho, que únicamente le corresponde a la entidad gestora o colaboradora y esta última ha denegado el derecho a la prestación (TS 13-7-21, EDJ 634751).

L. Procedimiento de oficio

(LRJS art.148 a 150; L 23/2015 art.22.14; RD 928/1998 art.6 y 19 -derog L 3/2023-)

15420 La actividad sancionadora de la Administración puede entrar en concurrencia, en determinados supuestos, con la jurisdicción social. En tales casos, no se trata de limitar a una sola sanción la comisión de unos mismos hechos, sino de **supeditar la efectividad de la sanción** administrativa al conocimiento previo del fondo de la cuestión por parte del orden social de la jurisdicción, salvo en el supuesto señalado en el punto a) del nº 15422.

Cuando se producen estos supuestos, la autoridad laboral debe dirigirse al juzgado de lo social, iniciando el llamado **procedimiento de oficio**.
Está excluido expresamente del requisito de intento de **conciliación o reclamación administrativa previa** (LRJS art.64 y 70).
Al tratarse de un procedimiento iniciado por la autoridad laboral no se puede afirmar que se esté ante una acción derivada del contrato de trabajo que no tenga señalado plazo especial de prescripción, pues la autoridad laboral ejercita la acción no siendo parte en el contrato de trabajo, sino un tercero respecto del mismo, por lo que no cabe aplicar el **plazo de prescripción** de un año previsto para la relación laboral y para las partes que la configuran (TS 21-12-16, EDJ 245887; TSJ Málaga 27-11-19, EDJ 821957). También se ha diferenciado el plazo de prescripción del procedimiento de oficio -el mismo que el de la infracción- y el de la prescripción de la indemnización del perjuicio económico, de un año (TSJ La Rioja 30-11-12, EDJ 290769; TSJ Málaga 27-11-19, EDJ 821957).

Precisiones Se incluye dentro del concepto jurídico indeterminado de **autoridad laboral** a la TGSS (TS 9-3-17, EDJ 27172; 11-7-18, EDJ 529798; TSJ Castilla-La Mancha 8-5-20, EDJ 572718).

Causas de iniciación del procedimiento (LRJS art.148 a 150) Este procedimiento puede iniciarse de oficio como consecuencia de: **15422**

a) Certificaciones de las resoluciones firmes que dicte la autoridad laboral derivadas de las **actas de infracción de la ITSS** en las que se aprecien perjuicios económicos para los trabajadores afectados.
b) Acuerdos de la autoridad laboral competente, cuando esta aprecie **fraude, dolo, coacción o abuso de derecho** en la conclusión de los acuerdos de suspensión, reducción de la jornada o extinción por causas ETOP o fuerza mayor (ET art.47 y 51.5) y los remita a la autoridad judicial, a efectos de su posible declaración de nulidad, dejando en suspenso el plazo para dictar resolución administrativa. Del mismo modo, debe actuar la autoridad laboral, cuando la entidad gestora de la prestación por desempleo hubiese informado que la decisión extintiva de la empresa pudiera tener por objeto la **obtención indebida de las prestaciones** por parte de los trabajadores afectados, por inexistencia de la causa motivadora de la situación legal de desempleo. El día inicial del cómputo del **plazo de caducidad de la acción** será aquel en el que se cumple el período de 15 días establecido en la norma para que la autoridad laboral pueda emitir informe, plazo que comienza a correr desde la notificación a la ITSS de la finalización del período de consultas (TS 21-1-21, EDJ 502875).
c) Actas de infracción o comunicaciones de la ITSS constatando una **discriminación** por razón de sexo y en las que se recojan las bases de los perjuicios estimados para el trabajador, a los efectos de determinar la indemnización correspondiente, o de las comunicaciones en los supuestos de discriminación por razón de origen racial o étnico, religión y convicciones, discapacidad, edad u orientación e identidad sexual, expresión de género o características sexuales. La conducta discriminatoria debe estar tipificada como infracción administrativa para que se encuentre dentro del ámbito de actuación de la ITSS (LISOS art.8.12, 9.2.d, 10 bis 2.d y 16.1.c). Este procedimiento **no está vinculado** a la extensión de acta de infracción ni a la tramitación de un procedimiento sancionador. La facultad de iniciación del procedimiento se concede a la ITSS y no a la autoridad laboral.

Requisitos de la demanda (LRJS art.149) En la demanda deben ser consignados los **requisitos generales** exigidos para las demandas de los procesos ordinarios y, en concreto: **15424**

- personas contra las que se dirige;
- condena que se pida frente a ellas según el contenido de la pretensión;
- hechos que resulten imprescindibles para resolver las cuestiones planteadas y, en concreto, aquellos que se estiman constitutivos de discriminación o de otro incumplimiento laboral.

En su caso, también deben reflejar el **acuerdo de suspensión, reducción de jornada o extinción** impugnado y la causa invocada, junto con la identificación de las partes que intervinieron en el mismo, concretando la pretensión declarativa o de condena que se pide del órgano jurisdiccional, y en caso de que proceda, los perjuicios estimados o de las bases para determinar la indemnización correspondiente, así como los datos identificativos de los trabajadores afectados y sus domicilios.
Siempre que las demandas afecten a **más de 10 trabajadores**, el letrado de la Administración de justicia debe requerirles para que designen representantes (LRJS art.19).

Admisión y tramitación de la demanda Corresponde al **letrado de la Administración de justicia** comprobar si la demanda reúne todos los requisitos exigidos y, en caso de observar en ella defectos u omisiones, advertir de los mismos a la autoridad laboral, para que se proceda a su **subsanación** en el término de 10 días. **15426**

Realizada la subsanación, admite la demanda. En otro caso, da cuenta al tribunal para que resuelva sobre su admisión.
Una vez **admitida a trámite**, continúa el procedimiento con arreglo a las normas generales con las especialidades siguientes:
a) El procedimiento se sigue de oficio, aun sin **asistencia de los trabajadores perjudicados**, a los que debe emplazar al efecto y una vez comparecidos tienen la consideración de parte, si bien no pueden desistir ni solicitar la suspensión del proceso.
b) La **conciliación** tan solo puede ser autorizada por el letrado de la Administración de justicia o, en su caso, por el juez o tribunal, cuando fuera cumplidamente satisfecha la totalidad de los perjuicios causados por la infracción.
c) Los **pactos** entre trabajadores y empresarios **posteriores al acta de infracción**, tan solo son eficaces cuando hayan sido celebrados en presencia del inspector de trabajo que levantó el acta o de la autoridad laboral.
d) Las afirmaciones de hechos que se contengan en la resolución o comunicación base del proceso harán fe, salvo prueba en contrario, incumbiendo toda la **carga de la prueba** a la parte demandada.
e) Las **sentencias** se ejecutan siempre de oficio.
Contra las sentencias cabe **recurso de suplicación** (LRJS art.191.3.f).

M. Impugnación de actos administrativos en materia laboral y de Seguridad Social no prestacionales

(LRJS art.2.n, 151 y 152)

15430 Esta modalidad procesal, análoga al recurso contencioso-administrativo, permite impugnar ante la jurisdicción social las siguientes **resoluciones administrativas** de la autoridad laboral:
• Las resoluciones administrativas **laborales** de las Administraciones públicas, como los que autorizan o deniegan la autorización en el despido colectivo por fuerza mayor y los ERTE o suspensiones colectivas por tal causa o adoptados a través del Mecanismo RED o las resoluciones **del SEPE** sobre exigencia de ingreso de aportaciones económicas en despidos colectivos que afectan a trabajadores mayores de 50 años (TS 13-10-20, EDJ 697086).
• Las **resoluciones sancionadoras** administrativas en materia laboral y sindical, por ejemplo, la sanción por incumplimiento de la obligación de cotización (TS 19-1-23, EDJ 513133), salvo las que están expresamente excluidas de la jurisdicción social (LRJS art.3) o las relativas a controversias sobre prestaciones del FOGASA (LRJS art.2.ñ).
• Los actos de las Administraciones públicas en materia de **Seguridad Social**, con excepción de los relativos a prestaciones (nº 15350 s.). Incluyéndose los relativos a potestad sancionadora, con excepción de los atinentes a encuadramiento, cotización y recaudación (LRJS art.3.f), que son competencia del orden contencioso (LRJS art.2 s.) si van acompañados de **acta de liquidación**. Siendo competencia social cuando es una mera acta de infracción (TS 20-11-18, EDJ 656120; 22-5-20, EDJ 570755; 9-12-20, EDJ 755458). Este procedimiento es el adecuado para instar la nulidad de la sanción impuesta por el INSS a un jubilado (TS 22-12-15, EDJ 253744; TSJ Madrid 25-9-17, EDJ 208346; 31-10-16, EDJ 234666).

Precisiones **1)** Cuando se trata de **sanciones en materia de Seguridad Social**, al no tratarse de la impugnación de un acto administrativo en materia laboral, sino de un acto administrativo en materia de Seguridad Social, no resulta aplicable el límite de 18.000 euros, sino que debe aplicarse el de 3.000 euros (TS 2-11-17, EDJ 237319; 12-11-19, EDJ 739613; TSJ Castilla-La Mancha 1-7-20, EDJ 645181; TSJ Madrid 6-7-20, EDJ 642505).
2) No corresponde al orden social, sino al contencioso administrativo, la impugnación de una **convocatoria** que incluye **personal laboral y funcionarial** (TSJ Madrid 5-6-23, EDJ 629495).
3) No es adecuado el procedimiento de impugnación de actos administrativos, sino el de conflicto colectivo, para la impugnación de un **concurso de traslados** de personal laboral (TS 7-9-21, EDJ 692087).

15431 **Legitimación** (LRJS art.151) La legitimación **pasiva** corresponde a la Administración o entidad pública autora del acto. La legitimación **activa** para promover el proceso, corresponde a los destinatarios del acto o resolución impugnada o quienes ostenten derechos o intereses legítimos en su revocación o anulación (TSJ Madrid 21-6-23, EDJ 639877).
También pueden comparecer como **parte en el procedimiento** y ser emplazados los empresarios y los trabajadores afectados o los causahabientes de ambos, así como aquellos terceros a los que pudieran alcanzar las responsabilidades derivadas de los hechos considerados por el acto objeto de impugnación y quienes pudieran haber resultado perjudicados por los mismos, en especial cuando se trate de enjuiciar hechos que pudieran ser constitutivos de accidente de trabajo o enfermedad profesional.

En los litigios sobre **sanciones administrativas en materia de acoso** laboral sexual o por razón de sexo, la víctima está legitimada para comparecer en el procedimiento según su libre decisión y no puede ser demandada o emplazada de comparecencia contra su voluntad. Si se requiriese el **testimonio de la víctima,** el órgano jurisdiccional ha de velar por las condiciones de su práctica en términos compatibles con su situación personal y con las restricciones de publicidad e intervención de las partes y de sus representantes que sean necesarias.
Se pueden personar los **sindicatos y asociaciones empresariales** más representativos, así como aquellos con implantación en el ámbito de efectos del litigio, y el empresario y la **representación unitaria** de los trabajadores en el ámbito de la empresa, y ser tenidos como parte en los procesos en los que tengan interés en defensa de los intereses económicos y sociales que les son propios o en su función de velar por el cumplimiento de las normas vigentes, sin que tal intervención haga detener o retroceder el curso de las actuaciones.

Precisiones Debe permitirse al demandante la **subsanación** del defecto consistente en no identificar en la demanda a todos los trabajadores que puedan resultar afectados por la impugnación de una resolución de la Administración pública de asignación de puestos de trabajo (TS 22-2-17, EDJ 15515), o por una resolución que declare la existencia de cesión ilegal imponiendo una sanción (TS 4-12-19, EDJ 785632).

Tramitación (LRJS art.151) El procedimiento iniciado por demanda en impugnación de los actos administrativos en materia laboral dirigida contra el Estado, comunidades autónomas, entidades locales u otras Administraciones u organismos públicos se rige por los principios y reglas del **proceso ordinario laboral** (nº 14550 s.), de no existir regulación especial, con las especialidades que incluye la LRJS. **15432**
En lo **no expresamente previsto** son de aplicación las normas reguladoras de la jurisdicción contencioso-administrativa, en cuanto sean compatibles con los principios del proceso social (LRJS disp.final 4ª).
A continuación se analiza, respecto del **procedimiento especial** a seguir ante el resto de órganos jurisdiccionales sociales, los siguientes aspectos:
• La **demanda** con la que se inicia el procedimiento (nº 15433).
• La **sentencia** (nº 15434) y la adopción de **medidas cautelares** para su aseguramiento (nº 15435).
Respecto del orden al **señalamiento del juicio**, reclamación del **expediente administrativo**, emplazamiento de los posibles **interesados**, congruencia con el expediente administrativo y demás aspectos relacionados se asimila a la modalidad procesal de Seguridad Social (LRJS art.143 a 145).

Precisiones El Tribunal Supremo conoce de los procesos de impugnación de actos administrativos dictados por el **Consejo de Ministros,** a través del procedimiento previsto para ello en la LRJS art.205.2.

Demanda (LRJS art.151.7) El **plazo de interposición** de la demanda es de 2 meses (LRJS art.69), de 20 días (LRJS art.70) o el expresamente señalado, en su caso, según la modalidad procesal aplicable. **15433**
La demanda debe reunir los **requisitos** generales (nº 14567), así como identificar con precisión:
- el acto o resolución objeto de impugnación;
- la Administración o entidad de Derecho público contra la que se dirija; y
- en su caso, las personas o entidades cuyos derechos o intereses legítimos pudieran quedar afectados por la estimación de las pretensiones del demandante.
En el caso de la impugnación de una resolución administrativa que desestima la solicitud de **declaración de fuerza mayor**, la empresa en su demanda no tiene que identificar a la pluralidad de trabajadores afectados, pero sí al **sindicato** que se había personado en el expediente administrativo, y al no haberlo realizado, y haberse seguido el proceso sin intervención de dicho sindicato, procede declarar la nulidad del proceso desde el momento de admisión a trámite de la demanda, con el fin de que el mencionado sindicato sea emplazado, por constituir un supuesto de **litisconsorcio pasivo necesario** (TS 20-2-23, EDJ 520923).
Aunque la resolución de la Administración no aluda a la necesidad de **agotamiento de la vía administrativa** para acceder a la vía jurisdiccional, se trata de un presupuesto procesal de orden público indisponible para las partes que debe subsanarse, en caso de no haberse cumplimentado (TSJ Burgos 28-7-20, EDJ 647423).

Sentencia (LRJS art.151) En la **valoración de la prueba** y redacción de los **hechos probados** de la sentencia el juez o tribunal ha de considerar que: **15434**
• Los hechos constatados en las **actas de infracción** por los Inspectores de Trabajo y Seguridad Social actuantes, que se formalicen observando los requisitos legales pertinentes, tienen **presunción de certeza**, sin perjuicio de las pruebas que, en defensa de los respectivos derechos e intereses puedan aportar los interesados (TSJ Galicia 27-7-20, EDJ 645727). Se trata de

una presunción *iuris tantum* y no *iuris et de iure* (TSJ Madrid 21-2-20, EDJ 564961) a la que no cabe atribuir efecto vinculante alguno y que no exime del análisis de los demás medios de prueba (TS 12-7-17, EDJ 150802).

• El **mismo valor probatorio** tienen los hechos constatados por los funcionarios a los que se reconoce la condición de autoridad, y que se formalicen en documento público observando los requisitos legales pertinentes (TSJ Sevilla 30-6-20, EDJ 656397; TSJ Aragón 29-6-20, EDJ 608185).

La sentencia ha de efectuar alguno de los **pronunciamientos** que correspondan según las pretensiones oportunamente formuladas por las partes y, en concreto:

- Declarar la **inadmisibilidad de la demanda** por carencia de jurisdicción, por no ser susceptible de impugnación el acto recurrido, haberse formulado aquella fuera del plazo establecido o cuando se aprecie la falta de cualquier otro presupuesto procesal, así como cuando se impugnen actos que sean reproducción de otros anteriores definitivos y firmes y los confirmatorios de actos consentidos por no haber sido recurridos en tiempo y forma.
- **Desestimar la demanda** cuando se ajuste a derecho el acto impugnado.
- **Estimar la demanda** si se aprecia infracción del ordenamiento jurídico, incluida la desviación de poder por haberse utilizado las potestades administrativas para fines distintos de los legalmente previstos. En este caso, la sentencia ha de declarar **no conforme a derecho el acto** impugnado y lo anulará total o parcialmente y, cuando así proceda, ha de ordenar el cese o la modificación de la actuación impugnada o imponer el reconocimiento de una determinada situación jurídica individualizada.
- En caso de **declaración de nulidad del acto** o resolución por omisión de requisitos de forma subsanables de carácter esencial que hayan ocasionado indefensión, puede disponerse la nulidad del procedimiento seguido a los solos efectos de retrotraerlo al momento de producción.

La declaración de la **caducidad del expediente**, no impide la nueva iniciación de la actuación administrativa si por su naturaleza no estuviera sujeta a un plazo extintivo de cualquier clase, sin que el procedimiento caducado tenga eficacia interruptiva de dicho plazo.

Precisiones La **presunción de certeza**, no solo alcanza a los hechos personalmente apreciados por el Inspector actuante, sino que también se extiende a los inmediatamente deducibles de aquellos o acreditados por medios de prueba referidos en el acta, como pueden ser documentos o declaraciones incorporadas a la misma, sin que se reconozca presunción de certeza a simples apreciaciones globales, juicios de valor o calificaciones jurídicas del Inspector (TSJ Madrid 21-7-20, EDJ 670144).

15435 **Medidas cautelares** (LRJS art.152) Los interesados pueden solicitar, en cualquier estado del proceso, la **suspensión del acto o resolución** administrativos recurridos y en general cuantas medidas aseguren la efectividad de la sentencia, cuando la ejecución del acto impugnado pudiera hacer perder su finalidad legítima a la demanda. Para ello se sigue el siguiente **trámite**:

• Audiencia a las partes por 3 días salvo que concurran razones de especial urgencia, en cuyo caso se puede anticipar la medida sin perjuicio de la posterior audiencia de las partes.

• Resolución por el juez o tribunal mediante auto, sobre la suspensión.

La medida cautelar puede **admitirse** si hay apariencia de buen derecho y la ejecución del acto pueda hacer perder la finalidad legitima de la demanda, valorándose los intereses en conflicto (LJCA art.130; TS auto 21-7-20, EDJ 634039; auto 16-6-20, EDJ 582092; auto 23-1-19, EDJ 508467). También puede **denegarse** cuando de esta pudiera seguirse perturbación grave de los intereses generales o de terceros que el juez o tribunal ha de ponderar de forma circunstanciada.

Sobre procedimientos de impugnación de resoluciones de la autoridad laboral sobre **paralización de trabajos por riesgo grave e inminente** para la seguridad y la salud (nº 6025 Memento Social 2026).

N. Procedimiento judicial de conflictos colectivos

(RDL 17/1977 art.25; LRJS art.153 s.)

15436 A través del proceso de conflicto colectivo se tramitan las demandas que versen sobre un conflicto colectivo, jurídico, laboral y social, o aquellas otras que establezca la Ley.

MPL nº 4690 s.

En concreto, caben demandas de conflicto colectivo para la **impugnación de la decisión empresarial** de suspensión del contrato de trabajo y de reducción de jornada por fuerza mayor y por causas ETOP.

1. Sujetos legitimados

(RDL 17/1977 art.18; LRJS art.154; ET art.87)

La legitimación en el proceso de conflicto colectivo se delimita al aspecto activo y al pasivo en relación con cualquiera de los sujetos considerados por la norma, en virtud de **tres principios**: 15440 MPL nº 4768 s.

1. Principio de **legitimación colectiva**, según el cual solo los sujetos colectivos pueden intervenir en el proceso, con la excepción de la empresa cuando el ámbito del conflicto no excede de la misma. Como consecuencia, es constitucional privar a los trabajadores individualmente considerados de la legitimación para comparecer en el proceso colectivo (TCo 74/1983; 4/1987; 65/1988; 12/2009). Se trata de un caso de legitimación colectiva cerrada, sin perjuicio de los derechos que asisten a los trabajadores individualmente considerados en los procesos individuales o plurales (TS 26-12-13, EDJ 288910).

2. Principio de **representación institucional implícita**, por el que las representaciones colectivas a las que se atribuye legitimación representan y defienden a los trabajadores y empresarios de su ámbito, estén o no afiliados o asociados (TSJ Castilla-La Mancha 5-6-15, EDJ 96081). El juego combinado del principio de legitimación colectiva y de representación institucional implícita hace posible la extensión erga omnes de los efectos de una sentencia de conflicto colectivo (TSJ Galicia 29-10-13, EDJ 296394). Así, los efectos de la sentencia también se extienden genéricamente a todos los miembros integrantes del grupo conflictual, hayan o no intervenido en el conflicto, puesto que la resolución afecta a sus componentes por ser miembros del mismo y nunca por su posición individual (TS 15-12-00, EDJ 55069). 15441

3. Principio de **correspondencia**, en virtud del cual el ámbito de actuación de las representaciones colectivas en el proceso de conflicto colectivo ha de corresponderse con el de afectación del conflicto mismo. Esto es, debe coincidir o ser más amplio, pero nunca más reducido, con lo cual se prohíbe que la decisión judicial alcance a trabajadores no representados en el proceso (TS 24-2-16, EDJ 21578; 25-1-17, EDJ 9123; 26-4-17, EDJ 96466; 7-3-18, EDJ 26825).

a. Legitimación activa

(LRJS art.154)

Están legitimados para promover procesos sobre conflictos colectivos: 15442

a) Sindicatos cuyo ámbito de actuación se corresponda o sea más amplio que el del conflicto.

b) Asociaciones empresariales cuyo ámbito de actuación se corresponda o sea más amplio que el del conflicto, siempre que se trate de conflictos de ámbito superior a la empresa.

c) Empresarios y los órganos de representación legal o sindical de los trabajadores, cuando se trate de conflictos de empresa o de ámbito inferior.

d) Administraciones públicas empleadoras incluidas en el ámbito del conflicto y los órganos de representación del personal laboral al servicio de las anteriores.

e) Asociaciones representativas de los TRADE y los sindicatos representativos de estos, siempre que su ámbito de actuación se corresponda o sea más amplio que el del conflicto; así como las empresas para las que ejecuten su actividad y las asociaciones empresariales de estas siempre que su ámbito de actuación sea al menos igual al del conflicto.

Representantes de los trabajadores (RDL 17/1977 art.18.a; LRJS art.154.a, c, d y e; LOLS art.2.2.d) La normativa vigente y los tribunales han concretado la actuación de la representación laboral como se establece en nº 15445 s. 15444

Representantes unitarios (LRJS art.154.c) Están legitimados los representantes unitarios de los trabajadores: comité de empresa, delegados de personal o comité intercentros si estuviera constituido, cuando se trate de conflictos de ámbito circunscrito a la empresa o a un ámbito inferior (centro de trabajo). 15445

Precisiones 1) Cuando la iniciativa provenga del comité de empresa, al tratarse de un órgano unitario y colegiado, precisa el **acuerdo mayoritario** de sus miembros (ET art.65.1), siendo suficiente que la demanda se presente por quienes accionan como integrantes del comité de empresa sumando la mayoría de sus miembros (TS 8-11-15, EDJ 253747; TSJ La Rioja 14-11-14, EDJ 248647). No es admisible que demande una minoría, ni tampoco el presidente sin que conste acuerdo o apoderamiento del comité (TS 4-3-15, EDJ 51854; TSJ Galicia 29-1-13, EDJ 8790); acuerdo que debe acreditarse en autos (TSJ Sta. Cruz de Tenerife 23-3-98, EDJ 68786).

2) Para que sea válida la actuación del **comité intercentros**, es preciso que se le haya atribuido expresamente esta competencia (AN 24-3-14, EDJ 43031; TS 24-2-16, EDJ 21578).

3) En virtud del principio de correspondencia, cuando el ámbito del conflicto es la empresa que tiene **varios centros o un conjunto de centros de trabajo**, no está legitimado un comité de un centro concreto, sino que debe haber un litisconsorcio activo necesario de todos los comités de empresa o delegados de personal, o bien debe demandar el comité intercentros si tiene atribuida competencia

para ello (TS 19-12-94, EDJ 10289; 24-2-16, EDJ 21578; 7-3-18, EDJ 26825), incluso aunque ese comité haya sido el negociador del convenio colectivo y solamente exista otro órgano de representación unitaria que es un delegado de personal de otro centro (TS 11-4-94, EDJ 3102). En estos casos, la falta de legitimación activa se declara aunque en los otros centros no existan representantes por no haberse celebrado elecciones (TS 30-9-08, EDJ 222459). No obstante, existe la posibilidad de completar la legitimación activa de los demandantes tras la interposición de la demanda (TS 8-4-16, EDJ 78244). Si el **demandante es un delegado sindical**, también debe observarse el principio de correspondencia, por lo que, si la empresa tiene centros de trabajo en distintas localidades, el delegado sindical demandante debería acreditar que la sección sindical de la que es representante tiene un ámbito de actuación que incluye a todos los centros (TS 21-3-95, EDJ 1926).
En otras ocasiones se ha reconocido la legitimidad para interponer conflictos colectivos a quienes tengan **representatividad suficiente en relación con el área** a la que se contrae el conflicto, como en el caso de una «agrupación de centros», de manera que la impugnación de la modificación de condiciones queda referida solamente a los centros de esa agrupación (TS 10-10-05, EDJ 197780).
En un **supuesto singular**, se ha reconocido legitimación a algunos de los comités de empresa en un conflicto en que la cuestión controvertida es si el convenio de un grupo de empresas debe considerarse convenio de empresa o de ámbito superior al de empresa (TS 10-6-02, EDJ 37401).
4) No tiene legitimación el **comité de empresa** de la **empresa usuaria** para plantear un conflicto colectivo respecto de las condiciones retributivas de los trabajadores en misión de la **ETT** (TS 27-4-04, EDJ 31842; 9-7-12, EDJ 154975).
5) La legitimación activa para impugnar un despido colectivo corresponde a la **comisión negociadora**, y no individualmente a cada uno de sus miembros. La forma de actuar de dicha comisión ha de asimilarse a la establecida para los órganos de representación unitaria de los trabajadores (TS 21-4-15, EDJ 87028).
6) No está legitimada una **comisión ad hoc** en un conflicto colectivo que solicita la declaración de la existencia de grupo de empresas y la posible integración del verdadero empresario, ya que difícilmente podrán condicionar futuras actuaciones de las referidas sociedades, teniendo en cuenta, además, que la representación de la parte trabajadora se efectúa a través de una comisión de necesario carácter temporal, lo que condiciona aún más la eficacia de la cosa juzgada material, que exige que los litigantes de ambos procesos sean los mismos (TS 21-5-15, EDJ 112579; 21-5-15, EDJ 118084).
7) El **presidente del comité de empresa** no está legitimado para impugnar un acuerdo si no acredita una previa decisión habilitante adoptada en el seno del comité (AN 19-5-16, EDJ 70454).
8) En un **grupo de empresas**, ante un conflicto de ámbito supraempresarial, los representantes unitarios de los trabajadores carecen de legitimación activa (AN 28-12-16, EDJ 257717).

15446 **Secciones sindicales** (LRJS art.154.c) Están legitimadas las secciones sindicales, en cuanto órganos de representación sindical de los trabajadores, cuando se trate de **conflictos de empresa o ámbito inferior** constituidas de conformidad con lo establecido en los estatutos del sindicato (LOLS art.8.1), tengan o no los derechos que a las secciones de determinados sindicatos se reconocen (LOLS art.8.2) y tengan o no derecho a designar delegado sindical con las prerrogativas establecidas en la ley (LOLS art.10). En cualquier caso, el ámbito de actuación de la sección debe coincidir o ser más amplio que el ámbito de afectación del conflicto. De modo que no está legitimada una sección sindical constituida en un centro de trabajo cuando el conflicto afecta a múltiples centros y a trabajadores de distintas empresas del grupo (TS 9-12-25, EDJ 793439).
Asimismo, están legitimados los **delegados sindicales** designados por la sección sindical, tengan o no dichas prerrogativas (TS 21-3-95, EDJ 1926). Pese a que en algún caso dicha legitimación no venga expresamente reseñada en la LOLS, los tribunales han apoyado la posibilidad **cualquiera que sea su índice de participación** entre los representantes del comité de empresa y aunque el número de trabajadores del centro sea inferior a 250 (TSJ Madrid 25-2-08, EDJ 45781). No obstante, es necesario acreditar el número de posibles afiliados y otros datos justificativos de una mínima implantación en el ámbito en cuestión (TS 13-10-15, EDJ 225464).

Precisiones **1)** No es equivalente la capacidad de representación a estos efectos en los sindicatos y en las secciones sindicales, circunscribiéndose la de estas al entorno en que se mueven (centro de trabajo o empresa), de modo que los **delegados sindicales** no pueden ostentar mayor cúmulo de potestades, en orden a la iniciación de los conflictos colectivos, que los órganos unitarios de representación -comités de empresa o delegados de personal- (TS 21-3-95, EDJ 1926).
2) Un **comité de centro** puede personarse en un conflicto suscitado en el establecimiento por una sección sindical, pero no en un conflicto de ámbito sectorial, o si el conflicto abarca la totalidad de los centros de la empresa (TCo 59/1983).
3) Como la **sección sindical** tiene legitimación propia para instar el proceso de conflicto colectivo, si la acción se ejercita en nombre de la sección con legitimidad en el ámbito, no hay razón que permita entender absorbida tal legitimación por la del sindicato, máxime cuando nada se ha dicho acerca de esa sustitución procesal (TS 10-10-05, EDJ 230454).

4) Se ha negado legitimación a la **sección sindical que no está autorizada por los estatutos** de su sindicato para ejercer acciones de conflicto colectivo, ya que las secciones sindicales no son sindicatos ni tienen personalidad propia ni más autonomía funcional que aquella que le venga atribuida por el propio sindicato a través de los estatutos (TSJ Málaga 3-5-07, EDJ 249129).
5) Tampoco tienen legitimación, al no ser equiparables a las secciones sindicales ni a los órganos de representación unitaria: la plataforma de representantes del personal reglamentario fijo de la Cámara de Comercio e Industria de Madrid (TS 17-2-05, EDJ 30522); el delegado de prevención (TSJ Galicia 18-7-02, EDJ 45518); los trabajadores elegidos en asamblea democrática conforme al ET (TSJ Cataluña 12-9-01, EDJ 38452); una denominada mesa de negociación permanente o los trabajadores que no estén constituidos como comité de empresa (TSJ Valladolid 29-9-03, EDJ 272563; TSJ Murcia 24-5-04, EDJ 70023).

Sindicatos (LRJS art.154.a) Están legitimados los sindicatos cuyo ámbito de actuación se corresponda o sea más amplio que el del conflicto. Sin embargo, el requisito de **correspondencia** no es suficiente, porque, aunque es posible considerar legitimados a los sindicatos para accionar en cualquier proceso en el que estén en juego intereses colectivos de los trabajadores, ello no alcanza a transformarlos en guardianes abstractos de la legalidad, por lo cual se exige la existencia de un vínculo o conexión entre el sindicato y la pretensión ejercitada (TCo 210/1994; 7/2001; 215/2001). **15447**

La jurisprudencia exige que se acredite un **vínculo especial** y concreto entre el sindicato (sus fines, su actividad, etc.) y el objeto del debate en el pleito de que se trate. El vínculo o nexo que ha de ponderarse en cada caso y que se plasma en la noción de interés profesional o económico, traducible en una ventaja o beneficio cierto, cualificado y específico derivado de la eventual estimación del recurso entablado (TS 24-6-14, EDJ 166664; 17-6-15, EDJ 136116). Esto es, la legitimación del sindicato para accionar procesos colectivos exige la concurrencia de un **doble requisito**: la suficiente implantación en el ámbito del conflicto y la existencia de un vínculo entre el sindicato y el objeto del pleito del que se trate (TS 13-10-15, EDJ 225464; 7-5-17, EDJ 115994; 20-11-19, EDJ 755528).

La vinculación concurre **en los siguientes casos**:

1. Se entiende que, cuando un sindicato reúne los requisitos de **representatividad** necesarios en el ámbito de que se trate, es evidente que posee **implantación** suficiente. Pero no al revés, porque la implantación suficiente también existe cuando posee el nivel de afiliación adecuado en el ámbito de afectación del conflicto. De otro lado, la falta de representatividad al carecer de representantes electos no excluye la implantación, que puede derivarse también del nivel de afiliaciones (TS 11-12-91, EDJ 11744; 16-12-08, EDJ 282630; 13-10-15, EDJ 225464).

2. Carece de legitimación el sindicato que ni cuenta con **sección sindical** ni con miembro alguno en los órganos de representación unitaria de los trabajadores de la empresa (TS 3-3-21, EDJ 510416). Tampoco basta con la constitución de una sección sindical sin afiliados en ese centro ni en ningún otro (TS 24-6-14, EDJ 166664), o con un solo afiliado (TS 6-6-11, EDJ 131425), o con una única sección sindical en uno de los seis centros a los que afecta el conflicto, lo cual solo prueba que cuenta con algún afiliado en la plantilla del citado centro (TS 20-3-12, EDJ 52516).

3. Debe **distinguirse** entre la **legitimación para impugnar** o para plantear un conflicto sobre la aplicación e interpretación de un convenio colectivo, cualquiera que sea su eficacia, y la **legitimación para negociarlo**, por lo que no puede negarse la legitimación activa para defender su cumplimiento por el hecho de que el sindicato no tenga legitimación para recabar su entrada en la comisión negociadora (TS 21-10-14, EDJ 237205; 11-1-17, EDJ 11106; 7-6-17, EDJ 115994). De este modo, no tiene sentido que las partes se hayan reconocido legitimación suficiente para negociar y firmar el convenio colectivo y posteriormente se les niegue legitimación para reclamar procesalmente una determinada interpretación de aquel convenio (TS 11-3-20, EDJ 558735).

4. Por lo que respecta a la **carga de la prueba**, es la parte a quien se niega la legitimación la que debe acreditar ese nivel de implantación (TS 28-11-01, EDJ 70999; 10-3-03, EDJ 11884; 16-12-08, EDJ 282630).

5. En cuanto al **tratamiento procesal** de la legitimación, la fijación del ámbito de un conflicto colectivo no puede quedar al arbitrio de las partes, que no pueden manipular sus bases para ajustarlas artificiosamente a su propia legitimación (TS 12-11-25, EDJ 775204). La afectación del conflicto colectivo está en función del objeto procesal de este, que queda determinado por la pretensión inicial en aplicación del principio dispositivo. De este modo, a diferencia de los presupuestos procesales, en el caso de la legitimación activa no cabe la **subsanación**. Tal situación, sin embargo, no es equiparable al caso de deficiencia inicial de legitimación activa con comparecencia posterior de un sindicato que sí la tiene (TS 8-4-16, EDJ 78244).

15448 Precisiones 1) Un **sindicato de comunidad autónoma** está legitimado para formular un conflicto sobre la interpretación de una norma estatal, porque el conflicto se refiere a una práctica empresarial que solamente se da en esa comunidad autónoma (TS 15-2-99, EDJ 2606). También está legitimado el sindicato que **solamente representa a una categoría** dentro de la empresa, limitando los efectos de su pretensión a los trabajadores a los que representa, aunque el ámbito de aplicación de la norma sea superior (TS 7-2-01, EDJ 2932). Ahora bien, un sindicato de técnicos y profesionales **no está legitimado** para entablar un conflicto colectivo que afecta a todos los trabajadores de la empresa (TS 19-6-00, EDJ 24413).

2) En un supuesto en que el conflicto es de **ámbito superior al de una comunidad autónoma**, se declara la falta de legitimación activa del sindicato accionante cuyo ámbito se limitaba a una sola comunidad autónoma, si bien se permite que el sindicato vuelva a plantear el conflicto limitándose a esa comunidad aceptándose una reducción del ámbito del conflicto para acomodarla al ámbito del sindicato demandante (TS 20-6-08, EDJ 155922).

3) Para formular el conflicto colectivo, el sindicato no necesita acreditar un **acuerdo específico para demandar**, ya que las decisiones de actuación jurisdiccional se han de considerar como acuerdos de gestión ordinaria, bastando la representación procesal debidamente habilitada por el órgano ejecutivo del sindicato (TS 7-2-95, EDJ 1558).

4) No tiene legitimación para interponer un conflicto colectivo por modificación colectiva de las condiciones de trabajo un **sindicato de ámbito nacional** por el simple hecho de serlo, ya que se requiere su implantación en la empresa, requisito que no reúne aquel que, de mil trabajadores, solo acredita tener un afiliado que ha constituido una sección sindical (TS 6-6-11, EDJ 131425), ni cuando la modificación afecta a centros de más de una comunidad autónoma y el ámbito del sindicato es de una sola comunidad, siendo **irrelevante que esté afiliado, federado o confederado a un sindicato más representativo** de ámbito estatal (AN 9-1-13, EDJ 2224).

5) No tiene implantación suficiente en el ámbito del conflicto el sindicato que tiene representación en **una sola empresa** con centros de trabajo en tres provincias de Andalucía, si el conflicto alcanza a más de 15 empresas en toda la comunidad autónoma (TS 10-12-25, EDJ 806780).

15449 **Representantes de los empresarios** (RDL 17/1977 art.18.b; LRJS art.154.b y c) Por parte de los empresarios, pueden instar conflicto los **sujetos** siguientes:

MPL nº 4784

1. En los conflictos colectivos de **ámbito empresarial o inferior**, el empresario o persona física o jurídica.
2. En los conflictos colectivos de **ámbito superior al de empresa**, las asociaciones empresariales cuyo ámbito de actuación se corresponda o sea más amplio que el del conflicto exigible requisito alguno de representatividad.

Precisiones 1) No está legitimada para impugnar el acta de la comisión paritaria del convenio colectivo de sector, una **empresa que no representa un interés colectiv**o de la patronal del sector, sino solo un interés particular (TS 6-10-25, EDJ 717688).

2) Se rechaza la legitimación de una **asociación empresarial** para formular conflicto colectivo por el hecho de no estar constituida con **personalidad jurídica** en el momento de constitución de la mesa negociadora del convenio colectivo que se impugna (TSJ Cataluña 17-12-01, EDJ 79961; TSJ País Vasco 28-1-03, EDJ 48253).

b. Legitimación pasiva

15453 La determinación de la legitimación pasiva no está regulada en la LRJS, aunque no suelen plantearse excesivos problemas al respecto, porque son de aplicación las mismas reglas y criterios ya vistos en relación a la legitimación activa (nº 15442).

Precisiones 1) En un conflicto sobre un **pacto extraestatuario** celebrado por tres secciones sindicales con la empresa, es preciso demandar no solo a esta, sino también a las tres secciones sindicales (TS 17-2-00, EDJ 4721).

2) En un conflicto relativo a acuerdos tomados en una **mesa de negociación permanente**, no hay que demandar a los miembros de la mesa, pero sí a los comités de empresa (TS 26-12-97, EDJ 10612).

3) En un conflicto de ámbito empresarial sobre **interpretación de una norma estatal**, no es preciso demandar a los sindicatos más representativos (TS 27-5-98, EDJ 7078) ni tampoco a los órganos de representación o al otro sindicato con implantación en la empresa (TS 11-10-93, EDJ 8941).

4) **No es exigible** demandar a las representaciones que negociaron y firmaron el convenio colectivo, a diferencia de lo que ocurre en el proceso de impugnación de convenios colectivos (TS 8-11-94, EDJ 9008), si bien en la práctica es frecuente que se demande a dichas representaciones.

5) El **litisconsorcio pasivo necesario** es apreciable de oficio y, por tanto, también si se alega por primera vez en el recurso, pues afecta al derecho a la tutela judicial efectiva (TS 11-4-02, EDJ 27121). La falta de litisconsorcio pasivo necesario comporta la nulidad de todas las actuaciones posteriores a la presentación de la demanda; por lo que deben **retrotraerse** al momento de presentación de la demanda, a efectos de que la parte pueda subsanar el defecto de falta de llamamiento al juicio de los interesados en el mismo, ampliando la demanda frente a ellos (TS 15-7-21, EDJ 646130). El incumplimiento del requerimiento de subsanación conlleva el archivo de las actuaciones (TS 22-11-23, EDJ 752364).

6) En principio, parece difícil que la **comisión paritaria** pueda defender unos intereses propios en un conflicto colectivo (TS 1-10-02, EDJ 37389), aunque también se ha afirmado que la legitimación pasiva en el proceso de conflicto colectivo no depende de la norma aplicable para resolver el conflicto, sino del objeto de este, pudiendo ser parte legítima una **organización patronal**. Las empresas no están legitimadas de forma directa en el proceso, al tratarse de un **conflicto supraempresarial**. Es, por tanto, esa representación como sujeto colectivo la que determina que la organización patronal recurrente sea parte legítima, y ello no porque sea titular directo en posición pasiva de la relación jurídica que se debate, sino porque **representa como sujeto colectivo a los empresarios** contra los que se dirige la demanda, que no pueden ser parte por sí mismos en un proceso colectivo supraempresarial (TS 20-9-10, EDJ 226265).

7) Se aprecia la excepción de falta de legitimación pasiva al considerar que el Ministerio de Defensa fue indebidamente demandado, pues el empleador del personal afectado en el conflicto es un **organismo autónomo**, con personalidad jurídica diferenciada, tesorería propia y plena capacidad jurídica para el cumplimiento de sus fines (AN 15-12-16, Proc 308/16).

8) Nunca puede demandarse a **trabajadores individuales**, aunque sean miembros de una mesa de negociación específica o puedan proyectarse sobre ellos los efectos de una sentencia (TS 22-12-00, EDJ 55091; 15-12-00, EDJ 55069; 14-6-02, EDJ 32016; 1-6-04, EDJ 63889).

9) Como ocurre con la legitimación activa, la legitimación pasiva no depende de la norma aplicable para resolver el conflicto, sino del objeto de este, de modo que, si se cuestionan las prácticas de las empresas incluidas en el ámbito de aplicación del convenio, tienen legitimación pasiva las **organizaciones patronales** (TS 20-9-10, EDJ 226265).

c. Intervención de terceros

(LRJS art.155)

La ley reconoce la **posibilidad de personarse como partes** en el proceso, aunque no hayan promovido el conflicto colectivo, a los sindicatos representativos (LOLS art.6 y 7), a las asociaciones empresariales representativas (ET art.87) y a los órganos de representación legal o sindical, siempre con la exigencia del principio de correspondencia, es decir, que su ámbito de actuación sea igual o más amplio que el del conflicto. Llama la atención que en el caso de intervención y a diferencia de la regulación expresa de la legitimación activa se exijan unas condiciones reforzadas coincidentes con el concepto estricto de **representatividad**. **15454**

Esta personación puede hacerse tanto en calidad de **demandante como de demandado** (TS 17-2-00, EDJ 4721). Se trata de un **litisconsorcio voluntario** y no necesario, por lo que no se exige la previa citación a tales sujetos, a los que se considera como interesados (TS 15-11-01, EDJ 70963; 1-6-04, EDJ 63889).

Una vez comparecido el tercero, no parece dudoso que las facultades procesales son iguales que las de las partes originarias (LEC art.13). Debe entenderse que en el **ordenamiento laboral** las facultades de los terceros intervinientes solo pueden limitarse cuando expresamente lo prevea la norma, como ocurre con en el proceso especial de protección de derechos fundamentales.

La intervención de un **sindicato más representativo y con implantación** es suficiente para considerar debidamente completada la legitimación necesaria que permite extender los efectos del conflicto a un ámbito superior (TS 8-4-16, EDJ 78244).

2. Tramitación procesal

(RDL 17/1977 art.25; LRJS art.153 s.)

La **iniciación** de este procedimiento puede hacerse por **dos vías**: **15455** MPL nº 4690 s.

- ante los tribunales laborales, por los representantes de trabajadores y empresarios debidamente legitimados (nº 15440 s.);
- a través de la autoridad laboral, que se dirige de oficio a la jurisdicción social, a instancia de los representantes de las partes implicadas. Esto significa que, aunque el procedimiento administrativo que se venía tramitando ante la autoridad laboral no ha sido derogado, solo se mantiene en cuanto a sistema al que voluntariamente pueden acudir las partes implicadas.

Su tramitación ante la jurisdicción laboral tiene carácter **urgente** y goza de preferencia sobre cualesquiera otros, salvo los de tutela de los derechos fundamentales y libertades públicas (LRJS art.159).

Precisiones El juicio puede también prepararse por petición de quien pretenda iniciar un proceso para la **defensa de los intereses colectivos** al objeto de concretar a los integrantes del grupo de afectados cuando, no estando determinados, sean fácilmente determinables. A tal efecto, el tribunal ha de adoptar las medidas oportunas para la averiguación de los integrantes del grupo, de acuerdo a las circunstancias del caso y a los datos suministrados por el solicitante, incluyendo el requerimiento al demandado para que colabore en la determinación (LRJS art.76.2).

15457 **Conciliación o mediación previas** (LRJS art.63 s., 70, 156 y 157; RDL 17/1977 art.17 s.) Es **requisito necesario** para la tramitación de este proceso el intento de conciliación o mediación ante el servicio administrativo correspondiente o ante los órganos de conciliación que se establezcan en los acuerdos interprofesionales o acuerdos marco (ET art.83.3 y 91.2º), o ante la **comisión paritaria** establecida en el convenio colectivo (ET art.85.3.e y 91.1).

En este último caso, la obligación establecida en el convenio colectivo de acudir previamente a la comisión mixta de interpretación no vulnera el derecho a la tutela judicial efectiva (TCo 60/1989; 162/1989; 217/1991; TS 14-3-94, EDJ 2288; 28-10-97, EDJ 8178; 17-2-97, EDJ 800), por lo que la falta de reclamación ante la comisión paritaria se ha considerado defecto legal en el modo de proponer la demanda (TS 6-4-22, EDJ 538241; AN 10-3-17, EDJ 43556; 14-7-17, EDJ 152023), salvo que lo que se reclame no sea en el marco de la aplicación e interpretación del convenio sino una alteración de las condiciones de trabajo llevada a cabo por la empresa, en cuyo caso es suficiente con el intento de mediación ante el SIMA (TS 17-7-14, EDJ 176288). No obstante, esta cuestión no puede acceder al **recurso de casación** (TS 17-2-03, EDJ 258487; 9-6-05, EDJ 108886).

Lo acordado en conciliación o mediación tiene, según su naturaleza, la misma eficacia que la atribuida a los **convenios colectivos estatutarios**, siempre que las partes estén legitimadas y adopten el acuerdo conforme a los requisitos exigidos en la norma (TS 29-11-05, EDJ 230461; 13-10-95, EDJ 6854; 30-1-97, EDJ 229). De este acuerdo se envía copia a la autoridad laboral. De no reunirse estos requisitos, el acuerdo solamente puede considerarse como un **convenio extraestatutario**, que obliga únicamente a los firmantes y no a todos los potencialmente incluidos en su ámbito de aplicación (TS 4-12-00, EDJ 67108; 26-9-02, EDJ 37383; 13-10-95, EDJ 6775). En todo caso, lo acordado en conciliación no puede contravenir las estipulaciones de un convenio colectivo (TS 12-3-02, EDJ 10165).

En el caso de los **TRADE**, el acuerdo alcanzado tiene la eficacia correspondiente a los acuerdos de interés profesional (nº 831 Memento Social 2026).

La **impugnación** del acuerdo no se halla sometida a los plazos de caducidad, pues el cauce adecuado es el del proceso de impugnación de convenios colectivos (TS 15-7-97, EDJ 21257; 15-12-97, EDJ 10595).

No es precisa la **reclamación administrativa previa** en el caso del Estado, comunidades autónomas, entidades locales u organismos autónomos dependientes de los mismos (TS 29-12-99, EDJ 43452; TSJ Extremadura 9-3-07, EDJ 93406).

El planteamiento del conflicto ante la **autoridad laboral** como conflicto colectivo constituye intento de conciliación o mediación a estos efectos y es la propia autoridad laboral la que, si no hay acuerdo en conciliación o mediación ni acuerdo de someterse a un arbitraje voluntario, ha de remitir las actuaciones practicadas, con su informe, a la Sección de lo Social del Tribunal de Instancia para que se sustancie el procedimiento que se expone a continuación.

Precisiones **1)** La comunicación de la autoridad laboral debe contener la designación general de los trabajadores y empresas afectadas por el conflicto, así como una referencia sucinta a los fundamentos jurídicos de la pretensión formulada. Es decir, **idénticos requisitos** a los exigidos en la **demanda**, puesto que la ausencia de estos determina la nulidad de actuaciones (TS 22-7-15, EDJ 131418).

2) No es obligatorio para la tramitación del proceso de conflicto colectivo el intento de conciliación o mediación previa previsto en el convenio colectivo ante la comisión paritaria cuando la discrepancia **excede del ámbito interpretativo** del convenio (TS 17-7-14, EDJ 176288). No obstante, si está dentro de ese ámbito, la comisión paritaria debe conocer y resolver extrajudicialmente las cuestiones derivadas de su aplicación e interpretación del convenio (TSJ Sevilla 28-5-15, EDJ 13774; TSJ Cataluña 4-12-15, EDJ 258145).

3) El acuerdo alcanzado en conciliación solo puede tener **eficacia jurídica normativa y personal general** si la avenencia alcanzada lo es entre quien ejercita activamente la acción colectiva y quien o quienes pueden y deben soportar sus resultados (TS 20-6-11, EDJ 166990). Sin embargo, un acuerdo alcanzado entre quienes ocupan la misma posición procesal, con exclusión de la parte litigante contraria, no hace que desaparezca el interés legítimo de la parte actora ni, por lo tanto, el **objeto del proceso** (TS 20-4-17, EDJ 5848).

4) No procede el archivo de actuaciones cuando el acta de intento de conciliación previa se presenta por el trabajador **trascurrido el plazo** otorgado al efecto, ya que debe prevalecer el principio pro actione para no vulnerar el derecho a la tutela judicial efectiva (TS 11-7-23, EDJ 633982).

15459 **Competencia** (LRJS art.2.g y h, 6, 7.a, 8, 10.2.h y 11.1.a, 2 y 3; LOPJ art.67.1º) El orden social es competente para conocer de las cuestiones que se promuevan en procesos de conflictos colectivos, así como sobre impugnación de laudos arbitrales de naturaleza social, incluidos los dictados en conflictos colectivos.

La **competencia funcional** para conocer en instancia del proceso de conflicto colectivo se distribuye entre las secciones de lo social de los tribunales de instancia, las salas de lo social de los tribunales superiores de justicia y la Sala de lo Social de la Audiencia Nacional, de acuerdo con el ámbito territorial del conflicto. Tanto las secciones de los tribunales de instancia como las mencionadas salas actúan como **órganos de instancia** en el proceso de conflicto colectivo. Es competente la **Sección de lo Social del Tribunal de Instancia** cuando el conflicto colectivo tenga un ámbito territorial no superior al de su circunscripción. Es competente la **Sala de lo Social del Tribunal Superior de Justicia** cuando el conflicto extienda sus efectos a un ámbito territorial superior al de la Sección del Tribunal de Instancia, pero no superior al de la comunidad autónoma correspondiente a ese Tribunal Superior de Justicia; finalmente, es competente la **Sala de lo Social de la Audiencia Nacional** cuando el conflicto extienda sus efectos a un ámbito superior al de una comunidad autónoma.

Como se ha visto (nº 15444 y nº 15447), la concreción del ámbito del conflicto tiene relevancia para decidir quién está legitimado activamente, y también es trascendente para determinar la competencia objetiva para conocer del conflicto.

La competencia para conocer de una demanda de conflicto colectivo no deriva del alcance de la norma o decisión que se trata de interpretar o aplicar, sino del área a la que se contrae el conflicto (TS 7-2-01, EDJ 2932; 20-9-07, EDJ 184460; 9-12-21, EDJ 782465; 19-3-24, EDJ 524105; 26-2-25, EDJ 520118). Es decir, se determina por la **afección territorial** del mismo (TS 14-7-97, EDJ 5403; 21-7-09, EDJ 205407; 30-6-16, EDJ 111965; 9-12-25, EDJ 793420). De modo que, si el conflicto colectivo afecta exclusivamente a trabajadores de una empresa que opera dentro de una única comunidad autónoma, la competencia para conocer del conflicto corresponde a la Sala de lo Social del Tribunal Superior de Justicia de dicha comunidad autónoma, y no a la Audiencia Nacional, aunque la norma aplicable tenga un ámbito territorial más amplio (TS 12-5-25, EDJ 587128). Es este criterio el que ha de tomarse en cuenta tanto para la legitimación activa como para la competencia objetiva.

Los órganos jurisdiccionales pueden apreciar su **falta de jurisdicción o de competencia internacional**, o se pueden estimar incompetentes para conocer de la demanda por razón de la **materia, del territorio o de la función**. En tales casos previa audiencia de las partes y del Ministerio Fiscal en el plazo común de 3 días, han de dictar un **auto** donde se declare tal circunstancia, previniendo al demandante ante quién y cómo puede hacer uso de su derecho. Esta misma declaración han de realizarla cuando aprecien su falta de jurisdicción o incompetencia en el momento de **dictar sentencia**, absteniéndose de entrar en el conocimiento del fondo del asunto.

La **competencia judicial internacional** (si el litigio debe ser conocido por los órganos judiciales españoles o extranjeros) no se suele plantear en los conflictos colectivos, aunque lo ha sido en algún caso (TS 20-4-15, EDJ 86986).

Si la acción ejercitada afectada por tal declaración estuviese sometida a **plazo de caducidad**, se entiende suspendida desde la presentación de la demanda hasta que el auto que declare la falta de jurisdicción o competencia sea firme.

Contra el **auto** en el que se declare:

- la **falta de jurisdicción o de competencia**, pueden ejercitarse los siguientes recursos: si lo ha dictado la Sección de lo Social del Tribunal de Instancia, recurso de reposición, y contra el auto que lo resuelve, recurso de suplicación (LRJS art.5 y 191.4.a); si lo ha dictado una Sala de lo Social del Tribunal Superior de Justicia o de la Audiencia Nacional, recurso de reposición y de casación ordinaria (LRJS art.206.2);
- la **jurisdicción y competencia del órgano de la jurisdicción social**, tal cuestión puede suscitarse de nuevo en el juicio y, en su caso, en el recurso ulterior. La competencia se determina por la pretensión y su ámbito aplicativo, no por la legitimación, que ha de resolverse en sentencia de instancia y no en casación frente al auto (TS 16-2-16, EDJ 58369).

Precisiones 1) Es competente el orden social para conocer de una demanda de conflicto colectivo cuyo objeto consiste en pedir el **cumplimiento por parte de una comunidad autónoma** de lo pactado en un convenio colectivo (TS 3-3-11, EDJ 26082).

2) No es competente el orden social para conocer un conflicto colectivo que afecta a la **Administración Pública** como empleadora y a funcionarios públicos, ya que su conocimiento corresponde al orden contencioso-administrativo (AN auto 4-7-16, EDJ 117163), al igual que los conflictos relacionados con los destinatarios de las ayudas sociales a la minería del carbón (AN 2-12-16, Proc 264/16) o al fomento de la formación investigadora y docente del profesorado universitario (TS 6-11-18, EDJ 646149).

3) La **sede de los centros de trabajo** puede servir de base para determinar la competencia objetiva del órgano que ha de conocer en la instancia de los procesos de conflicto colectivo, pero lo relevante es el **alcance territorial de los efectos** del conflicto, que puede coincidir o no con el criterio de la ubicación de los centros de trabajo (TS 8-4-25, EDJ 553534).

Una vez establecida la competencia funcional -clase de órgano que conoce en la instancia de un conflicto-, hay que determinar la **competencia territorial** -dentro de esa clase de órgano, a los de qué territorio les corresponde conocer-. Entre las secciones de lo social del tribunal de instancia, es competente el de la circunscripción donde se produzcan los efectos del conflicto. **15461**

Entre las salas de lo social de los tribunales superiores de justicia, es competente aquella en cuya circunscripción se produzcan los efectos del conflicto y, si estos se extendieran a varias salas de un mismo tribunal superior de justicia, ha de estarse a lo que dispongan las reglas de reparto aprobadas por la Sala de Gobierno del propio Tribunal.

15462 Precisiones 1) Corresponde a la **Sala de lo Social de la Audiencia Nacional** la competencia objetiva en los siguientes **supuestos**:
- cuando se plantee una discrepancia en torno a la **interpretación general de una norma** convencional preexistente, de aplicación en todo el Estado (TS 7-2-97, EDJ 797; 5-6-97, EDJ 4767; AN 3-7-19, EDJ 652063);
- cuando el conflicto se suscita en el **centro de trabajo** de una empresa de ámbito nacional y la resolución judicial que se dicte pueda afectar al personal de otras provincias, y no existen datos que obliguen a concluir que la actuación de la empresa sea distinta en unos y otros centros (TS 15-6-94, EDJ 5362; 14-1-97, EDJ 332; 18-3-97, EDJ 1369; 20-6-01, EDJ 16122).
- cuando el conflicto versa sobre la **vulneración del derecho de huelga** por la realización de una serie de actos empresariales que han tenido lugar en un ámbito superior al de la comunidad autónoma (TS 29-5-07, EDJ 68266);
- para conocer de los conflictos colectivos que afectan a **varias comunidades autónomas** (TS 16-9-15, EDJ 192736; 5-12-19, EDJ 770178), aun cuando el acuerdo impugnado sea un **pacto extraestatutario** que no fue negociado por la representación social de todos los centros de trabajo, ya que se admite la aceptación tácita de este tipo de acuerdos por quien no los rechaza cuando le son ofrecidos y acepta su aplicación (TS 22-12-10, EDJ 340131), siendo irrelevante si son centros de trabajo o **corresponsalías** (TS 13-1-21, EDJ 501342). Pero no tiene competencia si el conflicto colectivo afecta a trabajadores de centros de trabajo ubicados en diferentes CCAA, que se rigen por **convenios colectivos distintos** con ámbitos territoriales autonómicos diferentes, y la pretensión requiere la aplicación de ambos convenios para su resolución (AN 23-7-25, EDJ 648655);
- cuando la pretensión se funda en una **norma de ámbito nacional** (un convenio colectivo nacional) que podría afectar a una **empresa de ese ámbito**, en tanto no quede acreditada la reducción de la controversia a un único centro de trabajo (TS 6-7-13, EDJ 151886; 18-6-19, EDJ 646270).

2) Se ha apreciado la competencia de las **salas de los tribunales superiores de justicia** y no de la Audiencia Nacional cuando la controversia no supera el ámbito de la comunidad autónoma (TS 6-7-94, EDJ 5829; 22-12-95, EDJ 24608; 13-3-02, EDJ 10166; 22-12-15, EDJ 270326; 11-10-18, EDJ 620784).

3) La competencia en el conflicto que afecta a un grupo de trabajadores que prestan servicios en **un solo buque** corresponde a los juzgados de lo social -actualmente, Sección de lo Social del Tribunal de Instancia- y no a la Audiencia Nacional, ya que el buque tiene la consideración de centro de trabajo, salvo que se tratase de varios buques radicados en diferentes comunidades autónomas (TS 21-2-01, EDJ 2941; 15-2-94, EDJ 1309). Si el conflicto afecta a una empresa naviera que opera en **diferentes puertos** españoles distintos al de la comunidad autónoma donde están inscritos los buques, se debe entender que el conflicto extiende sus efectos a varias comunidades autónomas con lo que es competente la Audiencia Nacional (TS 8-2-07, EDJ 7453).

4) La Sala de lo Social de la Audiencia Nacional es la competente para conocer de un conflicto colectivo que afecta tanto a la comunidad autónoma del **País Vasco como a Navarra**, aunque en esta última la huelga hubiese sido desconvocada, por cuanto desde el anuncio del preaviso, convocatoria y hasta su desconvocatoria, hubo consecuencias propias del ejercicio del derecho del derecho de huelga y efectos que pudieran provocar su repercusión o afectación (TSJ País Vasco 24-4-12, EDJ 96905).

5) Corresponde la competencia al Juzgado de lo Social -actualmente, Sección de lo Social del Tribunal de Instancia- cuando el ámbito del conflicto corresponde a un solo centro de trabajo (TS 6-2-09, EDJ 16978); o cuando los trabajadores afectados por el conflicto colectivo están adscritos a un centro de trabajo fijo, pero se desplazan a lo largo del territorio de una comunidad autónoma para desarrollar su actividad (TS 9-4-25, EDJ 560010); o para conocer de una demanda sobre vulneración del derecho fundamental de huelga cuando el ámbito territorial de esta no sobrepasa la comunidad autónoma, siendo indiferente que los miembros del comité de huelga afectados ostenten una representatividad inicialmente nacional (TS 22-1-13, EDJ 10516).

6) Respecto al **personal que presta servicios fuera de España** adscrito a Madrid, son competentes los juzgados de lo social -actualmente, Sección de lo Social del Tribunal de Instancia- y no la Audiencia Nacional (TS 9-7-93, EDJ 6924; 20-12-16, EDJ 255274; 30-3-17, EDJ 37154).

7) La determinación de la competencia objetiva o territorial para conocer de un conflicto colectivo viene dada por los **límites reales** de la cuestión debatida y no por los **límites potenciales** que pudieran existir, pero sin realidad actual, como sucede en caso de cesión ilegal de mano de obra en un centro de trabajo concreto de los varios que tiene la empresa (TS 25-10-04, EDJ 160155), o en el caso de dos centrales nucleares a las que se deben aplicar las **mismas jornadas** especiales durante su recarga, aunque en una de ellas esta aún no se haya llevado a cabo (TS 21-6-22, EDJ 621446).

Demanda (LRJS art.157) El proceso se inicia mediante demanda dirigida al tribunal competente por los sujetos legitimados, que **debe contener**, además de las exigencias generales, lo siguiente: 15466 MPL nº 4812

a) Designación general de los **trabajadores y empresas afectados por el conflicto**, y cuando se formulen pretensiones de condena que, aunque referidas a un colectivo genérico, sean susceptibles de determinación individual ulterior sin necesidad de nuevo litigio, exigiendo que en tal caso se consignen en la demanda los datos, características y requisitos precisos para una posterior individualización de los afectados por el objeto del conflicto y el cumplimiento de la sentencia respecto de ellas.

b) Designación concreta del **demandado o demandados**, con expresión del empresario, asociación empresarial, sindicato o representación unitaria a quienes afecten las pretensiones ejercitadas.

c) Referencia sucinta a los **fundamentos jurídicos** de la pretensión formulada.

d) Pretensiones interpretativas, declarativas, de condena o de otra naturaleza, concretamente ejercitadas según el objeto del conflicto.

Debe acompañarse **certificación** de haberse intentado **conciliación o mediación previa** o alegación de no ser necesaria.

Pretensión ejercitada Respecto a cómo debe plantearse el **suplico** de la demanda en esta modalidad procesal, debe recordarse lo mencionado en cuanto a la imposibilidad de plantear acciones de simple consulta que no impliquen un interés actual y un conflicto presente. 15467

Es posible que la demanda de conflicto colectivo contenga **pretensiones de condena**, ya sea en relación a intereses indivisibles o divisibles. Ahora bien, si se interesa una pretensión de condena, particularmente en caso de intereses divisibles, es imprescindible que se consignen los datos, características y requisitos precisos para una posterior individualización de los afectados por el objeto del conflicto, ya que de otro modo podría perjudicarse la estimación de la demanda en los términos condenatorios interesados y/o su posterior ejecución.

Para el ejercicio de acciones colectivas de **impugnación** de las decisiones empresariales de **modificación sustancial de las condiciones de trabajo**, es aplicable el **plazo de caducidad** de 20 días (TS 21-2-97, EDJ 1362; 14-3-97, EDJ 1823; 29-5-18, EDJ 109150; 11-12-24, EDJ 785060). Dicho plazo actúa incluso en el caso de que el empresario no cumpla los **requisitos formales** que legalmente exige ese tipo de decisión (TS 2-6-17, EDJ 115997). En cuanto a su cómputo, ver nº 15306.

Los **procesos individuales** pendientes de resolución o que puedan plantearse, que versen sobre idéntico objeto o en relación de directa **conexidad** con el **proceso de conflicto colectivo**, quedan en suspenso durante la tramitación del mismo, incluso durante la tramitación de los recursos de suplicación y casación (LRJS art.160.3). A pesar de que la jurisprudencia parece seguir sosteniendo que no existe litispendencia, admite la **suspensión** de procesos (TS 24-2-14, EDJ 42914; 15-7-14, EDJ 143142). Sin embargo, entiende que no existe interconexión entre dos conflictos planteados, por ejemplo, si el primero de ellos se refiere al complemento o plus de antigüedad y el segundo se plantea en relación con el salario base y su posible compensación o absorción (TS 29-6-10, EDJ 153369).

Además, la iniciación del proceso de conflicto colectivo interrumpe la **prescripción** de las acciones individuales en igual relación con el objeto del referido conflicto (LRJS art.160.4). En consecuencia, la tramitación de un proceso de conflicto colectivo no solo **paraliza** el trámite de los individuales ya iniciados sobre el mismo objeto, sino que sirve para **interrumpir la prescripción** de las acciones pendientes de ejercitar (TS 18-12-14, EDJ 253966; 5-6-14, EDJ 106581; 18-2-15, EDJ 31731; 16-3-21, EDJ 515203). La eficacia de la sentencia de conflicto colectivo para interrumpir la prescripción de las reclamaciones individuales de cantidad se limita al año inmediatamente anterior a la fecha de presentación de la demanda colectiva (TS 4-6-13, EDJ 142897).

Es poco frecuente que el **litisconsorcio pasivo necesario** venga impuesto por una norma legal expresa, sino que en la mayoría de las ocasiones viene impuesta por una regla de formación jurisprudencial, según la cual es necesario extender la demanda a todas aquellas personas o entidades a las que pueda afectar lo decidido en el proceso, por ejemplo a las secciones sindicales firmantes del pacto que se impugna (TS 7-2-00, EDJ 4721), o a todas las empresas a las que es de aplicación el convenio colectivo en cuestión (AN 26-6-17, EDJ 142673). Hay que tener en cuenta también que en el proceso colectivo no hay por definición litisconsorcio pasivo necesario de los **trabajadores individuales**, cuyos intereses se consideran debidamente representados en el proceso a través de las organizaciones sindicales u órganos unitarios de representación (TS 28-3-00, EDJ 11048).

El proceso de conflicto colectivo tiene **carácter urgente** y goza de preferencia en su tramitación sobre cualesquiera otros, salvo los de tutela de los derechos fundamentales y libertades

públicas (LRJS art.159). El **mes de agosto** y los días que median **entre el 24 de diciembre y el 6 de enero** del año siguiente, ambos inclusive, son hábiles para su tramitación, tanto durante la instancia como durante el recurso y durante la ejecución de la sentencia (LRJS art.43.4) (TS auto 17-1-02, EDJ 130071; 13-3-02, EDJ 128577; 20-4-04, EDJ 17917).
Los **plazos** son **más breves** que en el proceso ordinario: 5 días para la citación a juicio y 3 días para dictar sentencia.

Precisiones **1) No puede acumularse** un conflicto colectivo con una impugnación de convenio colectivo (TS 10-5-95, EDJ 2532; TSJ C. Valenciana 17-10-17, EDJ 310365). Tampoco con la vulneración de derechos fundamentales (AN 16-4-24, EDJ 545864).
2) Sí cabe alegar en un proceso de conflicto colectivo la **vulneración del derecho de libertad sindical** (TS 21-3-95, EDJ 1926; 18-7-02, EDJ 32093).
3) La **pretensión de nulidad** de algún precepto del convenio colectivo es propia del proceso de impugnación de convenios colectivos y no del proceso de conflicto colectivo (TS 12-2-96, EDJ 279; TSJ Madrid 10-5-15, EDJ 105815).
4) La demanda de conflicto colectivo solicitando la aplicación del convenio colectivo a los trabajadores temporales contratados en una empresa, interrumpe la prescripción de las acciones individuales en solicitud de indemnización por **vulneración del derecho fundamental** de igualdad retributiva (TS 30-1-24, EDJ 505360; 14-1-25, EDJ 501784; 7-5-25, EDJ 574504).

15469 **Acto del juicio** (LRJS art.160.1) El acto del juicio se celebra en única convocatoria, dentro de los 5 días siguientes a la admisión de la demanda.
MPL nº 4832 s.
El silencio establecido al respecto no impide que sea posible la **conciliación judicial** en caso de plantearse. Al igual que la conciliación o mediación extrajudicial en el conflicto colectivo, la conciliación judicial tiene la misma **eficacia**, según su naturaleza, que los convenios colectivos, pero a condición de que las partes que concilian tengan legitimación y quorum necesario, además de que se cumplan las formalidades de escritura y publicación (ET art.82; LRJS art.157.2; TS 13-10-95, EDJ 6854; 30-1-97, EDJ 229; TSJ Murcia 21-12-12, EDJ 309551). Ver nº 15457.
La posible impugnación de la conciliación alcanzada en sede judicial ha planteado el problema de la **caducidad de la acción**. Es decir, si debe considerarse una conciliación judicial concluida con avenencia, en cuyo caso la acción para impugnar su validez caduca a los 30 días; plazo que, para los posibles perjudicados, cuenta desde que conocieran el acuerdo (LRJS art.84.6); o si tiene valor de convenio colectivo, para cuya impugnación no se establece plazo alguno de caducidad.
Para solventar tal duda debe atenderse a la **calidad de las partes** que alcanzan el acuerdo, ya que, tanto si se produce antes del proceso como en sede judicial, lo acordado en conciliación o mediación tiene, según su naturaleza, la misma eficacia atribuida a los convenios colectivos, siempre que las partes que concilien ostenten la legitimación y adopten el acuerdo conforme a los requisitos exigidos (LRJS art.156.2). De este modo, si el acuerdo se alcanza en sede judicial por quienes tenían **legitimación negociadora** para el convenio colectivo, para impugnar el acto de conciliación están legitimadas las mismas personas, físicas o jurídicas que fueron parte en el proceso y negociaron el acuerdo, aunque no lo firmaran, así como terceras personas que se vieran afectadas por lo convenido, pero no los trabajadores representados por los negociadores del acuerdo, por cuanto los mismos no tienen la condición de terceros legitimados para impugnar convenios colectivos (TS 16-2-17, EDJ 27133). Por el contrario, si el **acuerdo no se suscribe** con las condiciones indicadas, puede ser recurrido en el plazo indicado más arriba.
Además de las formas normales de **terminación del procedimiento**, si las partes comunican al tribunal antes de que dicte sentencia que se ha solventado el conflicto, el procedimiento se archiva por el LAJ (LRJS art.162). No hay **requisitos formales** para realizar esta comunicación. Parece que, el precepto se refiere a la presentación antes de que recaiga sentencia en la instancia, porque si se hiciera en vía de recurso, el archivo de las actuaciones produciría la firmeza de la sentencia de instancia. En este caso, sería recomendable realizar una **transacción** para que fuera homologada por el tribunal que conoce del recurso -tribunales superiores de justicia o Tribunal Supremo- (LEC art.19; LRJS art.162).
También puede terminar el proceso por **allanamiento** de la empresa a la demanda sin que se alegue ni acredite fraude ni perjuicios para terceros, así como para el interés general (AN 29-3-17, EDJ 39561).

15471 **Sentencia** (LRJS art.160.2, 3, 4 y 5) La sentencia se dicta dentro de los 3 días siguientes.
MPL nº 4840 s.
De manera correlativa a la forma en que se articula la pretensión, la sentencia **estimatoria** puede contener tanto un pronunciamiento declarativo como de condena, y a su vez este último puede ir referido a un interés indivisible o divisible. Para que una sentencia condenatoria con interés divisible sea ejecutable, **debe contener**, en su caso, la concreción de los datos, características y requisitos precisos para una posterior individualización de los afectados por el

objeto del conflicto y beneficiados por la condena, y especificar la repercusión directa sobre los mismos del pronunciamiento dictado. Es decir, el **fallo colectivo** debe referirse a una obligación con todos los elementos necesarios para que quede determinada y pueda hacerse efectiva mediante la ejecución, elementos que se refieren tanto al plano subjetivo como objetivo. Solo cuando concurren esos elementos existe una condena que puede ser ejecutada (TS 28-3-12, EDJ 131564; 26-6-12, EDJ 195802; 15-11-12, EDJ 284093; 7-10-15, EDJ 221037; 27-9-18, EDJ 613554).
A efectos de determinar desde cuándo puede solicitarse la efectividad del pronunciamiento de un conflicto colectivo, la doctrina judicial ha defendido que las de conflicto colectivo son, normalmente, sentencias declarativas y, por tanto, despliegan sus **efectos** desde que se dictan (*ex tunc*) (TS 17-5-18, EDJ 98220; TSJ Galicia 28-4-11, EDJ 98625; TSJ Las Palmas 18-9-14, EDJ 230805).
La sentencia firme produce **efectos de cosa juzgada** sobre los procesos individuales pendientes de resolución o que puedan plantearse, que versen sobre idéntico objeto o en relación de directa conexidad con aquel, tanto en el orden social como en el contencioso-administrativo (TS 5-12-05, EDJ 230446; 10-6-13, EDJ 127618; 15-7-14, EDJ 143142; 28-11-17, EDJ 262776); y se trata de una prejudicialidad cuasi-normativa, al definir tal sentencia el sentido en que se ha de interpretar o la forma en que se ha de aplicar la norma discutida (TSJ Madrid 15-9-23, EDJ 691884). Existe cosa juzgada cuando se pretende una decisión sobre la que ya existió sentencia desestimatoria, resultando intrascendente que no hubiese sido parte entonces la ahora recurrente (TS 28-5-07, EDJ 68259).
La **suspensión** se ha de acordar aunque hubiese recaído sentencia de instancia y lo que estuviese fuera pendiente el recurso de suplicación y de casación. El tribunal correspondiente queda vinculado por la sentencia firme recaída en el proceso de conflicto colectivo, incluso aunque en el recurso de casación unificadora no se hubiese invocado aquella como sentencia contradictoria.
No cabe apreciar **litispendencia** entre dos procesos entre los mismos colectivos y respecto del mismo convenio colectivo, si el objeto litigioso en ambos procesos es diferente (TS 30-5-07, EDJ 70551; AN 7-10-19, EDJ 716970; TSJ Asturias 10-7-15, EDJ 180513), para ello sería necesario que la pretensión coincida con un procedimiento previo (TS 11-7-19, EDJ688618).
Las sentencias definitivas deben ser **inscritas**, cuando proceda, en el Registro de convenios colectivos que corresponda (RD 713/2010 art.2.3.b), y ha de **notificarse** a la autoridad laboral cuando haya sido incoado por ella.

Precisiones **1)** No es posible aplicar el **efecto de cosa juzgada** de un proceso de conflicto colectivo a conflictos individuales posteriores cuando han **sobrevenido** hechos que impiden su aplicación, como es un cambio de criterio jurisprudencial (TS 24-9-20, EDJ 676249).
2) Lo resuelto en una sentencia de conflicto colectivo no puede eludirse por el hecho de que exista otro **pronunciamiento firme anterior** que pueda perjudicar a quienes se anticiparon en su reclamación individual, pues su aplicación se extiende a todos ellos con categoría de norma (TS 8-9-20, EDJ 662505).

Ejecución provisional (LRJS art.303.1) Las sentencias recaídas en los procesos de conflictos **15471.2**
colectivos son ejecutivas desde que se dictan, según la naturaleza de la pretensión reconocida, no obstante el recurso que contra ellas pudiera interponerse y sin perjuicio de las limitaciones que pudieran acordarse para evitar perjuicios de imposible o difícil reparación. Es decir, la ejecutividad provisional debe decidirse en cada caso concreto en atención a las **circunstancias concurrentes**.
Cabe la ejecución provisional de una sentencia que decide conflicto colectivo relativo a la forma en que debía convocarse y cubrirse por el turno libre los puestos vacantes de personal laboral en una administración (TS 5-7-16, EDJ 140295). Al igual que ocurre con la ejecución definitiva, no puede ejecutarse provisionalmente una sentencia de conflicto colectivo, que establece una obligación de hacer, cuando no contiene los **datos, características y requisitos**, que permitan su individualización (AN auto 14-7-17, EDJ 152026). En todo caso, contra las decisiones dictadas en el seno de la ejecución provisional solo procede el **recurso** de reposición, salvo cuando en el auto se adopte materialmente una decisión comprendida fuera de los límites de la ejecución provisional o se declare la falta de jurisdicción o competencia del orden jurisdiccional social en que proceda recurso de suplicación o, en su caso, de casación ordinaria (TSJ Castilla-La Mancha 24-4-17, EDJ 94832).

Ejecución definitiva (LRJS art.247) Las sentencias recaídas en procesos de conflictos colecti- **15472**
vos estimatorios de pretensión de condena relativas a un interés indivisible son ejecutadas por los trámites generales de la ejecución. Por el contrario, si se trata de intereses divisibles

y susceptibles de ejecución individual (nº 15471), pueden ser objeto de **ejecución definitiva** conforme a las reglas generales de esta, con las **especialidades siguientes**:

a) El proceso de ejecución se inicia mediante escrito por los sujetos legitimados.

b) Están **legitimados** en nombre propio o en el de los afectados por el título ejecutivo:

• El empresario o los representantes legales o sindicales de los trabajadores en los conflictos de empresa o de ámbito inferior.

• Las asociaciones patronales o los sindicatos afectados en los conflictos de ámbito superior a la empresa.

Los **órganos unitarios** de la empresa contra la que se interponga la ejecución, así como la empresa frente a la que se inste la misma, están legitimados en este proceso de ejecución aunque no hayan sido parte en el procedimiento previo de constitución del título ejecutivo. En todo caso, los **sindicatos** más representativos y los representativos, las asociaciones empresariales representativas y los órganos de representación legal o sindical de los trabajadores pueden personarse como partes en la ejecución **aunque no hayan sido parte** en el procedimiento previo de constitución del título ejecutivo, siempre que su ámbito de actuación se corresponda o sea más amplio que el del conflicto. El **FOGASA** es siempre parte en estos procesos.

El sindicato debe **acreditar la autorización** para instar o adherirse al proceso de ejecución respecto a sus afiliados en la forma general establecida para su actuación en un proceso (LRJS art.20). Con relación a los **no afiliados**, lo ha de acreditar mediante autorización documentada ante cualquier órgano judicial o de mediación o conciliación social o ante la persona expresamente autorizada por el propio sindicato, haciendo constar esta bajo su responsabilidad la autenticidad de la firma del trabajador en la autorización efectuada en su presencia y acompañando los documentos de acreditación oportunos. Este último sistema de acreditación se aplica en caso de que, quien inste la ejecución, sea un **órgano de representación unitaria** de los trabajadores.

c) El LAJ, comprobada la legitimación activa de los ejecutantes y que el título ejecutivo es susceptible de ejecución individual, requiere a la parte ejecutada para que, tratándose de **ejecución pecuniaria**, en el plazo de un mes, que puede prorrogarse por otro mes cuando la complejidad del asunto lo exija, en relación a cada uno de los trabajadores en cuya representación se inste la ejecución, cuantifique individualizadamente la deuda y proponga, en su caso, una fórmula de pago.

15473 **d)** Si el ejecutado cumple el requerimiento, el LAJ insta a la parte ejecutante para que **manifieste su conformidad o disconformidad** con los datos proporcionados, así como sobre la propuesta de pago, en el plazo de un mes, que puede prorrogarse por otro mes cuando lo requiera la complejidad del asunto.

Si la empresa **cumple el requerimiento**, da traslado a la parte contraria para que manifieste su conformidad y, caso de aceptarse, dicta resolución recogiendo los términos de la conformidad total o parcial, incluido los intereses si proceden, quedando la empresa exenta del abono de costas.

Si la empresa **no cumple el requerimiento** y se opone formalmente a la ejecución, en todo o en parte, o los ejecutantes no aceptan, en todo o en parte, la propuesta de la empresa, se convoca a las partes en el plazo de 5 días para vista incidental.

Para concretar, en su caso, si los solicitantes están afectados por el título y las cantidades líquidas individualizadas objeto de condena, las partes deben aportar **prueba pericial o de expertos**, o la proposición de una prueba conjunta de dicha clase, o encomendarle al órgano judicial el nombramiento de un perito o de un experto a tal fin. El juez o tribunal ha de **dictar auto** en el que, previa resolución de las causas de oposición que hubiese formulado la parte ejecutada, ha de resolver si, según los datos, características y requisitos establecidos en el título ejecutivo, reconoce a los solicitantes como comprendidos en la condena y, en el caso de condena de cantidad, el importe líquido individualmente reconocido a su favor, dictándose, a continuación, la **orden general de ejecución**.

e) Contra las resoluciones que se dicten cabe interponer **recurso de reposición**, que no suspende su ejecución y no tiene ulterior recurso.

f) Los sujetos que pudiendo resultar beneficiados por el título ejecutivo **no quieran ejercitar su acción** en el proceso de ejecución colectivo, pueden, en su caso, formularla individualmente a través del proceso declarativo que corresponda.

La **modalidad de ejecución** de estas sentencias firmes es aplicable a:

- los restantes títulos ejecutivos, judiciales o extrajudiciales, de naturaleza social, estimatorios de pretensión de condena y susceptibles de ejecución individual;
- las sentencias firmes u otros títulos ejecutivos sobre movilidad geográfica, modificaciones sustanciales de condiciones de trabajo, suspensión del contrato o reducción de jornada por causas económicas, técnicas, organizativas o de producción, de carácter colectivo, y:

- los supuestos de despido colectivo en los que la decisión empresarial colectiva haya sido declarada nula.

Precisiones Una **sentencia de carácter declarativo** que se refiere a una obligación de hacer no susceptible de ejecución individual, por carecer de datos que permitan la individualización, ni por el cauce específico que acabamos de explicar ni tampoco de manera sustitutoria por el cauce general establecido en la LEC art.705 para poder ejecutarla, además de los datos referidos, debe contener la declaración de que la condena ha de surtir **efectos procesales no limitados** a quienes hayan sido partes en el proceso correspondiente (TS 9-6-15, EDJ 136099).

Recursos (LRJS art.160.4, 161, 187.3, 190, 191.3.f, 205, 206 y 218) Las **sentencias** dictadas en este procedimiento son **siempre recurribles**. Los recursos que proceden son: 15475

a) Recurso de **suplicación** ante el TSJ cuando la sentencia proceda de una Sección de lo Social del Tribunal de Instancia. Cabe también el recurso de **casación para la unificación de doctrina** frente a las sentencias que resuelven el recurso de suplicación (TS 20-6-08, EDJ 155922).

b) Recurso de **casación ordinaria** ante la Sala de lo Social del Tribunal Supremo cuando dichas sentencias hayan sido dictadas en única instancia por los tribunales superiores de justicia o por la Audiencia Nacional.

Contra las **resoluciones** que se dicten en su **tramitación** no cabe recurso, salvo contra el auto de declaración inicial de incompetencia (nº 15459).

Precisiones **1)** Entre los **motivos de casación** legalmente establecidos no se encuentran los derivados de la posible **infracción** del juzgador respecto de un **trámite preprocesal**, como puede serlo la omisión o cumplimiento defectuoso del previo trámite de sometimiento del conflicto colectivo ante la comisión de vigilancia e interpretación del convenio (TS 17-2-03, EDJ 258487).

2) Respecto a la posibilidad de aportar como **sentencia de contraste**, en el marco de un recurso de casación para unificación de doctrina, una sentencia firme dictada en instancia por la misma Sala de lo Social de un TSJ (nº 14707 s.).

Ñ. Impugnación de convenios colectivos

(LRJS art.163 a 166, 182.1 y 183)

El convenio colectivo de eficacia general puede ser impugnado judicialmente de dos maneras: de oficio, por la **autoridad laboral**, o directamente por los **sujetos legitimados**. 15480 MPL nº 4870 s.

Mediante este procedimiento solo cabe solicitar una declaración de ilegalidad (total, parcial) o de lesividad, pero no que se asuma o descarte una determinada interpretación (TS 26-6-24, EDJ 616087; 18-12-25, EDJ 806765). Esto supone que la modalidad procesal adecuada sea:

a) La de **impugnación de convenio colectivo**, cuando lo que se solicita en la demanda es la declaración de nulidad total o parcial del convenio colectivo por contravenir a una norma legal imperativa, agotando esta nulidad todos los supuestos posibles de aplicación del precepto (LRJS art.163) (TS 3-7-24, Rec 92/22; AN 3-11-25, EDJ 763064).

b) La de **conflicto colectivo**, cuando la demanda versa sobre la interpretación o aplicación de un convenio colectivo, y el precepto controvertido admite supuestos que pueden ser aplicados conforme a derecho, que coexisten con otros que no (LRJS art.153) (TS 10-5-23, EDJ 569574; 20-1-25, EDJ 501797).

Se ha considerado una **acumulación indebida de acciones** plantear en una misma demanda la impugnación del convenio y la exclusión de su ámbito de aplicación (TS 11-10-07, EDJ 195106).

Es incompetente el orden social de la jurisdicción para anular un pacto alcanzado al amparo de la ley sobre órganos de representación, determinación de las condiciones de trabajo y participación del **personal al servicio de las AAPP** (TS 21-2-08, EDJ 25895). Sin embargo, la impugnación de convenios colectivos se tramita ante la jurisdicción social, cuando lo que se impugna no es un acto o decisión unilateral de la Administración, sino el contenido de un acuerdo negociado por las representaciones legítimas de ambas partes -personal laboral y Administración- en el que esta ha actuado como un empresario (TS cont-adm 26-2-13, EDJ 24766).

Precisiones **1)** El proceso de impugnación de convenios colectivos es el adecuado para impugnar un **acuerdo de la comisión paritaria**, cuya naturaleza es la propia del convenio colectivo (TS 4-11-15, EDJ 225456; 11-6-25, EDJ 618623); y también para impugnar un acuerdo de fin de huelga con la misma naturaleza (TS 13-1-26, EDJ 502381). Por el contrario, no puede llevarse a cabo mediante este procedimiento la impugnación de un **acuerdo de empresa** suscrito con los trabajadores que integran la plantilla (TS 20-2-08, EDJ 25837) ni la de un **protocolo de negociación** (TS 28-12-07, EDJ 337956).

2) Cuando lo que se plantea es tanto la ilegalidad de un convenio como, subsidiariamente, su **inaplicabilidad por concurrencia prohibida** con otro convenio, aplicando un criterio flexibilizador, se permite la sustanciación del proceso, tanto por la vía de impugnación de convenios colectivos como por la vía de conflicto colectivo (TS 17-6-25, EDJ 618630; 7-7-25, EDJ 646065).

3) Cuando la impugnación del convenio sea por **vulneración de derechos fundamentales** la modalidad adecuada puede ser también la de tutela de los derechos fundamentales y libertades públicas (LRJS art.177 s.). Aunque en el propio proceso de impugnación del convenio puede instrumentarse la pretensión de tutela de los derechos de libertad sindical (TS 26-1-09, EDJ 25646).
4) No se vulnera el derecho al **acceso a la jurisdicción** cuando se declara la carencia sobrevenida del objeto si el pleito pretendía la declaración de nulidad e ilegalidad de preceptos convencionales derogados por otro convenio posterior (TCo 44/2013).
5) El **mero incumplimiento por la empresa de un precepto** del convenio colectivo aplicable no constituye en sí mismo una violación de la libertad sindical ni del derecho a la negociación colectiva (TS 10-12-13, EDJ 306311).

1. Impugnación de oficio

(ET art.90.5.6)

15485 MPL nº 4937 s. Existen 2 posibles **causas** de impugnación por la **autoridad laboral** de un convenio colectivo negociado conforme a lo dispuesto en el ET art.82 s.:
1. La **ilegalidad** del convenio. Comprende la vulneración tanto de las exigencias formales (ET Tít III) -falta de legitimación de las partes para negociar, defectuosa constitución de la comisión negociadora, exclusión de la negociación de un sindicato legitimado, atentados a la buen fe negocial, etc.- como de las exigencias de fondo o de contenido, es decir la vulneración por el convenio de las normas imperativas o de derecho necesario, que puede ir acompañada de la **jurisprudencia** que las interpreta, aunque resuelva de modo diferente a lo hasta entonces interpretado (TS 28-5-24, EDJ 570214).
2. La **lesividad** del convenio se refiere a los terceros. No se consideran terceros los trabajadores ni los empresarios incluidos dentro del ámbito de aplicación del convenio (LRJS art.165.1.b).
Esta modalidad procesal es un cauce reservado para la impugnación de convenios colectivos estatutarios a los que se reconoce eficacia personal erga omnes (ET art.82). La autoridad laboral carece de acción para impugnar convenios o pactos de naturaleza extraestatutaria (TS 4-12-00, EDJ 67108).
Sin perjuicio de lo anterior, también corresponde a la autoridad laboral velar por el respeto al **principio de igualdad** en los convenios colectivos que pudieran contener discriminaciones, directas o indirectas, por razón de sexo. Para ello puede recabar el asesoramiento de Instituto de la Mujer o, según proceda en función de su ámbito territorial, de los Organismos de Igualdad de las CCAA. Por su parte, cuando entienda que el convenio pudiera contener cláusulas discriminatorias y, en consecuencia, se hubiera dirigido a la **autoridad judicial** competente debe poner este hecho en conocimiento de los organismos señalados.

Precisiones 1) No tienen carácter de autoridad laboral, y por tanto no pueden impugnar de oficio un convenio colectivo los **delegados de Gobierno** en las Comunidades Autónomas (TS 29-4-03, EDJ 170165; 10-10-05, EDJ 188498).
2) El **acuerdo de adhesión** (ET art.91.1) es una modalidad de convenio colectivo por lo que puede asimismo ser impugnado por este cauce (TS 23-9-97, EDJ 6051; 20-10-97, EDJ 7838).

15487 **Iniciación** Cuando la autoridad laboral competente estime que en el convenio colectivo concurre alguna de estas circunstancias -lesividad, ilegalidad, o ambas- debe dirigirse de oficio a la jurisdicción competente, la cual ha de adoptar las medidas que procedan al objeto de subsanar las supuestas anomalías, previa audiencia de las partes.

Precisiones 1) En la práctica, la autoridad laboral si advierte alguna de estas circunstancias, suele ponerlo en conocimiento de las partes de **manera informal** para que subsanen el defecto.
2) En ningún caso, la autoridad laboral puede **corregir o subsanar por sí misma** las irregularidades del convenio presentado a registro y depósito.
3) La autoridad laboral puede impugnar el convenio **en cualquier momento, sin someterse a plazo alguno** (TS 2-11-93, EDJ 9808), e incluso después de la publicación oficial que ella misma hizo posible (TS 31-3-95, EDJ 24409).

15489 **Comunicación de la autoridad laboral** (LRJS art.163, 164, 165) La comunicación de la autoridad laboral, que tiene los efectos de una demanda de oficio: da apertura al proceso especial.
a) Cuando sostenga la **ilegalidad del convenio** debe integrar las siguientes exigencias:
- concreción de la legislación y extremos de la misma que se entiendan conculcados por el convenio;
- referencia sucinta de los fundamentos jurídicos de la ilegalidad;
- relación de las representaciones integrantes de la comisión negociadora del convenio objeto de impugnación.
b) Cuando la comunicación sostenga la **lesividad del convenio** debe integrar:
- relación de los componentes de la comisión negociadora del convenio impugnado;

- relación de los terceros reclamantes, presuntamente lesionados;
- indicación del interés de los terceros reclamantes que se trata de proteger.

Debe **acompañarse al escrito** de comunicación el convenio objeto de impugnación, así como copias del mismo para cuantos sean parte en el proceso.

Procedimiento (LRJS art.164.4 y 166.1) Aunque la Administración inicia el proceso, no por ello va a asumir la posición de parte en el mismo: una vez realizado el acto de iniciación del proceso, la función de la autoridad laboral ha concluido, participando en el proceso otros sujetos. **15491** MPL nº 4129

El proceso sigue con, como **partes intervinientes**, las representaciones que integraron la comisión negociadora, los terceros reclamantes presuntamente lesionados y, en su caso, los denunciantes ante la autoridad laboral de la ilegalidad o lesividad del convenio. Si no hubiera denunciantes es citado el abogado del Estado. El Ministerio Fiscal es siempre parte en estos procesos.

La autoridad laboral actúa siempre por propia decisión. No obstante, si el convenio **no ha sido aún registrado**, la ley prevé la posibilidad de que los representantes unitarios o sindicales de los trabajadores o los empresarios o los terceros lesionados denuncien ante la autoridad laboral los defectos concurrentes en el mismo para que sea ella quien curse ante la jurisdicción laboral su comunicación de oficio. Si la autoridad laboral no contesta la solicitud en el plazo de 15 días, desestima la solicitud o el **convenio ya ha sido registrado**, la impugnación puede instarse directamente por los legitimados (nº 15496 s.) siguiendo la tramitación del proceso de conflicto colectivo mientras subsista la vigencia de la correspondiente norma convencional (LRJS art.163.3; TS 14-4-00, EDJ 29889).

Recibida la comunicación de oficio, el juez o sala señala para juicio, citando al Ministerio Fiscal y, en su caso a las partes anteriormente indicadas; en el **acto de juicio**, las partes alegan la postura procesal que adopten, de conformidad u oposición a la pretensión interpuesta.

La **sentencia**, que debe ser dictada en el plazo de los 3 días siguientes, se comunica a la autoridad laboral y es ejecutiva desde el momento en que se dicte, sin perjuicio del recurso que se pueda interponer (TS 19-4-16, EDJ 78263; 18-5-16, EDJ 105775). En caso de que declare la nulidad, total o parcial, de un convenio que hubiera sido publicado, debe ser publicada, a su vez, en el **boletín oficial** correspondiente.

Precisiones **1)** Cuando el convenio haya sido **impugnado por ilegalidad**, el juez en la sentencia tiene que limitar su análisis a las infracciones legales concretas que se aleguen en la demanda inicial, sin que la denuncia de la ilegalidad de un convenio colectivo pueda efectuarse de manera genérica e imprecisa (TS 3-5-01, EDJ 15880).

2) Las cláusulas de **vinculación a la totalidad** son aquellas por las que las partes acuerdan la nulidad total del convenio colectivo cuando se anule alguno de los pactos en él contenido. Sin embargo, aunque existan, la estimación de las demandas de impugnación de disposiciones específicas de un convenio no lleva necesariamente consigo la declaración de la nulidad total del mismo (TS 30-5-11, EDJ 114226; AN 2-2-12, EDJ 14366).

3) Las **disposiciones** de un convenio que **remiten a otro declarado nulo** son ilegales, salvo que se establezca una condición suspensiva que dependa de un pronunciamiento judicial futuro (AN 28-2-25, EDJ 513725).

2. Impugnación directa

(LRJS art.153 s.)

La autoridad laboral no es la única legitimada para solicitar la impugnación del convenio colectivo. Es posible que el convenio colectivo sea impugnado por determinados **sujetos** colectivos (LRJS art.165), siendo las **causas** de impugnación las mismas que pueden motivar la actuación de la Administración, si bien el proceso se sigue necesariamente por los **trámites** del proceso de conflicto colectivo. **15495** MPL nº 4939 s.

Precisiones **1)** La norma se refiere tanto a los **convenios estatutarios** de eficacia personal erga omnes, como a los **convenios extraestatutarios** de eficacia limitada (TSJ La Rioja 12-2-04, EDJ 99769; TSJ Madrid 27-9-04, EDJ 149992; TS 16-5-02, EDJ 27364). También se entienden comprendidos los **acuerdos informales de empresa** que estrictamente no tengan la naturaleza de convenios colectivos estatutarios (LRJS art.153.1).

2) La tramitación conforme a las reglas del **proceso de conflicto colectivo** (LRJS art.163.3), no afecta a la singularidad de la modalidad procesal en cuanto a la determinación de las partes, los requisitos de la demanda, el acto de juicio y la propia sentencia (TS 26-1-10, EDJ 6506; 30-9-10, EDJ 233449; 7-12-10, EDJ 298275; 22-9-11, EDJ 231647).

3) Tanto la impugnación de convenios a través de la modalidad procesal de impugnación de convenios, como la efectuada, en defecto de comunicación de oficio, por los legitimados activamente a través del proceso de conflictos colectivos, exige que el **Ministerio Fiscal** sea siempre parte en dichos procedimientos (TS 10-5-11, EDJ 114230).

4) La modalidad procesal de conflicto colectivo es también la adecuada para determinar si las cláusulas de un **acuerdo de empresa** están o no dentro de los límites o márgenes permitidos legalmente (TS 10-5-11, EDJ 114230).

5) No produce efectos de **cosa juzgada** en un procedimiento de impugnación de convenio colectivo, el hecho de que ya hubiera recaído sentencia desestimatoria en la impugnación de una cláusula idéntica recogida en el anterior convenio de la misma empresa, ya que estamos ante una norma distinta, pese a la redacción similar, y también lo son las circunstancias que rodean el caso (TS 28-11-18, EDJ 666764).

6) La **falta de impugnación directa** del Ccol no impide impugnar los **actos producidos por su aplicación**, mediante procedimientos de conflicto colectivo o individuales posteriores, en base a que sus disposiciones son ilegales o lesivas para los derechos e intereses de los trabajadores incluidos en su ámbito de aplicación (TCo 47/1988; 81/1990. Esta impugnación no pretende la declaración de ilegalidad y la LRJS art.163.4 lo admite expresamente (TS 7-2-19, EDJ 514939; 17-9-24, EDJ 688573). Si órgano judicial apreciase ilegalidad en alguna de las disposiciones del convenio, debe comunicarlo al **Ministerio Fiscal** para que, en su caso, pueda plantear su ilegalidad a través de la modalidad procesal de impugnación de convenio colectivo (TS 26-10-16, EDJ 208987). Esta posibilidad no está prevista para quienes, como los **sindicatos**, están legitimados para impugnarlo a través del procedimiento de impugnación del convenio por ilegalidad (TS 3-7-24, EDJ 621656).

15496 **Legitimación** (LRJS art.165) La legitimación puede ser activa o pasiva y a su vez aquella depende de que la causa de impugnación sea ilegalidad o lesividad.

15497 MPL nº 4920 **Legitimación activa en supuestos de ilegalidad** (LRJS art.165.1) Están legitimados los órganos de **representación unitaria o sindical** de los trabajadores, los sindicatos y las asociaciones empresariales **interesadas** (TS 6-6-01, EDJ 15976). La reserva de legitimación a los sujetos colectivos ha sido avalada por el Tribunal Constitucional (TCo 4/1987; 145/1991).

La legitimación corresponde al comité de empresa y no a sus componentes individualmente considerados (TS 9-6-15, EDJ 168191).

La condición de **firmante del convenio** no excluye la legitimación del sindicato, y no impide la acción de impugnación mientras en convenio está vigente cuando están en juego normas imperativas no disponibles; todo ello sin perjuicio de las exigencias que traen causa de la buena fe en orden a los derechos disponibles (TS 22-5-01, EDJ 16076; 20-9-02, EDJ 37372; 18-2-16, EDJ 519498). En estas circunstancias, basta con que el sindicato esté implantado en el ámbito del conflicto (TS 30-9-10, EDJ 233449).

También están **legitimados** el Ministerio Fiscal, la Administración General del Estado y las Administraciones de las comunidades autónomas en sus ámbitos respectivos. Lo están, asimismo, el Instituto de la Mujer y los organismos correspondientes de las comunidades autónomas cuando se trate de la impugnación de cláusulas que pudieran contener discriminaciones directas o indirectas por razón de sexo.

15498 Precisiones 1) Con relación a la legitimación activa de las **asociaciones empresariales**:

a. Se ha admitido la impugnación del convenio por parte de una asociación empresarial **desprovista de personalidad jurídica** en el momento de constituirse la comisión negociadora, toda vez que la legitimación de derecho material para participar en la negociación es distinta de la legitimación procesal activa para la impugnación (TS 15-3-04, EDJ 40524).

b. La impugnación por una asociación empresarial solo cabe si se trata de una asociación interesada, lo que acontece cuando sus representados estén **incluidos en el ámbito de aplicación del convenio** y cuando el mismo afecte a las posibilidades de negociación estatutaria de la propia asociación (TS 15-3-93, EDJ 1398; 20-3-07, EDJ 25464; 4-3-19, EDJ 544159).

c. Es obligatorio para la asociación empresarial que dice ostentar la condición de interesada la **acreditación de una determinada representatividad** en el sector, que no se cumple si lo que aporta es un documento afirmando tal condición, pero que carece de valor por haber sido confeccionado por la propia parte (TS 7-2-18, EDJ 18534).

d. Es parte interesada aquella asociación que está **implantada en el sector** y cuyos representantes se hallan incluidos en el ámbito de aplicación del convenio (TS 3-4-06, EDJ 37442; 20-3-07, EDJ 25464; 11-11-09, EDJ 300319). También es parte interesada una asociación empresarial cuando el convenio afecte a las posibilidades de negociación estatutaria de la propia asociación demandante (TS 15-2-93, EDJ 1398).

e. En algún caso, se ha reconocido que concurre interés legítimo en una **asociación de ETT** para impugnar por ilegalidad un convenio colectivo, en el que aparecen obligaciones directamente impuestas a las ETT, sin que sea obstáculo no estén incluidas en el ámbito funcional. Se reconoce legitimación por ilegalidad, pero solamente en cuanto a la parte del convenio que impone obligaciones a las ETT, y se reconoce adicionalmente legitimación por lesividad (TS 11-4-23, EDJ 550491). Sin embargo, esta decisión puede ser cuestionable al diferir de la doctrina unificada, según la cual la no inclusión en el ámbito funcional del convenio colectivo determinaría más bien la exclusión de la legitimación para la impugnación por ilegalidad y la apertura de la impugnación por lesividad, como se resolvió en anterior sentencia sobre asunto similar siendo demandante la misma asociación de ETT (TS 6-4-22, EDJ 538155).

f. La validez del convenio puede ser cuestionada durante toda su vigencia, incluso por **asociaciones empresariales** constituidas después de su entrada en vigor (TS 19-9-06, EDJ 288895; 15-3-04, EDJ 40524; 2-3-07, EDJ 21156).

2) No es de aplicación el **principio de correspondencia** entre el ámbito del convenio impugnado y el ámbito del sujeto que lo impugna (TS 26-6-03, EDJ 139944). Y así, estaría legitimada para impugnar un **convenio de empresa** negociado por las secciones sindicales la representación unitaria de uno de sus centros de trabajo, por cuanto el comité demandante representa a trabajadores interesados afectados por el contenido del convenio (TS 16-12-96, EDJ 8983; 10-6-02, EDJ 37401). También puede impugnar un convenio de empresa de ámbito nacional un sindicato que tan sólo está implantado en el centro de trabajo de Madrid (TS 26-6-03, EDJ 139944).

3) Los **empresarios**, a título individual, no están legitimados para impugnar el convenio colectivo por ilegalidad, sin perjuicio de que puedan solicitar a la Autoridad laboral la impugnación de oficio del convenio y de que pueden solicitar, a través del procedimiento ordinario o el de conflicto colectivo, la inaplicación de la cláusula del convenio que consideren ilegal (TS 27-9-16, EDJ 178678).

4) La LRJS se muestra abierta al definir la legitimación activa que hace referencia a los órganos de representación legal o sindical o asociaciones empresariales interesados (LRJS art.165) lo que deja en el ámbito de partes interesadas a quienes firmaron el convenio (TS 26-11-02, EDJ 61443).

Legitimación activa en supuestos de lesividad (LRJS art.165.1) Si se trata de lesividad, están legitimados los terceros cuyo interés hubiera sido gravemente lesionado, especificando la ley que no se tendrá por terceros lesionados a los trabajadores y empresarios incluidos en el ámbito de aplicación del convenio (TS 22-12-15, EDJ 270324; 27-9-16, EDJ 178678). **15500** MPL nº 4923

La legitimación activa por lesividad **exige** que uno o varios preceptos del convenio o su totalidad produzca un perjuicio grave e ilegítimo en los intereses jurídicamente protegidos del sujeto que plantea la impugnación (TS 15-3-93, EDJ 2588). A estos efectos, basta con que la **demanda por lesividad** esté fundada fáctica y jurídicamente, sin que sea precisa, en ese momento procesal, la acreditación de que el convenio en cuestión lesiona gravemente el interés de terceros, dado que ese es, precisamente, el objeto del pleito (TS 6-4-22, EDJ 538155; 11-9-24, EDJ 681535).

Precisiones 1) Los **pensionistas** no tienen la condición de tercero en la medida en que sean destinatarios de las regulaciones contenidas en el convenio, en calidad de antiguos trabajadores. Sin embargo, una **asociación de pensionistas y jubilados** sí podría tener en abstracto la condición de terceros en relación con el convenio (TCo 88/2001; TS 20-12-96, EDJ 9674; 3-2-99, EDJ 6055).

2) Se ha considerado, sin embargo, que es tercero a estos efectos un **Colegio Oficial de Farmacéuticos**, en relación con un convenio colectivo de un organismo administrativo que integra preceptos que pueden aminorar la actividad comercial de las farmacias, por permitir que los servicios farmacéuticos militares puedan dispensar medicinas al personal laboral (TS 15-3-93, EDJ 2588). También se considera tercero a un grupo de trabajadores con relación a un convenio que perjudica sus derechos de promoción profesional y en cuyo ámbito de aplicación no están incluidos (TS 12-9-24, EDJ 681556).

3) Las **viudas de los trabajadores de una empresa** no tienen la condición de tercero para impugnar el convenio por lesividad, por cuanto el acuerdo impugnado las comprende en su ámbito subjetivo de aplicación, entre otros grupos de personas, como perceptoras de un determinado beneficio. Tampoco la asociación de viudas de dichos trabajadores tiene legitimación para impugnar el convenio por lesividad, al no aducir como causa de lesividad perjuicio propio, ni sufrirlo, sino perjuicio de sus asociadas (TS 6-6-01, EDJ 15976).

4) El **abogado del Estado**, en su condición de representante de los intereses generales de la Administración pública, ostenta la legitimación del Estado para impugnar un convenio colectivo de un ayuntamiento por considerarlo lesivo para dichos intereses, en cuanto aquel resulta contrario a la Ley de Presupuestos Generales del Estado (TSJ Madrid 16-2-04, EDJ 109291).

5) La empresa principal **no** puede **impugnar** el convenio de otra entidad con quien había subcontratado el desarrollo de determinada actividad (TS 5-11-08, EDJ 227907). Tampoco están legitimadas unas asociaciones empresariales del sector de la limpieza para impugnar un convenio sectorial de hostelería que impone sus tablas salariales como el mínimo que deben cobrar los trabajadores de las **subcontratas** (TSJ Cataluña 18-7-19, EDJ 719719).

Legitimación pasiva (LRJS art.165.2) Corresponde a todas las representaciones integrantes de la comisión negociadora del convenio colectivo, cualquiera que sea el tipo de convenio impugnado o la causa alegada para su impugnación. No obstante, en la **impugnación por lesividad,** no es necesario incluir a todas las representaciones sindicales que formaron parte de la comisión negociadora si **no firmaron el convenio**, ya que la acción de lesividad solo puede imputarse a quienes suscribieron el convenio (TS 12-11-25, EDJ 765349). **15501** MPL nº 4928

Precisiones Quien firma un convenio o pacto puede impugnarlo, por cuanto se admite la **impugnación del contrato por las partes** si están en juego normas imperativas no disponibles; todo ello sin perjuicio de las exigencias que traen causa de la buena fe en orden a los derechos disponibles (TS 22-5-01, EDJ 16076; 20-9-02, EDJ 37372; 26-11-02, EDJ 61443). Basta, en estas circunstancias, con que el sindicato esté implantado en el ámbito del conflicto (TS 30-9-10, EDJ 233449). La LRJS se muestra abierta al definir la legitimación activa que hace referencia a los órganos de representación legal o sindical o asociaciones empresariales interesados (LRJS art.165) lo que deja en el ámbito de partes interesadas a quienes firmaron el convenio (TS 26-11-02, EDJ 61443).

O. Estatutos de sindicatos y asociaciones empresariales

(LOLS art.4.3.6.8; LRJS art.167 a 176; L 19/1977; RD 873/1977; RD 416/2015 art.15)

15505 MPL nº 4990 Mediante este procedimiento ante la jurisdicción social no solo cabe impugnar resoluciones referidas a los estatutos de las **organizaciones sindicales** o de su modificación, sino también la de las **asociaciones empresariales**.

Tanto la autoridad pública, como quienes acrediten un interés directo, personal y legítimo, pueden promover ante la autoridad judicial la declaración de no conformidad a derecho de cualesquiera estatutos que hayan sido objeto de depósito y publicación.

Se distinguen **dos tipos de procedimientos**, según la materia que integre su objeto (LRJS art.167 a 176):

• Impugnación de la **resolución administrativa** que deniegue el **depósito y publicación** de los estatutos de un sindicato o asociación en fase de constituirse, o la modificación de los mismos (nº 15508).

• Impugnación de los **estatutos** o sus modificaciones (nº 15515). Respecto de las asociaciones empresariales, nº 15518.

Se observan diferentes especialidades referidas a plazos, legitimación, demanda y remisión del expediente, y efectos de la sentencia.

Están exceptuados de los requisitos de **conciliación y reclamación administrativa previa** (LRJS art.64.1 y 70).

15508 **Impugnación de la resolución denegatoria del depósito y publicación** (LRJS art.168, 172, 176) Este proceso tiene por **objeto** la impugnación de la resolución administrativa que deniegue el depósito y publicación de los estatutos de un sindicato o asociación o la modificación de los mismos.

No obstante, cuando la impugnación de la resolución denegatoria del depósito se funde en la lesión del **derecho de libertad sindical** u otro derecho fundamental, la pretensión debe sustanciarse por esta modalidad procesal, con carácter preferente, acumulando a la misma la tutela de derechos fundamentales. En tal caso, pueden interesarse los pronunciamientos propios de dicha tutela, incluida, en su caso, la indemnización por los daños derivados de la vulneración (LRJS art.184 y 26.2).

15510 **Plazo** (LRJS art.168) El plazo para el ejercicio de la acción de impugnación es de 10 días hábiles a partir de que:

- sea recibida la notificación de la resolución denegatoria expresa;
- haya transcurrido un mes desde la presentación de los estatutos sin que se hubieran notificado a los promotores defectos a subsanar.

15511 **Legitimación** (LRJS art.167 y 172) En cuanto a la impugnación de la resolución administrativa que deniegue el **depósito de los estatutos** para su publicidad, están legitimados los promotores de los sindicatos de los trabajadores en fase de constitución y los firmantes del acta de constitución.

En estos procesos siempre son **parte** la Administración pública a la que esté adscrita la oficina de depósito de los estatutos autora de la resolución impugnada, y el Ministerio Fiscal.

Para impugnar la resolución administrativa denegatoria del **depósito de la modificación de los estatutos** de los sindicatos, así como las modificaciones de los que ya tuvieran personalidad jurídica, están legitimados los representantes del sindicato pudiendo comparecer como coadyuvantes sus afiliados.

15512 **Demanda y remisión del expediente** (LRJS art.169 y 170) A la **demanda** de impugnación de la resolución administrativa que deniegue el depósito debe acompañarse:

- las copias de los estatutos;
- la resolución denegatoria, en caso de que esta hubiera recaído expresamente, o copia acreditativa de la presentación de dichos estatutos.

Dentro del día siguiente hábil a la admisión a la demanda, el letrado de la Administración de Justicia debe requerir su envío del **expediente** a la oficina pública y esta remitirlo en 5 días.

El **mes** de agosto es **inhábil** para las actuaciones judiciales en estos procesos. También son inhábiles los **días** que median entre el 24 de diciembre y el 6 de enero del año siguiente, ambos inclusive (LRJS art.43.4).

Sentencia (LRJS art.171) Si se estima la demanda, la sentencia debe ordenar de inmediato el depósito de los estatutos en la oficina pública. 15514

Impugnación de los estatutos de los sindicatos o sus modificaciones Este proceso tiene por **objeto** la impugnación de los estatutos de los sindicatos o sus modificaciones. 15515

a) Legitimación (LRJS art.173). El **Ministerio Fiscal** -que es siempre parte en estos procesos- y quienes acrediten un interés directo, personal y legítimo pueden solicitar la declaración judicial de no ser conformes a derecho los estatutos de los sindicatos, o sus modificaciones que hayan sido objeto de depósito y publicación, tanto en el caso de los que estén en fase de constitución como en el de que hayan adquirido personalidad jurídica.

En este caso, están **pasivamente legitimados**:

- los promotores del sindicato y los firmantes del acta de constitución;
- quienes legalmente representen al sindicato caso de haber adquirido ya personalidad jurídica.

b) Remisión del expediente (LRJS art.174). Admitida la demanda, el letrado de la Administración de Justicia debe requerir a la oficina pública la remisión de la copia autorizada del expediente, debiendo enviarla dicha oficina en el plazo de 5 días.

c) Sentencia (LRJS art.175). En caso de ser estimatoria, debe declarar la **nulidad** de las cláusulas estatutarias que no sean conformes a derecho o de los estatutos en su integridad. En todo caso, la sentencia debe ser comunicada a la oficina pública correspondiente.

Recursos (LRJS art.191.3.f y 206.1) Son recurribles todas las sentencias dictadas en estos procesos. 15516

El recurso es de suplicación o de casación, dependiendo del órgano judicial que la dicte en primera instancia, según el ámbito territorial.

Se sigue el mismo **procedimiento** que en materia de conflictos colectivos.

> Precisiones Las **reglas contenidas en los estatutos** de los sindicatos no son normas del ordenamiento jurídico a efectos de fundamentar el recurso de casación (TS 10-11-16, EDJ 209010; 16-12-10, EDJ 290701; 6-2-26, EDJ 514637).

Estatutos de las asociaciones empresariales (LRJS art.176) Se siguen los **trámites** señalados en los apartados anteriores para los procesos de impugnación de las resoluciones administrativas que denieguen su depósito, o las modificaciones de estos; o que declaren no ser conforme a Derecho dichos estatutos, o sus modificaciones. 15518

El **Ministerio Fiscal** debe ser siempre parte en dichos procesos, con independencia de su legitimación activa para promover los mismos.

P. Protección de los derechos fundamentales

(LRJS art.177 a 184; LOLS art.13.1)

El **objeto** del proceso se limita al conocimiento de la lesión del derecho fundamental o libertad pública, sin posibilidad de **acumular acciones** de otra naturaleza o con idéntica pretensión basada en fundamentos diversos a la tutela del citado derecho o libertad. No pueden resolverse cuestiones de legalidad ordinaria. 15525 MPL nº 5100 s.

El legislador impone que en los siguientes **supuestos**, aunque se invoque vulneración de derechos fundamentales y libertades públicas, su tutela se lleve a cabo a través de la **modalidad procesal correspondiente** de: despido y demás causas de extinción, modificación sustancial de condiciones de trabajo, suspensión del contrato y reducción de jornada por causa de fuerza mayor o ETOP (económicas, técnicas, organizativas y de producción), disfrute de vacaciones, materia electoral, o impugnación o modificación de estatutos de sindicatos, movilidad geográfica, derechos de conciliación, impugnación de convenios colectivos o sanciones disciplinarias.

En estos supuestos, se sigue **inexcusablemente** la modalidad procesal correspondiente a cada una de ellas, dando carácter preferente a dichos procesos y **acumulando** en su marco las pretensiones de tutela de derechos fundamentales y libertades públicas con las propias de la modalidad procesal (LRJS art.26.2).

La aplicación de estas **otras modalidades procesales** es inexcusable y prioritaria, pero se han de aplicar todas las **reglas y garantías** previstas para la tutela de derechos fundamentales y libertades públicas: carácter preferente, citación del Ministerio Fiscal, inversión de la carga de la prueba (TSJ Cataluña 9-7-20, EDJ 652339; TSJ Málaga 1-7-20, EDJ 666371; TSJ Madrid 30-6-20, EDJ 642328). Además, hay **acceso al recurso** de suplicación, aunque no se prevea tal posibilidad para la modalidad procesal que corresponda (nº 14679).

La modalidad procesal sobre **reclamación de prestaciones de Seguridad Social** no está incluida en la LRJS art.184, y además se establece en la LRJS art.140.1 la posibilidad de optar por ejercitar exclusivamente la modalidad procesal de tutela, por lo que se considera adecuado el cauce de tutela de derechos fundamentales cuando la demanda alega la discriminación por la denegación del **complemento de maternidad a un varón** y se reclama por esta razón el abono de dicho complemento (TS 19-7-23, EDJ 635086).

La reclamación de **diferencias salariales** por **vulneración del derecho a la igualdad retributiva** debe tramitarse a través del proceso de tutela de derechos fundamentales, en el que, junto a la declaración de existencia de discriminación salarial, se pueden reclamar 2 indemnizaciones (TS 3-4-24, EDJ 539534; 20-11-24, EDJ 744445): por daños morales; y por daños y perjuicios (daños materiales), cuantificada en las diferencias salariales dejadas de percibir (lucro cesante), siendo el plazo de prescripción para reclamarlo de un año desde que cesa la situación discriminatoria.

Precisiones 1) No cabe negar -en abstracto- a la empresa, la **protección al honor** que garantiza la Constitución, en tanto el derecho a la propia estimación o al buen nombre o reputación en que consiste, no es patrimonio exclusivo de las personas físicas (TS 28-2-17, EDJ 23549).

2) Lo decisivo, a efectos de la **adecuación del procedimiento**, no es que la pretensión deducida esté correctamente fundada y deba ser estimada, sino que formalmente se sustancie como una pretensión de tutela, es decir, que se afirme por el demandante la existencia de una violación de un derecho fundamental. La **inadecuación de procedimiento** solo ha de declararse cuando la pretensión ejercitada queda de forma manifiesta fuera del ámbito de la modalidad procesal o cuando lo que se plantea es un **problema de legalidad ordinaria** (TS 10-3-21, EDJ 514977). Sin embargo, una demanda fundada de forma concurrente en un **derecho fundamental y en una norma infraconstitucional** debe ser desestimada si no hay violación de aquel, quedando imprejuzgada la denuncia de la infracción de la regla ordinaria (TS 19-1-05, EDJ 5039).

3) La vulneración de las normas de **prevención de riesgos laborales** por parte de los deudores de seguridad, pueden vulnerar el derecho fundamental a la **vida y a la integridad física y moral** de los trabajadores, cuando se acredite que dichos incumplimientos pueden provocar riesgos graves y ciertos para la vida e integridad física y psíquica de los trabajadores, como en el supuesto de incidencia del COVID-19 en el personal sanitario, por lo que es adecuado el procedimiento de tutela de derechos fundamentales, sin que se aprecie litispendencia respecto de un anterior conflicto colectivo sin mención a derechos fundamentales (TS 17-3-21, EDJ 519443).

4) Se vulnera el derecho a la **libertad sindical**, en relación con la **libertad de expresión**, por la emisión por parte del empresario de un comunicado condicionando el derecho de los trabajadores a disfrutar de unos derechos adquiridos a la retractación del sindicato de sus manifestaciones que consideró tendenciosas y malintencionadas (TCo 22/2023).

5) La pretensión de que se considere computable a efectos de un **premio de presencia** en el trabajo, el tiempo no trabajado por ejercicio del derecho de **huelga**, se articula adecuadamente por el cauce del proceso de tutela de derechos fundamentales (TS 9-2-23, EDJ 524173).

15527 MPL nº 4392 s. **Legitimación** (LRJS art.17 y 177; LOLS art.13.1) La legitimación ordinaria corresponde al **trabajador** o sindicato que afirme la titularidad del derecho fundamental que ha sido lesionado. La legitimación legal del **sindicato** no es genérica, sino solo cuando afirma en el proceso que ha sido lesionado un derecho fundamental del que es titular (TSJ Galicia 14-7-20, EDJ 633749; TSJ Valladolid 3-7-20, EDJ 647574). Si el titular del derecho lesionado es el trabajador, entonces la posición que corresponde al sindicato es la del interviniente adhesivo (TSJ Baleares 23-7-20, EDJ 675544).

La **víctima del acoso o de la lesión** de derechos fundamentales o libertades públicas es la única legitimada en esta modalidad procesal, y puede elegir la clase de tutela que pretende. Además, puede dirigir sus pretensiones, tanto contra el empresario como contra cualquier otro sujeto que resulte responsable, con independencia del tipo de vínculo que le una al empresario. De hecho, puede elegir no demandar junto al empresario al posible causante directo de la lesión, salvo cuando la víctima pretenda la condena de este último o pudiera resultar directamente afectado por la resolución que se dictase. Si se requiriese el testimonio de la víctima el órgano jurisdiccional ha de velar por las condiciones de su práctica en términos compatibles con su situación personal y con las restricciones de publicidad e intervención de las partes y de sus representantes que sean necesarias. La exclusiva legitimación del acosado en las condiciones expuestas se reitera respecto de las víctimas de acoso discriminatorio por razón de sexo, incluido el sexual (LEC art.11 bis), por razón de orientación e identidad sexual, expresión de género o características sexuales (LRJS art.17.5.3º).

En esta modalidad procesal puede ser parte el **Ministerio Fiscal** a quien corresponde velar especialmente por la integridad de la reparación de las víctimas e interesando la adopción, en su caso, de las medidas necesarias para la depuración de las conductas delictivas. El órgano judicial que conozca de alguno de estos procesos ha de comunicar su iniciación al Ministerio Fiscal para que, de conformidad con las funciones que le son propias, valore la posibilidad de su personación (LEC art.15 ter).

Existen normas específicas sobre legitimación en relación con los pleitos sobre **igualdad y no discriminación**, en concreto, junto con la legitimación individual de la persona afectada, se

prevé la legitimación de los siguientes **sujetos colectivos**, siempre que hayan sido expresamente autorizados por dicha persona. Esta legitimación, conforme a la normativa procesal, está dirigida a la defensa de los derechos e intereses de los afectados que los autorizaron expresamente (L 15/2022 art.29.1). Así, pueden accionar respecto de las personas **afiliadas o asociadas** a los mismos:
- los partidos políticos;
- los sindicatos;
- las asociaciones profesionales de trabajadores autónomos;
- las organizaciones de personas consumidoras y usuarias y las asociaciones y organizaciones legalmente constituidas que tengan entre sus fines la defensa y promoción de los derechos humanos. Incluyéndose expresamente a las personas LGTBI en la defensa de sus derechos (L 4/2023 art.65). Mencionándose expresamente a las asociaciones y organizaciones legalmente constituidas que tengan entre sus fines la defensa y promoción de los derechos de las personas lesbianas, gais, bisexuales, trans e intersexuales o de sus familias, de acuerdo con lo establecido en esa misma normativa específica. Además, cuando las personas afectadas sean una **pluralidad indeterminada o de difícil determinación**, la legitimación para demandar en juicio la defensa de estos intereses difusos corresponde exclusivamente a los **organismos públicos** con competencia en la materia, y a los órganos colectivos mencionados previamente (LRJS art.17.1 y 2).

Con tal fin, las **asociaciones y organizaciones** legalmente constituidas que tengan entre sus fines la defensa y promoción de los derechos humanos tienen que acreditar los siguientes **requisitos** (L 15/2022 art.29.2):

a) Que se hubieran **constituido legalmente** al menos 2 años antes de la iniciación del proceso judicial y que vengan ejerciendo de modo activo las actividades necesarias para alcanzar los fines previstos en sus estatutos, salvo que ejerciten las acciones administrativas o judiciales en defensa de los miembros que la integran.

b) Que según sus **estatutos** desarrollen su actividad en el ámbito estatal o, en su caso, en un ámbito territorial que resulte afectado por la posible situación de discriminación.

Además, se modificó la regulación de la LEC para facilitar la legitimación de la futura **Autoridad Independiente para la defensa del derecho a la igualdad de trato y no discriminación** siempre con autorización de la persona afectada o también cuando las personas afectadas sean una pluralidad indeterminada o de difícil determinación (LEC art.11 bis). Concretamente, se establece que las personas del colectivo LGTBI también gozan del derecho a la asistencia de dicha Autoridad Independiente pendiente de creación (L 4/2023 art.67).

En los procesos promovidos por dicha Autoridad Independiente y demás sujetos legitimados para la protección colectiva de estos derechos **se ha de llamar al proceso** a quienes tengan la condición de personas afectadas por haber sufrido la situación de discriminación que dio origen al proceso, para que hagan valer su derecho o interés individual (LEC art.15 ter).

Precisiones **1)** La **ausencia de citación del Ministerio Fiscal**, no determina la nulidad de actuaciones, salvo protesta en juicio, objetando que su presencia es imprescindible e indefensión a la parte por omisión de citación (TS 12-12-19, EDJ 787275; TSJ Galicia 27-7-20, EDJ 648760).

2) También están legitimados los **representantes unitarios**, e incluso un miembro del comité de empresa si se alega violación del derecho de libertad sindical en su vertiente individual (TS 16-11-16, EDJ 226150; TSJ Asturias 30-6-20, EDJ 647172; TSJ Sevilla 2-6-20, EDJ 653637). Una **delegada sindical**, miembro a su vez del comité de empresa, sí puede demandar por vulneración de derechos fundamentales a través de este procedimiento (TS 31-10-12, EDJ 270271). Sin embargo, se ha entendido que carece de legitimación activa el **delegado de protección de datos** para plantear una tutela colectiva, pues no es elegido ni por los trabajadores en sufragio libre, ni por los representantes de los trabajadores elegidos por aquéllos (TSJ Sta. Cruz de Tenerife 30-6-20, EDJ 674099).

3) El procedimiento de tutela es adecuado para discutir la legalidad de la **constitución** de la **mesa negociadora** si se denuncia vulneración de un derecho fundamental al admitir a un sindicato que carece de legitimidad inicial, aunque fuese más representativo en ese ámbito (AN 21-3-12, EDJ 60906).

Tramitación (LRJS art.179) La tramitación de estos procesos tiene carácter **urgente y preferente** a todos los efectos, siendo preferente respecto de todos los que se sigan en los tribunales. 15529 MPL nº 5216 s.
Los **recursos** deben resolverse con igual preferencia por el tribunal.
No es necesario el requisito del intento de **conciliación o agotamiento de la vía administrativa** (LRJS art.64.1 y 70.1).

Plazos (LRJS art.179.2; ET art.59) Aunque los derechos fundamentales son de naturaleza imprescriptible, sí se limita temporalmente la vida de las acciones encaminadas a denunciar su vulneración (TCo 7/1993; TSJ Sevilla 11-3-20, EDJ 597368). La demanda ha de interponerse dentro del plazo general de **prescripción o caducidad de la acción** previsto para las conductas o 15530

actos sobre los que se concrete la lesión del derecho fundamental o libertad pública. De este modo, dichas acciones prescriben y se agotan, sin que se extinga, por ello, el derecho fundamental, que siempre se puede hacer valer en relación con cualquier otra lesión futura (ET art.59; TCo 7/1989; TS 12-2-19, EDJ 523881; TSJ Madrid 16-4-20, EDJ 616572).
Así, se ha entendido que rige el **plazo de un año** previsto para las acciones derivadas del contrato de trabajo, cuando no existan plazos específicos, como los de **caducidad** establecidos para acciones concretas -por ejemplo, impugnación de despidos o sanciones disciplinarias- (TS 27-1-21, EDJ 503575; 10-7-18, EDJ 572079). También han de tenerse en cuenta, las reglas generales de interrupción de la prescripción y suspensión de la caducidad. El **inicio del cómputo** del plazo extintivo es el momento de producción del acto lesivo.
Frente a **actos de las Administraciones públicas** en el ejercicio de sus potestades en materia laboral y sindical el plazo para la interposición de la demanda es de 20 días desde el día siguiente a la notificación del acto o al transcurso del plazo fijado para la resolución. Cuando la lesión del derecho fundamental tenga su origen en la inactividad administrativa o en actuación en vías de hecho, o se hubiera interpuesto potestativamente un recurso administrativo, este plazo se inicia transcurridos 20 días desde la reclamación contra la inactividad o vía de hecho, o desde la presentación del recurso, respectivamente.
Respecto de este procedimiento son **hábiles** los días del mes de agosto y los días que median entre el 24 de diciembre y el 6 de enero del año siguiente, ambos inclusive (LRJS art.43.4).

Precisiones Se aplica la **prescripción de un año**:
1) De haberse iniciado un **procedimiento penal por acoso**, la acción para reclamar ante el orden social no nace hasta la conclusión del procedimiento penal y, si a consecuencia del acoso, se hubieran generado situaciones de incapacidad temporal o permanente no comienza a correr el plazo hasta que no sea firme la resolución administrativa o judicial fijando las secuelas (TSJ Sta. Cruz de Tenerife 21-1-20, EDJ 529428).
2) A la acción de un sindicato reclamando una indemnización por vulneración de **derechos fundamentales** (libertad sindical, huelga e igualdad). Tal plazo comienza el día de la notificación de la sentencia firme sobre legalidad de la huelga que despeja las dudas sobre su incidencia en los despidos de trabajadores y representantes (TS 1-2-17, EDJ 12902).
3) En el caso de la reclamación de daños y perjuicios derivados de un **despido nulo**, el *dies a quo* del plazo de prescripción de un año se inicia en la fecha del despido, no en la fecha que la sentencia que declara su nulidad es firme (TS 27-2-25, EDJ 519804).

15532 **Demanda** (LRJS art.179.3) La demanda, además de los requisitos generales (nº 14565 s.), debe expresar con claridad los **hechos** constitutivos de la vulneración, el **derecho** o libertad infringidos y la cuantía de la **indemnización** pretendida, en su caso, especificando los diversos daños y perjuicios incluyendo la gravedad, duración y consecuencias del daño, o las bases de cálculo de los perjuicios estimados para el trabajador (LRJS art.182 y 183).
Si **no se solicita indemnización** en ningún momento del proceso, esta no se puede conceder de oficio (TS 8-3-22, EDJ 521385).
Hay que tener en cuenta que el órgano jurisdiccional debe pronunciarse sobre la **cuantía del daño**, determinándolo prudencialmente cuando la prueba de su importe exacto resulte demasiado difícil o costosa, como así sucede con los **daños morales** cuya generación se entiende unida a la propia vulneración del derecho fundamental (nº 15540).
Sin perjuicio de las posibilidades de subsanación (LRJS art.81), el juez o tribunal debe rechazar de plano las demandas que no deban tramitarse con arreglo a esta modalidad procesal (LRJS art.179.4).

15533 MPL nº 5224 s. **Suspensión cautelar** (LRJS art.180) En el mismo escrito de interposición de la **demanda** es posible solicitar la suspensión de los efectos del acto impugnado, así como las demás medidas necesarias para asegurar la efectividad de la tutela judicial que pudiera acordarse en sentencia.
El juez o tribunal puede **acordar la suspensión** cuando su ejecución produzca al demandante perjuicios que pudieran hacer perder a la pretensión de tutela su finalidad, siempre y cuando la suspensión no ocasione perturbación grave y desproporcionada a otros derechos y libertades o intereses superiores constitucionalmente protegidos.
No obstante lo anterior, en el caso de que se invoque **vulneración de la libertad sindical**, solo se puede deducir la suspensión cuando las presuntas lesiones impidan la participación de candidatos en el proceso electoral o el ejercicio de la función representativa o sindical respecto de la negociación colectiva, reestructuración de plantillas u otras cuestiones de importancia trascendental que afecten al interés general de los trabajadores y que puedan causar daños de imposible reparación.
En caso de **huelga**, puede solicitarse la adopción de medidas cautelares cuando:
- se impugnen exclusivamente los actos de determinación del personal laboral adscrito a los mínimos necesarios para garantizar los servicios esenciales de la comunidad;

- cuando se impugnen los actos de designación del personal laboral adscrito a los servicios de seguridad y mantenimiento precisos para la reanudación ulterior de las tareas.
El órgano jurisdiccional debe resolver manteniendo, modificando o revocando la designación de personal adscrito a dichos servicios conforme a las propuestas que, en su caso, formulen al respecto las partes.
Cuando la demanda se refiera a protección frente al **acoso**, así como en los procesos seguidos a instancia de la trabajadora **víctima** de la **violencia de género** pueden solicitarse, además, la suspensión de la relación o la exoneración de prestación de servicios, el traslado de puesto o de centro de trabajo, la reordenación o reducción del tiempo de trabajo y cuantas otras tiendan a preservar la efectividad de la sentencia que pudiera dictarse, incluidas, en su caso, aquellas que pudieran afectar al presunto acosador o vulnerador de los derechos o libertades objeto de la tutela pretendida, en cuyo supuesto debe ser oído este.
En caso de que la **solicitud** de medidas cautelares hubiera sido hecha dentro del **día siguiente a la admisión de la demanda** o a la solicitud, el letrado de la Administración de justicia debe citar a las partes y al Ministerio Fiscal para que, en el día y hora que se señale dentro de las 48 horas siguientes, comparezcan a una **audiencia preliminar**, en la que solo se admitan alegaciones y pruebas sobre la justificación y proporcionalidad de las medidas, en relación con el derecho fundamental y el riesgo para la efectividad de la resolución que deba recaer, debiendo aportar la parte solicitante el necesario principio de prueba al respecto.
En supuestos de **urgencia excepcional**, pueden adoptarse las medidas cautelares por el juez o sala al admitirse a trámite la demanda, sin perjuicio de que se celebre ulteriormente la comparecencia mencionada previamente (TSJ País Vasco auto 4-5-20, EDJ 543108; TSJ Aragón auto 29-4-20, EDJ 561059).
El cauce de medidas cautelares sería el adecuado para solicitar en la instancia la suspensión de efectos del despido y la reposición del **representante de los trabajadores despedido** en el ejercicio de sus funciones representativas (TS 25-4-23, EDJ 559180).
El órgano judicial debe **resolver al término de la audiencia** sobre estas medidas mediante auto dictado de viva voz, adoptando, en su caso, las medidas oportunas para reparar la situación.

Actos de conciliación y juicio (LRJS art.181) Admitida a trámite la demanda, el letrado de la Administración de justicia cita a las partes para los actos de conciliación y juicio (LRJS art.82.1 -redacc LO 1/2025-) que han de tener lugar dentro del **plazo improrrogable** de los 5 días siguientes al de la admisión de la demanda. **15535** MPL nº 5232 s.
En todo caso, ha de **mediar** un mínimo de 2 días entre la citación y la efectiva celebración de aquellos actos.
Respecto a la conciliación y juicio ante el letrado de la Administración de Justicia, ver nº 14589.

Precisiones En un proceso de tutela de libertad sindical instado por un sindicato respecto de la actuación de la empresa, no procede apreciar **litispendencia** porque existan previos procesos individuales entablados por diferentes afiliados, pendientes de resolución judicial (TS 3-11-21, EDJ 734578; 14-10-20, EDJ 693750).

Prueba (LRJS art.181.2) En el acto del juicio, una vez justificada la concurrencia de **indicios** de que se ha producido violación del derecho fundamental o libertad pública (TSJ Cantabria 13-5-20, EDJ 614118), corresponde al demandado aportar una justificación objetiva y razonable, suficientemente probada, de las medidas adoptadas y de su proporcionalidad. Se produce la denominada inversión de la **carga de la prueba** (TSJ Las Palmas 25-6-20, EDJ 670707; TSJ Madrid 11-5-20, EDJ 595234). Si se requiriese el **testimonio del demandante** el órgano jurisdiccional ha de velar por las condiciones de su práctica en términos compatibles con su situación personal y con las restricciones de publicidad e intervención de las partes y de sus representantes que sean necesarias (LRJS art.177.4). **15537**

Sentencia (LRJS art.181.3,182; LOLS art.15) La sentencia debe ser dictada en el **plazo** de 3 días desde la celebración del acto del juicio publicándose y notificándose inmediatamente a las partes o a sus representantes. **15539** MPL nº 5240 s.
En ella se debe declarar si ha lugar o no al amparo solicitado y, además en caso de **estimación de la demanda**, según las pretensiones concretamente ejercitadas, la sentencia debe:
1. Declarar la **existencia o no de vulneración** de derechos fundamentales y libertades públicas, así como el derecho o libertad infringidos, según su contenido constitucionalmente declarado, dentro de los límites del debate procesal y conforme a las normas y doctrina constitucionales aplicables al caso, hayan sido o no acertadamente invocadas por los litigantes.
2. Declarar la **nulidad radical de la actuación** contraria a los derechos fundamentales o a las libertades públicas, ordenando su cese inmediato o, en su caso, la prohibición de interrumpir una conducta o la obligación de realizar una actividad omitida, cuando una u otra resulten exigibles, según la naturaleza del derecho o libertad vulnerados.

3. Disponer el **restablecimiento** del demandante **en la integridad de su derecho** y la reposición de la situación al momento anterior a producirse la lesión del derecho fundamental, así como la reparación de las consecuencias derivadas de la acción u omisión del sujeto responsable, incluida la indemnización que proceda (nº 15540).
4. Disponer lo que proceda sobre las **medidas cautelares** que se hubieran adoptado previamente.

15540 MPL nº 5242 s. **Indemnización** (LRJS art.183) Cuando la sentencia declare la **existencia de vulneración**, el juez debe pronunciarse sobre la **cuantía** de la indemnización por discriminación u otra lesión de sus derechos fundamentales y libertades públicas, en función tanto del daño moral unido a la vulneración del derecho fundamental, como de los daños y perjuicios adicionales derivados (TSJ Baleares 31-7-20, EDJ 670052), sin que sea posible deducir su cuantía en otro procedimiento (TSJ Madrid 26-2-18, EDJ 81602).
El tribunal debe pronunciarse sobre la **cuantía del daño**, determinándolo prudencialmente cuando la prueba de su importe exacto resulte demasiado difícil o costosa, como sucede con los **daños morales**. Se trata de resarcir suficientemente a la víctima y restablecer a ésta, en la medida de lo posible, en la integridad de su situación anterior a la lesión, considerando también el aspecto preventivo de la indemnización (TS 8-5-19, EDJ 618508; 8-3-22, EDJ 521385).
Se ha admitido reiteradamente como **herramienta adecuada para el cálculo** de la indemnización los importes de las sanciones administrativas establecidas en la LISOS. Actualmente la jurisprudencia avala que la **mera existencia de la lesión** de un derecho fundamental implica la generación de un **daño moral**, para cuya reparación no existen parámetros que permitan con precisión traducir en términos económicos el sufrimiento en que tal daño consiste, lo cual lleva a un mayor margen de **discrecionalidad** en la valoración, teniendo en cuenta un conjunto de **circunstancias** como la antigüedad del trabajador en la empresa, la persistencia temporal de la vulneración del derecho fundamental, la intensidad del quebrantamiento del derecho, las consecuencias que se provoquen en la situación personal o social del trabajador o del sujeto titular del derecho infringido, la posible reincidencia en conductas vulneradoras, el carácter pluriofensivo de la lesión, el contexto en el que se haya podido producir la conducta o una actitud tendente a impedir la defensa y protección del derecho transgredido. Factores que deben ser tenidos en cuenta a la hora de **fijar la cuantía de la indemnización solicitada**, pues el margen a que da lugar la aplicación de la LISOS puede ser muy amplio (TS 9-3-22, EDJ 521521; 4-6-25, EDJ 618625; 17-12-25, EDJ 798472).

Precisiones 1) Cuando se haya ejercitado la acción de daños y perjuicios derivada de delito o falta en un **procedimiento penal** no puede reiterarse la petición indemnizatoria ante el orden jurisdiccional social, mientras no se desista del ejercicio de aquella o quede sin resolverse por sobreseimiento o absolución en resolución penal firme. Mientras tanto se interrumpe el plazo de prescripción de la acción en vía social.
2) La fijación del importe de la indemnización por **daños morales** corresponde al órgano judicial que conoce del procedimiento en instancia. Su monto solo debe ser **corregido** cuando resulte irrazonable, injustificado o desorbitado (TS 2-11-16, EDJ 215609; TSJ Madrid 29-6-20, EDJ 642475; TSJ Galicia 14-5-20, EDJ 577762). Así sucede, por ejemplo, si los hechos revisten una gravedad moderada, no se prolongan en el tiempo y la empresa emite un comunicado pidiendo disculpas (TSJ Cataluña 11-10-19, EDJ 749195). En el caso de **despido con lesión de derechos fundamentales**, el TS ha recopilado su doctrina explicitando los criterios a tener en cuenta y las cuantías indemnizatorias pertinentes en cada supuesto (TS 14-11-23, EDJ 746561).
3) Se venía entendiendo que los **honorarios de letrado** del perjudicado no deben incluirse en esta indemnización (TS 11-5-12, EDJ 140515). Sin embargo, en el caso de que la resolución de la entidad gestora incurra en discriminación directa por razón de sexo en contra del varón, al desconocer el criterio ya sentado en sentencia del TJUE (sobre **complemento por maternidad** de las pensiones), la indemnización ha de compensar íntegramente los perjuicios efectivamente sufridos como consecuencia de la discriminación, incluidas las costas y los honorarios de abogado en que el interesado haya incurrido con ocasión del procedimiento judicial que se ha visto obligado a entablar (TJUE 14-9-23, C-113/22). El TS ha fijado en estos supuestos, con carácter general, una **indemnización de 1.800 euros** por daños morales incluyendo la asistencia de abogado o graduado social, salvo que el demandante haya solicitado una cuantía inferior, en cuyo caso se ha de estar al importe pedido, por razón de congruencia (TS 15-11-23, Rec 5547/22; 25-3-25, EDJ 539182).

15542 MPL nº 5248 s. **Ejecución** (LRJS art.301.1 y 191.3.f) Como **regla general**, las sentencias recaídas en estos procesos, son ejecutivas desde que se dicten, no obstante, el recurso que contra ellas pueda interponerse. Este recurso puede ser de casación o suplicación, dependiendo del órgano que los hubiera resuelto en instancia (nº 14670 s.).
Las sentencias dictadas en un proceso de tutela se rigen por las reglas generales de ejecución (nº 14775 s.), aunque esta puede ser **instada** por el Ministerio Fiscal que es parte en el procedimiento.

Suspensión de la ejecución (TCo 105/1997) El Tribunal Constitucional ha admitido que la suspensión de la ejecución de una sentencia sobre libertad sindical puede no constituir una vulneración de su derecho a la ejecución. Para ello, utiliza los siguientes argumentos: 15543

a) El derecho a la ejecución no es un derecho absoluto, como no lo es tampoco el derecho a la ejecución de las resoluciones firmes, directamente derivado de la Const art.24, ni lo es ningún derecho fundamental, ya que no lesionan aquel derecho las **decisiones judiciales de inejecutar** una sentencia que se han fundado en una causa legal y no resulten irrazonables, inmotivadas, fundadas en causas inexistentes o entendidas restrictivamente, y de las que no derive indefensión o desconocimiento de alguna garantía sustancial para la obtención de la tutela judicial.

b) El juez puede valorar la concurrencia de **circunstancias** de carácter excepcional que puedan repercutir desproporcionadamente en los derechos e intereses de terceros, produciendo efectos más allá del estricto ámbito temporal de la ejecución provisional.

Los capítulos 6 a 8, correspondientes a procesos constitucionales, procesos ante tribunales europeos, arbitraje, nulidad del matrimonio canónico y jurisdicción contable pueden consultarse en https://extrasmementos.lefebvre.es/ o a través de este código QR.

Tabla Alfabética

Los **números** reenvían a los párrafos. La mención «s.» significa que el estudio de la cuestión se prorroga en el o los números siguientes.
Para **orientar las búsquedas**, las referencias se acompañan, cuando es necesario, de una mención explícita que designa la materia de que se trata.
Las cuestiones que se enmarcan con «**estudio de conjunto**» no se referencian con su propio número marginal, sino que se reenvía al inicio del estudio general.

A

B

C

D

E

F

G

H

I

J

L

M

N

O

P

S

T

U

V

Notas

LEFEBVRE

Notas

Notas

Notas

Notas

Notas

Notas

Notas

Notas

LEFEBVRE

Notas

Notas

Este libro se acabó de imprimir
en Marzo de 2026
por Printing'94, S. L.
Carretera de Canillas, 138 – 28043 Madrid